Motif-index of China Mythology Characters Database

中国神话人物母题数据索引

（6–1）

王宪昭 | 著

中国社会科学出版社

图书在版编目(CIP)数据

中国神话人物母题数据索引：全六册／王宪昭著．—北京：中国社会科学出版社，2020.10

ISBN 978-7-5203-7410-1

Ⅰ.①中…　Ⅱ.①王…　Ⅲ.①神话—人物—研究—中国—索引　Ⅳ.①Z89:B932.2

中国版本图书馆 CIP 数据核字(2020)第 197699 号

出 版 人　赵剑英
责任编辑　史慕鸿　吴丽平
责任校对　王　京
责任印制　戴　宽

出　　版　中国社会科学出版社
社　　址　北京鼓楼西大街甲 158 号
邮　　编　100720
网　　址　http://www.csspw.cn
发 行 部　010-84083685
门 市 部　010-84029450
经　　销　新华书店及其他书店

印刷装订　北京君升印刷有限公司
版　　次　2020 年 10 月第 1 版
印　　次　2020 年 10 月第 1 次印刷

开　　本　787×1092　1/16
印　　张　346.25
字　　数　6982 千字
定　　价　2018.00 元(全六册)

凡购买中国社会科学出版社图书，如有质量问题请与本社营销中心联系调换
电话:010-84083683

总目录

6－1
【W0000～W0269】

6－2
【W0270～W0499】

6－3
【W0500～W0699】

6－4
【W0700～W0829】

6－5

【W0830～W0999】

6－6

说　　明

神话是人类最悠久的文化记忆，也是人类漫长的历史发展进程中最为珍贵的百科全书。中国神话母题W编目数据索引主要目的是，推进当今信息技术与数据库建设背景下社会科学研究方法的创新，通过中国各民族神话数据体系的逻辑归类与数据体系建构，建立起不同地区、不同民族、不同国家间神话比较研究以及神话与历史、文化、宗教、人类学等多学科之间的信息通道。中国神话母题W编目数据索引的依据是王宪昭著《中国神话母题W编目》（中国社会科学出版社2013年版）及相应的分卷本数据目录。“中国神话母题W编目数据索引”，共有“W0～W9”10部构成，目前已形成文本性数据3000余万字，实例6万余条。图片与音像数据将在今后数据平台建设的推进中逐步得到充实与完善。

本“说明”适用于“中国神话母题W编目数据索引”十大类型的所有类型。

1　创作目的与适用对象

《中国神话人物母题数据索引》所涉及内容为“中国神话母题W编目数据索引”中的“W0：神话人物（神与神性人物）”类型。本书序列编号是［WM10－1］W0。

1.1　创作目的

本书中的实例与索引是一部以中国神话中神话人物为专题的神话母题数据资料集成，同时兼有中华民族多类型神话精华集萃的特点，可以作为神话研究与欣赏的工具书。

本书通过对神话中神话人物（神与神性人物）的产生等母题系统编码和实例展示，旨在帮助神话研究者或欣赏者宏观了解中国各民族神话人物产生的多角度阐释，借此发现其中的文化共性及文化创作规律，积极推动神话学、人类学等学科发展。

本书作为中国神话母题综合研究资料，可以从某些角度验证中国神话母题 W 编目的客观性与真实性，并为建构神话母题学提供实证范例。

1.2 适用对象

本书面向神话研究者、民间文学研究者、非物质文化研究者和工作者、人文学科数据库建设工作者以及中国传统文化爱好者等。

2 书名关键词解释

《中国神话人物母题数据索引》可以析出“中国神话”、“母题”、“W 编目”、“实例”、“神的概述”、“与方位相关的神”、“与自然现象（物）有关的神”、“与职能、行业相关的神”等关键词。解释如下。

2.1 中国神话

指本书神话母题及实例涉及的对象和范围。包括中国各民族（含一定数量的古代民族）神话、中国古代典籍神话和中国近代以及现当代采集的民间口头流传的神话。

关于神话的界定是学术界莫衷一是的问题。本书从母题学本质出发，认为神话是关涉神以及神性人物叙事性文化载体的统称。神话作为人类早期最重要的文化产品之一，起源于民间，作用于信仰，传承于生活。是人类漫长发展历程中积淀出的非物质文化遗产，兼具文学、历史、哲学、宗教、民俗、律法、民族、地理等诸多学科性质，充当着人类早期的百科全书。

2.2 母题

本书中“母题”主要指“神话母题”。

2.2.1 母题的界定。所谓“母题”，即神话叙事过程中最自然的基本元素，这些元素可以在神话创作或神话的各种传承渠道中独立存在，也能在其他文类或文化产品中得以再现或重新组合。

2.2.2 母题的功能和特征。母题作为对各民族神话进行定量和定性分析的特定单位，具有关键词检索和神话含义分析等功能。基本特征如下。

（1）母题具有客观性和直观性。母题提取时会不可避免地带有主观色彩，但其本质反映的是文本的客观性，其本义或内核具有稳定性。

（2）母题具有组合性和流动性。母题的组合形成母题链，母题链一般具有较为明确的表意。同时，母题具有流动性，可以在其他文类或文化产品不同的语境下进行组合。

（3）母题具有典型性和普遍性。母题的表述一般简单明确，语义典型，同时能够作为多文类或多语境下的分析元素。

2.2.3 *母题与几个相近的概念的异同*。下面列举文学批评中经常出现，与“母题”关系密切又容易混淆的几个概念。

（1）母题与主题。二者均是从表意出发得出的结论。“主题”需要若干“母题”通过一定的组合顺序去表现。特殊情况下，“主题”可以与“母题”的描述语义相同。

（2）母题与原型。“原型”旨在找出文学、文化现象最原始的生发点；“母题”则有意识地淡化时空溯源，更关注它作为表意元素的平行比较功能。

（3）母题与类型。二者在文本分析中相辅相成，不同的母题组合会形成不同的类型。许多内涵丰富的母题本身也可以代表特定的类型。

2.2.4 *神话母题与神话或其他文类的联系与区别*。任何神话文本都由一定数量的神话母题构成。构成神话的所有元素不一定都是神话母题。虽然神话母题主要出现在神话作品中，但不能排除其他非神话作品也会使用神话母题的情形。

2.2.5 *母题的提取与划分*。中国神话母题数据集成将母题划分为 4 个层级。从分析角度而言，“母题”还可以划分为如下三种类型。

（1）情节性母题。这类母题一般与叙事主题密切相关，语言形式上表述为一个词组或含有主谓语的短句，有较为明确的含义，可以视为较强的叙事单元，其结构功能较强，往往可以在不同类型的神话中使用。如“人类的产生”、“人与动物婚”、“动物感恩”、“植物变形”等。

（2）名称性母题。这类母题主要是神话传承中积淀的特定的人或事物，语言形式上表述为一个名词或名称性词组，在特定的神话语境中使用。如“天神”、“女娲”、“龙”、“神奇的武器”等。名称性母题本身不能表达一个相对完整的叙事。

（3）语境性母题。这类母题一般是“情节性母题”和“名称性母题”的辅助性元素，其含义具有类型化的特征，如与神话事件“产生时间”、“发生地点”等相关的一些母题。

（4）概念性母题。又称“观念性母题”，这类母题与神话作品中出现的母题有明显区别，其名称的产生源于当今神话大数据建设的实际需要。一方面，一些神话研究成果中出现的观念既涉及大量的神话母题，又与神话叙事的解读存在自然的联系，如“神话人物的类型”、“兄妹婚的结果”、“洪水的原因”等，这些描述性的概念一般不会出现在神话文本中，但对母题的检索与解读却具有重要作用。所以，本书把这类母题称为“概念性母题”。

总的来看，母题的提取就好像把一台机器拆成不同的零部件，我们从中虽然不能看到机器的整体面貌，但每一个零部件都有自己存在的价值，具有其特定的功能，对整体的影响不言自明。

2.2.6　母题的描述

（1）母题一般为一个名词、名词性词组或名词性短语。

（2）同类母题表述为名词性词组时，采用相同的语法结构。

（3）同类母题表述为名词性短语时，尽量采用主谓语法结构，以体现叙事表述主体的一致性。

2.3　W 编目

该字母是王宪昭设计的中国神话母题编码著作权标志，也是一个兼具多种符号缩略功能的特定符号，以表示与汤普森母题索引[①]和其他一些母题分类代码的区别。其表意为：

2.3.1　作者姓氏标记。“W”为王宪昭姓氏“Wang”的首字母代码。以显示出本母题体系与“AT”（阿尔奈－汤普森）、“ATU”（阿尔奈－汤普森－乌特）等西方民间故事类型中母题编码的不同。

2.3.2　编目母题序列。编目母题序列采用了以自然数为主线的排列方法。

2.3.3　母题编目具有层级关系。编目的本质在于体现学科的内在规则。本编目采用在“归纳”与“演绎”基础上，对所有神话四个层级的母题进行了小数点数位表示方法。个别自然数母题代码会出现空缺现象，这也会为今后相关母题的开放式补充保留余地。

详见本书《凡例》：“2.2.3 母题代码（一）：类型”。

2.4　“神的概述”、“与方位相关的神”等

本书涉及的数据索引关注的基本对象是中华民族神话中的各类神话人物。其中既包括作为神话叙事主要对象的“神”，也包括一般意义上的“神性人物”。

2.4.1　关于“神的概述”母题。这类母题主要从宏观上对神作出介绍，包括①神的产生（W0000～W0059）；②神的特征（W0060～W0089）；③神的生活（W0090～W0119）；④神的地位、性质与职能（W0120～W0129）；⑤神的能力（W0130～W0134）；⑥神的工具与武器（W0135～W0139）；⑦神的关系（W0140～

---

① Stith Thompson, *Motif-index of Folk-literature: A Classification of Narrative Elements in Folktales, Ballads, Myths, Fables, Mediaeval Romances, Exempla, Fabliaux, Jestbooks, and Local Legends* (V1－6), Bloomington, Indiana Universty Press, 1989. 汤普森在《民间文学母题索引》中，将神话母题列为“A”类。据汤普森母题编码共包括2877个一级母题（自然数母题，中间存在若干号码空缺），如果包含5个层级的母题，母题总数为5707个。

W0174)；⑧神的寿命与死亡（W0175～W0179）等。上述各项具有一定的逻辑关系，在其他具体的神话人物类型中也会普遍使用。

2.4.2　关于“与方位相关的神”母题。这类母题类型的表述主要基于神话研究中相对一致的划分，具体表达中又进一步划分出：①天神（W0180～W0229）；②地神（W0230～W0239）；③阴间神（冥神）（W0240～W0249）；④其他方位神（W0250～W0269），等等。

2.4.3　其他各种类型的神话人物母题。除上述类型之外，本书还划分出与自然现象（物）有关的神（W0270～W0419）、与职能、行业相关的神（W0420～W0499）、与具体的物相关的神（W0500～W0559）、神性人物（W0560～W0769）、与民间信仰有关的神或神性人物（W0770～W0829）、妖魔与怪物（W0830～W0919）等不同类型的神话人物母题，这些母题在结构层级的划分中保持了相对统一的体例，并通过相关的提示作出关联。

3　W编目与本书母题范围

3.1　本书母题的依据

《中国神话人物母题数据索引》以《中国神话母题W编目》及《中国神话人物（W0）数据目录》为依据，但在成书过程中对原母题编目进行了相应的增补与修订。

3.2　本书母题的范围

本书与《中国神话母题W编目》相对应的母题范围是该编目10个基本类型中的第1个类型，母题类型名称为“神与神性人物（神话人物）”，母题类型代码为“W0”，本类母题编码范围是“W0000－W0999”。

3.3　《中国神话母题W编目》简介

《中国神话母题W编目》十大类型母题的名称、代码与简目。列举如下：

（1）神与神性人物（神话人物）〖类型代码W0，范围W0000－W0999〗；

（2）世界与自然物（创世神话）〖类型代码W1，范围W1000－W1999〗；

（3）人与人类（人类起源神话）〖类型代码W2，范围W2000－W2999〗；

（4）动物与植物〖类型代码W3，范围W3000－W3999〗；

（5）自然现象与自然秩序〖类型代码W4，范围W4000－W4999〗；

（6）社会组织与社会秩序〖类型代码W5，范围W5000－W5999〗；

（7）有形文化与无形文化〖类型代码W6，范围W6000－W6999〗；

（8）婚姻与性爱〖类型代码 W7，范围 W7000－W7999〗；

（9）灾难与争战〖类型代码 W8，范围 W8000－W8999〗；

（10）其他母题〖类型代码 W9，范围 W9000－W9999〗。

3.4　与本书母题有关的母题类型

本书列举的神话人物是所有神话类型的基本数据，也对全部神话母题类型发挥着统领作用。因此“中国创世神话母题”、“中国人类起源神话母题”、“中国动、植物神话母题”、“中国自然现象神话母题”、“中国社会现象神话母题”、“中国文化起源神话母题”、“中国婚姻爱情神话母题”、“中国灾难争战神话母题”以及“中国其他类型神话母题”等，都与“中国神话人物母题”存在密切联系。

4　母题实例的选取

母题实例是母题编码的基础和依据，同时与母题编码又有相辅相成的关系。

4.1　母题实例

母题实例是为说明相对应母题的存在而从神话作品或相关文类中提取的例证。这些实例一般以言简意赅的概述形式对相应母题做出叙事性、补充性说明。有些例证也可以视为该母题下一层级的母题。

4.2　神话材料范围

4.2.1　*实例源于特定的神话材料*。本书所有母题实例主要选自目前公开出版发行的中国各民族神话文本，同时也兼及少量可以考证的未出版文本及田野调查资料。

4.2.2　*神话文本的主要来源*。由于母题的重点并不在于关注一部作品的完整叙事，所以关注的材料也没有必要完全专注它是不是一个真正的“神话文本”，重点是关注它是不是具有“神话元素”。本书使用的材料一方面以学术界公认的神话文本为主体，同时兼顾史诗、传说、民间故事等叙事文学或其他宗教典籍乃至仪式阐释中的带有神话元素的叙事。W 编目共涉及中国神话文本 2 万余篇。这些神话资料的主要来源如下。

（1）国内外公开出版发行的民间文学类丛书。如中国民间文学集成全国编辑委员会编《中国民间故事集成》（中国 ISBN 中心出版，各省卷本），中华民族故事大系编委会编《中华民族故事大系》（上海文艺出版社 1995 年版，16 卷本），白庚胜总主编《中国民间故事全书》（知识产权出版社，县卷本），中国少数民族民间文学丛书《故事大系》系列的《各族民间故事选》（上海文艺出版社，分民族卷本）等。

（2）神话作品结集或集成类出版物。如满都呼主编《中国阿尔泰语系诸民族神话故事》（民族出版社 1997 年版），谷德明编《中国少数民族神话》（中国民间文艺出版社 1987 年版），陶阳、钟秀编《中国神话》（商务印书馆 2008 年版），姚宝瑄主编《中国各民族神话》（山西出版传媒集团·书海出版社 2014 年版，15 卷本），农冠品编注《壮族神话集成》（广西民族出版社 2007 年版）等。

（3）能够进行神话析出的代表性工具书。如《中国各民族宗教与神话大词典》编审委员会编《中国各民族宗教与神话大词典》（学苑出版社 1990 年版），吕大吉、何耀华总主编《中国各民族原始宗教资料集成》（中国社会科学出版社，分民族卷本），袁珂编著《中国神话传说词典》（上海辞书出版社 1985 年版），云南省民族事务委员会编《各民族文化大观》（云南民族出版社 1999 年版，分民族卷本）等。

（4）与中国各民族神话有关的学术著作。如马昌仪编《中国神话学文论选萃》（中国广播电视出版社 1994 年版），那木吉拉《中国阿尔泰语系诸民族神话比较研究》（学习出版社 2010 年版），王宪昭《中国少数民族人类起源神话研究》（中国社会科学出版社 2012 年版），杨利慧、张成福编著《中国神话母题索引》（陕西师范大学出版总社有限公司 2013 年版）等。

（5）中国少数民族文学史及各民族单行本文学史。如马学良、梁庭望、张公瑾主编《中国少数民族文学史》（中央民族大学出版社 2001 年版），毛星主编《中国少数民族文学》（湖南人民出版社 1983 年版），攸延春《怒族文学史》（云南民族出版社 2003 年版）等。

（6）未公开出版但具有权威性的出版物。如各省（市、州、县、区）三套集成办公室或领导小组收集整理的《中国民间故事集成》（县、市、区卷本），研究机构或各地文化部门编印的地方性文化资料，如陶立璠、赵桂芳等编《中国少数民族神话汇编》（中央民族学院少数民族古籍整理出版规划领导小组办公室印）等。

（7）公开发行的学术期刊、报纸中涉及的神话。如《民族文学研究》《黑龙江文艺》《山茶》等。

（8）个人田野调研搜集的神话材料。包括本人 20 世纪 80 年代开始在民族地区采集的各类神话故事。如 2005 年云南澜沧拉祜族自治县、西盟佤族自治县对拉祜族、佤族神话调查采集整理等。

（9）网络资料。如中国知网、中国民俗学网、中国少数民族文学网、读秀、一些少数民族地方性网站等。

本书所使用出版物信息在文中已做详细标注，以示致谢。

4.3　材料的使用

4.3.1　实事求是地使用神话材料。本书认为，在神话母题实例选取过程中，首先要对神话文本做出科学的界定，同时又不能强求所有的人按照同一个标准去分析所有的问题。即使是一个看似固化了的文本，由于时代的变迁也会滋生出许多新含义，所以实例的质量与选择的材料数量和分析参数的可信度有关。

4.3.2　关注神话文本的多样性。在神话文本提取母题实例过程中，兼顾了神话文本的异文。主要包括以下几种情况：

（1）流传于不同地区的同一部作品；

（2）不同讲述人讲述的同一部作品；

（3）不同搜集者搜集的同一部作品；

（4）不同出版物收集的表述上有差异的同一部作品。

4.4　母题实例提取

从理论上讲，任何一个具体母题的实例应该完全反映该母题的内涵与外延。事实上，在具体母题实例的选择与表述上，更多体现出的是实例与母题相似性。这与特定文化现象分析的个体差异性有关。

4.5　本书关于母题实例的提取遵循的原则

4.5.1　关联性原则。实例的选取力求与相对应的母题具有最直接的例证关系。

4.5.2　客观性原则。实例的生成力求源于资料的真实可信。

4.5.3　概括性原则。实例的表述力求言简意赅，引导读者对相应母题的信息有所了解。

4.6　母题实例的表述

4.6.1　母题实例表述的具体内容与形式。参见本书《凡例》：“4.1 实例表述的构成”和“4.2　实例表述的具体内容与使用方法”。

4.6.2　一个母题实例的数量。本书在表述过程中，会有以下几种情况。

（1）有的母题暂时没有合适的实例。这类情况在行文中保持空缺。

（2）一个母题有一个实例。这种情况并不代表这个母题没有其他实例。只是因为目前文本或实例取样对象的限制，暂时只选取一个。

（3）一个母题有多个“实例”。一个母题有多个实例是非常普遍的现象，也体现出母题的基本特征。其中，这些实例可以表现为一个民族有多个不同神话文本，也可以表现为不同民族的不同神话文本。如，在一个民族有多个不同神话文本的情况下，为了凸现某些母题的具体表述细节或流传情况，同一个民族对同一个母题的相似描述也会一一列出，如“［W1713.2］日月婚生星星”母题，不同地区的壮族神话文本对此有不同的叙述。见下表。

【壮族】	太阳和月亮结婚生下许多星星。〖广西壮族自治区·（南宁市）·上林县〗	罗苏英等讲，韦建其搜集整理：《太阳、月亮和星星》，见曹廷伟编著《广西民间故事辞典》，南宁：广西教育出版社 1993 年版，第 3 页。
【壮族】	星星是太阳和月亮的孩子。〖广西壮族自治区·南宁市·江南区〗	邓承学讲：《太阳和月亮》，见张声震总主编，农冠品编注《壮族神话集成》，南宁：广西民族出版社 2007 年版，第 185 页。
【壮族】	特桄射太阳后把日月阉掉了，生的孩子不成熟，就成了天上的星星。〖云南省·文山（文山壮族苗族自治州）；广西壮族自治区·河池（河池市）〗	蓝鸿恩整理：《射太阳》，见张声震总主编，农冠品编注《壮族神话集成》，南宁：广西民族出版社 2007 年版，第 51 页。

4.6.3 实例的出处

4.6.3.1 关于出处的标注。本书在现有条件下，采取神话来源出版信息全面呈现的形式，对原作品信息缺失的情况，本书将尽可能加以核实补充，本书增加部分用“（）”标出，以便于使用者进一步考证。其作用是，有益于中国神话母题 W 编目数据集成网络检索的精准定位与神话数据的规范化应用。

4.6.3.2 关于多个出处。同一个“实例描述”有时会有两个以上“文本出处”，这类情况有的源于不同讲述人，有的源于不同的采录者，有的源于不同的出版物，具体情况需要查对出版物原文。列举这些文本及出处可以便于读者查找出版物信息和进行全面的比较分析。通过这些数据呈现出的细微表述差异，也可以帮助读者了解不同出版物对相同或相近神话文本的处理情况，进而进行版本比较研究。

4.7　本书母题实例采集和表述可能会出现的一些问题

4.7.1　实例表述的不完整性。本书母题实例的表述力求短小精悍，有的作出了必要的注释。但根据有限的表述空间，有的实例可能会因为语境的切割造成理解方面的困难。对此，需要研究者根据该母题的实例“【出处】”提示，查阅原文。

4.7.2　关于神话母题的民族标识。汉语古代典籍（诸如《山海经》《淮南子》《穆天子传》《水经注》等）中的许多神话母题的民族归属已难以作出明确的考察和界定，根据流传版本的语言归属，在本书中暂列为汉族神话。

5　编排体例说明

本书在编排中突出了工具书的特点。对于不同类型、不同层次的诸多信息力求使用符合读者接受习惯和相对统一的编排标准。如母题分类、母题编码、实例编排、民族排序等均作出相应的规范。

5.1　母题编码的编排

母题编目是一项系统性的工作。面对数以千计的神话母题需要体现符合逻辑的编排方式。总体设计上，W 母题编目遵循时间顺序、空间顺序或其他逻辑顺序。

5.1.1　母题编码的编排依据。本书母题编码的编排遵循《中国神话母题 W 编目》编排体例的所有规则。

5.1.2　《中国神话母题 W 编目》编排规则。《中国神话母题 W 编目》的母题编排规则主要表现在 4 个方面：

（1）具有时间维度的母题，按时间顺序排列；

（2）具有空间维度的母题，按空间顺序排列；

（3）具有叙事逻辑关系的母题，按叙事逻辑关系排列；

（4）具有其他叙事逻辑关系的母题，按相应逻辑规则排列。

需要说明的是，任何一种规则所引导的顺序设定，都会遇到特定语境的限制，有时还会受到编目者自身局限性的影响。因此，这种情况在神话母题编码中有时会根据实际需要作出相应调整，以更符合母题编排的认知规律。

5.1.3　《中国神话母题 W 编目》母题层级的编排。《中国神话母题 W 编目》为了明确区分母题类型间的逻辑关系，对所有母题进行了层级区分。

（1）《中国神话母题 W 编目》及《中国神话人物母题（W0）数据目录》目前已划分到 6 个层级母题。母题代码由“W + 数字”构成。

（2）母题层级主要是通过母题代码中的“数字”来表示。这些数字包括自然数与小数。凡自然数表示的母题一般为“第一层级”或“第二层级”。

层级的表述主要照顾到母题的总体编排，有时“第一层级”和“第二层级”可能均采用自然数代码，其层级关系在《中国神话母题 W 编目》列表中通过不同的“列”区分，在本编目实例的非表格编排形式中，可以通过表意加以区别。如“W1601 太阳的性别”是一级母题，其下面包含的“W1602 太阳有男有女”、“W1603 太阳是男的”、“W1604 太阳是女的”等二级母题，根据母题编码的需要，这里的二级母题均由自然数表示。为区别彼此之间的从属关系，行文中在“W1601”之前用“*”符号的形式表示。参见本书《凡例》：“5.1”。

（3）小数包括 1 个小数点和 2 个小数点两种情况，一般为“第二层级”和“第三层级”。关于小数的设定并非按“十进制”的数学法则。小数点表示母题类型划分中的层级关系。在一级母题之后，可以逐级划分出若干母题。参见本书《凡例》：“2.2.4　母题代码（二）：层级”。

（4）小数包括 2 个小数点和 3 个小数点，同（3），也有两种情况，一般为“第三层级”、“第四层级”或“第五层级”。

5.1.4　《中国神话母题W编目》编排规则的其他事项。母题编目在力求遵循逻辑分类方法的同时，也使用了经验性的编排方法。如依照读者的接受心理或认知习惯等。

如，关于动植物母题的编排，由于动植物的性质和功能非常复杂，神话中所叙述的动植物分类与编排与我们今天生物学中动植物分类有很大区别。对此，汤普森（TPS）在《民间文学母题索引》的分类与表述中很明显地注意到现代生物学的分类标准，如按生物学意义上的界、门、纲、目、科、属、种等对动物加以区分，结果则会造成读者对需求母题的检索困难。本书的母题编目，在兼顾专业的科学分类的同时，对一些特殊的母题类型采用习惯性模糊检索的方式，以更突出神话自身的特点。

5.2　W0母题实例的编排

5.2.1　本书中全部母题实例顺序。本书中所有母题实例的编排顺序按“W0母题编码”的顺序排列，即按照一级母题、二级母题、三级母题、四级母题的自然数字延续的方式编排。

5.2.2　具体母题的实例的顺序。当同一个母题有多个实例时，这些实例按本书设定的民族音序顺序编排。参见本书《说明》：“5.3民族顺序的编排”。

5.3　民族顺序的编排

5.3.1　“实例”的民族属性。

（1）本书“实例”中所标注的“民族属性”，是指该实例所选自的原文本中所标注的民族属性。

（2）“民族属性”的界定。根据目前少数民族文学研究中普遍认可的规则，“民族属性”主要指该文本讲述人的民族身份。

（3）本书“实例”析出的原文本未标注民族属性的，本书采取空缺的处理方法。

5.3.2　民族顺序。中国各民族是平等的，不应有特定的排序。根据研究以及表述的需要，我们会根据不同的观察视角，拟定出不同的民族排列顺序。如按地域划分[①]、

---

① 如马学良、梁庭望、张公瑾主编的《中国少数民族文学史》（修订本）（中央民族大学出版社2001年版），该书按地理区位将少数民族划分为不同的地区：①北方地区7个民族：包括朝鲜、达斡尔、鄂伦春、鄂温克、赫哲、满、蒙古；②西北地区14个民族：包括保安、东乡、俄罗斯、哈萨克、回、柯尔克孜、撒拉、塔吉克、塔塔尔、土、裕固、维吾尔、乌孜别克、锡伯；③西南地区20个民族：包括阿昌、白、布朗、德昂、独龙、哈尼、基诺、景颇、拉祜、傈僳、珞巴、纳西、怒、门巴、羌、普米、土家、佤、彝、藏；④华南地区10个民族：包括布依、傣、侗、仡佬、京、黎、毛南、仫佬、水、壮；⑤中东南地区4个民族：包括高山、苗、畲、瑶。而陶阳、牟钟秀的《中国创世神话》（上海人民出版社2006年版）一书则按地域把55个少数民族划分为：①西北地区14个民族：包括回、东乡、土、撒拉、保安、裕固、维吾尔、哈萨克、柯尔克孜、锡伯、塔克吉、乌孜别克、俄罗斯、塔塔尔；②西南地区25个民族：包括藏、门巴、珞巴、羌、彝、白、哈尼、傣、傈僳、佤、拉祜、纳西、景颇、布朗、阿昌、普米、怒、德昂、独龙、基诺、苗、布依、侗、水、仡佬；③中南和东南地区9个民族，包括壮、瑶、仫佬、毛南、京、土家、黎、畲、高山；④东北和内蒙古地区7个民族：包括满、朝鲜、蒙古、达斡尔、鄂温克、鄂伦春、赫哲。这种情况表明，不同研究者在民族编排顺序的设定上具有个性差异性。

语系划分等都会产生不同的编排顺序。

5.3.3　本书56个民族的排列顺序。中国56个民族在实例中涉及民族排序时，一律按民族汉语拼音的首字母在《字母表》中的排序。见下表：

中国各民族排序表（音序排列）

序号	民族名称	序号	民族名称	序号	民族名称	序号	民族名称
1	阿昌族	15	鄂温克族	29	傈僳族	43	水　族
2	白　族	16	高山族	30	珞巴族	44	塔吉克族
3	保安族	17	仡佬族	31	满　族	45	塔塔尔族
4	布朗族	18	哈尼族	32	毛南族	46	土家族
5	布依族	19	哈萨克族	33	门巴族	47	土　族
6	朝鲜族	20	汉　族	34	蒙古族	48	佤　族
7	达斡尔族	21	赫哲族	35	苗　族	49	维吾尔族
8	傣　族	22	回　族	36	仫佬族	50	乌孜别克族
9	德昂族	23	基诺族	37	纳西族	51	锡伯族
10	东乡族	24	京　族	38	怒　族	52	瑶　族
11	侗　族	25	景颇族	39	普米族	53	彝　族
12	独龙族	26	柯尔克孜族	40	羌　族	54	裕固族
13	俄罗斯族	27	拉祜族	41	撒拉族	55	藏　族
14	鄂伦春族	28	黎　族	42	畲　族	56	壮　族

5.3.4　“实例”民族属性的其他说明。本书在标注“实例”的民族属性时，可能有以下几种情况：

（1）因文本本身的原因，选取该实例的文本不能代表所标注民族的典型叙事情况；

（2）文本讲述人本身民族身份不确定或原文本标注错误；

（3）因历史或文化原因，一些文本不能被当今民族所认可。

上述问题，将会随着研究的深入，得到进一步解决。

5.4“流传地区”的编排

5.4.1 母题及母题实例流传地区。本书在列举相应母题的实例时，对该母题实例的流传地区作出了行政区划的全方位标注。

（1）本书关于母题及母题实例“流传地区”的表示的几种情况。

①母题流传地区的排序。这些地区的表示按“省（自治区、市）”、“县（市、

区)”、“乡（镇)”、“村”、“街道”等的顺序编排。各区划名称中间用“·”隔开。

②所采集神话中没有流传地区的文本（包括口头文本)，保持自然空缺。如“西藏自治区·林芝市·米林县·纳玉乡（南伊乡)”，表示原神话中没有关于流传在哪一个“村”的记录。

③如果原文本中没有记载某一神话在某一地区的具体流传地点，而是辑录了在这个地区的哪一个氏族流传，在标注时为了表示与具体地点的区别，中间不使用“·”，如“西藏博嘎尔部落”。

（2）流传地区栏目中，有些神话文本的“流传地”与今天的行政区划的名称不一致，为尊重文本原貌，对此保留了原来文本中的行政区划名称，以便研究者与当今行政区划对比研究。

（3）有些神话文本的流传地区由于神话版本或采录者的原因，同一部神话或同一个讲述人讲述的神话，在出版物中的流传地点并不相同。例如：

①《中国民间故事集成》（云南卷)，收入的哈尼族神话《永生不死的姑娘》，讲述者是朱小和，史军超采录，注明的采录地点为云南元阳攀枝花洞铺寨，故在本书实例的出处列表中更准确地表述为“云南省·（红河哈尼族彝族自治州）·元阳（元阳县）·攀枝花（攀枝花乡）·洞铺寨”。

②《中国民间故事集成》（云南卷）收入的朱小和讲，史军超采录的《动植物的家谱》，与上面的①相比，虽然是同一个讲述人（朱小和)，但在神话流传地区中只标明了流传地为“云南元阳”，本书实例的出处列表中则表示为“云南省·（红河哈尼族彝族自治州）·元阳（元阳县)”。

③朱小和讲，芦朝贵等整理的《天、地、人的传说》，收入在（a）《山茶》1983年第4期；（b）谷德明编：《中国少数民族神话》（中国民间文艺出版社1987年版)；（c）陶立璠、赵桂芳等编：《中国少数民族神话汇编》（开天辟地篇）（中央民族学院少数民族古籍整理出版规划领导小组办公室印，未署出版时间）的同文本神话，则没有注明这则神话的流传地点。本书只能根据讲述人和哈尼族的生产生活地区初步把流传地区定位“云南省”，一些难以确认的情况在“流传地区”项保持空白。

对于诸如此类的情况，在本书中为了保持原神话文本的科学性，不再进一步考证，并作出推测性标示。

5.4.2　“流传地区”中增补的新信息。为了使读者更便捷地对“流传地区”进行区域定位，本书对母题实例流传的特定地区增补了“地市级”和“民族自治（区、县、乡)”的信息。为显示增补部分与原文本标注的流传地区的区别，凡本书新增补的地名信息和民族信息，均采用了“（）”表示的方式。如“W1190.1 鱼生地”实例的流传地区，本书标注为“云南·（红河哈尼族彝族自治州）·元阳县·（黄草岭乡）·树皮寨（树皮寨村）”，其中，这里的“（红河哈尼族彝族自治州）”、“（黄草岭乡）”和“（树皮寨村）”，都是根据目前新的行政区划增补的新信息。具体行政属地的确定时间以本书出版时的标注时间为准。

为保证增补地名信息的科学性和今后检索的完整性，对一些包含民族信息的各级地名采取原文简称标注与本书完整名称标注相结合的方式。在“【流传】”一栏加上了流传地信息，通过在流传地名的前后增加“（　）”的形式，表示为本书所加。如云南省·（普洱市）·澜沧县（澜沧拉祜族自治县）中的“（澜沧拉祜族自治县）”，“云南省·（玉溪市）·新平县（新平彝族傣族自治县）·嘎洒镇”中的“（新平彝族傣族自治县）”，均为本书标出的目前完整的行政区划名称，目的是便于今后数据库平台可以应用相关信息技术对神话母题流传地的精准地理检索定位，既可以通过不同检索词找到该地区的神话母题情况，也能引起读者对该地区的民族聚居或分布情况的关注。

5.5　文本出处

为便于读者进一步查找、核对母题实例原来的语境，本书一律注明所引用的文本出处，这里的“文本”主要指作为神话母题实例出处的神话作品。

5.5.1　文本出处的表述。采用国家学术论文注释通用体例。

5.5.2　文本出处。原文本信息全部摘录，一般顺序为讲述者、翻译者、搜集整理者、作品名称、所刊载的刊物名称、刊物的发表年限、期号以及实例在相应出版物中的页码等。当某些数据不完整时，一般不改变表述顺序。具体情况参见本书《凡例》：“4.3　实例表述具体内容与形式”。

6　母题实例的查找

本书为方便读者从不同的角度查找相应的母题，设定了“目录”、“基本母题检索”、“中国创世神话母题代码检索表”、“关联性母题提示”等六种母题及母题实例的查找方式，这六种方式相互联系、相互辅助，又各有其不同功能。

6.1　六种检索方式的自由切换

具体方法详见本书“基本母题检索”注释。

6.2　母题其他潜在的检索功能

中国神话母题W编目数据索引的主要应用是当今信息网络背景下的学术方法创

新，使用者可利用当今数字化信息检索平台，采用软件或网络检索的方式，通过输入相应“母题”或母题“关键词”迅速查找出需要的母题或母题关联，进行跨学科、多层次的学术研究和文化比较研究，随着这一工具书使用的不断深入，最终与社会科学研究方法的现代化和信息化接轨。

以上具体操作方法，请参见本书“凡例”中相应的例证说明。

7　其他说明

7.1　本书的创新

7.1.1　研究领域的创新。《中国神话母题W编目》是一部系统表述中国神话母题的编码与索引的数据学著作，兼有神话研究新型工具书的特点。其中大量的关联性母题可以看做构建跨类型母题信息通道的一个有效路径。

7.1.2　实例体例的创新。“中国神话母题W编目数据索引”的所有母题实例是中国神话母题编码系统的实证性数据，均源自王宪昭对3万余篇中国各民族神话文本以及研究著作、论文等的提取和概括。

7.1.3　神话母题表述的创新。《中国神话母题W编目》与“中国神话母题W编目数据索引”（10卷本）以系列成果的形式，拟构出中国神话的母题编目体例与数据检索体系。

7.1.4　社科研究方法创新。中国神话母题W编目及数据集成的最终目的是，随着目前数字出版物和各类数据库的普及，将系统的符合思维逻辑的数字型母题代码引介到目前各图书馆数字资源、数字网络资源以及数据库资源中，母题将以关键词或检索词的代码出现在出版物或原文本检索中，以母题代替目前普遍应用的传统的图书检索（著作者、书名、出版信息检索）形式，极大提高研究资料来源的检索速度、精准性与实用性。

本母题编排与实例检索模式，同样适用于其他社会科学学科的数据库研究与建设。

7.2　母题编目与母题实例的局限

7.2.1　母题编目的局限。中国各民族神话数量浩瀚，情形复杂。《中国神话母题W编目》建立在作者个人的神话资料积累与特定研究方向的基础上，在母题的提取、表述与结构编排方面依赖于个人的主观理解、分析与判断。

（1）母题的提取与描述会有偏颇与不完善之处。

（2）神话叙事中出现母题的交叉和杂糅是母题编码与表述中经常遇到的情况。

7.2.2　母题实例的局限。母题实例源于不同的神话文本，这些文本会受到文献自身不规范的影响，再加上神话解读的差异，可能会有如下情形：

（1）有些实例可能与母题并不能建立完全吻合的对应关系；

（2）有些母题很难找出一个准确的例证；

（3）由于现存作品本身原因造成某些内容或母题的残缺，只能在表述时保持残缺的原貌。

本书在选取母题实例过程中，涉及神话文本数以万计。由于我国民族成分自身的多样性和时空变化，一个民族之中可能流传一些截然不同的观念或母题元素，或者由于神话传说作品搜集时间、采录背景、翻译等方面的原因，有时对每种图书观点的可信度进行鉴定比较困难。对此，作者采取了客观辑录的方式。这样会致使有些实例难以较准确地反映一个民族的神话传说母题传承的主流。若出现某些观点的疏漏或错误，希望使用者及时删除并予以指正。

7.3　其他补充说明

7.3.1　著作版权。《中国神话母题W编目》以及数据索引中的全部母题代码、母题描述、关联项设定、实例选取、图表设计、编排体例、出版版式等均为王宪昭研究成果，适用《中华人民共和国著作权法》的保护。该成果所有内容未经作者本人授权，任何单位和个人不得擅自修改、翻译和应用于变相商业用途的传播。

7.3.2　使用授权。《中国神话母题W编目》以及数据索引的所有内容凡经正式出版发行，读者将获得正式出版物的所有使用权利，包括发表引用、批评等。

7.3.3　解释与修订。本书作者对本书具有最终解释权和修订权利。

凡　　例

（简　本）

《中国神话人物母题数据索引》是“中国神话母题 W 编目数据索引”系列丛书 10 个母题类型之一。为便于读者快速使用本丛书，特编制本凡例（简本）。如使用者需要进一步详细了解相关具体体例信息，可以查阅凡例（详本）。

	体例构成	正文标注	说明	应用功能
1	母题代码与描述		按《中国神话母题 W 编目》顺序编排	母题检索
2	与汤普森母题代码对照项	【汤普森】		通过与汤普森母题代码对照，建立中国神话与世界神话母题的比较研究
3	关联项	【关 联】	主要是与王宪昭中国神话母题 W 编目十大母题类型的关联	形成不同神话叙事相关联的立体通道，拟构跨类型母题叙事链，复原母题生存语境
4	实例项	实　例	母题实例的标示性符号	便于使用者了解母题使用情况
5	民族属性	民族名称	母题实例的民族归属	从民族角度考察母题的依据
6	信息项	【流 传】	流传地点采取了全部地名归属信息呈现的方式	便于使用者从地理或地域的角度考察母题分布与流传状况
7	信息项	【出 处】	母题实例的文本出处的详细信息	便于使用者准确了解神话文本的全面信息。可直接应用于学术成果

凡　　例

（详　本）

《中国神话人物母题数据索引》是“中国神话母题 W 编目数据索引”系列丛书 10 个母题类型之一。为便于读者使用本丛书，特编制本凡例（详本）。

1　凡例概说

1.1　母题实例的基础

“中国神话母题 W 编目数据索引”系列丛书的基础是《中国神话母题 W 编目》及相应的分卷本数据目录。

1.1.1　《中国神话母题 W 编目》包括中国神话十大母题类型。详见本书《说明》中的“3.3　《中国神话母题 W 编目》简介”和本书“附录 2　中国神话母题 W 编目十大类型简目”。

1.1.2　《中国神话母题 W 编目》包括与汤普森《民间文学母题索引》中相应母题代码的对照。

1.2　凡例中示例的选取

本书凡例在例证的选用上，涉及神话母题 W0 ~ W9　十大母题类型所有母题范围的案例。选取的其他一些不属于本书母题范围的例证，仅做示例之用。

1.3　正文的构成

本书正文的构成包括 2 个部分。

1.3.1　中国神话人物母题 W0 全部编目。目前共划分有 1—6 个层级的母题。

1.3.2　每个母题的实例。根据目前掌握的神话资料的情况，有的母题会有多个例证，有的母题例证目前暂时空缺。

1.4 凡例的形式

为便于凡例内容的比对，凡例采用图表的形式。凡例中的各项按照在正文中出现的顺序排列。

1.5 凡例适用范围

本凡例基础性内容适用于神话母题 W0 ~ W9 编目全部母题类型及相关母题实例。

2 神话母题编目

2.1 本书神话母题代码、名称

2.1.1 本书神话母题代码、名称以及编目排序以《中国神话母题 W 编目》中的 W0 编目以及《中国神话人物母题（W0）数据目录》为基础，并适当作出相应增补与修订。

2.1.2 母题层级的划分与表示

W 编码	母题描述			
	一级母题	二级母题	三级母题	四级及以下母题
✿ W0270	日月神			
❊ W0271	太阳神（日神）			
W0276	太阳神的生活			
W0276.0		太阳神的服饰		
W0276.0.1			太阳神穿着红袍，戴着金冠	
W0276.0.2			太阳神身穿青色的上衣，白色的长裙	
W0276.0a		太阳神的饮食		
W0276.1		太阳神的居所		
W0276.1.1			太阳神的宫殿（太阳宫）	

续表

W 编码	母题描述			
	一级母题	二级母题	三级母题	四级及以下母题
W0276.1.1.1				太阳神的宫殿在东海岸红光影中
W0276.1.1.2				太阳神的宫殿有神女守护
W0276.1.1.3				太阳神住火宫
W0276.1.1.4				太阳神住遥远东方一座高山上的金殿里
W0276.1.2			太阳神住太阳山	

上表为直观了解母题类型层次与排序的样表。在本书中以文字版表示。

2.2 神话母题 W0 编目的具体内容与体例

如下表：

序号	项目或符号	位置	示例	解释与说明
2.2.1	表述中的标题	出现在正文标题中	◆0.1 神的概述 ◆2.3 造人	❶母题编目类型中的第一层级序号。 ❷由 1 个小数点构成。 ❸前面的“0”表示“W0”母题类型，小数点后的数字表示 W0 编目类型中的一级序号。
		出现在正文的次级标题中	◆0.1.1， ◆0.2.1……	❶母题编目类型中的第二层级序号。 ❷由 2 个小数点构成。 ❸表示母题编目类型第一层级的下一级母题类型。
2.2.2	W	母题数字之前	◆（1）W4546 ◆（2）W0276.1 ◆（3）W0276.1.1	❶王宪昭中国神话母题编码的标志。 ❷“W”，为王宪昭姓氏“Wang”的首字母代码。 ❸表示与汤普森母题索引和其他一些母题分类代码的区别。

续表

序号	项目或符号	位置	示例	解释与说明
2.2.3	母题代码（一）：类型		◆（1）W4546 ◆（2）W0276.1 ◆（3）W0276.1.1	❶母题代码由“W＋数字”构成。 ❷W之后的第一个数字，表示母题类型。[①] 如“W0276”中的“0”表示的是该母题属于“神与神性人物（神话人物）”，类型代码是W0；“W4546”中的“4”表示的是该母题属于“自然现象与自然秩序”，类型代码是W4。
2.2.4	母题代码（二）：层级		◆（1）①W0276太阳神的生活 ②W0276.1太阳神的居所 ③W0276.1.1太阳神的宫殿（太阳宫） ④W0276.1.1.1太阳神的宫殿在东海岸红光影中 ◆（2）W0276.1.2太阳神住太阳山	❶母题代码中的“数字”可以是自然数，也可以是小数。小数并非按“十进制”的数学法则。 ❷小数点表示母题类型划分中的层级关系。如W0276的下一级母题可以分为“W0276.1”、“W0276.2”、“W0267.3”等二级母题；二级母题可以根据神话叙事的情形生成三级母题，如“W0276.1”之下划分出“W0276.1.1”、“W0276.1.2”等；三级母题之下可划分出四级母题，如“W0276.1.1.1”等。 ❸《中国创世神话母题数据目录》目前暂划分到第五层级母题。
2.2.5	母题描述	在母题代码之后	◆（W0181）天神 ◆（W2500）人类再生	❶母题描述是对母题含义的概述。 ❷母题一般表述为一个名词、名词性词组或名词性短语。 ❸母题描述的作用具有检索关键词的功能，绝大多数可以用于作品相关信息的检索。

① 母题编目共分十个大类，在“W”之后按“0～9”顺序排列。各数字具体代表的类型为：（1）W0神与神性人物（神话人物）；（2）W1世界与自然物（创世神话）；（3）W2人与人类（人类起源神话）；（4）W3动物与植物；（5）W4自然现象与自然秩序；（6）W5社会组织与社会秩序；（7）W6有形文化与无形文化；（8）W7婚姻与性爱；（9）W8灾难与争战；（10）W9其他母题。其他具体情况参见本书《说明》中的“3.3 《中国神话母题W编目》简介”。

续表

序号	项目或符号	位置	示例	解释与说明
2.2.6	母题编码	新增母题编码	◆W2022 世上最早有2人 …… ◆ W2022.2.3.2 世上最早只有盘古和三皇五帝两人 ◆W2022a 世上最早有3人 ◆W2022a.1 世上最早有一对夫妻和1个女儿 ◆W2022b 世上最早有多人 ◆W2022b.1 世上最早的人子孙很多 ……	本书对《中国神话母题W编目》（2013年版）以及《中国神话人物母题（W0）数据目录》（2019年版）中的母题进行了增补。 增补方法如下。 ❶原编目中已预留空位的母题项，直接增补。不再特殊显示。 ❷在原母题编码后加“.0”，表示增补的母题代码。 ❸以“a、b、c ……”为后缀新增加母题的顺序排在该母题编码所有层级母题之后。如W2022a、W2022b表示的是《中国神话母题W编目》新增加的母题，排列在W2022原各层级母题之后。 ❹在“a、b、c、d、f、g ……”后缀后，再加数字为标记的新增加母题编码。如“W2632.0.3f 姜央兄妹生肉疙瘩”之后的“W2632.0.3f1‘央’、‘美’兄妹生肉团”、“W2632.0.3f2 志男志妹兄妹生肉疙瘩”、“W2632.0.3f3 胡秋兄妹婚生肉坨”等。层级会随小数点或字母代码的增加，产生更细致的层级。

3 关联项

3.1 本书的关联项包括2项。

3.1.1 W母题与汤普森（TPS）《民间文学母题索引》中母题的对照。

3.1.2 特定母题与《中国神话母题W编目》中其他相关母题的关联。

3.2 关联项具体内容。

如下表。

序号	项目或符号	位置	示例	解释与说明
3.2.1	【汤普森】	正文中"W 母题代码"之后	◆【汤普森】A62	❶此项是汤普森母题代码。汤普森把民间文学母题分为23类，分别用23个英文字母表示。① ❷读者可以据此对照神话母题 W 代码与汤普森母题代码。
3.2.2	【关联】	正文中"W 母题代码"或【汤普森】之后	◆【关联】［W2480］人与太阳婚生人 ◆【关联】 ①［W5298.1］母系氏族 ②［W6866.1］母子联名	❶主要表示本母题与其他母题意义上的关联性，包括对象相同、功能相似、含义互补等情形。 ❷【关联】之后有若干关联母题时，用①②③等序号表示。
3.2.3	≈	部分汤普森母题代码之前	◆【汤普森】 ≈A654	❶表意性符号。 ❷加"≈"的汤普森母题，表示此母题的含义只与 W 代码中的母题具有一定的相似性。

① 关于汤普森（TPS）《民间文学母题索引》母题的23个类型的代码、类型名称、母题代码范围和主要次级类型，如下：（1）A 神话（A0－A2899），包括造物主、三界神、半神、文化英雄、世界起源、世界灾难、自然秩序、人类起源、动植物起源等。（2）B 动物（B0－B899），包括神话中的动物、特异的动物、有人的特征的动物、友好的动物、人与动物婚、想象的动物等。（3）C 禁忌（C0－C999），包括与超自然有关的禁忌、性的禁忌、饮食禁忌、视听禁忌、接触禁忌、等级禁忌、奇特的禁律、犯禁受罚等。（4）D 魔法（D0－D2199），包括变形、魔力的消除、法宝、魔力及表现等。（5）E 死亡（E0－E799），包括复活、鬼与幽灵、再生、灵魂等。（6）F 奇异（F0－F1099），包括到另一个世界、奇异的灵怪、奇异的人、奇异的地点、奇异的物质、奇异的事情等。（7）G 妖魔（G0－G699），包括妖魔的种类、吃人和吃同类的妖魔、陷身魔网、战胜妖魔等。（8）H 考验（H0－H1599），包括识别身份、检验真假、考验婚姻、考验智勇、考验能力等。（9）J 聪明与愚蠢（J0－J2799），包括智慧的获得、聪明与愚蠢的表现、智者与傻瓜等。（10）K 欺骗（K0－K2399），包括靠欺骗获胜、靠欺骗逃生、骗取财物、骗婚、骗子自食其果等。（11）L 命运颠倒（L0－L499），包括幼者胜出、败势逆转、谦卑得赏、弱者获胜、倨傲遭贬等。（12）M 注定未来（M0－M499），包括命运天定、誓言、协议、承诺、预言、咒语等。（13）N 机遇与命运（N0－N899），包括运气博弈、走运与倒运、幸运的事情、意外遭遇、帮助者等。（14）P 社会（P0－P799），包括皇室贵族、社会各界、家庭亲缘、行业工艺、政府、习俗等。（15）Q 奖励与惩罚（Q0－Q599），包括受奖的行为、奖赏的性质、受罚的行为、惩罚的类型等。（16）R 被俘与逃脱（R0－R399），包括身陷囹圄、营救、逃脱与追捕、避难、第二次被捉等。（17）S 残虐（S0－S499），包括残忍的亲属、谋杀与残害、残酷的祭献、抛弃与残害童孩、虐待等。（18）T 性（T0－T699），包括爱情、婚姻、贞洁与禁欲、不正当的性关系、怀孕与生育、照管童孩等。（19）U 生命的本性（U0－U299），包括人的不同本性的来历、动物的不同本性的来历、贫贱及罪恶等本性等。（20）V 宗教（V0－V599），包括神职人员、宗教仪式、宗教场所、宗教信仰、施舍与戒律等。（21）W 品格（W0－W299），包括优秀的品格、恶劣的品格、其他。（22）X 笑话（X0－X1899），包括关于困窘的笑话、身体残障的笑话、社会各界笑话、性笑话、醉酒笑话、骗子笑话。（23）Z 其他母题（Z0－Z599），包括规则母题、象征母题、英雄母题、特例母题、历史地理生物类母题、恐怖故事母题。

4 实例

4.1 实例表述的构成

实例表述部分包括 4 项，即：

（1）母题实例的“民族属性”。用“ 民族名称 ”表示。

（2）母题“实例描述”。用概括语言叙述该母题在相关文本中的叙事情况。

（3）该母题实例的流传地区。用“【流传】”表示。

（4）该母题实例对应的出处。用“【出处】”表示。

上述项表示该母题实例析出文本的基本信息。（2）、（3）、（4）三项在行文的表达中关系密切，为表述的简洁和节约行文空间，有时会采取标注时互见的方法，具体情形见本凡例“4.3 实例表述具体内容与形式”。

4.2 实例表述的具体内容与使用方法

现对上述 4.1 所涉及的 4 项作出具体示例性介绍。

4.2.1 实例

序号	项目或符号	位置	示例	解释与说明
4.2.1	实　例	关联项之后	实　例	❶提示性文字。 ❷表示下文为上述特定母题的例证。 ❸目前没有找到母题相应的实例时，该项目空缺。

4.2.2 民族属性

文中标号为： 民族名称 。

	位置或情形	示例	解释与说明
4.2.2.1	实　例 （1 项实例）	［W1101.1］世界自然存在 实　例 彝族 （实例描述）	❶“ 彝族 ”表示其后的母题实例描述的民族归属是彝族神话。 ❷有些神话文本民族没有民族归属信息，该项目空缺。 ❸其他情况参见本书《说明》：“5.3 民族顺序的编排”。

续表

	位置或情形	示例	解释与说明
4.2.2.2	实　例（该项包含多个实例时的排序）	［W1104.1］盘古造天地（盘古开天辟地） 实　例 ❶ 白族 （实例描述） ❷ 布依族 （实例描述） ❸ 朝鲜族 （实例描述） ❹ 汉族 （实例描述） ……	一个母题有多个民族的神话文本实例时，按民族汉语名称音序排列。①

4.2.3　实例描述

文中无标号，直接排列在“ 民族名称 ”之后。

	位置或情形	示例	解释与说明
4.2.3.1	实　例（标志之后）	［W2069.4.3］女娲和众神造人 实　例 汉族 女娲跟众神合作，共同创造了人。 ……	❶“实例描述”是从神话文本中提取的关于母题的例证，也是相对应母题的更具体的描述。 ❷该实例描述是本书作者对原文的分析概述，并非原文本原文。
4.2.3.2	同上	实　例 （参见下级母题实例）	为避免同一个实例的重复使用，该母题的实例可以从下级母题列举的实例中得到证明。
4.2.3.3	同上	实　例 （参见［W1902.1.7］母题实例）	为避免同一个实例的重复使用，该母题的实例可以从关联项对应的母题编码的实例中得到证明。
4.2.3.4	同上	实　例 （参见关联项及下级母题实例）	表示本项包括上面序号2、3两种情形。
4.2.3.5	同上	实　例 （实例待考）	表示该母题的存在源于自然推理或汤普森、ATU等母题索引中已列出。但目前在中国神话中还没有找到合适的实例。
4.2.3.6	同上	实　例 鄂温克族 （实例待考）	表示该母题实例流传于鄂温克族神话中，因资料局限目前还没有找到合适实例。

① 具体民族排序参见本书《说明》：“5.3.3　本书56个民族的排列顺序”。

4.2.4　实例流传地区

文中标号为：【流传】

序号	位置或情形	示例	解释与说明
4.2.4.1	实　例（第3项）	① 拉祜族 两兄妹创造世界。 【流传】云南省·（普洱市）·澜沧县（澜沧拉祜族自治县） ② 藏族 蚂蚁创造世界。 【流传】四川省·（阿坝藏族羌族自治州）·若尔盖县·求吉乡·下王则村	❶表示母题实例流传地区。 ❷神话母题实例所涉及文本凡是原文标有“流传地（流传地点、流传地区、流传区域、流传地带等）”的神话，在实例中一律收入并注明。 ❸行政区划地名的排序：按照省（直辖市、自治区）→市（区、地区）→县（市、区）→乡镇（区、街道）→村（组）。不同层级归属之间用“·”隔开。 ❹原神话文本行政区划地名不完整或空缺时，尊重原貌。 ❺其他情况。参见本书《说明》：“5.4‘流传地区’的编排”。
4.2.4.2	地名分级归属的表示	【流传】（云南省·楚雄彝族自治州·双柏县，红河哈尼族彝族自治州等地）	在【流传】栏后面的“（）”中的流传地点，表示原出处作品中并没有注明此出处，而是本书根据相关资料推测出的出处，可以供使用者参考。
4.2.4.3	地名增加信息	【流传】四川省·（凉山彝族自治州）·德昌县·热和乡·田村	❶（凉山彝族自治州），表示“凉山彝族自治州”是本书增加的内容。 ❷作用是强化数据库检索定位功能。
4.2.4.4	地名增加信息	【流传】云南省·怒江傈僳族自治州·兰坪（兰坪白族普米族自治县）	❶兰坪（兰坪白族普米族自治县），表示“兰坪白族普米族自治县”是本书增加的完整的地名表述。 ❷作用是增强地名的准确性，强化数据库检索定位功能。
4.2.4.5	地名增加信息	【流传】云南省·丽江县（丽江市）	❶丽江县（丽江市），表示“丽江市”是原流传地区“丽江县”的当前行政区划名称。 ❷作用是增强地名检索的准确性。
4.2.4.6	地名增加信息	【流传】贵州省·黔东南苗族侗族自治州·三穗县·款场（款场乡）	❶款场（款场乡），表示“款场乡”是原标注流传地区“款场”的当前行政区划名称全称。 ❷作用是增强表述的准确性。
4.2.4.7		【流传】（无考）	“（无考）”指原文本没有标注出处，本书根据相关信息及文本内容难以推测流传地区。

4.2.5 实例文本出处

文中标号为：【出处】。

序号	位置或情形	示例	解释与说明
4.2.5.1	实例（第4项）	【出处】苏力坦阿里·包尔布代讲，阿布都克热木·阿山采录，依斯哈别克·别克别克等翻译：《人的由来》，见《中国民间故事集成》（新疆卷），北京：中国ISBN中心2008年版，第33页。	❶表示母题实例析出文本的出版物信息。 ❷出版物信息包括讲述人、采录者、翻译者、作品名称、该作品析出的出版物名称、出版者、出版时间、该实例在出版物中的页码等。 ❸一个母题实例涉及多篇神话文本时，文本依次排列。 ❹为便于版本比较研究，出处中原出版物一些不同名称或文本自身的错误，本书不做更改。

4.3 实例表述具体内容与形式

在母题实例的“实例描述”、“流传地区”和“文本出处”的具体表述中，根据这三项所涉及信息的对应性，为了避免表达中的重复冗杂，一些同类项采用了（a）（b）（c）等表述方式。文中出现的几种对应关系，通过下面列表加以说明。

4.3.1 一个“实例描述”有一个“文本出处”

这种情况下“实例描述”、“流传地区”和“文本出处”是一一对应关系。

实例表述示例			解释与说明
实例描述	流传地区	文本出处	
布依族 玉皇大帝派盘古开天地。	贵州省·贵阳市	陈素兰讲，张羽超等搜集，夏云昆整理：《开天辟地》，见中华民族故事大系编委会编《中华民族故事大系》第3卷（彝族、壮族、布依族），上海：上海文艺出版社1995年版，第687页。	这类情况在母题实例较为常见。
鄂伦春族 雷神举起凿子锤子打沙加翁卡伊（鱼鹰）。	内蒙古自治区·（呼伦贝尔市）·鄂伦春自治旗	旃诛枚讲，巴图宝音采录：《逗雷神》，见中国民间文学集成全国编辑委员会编《中国民间故事集成》（内蒙古卷），北京：中国ISBN中心2007年版，第21页。	❶“实例描述”中的“（ ）”中的内容是本书所加，是对原文的解释。 ❷“流传地区”中的“内蒙古自治区·鄂伦春自治旗”为原文本标记的流传地区。

4.3.2　一个“实例描述”有两个“文本出处”

这种情况下“实例描述”与“流传地区”和“文本出处”的对应分两种情况，一般会使用（a）（b）代号，合并相同的内容。

实例表述示例			解释与说明
实例描述	流传地区	文本出处	
汉族 天上原来有7个太阳。	（a）陕西省（咸阳市）·彬县·小章乡·赵寨村 （b）北京市·通县（通州区）	（a）池老犟讲，纪笑强采录：《二郎神担山压太阳》，见中国民间文学集成全国编辑委员会编《中国民间故事集成》（陕西卷），北京：中国ISBN中心1996年版，第21页。 （b）王月珍讲，蔺再山采录：《二郎神担山捉太阳》，见中国民间文学集成全国编辑委员会编《中国民间故事集成》（北京卷），北京：中国ISBN中心1999年版，第6页。	❶1个实例对应（a）（b）2个“流传地区”和2个“文本出处”。 ❷（a）（b）等代码表示的是作为神话母题实例来源的不同文本。 ❸【出处】中的（a）（b）分别与【流传】中的（a）（b）相对应。
壮族 太阳被阉过，所以他的孩子长不成小太阳，长成了星星。	广西壮族自治区·（南宁市）·上林县·西燕乡	（a）韦奶讲，蓝鸿恩采录翻译：《太阳、月亮和星星》，见中国民间文学集成全国编辑委员会编《中国民间故事集成》（广西卷），北京：中国ISBN中心2001年版，第38页。 （b）同（a），见张声震总主编，农冠品编注《壮族神话集成》，南宁：广西民族出版社2007年版，第310页。	❶1个实例对应1个“流传地区”和2个“文本出处”。 ❷当（a）（b）两个文本的“实例描述”和“流传地区”相同时，行文中的“实例描述”和“流传地区”中省去（a）（b）等标记。
白族 阿白是白族先民想象中的天神。	（a）云南省·（怒江傈僳族自治州）·泸水县 （b）云南省·（怒江傈僳族自治州）·碧江县（已撤销，今属福贡县）·四区二村	（a）阿普介爹讲，普六介译，周天纵采录：《氏族来源》，见中国民间文学集成全国编辑委员会编《中国民间故事集成》（云南卷），北京：中国ISBN中心2003年版，第228页。 （b）同（a），见谷德明编《中国少数民族神话》，北京：中国民间文艺出版社1987年版，第305页。	❶1个实例对应2个“流传地区”和2个“文本出处”。 ❷【流传】中的（a）（b）两个地点，分别与【出处】中的（a）（b）两个出版物对应。 ❸【出处】中的“（b）同（a）”，表示（b）的作品讲述人、翻译者、采录者、作品名称等与（a）相同，不再重复标出。

续表

实例表述示例			解释与说明
实例描述	流传地区	文本出处	
苗族 (a)……盘古(开天立地的神人……不是槃瓠)开天。 (b)认为，盘古是开天巨神。	(b)湖南省·湘西(湘西土家族苗族自治州)	(a)龙王六诵，龙炳文翻译：《开天立地》，见陶立璠、赵桂芳等编《中国少数民族神话汇编》(开天辟地篇)，中央民族学院少数民族古籍整理出版规划领导小组办公室，内部资料，第42页。 (b)过竹：《苗族神话研究》，南宁：广西人民出版社1988年版，第220页。	❶“实例描述”中，出现的(a)(b)与“文本出处”中的(a)(b)相对应。 ❷(a)　(b)相同部分不作标记。

4.3.3　一个“实例描述”有两个以上“文本出处”

这种情况下“实例描述”与“流传地区”和“文本出处”的对应除了具有4.3.2的情形之外，使用(a)(b)(c)等代号，在“实例描述”、“流传地区”、“文本出处”中会有一些替代或合并现象。

实例表述示例			解释与说明
实例描述	流传地区	文本出处	
黎族 蛇卵孵出……始祖。	(a)海南省·琼中县(琼中黎族苗族自治县)·五指山公社·番龙村(今属五指山市·水满乡·番龙村) (b)海南省	(a)王克福……《黎母的神话》 (b)［清］《琼州府志》 (c)广东民族学院……《黎母山》 (d)《黎母山传说》	❶具体例子参见本注释。① ❷“文本出处”中的代码表示文本数量，如(a)(b)(c)(d)，表示本母题实例有4个不同的文本。 ❸在“流传地区”中没有显示该文本相对应的代码的，如没有(c)(d)，表示(c)(d)原文本中没有流传地区的信息。

① 黎族 蛇卵孵出一个女孩，雷公给她起了个名字，叫黎母，成为黎族的始祖。
【流传】(a)海南省·琼中县(琼中黎族苗族自治县)·五指山公社·番龙村(今属五指山市·水满乡·番龙村)(b)海南省
【出处】
(a)王克福讲，符策超采录：《黎母的神话》，见中国民间文学集成全国编辑委员会编《中国民间故事集成》(海南卷)，北京：中国ISBN中心2002年版，第5页。
(b)［清］《琼州府志》，见《古今图书集成·职方典》卷一三九二，见吕大吉、何耀华总主编《中国各民族原始宗教资料集成》(土家族卷、瑶族卷、壮族卷、黎族卷)，北京：中国社会科学出版社1998年版，第664页。
(c)广东民族学院中文系采风组搜集整理：《黎母山》，见谷德明编《中国少数民族神话》，北京：中国民间文艺出版社1987年版，第202页。
(d)《黎母山传说》，见广东民族学院中文系编《黎族民间故事选》，上海：上海文艺出版社1982年版，第12页。

续表

实例表述示例			解释与说明
实例描述	流传地区	文本出处	
毛南族 盘哥和古妹结婚……	（a）……下南村·松现屯 （b）……环江县上、中、下南地区 （c）……环江县 （d e）……环江县·下南乡 （f）广西壮族自治区	（a）覃启仁……《盘哥古妹》 （b）谭金田……《盘兄和古妹》 （c）覃启仁……《盘古的传说》 （d）谭中意……《盘古的故事》 （e）谭金田……《盘古的传说》 （f）覃启仁……《盘古的传说》	❶具体例子参见本注释。① ❷“文本出处”中的（a）（b）（c）（d）（e）（f），表示本母题实例有6个不同的文本。 ❸相应项目合并。如“流传地区”中“（d e）”对应“文本出处”中的“（d）”和“（e）”两个不同的文本，因流传地相同而合并。

① 毛南族 盘哥和古妹结婚后，用泥捏成人崽，叫乌鸦衔去丢，成活。

【流传】

（a）广西壮族自治区·（河池市）·环江县（环江毛南族自治县）·下南乡·下南村·松现屯

（b）广西壮族自治区·（河池市）·环江县（环江毛南族自治县）上（上南乡）、中（中南乡）、下南地区（下南乡）

（c）广西壮族自治区·（河池市）·环江县（环江毛南族自治县）

（d e）广西壮族自治区·（河池市）·环江县（环江毛南族自治县）·下南乡

（f）广西壮族自治区

【出处】

（a）覃启仁讲，蒋志雨采录翻译：《盘哥古妹》，见中国民间文学集成全国编辑委员会编《中国民间故事集成》（广西卷），北京：中国ISBN中心2001年版，第70页。

（b）谭金田等翻译整理：《盘兄和古妹》，见谷德明编《中国少数民族神话》，北京：中国民间文艺出版社1987年版，第153页。

（c）覃启仁讲，谭金田等翻译整理：《盘古的传说》，见曹廷伟编著《广西民间故事辞典》，南宁：广西教育出版社1993年版，第23页。

（d）谭中意整理：《盘古的故事》，见《毛南族：广西环江县南昌屯调查》，昆明：云南大学出版社2004年版，第295～296页。

（e）谭金田等翻译整理：《盘古的传说》，见中华民族故事大系编委会编《中华民族故事大系》第12卷（布朗族、撒拉族、毛南族），上海：上海文艺出版社1995年版，第479～485页。

（f）覃启仁讲，谭金田翻译整理：《盘古的传说》，见袁凤辰编《毛南族民间故事集》，北京：中国民间文艺出版社1984年版，第1～7页。

5 其他

5.1 本书中其他一些项目或符号

序号	项目或符号	位置	示例	解释与说明
1	✿	基本母题检索、正文、附录1	✿ W1070 三界	❶母题类型提示性符号。❷带“✿”标注的母题可以作为类型名称看待，包含带“❉”的母题以及“❉”之下所有母题。
2	❉	基本母题检索、正文、附录1	❉ W1071 上界（天堂）❉ W1075 人界（人世，人间，阳世）	❶母题类型提示性符号。❷带“❉”标注的母题下面会包含以自然数为代码的若干母题。❸带“❉”标注的母题隶属于带“✿”标注的母题。
3	*	出现的作品名称前	*《白石支天》，见《藏族原始宗教资料丛编》……	前面带“*”的神话篇名，表示原神话文本没有题目，本书为了表达方便而添加的题目。
4	☆	文本标题之前	☆姜子牙钓到西北角支撑天的鳌鱼	前面带“☆”的母题实例，表示此项并不是一般意义上的神话，带有明显的传说或故事性质，但与神话母题有密切联系。
5	◎	正文、附录1	◎〖天地的支撑〗	❶母题编目提示性符号。❷不表示任何具体母题，无编码。
6	（实例待考）	实例之后	苗族（实例待考）	表述从一般文章或论文信息中发现该民族神话存在这个母题，但目前还没有找到原文本。
7	（参照下一级母题实例）	实例之后	实例（参照下一级母题实例）	表示该母题代码下的实例，可以从下面的一级母题实例中得到验证。

5.2 补充说明

本凡例未涉及之处，以本书表述的实际发生为准。

基本母题检索

0.1 神的概述
【W0000 ~ W0179】

‖0.1.1 神的产生‖
【W0000 ~ W0059】

‖ 0.1.2 神的特征 ‖

【W0060 ~ W0089】

‖0.1.3 神的生活‖
【W0090～W0119】

‖0.1.4‖
神的地位、性质与职能
【W0120～W0129】

‖0.1.5 神的能力‖
【W0130～W0134】

‖0.1.6 神的工具与武器‖
【W0135～W0139】

‖0.1.7 神的关系‖
【W0140～W0174】

‖0.1.8 神的寿命与死亡‖
【W0175～W0179】

0.2 与方位相关的神
【W0180 ~ W0269】

‖0.2.1 天神‖
【W0180 ~ W0229】

‖ 0.2.2 地神 ‖

【W0230 ~ W0239】

‖ 0.2.3 阴间神（冥神） ‖

【W0240 ~ W0249】

‖ 0.2.4 其他方位神 ‖

【W0250 ~ W0269】

0.3 与自然现象（物）有关的神

【W0270～W0419】

‖0.3.1 日月星辰神‖

【W0270～W0289】

‖0.3.2 与天气有关的神‖

【W0290～W0389】

‖0.3.3 与自然物有关的神‖

【W0390～W0419】

0.4 与职能、行业相关的神
【W0420～W0499】

‖0.4.1 创造神与破坏神‖
【W0420～W0429】

‖0.4.2 与管理或保护有关的神‖
【W0430～W0449】

‖0.4.3 与功能或行业有关的神（行业神）‖

【W0450～W0499】

0.5 与具体的物相关的神
【W0500 ~ W0559】

‖0.5.1 动物神‖
【W0500 ~ W0539】

‖0.5.2 植物神‖
【W0540～W0549】

‖0.5.3 无生命物神‖
【W0550～W0599】

0.6 神性人物
【W0560～W0769】

‖0.6.1 文化英雄‖
【W0560～W0629】

‖0.6.2 半神半人、合体神与分体神‖
【W0630 ~ W0639】

‖0.6.3 祖先（祖先神，始祖神）‖
【W0640 ~ W0659】

‖0.6.4 巨人‖
【W0660 ~ W0669】

‖0.6.5 常见的典型神性人物‖
【W0670 ~ W0769】

0.7 与民间信仰有关的神或神性人物【W0770～W0829】

‖0.7.1 民间信仰中常见的神或神性人物‖【W0770～W0784】

‖0.7.2 民间信仰中其他神或神性人物‖

【W0785 ~ W0799】

‖0.7.3 仙人（神仙）‖

【W0800 ~ W0829】

0.8 妖魔与怪物

【W0830～W0919】

‖0.8.1 妖魔‖

【W0830～W0854】

‖0.8.2 怪人、怪物‖

【W0855～W0869】

‖0.8.3 灵魂（鬼）‖

【W0870～W0919】

0.9 神或神性人物的其他母题

【W0920～W0999】

‖0.9.1 神物‖

【W0920～W0969】

‖0.9.2 与神或神性人物有关的其他母题‖

【W0970～W0999】

6－1

【W0000～W0269】

（本卷“基本母题检索”见本书第32—38页“基本母题检索”）

0.1 神的概述[①]（W0000～W0179）

0.1.1 神的产生【W0000～W0059】

✿ W0000

神

实　例

（实例待考）

✿ W0001

神的产生

【汤普森】 A110

实　例

鄂伦春族 同欧伦一起升天的女人，后来也就成了保护仓库的女神，受到鄂伦春人的祭祀。

【流传】 内蒙古自治区·呼伦贝尔市·鄂伦春族自治县

【出处】 旃诛梅讲：《欧伦神的传说》，原载巴图宝音搜集整理《鄂伦春族民间故事集》，见陶阳、钟秀编《中国神话》（上册），北京：商务印书馆2008年版，第246～247页。

鄂温克族 从天上下来的蛇神舍沃克神。

【流传】（无考）

【出处】

（a）乌云达赉整理：《舍沃克神与铁神》，见满都呼主编《中国阿尔泰语系诸民族神话故事》，北京：民族出版社1997年版，第305页。

（b）《舍沃克神与铁神》，见内蒙古自治区鄂温克族研究会编《鄂温克族研究文集》第二辑（上），内部编印。

哈尼族 祖先鱼生出不同职能的数代神王。神王又生出风神、雨神、雷神、土神、种籽神、水神、田神、地神、水沟神等神。

【流传】 云南省红河哈尼族彝族自治州元阳县、红河县、金平苗族瑶族傣族自治县

【出处】 朱小和讲，史军超、卢朝贵翻译整理：《神的诞生》（原名《烟本霍本》），见中华民族故事大系编委会编《中华民族故事大系》第6卷（哈尼族、哈萨克族、傣族），上海：上海文艺出版社1995年版，第5～10页。

① 这类神，一般没有具体的形象。只是在神话叙事中出现的一般意义上的神，是泛指的“神”或“大神”、“小神”，有的虽然有一定的职能，但总体形象不明显。把这些神列为此类。

W0002

神自然存在

实 例

朝鲜族 天帝的儿子解慕漱巡视下界时，身坐天车，有五条龙拉套，一百多个随从骑着仙鹤，吹着洞箫，从天而降。他们白天下界巡视，夜晚返回天宫。

【流传】长白山等地

【出处】金德顺讲，裴永镇记录整理：《东明王的传说》，原载《金德顺故事集》，见陶阳、钟秀编《中国神话》（中），北京：商务印书馆 2008 年版，第 886 ~897 页。

门巴族 从前，地上没有人，只有拉旺布加钦和拉旺布拉钦两个天神兄弟。

【流传】西藏自治区·（林芝市）·墨脱县

【出处】益西平措讲，冀文正采录：《创世说》，见中国民间文学集成全国编辑委员会编《中国民间故事集成》（西藏卷），北京：中国 ISBN 中心 2001 年版，第 4 页。

W0003

神自然产生

【汤普森】A115

实 例

拉祜族 神自然产生。

【流传】云南省·（普洱市）·澜沧（澜沧拉祜族自治县），孟连（孟连傣族拉祜族佤族自治县）

【出处】扎袜等讲，苏敬梅等搜集，苏敬梅等整理：《牡帕密帕》，见中华民族故事大系编委会编《中华民族故事大系》第 8 卷（畲族、高山族、拉祜族），上海：上海文艺出版社 1995 年版，第 683 页。

W0003.1

出现大地后就出现神

实 例

藏族 出现陆地后，有了山和神。

【流传】（云南省·迪庆藏族自治州）

【出处】＊《猕猴变人》，原载丹珠昂奔：《藏族神灵论》，中国社会科学出版社 1990 年版，见吕大吉、何耀华总主编《中国各民族原始宗教资料集成》（鄂伦春族卷、鄂温克族卷、赫哲族卷、达斡尔族卷、锡伯族卷、满族卷、蒙古族卷、藏族卷），北京：中国社会科学出版社 1999 年版，第 939 页。

❊ W0004

神来源于某个特定地方

【汤普森】≈A119.3

实 例

（实例待考）

W0005

神源于混沌

【汤普森】A115.1

实 例

（实例待考）

W0006

神从天降

【关联】［W0466.1］火神从天而降

实 例

高山族 太阳神从天而降。

【流传】北排湾群望嘉社

【出处】许功明：《鲁凯族的文化与艺术》，台北：稻乡出版社 1991 年版，第 60 页。

汉族 牛神爷爷是从天上下凡的灰牛大仙。

【流传】（无考）

【出处】

（a）孙长生讲，钟伟今搜集整理：《白龙和灰牛》，载《民间文学》1980 年第 5 期。

（b）孙长生讲，钟伟今搜集整理：《天虫》，见姚宝瑄主编《中国各民族神话》（汉族），太原：山西出版传媒集团·书海出版社 2014 年版，第 352～356 页。

蒙古族 火神萨吉阿代从天降到地上。

【流传】（无考）

【出处】《蒙古族自然神灵的信仰和崇拜》，见吕大吉、何耀华总主编《中国各民族原始宗教资料集成》（鄂伦春族卷、鄂温克族卷、赫哲族卷、达斡尔族卷、锡伯族卷、满族卷、蒙古族卷、藏族卷），北京：中国社会科学出版社 1999 年版，第 605 页。

彝族 日神尼伍布，月神能买物，是诸神父母，降凡于三福，临大地四方。

【流传】贵州省·毕节市·赫章县

【出处】罗正清翻译，黄建明摘录，赫章县民委提供：《神系根源》，见吕大吉、何耀华总主编《中国各民族原始宗教资料集成》（彝族卷、白族卷、基诺族卷），北京：中国社科出版社 1996 年版，第 279～280 页。

W0006.1

神是天上的人

实 例

（参见下级母题实例）

W0006.1.1

天上的人体大善良被称为“神”

实 例

鄂温克族 天上的人个子很大，很善良，被称为“神”。

【流传】内蒙古自治区·（呼伦贝尔市）·额尔古纳旗（额尔古纳市）

【出处】《天地鬼神》，见吕大吉、何耀华总主编《中国各民族原始宗教资料集成》（鄂伦春族卷、鄂温克族卷、赫哲族卷、达斡尔族卷、锡伯族卷、满族卷、蒙古族卷、藏族卷），北京：中国社会科学出版社 1999 年版，第 93 页。

W0006.2

特定的神从天降

实 例

（参见下级母题实例）

W0006.2.1

村寨的守护神是从天而降的

实 例

汉族 （实例待考）

W0006.2.2

法力通天的帖愣神灵额赫妈妈从天而降

实 例

蒙古族 从天而降的额赫妈妈，是法力通天的帖愣神灵。

【流传】（内蒙古自治区·通辽市·科尔沁一带）

【出处】李青唱：《铜镜神》（1982.12），原载白翠英、邢源、福宝琳、王笑《科尔沁博艺术初探》，哲里木盟文化处编印，内部资料，1986年，见吕大吉、何耀华总主编《中国各民族原始宗教资料集成》（鄂伦春族卷、鄂温克族卷、赫哲族卷、达斡尔族卷、锡伯族卷、满族卷、蒙古族卷、藏族卷），北京：中国社会科学出版社1999年版，第710页。

W0007

神从地下来

【汤普森】A115.2

实 例

朝鲜族 （实例待考）

汉族 伏羲是从地下拱出来的。

【流传】河南省·（周口市）·西华县·聂堆乡

【出处】张慎重口述、陈连仲记录：《女娲和伏羲》，见陶阳、牟钟秀著《中国创世神话》，上海：上海人民出版社2006年版，第159页。

W0008

神从冥界来

实 例

（实例待考）

W0009

神从黑暗中来

实 例

（实例待考）

W0010

神从水中来

实 例

哈尼族 远古时，睡在大海里的密乌艾西艾玛金鱼娘（金鱼神）扇出了七个大神。

【流传】云南省·（红河哈尼族彝族自治州）·元阳县·黄草岭区（黄草岭乡）·树皮寨

【出处】

（a）杨批斗讲，史军超采录：《年月树》，见中国民间文学集成全国编辑委员会编《中国民间故事集成》（云南卷），北京：中国 ISBN 中心 2003 年版，第 289 页。

（b）同（a）《哈尼族神话传说集成》，北京：中国民间文艺出版社 1990 年版。

汉族 在山林和水泽之间，生长出了一些怪神。

【流传】（无考）

【出处】《共工怒触不周山》，原载袁珂编译《中国神话故事》，见陶阳、钟秀编《中国神话》（中），北京：商务印书馆 2008 年版，第 721～723 页。

满族 最早的世界是一个水泡。水泡渐渐长大增多，里面生出阿布卡赫赫（女神）。

【流传】黑龙江省·黑河地区（黑河市）·孙吴县·（沿江满族达斡尔族乡）·四季屯（四季屯村）

【出处】吴纪贤、富希陆讲：《天宫大战——黑水女真人传世神话》（1939，选自富育光、郭淑云整理的手稿），见姚宝瑄主编《中国各民族神话》（满族、赫哲族、朝鲜族），太原：山西出版传媒集团·书海出版社 2014 年版，第 21 页。

W0010.1

神从海中来

【汤普森】≈A114.1

实 例

（实例待考）

W0011

神从雾中来

【汤普森】A115.3

实 例

（实例待考）

W0012

神从洞中来

实 例

汉族 （实例待考）

W0013

与神源于特定地方有关的其他母题

实 例

（参见下级母题实例）

W0013.1

神是创世主派来的

实 例

哈萨克族 万能的创世主迦萨甘派了为数众多的神司掌万物，庇护万物，使之得以生长，造福于人类。如雷神、风神、水神、火神、山神、土地神等。

【流传】（新疆维吾尔自治区）

【出处】尼哈迈提·蒙加尼搜集，校仲彝翻译整理：《神与灵魂》，见姚宝瑄主编《中国各民族神话》（乌孜别克族、哈萨克族、柯尔克孜族、俄罗斯族、维吾尔族、塔吉克族、塔塔尔族、锡伯族），太原：山西出版传媒集团·书海出版社2014年版，第31~32页。

※W0014

神是创造产生的（造神）

【汤普森】A104

实 例

（参见下级母题实例）

W0014.1

造神的原因

【关联】［W2040］造人的原因

实 例

（参见下级母题实例）

W0014.1.1

为管理世界造神

实 例

（参见下级母题实例）

W0014.1.1.1

大神英叭为了管理天地造神

实 例

傣族 造天地的大神英叭造神是为了让这些天神来替他管天，帮他去管地，也需要有天神来服侍他，帮他过生活。

【流传】云南省·西双版纳傣族地区（西双版纳傣族自治州）

【出处】《巴塔麻嘎捧尚罗》，王松据岩温炳翻译《巴塔麻晏》（开天辟地）改写，见姚宝瑄主编《中国各民族神话》（哈尼族、傣族），太原：山西出版传媒集团·书海出版社2014年版，第283页。

W0014.1.2

为照顾老神造神

实 例

（参见下级母题实例）

W0014.1.2.1

第二代神王玛哈捧为照顾自己的父神英叭造神

实 例

傣族 第二代神王玛哈捧为了照顾自己的父神英叭，就模仿父神的做法搓下身上的污垢，捏出了第三代神捧腊哈。若干万年之后，捧腊哈也十分想念他的父亲，就学父辈的办法，也搓下自己身上的污垢，捏出了第四代神。

【流传】云南省·西双版纳傣族地区（西双版纳傣族自治州）

【出处】《巴塔麻嘎捧尚罗》，王松据岩温炳翻译《巴塔麻晏》（开天辟地）改写，见姚宝瑄主编《中国各民族神话》（哈尼族、傣族），太原：山西出版传媒集团·书海出版社 2014 年版，第 287 页。

W0014.1.3

神因为孤独造神

【关联】 ［W2044］为消除孤独造人（因孤独造人）

实 例

（参见下级母题实例）

W0014.1.3.1

大神英叭因孤单寂寞造神

实 例

傣族 最大的天神英叭造好天后，只他一个。他觉得孤单，又造了 22 个神。

【流传】 云南省·西双版纳（西双版纳傣族自治州）·（勐海县）

【出处】《阳光和风成婚生英叭》，原文本为叭补答讲，刀昌德记录《开天辟地的故事》，见姚宝瑄主编《中国各民族神话》（哈尼族、傣族），太原：山西出版传媒集团·书海出版社 2014 年版，第 235 页。

傣族 第十六层天没有别的天神。造天地的大神英叭孤单寂寞，没有谁来与他做伴，感到忧伤，于是开始造神。

【流传】 云南省·西双版纳傣族地区（西双版纳傣族自治州）

【出处】《巴塔麻嘎捧尚罗》，王松据岩温炳翻译《巴塔麻晏》（开天辟地）改写，见姚宝瑄主编《中国各民族神话》（哈尼族、傣族），太原：山西出版传媒集团·书海出版社 2014 年版，第 283 页。

W0015

神造神

实 例

（参见下级母题实例）

W0015.1

创世者造神

实 例

（参见下级母题实例）

W0015.1.1

创世者用太阳造女神

实 例

蒙古族（布里亚特） 创造神用太阳创造善良的女神曼津·固尔姆。

【流传】（无考）

【出处】［蒙古］曾·杜拉姆：《蒙古神话学形象》，［蒙古］国家出版社 1989 年版，第 129 页，转引自陈岗龙等《蒙古民间文学》，银川：宁夏人民出版社 2008 年版，第 33 页。

W0015.1.2

开创天地的英叭造 1 对男女神

实 例

傣族 开创天地的英叭用污垢捏成一

个男神和一个女神。

【流传】（无考）

【出处】《布桑戛西与雅桑戛赛》，见谷德明编《中国少数民族神话》，北京：中国民间文艺出版社 1987 年版，第 346 页。

傣族 开创天地的英叭用他的污垢捏成两个神，他对着捏好的神说："如果福气注定我不仅成为主宰天地之主，而且成为主宰神仙之王的话，就请这两个神复活而有生命吧！"说完，污垢神就真的变活了，成为一个男神和一个女神。

【流传】云南省

【出处】《布桑戛西与雅桑戛赛》，原载谷德明编《中国少数民族神话》，见陶阳、钟秀编《中国神话》（上），北京：商务印书馆 2008 年版，第 45～47 页。

W0015. 2

天神造神

【关联】［W2053］天神造人

实 例

（参见下级母题实例）

W0015. 2. 1

天神英叭造神

实 例

（参见下级母题实例）

W0015. 2. 1. 1

天神英叭用身上污垢造 1 对男女神

实 例

傣族 天神英叭用自身的污垢捏出男女二神。

【流传】（无考）

【出处】《巴塔麻戛捧尚罗》，见祜巴勐《论傣族诗歌》，北京：中国民间文艺出版社 1981 年版，第 15～16 页。

傣族 天神英叭召用他的污垢捏成 1 个男神和 1 个女神。

【流传】云南省

【出处】《开天辟地》，见谷德明编《中国少数民族神话》，北京：中国民间文艺出版社 1987 年版，第 341 页。

W0015. 2. 1. 2

天神英叭造天上的众神和第一代人

实 例

傣族 巨人天神英叭用他的汗垢捏出了天上的众神和第一代人布桑嘎与雅桑嗅。

【流传】（无考）

【出处】傣族创世史诗《巴诺玛嘎捧尚罗》，原载《水里浮起的尧白阿嫫》注释，见姚宝瑄主编《中国各民族神话》（水族、布朗族、独龙族、基诺族、傈僳族），太原：山西出版传媒集团·书海出版社 2014 年版，第 155 页。

W0015.2.2

天神造天神，父亲捏儿子，儿子捏孙子

实 例

傣族 天神造天神，父亲捏儿子，儿子捏孙子，一代接一代，神种不间断。

【流传】 云南省·西双版纳傣族地区（西双版纳傣族自治州）

【出处】《巴塔麻嘎捧尚罗》，王松据岩温炳翻译《巴塔麻晏》（开天辟地）改写，见姚宝瑄主编《中国各民族神话》（哈尼族、傣族），太原：山西出版传媒集团·书海出版社2014年版，第289页。

W0015.2a

最高神造神

实 例

（实例待考）

W0015.2a.1

最高神乌尔根造女神麦德尔

实 例

蒙古族 （实例待考）

W0015.2b

众神造神

【关联】［W2069.4.3］女娲和众神造人

实 例

（参见下级母题实例）

W0015.2b.1

众神用泥造神

实 例

傣族（水傣） 负责巡视和看守天和地的四个加都罗神用神石上的污垢造出开创人间世界的天神帝娃达。

【流传】（云南省·西双版纳傣族自治州）

【出处】 王松整理：《傣族——西双版纳的神谱》，见姚宝瑄主编《中国各民族神话》（哈尼族、傣族），太原：山西出版传媒集团·书海出版社2014年版，第229页。

W0015.2b.2

2个神造神

实 例

傣族 天神英叭给雅桑嘎和布桑嘎的仙葫芦里没有人种，他们用泥垢捏出来的，又都是神，不是人。

【流传】 云南省

【出处】《巴塔麻嘎捧尚罗》，见《中国各民族宗教与神话大词典》编审委员会编《中国各民族宗教与神话大词典》，北京：学苑出版社1990年版，第82页。

W0015.3

祖先造神

【关联】［W0422.0b.3.1］祖先神造出会造日月的神

实 例

（参见下级母题实例）

W0015.3.1

男祖先造神

实 例

（参见下级母题实例）

W0015.3.1.1

男始祖布洛陀造鬼神

实 例

壮族 壮族的男始祖布洛陀造鬼神。

【流传】（无考）

【出处】 张声震主编：《壮族麽经布洛陀影印译注》，南宁：广西民族出版社2004年版，第40~49页。

W0015.3.2

女祖先造神

实 例

（实例待考）

W0015.3.3

男女祖先共同造神

实 例

（参见下级母题实例）

W0015.3.3.1

雅桑嘎和布桑嘎用泥垢造出神

实 例

傣族 天神英叭给雅桑嘎和布桑嘎的仙葫芦里没有人种，他们用泥垢造人时，捏出来的都成为神。

【流传】 云南省

【出处】《巴塔麻嘎捧尚罗》，见《中国各民族宗教与神话大词典》编审委员会编《中国各民族宗教与神话大词典》，北京：学苑出版社1990年版，第82页。

W0015.4

神人造神

实 例

（实例待考）

W0015.4.1

男女神人造神

实 例

苗族 （实例待考）

W0016

特定的神或神性人物造神

实 例

（实例待考）

W0016.1
喇嘛造神

实 例

蒙古族 （实例待考）

W0017
人造神

【关联】［W2070］人造人

实 例

汉族 （实例待考）

W0018
动植物造神

实 例

（参见下级母题实例）

W0018.1
动物造神

实 例

（参见下级母题实例）

W0018.1.1
鱼造神

实 例

哈尼族 （参见“W0027.2.1 鱼从脊背生7对神”母题实例）

实 例

（实例待考）

W0018.2
植物造神

实 例

（实例待考）

W0019
其他特定人物造神

实 例

（实例待考）

W0019.1
自然物造神

实 例

（实例待考）

W0019.1.1
天与地造神

实 例

苗族 （实例待考）

W0020
造神的材料

【关联】［W2080］造人的材料

实 例

（参见下级母题实例）

W0020.1
用神的器官造神

实 例

（参见下级母题实例）

W0020. 1. 1
用神的心造神

实 例

（参见下级母题实例）

W0020. 1. 1. 1
玛支玛珂神树割天神之母的一半心造神

实 例

彝族 太古时，玛支玛珂神树就进入天神之母的蒲依的腹中，成为她的心伴。当蒲依感到孤独需要玩伴时，玛支玛珂神树说："我把你的心割一半，加上我的心一半，给你造个玩伴，让他出来跟你玩。"

【流传】云南省·（楚雄彝族自治州）·永仁县

【出处】

（a）曲木阿石等讲，罗有能整理：《更资天神》，见云南省楚雄州文教局、云南省楚雄州民委会编《楚雄民间文学资料》，内部资料，1979 年。

（b）同（a），见姚宝瑄主编《中国各民族神话》（羌族、彝族），太原：山西出版传媒集团·书海出版社 2014 年版，第 176 页。

W0020. 1. 2
天神用身上的污垢造神

实 例

（实例待考）

W0020. 1. 2. 1
天神英叭用污垢造神官捧麻远冉

实 例

傣族 神官捧麻远冉是英叭神开天辟地时用污垢做成的神，并非母体所生。

【流传】（云南省）

【出处】陈平改写：《捧麻远冉与捧腊哈纳罗》，原载《巴塔麻嘎捧尚罗》，见姚宝瑄主编《中国各民族神话》（哈尼族、傣族），太原：山西出版传媒集团·书海出版社 2014 年版，第 372 页。

W0020. 1. 2. 2
四个守护神用神石上的污垢造天神帝娃达

实 例

傣族 四个守护神用神石上的污垢，揉拢在一起，共同捏出了一个天神，取名叫"帝娃达"。

【流传】云南省·西双版纳傣族地区（西双版纳傣族自治州）

【出处】《巴塔麻嘎捧尚罗》，王松据岩温炳翻译《巴塔麻晏》（开天辟地）改写，见姚宝瑄主编《中国各民族神话》（哈尼族、傣族），太原：山西出版传媒集团·书海出版社 2014 年版，第 290 页。

W0020.1.2.3
神王英叭用他身上的污垢造2个神

实　例

傣族 英叭（神王名）用他的污垢捏成两个神。

【流传】（云南省）

【出处】《破仙葫芦进人间，开创世道人类》，原载祜巴勐《论傣族诗歌》，中国民间文学出版社1981年版，见姚宝瑄主编《中国各民族神话》（哈尼族、傣族），太原：山西出版传媒集团·书海出版社2014年版，第261页。

W0020.1.2.4
天神阿布卡赫赫用自己身上的泥造无数个小神

实　例

满族 天空大战时，天神阿布卡赫赫为了战胜恶魔耶鲁里，搓下身上的泥，做了无数个能伸能缩的米亚卡小神。

【流传】黑龙江省·黑河地区（黑河市）·孙吴县·（沿江满族达斡尔族乡）·四季屯（四季屯村）

【出处】吴纪贤、富希陆讲：《天宫大战——黑水女真人传世神话》（1939），选自富育光、郭淑云整理的手稿，见姚宝瑄主编《中国各民族神话》（满族、赫哲族、朝鲜族），太原：山西出版传媒集团·书海出版社2014年版，第32页。

W0020.1.3
用不同的神的肢体造神

实　例

（参见下级母题实例）

W0020.1.3.1
天神阿布卡赫赫用自己身上的一块肉造敖钦女神，又用地神卧勒多赫赫脚上的一块肉做成敖钦女神的手臂

实　例

满族 天神阿布卡赫赫从自己身上揪下一块肉，造一个敖钦女神，生九个头；又从地神卧勒多赫赫脚上取来一块肉，做成敖钦女神的八只手臂。

【流传】黑龙江省·黑河地区（黑河市）·孙吴县·（沿江满族达斡尔族乡）·四季屯（四季屯村）

【出处】吴纪贤、富希陆讲：《天宫大战——黑水女真人传世神话》（1939），选自富育光、郭淑云整理的手稿，见姚宝瑄主编《中国各民族神话》（满族、赫哲族、朝鲜族），太原：山西出版传媒集团·书海出版社2014年版，第24页。

W0020.2
用特定物造神

实　例

（参见下级母题实例）

W0020. 2. 1

神用岩石做骨头

实 例

（参见下级母题实例）

W0020. 2. 1. 1

第一代神王老祖母阿匹梅烟用最硬最亮的岩石给子孙做骨头

实 例

哈尼族 第二代男神王烟沙大神生下第二代男神沙拉和风神、雨神、雷神等九位大神后，又一口气生下了五个儿子。第一代神王老祖母阿匹梅烟很喜欢这五个孙子，就拿最硬最亮的岩石给他们做骨头。

【流传】 云南省·（红河哈尼族彝族自治州）·元阳（元阳县）、红河（红河县）、金平（金平苗族瑶族傣族自治县），（采集于元阳县·胜村乡·全福庄）

【出处】 卢朝贵讲，史军超搜集整理：《神和人的家谱》，原载云南省民间文学集成办公室编《哈尼族神话传说集成》，中国民间文艺出版社 1990 年版，见姚宝瑄主编《中国各民族神话》（哈尼族、傣族），太原：山西出版传媒集团·书海出版社 2014 年版，第 40 页。

W0021

造神的方法

【关联】［W2100］造人的方法

实 例

（实例待考）

W0021. 1

神自我造出来的

【汤普森】 A118

实 例

（实例待考）

W0021. 2

用魔法造神

【汤普森】 A119. 1

实 例

（实例待考）

W0021. 3

摩擦产生神

实 例

（参见下级母题实例）

W0021. 3. 1

气体摩擦产生神

实 例

傣族 英叭神王诞生的同时，烟雾、大风和水汽的不断摩擦，也诞生了一个叫“披乍贺”的大神。

【流传】 云南省·西双版纳（西双版纳傣族自治州）·勐海（勐海县）·勐遮（勐遮镇）、勐混（勐混镇）

【出处】 波玉挽讲，王光搜集整理：《披乍贺与火神之子的一场战争》，见姚宝瑄主编《中国各民族神话》（哈尼族、傣族），太原：山西出版传媒集团·书海出版社 2014 年版，第 242～243 页。

W0022

与造神有关的其他母题

实 例

（参见下级母题实例）

W0022.1

造神的成活

【关联】［W2110］造人成活

实 例

（参见下级母题实例）

W0022.1.1

造的神自然成活

实 例

（参见下级母题实例）

W0022.1.1.1

造的神自然有了生命

实 例

傣族 大神英叭搓他身上的污垢，然后捏出了第一个神，样子倒是很好看，但是还没有给他吹气，也来不及给他取个名字，这个天神却有了神力，他的身子不断地成长，而且立刻有了心脏，有了生命。

【流传】云南省·西双版纳傣族地区（西双版纳傣族自治州）

【出处】《巴塔麻嘎捧尚罗》，王松据岩温炳翻译《巴塔麻晏》（开天辟地）改写，见姚宝瑄主编《中国各民族神话》（哈尼族、傣族），太原：山西出版传媒集团·书海出版社 2014 年版，第 284 页。

W0022.1.2

造神者的语言使造的神成活

实 例

傣族 英叭（神王名）用他的污垢捏成两个神之后，对着捏好的神说："如果福气注定我不仅成为主宰天地之主，而且成为主宰神仙之王的话，就请这两个神复活而有生命吧！"说完，污垢神就真的变活了。

【流传】（云南省）

【出处】《破仙葫芦进人间，开创世道人类》，原载祜巴勐《论傣族诗歌》，中国民间文学出版社 1981 年版，见姚宝瑄主编《中国各民族神话》（哈尼族、傣族），太原：山西出版传媒集团·书海出版社 2014 年版，第 261 页。

W0022.1.3

造神吹气成活

【关联】［W2114］造人经吹气后成活

实 例

傣族 大神英叭脖子上的污垢不多，因此，就用这些泥垢捏出个身子矮，脸圆圆的侍神官。他吹了一口气，侍神官就活了起来。

【流传】云南省·西双版纳傣族地区（西双版纳傣族自治州）

【出处】《巴塔麻嘎捧尚罗》，王松据岩温炳翻译《巴塔麻晏》（开天辟地）改写，见姚宝瑄主编《中国各民族神话》（哈尼族、傣族），太原：山西出版传媒集团·书海出版社 2014 年版，第 284 页。

❊ W0023

神是生育产生的

【汤普森】A112

实 例

（实例待考）

W0024

神生神

实 例

侗族 以前，告公（侗族远古神名）养了松土（侗族远古神名）。

【流传】广西壮族自治区·（柳州市）·三江县（三江侗族自治县）·独洞乡·牙龙村

【出处】公包芳讲，吴浩采录翻译：《祖先的事》，见中国民间文学集成全国编辑委员会编《中国民间故事集成》（广西卷），北京：中国 ISBN 中心 2001 年版，第 60 页。

W0024. 1

天神生神

实 例

（参见下级母题实例）

W0024. 1. 1

天神俄玛生神王阿匹梅烟

实 例

哈尼族 天神俄玛在三层天的神殿里生下了至高无上的神王阿匹梅烟。

【流传】云南省·（红河哈尼族彝族自治州）·元阳县、金平县（金平苗族瑶族傣族自治县）、红河县等地

【出处】朱小和讲，史军超、卢朝贵搜集整理：《烟本霍本》，原载刘辉豪、阿罗编《哈尼族民间故事选》，上海文艺出版社 1989 年版，见姚宝瑄主编《中国各民族神话》（哈尼族、傣族），太原：山西出版传媒集团·书海出版社 2014 年版，第 34 页。

W0024. 1. 2

女天神生神

实 例

（参见下级母题实例）

W0024. 1. 2. 1

女天神生人和神

实 例

哈尼族 最高最大的女天神俄玛是生下

一切神和人的阿妈。

【流传】云南省·（红河哈尼族彝族自治州）·元阳（元阳县）、红河（红河县）、金平（金平苗族瑶族傣族自治县），（采集于元阳县·胜村乡·全福庄）

【出处】卢朝贵讲，史军超搜集整理：《神和人的家谱》，原载云南省民间文学集成办公室编《哈尼族神话传说集成》，中国民间文艺出版社1990年版，见姚宝瑄主编《中国各民族神话》（哈尼族、傣族），太原：山西出版传媒集团·书海出版社2014年版，第39页。

W0024.2

地神生神

实　例

（实例待考）

W0024.2.1

神从地母腹中钻了出来

实　例

珞巴族（实例待考）

W0024.3

女神生神

【关联】［W2137］女神生人

实　例

（实例待考）

W0024.3.1

女神生的儿子成为神

实　例

瑶族 密洛陀（女神名）感风生9个儿子。9个儿子走散了，个个儿子成了神。

【流传】广西壮族自治区·（河池市）·都安瑶族自治县江水河一带瑶族地区

【出处】《密洛陀创世》，蓝田根据莎红整理的《密洛陀》和潘泉脉整理的《密洛陀》两部不同版本的长诗《密洛陀》改写，见姚宝瑄主编《中国各民族神话》（土家族、毛南族、侗族、瑶族），太原：山西出版传媒集团·书海出版社2014年版，第155页。

W0024.3.2

女神裂生神

实　例

满族（参见“W0235.1.9.1 女天神阿布卡赫赫的下身又裂出女地神巴那姆赫赫”母题实例）

实　例

（实例待考）

W0024.4

男神生神

【关联】［W2138］男神生人

实 例

（参见下级母题实例）

W0024. 4. 1
男神生 10 子

实 例

哈尼族 第二代男神王烟沙大神又传出新的家谱。他生下第二代男神沙拉后，又生下了九位大神。

【流传】云南省·（红河哈尼族彝族自治州）·元阳（元阳县）、红河（红河县）、金平（金平苗族瑶族傣族自治县），（采集于元阳县·胜村乡·全福庄）

【出处】卢朝贵讲，史军超搜集整理：《神和人的家谱》，原载云南省民间文学集成办公室编《哈尼族神话传说集成》，中国民间文艺出版社 1990 年版，见姚宝瑄主编《中国各民族神话》（哈尼族、傣族），太原：山西出版传媒集团·书海出版社 2014 年版，第 40 页。

W0024. 5
神生双性神

【汤普森】A111. 3. 0. 1

【关联】［W069］双性神

实 例

（实例待考）

W0024. 6
与神生神有关的其他母题

实 例

（实例待考）

W0024. 6. 1
众神的女始祖

实 例

蒙古族 （实例待考）

W0024. 6. 2
神以特殊的方式生神

实 例

（参见下级母题实例）

W0024. 6. 2. 1
阿布卡恩都力额上生的红瘤变成神

【关联】［W0033. 5］特定来历的卵生神

实 例

满族 阿布卡恩都力额上突然生出个红瘤“其其旦”，脱落下来化为美女。

【流传】黑龙江省·（黑河市）·爱辉县（爱辉区）

【出处】富希陆讲，富育光采录：《天宫大战》，见中国民间文学集成全国编辑委员会编《中国民间故事集成》（吉林卷），北京：中国文联出版公司 1992 年版，第 4～5 页。

满族　天神阿布卡恩都力额上突然生出个红瘤"其其旦"，脱落下来化的美女成为神。

【流传】（无考）

【出处】富希陆讲，富育光采录：《天宫大战》，原载富育光编《满族神话选》，见陶阳、钟秀编《中国神话》（中），北京：商务印书馆2008年版，第736~737页。

W0025
神性人物生神

【关联】［W2140］神性人物生人

实　例

（参见下级母题实例）

W0025.1
神是巨人的儿子

【汤普森】A112.4

实　例

（实例待考）

W0025.2
祖先生神

实　例

（参见下级母题实例）

W0025.2.1
女祖先生神

实　例

（参见下级母题实例）

W0025.2.1.1
天上的老祖母俄玛生神

实　例

哈尼族　"俄玛"（天上的老祖母）生神和人。

【流传】云南省·（红河哈尼族彝族自治州）·元阳县·攀枝花区（攀枝花乡）·洞铺寨，黄草岭区（黄草岭乡）·树皮寨

【出处】《神和人的家谱》，见史军超：《哈尼族神话传说中记载的人类第一次脑体劳动大分工》，载《云南民族学院学报》1997年第3期。

W0026
人生神

实　例

（实例待考）

W0026.1
凡人夫妇生神

实　例

珞巴族　（实例待考）

W0026.1.1
兄妹婚生神

实　例

高山族　（实例待考）

W0027

动物生神

【关联】［W2155］动物生人

实 例

（参见下级母题实例）

W0027.1

鸟生神

【汤普森】A111.3.3

实 例

（实例待考）

W0027.2

鱼生神

实 例

（参见下级母题实例）

W0027.2.1

鱼从脊背生 7 对神

实 例

哈尼族 海中生的大鱼摆其身，从背脊中送出七对神及一对人。

【流传】（无考）

【出处】《大鱼开辟天地》（原名《天、地、人的传说》），原载谷德明编《中国少数民族神话》，见袁珂《中国神话大词典》，北京：华夏出版社 2015 年版，第 489 页。

哈尼族 世上最早的雾，雾变成的海生出大鱼。鱼把身子一摆，从脊背里送出来七对神和一对人。

【流传】云南省·（红河哈尼族彝族自治州）·元阳县

【出处】

（a）朱小和讲，芦朝贵、杨笛搜集整理：《天、地、人的传说》，载《山茶》1983 年第 4 期。

（b）朱小和讲，芦朝贵、杨笛搜集整理：《大鱼脊背甩出的世界》，原载《山茶》1983 年第 4 期（王松将原题目《天、地、人的传说》改为此题目），见姚宝瑄主编《中国各民族神话》（哈尼族、傣族），太原：山西出版传媒集团·书海出版社 2014 年版，第 26 页。

W0027.3

蜘蛛生神

实 例

（参见下级母题实例）

W0027.3.1

天外住着的一只金斑大蜘蛛生众神

【关联】［W0659.2.11.5］祖神婆是天外的一只金斑大蜘蛛

实 例

侗族 天外住着一只金斑大蜘蛛生下了天地、生下了众神。

【流传】广西壮族自治区·（柳州市）·三江（三江侗族自治县），（桂林市）·龙胜（龙胜各族自治

县）

【出处】杨卜林喜、杨卜松林、杨明世讲，杨国仁、涛声搜集整理，蔷紫改写：《创世女神萨天巴》，过伟改写自侗族创世史诗《嘎茫莽道时嘉——远祖歌》（未出版稿），见姚宝瑄主编《中国各民族神话》（土家族、毛南族、侗族、瑶族），太原：山西出版传媒集团·书海出版社 2014 年版，第 72 页。

W0028

植物生神

实　例

（参见下级母题实例）

W0028.1

树生神

【汤普森】A114.4

实　例

（参见下级母题实例）

W0028.1.1

竹生神

实　例

（参见下级母题实例）

W0028.1.1.0

大竹裂生 1 个男神

实　例

高山族 一枝大竹突然裂开，一位男神仓忙地跳了出来。

【流传】台湾

【出处】《神膝相擦生人类》，见谷德明编《中国少数民族神话》，北京：中国民间文艺出版社 1987 年版，第 240 页。

高山族（雅美） 一枝大竹突然噼里啪啦地裂开，一位男神慌忙从竹子里跳了出来。

【流传】（台湾）

【出处】

（a）《神膝相擦生人类》，见谷德明编《中国少数民族神话》，北京：中国民间文艺出版社 1987 年版，第 240 页。

（b）同（a），见姚宝瑄主编《中国各民族神话》（高山族、黎族、畲族），太原：山西出版传媒集团·书海出版社 2014 年版，第 5 页。

高山族（雅美） 竹林前面的一枝大竹，突然噼里啪啦地裂开，另一位男神仓皇地跳了出来。

【流传】（无考）

【出处】《神膝相擦生出了人类》，原载陈国强编《高山族神话传说》，见陶阳、钟秀编《中国神话》（上），北京：商务印书馆 2008 年版，第 321 页。

高山族 一大竹挺立浪前，忽劈里叭喇裂开，一男神从竹中跃出。

【流传】（无考）

【出处】袁珂改编：《雅美二男神》（原名《神膝相擦生出了人类》），原载

《高山族神话传说》，见袁珂《中国神话大词典》，北京：华夏出版社 2015 年版，第 530 页。

W0028. 1. 1. 1

巨竹裂生男神尼莫达朱洛嘎瓦里

实 例

高山族（雅美）一巨竹裂，生男神尼莫达朱洛嘎瓦里。

【流传】（无考）

【出处】

（a）《石生、竹生雅美人始祖》，见《中国各民族宗教与神话大词典》编审委员会编《中国各民族宗教与神话大词典》，北京：学苑出版社 1990 年版，第 145 页。

（b）《神膝相擦生人类》，见谷德明编《中国少数民族神话》，北京：中国民间文艺出版社 1987 年版，第 240 页。

W0028. 1. 1. 2

竹生 2 女神

实 例

高山族（雅美）很早以前，从竹子中出现 2 女神。

【流传】雅美 Iralai 社

【出处】许世珍：《台湾高山族的始祖创生传说》，载《民族学研究所集刊》1955 年第 2 期。

W0028. 1. 1. 3

女神插的竹子生 1 对男女神

实 例

高山族（卑南）女神奴奴勒下凡后，把左手的一株竹子插在大地上，竹子成活并生下男神帕果玛莱和女神帕果厄莎勒。

【流传】（台湾）

【出处】《高山族各种人的始祖：卑南人的始祖》，见姚宝瑄主编《中国各民族神话》（高山族、黎族、畲族），太原：山西出版传媒集团·书海出版社 2014 年版，第 15 页。

W0028. 1. 2

楠树生神

实 例

（参见下级母题实例）

W0028. 1. 2. 1

仙鹤种的楠树生 2 个神

实 例

土家族 一只仙鹤种的楠树爆出两位大神。

【流传】湖南省·湘西（湘西土家族苗族自治州）

【出处】《八部大王》，见刘黎光《中国民间故事集成湖南卷湘西州分卷》（上），吉首资料本，1989 年，第 72 页。

W0028.1.3
杉树生神

实 例

彝族 “如伙丝尔”是从杉树林中来的风湿病鬼（神）。

【流传】四川省·（凉山彝族自治州）·西昌市·银厂乡·甘边村马海

【出处】巴莫·阿依：《西昌银厂乡彝族的丝尔寄（送风湿病鬼）仪式》，见吕大吉、何耀华总主编《中国各民族原始宗教资料集成》（彝族卷、白族卷、基诺族卷），北京：中国社会科学出版社1996年版，第242页。

W0028.1.4
树叶做的窝窝中生2神

实 例

羌族 大山连小山，山上撒树种。大树连小树，树叶做窝窝。窝里生二神，颜色分白黑。

【流传】四川省·（阿坝藏族羌族自治州）·汶川县·绵池乡·沟头寨

【出处】

（a）王治国（释比，64岁）唱，汪有伦翻译，钱安靖整理：《上坛经》（1983.11～1984.11）说明文字，见钱安靖：《羌族和羌语支各居民集团宗教习俗调查报告》，四川大学宗教研究所油印本，1987年12月。

（b）同（a），见吕大吉、何耀华总主编《中国各民族原始宗教资料集成》（纳西族卷、羌族卷、独龙族卷、傈僳族卷、怒族卷），北京：中国社会科学出版社2000年版，第53页。

W0028.2
树洞生神

【汤普森】A115.7

实 例

（实例待考）

W0028.3
葫芦生神

【关联】［W0422.0a.1］椭圆形的长葫芦生造天地的神俄沙扒莫

实 例

（参见下级母题实例）

W0028.3.1
冰葫芦生神

实 例

傈僳族 世界最早出现的是5个冰葫芦。其中第五个椭圆形的长葫芦生造天地的神俄沙扒莫。

【流传】四川省·（凉山彝族自治州）·德昌县·金沙乡（金沙傈僳族乡）·王家山

【出处】张长贵讲，李国才翻译采录：《冰天鹅、冰蚂蚁造天地》，见中国民间文学集成全国编辑委员会编《中国民间故事集成》（四川卷·下），北京：中国ISBN中心1998年版，第1431页。

W0028.4
榆树生神

实例

满族 （实例待考）

W0028.5
其他特定的植物生神

实例

（实例待考）

W0029
自然物生神

实例

（参见下级母题实例）

W0029.1
土生神（地生神）

实例

（参见下级母题实例）

W0029.1.1
神土生神

实例

（参见下级母题实例）

W0029.1.1.1
天神阿不凯恩都哩造人的神土生许多神

实例

满族 天神阿不凯恩都哩造人的神土中生出许多小神。

【流传】黑龙江省·（牡丹江市）·宁安县·宁安镇

【出处】关振川讲，傅英仁采录：《阿不凯恩都哩创世》，见中国民间文学集成全国编辑委员会编《中国民间故事集成》（黑龙江卷），北京：中国ISBN中心2005年版，第17~18页。

W0029.1.2
地球孕育神

实例

（参见下级母题实例）

W0029.1.2.1
地球孕育第一个大神

实例

傣族 气浪、烟雾、大风与水汽凝成的地球随着风浪、烟雾、大风和水的击撞，经过十万年的孕育，生出了天地间第一个大神。

【流传】云南省·西双版纳傣族地区（西双版纳傣族自治州）

【出处】《巴塔麻嘎捧尚罗》，王松据岩温炳翻译《巴塔麻晏》（开天辟地）改写，见姚宝瑄主编《中国各民族神话》（哈尼族、傣族），太原：山西出版传媒集团·书海出版社2014年版，第264~265页。

W0029.2
风生神

【关联】［W0147.9.1］风生支天的婆婆

和撑地的公公

实 例

苗族 一股平地风，吹到河对岸，生出支天的婆婆和撑地的公公。

【流传】（无考）

【出处】《苗族史诗》，见过竹《苗族神话研究》，南宁：广西人民出版社1988年版，第81页。

W0029.3

气生神

【关联】

① ［W0202.0.1］天神的母亲是气

② ［W0721.3.8］气生盘古

实 例

彝族 最高神更资天神的母亲蒲依本来是一股气。

【流传】 云南省·（楚雄彝族自治州）·永仁县

【出处】

（a）曲木阿石等讲，罗有能整理：《更资天神》，见云南省楚雄州文教局、云南省楚雄州民委会编《楚雄民间文学资料》，内部资料，1979年。

（b）同（a），见姚宝瑄主编《中国各民族神话》（羌族、彝族），太原：山西出版传媒集团·书海出版社2014年版，第173页。

W0029.3.1

浊气形成的神在清气中出生

【关联】［W0153.1.1］浊气中生最高神更资天神的母亲蒲依

实 例

彝族 太古时，最高神更资天神的母亲蒲依在浊气里形成，在清气里出生，然后自由自在地飘荡在清浊二气里。

【流传】 云南省·（楚雄彝族自治州）·永仁县

【出处】

（a）曲木阿石等讲，罗有能整理：《更资天神》，见云南省楚雄州文教局、云南省楚雄州民委会编《楚雄民间文学资料》，内部资料，1979年。

（b）同（a），见姚宝瑄主编《中国各民族神话》（羌族、彝族），太原：山西出版传媒集团·书海出版社2014年版，第174页。

W0029.3.2

天生水，水生雾，雾生气，气生神

实 例

傣族 古人说：天生水，水生雾，雾生气，气生神。

【流传】 云南省·西双版纳傣族地区（西双版纳傣族自治州）

【出处】《巴塔麻嘎捧尚罗》，王松据岩温炳翻译《巴塔麻晏》（开天辟地）改写，见姚宝瑄主编《中国各民族神话》（哈尼族、傣族），太原：山西出版传媒集团·书海出版社2014年版，第295页。

W0029. 4

云生神

实 例

（参见下级母题实例）

W0029. 4. 1

神母最早是云的形状

实 例

彝族 太古时，最高神更资天神的母亲蒲依在清浊二气里慢慢形成，过了九千九百九十年，气蒲依变成了云蒲依，有了云的形象。

【流传】云南省·（楚雄彝族自治州）·永仁县

【出处】

(a) 曲木阿石等讲，罗有能整理：《更资天神》，见云南省楚雄州文教局、云南省楚雄州民委会编《楚雄民间文学资料》，内部资料，1979 年。

(b) 同（a），见姚宝瑄主编《中国各民族神话》（羌族、彝族），太原：山西出版传媒集团·书海出版社 2014 年版，第 174 页。

W0029. 5

光生神

实 例

藏族 赤杰曲巴用一个光轮敲打发亮的卵产生火。光散开时就形成了托塞神和箭神。

【流传】西藏自治区

【出处】《什巴卓浦》，见林继富《西藏卵生神话源流》，载《西藏研究》2002 年第 4 期。

W0029. 5. 1

白光生出神

【关联】

① ［W0125. 1. 2］白光中产生善神

② ［W0486. 1. 1］白光中生吉祥神

实 例

哈尼族 天吐太阳时，白气又分成十二道白光，白光生出神、魂、水、树、草、人。

【流传】云南省·（西双版纳傣族自治州）·勐腊县

【出处】李万福讲：《天与地》，载《山茶》1986 年第 6 期。

W0029. 5. 2

天吐出的光中生神

实 例

（参见下级母题实例）

W0029. 5. 2. 1

天吐出的光中生管理大地的神

实 例

哈尼族 天吐出太阳时吐出 12 道洁白的光射穿了大地。每道光射穿的地方，就生出一种东西来。其中，第一道白光射穿的地方，生出管理大地的神。

【流传】云南省·（西双版纳傣族自治州）·勐腊县

【出处】李万福讲，杨万智搜集整理：《天、地的来源》，原载云南省民间文学集成办公室编《哈尼族神话传说集成》，中国民间文艺出版社 1990 年版，见姚宝瑄主编《中国各民族神话》（哈尼族、傣族），太原：山西出版传媒集团·书海出版社 2014 年版，第 25 页。

W0029.6

声音生神

实 例

（参见下级母题实例）

W0029.6.1

宇宙绿气生白光，白光化为声音，声音成真神

实 例

纳西族 宇宙绿气生白光，白光化为声音，声音成真神。

【流传】云南省·丽江（丽江市）

【出处】《人祖利恩》，见谷德明编《中国少数民族神话》，北京：中国民间文艺出版社 1987 年版，第 415～418 页。

W0030

无生命物生神

实 例

（实例待考）

W0030.0

山生神

【关联】［W2209］山生人

实 例

（参见下级母题实例）

W0030.0.1

拉玛湖湖周围的大山生神

实 例

鄂温克族 拉玛湖湖的周围有很多大山。树不多，山中有猴子，也有鬼，这是“舍卧刻”（管疾病的神，蛇形）的发源地。

【流传】（内蒙古自治区·呼伦贝尔市·额尔古纳市）

【出处】

（a）《额尔古纳旗使用驯鹿鄂温克人的调查报告》，见内蒙古自治区编辑组《鄂温克族社会历史调查》，呼和浩特：内蒙古人民出版社 1986 年版，第 233 页。

（b）《“舍卧刻”来源的传说》，见吕大吉、何耀华总主编《中国各民族原始宗教资料集成》（鄂伦春族卷、鄂温克族卷、赫哲族卷、达斡尔族卷、锡伯族卷、满族卷、蒙古族卷、藏族卷），北京：中国社会科学出版社 1999 年版，第 112 页。

W0030. 1

石生神

【关联】［W2210］石生人

实 例

藏族 （参见下级母题实例）

W0030. 1. 1

巨石生神

实 例

高山族 巨石突然裂开，一位男神泰然自若地走了出来。

【流传】台湾

【出处】《神膝相擦生人类》，见谷德明编《中国少数民族神话》，北京：中国民间文艺出版社 1987 年版，第 240 页。

W0030. 1. 1. 1

巨石迸裂生男神尼莫达朱洛里多

实 例

高山族（雅美）一巨石迸裂，生男神尼莫达朱洛里多。

【流传】（无考）

【出处】《石生、竹生雅美人始祖》，见《中国各民族宗教与神话大词典》编审委员会编《中国各民族宗教与神话大词典》，北京：学苑出版社 1990 年版，第 145 页。

W0030. 1. 2

巨石开裂的石粉烟尘中生一个男神

实 例

高山族（雅美）山崖上的一块巨石突然裂开，轰隆隆的巨响震撼着大地。在一片白茫茫的石粉烟尘之中一位男神泰然自若地走了出来。

【流传】（无考）

【出处】《神膝相擦生出了人类》，原载陈国强编《高山族神话传说》，见陶阳、钟秀编《中国神话》（上），北京：商务印书馆 2008 年版，第 321 页。

高山族 山崖有巨石忽然开裂，轰隆巨响震撼大地，一男神自石粉烟尘中出。

【流传】（无考）

【出处】袁珂改编：《雅美二男神》（原名《神膝相擦生出了人类》），原载《高山族神话传说》，见袁珂《中国神话大词典》，北京：华夏出版社 2015 年版，第 530 页。

W0030. 2

特定的穴生神

实 例

（参见下级母题实例）

W0030.2.1

熊山的熊穴生神人

实 例

汉族 熊山有穴曰熊穴，恒出神人，夏启而冬闭。

【流传】（无考）

【出处】［北宋］李昉、李穆、徐铉等：《太平御览》卷五十四引《山海经》。

W0030.3

水生神

【关联】［W2208］水生人

实 例

（参见下级母题实例）

W0030.3.1

最早的世界水泡中生神

实 例

满族 最早的世界是一个水泡。水泡渐渐长大增多，里面生出阿布卡赫赫（女神）。

【流传】黑龙江省·黑河地区（黑河市）·孙吴县·（沿江满族达斡尔族乡）·四季屯（四季屯村）

【出处】吴纪贤、富希陆讲：《天宫大战——黑水女真人传世神话》（1939），选自富育光、郭淑云整理的手稿，见姚宝瑄主编《中国各民族神话》（满族、赫哲族、朝鲜族），太原：山西出版传媒集团·书海出版社2014年版，第21页。

W0030.4

风与气孕生神

实 例

瑶族（布努）暖风又吹动来造化洛陀（指密洛陀，万物之母，女始祖，女神），热气又飘流来孕育洛西（指密洛陀，万物之母，女始祖，女神）。不知多少个百年，不觉多少个千载，洛陀才从风里诞生，洛西才在气中出世。

【流传】广西壮族自治区·（河池市）·都安县（都安瑶族自治县）、巴马县（巴马瑶族自治县）、南丹县，（百色市）·田东县、平果县等地

【出处】桑布郎等传，蒙凤标（83岁）、罗仁祥（73岁）等唱：《密洛陀》（1983），见蓝怀昌、蓝书京、蒙通顺搜集翻译整理《密洛陀》，北京：中国民间文艺出版社1988年版，第10页。

W0031

婚生神

实 例

（参见下级母题实例）

W0031.0

神婚生神

【关联】

①［W2400］神婚生人

② ［W7206］神与神之间的婚姻

实例

（参见下级母题实例）

W0031. 0. 1

兄妹神婚生神

实例

高山族（阿美） 天神玛达比拉和妹妹里桑女神兄妹婚生男神和女神。

【流传】（台湾·花莲县·光复乡太巴塱）

【出处】《高山族各种人的始祖：太巴塱阿美人始祖》，见姚宝瑄主编《中国各民族神话》（高山族、黎族、畲族），太原：山西出版传媒集团·书海出版社2014年版，第13页。

W0031. 0. 1. 1

玛达比拉与里桑兄妹神婚生男神拉里厄多、达德阿果、阿玻多果、拉拉干，生女神拉兹乌、德雅玛藏等

实例

高山族（阿美） 玛达比拉与里桑兄妹神下凡，相婚，生男神拉里厄多、达德阿果、阿玻多果、拉拉干，女神拉兹乌、德雅玛藏等。

【流传】（无考）

【出处】《太巴朗兄妹始祖》，见《中国各民族宗教与神话大词典》编审委员会编《中国各民族宗教与神话大词典》，北京：学苑出版社1990年版，第145页。

W0031. 1

神生于婚姻乱伦

【汤普森】 A112. 1

实例

（实例待考）

W0031. 2

父女婚生神

【汤普森】 A112. 1. 1

【关联】［W2442］父女婚生人

实例

（实例待考）

W0031. 3

天与山婚配生神

实例

苗族 （实例待考）

W0031. 4

卵生的人与王后婚生神

实例

（参见下级母题实例）

W0031. 4. 1

五卵生的益门赞普与王后生的儿子经过数代人之后变成神

实例

藏族 五卵生的益门赞普（桑保布木

赤赞普）与王后生了一个儿子。在经过数代人之后，终于变成了神。

【流传】西藏自治区

【出处】［法］石泰安：《西藏的文明》，耿昇译，北京：中国藏学出版社 1999 年版，第 227 页。

W0031.5

人与神女婚生神

【关联】［W2416］人与神女婚生人

实 例

（实例待考）

W0031.5.1

木竹林位神女与人婚生清洁木神

实 例

赫哲族 清洁木神是木竹林位神女与人婚生，神通广大，法术灵验。

【流传】（松花江下游地区依兰县至抚远市一带）

【出处】《木竹林》，见凌纯声《松花江下游的赫哲族》（原 1934 年南京刊印本），北京：民族出版社 2012 年版，第 563 页。

W0031.6

人婚生神

实 例

（参见下级母题实例）

W0031.6.1

洪水后幸存的塔甫与睦耶兄妹成婚生地上的各种神灵

实 例

哈尼族（豪尼） 洪水后，幸存的塔甫与睦耶成婚，生了七十七个小娃，成活的七十六个娃刚好是三十八男和三十八女，他们里面有十二个民族的祖先。这十二个民族结为十二对夫妇，剩下的二十六对就变为地上的各种神灵。

【流传】云南省·（普洱市）·墨江县（墨江哈尼族自治县）

【出处】

(a) 王定均等讲，明江、蓝珊搜集整理：《豪尼人的祖先》，载《山茶》1986 年第 3 期。

(b) 同 (a)，见姚宝瑄主编《中国各民族神话》（哈尼族、傣族），太原：山西出版传媒集团·书海出版社 2014 年版，第 23～24 页。

W0031.7

天和海水婚配生神

实 例

（参考下级母题实例）

W0031.7.1

天和大海水婚配繁衍术类（神）

实 例

纳西族 天和地在黑夜里偷偷地结婚

后；天又和大海水婚配，大海水繁衍出了术（神）类。

【流传】云南省·（丽江市）·丽江县（古城区、玉龙纳西族自治县）

【出处】木丽春采集整理：《鹰术争斗的故事》，见木丽春编著《纳西族民间故事集》，昆明：云南人民出版社2007年版，第93页。

W0032

感生神

【关联】［W2230］感生人

实 例

（实例待考）

W0033

卵生神①

【汤普森】A114.2

【关联】

①［W0058.2.5］卵孵出成对的神

②［W0185.4］卵生天神

③［W1018.2］卵生创世者

实 例

（实例待考）

W0033.1

太阳卵生神

实 例

（参见下级母题实例）

W0033.1.1

百步蛇孵太阳生的红、白两卵生男女2神

实 例

高山族 百步蛇巴乌隆孵太阳生的两个蛋。其中孵的红蛋裂开了，化生出一个男神；白蛋也裂开了，化生出一个女神。

【流传】（无考）

【出处】《万物的由来》，见姚宝瑄主编《中国各民族神话》（高山族、黎族、畲族），太原：山西出版传媒集团·书海出版社2014年版，第9页。

高山族（排湾） 太阳生红、白两卵，百步蛇孵育，化生男女2神。

【流传】（无考）

【出处】《人间万物的由来》，见《中国各民族宗教与神话大词典》编审委员会编《中国各民族宗教与神话大词典》，北京：学苑出版社1990年版，第145页。

W0033.1.2

百步蛇孵太阳生的黑、白两卵生男女2个贵族祖先神

实 例

① 卵生神，即“蛋生神”。在不同的神话叙事或神话研究中“卵生”又可以称为“蛋生”。以下所有与“卵生”相关的母题亦然。

高山族（排湾） 太阳生黑、白两蛋，百步蛇孵蛋，生男女二神，即排湾族的贵族的祖先。

【流传】（无考）

【出处】［日］吉野裕子：《蛇——日本的蛇信仰》，东京：讲谈社 1999 年版，第 189 ~ 199 页。

W0033.2

石球生神

实 例

侗族 天皇是从石球中崩出来的。

【流传】（无考）

【出处】陆嘉玉：《试析秦廷锡侗族民歌中的古代神话传说故事》，见《黎平县政协文史资料》第 3 集，内部编印，2008 年。

W0033.3

卵形物生神

【汤普森】A114.2.1

实 例

纳西族 （实例待考）

W0033.4

特定颜色的卵生神

实 例

高山族 （参见“W0033.1.1 百步蛇孵太阳生的红、白两卵生男女 2 神”母题实例）

W0033.4.1

白卵中生出世间神系

实 例

藏族 白卵中生出了世间神系。

【流传】西藏自治区

【出处】［德］霍夫曼：《西藏的苯教》，载《西藏研究》1984 年第 3 期。

W0033.5

特定来历的卵生神

实 例

纳西族 额玉额玛（最初的善神依古阿格变化出的第二代神）生下九对白蛋，其中，一对变为盘神（藏族之神）和禅神（白族之神），一对变为高神（常胜之将帅）和吾神（参谋之军师），一对变为窝神（纳西族之神）和恒神（纳西族之神），一对变为阳神（纳西语读“动”，又称“美令动阿普”，是男神、石神，即造物主）和阴神（纳西语读“生”，又称勒琴“生阿祖”，是女神、木神，即造物主）。

【流传】云南省·丽江（丽江市）

【出处】和芳（东巴）读经，和志武翻译整理：《崇邦统》（人类迁徙记）（1954），见吕大吉、何耀华总主编《中国各民族原始宗教资料集成》（纳西族卷、羌族卷、独龙族卷、傈僳族卷、怒族卷），北京：中国社会科学出版社 2000 年版，第 321 页。

W0033.5.1

神生的卵生神

实 例

纳西族 额玉额玛（最初的善神依古阿格变化出的第二代神）生下九对白蛋。其中一对变为盘神（藏族之神）和禅神（白族之神），一对变为窝神（纳西族之神）和恒神（纳西族之神）。

【流传】 云南省·丽江（丽江市）

【出处】 和芳（东巴）读经，和志武翻译整理：《崇邦统》（人类迁徙记）（1954），见吕大吉、何耀华总主编《中国各民族原始宗教资料集成》（纳西族卷、羌族卷、独龙族卷、傈僳族卷、怒族卷），北京：中国社会科学出版社2000年版，第321页。

W0033.5.1.1

神蛋生神

实 例

纳西族 善神依古阿格变化出的蛋生的白鸡额玉额玛生下9对白蛋，分别变成9对神和超能的人。其中，一对变为窝神和恒神（二神为纳西族之神）。

【流传】（云南省）

【出处】 和芳、和志新编译：《崇邦统——人类迁徙记》，见姚宝瑄主编《中国各民族神话》（佤族、阿昌族、纳西族、普米族、德昂族），太原：山西出版传媒集团·书海出版社2014年版，第138～139页。

W0033.5.2

露凝结成的白蛋生多个神

实 例

纳西族 露凝出白蛋，白蛋孵开，出现了最早的盘神、禅神、恒神、高神、曾神和米利东主、米利术主。

【流传】

（a）云南省·（丽江市）·丽江县（原丽江纳西族自治县，今归属为丽江市古城区和玉龙纳西族自治县）

【出处】

（a）和正才等讲，杨世光采录，李即善翻译：《东术争战记》，见中国民间文学集成全国编辑委员会编《中国民间故事集成》（云南卷），北京：中国ISBN中心2003年版，第378页。

（b）李即善翻译，杨世光整理：《东术争战记》，见谷德明编《中国少数民族神话》，北京：中国民间文艺出版社1987年版，第435页。

纳西族 声音和气息交合刮起三股白风。白风变出白云，白云酿出白露，白露凝出白蛋。白蛋中孵出最早的盘神、禅神、恒神、高神、曾神和米利东主、米利术主。

【流传】 云南省·丽江地区（丽江市）

【出处】 李即善翻译，杨世光整理：《东术争战记》，原载中共丽江地委宣传部编《纳西族民间故事选》，见陶阳、钟秀编《中国神话》（中），北京：

商务印书馆 2008 年版，第 726 ~ 735 页。

W0033.5.3

善神变的白母鸡下的白蛋生多个神

实 例

纳西族 善神变出的白母鸡恩余恩曼，生 9 只白蛋，分别化作天神、地神和开天九兄弟、辟地七姐妹。

【流传】（无考）

【出处】《若倮山·牛皮囊》，见高明强编《创世的神话和传说》，上海：上海三联书店 1988 年版，第 68 页。

W0033.5.4

神身上长的肉瘤生神

【关联】［W0024.6.2.1］阿布卡恩都力额上生的红瘤变成神

实 例

满族 （参见“W0024.6.2.1 阿布卡恩都力额上生的红瘤变成神”母题实例）

W0033.5.5

蛙生的卵生神

实 例

纳西族 最早白露化生的金黄巨蛙，一年朝向东方住，生下五个白色蛋；一年朝向南方住，生下五个绿色蛋；一年朝向西方住，生下五个黑色蛋；一年朝向北方住，生下五个黄色蛋，一年朝向天地中央住，生下五个花色蛋。这些卵后来孵化出不同的神。

【流传】 云南省·丽江（丽江市·玉龙纳西族自治县）·鲁甸地区（鲁甸乡）

【出处】《祭“仁”神经》，选自和开祥（69 岁）讲，和志武调查整理《丽江鲁甸地区祭生育神（“仁”）仪式》（1989），见吕大吉、何耀华总主编《中国各民族原始宗教资料集成》（纳西族卷、羌族卷、独龙族卷、傈僳族卷、怒族卷），北京：中国社会科学出版社 2000 年版，第 112 页。

W0033.6

一对蛋孵出了男神和女神

实 例

纳西族 一对蛋孵出了男神和女神。

【流传】 云南省·丽江（丽江市）

【出处】 和芳讲：《崇搬图》，见《东巴经文资料》（1963—1964），中国社会科学院图书馆单册复印云南丽江县文化馆资料合订本，内部编印，第 8 页。

W0033.7

卵碰撞发出的火花中产生神

实 例

（参见下级母题实例）

W0033. 7. 1
光轮击卵产生的火光中形成托塞神和箭神

实 例

藏族 赤杰曲巴用一个光轮敲打发亮的卵，就产生了火，火光散开时就形成了托塞神和箭神。

【流传】西藏自治区

【出处】《什巴卓浦》，见林继富《西藏卵生神话源流》，载《西藏研究》2002年第4期。

W0033. 8
宝石蛋生神

实 例

（参见下级母题实例）

W0033. 8. 1
混散造的33个宝石蛋孵出8个神

实 例

傣族 混散费时万年，造就三十三宝石蛋，从蛋中孵出八神，全身闪光。

【流传】（云南省？）

【出处】袁珂改编：《混散造人》，原载毛星主编《中国少数民族文学》（下册），见袁珂《中国神话大词典》，北京：华夏出版社2015年版，第505页。

W0034
其他特定物质生神

【汤普森】A114

实 例

（参见下级母题实例）

W0034. 1
阴阳中生神

实 例

（参见下级母题实例）

W0034. 1. 1
阴阳相生诞生天公地母

实 例

阿昌族 阴阳相生诞生了天公遮帕麻和地母遮米麻。

【流传】云南省·（德宏傣族景颇族自治州）·梁河县

【出处】赵安贤讲述，杨叶生翻译，智克整理：《遮帕麻与遮米麻》，载《山茶》1981年第2期。

W0034. 2
黄色物生神

实 例

（参见下级母题实例）

W0034.2.1

阴阳结合生出的黄色物生天神索恒哲

实 例

彝族 混沌世界最早产生了黑与白，黑与白变化出“尼”和“能”，“尼”和“能”变化生出“阴”和“阳”，“阴”和“阳”结合，生出黄色物。黄色物生出索恒哲（原书解释为哲人名字，本书认为是最早产生的天神的名称）。

【流传】（贵州省彝族地区）

【出处】《索恒哲》，见王富慧（珠尼阿依）译著，贵州省民族古籍整理办公室编《彝族神话史诗选》，北京：民族出版社2013年版，第3～6页。

W0035

神的特殊出生

【汤普森】 A112.7

【关联】

① ［W2594］特殊的出生

② ［W2598.1］特定人物的特殊出生

实 例

（参见下级母题实例）

W0035.1

神从创世者身体各部位生出

【汤普森】 A112.3

实 例

（实例待考）

W0035.2

神从父母身体的特殊部位出生

【汤普森】 A112.7

【关联】［W2596］从人的其他特定部位出生

实 例

（实例待考）

W0035.3

神从头（骨）中生出

【汤普森】 A114.3

实 例

藏族 （实例待考）

W0035.4

神从口中生出

实 例

汉族 （实例待考）

W0035.5

神从腋窝生出

【汤普森】 A112.7.2

实 例

汉族 彭祖的母亲为女颛，曾有孕三年，却总不生产。后剖开其左、右两边的腋窝，先后生下六个儿子，彭祖即是其一。

【流传】（无考）

【出处】《彭祖》，见乌丙安主编《中国民间神谱》，沈阳：辽宁人民出版社

2007 年版，第 155 页。

W0035. 6

神从眼睛中生出

【汤普森】A112. 7. 3

实 例

（实例待考）

W0035. 7

神从两肋生出

实 例

汉族 （参见“W0787. 6. 1. 1. 1 释迦牟尼从摩耶夫人右肋入胎，右肋出生”母题实例）

W0035. 8

神从胸中生出

实 例

汉族 禹母修己感石而生禹，折胸而出。

【流传】（无考）

【出处】［西汉］淮南王刘安及门客：《淮南子·修务训》高诱注。

W0035. 9

神从背部生出

实 例

哈尼族 人神烟蝶蝶玛是从密乌艾西艾玛金鱼背出生的。

【流传】云南省·（红河哈尼族彝族自治州）·元阳县·黄草岭区（黄草岭乡）·树皮寨

【出处】

（a）杨批斗讲，史军超采录：《年月树》，见中国民间文学集成全国编辑委员会编《中国民间故事集成》（云南卷），北京：中国 ISBN 中心 2003 年版，第 289 页。

（b）同（a）《哈尼族神话传说集成》，北京：中国民间文艺出版社 1990 年版。

W0035. 10

神从膝盖生出

实 例

彝族 （实例待考）

W0035. 11

神从耳朵生出

【汤普森】A112. 7. 1

实 例

（实例待考）

W0035. 12

神从其他特定部位生出

实 例

（实例待考）

W0035. 13

与神的特殊出生有关的其他母题

【关联】［W0774. 1. 4］东巴神的特殊出生

实 例

（参见下级母题实例）

W0035.13.1

金鱼娘用尾巴扇出一块宽平的土地生出人神烟蝶蝶玛来

实 例

哈尼族 人神烟蝶蝶玛从金鱼娘用尾巴扇出一块宽平的土地出来。

【流传】 云南省·（红河哈尼族彝族自治州）·元阳县·黄草岭区（黄草岭乡）·树皮寨

【出处】

（a）杨批斗讲，史军超采录：《年月树》，见中国民间文学集成全国编辑委员会编《中国民间故事集成》（云南卷），北京：中国 ISBN 中心 2003 年版，第 289 页。

（b）同（a），《哈尼族神话传说集成》，北京：中国民间文艺出版社 1990 年版。

W0036

神出生前的怀孕时间

实 例

（实例待考）

W0036.1

神出生于早产

【汤普森】 A112.7.4

实 例

（实例待考）

W0036.2

神出生经过了长时间怀孕

【关联】［W2584］长时间怀孕

实 例

（实例待考）

W0037

孪生的神

【汤普森】 A116

【关联】［W2722］双胞胎（孪生）

实 例

（实例待考）

W0037.1

德性相反的卵生神

【汤普森】 A116.1

实 例

（实例待考）

W0037.2

卵生姊妹神

【汤普森】 A116.2

实 例

（实例待考）

W0038

与生育产生神有关的其他母题

实 例

（实例待考）

W0038.1

神出生时丧母

实 例

藏族 （实例待考）

✻ W0040

神是变化产生的

【关联】 ［W2300］ 人是变化产生的（变人）

实 例

（实例待考）

W0041

神变成其他神

实 例

满族 敖钦女神九头八臂，神力盖世，一旦逃跑，就会变成无敌于世的宇内大神。

【流传】 黑龙江省·（黑河市·孙吴县·沿江满族达斡尔族乡）·四季屯

【出处】 白蒙元（萨满）讲，吴纪贤、富希陆记录：《都凯女神》（1939），见吕大吉、何耀华总主编《中国各民族原始宗教资料集成》（鄂伦春族卷、鄂温克族卷、赫哲族卷、达斡尔族卷、锡伯族卷、满族卷、蒙古族卷、藏族卷），北京：中国社会科学出版社1999年版，第484页。

W0041.1

某神的肢体变成其他神

实 例

（实例待考）

W0041.1.1

神的耳舌变成其他神

【关联】［W0057.5.2］ 黑埃波赛神舌头变成水王，耳朵变成神王

实 例

彝族 （参见“W0057.5.2 黑埃波赛神舌头变成水王，耳朵变成神王”母题实例）

实 例

（实例待考）

W0041.1.2

天神的肢体变成女神

实 例

（实例待考）

W0041.1.2.1

女天神阿布卡赫赫身上的香肉变成有香味的依尔哈女神

实 例

满族 在东方天空的一块芳草地上，住着一位香气四溢的依尔哈女神，她是阿布卡赫赫身上的香肉变成。

【流传】 黑龙江省·黑河地区（黑河市）·孙吴县·（沿江满族达斡尔族

乡）·四季屯（四季屯村）

【出处】吴纪贤、富希陆讲：《天宫大战——黑水女真人传世神话》（1939，选自富育光、郭淑云整理的手稿），见姚宝瑄主编《中国各民族神话》（满族、赫哲族、朝鲜族），太原：山西出版传媒集团·书海出版社 2014 年版，第 30 页。

W0041.1.2.2

德登女神是天神阿布卡赫赫的一只脚

实 例

满族 德登女神是阿布卡赫赫的一只脚，身姿秀美修长，与天地同长，与天地同高，性喜终日追逐风云。

【流传】黑龙江省·黑河地区（黑河市）·孙吴县·（沿江满族达斡尔族乡）·四季屯（四季屯村）

【出处】吴纪贤、富希陆讲：《天宫大战——黑水女真人传世神话》（1939，选自富育光、郭淑云整理的手稿），见姚宝瑄主编《中国各民族神话》（满族、赫哲族、朝鲜族），太原：山西出版传媒集团·书海出版社 2014 年版，第 34 页。

W0041.2

神变成神力更大的的神

实 例

（参见下级母题实例）

W0041.2.1

敖钦女神一旦逃跑就会变成无敌于世的宇内大神

实 例

满族 （参见“W0041 神变成其他神”母题实例）

实 例

（实例待考）

W0041.3

特定的神死后化生神

实 例

（实例待考）

W0041.3.1

黑埃罗波赛神死后变作世间诸神

实 例

彝族 黑埃罗波赛神死后，其一身变作世间万物及诸神。

【流传】（无考）

【出处】《黑埃罗波赛神》（原名《查姆·万物起源歌》），原载毛星主编《中国少数民族文学》（下册），见袁珂《中国神话大词典》，北京：华夏出版社 2015 年版，第 436 页。

W0041.4

神被刺激后变成其他神

实 例

（参见下级母题实例）

W0041.4.1

其其旦女神被神火后变成拖亚拉哈大神

实 例

满族 其其旦女神盗取神火下凡的途中，被神火烧成虎目、虎耳、豹头、豹须、獾身、鹰爪、猞猁尾的一只怪兽，最终变成拖亚拉哈大神。

【流传】（无考）

【出处】 富希陆讲，富育光采录：《天宫大战》，原载富育光编《满族神话选》，见陶阳、钟秀编《中国神话》（中），北京：商务印书馆2008年版，第736～737页。

W0042

神性人物变成神

【关联】［W0048］神、神性人物、人或动物的肢体（体液）化生为神

实 例

（实例待考）

W0042.1

祖先变成神（祖先成为神）①

【关联】

①［W0648］祖先是神

②［W0681.1.5.1］人祖爷伏羲上天成神

实 例

（参见下级母题实例）

W0042.1.1

祖先被奉为神

实 例

达斡尔族 很早以前，孟尔丁哈拉的一个祖母生了七个男孩，孩子们长大了，她忽然失踪，若干年后，这兄弟七人的子孙繁殖，这个祖母在他们中间突然出现，认出了她请她吃饭的子孙无恙，而没有理睬她的子孙则常被这老太婆作祟，因而被奉为神，叫作“孟尔丁·领特乌”。

【流传】（内蒙古自治区·呼伦贝尔市·鄂温克族自治旗·巴彦托海镇）

【出处】

（a）珠荣嘎、额尔登泰、满都尔图调查编著：《巴彦托海索木达斡尔族情况——达斡尔族调查材料之二》，全国人民代表大会民族委员会办公室1958年编印，第51页。

（b）《孟尔丁哈拉一部分人的霍卓尔雅德根的传说》，见吕大吉、何耀华总主编《中国各民族原始宗教资料集成》（鄂伦春族卷、鄂温克族卷、赫哲族卷、达斡尔族卷、锡伯族卷、满族卷、蒙古族卷、藏族卷），北京：中国社会科学出版社1999年版，第324～325页。

① 祖先变成神（祖先成为神），神话中的“祖先”多数情况下带有神的性质，在本母题编目中一般作为神性人物处理。

苗族 祖先妹娲、耇代成为两个男女土地神。

【流传】原文无流传地，据文本及注释推测该神话流传于贵州省·黔东南苗族侗族自治州·凯里市、台江县等地。

【出处】张启庭、张荣光、张正玉、张启德演唱，张明搜集，燕宝整理译注：《创造宇宙·运金运银》，见贵州省少数民族古籍整理出版规划小组办公室编，燕宝整理译注《苗族古歌》，贵阳：贵州民族出版社 1993 年版，第 126 页。

W0042.1.1.1

为感恩祖先把祖先尊为神

实 例

侗族 侗家人很感激祖婆达摩天子，遂尊其为神，妇女尤为笃诚。

【流传】（无考）

【出处】杨锡光整理：《达摩天子》，原载《中国各民族宗教与神话大词典》，北京：学苑出版社 1990 年版，见姚宝瑄主编《中国各民族神话》（土家族、毛南族、侗族、瑶族），太原：山西出版传媒集团·书海出版社 2014 年版，第 122 页。

W0042.1.2

祖先成为特定的神

实 例

（参见下级母题实例）

W0042.1.2.1

男女祖先成为土地公、土地婆

实 例

黎族 洪水后，两兄妹完成了繁育海南岛黎苗汉三族的人种后，就在月落日出的时辰，被地神招进地府，派当土地公和土地婆。

【流传】

（a）海南省·（三亚市）·保亭县（保亭黎族苗族自治县）·保城镇

（b）海南省五指山区

【出处】

（a）王老黎讲，王国全采录：《三个民族同一源》，见中国民间文学集成全国编辑委员会编《中国民间故事集成》（海南卷），北京：中国 ISBN 中心 2002 年版，第 9 页。

（b）王国全搜集整理：《南瓜的故事》，见谷德明编《中国少数民族神话》，北京：中国民间文艺出版社 1987 年版，第 196 页。

黎族 洪水后，幸存的老先和荷发兄妹俩完成了繁育海南岛黎、苗、汉三个民族后，被地神招进地府，成为土地公和土地婆。

【流传】海南省五指山一带

【出处】王国全搜集整理：《土地公与土地婆》，见姚宝瑄主编《中国各民族神话》（高山族、黎族、畲族），太原：山西出版传媒集团·书海出版社

2014 年版，第 57 页。

黎族 荷发（女子名）感堂兄老先的阳气，完成了繁育海南岛黎苗汉三族的人种。年老后被地神招进地府，派当土地公和土地婆，专管海南岛上的人间世事。

【流传】海南省五指山区

【出处】王国全搜集整理：《南瓜的故事》，原载广东民族学院中文系编《黎族民间故事选》，见陶阳、钟秀编《中国神话》（上），北京：商务印书馆 2008 年版，第 374 ~377 页。

W0042. 2

英雄成为神（英雄变成神）

实 例

普米族 朗布松（神射手、猎人）为民杀猛兽献身，死后成了箐口猎神。

【流传】云南省·（怒江傈僳族自治州）·兰坪县（兰坪白族普米族自治县）

【出处】杨树蕃等讲，施中林采录：《猎神朗布松》，见中国民间文学集成全国编辑委员会编《中国民间故事集成》（云南卷），北京：中国 ISBN 中心 2003 年版，第 387 页。

羌族 赤吉格补为羌人传说中的英雄，为报父母之仇，曾率兵马攻打成都，抵郫县而返。或解秽驱邪时，释比（巫师）演唱此经。经文反映羌人尊民族英雄为神。

【流传】四川省·（阿坝藏族羌族自治州）·汶川县·雁门乡·小寨子

【出处】

（a）袁真（释比，80 岁）唱，汪有伦翻译，钱安靖整理：《中下坛经》（1983. 11 ~ 1984. 12）说明文字，见钱安靖《羌族和羌语支各居民集团宗教习俗调查报告》，四川大学宗教研究所油印本，1987 年 12 月。

（b）同（a），见吕大吉、何耀华总主编《中国各民族原始宗教资料集成》（纳西族卷、羌族卷、独龙族卷、傈僳族卷、怒族卷），北京：中国社会科学出版社 2000 年版，第 522 页。

W0042. 2. 1

为民除害的英雄成为神

实 例

（参见下级母题实例）

W0042. 2. 1. 1

羿为民除害成为宗布神

实 例

汉族 羿除天下之害，死而为宗布。

【流传】（无考）

【出处】［西汉］淮南王刘安及门客：《淮南子·泛论训》。

W0042. 2. 2

英雄死后奉为神

实 例

（实例待考）

W0042.2.2.1

英勇的岑逊王死后被当作神人来祀奉

实 例

壮族 英勇爱民的岑逊王，人人爱戴，虽然死了，人们十分怀念他，把他当作神人来祀奉。

【流传】（无考）

【出处】黄景山、黄继良、覃文珍讲，杨士衡、覃建才搜集整理：《岑逊王》，原载《民间文学集刊》第八本，见姚宝瑄主编《中国各民族神话》（仫佬族、壮族、京族），太原：山西出版传媒集团·书海出版社 2014 年版，第 187～188 页。

W0042.2.2.2

英雄扎纳死后成为神

实 例

哈尼族 扎纳是哈尼族历史传说中的著名英雄人物，曾领导了哈尼人大规模迁徙，死后成为神。

【流传】云南省·（红河哈尼族彝族自治州）·元阳（元阳县）、红河（红河县）、金平（金平苗族瑶族傣族自治县），采集于元阳县攀枝花区洞铺寨

【出处】朱小和讲，史军超搜集整理：《动植物的家谱》（1982），原载云南省民间文学集成办公室编《哈尼族神话传说集成》，中国民间文艺出版社 1990 年版，见姚宝瑄主编《中国各民族神话》（哈尼族、傣族），太原：山西出版传媒集团·书海出版社 2014 年版，第 142 页。

W0042.2.2.3

英雄战死后成为石神

实 例

蒙古族（布里亚特） 达尔希是个英雄，在与敌作战中牺牲，变成了给人们带来财富和子孙的石神。

【流传】（无考）

【出处】［苏联］И. А. 曼日格耶夫著，宋长宏译，佟德富校：《布里亚特萨满教和前萨满教辞典》（俄文版），莫斯科：科学出版社 1978 年版，第 27～28 页，见吕大吉、何耀华总主编《中国各民族原始宗教资料集成》（鄂伦春族卷、鄂温克族卷、赫哲族卷、达斡尔族卷、锡伯族卷、满族卷、蒙古族卷、藏族卷），北京：中国社会科学出版社 1999 年版，第 650 页。

W0042.3

妖精成为神（妖怪变成神，鬼变成神）

【关联】［W0236.1.6.4］地鬼变成土地神

实 例

（参见下级母题实例）

W0042. 3. 1
妖精因作怪被封为神

实 例

（参见下级母题实例）

W0042. 3. 1. 1
昆仑山狐狸精到北京皇宫作怪，被皇室立为神

【关联】［W0058. 0. 2. 1. 2］人害怕3个作祟的妖怪供他们为神

实 例

鄂温克族 出自昆仑山的“敖雷巴日肯”（狐狸精），到了北京城，占领了皇宫并时常作怪，因而皇室立其为神。

【流传】（内蒙古自治区·呼伦贝尔市·鄂温克族自治旗·辉索木）

【出处】

（a）《鄂温克族自治旗辉索木调查报告》，见内蒙古自治区编辑组《鄂温克族社会历史调查》，呼和浩特：内蒙古人民出版社1986年版，第489页。

（b）《敖雷巴日肯》，见吕大吉、何耀华总主编《中国各民族原始宗教资料集成》（鄂伦春族卷、鄂温克族卷、赫哲族卷、达斡尔族卷、锡伯族卷、满族卷、蒙古族卷、藏族卷），北京：中国社会科学出版社1999年版，第114页。

W0042. 3. 1a
妖被神收为徒弟后变成神

实 例

满族 纳丹岱挥（天神名）收拉拉古先初（妖名）为徒，纳尔浑（天神名）先初收呼拉拉贝子（妖名）为徒后，这两个妖精终成正果。所以，满族人在举行闭灯祭时，也祭这两位由妖而变的神。拉拉古先初是女性神，呼拉拉贝子是男性神，他们会保佑满族人的牲畜、家禽的安全，防止妖魔鬼怪祸害。

【流传】 黑龙江省·（牡丹江市）·宁古塔（宁安县）；吉林省·长白山地区（长白山一带）

【出处】

（a）傅英仁讲述，张爱云记录整理：《天宫神魔大战》，见傅英仁讲述，张爱云记录整理《满族萨满神话》，哈尔滨：黑龙江人民出版社2006年版。

（b）同（a），见陶阳、钟秀编《中国神话》（上），北京：商务印书馆2008年版，第155～180页。

W0042. 3. 2
南木是鬼变成的神

实 例

独龙族 “卜郎”（灵魂）和“南木”（鬼，天鬼）是两回事，虽然统称它们是“鬼”，但是“南木”可能是鬼变成的“神”。

【流传】云南省·（怒江傈僳族自治州）·贡山（贡山独龙族怒族自治县）·独龙江公社（独龙江乡）·熊当村

【出处】蔡家麒：《独龙族社会历史综合考察报告》，原载中国西南民族研究学会等编《民族调查研究》专刊第1集，1983年，见吕大吉、何耀华总主编《中国各民族原始宗教资料集成》（纳西族卷、羌族卷、独龙族卷、傈僳族卷、怒族卷），北京：中国社会科学出版社2000年版，第648页。

W0042.3.3

善鬼成为神

实　例

彝族 鬼又分为善鬼、恶鬼和善恶相兼的三类，其中善鬼为神。

【流传】（无考）

【出处】吕大吉、何耀华总主编：《中国各民族原始宗教资料集成》（彝族卷、白族卷、基诺族卷），北京：中国社会科学出版社1996年版，第30页。

W0042.3.4

鬼供在庙内成为神

实　例

（参见下级母题实例）

W0042.3.4.1

五谷鬼、山鬼、吴三桂鬼、马三保鬼等供奉在本主庙后成为陪神

实　例

白族（那马） 五谷鬼、山鬼、吴三桂鬼、马三保鬼等，被人们供奉在本主庙内，成为本主神或陪神。

【流传】云南省·（怒江傈僳族自治州）·兰坪县（兰坪白族普米族自治县），（迪庆藏族自治州）·维西县（维西傈僳族自治县）

【出处】刘龙初调查整理：《兰坪维西那马人由鬼魂崇拜演变的本主》（1988），见吕大吉、何耀华总主编《中国各民族原始宗教资料集成》（彝族卷、白族卷、基诺族卷），北京：中国社会科学出版社1996年版，第568页。

W0042.4

仙变成神

实　例

（参见下级母题实例）

W0042.4.1

仙女成为神

实　例

（参见下级母题实例）

W0042. 4. 1. 1

三仙女以仙丹救人有功死后成为神

实 例

鄂伦春族 三仙女后以仙丹救活多人命，死后俱为神。

【流传】（无考）

【出处】袁珂改编：《三女神》，原载谷德明《中国少数民族神话选》，见袁珂《中国神话大词典》，北京：华夏出版社 2015 年版，第 592 页。

W0042. 5

宗教人物变成神

实 例

（参见下级母题实例）

W0042. 5. 1

萨满化身为神

实 例

（参见下级母题实例）

W0042. 5. 1. 1

布莱恩腾格里是秋雾、天雾的萨满的化身

实 例

蒙古族（布里亚特）布莱恩·腾格里是秋雾、天雾的萨满的化身。在此雾的笼罩之下，萨满巫师展示自己的魔法。

【流传】（无考）

【出处】［苏联］И. А. 曼日格耶夫著，宋长宏译，佟德富校：《布里亚特萨满教和前萨满教辞典》（俄文版），莫斯科：科学出版社 1978 年版，第 34 页，见吕大吉、何耀华总主编《中国各民族原始宗教资料集成》（鄂伦春族卷、鄂温克族卷、赫哲族卷、达斡尔族卷、锡伯族卷、满族卷、蒙古族卷、藏族卷），北京：中国社会科学出版社 1999 年版，第 627 页。

W0042. 6

精灵升级为神

实 例

（参见下级母题实例）

W0042. 6. 1

草木翁衮、树翁衮、山翁衮、水翁衮等升级为草木神、树神、山神、水神

实 例

蒙古族 使人畏惧的“翁衮”（精灵）逐渐地被赋予了神性，草木翁衮、树翁衮、山翁衮、水翁衮等，后来升级为草木神、树神、山神、水神等。

【流传】（无考）

【出处】《蒙古族卷·绪论》，见吕大吉、何耀华总主编《中国各民族原始宗教资料集成》（鄂伦春族卷、鄂温克族卷、赫哲族卷、达斡尔族卷、锡伯族卷、满族卷、蒙古族卷、藏族

卷），北京：中国社会科学出版社1999年版，第586页。

W0043
人变成神

【汤普森】①A104.1；②A117

【关联】［W0044］特定的人成为神

实　例

（参见下级母题实例）

W0043.1
人偶然变成神

实　例

（参见下级母题实例）

W0043.2
人得道成神

【关联】［W0804.12.3.1］修道成仙

实　例

（参见下级母题实例）

W0043.2.1
人求仙修炼后得道成神

实　例

汉族 梅福弃家赴九江求仙修炼，后得道成神。

【流传】（无考）

【出处】《染坊业神——梅福、葛洪》，见乌丙安主编《中国民间神谱》，沈阳：辽宁人民出版社2007年版，第188页。

W0044
特定的人成为神

实　例

（参见下级母题实例）

W0044.0
天上的人是神（天人是神）

【关联】［W2015.3.1］天上的人

实　例

彝族 天上的“天人”是神。

【流传】（无考）

【出处】《天门地门论》，原载王松编写《影与变创世纪》附记，见姚宝瑄主编《中国各民族神话》（羌族、彝族），太原：山西出版传媒集团·书海出版社2014年版，第130页。

W0044.0.1
天上的人心好、诚实、不做坏事、不伤别人，可称为神

实　例

鄂温克族 天上的人，个儿很大，心非常好，不说谎，不打骂别人，不做坏事，以自力维持生活，绝不伤别人，故可称为神。

【流传】（内蒙古自治区·呼伦贝尔市·额尔古纳旗）使用驯鹿鄂温克人

【出处】

（a）《额尔古纳旗使用驯鹿鄂温克人的调查报告》，见内蒙古自治区编辑组

《鄂温克族社会历史调查》，呼和浩特：内蒙古人民出版社 1986 年版，第 238 页。

（b）《天地神鬼》，见吕大吉、何耀华总主编《中国各民族原始宗教资料集成》（鄂伦春族卷、鄂温克族卷、赫哲族卷、达斡尔族卷、锡伯族卷、满族卷、蒙古族卷、藏族卷），北京：中国社会科学出版社 1999 年版，第 93 页。

W0044. 1

永生的第一个人成为神

【汤普森】 A117. 1

实 例

（实例待考）

W0044. 2

本事大的人成为神

实 例

傣族、汉族（实例待考）

W0044. 2a

有权力的人变成神

实 例

（参见下级母题实例）

W0044. 2a. 1

酋长成为神

实 例

满族 他拉伊罕女神原是居住在乌苏里江东部的一位联合酋长。

【流传】 黑龙江省·（牡丹江市）·宁安县（宁安市）

【出处】《他拉伊罕女神》，选自傅英仁《黑龙江省宁安县满族萨满教神话调查资料》，见吕大吉、何耀华总主编《中国各民族原始宗教资料集成》（鄂伦春族卷、鄂温克族卷、赫哲族卷、达斡尔族卷、锡伯族卷、满族卷、蒙古族卷、藏族卷），北京：中国社会科学出版社 1999 年版，第 515 页。

W0044. 2a. 1. 1

吐蕃酋长成为神

实 例

白族 南诏王阁罗凤时出现了三位神灵，其一为吐蕃酋长，一为唐大将，另一为南诏阁罗凤偏妃之子。

【流传】 云南省·大理（大理白族自治州）

【出处】［明］《三灵庙记》，见杨世钰、张树芳主编《大理丛书·金石篇》（影印本）第 10 册，北京：中国社会科学出版社 2008 年版，第 49 页。

W0044. 2a. 2

氏族族长成为神

实 例

（实例待考）

W0044.2a.2.1

后代人尊称第一代穆昆达为恩都哩玛发

实 例

满族 第一代穆昆达（满语，氏族族长）的名字叫鄂多；后代人尊敬地称他为恩都哩玛发（满语，祖先神。）

【流传】 黑龙江省·牡丹江市·（阳明区）·铁岭河（铁岭河镇）

【出处】 郭鹤令讲，傅英仁采录：《鄂多玛发》，见中国民间文学集成全国编辑委员会编《中国民间故事集成》（黑龙江卷），北京：中国ISBN中心2005年版，第46~48页。

W0044.2a.2.2

东海窝集部尼玛察地方的族长成为弓箭女神

实 例

满族 弓箭女神多龙格格原是东海窝集部尼玛察地方的族长，骑射、渔猎样样精通。

【流传】（无考）

【出处】 富育光、孟慧英、王宏刚整理：《多龙格格》，见姚宝瑄主编《中国各民族神话》（满族、赫哲族、朝鲜族），太原：山西出版传媒集团·书海出版社2014年版，第73页。

W0044.3

好心人变成神

【关联】［W0045.5］人做善事变成神

实 例

白族（实例待考）

达斡尔族 因“白那查”（山神）是善神，所以人们有时把善良的人比喻为“白那查”。

【流传】（内蒙古自治区、黑龙江省等地）

【出处】

（a）珠荣嘎、满都尔图主编：《达斡尔族社会历史调查》，呼和浩特：内蒙古人民出版社1985年出版，第256页。

（b）《“白那查”——山神之一》，见吕大吉、何耀华总主编《中国各民族原始宗教资料集成》（鄂伦春族卷、鄂温克族卷、赫哲族卷、达斡尔族卷、锡伯族卷、满族卷、蒙古族卷、藏族卷），北京：中国社会科学出版社1999年版，第294页。

普米族（实例待考）

W0044.3.1

玉皇把好心肠的人收到天上做神

【关联】［W0058.1.3.1］玉帝封神

实 例

汉族 玉皇把好心肠的人收上天来做神。

【流传】江西省·宜春市·（袁州区）·寨下乡（寨下镇）·台上村

【出处】孙伟宏讲，施绍辉采录：《伏羲和女娲》，见中国民间文学集成全国编辑委员会编《中国民间故事集成》（江西卷），北京：中国 ISBN 中心 2002 年版，第 12 页。

W0044.4

巫师成为神

实 例

达斡尔族 斡托西（巫师）是娘娘神灵的显示者和代表人。

【流传】（原黑龙江省布特哈旗，今为内蒙古自治区呼伦贝尔市扎兰屯市）

【出处】

（a）珠荣嘎、额尔登泰、满都尔图、包鹤亭调查编著：《达斡尔族情况——达斡尔族调查材料之一》，全国人民代表大会民族委员会办公室 1957 年编印，第 41 页。

（b）《斡托西之一（布特哈地区）》，见吕大吉、何耀华总主编《中国各民族原始宗教资料集成》（鄂伦春族卷、鄂温克族卷、赫哲族卷、达斡尔族卷、锡伯族卷、满族卷、蒙古族卷、藏族卷），北京：中国社会科学出版社 1999 年版，第 357 页。

傈僳族 （实例待考）

W0044.4.1

萨满死后被奉为神

【关联】［W0066.4.3.1］有本事的大萨满成为女神

实 例

鄂温克族 杜拉尔氏族的老萨满被儿媳杀死后不久，全氏族的人都得了病，请萨满跳神也治不好。后来有一萨满发现是被害萨满的神在作祟。从此各家都供她为“舍卧刻”。

【流传】（内蒙古自治区·呼伦贝尔市·陈巴尔虎旗莫尔格河一带）

【出处】

（a）《陈巴尔虎旗莫尔格河鄂温克族社会历史调查报告》，见内蒙古自治区编辑组《鄂温克族社会历史调查》，呼和浩特：内蒙古人民出版社 1986 年版，第 340 页。

（b）《“舍卧刻”传说及神偶》，见吕大吉、何耀华总主编《中国各民族原始宗教资料集成》（鄂伦春族卷、鄂温克族卷、赫哲族卷、达斡尔族卷、锡伯族卷、满族卷、蒙古族卷、藏族卷），北京：中国社会科学出版社 1999 年版，第 116～117 页。

W0044.5

男人成为神

实 例

珞巴族 （实例待考）

W0044.5.1

兄弟俩分别成为山神和猎神

实 例

普米族 兄弟俩分别成为山神和猎神。

【流传】云南省·（怒江傈僳族自治州）·兰坪（兰坪白族普米族自治县）

【出处】杨汉章讲，鹏云整理：《山神和猎神》，见中华民族故事大系编委会编《中华民族故事大系》第14卷（普米族、塔吉克族、怒族、俄罗斯族、鄂温克族），上海：上海文艺出版社1995年版，第182页。

W0044.6

女人成为神

实 例

（参见下级母题实例）

W0044.6.1

特定的女人成为神

实 例

汉族 （实例待考）

W0044.6.2

女子死后升天成神

实 例

（实例待考）

W0044.6.2.1

投河自尽的女子死后升天成神

实 例

汉族 雨过天晴，河的上空出现一条弧形彩练，红、橙、黄、绿、青、蓝、紫，十分好看。红妮娘看见彩练，想起扑河自尽的女儿，她抬头向着彩练，“红啊！红啊！”不住声地喊着。人们恍然大悟：红妮没死，上天成神了。

【流传】河南省

【出处】马宗芳讲（女，69岁，家庭妇女），刘筱芬采录：《虹的传说》（1987.03），见张振犁编著，孟宪明、朱淑君统纂《中原神话通鉴》（第四卷），郑州：河南大学出版社2017年版，第1225页。

W0044.6.3

特定人物的妻子变成神

实 例

（参见下级母题实例）

W0044.6.3.1

金太祖完颜阿骨打的夫人死后被女真人敬奉为渍菜女神

实 例

满族 金太祖完颜阿骨打的夫人为给女真军运送粮草，被辽兵射死。她死后倒在一罐山菜上，后来山菜变成了美味的渍菜，于是被女真人敬奉为渍菜女神。

【流传】（无考）

【出处】富育光、孟慧英、王宏刚整理：《布苏妈妈》，见姚宝瑄主编《中国各民族神话》（满族、赫哲族、朝鲜族），太原：山西出版传媒集团·书海出版社2014年版，第72页。

W0044. 7

特定来历的人变成神

实 例

（参见下级母题实例）

W0044. 7. 1

私生子成为神

实 例

（参见下级母题实例）

W0044. 7. 1. 1

被寡妇杀死的私生子的冤魂成为神

实 例

达斡尔族 一个寡妇把通奸的私生子杀死。被害婴儿的冤魂使人们闹病。达斡尔族各哈拉、莫昆的人，差不多都供奉它。

【流传】（黑龙江省、内蒙古自治区等）

【出处】

（a）珠荣嘎、额尔登泰、满都尔图、包鹤亭调查编著：《达斡尔族情况——达斡尔族调查材料之一》，全国人民代表大会民族委员会办公室 1957 年编印，第 39 页。

（b）《巫西·巴尔肯》，见吕大吉、何耀华总主编《中国各民族原始宗教资料集成》（鄂伦春族卷、鄂温克族卷、赫哲族卷、达斡尔族卷、锡伯族卷、满族卷、蒙古族卷、藏族卷），北京：中国社会科学出版社 1999 年版，第 320 页。

W0044. 7. 2

兄妹婚生的一部分孩子变成神

实 例

（参见下级母题实例）

W0044. 7. 2. 1

兄妹婚生的 38 对男女 12 对形成 12 种民族的祖先，剩下 26 对变成地上的各种神灵

实 例

哈尼族（豪尼） 塔甫与睦耶兄妹成婚后，生了七十七个小娃，一个饿死。刚好是三十八男，三十八女，其中十二对形成十二种民族的祖先，剩下的二十六对就变为地上的各种神灵。

【流传】 云南省·（普洱市）·墨江县（墨江哈尼族自治县）

【出处】 王定均等讲，明红、蓝珊整理：《豪尼人的祖先》，载《山茶》1986 年第 3 期。

W0044. 7. 3

国王的儿子成为神

实 例

（参见下级母题实例）

W0044. 7. 3. 1

国王与妃子生的儿子成为神

实 例

白族 南诏王阁罗凤时出现了三位神灵，其中一位为南诏阁罗凤偏妃之子。

【流传】云南省·大理（大理白族自治州）

【出处】［明］《三灵庙记》，见杨世钰、张树芳主编《大理丛书·金石篇》（影印本）第10册，北京：中国社会科学出版社2008年版，第49页。

W0044.8

特殊身份的人变成神

实 例

（参见下级母题实例）

W0044.8.1

首领变成神

实 例

（参见下级母题实例）

W0044.8.1.1

酋长是山神

实 例

藏族 （实例待考）

W0044.8.1.2

部落女首领成为神

【关联】［W0416.3.1.1］部落首领西伦妈妈死后心是热的成了温泉女神

实 例

满族 赵姓氏族的女神是拉林河伊尔根觉罗氏族各部落的女首领、女萨满、女巴图鲁（满语，好汉、英雄）。

【流传】黑龙江省·（牡丹江市）·宁安县·兰岗乡·新生村

【出处】赵文信讲，赵君伟采录：《阿达格恩都哩》，见中国民间文学集成全国编辑委员会编《中国民间故事集成》（黑龙江卷），北京：中国ISBN中心2005年版，第66~67页。

W0044.8.1.3

首领生前宣布自己死后为神

【关联】［W0057.2.2.2］首领死后灵魂变成神

实 例

傣族 发明狩猎的沙罗（人名），发现人们为猎物相互争抢，就召集大家宣布道："从今天起，我就是你们的头儿！你们要叫我为'盘'。活着，我就是你们的'盘'，死后，我就是你们的神。"

【流传】（无考）

【出处】岩峰、王松搜集整理：《沙罗》，见姚宝瑄主编《中国各民族神话》（哈尼族、傣族），太原：山西出版传媒集团·书海出版社2014年版，第376页。

W0044.8.1.4

勇猛的首领死后被尊为神

实 例

藏族 为了狩猎和保卫部落的安全，

要选部落中有力量、猛勇的人来做首领，他们死后受到部落先民的尊重、怀念，将其“神”化来进行供奉。

【流传】（无考）

【出处】《藏族卷·绪论》，见吕大吉、何耀华总主编《中国各民族原始宗教资料集成》（鄂伦春族卷、鄂温克族卷、赫哲族卷、达斡尔族卷、锡伯族卷、满族卷、蒙古族卷、藏族卷），北京：中国社会科学出版社 1999 年版，第 778 页。

W0044. 8. 1. 5

生前有势力的统治者死后变的神也威严

实 例

彝族 生前是有势力的统治者，死后变的神也是威严无比的。

【流传】凉山一带

【出处】巴莫·阿依：《凉山彝族的“晓补”反咒仪式》，载《世界宗教研究》1989 年第 3 期。

W0044. 8. 2

会念咒驱鬼祭神的人成为神

实 例

苗族 则福老（人名，女子感生的人）求师漫游，三年过去了，做了好事千百件，人们到处赞颂他。但他不会念咒驱鬼祭神，还没有成神。

【流传】云南省·（昭通市）·昭通、彝良县，（曲靖市）·宣威（宣威市），（昆明市）·寻甸（寻甸回族彝族自治县）；贵州省·（毕节市）·威宁（威宁彝族回族苗族自治县）

【出处】

（a）杨秀、杨芝、张新民、王友清讲，陆兴凤、张绍祥记录整理，里晴、景山校正：《则福老》，见杨光汉主编《云南苗族民间故事集成》，北京：中国民间文艺出版社 1988 年版。

（b）同（a），见姚宝瑄主编《中国各民族神话》（布依族、仡佬族、苗族），太原：山西出版传媒集团·书海出版社 2014 年版，第 298 页。

W0044. 8. 3

守山川之祀者为神

实 例

汉族 守山川之祀者为神，谓诸侯也。

【流传】（无考）

【出处】［南朝宋］裴骃：《集解》引魏王肃语。

W0044. 8. 4

从事特定职业的人死后被奉为神

实 例

（参见下级母题实例）

W0044.8.4.1

喂牛和挤牛奶的奴仆卓力死后被养乳牛的人奉为卓力巴日肯

实　例

鄂温克族 一个叫“卓力”的奴仆，一年到头在主人家喂牛和挤牛奶，最终因年迈体弱摔死了。在她死后养乳牛的人们把她立为“卓力巴日肯”（神名）。当乳牛的乳房肿胀，挤不出奶时，就用牛奶粥等食品供卓力神。

【流传】（内蒙古自治区·呼伦贝尔市·鄂温克族自治旗·辉索木）

【出处】

（a）《鄂温克族自治旗辉索木调查报告》，见内蒙古自治区编辑组《鄂温克族社会历史调查》，呼和浩特：内蒙古人民出版社 1986 年版，第 489 页。

（b）《“卓力”神》，见吕大吉、何耀华总主编《中国各民族原始宗教资料集成》（鄂伦春族卷、鄂温克族卷、赫哲族卷、达斡尔族卷、锡伯族卷、满族卷、蒙古族卷、藏族卷），北京：中国社会科学出版社 1999 年版，第 118 页。

W0044.8.5

古代将领成为神

【关联】［W0782.2.3］古代将领本主神

实　例

（实例待考）

W0044.8.5.1

唐朝大将成为南诏国的神

实　例

白族 南诏王阁罗凤时出现了三位神灵，其一为吐蕃酋长，一为唐大将。

【流传】 云南省·大理（大理白族自治州）

【出处】［明］《三灵庙记》，见杨世钰、张树芳主编《大理丛书·金石篇》（影印本）第 10 册，北京：中国社会科学出版社 2008 年版，第 49 页。

W0044.8.6

能人被认为是神

实　例

（参见下级母题实例）

W0044.8.6.1

会生火的阏伯被认为是神

【关联】［W0466.1］火神的产生

实　例

汉族 为百姓管理火的阏伯死后，大家都乐意把他说成是专门给人们造福的神仙，就在埋葬他的那座高大的土丘上建了一座庙，用泥塑成阏伯的像，供在庙里，尊为“火神”，经常给他烧香磕头。

【流传】 河南省

【出处】 刘秀森搜集整理：《阏伯台与火神庙》，原载《河南民间文学》第五辑，见陶阳、钟秀编《中国神话》（下），北京：商务印书馆 2008 年版，第 1127 ~ 1129 页。

汉族 由于阏伯的聪明智慧和辛勤劳动，这里的百姓不但可以到处生火，而且还能让火经久不灭。大家感激阏伯，都说他是天上神仙下凡，给百姓造福来了。

【流传】河南省 · 商丘市

【出处】张永玉（59 岁，商丘西南赵口乡小学教师）讲，吕文凯采录：《火神台的传说》（1991. 06），见张振犁编著，孟宪明、朱淑君统纂《中原神话通鉴》（第三卷），郑州：河南大学出版社 2017 年版，第 965 页。

W0044. 8. 6. 2

射箭能手在江边变成江边神

实 例

纳西族 射箭能手在江边，游泳能手在江边，从此变成江边神。

【流传】云南省 ·（丽江市 · 宁蒗彝族自治县）· 永宁（永宁乡）一带

【出处】《崇多崇》（祭锅灶，即祭家神），见吕大吉、何耀华总主编《中国各民族原始宗教资料集成》（纳西族卷、羌族卷、独龙族卷、傈僳族卷、怒族卷），北京：中国社会科学出版社 2000 年版，第 222 页。

W0044. 9

特殊遭遇的人变成神

实 例

（参见下级母题实例）

W0044. 9. 1

遭雷击的人成为神

【关联】

① ［W0047. 2. 2］遭雷击的动物成为神

② ［W0476. 1. 1. 1］人被雷击死后成为家畜神

③ ［W0646. 3. 2. 1］被雷击死者成为祖先

实 例

达斡尔族 古代有“特格 · 鄂伦春”人（即使用驯鹿的鄂伦春人）被雷击死，他死以前，曾用龟和蛤蟆等物挡身，死后和那些龟蛙类都变成神。

【流传】（内蒙古自治区、黑龙江省等地）

【出处】

（a）珠荣嘎、额尔登泰、满都尔图、包鹤亭调查编著：《达斡尔族情况——达斡尔族调查材料之一》，全国人民代表大会民族委员会办公室 1957 年编印，第 30 ~ 33 页。

（b）《“霍列力 · 巴尔肯”来源的传说及其构成》，见吕大吉、何耀华总主编《中国各民族原始宗教资料集成》（鄂伦春族卷、鄂温克族卷、赫哲族卷、达斡尔族卷、锡伯族卷、满族卷、蒙古族卷、藏族卷），北京：中国社会科学出版社 1999 年版，第 305 页。

鄂温克族 除整个鄂温克族供奉的“霍卓热”神（疾病神）之外，还有普通的小“霍卓热”。小“霍卓热”是某“莫昆”的人外出或出猎时，被雷打死后，其灵魂回到“毛哄”内，家人替他立了“霍卓热”，所以无论是大或小“霍卓热”，其来源都是人被雷打死的结果。

【流传】（内蒙古自治区·呼伦贝尔市·鄂温克族自治旗·辉索木）

【出处】

(a)《鄂温克族自治旗辉索木调查报告》，见内蒙古自治区编辑组《鄂温克族社会历史调查》，呼和浩特：内蒙古人民出版社 1986 年版，第 488 页。

(b)《霍卓热的来由之二》，见吕大吉、何耀华总主编《中国各民族原始宗教资料集成》（鄂伦春族卷、鄂温克族卷、赫哲族卷、达斡尔族卷、锡伯族卷、满族卷、蒙古族卷、藏族卷），北京：中国社会科学出版社 1999 年版，第 115～116 页。

W0044.9.1.1

遭雷击的人的灵魂成为神

实　例

鄂温克族 一个达斡尔老人被雷打死，他的灵魂顺着马蹄的踪迹来到达斡尔人的地方。达斡尔人为之建立了“吉雅奇”（牲畜之神）。

【流传】（内蒙古自治区·呼伦贝尔市·鄂温克族自治旗·辉索木）

【出处】

(a)《鄂温克族自治旗辉索木调查报告》，见内蒙古自治区编辑组《鄂温克族社会历史调查》，呼和浩特：内蒙古人民出版社 1986 年版，第 488～489 页。

(b)《“吉雅奇”神之一》，见吕大吉、何耀华总主编《中国各民族原始宗教资料集成》（鄂伦春族卷、鄂温克族卷、赫哲族卷、达斡尔族卷、锡伯族卷、满族卷、蒙古族卷、藏族卷），北京：中国社会科学出版社 1999 年版，第 117 页。

W0044.9.1.1.1

遭雷击的老人霍卓热死后灵魂成为霍卓热神

实　例

鄂温克族 老人霍卓热被雷击后的灵魂传播疾病。人们为了安慰那位被雷击死的霍卓热的灵魂，每个家都挂起了霍卓热神，并用猪肉、食品等物祭祀霍卓热神。

【流传】内蒙古自治区·（呼伦贝尔市）·鄂温克族自治旗·伊敏索木

【出处】顺格布讲，朝克搜集整理：《霍卓热神的来由之一》（1983.07.10），见吕大吉、何耀华总主编《中国各民族原始宗教资料集成》（鄂伦春族卷、鄂温克族卷、赫哲族卷、达斡尔族卷、锡伯族卷、满族卷、蒙古族卷、藏族卷），北京：中国社会科学出版社 1999 年版，第 115 页。

鄂温克族 霍卓热（人名）外出时被雷劈死，他的灵魂带来疾病。有人从病人的病状看出了必须替此灵魂立“霍卓热”，病才能好。因此，鄂伦春人就先建立了“霍卓热”（神）。

【流传】（内蒙古自治区·呼伦贝尔市·鄂温克族自治旗·辉索木）

【出处】

（a）《鄂温克族自治旗辉索木调查报告》，见内蒙古自治区编辑组《鄂温克族社会历史调查》，呼和浩特：内蒙古人民出版社 1986 年版，第 488 页。

（b）《霍卓热的来由之二》，见吕大吉、何耀华总主编《中国各民族原始宗教资料集成》（鄂伦春族卷、鄂温克族卷、赫哲族卷、达斡尔族卷、锡伯族卷、满族卷、蒙古族卷、藏族卷），北京：中国社会科学出版社 1999 年版，第 115 ~ 116 页。

W0044. 9. 1. 2

遭雷击的母女成为神

实 例

达斡尔族 在一个姑娘和她母亲都被雷击死。母亲和姑娘两人死了以后，莫热莫昆的人经常闹病，死了不少人。所以，把这母女二人当作祖神供奉了。

【流传】（黑龙江省、内蒙古自治区等）

【出处】

（a）珠荣嘎、额尔登泰、满都尔图、包鹤亭调查编著：《达斡尔族情况——达斡尔族调查材料之一》，全国人民代表大会民族委员会办公室 1957 年编印，第 37 页。

（b）《郭博勒哈拉莫热莫昆的“霍卓尔”神》，见吕大吉、何耀华总主编《中国各民族原始宗教资料集成》（鄂伦春族卷、鄂温克族卷、赫哲族卷、达斡尔族卷、锡伯族卷、满族卷、蒙古族卷、藏族卷），北京：中国社会科学出版社 1999 年版，第 317 页。

W0044. 10

做好事的人成为神

【关联】［W0782. 2. 7. 3］好人奉为本主

实 例

（参见下级母题实例）

W0044. 10. 1

一个为百姓除水患的童养媳成为神

实 例

汉族 晋祠圣母名春英，为山西晋祠村童养媳，当水漫出缸外、流泛村中时，春英急取草垫往水头镇之，身坐垫上，水势始减缓，下成清泉。人因立晋祠祀之，塑彼盘腿坐草垫，一手抿鬓边发、一手持梳正梳头之状，称为“水母娘娘”。

【流传】（无考）

【出处】《晋祠圣母》，原载《民间文学·水母娘娘》（1958.08）见袁珂《中国神话大词典》，北京：华夏出版社2015年版，第257页。

W0044.11

老人变成神

【关联】［W0875.1.1.6］百岁以上老人会变鬼

实　例

（参见下级母题实例）

W0044.11.1

索南尔老人在迁徙路上化成神

实　例

保安族 保安族的索南尔老人为自己民族的生存，费尽了心血，在迁徙的路上化成了神。

【流传】（青海省·黄南藏族自治州·同仁县·保安城、上庄、尕撒尔三个古村庄）

【出处】

（a）王彰明搜集整理：《保安腰刀的传说》，见郝苏民编《东乡族保安族裕固族民间故事选》，上海：上海文艺出版社1987年版。

（b）王彰明搜集整理：《索南尔与保安神刀》，见姚宝瑄主编《中国各民族神话》（土族、东乡族、回族、保安族、裕固族、撒拉族），太原：山西出版传媒集团·书海出版社2014年版，第83页。

W0045

人变成神的方法（人变神的途径）

实　例

（参见下级母题实例）

W0045.1

人升天后变成神

【汤普森】A117.2

【关联】［W0550.1.1］一个升到天上的妇女成为仓库神

实　例

鄂伦春族 同欧伦（库房，仓库）一起升天的女人，后来也就成了保护仓库的女神，受到鄂伦春人的祭祀。

【流传】内蒙古自治区·呼伦贝尔盟（呼伦贝尔市）·鄂伦春族自治县（鄂伦春自治旗）

【出处】旃诛梅讲：《欧伦神的传说》，原载巴图宝音搜集整理《鄂伦春族民间故事集》，见陶阳、钟秀编《中国神话》（上），北京：商务印书馆2008年版，第246~247页。

W0045.1.1

3个萨满和9对青年男女逃到上天成为神

实　例

鄂温克族 那妹塔氏族的萨满知道要杀

害他们的坏人来临时，立即连同参加会的人们都腾空驾雾上了天。除了3个萨满外，还有18个青年男女（九男九女），他们上天后告诉该氏族要供21个人像，所似现在那妹塔姓的舍卧刻就是21个人形，成为后来供奉的神偶。

【流传】（内蒙古自治区·呼伦贝尔市·陈巴尔虎旗莫尔格河一带）

【出处】

（a）《陈巴尔虎旗莫尔格河鄂温克族社会历史调查报告》，见内蒙古自治区编辑组《鄂温克族社会历史调查》，呼和浩特：内蒙古人民出版社1986年版，第340页。

（b）《“舍卧刻”神的由来、构成及祭仪》，见吕大吉、何耀华总主编《中国各民族原始宗教资料集成》（鄂伦春族卷、鄂温克族卷、赫哲族卷、达斡尔族卷、锡伯族卷、满族卷、蒙古族卷、藏族卷），北京：中国社会科学出版社1999年版，第116页。

W0045. 2

人到神界成为神

实　例

朝鲜族 人到神界为神。

【流传】（无考）

【出处】《巴里公主》，见许辉勋《对朝鲜民族文化心理本原的神话学阐释》，《延边大学学报》1998年第4期。

W0045. 3

人身体分离变成神

实　例

鄂温克族（实例待考）

W0045. 4

人到特定地点变成神

实　例

（参见下级母题实例）

W0045. 4. 1

人到山顶后变成神

【汤普森】 A117. 4

实　例

（参见下级母题实例）

W0045. 4. 1. 1

人登特定的山变成神

实　例

（参见下级母题实例）

W0045. 4. 1. 1. 1

人登昆仑山的悬圃之上乃神

实　例

汉族 昆仑上有凉风山，登之不死；再上有悬圃，登之乃灵；再往上，登之乃神。

【流传】（无考）

【出处】［西汉］淮南王刘安及门客：

《淮南子·地形训》。

汉族 昆仑之邱，或上倍之，是谓凉风之山，登之而不死；或上倍之，是谓县圃（之山），登之乃灵，能使风雨；或上倍之，乃维上天，登之乃神，是谓太帝之居。

【流传】（无考）

【出处】《县圃》，见袁珂《中国神话大词典》，北京：华夏出版社2015年版，第162页。

W0045.4.2
人洞中变成神

实　例

（参见下级母题实例）

W0045.4.2.1
一对恋人到洞中变成该洞的洞主和崖神

实　例

怒族 一个汉族姑娘与怒族小伙成亲前被闪当洞里的一条蟒蛇掳进洞中，格觉姆从此变成了该洞的洞主和崖神。

【流传】云南省·（怒江傈僳族自治州）·贡山县（贡山独龙族怒族自治县）

【出处】何叔涛调查整理：《崖神传说四则》（1988），见吕大吉、何耀华总主编《中国各民族原始宗教资料集成》（纳西族卷、羌族卷、独龙族卷、傈僳族卷、怒族卷），北京：中国社会科学出版社2000年版，第904～905页。

W0045.4a
人过河后变成神

实　例

（参见下级母题实例）

W0045.4a.1
过了河的大汉全变成神

实　例

彝族 武珠一家人，有十二大汉，十一过了河，全都变成神，独剩武洛撮。

【流传】贵州省·（毕节市）·威宁县（威宁彝族回族苗族自治县）、赫章县一带

【出处】罗正清翻译，黄建明摘录：《弥神与觉神》（未刊稿），见吕大吉、何耀华总主编《中国各民族原始宗教资料集成》（彝族卷、白族卷、基诺族卷），北京：中国社会科学出版社1996年版，第280页。

W0045.5
人做善事变成神

实　例

汉族 （实例待考）

W0045.5.1
救人的人变成神

【关联】［W0398.2.3.2.1］救人的人变

成白石神

实 例

羌族 救己救人的人变为白石神。

【流传】四川省·（阿坝藏族羌族自治州）·茂县、黑水（黑水县）

【出处】许贵福讲，吴廷安等搜集：《白石神》，见中华民族故事大系编委会编《中华民族故事大系》第11卷（达斡尔族、仫佬族、羌族），上海：上海文艺出版社1995年版，第667页。

W0045.6

拜特定的人为神（尊特定的人为神）

实 例

满族 （实例待考）

锡伯族 （实例待考）

W0045.6.1

拜有功者为神

【关联】

①［W0054.3］植物有功被奉为神

②［W0058.1.2.1］因功封神（有功者被封神）

③［W0204.5.1.1.1］人把有功的恩人被尊为天帝

④［W0392.4.1.9］人们纪念依达搬山的功劳立他为山神

⑤［W0713.0.1］女娲因造人、补天和杀恶龙平息洪水被敬为神

实 例

（参见下级母题实例）

W0045.6.1.1

族人认为曾降虎开河的射弄法是天上派来降虎的神，也是开田治水的神

实 例

傣族 射弄法（人名，曾降虎，带领族人开河道），被族人认为不仅是天上派来降虎的神，也是开田的神，治水的神。

【流传】云南省·（普洱市）·景谷县（景谷傣族彝族自治县）

【出处】波罕康朗赛讲，岩峰采录：《射弄法》，见中国民间文学集成全国编辑委员会编《中国民间故事集成》（云南卷），北京：中国ISBN中心2003年版，第397页。

W0045.6.1.2

玉仙三姐妹协助嫘祖织布做衣被奉为神

实 例

汉族 后人为追念玉仙三姐妹协助嫘祖织布做衣的巨大功绩，便在玉仙纺线的洞前修建庙宇，把玉仙三姐妹奉祀为神，此庙便是玉仙圣母庙。

【流传】河南省·（郑州市）·巩义市

【出处】石栏采录整理：《嫘祖访玉仙》，见张振犁编著，孟宪明、朱淑

君统纂《中原神话通鉴》(第二卷),郑州:河南大学出版社 2017 年版,第 522 页。

W0045.6.1.3

为民捕老虎的五个异姓结拜兄弟被祀为神

实 例

汉族 五个异姓结拜兄弟为民捕老虎,勇除虎患。当地民众敬重五兄弟为民除害之壮举,遂祀为神。

【流传】(江苏省·扬州市)

【出处】《扬州五司徒》,见乌丙安主编《中国民间神谱》,沈阳:辽宁人民出版社 2007 年版,第 164 页。

W0045.6.1.4

人们拜降龙降雨消除旱灾的人为神

实 例

壮族 人们感激三师降龙降雨消除旱灾,就把他从东海接到人间,刻制精美的面具让他戴上,奉若神明。

【流传】(无考)

【出处】覃承勤整理:《三师》,原载《中国各民族宗教与神话大词典》,学苑出版社 1993 年版,见姚宝瑄主编《中国各民族神话》(仫佬族、壮族、京族),太原:山西出版传媒集团·书海出版社 2014 年版,第 166 页。

W0045.6.1.5

有德有功于民者死后被奉为民族英雄神

实 例

壮族 民族英雄神生前也是人,因有德有功于民,死后人们便以神敬之。

【流传】广西壮族自治区·(南宁市)·武鸣县·两江乡·雷江片,马山县·古零乡·杨圩片

【出处】黄世杰搜集整理:*《多神信仰》(1990),见吕大吉、何耀华总主编《中国各民族原始宗教资料集成》(土家族卷、瑶族卷、壮族卷、黎族卷),北京:中国社会科学出版社 1998 年版,第 493 页。

W0045.6.1.6

建寨有功的人被尊为地盘业主神

实 例

羌族 对建寨有功的人,被后人尊为地盘业主神。

【流传】(无考)

【出处】《羌族卷·前言》,见吕大吉、何耀华总主编《中国各民族原始宗教资料集成》(纳西族卷、羌族卷、独龙族卷、傈僳族卷、怒族卷),北京:中国社会科学出版社 2000 年版,第 452 页。

W0045. 6. 1. 7
一位除妖的手艺人被奉为神灵

实 例

纳西族 把一位除妖的手艺人奉为神灵，每年的正月十五日，都要到玉河畔的茨美子肯岩洞前面，执举祭神仪式，居民们摆上祭品，点燃香烛纸火，磕头祈拜。

【流传】 云南省·（丽江市）·丽江县（古城区、玉龙纳西族自治县）

【出处】 木丽春采集整理：《凡人除妖的传说》，见木丽春编著《纳西族民间故事集》，昆明：云南人民出版社2007年版，第250页。

W0045. 7
通过节食变成神

实 例

（参见下级母题实例）

W0045. 7. 1
通过绝食变成神

实 例

（参见下级母题实例）

W0045. 7. 1. 1
人不食不死者而神

【关联】 ［W0046. 2］人不食而死变成神（人辟谷变成神仙）

实 例

汉族 不食者不死而神。

【流传】 （无考）

【出处】 《变化》，见［晋］干宝撰，李剑国辑校：《新辑搜神记》卷十六，中华书局2007，第257页。

W0045. 8
人修炼成神

【关联】

① ［W0043. 2］人得道成神

② ［W0047. 1］动物修炼变成神（动物修炼成精、动物修炼变成妖）

③ ［W0401. 3. 1. 2］人修炼成为水神

④ ［W0408. 2］人修炼成河神

⑤ ［W0410. 1. 1. 2］人修炼成河伯

⑥ ［W0461. 1. 1. 1］人修炼成猎神

实 例

（参见下级母题实例）

W0045. 8. 1
人学法成神灵

实 例

畲族 蓝大伯学法后成猎神。

【流传】 （无考）

【出处】 《猎神》，见中央民族学院少数民族文艺研究所编《中国民族民间文学》，北京：中央民族学院出版社1987年版，第588页。

W0045. 9
人经过特定的努力变成神

实 例

（参见下级母题实例）

W0045.9.1

人通过变形变成神

实 例

彝族 武珠一家人中的武洛撮（人名）想变成神，头已变犬貌，腰部变蜂身，两脚变蛇形，到处去游荡。

【流传】 贵州省·（毕节市）·威宁县（威宁彝族回族苗族自治县）、赫章县一带

【出处】 罗正清翻译，黄建明摘录：《弥神与觉神》（未刊稿），见吕大吉、何耀华总主编《中国各民族原始宗教资料集成》（彝族卷、白族卷、基诺族卷），北京：中国社会科学出版社1996年版，第280页。

W0045.10

人被度为神

【关联】［W0058.1］封神

实 例

（参见下级母题实例）

W0045.10.1

玉皇大帝度秃妮儿成神

实 例

汉族 玉皇大帝度秃妮儿成神。后来秃妮儿成了玉皇大帝的妻子。

【流传】 河南省·（郑州市）·登封市

【出处】 王宏玲讲，苏国安采录，孔祥谦采录整理：《王母娘娘》，见张振犁编著，孟宪明、朱淑君统纂《中原神话通鉴》（第三卷），郑州：河南大学出版社2017年版，第738页。

W0045.11

人吃特定物变成神

实 例

（参见下级母题实例）

W0045.11.1

人吃药变成神

实 例

（参见下级母题实例）

W0045.11.1.1

后羿吃西王母的药能升天成神

实 例

汉族 西王母同情后羿的不幸遭遇，把药葫芦郑重交给他，说："这是仅有的一点药了，够你夫妇两人一同吃了都不死的，一个人吃了，还有升天成神的希望。"

【流传】 河南省·（濮阳市）·濮阳县

【出处】 袁珩（58岁，小学教师）讲，郭晋光采录：《仙女变成了癞蛤蟆》（1989.12.11），见张振犁编著，孟宪明、朱淑君统纂《中原神话通鉴》（第三卷），郑州：河南大学出版社2017年版，第896页。

W0045.12

人杀神取而代之

实 例

（参见下级母题实例）

W0045.12.1

一个穷小子杀死原来的死神成为死神

实 例

纳西族 人间的穷女婿用计杀死原来的尤鲁瓦死神，坐上了他的神座，当上了尤鲁瓦死神。

【流传】云南省·（丽江市）·丽江县（古城区、玉龙纳西族自治县）

【出处】木丽春采集整理：《死神尤鲁瓦的出世》，见木丽春编著《纳西族民间故事集》，昆明：云南人民出版社2007年版，第173页。

W0046

人死后变成神

【汤普森】A104.2

【关联】［W0876.3］人死变鬼

实 例

彝族 人死变神之后可以保佑生人。

【流传】四川省·（凉山彝族自治州）大凉山一带

【出处】白莜：《倮罗的宗教和他们的巫师》，载《京沪周刊》1947年第1卷第21期。

W0046.0

正常死亡的人变成神

实 例

（参见下级母题实例）

W0046.0.1

正常死亡的人死后会马上变成神

实 例

壮族 正常死亡的人，死后会马上变成神。因此，当老人（年纪50岁以上的人）过世后，在举行隆重的丧礼、葬礼的同时，就在厅堂的角落里（男左女右）立起死者的灵位。

【流传】广西壮族自治区·（南宁市）·武鸣县（武鸣区）西北部，马山县东部

【出处】黄世杰搜集整理：*《保护家族的祖先神》（1990），见吕大吉、何耀华总主编《中国各民族原始宗教资料集成》（土家族卷、瑶族卷、壮族卷、黎族卷），北京：中国社会科学出版社1998年版，第534页。

W0046.0.2

因死者能给生者以益或害所以被看作是神

实 例

蒙古族（布里亚特） 蒙古人认为死者能给生者以益或害，因此，把死者也算作一种新的神，叫作翁衮。

【流传】（无考）

【出处】［俄］道尔吉·班扎罗夫：《黑教或称蒙古人的萨满教》，原载《蒙古史研究参考资料》，内蒙古大学历史系蒙古史研究室编印，1965 年，见吕大吉、何耀华总主编《中国各民族原始宗教资料集成》（鄂伦春族卷、鄂温克族卷、赫哲族卷、达斡尔族卷、锡伯族卷、满族卷、蒙古族卷、藏族卷），北京：中国社会科学出版社 1999 年版，第 652 页。

W0046.0a
非正常死亡的人变成神

【关联】

①［W0875.1.1.4b］非正常死亡的人变成鬼

②［W0899.3.10.2］非正常死亡的人的亡魂不能归家转世，变成到处游荡的鬼

实　例

（参见下级母题实例）

W0046.0a.1
溺死者成为神

【关联】［W0410.1.1.1］溺死的人成为河伯

实　例

汉族　（参见“W0410.1.1.1.1　冯夷八月上庚日渡河溺死被天帝署为河伯”母题实例）

W0046.1
英雄死后变成神

实　例

哈尼族　（参见“W0042.2.2.2 英雄扎纳死后成为神”母题实例）

蒙古族（布里亚特）（参见“W0042.2.2.3 英雄战死后成为石神”母题实例）

普米族　（实例待考）

壮族　（参见“W0042.2.2.1 英勇的岑逊王死后被当作神人来祀奉”母题实例）

W0046.1.1
勇士高取高拔死后被奉为驱灾除难之神

实　例

纳西族 高取高拔（勇士名）死后，人乃奉以为驱灾除难之神。

【流传】（无考）

【出处】袁珂改编：《高取高拔》，原载谷德明编《中国少数民族神话选》，见袁珂《中国神话大词典》，北京：华夏出版社 2015 年版，第 549 页。

W0046.1.2
战死者被自己的下属推崇为保护神

实　例

蒙古族（布里亚特） 在最后一次去东方远行护盗时，阿扎拉依·布赫和他的队伍被蒙古的萨因·诺颇·汗打死、击溃。阿扎拉依·布赫的遗体被埋葬在山上。后来阿扎拉依·布赫死后被自己的下属推崇为布里亚特士兵的保护神，成为诸多最受尊崇的魂灵之一。

【流传】（无考）

【出处】［苏联］И. А. 曼日格耶夫著，宋长宏译，佟德富校：《布里亚特萨满教和前萨满教辞典》（俄文版），莫斯科：科学出版社 1978 年版，第 14 页，见吕大吉、何耀华总主编《中国各民族原始宗教资料集成》（鄂伦春族卷、鄂温克族卷、赫哲族卷、达斡尔族卷、锡伯族卷、满族卷、蒙古族卷、藏族卷），北京：中国社会科学出版社 1999 年版，第 622 页。

W0046. 2

人不食而死变成神（人辟谷变成神仙）

【关联】［W0045］人变神的方法

实　例

汉族 （实例待考）

W0046. 3

人死后的灵魂变成神（人的灵魂变成神）

【关联】

①［W0541. 1. 3. 1］在森林里迷路的人的灵魂变成森林主神奥尔博利·查干·诺颜

②［W0870］灵魂（鬼）

③［W0875. 5. 2］人死后灵魂变成鬼或神

④［W0888. 2. 1］人死灵魂不死

实　例

达斡尔族 一个汉族婢女被带到布特哈，因受虐待神经错乱，疯疯癫癫，孟尔丁哈拉七个莫昆（“莫昆”是父系血缘关系更为亲近的血缘集团）怪胎商议把她投入江中。她的冤魂作祟，使人得病死亡。于是，孟尔丁哈拉七个莫昆的人，把她的魂灵奉供为神，叫作孟尔丁“额托姑”。

【流传】（原黑龙江省布特哈旗，今为内蒙古自治区呼伦贝尔市扎兰屯市）

【出处】

（a）珠荣嘎、额尔登泰、满都尔图、包鹤亭调查编著：《达斡尔族情况——达斡尔族调查材料之一》，全国人民代表大会民族委员会办公室 1957 年编印，第 37 页。

（b）《孟尔丁“额托姑”（孟尔丁祖母）》，见吕大吉、何耀华总主编《中国各民族原始宗教资料集成》（鄂伦春族卷、鄂温克族卷、赫哲族卷、达斡尔族卷、锡伯族卷、满族卷、蒙古族卷、藏族卷），北京：中国社会科学出版社 1999 年版，第 315 页。

壮族 人死后，其灵魂不死而变成神。

【流传】广西壮族自治区·（南宁

市）·武鸣县（武鸣区）西北部，马山县东部

【出处】黄世杰搜集整理：＊《鬼与神的区别》（1990），见吕大吉、何耀华总主编《中国各民族原始宗教资料集成》（土家族卷、瑶族卷、壮族卷、黎族卷），北京：中国社会科学出版社 1998 年版，第 491 页。

壮族 人死后灵魂会化为神。

【流传】广西壮族自治区·（桂林市）·龙胜各族自治县·和平乡·金江、龙脊、平安村，白石村，瓢里乡·瓢里村、思陇村、平岭村、孟化村，三门乡·花桥村、安康村等

【出处】陈维刚搜集整理：＊《祖先神神龛》（1990），见吕大吉、何耀华总主编《中国各民族原始宗教资料集成》（土家族卷、瑶族卷、壮族卷、黎族卷），北京：中国社会科学出版社 1998 年版，第 535 页。

W0046. 3. 1

意外死亡者的亡灵变成神

实 例

鄂温克族 鄂温克祖先神“敖教勒”是被雷击而身亡的灵魂变成的。

【流传】内蒙古自治区·（呼伦贝尔市）·阿荣旗·巴旗乡（查巴奇乡）

【出处】《祖先神》，见吕大吉、何耀华主编《中国各民族原始宗教资料集成》（鄂伦春族卷、鄂温克族卷、赫哲族卷、达斡尔族卷、锡伯族卷、满族卷、蒙古族卷、藏族卷），北京：中国社会科学出版社 1999 年版，第 115 页。

W0046. 3. 2

人死后的灵魂进入动物躯体成为神

实 例

（实例待考）

W0046. 3. 2. 1

从天上掉下的 2 个孩子摔死后灵魂进入野牛身体成了腾格里

实 例

蒙古族 从天上扔到地上摔死的两个孩子的灵魂进入山中的野牛的身体里，成了腾格里。

【流传】内蒙古自治区·哲里木盟（通辽市）·达尔罕旗（科尔沁左翼中旗）

【出处】扎拉干巴雅尔讲，苏鲁格译：＊《宝木勒的传说》，见吕大吉、何耀华总主编《中国各民族原始宗教资料集成》（鄂伦春族卷、鄂温克族卷、赫哲族卷、达斡尔族卷、锡伯族卷、满族卷、蒙古族卷、藏族卷），北京：中国社会科学出版社 1999 年版，第 658 页。

W0046. 3. 3

人死后部分灵魂变成神

实 例

（实例待考）

W0046. 3. 3. 1

人死后的 1 个灵魂变成 3 个灵魂，其中 2 个会变成神

实 例

壮族 人活着时只有一个灵魂。当人满其寿限死去后，则他的一个灵魂就变成了三个灵魂，其中有两个灵魂变成了神。

【流传】 广西壮族自治区 ·（南宁市）· 武鸣县 · 两江乡 · 雷江片，马山县 · 古零乡 · 杨圩片

【出处】 黄世杰搜集整理：*《社会鬼与自然界鬼》（1990），见吕大吉、何耀华总主编《中国各民族原始宗教资料集成》（土家族卷、瑶族卷、壮族卷、黎族卷），北京：中国社会科学出版社 1998 年版，第 488 页。

W0046. 3. 4

好人的灵魂到阴间后变成神

实 例

彝族 魂到阴间时，可变神变鬼；好人变成神。

【流传】 四川省 ·（凉山彝族自治州）· 雷波（雷波县）小凉山一带

【出处】 徐益棠：《雷波小凉山之罗民》，台湾：金陵大学中国文化研究所印行，1944 年，第 71 ~72 页。

W0046. 4

特定的人死后变成特定的神

实 例

鄂伦春族 （实例待考）

蒙古族 ［参见“W0058. 4. 3. 1 唐朝出现翁贡（神名）”母题实例］

W0046. 4. 1

楚国大夫屈原死后成为江神

实 例

汉族 楚国大夫屈原为江神。

【流传】（无考）

【出处】［明］冯应京：《月令广义》。

W0046. 4. 2

李冰父子修建都江堰造福一方被奉为江神

【关联】 ［W0410. 5］特定名称的河神（特定名称的江神，河神的名称）

实 例

汉族 （参见“W0410. 5. 5 江神李冰父子”母题实例）

W0046. 4. 3

首领死后被尊为神

实 例

傣族 景酣相垛（首领名）死后，人们很怀念他，把他埋在景真后山上，立为景真勐神，每年祭祀他一次。

【流传】（云南省·西双版纳傣族自治州·勐海县·勐遮镇·景真村）

【出处】陈平改写：《景酣相垛》，原载《中国各民族宗教与神话大词典》编审委员会编《中国各民族宗教与神话大词典》，学苑出版社1990年版，见姚宝瑄主编《中国各民族神话》（哈尼族、傣族），太原：山西出版传媒集团·书海出版社2014年版，第383页。

W0046.4.3.1

建功立业的首领死后成为勐神

实 例

傣族 勐混坝子有个青年叫岩哈度，他身材矮小，容貌丑陋，却才高八斗，武艺高强。因为他吓退了入侵者，勐混人选举他当了首领，尊称为帕雅哈度，他死后，成了勐混的勐神。

【流传】（无考）

【出处】陈平改写：《帕雅哈度》，原载《中国各民族宗教与神话大词典》编审委员会编《中国各民族宗教与神话大词典》，学苑出版社1990年版，见姚宝瑄主编《中国各民族神话》（哈尼族、傣族），太原：山西出版传媒集团·书海出版社2014年版，第384~385页。

W0046.5

人转世为神

【关联】［W9350］转世（托生、转生）

实 例

藏族 （实例待考）

W0046.6

生前有德有功人者死后被当作善神供奉

实 例

壮族 生前有德有功于人民者，死后被当作善神供奉。

【流传】广西壮族自治区·（南宁市）·武鸣县·两江乡·雷江片，马山县·古零乡·杨圩片

【出处】黄世杰搜集整理：*《多神信仰》（1990），见吕大吉、何耀华总主编《中国各民族原始宗教资料集成》（土家族卷、瑶族卷、壮族卷、黎族卷），北京：中国社会科学出版社1998年版，第493页。

W0046.7

与人死后变成神有关的其他母题

实 例

（参见下级母题实例）

W0046.7.1

萨满可以判断死者是否成为神

实 例

蒙古族 能够决定什么人的灵魂能够当翁衮的，只有萨满。

【流传】（无考）

【出处】［俄］道尔吉·班扎罗夫：《黑教或称蒙古人的萨满教》，原载《蒙古史研究参考资料》，内蒙古大学历史系蒙古史研究室编印，1965 年，见吕大吉、何耀华总主编《中国各民族原始宗教资料集成》（鄂伦春族卷、鄂温克族卷、赫哲族卷、达斡尔族卷、锡伯族卷、满族卷、蒙古族卷、藏族卷），北京：中国社会科学出版社 1999 年版，第 652 页。

W0046a

与人变成神有关的其他母题

【关联】［W0124. 2. 3. 1］山神传位给人

实　例

（实例待考）

W0046a. 1

一个人变成多个神

【关联】［W0057. 5］一神变成多神

实　例

（参见下级母题实例）

W0046a. 1. 1

人的不同部位变成不同的神

实　例

（参见下级母题实例）

W0046a. 1. 1. 1

人被雷击身亡后，上半身上了天变成“保勒·索浩勒·合鲁勒”神，中身留在地上变成“谢考·达热勒”神，下身变成九个“道尔保如”神

实　例

鄂温克族 人被雷击身亡后其灵魂成为神。其中上半身上了天变成了“保勒·索浩勒·合鲁勒”神，中身留在地上变成了“谢考·达热勒”神，下身变成了九个“道尔保如”神。

【流传】内蒙古自治区·（呼伦贝尔市）·阿荣旗·查巴奇乡（查巴奇鄂温克族乡）

【出处】

（a）《阿荣旗查巴奇乡鄂温克族调查报告》，见内蒙古自治区编辑组《鄂温克族社会历史调查》，呼和浩特：内蒙古人民出版社 1986 年版，第 114 页。

（b）《霍卓热神的构成》，见吕大吉、何耀华总主编《中国各民族原始宗教资料集成》（鄂伦春族卷、鄂温克族卷、赫哲族卷、达斡尔族卷、锡伯族卷、满族卷、蒙古族卷、藏族卷），北京：中国社会科学出版社 1999 年版，第 115 页。

W0046a.1.1.2

祖先被雷击身亡后，上半身上天变成白发巡天神，中间的留在地上，成了普洒神水神，下身变成了九柱地神

实 例

鄂温克族 鄂温克族人的祖先被雷击成3段，上半身上了天，变成白发巡天神（即神仙），中间的留在地上，成了普洒神水神（即人类生灵），下身变成了九柱地神（即恶灵鬼魂）。

【流传】内蒙古自治区·（呼伦贝尔市）·阿荣旗·巴旗乡（查巴奇乡）

【出处】汪立珍：《鄂温克族神话研究》，北京：中央民族大学出版社2006年版，第68页。

W0046a.2

多个人同时变成神

实 例

（参见下级母题实例）

W0046a.2.1

痴情的妇女和她的孩子都变成崖神

实 例

怒族 痴情的妇女和她的孩子都变为崖神。

【流传】云南省·（怒江傈僳族自治州）·贡山县（贡山独龙族怒族自治县）

【出处】何叔涛调查整理：《崖神传说四则》（1988），见吕大吉、何耀华总主编《中国各民族原始宗教资料集成》（纳西族卷、羌族卷、独龙族卷、傈僳族卷、怒族卷），北京：中国社会科学出版社2000年版，第904～905页。

W0047

动物变成神

实 例

（参见下级母题实例）

W0047.1

动物修炼变成神（动物修炼成精、动物修炼变成妖）

实 例

汉族 北方民间有胡、黄、白、柳“四大门”信仰，所谓“四大门”即指狐狸（胡门）、黄鼠狼（黄门）、刺猬（白门）和蛇（柳门）。民间俗信这几种动物能修炼成精，作福作祟于人。

【流传】（中国北方地区）

【出处】《狐仙》，见乌丙安主编《中国民间神谱》，沈阳：辽宁人民出版社2007年版，第37页。

蒙古族 （实例待考）

W0047. 2

特定的动物变神

实 例

（参见下级母题实例）

W0047. 2. 1

公鸡成为神（公鸡变成神）

实 例

鄂温克族 一只三岁的公鸡变为“刻安其”神。

【流传】内蒙古自治区·（呼伦贝尔市）·鄂温克旗（鄂温克族自治旗）·辉河索木

【出处】《“刻安其”神》，见吕大吉、何耀华总主编《中国各民族原始宗教资料集成》（鄂伦春族卷、鄂温克族卷、赫哲族卷、达斡尔族卷、锡伯族卷、满族卷、蒙古族卷、藏族卷），北京：中国社会科学出版社 1999 年版，第 114 页。

W0047. 2. 2

遭雷击的动物成为神

【关联】［W0328. 5］雷神住被雷击的物体中

实 例

达斡尔族 很早以前，在西藏地方的大山中，有一块很大的岩石。有一天，那块大岩石被雷击裂，从石头里面走出来一只羚羊，它被雷打成九十九块后，其灵魂和因它而被雷打死的那些人和动物的魂灵合力作祟，初被鄂伦春人供奉，后又在清朝官内被立为神。

【流传】（内蒙古自治区、黑龙江省等地）

【出处】

（a）珠荣嘎、额尔登泰、满都尔图、包鹤亭调查编著：《达斡尔族情况——达斡尔族调查材料之一》，全国人民代表大会民族委员会办公室 1957 年编印，第 30～33 页。

（b）《“霍列力·巴尔肯”来源的传说及其构成》，见吕大吉、何耀华总主编《中国各民族原始宗教资料集成》（鄂伦春族卷、鄂温克族卷、赫哲族卷、达斡尔族卷、锡伯族卷、满族卷、蒙古族卷、藏族卷），北京：中国社会科学出版社 1999 年版，第 305～306 页。

W0047. 2. 3

特定的昆虫化身为特定的神

实 例

（参见下级母题实例）

W0047. 2. 3. 1

食作物的昆虫化身为干旱神

【关联】［W0463］旱神（干旱神）

实 例

蒙古族（布里亚特） 嘎日达·乌兰·腾格里（制造干旱的天神）是使牧草必

需的水分干涸的酷热和吃光作物幼芽的各种昆虫、啮齿动物的形象化身。

【流传】（无考）

【出处】［苏联］И. А. 曼日格耶夫著，宋长宏译，佟德富校：《布里亚特萨满教和前萨满教辞典》（俄文版），莫斯科：科学出版社 1978 年版，第 38 页，见吕大吉、何耀华总主编《中国各民族原始宗教资料集成》（鄂伦春族卷、鄂温克族卷、赫哲族卷、达斡尔族卷、锡伯族卷、满族卷、蒙古族卷、藏族卷），北京：中国社会科学出版社 1999 年版，第 626 页。

W0047.3

特定情形下遇到的特定动物成为神

实 例

（参见下级母题实例）

W0047.3.1

迷路时杀死的刺猬被奉为神

实 例

满族 族人在林中迷路，如果突然出现个小刺猬，大家杀死它，喝血，火烧其肉，如果根据燃烧烟消失的方向走出迷途。便扒下这个刺猬的皮敬为神。

【流传】吉林省·（延边朝鲜族自治州）·珲春地区（珲春市）

【出处】

（a）富育光、孟慧英：《满族萨满教研究》，北京：北京大学出版社 1991 年版，第 120～122 页。

（b）《神偶的主要分布地域》，见吕大吉、何耀华总主编《中国各民族原始宗教资料集成》（鄂伦春族卷、鄂温克族卷、赫哲族卷、达斡尔族卷、锡伯族卷、满族卷、蒙古族卷、藏族卷），北京：中国社会科学出版社 1999 年版，第 489 页。

W0047.4

与动物变成神有关的其他母题

实 例

（实例待考）

※ W0048

神、神性人物、人或动物的肢体（体液）化生为神

【汤普森】A112.3

【关联】［W2304.2］神的肢体或排泄物变成人

实 例

（实例待考）

W0049

神的肢体（体液）化为神

实 例

（参见下级母题实例）

W0049.1

神的唾液（汗珠）变成神

【汤普森】A114.1.1.1

实 例

（实例待考）

W0049. 2

神的心变成神

实 例

（参见下级母题实例）

W0049. 2. 1

女神的心生出更资天神

实 例

（参见下级母题实例）

W0049. 2. 1. 1

蒲依割下的心生出更资天神

实 例

彝族 玛支玛珂神树割蒲依的心生出更资天神。

【流传】云南省·（楚雄彝族自治州）·永仁县

【出处】曲木阿石讲，罗有能采录：《更资天神》，见中国民间文学集成全国编辑委员会编《中国民间故事集成》（云南卷），北京：中国 ISBN 中心 2003 年版，第 3 页。

W0050

神性人物的肢体化生神

实 例

（参见下级母题实例）

W0050. 1

特定神性人物的肢体化生神

实 例

（参见下级母题实例）

W0050. 1. 1

盘古的肢体化为神

实 例

汉族 盘古的心变成主宰天上人间的神。

【流传】辽宁省·（沈阳市）·辽中县·于家坊子乡（于家房镇）·插拉村

【出处】任泰芳讲，李明采录：《双性人》，见中国民间文学集成全国编辑委员会编《中国民间故事集成》（辽宁卷），北京：中国 ISBN 中心 1994 年版，第 15 页。

W0050. 1. 1. 1

盘古的心变成神

实 例

（参见下级母题实例）

W0050. 1. 1. 1. 1

盘古的心脏飞到天外变成神

实 例

汉族 盘古的心升起来飞到天外，成了主宰天上人间的神。

【流传】辽宁省·（沈阳市）·辽中

县·于家坊子乡（于家房镇）·插拉村

【出处】任泰芳讲，李明采录：《双性人》，见中国民间文学集成全国编辑委员会编《中国民间故事集成》（辽宁卷），北京：中国ISBN中心1994年版，第15页。

W0050.1.2

女娲之肠化为神

【关联】［W0710］女娲

实 例

（参见下级母题实例）

W0050.1.2.1

女娲之肠化神十人

实 例

汉族 有神十人，名曰女娲之肠，化为神，处栗广之野，横道而处。

【流传】（无考）

【出处】［战国至汉］撰者不详：《山海经·大荒西经》。

W0050.2

神性人物的特定的肢体化生神的条件

实 例

（实例待考）

W0051

人的肢体化为神

【关联】［W2384］人的肢体变成人

实 例

（实例待考）

W0052

动物的肢体化为神

实 例

（实例待考）

W0053

其他特定的肢体化生为神

实 例

（实例待考）

W0054

植物变成神

实 例

（参见下级母题实例）

W0054.1

寿命长的植物变成神

【关联】［W0541.1］树老后成为神

实 例

（实例待考）

W0054.2

特定的果实变神

实 例

（参见下级母题实例）

W0054. 2. 1

金果银果变成神

【关联】

① ［W0061. 5. 1］ 金果变成男神

② ［W0066. 4. 5. 1］ 银果变成女神

实 例

彝族 格滋天神要造天时，从天上放下九个金果，变成九个儿子。要造地时，又放下七个银果，变成七个姑娘。

【流传】云南省・楚雄彝族自治州・姚安县、大姚县等彝族地区

【出处】《创世・开天辟地》，见云南省民族民间文学楚雄调查队整理编写《梅葛》，昆明：云南人民出版社 2009 年版，第 1 页。

W0054. 2. 1. 1

天神把金果变成儿子

实 例

彝族 天神格兹要造天时，他放下五个金果，那五个金果立刻就变成五个儿子。

【流传】（云南省・楚雄彝族自治州・姚安县・官屯乡・马游村，大姚县・昙华乡等）

【出处】

（a）郭天元（马游村）、李申呼颇（昙华乡）、李福玉颇（直）演唱，郭思九、许明学、龚维顺、张宝省、陈志群、胡炳文等搜集，刘德虎、龚维顺、陈志群、李树荣、郭天元等整理：《梅葛》（第一部“创世”），见云南省民族民间文学楚雄调查队《梅葛》（1959），昆明：云南人民出版社 2009 年版。

（b）《打虎开天辟地》，蔷紫据云南省民族民间文学楚雄调查队著《梅葛》（云南人民出版社 2009 年版）改写，见姚宝瑄主编《中国各民族神话》（羌族、彝族），太原：山西出版传媒集团・书海出版社 2014 年版，第 189 页。

W0054. 3

植物有功被奉为神

实 例

（实例待考）

W0054. 3. 1

竹子因洪水中救祖先而被奉为神

实 例

彝族（撒尼人） 洪水渐渐退了，幸存的三弟和小妹妹对着野茅竹和青㭎树说：“多谢你们搭救了我兄妹两个，我们世世代代都会把你们当神主来供。”

【流传】云南省・（昆明市）・路南县（今石林彝族自治县）

【出处】王伟搜集整理：《阿霹剎、洪水和人的祖先》，原载李德君、陶学良编《彝族民间故事选》，见陶阳、钟秀编《中国神话》（上），北京：商

务印书馆2008年版，第518～520页。

W0054.4
树根变成神

实 例

（参见下级母题实例）

W0054.4.1
枫树根变成神

实 例

苗族 砍倒那棵枫木树，变化成了千样物，变成百样个物种。还有一些长须根，它们通到麻哈去，变成勇申英雄汉（保护神名）。

【流传】原文无流传地，据文本及注释推测该神话流传于贵州省·黔东南苗族侗族自治州·凯里市、台江县等地

【出处】soft富演唱，苗丁搜集，燕宝整理译注：《枫木生人·砍枫香树》，见贵州省少数民族古籍整理出版规划小组办公室编，燕宝整理译注《苗族古歌》，贵阳：贵州民族出版社1993年版，第478～479页。

W0055
自然物变成神

【汤普森】A104.3

【关联】［W2360］自然物变化为人（自然物变成人）

实 例

（参见下级母题实例）

W0055.1
天变成神

实 例

（参见下级母题实例）

W0055.1.1
天变成的神名叫米姑鲁

实 例

彝族 天变成了神，名字叫米姑鲁。

【流传】贵州省·（毕节市）·威宁彝族回族苗族自治县

【出处】王海清讲，石磊采录：《诸神争大》见中国民间文学集成全国编辑委员会编《中国民间故事集成》（贵州卷），北京：中国ISBN中心2003年，第28页。

W0055.1.2
天是神

实 例

（参见下级母题实例）

W0055.1.2.1
9个天即9个腾格里（神）

实 例

鄂温克族 民间所说的“天”即“神”。“九个天”的“腾格里”，意实为“神”，而不是天。如“额其和腾格里”即父神。

【流传】（内蒙古自治区·呼伦贝尔

市·陈巴尔虎旗·莫尔格河）

【出处】

（a）《陈巴尔虎旗莫尔格河鄂温克族社会历史调查报告》，见内蒙古自治区编辑组《鄂温克族社会历史调查》，呼和浩特：内蒙古人民出版社 1986 年版，第 338 页。

（b）《莫尔格河地区供祭的天神》注释，见吕大吉、何耀华总主编《中国各民族原始宗教资料集成》（鄂伦春族卷、鄂温克族卷、赫哲族卷、达斡尔族卷、锡伯族卷、满族卷、蒙古族卷、藏族卷），北京：中国社会科学出版社 1999 年版，第 112～113 页。

W0055. 2

地变成神

实 例

（参见下级母题实例）

W0055. 2. 1

地变成的神名叫米阿那

实 例

彝族 地变成了神，名字叫米阿那。

【流传】贵州省·（毕节市）·威宁彝族回族苗族自治县

【出处】王海清讲，石磊采录：《诸神争大》见中国民间文学集成全国编辑委员会编《中国民间故事集成》（贵州卷），北京：中国 ISBN 中心 2003 年，第 28 页。

W0055. 3

风变成神

实 例

（参见下级母题实例）

W0055. 3. 1

风变成了大神黑作直

实 例

彝族 风变成了名叫黑作直的大神。

【流传】贵州省·（毕节市）·威宁县（威宁彝族回族苗族自治县）

【出处】王海清讲，石磊采录：《诸神争大》，见中国民间文学集成全国编辑委员会编《中国民间故事集成》（贵州卷），北京：中国 ISBN 中心 2003 年，第 28 页。

W0055. 4

光变成神

【关联】［W0861. 2. 2］光变成怪物

实 例

藏族 （实例待考）

W0055. 5

气变成神（气化生神）

【关联】

① ［W0029. 3］气生神

② ［W2367］气化生人

实 例

满族 天宫中神力最大的女神阿布卡

赫赫是宇宙第一物质——气——运化积聚而成的天地尊神。

【流传】（无考）

【出处】谷颖重述：《盗火女神——拖亚拉哈》，见陶阳、钟秀编《中国神话》（中），北京：商务印书馆 2008 年版，第 757～760 页。

W0055.5.1

最早的气体变成神

实　例

（参见下级母题实例）

W0055.5.1.1

最早时宇宙只有气体，这些气体变成地球后，剩余的变成天神

实　例

傣族 最早时，宇宙只有气体。气体变成地球后，剩余之气体、烟雾与大风仍翻腾滚动，又历长期之变化，乃渐为人形，不食不饮，即后来之天神。

【流传】（云南省？）

【出处】袁珂改编：《英叭由来》（原名《地球和“英叭”的由来》），原载谷德明编《中国少数民族神话选》，见袁珂《中国神话大词典》，北京：华夏出版社 2015 年版，第 502 页。

W0055.5.2

真气化生神

实　例

（参见下级母题实例）

W0055.5.2.1

真气为母母是神

【关联】［W0186.4］真气化生天神

实　例

彝族 真气为子子是气，真气为母母是神。

【流传】云南省·（大理白族自治州）·巍山县（巍山彝族回族自治县）·五印乡·岩子脚（岩子脚村）、紫马鹿村

【出处】王丽珠搜集：《无上虚空地母养生保命真经》，见吕大吉、何耀华总主编《中国各民族原始宗教资料集成》（彝族卷、白族卷、基诺族卷），北京：中国社会科学出版社 1996 年版，第 63～64 页。

W0055.6

多种气变成神（多种物质化生神）

实　例

（参见下级母题实例）

W0055.6.1

气体、烟雾、大风变成神

实　例

傣族 天神是气体、烟雾和狂风变成的神，所以名叫英叭。“英”，泛指天神，“叭”，这里指的是气体，气体之王。“英叭”就是气体之王的意思。

【流传】（无考）

【出处】《地球和“英叭”的由来》，见姚宝瑄主编《中国各民族神话》（哈尼族、傣族），太原：山西出版传媒集团·书海出版社 2014 年版，第 332 页。

W0055. 6. 1. 1

合成地球剩下的气体、烟雾、大风变成最早的天神英叭

实 例

傣族 亿亿年前，三种气体合为地球，剩余的气体、烟雾、大风变成最早的天神英叭。

【流传】（无考）

【出处】《巴塔麻戛捧尚罗》，见祜巴勐《论傣族诗歌》，北京：中国民间文艺出版社 1981 年版，第 15～16 页。

W0055. 6. 2

气浪、大风和水化生神

【关联】［W0153. 0. 1］风是神的父亲，气浪是神的母亲

实 例

（参见下级母题实例）

W0055. 6. 2. 1

气浪、大风和水孕育出最早的神鱼巴阿嫩和太空里的英叭 2 个大神

实 例

傣族 海中的神鱼巴阿嫩和太空里的英叭，是最早的宇宙间两个大神。他们的生命和心脏，还有智慧和本领，都是依靠了气浪、大风和水的孕育。

【流传】云南省·西双版纳傣族地区（西双版纳傣族自治州）

【出处】《巴塔麻嘎捧尚罗》，王松据岩温炳翻译《巴塔麻晏》（开天辟地）改写，见姚宝瑄主编《中国各民族神话》（哈尼族、傣族），太原：山西出版传媒集团·书海出版社 2014 年版，第 270 页。

W0055. 6. 3

烟雾、大风和水气摩擦产生神

实 例

（实例待考）

W0055. 6. 3. 1

烟雾、大风和水气不断摩擦中诞生了大神披乍贺

实 例

傣族 英叭神王诞生的同时，烟雾、大风和水气的不断摩擦，也诞生了一个叫“披乍贺”的大神。

【流传】云南省·西双版纳（西双版纳傣族自治州）·勐海（勐海县）·勐遮（勐遮镇）、勐混（勐混镇）

【出处】波玉挽讲，王光搜集整理：《披乍贺与火神之子的一场战争》，见姚宝瑄主编《中国各民族神话》（哈尼族、傣族），太原：山西出版传媒集团·书海出版社2014年版，第242～243页。

W0055.6.4

气浪和光化生神

实 例

（参见下级母题实例）

W0055.6.4.1

气浪和光波聚合形成最高天神英叭

实 例

傣族（水傣） 最高天神英叭是气浪和光波聚合而成的开创天地之神。

【流传】（云南省·西双版纳傣族自治州）

【出处】王松整理：《傣族——西双版纳的神谱》，见姚宝瑄主编《中国各民族神话》（哈尼族、傣族），太原：山西出版传媒集团·书海出版社2014年版，第228～229页。

W0055.6.5

光和热化生神

实 例

（参见下级母题实例）

W0055.6.5.1

神是光和热的化身

实 例

满族 在雪山底下的石岩中住着的一位多喀霍女神，是光和热的化身。

【流传】黑龙江省·黑河地区（黑河市）·孙吴县·（沿江满族达斡尔族乡）·四季屯（四季屯村）

【出处】吴纪贤、富希陆讲：《天宫大战——黑水女真人传世神话》（1939，选自富育光、郭淑云整理的手稿），见姚宝瑄主编《中国各民族神话》（满族、赫哲族、朝鲜族），太原：山西出版传媒集团·书海出版社2014年版，第28页。

W0055.7

气与其他物混合变成神

实 例

（参见下级母题实例）

W0055.7.1

水和气化生神

实 例

傣族 宇宙之初为一片混沌，无天无地，唯水与气。水与气上升，凝结而成大神因叭。

【流传】（云南省?）

【出处】袁珂改编：《因叭造天地》（原

名《开天辟地神话》)，原载毛星主编《中国少数民族文学》（下册），见袁珂《中国神话大词典》，北京：华夏出版社 2015 年版，第 502 页。

W0055. 7. 1. 1

水和空气凝结变成创造天地的神

实 例

傣族 最初，世界一片混沌，水和空气凝结变成创造天地的神。

【流传】（无考）

【出处】曹成章、张元庆：《傣族》，北京：民族出版社 1984 年版，第 63 页。

傣族 水和气上升凝结起来，变成了创造天地的大神因叭。

【流传】（无考）

【出处】《因叭止洪水》，原载毛星主编《中国少数民族文学》，湖南人民出版社 1983 版，见姚宝瑄主编《中国各民族神话》（哈尼族、傣族），太原：山西出版传媒集团・书海出版社 2014 年版，第 330 页。

W0055. 7. 2

气和音变化生神

实 例

纳西族 （实例待考）

W0056

无生命物变成神

【关联】

① ［W2369］无生命物变化为人

② ［W2760. 4］无生命物变成男女

③ ［W0550 ~ W0599］无生命物神

实 例

（参见下级母题实例）

W0056. 1

器物变成神

实 例

（参见下级母题实例）

W0056. 1. 1

人造物变成神

实 例

鄂伦春族 女萨满身上的衣服条和腰铃变成许多小神。

【流传】黑龙江省・黑河市・（爱辉区）・新生乡（新生鄂伦春族乡）

【出处】莫孙吉汗（女，85 岁）讲，白水夫采录：《萨满和皇上》，见见中国民间文学集成全国编辑委员会编《中国民间故事集成》（黑龙江卷），北京：中国 ISBN 中心 2005 年版，第 82 页。

W0056. 1. 2

萨满的法器变成神

【关联】［W0071. 2. 3. 1］萨满身上的衣服条和腰铃变成许多小神

实 例

鄂伦春族 万能的女萨满身上穿戴的法

衣装饰、布条、铃铛、铜片一类的东西变成了许多小神和萨满。

【流传】（无考）

【出处】

（a）内蒙古自治区编委会：《鄂伦春族社会历史调查》（第二集），呼和浩特：内蒙古人民出版社 1985 年版，第 261 页。

（b）《萨满的传说之三》，见吕大吉、何耀华总主编《中国各民族原始宗教资料集成》（鄂伦春族卷、鄂温克族卷、赫哲族卷、达斡尔族卷、锡伯族卷、满族卷、蒙古族卷、藏族卷），北京：中国社会科学出版社 1999 年版，第 47 页。

W0056.1.3

取胜的武器被奉为神

实　例

（参见下级母题实例）

W0056.1.3.1

白云石为武器战胜敌人遂奉白云石神

【关联】［W0208.40.6］白云石为最高的天神

实　例

羌族 在远古的时候，羌人的祖先与强大的“戈基”人作战，因得到神的启示，用坚硬的白云石为武器，才得以战胜敌人。羌人为报答神恩，奉白云石为最高的天神。

【流传】（无考）

【出处】

（a）［晋］常璩撰，刘琳校注：《华阳国志校注》卷三《蜀志·汶山郡》，成都：巴蜀书社 1984 年版。

（b）同（a），见吕大吉、何耀华总主编《中国各民族原始宗教资料集成》（纳西族卷、羌族卷、独龙族卷、傈僳族卷、怒族卷），北京：中国社会科学出版社 2000 年版，第 466 页。

W0056.2

特定的物化为神

实　例

（参见下级母题实例）

W0056.2.1

石粉变成神

实　例

（参见下级母题实例）

W0056.2.1.1

炸雷撞碎的石头灰和石头粉相互裹合变成女神吉泽乍玛

实　例

普米族 一个叫“吉泽乍玛”的女神是由炸雷撞碎的石头灰和石头粉相互裹合变成。

【流传】云南省·（怒江傈僳族自治州）·兰坪县（兰坪白族普米族自治县）·卡瓦村

【出处】《久木鲁》，见《中国各民族宗

教与神话大词典》编审委员会编《中国各民族宗教与神话大词典》，北京：学苑出版社1990年版，第520页。

W0056. 2. 2
影子幻化成神

【关联】［W0087. 1. 4. 3. 1］影子变成9个大神

实 例

瑶族 （参见“W0087. 1. 4. 3. 1 影子变成9个大神”母题实例）

实 例

（实例待考）

W0056. 2. 3
泥变成神

实 例

（参见下级母题实例）

W0056. 2. 3. 1
天神阿布卡赫赫身上搓下的泥变成始母神赫赫满尼

实 例

满族 始母神赫赫满尼是天神阿布卡赫赫身上搓下的泥变成的。

【流传】（无考）

【出处】《阿布卡赫赫女神创世》，王松根据富育光、孟慧英、王宏刚撰写的《满族宗教与神话》改写，见姚宝瑄主编《中国各民族神话》（满族、赫哲族、朝鲜族），太原：山西出版传媒集团、书海出版社2014年版，第4～14页。

W0056. 2. 4
面目奇特的物件变成神

实 例

（参见下级母题实例）

W0056. 2. 4. 1
以奇石为神

实 例

纳西族 北岳庙一名玉龙祠，旧志在府城北三十里雪山麓，唐时建，相传昔有人于山中得异石，负而归至此少憩，重不可举，乡人神之。

【流传】云南省·丽江县（丽江市）

【出处】《光绪丽江府志》卷四，转引自吕大吉、何耀华总主编《中国各民族原始宗教资料集成》（纳西族卷、羌族卷、独龙族卷、傈僳族卷、怒族卷），北京：中国社会科学出版社2000年版，第118页。

W0056. 2. 4. 2
像鸡的白石奉为神

实 例

羌族 白石变成鸡，飞至水田寨山坡上落下，仍变为白石，但远视之形犹似鸡。民众相与称奇，因即奉之为神。

【流传】（无考）

【出处】胡鉴民：《羌族的信仰与习为》，原载《边疆研究论丛》1941年，见吕大吉、何耀华总主编《中国各民族原始宗教资料集成》（纳西族卷、羌族卷、独龙族卷、傈僳族卷、怒族卷），北京：中国社会科学出版社2000年版，第478页。

W0057
与变神有关的其他母题

实 例

（参见下级母题实例）

W0057.1
各种物质变成神

【汤普森】A104.3

实 例

（参见下级母题实例）

W0057.1.1
气息和声音变化成神

实 例

纳西族 气息和声音变化，生出神。

【流传】（无考）

【出处】《人类迁徙记》，见谷德明编《中国少数民族神话》，北京：中国民间文艺出版社1987年版，第395～404页。

W0057.1.1.1
气息和声音变化生出叫依格窝格的神

实 例

纳西族 由气息和声音的变化，生出了一个名叫依格窝格的神。

【流传】

（a）云南省·（丽江市）·丽江县（原丽江纳西族自治县，今归属为丽江市古城区和玉龙纳西族自治县）

【出处】

（a）和芳讲，和志武采录：《人类迁徙记》，见中国民间文学集成全国编辑委员会编《中国民间故事集成》（云南卷），北京：中国ISBN中心2003年版，第49页。

（b）和志武翻译整理：《人类迁徙记》，见谷德明编《中国少数民族神话》，北京：中国民间文艺出版社1987年版，第395页。

W0057.1.1.2
声气做变化生善神依古阿格

实 例

纳西族 声气做变化，出现了善神依古阿格。

【流传】（无考）

【出处】《纳西族巴经选注》，见王松《论神话及其他》，昆明：云南民族出版社2006年版，第53页。

纳西族 碧石做变化，出现白晶晶的实

蛋来；实蛋做变化，出现好声好气的唤者；声气做变化，出现了善神依古阿格。

【流传】云南省·丽江（丽江市）

【出处】和芳（东巴）读经，和志武翻译整理：《崇邦统》（人类迁徙记）（1954），见吕大吉、何耀华总主编《中国各民族原始宗教资料集成》（纳西族卷、羌族卷、独龙族卷、傈僳族卷、怒族卷），北京：中国社会科学出版社2000年版，第320页。

纳西族 天变化生碧石，碧石做变化，出现白晶晶的实蛋；实蛋做变化，出现好声好气的唤者；声气做变化，出现了善神依古阿格。

【流传】（云南省）

【出处】和芳、和志新编译：《崇邦统——人类迁徙记》，见姚宝瑄主编《中国各民族神话》（佤族、阿昌族、纳西族、普米族、德昂族），太原：山西出版传媒集团·书海出版社2014年版，第138页。

W0057.1.2

声音化生神

实 例

（参见下级母题实例）

W0057.1.2.1

白光化成的美丽的声音逐渐变成神

【关联】［W0125.1.2.1］白光化成的声音逐渐变成善神英格阿格

实 例

纳西族 白光化为美丽的声音，这声音逐渐成了一位“英格阿格”真神（善神）。

【流传】（无考）

【出处】《人祖利恩》，见谷德明编《中国少数民族神话》，北京：中国民间文艺出版社1987年版，第415页。

W0057.2

灵魂变成神

【汤普森】A104.4

【关联】［W0870］灵魂

实 例

（参见下级母题实例）

W0057.2.1

不死的灵魂变成神

【汤普森】A117.3

实 例

（实例待考）

W0057.2.2

死后的灵魂变成神

【汤普森】A117.5

【关联】［W046.3］人死后的灵魂变神

实 例

鄂温克族 鄂温克祖先神“敖教勒”是被雷击而身亡的灵魂变成的。

【流传】内蒙古自治区·（呼伦贝尔

市）·阿荣旗·巴旗乡（查巴奇乡）

【出处】《祖先神》，见吕大吉、何耀华总主编《中国各民族原始宗教资料集成》（鄂伦春族卷、鄂温克族卷、赫哲族卷、达斡尔族卷、锡伯族卷、满族卷、蒙古族卷、藏族卷），北京：中国社会科学出版社 1999 年版，第 115 页。

W0057. 2. 2. 1 萨满死后的灵魂成为神

实 例

蒙古族（布里亚特） 海达伊·埃热恩（海达伊山魂灵主神）是葬于海达伊山顶的萨满巴尔拉克·塔尔玛耶夫的魂灵。

【流传】（无考）

【出处】［苏联］И. А. 曼日格耶夫著，宋长宏译，佟德富校：《布里亚特萨满教和前萨满教辞典》（俄文版），莫斯科：科学出版社 1978 年版，第 83 页，见吕大吉、何耀华总主编《中国各民族原始宗教资料集成》（鄂伦春族卷、鄂温克族卷、赫哲族卷、达斡尔族卷、锡伯族卷、满族卷、蒙古族卷、藏族卷），北京：中国社会科学出版社 1999 年版，第 611 页。

W0057. 2. 2. 2 首领死后灵魂变成神

实 例

傣族 景洪地区氏族部落的首领帕雅亚死后，他的灵魂继续保卫着澜沧江渡口和他的村寨。景洪人把他的灵魂立为勐神。

【流传】（无考）

【出处】《帕雅亚》，原载《中国各民族宗教与神话大词典》编审委员会编《中国各民族宗教与神话大词典》，学苑出版社 1990 年版，见姚宝瑄主编《中国各民族神话》（哈尼族、傣族），太原：山西出版传媒集团·书海出版社 2014 年版，第 384 页。

W0057. 2. 3 恶灵变成神

实 例

（参见下级母题实例）

W0057. 2. 3. 1 含冤而死者的灵魂变成神（冤魂变成神）

实 例

鄂温克族 含冤忍气而自杀者的灵魂成为“乌西”神。

【流传】（内蒙古自治区·呼伦贝尔市·鄂温克族自治旗·辉索木）

【出处】

（a）《鄂温克族自治旗辉索木调查报告》，见内蒙古自治区编辑组《鄂温克族社会历史调查》，呼和浩特：内蒙古人民出版社 1986 年版，第 480 页。

（b）《“乌西”神》，见吕大吉、何耀华

总主编《中国各民族原始宗教资料集成》（鄂伦春族卷、鄂温克族卷、赫哲族卷、达斡尔族卷、锡伯族卷、满族卷、蒙古族卷、藏族卷），北京：中国社会科学出版社1999年版，第118页。

鄂温克族 一对老夫妇，很穷，无衣无食，含冤而死，他们死后的灵魂被立为哈音神。

【流传】（内蒙古自治区·呼伦贝尔市·鄂温克族自治旗·辉索木）

【出处】

（a）《鄂温克族自治旗辉索木调查报告》，见内蒙古自治区编辑组《鄂温克族社会历史调查》，呼和浩特：内蒙古人民出版社1986年版，第489页。

（b）《“哈音”神》，见吕大吉、何耀华总主编《中国各民族原始宗教资料集成》（鄂伦春族卷、鄂温克族卷、赫哲族卷、达斡尔族卷、锡伯族卷、满族卷、蒙古族卷、藏族卷），北京：中国社会科学出版社1999年版，第118~119页。

W0057.2.3.2

弃婴私生子而死的魂灵成为“乌西”神

实 例

鄂温克族 私生子被遗弃而死的魂灵成为“乌西”神。

【流传】（内蒙古自治区·呼伦贝尔市·鄂温克族自治旗·辉索木）

【出处】

（a）《鄂温克族自治旗辉索木调查报告》，见内蒙古自治区编辑组《鄂温克族社会历史调查》，呼和浩特：内蒙古人民出版社1986年版，第480页。

（b）《“乌西”神》，见吕大吉、何耀华总主编《中国各民族原始宗教资料集成》（鄂伦春族卷、鄂温克族卷、赫哲族卷、达斡尔族卷、锡伯族卷、满族卷、蒙古族卷、藏族卷），北京：中国社会科学出版社1999年版，第118页。

W0057.2.4

动物的灵魂变成神

实 例

（实例待考）

W0057.2.4.1

猴子的灵魂变成神

实 例

土族 猴子的灵魂是神。

【流传】 青海省·（黄南藏族自治州）·同仁县·保安乡·下庄村

【出处】 夏吾才让讲，赵清阳采录：《粮食是怎么来的》，见中国民间文学集成全国编辑委员会编《中国民间故事集成》（青海卷），北京：中国ISBN中心2007年版，第13页。

W0057.2.5

最高的灵魂变成神

实 例

佤族 万物有灵人也有灵魂，而最高的灵魂又变成神。

【流传】云南省·（普洱市）·西盟佤族自治县、澜沧拉祜族自治县等地

【出处】毕登程、隋嘎编著：《司岗里——佤族创世史诗》，昆明：云南出版集团公司·云南人民出版社2009年版，第150页。

W0057.3

物的相互作用化生神

【关联】［W2297.4］物体相互作用生人

实 例

（参见下级母题实例）

W0057.3.1

气体与风、云不断摩擦产生神

实 例

（参见下级母题实例）

W0057.3.1.1

气体与风、云不断摩擦产生女神雅桑该和男神布桑该

实 例

傣族 混沌之初，气体与风、云不断摩擦，产生了女神雅桑该。

【流传】（无考）

【出处】《布桑该与雅桑该》，见王松《论神话及其他》，昆明：云南民族出版社2006年版，第52页。

W0057.4

多个神合为一个神

实 例

（实例待考）

W0057.5

一神变成多神

【关联】［W0046a.1］一个人变成多个神

实 例

（参见下级母题实例）

W0057.5.1

龙神变成雷神和雨神

【关联】

①［W0301.4.0.1］龙神变成雨神

②［W0308.1.1］龙神变成雷神

实 例

毛南族 （实例待考）

W0057.5.2

黑埃波赛神舌头变成水王，耳朵变成神王

实 例

彝族 黑埃波赛神一身变作世间万物和诸神，舌头变成了水王，耳朵变成了神王。

【流传】（无考）

【出处】

（a）《黑埃波罗赛造天地》，见《中国各民族宗教与神话大词典》编审委员会编《中国各民族宗教与神话大词典》，北京：学苑出版社 1990 年版，第 677 页。

（b）《查姆》。

W0057.6

卵变成神

实 例

（参见下级母题实例）

W0057.6.1

球团变成依古阿格大神

实 例

纳西族 球团变作依古阿格大神。

【流传】（无考）

【出处】《崇般崇笮》，见《纳西东巴古籍译注》（一），昆明：云南民族出版社 1986 年版。

W0058

与神的产生有关的其他母题

【汤普森】A119

实 例

（参见下级母题实例）

W0058.0

神产生的原因

【关联】［W0058.1.2.1］因功封神（有功者被封神）

实 例

（参见下级母题实例）

W0058.0.1

神产生是因为以前没有神

实 例

（实例待考）

W0058.0.1.1

以前没有神

实 例

（实例待考）

W0058.0.2

神产生于恐惧

实 例

（参见下级母题实例）

W0058.0.2.1

人把恐惧物作为神

实 例

（参见下级母题实例）

W0058.0.2.1.1

人把威胁人畜的蟒视为神

【关联】［W0529］蟒神

实 例

锡伯族 无论是蟒，还是其他蛇类，对人畜的安全都有很大威胁，人们为了躲避它们，就把它们视为神，祈求蟒神不要加害于生灵。

【流传】（无考）

【出处】

（a）佟克力：《锡伯族历史与文化》，乌鲁木齐：新疆人民出版社1989年版，第266~267页。

（b）《蛇》，见吕大吉、何耀华总主编《中国各民族原始宗教资料集成》（鄂伦春族卷、鄂温克族卷、赫哲族卷、达斡尔族卷、锡伯族卷、满族卷、蒙古族卷、藏族卷），北京：中国社会科学出版社1999年版，第397页。

W0058.0.2.1.2 人害怕3个作祟的妖怪供他们为神

实 例

达斡尔族 三个妖怪对屯人作祟，死了很多人，全屯仅剩七户，所以供他们为神。

【流传】（内蒙古自治区·呼伦贝尔市·鄂温克族自治旗·巴彦托海镇）

【出处】

（a）珠荣嘎、额尔登泰、满都尔图调查编著：《巴彦托海索木达斡尔族情况——达斡尔族调查材料之二》，全国人民代表大会民族委员会办公室1958年编印，第55页。

（b）《翁胡尔·巴尔肯》，见吕大吉、何耀华总主编《中国各民族原始宗教资料集成》（鄂伦春族卷、鄂温克族卷、赫哲族卷、达斡尔族卷、锡伯族卷、满族卷、蒙古族卷、藏族卷），北京：中国社会科学出版社1999年版，第321~322页。

W0058.0.2.2 人敬作祟的物为神

实 例

（参见下级母题实例）

W0058.0.2.2.1 人敬作祟的箱子为神

实 例

达斡尔族 装着齐式各样动物的模型，并有蟒袍一领，蟒袍上有血的污迹作祟于年轻的姑娘。遂敬之为神。

【流传】（内蒙古自治区·呼伦贝尔市·鄂温克族自治旗·巴彦托海镇）

【出处】

（a）珠荣嘎、额尔登泰、满都尔图调查编著：《巴彦托海索木达斡尔族情况——达斡尔族调查材料之二》，全国人民代表大会民族委员会办公室1958年编印，第54页。

（b）《“霍列力·巴尔肯”来源的传说及祭仪》，见吕大吉、何耀华总主编《中国各民族原始宗教资料集成》（鄂伦春族卷、鄂温克族卷、赫哲族卷、达斡尔族卷、锡伯族卷、满族卷、蒙古族卷、藏族卷），北京：中国社会科学出版社1999年版，第308页。

W0058. 0. 2. 2. 2

人敬作祟的神偶为神

实 例

达斡尔族 一个达斡尔人在森林拾到一个桦树皮篓子，里面都是麻罗（包括多种神）的偶像，就把麻罗装回篓内扔到野外。从此，他家里经常闹病，于是供奉了麻罗。

【流传】黑龙江省·黑龙江省黑河市·爱辉县（爱辉区）·西岗子乡·友谊社

【出处】

(a) 珠荣嘎、额尔登泰、满都尔图调查编著：《爱辉县西岗子乡友谊社达斡尔族情况——达斡尔族调查材料之三》，内蒙古少数民族社会历史调查组1959年编印，第105～106页。

(b)《“霍列力·巴尔肯”的构成及其来源的传说》，见吕大吉、何耀华总主编《中国各民族原始宗教资料集成》（鄂伦春族卷、鄂温克族卷、赫哲族卷、达斡尔族卷、锡伯族卷、满族卷、蒙古族卷、藏族卷），北京：中国社会科学出版社1999年版，第309页。

W0058. 0. 3

因梦产生神

实 例

（参见下级母题实例）

W0058. 0. 3. 1

梦中遇见的能禳解的物奉为神

实 例

满族 梦中遇到灾难，突然有一禽鸟或野兽禳解，逢凶化吉，便请萨满做一偶像，世代相传。

【流传】（无考）

【出处】

(a) 富育光、孟慧英：《满族萨满教研究》，北京：北京大学出版社1991年版，第123～126页。

(b)《神偶的功能》，见吕大吉、何耀华总主编《中国各民族原始宗教资料集成》（鄂伦春族卷、鄂温克族卷、赫哲族卷、达斡尔族卷、锡伯族卷、满族卷、蒙古族卷、藏族卷），北京：中国社会科学出版社1999年版，第493页。

W0058. 0. 4

因感恩产生神

实 例

（参见下级母题实例）

W0058. 0. 4. 1

因感激特定人物尊之为神

实 例

（参见下级母题实例）

W0058.0.4.1.1
人们感激带来温暖的希温·乌娜吉（太阳姑娘）尊她为太阳神

实　例

鄂温克族 鄂温克人非常感激、爱戴给人间带来温暖的希温·乌娜吉（太阳姑娘），崇拜她为太阳神。

【流传】内蒙古自治区·呼伦贝尔盟（呼伦贝尔市）

【出处】

(a) 隋书今搜集整理：《太阳神的传说》（1981.10.15），见马名超、王士媛、白衫编《鄂温克族民间故事选》，上海：上海文艺出版社1989年版，第5页。

(b)《太阳神的传说》，见吕大吉、何耀华总主编《中国各民族原始宗教资料集成》（鄂伦春族卷、鄂温克族卷、赫哲族卷、达斡尔族卷、锡伯族卷、满族卷、蒙古族卷、藏族卷），北京：中国社会科学出版社1999年版，第94～95页。

W0058.0.4.1.2
人感激野茅竹和青㭎树洪水中救命之恩尊之为神

实　例

彝族（撒尼人） 洪水渐渐退了，幸存的三弟和小妹妹对着野茅竹和青㭎树说："多谢你们搭救了我兄妹两个，我们世世代代都会把你们当神主来供。"

【流传】云南省·（昆明市）·路南县（今石林彝族自治县）

【出处】王伟搜集整理：《阿霹刹、洪水和人的祖先》，原载李德君、陶学良编《彝族民间故事选》，见陶阳、钟秀编《中国神话》（上），北京：商务印书馆2008年版，第518～520页。

W0058.0.5
为防御疾病造神

实　例

（参见下级母题实例）

W0058.0.5.1
北国人创造"德斯库"神专门对付瘟病

实　例

赫哲族 "北国鞑子"和汉族打仗时，因汉族屡败于"鞑子"，就想用瘟病以消灭鞑人。于是将天花娘娘、痘疹娘娘送到长城以北。这些娘娘被送至北国后，使北国人患了天花、痘疹传染病，死了很多人。于是北国人创造了"德斯库"专门对付这种瘟病的神。

【流传】（黑龙江省）

【出处】

(a)《民族问题五种丛书》黑龙江省编辑组：《赫哲族社会历史调查》，牡丹江：黑龙江朝鲜民族出版社1987年版，第 171 页。

（b）《德斯库来源的传说》，见吕大吉、何耀华总主编《中国各民族原始宗教资料集成》（鄂伦春族卷、鄂温克族卷、赫哲族卷、达斡尔族卷、锡伯族卷、满族卷、蒙古族卷、藏族卷），北京：中国社会科学出版社 1999 年版，第 242 页。

W0058.1
封神

实　例

（参见下级母题实例）

W0058.1.1
按到某地的先后封神

实　例

汉族　（实例待考）

W0058.1.2
封神的原因（封神的依据，被封神者）

【关联】

① ［W0045］人变神的方法

② ［W0058.0］神产生的原因

实　例

（参见下级母题实例）

W0058.1.2.1
因功封神（有功者被封神）

【关联】［W0044.8.6.1］会生火的阏伯被认为是神

实　例

（参见下级母题实例）

W0058.1.2.1.1
多龙格格灭妖被封为多龙妈妈恩都哩

实　例

满族　多龙格格消灭妖鹏后，白山主封她为多龙妈妈恩都哩。

【流传】黑龙江省·（牡丹江市）·宁安县·江东乡（江南朝鲜族满族乡）·花脸沟村（今解放村）

【出处】杨明河讲，傅英仁采录：《多龙格格》，见中国民间文学集成全国编辑委员会编《中国民间故事集成》（黑龙江卷），北京：中国 ISBN 中心 2005 年版，第 78～80 页。

W0058.1.2.1.2
某人擒鳖治水有功被封神

实　例

汉族　金川神庙在富顺县西二百余步，有十像，莫知姓氏。相传秦惠王时擒鳖治水有功，即此神也。

【流传】（富顺县）

【出处】［明］曹学佺：《蜀中名胜记》卷十五。

W0058.1.2.2
因战胜天神被封神

实　例

蒙古族 （实例待考）

W0058.1.2.3
因造物不同封不同行业神

实 例

瑶族 一批男神和女神做密洛陀造天地时的助手。造好天地、万物之后，密洛陀论功行赏，封他们为各种神，管理着各种事业。

【流传】（无考）

【出处】《密洛陀神谱》，蓝田根据农学冠等撰写的《瑶族神话传说中的人物》编写，见姚宝瑄主编《中国各民族神话》（土家族、毛南族、侗族、瑶族），太原：山西出版传媒集团·书海出版社2014年版，第146页。

W0058.1.2.4
因血缘关系封神

实 例

瑶族 密洛陀为了表彰山鹰的功绩，封它为禽王，却没有归入创世男、女各十二神之列，大概是因为没有血缘关系的缘故。

【流传】（无考）

【出处】《密洛陀神谱》，蓝田根据农学冠等撰写的《瑶族神话传说中的人物》编写，见姚宝瑄主编《中国各民族神话》（土家族、毛南族、侗族、瑶族），太原：山西出版传媒集团·书海出版社2014年版，第150页。

W0058.1.2.5
因闹事封神

实 例

（参见下级母题实例）

W0058.1.2.5.1
五兄弟因闹天宫被天王封神

实 例

汉族 长脚拐、铁铮脑、千里眼、顺风耳和不怕冷不怕热五兄弟大闹天宫，天王没办法就封他们为金、木、水、火、土五大神。

【流传】江西省·（吉安市）·万安县·柏岩乡·黄竹村

【出处】许文才讲，许经北采录：《金木水火土星的来历》，见中国民间文学集成全国编辑委员会编《中国民间故事集成》（江西卷），北京：中国ISBN中心2002年版，第5页。

W0058.1.2.6
天上的人被封为神

实 例

汉族 玉皇大帝命令天上的两兄妹每天到人间走一趟，察看凡世疾苦。一个日里走，一个夜里走，日里走的封为太阳神，夜里走的封为月亮神。

【流传】江苏省·（镇江市）·句容（句容市），丹徒县（丹徒区）·（黄墟乡）等地

【出处】孔锡生讲，於自力记录，匡增文整理：《太阳光刺眼的传说》（1987. 04. 26），见姚宝瑄主编《中国各民族神话》（汉族），太原：山西出版传媒集团·书海出版社 2014 年版，第 185 ~ 186 页。

W0058. 1. 3

封神者

实 例

（参见下级母题实例）

W0058. 1. 3. 0

天神封神（天帝封神）

【关联】

① ［W0281. 7. 1］天帝封特定的神为月亮神

② ［W0804. 8. 2］天神封仙

实 例

汉族 有个叫冯夷的人，被黄河水淹死，一肚子怨恨，就到天帝那里去告黄河的状。天帝就封冯夷为黄河水神，称为河伯。

【流传】河南省

【出处】申法海搜集整理：《河伯授图》，原载中国民间文艺研究会河南分会等编《河南民间故事集》，见陶阳、钟秀编《中国神话》（上），北京：商务印书馆 2008 年版，第 419 ~ 420 页。

W0058. 1. 3. 0. 1

天神更资把树生的 4 个男的封为四神

实 例

彝族 天神更资把树生的四个男的封为四神。

【流传】云南省·（楚雄彝族自治州）·永仁县

【出处】

（a）曲木阿石等讲，罗有能整理：《更资天神》，见云南省楚雄州文教局、云南省楚雄州民委会编《楚雄民间文学资料》，内部资料，1979 年。

（b）同（a），见姚宝瑄主编《中国各民族神话》（羌族、彝族），太原：山西出版传媒集团·书海出版社 2014 年版，第 179 页。

W0058. 1. 3. 0. 2

天神木巴把死去的两个能干的兄弟封为地方神

实 例

羌族 两个能干的兄弟死后，被木巴（天神）封为地方神。

【流传】四川省·（阿坝藏族羌族自治州）·茂县·较场乡

【出处】肖德升讲，罗世泽采录：《岐山大王和罗和二王》，见中国民间文学集成全国编辑委员会编《中国民间故事集成》（四川卷·下），北京：中国 ISBN 中心 1998 年版，第 1127 页。

W0058.1.3.0.3

第三代天神捧腊哈造出第四代神捧双拿后，封他为第12层天的神管

实 例

傣族 第三代天神捧腊哈造出第四代神捧双拿后，就把他送到第十二层天阿底巴去住，并且封他为第十二层天的神管。

【流传】云南省·西双版纳傣族地区（西双版纳傣族自治州）

【出处】《巴塔麻嘎捧尚罗》，王松据岩温炳翻译《巴塔麻晏》（开天辟地）改写，见姚宝瑄主编《中国各民族神话》（哈尼族、傣族），太原：山西出版传媒集团·书海出版社2014年版，第288页。

W0058.1.3.0a

女神封神

实 例

（参见下级母题实例）

W0058.1.3.0a.1

第一代女神王阿匹梅烟封出12位尊神

实 例

哈尼族 站在烟罗神殿的中央，第一代女神王阿匹梅烟又封出十二位尊神。

【流传】云南省·（红河哈尼族彝族自治州）·元阳（元阳县）、红河（红河县）、金平（金平苗族瑶族傣族自治县），（采集于元阳县·胜村乡·全福庄）

【出处】卢朝贵讲，史军超搜集整理：《神和人的家谱》，原载云南省民间文学集成办公室编《哈尼族神话传说集成》，中国民间文艺出版社1990年版，见姚宝瑄主编《中国各民族神话》（哈尼族、傣族），太原：山西出版传媒集团·书海出版社2014年版，第41页。

W0058.1.3.1

玉帝封神

【关联】

① ［W0044.3.1］玉皇把好心肠的人收到天上做神

② ［W0392.5.3.1］玉帝把最先到泰山的仙封为泰山神

实 例

汉族 玉皇大帝召集各路神仙到泰山开会，说谁先到泰山，谁就是泰山神。

【流传】山东省·泰安（泰安市）

【出处】《碧霞元君的来历》，见陶阳等编《泰山故事大观》，北京：文化艺术出版社1984年版，第10页。

W0058.1.3.2

女始祖封神

实 例

瑶族 女始祖密洛陀造天地时，一批儿女做助手。造好天地、万物之后，密洛陀论功行赏，封他们为各种神，管理着各种事业。

【流传】（无考）

【出处】《密洛陀神谱》，蓝田根据农学冠等撰写的《瑶族神话传说中的人物》编写，见姚宝瑄主编《中国各民族神话》（土家族、毛南族、侗族、瑶族），太原：山西出版传媒集团·书海出版社 2014 年版，第 146 页。

W0058. 1. 3. 3

三公主封神

实 例

（参见下级母题实例）

W0058. 1. 3. 3. 1

三公主封人为神

【关联】［W0203. 1. 4］三公主是宇宙之神

实 例

畲族 三公主封人为神。

【流传】浙江省·丽水（丽水市）

【出处】唐宗龙等整理：《雾神的传说》，见中华民族故事大系编委会编《中华民族故事大系》第 8 卷（畲族、高山族、拉祜族），上海：上海文艺出版社 1995 年版，第 40 页。

W0058. 1. 3. 4

大禹封神

【关联】［W0497. 7. 9. 2. 1］大禹王尊封开河放水的大汉为“巨灵皇帝”即“巨灵神”

实 例

汉族 大禹王尊封开河放出地中央大水的大汉为“巨灵皇帝”，也就是“巨灵神”。

【流传】浙江省·丽水市·城关镇

【出处】吴玉生讲，唐宗龙采录：《禹土封巨灵神》，见中国民间文学集成全国编辑委员会编《中国民间故事集成》（浙江卷），北京：中国 ISBN 中心 1997 年版，第 64 页。

W0058. 1. 3. 5

皇帝封神

实 例

汉族 常州城中白云渡口有晏公庙，莫知所始。及阅《七修类稿》，乃知明太祖所封也。时毗陵为张士诚之将所据，徐达屡战不利，太祖亲率冯胜等十人往援，扮为商贾，顺流而下。江风大作，舟将覆，太祖惶惧乞神。忽见红袍者挽舟至沙上。太祖曰：“救我者谁也?”默闻曰：“公也。”及定天下，后江岸当崩，有猪婆龙在其下，迄不可筑。有老渔教炙猪为饵以钓之，瓮贯缗而下，瓮罩其项，其物二足推拒不能爬于土，遂钓而出，岸乃可成。众问老渔姓何，曰：“姓晏。”倏不见。明祖闻之，悟曰：“盖即昔救我于覆舟者也。”乃封为神霄玉府晏公都督大元帅，命有司祀之。

【流传】（常州市）

【出处】［清］赵翼：《陔余丛考》卷三五。

W0058.1.3.6
黄帝封神

【关联】

①［W0204.5.5.1］黄帝让侄孙少昊做西方的天帝，命曾孙颛顼做了北方的天帝

②［W0703.2.2.3.1］黄帝封嫘祖为祖神

实　例

汉族（参见“W0703.2.2.3.1 黄帝封嫘祖为祖神”母题实例）

W0058.1.4
与封神有关的其他母题

实　例

（参见下级母题实例）

W0058.1.4.1
不被封神

实　例

（参见下级母题实例）

W0058.1.4.1.1
因年龄小不被封神

实　例

汉族 以天地黑暗时，神界有三姐妹。帝把大姐封为太阳神，二姐封为月亮神，小妹妹只因太小，暂时没有封。

【流传】浙江省·舟山市·（定海区·岑港镇）·烟墩（烟墩村）、马目（马目村）一带

【出处】夏长生讲，夏志芳记录整理：《鸡神分日夜》（1987.07.20），见姚宝瑄主编《中国各民族神话》（汉族），太原：山西出版传媒集团·书海出版社 2014 年版，第 176 页。

W0058.1.4.2
封神地点

实　例

（参见下级母题实例）

W0058.1.4.2.1
封神台

实　例

汉族 姜子牙就坐在封神台上开始封神。

【流传】（山东省·泰安一带）

【出处】徐淑芳采录：《姜子牙封神》，原载陶阳编《泰山民间故事大观》，见陶阳、钟秀编《中国神话》（中），

北京：商务印书馆 2008 年版，第 756 页。

W0058. 1a

奉神（拜神）

实 例

（参见下级母题实例）

W0058. 1a. 1

拜人为神

实 例

（参见下级母题实例）

W0058. 1a. 1. 1

拜会养殖的人为牲畜神

实 例

锡伯族 牲畜闹瘟疫时，孤寡的达尔洪爷爷所放牧的牲畜繁殖成牛马成群，使每家都有一群牲畜了。乡亲们为了让子孙铭记他的恩德，纷纷请画匠画了一张达尔洪爷爷的画像，做了木盒，为他立了神位，成了锡伯人供奉的保佑牲畜繁衍的男神灵了，即海尔堪爷爷。

【流传】（无考）

【出处】富清讲，赵春生搜集翻译整理：《达尔洪爷爷的传说》，见满都呼主编《中国阿尔泰语系诸民族神话故事》，北京：民族出版社 1997 年版，第 291 页。

W0058. 1a. 2

文学作品中的人物奉为神

实 例

（参见下级母题实例）

W0058. 1a. 2. 1

《封神演义》中三姊妹成为娘娘神

实 例

达斡尔族 《封神演义》里有三姊妹，叫云霄、琼霄、碧霄娘娘，和姜子牙打仗时战死，后被封为神。达斡尔族各家都供它，主宰天花和小孩疾病，成为达斡尔人供奉的“西格·额倭·阿查·娘娘”（即大父母娘娘神）和“乌其肯·额倭·阿查·娘娘”（即小父母娘娘神）。

【流传】黑龙江省·布特哈旗（今内蒙古自治区·呼伦贝尔市·扎兰屯市）

【出处】

（a）珠荣嘎、额尔登泰、满都尔图、包鹤亭调查编著：《达斡尔族情况——达斡尔族调查材料之一》，全国人民代表大会民族委员会办公室 1957 年编印，第 39 页。

（b）《娘娘神（布特哈地区）》，见吕大吉、何耀华总主编《中国各民族原始宗教资料集成》（鄂伦春族卷、鄂温克族卷、赫哲族卷、达斡尔族卷、锡伯族卷、满族卷、蒙古族卷、藏族卷），北京：中国社会科学出版社

1999年版，第352页。

W0058.1b

引进的神（外来神，外神）

实 例

（参见下级母题实例）

W0058.1b.1

从其他民族引进的神（传来外族神）

实 例

纳西族 性巫师桑尼（桑把）的保护神三朵神来自藏区。

【流传】 云南省

【出处】 《三朵土主神崇拜》，见吕大吉、何耀华总主编《中国各民族原始宗教资料集成》（纳西族卷、羌族卷、独龙族卷、傈僳族卷、怒族卷），北京：中国社会科学出版社2000年版，第23～24页。

羌族 “土主”（又叫“独雄王”，或“独雄菩萨”）原为“蛮王”，是“夷人所信”。土主庙的土主就身着“番衣毡帽”，也有身穿盔甲，手持长剑的。

【流传】 四川省·（阿坝藏族羌族自治州）·茂县·土门区（土门乡）

【出处】 西南民族学院研究室编：《羌（尔玛）族情况》（1954）见吕大吉、何耀华总主编《中国各民族原始宗教资料集成》（纳西族卷、羌族卷、独龙族卷、傈僳族卷、怒族卷），北京：中国社会科学出版社2000年版，第555页。

W0058.1b.1.1

鄂温克人和达斡尔人使用鄂伦春人的动物神玛罗

实 例

鄂温克族 “玛罗”（一种具体的动物神）是由年久的龟蛙变成的妖怪。首先是鄂伦春人确定的。后来鄂温克人和达斡尔人从黑龙江一起迁来，因而也都立了“玛罗”。

【流传】（内蒙古自治区·呼伦贝尔市·鄂温克族自治旗·辉索木）

【出处】

（a）《鄂温克族自治旗辉索木调查报告》，见内蒙古自治区编辑组《鄂温克族社会历史调查》，呼和浩特：内蒙古人民出版社1986年版，第489页。

（b）《“玛罗”神》，见吕大吉、何耀华总主编《中国各民族原始宗教资料集成》（鄂伦春族卷、鄂温克族卷、赫哲族卷、达斡尔族卷、锡伯族卷、满族卷、蒙古族卷、藏族卷），北京：中国社会科学出版社1999年版，第114页。

W0058.1b.1.2

鄂伦春财神吉雅其神是传来的蒙古族神

实 例

鄂伦春族 财神“吉雅其”神是蒙古地方的神，传入鄂伦春地区约一二百年。

【流传】（无考）

【出处】

（a）内蒙古自治区编委会：《鄂伦春族社会历史调查》（第一集），呼和浩特：内蒙古人民出版社 1984 年版，第 49 页。

（b）《“吉雅其”神》，见吕大吉、何耀华总主编《中国各民族原始宗教资料集成》（鄂伦春族卷、鄂温克族卷、赫哲族卷、达斡尔族卷、锡伯族卷、满族卷、蒙古族卷、藏族卷），北京：中国社会科学出版社 1999 年版，第 29 页。

W0058. 1b. 1. 2. 1

蒙古人和达斡尔人所供奉的吉亚其神，被引为鄂伦春族萨满教神

实　例

鄂伦春族 蒙古人和达斡尔人所供奉的“吉亚其神”，被引至鄂伦春族萨满教之中，成为主司牲畜和财产之神。

【流传】（无考）

【出处】郭淑云：《鄂伦春族卷·绪论》，见吕大吉、何耀华总主编《中国各民族原始宗教资料集成》（鄂伦春族卷、鄂温克族卷、赫哲族卷、达斡尔族卷、锡伯族卷、满族卷、蒙古族卷、藏族卷），北京：中国社会科学出版社 1999 年版，第 11 页。

W0058. 1b. 1. 3

达斡尔的牲畜保护神吉雅其由蒙古传来

实　例

达斡尔族 达斡尔的吉雅其神（牲畜保护神）是由蒙古传来的。

【流传】黑龙江省·齐齐哈尔市市郊

【出处】

（a）珠荣嘎、满都尔图、绍道、赵映东、吴永章调查编著：《齐齐哈尔市郊达斡尔族情况——达斡尔族调查材料之五》，内蒙古少数民族社会调查组 1958 年编印，第 76 页。

（b）《吉雅其·巴尔肯》，见吕大吉、何耀华总主编《中国各民族原始宗教资料集成》（鄂伦春族卷、鄂温克族卷、赫哲族卷、达斡尔族卷、锡伯族卷、满族卷、蒙古族卷、藏族卷），北京：中国社会科学出版社 1999 年版，第 319 页。

W0058. 1b. 1. 4

太上老君、关帝、通天圣帝、城隍等是壮族从别的民族传进本地壮族的外来神

实　例

壮族 太上老君、关帝、通天圣帝、城隍等是壮族从别的民族传进本地壮族的外来神。

【流传】广西壮族自治区·（南宁市）·武鸣县·两江乡·雷江片，马

山县·古零乡·杨圩片

【出处】黄世杰搜集整理：*《多神信仰》(1990)，见吕大吉、何耀华总主编《中国各民族原始宗教资料集成》(土家族卷、瑶族卷、壮族卷、黎族卷)，北京：中国社会科学出版社1998年版，第493页。

W0058.1b.1.5

傈僳族从汉族传来门神、灶神

实 例

傈僳族 岩门傈僳族原无门神、灶神，是从汉人那里传过去的。

【流传】四川省·（攀枝花市）·盐边县·岩门公社（岩门乡）

【出处】李永宪等：《盐边县岩门公社傈僳族调查报告》，见中国西南民族研究学会编印《雅砻江下游考察报告》，内部编印，1983年，第204页。

W0058.1b.1.6

巴火鬼是白族勒墨人从傈僳族那里学来的

实 例

白族（勒墨） 专管牙疼等病的巴火鬼是白族勒墨人几十年前才从傈僳族那里学来的。

【流传】云南省·（怒江傈僳族自治州）·泸水县·洛本卓乡（洛本卓白族乡）

【出处】詹承绪等调查整理：《怒江白族的祭鬼活动》(1982)，见吕大吉、何耀华总主编《中国各民族原始宗教资料集成》(彝族卷、白族卷、基诺族卷)，北京：中国社会科学出版社1996年版，第426页。

W0058.1b.2

一个氏族供奉其他氏族的神

实 例

鄂温克族 杜拉尔氏族除了供自己氏族的“舍卧刻”（神名，带有祖神或氏族保护神性质）之外，还要供其他氏族的神。

【流传】（内蒙古自治区·呼伦贝尔市·陈巴尔虎旗莫尔格河一带）

【出处】

(a)《陈巴尔虎旗莫尔格河鄂温克族社会历史调查报告》，见内蒙古自治区编辑组《鄂温克族社会历史调查》，呼和浩特：内蒙古人民出版社1986年版，第340页。

(b)《“舍卧刻”传说及神偶》，见吕大吉、何耀华总主编《中国各民族原始宗教资料集成》(鄂伦春族卷、鄂温克族卷、赫哲族卷、达斡尔族卷、锡伯族卷、满族卷、蒙古族卷、藏族卷)，北京：中国社会科学出版社1999年版，第116~117页。

W0058.1b.3

外神中神的地位不同

实 例

（实例待考）

W0058. 1b. 3. 1

外神中雷王神权力最大

实 例

壮族 壮族供奉的外神中以雷王神权力最大，地位最高，坟地神次之。

【流传】广西壮族自治区·（南宁市）·武鸣县·两江乡·雷江片，马山县·古零乡·杨圩片

【出处】黄世杰搜集整理：*《多神信仰》（1990），见吕大吉、何耀华总主编《中国各民族原始宗教资料集成》（土家族卷、瑶族卷、壮族卷、黎族卷），北京：中国社会科学出版社 1998 年版，第 493 页。

W0058. 1b. 3. 2

外神中坟地神权力第二

实 例

壮族 （参见“W0058. 1b. 3. 1 外神中雷王神权力最大”母题实例）

W0058. 1b. 4

因婚姻带来新神

实 例

傈僳族 有的姓无坛神，但娶了有坛神人家的姑娘，那么，无坛神也就有坛神了。

【流传】四川省·（攀枝花市）·盐边县·岩门公社（岩门乡）

【出处】李永宪等：《盐边县岩门公社傈僳族调查报告》，见中国西南民族研究学会编印《雅砻江下游考察报告》，内部编印，1983 年，第 204 页。

W0058. 1c

本族带来的神

实 例

（参见下级母题实例）

W0058. 1c. 1

迁徙时从祖源地带来的神

实 例

藏族 红原县龙壤一带，有四位山神，第一个叫俄尔古山神，据说是玛桑部落从青海海南州迁徙到红原时一齐来的。

【流传】（四川省·阿坝藏族羌族自治州·红原县）

【出处】杨明：《川西北牧区的原始宗教》，原载《西南民族新论》1985 年版，见吕大吉、何耀华总主编《中国各民族原始宗教资料集成》（鄂伦春族卷、鄂温克族卷、赫哲族卷、达斡尔族卷、锡伯族卷、满族卷、蒙古族卷、藏族卷），北京：中国社会科学出版社 1999 年版，第 788 页。

W0058. 1d

通过梦产生的神

【关联】［W2277. 4］梦感（感梦生人）

实 例

（参见下级母题实例）

W0058.1d.1
托梦产生特定的神

实 例

（参见下级母题实例）

W0058.1d.1.1
神托梦产生神

实 例

羌族 松树神托梦给各寨居民云：“我是松树神，你们如乱伐松树，我便要罚你们，你们不犯树神，我便保护你们。”后来因不信神者仍入山砍伐，发生应验。人们当即许愿，即在神林祭厅内请端公献祭。

【流传】四川省·（阿坝藏族羌族自治州）·理番县（理县）·佳山寨（今桃坪乡）等地

【出处】胡鉴民：《羌族的信仰与习为》，原载《边疆研究论丛》1941年，见吕大吉、何耀华总主编《中国各民族原始宗教资料集成》（纳西族卷、羌族卷、独龙族卷、傈僳族卷、怒族卷），北京：中国社会科学出版社2000年版，第478页。

羌族 是夜，二人又得梦。神曰：“我在木中，去外面朽木，便见我身。”翌日照办，果得圣像。现在乾溪即以此神代神林，并不复置白石。

【流传】四川省·（阿坝藏族羌族自治州）·理番县（理县）·乾溪

【出处】胡鉴民：《羌族的信仰与习为》，原载《边疆研究论丛》1941年，见吕大吉、何耀华总主编《中国各民族原始宗教资料集成》（纳西族卷、羌族卷、独龙族卷、傈僳族卷、怒族卷），北京：中国社会科学出版社2000年版，第479页。

W0058.2
同时产生的神或神性人物

实 例

（参见下级母题实例）

W0058.2.1
天神与地神同时产生

实 例

（实例待考）

W0058.2.2
恶神与善神同时产生

实 例

景颇族 （实例待考）

纳西族 （参见“W0461.10.1.6a.1 猎神丽慈既是善神，也是恶神”母题实例）

W0058.2.3
神与灵同时产生

实 例

高山族（排湾）太古时，神明与精灵先降生出来。

【流传】（无考）

【出处】《排湾人的来历》，见《中国各民族宗教与神话大词典》编审委员会编《中国各民族宗教与神话大词典》，北京：学苑出版社 1990 年版，第 145 页。

W0058.2.4

神与佛同时产生

实 例

纳西族 （实例待考）

W0058.2.5

卵孵出成对的神

实 例

纳西族 最初的善神依古阿格变化出的第二代神额玉额玛生下九对白蛋，其中，一对变为盘神和禅神，一对变为高神和吾神，一对变为窝神和恒神，一对变为阳神和阴神。

【流传】云南省·丽江（丽江市）

【出处】和芳（东巴）读经，和志武翻译整理：《崇邦统》（人类迁徙记）（1954），见吕大吉、何耀华总主编《中国各民族原始宗教资料集成》（纳西族卷、羌族卷、独龙族卷、傈僳族卷、怒族卷），北京：中国社会科学出版社 2000 年版，第 321 页。

W0058.3

最早产生的神（最早出现的神或神性人物）

【关联】

① ［W0058.3.1.2］地神是地上最早的神

② ［W0121.2.4］最早的大神

③ ［W0187.2］最早产生的天神

实 例

纳西族 众神之中动为先，动神来自天国云层下，生神（又译为“色神”）来自尤金吨地方。

【流传】云南省·丽江县（丽江市）

【出处】《动丁》（开坛迎动神经），原载和士诚讲，和志武调查整理《关于动神和生神》（1989），见吕大吉、何耀华总主编《中国各民族原始宗教资料集成》（纳西族卷、羌族卷、独龙族卷、傈僳族卷、怒族卷），北京：中国社会科学出版社 2000 年版，第 82 页。

W0058.3.1

第一个神

实 例

拉祜族 （实例待考）

W0058.3.1.1

天神是第一个神

实 例

（实例待考）

W0058.3.1.2

地神是地上最早的神

实 例

汉族 （实例待考）

W0058.3.1.3

第一个男神

实 例

（参见下级母题实例）

W0058.3.1.3.1

第一个男神是第二代神王

实 例

哈尼族 大神烟沙是世上第一个男神（第二代神王）。

【流传】云南省·（红河哈尼族彝族自治州）·元阳县

【出处】卢朝贵讲，史军超采录：《神和人的家谱》，见中国民间文学集成全国编辑委员会编《中国民间故事集成》（云南卷），北京：中国ISBN中心2003年版，第23页。

W0058.3.1.4

第一个女神

【关联】［W0654.2.3.1］第一个女祖先

实 例

（参见下级母题实例）

W0058.3.1.4.1

第一个女神密洛陀

【关联】［W0058.3.3.1］女神出现最早

实 例

瑶族 密洛陀是第一个女神。

【流传】广西壮族自治区·（河池市）·都安瑶族自治县江水河一带瑶族地区

【出处】《密洛陀创世》，蓝田根据莎红整理的《密洛陀》和潘泉脉整理的《密洛陀》两部不同版本的长诗《密洛陀》改写，见姚宝瑄主编《中国各民族神话》（土家族、毛南族、侗族、瑶族），太原：山西出版传媒集团·书海出版社2014年版，第152页。

W0058.3.1.5

东巴教的第一位大神萨英威登

实 例

纳西族 纳西族东巴教的第一位大神是“萨英威登”。

【流传】云南省·丽江地区（丽江市）

【出处】和志武调查整理：《人名以虎为姓》（1989），见吕大吉、何耀华总主编《中国各民族原始宗教资料集成》（纳西族卷、羌族卷、独龙族卷、傈僳族卷、怒族卷），北京：中国社会科学出版社2000年版，第35页。

W0058. 3. 2

最早只有 2 个神

【关联】［W0148. 5］最早的一对夫妻神

实 例

（参见下级母题实例）

W0058. 3. 2. 1

最早只有天神和地神

【关联】［W0102. 0. 1］最早的 2 个神一个住天上，一个住地上

实 例

羌族 最早只有天神和地神。

【流传】 四川省·（阿坝藏族羌族自治州）·茂汶（茂汶羌族自治县，今归属茂县）

【出处】 郑友富等讲，王康等搜集：《人是咋个来的》，见中华民族故事大系编委会编《中华民族故事大系》第 11 卷（达斡尔族、仫佬族、羌族），上海：上海文艺出版社 1995 年版，第 638 页。

W0058. 3. 2. 2

世界最早只有树精夫妻（精灵）

实 例

珞巴族 很久以前，世界还没造成，就有一对乌佑（珞巴语，鬼、精灵，也可指神、神灵）夫妇存在。

【流传】

（a）西藏自治区·下珞瑜（泛指永木河、锡约尔河、巴恰西仁河流域）

（b）西藏自治区·下珞渝（又写作"下珞瑜"）·西巴霞曲一带（山区米里部落切米尔村）

【出处】

（a）维·埃尔温搜集：《重刚义如木夫妇》，见中华民族故事大系编委会编《中华民族故事大系》第 16 卷（赫哲族、门巴族、珞巴族、基诺族），上海：上海文艺出版社 1995 年版，第 401 页。

（b）同（a），见李坚尚、刘芳贤编《珞巴族门巴族民间故事选》，上海：上海文艺出版社 1993 年版，第 15 页。

珞巴族 世界最早只有树精夫妻（精灵）。

【流传】 西藏自治区·下珞瑜（下珞瑜泛指永木河、锡约尔河、巴恰西仁河流域）

【出处】 维·埃尔温搜集：《重刚义如木夫妇》，见中华民族故事大系编委会编《中华民族故事大系》第 16 卷（赫哲族、门巴族、珞巴族、基诺族），上海：上海文艺出版社 1995 年版，第 401 页。

W0058. 3. 2. 3

最早只有拉旺布加钦和拉旺布拉钦两个天神兄弟

实 例

门巴族 从前，地上没有人，只有拉旺

布加钦和拉旺布拉钦两个天神兄弟。

【流传】西藏自治区·（林芝市）·墨脱县

【出处】益西平措讲，冀文正采录：《创世说》，见中国民间文学集成全国编辑委员会编《中国民间故事集成》（西藏卷），北京：中国 ISBN 中心 2001 年版，第 4 页。

W0058.3.3

女神比男神出现早

实　例

（参见下级母题实例）

W0058.3.3.1

女神出现最早

【关联】［W0058.3.1.4］第一个女神

实　例

（参见下级母题实例）

W0058.3.3.1.1

女神伢俣出现最早

实　例

水族 远古时候，没有万物。最早出了个女神伢俣。

【流传】（无考）

【出处】潘静流唱，燕宝记译，化斯改写：《伢俣开创世界》（原名《造天造地》），见姚宝瑄主编《中国各民族神话》（水族、布朗族、独龙族、基诺族、傈僳族），太原：山西出版传媒集团·书海出版社 2014 年版，第 4 页。

W0058.3.3.2

女神产生一万年后才出现一个男神

实　例

傣族 水雾中产生女神的一万年以后，那水汽、烟雾与大风又凝结成一个人，这是一个男神，名字叫作桑戛西。

【流传】云南省·西双版纳（西双版纳傣族自治州）·勐腊县·勐混镇、打洛镇

【出处】＊《桑戛赛与桑戛西的诞生》，原载岩峰三讲，毕光尖记录《桑戛西与桑戛赛造天地，创人类》，见姚宝瑄主编《中国各民族神话》（哈尼族、傣族），太原：山西出版传媒集团·书海出版社 2014 年版，第 251 页。

W0058.3.3a

男神比女神出现早

实　例

高山族（阿美） 天神玛达比拉和妹妹里桑女神兄妹婚生男神拉里厄多、达德阿果、阿玻多果、拉拉干，接着又生下女神拉兹乌和德雅玛藏。

【流传】（台湾·花莲县·光复乡太巴塱）

【出处】《高山族各种人的始祖：太巴塱阿美人始祖》，见姚宝瑄主编《中国各民族神话》（高山族、黎族、畲

族），太原：山西出版传媒集团·书海出版社2014年版，第13页。

W0058.3.4

恶神比善神出现早

【关联】

①［W0058.2.2］恶神与善神同时产生

②［W0125］善神（慈悲之神）

③［W0126］恶神

实 例

蒙古族（实例待考）

W0058.3.5

无极老祖出现最早

【关联】［W0794.5.2.1］无极老祖是从天上降下一个神仙

实 例

（实例待考）

W0058.3.6

精灵出现最早

【关联】［W0907.2］精灵

实 例

（实例待考）

W0058.3.6.1

神明与精灵先降生

实 例

高山族（参见“W0058.2.3 神与灵同时产生”母题实例）

实 例

（实例待考）

W0058.3.7

最早有3位宗教始祖

实 例

汉族（实例待考）

W0058.4

神产生的时间

【关联】［W2010］人产生的时间

实 例

（参见下级母题实例）

W0058.4.1

神的产生比天早

实 例

土家族 老者不计年多少，先有吾神后有天。

【流传】（无考）

【出处】《创世歌》，见长阳土家族网：http：//www.cy - tujia.com/list _ body.php? id = 172&news _ par _ id，2005.12.14。

W0058.4.1a

神产生于天地未分时

实 例

（参见下级母题实例）

W0058.4.1a.1

古老的女神产生于天地未分时

实　例

满族 在雪山底下的石岩中住着一位多喀霍女神，在天地未分的时候，就有这位古老的女神。

【流传】黑龙江省·黑河地区（黑河市）·孙吴县·（沿江满族达斡尔族乡）·四季屯（四季屯村）

【出处】吴纪贤、富希陆讲：《天宫大战——黑水女真人传世神话》（1939，选自富育光、郭淑云整理的手稿），见姚宝瑄主编《中国各民族神话》（满族、赫哲族、朝鲜族），太原：山西出版传媒集团·书海出版社2014年版，第28页。

W0058.4.2

神产生于天地产生时

实　例

（实例待考）

W0058.4.2.1

天地刚分开就出现了崇仁潘迪

实　例

纳西族 古时，天地刚分开，崇仁潘迪就出现了。

【流传】云南省·丽江（丽江市）

【出处】和正才讲：《崇仁潘迪找药》，见《东巴经文资料》（1963－1964），中国社科院图书馆单册复印云南丽江县文化馆资料合订本，内部编印，第1页。

W0058.4.2.2

突姆妈女神与天地同时降生

实　例

满族 在天地刚生下来还没有分开的时候，多阔霍（一说叫突姆妈）女神与天地同时降生。

【流传】（无考）

【出处】《阿布卡赫赫女神创世》，王松根据富育光、孟慧英、王宏刚撰写的《满族宗教与神话》改写，见姚宝瑄主编《中国各民族神话》（满族、赫哲族、朝鲜族），太原：山西出版传媒集团、书海出版社2014年版，第4～14页。

W0058.4.3

特定的朝代出现特定的神

实　例

（实例待考）

W0058.4.3.1

唐朝出现翁贡（神名）

实　例

蒙古族 本自唐朝起，翁贡（一种人死后变成的神）始周游，辽阔草原上，往来又倏忽。

【流传】（无考）

【出处】乌兰杰：《蒙古族古代音乐舞蹈初探》，呼和浩特：内蒙古人民出版社 1985 年版，第 91 ~92 页。

W0058. 4. 4

神产生的顺序

【关联】［W2741］人产生的顺序

实 例

（参见下级母题实例）

W0058. 4. 4. 1

先生出依古阿格神，之后出现依古丁纳神

实 例

纳西族 由气息和声音的变化，生出了一个名叫依古阿格的神。过了一些时间，又出了一个名叫依古丁纳的神。

【流传】（云南省 · 丽江市）

【出处】和志武翻译整理：《人类迁徙记》，原载中共丽江地委宣传部编《纳西族民间故事选》，见陶阳、钟秀编《中国神话》（中），北京：商务印书馆 2008 年版，第 856 ~876 页。

W0058. 4. 5

同时产生的神

实 例

（参见下级母题实例）

W0058. 4. 5. 1

神成对产生

实 例

纳西族 额玉额玛（最初的善神依古阿格变化出的第二代神）生下九对白蛋，其中，一对变为盘神（藏族之神）和禅神（白族之神），一对变为高神（常胜之将帅）和吾神（参谋之军师），一对变为窝神（纳西族之神）和恒神（纳西族之神），一对变为阳神（纳西语读“动”，又称“美令动阿普”，是男神、石神，即造物主）和阴神（纳西语读“生”，又称勒琴“生阿祖”是女神、木神，即造物主）。

【流传】云南省 · 丽江（丽江市）

【出处】和芳（东巴）读经，和志武翻译整理：《崇邦统》（人类迁徙记）（1954），见吕大吉、何耀华总主编《中国各民族原始宗教资料集成》（纳西族卷、羌族卷、独龙族卷、傈僳族卷、怒族卷），北京：中国社会科学出版社 2000 年版，第 321 页。

W0058. 6

众神同祖（众神同源）

【关联】

①［W2731］人与神同源

②［W2732. 2］人与鬼同源

实 例

哈尼族 （实例待考）

W0058. 6. 1

同类的神同源

实 例

（参见下级母题实例）

W0058.6.1.1

众女神有共同的始祖母萨天巴

实 例

侗族 萨天巴是众女神的始祖母。

【流传】（无考）

【出处】杨保愿：《嘎茫莽道时嘉·序言》（《侗族远祖歌》），北京：中国民间文艺出版社1986年版，第1页。

W0058.6.2

不同类的神同源

实 例

（参见下级母题实例）

W0058.6.2.1

天神与山神同源

【关联】［W0658a.1.1.1.1］天神和众山神的女始祖曼扎恩·古勒海·图奥黛

实 例

蒙古族（布里亚特） 曼扎恩·古勒海·图奥黛是天上的腾格里和众山神的女始祖。

【流传】（无考）

【出处】《蒙古族自然神灵的信仰和崇拜》，见吕大吉、何耀华总主编《中国各民族原始宗教资料集成》（鄂伦春族卷、鄂温克族卷、赫哲族卷、达斡尔族卷、锡伯族卷、满族卷、蒙古族卷、藏族卷），北京：中国社会科学出版社1999年版，第609页。

W0058.7

神与万物同祖

实 例

哈尼族 （实例待考）

W0058.8

神与佛同祖

实 例

纳西族 （实例待考）

W0058.9

神的发现

实 例

（参见下级母题实例）

W0058.9.1

神在特定时间被发现

实 例

（参见下级母题实例）

W0058.9.1.1

山神敖雷·巴尔背在清朝末年被发现

实 例

达斡尔族 “敖雷·巴尔背”（汉译为“山神”，又说“狐仙”）在清朝末年被发现和显灵。

【流传】黑龙江省·布特哈旗（今内蒙

古自治区·呼伦贝尔市·扎兰屯市）

【出处】

（a）珠荣嘎、额尔登泰、满都尔图、包鹤亭调查编著：《达斡尔族情况——达斡尔族调查材料之一》，全国人民代表大会民族委员会办公室 1957 年编印，第 38 页。

（b）《“敖雷·巴尔背”祭仪之一（布特哈地区）》，见吕大吉、何耀华总主编《中国各民族原始宗教资料集成》（鄂伦春族卷、鄂温克族卷、赫哲族卷、达斡尔族卷、锡伯族卷、满族卷、蒙古族卷、藏族卷），北京：中国社会科学出版社 1999 年版，第 352 页。

W0058. 10

通过神话造神

实 例

（参见下级母题实例）

W0058. 10. 1

人通过编神话把特定人物变成神

实 例

壮族 一些有影响的人物死后，人们附会很多神话，使他成为人们崇拜的神。

【流传】（无考）

【出处】范宏贵：《壮族卷·绪论》，见吕大吉、何耀华总主编《中国各民族原始宗教资料集成》（土家族卷、瑶族卷、壮族卷、黎族卷），北京：中国社会科学出版社 1998 年版，第 473 页。

0. 1. 2 神的特征[①]

【W0060 ~ W0089】

✿ W0060

神的性别

实 例

（参见下级母题实例）

W0060. 1

神以前不分性别

【关联】［W2754］原来的人不分男女

实 例

（参见下级母题实例）

W0060. 1. 1

十二个神的名号都叫“乌摩”，不管是男是女，都叫“阿玛”

实 例

哈尼族 十二个神的名号都叫“乌摩”，

① 神的特征，此处包括神或神性人物的体征。神与神性人物在神话叙事中有时很难做出明确的区别，为了避免下面各种神的特征母题的混杂于重复，在此进行统一的概括表述，其中神或神性人物包括了如下情形：（1）神；（2）文化英雄；（3）半神半人；（4）其他，如创世神、创世者、巨人、怪人等一些神性人物。关于带有明显特色的具体的神或神性人物的体征在每一类母题的细类中将有所涉及。

意思是“管神的神”。他们有男神有女神，但是不管是男是女，都叫“阿玛”（阿玛，原为对女性的尊称）。

【流传】 云南省·（红河哈尼族彝族自治州）·元阳（元阳县）、红河（红河县）、金平（金平苗族瑶族傣族自治县），（采集于元阳县·胜村乡·全福庄）

【出处】 卢朝贵讲，史军超搜集整理：《神和人的家谱》，原载云南省民间文学集成办公室编《哈尼族神话传说集成》，中国民间文艺出版社 1990 年版，见姚宝瑄主编《中国各民族神话》（哈尼族、傣族），太原：山西出版传媒集团·书海出版社 2014 年版，第 41 页。

W0060.2

神的性别的产生

【关联】［W2753］人的性别的产生

实　例

（参见下级母题实例）

W0060.2.1

神造出男神和女神

实　例

（参见下级母题实例）

W0060.2.1.1

英叭造神时造出男女神

实　例

傣族 英叭（神王名）用他的污垢捏成两个神，成为一个男神和一个女神。

【流传】（云南省）

【出处】《破仙葫芦进人间，开创世道人类》，原载祜巴勐《论傣族诗歌》，中国民间文学出版社 1981 年版，见姚宝瑄主编《中国各民族神话》（哈尼族、傣族），太原：山西出版传媒集团·书海出版社 2014 年版，第 261 页。

W0060.2.2

神吃特定物分出性别

实　例

（参见下级母题实例）

W0060.2.2.1

神吃生殖器果分出性别

实　例

傣族 为神王英叭看守果园的贡曼兄弟（兄弟神神名）听了绿蛇的话，先吃了芒果变成聪明的男神，然后又去吃生殖器果。两个贡曼接过果子就吃，而且边吃边觉得身子凉爽，十分舒服，接着又觉得浑身发热，两兄弟便互相一看，发现哥哥变成了男人，弟弟却变成了女人。两人都长出了生殖器，弟弟的胸前，竟还长出两颗乳房。

【流传】 云南省·西双版纳傣族地区（西双版纳傣族自治州）

【出处】《巴塔麻嘎捧尚罗》，王松据岩温炳翻译《巴塔麻晏》（开天辟地）改写，见姚宝瑄主编《中国各民族神话》（哈尼族、傣族），太原：山西出版传媒集团·书海出版社 2014 年版，第 296～297 页。

W0060. 2. 2. 2

神吃神果园的芒果后分出男女

实 例

傣族 以前，天上所有的神都没有生殖器，就是女神也没有乳房，不会生儿育女，若是谁吃了神果园的芒果，就会分出男女，长出生殖器，就会生儿育女，把天庭搅乱。

【流传】 云南省·西双版纳傣族地区（西双版纳傣族自治州）

【出处】《巴塔麻嘎捧尚罗》，王松据岩温炳翻译《巴塔麻晏》（开天辟地）改写，见姚宝瑄主编《中国各民族神话》（哈尼族、傣族），太原：山西出版传媒集团·书海出版社 2014 年版，第 294 页。

※ W0061

男神

实 例

（实例待考）

W0062

男神的产生

【关联】 ［W2021. 3. 0］第一个男人的产生

实 例

（参见下级母题实例）

W0062. 1

自生自育的合体神变成男神

实 例

满族 （实例待考）

W0062. 2

女神生男神

实 例

哈尼族 天神俄玛生万能女神，万能女神生男神烟沙。

【流传】 云南省·（红河哈尼族彝族自治州）·元阳县

【出处】 卢朝贵讲：《神和人的家谱》，见中国民间文学集成全国编辑委员会编《中国民间故事集成》（云南卷），北京：中国 ISBN 中心 2003 年版，第 23～28 页。

W0062. 2. 1

女神王生男神

实 例

（参见下级母题实例）

W0062. 2. 1. 1

第一代女神王生第一个男神烟沙

实 例

哈尼族 阿匹梅烟（第一代女神王）生

下大神烟沙（世上第一个男神），并封他做第二代神王。

【流传】云南省·（红河哈尼族彝族自治州）·元阳县

【出处】卢朝贵讲，史军超采录：《神和人的家谱》，见中国民间文学集成全国编辑委员会编《中国民间故事集成》（云南卷），北京：中国 ISBN 中心 2003 年版，第 23 页。

W0062.2.2
女祖神生男神

实　例

（实例待考）

W0062.2.2.1
女祖神密洛陀感风生 12 位男神

实　例

瑶族（布努）密洛陀（万物之母，女始祖，女神）感风怀孕，生的十二个男孩成为十二位男神。

【流传】广西壮族自治区·（河池市）·都安县（都安瑶族自治县）、巴马县（巴马瑶族自治县）、南丹县，（百色市）·田东县、平果县等地

【出处】桑布郎等传，蒙凤标（83 岁）、罗仁祥（73 岁）等唱：《密洛陀》（1983），见蓝怀昌、蓝书京、蒙通顺搜集翻译整理《密洛陀》，北京：中国民间文艺出版社 1988 年版，第 24～25 页。

W0062.2a
特定物生男神

实　例

（参见下级母题实例）

W0062.2a.1
石生男神

实　例

高山族（雅美）一块巨石突然裂开，一位男神泰然自若地走了出来。

【流传】（台湾）

【出处】

（a）《神膝相擦生人类》，见谷德明编《中国少数民族神话》，北京：中国民间文艺出版社 1987 年版，第 240 页。

（b）同（a），见姚宝瑄主编《中国各民族神话》（高山族、黎族、畲族），太原：山西出版传媒集团·书海出版社 2014 年版，第 5 页。

W0062.3
通过吃特定物变成男神

实　例

（参见下级母题实例）

W0062.3.1
看守果园的贡曼兄弟吃下两个芒果变成一对美男神

实　例

傣族　为神王英叭看守果园的贡曼兄

弟受绿蛇的诱惑，吃下两个芒果，果然脱了一层皮，顿时便变成一对美男神，肉色又白又嫩，头发也变细了，脸色变得红润，眼睛变亮了，耳朵和鼻子也变得又光又滑。

【流传】云南省·西双版纳傣族地区（西双版纳傣族自治州）

【出处】《巴塔麻嘎捧尚罗》，王松据岩温炳翻译《巴塔麻晏》（开天辟地）改写，见姚宝瑄主编《中国各民族神话》（哈尼族、傣族），太原：山西出版传媒集团·书海出版社 2014 年版，第 296～297 页。

W0062.4

女神变成男神

实 例

（参见下级母题实例）

W0062.4.1

西斯林女神被夺去女性神牌后变成男性野神

实 例

满族 西斯林女神贪睡惹出大祸，被三女神逐出天界，并夺去她的女性神牌。从此，她改变了神形，成为耶鲁里手下的一个男性野神。

【流传】黑龙江省·黑河地区（黑河市）·孙吴县·（沿江满族达斡尔族乡）·四季屯（四季屯村）

【出处】吴纪贤、富希陆讲：《天宫大战——黑水女真人传世神话》（1939，选自富育光、郭淑云整理的手稿），见姚宝瑄主编《中国各民族神话》（满族、赫哲族、朝鲜族），太原：山西出版传媒集团·书海出版社 2014 年版，第 32 页。

W0062.4.2

最高女神阿布卡赫赫已经幻化成男神阿布卡恩都里大神

实 例

满族 不知过了多少万年，人类仍然处于洪荒的远古时代，此时的最高女神阿布卡赫赫已经幻化为阿布卡恩都里大神（男神）。

【流传】（无考）

【出处】谷颖重述：《盗火女神——拖亚拉哈》，见陶阳、钟秀编《中国神话》（中），北京：商务印书馆 2008 年版，第 757～760 页。

W0062.5

特定的果实变成男神

实 例

（参见下级母题实例）

W0062.5.1

金果变成男神

实 例

（参见下级母题实例）

W0062.5.1.1

天神格兹把9个金果变成9个儿子

实 例

彝族 格滋天神放下九个金果，变成九个儿子。

【流传】云南省·楚雄彝族自治州·姚安县、大姚县等彝族地区

【出处】《创世·开天辟地》，见云南省民族民间文学楚雄调查队整理编写《梅葛》，昆明：云南人民出版社2009年版，第1页。

W0062.6

女神造男神

实 例

（参见下级母题实例）

W0062.6.1

女天神、女地神和女星神造的女神变成男神

实 例

满族 女天神、女地神和女星神造出的敖钦女神变成了九头恶魔耶鲁里大神（男神）。

【流传】黑龙江省·黑河地区（黑河市）·孙吴县·（沿江满族达斡尔族乡）·四季屯（四季屯村）

【出处】吴纪贤、富希陆讲：《天宫大战——黑水女真人传世神话》（1939，选自富育光、郭淑云整理的手稿），见姚宝瑄主编《中国各民族神话》（满族、赫哲族、朝鲜族），太原：山西出版传媒集团·书海出版社2014年版，第24页。

W0063

男神的特征

【关联】［W0067］女神的特征

实 例

（参见下级母题实例）

W0063.1

男神原来有乳房

【关联】

①［W1545.2a.1］神或神性人物的乳房变日月

②［W2777］男人没乳房的原因

实 例

阿昌族 天公遮帕麻胸前吊着两座山一样的大乳房。

【流传】

（a）云南省·（德宏傣族景颇族自治州）·梁河县

【出处】

（a）赵安贤讲，杨叶生智克采录：《遮帕麻与遮米麻》，见中国民间文学集成全国编辑委员会编《中国民间故事集成》（云南卷），北京：中国ISBN中心2003年版，第69页。

（b）赵安贤讲，舟叶生译，智克整理：《遮帕麻与遮米麻》，见谷德明编《中

国少数民族神话》，北京：中国民间文艺出版社 1987 年版，第 490 页。
(c) 同 (b)，见陶立璠、赵桂芳等编《中国少数民族神话汇编》(开天辟地篇)，中央民族学院少数民族古籍整理出版规划领导小组办公室印（未署出版时间），第 330 页。

W0063. 1. 1
天公遮帕麻扯下乳房做了山峰

实 例

阿昌族 天公遮帕麻扯下乳房做山峰。

【流传】（无考）

【出处】《遮帕麻与遮米麻》，见《中国各民族宗教与神话大词典》编审委员会编《中国各民族宗教与神话大词典》，北京：学苑出版社 1990 年版，第 3 页。

W0063. 2
男神巨大的生殖器

【关联】［W0654. 3. 4. 1］祖先的巨大生殖器

实 例

壮族 布洛陀（男始祖神）高大如山，生殖器粗过大柱，长过三根刺竹（壮家最高的竹种，每根高二十余米）。

【流传】广西壮族自治区红水河地区（红水河一带）

【出处】覃剑萍搜集整理：＊《祭始祖布洛陀》(1990)，见吕大吉、何耀华总主编《中国各民族原始宗教资料集成》（土家族卷、瑶族卷、壮族卷、黎族卷），北京：中国社会科学出版社 1998 年版，第 532 页。

W0064
与男神有关的其他母题

【关联】

①［W0058. 3. 1. 3］第一个男神

②［W0132. 2］神会变化性别

实 例

（参见下级母题实例）

W0064. 1
特定名称的男神

实 例

（参见下级母题实例）

W0064. 1. 1
男神格兹帕

实 例

（参见下级母题实例）

W0064. 1. 1. 1
男神格兹帕居九重天

【关联】

［W0098］神住天上（神居天山）

实 例

彝族 （参见“W0064. 1. 1. 2 男神格兹帕是主宰万物的君主”母题实例）

W0064.1.1.2

男神格兹帕是主宰万物的君主

实　例

彝族 男神格兹帕在九重天处，是主宰万物的君主。

【流传】云南省·（昆明市）·路南（石林彝族自治县）

【出处】黄建明（彝族）、罗希吾戈（彝族）翻译：《普兹楠兹——彝族祭祠词》，见吕大吉、何耀华总主编《中国各民族原始宗教资料集成》（彝族卷、白族卷、基诺族卷），北京：中国社会科学出版社1996年版，第113页。

※W0065

女神

实　例

（实例待考）

W0066

女神的产生

【关联】［W2021.2.1］第一个女人的产生

实　例

（参见下级母题实例）

W0066.1

女神源于某个地方

实　例

（参见下级母题实例）

W0066.1.1

天降女神

实　例

（参见下级母题实例）

W0066.1.1.1

天降创世始祖女神木吉卓

实　例

羌族 创世始祖女神木吉卓从天上下来。

【流传】（无考）

【出处】周毓华：《羌族原始宗教经典及神灵系统调整》，载《西藏民族学院学报》2010年第3期。

W0066.2

女神是造出来的

实　例

（参见下级母题实例）

W0066.2.1

女天神造女神

实　例

满族 阿布卡赫赫（女天神）所造的敖钦女神。

【流传】黑龙江省·（黑河市·孙吴县·沿江满族达斡尔族乡）·四季屯

【出处】白蒙元（萨满）讲，吴纪贤、富希陆记录：《都凯女神》（1939），见吕大吉、何耀华总主编《中国各民族原始宗教资料集成》（鄂伦春族卷、鄂温克族卷、赫哲族卷、达斡尔族卷、锡伯族卷、满族卷、蒙古族卷、藏族卷），北京：中国社会科学出版社 1999 年版，第 484 页。

W0066. 2. 2
创造神造女神

【关联】［W0421b］创造神的创造

实 例

（参见下级母题实例）

W0066. 2. 2. 1
创造神用太阳创造善良的女神

实 例

蒙古族（布里亚特）创造神用太阳创造善良的女神曼津·固尔姆。

【流传】（无考）

【出处】［蒙古］曾·杜拉姆：《蒙古神话学形象》，［蒙古］国家出版社 1989 年版，第 129 页，转引自陈岗龙等《蒙古民间文学》，银川：宁夏人民出版社 2008 年版，第 33 页。

W0066. 3
女神是生育产生的

实 例

（参见下级母题实例）

W0066. 3. 1
天与地创生女神

实 例

苗族 天与地创生了一位女神。

【流传】（无考）

【出处】《落天女的子孙》，见刘守华：《中国民间故事精选》，武汉：华中理工大学出版社 1993 年版，第 30 ~ 34 页。

W0066. 3. 2
女神生女神

实 例

瑶族（布努）密洛陀（万物之母，女始祖，女神）感风怀孕，生的十二个女孩成为十二位女神。

【流传】广西壮族自治区·（河池市）·都安县（都安瑶族自治县）、巴马县（巴马瑶族自治县）、南丹县，（百色市）·田东县、平果县等地

【出处】桑布郎等传，蒙凤标（83 岁）、罗仁祥（73 岁）等唱：《密洛陀》（1983），见蓝怀昌、蓝书京、蒙通顺搜集翻译整理《密洛陀》，北京：中国民间文艺出版社 1988 年版，第 22 页。

W0066. 3. 2. 1
众女神的始祖母

实 例

侗族 （参见“W0730b.3.1.1 萨天巴是众女神的始祖母”母题实例）

W0066.4
女神是变化产生的

实 例

（参见下级母题实例）

W0066.4.1
仙女变成女神

实 例

鄂伦春族 三位仙女死后，她们的灵魂就变成了永远为人间治病、永远被人们崇敬的娘娘神，即女神。

【流传】（中国东北部地区）

【出处】

（a）猜株姗讲，巴图宝音记录整理：《三女神》，见谷德明编《中国少数民族神话选》，西北民族学院研究所1983年编印，内部发行。

（b）同（a），见姚宝瑄主编《中国各民族神话》（达斡尔族、鄂伦春族、鄂温克族、蒙古族），太原：山西出版传媒集团·书海出版社2014年版，第38～42页。

W0066.4.2
特定物化生女神

实 例

（参见下级母题实例）

W0066.4.2.1
柳叶化生女神

实 例

（参见下级母题实例）

W0066.4.2.1.1
柳叶演化出女神佛朵妈妈

实 例

满族 佛朵妈妈是由柳叶演化的女神。

【流传】（无考）

【出处】李景江：《女真图腾神话初探》，见袁珂《中国神话》（1），北京：中国民间文艺出版社1987年版。

W0066.4.3
特定的人成为女神

实 例

（参见下级母题实例）

W0066.4.3.1
有本事的大萨满成为女神

实 例

满族 一个叫他拉伊罕的女神原是一位弟子盈门的大萨满。

【流传】黑龙江省·（牡丹江市）·宁安县（宁安市）

【出处】《他拉伊罕女神》，选自傅英仁《黑龙江省宁安县满族萨满教神话调查资料》，见吕大吉、何耀华总主编

《中国各民族原始宗教资料集成》（鄂伦春族卷、鄂温克族卷、赫哲族卷、达斡尔族卷、锡伯族卷、满族卷、蒙古族卷、藏族卷），北京：中国社会科学出版社 1999 年版，第 515 页。

W0066. 4. 4

物质运动产生女神

实 例

（参见下级母题实例）

W0066. 4. 4. 1

烟雾运动产生女神

【关联】［W2208. 4. 2］雾化生的海生人

实 例

傣族 远古时，烟雾运动产生的一个人肉色白净，全身闪耀着银光，原来是个女神，名字叫桑戛赛。

【流传】云南省・西双版纳（西双版纳傣族自治州）・勐腊县・勐混镇、打洛镇

【出处】*《桑戛赛与桑戛西的诞生》，原载岩峰三讲，毕光尖记录《桑戛西与桑戛赛造天地，创人类》，见姚宝瑄主编《中国各民族神话》（哈尼族、傣族），太原：山西出版传媒集团・书海出版社 2014 年版，第 251 页。

W0066. 4. 5

特定的果实变成女神

实 例

（参见下级母题实例）

W0066. 4. 5. 1

银果变成女神

【关联】［W0062. 5. 1］金果变成男神

实 例

彝族 格滋天神要造地时，他放下七个银果，变成七个姑娘，七个姑娘中，四个来造地。

【流传】云南省・楚雄彝族自治州・姚安县、大姚县等彝族地区

【出处】《创世・开天辟地》，见云南省民族民间文学楚雄调查队整理编写《梅葛》，昆明：云南人民出版社 2009 年版，第 2 页。

W0066. 4. 6

卵变成女神

实 例

（参见下级母题实例）

W0066. 4. 6. 1

肉瘤变成拖亚拉哈女神

实 例

满族 拖亚拉哈女神是天神额上的一个红瘤“其其旦”变的一个美女。

【流传】（无考）

【出处】《阿布卡赫赫女神创世》，王松根据富育光、孟慧英、王宏刚撰写的《满族宗教与神话》改写，见姚宝瑄主编《中国各民族神话》（满族、赫哲族、朝鲜族），太原：山西出版传

媒集团、书海出版社 2014 年版，第 4～14 页。

W0066.5

女神是婚生的

【关联】［W2759.9.2］婚生女人

实　例

（实例待考）

W0066.6

与女神产生有关的其他母题

实　例

（参见下级母题实例）

W0066.6.1

女神产生之时是造女神者死亡之日

实　例

瑶族　世界最早的师父吹气变成的巨龙吹了口气，变成了大风，大风吹呀吹的便怀了孕，生下了世上第一个女神密洛陀。她刚生下，她的师父就死了。

【流传】广西壮族自治区·（河池市）·都安瑶族自治县江水河一带瑶族地区

【出处】《密洛陀创世》，蓝田根据莎红整理的《密洛陀》和潘泉脉整理的《密洛陀》两部不同版本的长诗《密洛陀》改写，见姚宝瑄主编《中国各民族神话》（土家族、毛南族、侗族、瑶族），太原：山西出版传媒集团·书海出版社 2014 年版，第 152 页。

W0067

女神的特征（女神的生活）

【关联】［W0063］男神的特征

实　例

（参见下级母题实例）

W0067.0

女神的面貌（女神的体征）

实　例

（参见下级母题实例）

W0067.0.1

多头女神长有多个头

实　例

满族　敖钦女神九头八臂，神力盖世。

【流传】黑龙江省·（黑河市·孙吴县·沿江满族达斡尔族乡）·四季屯

【出处】白蒙元（萨满）讲，吴纪贤、富希陆记录：《都凯女神》（1939），见吕大吉、何耀华总主编《中国各民族原始宗教资料集成》（鄂伦春族卷、鄂温克族卷、赫哲族卷、达斡尔族卷、锡伯族卷、满族卷、蒙古族卷、藏族卷），北京：中国社会科学出版社 1999 年版，第 484 页。

W0067.0.1.1

女神九个头

实　例

（参见下级母题实例）

W0067. 0. 1. 1. 1

9 个头的敖钦女神很有智慧

实 例

满族 敖钦女神九个头颅，把百禽百兽的智慧和能耐都学通了。

【流传】黑龙江省·（黑河市）·瑷珲（四季屯今划归孙吴县）·四季屯（四季镇）

【出处】白蒙古讲：《天宫大战》（四腓凌），转引自王宏刚《满洲萨满教创世神话中的人本主义曙光》，载《西北民族研究》2007 年第 4 期。

W0067. 0. 1. 1. 2

敖钦女神九头八臂，神力盖世

【关联】［W0041. 1. 1. 1］敖钦女神一旦逃跑就会变成无敌于世的宇内大神

实 例

满族 （参见“W0041. 2. 1 敖钦女神一旦逃跑就会变成无敌于世的宇内大神”母题实例）

W0067. 0. 2

千面女神

实 例

（实例待考）

W0067. 0. 3

美丽的女神（女神貌美，美女神）

【汤普森】A125. 4

实 例

纳西族（摩梭） 巴丁喇木（巴丁喇木，是藏语、普米语和摩梭语的复合词，含义为“西蕃女神”）是一位身材高大，容貌美丽，威武能干的女神

【流传】云南省·（丽江市）·宁蒗县（宁蒗彝族自治县）；四川省·（凉山彝族自治州）·木里县（木里藏族自治县）、盐源县

【出处】杨学政调查整理：＊《摩梭人的“巴丁喇木”女神崇拜》，见云南省社会科学院宗教研究所编《宗教调查与研究》，内部编印，1986 年，第 191 ~ 193 页。

维吾尔族 （实例待考）

W0067. 0. 3. 1

美丽的桑戛赛女神一对大眼睛又黑又亮，头发油滑，身子光滑匀称

实 例

傣族 最早产生的女神桑戛赛有一对又黑又亮的大眼睛，头发油滑得像蜂房，身子光滑、匀称，十分美丽。

【流传】云南省·西双版纳（西双版纳傣族自治州）·勐腊县·勐混镇、打

洛镇

【出处】＊《桑戛赛与桑戛西的诞生》，原载岩峰三讲，毕光尖记录《桑戛西与桑戛赛造天地，创人类》，见姚宝瑄主编《中国各民族神话》（哈尼族、傣族），太原：山西出版传媒集团·书海出版社 2014 年版，第 251 页。

W0067.0.3.2

女神貌美动人像一朵初开的红杜鹃

实 例

纳西族 有个掌管狮子的女神狮格干姆，原是珊碧旺龙神山的三女儿，貌美动人，像一朵初开的红杜鹃，任性而又淘气。

【流传】（无考）

【出处】达史车尔讲，杨世光采录：《阿注婚的来由》，原载中国民间文学集成全国编辑委员会编《中国民间故事集成》（云南卷），北京：中国 ISBN 中心 2003 年版，见陶阳、钟秀编《中国神话》（下），北京：商务印书馆 2008 年版，第 1509 ~ 1512 页。

W0067.0.3.3

女神的眼睛如明月，肤色像阳光

实 例

纳西族（摩梭） 刺踏寨干木女山神眼睛比月亮还亮，肉色像太阳一样发光，走路像风一样轻巧。

【流传】云南省·（丽江市）·宁蒗县（宁蒗彝族自治县）

【出处】巴采若、桑绒尼搓讲，章虹宇搜集整理：《喇氏族的来源》，载《民间文学》1986 年第 3 期。

W0067.0.3.4

举世无双的美女神德雅玛

实 例

高山族（阿美） 女神德雅玛藏长得十分美貌，身躯晶莹闪亮，是举世无双的美女神。

【流传】（台湾·花莲县·光复乡太巴塱）

【出处】《高山族各种人的始祖：太巴塱阿美人始祖》，见姚宝瑄主编《中国各民族神话》（高山族、黎族、畲族），太原：山西出版传媒集团·书海出版社 2014 年版，第 13 页。

W0067.0.4

女神雪白无肉

实 例

藏族 （实例待考）

W0067.0.5

女神以前的体征与现在不同

实 例

（参见下级母题实例）

W0067.0.5.1

以前女神长胡须

【关联】［W2786.2］原来女人有胡须

实 例

苗族 帮助造天地的女神雷鲁和男神朱幂的头发不长，却在腮下长胡须，长胡须拖到地下，还可以拿来编成草席。

【流传】云南省·文山（文山壮族苗族自治州）一带

【出处】邓光北、闪永仙说唱，项保昌、刘德荣搜集：《开天补天，辟地补地》，见姚宝瑄主编《中国各民族神话》（布依族、仡佬族、苗族），太原：山西出版传媒集团·书海出版社 2014 年版，第 125 页。

W0067. 0. 5. 2

以前女神没有乳房

实 例

阿昌族 （实例待考）

傣族 以前，天上所有的神都没有生殖器，女神也没有乳房，不会生儿育女。

【流传】云南省·西双版纳傣族地区（西双版纳傣族自治州）

【出处】《巴塔麻嘎捧尚罗》，王松据岩温炳翻译《巴塔麻晏》（开天辟地）改写，见姚宝瑄主编《中国各民族神话》（哈尼族、傣族），太原：山西出版传媒集团·书海出版社 2014 年版，第 294 页。

W0067. 0. 5. 3

以前地母有喉结

实 例

阿昌族 地母遮米麻用喉头当梭子，拔下脸上的汗毛织大地。

【流传】（无考）

【出处】《遮帕麻与遮米麻》，见《中国各民族宗教与神话大词典》编审委员会编《中国各民族宗教与神话大词典》，北京：学苑出版社 1990 年版，第 3 页。

W0067. 0. 6

女神身体巨大

实 例

（参见下级母题实例）

W0067. 0. 6. 1

大地女神身体巨大

实 例

蒙古族（图瓦） （大地女神、地母）您的脊梁是那样弯曲，您的乳房是那样丰满，您的阴缝是那样紧挤，您的肩胛骨是那样突出，您的腋窝是那样庞大，您拥有无边无际的身躯。

【流传】（无考）

【出处】［苏联］Г. Р. 加尔达诺娃著，宋长宏译，佟德富校：《喇嘛教前的布里亚特宗教信仰》（俄文版），诺沃西比尔斯克：科学出版社西伯利亚分社 1987 年版，第 26～30 页，见吕大吉、何耀华总主编《中国各民族原始宗教资料集成》（鄂伦春族卷、鄂温克族卷、赫哲族卷、达斡尔族卷、锡伯族卷、满族卷、蒙古族卷、藏族卷），北京：中国社会科学出版社 1999 年版，第 649 页。

W0067.0.6.2

女神的身体是大地

实 例

蒙古族（图瓦）人们把女神的身体同地面等同起来，并留下了各种禁忌，如禁止拔草，禁止用锐状物挖地。

【流传】（无考）

【出处】［苏联］Г. Р. 加尔达诺娃著，宋长宏译，佟德富校：《喇嘛教前的布里亚特宗教信仰》（俄文版），诺沃西比尔斯克：科学出版社西伯利亚分社 1987 年版，第 26～30 页，见吕大吉、何耀华总主编《中国各民族原始宗教资料集成》（鄂伦春族卷、鄂温克族卷、赫哲族卷、达斡尔族卷、锡伯族卷、满族卷、蒙古族卷、藏族卷），北京：中国社会科学出版社 1999 年版，第 649 页。

W0067.0.7

女神是白发老妈妈的样子

实 例

满族 婚姻神佛托妈妈是一位白发老妈妈，她骑着罕达犴来到江边。

【流传】黑龙江省

【出处】傅英人（“人”疑为“仁”）讲，张爱云记录整理：《朱拉贝子和阿苏里姑娘》，原载《满族萨满神话》，见陶阳、钟秀编《中国神话》（中），北京：商务印书馆 2008 年版，第 965～972 页。

W0067.1

女神有特殊肢体

实 例

（参见下级母题实例）

W0067.1.1

女神有多个手足

实 例

侗族 （实例待考）

W0067.1.2

女神有男性生殖器

实 例

（参见下级母题实例）

W0067.1.2.1

女神有了男性生殖器后变成恶魔

实 例

满族 敖钦女神有了男性生殖器后，变成无往不胜的九头恶魔耶鲁里大神。

【流传】黑龙江省·（黑河市）·瑷珲（四季屯今划归孙吴县）·四季屯

（四季镇）

【出处】白蒙古讲：《天宫大战》（四腓凌），转引自王宏刚《满洲萨满教创世神话中的人本主义曙光》，载《西北民族研究》2007 年第 4 期。

W0067.1.3

有翅膀的女神

【关联】［W0083.1］神长着翅膀

实 例

纳西族（摩梭） 月其嘎儿，女性之神祇也，然生有坚强之翅及锋利之嘴，受天神之命，飞至一高山，令龙王速降雨。

【流传】（无考）

【出处】袁珂改编：《月其嘎儿》，原载毛星主编《中国少数民族文学》（下册），见袁珂《中国神话大词典》，北京：华夏出版社 2015 年版，第 545 页。

W0067.1a

女神的其他特征

实 例

（参见下级母题实例）

W0067.1a.1

散发着芳香的女神

实 例

满族 在东方天空的一块芳草地上，住着一位香气四溢的依尔哈女神，她日夜勤劳，为苍穹制造香云，才使这里的天空清澄无尘，香气沁人。

【流传】黑龙江省·黑河地区（黑河市）·孙吴县·（沿江满族达斡尔族乡）·四季屯（四季屯村）

【出处】吴纪贤、富希陆讲：《天宫大战——黑水女真人传世神话》（1939，选自富育光、郭淑云整理的手稿），见姚宝瑄主编《中国各民族神话》（满族、赫哲族、朝鲜族），太原：山西出版传媒集团·书海出版社 2014 年版，第 30 页。

W0067.2

女神的居所

实 例

（参见下级母题实例）

W0067.2.1

女神住银河

实 例

苗族 以前，有个叫务罗务素的神婆婆，她住在银河岸边。

【流传】

（a）广西壮族自治区·（柳州市）·融水县（融水苗族自治县）·滚贝乡

（b）广西壮族自治区·（柳州市）·融水县（融水苗族自治县）

【出处】

（a）杨达香讲，梁彬采录翻译：《纳罗引勾开天辟地造人》，见中国民间文学集成全国编辑委员会编《中国民间故事集成》（广西卷），北京：中国ISBN中心2001年版，第24页。

(b) 杨达香讲，梁彬搜集整理：《创世记》，见谷德明编《中国少数民族神话》，北京：中国民间文艺出版社1987年版，第545页。

W0067.2.2

女神住天上

实 例

苗族 （实例待考）

W0067.2.2.1

女天神住第七重天

实 例

维吾尔族 女天神爱瑟玛住在第七重天。

【流传】（无考）

【出处】

(a)《爱瑟玛美女》，见满都呼主编《中国阿尔泰语系诸民族神话故事》，北京：民族出版社1997年版，第30页。

(b) 艾赛提·苏来曼译：《爱瑟玛美女》，见阿布都克里木·热合曼编《丝路神话传说》，乌鲁木齐：新疆人民出版社1985年版。

W0067.2.2.2

女神住99层天上

实 例

蒙古族 九十九层天啊，住着神采奕奕的帖根——三位女神。

【流传】（内蒙古自治区·通辽市）

【出处】李青（甘珠尔扎布，萨满）讲：＊《宝木勒祈祷辞》，原载白翠英、邢源、福宝琳、王笑《科尔沁博艺术初探》，哲里木盟文化处编印，内部资料，1986年，见吕大吉、何耀华总主编《中国各民族原始宗教资料集成》（鄂伦春族卷、鄂温克族卷、赫哲族卷、达斡尔族卷、锡伯族卷、满族卷、蒙古族卷、藏族卷），北京：中国社会科学出版社1999年版，第667～668页。

W0067.2.3

女神住地上

实 例

羌族 原来，世界上只有索依迪朗（索依迪朗，羌语，意为娘老子。迪，羌语，意为“老汉”，即“父亲”；朗，羌语，意为“阿妈”，即“母亲”）两个神。迪住在天上，朗住在地下（即“地上”）。

【流传】（无考）

【出处】《索依迪朗：设计造人》，原载西南民族学院《羌族文学简史》编写组编《羌族民间文学资料集》（一），1987年4月，见吕大吉、何耀华总主编《中国各民族原始宗教资料集成》（纳西族卷、羌族卷、独龙族卷、傈僳族卷、怒族卷），北京：中国社会科学出版社2000年版，第578页。

W0067. 2. 4

女神的住处环境的颜色与她们自身的颜色一致

实 例

藏族 长寿五姊妹女神住在珠峰脚下的五个冰雪湖中，每个湖各有不同的颜色，与五位女神的身色相一致。

【流传】 西藏自治区·（日喀则市·定日县）珠穆朗玛峰一带

【出处】 谢继胜整理：《载世巨象》，见 BBS 水木清华站：http://www.smth.edu.cn，2006.07.20。

W0067. 2. 5

与女神居所有关的其他母题

【关联】［W0103.7.1.1］女神住所有凤凰守护

实 例

达斡尔族（参见“W0103.7.1.1 女神住所有凤凰守护”母题实例）

W0067. 3

女神的服饰

实 例

（参见下级母题实例）

W0067. 3. 1

女神有特殊服饰

实 例

（参见下级母题实例）

W0067. 3. 1. 1

女神灵披白挂蓝

实 例

哈萨克族 我的披白挂蓝的女神灵。

【流传】（无考）

【出处】 毕桪：《哈萨克民间文学概论》，北京中央民族学院出版社 1992 年版，第 386 页。

W0067. 3. 2

女神身穿红色

实 例

藏族 天界女神的首领勉托吉普玉，一身淡红色。

【流传】 西藏自治区

【出处】 谢继胜整理：《雅拉香波山神》，见 BBS 水木清华站：http://www.smth.edu.cn，2006.07.20。

W0067. 3. 3

特定女神的服饰

【关联】［W0393.2.3.4.1］刺踏寨干木女山神头戴星星帽，身穿彩霞衣，白云裙子系虹带，脚穿玛瑙鞋

实 例

纳西族（摩梭）（参见“W0393.2.3.4.1 刺踏寨干木女山神头戴星星帽，身穿彩霞衣，白云裙子系虹带，脚穿玛瑙鞋”母题实例）

W0067.4

女神的工具（女神的武器）

实 例

（参见下级母题实例）

W0067.4.1

女神右手持闪电，左手握冰雹

【关联】［W0122.5.1.1.2］天界女神的首领右手持闪电，左手握冰雹

实 例

（实例待考）

W0067.4.2

女神的坐骑

实 例

（参见下级母题实例）

W0067.4.2.1

女神骑九头乌龟

【关联】［W0068.10.7d.1］马却牙玛色女神骑九头乌龟

实 例

藏族（参见“W0068.10.7d.1 马却牙玛色女神骑九头乌龟”母题实例）

W0067.4.2.2

女神骑一头白色的狮子

实 例

藏族 五位女神的首领是扎西次仁玛，骑一头白色的狮子。

【流传】西藏自治区·（日喀则市·定日县）珠穆朗玛峰一带

【出处】谢继胜整理：《载世巨象》，见BBS水木清华站：http：//www.smth.edu.cn，2006.07.20。

W0067.5

女神的性格

实 例

（参见下级母题实例）

W0067.5.1

善良的女神

实 例

（参见下级母题实例）

W0067.5.1.1

女神竺妞好心肠

实 例

苗族 管天下生命的大神竺妞是一个好心肠的女神。

【流传】（无考）

【出处】陶春保讲，刘永鸿整理：《生天养地的爹娘》，见姚宝瑄主编《中国各民族神话》（布依族、仡佬族、苗族），太原：山西出版传媒集团·书海出版社2014年版，第132页。

W0067.5.1.2

善良的女神曼津·固尔姆

实 例

蒙古族（布里亚特）创造神用太阳创造

善良的女神曼津·固尔姆。

【流传】（无考）

【出处】［蒙古］曾·杜拉姆：《蒙古神话学形象》，［蒙古］国家出版社1989年版，第129页，转引自陈岗龙等《蒙古民间文学》，银川：宁夏人民出版社2008年版，第33页。

W0067.5.1a
温柔的女神

实例

（参见下级母题实例）

W0067.5.1a.1
女神白拉姆有绸子一样温柔的性格

实例

藏族 女神白拉姆有绸子一样温柔的性格，水晶一样圣洁的心肠。

【流传】西藏自治区·拉萨市·南郊·次却林乡

【出处】廖东凡搜集：《白拉姆女神和赤尊赞》，原载《西藏民间故事选》，见陶阳、钟秀编《中国神话》（中），北京：商务印书馆2008年版，第953～955页。

W0067.5.2
邪恶的女神（恶毒的女神）

【关联】［W0126］恶神

实例

蒙古族 （实例待考）

W0067.5.2.1
姑奶奶神避强凌弱，危害妇女小孩

实例

白族 姑奶奶（神）避强凌弱，欺软怕硬，多危害妇女、小孩，个别神气弱的男子亦受其害。

【流传】云南省·（大理白族自治州·大理市）·凤仪镇·上锦场、敬天厂、上洱阳等村

【出处】邹汝为调查整理：《凤仪白族姑奶奶祭》（1988），见吕大吉、何耀华总主编《中国各民族原始宗教资料集成》（彝族卷、白族卷、基诺族卷），北京：中国社会科学出版社1996年版，第430页。

W0067.5.2.1.1
姑奶奶神

实例

（参见下级母题实例）

W0067.5.2.1.1.1
每个村庄有7个姑奶奶神

实例

白族 每个村庄有7个姑奶奶神。

【流传】云南省·（大理白族自治州·大理市）·凤仪镇·上锦场、敬天厂、上洱阳等村

【出处】邹汝为调查整理：《凤仪白族姑

奶奶祭》（1988），见吕大吉、何耀华总主编《中国各民族原始宗教资料集成》（彝族卷、白族卷、基诺族卷），北京：中国社会科学出版社 1996 年版，第 429 页。

W0067.5.3

嫉妒的女神

【关联】

① ［W0847.7］嫉妒的妖魔

② ［W6817］嫉妒

实 例

土家族 （实例待考）

W0067.5.4

爱美的女神

【关联】［W0470.1］美丽女神

实 例

（实例待考）

W0067.5.5

开朗的女神

实 例

（实例待考）

W0067.5.6

含羞的女神

实 例

（实例待考）

W0067.5.7

心软的女神

实 例

（参见下级母题实例）

W0067.5.7.1

心慈手软的女神阿布卡赫赫放走恶魔

实 例

满族 阿布卡赫赫（女天神）与耶鲁里（恶魔）争斗时，好不容易捉住耶鲁里，耶鲁里说了软话后，阿布卡赫赫心慈手软，放了他。结果他又重新作恶。

【流传】黑龙江省·（黑河市）·孙吴县

【出处】关锁之的父亲讲，富希陆搜集：《女战神奥朵西玛玛》（1939），见吕大吉、何耀华总主编《中国各民族原始宗教资料集成》（鄂伦春族卷、鄂温克族卷、赫哲族卷、达斡尔族卷、锡伯族卷、满族卷、蒙古族卷、藏族卷），北京：中国社会科学出版社 1999 年版，第 484 页。

W0067.5.8

性冷淡的女神

实 例

（参见下级母题实例）

W0067.5.8.1

闪电女神哈里亚不愿意与男子接近

实 例

珞巴族 闪电神哈里亚（女），不愿意与男子接近。

【流传】

（a）西藏自治区·下珞渝（泛指永木河、锡约尔河、巴恰西仁河流域）

（b）西藏自治区·下珞渝·布根部落卡西皮村

【出处】

（a）维·埃尔温搜集：《阿桑嘎和他的儿女》，见中华民族故事大系编委会编《中华民族故事大系》第16卷（赫哲族、门巴族、珞巴族、基诺族），上海：上海文艺出版社1995年版，第440～441页。

（b）同（a），见李坚尚、刘芳贤编《珞巴族门巴族民间故事选》，上海：上海文艺出版社1993年版，第54～55页。

W0067.5.9

寂寞的女神

实 例

纳西族（摩梭） 女山神在刺踏寨干木住了七千七百七十七年，闲时，栽树种花，驯养野兽，为万物造福。可雀鸟不能同她谈心，走兽不知她的心情，孤孤单单过日子。

【流传】云南省·（丽江市）·宁蒗县（宁蒗彝族自治县）

【出处】巴采若、桑绒尼搓讲，章虹宇搜集整理：《喇氏族的来源》，载《民间文学》1986年第3期。

W0067.5.10

特定的女神专门作祟男人

实 例

怒族 “蓄拉迷玛”（寡妇崖神）专门作祟于男人，令他们患重病、精神失常以至死亡。

【流传】云南省·（怒江傈僳族自治州）·贡山（贡山独龙族怒族自治县）·丙中洛乡·日当村

【出处】何叔涛调查整理：《贡山地区寡妇崖神：“蓄拉迷玛”》（1988），见吕大吉、何耀华总主编《中国各民族原始宗教资料集成》（纳西族卷、羌族卷、独龙族卷、傈僳族卷、怒族卷），北京：中国社会科学出版社2000年版，第855页。

W0067.6

与女神生活有关的其他母题

实 例

（参见下级母题实例）

W0067.6.1

不幸的女神

实 例

藏族 白拉姆女神与护宝神赤尊赞私

下订了终身。她的妈妈班旦拉姆女神把赤尊赞驱赶到拉萨河南岸的奔波日山上，规定白拉姆不准到河南岸去，尊赞不准到河北岸来，永生永世都是如此。只有每年藏历十月二十五日，他和她可以隔着宽宽的拉萨河互相看望一下。在那个时代，妇女即使成了神，还有这么多不幸，至于普通妇女的命运，也就可想而知了。

【流传】 西藏自治区·拉萨市·南郊·次却林乡

【出处】 廖东凡搜集：《白拉姆女神和赤尊赞》，原载《西藏民间故事选》，见陶阳、钟秀编《中国神话》（中），北京：商务印书馆 2008 年版，第 953～955 页。

W0067a

女神的职能（女神的能力）

【关联】 ［W0068.12］具有特定职能的女神

实 例

（参见下级母题实例）

W0067a.0

女神能力高强

实 例

（参见下级母题实例）

W0067a.0.1

女神能掐会算

实 例

（参见下级母题实例）

W0067a.0.1.1

女神伢俣是会想会算，又有志气

实 例

水族 世上最早出现一个女神伢俣是个巨人。她力大无比，又会想，又会算，又有志气。

【流传】（无考）

【出处】 潘静流唱，燕宝记译，化斯改写：《伢俣开创世界》（原名《造天造地》），见姚宝瑄主编《中国各民族神话》（水族、布朗族、独龙族、基诺族、傈僳族），太原：山西出版传媒集团·书海出版社 2014 年版，第 4 页。

W0067a.1

女神掌管特定领域

实 例

（参见下级母题实例）

W0067a.1.1

管天下的女神

实 例

（参见下级母题实例）

W0067a.1.1.1

管天下的女神竺妞

实 例

苗族 管天下的女神，名叫竺妞。

【流传】云南省·(文山壮族苗族自治州)·马关县

【出处】杨正方讲，刘德荣采录:《造天造地》，见中国民间文学集成全国编辑委员会编《中国民间故事集成》(云南卷)，北京：中国 ISBN 中心 2003 年版，第 91 页。

W0067a. 1. 2

女神管理天地

实 例

苗族 竺妞是原始女神，管理天地、人类和万物。

【流传】滇东南（云南省东南部地区）

【出处】过竹：《苗族神话研究》，南宁：广西人民出版社 1988 年版，第 227 页。

W0067a. 2

女神掌管特定物

实 例

（参见下级母题实例）

W0067a. 2. 1

掌管狮子的女神

实 例

纳西族 以前，有个掌管狮子的女神叫狮格干姆。

【流传】（无考）

【出处】杨世光整理：《狮格干姆》，见中华民族故事大系编委会编《中华民族故事大系》第 9 卷（水族、东乡族、纳西族），上海：上海文艺出版社 1995 年版，第 910 页。

W0067a. 3

女神会变物（女神会变形，女神会变化）

【关联】［W0842. 1. 1. 1］女神变成恶魔

实 例

（参见下级母题实例）

W0067a. 3. 1

女神阿布卡赫赫拔腋毛化为水龙

实 例

满族 女神阿布卡赫赫让拔下身上的腋毛，化成了无数条水龙。

【流传】（无考）

【出处】富育光讲，荆文礼整理：《天宫大战·西林安班玛发》，长春：吉林人民出版社 2009 年版，第 71～72 页。

W0067a. 3. 2

女神化身尼姑

实 例

藏族 贡堂拉姆女神变成一位标致的尼姑。

【流传】西藏自治区·拉孜县拉孜区、日喀则地区·城关区

【出处】卓拉等讲：《女神贡堂拉姆的传说》，见《西藏民间故事》，中央民族大学图书馆藏书，第 43～47 页。

W0067a.3.3

女神一天完成一生的变化

实 例

傈僳族 傈僳女神，名阿弓玛，亦曰阿姑玛，通法术，善变化，晨变老人，中午变老妪，下午变年青后生，晚上又变漂亮小姑娘。

【流传】（云南省·怒江州）

【出处】 袁珂改编：《阿弓玛》，原载怒江州傈僳族民间故事编辑组编《傈僳族民间故事》，见袁珂《中国神话大词典》，北京：华夏出版社 2015 年版，第 513 页。

W0067a.3.4

女神化身为石

实 例

（参见下级母题实例）

W0067a.3.4.1

巴丁喇木女神化身一尊酷肖女性的钟乳石

实 例

纳西族（摩梭） “巴丁喇木”女神的“化身”是一尊酷肖女性的钟乳石，深藏在“乌角尼可”（或称“喇孜尼可”）岩穴里。

【流传】 云南省·（丽江市）·宁蒗县（宁蒗彝族自治县）；四川省·（凉山彝族自治州）·木里县（木里藏族自治县）、盐源县

【出处】 杨学政调查整理：*《摩梭人的“巴丁喇木”女神崇拜》，见云南省社会科学院宗教研究所编《宗教调查与研究》，内部编印，1986 年，第 191～193 页。

W0067a.4

女神会造人

【关联】

① ［W2065］ 女娲造人

② ［W2073］ 女子造人（女人造人）

实 例

（参见下级母题实例）

W0067a.4.1

造人女神儿依得罗娃

实 例

彝族 神王涅依倮佐颇根据龙王的姑娘赛依列的建议，派造人女神儿依得罗娃去造人。

【流传】（云南省·楚雄彝族自治州·双柏县，红河哈尼族彝族自治州等地）

【出处】

（a）云南省民族民间文学楚雄、红河调查队搜集，郭思九、陶学良整理：《查姆》，昆明：云南人民出版社 1981 年版。

（b）郭思九、陶学良整理，古梅改写：《彝家的古根》，选自《云南民族文学资料》第七集中的《查姆》上部前三章，见姚宝瑄主编《中国各民族神

话》（羌族、彝族），太原：山西出版传媒集团·书海出版社 2014 年版，第 60 页。

W0067a. 5

女神主宰人类降生祸福

实 例

（参见下级母题实例）

W0067a. 5. 1

主宰人类降生祸福的女神有牙花散、牙花术、牙花隆、牙花离

实 例

水族 牙花散、牙花术、牙花隆、牙花离，都是主宰人类降生祸福的女神。

【流传】（无考）

【出处】韦免低等讲，潘朝霖搜集整理：《月亮山》注释，见谷德明编《中国少数民族神话》，北京：中国民间文艺出版社 1987 年版，第 654 页。

W0067a. 5. 2

女神赐人健康和幸福

实 例

（参见下级母题实例）

W0067a. 5. 2. 1

爱麦格勒吉·札雅嘎吉是赐给孩子们健康和幸福的女神

实 例

蒙古族 保护畜牧和财产的神，叫做札雅嘎吉（吉雅其 jayayaci）。札雅嘎吉又分为两种：一是卓尔·札雅嘎吉，是幸福的札雅嘎吉；二是叫作爱麦格勒吉·札雅嘎吉，是赐给孩子们健康和幸福的女神。

【流传】（无考）

【出处】［俄］道尔吉·班扎罗夫：《黑教或称蒙古人的萨满教》，原载《蒙古史研究参考资料》，内蒙古大学历史系蒙古史研究室编印，1965 年，见吕大吉、何耀华总主编《中国各民族原始宗教资料集成》（鄂伦春族卷、鄂温克族卷、赫哲族卷、达斡尔族卷、锡伯族卷、满族卷、蒙古族卷、藏族卷），北京：中国社会科学出版社 1999 年版，第 662～663 页。

W0067a. 6

女神是人种

实 例

（参见下级母题实例）

W0067a. 6. 1

女神下凡到地上做人种

实 例

（参见下级母题实例）

W0067a.6.1.1
女天神吉泽乍玛到大地上做人种

实 例

普米族 天上降下一个叫“吉泽乍玛”的女神到大地上做人种。

【流传】云南省·（怒江傈僳族自治州）·兰坪县（兰坪白族普米族自治县）·卡瓦村

【出处】《久木鲁》，见《中国各民族宗教与神话大词典》编审委员会编《中国各民族宗教与神话大词典》，北京：学苑出版社1990年版，第520页。

W0067a.6.2
女神感物而孕

实 例

（参见下级母题实例）

W0067a.6.2.1
女神淋风神化作的雨怀孕

实 例

水族 风神变成一阵雨水降到大地上。牙线（仙婆，天神的女儿）在月亮山下淋了一场大雨，怀孕了。

【流传】贵州省·（黔东南苗族侗族自治州）·榕江县·平永乡

【出处】潘开雄等讲，杨路塔采录：《十二个仙蛋》，见中国民间文学集成全国编辑委员会编《中国民间故事集成》（贵州卷），北京：中国ISBN中心2003年，第10页。

W0067a.7
女神是占卜师

【关联】

① ［W0490.1］占卜神

④ ［W0490.1.1］占卜女神

③ ［W9190.2］母亲教占卜

实 例

（参见下级母题实例）

W0067a.7.1
女神手持占卜神箭

实 例

藏族 五位女神的首领是扎西次仁玛，左手持一支占卜神箭。

【流传】西藏自治区·（日喀则市·定日县）珠穆朗玛峰一带

【出处】谢继胜整理：《载世巨象》，见BBS水木清华站：http://www.smth.edu.cn，2006.07.20。

W0067a.8
至高无上的女神

实 例

（参见下级母题实例）

W0067a.8.1
高无上的女神是女始祖

实 例

（参见下级母题实例）

W0067a. 8. 1. 1

大祖母萨玛（萨岁）是侗族至高无上的女神

实 例

侗族 萨玛即“大祖母”又称“萨岁”。是侗族至高无上的女神。

【流传】（无考）

【出处】黄才贵：《女神与泛神——侗族“萨玛”文化研究》，贵阳：贵州人民出版社2006年版，第1页。

W0067b

女神的关系

实 例

（参见下级母题实例）

W0067b. 1

女神是龙王的后代

【关联】

①［W2167. 7. 1］人是龙的子孙

②［W3581. 10］ 龙王的子孙

实 例

彝族 朴莫乃日（又译为蒲么列日、蒲莫列衣等），有的说她是滇池龙王的孙女。

【流传】云南省·（楚雄彝族自治州）·大姚县

【出处】肖开亮、黑朝亮等讲，李世忠采录：《阿鲁举热》注释，见中国民间文学集成全国编辑委员会编《中国民间故事集成》（云南卷），北京：中国ISBN中心2003年版，第341页。

W0067b. 2

女神的兄弟姐妹

实 例

（参见下级母题实例）

W0067b. 2. 1

女神的兄弟

实 例

（实例待考）

W0067b. 2. 2

女神的姊妹

实 例

（参见下级母题实例）

W0067b. 2. 2. 1

女神三姊妹

实 例

（参见下级母题实例）

W0067b. 2. 2. 1. 1

女天神阿布卡赫赫、地母神巴那姆赫赫与光明神卧勒多赫赫是三姊妹

实 例

满族 阿布卡赫赫（女天神）、巴那姆赫赫（地母神）与卧勒多赫赫（光

明神或星神）是三个姊妹女神。

【流传】（无考）

【出处】潜明滋：《中国古代神话与传说》，北京：商务印书馆 1996 年版，第 55 页。

W0067b.3

女神的丈夫

实　例

（实例待考）

W0067b.4

女神的子女

实　例

（参见下级母题实例）

W0067b.4.1

女神生特定数量的子女

实　例

（参见下级母题实例）

W0067b.4.1.1

女神生 9 子

实　例

瑶族（布努）密洛陀（女神名）感风怀孕，不久就生下了九个弟兄。

【流传】广西壮族自治区·（河池市）·都安瑶族自治县江水河一带瑶族地区

【出处】《密洛陀创世》，蓝田根据莎红整理的《密洛陀》和潘泉脉整理的《密洛陀》两部不同版本的长诗《密洛陀》改写，见姚宝瑄主编《中国各民族神话》（土家族、毛南族、侗族、瑶族），太原：山西出版传媒集团·书海出版社 2014 年版，第 155 页。

W0067b.5

女神的上司

实　例

（参见下级母题实例）

W0067b.5.1

女神的首领

实　例

（参见下级母题实例）

W0067b.5.1.1

女神的首领扎西次仁玛

实　例

藏族 五位女神的首领是扎西次仁玛，左手持一支占卜神箭。

【流传】西藏自治区·（日喀则市·定日县）珠穆朗玛峰一带

【出处】谢继胜整理：《载世巨象》，见 BBS 水木清华站：http：//www.smth.edu.cn，2006.07.20。

W0067c

女神的寿命与死亡

实　例

（实例待考）

W0067d

女神的行为

实 例

（参见下级母题实例）

W006d.1

女神下凡

实 例

（参见下级母题实例）

W0067d.1.1

女神奴奴勒下凡

实 例

高山族（卑南） 太古时，巴那巴那扬女神奴奴勒下凡。

【流传】（无考）

【出处】《卑南人始祖》，见《中国各民族宗教与神话大词典》编审委员会编《中国各民族宗教与神话大词典》，北京：学苑出版社 1990 年版，第 146 页。

W0068

与女神有关的其他母题

【关联】

①［W0067.5.3］嫉妒的女神

②［W0282.2］月亮女神

实 例

（参见下级母题实例）

W0068.1

创世女神

【关联】

①［W1002.1.3］世界是女神创造的

②［W1103.3］女神造天地

实 例

（参见下级母题实例）

W0068.1.0

创世女神的产生

实 例

（参见下级母题实例）

W0068.1.0.1

世界大水中的大物裂生创世女神阿嫫腰白

实 例

基诺族 最早世界大水中现的大物突然裂开后。生出一个力大无比的女人阿嫫腰白（创世女神，“阿嫫”即“母亲”，“腰”即“大地”，“白”即“翻、做”，可译为“造大地的母亲”）。

【流传】 云南省·（西双版纳傣族自治州）·景洪县（景洪市）

【出处】 白桂林等讲，刘怡采录：《阿嫫腰白造天地》，见中国民间文学集成全国编辑委员会编《中国民间故事集成》（云南卷），北京：中国 ISBN 中心 2003 年版，第 77 页。

W0068.1.0.2

混沌的宇宙中诞生创世女神厄莎

实　例

拉祜族 混沌世界不知过了很多年，厄莎（有多种说法，如天神、天帝、创世女神、始祖等）在混沌的宇宙中诞生了。

【流传】云南省·（普洱市）·澜沧县（澜沧拉祜族自治县）

【出处】李云保讲述，扎约采录：《牡帕密帕的故事》，见陶阳、钟秀编《中国神话》（上），北京：商务印书馆2008年版，第129~139页。

W0068.1.1

造物母

【关联】［W0147.0.1］创始祖和造物母是白昼神和黑夜神的儿女

实　例

景颇族 创始祖和造物母都是白昼神和黑夜神的儿女。

【流传】云南省·（德宏傣族景颇族自治州）·盈江县支丹山吾寨

【出处】萧家成译著：《勒包斋娃——景颇族创世史诗》，北京：民族出版社1992年版，第3页。

W0068.1.2

最早的创世女神

实　例

（实例待考）

W0068.1.2.1

最早的创世女神阿嫫腰白

实　例

基诺族 最早出现的创世女神阿嫫腰白。

【流传】云南省·（西双版纳傣族自治州）·景洪县（景洪市）

【出处】白桂林等讲，刘怡采录：《阿嫫腰白造天地》，见中国民间文学集成全国编辑委员会编《中国民间故事集成》（云南卷），北京：中国ISBN中心2003年版，第77页。

W0068.2

大母神[①]

实　例

侗族 （参见“W0730b.3.1 萨天巴是女性祖先神祖母神”母题实例）

W0068.2.1

世界最早产生大母神

实　例

蒙古族 原初，世界混沌一片，在黑暗中创造神额和·布日罕（母亲神）在空中飘浮着。

① 大母神，这是一个神话研究中出现的概念，“大母神”与一般“女神”的区别在于她往往产生较早，作用也相对较大。

【流传】（无考）

【出处】陈岗龙、乌日古木勒：《蒙古民间文学》，银川：宁夏人民出版社2008年版，第33页。

W0068. 2. 2

大母神雌雄一体

实 例

（参见下级母题实例）

W0068. 2. 2. 1

大母神马达尔迪雌雄一体

实 例

赫哲族 “马达尔迪”与雌雄一体大母神。

【流传】（无考）

【出处】喻权中：《死亡的超越与转化——赫哲－那乃族初始萨满神话考疑》，载《黑龙江民族丛刊》年第3期。

W0068. 3

母亲神

实 例

（参见下级母题实例）

W0068. 3. 1

母亲神创世

【关联】［W0424］创世神

实 例

蒙古族 原初，世界混沌一片，创造神额和·布日罕（母亲神）创造了世界。

【流传】（无考）

【出处】陈岗龙、乌日古木勒：《蒙古民间文学》，银川：宁夏人民出版社2008年版，第33页。

W0068. 3. 2

母亲神造人类

【关联】

①［W2056］女神造人

②［W2056. 3］老妈妈神造人

实 例

蒙古族 造人类的母亲神。

【流传】（无考）

【出处】陈岗龙等：《蒙古民间文学》，银川：宁夏人民出版社2008年版，第9页。

W0068. 3. 3

白发苍苍的母亲神有吃不完的乳汁

实 例

鄂温克族 白发苍苍的母亲神，有口袋般的乳房，有吃不完的初乳，有吮不尽的奶汁。

【流传】内蒙古自治区·（呼伦贝尔市）·鄂温克族自治旗·巴彦托海镇

【出处】奥云华尔唱述，额尔和木西勒翻译，满都尔图、孟和采集整理：《奥蔑》（1990. 10. 22），见吕大吉、何耀华总主编《中国各民族原始宗教资料集成》（鄂伦春族卷、鄂温克族卷、赫哲族卷、达斡尔族卷、锡伯族卷、满族卷、蒙古族卷、藏族卷），北京：中国社会科学出版社 1999 年版，第 159 页。

W0068.3.4

母亲之天额客腾格里

实 例

蒙古族 额客腾格里，即母亲之天（在蒙古族民间宗教或萨满神词中，“天”与“腾格里”常常通用，此处可以看作是泛指诸神）。

【流传】（无考）

【出处】 额尔德木图：《蒙古英雄史诗与孛额唱词中的“腾格里”》，载《内蒙古社会科学》（汉文版）1995 年第 5 期。

W0068.3.5

母亲神朗

实 例

（参见下级母题实例）

W0068.3.5.1

母亲神朗住在地下

实 例

羌族 原来，世界上并没有人，只有两个神，他们的名字叫索依迪朗（索依迪朗，羌语，意为娘老子。迪，羌语，意为“老汉”，即“父亲”；朗，羌语，意为“阿妈”，即“母亲”），迪住在天上，朗住在地下。

【流传】（无考）

【出处】《索依迪朗：设计造人》，原载西南民族学院《羌族文学简史》编写组编《羌族民间文学资料集》（一），1987 年 4 月，见吕大吉、何耀华总主编《中国各民族原始宗教资料集成》（纳西族卷、羌族卷、独龙族卷、傈僳族卷、怒族卷），北京：中国社会科学出版社 2000 年版，第 578 页。

W0068.4

姊妹神

【关联】［W0285.5.1.1］星神三姊妹

实 例

满族 啄出日月星光的天鸟是三姊妹中布星的女神队拉多。后来的人都喊她队拉多妈妈，也叫“穹宇妈妈”。

【流传】（无考）

【出处】《阿布卡赫赫女神创世》，王松根据富育光、孟慧英、王宏刚撰写的《满族宗教与神话》改写，见姚宝瑄主编《中国各民族神话》（满族、赫哲族、朝鲜族），太原：山西出版传媒集团、书海出版社 2014 年版，第 4～14 页。

W0068.5

神母

实 例

独龙族 神母有两个女儿。

【流传】云南省

【出处】李子贤辑：《念坚与念勒姆》，见《中国各民族宗教与神话大词典》编审委员会编《中国各民族宗教与神话大词典》，北京：学苑出版社 1990 年版，第 121 页。

W0068.6
万能的女神（万能女神）

【关联】

① ［W0140.1.1］万能女神传神谱

② ［W0497.3］万能神（无所不能的神）

③ ［W0773.3.1］泰山奶奶是万能女神

实 例

哈尼族 （实例待考）

W0068.6.1
万能女神阿匹梅烟

实 例

（参见下级母题实例）

W0068.6.1.1
最高最大的天神俄玛生万能女神阿匹梅烟

实 例

哈尼族 最高最大的天神俄玛先生下玛白、烟姒两个分别制作“规矩”、“礼节”姑娘后，又生下来一位高能的姑娘，名字叫“阿匹梅烟”，阿匹梅烟是万能的女神。

【流传】云南省·（红河哈尼族彝族自治州）·元阳（元阳县）、红河（红河县）、金平（金平苗族瑶族傣族自治县），（采集于元阳县·胜村乡·全福庄）

【出处】卢朝贵讲，史军超搜集整理：《神和人的家谱》，原载云南省民间文学集成办公室编《哈尼族神话传说集成》，中国民间文艺出版社 1990 年版，见姚宝瑄主编《中国各民族神话》（哈尼族、傣族），太原：山西出版传媒集团·书海出版社 2014 年版，第 39 页。

W0068.7
自生自育的女神

实 例

满族 （参见“W0069.1.1 敖钦女神变成两性怪神后能自生自育”母题实例）

实 例

（参见下级母题实例）

W0068.8
女人神

【关联】［W0065］女神

实 例

（参见下级母题实例）

W0068.8.1
女人神抵力古莫婆婆

实 例

苗族 抵力古莫婆婆是女人神。

【流传】

(a) 广西壮族自治区·(柳州市)·融水县(融水苗族自治县)·滚贝乡

(b) 广西壮族自治区·(柳州市)·融水县(融水苗族自治县)

【出处】

(a) 杨达香讲,梁彬采录翻译:《殷略和埋耶兄妹》,见中国民间文学集成全国编辑委员会编《中国民间故事集成》(广西卷),北京:中国ISBN中心2001年版,第74页。

(b) 杨达香讲,梁彬搜集整理:《创世记》,见谷德明编《中国少数民族神话》,北京:中国民间文艺出版社1987年版,第545页。

W0068.9

负责计量的女神

【关联】[W6983] 度量衡等的发明

实 例

(参见下级母题实例)

W0068.9.1

极高大的女神妞香丈量天地

实 例

苗族 妞香是极高大的女神,天地纠纷时,她丈量天地。

【流传】贵州省·黔东南(黔东南苗族侗族自治州)

【出处】过竹:《苗族神话研究》,南宁:广西人民出版社1988年版,第198页。

W0068.9a

渍菜女神

【关联】[W0044.6.3.1] 金太祖完颜阿骨打的夫人死后被女真人敬奉为渍菜女神

实 例

(参见下级母题实例)

W0068.9a.1

渍菜女神布苏妈妈

实 例

满族 布苏妈妈是满族的渍菜女神。

【流传】(无考)

【出处】富育光、孟慧英、王宏刚整理:《布苏妈妈》,见姚宝瑄主编《中国各民族神话》(满族、赫哲族、朝鲜族),太原:山西出版传媒集团·书海出版社2014年版,第72页。

W0068.9b

秋千女神

实 例

(参见下级母题实例)

W0068.9b.1

突姆火神变成后世的“秋千女神”

实 例

满族 突姆火神怜悯夜夜摸黑的人

类，便把自己身上的一束束光毛撕下来，变成星星。她自己却全身精光，变成赤裸裸的白石头，吊在依兰乌西哈星星上，从东到西悠来悠去，被后世尊称为“秋千女神”。

【流传】黑龙江省·黑河地区（黑河市）·孙吴县·（沿江满族达斡尔族乡）·四季屯（四季屯村）

【出处】吴纪贤、富希陆讲：《天宫大战——黑水女真人传世神话》（1939，选自富育光、郭淑云整理的手稿），见姚宝瑄主编《中国各民族神话》（满族、赫哲族、朝鲜族），太原：山西出版传媒集团·书海出版社2014年版，第29页。

W0068.10

特定名称的女神（女神名称）

【关联】

① ［W0256.5.1］四方女神

② ［W0911.7.4.1］招魂的神召日姑姑罕

实　例

侗族、汉族、满族、壮族（实例待考）

W0068.10.1

魂灵女神苏鲁玛玛

实　例

锡伯族 苏鲁玛玛是“魂灵女神”。在锡伯族民间有一种死人的魂灵（苏鲁）入活人之躯的说法，称“苏鲁多西哈”。

【流传】（无考）

【出处】

（a）佟克力：《锡伯族历史与文化》，乌鲁木齐：新疆人民出版社1989年版，第255～256页。

（b）《苏鲁玛玛》，见吕大吉、何耀华总主编《中国各民族原始宗教资料集成》（鄂伦春族卷、鄂温克族卷、赫哲族卷、达斡尔族卷、锡伯族卷、满族卷、蒙古族卷、藏族卷），北京：中国社会科学出版社1999年版，第399页。

W0068.10.2

女神朴莫乃日（蒲么列日、蒲莫列衣）

实　例

彝族 朴莫乃日（又译为蒲么列日、蒲莫列衣等），有的说她是滇池龙王的孙女，有的神话说她是女神，还有的神话说她是耿家的女儿嫁到蒲家后生的第三个女儿（幺女）。

【流传】云南省·（楚雄彝族自治州）·大姚县

【出处】肖开亮、黑朝亮等讲，李世忠采录：《阿鲁举热》注释，见中国民间文学集成全国编辑委员会编《中国民间故事集成》（云南卷），北京：中国ISBN中心2003年版，第341页。

W0068.10.3

专管山林的山崩女神

实　例

侗族 神话中有专管山林的“山崩女神”。

【流传】（无考）

【出处】邓敏文：《“萨”神试析》，载《贵州民族研究》1990年第2期。

W0068.10.4

女神雷鲁

实　例

（参见下级母题实例）

W0068.10.4.1

女神雷鲁和男神朱幂米造山河

实　例

苗族 女神雷鲁和男神朱幂米造山河。

【流传】云南省·文山地区（文山壮族苗族自治州）

【出处】刘德荣等整理：《苗族古歌》（文山本），内部编印，第71页。

W0068.10.4a

女神务往葩

实　例

苗族 女神务往葩分天地。

【流传】贵州省·（黔东南苗族侗族自治州）·剑河县

【出处】万必轩整理：《天和地是怎样分开的》，见本县编委会编《贵州省剑河县故事卷》，内部编印。

W0068.10.5

女神牙巫

实　例

水族 女神牙巫造人烟。

【流传】（无考）

【出处】《开天地造人烟》，见范禹《水族文学史》，贵阳：贵州人民出版社1987年版，第39~40页。

W0068.10.6

女天神阿布卡赫赫

实　例

满族 女天神阿布卡赫赫。

【流传】黑龙江省·（黑河市·孙吴县·沿江满族达斡尔族乡）·四季屯

【出处】白蒙元（萨满）讲，吴纪贤、富希陆记录：《都凯女神》（1939），见吕大吉、何耀华总主编《中国各民族原始宗教资料集成》（鄂伦春族卷、鄂温克族卷、赫哲族卷、达斡尔族卷、锡伯族卷、满族卷、蒙古族卷、藏族卷），北京：中国社会科学出版社1999年版，第484页。

W0068.10.6a

敖钦女神

【关联】

①［W0020.1.3.1］天神阿布卡赫赫用自己身上的一块肉造敖钦女神，又用地神卧勒多赫赫脚上的一块肉做成敖钦

②［W0041. 2. 1］敖钦女神一旦逃跑就会变成无敌于世的宇内大神

③［W0067. 0. 1. 1. 2］敖钦女神九头八臂，神力盖世

实 例

（参见下级母题实例）

W0068. 10. 6a. 1

敖钦女神头上长着一只直插天穹的大角

实 例

满族 女天神阿布卡对敖钦女神渐生厌恶之心，一气之下用身上的两大块山石子向她打过去，其中，一块山尖变成了她上的一只角，直插天穹。

【流传】黑龙江省·黑河地区（黑河市）·孙吴县·（沿江满族达斡尔族乡）·四季屯（四季屯村）

【出处】吴纪贤、富希陆讲：《天宫大战——黑水女真人传世神话》（1939，选自富育光、郭淑云整理的手稿），见姚宝瑄主编《中国各民族神话》（满族、赫哲族、朝鲜族），太原：山西出版传媒集团·书海出版社 2014 年版，第 24 页。

W0068. 10. 6a. 2

敖钦女神是两性怪神

实 例

满族 敖钦女神被女天神阿布卡用两块山尖一打，马上变了神形，成了一个一角九头八臂的两性怪神。

【流传】黑龙江省·黑河地区（黑河市）·孙吴县·（沿江满族达斡尔族乡）·四季屯（四季屯村）

【出处】吴纪贤、富希陆讲：《天宫大战——黑水女真人传世神话》（1939，选自富育光、郭淑云整理的手稿），见姚宝瑄主编《中国各民族神话》（满族、赫哲族、朝鲜族），太原：山西出版传媒集团·书海出版社 2014 年版，第 24 页。

W0068. 10. 6b

卧勒多赫赫女神

实 例

（参见下级母题实例）

W0068. 10. 6b. 1

女天神阿布卡赫赫身上裂变出卧勒多赫赫女神

实 例

满族 最早的天神阿布卡赫赫下身裂变出了巴那姆赫赫（地神）女神。后又因气与光的变化，卧勒多赫赫女神也从阿布卡赫赫身上裂变出来。

【流传】（无考）

【出处】谷颖重述：《盗火女神——拖亚拉哈》，见陶阳、钟秀编《中国神话》（中），北京：商务印书馆 2008 年版，第 757 ~ 760 页。

W0068.10.7
女神康嘎夏梅玛

实 例

（参见下级母题实例）

W0068.10.7.1
女神康嘎夏梅玛白雪无肉

实 例

藏族 居于金刚红岩地方的女神康嘎夏梅玛白雪无肉。

【流传】西藏自治区

【出处】谢继胜整理：《十二丹玛女神》，见 BBS 水木清华站：http://www.smth.edu.cn，2006.07.20。

W0068.10.7.2
女神康嘎夏梅玛居金刚红岩

实 例

藏族 （参见“W0068.10.7.1 女神康嘎夏梅玛白雪无肉”母题实例）

W0068.10.7a
女神卜热鹰后

实 例

（参见下级母题实例）

W0068.10.7a.1
卜热鹰后女神骑一头白犊

实 例

藏族 居于阿尼玛卿山的卜热鹰后女神，骑一头白犊。

【流传】西藏自治区

【出处】谢继胜整理：《十二丹玛女神》，见 BBS 水木清华站：http://www.smth.edu.cn，2006.07.20。

W0068.10.7a.2
卜热鹰后女神居阿尼玛卿山

实 例

藏族 （参见“W0068.10.7a.1 卜热鹰后女神骑一头白犊”母题实例）

W0068.10.7b
多吉贡查玛女神

实 例

（参见下级母题实例）

W0068.10.7b.1
多吉贡查玛女神骑金色雌鹿

实 例

藏族 居于玛哈代旺的多吉贡查玛女神，骑金色雌鹿。

【流传】西藏自治区

【出处】谢继胜整理：《十二丹玛女神》，见 BBS 水木清华站：http://www.smth.edu.cn，2006.07.20。

W0068.10.7b.2
多吉贡查玛女神居玛哈代旺

实 例

藏族 （参见“W0068. 10. 7b. 1 多吉贡查玛女神骑金色雌鹿”母题实例）

W0068. 10. 7c
多吉玉仲玛女神

实 例

（参见下级母题实例）

W0068. 10. 7c. 1
多吉玉仲玛女神骑蓝色的水鸟

实 例

藏族 居于卫藏地方的多吉玉仲玛女神，骑蓝色的水鸟。

【流传】西藏自治区

【出处】谢继胜整理：《十二丹玛女神》，见 BBS 水木清华站：http：//www. smth. edu. cn，2006. 07. 20。

W0068. 10. 7c. 2
多吉玉仲玛女神居卫藏

实 例

藏族 （参见“W0068. 10. 7c. 1 多吉玉仲玛女神骑蓝色的水鸟”母题实例）

W0068. 10. 7d
马却牙玛色女神

实 例

（参见下级母题实例）

W0068. 10. 7d. 1
马却牙玛色女神骑九头乌龟

实 例

藏族 在阿几代仲地方的马却牙玛色女神，骑九头乌龟。

【流传】西藏自治区

【出处】谢继胜整理：《十二丹玛女神》，见 BBS 水木清华站：http：//www. smth. edu. cn，2006. 07. 20。

W0068. 10. 7d. 2
马却牙玛色女神居阿几代仲

实 例

藏族 （参见“W0068. 10. 7d. 1 马却牙玛色女神骑九头乌龟”母题实例）

W0068. 10. 7e
一辫女神

实 例

（参见下级母题实例）

W0068. 10. 7e. 1
一辫女神骑蓝色天龙

实 例

藏族 居于泥婆罗地方的一辫女神，骑蓝色天龙。

【流传】西藏自治区

【出处】谢继胜整理：《十二丹玛女神》，见 BBS 水木清华站：http：//www. smth. edu. cn，2006. 07. 20。

W0068.10.7e.2

一辫女神居泥婆罗

实 例

藏族 （参见“W0068.10.7e.1 一辫女神骑蓝色天龙”母题实例）

W0068.10.7f

赞神苛贝勉几玛女神

实 例

（参见下级母题实例）

W0068.10.7f.1

赞神苛贝勉几玛女神骑三腿骡

实 例

藏族 在那兰辛兰地方的赞神苛贝勉几玛，骑三腿骡。

【流传】西藏自治区

【出处】谢继胜整理：《十二丹玛女神》，见 BBS 水木清华站：http://www.smth.edu.cn，2006.07.20。

W0068.10.7f.2

赞神苛贝勉几玛女神居那兰辛兰

实 例

藏族 （参见“W0068.10.7f.1 赞神苛贝勉几玛女神骑三腿骡”母题实例）

W0068.10.7g

雪山大明妃玉朋玛女神

实 例

（参见下级母题实例）

W0068.10.7g.1

雪山大明妃玉朋玛女神骑花纹虎

实 例

藏族 在贡布地方的雪山大明妃玉朋玛女神，骑花纹虎。

【流传】西藏自治区

【出处】谢继胜整理：《十二丹玛女神》，见 BBS 水木清华站：http://www.smth.edu.cn，2006.07.20。

W0068.10.7g.2

雪山大明妃玉朋玛女神居贡布

实 例

藏族 （参见“W0068.10.7g.1 雪山大明妃玉朋玛女神骑花纹虎”母题实例）

W0068.10.7h

赞姆突巴朵女神

实 例

（参见下级母题实例）

W0068.10.7h.1

赞姆突巴朵女神骑白斑熊

实 例

藏族 在珠域卡蔡地方的赞姆突巴朵女神，骑白斑熊。

【流传】西藏自治区

【出处】谢继胜整理：《十二丹玛女神》，见 BBS 水木清华站：http://www.smth.edu.cn，2006.07.20。

W0068. 10. 7h. 2

赞姆突巴朵女神居珠域卡蔡

实 例

藏族 （参见"W0068.10.7h.1 赞姆突巴朵女神骑白斑熊"母题实例）

W0068. 10. 8

女神智桐瓦

实 例

景颇族 雷神制造大火后，景颇族女神智桐瓦急忙请水神来帮忙灭火。

【流传】（云南省）［采录地点：德宏州陇川县商业局］

【出处】

(a) 雷老大讲，杨红昆、朱珊整理：《开天辟地》，见李子贤编《云南少数民族神话选》，昆明：云南人民出版社 1990 年版。

(b) 同（a），见姚宝瑄主编《中国各民族神话》（白族、拉祜族、景颇族），太原：山西出版传媒集团·书海出版社 2014 年版，第 229 页。

W0068. 10. 9

女神奴奴勒

实 例

（参见下级母题实例）

W0068. 10. 9. 1

女神奴奴勒下凡

实 例

高山族（卑南） 太古时候，巴那巴那扬的女神奴奴勒下到凡间。

【流传】（台湾）

【出处】《高山族各种人的始祖：卑南人的始祖》，见姚宝瑄主编《中国各民族神话》（高山族、黎族、畲族），太原：山西出版传媒集团·书海出版社 2014 年版，第 15 页。

W0068. 10. 10

掌管狮子女神狮格干姆

实 例

（参见下级母题实例）

W0068. 10. 10. 1

狮格干姆骑着狮子出巡

实 例

纳西族 很久以前，有个掌管狮子的女神，名叫狮格干姆。一天，她骑着狮子出巡，来到楼头赕（地名，今永宁）。

【流传】（无考）

【出处】达史车尔讲，杨世光采录：《阿注婚的来由》，原载中国民间文学集成全国编辑委员会编《中国民间故事集成》（云南卷），北京：中国 ISBN 中心 2003 年版，见陶阳、钟秀编《中国神话》（下），北京：商务印书馆 2008 年版，第 1509 ~ 1512 页。

W0068.10.10a

女神巴丁喇木

实　例

（参见下级母题实例）

W0068.10.10a.1

西蕃女神巴丁喇木性情顽野，游走无定

实　例

纳西族（摩梭）巴丁喇木（巴丁喇木，是藏语、普米语和摩梭语的复合词，含义为"西蕃女神"）性情顽野，游走无定，身居深山岩穴。

【流传】云南省·（丽江市）·宁蒗县（宁蒗彝族自治县）；四川省·（凉山彝族自治州）·木里县（木里藏族自治县）、盐源县

【出处】杨学政调查整理：*《摩梭人的"巴丁喇木"女神崇拜》，见云南省社会科学院宗教研究所编《宗教调查与研究》，内部编印，1986 年，第 191 ~ 193 页。

W0068.10.11

女神又称天女

实　例

藏族拉萨大昭寺里，有位端庄善良的女神白拉姆，亦称吉祥天女。

【流传】西藏自治区·拉萨市·南郊·次却林乡

【出处】廖东凡搜集：《白拉姆女神和赤尊赞》，原载《西藏民间故事选》，见陶阳、钟秀编《中国神话》（中），北京：商务印书馆 2008 年版，第 953 ~ 955 页。

W0068.11

多重身份的女神

【关联】［W0497.8］身兼多职的神

实　例

彝族（实例待考）

W0068.12

具有特定职能的女神（女神的类型）

实　例

（参见下级母题实例）

W0068.12.1

掌管狮子的女神

实　例

纳西族掌管狮子的女神。

【流传】（无考）

【出处】杨世光整理：《狮格干姆》，见中华民族故事大系编委会编《中华民族故事大系》第 9 卷（水族、东乡族、纳西族），上海：上海文艺出版社 1995 年版，第 910 页。

W0068. 12. 2

旱地女神

实 例

景颇族 白昼神和黑夜神孕育了旱地女神。

【流传】云南省·（德宏傣族景颇族自治州）·盈江县支丹山吾寨

【出处】萧家成译著：《勒包斋娃——景颇族创世史诗》，北京：民族出版社 1992 年版，第页。

W0068. 12. 3

侍家女神

实 例

（参见下级母题实例）

W0068. 12. 3. 1

奥朵西是牧神和侍家女神

实 例

满族 各族敬奥朵西为牧神和侍家女神，庇佑宅室女红顺绥。神偶供于堂屋正北方。

【流传】黑龙江省·（黑河市）·孙吴县

【出处】关锁之的父亲讲，富希陆搜集：《女战神奥朵西玛玛》（1939），见吕大吉、何耀华总主编《中国各民族原始宗教资料集成》（鄂伦春族卷、鄂温克族卷、赫哲族卷、达斡尔族卷、锡伯族卷、满族卷、蒙古族卷、藏族卷），北京：中国社会科学出版社 1999 年版，第 484 页。

W0068. 13

动植物女神

【关联】［W0536. 3. 2］凤凰女神

实 例

（实例待考）

W0068. 14

女神的数量

实 例

（参见下级母题实例）

W0068. 14. 1

宇宙只有一个女神

实 例

维吾尔族 宇宙中只有一个女神。

【流传】（无考）

【出处】《天神创世》，见阿布都拉等《维吾尔族女天神创世神话试析》，载《民间文学》1985 年第 9 期。

W0068. 14. 2

3 个女神

实 例

（参见下级母题实例）

W0068.14.2.1
三姊妹神

实 例

汉族 以前，天地黑暗时，神界有三姐妹，三姐妹心地都很善良。

【流传】 浙江省·舟山市·（定海区·岑港镇）·烟墩（烟墩村）、马目（马目村）一带

【出处】 夏长生讲，夏志芳记录整理：《鸡神分日夜》（1987.07.20），见姚宝瑄主编《中国各民族神话》（汉族），太原：山西出版传媒集团·书海出版社2014年版，第176页。

W0068.14.3
9个女神

实 例

（参见下级母题实例）

W0068.14.3.1
9个女神分居9层天

实 例

怒族 九层天上每一层住着一位女神。

【流传】（无考）

【出处】《天地的由来》，编者根据叶世富的《怒族民间故事》（云南人民出版社1988年版）重新整理，见吕大吉、何耀华总主编《中国各民族原始宗教资料集成》（纳西族卷、羌族卷、独龙族卷、傈僳族卷、怒族卷），北京：中国社会科学出版社2000年版，第899页。

W0068.15
神女

【关联】［W0657.2.1］祖先和神女是兄妹

实 例

（参见下级母题实例）

W0068.15.1
神女的产生

实 例

（参见下级母题实例）

W0068.15.1.0
神女源于特定地方

实 例

（参见下级母题实例）

W0068.15.1.0.1
天降神女

实 例

汉族 地出黄金，天降神女，感通之至，良有可称。

【流传】（无考）

【出处】［唐］欧阳询：《艺文类聚》卷二十引［南朝·梁］萧绎《孝德传序》。

W0068. 15. 1. 1
女始祖造神女

实 例

瑶族 女始祖密洛陀造了分恋（神女）、分今（神女）。

【流传】广西壮族自治区·（河池市）·巴马县（巴马瑶族自治县）·东山乡

【出处】蒙老三讲，蒙灵记录翻译：《密洛陀》，见中国民间文学集成全国编辑委员会编《中国民间故事集成》（广西卷），北京：中国 ISBN 中心 2001 年版，第 22 页。

瑶族 密洛陀（万物之母，女始祖，女神）造了分恋（神女）、分今（神女）。

【流传】广西壮族自治区·（河池市）·巴马县（巴马瑶族自治县）·东山乡·弄山村

【出处】蒙老三（70 岁）讲，蒙灵记录翻译：《密洛陀》（1981），原载南宁师范学院编《广西少数民族与汉族民歌民间故事》，见陶阳、钟秀编《中国神话》（上），北京：商务印书馆 2008 年版，第 106 ~ 109 页。

W0068. 15. 1. 2
有功的女子变成神女

实 例

（参见下级母题实例）

W0068. 15. 1. 2. 1
保护神童的少女被收为神女

实 例

汉族 洗衣的少女，因为保护两位神童有功，女娲将她收为神女了。

【流传】河南省·（郑州市）·登封市

【出处】据［西汉］刘安及门客等《淮南子》和登封传说整理：《红裤子崖》，见张振犁编著《中原神话通鉴》（第一卷），郑州：河南大学出版社 2017 年版，第 141 页。

W0068. 15. 2
神女的特征

实 例

（参见下级母题实例）

W0068. 15. 2. 1
神女美丽

【关联】［W0067. 0. 3］美丽的女神（女神貌美，美女神）

实 例

汉族 后羿射日名传天下，人人尊敬。后来，他娶了个妻子叫嫦娥。嫦娥温柔贤惠，非常美丽。

【流传】河南省·（南阳市）·社旗县

【出处】章林采录整理：《中秋节祭月》，见张振犁编著，孟宪明、朱淑君统纂《中原神话通鉴》（第三卷），郑州：河南大学出版社 2017 年版，第 884 页。

W0068.15.2.2
神女贪心金银（爱慕荣华的神女）

实 例

纳西族 神女素受玛在龙族美好的地方，爱哥左那里赤（龙主名）的家，有看不完的金盘和银盆，有用不尽的玉蓖和珍梳，舍不得离开美酒和佳肴，舍不得离开香火和灯火。

【流传】 云南省·丽江（丽江市）

【出处】 和芳（东巴）读经，和志武翻译整理：《休曲苏埃》（1962），见吕大吉、何耀华总主编《中国各民族原始宗教资料集成》（纳西族卷、羌族卷、独龙族卷、傈僳族卷、怒族卷），北京：中国社会科学出版社 2000 年版，第 332 页。

W0068.15.3
神女的能力

实 例

（参见下级母题实例）

W0068.15.3.1
神女会变化

实 例

土家族 廪君名曰务相，姓巴氏。与樊氏、曋氏、相氏、郑氏，凡五姓，俱出皆争神，乃共掷剑于石，约能中者，奉以为君。巴氏子务相，乃独中之，众皆叹。又令各乘土船，雕文画之，而浮水中，约能浮者，当以为君。余姓悉沉，惟务相独浮，因共立之，是为廪君。乃乘土船从夷水至盐阳，盐水有神女谓廪君曰："此地广大，鱼盐所出，愿留共居。"廪君不许，盐神暮辄来取宿，旦即化飞虫，与诸虫群飞，掩蔽日光，天地晦冥，积十余日，廪君不知东西所向七日七夜。

【流传】（无考）

【出处】［汉］宋衷注，［清］秦嘉谟等辑：《世本卷七下·氏姓篇下·姓无考诸氏》。

W0068.15.3.1.1
神女一日三变

【关联】［W0714.1.2］女娲一日七十变（女娲七十化）

实 例

布朗族（实例待考）

W0068.15.3.1.2
巫山神女会变化

实 例

汉族 大禹治水时，知得神女之助，乃亲往巫山谢之。神女知夏禹来，乃化青石，立夏禹前，夏禹寻之而不见。青石复化为袅袅青烟，腾空而上，凝为青云，青云复散为细雨，细雨复聚为游龙，游龙顷又化为白鹤，夏禹仍屡寻不见。

【流传】（三峡一带）

【出处】袁珂改编：《神女峰》，原载田海燕《三峡民间故事》，见袁珂《中国神话大词典》，北京：华夏出版社 2015 年版，第 387 页。

W0068. 15. 3. 2

神女会魔法

实　例

（参见下级母题实例）

W0068. 15. 3. 2. 1

神女把一颗粮食变成满山遍野的庄稼

实　例

藏族 水神的大女儿能把一颗粮食变成满山遍野的庄稼。

【流传】四川省·（凉山彝族自治州）·木里县（木里藏族自治县）·桃坝乡

【出处】扎西仁青讲，偏初次尔翻译，刘先进等采录：《洪水潮天》，见中国民间文学集成全国编辑委员会编《中国民间故事集成》（四川卷·下），北京：中国 ISBN 中心 1998 年版，第 938 页。

W0068. 15. 4

神女的行为（神女的事迹）

实　例

（参见下级母题实例）

W0068. 15. 4. 1

神女下凡

实　例

（参见下级母题实例）

W0068. 15. 4. 1. 1

神女下凡嫁董永

实　例

汉族 董永遭家贫，父老财无遗。举假以供养，佣作致甘肥。责家填门户，不知何用归。天人秉至德，神女为秉机。

【流传】（无考）

【出处】

（a）［三国·魏］曹植：《灵芝篇》。

（b）同（a），见袁珂《中国神话大词典》，北京：华夏出版社 2015 年版，第 2 页。

W0068. 15. 5

神女的生活

【关联】［W0067］女神的特征（女神的生活）

实　例

（参见下级母题实例）

W0068. 15. 5. 1

神女用青苔做衣裳

实　例

彝族 天神格兹苦造地的女儿无衣

穿，以青苔为衣。

【流传】（无考）

【出处】《天神格兹苦》（原名《云南彝族史诗·梅葛》），原载毛星主编《中国少数民族文学》（下册），见袁珂《中国神话大词典》，北京：华夏出版社2015年版，第430页。

W0068.15.5.2

神女的居所

实 例

（实例待考）

W0068.15.5.3

神女有特定的玩伴

实 例

（参见下级母题实例）

W0068.15.5.3.1

神女以动物为伴

实 例

汉族 （参见“W0068.15.7.2 神女瑶姬”母题实例）

W0068.15.6

神女的关系

实 例

（参见下级母题实例）

W0068.15.6.1

神女是山神之女

实 例

藏族 纳木湖神女是山神之女。

【流传】西部藏族

【出处】雍珠（班戈县）讲，廖东凡译：《念青唐古拉山神和纳木湖神女》，见廖东凡主编《神山之祖》，武汉：湖北少年儿童出版社2001年版，第14～18页。

W0068.15.6.2

神女七姊妹

实 例

赫哲族 七星河上源的七星砬子，有山石形似女人，被认为是神女七姊妹的化身。

【流传】（无考）

【出处】马名超、崔焱、东辉整理：《巨石神话》，见姚宝瑄主编《中国各民族神话》（满族、赫哲族、朝鲜族），太原：山西出版传媒集团·书海出版社2014年版，第116页。

W0068.15.7

特定名称的神女

实 例

（参见下级母题实例）

W0068. 15. 7. 1

巫山神女

【关联】［W0068. 15. 3. 1. 2］巫山神女会变化

实 例

（参见下级母题实例）

W0068. 15. 7. 1. 1

巫山神女是真人

实 例

汉族 乾道六年十月，二十三日过巫山凝真观，谒妙用真人祠。真人，即世所谓巫山神女也。祠正对巫山，峰峦上入霄汉，山脚直插江中，议者谓太华、衡庐皆无此奇。然十二峰者，不可悉见，所见八九峰，惟神女峰最为纤丽奇峭，宜为仙真所托。

【流传】（无考）

【出处】［宋］陆游：《入蜀记》卷六。

W0068. 15. 7. 2

神女瑶姬

实 例

汉族 神女瑶姬与一群仙鹤作伴儿。

【流传】四川省·巫山县（今属重庆市）·石碑乡·青石村

【出处】王祖贵讲，唐探峰采录：《神女与仙鹤》，见中国民间文学集成全国编辑委员会编《中国民间故事集成》（四川卷），北京：中国 ISBN 中心 1998 年版，第 42 页。

W0068. 15. 7. 2. 1

瑶姬即巫山神女

实 例

汉族 巫山神女神话有瑶姬自谓其“旦为朝云，暮为行雨”。

【流传】（无考）

【出处】《云雨山》，见袁珂《中国神话大词典》，北京：华夏出版社 2015 年版，第 43 页。

W0068. 15. 7. 2. 2

瑶姬能旦为朝云，暮为行雨

实 例

汉族 （参见“W0068. 15. 7. 2. 1 瑶姬即巫山神女”母题实例）

W0068. 15. 7. 3

神女女岐

实 例

（参见下级母题实例）

W0068. 15. 7. 3. 1

女岐无夫而生九子

实 例

汉族 “女岐无合，夫焉取九子？”王逸注：“女岐，神女，无夫而生九子也。”

【流传】（无考）

【出处】［战国］屈原：《楚辞·天问》

［东汉］王逸注。

W0068.15.7.4

骊山神女

实 例

（参见下级母题实例）

W0068.15.7.4.1

骊山神女戏始皇

实 例

汉族 骊山西有温泉。俗云，始皇与神女戏，不以礼，女唾之，则生疮。始皇怖谢，神女为出温泉，后人因洗浴。

【流传】（无考）

【出处】［北宋］李昉、李穆、徐铉等：《太平御览》卷七一引《辛氏三秦记》。

W0068.15.7.5

凤凰神女

实 例

（参见下级母题实例）

W0068.15.7.5.1

凤凰神女做本主

实 例

白族 一位老人梦见苍山神对他说："为解救你们的苦难，我给你们请来了凤凰神女，如果你们能把她尊为本主，今后你们村就会人寿年丰，日子好过了"

【流传】云南省·（大理白族自治州）·大理市·七里桥区（七里桥镇）

【出处】李洲、王应庞讲，姜祥搜集整理：《凤凰女神——七里桥区庄窑、大井盘村本主》，原载大理市文化局编《白族本主神话》，中国民间文艺出版社1988年版，见姚宝瑄主编《中国各民族神话》（白族、拉祜族、景颇族），太原：山西出版传媒集团·书海出版社2014年版，第113页。

W0068.15.7.6

泰山神女

实 例

汉族 文王以大公为灌坛令，期年，风不鸣条。文王梦见有一妇人当道而哭，问其故，曰："我东海泰山神女，嫁为西海妇。欲东归，灌坛令当吾道。太公有德，吾不敢以暴风疾雨过也。"文王梦觉，明日，召太公。三日三夕，果有疾风骤雨自西来也，文王乃拜太公为大司马。

【流传】（无考）

【出处】［晋］张华：《博物志》。

W0068.15.8

与神女有关的其他母题

实 例

（参见下级母题实例）

W0068. 15. 8. 1
放牧神女

【关联】［W0497. 7. 41］放牧神

实　例

（参见下级母题实例）

W0068. 15. 8. 1. 1
放牧神女奥朵西

实　例

满族　天神阿布卡赫赫的第 3 个贴身侍女奥朵西是放牧神女，掌管七彩云兽。

【流传】（无考）

【出处】《奥朵西》，见姚宝瑄主编《中国各民族神话》（满族、赫哲族、朝鲜族）之《〈天宫大战〉的其他版本》，太原：山西出版传媒集团·书海出版社 2014 年版，第 38～39 页。

W0068. 15. 8. 1. 2
放牧神女奥朵西掌管七彩云兽

实　例

满族　（参见“W0068. 15. 8. 1. 1 放牧神女奥朵西”母题实例）

W0068. 16
复仇女神

【关联】

①［W0067. 5. 3］嫉妒的女神

②［W9466. 1］神仙复仇

实　例

（实例待考）

W0068. 17
神婆（神婆婆）

实　例

（参见下级母题实例）

W0068. 17. 1
神婆的产生

实　例

（实例待考）

W0068. 17. 2
神婆的特征

实　例

（实例待考）

W0068. 17. 3
特定名称的神婆

【关联】［W0466. 10. 1. 8. 1］火畲神婆

实　例

（参见下级母题实例）

W0068. 17. 3. 1
神婆婆务罗务素

实　例

苗族　神婆婆务罗务素住在银河岸边。

【流传】

(a) 广西壮族自治区·（柳州市）·融水县（融水苗族自治县）·滚贝乡
(b) 广西壮族自治区·（柳州市）·融水县（融水苗族自治县）

【出处】

(a) 杨达香讲，梁彬采录翻译：《纳罗引勾开天辟地造人》，见中国民间文学集成全国编辑委员会编《中国民间故事集成》（广西卷），北京：中国ISBN中心2001年版，第24页。
(b) 杨达香讲，梁彬搜集整理：《创世记》，见谷德明编《中国少数民族神话》，北京：中国民间文艺出版社1987年版，第545页。

W0068.17.4

与神婆有关的其他母题

实 例

（参见下级母题实例）

W0068.17.4.1

神婆的居所

实 例

（参见下级母题实例）

W0068.17.4.1.1

神婆住在银河岸边

实 例

苗族 （参见“W0068.17.3.1 神婆婆务罗务素”母题实例）

W0068.18

天女神

【关联】［W0215］天女

实 例

（参见下级母题实例）

W0068.18.1

岷山西有天女神

实 例

汉族 岷山，无草木。其西有天女神。洮水经其下，即夏禹见长人受黑玉书处。

【流传】（无考）

【出处】［北魏］阚骃：《十三州志》。

W0068a

娘娘神

实 例

（参见下级母题实例）

W0068a.1

娘娘神的产生

实 例

（参见下级母题实例）

W0068a.1.1

仙女变成娘娘神

实 例

鄂伦春族 三位仙女死后，灵魂变成了娘娘神。

【流传】（中国东北部地区）

【出处】

（a）猜株姗讲，巴图宝音记录整理：《三女神》，见谷德明编《中国少数民族神话选》，西北民族学院研究所1983年编印，内部发行。

（b）同（a），见姚宝瑄主编《中国各民族神话》（达斡尔族、鄂伦春族、鄂温克族、蒙古族），太原：山西出版传媒集团·书海出版社2014年版，第38～42页。

W0068a. 1. 1. 1

与一个男子结婚的三个仙女死后分别变成娘娘神

实 例

鄂伦春族 一个男子与三个仙女结婚，三仙女死后分别变成司天花娘娘、司麻疹娘娘和司人身上长斑点的娘娘。

【流传】（无考）

【出处】《娘娘神的传说》，见吕大吉、何耀华总主编《中国各民族原始宗教资料集成》（鄂伦春族卷、鄂温克族卷、赫哲族卷、达斡尔族卷、锡伯族卷、满族卷、蒙古族卷、藏族卷），北京：中国社会科学出版社1999年版，第28页。

W0068a. 1. 1. 2

三位仙女死后灵魂变成治病的娘娘神

实 例

鄂伦春族 三位仙女死后，她们的灵魂就变成了永远为人间治病、永远被人们崇敬的娘娘神，即女神。

【流传】（中国东北部地区）

【出处】

（a）猜株姗讲，巴图宝音记录整理：《三女神》，见谷德明编《中国少数民族神话选》，西北民族学院研究所1983年编印，内部发行。

（b）同（a），见姚宝瑄主编《中国各民族神话》（达斡尔族、鄂伦春族、鄂温克族、蒙古族），太原：山西出版传媒集团·书海出版社2014年版，第38～42页。

W0068a. 1. 2

普通人变成娘娘神

【关联】［W0068a. 5. 4. 1］捻线的常氏女逃婚后变成麻线娘娘

实 例

汉族 （参见“W0068a. 5. 4. 1 捻线的常氏女逃婚后变成麻线娘娘”母题实例）

W0068a. 1. 2. 1

9个投河死的女人变成特定的娘娘神

实 例

达斡尔族 斡赛巫西·娘娘是九个投河死的女人。

【流传】（内蒙古自治区·呼伦贝尔市·鄂温克族自治旗·巴彦托海镇）

【出处】

(a) 珠荣嘎、额尔登泰、满都尔图调查编著:《巴彦托海索木达斡尔族情况——达斡尔族调查材料之二》,全国人民代表大会民族委员会办公室1958年编印,第56页。

(b)《"温沁·巫西·娘娘"》,见吕大吉、何耀华总主编《中国各民族原始宗教资料集成》(鄂伦春族卷、鄂温克族卷、赫哲族卷、达斡尔族卷、锡伯族卷、满族卷、蒙古族卷、藏族卷),北京:中国社会科学出版社1999年版,第317页。

W0068a.1.3

西王母的弟子成为娘娘神

实 例

达斡尔族 西王母的弟子云霄、琼霄、碧霄三姊妹成为娘娘神。

【流传】(内蒙古自治区、黑龙江省等地)

【出处】满都尔图:《达斡尔族卷·绪论》,见吕大吉、何耀华总主编《中国各民族原始宗教资料集成》(鄂伦春族卷、鄂温克族卷、赫哲族卷、达斡尔族卷、锡伯族卷、满族卷、蒙古族卷、藏族卷),北京:中国社会科学出版社1999年版,第289页。

W0068a.2

娘娘神的特征

实 例

(实例待考)

W0068a.3

娘娘神的职能

实 例

(参见下级母题实例)

W0068a.3.1

娘娘神主管天花、疹子、水痘等疾病

实 例

赫哲族 娘娘神是主管天花、疹子、水痘等疾病的神。

【流传】(无考)

【出处】《娘娘神》,见吕大吉、何耀华总主编《中国各民族原始宗教资料集成》(鄂伦春族卷、鄂温克族卷、赫哲族卷、达斡尔族卷、锡伯族卷、满族卷、蒙古族卷、藏族卷),北京:中国社会科学出版社1999年版,第203页。

赫哲族 娘娘神是主管天花、疹子、水痘等疾病的神。

【流传】(松花江下游地区依兰县至抚远市一带)

【出处】凌纯声:《松花江下游的赫哲族》(原1934年南京刊印本),北京:民族出版社2012年版,第133页。

W0068a.3.2

娘娘神主管小孩疾病

实 例

达斡尔族 娘娘·巴尔肯（娘娘神）分“喜格娘娘”和“乌其肯娘娘”两种。主要管天花和小孩疾病。

【流传】黑龙江省·齐齐哈尔市市郊

【出处】

(a) 珠荣嘎、满都尔图、绍道、赵映东、吴永章调查编著：《齐齐哈尔市郊达斡尔族情况——达斡尔族调查材料之五》，内蒙古少数民族社会调查组1958年编印，第76页。

(b)《娘娘神（齐齐哈尔地区）》，见吕大吉、何耀华总主编《中国各民族原始宗教资料集成》（鄂伦春族卷、鄂温克族卷、赫哲族卷、达斡尔族卷、锡伯族卷、满族卷、蒙古族卷、藏族卷），北京：中国社会科学出版社1999年版，第352页。

W0068a. 4

娘娘神的能力（娘娘神的事迹）

实　例

（参见下级母题实例）

W0068a. 4. 1

娘娘神能让人头痛闹病

实　例

鄂温克族 “娘娘”神能叫人头痛闹病，尤其是作怪于小孩。

【流传】内蒙古自治区·（呼伦贝尔市）·阿荣旗·查巴奇乡（查巴奇鄂温克族乡）

【出处】扎木苏讲，汪丽珍采录整理：《“娘娘”神》（1990. 08. 02），见吕大吉、何耀华总主编《中国各民族原始宗教资料集成》（鄂伦春族卷、鄂温克族卷、赫哲族卷、达斡尔族卷、锡伯族卷、满族卷、蒙古族卷、藏族卷），北京：中国社会科学出版社1999年版，第118页。

W0068a. 4. 2

娘娘神传播疾病

实　例

赫哲族 早年“北国鞑子”和汉族打仗时，因汉族屡败于“鞑子”，就想用瘟病以消灭鞑人。于是将天花娘娘、痘疹娘娘送到长城以北，使北国人患了天花、痘疹传染病，死了很多人。

【流传】（黑龙江省）

【出处】

(a)《民族问题五种丛书》黑龙江省编辑组：《赫哲族社会历史调查》，牡丹江：黑龙江朝鲜民族出版社1987年版，第171页。

(b)《德斯库来源的传说》，见吕大吉、何耀华总主编《中国各民族原始宗教资料集成》（鄂伦春族卷、鄂温克族卷、赫哲族卷、达斡尔族卷、锡伯族卷、满族卷、蒙古族卷、藏族卷），北京：中国社会科学出版社1999年版，第242页。

W0068a. 4. 3

娘娘神会治病

实　例

鄂伦春族 三位仙女死后，灵魂变成了永远为人间治病、永远被人们崇敬的娘娘神。

【流传】（中国东北部地区）

【出处】

（a）猜株姗讲，巴图宝音记录整理：《三女神》，见谷德明编《中国少数民族神话选》，西北民族学院研究所1983年编印，内部发行。

（b）同（a），见姚宝瑄主编《中国各民族神话》（达斡尔族、鄂伦春族、鄂温克族、蒙古族），太原：山西出版传媒集团·书海出版社2014年版，第38~42页。

W0068a.4.3.1

瘟病娘娘治瘟病

实 例

赫哲族 各娘娘所司的疾病不同，其中，瘟病娘娘（unpin mama）治瘟病。

【流传】（松花江下游地区依兰县至抚远市一带）

【出处】

（a）凌纯声：《松花江下游的赫哲族》，（原1934年南京刊印本），北京：民族出版社2012年版，第133~134页。

（b）《娘娘神》，见吕大吉、何耀华总主编《中国各民族原始宗教资料集成》（鄂伦春族卷、鄂温克族卷、赫哲族卷、达斡尔族卷、锡伯族卷、满族卷、蒙古族卷、藏族卷），北京：中国社会科学出版社1999年版，第204页。

W0068a.5

娘娘神的类型（特定名称的娘娘神）

【关联】［W0782.1］水母娘娘

实 例

鄂伦春族 娘娘神有司天花娘娘、司麻疹娘娘、司人身上长斑点娘娘等等。

【流传】（无考）

【出处】《娘娘神的分类》，见吕大吉、何耀华总主编《中国各民族原始宗教资料集成》（鄂伦春族卷、鄂温克族卷、赫哲族卷、达斡尔族卷、锡伯族卷、满族卷、蒙古族卷、藏族卷），北京：中国社会科学出版社1999年版，第26~27页。

W0068a.5.1

天花娘娘

【关联】［W0068a.5.7.2］光明娘娘治天花

实 例

赫哲族 各娘娘所司的疾病不同，其中，天花娘娘（ba mama）治天花。

【流传】（松花江下游地区依兰县至抚远市一带）

【出处】

（a）凌纯声：《松花江下游的赫哲族》，（原1934年南京刊印本），北京：民族出版社2012年版，第133~134页。

（b）《娘娘神》，见吕大吉、何耀华总

主编《中国各民族原始宗教资料集成》（鄂伦春族卷、鄂温克族卷、赫哲族卷、达斡尔族卷、锡伯族卷、满族卷、蒙古族卷、藏族卷），北京：中国社会科学出版社 1999 年版，第 204 页。

W0068a. 5. 1. 1

管天花的“娥搁读鸽娘娘”神

实　例

鄂伦春族 三位仙女死后，灵魂变成了娘娘神。其中，大仙女成了管天花的“娥搁读鸽娘娘”神。

【流传】（中国东北部地区）

【出处】

（a）猜株姗讲，巴图宝音记录整理：《三女神》，见谷德明编《中国少数民族神话选》，西北民族学院研究所 1983 年编印，内部发行。

（b）同（a），见姚宝瑄主编《中国各民族神话》（达斡尔族、鄂伦春族、鄂温克族、蒙古族），太原：山西出版传媒集团·书海出版社 2014 年版，第 38～42 页。

W0068a. 5. 2

麻疹娘娘（疹子娘娘）

实　例

赫哲族 各娘娘所司的疾病不同，其中，疹子娘娘治出疹。

【流传】（松花江下游地区依兰县至抚远市一带）

【出处】

（a）凌纯声：《松花江下游的赫哲族》，（原 1934 年南京刊印本），北京：民族出版社 2012 年版，第 133～134 页。

（b）《娘娘神》，见吕大吉、何耀华总主编《中国各民族原始宗教资料集成》（鄂伦春族卷、鄂温克族卷、赫哲族卷、达斡尔族卷、锡伯族卷、满族卷、蒙古族卷、藏族卷），北京：中国社会科学出版社 1999 年版，第 204 页。

W0068a. 5. 2. 1

仙女死后灵魂变成管麻疹的“呢沏坤娘娘”神

实　例

鄂伦春族 三位仙女死后，灵魂变成了娘娘神。其中，二仙女成了管麻疹病的“呢沏坤娘娘”神。

【流传】（中国东北部地区）

【出处】

（a）猜株姗讲，巴图宝音记录整理：《三女神》，见谷德明编《中国少数民族神话选》，西北民族学院研究所 1983 年编印，内部发行。

（b）同（a），见姚宝瑄主编《中国各民族神话》（达斡尔族、鄂伦春族、鄂温克族、蒙古族），太原：山西出版传媒集团·书海出版社 2014 年版，第 38～42 页。

W0068a.5.3

水痘娘娘司水痘

【关联】［W0068a.5.10.2］四海娘娘治水痘

实 例

赫哲族 各娘娘所司的疾病不同，其中，水痘娘娘司水痘。

【流传】（松花江下游地区依兰县至抚远市一带）

【出处】

（a）凌纯声：《松花江下游的赫哲族》，（原1934年南京刊印本），北京：民族出版社2012年版，第133～134页。

（b）《娘娘神》，见吕大吉、何耀华总主编《中国各民族原始宗教资料集成》（鄂伦春族卷、鄂温克族卷、赫哲族卷、达斡尔族卷、锡伯族卷、满族卷、蒙古族卷、藏族卷），北京：中国社会科学出版社1999年版，第204页。

W0068a.5.4

麻线娘娘

实 例

（参见下级母题实例）

W0068a.5.4.1

捻线的常氏女逃婚后变成麻线娘娘

实 例

汉族 一个经常捻线的常氏女为不嫁丑夫而逃婚，变成麻线娘娘。

【流传】山西省·（忻州市）·原平县

【出处】薛其公讲：《麻线娘娘》，见原平县民间文学集成编委会编《中国民间文学集成山西卷·原平民间文学集成》（上），内部编印，1987年，第366～367页。

W0068a.5.5

大、小父母娘娘神

实 例

达斡尔族 云霄、琼霄、碧霄娘娘三姊妹和姜子牙打仗时战死，后被封为神。达斡尔族各家都供它，主宰天花和小孩疾病，成为达斡尔人供奉的“西格·额倭·阿查·娘娘”（即大父母娘娘神）和“乌其肯·额倭·阿查·娘娘”（即小父母娘娘神）。

【流传】黑龙江省·布特哈旗（今内蒙古自治区·呼伦贝尔市·扎兰屯市）

【出处】

（a）珠荣嘎、额尔登泰、满都尔图、包鹤亭调查编著：《达斡尔族情况——达斡尔族调查材料之一》，全国人民代表大会民族委员会办公室1957年编印，第39页。

（b）《娘娘神（布特哈地区）》，见吕大吉、何耀华总主编《中国各民族原始宗教资料集成》（鄂伦春族卷、鄂温克族卷、赫哲族卷、达斡尔族卷、锡伯族卷、满族卷、蒙古族卷、藏族卷），北京：中国社会科学出版社1999年版，第352页。

W0068a. 5. 6

伤寒热病娘娘

实 例

（参见下级母题实例）

W0068a. 5. 6. 1

管伤寒和热病的娥仙娘娘

【关联】［W0068a. 5. 9. 2］黄娘娘治伤寒

实 例

鄂伦春族 三位仙女死后，灵魂变成了娘娘神。其中，三仙女成了管伤寒和热病的“娥仙娘娘”。

【流传】（中国东北部地区）

【出处】

（a）猜株姗讲，巴图宝音记录整理：《三女神》，见谷德明编《中国少数民族神话选》，西北民族学院研究所1983年编印，内部发行。

（b）同（a），见姚宝瑄主编《中国各民族神话》（达斡尔族、鄂伦春族、鄂温克族、蒙古族），太原：山西出版传媒集团·书海出版社2014年版，第38～42页。

W0068a. 5. 6. 2

伤寒娘娘

实 例

赫哲族 各娘娘所司的疾病不同，其中，伤寒娘娘治伤寒。

【流传】（松花江下游地区依兰县至抚远市一带）

【出处】

（a）凌纯声：《松花江下游的赫哲族》，（原1934年南京刊印本），北京：民族出版社2012年版，第133～134页。

（b）《娘娘神》，见吕大吉、何耀华总主编《中国各民族原始宗教资料集成》（鄂伦春族卷、鄂温克族卷、赫哲族卷、达斡尔族卷、锡伯族卷、满族卷、蒙古族卷、藏族卷），北京：中国社会科学出版社1999年版，第204页。

W0068a. 5. 7

光明娘娘

实 例

（参见下级母题实例）

W0068a. 5. 7. 1

光明娘娘根给娘娘管天上的事

实 例

赫哲族 “根给娘娘”（光明娘娘）管天上的事。

【流传】（黑龙江省）

【出处】

（a）《民族问题五种丛书》黑龙江省编辑组：《赫哲族社会历史调查》，牡丹江：黑龙江朝鲜民族出版社1987年版，第177页。

（b）《“德斯库”治病》，见吕大吉、何耀华总主编《中国各民族原始宗教资料集成》（鄂伦春族卷、鄂温克族卷、赫哲族卷、达斡尔族卷、锡伯族卷、满族卷、蒙古族卷、藏族卷），北京：中国社会科学出版社 1999 年版，第 242 页。

W0068a.5.7.2 光明娘娘治天花

实 例

赫哲族 “德斯库”（萨满的一种）专治瘟病。治天花时，要请“光明娘娘”来治。

【流传】（黑龙江省）

【出处】

(a)《民族问题五种丛书》黑龙江省编辑组：《赫哲族社会历史调查》，牡丹江：黑龙江朝鲜民族出版社 1987 年版，第 177 页。

(b)《“德斯库”治病》，见吕大吉、何耀华总主编《中国各民族原始宗教资料集成》（鄂伦春族卷、鄂温克族卷、赫哲族卷、达斡尔族卷、锡伯族卷、满族卷、蒙古族卷、藏族卷），北京：中国社会科学出版社 1999 年版，第 242 页。

W0068a.5.8 黄病娘娘

实 例

赫哲族 各娘娘所司的疾病不同，其中，黄病娘娘治黄病。

【流传】（松花江下游地区依兰县至抚远市一带）

【出处】

(a) 凌纯声：《松花江下游的赫哲族》，（原 1934 年南京刊印本），北京：民族出版社 2012 年版，第 133 ~ 134 页。

(b)《娘娘神》，见吕大吉、何耀华总主编《中国各民族原始宗教资料集成》（鄂伦春族卷、鄂温克族卷、赫哲族卷、达斡尔族卷、锡伯族卷、满族卷、蒙古族卷、藏族卷），北京：中国社会科学出版社 1999 年版，第 204 页。

W0068a.5.9 黄娘娘

实 例

（参见下级母题实例）

W0068a.5.9.1 黄娘娘管地上的事

实 例

赫哲族 “黄娘娘”管地上的事。代表“苏言娘娘”的旗子是黄色的。

【流传】（黑龙江省）

【出处】

(a)《民族问题五种丛书》黑龙江省编辑组：《赫哲族社会历史调查》，牡丹江：黑龙江朝鲜民族出版社 1987 年版，第 177 页。

(b)《“德斯库”治病》，见吕大吉、何耀华总主编《中国各民族原始宗教资料集成》（鄂伦春族卷、鄂温克族卷、赫哲族卷、达斡尔族卷、锡伯族卷、满族卷、蒙古族卷、藏族卷），北京：中国社会科学出版社 1999 年版，第 242 页。

W0068a. 5. 9. 2

黄娘娘治伤寒

实 例

赫哲族 “德斯库”（萨满的一种）专治瘟病。治麻疹、伤寒等病，要请“黄娘娘”来治。

【流传】（黑龙江省）

【出处】

（a）《民族问题五种丛书》黑龙江省编辑组：《赫哲族社会历史调查》，牡丹江：黑龙江朝鲜民族出版社 1987 年版，第 177 页。

（b）《“德斯库”治病》，见吕大吉、何耀华总主编《中国各民族原始宗教资料集成》（鄂伦春族卷、鄂温克族卷、赫哲族卷、达斡尔族卷、锡伯族卷、满族卷、蒙古族卷、藏族卷），北京：中国社会科学出版社 1999 年版，第 242 页。

W0068a. 5. 10

四海娘娘

【关联】［W0413. 1. 1］女海神

实 例

（参见下级母题实例）

W0068a. 5. 10. 1

四海娘娘管水里的事

实 例

赫哲族 “四海娘娘”管水里的事。代表她的旗子是蓝色或紫色。

【流传】（黑龙江省）

【出处】

（a）《民族问题五种丛书》黑龙江省编辑组：《赫哲族社会历史调查》，牡丹江：黑龙江朝鲜民族出版社 1987 年版，第 177 页。

（b）《“德斯库”治病》，见吕大吉、何耀华总主编《中国各民族原始宗教资料集成》（鄂伦春族卷、鄂温克族卷、赫哲族卷、达斡尔族卷、锡伯族卷、满族卷、蒙古族卷、藏族卷），北京：中国社会科学出版社 1999 年版，第 242 页。

W0068a. 5. 10. 2

四海娘娘治水痘

实 例

赫哲族 “德斯库”（萨满的一种）专治瘟病。治水痘时，要请“四海娘娘”来治。

【流传】（黑龙江省）

【出处】

（a）《民族问题五种丛书》黑龙江省编辑组：《赫哲族社会历史调查》，牡丹江：黑龙江朝鲜民族出版社 1987 年版，第 177 页。

（b）《“德斯库”治病》，见吕大吉、何耀华总主编《中国各民族原始宗教资料集成》（鄂伦春族卷、鄂温克族卷、赫哲族卷、达斡尔族卷、锡伯族卷、满族卷、蒙古族卷、藏族卷），北京：中国社会科学出版社1999年版，第242页。

W0068a.5.11
依罗娘娘

实 例

（参见下级母题实例）

W0068a.5.11.1
玉帝让依罗娘娘造人

实 例

土家族 玉帝让依罗娘娘造人。

【流传】 湖南省·湘西（湘西土家族苗族自治州）

【出处】《依罗娘娘造人》，见谷德明编《中国少数民族神话》，北京：中国民间文艺出版社1987年版，第167页。

W0068a.5.12
温沁巫西娘娘神

实 例

（参见下级母题实例）

W0068a.5.12.1
投河自尽的9个女子的冤魂成为温沁巫西娘娘神

【关联】［W0057.2.3.1］含冤而死者的灵魂变成神（冤魂变成神）

实 例

达斡尔族 因婚姻和男女情事投河自尽的九个女子的冤魂成为“温沁巫西娘娘神”。

【流传】（内蒙古自治区、黑龙江省等地）

【出处】 满都尔图：《达斡尔族卷·绪论》，见吕大吉、何耀华总主编《中国各民族原始宗教资料集成》（鄂伦春族卷、鄂温克族卷、赫哲族卷、达斡尔族卷、锡伯族卷、满族卷、蒙古族卷、藏族卷），北京：中国社会科学出版社1999年版，第289页。

W0068a.5.13
子孙娘娘（送子娘娘）

【关联】

①［W0398.1.2.5］泰山娘娘被称为“送子娘娘”

②［W0477.8.6.1］送子女神鬼子母

③［W0788.3.4］九天玄女司送子

实 例

（参见下级母题实例）

W0068a.5.13.1
子孙娘娘的宫殿有惩罚恶人的各种刑具

实 例

满族 尼山萨满在子孙娘娘的宫殿，参观惩罚恶人的各种刑具，以劝世人行善。

【流传】（黑龙江、松花江、嫩江、乌苏里江、牡丹江流域等）

【出处】《尼山萨满》，据赵展《尼山萨满》、金启孮《满族的历史与生活》整理，见吕大吉、何耀华总主编《中国各民族原始宗教资料集成》（鄂伦春族卷、鄂温克族卷、赫哲族卷、达斡尔族卷、锡伯族卷、满族卷、蒙古族卷、藏族卷），北京：中国社会科学出版社 1999 年版，第 515 页。

W0068a. 5. 13. 2

子孙娘娘为金花夫人

实　例

汉族 广州地区所奉的子孙娘娘为金花夫人。

【流传】（广东省·广州市）

【出处】《子孙娘娘》，见乌丙安主编《中国民间神谱》，沈阳：辽宁人民出版社 2007 年版，第 96 页。

汉族 保佑妇女生育的子孙娘娘名叫金花夫人。

【流传】（广东省）

【出处】《金花夫人》，见乌丙安主编《中国民间神谱》，沈阳：辽宁人民出版社 2007 年版，第 101 页。

W0068a. 5. 13. 3

子孙娘娘是 8 个掌管生育的女神

实　例

（参见下级母题实例）

W0068a. 5. 13. 3. 1

子孙娘娘指天仙娘娘、眼光娘娘、送生娘娘、培姑娘娘、催生娘娘、乳母娘娘、斑疹娘娘、引蒙娘娘 8 位女神

实　例

民族无考 子孙娘娘与其他八位掌管生育的女神共同供奉于娘娘殿中，分别是天仙娘娘、眼光娘娘、送生娘娘、培姑娘娘、催生娘娘、乳母娘娘、斑疹娘娘、引蒙娘娘。她们分管职能、身世来历皆有不同，但民众一律统称她们为子孙娘娘。

【流传】（无考）

【出处】《子孙娘娘》，见乌丙安主编《中国民间神谱》，沈阳：辽宁人民出版社 2007 年版，第 96 页。

W0068a. 5. 13. 4

注生娘娘是送子娘娘

实　例

民族无考 注生娘娘是执掌妇女生育的送子娘娘

【流传】（台湾、福建等地）

【出处】《注生娘娘》，见乌丙安主编《中国民间神谱》，沈阳：辽宁人民出版社 2007 年版，第 103 页。

W0068a.5.13.5

掌管妇女生育、子孙生养12位娘娘

实　例

（参见下级母题实例）

W0068a.5.13.5.1

掌管妇女生育、子孙生养有注生婆姐、注胎婆姐、监生婆姐、抱送婆姐、守胎婆姐、转生婆姐、护产婆姐、注男女婆姐、送子婆姐、安胎婆姐、养生婆姐、抱子婆姐12位娘娘

实　例

民族无考 注生娘娘与其他十一位娘娘共同供奉于注生娘娘庙内，分别是注生婆姐、注胎婆姐、监生婆姐、抱送婆姐、守胎婆姐、转生婆姐、护产婆姐、注男女婆姐、送子婆姐、安胎婆姐、养生婆姐、抱子婆姐。这些神祇分别掌管妇女生育、子孙生养等生育之事。

【流传】（台湾、福建等地）

【出处】《注生娘娘》，见乌丙安主编《中国民间神谱》，沈阳：辽宁人民出版社2007年版，第103页。

W0068a.5.13.6

送子娘娘即泰山娘娘

【关联】［W0398.1.2.5］泰山娘娘被称为“送子娘娘”

实　例

汉族 泰山娘娘初始是生育神，被称为“送子娘娘”。

【流传】山东省·泰安（泰安市）

【出处】李凌燕编：《泰山诸神的传说》（中国民间信仰传说丛书），石家庄：花山文艺出版社1994年版。

W0068a.5.13.7

送子娘娘女岐（九子母）

实　例

民族无考 送子娘娘女岐没有丈夫而育有九子，故民间认为她有催生功能，俗称其“九子母”。

【流传】（中国南北方地区）

【出处】《九子母》，见乌丙安主编《中国民间神谱》，沈阳：辽宁人民出版社2007年版，第103页。

W0068a.5.13.8

送子娘娘易木士

实　例

羌族 羌人家中仿汉俗，堂屋设神龛，供红纸书写的神，除“天地国亲师”外，还有其他七尊神如家神（“基兮士”）、送子娘娘（“易木士”）等。

【流传】四川省·（阿坝藏族羌族自治州）·汶川县·绵池乡·簇头、沟头寨

【出处】

(a) 钱安靖：《羌族宗教习俗调查资料》，见羌族社会历史调查四川省编写组编《羌族社会历史调查》，成都：四川省社会科学院出版社 1985 年版。

(b) 同（a），见吕大吉、何耀华总主编《中国各民族原始宗教资料集成》（纳西族卷、羌族卷、独龙族卷、傈僳族卷、怒族卷），北京：中国社会科学出版社 2000 年版，第 593 页。

羌族 “易木士”（YIMu sei），送子娘娘，负责保护妊妇生产和育婴。

【流传】四川省·（阿坝藏族羌族自治州）·汶川县·龙溪乡·龙溪寨

【出处】

(a) ［美］格莱汉撰，钱谦译：《羌族习俗》，载《宗教学研究》1988 年第 1 期。

(b) 同（a），＊《龙溪乡龙溪寨的白石崇拜》，见吕大吉、何耀华总主编《中国各民族原始宗教资料集成》（纳西族卷、羌族卷、独龙族卷、傈僳族卷、怒族卷），北京：中国社会科学出版社 2000 年版，第 473 页。

W0068a. 5. 14

娥仙娘娘神

实 例

（参见下级母题实例）

W0068a. 5. 14. 1

掌伤寒及热病的三仙女称娥仙娘娘神

实 例

鄂伦春族 大女掌天花，为娥搁读鸽娘娘神；二仙女掌麻疹，为切砌坤娘娘神；三仙女掌伤寒及热病，为娥仙娘娘神，世呼为三女神。

【流传】（无考）

【出处】袁珂改编：《三女神》，原载谷德明《中国少数民族神话选》，见袁珂《中国神话大词典》，北京：华夏出版社 2015 年版，592 第页。

W0068a. 5. 15

眼光娘娘

实 例

（参见下级母题实例）

W0068a. 5. 15. 1

眼光娘娘是主司眼目健康之神

实 例

民族无考 眼光娘娘又名眼光明目元君，主司眼目健康之神。

【流传】（无考）

【出处】《眼光娘娘》，见乌丙安主编《中国民间神谱》，沈阳：辽宁人民出版社 2007 年版，第 105 页。

W0068a.5.16

圣母娘娘（圣母）

实　例

（参见下级母题实例）

W0068a.5.16.1

圣母娘娘能让海水结冰三尺

实　例

汉族 圣母娘娘心眼软，还有一身好本事，能叫海水结冰三尺。

【流传】 河南省·（周口市）·西华县·陌陂乡·前洼村

【出处】 陈德荣（78岁，不识字）讲，魏胜林采录：《补天的传说》（1986.03），见张振犁编著《中原神话通鉴》（第一卷），郑州：河南大学出版社2017年版，第139页。

W0068a.5.16.2

晋祠圣母

实　例

（参见下级母题实例）

W0068a.5.16.2.1

晋祠圣母名春英

实　例

汉族 晋祠圣母名春英，为山西晋祠村童养媳，当水漫出缸外、流泛村中时，春英急取草蛰往水头镇之，身坐蛰上，水势始减缓，下成清泉。人因立晋祠祀之，塑彼盘腿坐草垫，一手抿鬓边发、一手持梳正梳头之状，称为“水母娘娘”。

【流传】（无考）

【出处】 《晋祠圣母》，原载《民间文学·水母娘娘》（1958.08）见袁珂《中国神话大词典》，北京：华夏出版社2015年版，第257页。

W0068a.5.16.2.2

晋祠圣母又称水母娘娘

实　例

汉族 晋祠圣母又称“水母娘娘”。俗传太原晋祠圣母姓柳氏，金胜村人，姑性严，汲水甚难。道遇白衣乘马，欲水饮玛，柳不吝与之。乘马者授之以鞭，令置之瓮底，曰：“抽鞭则水自生。”柳归母家，其姑误抽鞭，水遂奔流不可止。急呼柳至，坐于瓮上，水乃安流。今圣母之座即瓮口也。

【流传】（无考）

【出处】

（a）《古今图书集成·职方典》卷三〇六。

（b）《晋祠圣母》，见袁珂《中国神话大词典》，北京：华夏出版社2015年版，第257页。

W0068a.5.16.3

昊天圣母

实　例

（参见下级母题实例）

W0068a. 5. 16. 3. 1

昊天圣母助黄龙战胜黑龙

实 例

汉族 洪水中又有黄龙与黑龙搏斗，后得昊天圣母来助黄龙战胜黑龙，黄龙因产卵相谢。

【流传】（湖北省·神农架林区）

【出处】 张树艺、曹坤良唱：《黑暗传》，原载中国民间文艺研究会湖北分会编《神农架·黑暗传》序言，（多种版本汇编本），见袁珂《中国神话大词典》，北京：华夏出版社 2015 年版，第 394 页。

W0068a. 6

娘娘神的关系

实 例

（参见下级母题实例）

W0068a. 6. 1

会治病的人是娘娘神的奴才

实 例

赫哲族 “阿哈”（aha）其意为娘娘神奴才，他们是会治疗天花、疹子、水痘等疾病的人。

【流传】（松花江下游地区依兰县至抚远市一带）

【出处】

（a）凌纯声：《松花江下游的赫哲族》，（原 1934 年南京刊印本），北京：民族出版社 2012 年版，第 133 页。

（b）《娘娘神》，见吕大吉、何耀华总主编《中国各民族原始宗教资料集成》（鄂伦春族卷、鄂温克族卷、赫哲族卷、达斡尔族卷、锡伯族卷、满族卷、蒙古族卷、藏族卷），北京：中国社会科学出版社 1999 年版，第 203 页。

W0068a. 6. 2

娘娘神的师傅是西王母

【关联】［W0761. 7. 1］西王母的弟子云霄、琼霄、碧霄三姊妹娘娘神

实 例

锡伯族 娘娘神为西王母的弟子云霄、琼霄和碧霄，她们被当作治疗儿童天花的痘疹娘娘。

【流传】（新疆维吾尔自治区·伊犁哈萨克自治州·察布查尔锡伯自治县）

【出处】

（a）贺灵、佟克力著：《锡伯族史》，乌鲁木齐：新疆人民出版社 1993 年版第 471 页。

（b）《其他信仰》，见吕大吉、何耀华总主编《中国各民族原始宗教资料集成》（鄂伦春族卷、鄂温克族卷、赫哲族卷、达斡尔族卷、锡伯族卷、满族卷、蒙古族卷、藏族卷），北京：中国社会科学出版社 1999 年版，第 461～462 页。

W0068a.7

与娘娘神有关的其他母题

实 例

（参见下级母题实例）

W0068a.7.1

娘娘神有3种

实 例

（参见下级母题实例）

W0068a.7.1.1

娘娘神有四海娘娘、光明娘娘和黄娘娘3种

实 例

赫哲族 娘娘神有三种：“四海娘娘”、“根给娘娘”（即光明娘娘）和“苏言娘娘”（即黄娘娘）。

【流传】（黑龙江省）

【出处】

（a）《民族问题五种丛书》黑龙江省编辑组：《赫哲族社会历史调查》，牡丹江：黑龙江朝鲜民族出版社1987年版，第177页。

（b）《“德斯库”治病》，见吕大吉、何耀华总主编《中国各民族原始宗教资料集成》（鄂伦春族卷、鄂温克族卷、赫哲族卷、达斡尔族卷、锡伯族卷、满族卷、蒙古族卷、藏族卷），北京：中国社会科学出版社1999年版，第242页。

W0068a.7.2

圣母

实 例

（参见下级母题实例）

W0068a.7.2.1

华山圣母

【关联】［W0398.1.2a.3］华山神的第三个女儿华山圣母

实 例

汉族 （参见“W0398.1.2a.3 华山神的第三个女儿华山圣母”母题实例）

W0069

双性神（两性神）

实 例

珞巴族 （实例待考）

W0069.1

神自生自育

实 例

（参见下级母题实例）

W0069.1.1

敖钦女神变成两性怪神后能自生自育

【关联】［W0068.10.6a］敖钦女神

实 例

满族 敖钦女神变成了一角九头八臂的两性怪神后，自己有“索索”（男性生殖器），能自生自育，生出无数个跟她一样的怪神。

【流传】黑龙江省·黑河地区（黑河市）·孙吴县·（沿江满族达斡尔族乡）·四季屯（四季屯村）

【出处】吴纪贤、富希陆讲：《天宫大战——黑水女真人传世神话》（1939，选自富育光、郭淑云整理的手稿），见姚宝瑄主编《中国各民族神话》（满族、赫哲族、朝鲜族），太原：山西出版传媒集团·书海出版社2014年版，第24页。

W0069.2

神能变性

实 例

傣族 （实例待考）

满族 西斯林女神因贪睡惹出大祸，被天神、地神和星神三女神逐出天界。从此，她变成恶魔耶鲁里手下的一个男性野神。放荡不羁，在天地之间撼山摇月，成为万物一害。

【流传】黑龙江省·黑河地区（黑河市）·孙吴县·（沿江满族达斡尔族乡）·四季屯（四季屯村）

【出处】吴纪贤、富希陆讲：《天宫大战——黑水女真人传世神话》（1939，选自富育光、郭淑云整理的手稿），见姚宝瑄主编《中国各民族神话》（满族、赫哲族、朝鲜族），太原：山西出版传媒集团·书海出版社2014年版，第32页。

W0069a

与神的性别有关的其他母题

实 例

（参见下级母题实例）

W0069a.1

以前男女神比例失调

【关联】［W0087.4.1］女神多男神少

实 例

满族 因为人类是老太太用木头刻成的，所以恰喀拉氏族的神大部分是老太太神，男神少。

【流传】黑龙江省·（哈尔滨市）·阿城市（阿城区）

【出处】穆尔察·晔骏讲，孟慧英采录：《恰喀拉人是怎么来的》，见中国民间文学集成全国编辑委员会编《中国民间故事集成》（黑龙江卷），北京：中国ISBN中心2005年版，第20页。

W0069a.2

男神女神同时产生

实 例

（实例待考）

W0069a.3

女神产生早于男神

【关联】［W0058.4］神产生的时间

实 例

（参见下级母题实例）

W0069a.3.1

女神雅桑该比男神布桑该早产生1万年

实 例

傣族 混沌之初，气体与风、云不断摩擦，产生了女神雅桑该，过了1万年后，又产生了男神布桑该。

【流传】（无考）

【出处】《布桑该与雅桑该》，见王松《论神话及其他》，昆明：云南民族出版社2006年版，第52页。

W0069a.4

男神产生早于女神

【关联】

① ［W2769］男女性别产生的先后

② ［W2769.2.1］先产生女后产生男

③ ［W2769.2.2］先产生男后产生女

实 例

（实例待考）

W0069a.5

神会变化的性别

实 例

（参见下级母题实例）

W0069a.5.1

祖先神穆昆达有时变成男的，有时变成女的

实 例

满族 祖先神穆昆达有时变成男的，有时变成女的。

【流传】黑龙江省·牡丹江市·（阳明区）·铁岭河（铁岭河镇）

【出处】郭鹤令讲，傅英仁采录：《鄂多玛发》，见中国民间文学集成全国编辑委员会编《中国民间故事集成》（黑龙江卷），北京：中国ISBN中心2005年版，第46～48页。

W0070

神的外貌特征（神的面貌）

【汤普森】≈A120

实 例

（参见下级母题实例）

W0070.1

神没有固定的外形（神无定形）

【汤普森】A120.4

实 例

（参见下级母题实例）

W0070.1.1

神或如梦象或如诸物无形相可言

实 例

羌族 神的形相，或为梦寐所见之意

象，或为特殊之物体形状，或无形相可言，则衣角、体垢、嘘气、昆虫、落叶，任何动物或人造物都可以代表。

【流传】（无考）

【出处】胡鉴民：《羌族的信仰与习为》，原载《边疆研究论丛》1941年，见吕大吉、何耀华总主编《中国各民族原始宗教资料集成》（纳西族卷、羌族卷、独龙族卷、傈僳族卷、怒族卷），北京：中国社会科学出版社2000年版，第460页。

W0070. 2

神是无形的（神无形，人看不见神）

【汤普森】①A102. 9；②A120. 3

实　例

（参见下级母题实例）

W0070. 2. 1

神有形又无形

【关联】［W0722. 2. 16. 3］盘古有形又无形

实　例

汉族 说盘古神无形，但他仍是有形的，那天上的日头和月亮，就是他的两只眼睛变的。

【流传】浙江省·（丽水市·莲都区·万象街道）·刘祠堂背

【出处】孙华仙讲，唐宗龙搜集整理：《盘古造化天地》（1963），见姚宝瑄主编《中国各民族神话》（汉族），太原：山西出版传媒集团·书海出版社2014年版，第9～10页。

W0070. 2. 2

神是气

【关联】［W0202. 0. 1. 1］最高神更资天神的母亲不是人、神、动植物，而是一股气

实　例

彝族 更资天神的母亲蒲依本来是一股气。

【流传】云南省·（楚雄彝族自治州）·永仁县

【出处】曲木阿石讲，罗有能采录：《更资天神》，见中国民间文学集成全国编辑委员会编《中国民间故事集成》（云南卷），北京：中国ISBN中心2003年版，第3页。

W0070. 2. 3

神在人周围，人却看不见摸不着

实　例

壮族 神时时存在于人们的前后左右，头上脚上，但却看不见摸不着。

【流传】广西壮族自治区·（南宁市）·武鸣县·两江乡·雷江片，马山县·古零乡·杨圩片

【出处】黄世杰搜集整理：*《多神信仰》（1990），见吕大吉、何耀华总主编《中国各民族原始宗教资料集成》（土家族卷、瑶族卷、壮族卷、黎族

卷），北京：中国社会科学出版社1998年版，第493页。

W0070.2.3.1

人看不见神的影子，神却看得见人

实 例

哈尼族 人与神原是一对兄弟，后来分家。不知过了多少年，多少代，人慢慢地听不懂神的话了，也看不见神的影子。神却仍然听得懂人的话，也看得见人。

【流传】云南省·玉溪地区（玉溪市）

【出处】毛里仰讲：《人神分家》，王松选自玉溪地区《民间文学资料》第1集，见姚宝瑄主编《中国各民族神话》（哈尼族、傣族），太原：山西出版传媒集团·书海出版社2014年版，第77页。

W0070.2.4

神只闻其声不见其形

实 例

怒族 甲科村有一家相依为命的母女俩。女儿与崖神成婚后把一些崖神带回家做客。崖神们又唱歌又跳舞，整个大地都颤抖起来了，但是母亲依然一无所见。

【流传】云南省·怒江州（怒江傈僳族自治州）

【出处】《崖神娶人妻传说之一》，据怒江州文化局编《深山夜话——怒江各民族民间故事选》“女子崖”重新整理，见吕大吉、何耀华总主编《中国各民族原始宗教资料集成》（纳西族卷、羌族卷、独龙族卷、傈僳族卷、怒族卷），北京：中国社会科学出版社2000年版，第905～906页。

W0070.2.4.1

人听到山神说话却看不见山神

实 例

怒族 怒族姑娘嫁给山神后，和女婿带着几个米斯（山神），赶着许多野牛来看望家人，野牛关满了厩，但人们却看不见米斯，只听到米斯说话的声音。

【流传】云南省·怒江傈僳族自治州·（福贡县·上帕镇）·木古甲（木古甲村）

【出处】

(a) 韩文俊讲，胡正生整理：《木古甲怒族历史传说及世系》，见怒江傈僳族自治州政协编《怒江文史资料选辑》第八辑，1987年编印，第12～13页。

(b)《猎神的由来传说之三》，见吕大吉、何耀华总主编《中国各民族原始宗教资料集成》（纳西族卷、羌族卷、独龙族卷、傈僳族卷、怒族卷），北京：中国社会科学出版社2000年版，第909页。

W0070. 3

神是人形（人兽合体神）

【汤普森】A125

实 例

（参见下级母题实例）

W0070. 3. 1

半人半兽的神

【关联】［W0584. 1］文化英雄是半人半兽

实 例

（参见下级母题实例）

W0070. 3. 1. 1

半人半兽的巨神纳罗引勾

实 例

苗族 纳罗引勾是半人半兽的巨神。

【流传】广西壮族自治区北部地区

【出处】过竹：《苗族神话研究》，南宁：广西人民出版社 1988 年版，第 215 页。

W0070. 3. 1. 2

人首蛇身神

实 例

汉族 有人曰苗民。有神焉，人首蛇身，长如辕，左右有首，衣紫衣，冠旃冠，名曰延维，人主得而飨食之，伯天下。

【流传】（无考）

【出处】［战国至汉］撰者不详：《山海经·海内经》。

W0070. 3. 1. 3

人首鱼身神

实 例

满族 因受太阳之光，东海中不少虫变成了人首鱼身的河湖江海之神。

【流传】黑龙江省·黑河地区（黑河市）·孙吴县·（沿江满族达斡尔族乡）·四季屯（四季屯村）

【出处】吴纪贤、富希陆讲：《天宫大战——黑水女真人传世神话》（1939，选自富育光、郭淑云整理的手稿），见姚宝瑄主编《中国各民族神话》（满族、赫哲族、朝鲜族），太原：山西出版传媒集团·书海出版社 2014 年版，第 36～37 页。

W0070. 3. 1. 4

人身鱼首神

实 例

满族 水温升高后，水中那些变成鱼形动物的人类恢复了部分人的体形，但永远也变不成完全的人了，就成了人身鱼首的德立克女神。

【流传】（无考）

【出处】《阿布卡赫赫女神创世》，王松根据富育光、孟慧英、王宏刚撰写的《满族宗教与神话》改写，见姚宝瑄主编《中国各民族神话》（满族、赫哲族、朝鲜族），太原：山西出版传媒集团、书海出版社 2014 年版，第 4～14 页。

W0070.3.2

鸭嘴蛇头人身神

实 例

满族 靠幻想制作的神偶，如人兽合体的如鸭嘴蛇头人身神偶。

【流传】（无考）

【出处】

(a) 富育光、孟慧英：《满族萨满教研究》，北京：北京大学出版社 1991 年版，第 129 页。

(b)《神偶的形象》，见吕大吉、何耀华总主编《中国各民族原始宗教资料集成》（鄂伦春族卷、鄂温克族卷、赫哲族卷、达斡尔族卷、锡伯族卷、满族卷、蒙古族卷、藏族卷），北京：中国社会科学出版社 1999 年版，第 491 页。

W0070.3.3

神的面貌与人相同

实 例

壮族 鬼神的形状与现代人基本相同。

【流传】（无考）

【出处】 范宏贵：《壮族卷·绪论》，见吕大吉、何耀华总主编《中国各民族原始宗教资料集成》（土家族卷、瑶族卷、壮族卷、黎族卷），北京：中国社会科学出版社 1998 年版，第 478 页。

W0070.4

神有动物外形（神的面貌是半人半兽）

【汤普森】 A131

【关联】［W0635］人兽合体的神

实 例

（参见下级母题实例）

W0070.4.1

神外形是鸟

实 例

（参见下级母题实例）

W0070.4.1.1

神人面鸟身

实 例

汉族 昔三苗大乱，天命殛之，夏后受命于元宫。有大神人面鸟身，降而福之。以王。

【流传】（无考）

【出处】［清］马国翰：《玉函山房辑佚书》辑《随巢子》。

W0070.4.1.2

九首人面鸟身之神

实 例

（参见下级母题实例）

W0070. 4. 1. 2. 1
九凤是九首人面鸟身之神

实 例

汉族 大荒之中，有山名曰北极天柜，海水北注焉。有神，九首人面鸟身，名曰九凤。

【流传】（无考）

【出处】［战国至汉］撰者不详：《山海经·大荒北经》。

W0070. 4. 1. 3
守护天火的昂神是只大公鸡

实 例

纳西族（摩梭） 守护天火的昂神是只大公鸡。

【流传】云南省·（丽江市）·宁蒗县（宁蒗彝族自治县）

【出处】桑直若史、益依关若讲，章天钖、章天铭搜集，章虹宇整理：《昂姑咪》，载《山茶》1986 年第 3 期。

W0070. 4. 2
神人面兽身

【关联】［W0767. 2. 1］祝融人面兽身（祝融兽身人面）

实 例

壮族 神有人形或人面兽身实体。

【流传】广西壮族自治区·（南宁市）·武鸣县·两江乡·雷江片，马山县·古零乡·杨圩片

【出处】黄世杰搜集整理：*《多神信仰》（1990），见吕大吉、何耀华总主编《中国各民族原始宗教资料集成》（土家族卷、瑶族卷、壮族卷、黎族卷），北京：中国社会科学出版社 1998 年版，第 493 页。

W0070. 4. 2. 1
神人面马身

实 例

汉族 凡西次二经之首，自钤山至于莱山，凡十七山，四千一百四十里。其十神者，皆人面而马身，其七神皆人面牛身，四足而一臂，操杖以行。

【流传】（无考）

【出处】［战国至汉］撰者不详：《山海经·西次二经》。

W0070. 4. 2. 2
神人面牛身

实 例

汉族 （参见“W0070. 4. 2. 1 神人面马身”母题实例）

W0070. 4. 2. 3
神人面豹身

实 例

（参见下级母题实例）

W0070.4.2.3.1

阿格达恩都哩人面豹子身

实 例

满族 阿格达恩都哩人面豹子身。

【流传】（无考）

【出处】《阿格达恩都哩》，原载孟慧英著《满族民间文化论集》，长春：吉林人民出版社1990年版，见姚宝瑄主编《中国各民族神话》（满族、赫哲族、朝鲜族），太原：山西出版传媒集团·书海出版社2014年版，第100～101页。

W0070.4.3

神兽面人身

实 例

（参见下级母题实例）

W0070.4.3.1

神羊身人面

实 例

羌族 在羌人活动的崇吾山、三危山、积石山、玉山到翼理山一带，所供奉的神“状皆羊身人面”。

【流传】（无考）

【出处】《史籍记载古羌人信仰羊神》，见吕大吉、何耀华总主编《中国各民族原始宗教资料集成》（纳西族卷、羌族卷、独龙族卷、傈僳族卷、怒族卷），北京：中国社会科学出版社2000年版，第554页。

W0070.4.4

神长有虎皮

【汤普森】A131.4

实 例

（实例待考）

W0070.5

神有无数个外形（神有不同面貌）

【汤普森】A139.10

【关联】［W0132］神的变化（神的变形）

实 例

（实例待考）

W0070.6

连体神

【汤普森】A123.1.2

实 例

（实例待考）

W0070.6.1

男女双体连胎的神

实 例

珞巴族 （实例待考）

W0070.7

三位一体的神

【汤普森】A109.1

实　例

（参见下级母题实例）

W0070. 7. 1
三个身体的神

【汤普森】 ≈A123. 1. 1

【关联】［W2886. 1］有三个身体的人

实　例

（参见下级母题实例）

W0070. 7. 1. 1
神一身三相

实　例

（参见下级母题实例）

W0070. 7. 1. 1. 1
念青唐古拉山神有三种身相

实　例

藏族 念青唐古拉山神有三种身相，第一种是身穿白衣、头戴白巾的白人，右手执马鞭，左手执一短剑，坐骑是一匹白马；第二种身着精玉做成的铠甲，缠上黑熊皮，头戴精玉做成有白色图案的头盔，佩带寒光闪闪的铁剑，面色严谨深沉；第三种穿水晶盔甲，挥舞一支白水晶长矛。

【流传】（无考）

【出处】［奥地利］内贝斯基著，谢继胜译：《西藏的鬼怪和神灵——比较宗教学研究》，原载《国外藏学研究译文集》第 3 集，西藏人民出版社 1987 年版，见吕大吉、何耀华总主编《中国各民族原始宗教资料集成》（鄂伦春族卷、鄂温克族卷、赫哲族卷、达斡尔族卷、锡伯族卷、满族卷、蒙古族卷、藏族卷），北京：中国社会科学出版社 1999 年版，第 790 页。

W0070. 7. 2
自然、神灵和祖先三位一体

【关联】［W0127. 5. 1］自然、神灵和祖先三位一体，互相转化

实　例

佤族（实例待考）

W0070. 7. 3
火神与男女祖先神三位一体

实　例

羌族 羌族的火塘有一个有三条腿的脚架，就是他们的“家神”。第一条腿称为“莫波士”（MoBo sei）或“莫布士”（MuBu sei）。这条腿通常有一个孔，孔内有一个环。这条腿即火神。第二条腿称为“阿巴士”（Ab-ba sei），是羌人的男性祖先。第三条腿称为“阿塔士”（A Ta Sei），是羌民的女性祖先。这三条腿是羌人三位一体的神。

【流传】 四川省·（阿坝藏族羌族自治州）·汶川县·龙溪乡·龙溪寨

【出处】

（a）［美］格莱汉撰，钱谦译：《羌族习俗》，载《宗教学研究》1988 年第

1期。

(b) 同（a），＊《龙溪乡龙溪寨的白石崇拜》，见吕大吉、何耀华总主编《中国各民族原始宗教资料集成》（纳西族卷、羌族卷、独龙族卷、傈僳族卷、怒族卷），北京：中国社会科学出版社2000年版，第472页。

W0070.8

神以物体的样子出现

【汤普森】A139.8

实　例

（实例待考）

W0070.8.1

神像树干

【汤普森】A139.8.1

实　例

（实例待考）

W0070.8.2

鸟是神的影子

【汤普森】A195.3

实　例

（实例待考）

W0070.8.3

神像闪电

【汤普森】A137.16

实　例

（实例待考）

W0070.8.4

神是星星

实　例

（实例待考）

W0070.8.4.1

一颗星星就是一个神

实　例

毛南族　（实例待考）

W0070.9

与神的外貌有关的其他母题

实　例

（参见下级母题实例）

W0070.9.0

神的外貌的来历

实　例

（参见下级母题实例）

W0070.9.0.1

神造神时设计神的模样

实　例

傣族　第三代天神捧腊哈生来就十分聪明，他搓身上的泥造神时，想到天和地有多方面，神也应该有多方面，才能看见东西，同时又能看到西面发生的事情，于是便把第四代神捏成两面脸，头上长两对眼睛。

【流传】云南省·西双版纳傣族地区（西双版纳傣族自治州）

【出处】《巴塔麻嘎捧尚罗》，王松据岩温炳翻译《巴塔麻晏》（开天辟地）改写，见姚宝瑄主编《中国各民族神话》（哈尼族、傣族），太原：山西出版传媒集团·书海出版社 2014 年版，第 287 页。

W0070.9.1

神是幻象

实 例

（实例待考）

W0070.9.2

面目美丽的神

实 例

（实例待考）

W0070.9.3

面目丑陋的神

【汤普森】A123.1

实 例

（实例待考）

W0070.9.4

面目怪异的神

实 例

（实例待考）

W0070.9.5

体形像生殖器的神

【关联】［W6377.4］生殖器崇拜（性崇拜）

实 例

门巴族 （实例待考）

W0070.9.6

通体透明的神

实 例

（实例待考）

W0070.9.7

身体有缺陷的神

【汤普森】A128

实 例

（实例待考）

W0070.9.8

神的身体是某一个地方

实 例

门巴族 （实例待考）

W0070.9.9

只有一半身体的神

实 例

（实例待考）

W0070.9.9.1

只有一只眼、一条胳膊和一条腿的乌佑（神、精灵）

实 例

珞巴族（实例待考）

W0070.9.10

神是无限时空的化身

实 例

蒙古族（布里亚特）天神奥约奥尔·蒙亥·腾格里是宇宙空间无穷的深度和高度的形象化身。

【流传】（无考）

【出处】［苏联］И. А. 曼日格耶夫著，宋长宏译，佟德富校：《布里亚特萨满教和前萨满教辞典》（俄文版），莫斯科：科学出版社 1978 年版，第 61 页，见吕大吉、何耀华总主编《中国各民族原始宗教资料集成》（鄂伦春族卷、鄂温克族卷、赫哲族卷、达斡尔族卷、锡伯族卷、满族卷、蒙古族卷、藏族卷），北京：中国社会科学出版社 1999 年版，第 629 页。

W0070.9.11

相貌相同的神

实 例

（参见下级母题实例）

W0070.9.11.1

火神的七个儿子长得一模一样

实 例

傣族火神的七个儿子原是七胞胎，长得一模一样，高大魁梧。

【流传】云南省·西双版纳（西双版纳傣族自治州）·勐海（勐海县）·勐遮（勐遮镇）、勐混（勐混镇）

【出处】波玉挽讲，王光搜集整理：《披乍贺与火神之子的一场战争》，见姚宝瑄主编《中国各民族神话》（哈尼族、傣族），太原：山西出版传媒集团·书海出版社 2014 年版，第 245 页。

W0070.9.12

神的面貌与供奉他的主人相似

实 例

（参见下级母题实例）

W0070.9.12.1

术神与供奉他的主人外貌相似

实 例

纳西族术神灵像（供奉他的）主人，主人也像术神灵。

【流传】云南省·（丽江市）·丽江县（古城区、玉龙纳西族自治县）

【出处】木丽春采集整理：《术神灵像主人的故事》，见木丽春编著《纳西族民间故事集》，昆明：云南人民出版社 2007 年版，第 103 页。

W0071

神的身高特征

【关联】［W0314］雷神身材巨大

实 例

（参见下级母题实例）

W0071.1

神有惊人的身高（神身体巨大）

实 例

朝鲜族、傣族、哈尼族、佤族（实例待考）

W0071.1.1

巨人神（巨神）

【关联】

①［W0497.7.9］巨灵神

②［W0660］巨人

实 例

鄂温克族（实例待考）

W0071.1.1.1

巨神老头身影长几百里

实 例

朝鲜族 巨神老头长得高大，身影竟长达几百里。

【流传】（无考）

【出处】＊《巨神老头儿造山河》，见金东勋：《朝鲜族的神话传说》，http：//www.chinactwh.com，2003.09.02。

W0071.1.1.2

巨人神来莫日根

实 例

鄂温克族 巨人神来莫日根。

【流传】（无考）

【出处】《巨人神来莫日根》，见《中国各民族宗教与神话大词典》编审委员会编《中国各民族宗教与神话大词典》，北京：学苑出版社 1990 年版，第 136 页。

W0071.1.1.3

神是巨人

实 例

（参见下级母题实例）

W0071.1.1.3.1

神是肢体俱全的巨人

实 例

傣族 天地间第一个大神英叭是一个伟大的巨人，有头、有身、有手、有脚、有嘴、有脸、有鼻、有眼。

【流传】云南省·西双版纳傣族地区（西双版纳傣族自治州）

【出处】《巴塔麻嘎捧尚罗》，王松据岩温炳翻译《巴塔麻晏》（开天辟地）改写，见姚宝瑄主编《中国各民族神话》（哈尼族、傣族），太原：山西出版传媒集团·书海出版社 2014 年版，第 265 页。

W0071.1.1.3.2
巨人男神桑戛西体重十亿斤

实 例

傣族 男神桑戛西是个巨人，他的身子足足有十亿斤。

【流传】 云南省·西双版纳（西双版纳傣族自治州）·勐腊县·勐混镇、打洛镇

【出处】 ＊《桑戛赛与桑戛西的诞生》，原载岩峰三讲，毕光尖记录《桑戛西与桑戛赛造天地，创人类》，见姚宝瑄主编《中国各民族神话》（哈尼族、傣族），太原：山西出版传媒集团·书海出版社2014年版，第251页。

W0071.1.1.4
天上的巨神糯斯野

实 例

彝族 天上的巨神糯斯野不让人变成神，是为了让他繁衍人类。

【流传】 贵州省·（毕节市）·威宁县（威宁彝族回族苗族自治县）、赫章县一带

【出处】 罗正清翻译，黄建明摘录：《弥神与觉神》（未刊稿），见吕大吉、何耀华总主编《中国各民族原始宗教资料集成》（彝族卷、白族卷、基诺族卷），北京：中国社会科学出版社1996年版，第280页。

W0071.1.2
神像天一样高

实 例

（参见下级母题实例）

W0071.1.2.1
喜古多古是个头顶青天的神

实 例

珞巴族 喜古多古是个头顶青天的神，如果把他的喉咙砍断，必死无疑。那么，天就会压到地上，所有的乌佑、动物和人都会死掉。

【流传】 西藏自治区·下珞渝（又写作"下珞瑜"，泛指永木河、锡约尔河、巴恰西仁河流域）

【出处】 维·埃尔温搜集：《达尼和尼都》，见中华民族故事大系编委会编《中华民族故事大系》第16卷（赫哲族、门巴族、珞巴族、基诺族），上海：上海文艺出版社1995年版，第757～763页。

W0071.1.2.2
神伸手触天

【关联】 ［W0079.1.1.2］神手臂长得能伸手触天

实 例

哈尼族 加波俄郎（神名）身材高大，力大无比，聪明能干，他的手长得可以伸到天空，脚大得可以踏平山川。

【流传】云南省·西双版纳（西双版纳傣族自治州）

【出处】飘马讲，白章富搜集整理：《奥颠米颠》，见姚宝瑄主编《中国各民族神话》（哈尼族、傣族），太原：山西出版传媒集团·书海出版社 2014 年版，第 79 页。

W0071. 1. 3

神如山高

实　例

（参见下级母题实例）

W0071. 1. 3. 1

人神达能身躯有阿佤山的一半

实　例

佤族 达能（人神名）身躯有阿佤山的一半。

【流传】云南省·（普洱市）·西盟县（西盟佤族自治县）

【出处】达老屈等讲，隋嘎等采录：《司岗里》，见中国民间文学集成全国编辑委员会编《中国民间故事集成》（云南卷），北京：中国 ISBN 中心 2003 年版，第 96 页。

W0071. 1. 4

神有特定数字的身高

实　例

（参见下级母题实例）

W0071. 1. 4. 1

神身长有 10 亿约扎那①

实　例

傣族 桑戛西（神的名称）的身长有 10 亿约扎那。

【流传】（无考）

【出处】《巴塔麻戛捧尚罗》，见王松《论神话及其他》，昆明：云南民族出版社 2006 年版，第 56 页。

W0071. 1. 5

神以山为凳

实　例

（参见下级母题实例）

W0071. 1. 5. 1

神刚生下来就把山当小小的坐凳

实　例

景颇族 娃娃（改天整地的宁贯娃）刚落地，高高的山只是他小小的坐凳。

【流传】云南省·（德宏傣族景颇族自治州）·陇川县

【出处】施戛崩等讲，何峨采录：《宁贯娃改天整地》，见中国民间文学集成全国编辑委员会编《中国民间故事集

① “扎那”，傣语长度单位，为“里”。

成》(云南卷),北京:中国 ISBN 中心 2003 年版,第 61 页。

W0071.1.6
神的身体充斥天地间

实 例

(参见下级母题实例)

W0071.1.6.1
女天神站起来身体能把整个宇宙塞满,伸开翅膀就把整个宇宙盖住

实 例

维吾尔族 很早以前,天上的女天神有时站起身来舒展一下身体,就把整个宇宙给塞满了,伸开翅膀(双臂),就把整个宇宙给盖住了。

【流传】 新疆维吾尔自治区·伊犁州(伊犁哈萨克自治州)·察布查尔县(察布查尔锡伯自治县)

【出处】 牙库布讲,阿不都拉搜集翻译,姚宝瑄整理:《女天神创世》,见姚宝瑄主编《中国各民族神话》(乌孜别克族、哈萨克族、柯尔克孜族、俄罗斯族、维吾尔族、塔吉克族、塔塔尔族、锡伯族),太原:山西出版传媒集团·书海出版社 2014 年版,第 225 页。

W0071.2
身体矮小的神

【汤普森】 A134

【关联】 [W0232.2] 矮小的地神

实 例

(参见下级母题实例)

W0071.2.1
神开始时很小

【关联】 [W0191.3a.1] 天神开始时很小

实 例

拉祜族 (参见“W0191.3a.1.1 天神厄莎出生时只有头发丝大,脚毛一样长”母题实例)

W0071.2.2
矮神德布阿尔

实 例

彝族 更资天神(又译为“策耿纪”、“恩梯古资”、“陈根子”、“根兹天神”等)的弟弟是个德布阿尔(意即又矮又胖的小人)。

【流传】 云南省·(楚雄彝族自治州)·永仁县

【出处】 曲木阿石讲,罗有能采录:《更资天神》,见中国民间文学集成全国编辑委员会编《中国民间故事集成》(云南卷),北京:中国 ISBN 中心 2003 年版,第 3 页。

W0071.2.3
小神

实 例

满族 天神阿不凯恩都里率众弟子用造人剩下的神土按柳树叶和神杆的样子，造出许多小神。

【流传】黑龙江省·（牡丹江市）·宁安县

【出处】关振川讲：《阿不凯恩都里》，见中国民间文学集成全国编辑委员会编《中国民间故事集成》（黑龙江卷），北京：中国 ISBN 中心 2005 年版，第 17～19 页。

W0071. 2. 3. 1

萨满身上的衣服条和腰铃变成许多小神

实 例

鄂伦春族 女萨满身上的衣服条和腰铃变成许多小神。

【流传】黑龙江省·黑河市·（爱辉区）·新生乡（新生鄂伦春族乡）

【出处】莫孙吉汗（女，85 岁）讲，白水夫采录：《萨满和皇上》，见见中国民间文学集成全国编辑委员会编《中国民间故事集成》（黑龙江卷），北京：中国 ISBN 中心 2005 年版，第 82 页。

W0071. 2. 3. 2

小神 1 寸左右高

实 例

白族 （参见“W0071. 2. 3. 3 小神虽小但神通广大”母题实例）

W0071. 2. 3. 2a

小神只有拇指大小

实 例

纳西族 崇仁潘迪（人名）把那拇指大的小神从鹿心窝中拿出来，放到一棵大树下。

【流传】云南省·丽江（丽江市）·青龙乡（不详）

【出处】和芳（东巴）读经，和志武调查整理：《崇仁潘迪彻舒》（1954），见吕大吉、何耀华总主编《中国各民族原始宗教资料集成》（纳西族卷、羌族卷、独龙族卷、傈僳族卷、怒族卷），北京：中国社会科学出版社 2000 年版，第 348 页。

W0071. 2. 3. 3

小神虽小但神通广大

【关联】［W0132. 1. 1. 2］天神阿布卡赫赫造的无数小神能伸能缩

实 例

白族 世间存在“小神子”，它是一种 1 寸左右高的小人，动作迅速，有时会隐形，千变万化，神通广大。

【流传】云南省·（大理白族自治州）·鹤庆县

【出处】张海福等调查整理：《鹤庆白族赶小神子》（1989），见吕大吉、何耀华总主编《中国各民族原始宗教资料集成》（彝族卷、白族卷、基诺族卷），北京：中国社会科学出版社

1996 年版，第 520 页。

W0071. 2. 3. 4
养小神子可以为人服务

实 例

白族 捉到过小神子后，在一块布上画一道符，缝在衣服上，它就跑不掉，还可以养起来为你服务。

【流传】云南省·（大理白族自治州）·鹤庆县

【出处】张海福等调查整理：《鹤庆白族赶小神子》（1989），见吕大吉、何耀华总主编《中国各民族原始宗教资料集成》（彝族卷、白族卷、基诺族卷），北京：中国社会科学出版社 1996 年版，第 520 页。

W0072
神的体重

实 例

（参见下级母题实例）

W0072. 1
神的身体很重

实 例

汉族 （实例待考）

W0072. 1. 1
神的体重 10 亿斤

实 例

傣族 桑戛西（神的名称）的身子足足有 10 亿斤。

【流传】（无考）

【出处】《桑戛西和桑戛赛造天地、创人类》，王松：《论神话及其他》，云南民族 2006，第 56 页。

W0072. 2
神的身体很轻

实 例

（参见下级母题实例）

W0072. 2. 1
最早的人神的身子很轻

实 例

哈尼族 最早的人神的身子像雾露一样轻。

【流传】云南省·（红河哈尼族彝族自治州）·元阳县

【出处】卢朝贵讲，史军超采录：《神和人的家谱》，见中国民间文学集成全国编辑委员会编《中国民间故事集成》（云南卷），北京：中国 ISBN 中心 2003 年版，第 23 页。

W0073
神的头部特征

实 例

（参见下级母题实例）

W0073. 1
神长着不寻常的头

【汤普森】A123. 4

实 例

（实例待考）

W0073. 1. 1

神长着岩石般的头

【汤普森】 A123. 4. 2

实 例

（实例待考）

W0073. 2

神长着 2 个头

实 例

（实例待考）

W0073. 2. 1

两头神

【关联】

① ［W3534. 2. 3］ 两头蛇（双头蛇）

② ［W3563. 1］ 2 个头的龙

实 例

（实例待考）

W0073. 3

神长着 3 个头

【汤普森】 A123. 4. 1

实 例

（参见下级母题实例）

W0073. 3. 1

神有三头六臂

【关联】 ［W0722. 2. 1. 3. 1］ 盘古三头六臂

实 例

汉族 （参见“W0722. 2. 1. 3. 1 盘古三头六臂”母题实例）

W0073. 3. 2

少室、太室，其神皆神面而三首

实 例

汉族 少室、太室，其神皆神面而三首，其余属皆豕身人面也。

【流传】（无考）

【出处】［战国至汉］ 撰者不详：《山海经·中山经》。

W0073. 3. 3

三头神

实 例

（实例待考）

W0073. 3a

神长着 4 个头

实 例

（参见下级母题实例）

W0073. 3a. 1

四头神

【关联】［W0238. 4. 4. 2. 3］ 地母神的女儿四个头分管四方

实 例

（参见下级母题实例）

W0073.3a.1.1

四头神卡冉

实 例

纳西族 “卡冉”四头神能以弓箭镇压祭风仪式中的鬼魂。

【流传】云南省

【出处】吕大吉、何耀华总主编：《中国各民族原始宗教资料集成》（纳西族卷、羌族卷、独龙族卷、傈僳族卷、怒族卷），北京：中国社会科学出版社2000年版，第26页。

W0073.3a.2

神四头八眼

实 例

（参见下级母题实例）

W0073.3a.2.1

考汝神四头八眼

实 例

纳西族 祭东巴祖师神“丁巴什罗”时，要用大麦炒面制作许多神的面偶，其中有四头八眼的考汝神。

【流传】云南省·丽江（丽江市）

【出处】和开祥（68岁）讲，王世英调查整理：《祭东巴祖师神“丁巴什罗”仪式》（1989），见吕大吉、何耀华总主编《中国各民族原始宗教资料集成》（纳西族卷、羌族卷、独龙族卷、傈僳族卷、怒族卷），北京：中国社会科学出版社2000年版，第209页。

W0073.3a.3

神四头六臂

实 例

（参见下级母题实例）

W0073.3a.3.1

福特锦大力神四头、六臂、八足

实 例

满族 福特锦大力神生得四头、六臂、八足，身高齐天。

【流传】黑龙江省·黑河地区（黑河市）·孙吴县·（沿江满族达斡尔族乡）·四季屯（四季屯村）

【出处】吴纪贤、富希陆讲：《天宫大战——黑水女真人传世神话》（1939，选自富育光、郭淑云整理的手稿），见姚宝瑄主编《中国各民族神话》（满族、赫哲族、朝鲜族），太原：山西出版传媒集团·书海出版社2014年版，第34页。

W0073.4

神长着7个头

【汤普森】A123.4.1.2

实 例

（实例待考）

W0073.5

神长着8个头

【汤普森】A123.4.1.3

实 例

（实例待考）

W0073. 6

神长着 9 个头

【关联】［W0070. 4. 1. 2］九首人面鸟身之神

实 例

（参见下级母题实例）

W0073. 6. 1

神长着 9 头 18 臂

实 例

纳西族 昔有一绿蛋，从中孵出一天神，名都支格孔，九头十八臂，身躯放光，住十八层天上。

【流传】（无考）

【出处】袁珂改编：《都支格孔》，原载毛星主编《中国少数民族文学》（下册），见袁珂《中国神话大词典》，北京：华夏出版社 2015 年版，第 548 页。

W0073. 6. 2

神九头八臂

【关联】［W0067. 0. 1. 1. 2］敖钦女神九头八臂，神力盖世

实 例

满族 女天神阿布卡赫赫造的敖钦女神九头八臂。

【流传】黑龙江省·黑河地区（黑河市）·孙吴县·（沿江满族达斡尔族乡）·四季屯（四季屯村）

【出处】吴纪贤、富希陆讲：《天宫大战——黑水女真人传世神话》（1939，选自富育光、郭淑云整理的手稿），见姚宝瑄主编《中国各民族神话》（满族、赫哲族、朝鲜族），太原：山西出版传媒集团·书海出版社 2014 年版，第 23 页。

W0073. 6. 3

九头神有九个头的智慧

实 例

满族 敖钦女神有九个头的智慧，聪颖过人，能轻易欺骗看守她的都凯女神。

【流传】黑龙江省·黑河地区（黑河市）·孙吴县·（沿江满族达斡尔族乡）·四季屯（四季屯村）

【出处】吴纪贤、富希陆讲：《天宫大战——黑水女真人传世神话》（1939，选自富育光、郭淑云整理的手稿），见姚宝瑄主编《中国各民族神话》（满族、赫哲族、朝鲜族），太原：山西出版传媒集团·书海出版社 2014 年版，第 25 页。

W0073. 7

神有多个头

【汤普森】A123. 4. 1

实 例

汉族 （实例待考）

W0073.7.1

多头多手之神

实 例

（参见下级母题实例）

W0073.7.1.1

神的多个头和手可以轮流作息

实 例

满族 敖钦女神的九个头可以轮番休息，八只手臂也可一部分歇息，一部分劳碌。

【流传】黑龙江省·黑河地区（黑河市）·孙吴县·（沿江满族达斡尔族乡）·四季屯（四季屯村）

【出处】吴纪贤、富希陆讲：《天宫大战——黑水女真人传世神话》（1939，选自富育光、郭淑云整理的手稿），见姚宝瑄主编《中国各民族神话》（满族、赫哲族、朝鲜族），太原：山西出版传媒集团·书海出版社 2014 年版，第 24 页。

W0073.8

神头上长角

【汤普森】A131.6

【关联】

① ［W0485.8］药神头上长角

② ［W0733.3］神农头上长角

③ ［W0838.4.11］妖魔头上长角

实 例

汉族 盘古爷头上的两个长角，抵着谁，谁就活不成。

【流传】河南省·（南阳市）·桐柏县

【出处】陈鸣声讲，马卉欣采录整理：《盘古爷的俩娃儿》，见张振犁编著《中原神话通鉴》（第一卷），郑州：河南大学出版社 2017 年版，第 108 页。

汉族 盘古头上的长角顶天，端坐在大地上，不吃不喝不动过了几百几千几万年。

【流传】浙江省·（丽水市·莲都区·万象街道）·刘祠堂背

【出处】孙华仙讲，唐宗龙搜集整理：《盘古造化天地》（1963），见姚宝瑄主编《中国各民族神话》（汉族），太原：山西出版传媒集团·书海出版社 2014 年版，第 9～10 页。

汉族 神农头上两边凸起，当中凹落，好像生出两只大肉角。

【流传】浙江省·（温州市）·永嘉县（永嘉市）·罗溪（罗溪乡）·龙头村

【出处】金家训讲，金学益采录：《神农置五谷》，见中国民间文学集成全国编辑委员会编《中国民间故事集成》（浙江卷），北京：中国 ISBN 中心 1997 年版，第 50 页。

汉族 神农氏头顶上还长着个带眼的犄角。

【流传】河北省·（张家口市）·涿鹿县·（保岱镇）·保岱村

【出处】郭龙讲，杨云采录：《神农死在

百草地》，见中国民间文学集成全国编辑委员会编《中国民间故事集成》（河北卷），北京：中国 ISBN 中心 2003 年版，第 20 页。

W0073. 8. 1

神生下来头上有角

实 例

（实例待考）

W0073. 8. 2

特定物变成神头上的角

实 例

（参见下级母题实例）

W0073. 8. 2. 1

山尖变成了敖钦女神头上的一只角

实 例

满族 一块山尖变成了敖钦女神头上的一只角，直插天穹。

【流传】 黑龙江省·（黑河市）·瑷珲（四季屯今划归孙吴县）·四季屯（四季镇）

【出处】 白蒙古讲：《天宫大战》（四腓凌），转引自王宏刚《满洲萨满教创世神话中的人本主义曙光》，载《西北民族研究》2007 年第 4 期。

W0073. 9

与神的头部特征有关的其他母题

实 例

（参见下级母题实例）

W0073. 9. 1

神的头发

实 例

（参见下级母题实例）

W0073. 9. 1. 1

神的头发很长

实 例

傣族 神王英叭长着比大山还大的脑壳，长着蓬乱的头发，每一根头发能拴住一万头大象，可以拖动一千座大山。每根巨发有十万抱粗，有七个约扎拿（傣族计量单位，45 里至 50 里为一“约”，“扎拿”是单位名称，类似汉族的“里”）长。

【流传】 云南省·西双版纳傣族地区（西双版纳傣族自治州）

【出处】《巴塔麻嘎捧尚罗》，王松据岩温炳翻译《巴塔麻晏》（开天辟地）改写，见姚宝瑄主编《中国各民族神话》（哈尼族、傣族），太原：山西出版传媒集团·书海出版社 2014 年版，第 265 页。

W0073. 9. 1. 2

神的头发蓬乱乌黑像森林

实 例

苗族 菠补、佑聪、雷鲁、朱幂四个大神造天地。其中，女神菠补和男神佑聪的头发蓬乱，又乌又黑，像一片大森林。

【流传】云南省·文山（文山壮族苗族自治州）一带

【出处】邓光北、闪永仙说唱，项保昌、刘德荣搜集：《开天补天，辟地补地》，见姚宝瑄主编《中国各民族神话》（布依族、仡佬族、苗族），太原：山西出版传媒集团·书海出版社 2014 年版，第 125 页。

W0073.9.2

无头神

实 例

（参见下级母题实例）

W0073.9.2.1

无头神以乳头作眼

实 例

鄂伦春族 “无头神”以乳头作为眼目，以脐为口，饮酒时可用桦皮篓向脐内倾注，并具有化鸟飞天之能。

【流传】小兴安岭东麓那翁河、库玛尔河、那亚河，刺尔滨河、卧都里河、坤河以及脑温江流域

【出处】《无头神》，见《中国各民族宗教与神话大词典》编审委员会编《中国各民族宗教与神话大词典》，北京：学苑出版社 1990 年版，第 130 页。

W0074

神的面部特征

实 例

（参见下级母题实例）

W0074.1

神有数张脸

【汤普森】A123.2.1

实 例

（实例待考）

W0074.2

神有 2 张脸（双面神）

【汤普森】A123.2.1.1

实 例

（参见下级母题实例）

W0074.2.1

特定的双面神

实 例

（参见下级母题实例）

W0074.2.1.1

第四代神有 2 面脸

实 例

傣族 第三代天神捧腊哈把第四代神捏成两面脸，头上长两对眼睛。

【流传】云南省·西双版纳傣族地区（西双版纳傣族自治州）

【出处】《巴塔麻嘎捧尚罗》，王松据岩

温炳翻译《巴塔麻晏》（开天辟地）改写，见姚宝瑄主编《中国各民族神话》（哈尼族、傣族），太原：山西出版传媒集团·书海出版社 2014 年版，第 287 页。

W0074. 2. 1. 2
一个神有善相与怒容 2 张面孔

实 例

藏族 白拉姆与白巴东则实际上是一个神，白拉姆为善相，白巴东则为怒容。

【流传】 西藏自治区·拉萨市·南郊·次却林乡

【出处】 廖东凡搜集：《白拉姆女神和赤尊赞》，原载《西藏民间故事选》，见陶阳、钟秀编《中国神话》（中），北京：商务印书馆 2008 年版，第 953 ~955 页。

W0074. 3
神有 3 张脸（三面神）

【汤普森】 A123. 2. 1. 2

实 例

（参见下级母题实例）

W0074. 3. 1
三面神的三张脸相同

实 例

傣族 第四代神捧双拿捏出了第五代神。他捏的是三面神，三面神的三个脸一样圆，把他送到第十三层天去住。

【流传】 云南省·西双版纳傣族地区（西双版纳傣族自治州）

【出处】《巴塔麻嘎捧尚罗》，王松据岩温炳翻译《巴塔麻晏》（开天辟地）改写，见姚宝瑄主编《中国各民族神话》（哈尼族、傣族），太原：山西出版传媒集团·书海出版社 2014 年版，第 288 页。

W0074. 4
神有 4 张脸（四面神）

【汤普森】 A123. 2. 1. 3

【关联】［W0692. 1. 1］黄帝四面

实 例

（参见下级母题实例）

W0074. 4. 1
第六代神四个脸

实 例

（参见下级母题实例）

W0074. 4. 1. 1
第五代神造的第六代神四个脸的神

实 例

傣族 第五代神学父辈去捏后代，他捏出的第六代神是四个脸的神，给他取名做“捧戏拿”。

【流传】 云南省·西双版纳傣族地区（西双版纳傣族自治州）

【出处】《巴塔麻嘎捧尚罗》，王松据岩温炳翻译《巴塔麻晏》（开天辟地）改写，见姚宝瑄主编《中国各民族神话》（哈尼族、傣族），太原：山西出版传媒集团·书海出版社 2014 年版，第 288 页。

W0074.4.2

四个脸的神名叫捧戏拿

实 例

傣族 （参见“W0074.4.1.1 第五代神造的第六代神四个脸的神”母题实例）

实 例

（实例待考）

W0074.5

神有 5 张脸

【汤普森】A123.2.1.4

实 例

（实例待考）

W0074.6

神有 6 张脸

【汤普森】A123.2.1.5

实 例

（实例待考）

W0074.7

与神的脸有关的其他母题

实 例

（实例待考）

W0074.8

神长着阴阳脸（神长着二皮脸）

实 例

（参见下级母题实例）

W0074.8.1

神长着半边黑脸半边白脸

实 例

蒙古族（布里亚特） 伤寒病和瘰疬病化身为危害人类的无名魂灵（属东方腾格里神统），它们长着半边白脸、半边黑脸。

【流传】（无考）

【出处】［苏联］И.А.曼日格耶夫著，宋长宏译，佟德富校：《布里亚特萨满教和前萨满教辞典》（俄文版），莫斯科：科学出版社 1978 年版，第 83 页，见吕大吉、何耀华总主编《中国各民族原始宗教资料集成》（鄂伦春族卷、鄂温克族卷、赫哲族卷、达斡尔族卷、锡伯族卷、满族卷、蒙古族卷、藏族卷），北京：中国社会科学出版社 1999 年版，第 638 页。

W0075

神的眼睛（神的视力，神眼）

实 例

（参见下级母题实例）

W0075.1

神有不寻常的眼睛

【汤普森】A123.3

实 例

（参见下级母题实例）

W0075.1.1

神的眼睛发亮

实 例

（参见下级母题实例）

W0075.1.1.1

桑戛西神的2只神眼像2个太阳

实 例

傣族 桑戛西（神的名称）的两只神眼像两个太阳。

【流传】（无考）

【出处】《巴塔麻戛捧尚罗》，见王松《论神话及其他》，昆明：云南民族出版社2006年版，第56页。

W0075.1.2

神的具有穿透力的眼睛

实 例

（参见下级母题实例）

W0075.1.2.1

男神桑戛西有一双能看透天地的神眼

实 例

傣族 男神桑戛西有一双能看透天地的神眼，眼珠时时闪耀着光芒，大小跟太阳一般。

【流传】云南省·西双版纳（西双版纳傣族自治州）·勐腊县·勐混镇、打洛镇

【出处】*《桑戛赛与桑戛西的诞生》，原载岩峰三讲，毕光尖记录《桑戛西与桑戛赛造天地，创人类》，见姚宝瑄主编《中国各民族神话》（哈尼族、傣族），太原：山西出版传媒集团·书海出版社2014年版，第251页。

W0075.1.2.2

女神白拉姆能看穿透石头墙和牛毛帐篷

实 例

藏族 女神白拉姆的眼睛能穿透石头垒的墙和牛毛织成的帐篷，看到那里妇女的种种苦难和不幸。

【流传】西藏自治区·拉萨市·南郊·次却林乡

【出处】廖东凡搜集：《白拉姆女神和赤尊赞》，原载《西藏民间故事选》，见陶阳、钟秀编《中国神话》（中），北京：商务印书馆2008年版，第953~955页。

W0075.1.2.3
陆阿普有一双能看穿九层乌云障的眼睛

实 例

纳西族 陆阿普（神名）有一双能看穿九层乌云障的眼睛。

【流传】云南省·（丽江市）·丽江县（古城区、玉龙纳西族自治县）

【出处】木丽春采集整理：《关闭死门的故事》，见木丽春编著《纳西族民间故事集》，昆明：云南人民出版社2007年版，第85页。

W0075.1.3
神所见极远

实 例

（实例待考）

W0075.1.3.1
神能看到鸟也飞不到的地方

实 例

满族 地母神巴那吉额姆生下的第一个女儿，是一位四头六臂八足的大力神。她眼睛能观测到鸟儿也飞不到的地方。

【流传】（无考）

【出处】富育光、孟慧英、王宏刚整理：《巴那吉额姆》，见姚宝瑄主编《中国各民族神话》（满族、赫哲族、朝鲜族），太原：山西出版传媒集团·书海出版社2014年版，第88~89页。

W0075.2
神有许多眼睛

【汤普森】A123.3.1

实 例

（实例待考）

W0075.3
神有3只眼睛

【汤普森】A123.3.1.1

【关联】

① ［W0498.12.1］土伯九约三目虎首

② ［W0673.2.1］二郎神3只眼

实 例

（参见下级母题实例）

W0075.3.1
三眼神

实 例

（参见下级母题实例）

W0075.3.1.1
三眼神灵官马元帅

实 例

（参见下级母题实例）

W0075.3.1.1.1
灵官马元帅又称三眼灵光

实 例

汉族 灵官马元帅以五团火光投胎于

马氏金母，面露三眼，因讳三眼灵光。

【流传】（无考）

【出处】［宋元］撰者不详，［清末］叶德辉刻本：《三教搜神大全》卷五。

W0075.4

神有4只眼睛

实　例

（实例待考）

W0075.4.1

第四代神有2面脸，头上长2对眼睛

实　例

傣族　（参见“W0074.2.1.1 第四代神有2面脸”母题实例）

W0075.5

神有100只眼睛

【汤普森】A123.3.1.2

实　例

（实例待考）

W0075.6

与神的眼睛特征有关的其他母题

【关联】［W0175.5.4.1］神老后睁不开眼睛

实　例

（参见下级母题实例）

W0075.6.1

独眼神

【汤普森】A128.2

【关联】

①［W0668.1］独眼巨人

②［W0838.4.7］独眼的妖魔

实　例

独龙族 神母有两个女儿：“念坚”是一只眼睛的姑娘，“念勒姆”是两只眼睛的姑娘。

【流传】云南省

【出处】李子贤辑：《念坚与念勒姆》，见《中国各民族宗教与神话大词典》编审委员会编《中国各民族宗教与神话大词典》，北京：学苑出版社1990年版，第121页。

W0075.6.1.1

独眼神松库德王腾格里

实　例

蒙古族（布里亚特） 守护大地内层大门的是萨克腾格里（sakir tegri）的儿子——松库德王腾格里。他的头上只长了一只眼睛，嘴里只长了一颗牙齿，下身只长了一条腿。

【流传】（无考）

【出处】浦泽都尼夫著，嘎日达译：《布里亚特萨满教记述》（英文版），赫尔辛基1941年版，见吕大吉、何耀华总主编《中国各民族原始宗教资料集成》（鄂伦春族卷、鄂温克族卷、赫

哲族卷、达斡尔族卷、锡伯族卷、满族卷、蒙古族卷、藏族卷），北京：中国社会科学出版社 1999 年版，第 630 页。

W0075.6.2

瞎神

【汤普森】A128.1

实 例

（实例待考）

W0075.6.3

电眼之神

【汤普森】①A123.3.2②A124.1

实 例

（实例待考）

W0075.6.4

神眼视千里（神有千里眼，神的大眼睛）

实 例

（参见下级母题实例）

W0075.6.4.1

英叭神的两只神眼比太阳还大，能一眼看穿世界

实 例

傣族 英叭神的两只神眼比太阳还大，能一眼就看穿十亿约扎拿

【流传】云南省·西双版纳傣族地区（西双版纳傣族自治州）

【出处】《巴塔麻嘎捧尚罗》，王松据岩温炳翻译《巴塔麻晏》（开天辟地）改写，见姚宝瑄主编《中国各民族神话》（哈尼族、傣族），太原：山西出版传媒集团·书海出版社 2014 年版，第 265 页。

W0075.6.5

神的眼光犀利

实 例

（参见下级母题实例）

W0075.6.5.1

神的眼光能消灭妖魔

实 例

满族 守护天宫的四方神（四只神鹰）不用亲自去和妖魔交战，只要他的眼睛射向妖魔，无论什么样的妖魔都会化为灰烬。

【流传】黑龙江省·（牡丹江市）·宁古塔（宁安县）；吉林省·长白山地区（长白山一带）

【出处】

(a) 傅英仁讲述，张爱云记录整理：《天宫神魔大战》，见傅英仁讲述，张爱云记录整理《满族萨满神话》，哈尔滨：黑龙江人民出版社 2006 年版。

(b) 同（a），见陶阳、钟秀编《中国神话》（上），北京：商务印书馆 2008 年版，第 155～180 页。

W0076

神的嘴部特征

实 例

（实例待考）

W0076.1

神有不寻常的嘴

【汤普森】A123.2.2

实 例

（实例待考）

W0076.2

神的不寻常的胡须

【汤普森】≈A125.2

实 例

（参见下级母题实例）

W0076.2.1

神的胡须老长

实 例

（参见下级母题实例）

W0076.2.1.1

桑戛西神的胡须5千约[①]

实 例

傣族 桑戛西（神的名称）的胡须长达5千约（“约”傣语长度单位，为“50里”）。

【流传】（无考）

【出处】《巴塔麻戛捧尚罗》，见王松《论神话及其他》，昆明：云南民族出版社2006年版，第56页。

W0076.2.2

神长着美髯

实 例

（实例待考）

W0076.2.2.1

神王英叭的大胡子随风飘荡，十分好看

实 例

傣族 神王英叭是一个大胡子，满脸的胡茬，每一根胡须粗有一万抱，长有五千约扎拿，就像竹梢一般，垂到他的胸前，又像椰树的叶子一般，盖在他的大肚之上，走动的时候，随风飘荡，十分好看。

【流传】云南省·西双版纳傣族地区（西双版纳傣族自治州）

【出处】《巴塔麻嘎捧尚罗》，王松据岩温炳翻译《巴塔麻晏》（开天辟地）改写，见姚宝瑄主编《中国各民族神话》（哈尼族、傣族），太原：山西出版传媒集团·书海出版社2014年版，第265页。

① “约”傣语长度单位，为“50里”。

W0076.3
神长着白胡须

【汤普森】≈A137.18

【关联】

① ［W0299.1.3.0.2］风伯是白须老翁

② ［W0315.1.1］雷公是白胡子老头

③ ［W0393.4.2.1］山神有白胡须（山神白胡银须）

④ ［W0931.3.1］白胡子老头显灵变的树成为神树

⑤ ［W0970.8.2.7.2］神仙化身白胡子老人

实 例

（实例待考）

W0076.4
与神的嘴部特征有关的其他母题

实 例

（实例待考）

W0077
神的牙齿特征

实 例

（参见下级母题实例）

W0077.1
神的不寻常的牙齿

【汤普森】≈A125.3

实 例

（实例待考）

W0077.2
神长着很长的牙齿

实 例

（参见下级母题实例）

W0077.2.1
男神桑戛西嘴角长着一对几十里长的牙

实 例

傣族 男神桑戛西的嘴角两边长着一对长牙，每一颗长牙有一百约扎拿。

【流传】云南省·西双版纳（西双版纳傣族自治州）·勐腊县·勐混镇、打洛镇

【出处】＊《桑戛赛与桑戛西的诞生》，原载岩峰三讲，毕光尖记录《桑戛西与桑戛赛造天地，创人类》，见姚宝瑄主编《中国各民族神话》（哈尼族、傣族），太原：山西出版传媒集团·书海出版社2014年版，第251页。

W0077.3
神长着獠牙

实 例

（实例待考）

W0078
神的其他五官特征

实 例

（参见下级母题实例）

W0078.1
神的耳朵（神的听力）

实 例

（参见下级母题实例）

W0078.1.1
神的两耳垂肩

【关联】［W0789.2.3.2］老君耳长七尺

实 例

汉族 老君的耳长七尺。

【流传】（无考）

【出处】［唐］李冗：《独异志》卷上。

W0078.1.2
神耳听千里之外（神是顺风耳）

实 例

傣族 英叭神王的神耳能听十亿约扎拿之内的声音。

【流传】云南省·西双版纳傣族地区（西双版纳傣族自治州）

【出处】胜能搜集：《巴阿嫩神鱼》，原载《巴塔麻戛》（开天辟地），见姚宝瑄主编《中国各民族神话》（哈尼族、傣族），太原：山西出版传媒集团·书海出版社 2014 年版，第 241 ~ 242 页。

W0078.1.3
神长着大耳

实 例

（参见下级母题实例）

W0078.1.3.1
英叭神的一对大神耳，耳瓣又宽又大，能把天遮住

实 例

傣族 英叭神的头部两侧，生长着一对大神耳，是一个“顺风耳”，能听见十万约扎拿之外的声音。

【流传】云南省·西双版纳傣族地区（西双版纳傣族自治州）

【出处】《巴塔麻嘎捧尚罗》，王松据岩温炳翻译《巴塔麻戛》（开天辟地）改写，见姚宝瑄主编《中国各民族神话》（哈尼族、傣族），太原：山西出版传媒集团·书海出版社 2014 年版，第 265 页。

W0079
神的手臂

实 例

（参见下级母题实例）

W0079.1
神长着不寻常的手臂

【汤普森】A123.5

实 例

傣族、羌族（实例待考）

W0079.1.1

神手臂很长

实 例

（参见下级母题实例）

W0079.1.1.1

神的手臂长3万9千约扎拿

实 例

傣族 （参见“W0080.1.1 神的腿长达4万约扎那”母题实例）

傣族 男神桑戛西有一双很长很长的手臂，足足有三万九千约扎拿。

【流传】云南省·西双版纳（西双版纳傣族自治州）·勐腊县·勐混镇、打洛镇

【出处】＊《桑戛赛与桑戛西的诞生》，原载岩峰三讲，毕光尖记录《桑戛西与桑戛赛造天地，创人类》，见姚宝瑄主编《中国各民族神话》（哈尼族、傣族），太原：山西出版传媒集团·书海出版社2014年版，第251页。

W0079.1.1.2

神手臂长得能伸手触天

实 例

哈尼族（爱尼）加波俄郎神的手长得可以伸向天空。

【流传】云南省·西双版纳（西双版纳傣族自治州）

【出处】飘马讲：《奥颠米颠》（造天造地），见李子贤编《云南少数民族神话选》，昆明：云南人民出版社1990年版，第115～118页。

W0079.2

神长着多个胳膊

【汤普森】A123.5.1

【关联】

① ［W0238.4.4.2.2］地母神的女儿四头六臂八足

② ［W0722.2.1.3.1］盘古三头六臂

实 例

（参见下级母题实例）

W0079.2.1

神长着六臂

实 例

（参见下级母题实例）

W0079.2.1.1

阿布凯巴图的6只手臂发出6道金光

实 例

满族 阿布凯巴图（男神名）等耶路哩和三个魔王冲上来之后，六只手臂一挥动，六道金光直奔敌人而去，四个魔头想要靠近也靠不上，干打转没办法。

【流传】黑龙江省·（牡丹江市）·宁古塔（宁安县）；吉林省·长白山地区（长白山一带）

【出处】

(a) 傅英仁讲述，张爱云记录整理：《天宫神魔大战》，见傅英仁讲述，张爱云记录整理《满族萨满神话》，哈尔滨：黑龙江人民出版社 2006 年版。

(b) 同 (a)，见陶阳、钟秀编《中国神话》（上），北京：商务印书馆 2008 年版，第 155～180 页。

W0079.3

神从动物那里获得手臂

【汤普森】A132.0.1

实 例

（实例待考）

W0079.4

与神的手臂有关的其他母题

【关联】［W1852.3.1.3］五指山是神的巨掌

实 例

（参见下级母题实例）

W0079.4.1

神的手指

实 例

（参见下级母题实例）

W0079.4.1.1

神的小拇指像一座山

实 例

傣族 （参见“W0080.1.1 神的腿长达 4 万约扎那”母题实例）

实 例

（实例待考）

W0079.4.2

神没有手臂

【关联】［W0191.14.1.1］无头无臂的天神

实 例

（参见下级母题实例）

W0079.4.2.1

无臂神

实 例

（参见下级母题实例）

W0079.4.2.1.1

嘘（噎）人面无臂，两足反属于头上

实 例

汉族 有神，人面无臂，两足反属于头上，名曰嘘（噎）。颛顼生老童，老童生重及黎。帝令重献上天，令黎邛下地。下地是生噎。处于西极，以行日月星辰之行次。

【流传】（无考）

【出处】

(a) ［战国至汉］撰者不详：《山海经·大荒西经》。

(b) 《绝地天通》，见袁珂《中国神话大词典》，北京：华夏出版社 2015 年版，第 254 页。

W0080

神的腿部特征

实 例

（参见下级母题实例）

W0080.1

神长着不寻常的腿

【汤普森】 A123.6

实 例

佤族 （实例待考）

W0080.1.1

神的腿长达 4 万约扎那

实 例

傣族 桑戛西（神的名称）的手又粗又长，手臂长 3 万 9 千约。小拇指像一座山，两腿长达 4 万约扎那。

【流传】（无考）

【出处】 《巴塔麻戛捧尚罗》，见王松《论神话及其他》，昆明：云南民族出版社 2006 年版，第 56 页。

傣族 英叭神诞生十万年之后，他的身子就更加成熟了。身体就有一亿斤，身高则达十万约扎拿。手臂就有三万九千约扎拿，脚长四万约扎拿。

【流传】 云南省·西双版纳傣族地区（西双版纳傣族自治州）

【出处】《巴塔麻嘎捧尚罗》，王松据岩温炳翻译《巴塔麻晏》（开天辟地）改写，见姚宝瑄主编《中国各民族神话》（哈尼族、傣族），太原：山西出版传媒集团·书海出版社 2014 年版，第 265 页。

W0080.2

独腿的神

【汤普森】 A128.3.1

实 例

（实例待考）

W0080.3

神长着多条腿

【汤普森】 A123.6.1

【关联】

① ［W0672.2.2］ 蚩尤有多个手足

② ［W0924.2］ 神鸟多足多翼

实 例

（实例待考）

W0080.4

神长着不寻常的脚

实 例

（参见下级母题实例）

W0080.4.1

独脚神

实 例

汉族 夔仅有一足，能使音乐和谐。

【流传】（无考）

【出处】 《风俗通义·正失第二》，见［东汉］应劭著，赵泓译注《风俗通义全译》，贵阳：贵州人民出版社 1998 年版，第 53 页。

W0080.4.2

神的脚大得可以踏平山川

实 例

哈尼族（爱尼）加波俄郎神（造天地的神）的脚大得可以踏平山川。

【流传】云南省·西双版纳（西双版纳傣族自治州）

【出处】飘马讲：《奥颠米颠》（造天造地），见李子贤编《云南少数民族神话选》，昆明：云南人民出版社 1990 年版，第 115～118 页。

W0080.5

与神的腿部特征有关的其他母题

实 例

（实例待考）

W0081

神的尾巴

【汤普森】A123.11

实 例

（实例待考）

W0081.1

神长着动物尾巴

实 例

（实例待考）

W0082

神的肤色

【关联】［W0134.1］神能发光

实 例

（实例待考）

W0082.1

神的不寻常的肤色

【汤普森】A123.7

实 例

（实例待考）

W0083

与神的体征有关的其他母题

【汤普森】A139

【关联】［W0029.4.1］神母最早是云的形状

实 例

（参见下级母题实例）

W0083.1

神长着翅膀

【汤普森】A131.7

【关联】

①［W0191.10.1］天神长有翅膀

②［W0316.3］雷神长着翅膀

实 例

（参见下级母题实例）

W0083.1.1
银翅膀的神

实　例

哈尼族 造天造地时，大神烟沙派出三伙生着银翅膀的神来到天下。

【流传】 云南省·（红河哈尼族彝族自治州）·元阳（元阳县）、红河（红河县）

【出处】 麻蒲成、略赫牛、白觉木讲，史军超搜集整理：《德摩诗琵杀龙》（1985），原载云南省民间文学集成办公室编《哈尼族神话传说集成》，中国民间文艺出版社1990年版，见姚宝瑄主编《中国各民族神话》（哈尼族、傣族），太原：山西出版传媒集团·书海出版社2014年版，第178页。

W0083.1.2
神王英叭造的大天神身上长出翅膀

实　例

傣族 神王英叭捏好了一个大天神，吹了一口神气便有了生命，又给他以智慧和神力，身上又长出了翅膀，就会飞翔。

【流传】 云南省·西双版纳傣族地区（西双版纳傣族自治州）

【出处】《巴塔麻嘎捧尚罗》，王松据岩温炳翻译《巴塔麻晏》（开天辟地）改写，见姚宝瑄主编《中国各民族神话》（哈尼族、傣族），太原：山西出版传媒集团·书海出版社2014年版，第286页。

W0083.2
神的气味

【汤普森】 A139.7

实　例

（参见下级母题实例）

W0083.2.1
有香味的神

实　例

（参见下级母题实例）

W0083.2.1.1
有香味的女神依尔哈女神

实　例

满族 （参见“W0041.1.2.1 女天神阿布卡赫赫身上的香肉变成有香味的依尔哈女神”母题实例）

W0083.3
神的内脏

实　例

（参见下级母题实例）

W0083.3.1
神的心

实　例

（参见下级母题实例）

W0083. 3. 1. 1

神没有心

实 例

（参见下级母题实例）

W0083. 3. 1. 1. 1

无心神

实 例

傣族（水傣） 无心神是第三代神捧腊哈的后代。

【流传】（云南省·西双版纳傣族自治州）

【出处】 王松整理：《傣族——西双版纳的神谱》，见姚宝瑄主编《中国各民族神话》（哈尼族、傣族），太原：山西出版传媒集团·书海出版社 2014 年版，第 228 页。

W0083. 3. 1. 1. 1. 1

四面神造出无心神

实 例

傣族 四面神造神时，只捏了神的身子，却忘了做神心，就急急忙忙朝他吹气，这个神立刻就活了，起身腾空飞去，成了个无心神。

【流传】 云南省·西双版纳傣族地区（西双版纳傣族自治州）

【出处】《巴塔麻嘎捧尚罗》，王松据岩温炳翻译《巴塔麻晏》（开天辟地）改写，见姚宝瑄主编《中国各民族神话》（哈尼族、傣族），太原：山西出版传媒集团·书海出版社 2014 年版，第 288 页。

W0083. 3a

神的肚子

实 例

（参见下级母题实例）

W0083. 3a. 1

神肚大能容

实 例

（参见下级母题实例）

W0083. 3a. 1. 1

神腹中容纳宇宙

实 例

维吾尔族 很早以前，天上只有一个女天神。她觉得很寂寞，就使足力气对着整个宇宙深深地吸了一口气，一下子把宇宙间所有的尘土和空气全都吸到她的肚子里了。

【流传】 新疆维吾尔自治区·伊犁州（伊犁哈萨克自治州）·察布查尔县（察布查尔锡伯自治县）

【出处】 牙库布讲，阿不都拉搜集翻译，姚宝瑄整理：《女天神创世》，见姚宝瑄主编《中国各民族神话》（乌孜别克族、哈萨克族、柯尔克孜族、俄罗斯族、维吾尔族、塔吉克族、塔塔尔族、锡伯族），太原：山西出版传媒集团·书海出版社 2014 年版，第

225 页。

W0083.4

神有心无体

实 例

（参见下级母题实例）

W0083.4.1

无心神造出有心无体的神

实 例

傣族 无心神捏子孙时，因为他自己没有心，所以一心只想着要捏心，却忘记了捏头和身子，结果捏成既没有头，没有身，没有手，没有脚，圆得只是一颗心的神。

【流传】云南省·西双版纳傣族地区（西双版纳傣族自治州）

【出处】《巴塔麻嘎捧尚罗》，王松据岩温炳翻译《巴塔麻晏》（开天辟地）改写，见姚宝瑄主编《中国各民族神话》（哈尼族、傣族），太原：山西出版传媒集团·书海出版社 2014 年版，第 288 ~ 289 页。

W0083.5

神的形象与信仰群体的生产方式有关

实 例

（参见下级母题实例）

W0083.5.1

牧区的山神形象与牧业有关

实 例

藏族 牧区的山神不但名称与牧业有关，而且形象也与牧业有关。如青海省久治县境内的年保叶什则神山，当地牧民说它时而骑着白马，时而又以白牦牛的形象出现。再如色达草原上最大的神山“珠日”，义为“野牦牛山”。此山的形状也是状如牦牛且系黑色。

【流传】（无考）

【出处】格勒：《论藏族本教的神》，原载《藏族学术讨论会论文集》，西藏人民出版社 1984 年版，见吕大吉、何耀华总主编《中国各民族原始宗教资料集成》（鄂伦春族卷、鄂温克族卷、赫哲族卷、达斡尔族卷、锡伯族卷、满族卷、蒙古族卷、藏族卷），北京：中国社会科学出版社 1999 年版，第 797 页。

W0083.6

神是金身（金身神）

实 例

（参见下级母题实例）

W0083.6.1

玛卿伯姆热山神穿护胸甲的金身

实 例

藏族 玛卿伯姆热山神穿护胸甲的金

身，披白色斗篷，身上缀满了各色宝石，右手挥舞缚有旗帜的长矛，左手托着装满宝石的供器。

【流传】（无考）

【出处】［奥地利］内贝斯基著，谢继胜译：《西藏的鬼怪和神灵——比较宗教学研究》，原载《国外藏学研究译文集》第3集，西藏人民出版社1987年版，见吕大吉、何耀华总主编《中国各民族原始宗教资料集成》（鄂伦春族卷、鄂温克族卷、赫哲族卷、达斡尔族卷、锡伯族卷、满族卷、蒙古族卷、藏族卷），北京：中国社会科学出版社1999年版，第791页。

W0084

神的声音

【汤普森】A139.5

实　例

（参见下级母题实例）

W0084.1

神的声音的产生

实　例

（实例待考）

W0084.2

神的声音的特征

【关联】［W0450.2.3］爱神声音甜美

实　例

（参见下级母题实例）

W0084.2.1

神的声音惊天动地

【汤普森】A139.5.1

实　例

（参见下级母题实例）

W0084.2.1.1

射神的吼声能拔云见日

实　例

傣族 射神惟鲁塔拉弓射日，射到最后一个太阳时发现太阳不见了。他大吼一声，吼开了云烟，只见最后一个太阳惊慌失措地往黑山后面逃去。

【流传】（无考）

【出处】岩峰、王松搜集整理：《射神惟鲁塔》，原载《中国各民族宗教与神话大词典》编审委员会编《中国各民族宗教与神话大词典》，学苑出版社1990年版，见姚宝瑄主编《中国各民族神话》（哈尼族、傣族），太原：山西出版传媒集团·书海出版社2014年版，第382页。

W0084.2.1.2

阿格达恩都哩喊一声能震动山谷

实　例

满族 阿格达恩都哩人面豹子身，喊一声能震动山谷。

【流传】（无考）

【出处】《阿格达恩都哩》，原载孟慧英

著《满族民间文化论集》，长春：吉林人民出版社 1990 年版，见姚宝瑄主编《中国各民族神话》（满族、赫哲族、朝鲜族），太原：山西出版传媒集团·书海出版社 2014 年版，第 100～101 页。

W0084.2.2

神的声音如雷

【汤普森】A139.5.2

【关联】[W0722.4.1] 盘古说话像打雷

实 例

汉族 （实例待考）

W0084.3

与神的声音有关的其他母题

实 例

（参见下级母题实例）

W0084.3.1

神的语言

【汤普森】A139.6

【关联】[W6727] 特定的语言

实 例

（参见下级母题实例）

W0084.3.1.1

神的语言有神力

实 例

（参见下级母题实例）

W0084.3.1.1.1

神能用语言杀死特定物

实 例

哈尼族 神王烟沙来杀查牛（查，哈尼语即“土”，查牛即“土牛”，即为天地神专养的神牛），高能的神王用什么杀牛呢？用他至高无上的话。

【流传】云南省·（红河哈尼族彝族自治州）·元阳（元阳县）、红河（红河县）、绿春（绿春县）、金平（金平苗族瑶族傣族自治县）

【出处】朱小和讲唱，史军超搜集整理：《查牛补天地》（1983），原载云南省民间文学集成办公室编《哈尼族神话传说集成》，中国民间文艺出版社 1990 年版，见姚宝瑄主编《中国各民族神话》（哈尼族、傣族），太原：山西出版传媒集团·书海出版社 2014 年版，第 51 页。

W0084.3.2

神的鼾声

实 例

（参见下级母题实例）

W0084.3.2.1

神的鼾声动静很大

实 例

（参见下级母题实例）

W0084. 3. 2. 1. 1
阿布卡恩都力天神的鼾声像99条瀑布巨响

实例

满族 阿布卡恩都力天神睡觉时，鼾声像九十九条瀑布声那么响。众神谁想偷偷贴近他，都会被震成轻烟死掉。

【流传】黑龙江沿岸，黑龙江省·（黑河市）·孙吴县、瑷珲县（爱辉区）

【出处】赵瞎子、富郭氏等讲，育光搜集整理：《白云格格》，原载育光编《七彩神火》，见陶阳、钟秀编《中国神话》（中），北京：商务印书馆2008年版，第763～767页。

W0085
神的性情（神的性格）

实例

（参见下级母题实例）

W0085. 0
神的性格的产生

实例

（参见下级母题实例）

W0085. 0. 1
神的性格与造神的材料有关

【关联】［W0020］造神的材料

实例

傣族 帝娃达是神石的污垢捏成的，所以，他的心坚硬如石，他的胆子大过天，什么也不怕。

【流传】云南省·西双版纳傣族地区（西双版纳傣族自治州）

【出处】《巴塔麻嘎捧尚罗》，王松据岩温炳翻译《巴塔麻晏》（开天辟地）改写，见姚宝瑄主编《中国各民族神话》（哈尼族、傣族），太原：山西出版传媒集团·书海出版社2014年版，第290页。

W0085. 0. 2
神的性格源于供奉者的性格

实例

（参见下级母题实例）

W0085. 0. 2. 1
术神灵的脾性源于供奉他的家族人的脾性

实例

纳西族 术神灵同人类有着同父异母的兄弟血缘关系。纳西族各个家族都有自己信奉的术神，而各个家族信奉的术神灵，以家族人的脾性，而定术神灵的脾性。

【流传】云南省·（丽江市）·丽江县（古城区、玉龙纳西族自治县）

【出处】木丽春采集整理：《术神灵的传说》，见木丽春编著《纳西族民间故事集》，昆明：云南人民出版社2007年版，第101页。

W0085.0.3
神的性格源于遗传

实 例

（实例待考）

W0085.0.3.1
火神的儿子个个脾气火爆

实 例

傣族 （实例待考）

W0085.1
神性情慈善

【关联】［W0125］善神（慈悲之神）

实 例

（参见下级母题实例）

W0085.1.1
查克大神是善良的神

实 例

满族 保护行人安全的神查克大神是个善良的神。

【流传】 黑龙江省·（哈尔滨市）·阿城县（阿城区）

【出处】 穆尔察·晔骏讲，孟慧英采录：《护路神查克大》，见中国民间文学集成全国编辑委员会编《中国民间故事集成》（黑龙江卷），北京：中国 ISBN 中心 2005 年版，第 41～42 页。

W0085.1.2
神是善的化身

实 例

（参见下级母题实例）

W0085.1.2.1
神是善的代表和化身

实 例

壮族 神是善的代表和化身而已。

【流传】 广西壮族自治区·（南宁市）·武鸣县·两江乡·雷江片，马山县·古零乡·杨圩片

【出处】 黄世杰搜集整理：*《多神信仰》（1990），见吕大吉、何耀华总主编《中国各民族原始宗教资料集成》（土家族卷、瑶族卷、壮族卷、黎族卷），北京：中国社会科学出版社 1998 年版，第 493 页。

W0085.2
神性情凶恶

【关联】［W0126］恶神

实 例

（参见下级母题实例）

W0085.2.1
神有坏脾气

实 例

鄂伦春族 萨满为人治病跳神请神，有时请来的神脾气很坏，常怒气冲冲，

质问为什么打扰它，它不能看病等。

【流传】内蒙古自治区·（呼伦贝尔市）·鄂伦春自治旗·托扎敏地区（托扎敏镇）

【出处】

（a）赵复兴：《鄂伦春族游猎文化》，呼和浩特：内蒙古人民出版社 1991 年版，第 242～243 页。

（b）《托扎敏地区萨满跳神治病》，见吕大吉、何耀华总主编《中国各民族原始宗教资料集成》（鄂伦春族卷、鄂温克族卷、赫哲族卷、达斡尔族卷、锡伯族卷、满族卷、蒙古族卷、藏族卷），北京：中国社会科学出版社 1999 年版，第 62 页。

W0085. 2. 1. 1

神性格暴烈

实 例

傣族 射神惟鲁塔是个火暴性子，力气又很大，他一发怒，能把一座山踢翻。

【流传】（无考）

【出处】岩峰、王松搜集整理：《射神惟鲁塔》，原载《中国各民族宗教与神话大词典》编审委员会编《中国各民族宗教与神话大词典》，学苑出版社 1990 年版，见姚宝瑄主编《中国各民族神话》（哈尼族、傣族），太原：山西出版传媒集团·书海出版社 2014 年版，第 380 页。

W0085. 3

神勤劳（神不知疲倦）

【关联】［W0232. 3. 2］地神勤快

实 例

（参见下级母题实例）

W0085. 3. 1

第二代天神捧麻加性情温顺而勤快

实 例

傣族（水傣）神王英叭造出的第二代天神捧麻加是侍奉英叭的神。因此，他成为个性情温顺而勤快的神王。

【流传】（云南省·西双版纳傣族自治州）

【出处】王松整理：《傣族——西双版纳的神谱》，见姚宝瑄主编《中国各民族神话》（哈尼族、傣族），太原：山西出版传媒集团·书海出版社 2014 年版，第 229 页。

W0085. 3. 2

敖钦女神巡行大地知疲累

实 例

满族 敖钦女神身上有女地神卧勒多脚上的骨、肉，因而能巡行大地，疾行如电，不知疲累。

【流传】黑龙江省·黑河地区（黑河市）·孙吴县·（沿江满族达斡尔族乡）·四季屯（四季屯村）

【出处】吴纪贤、富希陆讲：《天宫大战——黑水女真人传世神话》（1939，选自富育光、郭淑云整理的手稿），见姚宝瑄主编《中国各民族神话》（满族、赫哲族、朝鲜族），太原：山西出版传媒集团·书海出版社 2014 年版，第 24 页。

W0085.3a
神懒惰

【关联】［W0192.4.11］懒惰的天神

实 例

（参见下级母题实例）

W0085.3a.1
懒神

实 例

（参见下级母题实例）

W0085.3a.1.1
天上有个大懒神

实 例

汉族 天上的神也分个好神和赖神。赖神见到了人们过得好了就气得慌。

【流传】河南省·（南阳市）·桐柏县避龙山区

【出处】张传旺讲，马卉欣采录整理：《人间的灾难是神给的》，见张振犁编著《中原神话通鉴》（第一卷），郑州：河南大学出版社 2017 年版，第 76 页。

W0085.4
神的性格有两面性（神有相反的性格）

实 例

（参见下级母题实例）

W0085.4.1
神既佑人也作祟

实 例

赫哲族 “色翁”是一群生活在人类天地间的神灵，他们彼此无长幼尊卑之分，并且性喜享用祭献，彼此常好为敌，互相作难，既佑人也作祟。

【流传】（无考）

【出处】徐昌翰、黄任远：《赫哲族文学》，哈尔滨：北方文艺出版社 1991 年版。第 63 页。

W0085.4.2
神聪明又愚蠢

实 例

（参见下级母题实例）

W0085.4.2.1
山神阿亨阿独聪明又愚蠢，乖巧又笨蛋

实 例

瑶族（布努）阿亨阿独（山神）聪明又愚蠢，说乖又笨蛋。他嘴又很贪，他口又好馋。听说有香肉，见着有美味，他顾不得眼发炎，他顾不了角膜痛。

【流传】广西壮族自治区·（河池市）·都安县（都安瑶族自治县）、巴马县（巴马瑶族自治县）、南丹县，（百色市）·田东县、平果县等地

【出处】桑布郎等传，蒙风标（83岁）、罗仁祥（73岁）等唱：《密洛陀》（1983），见蓝怀昌、蓝书京、蒙通顺搜集翻译整理《密洛陀》，北京：中国民间文艺出版社1988年版，第273～274页。

W0085.4.3

兼具善恶的神

实 例

（参见下级母题实例）

W0085.4.3.1

善恶兼具的猎神

【关联】［W0461.10.1.6a.1］猎神丽慈既是善神，也是恶神

实 例

纳西族 （参见“W0461.10.1.6a.1 猎神丽慈既是善神，也是恶神”母题实例）

W0085.5

神性格软弱（软弱的神）

【关联】

①［W0358.7］雷神的惧怕物

②［W0398.6］山神的惧怕物

实 例

（实例待考）

W0085.5a

神性格勇敢（勇敢的神）

实 例

（参见下级母题实例）

W0085.5a.1

特定的神勇猛剽悍

实 例

（参见下级母题实例）

W0085.5a.1.1

吓吉里神山是一位勇猛剽悍的山神

实 例

藏族 吓吉里神山是一位勇猛剽悍的山神，他善使抛石器，算得上是所向无敌。

【流传】（四川省·甘孜藏族自治州·九龙县·夏卡乡）

【出处】伍呷：《九龙藏族社会的历史调查》，原载西南民族学会编印《雅砻江上游考察报告》，1985年，见吕大吉、何耀华总主编《中国各民族原始宗教资料集成》（鄂伦春族卷、鄂温克族卷、赫哲族卷、达斡尔族卷、锡伯族卷、满族卷、蒙古族卷、藏族卷），北京：中国社会科学出版社1999年版，第943页。

W0085.5b

神大胆

实 例

(参见下级母题实例)

W0085.5b.1

无所畏惧的神

实 例

傣族(水傣) 因为天神帝娃达是用神石上的污垢捏成的神,所以心坚硬如石,他的胆子大,什么也不怕。

【流传】(云南省·西双版纳傣族自治州)

【出处】 王松整理:《傣族——西双版纳的神谱》,见姚宝瑄主编《中国各民族神话》(哈尼族、傣族),太原:山西出版传媒集团·书海出版社2014年版,第229页。

W0085.6

神性格老实(老实的神)

【关联】[W0208.20.2.1] 天神黎是个老实疙瘩

实 例

汉族 (参见"W0208.20.2.1 天神黎是个老实疙瘩"母题实例)

W0085.6a

神不老实(多动症的神)

实 例

(参见下级母题实例)

W0085.6a.1

不守规矩的神

实 例

(参见下级母题实例)

W0085.6a.1.1

不守规矩的天神帝娃达

实 例

傣族(水傣) 四个加都罗神造出不守规矩的天神帝娃达,让他到达娃丁沙去侍候神王英叭天神时,帝娃达不仅在天宫到处乱飞乱窜,还趁英叭不在,擅自坐上"神王宝台",并嘲弄来朝拜的天神。

【流传】(云南省·西双版纳傣族自治州)

【出处】 王松整理:《傣族——西双版纳的神谱》,见姚宝瑄主编《中国各民族神话》(哈尼族、傣族),太原:山西出版传媒集团·书海出版社2014年版,第230页。

W0085.7

神性格机灵(机智的神)

【关联】

① [W0192.4.7] 心眼多的天神

② [W0496.1.1] 机智女神

实 例

(参见下级母题实例)

W0085. 7. 1

机智女神

实 例

（参见下级母题实例）

W0085. 7. 1. 1

白昼神和黑夜神孕育了机智女神

实 例

景颇族 白昼神和黑夜神孕育了机智女神。

【流传】云南省·（德宏傣族景颇族自治州）·盈江县支丹山吾寨

【出处】萧家成译著：《勒包斋娃——景颇族创世史诗》，北京：民族出版社1992年版，第6页。

W0085. 8

神敢于献身

实 例

（参见下级母题实例）

W0085. 8. 1

神为了百姓自杀

实 例

白族 玉帝的侍者不敢违抗玉帝旨意，又不愿做用瘟疫药毒害生灵的坏事，就自己把药吞下，牺牲自己拯救万灵。

【流传】云南省·（大理白族自治州）·剑川县

【出处】《大黑天神——剑川上河村本主故事》，见《白族民间故事》，昆明：云南人民出版社1982年版，第146页。

W0085. 9

神处事不公

实 例

（参见下级母题实例）

W0085. 9. 1

神偏心眼儿

实 例

汉族 寿命神有点偏心眼儿，告诉问寿命的人说："我当着大家的面无法分配，等到明天早晨再分。"大家听了纷纷离去。

【流传】河南省·（驻马店市）·遂平县

【出处】张延文（男，50岁，汉族，石寨铺乡大张庄村农民）讲，郭建新（男，15岁，汉族，石寨铺乡初中学生）采录：《人祖问寿》（1988. 02），见张振犁编著，孟宪明、朱淑君统纂《中原神话通鉴》（第四卷），郑州：河南大学出版社2017年版，第1273页。

W0085. 10

神爱搬弄是非（神长着长舌头）

【关联】［W0879. 3. 2］长舌妇鬼（口舌鬼）

实　例

（参见下级母题实例）

W0085.10.1

神私下说坏话蛊惑他人

实　例

汉族 天神们讨厌老百姓，认为凡人不配跟他们玩，便到老天爷面前搬弄是非，说了老百姓许多坏话。

【流传】河南省·（南阳市）·唐河县［采录地点：唐河县大张庄］

【出处】高福云讲，张果夫、高福云采录：《锄钩为啥是弯的》（1985.09），见张振犁编著，孟宪明、朱淑君统纂《中原神话通鉴》（第四卷），郑州：河南大学出版社2017年版，第~页。

W0085.11

神性格呆板

实　例

（参见下级母题实例）

W0085.11.1

黑灵真君不管百姓死活只管奉命行事

实　例

汉族 黑灵真君脸一黑丧，说："老百姓的死活我管不着，我只管奉命发放雨水。"

【流传】河南省·（郑州市）·登封市

【出处】《盗土治水》，见张振犁编著，孟宪明、朱淑君统纂《中原神话通鉴》（第四卷），郑州：河南大学出版社2017年版，第1120页。

W0085.12

神有洁癖

实　例

（参见下级母题实例）

W0085.12.1

森林神不能忍受森林里的脏乱无序

实　例

蒙古族（布里亚特） 森林神的化身是白胡子老头。他骑着马（有时是鹿），很善良，但不能忍受森林里的脏乱无序。

【流传】（无考）

【出处】［苏联］Г. Р. 加尔达诺娃著，宋长宏译，佟德富校：《喇嘛教前的布里亚特宗教信仰》（俄文版），诺沃西比尔斯克：科学出版社西伯利亚分社1987年版，第29~30页，见吕大吉、何耀华总主编《中国各民族原始宗教资料集成》（鄂伦春族卷、鄂温克族卷、赫哲族卷、达斡尔族卷、锡伯族卷、满族卷、蒙古族卷、藏族卷），北京：中国社会科学出版社1999年版，第614页。

W0085.13

神有人性

实　例

（参见下级母题实例）

W0085.13.1

保护畜牧和财产的神札雅嘎吉具有纯洁的人性

实　例

蒙古族 札雅嘎吉是保护畜牧和财产的神，被认为具有智慧、具有纯洁的人性，经常使人脱离违反人性的坏事。

【流传】（无考）

【出处】［俄］道尔吉·班扎罗夫：《黑教或称蒙古人的萨满教》，原载《蒙古史研究参考资料》，内蒙古大学历史系蒙古史研究室编印，1965年，见吕大吉、何耀华总主编《中国各民族原始宗教资料集成》（鄂伦春族卷、鄂温克族卷、赫哲族卷、达斡尔族卷、锡伯族卷、满族卷、蒙古族卷、藏族卷），北京：中国社会科学出版社1999年版，第662～663页。

W0085.14

神嗜睡（嗜睡的神，贪睡的神）

实　例

（参见下级母题实例）

W0085.14.1

天神阿布卡恩都里其性喜酣睡

实　例

满族 善神阿布卡赫赫性喜酣睡，懒散慢惰。

【流传】 黑龙江省·黑河地区（黑河市）·孙吴县·（沿江满族达斡尔族乡）·四季屯（四季屯村）

【出处】 吴纪贤、富希陆讲：《天宫大战——黑水女真人传世神话》（1939，选自富育光、郭淑云整理的手稿），见姚宝瑄主编《中国各民族神话》（满族、赫哲族、朝鲜族），太原：山西出版传媒集团·书海出版社2014年版，第37页。

满族 洪荒远古的人们把阿布卡赫赫称为阿布卡恩都力大神。可是大神性喜酣睡。

【流传】（无考）

【出处】 富希陆讲，富育光采录：《天宫大战》，原载富育光编《满族神话选》，见陶阳、钟秀编《中国神话》（中），北京：商务印书馆2008年版，第736～737页。

满族 天神阿布卡恩都里其性喜酣睡。

【流传】（无考）

【出处】

（a）《拖亚拉哈》，原载富育光《天宫大战》，载《民间文学论坛》1986年第4期。

(b) 同 (a)，见袁珂《中国神话大词典》，北京：华夏出版社 2015 年版，第 462 页。

W0085.14.1a

创世三姐妹中的巴那姆酣睡不醒

实　例

满族 创世三姐妹阿布卡赫赫、巴那姆赫赫、卧勒多赫赫相约合力造人，但巴那姆却酣睡不醒。

【流传】黑龙江省·黑河地区（黑河市）·孙吴县·（沿江满族达斡尔族乡）·四季屯（四季屯村）

【出处】吴纪贤、富希陆讲：《天宫大战——黑水女真人传世神话》（1939，选自富育光、郭淑云整理的手稿），见姚宝瑄主编《中国各民族神话》（满族、赫哲族、朝鲜族），太原：山西出版传媒集团·书海出版社 2014 年版，第 24 页。

W0085.14.2

神睡特定的时间

实　例

（参见下级母题实例）

W0085.14.2.1

英叭神一睡就是 10 亿年

实　例

傣族 创世主英叭神造天造地之后，十分疲倦，便睡着了。他一睡就睡了十亿年。

【流传】（无考）

【出处】岩峰、王松搜集整理：《射神惟鲁塔》，原载《中国各民族宗教与神话大词典》编审委员会编《中国各民族宗教与神话大词典》，学苑出版社 1990 年版，见姚宝瑄主编《中国各民族神话》（哈尼族、傣族），太原：山西出版传媒集团·书海出版社 2014 年版，第 379 页。

W0085.14.2.2

造地大神一觉睡了九年

实　例

哈尼族 三位大神造天时，造地的九位大神想着人数多，不妨先来睡一觉，不觉中睡了九年。

【流传】云南省·（红河哈尼族彝族自治州）·元阳县

【出处】朱小和讲，卢朝贵搜集整理：《三个世界》，单超选自《哈尼族神话传说选》，见姚宝瑄主编《中国各民族神话》（哈尼族、傣族），太原：山西出版传媒集团·书海出版社 2014 年版，第 64 页。

W0085.14.3

天上的女天神平时总是不停地睡觉

实　例

维吾尔族 很早以前，天上的女天神平时都是静静地在天上待着，不停地睡觉。

【流传】新疆维吾尔自治区·伊犁州（伊犁哈萨克自治州）·察布查尔县（察布查尔锡伯自治县）

【出处】牙库布讲，阿不都拉搜集翻译，姚宝瑄整理：《女天神创世》，见姚宝瑄主编《中国各民族神话》（乌孜别克族、哈萨克族、柯尔克孜族、俄罗斯族、维吾尔族、塔吉克族、塔塔尔族、锡伯族），太原：山西出版传媒集团·书海出版社 2014 年版，第 225 页。

W0085. 15

神调皮淘气

实 例

（参见下级母题实例）

W0085. 15. 1

调皮的丢瓦嗲神经常惹天王生气

实 例

傣族 天地间有一个丢瓦嗲神（传说中的一个神仙）。他时而到天上去追叭英（传说中的天王）惹他生气，时而到地上游玩。

【流传】云南省·西双版纳（西双版纳傣族自治州）·勐海（勐海县）

【出处】杨胜能搜集整理：《芒罕分开男和女》，见姚宝瑄主编《中国各民族神话》（哈尼族、傣族），太原：山西出版传媒集团·书海出版社 2014 年版，第 315 页。

W0085. 16

神生性自由

【关联】［W0192. 2］自由的天神

实 例

（参见下级母题实例）

W0085. 16. 1

神无拘无束

实 例

（参见下级母题实例）

W0085. 16. 1. 1

太阳神、冷神、雨神到处乱跑，没人能管

实 例

傣族 以前，太阳神、冷神、雨神到处乱跑，没有谁管他们。

【流传】（云南省）

【出处】陈平改写：《捧麻远冉与捧腊哈纳罗》，原载《巴塔麻嘎捧尚罗》，见姚宝瑄主编《中国各民族神话》（哈尼族、傣族），太原：山西出版传媒集团·书海出版社 2014 年版，第 368 页。

W0085. 17

神贪婪

【关联】［W0393. 6. 5］贪婪的山神

实 例

（参见下级母题实例）

W0085.17.1

贪心的神

实 例

（参见下级母题实例）

W0085.17.1.1

神比人贪心

实 例

哈尼族 天神派的使者母扎扎拉和米扎扎拉帮助人和神一对兄弟分家时，人分得马、鸡、鸭、猪、狗、羊和黄牛，神最贪心，除了分得野鸡、箐鸡、鹧鸪、鹌鹑、马鹿、麂子、老虎、豹子外，还想抢占鹅、鸽子和水牛。这样，人不依，神不让，双方按住鹅、鸽子和水牛。你抢过来，我拉过去，一个不让一个。

【流传】云南省·玉溪地区（玉溪市）

【出处】毛里仰讲：《人神分家》，王松选自玉溪地区《民间文学资料》第1集，见姚宝瑄主编《中国各民族神话》（哈尼族、傣族），太原：山西出版传媒集团·书海出版社2014年版，第76页。

W0085.17.1.2

贪婪的神与人争利

实 例

纳西族 很古的时候，术（神）族的术美那布，非常贪婪，把人类的山林、田地、牲畜都霸占了，并残忍地把人类驱逐到不生青草和树木的一座石头山上。

【流传】云南省·（丽江市）·丽江县（古城区、玉龙纳西族自治县）

【出处】木丽春采集整理：《狗用舌头吃水的来历》，见木丽春编著《纳西族民间故事集》，昆明：云南人民出版社2007年版，第110页。

W0085.17.1.3

贪心的河神想升天

实 例

朝鲜族 河伯神有个小心眼儿认为：天有天帝，河有河神。河伯神只能在水里称神，要是自己再有了升天的本事，岂不更好？

【流传】（无考）

【出处】

（a）金德顺讲，裴永镇整理：《朱蒙》，见《朝鲜族民间故事讲述家金德顺故事集》，上海：上海文艺出版社1983年版。

（b）同（a），见姚宝瑄主编《中国各民族神话》（满族、赫哲族、朝鲜族），太原：山西出版传媒集团·书海出版社2014年版，第170～181页。

W0085.18

神自负

实 例

（参见下级母题实例）

W0085. 18. 1

自以为是的神

实 例

（参见下级母题实例）

W0085. 18. 1. 1

超能力的帝娃达刚愎自用

实 例

傣族 四个守护神共同捏造了超能力的帝娃达（神名），他出行时都再三吩咐他要老老实实做事，千万不要去冒犯天规，千万不要闯下大祸。可是帝娃达却满不在乎，不以为然。

【流传】 云南省·西双版纳傣族地区（西双版纳傣族自治州）

【出处】《巴塔麻嘎捧尚罗》，王松据岩温炳翻译《巴塔麻晏》（开天辟地）改写，见姚宝瑄主编《中国各民族神话》（哈尼族、傣族），太原：山西出版传媒集团·书海出版社 2014 年版，第 290 页。

W0085. 18. 1. 2

神官捧麻远冉不听劝告

实 例

傣族 神官捧麻远冉生在捧天层，福分和地拉都比帕雅英高，对帕雅英的劝告充耳不闻。

【流传】（云南省）

【出处】 陈平改写：《捧麻远冉与捧腊哈纳罗》，原载《巴塔麻嘎捧尚罗》，见姚宝瑄主编《中国各民族神话》（哈尼族、傣族），太原：山西出版传媒集团·书海出版社 2014 年版，第 370 页。

W0085. 19

神不偏不倚

实 例

（参见下级母题实例）

W0085. 19. 1

中立的神（中庸之神）

实 例

（参见下级母题实例）

W0085. 19. 1. 1

赛盖恩·赛博代格·腾格里在东西方天神对抗之间占中立地位

实 例

蒙古族（布里亚特） 赛盖恩·赛博代格·腾格里直译为“明亮蔚蓝的冰天神”，是在东西方天神对抗之间占中立地位的腾格里。

【流传】（无考）

【出处】［苏联］И. А. 曼日格耶夫著，宋长宏译，佟德富校：《布里亚特萨满教和前萨满教辞典》（俄文版），莫斯科：科学出版社 1978 年版，第 68

页，见吕大吉、何耀华总主编《中国各民族原始宗教资料集成》（鄂伦春族卷、鄂温克族卷、赫哲族卷、达斡尔族卷、锡伯族卷、满族卷、蒙古族卷、藏族卷），北京：中国社会科学出版社 1999 年版，第 628 页。

W0085.20

神叛逆

【关联】［W0214.4］叛逆的天使

实 例

（参见下级母题实例）

W0085.20.1

造反的神

实 例

（参见下级母题实例）

W0085.20.1.1

帝娃达是神佛的叛逆之神

实 例

傣族（水傣） 帝娃达是神佛的叛逆之神。

【流传】（云南省·西双版纳傣族自治州）

【出处】 王松整理：《傣族——西双版纳的神谱》，见姚宝瑄主编《中国各民族神话》（哈尼族、傣族），太原：山西出版传媒集团·书海出版社 2014 年版，第 229 页。

W0085.20.1.2

超能力的帝娃达想夺神王英叭的宝座

实 例

傣族 四个守护神共同捏造了超能力的帝娃达（神名）私自闯进了神王的宝宫，而且竟一屁股坐在宝座上，十分得意，好像他就是神王英叭。一群朝拜英叭的天神下拜问安，帝娃达不仅不起身躲开，反而得意地哈哈大笑，嘲弄众神官。

【流传】 云南省·西双版纳傣族地区（西双版纳傣族自治州）

【出处】《巴塔麻嘎捧尚罗》，王松据岩温炳翻译《巴塔麻晏》（开天辟地）改写，见姚宝瑄主编《中国各民族神话》（哈尼族、傣族），太原：山西出版传媒集团·书海出版社 2014 年版，第 290～291 页。

W0085.21

神粗心

实 例

（参见下级母题实例）

W0085.21.1

神官捧麻远冉粗心大意

实 例

傣族 神官捧麻远冉在天上专管历法。他性情急躁，做事粗心。

【流传】（云南省）

【出处】陈平改写：《捧麻远冉与捧腊哈纳罗》，原载《巴塔麻嘎捧尚罗》，见姚宝瑄主编《中国各民族神话》（哈尼族、傣族），太原：山西出版传媒集团·书海出版社 2014 年版，第 368 页。

W0085. 22

神的其他性格

实　例

（参见下级母题实例）

W0085. 22. 1

神冷酷

实　例

（参见下级母题实例）

W0085. 22. 1. 1

无情的众神

实　例

汉族 天上有众多的神，他们对于人们所遭受的灾祸，都无动于衷。

【流传】（无考）

【出处】袁珂重述：《鲧偷取息壤平治洪水》，原载袁珂编译《中国神话故事》，见陶阳、钟秀编《中国神话》（上），北京：商务印书馆 2008 年版，第 407 ~ 411 页。

W0085. 22. 2

神玩世不恭

实　例

（参见下级母题实例）

W0085. 22. 2. 1

混世之神

实　例

彝族 格滋天神派去的造天的弟兄五个，赌着来造天，玩着来造天，睡着来造天，吃着来造天。他们天天吃喝玩乐，一天一天懒过去，一天一天混过去。

【流传】云南省·楚雄彝族自治州·姚安县、大姚县等彝族地区

【出处】《创世·开天辟地》，见云南省民族民间文学楚雄调查队整理编写《梅葛》，昆明：云南人民出版社 2009 年版，第 4 页。

W0085. 22. 3

神圣洁高尚

【汤普森】A102. 7

实　例

（实例待考）

W0085. 22. 4

神是完美的

【汤普森】A102. 12

实　例

汉族 （实例待考）

W0085.22.5
神是公正的

【汤普森】A102.16

实 例

汉族 （实例待考）

W0085.23
与神的性格有关的其他母题

实 例

（参见下级母题实例）

W0085.23.1
神的性情与人相同

实 例

（参见下级母题实例）

W0085.23.1.1
崖神和人一样有男女之别，有喜怒哀乐和人间的情欲

实 例

怒族 崖神和人一样，有男女之别，有喜怒哀乐和人间的情欲，也有家庭和配偶，他们或者相亲相爱、悲欢离合，或者相互厮杀。

【流传】云南省·（怒江傈僳族自治州）·贡山（贡山独龙族怒族自治县）·丙中洛乡

【出处】何叔涛调查整理：《贡山地区的崖神类》（1988），见吕大吉、何耀华总主编《中国各民族原始宗教资料集成》（纳西族卷、羌族卷、独龙族卷、傈僳族卷、怒族卷），北京：中国社会科学出版社2000年版，第849页。

W0085.23.2
神的性情的变化

实 例

（参见下级母题实例）

W0085.23.2.1
善神变成恶神

实 例

满族 西斯林女神因贪睡惹出大祸，被天神、地神和星神三女神逐出天界。从此，她变成恶魔耶鲁里手下的一个男性野神。放荡不羁，在天地之间撼山摇月，成为万物一害。

【流传】黑龙江省·黑河地区（黑河市）·孙吴县·（沿江满族达斡尔族乡）·四季屯（四季屯村）

【出处】吴纪贤、富希陆讲：《天宫大战——黑水女真人传世神话》（1939，选自富育光、郭淑云整理的手稿），见姚宝瑄主编《中国各民族神话》（满族、赫哲族、朝鲜族），太原：山西出版传媒集团·书海出版社2014年版，第32页。

W0085.23.2.2
神的性格变温顺

实 例

（参见下级母题实例）

W0085. 23. 2. 2. 1

布星女神卧勒多赫赫被夺去神光后性格变温顺

实 例

满族 布星女神卧勒多赫赫被耶鲁里打败后，神光被夺走大半，整天背着桦皮星袋蹒跚西行，默哑无言，变成温顺的天上女神。

【流传】黑龙江省·黑河地区（黑河市）·孙吴县·（沿江满族达斡尔族乡）·四季屯（四季屯村）

【出处】吴纪贤、富希陆讲：《天宫大战——黑水女真人传世神话》（1939，选自富育光、郭淑云整理的手稿），见姚宝瑄主编《中国各民族神话》（满族、赫哲族、朝鲜族），太原：山西出版传媒集团·书海出版社2014年版，第28～29页。

W0086

神的力量

实 例

（参见下级母题实例）

W0086. 1

神有无限的力量

实 例

傣族 （实例待考）

W0086. 2

神有力量巨大

实 例

（参见下级母题实例）

W0086. 2. 1

神能搬山

实 例

（参见下级母题实例）

W0086. 2. 1. 1

天神木布帕能抬几架大山重的东西

实 例

傈僳族 勤劳能干的天神木布帕力气很大，一个人能抬几架大山重的东西。

【流传】

（a）云南省·（怒江傈僳族自治州）·泸水县

【出处】

（a）胡贵讲，刘辉豪采录：《木布帕造天地人》，见中国民间文学集成全国编辑委员会编《中国民间故事集成》（云南卷），北京：中国ISBN中心2003年版，第42页。

（b）刘辉豪、胡贵搜集整理：《天、地、人的形成》，见谷德明编《中国少数民族神话》，北京：中国民间文艺出版社1987年版，第370页。

W0086.2.2
神能负重（神能提起重物）

实 例

（参见下级母题实例）

W0086.2.2.1
人神达能一根指头能拎起一头大象

实 例

佤族 达能（人神）一根指头能拎起一头大象。

【流传】云南省·（普洱市）·西盟县（西盟佤族自治县）

【出处】达老屈等讲，隋嘎等采录：《司岗里》，见中国民间文学集成全国编辑委员会编《中国民间故事集成》（云南卷），北京：中国ISBN中心2003年版，第96页。

佤族 达能（动物神名）一步能跨千里远，一个指头能拎起一只大象，十个人搬不动的木鼓，他拈起来塞进耳垂当耳柱。

【流传】云南省·（普洱市）·西盟县（西盟佤族自治县），（临沧市）·沧源县（沧源佤族自治县）

【出处】随戛、岩扫、岩瑞等讲述，艾荻、张开达搜集整理：《司岗里》，载《山茶》1988年第1期。

W0086.2.2.2
神能手提千斤硬石

实 例

瑶族（布努）密洛陀（万物之母，女始祖，女神）的三儿子烔公洛班去去铺路架桥时，千斤硬石一手拿，万斤巨石双臂推。巨石用手掌劈裂，硬石用拳头捶碎。

【流传】广西壮族自治区·（河池市）·都安县（都安瑶族自治县）、巴马县（巴马瑶族自治县）、南丹县，（百色市）·田东县、平果县等地

【出处】桑布郎等传，蒙凤标（83岁）、罗仁祥（73岁）等唱：《密洛陀》（1983），见蓝怀昌、蓝书京、蒙通顺搜集翻译整理《密洛陀》，北京：中国民间文艺出版社1988年版，第84页。

W0087
神的数量或组合

实 例

（参见下级母题实例）

W0087.1
神的数量[①]

实 例

① 神的数量，有些神话对特定类型的神或神性人物会有相应的数量，可见具体类型中的母题。

蒙古族 （实例待考）

W0087.1.1
1个神

【关联】［W0058.3.1］第一个神

实 例

（实例待考）

W0087.1.2
2个神

【关联】［W0058.3.2］最早只有2个神

实 例

（实例待考）

W0087.1.2a
3个神

实 例

（实例待考）

W0087.1.2b
4个神

实 例

（参见下级母题实例）

W0087.1.2b.1
东西南北四方各生出一个人神

【关联】［W0256］四方神

实 例

彝族 天地混沌时，东西南北每个方向分别生出一个人神。这四个人神，就是为了开天辟地而生在混沌世界里的。

【流传】（四川省·凉山彝族自治州）

【出处】

（a）冯元蔚译：《勒俄特依》，成都：四川民族出版社1986年版。

（b）冯元蔚译，蓠紫改写：《勒俄特依》，见姚宝瑄主编《中国各民族神话》（羌族、彝族），太原：山西出版传媒集团·书海出版社2014年版，第148页。

W0087.1.2c
5个神

【关联】［W0257］五方神

实 例

（实例待考）

W0087.1.2d
6个神

实 例

（实例待考）

W0087.1.2d.1
六神无主

实 例

汉族 （实例待考）

W0087.1.3
7个神

实 例

（参见下级母题实例）

W0087.1.3.1
金鱼娘扇出天地日月等7个大神

实 例

哈尼族 远古的时候，睡在大海里的密乌艾西艾玛金鱼娘扇出了七个大神。

【流传】云南省·（红河哈尼族彝族自治州）·元阳县·黄草岭区（黄草岭乡）·树皮寨

【出处】

（a）杨批斗讲，史军超采录：《年月树》，见中国民间文学集成全国编辑委员会编《中国民间故事集成》（云南卷），北京：中国ISBN中心2003年版，第289页。

（b）同（a）《哈尼族神话传说集成》，北京：中国民间文艺出版社1990年版。

哈尼族 大金鱼抖鱼鳞抖出天神、地神、日神、月神、人神等7个大神。

【流传】云南省·（红河哈尼族彝族自治州）·元阳县·攀枝花区（攀枝花乡）·洞铺寨

【出处】《烟本霍本》，上海：上海文艺出版社1989年版。

W0087.1.3.2
巨鱼密乌艾西艾玛生7个大神

实 例

哈尼族 远古，巨鱼密乌艾西艾玛（金鱼娘）扇动鱼鳍，扇出7个大神。

【流传】（无考）

【出处】《虎玛达作》，见《中国各民族宗教与神话大词典》编审委员会编《中国各民族宗教与神话大词典》，北京：学苑出版社1990年版，第172～172页。

W0087.1.3a
8个神（八神）

实 例

（参见下级母题实例）

W0087.1.3a.1
古齐国祀八神，一曰天主，二曰地主，三曰兵主，四曰阴主，五曰阳主，六曰月主，七曰日主，八曰四时主

实 例

汉族 古齐国所祀者，一曰天主，二曰地主，三曰兵主，四曰阴主，五曰阳主，六曰月主，七曰日主，八曰四时主。

【流传】（无考）

【出处】［西汉］司马迁：《史记·封禅书》。

W0087.1.3a.2
帝喾妃生八子，世称八神

实 例

汉族 帝喾之妃常梦吞日，则生一子，凡经八梦，则生八子，世谓为八神。

【流传】（无考）

【出处】［晋］王嘉：《拾遗记》卷一。

W0087.1.3a.3
八腊

实 例

（参见下级母题实例）

W0087.1.3a.3.1
八腊即八位神灵

实 例

汉族 八腊即八位神灵。

【流传】上党一带（山西东南部古地名，主指古潞泽辽沁四州一带，曾包括山西省晋中榆社、左权、长治、晋城东部以及河北涉县等地）

【出处】马书岐：《晋东南地区有关炎帝的传说与祭祀活动》，见马志生主编《上党炎帝》，太原：山西出版传媒集团·三晋出版社（原山西古籍出版社）2014年版，第92页。

W0087.1.4
9个神

实 例

（参见下级母题实例）

W0087.1.4.1
九圣神

实 例

鄂伦春族 鄂伦春人“斜仁柱”（又译为“仙人柱”，鄂伦春人的居所）中供奉的诸神，如老爷、龙王、娘娘、九圣（牛、马、药、土、虫、山、龙、城隍等）、树神等。

【流传】（无考）

【出处】［日］永田珍馨撰，赵复兴译：《满洲鄂伦春族》第一编《使马鄂伦春族》，内蒙古民族问题五种丛书编委会、内蒙古社会科学院民族研究室编印，转引自吕大吉、何耀华总主编《中国各民族原始宗教资料集成》（鄂伦春族卷、鄂温克族卷、赫哲族卷、达斡尔族卷、锡伯族卷、满族卷、蒙古族卷、藏族卷），北京：中国社会科学出版社1999年版，第63页。

W0087.1.4.2
天地间有天神、地神、太阳神、月亮神、庄稼神、年神、水神、树神和人神9个大神

实 例

哈尼族 天地间有天神、地神、太阳神、月亮神、庄稼神、年神、水神、树神和人神9个大神受命于大神沙拉。

【流传】云南省·（红河哈尼族彝族自治州）·元阳县·攀枝花区（攀枝花

乡）·洞铺寨

【出处】朱小和讲，史军超采录：《永生不死的姑娘》，见中国民间文学集成全国编辑委员会编《中国民间故事集成》（云南卷），北京：中国 ISBN 中心 2003 年版，第 130 页。

W0087.1.4.3
9 个大神

实 例

（参见下级母题实例）

W0087.1.4.3.1
影子变成 9 个大神

实 例

瑶族 天地之间有一面铜鼓。铜鼓中间睡着一个女人，头枕着一对鼓槌，旁边有 9 个浮游的影子。这 9 个影子就是 9 个大神。

【流传】广西壮族自治区·（河池市）·大化县（大化瑶族自治县）·七百弄乡

【出处】蓝阿勇讲，蒙冠雄采录翻译：《密洛陀》，见中国民间文学集成全国编辑委员会编《中国民间故事集成》（广西卷），北京：中国 ISBN 中心 2001 年版，第 11 页。

W0087.1.4.3.2
天神、地神、太阳神、月亮神等 9 位大神

实 例

哈尼族 天神、地神、太阳神、月亮神、庄稼神、年神、水神、树神还有人神，九个大神商量万物寿命不长的问题。

【流传】云南省·（红河哈尼族彝族自治州·元阳县·攀枝花乡·洞铺寨）

【出处】朱小和讲，史军超搜集整理：《永生不死的姑娘》，原载《哈尼族神话传说集成》，见陶阳、钟秀编《中国神话》（下），北京：商务印书馆 2008 年版，第 1095 ~ 1099 页。

W0087.1.4a
10 个神

实 例

（参见下级母题实例）

W0087.1.4a.1
每家供奉和私祭的神有 10 尊

实 例

羌族 每家供奉和私祭的神有十尊。

【流传】四川省·（阿坝藏族羌族自治州）·理县·桃坪乡·增头寨

【出处】

（a）钱安靖：《羌族宗教习俗调查资料》，见羌族社会历史调查四川省编写组编《羌族社会历史调查》，成都：四川省社会科学院出版社 1985 年版。

（b）同（a），见吕大吉、何耀华总主编《中国各民族原始宗教资料集成》（纳西族卷、羌族卷、独龙族卷、傈僳族卷、怒族卷），北京：中国社会

科学出版社 2000 年版，第 475 页。

W0087. 1. 4b

24 个神

实 例

（参见下级母题实例）

W0087. 1. 4b. 1

12 对男神女神

实 例

瑶族（布努） 密洛陀（万物之母，女始祖，女神）感风怀孕，生 12 个女神和 12 个男神。

【流传】广西壮族自治区·（河池市）·都安县（都安瑶族自治县）、巴马县（巴马瑶族自治县）、南丹县，（百色市）·田东县、平果县等地

【出处】桑布郎等传，蒙凤标（83 岁）、罗仁祥（73 岁）等唱：《密洛陀》（1983），见蓝怀昌、蓝书京、蒙通顺搜集翻译整理《密洛陀》，北京：中国民间文艺出版社 1988 年版，第 22 ~25 页。

W0087. 1. 4b. 2

二十四神朝玉皇

实 例

汉族 晋东南农历七月初一古庙会是以前最大的庙会。起因源于求雨。俗称二十四神朝玉皇。这二十四神代表的是二十四个节气。大都是本土神，为首的是炎帝，其次有大禹王、天齐王、岱阳王、崔府君、唐王、大仙姑、二仙姑、三仙姑、河神、华阳君等。

【流传】山西省东南部地区

【出处】马书岐：《晋东南地区有关炎帝的传说与祭祀活动》，见马志生主编《上党炎帝》，太原：山西出版传媒集团·三晋出版社（原山西古籍出版社）2014 年版，第 96 页。

W0087. 1. 4b. 3

24 神代表 24 个节气

实 例

汉族 （参见“W0087. 1. 4b. 2 二十四神朝玉皇”母题实例）

W0087. 1. 4b. 4

24 神为首的是炎帝，其次有大禹王、天齐王、岱阳王、崔府君、唐王、大仙姑、二仙姑、三仙姑、河神、华阳君等

实 例

汉族 （参见“W0087. 1. 4b. 2 二十四神朝玉皇”母题实例）

W0087. 1. 5

72 路神

【关联】［W0730b. 4. 1］女始祖萨天巴的身边有 72 路诸神

实 例

（参见下级母题实例）

W0087.1.5.1
七十二路神灵

实 例

侗族 萨天巴（蜘蛛，女祖神，创世神）生活在天外的上界七十二路神灵拥戴她为王。

【流传】 广西壮族自治区·（柳州市）·三江（三江侗族自治县），（桂林市）·龙胜（龙胜各族自治县）

【出处】 杨卜林喜、杨卜松林、杨明世讲，杨国仁、涛声搜集整理，蔷紫改写：《创世女神萨天巴》，过伟改写自侗族创世史诗《嘎茫莽道时嘉——远祖歌》（未出版稿），见姚宝瑄主编《中国各民族神话》（土家族、毛南族、侗族、瑶族），太原：山西出版传媒集团·书海出版社 2014 年版，第 73 页。

W0087.1.6
99 个神

实 例

（参见下级母题实例）

W0087.1.6.1
天神阵营中西方善天神 55 尊，东方恶天神 44 尊

【关联】 ［W0251.7.1］东方有 44 个天神

实 例

蒙古族（布里亚特） 有两个天神阵营，以汗·霍尔母斯塔·腾格里为首的西方 55 尊善天神和以阿泰·乌兰·腾格里为首的东方 44 尊恶天神。

【流传】（无考）

【出处】 《天神大战》，参见那木吉拉《蒙古族神话中的腾格里形象初探》，载《西北民族研究》2001 年第 2 期。

W0087.1.6.2
最高神只创造了 99 尊腾格里神

实 例

蒙古族 最高神只创造了 99 尊腾格里神。

【流传】（无考）

【出处】 陈岗龙译：《天神之战》，见满都呼主编《中国阿尔泰语系诸民族神话故事》，北京：民族出版社 1997 年版，第 150～156 页。

W0087.1.7
数百个神

实 例

（实例待考）

W0087.1.7a
360 位大神

实 例

纳西族 三百六十位大神居于十八层

天上。

【流传】四川省·（凉山彝族自治州）·木里（藏族自治县）·俄亚乡·俄亚大村

【出处】英丹茨理（78 岁）讲，和力民调查整理：《四川木里俄亚乡祭崩鬼的仪式》（1988）见吕大吉、何耀华总主编：《中国各民族原始宗教资料集成》（纳西族卷、羌族卷、独龙族卷、傈僳族卷、怒族卷），北京：中国社会科学出版社 2000 年版，第 165 页。

W0087. 1. 8

数千个神

实 例

（参见下级母题实例）

W0087. 1. 8. 1

3 千个神

实 例

（参见下级母题实例）

W0087. 1. 8. 1. 1

大千世界三千神

实 例

藏族 大千世界三千神，天界地界空间神。

【流传】（无考）

【出处】达尔基：《藏族祈祷仪式与祈祷词》，载《阿坝州史志》1987 年第 4 ~ 5 期合刊。

W0087. 1. 9

数万个神

实 例

（实例待考）

W0087. 1. 10

数亿个神

【关联】［W0193. 19. 2］16 亿个天神

实 例

（实例待考）

W0087. 2

神的组合

实 例

（实例待考）

W0087. 2. 1

父子神

实 例

（实例待考）

W0087. 2. 2

兄弟神

实 例

（参见下级母题实例）

W0087. 2. 2. 1

七兄弟神

实 例

（参见下级母题实例）

W0087.2.2.1.1 红面罗刹与“穆”主拉巴婚生的卵孵出赞神七兄弟

实 例

藏族 赞神七兄弟由赞王达瓦托嘎之女红面罗刹与“穆”主拉巴相结合后生出的7只血蛋中孵出。

【流传】西藏自治区·（山南市·浪卡子县）羊卓雍湖一带

【出处】林继富：《西藏卵生神话源流》，载《西藏研究》2002年第4期。

W0087.2.3 姊妹神

实 例

（实例待考）

W0087.3 神的种类

【关联】［W0972］神的分类（神的类型，神的层级）

实 例

（参见下级母题实例）

W0087.3.1 神有13种

实 例

彝族 神有十三种，献酒到座前。

【流传】贵州省

【出处】《献酒经》，原载丁文江《爨文丛刻》（甲编），见吕大吉、何耀华总主编《中国各民族原始宗教资料集成》（彝族卷、白族卷、基诺族卷），北京：中国社会科学出版社1996年版，第48页。

W0087.3.2 神有特定数量的族体

实 例

（参见下级母题实例）

W0087.3.2.1 天上的神有99族

实 例

纳西族 天上的神有九十九族。

【流传】云南省·（丽江市）·丽江县（古城区、玉龙纳西族自治县）

【出处】木丽春采集整理：《除夕夜洗浴的俗礼》，见木丽春编著《纳西族民间故事集》，昆明：云南人民出版社2007年版，第26页。

W0087.3.3 十方万灵真宰，四部行化王神

实 例

白族 天地三界，十方万灵真宰，岁瘟火土，四部行化王神。

【流传】云南·大理（大理白族自治州）

【出处】张锡禄等调查整理：《大理白族节日盛会调查》，见《白族社会历史调查》（三），昆明：云南人民出版社1991年版，第138~139页。

W0087.4
与神的数量有关的其他母题

【关联】［W0090.1］神遍布世界

实 例

（参见下级母题实例）

W0087.4.1
女神多男神少

【关联】［W0069a.1］以前男女神比例失调

实 例

（参见下级母题实例）

W0087.4.1.1
恰喀拉的神大部分是老妈妈神

实 例

满族 恰喀拉人崇拜的神中，大部分是老妈妈神，男神很少。

【流传】（无考）

【出处】穆晔骏讲，孟慧英整理：《恰喀拉人是怎么来的》，原载中国民间文艺研究会黑龙江分会编《黑龙江民间文学》第7集，内部资料，1983年，见姚宝瑄主编《中国各民族神话》（满族、赫哲族、朝鲜族），太原：山西出版传媒集团·书海出版社2014年版，第19~20页。

满族 恰喀拉的神大部分是老妈妈神，男神很少。

【流传】（黑龙江省·哈尔滨市·双城区）

【出处】穆晔骏讲，孟慧英搜集整理：《恰喀拉人是怎么来的》，原载《黑龙江民间文学》第7集，见陶阳、钟秀编《中国神话》（上），北京：商务印书馆2008年版，第320页。

W0088
与神的特征有关的其他母题

【关联】［W0995.5］神的代表（神的象征物，神的代言人，神偶）

实 例

（参见下级母题实例）

W0088.1
神是影子

实 例

瑶族 （实例待考）

W0088.2
神福寿双全

【关联】

①［W0175.1］长寿的神（寿神）

②［W0457］福神

实 例

蒙古族 （实例待考）

W0088.3

怪神

实 例

（参见下级母题实例）

W0088.3.0

神生怪神

实 例

（参见下级母题实例）

W0088.3.0.1

敖钦女神生出无数怪神

实 例

满族 敖钦女神生出无数个跟她一样的怪神。

【流传】黑龙江省·黑河地区（黑河市）·孙吴县·（沿江满族达斡尔族乡）·四季屯（四季屯村）

【出处】吴纪贤、富希陆讲：《天宫大战——黑水女真人传世神话》（1939，选自富育光、郭淑云整理的手稿），见姚宝瑄主编《中国各民族神话》（满族、赫哲族、朝鲜族），太原：山西出版传媒集团·书海出版社 2014 年版，第 24 页。

W0088.3.1

怪神自生自育

实 例

满族 敖钦女神自生自育，生出无数跟她一样的怪神。

【流传】黑龙江省·（黑河市）·瑷珲（四季屯今划归孙吴县）·四季屯（四季镇）

【出处】白蒙古讲：《天宫大战》（四腓凌），转引自王宏刚《满洲萨满教创世神话中的人本主义曙光》，载《西北民族研究》2007 年第 4 期。

W0088.3.1a

山水生怪神

实 例

汉族 在山林和水泽之间，生长出了一些怪神，他们的形状狞恶，性情凶暴，人们只要一碰上他们，没有不遭殃受害的。

【流传】（无考）

【出处】《共工怒触不周山》，原载袁珂编译《中国神话故事》，见陶阳、钟秀编《中国神话》（中），北京：商务印书馆 2008 年版，第 721 ~ 723 页。

W0088.3.2

怪神状如人而载蛇，左右手操蛇

实 例

汉族 洞庭之山，帝之二女居之，是常游于江渊。澧沅之风，交潇湘之渊，是在九江之间，出入必以飘风暴雨。是多怪神，状如人而载蛇，左右手操蛇。

【流传】（无考）

【出处】［战国至汉］撰者不详：《山海经·中次十二经》。

W0088. 3. 3

怪神居洞庭之山

实 例

汉族 洞庭之山，是多怪神。

【流传】（无考）

【出处】［战国至汉］撰者不详：《山海经·中次十二经》。

W0088. 3. 4

九头怪神

实 例

（参见下级母题实例）

W0088. 3. 4. 1

九头怪神耶鲁里

实 例

满族 最早出现的阿布卡赫赫（天神）女神、巴那姆赫赫（地神）女神和卧勒多赫赫女神三位女神不断用自己的身体创造着万物与神祇，却在无意中造出了一个九个头的怪神——耶鲁里。

【流传】（无考）

【出处】谷颖重述：《盗火女神——拖亚拉哈》，见陶阳、钟秀编《中国神话》（中），北京：商务印书馆 2008 年版，第 757～760 页。

W0088. 4

神的弱点（神的软肋，阿喀琉斯之踵）

实 例

（参见下级母题实例）

W0088. 4. 1

神的惧怕物

【关联】［W0192. 6. 1］天神的惧怕物

实 例

（参见下级母题实例）

W0088. 4. 1. 1

神怕特定的树

【关联】［W0912. 2. 6. 4］鬼害怕特定的树

实 例

（参见下级母题实例）

W0088. 4. 1. 1. 1

神怕梨树和棕树

实 例

哈尼族 因为神经常跟人捣乱，人没办法对付，天神阿波摩米对人说："我把我的女儿留下来守护你们，只要你们一年祭一次就行了。"又叫人在寨边上栽些梨树和棕树，叫神永远进不了寨子。

【流传】云南省·玉溪地区（玉溪市）

【出处】毛里仰讲：《人神分家》，王松

选自玉溪地区《民间文学资料》第1集，见姚宝瑄主编《中国各民族神话》（哈尼族、傣族），太原：山西出版传媒集团·书海出版社2014年版，第77页。

W0088.4.1.2

神怕特定的声音

【关联】［W0535.2.3.1］龙神害怕打铁声

实　例

（实例待考）

W0088.4.1.3

神惧怕人的工具

实　例

（参见下级母题实例）

W0088.4.1.3.1

猎神怕人的铜刀、铜箭和铜矛

实　例

哈尼族 猎神十分怕人的铜刀、铜箭和铜矛。

【流传】（无考）

【出处】 史军超整理：《猎神》，见姚宝瑄主编《中国各民族神话》（哈尼族、傣族），太原：山西出版传媒集团·书海出版社2014年版，第116页。

W0088.4.1.4

神惧怕人的本领

实　例

黎族 人间小伙打占在接待朋友雷公，酒后，拿红白藤条和豹尾，在地上“啪啪”地猛抽猛打，迸出一阵阵耀眼的火星。雷公眼见这一宝贝厉害得很，心中害怕。

【流传】 海南省·（三亚市）·保亭县（保亭黎族苗族自治县）

【出处】

（a）广东民族学院中文系七七级采风组采集，陈永平整理：《雷公根》，见广东民族学院中文系编《黎族民间故事选》，上海：上海文艺出版社1983年版。

（b）同（a），见姚宝瑄主编《中国各民族神话》（高山族、黎族、畲族），太原：山西出版传媒集团·书海出版社2014年版，第66页。

W0088.4.2

神的命根（神的命门）

【关联】［W0843.4.4］魔王的命根（魔王的命门）

实　例

（参见下级母题实例）

W0088.4.2.1

神的命门在头部

实　例

傣族 神官捧麻远冉的力量和无敌的神威，都集中在他的头部，要想搬走尸体，必须割断他的头颅。

【流传】（云南省）

【出处】陈平改写：《捧麻远冉与捧腊哈纳罗》，原载《巴塔麻嘎捧尚罗》，见姚宝瑄主编《中国各民族神话》（哈尼族、傣族），太原：山西出版传媒集团·书海出版社 2014 年版，第 373 页。

W0088. 4. 2. 2

神的命门是眼睛

【关联】［W0926. 6. 4. 1. 1］黑神鱼的命门是眼睛

实 例

柯尔克孜族 （参见“W0926. 6. 4. 1. 1 黑神鱼的命门是眼睛”母题实例）

0. 1. 3 神的生活[①]
【W0090～W0119】

✿ W0090

神的生活

【汤普森】A150

实 例

（参见下级母题实例）

W0090. 1

神遍布世界

实 例

汉族 离地三尺有神灵。

【流传】吉林省·（吉林市）·永吉县·土城子乡·聂司马屯汉军旗

【出处】常恕春抄录：《雷神》，见吉林省艺术研究所等编《坛续与神本》，内部编印，1985 年，第 144 页。

W0090. 2

神的成长

实 例

（参见下级母题实例）

W0090. 2. 1

神成长缓慢

实 例

（参见下级母题实例）

W0090. 2. 1. 1

神很长时间才长大

实 例

（参见下级母题实例）

W0090. 2. 1. 1. 1

天神经过一万零一千年才长大

实 例

拉祜族 扎多、娜多一对天神经过一万零一千年才长大。

① 神的生活，含神的成长、神的抚养。这类母题包括一般性的神的衣食住行，关于具体的神的具体生活情形，参见其他相关类型的母题实例。

【流传】（无考）

【出处】《牡帕密帕》（创世纪），见娜朵主编《拉祜族民间文学集》，昆明：云南人民出版社 1996 年版。

W0090.2.1.1.2

神数万年长大

实 例

傣族 英叭神诞生十万年之后，他的身子就更加成熟了。

【流传】云南省·西双版纳傣族地区（西双版纳傣族自治州）

【出处】《巴塔麻嘎捧尚罗》，王松据岩温炳翻译《巴塔麻晏》（开天辟地）改写，见姚宝瑄主编《中国各民族神话》（哈尼族、傣族），太原：山西出版传媒集团·书海出版社 2014 年版，第 265 页。

W0090.2.2

神迅速成长

实 例

（参见下级母题实例）

W0090.2.2.1

神出生 3 天会走

实 例

满族 阿达格神生下的男孩三天就能走路

【流传】（无考）

【出处】《阿达格恩都哩》，见朝格查《论满族神话中数字“三”的含义》，载《满语研究》1999 年第 2 期。

W0090.2.2.2

神翻个身就长高一大节

实 例

拉祜族 厄雅（神名）翻个身就长出一大节，莎雅（神名）伸伸腰就高了一大节。

【流传】云南省·（普洱市）·澜沧县（澜沧拉祜族自治县）

【出处】胡札克讲，雷波采录：《厄雅莎雅造天地》，见中国民间文学集成全国编辑委员会编《中国民间故事集成》（云南卷），北京：中国 ISBN 中心 2003 年版，第 47 页。

W0090.2.3

风和雾露滋润神的成长

实 例

傣族 大神英叭生活在气浪之中。风给他增添了福分，使他的生命力越来越强大；雾露使他的思维能力不断成熟。

【流传】云南省·西双版纳傣族地区（西双版纳傣族自治州）

【出处】《巴塔麻嘎捧尚罗》，王松据岩温炳翻译《巴塔麻晏》（开天辟地）改写，见姚宝瑄主编《中国各民族神话》（哈尼族、傣族），太原：山西出版传媒集团·书海出版社 2014 年版，第 266 页。

W0090. 2. 4

神出生后历险

实 例

（参见下级母题实例）

W0090. 2. 4. 1

神出生后遭遇妖魔多次迫害

实 例

纳西族 丁巴什罗教主神刚生出来，父母亲就把他悄悄地藏了起来。但是山鬼和山妖探知丁巴什罗出生的消息，偷偷地走拢来，想看一看这个捉鬼驱妖的什罗，然后想法子害死他。

【流传】云南省·（丽江市）·丽江县（古城区、玉龙纳西族自治县）

【出处】木丽春采集整理：《什罗和古基比法》，见木丽春编著《纳西族民间故事集》，昆明：云南人民出版社 2007 年版，第 355 页。

W0090. 3

神的抚养

实 例

（参见下级母题实例）

W0090. 3. 1

神照料神

实 例

满族 天神阿布卡赫赫让地神巴那姆照料孤独的布星女神卧勒多赫赫，陪她玩耍。

【流传】黑龙江省·黑河地区（黑河市）·孙吴县·（沿江满族达斡尔族乡）·四季屯（四季屯村）

【出处】吴纪贤、富希陆讲：《天宫大战——黑水女真人传世神话》（1939，选自富育光、郭淑云整理的手稿），见姚宝瑄主编《中国各民族神话》（满族、赫哲族、朝鲜族），太原：山西出版传媒集团·书海出版社 2014 年版，第 29 页。

W0090. 3. 2

自然物抚养神

实 例

（参见下级母题实例）

W0090. 3. 2. 1

风抚养女始祖长大

实 例

瑶族（布努） 风把密洛陀（万物之母，女始祖，女神）抚养，气使她成长。

【流传】广西壮族自治区·（河池市）·都安县（都安瑶族自治县）、巴马县（巴马瑶族自治县）、南丹县，（百色市）·田东县、平果县等地

【出处】桑布郎等传，蒙凤标（83 岁）、罗仁祥（73 岁）等唱：《密洛陀》（1983），见蓝怀昌、蓝书京、蒙通顺搜集翻译整理《密洛陀》，北京：中国民间文艺出版社 1988 年版，第 11 页。

W0091
神的服饰（神的衣服，神的衣裳）

【汤普森】A158

【关联】

①［W0196］天神的服饰

②［W0394.4］山神的服饰

③［W6111］服饰

实 例

（参见下级母题实例）

W0091.1
神不穿衣服

【关联】［W6125.1］人最早是裸体的

实 例

（参见下级母题实例）

W0091.1.1
天神不穿衣服

【关联】［W0208.1.1.4］天公遮帕麻没有穿衣裳

实 例

阿昌族 天公遮帕麻没有穿衣裳。

【流传】

（a）云南省·（德宏傣族景颇族自治州）·梁河县

【出处】

（a）赵安贤讲，杨叶生智克采录：《遮帕麻与遮米麻》，见中国民间文学集成全国编辑委员会编《中国民间故事集成》（云南卷），北京：中国ISBN中心2003年版，第69页。

（b）赵安贤讲，舟叶生译，智克整理：《遮帕麻与遮米麻》，见谷德明编《中国少数民族神话》，北京：中国民间文艺出版社1987年版，第490页。

（c）同（b），见陶立璠、赵桂芳等编《中国少数民族神话汇编》（开天辟地篇），中央民族学院少数民族古籍整理出版规划领导小组办公室印（未署出版时间），第330页。

W0091.2
神的服饰的产生

实 例

（参见下级母题实例）

W0091.2.1
神的衣服源于特定地方

实 例

（实例待考）

W0091.2.2
神的衣服源于特定事件

实 例

（实例待考）

W0091.2.3
神造衣服

实 例

（参见下级母题实例）

W0091. 2. 3. 1

神用特定物做衣服

实 例

（参见下级母题实例）

W0091. 2. 3. 1. 1

神用云彩做衣裳

实 例

彝族 天神格兹放下5个金果变成5个儿子。格兹天神说让儿子们拿云彩做衣裳。五兄弟便穿起了云彩。

【流传】（云南省·楚雄彝族自治州·姚安县·官屯乡·马游村，大姚县·昙华乡等）

【出处】

(a) 郭天元（马游村）、李申呼颇（昙华乡）、李福玉颇（苴）演唱，郭思九、许明学、龚维顺、张宝省、陈志群、胡炳文等搜集，刘德虎、龚维顺、陈志群、李树荣、郭天元等整理：《梅葛》（第一部“创世”），见云南省民族民间文学楚雄调查队《梅葛》（1959），昆明：云南人民出版社2009年版。

(b)《打虎开天辟地》，蔷紫据云南省民族民间文学楚雄调查队著《梅葛》（云南人民出版社2009年版）改写，见姚宝瑄主编《中国各民族神话》（羌族、彝族），太原：山西出版传媒集团·书海出版社2014年版，第189页。

W0091. 2. 3. 1. 2

神用青苔做衣裳

实 例

彝族 格兹天神要造地时，用4个银果变成4个姑娘。天神让她们用青苔去做衣裳。

【流传】（云南省·楚雄彝族自治州·姚安县·官屯乡·马游村，大姚县·昙华乡等）

【出处】

(a) 郭天元（马游村）、李申呼颇（昙华乡）、李福玉颇（苴）演唱，郭思九、许明学、龚维顺、张宝省、陈志群、胡炳文等搜集，刘德虎、龚维顺、陈志群、李树荣、郭天元等整理：《梅葛》（第一部“创世”），见云南省民族民间文学楚雄调查队《梅葛》（1959），昆明：云南人民出版社2009年版。

(b)《打虎开天辟地》，蔷紫据云南省民族民间文学楚雄调查队著《梅葛》（云南人民出版社2009年版）改写，见姚宝瑄主编《中国各民族神话》（羌族、彝族），太原：山西出版传媒集团·书海出版社2014年版，第190页。

W0091. 3

神的特定服饰

实 例

（参见下级母题实例）

W0091.3.1
神用云彩作衣服

实 例

（参见下级母题实例）

W0091.3.1.1
天神的儿子无衣穿就以彩云为衣

实 例

彝族 天神的儿子无衣穿，以彩云为衣。

【流传】（无考）

【出处】《天神格兹苦》（原名《云南彝族史诗·梅葛》），原载毛星主编《中国少数民族文学》（下册），见袁珂《中国神话大词典》，北京：华夏出版社2015年版，第430页。

W0091.3.2
神穿火衣

实 例

（参见下级母题实例）

W0091.3.2.1
宇宙大神多阔霍女神身披光毛火发

实 例

满族 宇宙大神多阔霍（一说叫突姆妈）女神身披光毛火发，光照中天。

【流传】（无考）

【出处】《阿布卡赫赫女神创世》，王松根据富育光、孟慧英、王宏刚撰写的《满族宗教与神话》改写，见姚宝瑄主编《中国各民族神话》（满族、赫哲族、朝鲜族），太原：山西出版传媒集团、书海出版社2014年版，第4～14页。

W0091.4
与神的服饰有关的其他母题

实 例

（参见下级母题实例）

W0091.4.1
神耳上戴蛇

实 例

汉族 西南海之外，赤水之南，流沙之西，有人珥两青蛇，乘两龙，名曰夏后开。

【流传】（无考）

【出处】［战国至汉］撰者不详：《山海经·大荒西经》。

W0091.4.2
特定的神的服饰

【关联】

①［W0068.15.5.1］神女用青苔做衣裳

②［W0494.4.1.1］战神身穿铠甲

实 例

（实例待考）

W0091.4.3

原神银幕穿

实 例

彝族 原神银幕穿。

【流传】贵州省

【出处】《献酒经》，原载丁文江《爨文丛刻》（甲编），见吕大吉、何耀华总主编《中国各民族原始宗教资料集成》（彝族卷、白族卷、基诺族卷），北京：中国社会科学出版社 1996 年版，第 48 页。

❊ W0092

神的饮食

【关联】

① ［W0982.1］神的饭量

② ［W0982.2］神的酒量

③ ［W6522.1］忌食神的食物

实 例

（参见下级母题实例）

W0092.1

神不需要饮食

【关联】［W0197.0.1］天神不吃不喝

实 例

汉族 钟山之神，名曰烛阴，不饮，不食，不息。

【流传】（无考）

【出处】［战国至汉］撰者不详：《山海经·海外北经》。

W0093

神的食物

【汤普森】A153

实 例

（参见下级母题实例）

W0093.1

神的食物的来历

实 例

（实例待考）

W0093.2

神的食物的特征

实 例

（实例待考）

W0093.2.1

神的食物不会减少

【汤普森】≈A153.2

实 例

（实例待考）

W0093.2.2

神的食物会不断生长

【汤普森】A153.2.1

实 例

（实例待考）

W0093.3

神的具体食物

实 例

（参见下级母题实例）

W0093.3.1

神以泥巴为食

实 例

（参见下级母题实例）

W0093.3.1.1

天神的女儿泥巴当口粮

实 例

彝族 格兹天神要造地时，用4个银果变成4个姑娘。天神让她们用泥巴当口粮。

【流传】（云南省·楚雄彝族自治州·姚安县·官屯乡·马游村，大姚县·昙华乡等）

【出处】

（a）郭天元（马游村）、李申呼颇（昙华乡）、李福玉颇（苴）演唱，郭思九、许明学、龚维顺、张宝省、陈志群、胡炳文等搜集，刘德虎、龚维顺、陈志群、李树荣、郭天元等整理：《梅葛》（第一部“创世”），见云南省民族民间文学楚雄调查队《梅葛》（1959），昆明：云南人民出版社2009年版。

（b）《打虎开天辟地》，蔷紫据云南省民族民间文学楚雄调查队著《梅葛》（云南人民出版社2009年版）改写，见姚宝瑄主编《中国各民族神话》（羌族、彝族），太原：山西出版传媒集团·书海出版社2014年版，第190页。

彝族 格滋天神的造地的姑娘没有粮吃，拿泥巴当口粮。

【流传】 云南省·楚雄彝族自治州·姚安县、大姚县等彝族地区

【出处】《创世·开天辟地》，见云南省民族民间文学楚雄调查队整理编写《梅葛》，昆明：云南人民出版社2009年版，第3页。

彝族 天神格兹造地的女儿以泥土为粮。

【流传】（无考）

【出处】《天神格兹苦》（原名《云南彝族史诗·梅葛》），原载毛星主编《中国少数民族文学》（下册），见袁珂《中国神话大词典》，北京：华夏出版社2015年版，第430页。

W0093.3.2

神以空气为食

【汤普森】 A153.9

实 例

（参见下级母题实例）

W0093.3.2.1

神以浊气为食

实 例

（参见下级母题实例）

W0093. 3. 2. 1. 1

最高神更资天神的母亲蒲依以浊气为食，清气是她的用水

实 例

彝族 太古时，最高神更资天神的母亲蒲依在清浊二气里形成，浊气是她的食物，清气是她的用水。

【流传】云南省·（楚雄彝族自治州）·永仁县

【出处】

（a）曲木阿石等讲，罗有能整理：《更资天神》，见云南省楚雄州文教局、云南省楚雄州民委会编《楚雄民间文学资料》，内部资料，1979 年。

（b）同（a），见姚宝瑄主编《中国各民族神话》（羌族、彝族），太原：山西出版传媒集团·书海出版社 2014 年版，第 174 页。

W0093. 3. 2. 2

神以特定的气为食物

实 例

（参见下级母题实例）

W0093. 3. 2. 2. 1

女神桑戛赛以水汽和云雾的香气为食

实 例

傣族 女神桑戛赛以水汽和云雾的香气为食。

【流传】云南省·西双版纳（西双版纳傣族自治州）·勐腊县·勐混镇、打洛镇

【出处】＊《桑戛赛与桑戛西的诞生》，原载岩峰三讲，毕光尖记录《桑戛西与桑戛赛造天地，创人类》，见姚宝瑄主编《中国各民族神话》（哈尼族、傣族），太原：山西出版传媒集团·书海出版社 2014 年版，第 251 页。

W0093. 3. 3

神以气体和风雾为食

实 例

（参见下级母题实例）

W0093. 3. 3. 1

神饮风吃雾

【关联】［W0090. 2. 3］风和雾露滋润神的成长

实 例

傣族 天地间第一个大神英叭神诞生了。他一生下来，就具有一种神的本能。他吃的是烟雾，喝的是水汽与大风。他还不断在成长。

【流传】云南省·西双版纳傣族地区（西双版纳傣族自治州）

【出处】《巴塔麻嘎捧尚罗》，王松据岩温炳翻译《巴塔麻晏》（开天辟地）改写，见姚宝瑄主编《中国各民族神话》（哈尼族、傣族），太原：山西出版传媒集团·书海出版社 2014 年版，第 265 页。

W0093.3.3.2

神吃云雾

实 例

苗族 最初出现的修狃老公公（神或神性人物名），蒙蒙灰云填肚空，它把云雾当茶喝，力气才是大无穷。

【流传】 原文无流传地，据文本及注释推测该神话流传于贵州省·黔东南苗族侗族自治州·凯里市、台江县等地。

【出处】 张启庭、张荣光、张正玉、张启德演唱，张明搜集，燕宝整理译注：《创造宇宙·开天辟地》，见贵州省少数民族古籍整理出版规划小组办公室编，燕宝整理译注《苗族古歌》，贵阳：贵州民族出版社1993年版，第17页。

W0093.3.4

神以人为食物

【汤普森】 ①A135；②A153.8

【关联】 ［W0478］食人神

实 例

（实例待考）

W0093.3.5

神以露水为食物

实 例

（参见下级母题实例）

W0093.3.5.1

天神的儿子露水当口粮

实 例

彝族 天神格兹放下5个金果变成5个儿子。格兹天神说让儿子们把露水当口粮。

【流传】（云南省·楚雄彝族自治州·姚安县·官屯乡·马游村，大姚县·昙华乡等）

【出处】

（a）郭天元（马游村）、李申呼颇（昙华乡）、李福玉颇（苴）演唱，郭思九、许明学、龚维顺、张宝省、陈志群、胡炳文等搜集，刘德虎、龚维顺、陈志群、李树荣、郭天元等整理：《梅葛》（第一部“创世”），见云南省民族民间文学楚雄调查队《梅葛》（1959），昆明：云南人民出版社2009年版。

（b）《打虎开天辟地》，蔷紫据云南省民族民间文学楚雄调查队著《梅葛》（云南人民出版社2009年版）改写，见姚宝瑄主编《中国各民族神话》（羌族、彝族），太原：山西出版传媒集团·书海出版社2014年版，第190页。

彝族 格滋天神的造天的儿子没有粮吃，拿露水当口粮。

【流传】 云南省·楚雄彝族自治州·姚安县、大姚县等彝族地区

【出处】《创世·开天辟地》，见云南省

民族民间文学楚雄调查队整理编写《梅葛》，昆明：云南人民出版社2009年版，第3页。

彝族 天神格兹苦造天的儿子以露水为粮。

【流传】（无考）

【出处】《天神格兹苦》（原名《云南彝族史诗·梅葛》），原载毛星主编《中国少数民族文学》（下册），见袁珂《中国神话大词典》，北京：华夏出版社2015年版，第430页。

W0093.3.6

神以石头为食

【关联】［W0672.5.2.1］蚩尤石头铁块当饭吃

实 例

（参见下级母题实例）

W0093.3.6.1

天神阿布卡赫赫饥饿难忍时啃巨石充饥

实 例

满族 九头恶魔耶鲁里把天神阿布卡赫赫引诱到大雪山下。阿布卡赫赫饥饿难忍，只好在雪山底下啃巨石充饥。

【流传】黑龙江省·黑河地区（黑河市）·孙吴县·（沿江满族达斡尔族乡）·四季屯（四季屯村）

【出处】吴纪贤、富希陆讲：《天宫大战——黑水女真人传世神话》（1939，选自富育光、郭淑云整理的手稿），见姚宝瑄主编《中国各民族神话》（满族、赫哲族、朝鲜族），太原：山西出版传媒集团·书海出版社2014年版，第28页。

W0093.3.7

神杂食诸物

实 例

（参见下级母题实例）

W0093.3.7.1

修狃劈开树子吃蛀虫，劈破岩石吃石块

实 例

苗族 修狃（神性人物名）从东方跑过来，劈开树子吃蛀虫，劈破岩石吃石块。

【流传】原文无流传地，据文本及注释推测该神话流传于贵州省·黔东南苗族侗族自治州·凯里市、台江县等地。

【出处】张启庭、张荣光、张正玉、张启德演唱，张明搜集，燕宝整理译注：《创造宇宙·运金运银》，见贵州省少数民族古籍整理出版规划小组办公室编，燕宝整理译注《苗族古歌》，贵阳：贵州民族出版社1993年版，第184页。

W0093.3.7.2

德登女神餐风啖星

实 例

满族 德登女神能洞测寰宇些微动息，餐风啖星度日。

【流传】黑龙江省·黑河地区（黑河市）·孙吴县·（沿江满族达斡尔族乡）·四季屯（四季屯村）

【出处】吴纪贤、富希陆讲：《天宫大战——黑水女真人传世神话》（1939，选自富育光、郭淑云整理的手稿），见姚宝瑄主编《中国各民族神话》（满族、赫哲族、朝鲜族），太原：山西出版传媒集团·书海出版社2014年版，第34页。

W0093.3.7.3

阿格达恩都哩吞吃烧红的铁块，喝下灼热的石水

实 例

满族 阿格达恩都哩吞下了魔王当菜奉上的烧红的铁块，喝下石水。

【流传】（无考）

【出处】《阿格达恩都哩》，原载孟慧英著《满族民间文化论集》，长春：吉林人民出版社1990年版，见姚宝瑄主编《中国各民族神话》（满族、赫哲族、朝鲜族），太原：山西出版传媒集团·书海出版社2014年版，第100~101页。

W0093.3.8

神吃香火

【关联】［W0236.3a.2.2］土地神吃香火

实 例

苗族 （参见“W0236.3a.2.2 土地神吃香火”母题实例）

W0093.4

与神的食物有关的其他母题

实 例

（参见下级母题实例）

W0093.4.1

特定的神吃特定的食物

实 例

纳西族 杀死有翅的飞鬼，要做有翅之神的祭饭；杀死有蹄的跑鬼，要做有纹之神的祭饭；舀来碱泉和盐水，要做有角之神的祭水；收拢世上一百种粮食，以及九样家畜肉，十样野兽肉，来热情招待三百六十位东巴弟子。

【流传】（无考）

【出处】《什罗飒》，见吕大吉、何耀华总主编《中国各民族原始宗教资料集成》（纳西族卷、羌族卷、独龙族卷、傈僳族卷、怒族卷），北京：中国社会科学出版社2000年版，第342页。

W0093. 4. 1. 1

火神的儿子吃火长大

【关联】［W0466. 10. 6. 1］火神食烟火

实 例

傣族 火神的七个儿子生下来就在父母亲身边吃火、吃烟长大的。

【流传】云南省·西双版纳（西双版纳傣族自治州）·勐海（勐海县）·勐遮（勐遮镇）、勐混（勐混镇）

【出处】波玉挽讲，王光搜集整理：《披乍贺与火神之子的一场战争》，见姚宝瑄主编《中国各民族神话》（哈尼族、傣族），太原：山西出版传媒集团·书海出版社 2014 年版，第 245 页。

W0093. 4. 2

神的倒霉食物

实 例

（参见下级母题实例）

W0093. 4. 2. 1

神吃土后失去飞行能力

【关联】［W0108. 4. 2］天神贪婪地上的水土香味失去飞行能力

实 例

傣族 管理神的大神英鹏和叭鹏下凡后发现泥土的香气袭天，便各自捏了一把芳香的泥土放进嘴里去吃。结果便失去了神力，再也飞不回天上去了。

【流传】云南省·西双版纳（西双版纳傣族自治州）·（勐海县）

【出处】《阳光和风成婚生英叭》，原文本为叭补答讲，刀昌德记录《开天辟地的故事》，见姚宝瑄主编《中国各民族神话》（哈尼族、傣族），太原：山西出版传媒集团·书海出版社 2014 年版，第 235 ~236 页。

W0094

神的饮品

【汤普森】A154

实 例

（参见下级母题实例）

W0094. 1

神的饮品的来历

实 例

（实例待考）

W0094. 2

神的饮品的特征

实 例

（实例待考）

W0094. 3

神喝特定的水

实 例

（参见下级母题实例）

W0094.3.1
神以露水为食

实 例

彝族 （实例待考）

W0094.3.2
神喝神水

实 例

彝族 更资天神的母亲蒲依口渴时，她腹中的玛支玛珂神树唱道："展开你的翅，向西一直飘，西方尼尔夺有一股神水，你喝干神水，口渴自然消。"蒲依喝了神水后，心润润的，喉头甜甜的，心神宁静了。

【流传】云南省·（楚雄彝族自治州）·永仁县

【出处】

(a) 曲木阿石等讲，罗有能整理：《更资天神》，见云南省楚雄州文教局、云南省楚雄州民委会编《楚雄民间文学资料》，内部资料，1979年。

(b) 同(a)，见姚宝瑄主编《中国各民族神话》（羌族、彝族），太原：山西出版传媒集团·书海出版社2014年版，第176页。

W0094.3.3
神以清气为水

实 例

彝族 太古时，最高神更资天神的母亲蒲依在清浊二气里形成，浊气是她的食物，清气是她的用水。

【流传】云南省·（楚雄彝族自治州）·永仁县

【出处】

(a) 曲木阿石等讲，罗有能整理：《更资天神》，见云南省楚雄州文教局、云南省楚雄州民委会编《楚雄民间文学资料》，内部资料，1979年。

(b) 同(a)，见姚宝瑄主编《中国各民族神话》（羌族、彝族），太原：山西出版传媒集团·书海出版社2014年版，第174页。

W0094.4
与神的饮品有关的其他母题

实 例

（实例待考）

※W0095
神的居所（神的住所）

【汤普森】A151

实 例

（参见下级母题实例）

W0095.1
神住神界（神居神界）

实 例

（参见下级母题实例）

W0095.1.1
神界

实 例

（参见下级母题实例）

W0095.1.1.1
无世界的太空中6个金蛋飞上天形成上神界

实 例

藏族 无世界的太空中，下38个蛋。6个金蛋飞上天，从此形成上神界。

【流传】 西藏自治区·昌都地区（昌都市）·左贡县

【出处】《鸟在树上说世界》，见中国民间文学集成全国编辑委员会、中国歌谣集成西藏卷编辑委员会编《中国歌谣集·西藏卷》，中国ISBN中心1995年版，第61页。

W0095.2
神住特定宇宙中

实 例

（参见下级母题实例）

W0095.2.1
众神住嘎巴达南宇宙（那格玛迪）

实 例

高山族（排湾） 太古时候，嘎巴达南宇宙住着众神叫“那格玛迪”。

【流传】 台湾

【出处】《太阳神的后裔》，海云根据曾思奇《高山族古老神话传说中的人物与境域》整理，见姚宝瑄主编《中国各民族神话》（高山族、黎族、畲族），太原：山西出版传媒集团·书海出版社2014年版，第8页。

W0096
神无定所

【关联】［W0198.5.5］天神居无定所

实 例

哈尼族 （实例待考）

拉祜族 （实例待考）

W0096.1
神无处不在

【关联】

①［W0395.6.6］山神无处不在

②［W0891.1］灵魂无处不在

③［W0891.2］鬼无处不在

实 例

（参见下级母题实例）

W0096.1.0
神无处不在是创世主的安排

实 例

哈萨克族 神力无边，无处不有。这是创世主迦萨甘的安排。

【流传】（新疆维吾尔自治区）

【出处】 尼哈迈提·蒙加尼搜集，校仲彝翻译整理：《神与灵魂》，见姚宝瑄主编《中国各民族神话》（乌孜别克族、哈萨克族、柯尔克孜族、俄罗斯族、维吾尔族、塔吉克族、塔塔尔族、锡伯族），太原：山西出版传媒集团·书海出版社2014年版，第31~32页。

W0096.1.1 神可以住任何想住的地方

实 例

（实例待考）

W0096.1.2 头上三尺有神灵

实 例

（参见下级母题实例）

W0096.1.2.1 离地三尺有神灵

实 例

汉族 离地三尺有神灵。

【流传】 吉林省·（吉林市）·永吉县·土城子乡·聂司马屯汉军旗

【出处】 常恕春抄录：《雷神》，见吉林省艺术研究所等编《坛续与神本》，内部编印，1985年，第144页。

W0096.1.3 特定的神无处不在

实 例

（参见下级母题实例）

W0096.1.3.1 龙神无处不在

【关联】［W0535］龙神

实 例

藏族 龙神实际上是一种可以随时附身或者变为蛇、蛙、螃蟹的精灵，并且无时无处不存在。

【流传】（无考）

【出处】 丹珠昂奔：《藏族神灵论》，中国社会科学出版社1990年版，见吕大吉、何耀华总主编《中国各民族原始宗教资料集成》（鄂伦春族卷、鄂温克族卷、赫哲族卷、达斡尔族卷、锡伯族卷、满族卷、蒙古族卷、藏族卷），北京：中国社会科学出版社1999年版，第964页。

W0096.1.3.2 女天神阿布卡赫赫小无处不在，无处不有，无处不生

实 例

满族 女天神阿布卡赫赫小得像水泡，大得似天穹，长得过寰宇，身轻可浮游天宇，身重能潜入水底，无处不在，无处不有，无处不生。

【流传】 黑龙江省·黑河地区（黑河市）·孙吴县·（沿江满族达斡尔族乡）·四季屯（四季屯村）

【出处】 吴纪贤、富希陆讲：《天宫大战——黑水女真人传世神话》（1939，

选自富育光、郭淑云整理的手稿），见姚宝瑄主编《中国各民族神话》（满族、赫哲族、朝鲜族），太原：山西出版传媒集团·书海出版社 2014 年版，第 21～22 页。

W0097

神住神殿（神居神殿）

实 例

（参见下级母题实例）

W0097. 1

神的城池

【汤普森】 A151. 5

实 例

（实例待考）

W0097. 2

神的花园

【汤普森】 A151. 2

实 例

（实例待考）

W0097. 3

神的宫殿（神宫，神殿，神殿）

【汤普森】 A151. 4

【关联】［W1790］天宫

实 例

（参见下级母题实例）

W0097. 3. 1

神殿的产生

实 例

（实例待考）

W0097. 3. 2

神殿的位置

实 例

（参见下级母题实例）

W0097. 3. 2. 1

神殿在 3 层高天

【关联】［W0098. 4. 1］神住 3 层天上

实 例

哈尼族 大神们居住的烟罗神殿在三层高天上。

【流传】 云南省·（红河哈尼族彝族自治州）·元阳县

【出处】 卢朝贵讲，史军超采录：《神和人的家谱》，见中国民间文学集成全国编辑委员会编《中国民间故事集成》（云南卷），北京：中国 ISBN 中心 2003 年版，第 23 页。

哈尼族 在三层高天上，有一座哀牢山一样高大雄伟的宫殿。宫殿的石脚用玉石做成，大柱子用金银打成，宫殿四周砌着厚厚的围墙，像包头盘着头顶那样围绕着宫殿。这就是大神们居住的烟罗神殿。

【流传】 云南省·（红河哈尼族彝族自

治州）·元阳（元阳县）、红河（红河县）、金平（金平苗族瑶族傣族自治县），（采集于元阳县·胜村乡·全福庄）

【出处】卢朝贵讲，史军超搜集整理：《神和人的家谱》，原载云南省民间文学集成办公室编《哈尼族神话传说集成》，中国民间文艺出版社 1990 年版，见姚宝瑄主编《中国各民族神话》（哈尼族、傣族），太原：山西出版传媒集团·书海出版社 2014 年版，第 39 页。

W0097.3.2.1.1

最高神殿在 3 层高天

实　例

哈尼族 最高神殿，在三层天上。

【流传】云南省·（红河哈尼族彝族自治州）·元阳县

【出处】朱小和讲，史军超等采录：《神的古今》，见中国民间文学集成全国编辑委员会编《中国民间故事集成》（云南卷），北京：中国 ISBN 中心 2003 年版，第 19 页。

W0097.3.2.1.2

烟罗神殿在 3 层高天

实　例

哈尼族 烟罗神殿是最高神殿，在三层天上。

【流传】云南省·（红河哈尼族彝族自治州·元阳县·攀枝花乡·硐蒲寨）

【出处】朱小和讲，史军超搜集整理：《永生不死的姑娘》附记，原载《哈尼族神话传说集成》，见陶阳、钟秀编《中国神话》（下），北京：商务印书馆 2008 年版，第 1095～1099 页。

哈尼族 贝玛德摩诗琵和小龙来到三层高天的烟罗神殿。

【流传】云南省·（红河哈尼族彝族自治州）·元阳（元阳县）、红河（红河县）

【出处】麻蒲成、略赫牛、白觉木讲，史军超搜集整理：《德摩诗琵杀龙》（1985），原载云南省民间文学集成办公室编《哈尼族神话传说集成》，中国民间文艺出版社 1990 年版，见姚宝瑄主编《中国各民族神话》（哈尼族、傣族），太原：山西出版传媒集团·书海出版社 2014 年版，第 184 页。

W0097.3.2.2

神宫在高石沼中

实　例

汉族 神宫在高石沼中，有神人，多麒麟、琪芝、神草，有英泉，饮之，眠三百岁乃觉，不死。去瑯琊四万五千里。

【流传】（无考）

【出处】［晋］张华：《博物志·物产》。

W0097.3.2.3

神的宫殿在光影之中

【关联】［W0276.1.1.1］太阳神的宫殿

在东海岸红光影中

实 例

裕固族 （参见“W0276. 1. 1. 1 太阳神的宫殿在东海岸红光影中”母题实例）

W0097. 3. 3

神的金楼神堂

实 例

满族 宇宙大神多阔霍（一说叫突姆妈）女神高居天上九层金楼之中。

【流传】（无考）

【出处】《阿布卡赫赫女神创世》，王松根据富育光、孟慧英、王宏刚撰写的《满族宗教与神话》改写，见姚宝瑄主编《中国各民族神话》（满族、赫哲族、朝鲜族），太原：山西出版传媒集团、书海出版社 2014 年版，第 4～14 页。

W0097. 3. 3. 1

宇宙上三层峭壁上的山洞是神祇幽居的金楼神堂

实 例

满族 宇宙高天分为九层，上三层像世间一样有高山峭壁，峭壁上有一个挨一个的山洞，即为各种神祇幽居的金楼神堂。

【流传】（无考）

【出处】富育光：《满族灵禽崇拜祭俗与神话探考》，见《富育光民俗文化论集》，长春：吉林大学出版社 2005 年版。

W0097. 3. 4

神的宫殿富丽堂皇（神宫华丽壮观）

实 例

（参见下级母题实例）

W0097. 3. 4. 1

神的宫殿中装饰着金银

实 例

达斡尔族 掌管后嗣子孙的老妈妈白发苍苍，住在有九层台阶的木榭上，九顶白毡房的正中间的一顶包房里。木榭上的桩子，是用金子和银子铸成的。包房的旁边长着金银松。

【流传】（内蒙古自治区、黑龙江省等地）

【出处】

（a）奥登挂：《达斡尔族古代的萨满教信仰》，载《北方民族》1991 年第 2 期。

（b）《生命的海泉》，见吕大吉、何耀华总主编《中国各民族原始宗教资料集成》（鄂伦春族卷、鄂温克族卷、赫哲族卷、达斡尔族卷、锡伯族卷、满族卷、蒙古族卷、藏族卷），北京：中国社会科学出版社 1999 年版，第 299 页。

W0097.3.4.2

神的宫殿有金银柱子和9层高台

实 例

达斡尔族 奥蔑·巴尔肯（女神名，主生育）住在带有九层台阶和金银桩子的九顶白毡蒙古包的正中包内。

【流传】（内蒙古自治区·呼伦贝尔市·鄂温克族自治旗·巴彦托海镇）

【出处】

（a）珠荣嘎、额尔登泰、满都尔图调查编著：《巴彦托海索木达斡尔族情况——达斡尔族调查材料之二》，全国人民代表大会民族委员会办公室1958年编印，第56页。

（b）《奥蔑·巴尔肯》，见吕大吉、何耀华总主编《中国各民族原始宗教资料集成》（鄂伦春族卷、鄂温克族卷、赫哲族卷、达斡尔族卷、锡伯族卷、满族卷、蒙古族卷、藏族卷），北京：中国社会科学出版社1999年版，第318页。

W0097.3.4a

神的宫殿坚不可摧

实 例

（参见下级母题实例）

W0097.3.4a.1

宝木勒神的宫殿有黄金铸成的围墙，坚不可摧

实 例

蒙古族 宝木勒神有牢不可破的宫殿，有黄金铸成的围墙，有黄铜铸造的锁链。

【流传】（无考）

【出处】 莲花其其格（女萨满）诵唱，乌兰查夫采集，苏普格译：*《宝木勒祷辞》，见吕大吉、何耀华总主编《中国各民族原始宗教资料集成》（鄂伦春族卷、鄂温克族卷、赫哲族卷、达斡尔族卷、锡伯族卷、满族卷、蒙古族卷、藏族卷），北京：中国社会科学出版社1999年版，第668页。

W0097.3.4a.2

神的宫殿层层把守

实 例

藏族 阿尼玛卿山神宫殿堡寨的四面八方均有不同之神所镇守，连营数十里，旌旗蔽天，刀剑如林。

【流传】 西藏自治区

【出处】 贡乔泽登讲：《阿尼玛卿大山神》，见姚宝瑄主编《中国各民族神话》（门巴族、珞巴族、怒族、藏族），太原：山西出版传媒集团·书海出版社2014年版，第96页。

W0097.3.5

特定名称的神殿

实 例

（参见下级母题实例）

W0097.3.5.1

雷神殿

【关联】［W0328.1.2］雷公住天上的雷神殿

实 例

（实例待考）

W0097.3.5.2

烟罗神殿

实 例

哈尼族 （参见“W0097.3.2.1 神殿在三层高天”母题实例）

W0097.3.6

与神殿有关的其他母题

【关联】

①［W0097.4］日月是神宫

②［W0103.5］神的宝座

③［W0976.1］神的金箱银箱放神殿中

实 例

（实例待考）

W0097.3.6.1

神殿的倒塌

实 例

（实例待考）

W0097.4

日月是神宫

【汤普森】 A151.6.2

实 例

（实例待考）

W0098

神住天上（神居天上）

实 例

达斡尔族 天为“腾格日”，是神灵居住的地方。

【流传】（内蒙古自治区·呼伦贝尔市·陈巴尔虎旗）

【出处】

（a）满都尔图：《达斡尔鄂温克蒙古（陈巴尔虎）鄂伦春族萨满教调查》，中国社会科学院民族研究所民族学研究室1992年，内部资料，第7页。

（b）《天》，见吕大吉、何耀华总主编《中国各民族原始宗教资料集成》（鄂伦春族卷、鄂温克族卷、赫哲族卷、达斡尔族卷、锡伯族卷、满族卷、蒙古族卷、藏族卷），北京：中国社会科学出版社1999年版，第292页。

独龙族 （实例待考）

哈萨克族 最初，宇宙中只有神，他们都住在天上。

【流传】（新疆维吾尔自治区）

【出处】《阿达姆阿塔》，斯丝根据别克苏勒坦、佟中明撰写的《哈萨克族宗教与神话》改写，见姚宝瑄主编《中国各民族神话》（乌孜别克族、哈萨克族、柯尔克孜族、俄罗斯族、维吾尔族、塔吉克族、塔塔尔族、锡伯族），太原：山西出版传媒集团·书海出版社 2014 年版，第 27 页。

珞巴族 乌佑（珞巴语，鬼、精灵，也可指神、神灵）东英阿乃住在天上。

【流传】

（a）西藏自治区·下珞瑜（泛指永木河、锡约尔河、巴恰西仁河流域）

（b）西藏自治区·下珞渝（又写作“下珞瑜”）·尼米金一带（米林县·甫龙村德根部落）

【出处】

（a）达大讲，达嘎译，李坚尚、裴富珍搜集整理：《天父地母和宁崩阿乃》，见中华民族故事大系编委会编《中华民族故事大系》第 16 卷（赫哲族、门巴族、珞巴族、基诺族），上海：上海文艺出版社 1995 年版，第 403～404 页。

（b）同（a），见李坚尚、刘芳贤编《珞巴族门巴族民间故事选》，上海：上海文艺出版社 1993 年版，第 17～18 页。

纳西族（摩梭） 天地刚刚分开的时候，天上住着天神和他的家族。

【流传】 云南省·（丽江市）·宁蒗县（宁蒗彝族自治县）

【出处】 桑直若史、益依关若讲，章天钖、章天铭搜集，章虹宇整理：《昂姑咪》，载《山茶》1986 年第 3 期。

W0098.1

以前天神地神都住天上

实 例

蒙古族 （实例待考）

W0098.1.1

众神住天上（众神居天上）

实 例

（参见下级母题实例）

W0098.1.1.1

以前因为天地很近，众神住天上

实 例

汉族 盘古开辟天地后，天没有几丈高。天上住着众神。

【流传】 浙江省·宁波市·宁海县

【出处】 叶丙标讲，叶柱记录：《玉帝分天地》，见罗杨总主编，戴余金本卷主编《中国民间故事丛书·浙江宁波·宁海卷》，北京：知识产权出版社 2015 年版，第 4 页。

W0098.2

神住天堂（神居天堂）

【汤普森】 A661

【关联】 ［W0812.1］仙人住在天堂

实 例

（参见下级母题实例）

W0098. 2. 1

神在天堂有隔开的住所

【汤普森】A661. 1. 1

实 例

（实例待考）

W0098. 2. 2

神离开天堂（神失天堂）

【汤普森】A192. 2. 1

【关联】

①［W0106. 3］神失乐园

②［W1793］天堂

实 例

（实例待考）

W0098. 2. 3

神居九天神堂

实 例

满族 自然宇宙分为九层，最上层为天界、火界，又称光明界，可分成三层，为天神阿布卡恩都力和日、月、星辰、风、云、雨、雪、雷、电、冰雹等神祇所居，除此还有众多的动物神、植物神以及诸民族远古祖先英雄神，高居于九天“金楼神堂”之中。

【流传】（无考）

【出处】

（a）富育光：《萨满教与神话》，沈阳：辽宁大学出版社 1990 年版，第 26 页。

（b）《九天三界说》，见吕大吉、何耀华总主编《中国各民族原始宗教资料集成》（鄂伦春族卷、鄂温克族卷、赫哲族卷、达斡尔族卷、锡伯族卷、满族卷、蒙古族卷、藏族卷），北京：中国社会科学出版社 1999 年版，第 477 页。

W0098. 2. 3. 1

神住天庭的河边

【关联】［W0208. 30. 2. 1］慈悲的天神奥尼和桑达夫妇住在天庭的河边

实 例

珞巴族 一对慈悲的天神奥尼和桑达老两口，住在天庭的河边，没有生育过一个孩子。

【流传】西藏自治区·林芝市·墨脱县·背崩乡、甘登乡、墨脱乡（讲述地点：墨脱县·墨脱乡·布姆村）

【出处】朗措、仁增讲：《天神造人》（1957. 07），见冀文正《珞巴族民间故事》，成都：四川民族出版社 2011 年版，第 12 页。

W0098. 3

神住天的上面（神居天的上面）

实 例

哈萨克族 （实例待考）

畲族 天和地刚刚分开，天上面有天神住着。

【流传】福建省·（宁德市）·福鼎县（福鼎市）·桐山（桐城街道）·浮柳村

【出处】蓝升兴讲，蓝俊德等采录：《皇天爷和皇天姆造人》，见中国民间文学集成全国编辑委员会编《中国民间故事集成》（福建卷），北京：中国ISBN中心2008年版，第6页。

畲族 上古的时候，天和地刚刚分开，天的上面有神住着。

【流传】福建省·（宁德市）·福鼎市

【出处】蓝升兴讲，蓝俊德、蓝清盛采录：《皇天爷和皇天姆造人》，原载《中国民间故事集成·福建卷·闽东畲族故事》，宁德地区民间文学集成编委会1990年编印，见《福建省少数民族古籍丛书》编委会编《畲族卷·民间故事》，福州：海峡出版发行集团·海峡书局2013年版，第5～6页。

藏族 （实例待考）

W0098.3.1
神住天的最高层

实　例

鄂伦春族 天为多层，最高层住着天神。

【流传】黑龙江省·（大兴安岭地区）·塔河县·十八站乡

【出处】孟秀春调查整理：《天穹观念》（1991），见吕大吉、何耀华总主编《中国各民族原始宗教资料集成》（鄂伦春族卷、鄂温克族卷、赫哲族卷、达斡尔族卷、锡伯族卷、满族卷、蒙古族卷、藏族卷），北京：中国社会科学出版社1999年版，第14页。

W0098.4
神住特定层数的天上（神居特定层数的天上）

实　例

（参见下级母题实例）

W0098.4.1
神住3层天上

【关联】［W0097.3.2.1］神殿在3层高天

实　例

满族 （实例待考）

W0098.4.1.1
天神俄玛住在3层高天

实　例

哈尼族 天神俄玛住在三层高天上。

【流传】

（ab）云南省·（红河哈尼族彝族自治州）·元阳县·黄草岭区（黄草岭乡）·树皮寨

（c）云南省·（红河哈尼族彝族自治州）·元阳县

【出处】

（a）杨批斗讲，史军超采录：《年月树》，见中国民间文学集成全国编辑委员会编《中国民间故事集成》（云南卷），北京：中国ISBN中心2003年版，第289页。

(b) 同 (a),《哈尼族神话传说集成》,北京:中国民间文艺出版社 1990 年版。

(c) 朱小和讲,史军超等采录:《神的古今》,见中国民间文学集成全国编辑委员会编《中国民间故事集成》(云南卷),北京:中国 ISBN 中心 2003 年版,第 19 页。

W0098.4.2
神住 9 层天上

实 例

(参见下级母题实例)

W0098.4.2.1
善神阿布卡赫赫被住 9 层天上

实 例

满族 善神阿布卡赫赫被称为阿布卡恩都里。她高卧九层天上。

【流传】 黑龙江省·黑河地区(黑河市)·孙吴县·(沿江满族达斡尔族乡)·四季屯(四季屯村)

【出处】 吴纪贤、富希陆讲:《天宫大战——黑水女真人传世神话》(1939,选自富育光、郭淑云整理的手稿),见姚宝瑄主编《中国各民族神话》(满族、赫哲族、朝鲜族),太原:山西出版传媒集团·书海出版社 2014 年版,第 37 页。

W0098.4.3
神住 36 层天上

实 例

彝族 (实例待考)

W0098.5
神住云中(神居云中)

【汤普森】 ①A137.11②A151.1.4

实 例

(参见下级母题实例)

W0098.5.1
神住特定天层的云中

实 例

(参见下级母题实例)

W0098.5.1.1
女神阿布卡赫赫住九层云天

实 例

满族 洪荒远古的人们把女神阿布卡赫赫称为阿布卡恩都力大神。她高卧九层云天之上。

【流传】 黑龙江省·(黑河市)·爱辉县(爱辉区)

【出处】 富希陆讲,富育光采录:《天宫大战》,见中国民间文学集成全国编辑委员会编《中国民间故事集成》(吉林卷),北京:中国文联出版公司 1992 年版,第 4~5 页。

W0098.5.2

神居云端

实 例

汉族 神高高地坐在云端，享受人类的牺牲和献祭。

【流传】（无考）

【出处】《颛顼隔断天地的通路》，原载袁珂编译《中国神话故事》，见陶阳、钟秀编《中国神话》（上），北京：商务印书馆 2008 年版，第 195～198 页。

W0098.6

与神住天上有关的其他母题（与神居天上有关的其他母题）

【关联】［W0198］天神的居所

实 例

（参见下级母题实例）

W0098.6.1

神战败的返回天上

实 例

纳西族 米利东主（善神）是天族，被恶神米利术主打败后退到天上。

【流传】

（a）云南省·（丽江市）·丽江县（原丽江纳西族自治县，今归属为丽江市古城区和玉龙纳西族自治县）

【出处】

（a）和正才等讲，杨世光采录，李即善翻译者：《东术争战记》，见中国民间文学集成全国编辑委员会编《中国民间故事集成》（云南卷），北京：中国 ISBN 中心 2003 年版，第 378 页。

（b）李即善翻译，杨世光整理：《东术争战记》，见谷德明编《中国少数民族神话》，北京：中国民间文艺出版社 1987 年版，第 435 页。

W0098.6.2

神不能回到天上

【关联】［W0108.4.1］神穿上特定衣服不能回天

实 例

苗族 （参见“W0134.5.1.1 女神穿上天神给的裙子后失去回天能力”母题实例）

W0098.6.2.1

神因失去神力不能回天

实 例

汉族 在黄帝与蚩尤的大战中，女魃和应龙帮助黄帝作战都立了大功，但因为用尽了神力，他俩不能再重新回到天上去了。

【流传】陕西省·（延安市）·黄陵县

【出处】郭诚整理：《黄帝战蚩尤》，原载黄陵县文化馆编《轩辕黄帝传说故事》，见陶阳、钟秀编《中国神话》（中），北京：商务印书馆 2008 年版，第 787～792 页。

W0098. 6. 3

神住空中

实 例

（参见下级母题实例）

W0098. 6. 3. 1

阿颠大神悬吊在空中

实 例

彝族 很古的时候，天空里住着一个名叫阿颠的大神，他悬吊在空中。

【流传】云南省·（红河哈尼族彝族自治州）·弥勒县、泸西县，（昆明市）·路南县（石林彝族自治县）等地

【出处】毕荣亮讲，光未然采集整理，古梅改写：《创世纪》，见姚宝瑄主编《中国各民族神话》（羌族、彝族），太原：山西出版传媒集团·书海出版社 2014 年版，第 90 页。

W0098. 6. 4

神住上界

实 例

满族 宇宙最上三层为天界、火界，又称光明界，为天神、日、月、星辰、风、雷、雨、雪等神所居住。动物神、植物神、祖先神也居住在九天的金楼神堂之中。

【流传】（无考）

【出处】《阿布卡赫赫女神创世》，王松根据富育光、孟慧英、王宏刚撰写的《满族宗教与神话》改写，见姚宝瑄主编《中国各民族神话》（满族、赫哲族、朝鲜族），太原：山西出版传媒集团、书海出版社 2014 年版，第 4～14 页。

W0098. 6. 4. 1

神住三界中的上界

实 例

满族 萨满确立三界：上界为诸神所居，中界为人类繁殖，下界为恶魔所居。

【流传】（无考）

【出处】吕光天：《北方民族原始社会形态研究》，银川：宁夏人民出版社 1981 年版，第 314 页。

W0098. 6. 5

天地浑沌时神住天上

实 例

（参见下级母题实例）

W0098. 6. 5. 1

天地浑沌时天主和众神住天上

实 例

裕固族 很古，天地浑沌，天上生存着天主和众神。

【流传】甘肃省

【出处】《九尊卓玛》，见色音《论中国少数民族萨满教哲学的滥觞》，http://www.aoism.org.hk。

裕固族 古时，天地混沌，只有天上的天主与众神。

【流传】（无考）

【出处】《九尊卓玛》，见杨进智《裕固族研究论文集》，兰州：兰州大学出版社1996年版，第345～346页。

W0098.6.6

神住星空中

实 例

珞巴族 一对慈悲的天神奥尼和桑达老两口用河泥捏了许多泥人，都变成了仙女和童男。他们一起祥和地生活在宁静的星空中。

【流传】西藏自治区·林芝市·墨脱县·背崩乡、甘登乡、墨脱乡（讲述地点：墨脱县·墨脱乡·布姆村）

【出处】朗措、仁增讲：《天神造人》（1957.07），见冀文正《珞巴族民间故事》，成都：四川民族出版社2011年版，第12页。

W0098.6.7

神住天上的村寨

【关联】［W0103.9.1］神寨

实 例

（参见下级母题实例）

W0098.6.7.1

马迪道神住在天上出雨水的班列比列村

实 例

珞巴族 在天上雨水出来的地方，有个名叫班列比列的村子，住着马迪道神。

【流传】

（a）西藏自治区·下珞渝（泛指永木河、锡约尔河、巴恰西仁河流域）

（b）西藏自治区·下珞渝·阿卡部落胡西戈村

【出处】

（a）维·埃尔温搜集：《马迪道的三个儿子》，见中华民族故事大系编委会编《中华民族故事大系》第16卷（赫哲族、门巴族、珞巴族、基诺族），上海：上海文艺出版社1995年版，第442～443页。

（b）同（a），见李坚尚、刘芳贤编《珞巴族门巴族民间故事选》，上海：上海文艺出版社1993年版，第56～57页。

W0098.6.8

神住天上国

实 例

满族 神住的地方叫天上国。

【流传】（无考）

【出处】《天神创世》，见姚宝瑄主编《中国各民族神话》（满族、赫哲族、朝鲜族），太原：山西出版传媒集团·书海出版社 2014 年版，第 15～16 页。

W0098. 6. 9

神住天上的山上

实 例

独龙族 天的最高层住的“格孟”（众鬼的总头目）为人世间最大的主人，像个威严的长者，一动不动地端坐在高高的“木代”山顶上。

【流传】（无考）

【出处】吕大吉、何耀华总主编：《中国各民族原始宗教资料集成》（纳西族卷、羌族卷、独龙族卷、傈僳族卷、怒族卷），北京：中国社会科学出版社 2000 年版，第 612 页。

W0098. 6. 10

神居星群中

实 例

（参见下级母题实例）

W0098. 6. 10. 1

重要神祇住具有超凡神力的星群中

实 例

满族 密密层层如云雾一般的星群，是天上有超凡神力的群体。那些直接关系到人类的安危、居住、繁衍、渔猎、丰稔的重要神祇都在他们中间。

【流传】（无考）

【出处】《阿布卡赫赫女神创世》，王松根据富育光、孟慧英、王宏刚撰写的《满族宗教与神话》改写，见姚宝瑄主编《中国各民族神话》（满族、赫哲族、朝鲜族），太原：山西出版传媒集团、书海出版社 2014 年版，第 4～14 页。

W0099

神住地上（神居人间）

【汤普森】A151. 9

【关联】［W6182］人神杂居（人鬼杂居）

实 例

羌族 （实例待考）

W0099. 0

以前神住地上

实 例

（参见下级母题实例）

W0099. 0. 1

远古，神和人共同居住在地上

实 例

羌族 在远古，神和人都共同居住在大地上。

【流传】四川省·（阿坝藏族羌族自治州）·茂县

【出处】《燃比娃取火》，原载茂县文化馆《羌族民间故事》（三），1982 年

12月，见吕大吉、何耀华总主编《中国各民族原始宗教资料集成》（纳西族卷、羌族卷、独龙族卷、傈僳族卷、怒族卷），北京：中国社会科学出版社2000年版，第579页。

W0099.1

神住地球一个特殊地方（神居地球某处，神住特定方位的东方）

【汤普森】A151.10

实　例

（参见下级母题实例）

W0099.1.1

东神住北方，色神住南方

实　例

纳西族 动神（又译为“东神”）住北方，死后以石代表；生神（又译为“色神”）住南方，死后以木代表。

【流传】云南省·丽江县（丽江市）

【出处】《动丁》（开坛迎动神经），原载和士诚讲，和志武调查整理《关于动神和生神》（1989），见吕大吉、何耀华总主编《中国各民族原始宗教资料集成》（纳西族卷、羌族卷、独龙族卷、傈僳族卷、怒族卷），北京：中国社会科学出版社2000年版，第83页。

W0099.2

神住大地的中央（神居地中央）

实　例

（参见下级母题实例）

W0099.2.1

天公遮帕麻和地母遮米麻婚后住在大地的中央

【关联】［W0142.4.2］天公遮帕麻和地母遮米麻

实　例

阿昌族 遮帕麻和遮米麻结合后，就安身在大地的中央。

【流传】（a）云南省·（德宏傣族景颇族自治州）·梁河县

【出处】

（a）赵安贤讲，杨叶生智克采录：《遮帕麻与遮米麻》，见中国民间文学集成全国编辑委员会编《中国民间故事集成》（云南卷），北京：中国ISBN中心2003年版，第69页。

（b）赵安贤讲，舟叶生译，智克整理：《遮帕麻与遮米麻》，见谷德明编《中国少数民族神话》，北京：中国民间文艺出版社1987年版，第490页。

（c）同（b），见陶立璠、赵桂芳等编《中国少数民族神话汇编》（开天辟地篇），中央民族学院少数民族古籍整理出版规划领导小组办公室印（未署出版时间），第330页。

W0099.3
神住庙宇中（神居庙宇）

【汤普森】≈A151.10.1

实 例

（实例待考）

W0099.4
神住山上（神居山上）

【汤普森】A151.1

实 例

阿昌族（实例待考）

苗族（实例待考）

W0099.4.1
神住山顶

实 例

达斡尔族（实例待考）

独龙族 天的最高层住的“格孟”（众鬼的总头目）端坐在高高的“木代”山顶上，其下是它的使者“南木”（天鬼）们的居处。

【流传】（无考）

【出处】吕大吉、何耀华总主编：《中国各民族原始宗教资料集成》（纳西族卷、羌族卷、独龙族卷、傈僳族卷、怒族卷），北京：中国社会科学出版社2000年版，第612页。

满族 日吉纳（满语，杜鹃花）姑娘跑了很多天，来到了一个高山顶——风神住的地方。

【流传】吉林省

【出处】

（a）佟畴、曾层搜集整理：《日吉纳姑娘》，见乌丙安、李文刚等编《满族民间故事选》，上海：上海文艺出版社1983年版。

（b）同（a），见姚宝瑄主编《中国各民族神话》（满族、赫哲族、朝鲜族），太原：山西出版传媒集团·书海出版社2014年版，第91～95页。

纳西族 居那什罗山顶上的阳神老公没有活路可以做，戴个大斗笠，站在山顶阴坡来挤奶。

【流传】（云南省）

【出处】和芳、和志新编译：《崇邦统——人类迁徙记》，见姚宝瑄主编《中国各民族神话》（佤族、阿昌族、纳西族、普米族、德昂族），太原：山西出版传媒集团·书海出版社2014年版，第159～160页。

佤族（实例待考）

藏族 土主（土主即土地神）登玛住在须弥山顶的五宝莲花垫上。

【流传】（无考）

【出处】田必伟：《藏族原始宗教观念演变试析》，载《西藏研究》1989年第3期。

W0099.4.2
神住山边

【汤普森】A151.1.1

实 例

（实例待考）

W0099.4.3

神住山洞（神住洞中）

【汤普森】A151.1.2

【关联】

①［W0296.5］风神住洞中

②［W0394.2］山神住山洞

实 例

达斡尔族 山洞是神住的地方。

【流传】（无考）

【出处】吕大吉、何耀华总主编《中国各民族原始宗教资料集成》（鄂伦春族卷、鄂温克族卷、赫哲族卷、达斡尔族卷、锡伯族卷、满族卷、蒙古族卷、藏族卷），北京：中国社会科学出版社1999年版，第292页。

怒族 （实例待考）

W0099.4.3.1

神住石洞

【关联】［W0236.3a.3.1］土地神住石洞

实 例

达斡尔族 认为奇特的山峰、山洞和古树，是神灵栖息的地方。

【流传】（内蒙古自治区、黑龙江省等地）

【出处】

（a）珠荣嘎、满都尔图主编：《达斡尔族社会历史调查》，呼和浩特：内蒙古人民出版社1985年出版，第242页。

（b）《布满神灵的世界》，见吕大吉、何耀华总主编《中国各民族原始宗教资料集成》（鄂伦春族卷、鄂温克族卷、赫哲族卷、达斡尔族卷、锡伯族卷、满族卷、蒙古族卷、藏族卷），北京：中国社会科学出版社1999年版，第292页。

W0099.4.4

神住山口

【汤普森】A151.1.3

实 例

（实例待考）

W0099.4.4a

神住山峰

实 例

达斡尔族 山峰是神住的地方。

【流传】（无考）

【出处】吕大吉、何耀华总主编《中国各民族原始宗教资料集成》（鄂伦春族卷、鄂温克族卷、赫哲族卷、达斡尔族卷、锡伯族卷、满族卷、蒙古族卷、藏族卷），北京：中国社会科学出版社1999年版，第292页。

W0099.4.4b

神住高山峻岭

实 例

达斡尔族 高山峻岭是神灵所在的地方。

【流传】（内蒙古自治区·呼伦贝尔市·陈巴尔虎旗）

【出处】

（a）满都尔图：《达斡尔鄂温克蒙古（陈巴尔虎）鄂伦春族萨满教调查》，中国社会科学院民族研究所民族学研究室 1992 年，内部资料，第 7 页。

（b）《敖包》，见吕大吉、何耀华总主编《中国各民族原始宗教资料集成》（鄂伦春族卷、鄂温克族卷、赫哲族卷、达斡尔族卷、锡伯族卷、满族卷、蒙古族卷、藏族卷），北京：中国社会科学出版社 1999 年版，第 295 页。

W0099. 4. 5

神住特定的山上

实　例

（参见下级母题实例）

W0099. 4. 5. 1

神住太阳山上

实　例

（参见下级母题实例）

W0099. 4. 5. 1. 1

造物主能贯娃住高高的太阳山

实　例

景颇族 造物主能贯娃原来是居住在高高的太阳山上。

【流传】云南省

【出处】岳志明、杨国治翻译整理：《驾驭太阳的母亲》，见谷德明编《中国少数民族神话》，北京：中国民间文艺出版社 1987 年版，第 468 页。

景颇族 造物主能贯娃原来居住在高高的太阳山上。

【流传】（云南省·德宏傣族景颇族自治州）

【出处】岳志明、杨国治翻译整理：《驾驭太阳的母亲》，见姚宝瑄主编《中国各民族神话》（白族、拉祜族、景颇族），太原：山西出版传媒集团·书海出版社 2014 年版，第 204 页。

W0099. 4. 5. 2

神住昆仑山

实　例

汉族 神栖昆仑。

【流传】（无考）

【出处】［西汉］淮南王刘安及门客：《淮南子·本经训》。

W0099. 4. 5. 2. 1

百神居昆仑山（昆仑之墟为百神居所在）

实　例

汉族 昆仑之墟，帝之下都，百神所在也。大荒中有灵山，有十巫，曰咸、即、盼、彭、姑、真、礼、抵、谢、罗，从此升降。

【流传】（无考）

【出处】《诺皋记上》，见［唐］段成式《酉阳杂俎》前集卷十四。

实 例

汉族 （昆仑山）上有木禾，长五寻，大五围。面有九井，以玉为槛。面有九门，门有开明兽守之。百神之所在。

【流传】（无考）

【出处】

（a）［战国至汉］撰者不详：《山海经·海内西经》。

（b）《昆仑》，见袁珂《中国神话大词典》，北京：华夏出版社 2015 年版，第 196 页。

W0099.4.6

特定的神住特定的山

实 例

（参见下级母题实例）

W0099.4.6.1

太庭氏、庖羲、神农、祝融、五龙氏分别住五岳

实 例

汉族 太庭氏、庖羲、神农、祝融、五龙氏都是元始盘古的后裔。

【流传】（无考）

【出处】《道教的三清尊神》，见王德恒等《造神史话》，天津：百花文艺出版社 2002 年版，第 73 页。

W0099.4.7

神住石头中（神住岩石中）

实 例

（实例待考）

W0099.4.7.1

石砬子是神所居之处

实 例

鄂伦春族 石砬子是神所居之处。

【流传】（无考）

【出处】《石砬子是神所居之处》，见吕大吉、何耀华总主编《中国各民族原始宗教资料集成》（鄂伦春族卷、鄂温克族卷、赫哲族卷、达斡尔族卷、锡伯族卷、满族卷、蒙古族卷、藏族卷），北京：中国社会科学出版社 1999 年版，第 17 页。

鄂伦春族 石砬子中住着神仙。

【流传】（无考）

【出处】内蒙古自治区编委会：《鄂伦春族社会历史调查》（第二集），呼和浩特：内蒙古人民出版社 1985 年版，第 104 ~ 105 页。

W0099.4.7.2

多喀霍女神住雪山底下的石岩中

实 例

满族 在雪山底下的石岩中住着一位多喀霍女神，她世代以石为屋。

【流传】黑龙江省·黑河地区（黑河

市）·孙吴县·（沿江满族达斡尔族乡）·四季屯（四季屯村）

【出处】吴纪贤、富希陆讲：《天宫大战——黑水女真人传世神话》（1939，选自富育光、郭淑云整理的手稿），见姚宝瑄主编《中国各民族神话》（满族、赫哲族、朝鲜族），太原：山西出版传媒集团·书海出版社 2014 年版，第 28 页。

W0099.5

神住岛上（神居岛上）

【汤普森】A151.3.2

实 例

（参见下级母题实例）

W0099.5.1

神王住河中央的孤岛上

实 例

哈萨克族 河的正中有个孤岛。那岛上住着一个神王。

【流传】新疆维吾尔自治区

【出处】李雍翻译：《英雄坎德巴依》，原载陶立璠、李耀宗编《中国少数民族神话传说选》，见陶阳、钟秀编《中国神话》（中），北京：商务印书馆 2008 年版，第 687 ~695 页。

W0099.6

神住在森林（神居树林）

【汤普森】A151.7

实 例

（参见下级母题实例）

W0099.6.1

神居神林

实 例

（参见下级母题实例）

W0099.6.1.1

山神、天神、树林神等都居神林中

实 例

羌族 羌寨附近的山上有一个高约二米的石塔（“纳黑西”），塔顶供有几块白石代表山神、天神、树林神，塔的周围环绕青翠的“神林”，一般为松、柏、杉和青杠等树林。

【流传】四川省·（阿坝藏族羌族自治州）·茂县·三龙乡

【出处】

(a)《羌族的祭山会》（1983.05），原载钱安靖《羌族宗教习俗调查资料》，见羌族社会历史调查四川省编写组编《羌族社会历史调查》，成都：四川省社会科学院出版社 1986 年版。

(b) 同（a），见吕大吉、何耀华总主编《中国各民族原始宗教资料集成》（纳西族卷、羌族卷、独龙族卷、傈僳族卷、怒族卷），北京：中国社会科学出版社 2000 年版，第 551 页。

W0099.7

神住在树上（神居树上）

【汤普森】①A139.8.5；②A151.7.1

【关联】

① ［W0198.4］天神住树上

② ［W0236.3a.3.3］土地神住树洞

③ ［W0328.7］雷神住树洞

④ ［W0394.6.3］山神住树上中

⑤ ［W0461.5.1］猎神住树洞

实 例

（参见下级母题实例）

W0099.7.1

神住在雷霹或特异形状的树上

实 例

赫哲族 凡大树木有特异的征兆，如经雷霹或特异的形状，像三树成一半圆形，都认为有神栖附在树上。

【流传】（松花江下游地区依兰县至抚远市一带）

【出处】

（a）凌纯声：《松花江下游的赫哲族》，（原1934年南京刊印本），北京：民族出版社2012年版，第143页。

（b）《天神》，见吕大吉、何耀华总主编《中国各民族原始宗教资料集成》（鄂伦春族卷、鄂温克族卷、赫哲族卷、达斡尔族卷、锡伯族卷、满族卷、蒙古族卷、藏族卷），北京：中国社会科学出版社1999年版，第201页。

W0099.7.2

神住古树

实 例

达斡尔族 古树是神住的地方。

【流传】（无考）

【出处】吕大吉、何耀华总主编《中国各民族原始宗教资料集成》（鄂伦春族卷、鄂温克族卷、赫哲族卷、达斡尔族卷、锡伯族卷、满族卷、蒙古族卷、藏族卷），北京：中国社会科学出版社1999年版，第292页。

W0099.7.2.1

创世神布洛朵、始祖神者弘和太阳女神乜唐温居古树林木上

实 例

壮族（侬人） 壮族种水稻离不开水，先民发现有古树林木才有水源，为保护古树林木，把创世神“布洛朵”、始祖神“者弘”和太阳女神“乜唐温”封在村四周的古树林木上，严禁砍伐。

【流传】云南省·文山壮族苗族自治州·西畴县·西洒镇·汤果村一带

【出处】王明富搜集整理：《乌衣与壮族女人节》，见http：//tieba.baidu.com/p/1849011753。

W0099.7.3

神住田野里的大树上

实 例

哈萨克族 田野里的大树是神的居所。

【流传】（无考）

【出处】热依曼：《突厥语民族原始树木崇拜与民族地区生态保护探析》，载

《西北民族大学学报》2009 年第 3 期。

W0099.7.4

神可以居所有树上

实 例

（参见下级母题实例）

W0099.7.4.1

千余大树皆山都所居

【关联】［W0497.7.34］山都

实 例

汉族 汀州郡治初造，大树千余，其树皆山都所居。

【流传】（无考）

【出处】［明］谈迁：《枣林杂俎》义集"山都"条引《闽书》。

W0099.8

神住洞中

实 例

（参见下级母题实例）

W0099.8.1

术神居美泉灵洞中

实 例

纳西族 美泉灵洞里住着一个非常富有的术（神族名，又说是崇黑的族群名，人类的兄弟）王。

【流传】云南省·（丽江市）·丽江县（古城区、玉龙纳西族自治县）

【出处】木丽春采集整理：《术王受骗的传说》，见木丽春编著《纳西族民间故事集》，昆明：云南人民出版社 2007 年版，第 99 页。

W0101

神住水中（神居水中）

【关联】［W0265.1］水中的神

实 例

纳西族 神鹰把术（神名，又说是崇黑的族群名）族的那布从半天空里摔落进美利达吉海里，从此，那布和他的子孙，分居到水域里，再也没有回到陆地上。

【流传】云南省·（丽江市）·丽江县（古城区、玉龙纳西族自治县）

【出处】木丽春采集整理：《鹰术争斗的故事》，见木丽春编著《纳西族民间故事集》，昆明：云南人民出版社 2007 年版，第 98 页。

W0101.1

神住海中

实 例

（参见下级母题实例）

W0101.1.1

神住在特殊的海里

【汤普森】≈A151.8

实 例

满族 （实例待考）

裕固族 太阳神住在东海里。

【流传】（甘肃省祁连山一带）

【出处】

(a) 乔维森、野枫记录整理：《莫拉》，见中国少数民族文学作品选编辑委员会编《中国少数民族文学作品选》（第二分册），上海：上海文艺出版社1981年版。

(b) 同（a），见姚宝瑄主编《中国各民族神话》（土族、东乡族、回族、保安族、裕固族、撒拉族），太原：山西出版传媒集团·书海出版社2014年版，第90页。

W0101.1.2

神住海底

实 例

布朗族 帕亚英住在天空，帕亚捧住在海面，帕亚那住在海底。

【流传】云南省·西双版纳（西双版纳傣族自治州）

【出处】王国祥：《布朗族文学概况》，见中国社会科学院云南少数民族文学研究所编印：《云南少数民族文学资料》第1辑，内部编印。

W0101.2

神住在湖中

实 例

鄂温克族 （实例待考）

W0102

神住在其他地方（神居其他地方）

实 例

（参见下级母题实例）

W0102.0

神住天上和地上

实 例

（参见下级母题实例）

W0102.0.1

最早的2个神一个住天上，一个住地上

实 例

羌族 以前只有两个神。一个叫索依迪，另一个叫索依朗（“迪”的意思为老汉、父亲，“朗”的意思为阿妈）。索依迪住在天上，索依朗住在地下。

【流传】四川省·阿坝藏族羌族自治州·茂汶羌族自治县

【出处】

(a) 《开咂酒曲子》，见杨亮才、陶立璠、邓敏文《中国少数民族文学》（上册），北京：人民出版社1985年版。

(b) 《索依迪朗夫妇造人》，原名《人是咋个来的》，郑友富、周贵友讲，王康、龚剑雄、吴文光采录，王康整理，原载西南民族学院图书馆与西南

民族学院《羌族文学简史》编写组《羌族民间文学资料集》（一），1987年编，见姚宝瑄主编《中国各民族神话》（羌族、彝族），太原：山西出版传媒集团·书海出版社2014年版，第6页。

W0102.1
神住黑暗中

【汤普森】≈A151.13

实　例

纳西族 恶神米利术主住在神山西面的黑界里，有九座用黑石砌成的黑房子。

【流传】云南省·丽江地区（丽江市）

【出处】李即善翻译，杨世光整理：《东术争战记》，原载中共丽江地委宣传部编《纳西族民间故事选》，见陶阳、钟秀编《中国神话》（中），北京：商务印书馆2008年版，第726～735页。

W0102.2
神住天地之间

实　例

赫哲族 “色翁”是一群生活在人类天地间的神灵，他们在山河湖泽、树石沟壑无处不在。

【流传】（无考）

【出处】徐昌翰、黄任远：《赫哲族文学》，哈尔滨：北方文艺出版社1991年版。第63页。

W0102.2.1
神住半空

实　例

（参见下级母题实例）

W0102.2.1.1
大宁神格卓有时住在半空中的风刃世界里

实　例

藏族 宁神（年神）多住在地上、山谷、森林和冰川之间。大宁神格卓有时住在半空中的风刃世界里。

【流传】（无考）

【出处】刘立千：《从“格萨尔史诗”看古代高原的部落社会》，原载四川省格萨尔办公室编印《格萨尔论文选集》，1990年，见吕大吉、何耀华总主编《中国各民族原始宗教资料集成》（鄂伦春族卷、鄂温克族卷、赫哲族卷、达斡尔族卷、锡伯族卷、满族卷、蒙古族卷、藏族卷），北京：中国社会科学出版社1999年版，第955页。

W0102.3
神住真空中

实　例

傣族 英叭召（最早的天神）生活在真空里。

【流传】（无考）

【出处】《开天辟地》，见谷德明编《中国少数民族神话》，北京：中国民间文艺出版社1987年版，第341页。

W0102.4
神居人的体内

实 例

（参见下级母题实例）

W0102.4.1
神附到人的身体（神附体，下神）

实 例

（参见下级母题实例）

W0102.4.1.1
恶神附体

【关联】［W0910.8］灵魂附体

实 例

赫哲族 玛夫卡猞翁（熊神）又附在叫黑斤的萨满身上，让他变妖魔专吃小孩的心，已吃了九十八，他还要吃到一百整。今晚就要来到这里，吃了你们的心好成精。

【流传】（黑龙江省）

【出处】

（a）《希尔达鲁英日根》，载黑龙江省民间文艺研究会编《黑龙江民间文学》第20辑，第58～59页。

（b）《梦示》，见吕大吉、何耀华总主编《中国各民族原始宗教资料集成》（鄂伦春族卷、鄂温克族卷、赫哲族卷、达斡尔族卷、锡伯族卷、满族卷、蒙古族卷、藏族卷），北京：中国社会科学出版社1999年版，第274页。

W0102.4.1.2
祖先神附体

实 例

鄂伦春族 “莫昆”萨满（“莫昆”为鄂伦春族父系氏族组织的统称）是自己的“阿娇鲁”（祖先）神的代表，被病人请去治病时，他首先是请自己的“阿娇鲁”神附体，由“阿娇鲁”神指出由哪一神作祟致病。萨满自己被其他神作祟而害病时，有时也要请自己的“阿娇鲁”神附体，“阿娇鲁”神会把作祟的神赶走。

【流传】（无考）

【出处】

（a）内蒙古自治区编委会：《鄂伦春族社会历史调查》（第一集），呼和浩特：内蒙古人民出版社1984年版，第165～166页。

（b）《“莫昆”萨满的地位》，见吕大吉、何耀华总主编《中国各民族原始宗教资料集成》（鄂伦春族卷、鄂温克族卷、赫哲族卷、达斡尔族卷、锡伯族卷、满族卷、蒙古族卷、藏族卷），北京：中国社会科学出版社1999年版，第32页。

W0102.4.1.3
敬神后神附体

实 例

赫哲族 萨里比五出生时，他的父亲虔诚供奉萨满神，所以后来诸神附在萨里比五身上。

【流传】（松花江下游地区依兰县至抚远市一带）

【出处】《萨里比五》，见凌纯声《松花江下游的赫哲族》（原1934年南京刊印本），北京：民族出版社2012年版，第688页。

W0102.4.1.4
神附体后双目不明

实 例

鄂伦春族 孟金福（人名）学习萨满跳神，在神鼓声中，他觉得有一种异常的感觉，听不到自己的说唱，双目不明，意味着神附在他身上了。

【流传】 黑龙江省·（大兴安岭地区）·呼玛地区（呼玛县）

【出处】

(a) 富育光、王宏刚、关小云、孟淑清：《大兴安岭鄂伦春族萨满文化调查》，载《北方民族》1990年第1期。

(b)《黑龙江省呼玛地区的萨满》，见吕大吉、何耀华总主编《中国各民族原始宗教资料集成》（鄂伦春族卷、鄂温克族卷、赫哲族卷、达斡尔族卷、锡伯族卷、满族卷、蒙古族卷、藏族卷），北京：中国社会科学出版社1999年版，第37页。

W0102.4.1.5
神附体后失去知觉

实 例

鄂伦春族 萨满天神为人治病时，神已请下来并附了体，萨满本身就会感到发冷发热，陷于恍惚状态，而逐渐失去知觉进入无我境地。

【流传】（内蒙古自治区·呼伦贝尔市·鄂伦春自治旗·小二沟·南屯）

【出处】

(a) 内蒙古自治区编委会：《鄂伦春族社会历史调查》（第一集），呼和浩特：内蒙古人民出版社1984年版，第54页。

(b)《"斯文"是萨满神灵的总称》，见吕大吉、何耀华总主编《中国各民族原始宗教资料集成》（鄂伦春族卷、鄂温克族卷、赫哲族卷、达斡尔族卷、锡伯族卷、满族卷、蒙古族卷、藏族卷），北京：中国社会科学出版社1999年版，第40页。

W0102.5
神住特定建筑物中

实 例

（参见下级母题实例）

W0102.5.1

神住石板房

【关联】［W0236.3a.3.5］土地神住石板房

实 例

苗族 妹娲、砉代两个男女土地神住石板房。

【流传】原文无流传地，据文本及注释推测该神话流传于贵州省·黔东南苗族侗族自治州·凯里市、台江县等地。

【出处】张启庭、张荣光、张正玉、张启德演唱，张明搜集，燕宝整理译注：《创造宇宙·运金运银》，见贵州省少数民族古籍整理出版规划小组办公室编，燕宝整理译注《苗族古歌》，贵阳：贵州民族出版社 1993 年版，第 126～127 页。

W0102.5.2

神住庙宇

实 例

汉族 （实例待考）

W0102.6

神居神物中

实 例

（参见下级母题实例）

W0102.6.1

神居神杆中

实 例

羌族 羌人房屋建成后，请释比（巫师）还愿，砍杉杆插于房顶。杉杆象征天神，亦为羌人始祖神，据说神驻于杉杆上。

【流传】四川省·（阿坝藏族羌族自治州）·汶川县·龙溪乡·比亚朵寨

【出处】

(a) 余明海（释比，68 岁）、朱顺才（释比，68 岁）唱，汪有伦等翻译，钱安靖整理：《上坛经》（1983.11～1984.12）说明文字，见钱安靖《羌族和羌语支各居民集团宗教习俗调查报告》，四川大学宗教研究所油印本，1987 年 12 月。

(b) 同（a），见吕大吉、何耀华总主编《中国各民族原始宗教资料集成》（纳西族卷、羌族卷、独龙族卷、傈僳族卷、怒族卷），北京：中国社会科学出版社 2000 年版，第 534 页。

W0103

与神的居所有关的其他母题

【汤普森】A151.14

实 例

（参见下级母题实例）

W0103.1

独居的神

【汤普森】A151.0.1

实 例

（实例待考）

W0103. 2
不同的神住不同的地方

实 例

布朗族（实例待考）

W0103. 2. 1
神的居所有等级之分

实 例

（参见下级母题实例）

W0103. 2. 1. 1
最高神居天的最高层，最下面是使者居所

实 例

独龙族 天的最高层住的“格孟”（众鬼的总头目）端坐在高高的“木代”山顶上，其下是它的使者“南木”（天鬼）们的居处。

【流传】（无考）

【出处】 吕大吉、何耀华总主编：《中国各民族原始宗教资料集成》（纳西族卷、羌族卷、独龙族卷、傈僳族卷、怒族卷），北京：中国社会科学出版社 2000 年版，第 612 页。

W0103. 2. 2
天上的排神住罗过排子坡上，禅神住论启禅子坡上

实 例

纳西族 很古的时候，天上的排神居住在罗过排子坡上，禅神居住在论启禅子坡上。

【流传】（无考）

【出处】 周耀华翻译整理：《马的来历》，原载中共丽江地委宣传部编《纳西族民间故事选》，见陶阳、钟秀编《中国神话》（下），北京：商务印书馆 2008 年版，第 1200 ~ 1203 页。

W0103. 3
神的居所有特定的颜色

【关联】［W0067. 2. 4］女神的住处环境的颜色与她们自身的颜色一致

实 例

（参见下级母题实例）

W0103. 3. 1
善神米利东主住白界，恶神米利术主住黑界

实 例

纳西族 善神米利东主住在神山东面的白界里，有九座用白石头砌的白房子；恶神米利术主住在神山西面的黑界里，有九座用黑石头砌的黑房子。

【流传】

（a）云南省·（丽江市）·丽江县（原丽江纳西族自治县，今归属为丽江市古城区和玉龙纳西族自治县）

【出处】

（a）和正才等讲，杨世光采录，李即善翻译：《东术争战记》，见中国民间文学集成全国编辑委员会编《中国民间故事集成》（云南卷），北京：中国ISBN中心2003年版，第378页。

（b）李即善翻译，杨世光整理：《东术争战记》，见谷德明编《中国少数民族神话》，北京：中国民间文艺出版社1987年版，第435页。

W0103.3.2

神住黑的地方

实 例

（参见下级母题实例）

W0103.3.2.1

以前神住地方是黑的，鬼住地方是白的

实 例

纳西族 上古那时候，神住地方是黑的，黑得无比暗沉沉。鬼住地方是白的，白得无比亮晶晶。

【流传】云南省·丽江（丽江市）

【出处】和芳（东巴）读经，和志武翻译整理：《多格飒》（1963），见吕大吉、何耀华总主编《中国各民族原始宗教资料集成》（纳西族卷、羌族卷、独龙族卷、傈僳族卷、怒族卷），北京：中国社会科学出版社2000年版，第359页。

W0103.4

神的居所一派大好

实 例

（参见下级母题实例）

W0103.4.1

神的居所充满光明和生机

实 例

藏族 念青唐古拉山神父母的居处充满了光明，即使冬天也如同春天一般翠绿。

【流传】西藏自治区

【出处】谢继胜整理：《念青唐古拉山神》，见BBS水木清华站：http://www.smth.edu.cn 2006.07.20。

W0103.4.2

神的居所金碧辉煌

实 例

（参见下级母题实例）

W0103.4.2.1

术神的房子金柱子搭架，银瓦房顶，玉石门槛，金子做坑，翡翠镶床

实 例

纳西族 术神家的房子，木楞壁是金柱子搭架，房顶盖着银瓦，玉石做门

槛，金子铸着火塘坑，炕床用翡翠镶砌，就连天上的星星也摘到屋里来了。

【流传】云南省·（丽江市）·丽江县（古城区、玉龙纳西族自治县）

【出处】木丽春采集整理：《人和术联姻的传说》，见木丽春编著《纳西族民间故事集》，昆明：云南人民出版社 2007 年版，第 107 页。

W0103. 5

神的宝座

【汤普森】A152

【关联】［W0109］神的坐骑

实 例

（实例待考）

W0103. 5a

神的床

实 例

（参见下级母题实例）

W0103. 5a. 1

神的床是银的

【关联】［W0198. 5. 1. 1. 1］天神厄莎的房子是金的，床是银的

实 例

拉祜族 天神厄莎的房子是金的，床是银的。

【流传】云南省

【出处】李晓邨等搜集整理：《扎努扎别》，载《民间文学》1960 年第 10 期。

W0103. 5a. 2

神的冰床

实 例

（参见下级母题实例）

W0103. 5a. 2. 1

智慧之神乌孔拔森睡在冰床上

实 例

哈尼族 众神为了能杀死能补天地的神牛到了北方，在冰雪搭成的宫殿里找到了睡在冰床上的智慧之神乌孔拔森。

【流传】云南省·（红河哈尼族彝族自治州）·元阳（元阳县）、红河（红河县）、绿春（绿春县）、金平（金平苗族瑶族傣族自治县）

【出处】朱小和讲唱，史军超搜集整理：《查牛补天地》（1983），原载云南省民间文学集成办公室编《哈尼族神话传说集成》，中国民间文艺出版社 1990 年版，见姚宝瑄主编《中国各民族神话》（哈尼族、傣族），太原：山西出版传媒集团·书海出版社 2014 年版，第 52 页。

W0103. 5b

神的被子

实 例

（参见下级母题实例）

W0103.5b.1

神用云作被子

实 例

纳西族 最初的善神依古阿格做变化出的额玉额玛，高飞飞上天，抽来天空三朵白云做被窝。

【流传】 云南省·丽江（丽江市）

【出处】 和芳（东巴）读经，和志武翻译整理：《崇邦统》（人类迁徙记）（1954），见吕大吉、何耀华总主编《中国各民族原始宗教资料集成》（纳西族卷、羌族卷、独龙族卷、傈僳族卷、怒族卷），北京：中国社会科学出版社 2000 年版，第 320 页。

W0103.6

神的居所无人不知

【汤普森】 A151.0.2

实 例

（实例待考）

W0103.7

神的居所的守护

实 例

（参见下级母题实例）

W0103.7.1

特定动物守护神的居所

实 例

（参见下级母题实例）

W0103.7.1.1

女神住所有凤凰守护

实 例

达斡尔族 掌管后嗣子孙的老妈妈住在有九层台阶的木榭上，门口有雌雄两只凤凰守候。

【流传】（内蒙古自治区、黑龙江省等地）

【出处】

（a）奥登挂：《达斡尔族古代的萨满教信仰》，载《北方民族》1991 年第 2 期。

（b）《生命的海泉》，见吕大吉、何耀华总主编《中国各民族原始宗教资料集成》（鄂伦春族卷、鄂温克族卷、赫哲族卷、达斡尔族卷、锡伯族卷、满族卷、蒙古族卷、藏族卷），北京：中国社会科学出版社 1999 年版，第 299 页。

W0103.8

神附在特定物上

实 例

（参见下级母题实例）

W0103.8.1

神附着在自然物上

【关联】［W0497.1.4.7.2］年神附着在山上

实 例

藏族 （参见“W0497.1.4.7.2 年神附着在山上”母题实例）

W0103. 8. 2
神附身于死物

实 例

（参见下级母题实例）

W0103. 8. 2. 1
年神多附身于人世间的死物

实 例

藏族 年神所附身的多是人世间的死物。

【流传】（无考）

【出处】 丹珠昂奔：《藏族神灵论》，中国社会科学出版社 1990 年版，见吕大吉、何耀华总主编《中国各民族原始宗教资料集成》（鄂伦春族卷、鄂温克族卷、赫哲族卷、达斡尔族卷、锡伯族卷、满族卷、蒙古族卷、藏族卷），北京：中国社会科学出版社 1999 年版，第 954 页。

W0103. 9
神寨

实 例

（参见下级母题实例）

W0103. 9. 1
用旗子、神粮、铠甲等做神寨

实 例

纳西族 在挂着优麻战神斯妥嘎日像的优麻寨前供上神粮，把两支箭插于神粮之中，弓挂在神像旁。两面优麻神的旗子也插在神粮中，用铠和甲围成一个神寨。

【流传】 云南省·丽江县（丽江市）·（古城区）·大东地区（大东乡）

【出处】 和士诚（80 岁）讲，王世英调查整理：《丽江大东地区祭秽鬼除秽仪式》（1989），见吕大吉、何耀华总主编《中国各民族原始宗教资料集成》（纳西族卷、羌族卷、独龙族卷、傈僳族卷、怒族卷），北京：中国社会科学出版社 2000 年版，第 149 页。

※ W0105
神的出行

【汤普森】 A136

实 例

（实例待考）

W0106
神下凡①

【关联】［W1444. 1］下凡

实 例

（参见下级母题实例）

① 神下凡，该母题涉及的具体下凡情况因对象的不同而有诸多差异，具体情形参见上面有关具体的神或神性人物的下凡母题。神性人物的下凡与此相似。

W0106.1

特定的神下凡

实 例

（参见下级母题实例）

W0106.2

神下凡的原因

【关联】［W0224.1］天女下凡的原因

实 例

（参见下级母题实例）

W0106.2.0

神被惩罚下凡

实 例

（参见下级母题实例）

W0106.2.0.1

神的孩子因偷吃仙桃被惩罚下凡为人

实 例

汉族 天上的神仙有1对小孩，因偷吃仙桃被罚下人间，繁衍后代。

【流传】 天津市·北郊区

【出处】 于学萍讲：《男人为嘛有喉结》，见中国民间文学集成全国编辑委员会编《中国民间故事集成》（天津卷），北京：中国ISBN中心2004年版，第6页。

W0106.2.1

神被贬下凡

实 例

（参见下级母题实例）

W0106.2.1.1

神因犯错被贬下凡

实 例

（参见下级母题实例）

W0106.2.1.1.1

天王免掉犯错的帕雅英的官职赶下凡

实 例

傣族 天王玛哈捧认为，帕雅英残恶地葬送了神官捧麻远冉的性命已丧失了神性，于是宣布免掉帕雅英的官职，投下人间，落入茫茫大海里。

【流传】（云南省）

【出处】 陈平改写：《捧麻远冉与捧腊哈纳罗》，原载《巴塔麻嘎捧尚罗》，见姚宝瑄主编《中国各民族神话》（哈尼族、傣族），太原：山西出版传媒集团·书海出版社2014年版，第374页。

W0106.2.1.1.2

鹤神犯天条被贬下凡

实 例

汉族 或成（一作：鹤神）是天上的

星宿，由于犯了天条，玉皇大帝便罚他下凡。

【流传】江苏省·（常州市）·武进县（武进区）

【出处】于美蓉讲，钟斌成记录：《吃星》，见姚宝瑄主编《中国各民族神话》（汉族），太原：山西出版传媒集团·书海出版社 2014 年版，第 298 ~ 299 页。

W0106. 2. 2

神为找配偶下凡

实 例

（参见下级母题实例）

W0106. 2. 2. 1

神因为在天上找不到妻子下凡

实 例

珞巴族 神因为在天上找不到妻子，下到地上去。

【流传】

（a）西藏自治区·下珞渝（泛指永木河、锡约尔河、巴恰西仁河流域）

（b）西藏自治区·下珞渝·阿卡部落胡西戈村

【出处】

（a）维·埃尔温搜集：《马迪道的三个儿子》，见中华民族故事大系编委会编《中华民族故事大系》第 16 卷（赫哲族、门巴族、珞巴族、基诺族），上海：上海文艺出版社 1995 年版，第 442 ~ 443 页。

（b）同（a），见李坚尚、刘芳贤编《珞巴族门巴族民间故事选》，上海：上海文艺出版社 1993 年版，第 56 ~ 57 页。

W0106. 2. 3

神因战败下凡

实 例

（参见下级母题实例）

W0106. 2. 3. 1

争斗中北方神阿岱乌兰被摔至下界

实 例

蒙古族 天帝的儿子打败北方神阿岱乌兰，将其摔至下界。

【流传】（无考）

【出处】赵永铣：《蒙古族创世神话与萨满教九十九天说探新》引［日］中田千亩《蒙古神话》，载《内蒙古社会科学》1989 年第 4 期。

W0106. 2. 4

神为巡视人间下凡（神下凡视察地球）

实 例

（参见下级母题实例）

W0106. 2. 4. 1

人神王下凡考察人心

【关联】［W0107. 2. 1］人神王下凡考察

人心时扮成一个讨饭人

实 例

彝族 人神王在制造灾难之前，决定下凡考察人心，留下合适的人做人种。

【流传】（云南省·楚雄彝族自治州·双柏县，红河哈尼族彝族自治州等地）

【出处】

（a）云南省民族民间文学楚雄、红河调查队搜集，郭思九、陶学良整理：《查姆》，昆明：云南人民出版社1981年版。

（b）郭思九、陶学良整理，古梅改写：《彝家的古根》，选自《云南民族文学资料》第七集中的《查姆》上部前三章，见姚宝瑄主编《中国各民族神话》（羌族、彝族），太原：山西出版传媒集团·书海出版社2014年版，第66页。

W0106.2.4.2

天神装成乞丐到下界察看民情

实 例

汉族 天神装成叫花子到下界察看民情。

【流传】河北省·（石家庄市）·赵县·（沙河店镇）·北南冯村

【出处】杜老讲，杜海霞采录：《五谷杂粮是咋来的》，见中国民间文学集成全国编辑委员会编《中国民间故事集成》（河北卷），北京：中国ISBN中心2003年版，第17页。

W0106.2.4.3

英叭大神下凡视察地球

实 例

傣族 英叭大神立刻驾神车，飞到定天柱的最顶峰，下了车，然后迈步走进地球。

【流传】云南省·西双版纳傣族地区（西双版纳傣族自治州）

【出处】《巴塔麻嘎捧尚罗》，王松据岩温炳翻译《巴塔麻晏》（开天辟地）改写，见姚宝瑄主编《中国各民族神话》（哈尼族、傣族），太原：山西出版传媒集团·书海出版社2014年版，第275页。

W0106.2.5

神为帮助人类被下凡

实 例

高山族 神仙依勒克看到阿美人的生活很苦，就变成一个英俊的少年来到人间，帮助阿美人解除苦难。

【流传】（无考）

【出处】

（a）汪梅田搜集整理：《彩虹的传说》，见陈国强编《高山族民间故事选》，福州：福建人民出版社1980年版。

（b）同（a），见姚宝瑄主编《中国各民族神话》（高山族、黎族、畲族），太原：山西出版传媒集团·书海出版社2014年版，第41页。

W0106. 2. 5. 1

神因帮助人类被贬下凡

实 例

（参见下级母题实例）

W0106. 2. 5. 1. 1

神为人类盗粮种被贬下凡

实 例

哈尼族 摩咪然密（天神摩咪的女儿）为人类偷稻种，摩咪把她变成一条母狗贬下人间。

【流传】 云南省·（红河哈尼族彝族自治州）·金平县（金平苗族瑶族傣族自治县）

【出处】 马识道搜集整理：《尝新先喂狗的由来》，见《哈尼族民间故事》，昆明：云南人民出版社 1984 年版。

W0106. 2. 6

神为游玩下凡

实 例

汉族 古时候，天上的神觉得清闲，常到下界来游玩。

【流传】 甘肃省·天水市·北道区·马跑泉镇

【出处】 刘永生讲，洪良珙采录：《葫芦河与伏羲》，见中国民间文学集成全国编辑委员会编《中国民间故事集成》（甘肃卷），北京：中国 ISBN 中心 2001 年版，第 15 页。

W0106. 2. 6. 1

神愿意下凡玩是因为天上规矩太多

实 例

布依族 神说："天上有哪样玩头，走到哪里都有规矩管着，不安逸。我还是愿意到地上来玩。"

【流传】（无考）

【出处】 罗仁山讲：《人和动物是怎么产生的》，见姚宝瑄主编《中国各民族神话》（布依族、仡佬族、苗族），太原：山西出版传媒集团·书海出版社 2014 年版，第 20 页。

W0106. 2. 7

神接受人的邀请下凡（神被邀请下凡）

实 例

（参见下级母题实例）

W0106. 2. 7. 1

人用祭品请神下凡

实 例

鄂伦春族 我请诸神下凡，唤醒众神到人间。请你来喝鹿的血，祭品全部摆在上面。

【流传】（黑龙江省·大兴安岭一带）

【出处】

(a) 富育光、王宏刚、关小云，孟淑清：《大兴安岭鄂伦春族萨满文化调查》，载《北方民族》1990 年第 1 期。

(b)《春祭神歌》，见吕大吉、何耀华总主编《中国各民族原始宗教资料集成》（鄂伦春族卷、鄂温克族卷、赫哲族卷、达斡尔族卷、锡伯族卷、满族卷、蒙古族卷、藏族卷），北京：中国社会科学出版社 1999 年版，第 54~55 页。

W0106.2.8

神因好奇下凡

实　例

（参见下级母题实例）

W0106.2.8.1

大神英鹏和叭鹏出于好奇下凡

实　例

傣族 地下升起一股香气，把天上的神都熏醉了。管理神的大神英鹏和叭鹏走出天门去看，非常好奇，便下了凡。

【流传】云南省·西双版纳（西双版纳傣族自治州）·（勐海县）

【出处】《阳光和风成婚生英叭》，原文本为叭补答讲，刀昌德记录《开天辟地的故事》，见姚宝瑄主编《中国各民族神话》（哈尼族、傣族），太原：山西出版传媒集团·书海出版社 2014 年版，第 235 页。

W0106.2.9

神奉命下凡

实　例

（参见下级母题实例）

W0106.2.9.1

1 对男女神奉神王英叭之命下凡

实　例

傣族 英叭（神王名）用他的污垢造出一个男神和一个女神。英叭让他们结为夫妻，并对他们说："你们俩下到地球去，在那里开创世道人类。"

【流传】（云南省）

【出处】《破仙葫芦进人间，开创世道人类》，原载祜巴勐《论傣族诗歌》，中国民间文学出版社 1981 年版，见姚宝瑄主编《中国各民族神话》（哈尼族、傣族），太原：山西出版传媒集团·书海出版社 2014 年版，第 261 页。

W0106.3

神下凡的过程（神下凡的方法）

实　例

（参见下级母题实例）

W0106.3.1

神顺着绳索下凡

实　例

（参见下级母题实例）

W0106. 3. 1. 1

造地之神顺着玉线下凡

实 例

侗族 萨天巴（蜘蛛，女祖神，创世神）吐出玉线当天梯，叫修地的马王（治地的神王）咬住玉线头，她把玉线一掰一掰放下去，马王便落到了地下。

【流传】广西壮族自治区·（柳州市）·三江（三江侗族自治县），（桂林市）·龙胜（龙胜各族自治县）

【出处】杨卜林喜、杨卜松林、杨明世讲，杨国仁、涛声搜集整理，蔷紫改写：《创世女神萨天巴》，过伟改写自侗族创世史诗《嘎茫莽道时嘉——远祖歌》（未出版稿），见姚宝瑄主编《中国各民族神话》（土家族、毛南族、侗族、瑶族），太原：山西出版传媒集团·书海出版社 2014 年版，第 81 页。

W0106. 3. 2

神通过虹下凡

实 例

（参见下级母题实例）

W0106. 3. 2. 1

上界的神灵通过彩虹降到人间

实 例

鄂温克族 上界的神灵要通过彩虹降到人间。

【流传】（内蒙古自治区·呼伦贝尔市·根河市·敖鲁古雅地区）使用驯鹿鄂温克人

【出处】纽拉（女萨满，1907 年生）讲，孟和、玛尼记录整理采录整理：《敖鲁古雅鄂温克萨满的神衣》，见吕大吉、何耀华总主编《中国各民族原始宗教资料集成》（鄂伦春族卷、鄂温克族卷、赫哲族卷、达斡尔族卷、锡伯族卷、满族卷、蒙古族卷、藏族卷），北京：中国社会科学出版社 1999 年版，第 138～139 页。

W0106. 3. 3

神乘风雨云雾下凡

实 例

（参见下级母题实例）

W0106. 3. 3. 1

人神之王驾着风雨乘着云下凡

实 例

彝族 人神之王驾着风雨乘着云，再次来到地上的泽埂子，来到黑夺方。

【流传】（云南省·楚雄彝族自治州·双柏县，红河哈尼族彝族自治州等地）

【出处】

（a）云南省民族民间文学楚雄、红河调查队搜集，郭思九、陶学良整理：《查姆》，昆明：云南人民出版社 1981 年版。

（b）郭思九、陶学良整理，古梅改写：

《彝家的古根》，选自《云南民族文学资料》第七集中的《查姆》上部前三章，见姚宝瑄主编《中国各民族神话》（羌族、彝族），太原：山西出版传媒集团·书海出版社 2014 年版，第 66 页。

W0106.3.4

神通过神树下凡

实 例

（参见下级母题实例）

W0106.3.4.1

神到人间赴宴通过托若树降落人间

实 例

鄂伦春族 "托若"是鄂伦春族萨满举行重大祭典时树立的两棵神树，一杨一柳，据说被请前来赴宴的神灵，首先落脚在托若树上。

【流传】 内蒙古自治区·（呼伦贝尔市）·鄂伦春自治旗·阿里河镇

【出处】 额尔登挂讲述，满都尔图、孟和采录整理：《"库米斯文"年祭》（1990）注释，见吕大吉、何耀华总主编《中国各民族原始宗教资料集成》（鄂伦春族卷、鄂温克族卷、赫哲族卷、达斡尔族卷、锡伯族卷、满族卷、蒙古族卷、藏族卷），北京：中国社会科学出版社 1999 年版，第 61 页。

W0106.3.5

神从烟中降临人间

实 例

（参见下级母题实例）

W0106.3.5.1

烟祭烧烟时，战神和保护神等在飘升的香烟中降临人间

实 例

藏族 烟祭烧烟时，用柏枝、艾叶等带香气的树枝和草叶，还撒上糌粑之类，这样会使战神和保护神等神灵在飘升的香烟中降临人间。

【流传】（无考）

【出处】 刘立千：《从"格萨尔史诗"看古代高原的部落社会》，原载四川省格萨尔办公室编印《格萨尔论文选集》，1990 年，见吕大吉、何耀华总主编《中国各民族原始宗教资料集成》（鄂伦春族卷、鄂温克族卷、赫哲族卷、达斡尔族卷、锡伯族卷、满族卷、蒙古族卷、藏族卷），北京：中国社会科学出版社 1999 年版，第 904 页。

W0106.4

神下凡的陪伴者或携带物

实 例

（实例待考）

W0106. 5

神下凡的时间

实 例

（参见下级母题实例）

W0106. 5. 1

神八月十五下凡

实 例

（参见下级母题实例）

W0106. 5. 1. 1

农历八月十五日敬仙奶时，仙奶下凡

实 例

壮族 农历八月十五日敬仙奶（五谷管理神）时，敬请仙奶在此圆月明亮之时下凡。

【流传】贵州省·（黔东南苗族侗族自治州）·从江县·宰河乡、尧贵壮族乡等

【出处】覃华儒搜集整理：＊《敬奶王》（1989），见吕大吉、何耀华总主编《中国各民族原始宗教资料集成》（土家族卷、瑶族卷、壮族卷、黎族卷），北京：中国社会科学出版社1998年版，第554页。

W0106. 5. 2

栽秧和结束栽秧时神下凡

实 例

（参见下级母题实例）

W0106. 5. 2. 1

栽秧和结束栽秧这天接天上的谷子娘娘下凡

实 例

壮族 每逢栽秧和结束栽秧这天，壮家就要杀鸡宰鹅，把天上的谷子娘娘（谷神）接下凡来。

【流传】（云南省·文山壮族苗族自治州）

【出处】黄懿陆搜集整理：＊《谷神》（1990），见吕大吉、何耀华总主编《中国各民族原始宗教资料集成》（土家族卷、瑶族卷、壮族卷、黎族卷），北京：中国社会科学出版社1998年版，第517页。

W0106. 6

神下凡的结果

实 例

（参见下级母题实例）

W0106. 6. 1

神失乐园

实 例

哈萨克族 （实例待考）

W0106. 6. 1. 1

神因失职被逐

实 例

满族 天神阿布卡赫赫把失职放走恶魔耶鲁里的都凯女神赶出天系。

【流传】黑龙江省·黑河地区（黑河市）·孙吴县·（沿江满族达斡尔族乡）·四季屯（四季屯村）

【出处】吴纪贤、富希陆讲：《天宫大战——黑水女真人传世神话》（1939，选自富育光、郭淑云整理的手稿），见姚宝瑄主编《中国各民族神话》（满族、赫哲族、朝鲜族），太原：山西出版传媒集团·书海出版社2014年版，第25页。

W0106.7

与神下凡有关的其他母题

实　例

（参见下级母题实例）

W0106.7.1

神乘五龙车下凡

实　例

朝鲜族 天帝的儿子解慕漱乘五龙车下凡。

【流传】（无考）

【出处】

（a）《高朱蒙》，见《三国史记》。

（b）《高朱蒙》，见《三国遗事》。

W0106.7.2

天门打开神下凡

实　例

汉族 一位无名氏用日月星辰这把钥匙将天门的锁开了，众位神仙来到人间。

【流传】山东省·（潍坊市）·青州市·五里镇·井塘村

【出处】孙好忠讲，孙全道采录：《天地钥匙》，见中国民间文学集成全国编辑委员会编《中国民间故事集成》（山东卷），北京：中国ISBN中心2007年版，第12页。

W0106.7.3

神多次下凡

实　例

彝族 （参见“W0106.3.3.1 人神之王驾着风雨乘着云下凡”母题实例）

W0106.7.4

神下凡的路程遥远

实　例

（参见下级母题实例）

W0106.7.4.1

喇神走了7777天才到地上

实　例

纳西族（摩梭） 喇神由格尔美和众神送出天门，独自一人日夜不停地向大地上走去。他爬过了七十七座雾山，游过了七十七个云海，走了七千七百七十七天，终于到了大地上。

【流传】云南省·（丽江市）·宁蒗县

（宁蒗彝族自治县）

【出处】巴采若、桑绒尼搓讲，章虹宇搜集整理：《喇氏族的来源》，载《民间文学》1986年第3期。

W0106.7.5

神被贬为凡人

实 例

汉族 天帝恼怒羿射死了自己九个儿子，就把羿和他的妻子嫦娥贬为凡人，不准他们回天宫。

【流传】河南省·洛阳市

【出处】刘东山讲，顾丰年记录整理：《嫦娥种牡丹》，见姚宝瑄主编《中国各民族神话》（汉族），太原：山西出版传媒集团·书海出版社2014年版，第237~240页。

W0107

神造访人间

【汤普森】F32

【关联】［W0813.2］仙人造访人间

实 例

（参见下级母题实例）

W0107.1

神掩饰身份观察人间

【汤普森】K1811

实 例

汉族 玉皇大帝率领众神巡视凡间。

【流传】江苏省·张家港市

【出处】赵忠良、乐予搜集整理：《大禹治水遇神仙》，见陈世海《张家港曲艺丛书：张家港故事选集》，南京：江苏凤凰文艺出版社2016年版，第2页。

W0107.2

神扮乞丐造访人间

【汤普森】K1811.1

实 例

（参见下级母题实例）

W0107.2.1

人神王下凡考察人心时扮成一个讨饭人

实 例

彝族 人神之王人黄炸再次来到地上的泽埂子，来到黑夺方。他扮成一个讨饭人沿着村寨乞讨，要查访出好心人。

【流传】（云南省·楚雄彝族自治州·双柏县，红河哈尼族彝族自治州等地）

【出处】

（a）云南省民族民间文学楚雄、红河调查队搜集，郭思九、陶学良整理：《查姆》，昆明：云南人民出版社1981年版。

（b）郭思九、陶学良整理，古梅改写：《彝家的古根》，选自《云南民族文学资料》第七集中的《查姆》上部前三章，见姚宝瑄主编《中国各民族神话》（羌族、彝族），太原：山西出版传媒集团·书海出版社 2014 年版，第 66 页。

W0107.3

神扮老人造访人间

【汤普森】K1811.2

实 例

（实例待考）

W0107.4

神扮特定的人物造访人间

【汤普森】K1811.4

【关联】［W0760a.6］王母私访

实 例

（实例待考）

W0107.5

神的孩子访人间

【汤普森】F31

实 例

（实例待考）

W0107.6

动物神造访人间

【汤普森】F35

实 例

（实例待考）

W0107.7

与神造访人间有关的其他母题

实 例

（参见下级母题实例）

W0107.7.1

众神巡视凡间

实 例

汉族 玉皇大帝选择了一个时间，率领众神巡视凡间。

【流传】江苏省·张家港市

【出处】赵忠良、乐予搜集整理：《大禹治水遇神仙》，见陈世海《张家港曲艺丛书：张家港故事选集》，南京：江苏凤凰文艺出版社 2016 年版，第 2 页。

W0107.7.2

神多次巡视大地

实 例

（参见下级母题实例）

W0107.7.2.1

神 3 次巡视大地

实 例

彝族 开天辟地之事完成了，大神恩体古兹出门，巡视大地三遍。

【流传】（无考）

【出处】伍精忠整理：《大地是怎样形成的》，见姚宝瑄主编《中国各民族神话》（羌族、彝族），太原：山西出版传媒集团·书海出版社 2014 年版，第 278 页。

W0107. 7. 3
神巡视大地的时间

实 例

（参见下级母题实例）

W0107. 7. 3. 1
神正月十五、四月十五、七月十五三次巡视大地

实 例

蒙古族 麦德尔神女每年三次来大地视察，其时为正月十五、四月十五、七月十五。

【流传】（无考）

【出处】＊《麦德尔神女》，原载陶阳、钟秀编《中国神话》，见袁珂《中国神话大词典》，北京：华夏出版社2015年版，第399页。

W0108
神的飞行（神的行走）

实 例

（参见下级母题实例）

W0108. 1
神空中飞行

【汤普森】≈A171

实 例

（实例待考）

W0108. 2
神行走神速

实 例

傈僳族 天神木布帕走得很快，一天能绕天转一圈。

【流传】云南省·（怒江傈僳族自治州）·碧江县（1986年撤销县制，归入福贡县等）、泸水县

【出处】

（a）《木布帕捏地球》（原题为《天·地·人的形成》），原载祝发清、左玉堂、尚仲豪编《傈僳族民间故事选》，上海文艺出版社1985年版。

（b）同（a），见姚宝瑄主编《中国各民族神话》（水族、布朗族、独龙族、基诺族、傈僳族），太原：山西出版传媒集团·书海出版社2014年版，第187页。

W0108. 2. 1
神一步千里

实 例

（参见下级母题实例）

W0108. 2. 1. 1
人神达能一步千里

实 例

佤族 达能（人神名）一步能跨千里远。

【流传】云南省·（普洱市）·西盟县

（西盟佤族自治县）

【出处】达老屈等讲，隋嘎等采录：《司岗里》，见中国民间文学集成全国编辑委员会编《中国民间故事集成》（云南卷），北京：中国ISBN中心2003年版，第96页。

W0108.2.2
神比风还快

实 例

满族 地神的女儿大力神福特锦长着人脚、兽腿、鸟爪、百虫的足，跑起来连风也追不到。

【流传】黑龙江省·黑河地区（黑河市）·孙吴县·（沿江满族达斡尔族乡）·四季屯（四季屯村）

【出处】吴纪贤、富希陆讲：《天宫大战——黑水女真人传世神话》（1939，选自富育光、郭淑云整理的手稿），见姚宝瑄主编《中国各民族神话》（满族、赫哲族、朝鲜族），太原：山西出版传媒集团·书海出版社2014年版，第34页。

W0108.3
神的飞行工具

【关联】［W0223.1］天女靠仙拂帚飞行

实 例

（参见下级母题实例）

W0108.3.1
神腾云驾雾

实 例

赫哲族 腾云驾雾的老爷神和娘娘神，在云城上和雾城上盘旋。

【流传】（松花江下游地区依兰县至抚远市一带）

【出处】

(a) 凌纯声：《松花江下游的赫哲族》（原1934年南京刊印本），北京：民族出版社2012年版，第128页。

(b)《领神》，见吕大吉、何耀华总主编《中国各民族原始宗教资料集成》（鄂伦春族卷、鄂温克族卷、赫哲族卷、达斡尔族卷、锡伯族卷、满族卷、蒙古族卷、藏族卷），北京：中国社会科学出版社1999年版，第224页。

W0108.3.1.1
神脚踏红云

实 例

满族 拖亚拉哈女神身披红霞星光衣衫，脚踏着火烧红云。

【流传】（无考）

【出处】《阿布卡赫赫女神创世》，王松根据富育光、孟慧英、王宏刚撰写的《满族宗教与神话》改写，见姚宝瑄主编《中国各民族神话》（满族、赫哲族、朝鲜族），太原：山西出版传媒集团、书海出版社2014年版，第

4～14 页。

W0108. 3. 2

神驱着闪电飞行

实 例

（参见下级母题实例）

W0108. 3. 2. 1

疯虎宝木勒驱着闪电翱翔

实 例

蒙古族 驱着闪电翱翔的五尊宝木勒天，是万民信仰的一尊疯虎宝木勒天。

【流传】（内蒙古自治区·通辽市）

【出处】李青（甘珠尔扎布，萨满）讲：*《宝木勒祈祷辞》，原载白翠英、邢源、福宝琳、王笑《科尔沁博艺术初探》，哲里木盟文化处编印，内部资料，1986 年，见吕大吉、何耀华总主编《中国各民族原始宗教资料集成》（鄂伦春族卷、鄂温克族卷、赫哲族卷、达斡尔族卷、锡伯族卷、满族卷、蒙古族卷、藏族卷），北京：中国社会科学出版社 1999 年版，第 668 页。

W0108. 4

神的飞行能力的失去

【关联】［W0223. 3］天女飞行能力的失去

实 例

（参见下级母题实例）

W0108. 4. 1

神穿上特定衣服不能回天

【关联】［W0134. 5. 1. 1］女神穿上天神给的裙子后失去回天能力

实 例

苗族 （参见“W0134. 5. 1. 1 女神穿上天神给的裙子后失去回天能力”母题实例）

W0108. 4. 2

天神贪婪地上的水土香味失去飞行能力

实 例

傣族 有一个天神下来看大地，嗅到了大地上的水土香味，便无法再回到天上，只好留在地上种田。

【流传】（无考）

【出处】《水沫造地》，原文本为仓齐华翻译，周开学记录，谷德明整理《开天辟地》，原载谷德明《中国少数民族神话选》，西北民族学院研究所，内部发行，1983 年，见姚宝瑄主编《中国各民族神话》（哈尼族、傣族），太原：山西出版传媒集团·书海出版社 2014 年版，第 238 页。

W0109

神的坐骑

实 例

（参见下级母题实例）

W0109.1

神的坐骑是风雨

实 例

（参见下级母题实例）

W0109.1.1

神把风雨做马骑

实 例

彝族 人神入黄炸不断摇动梭罗树的树枝，把风雨当成马来骑。

【流传】（云南省·楚雄彝族自治州·双柏县，红河哈尼族彝族自治州等地）

【出处】

（a）云南省民族民间文学楚雄、红河调查队搜集，郭思九、陶学良整理：《查姆》，昆明：云南人民出版社1981年版。

（b）郭思九、陶学良整理，古梅改写：《彝家的古根》，选自《云南民族文学资料》第七集中的《查姆》上部前三章，见姚宝瑄主编《中国各民族神话》（羌族、彝族），太原：山西出版传媒集团·书海出版社2014年版，第65页。

W0109.1.2

神的坐骑是风

实 例

高山族（阿美） 阿波苦拉扬神乘风而来，轻飘飘地降落在海岛上。

【流传】 台湾·花莲县、台东县等地

【出处】

（a）《神鸟的启示》，见谷德明编《中国少数民族神话》，北京：中国民间文艺出版社1987年版，第238～240页。

（b）同（a），见姚宝瑄主编《中国各民族神话》（高山族、黎族、畲族），太原：山西出版传媒集团·书海出版社2014年版，第6页。

W0109.1.2.1

创世女神阿嫫腰白乘风下凡

实 例

基诺族 阿嫫腰白（神名，创世女神）乘着风下到地面上。

【流传】 云南省·（西双版纳傣族自治州）·景洪县（景洪市）

【出处】 白桂林等讲，刘怡采录：《阿嫫腰白造天地》，见中国民间文学集成全国编辑委员会编《中国民间故事集成》（云南卷），北京：中国ISBN中心2003年版，第77页。

W0109.1.2.2

风就是年神的马

实 例

藏族 年神经常荡漾在高山峡谷之中，所以它们最喜欢献马。因此风就是年神的马。

【流传】（无考）

【出处】 格勒：《论藏族本教的神》，原

载《藏族学术讨论会论文集》，西藏人民出版社1984年版，见吕大吉、何耀华总主编《中国各民族原始宗教资料集成》（鄂伦春族卷、鄂温克族卷、赫哲族卷、达斡尔族卷、锡伯族卷、满族卷、蒙古族卷、藏族卷），北京：中国社会科学出版社1999年版，第830页。

W0109.2

神的坐骑是闪电

实 例

藏族 天界女神的首领勉托吉普玉骑着闪电飞行。

【流传】西藏自治区

【出处】谢继胜整理：《雅拉香波山神》，见BBS水木清华站：http://www.smth.edu.cn 2006.07.20。

W0109.3

神的坐骑是彩云

实 例

朝鲜族 （实例待考）

哈尼族 女天神奥玛乘着五彩云霞。

【流传】云南省·（普洱市）·墨江县（墨江哈尼族自治县）

【出处】

(a) 李恒忠讲，李灿伟采录：《兄妹传人》，见中国民间文学集成全国编辑委员会编《中国民间故事集成》（云南卷），北京：中国ISBN中心2003年版，第165页。

(b) 李灿伟搜集整理：《兄妹传人种》，见《哈尼族民间故事》，昆明：云南人民出版社1984年版。

W0109.3.1

萨满的守护神驾着云彩

实 例

蒙古族 有学识的师傅的守护神，请降临。驾着云彩下来吧，下来，下来吧。

【流传】（内蒙古自治区·通辽市·科尔沁一带）

【出处】宝都海、巴特尔搜集记录，苏鲁格译：《召唤守护神》，原载白翠英、邢源、福宝琳、王笑《科尔沁博艺术初探》，哲里木盟文化处编印，内部资料，1986年，见吕大吉、何耀华总主编《中国各民族原始宗教资料集成》（鄂伦春族卷、鄂温克族卷、赫哲族卷、达斡尔族卷、锡伯族卷、满族卷、蒙古族卷、藏族卷），北京：中国社会科学出版社1999年版，第714页。

W0109.3.2

七尊宝木勒天驾着蓝云巡游

实 例

蒙古族 驾着蓝云巡游的七尊宝木勒天，是百姓们敬畏的一尊疯虎宝木勒天。

【流传】（内蒙古自治区·通辽市）

【出处】李青（甘珠尔扎布，萨满）

讲：*《宝木勒祈祷辞》，原载白翠英、邢源、福宝琳、王笑《科尔沁博艺术初探》，哲里木盟文化处编印，内部资料，1986 年，见吕大吉、何耀华总主编《中国各民族原始宗教资料集成》（鄂伦春族卷、鄂温克族卷、赫哲族卷、达斡尔族卷、锡伯族卷、满族卷、蒙古族卷、藏族卷），北京：中国社会科学出版社 1999 年版，第 668 页。

W0109.4

神的坐骑是日月

实 例

阿昌族 （实例待考）

W0109.5

神骑着奇异动物

【汤普森】 A136.1

实 例

（参见下级母题实例）

W0109.5.1

神骑龙驹

实 例

（参见下级母题实例）

W0109.5.1.1

祖先神撮哈占爷骑火龙驹

实 例

满族 祖先神“撮哈占爷”（又称长白山之神）骑的是匹火龙驹。

【流传】（无考）

【出处】刘厚生：《满族萨满教神词的思想内涵与艺术魅力》，载《民族研究》1997 年第 6 期。

W0109.5.2

神骑龙马

【关联】［W0199.1.3.1］天神骑龙马

实 例

（参见下级母题实例）

W0109.5.2.1

尼依撒沙息神骑龙马飞上天

实 例

彝族 尼依撒沙息（神）骑着龙马飞上天去了。

【流传】云南省·（红河哈尼族彝族自治州）·弥勒县（弥勒市）

【出处】石旺讲，戈隆阿弘采录：《独眼人、直眼人和横眼人》，见中国民间文学集成全国编辑委员会编《中国民间故事集成》（云南卷），北京：中国 ISBN 中心 2003 年版，第 215 页。

W0109.5.2.2

神王涅侬倮佐颇的儿子捏侬撒萨歇骑龙马下凡

实 例

彝族 众神之王涅侬倮佐颇的次子捏依撒萨歇骑着龙马来到人间，查看直眼人中有没有好人。

【流传】（云南省·楚雄彝族自治州·双柏县，红河哈尼族彝族自治州等地）

【出处】

（a）云南省民族民间文学楚雄、红河调查队搜集，郭思九、陶学良整理：《查姆》，昆明：云南人民出版社 1981 年版。

（b）郭思九、陶学良整理，古梅改写：《彝家的古根》，选自《云南民族文学资料》第七集中的《查姆》上部前三章，见姚宝瑄主编《中国各民族神话》（羌族、彝族），太原：山西出版传媒集团·书海出版社 2014 年版，第 79 页。

W0109. 6

神的坐骑是马

实 例

彝族（实例待考）

W0109. 6. 1

神乘玉龙白马

实 例

藏族 阿尼玛卿山神头戴红缨帽，身披银甲，乘玉龙白马，右手持矛，左手掌旗，腰悬宝剑，佩弓挂箭。

【流传】西藏自治区

【出处】贡乔泽登讲：《阿尼玛卿大山神》，见姚宝瑄主编《中国各民族神话》（门巴族、珞巴族、怒族、藏族），太原：山西出版传媒集团·书海出版社 2014 年版，第 96 页。

W0109. 6. 2

神骑神马

实 例

（参见下级母题实例）

W0109. 6. 2. 1

女神奥蔑·巴尔肯骑白色牝马

实 例

达斡尔族 奥蔑·巴尔肯（女神名，主生育）骑的马是白色牝马。

【流传】（内蒙古自治区·呼伦贝尔市·鄂温克族自治旗·巴彦托海镇）

【出处】

（a）珠荣嘎、额尔登泰、满都尔图调查编著：《巴彦托海索木达斡尔族情况——达斡尔族调查材料之二》，全国人民代表大会民族委员会办公室 1958 年编印，第 56 页。

（b）《奥蔑·巴尔肯》，见吕大吉、何耀华总主编《中国各民族原始宗教资料集成》（鄂伦春族卷、鄂温克族卷、赫哲族卷、达斡尔族卷、锡伯族卷、满族卷、蒙古族卷、藏族卷），北京：中国社会科学出版社 1999 年版，第 318 页。

W0109. 6. 2. 2

神女麦德尔骑闪光的雪白色神马

实 例

蒙古族（卫拉特） 神女麦德尔身跨闪光

的雪白色神马。

【流传】（无考）

【出处】姚玉瑄搜集整理：《麦德尔娘娘开天辟地》，见满都呼主编《中国阿尔泰语系诸民族神话故事》，北京：民族出版社 1997 年版，第 147 页。

蒙古族 麦德尔神女身跨闪光的白色神马，来视察三千色世界。

【流传】新疆维吾尔自治区蒙古族居住地区

【出处】姚宝瑄搜集整理：《麦德尔神女开天辟地》，见姚宝瑄主编《中国各民族神话》（达斡尔族、鄂伦春族、鄂温克族、蒙古族），太原：山西出版传媒集团·书海出版社 2014 年版，第 134 页。

蒙古族 麦德尔神女身跨闪光的白色神马，来视察三千色世界。

【流传】新疆维吾尔自治区蒙古族居住地区

【出处】姚宝瑄搜集整理：《麦德尔神女开天辟地》，载《民间文学》1986 年第 3 期。

W0109.6.3

神骑着白唇灰黄色马

实 例

（参见下级母题实例）

W0109.6.3.1

满初王腾格里骑着白唇灰黄色马

实 例

蒙古族 高拉可汗腾格里的儿子满初王腾格里骑着白唇灰黄色马。

【流传】（无考）

【出处】浦泽都尼夫著，嘎日达译：《布里亚特萨满教记述》（英文版），赫尔辛基 1941 年版，见吕大吉、何耀华总主编《中国各民族原始宗教资料集成》（鄂伦春族卷、鄂温克族卷、赫哲族卷、达斡尔族卷、锡伯族卷、满族卷、蒙古族卷、藏族卷），北京：中国社会科学出版社 1999 年版，第 630 页。

W0109.6.4

神骑绿松石鬃毛的马

【关联】［W6428.3］绿松石崇拜

实 例

（参见下级母题实例）

W0109.6.4.1

俊卿唐烈山神骑绿松石鬃毛的快马

实 例

藏族 俊卿唐烈山神，又叫上部觉娃觉卿山神，是“世界形成九神”之一。他是一个身穿“梭虚”和黄丝衣的黄衣神，骑一匹绿松石鬃毛的快马，持一个轮子和一支缚旗长矛。

【流传】（无考）

【出处】［奥地利］内贝斯基著，谢继胜译：《西藏的鬼怪和神灵——比较宗教学研究》，原载《国外藏学研究译文集》第 3 辑，西藏人民出版社 1987 年版，见吕大吉、何耀华总主编《中国各民族原始宗教资料集成》（鄂伦春族卷、鄂温克族卷、赫哲族卷、达斡尔族卷、锡伯族卷、满族卷、蒙古族卷、藏族卷），北京：中国社会科学出版社 1999 年版，第 791 页。

W0109. 6. 5

神骑魔马

【关联】［W0922］神马

实 例

（参见下级母题实例）

W0109. 6. 5. 1

山神骑一匹如同白云般急驰的魔马

实 例

藏族 山神骑的是一匹如同白云般急驰的魔马，举着缚旗的长矛，搭箭带弓，并持有套绳。

【流传】（无考）

【出处】谢继胜译：《祈祷阿尼玛卿山神祈祷词》，见《国外藏学研究译文集》第 3 辑，拉萨：西藏人民出版社 1987 年版。

W0109. 7

神的坐骑是牛

【关联】［W0789. 5. 3. 2］老子乘青牛（太上老君骑着青牛）

实 例

（实例待考）

W0109. 7. 1

神的坐骑是公牛

【汤普森】A136. 1. 3

实 例

（实例待考）

W0109. 7. 2

神骑着白牛

实 例

藏族 （实例待考）

W0109. 8

神的坐骑是鸟

【汤普森】A136. 1. 4

实 例

藏族 （实例待考）

W0109. 9

神的坐骑是象

【汤普森】A155. 5

实 例

（实例待考）

W0109. 10

神的坐骑是龙

实 例

（参见下级母题实例）

W0109.10.1

神乘两龙

实 例

（参见下级母题实例）

W0109.10.1.1

南方祝融，西方蓐收，北方禺疆，东方句芒都乘两龙

实 例

汉族 南方祝融，西方蓐收，北方禺疆，东方句芒，都是乘两龙。

【流传】（无考）

【出处】［战国至汉］撰者不详：《山海经·海外南经》、《山海经·海外西经》、《山海经·海外北经》和《山海经·海外东经》。

W0109.11

神的坐骑是龟

【汤普森】A139.2

【关联】

①［W0067.4.2.1］女神骑九头乌龟

②［W0068.10.7d.1］马却牙玛色女神骑九头乌龟

实 例

（实例待考）

W0109.12

神的坐骑是虎

【关联】［W0394.7.1.2］山神骑一头老虎

实 例

白族 山神骑着一头老虎，容貌慈祥。

【流传】云南省·（大理白族自治州）·洱源县·凤羽乡

【出处】詹承绪调查整理：《洱源凤羽白族祭山神仪式》（1988），见吕大吉、何耀华总主编《中国各民族原始宗教资料集成》（彝族卷、白族卷、基诺族卷），北京：中国社会科学出版社1996年版，第471页。

藏族 （实例待考）

W0109.13

神的坐骑是熊

实 例

藏族 （实例待考）

W0109.14

神的坐骑是狮子

实 例

（参见下级母题实例）

W0109.14.1

神的坐骑是白色的狮子

实 例

藏族 （实例待考）

W0109. 14. 2

神骑绿松石鬃毛的狮子

实 例

（参见下级母题实例）

W0109. 14. 2. 1

玛卿伯姆热山神骑一头绿松石鬃毛的狮子

【关联】［W0109. 6. 4. 1］俊卿唐烈山神骑绿松石鬃毛的快马

实 例

藏族 玛卿伯姆热山神，骑的是一头绿松石鬃毛的狮子。

【流传】（无考）

【出处】［奥地利］内贝斯基著，谢继胜译：《西藏的鬼怪和神灵——比较宗教学研究》，原载《国外藏学研究译文集》第3辑，西藏人民出版社1987年版，见吕大吉、何耀华总主编《中国各民族原始宗教资料集成》（鄂伦春族卷、鄂温克族卷、赫哲族卷、达斡尔族卷、锡伯族卷、满族卷、蒙古族卷、藏族卷），北京：中国社会科学出版社1999年版，第791页。

W0109. 15

神的坐骑是鹿

实 例

藏族 （实例待考）

W0109. 15. 1

泸沽湖水寨岛上的女神骑牝鹿

实 例

纳西族（摩梭）泸沽湖里的奈络普或水寨岛上供奉的女神，是一个骑牝鹿女人。

【流传】云南省·（丽江市·宁蒗彝族自治县）·永宁（永宁乡）一带

【出处】严汝娴、宋兆麟调查整理：《永宁纳西族的母系制》，昆明：云南人民出版社1984年版，第198~199页

W0109. 16

神的坐骑是骆驼

实 例

藏族 （实例待考）

W0109. 17

神的车子

【关联】［W0276. 2. 1］太阳神乘坐太阳车

实 例

（参见下级母题实例）

W0109. 17. 1

神驾神车

实 例

（参见下级母题实例）

W0109.17.1.1

英叭大神驾神车光临人间

实 例

傣族 英叭大神立刻驾神车，飞到定天柱的最顶峰，下了车，然后迈步走进地球。

【流传】 云南省·西双版纳傣族地区（西双版纳傣族自治州）

【出处】《巴塔麻嘎捧尚罗》，王松据岩温炳翻译《巴塔麻晏》（开天辟地）改写，见姚宝瑄主编《中国各民族神话》（哈尼族、傣族），太原：山西出版传媒集团·书海出版社 2014 年版，第 275 页。

W0109.18

与神的坐骑有关的其他母题

实 例

（参见下级母题实例）

W0109.18.1

神的坐骑与自身的颜色相同

实 例

（参见下级母题实例）

W0109.18.1.1

玛桑亚邦咋杰山神有三个化身都骑着与该神颜色一致的马

实 例

藏族 玛桑亚邦咋杰山神有三个化身，一是穿铠甲戴银饰的白人，一是穿铜甲之红人，一是暗蓝色穿铁甲的人。三种化身皆穿鸟羽斗篷，挥舞长矛和套绳，骑着与该神颜色一致的马。

【流传】（西藏自治区）

【出处】［奥地利］内贝斯基著，谢继胜译：《西藏的鬼怪和神灵——比较宗教学研究》，原载《国外藏学研究译文集》第 3 辑，西藏人民出版社 1987 年版，见吕大吉、何耀华总主编《中国各民族原始宗教资料集成》（鄂伦春族卷、鄂温克族卷、赫哲族卷、达斡尔族卷、锡伯族卷、满族卷、蒙古族卷、藏族卷），北京：中国社会科学出版社 1999 年版，第 791 页。

W0109.18.2

神坐在莲花上

实 例

（参见下级母题实例）

W0109.18.2.1

神坐在莲花上源于莲生伏羲女娲

【关联】［W0680.2.1.1］莲花生伏羲女娲

实 例

汉族 后来人们崇拜神灵，画神像，塑神态，都让神坐在莲花上，就是受莲生伏羲女娲的影响，也是对莲生伏羲女娲的纪念。

【流传】 中原一带

【出处】郭云梦搜集：《莲生伏羲女娲》，原载张梦北编《中原神话》，见陶阳、钟秀编《中国神话》（上），北京：商务印书馆 2008 年版，第 359 页。

W0110

神的车子

实 例

（参见下级母题实例）

W0110.1

神出行时乘动物拉的车子

【汤普森】A136.2

实 例

（实例待考）

W0110.2

神的车子在空中行走

【汤普森】A136.3

实 例

（参见下级母题实例）

W0110.2.1

神坐特定的车子

【关联】［W0694.2］黄帝乘龙车

实 例

朝鲜族 （实例待考）

汉族 （女娲）乘雷车服驾应龙。

【流传】（无考）

【出处】［西汉］淮南王刘安及门客：《淮南子·览冥训》。

汉族 昔日者，黄帝合鬼神于西泰山上，驾象车而六蛟龙，毕方并辖，蚩尤居前，风伯进扫，雨师洒道，虎狼在前，鬼神在后，腾蛇伏地，凤凰覆上，大合鬼神，作为《清角》。

【流传】（无考）

【出处】［战国］韩非：《韩非子·十过》。

汉族 黄帝坐华盖车的中央。华盖车有四个轮子，车上竖起一根黄色柱子，撑起一顶黄色大伞，伞的四沿围有一圈二尺半长的黄色丝绸围屏。

【流传】河南省·（郑州市）·新郑市

【出处】刘文学采录整理：《黄帝西泰山会诸侯》，见张振犁编著，孟宪明、朱淑君统纂《中原神话通鉴》（第二卷），郑州：河南大学出版社 2017 年版，第 589 页。

W0111

神的其他交通工具

实 例

（实例待考）

W0111.1

神的桥

【汤普森】A986

实 例

（实例待考）

W0112

与神的出行有关的其他母题

实 例

（参见下级母题实例）

W0112.1

神永不休息

【汤普森】 A102.8

实 例

（实例待考）

W0112.1a

神的休息

【关联】［W0116.3］神的睡眠

实 例

（参见下级母题实例）

W0112.1a.1

神有特定的休息地点

实 例

（参见下级母题实例）

W0112.1a.1.1

神在星星上歇脚

实 例

满族 在天宫激战中，布星女神卧勒多赫赫背着装满星星的桦皮口袋，在空中布星，让女天神阿布卡赫赫在星星上歇脚。

【流传】 黑龙江省·黑河地区（黑河市）·孙吴县·（沿江满族达斡尔族乡）·四季屯（四季屯村）

【出处】 吴纪贤、富希陆讲：《天宫大战——黑水女真人传世神话》（1939，选自富育光、郭淑云整理的手稿），见姚宝瑄主编《中国各民族神话》（满族、赫哲族、朝鲜族），太原：山西出版传媒集团·书海出版社 2014 年版，第 26 页。

W0112.1a.2

神的休息时间

实 例

（参见下级母题实例）

W0112.1a.2.1

祖先神灵木偶一年要在特定时间睡觉四至五天

实 例

纳西族（鲁鲁） 祖先神灵木偶一年要睡觉四至五天，睡觉日期从腊月二十四或二十五日开始，到年三十的白天才起床。为了让父、母的神灵睡好觉，这几日内其子要将神灵木偶取下，脱去木偶衣，将衣服烧于火塘内，然后把神灵木偶带至大河边刷洗干净，将洗净的神灵木偶带回家里，取一洁净篾盒，内垫置少许青松枝，将神灵木偶放于盒内，头朝家神位成睡卧状，母亲在左，父亲在右。年三十午饭后，是祖先神灵木偶睡觉醒来的时辰。

【流传】云南省·丽江县（丽江市·玉龙纳西族自治县）·塔城（塔城乡）·依陇（依陇行政村）·巴甸村

【出处】和三六（73岁）讲，李国文调查整理：《丽江塔城地区的祭祖》（1986），见吕大吉、何耀华总主编《中国各民族原始宗教资料集成》（纳西族卷、羌族卷、独龙族卷、傈僳族卷、怒族卷），北京：中国社会科学出版社2000年版，第88～89页。

W0112. 2

神的出行路径

实　例

（参见下级母题实例）

W0112. 2. 1

神的通道

【关联】［W1415］绝地天通

实　例

傣族（参见“W0905. 4. 3. 5 谷魂被佛祖放逐”母题实例）

汉族 绝地神与天神相通之道。

【流传】（无考）

【出处】［战国］不题撰人：《国语·楚语》韦昭注。

W0112. 3

神的游玩

实　例

（参见下级母题实例）

W0112. 3. 1

神四处云游

实　例

土家族（参见“W0236. 3a. 1. 1 土神阿公和阿婆四处云游”母题实例）

W0112. 3. 2

神漫游太空

【关联】［W0199. 7. 1］天神在天空四处遨游

实　例

傣族 最早产生的女神桑戛赛终年游弋在无边无际的太空之中。

【流传】云南省·西双版纳（西双版纳傣族自治州）·勐腊县·勐混镇、打洛镇

【出处】*《桑戛赛与桑戛西的诞生》，原载岩峰三讲，毕光尖记录《桑戛西与桑戛赛造天地，创人类》，见姚宝瑄主编《中国各民族神话》（哈尼族、傣族），太原：山西出版传媒集团·书海出版社2014年版，第251页。

W0112. 3. 3

神游中天

实　例

（参见下级母题实例）

W0112.3.3.1

玉帝和王母娘娘云游中天

实 例

汉族 玉帝和王母娘娘云游中天。

【流传】（无考）

【出处】

（a）杨周氏、杨秀华讲：《黄帝造车轮》，载《民间文学》1991年8期。

（b）同（a），见姚宝瑄主编《中国各民族神话》（汉族），太原：山西出版传媒集团·书海出版社2014年版，第399～400页。

W0112.3a

神的特定活动（神的特定行为）

实 例

（参见下级母题实例）

W0112.3a.1

神狩猎

实 例

彝族 天神的儿子，开天的那五兄弟，其中大儿子阿赌会撵山，叫他撵鹿子去。

【流传】云南省·楚雄彝族自治州·姚安县、大姚县等彝族地区

【出处】《造物·狩猎和畜牧》，见云南省民族民间文学楚雄调查队整理编写《梅葛》，昆明：云南人民出版社2009年版，第3页。

W0112.3a.2

神受佛戒

实 例

（参见下级母题实例）

W0112.3a.2.1

阿尼玛卿山神受佛教戒律，不复视人间俗事

实 例

藏族 阿尼玛卿山神已接受佛教戒律，潜心修习，不复视人间俗事，已得佛家十地之位，每逢猴年才光临所管辖的阿尼玛卿山一次。

【流传】西藏自治区

【出处】贡乔泽登讲：《阿尼玛卿大山神》，见姚宝瑄主编《中国各民族神话》（门巴族、珞巴族、怒族、藏族），太原：山西出版传媒集团·书海出版社2014年版，第97页。

W0112.4

神离开故土

【关联】［W0984.1.2］神被驱逐

实 例

（参见下级母题实例）

W0112.4.1

谷魂奶奶被佛祖和天神赶到遥远的地方

实 例

傣族 雅欢毫（谷魂奶奶）被佛祖和帕雅英（天神）赶走后，离开了宗补（亚洲），去到十分遥远的，只有无边黑暗的地层底下。

【流传】（云南省）

【出处】

(a) 崔亚兰整理：《谷魂奶奶》，见傅光宇编《傣族民间故事选》，上海：上海文艺出版社1985年版。

(b) 同（a），见姚宝瑄主编《中国各民族神话》（哈尼族、傣族），太原：山西出版传媒集团·书海出版社2014年版，第346页。

W0112.5

神在阳世阴间来去自如

实 例

壮族 神的活动范围极其广泛，阳世阴间，来去自如，活动时间，不分昼夜。

【流传】广西壮族自治区·（南宁市）·武鸣县·两江乡·雷江片，马山县·古零乡·杨圩片

【出处】黄世杰搜集整理：*《多神信仰》（1990），见吕大吉、何耀华总主编《中国各民族原始宗教资料集成》（土家族卷、瑶族卷、壮族卷、黎族卷），北京：中国社会科学出版社1998年版，第493页。

W0112.6

神的出行时间

【关联】［W0899.3.11］鬼有特定的出行时间

实 例

（参见下级母题实例）

W0112.6.1

神的出行时间随心所欲

实 例

壮族 （参见“W0112.5 神在阳世阴间来去自如”母题实例）

W0115

神的情感

【汤普森】A194

实 例

（参见下级母题实例）

W0115.1

神的喜

【汤普森】A194.4

实 例

（实例待考）

W0115.2

神的怒

【汤普森】A194.3

实 例

（实例待考）

W0115.3

神的妒忌

【汤普森】A194.1

【关联】

①［W0067.5.3］嫉妒的女神

②［W0204.6.3.5］天帝小肚鸡肠（嫉妒的天帝）

实　例

（参见下级母题实例）

W0115.3.1

神因嫉妒朋友变成仇敌

实　例

（实例待考）

W0115.3.2

神嫉妒人的生活

实　例

壮族 雷公在天上闲得闷了，便到人间来玩。布伯（人的首领）接待时杀猪宰羊，山珍海味摆满一桌，陈酒醇厚，米饭喷香，馋得雷王眼都红了起来，越想越觉得天上吃的香火不是味道。

【流传】广西壮族自治区红水河流域各县

【出处】

（a）《布伯的故事》，载《民间文学》1979年第10期。

（b）同（a），王松选定，见姚宝瑄主编《中国各民族神话》（仫佬族、壮族、京族），太原：山西出版传媒集团·书海出版社2014年版，第102页。

W0115.4

神的报复心

【汤普森】A194.2

实　例

（实例待考）

W0115.5

神的烦恼

【汤普森】A102.17

实　例

（实例待考）

W0115.6

与神的情感有关的其他母题

实　例

（参见下级母题实例）

W0115.6.1

性格相反的两个神

实　例

蒙古族（实例待考）

W0115.6.2

神的爱好（神的嗜好）

【关联】［W0327.4］雷神喜欢喝酒（雷神爱喝酒）

实　例

（参见下级母题实例）

W0115. 6. 2. 1

神喜欢特定味道

实 例

（参见下级母题实例）

W0115. 6. 2. 1. 1

疾病神喜欢香味

实 例

鄂温克族 “舍卧刻”（管疾病的神）给人类做许多好事，它最喜欢闻油味和香味，故人们祭它时往火里烧鹿油，这样不仅不得病而且对打猎也有好处。

【流传】（内蒙古自治区·呼伦贝尔市·额尔古纳市）

【出处】

（a）《额尔古纳旗使用驯鹿鄂温克人的调查报告》，见内蒙古自治区编辑组《鄂温克族社会历史调查》，呼和浩特：内蒙古人民出版社 1986 年版，第 233 页。

（b）《“舍卧刻”来源的传说》，见吕大吉、何耀华总主编《中国各民族原始宗教资料集成》（鄂伦春族卷、鄂温克族卷、赫哲族卷、达斡尔族卷、锡伯族卷、满族卷、蒙古族卷、藏族卷），北京：中国社会科学出版社 1999 年版，第 112 页。

W0115. 6. 2. 2

特定的神喜欢特定的树

实 例

（实例待考）

W0115. 6. 2. 2. 1

河边的神喜欢杨树和柳树

实 例

鄂温克族 萨满的神在跳神前决定选择什么树，告知莫昆（父系氏族公社名称）的人去准备。原则是山上的神喜欢桦树，河边的神喜欢杨树和柳树。

【流传】（内蒙古自治区·呼伦贝尔市·阿荣旗·查巴奇鄂温克族乡）

【出处】

（a）《阿荣旗查巴奇乡鄂温克族调查报告》，见内蒙古自治区编辑组《鄂温克族社会历史调查》，呼和浩特：内蒙古人民出版社 1986 年版，第 116 页。

（b）《“奥米那楞”祭会之一》，见吕大吉、何耀华总主编《中国各民族原始宗教资料集成》（鄂伦春族卷、鄂温克族卷、赫哲族卷、达斡尔族卷、锡伯族卷、满族卷、蒙古族卷、藏族卷），北京：中国社会科学出版社 1999 年版，第 135 页。

W0115. 6. 2. 3

神嗜好烟酒

实 例

（参见下级母题实例）

W0115.6.2.3.1

大神卡亨喜烟爱酒

实 例

瑶族 卡亨是个喜烟爱酒的大神。

【流传】 广西壮族自治区·（河池市）·大化县（大化瑶族自治县）·七百岽乡

【出处】 蓝阿勇（72岁）讲，蒙冠雄采录翻译：《密洛陀》（1982），见中国民间文学集成全国编辑委员会编《中国民间故事集成》（广西卷），北京：中国ISBN中心2001年版，第11～22页。

W0115.6.2.4

神好赌（好赌之神）

实 例

彝族 格滋天神的造天的五个儿子，胆子有斗大，个个喜欢赌钱，个个喜欢玩闹。

【流传】 云南省·楚雄彝族自治州·姚安县、大姚县等彝族地区

【出处】《创世·开天辟地》，见云南省民族民间文学楚雄调查队整理编写《梅葛》，昆明：云南人民出版社2009年版，第3页。

W0115.6.3

神自私（自私的神）

【关联】［W0192.4.5］自私又小气的天神

实 例

傣族 人出生后的面孔是由天上的画神多兰嘎画出来的。但自私的多兰嘎神，却把画在彩缎上最好看的脸型藏了起来，所以有许多傣族的母亲，在她怀孕的时候，都要祈求他。

【流传】 云南省·西双版纳（西双版纳傣族自治州）

【出处】 陈贵培整理：《画神多兰嘎》，原载贾芝、孙剑冰编《中国民间故事选》，见陶阳、钟秀编《中国神话》（下），北京：商务印书馆2008年版，第1086～1088页。

W0116

与神的生活有关的其他母题

【关联】

①［W0150］神的家庭

②［W7200～W7239］神的婚姻

实 例

（参见下级母题实例）

W0116.1

神的监督者

实 例

傈僳族 （实例待考）

W0116.2

神每天诵经作法

实 例

蒙古族 （实例待考）

W0116. 3
神的睡眠

实 例

（参见下级母题实例）

W0116. 3. 1
神的长时间睡眠

【关联】［W0723d. 7］盘古经历了睡眠期（盘古长睡）

实 例

（参见下级母题实例）

W0116. 3. 1. 1
神沉睡万年

实 例

汉族 盘古在大鸡蛋里孕育成人以后，睡了一万八千年，才醒了过来。

【流传】河南省尾山一带

【出处】程玉林讲，缪华、胡佳作搜集整理：《盘古寺》，原载张振犁、程健君编《中原神话专题资料》，见姚宝瑄主编《中国各民族神话》（汉族），太原：山西出版传媒集团·书海出版社 2014 年版，第 4～6 页。

W0116. 3. 1. 2
神一觉睡 3 年

实 例

纳西族 天神睡觉了，一觉要睡三年；天上一天就是地上一年。

【流传】四川省

【出处】英扎次里讲，刘尚乐、刘先进、亨扎、李锦川搜集整理：《汉、藏和纳西文字》，原载《四川神话选》，见陶阳、钟秀编《中国神话》（下），北京：商务印书馆 2008 年版，第 1249～1250 页。

W0116. 3. 2
神躺在云层睡觉

实 例

傣族 大神英叭躺在云层上，静悄悄地闭目休息，他足足睡了十万年。

【流传】云南省·西双版纳傣族地区（西双版纳傣族自治州）

【出处】《巴塔麻嘎捧尚罗》，王松据岩温炳翻译《巴塔麻晏》（开天辟地）改写，见姚宝瑄主编《中国各民族神话》（哈尼族、傣族），太原：山西出版传媒集团·书海出版社 2014 年版，第 285 页。

W0116. 4
神的记忆（神健忘，健忘的神）

实 例

（参见下级母题实例）

W0116. 4. 1
神搭爪就忘

实 例

傣族 神官捧麻远冉制定完年月日

后，自觉很满意，以为自己功高本事大，竟把天王交给他的其他两桩事——划分季节、给人类创造物质，让他们好好生存忘得一干二净。

【流传】（云南省）

【出处】陈平改写：《捧麻远冉与捧腊哈纳罗》，原载《巴塔麻嘎捧尚罗》，见姚宝瑄主编《中国各民族神话》（哈尼族、傣族），太原：山西出版传媒集团·书海出版社2014年版，第369页。

W0116.5

神的护肤美容

实 例

（参见下级母题实例）

W0116.5.1

神靠特定物美容

实 例

（参见下级母题实例）

W0116.5.1.1

女神靠风翅美容

实 例

满族 依尔哈女神依靠风神西斯林女神的风翅扇摇，使自己永远保持清新美丽的容貌。

【流传】黑龙江省·黑河地区（黑河市）·孙吴县·（沿江满族达斡尔族乡）·四季屯（四季屯村）

【出处】吴纪贤、富希陆讲：《天宫大战——黑水女真人传世神话》（1939，选自富育光、郭淑云整理的手稿），见姚宝瑄主编《中国各民族神话》（满族、赫哲族、朝鲜族），太原：山西出版传媒集团·书海出版社2014年版，第30页。

W0116.6

神有特定的生活习惯

实 例

（参见下级母题实例）

W0116.6.1

神按特定规则作息

实 例

（参见下级母题实例）

W0116.6.1.1

一对夫妻神每月依八卦方向转悠，逢初七、初九、十七、十九、二十七、二十九日则睡觉休息

实 例

纳西族 “体板”（一对无子女的夫妻神，男神叫“阿普肯永八”，女神叫“阿仔肯永麻”），每月依八卦方向转悠，逢初七、初九、十七、十九、二十七、二十九日则休息睡觉。

【流传】云南省·丽江县（丽江市）·（玉龙纳西族自治县）·塔城（塔城乡）·依陇（依陇行政村）·巴甸村

【出处】和崇义（50岁）讲，杨福泉调查整理：《丽江塔城依陇地区的生育卜算仪式》（1989），见吕大吉、何耀华总主编《中国各民族原始宗教资料集成》（纳西族卷、羌族卷、独龙族卷、傈僳族卷、怒族卷），北京：中国社会科学出版社2000年版，第303页。

0.1.4 神的地位、性质与职能【W0120～W0129】

✿ W0120 神的地位

实 例

（参见下级母题实例）

❊ W0121 神的地位高低（神的等级，神的大小）

实 例

（参见下级母题实例）

W0121.0 神没有地位高低之分

实 例

（参见下级母题实例）

W0121.0.1 生活在人类天地间的神灵无长幼尊卑之分

实 例

赫哲族 “色翁”是一群生活在人类天地间的神灵，他们在山河湖泽、树石沟壑无处不在，彼此无长幼尊卑之分，并且性喜享用祭献，彼此常好为敌，互相作难，亦佑人也作祟。

【流传】（无考）

【出处】徐昌翰、黄任远：《赫哲族文学》，哈尔滨：北方文艺出版社1991年版，第63页。

W0121.0.2 诸神最初互不统摄，不分大小

实 例

佤族 （实例待考）

W0121.1 神的地位高低的形成

实 例

（参见下级母题实例）

W0121.1.1 神通过争战地位升高

【关联】［W8790］神之间的争战

实 例

藏族 （实例待考）

W0121.1.2
神通过比赛定尊卑

实 例

（参见下级母题实例）

W0121.1.2.1
神比赛谁最先到目的地谁为尊

实 例

汉族 太白金星让成为神女的炎帝的妻子和二个女儿赛跑，谁最先到目的地谁为尊，小女儿获胜。

【流传】山西省·长治（长治市）·（城区五马街道办事处）·坊头村（马坊头村）

【出处】郭春先讲，牛泉宏采录：《灵湫寺三神女》，见中国民间文学集成全国编辑委员会编《中国民间故事集成》（山西卷），北京：中国 ISBN 中心 1999 年版，第 11 页。

W0121.1.3
神的地位与其信仰者的地位有关

实 例

（参见下级母题实例）

W0121.1.3.1
神山的名声大小往往是与崇拜它的部落的强大程度有关

实 例

藏族 各部落的神山除了具有一定的地域性之外，神山的序列还与部落的结构有一定的内在一致性。神山的名声大小往往是与崇拜它的部落（社会组织）的强大与否相关联的。

【流传】（西藏自治区·那曲地区·安多县·多玛乡）

【出处】格勒、刘一民、张建世、安才旦：《藏北牧区社会调查报告·那曲卓巴民间宗教》（手稿），1989 年，见吕大吉、何耀华总主编《中国各民族原始宗教资料集成》（鄂伦春族卷、鄂温克族卷、赫哲族卷、达斡尔族卷、锡伯族卷、满族卷、蒙古族卷、藏族卷），北京：中国社会科学出版社 1999 年版，第 797 页。

W0121.1.4
诸神随时间发展分出大小

实 例

佤族 （实例待考）

W0121.2
主神（正神，大神）

实 例

鄂温克族 “玛鲁”（“玛鲁”是与鄂温克人祖先有关系的神）是由 12 种东西和神灵组成的，其中主要的神是“舍卧刻”神，“玛鲁”是以“舍卧刻”神为主体的。

【流传】（内蒙古自治区·呼伦贝尔市·额尔古纳市）

【出处】

(a)《额尔古纳旗使用驯鹿鄂温克人的调查报告》，见内蒙古自治区编辑组《鄂温克族社会历史调查》，呼和浩特：内蒙古人民出版社 1986 年版，第 232 页。

(b)《“玛鲁”神概况》，见吕大吉、何耀华总主编《中国各民族原始宗教资料集成》(鄂伦春族卷、鄂温克族卷、赫哲族卷、达斡尔族卷、锡伯族卷、满族卷、蒙古族卷、藏族卷)，北京：中国社会科学出版社 1999 年版，第 110 页。

彝族 主神在别处，说是主宰神。主神在这里，是人保护神。

【流传】 云南省·（昆明市）·禄劝县（禄劝彝族苗族自治县）·云龙乡·卡问村

【出处】 张仲仁（彝族）翻译：*《禄劝彝族的祈福经》，见吕大吉、何耀华总主编《中国各民族原始宗教资料集成》（彝族卷、白族卷、基诺族卷），北京：中国社会科学出版社 1996 年版，第 288 ~ 290 页。

W0121. 2. 1

兄弟神中的弟弟为主神

实　例

羌族 两个能干的兄弟死后，弟弟于永被木巴（天神）封为地方神，因弟弟专给人们办好事，水妖水怪都怕他。成了地方的正神。

【流传】 四川省·（阿坝藏族羌族自治州）·茂县·较场乡

【出处】 肖德升讲，罗世泽采录：《歧山大王和罗和二王》，见中国民间文学集成全国编辑委员会编《中国民间故事集成》（四川卷·下），北京：中国 ISBN 中心 1998 年版，第 1127 页。

W0121. 2. 1. 1

天神兄弟中年龄最小的天神权力最高

实　例

景颇族 创始祖和造物母孕育诸天神中，以老幺木代天神权力最大。

【流传】 云南省·（德宏傣族景颇族自治州）·盈江县支丹山吾寨

【出处】 萧家成译著：《勒包斋娃——景颇族创世史诗》，北京：民族出版社 1992 年版，第 6 页。

W0121. 2. 2

大神手下有若干小神

实　例

（参见下级母题实例）

W0121. 2. 2. 1

大神树神飞尤和有若干小神附属

实　例

赫哲族 树神“飞尤和”是大神。附属“飞尤和”的有“珠连”（家庭保护神）、“雅日格”（金钱豹神）、“塔斯和”（虎神）。

【流传】（黑龙江省）

【出处】

（a）《民族问题五种丛书》黑龙江省编辑组：《赫哲族社会历史调查》，牡丹江：黑龙江朝鲜民族出版社 1987 年版，第 173～174 页。

（b）《动物神》（二），见吕大吉、何耀华总主编《中国各民族原始宗教资料集成》（鄂伦春族卷、鄂温克族卷、赫哲族卷、达斡尔族卷、锡伯族卷、满族卷、蒙古族卷、藏族卷），北京：中国社会科学出版社 1999 年版，第 202～203 页。

W0121.2.3

人间正神

实　例

（参见下级母题实例）

W0121.2.3.1

奇树作为人间正神

实　例

汉族 很古的时候，有兄妹二人，哥哥叫胡玉人，妹妹叫胡玉姐。上学途中的一棵奇树对兄妹说："我是人间正神，地上的人都是我的子孙。"

【流传】河南省·（驻马店市）·正阳县·（袁寨乡·袁寨村）

【出处】张昀的邻居老人讲，张昀采录，张振犁采录整理：《玉人和玉姐》（1981.05），见张振犁编著，孟宪明、朱淑君统纂《中原神话通鉴》（第二卷），郑州：河南大学出版社 2017 年版，第 427 页。

W0121.2.4

最早的大神

【关联】［W058.3.1］第一个神

实　例

（参见下级母题实例）

W0121.2.4.1

最早大神的儿子

实　例

（实例待考）

W0121.2.4.2

最早大神的两个儿子尼布和尼利两兄弟相貌古怪

实　例

珞巴族 最早大神的两个儿子尼布和尼利两兄弟样子很怪，既不像人，也不似各种动物，更不像石头。

【流传】

（a）西藏自治区·下珞瑜（泛指永木河、锡约尔河、巴恰西仁河流域）

（b）西藏自治区·下珞渝（又写作"下珞瑜"）·布根部落森冲村

【出处】

（a）维·埃尔温搜集：《尼布和尼利》，见中华民族故事大系编委会编《中华民族故事大系》第 16 卷（赫哲族、门巴族、珞巴族、基诺族），上海：上海文艺出版社 1995 年版，第

402 页。

（b）同（a），见李坚尚、刘芳贤编《珞巴族门巴族民间故事选》，上海：上海文艺出版社 1993 年版，第 16 页。

W0121. 2. 5

特定名称的正神（特定名称的大神）

【关联】［W0748. 2. 2. 1］瑶姬佐禹治水有功被立庙敬为正神

实　例

（参见下级母题实例）

W0121. 2. 5. 1

大神十遮和大神戋则

实　例

哈尼族 天还没有出现的时候，主宰一切的是两个大神。一个大神叫十遮，带着一个聪明的儿子遮则；还有个大神叫戋则，也带着一个身体强悍的儿子叫则作。

【流传】（无考）

【出处】《杀牛龙，造天地》，根据张牛朗、杨批斗、李书周等演唱，杨保生、李家顺等翻译，杨笛、郭纯礼等整理《十二奴局》和《奥色密色》翻译稿改写，见姚宝瑄主编《中国各民族神话》（哈尼族、傣族），太原：山西出版传媒集团・书海出版社 2014 年版，第 9 页。

W0121. 2. 5. 2

正神郁纳士（孔雀神）

实　例

羌族 汶山寨认为郁纳士（ü-ngä-tzé）（孔雀神）是正神。

【流传】（无考）

【出处】胡鉴民：《羌族的信仰与习为》，原载《边疆研究论丛》1941 年，见吕大吉、何耀华总主编《中国各民族原始宗教资料集成》（纳西族卷、羌族卷、独龙族卷、傈僳族卷、怒族卷），北京：中国社会科学出版社 2000 年版，第 478 页。

W0121. 2. 5. 2a

天和太阳是主神

实　例

羌族 羌族的诸神中有了主神的观念，天和太阳最大。

【流传】（无考）

【出处】西南民族学院研究室编：《羌（尔玛）族情况》，1954 年，见吕大吉、何耀华总主编《中国各民族原始宗教资料集成》（纳西族卷、羌族卷、独龙族卷、傈僳族卷、怒族卷），北京：中国社会科学出版社 2000 年版，第 460 页。

W0121. 2. 5. 2b

屋顶大的白石为主神

实　例

羌族 羌民各家屋顶的小石塔上中间一块大的白石为主神，另外周围有十二个小的白石块代表十二神。

【流传】（无考）

【出处】西南民族学院研究室编：《羌（尔玛）族情况》，1954 年，见吕大吉、何耀华总主编《中国各民族原始宗教资料集成》（纳西族卷、羌族卷、独龙族卷、傈僳族卷、怒族卷），北京：中国社会科学出版社 2000 年版，第 470 页。

W0121.2.5.3 大神拖亚拉哈

实　例

满族 拖亚拉哈大神四爪蹬火云。

【流传】（无考）

【出处】富希陆讲，富育光采录：《天宫大战》，原载富育光编《满族神话选》，见陶阳、钟秀编《中国神话》（中），北京：商务印书馆 2008 年版，第 736～737 页。

W0121.2.6 特定领域的主神

实　例

（参见下级母题实例）

W0121.2.6.1 家神中的主神

实　例

（参见下级母题实例）

W0121.2.6.1.1 家神中的主神那萨

实　例

羌族 当地每家房顶的石碉上供白石代表三神，其中神“那萨”（碉碉），为一家主神，保佑家中清洁平安。

【流传】四川省·（阿坝藏族羌族自治州）·茂汶县（今茂县）·渭门乡·纳普大队（村）

【出处】钱安靖：《茂汶县渭门乡纳普大队羌族宗教习俗调查》（1983.07.10），见吕大吉、何耀华总主编《中国各民族原始宗教资料集成》（纳西族卷、羌族卷、独龙族卷、傈僳族卷、怒族卷），北京：中国社会科学出版社 2000 年版，第 477 页。

W0121.2.7 与正神有关的其他母题

实　例

（参见下级母题实例）

W0121.2.7.1 正神皆有来历

实　例

羌族 每一正神均有其起源的神话传说，邪神则没有。

【流传】（无考）

【出处】《羌族卷·前言》，见吕大吉、

何耀华总主编《中国各民族原始宗教资料集成》（纳西族卷、羌族卷、独龙族卷、傈僳族卷、怒族卷），北京：中国社会科学出版社 2000 年版，第 452 页。

W0121. 2. 7. 2

正神是村寨保护神

实 例

羌族 正神是村寨保护神，有益于羌人生命财产安全。

【流传】（无考）

【出处】《羌族卷·前言》，见吕大吉、何耀华总主编《中国各民族原始宗教资料集成》（纳西族卷、羌族卷、独龙族卷、傈僳族卷、怒族卷），北京：中国社会科学出版社 2000 年版，第 452 页。

W0121. 3

副神（辅神，偏神）

【关联】［W0414. 2］海神是龙王的从属

实 例

（参见下级母题实例）

W0121. 3. 1

女神是男神的辅神

实 例

（参见下级母题实例）

W0121. 3. 1. 1

女始祖姆六甲是男始祖布洛陀的辅神

实 例

壮族 （实例待考）

W0121. 3. 2

侍神

实 例

（参见下级母题实例）

W0121. 3. 2. 1

侍神性情温和

实 例

傣族 大神英叭造出的捧麻加是个性情温和、勤快的侍神。他寸步不离英叭，日夜服侍神王。

【流传】云南省·西双版纳傣族地区（西双版纳傣族自治州）

【出处】《巴塔麻嘎捧尚罗》，王松据岩温炳翻译《巴塔麻晏》（开天辟地）改写，见姚宝瑄主编《中国各民族神话》（哈尼族、傣族），太原：山西出版传媒集团·书海出版社 2014 年版，第 285 页。

W0121. 3. 3

野神

实 例

彝族 野神金帐围。

【流传】贵州省

【出处】《献酒经》，原载丁文江《爨文丛刻》（甲编），见吕大吉、何耀华总主编《中国各民族原始宗教资料集成》（彝族卷、白族卷、基诺族卷），北京：中国社会科学出版社 1996 年版，第 48 页。

W0121.4

地位卑微的神

实 例

（参见下级母题实例）

W0121.4.1

特定的神地位卑微

实 例

（参见下级母题实例）

W0121.4.1.1

下安木多地区的所有山神土地要看雍中本教神和黑魔的脸色行事

实 例

藏族 下安木多地区的所有山神土地，以前差不多都看着雍中本教神和黑魔的脸色行事。

【流传】（无考）

【出处】王沂暖译：《格萨尔王传·世界公桑之部》，甘肃人民出版社 1983 年版。

W0122

至高无上的神（最高神）

【汤普森】A101

实 例

（参见下级母题实例）

W0122.0

最高神的产生

实 例

（参见下级母题实例）

W0122.0.1

以前没有最高神

实 例

（参见下级母题实例）

W0122.0.1.1

天神中不存在最高神

实 例

赫哲族 住在天上的恩都力（天神或大神）其实是一群神，而不是一个单一的至高无上的神。

【流传】（无考）

【出处】孟慧英：《赫哲族卷·绪论》，见吕大吉、何耀华总主编《中国各民族原始宗教资料集成》（鄂伦春族卷、鄂温克族卷、赫哲族卷、达斡尔族卷、锡伯族卷、满族卷、蒙古族卷、藏族卷），北京：中国社会科学出版社 1999 年版，第 193 页。

W0122. 0. 2

最高神是争战获取的

实例

汉族 黄帝统率着神兵神将与同胞哥哥炎帝的军队在逐鹿之野打了一仗。勇武和谋略兼有的黄帝是胜利了，他于是做了宇宙的最高统治者，也就是说，做了中央的天帝。

【流传】（无考）

【出处】袁珂重述：《宇宙的最高统治者——黄帝》，原载袁珂《神话故事新编》，见陶阳、钟秀编《中国神话》（中），北京：商务印书馆 2008 年版，第 805 ~807 页。

W0122. 0a

最高神的特征（最高神的职能）

实例

（参见下级母题实例）

W0122. 0a. 1

最高神管理宇宙

实例

高山族（排湾） 主宰万物的最高神巴拉洛扬统摄宇宙，又主雷的职务，专门惩治丑恶，还习农业，为人类造福。

【流传】台湾排湾人地区

【出处】《太阳神的后裔》，海云根据曾思奇《高山族古老神话传说中的人物与境域》整理，见姚宝瑄主编《中国各民族神话》（高山族、黎族、畲族），太原：山西出版传媒集团·书海出版社 2014 年版，第 8 页。

W0122. 0a. 2

最高神管理水患

实例

高山族（排湾） 因为水患是关系到宇宙生命存亡的大事，所以由最高神巴拉洛扬自己管理。

【流传】台湾排湾人地区

【出处】《太阳神的后裔》，海云根据曾思奇《高山族古老神话传说中的人物与境域》整理，见姚宝瑄主编《中国各民族神话》（高山族、黎族、畲族），太原：山西出版传媒集团·书海出版社 2014 年版，第 9 页。

W0122. 0a. 3

最高神是众神的首领

实例

高山族（排湾） 众神的首领巴拉洛扬是天界至高无上的、主宰万物的最高神。

【流传】台湾排湾人地区

【出处】《太阳神的后裔》，海云根据曾思奇《高山族古老神话传说中的人物与境域》整理，见姚宝瑄主编《中国各民族神话》（高山族、黎族、畲族），太原：山西出版传媒集团·书海出版社 2014 年版，第 8 页。

W0122.1

天神是最高神

【关联】［W0208.19.1.1］天神迦萨甘则是众神之首

实 例

白族（那马） 天上有一个自然界诸神中最大的神灵，叫天神。

【流传】云南省·（怒江傈僳族自治州）·兰坪县（兰坪白族普米族自治县），（迪庆藏族自治州）·维西县（维西傈僳族自治县）

【出处】刘龙初调查整理：《兰坪维西那马人祭天鬼和祭天神》（1988），见吕大吉、何耀华总主编《中国各民族原始宗教资料集成》（彝族卷、白族卷、基诺族卷），北京：中国社会科学出版社 1996 年版，第 456 页。

赫哲族 赫哲人崇拜的最高的神是天神。

【流传】（无考）

【出处】李秀华、黄儒敏：《赫哲人的宗教信仰与生活习俗》，载《佳木斯大学社会科学学报》2001 年第 2 期。

怒族 天神被认为是最高的、最大的神，它主宰着天下的一切。

【流传】云南省·（怒江傈僳族自治州）·兰坪（兰坪白族普米族自治县）

【出处】

(a) 李绍恩：《傈僳族、怒族中的哲学思想初探》，载云南省民族理论研究会怒江州分会筹备组编《怒江民族研究》1988 年 1～2 期。

(b) 同（a），见吕大吉、何耀华总主编《中国各民族原始宗教资料集成》（纳西族卷、羌族卷、独龙族卷、傈僳族卷、怒族卷），北京：中国社会科学出版社 2000 年版，第 851 页。

怒族 天神是至高无上的。

【流传】（无考）

【出处】吕大吉、何耀华总主编：《中国各民族原始宗教资料集成》（纳西族卷、羌族卷、独龙族卷、傈僳族卷、怒族卷），北京：中国社会科学出版社 2000 年版，第 838 页。

W0122.1.1

地上众神请天神做判官

实 例

彝族 （实例待考）

W0122.1.2

管天的神地位最高

实 例

哈尼族 （实例待考）

W0122.1.3

天帝地位最高（天帝是最高神）

【关联】［W0204.9.3］天帝是最高审判

实 例

（参见下级母题实例）

W0122.1.3.1

众神中天帝地位最高，黄帝、赤帝、帝尧、帝喾等众帝次之，一般神如半神半人又次之

实 例

汉族 天帝在众神中地位最高，黄帝、赤帝、帝尧、帝喾等众帝次之，一般神如半神半人又次之。

【流传】（无考）

【出处】［战国至汉］撰者不详：《山海经》。

W0122.1.4

天神是慈祥慷慨的最高神

实 例

柯尔克孜族 天神是慈祥慷慨的最高神。

【流传】新疆维吾尔自治区·柯尔克孜地区（克孜勒苏柯尔克孜自治州）

【出处】《火神》，斯丝根据多里昆·吐尔地、阿地力·朱玛吐尔地撰写的《柯尔克孜族宗教与神话》改写，见姚宝瑄主编《中国各民族神话》（乌孜别克族、哈萨克族、柯尔克孜族、俄罗斯族、维吾尔族、塔吉克族、塔塔尔族、锡伯族），太原：山西出版传媒集团·书海出版社 2014 年版，第 146 页。

W0122.1.5

天神是所有自然神中至高无上的神

实 例

怒族 天神是所有自然神中至高无上的神。

【流传】云南省·（怒江傈僳族自治州）·兰坪（兰坪白族普米族自治县）

【出处】

（a）龚友德等：《“扰柔”人的原始宗教》，见中国哲学史学会云南省分会编《云南少数民族哲学思想史论文选集》第 2 集，1984 年编印，第 222 ~ 225 页。

（b）同（a），见吕大吉、何耀华总主编《中国各民族原始宗教资料集成》（纳西族卷、羌族卷、独龙族卷、傈僳族卷、怒族卷），北京：中国社会科学出版社 2000 年版，第 850 页。

W0122.1.6

与天神是最高神有关的其他母题

实 例

（参见下级母题实例）

W0122.1.6.1

天是自然界最大的神灵

实 例

白族 天，一直被白族视为自然界最

大的神灵，它主管一切。

【流传】 云南省

【出处】 吕大吉、何耀华总主编：《中国各民族原始宗教资料集成》（彝族卷、白族卷、基诺族卷），北京：中国社会科学出版社 1996 年版，第 399 页。

W0122.1.6.2

天主管一切

实　例

白族 （参见“W0122.1.6.1 天是自然界最大的神灵”母题实例）

W0122.1a

天神地神是最高神

实　例

羌族 第一顶大的是天与地，天地之后神树林为大。

【流传】（无考）

【出处】 胡鉴民：《羌族的信仰与习为》，原载《边疆研究论丛》1941 年，见吕大吉、何耀华总主编《中国各民族原始宗教资料集成》（纳西族卷、羌族卷、独龙族卷、傈僳族卷、怒族卷），北京：中国社会科学出版社 2000 年版，第 465 页。

W0122.1b

地神是最高神

实　例

（参见下级母题实例）

W0122.1b.1

世间地母最大

实　例

彝族（撒尼） 万物皆从土中生，世间数我（地母）为最大。

【流传】 云南省·昆明（昆明市）·（寻甸回族彝族自治县）·（先锋乡）·恰普鲁村

【出处】《地母经》，见吕大吉、何耀华总主编《中国各民族原始宗教资料集成》（彝族卷、白族卷、基诺族卷），北京：中国社会科学出版社 1996 年版，第 313 页。

W0122.2

日月神是最高神

【关联】

① ［W0271］太阳神（日神）

② ［W0274.6.1］天神太阳神是最高神

③ ［W0280］月亮神（月神）

实　例

（参见下级母题实例）

W0122.2.1

所有的神都归祖神太阳和月亮管

实　例

鄂温克族 各种不同身份的神都归太阳和月亮管，所以太阳是始祖父神，月亮是始祖母神。

【流传】 内蒙古自治区·（呼伦贝尔

市）·额尔古纳右旗（根河市）·阿龙山镇

【出处】《最早萨满传袭的传说》，见吕大吉、何耀华主编《中国各民族原始宗教资料集成》（鄂伦春族卷、鄂温克族卷、赫哲族卷、达斡尔族卷、锡伯族卷、满族卷、蒙古族卷、藏族卷），北京：中国社会科学出版社 1999 年版，第 123 页。

W0122. 2. 1. 1

月亮是天上至尊神

实 例

白族 混沌初开即有我（月亮），我是天上至尊神。

【流传】云南省·（大理白族自治州）·鹤庆县

【出处】张海福等调查整理：《鹤庆白族日月祭》，见吕大吉、何耀华总主编《中国各民族原始宗教资料集成》（彝族卷、白族卷、基诺族卷），北京：中国社会科学出版社 1996 年版，第 464 页。

W0122. 3

创世的最高神

【汤普森】A101. 1

实 例

（实例待考）

W0122. 4

特定身份的神是最高神

实 例

（参见下级母题实例）

W0122. 4. 1

特定的神山是最高神

实 例

（参见下级母题实例）

W0122. 4. 1. 1

雅拉香波神山是最高神

实 例

藏族 在众多树木之中，以松树最为高大，在大江大河之中，以雅鲁藏布江碧水最为流长，而雅拉香波（神山）乃最高之神也。

【流传】（无考）

【出处】丹珠昂奔：《藏族神灵论》，中国社会科学出版社 1990 年版，见吕大吉、何耀华总主编《中国各民族原始宗教资料集成》（鄂伦春族卷、鄂温克族卷、赫哲族卷、达斡尔族卷、锡伯族卷、满族卷、蒙古族卷、藏族卷），北京：中国社会科学出版社 1999 年版，第 954 页。

W0122. 4. 2

山神是最高神

实 例

傈僳族 在傈僳族社会中，山鬼“米司尼”被认为权威最大，一切山林、土地、石头的精灵都属它管辖，从而也就主宰了人们的各种经济活动。

【流传】 云南省·怒江（怒江傈僳族自治州）·（泸水县·洛本卓白族乡）·色德乡（色德行政村）

【出处】 杨建和：《怒江傈僳族的宗教信仰》，见宋恩常编《中国少数民族宗教初编》，昆明：云南人民出版社1985年版，第219~220页。

羌族 诸神之中以山神地位最高，是主神。

【流传】 四川省·（阿坝藏族羌族自治州）·汶川县·雁门乡·小寨子

【出处】 汪宁生：《解放前羌族的生产活动、生活习俗和宗教信仰》，原载《云南省少数民族社会历史研究所编彝族调查资料之二：四川及云南昭通地区彝族社会历史调查资料》，1963年5月10日，见吕大吉、何耀华总主编《中国各民族原始宗教资料集成》（纳西族卷、羌族卷、独龙族卷、傈僳族卷、怒族卷），北京：中国社会科学出版社2000年版，第470页。

W0122.4.2.1

山神米司尼在众神中最大最有权威

实　例

傈僳族 “米司尼”（山神），是众神中最大最有权威的神。

【流传】 云南省·（昆明市）·禄劝县（禄劝彝族苗族自治县）

【出处】 杨毓骧调查整理：《禄劝地区祭山神和树神》（1990），见吕大吉、何耀华总主编《中国各民族原始宗教资料集成》（纳西族卷、羌族卷、独龙族卷、傈僳族卷、怒族卷），北京：中国社会科学出版社2000年版，第728页。

W0122.5

在特定领域地位高的神

【关联】

① ［W0466.9.1.2］火炭神在神中地位最高

② ［W0779.2］玉帝管天神

实　例

（参见下级母题实例）

W0122.5.1

天神的首领（地位最高的天神）

实　例

汉族 （实例待考）

W0122.5.1.1

天界女神的首领

实　例

（参见下级母题实例）

W0122.5.1.1.1

天界女神的首领勉托吉普玉

实　例

藏族 天界女神的首领勉托吉普玉骑着闪电飞行。

【流传】西藏自治区

【出处】谢继胜整理：《雅拉香波山神》，见 BBS 水木清华站：http://www.smth.edu.cn 2006.07.20。

W0122.5.1.1.2

天界女神的首领右手持闪电，左手握冰雹

实 例

藏族 天界女神的首领勉托吉普玉，右手持闪电，左手握冰雹。

【流传】西藏自治区

【出处】谢继胜整理：《雅拉香波山神》，见 BBS 水木清华站：http://www.smth.edu.cn 2006.07.20。

W0122.5.1.2

最高天神是天王玛哈捧

实 例

傣族 在天上，天王玛哈捧权力最大。

【流传】（云南省）

【出处】陈平改写：《捧麻远冉与捧腊哈纳罗》，原载《巴塔麻嘎捧尚罗》，见姚宝瑄主编《中国各民族神话》（哈尼族、傣族），太原：山西出版传媒集团·书海出版社 2014 年版，第 368 页。

W0122.5.1.3

最高天神阿正梅烟

实 例

哈尼族 沙拉是最高天神阿正梅烟的孙子，大神烟沙的儿子。

【流传】云南省·（红河哈尼族彝族自治州·元阳县·攀枝花乡·硐蒲寨）

【出处】朱小和讲，史军超搜集整理：《永生不死的姑娘》，原载《哈尼族神话传说集成》，见陶阳、钟秀编《中国神话》（下），北京：商务印书馆 2008 年版，第 1095 ~ 1099 页。

W0122.5.1.4

其他名称的最高天神

实 例

（实例待考）

W0122.5.1.5

与最高天神有关的其他母题

【关联】［W0324a.1.6.2］雷神是最大的天神

实 例

（参见下级母题实例）

W0122.5.1.5.1

排第二位的天神

实 例

傣族 （参见“W0497.1.4.8.1.1

历法神捧麻远冉母题实例）

W0122.5.2
森林中地位最高的神

实 例

鄂温克族 （实例待考）

W0122.5.3
民族中最大的神

实 例

（参见下级母题实例）

W0122.5.3.1
莫伟是佤族最大的神

实 例

佤族 “莫伟”是佤族最大的神灵，包括天神、地神、人神。

【流传】云南省·（普洱市）·西盟佤族自治县、澜沧拉祜族自治县等地

【出处】毕登程、隋嘎编著：《司岗里——佤族创世史诗》，昆明：云南出版集团公司·云南人民出版社2009年版，第3页。

W0122.5.3.2
鄂伦春族信奉的最大的神透伦玛路（透欧玛路）

实 例

鄂伦春族 鄂伦春人最大的神是透欧玛路，它率管诸神。

【流传】（无考）

【出处】《透欧玛路》，见吕大吉、何耀华主编《中国各民族原始宗教资料集成》（鄂伦春族卷、鄂温克族卷、赫哲族卷、达斡尔族卷、锡伯族卷、满族卷、蒙古族卷、藏族卷），北京：中国社会科学出版社1999年版，第26页。

鄂伦春族 鄂伦春人供奉的神很多，最大的神是“透欧玛路”，它能率管诸神

【流传】（无考）

【出处】内蒙古自治区编委会：《鄂伦春族社会历史调查》（第二集），呼和浩特：内蒙古人民出版社1985年版，第105页。

W0122.5.3.2.1
透伦玛路统御众神但神威有限

实 例

鄂伦春族 透伦玛路是鄂伦春族所信奉的最大的神。认为它可统御众神。但其神威极其有限。

【流传】（无考）

【出处】马名超、崔焱：《鄂伦春族宗教与神话》，见《中国各民族宗教与神话大词典》编审委员会编《中国各民族宗教与神话大词典》，北京：学苑出版社1993年版。

W0122.5.3.3
最大的神干木

实 例

（参见下级母题实例）

W0122. 5. 3. 3. 1

干木女神居住在狮子山

实 例

纳西族 最大的神“干木”女神居住在狮子山上。

【流传】（无考）

【出处】《论我国少数民族中母权制类型及其发展》，见吕光天《北方民族原始社会形态研究》，银川：宁夏人民出版社1981年版，第369页。

W0122. 5. 3. 4

彝族最大的神测鲠兹

实 例

彝族 测鲠兹是彝族最大的神。

【流传】云南省·（楚雄彝族自治州·武定县）·万德（万德镇）

【出处】罗希吾戈翻译：《夷僰榷濮》（六祖史诗），昆明：云南民族出版社1986年版，第19页。

W0122. 5. 3. 5

2个最大的神

实 例

（参见下级母题实例）

W0122. 5. 3. 5. 1

佤族班洪部落敬奉的最大的神一个是鹿埃姆（公明山），一个是鹿埃松（焦山）

实 例

佤族 班洪部落敬奉的最大的神有两个，一个是“鹿埃姆”（即公明山），一个是“鹿埃松”（即焦山）。

【流传】云南省·（临沧市）·沧源县（沧源佤族自治县）

【出处】白老大讲，张云采录：《兄妹神》附记，见中国民间文学集成全国编辑委员会编《中国民间故事集成》（云南卷），北京：中国ISBN中心2003年版，第334页。

W0122. 5. 3a

部落中最高神

实 例

（参见下级母题实例）

W0122. 5. 3a. 1

珞巴族义都部落最高神恩尼达雅

实 例

珞巴族 珞巴族义都部落的最高的神恩尼达雅。

【流传】

(a) 西藏自治区·下珞瑜（泛指永木河、锡约尔河、巴恰西仁河流域）

(b) 西藏自治区·下珞渝（又写作

"下珞瑜"）·义都部落丹龙曲河谷

【出处】

(a) T.K. 巴鲁阿搜集：《两个太阳》，见中华民族故事大系编委会编《中华民族故事大系》第16卷（赫哲族、门巴族、珞巴族、基诺族），上海：上海文艺出版社1995年版，第405～406页。

(b) 同（a），见李坚尚、刘芳贤编《珞巴族门巴族民间故事选》，上海：上海文艺出版社1993年版，第19～20页。

W0122.5.3b

氏族中最高神

实　例

（实例待考）

W0122.5.3c

同类神中的老大

实　例

（参见下级母题实例）

W0122.5.3c.1

同类神中的大姐大

实　例

哈尼族 十二个乌摩（即管神的神或专司管理的神）里面，最大的是管天的乌摩。她是乌摩里的大王，是他们的阿姐。

【流传】云南省·（红河哈尼族彝族自治州）·元阳（元阳县）、红河（红河县）、金平（金平苗族瑶族傣族自治县），（采集于元阳县·胜村乡·全福庄）

【出处】卢朝贵讲，史军超搜集整理：《神和人的家谱》，原载云南省民间文学集成办公室编《哈尼族神话传说集成》，中国民间文艺出版社1990年版，见姚宝瑄主编《中国各民族神话》（哈尼族、傣族），太原：山西出版传媒集团·书海出版社2014年版，第41页。

W0122.5.3c.2

家神中地位最高的神

【关联】

① ［W0443.1.3.2］家神中祖宗神地位最高

② ［W0493.3.11］灶神在家神中地位最高

实　例

怒族 灶神对于家庭而言是至高无上的。

【流传】云南省·（怒江傈僳族自治州）·兰坪（兰坪白族普米族自治县）

【出处】

(a) 李绍恩：《傈僳族、怒族中的哲学思想初探》，载云南省民族理论研究会怒江州分会筹备组编《怒江民族研究》1988年1～2期。

(b) 同（a），见吕大吉、何耀华总主编《中国各民族原始宗教资料集成》（纳西族卷、羌族卷、独龙族卷、傈傈族卷、怒族卷），北京：中国社会科学出版社 2000 年版，第 851 页。

壮族 在所有的家神中，以祖宗神的地位最高，权力最大。

【流传】广西壮族自治区·（南宁市）·武鸣县（武鸣区）西北部，马山县东部

【出处】黄世杰搜集整理：*《保护家族的祖先神》（1990），见吕大吉、何耀华总主编《中国各民族原始宗教资料集成》（土家族卷、瑶族卷、壮族卷、黎族卷），北京：中国社会科学出版社 1998 年版，第 534 页。

W0122. 5. 3c. 3

山神中的老大

【关联】[W0398. 1. 7. 7. 2] 白山神是统管各路山神

实　例

白族（那马）（参见“W0398. 1. 7. 7. 2 白山神是统管各路山神”母题实例）

W0122. 5. 3c. 4

保护神中的老大

【关联】[W0448. 4. 1] 山神卡亨是九个守护大神中的老大

实　例

瑶族（参见“W0448. 4. 1 山神卡亨是九个守护大神中的老大”母题实例）

W0122. 5. 4

宗教中的最高神

实　例

（参见下级母题实例）

W0122. 5. 4. 1

萨满教最高的神阿布凯恩都哩

实　例

满族 萨满教最高的神阿布凯恩都哩住在 17 层天上。

【流传】（无考）

【出处】《佛赫妈妈和乌申阔玛发》，见傅英仁口述，张爱云整理《傅英仁满族故事》（上），哈尔滨：黑龙江人民出版社 2006 年版，第 4 页。

W0122. 5. 4. 2

东巴教排在首位的至上神就是萨英威登、依古阿格、恒丁窝盘等三尊大神

实　例

纳西族 东巴教排在首位的至上神就是萨英威登、依古阿格、恒丁窝盘三尊大神，教主（祖师）丁巴什罗习惯上只排第四位。

【流传】云南省

【出处】吕大吉、何耀华总主编：《中国各民族原始宗教资料集成》（纳西族卷、羌族卷、独龙族卷、傈僳族卷、怒族卷），北京：中国社会科学出版

社2000年版，第25~26页。

W0122.5.5

民间最高神

实 例

（参见下级母题实例）

W0122.5.5.1

民间最高神玉皇大帝

实 例

汉族 玉皇大帝是民间最高神。

【流传】（无考）

【出处】《玉皇大帝》，见王德恒等《造神史话》，天津：百花文艺出版社2002年版，第73页。

W0122.5.6

最高祖神

实 例

（参见下级母题实例）

W0122.5.6.1

最高祖神妹榜妹留

实 例

苗族 在祭祖活动中，妹榜妹留（蝴蝶妈妈）被尊为最高祖神。

【流传】（无考）

【出处】燕宝整理：《妹榜妹留》，见姚宝瑄主编《中国各民族神话》（布依族、仡佬族、苗族），太原：山西出版传媒集团·书海出版社2014年版，第279页。

W0122.5.6.2

祖先神位居众神之首

实 例

彝族 祖师神（也是祖先神）位居众神之首。

【流传】贵州省·毕节地区（毕节市）·龙场区（七星关区）·（大屯彝族乡）·三官寨

【出处】于绵绣：《彝族的近祖崇拜》，载《世界宗教研究》1983年第2期。

W0122.5a

祖先是地位高的神

【关联】［W0122.2.1］所有的神都归祖神太阳和月亮管

实 例

（参见下级母题实例）

W0122.5a.1

祖先神地位最高

实 例

鄂伦春族 春节时在“斜仁柱”（又译为“仙人柱”，鄂伦春人的一种类似帐篷的住所）内，摆一个香炉就是供一位神，一般设很多神位。供在“玛路”（“玛路”是正对门的铺位，是供神的地方）正中的是“阿娇儒博如坎”（祖先神）。

【流传】（无考）

【出处】

(a) 赵复兴：《鄂伦春族游猎文化》，呼和浩特：内蒙古人民出版社 1991 年版，第 344～345 页。

(b)《春节祭神》，见吕大吉、何耀华总主编《中国各民族原始宗教资料集成》（鄂伦春族卷、鄂温克族卷、赫哲族卷、达斡尔族卷、锡伯族卷、满族卷、蒙古族卷、藏族卷），北京：中国社会科学出版社 1999 年版，第 51 页。

W0122.5b

中央神是最高神

实　例

（参见下级母题实例）

W0122.5b.1

中央的天帝黄帝做了宇宙的最高统治者

【关联】［W0697.6.4.1］黄帝在四帝中地位最高

实　例

汉族　黄帝统率着神兵神将打败炎帝的军队，于是做了宇宙的最高统治者，也就是说，做了中央的天帝。

【流传】（无考）

【出处】袁珂重述：《宇宙的最高统治者——黄帝》，原载袁珂《神话故事新编》，见陶阳、钟秀编《中国神话》（中），北京：商务印书馆 2008 年版，第 805～807 页。

W0122.6

与最高神有关的其他母题

【关联】

① ［W0015.2a］最高神造神

② ［W0067a.8］至高无上的女神

③ ［W0448.4］最高保护神

实　例

（参见下级母题实例）

W0122.6.1

特定名称的最高神

【关联】

① ［W0204.11.6］天帝是万神之主

② ［W0208.8.2.1］最高的天神坤西迦

③ ［W0208.31.1.3］天神阿布卡恩都里至高无上

④ ［W0697.1.1.1］黄帝是神国至高无上的主宰

⑤ ［W0697.1.9］黄帝是最高神

⑥ ［W0697.6.4.1］黄帝在四帝中地位最高

⑦ ［W0779a.1.1］玉皇大帝是最高神

实　例

（参见下级母题实例）

W0122.6.1.1

最高神玉皇大帝

【关联】

① ［W0779a.1.1］玉皇大帝是最高神

② ［W0995.6.2.1］山神找玉帝告状

实　例

汉族 （实例待考）

瑶族 （实例待考）

W0122.6.1.2
天上的最高神是帖尔昆·察干

实 例

蒙古族 天上的最高神是帖尔昆·察干。

【流传】（无考）

【出处】陈岗龙译：《天神之战》，见满都呼主编《中国阿尔泰语系诸民族神话故事》，北京：民族出版社1997年版，第150页。

W0122.6.1.2a
最高神特凡昆察干

实 例

蒙古族 很久以前，七星天为中心的九十九柱天神，以最高神特凡昆察干为首，东方神四十四，加上西南北诸神共九十九柱。

【流传】（无考）

【出处】《天地起源》，齐木道吉译自日本学者中田千亩著《蒙古神话》，原载谷德明编《中国少数民族神话》，见陶阳、钟秀编《中国神话》（上），北京：商务印书馆2008年版，第29~30页。

W0122.6.1.3
最高神乌尔根

实 例

蒙古族 埃尔力克是最高神乌尔根的助手。

【流传】（无考）

【出处】［日］大林太良等：《世界神话事典》，转引自陈岗龙等《蒙古民间文学》，银川：宁夏人民出版社2008年版，第47页。

W0122.6.1.4
“泛阿”是壮族神谱中最大、最权威的神

实 例

壮族 “泛阿”是在壮族神谱中脾气最暴躁而威力又最大、最权威的一位神。

【流传】（无考）

【出处】凌树东搜集整理：*《坐荆刺》（1989），见吕大吉、何耀华总主编《中国各民族原始宗教资料集成》（土家族卷、瑶族卷、壮族卷、黎族卷），北京：中国社会科学出版社1998年版，第568页。

W0122.6.1.5
主宰万物的最高神巴拉洛扬

实 例

（参见下级母题实例）

W0122.6.1.5.1
巴拉洛扬是众神的兄长

实 例

高山族（排湾）主宰万物的最高神巴拉洛扬是众神的兄长。

【流传】台湾省

【出处】《太阳神的后裔》，海云根据曾思奇《高山族古老神话传说中的人物与境域》整理，见姚宝瑄主编《中国各民族神话》（高山族、黎族、畲族），太原：山西出版传媒集团·书海出版社2014年版，第8~9页。

W0122.6.1.6
至上神格孟

实 例

（参见下级母题实例）

W0122.6.1.6.1
格孟是众鬼的总头目和人间最大的主人

实 例

独龙族 天的最高层住的“格孟”（众鬼的总头目）为人世间最大的主人，是“至上神”。

【流传】（无考）

【出处】吕大吉、何耀华总主编：《中国各民族原始宗教资料集成》（纳西族卷、羌族卷、独龙族卷、傈僳族卷、怒族卷），北京：中国社会科学出版社2000年版，第612页。

W0122.6.1.6a
最高神给母达

实 例

（参见下级母题实例）

W0122.6.1.6a.1
最高神给母达住在最高的山上

实 例

独龙族 “给母达”（神名，因独龙族未有“神”这个词，也可视为鬼名）住在最高的山上，对人尽作好事，不作坏事，它是世界上最大的，有鬼即求它赶走。

【流传】云南省·（怒江傈僳族自治州）·贡山县（贡山独龙族怒族自治县）

【出处】洪俊：《贡山第四区第三行政村解放前独龙族社会组织调查》，见中国科学院民族研究所云南民族调查组等编：《云南省怒江独龙族社会调查》（调查材料之七），内部编印，1964年，第159页。

W0122.6.1.7
最高神木比塔[①]

实 例

① 最高神木比塔，“木比塔”在不同文本又有不同译文，如有的称“木比士（MuBy Sei），有的称“木爸士”（MBy Sei），还有“木打白”（MTa Bei）、“木爸士”（MBya sei）、“马比子”（Ma Bye Chi）等。

羌族 最高的神称为“木比士”，（MuBy Sei），或称“木爸士”（MBy Sei），或称“木打白”（MTa Bei），或称“木爸士”（MBya sei），或称“马比子”（Ma Bye Chi）。

【流传】四川省·（阿坝藏族羌族自治州）·汶川县·龙溪乡·龙溪寨

【出处】

(a)［美］格莱汉撰，钱谦译：《羌族习俗》，载《宗教学研究》1988 年第 1 期。

(b) 同（a），*《龙溪乡龙溪寨的白石崇拜》，见吕大吉、何耀华总主编《中国各民族原始宗教资料集成》（纳西族卷、羌族卷、独龙族卷、傈僳族卷、怒族卷），北京：中国社会科学出版社 2000 年版，第 472 页。

羌族 天上有千佛万祖，木比塔（天神名）为尊。

【流传】四川省·（阿坝藏族羌族自治州）·茂汶县（茂汶羌族自治县，今归属茂县）

【出处】

(a) 袁祯祺讲，向世茂、郑文泽搜集整理：《斗安珠和木姐珠》，载《民间文学》1984 年第 4 期。

(b) 同（a），见陶阳、钟秀编《中国神话》（中），北京：商务印书馆 2008 年版，第 877～885 页。

W0122.6.1a

最高神名称的产生

实 例

（参见下级母题实例）

W0122.6.1a.1

最高神产生在帝王产生之后

实 例

蒙古族 蒙客·腾格里即“霍尔穆兹达”（长生天），霍尔穆兹达所主宰的九十九尊腾格里天神。“蒙客·腾格里”产生在乞颜氏贵族“立铁木真做了皇帝，号成吉思”时期。因此最高天神是人间的专制君主在天界的投影，是人们把专制君主的观念推广到神灵世界的结果。也就是说，蒙古萨满教的至上神观念是在成吉思汗时代形成的。

【流传】（无考）

【出处】《蒙古萨满教祈祷词》，见吕大吉、何耀华总主编《中国各民族原始宗教资料集成》（鄂伦春族卷、鄂温克族卷、赫哲族卷、达斡尔族卷、锡伯族卷、满族卷、蒙古族卷、藏族卷），北京：中国社会科学出版社 1999 年版，第 589 页。

W0122.6.2

管特定神的神

【关联】［W5966］神的管理

实 例

（参见下级母题实例）

W0122. 6. 2. 1

大神沙拉管天地间的天神、地神、太阳神、月亮神、庄稼神、年神、水神、树神和人神

实 例

哈尼族 天地间有天神、地神、太阳神、月亮神、庄稼神、年神、水神、树神和人神 9 个大神受命于大神沙拉。

【流传】 云南省·（红河哈尼族彝族自治州）·元阳县·攀枝花区（攀枝花乡）·洞铺寨

【出处】 朱小和讲，史军超采录：《永生不死的姑娘》，见中国民间文学集成全国编辑委员会编《中国民间故事集成》（云南卷），北京：中国 ISBN 中心 2003 年版，第 130 页。

W0122. 6. 3

最著名的神

实 例

藏族 （实例待考）

W0122. 6. 4

最高神王

实 例

（参见下级母题实例）

W0122. 6. 4. 1

更资天神是掌握天地万物的最高神王

实 例

彝族 更资天神（又译为“策耿纪”、“恩梯古资”、“陈根子”、“根兹天神”等）是掌握天地万物的最高神王。

【流传】 云南省·（楚雄彝族自治州）·永仁县

【出处】 曲木阿石讲，罗有能采录：《更资天神》注释，见中国民间文学集成全国编辑委员会编《中国民间故事集成》（云南卷），北京：中国 ISBN 中心 2003 年版，第 3 页。

彝族 “更资天神”又译为“策耿纪”、“恩梯古资”、“陈根子”、“格祖天神”等，是掌握天地万物的最高神王，是天地万物的缔造者和主宰者。

【流传】 云南省·（楚雄彝族自治州）·永仁县

【出处】

(a) 曲木阿石等讲，罗有能整理：《更资天神》注释，见云南省楚雄州文教局和云南省楚雄州民委会编《楚雄民间文学资料》，内部资料，1979 年。

(b) 同（a），见姚宝瑄主编《中国各民族神话》（羌族、彝族），太原：山西出版传媒集团·书海出版社 2014 年版，第 173 页。

W0122.6.5

最高女神

实 例

（参见下级母题实例）

W0122.6.5.1

最高的女神王阿匹梅烟

实 例

哈尼族 第一代大神沙拉的亲阿娘是万能的大神、最高的神王阿匹梅烟。

【流传】（云南省·红河哈尼族彝族自治州·元阳县）

【出处】 朱小和讲，史军超搜集整理：《永生不死的姑娘》，原载云南省民间文学集成办公室编《哈尼族神话传说集成》，中国民间文艺出版社 1990 年版，见姚宝瑄主编《中国各民族神话》（哈尼族、傣族），太原：山西出版传媒集团·书海出版社 2014 年版，第 168 页。

W0122.6.5.2

天神阿布卡赫赫是最高母神

实 例

满族 天神阿布卡赫赫是最高的母神。

【流传】（无考）

【出处】 谷颖重述：《盗火女神——拖亚拉哈》，见陶阳、钟秀编《中国神话》（中），北京：商务印书馆 2008 年版，第 757 ~ 760 页。

W0122.6.6

最伟大的神

实 例

（参见下级母题实例）

W0122.6.6.1

最伟大的神宗玛

实 例

珞巴族 在天空和大地出现以前，有位最伟大的神，名叫宗玛。

【流传】

（a）西藏自治区·下珞瑜（泛指永木河、锡约尔河、巴恰西仁河流域）

（b）西藏自治区·下珞渝（又写作“下珞瑜”）·布根部落森冲村

【出处】

（a）维·埃尔温搜集：《尼布和尼利》，见中华民族故事大系编委会编《中华民族故事大系》第 16 卷（赫哲族、门巴族、珞巴族、基诺族），上海：上海文艺出版社 1995 年版，第 402 页。

（b）同（a），见李坚尚、刘芳贤编《珞巴族门巴族民间故事选》，上海：上海文艺出版社 1993 年版，第 16 页。

W0122.6.7

无敌之神

实 例

（参见下级母题实例）

W0122.6.7.1

女天神阿布卡赫赫得到护身战裙后成为无敌于寰宇的母神

实 例

满族 女天神阿布卡赫赫得到动物所献神技、地母所献魂骨和昆哲勒神鸟重新用彩羽编织的护身战裙后，成为一位金光灿烂、无敌于寰宇的母神，恶魔耶鲁里再也无法与她匹敌。

【流传】黑龙江省·黑河地区（黑河市）·孙吴县·（沿江满族达斡尔族乡）·四季屯（四季屯村）

【出处】吴纪贤、富希陆讲：《天宫大战——黑水女真人传世神话》（1939，选自富育光、郭淑云整理的手稿），见姚宝瑄主编《中国各民族神话》（满族、赫哲族、朝鲜族），太原：山西出版传媒集团·书海出版社2014年版，第35~36页。

W0122.6.8

多个最高神

实 例

（参见下级母题实例）

W0122.6.8.1

灶神、地方神、天神三神主宰其他神

实 例

怒族 “三神”——灶神、地方神、天神，被认为是最主要的神，它们主宰着其他的神。

【流传】云南省·（怒江傈僳族自治州）·兰坪（兰坪白族普米族自治县）

【出处】

（a）李绍恩：《傈僳族、怒族中的哲学思想初探》，载云南省民族理论研究会怒江州分会筹备组编《怒江民族研究》1988年1~2期。

（b）同（a），见吕大吉、何耀华总主编《中国各民族原始宗教资料集成》（纳西族卷、羌族卷、独龙族卷、傈僳族卷、怒族卷），北京：中国社会科学出版社2000年版，第851页。

W0123

神的首领

【汤普森】A161

【关联】

①［W1538.1］万物的首领

②［W5030］首领

实 例

（参见下级母题实例）

W0123.1

神王（主神，众神之王）

【关联】［W0432］管神的神

实 例

（参见下级母题实例）

W0123.1.1
神王的产生

实 例

（参见下级母题实例）

W0123.1.1.1
特定物变成神王

【关联】［W0722.2.8.1］盘古死后耳朵变成神王

实 例

彝族 盘古死后，耳朵变成神王。

【流传】 云南省·（楚雄彝族自治州）·楚雄（楚雄市）、南华（南华县）、双柏（双柏县）等

【出处】《查姆·鲁查姆》，见扬继中、芮增瑞、左玉堂编《楚雄彝族文学简史》，北京：中国民间文艺出版社1986年版，第43~44页。

W0123.1.1.2
天神生神王

实 例

（参见下级母题实例）

W0123.1.1.2.1
天神俄玛生至高无上的神王阿匹梅烟

实 例

哈尼族 天神俄玛生下了至高无上的神王阿匹梅烟。

【流传】 云南省·（红河哈尼族彝族自治州）·元阳县

【出处】 朱小和讲，史军超等采录：《神的古今》，见中国民间文学集成全国编辑委员会编《中国民间故事集成》（云南卷），北京：中国ISBN中心2003年版，第19页。

W0123.1.1.2.1.1
天神俄玛生第一代至高无上的神王阿匹梅烟

实 例

哈尼族 天神俄玛在三层天的神殿里生下了至高无上的第一代神王阿匹梅烟。

【流传】 云南省·（红河哈尼族彝族自治州）·元阳县、金平县（金平苗族瑶族傣族自治县）、红河县等地

【出处】 朱小和讲，史军超、卢朝贵搜集整理：《烟本霍本》，原载刘辉豪、阿罗编《哈尼族民间故事选》，上海文艺出版社1989年版，见姚宝瑄主编《中国各民族神话》（哈尼族、傣族），太原：山西出版传媒集团·书海出版社2014年版，第34页。

W0123.1.1.2.2
神王阿匹梅烟生第二代神王烟沙

实 例

哈尼族 至高无上的神王阿匹梅烟，阿匹梅烟又生下第二代神王烟沙。

【流传】 云南省·（红河哈尼族彝族自

治州）·元阳县

【出处】朱小和讲，史军超等采录：《神的古今》，见中国民间文学集成全国编辑委员会编《中国民间故事集成》（云南卷），北京：中国ISBN中心2003年版，第19页。

哈尼族 第一代神王阿匹梅烟开了天神家谱的头，她生下大神烟沙，这是世上第一个男神，她封他做第二代神王。

【流传】云南省·（红河哈尼族彝族自治州）·元阳（元阳县）、红河（红河县）、金平（金平苗族瑶族傣族自治县），（采集于元阳县·胜村乡·全福庄）

【出处】卢朝贵讲，史军超搜集整理：《神和人的家谱》，原载云南省民间文学集成办公室编《哈尼族神话传说集成》，中国民间文艺出版社1990年版，见姚宝瑄主编《中国各民族神话》（哈尼族、傣族），太原：山西出版传媒集团·书海出版社2014年版，第40页。

W0123.1.1.2.3
第二代神王烟沙生第三代神王沙拉

实 例

哈尼族 第二代神王烟沙生下第三代神王沙拉。

【流传】云南省·（红河哈尼族彝族自治州）·元阳县

【出处】朱小和讲，史军超等采录：《神的古今》，见中国民间文学集成全国编辑委员会编《中国民间故事集成》（云南卷），北京：中国ISBN中心2003年版，第19页。

W0123.1.2
神王的特征（神王的职能，神往的能力）

实 例

（参见下级母题实例）

W0123.1.2.1
神王身体巨大

实 例

傣族 英叭神王的小拇指就像一座山，两条腿长达四万约扎拿（傣族计量单位，四十五里至五十里为一“约”，“扎拿”是单位名称，类似汉族的“里”）。

【流传】云南省·西双版纳傣族地区（西双版纳傣族自治州）

【出处】胜能搜集：《巴阿嫩神鱼》，原载《巴塔麻戛》（开天辟地），见姚宝瑄主编《中国各民族神话》（哈尼族、傣族），太原：山西出版传媒集团·书海出版社2014年版，第241页。

W0123.1.2.1.1
神王头大毛发粗

实 例

傣族 神王英叭长着比大山还大的脑壳，长着蓬乱的头发，每一根头发，竟可以拴住一万头大象，可以拖动一千座大山。每根巨发有十万抱粗，有七个约扎拿（傣族计量单位，四十五里至五十里为一“约”，“扎拿”是单位名称，类似汉族的“里”）长。

【流传】 云南省·西双版纳傣族地区（西双版纳傣族自治州）

【出处】《巴塔麻嘎捧尚罗》，王松据岩温炳翻译《巴塔麻晏》（开天辟地）改写，见姚宝瑄主编《中国各民族神话》（哈尼族、傣族），太原：山西出版传媒集团·书海出版社2014年版，第265页。

W0123.1.2.2

神王本领高强，智慧无边

实　例

傣族 在海水的上方，在无边无际的太空里，住着比巴阿嫩神鱼的本事还大、智慧要广得多的神王英叭。

【流传】 云南省·西双版纳傣族地区（西双版纳傣族自治州）

【出处】 胜能搜集：《巴阿嫩神鱼》，原载《巴塔麻晏》（开天辟地），见姚宝瑄主编《中国各民族神话》（哈尼族、傣族），太原：山西出版传媒集团·书海出版社2014年版，第241页。

W0123.1.2.3

神王权力无限

实　例

傣族 第一代神王英叭说：“天上所有的神，都是我的子孙，我可以让他们永远存在，也可以让他们立刻消失。”

【流传】 云南省·西双版纳傣族地区（西双版纳傣族自治州）

【出处】《巴塔麻嘎捧尚罗》，王松据岩温炳翻译《巴塔麻晏》（开天辟地）改写，见姚宝瑄主编《中国各民族神话》（哈尼族、傣族），太原：山西出版传媒集团·书海出版社2014年版，第291页。

W0123.1.2.4

神王造天地

实　例

彝族 混沌世界中，众神之王涅依倮佐颇，想造天地。

【流传】（云南省·楚雄彝族自治州·双柏县，红河哈尼族彝族自治州等地）

【出处】

(a) 云南省民族民间文学楚雄、红河调查队搜集，郭思九、陶学良整理：《查姆》，昆明：云南人民出版社1981年版。

(b) 郭思九、陶学良整理，古梅改写：《彝家的古根》，选自《云南民族文学资料》第七集中的《查姆》上部前三章，见姚宝瑄主编《中国各民族神话》（羌族、彝族），太原：山西出版传媒集团·书海出版社 2014 年版，第 53 页。

W0123. 1. 2. 5

威武的神王

实 例

（参见下级母题实例）

W0123. 1. 2. 5. 1

男神桑戛西是威武的神王

实 例

傣族 男神桑戛西有无穷的力气，能战胜一千亿只猛虎，他还有无穷的、宽广的智慧，后人都说他是一个伟大的神王。

【流传】 云南省·西双版纳（西双版纳傣族自治州）·勐腊县·勐混镇、打洛镇

【出处】 ＊《桑戛赛与桑戛西的诞生》，原载岩峰三讲，毕光尖记录《桑戛西与桑戛赛造天地，创人类》，见姚宝瑄主编《中国各民族神话》（哈尼族、傣族），太原：山西出版传媒集团·书海出版社 2014 年版，第 251 页。

W0123. 1. 3

特定名称的神王

【关联】［W0434. 1. 5. 1. 1］人神之王入黄炸当地

实 例

（参见下级母题实例）

W0123. 1. 3. 1

众神之王涅侬倮佐颇

实 例

彝族 众神之王涅侬倮佐颇决心毁掉不懂道理的直眼人这一代人。

【流传】（云南省·楚雄彝族自治州·双柏县，红河哈尼族彝族自治州等地）

【出处】

（a）云南省民族民间文学楚雄、红河调查队搜集，郭思九、陶学良整理：《查姆》，昆明：云南人民出版社 1981 年版。

（b）郭思九、陶学良整理，古梅改写：《彝家的古根》，选自《云南民族文学资料》第七集中的《查姆》上部前三章，见姚宝瑄主编《中国各民族神话》（羌族、彝族），太原：山西出版传媒集团·书海出版社 2014 年版，第 79 页。

彝族 众神之王涅侬倮佐颇的次子涅侬撒萨歇骑着龙马来到人间，查看直眼人中有没有好人。

【流传】（云南省·楚雄彝族自治州·双柏县，红河哈尼族彝族自治州等地）

【出处】

（a）云南省民族民间文学楚雄、红河调查队搜集，郭思九、陶学良整理：《查姆》，昆明：云南人民出版社 1981 年版。

（b）郭思九、陶学良整理，古梅改写：

《彝家的古根》，选自《云南民族文学资料》第七集中的《查姆》上部前三章，见姚宝瑄主编《中国各民族神话》（羌族、彝族），太原：山西出版传媒集团·书海出版社 2014 年版，第 80 页。

W0123.1.3.2
神王烟沙

实 例

哈尼族 神王叫烟沙。

【流传】

(a) 云南省·（红河哈尼族彝族自治州）·元阳县

(b) 云南省·（红河哈尼族彝族自治州）·元阳县、红河（红河县）、绿春（绿春县）、金平县（金平苗族瑶族傣族自治县）等

【出处】

(a) 朱小和讲，史军超采录：《查牛补天地》，见中国民间文学集成全国编辑委员会编《中国民间故事集成》（云南卷），北京：中国 ISBN 中心 2003 年版，第 29 页。

(b) 同（a），见《哈尼族神话传说集成》，北京：中国民间文艺出版社 1990 年版。

W0123.1.3.3
神王阿匹梅烟

实 例

（参见下级母题实例）

W0123.1.3.3.1
神王阿匹梅烟有 9 个女儿

实 例

哈尼族 最高的神王阿匹梅烟生了 9 天，生出 9 个姑娘。

【流传】 云南省·（红河哈尼族彝族自治州）·元阳县·攀枝花区（攀枝花乡）·洞铺寨

【出处】 朱小和讲，史军超采录：《永生不死的姑娘》，见中国民间文学集成全国编辑委员会编《中国民间故事集成》（云南卷），北京：中国 ISBN 中心 2003 年版，第 130 页。

W0123.1.3.3.2
天母阿匹梅烟是万能的女王，也是众神的大王

实 例

哈尼族 天母阿匹梅烟是万能的女王，是众神的大王。

【流传】 云南省·红河哈尼族彝族自治州

【出处】《窝果策尼果》，见红河哈尼族彝族自治州人民政府编《哈尼族口传文化译注全集》第 1 卷，昆明：云南民族出版社 2009 年版，第 18 页。

W0123.1.4
神王的生活

实 例

（参见下级母题实例）

W0123. 1. 4. 1 神王的饮食

实例

（实例待考）

W0123. 1. 4. 2 神王坐金椅

实例

哈尼族 神王烟沙走下金子打成的大椅，来到烟罗神殿的门口。

【流传】云南省·（红河哈尼族彝族自治州）·元阳（元阳县）、红河（红河县）、绿春（绿春县）、金平（金平苗族瑶族傣族自治县）

【出处】朱小和讲唱，史军超搜集整理：《查牛补天地》（1983），原载云南省民间文学集成办公室编《哈尼族神话传说集成》，中国民间文艺出版社1990年版，见姚宝瑄主编《中国各民族神话》（哈尼族、傣族），太原：山西出版传媒集团·书海出版社2014年版，第49页。

W0123. 1. 4. 3 神王住第16层天

【关联】［W0208. 8. 4. 2］天神叭英居16层天

实例

傣族 英叭神王住在第十六层天上。

【流传】（云南省）

【出处】岩温扁、杨胜能、吴军搜集整理：《太阳的传说》，原载李子贤编《云南少数民族神话选》，云南人民出版社1990年版，见姚宝瑄主编《中国各民族神话》（哈尼族、傣族），太原：山西出版传媒集团·书海出版社2014年版，第328页。

W0123. 1. 5 神王的关系

实例

（参见下级母题实例）

W0123. 1. 5. 1 神王的辈次

实例

（参见下级母题实例）

W0123. 1. 5. 1. 1 第一代神王

实例

（参见下级母题实例）

W0123. 1. 5. 1. 1. 1 第一代神王是阿匹梅烟

【关联】［W0020. 2. 1. 1］第一代神王老祖母阿匹梅烟用最硬最亮的岩石给子孙做骨头

实例

哈尼族 第二代神王烟沙大神领着九个

神去到阿爸第一代神王阿匹梅烟那里去找神的寿命。

【流传】云南省·（红河哈尼族彝族自治州·元阳县·攀枝花乡·硐蒲寨）

【出处】朱小和讲，史军超搜集整理：《永生不死的姑娘》，原载《哈尼族神话传说集成》，见陶阳、钟秀编《中国神话》（下），北京：商务印书馆2008年版，第1095~1099页。

哈尼族 第一代神王是阿匹梅烟。

【流传】云南省·（红河哈尼族彝族自治州）·元阳（元阳县）、红河（红河县）、绿春（绿春县）、金平（金平苗族瑶族傣族自治县）

【出处】朱小和讲唱，史军超搜集整理：《查牛补天地》（1983），原载云南省民间文学集成办公室编《哈尼族神话传说集成》，中国民间文艺出版社1990年版，见姚宝瑄主编《中国各民族神话》（哈尼族、傣族），太原：山西出版传媒集团·书海出版社2014年版，第50页。

W0123.1.5.1.1.2

第一代神王阿匹梅烟是万能的女神

实　例

哈尼族 最高最大的天神俄玛先生下玛白、烟姒两个分别制作“规矩”、“礼节”姑娘后，又生下来一位高能的姑娘，名字叫“阿匹梅烟”，阿匹梅烟是万能的女神，是万神的大王，这是第一代神王。

【流传】云南省·（红河哈尼族彝族自治州）·元阳（元阳县）、红河（红河县）、金平（金平苗族瑶族傣族自治县），（采集于元阳县·胜村乡·全福庄）

【出处】卢朝贵讲，史军超搜集整理：《神和人的家谱》，原载云南省民间文学集成办公室编《哈尼族神话传说集成》，中国民间文艺出版社1990年版，见姚宝瑄主编《中国各民族神话》（哈尼族、傣族），太原：山西出版传媒集团·书海出版社2014年版，第39~40页。

W0123.1.5.1.2

第二代神王

【关联】［W0058.3.1.3.1］第一个男神是第二代神王

实　例

（参见下级母题实例）

W0123.1.5.1.2.1

第二代男神王烟沙生下第二代10位大神

实　例

哈尼族 第二代男神王烟沙大神又传出新的家谱。他生下第二代男神沙拉后，又生下了九位大神，其中有风神米沙、雨神即比、雷神阿惹、土神达俄、籽种神姐玛、水神阿波、田神得威、地神朱鲁、水沟神阿扎。

【流传】云南省·（红河哈尼族彝族自治州）·元阳（元阳县）、红河（红河县）、金平（金平苗族瑶族傣族自治县），（采集于元阳县·胜村乡·全福庄）

【出处】卢朝贵讲，史军超搜集整理：《神和人的家谱》，原载云南省民间文学集成办公室编《哈尼族神话传说集成》，中国民间文艺出版社 1990 年版，见姚宝瑄主编《中国各民族神话》（哈尼族、傣族），太原：山西出版传媒集团·书海出版社 2014 年版，第 40 页。

W0123. 1. 5. 1. 2. 2 第二代神王掌管寿命

实 例

哈尼族 九个神就去到第二代神王烟沙那里要长命。

【流传】云南省·（红河哈尼族彝族自治州·元阳县·攀枝花乡·硐蒲寨）

【出处】朱小和讲，史军超搜集整理：《永生不死的姑娘》，原载《哈尼族神话传说集成》，见陶阳、钟秀编《中国神话》（下），北京：商务印书馆 2008 年版，第 1095～1099 页。

W0123. 1. 5. 1. 3 神王的其他辈次

实 例

（参见下级母题实例）

W0123. 1. 5. 1. 3. 1 第三代神王阿波沙

实 例

哈尼族 阿波沙拉是第三代神王。

【流传】（云南省·红河哈尼族彝族自治州·元阳县）

【出处】朱小和讲，史军超搜集整理：《永生不死的姑娘》，原载云南省民间文学集成办公室编《哈尼族神话传说集成》，中国民间文艺出版社 1990 年版，见姚宝瑄主编《中国各民族神话》（哈尼族、傣族），太原：山西出版传媒集团·书海出版社 2014 年版，第 166 页。

哈尼族 阿波沙是天神、地神、太阳神、月亮神等大神的第三代神王。

【流传】云南省·（红河哈尼族彝族自治州·元阳县·攀枝花乡·硐蒲寨）

【出处】朱小和讲，史军超搜集整理：《永生不死的姑娘》，原载《哈尼族神话传说集成》，见陶阳、钟秀编《中国神话》（下），北京：商务印书馆 2008 年版，第 1095～1099 页。

W0123. 1. 5. 2 神王臣服天神

【关联】［W0122. 1］天神是最高神

实 例

哈尼族 神王和众神都杀不死查牛（天地神专养的神牛）时，天神俄玛走来了，俄玛阿匹走过的地方，没有一个神不低头让路，神王烟沙也要恭恭敬敬，天神俄玛是所有神的阿匹。

【流传】云南省·（红河哈尼族彝族自治州）·元阳（元阳县）、红河（红河县）、绿春（绿春县）、金平（金平苗族瑶族傣族自治县）

【出处】朱小和讲唱，史军超搜集整理：《查牛补天地》（1983），原载云南省民间文学集成办公室编《哈尼族神话传说集成》，中国民间文艺出版社1990年版，见姚宝瑄主编《中国各民族神话》（哈尼族、傣族），太原：山西出版传媒集团·书海出版社2014年版，第52页。

W0123.1.5.3

神王的从属

实 例

（参见下级母题实例）

W0123.1.5.3.1

神王有众多侍从

实 例

傣族 神王创世神英叭住在达娃丁沙（第二层天的名称）已有千亿年，他的身边有成千上万的天神，轮换服侍着他。

【流传】云南省·西双版纳傣族地区（西双版纳傣族自治州）

【出处】《巴塔麻嘎捧尚罗》，王松据岩温炳翻译《巴塔麻晏》（开天辟地）改写，见姚宝瑄主编《中国各民族神话》（哈尼族、傣族），太原：山西出版传媒集团·书海出版社2014年版，第292页。

W0123.1.6

神王的寿命与死亡

实 例

（参见下级母题实例）

W0123.1.6.1

神王有无限寿命

实 例

傣族 英叭神王诞生于气体、烟雾和大风之中，所以他的神威和寿命是无限的。

【流传】云南省·西双版纳傣族地区（西双版纳傣族自治州）

【出处】胜能搜集：《巴阿嫩神鱼》，原载《巴塔麻晏》（开天辟地），见姚宝瑄主编《中国各民族神话》（哈尼族、傣族），太原：山西出版传媒集团·书海出版社2014年版，第241页。

W0123.1.6.2

神王寿命有无限个亿年

实 例

傣族 神王英叭的寿命长达八万四千“嘎”（嘎，可译为“卷”或“套”，“一嘎”相当于几亿年。八万四千嘎，即表示数不清的无限个亿年）。

【流传】云南省·西双版纳傣族地区（西双版纳傣族自治州）

【出处】《巴塔麻嘎捧尚罗》，王松据岩温炳翻译《巴塔麻晏》（开天辟地）改写，见姚宝瑄主编《中国各民族神话》（哈尼族、傣族），太原：山西出版传媒集团·书海出版社 2014 年版，第 265 ~ 266 页。

W0123. 1. 7

与神王有关的其他母题

【关联】［W0122. 6. 4］最高神王

实 例

（参见下级母题实例）

W0123. 1. 7. 1

神王的数量

实 例

（参见下级母题实例）

W0123. 1. 7. 1. 1

五百神王

实 例

白族 段宗堂（人名）斗妖时，用杨柳枝蘸了净水，朝天上洒了三下。水花溅处，天上就闪出五百神王，也全是头戴金盔，身披铠甲，右手执剑；所不同的是，在他们每人的左手背上，还各站立着一只高大的金鸡。

【流传】云南省·大理（大理白族自治州·喜州区·庆洞村）

【出处】杨宗元、段圭讲，许天侠、周百里搜集整理：《爱民皇帝段宗堂——喜州区庆洞村神都本主》，原载大理市文化局编《白族本主神话》，中国民间文艺出版社 1988 年版，见姚宝瑄主编《中国各民族神话》（白族、拉祜族、景颇族），太原：山西出版传媒集团·书海出版社 2014 年版，第 140 页。

W0123. 1. 7. 1. 1. 1

五百神王跟随大圣

实 例

白族 大圣西来护法，灵镇五峰，随着五百神王。

【流传】云南省·大理（白族自治州）

【出处】田怀清调查整理：《祥云考古资料反映的灵魂不死观念》（1988），见吕大吉、何耀华总主编《中国各民族原始宗教资料集成》（彝族卷、白族卷、基诺族卷），北京：中国社会科学出版社 1996 年版，第 597 页。

W0123. 1. 7. 2

天地间的神王

实 例

傣族 无限宽阔、无限大的地球，是由神王英叭开创出来的。因此，后人就把英叭神称之为天与地之神王，又叫“捧麻罗”（天地间的神王）。

【流传】云南省·西双版纳傣族地区（西双版纳傣族自治州）

【出处】《巴塔麻嘎捧尚罗》，王松据岩

温炳翻译《巴塔麻晏》（开天辟地）改写，见姚宝瑄主编《中国各民族神话》（哈尼族、傣族），太原：山西出版传媒集团·书海出版社 2014 年版，第 272～273 页。

W0123.1.7.3

神皇

实 例

（参见下级母题实例）

W0123.1.7.3.1

天宫架犯（神皇）

实 例

瑶族 密洛陀（万物之母，女始祖，女神）用铜和锌造出的小铜人和小锌人长大了武艺高强，会变法。密洛陀送一对到天宫，变成了天宫架犯（神皇）。

【流传】 广西壮族自治区·（河池市）·巴马县（巴马瑶族自治县）·东山乡·岽山村

【出处】 蒙老三（70 岁）讲，蒙灵记录翻译：《密洛陀》（1981），原载南宁师范学院编《广西少数民族与汉族民歌民间故事》，见陶阳、钟秀编《中国神话》（上），北京：商务印书馆 2008 年版，第 106～109 页。

W0123.2

神国国王

【汤普森】 A161.1

实 例

（实例待考）

W0123.3

神国王后

【汤普森】 A161.2

实 例

（实例待考）

W0123.4

与神的首领有关的其他母题

实 例

（参见下级母题实例）

W0123.4.1

神（仙）的管理者

【关联】

① [W0723.4.1] 盘古管理鬼神

② [W0913.1] 灵魂的管理者（鬼的管理者）

③ [W5966] 神的管理

实 例

（实例待考）

W0123.4.2

日月管各种神

实 例

鄂温克族 （实例待考）

W0124
与神的地位有关的其他母题

【关联】［W0058.1b.3］外神中神的地位不同

实 例

（参见下级母题实例）

W0124.1
被统治的神

实 例

（参见下级母题实例）

W0124.1.1
地神从属于天神

实 例

汉族 （实例待考）

W0124.1.2
下属神必须绝对服从

实 例

鄂温克族 “玛罗”（一种具体的动物神）是由年久的龟蛙变成的妖怪（神）。玛罗是霍卓热神的随从者，霍卓热神可以随便处理玛罗。玛罗不能反抗，只有服从。

【流传】（内蒙古自治区·呼伦贝尔市·鄂温克族自治旗·辉索木）

【出处】

（a）《鄂温克族自治旗辉索木调查报告》，见内蒙古自治区编辑组《鄂温克族社会历史调查》，呼和浩特：内蒙古人民出版社 1986 年版，第 489 页。

（b）《“玛罗”神》，见吕大吉、何耀华总主编《中国各民族原始宗教资料集成》（鄂伦春族卷、鄂温克族卷、赫哲族卷、达斡尔族卷、锡伯族卷、满族卷、蒙古族卷、藏族卷），北京：中国社会科学出版社 1999 年版，第 114 页。

W0124.2
神的地位的变化（神的地位调整，神格的变化）

实 例

（参见下级母题实例）

W0124.2.1
神的地位的升高

实 例

（参见下级母题实例）

W0124.2.1.1
氏族神上升为部落神

实 例

藏族 雅隆部落在部落间的兼并战争中最终取得了整个吐蕃的政权，他们崇奉的山神也就成了众部落共同信仰的山神而成为最高神灵。

【流传】西藏自治区

【出处】谢继胜整理：《雅拉香波山神》，见 BBS 水木清华站：http://

www.smth.edu.cn　2006.07.20。

W0124.2.2
神的地位的降低

实　例

（参见下级母题实例）

W0124.2.2.1
神格的降低

实　例

藏族 藏族先民原来对山神特别崇拜。后来，当佛教从印度传入藏地并成为全藏区政教合一的宗教时，山神仍是藏区主要信仰的神灵，而势力逐渐强大的佛教，为了巩固其地位，也不得不采取“收伏”的策略，将山神收伏为护法神来为其所用。

【流传】（无考）

【出处】《藏族卷·绪论》，见吕大吉、何耀华总主编《中国各民族原始宗教资料集成》（鄂伦春族卷、鄂温克族卷、赫哲族卷、达斡尔族卷、锡伯族卷、满族卷、蒙古族卷、藏族卷），北京：中国社会科学出版社 1999 年版，第 775 页。

W0124.2.2.2
最早敬奉的鱼神和螺神后来变成本主的配神

实　例

白族 河涘城在供段赤城之前，是以金鱼螺蛳为神灵，各村白族先民崇拜鱼神和螺神，后来改奉洱河灵帝段赤城为本主。因先民们鉴于段赤城舍身除害救民，泽被苍洱，功劳太大，故连鱼神和螺神也成为本主的朝臣，因而本主殿两侧塑着一神手捧大金鱼，一神手捧大螺蛳站立在本主神龛下面。

【流传】云南·大理（大理白族自治州）

【出处】张锡禄等调查整理：《大理白族节日盛会调查》，见《白族社会历史调查》（三），昆明：云南人民出版社 1991 年版，第 138～139 页。

W0124.2.2.3
神被贬降职

实　例

汉族 水神共工和火神祝融触怒了老天爷，被一齐赶下天堂。

【流传】中原一带

【出处】雷文杰搜集：《共工和祝融》，原载张楚北编《中原神话》，见陶阳、钟秀编《中国神话》（上），北京：商务印书馆 2008 年版，第 389～390 页。

W0124.2.2.3.1
神因做好事被贬

实　例

汉族 牛郎的老黄牛原来是天上的力神，因为给人间挪了几架山，触犯了天规，才被贬成牛。

【流传】河南省·（南阳市）·桐柏县

【出处】黄发美、黄正明讲，薛远增整理：《牵牛星和织女星》，见姚宝瑄主编《中国各民族神话》（汉族），太原：山西出版传媒集团·书海出版社 2014 年版，第 312～315 页。

W0124. 2. 3

神的让位（神的传位，神位禅让）

实 例

（参见下级母题实例）

W0124. 2. 3. 1

山神传位给人

实 例

羌族 山神传位给人。

【流传】四川省·（阿坝藏族羌族自治州）·理县

【出处】王贵生讲，昂旺斯丹珍搜集：《山神传位》，见中华民族故事大系编委会编《中华民族故事大系》第 11 卷（达斡尔族、仫佬族、羌族），上海：上海文艺出版社 1995 年版，第 696 页。

W0124. 3

受尊重的神

实 例

（参见下级母题实例）

W0124. 3. 1

蟒神是天上很有威望的大神

实 例

汉族 蟒神是天上很有威望的大神，不但众神都很尊敬他，连玉皇大帝对他也敬重。

【流传】河南省·（新乡市）·封丘县·司庄、陈桥一带［采录地点：封丘县司庄］

【出处】刘振山（男，64 岁，不识字，封丘县司庄乡农民）讲，郭顺昌（男，30 岁，大专毕业，封丘县文化馆干部）采录整理：《邙山和黄河的传说》（1984. 05），见张振犁编著，孟宪明、朱淑君统纂《中原神话通鉴》（第四卷），郑州：河南大学出版社 2017 年版，第 1356 页。

W0124. 4

神尊崇佛祖

【关联】

①［W0202. 4a. 1］天神拜佛祖

②［W0787］佛（佛祖）

实 例

（参见下级母题实例）

W0124. 4. 1

天上的神仙，地下的地祇，水下的龙王见到佛祖纷纷合掌下跪

实 例

傣族 佛祖要在宫殿大厅里诵读经文时，天上的神仙，地下的地祇，水下的龙王，还有人间的达官贵人走进大厅见到佛祖，立刻纷纷合掌下跪，表示自己对佛祖、教规、经文的崇拜虔诚。

【流传】（云南省）

【出处】

(a) 崔亚兰整理：《谷魂奶奶》，见傅光宇编《傣族民间故事选》，上海：上海文艺出版社1985年版。

(b) 同（a），见姚宝瑄主编《中国各民族神话》（哈尼族、傣族），太原：山西出版传媒集团·书海出版社2014年版，第345页。

W0124.5

众神排座次

实 例

（参见下级母题实例）

W0124.5.1

上首就座的四十七位是先祖翁衮，下首就座的十八位是兄弟安达

实 例

蒙古族 上首就座的四十七位，是先祖翁衮，下首就座的十八位，是兄弟安达。

【流传】（无考）

【出处】甘珠尔扎布（萨满）唱，扎木苏抄录，苏鲁格译：《向十万“翁衮”祈祷》，见吕大吉、何耀华总主编《中国各民族原始宗教资料集成》（鄂伦春族卷、鄂温克族卷、赫哲族卷、达斡尔族卷、锡伯族卷、满族卷、蒙古族卷、藏族卷），北京：中国社会科学出版社1999年版，第666页。

W0124.5.2

萨满教神统诸神按职位、等级自上而下可分为腾格里、哈特、死去的萨满的魂灵等

【关联】［W0768.12］萨满神

实 例

蒙古族（布里亚特） 萨满教神统诸神按职位、等级自上而下可分为腾格里、哈特、死去的萨满的魂灵等。

【流传】（无考）

【出处】［苏联］Г.Р.加尔达诺娃著，宋长宏译，佟德富校：《喇嘛教前的布里亚特宗教信仰》（俄文版），诺沃西比尔斯克：科学出版社西伯利亚分社1987年版，第77～80页，见吕大吉、何耀华总主编《中国各民族原始宗教资料集成》（鄂伦春族卷、鄂温克族卷、赫哲族卷、达斡尔族卷、锡伯族卷、满族卷、蒙古族卷、藏族卷），北京：中国社会科学出版社1999年版，第625页。

W0124.5.3

神有特定次序

实 例

（参见下级母题实例）

W0124.5.3.1

13 阿萨兰吉天神，是 44 东方腾格里中的 13 位天神

实 例

蒙古族（布里亚特）萨满教神话称阿萨兰吉·腾格里为阿萨兰吉·阿勒班·古勒巴恩·腾格里，即 13 阿萨兰吉天神，是 44 东方腾格里中的 13 位天神，是黑萨满和黑铁匠的强大保护神。

【流传】（无考）

【出处】［苏联］И. А. 曼日格耶夫著，宋长宏译，佟德富校：《布里亚特萨满教和前萨满教辞典》（俄文版），莫斯科：科学出版社 1978 年版，第 20 页，见吕大吉、何耀华总主编《中国各民族原始宗教资料集成》（鄂伦春族卷、鄂温克族卷、赫哲族卷、达斡尔族卷、锡伯族卷、满族卷、蒙古族卷、藏族卷），北京：中国社会科学出版社 1999 年版，第 629 页。

W0124.6

神的从属关系

【关联】［W0172.3］神的上司

实 例

（参见下级母题实例）

W0124.6.1

部落的神和部落各支系的神有包含关系

实 例

藏族 安多八部落中的“卓格山”是八部落中最强大的多玛部落的神山，又是八部落共同崇拜的神山。但八部落中的每个部落，又有属于本部落的神山。如安多买玛部落的神山为夏木拉山和拉日山；江措日瓦部落的神山为乃木日山；赛托秀卡部落的神山为郭龙扎尕；扎如部落的神山为秀卜日达卡；等等。

【流传】（西藏自治区·那曲地区·安多县·多玛乡）

【出处】格勒、刘一民、张建世、安才旦：《藏北牧区社会调查报告·那曲卓巴民间宗教》（手稿），1989 年，见吕大吉、何耀华总主编《中国各民族原始宗教资料集成》（鄂伦春族卷、鄂温克族卷、赫哲族卷、达斡尔族卷、锡伯族卷、满族卷、蒙古族卷、藏族卷），北京：中国社会科学出版社 1999 年版，第 797 页。

W0124.7

神相互牵制

实 例

（参见下级母题实例）

W0124.7.1

神之间螳螂捕蝉麻雀在后

实 例

满族 天神阿布卡赫赫派敖钦女神，日夜侍守地神巴那姆赫赫，使她不能安眠昏睡。但阿布卡赫赫又对神力盖世敖钦女神很不放心，又便派看门的都凯女神看守着她，只允许敖钦女神在神域内活动，不能随意出走。

【流传】黑龙江省·黑河地区（黑河市）·孙吴县·（沿江满族达斡尔族乡）·四季屯（四季屯村）

【出处】吴纪贤、富希陆讲：《天宫大战——黑水女真人传世神话》（1939，选自富育光、郭淑云整理的手稿），见姚宝瑄主编《中国各民族神话》（满族、赫哲族、朝鲜族），太原：山西出版传媒集团·书海出版社 2014 年版，第 25 页。

W0125

善神（慈悲之神，慈善之神）

【汤普森】A102.14

【关联】［W0085.1］神性情慈善

实 例

羌族 神是善的净的，用白石代表它们。神能降福人，能保佑人，能控制恶兽和灾难。

【流传】（无考）

【出处】西南民族学院研究室编：《羌（尔玛）族情况》，1954 年，见吕大吉、何耀华总主编《中国各民族原始宗教资料集成》（纳西族卷、羌族卷、独龙族卷、傈僳族卷、怒族卷），北京：中国社会科学出版社 2000 年版，第 460 页。

W0125.1

善神的产生

【关联】［W0973a.1.1］神分化成善神与恶神

实 例

（参见下级母题实例）

W0125.1.1

善神生于特殊的地方

实 例

（参见下级母题实例）

W0125.1.2

白光中产生善神

【关联】［W0486.1.1］白光中生吉祥神

实 例

藏族 （实例待考）

W0125.1.2.1

白光化成的声音逐渐变成善神英格阿格

【关联】［W0057.1.2］声音化生神

实 例

纳西族 白光化为美丽的声音，这声音逐渐成了一位“英格阿格”真神（善神）。

【流传】（无考）

【出处】《人祖利恩》，见谷德明编《中国少数民族神话》，北京：中国民间文艺出版社 1987 年版，第 415 页。

W0125.1.3

卵生善神

实 例

（参见下级母题实例）

W0125.1.3.1

1 对蛋孵出丰收神和善良神

实 例

纳西族 一对蛋孵出了丰收神和善良神。

【流传】云南省·丽江（丽江市）

【出处】和芳讲：《崇搬图》，见《东巴经文资料》（1963—1964），中国社科院图书馆单册复印云南丽江县文化馆资料合订本，内部编印，第 8 页。

W0125.1.4

真和实变化成善神

实 例

纳西族 （参见“W0125.4.1.2 善神依古阿格”母题实例）

W0125.2

善神的特征

实 例

（参见下级母题实例）

W0125.2.1

善神慈眉善眼，和蔼可亲

实 例

苗族 天上有个大神，名字叫生老。他满头白发，慈眉善眼，和蔼可亲。

【流传】云南省

【出处】

（a）《造人烟的传说》，见杨光汉主编《云南苗族民间故事集成》，北京：中国民间文艺出版社 1988 年版。

（b）同（a），见姚宝瑄主编《中国各民族神话》（布依族、仡佬族、苗族），太原：山西出版传媒集团·书海出版社 2014 年版，第 287 页。

W0125.2.2

善神代表光明

实 例

蒙古族（布里亚特）蒙古萨满教的观念中，以霍尔穆兹达为首的西方 55 尊天神代表着光明、善良、正义、正直、洁净。

【流传】（无考）

【出处】《蒙古族卷·绪论》，见吕大吉、何耀华总主编《中国各民族原始宗教资料集成》（鄂伦春族卷、鄂温克族卷、赫哲族卷、达斡尔族卷、锡伯族卷、满族卷、蒙古族卷、藏族卷），北京：中国社会科学出版社 1999 年版，第 587 页。

W0125.3

善神的职能（善神的能力）

实 例

（参见下级母题实例）

W0125.3.1

慈善之神赐人好处和幸福

实 例

哈萨克族 能给人间赐予好处和幸福的神被哈萨克人尊为慈善之神。

【流传】（无考）

【出处】尼合迈德·蒙加尼搜集，校仲彝翻译整理：《神与灵魂》，见谷德明编《中国少数民族神话》，北京：中国民间文艺出版社1987年版，第730页。

哈萨克族 能给人间赐予好处和幸福的神被哈萨克人尊为慈善之神。

【流传】（新疆维吾尔自治区）

【出处】尼哈迈提·蒙加尼搜集，校仲彝翻译整理：《神与灵魂》，见姚宝瑄主编《中国各民族神话》（乌孜别克族、哈萨克族、柯尔克孜族、俄罗斯族、维吾尔族、塔吉克族、塔塔尔族、锡伯族），太原：山西出版传媒集团·书海出版社2014年版，第31～32页。

W0125.3.2

善神总是保佑人

实 例

壮族 神有善恶之分。善神总是保佑人的。

【流传】广西壮族自治区·（南宁市）·武鸣县·两江乡·雷江片，马山县·古零乡·杨圩片

【出处】黄世杰搜集整理：*《多神信仰》（1990），见吕大吉、何耀华总主编《中国各民族原始宗教资料集成》（土家族卷、瑶族卷、壮族卷、黎族卷），北京：中国社会科学出版社1998年版，第493页。

W0125.4

与善神有关的其他母题

【关联】

① ［W0398.2a.2.7］崖神是善神

② ［W0760.1］西王母是善神

③ ［W0972.4.2.2］白神是善神

实 例

（参见下级母题实例）

W0125.4.1

特定名称的善神

实 例

（参见下级母题实例）

W0125.4.1.1

天神扎帕是慈悲之神

实 例

拉祜族 天神扎帕是拉祜族神话传说中的慈悲之神。

【流传】（无考）

【出处】扎洛讲，罗长生整理：《天狗救命》注释，见谷德明编《中国少数民族神话》，北京：中国民间文艺出版社1987年版，第392页。

W0125.4.1.2
善神依古阿格

【关联】［W0057.1.1.2］声气做变化生善神依古阿格

实 例

纳西族 真和实变化出白天，白天变化生碧石，碧石做变化，出现白晶晶的实蛋；实蛋做变化，出现好声好气的唤者；声气做变化，出现了善神依古阿格。

【流传】（云南省）

【出处】和芳、和志新编译：《崇邦统——人类迁徙记》，见姚宝瑄主编《中国各民族神话》（佤族、阿昌族、纳西族、普米族、德昂族），太原：山西出版传媒集团·书海出版社2014年版，第138页。

W0125.4.1.3
善神米利东主

实 例

纳西族 善神米利东主住在神山东面的白界里，有九座用白石头砌的白房子。

【流传】云南省·丽江地区（丽江市）

【出处】李即善翻译，杨世光整理：《东术争战记》，原载中共丽江地委宣传部编《纳西族民间故事选》，见陶阳、钟秀编《中国神话》（中），北京：商务印书馆2008年版，第726～735页。

W0125.4.2
善神的首领

实 例

（参见下级母题实例）

W0125.4.2.1
所有善神统一于英各阿格（依谷阿格）

实 例

纳西族 一切善神均统一于英各阿格（依谷阿格）。

【流传】（无考）

【出处】白庚胜：《东巴神话研究》，北京：社会科学文献出版社1999年版，第65页。

W0125.4.3
善神的居所

实 例

（参见下级母题实例）

W0125.4.3.1
善神居天上

实 例

苗族 天上有个慈善的大神，名字叫

生老。

【流传】云南省

【出处】

(a)《造人烟的传说》，见杨光汉主编《云南苗族民间故事集成》，北京：中国民间文艺出版社1988年版。

(b) 同(a)，见姚宝瑄主编《中国各民族神话》(布依族、仡佬族、苗族)，太原：山西出版传媒集团·书海出版社2014年版，第287页。

W0125.4.3.1.1

善神坐天庭

实 例

纳西族 很古的时候，有一个善神和一个恶神坐在天庭里，看着凡间谈论善恶的事情。

【流传】云南省·(丽江市)·丽江县(古城区、玉龙纳西族自治县)

【出处】木丽春采集整理：《五月五的传说》，见木丽春编著《纳西族民间故事集》，昆明：云南人民出版社2007年版，第251页。

W0125.4.3.2

善神居家中的火塘(阿朵奔)

实 例

彝族(撒尼) 家里的火塘为“阿朵奔”，是善神所在的地方。

【流传】云南省·昆明(昆明市)·(寻甸回族彝族自治县·先锋乡)·恰普鲁村

【出处】＊《彝族撒尼支宗教祭司张琼1948年主祭实录》，见吕大吉、何耀华总主编《中国各民族原始宗教资料集成》(彝族卷、白族卷、基诺族卷)，北京：中国社会科学出版社1996年版，第94页。

W0125.4.4

神体察民情

实 例

满族 乌苏里江老河神的儿子朱拉贝子打扮成一位年轻猎人的模样，骑着大红马到岸上看看大祭的盛况，顺便听听民情。

【流传】黑龙江省

【出处】傅英人(“人”疑为“仁”)讲，张爱云记录整理：《朱拉贝子和阿苏里姑娘》，原载《满族萨满神话》，见陶阳、钟秀编《中国神话》(中)，北京：商务印书馆2008年版，第965~972页。

W0126

恶神(凶神)

实 例

(参见下级母题实例)

W0126.1

恶神的产生

实 例

(参见下级母题实例)

W0126. 1. 1

恶神生于特殊的地方

实 例

羌族 （参见“W0126. 3. 1. 6 恶神喝都”母题实例）

W0126. 1. 1. 1

天上出了恶神

实 例

白族 板古（男祖先名）领着子孙们上山打猎，下河摸鱼的好日子没过多久，山上出了妖精，水里出了水怪，天上出了恶神。

【流传】云南省·（大理白族自治州）·剑川（剑川县）

【出处】李恩发讲，李绍尼整理：《“五百天”神》，原载陶立璠、李耀宗《中国少数民族神话传说选》，四川民族出版社 1985 年版，见姚宝瑄主编《中国各民族神话》（白族、拉祜族、景颇族），太原：山西出版传媒集团·书海出版社 2014 年版，第 119～120 页。

W0126. 1. 1. 2

恶魔派来恶神

实 例

哈萨克族 迦萨甘让众多的慈善之神降临人间的时候，恶魔黑暗也派来了使人类和万物遭受磨难的恶神。

【流传】（新疆维吾尔自治区）

【出处】尼哈迈提·蒙加尼搜集，校仲彝翻译整理：《神与灵魂》，见姚宝瑄主编《中国各民族神话》（乌孜别克族、哈萨克族、柯尔克孜族、俄罗斯族、维吾尔族、塔吉克族、塔塔尔族、锡伯族），太原：山西出版传媒集团·书海出版社 2014 年版，第 31～32 页。

W0126. 1. 1. 3

天帝派来恶神

实 例

羌族 （实例待考）

W0126. 1. 2

黑光中产生恶神

实 例

藏族 （实例待考）

W0126. 1. 2a

假和虚变化成恶神

实 例

纳西族 假和虚来做变化，开始出现夜晚暗月亮；夜晚做变化，出现暗黑黝黝的墨石；墨石做变化，出现黑黝黝的虚蛋来；虚蛋做变化，出现恶声恶气的叫者；声气做变化，出现了恶神依古顶那。

【流传】云南省·丽江（丽江市）

【出处】和芳（东巴）读经，和志武翻

译整理：《崇邦统》（人类迁徙记）（1954），见吕大吉、何耀华总主编《中国各民族原始宗教资料集成》（纳西族卷、羌族卷、独龙族卷、傈僳族卷、怒族卷），北京：中国社会科学出版社 2000 年版，第 320 页。

纳西族 （参见“W0126.3.1.5 恶神依古顶那”母题实例）

W0126.1.2b

特定人物变成恶神

实 例

（参见下级母题实例）

W0126.1.2b.1

恶人死后成为恶神

实 例

蒙古族 对人民行过大善的人成为善翁衮（即死者变成的一种新的神），恶人就成为恶翁衮。

【流传】（无考）

【出处】［俄］道尔吉·班扎罗夫：《黑教或称蒙古人的萨满教》，原载《蒙古史研究参考资料》，内蒙古大学历史系蒙古史研究室编印，1965 年，见吕大吉、何耀华总主编《中国各民族原始宗教资料集成》（鄂伦春族卷、鄂温克族卷、赫哲族卷、达斡尔族卷、锡伯族卷、满族卷、蒙古族卷、藏族卷），北京：中国社会科学出版社 1999 年版，第 652 页。

W0126.1.2b.2

恶人死后被奉为凶神

实 例

壮族 生前有恶行者，死后皆奉为凶神。

【流传】广西壮族自治区·（南宁市）·武鸣县·两江乡·雷江片，马山县·古零乡·杨圩片

【出处】黄世杰搜集整理：*《多神信仰》（1990），见吕大吉、何耀华总主编《中国各民族原始宗教资料集成》（土家族卷、瑶族卷、壮族卷、黎族卷），北京：中国社会科学出版社 1998 年版，第 493 页。

W0126.1.3

与恶神产生有关的其他母题

【关联】［W0973a.1.1］神分化成善神与恶神

实 例

（参见下级母题实例）

W0126.1.3.1

恶神比善神产生早

实 例

蒙古族（布里亚特） 没有人类时，恶神比善神早出现在宇宙中。

【流传】（无考）

【出处】［日］大林太良：《世界神话》，转引自陈岗龙等《蒙古民间文学》，

银川：宁夏人民出版社 2008 年版，第 48 页。

W0126. 1. 3. 2

丧门者是岁之凶神

实 例

汉族 丧门者，岁之凶神也。主死丧哭泣之事，常居岁前二辰。

【流传】（无考）

【出处】［清］允禄、梅瑴成、何国栋等等：《协纪辨方书》卷三引《纪岁历》。

W0126. 2

恶神的特征（恶神的身份）

实 例

（参见下级母题实例）

W0126. 2. 1

恶神面目可憎

实 例

汉族 （实例待考）

W0126. 2. 1. 1

凶神一身绯红似鲜血

实 例

羌族 凶神面目很可憎，一身绯红似鲜血，凶神藏匿凶死鬼，捉弄凡民犯凶事。

【流传】四川省·（阿坝藏族羌族自治州）·汶川县·雁门乡·小寨子

【出处】

（a）袁真（释比，80 岁）唱，汪有伦翻译，钱安靖整理：《中下坛经》（1983. 11 ~1984. 12），见钱安靖《羌族和羌语支各居民集团宗教习俗调查报告》，四川大学宗教研究所油印本，1987 年 12 月。

（b）同（a），见吕大吉、何耀华总主编《中国各民族原始宗教资料集成》（纳西族卷、羌族卷、独龙族卷、傈僳族卷、怒族卷），北京：中国社会科学出版社 2000 年版，第 524 页。

W0126. 2. 2

凶神祸害人

实 例

壮族 神有善恶之分。善神总是保佑人的，而凶神则只会祸害于人。

【流传】广西壮族自治区·（南宁市）·武鸣县·两江乡·雷江片，马山县·古零乡·杨圩片

【出处】黄世杰搜集整理：*《多神信仰》（1990），见吕大吉、何耀华总主编《中国各民族原始宗教资料集成》（土家族卷、瑶族卷、壮族卷、黎族卷），北京：中国社会科学出版社 1998 年版，第 493 页。

W0126. 2. 3

恶神长着 12 只眼睛

实 例

阿昌族 （参见“W0463. 3. 1. 2 火神

旱神腊訇”母题实例）

W0126.2.4
恶神有缺德嗜好

实 例

（参见下级母题实例）

W0126.2.4.1
恶神以制造灾难为乐

实 例

阿昌族 火神旱神腊訇的本性就是骄横乱世，以毁灭幸福和制造灾难为乐。

【流传】（云南省）

【出处】赵安贤讲，智克整理：《遮帕麻与遮米麻》，见姚宝瑄主编《中国各民族神话》（佤族、阿昌族、纳西族、普米族、德昂族），太原：山西出版传媒集团·书海出版社2014年版，第80页。

W0126.2.5
恶神是特定人群的保护神

实 例

（参见下级母题实例）

W0126.2.5.1
特定部落的保护神是恶神

实 例

蒙古族（布里亚特） 阿达·乌兰·腾格里是危害人类的众腾格里天神之首。即44东方腾格里（或44左方腾格里）之首，是有害于人类的魔鬼的保护神，通常叫做黑萨满和黑铁匠部落的保护神。

【流传】（无考）

【出处】［苏联］И. А. 曼日格耶夫著，宋长宏译，佟德富校：《布里亚特萨满教和前萨满教辞典》（俄文版），莫斯科：科学出版社1978年版，第20~21页，见吕大吉、何耀华总主编《中国各民族原始宗教资料集成》（鄂伦春族卷、鄂温克族卷、赫哲族卷、达斡尔族卷、锡伯族卷、满族卷、蒙古族卷、藏族卷），北京：中国社会科学出版社1999年版，第628页。

W0126.2.5.2
恶神是魔鬼的保护神

实 例

蒙古族（布里亚特）（参见“W0126.2.5.1 特定部落的保护神是恶神”母题实例）

W0126.2.6
恶神很傻（傻子恶神）

【关联】［W0498.11］傻神（傻子神）

实 例

（参见下级母题实例）

W0126.2.6.1
傻子恶神又傻又聋

实 例

纳西族（阮可） 正月初四，要在野外举行一个叫“美若夺本”（祭天上傻子）的仪式，用来慰解安抚天上的一个傻子恶神，他傻而聋，会降灾给人间，使人头疼生病，变傻变聋。

【流传】云南省·（迪庆藏族自治州）·中甸县（香格里拉县）·三坝乡（三坝纳西族乡）·白地行政村·吴树湾村

【出处】久高吉等讲，杨福泉调查整理：《中甸三坝白地阮可人的“祭天上傻子恶神”仪式》（1989），见吕大吉、何耀华总主编《中国各民族原始宗教资料集成》（纳西族卷、羌族卷、独龙族卷、傈僳族卷、怒族卷），北京：中国社会科学出版社 2000 年版，第 62 页。

W0126. 2. 7

恶神很狡猾

实 例

（参见下级母题实例）

W0126. 2. 7. 1

恶神耶鲁里很聪慧又很狡黠

【关联】［W0838. 4. 4. 5. 2］九头恶魔神耶鲁里

实 例

满族 恶神耶鲁里是个很聪慧、很有眼力但很狡黠的家伙。

【流传】（无考）

【出处】《阿布卡赫赫女神创世》，王松根据富育光、孟慧英、王宏刚撰写的《满族宗教与神话》改写，见姚宝瑄主编《中国各民族神话》（满族、赫哲族、朝鲜族），太原：山西出版传媒集团、书海出版社 2014 年版，第 4～14 页。

W0126. 2a

恶神的生活

实 例

（参见下级母题实例）

W0126. 2a. 1

恶神的饮食

实 例

（参见下级母题实例）

W0126. 2a. 1. 1

恶神食人

实 例

蒙古族（布里亚特）苏罕·乌兰·腾格里即血红的天神，是危害人类的东方腾格里之一，也是食人者的化身。他把红血作饮料，人肉为食物。

【流传】（无考）

【出处】［苏联］И. A. 曼日格耶夫著，宋长宏译，佟德富校：《布里亚特萨满教和前萨满教辞典》（俄文版），莫斯科：科学出版社 1978 年版，第 100 页，见吕大吉、何耀华总主编《中国各民族原始宗教资料集成》（鄂伦春族卷、鄂温克族卷、赫哲族卷、达斡尔族卷、锡伯族卷、满族卷、蒙古族卷、藏族卷），北京：中国社会科学出版社 1999 年版，第 627 页。

W0126.2a.2

恶神的居所

实 例

（参见下级母题实例）

W0126.2a.2.1

恶神居东方

实 例

蒙古族 蒙古萨满教原来分散的、各自独立的、彼此不相隶属的众多神灵，后来从无序走向有序，被归属到阿大对立的营垒之中。西方的 55 尊天神为善神，东方的 44 尊天神为恶神。

【流传】（无考）

【出处】《蒙古族卷·绪论》，见吕大吉、何耀华总主编《中国各民族原始宗教资料集成》（鄂伦春族卷、鄂温克族卷、赫哲族卷、达斡尔族卷、锡伯族卷、满族卷、蒙古族卷、藏族卷），北京：中国社会科学出版社 1999 年版，第 586 页。

W0126.2a.2.2

恶神居空中

【关联】［W0126.3.6］空界的厉神

实 例

藏族 （参见“W0126.3.6.1 空界厉神三兄弟”母题实例）

W0126.2a.2.3

恶神居黑暗处

实 例

纳西族 （参见“W0126.3.1.5a 恶神米利术主”母题实例）

W0126.3

与恶神有关的其他母题

【关联】

①［W0375.5.1］风雨雷电神是恶神

②［W1718.4.1］恶神变成星星

实 例

（参见下级母题实例）

W0126.3.1

特定名称的恶神

实 例

（参见下级母题实例）

W0126.3.1.1

地震恶神

实 例

哈尼族 （实例待考）

W0126.3.1.2

特定的神是恶神

【关联】［W0393.6.2］恶的山神

实 例

（实例待考）

W0126.3.1.3

恶神厄合恩杜里

实 例

锡伯族 邪恶之神，锡伯族称“厄合恩杜里”。

【流传】（无考）

【出处】

（a）佟克力：《锡伯族历史与文化》，乌鲁木齐：新疆人民出版社 1989 年版，第 183 页。

（b）《邪恶神》，见吕大吉、何耀华总主编《中国各民族原始宗教资料集成》（鄂伦春族卷、鄂温克族卷、赫哲族卷、达斡尔族卷、锡伯族卷、满族卷、蒙古族卷、藏族卷），北京：中国社会科学出版社 1999 年版，第 401 页。

W0126.3.1.4

煞神（恶煞，凶煞神）

实 例

（参见下级母题实例）

W0126.3.1.4.1

黑煞神

实 例

汉族 太阳神和黑煞神轮流值班，一大早，太阳神便从东方起床，为勤劳的人们发光发热。人们很喜欢他。

【流传】河南省·（漯河市）·舞阳县

【出处】《太阳神和黑煞神》，见张振犁编著，孟宪明、朱淑君统纂《中原神话通鉴》（第四卷），郑州：河南大学出版社 2017 年版，第 1218 页。

W0126.3.1.4.2

凶煞神和恶煞神兄弟俩

实 例

汉族 一年三月二十七日，凶煞神和恶煞神兄弟俩在桐山山顶吃酒。

【流传】河南省豫南一带

【出处】刘四毛（男，71 岁，汉族，农民，不识字，确山人）讲，刘光（男，18 岁，汉族，高中学生）采录：《风婆婆》，见张振犁编著，孟宪明、朱淑君统纂《中原神话通鉴》（第四卷），郑州：河南大学出版社 2017 年版，第 1236 页。

W0126.3.1.5

恶神依古顶那

实 例

纳西族 假和虚变化出现夜晚暗月亮，夜晚做变化，出现黑黝黝的虚蛋来；虚蛋做变化，出现恶声恶气的叫者；声气做变化，出现了恶神依古顶那。

【流传】（云南省）

【出处】和芳、和志新编译：《崇邦统——人类迁徙记》，见姚宝瑄主编《中国各民族神话》（佤族、阿昌族、纳西族、普米族、德昂族），太原：山西出版传媒集团·书海出版社 2014

年版，第138页。

W0126.3.1.5a

恶神米利术主

实 例

纳西族 恶神米利术主住在神山西面的黑界里，有九座用黑石砌成的黑房子。

【流传】云南省·丽江地区（丽江市）

【出处】李即善翻译，杨世光整理：《东术争战记》，原载中共丽江地委宣传部编《纳西族民间故事选》，见陶阳、钟秀编《中国神话》（中），北京：商务印书馆2008年版，第726～735页。

W0126.3.1.6

恶神喝都

实 例

羌族 人占据了神的花果山后，天帝木比塔就派了恶神喝都下凡惩治这些不好管教的凡人。喝都心胸狭窄、眼光短小，只知损害他人。

【流传】四川省·（阿坝藏族羌族自治州）·茂县

【出处】《燃比娃取火》，原载茂县文化馆《羌族民间故事》（三），1982年12月，见吕大吉、何耀华总主编《中国各民族原始宗教资料集成》（纳西族卷、羌族卷、独龙族卷、傈僳族卷、怒族卷），北京：中国社会科学出版社2000年版，第580页。

W0126.3.2

恶神的首领

实 例

（参见下级母题实例）

W0126.3.2.1

恶神之王英格鼎那（依古丁纳）

实 例

纳西族 一切恶神均统一于英格鼎那（依古丁纳）。

【流传】（无考）

【出处】白庚胜：《东巴神话研究》，北京：社会科学文献出版社1999年版，第65页。

W0126.3.2.2

恶神首领阿达·乌兰

实 例

蒙古族（布里亚特） 蒙古萨满教的观念中，以阿达·乌兰为首的东方44尊天神代表着黑暗、邪恶、虚伪、诳惑、污浊。

【流传】（无考）

【出处】《蒙古族卷·绪论》，见吕大吉、何耀华总主编《中国各民族原始宗教资料集成》（鄂伦春族卷、鄂温克族卷、赫哲族卷、达斡尔族卷、锡伯族卷、满族卷、蒙古族卷、藏族卷），北京：中国社会科学出版社1999年版，第587页。

W0126. 3. 3

恶神的关系

实 例

（参见下级母题实例）

W0126. 3. 3. 1

恶神的儿子是黑龙

实 例

纳西族 米利术主家（恶神）的儿子米委是黑龙。

【流传】

（a）云南省·（丽江市）·丽江县（原丽江纳西族自治县，今归属为丽江市古城区和玉龙纳西族自治县）

【出处】

（a）和正才等讲，杨世光采录，李即善翻译者：《东术争战记》，见中国民间文学集成全国编辑委员会编《中国民间故事集成》（云南卷），北京：中国ISBN中心2003年版，第378页。

（b）李即善翻译，杨世光整理：《东术争战记》，见谷德明编《中国少数民族神话》，北京：中国民间文艺出版社1987年版，第435页。

W0126. 3. 4

恶神代表黑暗

实 例

蒙古族（布里亚特）（参见"W0126. 3. 2. 2 恶神首领阿达·乌兰"母题实例）

W0126. 3. 5

邪神

实 例

（参见下级母题实例）

W0126. 3. 5. 1

邪神不再家中设神位

实 例

彝族 苏埃（即巫师）还供"邪神"（即禽兽等之神），但不在家中设神位，作法事时才献祭请他来帮助捉鬼。

【流传】 贵州省·（毕节市）·赫章县·妈姑乡

【出处】 陈执中等讲，于锦绣等调查整理：《威宁、赫章彝族的布母》，见吕大吉、何耀华总主编《中国各民族原始宗教资料集成》（彝族卷、白族卷、基诺族卷），北京：中国社会科学出版社1996年版，第219页。

W0126. 3. 5. 2

邪神没有来历

【关联】［W0121. 2. 7. 1］正神皆有来历

实 例

羌族 每一正神均有其起源的神话传说，邪神则没有。

【流传】（无考）

【出处】《羌族卷·前言》，见吕大吉、何耀华总主编《中国各民族原始宗教资料集成》（纳西族卷、羌族卷、独龙族卷、傈僳族卷、怒族卷），北京：中国社会科学出版社 2000 年版，第 452 页。

W0126.3.5.3

禳解邪神

【关联】［W0912］驱鬼（驱邪，捉鬼，捉灵魂）

实　例

羌族 在地方神分为正神和邪神。其中对于邪神，羌人每年正月中起至二月底期间，择猪狗龙马四日，举行禳解，请端公主持。

【流传】（无考）

【出处】胡鉴民：《羌族的信仰与习为》，原载《边疆研究论丛》1941 年，见吕大吉、何耀华总主编《中国各民族原始宗教资料集成》（纳西族卷、羌族卷、独龙族卷、傈僳族卷、怒族卷），北京：中国社会科学出版社 2000 年版，第 479 页。

W0126.3.5.4

邪神是妖魔鬼怪

实　例

羌族 邪神是危害人畜安全的妖魔鬼怪。

【流传】（无考）

【出处】《羌族卷·前言》，见吕大吉、何耀华总主编《中国各民族原始宗教资料集成》（纳西族卷、羌族卷、独龙族卷、傈僳族卷、怒族卷），北京：中国社会科学出版社 2000 年版，第 452 页。

W0126.3.6

空界的厉神

实　例

（参见下级母题实例）

W0126.3.6.1

空界厉神三兄弟

实　例

藏族 神鸟生的十八个蛋中，三个金色的黄蛋向中间飞滚出去，就像三兄弟一样，形成了空界的厉神。

【流传】云南省·迪庆（迪庆藏族自治州）

【出处】才旦旺堆搜集，蔷紫整理《神蛋创世纪》，见姚宝瑄主编《中国各民族神话》（门巴族、珞巴族、怒族、藏族），太原：山西出版传媒集团·书海出版社 2014 年版，第 75 页。

W0126.3.7

人对恶神的态度

实　例

（参见下级母题实例）

W0126.3.7.1

人对恶神敬而远之

实　例

怒族 人对作恶的崖神，又怕又恨，采取敬而远之的态度。

【流传】云南省·（怒江傈僳族自治州）·贡山（贡山独龙族怒族自治县）·丙中洛乡

【出处】何叔涛调查整理：《贡山地区的崖神类》（1988），见吕大吉、何耀华总主编《中国各民族原始宗教资料集成》（纳西族卷、羌族卷、独龙族卷、傈僳族卷、怒族卷），北京：中国社会科学出版社2000年版，第849页。

W0126.3.7.2

祭恶神

实 例

（参见下级母题实例）

W0126.3.7.2.1

正月初四野外祭恶神（美若夺本）

实 例

纳西族（阮可）正月初四，要在野外举行一个叫“美若夺本”的仪式，祭傻子恶神。

【流传】云南省·（迪庆藏族自治州）·中甸县（香格里拉县）·三坝乡（三坝纳西族乡）·白地行政村·吴树湾村

【出处】久高吉等讲，杨福泉调查整理：《中甸三坝白地阮可人的“祭天上傻子恶神”仪式》（1989），见吕大吉、何耀华总主编《中国各民族原始宗教资料集成》（纳西族卷、羌族卷、独龙族卷、傈僳族卷、怒族卷），北京：中国社会科学出版社2000年版，第62页。

W0126a

善恶兼具的神

【关联】［W0395.3.4］山神既能赐福也能降灾

实 例

藏族 （参见“W0395.3.4 山神既能赐福也能降灾”母题实例）

W0127

与神的性质有关的其他母题

【关联】［W9124］神是巫师

实 例

（参见下级母题实例）

W0127.1

神是永恒的

【汤普森】①A102.3；②A102.6

实 例

（实例待考）

W0127.2

神无所不在

【汤普森】A102.5

实 例

怒族 天神不受任何限制，无所不在。

【流传】云南省·（怒江傈僳族自治州）·兰坪（兰坪白族普米族自治县）

【出处】

（a）龚友德等：《“扰柔”人的原始宗教》，见中国哲学史学会云南省分会编《云南少数民族哲学思想史论文选集》第2集，1984年编印，第222～225页。

（b）同（a），见吕大吉、何耀华总主编《中国各民族原始宗教资料集成》（纳西族卷、羌族卷、独龙族卷、傈僳族卷、怒族卷），北京：中国社会科学出版社2000年版，第850页。

W0127.3

神是预言者

【汤普森】A178

【关联】［W9251］预言者

实　例

（参见下级母题实例）

W0127.3.1

预兆之神（预言神）

【关联】［W0287.3.2］北斗神是预言神

实　例

（参见下级母题实例）

W0127.3.1.1

预兆腾格里是东北方的天神

实　例

蒙古族 预兆腾格里是东北方怪声怪气地区的天神。

【流传】（无考）

【出处】拉·胡日查巴特尔著，A. 图门译，苏鲁格校订：《哈腾根十三家神祭祀》，内蒙古文化出版社1986年版（蒙文版），第63～65页，见吕大吉、何耀华总主编《中国各民族原始宗教资料集成》（鄂伦春族卷、鄂温克族卷、赫哲族卷、达斡尔族卷、锡伯族卷、满族卷、蒙古族卷、藏族卷），北京：中国社会科学出版社1999年版，第633页。

W0127.4

神是劳动者

【汤普森】A140

实　例

（参见下级母题实例）

W0127.4.1

神是工匠

实　例

（参见下级母题实例）

W0127.4.1.1

神是石匠、铁匠、石匠或木匠

实　例

羌族 有的神是建屋的石匠，打铁的铁匠，凿水缸的石匠（木匠也受尊敬）。

【流传】（无考）

【出处】西南民族学院研究室编：《羌

（尔玛）族情况》，1954 年，见吕大吉、何耀华总主编《中国各民族原始宗教资料集成》（纳西族卷、羌族卷、独龙族卷、傈僳族卷、怒族卷），北京：中国社会科学出版社 2000 年版，第 460 页。

W0127.5

神的性质可以转化

实 例

（参见下级母题实例）

W0127.5.1

自然、神灵和祖先三位一体，互相转化

【关联】［W0070.7］三位一体的神

实 例

佤族 自然、神灵和祖先，三位一体，互相转化。

【流传】 云南省·（普洱市）·西盟佤族自治县、澜沧拉祜族自治县等地

【出处】 毕登程、隋嘎编著：《司岗里——佤族创世史诗》，昆明：云南出版集团公司·云南人民出版社 2009 年版，第 150 页。

W0128

神的职能

实 例

（参见下级母题实例）

W0128.1

神保佑人

实 例

壮族 神可以保佑人。

【流传】 广西壮族自治区·（南宁市）·武鸣县·两江乡·雷江片，马山县·古零乡·杨圩片

【出处】 黄世杰搜集整理：*《多神信仰》（1990），见吕大吉、何耀华总主编《中国各民族原始宗教资料集成》（土家族卷、瑶族卷、壮族卷、黎族卷），北京：中国社会科学出版社 1998 年版，第 493 页。

W0128.1.1

创世母神保佑人类繁衍

实 例

基诺族 洪水后幸存的一对兄妹玛黑玛妞成婚后，第一胎生的女儿被动物吃掉。于是兄妹二人哭求创世母亲庇佑。创世母亲答应与他们同在，为了使地上的人类生活得井井有条，她坐在牛皮鼓上谆谆教导，直至坐破了九个皮凳才离开人间。从此，玛黑、玛妞便繁衍了人类。

【流传】 云南省·（西双版纳傣族自治州·景洪市）·基诺山（基诺山基诺族乡）·戛里果箐、巴亚新寨、茶叶大地、巴卡寨

【出处】 不拉塞等讲，杜玉亭调查整理：《卓巴、牛皮木鼓与寨鬼》（1980～

1990)，见吕大吉、何耀华总主编《中国各民族原始宗教资料集成》（彝族卷、白族卷、基诺族卷），北京：中国社会科学出版社 1996 年版，第 874 页。

W0128.2

神恩泽人间

实　例

（参见下级母题实例）

W0128.2.1

神给人间带来美好

实　例

（参见下级母题实例）

W0128.2.1.1

女神白拉姆给流泪的人带来欢乐，给悲观的人带来希望，给丑陋的人带来美貌

实　例

藏族 女神白拉姆总是给流泪的人带来欢乐，给悲观的人带来希望，给丑陋的人带来美貌。

【流传】 西藏自治区·拉萨市·南郊·次却林乡

【出处】 廖东凡搜集：《白拉姆女神和赤尊赞》，原载《西藏民间故事选》，见陶阳、钟秀编《中国神话》（中），北京：商务印书馆 2008 年版，第 953～955 页。

0.1.5　神的能力【W0130～W0134】

※W0130

神的能力（神的行为，神的本领）

【汤普森】 A136

【关联】［W0420～W0499］与职能、行业相关的神

实　例

（实例待考）

W0131

神的力量

【关联】［W0130］神的能力（神的行为，神的本领）

实　例

（参见下级母题实例）

W0131.1

神的力量产生（神的能力的产生）

实　例

（参见下级母题实例）

W0131.1.1

众神造的神汇集了众神的能力

实　例

傣族 天神帝娃达是由四个守护神共同捏的，因此，他不仅有极大的本领和神威，四个守护神的本领都集中在他一身。

【流传】 云南省·西双版纳傣族地区（西双版纳傣族自治州）

【出处】《巴塔麻嘎捧尚罗》，王松据岩温炳翻译《巴塔麻晏》（开天辟地）改写，见姚宝瑄主编《中国各民族神话》（哈尼族、傣族），太原：山西出版传媒集团·书海出版社 2014 年版，第 290 页。

W0131. 2

神的力量巨大（神力量非凡）

实　例

壮族 造天的有九个神，都叫口麦；造地的神有七个，名字都叫口朝。他们都有极大的本事，又有无比的力气。

【流传】 云南省·（红河哈尼族彝族自治州）·金平县（金平苗族瑶族傣族自治县）·大寨（大寨乡）

【出处】 黄金福讲，黄荣记录：《地为什么没有造平》，原载徐保国等主编《云南民间文学集成——金平故事卷》，内部资料，1989 年，见姚宝瑄主编《中国各民族神话》（仫佬族、壮族、京族），太原：山西出版传媒集团·书海出版社 2014 年版，第 128～129 页。

W0131. 2. 1

神有无穷神力

【关联】［W0592. 1］文化英雄有神力

实　例

傣族 英叭召（最早的天神）有无限的智慧和神力。

【流传】（无考）

【出处】《开天辟地》，见谷德明编《中国少数民族神话》，北京：中国民间文艺出版社 1987 年版，第 341 页。

W0131. 2. 2

神能提起重物

实　例

（参见下级母题实例）

W0131. 2. 2. 1

动物神达能一个指头能拎起一只大象，十个人搬不动的木鼓能塞进耳垂当耳柱

实　例

佤族 达能（“达”即爷爷，“能”为名。传说中的动物神）一顿要吃三亢（佤族计量单位，一亢为六十公斤）小红米饭，一步能跨千里远，一个指头能拎起一只大象，十个人搬不动的木鼓，他拈起来塞进耳垂当耳柱。

【流传】（云南省·普洱市·西盟佤族自治县）

【出处】 随戛、岩扫、岩瑞等讲，艾荻、

张天达搜集整理：《司岗里》，见姚宝瑄主编《中国各民族神话》（佤族、阿昌族、纳西族、普米族、德昂族），太原：山西出版传媒集团·书海出版社 2014 年版，第 12 页。

W0131.2.3
神能用手指沟造河

实 例

瑶族（布努）密洛陀（万物之母，女始祖，女神）的二儿子波防密龙挖沟造河时，左脚拇指把硬泥翻起，右脚拇指把平川划开，拇指犁过的地方，地面现出条条深沟。

【流传】广西壮族自治区·（河池市）·都安县（都安瑶族自治县）、巴马县（巴马瑶族自治县）、南丹县，（百色市）·田东县、平果县等地

【出处】桑布郎等传，蒙凤标（83 岁）、罗仁祥（73 岁）等唱：《密洛陀》（1983），见蓝怀昌、蓝书京、蒙通顺搜集翻译整理《密洛陀》，北京：中国民间文艺出版社 1988 年版，第 72 页。

W0131.3
大力神（大力士神）

实 例

（参见下级母题实例）

W0131.3.1
大力神的产生

实 例

（参见下级母题实例）

W0131.3.1.1
鱼生大力神

实 例

哈尼族密乌艾西艾玛（金鱼娘）抖鱼鳞，从尾巴里出来一个大神，名字叫密嵯嵯玛，她是力气最大的一个神。

【流传】云南省·（红河哈尼族彝族自治州）·元阳县

【出处】朱小和讲，史军超等采录：《神的古今》，见中国民间文学集成全国编辑委员会编《中国民间故事集成》（云南卷），北京：中国 ISBN 中心 2003 年版，第 19 页。

W0131.3.1.2
鱼生大力女神

实 例

（参见下级母题实例）

W0131.3.1.2.1
金鱼从尾巴里生大大力女神密嵯嵯玛

实 例

哈尼族海中生出的金鱼从尾巴里生大神密嵯嵯玛。她是力气最大的一个

神了。

【流传】云南省·（红河哈尼族彝族自治州）·元阳县、金平县（金平苗族瑶族傣族自治县）、红河县等地

【出处】朱小和讲，史军超、卢朝贵搜集整理：《烟本霍本》，原载刘辉豪、阿罗编《哈尼族民间故事选》，上海文艺出版社 1989 年版，见姚宝瑄主编《中国各民族神话》（哈尼族、傣族），太原：山西出版传媒集团·书海出版社 2014 年版，第 33 页。

W0131. 3. 1. 3
地母生大力神

实 例

（参见下级母题实例）

W0131. 3. 1. 3. 1
地母神巴那吉额姆生大力神

实 例

满族 地母神巴那吉额姆生下的第一个女儿，是一位四头六臂八只脚的大力神。

【流传】（无考）

【出处】《阿布卡赫赫女神创世》，王松根据富育光、孟慧英、王宏刚撰写的《满族宗教与神话》改写，见姚宝瑄主编《中国各民族神话》（满族、赫哲族、朝鲜族），太原：山西出版传媒集团、书海出版社 2014 年版，第 4 ~ 14 页。

W0131. 3. 2
大力神的特征

实 例

（参见下级母题实例）

W0131. 3. 2. 0
大力神的性别

实 例

（参见下级母题实例）

W0131. 3. 2. 0. 1
男大力神

实 例

（参见下级母题实例）

W0131. 3. 2. 0. 2
女大力神

实 例

满族 地母神巴那吉额姆生下的第一个女儿，是一位大力神。她的六臂托天摇地，能拔山撼地。

【流传】（无考）

【出处】《阿布卡赫赫女神创世》，王松根据富育光、孟慧英、王宏刚撰写的《满族宗教与神话》改写，见姚宝瑄主编《中国各民族神话》（满族、赫哲族、朝鲜族），太原：山西出版传媒集团、书海出版社 2014 年版，第 4 ~ 14 页。

W0131.3.2.0.2.1

神力最大的女神阿布卡赫赫

实　例

满族 天宫中只有一个神力最大的女神——阿布卡赫赫，神性无与伦比，力量无以穷尽。

【流传】（无考）

【出处】 谷颖重述：《盗火女神——拖亚拉哈》，见陶阳、钟秀编《中国神话》（中），北京：商务印书馆 2008 年版，第 757～760 页。

W0131.3.2.0.2.2

女大力神福特锦

实　例

满族 地神巴那吉额姆最宠爱的女儿福特锦大力神。

【流传】 黑龙江省·黑河地区（黑河市）·孙吴县·（沿江满族达斡尔族乡）·四季屯（四季屯村）

【出处】 吴纪贤、富希陆讲：《天宫大战——黑水女真人传世神话》（1939，选自富育光、郭淑云整理的手稿），见姚宝瑄主编《中国各民族神话》（满族、赫哲族、朝鲜族），太原：山西出版传媒集团·书海出版社 2014 年版，第 34 页。

W0131.3.2.1

大力神的身体能伸高万丈

【关联】

①［W1307.4］大力神把天升高

②［W1845.1.11.7］大力神用脚踢出山谷

实　例

黎族 大力神的身体能伸高万丈。

【流传】 海南省五指山区

【出处】 林大陆讲，广东民族学院中文系七七级采风组搜集，龙敏等整理：《大力神》，见中华民族故事大系编委会编《中华民族故事大系》第 7 卷（黎族、傈僳族、佤族），上海：上海文艺出版社 1995 年版，第 5 页。

黎族 有一个大力神，使出了全身气力，一夜之间，使他的身躯长高了一万丈。

【流传】 海南省五指山一带

【出处】

（a）林大陆讲，龙敏、林树勇、陈大平整理：《大力神》，见广东民族学院中文系编《黎族民间故事选》，上海：上海文艺出版社 1983 年版。

（b）同（a），见姚宝瑄主编《中国各民族神话》（高山族、黎族、畲族），太原：山西出版传媒集团·书海出版社 2014 年版，第 48 页。

W0131.3.2.2

大力神力大无边

实　例

苗族 四个造天地的大神两男两女，都是大力士，力气大无边。

【流传】（无考）

【出处】陶春保讲，刘永鸿整理：《生天养地的爹娘》，见姚宝瑄主编《中国各民族神话》（布依族、仡佬族、苗族），太原：山西出版传媒集团·书海出版社2014年版，第132页。

W0131.3.2.3

大力神力大无穷，不怕火烧雷劈

实 例

汉族 起初，蚩尤战不过黄帝，吃了败仗，就请来一位大力神。这神神通广大，力大无穷，不怕火烧雷劈，不怕干渴水淹，如果打起仗来，赤手空拳抓住对手就能摔死。

【流传】河南省·（驻马店市）·确山县·（蚁蜂乡·鼓楼村·第四村）［采录地点：蚁蜂乡·彭楼村］`

【出处】张天义（男，73岁，农民，私塾）讲，彭永先采录：《蚂蚁山和蚁蜂店》（1988.04.03），见张振犁编著，孟宪明、朱淑君统纂《中原神话通鉴》（第二卷），郑州：河南大学出版社2017年版，第574页。

W0131.3.2.4

长4条腿1个尾巴的大力神

实 例

珞巴族 达木是个力大无穷的乌佑（精灵名），有很多头，四条腿，一条尾巴。

【流传】

（a）西藏自治区·下珞瑜（泛指永木河、锡约尔河、巴恰西仁河流域）

（b）西藏自治区·下珞渝（又写作“下珞瑜”）·德根部落达斯村

【出处】

（a）维·埃尔温搜集：《达木和太阳》，见中华民族故事大系编委会编《中华民族故事大系》第16卷（赫哲族、门巴族、珞巴族、基诺族），上海：上海文艺出版社1995年版，第412～414页。

（b）同（a），见李坚尚、刘芳贤编《珞巴族门巴族民间故事选》，上海：上海文艺出版社1993年版，第26～28页。

W0131.3.2.5

大力神四头六臂八只脚

实 例

满族 地母神巴那吉额姆生下的大力神四头六臂八只脚的。

【流传】（无考）

【出处】《阿布卡赫赫女神创世》，王松根据富育光、孟慧英、王宏刚撰写的《满族宗教与神话》改写，见姚宝瑄主编《中国各民族神话》（满族、赫哲族、朝鲜族），太原：山西出版传媒集团、书海出版社2014年版，第4～14页。

满族 地母神巴那吉额姆生下的第一个女儿，是一位四头六臂八足的大力神。

【流传】（无考）

【出处】富育光、孟慧英、王宏刚整理：《巴那吉额姆》，见姚宝瑄主编《中国各民族神话》（满族、赫哲族、朝鲜族），太原：山西出版传媒集团·书海出版社 2014 年版，第 88～89 页。

W0131.3.3 大力神的能力（大力神的事迹）

实　例

（参见下级母题实例）

W0131.3.3.1 大力神造山

【关联】［W0422.2.1］造山河之神

实　例

纳西族 大力神九高那布带领众神建灵山。

【流传】

（a）云南省·（丽江市）·丽江县（原丽江纳西族自治县，今归属为丽江市古城区和玉龙纳西族自治县）

【出处】

（a）和芳讲，和志武采录：《人类迁徙记》，见中国民间文学集成全国编辑委员会编《中国民间故事集成》（云南卷），北京：中国 ISBN 中心 2003 年版，第 49 页。

（b）和志武翻译整理：《人类迁徙记》，见谷德明编《中国少数民族神话》，北京：中国民间文艺出版社 1987 年版，第 395 页。

W0131.3.3.2 大力神把天拱高

实　例

黎族 大力神把天拱高。

【流传】海南省五指山区

【出处】林大陆讲，广东民族学院中文系七七级采风组搜集，龙敏等整理：《大力神》，见中华民族故事大系编委会编《中华民族故事大系》第 7 卷（黎族、傈僳族、佤族），上海：上海文艺出版社 1995 年版，第 5 页。

W0131.3.3.3 大力神善于变化

实　例

满族 大力神善于变化。有时变成虎，有时变成鹰，有时又是虎头人身，有时又变成一团雾。

【流传】（无考）

【出处】《阿布卡赫赫女神创世》，王松根据富育光、孟慧英、王宏刚撰写的《满族宗教与神话》改写，见姚宝瑄主编《中国各民族神话》（满族、赫哲族、朝鲜族），太原：山西出版传媒集团、书海出版社 2014 年版，第 4～14 页。

W0131.3.3.4 大力神能摇天撼地

实　例

满族 福特锦大力神的六臂能托天摇地，拔山撼树。

【流传】黑龙江省·黑河地区（黑河市）·孙吴县·（沿江满族达斡尔族乡）·四季屯（四季屯村）

【出处】吴纪贤、富希陆讲：《天宫大战——黑水女真人传世神话》（1939，选自富育光、郭淑云整理的手稿），见姚宝瑄主编《中国各民族神话》（满族、赫哲族、朝鲜族），太原：山西出版传媒集团·书海出版社2014年版，第34页。

W0131.3.4 特定名称的大力神

实　例

（参见下级母题实例）

W0131.3.4.1 大力神九高那布

实　例

纳西族 大力神九高那布带领众神建灵山。

【流传】

（a）云南省·（丽江市）·丽江县（原丽江纳西族自治县，今归属为丽江市古城区和玉龙纳西族自治县）

【出处】

（a）和芳讲，和志武采录：《人类迁徙记》，见中国民间文学集成全国编辑委员会编《中国民间故事集成》（云南卷），北京：中国ISBN中心2003年版，第49页。

（b）和志武翻译整理：《人类迁徙记》，见谷德明编《中国少数民族神话》，北京：中国民间文艺出版社1987年版，第395页。

W0131.3.4.2 大力神密嵯嵯玛

实　例

哈尼族 密乌艾西艾玛（金鱼娘）抖鱼鳞，从尾巴里生出大力神密嵯嵯玛。

【流传】云南省·（红河哈尼族彝族自治州）·元阳县

【出处】朱小和讲，史军超等采录：《神的古今》，见中国民间文学集成全国编辑委员会编《中国民间故事集成》（云南卷），北京：中国ISBN中心2003年版，第19页。

W0131.3.4.3 大力神夸娥氏二子

实　例

汉族 愚公移山，操蛇之神闻之，惧其不已也，告之于帝。帝感其诚，命夸娥氏二子负二山，一厝朔东，一厝雍南。

【流传】（无考）

【出处】［战国］列御寇及弟子：《列子·汤问》。

W0131.3.4.4

大力士神大楞神和二楞神两兄弟

实　例

白族 大楞神和二楞神两兄弟是两个大力士。

【流传】云南省·（大理白族自治州）·鹤庆县

【出处】《洱海》，见姚宝瑄主编《中国各民族神话》（白族、拉祜族、景颇族），太原：山西出版传媒集团·书海出版社2014年版，第58页。

W0131.3.4.5

大力士熊町

实　例

苗族 熊町（神性人物）是个英雄汉，熊町高大力无穷，能够力拔大树，能够搬动大山坡。

【流传】原文无流传地，据文本及注释推测该神话流传于贵州省·黔东南苗族侗族自治州·凯里市、台江县等地。

【出处】张启庭、张荣光、张正玉、张启德演唱，张明搜集，燕宝整理译注：《创造宇宙·铸日造月》，见贵州省少数民族古籍整理出版规划小组办公室编，燕宝整理译注《苗族古歌》，贵阳：贵州民族出版社1993年版，第348页。

W0131.3.5

与大力神有关的其他母题

实　例

（实例待考）

W0131.4

与神的力量有关的其他母题

实　例

（参见下级母题实例）

W0131.4.1

神力

实　例

（参见下级母题实例）

W0131.4.1.1

得到外来灵魂产生神力

【关联】［W0913d.1］寄魂（灵魂的寄托物，灵魂的附着物）

实　例

藏族 一部分离体的灵魂还可以寄托在其他动物和没有生命的物体上，如寄魂牛、寄魂蜂、寄魂树、寄魂箭、寄魂山等，据说灵魂只要有了寄托处，不但生命有了依靠和保障，而且被人的灵魂所寄托的动物或物体可以产生超自然的神力。

【流传】（无考）

【出处】《藏族卷·绪论》，见吕大吉、何耀华总主编《中国各民族原始宗教

资料集成》（鄂伦春族卷、鄂温克族卷、赫哲族卷、达斡尔族卷、锡伯族卷、满族卷、蒙古族卷、藏族卷），北京：中国社会科学出版社 1999 年版，第 777 页。

W0131.4.1.2

通过吞食特定物获得神力

实 例

（参见下级母题实例）

W0131.4.1.2.1

天神无意中吞下火神获得神力

实 例

满族 阿布卡赫赫吞下雪山底下的巨石充饥，连同住在巨石中的多喀霍女神也一并吞进腹中，多喀霍的热火烧得阿布卡浑身充满了巨力，她一下子撞出层层雪山，冲上穹宇。

【流传】黑龙江省·黑河地区（黑河市）·孙吴县·（沿江满族达斡尔族乡）·四季屯（四季屯村）

【出处】吴纪贤、富希陆讲：《天宫大战——黑水女真人传世神话》（1939，选自富育光、郭淑云整理的手稿），见姚宝瑄主编《中国各民族神话》（满族、赫哲族、朝鲜族），太原：山西出版传媒集团·书海出版社 2014 年版，第 28 页。

W0131.4.1.2a

通过气获得神力

实 例

瑶族（布努） 风来使密洛陀（万物之母，女始祖，女神）体大无穷，气到使她力大无边。

【流传】广西壮族自治区·（河池市）·都安县（都安瑶族自治县）、巴马县（巴马瑶族自治县）、南丹县，（百色市）·田东县、平果县等地

【出处】桑布郎等传，蒙凤标（83 岁）、罗仁祥（73 岁）等唱：《密洛陀》（1983），见蓝怀昌、蓝书京、蒙通顺搜集翻译整理《密洛陀》，北京：中国民间文艺出版社 1988 年版，第 12 页。

W0131.4.1.3

神力的传递

实 例

（参见下级母题实例）

W0131.4.1.3.1

通过皮肤传递神力

实 例

羌族 羌民视金丝猴为最圣洁、最神秘的动物。端公（即羌族“释比”“许”的汉语说法，意为“巫师”“祭师”）取金丝猴之皮制三尖帽，其用意即在利用其神圣能力压服邪魔。

【流传】（无考）

【出处】

（a）胡鉴民：《羌民的经济活动型式》，载《民族学研究集刊》1944 年第 4 期。

（b）同（a），见吕大吉、何耀华总主编《中国各民族原始宗教资料集成》（纳西族卷、羌族卷、独龙族卷、傈僳族卷、怒族卷），北京：中国社会科学出版社 2000 年版，第 491 页。

W0131.4.1.4
与神力有关的其他母题

【关联】［W0993］神或神性人物神力的消失

实　例

（实例待考）

W0131.5
神的能力的变化

实　例

（参见下级母题实例）

W0131.5.1
神的能力的升级

实　例

（参见下级母题实例）

W0131.5.1.1
神通过修炼提升能力

实　例

（参见下级母题实例）

W0131.5.1.1.1
男神阿布凯巴图经修炼变成九头六臂的金甲大天神

实　例

满族 阿布凯巴图（男神名）经修炼变成九头六臂的金甲大天神。

【流传】黑龙江省·（牡丹江市）·宁古塔（宁安县）；吉林省·长白山地区（长白山一带）

【出处】

（a）傅英仁讲述，张爱云记录整理：《天宫神魔大战》，见傅英仁讲述，张爱云记录整理《满族萨满神话》，哈尔滨：黑龙江人民出版社 2006 年版。

（b）同（a），见陶阳、钟秀编《中国神话》（上），北京：商务印书馆 2008 年版，第 155～180 页。

W0132
神的变化（神的变形，神变形，神的演变，神的演化）

【关联】［W9525］神的变形

实　例

（参见下级母题实例）

W0132.1
神变化自己的外形

【汤普森】D698

实　例

（参见下级母题实例）

W0132. 1. 1
神会变化身体大小

【汤普森】A120. 2

实 例

（参见下级母题实例）

W0132. 1. 1. 1
神变形为巨人

实 例

彝族 聪明的阿志神（女神名）怕神树长大后飞向高高的蓝天，于是，她便变成一巨人，坐在这树的树尖，这棵神树的枝叶就不再向上生长。

【流传】云南省·（红河哈尼族彝族自治州）·弥勒县、泸西县，（昆明市）·路南县（石林彝族自治县）等地

【出处】毕荣亮讲，光未然采集整理，古梅改写：《创世纪》，见姚宝瑄主编《中国各民族神话》（羌族、彝族），太原：山西出版传媒集团·书海出版社 2014 年版，第 91 页。

W0132. 1. 1. 2
天神阿布卡赫赫造的无数小神能伸能缩

实 例

满族 天神阿布卡赫赫造出无数个能伸能缩的米亚卡小神。

【流传】黑龙江省·黑河地区（黑河市）·孙吴县·（沿江满族达斡尔族乡）·四季屯（四季屯村）

【出处】吴纪贤、富希陆讲：《天宫大战——黑水女真人传世神话》（1939，选自富育光、郭淑云整理的手稿），见姚宝瑄主编《中国各民族神话》（满族、赫哲族、朝鲜族），太原：山西出版传媒集团·书海出版社 2014 年版，第 32 页。

W0132. 1. 1. 3
天神阿布卡赫赫可小得像水泡，大得似天穹

实 例

满族 女天神阿布卡赫赫小得像水泡，大得似天穹，长得过寰宇，身轻可浮游天宇，身重能潜入水底。

【流传】黑龙江省·黑河地区（黑河市）·孙吴县·（沿江满族达斡尔族乡）·四季屯（四季屯村）

【出处】吴纪贤、富希陆讲：《天宫大战——黑水女真人传世神话》（1939，选自富育光、郭淑云整理的手稿），见姚宝瑄主编《中国各民族神话》（满族、赫哲族、朝鲜族），太原：山西出版传媒集团·书海出版社 2014 年版，第 22 页。

W0132. 1. 2
神变化为动物

实 例

门巴族 （实例待考）

W0132.1.2.1
雷王手下神契高变成树上的三角蛙

实　例

壮族 雷王手下神契高帮布伯斗雷王，怕雷王报复，到森林去躲。有的说他变成树上的三角蛙。

【流传】（无考）

【出处】 中国各民族宗教与神话大词典编审委员会编《中国各民族宗教与神话大词典》，北京：学苑出版社1990年版，第784页。

W0132.1.2.2
雷王手下神契高变成野蜘蛛

实　例

壮族 雷王手下神契高帮布伯斗雷王，怕雷王报复，到森林去躲。有的说变成野蜘蛛。

【流传】（无考）

【出处】 中国各民族宗教与神话大词典编审委员会编《中国各民族宗教与神话大词典》，北京：学苑出版社1990年版，第784页。

W0132.2
神会变化性别

【关联】［W0132］神的变化（神的变形，神变形，神的演变，神的演化）

实　例

满族 敖钦女神变成了一角九头八臂的两性怪神后，自己有了“索索”（男性生殖器），可以自生自育。

【流传】 黑龙江省·黑河地区（黑河市）·孙吴县·（沿江满族达斡尔族乡）·四季屯（四季屯村）

【出处】 吴纪贤、富希陆讲：《天宫大战——黑水女真人传世神话》（1939，选自富育光、郭淑云整理的手稿），见姚宝瑄主编《中国各民族神话》（满族、赫哲族、朝鲜族），太原：山西出版传媒集团·书海出版社2014年版，第24页。

W0132.3
神能返老还童

【汤普森】 ≈A191

实　例

（参见下级母题实例）

W0132.3.1
神年老后能变年轻

实　例

（参见下级母题实例）

W0132.3.1.1
天神之子侯波老后能变少年

实　例

哈尼族 年迈的天神之子侯波变少年。

【流传】 云南省

【出处】《侯波与娜隆》，见《中国各民族宗教与神话大词典》编审委员会编《中国各民族宗教与神话大词典》，北京：学苑出版社 1990 年版，第 169 页。

W0132. 3. 2
创始祖和造物母能返老还童

实 例

（参见下级母题实例）

W0132. 3. 2. 1
创始祖和造物母夫妻经历 4 次返老还童

实 例

景颇族 创始祖和造物母都是一对夫妻英雄，共 4 次返老还童。

【流传】云南省·（德宏傣族景颇族自治州）·盈江县支丹山吾寨

【出处】萧家成译著：《勒包斋娃——景颇族创世史诗》，北京：民族出版社 1992 年版，第 3 页。

景颇族 娃袤能退腊和能星农锐木占一对天鬼死之前，又生下了彭干支伦和木占非顺。他们活在世上的时间最长，返老还童了四次。

【流传】（无考）

【出处】斋瓦贡退干唱，李向前、木然瑶都搜集整理，木子改写：《穆脑斋瓦——宁冠瓦》，见姚宝瑄主编《中国各民族神话》（白族、拉祜族、景颇族），太原：山西出版传媒集团·书海出版社 2014 年版，第 225 页。

W0132. 3. 3
神在变化中获得新生

实 例

彝族 混沌中变化出索恒哲（原书解释为哲人名字，本书认为是最早产生的天神的名称）后，他忽在空中来，又在空中往，变化无穷尽，变化又新生。

【流传】（贵州省彝族地区）

【出处】《索恒哲》，见王富慧（珠尼阿依）译著，贵州省民族古籍整理办公室编《彝族神话史诗选》，北京：民族出版社 2013 年版，第 5～6 页。

W0132. 4
与神的变化有关的其他母题（与神变形有关的其他母题）

实 例

（参见下级母题实例）

W0132. 4. 1
神出生时变成火

【汤普森】A199. 3

实 例

（实例待考）

W0132. 4. 2
神一日多变

【关联】

① ［W0068. 15. 3. 1. 1］ 神女一日三变

②［W0714.1.2］女娲一日七十变（女娲七十化）

实 例

（实例待考）

W0132.4.3 神的化身

实 例

（参见下级母题实例）

W0132.4.3.1 保护神三多化身为白石

实 例

纳西族 保护神三多化身为白石。

【流传】（无考）

【出处】严汝娴等：《永宁纳西族的母系制》，昆明：云南人民出版社1983年版，第199～200页。

W0132.4.3.2 神化身动物

【关联】［W0995.5.4.1.1］蝴蝶是祖神的化身

实 例

苗族 （参见“W0995.5.4.1.1 蝴蝶是祖神的化身”母题实例）

W0132.4.3.2.1 雅拉香波山神、冈底斯山神等都化身为白牦牛

实 例

藏族 冈底斯山神、雅拉香波曾多次化身白牦牛。

【流传】（无考）

【出处】丹珠昂奔：《藏族神灵论》，中国社会科学出版社1990年版，见吕大吉、何耀华总主编《中国各民族原始宗教资料集成》（鄂伦春族卷、鄂温克族卷、赫哲族卷、达斡尔族卷、锡伯族卷、满族卷、蒙古族卷、藏族卷），北京：中国社会科学出版社1999年版，第980页。

藏族 雅拉香波山神、冈底斯山神等都化身为白牦牛。

【流传】（无考）

【出处】谢继胜：《牦牛图腾型藏族族源神话探索》，载《西藏研究》1986年第3期。

W0132.4.3.3 神有不同化身（神有多种化身）

实 例

壮族 各地的“都召”（神主或神的化身）有不同的形象，可以是鸭子，可以是鹅，有的地方还传说为年轻的姑娘。

【流传】广西壮族自治区·百色市·靖西市

【出处】凌树东搜集整理：*《神怪栖止——禁地》（1989），见吕大吉、何耀华总主编《中国各民族原始宗教资料集成》（土家族卷、瑶族卷、壮族卷、黎族卷），北京：中国社会科学

出版社 1998 年版，第 491 页。

W0132. 4. 3. 3. 1
神有 3 种化身

实 例

藏族 玛桑亚邦咋杰山神有三个化身，一是穿铠甲戴银饰的白人，一是穿铜甲之红人，一是暗蓝色穿铁甲的人。

【流传】（西藏自治区）

【出处】［奥地利］内贝斯基著，谢继胜译：《西藏的鬼怪和神灵——比较宗教学研究》，原载《国外藏学研究译文集》第 3 集，西藏人民出版社 1987 年版，见吕大吉、何耀华总主编《中国各民族原始宗教资料集成》（鄂伦春族卷、鄂温克族卷、赫哲族卷、达斡尔族卷、锡伯族卷、满族卷、蒙古族卷、藏族卷），北京：中国社会科学出版社 1999 年版，第 791 页。

W0132. 4. 3. 3. 2
腾格里能化身为各种自然现象、疾病

实 例

蒙古族（布里亚特） 腾格里不仅是可见的天空，而且是生活在天上的有生命之物，它能化身为各种自然现象、疾病、人们的各种职业和社会关系等等。

【流传】（无考）

【出处】［苏联］И. А. 曼日格耶夫著，宋长宏译，佟德富校：《布里亚特萨满教和前萨满教辞典》（俄文版），莫斯科：科学出版社 1978 年版，第 20 ~ 21 页，见吕大吉、何耀华总主编《中国各民族原始宗教资料集成》（鄂伦春族卷、鄂温克族卷、赫哲族卷、达斡尔族卷、锡伯族卷、满族卷、蒙古族卷、藏族卷），北京：中国社会科学出版社 1999 年版，第 628 页。

W0132. 4. 3. 4
神化身为自然物

实 例

（参见下级母题实例）

W0132. 4. 3. 4. 1
神化身雷电

实 例

蒙古族 昊天的犬马，萨满的信仰，汗·宝木勒是惊雷，后·宝木勒是闪电。

【流传】（无考）

【出处】 乌兰杰：《蒙古族古代音乐舞踏初探》，呼和浩特：内蒙古人民出版社 1985 年版，第 108 ~ 110 页。

W0132. 4. 3. 4. 2
神化身细雨

实 例

蒙古族（布里亚特） 汗·霍尔穆斯·腾格里（又作“汗·休尔穆斯·腾格

里”）是55西方天神之首，它的化身是温和的毛毛的细雨，能使牧草旺盛，牲畜肥壮。

【流传】（无考）

【出处】［苏联］И. А. 曼日格耶夫著，宋长宏译，佟德富校：《布里亚特萨满教和前萨满教辞典》（俄文版），莫斯科：科学出版社1978年版，第84页，见吕大吉、何耀华总主编《中国各民族原始宗教资料集成》（鄂伦春族卷、鄂温克族卷、赫哲族卷、达斡尔族卷、锡伯族卷、满族卷、蒙古族卷、藏族卷），北京：中国社会科学出版社1999年版，第627页。

W0132.4.3.4.3

神化为光

实例

满族 老三星（大神名，创世神）分别化成一道银光、一道黄光和一道红光，钻到了冰山里。

【流传】黑龙江省·（牡丹江市）·宁古塔（宁安县）；吉林省·长白山地区（长白山一带）

【出处】

(a) 傅英仁讲述，张爱云记录整理：《天宫神魔大战》，见傅英仁讲述，张爱云记录整理《满族萨满神话》，哈尔滨：黑龙江人民出版社2006年版。

(b) 同（a），见陶阳、钟秀编《中国神话》（上），北京：商务印书馆2008年版，第155～180页。

W0132.4.3a

神会分身术

实例

（参见下级母题实例）

W0132.4.3a.1

四方大神能同时附体六十四位大萨满

实例

满族 四方大神（四只神鹰）能同时附体六十四位大萨满。

【流传】黑龙江省·（牡丹江市）·宁古塔（宁安县）；吉林省·长白山地区（长白山一带）

【出处】

(a) 傅英仁讲述，张爱云记录整理：《天宫神魔大战》，见傅英仁讲述，张爱云记录整理《满族萨满神话》，哈尔滨：黑龙江人民出版社2006年版。

(b) 同（a），见陶阳、钟秀编《中国神话》（上），北京：商务印书馆2008年版，第155～180页。

W0132.4.4

神在不同地点变化为不同身份

实例

（参见下级母题实例）

W0132. 4. 4. 1

蚂蚁到天上是天神，在地上是禽兽

【关联】［W3471. 5］蚂蚁上天为神，在地上是禽兽

实　例

藏族　蚂蚁（创世者）到天空去遨游，就是天神；在地上爬时，就是禽兽。

【流传】四川省·（阿坝藏族羌族自治州）·若尔盖（若尔盖县）·求吉乡·下王则村

【出处】大夺戈讲，阿强等采录：《开天辟地》，见中国民间文学集成全国编辑委员会编《中国民间故事集成》（四川卷·下），北京：中国 ISBN 中心 1998 年版，第 933 页。

W0132. 4. 5

神随时间变化为其他身份

实　例

（参见下级母题实例）

W0132. 4. 5. 1

母系氏族的祖先神演变为父系氏族的祖先神

【关联】

①［W5298. 1］母系氏族

②［W5298. 2］父系氏族

实　例

鄂伦春族　“阿娇鲁博如坎”（“阿娇鲁”是“根”的意思，“博如坎”即“神”），原来是指母系氏族的祖先，后来演变为父系氏族的祖先。

【流传】（无考）

【出处】赵复兴：《鄂伦春族游猎文化》，呼和浩特：内蒙古人民出版社 1991 年版，第 226 页。

W0132. 4. 6

神的职能的变化

实　例

（参见下级母题实例）

W0132. 4. 6. 1

男祖先神变成畜神

实　例

锡伯族　畜神（锡伯族称“海尔堪玛法”），原来是代表男祖先的神灵，后来演变为保佑家畜兴旺发达的神灵。

【流传】（无考）

【出处】

（a）佟克力：《锡伯族历史与文化》，乌鲁木齐：新疆人民出版社 1989 年版，第 184～185 页。

（b）《畜神》，见吕大吉、何耀华总主编《中国各民族原始宗教资料集成》（鄂伦春族卷、鄂温克族卷、赫哲族卷、达斡尔族卷、锡伯族卷、满族卷、蒙古族卷、藏族卷），北京：中国社会科学出版社 1999 年版，第 400 页。

W0132.4.6.2

农神变成家神

实　例

锡伯族 土地神本是保佑农业丰收的神灵，后来出现了专管五谷的神灵，土地神成了专管庭院（园）的神灵。

【流传】（无考）

【出处】

（a）佟克力：《锡伯族历史与文化》，乌鲁木齐：新疆人民出版社1989年版，第182页。

（b）《土地神》，见吕大吉、何耀华总主编《中国各民族原始宗教资料集成》（鄂伦春族卷、鄂温克族卷、赫哲族卷、达斡尔族卷、锡伯族卷、满族卷、蒙古族卷、藏族卷），北京：中国社会科学出版社1999年版，第399页。

W0132.4.6.3

生育神变为家族保护神

实　例

锡伯族 “希林玛玛”（锡伯语意为“续嗣女祖”），是专门保佑降生的神灵，后来演变为象征保佑家宅平安和人口兴旺的神灵。

【流传】（无考）

【出处】

（a）佟克力：《锡伯族历史与文化》，乌鲁木齐：新疆人民出版社1989年版，第256～257页。

（b）《希林玛玛》，见吕大吉、何耀华总主编《中国各民族原始宗教资料集成》（鄂伦春族卷、鄂温克族卷、赫哲族卷、达斡尔族卷、锡伯族卷、满族卷、蒙古族卷、藏族卷），北京：中国社会科学出版社1999年版，第398页。

W0132.4.6.4

海神变为风神

实　例

汉族 天神颛顼的属神禺强（颛顼的叔父）从北海迁到南海，由鱼变而为鸟，由海神变为风神。

【流传】（无考）

【出处】《颛顼隔断天地的通路》，原载袁珂编译《中国神话故事》，见陶阳、钟秀编《中国神话》（上），北京：商务印书馆2008年版，第195～198页。

W0132.4.7

神由好变坏

实　例

壮族 初时，雷神把雨池管理得很好，后来渐渐变了，觉得自己具有无上的能力，渐渐瞧不起地上的人们了。

【流传】（无考）

【出处】《盘和古》，原载陶立璠、李耀宗编《中国少数民族神话传说选》，四川民族出版社1985年版，见姚宝瑄主编《中国各民族神话》（仫佬族、壮族、京族），太原：山西出版传媒集团·书海出版社2014年版，第130页。

W0133
神全知全能

实 例

壮族 神是至高无上的，万能的，它对世间人们的思想行为了如指掌，并以此为依据作为予人的奖赏与惩罚。

【流传】广西壮族自治区·（南宁市）·武鸣县·两江乡·雷江片，马山县·古零乡·杨圩片

【出处】黄世杰搜集整理：*《多神信仰》（1990），见吕大吉、何耀华总主编《中国各民族原始宗教资料集成》（土家族卷、瑶族卷、壮族卷、黎族卷），北京：中国社会科学出版社1998年版，第493页。

W0133.1
神无所不知

【汤普森】①A102.1；②J1617

【关联】［W0496］智慧神（知识神）

实 例

（参见下级母题实例）

W0133.1.1
神的智慧的获得

实 例

（参见下级母题实例）

W0133.1.1.1
神的智慧源于智慧树

实 例

满族 各位大神都没有智慧，阿不凯恩都哩从纳丹乌希哈那里要来智慧树枝，分给他们，神才有了灵气。

【流传】黑龙江省·牡丹江市·（西安区）·温春乡（温春镇）

【出处】梅崇阿讲，傅英仁采录：《人的尾巴》，见中国民间文学集成全国编辑委员会编《中国民间故事集成》（黑龙江卷），北京：中国ISBN中心2005年版，第23页。

W0133.1.2
神预知未来

实 例

（参见下级母题实例）

W0133.1.2.1
神料事如神

实 例

苗族 造物者纳罗引勾早料到有些贪心的野兽要来偷禾本（粮种）吃，他就事先把禾本包上一层皱麻皮，还扦上一根根长芒须。

【流传】广西壮族自治区·（柳州市）·融水苗族自治县

【出处】

（a）杨达香讲，梁彬搜集整理：《创世

纪》（二、捏人捏兽，栽果撒谷），见梁彬、王天若编《苗族民间故事选》，南宁：广西人民出版社1986年版。

（b）同（a），见姚宝瑄主编《中国各民族神话》（布依族、仡佬族、苗族），太原：山西出版传媒集团·书海出版社2014年版，第180页。

W0133.1.3

神能洞察一切

实 例

（参见下级母题实例）

W0133.1.3.1

神知道背着人做的好事坏事

实 例

壮族 神能洞察一切，背着人做好事坏事，神都会知道。

【流传】（无考）

【出处】 范宏贵：《壮族卷·绪论》，见吕大吉、何耀华总主编《中国各民族原始宗教资料集成》（土家族卷、瑶族卷、壮族卷、黎族卷），北京：中国社会科学出版社1998年版，第478页。

W0133.1.4

神未卜先知

实 例

（参见下级母题实例）

W0133.1.4.1

神王英叭知道恶神要干坏事

实 例

傣族 雨雾之神披乍贺要毁灭世界时，神王英叭早就用定天柱稳住了天，四角的天柱，尤其是西拉神像牢牢地把地球支撑住。

【流传】 云南省·西双版纳（西双版纳傣族自治州）·勐海（勐海县）·勐遮（勐遮镇）、勐混（勐混镇）

【出处】 波玉挽讲，王光搜集整理：《披乍贺与火神之子的一场战争》，见姚宝瑄主编《中国各民族神话》（哈尼族、傣族），太原：山西出版传媒集团·书海出版社2014年版，第244页。

W0133.1.4.2

太阳神知道寻找他的人的想法

实 例

裕固族 莫拉（裕固族对孩子的称呼）来到了东海找太阳神求镇妖宝物。一见面太阳神就说："你的来意我已经知道了。我借给你一个神火宝葫芦。"

【流传】（无考）

【出处】 乔维森、野枫整理：《莫拉》，原载《神话传说故事选》，见陶阳、钟秀编《中国神话》（中），北京：商务印书馆2008年版，第779～784页。

W0133.2
神是全视的

【汤普森】A102.2

实 例

（实例待考）

W0133.3
神是全能的

【汤普森】A102.4

【关联】［W1504.9.2］全能者造万物

实 例

羌族 （实例待考）

W0133.4
懂特定语言的神

实 例

（参见下级母题实例）

W0133.4.1
懂兽语的神

实 例

（参见下级母题实例）

W0133.4.1.1
大神竺妞懂兽语

实 例

苗族 大神竺妞找种子。因她能听懂松鼠的语言，找到了种子。

【流传】云南省苗族地区

【出处】祝先先讲，燕宝整理，蓝田改写：《竺妞造田地》，见姚宝瑄主编《中国各民族神话》（布依族、仡佬族、苗族），太原：山西出版传媒集团·书海出版社2014年版，第166页。

W0134
与神的能力有关的其他母题

实 例

（参见下级母题实例）

W0134.1
神能发光

【汤普森】A124

实 例

鄂温克族 （实例待考）

蒙古族 （实例待考）

纳西族（摩梭） 刺踏寨干木女山神眼睛比月亮还亮，肉色像太阳一样发光，走路像风一样轻巧。

【流传】云南省·（丽江市）·宁蒗县（宁蒗彝族自治县）

【出处】巴采若、桑绒尼搓讲，章虹宇搜集整理：《喇氏族的来源》，载《民间文学》1986年第3期。

W0134.1.1
神发光的来历

实 例

（参见下级母题实例）

W0134.1.1.1
宝石蛋中孵出身体发光的神

实 例

傣族 宝石蛋中孵出八神，全身闪光。

【流传】（云南省）

【出处】袁珂改编：《混散造人》，原载毛星主编《中国少数民族文学（下册）》，见袁珂《中国神话大词典》，北京：华夏出版社2015年版，第505页。

W0134.1.1.2
发光的神耕父

实 例

（参见下级母题实例）

W0134.1.1.2.1
耕父出入有光

实 例

汉族 丰山，神耕父处之，常游清冷之渊，出入有光，见则其国为败。

【流传】（无考）

【出处】［战国至汉］撰者不详：《山海经·中次十一经》。

W0134.1.2
神的光的特征

实 例

（参见下级母题实例）

W0134.1.2.1
神全身闪光

实 例

傣族 （参见“W0033.8.1 宝石蛋生神”母题实例）

W0134.1.3
神的光的消失

【关联】［W2803.2］人身上的光的消失

实 例

（实例待考）

W0134.1.3.1
神吃五谷不再发光

实 例

傣族 宝石蛋中孵出的八神全身闪光，因食地上之果，身体遂不复闪光，皮肤颜色一如我辈。

【流传】（云南省）

【出处】袁珂改编：《混散造人》，原载毛星主编《中国少数民族文学》（下册），见袁珂《中国神话大词典》，北京：华夏出版社2015年版，第505页。

W0134.1.4
与神发光有关的其他母题

实 例

（实例待考）

W0134. 2

神能喷火

【关联】

① ［W0334］雷神能喷出闪电

② ［W0395. 6. 3. 1］山神白那查喷火

实 例

（参见下级母题实例）

W0134. 2. 1

拖亚拉哈大神四爪蹚火云，巨口喷烈焰

实 例

满族 拖亚拉哈大神四爪蹚火云，巨口喷烈焰，奔驰如同闪电，驱赶冰雪，逐去寒霜，光照群山。

【流传】（无考）

【出处】富希陆讲，富育光采录：《天宫大战》，原载富育光编《满族神话选》，见陶阳、钟秀编《中国神话》（中），北京：商务印书馆2008年版，第736～737页。

W0134. 3

神能隐身或显形

实 例

（参见下级母题实例）

W0134. 3. 1

神能隐身

【汤普森】D1981. 1

【关联】［W070. 2］神是无形的

实 例

白族 世间存在“小神子”，它是一种1寸左右高的小人，动作迅速，有时会隐形，千变万化，神通广大。

【流传】云南省·（大理白族自治州）·鹤庆县

【出处】张海福等调查整理：《鹤庆白族赶小神子》（1989），见吕大吉、何耀华总主编《中国各民族原始宗教资料集成》（彝族卷、白族卷、基诺族卷），北京：中国社会科学出版社1996年版，第520页。

W0134. 3. 2

神能显形（神的现形）

【关联】

① ［W0890］灵魂的居所与显形（鬼的居所与显形）

② ［W0898］灵魂现形（鬼魂显形，鬼现身，灵魂被看见）

实 例

（参见下级母题实例）

W0134. 3. 2. 1

神在特定环境中显形

实 例

（实例待考）

W0134. 3. 2. 2

神为惩罚不敬者显形

实 例

鄂伦春族 一对老夫妻对火不尊，他们在架火做饭时，火苗上渐渐显出一个长头发的红脸老太婆来。这是火神"博如坎"显形。

【流传】（中国东北部地区）

【出处】

(a) 张凤铸、蔡伯文记录整理：《阿勒塔涅斩魔记》，见张凤铸、蔡伯文编《鄂伦春民间文学选》，呼和浩特：内蒙古人民出版社 1980 年版。

(b) 同（a），见姚宝瑄主编《中国各民族神话》（达斡尔族、鄂伦春族、鄂温克族、蒙古族），太原：山西出版传媒集团·书海出版社 2014 年版，第 107～113 页。

W0134.3.2.3

神现形预示遇难

实　例

壮族 水塘有"召"（水神），其形象不外是人形或熟悉水性的动物如小鸭子或小鹅等。"召"的变形出现表示它将遭受灾难或变迁。

【流传】广西壮族自治区·（百色市）·靖西县（靖西市）·新靖镇

【出处】凌树东搜集整理：*《祭水神》(1991)，见吕大吉、何耀华总主编《中国各民族原始宗教资料集成》（土家族卷、瑶族卷、壮族卷、黎族卷），北京：中国社会科学出版社 1998 年版，第 505 页。

W0134.3.3

神的幻影

实　例

（参见下级母题实例）

W0134.3.3.1

焚香的烟中呈现神的幻影

实　例

赫哲族 当萨满围着托落转了三圈的时候，只见燃烧的香的烟雾里呈现出诸神灵的幻影。

【流传】（黑龙江省）

【出处】

(a)《希尔达鲁莫日根》，载黑龙江省民间文艺研究会编：《黑龙江民间文学》第 20 辑，第 72～74 页。

(b)《谢神祭仪祭词（二）》，见吕大吉、何耀华总主编《中国各民族原始宗教资料集成》（鄂伦春族卷、鄂温克族卷、赫哲族卷、达斡尔族卷、锡伯族卷、满族卷、蒙古族卷、藏族卷），北京：中国社会科学出版社 1999 年版，第 264 页。

W0134.3.4

神会幻术（神会魔法）

【关联】［W0527.4.1］龟神会幻术

实　例

满族 （实例待考）

W0134.3.4.1
神王英叭使神法让 16 亿个天神消失

实 例

傣族 神王英叭使出了神法，对天层吹了口气，十六亿个天神便消失了。

【流传】云南省·西双版纳傣族地区（西双版纳傣族自治州）

【出处】《巴塔麻嘎捧尚罗》，王松据岩温炳翻译《巴塔麻晏》（开天辟地）改写，见姚宝瑄主编《中国各民族神话》（哈尼族、傣族），太原：山西出版传媒集团·书海出版社 2014 年版，第 291 ~292 页。

W0134.3.4.2
神能变化出需要的东西

实 例

傣族 天神摘了几片树叶，揉碎，吹进鱼笼中，变成活蹦乱跳的肥鱼。

【流传】（无考）

【出处】贺荣芝讲，汪宝兴采录：《酸鱼罐》，原载卢正佳、缪力主编《中国民间故事精品库》，见陶阳、钟秀编《中国神话》（下），北京：商务印书馆 2008 年版，第 1418 ~1427 页。

W0134.3.5
只有特定的人能看见神

实 例

（参见下级母题实例）

W0134.3.5.1
巫师能看到神

【关联】［W9143］ 巫师能通鬼神

实 例

壮族 一般的人不会轻易见到神。只有福气大的人，或师公，巫婆一类人才可以看见神。

【流传】广西壮族自治区·（南宁市）·武鸣县·两江乡·雷江片，马山县·古零乡·杨圩片

【出处】黄世杰搜集整理：*《多神信仰》（1990），见吕大吉、何耀华总主编《中国各民族原始宗教资料集成》（土家族卷、瑶族卷、壮族卷、黎族卷），北京：中国社会科学出版社 1998 年版，第 493 页。

W0134.3.5.2
福气大的人能看到神

实 例

壮族 （参见“W0134.3.5.1 巫师能看到神”母题实例）

W0134.4
神能做特定事情

实 例

（参见下级母题实例）

W0134.4.1

神开天

【关联】［W1100］天地的产生

实 例

苗族 菠补、佑聪、雷鲁、朱幂四个大神开天辟地。开的天不完美，又补天。

【流传】云南省·文山（文山壮族苗族自治州）一带

【出处】邓光北、闪永仙说唱，项保昌、刘德荣搜集：《开天补天，辟地补地》，见姚宝瑄主编《中国各民族神话》（布依族、仡佬族、苗族），太原：山西出版传媒集团·书海出版社2014年版，第125页。

W0134.4.2

神辟地

【关联】［W1100］天地的产生

实 例

苗族 （参见“W0134.4.1 神开天”母题实例）

W0134.4.3

神补天

【关联】

①［W0497.6］补天之神

②［W1384］补天

实 例

苗族 （参见“W0134.4.1 神开天”母题实例）

W0134.4

神射日

【关联】

①［W0497.5］射日之神

②［W9721］神射日

实 例

傣族 射神惟鲁塔拉弓射日，射得只剩最后一个太阳。

【流传】（无考）

【出处】岩峰、王松搜集整理：《射神惟鲁塔》，原载《中国各民族宗教与神话大词典》编审委员会编《中国各民族宗教与神话大词典》，学苑出版社1990年版，见姚宝瑄主编《中国各民族神话》（哈尼族、傣族），太原：山西出版传媒集团·书海出版社2014年版，第382页。

苗族 （实例待考）

W0134.4.4

神慧眼识妖

满族 （实例待考）

W0134.4.5

神会法术

【关联】［W9000］魔法

实 例

赫哲族 清洁木神是木竹林位神女与人婚生，神通广大，法术灵验。

【流传】（松花江下游地区依兰县至抚远市一带）

【出处】《木竹林》，见凌纯声《松花江下游的赫哲族》（原1934年南京刊印本），北京：民族出版社2012年版，第563页。

傈僳族 傈僳女神通法术，善变化。

【流传】（云南省·怒江州）

【出处】袁珂改编：《阿弓玛》，原载怒江州傈僳族民间故事编辑组编《傈僳族民间故事》，见袁珂《中国神话大词典》，北京：华夏出版社2015年版，第513页。

彝族 （实例待考）

W0134.4.5.1 神会定身术

【关联】［W9173.1］定身术

实　例

水族 神用定身术惩罚妖魔。

【流传】贵州省·（黔南布依族苗族自治州）·三都（三都水族自治县）

【出处】韦步文讲，岑玉清整理：《碍口山的来历》，见中华民族故事大系编委会编《中华民族故事大系》第9卷（水族、东乡族、纳西族），上海：上海文艺出版社1995年版，第107页。

W0134.4.5.2 神会变物（神会变戏法）

实　例

（参见下级母题实例）

W0134.4.5.2.1 神吹气把羊毛变成毛布衣服

实　例

藏族 水神的大姑娘扯了一丝丝羊毛用嘴一吹，变成一件毛布衣服。

【流传】四川省·（凉山彝族自治州）·木里县（木里藏族自治县）·桃坝乡

【出处】扎西仁青讲，偏初次尔翻译，刘先进等采录：《洪水潮天》，见中国民间文学集成全国编辑委员会编《中国民间故事集成》（四川卷·下），北京：中国ISBN中心1998年版，第938页。

W0134.4.6 神能造化万物

实　例

（参见下级母题实例）

W0134.4.6.1 神化万物为生灵

实　例

鄂伦春族 恩都力莫里根神有化万物为生灵的本领。

【流传】（中国东北部地区）

【出处】《恩都力创造了鄂伦春人》，见姚宝瑄主编《中国各民族神话》（达斡尔族、鄂伦春族、鄂温克族、蒙古族），太原：山西出版传媒集团·书海出版社2014年版，第20~21页。

W0134.4.7

神能惩罚不敬神者

实 例

（参见下级母题实例）

W0134.4.7.1

神惩罚拿了鄂温克人萨满神像的牧师让其眼睛瞎

实 例

鄂温克族 有个东正教牧师因拿了鄂温克人的萨满神像，眼睛瞎了。于是牧师就不敢再惹鄂温克人信奉的神了。

【流传】（内蒙古自治区·呼伦贝尔市·陈巴尔虎旗莫尔格河一带）

【出处】

（a）《陈巴尔虎旗莫尔格河鄂温克族社会历史调查报告》，见内蒙古自治区编辑组《鄂温克族社会历史调查》，呼和浩特：内蒙古人民出版社1986年版，第334页。

（b）《萨满教与东正教的矛盾》，见吕大吉、何耀华总主编《中国各民族原始宗教资料集成》（鄂伦春族卷、鄂温克族卷、赫哲族卷、达斡尔族卷、锡伯族卷、满族卷、蒙古族卷、藏族卷），北京：中国社会科学出版社1999年版，第181页。

W0134.4.7.2

神显灵惩罚不敬神者

【关联】［W0981］神的圣迹（神迹，神的显形，神显灵）

实 例

鄂温克族 （参见"W0134.4.7.1 神惩罚拿了鄂温克人萨满神像的牧师让其眼睛瞎"母题实例）

W0134.4.8

神会飞

实 例

（参见下级母题实例）

W0134.4.8.1

神无翅能飞

实 例

傣族 天地间第一个大神英叭神诞生了。他一生下来，就具有一种神的本能。他没有翅膀，却会飞翔，整天腾云驾雾，来去无踪。

【流传】云南省·西双版纳傣族地区（西双版纳傣族自治州）

【出处】《巴塔麻嘎捧尚罗》，王松据岩温炳翻译《巴塔麻晏》（开天辟地）改写，见姚宝瑄主编《中国各民族神话》（哈尼族、傣族），太原：山西出版传媒集团·书海出版社2014年版，第265页。

W0134.4.9

神特立独行

实 例

（参见下级母题实例）

W0134.4.9.1

谷魂奶奶是自为自立之神

实 例

傣族 从天上到地下，只有雅欢毫（谷魂奶奶）是不求任何神仙，而对人和动物却有不能忽视的贡献。她不崇拜天神地祇，也不崇拜纸上写的经文。

【流传】（云南省）

【出处】

（a）崔亚兰整理：《谷魂奶奶》，见傅光宇编《傣族民间故事选》，上海：上海文艺出版社 1985 年版。

（b）同（a），见姚宝瑄主编《中国各民族神话》（哈尼族、傣族），太原：山西出版传媒集团·书海出版社 2014 年版，第 346 页。

W0134.4.10

神会治病

实 例

（参见下级母题实例）

W0134.4.10.1

治病的神

实 例

（参见下级母题实例）

W0134.4.10.1.1

石贤士神会治病

实 例

汉族 汝南汝阳彭氏墓路头立一石人，立石兽后。田家老母到市买数片饵，暑热行疲，顿息石人下小瞑，遗一片饵去，忽不自觉。行道人有见者，时客适会，问因有是饵。客聊调之：石人能治病。愈者来谢之。转语头痛者摩石人头，腹痛者摩其腹，亦还自摩。他处于此，凡人病自愈者，因言得其福力，号曰贤士。

【流传】（河南省·驻马店市·汝南县一带）

【出处】［汉］应劭：《风俗通义·怪神第九》“石贤士神”条。

W0134.4.11

神说话成真（神金口玉言）

【关联】［W8050］灾难预言成真

实 例

（参见下级母题实例）

W0134.4.11.1

神让河中有桥就出现桥

实 例

朝鲜族 朱蒙（河伯女儿与天神之子生的儿子）被追到河边走投无路时，他举起长鞭指天长叹道：“我是天帝的孙子、河伯的外孙，今天来到这个地方避难，要是天帝有情，就快快降船，要是河伯长眼，就快快搭桥！”眨眼间，无数的鱼鳖虾蟹浮出水面，从南到北搭成了一座浮桥。

【流传】（无考）

【出处】

（a）金德顺讲，裴永镇整理：《朱蒙》，见《朝鲜族民间故事讲述家金德顺故事集》，上海：上海文艺出版社1983年版。

（b）同（a），见姚宝瑄主编《中国各民族神话》（满族、赫哲族、朝鲜族），太原：山西出版传媒集团·书海出版社2014年版，第170~181页。

W0134.4.12

神会做手工

实　例

（参见下级母题实例）

W0134.4.12.1

神会木匠活

【关联】［W0459.4］木匠神

实　例

（参见下级母题实例）

W0134.4.12.1.1

聪明能干米利东阿普做了许多女木偶

实　例

纳西族 米利东阿普是个聪明能干的神。他做了许多木偶，有男有女。

【流传】（云南省·丽江市）

【出处】和志武翻译整理：《人类迁徙记》，原载中共丽江地委宣传部编《纳西族民间故事选》，见陶阳、钟秀编《中国神话》（中），北京：商务印书馆2008年版，第856~876页。

W0134.5

神的能力的丧失

实　例

（参见下级母题实例）

W0134.5.1

神的飞行能力的失去

【关联】［W0225.5］天女飞行能力的失去

实　例

（参见下级母题实例）

W0134.5.1.1

女神穿上天神给的裙子后失去回天能力

实　例

苗族 天上的大神生老派到人间与小伙蒙老成婚的女神博苕过不惯人间生活常逃回天上，搞得人间繁衍不昌。生老就给博苕一条裙子，系上后她身不由己，就飘出天庭，降落在凡间，落在蒙老的岩洞门口。

【流传】云南省

【出处】

(a)《造人烟的传说》，见杨光汉主编《云南苗族民间故事集成》，北京：中国民间文艺出版社 1988 年版。

(b) 同 (a)，见姚宝瑄主编《中国各民族神话》（布依族、仡佬族、苗族），太原：山西出版传媒集团·书海出版社 2014 年版，第 290 页。

苗族 博茖（女神名）系上天神生老给的裙子，再也脱不下来，再也飞不回天上，只好住在地上繁衍人类。

【流传】云南省·（文山壮族苗族自治州）·富宁县

【出处】罗正明讲，王忠林等采录：《谁来造人烟》，见中国民间文学集成全国编辑委员会编《中国民间故事集成》（云南卷），北京：中国 ISBN 中心 2003 年版，第 92 页。

W0134. 5. 2

神失去回天能力

实 例

（参见下级母题实例）

W0134. 5. 2. 1

天神嚼吃地上的香土后失去回天能力

实 例

傣族 大地被火烧之后，发出很香的气味，至上天神闻到大地的香气下来嚼吃香土。一起下来的 36 个神，吃饱了大地精华，飞不上天了，只好永远住在大地上。

【流传】云南省·德宏（德宏傣族景颇族自治州）

【出处】《芒市历代土司简史》，见华林《傣文历史谱牒档案研究》，载《思想战线》1996 年第 4 期。

W0134. 6

神的旨意只能发一次

实 例

珞巴族 神的旨意只能发一次，不能说二遍的。

【流传】西藏自治区·林芝市·墨脱县·墨脱乡、甘登乡、旁辛乡（讲述地点：墨脱县·墨脱乡·墨脱村）

【出处】桑杰绕登、江措讲：《祭灶神》（1996. 09），见冀文正《珞巴族民间故事》，成都：四川民族出版社 2011 年版，第 75 页。

0. 1. 6 神的工具与武器

【W0135 ~ W0139】

W0135

神的工具

【汤普森】①A157②A137. 14

实 例

（实例待考）

W0135.1
神的生活用具

实　例

（实例待考）

W0135.1.1
神的篮子

【汤普森】A137.4

实　例

（实例待考）

W0135.2
神的劳动工具

【关联】［W6097］其他特定劳动工具的产生

实　例

（实例待考）

W0135.3
神的交通工具

实　例

（参见下级母题实例）

W0135.3.1
神的车子

实　例

（参见下级母题实例）

W0135.3.1.1
神的五龙车

【关联】［W0106.7.1］神乘五龙车下凡

实　例

朝鲜族 天帝的儿子解慕漱乘五龙车下凡。

【流传】（无考）

【出处】

（a）《高朱蒙》，见《三国史记》。

（b）《高朱蒙》，见《三国遗事》。

W0136
神的武器

【汤普森】A157

实　例

（参见下级母题实例）

W0136.1
神的锤子

【汤普森】A137.1

实　例

（实例待考）

W0136.2
神的刀

【关联】［W4432.1］闪电是神的刀

实　例

（实例待考）

W0136.3
神的盾

【汤普森】A157.4

实　例

（实例待考）

W0136. 4

神的飞轮

【汤普森】≈A137. 3

实 例

（实例待考）

W0136. 5

神的斧子

【汤普森】A137. 1. 1

实 例

（实例待考）

W0136. 6

神的弓箭

实 例

（实例待考）

W0136. 6. 1

神的弓

【汤普森】A157. 6

实 例

（实例待考）

W0136. 6. 2

神的箭

【汤普森】①A157. 2；②A137. 14. 1. 1

实 例

（实例待考）

W0136. 7

神的鼓

【汤普森】A159. 1

【关联】［W6274］鼓的产生

实 例

（实例待考）

W0136. 8

神的棍棒

【汤普森】A137. 2

实 例

（实例待考）

W0136. 9

神的剑

【汤普森】A157. 5

实 例

（实例待考）

W0136. 11

神的雷（石）

【汤普森】A157. 1

实 例

（实例待考）

W0136. 12

神的矛

【汤普森】A157. 3

实 例

（实例待考）

W0136.13

神的其他武器

实 例

（参见下级母题实例）

W0136.13.1

神两手持不同的武器

【关联】［W0397.2］山神手中的武器

实 例

（实例待考）

W0136.13.2

神的锁链

实 例

（参见下级母题实例）

W0136.13.2.1

宝木勒神有九色锁链

实 例

蒙古族（宝木勒神）有九色锁链，有彩绸飘带，我们代代信仰，有来历的宝木勒。

【流传】（无考）

【出处】莲花其其格（女萨满）诵唱，乌兰查夫采集，苏普格译：＊《宝木勒祷辞》，见吕大吉、何耀华总主编《中国各民族原始宗教资料集成》（鄂伦春族卷、鄂温克族卷、赫哲族卷、达斡尔族卷、锡伯族卷、满族卷、蒙古族卷、藏族卷），北京：中国社会科学出版社1999年版，第668页。

W0137

与神的工具与武器有关的其他母题

【汤普森】A159

【关联】［W0109］神的坐骑

实 例

（参见下级母题实例）

W0137.1

神的宠物

实 例

（参见下级母题实例）

W0137.1.1

狼是神的宠物

【关联】［W0202.6.1.1］狼是腾格里的宠物

实 例

哈萨克族（参见“W0202.6.1.1 狼是腾格里的宠物”母题实例）

W0137.1.2

小动物是神的宠物

实 例

（参见下级母题实例）

W0137.1.2.1

祖先神喜欢小动物刻如那斯

实 例

鄂温克族 “舍卧刻”（祖先神）喜欢动物“刻如那斯”，它是一种身白、尾黑，身长约一尺居住在岩石丛里的小动物。这种动物要放入装祖先神的口袋“玛鲁”中。

【流传】（内蒙古自治区·呼伦贝尔市·额尔古纳市）

【出处】

(a)《额尔古纳旗使用驯鹿鄂温克人的调查报告》，见内蒙古自治区编辑组《鄂温克族社会历史调查》，呼和浩特：内蒙古人民出版社1986年版，第233页。

(b)《“玛鲁”的构成》，见吕大吉、何耀华总主编《中国各民族原始宗教资料集成》（鄂伦春族卷、鄂温克族卷、赫哲族卷、达斡尔族卷、锡伯族卷、满族卷、蒙古族卷、藏族卷），北京：中国社会科学出版社1999年版，第111页。

W0137.2
神的玩物

实 例

（实例待考）

W0137.2.1
神的战马

【关联】［W0164.1］神的马

实 例

（实例待考）

W0137.3
神的器物

实 例

（参见下级母题实例）

W0137.3.1
神的宝物

实 例

（参见下级母题实例）

W0137.3.1.1
神的宝葫芦

【关联】［W0952.1.1.3］神的宝葫芦中有长生不老药

实 例

彝族 人神告诉一个心好的独眼人说：“我送你一个葫芦，葫芦里装着喝不完的清泉水，有吃不完的粮食。”

【流传】（云南省·楚雄彝族自治州·双柏县，红河哈尼族彝族自治州等地）

【出处】

(a) 云南省民族民间文学楚雄、红河调查队搜集，郭思九、陶学良整理：《查姆》，昆明：云南人民出版社1981年版。

(b) 郭思九、陶学良整理，古梅改写：《彝家的古根》，选自《云南民族文学资料》第七集中的《查姆》上部前三章，见姚宝瑄主编《中国各民族神话》（羌族、彝族），太原：山西出版传媒集团·书海出版社2014年版，第 68 页。

0.1.7 神的关系 【W0140～W0174】

W0140

神的谱系（神谱，神的家谱）

实 例

哈尼族 人有家谱，神也有家谱。

【流传】云南省·（红河哈尼族彝族自治州）·元阳（元阳县）、红河（红河县）、金平（金平苗族瑶族傣族自治县），（采集于元阳县·胜村乡·全福庄）

【出处】卢朝贵讲，史军超搜集整理：《神和人的家谱》，原载云南省民间文学集成办公室编《哈尼族神话传说集成》，中国民间文艺出版社 1990 年版，见姚宝瑄主编《中国各民族神话》（哈尼族、傣族），太原：山西出版传媒集团·书海出版社 2014 年版，第 39 页。

W0140.1

神谱的缔造者

实 例

（参见下级母题实例）

W0140.1.1

万能女神传神谱

【关联】［W0068.6］万能的女神

实 例

（参见下级母题实例）

W0140.1.1.1

万能的女神阿匹梅烟把神的家谱传出来

实 例

哈尼族 天神俄玛生万能的女神“阿匹梅烟”（第一代神王）。她把神的家谱传出来。

【流传】云南省·（红河哈尼族彝族自治州）·元阳县

【出处】卢朝贵讲，史军超采录：《神和人的家谱》，见中国民间文学集成全国编辑委员会编《中国民间故事集成》（云南卷），北京：中国 ISBN 中心 2003 年版，第 23 页。

W0140.2

第一代神（第 1 代神）

实 例

哈尼族 （实例待考）

W0140.2.1

混沌是第一代神

实 例

（参见下级母题实例）

W0140. 2. 1. 1
昆屯是开天辟地的第一代神

【关联】［W0422. 0］开天辟地神

实 例

毛南族 昆屯是开天辟地的第一代神。

【流传】（无考）

【出处】《昆屯》，见《中国各民族宗教与神话大词典》编审委员会编《中国各民族宗教与神话大词典》，北京：学苑出版社 1990 年版，第 417 页。

W0140. 2. 2
第一代神姆六甲

实 例

壮族 第一代神是姆六甲。

【流传】（无考）

【出处】欧阳若修等：《壮族神话集成》，见张声震总主编，农冠品编注《壮族神话集成》，南宁：广西民族出版社 2007 年版，第 499～500 页。

W0140. 3
第二代神（第 2 代神）

实 例

哈尼族 世上第一个男神大神烟沙是第二代神王。

【流传】云南省·（红河哈尼族彝族自治州）·元阳县

【出处】卢朝贵讲，史军超采录：《神和人的家谱》，见中国民间文学集成全国编辑委员会编《中国民间故事集成》（云南卷），北京：中国 ISBN 中心 2003 年版，第 23 页。

纳西族 最初的善神依古阿格变化出的第二代神额玉额玛生下九对白蛋。

【流传】云南省·丽江（丽江市）

【出处】和芳（东巴）读经，和志武翻译整理：《崇邦统》（人类迁徙记）（1954），见吕大吉、何耀华总主编《中国各民族原始宗教资料集成》（纳西族卷、羌族卷、独龙族卷、傈僳族卷、怒族卷），北京：中国社会科学出版社 2000 年版，第 321 页。

W0140. 3. 1
第二代布洛陀

实 例

壮族 第一代神是姆六甲，第二代布洛陀。

【流传】（无考）

【出处】欧阳若修等：《壮族神话集成》，见张声震总主编，农冠品编注《壮族神话集成》，南宁：广西民族出版社 2007 年版，第 499～500 页。

W0140. 4
第三代神（第 3 代神）

【关联】［W0204. 11. 2］天皇是第三代神

实 例

傣族（水傣） 无心神是第三代神捧腊哈

的后代。

【流传】（云南省·西双版纳傣族自治州）

【出处】王松整理：《傣族——西双版纳的神谱》，见姚宝瑄主编《中国各民族神话》（哈尼族、傣族），太原：山西出版传媒集团·书海出版社2014年版，第228页。

哈尼族（参见“W0140.4.2.1 天神俄玛生神王阿匹梅烟，阿匹梅烟生第二代神王烟沙，烟沙生第三代神王沙拉”母题实例）

W0140.4.1

第三代布伯

实 例

壮族 第一代神是姆六甲，第二代布洛陀，第三代布伯

【流传】（无考）

【出处】欧阳若修等：《壮族神话集成》，见张声震总主编，农冠品编注《壮族神话集成》，南宁：广西民族出版社2007年版，第499~500页。

W0140.4.2

生育第三代神

实 例

（参见下级母题实例）

W0140.4.2.1

天神俄玛生神王阿匹梅烟，阿匹梅烟生第二代神王烟沙，烟沙生第三代神王沙拉

实 例

哈尼族 天神俄玛在三层天的神殿里生下了至高无上的神王阿匹梅烟，阿匹梅烟又生下第二代神王烟沙，烟沙又生下了第三代神王沙拉。

【流传】云南省·（红河哈尼族彝族自治州）·元阳县、金平县（金平苗族瑶族傣族自治县）、红河县等地

【出处】朱小和讲，史军超、卢朝贵搜集整理：《烟本霍本》，原载刘辉豪、阿罗编《哈尼族民间故事选》，上海文艺出版社1989年版，见姚宝瑄主编《中国各民族神话》（哈尼族、傣族），太原：山西出版传媒集团·书海出版社2014年版，第34页。

W0140.4.3

造第三代神

实 例

（参见下级母题实例）

W0140.4.3.1

第二代神王玛哈捧造第三代神

实 例

傣族 第二代神王玛哈捧模仿父神英叭，搓下身上的污垢，捏出了第三

代神。

【流传】云南省·西双版纳傣族地区（西双版纳傣族自治州）

【出处】《巴塔麻嘎捧尚罗》，王松据岩温炳翻译《巴塔麻晏》（开天辟地）改写，见姚宝瑄主编《中国各民族神话》（哈尼族、傣族），太原：山西出版传媒集团·书海出版社 2014 年版，第 286～287 页。

W0140.5

第四代神（第4代神）

实　例

傣族 第三代神捧腊哈学父辈的办法，也搓下自己身上的污垢，捏出了第四代神。

【流传】云南省·西双版纳傣族地区（西双版纳傣族自治州）

【出处】《巴塔麻嘎捧尚罗》，王松据岩温炳翻译《巴塔麻晏》（开天辟地）改写，见姚宝瑄主编《中国各民族神话》（哈尼族、傣族），太原：山西出版传媒集团·书海出版社 2014 年版，第 287 页。

哈尼族 觉涅（第三代人神）、涅直（第四代人神）都是鬼［这里也可以理解为“神”，一些民族神话表述中常出现鬼神不分，人鬼（神）同祖的情况，根据文本中的叙事，哈尼族的“鬼”本质是“神”，与人类产生相关的“鬼”有时称之为“人神”］。

【流传】云南省·（红河哈尼族彝族自治州）·元阳县

【出处】卢朝贵讲，史军超采录：《神和人的家谱》，见中国民间文学集成全国编辑委员会编《中国民间故事集成》（云南卷），北京：中国 ISBN 中心 2003 年版，第 23 页。

W0140.5.1

第四代伏羲兄妹

实　例

壮族 第一代神是姆六甲，第二代布洛陀，第三代布伯，第四代伏羲兄妹。

【流传】（无考）

【出处】欧阳若修等：《壮族神话集成》，见张声震总主编，农冠品编注《壮族神话集成》，南宁：广西民族出版社 2007 年版，第 499～500 页。

W0140.6

第五代神（第5代神）

实　例

哈尼族 （实例待考）

纳西族 海中生出的人类祖先神依次是：海史海古、海古美古、美古初初、初初慈禹、慈禹初居、初居具仁、具仁迹仁、迹仁崇仁、崇仁丽恩。

【流传】云南省·丽江（丽江市）

【出处】和芳（东巴）读经，和志武翻译整理：《崇邦统》（人类迁徙记）（1954），见吕大吉、何耀华总主编《中国各民族原始宗教资料集成》（纳西族卷、羌族卷、独龙族卷、傈僳族卷、怒族卷），北京：中国社会科学出版社 2000 年版，第 322 页。

壮族 五代以后的祖先神则转至屋檐下居住。

【流传】（无考）

【出处】 范宏贵：《壮族卷·绪论》，见吕大吉、何耀华总主编《中国各民族原始宗教资料集成》（土家族卷、瑶族卷、壮族卷、黎族卷），北京：中国社会科学出版社 1998 年版，第 480 页。

W0140.6.1

毛南族有五代神

实 例

毛南族（实例待考）

W0140.7

第六代神（第 6 代神）

实 例

哈尼族 第六代先祖叫直乌，他们比涅直（哈尼语，鬼的头领，鬼王，直鬼）好多了，会活会动了，所以他们又叫"活起来的祖先"。

【流传】 云南省·（红河哈尼族彝族自治州）·元阳（元阳县）、红河（红河县）、金平（金平苗族瑶族傣族自治县）（采集于元阳县·胜村乡·全福庄）

【出处】 卢朝贵讲，史军超搜集整理：《神和人的家谱》，原载云南省民间文学集成办公室编《哈尼族神话传说集成》，中国民间文艺出版社 1990 年版，见姚宝瑄主编《中国各民族神话》（哈尼族、傣族），太原：山西出版传媒集团·书海出版社 2014 年版，第 43～44 页。

W0140.8

第七代神（第 7 代神）

实 例

（实例待考）

W0140.9

第八代神（第 8 代神）

实 例

（实例待考）

W0140.10

其他各代神

实 例

（实例待考）

W0140.11

与神的谱系有关的其他母题

【关联】［W1527.1.1.1］第 16 代祖先神时产生万物

实 例

（参见下级母题实例）

W0140. 11. 1

最古老的神

实 例

蒙古族 （实例待考）

W0140. 11. 2

壮族神谱依次排列为气体→神蛋→金甲天神→姆六甲→布洛陀→布伯→伏依兄妹→英雄神

实 例

壮族 壮族神的谱系：气体→神蛋→金甲天神→姆六甲→布洛陀→布伯→伏依兄妹→肉团→人类→英雄神。

【流传】（无考）

【出处】 梁庭望、农学冠：《壮族文学概要》，南宁：广西民族出版社 1991 年版，第 5 页。

※W0141

对偶神（夫妻神）[1]

实 例

（实例待考）

W0142

天公地母[2]

【汤普森】 A625

【关联】

① ［W0181］天神

② ［W0206］天公

③ ［W0230］地神

④ ［W0238］地母

⑤ ［W1126. 2. 1］天是公的叫天公，地是母的叫地母

⑥ ［W1168. 13. 12. 1］天又叫天公

实 例

（参见下级母题实例）

W0142. 1

天公地母的产生

【关联】［W0034. 1. 1］阴阳相生诞生天公地母

实 例

（参见下级母题实例）

W0142. 1. 1

卵生天公地母

实 例

珞巴族 一场大风把两个圆蛋刮到一起，它们相互碰撞，都烂了。从一个蛋壳里钻出天，是公的；从另一个蛋壳里钻出地，是母的。后来，天公和地母结了婚。

【流传】 西藏自治区·林芝市·墨脱县·达木珞巴民族乡、旁辛乡、甘登乡（讲述地点：墨脱县·达木珞巴民族乡·马尔康村）

① 对偶神（夫妻神），据神话叙事和母题编目的实际情况，“对偶神”包括少量的神性人物对偶神。

② 天公地母，“天公”在不同的神话中可以有不同的称呼，如“天爷”、“天王”等。

【出　处】安布讲：《天和地》（1955.10），见冀文正《珞巴族民间故事》，成都：四川民族出版社 2011 年版，第 3 页。

W0142.1.2

男女祖先成为天公地母

实　例

白族 劳泰（女始祖）、劳谷（男始祖）是开天辟地的老始祖，人们尊称劳谷为天公，劳泰为地母。

【流传】云南省·（大理白族自治州）·鹤庆（鹤庆县），丽江（丽江市）及（丽江市）·永胜（永胜县）

【出处】李剑飞讲，李缵绪、章虹宇记录：《人类和万物的起源》（又名《劳谷与劳泰》《古干古洛创世记》），原载李缵绪主编《白族神话传说集成》，中国民间文艺出版社 1986 年版，见姚宝瑄主编《中国各民族神话》（白族、拉祜族、景颇族），太原：山西出版传媒集团·书海出版社 2014 年版，第 28 页。

W0142.1.3

天神造天父地母

实　例

（参见下级母题实例）

W0142.1.3.1

天神迦萨甘造造天父地母

实　例

哈萨克族 天神迦萨甘造天地后，创造了天父和地母。

【流传】新疆维吾尔自治区哈萨克族居住地区

【出处】《迦萨甘创世》，斯丝据别克苏勒坦、佟中明撰写的《哈萨克族宗教与神话》改写，见姚宝瑄主编《中国各民族神话》（乌孜别克族、哈萨克族、柯尔克孜族、俄罗斯族、维吾尔族、塔吉克族、塔塔尔族、锡伯族），太原：山西出版传媒集团·书海出版社 2014 年版，第 25～26 页。

W0142.2

天公地母的特征

实　例

（参见下级母题实例）

W0142.2.1

天公小，地母大

实　例

珞巴族 两个圆蛋中生出天公和地母。天公小得可怜，地母大得吓人，

【流传】西藏自治区·林芝市·墨脱县·达木珞巴民族乡、旁辛乡、甘登乡（讲述地点：墨脱县·达木珞巴民族乡·马尔康村）

【出处】安布讲：《天和地》（1955.10），见冀文正《珞巴族民间故事》，成都：四川民族出版社 2011 年版，第 3 页。

W0142. 3

天公地母的职能（天公地母的能力）

实 例

（参见下级母题实例）

W0142. 3. 1

天公地母护洲神

实 例

汉族 天公地母护洲神。

【流传】吉林省·（吉林市）·永吉县·土城子乡·聂司马屯汉军旗

【出处】常恕春抄录：《咒日》，见吉林省艺术研究所等编《坛续与神本》，内部编印，1985年，第57页。

W0142. 3a

天公地母的生活

实 例

（参见下级母题实例）

W0142. 3a. 1

天公地母住天山上

实 例

阿昌族 天公遮帕麻和地母遮米麻住在天山上，永远保护着所有的百姓。

【流传】（云南省）

【出处】赵安贤讲，智克整理：《遮帕麻与遮米麻》，见姚宝瑄主编《中国各民族神话》（佤族、阿昌族、纳西族、普米族、德昂族），太原：山西出版传媒集团·书海出版社2014年版，第88页。

W0142. 3b

天公地母的工具

实 例

（参见下级母题实例）

W0142. 3b. 1

天公的赶山鞭

实 例

阿昌族 天公遮帕麻告别了地母遮米麻，带领着三十员神将和三十名神兵，挥动着赶山鞭向南方出发了。

【流传】（云南省）

【出处】赵安贤讲，智克整理：《遮帕麻与遮米麻》，见姚宝瑄主编《中国各民族神话》（佤族、阿昌族、纳西族、普米族、德昂族），太原：山西出版传媒集团·书海出版社2014年版，第79页。

W0142. 4

特定名称的天公地母

实 例

（参见下级母题实例）

W0142. 4. 1

天公地母即玉皇大帝和妻子后土

实 例

汉族 天公地母即玉皇大帝和妻子后土。

【流传】（无考）

【出处】马书田：《道教诸神》，北京：北京燕山出版社 2006 年版，第 25 页。

W0142.4.2

天公遮帕麻和地母遮米麻

实　例

阿昌族 阴阳又诞生了天公遮帕麻与地母遮米麻。

【流传】云南省

【出处】《遮帕麻与遮米麻》，见孙正国《中国族源性女神母题的文化阐释》，载《思想战线》2003 年第 3 期。

W0142.4.2.1

天公遮帕麻和地母遮米麻住在天山

实　例

阿昌族 天公遮帕麻和地母遮米麻夫妻住在天山上。

【流传】

（a）云南省·（德宏傣族景颇族自治州）·梁河县

【出处】

（a）赵安贤讲，杨叶生智克采录：《遮帕麻与遮米麻》，见中国民间文学集成全国编辑委员会编《中国民间故事集成》（云南卷），北京：中国 ISBN 中心 2003 年版，第 69 页。

（b）赵安贤讲，舟叶生译，智克整理：《遮帕麻与遮米麻》，见谷德明编《中国少数民族神话》，北京：中国民间文艺出版社 1987 年版，第 490 页。

（c）同（b），见陶立璠、赵桂芳等编《中国少数民族神话汇编》（开天辟地篇），中央民族学院少数民族古籍整理出版规划领导小组办公室印（未署出版时间），第 330 页。

W0142.4.3

天公地母即盘古和地母

【关联】［W0723.1.1.3］盘古是天公

实　例

汉族 盘古和地母开辟了这个天地，后来人们就把他俩称作“天公”和“地母”。

【流传】浙江省·（温州市）·苍南县·南宋乡

【出处】林道进讲，林子周采录：《天公地母开天地》，见中国民间文学集成全国编辑委员会编《中国民间故事集成》（浙江卷），北京：中国 ISBN 中心 1997 年版，第 19 页。

W0142.4.4

天公地母即盘古和女娲

实　例

汉族 天父（盘古）、地母（女娲）二人生了许多后代，上天的成了菩萨。

【流传】湖北省·（黄冈市）·浠水

县·清泉镇

【出处】廖康成讲:《天父地母》,见中国民间文学集成全国编辑委员会编《中国民间故事集成》(湖北卷),北京:中国 ISBN 中心 1999 年版,第 6 ~7 页。

W0142. 4. 5

天父叫磨之帕,地母叫沾列满

实 例

彝族 天父叫磨之帕,地母叫沾列满。

【流传】四川省·凉山(凉山彝族自治州)

【出处】胡庆钧:《凉山彝族奴隶制社会形态》,北京:中国社会科学出版社 1985 年版,第 394 页。

W0142. 5

与天公地母有关的其他母题

【关联】[W0236. 1. 4. 1. 1] 天公地母封他们的幼子为土皇

实 例

(参见下级母题实例)

W0142. 5. 1

天母地父

【汤普森】A625. 1

实 例

(实例待考)

W0142. 5. 2

天父地母

【关联】[W1543. 1. 9. 3] 天父地母造日月星辰

实 例

蒙古族 (实例待考)

W0142. 5. 2. 1

盘古和女娲是天父地母

实 例

汉族 混沌中生胚胎,胚胎中生天父(盘古)、地母(女娲)。

【流传】湖北省·(黄冈市)·浠水县·清泉镇

【出处】廖康成讲:《天父地母》,见中国民间文学集成全国编辑委员会编《中国民间故事集成》(湖北卷),北京:中国 ISBN 中心 1999 年版,第 6 ~7 页。

W0142. 5. 2. 2

混沌卵生天父地母

实 例

汉族 混混沌沌像鸡蛋样的东西中生天父、地母。

【流传】湖北省·(黄冈市)·浠水县·清泉镇·关山村

【出处】廖康成讲,詹承宗采录:《天父地母》,见中国民间文学集成全国编辑委员会编《中国民间故事集成》

（湖北卷），北京：中国 ISBN 中心 1999 年版，第 6 页。

W0142.5.2.3

上天的男人称为“天父”，下地的女人称为“地母”

实 例

汉族 最早的 1 对夫妻，男人带 36 个娃子上天，上天的男人称为“天父”；女人带 36 个娃子下地，下地的女人称为“地母”。

【流传】 湖北省·（十堰市）·丹江口市·（六里坪镇）·狮子沟（狮子沟村）

【出处】 葛朝荣讲，李征康采录：《风云雷雨雾的来历》，见中国民间文学集成全国编辑委员会编《中国民间故事集成》（湖北卷），北京：中国 ISBN 中心 1999 年版，第 25 页。

W0142.5.2.4

天父六君护祜祖神住在天空上方

实 例

藏族 天父六君护祜祖神住在天空上方，虚空上面。

【流传】 西藏自治区

【出处】 谢后方翻译：《马是怎样和野马分开的》，见中国民间文学集成全国编辑委员会编《中国民间故事集成》（西藏卷），北京：中国 ISBN 中心 2001 年版，第 10 页。

W0142.5.2.5

天父地母的儿子

实 例

（参见下级母题实例）

W0142.5.2.5.1

天父地母的儿子德宁阳

实 例

珞巴族 德宁阳（又叫石金金德德宁）是天父、地母的大儿子。

【流传】

（a）西藏自治区·（林芝市）·米林（米林县）

（b）西藏自治区·（林芝市）·米林县、马尼岗（现为印占区）一带

【出处】

（a）达让讲，高前译，李坚尚、裴富珍搜集整理：《德宁阳之死》，见中华民族故事大系编委会编《中华民族故事大系》第 16 卷（赫哲族、门巴族、珞巴族、基诺族），上海：上海文艺出版社 1995 年版，第 397 ~ 399 页。

（b）同（a），见李坚尚、刘芳贤编《珞巴族门巴族民间故事选》，上海：上海文艺出版社 1993 年版，第 11 ~ 13 页。

W0142.5.2a

天王地母

实 例

（参见下级母题实例）

W0142. 5. 2a. 1

最早出现的一对夫妻是天王地母

实 例

德昂族 远古之时，世上无人类，唯有花草树木。一日忽起狂风，刮下树叶一百零二片，悉变为人，互为夫妻，从此乃有人类。其初只知食树叶野果以维生命，久之始知栽种五谷。此传说德昂人谓之为“天王地母”。

【流传】（无考）

【出处】袁珂改编：《天王地母》，原载《云南少数民族文学资料》（第一辑），见袁珂《中国神话大词典》，北京：华夏出版社 2015 年版，第 582 页。

W0142. 5. 3

天公天婆

实 例

彝族 （实例待考）

W0142. 5. 4

天爷和天母

实 例

羌族 天爷和天母。

【流传】四川省·（阿坝藏族羌族自治州）·理县

【出处】余青海讲，罗世泽搜集：《阿补曲格创世》，见中华民族故事大系编委会编《中华民族故事大系》第 11 卷（达斡尔族、仫佬族、羌族），上海：上海文艺出版社 1995 年版，第 633 页。

畲族 （实例待考）

W0142. 5. 5

天公地母的使者

实 例

（参见下级母题实例）

W0142. 5. 5. 1

地母的使者小獭猫

实 例

阿昌族 小獭猫是地母遮帕麻到南天门找到丈夫的使者。

【流传】

(a) 云南省·（德宏傣族景颇族自治州）·梁河县

【出处】

(a) 赵安贤讲，杨叶生、智克采录：《遮帕麻与遮米麻》，见中国民间文学集成全国编辑委员会编《中国民间故事集成》（云南卷），北京：中国 ISBN 中心 2003 年版，第 69 页。

(b) 赵安贤讲，舟叶生译，智克整理：《遮帕麻与遮米麻》，见谷德明编《中国少数民族神话》，北京：中国民间文艺出版社 1987 年版，第 490 页。

(c) 同（b），见陶立璠、赵桂芳等编《中国少数民族神话汇编》（开天辟地篇），中央民族学院少数民族古籍整理出版规划领导小组办公室印（未署出版时间)，第330页。

W0142.5.6

天公地母即男性的天和女性的地

实 例

怒族 天是男性、地是女性，即“天公地母”。

【流传】(无考)

【出处】吕大吉、何耀华总主编：《中国各民族原始宗教资料集成》(纳西族卷、羌族卷、独龙族卷、傈僳族卷、怒族卷)，北京：中国社会科学出版社2000年版，第837页。

W0142.5.7

天是公的叫天公，地是母的叫地母

实 例

汉族 远古时候，天和地是两个神灵，天是公的叫天公，地是母的叫地母。

【流传】江苏省·(连云港)·灌南县

【出处】于兴达讲，陈如升搜集整理：《天地结婚》(1982.10)，见姚宝瑄主编《中国各民族神话》(汉族)，太原：山西出版传媒集团·书海出版社2014年版，第41~42页。

W0143

始祖对偶神

【关联】

① [W0648.8.2.2] 洪水后繁衍人类的姐弟俩是罗神公公和罗神娘娘

② [W1103.9.1] 男女始祖开天辟地

实 例

(参见下级母题实例)

W0143.1

人王公和人王婆

实 例

(参见下级母题实例)

W0143.1.1

人王公和人王婆是造万物的祖师

实 例

白族 人王公和人王婆是天地分开时，用黄泥捏人和万物的祖师。

【流传】云南省·(大理白族自治州)·鹤庆县·(朵美乡)·朵美街

【出处】彭独豹讲，鹤庆县集成办公室采录：《石家什》，见中国民间文学集成全国编辑委员会编《中国民间故事集成》(云南卷)，北京：中国ISBN中心2003年版，第233页。

W0143.2

人祖爷和人祖奶

【关联】

① [W0646.3.1.5.1] 灾难后繁衍人类的姐弟奉为人祖爷和人祖奶奶

② [W0657.2a.3] 人祖爷和人祖奶不是两口子

实 例

汉族 天塌地陷后，幸存的一对姐弟因为造人类，被后世尊称为“人祖爷”和“人祖奶奶”。

【流传】河南省·（周口市）·淮阳县·朱口镇·关路沿村、大王村（采录地点：朱口镇关路沿村）

【出处】李显民（男，54 岁，初中）王文科（男，48 岁、农民）讲，包敬学采录整理：《人祖的故事》（1985.10），见张振犁编著《中原神话通鉴》（第一卷），郑州：河南大学出版社 2017 年版，第 290 页。

汉族 天地混沌后，幸存的姐弟俩成亲繁衍人类，后人就称他俩为人祖爷、人祖奶奶。

【流传】河南省·（驻马店市）·汝南县·三门闸乡·周屯村

【出处】董清玉（70 岁，农民，私塾）讲，魏建国采录：《人祖爷和人祖奶奶》（1987.05.26），见张振犁编著《中原神话通鉴》（第一卷），郑州：河南大学出版社 2017 年版，第 327 页。

汉族 天塌地陷后，一对繁衍人类的姐弟被后世称为人祖爷和人祖奶奶

【流传】河南省·（周口市）·郸城县、淮阳县一带

【出处】张登科（男，汉族，45 岁，高中）讲，张效连采录，任海萍采录整理：《人祖爷和人祖奶奶的来历》，见张振犁编著《中原神话通鉴》（第一卷），郑州：河南大学出版社 2017 年版，第 335 页。

W0143.3
人祖布桑该和雅桑该

实　例

傣族 布桑该和雅桑该夫妇二神心地善良、神通广大。

【流传】云南省·（西双版纳傣族自治州）·景洪市

【出处】波岩扁讲，岩温扁、征鹏翻译：《布桑该雅桑该》，见中国民间文学集成全国编辑委员会编《中国民间故事集成》（云南卷），北京：中国 ISBN 中心 2003 年版，第 85 页。

W0143.3.1
夫妻神布尚改、雅尚改是创造世界

实　例

傣族 创造世界的布尚改、雅尚改是夫妻神。

【流传】云南省

【出处】《布尚改雅尚改》，见岩温扁、征鹏编译：《傣族民间传说》，《中国旅游》1982 年，第 1 页。

W0144
雷公雷婆

【关联】［W0305］雷神

实　例

（参见下级母题实例）

W0144.1

雷公雷婆住天宫

实 例

苗族 天宫里的雷公雷婆。

【流传】 湖南省苗族地区

【出处】 龙王六演唱，龙炳文翻译：《开天立地》，苗地根据《楚风》刊登的《苗族古歌》的第一部分《开天日立》改写，见姚宝瑄主编《中国各民族神话》（布依族、仡佬族、苗族），太原：山西出版传媒集团·书海出版社2014年版，第130页。

W0144.2

雷公拿着铁凿，雷婆拿着舂臼槌

【关联】［W0343］雷神的凿子

实 例

畲族 雷公与雷婆一个拿着铁凿，一个拿着舂臼槌。

【流传】 福建省·（宁德市）·福鼎（福鼎市）

【出处】 蓝俊德、蓝开雅讲，蓝振河采录：《雷公和雷婆》，原载《中国民间故事集成·福建卷·闽东畲族故事》，宁德地区民间文学集成编委会1990年编印，见《福建省少数民族古籍丛书》编委会编《畲族卷·民间故事》，福州：海峡出版发行集团·海峡书局2013年版，第28页。

W0144.3

雷公雷婆看守布雨的黑龙

【关联】［W0333.1］雷神掌管云雨

实 例

汉族 女娲又叫雷公雷婆去看住黑龙，只有雷公雷婆说了话，才准黑龙下雨。

【流传】 河南省·安阳市·安阳县·磊口乡·目明村

【出处】 赵庆士（农民）讲，左兵采录：《女娲造人（四）》（原名《下雨时为啥起黑云》），见张振犁编著《中原神话通鉴》（第一卷），郑州：河南大学出版社2017年版，第171页。

W0145

雷神电婆

实 例

德昂族 （实例待考）

W0145.1

雷公电母

【关联】

①［W0350.5］雷公的妻子电母

②［W0673.7.3a.1］二郎神的部将雷公电母

实 例

（参见下级母题实例）

W0145. 1. 1

电母雷公凿朝天之路

实 例

汉族 电母雷公凿外域朝天之路。

【流传】（无考）

【出处】［新罗人］崔致远：《桂苑笔耕集》卷十六《补安南录异图记》。

W0146

傩公傩母

实 例

（参见下级母题实例）

W0146. 1

敷衍人类的兄妹变成傩公傩母

实 例

（参见下级母题实例）

W0146. 1. 1

洪水后婚生人类的 1 对兄妹被奉祀为傩公傩母

实 例

苗族 洪水后，幸存的兄妹二人结婚繁衍后代。这对兄妹被世人祀为神，现在还愿时奉祀为傩公傩母。

【流传】（无考）

【出处】芮逸夫：《苗族的洪水故事与伏羲女娲的传说》，载中央研究院历史语言研究所《人类学集刊》第 1 卷第 1 期，1938 年。

苗族 洪水后繁衍人类的兄妹二人，就是现在“还傩愿”的时候奉祀的傩公傩母。

【流传】湖南省·（湘西土家族苗族自治州）·凤凰县·北乡

【出处】吴良佐讲，芮逸夫采录：《洪水故事》，见中国民间文学集成全国编辑委员会编《中国民间故事集成》（湖南卷），北京：中国 ISBN 中心 2002 年版，第 26 页。

W0146. 1. 2

傩公傩母即繁衍人类的伏羲女娲兄妹

实 例

苗族 麻冲村一带最早传说开天辟地的是盘古。盘古生育的伏羲女娲洪水后繁衍后代，当地人称他们是傩公傩母。

【流传】湖南省·湘西土家族苗族自治州·凤凰县·三拱桥乡·麻冲村

【出处】龙中超讲：*《盘古的传说》，王宪昭、吴晓东等采录，2018. 10. 01。

W0146. 2

敷衍人类的姐弟变成傩公傩母

实 例

（参见下级母题实例）

W0146.2.1
洪水后婚生人类的1对姐弟成为傩公傩母

【关联】［W0659.2.35.4］祖先傩公傩母

实 例

苗族 洪水后，幸存的姐弟结婚，生148姓。姐弟成傩公傩母。

【流传】湘西、鄂西南、川东南、贵州松桃

【出处】《傩公傩母》，见石宗仁搜集整理《中国苗族古歌》，天津：天津古籍出版社1991年版，第85～122页。

W0146.3
傩公傩母是鬼神状

实 例

汉族 岁除日傩，皆作鬼神状。二老人傩公傩母。

【流传】（无考）

【出处】［明］董斯张：《广博物志》卷四引《秦中岁时记》。

W0147
特定名称的对偶神

【关联】［W0780.1.2］玉皇大帝的妻子是王母娘娘

实 例

（参见下级母题实例）

W0147.0
创始祖和造物母

【关联】

①［W0068.1.1］造物母

②［W0132.3.2.1］创始祖和造物母夫妻经历4次返老还童

实 例

（参见下级母题实例）

W0147.0.1
创始祖和造物母是白昼神和黑夜神的儿女

实 例

景颇族 创始祖和造物母是一对夫妻英雄，他们都是白昼神和黑夜神的儿女。

【流传】云南省·（德宏傣族景颇族自治州）·盈江县支丹山吾寨

【出处】萧家成译著：《勒包斋娃——景颇族创世史诗》，北京：民族出版社1992年版，第3页。

W0147.1
天神对偶神

实 例

怒族 （实例待考）

W0147.1.1
皇天爷与皇天姆

实 例

畲族 皇天爷与皇天姆共同造人。

【流传】福建省·（宁德市）·福鼎县（福鼎市）

【出处】蓝升兴讲：《皇天爷和皇天姆造人》，见中国民间文学集成全国编辑委员会编《中国民间故事集成》（福建卷），北京：中国 ISBN 中心 1998 年版，第 6 ~7 页。

W0147. 1. 2
天神地神是夫妻神

实 例

哈尼族 库鲁阿希和库鲁阿嫫是天地之神，也是一对夫妻。

【流传】云南省·（普洱市）·孟连县（孟连傣族拉祜族佤族自治县）

【出处】李格、王富帮讲，张犁翻译，李灿伟、莫非搜集整理：《天、地、人和万物的起源》，原载云南省民间文学集成办公室编《哈尼族神话传说集成》，中国民间文艺出版社 1990 年版，见姚宝瑄主编《中国各民族神话》（哈尼族、傣族），太原：山西出版传媒集团·书海出版社 2014 年版，第 59 页。

W0147. 1. 2. 1
天神是阿父，地神是阿母

实 例

彝族 天神是阿父，地神是阿母。

【流传】贵州省

【出处】《献酒经》，原载丁文江《爨文丛刻》（甲编），见吕大吉、何耀华总主编《中国各民族原始宗教资料集成》（彝族卷、白族卷、基诺族卷），北京：中国社会科学出版社 1996 年版，第 48 页。

W0147. 2
日月对偶神

实 例

畲族 （实例待考）

W0147. 3
火神烟神对偶神

实 例

畲族 （实例待考）

W0147. 4
田公地母

实 例

白族 （参见“W0147. 4. 3 田公地母是五谷神”母题实例）

W0147. 4. 1
最早的宇宙间只有田公（天王）和地母

【关联】［W1996. 5. 1. 4. 2］世界最早出现田公和地母

实 例

德昂族 最早时，宇宙间只有田公（天王）和地母。

【流传】
(a) 云南省·(保山市)·保山县
(b) 云南省·德宏州(德宏傣族景颇族自治州)
【出处】
(a) 李仁光、姚世清讲述，杨玉骧收集整理：《百片树叶百个人》，载《山茶》1985年第6期。
(b) 满坎木讲，杨毓骧采录：《人类的起源》，见中国民间文学集成全国编辑委员会编《中国民间故事集成》(云南卷)，北京：中国ISBN中心2003年版，第105页。

德昂族 古昔天与地紧相粘，经长时，天地始渐分。其时世间唯田公与地母，二人结为夫妻，生一女。一家三口，开荒种地，幸福度日。

【流传】(无考)
【出处】袁珂改编：《生人树》(原名《百片树时百个人》)，原载陶阳、钟秀编《中国神话》，见袁珂《中国神话大词典》，北京：华夏出版社2015年版，第583页。

W0147.4.2

田公地母是大禹手下大将

实 例

汉族 田公地母是大禹手下七十二名大将当中的两个。

【流传】浙江省·(嘉兴市)·桐乡县·高桥乡
【出处】沈文才讲，沈新华采录：《大禹育稻》，见中国民间文学集成全国编辑委员会编《中国民间故事集成》(浙江卷)，北京：中国ISBN中心1997年版，第52页。

W0147.4.3

田公地母是五谷神

【关联】[W0546] 五谷神

实 例

白族 田公和地母是五谷之神。

【流传】云南省·(大理白族自治州)·剑川县
【出处】陆家瑞记录：《稻子树》(1963)，见姚宝瑄主编《中国各民族神话》(白族、拉祜族、景颇族)，太原：山西出版传媒集团·书海出版社2014年版，第84页。

W0147.4.3a

田公地母能保粮食丰收

实 例

傈僳族 关秧门那天，煮个鸡蛋，剥皮置于土地神上，对之献酒、饭、猪尾巴和三炷香，磕头作揖三次，求田公地母保佑这块田地不受虫害，粮食丰收。

【流传】云南省·(楚雄彝族自治州)·武定县、元谋县
【出处】张桥贵调查整理：《武定、元谋地区播种、收割祭祀》(1988)，见吕大吉、何耀华总主编《中国各民族原始宗教资料集成》(纳西族卷、羌族

卷、独龙族卷、傈僳族卷、怒族卷），北京：中国社会科学出版社 2000 年版，第 748 页。

W0147.4.4

田公地母住平坝

实 例

白族 田公和地母是五谷之神，是一对夫妻，他们住在叫白赕（平坝、甸的意思）的地方。

【流传】云南省·（大理白族自治州）·剑川县

【出处】陆家瑞记录：《稻子树》（1963），见姚宝瑄主编《中国各民族神话》（白族、拉祜族、景颇族），太原：山西出版传媒集团·书海出版社 2014 年版，第 84 页。

W0147.4.5

田公地母有 3 个儿子

实 例

白族 田公上山打猎，下河捉鱼；地母采集野果子。老两口忙忙碌碌，饥一顿，饱一餐，养活三个儿子。

【流传】云南省·（大理白族自治州）·剑川县

【出处】陆家瑞记录：《稻子村》（1963），见姚宝瑄主编《中国各民族神话》（白族、拉祜族、景颇族），太原：山西出版传媒集团·书海出版社 2014 年版，第 84 页。

W0147.4.6

田公与地母生 1 女

实 例

德昂族 天地分开后，世间唯田公与地母，二人结为夫妻，生一女。一家三口，开荒种地，幸福度日。

【流传】（无考）

【出处】袁珂改编：《生人树》（原名《百片树时百个人》），原载陶阳、钟秀编《中国神话》，见袁珂《中国神话大词典》，北京：华夏出版社 2015 年版，第 583 页。

W0147.4.7

田公地母即土公土母

实 例

白族 田公地母白族人又称“土公土母”。至今白族地方的经姆（白语，指佛教莲澈会的老奶奶）念《保苗经》时还歌颂他俩的功绩。白族在盖起新房以后，举行“做房生日”的庆祝仪式时，除了请道士来做“平安斋”之外，还请两位乡亲扮作“田公地母”来庆贺。

【流传】云南省·（大理白族自治州）·剑川县

【出处】陆家瑞记录：《稻子村》（1963）注释，见姚宝瑄主编《中国各民族神话》（白族、拉祜族、景颇族），太原：山西出版传媒集团·书海出版社 2014 年版，第 83 页。

W0147.4.8

田公地母夫妻住在白赕

实 例

白族 田公和地母是五谷之神，是一对夫妻，他们住在叫白赕（白族语，指“平坝”或“甸”）的地方。

【流传】云南省

【出处】《稻子树》，见云南省民间文学集成办公室编《白族神话传说集成》，北京：中国民间文艺出版社 1986 年版，第 58～61 页。

W0147.4.9

六月二十四祭田公地母

实 例

彝族 六月二十四虽然好，是给田公地母烧香的日子。

【流传】云南省·楚雄彝族自治州·姚安县、大姚县等彝族地区

【出处】《婚事和恋歌·说亲》，见云南省民族民间文学楚雄调查队整理编写《梅葛》，昆明：云南人民出版社 2009 年版，第 128 页。

W0147.5

土地公和土地婆（土地公与土地母）

【关联】

①［W0042.1.2.1］男女祖先成为土地公、土地婆

②［W0236.2.1］土地公和土地婆管人

实 例

汉族 土地神，有不塑像者，以木板长尺许，宽二寸，题其主曰某土地；塑像者其须发皓然，曰土地公，妆髻者曰土地婆。

【流传】（无考）

【出处】［清］赵懿：《名山县志》卷九引李凤翧《觉轩杂录》。

汉族等 土地神有配偶神，俗称土地婆、土地奶奶。

【流传】（无考）

【出处】《土地神》，见乌丙安主编《中国民间神谱》，沈阳：辽宁人民出版社 2007 年版，第 79 页。

毛南族 （实例待考）

壮族 较大的土地庙要请外地工匠塑像。主要是泥塑的土地公、土地婆神像。

【流传】广西壮族自治区·（崇左市）·大新县·下雷乡（下雷镇）

【出处】王昭武搜集整理：*《祖先神与土地庙》（1956，1986），见吕大吉、何耀华总主编《中国各民族原始宗教资料集成》（土家族卷、瑶族卷、壮族卷、黎族卷），北京：中国社会科学出版社 1998 年版，第 497 页。

W0147.5.0

男女始祖成为土地公和土地婆

实 例

黎族 荷发（女子名）感堂兄老先的

阳气，完成了繁育海南岛黎苗汉三族的人种。年老后被地神招进地府，派当土地公和土地婆，专管海南岛上的人间世事。

【流传】海南省五指山区

【出处】王国全搜集整理：《南瓜的故事》，原载广东民族学院中文系编《黎族民间故事选》，见陶阳、钟秀编《中国神话》（上），北京：商务印书馆 2008 年版，第 374～377 页。

W0147. 5. 1

洪水后幸存的一对兄妹成为土地公和土地婆

实 例

黎族 洪水后幸存的一对兄妹繁衍后代，成了土地公、土地婆。

【流传】海南省五指山一带

【出处】王国全搜集整理：《南瓜的故事》，见中华民族故事大系编委会编《中华民族故事大系》第 7 卷（黎族、傈僳族、佤族），上海：上海文艺出版社 1995 年版，第 1～13 页。

黎族 洪水后，幸存的老先和荷发兄妹俩完成了繁育海南岛黎、苗、汉三个民族后，被地神招进地府，成为土地公和土地婆。

【流传】海南省五指山一带

【出处】

（a）王国全搜集整理：《土地公与土地婆》，见广东民族学院中文系编《黎族民间故事选》，上海：上海文艺出版社 1983 年版。

（b）同（a），见姚宝瑄主编《中国各民族神话》（高山族、黎族、畲族），太原：山西出版传媒集团·书海出版社 2014 年版，第 57 页。

W0147. 5. 2

土地菩萨和土地婆婆

实 例

土家族 （实例待考）

W0147. 5. 3

土神阿公和阿婆从天堂山来

实 例

土家族 土神阿公和阿婆来到天堂山上的天塘湖。

【流传】（湖南省·湘西土家族苗族自治州·保靖县）

【出处】罗轶整理：《铁塔娶龙女》（原名为《撒珠湖》），见姚宝瑄主编《中国各民族神话》（土家族、毛南族、侗族、瑶族），太原：山西出版传媒集团·书海出版社 2014 年版，第 31 页。

W0147. 5. 4

土地神公婆妹娲、耇代

实 例

苗族 妹娲、耇代是两个男女土地神。苗族村寨边有小土地庙，盖的是小石板房，土地庙里放置两个怪石，象征一对公婆的土地神（保护神）。

【流传】原文无流传地，据文本及注释推测该神话流传于贵州省·黔东南苗族侗族自治州·凯里市、台江县等地。

【出处】张启庭、张荣光、张正玉、张启德演唱，张明搜集，燕宝整理译注：《创造宇宙·运金运银》，见贵州省少数民族古籍整理出版规划小组办公室编，燕宝整理译注《苗族古歌》，贵阳：贵州民族出版社1993年版，第126页。

W0147.6

社婆婆和庙公公

实 例

（参见下级母题实例）

W0147.6.1

祖先造的不成熟的人成为社婆婆和庙公公

实 例

苗族 纳罗引勾（祖先，半人半兽巨人）让造出的生的泥人身不长肉，手不生骨，做了社婆婆和庙公公。

【流传】

（a）广西壮族自治区·（柳州市）·融水县（融水苗族自治县）·滚贝乡

（b）广西壮族自治区·（柳州市）·融水县（融水苗族自治县）

【出处】

（a）杨达香讲，梁彬采录翻译：《纳罗引勾开天辟地造人》，见中国民间文学集成全国编辑委员会编《中国民间故事集成》（广西卷），北京：中国ISBN中心2001年版，第24页。

（b）杨达香讲，梁彬搜集整理：《创世记》，见谷德明编《中国少数民族神话》，北京：中国民间文艺出版社1987年版，第545页。

苗族 纳罗引勾（半人半兽的巨人）造人时放进窑的泥人有生有熟。纳罗引勾对生的泥人说："火烧不熟你们身、窑烧不变你们形，你们身不长嫩肉、手不生筒骨。你们就做社婆婆、庙公公吧。"

【流传】广西壮族自治区·（柳州市）·融水苗族自治县

【出处】

（a）杨达香讲，梁彬搜集整理：《创世纪》（二、捏人捏兽，栽果撒谷），见梁彬、王天若编《苗族民间故事选》，南宁：广西人民出版社1986年版。

（b）同（a），见姚宝瑄主编《中国各民族神话》（布依族、仡佬族、苗族），太原：山西出版传媒集团·书海出版社2014年版，第175页。

W0147.7

东王公和西王母

【关联】

① ［W0735b.4.2］农神的妻子衣神是夫妻

② ［W0755］西王母

实 例

（参见下级母题实例）

W0147.7.1

繁衍人类的兄妹被称为“东王公”“西王母”

实 例

汉族 （实例待考）

W0147.7.2

盘古真人与太元圣母通气结精生东王公与西王母

实 例

汉族 在二仪未分，天地日月未具时，已有盘古真人游于其中。后与太元圣母通气结精，生东王公与西王母。后又生地皇。

【流传】（无考）

【出处】［晋］葛洪：《枕中书》。

W0147.8

罗神娘与罗神公

实 例

（参见下级母题实例）

W0147.8.1

罗神娘与罗神公是姐弟

【关联】

① ［W0970.1.4.1］天狗传圣旨命名姐弟为罗神娘和罗神公

② ［W7350］姐弟婚

实 例

汉族 洪水后，姐弟俩婚后繁衍人类，取名罗神娘、罗神公。

【流传】湖南省·（怀化市）·沅陵县

【出处】张氏讲：《铺天大水》，见中国民间文学集成全国编辑委员会编《中国民间故事集成》（湖南卷），北京：中国 ISBN 中心 2002 年版，第 34 ~ 36 页。

W0147.9

支天的婆婆和撑地的公公

实 例

（参见下级母题实例）

W0147.9.1

风生支天的婆婆和撑地的公公

实 例

苗族 一股平地风，吹到河对岸，生出支天的婆婆和撑地的公公。

【流传】（无考）

【出处】《苗族史诗》，见过竹《苗族神话研究》，南宁：广西人民出版社 1988 年版，第 81 页。

W0147.10

其他特定名称的对偶神

【关联】［W0270.4.3］日神月神是夫妻

实 例

（参见下级母题实例）

W0147.10.1

夫妻神索依迪朗

实 例

羌族 夫妻神索依（阿爸）住在天上，迪朗（阿妈）住在地下。

【流传】四川省·（阿坝藏族羌族自治州）·茂县·太平乡·牛尾巴村

【出处】郑友富讲，王康男采录：《索依迪朗造人》，见中国民间文学集成全国编辑委员会编《中国民间故事集成》（四川卷·下），北京：中国ISBN中心1998年版，第1118页。

W0147.10.1a

天爷和天母

实 例

羌族 天爷和天母一起造天地。

【流传】四川省·（阿坝藏族羌族自治州）·理县

【出处】余青海讲，罗世泽搜集：《阿补曲格创世》，见中华民族故事大系编委会编《中华民族故事大系》第11卷（达斡尔族、仫佬族、羌族），上海：上海文艺出版社1995年版，第633页。

W0147.10.2

老爷神与娘娘神

实 例

赫哲族 腾云驾雾的老爷神，娘娘神，在云城上和雾城上盘旋。

【流传】（松花江下游地区依兰县至抚远市一带）

【出处】

(a) 凌纯声：《松花江下游的赫哲族》（原1934年南京刊印本），北京：民族出版社2012年版，第128页。

(b)《领神》，见吕大吉、何耀华总主编《中国各民族原始宗教资料集成》（鄂伦春族卷、鄂温克族卷、赫哲族卷、达斡尔族卷、锡伯族卷、满族卷、蒙古族卷、藏族卷），北京：中国社会科学出版社1999年版，第224页。

W0147.10.3

皇天后土

【关联】［W0768.16］后土

实 例

（参见下级母题实例）

W0147.10.3.1

造天地的阿公管自己叫皇天，让阿婆做后土

实 例

畲族 以前，没有天也没有地，混沌卵里的阿公造天，阿婆造地。天地造好后，阿公管自己叫皇天，让阿婆做后土。

【流传】福建省·（宁德市）·寿宁（寿宁县）

【出处】吴兰妃讲，刘善林采录：《天地

是如何形成的》，原载《闽东畲族文化全书》，北京：民族出版社 2009 年版，见《福建省少数民族古籍丛书》编委会编《畲族卷·民间故事》，福州：海峡出版发行集团·海峡书局 2013 年版，第 4 页。

W0147. 10. 3. 2

造天地的一对公婆叫皇天后土

实　例

汉族 以前，混沌里的一公一婆分别造天地。造出天地后，阿公管自己叫皇天，让阿婆作后土。

【流传】 福建省·（宁德市）·寿宁县·大安乡·伏际村

【出处】 吴兰妃讲，刘善林记录：《天地人》（1986. 03. 17），见姚宝瑄主编《中国各民族神话》（汉族），太原：山西出版传媒集团·书海出版社 2014 年版，第 58 ~61 页。

W0147. 11

动物对偶神

实　例

（参见下级母题实例）

W0147. 11. 1

动物神都有配偶

实　例

鄂伦春族 鄂伦春人把动物神灵一般都男女配对。

【流传】（无考）

【出处】 蔡家麒：《鄂伦春族的原始信仰与崇拜》，载《民族学报》1982 年第 2 期。

W0148

与对偶神有关的其他母题（与夫妻神有关的其他母题）

【关联】 ［W0916. 7. 3］鬼夫妻（夫妻鬼）

实　例

（参见下级母题实例）

W0148. 1

特定对偶神的来历

实　例

（实例待考）

W0148. 1. 1

1 对祖先成为对偶神

实　例

黎族 （实例待考）

W0148. 2

夫妻神住在不同地方

实　例

（参见下级母题实例）

W0148. 2. 1

夫妻神丈夫住天上，妻子住地上

实　例

羌族 夫妻神索依（阿爸）住在天上，迪朗（阿妈）住在地下。

【流传】 四川省·（阿坝藏族羌族自治州）·茂县·太平乡·牛尾巴村

【出处】 郑友富讲，王康男采录：《索依迪朗造人》，见中国民间文学集成全国编辑委员会编《中国民间故事集成》（四川卷·下），北京：中国ISBN中心1998年版，第1118页。

W0148.3

夫妻神的孕育

实 例

（参见下级母题实例）

W0148.3.1

夫妻神各自吃不同的东西后妻子怀孕

实 例

羌族 夫妻神索依（阿爸）吃了天上一种叫“洪泽甲”的东西，索依（阿妈）吃了地下一种叫“迟拉甲英”的东西之后，阿妈就怀孕了。

【流传】 四川省·（阿坝藏族羌族自治州）·茂县·太平乡·牛尾巴村

【出处】 郑友富讲，王康男采录：《索依迪朗造人》，见中国民间文学集成全国编辑委员会编《中国民间故事集成》（四川卷·下），北京：中国ISBN中心1998年版，第1118页。

W0148.4

神的伴偶

实 例

（参见下级母题实例）

W0148.4.1

男山神库拉卡日的伴偶是女山神夹姆西萨

实 例

藏族 库拉卡日山神是一位全身着白的男神。他的伴偶是夹姆西萨，她骑一头绿松石般的鹿，周身用珍宝装饰，手牵一头白色的牦牛。她大概就是藏文史籍中提到的库拉卡日赛温巴山神。

【流传】（无考）

【出处】［奥地利］内贝斯基著，谢继胜译：《西藏的鬼怪和神灵——比较宗教学研究》，原载《国外藏学研究译文集》第3辑，西藏人民出版社1987年版，见吕大吉、何耀华总主编《中国各民族原始宗教资料集成》（鄂伦春族卷、鄂温克族卷、赫哲族卷、达斡尔族卷、锡伯族卷、满族卷、蒙古族卷、藏族卷），北京：中国社会科学出版社1999年版，第790页。

W0148.5

最早的一对夫妻神

【关联】［W0058.3.2］最早只有2个神

实 例

珞巴族 石金·克丁和培多·多杜（博日部落方言，前者即大地，后者即天空）是最早的一对夫妻，他们曾一起生活，紧密地贴在一起。

【流传】西藏自治区·下珞渝（又写作“下珞瑜”，泛指永木河、锡约尔河、巴恰西仁河流域）

【出处】维·埃尔温搜集：《太阳为什么那样红》，见中华民族故事大系编委会编《中华民族故事大系》第 16 卷（赫哲族、门巴族、珞巴族、基诺族），上海：上海文艺出版社 1995 年版，第 416 ~417 页。

W0148. 5. 1

第一对夫妻神布盼法、雅盼峥

实 例

傣族 以前世界混沌。天神派来了布盼法、雅盼峥结成第一对夫妇，一个开天，一个辟地。

【流传】云南省·德宏地区（德宏傣族景颇族自治州）

【出处】

（a）多永相搜集整理：《谷神布岑塔》，见李子贤编《云南少数民族神话选》，云南人民出版社 1990 年版。

（b）同（a），见姚宝瑄主编《中国各民族神话》（哈尼族、傣族），太原：山西出版传媒集团·书海出版社 2014 年版，第 351 页。

W0148. 6

无子女的夫妻神

实 例

（参见下级母题实例）

W0148. 6. 1

男神阿普肯永八和女神阿仔肯永麻是一对无子女的夫妻神

实 例

纳西族 “体板”是一对无子女的夫妻神，男的叫“阿普肯永八”，女的叫“阿仔肯永麻”。

【流传】云南省·丽江县（丽江市）·（玉龙纳西族自治县）·塔城（塔城乡）·依陇（依陇行政村）·巴甸村

【出处】和崇义（50 岁）讲，杨福泉调查整理：《丽江塔城依陇地区的生育卜算仪式》（1989），见吕大吉、何耀华总主编《中国各民族原始宗教资料集成》（纳西族卷、羌族卷、独龙族卷、傈僳族卷、怒族卷），北京：中国社会科学出版社 2000 年版，第 303 页。

W0148. 7

父母神

实 例

（参见下级母题实例）

W0148.7.1

天地父母神

实 例

彝族 天地父母神，日月父母神，云星父母神，天君父母神，十二父母神。

【流传】云南省·（昆明市）·禄劝县（禄劝彝族苗族自治县）·云龙乡·卡问村

【出处】张仲仁（彝族）翻译：*《禄劝彝族的祈福经》，见吕大吉、何耀华总主编《中国各民族原始宗教资料集成》（彝族卷、白族卷、基诺族卷），北京：中国社会科学出版社1996年版，第288~290页。

W0148.7.2

日月父母神

实 例

彝族 （参见“W0148.7.1 天地父母神”母题实例）

W0148.7.3

云星父母神

实 例

彝族 （参见“W0148.7.1 天地父母神”母题实例）

W0148.7.4

天君父母神

实 例

彝族 （参见“W0148.7.1 天地父母神”母题实例）

W0148.7.5

十二父母神

实 例

彝族 （参见“W0148.7.1 天地父母神”母题实例）

❊ W0150

神的家庭

【汤普森】A168

实 例

（参见下级母题实例）

W0151

神的亲属关系

【汤普森】A169

实 例

（参见下级母题实例）

W0151.1

神是太阳神的后代

实 例

高山族（排湾）嘎巴达南宇宙住着的众神都是太阳的后裔。

【流传】台湾

【出处】《太阳神的后裔》，海云根据曾思奇《高山族古老神话传说中的人物与境域》整理，见姚宝瑄主编《中国各民族神话》（高山族、黎族、畲族），太原：山西出版传媒集团·书海出版社2014年版，第8页。

W0152

神的近祖与远祖

实 例

（实例待考）

W0152.1

神的远祖

实 例

（实例待考）

W0152.2

神的近祖

实 例

（实例待考）

W0153

神的父母

【汤普森】A111

实 例

（参见下级母题实例）

W0153.0

神的父母是特定物

实 例

（参见下级母题实例）

W0153.0.1

风是神的父亲，气浪是神的母亲

【关联】［W0055.6.2］气浪、大风和水化生神

实 例

傣族 天地间第一个大神的母亲是气浪，而他的父亲是大风，所以，他的名字就叫“英叭”。

【流传】云南省·西双版纳傣族地区（西双版纳傣族自治州）

【出处】《巴塔麻嘎捧尚罗》，王松据岩温炳翻译《巴塔麻晏》（开天辟地）改写，见姚宝瑄主编《中国各民族神话》（哈尼族、傣族），太原：山西出版传媒集团·书海出版社2014年版，第265页。

W0153.1

神的母亲（神母）

【汤普森】A111.1

实 例

（参见下级母题实例）

W0153.1.1

浊气中生最高神更资天神的母亲蒲依

实 例

彝族 太古时，最高神更资天神的母亲蒲依在浊气里形成，在清气里出生，然后自由自在地飘荡在清浊二气里。

【流传】云南省·（楚雄彝族自治州）·永仁县

【出处】

(a) 曲木阿石等讲，罗有能整理：《更资天神》，见云南省楚雄州文教局、云南省楚雄州民委会编《楚雄民间文学资料》，内部资料，1979年。

(b) 同 (a)，见姚宝瑄主编《中国各民族神话》（羌族、彝族），太原：山西出版传媒集团·书海出版社2014年版，第174页。

W0153.2

神的父亲

【汤普森】A111.2

实 例

（实例待考）

W0153.3

神有多个父母

实 例

纳西族 古老构补呀，是动生祖父，古爪构母呀，是动生祖母；腊补通格呀，是动生之父，老浙余松呀，是动生之母；思巴共补呀，是动生之父，思巴金母呀，是动生之母。他们八个来化育，天地一个样，动生来出世。（这里的“动”、“生”指“动神”与“生神”，又译为“东神”、“色神”，这两个神是世界万物之源。）

【流传】云南省·丽江县（丽江市）

【出处】和士诚讲，和志武调查整理：《关于动神和生神》（1989），见吕大吉、何耀华总主编《中国各民族原始宗教资料集成》（纳西族卷、羌族卷、独龙族卷、傈僳族卷、怒族卷），北京：中国社会科学出版社2000年版，第82页。

W0153.4

神有特定名称的父母

实 例

（参见下级母题实例）

W0153.4.1

动神的父亲是腊补通格，母亲是老浙余松

实 例

纳西族 腊补通格呀，是动生之父，老浙余松呀，是动生之母（“动神”和“生神”，又译为“东神”、“色神”，是世界万物之源）。

【流传】云南省·丽江县（丽江市）

【出处】和士诚讲，和志武调查整理：

《关于动神和生神》（1989），见吕大吉、何耀华总主编《中国各民族原始宗教资料集成》（纳西族卷、羌族卷、独龙族卷、傈僳族卷、怒族卷），北京：中国社会科学出版社 2000 年版，第 82 页。

W0153a

神的兄弟

实例

（参见下级母题实例）

W0153a. 1

神的特殊兄弟

实例

（参见下级母题实例）

W0153a. 1. 1

更资天神的矮弟弟

实例

彝族 （参见“W0071. 2. 2 矮神德布阿尔”母题实例）

W0153a. 2

特定的神与人是兄弟

实例

（参见下级母题实例）

W0153a. 2. 1

术神灵与人是同父异母的兄弟

实例

纳西族 术神灵的父亲是天，母亲是水域，他和人是同父异母的兄弟，人术分家的时候，水域划分给了术。

【流传】云南省·（丽江市）·丽江县（古城区、玉龙纳西族自治县）

【出处】木丽春采集整理：《术神灵像主人的故事》，见木丽春编著《纳西族民间故事集》，昆明：云南人民出版社 2007 年版，第 103 页。

W0153b

神的姐妹

实例

（参见下级母题实例）

W0153b. 1

姐妹神

实例

（参见下级母题实例）

W0153b. 1. 1

姐妹神同生死

实例

满族 恶魔耶鲁里抓住了女天神阿布卡赫赫。阿布卡赫赫的两个妹妹吓得手足无措，因为三姐妹同根同存，若是其中一个被弄死，其余两个也就随着窒息。

【流传】黑龙江省·黑河地区（黑河市）·孙吴县·（沿江满族达斡尔族乡）·四季屯（四季屯村）

【出处】吴纪贤、富希陆讲：《天宫大战——黑水女真人传世神话》（1939，选自富育光、郭淑云整理的手稿），见姚宝瑄主编《中国各民族神话》（满族、赫哲族、朝鲜族），太原：山西出版传媒集团·书海出版社 2014 年版，第 31 页。

W0153c
神的兄妹（兄妹神）

实　例

（参见下级母题实例）

W0153c.1
兄妹神的产生

实　例

（参见下级母题实例）

W0153c.1.1
卵生兄妹神

实　例

（参见下级母题实例）

W0153c.1.1.1
太阳神生的 2 个卵孵生那玛达乌与那玛依德兄妹神

实　例

高山族（排湾）太阳神生两卵，孵生那玛达乌与那玛依德兄妹神。

【流传】（无考）

【出处】《人间万物的由来》，见《中国各民族宗教与神话大词典》编审委员会编《中国各民族宗教与神话大词典》，北京：学苑出版社 1990 年版，第 145 页。

W0153c.2
特定名称的兄妹神

实　例

（参见下级母题实例）

W0153c.2.1
兄妹神玛达比拉与里桑

实　例

高山族（阿美）玛达比拉与里桑兄妹神下凡后相婚。

【流传】（无考）

【出处】《太巴朗兄妹始祖》，见《中国各民族宗教与神话大词典》编审委员会编《中国各民族宗教与神话大词典》，北京：学苑出版社 1990 年版，第 145 页。

W0154
神的妻子

实　例

（参见下级母题实例）

W0154.1
神娶很多妻子（神有众多妻妾）

【关联】

①［W0398.3.2.1.1］阿尼玛卿大山神

有 360 位眷属，9 位后妃

②［W7960］一夫多妻

实 例

纳西族（实例待考）

藏族（参见“W0398. 3. 2. 1. 1 阿尼玛卿大山神有 360 位眷属，9 位后妃”母题实例）

W0154. 2

神有一定数量的妻子

实 例

藏族 阿尼玛卿大山神有三百六十位眷属，其中有九位后妃和九子九女。

【流传】西藏自治区

【出处】贡乔泽登讲：《阿尼玛卿大山神》，见姚宝瑄主编《中国各民族神话》（门巴族、珞巴族、怒族、藏族），太原：山西出版传媒集团·书海出版社 2014 年版，第 96 页。

W0154. 3

神的母亲为神造妻子

实 例

（参见下级母题实例）

W0154. 3. 1

天神更资的母亲蒲依为儿子德布阿尔生下个妻子

【关联】［W0202. 0. 1. 1］最高神更资天神的母亲不是人、神、动植物，而是一股气

实 例

彝族 蒲依（天神“更资”的母亲）割掉一半肝生出德布阿尔（神匠），蒲依又抽浊气为树，为德布阿尔生下个妻子。

【流传】云南省·（楚雄彝族自治州）·永仁县

【出处】

（a）曲木阿石等讲，罗有能整理：《更资天神》，见云南省楚雄州文教局、云南省楚雄州民委会编《楚雄民间文学资料》，内部资料，1979 年。

（b）同（a），见姚宝瑄主编《中国各民族神话》（羌族、彝族），太原：山西出版传媒集团·书海出版社 2014 年版，第 182 页。

W0154. 4

霸道的神妻

实 例

（参见下级母题实例）

W0154. 4. 1

地神妻子踢走天神丈夫

实 例

珞巴族 石金·克丁（大地神）一脚就把天空丈夫踢上天空，并要他把东尼（太阳神）和波罗（月亮神）一起带走。

【流传】

（a）西藏自治区·下珞瑜（泛指永木河、锡约尔河、巴恰西仁河流域）

(b) 西藏自治区·下珞渝（又写作“下珞瑜”）·博日部落嘎盛村

【出处】

(a) 维·埃尔温搜集：《太阳为什么那样红》，见中华民族故事大系编委会编《中华民族故事大系》第16卷（赫哲族、门巴族、珞巴族、基诺族），上海：上海文艺出版社1995年版，第416~417页。

(b) 同（a），见李坚尚、刘芳贤编《珞巴族门巴族民间故事选》，上海：上海文艺出版社1993年版，第30~31页。

W0155

神的子女

实 例

（参见下级母题实例）

W0155.1

神婚生众子女

实 例

高山族（阿美）（实例待考）

W0155.2

特定的神的子女

实 例

景颇族 （实例待考）

纳西族 （实例待考）

藏族 （参见“W0398.3.3.2 阿尼玛卿大山神有9子9女”母题实例）

W0155.3

特定的神的儿子

【关联】

① ［W0202.2.1］天神的儿子

② ［W0275.3.1］太阳神的儿子

③ ［W0466.7.4］火神的儿子

实 例

（实例待考）

W0155.4

特定的神的女儿

实 例

（参见下级母题实例）

W0155.4.1

神母的独眼女儿

【关联】［W0202.2.4.2.1］天神的独眼女儿

实 例

独龙族 神母有两个女儿：“念坚”是一只眼睛的姑娘，“念勒姆”是两只眼睛的姑娘。

【流传】云南省

【出处】李子贤辑：《念坚与念勒姆》，见《中国各民族宗教与神话大词典》编审委员会编《中国各民族宗教与神话大词典》，北京：学苑出版社1990年版，第121页。

W0155. 4. 2
神官捧麻远冉有 7 个女儿

实 例

傣族 神官捧麻远冉有 7 个可爱的女儿。

【流传】（云南省）

【出处】陈平改写：《捧麻远冉与捧腊哈纳罗》，原载《巴塔麻嘎捧尚罗》，见姚宝瑄主编《中国各民族神话》（哈尼族、傣族），太原：山西出版传媒集团·书海出版社 2014 年版，第 373 页。

W0155. 4. 3
神王阿匹梅烟生 9 女

实 例

哈尼族 万能的大神、最高的神王阿匹梅烟生了九天，生出九个姑娘。

【流传】（云南省·红河哈尼族彝族自治州·元阳县）

【出处】朱小和讲，史军超搜集整理：《永生不死的姑娘》，原载云南省民间文学集成办公室编《哈尼族神话传说集成》，中国民间文艺出版社 1990 年版，见姚宝瑄主编《中国各民族神话》（哈尼族、傣族），太原：山西出版传媒集团·书海出版社 2014 年版，第 168 页。

W0155. 5
与神的子女有关的其他母题

【关联】［W1816. 7］神的孩子变成山

实 例

（参见下级母题实例）

W0155. 5. 1
神孩

实 例

（参见下级母题实例）

W0155. 5. 1. 1
神孩的产生

实 例

（参见下级母题实例）

W0155. 5. 1. 1. 1
东方杉林生神孩儿叫如惹古达

实 例

彝族 东方杉林生了个神孩儿叫如惹古达。

【流传】四川省·（凉山彝族自治州）·雷波县

【出处】

（a）保木和铁讲，芦芙阿梅译，白芝采录：《开天辟地》，见中国民间文学集成全国编辑委员会编《中国民间故事集成》（四川卷），北京：中国 ISBN 中心 1998 年版，第 749 页。

（b）《开天辟地》，见陶立璠、赵桂芳等编《中国少数民族神话汇编》（开天辟地篇），中央民族学院少数民族古籍整理出版规划领导小组办公室印（未署出版时间），第 85 ~ 95 页。

W0155.5.1.1.2
西方柏林生神孩儿叫苏惹赫达

实 例

彝族 西方柏林生了个神孩儿叫苏惹赫达。

【流传】四川省·（凉山彝族自治州）·雷波县

【出处】

（a）保木和铁讲，芦芙阿梅译，白芝采录：《开天辟地》，见中国民间文学集成全国编辑委员会编《中国民间故事集成》（四川卷），北京：中国 ISBN 中心 1998 年版，第 749 页。

（b）《开天辟地》，见陶立璠、赵桂芳等编《中国少数民族神话汇编》（开天辟地篇），中央民族学院少数民族古籍整理出版规划领导小组办公室印（未署出版时间），第 85～95 页。

W0155.5.1.1.3
南方的红云生神孩儿叫斯惹底尼

实 例

彝族 南方的红云生了个神孩儿叫斯惹底尼。

【流传】四川省·（凉山彝族自治州）·雷波县

【出处】

（a）保木和铁讲，芦芙阿梅译，白芝采录：《开天辟地》，见中国民间文学集成全国编辑委员会编《中国民间故事集成》（四川卷），北京：中国 ISBN 中心 1998 年版，第 749 页。

（b）《开天辟地》，见陶立璠、赵桂芳等编《中国少数民族神话汇编》（开天辟地篇），中央民族学院少数民族古籍整理出版规划领导小组办公室印（未署出版时间），第 85～95 页。

W0156
与神的亲属有关的其他母题

实 例

（参见下级母题实例）

W0156.1
神的外公

实 例

（实例待考）

W0156.2
神性人物的舅舅是神族

实 例

纳西族 东巴教教主丁巴什罗的舅舅是神族。

【流传】

（a）云南省·（丽江市）·丽江县（原丽江纳西族自治县，今归属为丽江市古城区和玉龙纳西族自治县）

【出处】

（a）赵银棠讲，杨润光采录：《丁巴什罗》，见中国民间文学集成全国编辑委员会编《中国民间故事集成》（云南卷），北京：中国 ISBN 中心 2003 年版，第 370 页。

(b) 赵银棠讲，杨士光整理：《丁巴什罗》，载《山茶》1982年第3期。
(c) 同（b），见谷德明编《中国少数民族神话》，北京：中国民间文艺出版社1987年版，第431页。

W0156.3
神的多重亲属关系

实 例

（参见下级母题实例）

W0156.3.1
不同人讲述的神的亲属关系不同

实 例

（实例待考）

W0156.3.2
有的说女神碟线原规是密洛陀的姐妹，有的说是密洛陀丈夫的姐妹

实 例

瑶族（布努）碟线原规是创造草木的女神。有说是密洛陀（瑶族神话中的万物之母，女始祖，女神）的姐妹，又说是密洛陀丈夫的姐妹。

【流传】广西壮族自治区·（河池市）·都安县（都安瑶族自治县）、巴马县（巴马瑶族自治县）、南丹县，（百色市）·田东县、平果县等地

【出处】蓝怀昌、蓝书京、蒙通顺搜集翻译整理：《密洛陀》，北京：中国民间文艺出版社1988年版，第90页。

※W0160
神的朋友

实 例

（参见下级母题实例）

W0161
神的伙伴

【汤普森】A195

实 例

（实例待考）

W0161.1
神创造世界时的伙伴

实 例

（实例待考）

W0162
同类神是好朋友

实 例

藏族 （实例待考）

W0163
人是神的盟友

【汤普森】A189.1

实 例

（参见下级母题实例）

W0163.1
智者是神的伙伴

【汤普森】A195.2

实 例

（实例待考）

W0163.2

人与神是朋友

实 例

（参见下级母题实例）

W0163.2.1

人与猎神自古是朋友

实 例

怒族 狩猎前祭猎神时的祭词说："从开天辟地起，我们就是朋友，从有了人类开始，我们就是亲戚。"

【流传】云南省·（怒江傈僳族自治州）·贡山（贡山独龙族怒族自治县）·丙中洛乡

【出处】何叔涛调查整理：《狩猎祭神》（1988），见吕大吉、何耀华总主编《中国各民族原始宗教资料集成》（纳西族卷、羌族卷、独龙族卷、傈僳族卷、怒族卷），北京：中国社会科学出版社2000年版，第863页。

W0164

动物是神的伙伴[①]

【汤普森】A155

实 例

（参见下级母题实例）

W0164.1

神的马

【汤普森】A155.2

实 例

彝族 阿鲁举热（大神人，文化英雄）得到一匹长着九层翅膀的神马。

【流传】云南省·（楚雄彝族自治州）·大姚县

【出处】肖开亮讲，李世忠等采录：《阿鲁举热》，见中国民间文学集成全国编辑委员会编《中国民间故事集成》（云南卷），北京：中国ISBN中心2003年版，第341页。

W0164.2

神的鸟

【汤普森】A155.3

实 例

（实例待考）

W0164.3

神的鹰

【汤普森】A165.1.2

实 例

（实例待考）

---

① 动物作为神的伙伴，该母题包含许多情形，如动物是神的伙伴、坐骑、宠物等。具体差异情况可参见编目中的其他母题和《中国动植物起源神话母题数据索引》。

W0164. 4

神的象

【汤普森】A155. 5

【关联】［W0109. 9］神的坐骑是象

实 例

（实例待考）

W0164. 5

神的蛇

【汤普森】A123. 10

实 例

（实例待考）

W0165

与神的朋友有关的其他母题

【关联】［W0671. 4］嫦娥的玉兔

实 例

（参见下级母题实例）

W0165. 1

关系密切的神

实 例

（参见下级母题实例）

W0165. 1. 1

水神、火神和灶神关系密切

实 例

羌族 羌人神系中，水火灶三神往往连带一起，还天愿时须通白此三神。

【流传】四川省·（阿坝藏族羌族自治州）·理县·桃坪乡·增头寨

【出处】

（a）杨茂山（释比，64 岁）唱，周巴翻译，钱安靖整理：《上坛经》（1983. 10）说明文字，见钱安靖《羌族和羌语支各居民集团宗教习俗调查报告》，四川大学宗教研究所油印本，1987 年 12 月。

（b）同（a），见吕大吉、何耀华总主编《中国各民族原始宗教资料集成》（纳西族卷、羌族卷、独龙族卷、傈僳族卷、怒族卷），北京：中国社会科学出版社 2000 年版，第 528 页。

W0165. 2

鬼神并存

实 例

白族（那马）山有山鬼与山神，火有火鬼与火神，血有血鬼与血神。

【流传】云南省·（怒江傈僳族自治州）·兰坪县（兰坪白族普米族自治县），（迪庆藏族自治州）·维西县（维西傈僳族自治县）

【出处】刘龙初调查整理：《兰坪、维西那马人对鬼与神的区别》（1988），见吕大吉、何耀华总主编《中国各民族原始宗教资料集成》（彝族卷、白族卷、基诺族卷），北京：中国社会科学出版社 1996 年版，第 405 页。

※W0166

神的仇敌（神的敌人，神的对手）

【汤普森】A189.14

实 例

（参见下级母题实例）

W0167

神的仇敌的产生

实 例

（参见下级母题实例）

W0167.1

神因争斗结怨

实 例

藏族 （实例待考）

W0167.2

神因抢妻成仇

实 例

（参见下级母题实例）

W0167.2.1

老山神前妻被年青山神抢去后，二神成为世仇

实 例

藏族 年保叶什则山神的前妻被年青山神抢去，年保叶什则发兵出战，射伤了年青山神的眼睛，成为世仇。

【流传】青海省·果洛州（果洛藏族自治州）

【出处】贡乔泽登整理：《年保叶什则山神》，见 BBS 水木清华站：http://www.smth.edu.cn 2006.07.20。

W0168

神的特定的仇敌

实 例

（参见下级母题实例）

W0168.1

天神与地神是仇敌

【关联】

① ［W0181］天神

② ［W0230］地神

实 例

（实例待考）

W0168.2

雨神与旱神是仇敌

【关联】

① ［W0300］雨神

② ［W0463］旱神

实 例

（实例待考）

W0168.3

神的敌人是魔鬼

实 例

鄂温克族 人类出现之前，只有神和魔

鬼，它俩是死对头。

【流传】（内蒙古自治区·呼伦贝尔市·额尔古纳市）

【出处】

（a）《额尔古纳旗使用驯鹿鄂温克人的调查报告》，见内蒙古自治区编辑组《鄂温克族社会历史调查》，呼和浩特：内蒙古人民出版社 1986 年版，第 238 页。

（b）《神与鬼》，见吕大吉、何耀华总主编《中国各民族原始宗教资料集成》（鄂伦春族卷、鄂温克族卷、赫哲族卷、达斡尔族卷、锡伯族卷、满族卷、蒙古族卷、藏族卷），北京：中国社会科学出版社 1999 年版，第 109 页。

W0169

与神的仇敌有关的其他母题

实 例

（参见下级母题实例）

W0169.1

神与人结仇

【关联】［W0172.8］神与人的关系

实 例

彝族 天天地未分时人神共住，后来成仇。

【流传】云南省·（玉溪市）·新平县（新平彝族傣族自治县）

【出处】《天蛋》，见马昌仪编《中国神话故事》，北京：中国广播电视出版社 1996 年版，第 98～102 页。

W0169.2

特定的神相克

实 例

（参见下级母题实例）

W0169.2.1

天神、星神与地神相克

实 例

满族 敖钦女神的身体来自天神阿布卡赫赫和星神卧勒多赫赫，所以她吐出的云气和烈火更易伤害地神巴那姆的宁静。

【流传】黑龙江省·黑河地区（黑河市）·孙吴县·（沿江满族达斡尔族乡）·四季屯（四季屯村）

【出处】吴纪贤、富希陆讲：《天宫大战——黑水女真人传世神话》（1939，选自富育光、郭淑云整理的手稿），见姚宝瑄主编《中国各民族神话》（满族、赫哲族、朝鲜族），太原：山西出版传媒集团·书海出版社 2014 年版，第 24 页。

W0170

神的侍从

【汤普森】A165

实 例

（参见下级母题实例）

W0170.1

神有多个侍从

【关联】［W0398.3.5.1］阿尼玛卿大山神有1500位神将和侍从

实 例

藏族 阿尼玛卿大山神有一千五百位神将和侍从，分别居住在上、中、下三重由金、玉、宝石建成的宫殿中。

【流传】西藏自治区

【出处】贡乔泽登讲：《阿尼玛卿大山神》，见姚宝瑄主编《中国各民族神话》（门巴族、珞巴族、怒族、藏族），太原：山西出版传媒集团·书海出版社2014年版，第96页。

W0170.2

神的侍女

实 例

门巴族 （实例待考）

W0170.3

动物是神的侍从

【汤普森】A165.1

实 例

（参见下级母题实例）

W0170.3.1

老虎是山神豢养的“狗”

实 例

白族 山神土地的威力很大，凶恶的老虎乃山神豢养的“狗”。

【流传】云南省·（大理白族自治州）·云龙县·石门镇、关坪乡

【出处】王承权调查整理：《云龙白族山神土地祭》（1988），见吕大吉、何耀华总主编《中国各民族原始宗教资料集成》（彝族卷、白族卷、基诺族卷），北京：中国社会科学出版社1996年版，第470页。

W0170.4

人是神的奴仆

实 例

壮族 人永远是神灵的奴仆、驯服者。

【流传】（无考）

【出处】范宏贵：《壮族卷·绪论》，见吕大吉、何耀华总主编《中国各民族原始宗教资料集成》（土家族卷、瑶族卷、壮族卷、黎族卷），北京：中国社会科学出版社1998年版，第478页。

W0170.5

仙童是神的侍从

实 例

汉族 创造万物的天神写了一份天书，交给自己的仙童，让他去人世间传这几句咒语。

【流传】安徽省·淮南县（淮南市）

【出处】陆少勇讲，张斌记录整理：《人、牛、蛇》（《民间文学》编辑部

供稿），见陶阳、钟秀编《中国神话》（下），北京：商务印书馆2008年版，第1090页。

W0171

神的使者

【汤普森】A165.2

【关联】［W0916.8.11］鬼是神的兵马

实　例

（参见下级母题实例）

W0171.1

动物是神的使者

【汤普森】A165.2.1

实　例

（参见下级母题实例）

W0171.1.1

喜鹊是神的使者

实　例

满族 天神阿布卡赫赫有三位贴身侍女，大侍女喜鹊，二侍女刺猬，三侍女奥朵西（意为小姑娘）。

【流传】（无考）

【出处】《奥朵西》，见姚宝瑄主编《中国各民族神话》（满族、赫哲族、朝鲜族）之《〈天宫大战〉的其他版本》，太原：山西出版传媒集团·书海出版社2014年版，第38～39页。

W0171.1.2

乌鸦是神的信使

【关联】［W0780.8.2.1］乌鸦是玉皇大帝的信使

实　例

蒙古族 两只大乌鸦是汗霍尔木斯塔（玉皇大帝）了解人间琐事的信使。

【流传】内蒙古自治区·哲里木盟（今通辽市）·科左中旗（科尔沁左翼中旗）·摇里木都公社（腰林毛都镇）·西塔林爱里（西塔林艾勒）

【出处】乌力吉讲，阿奇记录整理：《保牧乐》，见谷德明编《中国少数民族神话》，北京：中国民间文艺出版社1987年版，第44～49页。

W0171.1.3

鹰是神的信使

实　例

（参见下级母题实例）

W0171.1.3.1

腾格里天神的神鸟使者是鹰

实　例

蒙古族 鹰是腾格里天神的神鸟使者。

【流传】（无考）

【出处】乌丙安：《神秘的萨满世界》，上海：上海三联书店1989年版，第216页。

W0171.1.4

蛤蟆是天的使者

实 例

佤族 老蛤蟆是上天的天使。

【流传】(无考)

【出处】埃嘎整理:《谁做天下万物之王》,见中华民族故事大系编委会编《中华民族故事大系》第7卷(黎族、傈僳族、佤族),上海:上海文艺出版社1995年版,第629页。

W0171.1.5

蜜蜂是神的使者

实 例

(参见下级母题实例)

W0171.1.5.1

善神米利东主的使者是蜜蜂

实 例

纳西族 米利东主(善神)料到米利术主(恶神)要来侵扰,就派蜜蜂去察看情况。

【流传】

(a)云南省·(丽江市)·丽江县(原丽江纳西族自治县,今归属为丽江市古城区和玉龙纳西族自治县)

【出处】

(a)和正才等讲,杨世光采录,李即善翻译者:《东术争战记》,见中国民间文学集成全国编辑委员会编《中国民间故事集成》(云南卷),北京:中国ISBN中心2003年版,第378页。

(b)李即善翻译,杨世光整理:《东术争战记》,见谷德明编《中国少数民族神话》,北京:中国民间文艺出版社1987年版,第435页。

W0171.1.6

其他特定动物是神的使者

【关联】

①[W0211.6.1] 马是天使

②[W0780.8.1] 龙是玉皇大帝的使者

③[W3199.2] 猫是神的使者

④[W3377.4] 鹰是天神的使者

实 例

(实例待考)

W0171.2

其他特定人物是神的使者

【关联】

①[W1611.1] 日月是天的使者(日月是天使)

②[W1775a] 星星是神的使者

实 例

(实例待考)

W0172

与神的关系有关的其他母题

【汤普森】A189

实 例

(参见下级母题实例)

W0172. 0

独立的神

实例

（参见下级母题实例）

W0172. 0. 1

最初的神没有关系

实例

（参见下级母题实例）

W0172. 0. 1. 1

最初的神灵彼此不相隶属，各自独立

实例

蒙古族 最初的神灵是彼此不相隶属、各自独立的。

【流传】（无考）

【出处】《蒙古族卷·绪论》，见吕大吉、何耀华总主编《中国各民族原始宗教资料集成》（鄂伦春族卷、鄂温克族卷、赫哲族卷、达斡尔族卷、锡伯族卷、满族卷、蒙古族卷、藏族卷），北京：中国社会科学出版社 1999 年版，第 586 页。

W0172. 1

神的守护者

【汤普森】 A165. 5

实例

（参见下级母题实例）

W0172. 1. 1

神的看门者

实例

（参见下级母题实例）

W0172. 1. 1. 1

特定人物是神的看门者

实例

（实例待考）

W0172. 1. 1. 2

动物是神的看门者

【关联】［W0398. 3. 6. 1］山神的看门狗

实例

（参见下级母题实例）

W0172. 1. 1. 2. 1

蟒蛇是神的看门者

实例

傈僳族 蟒蛇是米斯（神主）家的看门狗。

【流传】 云南省·（怒江傈僳族自治州）·泸水县

【出处】 友实凯讲，木玉璋等采录：《米斯的彩礼》，见中国民间文学集成全国编辑委员会编《中国民间故事集成》（云南卷），北京：中国 ISBN 中心 2003 年版，第 243 页。

W0172.1.2
自然物是神的守护者

实 例

（参见下级母题实例）

W0172.1.2.1
太阳和月亮是神的守护者

实 例

哈萨克族 （实例待考）

W0172.1.2.2
神或神性人物是特定神的守护者

实 例

（参见下级母题实例）

W0172.1.2.2.1
神女守护着太阳神的宫殿

实 例

裕固族 小英雄莫拉来到了东海岸上，远远看见红光影里闪出太阳神的宫殿。

【流传】（无考）

【出处】

（a）乔维森等整理：《莫拉》，见谷德明编《中国少数民族神话》，北京：中国民间文艺出版社 1987 年版，第 719 页。

（b）乔维森等整理，钟进文辑：《莫拉》，见满都呼主编《中国阿尔泰语系诸民族神话故事》，北京：民族出版社 1997 年版，第 124 页。

W0172.1.2.2.2
500 万个天神专门护理第一代神英叭

实 例

傣族 众天神各自有事做，当中有五百万个，他们的终身义务就是专门护理第一代神英叭神。

【流传】云南省·西双版纳傣族地区（西双版纳傣族自治州）

【出处】《巴塔麻嘎捧尚罗》，王松据岩温炳翻译《巴塔麻晏》（开天辟地）改写，见姚宝瑄主编《中国各民族神话》（哈尼族、傣族），太原：山西出版传媒集团·书海出版社 2014 年版，第 289 页。

W0172.1.2.3
动物是神的守护者

实 例

（参见下级母题实例）

W0172.1.2.3.1
龙是神的守护者

实 例

蒙古族 三十三层昊天，三尊婷婷神女，八方水中龙王，各方守护神祇。

【流传】（无考）

【出处】乌兰杰：《蒙古族古代音乐舞蹈初探》，呼和浩特：内蒙古人民出版社1985年版，第143～144页。

W0172.2

神的巫师

【汤普森】A165.8

实 例

（参见下级母题实例）

W0172.2.1

神的使者是巫师

实 例

（参见下级母题实例）

W0172.2.1.1

巫婆是鬼神的使者

实 例

壮族 只有巫婆（又叫仙婆、仙姑，壮话叫“女牙”禁，俗称禁婆，指一个妇人被神灵、鬼怪附在身上乱讲话的意思）是交通鬼神的使者。

【流传】广西壮族自治区·（南宁市）·武鸣县（武鸣区）西北部，马山县东部

【出处】黄世杰搜集整理：*《巫婆——（女牙）第（禁）》（1990），见吕大吉、何耀华总主编《中国各民族原始宗教资料集成》（土家族卷、瑶族卷、壮族卷、黎族卷），北京：中国社会科学出版社1998年版，第556页。

W0172.3

神的上司

实 例

（实例待考）

W0172.4

神的助手

实 例

（参见下级母题实例）

W0172.4.1

神造出自己的助手

实 例

拉祜族 （实例待考）

W0172.4.2

人是神的助手

实 例

（实例待考）

W0172.4.3

动物是神的助手

【关联】

①［W0202.5.1］动物是天神的助手

②［W0202.5.1.1］乌鸦是天神的助手

③［W0354.1］鸡是雷神的助手

实 例

（实例待考）

W0172.4.4

植物是神的助手

实 例

（实例待考）

W0172.4.5

与神的助手有关的其他母题

实 例

（参见下级母题实例）

W0172.4.5.1

神的谋士

【关联】［W0791.4.3.1］太白金星是玉帝的谋士

实 例

（实例待考）

W0172.4.5.2

神差

实 例

（参见下级母题实例）

W0172.4.5.2.1

巡天神差

实 例

壮族 巡天差查到布洛陀离家去挑山草，就把兵将埋伏在山丫口。

【流传】（无考）

【出处】陆世安讲，杨照昌整理：《布洛陀》，原载刘德荣等编《壮族民间故事》，云南人民出版社1988年版，见姚宝瑄主编《中国各民族神话》（仫佬族、壮族、京族），太原：山西出版传媒集团·书海出版社2014年版，第135页。

W0172.4.5.2.2

傲慢的神差

实 例

彝族 天神恩梯古兹派了一个差人到地上来收税。这个人到了哪家，坐要金子做的板凳才坐，喝水要金子做的碗才喝，吃饭要金子做的金匙才吃。

【流传】四川省·凉山州（凉山彝族自治州）

【出处】沈伍己讲，邹志诚记录整理：《洪水潮天的故事》，原载李德君、陶学良编《彝族民间故事选》，见陶阳、钟秀编《中国神话》（上），北京：商务印书馆2008年版，第451～464页。

W0172.5

神的师父

实 例

（参见下级母题实例）

W0172.5.1

喇嘛是众神之师

实 例

蒙古族 （实例待考）

W0172. 5a

神的徒弟（神的弟子）

【关联】［W0202. 4. 7］天神的门徒

实 例

（参见下级母题实例）

W0172. 5a. 1

天母阿布凯赫赫共收了 10 个徒弟

实 例

满族 阿布凯赫赫（第一代天神，天母）总共收了十个徒弟。

【流传】黑龙江省·（牡丹江市）·宁古塔（宁安县）；吉林省·长白山地区（长白山一带）

【出处】傅英人（疑“人”为“仁”）讲述，张爱云整理：《阿布凯赫赫创造天地人》，原载《满族萨满神话》，见陶阳、钟秀编《中国神话》（上），北京：商务印书馆 2008 年版，第 140～154 页。

W0172. 6

神将

【关联】［W8733］战士

实 例

藏族 （实例待考）

W0172. 6. 1

明暗相间产生 30 名神将

实 例

阿昌族 明暗相间产生了三十名神将，三十名神兵。

【流传】

(a) 云南省·（德宏傣族景颇族自治州）·梁河县

【出处】

(a) 赵安贤讲，杨叶生、智克采录：《遮帕麻与遮米麻》，见中国民间文学集成全国编辑委员会编《中国民间故事集成》（云南卷），北京：中国 ISBN 中心 2003 年版，第 69 页。

(b) 赵安贤讲，舟叶生译，智克整理：《遮帕麻与遮米麻》，见谷德明编《中国少数民族神话》，北京：中国民间文艺出版社 1987 年版，第 490 页。

(c) 同（b），见陶立璠、赵桂芳等编《中国少数民族神话汇编》（开天辟地篇），中央民族学院少数民族古籍整理出版规划领导小组办公室印（未署出版时间），第 330 页。

W0172. 7

神兵

实 例

汉族 天宫里的神兵、天将、彩女、云童，偷偷跑到峨眉山来游玩。

【流传】四川省·成都市

【出处】张承业搜集整理：《天门石》，见姚宝瑄主编《中国各民族神话》（汉族），太原：山西出版传媒集团·书海出版社 2014 年版，第 82～84 页。

藏族 （实例待考）

W0172.7.1

明暗相间产生 30 名神兵

实 例

阿昌族 （参见“W0172.6.1 明暗相间产生 30 名神将”母题实例）

W0172.8

神与人的关系（人与神的关系）

实 例

（参见下级母题实例）

W0172.8.1

人威胁神

【关联】［W0169.1］神与人结仇

实 例

（参见下级母题实例）

W0172.8.1.1

人威胁神以获得神的帮助

实 例

鄂伦春族 人马患病或打不到猎物时，向诸神祈祷，并许下在几天以内人马病愈或打到野兽，就给它上供，否则就不上供。

【流传】（无考）

【出处】

（a）内蒙古自治区编委会：《鄂伦春族社会历史调查》（第二集），呼和浩特：内蒙古人民出版社 1985 年版，第 105 页。

（b）《透欧玛路》，见吕大吉、何耀华总主编《中国各民族原始宗教资料集成》（鄂伦春族卷、鄂温克族卷、赫哲族卷、达斡尔族卷、锡伯族卷、满族卷、蒙古族卷、藏族卷），北京：中国社会科学出版社 1999 年版，第 26 页。

W0172.8.2

神礼敬人

实 例

（参见下级母题实例）

W0172.8.2.1

神向造出的新人致礼

实 例

回族 安拉敲响云板，招来众仙宣布造出人的消息，并让对造出的人鞠躬行礼。

【流传】 广西壮族自治区·南宁市

【出处】 马傅氏讲，田云青等记录整理：《人祖传说》，见曹廷伟编著《广西民间故事辞典》，南宁：广西教育出版社 1993 年版，第 21 页。

W0172.8.3

人神合一

实 例

（参见下级母题实例）

W0172. 8. 3. 1

帕达然是最早的人，也是智慧的神

实 例

德昂族 狂风在天地混沌中吹出一团黑糊糊的东西，这团东西被撕成两半后，从中间掉出了一个人，叫“帕达然”，他是最早的人，也是智慧的神。

【流传】云南省·德宏州（德宏傣族景颇族自治州）

【出处】陈志鹏采录：《祖先创世纪》，见中国民间文学集成全国编辑委员会编《中国民间故事集成》（云南卷），北京：中国 ISBN 中心 2003 年版，第 106 页。

W0172. 8. 3. 2

人与神的界限不严格

实 例

汉族 以前，地上的人有了痛苦，可以直接通过天梯到天上去向神诉说，神也可以随便到人间来游玩，人和神的界限并不是很严格的。

【流传】（无考）

【出处】《颛顼隔断天地的通路》，原载袁珂编译《中国神话故事》，见陶阳、钟秀编《中国神话》（上），北京：商务印书馆 2008 年版，第 195～198 页。

W0172. 8. 4

人是神的主人

实 例

鄂伦春族 神称人为“主人”，且神并非高居九天，而是近在身旁。

【流传】（无考）

【出处】郭淑云：《鄂伦春族卷·绪论》，见吕大吉、何耀华总主编《中国各民族原始宗教资料集成》（鄂伦春族卷、鄂温克族卷、赫哲族卷、达斡尔族卷、锡伯族卷、满族卷、蒙古族卷、藏族卷），北京：中国社会科学出版社 1999 年版，第 12 页。

W0172. 8. 4. 1

神灵对其所代表的萨满称“小主人”

实 例

鄂伦春族 神灵对其所代表的萨满称“我的小主人”。神灵虽然能主宰其依附的萨满，但要在阳间施展其威力，还必须通过萨满才能成功，故称为“主人”。

【流传】内蒙古自治区·（呼伦贝尔市）·鄂伦春自治旗·阿里河镇

【出处】何青花讲，满都尔图、孟和采录整理：《已附体的神灵的问词》（1990），见吕大吉、何耀华总主编《中国各民族原始宗教资料集成》（鄂伦春族卷、鄂温克族卷、赫哲族卷、达斡尔族卷、锡伯族卷、满族卷、蒙古族卷、藏族卷），北京：中国社会科学出版社 1999 年版，第 65 页。

W0172.8.4.2

安徒莫日根的专属神

实 例

赫哲族 安徒莫日根（英雄名）的船行走缓慢。他就向着自己家乡的方向做了祷告，请他的神帮助，刚刚祷告完，就刮起了大风，船像被风吹起来一样。

【流传】（黑龙江省·佳木斯市·同江县·八岔赫哲族乡）

【出处】

（a）吴进才说唱，尤志贤翻译整理：《安徒莫日根》，载中国民间文艺研究会黑龙江分会所编《黑龙江民间文学》，1981 年第 2 集。

（b）同（a），见姚宝瑄主编《中国各民族神话》（满族、赫哲族、朝鲜族），太原：山西出版传媒集团·书海出版社 2014 年版，第 120 页。

W0172.8.5

把好人比作神

实 例

（参见下级母题实例）

W0172.8.5.1

山神白那查是善神，人们有时把善良的人比喻为"白那查"

实 例

达斡尔族 因"白那查"（山神）是善神，所以人们有时把善良的人比喻为"白那查"。

【流传】（内蒙古自治区、黑龙江省等地）

【出处】

（a）珠荣嘎、满都尔图主编：《达斡尔族社会历史调查》，呼和浩特：内蒙古人民出版社 1985 年出版，第 256 页。

（b）《"白那查"——山神之一》，见吕大吉、何耀华总主编《中国各民族原始宗教资料集成》（鄂伦春族卷、鄂温克族卷、赫哲族卷、达斡尔族卷、锡伯族卷、满族卷、蒙古族卷、藏族卷），北京：中国社会科学出版社 1999 年版，第 294 页。

W0172.8.6

不同的人对同一个的神的态度不同

实 例

（参见下级母题实例）

W0172.8.6.1

布拉加特人认为东方诸神是恶的，而库丁布里亚特人则对他们态度不同

实 例

蒙古族（布里亚特） 布拉加特人认为东方诸神是恶的，而库丁布里亚特人则对他们持两种态度：既觉得他们是氏

族的保护神，又觉得他们是外来之物。

【流传】（无考）

【出处】［苏联］Г. Р. 加尔达诺娃著，宋长宏译，佟德富校：《喇嘛教前的布里亚特宗教信仰》（俄文版），诺沃西比尔斯克：科学出版社西伯利亚分社1987年版，第77～80页，见吕大吉、何耀华总主编《中国各民族原始宗教资料集成》（鄂伦春族卷、鄂温克族卷、赫哲族卷、达斡尔族卷、锡伯族卷、满族卷、蒙古族卷、藏族卷），北京：中国社会科学出版社1999年版，第625页。

W0172.8.7

人与神是亲戚

【关联】［W0163.2］人与神是朋友

实例

（参见下级母题实例）

W0172.8.7.1

人与猎神自古是亲戚

实例

怒族 狩猎前祭猎神时的祭词说："从有了人类开始，我们就是亲戚。"

【流传】云南省·（怒江傈僳族自治州）·贡山（贡山独龙族怒族自治县）·丙中洛乡

【出处】何叔涛调查整理：《狩猎祭神》（1988），见吕大吉、何耀华总主编《中国各民族原始宗教资料集成》（纳西族卷、羌族卷、独龙族卷、傈僳族卷、怒族卷），北京：中国社会科学出版社2000年版，第863页。

W0172.8.7.2

作为人的姐夫的神

实例

苗族 "勇"、"立"是两个神名，传说是始祖姜央的大姐夫和二姐夫，吃鼓藏祭妹榜要由勇、立来杀牛。

【流传】原文无流传地，据文本及注释推测该神话流传于贵州省·黔东南苗族侗族自治州·凯里市、台江县等地。

【出处】姜洪魁演唱，杨忠诚搜集，燕宝整理译注：《沿河西迁》注释，见贵州省少数民族古籍整理出版规划小组办公室编，燕宝整理译注《苗族古歌》，贵阳：贵州民族出版社1993年版，第765页。

W0172.8.7a

人神一家

实例

羌族 羌人和羌人的端公（即羌族"释比"、"许"的汉语说法，意为"巫师"、"祭师"）都是从天上来的，所以他们本是一家人。

【流传】（无考）

【出处】

（a）钱安靖：《羌族宗教习俗调查资料》，见羌族社会历史调查四川省编写组编《羌族社会历史调查》，成都：四川省社会科学院出版社1986年。

(b) 同(a)，见吕大吉、何耀华总主编《中国各民族原始宗教资料集成》(纳西族卷、羌族卷、独龙族卷、傈僳族卷、怒族卷)，北京：中国社会科学出版社2000年版，第490页。

W0172.8.8

人与神没有关系

实 例

(参见下级母题实例)

W0172.8.8.1

人不拜神，神不管人

实 例

羌族 羌族一度放弃了白石崇拜，"人不拜神，神亦不管人"。

【流传】(无考)

【出处】胡鉴民：《羌族的信仰与习为》，原载《边疆研究论丛》1941年，见吕大吉、何耀华总主编《中国各民族原始宗教资料集成》(纳西族卷、羌族卷、独龙族卷、傈僳族卷、怒族卷)，北京：中国社会科学出版社2000年版，第464页。

W0172.9

对立的神

实 例

(参见下级母题实例)

W0172.9.1

东方神与西方神对立

实 例

(参见下级母题实例)

W0172.9.1.1

善良的西方诸神与凶恶的东方诸神对立

实 例

蒙古族(布里亚特) 东方诸神，即居住在日出方向的神灵，是凶恶的，寒冷的和异己的；而西方诸神则是善良的，非异己的。

【流传】(无考)

【出处】[苏联]Г.Р.加尔达诺娃著，宋长宏译，佟德富校：《喇嘛教前的布里亚特宗教信仰》(俄文版)，诺沃西比尔斯克：科学出版社西伯利亚分社1987年版，第77～80页，见吕大吉、何耀华总主编《中国各民族原始宗教资料集成》(鄂伦春族卷、鄂温克族卷、赫哲族卷、达斡尔族卷、锡伯族卷、满族卷、蒙古族卷、藏族卷)，北京：中国社会科学出版社1999年版，第625页。

W0172.10

同根之神

实 例

(参见下级母题实例)

W0172.10.1
天神、地神、星神同根之神

实 例

满族 女天神阿布卡赫赫、女地神巴那姆赫赫、女星神卧勒多赫赫被尊为宇宙三姊妹，她们同身同根，同现同显，同存同在，同生同孕。

【流传】 黑龙江省·黑河地区（黑河市）·孙吴县·（沿江满族达斡尔族乡）·四季屯（四季屯村）

【出处】 吴纪贤、富希陆讲：《天宫大战——黑水女真人传世神话》（1939，选自富育光、郭淑云整理的手稿），见姚宝瑄主编《中国各民族神话》（满族、赫哲族、朝鲜族），太原：山西出版传媒集团·书海出版社 2014 年版，第 22 页。

W0172.11
同门之神

【关联】［W0172.5］神的师父

实 例

（参见下级母题实例）

W0172.11.1
神与魔鬼出同门

实 例

（参见下级母题实例）

W0172.11.1.1
魔王耶路哩是天母阿布凯赫赫的师弟

实 例

满族 耶路哩（大魔鬼，魔王）是阿布凯赫赫（第一代天神，天母）的师弟。

【流传】 黑龙江省·（牡丹江市）·宁古塔（宁安县）；吉林省·长白山地区（长白山一带）

【出处】

（a）傅英仁讲述，张爱云记录整理：《天宫神魔大战》，见傅英仁讲述，张爱云记录整理《满族萨满神话》，哈尔滨：黑龙江人民出版社 2006 年版。

（b）同（a），见陶阳、钟秀编《中国神话》（上），北京：商务印书馆 2008 年版，第 155～180 页。

0.1.8 神的寿命与死亡【W0175～W0179】

W0175
神的寿命

实 例

（参见下级母题实例）

W0175.0

神的寿命的获得

实　例

（参见下级母题实例）

W0175.0.1

神通过娶妻获得寿命

实　例

（参见下级母题实例）

W0175.0.1.1

天神、地神等 9 个神讨得 9 个永生不死的姑娘遂得长生

实　例

哈尼族 天神、地神等 9 个神讨得了 9 个永生不死的姑娘，就得到了永生不死的长命。

【流传】云南省·（红河哈尼族彝族自治州）·元阳县·攀枝花区（攀枝花乡）·洞铺寨

【出处】朱小和讲，史军超采录：《永生不死的姑娘》，见中国民间文学集成全国编辑委员会编《中国民间故事集成》（云南卷），北京：中国 ISBN 中心 2003 年版，第 130 页。

哈尼族 九个神讨得了九个永生不死的姑娘，就得到了永生不死的长命。

【流传】（云南省·红河哈尼族彝族自治州·元阳县）

【出处】朱小和讲，史军超搜集整理：《永生不死的姑娘》，原载云南省民间文学集成办公室编《哈尼族神话传说集成》，中国民间文艺出版社 1990 年版，见姚宝瑄主编《中国各民族神话》（哈尼族、傣族），太原：山西出版传媒集团·书海出版社 2014 年版，第 169 页。

W0175.0.2

神讨要寿命

实　例

（参见下级母题实例）

W0175.0.2.1

9 个神到第二代神王烟沙那里要长命

实　例

哈尼族 九个神就去到第二代神王烟沙那里要长命。烟沙大神找不到，于是领着九个神去到阿妈阿匹梅烟那里要长命。

【流传】（云南省·红河哈尼族彝族自治州·元阳县）

【出处】朱小和讲，史军超搜集整理：《永生不死的姑娘》，原载云南省民间文学集成办公室编《哈尼族神话传说集成》，中国民间文艺出版社 1990 年版，见姚宝瑄主编《中国各民族神话》（哈尼族、傣族），太原：山西出版传媒集团·书海出版社 2014 年版，第 167 ~ 168 页。

W0175.0.3

神王为神分发寿命

实 例

哈尼族 第三代神王沙拉找寿命，然后分给天神、地神、太阳神、月亮神等9位大神一人一个。

【流传】云南省·（红河哈尼族彝族自治州·元阳县·攀枝花乡·硐蒲寨）

【出处】朱小和讲，史军超搜集整理：《永生不死的姑娘》，原载《哈尼族神话传说集成》，见陶阳、钟秀编《中国神话》（下），北京：商务印书馆2008年版，第1095～1099页。

W0175.0.4

神的寿命与生俱来

实 例

（参见下级母题实例）

W0175.0.4.1

第一代神生出其他神的寿命

实 例

哈尼族 第一代神王阿匹梅烟（女神）对找她要寿命的9位大神说："我的儿孙们，没有长命不能怪，没有长命不要气，长命不是造出来的，是生出来的。天上地下都没有长命，要去生才会有。"于是她为9个神生出9个长命姑娘。

【流传】云南省·（红河哈尼族彝族自治州·元阳县·攀枝花乡·硐蒲寨）

【出处】朱小和讲，史军超搜集整理：《永生不死的姑娘》，原载《哈尼族神话传说集成》，见陶阳、钟秀编《中国神话》（下），北京：商务印书馆2008年版，第1095～1099页。

W0175.1

长寿的神（寿神，寿命神）

【汤普森】A191.1

实 例

蒙古族 （实例待考）

W0175.1.1

万年不死之神

实 例

苗族 人神顶洛五万年不死。

【流传】广西壮族自治区北部地区

【出处】过竹：《苗族神话研究》，南宁：广西人民出版社1988年版，第216页。

W0175.1.1.1

神活万年

实 例

（实例待考）

W0175.1.1.2

神活10万年

实 例

傣族 从天上下凡的第一对夫妻神布

盼法、雅盼峥活了十万年。

【流传】云南省·德宏地区（德宏傣族景颇族自治州）

【出处】

(a) 多永相搜集整理：《谷神布岑塔》，见李子贤编《云南少数民族神话选》，云南人民出版社1990年版。

(b) 同（a），见姚宝瑄主编《中国各民族神话》（哈尼族、傣族），太原：山西出版传媒集团·书海出版社2014年版，第351页。

W0175.1.2

神的长寿秘诀

【关联】

① ［W0760.8.2］西王母主长寿

② ［W0940.2.1］神果使人长寿

③ ［W0952.6.1］能使人长生的食物

④ ［W2952.6］善者延寿

实　例

（实例待考）

W0175.1.3

寿神榜香猷

实　例

（参见下级母题实例）

W0175.1.3.1

寿神榜香猷寿命9千8百岁

实　例

苗族 榜香猷是苗家的寿神，他活了九千八百岁。

【流传】贵州省·（黔东南苗族侗族自治州）·丹寨县·排调（排调镇）

【出处】王启荣讲，潘明修采录：《榜香猷》，见中国民间文学集成全国编辑委员会编《中国民间故事集成》（贵州卷），北京：中国ISBN中心2003年，第79页。

W0175.1.4

寿命神知道万物的寿命

实　例

汉族 从盘古开天辟地以后，地上的一切都不知道自己能活多久，他们商量决定去问一下寿命神。

【流传】河南省·（驻马店市）·遂平县

【出处】张延文（男，50岁，汉族，石寨铺乡大张庄村农民）讲，郭建新（男，15岁，汉族，石寨铺乡初中学生）采录：《人祖问寿》（1988.02），见张振犁编著，孟宪明、朱淑君统纂《中原神话通鉴》（第四卷），郑州：河南大学出版社2017年版，第1272页。

W0175.1.5

与长寿神有关的其他母题

实　例

（参见下级母题实例）

W0175. 1. 5. 1
老寿星

实 例

（参见下级母题实例）

W0175. 1. 5. 1. 1
老寿星即南极仙翁

实 例

汉族 寿星拜师学艺时，等他的两个师弟下山后，又留下来修炼了好多年。师父和师伯又教给他好多本事，还给了他一根能降龙伏虎的拐杖，得道以后就成了福禄寿俱全的南极仙翁，人们熟悉的老寿星。

【流传】河南省·（安阳市）·滑县·焦虎镇

【出处】王印其（61 岁，女，滑县焦虎村农民）讲，李洛宁采录整理：《寿星的故事》（1989. 12. 12），见张振犁编著，孟宪明、朱淑君统纂《中原神话通鉴》（第四卷），郑州：河南大学出版社 2017 年版，第 1239 页。

W0175. 1. 5. 1. 1. 1
寿星昆仑学道为元始天尊为师

实 例

汉族 很早以前，寿星在昆仑学道，拜元始天尊为师。

【流传】河南省·（安阳市）·滑县·焦虎镇

【出处】王印其（61 岁，女，滑县焦虎村农民）讲，李洛宁采录整理：《寿星的故事》（1989. 12. 12），见张振犁编著，孟宪明、朱淑君统纂《中原神话通鉴》（第四卷），郑州：河南大学出版社 2017 年版，第 1238 页。

W0175. 1. 5. 1. 2
老寿星头上的包

实 例

（参见下级母题实例）

W0175. 1. 5. 1. 2. 1
老寿星头上原来没有包

实 例

汉族 老寿星头上原本没有包。

【流传】河南省·（南阳市·社旗县）·陌陂乡·陌陂街［采录地点：陌陂乡陌陂街］

【出处】刘玉柱的奶奶讲，刘玉柱（男，37 岁，汉族，小学毕业，农民）采录：《老寿星头上的包》（1986. 03），见张振犁编著，孟宪明、朱淑君统纂《中原神话通鉴》（第四卷），郑州：河南大学出版社 2017 年版，第 1239 页。

W0175. 1. 5. 1. 2. 2
老寿星头上的包是被王母娘娘打出来的

实 例

汉族 老寿星去赴王母娘娘的“蟠桃

会”，喝醉了。王母娘娘用拐棍照他头上捣了一下。这一下捣得不打紧，老寿星的头上立时起了个大包。

【流传】河南省·（南阳市·社旗县）·陌陂乡·陌陂街［采录地点：陌陂乡陌陂街］

【出处】刘玉柱的奶奶讲，刘玉柱（男，37岁，汉族，小学毕业，农民）采录：《老寿星头上的包》（1986.03），见张振犁编著，孟宪明、朱淑君统纂《中原神话通鉴》（第四卷），郑州：河南大学出版社2017年版，第1238～1239页。

W0175.1.5.2

纳西之神梅生都狄都塔有千年万岁

实 例

纳西族 很古、极古的时候，纳西之神“梅生都狄都塔”有千年万岁。

【流传】（无考）

【出处】宣科调查整理，见《对〈热差蹉的来历经〉的讨论》，载《丽江志苑》第6期，转引自吕大吉、何耀华总主编《中国各民族原始宗教资料集成》（纳西族卷、羌族卷、独龙族卷、傈僳族卷、怒族卷），北京：中国社会科学出版社2000年版，第363页。

W0175.2

神不死

实 例

汉族 嫦娥先嫁河伯，少情寡义；后嫁给后羿，本想有个寄托，不料这人不久也要弃她而去。嫦娥不禁暗自伤神，终日在家长吁短叹。她曾想到去寻短见，但她是神，神是死不了的。

【流传】河南省·（郑州市）·巩义市（巩县洛河沿岸地区）

【出处】丁永鉴、赵现民采录整理：《嫦娥奔月（二）》，见张振犁编著，孟宪明、朱淑君统纂《中原神话通鉴》（第三卷），郑州：河南大学出版社2017年版，第878页。

W0175.2.1

神不死的原因

实 例

（参见下级母题实例）

W0175.2.1.1

神从永生不死的姑娘那里得到寿命永生

实 例

哈尼族 九个神讨得了九个永生不死的姑娘，就得到了永生不死的长命。

【流传】云南省·（红河哈尼族彝族自治州·元阳县·攀枝花乡·硐蒲寨）

【出处】朱小和讲，史军超搜集整理：《永生不死的姑娘》，原载《哈尼族神话传说集成》，见陶阳、钟秀编《中国神话》（下），北京：商务印书馆2008年版，第1095～1099页。

W0175. 2. 2
神不会死只会投生

实 例

傣族 神不会死，寿命到期了，换个地方投生。

【流传】（云南省）

【出处】陈平改写：《捧麻远冉与捧腊哈纳罗》，原载《巴塔麻嘎捧尚罗》，见姚宝瑄主编《中国各民族神话》（哈尼族、傣族），太原：山西出版传媒集团 · 书海出版社 2014 年版，第 371 页。

W0175. 2. 3
永生不死的神

实 例

（参见下级母题实例）

W0175. 2. 3. 1
永生不死的嘎姒年姑娘

实 例

哈尼族 最高的神王阿匹梅烟生的第七个姑娘是“永生不死的嘎姒年姑娘”（不知“年”的具体含义）。

【流传】云南省 ·（红河哈尼族彝族自治州）· 元阳（元阳县）· 攀枝花（攀枝花乡）· 洞铺寨

【出处】朱小和讲，史军超采录：《永生不死的姑娘》，见中国民间文学集成全国编辑委员会编《中国民间故事集成》（云南卷），北京：中国 ISBN 中心 2003 年版，第 130 页。

W0175. 2. 4
与神不会死有关的其他母题

【关联】［W0494. 6. 4b. 1. 2］战神里萨敬久煮不死

实 例

（实例待考）

W0175. 3
短命的神

实 例

（实例待考）

W0175. 4
神有特定的寿命

实 例

（参见下级母题实例）

W0175. 4. 1
神两三千岁

实 例

蒙古族 （实例待考）

W0175. 4. 2
神 9 千 8 百岁

实 例

苗族 （参见“W0175. 1. 3. 1 寿神榜香献寿命 9 千 8 百岁”母题实例）

W0175.4.3

神 800 岁

实 例

（参见下级母题实例）

W0175.4.3.1

造天地的 4 个大神都 800 岁

实 例

苗族 造天地的四个大神都已八百岁了，样子都长得十分古怪。

【流传】云南省·文山（文山壮族苗族自治州）一带

【出处】邓光北、闪永仙说唱，项保昌、刘德荣搜集：《开天补天，辟地补地》，见姚宝瑄主编《中国各民族神话》（布依族、仡佬族、苗族），太原：山西出版传媒集团·书海出版社 2014 年版，第 125 页。

W0175.4.4

神的寿命 3 万年

实 例

（参见下级母题实例）

W0175.4.4.1

神鸟的寿命 3 万年

实 例

蒙古族 神鸟勒嘎宾嘎的寿命达 3 万年。

【流传】（无考）

【出处】《嘎勒宾嘎创世》，见［蒙古］Д. 策仁苏德那木编《蒙古神话》（基利尔蒙古文），转引自那木吉拉《中国阿尔泰语系诸民族神话比较研究》，北京：学习出版社 2010 年版，第 28～29 页。

W0175.4.5

神寿命数亿年

实 例

（参见下级母题实例）

W0175.4.5.1

神官捧麻远冉寿命千亿年

实 例

傣族 神官捧麻远冉是英叭神开天辟地时用污垢做成的神，居住在天上捧层。寿命已达十亿年，按照神王的规定，污垢神的寿命无止境，要在捧层居住千亿年，才改换地方投胎到天界下层。

【流传】（云南省）

【出处】陈平改写：《捧麻远冉与捧腊哈纳罗》，原载《巴塔麻嘎捧尚罗》，见姚宝瑄主编《中国各民族神话》（哈尼族、傣族），太原：山西出版传媒集团·书海出版社 2014 年版，第 372 页。

W0175.5

与神的寿命有关的其他母题

【关联】［W0132.3］神能返老还童

实 例

（参见下级母题实例）

W0175.5.1

神九生九死

【关联】

①［W0656.6.1］人的祖先经历九生九死

②［W0658.3.1］祖先（神）有9条命

实 例

哈尼族 德摩诗匹（人的先祖）九生九死。

【流传】云南省·（红河哈尼族彝族自治州）·元阳县

【出处】朱小和讲，史军超采录：《动植物的家谱》，见中国民间文学集成全国编辑委员会编《中国民间故事集成》（云南卷），北京：中国ISBN中心2003年版，第346页。

W0175.5.2

神500年为1岁

实 例

蒙古族 （实例待考）

W0175.5.3

年轻的神（新神）

实 例

壮族 正常死亡的人，死后会马上变成神。因此，当老人过世后，要为死者立一个灵位，同时认为刚死去的人身上有污浊的气味，历代祖宗神不喜欢接近，故不能马上列入历代祖宗神位，只能单独祭祀。

【流传】广西壮族自治区·（南宁市）·武鸣县（武鸣区）西北部，马山县东部

【出处】黄世杰搜集整理：*《保护家族的祖先神》（1990），见吕大吉、何耀华总主编《中国各民族原始宗教资料集成》（土家族卷、瑶族卷、壮族卷、黎族卷），北京：中国社会科学出版社1998年版，第534页。

W0175.5.4

年老的神（老神）

实 例

（参见下级母题实例）

W0175.5.4.1

神老后睁不开眼睛

实 例

藏族 天神的三姑娘在天泉洗浴时得到人间少年的金指环，按婚俗应该成为这个小伙的妻子。姑娘要把小伙带到天上见父母时，父亲天神已经很老很老了，平常总是闭着眼睛不张开，等到要看东西时，才叫人拿竹撑子来替他撑着，让他能看见东西。

【流传】四川省藏族聚居地区

【出处】

（a）任称尔甲讲，萧崇素搜集整理：《种子的起源》，载《民间文学》

1961年第2期。

(b) 同 (a), 见陶阳、钟秀编《中国神话》(中), 北京: 商务印书馆2008年版, 第898~910页。

W0176

神的死亡

【汤普森】①A192.1; ②A1085

实 例

(参见下级母题实例)

W0176.1

神死亡的原因

实 例

(实例待考)

W0176.2

神被杀死

【汤普森】A192.2

实 例

(参见下级母题实例)

W0176.2.1

神老后被新神杀死

【汤普森】A192.1.1

实 例

(实例待考)

W0176.2.2

神犯错被处死

【关联】[W0985.2.4.1.1] 雨神玩忽职守被处死

实 例

哈尼族 (参见"W0985.2.4.1.1 雨神玩忽职守被处死"母题实例)

W0176.3

与神的死亡有关的其他母题

实 例

(参见下级母题实例)

W0176.3.1

神劳累而死

【关联】

① [W0209.4.3.1.1] 天神砍山累死

② [W0238.5.1] 地母劳累而死

③ [W0627.1] 文化英雄劳累而死

实 例

鄂温克族 (参见"W0209.4.3.1.1 天神砍山累死"母题实例)

W0176.3.2

神死后无尸体

实 例

藏族 七尺陵基在天空, 神身无尸如虹散。

【流传】(无考)

【出处】索昂绛粲著, 刘立千译:《西藏王统记》, 西藏人民出版社1987年版, 见吕大吉、何耀华总主编《中国各民族原始宗教资料集成》(鄂伦春族卷、鄂温克族卷、赫哲族卷、达斡尔族卷、锡伯族卷、满族卷、蒙古族卷、藏族卷），北京：中国社会科学出版社1999年版，第917页。

W0176. 3. 3
神在特定时代死亡

实 例

（参见下级母题实例）

W0176. 3. 3. 1
山神到孔子时始有死亡

实 例

汉族 “肩吾得之，以处大山。”陆德明释文引司马彪云：“山神，不死，至孔子时。”

【流传】（无考）

【出处】［战国］庄周：《庄子·大宗师》陆德明注。

W0177
神犯病

【关联】［W8640］瘟疫的产生（疾病的产生）

实 例

（参见下级母题实例）

W0177. 1
神犯病的原因

实 例

（参见下级母题实例）

W0177. 1. 1
神因接触秽物犯病

实 例

（参见下级母题实例）

W0177. 1. 1. 1
术神被狗腐尸熏得眼睛犯疼

实 例

纳西族 一只死狗的尸体随着洪流漂进术神灵居住的热水潭里，术神灵被臭乎乎的狗尸腐烂的秽气，熏得眼睛犯疼了，熏得浑身都生起了疥疮，熏得头发也脱落了。

【流传】云南省·（丽江市）·丽江县（古城区、玉龙纳西族自治县）

【出处】木丽春采集整理：《术神搬家的故事》，见木丽春编著《纳西族民间故事集》，昆明：云南人民出版社2007年版，第113页。

W0177. 2
神犯病的情形

实 例

（参见下级母题实例）

W0177. 2. 1
神犯病时满身疮痍

实 例

（参见下级母题实例）

W0177.2.1.1

术神犯病后浑身疥疮，头发脱落

实　例

纳西族　（参见“W0177.1.1.1 术神被狗腐尸熏得眼睛犯疼”母题实例）

W0177.3

神犯病的解除

【关联】［W8657］瘟疫（疾病）的消除

实　例

（实例待考）

0.2　与方位相关的神[①]
（W0180～W0269）

0.2.1　天神[②]
【W0180～W0229】

✿ **W0180**

与方位有关的神

【汤普森】A417

实　例

（参见下级母题实例）

✿ **W0181**

天神

【汤普森】A 200

实　例

（参见下级母题实例）

❊ **W0182**

天神的产生

实　例

（参见下级母题实例）

W0183

天神来于某个地方或自然存在

实　例

裕固族（实例待考）

W0183.1

天神来源于某个地方

实　例

（实例待考）

W0183.1.1

天神源于天外

实　例

（实例待考）

W0183.2

天神自然产生

实　例

---

①　与方位有关的神，这里分为天神、地神、阴间神等，主要是从神话叙事的角度界定，神话中的这些神有明确的方位特点，一般为凡指或特指。如天上的神，有时被研究者称为上界的神，包括宇宙神、日月星辰神、气象神等。

②　天神，许多神话叙事中的“天神”并不是一个确指的概念，一般可泛指主要生活在天上的神，但在表述上又会出现多种情况，如“天神”、“天公”、“天帝”、“天王”等，有时是一些宗教性质的天神如“玉帝”、“太白金星”等，在此只是以编目的便捷性为原则并据实际需要选择其中的某些代表性母题，其他一些天神可参见相关类别。

（参见下级母题实例）

W0183.2.1
混沌中产生天神

实 例

蒙古族 混沌中形成上界后，出现了以“多伦敖敦腾格日”（即“七星天”）为中心的99柱天神。

【流传】（无考）

【出处】 齐木道吉翻译：《天地起源》，见谷德明编《中国少数民族神话》，北京：中国民间文艺出版社1987年版，第31～32页。

W0184
天神是造出来的（造天神）

实 例

（参见下级母题实例）

W0184.1
造出男女天神

实 例

傣族 天神英叭召用他的污垢捏成一对男女天神。

【流传】 云南省

【出处】《开天辟地》，见谷德明编《中国少数民族神话》，北京：中国民间文艺出版社1987年版，第341页。

W0184.2
第二代天神

【关联】［W0140.3］第二代神（第2代神）

实 例

（参见下级母题实例）

W0184.2.1
第一代造天地的大神英叭造出一个无名神和一个侍神

实 例

傣族 造天地的大神英叭造出一个无名神和一个侍神。这样宇宙间就有了三个天神。这三个天神成了第一代和第二代天神。

【流传】 云南省·西双版纳傣族地区（西双版纳傣族自治州）

【出处】《巴塔麻嘎捧尚罗》，王松据岩温炳翻译《巴塔麻晏》（开天辟地）改写，见姚宝瑄主编《中国各民族神话》（哈尼族、傣族），太原：山西出版传媒集团·书海出版社2014年版，第284页。

W0184.2.2
第二代天神是捧麻加

实 例

傣族（水傣） 第二代天神是捧麻加，本来应由他接替神王英叭的最高天神职位。但英叭捏造这个天神的目的，是为了侍奉他。

【流传】（云南省·西双版纳傣族自治州）

【出处】 王松整理：《傣族——西双版纳的神谱》，见姚宝瑄主编《中国各民族神话》（哈尼族、傣族），太原：山西出版传媒集团·书海出版社 2014 年版，第 229 页。

W0185

天神是生育产生的（生天神）

实 例

（参见下级母题实例）

W0185.0

神或神性人物生天神

实 例

（参见下级母题实例）

W0185.0a

天生天神

实 例

（参见下级母题实例）

W0185.0a.1

天空生天神

实 例

藏族 天神自天空降世。

【流传】（无考）

【出处】王尧、陈践译注：《敦煌本吐蕃历史文书——赞普世系表》，民族出版社 1980 年版，见吕大吉、何耀华总主编《中国各民族原始宗教资料集成》（鄂伦春族卷、鄂温克族卷、赫哲族卷、达斡尔族卷、锡伯族卷、满族卷、蒙古族卷、藏族卷），北京：中国社会科学出版社 1999 年版，第 801 页。

W0185.1

女子生天神

实 例

（参见下级母题实例）

W0185.1.1

特定来历的女子生天神

实 例

（参见下级母题实例）

W0185.1.1.1

网尼与沙相婚生的生门吾婆婆生天神

实 例

苗族 网尼与沙相俩人生门吾婆婆，婆婆生天神。

【流传】贵州省·（黔东南苗族侗族自治州）·凯里（凯里市）、丹寨（丹寨县）、麻江（麻江县）

【出处】洋洛译：《说古歌》，见中国作家协会贵州分会等单位编印：《民间文学资料》，第 6 集。

W0185.2

阴阳生天神

实 例

阿昌族 （实例待考）

W0185.3

雾露生天神

实 例

（参见下级母题实例）

W0185.3.1

雾露生天神厄莎

实 例

拉祜族 雾露生天神厄莎。

【流传】 云南省

【出处】《根古》，见《中国各民族宗教与神话大词典》编审委员会编《中国各民族宗教与神话大词典》，北京：学苑出版社 1990 年版，第 376 页。

W0185.4

卵生天神

【关联】

① ［W0033］ 卵生神

② ［W0058.2.5］ 卵孵出成对的神

③ ［W1018.2］ 卵生创世者

实 例

（参见下级母题实例）

W0185.4.1

宝蛋孵出天神

实 例

（参见下级母题实例）

W0185.4.1.1

天神造的宝石蛋孵出天神

实 例

傣族 天神混散造 33 个宝石蛋，孵化出 8 个天神。

【流传】 云南省

【出处】 岩峰、王松：《变扎贡帕》，见《中国各民族宗教与神话大词典》编审委员会编《中国各民族宗教与神话大词典》，北京：学苑出版社 1990 年版，第 82 页。

W0185.4.2

特定的卵生特定的天神

实 例

（参见下级母题实例）

W0185.4.2.1

绿蛋中孵出天神都支格孔

实 例

纳西族 从绿蛋中孵出的天神都支格孔有 9 头 18 臂，身体放光。

【流传】 云南省

【出处】《都支格孔》，见中国社会科学院云南少数民族文学研究所等编《云南少数民族文学资料》（第 2 辑），内部编印，1981 年，第 33 页。

W0185. 4. 2. 2

神鸟生的三个白蛋孵出上界的天神

实 例

藏族 神鸟生的十八个蛋中，最先飞出去的是螺色的三个白蛋，像三兄弟一样飞到天上，便形成了上界的天神

【流传】 云南省 · 迪庆（迪庆藏族自治州）

【出处】 才旦旺堆搜集，蔷紫整理《神蛋创世纪》，见姚宝瑄主编《中国各民族神话》（门巴族、珞巴族、怒族、藏族），太原：山西出版传媒集团 · 书海出版社 2014 年版，第 75 页。

W0185. 5

风生天神

【关联】

① ［W0029. 2］ 风生神

② ［W0645. 6. 8］ 风生祖先

③ ［W2206］ 风生人

实 例

（参见下级母题实例）

W0185. 5. 1

条风生诸稽、摄提

实 例

汉族 诸稽、摄提（天神名），条风之所生也。

【流传】（无考）

【出处】 《淮南子 · 地形训》，见［西汉］淮南王刘安及门客著，陈广忠译注《淮南子译注》，长春：吉林文史出版社 1990 年版，第 211 页。

W0185. 6

特定的动物生天神

实 例

（参见下级母题实例）

W0185. 6. 1

鱼生天神

实 例

（参见下级母题实例）

W0185. 6. 1. 1

金鱼从背上的鱼鳞里生出天神俄玛和地神密玛

实 例

哈尼族 海中生出的金鱼把鱼鳞一抖，从背脊里抖出两个大神，这就是天神俄玛和地神密玛。

【流传】 云南省 · （红河哈尼族彝族自治州） · 元阳县、金平县（金平苗族瑶族傣族自治县）、红河县等地

【出处】 朱小和讲，史军超、卢朝贵搜集整理：《烟本霍本》，原载刘辉豪、阿罗编《哈尼族民间故事选》，上海文艺出版社 1989 年版，见姚宝瑄主编《中国各民族神话》（哈尼族、傣族），太原：山西出版传媒集团 · 书海出版社 2014 年版，第 33 页。

哈尼族 最早的世上只有一条叫密乌艾西艾玛的金鱼。她从背上的鱼鳞里抖出2个大神，天神俄玛和地神密玛。

【流传】云南省·红河哈尼族彝族自治州

【出处】《窝果策尼果》，见红河哈尼族彝族自治州人民政府编《哈尼族口传文化译注全集》第1卷，昆明：云南民族出版社2009年版，第8页。

W0185.7
创始祖和造物母孕育天神

实 例

景颇族 创始祖和造物母孕育天上的诸神：天神、雷神、财富神、知识文化神、太阳神。

【流传】云南省·（德宏傣族景颇族自治州）·盈江县支丹山吾寨

【出处】萧家成译著：《勒包斋娃——景颇族创世史诗》，北京：民族出版社1992年版，第6页。

W0185.7.1
始祖生的孩子到天上定居成为天神

实 例

普米族 始祖生的孩子到天上定居成为天神。

【流传】云南省·（丽江市）·宁蒗（宁蒗彝族自治县）；四川省·（凉山彝族自治州）·西昌（西昌市），木里县（木里藏族自治县）等

【出处】编玛讲，章虹宇整理：《巴弄明和巴弄姆》，见中华民族故事大系编委会编《中华民族故事大系》第14卷（普米族、塔吉克族、怒族、俄罗斯族、鄂温克族），上海：上海文艺出版社1995年版，第39页。

W0185.8
与生育天神有关的其他母题

实 例

（参见下级母题实例）

W0185.8.1
天神未出生前长牙齿

【关联】［W2598.4］新生儿早熟（婴儿早熟）

实 例

景颇族 天鬼潘瓦能桑还没有生下来的时候，还在妈妈肚子里的时候，他就长了牙，就会说话，就会点头、微笑。

【流传】（无考）

【出处】斋瓦贡退干唱，李向前、木然瑶都搜集整理，木子改写：《穆脑斋瓦——宁冠瓦》，见姚宝瑄主编《中国各民族神话》（白族、拉祜族、景颇族），太原：山西出版传媒集团·书海出版社2014年版，第224页。

W0186

天神是变化产生的（变天神）

实 例

（参见下级母题实例）

W0186.0

神或神性人物变成天神

实 例

（参见下级母题实例）

W0186.0.1

观音变成天神

实 例

侗族 （实例待考）

W0186.0.2

造天者成为天神

实 例

傣族 巨人英叭造好了天，英叭就成为最大的天神。

【流传】云南省·西双版纳（西双版纳傣族自治州）·（勐海县）

【出处】《阳光和风成婚生英叭》，原文本为叭补答讲，刀昌德记录《开天辟地的故事》，见姚宝瑄主编《中国各民族神话》（哈尼族、傣族），太原：山西出版传媒集团·书海出版社 2014 年版，第 235 页。

W0186.1

人成为天神

实 例

（参见下级母题实例）

W0186.1.1

人到天上定居的成为天神

【关联】［W0185.7.1］始祖的生的孩子到天上定居成为天神

实 例

普米族 （参见“W0185.7.1 始祖的生的孩子到天上定居成为天神”母题实例）

W0186.1.2

特定的人被当作天神

实 例

（参见下级母题实例）

W0186.1.2.1

地下的人把天上的人看作天神

实 例

蒙古族（布里亚特）嘎札里·乌尔亥即神话中的地洞，通过它人们似乎可以来到地下世界（goggo Заицби）。对于地下的人来说，地上就像天上，而地上的人则是天神。

【流传】（无考）

【出处】［苏联］И. А. 曼日格耶夫著，宋长宏译，佟德富校：《布里亚特萨满教和前萨满教辞典》(俄文版)，莫斯科：科学出版社 1978 年版，第 36 页，见吕大吉、何耀华总主编《中国各民族原始宗教资料集成》(鄂伦春族卷、鄂温克族卷、赫哲族卷、达斡尔族卷、锡伯族卷、满族卷、蒙古族卷、藏族卷)，北京：中国社会科学出版社 1999 年版，第 636 页。

W0186.1.3

留在天上的人成为天神

实 例

独龙族 到天上造金银的嘎姆朋（人名）发现连接天地的土台倒塌，不能回到人间。不知过了多少年，孤独的嘎姆朋变成了天鬼（中华人民共和国成立前，独龙族盛行万物有灵观念，称鬼、精灵为“布兰”，认为布兰无所不在。这里的鬼并非指灵魂，而是某种自然力的化身，相当于神）。

【流传】 云南省怒江独龙族地区

【出处】

(a) 当色·顶、孔英金、卜松、鲁腊·顶讲，李子贤、张文臣、李承明记录，孟国才、张联华、和诠翻译，李子贤整理:《大蚂蚁分天地》，见陶立璠、朱桂元等编《中国少数民族神话汇编》，中央民族学院少数民族古籍整理出版规划领导小组办公室编，内部资料，1984 年。

(b) 同 (a)，见姚宝瑄主编《中国各民族神话》(水族、布朗族、独龙族、基诺族、傈僳族)，太原：山西出版传媒集团·书海出版社 2014 年版，第 112～113 页。

W0186.2

动物变成天神（动物成为天神）

实 例

(参见下级母题实例)

W0186.2.1

龙变成天神

【关联】

① [W0191.10.2] 天神是龙

② [W0778.5.3.1] 老龙变成老天爷

实 例

(实例待考)

W0186.2.2

蚂蚁变成天神

【关联】 [W0208.55.1.1] 最早出现的蚂蚁变成天神夏都

实 例

藏族 天地间最早出现的蚂蚁变成了天神夏都。

【流传】 四川省·(阿坝藏族羌族自治州)·若尔盖(若尔盖县)·求吉乡·下王则村

【出处】 大夺戈讲，阿强等采录:《开天辟地》，见中国民间文学集成全国编辑委员会编《中国民间故事集成》(四川卷·下)，北京：中国 ISBN 中心 1998 年版，第 933 页。

W0186. 2. 3

蟾成为天神

实 例

（参见下级母题实例）

W0186. 2. 3. 1

蟾除掉9个太阳被奉为天神

实 例

白族 人类奉除掉凶恶的9个太阳神的蟾为天神。

【流传】云南省·（大理白族自治州）·鹤庆（鹤庆县）

【出处】罗玉生讲，艺叟记录：《日月甲马》，原载《中国民间故事全书》（云南省·鹤庆卷），见陶阳、钟秀编《中国神话》（下），北京：商务印书馆2008年版，第1463～1466页。

W0186. 3

火焰变化成天神

实 例

（参见下级母题实例）

W0186. 3. 1

风吹火焰变的一团东西成为天神英叭

实 例

傣族 风吹火焰变一团东西，后变成天神英叭。

【流传】云南省·西双版纳（西双版纳傣族自治州）

【出处】岩莫祁讲：《英叭开天辟地》，见中国民间文学集成全国编辑委员会编《中国民间故事集成》（云南卷），北京：中国ISBN中心2003年版，第82～85页。

W0186. 4

真气化生天神

实 例

汉族 （实例待考）

W0186. 5

气风雾混合化生天神

实 例

（参见下级母题实例）

W0186. 5. 1

气体、烟雾和狂风凝结成天神

【关联】［W0055. 6. 1］气体、烟雾、大风变成神

实 例

傣族 宇宙中最早出现的气体、烟雾和狂风凝结成地球后，剩余的气体、烟雾和大风仍在翻腾滚动，经历长久的千变万化，变成不吃不喝的人形，就是后来的天神。

【流传】（无考）

【出处】《地球和“英叭”的由来》，见姚宝瑄主编《中国各民族神话》（哈尼族、傣族），太原：山西出版传媒

集团·书海出版社 2014 年版，第 332 页。

W0186.6

自然界变化生神

实 例

纳西族（实例待考）

W0186a

天神是婚生的（婚生天神）

实 例

（参见下级母题实例）

W0186a.1

特定的神婚生天神

实 例

（参见下级母题实例）

W0186a.1.1

创始祖和造物母婚生诸天神

实 例

景颇族创始祖和造物母孕育诸天神。

【流传】云南省·（德宏傣族景颇族自治州）·盈江县支丹山吾寨

【出处】萧家成译著：《勒包斋娃——景颇族创世史诗》，北京：民族出版社 1992 年版，第 6 页。

W0186a.1.2

大神十遮和大神戋则生下了天上的四个天神

实 例

哈尼族大神十遮和大神戋则生下了天上的四个天神。

【流传】（无考）

【出处】《杀牛龙，造天地》，根据张牛朗、杨批斗、李书周等演唱，杨保生、李家顺等翻译，杨笛、郭纯礼等整理《十二奴局》和《奥色密色》翻译稿改写，见姚宝瑄主编《中国各民族神话》（哈尼族、傣族），太原：山西出版传媒集团·书海出版社 2014 年版，第 11 页。

W0186b

天神是感婚生的（感生天神）

实 例

（参见下级母题实例）

W0186b.1

女子感生天神

实 例

汉族（实例待考）

W0187

与天神的产生有关的其他母题

【关联】［W0058.3.2.1］最早只有天神和地神

实 例

（参见下级母题实例）

W0187.1

天神产生的时间

实 例

（参见下级母题实例）

W0187.1.1

混沌时出现天神

实 例

彝族 天地还没有分开时，一片混沌。在宇宙的上方，住着天神体古兹。

【流传】（四川省·凉山彝族自治州）

【出处】

（a）冯元蔚译：《勒俄特依》，成都：四川民族出版社1986年版。

（b）冯元蔚译，蔷紫改写：《勒俄特依》，见姚宝瑄主编《中国各民族神话》（羌族、彝族），太原：山西出版传媒集团·书海出版社2014年版，第147页。

W0187.1.2

天地形成后产生天神

实 例

蒙古族 形成天以后，生出了最高神帖尔昆·察干（Delquen Sagan）。

【流传】（无考）

【出处】《天地之形成》，陈岗龙译自［日本］中田千亩编《蒙古神话》，见满都呼主编《中国阿尔泰语系诸民族神话故事》，北京：民族出版社1997年版，第145页。

W0187.1.3

地球产生后产生天神

实 例

傣族 太空中滚动着的气体、烟雾和狂风挤拢、凝结成圆体。这个圆体形成之后，剩余的气体、烟雾和大风继续翻滚流动，再次聚拢、凝结才产生了大神英叭。

【流传】云南省·西双版纳傣族地区（西双版纳傣族自治州）

【出处】《巴塔麻嘎捧尚罗》，王松据岩温炳翻译《巴塔麻晏》（开天辟地）改写，见姚宝瑄主编《中国各民族神话》（哈尼族、傣族），太原：山西出版传媒集团·书海出版社2014年版，第270页。

W0187.1a

天神的生日

实 例

（参见下级母题实例）

W0187.1a.1

正月初一是天神的生日

实 例

纳西族（摩梭）摩梭人把正月初一定为

天神的生日。

【流传】云南省·（丽江市）·宁蒗县（宁蒗彝族自治县）

【出处】桑直若史、益依关若讲，章天钖、章天铭搜集，章虹宇整理：《昂姑咪》，载《山茶》1986年第3期。

W0187.1b

天神产生的地点

实 例

（参见下级母题实例）

W0187.1b.1

天神诞生在西方

实 例

蒙古族 当天界众多佛祖尚未争斗之时，当上空众多腾格里尚未参战之时，当西天众多佛祖尚未出现之时，当灰、白二色尚未分明之时，当东方众多腾格里尚未产生分歧之时，当姿色与颜色尚未区分之时，当推动孟克·腾格里的能力具备之时，当摇动额秃根·额客地母的能力具备之时，五十五尊天神之首领汗·霍尔穆兹达天神在西方诞生。

【流传】（无考）

【出处】拉·胡日查巴特尔著，A.图门译，苏鲁格校订：《哈腾根十三家神祭祀》，内蒙古文化出版社1986年版（蒙文版）第59~63页，见吕大吉、何耀华总主编《中国各民族原始宗教资料集成》（鄂伦春族卷、鄂温克族卷、赫哲族卷、达斡尔族卷、锡伯族卷、满族卷、蒙古族卷、藏族卷），北京：中国社会科学出版社1999年版，第630~631页。

W0187.2

最早产生的天神

【关联】［W0208.8.1.1］英叭召是最早的天神

实 例

傣族 气体、烟雾、大风变成人形，形成最早的天神英叭。

【流传】云南省

【出处】《巴塔麻戛捧尚罗》（经书），见祜巴勐《论傣族诗歌》，北京：中国民间文艺出版社1981年版，第15~16页。

W0187.2.1

最早的天神索恒哲

实 例

彝族 混沌最早变化产生的索恒哲（原书解释为哲人名字，本书认为是最早产生的天神的名称），他多次造天，造地，结果都没有成功。

【流传】（贵州省彝族地区）

【出处】《索恒哲》，见王富慧（珠尼阿依）译著，贵州省民族古籍整理办公室编《彝族神话史诗选》，北京：民族出版社2013年版，第3~7页。

W0187.3

与天神同时产生的神

实 例

（参见下级母题实例）

W0187.3.1

天神地神同时产生

实 例

（参见下级母题实例）

W0187.3.1.1

天神俄玛和地神密玛同时产生

【关联】［W0185.6.1.1］金鱼从背上的鱼鳞里生出天神俄玛和地神密玛

实 例

哈尼族 密乌艾西艾玛（地下最大的金鱼娘）抖鱼鳞，从背脊那里抖出天神俄玛和地神密玛。

【流传】 云南省·（红河哈尼族彝族自治州）·元阳县

【出处】 朱小和讲，史军超等采录：《神的古今》，见中国民间文学集成全国编辑委员会编《中国民间故事集成》（云南卷），北京：中国 ISBN 中心 2003 年版，第 19 页。

哈尼族 最早的世上只有一条叫密乌艾西艾玛的金鱼。她从背上的鱼鳞里抖出 2 个大神，天神俄玛和地神密玛。

【流传】 云南省·红河哈尼族彝族自治州

【出处】《窝果策尼果》，见红河哈尼族彝族自治州人民政府编《哈尼族口传文化译注全集》第 1 卷，昆明：云南民族出版社 2009 年版，第 8 页。

❊ W0190

天神的特征

实 例

（参见下级母题实例）

W0191

天神的体征（天神的外貌）

实 例

（参见下级母题实例）

W0191.0

天神最早没有性别

【关联】［W0191.13.1］以前天神没有生殖器

实 例

满族 （实例待考）

W0191.1

男天神

实 例

傣族 （实例待考）

W0191.2

女天神

实 例

维吾尔族 很早以前，天上有一个天神，是个女的。

【流传】新疆维吾尔自治区·伊犁州（伊犁哈萨克自治州）·察布查尔县（察布查尔锡伯自治县）

【出处】牙库布讲，阿不都拉搜集翻译，姚宝瑄整理：《女天神创世》，见姚宝瑄主编《中国各民族神话》（乌孜别克族、哈萨克族、柯尔克孜族、俄罗斯族、维吾尔族、塔吉克族、塔塔尔族、锡伯族），太原：山西出版传媒集团·书海出版社2014年版，第225页。

W0191.2.1

女天神的产生

实 例

（参见下级母题实例）

W0191.2.2

女天神的特征

实 例

（参见下级母题实例）

W0191.2.2.1

女天神貌美

实 例

维吾尔族 女天神爱瑟玛比所有的天使都美丽。

【流传】（无考）

【出处】

（a）《爱瑟玛美女》，见满都呼主编《中国阿尔泰语系诸民族神话故事》，北京：民族出版社1997年版，第30页。

（b）艾赛提·苏来曼译：《爱瑟玛美女》，见阿布都克里木·热合曼编《丝路神话传说》，乌鲁木齐：新疆人民出版社1985年版。

W0191.2.3

女天神的能力

实 例

（实例待考）

W0191.2.4

特定名称的女天神（女天神的名称）

实 例

（参见下级母题实例）

W0191.2.4.1

女天神俄玛（女天神奥玛）

实 例

哈尼族 天神俄玛生万能女神，万能女神生男神烟沙，烟沙生9位大神。人的祖宗天神俄玛生下人神玛窝。

【流传】云南省·（红河哈尼族彝族自治州）·元阳县

【出处】卢朝贵讲：《神和人的家谱》，见中国民间文学集成全国编辑委员会编《中国民间故事集成》（云南卷），北京：中国ISBN中心2003年版，第

23～28 页。

哈尼族 女天神奥玛乘着五彩云霞。

【流传】云南省·（普洱市）·墨江县（墨江哈尼族自治县）

【出处】

(a) 李恒忠讲，李灿伟采录：《兄妹传人》，见中国民间文学集成全国编辑委员会编《中国民间故事集成》（云南卷），北京：中国 ISBN 中心 2003 年版，第 165 页。

(b) 李灿伟搜集整理：《兄妹传人种》，见《哈尼族民间故事》，昆明：云南人民出版社 1984 年版。

W0191. 2. 4. 2

女天神吉泽乍玛

实 例

普米族 天上降下一个叫“吉泽乍玛”的女神。

【流传】云南省·（怒江傈僳族自治州）·兰坪县（兰坪白族普米族自治县）·卡瓦村

【出处】《久木鲁》，见《中国各民族宗教与神话大词典》编审委员会编《中国各民族宗教与神话大词典》，北京：学苑出版社 1990 年版，第 520 页。

W0191. 2. 4. 2a

女天神干衣米

实 例

普米族 女天神干衣米。

【流传】云南省·（怒江傈僳族自治州）·兰坪县（兰坪白族普米族自治县）

【出处】熊美珍讲，杨照辉采录：《月亮妹妹》，见中国民间文学集成全国编辑委员会编《中国民间故事集成》（云南卷），北京：中国 ISBN 中心 2003 年版，第 134 页。

W0191. 2. 4. 3

女天神帝蛙普

实 例

傣族 西双版纳的男天神称“帝娃拉”，女天神称“帝蛙普”。

【流传】云南省·西双版纳（西双版纳傣族自治州）

【出处】《傣族简史》编写组：《傣族简史》，北京：民族出版社 2009 年版，第 287 页。

W0191. 2. 4. 4

女天神爱瑟玛

实 例

维吾尔族 女天神爱瑟玛住在第七重天。

【流传】（无考）

【出处】

(a) 《爱瑟玛美女》，见满都呼主编《中国阿尔泰语系诸民族神话故事》，北京：民族出版社 1997 年版，第 30 页。

(b) 艾赛提·苏来曼译：《爱瑟玛美女》，见阿布都克里木·热合曼编

《丝路神话传说》，乌鲁木齐：新疆人民出版社 1985 年版。

W0191.2.4.5

青女

【关联】［W0367.4.4］雪神青女

实 例

（参见下级母题实例）

W0191.2.4.5.1

青女即天神青霄玉女

实 例

汉族 青女素娥俱耐冷，月中霜里斗婵娟。

【流传】（无考）

【出处】［唐］李商隐：《霜月》。

W0191.2.5

与女天神有关的其他母题

【关联】［W0067.2.3］女天神住第七重天

实 例

（参见下级母题实例）

W0191.2.5.1

女天神被贬人间

实 例

维吾尔族 女天神忘记了按时去向真主祈祷，真主惩罚女天神，把她从天上赶下来，让她独自在地上生活。

【流传】新疆维吾尔自治区

【出处】《女天神创造人类》，见满都呼主编《中国阿尔泰语系诸民族神话故事》，北京：民族出版社 1997 年版，第 31 页。

W0191.2.5.2

天界女神

实 例

藏族 天界女神的首领勉托吉普玉骑着闪电飞行。

【流传】西藏自治区

【出处】谢继胜整理：《雅拉香波山神》，见 BBS 水木清华站：http://www.smth.edu.cn 2006.07.20。

W0191.3

天神巨大的身躯

实 例

（参见下级母题实例）

W0191.3.1

天神体重惊人

实 例

（参见下级母题实例）

W0191.3.1.1

天神体重 1 千亿斤

实 例

傣族 英叭召（最早的天神）的体重有一千亿斤。

【流传】（无考）

【出处】《开天辟地》，见谷德明编《中国少数民族神话》，北京：中国民间文艺出版社 1987 年版，第 341 页。

W0191. 3. 2

天神身高惊人

实 例

（参见下级母题实例）

W0191. 3. 2. 1

天神的身长 10 万里

实 例

傣族 英叭召（最早的天神）身长达十万约扎拿（又写作“扎那”傣语长度单位，为“里”）。

【流传】（无考）

【出处】《开天辟地》，见谷德明编《中国少数民族神话》，北京：中国民间文艺出版社 1987 年版，第 341 页。

W0191. 3. 3

天神像山一样高大

实 例

（参见下级母题实例）

W0191. 3. 3. 1

更资天神头像大山，四肢如杉树

实 例

彝族 天神更资长成一个魁梧英俊的男子汉，个头就像大山，四肢如同杉树，捏一把油气，可以把浊气捏成铁，揉一把白云，可以把白云揉成铜。

【流传】云南省·（楚雄彝族自治州）·永仁县

【出处】

（a）曲木阿石等讲，罗有能整理：《更资天神》，见云南省楚雄州文教局、云南省楚雄州民委会编《楚雄民间文学资料》，内部资料，1979 年。

（b）同（a），见姚宝瑄主编《中国各民族神话》（羌族、彝族），太原：山西出版传媒集团·书海出版社 2014 年版，第 180 页。

W0191. 3a

天神身体很小

实 例

（参见下级母题实例）

W0191. 3a. 1

天神开始时很小

实 例

拉祜族 最早，一对天神没有长大。厄雅（b 译为“扎多”）只有头那么粗，莎雅（b 译为“娜多”）只有脚毛粗。

【流传】

（a）云南省·（普洱市）·澜沧县（澜沧拉祜族自治县）

【出处】

（a）胡札克讲，雷波采录：《厄雅莎雅造天地》，见中国民间文学集成全国编辑委员会编《中国民间故事集成》

（云南卷），北京：中国 ISBN 中心 2003 年版，第 47 页。
（b）《牡帕密帕》（创世纪），见娜朵主编《拉祜族民间文学集》，昆明：云南人民出版社 1996 年版。

W0191.3a.1.1
天神厄莎出生时只有头发丝大，脚毛一样长

实 例

拉祜族 厄莎（有多种说法，如天神、天帝、创世女神、始祖等）出生时只有头发丝大，只有脚毛那样长。

【流传】云南省·（普洱市）·澜沧县（澜沧拉祜族自治县）

【出处】李云保讲述，扎约采录：《牡帕密帕的故事》，见陶阳、钟秀编《中国神话》（上），北京：商务印书馆 2008 年版，第 129～139 页。

W0191.4
天神的身体放光

实 例

（参见下级母题实例）

W0191.4.1
天神都支格孔身体放光

实 例

纳西族 从绿蛋中孵出的天神都支格身体放光。

【流传】云南省

【出处】《都支格孔》，见中国社会科学院云南少数民族文学研究所等编《云南少数民族文学资料》（第 2 辑），内部编印，1981 年，第 33 页。

W0191.5
天神体征与人不同

实 例

（实例待考）

W0191.6
天神是人的样子

实 例

（参见下级母题实例）

W0191.6.1
天神是白胡子老头

实 例

（参见下级母题实例）

W0191.6.1.1
天神恩都力是白胡子老头

实 例

鄂伦春族 教给鄂伦春人学会做弓箭打猎、战胜恶魔的白胡子老头儿就是天神恩都力。

【流传】黑龙江省

【出处】莫希那讲：《鄂伦春民族起源的传说》，见满都呼主编《中国阿尔泰语系诸民族神话故事》，北京：民族出版社 1997 年版，第 314 页。

W0191.6.2
天神是最早的人

【关联】［W2010.1］最早产生的人（最早的人）

实 例

傣族 世界上最早的人的名字叫叭英叭，第一个“叭”字的意思就是“闪光”，叭英叭又可叫做英叭（其他神话说“英叭”为最早的天神）。

【流传】云南省·西双版纳州（西双版纳傣族自治州）

【出处】岩英祁讲，仓霁华翻译，朱宜初等采录：《英叭开天辟地》，见中国民间文学集成全国编辑委员会编《中国民间故事集成》（云南卷），北京：中国ISBN中心2003年版，第82页。

W0191.7
天神的头

实 例

（参见下级母题实例）

W0191.7.1
天神巨大的头

实 例

（实例待考）

W0191.7.2
天神有很多头

实 例

（参见下级母题实例）

W0191.7.2.1
天神9头18臂

实 例

纳西族 从绿蛋中孵出的天神都支格孔有9头18臂，身体放光。

【流传】云南省

【出处】《都支格孔》，见中国社会科学院云南少数民族文学研究所等编《云南少数民族文学资料》（第2辑），内部编印，1981年，第33页。

W0191.8
天神的脸

实 例

（参见下级母题实例）

W0191.8.0
天神面目多样

实 例

（参见下级母题实例）

W0191.8.0.1
天神模样各异，有圆脸，也有方脸，有尖脸，也有长脸，有一个脸的，也有两个脸、三个脸、四个脸等

实 例

傣族 许许多多的天神模样都长得不一般，有圆脸，也有方脸，有尖脸，

也有长脸，有一个脸的，也有两个脸、三个脸，乃至四个脸的天神。

【流传】云南省·西双版纳傣族地区（西双版纳傣族自治州）

【出处】《巴塔麻嘎捧尚罗》，王松据岩温炳翻译《巴塔麻晏》（开天辟地）改写，见姚宝瑄主编《中国各民族神话》（哈尼族、傣族），太原：山西出版传媒集团·书海出版社 2014 年版，第 289 页。

W0191.8.1

天神是人的面目

实 例

（参见下级母题实例）

W0191.8.2

天神的眼睛

实 例

（参见下级母题实例）

W0191.8.2.1

天神的眼像太阳

实 例

傣族 英叭召（最早的天神）两只神眼像两个太阳，能望穿十亿约扎拿（又写作“扎那”傣语长度单位，为“里”）。

【流传】（无考）

【出处】《开天辟地》，见谷德明编《中国少数民族神话》，北京：中国民间文艺出版社 1987 年版，第 341 页。

W0191.8.2.2

天神火眼金睛（天神的神眼）

实 例

汉族 天神是火眼金睛，一眼就看见了躲藏的共工。

【流传】河南省·（周口市）·太康县·朱口镇

【出处】雷丕显（男，72 岁，农民）讲，雷文杰采录整理：《共工和祝融》（1986），见张振犁编著，孟宪明、朱淑君统纂《中原神话通鉴》（第三卷），郑州：河南大学出版社 2017 年版，第 764 页。

W0191.8.2.2.1

天神的神眼识妖魔

实 例

满族 天神阿不凯恩都哩能神眼识妖魔。

【流传】黑龙江省·（牡丹江市）·宁安县·宁安镇

【出处】关振川讲，傅英仁采录：《阿不凯恩都哩创世》，见中国民间文学集成全国编辑委员会编《中国民间故事集成》（黑龙江卷），北京：中国 ISBN 中心 2005 年版，第 17 ~ 18 页。

W0191.8.3

天神的鼻子

实 例

（实例待考）

W0191. 8. 4
天神的耳朵

实 例

（实例待考）

W0191. 8. 5
天神的嘴巴

实 例

（实例待考）

W0191. 8. 6
天神的胡须

实 例

（参见下级母题实例）

W0191. 8. 6. 1
天神满脸胡须

实 例

傣族 英叭召（最早的天神）有满脸的胡须，胡须长达五千约。

【流传】（无考）

【出处】《开天辟地》，见谷德明编《中国少数民族神话》，北京：中国民间文艺出版社 1987 年版，第 341 页。

W0191. 9
天神的四肢

实 例

（参见下级母题实例）

W0191. 9. 1
天神特异的四肢

实 例

傣族 （实例待考）

W0191. 9. 2
天神的手臂

【关联】［W0191. 14. 1. 1］无头无臂的天神

实 例

（参见下级母题实例）

W0191. 9. 2. 1
天神的手又粗又长

实 例

傣族 英叭召（最早的天神）有两只又粗又长的手，手臂长三万九千约。

【流传】（无考）

【出处】《开天辟地》，见谷德明编《中国少数民族神话》，北京：中国民间文艺出版社 1987 年版，第 341 页。

W0191. 9. 2. 2
天神有万能的手

实 例

彝族 天地还是一团浓雾的时候，有一位天神云游。他觉得四周空洞洞的没有一点着力之处，就挥动他那万能的手把天和地隔开，扫清了天空的浓雾，露出日月星辰。

【流传】（无考）

【出处】《人类和石头的战争》，原载李子贤编《云南少数民族神话选》，云南人民出版社 1990 年版，见姚宝瑄主编《中国各民族神话》（羌族、彝族），太原：山西出版传媒集团·书海出版社 2014 年版，第 275 页。

W0191.9.3

天神的手指

实 例

（参见下级母题实例）

W0191.9.3.1

天神巨大的手指

实 例

（参见下级母题实例）

W0191.9.3.1.1

天神的手指大如山

实 例

傣族 英叭召（最早的天神）的每一个指头都很大，仅是小拇指就像一座山。

【流传】（无考）

【出处】《开天辟地》，见谷德明编《中国少数民族神话》，北京：中国民间文艺出版社 1987 年版，第 341 页。

W0191.9.4

天神的腿

实 例

（参见下级母题实例）

W0191.9.4.1

天神长着大长腿

实 例

（参见下级母题实例）

W0191.9.4.1.1

天神腿长数万里

实 例

傣族 英叭召（最早的天神）的两腿长达四万约扎拿（又写作“扎那”傣语长度单位，为“里”）。

【流传】（无考）

【出处】《开天辟地》，见谷德明编《中国少数民族神话》，北京：中国民间文艺出版社 1987 年版，第 341 页。

W0191.10

天神有动物的体征

实 例

（参见下级母题实例）

W0191.10.1

天神长有翅膀

实 例

（参见下级母题实例）

W0191.10.1.1

天神厄莎有翅膀会飞翔

实 例

拉祜族 厄莎（天神）长出了翅膀，在天上飞翔。

【流传】云南省·（普洱市）·澜沧县（澜沧拉祜族自治县）

【出处】胡札克讲，雷波采录：《厄雅莎雅造天地》，见中国民间文学集成全国编辑委员会编《中国民间故事集成》（云南卷），北京：中国 ISBN 中心 2003 年版，第 47 页。

W0191. 10. 2

天神是龙

实 例

（实例待考）

W0191. 10. 3

天神像蜘蛛

实 例

（参见下级母题实例）

W0191. 10. 3. 1

天神厄莎像一只蜘蛛悬挂在如同蜘蛛网一般的大雾中

实 例

拉祜族 最早时，有个天神叫厄莎，就像一只蜘蛛一般悬挂在如同蜘蛛网一般的大雾中间。

【流传】云南省大拉祜及黄拉祜中部一带

【出处】小八讲，古木整理：《天神厄莎》，（整理中参照了《牡帕密帕》和《古根》），见姚宝瑄主编《中国各民族神话》（白族、拉祜族、景颇族），太原：山西出版传媒集团·书海出版社 2014 年版，第 158 页。

W0191. 10. 4

天神如牛

实 例

（参见下级母题实例）

W0191. 10. 4. 1

天神如牛，八足二首马尾

实 例

汉族 有天神焉，其状如牛，而八足二首马尾，其音如勃皇，见则其邑有兵。

【流传】（无考）

【出处】

（a）［战国至汉］撰者不详：《山海经·西次三经》。

（b）《县圃》，见袁珂《中国神话大词典》，北京：华夏出版社 2015 年版，第 162 页。

W0191. 12

天神的毛发

实 例

（参见下级母题实例）

W0191. 12. 1

天神的头发很长

实 例

（参见下级母题实例）

W0191.12.1.1 天神的头发长7年里

实例

傣族 英叭召（最早的天神）头发长七千约。

【流传】（无考）

【出处】《开天辟地》，见谷德明编《中国少数民族神话》，北京：中国民间文艺出版社1987年版，第341页。

W0191.12.2 秃头的天神

实例

（参见下级母题实例）

W0191.12.2.1 秃头天神埃赛盖·马兰·腾格里

实例

蒙古族（布里亚特） 埃赛盖·马兰·腾格里直译为“秃头的天神父亲”。

【流传】（无考）

【出处】［苏联］И. А. 曼日格耶夫著，宋长宏译，佟德富校：《布里亚特萨满教和前萨满教辞典》（俄文版），莫斯科：科学出版社1978年版，第105页，见吕大吉、何耀华总主编《中国各民族原始宗教资料集成》（鄂伦春族卷、鄂温克族卷、赫哲族卷、达斡尔族卷、锡伯族卷、满族卷、蒙古族卷、藏族卷），北京：中国社会科学出版社1999年版，第625页。

W0191.13 天神的生殖器

实例

（参见下级母题实例）

W0191.13.1 以前天神没有生殖器

实例

傣族 以前，天上所有的神都没有生殖器。

【流传】云南省·西双版纳傣族地区（西双版纳傣族自治州）

【出处】《巴塔麻嘎捧尚罗》，王松据岩温炳翻译《巴塔麻晏》（开天辟地）改写，见姚宝瑄主编《中国各民族神话》（哈尼族、傣族），太原：山西出版传媒集团·书海出版社2014年版，第294页。

W0191.14 与天神的体征有关的其他母题

实例

（参见下级母题实例）

W0191.14.1 天神身体怪异

实例

（参见下级母题实例）

W0191. 14. 1. 1

无头无臂的天神

实 例

傣族 众天神中有多头多臂的，也有无头无臂的。

【流传】 云南省·西双版纳傣族地区（西双版纳傣族自治州）

【出处】《巴塔麻嘎捧尚罗》，王松据岩温炳翻译《巴塔麻晏》（开天辟地）改写，见姚宝瑄主编《中国各民族神话》（哈尼族、傣族），太原：山西出版传媒集团·书海出版社 2014 年版，第 289 页。

W0191. 14. 1. 2

九头十八臂的天神

实 例

纳西族 昔有一绿蛋，从中孵出一天神，名都支格孔，九头十八臂，身躯放光，住十八层天上。

【流传】（无考）

【出处】 袁珂改编：《都支格孔》，原载毛星主编《中国少数民族文学》（下册），见袁珂《中国神话大词典》，北京：华夏出版社 2015 年版，第 548 页。

W0191. 14. 2

白的天神

【关联】［W0972. 4. 1］本教把神分成白的天神和黑的妖魔两类

实 例

藏族 （参见“W0972. 4. 1 本教把神分成白的天神和黑的妖魔两类”母题实例）

W0191a

天神的其他特征

实 例

（参见下级母题实例）

W0191a. 1

天神无形

实 例

（参见下级母题实例）

W0191a. 1. 1

天神没有固定的形体

实 例

傣族 由于最早的天神是气体、烟雾和狂风变成的神，所以名字叫英叭。

【流传】（无考）

【出处】《开天辟地》，见谷德明编《中国少数民族神话》，北京：中国民间文艺出版社 1987 年版，第 341 页。

W0191a. 2

天神的灵魂

实 例

（参见下级母题实例）

W0191a.2.1

天神的魂是神水

实 例

彝族 树生的仙对更资天神说："你的魂是尼尔夺（地名）神水，是先天的清气精。"

【流传】云南省·（楚雄彝族自治州）·永仁县

【出处】

(a) 曲木阿石等讲，罗有能整理：《更资天神》，见云南省楚雄州文教局、云南省楚雄州民委会编《楚雄民间文学资料》，内部资料，1979年。

(b) 同(a)，见姚宝瑄主编《中国各民族神话》（羌族、彝族），太原：山西出版传媒集团·书海出版社2014年版，第179页。

W0191a.2.2

天神的魂是先天的清气精

实 例

彝族 （参见"W0191a.2.1 天神的魂是神水"母题实例）

W0191a.3

天神的声音

【关联】[W0084] 神的声音

实 例

（实例待考）

W0191b

天神特征的改变

实 例

（参见下级母题实例）

W0191b.1

天神性别的变化

实 例

（参见下级母题实例）

W0191b.1.1

会变性的天神

实 例

满族 （实例待考）

W0192

与天神的特征有关的其他母题

实 例

（参见下级母题实例）

W0192.1

独身天神

实 例

（参见下级母题实例）

W0192.1.1

独身天神莫明更

实 例

独龙族 莫明更是独身天神。

【流传】云南省

【出处】李子贤辑：《念坚与念勒姆》，见《中国各民族宗教与神话大词典》编审委员会编《中国各民族宗教与神话大词典》，北京：学苑出版社 1990 年版，第 121 页。

W0192. 2
自由的天神

实 例

（参见下级母题实例）

W0192. 2. 1
自由的北极天神

【关联】［W0254. 6. 3. 1］北极天神不受任何天神主宰

实 例

蒙古族 北天有一个北极天神不受任何天神主宰。

【流传】（无考）

【出处】赵永铣：《蒙古族创世神话与萨满教九十九天说探新》引［日］中田千亩《蒙古神话》，载《内蒙古社会科学》1989 年第 4 期。

W0192. 3
合体天神

【关联】［W0634］合体神

实 例

（实例待考）

W0192. 4
天神的性情（天神的性格）

实 例

（参见下级母题实例）

W0192. 4. 1
善的天神（天神性格慈善）

【关联】［W0125］善神（慈悲之神）

实 例

珞巴族 洪水泛滥，生灵遭殃，急坏了心善的天神。

【流传】西藏自治区·林芝市·墨脱县·背崩乡、墨脱乡、达木珞巴民族乡（讲述地点：墨脱县·墨脱乡·墨脱村）

【出处】朱嘎、白嘎、拉巴次仁讲：《牛皮船的来历》（1956. 10），见冀文正《珞巴族民间故事》，成都：四川民族出版社 2011 年版，第 27 页。

W0192. 4. 1. 1
天神格兹慈悲

实 例

彝族 格兹天神很怜悯造出的第三代人，怕第三代人会饿死，便从天上撒下三把苦荞籽。

【流传】（云南省·楚雄彝族自治州·姚安县·官屯乡·马游村，大姚县·昙华乡等）

【出处】

(a) 郭天元（马游村）、李申呼颇（昙华乡）、李福玉颇（苴）演唱，郭思九、许明学、龚维顺、张宝省、陈志群、胡炳文等搜集，刘德虎、龚维顺、陈志群、李树荣、郭天元等整理：《梅葛》（第一部“创世”），见云南省民族民间文学楚雄调查队《梅葛》（1959），昆明：云南人民出版社2009年版。

(b)《打虎开天辟地》，蔷紫据云南省民族民间文学楚雄调查队著《梅葛》（云南人民出版社2009年版）改写，见姚宝瑄主编《中国各民族神话》（羌族、彝族），太原：山西出版传媒集团·书海出版社2014年版，第199页。

W0192.4.1.2

保鲁根巴格西是仁慈的天神

实 例

鄂温克族 保鲁根巴格西是个仁慈的天神，他不愿轻易伤害任何生灵。不仅自己不愿杀生，也不忍看见别人杀生。

【流传】 内蒙古自治区·呼伦贝尔市·陈巴尔虎旗

【出处】 赛金苏龙讲，马名超纪录整理：《天神保鲁根巴格西造万物》，见姚宝瑄主编《中国各民族神话》（达斡尔族、鄂伦春族、鄂温克族、蒙古族），太原：山西出版传媒集团·书海出版社2014年版，第120页。

W0192.4.1.3

生老天神慈眉善眼和蔼可亲

实 例

苗族 天上有个名叫生老的大神，慈眉善眼，和蔼可亲。

【流传】 云南省·（文山壮族苗族自治州）·富宁县

【出处】 罗正明讲，王忠林等采录：《谁来造人烟》，见中国民间文学集成全国编辑委员会编《中国民间故事集成》（云南卷），北京：中国ISBN中心2003年版，第92页。

W0192.4.2

恶的天神（天神性格凶恶）

实 例

蒙古族（布里亚特） 有两个天神阵营，以汗·霍尔母斯塔·腾格里为首的西方55尊善天神和以阿泰·乌兰·腾格里为首的东方44尊恶天神。

【流传】（无考）

【出处】《天神大战》，参见那木吉拉《蒙古族神话中的腾格里形象初探》，载《西北民族研究》2001年第2期。

藏族 （实例待考）

W0192.4.2.1

残暴的天神

实 例

彝族 天上都晓得天神恩梯古兹非常

残暴。

【流传】四川省·凉山州（凉山彝族自治州）

【出处】沈伍己讲，邹志诚记录整理：《洪水潮天的故事》，原载李德君、陶学良编《彝族民间故事选》，见陶阳、钟秀编《中国神话》（上），北京：商务印书馆 2008 年版，第 451 ~ 464 页。

彝族 天上都晓得天神恩梯古兹非常残暴。

【流传】四川省·凉山州彝族自治州

【出处】沈伍己讲，邹志诚记录整理：《洪水滔天的故事》，原载李德君、陶学良编《彝族民间故事选》，上海文艺出版社 1981 年版，见姚宝瑄主编《中国各民族神话》（羌族、彝族），太原：山西出版传媒集团·书海出版社 2014 年版，第 245 页。

W0192. 4. 3

易怒的天神

实 例

（参见下级母题实例）

W0192. 4. 3. 1

仙人的吹嘘引起腾格里发怒

实 例

哈萨克族 仙人的吹嘘引起腾格里发怒。

【流传】（无考）

【出处】美依里姆·扎拜讲，阿里木赛依提·吾勒达汗搜集，安蕾、毕柕翻译：《太阳与星星》，见满都呼主编《中国阿尔泰语系诸民族神话故事》，北京：民族出版社 1997 年版，第 61 页。

W0192. 4. 3. 2

大家为马鬃蛇大王杀猪祭祀激怒了天神

实 例

佤族 天下大王马鬃蛇死后，大家为马鬃蛇大王杀猪祭祀，激怒了天神，天上几声轰隆响过，只见整个天板已慢慢地朝下降。

【流传】（无考）

【出处】挨嘎搜集整理：《谁做天下万物之王》，原载中国少数民族文学学会编《中国少数民族民间故事选》，中国民间文艺出版社 1981 年版，见姚宝瑄主编《中国各民族神话》（佤族、阿昌族、纳西族、普米族、德昂族），太原：山西出版传媒集团·书海出版社 2014 年版，第 9 页。

W0192. 4. 4

和蔼的天神

实 例

苗族 （实例待考）

W0192. 4. 5

自私又小气的天神

【关联】［W2911. 5］人的嫉妒与自私的

产生

实 例

（参见下级母题实例）

W0192.4.5.1

自私的天神

实 例

汉族 天神自私又小心眼儿。

【流传】辽宁省·（沈阳市）·辽中县·于家坊子乡（于家房镇）·插拉村

【出处】任泰芳讲，李明采录：《双性人》，见中国民间文学集成全国编辑委员会编《中国民间故事集成》（辽宁卷），北京：中国 ISBN 中心 1994 年版，第 15 页。

W0192.4.5.2

小气的天神

实 例

（参见下级母题实例）

W0192.4.5.2.1

小气鬼天神不愿把火种借给人间

实 例

苗族 天神是个小气鬼，不答应给盘老大火种。

【流传】四川省·（宜宾市）·筠连县

【出处】熊凤祥讲，刘宇仁采录：《盘老大偷天火》，见中国民间文学集成全国编辑委员会编《中国民间故事集成》（四川卷·下），北京：中国 ISBN 中心 1998 年版，第 1325 页。

W0192.4.6

老实的天神

实 例

汉族 （实例待考）

W0192.4.7

心眼多的天神

实 例

汉族 （实例待考）

W0192.4.8

天神妒贤嫉能

实 例

（参见下级母题实例）

W0192.4.8.1

妒贤嫉能的天神派天兵天将捉拿有本领的布洛陀

实 例

壮族 布洛陀知天知地又知人，逗得天界对他很仇恨，派出天兵天将四处捉拿他。

【流传】（无考）

【出处】陆世安讲，杨照昌整理：《布洛陀》，原载刘德荣等编《壮族民间故事》，云南人民出版社 1988 年版，见姚宝瑄主编《中国各民族神话》（仫佬族、壮族、京族），太原：山西出版传媒集团·书海出版社2014年版，第135页。

W0192.4.8.2

巡天的凶神看到人间生活很美好心里嫉妒恼火

实 例

畲族 很早的时候，有个巡天的凶神看到人间生活很美好，心里很嫉妒恼火。

【流传】福建省·（宁德市）·寿宁（寿宁县）

【出处】蓝石德讲，郭积忠采录：《最初的人和后来的人》，原载《中国民间故事集成·福建卷·闽东畲族故事》，宁德地区民间文学集成编委会1990年编印，见《福建省少数民族古籍丛书》编委会编《畲族卷·民间故事》，福州：海峡出版发行集团·海峡书局2013年版，第20页。

W0192.4.9

冷酷呆板的天神

实 例

（参见下级母题实例）

W0192.4.9.1

天神摩咪不管人间温饱冻饿，只晓得服从天规天条

实 例

哈尼族 善良的摩咪然密（天神的女儿）向父亲求情送谷物给人间时，父亲摩咪听完她的话竟板起脸，说："我可管不着人间是温饱还是冻饿，我只晓得服从天规天条。"

【流传】云南省·（红河哈尼族彝族自治州）·金平县（金平苗族瑶族傣族自治县）

【出处】《摩咪然密》，原载云南省民间文学集成办公室编《哈尼族神话传说集成》，中国民间文艺出版社1990年版，见姚宝瑄主编《中国各民族神话》（哈尼族、傣族），太原：山西出版传媒集团·书海出版社2014年版，第158～159页。

W0192.4.10

寂寞的天神

【关联】［W0014.1.3.1］大神英叭因孤单寂寞造神

实 例

维吾尔族 很早以前，天上只有一个女天神。她一直都是独自一个人生活着，日子长了觉得很寂寞。

【流传】新疆维吾尔自治区·伊犁州（伊犁哈萨克自治州）·察布查尔县（察布查尔锡伯自治县）

【出处】牙库布讲，阿不都拉搜集翻译，姚宝瑄整理：《女天神创世》，见姚宝瑄主编《中国各民族神话》（乌孜别克族、哈萨克族、柯尔克孜族、俄罗斯族、维吾尔族、塔吉克族、塔塔尔族、锡伯族），太原：山西出版传媒集团·书海出版社2014

年版，第 225 页。

W0192.4.11

懒惰的天神

实 例

（参见下级母题实例）

W0192.4.11.1

懒惰的天神把天造小

实 例

汉族 天神和地神商定三月之内造好天地，然后再拼拢。天神很懒，造三日便要歇一日，歇歇造造，造造又歇歇，造得很慢，把天造小了。

【流传】浙江省·（丽水市）·庆元县

【出处】余岩塔讲，余塔和搜集整理：《造天造地》，见姚宝瑄主编《中国各民族神话》（汉族），太原：山西出版传媒集团·书海出版社 2014 年版，第 36 页。

W0192.5

天神的年龄特征

实 例

（参见下级母题实例）

W0192.5.1

老天神

实 例

（参见下级母题实例）

W0192.5.1.1

老天神佛赫恩都哩（女性）

实 例

满族 （实例待考）

W0192.6

天神的弱点

实 例

（参见下级母题实例）

W0192.6.1

天神的惧怕物

实 例

（参见下级母题实例）

W0192.6.1.1

天神怕冷

实 例

布依族 天神样样本领都大，但有个弱点是怕冷。

【流传】贵州省·（黔南布依族苗族自治州）·罗甸县等地

【出处】黄未石念、王卜小荣讲，杨路塔记录整理：《十二个太阳》，见姚宝瑄主编《中国各民族神话》（布依族、仡佬族、苗族），太原：山西出版传媒集团·书海出版社 2014 年版，第 73 页。

布依族 天神样样本领都大，但就是

怕冷。

【流传】贵州省·（黔南布依族苗族自治州）·罗甸等县

【出处】黄米石念、王卜小荣讲，杨路塔搜集整理：《十二个太阳》，载《山茶》1987 年第 2 期。

W0192. 7

小天神

实 例

（参见下级母题实例）

W0192. 7. 1

小天神默达百且

实 例

羌族 每家供奉和私祭的神有十尊。其中“默达百且”（天爷），较小的天神。

【流传】四川省·（阿坝藏族羌族自治州）·理县·桃坪乡·增头寨

【出处】

（a）钱安靖：《羌族宗教习俗调查资料》，见羌族社会历史调查四川省编写组编《羌族社会历史调查》，成都：四川省社会科学院出版社 1985 年版。

（b）同（a），见吕大吉、何耀华总主编《中国各民族原始宗教资料集成》（纳西族卷、羌族卷、独龙族卷、傈僳族卷、怒族卷），北京：中国社会科学出版社 2000 年版，第 475 页。

W0193

天神的数量

实 例

（参见下级母题实例）

W0193. 1

1 个天神

实 例

（实例待考）

W0193. 2

2 个天神

实 例

（参见下级母题实例）

W0193. 2. 1

2 个天神混散和拉果里

实 例

傣族 远古，有混散和拉果里两个天神。

【流传】云南省·德宏地区（德宏傣族景颇族自治州）

【出处】

（a）岩峰、王松：《变扎贡帕》，见《中国各民族宗教与神话大词典》编审委员会编《中国各民族宗教与神话大词典》，北京：学苑出版社 1990 年版，第 82 页。

（b）《混散和拉果里做天地》，见陶阳、牟钟秀著《中国创世神话》，上海：

上海人民出版社 2006 年版，第 55 页。

W0193.3

3 个天神

实 例

（实例待考）

W0193.4

4 个天神

实 例

（参见下级母题实例）

W0193.4.1

四大天神

【关联】［W0204.12.0］四大天王

实 例

藏族 大地东、西、南、北，住鲁基齐马、黎格洛、洛旺太依及顿雨祝四大天神。

【流传】（云南省·迪庆藏族自治州）

【出处】《大地及人类由来》，原载迪庆藏族自治州文联编《藏族闰间故事》（原名《大地和人类的由来》），见袁珂《中国神话大词典》，北京：华夏出版社 2015 年版，第 407～408 页。

W0193.5

5 个天神

实 例

（参见下级母题实例）

W0193.6

6 个天神

实 例

（实例待考）

W0193.7

7 个天神

实 例

（实例待考）

W0193.8

8 个天神

实 例

傣族 （实例待考）

W0193.8.1

八部天神

实 例

（参见下级母题实例）

W0193.8.1.1

八部天神、天兵天将秋季巡视大地

实 例

满族 每年秋季，阿不凯恩都哩率领八部天神、天兵天将巡视大地。

【流传】（无考）

【出处】《托阿恩都哩》，原载傅英仁编《满族神话故事》，见陶阳、钟秀编

《中国神话》（下），北京：商务印书馆 2008 年版，第 1136 ~ 1141 页。

W0193. 9

9 个天神

实 例

（参见下级母题实例）

W0193. 9. 1

天神分为 9 个天

实 例

鄂温克族 莫尔格河地区鄂温克人把天神分为九个天。

【流传】（内蒙古自治区·呼伦贝尔市·陈巴尔虎旗莫尔格河一带）

【出处】

（a）《陈巴尔虎旗莫尔格河鄂温克族社会历史调查报告》，见内蒙古自治区编辑组《鄂温克族社会历史调查》，呼和浩特：内蒙古人民出版社 1986 年版，第 338 页。

（b）《莫尔格河地区供祭的天神》，见吕大吉、何耀华总主编《中国各民族原始宗教资料集成》（鄂伦春族卷、鄂温克族卷、赫哲族卷、达斡尔族卷、锡伯族卷、满族卷、蒙古族卷、藏族卷），北京：中国社会科学出版社 1999 年版，第 112 ~ 113 页。

W0193. 9. 2

天神分管 9 个天

实 例

鄂温克族 有 9 个天神分管 9 个天。

【流传】 内蒙古自治区·（呼伦贝尔市·陈巴尔虎旗）莫尔格河地区（莫尔格勒河一带）

【出处】《莫尔格河地区供祭的天神》，见吕大吉、何耀华主编《中国各民族原始宗教资料集成》（鄂伦春族卷、鄂温克族卷、赫哲族卷、达斡尔族卷、锡伯族卷、满族卷、蒙古族卷、藏族卷），北京：中国社会科学出版社 1999 年版，第 112 ~ 113 页。

W0193. 10

10 个天神

实 例

（实例待考）

W0193. 10a

13 个天神

实 例

（参见下级母题实例）

W0193. 10a. 1

得到 13 尊天神保佑能战无不胜

实 例

蒙古族 蒙古族自古以来崇拜天神。认为如果十三尊天神保佑，就能征服任何蛮横的敌人和猛兽，永立不败之地。

【流传】（无考）

【出处】 拉·胡日查巴特尔著，A. 图门译，苏鲁格校订：《哈腾根十三家神祭祀》，内蒙古文化出版社 1986 年版（蒙文版），第 37~39 页，见吕大吉、何耀华总主编《中国各民族原始宗教资料集成》（鄂伦春族卷、鄂温克族卷、赫哲族卷、达斡尔族卷、锡伯族卷、满族卷、蒙古族卷、藏族卷），北京：中国社会科学出版社 1999 年版，第 633 页。

W0193.10b
33 个天神

实 例

（参见下级母题实例）

W0193.10b.1
岭国煨桑时出现 33 个天神

实 例

藏族 岭国煨桑（烟祭）敬神时，三十三天神和具誓护法，白方的山神土地，都呈现出欢喜微笑的面容，说着悦耳动听的话语，都应承充当岭国的救护者和益友。

【流传】（无考）

【出处】 王沂暖译：《格萨尔王传·世界公桑之部》，甘肃人民出版社 1983 年版。

W0193.11
44 个天神

实 例

（实例待考）

W0193.12
55 个天神

实 例

（实例待考）

W0193.13
72 个天神

实 例

汉族 （实例待考）

W0193.14
99 个天神

【关联】［W1162.5］99 个天

实 例

（参见下级母题实例）

W0193.14.1
99 个腾格里分别支配着自然和社会的各种现象

实 例

蒙古族 “天神”腾格里。99 个腾格里分别支配着自然和社会的各种现象。

【流传】（无考）

【出处】

（a）《蒙鞑备录》。

（b）《黑鞑事略》。

W0193.14.2

蒙客·腾格里是 99 尊腾格里天神之首

实 例

蒙古族 上有九十九尊腾格里天神，为首者是蒙客·腾格里（长生天）。

【流传】（无考）

【出处】《蒙古萨满教祈祷词》，见吕大吉、何耀华总主编《中国各民族原始宗教资料集成》（鄂伦春族卷、鄂温克族卷、赫哲族卷、达斡尔族卷、锡伯族卷、满族卷、蒙古族卷、藏族卷），北京：中国社会科学出版社 1999 年版，第 588 页。

W0193.15

100 个天神

实 例

（实例待考）

W0193.16

108 个天神

实 例

（实例待考）

W0193.17

众多天神

实 例

（参见下级母题实例）

W0193.17.1

天上的恩都力（天神或大神）是一群神

实 例

赫哲族 住在天上的恩都力（天神或大神）其实是一群神，而不是一个单一的至高无上的神。

【流传】（无考）

【出处】孟慧英：《赫哲族卷·绪论》，见吕大吉、何耀华总主编《中国各民族原始宗教资料集成》（鄂伦春族卷、鄂温克族卷、赫哲族卷、达斡尔族卷、锡伯族卷、满族卷、蒙古族卷、藏族卷），北京：中国社会科学出版社 1999 年版，第 193 页。

W0193.18

无数个天神

实 例

珞巴族 天上住着很多神。

【流传】西藏自治区·下珞渝（泛指永木河、锡约尔河、巴恰西仁河流域）

【出处】维·埃尔温搜集：《天为什么下雪》，见中华民族故事大系编委会编《中华民族故事大系》第 16 卷（赫哲族、门巴族、珞巴族、基诺族），上海：上海文艺出版社 1995 年版，第 438 页。

W0193.19
其他数量的天神

实 例

（参见下级母题实例）

W0193.19.1
13 尊天神

实 例

蒙古族 得到 13 尊天神保佑，可征服任何敌人。

【流传】（无考）

【出处】《蒙古族神灵观念和神灵系统》，见吕大吉、何耀华主编《中国各民族原始宗教资料集成》（鄂伦春族卷、鄂温克族卷、赫哲族卷、达斡尔族卷、锡伯族卷、满族卷、蒙古族卷、藏族卷），北京：中国社会科学出版社 1999 年版，第 633 页。

W0193.19.2
16 亿个天神

【关联】［W0134.3.4.1］神王英叭使神法让 16 个天神消失

实 例

傣族 （参见“W0134.3.4.1 神王英叭使神法让 16 亿个天神消失”母题实例）

W0193.19.3
16 亿 9 千个天神

实 例

傣族 各种各样的天神合起来，数目达十六亿九千个。

【流传】 云南省·西双版纳傣族地区（西双版纳傣族自治州）

【出处】《巴塔麻嘎捧尚罗》，王松据岩温炳翻译《巴塔麻晏》（开天辟地）改写，见姚宝瑄主编《中国各民族神话》（哈尼族、傣族），太原：山西出版传媒集团·书海出版社 2014 年版，第 289 页。

❊ W0195
天神的生活

【关联】［W6110］以前的人的生活

实 例

（参见下级母题实例）

W0196
天神的服饰

实 例

（参见下级母题实例）

W0196.1
天神奇特的服饰

实 例

满族 （实例待考）

W0196. 1. 2

天神用特定物做衣裳

实 例

（参见下级母题实例）

W0196. 1. 2. 1

天神用云做衣裳

实 例

（参见下级母题实例）

W0196. 1. 2. 1. 1

天神的儿子造天时云彩做衣裳

实 例

彝族 天神的儿子造天时，用云彩做衣裳。

【流传】云南省·（楚雄彝族自治州）·姚安（姚安县）、大姚（大姚县）、永仁（永仁县）等

【出处】*《格兹天神创世》，见扬继中、芮增瑞、左玉堂编《楚雄彝族文学简史》，北京：中国民间文艺出版社1986年版，第44～45页。

W0196. 1. 2. 2

天神用植物做衣裳

实 例

（参见下级母题实例）

W0196. 1. 2. 2. 1

天神的女儿造地时用青苔做衣裳

实 例

彝族 天神的女儿造地时，用青苔做衣裳。

【流传】云南省·（楚雄彝族自治州）·姚安（姚安县）、大姚（大姚县）、永仁（永仁县）等

【出处】*《格兹天神创世》，见扬继中、芮增瑞、左玉堂编《楚雄彝族文学简史》，北京：中国民间文艺出版社1986年版，第44～45页。

W0196. 1. 2. 3

天神用自然物做衣裳

实 例

（参见下级母题实例）

W0196. 1. 2. 3. 1

天神阿布卡赫赫穿着用九座石山、九座柳林、九条溪流、九副兽骨编成的战裙

实 例

满族 阿布卡赫赫身上穿用九座石山、九座柳林、九条溪流、九副兽骨编成的战裙。

【流传】黑龙江省·（黑河市）·爱辉县（爱辉区）

【出处】富希陆讲，富育光采录：《天宫大战》，见中国民间文学集成全国编

辑委员会编《中国民间故事集成》(吉林卷),北京:中国文联出版公司 1992 年版,第 4 ~5 页。

W0197

天神的食物(天神的饮食)

实例

(参见下级母题实例)

W0197.0

天神不需要饮食

实例

(参见下级母题实例)

W0197.0.1

天神不吃不喝

实例

(参见下级母题实例)

W0197.0.1.1

天神英叭不吃不喝

实例

傣族 气体、烟雾和狂风经历长久的千变万化,变成人形,不吃不喝,就是后来的天神英叭。

【流传】(无考)

【出处】《地球和"英叭"的由来》,见姚宝瑄主编《中国各民族神话》(哈尼族、傣族),太原:山西出版传媒集团·书海出版社 2014 年版,第 332 页。

W0197.1

天神食物的产生

实例

(实例待考)

W0197.2

天神食物的特征

实例

(实例待考)

W0197.3

天神的具体食物

实例

(参见下级母题实例)

W0197.3.1

天神以气体和风雾为食

实例

傣族 英叭召(最早的天神)终年终日以气体和风雾为食。

【流传】(无考)

【出处】《开天辟地》,见谷德明编《中国少数民族神话》,北京:中国民间文艺出版社 1987 年版,第 341 页。

W0197.3.2

天神以露水为食物

实例

(参见下级母题实例)

W0197. 3. 2. 1

天神的儿子造天时露水做口粮

实 例

彝族 天神的儿子造天时，用露水做口粮。

【流传】 云南省·（楚雄彝族自治州）·姚安（姚安县）、大姚（大姚县）、永仁（永仁县）等

【出处】 *《格兹天神创世》，见扬继中、芮增瑞、左玉堂编《楚雄彝族文学简史》，北京：中国民间文艺出版社1986年版，第44~45页。

W0197. 3. 3

天神以泥巴为食物

实 例

（参见下级母题实例）

W0197. 3. 3. 1

天神的女儿造地时，用泥巴当口粮

实 例

彝族 天神的女儿造地时，用泥巴当口粮。

【流传】（无考）

【出处】 *《格兹天神创世》，见扬继中、芮增瑞、左玉堂编《楚雄彝族文学简史》，北京：中国民间文艺出版社1986年版，第44~45页。

W0197. 4

与天神食物有关的其他母题

实 例

（参见下级母题实例）

W0198

天神的居所（天神住处）

实 例

（参见下级母题实例）

W0198. 1

天神住天堂（天神住天上）

【汤普森】 A151. 6

【关联】［W0098. 2］神住天堂

实 例

门巴族 很早以前，天上只住着猴子和天神。

【流传】（西藏自治区）

【出处】

(a)《门巴族的来源》，见张江华等编《门巴族封建农奴社会》，成都：四川民族出版社1988年版。

(b) 同(a)，见姚宝瑄主编《中国各民族神话》（门巴族、珞巴族、怒族、藏族），太原：山西出版传媒集团·书海出版社2014年版，第4页。

W0198. 1. 0

天神住天上的原因

实 例

（参见下级母题实例）

W0198.1.0.1

造神者让天神住天上

实 例

哈尼族 最早的世上只有一条非常粗大的叫作密乌艾西艾玛的金鱼。金鱼娘用左鳍把天上黑黑的雾气扇光，让天神去住。

【流传】云南省·红河哈尼族彝族自治州

【出处】红河哈尼族彝族自治州人民政府：《哈尼族口传文化译注全集》，昆明：云南人民出版社 2009 年版，第 8 页。

W0198.1.0.2

大神让天神住天上

实 例

哈尼族 造天地时，智能的大神十遮早有安排，聪慧的大神戈则早已有了设计：天上要有天神，地下要有皇帝。

【流传】（无考）

【出处】《杀牛龙，造天地》，根据张牛朗、杨批斗、李书周等演唱，杨保生、李家顺等翻译，杨笛、郭纯礼等整理《十二奴局》和《奥色密色》翻译稿改写，见姚宝瑄主编《中国各民族神话》（哈尼族、傣族），太原：山西出版传媒集团·书海出版社 2014 年版，第 11 页。

W0198.1.1

天神住 3 重天

实 例

（参见下级母题实例）

W0198.1.1.1

更资天神住石姆岩哈的三重天上

【关联】［W0204.11a.3.1］天帝居第 5 层天上

实 例

彝族 更资天神（又译为“策耿纪”、“恩梯古资”、“陈根子”、“根兹天神”等）住在石姆岩哈的三重天上。

【流传】云南省·（楚雄彝族自治州）·永仁县

【出处】曲木阿石讲，罗有能采录：《更资天神》，见中国民间文学集成全国编辑委员会编《中国民间故事集成》（云南卷），北京：中国 ISBN 中心 2003 年版，第 3 页。

W0198.1.1.2

天神住三层天的神殿

实 例

哈尼族 天神俄玛来到天上以后，住在三层天高的烟罗神殿里。

【流传】云南省·（红河哈尼族彝族自治州）·元阳县、金平县（金平苗族瑶族傣族自治县）、红河县等地

【出处】朱小和讲，史军超、卢朝贵搜

集整理：《烟本霍本》，原载刘辉豪、阿罗编《哈尼族民间故事选》，上海文艺出版社 1989 年版，见姚宝瑄主编《中国各民族神话》（哈尼族、傣族），太原：山西出版传媒集团 · 书海出版社 2014 年版，第 34 页。

W0198. 1. 2
天神住 7 层天

实 例

维吾尔族 （实例待考）

W0198. 1. 3
天神住 9 层天

实 例

满族 阿布卡恩都里住在 9 层天上。

【流传】（无考）

【出处】

(a) 孙玉清讲，王惠立搜集整理：《白云格格》，见谷德明编《中国少数民族神话》，北京：中国民间文艺出版社 1987 年版，第 9 ~ 14 页。

(b)《白云格格》，见满都呼主编《中国阿尔泰语系诸民族神话故事》，北京：民族出版社 1997 年版，第 253 ~ 255 页。

(c)《白云格格》，见富育光讲，荆文礼整理《苏木妈妈 · 创世神话与传说》，长春：吉林人民出版社 2009 年版，第 134 页。

普米族 巨人简锦祖向九层天天神询问制服马鹿的方法。

【流传】云南省 ·（怒江傈僳族自治州）· 兰坪县（兰坪白族普米族自治县），（丽江市）· 宁蒗县（宁蒗彝族自治县）

【出处】王震亚采录：《简锦祖杀马鹿》，见中国民间文学集成全国编辑委员会编《中国民间故事集成》（云南卷），北京：中国 ISBN 中心 2003 年版，第 386 页。

W0198. 1. 3. 1
天神居九重天

实 例

满族 阿布卡恩都里（天神名）在高高的九重天上居住。

【流传】（无考）

【出处】谷颖重述：《盗火女神——拖亚拉哈》，见陶阳、钟秀编《中国神话》（中），北京：商务印书馆 2008 年版，第 757 ~ 760 页。

满族 阿布卡恩都力（天神）住九重天上。

【流传】黑龙江沿岸，黑龙江省 ·（黑河市）· 孙吴县、瑷珲县（爱辉区）

【出处】赵瞎子、富郭氏等讲，育光搜集整理：《白云格格》，原载育光编《七彩神火》，见陶阳、钟秀编《中国神话》（中），北京：商务印书馆 2008 年版，第 763 ~ 767 页。

满族 萨满的魂灵可以登上最高的九层宇宙上去寻访众天神。

【流传】（无考）

【出处】《阿布卡赫赫女神创世》，王松根据富育光、孟慧英、王宏刚撰写的《满族宗教与神话》改写，见姚宝瑄主编《中国各民族神话》（满族、赫哲族、朝鲜族），太原：山西出版传媒集团、书海出版社 2014 年版，第 4～14 页。

满族 洪荒远古，天神阿布卡恩都里居九重天。

【流传】（无考）

【出处】

(a)《拖亚拉哈》，原载富育光《天宫大战》，载《民间文学论坛》1986 年第 4 期。

(b) 同 (a)，见袁珂《中国神话大词典》，北京：华夏出版社 2015 年版，第 462 页。

W0198.1.4

天神住 16 层天

实 例

（参见下级母题实例）

W0198.1.4.1

天神英叭住在 16 层天

实 例

傣族 英叭自己住在十六层天的最顶层“阿戛纳塔捧”。

【流传】（无考）

【出处】《开天辟地》，见谷德明编《中国少数民族神话》，北京：中国民间文艺出版社 1987 年版，第 341 页。

W0198.1.5

天神住 17 层天

实 例

（参见下级母题实例）

W0198.1.5.1

天神住 17 层天的天宫中

实 例

布朗族 天神住 17 层天的天宫中。

【流传】云南省 ·（西双版纳傣族自治州）· 勐海（勐海县）

【出处】艾扬整理：《天和地的起源》，见中华民族故事大系编委会编《中华民族故事大系》第 12 卷（布朗族、撒拉族、毛南族），上海：上海文艺出版社 1995 年版，第 5 页。

W0198.1.5.2

天神阿不凯恩都哩住 17 层天

实 例

满族 第 17 层天上，住着阿不凯恩都哩（满族萨满教信仰中最高的神——天神。恩都哩，神。）和他的两位徒弟。

【流传】黑龙江省 ·（牡丹江市）· 宁安县（宁古塔）· 江东（江南朝鲜族满族乡）· 缸窑村

【出处】关振川讲，傅英仁采录：《佛赫妈妈和乌申阔玛发》，见中国民间文学集成全国编辑委员会编《中国民间故事集成》（黑龙江卷），北京：中国ISBN中心2005年版，第12～15页。

满族 萨满教最高的神阿布凯恩都哩住在17层天上。

【流传】（无考）

【出处】《佛赫妈妈和乌申阔玛发》，见傅英仁口述，张爱云整理《傅英仁满族故事》（上），哈尔滨：黑龙江人民出版社2006年版，第4页。

W0198. 1. 5a

天神住18层天

实 例

纳西族 崇仁丽恩（祖先名）变一朵白花；册恒布白命（天女名）变一只白鹤。那朵白花寄在鹤翅上，飞到上天十八层，来到住着天神的国度。

【流传】（云南省）

【出处】和芳、和志新编译：《崇邦统——人类迁徙记》，见姚宝瑄主编《中国各民族神话》（佤族、阿昌族、纳西族、普米族、德昂族），太原：山西出版传媒集团·书海出版社2014年版，第150页。

W0198. 1. 6

天神住其他层数的天

实 例

（参见下级母题实例）

W0198. 1. 6. 1

天神住天空上方的虚空

实 例

藏族 （实例待考）

W0198. 1. 7

天神住南天门

实 例

彝族（阿细） 男神忒别尼和女神尼别厄攀着云梯上天，爬了九十九天，到了南天门，找到天神。

【流传】

(a) 云南省·红河哈尼族彝族自治州·弥勒县·（西山镇）

【出处】

(a) 潘正兴等唱述，云南省民族民间文学红河调查队搜集翻译整理：《阿细的先基》，昆明：云南人民出版社1959年版。

(b) 云南省民族民间文学红河调查队搜集整理，古梅改写：《最古的时候》，见姚宝瑄主编《中国各民族神话》（羌族、彝族），太原：山西出版传媒集团·书海出版社2014年版，第135页。

W0198. 1. 8

与天神住天堂有关的其他母题

实 例

（参见下级母题实例）

W0198.1.8.1

天神住神界

实 例

彝族 更资天神住在石姆岩哈（神界）的三重交天上。

【流传】 云南省·（楚雄彝族自治州）·永仁县

【出处】

（a）曲木阿石等讲，罗有能整理：《更资天神》，见云南省楚雄州文教局、云南省楚雄州民委会编《楚雄民间文学资料》，内部资料，1979年。

（b）同（a），见姚宝瑄主编《中国各民族神话》（羌族、彝族），太原：山西出版传媒集团·书海出版社2014年版，第173页。

W0198.1.8.2

天神住宇宙上方

实 例

彝族 天地还没有分开时，一片混沌。天神体古兹住在宇宙的上方。

【流传】（四川省·凉山彝族自治州）

【出处】

（a）冯元蔚译：《勒俄特依》，成都：四川民族出版社1986年版。

（b）冯元蔚译，蔷紫改写：《勒俄特依》，见姚宝瑄主编《中国各民族神话》（羌族、彝族），太原：山西出版传媒集团·书海出版社2014年版，第147页。

彝族 宇宙的上方住着大神恩体古兹。

【流传】（无考）

【出处】 伍精忠整理：《大地是怎样形成的》，见姚宝瑄主编《中国各民族神话》（羌族、彝族），太原：山西出版传媒集团·书海出版社2014年版，第277页。

W0198.1.8.3

天地刚分开时天神家族住天上

实 例

纳西族（摩梭） 天地刚刚分开的时候，天上住着天神和他们的家族。

【流传】 云南省·（丽江市）·宁蒗县（宁蒗彝族自治县）

【出处】

（a）《昂姑咪》，载《山茶》1986年第3期。

（b）同（a），见姚宝瑄主编《中国各民族神话》（佤族、阿昌族、纳西族、普米族、德昂族），太原：山西出版传媒集团·书海出版社2014年版，第104页。

W0198.1.8.4

以前天上只住着天神

实 例

拉祜族（苦聪） 以前，天上没有人，只住着天神。

【流传】 云南省·红河地区（红河哈尼族彝族自治州）的深山老林

【出处】杨老三讲，樊晋波、陈继陆、韩延搜集，韩延整理，古木改写：《阿罗阿娜造天地》，原载《红河文艺》，原题目为《苦聪创世歌》，见姚宝瑄主编《中国各民族神话》（白族、拉祜族、景颇族），太原：山西出版传媒集团·书海出版社 2014 年版，第 173 页。

W0198.2 天神住宇宙中央

实 例

（参见下级母题实例）

W0198.2.1 宇宙像蜘蛛网，天神厄莎坐网中间

实 例

拉祜族 宇宙好像蜘蛛网，厄莎（天神）坐在网中间。

【流传】（无考）

【出处】刘辉豪整理：《造天造地》，见陶立璠、赵桂芳等编《中国少数民族神话汇编》（开天辟地篇），中央民族学院少数民族古籍整理出版规划领导小组办公室印（未署出版时间），第 283 页。

W0198.3 天神居住地中央

实 例

（参见下级母题实例）

W0198.3.1 天神厄莎住的北京在地中央

实 例

拉祜族 天神厄莎把天造好了，把地造好了，厄莎住在北京，北京就在地中央。

【流传】（无考）

【出处】刘辉豪整理：《造天造地》，见陶立璠、赵桂芳等编《中国少数民族神话汇编》（开天辟地篇），中央民族学院少数民族古籍整理出版规划领导小组办公室印（未署出版时间），第 283 页。

W0198.4 天神住树上

实 例

（参见下级母题实例）

W0198.4.1 天神常被供奉在神树之上

实 例

赫哲族 天神是宇宙的最高主宰，常被供奉在神树之上。

【流传】（无考）

【出处】李秀华、黄儒敏：《赫哲人的宗教信仰与生活习俗》，载《佳木斯大学社会科学学报》2001 年第 2 期。

W0198.4.2
天神住特定树上

实 例

（参见下级母题实例）

W0198.4.2.1
最高无上的天神巴依尤勒干住大地的肚脐上枞树的树梢顶上

实 例

满族 （参见“W0208.31.2.1 最高无上的天神巴依尤勒干”母题实例）

W0198.4.2.2
宝木勒五尊天神居昂首挺立参天树上

实 例

蒙古族 昂首挺立参天树上，宝木勒五尊天神。

【流传】（无考）

【出处】 乌兰杰：《蒙古族古代音乐舞踏初探》，呼和浩特：内蒙古人民出版社 1985 年版，第 108～110 页。

W0198.5
与天神居所有关的其他母题

【关联】 ［W0204.11a.3.3.2］太一居紫宫

实 例

（实例待考）

W0198.5.1
天神居所的特征

实 例

（参见下级母题实例）

W0198.5.1.1
天神居所很豪华

实 例

（参见下级母题实例）

W0198.5.1.1.1
天神厄莎的房子是金的，床是银的

实 例

拉祜族 天神厄莎的房子是金的，床是银的。

【流传】 云南省

【出处】 李晓邨等搜集整理：《扎努扎别》，载《民间文学》1960 年第 10 期。

W0198.5.1.2
天神的居所土地富饶

实 例

独龙族 木崩格（天神名）住的地方是一片广阔的土地，地里长着各种庄稼；树林里到处是各种飞禽走兽。

【流传】 云南省

【出处】 李子贤等：《创世纪神话故事六则·彭根朋上天娶媳妇》，见中国作

家协会云南分会编《云南民族民间故事选》，昆明：云南人民出版社 1981 年版，第 582 ~ 591 页

W0198.5.2

天神住山上

实 例

阿昌族 天公遮帕麻和地母遮米麻住在天山上。

【流传】（云南省）

【出处】赵安贤讲，智克整理：《遮帕麻与遮米麻》，见姚宝瑄主编《中国各民族神话》（佤族、阿昌族、纳西族、普米族、德昂族），太原：山西出版传媒集团·书海出版社 2014 年版，第 88 页。

W0198.5.2.1

天神住昆仑山

实 例

壮族 天神老爷爷在昆仑山上。

【流传】广西壮族自治区·（河池市）·都安县（都安瑶族自治县）·雅龙乡·竹山村

【出处】韦汉斌讲，黄大荣采录翻译：《特火请太阳》，见中国民间文学集成全国编辑委员会编《中国民间故事集成》（广西卷），北京：中国 ISBN 中心 2001 年版，第 40 页。

W0198.5.2.2

天神隐居在纳德山

实 例

蒙古族 天神隐居在纳德山。

【流传】（无考）

【出处】齐木道吉翻译：《天女之惠》，见谷德明编《中国少数民族神话》，北京：中国民间文艺出版社 1987 年版，第 35 ~ 38 页。

W0198.5.3

天神住空气中

实 例

（参见下级母题实例）

W0198.5.3.1

天神住真空中

实 例

傣族 英叭召（最早的天神）生活在真空里。

【流传】（无考）

【出处】《开天辟地》，见谷德明编《中国少数民族神话》，北京：中国民间文艺出版社 1987 年版，第 341 页。

W0198.5.4

天神的花园

实 例

（参见下级母题实例）

W0198.5.4.1
咸池是天神的苑囿

实 例

汉族 咸池者，水鱼之囿也。

【流传】（无考）

【出处】《淮南子·天文训》，见［西汉］淮南王刘安及门客著，陈广忠译注《淮南子译注》，长春：吉林文史出版社1990年版，第115页。

W0198.5.5
天神居无定所

实 例

拉祜族 最早时，扎多、娜多一对天神没有长大，也没有住处，在宇宙中飞来飞去。

【流传】（无考）

【出处】《牡帕密帕》（创世纪），见娜朵主编《拉祜族民间文学集》，昆明：云南人民出版社1996年版。

W0198.5.5.1
天神无庙宇无偶像，来无踪去无影

实 例

白族（那马）天神与天鬼一样，既无庙宇，又无偶像，来无踪，去无影。

【流传】云南省·（怒江傈僳族自治州）·兰坪县（兰坪白族普米族自治县），（迪庆藏族自治州）·维西县（维西傈僳族自治县）

【出处】刘龙初调查整理：《兰坪维西那马人祭天鬼和祭天神》（1988），见吕大吉、何耀华总主编《中国各民族原始宗教资料集成》（彝族卷、白族卷、基诺族卷），北京：中国社会科学出版社1996年版，第456页。

W0198.5.6
天神供奉在神树上

【关联】［W0198.4］天神住树上

实 例

赫哲族 赫哲人崇拜的最高的神是天神，它是宇宙的最高主宰，常被供奉在神树之上。

【流传】（无考）

【出处】李秀华、黄儒敏：《赫哲人的宗教信仰与生活习俗》，载《佳木斯大学社会科学学报》2001年第2期。

W0198.5.7
天神的世界

实 例

（参见下级母题实例）

W0198.5.7.1
进南北天门就到天神的世界

实 例

汉族 天河的南方、北方，各有一座关卡，叫作南天门和北天门，谁要是过了天河，或者进了南北天门，就到了天神的世界里了。

【流传】河南省·（驻马店市）·正阳县

【出处】代星（男，56岁，农民，私塾）讲，代胜利采录整理《伏羲和女娲（一）》（1987.09），见张振犁编著《中原神话通鉴》（第一卷），郑州：河南大学出版社2017年版，第314页。

W0199

天神的出行

实　例

（参见下级母题实例）

W0199.1

天神的坐骑

实　例

（参见下级母题实例）

W0199.1.1

天神乘云霞

实　例

蒙古族（实例待考）

W0199.1.1.1

天神乘五彩云霞

实　例

哈尼族 女天神奥玛乘着五彩云霞。

【流传】云南省·（普洱市）·墨江县（墨江哈尼族自治县）

【出处】

(a) 李恒忠讲，李灿伟采录：《兄妹传人》，见中国民间文学集成全国编辑委员会编《中国民间故事集成》（云南卷），北京：中国ISBN中心2003年版，第165页。

(b) 李灿伟搜集整理：《兄妹传人种》，见《哈尼族民间故事》，昆明：云南人民出版社1984年版。

W0199.1.2

天神乘闪电

实　例

（参见下级母题实例）

W0199.1.2.1

天界女神骑着闪电

实　例

藏族 天界女神的首领勉托吉普玉骑着闪电飞行。

【流传】西藏自治区

【出处】谢继胜整理：《雅拉香波山神》，见BBS水木清华站：http://www.smth.edu.cn　2006.07.20。

W0199.1.3

天神骑特定动物

实　例

（参见下级母题实例）

W0199.1.3.1
天神骑龙马

实 例

彝族 策耿纪（掌管天地万物的天神，又叫“更资天神”、“恩体古资”等）骑着龙马走到人间试试人的良心好坏。

【流传】贵州省西部、云南省东北部、四川省西南部彝族地区

【出处】阿危·热默讲，阿乍·莴芝整理：《人祖的由来》，见姚宝瑄主编《中国各民族神话》（羌族、彝族），太原：山西出版传媒集团·书海出版社 2014 年版，第 185 页。

彝族 天神骑着龙马，不到一袋烟的工夫就来到了人间。

【流传】云南省·（曲靖市）·罗平（罗平县）、宣威（宣威市）

【出处】

(a) 李育才讲，陶学良记录：《葫芦里出来的人》，载《山茶》1966 年第 4 期。

(b) 同（a），见陶阳、钟秀编《中国神话》（中），北京：商务印书馆 2008 年版，第 911～919 页。

彝族 天神骑着龙马到人间查访好心的人。

【流传】云南省·（曲靖市）·罗平县、宣威市一带

【出处】李育才讲，陶学良记录：《葫芦里出来的人》，原载《山茶》1986 年第 4 期，见姚宝瑄主编《中国各民族神话》（羌族、彝族），太原：山西出版传媒集团·书海出版社 2014 年版，第 221 页。

W0199.1.4
天神乘特定的车

实 例

（参见下级母题实例）

W0199.1.4.1
天神乘五龙车

实 例

朝鲜族 天帝的儿子解慕漱乘五龙车下凡。

【流传】（无考）

【出处】

(a)《高朱蒙》，见《三国史记》。

(b)《高朱蒙》，见《三国遗事》。

W0199.1.4.2
天帝之子乘五条龙拉的天车

实 例

朝鲜族 天帝的儿子解慕漱巡视下界时，身坐天车，有五条龙拉套，一百多个随从骑着仙鹤，吹着洞箫，从天而降。他们白天下界巡视，夜晚返回天宫。

【流传】长白山等地

【出处】金德顺讲，裴永镇记录整理：《东明王的传说》，原载《金德顺故事

集》，见陶阳、钟秀编《中国神话》（中），北京：商务印书馆 2008 年版，第 886 ~ 897 页。

W0199. 2

天神下凡

【关联】

① ［W0106. 2. 4. 2］天神装成乞丐到下界察看民情

② ［W0107］神造访人间

③ ［W0224］天女下凡

实 例

（参见下级母题实例）

W0199. 2. 1

天神下凡的原因

实 例

（参见下级母题实例）

W0199. 2. 1. 1

天神下凡惩罚懒汉

实 例

维吾尔族 地上的人对一个无恶不作的懒汉没有办法，就求天神给自己做主，教训这个懒汉。天神听到地上人们的祈祷后，便从天上飞下来，一把将懒汉抓到了天上。

【流传】（新疆维吾尔自治区）

【出处】 姚宝瑄整理，阿不都拉搜集翻译：《流星的来历》，见姚宝瑄主编《中国各民族神话》（乌孜别克族、哈萨克族、柯尔克孜族、俄罗斯族、维吾尔族、塔吉克族、塔塔尔族、锡伯族），太原：山西出版传媒集团・书海出版社 2014 年版，第 230 页。

W0199. 2. 1. 2

天神下凡体察民情

实 例

汉族 （参见“W0106. 2. 4. 2 天神装成乞丐到下界察看民情”母题实例）

W0199. 2. 1. 2. 1

老天爷到人间体察民情

实 例

汉族 老天爷幻化成一个白发苍苍的老乞婆到人间体察民情。

【流传】 天津市・河东区

【出处】 高振环讲，王维刚采录：《黄狗替人求粮》，见中国民间文学集成全国编辑委员会编《中国民间故事集成》（天津卷），北京：中国 ISBN 中心 2004 年版，第 8 页。

W0199. 2. 1. 2. 2

天神下凡私访人间

【关联】［W0760a. 6］王母私访

实 例

（参见下级母题实例）

W0199. 2. 1. 2. 2. 1

天神乔装私访人间

实 例

彝族 天神到人间查访好心人时，变成一个拄着拐杖的白胡子老人。

【流传】云南省·（曲靖市）·罗平县、宣威市一带

【出处】李育才讲，陶学良记录：《葫芦里出来的人》，原载《山茶》1986年第4期，见姚宝瑄主编《中国各民族神话》（羌族、彝族），太原：山西出版传媒集团·书海出版社2014年版，第221页。

W0199.2.1.3

天神被贬人间

实 例

土家族 （实例待考）

维吾尔族 （实例待考）

W0199.2.1.4

神听了人间的事情后下凡

实 例

汉族 织女给10个月亮神讲些人间的事儿。一来二去，月亮神中的老五老六动心了，也想到人间去。

【流传】河南省·（南阳市）·桐柏县·（鸿仪河乡）

【出处】王子鉴讲，柳丹采录整理：《淮水浸月》，见张振犁编著，孟宪明、朱淑君统纂《中原神话通鉴》（第三卷），郑州：河南大学出版社2017年版，第845页。

W0199.2.1.5

天神因天上住房紧张下凡

实 例

哈尼族 因为天上的神太多，不够住，他们便相约一起到地上开辟新地。

【流传】云南省·（红河哈尼族彝族自治州）·金平县（金平苗族瑶族傣族自治县）

【出处】

（a）批则讲，杨万智搜集整理：《地下人》，载《山茶》1986年第6期。

（b）同（a），见姚宝瑄主编《中国各民族神话》（哈尼族、傣族），太原：山西出版传媒集团·书海出版社2014年版，第66页。

哈尼族 昔天上地上悉光秃无物。天上神太多，住居不足，乃相约同至地上开辟新地。

【流传】（云南省）

【出处】袁珂改编：《地下人》，原载陶阳、钟秀编《中国神话》，见袁珂《中国神话大词典》，北京：华夏出版社2015年版，第492页。

W0199.2.1.6

天神受命下凡完成特定任务

实 例

藏族 天神受命下凡界，人间污浊多瘟疫。

【流传】（无考）

【出处】恰白·次旦平措著，达瓦次仁

译：《论藏族的焚香祭祀习俗》，载《中国藏学》1989 年第 4 期。

W0199. 2. 1. 7

天神不愿在天上下凡

实 例

朝鲜族 天帝恒有个小儿子，名叫恒雄（其他文本写为桓雄）。他不愿在天上生活，总想下到人间去管事。

【流传】（无考）

【出处】李政文翻译，谷德明整理：《天王与熊女婚配》，原载谷德明编著《中国少数民族神话选》，西北民族学院研究所 1983 年编印，内部发行，王松选编时润色，见姚宝瑄主编《中国各民族神话》（满族、赫哲族、朝鲜族），太原：山西出版传媒集团 · 书海出版社 2014 年版，第 154 ~ 155 页。

W0199. 2. 2

天神下凡的路

【关联】

① ［W0813. 4. 1］仙人下凡在光中从天而降

② ［W1413］天地之间有路相连（通天的路）

实 例

（参见下级母题实例）

W0199. 2. 2. 1

天神下凡时动物带路

实 例

哈尼族 天神奥玛的儿子侯波下凡时，土狗开路，蚂蚁带路，奥比拉期（一种善走的昆虫）领路。

【流传】云南省 ·（红河哈尼族彝族自治州）· 元阳县

【出处】小和讲，阿罗采录：《侯波与那聋》，见中国民间文学集成全国编辑委员会编《中国民间故事集成》（云南卷），北京：中国 ISBN 中心 2003 年版，第 40 页。

W0199. 2. 3

天神下凡的方法

实 例

（参见下级母题实例）

W0199. 2. 3. 1

天神乘祥云下凡

实 例

苗族 天上的大神生老从天上踏着祥云来到凡间。

【流传】云南省

【出处】

（a）《造人烟的传说》，见杨光汉主编《云南苗族民间故事集成》，北京：中国民间文艺出版社 1988 年版。

（b）同（a），见姚宝瑄主编《中国各

民族神话》（布依族、仡佬族、苗族），太原：山西出版传媒集团·书海出版社2014年版，第287页。

W0199.2.3.2
天神变形后下凡

实 例

（参见下级母题实例）

W0199.2.3.2.1
开地的天神怕被发现变成耕牛下凡

实 例

哈尼族 开地的天神下凡时，怕被别的神发现，每次都是先变成耕牛的模样下到地上。

【流传】云南省·（红河哈尼族彝族自治州）·金平县（金平苗族瑶族傣族自治县）

【出处】

(a) 批则讲，杨万智搜集整理：《地下人》，载《山茶》1986年第6期。

(b) 同(a)，见姚宝瑄主编《中国各民族神话》（哈尼族、傣族），太原：山西出版传媒集团·书海出版社2014年版，第66页。

W0199.2.3.3
天幕和大地合拢后天公下凡人间

实 例

阿昌族 天幕和大地合拢后，天公来到了大地上。

【流传】云南省·（德宏傣族景颇族自治州）·梁河县

【出处】赵安贤讲述，杨叶生翻译，智克整理：《遮帕麻与遮米麻》，载《山茶》1981年第2期。

W0199.2.4
天神下凡时间（天神下凡周期）

实 例

（参见下级母题实例）

W0199.2.4.0
天神战败后到人间

实 例

蒙古族 北方神阿岱乌兰被天帝的儿子打败后摔到下界。

【流传】（无考）

【出处】赵永铣：《蒙古族创世神话与萨满教九十九天说探新》引［日］中田千亩《蒙古神话》，载《内蒙古社会科学》1989年第4期。

W0199.2.4.1
天神晚上下凡

实 例

（实例待考）

W0199.2.4.2
天神5百年下凡一次

实 例

汉族 天神五百年要临一次凡。

【流传】河南省·（驻马店市）·正阳县

【出处】代星（男，56岁，农民，私塾）讲，代胜利采录整理《伏羲和女娲（一）》（1987. 09），见张振犁编著《中原神话通鉴》（第一卷），郑州：河南大学出版社2017年版，第315页。

W0199. 2. 4. 3

天神下凡朝出暮返（天神下凡昼出夜归）

实 例

朝鲜族 天帝派他的儿子解慕漱下界巡视时，他们白天下界巡视，夜晚返回天宫。

【流传】（无考）

【出处】

（a）金德顺讲，裴永镇整理：《朱蒙》，见《朝鲜族民间故事讲述家金德顺故事集》，上海：上海文艺出版社1983年版。

（b）同（a），见姚宝瑄主编《中国各民族神话》（满族、赫哲族、朝鲜族），太原：山西出版传媒集团·书海出版社2014年版，第170～181页。

朝鲜族 天帝的儿子解慕漱巡视下界，他们白天下界巡视，夜晚返回天宫。

【流传】长白山等地

【出处】金德顺讲，裴永镇记录整理：《东明王的传说》，原载《金德顺故事集》，见陶阳、钟秀编《中国神话》（中），北京：商务印书馆2008年版，第886～897页。

W0199. 2. 4. 4

天神不能长期在人间

实 例

高山族（阿美）天上的神仙不能老待在人间。

【流传】台湾

【出处】汪梅田搜集整理：《彩虹》，原载蔡铁民编《高山族民间故事选》，见陶阳、钟秀编《中国神话》（上），北京：商务印书馆2008年版，第215～217页。

W0199. 2. 5

天神下凡的伴随者

实 例

（参见下级母题实例）

W0199. 2. 5. 1

天神和妹妹下凡

实 例

高山族（阿美）太古时候，天神玛达比拉和他的妹妹女神里桑，下凡到南方阿拉巴那巴奈山居住。

【流传】（台湾·花莲县·光复乡太巴塱）

【出处】《高山族各种人的始祖：太巴塱阿美人始祖》，见姚宝瑄主编《中国各民族神话》（高山族、黎族、畲族），太原：山西出版传媒集团·书海出版社 2014 年版，第 13 页。

W0199.3
天神重返天上

实 例

（参见下级母题实例）

W0199.3.1
天神完成任务后重返天上

实 例

（参见下级母题实例）

W0199.3.1.1
白虎星天神完成大业后重返天上

实 例

土家族 巴国人都知道自己的君王寅年寅月寅日寅时生，本是天上的白虎星下凡，在人间成就一番大业之后，依然回到天上去了。

【流传】 湖北省

【出处】 张海泉讲：《向王化白虎》，见长阳土家族网：http：//www.cy－tujia.com/list_ body.php？id，2005.12.10。

W0199.3.2
天神不能重返天上

实 例

（参见下级母题实例）

W0199.3.2.1
天神留恋地上土香不再回天

实 例

傣族 一天神下观大地，嗅及大地水土之香，不思更上天，遂留地上种田。

【流传】（云南省）

【出处】 袁珂改编：《开天辟地》，原载谷德明编《中国少数民族神话选》，见袁珂《中国神话大词典》，北京：华夏出版社 2015 年版，第 498 页。

W0199.3.3
天神返回天上有特定的时间

实 例

（参见下级母题实例）

W0199.3.3.1
天神必须鸡叫前返回天上

【关联】［W0840.4.1］妖魔在鸡叫时魔力消失

实 例

纳西族 一位天神在一个夜间开挖一条干沟，想把美泉清泉水引到丽江坝子，天神把沟挖完的时候，就传来了寨子里的鸡叫声，天神惧怕回不了天庭，慌忙把干沟丢下就走了。

【流传】 云南省·（丽江市）·丽江县（古城区、玉龙纳西族自治县）

【出处】 木丽春采集整理：《美泉水和术

家女儿》，见木丽春编著《纳西族民间故事集》，昆明：云南人民出版社2007年版，第114页。

W0199.4

天神行动神速

实 例

（参见下级母题实例）

W0199.4.1

天神绕地速度飞快

实 例

（参见下级母题实例）

W0199.4.1.1

天神木布帕一天能绕天转一圈

实 例

傈僳族 天神木布帕走得快，一天能绕天转一圈。

【流传】

（a）云南省·（怒江傈僳族自治州）·泸水县

【出处】

（a）胡贵讲，刘辉豪采录：《木布帕造天地人》，见中国民间文学集成全国编辑委员会编《中国民间故事集成》（云南卷），北京：中国ISBN中心2003年版，第42页。

（b）刘辉豪、胡贵搜集整理：《天、地、人的形成》，见谷德明编《中国少数民族神话》，北京：中国民间文艺出版社1987年版，第370页。

傈僳族 天神木布帕走得很快，一天能绕天转一圈。

【流传】 云南省·（怒江傈僳族自治州）·碧江县（1986年撤销县制，归入福贡县等）、泸水县

【出处】

（a）《木布帕捏地球》（原题为《天·地·人的形成》），原载祝发清、左玉堂、尚仲豪编《傈僳族民间故事选》，上海文艺出版社1985年版。

（b）同（a），见姚宝瑄主编《中国各民族神话》（水族、布朗族、独龙族、基诺族、傈僳族），太原：山西出版传媒集团·书海出版社2014年版，第187页。

W0199.5

天神云游四海

实 例

（参见下级母题实例）

W0199.5.1

天神出天宫云游四海

实 例

彝族 天神出了天宫，云游四海。

【流传】 云南省·（昆明市）·路南（石林彝族自治县）·圭山（圭山镇）

【出处】

（a）王伟收集：*《天神创世》，见谷德明编《中国少数民族神话》，北京：

中国民间文艺出版社 1987 年版，第 309～310 页。

(b) 同 (a)，见吕大吉、何耀华总主编《中国各民族原始宗教资料集成》(彝族卷、白族卷、基诺族卷)，北京：中国社会科学出版社 1996 年版，第 25 页。

实 例

彝族 天地还是一团浓雾的时候，有一位天神，出天宫云游四海。

【流传】（无考）

【出处】《人类和石头的战争》，原载李子贤编《云南少数民族神话选》，云南人民出版社 1990 年版，见姚宝瑄主编《中国各民族神话》(羌族、彝族)，太原：山西出版传媒集团·书海出版社 2014 年版，第 275 页。

W0199.6

天神巡视宇宙（天神巡游）

实 例

柯尔克孜族 火神被宇宙神打得落荒而逃时，恰好遇上天神出巡。

【流传】 新疆维吾尔自治区·柯尔克孜地区（克孜勒苏柯尔克孜自治州）

【出处】《火神》，斯丝根据多里昆·吐尔地、阿地力·朱玛吐尔地撰写的《柯尔克孜族宗教与神话》改写，见姚宝瑄主编《中国各民族神话》(乌孜别克族、哈萨克族、柯尔克孜族、俄罗斯族、维吾尔族、塔吉克族、塔塔尔族、锡伯族)，太原：山西出版传媒集团·书海出版社 2014 年版，第 146 页。

实 例

苗族 有一天中午，天神元告杜到人间来巡视，看到人类始祖波丽萍和岳利毕正在路边游玩。

【流传】 云南省

【出处】 王建国讲，陆兴凤翻译：《人类始祖返老还童的故事》，原载《云南苗族民间故事集成》，见陶阳、钟秀编《中国神话》（下），北京：商务印书馆 2008 年版，第 1100～1103 页。

W0199.6.1

四大天王巡查宇宙

实 例

蒙古族 头顶上的天啊，是昂根查干天，苏木布尔山四方，在巡查宇宙的四大天王。

【流传】 内蒙古自治区·哲里木盟（今通辽市）

【出处】 宝音贺喜格唱：《祭天》(1984.11)，原载白翠英、邢源、福宝琳、王笑《科尔沁博艺术初探》，哲里木盟文化处编印，内部资料，1986 年，见吕大吉、何耀华总主编《中国各民族原始宗教资料集成》(鄂伦春族卷、鄂温克族卷、赫哲族卷、达斡尔族卷、锡伯族卷、满族卷、蒙古族卷、藏族卷)，北京：中国社会科学出版社 1999 年版，第 600 页。

W0199. 6. 2

大神英叭带着侍神走遍 16 层天

实 例

傣族 大神英叭带着他的侍神捧麻加出巡，走遍了十六层天。

【流传】云南省·西双版纳傣族地区（西双版纳傣族自治州）

【出处】《巴塔麻嘎捧尚罗》，王松据岩温炳翻译《巴塔麻晏》（开天辟地）改写，见姚宝瑄主编《中国各民族神话》（哈尼族、傣族），太原：山西出版传媒集团·书海出版社 2014 年版，第 285 页。

W0199. 6. 3

天神巡视凡间

实 例

（参见下级母题实例）

W0199. 6. 3. 1

玉皇大帝派天神查访民间疾苦

实 例

汉族 玉皇大帝发现地上饿死了不少老百姓，荒野白骨成堆，非常凄惨，就派一个天神去查访。

【流传】浙江省·（温州市）·泰顺县

【出处】吴用楠讲，吴俏岚记录：《牛神被罚》，原载《浙江省泰顺县民间文学集成会议资料》，见陶阳、钟秀编《中国神话》（下），北京：商务印书馆 2008 年版，第 1199 页。

W0199. 6. 3. 2

天神寻访人间好心人

实 例

彝族 天神要查访好心的人，骑着龙马，不到一袋烟的工夫就来到了人间。

【流传】云南省·（曲靖市）·罗平（罗平县）、宣威（宣威市）

【出处】

（a）李育才讲，陶学良记录：《葫芦里出来的人》，载《山茶》1966 年第 4 期。

（b）同（a），见陶阳、钟秀编《中国神话》（中），北京：商务印书馆 2008 年版，第 911 ~919 页。

W0199. 7

天神遨游天界

实 例

（参见下级母题实例）

W0199. 7. 1

天神在天空四处遨游

【关联】[W0112. 3. 2] 神漫游太空

实 例

傣族 大神英叭可以在太空中游动，他能飞到东，能够飞到西，他能飞到南，也能飞到北。

【流传】云南省·西双版纳傣族地区

（西双版纳傣族自治州）

【出处】《巴塔麻嘎捧尚罗》，王松据岩温炳翻译《巴塔麻晏》（开天辟地）改写，见姚宝瑄主编《中国各民族神话》（哈尼族、傣族），太原：山西出版传媒集团·书海出版社 2014 年版，第 266 页。

W0200

天神的工具（天神的武器，天神的用品）

【关联】［W1545.8.5］日月是天帝的两件宝贝

实 例

（参见下级母题实例）

W0200.1

天神的神器

【关联】［W0920］神物

实 例

（参见下级母题实例）

W0200.1.1

天神的神刀

实 例

（参见下级母题实例）

W0200.1.1.1

天神阿不凯恩都哩有 2 把飞天神刀和 2 把镇天神弓

实 例

满族 阿不凯恩都哩有两把飞天神刀和两把镇天神弓。

【流传】黑龙江省·（牡丹江市）·宁安县·宁安镇

【出处】关振川讲，傅英仁采录：《阿不凯恩都哩创世》，见中国民间文学集成全国编辑委员会编《中国民间故事集成》（黑龙江卷），北京：中国 ISBN 中心 2005 年版，第 17 页。

W0200.1.2

天神的神弓

【关联】［W0963.1］神弓

实 例

满族 （参见“W0200.1.1.1 天神阿不凯恩都哩有 2 把飞天神刀和 2 把镇天神弓”母题实例）

W0200.2

天神的锤子

【关联】

① ［W0136.1］神的锤子

② ［W0208.14.1.1］天神恩都力手持一只锤子

实 例

鄂伦春族 （参见“W0208.14.1.1 天神恩都力手持一只锤子”母题实例）

W0200.3

天神的剑

实 例

（参见下级母题实例）

W0200. 3. 1

天神身佩利剑

实　例

鄂温克族 天神身佩利剑把大山斩成了三段。

【流传】蒙古族自治区·呼伦贝尔市

【出处】黄长林讲，马名超纪录整理：《西博山》，见姚宝瑄主编《中国各民族神话》（达斡尔族、鄂伦春族、鄂温克族、蒙古族），太原：山西出版传媒集团·书海出版社 2014 年版，第 119 页。

W0200. 3a

天神的其他工具

实　例

（参见下级母题实例）

W0200. 3b

天神双手各有所操

实　例

（参见下级母题实例）

W0200. 3b. 1

格滋天神左手拿錾，右手拿锤

实　例

彝族 格滋天神左手拿錾，右手拿锤，来錾太阳，来錾月亮。

【流传】云南省·楚雄彝族自治州·姚安县、大姚县等彝族地区

【出处】《创世·人类起源》，见云南省民族民间文学楚雄调查队整理编写《梅葛》，昆明：云南人民出版社 2009 年版，第 22 页。

W0200. 4

天神的宝物

【关联】

① ［W0977. 1］ 神的宝物

② ［W9650］ 宝物

实　例

（参见下级母题实例）

W0200. 4. 1

天神的智慧树

实　例

（参见下级母题实例）

W0200. 4. 1. 1

天神吸取智慧的智慧树叫灵丹树

实　例

满族 天神的身后有很多大树枝，那是专供天神智慧的智慧树，叫灵丹树。

【流传】（无考）

【出处】乌丙安：《满族神话探索——天地层、地震鱼、世界树》，见袁珂主编《中国神话》第 1 集，北京：中国民间文艺出版社 1987 年版，第 42 页。

W0200.5

天神的宝椅

实 例

（参见下级母题实例）

W0200.5.1

天神的金椅

实 例

（参见下级母题实例）

W0200.5.1.1

最高最大的天神俄玛坐在烟罗神殿金椅上

【关联】［W0123.1.4.2］神王坐金椅

实 例

哈尼族 烟罗神殿的中央，放着一把金椅，上面坐着最高最大的天神俄玛。

【流传】 云南省·（红河哈尼族彝族自治州）·元阳（元阳县）、红河（红河县）、金平（金平苗族瑶族傣族自治县）［采集于元阳县·胜村乡·全福庄］

【出处】 卢朝贵讲，史军超搜集整理：《神和人的家谱》，原载云南省民间文学集成办公室编《哈尼族神话传说集成》，中国民间文艺出版社1990年版，见姚宝瑄主编《中国各民族神话》（哈尼族、傣族），太原：山西出版传媒集团·书海出版社2014年版，第39页。

W0200.6

神的财物（神的财富，神的财产）

实 例

（参见下级母题实例）

W0200.6.1

神拥有大量财富

实 例

（参见下级母题实例）

W0200.6.1.1

森林神拥有大量财富

实 例

蒙古族（布里亚特） 森林主神拥有不可估量的财富，也是一位对待初猎者很慷慨大方的神灵。

【流传】（无考）

【出处】 ［苏联］Г.Р.加尔达诺娃著，宋长宏译，佟德富校：《喇嘛教前的布里亚特宗教信仰》（俄文版），诺沃西比尔斯克：科学出版社西伯利亚分社1987年版，第29～30页，见吕大吉、何耀华总主编《中国各民族原始宗教资料集成》（鄂伦春族卷、鄂温克族卷、赫哲族卷、达斡尔族卷、锡伯族卷、满族卷、蒙古族卷、藏族卷），北京：中国社会科学出版社1999年版，第615页。

W0200. 6. 1. 2

神王烟沙的宫殿的 9 个仓库里有 9 样财宝

实 例

哈尼族 第二代神王烟沙的宫殿背后有九个仓库，里面堆着九样财宝。

【流传】（云南省·红河哈尼族彝族自治州·元阳县）

【出处】 朱小和讲，史军超搜集整理：《永生不死的姑娘》，原载云南省民间文学集成办公室编《哈尼族神话传说集成》，中国民间文艺出版社 1990 年版，见姚宝瑄主编《中国各民族神话》（哈尼族、傣族），太原：山西出版传媒集团·书海出版社 2014 年版，第 167 页。

W0200. 6. 2

神的财物匮乏

【关联】［W0236. 3. 1］土地神是穷神

实 例

汉族 （实例待考）

W0200. 6. 3

神的财富的保管

实 例

（参见下级母题实例）

W0200. 6. 3. 1

神的财富放宝箱中

【关联】

①［W0137. 3. 1］神的宝物

②［W9682］宝箱（宝匣，宝盒）

③［W9682. 2］盛天下财富的宝箱

实 例

哈尼族 第三代神王沙拉的头一口篾箱里放着天的财富，天的财富有大大的一块。

【流传】（云南省·红河哈尼族彝族自治州·元阳县）

【出处】 朱小和讲，史军超搜集整理：《永生不死的姑娘》，原载云南省民间文学集成办公室编《哈尼族神话传说集成》，中国民间文艺出版社 1990 年版，见姚宝瑄主编《中国各民族神话》（哈尼族、傣族），太原：山西出版传媒集团·书海出版社 2014 年版，第 167 页。

W0200. 6. 4

神的领地

实 例

（参见下级母题实例）

W0200. 6. 4. 1

神的地盘为先到先得

实 例

汉族 各路神仙纷纷表示，还是按老规矩，谁到泰山来得早，谁就是当然的泰山神。

【流传】（山东省·泰安一带）

【出处】 张广平讲，陶阳、吴绵、徐纪民整理：《碧霞元君占泰山》，原载陶阳编《泰山民间故事大观》，见陶阳、钟秀编《中国神话》（中），北京：商务印书馆 2008 年版，第 744 ~ 746 页。

W0200.6.4.2

神各管各的地盘

实 例

（参见下级母题实例）

W0200.6.4.2.1

龙神各管各的地盘

实 例

白族 苍山十八溪，每条溪都有龙王，洱海也有龙王，洱海龙王并不管十八溪的龙王，它们各管各的地盘。

【流传】 云南省·（大理白族自治州）·大理市·城郊乡、海东乡、喜洲镇

【出处】 王承权调查整理：《大理白族水神龙王祭》（1988），见吕大吉、何耀华总主编《中国各民族原始宗教资料集成》（彝族卷、白族卷、基诺族卷），北京：中国社会科学出版社 1996 年版，第 491 页。

W0201

天神的身份（天神的职能，天神的能力，天神的事迹）

实 例

（参见下级母题实例）

W0201.1

天神主宰世界

实 例

（参见下级母题实例）

W0201.1.1

天神管天上

实 例

布依族 远古时候，天上是天神管辖的地盘。

【流传】 贵州省·（黔南布依族苗族自治州）·罗甸县等地

【出处】 黄未石念、王卜小荣讲，杨路塔记录整理：《十二个太阳》，见姚宝瑄主编《中国各民族神话》（布依族、仡佬族、苗族），太原：山西出版传媒集团·书海出版社 2014 年版，第 73 页。

W0201.1.2

天神统治天地一切

实 例

彝族 古时候，天上住着恩梯古兹（天神名），他管着天上和地下的一切。

【流传】 四川省·凉山州彝族自治州

【出处】 沈伍已讲，邹志诚记录整理：《洪水滔天的故事》，原载李德君、陶学良编《彝族民间故事选》，上海文艺出版社 1981 年版，见姚宝瑄主编

《中国各民族神话》（羌族、彝族），太原：山西出版传媒集团·书海出版社2014年版，第242页。

W0201.1.2.1 恩体谷兹天神统治着天上和地下的一切

实 例

彝族 天神恩体谷兹统治着天上和地下的一切。

【流传】四川省·（凉山彝族自治州）·昭觉县

【出处】沈伍己讲，邹志诚采录：《洪水漫天地》，见中国民间文学集成全国编辑委员会编《中国民间故事集成》（四川卷），北京：中国ISBN中心1998年版，第756页。

W0201.1.3 天神阿布卡恩都里主宰世界

实 例

满族 天神阿布卡恩都里主宰世界。

【流传】（无考）

【出处】《天神创世》，见谷德明编《中国少数民族神话》，北京：中国民间文艺出版社1987年版，第1页。

W0201.1.4 天神掌管天上和人间万物

实 例

珞巴族 拉仁乌佑（珞巴语音译，泛指他们所崇拜的各种精灵）是天神，他管辖天上、地上的事务，主宰一切，权力至高无上，一切生灵都听从他的吩咐。

【流传】西藏自治区·林芝市·墨脱县·甘登乡、达木珞巴民族乡（讲述地点：墨脱县·达木珞巴民族乡·朱巴村）

【出处】仁真讲：《珞巴族神话（五）》（1957.09），见冀文正《珞巴族民间故事》，成都：四川民族出版社2011年版，第5页。

藏族 天神是能管天及天下万物的大神。

【流传】（四川省西南部）

【出处】何耀华：《川西南纳木依人和柏木依人的宗教信仰述略》，原载《中国少数民族宗教》，云南人民出版社1985年版，见吕大吉、何耀华总主编《中国各民族原始宗教资料集成》（鄂伦春族卷、鄂温克族卷、赫哲族卷、达斡尔族卷、锡伯族卷、满族卷、蒙古族卷、藏族卷），北京：中国社会科学出版社1999年版，第801页。

W0201.2 最大的天神

【关联】［W0122.1］天神是最高的神

实 例

满族 （实例待考）

W0201.2.1

众天神中年龄最小的权力最大

实　例

景颇族　（参见“W0121.2.1.1 天神兄弟中年龄最小的天神权力最高”母题实例）

W0201.2.2

最高最大的天神俄玛

实　例

哈尼族　烟罗神殿的中央的金椅上坐着最高最大的天神俄玛。

【流传】 云南省·（红河哈尼族彝族自治州）·元阳县

【出处】 卢朝贵讲，史军超采录：《神和人的家谱》，见中国民间文学集成全国编辑委员会编《中国民间故事集成》（云南卷），北京：中国 ISBN 中心 2003 年版，第 23 页。

W0201.2.3

天上最大的神格兹

实　例

彝族　格兹是天上最大的神，有 3 个儿子。

【流传】 云南省·（昆明市）·石林彝族自治县·圭山乡·海宜村

【出处】 黄志发讲：《洪水和人类起源神话》，见李德君采录《彝族撒尼人民间文学作品采集实录》，中央民族大学出版社 2009 年版，第 499 页。

W0201.2.4

最大的天神俚

实　例

佤族　“俚”是传说中最大的天神。

【流传】 云南省·（普洱市）·西盟县（西盟佤族自治县）

【出处】 达老屈等讲，隋嘎等采录：《司岗里》，见中国民间文学集成全国编辑委员会编《中国民间故事集成》（云南卷），北京：中国 ISBN 中心 2003 年版，第 96 页。

W0201.3

天神掌管特定的地方

实　例

（参见下级母题实例）

W0201.3.1

天上的皇帝掌管 9 个地方

实　例

彝族　（参见“W0204.13.1.3 天上的皇帝古火”母题实例）

W0201.3.2

天神掌管天宫

实　例

哈尼族　（实例待考）

W0201. 3. 3

上帝管理自然界与下国

实 例

汉族 （实例待考）

W0201. 3. 4

管理天空下层的天神

实 例

（参见下级母题实例）

W0201. 3. 4. 1

管理天空下层的天神叭英

实 例

傣族（水傣） 叭英是管理天空下层的天神。

【流传】（云南省·西双版纳傣族自治州）

【出处】 王松整理：《傣族——西双版纳的神谱》，见姚宝瑄主编《中国各民族神话》（哈尼族、傣族），太原：山西出版传媒集团·书海出版社 2014 年版，第 229 页。

W0201. 4

天神管自然物（管特定领域的天神，天神的分工）

实 例

（参见下级母题实例）

W0201. 4. 1

天神管日月星

【关联】［W0208. 53. 3. 1］天神米姑鲁管天上的日月星

实 例

彝族 天神米姑鲁管天上的日月星。

【流传】 贵州省·（毕节市）·威宁县（威宁彝族回族苗族自治县）

【出处】 王海清讲，石磊采录：《诸神争大》，见中国民间文学集成全国编辑委员会编《中国民间故事集成》（贵州卷），北京：中国 ISBN 中心 2003 年，第 28 页。

W0201. 4. 2

天神管风雨雷电

【关联】

①［W4307］风的管理

②［W4365］雨的管理

实 例

蒙古族 （实例待考）

W0201. 4. 3

管五谷的天神

实 例

汉族 天神下凡视察看到人们糟蹋粮食，禀报玉皇大帝后，玉帝大怒，传旨派管五谷的天神，把地上的庄稼全部收归天上，以此来惩罚那些糟蹋粮食的人。

【流传】河南省·（周口市·鹿邑县·张店乡）［采录地点：张店乡］

【出处】田守义（男，40岁，汉族，大学毕业，张店乡中学教师）讲，薛勤贞（女，16岁，张店乡初中学校学生）采录：《庄稼的传说》（1988.05），见张振犁编著，孟宪明、朱淑君统纂《中原神话通鉴》（第四卷），郑州：河南大学出版社2017年版，第~页。

W0201.4.4

天神主管人畜安康，五谷丰登

实　例

白族 天神主管人畜安康，五谷丰登，故要虔诚祀奉。

【流传】云南省·（大理白族自治州）·云龙县·石门镇、关坪乡

【出处】王承权调查整理：《云龙白族祭天神和祭天树》（1988），见吕大吉、何耀华总主编《中国各民族原始宗教资料集成》（彝族卷、白族卷、基诺族卷），北京：中国社会科学出版社1996年版，第460页。

W0201.5

天神的泽恩

实　例

（参见下级母题实例）

W0201.5.1

天神给人智慧

实　例

（实例待考）

W0201.5.2

天神给人语言

实　例

（实例待考）

W0201.5.3

天神赐物

实　例

（参见下级母题实例）

W0201.5.3.1

天神赐给太阳一包针

【关联】［W4112］太阳为什么刺眼

实　例

仡佬族 天神给予太阳一包针，令其昼出。有欲见者即以针刺其眼。

【流传】黔北（贵州省北部地区）

【出处】袁珂改编：《月兄日妹》（原名《日月兄妹照人间》），原载毛星主编《中国少数民族文学》（中册），见袁珂《中国神话大词典》，北京：华夏出版社2015年版，第572页。

W0201.6

天神会变形

【关联】[W9525] 神的变形

实 例

(参见下级母题实例)

W0201.6.1

天神变凡人的样子

实 例

(参见下级母题实例)

W0201.6.1.1

4个天神变成4个女人

实 例

傣族 4个天神变成了4个女人，与四个男天神匹配为偶，生下儿女。

【流传】云南省

【出处】岩峰、王松：《变扎贡帕》，见《中国各民族宗教与神话大词典》编审委员会编《中国各民族宗教与神话大词典》，北京：学苑出版社1990年版，第82页。

W0201.6.2

天神变动物

实 例

(参见下级母题实例)

W0201.6.2.1

天神变鸟

实 例

哈尼族 (实例待考)

W0201.6.2.2

天神变青蛙暗中点化人

实 例

汉族 天神变作一只青蛙，暗中点化人。

【流传】河南省·(驻马店市)·新蔡县

【出处】陈氏(女，87岁，文盲，新蔡城关人)讲，陈宏丽采录，张敬中(新蔡县干部)采录整理：《人为啥会说话》(1988.03.10)，见张振犁编著，孟宪明、朱淑君统纂《中原神话通鉴》(第四卷)，郑州：河南大学出版社2017年版，第1260页。

W0201.6.3

天神垂死化生

实 例

(参见下级母题实例)

W0201.6.3.1

阿布卡赫赫天母神尸解时眼睛化生日月，头发化生森林

实 例

满族 阿布卡赫赫天母神被火烧的肢

体溶解，眼睛变日月，头发变森林。

【流传】（无考）

【出处】《天宫大战》，见富育光《萨满教与神话》，沈阳：辽宁人民出版社1990年版，第234页。

W0201.7

天神听力很好（天神的神耳）

实 例

（参见下级母题实例）

W0201.7.1

天神听及千里外

实 例

傣族 英叭召（最早的天神）的神耳能听十亿约扎拿（又写作“扎那”傣语长度单位，为“里”）之内的声音。

【流传】（无考）

【出处】《开天辟地》，见谷德明编《中国少数民族神话》，北京：中国民间文艺出版社1987年版，第341页。

W0201.8

天神有很强的洞察力

实 例

（参见下级母题实例）

W0201.8.1

天神对于地下事，一切看得清

实 例

彝族 宇宙最早产生的索恒哲（原书解释为哲人名字，本书认为是最早产生的天神的名称）住在天上，对于地下事，一切看得清。

【流传】（贵州省彝族地区）

【出处】《索恒哲》，见王富慧（珠尼阿依）译著，贵州省民族古籍整理办公室编《彝族神话史诗选》，北京：民族出版社2013年版，第64~65页。

W0201.8.2

天神知道人间事

实 例

（参见下级母题实例）

W0201.8.2.1

天神阿普会知道人间发生的事

实 例

纳西族 家里有了事，阿普（天神）会听到的。

【流传】（云南省·丽江市）

【出处】和志武翻译整理：《人类迁徙记》，原载中共丽江地委宣传部编《纳西族民间故事选》，见陶阳、钟秀编《中国神话》（中），北京：商务印书馆2008年版，第856~876页。

W0201.8a

天神无所不知

实 例

（参见下级母题实例）

W0201. 8a. 1

天神阿布卡恩都里无所不知

实 例

满族 无所不知的天神阿布卡恩都里知道二弟子耶路里干的坏事，勃然大怒。

【流传】（无考）

【出处】傅英仁、余金讲述整理：《耶路里》，见姚宝瑄主编《中国各民族神话》（满族、赫哲族、朝鲜族），太原：山西出版传媒集团·书海出版社2014年版，第86~88页。

W0201. 8b

天神是保护神

实 例

（参见下级母题实例）

W0201. 8b. 1

天神是每家的保护神

实 例

羌族 当地羌民每家房顶亦砌有一石碉，仅供天神，又称碉碉神，为每家保护神。

【流传】四川省·（阿坝藏族羌族自治州）·茂汶县（今茂县）·渭门乡·永和大队（今永和乡）

【出处】钱安靖：《茂汶县渭门乡永和大队羌族宗教习俗调查》（1983.07.05），见吕大吉、何耀华总主编《中国各民族原始宗教资料集成》（纳西族卷、羌族卷、独龙族卷、傈僳族卷、怒族卷），北京：中国社会科学出版社2000年版，第476页。

W0201. 9

与天神的能力有关的其他母题

实 例

（参见下级母题实例）

W0201. 9. 1

天神行使权力的场所

实 例

（参见下级母题实例）

W0201. 9. 1. 1

天神俄玛坐在烟罗神殿行使权力

实 例

哈尼族 威严的天神俄玛坐在烟罗神殿的正中发号施令。

【流传】云南省·红河哈尼族彝族自治州

【出处】《窝果策尼果》，见红河哈尼族彝族自治州人民政府编《哈尼族口传文化译注全集》第1卷，昆明：云南民族出版社2009年版，第18页。

W0201. 9. 2

无能的天神

实 例

（参见下级母题实例）

W0201.9.2.1

天神谁也不会补天

实　例

汉族 玉皇大帝见天穿了，急忙叫手下的天神们去补天穿，可天神们谁也没这个本事，只有女娲上殿接了玉帝的圣旨。

【流传】浙江省·（丽水市）·庆元县

【出处】赖善卿讲，兰志龙搜集整理：《补天穿》，见姚宝瑄主编《中国各民族神话》（汉族），太原：山西出版传媒集团·书海出版社 2014 年版，第 52～53 页。

W0201a

天神的行为

实　例

（参见下级母题实例）

W0201a.1

天神犯错

【关联】［W0991］神或神性人物的犯错

实　例

（参见下级母题实例）

W0201a.1.1

天神醉酒误事

实　例

（参见下级母题实例）

W0201a.1.1.1

天神醉酒误伤人

实　例

京族 天神喝醉酒，命令雷公劈了老农的田地。

【流传】广西壮族自治区·（防城港市）·防城县（防城区）

【出处】苏锡权等讲，陈麟搜集，龙旦城整理：《天神赎罪》，见曹廷伟编著《广西民间故事辞典》，南宁：广西教育出版社 1993 年版，第 29 页。

W0201a.1.1.2

天神醉酒瞎发号施令

实　例

京族 一次，天神吃醉了酒，瞎发号施令。

【流传】（无考）

【出处】苏锡权讲，陈麒搜集，龙旦城整理：《天神赎罪》，原载苏润光等编《京族民间故事选》，中国民间文艺出版社 1984 年版，见姚宝瑄主编《中国各民族神话》（仫佬族、壮族、京族），太原：山西出版传媒集团·书海出版社 2014 年版，第 198 页。

W0201a.1.2

天神盗物

【关联】

①［W0482］偷盗之神

②［W9950］偷盗

实 例

（参见下级母题实例）

W0201a. 1. 3
有罪的天神

实 例

（参见下级母题实例）

W0201a. 1. 3. 1
吴刚是有罪的天神

实 例

汉族 吴刚是位有罪的天神，老天爷罚他在月亮上做桂花酒，供天宫众仙用。

【流传】河南省·（南阳市）·桐柏县·（鸿仪河乡）

【出处】王子鉴（男，42 岁）讲，薛远增采录整理：《彩虹》，见张振犁编著，孟宪明、朱淑君统纂《中原神话通鉴》（第三卷），郑州：河南大学出版社 2017 年版，第 898 页。

W0201a. 2
天神发怒

实 例

（参见下级母题实例）

W0201a. 2. 1
天神发怒的原因

实 例

（参见下级母题实例）

W0201a. 2. 1. 1
天神不满人间的祭祀发怒

实 例

佤族 大家为马鬃蛇大王杀了一头猪，以祭祀它高贵的灵魂，结果激怒了天神。

【流传】（无考）

【出处】埃戛搜集整理：《谁敢做天下万物之王》，见谷德明编《中国少数民族神话》，北京：中国民间文艺出版社 1987 年版，第 378 页。

W0201a. 2. 1. 2
天神阿布卡恩都力看见地上出现奇怪的生灵大发雷霆

实 例

满族 阿布卡恩都力（天神）瞧见地上出现奇怪的生灵，大发雷霆，要把所有生物统统收回天上。

【流传】黑龙江沿岸，黑龙江省·（黑河市）·孙吴县、瑷珲县（爱辉区）

【出处】赵瞎子、富郭氏等讲，育光搜集整理：《白云格格》，原载育光编《七彩神火》，见陶阳、钟秀编《中国神话》（中），北京：商务印书馆 2008 年版，第 763～767 页。

W0201a. 2. 1. 3
天神因人的乱伦发怒

实 例

纳西族 祖先众兄弟姐妹婚使秽气冲天，触怒了天神。

【流传】（云南省·丽江市）

【出处】和志武翻译整理：《人类迁徙记》，原载中共丽江地委宣传部编《纳西族民间故事选》，见陶阳、钟秀编《中国神话》（中），北京：商务印书馆2008年版，第856~876页。

W0201a.2.1.4

天神木比塔看到凡人上天发怒

实 例

羌族 天神木比塔在会见诸神时，闻到了凡人气味。木比塔看到三女儿木姐珠带来一个凡人，勃然大怒，不等木姐珠禀报，就大声喝问斗安珠："你是什么人，胆敢冒撞天庭？"声音震动得大殿嗡嗡直响。

【流传】四川省·（阿坝藏族羌族自治州）·茂汶县（茂汶羌族自治县，今归属茂县）

【出处】

(a) 袁祯祺讲，向世茂、郑文泽搜集整理：《斗安珠和木姐珠》，载《民间文学》1984年第4期。

(b) 同（a），见陶阳、钟秀编《中国神话》（中），北京：商务印书馆2008年版，第877~885页。

W0201a.3

天神嫁女

实 例

（参见下级母题实例）

W0201a.3.1

猛朋天神把侄女嫁给人间

实 例

独龙族 猛朋天神要嫁一个侄女给坛嘎朋（人名）做媳妇。

【流传】云南省·（怒江傈僳族自治州）·贡山（贡山独龙族怒族自治县）·独龙江两岸

【出处】约翰讲，陶学良、陶立播搜集整理：《坛嘎朋》，见谷德明编《中国少数民族神话》，北京：中国民间文艺出版社1987年版，第523页。

W0201a.4

天神讲经

实 例

（参见下级母题实例）

W0201a.4.1

天神讲经时把猴子变成人

实 例

门巴族 天神讲经时把猴子变成人。

【流传】西藏自治区·（林芝市）·墨脱县

【出处】《听话的猴子变成人》，见廖东凡主编《神山之祖》，武汉：湖北少年儿童出版社2001年版，第10~11页。

W0202

天神的关系

【关联】［W1511.1.2］天神的母亲生万物

实 例

（参见下级母题实例）

W0202.0

天神的父母

【关联】［W0186a.1］特定的神婚生天神

实 例

（参见下级母题实例）

W0202.0.1

天神的母亲

【关联】［W0070.2.2］神是气

实 例

（参见下级母题实例）

W0202.0.1.1

天神的母亲是气

实 例

（参见下级母题实例）

W0202.0.1.1.1

最高神更资天神的母亲不是人、神、动植物，而是一股气

实 例

彝族 最高神更资天神的母亲不是人，也不是神；她不是植物，也不是动物。蒲依本来是一股气。

【流传】云南省·（楚雄彝族自治州）·永仁县

【出处】

（a）曲木阿石等讲，罗有能整理：《更资天神》，见云南省楚雄州文教局、云南省楚雄州民委会编《楚雄民间文学资料》，内部资料，1979年。

（b）同（a），见姚宝瑄主编《中国各民族神话》（羌族、彝族），太原：山西出版传媒集团·书海出版社2014年版，第173页。

W0202.0.1.2

天神之母是浊气和清气的精

实 例

彝族 树生的仙对更资天神说：“你的母亲是浊气和清气的精，所以你将是天地万物的主宰。”

【流传】云南省·（楚雄彝族自治州）·永仁县

【出处】

（a）曲木阿石等讲，罗有能整理：《更资天神》，见云南省楚雄州文教局、云南省楚雄州民委会编《楚雄民间文学资料》，内部资料，1979年。

（b）同（a），见姚宝瑄主编《中国各民族神话》（羌族、彝族），太原：山西出版传媒集团·书海出版社2014年版，第179页。

W0202.0.2

天神的父亲

实 例

（参见下级母题实例）

W0202.0.2.1

天神之父是浊气之精

实 例

彝族 树生的仙对更资天神说："你的父亲是玛支玛珂神树，是先天的浊气精。"

【流传】 云南省·（楚雄彝族自治州）·永仁县

【出处】

（a）曲木阿石等讲，罗有能整理：《更资天神》，见云南省楚雄州文教局、云南省楚雄州民委会编《楚雄民间文学资料》，内部资料，1979年。

（b）同（a），见姚宝瑄主编《中国各民族神话》（羌族、彝族），太原：山西出版传媒集团·书海出版社2014年版，第179页。

W0202.1

天神夫妻

【关联】［W0141］对偶神（夫妻神）

实 例

（参见下级母题实例）

W0202.1.1

天神妻子的来历

实 例

（实例待考）

W0202.1.1.1

天神娶凡间妻子

实 例

（实例待考）

W0202.1.2

天神丈夫的来历

实 例

（实例待考）

W0202.1.3

特定名称的天神夫妻

实 例

（参见下级母题实例）

W0202.1.3.1

天神阿库拉布和地神鲁阿嫫夫妻

实 例

哈尼族 天地间出来天神阿库拉布和地神鲁阿嫫夫妻。

【流传】 云南省·思茅（普洱市）

【出处】《天、地、人和万物的起源》，见《中国各民族宗教与神话大词典》编审委员会编《中国各民族宗教与神话大词典》，北京：学苑出版社1990

年版，第 169 页。

W0202. 1. 3. 2 天神“美”和天后“达”

实 例

纳西族 祭祀畜神和谷神时，要祭祀天神“美”和天后“达”。

【流传】云南省·丽江（丽江市）·玉龙（玉龙纳西族自治县）·鲁甸（鲁甸乡）

【出处】和开祥（68 岁）讲，和志武调查整理：《丽江鲁甸地区的祭“糯布”（畜神和谷神）》（1989），见吕大吉、何耀华总主编《中国各民族原始宗教资料集成》（纳西族卷、羌族卷、独龙族卷、傈僳族卷、怒族卷），北京：中国社会科学出版社 2000 年版，第 290 页。

W0202. 1. 4 慈悲的天神夫妻

实 例

（参见下级母题实例）

W0202. 1. 4. 1 慈悲的天神夫妻奥尼和桑达

实 例

珞巴族 奥尼和桑达老两口是一对慈悲的天神。

【流传】西藏自治区·林芝市·墨脱县·背崩乡、甘登乡、墨脱乡［讲述地点：墨脱县·墨脱乡·布姆村］

【出处】朗措、仁增讲：《天神造人》（1957. 07），见冀文正《珞巴族民间故事》，成都：四川民族出版社 2011 年版，第 12 页。

W0202. 2 天神的子女

实 例

（参见下级母题实例）

W0202. 2. 0 天神没有子女

实 例

（参见下级母题实例）

W0202. 2. 0. 1 一对慈悲的天神老夫妻没有子女

实 例

珞巴族 一对慈悲的天神奥尼和桑达老两口，住在天庭的河边，没有生育过一个孩子。

【流传】西藏自治区·林芝市·墨脱县·背崩乡、甘登乡、墨脱乡［讲述地点：墨脱县·墨脱乡·布姆村］

【出处】朗措、仁增讲：《天神造人》（1957. 07），见冀文正《珞巴族民间故事》，成都：四川民族出版社 2011 年版，第 12 页。

W0202.2.1

天神有1儿1女

实 例

（实例待考）

W0202.2.2

天神有很多子女

实 例

（参见下级母题实例）

W0202.2.2.1

天神有9子7女

实 例

彝族（俚颇） 天神盘颇有九个儿子，盘颇有七个姑娘。

【流传】云南省·（楚雄彝族自治州）·大姚县·昙华山区（昙华乡）

【出处】

（a）陆颇梭颇（毕摩）演唱，夏光辅、诺海阿苏翻译：《俚泼古歌》，见云南省社会科学院楚雄彝族文化研究所编《彝族民间文学》（第二辑），1985年。

（b）陆颇梭颇（毕摩）演唱，夏光辅、诺海阿苏翻译，古梅改写：《赤梅葛——俚泼古歌》，见姚宝瑄主编《中国各民族神话》（羌族、彝族），太原：山西出版传媒集团·书海出版社2014年版，第95页。

彝族 格滋天神要造天，他放下九个金果，变成九个儿子。格滋天神要造地，他放下七个银果，变成七个姑娘。

【流传】云南省·楚雄彝族自治州·姚安县、大姚县等彝族地区

【出处】《创世·开天辟地》，见云南省民族民间文学楚雄调查队整理编写《梅葛》，昆明：云南人民出版社2009年版，第1~2页。

W0202.2.2.2

天神有11个儿子和1个姑娘

实 例

布依族 天神有十一个儿子和一个姑娘，个个聪明能干。

【流传】贵州省·（黔南布依族苗族自治州）·罗甸县等地

【出处】黄未石念、王卜小荣讲，杨路塔记录整理：《十二个太阳》，见姚宝瑄主编《中国各民族神话》（布依族、仡佬族、苗族），太原：山西出版传媒集团·书海出版社2014年版，第73页。

布依族 天神有十一个儿子和一个姑娘，个个聪明能干。

【流传】贵州省·（黔南布依族苗族自治州）·罗甸等县

【出处】黄米石念、王卜小荣讲，杨路塔搜集整理：《十二个太阳》，载《山茶》1987年第2期。

W0202. 2. 2. 3
天神有 3 男 9 女

实 例

蒙古族（布里亚特） 埃赛盖·马兰·腾格里（特定的天神名）有 3 个儿子和 9 个女儿。

【流传】（无考）

【出处】［苏联］И. А. 曼日格耶夫著，宋长宏译，佟德富校：《布里亚特萨满教和前萨满教辞典》（俄文版），莫斯科：科学出版社 1978 年版，第 49 页，见吕大吉、何耀华总主编《中国各民族原始宗教资料集成》（鄂伦春族卷、鄂温克族卷、赫哲族卷、达斡尔族卷、锡伯族卷、满族卷、蒙古族卷、藏族卷），北京：中国社会科学出版社 1999 年版，第 624 页。

W0202. 2. 2. 4
天神有 9 对儿女

实 例

（参见下级母题实例）

W0202. 2. 2. 4. 1
天神铁匠博任托依有 9 对儿女

实 例

蒙古族（布里亚特） 最初的神话中的天神铁匠博任托依有 9 个儿子和 9 个女儿。

【流传】（无考）

【出处】［苏联］И. А. 曼日格耶夫著，宋长宏译，佟德富校：《布里亚特萨满教和前萨满教辞典》（俄文版），莫斯科：科学出版社 1978 年版，第 49 页，见吕大吉、何耀华总主编《中国各民族原始宗教资料集成》（鄂伦春族卷、鄂温克族卷、赫哲族卷、达斡尔族卷、锡伯族卷、满族卷、蒙古族卷、藏族卷），北京：中国社会科学出版社 1999 年版，第 624 页。

W0202. 2. 2. 5
天神有 3 对儿女

实 例

羌族 天神木比塔有三儿三女。大儿在泥罗山放神牛，二儿在黄猴坡放神马，大女儿许配给神宫，二女儿许配给龙宫，三儿和三女尚未婚配，在汶山牧羊。

【流传】 四川省·（阿坝藏族羌族自治州）·茂汶县（茂汶羌族自治县，今归属茂县）

【出处】

（a）袁祯祺讲，向世茂、郑文泽搜集整理：《斗安珠和木姐珠》，载《民间文学》1984 年第 4 期。

（b）同（a），见陶阳、钟秀编《中国神话》（中），北京：商务印书馆 2008 年版，第 877～885 页。

W0202.2.2.5.1

汗·霍尔穆兹达天神有3位英俊的儿子和3位美丽的女儿

实　例

蒙古族 汗·霍尔穆兹达天神有三位英俊的儿子，三位美丽的女儿。

【流传】（无考）

【出处】 拉·胡日查巴特尔著，A.图门译，苏鲁格校订：《哈腾根十三家神祭祀》（蒙文版），内蒙古文化出版社1986年版，第59～63页，见吕大吉、何耀华总主编《中国各民族原始宗教资料集成》（鄂伦春族卷、鄂温克族卷、赫哲族卷、达斡尔族卷、锡伯族卷、满族卷、蒙古族卷、藏族卷），北京：中国社会科学出版社1999年版，第631页。

W0202.2.3

天神的儿子

【关联】

①［W1133.1.2］天神的儿子造天

②［W1386.7.1.1］天神的儿子补天

实　例

哈尼族 天神之子侯波与地神之女娜隆。

【流传】 云南省

【出处】《侯波与娜隆》，见《中国各民族宗教与神话大词典》编审委员会编《中国各民族宗教与神话大词典》，北京：学苑出版社1990年版，第169页。

W0202.2.3.1

天神有1个儿子

实　例

（实例待考）

W0202.2.3.2

天神有2个儿子

实　例

（实例待考）

W0202.2.3.3

天神有3个儿子

实　例

彝族 格兹是天上最大的神，有3个儿子。

【流传】 云南省·（昆明市）·石林彝族自治县·圭山乡·海宜村

【出处】 黄志发讲：《洪水和人类起源神话》，见李德君采录《彝族撒尼人民间文学作品采集实录》，中央民族大学出版社2009年版，第499页。

W0202.2.3.3.1

天神的3个儿子是勇士

实　例

蒙古族 汗·霍尔穆兹达天神的三位儿子是：长子扎沙莫尔根勇士，次子布赫毕力格图勇士，幼子哈布图格日勒勇士。

【流传】（无考）

【出处】拉·胡日查巴特尔著，A. 图门译，苏鲁格校订：《哈腾根十三家神祭祀》（蒙文版），内蒙古文化出版社1986年版，第59~63页，见吕大吉、何耀华总主编《中国各民族原始宗教资料集成》（鄂伦春族卷、鄂温克族卷、赫哲族卷、达斡尔族卷、锡伯族卷、满族卷、蒙古族卷、藏族卷），北京：中国社会科学出版社1999年版，第631页。

W0202. 2. 3. 4

天神有4个儿子

实　例

（实例待考）

W0202. 2. 3. 5

天神有5个儿子

【关联】［W0054. 2. 1. 1］天神格兹把5个金果变成5个儿子

实　例

彝族 （参见“W0054. 2. 1. 1 天神格兹把5个金果变成5个儿子”母题实例）

W0202. 2. 3. 6

天神有6个儿子

实　例

藏族 天神自天空降世。在天空降神之处上面，有天父六君之子，三兄三弟，连同墀顿祉共为七人。

【流传】（无考）

【出处】王尧、陈践译注：《敦煌本吐蕃历史文书——赞普世系表》，民族出版社1980年版，见吕大吉、何耀华总主编《中国各民族原始宗教资料集成》（鄂伦春族卷、鄂温克族卷、赫哲族卷、达斡尔族卷、锡伯族卷、满族卷、蒙古族卷、藏族卷），北京：中国社会科学出版社1999年版，第801页。

W0202. 2. 3. 7

天神有7个儿子

实　例

（实例待考）

W0202. 2. 3. 8

天神有8个儿子

实　例

（实例待考）

W0202. 2. 3. 9

天神有9个儿子

实　例

（参见下级母题实例）

W0202. 2. 3. 9. 1

天神的9个儿子是9个金果变的

实　例

彝族 格兹天神放到人间的9个金果变成9个儿子，让其中的5个来造天。

【流传】云南省·（楚雄彝族自治州）·姚安（姚安县）、大姚（大姚县）、永仁（永仁县）等

【出处】*《格兹天神创世》，见扬继中、芮增瑞、左玉堂编《楚雄彝族文学简史》，北京：中国民间文艺出版社1986年版，第44~45页。

W0202.2.3.10

天神有10个儿子

实 例

（实例待考）

W0202.2.3.11

天神有众多儿子

实 例

（实例待考）

W0202.2.3.12

天神的儿子是生殖器

实 例

门巴族 天神旺秋钦布有个儿子，只有生殖器，没有身子。

【流传】西藏自治区·（林芝市）·墨脱县·加热沙区

【出处】伊西平措讲，于乃昌等整理：《房脊神》，见《门巴族民间故事》：http://www.tibet - web.com/old/minjian/ync/gushi/mulu.htm，2003.10.02。

W0202.2.3.13

天神的儿子有所作为

【关联】［W0476.1.0.1］天神的儿子是家畜守护神

实 例

哈尼族 天神的小儿子摩米然里是家畜守护神。

【流传】云南省·（红河哈尼族彝族自治州）·元阳（元阳县）、红河（红河县）、金平（金平苗族瑶族傣族自治县），采集于元阳县攀枝花区洞铺寨

【出处】朱小和讲，史军超搜集整理：《动植物的家谱》（1982），原载云南省民间文学集成办公室编《哈尼族神话传说集成》，中国民间文艺出版社1990年版，见姚宝瑄主编《中国各民族神话》（哈尼族、傣族），太原：山西出版传媒集团·书海出版社2014年版，第142页。

W0202.2.3.14

神的儿子在人间

实 例

藏族 木里纳普虽然是天上的神仙，但却有两个儿子在人间，一个叫利庐科烦，一个叫从恩利恩。

【流传】（四川省·凉山彝族自治州·木里藏族自治县）

【出处】英扎茨里讲述，刘龙初整理：

《从恩利恩》，原载四川省民间文学集成办公室编《中国民间故事集成·木里藏族自治县卷》，1989年，见吕大吉、何耀华总主编《中国各民族原始宗教资料集成》（鄂伦春族卷、鄂温克族卷、赫哲族卷、达斡尔族卷、锡伯族卷、满族卷、蒙古族卷、藏族卷），北京：中国社会科学出版社1999年版，第940页。

W0202. 2. 4

天神的女儿（天女）

【关联】

①［W0093. 3. 1. 1］天神的女儿泥巴当口粮

②［W0218. 4］9个天女

③［W0275. 1. 1］太阳神是天神的女儿

④［W0545. 1. 1］稻谷神是天神的女儿

实 例

（参见下级母题实例）

W0202. 2. 4. 1

天神的女儿的产生

实 例

（参见下级母题实例）

W0202. 2. 4. 1. 1

天神生女儿

实 例

（实例待考）

W0202. 2. 4. 1. 2

天神把银果变成女儿

实 例

彝族 格兹天神要造地时，用4个银果变成4个女儿。

【流传】（云南省·楚雄彝族自治州·姚安县·官屯乡·马游村，大姚县·昙华乡等）

【出处】

（a）郭天元（马游村）、李申呼颇（昙华乡）、李福玉颇（苴）演唱，郭思九、许明学、龚维顺、张宝省、陈志群、胡炳文等搜集，刘德虎、龚维顺、陈志群、李树荣、郭天元等整理：《梅葛》（第一部"创世"），见云南省民族民间文学楚雄调查队《梅葛》（1959），昆明：云南人民出版社2009年版。

（b）《打虎开天辟地》，蔷紫据云南省民族民间文学楚雄调查队著《梅葛》（云南人民出版社2009年版）改写，见姚宝瑄主编《中国各民族神话》（羌族、彝族），太原：山西出版传媒集团·书海出版社2014年版，第190页。

W0202. 2. 4. 2

天神的女儿的特征

实 例

（参见下级母题实例）

W0202.2.4.2.1

天神的独眼女儿

【关联】

①［W0075.6.1］独眼神

②［W0155.4.1］神母的独眼女儿

实　例

独龙族 猛朋天神的两个侄女中一个是独眼姑娘。

【流传】云南省·（怒江傈僳族自治州）·贡山（贡山独龙族怒族自治县）·独龙江两岸

【出处】约翰讲，陶学良、陶立璠搜集整理：《坛嘎朋》，见谷德明编《中国少数民族神话》，北京：中国民间文艺出版社1987年版，第523页。

W0202.2.4.2.1.1

天神莫朋有一个独眼的女儿叫墨美更

实　例

独龙族 天神莫朋有一个妻子，名叫莎朋，有一个独眼的女儿，名叫墨美更。

【流传】云南省怒江独龙族地区

【出处】

（a）以利亚讲，祝发清、左玉堂搜集翻译整理：《聪明勇敢的朋更朋》，载《山茶》1984年第4期。

（b）以羽（疑为“利”）亚讲，祝发清翻译整理：《人类始神朋更朋》，斯林选自《山茶》，见姚宝瑄主编《中国各民族神话》（水族、布朗族、独龙族、基诺族、傈僳族），太原：山西出版传媒集团·书海出版社2014年版，第119页。

W0202.2.4.3

天神的女儿的数量

实　例

（参见下级母题实例）

W0202.2.4.3.1

天神有1个女儿

实　例

（实例待考）

W0202.2.4.3.2

天神有2个女儿

实　例

（参见下级母题实例）

W0202.2.4.3.2.1

俄玛天神生下玛白和烟姒2个女儿

实　例

哈尼族 俄玛天神是人的第一代祖先，先生下玛白和烟姒两个女儿。

【流传】（无考）

【出处】《神和人的谱系》，见《中国各民族宗教与神话大词典》编审委员会编《中国各民族宗教与神话大词典》，北京：学苑出版社1990年版，第

170 页。

W0202. 2. 4. 3. 3 天神有个 3 女儿

实 例

满族 天神阿布卡恩都里有三个沙里甘居（姑娘，女儿）。

【流传】（无考）

【出处】

（a）孙玉清讲，王惠立搜集整理：《白云格格》，见乌丙安等编《满族民间故事选》，上海：上海文艺出版社 1983 年版，第 9～14 页。

（b）同（a），见姚宝瑄主编《中国各民族神话》（满族、赫哲族、朝鲜族），太原：山西出版传媒集团·书海出版社 2014 年版，第 45～49 页。

彝族 天神恩体古家三个女儿。

【流传】（无考）

【出处】

（a）阿鲁斯基搜集整理：《举木惹牛》，见谷德明编《中国少数民族神话选》，西北民族学院研究所编印，内部资料，1983 年。

（b）阿鲁斯基搜集整理：《举木惹牛娶天女》，见姚宝瑄主编《中国各民族神话》（羌族、彝族），太原：山西出版传媒集团·书海出版社 2014 年版，第 121 页。

W0202. 2. 4. 3. 3. 1 天神阿梯古日有 3 个女儿

实 例

彝族 天神阿梯古日有三个女儿。

【流传】云南省·（丽江市）·宁蒗县（宁蒗彝族自治县）；四川省小凉山地区（四川省西南部凉山彝族自治州东部）

【出处】马海乌犁、阿力自清、民哈讲，杞家望、陈列、梁佩珍搜集记录，李子贤整理：《开天辟地史》（1962），原载李子贤编《云南少数民族神话选》，云南人民出版社 1990 年版，见姚宝瑄主编《中国各民族神话》（羌族、彝族），太原：山西出版传媒集团·书海出版社 2014 年版，第 208 页。

W0202. 2. 4. 3. 3. 2 天神阿布卡恩都力有太阳格格、月亮格格和白云格格 3 个女儿

实 例

满族 阿布卡恩都力（天神）有三个姑娘：太阳格格、月亮格格和白云格格。

【流传】黑龙江沿岸，黑龙江省·（黑河市）·孙吴县、瑷珲县（爱辉区）

【出处】赵瞎子、富郭氏等讲，育光搜集整理：《白云格格》，原载育光编《七彩神火》，见陶阳、钟秀编《中国神话》（中），北京：商务印书馆

2008 年版，第 763～767 页。

W0202.2.4.3.4

天神有个 4 女儿

实 例

彝族 格兹天神要造地时，丢下 4 个银果，那 4 个银果变成 4 个姑娘。

【流传】（云南省·楚雄彝族自治州·姚安县·官屯乡·马游村，大姚县·昙华乡等）

【出处】

（a）郭天元（马游村）、李申呼颇（昙华乡）、李福玉颇（苴）演唱、郭思九、许明学、龚维顺、张宝省、陈志群、胡炳文等搜集，刘德虎、龚维顺、陈志群、李树荣、郭天元等整理：《梅葛》（第一部“创世”），见云南省民族民间文学楚雄调查队《梅葛》（1959），昆明：云南人民出版社 2009 年版。

（b）《打虎开天辟地》，蔷紫据云南省民族民间文学楚雄调查队著《梅葛》（云南人民出版社 2009 年版）改写，见姚宝瑄主编《中国各民族神话》（羌族、彝族），太原：山西出版传媒集团·书海出版社 2014 年版，第 189 页。

W0202.2.4.3.5

天神有个 5 女儿

实 例

（实例待考）

W0202.2.4.3.6

天神有个 6 女儿

实 例

（实例待考）

W0202.2.4.3.7

天神有个 7 女儿

实 例

彝族 格兹天神放到人间的 7 个银果变成 7 个女儿。

【流传】 云南省·（楚雄彝族自治州）·姚安（姚安县）、大姚（大姚县）、永仁（永仁县）等

【出处】 *《格兹天神创世》，见扬继中、芮增瑞、左玉堂编《楚雄彝族文学简史》，北京：中国民间文艺出版社 1986 年版，第 44～45 页。

W0202.2.4.3.7.1

天神格兹苦把 7 个银果变成 7 个女儿

实 例

彝族 昔天神格兹苦以银果七变为七女。

【流传】（无考）

【出处】《天神格兹苦》（原名《云南彝族史诗·梅葛》），原载毛星主编《中国少数民族文学》（下册），见袁珂《中国神话大词典》，北京：华夏出版社 2015 年版，第 430 页。

W0202. 2. 4. 3. 8

天神有 8 个女儿

实 例

（实例待考）

W0202. 2. 4. 3. 9

天神有 9 个女儿

实 例

（实例待考）

W0202. 2. 4. 3. 10

天神有 10 个女儿

实 例

（实例待考）

W0202. 2. 4. 3. 11

天神有其他数量的女儿

实 例

（实例待考）

W0202. 2. 4. 3. 11. 1

天神有 12 个女儿

实 例

哈尼族 粮种由天神的十二个女儿保管着。

【流传】 云南省·（红河哈尼族彝族自治州）·元阳县

【出处】 朱小和讲，李永万翻译，红芒、芳芳整理：《玛麦的传说》，原载《哈尼族民间故事》编辑组编《哈尼族民间故事》，见陶阳、钟秀编《中国神话》（下），北京：商务印书馆 2008 年版，第 1478 ~ 1482 页。

W0202. 2. 4. 3. 12

天神有众多女儿

实 例

（实例待考）

W0202. 2. 4. 3. 13

特定名称的天神的女儿

【关联】 ［W0225. 1］特定名称的天女（天女的名称）

实 例

（参见下级母题实例）

W0202. 2. 4. 3. 13. 1

天神的小女儿稻谷仙姑

实 例

哈尼族 稻谷仙姑是天神的小女儿。

【流传】 云南省·（红河哈尼族彝族自治州）·元阳县

【出处】 朱小和讲，李永万翻译，红芒、芳芳整理：《玛麦的传说》，原载《哈尼族民间故事》编辑组编《哈尼族民间故事》，见陶阳、钟秀编《中国神话》（下），北京：商务印书馆 2008 年版，第 1478 ~ 1482 页。

W0202.2.4.3.13.2

天父阿普的大姑娘叫波白命，小姑娘叫波吉命

实 例

纳西族 天父阿普有两个天女，大姑娘叫波白命，小姑娘叫波吉命。

【流传】云南省·（丽江市）·丽江县（古城区、玉龙纳西族自治县）

【出处】木丽春采集整理：《斗本的来历》（注斗本，即祛灾仪式），见木丽春编著《纳西族民间故事集》，昆明：云南人民出版社2007年版，第253页。

W0202.2.4.3.13.3

天神的女儿各有其名

实 例

彝族 格滋天神让他的七个女儿中的四个来造地。这四个女儿一个叫扎则，一个叫戳则，一个叫慈则，一个叫勤则。

【流传】云南省·楚雄彝族自治州·姚安县、大姚县等彝族地区

【出处】《创世·开天辟地》，见云南省民族民间文学楚雄调查队整理编写《梅葛》，昆明：云南人民出版社2009年版，第2页。

W0202.2.5

与天神的子女有关的其他母题

实 例

（参见下级母题实例）

W0202.2.5.1

天神的儿女住地上

【关联】［W0095］神的居所

实 例

纳西族 （实例待考）

W0202.3

天神的兄弟

【关联】［W0234.2.1］地神的哥哥是天神

实 例

（参见下级母题实例）

W0202.3.1

天神是人的弟弟

实 例

珞巴族 （实例待考）

W0202.3.2

天神的弟弟是神匠

实 例

彝族 “更”（天神“更资”）的母亲蒲依为更生的弟弟德布阿尔，虽没有上天入地的本事，而且身瘦力弱，但却非常聪明，是个很有发明创造本事的匠人。

【流传】云南省·（楚雄彝族自治州）·永仁县

【出处】

（a）曲木阿石等讲，罗有能整理：《更资天神》，见云南省楚雄州文教局、云南省楚雄州民委会编《楚雄民间文学资料》，内部资料，1979 年。
（b）同（a），见姚宝瑄主编《中国各民族神话》（羌族、彝族），太原：山西出版传媒集团·书海出版社 2014 年版，第 182 页。

W0202. 3. 3
天神与人的祖先是兄弟

【关联】［W1175. 13. 2］天神三兄弟造地

实 例

（参见下级母题实例）

W0202. 3. 3. 1
黄帝和蚩尤是天神的兄弟

实 例

苗族 天神莎劝西方来的咪多（小伙）和东方的咪彩（姑娘）结婚时说："黄帝和蚩尤都是我的兄弟，你们都是天神的子孙，过去相争是错误，今后再也不能记仇积怨，应该和睦相处。"

【流传】 云南省

【出处】
（a）石青、刘本荣搜集整理：《白葫芦花》，见李子贤编《云南少数民族神话选》，昆明：云南人民出版社 1990 年版。
（b）同（a），见姚宝瑄主编《中国各民族神话》（布依族、仡佬族、苗族），太原：山西出版传媒集团·书海出版社 2014 年版，第 254 页。

W0202. 4
天神的从属

实 例

（参见下级母题实例）

W0202. 4. 1
天神的侍从

【关联】［W0665. 8. 1］巨人是天神的侍从

实 例

（参见下级母题实例）

W0202. 4. 1. 1
天神的侍女

实 例

（参见下级母题实例）

W0202. 4. 1. 1. 1
天神的侍女扎深木

实 例

珞巴族 扎深木是天神的侍女。

【流传】（西藏自治区）

【出处】 于乃昌搜集：《扎深木》，见姚宝瑄主编《中国各民族神话》（门巴族、珞巴族、怒族、藏族），太原：山西出版传媒集团·书海出版社 2014 年版，第 25 页。

门巴族 天神的侍女扎深木。

【流传】西藏自治区

【出处】

(a) 过伟：《中国女神之特色的理论思考》，载《广西民族研究》2000 年第 1 期。

(b)《三兄弟和扎深木》，见《门巴族民俗简志》，http://www.tibetology.ac.cn。

W0202.4.1.1.1.1

天神的侍女扎深木化身猴子

实　例

珞巴族 天神的侍女扎深木下凡后，善于变换形体和模样，最后变成一只美丽的猴子。

【流传】（西藏自治区）

【出处】于乃昌搜集：《扎深木》，见姚宝瑄主编《中国各民族神话》（门巴族、珞巴族、怒族、藏族），太原：山西出版传媒集团·书海出版社 2014 年版，第 25 页。

门巴族 天神的侍女扎深木降临下界，善于变换形体和模样，最后变成一只美丽的猴子。

【流传】（无考）

【出处】《扎深木》，见《中国各民族宗教与神话大词典》编审委员会编《中国各民族宗教与神话大词典》，北京：学苑出版社 1990 年版，第 421 页。

W0202.4.1.1.1.2

天神的侍女扎深木奉旨下凡

实　例

珞巴族 天神的侍女扎深木听从天神旨意，降临下界。

【流传】（西藏自治区）

【出处】于乃昌搜集：《扎深木》，见姚宝瑄主编《中国各民族神话》（门巴族、珞巴族、怒族、藏族），太原：山西出版传媒集团·书海出版社 2014 年版，第 25 页。

W0202.4.1.1.2

天神女侍从勒顿妈妈

实　例

满族 勒顿妈妈（天神女侍从、女萨满）敲了第四声神鼓，才点起了红色的太阳火。

【流传】（无考）

【出处】王宏刚：《论萨满教创世神话中的文化精神》，载《萨满学术论坛》2006 年第 1 期。

W0202.4.1.2

特定天神的侍女

实　例

（参见下级母题实例）

W0202.4.1.2.1

特定天神有许多侍女

实　例

满族 阿布卡赫赫（女天神）的第三个身边侍女叫奥朵西，意为小姑娘。

【流传】黑龙江省·（黑河市）·孙吴县

【出处】关锁之的父亲讲，富希陆搜集：《女战神奥朵西玛玛》（1939），见吕大吉、何耀华总主编《中国各民族原始宗教资料集成》（鄂伦春族卷、鄂温克族卷、赫哲族卷、达斡尔族卷、锡伯族卷、满族卷、蒙古族卷、藏族卷），北京：中国社会科学出版社1999年版，第484页。

满族 天神阿布卡赫赫天神身边有许多侍女神。

【流传】（无考）

【出处】《阿布卡赫赫女神创世》，王松根据富育光、孟慧英、王宏刚撰写的《满族宗教与神话》改写，见姚宝瑄主编《中国各民族神话》（满族、赫哲族、朝鲜族），太原：山西出版传媒集团、书海出版社2014年版，第4～14页。

W0202. 4. 1. 2. 1. 1

女天神阿布卡赫赫三个贴身侍女是大侍女喜鹊，二侍女刺猬，三侍女奥朵西

实 例

满族 天神阿布卡赫赫有三位贴身侍女，大侍女喜鹊，二侍女刺猬，三侍女奥朵西（意为小姑娘）。

【流传】（无考）

【出处】《奥朵西》，见姚宝瑄主编《中国各民族神话》（满族、赫哲族、朝鲜族）之《〈天宫大战〉的其他版本》，太原：山西出版传媒集团·书海出版社2014年版，第38～39页。

W0202. 4. 1. 3

天神的侍从神鹊

实 例

满族 宇宙初开时，神鹊为阿布卡赫赫（天母，即后来的天神阿布卡恩都里）的侍女。

【流传】（无考）

【出处】《天宫大战》，见富育光《满族灵禽崇拜祭俗与神话探考》，《富育光民俗文化论集》，长春：吉林大学出版社2005年版。

W0202. 4. 1. 4

天神的侍从大雁

实 例

彝族 以大雁为领头的是善于远飞的鸟群，它们是更（即天神“更资”）的随从和护卫。

【流传】云南省·（楚雄彝族自治州）·永仁县

【出处】

（a）曲木阿石等讲，罗有能整理：《更资天神》，见云南省楚雄州文教局、云南省楚雄州民委会编《楚雄民间文学资料》，内部资料，1979年。

（b）同（a），见姚宝瑄主编《中国各民族神话》（羌族、彝族），太原：山西出版传媒集团·书海出版社2014年版，第184页。

W0202.4.1.5
天神随从众多

实 例

朝鲜族 天帝的儿子解慕漱巡视下界时，一百多个随从骑着仙鹤，吹着洞箫，从天而降。他们白天下界巡视，夜晚返回天宫。

【流传】长白山等地

【出处】金德顺讲，裴永镇记录整理：《东明王的传说》，原载《金德顺故事集》，见陶阳、钟秀编《中国神话》（中），北京：商务印书馆2008年版，第886~897页。

W0202.4.3
天神的部下

实 例

（参见下级母题实例）

W0202.4.3.1
天神为降妖发展萨满

实 例

满族 因为恶魔的灵魂不死，天神阿不凯恩都哩就派大弟子和三弟子到人间收徒弟，教给他们降妖驱邪的法术，人间就有了各户族的萨满。

【流传】黑龙江省·（牡丹江市）·宁安县·宁安镇

【出处】关振川讲，傅英仁采录：《阿不凯恩都哩创世》，见中国民间文学集成全国编辑委员会编《中国民间故事集成》（黑龙江卷），北京：中国ISBN中心2005年版，第17~18页。

W0202.4.3.2
神有众多部下

实 例

（参见下级母题实例）

W0202.4.3.2.1
汗·霍尔穆兹达天神有33位勇士，3百位先锋，3千位侍从

实 例

蒙古族 汗·霍尔穆兹达天神有三十三位勇士，三百位先锋，三千位侍从。

【流传】（无考）

【出处】拉·胡日查巴特尔著，A.图门译，苏鲁格校订：《哈腾根十三家神祭祀》（蒙文版），内蒙古文化出版社1986年版，第59~63页，见吕大吉、何耀华总主编《中国各民族原始宗教资料集成》（鄂伦春族卷、鄂温克族卷、赫哲族卷、达斡尔族卷、锡伯族卷、满族卷、蒙古族卷、藏族卷），北京：中国社会科学出版社1999年版，第631页。

W0202.4.4
天神的使者

实 例

拉祜族 洪水时天神派使者找葫芦。

【流传】云南省·（玉溪市）·元江县（元江哈尼族彝族傣族自治县）

【出处】尚正兴搜集：《一娘养九子》，见中华民族故事大系编委会编《中华民族故事大系》第 8 卷（畲族、高山族、拉祜族），上海：上海文艺出版社 1995 年版，第 697 页。

W0202. 4. 4. 1

天神的信使

实 例

（参见下级母题实例）

W0202. 4. 4. 1. 1

天神的信使乌鸦

实 例

黎族 天神派乌鸦向天帝报信。

【流传】

（a）海南省·（三亚市）·保亭县（保亭黎族苗族自治县）·保城镇。

（b c）海南省五指山区

【出处】

（a）王老黎讲，王国全采录：《三个民族同一源》，见中国民间文学集成全国编辑委员会编《中国民间故事集成》（海南卷），北京：中国 ISBN 中心 2002 年版，第 9 页。

（b）王国全搜集整理：《南瓜的故事》，见谷德明编《中国少数民族神话》，北京：中国民间文艺出版社 1987 年版，第 196 页。

（c）同（b），见陶阳、钟秀编《中国神话》（上），北京：商务印书馆 2008 年版，第 374 页。

W0202. 4. 4. 2

天神的使者有特定身份

实 例

（参见下级母题实例）

W0202. 4. 4. 2. 1

天神叭英的使者是掌管全动人灵魂的死神

实 例

傣族 叭英（天王、天神）的使者，是掌管全动人灵魂的死神。

【流传】云南省·西双版纳（西双版纳傣族自治州）

【出处】陈贵培整理：《画神多兰嘎》，原载贾芝、孙剑冰编《中国民间故事选》，见陶阳、钟秀编《中国神话》（下），北京：商务印书馆 2008 年版，第 1086～1088 页。

W0202. 4. 5

天神的传令官

实 例

（参见下级母题实例）

W0202. 4. 5. 1

牛是天神传令官

实 例

满族 （实例待考）

W0202.4.6
天神下面的佛

【关联】［W0787.5.3.1］佛听从天神

实 例

（参见下级母题实例）

W0202.4.6.1
腾格里下面有着几千万尊布尔汗佛

实 例

蒙古族 宇宙生出了99尊腾格里，腾格里下面有着几千万尊布尔汗佛。

【流传】（无考）

【出处】《天地之形成》，陈岗龙译自［日本］中田千亩编《蒙古神话》，东京郁文社，昭和十六年（1941）。

W0202.4.7
天神的门徒

实 例

（参见下级母题实例）

W0202.4.7.1
天神阿布卡恩都里的弟子长白圣母

实 例

满族 长白山（称“长白圣母”、“长白山主”、“长白老神”、“白山老祖”等），是天神阿布卡恩都里的弟子。

【流传】（无考）

【出处】罗绮：《满族神话的民族特点》，载《满族研究》1993年第1期。

W0202.4a
天神的上司（天神的求助者）

实 例

（参见下级母题实例）

W0202.4a.1
天神拜佛祖

实 例

傣族 以帕雅英为首的天神一起跪在佛祖脚下。

【流传】云南省·（西双版纳傣族自治州）·景洪（景洪市）

【出处】《谷魂奶奶》，见岩香《傣族民间故事》，昆明：云南出版集团2009年版，第26页。

W0202.4a.1.1
帕雅英为首的天神为救百姓跪拜佛祖求助

实 例

傣族 帕雅英为首的天神看到人间发生了巨大的灾难，惨不忍睹。他们一起去跪在佛祖的脚下，请求赐给人类食粮。

【流传】（云南省）

【出处】

(a) 崔亚兰整理：《谷魂奶奶》，见傅光宇编《傣族民间故事选》，上海：上海文艺出版社1985年版。

(b) 同 (a)，见姚宝瑄主编《中国各民族神话》（哈尼族、傣族），太原：山西出版传媒集团·书海出版社2014年版，第346～347页。

W0202.5

天神的助手

实 例

（参见下级母题实例）

W0202.5.0

天神助手的产生

实 例

（参见下级母题实例）

W0202.5.0.1

天神造助手

实 例

拉祜族 扎多、娜多一对天神，扎多搓下手汗，娜多搓下脚汗，要造几个帮手，来帮造天造地。

【流传】（无考）

【出处】《牡帕密帕》（创世纪），见娜朵主编《拉祜族民间文学集》，昆明：云南人民出版社1996年版。

W0202.5.1

动物是天神的助手

实 例

（参见下级母题实例）

W0202.5.1.1

乌鸦是天神的助手

实 例

黎族 （参见"W0202.4.4.1.1 天神的信使乌鸦"母题实例）

蒙古族 （实例待考）

W0202.5.1.2

狗是天神的助手

实 例

（参见下级母题实例）

W0202.5.1.2.1

天神厄莎的助手是狗

实 例

拉祜族 狗是天神厄莎的助手。

【流传】云南省

【出处】《谷子的来源》，见中国社会科学院云南少数民族文学研究所等编《云南少数民族文学资料》（第1辑），内部编印，1980年，第190页。

W0202.5.2

神性人物是天神的助手

实 例

（实例待考）

W0202.5.3

人物是天神的助手

实 例

（实例待考）

W0202.5.4

特定名称的天神的助手

实 例

（参见下级母题实例）

W0202.5.4.1

天王家的助手阿格叶库

实 例

彝族 阿格叶库（天王家的助手）。

【流传】四川省·（雅安市）·石棉县·栗子坪彝族乡

【出处】安占云讲，罗向如翻译采录：《洪水漫天地》，见中国民间文学集成全国编辑委员会编《中国民间故事集成》（四川卷），北京：中国 ISBN 中心 1998 年版，第 763 页。

W0202.6

天神的玩伴

实 例

（参见下级母题实例）

W0202.6.1

特定动物是天神的玩伴

实 例

（参见下级母题实例）

W0202.6.1.1

狼是腾格里的宠物

实 例

哈萨克族 狼是腾格里的宠物。

【流传】（无考）

【出处】木塔里甫：《阐述哈萨克神话与神奇故事》，载《新疆民族文学研究》1985 年第 2 期。

W0202.7

天神的朋友

实 例

（实例待考）

W0202.8

天神的仇敌

实 例

（实例待考）

W0202.9

天神的监督者

实 例

（参见下级母题实例）

W0202.9.1

巫师监督着天神

实 例

傈僳族 偌山上住着一个尼帕（巫师，

又兼创世神），监督着天神和万物。

【流传】云南省·（大理白族自治州）·鹤庆县·朵美（朵美乡）

【出处】唐三妹讲，鹤庆县集成办公室采录：《山神岩桑》，见中国民间文学集成全国编辑委员会编《中国民间故事集成》（云南卷），北京：中国ISBN中心2003年版，第364页。

W0202.10

与天神的关系有关的其他母题

实 例

（实例待考）

※W0203

特定的天神

实 例

（参见下级母题实例）

W0203.1

宇宙神

【关联】［W1504.9.1］宇宙神造万物

实 例

柯尔克孜族 火神被宇宙神打得落荒而逃。

【流传】新疆维吾尔自治区·柯尔克孜地区（克孜勒苏柯尔克孜自治州）

【出处】《火神》，斯丝根据多里昆·吐尔地、阿地力·朱玛吐尔地撰写的《柯尔克孜族宗教与神话》改写，见姚宝瑄主编《中国各民族神话》（乌孜别克族、哈萨克族、柯尔克孜族、俄罗斯族、维吾尔族、塔吉克族、塔塔尔族、锡伯族），太原：山西出版传媒集团·书海出版社2014年版，第146页。

W0203.1.1

宇宙神的产生

实 例

（实例待考）

W0203.1.2

宇宙神的特征（宇宙神的身份，宇宙神的职能）

实 例

（参见下级母题实例）

W0203.1.2.1

宇宙神是3位创世女神

实 例

满族 那姓满族的宇宙大神为一椭圆形桦皮盒，内装三创世女神木制神偶。

【流传】吉林省·（延边朝鲜族自治州）·珲春地区（珲春市）

【出处】

（a）富育光、孟慧英：《满族萨满教研究》，北京：北京大学出版社1991年版，第120～122页。

（b）《神偶的主要分布地域》，见吕大吉、何耀华总主编《中国各民族原始宗教资料集成》（鄂伦春族卷、鄂温克族卷、赫哲族卷、达斡尔族卷、锡伯族卷、满族卷、蒙古族卷、藏族卷)，北京：中国社会科学出版社1999年版，第489～490页。

W0203.1.2.2

宇宙神偶守护宇宙安宁

实 例

满族 宇宙神偶守护宇宙安宁，保佑风调雨顺、物丰人盛。

【流传】吉林省·(延边朝鲜族自治州)·珲春地区(珲春市)

【出处】

(a) 富育光、孟慧英：《满族萨满教研究》，北京：北京大学出版社1991年版，第123～126页。

(b)《神偶的功能》，见吕大吉、何耀华总主编《中国各民族原始宗教资料集成》(鄂伦春族卷、鄂温克族卷、赫哲族卷、达斡尔族卷、锡伯族卷、满族卷、蒙古族卷、藏族卷)，北京：中国社会科学出版社1999年版，第492页。

W0203.1.3

特定名称的宇宙神

实 例

(参见下级母题实例)

W0203.1.3.1

三公主是宇宙之神

实 例

畲族 三公主是宇宙之神。

【流传】浙江省·丽水(丽水市)

【出处】唐宗龙等整理：《火神和烟神的传说》，见中华民族故事大系编委会编《中华民族故事大系》第8卷(畲族、高山族、拉祜族)，上海：上海文艺出版社1995年版，第41页。

W0203.1.4

与宇宙神有关的其他母题

【关联】[W0535.11.1.2.1] 水龙神木克木都力恩都里是最古的宇宙大神之一

实 例

(参见下级母题实例)

W0203.1.4.1

宇宙神的儿子

实 例

(参见下级母题实例)

W0203.1.4.1.1

宇宙大神的儿子帕雅英造太阳

实 例

布朗族 宇宙大神的儿子帕雅英造太阳。

【流传】云南省·西双版纳(西双版纳傣族自治州)·勐海县

【出处】《帕雅英与十二瓦席》，见云南省民族事务委员会编《布朗族文化大观》，昆明：云南民族出版社1999年版，第173页。

W0203. 2

火星天神

实 例

（参见下级母题实例）

W0203. 2. 1

火星天神化作赤龙

实 例

汉族 火星天神奉了玉帝之命化作一条赤龙，由红云扶绕，离开天庭，来到中原大地上空。

【流传】河南省·（郑州市）·新密市

【出处】刘文学采录整理：《三帝下凡》，见张振犁编著，孟宪明、朱淑君统纂《中原神话通鉴》（第二卷），郑州：河南大学出版社 2017 年版，第 484 页。

W0203. 3

不同方位的天神

【关联】

①［W0251. 6. 1］东方的天神

②［W0252. 6. 1］西方的天神

③［W0253. 6. 1］南方天神

④［W0254. 6. 1］北方天神

实 例

阿昌族 遮帕麻（男始祖名，被奉为“天公”）把东南西北四个方位的天造好了，就派龙鹤早牻做东边的天神，派腊帤早列做南边的天神，派孛劭早牻做西边的天神。

【流传】（云南省）

【出处】赵安贤讲，智克整理：《遮帕麻与遮米麻》，见姚宝瑄主编《中国各民族神话》（佤族、阿昌族、纳西族、普米族、德昂族），太原：山西出版传媒集团·书海出版社 2014 年版，第 75 页。

W0203. 3. 1

蒙古族崇拜的 13 尊天神为：东方腾格里、西方腾格里、南方腾格里、北方的三尊腾格里，西南、西北、东南、东北各一尊腾格里，上、中、下各一尊腾格里

实 例

蒙古族 蒙古族崇拜的 13 尊天神为：东方腾格里、西方腾格里、南方腾格里、北方的三尊腾格里，西南、西北、东南、东北各一尊腾格里，上、中、下各一尊腾格里，共 13 尊腾格里。

【流传】（无考）

【出处】拉·胡日查巴特尔著，A. 图门译，苏鲁格校订：《哈腾根十三家神祭祀》（蒙文版），内蒙古文化出版社 1986 年版，第 37 ~ 39 页，见吕大吉、何耀华总主编《中国各民族原始宗教资料集成》（鄂伦春族卷、鄂温克族卷、赫哲族卷、达斡尔族卷、锡伯族卷、满族卷、蒙古族卷、藏族卷），

北京：中国社会科学出版社 1999 年版，第 633 页。

W0203.4 特定地方的天神

实 例

（参见下级母题实例）

W0203.4.1 槐江山天神

实 例

汉族 槐江之山，有天神焉，其状如牛，而八足二首马尾，其音如勃皇，见则其邑有兵。

【流传】（无考）

【出处】［战国至汉］撰者不详：《山海经·西次三经》。

W0203.5 大力天神

实 例

傈僳族 天神木布帕力气很大，一个人能抬几架大山重的东西。

【流传】 云南省·（怒江傈僳族自治州）·碧江县（1986 年撤销县制，归入福贡县等）、泸水县

【出处】

（a）《木布帕捏地球》（原题为《天·地·人的形成》），原载祝发清、左玉堂、尚仲豪编《傈僳族民间故事选》，上海文艺出版社 1985 年版。

（b）同（a），见姚宝瑄主编《中国各民族神话》（水族、布朗族、独龙族、基诺族、傈僳族），太原：山西出版传媒集团·书海出版社 2014 年版，第 187 页。

W0203.6 大黑天神

实 例

（参见下级母题实例）

W0203.6.1 天神身脸全部变黑，因曰大黑天神

实 例

白族 玉皇大帝不喜世间人类，派天神下地散布瘟疫，欲将人类殄灭无遗。天神领此酷旨，下至人间，不忍以瘟疫荼害其民，又无以复帝命，就揭开瘟疫瓶口，吞下所有瘟疫符咒，因此天神身脸全部变黑，因曰大黑天神。

【流传】（云南省）

【出处】《大黑天神》，见袁珂《中国神话大词典》，北京：华夏出版社 2015 年版，第 22 页。

W0203.6.2 春秋祭大黑天神

实 例

白族、汉族 姚安府祠庙曰土主庙，其

神曰大黑天神，土人春秋祀之。

【流传】（无考）

【出处】［明］兰茂：《云南通志》卷九。

W0203.7

脏天神

实 例

（参见下级母题实例）

W0203.7.1

脏腾格里

实 例

（参见下级母题实例）

W0203.7.1.1

脏腾格里能弄脏任何宗教崇拜的对象

实 例

蒙古族（布里亚特） 脏腾格里（脏天神）能弄脏任何宗教崇拜的对象。

【流传】（无考）

【出处】［苏联］И.А.曼日格耶夫著，宋长宏译，佟德富校：《布里亚特萨满教和前萨满教辞典》（俄文版），莫斯科：科学出版社1978年版，第30页，见吕大吉、何耀华总主编《中国各民族原始宗教资料集成》（鄂伦春族卷、鄂温克族卷、赫哲族卷、达斡尔族卷、锡伯族卷、满族卷、蒙古族卷、藏族卷），北京：中国社会科学出版社1999年版，第627页。

W0204

天帝[①]（天王，天皇，天君）

实 例

汉族 虎求百兽而食之，得狐。狐曰："子无敢食我也。天帝使我长百兽，今子食我，是逆天帝命也。"

【流传】（无考）

【出处】［西汉］刘向：《战国策·楚策一》。

黎族 天神派乌鸦向天帝报信。

【流传】

（a）海南省·（三亚市）·保亭县（保亭黎族苗族自治县）·保城镇。

（bc）海南省五指山区

【出处】

（a）王老黎讲，王国全采录：《三个民族同一源》，见中国民间文学集成全国编辑委员会编《中国民间故事集成》（海南卷），北京：中国ISBN中

---

① 天帝，关于"天帝"，无论是神话文本、民间叙事，还是带有宗教信仰性质的教义中，都是一个非常复杂容易混淆的概念，在不同的语境中有很大差异。因此，"天帝"与"天王"、"天皇"、"皇天"、"上帝"、"帝"、"老天爷"、"上天"等，有时在神话叙事中可以视为同质的概念。如在一些古典文献特别是儒教经典中，常与"天帝"相提并论的是"上帝"或称"帝"、"皇天上帝"，《尚书·召诰》有"皇天上帝改厥元子兹大国殷之命"的说法，《论语·尧曰》中说"敢诏告于皇皇后帝"，《尚书·尧典》曾云"肆类于上帝，禋于六宗"等。为保持该母题的原态，具体表述时保留了原文本的说法。具体情况参见《中国神话人物母题数据索引》。

心2002年版，第9页。
(b) 王国全搜集整理：《南瓜的故事》，见谷德明编《中国少数民族神话》，北京：中国民间文艺出版社1987年版，第196页。
(c) 同（b），见陶阳、钟秀编《中国神话》（上），北京：商务印书馆2008年版，第374页。

W0204.1
生育天帝

实 例

（参见下级母题实例）

W0204.1.1
天帝是东方最高神的儿子

实 例

蒙古族 （参见“W0204.11b.1.2 天帝是东方最高神特日昆查干的长子”母题实例）

W0204.1.2
始祖生天王

实 例

侗族 （参见“W0204.4.1.1 古老和盘古生天王12兄弟”母题实例）

W0204.1.3
莲蕊生天皇

实 例

汉族 昔龙汉初劫，有周上御国紫光夫人于上春日，游玩至温玉池边，方脱衣澡盥，忽感莲蕊九苞，一开发，化生九子，夫人护抱鞠养宫中，志愿性成圣哲，佐辅乾坤，诸子洎壮冠乃各修，园地功行俱满，白昼冲天，并受得三清贵职矣！天皇大帝，长子也。

【流传】（无考）

【出处】［宋］陈伀：《太上说玄天大圣真武本传神咒妙经》引《北斗本生经》。

W0204.2
卵生天帝

实 例

（参见下级母题实例）

W0204.2.1
石球生天帝

实 例

侗族 天皇从石球中崩出来。

【流传】（无考）

【出处】陆嘉玉：《试析秦廷锡侗族民歌中的古代神话传说故事》，见《黎平县政协文史资料》第3集，内部编印，2008年。

W0204.3
感生天帝

实 例

（参见下级母题实例）

W0204. 3. 1

紫光夫人洗浴时感生天皇大帝

实 例

汉族 一个古国的紫光夫人洗澡时有感，生天皇大帝。

【流传】（无考）

【出处】 撰人不祥：《北斗本生经》。

W0204. 3. 2

处女感生天王

实 例

（参见下级母题实例）

W0204. 3. 2. 1

处女感生 3 个天王

实 例

苗族 （参见“W0204. 13. 1. 4 白帝天王”母题实例）

W0204. 3. 3

女子感气生天皇

实 例

（参见下级母题实例）

W0204. 3. 3. 1

太元圣母感气生天皇

实 例

汉族 元始君下游见之，乃与通气结精，招还上宫。元始君经一劫，乃一施太元母，生天皇十三头。

【流传】（无考）

【出处】［东晋］葛洪：《枕中书》。

W0204. 4

婚生天帝

【关联】［W0031］婚生神

实 例

（参见下级母题实例）

W0204. 4. 1

古老和盘古生天王

实 例

（参见下级母题实例）

W0204. 4. 1. 1

古老和盘古生天王 12 兄弟

实 例

侗族 古老和盘古生天王 12 兄弟。

【流传】（无考）

【出处】《古老和盘古》，见燕宝、张晓编《贵州神话传说》，贵阳：贵州人民出版社 1997 年版，第 3 页。

侗族 古老和盘古（人的始祖）生天王十二兄弟。

【流传】 贵州省·（黔东南苗族侗族自治州）·从江县·高增公社（高增乡）

【出处】 梁普安等讲，龙玉成采录：《古老和盘古》，见中国民间文学集成全国编辑委员会编《中国民间故事集成》（贵州卷），北京：中国 ISBN 中心 2003 年，第 4 页。

W0204.4.2
人与月亮婚生天王

【关联】［W7503］人与月亮婚

实 例

（参见下级母题实例）

W0204.4.2.1
后生六六与月亮公主成婚生天王

实 例

布依族 后生六六与月亮公主成婚生子天王。

【流传】 贵州省·黔南（黔南布依族苗族自治州）·平塘县

【出处】《天王石》，转引自谷因：《祭祀大禹：布依族“六月六”节探源》，载《贵州民族学院学报》1996 年第 6 期。

W0204.5
与天帝的产生有关的其他母题

实 例

（参见下级母题实例）

W0204.5.1
特定人物变成天帝

实 例

（参见下级母题实例）

W0204.5.1.1
人成为天帝

实 例

（参见下级母题实例）

W0204.5.1.1.1
人把有功的恩人被尊为天帝

实 例

鄂温克族 猎人巴特尔桑至小人国。见小人国被天鹅欺负，乃助其击败天鹅。小人国德之，视之为贝德鲁。贝德鲁者，天帝之意也。

【流传】（无考）

【出处】 袁珂改编：《巴特尔桑》（原名《不怕磨难的巴特尔桑》），原载《民间文学》1981 年第 11 期，见袁珂《中国神话大词典》，北京：华夏出版社 2015 年版，第 581 页。

W0204.5.2
动物化生天帝

实 例

（参见下级母题实例）

W0204.5.2.1
蛇的肢体化生天王

实 例

汉族 （实例待考）

W0204.5.2.2
天上的龙成为老天爷

实 例

汉族 九重天上孵龙蛋的老龙变成了人，就是以后的老天爷。

【流传】河南省·（南阳市·桐柏县·二郎山乡）

【出处】刘太举、姚义亮讲述，马卉欣录音整理：《盘古出世》，原载马卉欣编著《盘古之神》，见陶阳、钟秀编《中国神话》（上），北京：商务印书馆2008年版，第11～12页。

W0204.5.3
有德者被视为天帝

实 例

（参见下级母题实例）

W0204.5.3.1
猎人巴特尔桑救小人于水火被视为天帝

实 例

鄂温克族 巴特尔桑（猎人名）逃亡途中，至小人国。因拯救小人于水火，小人国德之，视之为贝德鲁。贝德鲁者，天帝之意也。

【流传】（无考）

【出处】袁珂改编：《巴特尔桑》（原名《不怕磨难的巴特尔桑》），原载《民间文学》1981年第11期，见袁珂《中国神话大词典》，北京：华夏出版社2015年版，第581页。

W0204.5.4
为管理特定的神产生天帝

实 例

（参见下级母题实例）

W0204.5.4.1
三皇为掌管天上所有事情造出天帝

实 例

汉族 “三皇”决定找一个掌管天上所有事情的天帝，去管束乱兴风雨的风姨、雨妹。

【流传】山东·（泰安市）·宁阳（宁阳县）；辽宁省·沈阳市·（苏家屯区·红菱堡镇·宋大台村）

【出处】赵连才讲，赵风芹记录整理：《玉皇大帝的传说》，见姚宝瑄主编《中国各民族神话》（汉族），太原：山西出版传媒集团·书海出版社2014年版，第339～344页。

W0204.5.5
分封天帝

【关联】［W0058.1］封神

实 例

（参见下级母题实例）

W0204.5.5.1

黄帝让侄孙少昊做西方的天帝，命曾孙颛顼做了北方的天帝

实 例

汉族 黄帝命他的侄孙少昊做了西方的天帝，命他的曾孙颛顼做了北方的天帝。

【流传】（无考）

【出处】袁珂重述：《宇宙的最高统治者——黄帝》，原载袁珂《神话故事新编》，见陶阳、钟秀编《中国神话》（中），北京：商务印书馆 2008 年版，第 805～807 页。

W0204.6

天帝的特征

实 例

（参见下级母题实例）

W0204.6.1

天帝的性别

实 例

（实例待考）

W0204.6.2

天帝的外貌

实 例

（参见下级母题实例）

W0204.6.2.1

天王是庞然大物

实 例

维吾尔族 上天有个庞然大物，人们都把他称作“天王”。

【流传】（无考）

【出处】

（a）《天王》，见满都呼主编《中国阿尔泰语系诸民族神话故事》，北京：民族出版社 1997 年版，第 34 页。

（b）凯赛尔·库尔班译：《天王》，载《源泉》（维吾尔文）1995 年第 1 期。

W0204.6.2.2

天皇有 13 个头

实 例

汉族 天皇“扶桑大帝东王公”有 13 个头。

【流传】（无考）

【出处】《道教的三清尊神》，见王德恒等《造神史话》，天津：百花文艺出版社 2002 年版，第 72 页。

汉族 天地初立，有天皇氏十三头，澹泊无所施为，而俗自化。

【流传】（无考）

【出处】［唐］司马贞：《三皇本纪》。

汉族 频斯国有大枫木成林，有树高六七十里，树东有大石室，可容万人坐。壁上刻为三皇之像：天皇十三头，地皇十一头，人皇九头，皆

龙身。

【流传】（无考）

【出处】［晋］王嘉：《拾遗记》卷九。

W0204. 6. 2. 3

天皇氏 12 个头

实 例

汉族 天地初立，有天皇氏十二头，澹泊无所施为，而俗自化。

【流传】（无考）

【出处】［唐］司马贞：《史记·补三皇本纪》。

W0204. 6. 2. 4

天皇龙身

【关联】

①［W0237. 2. 4］地皇龙身

②［W0316. 2］雷神人头龙身（雷神龙身人头）

③［W0434. 2. 2. 4］人皇龙身

④［W0677. 3a］伏羲人头龙身

⑤［W0722. 2. 1. 0a］盘古人首龙身

实 例

汉族 天皇十三头，龙身。

【流传】（无考）

【出处】［晋］王嘉：《拾遗记》卷九。

W0204. 6. 3

天帝的性格

实 例

（参见下级母题实例）

W0204. 6. 3. 1

天帝性格慈善

实 例

（实例待考）

W0204. 6. 3. 2

天帝性格恶毒

实 例

汉族 龟子因为治住天下的洪水，被天帝处死了。

【流传】湖北省·（黄冈市）·麻城市·白果镇·望花山村

【出处】戴昌荣讲，郑重建采录：《龟母吞日》，见中国民间文学集成全国编辑委员会编《中国民间故事集成》（湖北卷），北京：中国 ISBN 中心 1999 年版，第 19 页。

W0204. 6. 3. 3

天帝胆子小（懦弱的天帝）

实 例

蒙古族 天帝听了神鸟对他偏信奸臣谗言的指责，非常害怕，战战兢兢地答应改正过失。

【流传】新疆维吾尔自治区·伊犁哈萨克自治州

【出处】阿不都拉搜集翻译，姚宝瑄整理：《长翅膀的神马》，见姚宝瑄主编《中国各民族神话》（达斡尔族、鄂伦春族、鄂温克族、蒙古族），太原：

山西出版传媒集团·书海出版社 2014 年版，第 222 页。

W0204.6.3.4

天帝不善良（黑心的天帝）

实 例

蒙古族 天帝和大臣都黑了心肝，白马把心都掏给他们了，他们也不发兵下凡降妖。

【流传】新疆维吾尔自治区·伊犁哈萨克自治州

【出处】阿不都拉搜集翻译，姚宝瑄整理：《长翅膀的神马》，见姚宝瑄主编《中国各民族神话》（达斡尔族、鄂伦春族、鄂温克族、蒙古族），太原：山西出版传媒集团·书海出版社 2014 年版，第 221 页。

W0204.6.3.5

天帝小肚鸡肠（嫉妒的天帝）

实 例

汉族 很久以前，女娲补天治水为人类造了福，人们都很崇敬、信赖女娲，遇事便请女娲保佑，这使天帝非常恼火。

【流传】淮河流域

【出处】常山讲：《鲧王治水》，原载茆文斗搜集整理《河蚌姑娘》，见姚宝瑄主编《中国各民族神话》（汉族），太原：山西出版传媒集团·书海出版社 2014 年版，第 100～106 页。

汉族 很久以前，女娲补天治水为人类造了福，人们都很崇敬、信赖女娲。因为人们遇事就请女娲保佑，天帝非常恼火。

【流传】淮河流域

【出处】常山讲述：《鲧王治水》，原载茆文斗搜集整理《河蚌姑娘》，见陶阳、钟秀编《中国神话》（上），北京：商务印书馆 2008 年版，第 412～418 页。

W0204.9

天帝的职能（天帝的能力）

【关联】

①［W1238.2］天帝布四维

②［W1782.1］天王造天河

实 例

（参见下级母题实例）

W0204.9.1

天王管世上一切

实 例

维吾尔族 世上的一切事情都由天王做主。

【流传】（无考）

【出处】

（a）《天王》，见满都呼主编《中国阿尔泰语系诸民族神话故事》，北京：民族出版社 1997 年版，第 34 页。

（b）凯赛尔·库尔班译：《天王》，载《源泉》（维吾尔文）1995 年第 1 期。

W0204.9.2

天王管风雨雷电

【关联】［W0201.4.2］天神管风雨雷电

实 例

布朗族 天王管风雨雷电。

【流传】云南省·（西双版纳傣族自治州）·勐海（勐海县）

【出处】康朗三等讲，艾扬整理：《帕雅戈的传说》，见中华民族故事大系编委会编《中华民族故事大系》第12卷（布朗族、撒拉族、毛南族），上海：上海文艺出版社1995年版，第66页。

W0204.9.3

天帝是最高审判

实 例

彝族 （实例待考）

W0204.9.4

不称职的天帝

实 例

汉族 （实例待考）

W0204.9.4.1

天帝天天吃喝玩乐不管凡间事

实 例

布依族 天帝天天吃喝玩乐，根本不管凡间的事。

【流传】贵州省·（黔南布依族苗族自治州）·惠水（惠水县）

【出处】罗玉林等讲，汛河采录：《当万和蓉莲》，见中国民间文学集成全国编辑委员会编《中国民间故事集成》（贵州卷），北京：中国ISBN中心2003年，第16页。

W0204.9.5

天帝会变化（天帝的变形）

实 例

（参见下级母题实例）

W0204.9.5.1

天帝变牛

实 例

（参见下级母题实例）

W0204.9.5.1.1

天帝变巨大的青牛

实 例

柯尔克孜族 天帝变成了一头巨大的青牛。

【流传】（无考）

【出处】张彦平摘译：《火神》，见满都呼主编《中国阿尔泰语系诸民族神话故事》，北京：民族出版社1997年版，第80页。

W0204.9.5.2

老天爷幻化成一个白发老乞婆

实 例

汉族 老天爷幻化成一个白发苍苍的老乞婆。

【流传】天津市·河东区

【出处】高振环讲，王维刚采录：《黄狗替人求粮》，见中国民间文学集成全国编辑委员会编《中国民间故事集成》（天津卷），北京：中国 ISBN 中心 2004 年版，第 8 页。

W0204.9.6

天帝的化身

实　例

（参见下级母题实例）

W0204.9.6.1

保牧乐是天帝的化身

实　例

蒙古族 保牧乐成为天帝的化身，蒙古人把它奉为最古老的尊神。

【流传】（无考）

【出处】

(a) 色道尔吉翻译：《保牧乐》，见满都呼主编《中国阿尔泰语系诸民族神话故事》，北京：民族出版社 1997 年版，第 164 页。

(b)《保牧乐》，见色道尔吉等《蒙古族历代文学作品选》，呼和浩特：内蒙古人民出版社 1982 年版。

W0204.9.7

天帝感知民情

实　例

（参见下级母题实例）

W0204.9.7.1

地上的人点燃檀香树天帝就知道地上有事

【关联】［W0984a.1.1.2］在田间点燃香树、香草召唤管农业的神灵和大地的神祇

实　例

汉族 檀香树是天帝从地下上天时留下的一根拐杖变成的，地上的人要是有啥子急事，只要点燃它，天帝就晓得。

【流传】四川省·（成都市）·金堂县

【出处】蒋婆婆讲，黄在双记录，黄安春整理：《太阳和月亮的传说》，见姚宝瑄主编《中国各民族神话》（汉族），太原：山西出版传媒集团·书海出版社 2014 年版，第 196～198 页。

W0204.9.8

天帝能掐会算

【关联】［W0067a.0.1］女神能掐会算

实　例

汉族 天帝掐指一算，知道是鲧偷了息壤，堵住了洪水。

【流传】淮河流域

【出处】常山讲：《鲧王治水》，原载茆文斗搜集整理《河蚌姑娘》，见姚宝瑄主编《中国各民族神话》（汉族），太原：山西出版传媒集团·书海出版社 2014 年版，第 100～106 页。

W0204.11

天帝的身份

实 例

（参见下级母题实例）

W0204.11.1

天皇是创世神

实 例

毛南族 天皇是创世神。

【流传】广西壮族自治区

【出处】中国各民族宗教与神话大词典编审委员会编《中国各民族宗教与神话大词典》，北京：学苑出版社 1990 年版，第 417 页。

W0204.11.2

天皇是第三代神

实 例

（参见下级母题实例）

W0204.11.2.1

天皇是继“昆屯”、“汉王”后的第三代神

实 例

毛南族 天皇是继“昆屯”、“汉王”后的第三代神。

【流传】（无考）

【出处】《天皇》，见《中国各民族宗教与神话大词典》编审委员会编《中国各民族宗教与神话大词典》，北京：学苑出版社 1990 年版，第 417 页。

W0204.11.3

天帝是龙

实 例

（参见下级母题实例）

W0204.11.3.1

天帝是黄龙

实 例

汉族 天帝是条黄龙。

【流传】河南省·（周口市）·淮阳县

【出处】《龙酒的传说》，见张振犁编著《中原神话通鉴》（第一卷），郑州：河南大学出版社 2017 年版，第 227 页。

W0204.11.4

天皇是玉皇大帝的属神

实 例

（参见下级母题实例）

W0204.11.4.1

天皇是玉皇大帝的护法神

实 例

（参见下级母题实例）

W0204.11.4.1.1

护法神天皇分管日、月、星、辰

实 例

汉族 天皇是玉皇大帝跟前的护法神，分管日、月、星、辰。

【流传】河南省·（郑州市）·新密市·（平陌镇·龙泉村）

【出处】魏洪基（58岁，农民，小学）讲，高力升采录整理：《黄帝拜三皇》，见张振犁编著，孟宪明、朱淑君统纂《中原神话通鉴》（第二卷），郑州：河南大学出版社2017年版，第686页。

W0204.11.5

天皇氏三皇之首

【关联】

① ［W0681.1.2.1］伏羲是三皇之首

② ［W0695.2.1.2］炎黄的先祖是三皇

实 例

汉族等 天皇氏，上古三皇之首。

【流传】（无考）

【出处】《三皇》，见乌丙安主编《中国民间神谱》，沈阳：辽宁人民出版社2007年版，第50页。

W0204.11.6

天帝是万神之主

实 例

汉族 天帝是万神之主。

【流传】淮河流域

【出处】常山讲：《鲧王治水》，原载茆文斗搜集整理《河蚌姑娘》，见姚宝瑄主编《中国各民族神话》（汉族），太原：山西出版传媒集团·书海出版社2014年版，第100～106页。

汉族 天帝是万神之主。

【流传】淮河流域

【出处】常山讲述：《鲧王治水》，原载茆文斗搜集整理《河蚌姑娘》，见陶阳、钟秀编《中国神话》（上），北京：商务印书馆2008年版，第412～418页。

W0204.11a

天帝的生活

实 例

（参见下级母题实例）

W0204.11a.1

天帝的服饰

实 例

（参见下级母题实例）

W0204.11a.1.1

天帝戴顶帽子嵌银花，帽上银花有九层

实 例

苗族 （参见“W0204.13.1.5 天上老帝王”母题实例）

W0204.11a.2

天帝的食物

实 例

（实例待考）

W0204. 11a. 3
天帝的居所

【关联】［W0198］天神的居所

实 例

（参见下级母题实例）

W0204. 11a. 3. 1
天帝居第 5 层天上

实 例

布依族 天帝住在第五层天上。

【流传】贵州省

【出处】

（a）《十二层天·十二层海》，见《布依族古歌叙事歌选》，贵阳：贵州人民出版社 1982 年版。

（b）同（a），见何积全、陈立浩主编《布依族文学史》，贵阳：贵州民族出版社 1992 年版，第 42 页。

W0204. 11a. 3. 2
天皇居上界

实 例

畲族 最早的世上没有人。上界的天皇就派两个阴阳神到凡间传人种。

【流传】福建省·（宁德市）·福鼎（福鼎市）

【出处】李圣回讲，蓝清盛采录：《人·肤色·语言》，原载《中国民间故事集成·福建卷·闽东畲族故事》，宁德地区民间文学集成编委会 1990 年编印，见《福建省少数民族古籍丛书》编委会编《畲族卷·民间故事》，福州：海峡出版发行集团·海峡书局 2013 年版，第 21 页。

W0204. 11a. 3. 3
天皇居紫微

实 例

汉族 观百化于神区，觐天皇于紫微。

【流传】（无考）

【出处】［西晋］陆机：《列仙赋》。

W0204. 11a. 3. 3. 1
天帝居清都紫微

实 例

汉族 “造旬始而观清都。”洪兴祖补注：“《列子·周穆王》云‘清都紫微，钧天广乐，帝之所居。’”

【流传】（无考）

【出处】［战国］屈原：《楚辞·远游》洪兴祖补注。

W0204. 11a. 3. 3. 2
太一居紫宫

实 例

汉族 紫宫者，太一之居也。

【流传】（无考）

【出处】《淮南子·天文训》，见［汉］刘安等著，陈广忠译注《淮南子译注》，长春：吉林文史出版社 1990 年版，第 115 页。

W0204.11a.3.4

天帝居下都

实 例

（参见下级母题实例）

W0204.11a.3.4.1

天帝的下都在昆仑之丘

实 例

汉族 昆仑之丘，实惟帝之下都。

【流传】（无考）

【出处】

（a）［战国至汉］撰者不详：《山海经·西次三经》。

（b）《下都》，见袁珂《中国神话大词典》，北京：华夏出版社 2015 年版，第 13 页。

W0204.11a.3.5

天帝居昆仑山

实 例

汉族 昆仑之丘，或上倍之，是谓凉风之山，登之而不死；或上倍之，是谓悬圃，登之乃灵，能使风雨；或上倍之，乃维上天，登之乃神，是谓太帝（即天帝）之居。

【流传】（无考）

【出处】

（a）［西汉］淮南王刘安及门客：《淮南子·地形训》。

（b）《天梯》，见袁珂《中国神话大词典》，北京：华夏出版社 2015 年版，第 56 页。

W0204.11a.3.5.1

天帝的行宫在昆仑山

实 例

汉族 西方昆仑山上有一所天帝的行宫。

【流传】淮河流域

【出处】常山讲：《鲧王治水》，原载茆文斗搜集整理《河蚌姑娘》，见姚宝瑄主编《中国各民族神话》（汉族），太原：山西出版传媒集团·书海出版社 2014 年版，第 100～106 页。

W0204.11a.4

天帝的出行（天帝的坐骑）

实 例

（参见下级母题实例）

W0204.11a.4.1

天帝的坐骑

实 例

（参见下级母题实例）

W0204.11a.4.1.1

天帝骑马

实 例

蒙古族 天帝的坐骑是马。

【流传】（无考）

【出处】
(a) 色道尔吉翻译：《保牧乐》，见满都呼主编《中国阿尔泰语系诸民族神话故事》，北京：民族出版社 1997 年版，第 164 页。
(b) 《保牧乐》，见色道尔吉等《蒙古族历代文学作品选》，呼和浩特：内蒙古人民出版社 1982 年版。

W0204. 11a. 4. 1. 2
天帝骑牛

实 例

蒙古族 天帝的坐骑是一只牛。

【流传】（无考）

【出处】色道尔吉翻译：《保牧乐》，见色道尔吉等《蒙古族历代文学作品选》，呼和浩特：内蒙古人民出版社 1982 年版。

W0204. 11a. 4. 1. 3
天帝乘车

实 例

（参见下级母题实例）

W0204. 11a. 4. 1. 3. 1
天帝太子乘坐着五龙车

实 例

朝鲜族 天帝太子从天上下来时，乘坐着五龙车，随从骑白鹄，驾彩云。

【流传】（无考）

【出处】《天王郎和柳花》，见谷德明编《中国少数民族神话》，北京：中国民间文艺出版社 1987 年版，第 26 ~ 29 页。

W0204. 11a. 5
天帝的用品

实 例

（参见下级母题实例）

W0204. 11a. 5. 1
天帝的牛

实 例

蒙古族 郝布拉特偷了天帝的牛，用牛皮和牛骨做成保牧乐神。

【流传】（无考）

【出处】色道尔吉翻译：《保牧乐》，见色道尔吉等《蒙古族历代文学作品选》，呼和浩特：内蒙古人民出版社 1982 年版。

W0204. 11b
天帝的关系

实 例

（参见下级母题实例）

W0204. 11b. 1
天帝的亲属（天王的亲属）

实 例

（参见下级母题实例）

W0204.11b.1.1

天帝庶子桓雄

实 例

朝鲜族 天帝庶子桓雄与得女身的熊结婚生檀君王俭，檀君后来成了山神。

【流传】（无考）

【出处】 金净伊译：《檀君神话》，见《朝鲜古典文学选集（1）——古代传说传记选》，北京：民族出版社1988年版。

W0204.11b.1.2

天帝是东方最高神特日昆查干的长子

实 例

蒙古族 天帝荷尔穆斯塔是东方最高神特日昆查干的长子。

【流传】（无考）

【出处】 赵永铣：《蒙古族创世神话与萨满教九十九天说探新》引［日］中田千亩《蒙古神话》，载《内蒙古社会科学》1989年第4期。

W0204.11b.1.3

天帝的太子（天帝的儿子）

实 例

朝鲜族 天帝太子从天上下来。

【流传】（无考）

【出处】《天王郎和柳花》，见谷德明编《中国少数民族神话》，北京：中国民间文艺出版社1987年版，第26～29页。

W0204.11b.1.3.1

天帝派儿子解慕漱下界巡视

实 例

朝鲜族 有一年，天帝派他的儿子解慕漱下界巡视。

【流传】 长白山等地

【出处】 金德顺讲，裴永镇记录整理：《东明王的传说》，原载《金德顺故事集》，见陶阳、钟秀编《中国神话》（中），北京：商务印书馆2008年版，第886～897页。

朝鲜族 天帝派他的儿子解慕漱下界巡视。

【流传】（无考）

【出处】

（a）金德顺讲，裴永镇整理：《朱蒙》，见《朝鲜族民间故事讲述家金德顺故事集》，上海：上海文艺出版社1983年版。

（b）同（a），见姚宝瑄主编《中国各民族神话》（满族、赫哲族、朝鲜族），太原：山西出版传媒集团·书海出版社2014年版，第170～181页。

W0204.11b.1.4

天帝与七仙女是兄妹

实 例

蒙古族 西王母有一个儿子、七个女儿，儿子就是天帝，七个女儿就是人们常说的七个仙女。

【流传】（无考）

【出处】姚宝瑄、巴音巴图翻译，阿·太白搜集整理：《博格达山的传说》，见姚宝瑄主编《中国各民族神话》（达斡尔族、鄂伦春族、鄂温克族、蒙古族），太原：山西出版传媒集团·书海出版社 2014 年版，第 165 页。

W0204. 11b. 1. 5
天帝的孙子

实 例

（参见下级母题实例）

W0204. 11b. 1. 5. 1
天帝有 10 个顽皮的太阳孙子

实 例

汉族 从前，天上共有十个太阳，他们都是天帝顽皮的孙子。

【流传】河南省·南阳市［采录地点：南阳县·新店乡·贾庄村·人边庄］

【出处】潘富荣（71 岁）讲，李风云采录：《后羿射日（二）》（1989. 12），见张振犁编著，孟宪明、朱淑君统纂《中原神话通鉴》（第三卷），郑州：河南大学出版社 2017 年版，第 863 页。

W0204. 11b. 1. 6
天王有 3 个儿子

实 例

哈尼族 天王的三个儿子醒了，打开了天门。

【流传】（云南省）

【出处】刘辉豪、白章富搜集整理，昌文根据古梅改写的《奥色密色》中的一节改写：《塔婆、模米生儿女》，见姚宝瑄主编《中国各民族神话》（哈尼族、傣族），太原：山西出版传媒集团·书海出版社 2014 年版，第 69 页。

W0204. 11b. 1. 7
天帝的妻子

【关联】［W0142. 5. 2a. 1］天王地母

实 例

德昂族 （参见“W0142. 5. 2a. 1 天王地母”母题实例）

W0204. 11b. 1. 8
天皇兄弟 12 人

实 例

汉族 天地初立，有天皇氏十二头，澹泊无所施为，而俗自化。木德王，岁起摄提，兄弟十二人，立各一万八千岁。

【流传】（无考）

【出处】《天皇》，见袁珂《中国神话大词典》，北京：华夏出版社 2015 年版，第页。

W0204.11b.1.9
天皇兄弟 13 人

实 例

汉族 天皇氏十三头，澹泊无所施为，而俗自化。木德王，岁起摄提，兄弟十三人，立各一万八千岁。

【流传】（无考）

【出处】［唐］司马贞：《三皇本纪》。

W0204.11b.1.10
天帝的女儿

实 例

（参见下级母题实例）

W0204.11b.1.10.1
天帝有 9 个女儿

实 例

汉族 天帝的九个女儿腾云驾雾，游历名山大川，走到龙都龙井上空。

【流传】河南省·（周口市）·淮阳县

【出处】《龙酒的传说》，见张振犁编著《中原神话通鉴》（第一卷），郑州：河南大学出版社 2017 年版，第 227 页。

W0204.11b.1.10.2
老天爷有 9 个女儿

实 例

（参见下级母题实例）

W0204.11b.1.10.2.1
老天爷的九个女儿，是九天仙女

实 例

汉族 很久以前，有一位美丽聪明的小姑娘，她是天帝的小女儿。

【流传】江苏省·常州市

【出处】蒋寿元讲，冯爱娟记录整理：《太阳和月亮的来历》（1988.05），见姚宝瑄主编《中国各民族神话》（汉族），太原：山西出版传媒集团·书海出版社 2014 年版，第 179～180 页。

汉族 凡人张玉皇当上了天帝，成了现在的老天爷。他的九个女儿，就是九天仙女。

【流传】山东·（泰安市）·宁阳（宁阳县）；辽宁省·沈阳市·（苏家屯区·红菱堡镇·宋大台村）

【出处】赵连才讲，赵凤芹记录整理：《玉皇大帝的传说》，见姚宝瑄主编《中国各民族神话》（汉族），太原：山西出版传媒集团·书海出版社 2014 年版，第 339～344 页。

W0204.11b.1.10.3
天帝的小女儿

实 例

（参见下级母题实例）

W0204.11b.1.10.3.1
天帝的小女儿美丽聪明

实 例

汉族 （参见“W0204. 11b. 1. 10. 2. 1 老天爷的九个女儿，是九天仙女”母题实例）

W0204. 11b. 1. 11
天帝的子女

实 例

（参见下级母题实例）

W0204. 11b. 1. 11. 1
天帝的一对儿女

实 例

汉族 天帝有一双儿女，很淘气。

【流传】四川省·（成都市）·金堂县

【出处】蒋婆婆讲，黄在双记录，黄安春整理：《太阳和月亮的传说》，见姚宝瑄主编《中国各民族神话》（汉族），太原：山西出版传媒集团·书海出版社 2014 年版，第 196 ~ 198 页。

W0204. 11b. 2
天王的从属

实 例

（参见下级母题实例）

W0204. 11b. 2. 1
天王的谋士

实 例

（参见下级母题实例）

W0204. 11b. 2. 1. 1
太阳仙子是天王的谋士

实 例

京族 太阳仙子是天王的谋士。

【流传】广西壮族自治区·防城（防城港市）·（东兴市·江平镇）·京族三岛（万尾、巫头、山心三岛）

【出处】苏锡权等讲，符达升整理：《太阳与月亮》，见曹廷伟编著《广西民间故事辞典》，南宁：广西教育出版社 1993 年版，第 3 页。

W0204. 11b. 2. 2
天帝的辅佐是五帝

【关联】［W0730a. 3. 5. 1］五帝佐太一

实 例

汉族 天神贵者太一，太一佐曰五帝，古者天子以春秋祭太一东南郊。

【流传】（无考）

【出处】［西汉］司马迁：《史记·封禅书》。

W0204. 11b. 2. 3
天帝的使者

实 例

（参见下级母题实例）

W0204. 11b. 2. 3. 1
动物是天帝的使者

实 例

（参见下级母题实例）

W0204.11b.2.3.1.1

天帝的使者白马、白鸡

实 例

朝鲜族 白马、白鸡都是以天帝的使者出现。

【流传】（无考）

【出处】 乌丙安：《中韩白马白鸡神话——〈汉江缘〉神话篇文摘》，见 http：//www.chinesefolklore.org.cn/blog，2010.06.12。

W0204.11b.2.4

天帝的侍从

实 例

（参见下级母题实例）

W0204.11b.2.4.1

天帝侍从宫娥彩女

实 例

汉族 一阵黄风刮来，天帝在宫娥彩女的簇拥下，驾着彩云来到长青树下落驾了。

【流传】 河南省·（周口市）·淮阳县

【出处】 李国争（男，63岁，农民）讲，杨复俊采录：《龙衣》（1983.02.01），见张振犁编著《中原神话通鉴》（第一卷），郑州：河南大学出版社2017年版，第231页。

W0204.12

天帝的数量（天王的数量）

【关联】［W0193］天神的数量

实 例

（参见下级母题实例）

W0204.12.0

四大天王

【关联】

①［W0193.4.1］四大天神

②［W0199.6.1］四大天王巡查宇宙

实 例

汉族、藏族 四大天王，又称护世四天王，是佛教的护法天神，俗称“四大金刚”。四大天王为二十诸天中的四位天神。

【流传】（无考）

【出处】 百度百科：https：//baike.baidu.com/item。

W0204.12.0.1

四大天王俗称四大金刚

【关联】

①［W0193.4.1］四大天神

②［W0794.1.1］四大金刚

实 例

（实例待考）

W0204. 12. 0. 2

四大天王又称护世四天王（四大天王又称四天王）

实 例

民族无考 四大天王又称"四天王"、"护世四天王"，是佛教的著名天神。

【流传】（无考）

【出处】《四大天王》，见乌丙安主编《中国民间神谱》，沈阳：辽宁人民出版社2007年版，第331页。

W0204. 12. 0. 3

四大天王又称"风调雨顺"

实 例

民族无考 四大天王也称为"风调雨顺"。南方增长天王持剑，司风；东方持国天王拿琵琶，司调；北方多闻天王执伞，司雨；西方广目天王持蛇，司顺。

【流传】（无考）

【出处】《四大天王》，见乌丙安主编《中国民间神谱》，沈阳：辽宁人民出版社2007年版，第331页。

W0204. 12. 0. 4

四大天王为二十诸天中的四位天神

实 例

汉族、藏族 （实例待考）

W0204. 12. 1

12个天王

实 例

（参见下级母题实例）

W0204. 12. 1. 1

天王12个兄弟

【关联】［W0204. 4. 1. 1］古老和盘古生天王12兄弟

实 例

侗族 古老和盘古生出天王12兄弟。

【流传】贵州省·（黔东南苗族侗族自治州）·黎平县·岩洞镇·四洲萨老街

【出处】吴良修讲：《古老和盘古》，王宪昭采集，2009. 08. 21。

W0204. 12. 2

33个天王

实 例

汉族 （实例待考）

W0204. 13

与天帝有关的其他母题（与天王有关的其他母题）

【关联】

①［W0681. 1. 2］伏羲是天皇

②［W0693. 2］轩辕是天帝后妃的居处

实 例

（参见下级母题实例）

W0204.13.1
特定名称的天帝（天帝的名字）

【关联】

①［W0206.3.2］天帝又称天公

②［W0728.3.6］盘古号“元始天王”

③［W0740.2.1］太皞是天帝

④［W0744a.3］炎帝是天帝

实　例

（参见下级母题实例）

W0204.13.1.1
天帝又称泰一（天帝又称太一）

【关联】［W0208.20.1］天神太一

实　例

汉族　（实例待考）

W0204.13.1.1a
天皇大帝又称太一

实　例

汉族　天皇大帝，亦曰太一。

【流传】（无考）

【出处】［北宋］李昉、李穆、徐铉等：《太平御览》卷二引《五经通义》。

W0204.13.1.2
天帝荷尔穆斯塔

实　例

蒙古族　（参见“W0204.11b.1.2 天帝是东方最高神特日昆查干的长子”母题实例）

W0204.13.1.3
天上的皇帝古火

实　例

彝族　天上换了一个叫“古火”的皇帝，掌管9个地方。

【流传】（无考）

【出处】马海乌利讲：《开天辟地的故事》，见刘魁立主编《玉皇大帝的传说》，北京：中国社会出版社2008年版，第58页。

W0204.13.1.4
白帝天王

实　例

苗族　一个处女感梦生3子。因3个男孩是经骑白马、穿白袍、白发白须的上天老者的指点，从天上来的穿白袍的白发妇人的怀中取出的三个雪白肥胖的婴孩，认为是上天来的白孩子变的，故称三王为白帝天王。

【流传】（湖南省·湘西土家族苗族自治州一带）

【出处】

（a）石宗仁整理：《白帝天王》，见《中国各民族宗教与神话大词典》编审委员会编《中国各民族宗教与神话大词典》，北京：学苑出版社1990年版。

（b）同（a），见姚宝瑄主编《中国各民族神话》（布依族、仡佬族、苗族），太原：山西出版传媒集团·书海出版社 2014 年版，第 318 页。

W0204. 13. 1. 4. 1
白帝天王是远祖廪君死后化身的白虎神

实 例

土家族 （参见“W0768. 7. 5. 1 廪君死后化身白虎神”母题实例）

W0204. 13. 1. 5
天上老帝王

实 例

苗族 有个天上老帝王，天上帝王心明亮，戴顶帽子嵌银花，帽上银花有九层，银帽须须往下垂，他从天上走下来。

【流传】原文无流传地，据文本及注释推测该神话流传于贵州省·黔东南苗族侗族自治州·凯里市、台江县等地。

【出处】潘正昌唱，张海平搜集：《浩劫复生·洪水滔天》，见贵州省少数民族古籍整理出版规划小组办公室编，燕宝整理译注《苗族古歌》，贵阳：贵州民族出版社 1993 年版，第 539 ~ 540 页。

W0204. 13. 1a
特定名称的天王

实 例

（参见下级母题实例）

W0204. 13. 1a. 1
托塔李天王

实 例

汉族 玉帝听说人间糟蹋粮食，龙颜大怒。令托塔李天王，派天兵天将下界捋掉五谷杂粮所有之穗。

【流传】河南省·（南阳市）·西峡县［采录地点：西峡县军马河乡军马河村］

【出处】李运忠（男，67 岁，汉族，文盲，西峡县军马河乡军马河村农民）讲，董留申（男，25 岁，汉族，高中毕业，西峡县军马河乡军马河村农民）采录，谢起超（男，40 岁，汉族，高中毕业，西峡县城关镇县文化馆干部）采录整理：《小麦顶头穗的来历》（1986. 04. 04），见张振犁编著，孟宪明、朱淑君统纂《中原神话通鉴》（第四卷），郑州：河南大学出版社 2017 年版，第 1336 页。

W0204. 13. 1a. 1. 1
托塔李天王率金吒、木吒、哪吒三太子

实 例

满族 从南天门下来的托塔李天王，率领金吒、木吒、哪吒三太子，外加杨二郎牵着哮天犬，奔天池而来。

【流传】黑龙江省·（哈尔滨市）·双城（双城区）一带

【出处】

(a) 赵焕讲，王宏刚、马亚川、程迅整理：《女真族传说》(1982)，见乌丙安、李文刚等编《满族民间故事选》，上海：上海文艺出版社1983年版。
(b) 同(a)，见姚宝瑄主编《中国各民族神话》(满族、赫哲族、朝鲜族)，太原：山西出版传媒集团·书海出版社2014年版，第40~43页。

W0204.13.1a.2
元始天王

实 例

(参见下级母题实例)

W0204.13.1a.2.1
元始天王居天中心之上

实 例

汉族 元始天王居天中心之上，仰吸天气，俯饮地泉。

【流传】(无考)

【出处】[晋] 葛洪：《枕中书》。

W0204.13.1a.2.2
元始天王吸天气，饮地泉

实 例

汉族 (参见“W0204.13.1a.2.1 元始天王居天中心之上”母题实例)

W0204.13.1b
特定地域的天帝

实 例

(参见下级母题实例)

W0204.13.1b.1
南海的天帝叫儵(倏)

实 例

汉族 南海的天帝叫儵(倏)。

【流传】河南省尾山一带

【出处】程玉林讲，缪华、胡佳作搜集整理：《盘古寺》注释，原载张振犁、程健君编《中原神话专题资料》，见姚宝瑄主编《中国各民族神话》(汉族)，太原：山西出版传媒集团·书海出版社2014年版，第4~6页。

W0204.13.1b.2
北海的天帝叫忽

实 例

汉族 北海的天帝叫忽。

【流传】河南省尾山一带

【出处】程玉林讲，缪华、胡佳作搜集整理：《盘古寺》注释，原载张振犁、程健君编《中原神话专题资料》，见姚宝瑄主编《中国各民族神话》(汉族)，太原：山西出版传媒集团·书海出版社2014年版，第4~6页。

W0204.13.1b.3
东方的天帝太昊伏羲

实 例

汉族 东方的天帝是太昊伏羲，只有西方和北方，没有人照管。黄帝便命他的侄孙少昊做了西方的天帝，命他的曾孙颛顼做了北方的天帝。

【流传】（无考）

【出处】袁珂重述：《宇宙的最高统治者——黄帝》，原载袁珂《神话故事新编》，见陶阳、钟秀编《中国神话》（中），北京：商务印书馆 2008 年版，第 805～807 页。

W0204. 13. 2
天皇号“扶桑大帝东王公”

【关联】

① ［W0204］天帝（天王，天皇，天君）

② ［W0683. 2. 24］天皇氏太昊伏羲

③ ［W0768. 15］东王公

实 例

（参见下级母题实例）

W0204. 13. 2. 1
元始天王与太元圣母婚生扶桑大帝东王公

【关联】［W0756. 3. 1］元始天王与太元玉女通气结精生天皇西王母

实 例

汉族 元始天王与太元圣母结为夫妻，生下 13 个头的天皇，号“扶桑大帝东王公”。

【流传】（无考）

【出处】《道教的三清尊神》，见王德恒等《造神史话》，天津：百花文艺出版社 2002 年版，第 72 页。

W0204. 13. 3
天君

【关联】［W0208. 53. 2］天君策举祖

实 例

（参见下级母题实例）

W0204. 13. 3. 1
天君是最高审判者

实 例

彝族 山神、岩神、林神把人告到了天君策举祖那里。

【流传】贵州省·（毕节市）·威宁县（威宁彝族回族苗族自治县）·二塘区（二塘镇）·人民乡（?）

【出处】王朝方讲，石磊采录：《笃米》见中国民间文学集成全国编辑委员会编《中国民间故事集成》（贵州卷），北京：中国 ISBN 中心 2003 年，第 48 页。

W0204. 13. 4
太帝

实 例

（参见下级母题实例）

W0204. 13. 4. 1
太帝住上天

实 例

汉族 乃维上天，登之乃神，是谓太帝之居。

【流传】（无考）
【出处】［西汉］淮南王刘安及门客：《淮南子·地形训》。

W0204.13.5
女天帝（女皇）

实 例

（参见下级母题实例）

W0204.13.5.1
天皇封弟于汝水之阳为天子，称女皇

实 例

汉族 天皇封弟于汝水之阳，后为天子，因称女皇。
【流传】（无考）
【出处】［先秦］史官修撰：《世本·氏姓篇》（张澍粹集补注本）。

W0204.13.6
后帝

实 例

（参见下级母题实例）

W0204.13.6.1
天帝又称后帝

实 例

汉族 “冯珧利决，封豨是射，何献蒸肉之膏而后帝不若？”王逸注：“后帝，天帝也；若，顺也。言羿猎射封豨，以其肉膏祭天帝，天帝犹不顾羿之所为也。”
【流传】（无考）
【出处】［战国］屈原：《楚辞·天问》王逸注。

W0204.13.7
皇天

【关联】［W0147.1.1］皇天爷与皇天姆

实 例

（参见下级母题实例）

W0204.13.7.1
粗心大意的皇天

实 例

畲族 皇天总是粗心大意。
【流传】福建省·（宁德市）·寿宁（寿宁县）
【出处】吴兰妃讲，刘善林采录：《天地是如何形成的》，原载《闽东畲族文化全书》，北京：民族出版社2009年版，见《福建省少数民族古籍丛书》编委会编《畲族卷·民间故事》，福州：海峡出版发行集团·海峡书局2013年版，第4页。

W0204.13.8
老天爷

实 例

（参见下级母题实例）

W0204. 13. 8. 1

不作为的老天爷

实 例

汉族 很早以前，天东北角塌了一个大窟窿，人们天天磕头祷告，求老天爷开恩，赶紧把塌下来的窟窿补住。祷告来，祷告去，老天爷不答应，窟窿还照样是窟窿。

【流传】 河南省·（周口市）·西华县·陌陂乡·前洼村

【出处】 陈德荣（78岁，不识字）讲，魏胜林采录：《补天的传说》（1986. 03），见张振犁编著《中原神话通鉴》（第一卷），郑州：河南大学出版社2017年版，第139页。

W0204. 13. 8. 2

胆小的老天爷

实 例

汉族 老天爷怕得罪太阳神，不敢让射太阳的后羿回天宫。

【流传】 河南省·（南阳市）·桐柏县

【出处】 邓鹏讲：《嫦娥下凡》，见姚宝瑄主编《中国各民族神话》（汉族），太原：山西出版传媒集团·书海出版社2014年版，第246~248页。

W0204. 13. 9

二皇（泰古二皇）

实 例

（参见下级母题实例）

W0204. 13. 9. 1

天皇地皇合称二皇

实 例

汉族 泰古二皇，得道之柄，立于中央，神与化游，以抚四方。注曰："天皇、地皇称为二灵，是泰古二皇也。注谓伏羲、神农者非。"

【流传】（无考）

【出处】［清］马骕：《绎史》卷一注［西汉］淮南王刘安及门客《淮南子·原道训》。

W0204. 13. 9. 1a

天皇地皇合称二灵

实 例

汉族 （参见"W0204. 13. 9. 1 天皇地皇合称二皇"母题实例）

W0204. 13. 9. 2

泰古二皇立于中央

实 例

汉族 （参见"W0204. 13. 9. 1 天皇地皇合称二皇"母题实例）

W0204. 13. 9. 3

泰古二皇神与化游

实 例

汉族 （参见"W0204. 13. 9. 1 天皇

地皇合称二皇”母题实例）

W0204a

太一

实 例

汉族 醮诸神，礼太一。

【流传】（无考）

【出处】［战国］宋玉：《高唐赋》。

W0204a.1

太一的产生

实 例

（实例待考）

W0204a.2

太一的特征

实 例

（实例待考）

W0204a.3

太一的身份

实 例

（参见下级母题实例）

W0204a.3.1

太一是天神

实 例

（参见下级母题实例）

W0204a.3.1.1

太一是天神贵者

实 例

汉族 天神贵者太一，太一佐曰五帝，古者天子以春秋祭太一东南郊。

【流传】（无考）

【出处】［西汉］司马迁：《史记·封禅书》。

汉族 泰一，天帝之别名也。刘伯庄云：泰一，天神之最尊贵者也。

【流传】（无考）

【出处】［西汉］司马迁：《史记·天官书》张守节正义。

W0204a.3.1.1.1

东皇太一是天之尊神

实 例

汉族 太一星名，天之尊神，祠在楚东，以配东帝，故曰东皇。

【流传】（无考）

【出处】［战国］屈原：《楚辞·九歌》［汉］王逸注。

W0204a.3.1.1.1.1

天之尊神太一为星名，因祠在楚东，以配东帝故云东皇

实 例

汉族 太一，星名，天之尊神。祠在楚东，以配东帝，故云东皇。

【流传】（无考）

【出处】［战国］屈原：《楚辞·九歌·东皇太一》王逸注。

W0204a. 3. 1. 2
太一星是辅神

实 例

（参见下级母题实例）

W0204a. 3. 1. 2. 1
太一当门户

实 例

汉族 左右四星是四辅，天一太一当门户。

【流传】（无考）

【出处】［唐］佚名：《步天歌》。

W0204a. 3. 2
太一是天帝

实 例

汉族 （实例待考）

W0204a. 3. 3
太一是星神

实 例

（参见下级母题实例）

W0204a. 3. 3. 1
太一是北辰之神

实 例

汉族 太一者，北辰之神名也。居其所，曰太一。

【流传】（无考）

【出处】《易纬·乾凿度》郑玄注。

W0204a. 3. 4
太一是星星

实 例

（参见下级母题实例）

W0204a. 3. 4. 1
太一星是天帝神

实 例

汉族 太一星在天一南半度，天帝神，主十六神。

【流传】（无考）

【出处】［战国］甘德、石申：《甘石星经》。

W0204a. 3. 4. 2
太一星在天一南

实 例

汉族 太一星在天一南半度。

【流传】（无考）

【出处】［战国］甘德、石申：《甘石星经》。

W0204a. 3. 5
太一是气

实 例

（参见下级母题实例）

W0204a. 3. 5. 1

太一是元气

【关联】［W0070. 2. 2］神是气

实 例

汉族 必本于太一，分而为天地，转而为阴阳，变而为四时。

【流传】（无考）

【出处】［春秋战国］孔子弟子及其后生作，［西汉］戴圣编：《礼记·礼运》。

W0204a. 4

太一的关系

实 例

（参见下级母题实例）

W0204a. 4. 1

太一的辅佐

实 例

（参见下级母题实例）

W0204a. 4. 1. 1

太一的辅佐是五帝

实 例

汉族 天神贵者太一，太一佐曰五帝，古者天子以春秋祭太一东南郊。

【流传】（无考）

【出处】［西汉］司马迁：《史记·封禅书》。

W0204a. 5

与太一有关的其他母题

实 例

（参见下级母题实例）

W0204a. 5. 1

太一的名称

【关联】［W0791. 8. 1. 1］太上老君又称太一

实 例

（参见下级母题实例）

W0204a. 5. 1. 1

太一即泰一

实 例

（参见下级母题实例）

W0204a. 5. 1. 1. 1

天帝又称泰一

实 例

汉族 泰一，天帝之别名也。刘伯庄云：泰一，天神之最尊贵者也。

【流传】（无考）

【出处】［唐］张守节：《史记正义》。

W0204a. 5. 2

太一的居所

实 例

（参见下级母题实例）

W0204a. 5. 2. 1

太一居紫微宫

【关联】［W0791. 3. 1］太上老君居紫微宫

实 例

汉族 太微者，太一之庭，紫微宫者，太一之居。

【流传】（无考）

【出处】［西汉］淮南王刘安及门客：《淮南子·天文训》。

W0204a. 5. 3

祭祀太一

实 例

（参见下级母题实例）

W0204a. 5. 3. 1

古天子以春秋祭太一于东南郊

实 例

汉族 天神贵者太一，太一佐曰五帝，古者天子以春秋祭太一东南郊。

【流传】（无考）

【出处】［西汉］司马迁：《史记·封禅书》。

W0205

天空神

【汤普森】A210

实 例

（参见下级母题实例）

W0205. 1

穹宇母神阿不卡赫赫

实 例

满族 穹宇母神阿不卡赫赫。

【流传】（无考）

【出处】富育光讲述、荆文礼整理：《天宫大战》，长春：吉林人民出版社 2009 年版。

W0206

天公

【关联】［W0142］天公地母

实 例

（参见下级母题实例）

W0206. 1

天公的产生

实 例

（实例待考）

W0206. 1. 1

卵生天公

实 例

（实例待考）

W0206. 2

天公的特征

实 例

（实例待考）

W0206.2.1
天公原来身体很小

实 例

（实例待考）

W0206.2.1.1
以前天公很小怜，地母很大

实 例

珞巴族 （实例待考）

W0206.3
与天公有关的其他母题

实 例

（参见下级母题实例）

W0206.3.1
天公下凡

实 例

阿昌族 天公地母造的天幕和大地合拢后，天公来到了大地上。

【流传】（云南省）

【出处】赵安贤讲，智克整理：《遮帕麻与遮米麻》，见姚宝瑄主编《中国各民族神话》（佤族、阿昌族、纳西族、普米族、德昂族），太原：山西出版传媒集团·书海出版社2014年版，第76页。

W0206.3.2
天帝又称天公

实 例

汉族 此复是天公愦愦，无皂白之征也。

【流传】（无考）

【出处】［唐］房玄龄等：《晋书·天文志》。

汉族 天公见玉女，大笑亿千场。

【流传】（无考）

【出处】［唐］李白：《短歌行》。

汉族 我劝天公重抖擞，不拘一格降人才。

【流传】（无考）

【出处】［清］龚自珍：《己亥杂诗》。

W0206.3.2.1
天公，谓天帝

实 例

汉族 天公，谓天帝。

【流传】（无考）

【出处】《天公》，见袁珂《中国神话大词典》，北京：华夏出版社2015年版，第53页。

W0206a
天父

【关联】［W0142.5.2.3］上天的男人称为“天父”，下地的女人称为“地母”

实 例

（参见下级母题实例）

W0206a. 1
天父的产生

【关联】［W0142. 5. 2. 2］混沌卵生天父地母

实 例

（参见下级母题实例）

W0206a. 1. 1
动物生天父

实 例

（参见下级母题实例）

W0206a. 1. 1. 1
天上的长脚雁是天父米咕鲁的父亲

实 例

彝族 天上的长脚雁是天父米咕鲁的父亲。它的名字就叫米作直。

【流传】黔西（贵州省西部）与云南（云南省）接壤的彝族地区

【出处】阿候布代讲，王正贡、王子尧、王冶新、何积金搜集整理，蔷紫改写：《天生地产》，原载中国民间文艺研究会贵州分会编《民间文学资料》，内部资料，1986 年，见姚宝瑄主编《中国各民族神话》（羌族、彝族），太原：山西出版传媒集团·书海出版社 2014 年版，第 163 页。

W0206a. 2
天父的特征

实 例

（实例待考）

W0206a. 3
与天父有关的其他母题

实 例

（参见下级母题实例）

W0206a. 3. 1
天神被尊称天父

实 例

（参见下级母题实例）

W0206a. 3. 1. 1
造万物和人类的天神厄莎尊称天父

实 例

拉祜族 天神厄莎造万物和人类，拉祜人就把厄莎尊为他们的天父，最崇高、最权威的天神。

【流传】云南省大拉祜及黄拉祜中部一带

【出处】小八讲，古木整理：《天神厄莎》（整理中参照了《牡帕密帕》和《古根》），见姚宝瑄主编《中国各民族神话》（白族、拉祜族、景颇族），太原：山西出版传媒集团·书海出版社 2014 年版，第 172 页。

W0207

天母

【关联】

① ［W0142.4］ 天爷和天母

② ［W0238］ 地母

实 例

（参见下级母题实例）

W0207.1

天母的产生

实 例

（参见下级母题实例）

W0207.1.1

女天神生天母

实 例

（参见下级母题实例）

W0207.1.1.1

最高最大的女天神俄玛生下天母阿匹梅烟

实 例

哈尼族 最高最大的女天神俄玛生下天母阿匹梅烟。

【流传】云南省·红河哈尼族彝族自治州

【出处】《窝果策尼果》，见红河哈尼族彝族自治州人民政府编《哈尼族口传文化译注全集》第1卷，昆明：云南民族出版社2009年版，第18页。

W0207.2

天母的特征

实 例

（参见下级母题实例）

W0207.2.1

凶狠的天母

【关联】［W1790a.2］ 天母率徒造天宫

实 例

水族 天母非常凶狠。

【流传】贵州省·（黔南布依族苗族自治州）·三都（三都水族自治县）、荔波（荔波县）一带

【出处】蒙健康讲，蔡中运整理：《九仙的故事》，见中华民族故事大系编委会编《中华民族故事大系》第9卷（水族、东乡族、纳西族），上海：上海文艺出版社1995年版，第29页。

W0207.3

天母的职能

实 例

（参见下级母题实例）

W0207.3.1

天母孕生孩子

实 例

汉族 很早以前，天母娘娘怀了一个孩子。

【流传】辽宁省·沈阳（沈阳市）一带

【出处】马素梅讲，徐海燕搜集整理：《北方的天气为什么比南方冷》(1986.04)，见姚宝瑄主编《中国各民族神话》(汉族)，太原：山西出版传媒集团·书海出版社2014年版，第66页。

W0207.4

天母的关系

实 例

(参见下级母题实例)

W0207.4.1

天母的女儿

实 例

(参见下级母题实例)

W0207.4.1.1

天母的女儿是癞蛤蟆所变

实 例

羌族 (参见“W0216.3.1.1 癞蛤蟆变成天女”母题实例)

W0207.5

特定名称的天母

实 例

(参见下级母题实例)

W0207.5.1

天母神阿布卡赫赫（天母神阿布凯赫赫）

【关联】

① [W0096.1.3.2] 女天神阿布卡赫赫小无处不在，无处不有，无处不生

② [W0098.5.1.1] 女神阿布卡赫赫住九层云天

③ [W0122.6.5.2] 天神阿布卡赫赫是最高母神

④ [W0122.6.7.1] 女天神阿布卡赫赫得到护身战裙后成为无敌于寰宇的母神

⑤ [W0196.1.2.3.1] 天神阿布卡赫赫穿着用九座石山、九座柳林、九条溪流、九副兽骨编成的战裙

⑥ [W0201.6.3.1] 阿布卡赫赫天母神尸解时眼睛化生日月，头发化生森林

⑦ [W0202.4.1.2.1.1] 女天神阿布卡赫赫三个贴身侍女是大侍女喜鹊，二侍女刺猬，三侍女奥朵西

实 例

(参见下级母题实例)

W0207.5.1.1

阿布卡赫赫管方位女神

实 例

满族 阿布卡赫赫让自己身边的四个的方位女神走过来。

【流传】(无考)

【出处】富育光讲，荆文礼整理：《天宫

大战·西林安班玛发》，长春：吉林人民出版社 2009 年版，第 71 ~ 72 页。

W0207.5.1.2

阿布卡赫赫有五百个妈妈神和一千多个女天兵

实 例

满族 阿布凯赫赫（第一代天神，天母）召集来五百个妈妈神和一千多个女天兵，随时准备对付耶路哩（大魔鬼，魔王）的攻击。

【流传】黑龙江省·（牡丹江市）·宁古塔（宁安县）；吉林省·长白山地区（长白山一带）

【出处】

(a) 傅英仁讲述，张爱云记录整理：《天宫神魔大战》，见傅英仁讲述，张爱云记录整理《满族萨满神话》，哈尔滨：黑龙江人民出版社 2006 年版。

(b) 同（a），见陶阳、钟秀编《中国神话》（上），北京：商务印书馆 2008 年版，第 155 ~ 180 页。

W0207.5.1.3

天母阿布凯赫赫掌管现在天上地下一切神灵

实 例

满族 阿布凯赫赫（第一代天神，天母）掌管现在的天上地下一切的神灵。

【流传】黑龙江省·（牡丹江市）·宁古塔（宁安县）；吉林省·长白山地区（长白山一带）

【出处】傅英人（疑“人”为“仁”）讲述，张爱云整理：《阿布凯赫赫创造天地人》，原载《满族萨满神话》，见陶阳、钟秀编《中国神话》（上），北京：商务印书馆 2008 年版，第 140 ~ 154 页。

W0207.6

与天母有关的其他母题

实 例

（实例待考）

W0208

特定名称的天神（天神的名称）[①]

实 例

（参见下级母题实例）

W0208.1

阿昌族神话中的天神

实 例

（参见下级母题实例）

① 特定名字的天神（天神名称），这里选录的一些名称，只是一些民族神话中出现的或较为典型的天神，尽可能照顾到各民族神话传说中出现的天神名称，属于不完全归纳。有些名称的汉语表述与翻译者有关，在此不做具体概念的探究和翻译真伪方面的辨析。

W0208. 1. 1
天神遮帕麻（天公神遮帕麻）

【关联】［W0142. 4. 2］天公遮帕麻和地母遮米麻

实 例

（参见下级母题实例）

W0208. 1. 1. 1
天地混沌中生天公遮帕麻、地母遮米麻

实 例

阿昌族 天地混沌，生白光，生阴阳，生天公遮帕麻、地母遮米麻和 30 神将、30 神兵。

【流传】（无考）

【出处】刘江：《阿昌族文化史》，昆明：云南民族出版社 2001 年版，第 288 页。

W0208. 1. 1. 2
阴阳中生天公遮帕麻、地母遮米麻

实 例

阿昌族 阴阳相生诞生了天公遮帕麻和地母遮米麻。

【流传】（a）云南省·（德宏傣族景颇族自治州）·梁河县

【出处】

（a）赵安贤讲，杨叶生、智克采录：《遮帕麻与遮米麻》，见中国民间文学集成全国编辑委员会编《中国民间故事集成》（云南卷），北京：中国 ISBN 中心 2003 年版，第 69 页。

（b）赵安贤讲，舟叶生译，智克整理：《遮帕麻与遮米麻》，见谷德明编《中国少数民族神话》，北京：中国民间文艺出版社 1987 年版，第 490 页。

（c）同（b），见陶立璠、赵桂芳等编《中国少数民族神话汇编》（开天辟地篇），中央民族学院少数民族古籍整理出版规划领导小组办公室印（未署出版时间），第 330 页。

阿昌族 阴阳生天公遮帕麻和地母遮米麻。

【流传】云南省·（德宏傣族景颇族自治州）·梁河（梁河县）

【出处】赵安贤讲：《遮帕麻与遮米麻》，载《山茶》1981 年第 2 期。

W0208. 1. 1. 2. 1
混沌生的阴阳中生天公遮帕麻、地母遮米麻

实 例

阿昌族 混沌中出现光明与黑暗、阴与阳；阴阳相生诞生了天公遮帕麻和地母遮米麻。

【流传】（无考）

【出处】《遮帕麻与遮米麻》，见《中国各民族宗教与神话大词典》编审委员会编《中国各民族宗教与神话大词典》，北京：学苑出版社 1990 年版，第 3 页。

W0208.1.1.3

遮帕麻派东西南北四个天神住在天的四边

实 例

阿昌族 遮帕麻派了东西南北四个天神，分住在天的四边。

【流传】（无考）

【出处】《遮帕麻与遮米麻》，见《中国各民族宗教与神话大词典》编审委员会编《中国各民族宗教与神话大词典》，北京：学苑出版社1990年版，第3页。

W0208.1.1.4

天公遮帕麻没有穿衣裳

实 例

阿昌族 天公遮帕麻没有穿衣裳。

【流传】（a）云南省·（德宏傣族景颇族自治州）·梁河县

【出处】

（a）赵安贤讲，杨叶生、智克采录：《遮帕麻与遮米麻》，见中国民间文学集成全国编辑委员会编《中国民间故事集成》（云南卷），北京：中国ISBN中心2003年版，第69页。

（b）赵安贤讲，舟叶生译，智克整理：《遮帕麻与遮米麻》，见谷德明编《中国少数民族神话》，北京：中国民间文艺出版社1987年版，第490页。

（c）同（b），见陶立璠、赵桂芳等编《中国少数民族神话汇编》（开天辟地篇），中央民族学院少数民族古籍整理出版规划领导小组办公室印（未署出版时间），第330页。

W0208.2

白族神话中的天神

实 例

（参见下级母题实例）

W0208.2.1

天神阿白

实 例

白族 阿白是白族先民想象中的天神。

【流传】

（a）云南省·（怒江傈僳族自治州）·泸水县

（b）云南省·（怒江傈僳族自治州）·碧江县·四区二村

【出处】

（a）阿普介爹讲，普六介译，周天纵采录：《氏族来源》，见中国民间文学集成全国编辑委员会编《中国民间故事集成》（云南卷），北京：中国ISBN中心2003年版，第228页。

（b）同（a），见谷德明编《中国少数民族神话》，北京：中国民间文艺出版社1987年版，第305页。

W0208.2.1.1

天神阿白预言洪水

实 例

白族（勒墨）不知道多少万年以前了，天神阿白告诉人们地上要发洪水。

【流传】云南省·（怒江傈僳族自治州）·碧江县（1986年撤销县制，归入福贡县等）

【出处】阿普介爹讲，普六介翻译，周天纵记录：《氏族的来源》，原载大理白族自治州文化局编《白族民间故事选》，上海文艺出版社1984年版，见姚宝瑄主编《中国各民族神话》（白族、拉祜族、景颇族），太原：山西出版传媒集团·书海出版社2014年版，第10页。

W0208.3

保安族神话中的天神

实　例

（实例待考）

W0208.4

布朗族神话中的天神

实　例

（参见下级母题实例）

W0208.4.1

天神帕雅英

实　例

布朗族天神帕雅英。

【流传】云南省·（西双版纳傣族自治州）·勐海（勐海县）

【出处】岩温门讲，艾扬整理：《葫芦传人的故事》，见中华民族故事大系编委会编《中华民族故事大系》第12卷（布朗族、撒拉族、毛南族），上海：上海文艺出版社1995年版，第15页。

W0208.4.2

天神英叭

实　例

布朗族以前，有个天神叫英叭。

【流传】云南省·（西双版纳傣族自治州）·勐海（勐海县）

【出处】康朗甩利讲，李二整理：《人类的由来》，见中华民族故事大系编委会编《中华民族故事大系》第12卷（布朗族、撒拉族、毛南族），上海：上海文艺出版社1995年版，第16页。

傣族天神英叭的头部两侧，生长着一对大神耳，耳瓣又宽又大，可以把天都遮住。

【流传】云南省·西双版纳傣族地区（西双版纳傣族自治州）

【出处】《巴塔麻嘎捧尚罗》，王松据岩温炳翻译《巴塔麻晏》（开天辟地）改写，见姚宝瑄主编《中国各民族神话》（哈尼族、傣族），太原：山西出版传媒集团·书海出版社2014年版，第265页。

W0208.5

布依族神话中的天神

实 例

（实例待考）

W0208.6

朝鲜族神话中的天神

实 例

（参见下级母题实例）

W0208.6.1

天王桓雄

实 例

（参见下级母题实例）

W0208.6.1.1

天帝的小儿子桓雄下凡太白山成为此地天王

实 例

朝鲜族 天帝的小儿子桓雄下凡到太白山，成为此地的天王。

【流传】（无考）

【出处】李政文译：《坛君神话》，见谷德明编《中国少数民族神话》，北京：中国民间文艺出版社 1987 年版，第 19 ~ 21 页。

W0208.7

达斡尔族神话中的天神

实 例

（参见下级母题实例）

W0208.7.1

天神腾格里

实 例

达斡尔族 天神腾格里。

【流传】（无考）

【出处】中国各民族宗教与神话大词典编审委员会编《中国各民族宗教与神话大词典》，北京：学苑出版社 1990 年版，第 69 ~ 72 页。

W0208.7.2

腾格日·巴尔肯

实 例

达斡尔族 达斡尔族崇拜的内容以自然神为主。如产生年代久远的“腾格日·巴尔肯”（天神）等。

【流传】（内蒙古自治区、黑龙江省等地）

【出处】满都尔图：《达斡尔族卷·绪论》，见吕大吉、何耀华总主编《中国各民族原始宗教资料集成》（鄂伦春族卷、鄂温克族卷、赫哲族卷、达斡尔族卷、锡伯族卷、满族卷、蒙古族卷、藏族卷），北京：中国社会科学出版社 1999 年版，第 288 页。

达斡尔族 “天”称作“腾格日”，将“神”称作“巴尔肯”。“腾格日·巴尔肯”就是“天神”。

【流传】黑龙江省·齐齐哈尔市市郊

【出处】

(a) 珠荣嘎、满都尔图、绍道、赵映东、吴永章调查编著：《齐齐哈尔市郊达斡尔族情况——达斡尔族调查材料之五》，内蒙古少数民族社会调查组1958年编印，第75~76页。
(b)《腾格日神祭仪之二》，见吕大吉、何耀华总主编《中国各民族原始宗教资料集成》（鄂伦春族卷、鄂温克族卷、赫哲族卷、达斡尔族卷、锡伯族卷、满族卷、蒙古族卷、藏族卷），北京：中国社会科学出版社1999年版，第302页。

达斡尔族 天神腾格尔·巴尔肯。

【流传】（无考）

【出处】 吕大吉、何耀华总主编《中国各民族原始宗教资料集成》（鄂伦春族卷、鄂温克族卷、赫哲族卷、达斡尔族卷、锡伯族卷、满族卷、蒙古族卷、藏族卷），北京：中国社会科学出版社1999年版，第292页。

W0208. 8

傣族神话中的天神

【关联】［W0193. 2. 1］2个天神混散和拉果里

实 例

（参见下级母题实例）

W0208. 8. 1

天神英叭

【关联】［W0208. 4. 2］天神英叭

实 例

（参见下级母题实例）

W0208. 8. 1. 0

气体、烟雾和大风生神王英叭

【关联】［W0055. 6. 1. 1］合成地球剩下的气体、烟雾、大风变成最早的天神英叭

实 例

傣族 气体、烟雾、大风变成人形，形成最早的天神英叭。

【流传】 云南省

【出处】《巴塔麻戛捧尚罗》（经书），见祜巴勐《论傣族诗歌》，北京：中国民间文艺出版社1981年版，第15~16页。

傣族 英叭神王诞生于气体、烟雾和大风之中。

【流传】 云南省·西双版纳傣族地区（西双版纳傣族自治州）

【出处】 胜能搜集：《巴阿嫩神鱼》，原载《巴塔麻晏》（开天辟地），见姚宝瑄主编《中国各民族神话》（哈尼族、傣族），太原：山西出版传媒集团·书海出版社2014年版，第241页。

傣族 （参见“W0055. 6. 1. 1 合成地球剩下的气体、烟雾、大风变成最早的天神英叭”母题实例）

W0208. 8. 1. 1

英叭召是最早的天神

【关联】［W0658a. 1. 1. 2］天神英叭是

天地间一切神的始祖

实 例

傣族 英叭召是最早的天神。

【流传】（无考）

【出处】《开天辟地》，见谷德明编《中国少数民族神话》，北京：中国民间文艺出版社 1987 年版，第 341 页。

W0208.8.1.2

最早的天神英叭是蒸气人

实 例

傣族 从气体、烟雾和狂风的混合体产生出来的蒸气人，即最早的天神。由于他是气体、烟雾和狂风变成的神，所以名字叫英叭。

【流传】（无考）

【出处】《开天辟地》，见谷德明编《中国少数民族神话》，北京：中国民间文艺出版社 1987 年版，第 341 页。

W0208.8.1.3

神人英叭是创世主

【关联】［W0426.1.2］创世神英叭

实 例

傣族 创世主英叭（神人）创造了傣人。

【流传】云南省

【出处】《凤凰与干栏》，见高明强编《创世的神话和传说》，上海：上海三联书店 1988 年版，第 45 页。

W0208.8.1.4

英叭是最高天神

实 例

傣族（水傣）英叭是原始宗教的最高天神。

【流传】（云南省·西双版纳傣族自治州）

【出处】王松整理：《傣族——西双版纳的神谱》，见姚宝瑄主编《中国各民族神话》（哈尼族、傣族），太原：山西出版传媒集团·书海出版社 2014 年版，第 228 页。

W0208.8.1.5

英叭用咒语造地球

实 例

傣族 大神英叭造地球时，用他的神力发出咒语："我是天地的主人，我要这个圆果子再长大，再长变成无比的硕大，变得重量无限。"声音刚落，只见那浮在水面上的圆果不断地膨胀，不断地扩展，不断地向四周延伸。

【流传】云南省·西双版纳傣族地区（西双版纳傣族自治州）

【出处】《巴塔麻嘎捧尚罗》，王松据岩温炳翻译《巴塔麻晏》（开天辟地）改写，见姚宝瑄主编《中国各民族神话》（哈尼族、傣族），太原：山西出版传媒集团·书海出版社 2014 年版，第 270～271 页。

W0208. 8. 1. 6
天神英叭被尊为“英叭召”

实 例

傣族 宇宙中最早出现的气体、烟雾和狂风凝结成一个天神英叭，是天地间一切神的始祖，后来被尊为“英叭召”。

【流传】（无考）

【出处】《地球和“英叭”的由来》，见姚宝瑄主编《中国各民族神话》（哈尼族、傣族），太原：山西出版传媒集团·书海出版社 2014 年版，第 332 页。

W0208. 8. 2
男天神称“坤琵”，女天神称“楠琵”

实 例

傣族 德宏的男天神称“坤琵”，女天神称“楠琵”。

【流传】云南省·德宏（德宏傣族景颇族自治州）

【出处】《傣族简史》编写组：《傣族简史》，北京：民族出版社 2009 年版，第 287 页。

W0208. 8. 2. 1
最高的天神坤西迦

实 例

傣族 最高的天神是“坤西迦”。

【流传】云南省·德宏（德宏傣族景颇族自治州）

【出处】《傣族简史》编写组：《傣族简史》，北京：民族出版社 2009 年版，第 287 页。

W0208. 8. 3
最早天神英叭召

实 例

傣族 最早的天神是英叭召。

【流传】（无考）

【出处】《开天辟地》，见谷德明编《中国少数民族神话》，北京：中国民间文艺出版社 1987 年版，第 341 页。

W0208. 8. 4
天神叭英

实 例

（参见下级母题实例）

W0208. 8. 4. 1
天神叭英管理天空下层

实 例

傣族（水傣） 管理天空下层的天神叭英住了十六层天的达娃丁沙层。

【流传】（云南省·西双版纳傣族自治州）

【出处】王松整理：《傣族——西双版纳的神谱》，见姚宝瑄主编《中国各民族神话》（哈尼族、傣族），太原：山西出版传媒集团·书海出版社 2014

年版，第 229 页。

W0208.8.4.2 天神叭英居 16 层天

实　例

傣族（水傣）（参见“W0208.8.4.1 天神叭英管理天空下层”母题实例）

W0208.8.5 天神混散

实　例

傣族 天神混散造的 33 个宝石蛋中孵化出了 8 个天神。

【流传】云南省

【出处】岩峰、王松：《变扎贡帕》，见《中国各民族宗教与神话大词典》编审委员会编《中国各民族宗教与神话大词典》，北京：学苑出版社 1990 年版，第 82 页。

W0208.9 德昂族神话中的天神

实　例

（参见下级母题实例）

W0208.9.1 天神卜帕法

实　例

德昂族 天神卜帕法。

【流传】云南省·德宏（德宏傣族景颇族自治州）

【出处】李来岩等讲，李岩牙等翻译，朱宜初搜集：《葫芦的故事》，见中华民族故事大系编委会编《中华民族故事大系》第 15 卷（德昂族、保安族、裕固族、京族、塔塔尔族、独龙族、鄂伦春族），上海：上海文艺出版社 1995 年版，第 20 页。

德昂族 古昔洪水泛滥，人与动物几全淹毙，唯少数被天神卜帕法救入葫芦。

【流传】（无考）

【出处】袁珂改编：《卜帕法》（原名《人与葫芦》），原载谷德明编《中国少数民族神话选》，见袁珂《中国神话大词典》，北京：华夏出版社 2015 年版，第 582 页。

W0208.10 东乡族神话中的天神

实　例

（实例待考）

W0208.11 侗族神话中的天神

实　例

（实例待考）

W0208.12 独龙族神话中的天神

【关联】［W0192.1.1］独身天神莫明更

实　例

（参见下级母题实例）

W0208. 12. 1

天神姆朋[①]

实 例

独龙族 天神莫朋为人祖。

【流传】云南省·（怒江傈僳族自治州）·贡山县（贡山独龙族怒族自治县）

【出处】祝发清等翻译整理：《聪明勇敢的朋更朋》，见中华民族故事大系编委会编《中华民族故事大系》第15卷（德昂族、保安族、裕固族、京族、塔塔尔族、独龙族、鄂伦春族），上海：上海文艺出版社1995年版，第581～595页。

W0208. 12. 1. 1

老祖目朋

实 例

独龙族 创造人类的老祖目朋在女儿举行婚礼时，召来地上所有的飞禽走兽。

【流传】云南省·（怒江傈僳族自治州）·贡山（贡山独龙族怒族自治县）·独龙江乡

【出处】孔志清讲，辛一采录：《行米戛朋》，见中国民间文学集成全国编辑委员会编《中国民间故事集成》（云南卷），北京：中国ISBN中心2003年版，第275页。

W0208. 12. 2

天神嘎木

实 例

独龙族 天神的名字叫嘎木。

【流传】（无考）

【出处】屈友诚等搜集，伊里亚讲，李道生整理：《洪水泛滥》，见中华民族故事大系编委会编《中华民族故事大系》第15卷（德昂族、保安族、裕固族、京族、塔塔尔族、独龙族、鄂伦春族），上海：上海文艺出版社1995年版，第575页。

W0208. 12. 3

天神卡窝卡蒲

实 例

独龙族 （实例待考）

W0208. 12. 4

天神格蒙

实 例

独龙族 在遥远的古代，地上到处都是光秃秃的，没有森林，没有动物，也没有人类。天神格孟在门德龙戛造人。

【流传】（无考）

【出处】 *《“格孟”造人》，原载彭

① 天神姆朋，“姆朋”在有的神话文本中又译作“猛朋”、“莫朋”等。

义良《创世记》，《民族文化》1987第1期，见吕大吉、何耀华总主编《中国各民族原始宗教资料集成》（纳西族卷、羌族卷、独龙族卷、傈僳族卷、怒族卷），北京：中国社科出版社2000年版，第667页。

W0208.12.5

天神嘎美和嘎莎

实 例

独龙族 上天的大神嘎美和嘎莎造人类。

【流传】云南省

【出处】《嘎美嘎莎造人》，见中央民族学院少数民族文艺研究所编《中国民族民间文学》，北京：中央民族学院出版社1987年版，第161页。

W0208.12.6

天神木崩格

实 例

独龙族 天神木崩格让后生彭根朋砍的树复原。

【流传】（无考）

【出处】袁珂改编：《彭根朋》（原名《彭根朋上天娶媳妇》），原载谷德明编《中国少数民族神话选》，见袁珂《中国神话大词典》，北京：华夏出版社2015年版，第591页。

W0208.13

俄罗斯族神话中的天神

实 例

（实例待考）

W0208.14

鄂伦春族神话中的天神

实 例

（参见下级母题实例）

W0208.14.1

天神恩都力

实 例

（参见下级母题实例）

W0208.14.1.1

天神恩都力手持一只锤子

实 例

鄂伦春族 天神恩都力用手里的两只锤子互相一碰，发出了一声巨响，顿时震死了许多飞禽走兽。

【流传】（中国东北部地区）

【出处】《恩都力创造了鄂伦春人》，见姚宝瑄主编《中国各民族神话》（达斡尔族、鄂伦春族、鄂温克族、蒙古族），太原：山西出版传媒集团·书海出版社2014年版，第20~21页。

鄂伦春族 天神恩都哩的两只手中握着锤子。

【流传】黑龙江省·黑河市·爱辉区·

新生乡（新生鄂伦春族乡）

【出处】莫庆云讲：《男人和女人》，见中国民间文学集成全国编辑委员会编《中国民间故事集成》（黑龙江卷），北京：中国ISBN中心2005年版，第23页。

W0208.14.1.2

天神恩都力造人

实 例

鄂伦春族 天神恩都力创造了鄂伦春人。

【流传】内蒙古自治区；黑龙江省

【出处】孟古古善讲，谭玉昆翻译，黑龙江少数民族文学艺术调查组搜集，隋军整理：《恩都力创造了鄂伦春人》，见中华民族故事大系编委会编《中华民族故事大系》第15卷（德昂族、保安族、裕固族、京族、塔塔尔族、独龙族、鄂伦春族），上海：上海文艺出版社1995年版，第697页。

W0208.14.2

天神恩都力玛发

实 例

鄂伦春族 天神恩都力玛发造的石人成活后不会死亡，使地上人满为患，被天神打死。

【流传】小兴安岭一带

【出处】《人类生死的由来》，见《中国各民族宗教与神话大词典》编审委员会编《中国各民族宗教与神话大词典》，北京：学苑出版社1990年版，第131页。

W0208.15

鄂温克族神话中的天神

实 例

（参见下级母题实例）

W0208.15.1

天神宝拉哈

实 例

（参见下级母题实例）

W0208.15.1.1

上界天神宝拉哈

实 例

鄂温克族 太古时期，上界有个天神名叫宝拉哈。

【流传】（无考）

【出处】

（a）松格布讲：《宝拉哈和尼桑创造人间》，满都呼主编《中国阿尔泰语系诸民族神话故事》，北京：民族出版社1997年版，第302页。

（b）松格布讲：《宝拉哈和尼桑创造人间》，见朝克、敖嫩等编《鄂温克族民间故事》，内蒙古文化，1988。

W0208.15.2

天神保鲁痕巴格面

实 例

鄂温克族 天神保鲁痕巴格面。

【流传】内蒙古自治区·呼伦贝尔（呼伦贝尔市）

【出处】赛金苏龙讲，马名超整理：《用泥土造人和造万物的传说》，见中华民族故事大系编委会编《中华民族故事大系》第14卷（普米族、塔吉克族、怒族、俄罗斯族、鄂温克族），上海：上海文艺出版社1995年版，第815页。

W0208.16

高山族神话中的天神

实 例

（参见下级母题实例）

W0208.16.1

天神依勒克

实 例

（参见下级母题实例）

W0208.16.1.1

天神依勒克无忧无虑，每日闲逛

实 例

高山族（阿美） 天上的神仙依勒克（天神名）无忧无虑，每日在九天里逛荡。

【流传】台湾

【出处】汪梅田搜集整理：《彩虹》，原载蔡铁民编《高山族民间故事选》，见陶阳、钟秀编《中国神话》（上），北京：商务印书馆2008年版，第215～217页。

W0208.17

仡佬族神话中的天神

实 例

（参见下级母题实例）

W0208.17.1

天神彻格[①]

实 例

仡佬族 （实例待考）

W0208.17.2

天神敖伟

实 例

仡佬族 天神敖伟追封赶山的仙人九兄弟为山神。

【流传】（无考）

【出处】《兄弟赶山》，见贵州省安顺地区民族事务委员会编《仡佬族古歌》，贵阳：贵州民族出版社1991年版，第5～9页。

W0208.18

哈尼族神话中的天神

【关联】［W0202.1.3.1］天神阿库拉布

---

① 天神彻格，“彻格”在有的神话文本中又译作“哲格”。

和地神鲁阿嫫夫妻

实 例

（参见下级母题实例）

W0208. 18. 1

天神俄玛

【关联】

① ［W0098. 4. 1. 1］天神俄玛住在3层高天

② ［W0659. 4. 1. 1］俄玛天神是人的第一代祖先

实 例

哈尼族 天神俄玛生下人神玛窝。

【流传】 云南省·（红河哈尼族彝族自治州）·元阳县

【出处】 卢朝贵讲，史军超采录：《神和人的家谱》，见中国民间文学集成全国编辑委员会编《中国民间故事集成》（云南卷），北京：中国ISBN中心2003年版，第23页。

W0208. 18. 1. 1

天神奥玛的儿子侯波

实 例

哈尼族 天神奥玛的儿子侯波下凡。

【流传】 云南省·（红河哈尼族彝族自治州）·元阳县

【出处】 小和讲，阿罗采录：《侯波与那聋》，见中国民间文学集成全国编辑委员会编《中国民间故事集成》（云南卷），北京：中国ISBN中心2003年版，第40页。

W0208. 18. 1. 2

俄玛是最高最大的天神

实 例

哈尼族 烟罗神殿的中央，放着一把金椅，上面坐着最高最大的天神俄玛。

【流传】 云南省·（红河哈尼族彝族自治州）·元阳（元阳县）、红河（红河县）、金平（金平苗族瑶族傣族自治县）［采集于元阳县·胜村乡·全福庄］

【出处】 卢朝贵讲，史军超搜集整理：《神和人的家谱》，原载云南省民间文学集成办公室编《哈尼族神话传说集成》，中国民间文艺出版社1990年版，见姚宝瑄主编《中国各民族神话》（哈尼族、傣族），太原：山西出版传媒集团·书海出版社2014年版，第39页。

W0208. 18. 2

天神梅烟

实 例

哈尼族 最高天神阿正梅烟的孙子沙拉。

【流传】 云南省·（红河哈尼族彝族自治州·元阳县·攀枝花乡·硐蒲寨）

【出处】 朱小和讲，史军超搜集整理：《永生不死的姑娘》，原载《哈尼族神话传说集成》，见陶阳、钟秀编《中国神话》（下），北京：商务印书馆2008年版，第1095～1099页。

W0208.18.3

天神阿波摩米（天神摩密）

实　例

哈尼族 天神摩密。

【流传】（无考）

【出处】《尝新先喂狗的由来》，见《中国各民族宗教与神话大词典》编审委员会编《中国各民族宗教与神话大词典》，北京：学苑出版社 1990 年版，第 174 页。

W0208.18.3.1

天神摩咪化身为鸟

实　例

哈尼族 天神摩咪化身为鸟。

【流传】云南省·（红河哈尼族彝族自治州）·红河县

【出处】赵呼础讲，李期博采录：《杀鱼取种》，见中国民间文学集成全国编辑委员会编《中国民间故事集成》（云南卷），北京：中国 ISBN 中心 2003 年版，第 173 页。

W0208.19

哈萨克族神话中的天神

实　例

（参见下级母题实例）

W0208.19.1

天神迦萨甘

【关联】［W0426.4.2］创世主迦萨甘（腾格里）

实　例

（参见下级母题实例）

W0208.19.1.1

天神迦萨甘则是众神之首

实　例

哈萨克族 天神迦萨甘则是众神之首，当作最高的神祇被顶礼膜拜。

【流传】新疆维吾尔自治区哈萨克族居住地区

【出处】《迦萨甘创世》，斯丝据别克苏勒坦、佟中明撰写的《哈萨克族宗教与神话》改写，见姚宝瑄主编《中国各民族神话》（乌孜别克族、哈萨克族、柯尔克孜族、俄罗斯族、维吾尔族、塔吉克族、塔塔尔族、锡伯族），太原：山西出版传媒集团·书海出版社 2014 年版，第 25～26 页。

W0208.20

汉族神话中的天神

【关联】［W0228.4.1］昊天上帝

实　例

（参见下级母题实例）

W0208.20.1

天神太一

【关联】

①［W0204a］太一

②［W0204a.3.1］太一是天神

实　例

汉族 （实例待考）

W0208. 20. 2

天神黎

【关联】［W0973. 1. 2］“重”管天，“黎”管地

实例

（参见下级母题实例）

W0208. 20. 2. 1

天神黎是个老实疙瘩

实例

汉族 天神黎是个老实疙瘩。

【流传】陕西省·（榆林市）·绥德县·白家界乡（白家硷乡）·海满坪村

【出处】杨进山讲，刘汉腾采录：《黎民百姓和九重天》，见中国民间文学集成全国编辑委员会编《中国民间故事集成》（陕西卷），北京：中国 ISBN 中心 1996 年版，第 3 页。

W0208. 20. 3

天神重

实例

（参见下级母题实例）

W0208. 20. 3. 1

天神重鬼心眼儿多

【关联】［W0085. 7］神性格机灵（机智的神）

实例

汉族 天神重鬼心眼儿多，留在天上。

【流传】陕西省·（榆林市）·绥德县·白家界乡（白家硷乡）·海满坪村

【出处】杨进山讲，刘汉腾采录：《黎民百姓和九重天》，见中国民间文学集成全国编辑委员会编《中国民间故事集成》（陕西卷），北京：中国 ISBN 中心 1996 年版，第 3 页。

W0208. 20. 4

天神咸池

实例

汉族 哀人事之不幸兮，属天命而委之咸池。咸池，天神也。

【流传】（无考）

【出处】

(a)《楚辞·七谏·自悲》王逸注。

(b)《咸池》，见袁珂《中国神话大词典》，北京：华夏出版社 2015 年版，第 222 页。

W0208. 20. 5

天神穷奇

实例

（参见下级母题实例）

W0208.20.5.1

天神穷奇在北方道，足乘两龙，其形如虎

实 例

汉族 穷奇，天神也。在北方道，足乘两龙，其形如虎也。

【流传】（无考）

【出处】［西汉］淮南王刘安及门客：《淮南子·地形训》高诱注。

W0208.20.6

天神皋稽

实 例

（参见下级母题实例）

W0208.20.6.1

阊阖风生皋稽

实 例

汉族 “皋稽，阊阖风之所生也。”高诱注：“皋稽，天神也；兑为阊阖风。”

【流传】（无考）

【出处】［西汉］淮南王刘安及门客：《淮南子·地形训》高诱注。

W0208.20.7

天神诸稽、摄提

实 例

（参见下级母题实例）

W0208.20.7.1

条风生诸稽、摄提（东北风生诸稽、摄提）

实 例

汉族 诸稽、摄提（高诱注：诸稽、摄提为天神之名），条风（即东北风）之所生也。

【流传】（无考）

【出处】

（a）［西汉］淮南王刘安及门客：《淮南子·地形训》。

（b）《条风》，见袁珂《中国神话大词典》，北京：华夏出版社 2015 年版，第 166 页。

W0208.20.8

天神贰负

实 例

（参见下级母题实例）

W0208.20.8.1

天神贰负蛇身人脸

实 例

汉族 有个蛇身人脸的天神叫贰负。

【流传】（无考）

【出处】袁珂重述：《宇宙的最高统治者——黄帝》，原载袁珂《神话故事新编》，见陶阳、钟秀编《中国神话》（中），北京：商务印书馆 2008 年版，第 805～807 页。

W0208. 21

赫哲族神话中的天神

实 例

（参见下级母题实例）

W0208. 21. 1

天神伏尤亥玛法

实 例

赫哲族 天神“伏尤亥玛法”。

【流传】（无考）

【出处】《赫哲族的宗教与神话》，见《中国各民族宗教与神话大词典》编审委员会编《中国各民族宗教与神话大词典》，北京：学苑出版社1990年版，第307页。

W0208. 22

回族神话中的天神

实 例

（实例待考）

W0208. 23

基诺族神话中的天神

实 例

（实例待考）

W0208. 24

京族神话中的天神

实 例

（实例待考）

W0208. 25

景颇族神话中的天神

实 例

（参见下级母题实例）

W0208. 25. 1

天神番瓦能桑

实 例

景颇族 （实例待考）

W0208. 25. 2

天神木代

实 例

（参见下级母题实例）

W0208. 25. 2. 1

老幺木代天神权力最大

【关联】［W0122］至高无上的神（最高神）

实 例

景颇族 创始祖和造物母孕育诸天神中，以老幺木代天神权力最大。

【流传】云南省·（德宏傣族景颇族自治州）·盈江县支丹山吾寨

【出处】萧家成译著：《勒包斋娃——景颇族创世史诗》，北京：民族出版社1992年版，第6页。

W0208.26
柯尔克孜族神话中的天神

实 例

（实例待考）

W0208.27
拉祜族神话中的天神

实 例

（参见下级母题实例）

W0208.27.1
天神厄莎①

实 例

拉祜族 天神厄莎创造人类。

【流传】云南省·（普洱市）·澜沧县（澜沧拉祜族自治县）、孟连县（孟连傣族拉祜族佤族自治县），（临沧市）·双江县（双江拉祜族佤族布朗族傣族自治县）等

【出处】

（a）刘辉豪整理：《牡帕密帕》，见陶阳、牟钟秀著《中国创世神话》，上海：上海人民出版社2006年版，第95页。

（b）《神人斗法》，见高明强编《创世的神话和传说》，上海：上海三联书店1988年版，第59页。

（c）《扎迪娜迪》、《寻找葫芦》、《拉祜族的祖先》，见云南省民族事务委员会编《拉祜族文化大观》，昆明：云南民族出版社1999年版，第178页。

W0208.27.1.1
世界之初只有天神厄雅莎雅

实 例

拉祜族 世界之初只有天神厄雅莎雅［厄雅莎雅：在古唱词中，常常两两对应出现，似指一对男神（厄雅）、女神（莎雅），习惯上即称天神“厄莎”］。

【流传】云南省·（普洱市）·澜沧县（澜沧拉祜族自治县）

【出处】胡札克讲，雷波采录：《厄雅莎雅造天地》，见中国民间文学集成全国编辑委员会编《中国民间故事集成》（云南卷），北京：中国ISBN中心2003年版，第47页。

W0208.27.2
天神叫鬼谷子

实 例

拉祜族 天神叫鬼谷子。

【流传】云南省·（普洱市）·镇沅（镇沅彝族哈尼族拉祜族自治县）

【出处】何正才讲，郑显文整理：《彩虹的由来》，见中华民族故事大系编委会编《中华民族故事大系》第8卷（畲族、高山族、拉祜族），上海：上

① 天神厄莎，“厄莎”在有的神话文本中又译作“厄霞”、“厄雅”、“厄霞”等，在不同的神话文本中有的说是“父母神”，有的说是“天神”。

海文艺出版社 1995 年版，第 778 页。

W0208. 27. 3

天神扎多、娜多

实 例

拉祜族 （参见“W0090. 2. 1. 1. 1 天神经过一万零一千年才长大”母题实例）

W0208. 28

黎族神话中的天神

实 例

（实例待考）

W0208. 29

傈僳族神话中的天神

实 例

（参见下级母题实例）

W0208. 29. 1

天神木布帕

实 例

傈僳族 天神木布帕走得快，一天能绕天转一圈。

【流传】（a）云南省·（怒江傈僳族自治州）·泸水县

【出处】

（a）胡贵讲，刘辉豪采录：《木布帕造天地人》，见中国民间文学集成全国编辑委员会编《中国民间故事集成》（云南卷），北京：中国 ISBN 中心 2003 年版，第 42 页。

（b）刘辉豪、胡贵搜集整理：《天、地、人的形成》，见谷德明编《中国少数民族神话》，北京：中国民间文艺出版社 1987 年版，第 370 页。

W0208. 29. 1. 1

木布帕力气巨大

【关联】［W0086. 2. 1. 1］天神木布帕能抬几架大山重的东西

实 例

傈僳族 （参见“W0086. 2. 1. 1 天神木布帕能抬几架大山重的东西”母题实例）

【流传】（无考）

【出处】

傈僳族 天神木布帕力气大，一个人能抬几架大山重的东西。他走得快，一天能绕天转一圈。

【流传】（无考）

【出处】刘辉豪等：《天、地、人的由来》，见祝发清、左玉堂、尚仲豪编《傈僳族民间故事选》，上海：上海文艺出版社 1985 年版，第 1 ~3 页。

W0208. 29. 1. 2

木布帕勤劳能干

【关联】［W0208. 29. 1. 1］木布帕力气巨大

实 例

傈僳族 天上有个勤劳能干的天神，叫木布帕。

【流传】(无考)
【出处】刘辉豪等:《天、地、人的由来》,见祝发清、左玉堂、尚仲豪编《傈僳族民间故事选》,上海:上海文艺出版社 1985 年版,第 1~3 页。

傈僳族 很古的时候,天上有个非常勤劳能干的天神,他的名字叫木布帕。
【流传】云南省·(怒江傈僳族自治州)·碧江县(1986 年撤销县制,归入福贡县等)、泸水县
【出处】
(a)《木布帕捏地球》(原题为《天·地·人的形成》),原载祝发清、左玉堂、尚仲豪编《傈僳族民间故事选》,上海文艺出版社 1985 年版。
(b)同(a),见姚宝瑄主编《中国各民族神话》(水族、布朗族、独龙族、基诺族、傈僳族),太原:山西出版传媒集团·书海出版社 2014 年版,第 187 页。

W0208.29.3
天神 Makwa

实 例

(参见下级母题实例)

W0208.29.3.1
天神 Makwa 救苦救难

实 例

傈僳族 在有危险或困难之时,他们祭献 Makwa 天神,因为他能救苦救难。
【流传】中缅交界一带
【出处】[英]罗斯、克金白兰恩:《中缅交界之傈僳》,原载陶云逵《碧罗雪山之傈僳族》,见国立中央研究院《历史语言研究所集刊》第 17 本,商务印书馆民国三十七年(1948),第 394~395 页。

W0208.30
珞巴族神话中的天神

实 例

(参见下级母题实例)

W0208.30.1
天神亚西工姆

实 例

珞巴族 (实例待考)

W0208.30.2
天神奥尼和桑达

实 例

(参见下级母题实例)

W0208.30.2.1
慈悲的天神奥尼和桑达夫妇住在天庭的河边

实 例

珞巴族 一对慈悲的天神奥尼和桑达老两口,住在天庭的河边。
【流传】西藏自治区·林芝市·墨脱县·背崩乡、甘登乡、墨脱乡[讲述地点:墨脱县·墨脱乡·布姆村]

【出处】朗措、仁增讲：《天神造人》（1957. 07），见冀文正《珞巴族民间故事》，成都：四川民族出版社 2011 年版，第 12 页。

W0208. 31
满族神话中的天神

实 例

（参见下级母题实例）

W0208. 31. 1
天神阿布卡恩都里[1]

实 例

满族 天神阿布卡都里

【流传】（无考）

【出处】

（a）富育光：《萨满教与神话》，辽宁大学出版社 1990 年版。

（b）《用泥土造人和造万物的传说》，见王士媛等编《鄂温克族民间故事》，上海：上海文艺出版社 1995 年版。

W0208. 31. 1. 1
天神阿布卡恩都里创造并主宰世界

实 例

满族 天神阿布卡恩都里创造并主宰世界。

【流传】（无考）

【出处】《天神创世》，见谷德明编《中国少数民族神话》，北京：中国民间文艺出版社 1987 年版，第 1 页。

W0208. 31. 1. 2
阿布卡恩都里的小女儿白云格格

实 例

满族 天神阿布卡恩都里的小女儿白云格格帮助人类。

【流传】（无考）

【出处】孙玉清讲，王惠立搜集：《白云格格》，见《满族民间故事选》，上海：上海文艺出版社 1983 年版。

W0208. 31. 1. 3
天神阿布卡恩都里至高无上

实 例

满族 天神阿布卡恩都里至高无上。

【流传】（无考）

【出处】傅英仁讲，余金整理：《天神创世》，见《满族民间故事选》，上海：上海文艺出版社 1983 年版。

满族 至高无上的天神阿布卡恩都里。

【流传】（无考）

【出处】《天神创世》，见姚宝瑄主编《中国各民族神话》（满族、赫哲族、朝鲜族），太原：山西出版传媒集

---

[1] 天神阿布卡恩都里，“阿布卡恩都里”在有的神话文本中又译作“阿不凯恩都里”、“阿不卡恩都力”等。

团·书海出版社 2014 年版，第 15 ~ 16 页。

W0208.31.1.4

天神阿布卡恩都力发洪水毁掉大地

实 例

满族 阿布卡恩都力（天神）要毁掉地上的欢乐，发洪水毁灭大地。

【流传】 黑龙江沿岸，黑龙江省·（黑河市）·孙吴县、瑷珲县（爱辉区）

【出处】 赵瞎子、富郭氏等讲，育光搜集整理：《白云格格》，原载育光编《七彩神火》，见陶阳、钟秀编《中国神话》（中），北京：商务印书馆 2008 年版，第 763 ~ 767 页。

W0208.31.1.5

天神阿不凯恩都哩惧怕黑铁牛

实 例

满族 天神阿不凯恩都哩素来对黑铁牛有些惧怕，不敢轻易得罪。

【流传】（无考）

【出处】《托阿恩都哩》，原载傅英仁编《满族神话故事》，见陶阳、钟秀编《中国神话》（下），北京：商务印书馆 2008 年版，第 1136 ~ 1141 页。

W0208.31.2

天神巴依尤勒干

实 例

（参见下级母题实例）

W0208.31.2.1

最高无上的天神巴依尤勒干

【关联】［W0198.4.2.1］最高无上的天神巴依尤勒干住大地的肚脐上枞树的树梢顶上

实 例

满族 大地的肚脐上一棵最高最大的枞树，树梢顶上住着最高无上的天神巴依尤勒干。

【流传】 阿尔泰语系民族

【出处】 乌丙安：《满族神话探索——天地层、地震鱼、世界树》，见袁珂主编《中国神话》第 1 集，北京：中国民间文艺出版社 1987 年版，第 41 页。

W0208.31.3

天神尼桑萨满

实 例

（参见下级母题实例）

W0208.31.3.1

天神尼桑萨满乘白马负弓箭

实 例

鄂温克族 天神尼桑萨满乘白马、负弓箭自日出处来

【流传】（无考）

【出处】 袁珂改编：《神龟撑天》，原载毛星主编《中国少数民族文学》（中

册），见袁珂《中国神话大词典》，北京：华夏出版社 2015 年版，第 581 页。

W0208. 31. 4

老天神佛赫恩都哩

实 例

满族 天神阿不凯恩都哩经常到上一层天去向老天神佛赫恩都哩（女）讨教。

【流传】黑龙江省·（牡丹江市）·宁安县·宁安镇

【出处】关振川讲，傅英仁采录：《阿不凯恩都哩创世》，见中国民间文学集成全国编辑委员会编《中国民间故事集成》（黑龙江卷），北京：中国 ISBN 中心 2005 年版，第 17 ~ 18 页。

W0208. 32

毛南族神话中的天神

实 例

（实例待考）

W0208. 33

门巴族神话中的天神

实 例

（参见下级母题实例）

W0208. 33. 1

天神旺秋钦布

实 例

（参见下级母题实例）

W0208. 33. 1. 1

天神旺秋钦布的儿子只有生殖器，没有身子

实 例

门巴族 天神旺秋钦布有个儿子，只有生殖器，没有身子。

【流传】西藏自治区·（林芝市）·墨脱县·加热沙区

【出处】伊西平措讲，于乃昌等整理：《房脊神》，见《门巴族民间故事》：http：//www. tibet - web. com/old/minjian/ync/gushi/mulu. htm，2003. 10. 02。

W0208. 34

蒙古族神话中的天神

实 例

（参见下级母题实例）

W0208. 34. 1

天神吉雅琦

实 例

蒙古族 天神吉雅琦。

【流传】青海省·海西蒙古族藏族自治州·格尔木市·乌图美仁乡

【出处】那文讲：《人的胫骨和肘骨》，见中国民间文学集成全国编辑委员会编《中国民间故事集成》（青海卷），北京：中国 ISBN 中心 2007 年版，第 20 页。

W0208.34.2

汗·霍尔穆兹达天神

实 例

（参见下级母题实例）

W0208.34.2.1

汗·霍尔穆兹达天神有3个称王的弟弟

实 例

蒙古族 汗·霍尔穆兹达天神有三位为王的弟弟。

【流传】（无考）

【出处】拉·胡日查巴特尔著，A. 图门译，苏鲁格校订：《哈腾根十三家神祭祀》（蒙文版），内蒙古文化出版社1986年版，第59~63页，见吕大吉、何耀华总主编《中国各民族原始宗教资料集成》（鄂伦春族卷、鄂温克族卷、赫哲族卷、达斡尔族卷、锡伯族卷、满族卷、蒙古族卷、藏族卷），北京：中国社会科学出版社1999年版，第631页。

W0208.34.2.2

汗·霍尔穆兹达天神的父亲马拉干·巴拜，母亲余日垦

实 例

蒙古族 汗·霍尔穆兹达天神的父亲是：威坐九重天之顶，从七角楼降下的父亲——马拉干·巴拜。汗·霍尔穆兹达天神的母亲是：余日垦。

【流传】（无考）

【出处】拉·胡日查巴特尔著，A. 图门译，苏鲁格校订：《哈腾根十三家神祭祀》（蒙文版），内蒙古文化出版社1986年版，第59~63页，见吕大吉、何耀华总主编《中国各民族原始宗教资料集成》（鄂伦春族卷、鄂温克族卷、赫哲族卷、达斡尔族卷、锡伯族卷、满族卷、蒙古族卷、藏族卷），北京：中国社会科学出版社1999年版，第631页。

W0208.35

苗族神话中的天神

实 例

（参见下级母题实例）

W0208.35.1

天神列老列格米·爷觉朗努

实 例

苗族 天神列老列格米·爷觉朗努为人类留下人种。

【流传】云南省·（曲靖市）·宣威市

【出处】张树成等讲，张绍祥采录：《洪水漫天下》，见中国民间文学集成全国编辑委员会编《中国民间故事集成》（云南卷），北京：中国ISBN中心2003年版，第196页。

W0208. 35. 1. 1
天神列老列格米·爷觉朗努造万物

实 例

苗族 天神列老列格米·爷觉朗努造万物。

【流传】云南省·（曲靖市）·宣威县

【出处】苏正学讲，张绍祥采录：《人蜕皮》，见中国民间文学集成全国编辑委员会编《中国民间故事集成》（云南卷），北京：中国 ISBN 中心 2003 年版，第 282 页。

W0208. 35. 2
天神“莎”

实 例

（参见下级母题实例）

W0208. 35. 2. 1
“莎”是万能的天神

实 例

苗族 洪水时，咪彩（姑娘）跨着的金凤急得高声啼鸣，惊动了万能的天神“莎”。

【流传】云南省

【出处】

（a）石青、刘本荣搜集整理：《白葫芦花》，见李子贤编《云南少数民族神话选》，昆明：云南人民出版社 1990 年版。

（b）同（a），见姚宝瑄主编《中国各民族神话》（布依族、仡佬族、苗族），太原：山西出版传媒集团·书海出版社 2014 年版，第 253 页。

W0208. 36
仫佬族神话中的天神

实 例

（实例待考）

W0208. 37
纳西族神话中的天神

实 例

（参见下级母题实例）

W0208. 37. 1
天神阿普

【关联】［W0659. 2. 3. 4］祖先是天神牟里注阿普

实 例

纳西族 （实例待考）

W0208. 38
怒族神话中的天神

实 例

（参见下级母题实例）

W0208. 38. 1
天神讷拉格波

实 例

怒族 天神讷拉格波。

【流传】云南省·（怒江傈僳族自治州）·贡山（贡山独龙族怒族自治县）

【出处】庚松等讲，彭兆清整理：《创世记》，见中华民族故事大系编委会编《中华民族故事大系》第14卷（普米族、塔吉克族、怒族、俄罗斯族、鄂温克族），上海：上海文艺出版社1995年版，第515页。

W0208.38.1.1

讷拉格波天神造动物

实 例

怒族 讷拉格波天神造飞禽走兽。

【流传】云南省·（怒江傈僳族自治州）·贡山县（贡山独龙族怒族自治县）

【出处】彭兆清提供：《创世纪》，见攸延春《怒族文学史》，昆明：云南民族出版社2003年版，第18~20页。

W0208.38.2

天神腊普和亚妞

实 例

（参见下级母题实例）

W0208.38.2.1

天神腊普和亚妞降人间

实 例

怒族 天神腊普和亚妞降到人间。

【流传】（无考）

【出处】赛阿局讲，光付益翻译，吴广甲记录，陈荣祥整理：《腊普和亚妞》，载《山茶》1983年第3期。

W0208.39

普米族神话中的天神

实 例

（实例待考）

W0208.40

羌族神话中的天神

实 例

（参见下级母题实例）

W0208.40.1

天神迪

实 例

羌族 天神迪。

【流传】四川省·（阿坝藏族羌族自治州）·茂汶（茂汶羌族自治县，今归属茂县）

【出处】郑友富等讲，王康等搜集：《人是咋个来的》，见中华民族故事大系编委会编《中华民族故事大系》第11卷（达斡尔族、仫佬族、羌族），上海：上海文艺出版社1995年版，第638页。

W0208.40.2

天神木巴

实 例

羌族 木巴（天神）封死去的两个能干的兄弟为地方神。称罗和二王。

【流传】四川省·（阿坝藏族羌族自治州）·茂县·较场乡

【出处】肖德升讲，罗世泽采录：《歧山大王和罗和二王》，见中国民间文学集成全国编辑委员会编《中国民间故事集成》（四川卷·下），北京：中国ISBN中心1998年版，第1127页。

羌族 天神木巴。

【流传】四川省·（阿坝藏族羌族自治州）·汶川（汶川县）

【出处】陈兴云讲，蓝寿清等搜集：《山和树的来历》，见中华民族故事大系编委会编《中华民族故事大系》第11卷（达斡尔族、仫佬族、羌族），上海：上海文艺出版社1995年版，第659页。

W0208. 40. 3

天神木比塔

实 例

羌族 天神木比塔的三姑娘叫木姐。

【流传】（无考）

【出处】林朝山讲，白明整理：《木姐天女的女儿》，见姚宝瑄主编《中国各民族神话》（羌族、彝族），太原：山西出版传媒集团·书海出版社2014年版，第5页。

W0208. 40. 3. 1

天神阿巴木比塔

实 例

羌族 天神阿巴木比塔。

【流传】四川省·（阿坝藏族羌族自治州）·汶川（汶川县）

【出处】罗世泽讲，周礼明翻译：《羊角姻缘》，见中华民族故事大系编委会编《中华民族故事大系》第11卷（达斡尔族、仫佬族、羌族），上海：上海文艺出版社1995年版，第643页。

W0208. 40. 3. 2

天王木比达

实 例

羌族 （参见“W0225. 1. 6. 1 木吉卓是天王木比达的三公主”母题实例）

W0208. 40. 4

天神又称碉碉神

实 例

羌族 当地羌民每家房顶亦砌有一石碉，仅供天神，又称碉碉神。

【流传】四川省·（阿坝藏族羌族自治州）·茂汶县（今茂县）·渭门乡·永和大队（今永和乡）

【出处】钱安靖：《茂汶县渭门乡永和大队羌族宗教习俗调查》（1983. 07. 05），见吕大吉、何耀华总主编《中国各民族原始宗教资料集成》（纳西族卷、羌族卷、独龙族卷、傈僳族卷、怒族卷），北京：中国社会科学出版社2000年版，第476页。

W0208.40.5

天神称玉皇

实 例

羌族 “马必且”，为羌人崇奉的最大天神，汉话称玉皇。

【流传】四川省·（阿坝藏族羌族自治州）·汶川县·龙溪乡·阿尔大队（阿尔村）

【出处】

(a) 钱安靖：《羌族宗教习俗调查资料》（三），见羌族社会历史调查四川省编写组编《羌族社会历史调查》，成都：四川省社会科学出版社1985年版。

(b) 《汶川县龙溪乡羌族端公经典简介》，见吕大吉、何耀华总主编《中国各民族原始宗教资料集成》（纳西族卷、羌族卷、独龙族卷、傈僳族卷、怒族卷），北京：中国社会科学出版社2000年版，第471页。

W0208.40.6

白云石为最高的天神

实 例

羌族 （参见“W0056.1.3.1 白云石为武器战胜敌人遂奉白云石神”母题实例）

W0208.41

撒拉族神话中的天神

实 例

（实例待考）

W0208.42

畲族神话中的天神

实 例

（实例待考）

W0208.43

水族神话中的天神

实 例

（实例待考）

W0208.43.1

天神伢俣

实 例

水族 （实例待考）

W0208.44

塔吉克族神话中的天神

实 例

（实例待考）

W0208.45

塔塔尔族神话中的天神

实 例

（实例待考）

W0208.46

土家族神话中的天神

实 例

（参见下级母题实例）

W0208.46.1

天上的大神墨特巴

实 例

土家族 天上的大神墨特巴叫来了张古老和李古老补天修地。

【流传】四川省·秀山县（今重庆市·秀山土家族苗族自治县）·海洋乡

【出处】彭国然讲，李绍明采录：《依罗娘娘造人》，见中国民间文学集成全国编辑委员会编《中国民间故事集成》（四川卷·下），北京：中国ISBN中心1998年版，第1211页。

W0208.47

土族神话中的天神

实 例

（实例待考）

W0208.48

佤族神话中的天神

实 例

（参见下级母题实例）

W0208.48.1

天神努阿

实 例

佤族 （实例待考）

W0208.48.2

天神木依吉[①]

实 例

佤族 （实例待考）

W0208.49

维吾尔族神话中的天神

实 例

（实例待考）

W0208.50

乌孜别克族神话中的天神

实 例

（实例待考）

W0208.51

锡伯族神话中的天神

实 例

（参见下级母题实例）

① 天神木依吉，“木依吉”在有的神话文本中又译作“梅吉”、“莫伟”等。

W0208.51.1

天神阿布凯厄真

实 例

锡伯族 天神阿布凯厄真。

【流传】新疆维吾尔自治区·伊犁州（伊犁哈萨克自治州）·察布查尔（察布查尔锡伯自治县）

【出处】彭德翻译，忠录整理：《老鼠、蛇、蚊子、燕子和人》，见中华民族故事大系编委会编《中华民族故事大系》第13卷（仡佬族、锡伯族、阿昌族），上海：上海文艺出版社1995年版，第421页。

W0208.51.2

阿布卡·恩杜里

实 例

锡伯族 天有天神，称“阿布卡·恩杜里”。

【流传】（无考）

【出处】

（a）佟克力：《锡伯族历史与文化》，乌鲁木齐：新疆人民出版社1989年版，第176～177页。

（b）《天祟拜》，见吕大吉、何耀华总主编《中国各民族原始宗教资料集成》（鄂伦春族卷、鄂温克族卷、赫哲族卷、达斡尔族卷、锡伯族卷、满族卷、蒙古族卷、藏族卷），北京：中国社会科学出版社1999年版，第395页。

W0208.52

瑶族神话中的天神

实 例

瑶族 （实例待考）

W0208.53

彝族神话中的天神

实 例

（参见下级母题实例）

W0208.53.1

更资天神[①]

实 例

彝族 天神更资把树生的四个男的封为四神。

【流传】云南省·（楚雄彝族自治州）·永仁县

【出处】

（a）曲木阿石等讲，罗有能整理：《更资天神》，见云南省楚雄州文教局、云南省楚雄州民委会编《楚雄民间文学资料》，内部资料，1979年。

（b）同（a），见姚宝瑄主编《中国各民族神话》（羌族、彝族），太原：山西出版传媒集团·书海出版社2014

① 更资天神，“更资”在不同的彝族神话中又译作“策耿纪”、“恩梯古资”、“恩体谷兹”、“额梯古自”、“体古兹”、“陈根子”、“根兹”、“格兹”、“扯沟兹”等。在此不再单独母题编码。

年版，第 179 页。

彝族 天神叫恩体谷兹。

【流传】

(a) 四川省·（凉山彝族自治州）·昭觉县

(b) 四川省·（雅安市）·石棉县·栗子坪彝族乡

【出处】

(a) 沈伍己讲，邹志诚采录：《洪水漫天地》，见中国民间文学集成全国编辑委员会编《中国民间故事集成》（四川卷·下），北京：中国 ISBN 中心 1998 年版，第 756 页。

(b) 安占云讲，罗向如翻译采录：《洪水漫天地》，见中国民间文学集成全国编辑委员会编《中国民间故事集成》（四川卷·下），北京：中国 ISBN 中心 1998 年版，第 763 页。

W0208. 53. 1. 1

更资天神的母亲蒲依

【关联】

① ［W0192. 4. 1. 1］格兹天神慈悲

② ［W0202. 0. 1. 1］最高神更资天神的母亲不是人、神、动植物，而是一股气

实 例

彝族 蒲依是天神“更资”的母亲。

【流传】云南省·（楚雄彝族自治州）·永仁县

【出处】

(a) 曲木阿石等讲，罗有能整理：《更资天神》，见云南省楚雄州文教局、云南省楚雄州民委会编《楚雄民间文学资料》，内部资料，1979 年。

(b) 同（a），见姚宝瑄主编《中国各民族神话》（羌族、彝族），太原：山西出版传媒集团·书海出版社 2014 年版，第 182 页。

W0208. 53. 2

天君策举祖

实 例

彝族 （实例待考）

W0208. 53. 3

天神米姑鲁

实 例

（参见下级母题实例）

W0208. 53. 3. 1

天神米姑鲁管天上的日月星

实 例

彝族 米姑鲁为天神，管天上的日月星。

【流传】贵州省·（毕节市）·威宁县（威宁彝族回族苗族自治县）

【出处】王海清讲，石磊采录：《诸神争大》，见中国民间文学集成全国编辑委员会编《中国民间故事集成》（贵州卷），北京：中国 ISBN 中心 2003 年，第 28 页。

W0208.53.4
天神阿格耶

实 例

彝族 （实例待考）

W0208.53.5
天神阿俄署布

实 例

（参见下级母题实例）

W0208.53.5.1
天神阿俄署布造生物

实 例

彝族 天神阿俄署布创造生物。

【流传】（无考）

【出处】《勒俄特依》，见云南省民族事务委员会编《彝族文化大观》，昆明：云南民族出版社 1999 年版，第 324 页。

W0208.53.6
天神阿罗德

实 例

（参见下级母题实例）

W0208.53.6.1
天神阿罗德的女儿阿录茵

实 例

彝族 天神阿罗德女儿阿录茵。

【流传】（无考）

【出处】《阿录茵造天地》，见云南省民族事务委员会编《彝族文化大观》，昆明：云南民族出版社 1999 年版，第 320 页。

W0208.53.7
天神吾安普

实 例

彝族 （实例待考）

W0208.54
裕固族神话中的天神

实 例

（实例待考）

W0208.55
藏族神话中的天神

实 例

（参见下级母题实例）

W0208.55.1
天神夏都

实 例

（参见下级母题实例）

W0208.55.1.1
最早出现的蚂蚁变成天神夏都

实 例

藏族 天地间最早出现的蚂蚁变成了

天神夏都。

【流传】四川省·（阿坝藏族羌族自治州）·若尔盖（若尔盖县）·求吉乡·下王则村

【出处】大夺戈讲，阿强等采录：《开天辟地》，见中国民间文学集成全国编辑委员会编《中国民间故事集成》（四川卷·下），北京：中国 ISBN 中心 1998 年版，第 933 页。

W0208. 55. 2

天上的神仙木里纳普

实 例

（参见下级母题实例）

W0208. 55. 2. 1

木里纳普有利庐科烦、从恩利恩两个儿子

【关联】［W0659. 2. 3. 1］人祖利恩（人祖从忍利恩）

实 例

藏族 木里纳普是天上的神仙，但却有两个儿子在人间，一个叫利庐科烦，一个叫从恩利恩。

【流传】（四川省·凉山彝族自治州·木里藏族自治县）

【出处】英扎茨里讲述，刘龙初整理：《从恩利恩》，原载四川省民间文学集成办公室编《中国民间故事集成·木里藏族自治县卷》，1989 年，见吕大吉、何耀华总主编《中国各民族原始宗教资料集成》（鄂伦春族卷、鄂温克族卷、赫哲族卷、达斡尔族卷、锡伯族卷、满族卷、蒙古族卷、藏族卷），北京：中国社会科学出版社 1999 年版，第 940 页。

W0208. 55. 3

天老爷罗拉甲伍

实 例

藏族 人们谁也没看见绷天绷地的一男一女是什么样子，大家就把那个绷天的罗拉甲伍叫天神“天老爷”。

【流传】四川省白马藏族地区

【出处】扎嘎才让、小石桥、顶专讲，谢世廉、周善华、姜志成、周贡中搜集：《绷天绷地》，见姚宝瑄主编《中国各民族神话》（门巴族、珞巴族、怒族、藏族），太原：山西出版传媒集团·书海出版社 2014 年版，第 79 页。

藏族（白马） 天老爷罗拉甲伍造天。

【流传】四川省

【出处】扎嘎才让、小石桥、顶专讲述，谢世廉、周益华、姜志成、周贤中搜集：《天、地、人的起源》，原载中国民间文艺研究会四川分会编《四川白马藏族民间文学资料集》，见陶阳、钟秀编《中国神话》（上），北京：商务印书馆 2008 年版，第 35 ~ 37 页。

W0208. 56

壮族神话中的天神

实 例

（参见下级母题实例）

W0208.56.1
天神紫薇大帝

实 例

壮族 （实例待考）

W0208.57
与天神名称有关的其他母题

实 例

（参见下级母题实例）

W0208.57.1
天神老爷爷

实 例

壮族 天神老爷爷在昆仑山上。

【流传】广西壮族自治区·（河池市）·都安县（都安瑶族自治县）·雅龙乡·竹山村

【出处】韦汉斌讲，黄大荣采录翻译：《特火请太阳》，见中国民间文学集成全国编辑委员会编《中国民间故事集成》（广西卷），北京：中国ISBN中心2001年版，第40页。

W0208.57.2
天神统称为父亲

实 例

彝族（白彝、黑彝、干彝、阿乌、撒尼等）

“天神”统称为父亲。

【流传】云南省·曲靖（曲靖市）

【出处】蔡家麒：《云南曲靖地区彝族调查》，见吕大吉、何耀华总主编《中国各民族原始宗教资料集成》（彝族卷、白族卷、基诺族卷），北京：中国社会科学出版社1996年版，第125页。

W0208.57.3
无名天神

实 例

（参见下级母题实例）

W0208.57.3.1
无名天神像牛、八只足、两个脑袋、马的尾巴

实 例

汉族 （参见“W0208.57.3.2 无名天神出现在哪里，哪里就发生战争”母题实例）

W0208.57.3.2
无名天神出现在哪里，哪里就发生战争

实 例

汉族 住在瑶水的形状像牛、八只足、两个脑袋、马的尾巴的无名天神，他出现在哪里，哪里就会发生可怕的战争。

【流传】（无考）

【出处】《共工怒触不周山》，原载袁珂编译《中国神话故事》，见陶阳、钟

秀编《中国神话》（中），北京：商务印书馆2008年版，第721～723页。

W0208. 57. 4

宇宙之神（宇宙神）

【关联】［W0203. 1. 4］三公主是宇宙之神

实 例

柯尔克孜族 宇宙之神创造了七层大地和世间万物。

【流传】新疆维吾尔自治区·柯尔克孜地区（克孜勒苏柯尔克孜自治州）

【出处】《火神》，斯丝根据多里昆·吐尔地、阿地力·朱玛吐尔地撰写的《柯尔克孜族宗教与神话》改写，见姚宝瑄主编《中国各民族神话》（乌孜别克族、哈萨克族、柯尔克孜族、俄罗斯族、维吾尔族、塔吉克族、塔塔尔族、锡伯族），太原：山西出版传媒集团·书海出版社2014年版，第146页。

W0209

与天神有关的其他母题

实 例

（参见下级母题实例）

W0209. 0

天神的成长（天神的经历）

实 例

（参见下级母题实例）

W0209. 0. 1

天神10万年发育成熟

实 例

傣族 英叭召（最早的天神）诞生十万年后，发育成熟。

【流传】（无考）

【出处】《开天辟地》，见谷德明编《中国少数民族神话》，北京：中国民间文艺出版社1987年版，第341页。

W0209. 1

天神与祖先合一

实 例

纳西族 （实例待考）

W0209. 2

天神与佛祖合一（神佛合一）

【关联】［W0787］佛祖

实 例

（参见下级母题实例）

W0209. 2. 1

天神保如很把格西是佛师

实 例

鄂温克族 天神保如很把格西（佛师）。

【流传】内蒙古自治区·（呼伦贝尔市）·陈巴尔虎旗·鄂温克苏木（鄂温克民族乡）·必鲁图村（毕鲁图嘎查村）

【出处】赛金苏龙讲，马名超搜集整理：

《用泥土造人和万物的传说》，见《鄂温克族民间故事选》，上海：上海文艺出版社 1989 年版。

W0209.2a

天神与多种意象合一

实 例

（参见下级母题实例）

W0209.2a.1

“神”、“天神”、“天空”合一

实 例

（参见下级母题实例）

W0209.2a.1.1

“腾格里”含有“神”、“天神”、“天空”三重意思

实 例

蒙古族 “腾格里”含有“神”、“天神”、“天空”三重意思。

【流传】（无考）

【出处】《蒙古族卷·绪论》，见吕大吉、何耀华总主编《中国各民族原始宗教资料集成》（鄂伦春族卷、鄂温克族卷、赫哲族卷、达斡尔族卷、锡伯族卷、满族卷、蒙古族卷、藏族卷），北京：中国社会科学出版社 1999 年版，第 586 页。

W0209.3

天神是世界毁灭者

实 例

汉族 （实例待考）

W0209.4

天神的寿命与死亡

实 例

（参见下级母题实例）

W0209.4.1

天神寿命很长

实 例

（参见下级母题实例）

W0209.4.1.1

英叭召天神寿命 8 万 4 千“套”

实 例

傣族 英叭召（最早的天神）寿命长达八万四千“套”（一套包含了几亿年的数目）。

【流传】（无考）

【出处】《开天辟地》，见谷德明编《中国少数民族神话》，北京：中国民间文艺出版社 1987 年版，第 341 页。

W0209.4.2

衰老的天神（老天神）

实 例

（参见下级母题实例）

W0209.4.2.1

老天神老得睁不开眼

实 例

藏族 天神已经很老了，平常总是闭着眼睛不睁开，到要看东西时，才叫人拿竹撑子来替他撑着眼，让他能看见东西。

【流传】（无考）

【出处】米亚罗讲，萧崇索搜集整理：《种子的起源》，见谷德明编《中国少数民族神话》，北京：中国民间文艺出版社 1987 年版，第 685 页。

W0209. 4. 3 天神之死（天神的死亡）

实　例

（参见下级母题实例）

W0209. 4. 3. 1 天神劳累而死

实　例

（参见下级母题实例）

W0209. 4. 3. 1. 1 天神砍山累死

实　例

鄂温克族 身佩利剑的天神使尽全身的力气，把那大山斩成了三段。因使力过大，把自己生生给累死了。

【流传】内蒙古自治区・呼伦贝尔市

【出处】黄长林讲，马名超纪录整理：《西博山》，见姚宝瑄主编《中国各民族神话》（达斡尔族、鄂伦春族、鄂温克族、蒙古族），太原：山西出版传媒集团・书海出版社 2014 年版，第 119 页。

鄂温克族 一位天神把大山斩成三段，砍完后把顶上的一截搬到了湖里，当还想移走那山腰时，累死了。

【流传】内蒙古自治区・（呼伦贝尔市）・鄂温克旗（鄂温克族自治旗）・南屯（巴彦托海镇的旧称）

【出处】

（a）黄长林讲，马名超搜集整理：《西博山》，见满都呼主编《中国阿尔泰语系诸民族神话故事》，北京：民族出版社 1997 年版，第 311 页。

（b）《西博山》，见《鄂温克族民间故事选》，上海：上海文艺出版社 1989 年版。

W0209. 4. 3. 2 天神中毒而死

实　例

满族 天神纳丹威虎里采草药拯救了人类时，尝了六种毒草。肝、胆、脾、心、胃、肾都被毒草破坏了，慢慢闭上了眼睛。

【流传】（无考）

【出处】傅英仁、余金讲述整理：《耶路里》，见姚宝瑄主编《中国各民族神话》（满族、赫哲族、朝鲜族），太原：山西出版传媒集团・书海出版社 2014 年版，第 86 ~ 88 页。

W0209.5
阳神

【关联】[W0235.2] 阴神

实 例

（参见下级母题实例）

W0209.5.1
阳神老公公

实 例

纳西族 丽恩垮古（祖先丽恩五弟兄的名字）不会抬犁，结果撞着阳神老公公。

【流传】（云南省）

【出处】和芳、和志新编译：《崇邦统——人类迁徙记》，见姚宝瑄主编《中国各民族神话》（佤族、阿昌族、纳西族、普米族、德昂族），太原：山西出版传媒集团·书海出版社2014年版，第144页。

W0209.5.2
阳神很悠闲

实 例

纳西族 居那什罗山顶上的阳神老公本来没有活路可以做，戴个大斗笠，站在山顶阴坡来挤奶，提防凶神可罗可喜来捣鬼，不让九种家畜往回跑。

【流传】（云南省）

【出处】和芳、和志新编译：《崇邦统——人类迁徙记》，见姚宝瑄主编《中国各民族神话》（佤族、阿昌族、纳西族、普米族、德昂族），太原：山西出版传媒集团·书海出版社2014年版，第159～160页。

W0209.5.3
阳神是男神

实 例

纳西族 善神依古阿格变化出的蛋生的白鸡额玉额玛生下九对白蛋，分别变成9对神和超能的人。其中，一对变为阳神（纳西语读“动”，又称“美令动阿普”，是男神、石神，即造物主）和阴神（纳西语读“生”，又称“勒琴生阿祖”是女神、木神，即造物主）。

【流传】（云南省）

【出处】和芳、和志新编译：《崇邦统——人类迁徙记》，见姚宝瑄主编《中国各民族神话》（佤族、阿昌族、纳西族、普米族、德昂族），太原：山西出版传媒集团·书海出版社2014年版，第138～139页。

W0209.5.4
与阳神有关的其他母题

实 例

（参见下级母题实例）

W0209.5.4.1
阴阳二神

实 例

汉族 “古未有天地之时，惟像无

形，窈窈冥冥，有二神混生，经天营地。”二神，谓阴阳二神。

【流传】（无考）

【出处】［西汉］淮南王刘安及门客：《淮南子》袁珂注，见袁珂《中国神话大词典》，北京：华夏出版社 2015 年版，第 4 页。

W0209.6

天神的神位

实 例

（参见下级母题实例）

W0209.6.1

天神的神位用竹筒制作

实 例

彝族 天神的神位以竹筒制作，长约四寸，一端削尖，中贮竹节草根，草上以红白色丝线缠羊毛少许，并入米十数粒，每逢节日进行祭献。

【流传】（无考）

【出处】何耀华：《彝族的自然崇拜及其特点》，载《思想战线》1982 年第 6 期。

W0209.7

天神的辈次

实 例

（参见下级母题实例）

W0209.7.1

第一代天神

实 例

（参见下级母题实例）

W0209.7.1.1

第一代天神阿布凯赫赫

实 例

满族 阿布凯赫赫在老三星（大神名，创世神）那里学了二十七个天年，学了许多法术，成为第一代天神。

【流传】黑龙江省·（牡丹江市）·宁古塔（宁安县）；吉林省·长白山地区（长白山一带）

【出处】傅英人（疑“人”为“仁”）讲述，张爱云整理：《阿布凯赫赫创造天地人》之注释，原载《满族萨满神话》，见陶阳、钟秀编《中国神话》（上），北京：商务印书馆 2008 年版，第 140～154 页。

满族 第一代天神，天母阿布凯赫赫。

【流传】黑龙江省·（牡丹江市）·宁古塔（宁安县）；吉林省·长白山地区（长白山一带）

【出处】

（a）傅英仁讲述，张爱云记录整理：《天宫神魔大战》，见傅英仁讲述，张爱云记录整理《满族萨满神话》，哈尔滨：黑龙江人民出版社 2006 年版。

（b）同（a），见陶阳、钟秀编《中国神话》（上），北京：商务印书馆 2008 年版，第 155～180 页。

W0209.8

天神的象征物（天神的代表物）

实 例

（参见下级母题实例）

W0209.8.1

天代表天神

实 例

哈萨克族 创世主迦萨甘住在天的最上层，所以，迦萨甘就是天，天也就是迦萨甘。

【流传】（新疆维吾尔自治区）

【出处】

（a）尼哈迈提·蒙加尼整理，校仲彝记录整理：《迦萨甘创世》，见张越、姚宝瑄编《新疆民族神话故事选》，乌鲁木齐：新疆人民出版社1989年版。

（b）同（a），见姚宝瑄主编《中国各民族神话》（乌孜别克族、哈萨克族、柯尔克孜族、俄罗斯族、维吾尔族、塔吉克族、塔塔尔族、锡伯族），太原：山西出版传媒集团·书海出版社2014年版，第22页。

蒙古族 （实例待考）

W0209.8.2

天神是日出月出之天，是养18颗明星之天

实 例

纳西族 所祭的“天神”是：“日出月出之天，养18颗明星之天。”

【流传】（无考）

【出处】 东巴经《祭天献牲·述人类迁徙》，见吕大吉、何耀华总主编《中国各民族原始宗教资料集成》（纳西族卷、羌族卷、独龙族卷、傈僳族卷、怒族卷），北京：中国社会科学出版社2000年版，第21页。

W0209.8.2.1

天神祖老阿普是日出月出之天，是养18颗明星之天

实 例

纳西族 天神是祖老阿普，是日出月出之天，是养十八颗明星之天。

【流传】 云南省·丽江县（丽江市·玉龙纳西族自治县·黄山镇）·下长水·古许

【出处】 和志武调查整理：《丽江地区群体祭天的内容和程序》（1980），见吕大吉、何耀华总主编《中国各民族原始宗教资料集成》（纳西族卷、羌族卷、独龙族卷、傈僳族卷、怒族卷），北京：中国社会科学出版社2000年版，第44页。

❊W0210

天使[①]

【汤普森】 V230

① 天使，此处的“天使”母题包括两种情况，一是天神的使者，二是宗教经典中的专有名词。具体区别参见《中国神话人物母题数据索引》。

【关联】［W0771］宗教神

实 例

（参见下级母题实例）

W0211

天使的产生

【汤普森】A52

实 例

（参见下级母题实例）

W0211.1

神的意志创造天使

【汤普森】A52.0.1

实 例

（实例待考）

W0211.2

神造出天使

【汤普森】≈A52.1.1

实 例

（实例待考）

W0211.3

天使从某种物质中产生

【汤普森】A52.3

实 例

（参见下级母题实例）

W0211.3.1

北斗星中的老大是天使

实 例

蒙古族 （实例待考）

W0211.3.2

光中产生天使

实 例

回族 （实例待考）

W0211.4

神被降为天使

【汤普森】A52.0.2

实 例

（实例待考）

W0211.5

人变为天使

实 例

回族 （实例待考）

W0211.6

动物成为天使

实 例

佤族 （实例待考）

W0211.6.1

马是天使

实 例

朝鲜族 （实例待考）

W0211.6.2

鸡是天使

实 例

朝鲜族（参见“W0204.11b.2.3.1.1 天帝的使者白马、白鸡”母题实例）

W0211.6.3

蛤蟆是天使

实 例

佤族一只老蛤蟆是天使。

【流传】（无考）

【出处】埃嘎整理：《谁做天下万物之王》，见中华民族故事大系编委会编《中华民族故事大系》第7卷（黎族、傈僳族、佤族），上海：上海文艺出版社1995年版，第629页。

W0211.7

婚生天使

实 例

（参见下级母题实例）

W0211.7.1

祖先生的孩子成为天使

实 例

（参见下级母题实例）

W0211.7.1.1

阿丹和好娃婚生的独生子到天上做了天使

实 例

回族阿丹和好娃结婚，生的一个独生子被安拉留在天上，做了天使。

【流传】宁夏回族自治区贺兰山一带

【出处】《人祖阿丹》，见马广德《回族开头文化览胜》，银川：宁夏人民出版社2009年版，第54页。

W0211.8

与天使产生有关的其他母题

实 例

（实例待考）

W0212

天使的特征

实 例

（实例待考）

W0212.1

天使的外貌

【汤普森】V231

实 例

（实例待考）

W0212.1.1

天使是鸟形

【汤普森】V231.1

实 例

（实例待考）

W0212. 1. 2
天使有翅膀

【汤普森】≈V231. 3

【关联】

① ［W0083. 1］神长着翅膀

② ［W0217. 3］天女长着翅膀

③ ［W0826. 2. 1］仙女长着翅膀

实 例

（实例待考）

W0212. 1. 3
断翅天使

【汤普森】V236

实 例

（实例待考）

W0212. 1. 4
天使是老太太的模样

【汤普森】V231. 6

实 例

（实例待考）

W0212. 2
与天使的特征有关的其他母题

实 例

（参见下级母题实例）

W0213
天使的生活

实 例

（参见下级母题实例）

W0213. 1
天使的服饰

实 例

（实例待考）

W0213. 2
天使的食物

实 例

（实例待考）

W0213. 3
天使的居所

实 例

（参见下级母题实例）

W0213. 3. 1
天使住在天堂

【关联】

① ［W0198. 1］天神住天堂（天神住天上）

② ［W0812. 1］仙人住在天堂

实 例

回族 天使住在天堂。

【流传】（无考）

【出处】马广德：《回族口头文化览胜》，银川：宁夏人民出版社 2009 年版，第 48 页。

W0213. 4
天使的出行

实 例

（参见下级母题实例）

W0213.4.1
天使下凡

实 例

（参见下级母题实例）

W0213.4.1.1
天使下界巡察

实 例

汉族 有一年，天上玉皇大帝派天使下界巡察，天使看到人们那懒散的样子，心里很不高兴。

【流传】河南省·（南阳市）·唐河县［采录地点：唐河县上屯乡丁岗村］

【出处】李志九讲，李连杰采录：《没角捏》（1985.05），见张振犁编著，孟宪明、朱淑君统纂《中原神话通鉴》（第四卷），郑州：河南大学出版社2017年版，第1265页。

W0213.5
天使的用品

实 例

（实例待考）

W0213a
天使的职能（天使的能力）

实 例

（参见下级母题实例）

W0213a.1
天使是真主的助手

实 例

（参见下级母题实例）

W0213a.1.1
天使为真主造人到人间取五样土

实 例

回族 天使为真主造人时，要到人间取五样土。

【流传】宁夏回族自治区·银川（银川市）

【出处】《人是怎样来的》，见马乐群等《银川民间故事》（上），内部编印，1988年，第1～2页。

W0213b
天使的关系

实 例

（实例待考）

W0213b.1
天使的父母

实 例

（实例待考）

W0213c
天使的类型

实 例

（参见下级母题实例）

W0213c. 1

动物天使

实 例

（参见下级母题实例）

W0213c. 1. 1

老蛤蟆是天使

实 例

佤族 老蛤蟆是天使。

【流传】（无考）

【出处】埃嘎整理：《谁做天下万物之王》，见中华民族故事大系编委会编《中华民族故事大系》第7卷（黎族、傈僳族、佤族），上海：上海文艺出版社1995年版，第629页。

佤族 老蛤蟆是天使的变形。

【流传】（无考）

【出处】埃戛搜集整理：《谁敢做天下万物之王》，见谷德明编《中国少数民族神话》，北京：中国民间文艺出版社1987年版，第378页。

W0213d

特定名称的天使（天使的名字）

实 例

（参见下级母题实例）

W0213d. 1

天使屏翳

【关联】

① ［W0299. 1. 4. 3］风师屏翳

② ［W0304. 3. 3. 5］雨师又称屏翳

③ ［W0358. 3. 4. 1a］雷神屏翳

④ ［W0370g. 1］云神屏翳

实 例

（参见下级母题实例）

W0213d. 1. 1

屏翳是天神使

实 例

汉族 “召屏翳。”张守节正义引应劭注：“屏翳，天神使也。”

【流传】（无考）

【出处】［西汉］司马迁：《史记·司马相如列传》张守节正义引应劭注。

W0213d. 2

余霍泰山山阳侯天使

实 例

汉族 余霍泰山山阳侯天使也。

【流传】（无考）

【出处】［西汉］司马迁：《史记·赵世家》。

W0214

与天使有关的其他母题

【关联】［W1437. 13］上天的使者

实 例

（实例待考）

W0214.1

天使帮助人类

【汤普森】V232

【关联】［W8772.2］天使是争战中的帮助者

实 例

（实例待考）

W0214.1.1

天使满足人的愿望

【汤普森】V243

实 例

（实例待考）

W0214.1.2

天使劝告人类

【汤普森】V246

实 例

（实例待考）

W0214.2

和平天使

【汤普森】A467.1

实 例

（实例待考）

W0214.3

传令的天使

实 例

（实例待考）

W0214.3.1

天使是天帝到下界传递命令的使者

实 例

汉族 （实例待考）

W0214.4

叛逆的天使

【汤普森】A54

实 例

（实例待考）

W0214.5

天使与凡人婚

【汤普森】T111.6

【关联】［W7242.2］天女与特定人物的婚姻

实 例

（实例待考）

❊ W0215

天女[①]

【关联】［W0068.18］天女神

实 例

（参见下级母题实例）

① 天女，在一些神话中“天女”与“仙女”没有严格区别。具体情况参见《中国神话人物母题数据索引》。

W0216

天女的产生

实 例

（参见下级母题实例）

W0216.1

卵生天女

实 例

（参见下级母题实例）

W0216.1.1

天蛋生天女

实 例

彝族 天蛋孵出的小天女。

【流传】 云南省·（玉溪市）·新平县（新平彝族傣族自治县）

【出处】《天蛋》，见马昌仪编《中国神话故事》，北京：中国广播电视出版社1996年版，第98～102页。

W0216.2

神生天女

实 例

（参见下级母题实例）

W0216.2.1

天神生天女

实 例

（实例待考）

W0216.2.1.1

天女是天神的女儿

【关联】

① ［W0215］天女

② ［W0649.2］祖先是天女

实 例

（实例待考）

W0216.2.2

雷婆生天女

实 例

（参见下级母题实例）

W0216.2.2.1

天女蚂拐是雷婆的女儿

实 例

壮族 天女蚂拐是雷婆的女儿。

【流传】 广西壮族自治区·（河池市）·东兰县

【出处】 覃承勤等整理：《蚂拐歌》，见胡仲实《试论雷神形象的历史演变》，农冠品等《岭南文化与百越民风——广西民间文学论文选》，南宁：广西教育出版社1992年版。

壮族 天女蚂拐是雷婆的女儿。

【流传】（无考）

【出处】《蚂拐歌》，见丘振声《壮族图腾考》，南宁：广西教育出版社1996年版，第46页。

W0216.3

天女是变化产生的

实 例

（参见下级母题实例）

W0216.3.1

动物变成天女

实 例

（参见下级母题实例）

W0216.3.1.1

癞蛤蟆变成天女

实 例

羌族 天母的女儿是癞蛤蟆所变。

【流传】四川省·（阿坝藏族羌族自治州）·理县

【出处】余青海讲，罗世泽搜集：《阿补曲格创世》，见中华民族故事大系编委会编《中华民族故事大系》第11卷（达斡尔族、仫佬族、羌族），上海：上海文艺出版社1995年版，第634页。

W0216.3.1.2

燕子变成天女

实 例

汉族 昔有燕飞入人家，化为一小女子，长仅三寸，自言天女，能先知吉凶。故至今名燕为天女。

【流传】（无考）

【出处】［元］伊世珍：《琅嬛记》卷上引《采兰杂志》。

W0216.4

与天女的产生有关的其他母题

实 例

（实例待考）

W0217

天女的特征

实 例

（参见下级母题实例）

W0217.0

天女很美丽

实 例

汉族 （实例待考）

W0217.1

长着特殊眼睛的天女

实 例

（参见下级母题实例）

W0217.1.1

直眼睛的天女（直眼天女）

实 例

（参见下级母题实例）

W0217.1.1.1

天女亲红褒白是直眼

实 例

纳西族 天女亲红褒白是直眼。

【流传】云南省·（丽江市）·丽江县（原丽江纳西族自治县，今归属为丽江市古城区和玉龙纳西族自治县）

【出处】和志武翻译整理：《人类迁徙记》，见中华民族故事大系编委会编《中华民族故事大系》第9卷（水族、东乡族、纳西族），上海：上海文艺出版社1995年版，第644~668页。

W0217. 1. 2

独眼天女

【关联】［W0075. 6. 1］独眼神

实 例

独龙族 天女是独眼女。

【流传】云南省·（怒江傈僳族自治州）·贡山县（贡山独龙族怒族自治县）

【出处】祝发清等翻译整理：《聪明勇敢的朋更朋》，见中华民族故事大系编委会编《中华民族故事大系》第15卷（德昂族、保安族、裕固族、京族、塔塔尔族、独龙族、鄂伦春族），上海：上海文艺出版社1995年版，第581~595页。

W0217. 1. 2. 1

独眼女儿墨美很聪明

实 例

独龙族 天神莫朋的独眼女儿墨美更是个很聪明的姑娘。

【流传】云南省怒江独龙族地区

【出处】

(a) 以利亚讲，祝发清、左玉堂搜集翻译整理：《聪明勇敢的朋更朋》，载《山茶》1984年第4期。

(b) 以羽（疑为“利”）亚讲，祝发清翻译整理：《人类始神朋更朋》，斯林选自《山茶》，见姚宝瑄主编《中国各民族神话》（水族、布朗族、独龙族、基诺族、傈僳族），太原：山西出版传媒集团·书海出版社2014年版，第119页。

W0217. 1. 2. 2

独眼天女木美姬

实 例

独龙族 天神木崩格将只有一只眼睛，脸却洗得干干净净的女儿木美姬嫁给了人间小伙子彭根朋。

【流传】云南省

【出处】李子贤等：《创世纪神话故事六则·彭根朋上天娶媳妇》，见中国作家协会云南分会编《云南民族民间故事选》，昆明：云南人民出版社1981年版，第582~591页。

W0217. 1. 3

横眼天女

实 例

（参见下级母题实例）

W0217. 1. 3. 1
三天女中最小的老三是横眼女

实 例

纳西族 三天女中，大姐、二姐是直眼女，三天女是横眼女。

【流传】云南省·（丽江市·宁蒗彝族自治县）·永宁（永宁乡）一带

【出处】《崇顶吕英英·泽亨金金米》（祭天神和祖先），见吕大吉、何耀华总主编《中国各民族原始宗教资料集成》（纳西族卷、羌族卷、独龙族卷、傈僳族卷、怒族卷），北京：中国社会科学出版社 2000 年版，第 228 页。

W0217. 2
天女的外形是特定动物

实 例

（参见下级母题实例）

W0217. 2. 1
白鸽是天女

实 例

普米族 （实例待考）

W0217. 2. 2
青蛙是天女

【关联】［W0225. 0. 1. 1］天女青蛙

实 例

（实例待考）

W0217. 3
天女长着翅膀

【关联】

①［W0067. 1. 3］有翅膀的女神

②［W0212. 1. 2］天使有翅膀

③［W0826. 2. 1］仙女长着翅膀

实 例

（参见下级母题实例）

W0217. 3. 1
天女洗浴时摘下翅膀

实 例

壮族 以前，有一个祖先悄悄地摸到田坎上，见那儿有一堆天女洗浴脱下的衣裳，衣裳旁边还有七双漂亮的翅膀。

【流传】云南省·（红河哈尼族彝族自治州）·金平县（金平苗族瑶族傣族自治县）

【出处】苏光凤、李正坤讲，吴佳梁校正：《祖先》，见姚宝瑄主编《中国各民族神话》（仫佬族、壮族、京族），太原：山西出版传媒集团·书海出版社 2014 年版，第 140 页。

W0217. 5
天女的性格

实 例

（参见下级母题实例）

W0217.5.1
天女善良

实 例

哈尼族 摩咪然密（天神的女儿）是一位聪明、贤惠、心地善良的美貌姑娘。

【流传】云南省·（红河哈尼族彝族自治州）·金平县（金平苗族瑶族傣族自治县）

【出处】《摩咪然密》，原载云南省民间文学集成办公室编《哈尼族神话传说集成》，中国民间文艺出版社 1990 年版，见姚宝瑄主编《中国各民族神话》（哈尼族、傣族），太原：山西出版传媒集团·书海出版社 2014 年版，第 158 页。

W0217.5.1.1
善良的天女貌丑

实 例

纳西族 洪水过后，从忍利恩（祖先名）走到那座高山下面，看见两个天女，正在嬉戏。一个是善良的，容貌却不好看；另一个是不善良的，却有一双勾人的媚眼。

【流传】（云南省·丽江市）

【出处】和志武翻译整理：《人类迁徙记》，原载中共丽江地委宣传部编《纳西族民间故事选》，见陶阳、钟秀编《中国神话》（中），北京：商务印书馆 2008 年版，第 856～876 页。

W0217.5.2
天女爱劳动

实 例

彝族 格滋天神派去的造地的四个女儿，精心又细致，个个喜欢造地，个人喜欢劳动。

【流传】云南省·楚雄彝族自治州·姚安县、大姚县等彝族地区

【出处】《创世·开天辟地》，见云南省民族民间文学楚雄调查队整理编写《梅葛》，昆明：云南人民出版社 2009 年版，第 4 页。

W0218
天女的数量

【关联】［W0202.2.2］天神的女儿

实 例

（参见下级母题实例）

W0218.1
3 个天女

实 例

鄂伦春族 （实例待考）

满族 （参见“W0224.1.3 天女下凡洗浴”母题实例）

纳西族 除夕半夜里，鸡叫的时候，天上窝补司培家的三个天女下凡洗澡。

【流传】云南省·（丽江市·宁蒗彝族自治县）·永宁（永宁乡）一带

【出处】阿窝都之诵，陈福全调查记录，和志武翻译整理：《崇顶吕英英·泽亨金金米》（祭天神和祖先）（1962，1989），见吕大吉、何耀华总主编《中国各民族原始宗教资料集成》（纳西族卷、羌族卷、独龙族卷、傈僳族卷、怒族卷），北京：中国社会科学出版社2000年版，第228页。

W0218.1.1
三个天女，大姐恩库伦，二姐正库伦，三妹佛库伦

实 例

满族 很久以前，天宫里有三个天女，大姐叫恩库伦，二姐叫正库伦，三妹叫佛库伦。

【流传】吉林省·（延边朝鲜族自治州）·敦化市·额穆镇

【出处】

（a）伊化山、纪祥春讲，李果钧、刘忠义搜集整理：《天女浴躬池》，见《满族民间故事选》，上海：上海文艺出版社1983年版。

（b）同（a），见姚宝瑄主编《中国各民族神话》（满族、赫哲族、朝鲜族），太原：山西出版传媒集团·书海出版社2014年版，第95~99页。

W0218.2
7个天女（七天女）

【关联】［W0826.5.3］七仙女

实 例

汉族 （实例待考）

满族 每年七月十五那天的深夜，七仙女（天女）都要到天池洗澡。

【流传】吉林省

【出处】

（a）佟畴、曾层搜集整理：《日吉纳姑娘》，见乌丙安、李文刚等编《满族民间故事选》，上海：上海文艺出版社1983年版。

（b）同（a），见姚宝瑄主编《中国各民族神话》（满族、赫哲族、朝鲜族），太原：山西出版传媒集团·书海出版社2014年版，第91~95页。

W0218.3
8个天女（八天女）

实 例

（参见下级母题实例）

W0218.3.1
8个天女下凡

实 例

（参见下级母题实例）

W0218.3.1.1
8个天女下凡游天池

实 例

满族 八个天女到长白天池边游玩。

【流传】黑龙江省·（哈尔滨市）·双城（双城区）一带

【出处】

(a) 赵焕讲，王宏刚、马亚川、程迅整理：《女真族传说》(1982)，见乌丙安、李文刚等编《满族民间故事选》，上海：上海文艺出版社1983年版。
(b) 同 (a)，见姚宝瑄主编《中国各民族神话》(满族、赫哲族、朝鲜族)，太原：山西出版传媒集团·书海出版社2014年版，第40~43页。

W0218.4
9个天女

【关联】
① [W0202.2.4.3.9] 天神有9个女儿
② [W0204.11b.1.10.1] 天帝有9个女儿

实 例

哈尼族 (实例待考)

满族 (参见“W0224.1.2 天女下凡游玩”母题实例)

满族 原来天上有九个天女。

【流传】 黑龙江省·(哈尔滨市)·双城(双城区)一带

【出处】
(a) 赵焕讲，王宏刚、马亚川、程迅整理：《女真族传说》(1982)，见乌丙安、李文刚等编《满族民间故事选》，上海：上海文艺出版社1983年版。
(b) 同 (a)，见姚宝瑄主编《中国各民族神话》(满族、赫哲族、朝鲜族)，太原：山西出版传媒集团·书海出版社2014年版，第40~43页。

水族 (实例待考)

W0219
天女的生活

实 例

(实例待考)

W0220
天女的服饰

实 例

(参见下级母题实例)

W0220.1
天女身穿彩云

实 例

满族 (实例待考)

W0220.2
天女身穿白纱

实 例

鄂伦春族 (实例待考)

W0220.3
天女的带翅膀的衣服

实 例

蒙古族 天女化作的天鹅从天而降，一个个脱下身上带翅膀的衣服，露出了真实的容貌，变成四百五十个年轻的姑娘。

【流传】 (无考)

【出处】 哈扎搜集，巴音巴图、姚宝瑄记录整理：《郭拉斯青和七仙女》，见姚宝瑄主编《中国各民族神话》（达斡尔族、鄂伦春族、鄂温克族、蒙古族），太原：山西出版传媒集团·书海出版社 2014 年版，第 226 页。

W0220.4

天女穿特定的衣衫

实 例

（参见下级母题实例）

W0220.4.1

天女白云格格身披 99 朵雪花云镶成的银光衫

实 例

满族 天神阿布卡恩都里的小女儿白云格格身披九十九朵雪花云镶成的银光衫。

【流传】（无考）

【出处】

（a）孙玉清讲，王惠立搜集整理：《白云格格》，见谷德明编《中国少数民族神话》，北京：中国民间文艺出版社 1987 年版，第 9～14 页。

（b）《白云格格》，见满都呼主编《中国阿尔泰语系诸民族神话故事》，北京：民族出版社 1997 年版，第 253～255 页。

（c）《白云格格》，见《满族民间故事选》，上海：上海文艺出版社 1983 年版。

W0220.4.2

天女穿云衣

实 例

满族 天神阿布卡恩都里的三女儿伊兰格格身披九十九朵雪花云镶成的银光衫。

【流传】（无考）

【出处】

（a）孙玉清讲，王惠立搜集整理：《白云格格》，见乌丙安等编《满族民间故事选》，上海：上海文艺出版社 1983 年版，第 9～14 页。

（b）同（a），见姚宝瑄主编《中国各民族神话》（满族、赫哲族、朝鲜族），太原：山西出版传媒集团·书海出版社 2014 年版，第 45～49 页。

W0221

天女的食物

实 例

（实例待考）

W0222

天女的居所

实 例

（参见下级母题实例）

W0222.1

天女住天河边

【关联】［W1789.5a.1］银河上有做生意的仙女

实 例

布依族 银河上，卖米的仙女摆成几条街，看见卖米的仙女摆了几十行。

【流传】（无考）

【出处】岭老荣唱，岭玉清翻译整理，古梅改写：《漫游十二层天和十二层海》，见姚宝瑄主编《中国各民族神话》（布依族、仡佬族、苗族），太原：山西出版传媒集团·书海出版社2014年版，第27页。

汉族（实例待考）

W0223

天女的出行

实 例

（参见下级母题实例）

W0223.1

天女靠仙拂帚飞行

实 例

水族（参见“W0223.3.1 天女的仙拂帚失去后丧失飞行能力”母题实例）

W0223.2

天女抖动羽衣飞行

实 例

蒙古族 天女牡丹青姆抖动羽衣，飞到人间。

【流传】(a) 吉林省·（松原市）·前郭县（前郭尔罗斯蒙古族自治县）·乌兰敖都乡

【出处】

(a) 宝音特古斯讲，苏赫巴鲁等采录翻译：《日月和昼夜》，见中国民间文学集成全国编辑委员会编《中国民间故事集成》（吉林卷），北京：中国文联出版公司1992年版，第6页。

(b)《日月和昼夜》，载《吉林民间文学》1982年第3~4期。

(c)《日月和昼夜》，见满都呼主编《中国阿尔泰语系诸民族神话故事》，北京：民族出版社1997年版，第165页。

W0223.3

天女飞行能力的失去

实 例

（参见下级母题实例）

W0223.3.1

天女的仙拂帚失去后丧失飞行能力

实 例

水族 大王把天女的仙拂帚拿走后，天女失去飞行能力。

【流传】（无考）

【出处】韦免低等讲，潘朝霖搜集整理：《月亮山》，见谷德明编《中国少数民族神话》，北京：中国民间文艺出版社1987年版，第654页。

W0223.3.2

天女怀孕后丧失飞行能力

实 例

满族 天女三，曰恩古伦，次正古

伦，次佛库伦，浴于池。浴毕，季女因食神鹊之朱果而孕。告二姊曰："吾身重不能飞升。"

【流传】（无考）

【出处】《爱新觉罗氏族源神话》，原载《清太祖武皇帝实录》，见吕大吉、何耀华总主编《中国各民族原始宗教资料集成》（鄂伦春族卷、鄂温克族卷、赫哲族卷、达斡尔族卷、锡伯族卷、满族卷、蒙古族卷、藏族卷），北京：中国社会科学出版社 1999 年版，第 488 页。

W0224

天女下凡

【关联】［W0826.4a.1］仙女下凡

实 例

（参见下级母题实例）

W0224.1

天女下凡的原因

【关联】［W0106.2］神下凡的原因

实 例

（参见下级母题实例）

W0224.1.0

天女被贬下凡

实 例

（参见下级母题实例）

W0224.1.0.1

天女为人类偷稻种被贬下凡

实 例

哈尼族 摩咪然密（天神的女儿）因盗取天上的谷种送给人间，她的父亲天神摩咪就把她变成一条母狗，贬下人间。

【流传】云南省·（红河哈尼族彝族自治州）·金平县（金平苗族瑶族傣族自治县）

【出处】《摩咪然密》，原载云南省民间文学集成办公室编《哈尼族神话传说集成》，中国民间文艺出版社 1990 年版，见姚宝瑄主编《中国各民族神话》（哈尼族、傣族），太原：山西出版传媒集团·书海出版社 2014 年版，第 159 页。

W0224.1.0.2

天女被变成狗后贬下凡

实 例

哈尼族 摩咪然密（天神摩咪的女儿）为人类偷稻种，摩咪把变成一条母狗贬下人间。

【流传】云南省·（红河哈尼族彝族自治州）·金平县（金平苗族瑶族傣族自治县）

【出处】马识道搜集整理：《尝新先喂狗的由来》，见《哈尼族民间故事》，昆明：云南人民出版社 1984 年版。

W0224.1.1

天女为爱情下凡

实 例

（参见下级母题实例）

W0224.1.1.1 天女因爱凡间男子下凡

实例

水族 （实例待考）

W0224.1.1.2 天女为私奔下凡

实例

汉族 盘古开天地以后，王母娘娘的第五外孙女韩俭，在天宫忍耐不住，私自下凡招了男人。

【流传】河南省·（周口市）·项城县

【出处】陈杰（男，47岁，汉族，初中毕业，傅集乡汽车站工人）讲，姜学成（男，29岁，汉族，高中毕业，傅集乡文化站专干）采录，苏国安采录整理：《眼耳口鼻的由来》，见张振犁编著，孟宪明、朱淑君统纂《中原神话通鉴》（第四卷），郑州：河南大学出版社2017年版，第1263页。

W0224.1.1.3 天女因躲婚下凡

实例

汉族 天上有一个天将想娶玉皇的三姑娘为妻，玉皇三女儿不答应。下凡走了。

【流传】河南省·（南阳市）·桐柏县

【出处】黄发美（61岁，善讲故事），马卉欣转述，河南大学“中原神话调查组”录音，张振犁、程健君采录：《盘古兄妹婚（六）》（1984.12.22），见张振犁编著《中原神话通鉴》（第一卷），郑州：河南大学出版社2017年版，第102页。

W0224.1.1.3.1 天女册恒布白命为拒绝婚姻下凡另找配偶

实例

纳西族 册恒布白命是天神祖老阿普的女儿，原先已许给天神可罗可喜九弟兄家，她不愿嫁到他家，下凡到人间另找结伴的配偶。

【流传】云南省·丽江（丽江市）

【出处】和芳（东巴）读经，和志武翻译整理：《崇邦统》（人类迁徙记）（1954），见吕大吉、何耀华总主编《中国各民族原始宗教资料集成》（纳西族卷、羌族卷、独龙族卷、傈僳族卷、怒族卷），北京：中国社会科学出版社2000年版，第324页。

W0224.1.1.4 天女嫁凡人后下凡

实例

纳西族 天神祖老阿普把女儿册恒布白命（天女名）嫁给崇仁丽恩（人类祖先），婚后要到地上生活。他们迁徙由天国起程，由天上的最里头起程，经过蕊青素星座，来到蕊夸顶星座，一直往下迁。经过能者的村头，来到智者的村尾；经过天国最后“纳西寨”，来到白银有角庄，搭起白银梯子走下来。

【流传】云南省·丽江（丽江市）

【出处】和芳（东巴）读经，和志武翻译整理：《崇邦统》（人类迁徙记）(1954)，见吕大吉、何耀华总主编《中国各民族原始宗教资料集成》（纳西族卷、羌族卷、独龙族卷、傈僳族卷、怒族卷），北京：中国社会科学出版社2000年版，第328页。

W0224.1.2

天女下凡游玩

实　例

满族 9个天女来到长白天池边游玩。

【流传】（无考）

【出处】

(a) 赵焕讲，王宏刚等搜集整理：《女真族源传说》，见《满族民间故事选》，上海文艺出版社1983年版。

(b)《女真族源传说》，见满都呼主编《中国阿尔泰语系诸民族神话故事》，北京：民族出版社1997年版，第267页。

W0224.1.3

天女下凡洗浴

实　例

满族 长白山之东有布库里山，山下有池曰布尔湖里，相传有天女三，曰恩古伦，次正古伦，次佛库伦，浴于池。

【流传】（无考）

【出处】《爱新觉罗氏族源神话》，原载《清太祖武皇帝实录》，见吕大吉、何耀华总主编《中国各民族原始宗教资料集成》（鄂伦春族卷、鄂温克族卷、赫哲族卷、达斡尔族卷、锡伯族卷、满族卷、蒙古族卷、藏族卷），北京：中国社会科学出版社1999年版，第488页。

W0224.1.3.1

天女下凡在菊潭里洗澡

实　例

汉族 老牛对老二（放牛郎）说：“天帝的闺女们常下界在菊潭里洗澡。”

【流传】河南省·（南阳市）·内乡县·庙岗一带

【出处】郑英贤（86岁，农民）讲，罗荣显采录：《牛二九女的传说》(1988.02)，见张振犁编著，孟宪明、朱淑君统纂《中原神话通鉴》（第三卷），郑州：河南大学出版社2017年版，第837页。

W0224.1.3.2

天女下凡在天湖里洗澡

实　例

汉族 黄牛对牛郎说：“山那边有个天湖，今天中午正好玉帝的女儿都到这湖里洗澡。”

【流传】河南省中部地区

【出处】蔡玉花（71岁，农民）讲，李新明采录整理：《牛郎织女的故事》，见张振犁编著，孟宪明、朱淑君统纂《中原神话通鉴》（第三卷），郑州：河南大学出版社2017年版，第833页。

W0224.1.4
天女因在天上活腻了下凡（天女因无聊下凡）

实　例

汉族 天帝的九个女儿，嫌待在天宫里太烦闷，就背着父母，偷偷地飘下天宫，到潭里来洗澡。

【流传】河南省·（平顶山市）·鲁山县

【出处】徐鸿欣讲：《牛郎织女（七）》，见张振犁编著，孟宪明、朱淑君统纂《中原神话通鉴》（第三卷），郑州：河南大学出版社2017年版，第798~799页。

满族 一天，天上的玉皇大帝有个小女儿闲着没事儿，无意中跑到了人间。

【流传】辽宁省·（鞍山市）·岫岩满族自治县·牧牛乡一带

【出处】洪希山、孙洪运讲，崔勇搜集整理：《太阳、月亮和星星的传说》，见姚宝瑄主编《中国各民族神话》（满族、赫哲族、朝鲜族），太原：山西出版传媒集团·书海出版社2014年版，第62~63页。

W0224.1.5
天女为完成特定任务下凡

实　例

（参见下级母题实例）

W0224.1.5.1
天女下凡洗麻线

实　例

羌族 “木吉卓”（天仙女）下凡来海子（山顶湖）洗麻线。

【流传】四川省·（阿坝藏族羌族自治州）·汶川县·绵池乡·沟头寨

【出处】

(a) 王治国（释比，64岁）唱，汪有伦翻译，钱安靖整理：《上坛经》（1983.11~1984.11）说明文字，见钱安靖《羌族和羌语支各居民集团宗教习俗调查报告》，四川大学宗教研究所油印本，1987年12月。

(b) 同（a），见吕大吉、何耀华总主编《中国各民族原始宗教资料集成》（纳西族卷、羌族卷、独龙族卷、傈僳族卷、怒族卷），北京：中国社会科学出版社2000年版，第536页。

W0224.2
天女下凡的方法

实　例

（参见下级母题实例）

W0224.2.1

天女靠羽衣飞行

实 例

蒙古族 （实例待考）

W0224.2.2

天女通过天梯下凡

【关联】［W1445］天梯

实 例

满族 （实例待考）

W0224.2.3

天女踏云彩下凡

实 例

水族 天女阿晅脚踩白云，徐徐下降到九阡。

【流传】贵州省·（黔南布依族苗族自治州）·荔波县

【出处】蒙健康讲，蔡中运搜集整理：《阿晅送火种》，见谷德明编《中国少数民族神话》，北京：中国民间文艺出版社1987年版，第640页

W0224.2.3a

天女驾祥云下凡

实 例

汉族 天帝最小的女儿偷偷地离开了天宫，驾着祥云，翩翩地下界了，落在了长白山上。

【流传】辽宁省·（丹东市）·宽甸县（宽甸满族自治县）

【出处】李大爷讲，曾层、佟畴记录整理：《日月峰》，见姚宝瑄主编《中国各民族神话》（汉族），太原：山西出版传媒集团·书海出版社2014年版，第181～183页。

W0224.2.4

天女变鸟后下凡

实 例

纳西族 （实例待考）

W0224.2.5

天女通过云峰下凡

实 例

满族 三位天女顺梯云峰来到长白山麓布库里山下。

【流传】（无考）

【出处】

(a) 纪祥春讲，李果钧搜集整理：《天女浴躬池》，见谷德明编《中国少数民族神话》，北京：中国民间文艺出版社1987年版，第14～19页。

(b) 《天女浴躬池》，见满都呼主编《中国阿尔泰语系诸民族神话故事》，北京：民族出版社1997年版，第264～265页。

W0224.3

天女下凡的时间

实 例

（参见下级母题实例）

W0224. 3. 1
天女七月七下凡

实例

布依族 七月七天女下凡。

【流传】贵州省·（黔南布依族苗族自治州）·都匀（都匀市）

【出处】罗春明讲，竹茗整理：《阿兰和阿全》，见中华民族故事大系编委会编《中华民族故事大系》第3卷（彝族、壮族、布依族），上海：上海文艺出版社1995年版，第907页。

黎族 （实例待考）

W0224. 3. 2
天女七月十五下凡洗浴

实例

满族 每年七月十五那天的深夜，七仙女都要领着其他六个仙女，腾云驾雾，落到长白山，在天池里洗澡。

【流传】吉林省

【出处】

（a）佟畴、曾层搜集整理：《日吉纳姑娘》，见乌丙安、李文刚等编《满族民间故事选》，上海：上海文艺出版社1983年版。

（b）同（a），见姚宝瑄主编《中国各民族神话》（满族、赫哲族、朝鲜族），太原：山西出版传媒集团·书海出版社2014年版，第91～95页。

W0224. 3. 3
天女除夕半夜下凡

实例

纳西族 动、生（神名）告诉灾难后幸存的崇顶吕英英：“除夕半夜里，鸡叫的时候，躲在水井旁；天上窝补司培家，有三个天女，要下凡洗澡，趁她们不防，拉住心上人，可恳切求婚。”

【流传】云南省·（丽江市·宁蒗彝族自治县）·永宁（永宁乡）一带

【出处】阿窝都之诵，陈福全调查记录，和志武翻译整理：《崇顶吕英英·泽亨金金米》（祭天神和祖先）（1962，1989），见吕大吉、何耀华总主编《中国各民族原始宗教资料集成》（纳西族卷、羌族卷、独龙族卷、傈僳族卷、怒族卷），北京：中国社会科学出版社2000年版，第228页。

W0224. 3a
天女下凡的落脚点

实例

（参见下级母题实例）

W0224. 3a. 1
天女下凡落脚云梦山

实例

汉族 汝阳县城东南八里有座云梦山，终年云雾缭绕，紫气升腾，是天上神仙下界时的立脚之地。

【流传】河南省·（洛阳市）·汝阳县

【出处】郭引强采录整理：《仙人石》，见张振犁编著，孟宪明、朱淑君统纂《中原神话通鉴》（第四卷），郑州：河南大学出版社 2017 年版，第 1105 页。

W0224.3a.2

天女下凡落脚山顶湖

实 例

（参见下级母题实例）

W0224.3a.2.1

天仙女木吉卓下凡到了海子（山顶湖）

实 例

羌族 （参见“W0224.1.5.1 天女下凡洗麻线”母题实例）

W0224.4

天女下凡的阻挠者

实 例

（实例待考）

W0224.5

天女下凡的帮助者

实 例

（参见下级母题实例）

W0224.5.1

牙巫女神帮天女下凡

实 例

水族 天仙大王的九女爱上凡间来的小伙阿波，为能去人间。去求牙巫（女神名）。

【流传】（无考）

【出处】韦免低等讲，潘朝霖搜集整理：《月亮山》，见谷德明编《中国少数民族神话》，北京：中国民间文艺出版社 1987 年版，第 654 页。

W0224.6

天女下凡的结果

实 例

（参见下级母题实例）

W0224.6.1

天女下凡结婚生子

实 例

汉族 盘古开天地以后，王母娘娘的第五外孙女韩俭，在天宫忍耐不住，私自下凡招了男人，接连生了六个儿子。

【流传】河南省·（周口市）·项城县

【出处】陈杰（男，47 岁，汉族，初中毕业，傅集乡汽车站工人）讲，姜学成（男，29 岁，汉族，高中毕业，傅集乡文化站专干）采录，苏国安采录整理：《眼耳口鼻的由来》，见张振犁编著，孟宪明、朱淑君统纂《中原神话通鉴》（第四卷），郑州：河南大学出版社 2017 年版，第 1263 页。

W0224.6.2
天女下凡被抓回

实 例

汉族 天鼓响起，玉皇大帝发现大女儿私自下凡，派一神兵天将把她抓了回去。

【流传】 河南省·（洛阳市）·汝阳县

【出处】 郭引强采录整理：《仙人石》，见张振犁编著，孟宪明、朱淑君统纂《中原神话通鉴》（第四卷），郑州：河南大学出版社 2017 年版，第 1105 页。

W0224.6.3
天女下凡生子后被召回

实 例

蒙古族 天女下凡与人间小伙婚生 1 对男女。由于她离开天上的时间太久，天上来了使者召她回去。

【流传】 内蒙古自治区·哲里木盟（通辽市）·达尔罕旗（科尔沁左翼中旗）

【出处】 扎拉干巴雅尔讲，苏鲁格译：*《宝木勒的传说》，见吕大吉、何耀华总主编《中国各民族原始宗教资料集成》（鄂伦春族卷、鄂温克族卷、赫哲族卷、达斡尔族卷、锡伯族卷、满族卷、蒙古族卷、藏族卷），北京：中国社会科学出版社 1999 年版，第 657 页。

W0224.7
与天女下凡与关的其他母题

实 例

（参见下级母题实例）

W0224.7.1
天女回天

实 例

（参见下级母题实例）

W0224.7.1.1
天女得羽衣回天

实 例

蒙古族 （实例待考）

W0224.7.1.2
下凡的天女看到凡人返回天上

实 例

满族 八个天女到长白天池边游玩，钻到水里去打闹嬉戏。一看有凡人，就升起祥云，飞向南天门回宫去了。

【流传】 黑龙江省·（哈尔滨市）·双城（双城区）一带

【出处】

（a）赵焕讲，王宏刚、马亚川、程迅整理：《女真族传说》（1982），见乌丙安、李文刚等编《满族民间故事选》，上海：上海文艺出版社 1983 年版。

（b）同（a），见姚宝瑄主编《中国各民族神话》（满族、赫哲族、朝鲜族），太原：山西出版传媒集团·书海出版社 2014 年版，第 40～43 页。

W0224.7.2

特定的天女下凡

实 例

（参见下级母题实例）

W0224.7.2.1

王母娘娘 7 个女儿中张四姐、张七妹都偷下过凡间

实 例

汉族 王母娘娘的七个女儿，都有过见不得人的事，张四姐、张七妹都偷下过凡间。

【流传】 四川省·巴县（今重庆市·巴南区）·鱼洞镇

【出处】 张文奎讲，李子硕记录整理：《天河的来历》（1988.04），见姚宝瑄主编《中国各民族神话》（汉族），太原：山西出版传媒集团·书海出版社 2014 年版，第 77～81 页。

W0224a

天女的其他行为

实 例

（参见下级母题实例）

W0224a.1

天女散花

实 例

汉族 天女散花，缀山林之草树。

【流传】（无考）

【出处】［唐］宋之问：《设斋叹佛文》。

W0224a.1.1

天女散花使人间有了百花

【关联】［W3800］花的产生

实 例

汉族 天女散花，飘落九州，落地生根。从此，人间有了百花。

【流传】

（a）河南省·（南阳市）·社旗县

（b）河南省·驻马店市·汝南县

（c）河南省·（新乡市）·封丘县

【出处】

（a）杨东来搜集整理：《天女散花》，见张振犁编著《中原神话通鉴》（第一卷），郑州：河南大学出版社 2017 年版，第 38 页。

（b）申汪让讲，张丽卿采录整理：《天女散花》，同上，第 39 页。

（c）王又凡（50 多岁，教师）讲，王海燕采录：《花神》（1989.12.16），同上，第 40 页。

W0224a.2

天女沐浴（天女洗浴）

【关联】［W0826.4a.2］仙女洗浴

实 例

（参见下级母题实例）

W0224a. 2. 1

天女在特定时间沐浴

实 例

（参见下级母题实例）

W0224a. 2. 1. 1

八月十五仙女下凡洗浴

实 例

畲族 老人告诉雷豹曰："今日为八月十五日，夜月升时，有众仙女浴于后山湖中。"

【流传】（无考）

【出处】袁珂改编：《雷豹夺火》（原名《夺火记》），原载谷德明编《中国少数民族神话选》，见袁珂《中国神话大词典》，北京：华夏出版社 2015 年版，第 522 页。

W0224a. 2. 2

天女沐浴后熏香

实 例

蒙古族 仙女们洗完澡，都点燃香草，上上下下、前前后后地熏自己的身体。

【流传】（无考）

【出处】哈扎搜集，巴音巴图、姚宝瑄记录整理：《郭拉斯青和七仙女》，见姚宝瑄主编《中国各民族神话》（达斡尔族、鄂伦春族、鄂温克族、蒙古族），太原：山西出版传媒集团・书海出版社 2014 年版，第 226 页。

W0224a. 2. 3

天女夜间洗浴

实 例

壮族 以前，有一个祖先到了半夜的时候，脚轻手地摸到了他的秧田边，在灰扑扑的月光下，看到有七个天女姑娘在他的秧田里洗澡。

【流传】云南省・（红河哈尼族彝族自治州）・金平县（金平苗族瑶族傣族自治县）

【出处】苏光凤、李正坤讲，吴佳梁校正：《祖先》，见姚宝瑄主编《中国各民族神话》（仫佬族、壮族、京族），太原：山西出版传媒集团・书海出版社 2014 年版，第 140 页。

W0224a. 2. 4

天女在耙平的田中洗澡

实 例

壮族 以前，有一个祖先把秧田耙好耙平了，第二天发现耙得平平的秧田被搞得坑坑洼洼。一连三天如此。原来天上的仙女来你的秧田里洗澡，才练成这个样子。

【流传】云南省・（红河哈尼族彝族自治州）・金平县（金平苗族瑶族傣族自治县）

【出处】苏光凤、李正坤讲，吴佳梁校正：《祖先》，见姚宝瑄主编《中国各民族神话》（仫佬族、壮族、京族），太原：山西出版传媒集团・书海出版社 2014 年版，第 139 ~ 140 页。

W0224a.3

天女助人

实 例

（实例待考）

W0224a.4

天女牧羊

实 例

羌族 羌族英俊的青年斗安珠（羌族神话传说中的美男子），采树果来到前山的草场上，忽然听到随风传来阵阵动人的歌声，他顺着歌声寻去，看见草场中央的大石包上坐着一位美丽的牧羊姑娘。这就是木姐珠（天女）。

【流传】 四川省·（阿坝藏族羌族自治州）·茂汶县（茂汶羌族自治县，今归属茂县）

【出处】

（a）袁祯祺讲，向世茂、郑文泽搜集整理：《斗安珠和木姐珠》，载《民间文学》1984 年第 4 期。

（b）同（a），见陶阳、钟秀编《中国神话》（中），北京：商务印书馆 2008 年版，第 877 ~ 885 页。

W0225

与天女有关的其他母题

【关联】

① ［W0649.2］祖先是天女

② ［W0727.1］盘古与天女婚

③ ［W0826.2a.3］仙女是天女

④ ［W1103.10.4］天女开天辟地

⑤ ［W1175.5.1］天女造地

实 例

（参见下级母题实例）

W0225.0

特定类型的天女

实 例

（参见下级母题实例）

W0225.0.1

动物天女

实 例

（参见下级母题实例）

W0225.0.1.1

天女青蛙

实 例

（参见下级母题实例）

W0225.0.1.1.1

天女青蛙分管人福祸

实 例

壮族 青蛙是天女，分管人福祸。

【流传】 广西壮族自治区·（河池市）·东兰县

【出处】 蛙婆节古歌，参见覃剑萍：《壮族蛙婆节初探》，载《广西民族研究》1988 年第 1 期。

W0225. 1

特定名称的天女（天女的名称）

【关联】［W0202. 2. 4. 3. 13］特定名称的天神的女儿

实 例

（参见下级母题实例）

W0225. 1. 1

天女衬红褒白命

实 例

纳西族 衬红褒白命（天女）变了一只美丽的白鹤，从天上飞到地下来。

【流传】(a) 云南省·（丽江市）·丽江县（原丽江纳西族自治县，今归属为丽江市古城区和玉龙纳西族自治县）

【出处】

(a) 和芳讲，和志武采录：《人类迁徙记》，见中国民间文学集成全国编辑委员会编《中国民间故事集成》（云南卷），北京：中国 ISBN 中心 2003 年版，第 49 页。

(b) 和志武翻译整理：《人类迁徙记》，见谷德明编《中国少数民族神话》，北京：中国民间文艺出版社 1987 年版，第 395 页。

W0225. 1. 2

天女阿眉

实 例

（参见下级母题实例）

W0225. 1. 2. 1

天女阿眉为人间送火种

实 例

水族 九个仙女中四姐阿眉为人间带去火种。

【流传】贵州省·（黔南布依族苗族自治州）·三都县

【出处】蒙健康讲，蔡中运采录：《阿眉送火种》见中国民间文学集成全国编辑委员会编《中国民间故事集成》（贵州卷），北京：中国 ISBN 中心 2003 年，第 59 页。

W0225. 1. 2a

天女牙线

实 例

（参见下级母题实例）

W0225. 1. 2a. 1

牙线为天神第九女

实 例

水族 牙线为天神第九女，因违犯天宫规约，贬降大地。

【流传】（无考）

【出处】袁珂改编：《十二仙蛋》（原名《十二个仙蛋》），原载祖岱年、周隆渊编《水族民间故事选》，见袁珂《中国神话大词典》，北京：华夏出版社 2015 年版，第 535 页。

W0225.1.3
天女魃

实　例

汉族 黄帝乃下天女曰魃。

【流传】（无考）

【出处】［战国至汉］撰者不详：《山海经·大荒北经》。

W0225.1.3.1
天女魃腾云驾雾

实　例

汉族 黄帝战蚩尤的危急关头，黄帝的手下应龙腾空而起，也朝半空中喷了口雾气，立刻出现一道彩霞，只见天女魃站在云头，飘飘而来。

【流传】河南省·（郑州市）·新郑市

【出处】蔡英生（75 岁，教师）讲，蔡柏顺采录整理：《黄帝初战蚩尤》，见张振犁编著，孟宪明、朱淑君统纂《中原神话通鉴》（第二卷），郑州：河南大学出版社 2017 年版，第 542 页。

W0225.1.4
天上的三公主

实　例

畲族 天上三公主闻之，往寻魔王，令魔王还火与世人，魔王不允。

【流传】（无考）

【出处】袁珂改编：《雷豹夺火》（原名《夺火记》），原载谷德明编《中国少数民族神话选》，见袁珂《中国神话大词典》，北京：华夏出版社 2015 年版，第 522 页。

W0225.1.5
天上的七公主

实　例

傣族 千瓣莲花者，由天而降之七公主是也。公主每一语出，即口吐莲花一瓣。

【流传】（云南省？）

【出处】袁珂改编：《千瓣莲花》，原载毛星主编《中国少数民族文学》（下册），见袁珂《中国神话大词典》，北京：华夏出版社 2015 年版，第 498 页。

W0225.1.6
天女木吉卓（木姐珠）

实　例

（参见下级母题实例）

W0225.1.6.1
木吉卓是天王木比达的三公主

实　例

羌族 木吉卓又名木姐珠，传说为天神（天王）阿爸木比达的三公主。

【流传】四川省·（阿坝藏族羌族自治州）·汶川县·雁门乡·小寨子

【出处】

(a) 钱安靖：《羌族和羌语支各居民集团宗教习俗调查报告》，四川大学宗教研究所油印本，1987年12月。
(b) 同(a)，见吕大吉、何耀华总主编《中国各民族原始宗教资料集成》(纳西族卷、羌族卷、独龙族卷、傈僳族卷、怒族卷)，北京：中国社会科学出版社2000年版，第521页。

W0225.1.7

天女麦冬海依

实 例

(参见下级母题实例)

W0225.1.7.1

麦冬海依成天在天河里洗澡游玩

实 例

珞巴族 天的女儿麦冬海依成天在天河里洗澡游玩。

【流传】西藏自治区

【出处】达地讲，于乃昌、张力凤、陈理明整理：《麦冬海依》，原载《西藏民间故事——珞巴族、门巴族专辑》，见陶阳、钟秀编《中国神话》(中)，北京：商务印书馆2008年版，第646～647页。

W0225.2

天女的本领（天女的能力）

实 例

(参见下级母题实例)

W0225.2.1

天女会飞

实 例

汉族 (实例待考)

W0225.2.2

天女变形

实 例

(参见下级母题实例)

W0225.2.2.1

天女变白鹤

实 例

纳西族 (参见“W0225.1.1 天女衬红褒白命”母题实例)

W0225.2.2.2

天女通过羽衣变形

实 例

达斡尔族 天女通过羽衣变形。

【流传】(无考)

【出处】巴达荣嘎讲，萨音塔娜整理：《代尼乌音和莫日根》，见萨音塔娜编《达斡尔民间故事选》，呼和浩特：内蒙古人民出版社1987年版。

W0225.2.3

天女会武艺

实 例

（参见下级母题实例）

W0225.2.3.1
天女善射

实 例

满族 三仙女中的三妹佛库伦有一手好箭法。

【流传】（无考）

【出处】

(a) 纪祥春讲，李果钧搜集整理：《天女浴躬池》，见谷德明编《中国少数民族神话》，北京：中国民间文艺出版社1987年版，第14页。

(b)《天女浴躬池》，见满都呼主编《中国阿尔泰语系诸民族神话故事》，北京：民族出版社1997年版，第264页。

W0225.2.4
天女口吐莲花

实 例

傣族 （参见“W0225.1.5 天上的七公主”母题实例）

W0225.3
天女的化身

实 例

（参见下级母题实例）

W0225.3.1
天女化身美人松

实 例

满族 仙女佛库伦变成一株高耸、笔直的长白松了。因树姿雄美，人们称它为美人松。

【流传】（无考）

【出处】

(a) 纪祥春讲，李果钧搜集整理：《天女浴躬池》，见谷德明编《中国少数民族神话》，北京：中国民间文艺出版社1987年版，第14页。

(b)《天女浴躬池》，见满都呼主编《中国阿尔泰语系诸民族神话故事》，北京：民族出版社1997年版，第264页。

W0225.4
天女的使者

【关联】［W0171］神的使者

实 例

（参见下级母题实例）

W0225.4.1
特定的鸟是天女的使者

【关联】［W0171］神的使者

实 例

珞巴族 （实例待考）

W0225.4.1.1
天女的使者蝙蝠

实 例

纳西族 天女（仙女）生的儿子不会讲话，就让蝙蝠使者去到求问天神父亲。

【流传】(a) 云南省·(丽江市)·丽江县(原丽江纳西族自治县,今归属为丽江市古城区和玉龙纳西族自治县)

【出处】

(a) 和芳讲,和志武采录:《人类迁徙记》,见中国民间文学集成全国编辑委员会编《中国民间故事集成》(云南卷),北京:中国 ISBN 中心 2003 年版,第 49 页。

(b) 和志武翻译整理:《人类迁徙记》,见谷德明编《中国少数民族神话》,北京:中国民间文艺出版社 1987 年版,第 395 页。

(c)《人祖利恩》,见谷德明编《中国少数民族神话》,北京:中国民间文艺出版社 1987 年版,第 415 页。

W0225. 4. 1. 2

鹤鹅是天女列德罗登的使者

实 例

珞巴族(崩如部落)马佐布列乌儿(即鹤鹅)是天女列德罗登的使者。

【流传】(无考)

【出处】阿岗讲,于乃昌整理:《列德罗登》,见《珞巴族民间故事》:http://www.tibet-web.com/old/minjian/ync/gushi/mulu.htm,2003.10.02。

W0225. 5

天女的亲属

实 例

(实例待考)

W0225. 6

天女的排行

实 例

(参见下级母题实例)

W0225. 6. 1

天女的大姐

实 例

(实例待考)

W0225. 6. 2

天女的二姐

实 例

(实例待考)

W0225. 6. 3

三天女(最小的三天女)

实 例

(参见下级母题实例)

W0225. 6. 3. 1

天神木比塔的三姑娘木姐

实 例

羌族 天女木姐是天神木比塔的三姑娘。

【流传】(无考)

【出处】林朝山讲,白明整理:《木姐天女的女儿》,见姚宝瑄主编《中国各民族神话》(羌族、彝族),太原:山西出版传媒集团·书海出版社 2014

年版，第5页。

W0225.6.4

其他排行的天女

实 例

（实例待考）

W0225.6.5

不同代次的天女

实 例

（参见下级母题实例）

W0225.6.5.1

第1代天女

实 例

（实例待考）

W0225.6.5.2

第2代天女

实 例

（实例待考）

W0225.6.5.3

第3代天女

实 例

（实例待考）

W0225.6.5.4

第4代天女

实 例

（实例待考）

W0225.6.5.5

第5代天女

实 例

（实例待考）

W0225.6.5.6

第6代天女

实 例

（实例待考）

W0225.6.5.7

第7代天女

实 例

（参见下级母题实例）

W0225.6.5.7.1

第七代天女沙饶里字今姆

实 例

纳西族 天女第七代沙饶里字今姆与阿普第九代今补拖格结婚。

【流传】（a）云南省·（丽江市）·丽江县（原丽江纳西族自治县，今归属为丽江市古城区和玉龙纳西族自治县）

【出处】

（a）赵银棠讲，杨润光采录：《丁巴什罗》，见中国民间文学集成全国编辑委员会编《中国民间故事集成》（云南卷），北京：中国ISBN中心2003年版，第370页。

(b) 赵银棠讲，杨士光整理：《丁巴什罗》，载《山茶》1982年第3期。
(c) 同(b)，见谷德明编《中国少数民族神话》，北京：中国民间文艺出版社1987年版，第431页。

W0225.6.6
最小的天女（幺天女）

实 例

（参见下级母题实例）

W0225.6.6.1
9个天女中最小的天女叫九女

实 例

满族 九个天女中最小的天女叫九女。

【流传】 黑龙江省·（哈尔滨市）·双城（双城区）一带

【出处】

(a) 赵焕讲，王宏刚、马亚川、程迅整理：《女真族传说》(1982)，见乌丙安、李文刚等编《满族民间故事选》，上海：上海文艺出版社1983年版。
(b) 同(a)，见姚宝瑄主编《中国各民族神话》（满族、赫哲族、朝鲜族），太原：山西出版传媒集团·书海出版社2014年版，第40～43页。

W0225.7
天的女儿

实 例

（参见下级母题实例）

W0225.7.1
天的女儿麦冬海依

【关联】［W0225.1.7］天女麦冬海依

实 例

珞巴族 天的女儿麦冬海依成天在天河里洗澡游玩。

【流传】 西藏自治区·（林芝市）·米林县·（丹娘乡）·鲁霞村

【出处】 达地讲，于乃昌等整理：《麦冬海依》，见《珞巴族民间故事》：http://www.tibet - web.com/old/minjian/ync/gushi/mulu.htm，2003.10.02。

W0226
天后

实 例

（参见下级母题实例）

W0226.1
天后妈祖

实 例

汉族 天后妈祖的生日是农历三月二十三。

【流传】（无考）

【出处】 王德恒等《造神史话》，天津：百花文艺出版社2002年版，第381页。

W0227
天官

实 例

（参见下级母题实例）

W0227.1

天官赐福

实 例

汉族 天官赐福，地官赦罪，水官解厄。

【流传】（无考）

【出处】 ［法］禄是遒著，王定安译：《中国民间崇拜：中国众神》，上海：上海科学技术文献出版社 2009 年版，第 15 页。

W0228

上帝[①]

实 例

（参见下级母题实例）

W0228.1

上帝的产生

实 例

（参见下级母题实例）

W00281.1.1

特定来历的人物升天成为上帝

实 例

（参见下级母题实例）

W0228.1.1.1

碧玉中的真气化生的凡胎升天成为上帝

实 例

汉族 （参见“W0228.4.1 昊天上帝”母题实例）

W0228.2

上帝的特征（上帝的身份）

实 例

（参见下级母题实例）

W0228.2.1

上帝无形

实 例

（参见下级母题实例）

W0228.2.2

上帝慈善

实 例

（参见下级母题实例）

① 上帝，在中国神话中是一个出现较早的名称，与基督教所信奉的“上帝”有所不同。如《通典·礼典》：“所谓昊天上帝者，盖元气广大则称昊天，远视苍苍即称苍天，人之所尊，莫过于帝，托之于天，故称上帝。”在《诗经》《尚书》《礼记》及二十四史中往往充当“至上神”的含义。从目前采集的神话资料看，有些地方的神话讲的“上帝”可能受到某些外来影响。

W0228. 2. 2. 1

上帝向人间撒面粉

实 例

汉族 上帝为了满足人们的需求，命令掌管财粮的大臣不断往下界播撒一次比一次多的面粉，并告诉人们要百倍珍惜，小心贮藏，精打细算，节约用粮，以防荒年。

【流传】河南省洛河流域

【出处】刘位波（男，48 岁，汉族，干部，高中毕业），赵红建（男，25 岁，干部，中专毕业）采录整理：《雪花的由来》，见张振犁编著，孟宪明、朱淑君统纂《中原神话通鉴》（第四卷），郑州：河南大学出版社 2017 年版，第 1227 页。

W0228. 2. 3

上帝即天帝

实 例

汉族 上帝实即天帝。其微别者，从宗教角度言谓之上帝，从神话角度言即谓之天帝。

【流传】（无考）

【出处】《天帝》，见袁珂《中国神话大词典》，北京：华夏出版社 2015 年版，第 55 页。

W0228. 3

上帝的职能（上帝的事迹，上帝的生活）

实 例

（参见下级母题实例）

W0228. 3. 1

上帝助人

实 例

（参见下级母题实例）

W0228. 3. 1. 1

上帝帮愚公移山

实 例

汉族 愚公盘山感动了上帝，派来两个神仙把两架山背走了。

【流传】河南省・济源市

【出处】韩龙书讲，张振犁、程健君、胡佳作采录：《愚公盘山（一）》，见张振犁编著，孟宪明、朱淑君统纂《中原神话通鉴》（第三卷），郑州：河南大学出版社 2017 年版，第 774 页。

W0228. 4

特定名称的上帝

实 例

（参见下级母题实例）

W0228. 4. 1

昊天上帝

实 例

汉族 真气在碧玉如意中化成的婴孩送到人间托体成胎，后来升天界成为“昊天上帝”。

【流传】（无考）

【出处】《历代神仙通鉴》，见王德恒等《造神史话》，天津：百花文艺出版社2002年版，第84页。

汉族 大宗伯之职，掌建邦之天神、人鬼、地亓之礼，以佐王建保邦国，以禋祀祀昊天上帝，以实柴祀日、月、星辰，以槱燎祀司中、司命、飌师、雨师。

【流传】（无考）

【出处】［先秦］托名周公旦：《周礼·春官·大宗伯》。

W0228.5

与上帝有关的其他母题

实　例

（参见下级母题实例）

W0228.5.1

上帝劝善

实　例

汉族 人们却不知珍惜上帝的恩赐，变得越来越懒了，不知珍惜粮食。上帝知道后很生气，于是变成一个白胡子老头来劝他们改善从新，但那些人没有听他的劝告，反而讥笑他。

【流传】河南省·（南阳市）·南召县

【出处】王德坤之外祖母讲，王德坤（粗识文字）采录整理：《狗为啥爱吃屎》（1990.01.02），见张振犁编著，孟宪明、朱淑君统纂《中原神话通鉴》（第四卷），郑州：河南大学出版社2017年版，第1322页。

W0229

与天上的神有关的其他母题

实　例

（实例待考）

W0229.1

天上的女巫

【汤普森】A205

【关联】［W9120］巫师

实　例

（实例待考）

0.2.2 地神
【W0230～W0239】

✿ W0230

地神

【汤普森】A400

实　例

白族 鳖鱼两极，四脚地神。

【流传】云南省·（大理白族自治州）·洱源县·此碧乡

【出处】王承权调查整理：《洱源茈碧白族鳖鱼祭祀》（1988），见吕大吉、何耀华总主编《中国各民族原始宗教资料集成》（彝族卷、白族卷、基诺族卷），北京：中国社会科学出版社

1996 年版，第 515 页。

W0231
地神的产生

【关联】［W0238.1］地母的产生

实 例

（参见下级母题实例）

W0231.1
地神源于特定地方

实 例

（参见下级母题实例）

W0231.1.1
天神到地上成为地神

实 例

珞巴族 在天上雨水出来的地方，有个名叫班列比列的村子，住着马迪道神，他有三个儿子，老大叫哈鲁弗戈索戈，老二叫胡夫里迪，老三叫西西尼阿奥。哈鲁弗戈索戈听了父亲的话，下到地上，成为地神。

【流传】西藏自治区·下珞渝（又写作“下珞瑜”，泛指永木河、锡约尔河、巴恰西仁河流域）

【出处】维·埃尔温搜集：《马迪道的三个儿子》，见中华民族故事大系编委会编《中华民族故事大系》第 16 卷（赫哲族、门巴族、珞巴族、基诺族），上海：上海文艺出版社 1995 年版，第 442～443 页。

W0231.1.2
创世主派来地神

实 例

哈萨克族 万能的创世主迦萨甘派了为数众多的神司掌万物，庇护万物，使之得以生长，造福于人类。如雷神、风神、水神、火神、山神、土地神等。

【流传】（新疆维吾尔自治区）

【出处】尼哈迈提·蒙加尼搜集，校仲彝翻译整理：《神与灵魂》，见姚宝瑄主编《中国各民族神话》（乌孜别克族、哈萨克族、柯尔克孜族、俄罗斯族、维吾尔族、塔吉克族、塔塔尔族、锡伯族），太原：山西出版传媒集团·书海出版社 2014 年版，第 31～32 页。

W0231.2
地神是造出来的（造地神）

实 例

（实例待考）

W0231.3
地神是生育产生的（生地神）

【关联】［W0185］天神是生育产生的

实 例

（参见下级母题实例）

W0231.3.1

神生地神

实 例

（参见下级母题实例）

W0231.3.1.1

第二代神王生地神

实 例

哈尼族 第二代神王烟沙生下地神密玛（朱鲁）。

【流传】 云南省·（红河哈尼族彝族自治州）·元阳县

【出处】

（a）朱小和讲，史军超等采录：《神的古今》，见中国民间文学集成全国编辑委员会编《中国民间故事集成》（云南卷），北京：中国 ISBN 中心 2003 年版，第 19 页。

（b）卢朝贵讲，史军超采录：《神和人的家谱》，见中国民间文学集成全国编辑委员会编《中国民间故事集成》（云南卷），北京：中国 ISBN 中心 2003 年版，第 23 页。

W0231.3.1.2

天神生地神

实 例

满族 女天神阿布卡赫赫下身中裂生出巴那姆赫赫（地神）女神。

【流传】 黑龙江省·黑河地区（黑河市）·孙吴县·（沿江满族达斡尔族乡）·四季屯（四季屯村）

【出处】 吴纪贤、富希陆讲：《天宫大战——黑水女真人传世神话》（1939，选自富育光、郭淑云整理的手稿），见姚宝瑄主编《中国各民族神话》（满族、赫哲族、朝鲜族），太原：山西出版传媒集团·书海出版社 2014 年版，第 22 页。

W0231.3.2

人生地神

实 例

（实例待考）

W0231.3.3

动物生地神

实 例

（参见下级母题实例）

W0231.3.3.1

鱼生地神

实 例

（参见下级母题实例）

W0231.3.3.1.1

金鱼娘生地神密玛

实 例

哈尼族 密乌艾西艾玛（地下最大的金鱼娘）抖鱼鳞，从背脊那里抖出天神俄玛和地神密玛。

【流传】云南省·（红河哈尼族彝族自治州）·元阳县

【出处】朱小和讲，史军超等采录：《神的古今》，见中国民间文学集成全国编辑委员会编《中国民间故事集成》（云南卷），北京：中国 ISBN 中心 2003 年版，第 19 页。

W0231. 3. 3. 1. 2

金鱼的背中生地神

实 例

哈尼族 地神密玛阿匹是从密乌艾西艾玛金鱼背出生的。

【流传】云南省·（红河哈尼族彝族自治州）·元阳县·黄草岭区（黄草岭乡）·树皮寨

【出处】

(a) 杨批斗讲，史军超采录：《年月树》，见中国民间文学集成全国编辑委员会编《中国民间故事集成》（云南卷），北京：中国 ISBN 中心 2003 年版，第 289 页。

(b) 同 (a)《哈尼族神话传说集成》，北京：中国民间文艺出版社 1990 年版。

哈尼族 海中生出的金鱼把鱼鳞一抖，从背脊里抖出两个大神，这就是天神俄玛和地神密玛。

【流传】云南省·（红河哈尼族彝族自治州）·元阳县、金平县（金平苗族瑶族傣族自治县）、红河县等地

【出处】朱小和讲，史军超、卢朝贵搜集整理：《烟本霍本》，原载刘辉豪、阿罗编《哈尼族民间故事选》，上海文艺出版社 1989 年版，见姚宝瑄主编《中国各民族神话》（哈尼族、傣族），太原：山西出版传媒集团·书海出版社 2014 年版，第 33 页。

W0231. 3. 4

其他特定物生地神

实 例

（参见下级母题实例）

W0231. 4

地神是变化产生的

实 例

（参见下级母题实例）

W0231. 4. 1

神性人物成为地神

实 例

（参见下级母题实例）

W0231. 4. 1. 1

共工之子成为地神[①]

【关联】［W0685］共工

实 例

汉族 （实例待考）

① 文献中没有出现共工的妻子，故把这种母题放入一般性出生母题类型。

W0231.4.2

人变成地神

实 例

（参见下级母题实例）

W0231.4.2.1

天上的人到地上成为地神

实 例

珞巴族 天上的人到地上成为地神。

【流传】西藏自治区·下珞渝（下珞瑜则泛指永木河、锡约尔河、巴恰西仁河流域）

【出处】维·埃尔温搜集：《马迪道的三个儿子》，见中华民族故事大系编委会编《中华民族故事大系》第16卷（赫哲族、门巴族、珞巴族、基诺族），上海：上海文艺出版社1995年版，第442页。

W0231.4.2.2

一个女子成为地神

实 例

（参见下级母题实例）

W0231.4.2.2.1

黄羽阳氏的妻子成为地神

实 例

朝鲜族 黄羽阳氏的妻子成了土主神即地神。

【流传】（无考）

【出处】《成造本歌》，见金东勋《朝鲜族的神话传说》，http://www.chinactwh.com，2003.09.02。

W0231.4.3

天星变成地神

实 例

彝族 天星变成地神。

【流传】贵州省·（毕节市）·赫章县

【出处】罗正清翻译，黄建明摘录：《神系根源》，见吕大吉、何耀华总主编《中国各民族原始宗教资料集成》（彝族卷、白族卷、基诺族卷），北京：中国社会科学出版社1996年版，第279～280页。

W0231.5

与地神的产生有关的其他母题

【关联】［W0058.3.1.2］地神是地上最早的神

实 例

（参见下级母题实例）

W0231.5.1

地上最早产生一个地神

【关联】［W0058.3.1.2］地神是地上最早的神

实 例

傈僳族 天地产生了，可人类还未产生。过了很久很久，大地上才出现了一个地神。

【流传】（无考）

【出处】

(a)《开天辟地》，载《山茶》1983 年第 3 期。

(b) 同 (a)，见姚宝瑄主编《中国各民族神话》(水族、布朗族、独龙族、基诺族、傈僳族)，太原：山西出版传媒集团·书海出版社 2014 年版，第 181 页。

W0232

地神的特征

实　例

(参见下级母题实例)

W0232. 1

地神的性别

实　例

(参见下级母题实例)

W0232. 1. 1

男地神

实　例

(参见下级母题实例)

W0232. 1. 1. 1

男地神阿奥

实　例

哈尼族 古时候，天地混沌，宇宙洪荒，人类未生，只有天神奥玛（女性）、地神阿奥（男性）、魔鬼奥尼等生存于其间。

【流传】云南省·（普洱市）·墨江（墨江哈尼族自治县），（红河哈尼族彝族自治州）·元阳（元阳县）、金平（金平苗族瑶族傣族自治县）、红河县、绿春（绿春县）等地

【出处】《一个大蛋》，原载李子贤《云南少数民族神话选》，云南人民出版社 1990 年版，见姚宝瑄主编《中国各民族神话》（哈尼族、傣族），太原：山西出版传媒集团·书海出版社 2014 年版，第 82 页。

W0232. 1. 2

女地神

【汤普森】A401

【关联】［W0238］地母

实　例

(参见下级母题实例)

W0232. 1. 2. 1

12 个乌摩中二姐管地[①]

实　例

哈尼族 十二个乌摩（神的名号）中第二个是管地的二姐。

【流传】云南省·（红河哈尼族彝族自治州）·元阳县

【出处】卢朝贵讲，史军超采录：《神和人的家谱》，见中国民间文学集成全国编辑委员会编《中国民间故事集成》（云南卷），北京：中国 ISBN 中

① 乌摩，哈尼语，指精灵、鬼神等。

心 2003 年版，第 23 页。

W0232.2

地神的外貌

实 例

（参见下级母题实例）

W0232.2.1

地神身材矮小

实 例

彝族 （实例待考）

W0232.2.2

地神是鸡

【关联】［W0047.2.1］公鸡成为神（公鸡变成神）

实 例

（参见下级母题实例）

W0232.2.2.1

太阳神和月亮神的儿子鸡是地神

实 例

白族 人类奉太阳神和月亮神的儿子鸡为地神。

【流传】 云南省·（大理白族自治州）·鹤庆（鹤庆县）

【出处】 罗玉生讲，艺叟记录：《日月甲马》，原载《中国民间故事全书》（云南省·鹤庆卷），见陶阳、钟秀编《中国神话》（下），北京：商务印书馆 2008 年版，第 1463～1466 页。

W0232.3

地神的性格

实 例

（参见下级母题实例）

W0232.3.1

地神最慈善

实 例

彝族 天神为最大，地神最慈善。

【流传】 云南省·红河（红河哈尼族彝族自治州）·元阳（元阳县）、绿春（绿春县），（玉溪市）·元江（元江哈尼族彝族傣族自治县）等

【出处】 龙倮贵搜集翻译整理：《祭天地经》，见吕大吉、何耀华总主编《中国各民族原始宗教资料集成》（彝族卷、白族卷、基诺族卷），北京：中国社会科学出版社 1996 年版，第 284～285 页。

W0232.3.2

地神勤快

实 例

（参见下级母题实例）

W0232.3.2.1

地神造地比天神造天勤快

实 例

汉族 天神地神分别造天地时，地神比较勤快，日日接着造，从来不歇

息，一造再造，造得很快。

【流传】浙江省·（丽水市）·庆元县

【出处】余岩塔讲，余塔和搜集整理：《造天造地》，见姚宝瑄主编《中国各民族神话》（汉族），太原：山西出版传媒集团·书海出版社 2014 年版，第 36 页。

W0232. 4

与地神特征有关的其他母题

实　例

（参见下级母题实例）

W0232. 4. 1

地神是善神

实　例

达斡尔族 “博迪格”神（外界的自然物神）有“腾格尔·巴尔肯”（天神）、“嘎吉日·巴尔肯”（地神）等，是保护人们安全生产的善神。

【流传】黑龙江省·齐齐哈尔地区（齐齐哈尔市）

【出处】

（a）卜林：《达斡尔萨满跳神行巫见闻追忆》，见《嫩水达斡尔人》（齐齐哈尔史政协文史办公室编《齐齐哈尔文史资料》（第 19 辑），内部资料，1989 年，第 412 页。

（b）《自然神的分类》，见吕大吉、何耀华总主编《中国各民族原始宗教资料集成》（鄂伦春族卷、鄂温克族卷、赫哲族卷、达斡尔族卷、锡伯族卷、满族卷、蒙古族卷、藏族卷），北京：中国社会科学出版社 1999 年版，第 292 页。

W0233

地神的生活

实　例

（参见下级母题实例）

W0233. 1

地神的成长

实　例

（参见下级母题实例）

W0233. 2

地神的居所

实　例

（参见下级母题实例）

W0233. 2. 1

地神住宇宙的下三层

【关联】

① ［W0198. 2］天神住宇宙中央

② ［W1067. 2］世界分 3 层（宇宙分 3 层）

实　例

（参见下级母题实例）

W0233. 2. 1. 1

地神与魔鬼住宇宙的下三层

实　例

满族 宇宙高天分为九层，下三层为地神与魔鬼所居。

【流传】（无考）

【出处】富育光：《满族灵禽崇拜祭俗与神话探考》，见《富育光民俗文化论集》，长春：吉林大学出版社 2005 年版。

W0233.2.2

地神住天宫

【关联】［W1792.0.4］天庭是神的世界

实 例

彝族 （实例待考）

W0233.2.3

地神住地上

【关联】［W1244.11.1］地是地神居住的地方

实 例

哈尼族 最早的世上只有一条非常粗大的叫密乌艾西艾玛的金鱼。金鱼娘用左鳍把茫茫大水扇落千丈，露出黄生生的地，鱼娘把它留给地神当家乡。

【流传】云南省·红河哈尼族彝族自治州

【出处】《窝果策尼果》，见红河哈尼族彝族自治州人民政府编《哈尼族口传文化译注全集》第 1 卷，昆明：云南民族出版社 2009 年版，第 8 页。

W0233.2.4

地神住平坝

实 例

（参见下级母题实例）

W0233.2.4.1

东巴教教主规定地神之主住到平坝

实 例

纳西族 大神丁巴什罗（东巴教教主）规定：地神之主住到平坝。

【流传】云南省·丽江（丽江市）

【出处】和芳（东巴）读经，和志武翻译整理：《休曲苏埃》（1962），见吕大吉、何耀华总主编《中国各民族原始宗教资料集成》（纳西族卷、羌族卷、独龙族卷、傈僳族卷、怒族卷），北京：中国社会科学出版社 2000 年版，第 334 页。

W0233.2.5

地神居屋中

实 例

（参见下级母题实例）

W0233.2.5.1

地神在屋角

实 例

羌族 羌人于房屋建成后，须请释比（巫师）安顿四角地神。

【流传】四川省·（阿坝藏族羌族自治州）·汶川县·龙溪乡·比亚朵寨

【出处】

(a) 余明海（释比，68 岁）、朱顺才（释比，68 岁）唱，汪有伦等翻译，钱安靖整理：《上坛经》（1983. 11 ~ 1984. 12）说明文字，见钱安靖《羌族和羌语支各居民集团宗教习俗调查报告》，四川大学宗教研究所油印本，1987 年 12 月。

(b) 同（a），见吕大吉、何耀华总主编《中国各民族原始宗教资料集成》（纳西族卷、羌族卷、独龙族卷、傈僳族卷、怒族卷），北京：中国社会科学出版社 2000 年版，第 535 页。

W0233a

地神的身份

实 例

（参见下级母题实例）

W0233a. 1

地神是人类祖先

【关联】［W0233b. 1. 1］地神造人类

实 例

苗族 果酥果尖是地神，也是人类祖先。

【流传】湖北省西部地区

【出处】过竹：《苗族神话研究》，南宁：广西人民出版社 1988 年版，第 225 页。

W0233a. 2

地神是工匠

【关联】［W1175. 2a］地神造地

实 例

彝族 地神德布阿尔是个很有发明创造本事的匠人。

【流传】云南省·（楚雄彝族自治州）·永仁县

【出处】曲木阿石讲，罗有能采录：《更资天神》，见中国民间文学集成全国编辑委员会编《中国民间故事集成》（云南卷），北京：中国 ISBN 中心 2003 年版，第 3 页。

W0233a. 3

地神是家庭保护神

【关联】［W0443. 1］家神（家鬼，家庭保护神，家族保护神）

实 例

彝族 “地神”变成家庭保护神。

【流传】贵州省·（毕节市）·龙场区（七星关区）·（大屯彝族乡）·三官寨

【出处】陈大进讲：《献土公土母》，见吕大吉、何耀华总主编《中国各民族原始宗教资料集成》（彝族卷、白族卷、基诺族卷），北京：中国社会科学出版社 1996 年版，第 61 页。

W0233a.4

地神有特定的地位

实 例

（参见下级母题实例）

W0233a.4.1

地神地位仅次于山神

实 例

彝族 地神的地位仅次于山神。

【流传】 贵州省·（毕节市）·龙场区（七星关区）·（大屯彝族乡）·三官寨

【出处】 陈大进讲：《献土公土母》，见吕大吉、何耀华总主编《中国各民族原始宗教资料集成》（彝族卷、白族卷、基诺族卷），北京：中国社会科学出版社1996年版，第61页。

W0233a.4.2

地神地位低于祖宗神

实 例

彝族 地神的地位更低于祖宗神。

【流传】 贵州省·（毕节市）·龙场区（七星关区）·（大屯彝族乡）·三官寨

【出处】 陈大进讲：《献土公土母》，见吕大吉、何耀华总主编《中国各民族原始宗教资料集成》（彝族卷、白族卷、基诺族卷），北京：中国社会科学出版社1996年版，第61页。

W0233a.5

地神是天的王子

实 例

白族 地神为"天的王子"。

【流传】 云南省怒江一带

【出处】 吕大吉、何耀华总主编：《中国各民族原始宗教资料集成》（彝族卷、白族卷、基诺族卷），北京：中国社会科学出版社1996年版，第399页。

W0233a.6

地神即田公、地母

【关联】［W0147.4］田公地母

实 例

彝族 地神即田公、地母或田祖。

【流传】（无考）

【出处】《地体崇拜》，见吕大吉、何耀华总主编《中国各民族原始宗教资料集成》（彝族卷、白族卷、基诺族卷），北京：中国社会科学出版社1996年版，第60页。

W0233b

地神的职能（地神的能力）

实 例

（参见下级母题实例）

W0233b.1

地神造物

实 例

（参见下级母题实例）

W0233b. 1. 1 地神造人类

【关联】［W2050］造人者

实 例

佤族 人类是地神“西拥”创造的。

【流传】云南省

【出处】《论佤族支系“巴饶”的含义及其形成》，载《云南民族大学学报》2004 年第 5 期。

W0233b. 2 地神会变化

实 例

（参见下级母题实例）

W0233b. 2. 1 地神化身为老人

实 例

仡佬族 地神化身为老人。

【流传】（无考）

【出处】《仡佬族民间故事：田母的传说》，见 http：//club. 163. com。

W0233b. 3 地神管地上万物

【关联】［W5076. 2］地神管理世界

实 例

蒙古族 （实例待考）

彝族（白彝、黑彝、干彝、阿乌、撒尼等） “地神”，主管地上万物。

【流传】云南省·曲靖（曲靖市）

【出处】蔡家麒：《云南曲靖地区彝族调查》，见吕大吉、何耀华总主编《中国各民族原始宗教资料集成》（彝族卷、白族卷、基诺族卷），北京：中国社会科学出版社 1996 年版，第 125 页。

W0233b. 3. 1 地神管理地上的庄稼

实 例

白族 地神为“天的王子”，它管理地上的庄稼，故在点种玉米时须在地里祭祀。

【流传】云南省怒江一带

【出处】吕大吉、何耀华总主编：《中国各民族原始宗教资料集成》（彝族卷、白族卷、基诺族卷），北京：中国社会科学出版社 1996 年版，第 399 页。

W0233b. 3. 2 地神管动物

实 例

苗族 地神能指挥毒蛇猛虎，苗族俗语说，地神不允许，老虎不敢咬猪。

【流传】原文无流传地，据文本及注释推测该神话流传于贵州省·黔东南苗族侗族自治州·凯里市、台江县等地。

【出处】张启庭、张荣光、张正玉、张

启德演唱，张明搜集，燕宝整理译注：《创造宇宙·运金运银》，见贵州省少数民族古籍整理出版规划小组办公室编，燕宝整理译注《苗族古歌》，贵阳：贵州民族出版社1993年版，第168页。

W0233b.4

地神管地

实 例

毛南族 远古的时候，管理大地的神叫土地，是一个善良的老公公。

【流传】广西壮族自治区·（河池市）·环江县（环江毛南族自治县）

【出处】覃启仁等讲述，谭金田、蒋志雨翻译整理：《盘古的传说》，原载袁凤辰等编：《毛南族、京族民间故事选》，见陶阳、钟秀编《中国神话》（上），北京：商务印书馆2008年版，第22～28页。

W0233b.4.1

地神主宰大地

实 例

藏族 地神是主宰大地的。

【流传】（四川省西南部）

【出处】何耀华：《川西南纳木依人和柏木依人的宗教信仰述略》，原载《中国少数民族宗教》，云南人民出版社1985年版，见吕大吉、何耀华总主编《中国各民族原始宗教资料集成》（鄂伦春族卷、鄂温克族卷、赫哲族卷、达斡尔族卷、锡伯族卷、满族卷、蒙古族卷、藏族卷），北京：中国社会科学出版社1999年版，第802页。

W0233b.4.2

地神主管旱地

实 例

（参见下级母题实例）

W0233b.4.2.1

地神是主管旱地之神

实 例

壮族 地神是主管旱地之神。

【流传】广西壮族自治区·（百色市）·靖西县（靖西市）

【出处】凌树东搜集整理：*《广西靖西县壮族诸神表》（1991），见吕大吉、何耀华总主编《中国各民族原始宗教资料集成》（土家族卷、瑶族卷、壮族卷、黎族卷），北京：中国社会科学出版社1998年版，第494页。

W0233b.5

地神管风雨

实 例

羌族 （参见“W0235.1.11 地神如比士”母题实例）

W0234

地神的关系

实 例

（参见下级母题实例）

W0234.1

地神的父母

实 例

（实例待考）

W0234.2

地神的兄弟姐妹

实 例

（参见下级母题实例）

W0234.2.1

地神的哥哥是天神

【关联】［W0202.3］天神的兄弟

实 例

彝族 “更”（天神更资）的母亲蒲依生更后又生小男孩，取名“阿尔”。阿尔长不高，更就给阿尔起了个名字叫“德布”（意即又矮又胖的小人）。后来更封德布阿尔为神匠，让他掌管浊气层，天地开辟出来后，德布阿尔便成为主宰人间的地神，被称为“米色 德布阿尔”（即地神，哀牢山一带又叫土主）。

【流传】云南省·（楚雄彝族自治州）·永仁县

【出处】

（a）曲木阿石等讲，罗有能整理：《更资天神》，见云南省楚雄州文教局、云南省楚雄州民委会编《楚雄民间文学资料》，内部资料，1979 年。

（b）同（a），见姚宝瑄主编《中国各民族神话》（羌族、彝族），太原：山西出版传媒集团·书海出版社 2014 年版，第 180 页。

W0234.2.1.1

地神德布阿尔的哥哥是天神更资

实 例

彝族 更资天神（又译为“策耿纪”、“恩梯古资”、“陈根子”、“根兹天神”等）的弟弟德布阿尔是主宰人间的地神。

【流传】云南省·（楚雄彝族自治州）·永仁县

【出处】曲木阿石讲，罗有能采录：《更资天神》，见中国民间文学集成全国编辑委员会编《中国民间故事集成》（云南卷），北京：中国 ISBN 中心 2003 年版，第 3 页。

W0234.2.2

地神九姐妹

实 例

（参见下级母题实例）

W0234.2.2.1

地神九姐妹辟地

实 例

纳西族 地神九姐妹，来做辟地的师傅。

【流传】（云南省）

【出处】和芳、和志新编译：《崇邦统——人类迁徙记》，见姚宝瑄主编《中国各民族神话》（佤族、阿昌族、纳西族、普米族、德昂族），太原：山西出版传媒集团·书海出版社 2014 年版，第 139 页。

W0234.3

地神的子女

实 例

（参见下级母题实例）

W0234.3.1

地神的儿子

实 例

（实例待考）

W0234.3.2

地神的女儿

实 例

（参见下级母题实例）

W0234.3.2.1

地神之女娜隆

实 例

哈尼族 天神之子侯波与地神之女娜隆。

【流传】云南省

【出处】《侯波与娜隆》，见《中国各民族宗教与神话大词典》编审委员会编《中国各民族宗教与神话大词典》，北京：学苑出版社 1990 年版，第 169 页。

W0234.3.2.2

地神的姑娘开地门

实 例

哈尼族 地神的姑娘打开地门。

【流传】（云南省）

【出处】刘辉豪、白章富搜集整理，昌文根据古梅改写的《奥色密色》中的一节改写：《塔婆、模米生儿女》，见姚宝瑄主编《中国各民族神话》（哈尼族、傣族），太原：山西出版传媒集团·书海出版社 2014 年版，第 69 页。

W0234.3.2.3

地神的女儿是大力神

实 例

满族 地神巴那吉额姆的女儿福特锦大力神，她四头、六臂、八足，身高齐天。

【流传】黑龙江省·黑河地区（黑河市）·孙吴县·（沿江满族达斡尔族乡）·四季屯（四季屯村）

【出处】吴纪贤、富希陆讲：《天宫大战——黑水女真人传世神话》（1939，选自富育光、郭淑云整理的手稿），见姚宝瑄主编《中国各民族神话》（满族、赫哲族、朝鲜族），太原：山西出版传媒集团·书海出版社 2014 年版，第 34 页。

W0234. 4
地神的从属

实 例

（参见下级母题实例）

W0234. 4. 1
地神领着小鬼、小判等

实 例

汉族 人黄帝划定地点开始动工建城时，夜里，山神领着山鬼、虎精、罴怪、猴妖等，成群结队；地神领着小鬼、小判等，熙熙攘攘，都来帮忙。

【流传】 河南省·（郑州市）·新郑市

【出处】 薛文灿、赵国鼎讲，李新明采录整理：《黄帝城（一）》，见张振犁编著，孟宪明、朱淑君统纂《中原神话通鉴》（第二卷），郑州：河南大学出版社2017年版，第618页。

※W0235
与地神有关的其他母题

实 例

（参见下级母题实例）

W0235. 1
特定名称的地神（地神的名称）

实 例

（参见下级母题实例）

W0235. 1. 1
地神朗

实 例

羌族 地神的名字叫“朗”。

【流传】 四川省·（阿坝藏族羌族自治州）·茂汶（茂汶羌族自治县，今归属茂县）

【出处】 郑友富等讲，王康等搜集：《人是咋个来的》，见中华民族故事大系编委会编《中华民族故事大系》第11卷（达斡尔族、仫佬族、羌族），上海：上海文艺出版社1995年版，第638页。

W0235. 1. 2
地神布洛陀

实 例

壮族 （实例待考）

W0235. 1. 3
地神嘎吉日·巴尔肯

实 例

达斡尔族 地神嘎吉日·巴尔肯。

【流传】（无考）

【出处】 吕大吉、何耀华总主编《中国各民族原始宗教资料集成》（鄂伦春族卷、鄂温克族卷、赫哲族卷、达斡尔族卷、锡伯族卷、满族卷、蒙古族卷、藏族卷），北京：中国社会科学出版社1999年版，第292页。

W0235.1.4

地神密玛（地神朱鲁）

实 例

哈尼族 第二代神王烟沙生下地神密玛（朱鲁）。

【流传】云南省·（红河哈尼族彝族自治州）·元阳县

【出处】

（a）朱小和讲，史军超等采录：《神的古今》，见中国民间文学集成全国编辑委员会编《中国民间故事集成》（云南卷），北京：中国ISBN中心2003年版，第19页。

（b）卢朝贵讲，史军超采录：《神和人的家谱》，见中国民间文学集成全国编辑委员会编《中国民间故事集成》（云南卷），北京：中国ISBN中心2003年版，第23页。

W0235.1.4.1

第二代男神王烟沙生地神朱鲁

实 例

哈尼族 第二代男神王烟沙大神又传出新的家谱。他生下第二代男神沙拉后，又生下了九位大神，其中有风神米沙、雨神即比、雷神阿惹、土神达俄、籽种神姐玛、水神阿波、田神得威、地神朱鲁。

【流传】云南省·（红河哈尼族彝族自治州）·元阳（元阳县）、红河（红河县）、金平（金平苗族瑶族傣族自治县）［采集于元阳县·胜村乡·全福庄］

【出处】卢朝贵讲，史军超搜集整理：《神和人的家谱》，原载云南省民间文学集成办公室编《哈尼族神话传说集成》，中国民间文艺出版社1990年版，见姚宝瑄主编《中国各民族神话》（哈尼族、傣族），太原：山西出版传媒集团·书海出版社2014年版，第40页。

W0235.1.5

地神又称土主神

实 例

朝鲜族 黄羽阳氏的妻子成了土主神即地神。

【流传】（无考）

【出处】《成造本歌》，见金东勋《朝鲜族的神话传说》，http：//www.chinactwh.com，2003.09.02。

W0235.1.6

地神又名地亓

实 例

汉族 大宗伯之职，掌建邦之天神、人鬼、地亓之礼。

【流传】（无考）

【出处】［先秦］托名周公旦：《周礼·春官·大宗伯》。

W0235. 1. 6a

地神又名地祇

实 例

汉族 地者其卦曰坤，其德曰母，其神曰祇。

【流传】（无考）

【出处】［北宋］李昉、李穆、徐铉等：《太平御览》卷三六引《物理论》。

W0235. 1. 6a. 1

正月辛未郊祀地祇

实 例

汉族 （建武）三十三年正月辛未，郊，别祀地祇。

【流传】（无考）

【出处】［南朝·宋］范晔：《后汉书·祭祀志》。

W0235. 1. 7

地神哈鲁弗戈索戈

实 例

珞巴族 马迪道神的大儿子哈鲁弗戈索戈下到地上，成为地神

【流传】

（a）西藏自治区·下珞渝（泛指永木河、锡约尔河、巴恰西仁河流域）。

（b）西藏自治区·下珞渝·阿卡部落胡西戈村

【出处】

（a）维·埃尔温搜集：《马迪道的三个儿子》，见中华民族故事大系编委会编《中华民族故事大系》第16卷（赫哲族、门巴族、珞巴族、基诺族），上海：上海文艺出版社1995年版，第442～443页。

（b）同（a），见李坚尚、刘芳贤编《珞巴族门巴族民间故事选》，上海：上海文艺出版社1993年版，第56～57页。

W0235. 1. 8

地神尹安妣

实 例

彝族 祈福时要祈十七神。其中有天神吾安普，地神尹安妣。

【流传】云南省·（昆明市）·禄劝县（禄劝彝族苗族自治县）·云龙乡·卡问村

【出处】张仲仁（彝族）翻译：*《禄劝彝族的祈福经》，见吕大吉、何耀华总主编《中国各民族原始宗教资料集成》（彝族卷、白族卷、基诺族卷），北京：中国社会科学出版社1996年版，第288～290页。

W0235. 1. 9

地神巴那姆赫赫

实 例

（参见下级母题实例）

W0235.1.9.1
女天神阿布卡赫赫的下身又裂出女地神巴那姆赫赫

实例

满族 女天神阿布卡赫赫的下身又裂出巴那姆赫赫（地神）女神。

【流传】黑龙江省·黑河地区（黑河市）·孙吴县·（沿江满族达斡尔族乡）·四季屯（四季屯村）

【出处】吴纪贤、富希陆讲：《天宫大战——黑水女真人传世神话》（1939，选自富育光、郭淑云整理的手稿），见姚宝瑄主编《中国各民族神话》（满族、赫哲族、朝鲜族），太原：山西出版传媒集团·书海出版社2014年版，第22页。

W0235.1.9.1a
地神巴那吉额姆

实例

满族 地神巴那吉额姆有个大力神女儿。

【流传】黑龙江省·黑河地区（黑河市）·孙吴县·（沿江满族达斡尔族乡）·四季屯（四季屯村）

【出处】吴纪贤、富希陆讲：《天宫大战——黑水女真人传世神话》（1939，选自富育光、郭淑云整理的手稿），见姚宝瑄主编《中国各民族神话》（满族、赫哲族、朝鲜族），太原：山西出版传媒集团·书海出版社2014年版，第34页。

W0235.1.10
地神为“地母”

实例

白族 地神就是“地母”。

【流传】云南省·大理州（大理白族自治州）

【出处】吕大吉、何耀华总主编：《中国各民族原始宗教资料集成》（彝族卷、白族卷、基诺族卷），北京：中国社会科学出版社1996年版，第399页。

W0235.1.10a
地的王子

实例

（参见下级母题实例）

W0235.1.10a.1
地的王子是一个管理土地的神

实例

白族 管理土地的一个神（鬼）名叫“朵基木得”，直译为“地的王子”。

【流传】云南省·（怒江傈僳族自治州）·泸水县·洛本卓乡（洛本卓白族乡）

【出处】詹承绪等调查整理：《怒江白族祭地神》（1982），见吕大吉、何耀华总主编《中国各民族原始宗教资料集成》（彝族卷、白族卷、基诺族卷），北京：中国社会科学出版社1996年版，第 465 页。

W0235. 1. 11

地神如比士

实 例

羌族 “如比士”（RuBe Sei）是地神，控制土地，调适风雨，赐来丰年，拯救厄运，在人们有疾病和灾难时予以帮助。

【流传】四川省·（阿坝藏族羌族自治州）·汶川县·龙溪乡·龙溪寨

【出处】

(a)［美］格莱汉撰，钱谦译：《羌族习俗》，载《宗教学研究》1988 年第 1 期。

(b) 同（a），＊《龙溪乡龙溪寨的白石崇拜》，见吕大吉、何耀华总主编《中国各民族原始宗教资料集成》（纳西族卷、羌族卷、独龙族卷、傈僳族卷、怒族卷），北京：中国社会科学出版社 2000 年版，第 472 页。

W0235. 1. 12

地奶奶（地老奶）

实 例

藏族 人们谁也没看见绷天绷地的一男一女是什么样子，大家就把绷地的撒拉甲伍做“地老奶”（地神）。

【流传】四川省白马藏族地区

【出处】扎嘎才让、小石桥、顶专讲，谢世廉、周善华、姜志成、周贡中搜集：《绷天绷地》，见姚宝瑄主编《中国各民族神话》（门巴族、珞巴族、怒族、藏族），太原：山西出版传媒集团·书海出版社 2014 年版，第 79 页。

W0235. 1. 13

地神称五谷神

实 例

白族（那马）因为五谷是从地上长出来的，所以把地神称为五谷神。

【流传】云南省·（怒江傈僳族自治州）·兰坪县（兰坪白族普米族自治县），（迪庆藏族自治州）·维西县（维西傈僳族自治县）·拉竹河村

【出处】刘龙初调查整理：《兰坪维西那马人祭地鬼和地神》（1988），见吕大吉、何耀华总主编《中国各民族原始宗教资料集成》（彝族卷、白族卷、基诺族卷），北京：中国社会科学出版社 1996 年版，第 465 页。

W0235. 2

阴神

【关联】［W0209. 5］阳神

实 例

（参见下级母题实例）

W0235. 2. 1

阴神老奶奶

实 例

纳西族 丽恩急古（祖先丽恩五弟兄的

名字）不会拿铧，结果触着阴神老奶奶。

【流传】（云南省）

【出处】和芳、和志新编译：《崇邦统——人类迁徙记》，见姚宝瑄主编《中国各民族神话》（佤族、阿昌族、纳西族、普米族、德昂族），太原：山西出版传媒集团·书海出版社2014年版，第144页。

W0235.2.2

女神即阴神

实　例

（参见下级母题实例）

W0235.2.2.1

格玛金姆是女神、阴神

实　例

纳西族 格玛金姆（又叫司巴金姆，生神别名，又译为“色神”，是女神、阴神。相对应的男神、阳神叫做“生神”）藏立在河滩，与水不可分，出黄金神石。

【流传】云南省·丽江县（丽江市）·长水乡（不详）

【出处】和泗泉读经，周汝诚调查记录，和志武翻译整理：经书《动丁》（1989），见吕大吉、何耀华总主编《中国各民族原始宗教资料集成》（纳西族卷、羌族卷、独龙族卷、傈僳族卷、怒族卷），北京：中国社会科学出版社2000年版，第85页。

W0235.3

巡地的神

实　例

（参见下级母题实例）

W0235.3.1

巡地之神米扎扎拉

实　例

哈尼族 天神摩咪发现地上的人有些怪样，就指派米扎扎拉（巡地的神）下凡察看。

【流传】（无考）

【出处】刘元庆、阿罗搜集整理：《兄妹传人类》，原载谷德明编《中国少数民族神话选》，西北民族学院研究所，内部资料，1983年，见姚宝瑄主编《中国各民族神话》（哈尼族、傣族），太原：山西出版传媒集团·书海出版社2014年版，第83页。

W0235.4

地神王

实　例

（参见下级母题实例）

W0235.4.1

三个地神王

实　例

哈尼族 听说要杀查牛（天地神专养的神牛）时，天上地下的神都来了。头一伙来的神是三个地神王和天神俄玛的小儿子，这是四个力气最大的神，是专来按牛脚的。

【流传】云南省·（红河哈尼族彝族自治州）·元阳（元阳县）、红河（红河县）、绿春（绿春县）、金平（金平苗族瑶族傣族自治县）

【出处】朱小和讲唱，史军超搜集整理：《查牛补天地》（1983），原载云南省民间文学集成办公室编《哈尼族神话传说集成》，中国民间文艺出版社1990年版，见姚宝瑄主编《中国各民族神话》（哈尼族、傣族），太原：山西出版传媒集团·书海出版社2014年版，第53页。

W0235. 5
地神的象征物

【关联】［W0236. 5. 2］土地神的象征物（土地神的代表物）

实 例

（参见下级母题实例）

W0235. 5. 1
石头象征地神

实 例

（参见下级母题实例）

W0235. 5. 1. 1
白石象征地神

实 例

羌族 地里供有白石，代表地神。

【流传】四川省·（阿坝藏族羌族自治州）·茂汶县（今茂县）·三龙乡·凋花寨

【出处】钱安靖：《茂汶县三龙乡凋花寨羌族宗教习俗调查》（1983. 07. 23），，见吕大吉、何耀华总主编《中国各民族原始宗教资料集成》（纳西族卷、羌族卷、独龙族卷、傈僳族卷、怒族卷），北京：中国社会科学出版社2000年版，第477页。

藏族（嘉绒） 人们在地中央放上洁白的石头，代表大地之神，称为“阿妈色朵”，意即金石头妈妈。

【流传】（无考）

【出处】侯光、蒋永志：《嘉绒藏区的信仰民俗》，载刊《巴蜀风》1990年第3期。

W0235. 5. 1. 2
白石“扎给尔”意为“大地之神”

实 例

藏族（嘉绒） 嘉绒藏族供奉白石，也是自然崇拜迹象之一，他们把白石头供在屋顶上，并称白石为“扎给尔”，意即“大地之神”。

【流传】（无考）

【出处】侯光、蒋永志：《嘉绒藏区的信仰民俗》，载《巴蜀风》1990年第3期。

W0235.5.1.3
白石“尕比”意为“地神”

实 例

藏族（嘉绒） 操“什大巴”语之嘉绒，如草登九部落等称白石为“依乃”。操“茶卜”语之嘉绒，如大藏、沙亦等部称白石为“尕比”，皆以其为地神。

【流传】（无考）

【出处】 邓廷良：《嘉绒族源初探》，载《西南民族学院学报》1986年第1期。

W0235.6
地神的数量

【关联】［W0193］天神的数量

实 例

（参见下级母题实例）

W0235.6.1
3个地神

实 例

（参见下级母题实例）

W0235.6.1.1
造地的3个地神是密则、达拉和阿尼

实 例

哈尼族 造地的地神有三个，一个是密则，一个是达拉，一个是阿尼。

【流传】 云南省·（红河哈尼族彝族自治州）·元阳县、金平县（金平苗族瑶族傣族自治县）、红河县等地

【出处】 朱小和讲，史军超、卢朝贵搜集整理：《烟本霍本》，原载刘辉豪、阿罗编《哈尼族民间故事选》，上海文艺出版社1989年版，见姚宝瑄主编《中国各民族神话》（哈尼族、傣族），太原：山西出版传媒集团·书海出版社2014年版，第36页。

W0235.6.2
4个地神

实 例

（参见下级母题实例）

W0235.6.2.1
4个角的地神（四角地神）

实 例

白族 山神土地保佑我，四角地神护我身。

【流传】 云南省·（大理白族自治州）·鹤庆县·和邑村

【出处】《山神经》，原载张海福等调查整理《鹤庆白族祭山神活动》（1989），见吕大吉、何耀华总主编《中国各民族原始宗教资料集成》（彝族卷、白族卷、基诺族卷），北京：中国社会科学出版社1996年版，第472页。

W0235.7
地上的神

实 例

（参见下级母题实例）

W0235.7.1
河神、海神、湖神、山神、土地神、治病神不愿回天成了地上的神

实 例

满族 那些在人间养伤的神，有愿意回天的回到了天上，阿布凯恩都哩（天神名）让不愿意回天的成了地上国的神，像河神、海神、湖神、山神、土地神、治病神等等。

【流传】 黑龙江省·（牡丹江市）·宁古塔（宁安县）；吉林省·长白山地区（长白山一带）

【出处】

（a）傅英仁讲述，张爱云记录整理：《天宫神魔大战》，见傅英仁讲述，张爱云记录整理《满族萨满神话》，哈尔滨：黑龙江人民出版社 2006 年版。

（b）同（a），见陶阳、钟秀编《中国神话》（上），北京：商务印书馆 2008 年版，第 155～180 页。

W0236
土地神（土神，土地，土地公，土地公公，土地爷爷，土地奶奶）①

【关联】［W0230］地神

实 例

（参见下级母题实例）

W0236.1
土地神的产生

实 例

（参见下级母题实例）

W0236.1.0
土地神自然存在

实 例

（实例待考）

① 土地神（土神，土地，土地公，土地公公，土地爷爷，土地奶奶），在一些神话中“土地神”与“地神”存在混用的现象。土地神作为中国民间最为常见的神之一，有许多不同称谓，如“福德正神”、“土地公公”、“土地公”、“土地爷爷”、“土地爷”、“后土”、“土正”、“社神”、“土伯”等等。关于其产生也是众说不一，如“句龙”、“后土”、“共工”，周朝的“张福德”，三国时期的“蒋子文”，唐代的“韩愈”，南宋的“岳飞”等都能成为土地神的原型，其具体情况在各地神话传说中往往有不同的说法，如农历二月初二为土地公诞辰；八月十五日，为其成道升天日。本编目为表述的需要，另单设“地神”、“社神”项，以供研究者进行更具体的分析研究。

W0236.1.0a

土地神是造出来的

实 例

（参见下级母题实例）

W0236.1.0a.1

特定的神造土地神

实 例

（参见下级母题实例）

W0236.1.0a.1.1

神官捧腊哈纳罗用泥造了8个土地神

实 例

傣族 按照天王的吩咐，神官捧腊哈纳罗用泥造了八个土地神。

【流传】（云南省）

【出处】陈平改写：《捧麻远冉与捧腊哈纳罗》，原载《巴塔麻嘎捧尚罗》，见姚宝瑄主编《中国各民族神话》（哈尼族、傣族），太原：山西出版传媒集团·书海出版社2014年版，第374页。

W0236.1.1

神生土地神

实 例

白族 （实例待考）

W0236.1.1.1

第二代神王烟沙生土神达俄

实 例

哈尼族 第二代神王烟沙生下土神（达俄）。

【流传】云南省·（红河哈尼族彝族自治州）·元阳县

【出处】

（a）朱小和讲，史军超等采录：《神的古今》，见中国民间文学集成全国编辑委员会编《中国民间故事集成》（云南卷），北京：中国ISBN中心2003年版，第19页。

（b）卢朝贵讲，史军超采录：《神和人的家谱》，见中国民间文学集成全国编辑委员会编《中国民间故事集成》（云南卷），北京：中国ISBN中心2003年版，第23页。

W0236.1.1.2

女神娥婆生男女土地神

实 例

苗族 娥婆（女神名）是个聪明人，生个妹娲老妈妈（女土地神），生个耇代老爹爹（男土地神）。

【流传】原文无流传地，据文本及注释推测该神话流传于贵州省·黔东南苗族侗族自治州·凯里市、台江县等地。

【出处】张启庭、张荣光、张正玉、张启德演唱，张明搜集，燕宝整理译

注：《创造宇宙·运金运银》，见贵州省少数民族古籍整理出版规划小组办公室编，燕宝整理译注《苗族古歌》，贵阳：贵州民族出版社 1993 年版，第 128 页。

W0236. 1. 2
祖先成为土地神

实 例

黎族 （实例待考）

W0236. 1. 3
土地神是指派来的

实 例

（参见下级母题实例）

W0236. 1. 3. 1
创世主迦萨甘派来土地神

实 例

哈萨克族 创世主迦萨甘派了土地神。

【流传】（无考）

【出处】尼合迈德·蒙加尼搜集，校仲彝翻译整理：《神与灵魂》，见谷德明编《中国少数民族神话》，北京：中国民间文艺出版社 1987 年版，第 730 页。

W0236. 1. 4
特定的人成为土地神

【关联】［W0734. 1］神农为主管作物的土神

实 例

（参见下级母题实例）

W0236. 1. 4. 1
土皇是天公地母的儿子

实 例

（参见下级母题实例）

W0236. 1. 4. 1. 1
天公地母封他们的幼子为土皇

实 例

白族 天公地母封他们的幼子为土皇。

【流传】云南省

【出处】杨露枝讲：《土皇公公管四季》附记，见中国民间文学集成全国编辑委员会编《中国民间故事集成》（云南卷），北京：中国 ISBN 中心 2003 年版，第 286 页。

W0236. 1. 4. 2
1 个女子成为土地神

实 例

朝鲜族 （实例待考）

W0236. 1. 4. 3
板恩村依敏为人正直死后立为土地神（峒主）

实 例

壮族 板恩村最早的峒主依敏为人正

直，且神通广大，为本村的开拓奠立作过重大贡献，享有很高威望。由于他生时为峒主，管理众人；死后立为土地庙峒主。

【流传】广西壮族自治区·（崇左市）·大新县·下雷乡（下雷镇）

【出处】王昭武搜集整理：*《祖先神与土地庙》（1956，1986），见吕大吉、何耀华总主编《中国各民族原始宗教资料集成》（土家族卷、瑶族卷、壮族卷、黎族卷），北京：中国社会科学出版社1998年版，第497页。

W0236.1.5

动物变成土地神

实 例

（参见下级母题实例）

W0236.1.5.1

乌龟成为土地神

实 例

汉族 一只乌龟挖起海涂堆了三座山，自己封为这一方的土地神。

【流传】浙江省·（杭州市）·萧山市·欢坛乡·涂里坞村

【出处】孙金发讲，吴桑梓采录：《禹王搬涂山》，见中国民间文学集成全国编辑委员会编《中国民间故事集成》（浙江卷），北京：中国ISBN中心1997年版，第65页。

W0236.1.6

与土地神产生有关的其他母题

实 例

（参见下级母题实例）

W0236.1.6.1

先有山冈后有土地公

实 例

侗族 先有山冈，后才有土地公。

【流传】广西壮族自治区·（柳州市）·三江县（三江侗族自治县）·独洞乡·牙龙村

【出处】公包芳讲，吴浩采录翻译：《祖先的事》，见中国民间文学集成全国编辑委员会编《中国民间故事集成》（广西卷），北京：中国ISBN中心2001年版，第60页。

W0236.1.6.2

特定的灵魂成为土地神

实 例

壮族 【参见“W0236.3.14.1 寿终正寝的祖先的鬼魂转化为土地神”母题实例】

W0236.1.6.2.1

祖先的鬼魂成为土地神

【关联】［W0236.3.14.1］寿终正寝的祖先的鬼魂转化为土地神

实 例

壮族 寿终正寝的祖先的鬼魂转化为土地神。

【流传】（无考）

【出处】范宏贵：《壮族卷·绪论》，见吕大吉、何耀华总主编《中国各民族原始宗教资料集成》（土家族卷、瑶族卷、壮族卷、黎族卷），北京：中国社会科学出版社 1998 年版，第 474 页。

W0236. 1. 6. 3

女始祖密洛陀封她的负责造谷物的儿子为土地神

实　例

瑶族（布努） 在五月二十九日各路神仙、子女庆祝密洛陀（万物之母，女始祖，女神）寿辰时，密洛陀封她的八子专去造谷物，就去当土地神。

【流传】广西壮族自治区·（河池市）·都安县（都安瑶族自治县）、巴马县（巴马瑶族自治县）、南丹县，（百色市）·田东县、平果县等地

【出处】桑布郎等传，蒙凤标（83 岁）、罗仁祥（73 岁）等唱：《密洛陀》（1983），见蓝怀昌、蓝书京、蒙通顺搜集翻译整理《密洛陀》，北京：中国民间文艺出版社 1988 年版，第 363 页。

W0236. 1. 6. 4

地鬼变成土地神

实　例

（参见下级母题实例）

W0236. 1. 6. 4. 1

地鬼有了土地庙后变成土地神

实　例

白族（那马） 佛教引入后，地鬼有了土地庙，变成为土地神。

【流传】云南省·（怒江傈僳族自治州）·兰坪县（兰坪白族普米族自治县），（迪庆藏族自治州）·维西县（维西傈僳族自治县）

【出处】刘龙初调查整理：《兰坪、维西那马人对鬼与神的区别》（1988），见吕大吉、何耀华总主编《中国各民族原始宗教资料集成》（彝族卷、白族卷、基诺族卷），北京：中国社会科学出版社 1996 年版，第 405 页。

W0236. 2

土地神的特征

实　例

（参见下级母题实例）

W0236. 2. 1

土地神的性别

实　例

（参见下级母题实例）

W0236. 2. 1. 1

男土地神

实　例

（参见下级母题实例）

W0236.2.1.1.1
男土地神耇代

实　例

苗族（参见“W0147.5.4　土地神公婆妹娲、耇代”母题实例）

W0236.2.1.2
女土地神

【关联】［W0236.4.2.3］土地奶奶

实　例

（参见下级母题实例）

W0236.2.1.2.1
女土地神妹娲

实　例

苗族（参见“W0147.5.4　土地神公婆妹娲、耇代”母题实例）

W0236.2.1.2.2
土地之王是女神

实　例

蒙古族（布里亚特）居住在东南方一个沼泽泉下游的三位女神，分别是猩红热长老、土地之王和平原夫人。

【流传】（无考）

【出处】浦泽都尼夫著，嘎日达译：《布里亚特萨满教记述》（英文版），赫尔辛基 1941 年版，转引自吕大吉、何耀华总主编：《中国各民族原始宗教资料集成》（鄂伦春族卷、鄂温克族卷、赫哲族卷、达斡尔族卷、锡伯族卷、满族卷、蒙古族卷、藏族卷），北京：中国社会科学出版社 1999 年版，第 612 页。

W0236.2.1.2.3
土地婆

实　例

汉族等土地神有配偶神，俗称土地婆、土地奶奶

【流传】（无考）

【出处】《土地神》，见乌丙安主编《中国民间神谱》，沈阳：辽宁人民出版社 2007 年版，第 79 页。

W0236.2.2
土地神的外貌

实　例

（参见下级母题实例）

W0236.2.2.1
土地神是白发老人

实　例

锡伯族对一个家庭来说，大门旁都立有“土地神位”，有的还画有白发苍苍的土地神像。

【流传】（无考）

【出处】

（a）佟克力：《锡伯族历史与文化》，乌鲁木齐：新疆人民出版社 1989 年

版，第 182 页。

(b)《土地神》，见吕大吉、何耀华总主编《中国各民族原始宗教资料集成》（鄂伦春族卷、鄂温克族卷、赫哲族卷、达斡尔族卷、锡伯族卷、满族卷、蒙古族卷、藏族卷），北京：中国社会科学出版社 1999 年版，第 399 页。

W0236. 2. 2. 2

土地神有动物特征

实 例

（参见下级母题实例）

W0236. 2. 2. 2. 1

兔形土地神

实 例

（参见下级母题实例）

W0236. 2. 2. 2. 1. 1

兔形土地神鵸扶君

实 例

汉族 后羿猎于巴山，获一兔，大如驴，异之，置柙中。中途失去，柙掩如故。羿夜梦一人，冠服如王者，谓羿曰："我鵸扶君，为此土之神，而何辱我？我将假手于逄蒙。"是日，逄蒙杀羿而夺之位。兔曰鵸扶，自此始也。至今土人不敢猎取。

【流传】（无考）

【出处】［元］陶宗仪：《说郛》卷三十一《芸窗私志》。

W0236. 2. 3

土地神的性格

实 例

（参见下级母题实例）

W0236. 2. 3. 1

土地神性情善良

实 例

汉族 （实例待考）

苗族 土地菩萨最善良。

【流传】 原文无流传地，据文本及注释推测该神话流传于贵州省·黔东南苗族侗族自治州·凯里市、台江县等地。

【出处】 今旦整理译注：《浩劫复生·打杀蜈蚣》，见贵州省少数民族古籍整理出版规划小组办公室编，燕宝整理译注《苗族古歌》，贵阳：贵州民族出版社 1993 年版，第 633 页。

W0236. 2. 3. 1. 1

土地是善良的老公公

实 例

毛南族 土地，是一个善良的老公公。

【流传】

(a) 广西壮族自治区·（河池市）·环江县（环江毛南族自治县）·下南乡·下南村·松现屯

(b) 广西壮族自治区·（河池市）·环江县（环江毛南族自治县）·上、

中、下南地区（上南乡、中南乡、下南乡）

【出处】

（a）覃启仁讲，蒋志雨采录翻译：《盘哥古妹》，见中国民间文学集成全国编辑委员会编《中国民间故事集成》（广西卷），北京：中国 ISBN 中心 2001 年版，第 70 页。

（b）谭金田等翻译整理：《盘兄和古妹》，见谷德明编《中国少数民族神话》，北京：中国民间文艺出版社 1987 年版，第 153 页。

（c）覃启仁讲，谭金田等翻译整理：《盘古的传说》，见曹廷伟编著《广西民间故事辞典》，南宁：广西教育出版社 1993 年版，第 23 页。

毛南族 远古的时候，管理大地的神叫土地，是一个善良的老公公。

【流传】广西壮族自治区·（河池市）·环江毛南族自治县

【出处】

（a）覃启仁讲，谭金田、蒋志雨记录整理：《盘古的传说》，见袁凤辰等编《毛南族、京族民间故事选》，上海：上海文艺出版社 1987 年版。

（b）同（a），见姚宝瑄主编《中国各民族神话》（土家族、毛南族、侗族、瑶族），太原：山西出版传媒集团·书海出版社 2014 年版，第 42 页。

毛南族 远古的时候，管理大地的神叫土地，是一个善良的老公公。

【流传】广西壮族自治区·（河池市）·环江县（环江毛南族自治县）

【出处】覃启仁等讲述，谭金田、蒋志雨翻译整理：《盘古的传说》，原载袁凤辰等编：《毛南族、京族民间故事选》，见陶阳、钟秀编《中国神话》（上），北京：商务印书馆 2008 年版，第 22～28 页。

W0236.2.3.2

土地神胆小

实 例

（参见下级母题实例）

W0236.2.3.2.1

土地神怕恶人

实 例

土家族 （实例待考）

W0236.2.3.2.2

土地被雷声吓跑

实 例

汉族 南天门的土地，在雷公电母对阵的时候，吓得跑去躲起了。

【流传】四川省·巴县（今重庆市·巴南区）

【出处】杜志榜讲，李子硕搜集整理：《巴子石的来历》（1988.05），见姚宝瑄主编《中国各民族神话》（汉族），太原：山西出版传媒集团·书海出版社 2014 年版，第 47～51 页。

W0236. 2. 3. 3

土地神热心助人

实 例

毛南族 社王对毛南山乡三百六十个村寨，每天都要查看一遍，哪里有人遭灾他就搭救，到哪个地方天黑了，就在那个村寨头的大石头下面过夜。

【流传】（无考）

【出处】《社王》，原载《中国各民族宗教与神话大词典》，北京：学苑出版社 1990 年版，见姚宝瑄主编《中国各民族神话》（土家族、毛南族、侗族、瑶族），太原：山西出版传媒集团 · 书海出版社 2014 年版，第 68 页。

W0236. 2. 3. 4

土地爷好管闲事

实 例

汉族 土地爷是好管闲事的老头。

【流传】 河南省 ·（周口市）· 沈丘县

【出处】 耿张英讲，耿玉芳采录整理：《牛来人间》，见张振犁编著，孟宪明、朱淑君统纂《中原神话通鉴》（第四卷），郑州：河南大学出版社 2017 年版，第 1291 页。

W0236. 3

土地神的身份（土地神的职能）

【关联】［W1264. 1. 7］土地神造田

实 例

（参见下级母题实例）

W0236. 3. 1

土地神是穷神

实 例

（参见下级母题实例）

W0236. 3. 1. 1

土地神是穷神的原因

实 例

（参见下级母题实例）

W0236. 3. 1. 1. 1

洪水中土地神丢了金银财宝变成穷神

实 例

汉族 洪水中，土地神丢了金银财宝，变成了一个穷神。

【流传】 河北省 ·（秦皇岛市）· 卢龙县 · 陈官屯（陈官屯镇）

【出处】 夏本讲，王淑苓采录：《盘儿和古儿》，见中国民间文学集成全国编辑委员会编《中国民间故事集成》（河北卷），北京：中国 ISBN 中心 2003 年版，第 24 页。

毛南族 洪水时，土地神坐的葫芦进了水，他只好忍痛把金银珍宝全都丢下水去。所以后来土地变成了穷光蛋，没有大庙住。

【流传】

（a）广西壮族自治区 ·（河池市）·

环江县（环江毛南族自治县）·下南乡·下南村·松现屯

（b）广西壮族自治区·（河池市）·环江县（环江毛南族自治县）·上、中、下南地区（上南乡、中南乡、下南乡）

【出处】

（a）覃启仁讲，蒋志雨采录翻译：《盘哥古妹》，见中国民间文学集成全国编辑委员会编《中国民间故事集成》（广西卷），北京：中国 ISBN 中心 2001 年版，第 70 页。

（b）谭金田等翻译整理：《盘兄和古妹》，见谷德明编《中国少数民族神话》，北京：中国民间文艺出版社 1987 年版，第 153 页。

毛南族 洪水时，尖尖的岩石碰穿了土地神坐的葫芦，葫芦进水后慢慢下沉，土地只好忍痛把金银珍宝全都丢下水去。所以后来土地变成了穷光棍，没有大庙住。

【流传】 广西壮族自治区·（河池市）·环江毛南族自治县

【出处】

（a）覃启仁讲，谭金田、蒋志雨记录整理：《盘古的传说》，见袁凤辰等编《毛南族、京族民间故事选》，上海：上海文艺出版社 1987 年版。

（b）同（a），见姚宝瑄主编《中国各民族神话》（土家族、毛南族、侗族、瑶族），太原：山西出版传媒集团·书海出版社 2014 年版，第 45 页。

W0236.3.1.1.2

洪水造成人走香火断，土地爷变成了穷神

实　例

汉族 禹王一问，才知道太白顶两边没河，老百姓只好靠天吃饭，下雨三天淹，无雨三天干，多下几天雨，山洪下来，遍地都是水，把山西边的田园庄稼冲了个精光。人们携儿带女讨饭去了。人一走，庙里香火也断了。这里的土地爷和山神变成的叫花子。

【流传】 河南省·（南阳市）·桐柏县［采录地点：桐柏县·西十里村］

【出处】 释海良讲，刘剑采录：《禹王分水》（1981），见张振犁编著，孟宪明、朱淑君统纂《中原神话通鉴》（第四卷），郑州：河南大学出版社 2017 年版，第 1173 页。

W0236.3.2

土地公和土地婆管人间世事

实　例

黎族 土地公和土地婆专管海南岛上的人间世事。

【流传】 海南省五指山一带

【出处】

（a）唐梓桑、张世培搜集整理：《土地公与土地婆》，见广东民族学院中文系编《黎族民间故事选》，上海：上海文艺出版社 1983 年版。

（b）同（a），见姚宝瑄主编《中国各

民族神话》（高山族、黎族、畲族），太原：山西出版传媒集团·书海出版社 2014 年版，第 57 页。

W0236. 3. 3

土地神管大地

实　例

毛南族 土地神管大地。

【流传】（无考）

【出处】谭启仁等讲，谭金田等翻译：《盘古的传说》，见中华民族故事大系编委会编《中华民族故事大系》第 12 卷（布朗族、撒拉族、毛南族），上海：上海文艺出版社 1995 年版，第 479 页。

W0236. 3. 3. 1

以前管理大地的神名叫土地

实　例

毛南族 远古的时候，管理大地的神名叫土地。

【流传】

（a）广西壮族自治区·（河池市）·环江县（环江毛南族自治县）·下南乡·下南村·松现屯

（b）广西壮族自治区·（河池市）·环江县（环江毛南族自治县）·上、中、下南地区（上南乡、中南乡、下南乡）

（c）广西壮族自治区·（河池市）·环江县（环江毛南族自治县）

【出处】

（a）覃启仁讲，蒋志雨采录翻译：《盘哥古妹》，见中国民间文学集成全国编辑委员会编《中国民间故事集成》（广西卷），北京：中国 ISBN 中心 2001 年版，第 70 页。

（b）谭金田等翻译整理：《盘兄和古妹》，见谷德明编《中国少数民族神话》，北京：中国民间文艺出版社 1987 年版，第 153 页。

（c）覃启仁讲，谭金田等翻译整理：《盘古的传说》，见曹廷伟编著《广西民间故事辞典》，南宁：广西教育出版社 1993 年版，第 23 页。

W0236. 3. 3. 2

土地神主司四方土地

实　例

汉族 （参见“W0236. 3. 4　土地神是乡土保护神”母题实例）

W0236. 3. 3. 3

土地神是大地之主

实　例

藏族 土主（土主即土地神）登玛住在须弥山顶的五宝莲花垫上，当本教祖师辛绕米沃来到须弥山顶时，土主登玛向他顶礼膜拜，并敬献出装满人间土地上的各种宝物和金瓶，自称是大地之主，管理着大地上所生长的万物，保管着大地之下的一切宝藏。

【流传】（无考）

【出处】田必伟：《藏族原始宗教观念演

变试析》，载《西藏研究》1989年第3期。

W0236.3.3a

土地神管阴、阳两界

实 例

（参见下级母题实例）

W0236.3.3a.1

峒主侬敏既管阴间，也管阳间

实 例

壮族 板恩村最早的峒主侬敏死后立为土地庙峒主，管理众鬼，既管阴间，也管阳间。

【流传】 广西壮族自治区·（崇左市）·大新县·下雷乡（下雷镇）

【出处】 王昭武搜集整理：*《祖先神与土地庙》（1956，1986），见吕大吉、何耀华总主编《中国各民族原始宗教资料集成》（土家族卷、瑶族卷、壮族卷、黎族卷），北京：中国社会科学出版社1998年版，第497页。

W0236.3.4

土地神是乡土保护神

实 例

汉族 土地神主司四方土地，为乡土保护神。

【流传】（无考）

【出处】《土地神》，见乌丙安主编《中国民间神谱》，沈阳：辽宁人民出版社2007年版，第79页。

W0236.3.4.1

土地神看守村寨

【关联】

① ［W0239.1.2.4］土主是地域或村寨保护神

② ［W0440］村寨保护神（寨神，村神，村寨神）

实 例

黎族 土地神看守村寨。

【流传】 海南省

【出处】 许和达等整理：《土地庙为什么这么小》，见中华民族故事大系编委会编《中华民族故事大系》第7卷（黎族、傈僳族、佤族），上海：上海文艺出版社1995年版，第237页。

W0236.3.4a

土地神是土地保护神

实 例

壮族 土地神是保护本地本境本村本姓的神祇，也是壮族神系中最主要的神之一。

【流传】 广西壮族自治区·（百色市）·靖西县（靖西市）

【出处】 凌树东搜集整理：*《广西靖西县壮族诸神表》（1991），见吕大吉、何耀华总主编《中国各民族原始宗教资料集成》（土家族卷、瑶族卷、壮族卷、黎族卷），北京：中国社会科学出版社1998年版，第494页。

W0236. 3. 4b
土地神是乡神

实 例

汉族 土地，乡神也。

【流传】（无考）

【出处】［清］赵懿：《名山县志》卷九引李凤翧《觉轩杂录》。

W0236. 3. 4c
土地神是社神

实 例

（参见下级母题实例）

W0236. 3. 4c. 1
封土为社以报功

实 例

汉族 社者，土地之神。土地阔不可尽祭，故封土为社以报功也。

【流传】（无考）

【出处】［清］翟灏：《通俗编》卷十九引《孝经纬》。

W0236. 3. 4c. 2
土主即社王

实 例

壮族 土主即社王。

【流传】广西壮族自治区·（柳州市）·柳城县

【出处】范宏贵搜集整理：＊《祭社王》（1991），见吕大吉、何耀华总主编《中国各民族原始宗教资料集成》（土家族卷、瑶族卷、壮族卷、黎族卷），北京：中国社会科学出版社1998年版，第550页。

W0236. 3. 5
土地神是农神

实 例

锡伯族 土地神本是保佑农业丰收的神灵。

【流传】（无考）

【出处】

（a）佟克力：《锡伯族历史与文化》，乌鲁木齐：新疆人民出版社1989年版，第182页。

（b）《土地神》，见吕大吉、何耀华总主编《中国各民族原始宗教资料集成》（鄂伦春族卷、鄂温克族卷、赫哲族卷、达斡尔族卷、锡伯族卷、满族卷、蒙古族卷、藏族卷），北京：中国社会科学出版社1999年版，第399页。

W0236. 3. 5. 1
土地神管五谷丰登

实 例

达斡尔族 （参见“W0236. 3. 12 土地神掌管家畜兴旺”母题实例）

W0236. 3. 5. 2
土神主稼穑

实 例

汉族 土神称曰神农者，以其主于稼穑。

【流传】（无考）

【出处】［春秋战国］孔子弟子及其后生作，［西汉］戴圣编：《礼记·月令》注。

W0236.3.6

土地神掌管天气

实 例

（参见下级母题实例）

W0236.3.6.1

土地神掌管天气顺调

实 例

达斡尔族 耕田获取粮食的人们，在庭院角落的小祠堂里供奉土地神，叫“嘎吉日·巴尔肯”。土地神是掌管天气顺调，五谷丰饶，家畜兴旺的神。

【流传】（内蒙古自治区、黑龙江省等地）

【出处】

（a）［日］池尻登著，奥登挂译：《达斡尔族》，内蒙古达斡尔族历史语言文字学会1982年编印，第60页。

（b）《土地神》，见吕大吉、何耀华总主编《中国各民族原始宗教资料集成》（鄂伦春族卷、鄂温克族卷、赫哲族卷、达斡尔族卷、锡伯族卷、满族卷、蒙古族卷、藏族卷），北京：中国社会科学出版社1999年版，第294页。

W0236.3.7

土地神能治病

实 例

锡伯族 “相同”（宗教活动者名称，这里主要指能治病的巫师）为人治病时唱：“乌云散了天宫亮，香火香哟烛光明，叩求英明的土地爷，请尔坐到大堂中。”

【流传】（新疆维吾尔自治区·伊犁哈萨克自治州·察布查尔锡伯自治县）

【出处】寿林太唱，塔秦泰搜集，贺灵翻译整理：《祈求土地神消除病灾》，见吕大吉、何耀华总主编《中国各民族原始宗教资料集成》（鄂伦春族卷、鄂温克族卷、赫哲族卷、达斡尔族卷、锡伯族卷、满族卷、蒙古族卷、藏族卷），北京：中国社会科学出版社1999年版，第440页。

W0236.3.8

土地神是地方神（土地神是地方保护神）

实 例

汉族 （实例待考）

W0236.3.8.1

土地公和土地婆专管海南岛上的人间世事

实 例

黎族 两兄妹被地神招进地府后成为

土地公和土地婆，专管海南岛上的人间世事。

【流传】

（a）海南省·（三亚市）·保亭县（保亭黎族苗族自治县）·保城镇

（bc）海南省五指山区

【出处】

（a）王老黎讲，王国全采录：《三个民族同一源》，见中国民间文学集成全国编辑委员会编《中国民间故事集成》（海南卷），北京：中国ISBN中心2002年版，第9页。

（b）王国全搜集整理：《南瓜的故事》，见谷德明编《中国少数民族神话》，北京：中国民间文艺出版社1987年版，第196页。

（c）同（b），见陶阳、钟秀编《中国神话》（上），北京：商务印书馆2008年版，第374页。

W0236.3.8.2

土地公神是地方保护神

【关联】［W0438］地方神（地方保护神）

实　例

壮族 土地公神、灶王神、境主大王神、五伤神、瘟神、游江、令公、灵宝等是地方保护神。

【流传】广西壮族自治区·（南宁市）·武鸣县·两江乡·雷江片，马山县·古零乡·杨圩片

【出处】黄世杰搜集整理：＊《多神信仰》（1990），见吕大吉、何耀华总主编《中国各民族原始宗教资料集成》（土家族卷、瑶族卷、壮族卷、黎族卷），北京：中国社会科学出版社1998年版，第492页。

W0236.3.9

土地神为人造田种庄稼

实　例

瑶族 （参见“W0236.5.1.8 土地神勒则勒郎”母题实例）

W0236.3.9.1

土地神主宰庄稼

实　例

藏族 地神之外又另有土地崇拜（土地神），土地神主宰庄稼，故需祈求土神保佑庄稼生长。

【流传】（四川省西南部）

【出处】何耀华：《川西南纳木依人和柏木依人的宗教信仰述略》，原载《中国少数民族宗教》，云南人民出版社1985年版，见吕大吉、何耀华总主编《中国各民族原始宗教资料集成》（鄂伦春族卷、鄂温克族卷、赫哲族卷、达斡尔族卷、锡伯族卷、满族卷、蒙古族卷、藏族卷），北京：中国社会科学出版社1999年版，第802页。

W0236.3.9a

土地神是作物神

实　例

羌族 村寨附近的神林里砌有一个“那萨”（石碉），其上供五神，其中“日不斯”（青苗土地）管庄稼丰歉。

【流传】 四川省·（阿坝藏族羌族自治州）·茂汶县（今茂县）·渭门乡·永和大队（今永和乡）

【出处】 钱安靖：《茂汶县渭门乡永和大队羌族宗教习俗调查》（1983.07.05），见吕大吉、何耀华总主编《中国各民族原始宗教资料集成》（纳西族卷、羌族卷、独龙族卷、傈僳族卷、怒族卷），北京：中国社会科学出版社2000年版，第476页。

W0236.3.9a.1

土地神保佑庄稼

实 例

傈僳族 逢农历正月十三或十五日去田间祭土地神，用松树枝插在祭土地处，备酒、饭、粑粑、烧香磕头，求土地神保佑庄稼，求雀鸟莫要糟蹋庄稼。

【流传】 云南省·（楚雄彝族自治州）·武定县、元谋县

【出处】 张桥贵调查整理：《武定、元谋地区播种、收割祭祀》（1988），见吕大吉、何耀华总主编《中国各民族原始宗教资料集成》（纳西族卷、羌族卷、独龙族卷、傈僳族卷、怒族卷），北京：中国社会科学出版社2000年版，第749页。

W0236.3.9a.2

青苗土地是保护庄稼丰收的神

【关联】［W0236.4a.5］青苗土地

实 例

羌族 青苗土地是保护庄稼丰收的神。推测他本来是青苗白石，后来采用了汉名而称土地神。

【流传】（无考）

【出处】 西南民族学院研究室编：《羌（尔玛）族情况》，1954年，见吕大吉、何耀华总主编《中国各民族原始宗教资料集成》（纳西族卷、羌族卷、独龙族卷、傈僳族卷、怒族卷），北京：中国社会科学出版社2000年版，第555页。

W0236.3.10

土地神是管庭院之神

实 例

（参见下级母题实例）

W0236.3.10.1

土地神由农神变成管庭院之神

实 例

锡伯族 土地神本是保佑农业丰收的神灵，后来成了专管庭院（园）的神灵。

【流传】（无考）

【出处】

（a）佟克力：《锡伯族历史与文化》，

乌鲁木齐：新疆人民出版社 1989 年版，第 182 页。

（b）《土地神》，见吕大吉、何耀华总主编《中国各民族原始宗教资料集成》（鄂伦春族卷、鄂温克族卷、赫哲族卷、达斡尔族卷、锡伯族卷、满族卷、蒙古族卷、藏族卷），北京：中国社会科学出版社 1999 年版，第 399 页。

W0236. 3. 11

土地神是媒神

【关联】［W0467. 4. 1］媒神

实 例

土家族 洪水后，土地公公劝幸存的罗神娘娘和罗神爷爷兄妹俩成亲，繁衍人类。

【流传】 重庆市 · 酉阳土家族苗族自治县 · 老寨（老寨乡）一带

【出处】

（a）《马桑树的变迁和百家姓的由来》，见刘长贵、彭林绪搜集整理《土家族民间故事》，重庆：重庆出版社 1986 年版。

（b）同（a），见姚宝瑄主编《中国各民族神话》（土家族、毛南族、仡族、瑶族），太原：山西出版传媒集团 · 书海出版社 2014 年版，第 23 页。

W0236. 3. 11. 1

土地神是劝婚者

实 例

毛南族 洪水后，土地神劝幸存的盘和古兄妹结婚。

【流传】 广西壮族自治区 ·（河池市）· 环江县（环江毛南族自治县）

【出处】 覃启仁等讲述，谭金田、蒋志雨翻译整理：《盘古的传说》，原载袁凤辰等编《毛南族、京族民间故事选》，见陶阳、钟秀编《中国神话》（上），北京：商务印书馆 2008 年版，第 22～28 页。

W0236. 3. 12

土地神掌管家畜兴旺

实 例

达斡尔族 土地神嘎吉日 · 巴尔肯掌管天气顺调，五谷丰登，家畜兴旺。

【流传】（无考）

【出处】 吕大吉、何耀华总主编《中国各民族原始宗教资料集成》（鄂伦春族卷、鄂温克族卷、赫哲族卷、达斡尔族卷、锡伯族卷、满族卷、蒙古族卷、藏族卷），北京：中国社会科学出版社 1999 年版，第 294 页。

W0236. 3. 13

土地神引领亡灵

实 例

（参见下级母题实例）

W0236. 3. 13. 1

巫师病死，由土地神送诣太山

实 例

汉族 巴丘县有巫师舒礼，晋永昌元年病死，土地神将送诣太山。

【流传】（无考）

【出处】鲁迅：《古小说钩沉》辑《幽明录》。

W0236.3.14

土地神是祖先神

【关联】［W0641］祖先神（祖神，始祖神）

实 例

（参见下级母题实例）

W0236.3.14.1

寿终正寝的祖先的鬼魂转化为土地神

实 例

壮族 寿终正寝的祖先的鬼魂转化为土地神。土地神也是祖先神。

【流传】（无考）

【出处】范宏贵：《壮族卷·绪论》，见吕大吉、何耀华总主编《中国各民族原始宗教资料集成》（土家族卷、瑶族卷、壮族卷、黎族卷），北京：中国社会科学出版社 1998 年版，第 474 页。

W0236.3.15

土地神是巫师的助手

【关联】［W0911］招魂（叫魂，追魂，招鬼，安魂）

实 例

（参见下级母题实例）

W0236.3.15.1

土地神是招魂的协助者

实 例

壮族 某人魂魄失落，土主就得协助师公或家主去找回。

【流传】广西壮族自治区·（柳州市）·柳城县

【出处】范宏贵搜集整理：*《祭社王》（1991），见吕大吉、何耀华总主编《中国各民族原始宗教资料集成》（土家族卷、瑶族卷、壮族卷、黎族卷），北京：中国社会科学出版社 1998 年版，第 550 页。

W0236.3.16

土地神是文神

实 例

（参见下级母题实例）

W0236.3.16.1

文神的祭坛在房顶

实 例

藏族 在定居区中，每家每户的房顶上都修有两个祭坛。其中，一个是当地的土地神（文神）。

【流传】（无考）

【出处】*《年节》，原载李安宅《藏族宗教史之实地研究》，中国藏学出版社 1989 年版，见吕大吉、何耀华总主编《中国各民族原始宗教资料集成》（鄂伦春族卷、鄂温克族卷、赫哲族卷、达斡尔族卷、锡伯族卷、满族卷、蒙古族卷、藏族卷），北京：中国社会科学出版社 1999 年版，第 932 页。

W0236.3.17

土地神是家神

【关联】［W0443.1］家神（家鬼，家庭保护神，家族保护神）

实 例

壮族 祖宗神、土地公神、灶王神、花婆王、火神等都属于家神。

【流传】广西壮族自治区·（南宁市）·武鸣县·两江乡·雷江片，马山县·古零乡·杨圩片

【出处】黄世杰搜集整理：*《多神信仰》（1990），见吕大吉、何耀华总主编《中国各民族原始宗教资料集成》（土家族卷、瑶族卷、壮族卷、黎族卷），北京：中国社会科学出版社 1998 年版，第 493 页。

W0236.3.18

土地神管理家神

实 例

壮族 土主社王的职责是统管一村一户的人畜平安，并管一村一街各家几代的家神。

【流传】广西壮族自治区·（柳州市）·柳城县

【出处】范宏贵搜集整理：*《祭社王》（1991），见吕大吉、何耀华总主编《中国各民族原始宗教资料集成》（土家族卷、瑶族卷、壮族卷、黎族卷），北京：中国社会科学出版社 1998 年版，第 550 页。

W0236.3.19

土地神管万物生长

实 例

藏族 土主（土主即土地神）登玛管理着大地上所生长的万物，保管着大地之下的一切宝藏。

【流传】（无考）

【出处】田必伟：《藏族原始宗教观念演变试析》，载《西藏研究》1989 年第 3 期。

W0236.3.20

土地神能原人之意

实 例

汉族 如土地之神，不能原人之意。苟恶人动扰之，则虽择日何益哉！

【流传】（无考）

【出处】［东汉］王充：《论衡·讥日》。

W0236.3a

土地神的生活（土地神的行为）

实 例

（参见下级母题实例）

W0236. 3a. 1
土地神的服饰

实 例

（参见下级母题实例）

W0236. 3a. 1. 1
土地神戴草帽

实 例

毛南族 每个村寨在村头树下大石板上砌起社王庙，庙里塑一个戴草帽的石人，端正坐在正中，即为社王神像。

【流传】（无考）

【出处】《社王》，原载《中国各民族宗教与神话大词典》，北京：学苑出版社1990年版，见姚宝瑄主编《中国各民族神话》（土家族、毛南族、侗族、瑶族），太原：山西出版传媒集团·书海出版社2014年版，第68页。

W0236. 3a. 1. 2
土地神穿麻纸衣

实 例

苗族 妹娲、耇代两个男女土地神穿的麻纸衣，吃的饭菜是香火。

【流传】原文无流传地，据文本及注释推测该神话流传于贵州省·黔东南苗族侗族自治州·凯里市、台江县等地。

【出处】张启庭、张荣光、张正玉、张启德演唱，张明搜集，燕宝整理译注：《创造宇宙·运金运银》，见贵州省少数民族古籍整理出版规划小组办公室编，燕宝整理译注《苗族古歌》，贵阳：贵州民族出版社1993年版，第126～127页。

W0236. 3a. 2
土地神的食物

实 例

（参见下级母题实例）

W0236. 3a. 2. 1
土地神不吃狗肉

【关联】［W6537］动物禁忌

实 例

（参见下级母题实例）

W0236. 3a. 2. 1. 1
社王忌狗肉

实 例

壮族 社王（土地神）忌狗肉。

【流传】广西壮族自治区·（南宁市）·马山县

【出处】范宏贵搜集整理：*《祭社王》（1991），见吕大吉、何耀华总主编《中国各民族原始宗教资料集成》（土家族卷、瑶族卷、壮族卷、黎族卷），北京：中国社会科学出版社1998年版，第551页。

W0236. 3a. 2. 2

土地神吃香火

实 例

苗族 妹娲、者代两个男女土地神吃的饭菜是香火。

【流传】原文无流传地，据文本及注释推测该神话流传于贵州省·黔东南苗族侗族自治州·凯里市、台江县等地。

【出处】张启庭、张荣光、张正玉、张启德演唱，张明搜集，燕宝整理译注：《创造宇宙·运金运银》，见贵州省少数民族古籍整理出版规划小组办公室编，燕宝整理译注《苗族古歌》，贵阳：贵州民族出版社 1993 年版，第 126～127 页。

W0236. 3a. 3

土地神的居所

实 例

（参见下级母题实例）

W0236. 3a. 3. 1

土地神住石洞

【关联】［W0099. 4. 3. 1］神住石洞

实 例

毛南族 土地爷爷劝盘和古兄妹结婚时，被一下子推进了古树下的小石洞里。所以后来毛南人总是把土地神放在古树下的小石洞里。

【流传】

(a) 广西壮族自治区·（河池市）·环江县（环江毛南族自治县）·下南乡·下南村·松现屯

(b) 广西壮族自治区·（河池市）·环江县（环江毛南族自治县）·上、中、下南地区（上南乡、中南乡、下南乡）

【出处】

(a) 覃启仁讲，蒋志雨采录翻译：《盘哥古妹》，见中国民间文学集成全国编辑委员会编《中国民间故事集成》（广西卷），北京：中国 ISBN 中心 2001 年版，第 70 页。

(b) 谭金田等翻译整理：《盘兄和古妹》，见谷德明编《中国少数民族神话》，北京：中国民间文艺出版社 1987 年版，第 153 页。

W0236. 3a. 3. 1. 1

土地神放在古树下的小石洞里

实 例

毛南族 洪水后，土地神劝幸存的盘和古兄妹结婚，结果古妹羞得用力一推，把土地爷爷推进了古树下的小石洞里。所以后来毛南人总是把土地神放在古树下的小石洞里。

【流传】广西壮族自治区·（河池市）·环江县（环江毛南族自治县）

【出处】覃启仁等讲述，谭金田、蒋志雨翻译整理：《盘古的传说》，原载袁凤辰等编：《毛南族、京族民间故事选》，见陶阳、钟秀编《中国神话》

（上），北京：商务印书馆 2008 年版，第 22～28 页。

W0236.3a.3.2

土地神居村头石头下

实 例

毛南族 社王到人间后，叫三元（神名）帮他择吉盖房子，一年三百六十天择来择去，天天都有一点不吉利之处。因此，社王的房子迟迟盖不成，只好住在村头的大石头下面。

【流传】（无考）

【出处】《社王》，原载《中国各民族宗教与神话大词典》，北京：学苑出版社 1990 年版，见姚宝瑄主编《中国各民族神话》（土家族、毛南族、侗族、瑶族），太原：山西出版传媒集团·书海出版社 2014 年版，第 68 页。

W0236.3a.3.3

土地神住树洞

【关联】

①［W0328.7］雷神住树洞

②［W0394.6.3］山神住树上中

③［W0461.5.1］猎神住树洞

④［W0474.6.3.2］社神居村边大树下

实 例

汉族 （实例待考）

W0236.3a.3.4

土地神放置石室中

实 例

汉族 土地，乡神也，村巷处处奉之，或石室或木房。

【流传】（无考）

【出处】［清］赵懿：《名山县志》卷九引李凤翧《觉轩杂录》。

W0236.3a.3.5

土地神住石板房

实 例

苗族 妹娲、耇代两个男女土地神住的就是石板房，屋基脚下垫黑土。

【流传】原文无流传地，据文本及注释推测该神话流传于贵州省·黔东南苗族侗族自治州·凯里市、台江县等地。

【出处】张启庭、张荣光、张正玉、张启德演唱，张明搜集，燕宝整理译注：《创造宇宙·运金运银》，见贵州省少数民族古籍整理出版规划小组办公室编，燕宝整理译注《苗族古歌》，贵阳：贵州民族出版社 1993 年版，第 126～127 页。

W0236.3a.4

土地神的出行

实 例

（参见下级母题实例）

W0236. 3a. 4. 1

土地神四处云游

实 例

（参见下级母题实例）

W0236. 3a. 4. 1. 1

土神阿公和阿婆四处云游

实 例

土家族 土神阿公和阿婆二老到天堂山上的天塘湖播下玉藕后，又云游去了。

【流传】（湖南省·湘西土家族苗族自治州·保靖县）

【出处】罗铁整理：《铁塔娶龙女》（原名为《撒珠湖》），见姚宝瑄主编《中国各民族神话》（土家族、毛南族、侗族、瑶族），太原：山西出版传媒集团·书海出版社2014年版，第31页。

W0236. 3a. 5

土地神的用品

实 例

（参见下级母题实例）

W0236. 3a. 5. 1

土主坐在五宝莲花垫

实 例

藏族 （参见“W0236. 5. 1. 10 土主登玛”母题实例）

W0236. 3a. 6

土地神经历

实 例

（参见下级母题实例）

W0236. 3a. 6. 1

土地神捉雷公

实 例

毛南族 土地捉住雷公后，用铁链锁在石头柱子上，让毒日头晒得他龙鳞脱落，浑身酥软没有力气。

【流传】

（a）广西壮族自治区·（河池市）·环江县（环江毛南族自治县）·下南乡·下南村·松现屯

（b）广西壮族自治区·（河池市）·环江县（环江毛南族自治县）·上、中、下南地区（上南乡、中南乡、下南乡）

（c）广西壮族自治区·（河池市）·环江县（环江毛南族自治县）

【出处】

（a）覃启仁讲，蒋志雨采录翻译：《盘哥古妹》，见中国民间文学集成全国编辑委员会编《中国民间故事集成》（广西卷），北京：中国ISBN中心2001年版，第70页。

（b）谭金田等翻译整理：《盘兄和古妹》，见谷德明编《中国少数民族神话》，北京：中国民间文艺出版社1987年版，第153页。

（c）覃启仁讲，谭金田等翻译整理：《盘古的传说》，见曹廷伟编著《广西民间故事辞典》，南宁：广西教育出版社1993年版，第23页。

W0236.3a.6.2
土地神见天帝

实　例

汉族　天帝升殿，诸神排到左右，只见从左列里走出土地爷，他手拿玉笏，叩拜玉皇。

【流传】河南省·（周口市）·沈丘县

【出处】耿张英讲，耿玉芳采录整理：《牛来人间》，见张振犁编著，孟宪明、朱淑君统纂《中原神话通鉴》（第四卷），郑州：河南大学出版社2017年版，第1291页。

W0236.3a.7
土地神不睡觉

实　例

苗族　土地菩萨最善良，站立不眠通天亮。

【流传】原文无流传地，据文本及注释推测该神话流传于贵州省·黔东南苗族侗族自治州·凯里市、台江县等地。

【出处】今旦整理译注：《浩劫复生·打杀蜈蚣》，见贵州省少数民族古籍整理出版规划小组办公室编，燕宝整理译注《苗族古歌》，贵阳：贵州民族出版社1993年版，第633页。

W0236.4
土地神的关系

实　例

（参见下级母题实例）

W0236.4.1
土地神的父母或祖先

实　例

（参见下级母题实例）

W0236.4.1.1
中雷土神是地母的孙子

实　例

彝族（撒尼）　中雷土神是我（地母）孙。

【流传】云南省·昆明（昆明市）·（寻甸回族彝族自治县）·（先锋乡）·恰普鲁村

【出处】《地母经》，见吕大吉、何耀华总主编《中国各民族原始宗教资料集成》（彝族卷、白族卷、基诺族卷），北京：中国社会科学出版社1996年版，第313页。

W0236.4.2
土地神的妻子

实　例

（参见下级母题实例）

W0236. 4. 2. 1

土地神的妻子土地婆

【关联】

①［W0147. 5］土地公和土地婆（土地公与土地母）

②［W0147. 5. 2］土地菩萨和土地婆婆

实 例

汉族 土地神，有不塑像者，以木板长尺许，宽二寸，题其主曰某土地；槊像者其须发皓然，曰土地公，妆髻者曰土地婆。

【流传】（无考）

【出处】［清］赵懿：《名山县志》卷九引李凤翩《觉轩杂录》。

土家族（实例待考）

W0236. 4. 2. 2

土地神斯拉的妻子石头神芙格洛赫

实 例

高山族（阿美） 云、雨、雷、台风等均为土地神斯拉和石头神芙格洛赫的子孙。长子是雨神，长女是云神。

【流传】（无考）

【出处】《云雨家族及台风的由来》，见《中国各民族宗教与神话大词典》编审委员会编《中国各民族宗教与神话大词典》，北京：学苑出版社 1990 年版，第 146 页。

W0236. 4. 2. 3

土地奶奶

实 例

（参见下级母题实例）

W0236. 4. 2. 3. 1

聪明的土地奶奶

实 例

汉族 土地爷听了四人的许愿，一个要雨，一个要晴，一个不让刮风，一个偏要有风。为这大伤脑筋，闷闷不乐。土地奶奶一笑说：“白天天晴他晒姜，夜里下雨他插秧；有风刮到河凹里，不进梨园有何妨?”土地爷一听，连连叫道：“妙计，妙计!”

【流传】河南省·（南阳市）·西峡县·五里桥乡·宋沟村［采录地点：西峡县五里桥乡宋沟村］

【出处】宋光荣（男，60 岁，汉族，初小毕业，农民）讲，刘银芳（男，24 岁，汉族，高中毕业，农民）采录，谢起超（男，40 岁，汉族，高中毕业，县文化馆干部）采录整理：《土地爷和土地奶奶》（1986. 05），见张振犁编著，孟宪明、朱淑君统纂《中原神话通鉴》（第四卷），郑州：河南大学出版社 2017 年版，第 1252 页。

W0236. 4. 2. 3. 2

土地奶奶做错事，被土地爷打跑

实 例

汉族 土地庙的土地奶奶因为做错了事，被土地爷打跑了。

【流传】黑龙江省中部一带（复述地点：海伦市·永和乡）

【出处】李洪学复述：《土地庙里为啥没有土地奶奶》（2010），见李海生《东北民间故事》（上册），哈尔滨：黑龙江教育出版社2016年版，第76页。

W0236.4.3

土地神的子女

实 例

（参见下级母题实例）

W0236.4.3.1

云、雨、雷、台风都是土地神的子孙

实 例

高山族（阿美）（参见"W0236.4.2.2 土地神斯拉的妻子石头神芙格洛赫"母题实例）

W0236.4.4

土地神的上司

【关联】［W0474.3.1］社是土地之神的神主

实 例

汉族（参见"W0474.3.1 社是土地之神的神主"母题实例）

W0236.4.5

土地神的属神

实 例

（参见下级母题实例）

W0236.4.5.1

土地神的辅佐是社王、灶王

【关联】

①［W0474］社神

②［W0493］灶神（灶王，灶王爷）

实 例

毛南族（实例待考）

W0236.4.5.2

土地神率六甲六丁

实 例

汉族 玉皇大帝为惩罚人类不敬神，命令土地神率六甲六丁，把麦穗全部撸去，一个头也不准留。

【流传】河南省·（周口市）·沈丘县

【出处】晏凤亮讲，耿瑞采录整理：《小麦为什么只长一个穗》，见张振犁编著，孟宪明、朱淑君统纂《中原神话通鉴》（第四卷），郑州：河南大学出版社2017年版，第1345页。

W0236.4a

土地神的类型

【关联】［W0474.9］社神的类型

实 例

（参见下级母题实例）

W0236. 4a. 1

土地神有多种层次

实 例

（实例待考）

W0236. 4a. 2

四个方位的土地神

实 例

（参见下级母题实例）

W0236. 4a. 2. 1

“四帝”是东西南北四方的土地神

实 例

侗族 “四帝”是东西南北四方的土地神。

【流传】（无考）

【出处】黄才贵：《女神与泛神——侗族“萨玛”文化研究》，贵阳：贵州人民出版社2006年版，第178页。

W0236. 4a. 2. 2

东方土地（东方土神，东方土地神）

实 例

白族 举行谢土仪式时，要祷告曰：“东方土神，南方土神，西方土神，北方土神，一切土公、土母、土子、土孙”诸神。

【流传】云南省·（大理白族自治州）·云龙县·旧州乡

【出处】詹承绪等调查整理：《云龙白族“谢土”祭祀》（1988），见吕大吉、何耀华总主编《中国各民族原始宗教资料集成》（彝族卷、白族卷、基诺族卷），北京：中国社会科学出版社1996年版，第708页。

羌族 土地神有很多，如东方土地、南方土地、西方土地、北方土地等。

【流传】四川省·（阿坝藏族羌族自治州）·汶川县·雁门乡·萝卜寨

【出处】

（a）钱安靖：《羌族和羌语支各居民集团宗教习俗调查报告》，四川大学宗教学研究所油印本，1987年12月。

（b）同（a），见吕大吉、何耀华总主编《中国各民族原始宗教资料集成》（纳西族卷、羌族卷、独龙族卷、傈僳族卷、怒族卷），北京：中国社会科学出版社2000年版，第593页。

彝族 （实例待考）

W0236. 4a. 2. 3

南方土地（南方土神，南方土地神）

实 例

白族 举行谢土仪式时，要祷告四方土神，其中之一是南方土神。

【流传】云南省·（大理白族自治州）·云龙县·旧州乡

【出处】詹承绪等调查整理：《云龙白族

"谢土"祭祀》（1988），见吕大吉、何耀华总主编《中国各民族原始宗教资料集成》（彝族卷、白族卷、基诺族卷），北京：中国社会科学出版社1996年版，第708页。

羌族 （参见"W0236.4a.2.2 东方土地"母题实例）

W0236.4a.2.4

西方土地（西方土神，西方土地神）

实 例

白族 举行谢土仪式时，要祷告四方土神，其中之一是西方土神。

【流传】云南省·（大理白族自治州）·云龙县·旧州乡

【出处】詹承绪等调查整理：《云龙白族"谢土"祭祀》（1988），见吕大吉、何耀华总主编《中国各民族原始宗教资料集成》（彝族卷、白族卷、基诺族卷），北京：中国社会科学出版社1996年版，第708页。

羌族 （参见"W0236.4a.2.2 东方土地"母题实例）

【流传】（无考）

【出处】

彝族 （实例待考）

W0236.4a.2.5

北方土地（北方土神，北方土地神）

【关联】［W0254］北方神（北方之神）

实 例

白族 举行谢土仪式时，要祷告曰："东方土神，南方土神，西方土神，北方土神，一切土公、土母、土子、土孙"诸神。

【流传】云南省·（大理白族自治州）·云龙县·旧州乡

【出处】詹承绪等调查整理：《云龙白族"谢土"祭祀》（1988），见吕大吉、何耀华总主编《中国各民族原始宗教资料集成》（彝族卷、白族卷、基诺族卷），北京：中国社会科学出版社1996年版，第708页。

羌族 （参见"W0236.4a.2.2 东方土地"母题实例）

W0236.4a.3

特定地方的土地神（特定地点的土地）

【关联】

①［W0438］地方神（地方保护神）

②［W0450a］报神之信（信神，传令神）

实 例

（参见下级母题实例）

W0236. 4a. 3. 1

嵩山的土地神

实 例

汉族 太白金星李长庚找来了嵩山的山神和土地神，命他们两个变成两只鸟儿，连明彻夜，轮换叫喊："挪宫！挪宫！"

【流传】河南省·（郑州市）·登封市（中岳嵩山一带）

【出处】韩成良讲，韩有治采录整理：《挪宫》，见张振犁编著，孟宪明、朱淑君统纂《中原神话通鉴》（第四卷），郑州：河南大学出版社 2017 年版，第 1045 页。

W0236. 4a. 3. 2

桥梁土地

实 例

羌族 （参见"W0236. 4a. 8. 1 庙门土地"母题实例）

W0236. 4a. 3. 3

路旁土地

实 例

羌族 （参见"W0236. 4a. 8. 1 庙门土地"母题实例）

W0236. 4a. 4

花园土地

实 例

汉族 土地神除花园土地、青苗土地、长生土地、拦凹土地外，还有庙神土地等。皆随地得名。

【流传】（无考）

【出处】［清］赵懿：《名山县志》卷九引李凤翩《觉轩杂录》。

W0236. 4a. 5

青苗土地

实 例

汉族 （参见"W0236. 4a. 4 花园土地"母题实例）

W0236. 4a. 6

长生土地

实 例

汉族 （参见"W0236. 4a. 4 花园土地"母题实例）

W0236. 4a. 7

拦凹土地

实 例

汉族 （参见"W0236. 4a. 4 花园土地"母题实例）

W0236. 4a. 8

庙神土地

【关联】［W0461a］庙神

实 例

汉族 （参见"W0236. 4a. 4 花园

土地”母题实例）

W0236.4a.8.1

庙门土地

实 例

羌族 土地神有很多类型，如桥梁土地，庙门土地，二十四个路旁土地。

【流传】四川省·（阿坝藏族羌族自治州）·汶川县·雁门乡·萝卜寨

【出处】

（a）钱安靖：《羌族和羌语支各居民集团宗教习俗调查报告》，四川大学宗教学研究所油印本，1987年12月。

（b）同（a），见吕大吉、何耀华总主编《中国各民族原始宗教资料集成》（纳西族卷、羌族卷、独龙族卷、傈僳族卷、怒族卷），北京：中国社会科学出版社2000年版，第593页。

W0236.4a.9

动物土地神

实 例

（参见下级母题实例）

W0236.4a.9.1

鹿是土地神

实 例

蒙古族（布里亚特）土地主神有时被称为布加·哈坦（Буzа хаман，буzа，即鹿）

【流传】（无考）

【出处】［苏联］Г.Р.加尔达诺娃著，宋长宏译，佟德富校：《喇嘛教前的布里亚特宗教信仰》（俄文版），诺沃西比尔斯克：科学出版社西伯利亚分社1987年版，第39页，见吕大吉、何耀华总主编《中国各民族原始宗教资料集成》（鄂伦春族卷、鄂温克族卷、赫哲族卷、达斡尔族卷、锡伯族卷、满族卷、蒙古族卷、藏族卷），北京：中国社会科学出版社1999年版，第644页。

W0236.4a.10

名山土地（阴曹地府土地）

实 例

（参见下级母题实例）

W0236.4a.10.1

阳间王大臣死后被阴天子封为名山土地

实 例

汉族 阴天子搞清楚阳间王大臣的死，认为他尽了做臣子的职责，很同情他，就传令在平都山上为他修了一座小庙，还封他为“名山（位于丰都县城东北，传说中的阴曹地府所在地）土地”。

【流传】四川省

【出处】谭廷贵讲，李国荣记录：《阴天子登基》，见陶阳、钟秀编《中国神话》（下），北京：商务印书馆2008年版，第1317～1319页。

W0236.4a.11

白石土地神

【关联】

①［W0236.5.2.3.1］白石象征土地神

②［W0398.2.3.2］白石神

③［W6428.6］白石崇拜

实 例

（参见下级母题实例）

W0236.4a.11.1

白石迷阿纳·扎给尔

实 例

藏族（嘉绒人） 嘉绒人都要虔诚地祭祀白石土地神。嘉绒语称白石为“扎给尔”，或“迷阿纳·扎给尔”（土地神）。

【流传】 四川省·甘孜州（甘孜藏族自治州）、阿坝藏族羌族自治州等

【出处】 邓廷良：《嘉戎族源初探》，载《西南民族学院学报》1986年第1期。

W0236.4b

土地神的数量

【关联】［W0235.6］地神的数量

实 例

（参见下级母题实例）

W0236.4b.1

8个土地神

实 例

傣族 八个土地神守卫着大地。

【流传】（云南省）

【出处】 陈平改写：《捧麻远冉与捧腊哈纳罗》，原载《巴塔麻嘎捧尚罗》，见姚宝瑄主编《中国各民族神话》（哈尼族、傣族），太原：山西出版传媒集团·书海出版社2014年版，第374页。

W0236.5

与土地神有关的其他母题

【关联】

①［W0332.2］雷神管地

②［W0396.11.2］山神是土地神

③［W1168.21.1.2.5］地神把守南天门

实 例

（参见下级母题实例）

W0236.5.1

特定名称的土地神

【关联】

①［W0147.5.3］土神阿公和阿婆从天堂山来

②［W0768.16.3.1］后土娘娘是土地神

实 例

汉族 大地之神后土娘娘是汉代以来由国家统一祭祀的土地神。

【流传】（无考）

【出处】《大地之神后土娘娘》，见王德恒等《造神史话》，天津：百花文艺

出版社 2002 年版，第 86 ~ 87 页。

W0236.5.1.1

土地神“四帝”

实 例

侗族 （参见“W0236.4a.2.1‘四帝’是东西南北四方的土地神”母题实例）

W0236.5.1.2

土地神嘎吉日·巴尔肯

实 例

达斡尔族 土地神嘎吉日·巴尔肯。（注：“土地神”同“地神”。）

【流传】（无考）

【出处】吕大吉、何耀华总主编《中国各民族原始宗教资料集成》（鄂伦春族卷、鄂温克族卷、赫哲族卷、达斡尔族卷、锡伯族卷、满族卷、蒙古族卷、藏族卷），北京：中国社会科学出版社 1999 年版，第 294 页。

W0236.5.1.3

土地神沈土官

实 例

壮族 （实例待考）

W0236.5.1.3a

土地神岑土官

实 例

壮族 （实例待考）

W0236.5.1.3b

土地神李天保

实 例

壮族 （实例待考）

W0236.5.1.3c

土地公（峒主，土地）

实 例

汉族 土地神，俗称土地、土地爷、土地公等。

【流传】中国各地

【出处】《土地神》，见乌丙安主编《中国民间神谱》，沈阳：辽宁人民出版社 2007 年版，第 79 页。

W0236.5.1.3c.1

各庙的土地公都有明确的姓名

实 例

壮族 各庙的土地公都有明确的姓名，如全村的土地公，生前当是本地著名的首领，如“板恩峒主敏”，指板恩村最早的峒主依敏。

【流传】广西壮族自治区·（崇左市）·大新县·下雷乡（下雷镇）

【出处】王昭武搜集整理：＊《祖先神与土地庙》（1956，1986），见吕大吉、何耀华总主编《中国各民族原始宗教资料集成》（土家族卷、瑶族卷、壮族卷、黎族卷），北京：中国社会科学出版社 1998 年版，第 497 页。

W0236.5.1.3c.1.1

板恩村最早的峒主侬敏

实 例

壮族 （参见“W0236.5.1.3c.1 各庙的土地公都有明确的姓名”母题实例）

W0236.5.1.4

土地神后土

实 例

汉族 （实例待考）

W0236.5.1.4a

土神称神农

实 例

汉族 土神称曰神农者，以其主于稼穑。

【流传】（无考）

【出处】［春秋战国］孔子弟子及其后生作，［西汉］戴圣编：《礼记·月令》注。

W0236.5.1.5

土地爷

实 例

（参见下级母题实例）

W0236.5.1.5.1

土地爷受信任

实 例

汉族 在田关乡有个土地庙，土地爷非常显灵，人们也很信任他。

【流传】河南省·（南阳市）·西峡县·五里桥乡·宋沟村［采录地点：西峡县五里桥乡宋沟村］

【出处】宋光荣（男，60 岁，汉族，初小毕业，农民）讲，刘银芳（男，24 岁，汉族，高中毕业，农民）采录，谢起超（男，40 岁，汉族，高中毕业，县文化馆干部）采录整理：《土地爷和土地奶奶》（1986.05），见张振犁编著，孟宪明、朱淑君统纂《中原神话通鉴》（第四卷），郑州：河南大学出版社 2017 年版，第 1252 页。

W0236.5.1.5a

土地真君

实 例

（参见下级母题实例）

W0236.5.1.5a.1

土地神又称土地真君

实 例

汉族 土地神，又称土地真君。

【流传】（无考）

【出处】《土地神》，见乌丙安主编《中国民间神谱》，沈阳：辽宁人民出版社2007年版，第79页。

W0236.5.1.6

土神达俄

实 例

（参见下级母题实例）

W0236.5.1.6.1

第二代男神沙拉生土神达俄

实 例

哈尼族 第二代男神王烟沙大神又传出新的家谱。他生下第二代男神沙拉后，又生下了九位大神，其中有风神米沙、雨神即比、雷神阿惹、土神达俄。

【流传】 云南省·（红河哈尼族彝族自治州）·元阳（元阳县）、红河（红河县）、金平（金平苗族瑶族傣族自治县）［采集于元阳县·胜村乡·全福庄］

【出处】 卢朝贵讲，史军超搜集整理：《神和人的家谱》，原载云南省民间文学集成办公室编《哈尼族神话传说集成》，中国民间文艺出版社1990年版，见姚宝瑄主编《中国各民族神话》（哈尼族、傣族），太原：山西出版传媒集团·书海出版社2014年版，第40页。

W0236.5.1.7

土地神斯拉

实 例

高山族（阿美）（参见“W0236.4.2.2 土地神斯拉的妻子石头神芙格洛赫”母题实例）

W0236.5.1.8

土地神勒则勒郎

实 例

瑶族 土地之神勒则勒郎为人类造良田、种庄稼。

【流传】（无考）

【出处】《密洛陀神谱》，蓝田根据农学冠等撰写的《瑶族神话传说中的人物》编写，见姚宝瑄主编《中国各民族神话》（土家族、毛南族、侗族、瑶族），太原：山西出版传媒集团·书海出版社2014年版，第149页。

W0236.5.1.9

土地神巴纳厄真

实 例

锡伯族 土地神“巴纳厄真”是和民众最“近”的一个神，对一个牛录（一种生产和军事合一的社会组织）来说，要集资兴建的土地神庙，庙内立有土地神偶像。

【流传】（无考）

【出处】

（a）佟克力：《锡伯族历史与文化》，乌鲁木齐：新疆人民出版社1989年版，第182页。

（b）《土地神》，见吕大吉、何耀华总主编《中国各民族原始宗教资料集成》（鄂伦春族卷、鄂温克族卷、赫哲族卷、达斡尔族卷、锡伯族卷、满族卷、蒙古族卷、藏族卷），北京：中国社会科学出版社1999年版，第399页。

W0236.5.1.10 土地神登玛

实 例

藏族 土主（土主即土地神）登玛住在须弥山顶的五宝莲花垫上。

【流传】（无考）

【出处】田必伟：《藏族原始宗教观念演变试析》，载《西藏研究》1989年第3期。

W0236.5.1.11 土公

【关联】［W0147.4.7］田公地母即土公土母

实 例

白族 （参见“W0147.4.7 田公地母即土公土母”母题实例）

W0236.5.1.12 土神甲马

实 例

（参见下级母题实例）

W0236.5.1.12.1 土神甲马是一头水牛

实 例

白族 土神“甲马”，画面是一头水牛，左牛角上挂着五谷穗实，右牛角上挂着瓜果兜篮，背上驮着座大山。

【流传】云南省·（大理白族自治州）·鹤庆县

【出处】章虹宇：《关于鹤庆白族“甲马”》，载《山茶》1992年第6期。

W0236.5.1.13 土地神又称土皇（土皇帝）

实 例

傈僳族 土地神俗称“土皇”。祭土皇的开祭和结尾这两天不能盖房、挖地、犁地和抬石动土，否则撞着土皇，轻则眼睛疼，重则人病、牛死。

【流传】云南省·（楚雄彝族自治州）·武定县、元谋县

【出处】张桥贵调查整理：《武定、元谋地区的自然鬼神》（1988），见吕大吉、何耀华总主编《中国各民族原始宗教资料集成》（纳西族卷、羌族卷、独龙族卷、傈僳族卷、怒族卷），北京：中国社会科学出版社2000年版，第727页。

W0236.5.1.13.1 老厨师被误杀后封为土皇帝（土神）

实 例

纳西族 老厨师被误杀后封为土皇帝（土神），土皇为春、夏、秋、冬四个季节里，每个季节里让出18天，作

为土皇节令。

【流传】云南省·（丽江市）·丽江县（古城区、玉龙纳西族自治县）

【出处】木丽春采集整理：《土皇节令的传说》，见木丽春编著《纳西族民间故事集》，昆明：云南人民出版社2007年版，第246～247页。

W0236.5.1.13.2

土皇分节令

【关联】［W4810］二十四节气

实 例

纳西族 ［参见“W0236.5.1.13.1 老厨师被误杀后封为土皇帝（土神）”母题实例］

W0236.5.2

土地神的象征物（土地神的代表物）

实 例

（参见下级母题实例）

W0236.5.2.1

土地神神偶

实 例

（参见下级母题实例）

W0236.5.2.1.1

土地神的神偶放在家堂祖先神偶下方接地处

实 例

汉族 土地神的神偶放在家堂祖先神偶的下方连接地面的地方。

【流传】湖北省·咸宁市·咸安区·桂花镇·大屋雷村

【出处】雷顺祥（主祭，76岁）讲：《大屋雷村祭月》（2016.10.28），王宪昭湖北省咸宁市咸安区桂花镇大屋雷祭月仪式现场采访整理。

W0236.5.2.2

大山代表土地神

实 例

毛南族 （实例待考）

W0236.5.2.3

石块代表土地神

实 例

汉族 （实例待考）

壮族 土主的偶像是几片石头。村村有土主，大的村或墟镇的每条街也有土主。立土主很简单，在村前或村后选择一些大樟树或大榕树作为背景，竖一块石片即可。

【流传】广西壮族自治区·（柳州市）·柳城县

【出处】范宏贵搜集整理：*《祭社王》（1991），见吕大吉、何耀华总主编《中国各民族原始宗教资料集成》（土家族卷、瑶族卷、壮族卷、黎族卷），北京：中国社会科学出版社1998年版，第550页。

W0236.5.2.3.1
白石象征土地神

实 例

藏族 操“尔龚语”即道孚语之戎巴，如革什扎、丹东、巴旺三大土司之民俗称白石为“惹不初”，亦有土地神之义。

【流传】（无考）

【出处】 邓廷良：《嘉绒族源初探》，载《西南民族学院学报》1986 年第 1 期。

W0236.5.2.4
树是土地神的化身

实 例

壮族 人们拜祭土地树，此树被视为土地神的化身，故拜祀且供奉，以祈求神灵的佑护，保佑人畜安宁，消灾祛病，五谷丰登。

【流传】 广西壮族自治区·钦州市·（钦北区）·新棠乡（新棠镇）·屯王村、东留、晉忠、那岩、那良坪等村

【出处】 归发国搜集整理：*《三种树神》（1990），见吕大吉、何耀华总主编《中国各民族原始宗教资料集成》（土家族卷、瑶族卷、壮族卷、黎族卷），北京：中国社会科学出版社 1998 年版，第 521 页。

W0236.5.3
土地庙小的来历

实 例

黎族 （实例待考）

W0236.5.4
田神

【关联】［W0549.4］水田天地老爷

实 例

（参见下级母题实例）

W0236.5.4.1
第二代神王烟沙生田神得威

实 例

哈尼族 第二代神王烟沙生下田神（得威）。

【流传】 云南省·（红河哈尼族彝族自治州）·元阳县

【出处】

（a）朱小和讲，史军超等采录：《神的古今》，见中国民间文学集成全国编辑委员会编《中国民间故事集成》（云南卷），北京：中国 ISBN 中心 2003 年版，第 19 页。

（b）卢朝贵讲，史军超采录：《神和人的家谱》，见中国民间文学集成全国编辑委员会编《中国民间故事集成》（云南卷），北京：中国 ISBN 中心 2003 年版，第 23 页。

哈尼族 第二代男神王烟沙大神又传出

新的家谱。他生下第二代男神沙拉后，又生下了九位大神，其中有风神米沙、雨神即比、雷神阿惹、土神达俄、籽种神姐玛、水神阿波、田神得威。

【流传】云南省·（红河哈尼族彝族自治州）·元阳（元阳县）、红河（红河县）、金平（金平苗族瑶族傣族自治县）［采集于元阳县·胜村乡·全福庄］

【出处】卢朝贵讲，史军超搜集整理：《神和人的家谱》，原载云南省民间文学集成办公室编《哈尼族神话传说集成》，中国民间文艺出版社1990年版，见姚宝瑄主编《中国各民族神话》（哈尼族、傣族），太原：山西出版传媒集团·书海出版社2014年版，第40页。

W0236.5.4.2

田神主管田峒

实 例

壮族 田神是主管田峒之神。

【流传】广西壮族自治区·（百色市）·靖西县（靖西市）

【出处】凌树东搜集整理：*《广西靖西县壮族诸神表》（1991），见吕大吉、何耀华总主编《中国各民族原始宗教资料集成》（土家族卷、瑶族卷、壮族卷、黎族卷），北京：中国社会科学出版社1998年版，第494页。

W0236.5.4.3

田神与风神、雨神、雷神、土神、籽种神、水神地神、水沟神、金银铜铁锡神等是兄弟

实 例

哈尼族 第二代神王烟沙又生下了风神、雨神、雷神、土神、籽种神、水神、田神、地神、水沟神、金银铜铁锡神等。

【流传】云南省·（红河哈尼族彝族自治州）·元阳县、金平县（金平苗族瑶族傣族自治县）、红河县等地

【出处】朱小和讲，史军超、卢朝贵搜集整理：《烟本霍本》，原载刘辉豪、阿罗编《哈尼族民间故事选》，上海文艺出版社1989年版，见姚宝瑄主编《中国各民族神话》（哈尼族、傣族），太原：山西出版传媒集团·书海出版社2014年版，第34页。

W0236.5.4.4

田神显灵能得好收成

实 例

壮族 田有田神，为让田神显灵，求得好收成，就对田垌进行祭拜。

【流传】广西壮族自治区·（百色市）·田林县

【出处】覃立革搜集整理：*《祭田神与禾神》（1990），见吕大吉、何耀华总主编《中国各民族原始宗教资料集成》（土家族卷、瑶族卷、壮族卷、

黎族卷），北京：中国社会科学出版社 1998 年版，第 515 页。

W0236. 5. 4. 5

田祖

实 例

汉族 琴瑟击鼓，以御田祖。以祈甘雨，以介我稷黍。

【流传】（无考）

【出处】《诗经·小雅·甫田》。

W0236. 5. 4a

田界神

实 例

（参见下级母题实例）

W0236. 5. 4a. 1

田界神若吉士

实 例

羌族 羌民室内所供奉之神大概各地都是十二尊，其中若吉士（Rǔ-gee-tze）是田界神。

【流传】四川省·（阿坝藏族羌族自治州）·理县·星上寨等

【出处】胡鉴民：《羌族的信仰与习为》，原载《边疆研究论丛》1941 年，见吕大吉、何耀华总主编《中国各民族原始宗教资料集成》（纳西族卷、羌族卷、独龙族卷、傈僳族卷、怒族卷），北京：中国社会科学出版社 2000 年版，第 476 页。

W0236. 5. 4b

地盘业神

实 例

（参见下级母题实例）

W0236. 5. 4b. 1

地盘业主神“蔑”

实 例

羌族 巫师诵经，请地盘业主神（“蔑”）时，从本寨开始，由近及远，沿岷江和杂谷脑河河谷两岸各著名古羌寨的地盘业主神均请到，经文内容为念唱各寨名及其地地盘业主神名，向神通白某寨或某家因何事请神作法。

【流传】四川省·（阿坝藏族羌族自治州）·汶川县·雁门乡·小寨子

【出处】

（a）钱安靖：《羌族和羌语支各居民集团宗教习俗调查报告》，四川大学宗教研究所油印本，1987 年 12 月。

（b）同（a），见吕大吉、何耀华总主编《中国各民族原始宗教资料集成》（纳西族卷、羌族卷、独龙族卷、傈僳族卷、怒族卷），北京：中国社会科学出版社 2000 年版，第 519 页。

W0236. 5. 4b. 2

地盘业主神属祖先崇拜

实 例

羌族 地盘业主神是插占为业者之

神，属祖先崇拜性质。

【流传】（无考）

【出处】《羌族卷·前言》，见吕大吉、何耀华总主编《中国各民族原始宗教资料集成》（纳西族卷、羌族卷、独龙族卷、傈僳族卷、怒族卷），北京：中国社会科学出版社 2000 年版，第 452 页。

W0236.5.5

土地神的生日

实 例

（参见下级母题实例）

W0236.5.5.1

土地神生日是农历二月初二

【关联】［W6613］春龙节（二月二）

实 例

汉族 土地神生日是农历二月初二。

【流传】（无考）

【出处】王德恒等：《造神史话》，天津：百花文艺出版社 2002 年版，第 378 页。

汉族 管大地土地佬，脾气随和、心眼善良。

【流传】河北省·（秦皇岛市）·卢龙县·陈官屯（陈官屯镇）

【出处】夏本讲，王淑苓采录：《盘儿和古儿》，见中国民间文学集成全国编辑委员会编《中国民间故事集成》（河北卷），北京：中国 ISBN 中心 2003 年版，第 24 页。

W0236.5.6

土地神与人关系最近

实 例

锡伯族 （实例待考）

W0236.5.7

土地神被感动

实 例

汉族 人们能说动土地神，行为能感动天和地。

【流传】河南省

【出处】耿瑞采录整理：《老虎身上的花纹》，见张振犁编著，孟宪明、朱淑君统纂《中原神话通鉴》（第四卷），郑州：河南大学出版社 2017 年版，第 1314 页。

W0236.5.7.1

土地神被哭声感动

实 例

汉族 神农的黄花因神农误解了自己的意思，回到家里哭了起来，一直哭了七天七夜，惊动了土地神。

【流传】河南省·（周口市）·淮阳县［采录地点：淮阳县·临蔡（临蔡镇）］

【出处】陈王氏（女，67 岁，农民）讲，陈云峰采录：《黄花菜》，见张振犁编著，孟宪明、朱淑君统纂《中原神话通鉴》（第二卷），郑州：河南大学出版社 2017 年版，第 479 页。

W0236.5.8

祭土地神

【关联】［W6486］祭地神

实 例

（参见下级母题实例）

W0236.5.8.1

开地、栽秧、挖水塘时祭献土地神

实 例

彝族 一部分彝族遇开地、栽秧、挖水塘时也祭献“土地神”。

【流传】云南省·（大理白族自治州）·漾濞彝族自治县北部、巍山彝族回族自治县·马鞍山乡·木古鲁村

【出处】王丽珠：《大理州彝族原始宗教调查》，见吕大吉、何耀华总主编《中国各民族原始宗教资料集成》（彝族卷、白族卷、基诺族卷），北京：中国社会科学出版社 1996 年版，第 64～65 页。

W0236.5.8.2

为祈祷牲畜顺利成长祭土地神

实 例

白族 为祈祷牲畜顺利成长而祭土地神的仪式，称“谢土”或“起土”。

【流传】云南省·（大理白族自治州）·云龙县·旧州乡

【出处】詹承绪等调查整理：《云龙白族“谢土”祭祀》（1988），见吕大吉、何耀华总主编《中国各民族原始宗教资料集成》（彝族卷、白族卷、基诺族卷），北京：中国社会科学出版社 1996 年版，第 708 页。

W0236.5.8.3

祭土地神仪式，称“谢土”或“起土”

实 例

白族 （参见“W0236.5.8.2 为祈祷牲畜顺利成长祭土地神”母题实例）

W0236.5.9

接土地神

实 例

（参见下级母题实例）

W0236.5.9.1

迁入新居后要接土地神

实 例

彝族 选择迁入新居后的一天，把阿毕请到家中接“土地神”。

【流传】云南省·（大理白族自治州）·漾濞彝族自治县北部、巍山彝族回族自治县·马鞍山乡·木古鲁村

【出处】王丽珠：《大理州彝族原始宗教调查》，见吕大吉、何耀华总主编《中国各民族原始宗教资料集成》（彝族卷、白族卷、基诺族卷），北京：中国社会科学出版社 1996 年版，第 64～65 页。

W0237

地王（地皇）

【关联】［W0734.3］神农是地皇

实 例

（参见下级母题实例）

W0237.1

地皇的产生

实 例

（参见下级母题实例）

W0237.1.1

天皇生地皇

【关联】［W0204］天帝（天王，天皇，天君）

实 例

汉族 天皇生地皇。

【流传】（无考）

【出处】《道教的三清尊神》，见王德恒等《造神史话》，天津：百花文艺出版社2002年版，第73页。

W0237.1.2

始祖生地王

实 例

（参见下级母题实例）

W0237.1.2.1

古老和盘古生地王

实 例

侗族 古老和盘古（人的始祖）生出地王。

【流传】贵州省·（黔东南苗族侗族自治州）·从江县·高增公社（高增乡）

【出处】梁普安等讲，龙玉成采录：《古老和盘古》见中国民间文学集成全国编辑委员会编《中国民间故事集成》（贵州卷），北京：中国ISBN中心2003年，第4页。

W0237.1.3

特定人物生地皇

实 例

（参见下级母题实例）

W0237.1.3.1

盘古真人与太元圣母生地皇

【关联】［W0791a.3.1.1］太元圣母的丈夫盘古真人

实 例

汉族 在二仪未分，天地日月未具时，已有盘古真人游于其中。后与太元圣母通气结精，生东王公与西王母。后又生地皇。

【流传】（无考）

【出处】［东晋］葛洪：《枕中书》。

W0237.1.3.2

太元圣母感气生地天皇

实 例

汉族 元始君下游见之，乃与通气结精，招还上宫。元始君经一劫，乃一施太元母，生天皇十三头。后生地皇，地皇十一头。

【流传】（无考）

【出处】［东晋］葛洪：《枕中书》。

W0237.1.4
云化生地皇[①]

实 例

（参见下级母题实例）

W0237.1.4.1
地皇是五彩祥云落地变成的莲花王

实 例

侗族 地皇是五彩祥云落地变为莲花王降临人间。

【流传】（无考）

【出处】陆嘉玉：《试析秦廷锡侗族民歌中的古代神话传说故事》，见《黎平县政协文史资料》第3集，内部编印，2008年。

W0237.1.5
地皇生于山中

实 例

汉族 地皇兄弟九人，生于龙门山中。

【流传】（无考）

【出处】［清］王谟：《汉唐地理书钞》辑《荣氏遁甲开山图》。

W0237.2
地皇的特征

实 例

（参见下级母题实例）

W0237.2.1
地皇11个头

实 例

汉族 频斯国有大枫木成林，有树高六七十里，树东有大石室，可容万人坐。壁上刻为三皇之像：天皇十三头，地皇十一头。

【流传】（无考）

【出处】［晋］王嘉：《拾遗记》卷九。

汉族 地皇十一头，火德王。兄弟十一人，兴于熊耳、龙门等山，亦各万八千岁。

【流传】（无考）

【出处】［唐］司马贞：《史记·补三皇本纪》。

W0237.2.2
地皇面貌如女子

【关联】［W0236.2.1.2］女土地神

实 例

① 地皇，在侗族也可以作为民间神。

汉族 地皇兄弟九人，面貌皆如女子，貌皆相类，蛇身兽足，生于龙门山中。

【流传】（无考）

【出处】［清］王谟：《汉唐地理书钞》辑《荣氏遁甲开山图》。

W0237.2.3
地皇蛇身兽足

实 例

汉族 地皇兄弟九人，面貌皆如女子，貌皆相类，蛇身兽足，生于龙门山中。

【流传】（无考）

【出处】［清］王谟：《汉唐地理书钞》辑《荣氏遁甲开山图》

W0237.2.4
地皇龙身

实 例

汉族 地皇十一头，龙身。

【流传】（无考）

【出处】［晋］王嘉：《拾遗记》卷九。

W0237.3
地皇的职能（地皇的身份）

实 例

（参见下级母题实例）

W0237.3.1
地皇氏是圣人

实 例

汉族 天人诞降大圣。曰浑敦氏，即盘古氏，初天皇氏也。……有初地皇氏，初人皇氏。

【流传】（无考）

【出处】［明］周游：《开辟衍绎》附录《乩仙天地判说》。

W0237.3.2
土王管理土地

实 例

土家族 土王每日忙于管理土地。

【流传】（无考）

【出处】《土王的公主》，见姚宝瑄主编《中国各民族神话》（土家族、毛南族、侗族、瑶族），太原：山西出版传媒集团·书海出版社 2014 年版，第 27 页。

W0237.3.3
地王从地下挖出日月

实 例

汉族 太阳和月亮起根是天王地王从地下挖出来的，挖了很多很多。

【流传】河南省·（南阳市）·西峡县·米坪乡·石门村

【出处】刘庆斌（男，57 岁，不识字，农民）讲，刘春生（男，15 岁，小学生）采录，杨平（女，28 岁，高中，文化馆职工）采录整理：《太阳、月亮和鸡冠》（1986. 04），见张振犁编著，孟宪明、朱淑君统纂《中原神话通鉴》（第四卷），郑州：河南大学出版社 2017 年版，第 1214 页。

W0237. 3. 4

地皇代人行职

实 例

（参见下级母题实例）

W0237. 3. 4. 1

地皇是代人行职的星官

实 例

（参见下级母题实例）

W0237. 3. 4. 1. 1

地皇是替玉皇大帝掌管人间各种灵性生辰寿日、生老病死轮回的星官

【关联】［W0780. 5］玉皇大帝的从属

实 例

汉族 地皇是替玉皇大帝掌管地上人间各种灵性生辰寿日、生老病死轮回的星官。

【流传】 河南省·（郑州市）·新密市·（平陌镇·龙泉村）

【出处】 魏洪基（58 岁，农民，小学）讲，高力升采录整理：《黄帝拜三皇》，见张振犁编著，孟宪明、朱淑君统纂《中原神话通鉴》（第二卷），郑州：河南大学出版社 2017 年版，第 686 页。

W0237. 3. 5

地皇是人类首领

实 例

（参见下级母题实例）

W0237. 3. 5. 1

地皇是龙耳山出现的第二个人类首领

实 例

汉族 人类第一个首领天皇过了一万八千岁死了。以后在龙耳山又出现了第二个人类首领，名叫地皇。

【流传】 江苏省·（淮安市）·涟水县·南集乡·禹庄村

【出处】 徐学尧讲，徐省生搜集整理：《世界的由来》（1983），见姚宝瑄主编《中国各民族神话》（汉族），太原：山西出版传媒集团·书海出版社 2014 年版，第 24 ~28 页。

W0237. 4

地皇的数量（地王的数量）

实 例

（参见下级母题实例）

W0237. 4. 1

12 个地王

实 例

（参见下级母题实例）

W0237.4.1.1

古老和盘古生12地王

实 例

侗族 古老和盘古生地王12兄弟。

【流传】（无考）

【出处】《古老和盘古》，见燕宝、张晓编《贵州神话传说》，贵阳：贵州人民出版社1997年版，第3页。

W0237.4.1.2

地王12兄弟

实 例

侗族 古老和盘古生出地王12兄弟。

【流传】 贵州省·（黔东南苗族侗族自治州）·黎平县·岩洞镇·四洲萨老街

【出处】 吴良修讲：《古老和盘古》王宪昭采集，2009.08。

侗族 古老和盘古（人的始祖）生地王12兄弟。

【流传】 贵州省·（黔东南苗族侗族自治州）·从江县·高增公社（高增乡）

【出处】 梁普安等讲，龙玉成采录：《古老和盘古》见中国民间文学集成全国编辑委员会编《中国民间故事集成》（贵州卷），北京：中国ISBN中心2003年，第4页。

W0237.4.2

9个地皇兄弟

实 例

汉族 地皇兄弟九人。

【流传】（无考）

【出处】［清］王谟：《汉唐地理书钞》辑《荣氏遁甲开山图》

W0237.4.2a

地皇兄弟11人

实 例

汉族等 地皇十一头，火德王。兄弟十一人，兴于熊耳、龙门等山，亦各万八千岁。

【流传】（无考）

【出处】［唐］司马贞：《三皇本纪》。

W0237.5

与地皇有关的其他母题

【关联】

①［W0230］地神

②［W0236.1.4.1］土皇是天公地母的儿子

③［W1902.1.4］地王造五湖四海

实 例

（参见下级母题实例）

W0237.5.1

特定名称的地皇

【关联】

① [W0734.3] 神农是地皇
② [W0744a.4.1] 地皇氏炎帝神农氏

实 例

(实例待考)

W0237.5.2
地老爷

实 例

(参见下级母题实例)

W0237.5.2.1
地老爷杀拉甲伍

实 例

藏族 杀拉甲伍就是地老爷（管地的皇帝）。

【流传】四川省·（绵阳市）·平武县·白马乡（白马藏族乡）

【出处】扎嘎才让讲，四川大学中文录采风队采录：《创世传说》，见中国民间文学集成全国编辑委员会编《中国民间故事集成》（四川卷·下），北京：中国 ISBN 中心 1998 年版，第 934 页。

W0238
地母（土母）

【关联】
① [W0142] 天公地母
② [W0207] 天母
③ [W0232.1] 女地神

实 例

(参见下级母题实例)

W0238.1
地母的产生

实 例

(参见下级母题实例)

W0238.1.1
地母的生日

实 例

(参见下级母题实例)

W0238.1.1.1
地母生日十月十八

实 例

彝族 地母十月十八生，家家念诵她母经。

【流传】云南省·（大理白族自治州）·巍山县（巍山彝族回族自治县）·五印乡·岩子脚（岩子脚村）、紫马鹿村

【出处】王丽珠搜集：《无上虚空地母养生保命真经》，见吕大吉、何耀华总主编《中国各民族原始宗教资料集成》（彝族卷、白族卷、基诺族卷），北京：中国社会科学出版社 1996 年版，第 63～64 页。

W0238.1.2
地母生于混沌时代

实 例

彝族 要知地母名和姓，鸿濛未判老混沌。

【流传】云南省·（大理白族自治州）·巍山县（巍山彝族回族自治县）·五印乡·岩子脚（岩子脚村）、紫马鹿村

【出处】王丽珠搜集：《无上虚空地母养生保命真经》，见吕大吉、何耀华总主编《中国各民族原始宗教资料集成》（彝族卷、白族卷、基诺族卷），北京：中国社会科学出版社1996年版，第63~64页。

W0238.1.3

月亮的大女儿变成地母

实 例

白族 （参见“W0238.6.1.6 地母吾庚”母题实例）

W0238.2

地母的特征

实 例

（参见下级母题实例）

W0238.2.1

地母的外貌

实 例

（参见下级母题实例）

W0238.2.1.1

地母是老太太（地母是老妇人的样子）

实 例

彝族（撒尼） 地母神是一位年约八十多岁的和蔼慈祥的妇人。

【流传】云南省·昆明（昆明市）·（寻甸回族彝族自治县）·（先锋乡）·恰普鲁村

【出处】吕大吉、何耀华总主编：《中国各民族原始宗教资料集成》（彝族卷、白族卷、基诺族卷），北京：中国社会科学出版社1996年版，第314页。

藏族 在一棵高大的罗汉松下面，坐着一位老妈妈是地母。

【流传】四川省·（阿坝藏族羌族自治州）·马尔康县·卓克基（卓克基镇）一带

【出处】

(a) 帕金搜集整理：《狗皮王子》（又称《青稞种子的来历》），见谷德明编《中国少数民族神话选》，西北民族学院研究所编印，内部资料，1983年。

(b) 同（a），见姚宝瑄主编《中国各民族神话》（门巴族、珞巴族、怒族、藏族），太原：山西出版传媒集团·书海出版社2014年版，第114页。

W0238. 2. 1. 1. 1
地母是全身生满乳头的黑发老太太

实 例

（参见下级母题实例）

W0238. 2. 1. 1. 1. 1
地母神巴那吉额姆是全身生满乳头的黑发老太太

实 例

满族 地母神巴那吉额姆是全身生满乳头的黑发老太太。

【流传】（无考）

【出处】《满族臧姓萨满神谕》，见王宏刚《论萨满教创世神话中的文化精神》，载《萨满学术论坛》2006年第1期。

W0238. 2. 1. 2
地母神巴那吉额姆长着人脚、兽腿、鸟爪、虫足

实 例

满族 地母神巴那吉额姆长着人脚、兽腿、鸟爪、石虫的足，跑起来风也追不上她。

【流传】（无考）

【出处】《阿布卡赫赫女神创世》，王松根据富育光、孟慧英、王宏刚撰写的《满族宗教与神话》改写，见姚宝瑄主编《中国各民族神话》（满族、赫哲族、朝鲜族），太原：山西出版传媒集团、书海出版社2014年版，第4～14页。

W0238. 2. 1. 3
地母身体巨大

实 例

满族 创造宇宙的三姊妹中的地母神巴那吉额姆，是位伟大的、威力无比的巨神。她的身子就像高山一样伟岸，身高齐天。

【流传】（无考）

【出处】《阿布卡赫赫女神创世》，王松根据富育光、孟慧英、王宏刚撰写的《满族宗教与神话》改写，见姚宝瑄主编《中国各民族神话》（满族、赫哲族、朝鲜族），太原：山西出版传媒集团、书海出版社2014年版，第4～14页。

满族 地母神巴那吉额姆形象伟岸，腹乳高隆，巨若山丘，威力无比。

【流传】（无考）

【出处】 富育光、孟慧英、王宏刚整理：《巴那吉额姆》，见姚宝瑄主编《中国各民族神话》（满族、赫哲族、朝鲜族），太原：山西出版传媒集团·书海出版社2014年版，第88～89页。

W0238. 2. 1. 4
地母乳房巨大

实 例

满族 地母神巴那吉额姆哺育万物的

乳房，就像山峰似的隆起。

【流传】（无考）

【出处】《阿布卡赫赫女神创世》，王松根据富育光、孟慧英、王宏刚撰写的《满族宗教与神话》改写，见姚宝瑄主编《中国各民族神话》（满族、赫哲族、朝鲜族），太原：山西出版传媒集团、书海出版社 2014 年版，第 4～14 页。

W0238.2.2

地母善良（善良的地母）

实 例

阿昌族 天公遮帕麻想把断肠的毒液放在水里来毒死制造灾难的恶神腊訇，却被妻子地母遮米麻即时止住了，因为怕连累更多的生灵。

【流传】（云南省）

【出处】赵安贤讲，智克整理：《遮帕麻与遮米麻》，见姚宝瑄主编《中国各民族神话》（佤族、阿昌族、纳西族、普米族、德昂族），太原：山西出版传媒集团·书海出版社 2014 年版，第 86 页。

W0238.2.3

地母善跑

实 例

（参见下级母题实例）

W0238.2.3.1

地母神巴那吉额姆跑起来比风还快

实 例

满族 地母神巴那吉额姆长着人脚、兽腿、鸟爪、石虫的足，跑起来风也追不上她。

【流传】（无考）

【出处】《阿布卡赫赫女神创世》，王松根据富育光、孟慧英、王宏刚撰写的《满族宗教与神话》改写，见姚宝瑄主编《中国各民族神话》（满族、赫哲族、朝鲜族），太原：山西出版传媒集团、书海出版社 2014 年版，第 4～14 页。

W0238.3

地母的职能

实 例

（参见下级母题实例）

W0238.3.1

地母赐丰收

【关联】［W0455］丰收神（丰产神）

实 例

黎族 作物的丰收是地母的恩赐。

【流传】海南省

【出处】邢关英：《黎族》，北京：民族出版社 1990 年版，第 70 页。

W0238.3.2

地母身兼多职

实 例

（参见下级母题实例）

W0238.3.2.1

地母决定土壤的肥瘠，管理平坝区的土地，保护妇女身体健康

实 例

彝族（撒尼） 地母是土地之母亲，她管辖着“撒弥人”占据的这片土地；同时也保护妇女的身体健康。

【流传】 云南省·昆明（昆明市）·（寻甸回族彝族自治县）·（先锋乡）·恰普鲁村

【出处】《昆明彝族撒弥支的地母祭与南山祭》，见吕大吉、何耀华总主编《中国各民族原始宗教资料集成》（彝族卷、白族卷、基诺族卷），北京：中国社会科学出版社 1996 年版，第 312 页。

W0238.3.3

地母管生产

实 例

白族 地母管生产，庄稼丰收靠地母保佑。若农作物长势不好，为祈求丰收，农民们就要祭祀地母。

【流传】 云南省·（大理白族自治州）·大理市喜洲镇、海东乡

【出处】 王承权调查整理：《大理白族田公地母祭》（1988），见吕大吉、何耀华总主编《中国各民族原始宗教资料集成》（彝族卷、白族卷、基诺族卷），北京：中国社会科学出版社 1996 年版，第 467 页。

W0238.3.4

地母辟地

实 例

汉族 盘古和地母开辟了这个天地，后来人们就把他俩称作“天公”和“地母”。

【流传】 浙江省·（温州市）·苍南县·南宋乡

【出处】 林道进讲，林子周采录：《天公地母开天地》，见中国民间文学集成全国编辑委员会编《中国民间故事集成》（浙江卷），北京：中国 ISBN 中心 1997 年版，第 19 页。

W0238.3a

地母的生活

实 例

（参见下级母题实例）

W0238.3a.1

地母的服饰

实 例

（参见下级母题实例）

W0238.3a.1.1

地母神身穿华服宫妆

实 例

彝族（撒尼） 地母神身穿华服宫妆，头戴宝冠，冠上刻卦，身披霞帔，左手捧珠，盘膝坐于莲台上。

【流传】 云南省·昆明（昆明市）·（寻甸回族彝族自治县）·（先锋乡）·恰普鲁村

【出处】 吕大吉、何耀华总主编：《中国各民族原始宗教资料集成》（彝族卷、白族卷、基诺族卷），北京：中国社会科学出版社1996年版，第314页。

W0238.3a.1.2

地母神头戴宝冠，冠上刻卦

实 例

彝族（撒尼）（参见“W0238.3a.1.1 地母神身穿华服宫妆”母题实例）

W0238.3a.1.3

地母神身披霞帔，左手捧珠

实 例

彝族（撒尼）（参见“W0238.3a.1.1 地母神身穿华服宫妆”母题实例）

W0238.3a.2

地母的饮食

实 例

（实例待考）

W0238.3a.3

地母的居所

实 例

（参见下级母题实例）

W0238.3a.3.1

地母居下界

实 例

满族 自然宇宙的下界亦分三层，是伟火的巴那吉额姆（地母）、司夜众女神以及恶魔耶鲁里居住与藏身的地方。

【流传】（无考）

【出处】

（a）富育光：《萨满教与神话》，沈阳：辽宁大学出版社1990年版，第26页。

（b）《九天三界说》，见吕大吉、何耀华总主编《中国各民族原始宗教资料集成》（鄂伦春族卷、鄂温克族卷、赫哲族卷、达斡尔族卷、锡伯族卷、满族卷、蒙古族卷、藏族卷），北京：中国社会科学出版社1999年版，第477页。

W0238.4

地母的关系

实 例

（参见下级母题实例）

W0238.4.1
地母的父母

实 例

（参见下级母题实例）

W0238.4.1.1
地母的母亲

实 例

（参见下级母题实例）

W0238.4.1.1.1
地母谜阿娜的母亲是地下的大鸣雁

实 例

彝族 地下的大鸣雁，就是地母谜阿娜的母亲。它的名字叫谜查娜，也叫卧婆绪。

【流传】黔西（贵州省西部）与云南（云南省）接壤的彝族地区

【出处】阿候布代讲，王正贡、王子尧、王冶新、何积金搜集整理，蔷紫改写：《天生地产》，原载中国民间文艺研究会贵州分会编《民间文学资料》，内部资料，1986 年，见姚宝瑄主编《中国各民族神话》（羌族、彝族），太原：山西出版传媒集团·书海出版社 2014 年版，第 163 页。

W0238.4.2
地母的丈夫

实 例

（参见下级母题实例）

W0238.4.2.1
地母的丈夫玉皇大帝

【关联】［W0780.1］玉皇大帝的妻子

实 例

汉族 天公地母即玉皇大帝和妻子后土。

【流传】（无考）

【出处】马书田：《道教诸神》，北京：北京燕山出版社 2006 年版，第 25 页。

W0238.4.3
地母的兄弟姐妹

实 例

（实例待考）

W0238.4.4
地母的孩子

实 例

（参见下级母题实例）

W0238.4.4.1
地母的儿子

实 例

（实例待考）

W0238.4.4.2
地母的女儿

实 例

（参见下级母题实例）

W0238.4.4.2.1

地母的女儿是世上最早出现的女人密玛然咪密扎阿那那聋

实 例

哈尼族 世上最早出现的一个女人密玛然咪密扎阿那那聋，即地母的女儿。

【流传】云南省·（红河哈尼族彝族自治州）·元阳县

【出处】小和讲，阿罗采录：《侯波与那聋》，见中国民间文学集成全国编辑委员会编《中国民间故事集成》（云南卷），北京：中国 ISBN 中心 2003 年版，第 40 页。

W0238.4.4.2.2

地母神的女儿四头六臂八足

实 例

满族 地母神巴那吉额姆生下的第一个女儿，是一位四头六臂八足的大力神。她身高齐天，四个头分管四方。

【流传】（无考）

【出处】富育光、孟慧英、王宏刚整理：《巴那吉额姆》，见姚宝瑄主编《中国各民族神话》（满族、赫哲族、朝鲜族），太原：山西出版传媒集团·书海出版社 2014 年版，第 88～89 页。

W0238.4.4.2.3

地母神的女儿四个头分管四方

实 例

满族 （参见“W0238.4.4.2.2 地母神的女儿四头六臂八足”母题实例）

W0238.5

地母的寿命与死亡

实 例

（参见下级母题实例）

W0238.5.1

地母劳累而死

实 例

白族 （实例待考）

W0238.5.2

地母寿命 12 万岁

实 例

彝族 地母寿活十二万年载。

【流传】云南省·（大理白族自治州）·巍山县（巍山彝族回族自治县）·五印乡·岩子脚（岩子脚村）、紫马鹿村

【出处】王丽珠搜集：《无上虚空地母养生保命真经》，见吕大吉、何耀华总主编《中国各民族原始宗教资料集成》（彝族卷、白族卷、基诺族卷），北京：中国社会科学出版社 1996 年版，第 63～64 页。

W0238.6

与地母有关的其他母题

【关联】

①［W0122.1b.1］世间地母最大
②［W0713.4］女娲是地母
③［W1511.3.1］地母生万物
④［W1544.1.5］地母生日月
⑤［W1725.14.2］地母流产流出的血水变星星

实 例

（参见下级母题实例）

W0238.6.1
特定名称的地母（地母的名称）

【关联】［W0235.1.10］地神为"地母"

实 例

（参见下级母题实例）

W0238.6.1.1
地母即后土

实 例

（参见下级母题实例）

W0238.6.1.1.1
地母是玉皇大帝的妻子后土

【关联】
①［W0713.4］女娲是地母
②［W0768.16］后土

实 例

汉族 天公地母即玉皇大帝和妻子后土。

【流传】（无考）

【出处】马书田：《道教诸神》，北京：北京燕山出版社2006年版，第25页。

W0238.6.1.1a
地母娘娘

实 例

汉族 洪水后，天底下只剩下伏羲女娲兄妹俩了，地母娘娘劝兄妹俩就结成夫妇。

【流传】四川省

【出处】李茂生讲，陈钧搜集整理：《伏羲兄妹制人烟》，见姚宝瑄主编《中国各民族神话》（汉族），太原：山西出版传媒集团·书海出版社2014年版，第91～94页。

W0238.6.1.2
地母神巴那吉额姆

实 例

满族 地母神巴那吉额姆生的大力神。

【流传】（无考）

【出处】《阿布卡赫赫女神创世》，王松根据富育光、孟慧英、王宏刚撰写的《满族宗教与神话》改写，见姚宝瑄主编《中国各民族神话》（满族、赫哲族、朝鲜族），太原：山西出版传媒集团、书海出版社2014年版，第4～14页。

满族 地母神巴那吉额姆。

【流传】（无考）

【出处】《满族臧姓萨满神谕》，见王宏

刚《论萨满教创世神话中的文化精神》，载《萨满学术论坛》2006年第1期。

W0238.6.1.3

地母斯金

实　例

珞巴族（博嘎尔、崩尼部落） 地母的名字叫斯金。

【流传】（无考）

【出处】于乃昌：《珞巴族文学史》，西藏人民出版社、江苏教育出版社2001年版，第139页。

W0238.6.1.4

地母遮米麻

实　例

阿昌族 地母遮米麻骑日月巡视天地。

【流传】（无考）

【出处】《遮帕麻与遮米麻》，见BBS水木清华站http：//www.smth.edu.cn 2006.07.21。

W0238.6.1.5

地母谜阿娜

实　例

彝族 天父的名字叫米咕鲁，地母的名字叫谜阿娜。

【流传】黔西（贵州省西部）与云南（云南省）接壤的彝族地区

【出处】阿候布代讲，王正贡、王子尧、王治新、何积金搜集整理，蔷紫改写：《天生地产》，原载中国民间文艺研究会贵州分会编《民间文学资料》，内部资料，1986年，见姚宝瑄主编《中国各民族神话》（羌族、彝族），太原：山西出版传媒集团·书海出版社2014年版，第162页。

W0238.6.1.5a

地母米斯

【关联】［W0461.2.3.5.1］女猎神米斯

实　例

彝族 地母叫“米斯”。

【流传】（无考）

【出处】《天崇拜》，见吕大吉、何耀华总主编《中国各民族原始宗教资料集成》（彝族卷、白族卷、基诺族卷），北京：中国社会科学出版社1996年版，第28页。

W0238.6.1.6

地母吾庚

实　例

白族 月的大女儿用自己的身体覆盖在大海上变成了陆地，被尊称为“地母”。

【流传】云南省·（大理白族自治州）·鹤庆县

【出处】章虹宇：《云南鹤庆白族的地母节》，载《民俗》1990年第1期。

W0238. 6. 1. 6a
阿利地母元君

实 例

白族 张公太婆，柏节圣妃，阿利地母元君。

【流传】云南省·大理（白族自治州）

【出处】田怀清调查整理：《祥云考古资料反映的灵魂不死观念》（1988），见吕大吉、何耀华总主编《中国各民族原始宗教资料集成》（彝族卷、白族卷、基诺族卷），北京：中国社会科学出版社1996年版，第599页。

W0238. 6. 1. 7
地母神儒比威里士

实 例

羌族 羌人屋顶上敬九尊神，其中“儒比威里士”（Rube-we-ngi-tzè）是地母神。

【流传】四川省·（阿坝藏族羌族自治州）·理县·通化乡·西山大队（西山村）

【出处】胡鉴民：《羌族的信仰与习为》，原载《边疆研究论丛》1941年，见吕大吉、何耀华总主编《中国各民族原始宗教资料集成》（纳西族卷、羌族卷、独龙族卷、傈僳族卷、怒族卷），北京：中国社会科学出版社2000年版，第475页。

W0238. 6. 2
土地母

实 例

（参见下级母题实例）

W0238. 6. 2. 1
凹谷是土地母

实 例

毛南族 （实例待考）

W0239
与地上的神有关的其他母题

【汤普森】A490

【关联】［W8793. 2］天神地神之争

实 例

（参见下级母题实例）

W0239. 1
土主神（土主）[①]

实 例

（参见下级母题实例）

W0239. 1. 1
土主的产生

实 例

① 土主神：是一个不很确指的概念，有的神话中与土主、土神混用，有时又与土地神等其他神灵等同。如彝族等民族神话中的土主神往往包含地神、山神、水神、虫神等多种神。

（参见下级母题实例）

W0239.1.1.1

特定的人被尊为土主

实 例

（参见下级母题实例）

W0239.1.1.1.1

会念经的老人死后被称为“福德正神西波土主”

实 例

彝族（撒尼）（实例待考）

W0239.1.2

土主的特征（土主的职能，土主的身份）

【关联】［W0396.11.2.2］山神是土主

实 例

（参见下级母题实例）

W0239.1.2.1

土主蛇首人身

实 例

（参见下级母题实例）

W0239.1.2.1.1

土主五兄弟蛇首人身

实 例

彝族（撒尼）（实例待考）

W0239.1.2.2

土主神主管庄稼

实 例

羌族 茂县小北乡牛角村的土主神，主管庄稼。

【流传】 四川省·（阿坝藏族羌族自治州）·茂县·小北乡·牛角村

【出处】 西南民族学院研究室编：《羌（尔玛）族情况》，1954年，见吕大吉、何耀华总主编《中国各民族原始宗教资料集成》（纳西族卷、羌族卷、独龙族卷、傈僳族卷、怒族卷），北京：中国社会科学出版社2000年版，第555页。

W0239.1.2.3

土主是地方神

实 例

彝族（撒尼） 土主即地方神，有官渡土主、本吉土主、单方土主、齐兰土主等。

【流传】 云南省·昆明（昆明市）·官渡区

【出处】 邓立木、赵永勤：《官渡区阿拉乡彝族宗教调查》，见吕大吉、何耀华总主编《中国各民族原始宗教资料集成》（彝族卷、白族卷、基诺族卷），北京：中国社会科学出版社1996年版，第126页。

W0239. 1. 2. 4

土主是地域或村寨保护神

实 例

彝族 土主是旧时部落神演化成的地域或村寨的保护神。

【流传】云南省·曲靖地区（曲靖市）

【出处】蔡家麒：《曲靖地区彝族社会调查》，见吕大吉、何耀华总主编《中国各民族原始宗教资料集成》（彝族卷、白族卷、基诺族卷），北京：中国社会科学出版社1996年版，第71页。

W0239. 1. 3

特定名称的土主（土主的名称）

【关联】

①［W0235. 1. 5］地神又称土主神

②［W0236. 3. 4c. 2］土主即社王

实 例

（参见下级母题实例）

W0239. 1. 3. 1

土主登玛

实 例

藏族 土主（土主即土地神）登玛住在须弥山顶的五宝莲花垫上。

【流传】（无考）

【出处】田必伟：《藏族原始宗教观念演变试析》，载《西藏研究》1989年第3期。

W0239. 1. 3. 2

特定地方命名的土主

实 例

（参见下级母题实例）

W0239. 1. 3. 2. 1

官渡土主

实 例

彝族（撒尼）（参见“W0239. 1. 2. 3 土主是地方神”母题实例）

W0239. 1. 3. 2. 2

本吉土主

实 例

彝族（撒尼）（参见“W0239. 1. 2. 3 土主是地方神”母题实例）

W0239. 1. 3. 2. 3

单方土主

实 例

彝族（撒尼）（参见“W0239. 1. 2. 3 土主是地方神”母题实例）

W0239. 1. 3. 2. 4

齐兰土主

实 例

彝族（撒尼）（参见“W0239. 1. 2. 3 土主是地方神”母题实例）

W0239.1.3.3

土主姑奶奶

实 例

白族 姑奶奶是当地土主，人们居住的地方，耕种的田园都是姑奶奶的。

【流传】 云南省·（大理白族自治州·大理市）·凤仪镇·上锦场、敬天厂、上洱阳等村

【出处】 邹汝为调查整理：《凤仪白族姑奶奶祭》（1988），见吕大吉、何耀华总主编《中国各民族原始宗教资料集成》（彝族卷、白族卷、基诺族卷），北京：中国社会科学出版社1996年版，第429～430页。

W0239.1.4

土主的关系

实 例

（参见下级母题实例）

W0239.1.4.1

土主五兄弟

实 例

彝族（撒尼） 土主五兄弟，皆蛇首人身。

【流传】 云南省·昆明（昆明市）·官渡区

【出处】 邓立木、赵永勤：《官渡区阿拉乡彝族宗教调查》，见吕大吉、何耀华总主编《中国各民族原始宗教资料集成》（彝族卷、白族卷、基诺族卷），北京：中国社会科学出版社1996年版，第126页。

W0239.1.5

与土主有关的其他母题

【关联】

①［W0236.3a.5.1］土主坐在五宝莲花垫

②［W0396.11.2.2］山神是土主

实 例

（参见下级母题实例）

W0239.1.5.1

土主神居洞中

实 例

纳西族 三座雪山的太子洞里，都住有一个土主神。

【流传】 云南省·（丽江市）·丽江县（古城区、玉龙纳西族自治县）

【出处】 木丽春采集整理：《白石神的传说》，见木丽春编著《纳西族民间故事集》，昆明：云南人民出版社2007年版，第60页。

0.2.3 阴间神（冥神）

【W0240～W0249】

❊W0240

阴间神（冥神）

【汤普森】 ①A300；②A310

实　例

（参见下级母题实例）

W0241

冥神之主

【汤普森】 ≈A307

实　例

（参见下级母题实例）

W0241. 1

冥神东岳大帝

【关联】［W0480］死神（死亡之神）

实　例

（参见下级母题实例）

W0241. 1. 1

东岳大帝是阴间天子

实　例

汉族 东岳大帝做了阴间天子。

【流传】（山东省・泰安市徂徕山一带）

【出处】蔡林文讲，张纯岭采录：《斩鬼台》，原载张纯岭编《徂徕山传奇》，见陶阳、钟秀编《中国神话》（下），北京：商务印书馆 2008 年版，第 1296～1298 页。

W0242

阎王（阎王爷）

【关联】［W0248. 1］泰山神是阎罗的上司

实　例

（参见下级母题实例）

W0242. 1

阎王的产生

实　例

（参见下级母题实例）

W0242. 1. 1

人变为阎王

实　例

（参见下级母题实例）

W0242. 1. 1. 1

包拯变成阎王

实　例

民族无考 包拯"日断人间，夜判阴间"，他死后成为阎罗王，继续审理阴间的案件，成为阴阳两界公平、正义的化身。

【流传】（无考）

【出处】《阎罗王》，见乌丙安主编《中国民间神谱》，沈阳：辽宁人民出版社 2007 年版，第 69 页。

W0242. 1. 2

特定的神婚生阎王

实　例

（参见下级母题实例）

W0242.1.2.1
白昼神和黑夜神孕生阎王判官

实 例

景颇族 白昼神和黑夜神孕育了阎王判官。

【流传】云南省·（德宏傣族景颇族自治州）·盈江县支丹山吾寨

【出处】萧家成译著：《勒包斋娃——景颇族创世史诗》，北京：民族出版社1992年版，第6页。

W0242.2
阎王的特征

实 例

（参见下级母题实例）

W0242.2.1
阎王面貌可怕

实 例

汉族 （实例待考）

W0242.2.2
阎罗王说话金口玉言

实 例

汉族 阎罗王说话是金口玉言。

【流传】河南省·（濮阳市）·濮阳县［采录地点：清河头乡中村］

【出处】张同修（男，60岁，汉族，清河头乡中村农民）讲，张松林（男，44岁，汉族，高中毕业，清河头乡文化专干）采录：《小鸡放屁》（1990.08），见张振犁编著，孟宪明、朱淑君统纂《中原神话通鉴》（第四卷），郑州：河南大学出版社2017年版，第1309～1310页。

W0242.2.3
阎王身材巨大

实 例

傈僳族 阎王的头有地大，眼睛有锅庄石大，耳朵有犁耙大，鼻子有铁铧大，腰杆有大围箩粗，手杆有碓窝粗，脚杆有碓杵长。

【流传】云南省·（昆明市）·禄劝县（禄劝彝族苗族自治县）·屏山镇

【出处】杨毓骧调查整理：《亡魂指路经》（1989），见吕大吉、何耀华总主编《中国各民族原始宗教资料集成》（纳西族卷、羌族卷、独龙族卷、傈僳族卷、怒族卷），北京：中国社会科学出版社2000年版，第812页。

W0242.3
阎王的身份

实 例

（参见下级母题实例）

W0242.3.1
阎王是地狱之王

实 例

民族无考 阎罗王是佛教神仙体系中的

地狱之王。

【流传】（无考）

【出处】《阎罗王》，见乌丙安主编《中国民间神谱》，沈阳：辽宁人民出版社2007年版，第69页。

W0242.3.2

阎王是昏王

实 例

汉族 阎王是个昏王，凡是世间皇帝选的美女，什么正宫娘娘，东宫、西宫娘娘，一旦死后归地府，阎王就把她们留在王府寻欢作乐，这叫阎王过喜事——鬼混。

【流传】（湖北省·荆门市·京山县）

【出处】谢传兵讲，常笑声、王建贺采录：《中元节的传说》，原载《京山民间故事集》，见陶阳、钟秀编《中国神话》（下），北京：商务印书馆2008年版，第1334页。

W0242.4

阎王的职能

实 例

（参见下级母题实例）

W0242.4.1

阎王处死凡人的方法

【关联】［W9921］处死作为惩罚

实 例

（参见下级母题实例）

W0242.4.1.1

阎王把人送到太阳上烤死

实 例

布依族 黑煞星奉阎王旨令把岩岗（人名）送到太阳上去烤死。

【流传】（无考）

【出处】《岩岗和竹娥》，见千夜网：http://history.1001n.com.cn/info/info.asp?id=4728，2001.05.31。

W0242.4.2

阎王管地府鬼魂

【关联】

①［W0872.3］阎王爷赠送灵魂

②［W0913.1.1］阎王管灵魂

实 例

（参见下级母题实例）

W0242.4.2.1

玉帝授命阎王分管地府鬼魂

实 例

汉族 阎王受玉帝之命，分管地府鬼魂。

【流传】（湖北省·荆门市·京山县）

【出处】谢传兵讲，常笑声、王建贺采录：《中元节的传说》，原载《京山民间故事集》，见陶阳、钟秀编《中国神话》（下），北京：商务印书馆2008年版，第1334页。

布依族 头人得到他老婆从阳间烧来的

很多纸钱以后，就在阴间大肆收买阎王和催命小鬼。

【流传】（无考）

【出处】《岩岗和竹娥》，见千夜网：http：//history.1001n.com.cn/info/info.asp？id=4728，2001.05.31。

W0242.5

阎王的行为

实 例

（参见下级母题实例）

W0242.5.1

阎王做纸鬼

实 例

蒙古族 （实例待考）

W0242.5.2

阎王贪腐

实 例

（实例待考）

W0242.5.2.1

阎王被冥币收买

实 例

布依族 （实例待考）

W0242.5.3

阎王篡改生死簿

实 例

汉族 （实例待考）

W0242.5.4

阎王爷上天

实 例

（参见下级母题实例）

W0242.5.4.1

阎王爷上天找老天爷诉事

实 例

汉族 阎王爷来天上找到了老天爷。

【流传】河南省·（南阳市）·桐柏县

【出处】陈鸣声讲，马卉欣采录整理：《盘古爷的俩娃儿》，见张振犁编著《中原神话通鉴》（第一卷），郑州：河南大学出版社2017年版，第109页。

W0242.6

阎王的生活

实 例

（参见下级母题实例）

W0242.6.1

阎王的服饰

实 例

（实例待考）

W0242.6.2

阎王的食物

实 例

（实例待考）

W0242.6.3

阎王的居所

实 例

（参见下级母题实例）

W0242.6.3.1

阎王居阴间

【关联】［W1080］下界的特征（阴间的特征）

实 例

达斡尔族 “伊尔木汗”（阴间世界）是阎王和死人的灵魂所居之地。

【流传】（内蒙古自治区·呼伦贝尔市·陈巴尔虎旗）

【出处】

（a）满都尔图：《达斡尔鄂温克蒙古（陈巴尔虎）鄂伦春族萨满教调查》，中国社会科学院民族研究所民族学研究室1992年，内部资料，第9页。

（b）《阴间世界及追魂（一）》，见吕大吉、何耀华总主编《中国各民族原始宗教资料集成》（鄂伦春族卷、鄂温克族卷、赫哲族卷、达斡尔族卷、锡伯族卷、满族卷、蒙古族卷、藏族卷），北京：中国社会科学出版社1999年版，第299页。

W0242.6.3.2

阎王府戒备森严

【关联】［W1082］下界的景象（阴间的景象）

实 例

达斡尔族、鄂伦春族、鄂温克族、满族 女萨满到了阴间阎王爷居住的“丰都城”。阎王府岗哨林立，戒备很严，进不去。

【流传】（无考）

【出处】

（a）内蒙古自治区编委会：《鄂伦春族社会历史调查》（第二集），呼和浩特：内蒙古人民出版社1985年版，第261～263页。

（b）《萨满的传说之四》，见吕大吉、何耀华总主编《中国各民族原始宗教资料集成》（鄂伦春族卷、鄂温克族卷、赫哲族卷、达斡尔族卷、锡伯族卷、满族卷、蒙古族卷、藏族卷），北京：中国社会科学出版社1999年版，第48～50页。

W0242.6.3.2.1

阎王殿有三道铁门

实 例

鄂伦春族 阎王殿有三道铁门。

【流传】黑龙江省·（大兴安岭地区）·呼玛县·白银那乡

【出处】孟玉兰讲：《泥灿萨满》，见中国民间文学集成全国编辑委员会编《中国民间故事集成》（黑龙江卷），北京：中国ISBN中心2005年版，第86页。

W0242.6.3.3

阎王爷住在布尼

实 例

鄂伦春族 （参见“W0242.9.2 阎王爷阎门坎”母题实例）

W0242.6.3.4

阎王爷住丰都

实 例

（参见下级母题实例）

W0242.6.3.4.1

阎王爷住阴间丰都城

实 例

达斡尔族、鄂伦春族、鄂温克族、满族

阴间有个“丰都城”，阎王爷就住在那里面。

【流传】（无考）

【出处】

（a）内蒙古自治区编委会：《鄂伦春族社会历史调查》（第二集），呼和浩特：内蒙古人民出版社 1985 年版，第 261 ~ 263 页。

（b）《萨满的传说之四》，见吕大吉、何耀华总主编《中国各民族原始宗教资料集成》（鄂伦春族卷、鄂温克族卷、赫哲族卷、达斡尔族卷、锡伯族卷、满族卷、蒙古族卷、藏族卷），北京：中国社会科学出版社 1999 年版，第 48 ~ 50 页。

W0242.6.3.5

阎王的森罗殿

实 例

汉族 二郎圣君步入阎王的森罗殿。

【流传】河南省·濮阳市［采录地点：濮阳县］

【出处】施国银（男，60 岁，汉族，不识字，濮阳县农民）讲，王其连（大专毕业，濮阳市劳动局干部）采录：《不到黄河心不死》（1986.04.13），见张振犁编著，孟宪明、朱淑君统纂《中原神话通鉴》（第四卷），郑州：河南大学出版社 2017 年版，第 1371 页。

W0242.6.3.6

阎王在十八层地狱

实 例

傈僳族 死者的灵魂，要到“地土面也卡”（即十八层地狱），阎王爷问他在世上有没有礼性，如果有，地狱才会收容。

【流传】云南省·（昆明市）·禄劝县（禄劝彝族苗族自治县）·屏山镇

【出处】杨毓骧调查整理：《亡魂指路经》（1989），见吕大吉、何耀华总主编《中国各民族原始宗教资料集成》（纳西族卷、羌族卷、独龙族卷、傈僳族卷、怒族卷），北京：中国社会科学出版社 2000 年版，第 811 ~ 812 页。

W0242.6.4
阎王的出行

实 例

（实例待考）

W0242.6.5
阎王的工具

实 例

（参见下级母题实例）

W0242.6.5.1
阎王的生死簿

实 例

（参见下级母题实例）

W0242.6.5.1.1
阎王的生死簿记着人活着时的好坏

实 例

鄂伦春族 “阎门坎”（阎王爷）那里有生死簿子，每个人活着时做的好坏事，在那里都有记录。

【流传】（无考）

【出处】

（a）内蒙古自治区编委会：《鄂伦春族社会历史调查》（第一集），呼和浩特：内蒙古人民出版社1984年版，第52～53页。

（b）《阴间世界》，见吕大吉、何耀华总主编《中国各民族原始宗教资料集成》（鄂伦春族卷、鄂温克族卷、赫哲族卷、达斡尔族卷、锡伯族卷、满族卷、蒙古族卷、藏族卷），北京：中国社会科学出版社1999年版，第24页。

W0242.7
阎王的关系

实 例

（参见下级母题实例）

W0242.7.1
阎王的父母

实 例

（实例待考）

W0242.7.2
阎王的兄弟姐妹

【关联】［0780.3.3］玉皇与阎王是兄弟

实 例

汉族 玉皇与阎王是亲哥儿俩。

【流传】 河北省·秦皇岛市·抚宁县·（留守营镇）·宋庄乡（宋庄村）

【出处】 孙本营讲：《玉皇和阎王》，见本县集成办编《抚宁民间故事卷》第1集，内部编印，1987年，第26页。

W0242.7.2.1
阎王有九兄弟

实 例

门巴族 波玉（阎王）有九个弟兄。

【流传】西藏自治区·（林芝市）·墨脱县·墨脱区·墨脱村

【出处】拉巴次仁讲，于乃昌等整理：《三兄弟和扎深姆》，见《门巴族民间故事》：http：//www.tibet-web.com/old/minjian/ync/gushi/mulu.htm，2003.10.02。

W0242.7.3

阎王的子女

实 例

（实例待考）

W0242.7.4

阎王的舅舅

实 例

（参见下级母题实例）

W0242.7.4.1

阎王的舅舅管寿限

实 例

满族 尼山萨满降神作法，到阴间与阎罗王的舅舅蒙古勒代计价还价，为死去的色尔古代费扬古争取了寿限。

【流传】（黑龙江、松花江、嫩江、乌苏里江、牡丹江流域等）

【出处】《尼山萨满》，据赵展《尼山萨满》、金启孮《满族的历史与生活》整理，见吕大吉、何耀华总主编《中国各民族原始宗教资料集成》（鄂伦春族卷、鄂温克族卷、赫哲族卷、达斡尔族卷、锡伯族卷、满族卷、蒙古族卷、藏族卷），北京：中国社会科学出版社1999年版，第515页。

W0242.7.5

阎王的从属

【关联】［W0779b.2.4］玉皇大帝向阎王传指令

实 例

汉族 阎王身边下属有鬼判官、黑白无常、牛头马面、钟馗、孟婆、地公、游星，无数阴兵鬼将等。

【流传】（无考）

【出处】《阎罗》，见https：//baike.baidu.com/item。

W0242.7.5.1

阎王殿的判官

实 例

汉族 判官是古代民间传说中的阴间官名，取材于传统文化中的冥府判官。长得凶神恶煞、阴险狡诈，但绝大部分是心地善良、正直之辈。职责是判处人的轮回生死，对坏人进行惩罚，对好人进行奖励。判官位于酆都天子殿中，负责审判来到冥府的幽魂。著名的四大判官为：赏善司、罚恶司、查察司、阴律司。

【流传】（无考）

【出处】《四大判官》，见https：//baike.baidu.com/item。

汉族 生前不曾修移，死堕阿毗地狱，永属冥司，长受苦毒。阎王之下，天子殿中分设赏善司、罚恶司、阴律司与察查司四司。职责分别为根据人生前所行，对善人予以褒奖，对恶人施加惩罚，掌管阴律生死，以及明断暗查监察。阎王座下由判官领职，其中以四者首，见文献记载为："赏善司唐相魏征，罚恶司圣君钟馗，察查司宋朝陆之道，阴律司掌生死簿崔珏。"

【流传】（无考）

【出处】《敦煌变文集·妙法莲华经变文》。

W0242.7.5.1.1

忠厚的陆公子死后被封为阎王殿"绿判官"

实 例

汉族 有个忠厚正直的陆公子，死后，阎王爷让他做了阎王殿的判官，称"绿判官"。

【流传】山西省·（忻州市）·原平县·大牛殿村（大牛店乡）

【出处】安老太太讲：《彭祖的传说》，原平县民间文学集成编委会编《中国民间文学集成山西卷·原平民间文学集成》（上），内部编印，1987年，第83页。

W0242.7.5.2

阎王的功曹（阎王的小鬼）

实 例

（参见下级母题实例）

W0242.7.5.2.1

功曹

实 例

（参见下级母题实例）

W0242.7.5.2.1.1

值日功曹

实 例

（参见下级母题实例）

W0242.7.5.2.1.1.1

值日功曹听人间道士、法师施法时差遣

实 例

汉族 值日功曹要听候人间道士、法师施法时的差遣。

【流传】（无考）

【出处】《四值功曹》，见乌丙安主编《中国民间神谱》，沈阳：辽宁人民出版社2007年版，第252页。

W0242.7.5.3

阎王的阴差

实 例

（参见下级母题实例）

W0242.7.5.3.1

阎王的阴差背着刀，四山查访

实 例

彝族（腊罗、摩察、纳苏、给尼、葛泼）

阎王派阴差，前来捉拿你，阴差背着刀，四山查访你，你东躲西躲，你左逃右逃，无处把身藏，阴差抓着你，越过鬼门关，押你到阴间。

【流传】云南省·大理州（大理白族自治州）

【出处】《忆魂经》，原载王丽珠《大理州彝族原始宗教调查》，见吕大吉、何耀华总主编《中国各民族原始宗教资料集成》（彝族卷、白族卷、基诺族卷），北京：中国社会科学出版社1996年版，第168～169页。

W0242.7.5.4

阎王的部将

实 例

（参见下级母题实例）

W0242.7.5.4.1

阎王的部将牛头、马面

实 例

汉族 牛头、马面，本来是阎王爷的得力大将。

【流传】（无考）

【出处】田明海搜集：《牛头和马面》，原载文彦生选编《中国鬼话》，见陶阳、钟秀编《中国神话》（下），北京：商务印书馆2008年版，第1335～1336页。

W0242.8

阎王的死亡

实 例

畲族 （实例待考）

W0242.8.1

阎王被打死

实 例

佤族 阎王被打死。

【流传】云南省·（临沧市）·沧源（沧源佤族自治县）

【出处】南腊佛寺长老讲，周建明翻译，尚仲豪整理：《岩江片的故事》，见中华民族故事大系编委会编《中华民族故事大系》第7卷（黎族、傈僳族、佤族），上海：上海文艺出版社1995年版，第670页。

W0242.9

阎王的类型（阎王的名称）

实 例

（参见下级母题实例）

W0242.9.1

五道阎罗

实 例

汉族 人死就到阴间地府，五道阎罗秤勾心。

【流传】（无考）

【出处】常恕春抄录：《雷神》，见吉林

省艺术研究所等编《坛续与神本》，内部编印，1985年，第146页。

W0242.9.1a

阎王秦广

实 例

汉族 十八层地狱的头殿阎君就是秦广，凡是人死了到阴间去，首先就要通过秦广这一关。

【流传】四川省

【出处】魏显德讲，张紫军记录，夔一卒整理：《头殿阎君“开后门”》，原载中国民间文学集成全国编辑委员会编《中国民间故事集成》（四川卷），北京：中国ISBN中心1998年版，见陶阳、钟秀编《中国神话》（下），北京：商务印书馆2008年版，第1320～1322页。

W0242.9.1b

阎君土江

实 例

（参见下级母题实例）

W0242.9.1b.1

十八层地狱的二殿阎君叫土江

实 例

汉族 十八层地狱的二殿阎君叫土江。

【流传】四川省

【出处】魏显德讲，张紫军记录，夔一卒整理：《头殿阎君“开后门”》，原载中国民间文学集成全国编辑委员会编《中国民间故事集成》（四川卷），北京：中国ISBN中心1998年版，见陶阳、钟秀编《中国神话》（下），北京：商务印书馆2008年版，第1320～1322页。

W0242.9.2

阎王爷阎门坎

实 例

鄂伦春族 “阎门坎”（阎王爷）居住的地方叫“布尼”。

【流传】（无考）

【出处】

（a）内蒙古自治区编委会：《鄂伦春族社会历史调查》（第一集），呼和浩特：内蒙古人民出版社1984年版，第52～53页。

（b）《阴间世界》，见吕大吉、何耀华总主编《中国各民族原始宗教资料集成》（鄂伦春族卷、鄂温克族卷、赫哲族卷、达斡尔族卷、锡伯族卷、满族卷、蒙古族卷、藏族卷），北京：中国社会科学出版社1999年版，第24页。

W0242.9.3

阎王又称阎罗王

实 例

民族无考 阎罗王，又称阎魔王、阎王，佛教神仙体系中的地狱之王

【流传】（无考）

【出处】《阎罗王》，见乌丙安主编《中国民间神谱》，沈阳：辽宁人民出版社2007年版，第69页。

W0242.9.4

阎王又称阎魔王

实 例

民族无考（参见“W0242.9.3 阎王又称阎罗王”母题实例）

W0242.9.5

埃尔莱恩汗主宰阴间

实 例

蒙古族 埃尔莱恩汗主宰阴间，拥有助手、告密者和代理者等随从。

【流传】（无考）

【出处】《蒙古族卷·绪论》，见吕大吉、何耀华总主编《中国各民族原始宗教资料集成》（鄂伦春族卷、鄂温克族卷、赫哲族卷、达斡尔族卷、锡伯族卷、满族卷、蒙古族卷、藏族卷），北京：中国社会科学出版社1999年版，第588页。

W0242.10

与阎王有关的其他母题

【关联】［W1081.1］冥界之王

实 例

（参见下级母题实例）

W0242.10.1

阎王的数量

实 例

（参见下级母题实例）

W0242.10.1.1

四大阎王

实 例

汉族 民间传说中，有“四大阎王”一说。认为阎王有四位：除包拯外，还有韩擒虎、范仲淹和寇准。另一说则认为阎王有三位，分别是：包拯、范仲淹和寇准。

【流传】（无考）

【出处】《阎罗》见https：//baike.baidu.com/item。

W0242.10.1.2

十殿阎罗

实 例

汉族 十殿阎罗是中国道教所说的十个主管地狱的阎王的总称，这一说法始于唐末。分别是：秦广王、楚江王、宋帝王、五官王、阎罗王、卞城王、泰山王、平等王、都市王、五道转轮王。此十王分别居于地狱的十殿之上，因称此十殿阎王。

【流传】（无考）

【出处】《阎罗王》（地府第五殿之主），见https：//baike.baidu.com/item。

W0242. 10. 1. 2. 1
第 1 殿阎罗

实 例

汉族 第一殿阎罗秦广王蒋。二月初一日诞辰，专司人间夭寿生死，统管幽冥吉凶、善人寿终，接引超升；功过两半者，送交第十殿发放，仍投入世间，男转为女，女转为男。恶多善少者，押赴殿右高台，名曰孽镜台，令之一望，照见在世之心好坏，随即批解第二殿，发狱受苦。

【流传】（无考）

【出处】《十殿阎罗》，见 https：//baike. baidu. com/item。

W0242. 10. 1. 2. 2
第 2 殿阎罗

实 例

汉族 第二殿阎罗楚江王历。三月初一日诞辰，司掌活大地狱，又名剥衣亭寒冰地狱，另设十六小狱，凡在阳间伤人肢体、奸盗杀生者，推入此狱，另发入十六小狱受苦，满期转解第三殿，加刑发狱。

【流传】（无考）

【出处】《十殿阎罗》，见 https：//baike. baidu. com/item。

W0242. 10. 1. 2. 3
第 3 殿阎罗

实 例

汉族 第三殿阎罗宋帝王余。二月初八诞辰，司掌黑绳大地狱，另设十六小狱，凡阳世忤逆尊长，教唆兴讼者，推入此狱，受倒吊、挖眼、刮骨之刑，刑满转解第四殿。

【流传】（无考）

【出处】《十殿阎罗》，见 https：//baike. baidu. com/item。

W0242. 10. 1. 2. 4
第 4 殿阎罗

实 例

汉族 第四殿阎罗仵官王吕。二月十八日诞辰，司掌合大地狱，又名剥戮血池地狱，另设十六小地狱，凡世人抗粮赖租，交易欺诈者，推入此狱，另再判以小狱受苦，满日送解第五殿察核。

【流传】（无考）

【出处】《十殿阎罗》，见 https：//baike. baidu. com/item。

W0242. 10. 1. 2. 5
第 5 殿阎罗

实 例

汉族 第五殿阎罗阎罗王包。正月初八日诞辰，前本居第一殿，因怜屈死，屡放还阳伸雪，降调此殿。司掌叫唤大地狱，并十六诛心小狱。凡解到此殿者，押赴望乡台，令之闻见世上本家，因罪遭殃各事，随即推入此狱，细查曾犯何恶，再发入诛心十六小狱，钩出其心，掷与蛇食，铡其身首（包公即善于用铡刀），受苦满日，另发别殿。

【流传】（无考）

【出处】《十殿阎罗》，见 https://baike.baidu.com/item。

W0242.10.1.2.6
第6殿阎罗

实 例

汉族 第六殿阎罗卞城王毕。三月初八日诞辰，司掌大叫唤大地狱，及枉死城，另设十六小狱。忤逆不孝者，被两小鬼用锯分尸。凡世人怨天尤地，对北溺便涕泣者，发入此狱。查所犯事件，亦要受到铁锥打、火烧舌之刑罚。再发小狱受苦，满日转解第七殿，再查有无别恶。

【流传】（无考）

【出处】《十殿阎罗》，见 https://baike.baidu.com/item。

W0242.10.1.2.7
第7殿阎罗

实 例

汉族 第七殿阎罗泰山王董。三月二十七日诞辰，司掌热恼地狱，又名碓磨肉酱地狱，另设十六小狱。凡阳世取骸合药、离人至戚者，发入此狱。再发小狱。受苦满日，转解第八殿，收狱查治。又，凡盗窃、诬告、敲诈、谋财害命者，均将遭受下油锅之刑罚。

【流传】（无考）

【出处】《十殿阎罗》，见 https://baike.baidu.com/item。

W0242.10.1.2.8
第8殿阎罗

实 例

汉族 第八殿阎罗都市王黄。四月初一日诞辰，司掌大热大恼大地狱，又名恼闷锅地狱，另设十六小狱。凡在世不孝，使父母翁姑愁闷烦恼者，掷入此狱。再交各小狱加刑，受尽痛苦，解交第九殿，改头换面，永为畜类。

【流传】（无考）

【出处】《十殿阎罗》，见 https://baike.baidu.com/item。

W0242.10.1.2.9
第9殿阎罗

实 例

汉族 第九殿阎罗平等王陆。四月初八日诞辰，司掌丰都城铁网阿鼻地狱，另设十六小狱。凡阳世杀人放火、斩绞正法者，解到本殿，用空心铜桩，链其手足相抱，煽火焚烧，烫烬心肝，随发阿鼻地狱受刑。直到被害者个个投生，方准提出，解交第十殿发生六道（天道、人道、地道、阿修罗道、地狱道、畜生道）。

【流传】（无考）

【出处】《十殿阎罗》，见 https：//baike. baidu. com/item。

W0242. 10. 1. 2. 10

第 10 殿阎罗

实 例

汉族 第十殿阎罗转轮王薛。四月十七日诞辰，专司各殿解到鬼魂，分别善恶，核定等级，发四大部洲投生。男女寿夭，富贵贫贱，逐名详细开载，每月汇知第一殿注册。凡有作孽极恶之鬼，着令更变卵胎湿化，朝生暮死，罪满之后，再复人生，投胎蛮夷之地。凡发往投生者，先令押交孟婆神，酴忘台下，灌饮迷汤，使忘前生之事。

【流传】（无考）

【出处】《十殿阎罗》，见 https：//baike. baidu. com/item。

W0242. 10. 1. 3

18 个阎王

实 例

汉族 阴间有十八层地狱，每一层都有一个阎君把守。

【流传】四川省

【出处】魏显德讲，张紫军记录，夔一卒整理：《头殿阎君“开后门”》，原载中国民间文学集成全国编辑委员会编《中国民间故事集成》（四川卷），北京：中国 ISBN 中心 1998 年版，见陶阳、钟秀编《中国神话》（下），北京：商务印书馆 2008 年版，第 1320 ~ 1322 页。

W0243

阴间女神

【汤普森】A300. 1

实 例

（参见下级母题实例）

W0243. 1

冥神孟婆

实 例

（参见下级母题实例）

W0243. 1. 1

孟婆把守着冥界的最后关口

【关联】［W0907. 1. 5. 10］人死后灵魂到孟婆庄报到

实 例

汉族等 孟婆把守着冥界的最后关口，一直被民间视为重要的冥界之神。

【流传】（无考）

【出处】《孟婆神》，见乌丙安主编《中国民间神谱》，沈阳：辽宁人民出版社 2007 年版，第 72 页。

W0243. 1. 2

孟婆是冥界神仙

实 例

汉族 孟婆是汉代人氏，知书达理，喜诵佛经，她生前劝人戒杀吃素，终生未嫁，卒年81岁，仍鹤发童颜。因其姓孟，人称孟婆阿奶，后入山修道，成为冥界神仙。

【流传】（无考）

【出处】《孟婆神》，见乌丙安主编《中国民间神谱》，沈阳：辽宁人民出版社2007年版，第72页。

W0244

地狱使者

【汤普森】 A302

【关联】

①［W0247.1］冥神有鬼使神差

②［W1081.5.3］冥界的鬼使神差

实　例

（实例待考）

W0245

冥神的住所

实　例

（实例待考）

W0245.1

冥神住地狱

实　例

汉族（实例待考）

W0246

冥神的身份或职能

实　例

（实例待考）

W0246.1

冥神是下界的法官

【汤普森】 A675

实　例

汉族（实例待考）

W0246.2

冥神是死亡引导者

【汤普森】 A311

【关联】［W2970］人的死亡

实　例

（实例待考）

W0247

冥神的使者

实　例

（参见下级母题实例）

W0247.1

冥神有鬼使神差

实　例

汉族 使不着人强马壮，端的是鬼使神差。

【流传】（无考）

【出处】［元］武汉臣：《老生儿》第一折。

土家族（实例待考）

W0248

与冥神有关的其他母题

实 例

（参见下级母题实例）

W0248.1

泰山神是阎罗的上司

【关联】［W0398.1.2］泰山神

实 例

汉族 （实例待考）

W0248.2

冥府的钱币

【汤普森】≈A318

实 例

（实例待考）

0.2.4 其他方位神 【W0250～W0269】

W0250

三界神

【关联】［W1070.3］三界的形成（三界的产生）

实 例

（参见下级母题实例）

W0250.1

神分上界、人间和地府三类

实 例

赫哲族 赫哲人的鬼神大致分为三大类：一类为居住上界的天神恩都力；一类为同萨满一道居住在人间的色翁；还有一类是居住在地府波纽的恶魔阴鬼——布树库。

【流传】（无考）

【出处】孟慧英：《赫哲族卷·绪论》，见吕大吉、何耀华总主编《中国各民族原始宗教资料集成》（鄂伦春族卷、鄂温克族卷、赫哲族卷、达斡尔族卷、锡伯族卷、满族卷、蒙古族卷、藏族卷），北京：中国社会科学出版社1999年版，第193页。

W0250.1.1

上界神

实 例

（参见下级母题实例）

W0250.1.1.1

上界天神恩都力

实 例

赫哲族 （参见“W0250.1 神分上界、人间和地府三类”母题实例）

W0250.1.2

人间神

实 例

（参见下级母题实例）

W0250.1.2.1

人间鬼神色翁

实 例

赫哲族（参见“W0250.1 神分上界、人间和地府三类”母题实例）

W0250.1.3

地府神

实 例

（参见下级母题实例）

W0250.1.3.1

地府恶魔阴鬼布树库

实 例

赫哲族（参见“W0250.1 神分上界、人间和地府三类”母题实例）

W0250.1.4

三界公爷神

实 例

（参见下级母题实例）

W0250.1.4.1

三界公爷神是民族英雄神

实 例

壮族 三界公爷神、莫一大王、白马姑娘、甘王、蓝陆等是民族英雄神。

【流传】广西壮族自治区·（南宁市）·武鸣县·两江乡·雷江片，马山县·古零乡·杨圩片

【出处】黄世杰搜集整理：*《多神信仰》（1990），见吕大吉、何耀华总主编《中国各民族原始宗教资料集成》（土家族卷、瑶族卷、壮族卷、黎族卷），北京：中国社会科学出版社1998年版，第492页。

W0250a

五界神

实 例

（参见下级母题实例）

W0250a.1

本教崇奉五界神

实 例

藏族 本教崇奉五界神。

【流传】（无考）

【出处】东嘎·桑洛赤列：《论西藏政教合一制度》，中国社会科学院民族研究所编印，1983年，见吕大吉、何耀华总主编《中国各民族原始宗教资料集成》（鄂伦春族卷、鄂温克族卷、

赫哲族卷、达斡尔族卷、锡伯族卷、满族卷、蒙古族卷、藏族卷)，北京：中国社会科学出版社1999年版，第786页。

W0251

东方神（东方之神）

【关联】

①［W0681.1.4］伏羲氏是东方天帝

②［W0740.4.1］东方神太皞

实 例

纳西族 日出的东方，迎请苟子生普神，身穿白盔甲，手握白大刀，手扶白法杖，筑上白围墙，能堵住洪水，能制伏猛兽，迎请东方神祭祀。

【流传】云南省·（丽江市·宁蒗彝族自治县）·永宁（永宁乡）一带

【出处】《崇多崇》（祭锅灶，即祭家神），见吕大吉、何耀华总主编《中国各民族原始宗教资料集成》（纳西族卷、羌族卷、独龙族卷、傈僳族卷、怒族卷），北京：中国社会科学出版社2000年版，第222页。

W0251.1

东方神的产生

实 例

（实例待考）

W0251.1.1

神被分配到东方成为东方神

【汤普森】A562

实 例

（实例待考）

W0251.2

东方神的特征

实 例

（实例待考）

W0251.3

东方神的身份

实 例

（参见下级母题实例）

W0251.3.1

东方神是日神

实 例

汉族 （实例待考）

W0251.3.2

东方诸神是恶神

实 例

蒙古族（布里亚特）萨满教神统中的东诸神是恶神。

【流传】（无考）

【出处】《蒙古族神灵观念和神灵系统》，见吕大吉、何耀华总主编《中国各民族原始宗教资料集成》（鄂伦春族卷、鄂温克族卷、赫哲族卷、达斡尔族卷、锡伯族卷、满族卷、蒙古族卷、藏族卷），北京：中国社会科学出版社1999年版，第625页。

W0251.3.2.1

东方众腾格里危害人类

实 例

蒙古族（布里亚特）东方众腾格里（Зууни мэнгэри）是以危害人类的天神魂灵身份出现的。

【流传】（无考）

【出处】［苏联］И.А.曼日格耶夫著，宋长宏译，佟德富校：《布里亚特萨满教和前萨满教辞典》（俄文版），莫斯科：科学出版社1978年版，第55页，见吕大吉、何耀华总主编《中国各民族原始宗教资料集成》（鄂伦春族卷、鄂温克族卷、赫哲族卷、达斡尔族卷、锡伯族卷、满族卷、蒙古族卷、藏族卷），北京：中国社会科学出版社1999年版，第635页。

W0251.3.2.2

居住在日出方向的神灵凶恶

实 例

蒙古族（布里亚特）居住在日出方向的神灵，是凶恶的，寒冷的和异己的。

【流传】（无考）

【出处】［苏联］Г.Р.加尔达诺娃著，宋长宏译，佟德富校：《喇嘛教前的布里亚特宗教信仰》（俄文版），诺沃西比尔斯克：科学出版社西伯利亚分社1987年版，第77～80页，见吕大吉、何耀华总主编《中国各民族原始宗教资料集成》（鄂伦春族卷、鄂温克族卷、赫哲族卷、达斡尔族卷、锡伯族卷、满族卷、蒙古族卷、藏族卷），北京：中国社会科学出版社1999年版，第625页。

W0251.4

东方神的职能

实 例

（实例待考）

W0251.5

东方神的关系

实 例

（参见下级母题实例）

W0251.5.1

东方神之首

实 例

（参见下级母题实例）

W0251.5.1.1

阿塔腾格里是东方四十四天之首

实 例

蒙古族 阿塔腾格里又称阿岱或阿苏理腾格里，为东方四十四天之首。

【流传】（无考）

【出处】额尔德木图：《蒙古英雄史诗与孛额唱词中的“腾格里”》，载《内蒙古社会科学》（汉文版）1995年第5期。

W0251. 5. 2

东方 44 尊腾格里的长辈和首领是红色阿塔噶腾格里

实 例

蒙古族 东方四十四尊腾格里的长辈和首领是红色阿塔噶腾格里（布里亚特人亦称之为“阿泰”）。

【流传】（无考）

【出处】拉·胡日查巴特尔著，A. 图门译，苏鲁格校订：《哈腾根十三家神祭祀》（蒙文版），内蒙古文化出版社 1986 年版，第 63 ~ 65 页，见吕大吉、何耀华总主编《中国各民族原始宗教资料集成》（鄂伦春族卷、鄂温克族卷、赫哲族卷、达斡尔族卷、锡伯族卷、满族卷、蒙古族卷、藏族卷），北京：中国社会科学出版社 1999 年版，第 632 页。

W0251. 6

东方神的类型

实 例

（参见下级母题实例）

W0251. 6. 1

东方的天神（东方天神）

【关联】［W0374. 3. 3. 2］冰雹神东方天神塔德·哈拉·腾格里

实 例

彝族 （实例待考）

W0251. 6. 1. 1

邪恶的女神生东方的天神

实 例

蒙古族（布里亚特） 邪恶的女神生东方的天神。

【流传】（无考）

【出处】［蒙古］曾·杜拉姆：《蒙古神话学形象》，见陈岗龙等《蒙古民间文学》，银川：宁夏人民出版社 2008 年版，第 33 页。

W0251. 6. 1. 2

东方天神是瘟神

实 例

蒙古族 （实例待考）

W0251. 6. 1. 3

东方天神是牛神

实 例

鄂温克族 天上有 9 个天神，其中东天是牛神。

【流传】（内蒙古自治区·呼伦贝尔市·陈巴尔虎旗莫尔格河一带）

【出处】

（a）《陈巴尔虎旗莫尔格河鄂温克族社会历史调查报告》，见内蒙古自治区编辑组《鄂温克族社会历史调查》，呼和浩特：内蒙古人民出版社 1986 年版，第 338 页。

（b）《莫尔格河地区供祭的天神》，见

吕大吉、何耀华总主编《中国各民族原始宗教资料集成》（鄂伦春族卷、鄂温克族卷、赫哲族卷、达斡尔族卷、锡伯族卷、满族卷、蒙古族卷、藏族卷），北京：中国社会科学出版社 1999 年版，第 112 ~ 113 页。

W0251.6.1.4
东边的天神胡罗阿叭

实 例

哈尼族 大神十遮和大神戈则生下了天上的四个天神，东边的天神叫胡罗阿叭，西边的天神叫那奠阿叭，南边的天神叫胡罗阿玛，北边的天神叫那奠那玛。

【流传】（无考）

【出处】《杀牛龙，造天地》，根据张牛朗、杨批斗、李书周等演唱，杨保生、李家顺等翻译，杨笛、郭纯礼等整理《十二奴局》和《奥色密色》翻译稿改写，见姚宝瑄主编《中国各民族神话》（哈尼族、傣族），太原：山西出版传媒集团·书海出版社 2014 年版，第 11 页。

W0251.6.1.5
东方天神龙鹤早雉

实 例

阿昌族 遮帕麻（男始祖、天公）造好东西南北四方的天后，派龙鹤早雉做东边的天神。

【流传】 云南省·（德宏傣族景颇族自治州）·梁河县

【出处】 赵安贤讲述，杨叶生翻译，智克整理：《遮帕麻与遮米麻》，载《山茶》1981 年第 2 期。

阿昌族 遮帕麻（男始祖名，被奉为“天公”）把东南西北四个方位的天造好了，就派龙鹤早雉做东边的天神。

【流传】（云南省）

【出处】 赵安贤讲，智克整理：《遮帕麻与遮米麻》，见姚宝瑄主编《中国各民族神话》（佤族、阿昌族、纳西族、普米族、德昂族），太原：山西出版传媒集团·书海出版社 2014 年版，第 75 页。

W0251.6.2
东方火神

实 例

（实例待考）

W0251.6.2.1
东方火界王

实 例

藏族 （实例待考）

W0251.6.3
东方人神

实 例

（参见下级母题实例）

W0251.6.3.1

东方生一个人神儒惹古达

实 例

彝族 天地混沌时，每个方向分别生出一个人神，其中东方生一个人神，名字叫儒惹古达。

【流传】（四川省·凉山彝族自治州）

【出处】

（a）冯元蔚译：《勒俄特依》，成都：四川民族出版社1986年版。

（b）冯元蔚译，蔷紫改写：《勒俄特依》，见姚宝瑄主编《中国各民族神话》（羌族、彝族），太原：山西出版传媒集团·书海出版社2014年版，第148页。

W0251.6.4

动物东方神

实 例

（实例待考）

W0251.6.4.1

龙是东方神灵

实 例

（实例待考）

W0251.6.5

东方女神

实 例

（参见下级母题实例）

W0251.6.5.1

东方女神德立格

实 例

满族 阿布卡赫赫让自己身边的四个方位女神走过来。西方洼勒格女神一步三跳地先走到了人世。随后到的是东方女神德立格。

【流传】（无考）

【出处】富育光讲，荆文礼整理：《天宫大战·西林安班玛发》，长春：吉林人民出版社2009年版，第71～72页。

W0251.7

东方神的数量

【关联】［W0087.1］神的数量

实 例

（参见下级母题实例）

W0251.7.1

东方有44个天神

实 例

蒙古族 （参见“W0251.5.2 东方44尊腾格里的长辈和首领是红色阿塔噶腾格里”母题实例）

W0251.7.2

东方44尊恶天神

实 例

蒙古族 （参见“W0251.3.2.2 居住在日出方向的神灵凶恶”母题实例）

W0251.8

特定名称的东方神

实 例

普米族 （实例待考）

W0251.8.1

东方神句芒

实 例

汉族 （实例待考）

W0251.8.1.0

句芒

实 例

（参见下级母题实例）

W0251.8.1.1

句芒马身人面

【关联】［W0251.8.1.1a］句芒鸟身人面

实 例

汉族 东方句芒，马身人面。

【流传】（无考）

【出处】［战国至汉］撰者不详：《山海经·海外东经》。

W0251.8.1.1a

句芒鸟身人面

实 例

汉族 东方句芒，鸟身人面，乘两龙。

【流传】（无考）

【出处】［战国至汉］撰者不详：《山海经·海外东经》。

汉族 句芒是天上一位十分了得的神。他的样子是鸟身人面，身上长着红羽毛，头上和脖子上的羽毛整天像公鸡斗架时的样子抖擞着，两只翅膀传说能遮住半拉天，腰间以下缠得像女人的裙子，露出两只长长的腿，看上去像一只大红公鸡。

【流传】河南省·（郑州市）·新郑市

【出处】刘文学采录整理：《黄帝城（二）》，见张振犁编著，孟宪明、朱淑君统纂《中原神话通鉴》（第二卷），郑州：河南大学出版社2017年版，第620页。

W0251.8.1.2

句芒辅佐东方神太皞

【关联】［W0740.2.2］太皞是东方神

实 例

汉族 何谓五星？东方，木也，其帝太皞，其佐句芒。

【流传】（无考）

【出处】［西汉］淮南王刘安及门客：《淮南子·天文训》。

W0251.8.1.2a

句芒是太皞伏羲氏的佐神

【关联】［W0740.2.2］太皞是东方神

实 例

汉族 句芒乃天帝少皞之子，名为重，是太皞伏羲氏的佐神。

【流传】（无考）

【出处】《农业神——芒神》，见乌丙安主编《中国民间神谱》，沈阳：辽宁人民出版社2007年版，第172页。

W0251.8.1.3

句芒为少皞氏之后

实 例

汉族 “其帝太皞，其神句芒。”高诱注：“太皞，伏羲氏，以木德王天下之号，死祀于东方，为木德之帝。句芒，少皞氏之裔子曰重，佐木德之帝，死为木官之神。”

【流传】（无考）

【出处】［秦］吕不韦及门客：《吕氏春秋·孟春》高诱注。

W0251.8.1.4

句芒穿鸟衣

实 例

汉族 昔者，郑穆公当昼日中处乎庙，有神入门而左，鸟身，素服三绝，面状正方。郑穆公见之，乃恐惧奔。神曰：“无惧，帝享女明德，使予锡女寿，十年有九；使若国家蕃昌。”穆公再拜稽首，曰：“敢问神名？”曰：“予为句芒。”

【流传】（无考）

【出处】［春秋末战国初］墨翟：《墨子·明鬼下》。

W0251.8.1.5

句芒居东方

实 例

汉族 东方之极，自碣石山，过朝鲜，贯大人之国，东至日出之次，扶榑木之地，青土树木之野，太皞、句芒之所司者万二千里。

【流传】（无考）

【出处】［西汉］淮南王刘安及门客：《淮南子·时则训》。

W0251.8.1.6

句芒是农神

实 例

（参见下级母题实例）

W0251.8.1.6.1

春天之神句芒是农神

【关联】［W0380.2.1］春神是木神句芒

实 例

汉族 句芒又称春天之神、春神、木神，是主宰春天草木复荣之神，也是主司农事生产之神。

【流传】（无考）

【出处】《农业神——芒神》，见乌丙安主编《中国民间神谱》，沈阳：辽宁人民出版社2007年版，第172页。

W0251.8.1.7

句芒是春天之神

【关联】［W0462.4.6.7.3］芒神又称

春神

实 例

汉族 孟春之月，其神句芒。

【流传】（无考）

【出处】［春秋战国］孔子弟子及其后生作，［西汉］戴圣编：《礼记·月令》

W0251.8.1.7.1

与句芒有关的其他母题

【关联】［W0285.6.6.1］岁星手下的小神句芒

实 例

（参见下级母题实例）

W0251.8.1.7.1.1

勾芒

实 例

（参见下级母题实例）

W0251.8.1.7.1.1.1

勾芒驱土牛

实 例

白族 勾芒秉令，土牛是驱。天下一人，苍龙驾车。

【流传】云南省·（大理白族自治州·洱源县）·鹤庆县

【出处】［民国］杨金铠纂修：《鹤庆县志》卷5，大理白族自治州图书馆刊印，1983年。

W0251.8.2

东方天神龙鹤早怅

实 例

阿昌族 天公遮帕麻派龙鹤早怅做东边的天神。

【流传】（a）云南省·（德宏傣族景颇族自治州）·梁河县

【出处】

（a）赵安贤讲，杨叶生、智克采录：《遮帕麻与遮米麻》，见中国民间文学集成全国编辑委员会编《中国民间故事集成》（云南卷），北京：中国ISBN中心2003年版，第69页。

（b）赵安贤讲，舟叶生译，智克整理：《遮帕麻与遮米麻》，见谷德明编《中国少数民族神话》，北京：中国民间文艺出版社1987年版，第490页。

（c）同（b），见陶立璠、赵桂芳等编《中国少数民族神话汇编》（开天辟地篇），中央民族学院少数民族古籍整理出版规划领导小组办公室印（未署出版时间），第330页。

W0251.8.3

东方天神沽色尼

实 例

彝族 东方天神沽色尼。

【流传】贵州省·（毕节市）·威宁县（威宁彝族回族苗族自治县）·二塘区（二塘镇）·人民乡

【出处】王朝方讲，石磊采录：《笃米》

见中国民间文学集成全国编辑委员会编《中国民间故事集成》（贵州卷），北京：中国 ISBN 中心 2003 年，第 48 页。

W0251.8.4

东方东巴格称称补神

实　例

（参见下级母题实例）

W0251.8.4.1

东方东巴格称称补神骑红虎

实　例

纳西族 祭东巴祖师神“丁巴什罗”时，要用大麦炒面制作许多神的面偶，其中有骑红虎的东方东巴格称称补神。

【流传】云南省·丽江（丽江市）

【出处】和开祥（68 岁）讲，王世英调查整理：《祭东巴祖师神“丁巴什罗”仪式》（1989），见吕大吉、何耀华总主编《中国各民族原始宗教资料集成》（纳西族卷、羌族卷、独龙族卷、傈僳族卷、怒族卷），北京：中国社会科学出版社 2000 年版，第 209 页。

W0251.8.4a

东方木大神

实　例

纳西族 东方木大神。

【流传】（无考）

【出处】

(a) 和志武：《纳西东巴文化》，长春：吉林教育出版社 1989 年版，第 143 ~ 145 页。

(b) 同 (a)，见吕大吉、何耀华总主编《中国各民族原始宗教资料集成》（纳西族卷、羌族卷、独龙族卷、傈僳族卷、怒族卷），北京：中国社会科学出版社 2000 年版，第 369 页。

W0251.8.4b

东方“仁”神和“趣”神

【关联】［W0252.8.5］西方“仁”神和“趣”神

实　例

（参见下级母题实例）

W0251.8.4b.1

白“仁”神和白角之“趣”神住到方螺白高山悬岩

实　例

纳西族 最早白露化生的金黄巨蛙，一年朝向东方住，生下五个白色蛋。抱蛋乃是天之“余金余丽”来抱孵，五个白蛋来变化，孵出一窝白“仁”神和白角之“趣”神，住到东方螺白高山悬岩中去了。

【流传】云南省·丽江（丽江市·玉龙纳西族自治县）·鲁甸地区（鲁甸乡）

【出处】《祭“仁”神经》，选自和开祥（69 岁）讲，和志武调查整理《丽江鲁甸地区祭生育神（“仁”）仪式》（1989），见吕大吉、何耀华总主编《中国各民族原始宗教资料集成》（纳西族卷、羌族卷、独龙族卷、傈僳族卷、怒族卷），北京：中国社会科学出版社2000年版，第112页。

W0251.8.5

东方大神呆米

【关联】［W0252.8.4］西方大神呆米

实 例

（参见下级母题实例）

W0251.8.5.1

东方呆米把守着天宫的东方

实 例

满族 阿布凯赫赫（第一代天神，天母）统领着四方大神（四个神鹰），其中，东方呆米把守天宫的东方。

【流传】黑龙江省·（牡丹江市）·宁古塔（宁安县）；吉林省·长白山地区（长白山一带）

【出处】

（a）傅英仁讲述，张爱云记录整理：《天宫神魔大战》，见傅英仁讲述，张爱云记录整理《满族萨满神话》，哈尔滨：黑龙江人民出版社2006年版。

（b）同（a），见陶阳、钟秀编《中国神话》（上），北京：商务印书馆2008年版，第155~180页。

W0251.9

与东方神有关的其他母题

实 例

（参见下级母题实例）

W0251.9.1

东方天神生鹫

实 例

（参见下级母题实例）

W0251.9.1.1

东方天神生的鹫成为最初的萨满

【关联】［W9146.1］萨满的产生

实 例

蒙古族（布里亚特） 东方天神生出的鹫成了最初的萨满。

【流传】（无考）

【出处】［日］大林太良：《世界神话》，第135~136页，转引自陈岗龙等《蒙古民间文学》，银川：宁夏人民出版社2008年版，第48页。

W0251.9.1.2

河湖江海之神主司东方

【关联】［W0405.0］江河湖海神（河湖江海之神）

实 例

满族 人首鱼身的河湖江海之神被尊为“德立给女神”。德立给女神本是天神阿布卡赫赫身边的方位女神之一，主司东方。

【流传】黑龙江省·黑河地区（黑河市）·孙吴县·（沿江满族达斡尔族乡）·四季屯（四季屯村）

【出处】吴纪贤、富希陆讲：《天宫大战——黑水女真人传世神话》（1939，选自富育光、郭淑云整理的手稿），见姚宝瑄主编《中国各民族神话》（满族、赫哲族、朝鲜族），太原：山西出版传媒集团·书海出版社 2014 年版，第 37 页。

W0251. 9. 1. 3

东方天帝帝俊

实 例

汉族 东方天帝帝俊。

【流传】（无考）

【出处】袁珂重述：《射日奔月》，原载袁珂《神异篇》，见陶阳、钟秀编《中国神话》（上），北京：商务印书馆 2008 年版，第 279 ~ 288 页。

W0252

西方神（西方之神）

实 例

汉族 （实例待考）

W0252. 1

西方神的产生

实 例

（实例待考）

W0252. 1. 1

神被分配到西方成为西方神

【汤普森】A561

实 例

（实例待考）

W0252. 2

西方神的特征

实 例

（参见下级母题实例）

W0252. 2. 1

西方神是善神

实 例

蒙古族（布里亚特）西方诸神则是善良的，非异己的。因此，西方众腾格里和众哈特在布拉加特布里亚特人中是极受尊崇的神灵。

【流传】（无考）

【出处】［苏联］Г. Р. 加尔达诺娃著，宋长宏译，佟德富校：《喇嘛教前的布里亚特宗教信仰》（俄文版），诺沃西比尔斯克：科学出版社西伯利亚分社 1987 年版，第 77 ~ 80 页，见吕大吉、何耀华总主编《中国各民族原始宗教资料集成》（鄂伦春族卷、鄂温克族卷、赫哲族卷、达斡尔族卷、锡伯族卷、满族卷、蒙古族卷、藏族卷），北京：中国社会科学出版社 1999 年版，第 625 页。

W0252.3

西方神的身份

实 例

（实例待考）

W0252.3.1

西方神是月神

实 例

（实例待考）

W0252.4

西方神的职能

实 例

（参见下级母题实例）

W0252.4.1

西方神主富贵

实 例

蒙古族 西南方的天啊，是主宰福贵的天；在它的旁边啊，是主宰欢乐的阿海天。

【流传】 内蒙古自治区·哲里木盟（今通辽市）

【出处】 宝音贺喜格唱：《祭天》（1984.11），原载白翠英、邢源、福宝琳、王笑《科尔沁博艺术初探》，哲里木盟文化处编印，内部资料，1986年，见吕大吉、何耀华总主编《中国各民族原始宗教资料集成》（鄂伦春族卷、鄂温克族卷、赫哲族卷、达斡尔族卷、锡伯族卷、满族卷、蒙古族卷、藏族卷），北京：中国社会科学出版社1999年版，第599页。

W0252.5

西方神的关系

实 例

（参见下级母题实例）

W0252.5.1

西方神之首

实 例

（参见下级母题实例）

W0252.5.1.1

罕豁儿姆斯塔·腾格里是总管西方55个天的首脑

实 例

蒙古族 罕豁儿姆斯塔·腾格里是总管西方五十五个天的首脑。

【流传】（无考）

【出处】 额尔德木图：《蒙古英雄史诗与孛额唱词中的“腾格里”》，载《内蒙古社会科学》（汉文版）1995年第5期。

W0252.6

西方神的类型

实 例

（参见下级母题实例）

W0252. 6. 1

西方的天神

实 例

彝族 （实例待考）

W0252. 6. 1. 1

善良的女神生西方的天神

实 例

蒙古族（布里亚特） 善良的女神生西方的天神。

【流传】（无考）

【出处】［蒙古］曾·杜拉姆：《蒙古神话学形象》，［蒙古］国家出版社1989年版，第129页，转引自陈岗龙等《蒙古民间文学》，银川：宁夏人民出版社2008年版，第33页。

W0252. 6. 1. 2

西方天神是马神

实 例

鄂温克族 有9个天神，其中西天是马神。

【流传】（内蒙古自治区·呼伦贝尔市·陈巴尔虎旗莫尔格河一带）

【出处】

（a）《陈巴尔虎旗莫尔格河鄂温克族社会历史调查报告》，见内蒙古自治区编辑组《鄂温克族社会历史调查》，呼和浩特：内蒙古人民出版社1986年版，第338页。

（b）《莫尔格河地区供祭的天神》，见吕大吉、何耀华总主编《中国各民族原始宗教资料集成》（鄂伦春族卷、鄂温克族卷、赫哲族卷、达斡尔族卷、锡伯族卷、满族卷、蒙古族卷、藏族卷），北京：中国社会科学出版社1999年版，第112～113页。

W0252. 6. 1. 3

天公遮帕麻派孛劭早毻做西边的天神

【关联】［W0659. 2. 1. 1］人类始祖遮帕麻和遮米麻

实 例

阿昌族 天公遮帕麻派孛劭早毻做西边的天神。

【流传】（a）云南省·（德宏傣族景颇族自治州）·梁河县

【出处】

（a）赵安贤讲，杨叶生、智克采录：《遮帕麻与遮米麻》，见中国民间文学集成全国编辑委员会编《中国民间故事集成》（云南卷），北京：中国ISBN中心2003年版，第69页。

（b）赵安贤讲，舟叶生译，智克整理：《遮帕麻与遮米麻》，见谷德明编《中国少数民族神话》，北京：中国民间文艺出版社1987年版，第490页。

（c）同（b），见陶立璠、赵桂芳等编《中国少数民族神话汇编》（开天辟地篇），中央民族学院少数民族古籍整理出版规划领导小组办公室印（未署出版时间），第330页。

阿昌族 遮帕麻（男始祖、天公）造好东西南北四方的天后，派孛劭早牻做西边的天神。

【流传】云南省·（德宏傣族景颇族自治州）·梁河县

【出处】赵安贤讲述，杨叶生翻译，智克整理：《遮帕麻与遮米麻》，载《山茶》1981年第2期。

阿昌族 遮帕麻（男始祖名，被奉为“天公”）把东南西北四个方位的天造好了，就派龙鹤早牻做东边的天神，派腊訇早列做南边的天神，派孛劭早牻做西边的天神。

【流传】（云南省）

【出处】赵安贤讲，智克整理：《遮帕麻与遮米麻》，见姚宝瑄主编《中国各民族神话》（佤族、阿昌族、纳西族、普米族、德昂族），太原：山西出版传媒集团·书海出版社2014年版，第75页。

W0252.6.1.4

西边的天神那莫阿叭

实　例

哈尼族 （参见“W0251.6.1.4 东边的天神胡罗阿叭”母题实例）

W0252.6.2

动物西方神

实　例

（参见下级母题实例）

W0252.6.2.1

麟是西方神灵

实　例

普米族 万物的五个首领龙、凤、龟、麟、虎。麟是镇辖东西方的神灵。

【流传】（无考）

【出处】若扯绒布讲：《天阳老祖和地阴阿斯》，见章虹宇《普米族的“八卦图”》，载《云南民族学院学报》1995年第2期。

W0252.6.3

西方女神

实　例

（参见下级母题实例）

W0252.6.3.1

西方女神洼勒格

实　例

（参见下级母题实例）

W0252.6.3.1.1

西方女神洼勒格最早到人间

实　例

满族 阿布卡赫赫让自己身边的四个方位女神走过来。西方洼勒格女神一步三跳地先走到了人世。

【流传】（无考）

【出处】富育光讲，荆文礼整理：《天宫大战·西林安班玛发》，长春：吉林人民出版社 2009 年版，第 71 ~ 72 页。

W0252.6.3.1.2
西方女神洼勒给让人最早辨认出西方

实 例

满族 西方女神洼勒给走路一蹦三跳，先到了人间，指明了哪里是西方，所以人类最早辨认的是西方。

【流传】（无考）

【出处】《天宫大战》，转引自王宏刚、金基浩《满族民俗文化论》，长春：吉林人民出版社 1993 年版，第 72 ~ 73 页。

W0252.6.4
西方人神

实 例

（参见下级母题实例）

W0252.6.4.1
西方人神署惹尔达

实 例

彝族 天地混沌时，每个方向分别生出一个人神，其中西方生一个人神，名字叫署惹尔达。

【流传】（四川省·凉山彝族自治州）

【出处】

（a）冯元蔚译：《勒俄特依》，成都：四川民族出版社 1986 年版。

（b）冯元蔚译，蕾紫改写：《勒俄特依》，见姚宝瑄主编《中国各民族神话》（羌族、彝族），太原：山西出版传媒集团·书海出版社 2014 年版，第 148 页。

W0252.7
西方神的数量

【关联】［W0087.1］神的数量

实 例

（参见下级母题实例）

W0252.7.1
西方有 55 个天神

实 例

蒙古族 （参见“W0252.5.1.1 罕豁儿姆斯塔·腾格里是总管西方 55 个天的首脑”母题实例）

W0252.7.2
西方 55 尊善天神

实 例

蒙古族 西方五十五个天神是善神。

【流传】（无考）

【出处】额尔德木图：《蒙古英雄史诗与孛额唱词中的“腾格里”》，载《内蒙古社会科学》（汉文版）1995 年第 5 期。

W0252.8
特定名称的西方神

【关联】［W0760.5.2］西王母主西方

实 例

（参见下级母题实例）

W0252.8.1

西方神少昊

【关联】

① ［W0204.5.5.1］黄帝让侄孙少昊做西方的天帝，命曾孙颛顼做北方的天帝

② ［W0730］少昊

实 例

汉族 五帝者，东方青帝灵威仰，南方赤帝赤熛怒，中央黄帝含枢纽，西方白帝白招拒，北方黑帝汁光纪。

【流传】（无考）

【出处】《周礼·天官·大宰·祀五帝》［唐］贾公彦疏。

W0252.8.2

西方神蓐收

实 例

（参见下级母题实例）

W0252.8.2.1

蓐收左耳佩蛇

实 例

汉族 西方蓐收，左耳有蛇。

【流传】（无考）

【出处】［战国至汉］撰者不详：《山海经·海外西经》。

W0252.8.3

西方之神是太白星

【关联】［W0776］太白金星

实 例

汉族 何谓五星？即东、南、中、西、北五个方位之星。其中，西方，金也，其神为太白，其兽白虎，其音商，其日庚辛。

【流传】（无考）

【出处】［西汉］淮南王刘安及门客：《淮南子·天文训》。

W0252.8.4

西方大神呆米

【关联】［W0251.8.5］东方大神呆米

实 例

（参见下级母题实例）

W0252.8.4.1

西方呆米把守天宫的西方

实 例

满族 阿布凯赫赫（第一代天神，天母）统领着四方大神（四个神鹰），其中，西方大神，亦称西方呆米，把守着天宫的西方。

【流传】 黑龙江省·（牡丹江市）·宁古塔（宁安县）；吉林省·长白山地区（长白山一带）

【出处】

(a) 傅英仁讲述，张爱云记录整理：

《天宫神魔大战》，见傅英仁讲述，张爱云记录整理《满族萨满神话》，哈尔滨：黑龙江人民出版社 2006 年版。

(b) 同 (a)，见陶阳、钟秀编《中国神话》（上），北京：商务印书馆 2008 年版，第 155 ~ 180 页。

W0252. 8. 4a

西方洼勒格女神

实 例

满族 西方洼勒格女神被天神阿布卡赫赫派到人间，职管方位。

【流传】黑龙江省 · 黑河地区（黑河市）· 孙吴县 ·（沿江满族达斡尔族乡）· 四季屯（四季屯村）

【出处】吴纪贤、富希陆讲：《天宫大战——黑水女真人传世神话》（1939，选自富育光、郭淑云整理的手稿），见姚宝瑄主编《中国各民族神话》（满族、赫哲族、朝鲜族），太原：山西出版传媒集团 · 书海出版社 2014 年版，第 37 页。

W0252. 8. 5

西方“仁”神和“趣”神

【关联】［W0251. 8. 4b］东方“仁”神和“趣”神

实 例

（参见下级母题实例）

W0252. 8. 5. 1

黑“仁”神和黑角之“趣”神住在西方珠黑高山悬岩中

实 例

纳西族 最早白露化生的金黄巨蛙，一年朝向西方住，生下五个黑色蛋。抱蛋乃是天之“余金余丽”来抱孵，五个黑蛋来变化，孵出一窝黑“仁”神和黑角之“趣”神，住到西方珠黑高山悬岩中去了。

【流传】云南省 · 丽江（丽江市 · 玉龙纳西族自治县）· 鲁甸地区（鲁甸乡）

【出处】《祭“仁”神经》，选自和开祥（69 岁）讲，和志武调查整理《丽江鲁甸地区祭生育神（“仁”）仪式》（1989），见吕大吉、何耀华总主编《中国各民族原始宗教资料集成》（纳西族卷、羌族卷、独龙族卷、傈僳族卷、怒族卷），北京：中国社会科学出版社 2000 年版，第 112 页。

W0252. 8. 5a

西方那萨冲窝神

实 例

纳西族 日落之西方，迎请那萨冲窝神，身穿黑盔甲，手握黑长刀，手扶黑法杖，筑上黑围墙，能堵住火鬼，能制伏当老恶鬼，迎请西方神祭祀。

【流传】云南省 ·（丽江市 · 宁蒗彝族自治县）· 永宁（永宁乡）一带

【出处】《崇多崇》（祭锅灶，即祭家神），见吕大吉、何耀华总主编《中国各民族原始宗教资料集成》（纳西族卷、羌族卷、独龙族卷、傈僳族卷、怒族卷），北京：中国社会科学出版社2000年版，第222页。

W0252.8.5b
西方东巴那生崇鲁

实 例

（参见下级母题实例）

W0252.8.5b.1
西方东巴那生崇鲁骑墨玉色刺猬

实 例

纳西族 祭东巴祖师神“丁巴什罗”时，要用大麦炒面制作许多神的面偶，其中有骑墨玉色刺猬的西方东巴那生崇鲁。

【流传】云南省·丽江（丽江市）

【出处】和开祥（68岁）讲，王世英调查整理：《祭东巴祖师神“丁巴什罗”仪式》（1989），见吕大吉、何耀华总主编《中国各民族原始宗教资料集成》（纳西族卷、羌族卷、独龙族卷、傈僳族卷、怒族卷），北京：中国社会科学出版社2000年版，第209页。

W0252.8.5c
西方铁大神

实 例

纳西族 有一个西方铁大神。

【流传】（无考）

【出处】

（a）和志武：《纳西东巴文化》，长春：吉林教育出版社1989年版，第143～145页。

（b）同（a），见吕大吉、何耀华总主编《中国各民族原始宗教资料集成》（纳西族卷、羌族卷、独龙族卷、傈僳族卷、怒族卷），北京：中国社会科学出版社2000年版，第369页。

W0252.9
与西方神有关的其他母题

实 例

（参见下级母题实例）

W0253
南方神（南方之神）

实 例

（参见下级母题实例）

W0253.1
南方神的产生

实 例

（参见下级母题实例）

W0253.1.1
卵生南方神

实 例

（参见下级母题实例）

W0253. 1. 1. 1

金黄巨蛙的卵孵出的神居南方

实 例

纳西族 最早白露化生的金黄巨蛙，一年朝向南方住，生下五个绿色蛋，抱蛋乃是天之“余金余丽”来抱孵，五个绿蛋来变化，孵出一窝绿“仁”神和绿角之“趣”神，住到南方玉绿高山悬岩中去了。

【流传】 云南省·丽江（丽江市·玉龙纳西族自治县）·鲁甸地区（鲁甸乡）

【出处】《祭“仁”神经》，选自和开祥（69 岁）讲，和志武调查整理《丽江鲁甸地区祭生育神（“仁”）仪式》（1989），见吕大吉、何耀华总主编《中国各民族原始宗教资料集成》（纳西族卷、羌族卷、独龙族卷、傈僳族卷、怒族卷），北京：中国社会科学出版社 2000 年版，第 112 页。

W0253. 2

南方神的特征

【关联】

① ［W0744］ 炎帝的特征

② ［W0744a. 1. 7］ 炎帝是南方神

实 例

汉族 （实例待考）

W0253. 3

南方神的身份

实 例

（实例待考）

W0253. 4

南方神的职能

实 例

（参见下级母题实例）

W0253. 4. 1

南方神是人畜保护神

实 例

（参见下级母题实例）

W0253. 4. 1. 1

南方的奥顿札牙安腾格里祛除病魔，保护老少，守卫家禽

实 例

蒙古族 奥顿札牙安腾格里，是祛除病魔、保护老少、守卫家禽的天，位居南方。

【流传】（无考）

【出处】 额尔德木图：《蒙古英雄史诗与孛额唱词中的“腾格里”》，载《内蒙古社会科学》（汉文版）1995 年第 5 期。

W0253.4.2

南方大神把守天宫的南方

实 例

满族 （参见“W0253.5.1.1 南方神呆米听命于天神阿布凯赫赫”母题实例）

W0253.5

南方神的关系

实 例

（参见下级母题实例）

W0253.5.1

南方神是天神的下属

实 例

（参见下级母题实例）

W0253.5.1.1

南方神呆米听命于天神阿布凯赫赫

实 例

满族 阿布凯赫赫（第一代天神，天母）统领着四方大神（四个神鹰），其中，南方大神，亦称南方呆米，把守着天宫的南方。

【流传】 黑龙江省·（牡丹江市）·宁古塔（宁安县）；吉林省·长白山地区（长白山一带）

【出处】

（a）傅英仁讲述，张爱云记录整理：《天宫神魔大战》，见傅英仁讲述，张爱云记录整理《满族萨满神话》，哈尔滨：黑龙江人民出版社2006年版。

（b）同（a），见陶阳、钟秀编《中国神话》（上），北京：商务印书馆2008年版，第155～180页。

W0253.6

南方神的类型

实 例

（参见下级母题实例）

W0253.6.1

南方天神

实 例

（参见下级母题实例）

W0253.6.1.1

南方的天神腊訇早犹

实 例

阿昌族 天公遮帕麻派腊訇早犹做南边的天神。

【流传】（a）云南省·（德宏傣族景颇族自治州）·梁河县

【出处】

（a）赵安贤讲，杨叶生、智克采录：《遮帕麻与遮米麻》，见中国民间文学集成全国编辑委员会编《中国民间故事集成》（云南卷），北京：中国ISBN中心2003年版，第69页。

（b）赵安贤讲，舟叶生译，智克整理：《遮帕麻与遮米麻》，见谷德明编《中国少数民族神话》，北京：中国民间文艺出版社 1987 年版，第 490 页。

(c) 同 (b)，见陶立璠、赵桂芳等编《中国少数民族神话汇编》(开天辟地篇)，中央民族学院少数民族古籍整理出版规划领导小组办公室印（未署出版时间），第 330 页。

阿昌族 遮帕麻（男始祖、天公）造好东西南北四方的天后，派腊訇早列做南边的天神。

【流传】 云南省·（德宏傣族景颇族自治州）·梁河县

【出处】 赵安贤讲述，杨叶生翻译，智克整理：《遮帕麻与遮米麻》，载《山茶》1981 年第 2 期。

阿昌族 遮帕麻（男始祖名，被奉为"天公"）把东南西北四个方位的天造好了，就派龙鹤早铳做东边的天神，派腊訇早列做南边的天神。

【流传】（云南省）

【出处】 赵安贤讲，智克整理：《遮帕麻与遮米麻》，见姚宝瑄主编《中国各民族神话》(佤族、阿昌族、纳西族、普米族、德昂族)，太原：山西出版传媒集团·书海出版社 2014 年版，第 75 页。

W0253.6.1.2

南方天神洛色娄

实 例

彝族 南方天神洛色娄。

【流传】 贵州省·（毕节市）·威宁县（威宁彝族回族苗族自治县）·二塘区（二塘镇）·人民乡（?）

【出处】 王朝方讲，石磊采录：《笃米》见中国民间文学集成全国编辑委员会编《中国民间故事集成》(贵州卷)，北京：中国 ISBN 中心 2003 年，第 48 页。

W0253.6.1.3

南边的天神胡罗阿玛

实 例

哈尼族（参见"W0251.6.1.4 东边的天神胡罗阿叭"母题实例）

W0253.6.2

南方女神

实 例

（参见下级母题实例）

W0253.6.2.1

南方女神朱勒格

实 例

满族 阿布卡赫赫让自己身边的四个方位女神走过来。西方洼勒格女神一步三跳地先走到了人世。随后到的是东方女神德立格，北方女神阿玛勒格，南方女神朱勒格。

【流传】（无考）

【出处】 富育光讲，荆文礼整理：《天宫大战·西林安班玛发》，长春：吉林人民出版社 2009 年版，第 71～72 页。

W0253.6.3
南方人神

实 例

（参见下级母题实例）

W0253.6.3.1
南方人神阿俄署布

实 例

彝族 天地混沌时，每个方向分别生出一个人神，其中南边也生下一个人神，他的名字叫阿俄署布。

【流传】（四川省·凉山彝族自治州）

【出处】

(a) 冯元蔚译：《勒俄特依》，成都：四川民族出版社1986年版。

(b) 冯元蔚译，蕾紫改写：《勒俄特依》，见姚宝瑄主编《中国各民族神话》（羌族、彝族），太原：山西出版传媒集团·书海出版社2014年版，第148页。

W0253.7
南方神的数量

实 例

（实例待考）

W0253.8
特定名称的南方神

实 例

（参见下级母题实例）

W0253.8.1
南方神祝融

【关联】

① ［W0767］祝融

② ［W0767.3.1.3］祝融是主管南方之神

实 例

（参见下级母题实例）

W0253.8.1.1
南方神祝融兽身人面

【关联】［W0070.4.2］神人面兽身

实 例

汉族 南方祝融，兽身人面，乘两龙。

【流传】（无考）

【出处】［战国至汉］撰者不详：《山海经·海外南经》。

W0253.8.2
南方神炎帝

【关联】

① ［W0742］炎帝

② ［W0744a.1.7］炎帝是南方神

实 例

汉族 （实例待考）

W0253.8.3
南方的神鬼

实 例

（参见下级母题实例）

W0253. 8. 3. 1

神鬼松昌和他的 9 个儿子住在南方

实 例

景颇族 一个名叫诺强的神鬼和他的妻子住在北方的高地；另一个叫松昌的神鬼和他的九个儿子住在南方。

【流传】（无考）

【出处】

（a）殷江腊讲，永生译，东耳等整理：《人类始祖》，载《山茶》1982 年第 6 期。

（b）同（a），见谷德明编《中国少数民族神话》，北京：中国民间文艺出版社 1987 年版，第 458 页。

W0253. 8. 4

南方赤帝

实 例

汉族 “祀五帝。”贾公彦疏：“五帝者，东方青帝灵威仰，南方赤帝赤熛怒，中央黄帝含枢纽，西方白帝白招拒，北方黑帝汁先纪。”

【流传】（无考）

【出处】［先秦］托名周公旦：《周礼·天官·大宰》贾公彦疏。

W0253. 8. 4. 1

南方赤帝女学道得仙

实 例

汉族 南方赤帝女学道得仙，居南阳愕山桑树上。

【流传】（无考）

【出处】［北宋］李昉、李穆、徐铉等：《太平御览》卷九二一引《广异记》。

W0253. 8. 5

南方东巴胜日明公神

实 例

（参见下级母题实例）

W0253. 8. 5. 1

南方东巴胜日明公神骑青龙

实 例

纳西族 祭东巴祖师神“丁巴什罗”时，要用大麦炒面制作许多神的面偶，其中有骑青龙的南方东巴胜日明公神。

【流传】云南省·丽江（丽江市）

【出处】和开祥（68 岁）讲，王世英调查整理：《祭东巴祖师神“丁巴什罗”仪式》（1989），见吕大吉、何耀华总主编《中国各民族原始宗教资料集成》（纳西族卷、羌族卷、独龙族卷、傈僳族卷、怒族卷），北京：中国社会科学出版社 2000 年版，第 209 页。

W0253. 8. 5a

南方生如麦古神

实 例

纳西族 大水的南方，迎请生如麦古神，身穿绿盔甲，手握绿大刀，手扶绿法杖，筑上绿围墙，能堵住罗史之鬼，能战胜鬼怪，迎请南方神祭祀。

【流传】云南省·（丽江市·宁蒗彝族自治县）·永宁（永宁乡）一带

【出处】《崇多崇》（祭锅灶，即祭家神），见吕大吉、何耀华总主编《中国各民族原始宗教资料集成》（纳西族卷、羌族卷、独龙族卷、傈僳族卷、怒族卷），北京：中国社会科学出版社2000年版，第222页。

W0253.8.5b

南方火大神

实 例

纳西族 有个南方火大神。

【流传】（无考）

【出处】

（a）和志武：《纳西东巴文化》，长春：吉林教育出版社1989年版，第143～145页。

（b）同（a），见吕大吉、何耀华总主编《中国各民族原始宗教资料集成》（纳西族卷、羌族卷、独龙族卷、傈僳族卷、怒族卷），北京：中国社会科学出版社2000年版，第369页。

W0253.8.6

南方神松昌

【关联】［W0253.8.3.1］神鬼松昌和他的9个儿子住在南方

实 例

景颇族 南方的松昌（神鬼名）性情傲慢。

【流传】（无考）

【出处】殷江腊讲，永生翻译，东耳、永生整理：《人类始祖》，载《山茶》1982年第6期。

W0253.8.7

南方朱勒格女神

实 例

满族 南方朱勒格女神被天神阿布卡赫赫派到人间，职管方位。

【流传】黑龙江省·黑河地区（黑河市）·孙吴县·（沿江满族达斡尔族乡）·四季屯（四季屯村）

【出处】吴纪贤、富希陆讲：《天宫大战——黑水女真人传世神话》（1939，选自富育光、郭淑云整理的手稿），见姚宝瑄主编《中国各民族神话》（满族、赫哲族、朝鲜族），太原：山西出版传媒集团·书海出版社2014年版，第37页。

W0253.9

与南方神有关的其他母题

实 例

（参见下级母题实例）

W0253.9.1

南方的一家神

【关联】［W0150］神的家庭

实 例

景颇族 世界最早中有几个鬼神。有一个名叫诺强的神鬼和他的妻子住在北方的高地；另一个叫松昌的神鬼和他的九个儿子住在南方。

【流传】（无考）

【出处】殷江腊讲，永生翻译，东耳、永生整理，木子改写：《人类始祖的传说》，见姚宝瑄主编《中国各民族神话》（白族、拉祜族、景颇族），太原：山西出版传媒集团·书海出版社2014年版，第216页。

W0253.9.2

凤是南方神灵

【关联】

①［W0536］凤凰神

②［W3585］凤（凤凰）

实 例

普米族（实例待考）

W0254

北方神（北方之神）

实 例

汉族（实例待考）

W0254.1

北方神的产生

实 例

（实例待考）

W0254.2

北方神的特征

【关联】

①［W0763.2a.3.1］颛顼是北方神

②［W0763.2］颛顼的特征（颛顼的身份，颛顼的职能，颛顼的能力，颛顼的事迹）

实 例

（实例待考）

W0254.3

北方神的身份

实 例

（实例待考）

W0254.4

北方神的职能

实 例

（实例待考）

W0254.5

北方神的关系

实 例

（实例待考）

W0254.6

北方神的类型

【关联】［W1736c.1］辰星是北方神

实 例

（参见下级母题实例）

W0254.6.1

北方天神

【关联】［W0204.5.5.1］黄帝让侄孙少昊做西方的天帝，命曾孙颛顼做北方的天帝

实 例

（参见下级母题实例）

W0254.6.1.1

北方的天神毫祢早牻

实 例

阿昌族 遮帕麻（男始祖、天公）造好东西南北四方的天后，派毫祢早牻做北边的天神。

【流传】云南省·（德宏傣族景颇族自治州）·梁河县

【出处】赵安贤讲述，杨叶生翻译，智克整理：《遮帕麻与遮米麻》，载《山茶》1981年第2期。

阿昌族 遮帕麻（男始祖名，被奉为“天公”）把东南西北四个方位的天造好了，就派龙鹤早牻做东边的天神，派腊帮早列做南边的天神，派孛劭早牻做西边的天神，派毫祢早牻做北边的天神。

【流传】（云南省）

【出处】赵安贤讲，智克整理：《遮帕麻与遮米麻》，见姚宝瑄主编《中国各民族神话》（佤族、阿昌族、纳西族、普米族、德昂族），太原：山西出版传媒集团·书海出版社2014年版，第75页。

阿昌族 天公遮帕麻派毫祢早牻做北边的天神。

【流传】（a）云南省·（德宏傣族景颇族自治州）·梁河县

【出处】

（a）赵安贤讲，杨叶生、智克采录：《遮帕麻与遮米麻》，见中国民间文学集成全国编辑委员会编《中国民间故事集成》（云南卷），北京：中国ISBN中心2003年版，第69页。

（b）赵安贤讲，舟叶生译，智克整理：《遮帕麻与遮米麻》，见谷德明编《中国少数民族神话》，北京：中国民间文艺出版社1987年版，第490页。

（c）同（b），见陶立璠、赵桂芳等编《中国少数民族神话汇编》（开天辟地篇），中央民族学院少数民族古籍整理出版规划领导小组办公室印（未署出版时间），第330页。

W0254.6.1.2

北方天神布色偷

实 例

彝族 北方天神布色偷。

【流传】贵州省·（毕节市）·威宁县（威宁彝族回族苗族自治县）·二塘区（二塘镇）·人民乡

【出处】王朝方讲，石磊采录：《笃米》见中国民间文学集成全国编辑委员会编《中国民间故事集成》（贵州卷），北京：中国ISBN中心2003年，第

48 页。

W0254. 6. 1. 3

北边的天神那莫那玛

实 例

哈尼族 （参见“W0251. 6. 1. 4 东边的天神胡罗阿叭”母题实例）

W0254. 6. 2

北方女神

实 例

（参见下级母题实例）

W0254. 6. 2. 1

北方女神阿玛勒格

实 例

满族 阿布卡赫赫让自己身边的四个方位女神走过来。西方洼勒格女神一步三跳地先走到了人世。随后到的是东方女神德立格，北方女神阿玛勒格。

【流传】（无考）

【出处】富育光讲，荆文礼整理：《天宫大战·西林安班玛发》，长春：吉林人民出版社 2009 年版，第 71 ~ 72 页。

W0254. 6. 3

北极天神

实 例

（参见下级母题实例）

W0254. 6. 3. 1

北极天神不受任何天神主宰

实 例

蒙古族 北天有一个北极天神不受任何天神主宰。

【流传】（无考）

【出处】赵永铣：《蒙古族创世神话与萨满教九十九天说探新》引［日］中田千亩《蒙古神话》，载《内蒙古社会科学》1989 年第 4 期。

W0254. 7

北方神的数量

实 例

（实例待考）

W0254. 8

特定名称的北方神（北方神名称）

实 例

（参见下级母题实例）

W0254. 8. 1

北方神颛顼

【关联】 ［W0763. 2a. 3. 1］颛顼是北方神

实 例

汉族 （实例待考）

W0254.8.2

北方神玄武

实 例

普米族 （实例待考）

W0254.8.2.1

北方神玄武龟蛇合体

实 例

汉族 玄武，北方之神，龟蛇合体。

【流传】（无考）

【出处】《后汉书·王梁传》李贤注。

W0254.8.3

北方神禺疆

【关联】［W0695.3.4.1.1］禺强是海神、风神和瘟神

实 例

（参见下级母题实例）

W0254.8.3.1

北方神禺疆人面鸟身

【关联】［W0632.3］人面鸟身之神

实 例

汉族 北方禺疆，人面鸟身，黑身手足。

【流传】（无考）

【出处】［战国至汉］撰者不详：《山海经·海外北经》。

W0254.8.3.2

北方禺疆黑身手足

实 例

汉族 （参见“W0254.8.3.1 北方神禺疆人面鸟身”母题实例）

W0254.8.4

北方人神

实 例

（参见下级母题实例）

W0254.8.4.1

北方人神司惹低尼

实 例

彝族 天地混沌时，每个方向分别生出一个人神，其中北边生一个人神，名字叫司惹低尼。

【流传】（四川省·凉山彝族自治州）

【出处】

（a）冯元蔚译：《勒俄特依》，成都：四川民族出版社1986年版。

（b）冯元蔚译，蔷紫改写：《勒俄特依》，见姚宝瑄主编《中国各民族神话》（羌族、彝族），太原：山西出版传媒集团·书海出版社2014年版，第148页。

W0254.8.5

北方神鬼

实 例

（参见下级母题实例）

W0254. 8. 5. 1

神鬼诺强和他的妻子住在北方

实 例

景颇族 一个名叫诺强的神鬼和他的妻子住在北方的高地。

【流传】（无考）

【出处】殷江腊讲，永生译，东耳等整理：《人类始祖》，见谷德明编《中国少数民族神话》，北京：中国民间文艺出版社 1987 年版，第 458 页。

景颇族 世界最早中有几个鬼神。其中，有一个名叫诺强的神鬼和他的妻子住在北方的高地。

【流传】（无考）

【出处】殷江腊讲，永生翻译，东耳、永生整理，木子改写：《人类始祖的传说》，见姚宝瑄主编《中国各民族神话》（白族、拉祜族、景颇族），太原：山西出版传媒集团·书海出版社 2014 年版，第 216 页。

景颇族 世界最早出现鬼神。有一个名叫诺强的神鬼和他的妻子住在北方的高地；另一个叫松昌的神鬼和他的九个儿子住在南方。

【流传】（无考）

【出处】殷江腊讲，永生翻译，东耳、永生整理：《人类始祖》，载《山茶》1982 年第 6 期。

W0254. 8. 6

北方神阿岱乌兰

实 例

蒙古族 天帝的儿子打败北方神阿岱乌兰。

【流传】（无考）

【出处】赵永铣：《蒙古族创世神话与萨满教九十九天说探新》引［日］中田千亩《蒙古神话》，载《内蒙古社会科学》1989 年第 4 期。

W0254. 8. 7

北方大神呆米

实 例

（参见下级母题实例）

W0254. 8. 7. 1

呆米守天宫的北方

实 例

满族 阿布凯赫赫（第一代天神，天母）统领着四方大神（四个神鹰），其中，北方大神，亦称北方呆米，把守着天宫的北方。

【流传】黑龙江省·（牡丹江市）·宁古塔（宁安县）；吉林省·长白山地区（长白山一带）

【出处】

（a）傅英仁讲述，张爱云记录整理：《天宫神魔大战》，见傅英仁讲述，张爱云记录整理《满族萨满神话》，哈尔滨：黑龙江人民出版社 2006 年版。

（b）同（a），见陶阳、钟秀编《中国神话》（上），北京：商务印书馆 2008 年版，第 155～180 页。

W0254.8.7a
北方阿玛勒格女神

实 例

满族 北方阿玛勒格女神被天神阿布卡赫赫派到人间，职管方位。

【流传】黑龙江省·黑河地区（黑河市）·孙吴县·（沿江满族达斡尔族乡）·四季屯（四季屯村）

【出处】吴纪贤、富希陆讲：《天宫大战——黑水女真人传世神话》（1939，选自富育光、郭淑云整理的手稿），见姚宝瑄主编《中国各民族神话》（满族、赫哲族、朝鲜族），太原：山西出版传媒集团·书海出版社2014年版，第37页。

W0254.8.8
北方神黄“仁”神和黄角“趣”神

实 例

（参见下级母题实例）

W0254.8.8.1
黄“仁”神和黄角“趣”神住北方金黄高山悬岩中

实 例

纳西族 最早白露化生的金黄巨蛙，一年朝向北方住，生下五个黄色蛋。五个黄蛋来变化，孵出一窝黄“仁”神和黄角之“趣”神，住到北方金黄高山悬岩中去了。

【流传】云南省·丽江（丽江市·玉龙纳西族自治县）·鲁甸地区（鲁甸乡）

【出处】《祭“仁”神经》，选自和开祥（69岁）讲，和志武调查整理《丽江鲁甸地区祭生育神（“仁”）仪式》（1989），见吕大吉、何耀华总主编《中国各民族原始宗教资料集成》（纳西族卷、羌族卷、独龙族卷、傈僳族卷、怒族卷），北京：中国社会科学出版社2000年版，第112页。

W0254.8.8a
北方东巴古生克西神

实 例

（参见下级母题实例）

W0254.8.8a.1
北方东巴古生克西神骑金黄色大象

实 例

纳西族 祭东巴祖师神“丁巴什罗”时，要用大麦炒面制作许多神的面偶，其中有骑金黄色大象的北方东巴古生克西神。

【流传】云南省·丽江（丽江市）

【出处】和开祥（68岁）讲，王世英调查整理：《祭东巴祖师神“丁巴什罗”仪式》（1989），见吕大吉、何耀华总主编《中国各民族原始宗教资料集成》（纳西族卷、羌族卷、独龙族卷、傈僳族卷、怒族卷），北京：中国社会科学出版社 2000 年版，第 209 页。

W0254. 8. 8b

董神生活在北方

实 例

纳西族 董神（又译为“动神”、“东神”，阳性神）生活在北方，要到北方去请董神。

【流传】云南省·丽江县（丽江市）·（古城区）·大东地区（大东乡）

【出处】和士诚（80 岁）讲，王世英调查整理：《丽江大东地区祭秽鬼除秽仪式》（1989），见吕大吉、何耀华总主编《中国各民族原始宗教资料集成》（纳西族卷、羌族卷、独龙族卷、傈僳族卷、怒族卷），北京：中国社会科学出版社 2000 年版，第 149 页。

W0254. 8. 8c

北方水大神

实 例

纳西族 有一位北方水大神。

【流传】（无考）

【出处】

（a）和志武：《纳西东巴文化》，长春：吉林教育出版社 1989 年版，第 143 ~ 145 页。

（b）同（a），见吕大吉、何耀华总主编《中国各民族原始宗教资料集成》（纳西族卷、羌族卷、独龙族卷、傈僳族卷、怒族卷），北京：中国社会科学出版社 2000 年版，第 369 页。

W0254. 8. 9

大水之北方神窝生扣布神

实 例

（参见下级母题实例）

W0254. 8. 9. 1

窝生扣布神能降服各方妖魔

实 例

纳西族 大水之北方，迎请窝生扣布神，身穿黄盔甲，手握黄砍刀，手扶黄法杖，筑上黄围墙，能降伏左边涂鬼，能制伏右边魔鬼，能镇压中央鬼怪，迎请北方神祭祀。

【流传】云南省·（丽江市·宁蒗彝族自治县）·永宁（永宁乡）一带

【出处】《崇多崇》（祭锅灶，即祭家神），见吕大吉、何耀华总主编《中国各民族原始宗教资料集成》（纳西族卷、羌族卷、独龙族卷、傈僳族卷、怒族卷），北京：中国社会科学出版社 2000 年版，第 222 页。

W0254. 8. 10

北方神诺强

实 例

（参见下级母题实例）

W0254. 8. 10. 1

北方诺强能制造寒冷、黑暗

实 例

景颇族 北方的诺强（神鬼名）能制造寒冷、黑暗。

【流传】（无考）

【出处】殷江腊讲，永生翻译，东耳、永生整理：《人类始祖》，载《山茶》1982年第6期。

W0254.9
与北方神有关的其他母题

实 例

（参见下级母题实例）

W0254.9.1
紫微大帝管北天

实 例

汉族 北极大帝则紫微垣中帝座是也。

【流传】（无考）

【出处】[南宋]金允中：《上清灵宝大法》卷四。

汉族 昔北极紫微玉虚帝君，居紫微垣中，为万象宗师，众星所拱，为万法金仙之帝主，上朝金阙，下领酆都。起于龙汉元年，有北阴酆都六洞鬼兵，神灵魔王，游行人世，杀害生中天北极紫微太皇大帝中天北极紫微太皇大帝灵，莫能制御玉帝召北帝统率神将吏兵，演大魔黑律，行酆都九泉号令符，纠察三界鬼神印，降伏魔群，驱荡妖氛，救护黎庶，功成行满，升入北极中天自然总极紫微大帝之位。

【流传】（无考）

【出处】魏伯贤修：《北阴酆都太玄制魔黑律灵书》。

W0254.9.2
北极雄天大帝

实 例

汉族 （实例待考）

W0254.9.3
北帝神

实 例

壮族 北帝神系外来神，被壮族信仰所接受的神。

【流传】广西壮族自治区·（百色市）·靖西县（靖西市）

【出处】凌树东搜集整理：*《广西靖西县壮族诸神表》（1991），见吕大吉、何耀华总主编《中国各民族原始宗教资料集成》（土家族卷、瑶族卷、壮族卷、黎族卷），北京：中国社会科学出版社1998年版，第495页。

W0255
中央神

实 例

（参见下级母题实例）

W0255.1
中央神的产生

实 例

（参见下级母题实例）

W0255. 1. 1

卵生中央神

实 例

（参见下级母题实例）

W0255. 1. 1. 1

中央住的金黄巨蛙生的卵孵出住在中央的花“仁”神和花角之“趣”神

实 例

纳西族 最早白露化生的金黄巨蛙，一年朝向天地中央住，生下五个花色蛋。五个花蛋来变化，孵出一窝花“仁”神和花角之“趣”神，住到中央花斑高山悬岩中去了。

【流传】云南省·丽江（丽江市·玉龙纳西族自治县）·鲁甸地区（鲁甸乡）

【出处】《祭“仁”神经》，选自和开祥（69岁）讲，和志武调查整理《丽江鲁甸地区祭生育神（“仁”）仪式》（1989），见吕大吉、何耀华总主编《中国各民族原始宗教资料集成》（纳西族卷、羌族卷、独龙族卷、傈僳族卷、怒族卷），北京：中国社会科学出版社2000年版，第112页。

W0255. 1. 2

得道者成为中央神

实 例

汉族 泰古二皇，得道之柄，立于中央。

【流传】（无考）

【出处】［西汉］淮南王刘安及门客：《淮南子·原道训》。

W0255. 2

中央神的特征

【关联】

① ［W0255. 8. 2］黄帝主中央（黄帝是中央神）

② ［W0692］黄帝的特征

实 例

（参见下级母题实例）

W0255. 3

中央神的身份

【关联】［W0122. 5b］中央神是最高神

实 例

（参见下级母题实例）

W0255. 3. 1

中央神是风神

【关联】［W0292］风神

实 例

（参见下级母题实例）

W0255. 3. 1. 1

地神之子史鲁米让风神黑作直居住在中央

实 例

彝族 地神之子史鲁米让风神黑作直居住在中央。

【流传】贵州省·（毕节市）·威宁县（威宁彝族回族苗族自治县）

【出处】王海清讲，石磊采录：《诸神争大》见中国民间文学集成全国编辑委员会编《中国民间故事集成》（贵州卷），北京：中国 ISBN 中心 2003 年，第 28 页。

W0255.4

中央神的职能

实 例

（参见下级母题实例）

W0255.4.1

中央神监督各方各季各神所管的气候

实 例

彝族 风神黑作直居住在中央，监督各方各季各神所管的气候。

【流传】贵州省·（毕节市）·威宁县（威宁彝族回族苗族自治县）

【出处】王海清讲，石磊采录：《诸神争大》见中国民间文学集成全国编辑委员会编《中国民间故事集成》（贵州卷），北京：中国 ISBN 中心 2003 年，第 28 页。

W0255.4.2

中央神管理四方

【关联】［W0255.8.2］黄帝主中央

实 例

汉族 何谓五星？即东、南、中、西、北五个方位之星。其中，中央，土也，其帝黄帝，其佐后土，执绳而制四方。

【流传】（无考）

【出处】［西汉］淮南王刘安及门客：《淮南子·天文训》。

W0255.4.3

中央神管方位

实 例

满族 （参见“W0255.8.8 中央都伦巴女神”母题实例）

W0255.5

中央神的关系

实 例

（实例待考）

W0255.6

中央神的类型

实 例

（实例待考）

W0255.7

中央神的数量

实 例

（实例待考）

W0255. 8

特定的中央神（特定名称的中央神）

实 例

（参见下级母题实例）

W0255. 8. 1

神农伏羲二帝在中央

【关联】

① ［W0675］伏羲

② ［W0731］神农

实 例

汉族 泰古二皇（神农伏羲二帝），立于中央。

【流传】（无考）

【出处】［西汉］淮南王刘安及门客：《淮南子·原道训》。

W0255. 8. 2

黄帝主中央（黄帝是中央神）

【关联】［W0690］黄帝

实 例

汉族 中央土，其日戊己，其帝黄帝，其神后土。

【流传】（无考）

【出处】［春秋战国］孔子弟子等作，［西汉］戴圣编：《礼记·月令》。

W0255. 8. 3

中央神女娲

【关联】［W0713. 3a］女娲是中央神

实 例

（参见下级母题实例）

W0255. 8. 3. 1

黄帝居中央，其神是女娲

实 例

毛南族 （实例待考）

W0255. 8. 4

虎是中央的神灵

实 例

普米族 万物的五个首领龙、凤、龟、麟、虎用嘴把天的四边和中间死死咬住，稳住了天。后来它们成了镇辖东、南、北、西、中五方的神灵。

【流传】（无考）

【出处】若扯绒布讲：《天阳老祖和地阴阿斯》，见章虹宇《普米族的“八卦图”》，载《云南民族学院学报》1995 年第 2 期。

W0255. 8. 5

中央紫微北极大帝

实 例

（参见下级母题实例）

W0255. 8. 5. 1

北辰紫微北极大帝位置是“大帝之座”

实 例

汉族 北辰紫微北极大帝的位置是“大帝之座”。故中国古代皇帝居住之地称为“紫禁城”。

【流传】（无考）

【出处】《紫微北极大帝》，见乌丙安主编《中国民间神谱》，沈阳：辽宁人民出版社2007年版，第251页。

W0255.8.6

中央神叫混沌

【关联】［W1057.1］混沌（浑沌、昆屯、混沌卵）

实 例

汉族 中央的天帝叫混沌。

【流传】河南省尾山一带

【出处】程玉林讲，缪华、胡佳作搜集整理：《盘古寺》注释，原载张振犁、程健君编《中原神话专题资料》，见姚宝瑄主编《中国各民族神话》（汉族），太原：山西出版传媒集团·书海出版社2014年版，第4～6页。

W0255.8.6.1

混沌神神力无比

实 例

毛南族 （实例待考）

W0255.8.7

中央的阿布动善神

实 例

纳西族 天和地中央，迎请阿布动善神，养儿育女动神教，爱护儿女动神教，尊敬老人动神教，规矩礼仪动神教，迎请动神（又译为东神，为阳神）祭。

【流传】云南省·（丽江市·宁蒗彝族自治县）·永宁（永宁乡）一带

【出处】《崇多崇》（祭锅灶，即祭家神），见吕大吉、何耀华总主编《中国各民族原始宗教资料集成》（纳西族卷、羌族卷、独龙族卷、傈僳族卷、怒族卷），北京：中国社会科学出版社2000年版，第222页。

W0255.8.7a

中央东巴梭余敬古

实 例

（参见下级母题实例）

W0255.8.7a.1

中央东巴梭余敬古骑白海螺色大鹏

实 例

纳西族 祭东巴祖师神“丁巴什罗”时，要用大麦炒面制作许多神的面偶，其中有骑白海螺色大鹏的中央东巴梭余敬古。

【流传】云南省·丽江（丽江市）

【出处】和开祥（68岁）讲，王世英调查整理：《祭东巴祖师神“丁巴什罗”仪式》（1989），见吕大吉、何耀华总主编《中国各民族原始宗教资料集成》（纳西族卷、羌族卷、独龙族卷、傈僳族卷、怒族卷），北京：中国社会科学出版社 2000 年版，第 209 页。

W0255. 8. 7b

中央土大神

实 例

纳西族 中央是土大神。

【流传】（无考）

【出处】

（a）和志武：《纳西东巴文化》，长春：吉林教育出版社 1989 年版，第 143 ~ 145 页。

（b）同（a），见吕大吉、何耀华总主编《中国各民族原始宗教资料集成》（纳西族卷、羌族卷、独龙族卷、傈僳族卷、怒族卷），北京：中国社会科学出版社 2000 年版，第 369 页。

W0255. 8. 8

中央都伦巴女神

实 例

满族 中央都伦巴女神被天神阿布卡赫赫派到人间，职管方位。

【流传】黑龙江省·黑河地区（黑河市）·孙吴县·（沿江满族达斡尔族乡）·四季屯（四季屯村）

【出处】吴纪贤、富希陆讲：《天宫大战——黑水女真人传世神话》（1939，选自富育光、郭淑云整理的手稿），见姚宝瑄主编《中国各民族神话》（满族、赫哲族、朝鲜族），太原：山西出版传媒集团·书海出版社 2014 年版，第 37 页。

W0255. 9

与中央神有关的其他母题

实 例

（参见下级母题实例）

W0256

四方神

实 例

（参见下级母题实例）

W0256. 1

四方神的产生

实 例

（参见下级母题实例）

W0256. 1. 1

四根天柱成为四方神

实 例

毛南族 （实例待考）

W0256. 2

四方神的特征（四方神的身份）

实 例

（参见下级母题实例）

W0256. 2. 1

四方神是四只神鹰

实 例

满族 （参见“W0256.5.2 四方神又叫四方面大神”母题实例）

W0256.3
四方神的居所

实 例

（参见下级母题实例）

W0256.3.1
东西南北四个天神分住在天的四边

实 例

阿昌族 遮帕麻派了东西南北四个天神，分住在天的四边。

【流传】（无考）

【出处】《遮帕麻与遮米麻》，见《中国各民族宗教与神话大词典》编审委员会编《中国各民族宗教与神话大词典》，北京：学苑出版社 1990 年版，第 3 页。

W0256.4
四方神的职能

实 例

（实例待考）

W0256.4.1
四方神守护天宇

实 例

毛南族 （实例待考）

W0256.5
特定名称的四方神

实 例

（参见下级母题实例）

W0256.5.1
四方女神

实 例

（参见下级母题实例）

W0256.5.1.1
天母派四个方向的女神为人类指明方向

实 例

满族 洪荒远古，人类辨不清方向，有窝难归，有巢难寻，生活艰难，天穹主神阿布卡赫赫（天母）见此情景，便派身边四个方向女神，下到人间来给人类指明方向。

【流传】（无考）

【出处】《天宫大战》，转引自王宏刚、金基浩：《满族民俗文化论》，长春：吉林人民出版社 1993 年版，第 72～73 页。

W0256.5.2
四方神又叫四方面大神

实 例

满族 四方神又叫四方面大神，其实是四只神鹰，始终监视着天宫四方，不让一切邪魔进入天宫。

【流传】黑龙江省·（牡丹江市）·宁古塔（宁安县）；吉林省·长白山地区（长白山一带）

【出处】

(a) 傅英仁讲述，张爱云记录整理：《天宫神魔大战》，见傅英仁讲述，张爱云记录整理《满族萨满神话》，哈尔滨：黑龙江人民出版社2006年版。

(b) 同（a），见陶阳、钟秀编《中国神话》（上），北京：商务印书馆2008年版，第155~180页。

W0256.6

与四方神有关的其他母题

【关联】

① ［W0087.1.2b］4个神

② ［W0451.6.5］四方财神

实 例

（参见下级母题实例）

W0256.6.1

以四个方位为家的神

实 例

（参见下级母题实例）

W0256.6.1.1

四个天地守护神以天和地的四方为家

实 例

傣族 四个天地守护神以天和地的四方为家，东西南北都是他的家。

【流传】云南省·西双版纳傣族地区（西双版纳傣族自治州）

【出处】《巴塔麻嘎捧尚罗》，王松据岩温炳翻译《巴塔麻晏》（开天辟地）改写，见姚宝瑄主编《中国各民族神话》（哈尼族、傣族），太原：山西出版传媒集团·书海出版社2014年版，第290页。

W0256.6.2

立秋祀四方神

实 例

汉族 “景风至四十五日，凉风至，凉风至则报地德，祀四郊。”高诱注：“凉风，坤卦之讽也；为埙也。立秋节农乃登谷尝祭，故报地德，祀四方神也。”

【流传】（无考）

【出处】［西汉］淮南王刘安及门客：《淮南子·天文训》高诱注。

W0257

五方神

实 例

（参见下级母题实例）

W0257.1

五方神的产生

【关联】［W4710］五方的确定

实 例

（参见下级母题实例）

W0257.2

五方神的特征

实 例

（实例待考）

W0257.3

五方神的居所

实　例

（实例待考）

W0257.4

五方神的职能

实　例

（参见下级母题实例）

W0257.4.1

五方神分守东西南北中五个方位

实　例

毛南族　（实例待考）

W0257.5

与五方神有关的其他母题

【关联】［W0087.1.2c］5个神

实　例

（参见下级母题实例）

W0257.5.1

五方神是青帝、赤帝、黄帝、白帝、黑帝

【关联】

①［W0690］黄帝

②［W0742］炎帝

③［W0746.1.5］炎帝又称赤帝

实　例

汉族　“祀五帝。”贾公彦疏：“五帝者，东方青帝灵威仰，南方赤帝赤熛怒，中央黄帝含枢纽，西方白帝白招拒，北方黑帝汁先纪。”

【流传】（无考）

【出处】［先秦］托名周公旦：《周礼·天官·大宰》贾公彦疏。

W0257.5.1.1

青帝

【关联】［W0681.5.4］伏羲是青帝

实　例

（参见下级母题实例）

W0257.5.1.1.1

东方青帝居春宫

实　例

汉族　“溘吾游此春宫兮，折琼枝以继佩。”王逸注：“春宫，东方青帝舍也。”

【流传】（无考）

【出处】［战国］屈原：《楚辞·离骚》王逸注。

W0257.5.1.2

白帝

【关联】

①［W0730.3b.1.2］白帝少昊居长留之山

②［W0730.5.3.1］少昊氏白帝朱宣

③［W0730.5.5］少昊又称白帝

实　例

（参见下级母题实例）

W0257.5.1.2.1

白帝之子

【关联】

① ［W0730. 1. 1. 1］皇娥与白帝子生少昊

② ［W0776. 1. 1］太白金星是白帝之子

③ ［W0776. 5. 1. 1］太白是白帝之子

实　例

（参见下级母题实例）

W0257.5.1.2.1.1

白帝之子生于水边

实　例

汉族 时有神童，容貌绝俗，称为白帝之子，即太白之精，降乎水际。

【流传】（无考）

【出处】［晋］王嘉：《拾遗记》卷一。

W0257.5.1.2.1.2

白帝之子是神童

实　例

汉族 （参见“W0257. 5. 2. 1. 1 白帝之子生于水边”母题实例）

W0257.5.1.2.1.3

白帝之子即太白之精

实　例

汉族 （参见“W0257. 5. 2. 1. 1 白帝之子生于水边”母题实例）

W0257.5.1.2.2

西方白帝（白帝居西方）

实　例

汉族 “祀五帝。”贾公彦疏：“五帝者，东方青帝灵威仰，南方赤帝赤熛怒，中央黄帝含枢纽，西方白帝白招拒，北方黑帝汁先纪。”

【流传】（无考）

【出处】［先秦］托名周公旦：《周礼·天官·大宰》贾公彦疏。

W0257.5.1.3

黑帝

【关联】［W0763. 5. 1. 3］颛顼又称黑帝

实　例

（参见下级母题实例）

W0257.5.1.3.1

北方黑帝

实　例

汉族 ［参见“W0257. 5. 1. 2. 2 西方白帝（白帝居西方）”母题实例］

W0257.5.2

五方神灵

实　例

（参见下级母题实例）

W0257.5.2.1
万物的五个首领龙、凤、龟、麟、虎成为五方神灵

实 例

普米族 万物的五个首领龙、凤、龟、麟、虎用嘴把天的四边和中间死死咬住，稳住了天。后来它们成了镇辖东、南、北、西、中五方的神灵。

【流传】（无考）

【出处】若扯绒布讲：《天阳老祖和地阴阿斯》，见章虹宇《普米族的“八卦图”》，载《云南民族学院学报》1995年第2期。

W0257.5.3
五个方位的女神

实 例

（参见下级母题实例）

W0257.5.3.1
东方女神德立格、西方女神洼勒格、南方女神朱勒格、北方女神阿玛勒格和中位女神都伦巴

实 例

满族 阿布卡赫赫让自己身边的四个方位女神走过来。西方洼勒格女神一步三跳地先走到了人世。随后到的是东方女神德立格，北方女神阿玛勒格，南方女神朱勒格和中位女神都伦巴。

【流传】（无考）

【出处】富育光讲，荆文礼整理：《天宫大战·西林安班玛发》，长春：吉林人民出版社2009年版，第71～72页。

W0257.5.5
金木水火土命名的五方神

实 例

（参见下级母题实例）

W0257.5.5.1
东方木大神，南方火大神，西方铁大神，北方水大神，中央土大神

实 例

纳西族 东方木大神，南方火大神，西方铁大神，北方水大神，中央土大神。

【流传】（无考）

【出处】

（a）和志武：《纳西东巴文化》，长春：吉林教育出版社1989年版，第143～145页。

（b）同（a），见吕大吉、何耀华总主编《中国各民族原始宗教资料集成》（纳西族卷、羌族卷、独龙族卷、傈僳族卷、怒族卷），北京：中国社会科学出版社2000年版，第369页。

W0258
八方神

【关联】［W4714］八方的确定

实 例

（实例待考）

W0259

上、下方的神

实 例

（参见下级母题实例）

W0259.1

上方神

实 例

（参见下级母题实例）

W0259.1.1

头上三尺有神灵

实 例

汉族 （实例待考）

W0259.2

下方神

实 例

（实例待考）

W0260

西北方的神（西北神）

实 例

（参见下级母题实例）

W0260.1

西北方的神主财福

实 例

（参见下级母题实例）

W0260.1.1

居西北方的贺萨嘎腾格里主管发财之福和守护灵魂

实 例

蒙古族 贺萨嘎腾格里，又称乞哈嘎腾格里、瓦杆乞罕腾格里、乌兰乞罕腾格里，位居西北方，主管发财之福和守护灵魂诸事。

【流传】（无考）

【出处】 额尔德木图：《蒙古英雄史诗与孛额唱词中的“腾格里”》，载《内蒙古社会科学》（汉文版）1995年第5期。

W0260.2

西北神司消灾

实 例

（参见下级母题实例）

W0260.2.1

衮把阿秃儿腾格里是祛除灾害位居西北的天神

实 例

蒙古族 衮把阿秃儿腾格里是祛除灾害位居西北的天（在蒙古族民间信仰或萨满神词中，“天”与“腾格里”常常通用，此处可以看作是泛指诸神）。

【流传】（无考）

【出处】 额尔德木图：《蒙古英雄史诗与

孛额唱词中的“腾格里”》，载《内蒙古社会科学》（汉文版）1995年第5期。

W0261

西南方的神

实 例

（参见下级母题实例）

W0261.1

西南方的天神主宰富贵

实 例

蒙古族 西南方的天主宰富贵。

【流传】（无考）

【出处】《蒙古族自然神灵的信仰和崇拜》，见吕大吉、何耀华总主编《中国各民族原始宗教资料集成》（鄂伦春族卷、鄂温克族卷、赫哲族卷、达斡尔族卷、锡伯族卷、满族卷、蒙古族卷、藏族卷），北京：中国社会科学出版社1999年版，第599页。

W0263

东北方的神

【关联】［W0127.3.1.1］预兆腾格里是东北方的天神

实 例

（参见下级母题实例）

W0263.1

要日少日之天是东北方的天

实 例

蒙古族 要日少日之天是东北方的天（神）。

【流传】（无考）

【出处】额尔德木图：《蒙古英雄史诗与孛额唱词中的“腾格里”》，载《内蒙古社会科学》（汉文版）1995年第5期。

W0264

东南方的神

实 例

（参见下级母题实例）

W0264.1

东南方神昆都楞哈勒金腾格里

实 例

（参见下级母题实例）

W0264.1.1

昆都楞哈勒金腾格里是东南方的天

实 例

蒙古族 昆都楞哈勒金腾格里是东南方的天（在蒙古族民间信仰或萨满神词中，“天”与“腾格里”常常通用，此处可以看作是泛指诸神）。

【流传】（无考）

【出处】额尔德木图：《蒙古英雄史诗与孛额唱词中的“腾格里”》，载《内蒙古社会科学》（汉文版）1995年第5期。

W0265
与方位神有关的其他母题

实 例

（参见下级母题实例）

W0265.1
水中的神

【关联】［W0400］水神

实 例

（参见下级母题实例）

W0265.2
按方位划分神的不同阵营

实 例

（参见下级母题实例）

W0265.2.1
275个腾格里分99前方腾格里，77后方腾格里，55右方腾格里和44左方腾格里

实 例

蒙古族（布里亚特）共有275个腾格里，分99前方腾格里，77后方腾格里，55右方腾格里和44左方腾格里。

【流传】（无考）

【出处】［苏联］И. А. 曼日格耶夫著，宋长宏译，佟德富校：《布里亚特萨满教和前萨满教辞典》（俄文版），莫斯科：科学出版社1978年版，第20～21页，见吕大吉、何耀华总主编《中国各民族原始宗教资料集成》（鄂伦春族卷、鄂温克族卷、赫哲族卷、达斡尔族卷、锡伯族卷、满族卷、蒙古族卷、藏族卷），北京：中国社会科学出版社1999年版，第628页。

W0265.3
左右方位的神

实 例

（参见下级母题实例）

W0265.3.1
左方阳神“东”

实 例

纳西族 镇压吊死鬼和情死鬼；左方阳神“东”来压，右方阴神“色”来压。

【流传】云南省·丽江县（丽江市）·（古城区）·大东地区（大东乡）

【出处】和士诚（80岁）讲，和志武调查整理：《丽江大东地区祭殉情鬼仪式》（1989），见吕大吉、何耀华总主编《中国各民族原始宗教资料集成》（纳西族卷、羌族卷、独龙族卷、傈僳族卷、怒族卷），北京：中国社会科学出版社2000年版，第136页。

W0265.3.2
右方阴神“色”

实 例

纳西族 （参见“W0265.3.1 左方阳神‘东’”母题实例）

Motif-index of China Mythology Characters Database

中国神话人物母题数据索引

（6－2）

王宪昭 | 著

中国社会科学出版社

6－2　基本母题检索

0.3　与自然现象（物）有关的神
【W0270～W0419】

‖0.3.1　日月星辰神‖
【W0270～W0289】

‖0.3.2　与天气有关的神‖
【W0290～W0389】

‖0.3.3 与自然物有关的神‖

【W0390～W0419】

0.4　与职能、行业相关的神【W0420～W0499】

‖0.4.1　创造神与破坏神‖【W0420～W0429】

‖0.4.2　与管理或保护有关的神‖【W0430～W0449】

‖ **0.4.3 与功能或行业有关的神（行业神）** ‖

【W0450～W0499】

6 – 2
【W0270 ~ W0499】

0.3 与自然现象（物）有关的神（W0270～W0419）

0.3.1 日月星辰神【W0270～W0289】

※W0270

日月神

实 例

（参见下级母题实例）

W0270.1

日月神的产生

【关联】［W1540］日月的产生

实 例

（参见下级母题实例）

W0270.1.1

日月神源于特定地方

实 例

（实例待考）

W0270.1.2

造出日月神

实 例

（实例待考）

W0270.1.3

日月神是生育产生的（生日月神）

实 例

（实例待考）

W0270.1.4

日月神是变化产生的

实 例

（参见下级母题实例）

W0270.1.4.1

人变成日月神

实 例

（参见下级母题实例）

W0270.1.4.1.1

一对寻找水与火的夫妻变成日月神

实 例

畲族 一对为民寻找水与火的夫妻，钟郎当日神，叫蓝娘当月神。

【流传】（无考）

【出处】雷玉生等讲，唐宗龙记录：《金水湖和银水湖》，见谷德明编《中国少数民族神话》，北京：中国民间文艺出版社 1987 年版，第 229 页。

W0270. 1. 4. 1. 2
找火的钟郎和找水的蓝娘分别变成日神和月神

【关联】［W0270. 4. 4. 2］日神钟郎和月神蓝娘

实 例

汉族 三公主知道了找火的钟郎（男子名，蓝娘的丈夫）和找水的蓝娘（女子名，钟郎的妻子）完成任务后，相互寻找对方难以见面，就叫钟郎当了日神，叫蓝娘当月神，叫两人在天上巡逻。

【流传】 浙江省

【出处】 唐宗龙讲，陈玮君整理：《金水湖和银水湖》，见姚宝瑄主编《中国各民族神话》（汉族），太原：山西出版传媒集团·书海出版社 2014 年版，第 214～220 页。

W0270. 1. 5
日月神是封派的

【关联】［W0058. 1］封神

实 例

（参见下级母题实例）

W0270. 1. 6
与日月神产生有关的其他母题

实 例

（参见下级母题实例）

W0270. 2
日月神的特征

实 例

（参见下级母题实例）

W0270. 2. 1
日月神 1 男 1 女

实 例

（实例待考）

W0270. 2. 2
太阳月亮都是女神

【关联】［W0270. 4. 1］日月是神

实 例

蒙古族（布里亚特） 天上的太阳和月亮都是女神。

【流传】（无考）

【出处】 孟慧英：《乌麦研究》，载《黑龙江民族丛刊》2000 年第 3 期。

W0270. 2. 3
太阳神和月亮神是最公正的神

实 例

彝族 太阳神和月亮神又被认为最公正的神。

【流传】 四川省·凉山（凉山彝族自治州）

【出处】 胡庆钧：《凉山彝族奴隶制社会形态》，北京：中国社会科学出版社 1985 年版，第 394 页。

W0270.3

日月神的职能

实 例

（参见下级母题实例）

W0270.3.1

日月神管猎物

【关联】［W0437.1.1］日月神管山岭

实 例

鄂温克族 猎人捕获不到猎物时，要请萨满占卜狩猎运气，跳神祈求“太阳神”、“月亮神”赐给猎物。

【流传】内蒙古自治区·（呼伦贝尔市·根河市）·敖鲁古雅地区（敖鲁古雅鄂温克族乡）

【出处】《太阳和月亮》，原载孟和《萨满教》（初稿），第6页，见吕大吉、何耀华总主编《中国各民族原始宗教资料集成》（鄂伦春族卷、鄂温克族卷、赫哲族卷、达斡尔族卷、锡伯族卷、满族卷、蒙古族卷、藏族卷），北京：中国社会科学出版社1999年版，第94页。

W0270.4

与日月神有关的其他母题

实 例

（参见下级母题实例）

W0270.4.1

日月是神

实 例

瑶族 住在天空的太阳和月亮，是两个心肠好的光明之神。

【流传】（无考）

【出处】

（a）赵老大讲，梅中泉记录整理：《日月成婚》，见谷德明编《中国少数民族神话》，北京：中国民间文艺出版社1987年版，第140页。

（b）同（a），载《山茶》1983年第3期。

W0270.4.2

太阳神妹妹和月亮神哥哥

实 例

汉族 玉皇大帝命令天上的两兄妹每天到人间走一趟，察看凡世疾苦。妹子日里走就成了太阳神；哥哥夜里走，就成了月亮神。

【流传】江苏省·（镇江市）·句容（句容市），丹徒县（丹徒区）·（黄墟乡）等地

【出处】孔锡生讲，於自力记录，匡增文整理：《太阳光刺眼的传说》（1987.04.26），见姚宝瑄主编《中国各民族神话》（汉族），太原：山西出版传媒集团·书海出版社2014年版，第185~186页。

W0270.4.3

日神月神是夫妻

实例

汉族 （实例待考）

W0270.4.4

日月神的名字

实例

（参见下级母题实例）

W0270.4.4.1

日神叫荷波，月神叫鲁波

实例

彝族 日神叫荷波，月神叫鲁波。

【流传】四川省·凉山（凉山彝族自治州）

【出处】胡庆钧：《凉山彝族奴隶制社会形态》，北京：中国社会科学出版社1985年版，第394页。

W0270.4.4.2

日神钟郎和月神蓝娘

实例

汉族 日神是钟郎（男子名，蓝娘的丈夫）。钟郎身上放射出的光亮是金灿灿而且强烈的，人们就叫它是太阳。月神是蓝娘（女子名，钟郎的妻子）。蓝娘身上放射出的光亮是白花花而且柔和的，人们就叫它是月亮。

【流传】浙江省

【出处】唐宗龙讲，陈玮君整理：《金水湖和银水湖》，见姚宝瑄主编《中国各民族神话》（汉族），太原：山西出版传媒集团·书海出版社2014年版，第214～220页。

※W0271

太阳神（日神）[①]

【汤普森】①A121.2；②A220

实例

（参见下级母题实例）

W0272

太阳神的产生

实例

（参见下级母题实例）

W0272.1

太阳神源于特定的地方

实例

（参见下级母题实例）

W0272.1.1

天降太阳神

实例

① 太阳神，不同神话中的"太阳神"特指有所不同，有的偏重于"太阳"的神性，有的偏重于"太阳"本身。此处仅列出部分有代表性的母题，具体区分可参见"世界与自然物"母题类型中的"［W1678～W1684］太阳的关系"。

高山族 太阳神从天而降。

【流传】北排湾群望嘉社

【出处】许功明：《鲁凯族的文化与艺术》，台北：稻乡出版社 1991 年版，第 60 页。

W0272.2

太阳神是生育产生的

实 例

（参见下级母题实例）

W0272.2.1

天地婚生太阳神

【关联】［W0281.6.1］天地婚生月亮神

实 例

珞巴族 石金·克丁和培多·多杜（博日部落方言，前者即大地，后者即天空）是一对夫妻，他们曾一起生活，紧密地贴在一起，生下女儿东尼和儿子波罗（神灵名称，前者为太阳神，后者为月亮神）。

【流传】西藏自治区·下珞渝（又写作“下珞瑜”，泛指永木河、锡约尔河、巴恰西仁河流域）

【出处】维·埃尔温搜集：《太阳为什么那样红》，见中华民族故事大系编委会编《中华民族故事大系》第 16 卷（赫哲族、门巴族、珞巴族、基诺族），上海：上海文艺出版社 1995 年版，第 416～417 页。

W0272.2.2

神或神性人物生太阳神

实 例

（参见下级母题实例）

W0272.2.2.1

太阳神是最高天神英叭的后代

实 例

傣族（水傣）（参见“W0278.1.9 太阳神披乍贺”母题实例）

W0272.2.3

鱼生太阳神

实 例

（参见下级母题实例）

W0272.2.3.1

金鱼抖鳞生出太阳神

实 例

哈尼族 大金鱼抖鳞生出太阳神、月亮神、天神、地神、海神。

【流传】（无考）

【出处】《烟本霍本》，见《中国各民族宗教与神话大词典》编审委员会编《中国各民族宗教与神话大词典》，北京：学苑出版社 1990 年版，第 168 页。

哈尼族 最早的世上只有一条非常粗大的叫做密乌艾西艾玛的金鱼。她从脖子里的鱼鳞里抖出1对大神，先出来的是太阳神约罗。

【流传】云南省·红河哈尼族彝族自治州

【出处】《窝果策尼果》，见红河哈尼族彝族自治州人民政府编《哈尼族口传文化译注全集》第1卷，昆明：云南民族出版社2009年版，第8页。

W0272.2.3.1.1

地下最大的金鱼娘密乌艾西艾玛抖鳞从脖子处生太阳神约罗

实 例

哈尼族 密乌艾西艾玛（地下最大的金鱼娘）鱼鳞一抖，从脖子那里抖出太阳神约罗和月亮神约白。

【流传】云南省·（红河哈尼族彝族自治州）·元阳县

【出处】朱小和讲，史军超等采录：《神的古今》，见中国民间文学集成全国编辑委员会编《中国民间故事集成》（云南卷），北京：中国ISBN中心2003年版，第19页。

哈尼族 海中生出的金鱼娘把大神生养，她把巨大的鱼鳞张开，鱼鳞透出万道金光，鱼鳞一抖，从脖子那里抖出两个大神，就是太阳神约罗和月亮神约白。

【流传】云南省·（红河哈尼族彝族自治州）·元阳县、金平县（金平苗族瑶族傣族自治县）、红河县等地

【出处】朱小和讲，史军超、卢朝贵搜集整理：《烟本霍本》，原载刘辉豪、阿罗编《哈尼族民间故事选》，上海文艺出版社1989年版，见姚宝瑄主编《中国各民族神话》（哈尼族、傣族），太原：山西出版传媒集团·书海出版社2014年版，第33页。

W0272.3

人成为太阳神

实 例

（参见下级母题实例）

W0272.3.1

人成为太阳神的原因

实 例

（参见下级母题实例）

W0272.3.1.1

为人类找到火的男子被封为太阳神

实 例

畲族 为人类找到火的男子被封为日神。

【流传】浙江省·丽水（丽水市）

【出处】唐宗龙等整理：《日神和月神的传说》，见中华民族故事大系编委会编《中华民族故事大系》第8卷（畲族、高山族、拉祜族），上海：上海文艺出版社1995年版，第21页。

W0272.3.1.2

柬君为百姓除去云雾被尊为太阳神

实 例

白族 一个叫柬君的人为百姓除去云雾，被尊为太阳神。

【流传】 云南省

【出处】《太阳神话》，见中国社会科学院云南少数民族文学研究所等编《云南少数民族文学资料》（第1辑），内部编印，1980年，第238页。

W0272.3.1.3

人吃特定物后成为太阳神

实 例

（参见下级母题实例）

W0272.3.1.3.1

人吃一朵红花后飞进太阳成为太阳神

实 例

哈尼族 弟弟约罗吃了一朵红花后，全身变得热和和红通通的，飞进太阳成了太阳神。

【流传】 云南省·（红河哈尼族彝族自治州）·元阳县

【出处】 卢朝贵讲，史军超采录：《太阳和月亮》，见中国民间文学集成全国编辑委员会编《中国民间故事集成》（云南卷），北京：中国ISBN中心2003年版，第117页。

W0272.3.2

特定的人成为太阳神

实 例

（参见下级母题实例）

W0272.3.2.1

姐弟俩中的弟弟成为太阳神

实 例

哈尼族 有家哈尼人生的姐弟俩中的弟弟约罗飞进太阳去了，成了太阳神约罗。

【流传】 云南省·（红河哈尼族彝族自治州）·元阳县

【出处】 卢朝贵讲，史军超采录：《太阳和月亮》，见中国民间文学集成全国编辑委员会编《中国民间故事集成》（云南卷），北京：中国ISBN中心2003年版，第117页。

W0272.3.2.2

三姐妹中的老大貌丑抢着做了太阳神

实 例

汉族 一户人家的三姐妹中，老大生得很难看抢着做了太阳神。

【流传】 浙江省·（舟山市）·定海区·洞岙乡·新城村

【出处】 俞正财讲，于海辰采录：《天狗吃月》，见中国民间文学集成全国编辑委员会编《中国民间故事集成》（浙江卷），北京：中国 ISBN 中心 1997 年版，第 35 页。

W0272.4

太阳神是封的

实 例

（参见下级母题实例）

W0272.4.1

神女被封为太阳神

实 例

（参见下级母题实例）

W0272.4.1.1

天帝把神界有三姐妹中的大姐封为太阳神

实 例

汉族 神界有三姐妹，天帝把大姐封为太阳神。

【流传】 浙江省·舟山市·定海区·（岑港镇）·烟墩村

【出处】 夏长生讲，夏志芳采录：《日夜是咋分开的》，见中国民间文学集成全国编辑委员会编《中国民间故事集成》（浙江卷），北京：中国 ISBN 中心 1997 年版，第 24 页。

汉族 以前天地黑暗时，神界有三姐妹。帝把大姐封为太阳神，二姐封为月亮神。

【流传】 浙江省·舟山市·（定海区·岑港镇）·烟墩（烟墩村）、马目（马目村）一带

【出处】 夏长生讲，夏志芳记录整理：《鸡神分日夜》（1987.07.20），见姚宝瑄主编《中国各民族神话》（汉族），太原：山西出版传媒集团·书海出版社 2014 年版，第 176 页。

W0272.4.2

特定的神被封为太阳神

实 例

（实例待考）

W0272.4.2.1

天帝封特定的神为太阳神

实 例

（实例待考）

W0272.4.3

天上的人被封为太阳神

【关联】［W0006.1］神是天上的人

实 例

（参见下级母题实例）

W0272.4.3.1

玉帝把天上两兄妹中的妹妹封为太阳神

实 例

汉族 天上有兄妹两个，妹妹被玉帝封为太阳神，夜里走的封为月亮神。

【流传】 江苏省·（镇江市）·丹徒县

（丹徒区）·黄墟乡

【出处】孔锡生讲，於自力采录：《太阳和月亮》，见中国民间文学集成全国编辑委员会编《中国民间故事集成》（江苏卷），北京：中国 ISBN 中心 1998 年版，第 3 页。

汉族 玉皇大帝命令天上的两兄妹每天到人间走一趟，察看凡世疾苦。妹妹日里走，被封为太阳神。

【流传】江苏省·（镇江市）·句容（句容市），丹徒县（丹徒区）·（黄墟乡）等地

【出处】孔锡生讲，於自力记录，匡增文整理：《太阳光刺眼的传说》（1987.04.26），见姚宝瑄主编《中国各民族神话》（汉族），太原：山西出版传媒集团·书海出版社 2014 年版，第 185～186 页。

W0272.5

与太阳神产生有关的其他母题

【关联】

① ［W0466.7］火神变太阳

② ［W0906.2a.1］鬼生太阳鬼

实 例

景颇族 鬼生太阳鬼。

【流传】（无考）

【出处】何峨整理：《万物诞生》，见中华民族故事大系编委会编《中华民族故事大系》第 10 卷（景颇族、柯尔克孜族、土族），上海：上海文艺出版社 1995 年版，第 8 页。

W0272.5.1

太阳月亮姊妹被奉为神

实 例

汉族 人们感激太阳和月亮二姊妹，就把她俩当神供奉起来。

【流传】河南省·（焦作市·武陟县·阳城乡·郭下村）

【出处】王泥秋（28 岁，高中，农民）讲，王广先采录整理：《白天和黑夜》，见张振犁编著，孟宪明、朱淑君统纂《中原神话通鉴》（第四卷），郑州：河南大学出版社 2017 年版，第 1219 页。

W0273

太阳神的特征

实 例

（参见下级母题实例）

W0273.1

男太阳神

【关联】［W1603］太阳是男的

实 例

（参见下级母题实例）

W0273.1.1

太阳是神男

实 例

蒙古族（卫拉特） 麦德尔神女派神男、神女每天给人间照明，神男白天值

班，发热发红光，称为太阳。

【流传】（无考）

【出处】姚玉瑄搜集整理：《麦德尔娘娘开天辟地》，见满都呼主编《中国阿尔泰语系诸民族神话故事》，北京：民族出版社 1997 年版，第 147 ~ 148 页。

W0273. 1. 2
太阳男神辟木西一

实 例

羌族 太阳男神辟木西一。

【流传】四川省·（阿坝藏族羌族自治州）·汶川县·雁门乡·索桥村·小寨子组

【出处】周毓华：《羌族原始宗教经典及神灵系统调整》，载《西藏民族学院学报》2010 年第 3 期。

W0273. 1. 3
太阳是男神，月亮是女神

实 例

达斡尔族 日月分别是男神与女神，行走快慢不同。

【流传】（无考）

【出处】关纪新：《自然认知神话》，见 http：//iel. cass. cn。

W0273. 2
女太阳神（太阳女神）

【汤普森】A220. 1

实 例

鄂温克族 太阳姑娘是女太阳神。

【流传】内蒙古自治区·呼伦贝尔（呼伦贝尔市）

【出处】隋书金整理：《太阳姑娘》，见中华民族故事大系编委会编《中华民族故事大系》第 14 卷（普米族、塔吉克族、怒族、俄罗斯族、鄂温克族），上海：上海文艺出版社 1995 年版，第 806 页。

傈僳族 木餐哥（太阳）是个很有本事的女神。

【流传】云南省·（大理白族自治州）·鹤庆县·朵美（朵美乡）

【出处】唐三妹讲，鹤庆县集成办公室采录：《山神岩桑》，见中国民间文学集成全国编辑委员会编《中国民间故事集成》（云南卷），北京：中国 ISBN 中心 2003 年版，第 364 页。

W0273. 2. 0
太阳女神是天地的女儿

实 例

（参见下级母题实例）

W0273. 2. 0. 1
大地和天空婚生太阳神女儿东尼

实 例

珞巴族 东尼（太阳神）是培多·多杜（天空）和妻子石金·克丁（大地）的女儿。

【流传】

（a）西藏自治区·下珞瑜（泛指永木

河、锡约尔河、巴恰西仁河流域）
(b) 西藏自治区·下珞渝（又写作“下珞瑜”）·博日部落嘎盛村

【出处】
(a) 维·埃尔温搜集：《太阳为什么那样红》，见中华民族故事大系编委会编《中华民族故事大系》第16卷（赫哲族、门巴族、珞巴族、基诺族），上海：上海文艺出版社1995年版，第416~417页。
(b) 同(a)，见李坚尚、刘芳贤编《珞巴族门巴族民间故事选》，上海：上海文艺出版社1993年版，第30~31页。

W0273.2.1

太阳神是姑娘

实 例

鄂温克族 太阳神是个姑娘。

【流传】内蒙古自治区·（呼伦贝尔市）·鄂温克旗（鄂温克族自治旗）·南屯（巴彦托海镇的旧称）

【出处】汪立珍：《鄂温克族神话研究》，北京：中央民族大学出版社2006年版，第128页。

W0273.2.1.1

洪水后繁衍后代的女子成为太阳神

实 例

景颇族 造物主能贯娃让洪水后幸存的繁衍了后代的女子当了太阳神管理太阳。

【流传】（云南省·德宏傣族景颇族自治州）

【出处】岳志明、杨国治翻译整理：《驾驭太阳的母亲》，见姚宝瑄主编《中国各民族神话》（白族、拉祜族、景颇族），太原：山西出版传媒集团·书海出版社2014年版，第215页。

W0273.2.2

太阳神是老奶奶

【关联】［W0274a.1.1］太阳神变老奶奶

实 例

景颇族 太阳神化身为老奶奶。

【流传】（无考）

【出处】丁麻途讲，桑仁整理：《太阳婆婆》，见中华民族故事大系编委会编《中华民族故事大系》第10卷（景颇族、柯尔克孜族、土族），上海：上海文艺出版社1995年版，第177页。

W0273.2.3

太阳神是金发老人

实 例

蒙古族 （实例待考）

W0273.3

白太阳神

实 例

（参见下级母题实例）

W0273. 3. 1

白太阳神米利东主

实 例

（参见下级母题实例）

W0273. 3. 1. 1

白太阳神米利东主象征光明美善

实 例

纳西族 米利东主是善神，白太阳神，是阳刚之气光明美善之象征。

【流传】（无考）

【出处】 陈烈：《英雄史诗〈黑白战争〉题思想的形成》，载《民族文学研究》，1998 年第 2 期。

W0273. 4

黑太阳神

实 例

（参见下级母题实例）

W0273. 4. 1

黑太阳神米利术主是恶神

实 例

（参见下级母题实例）

W0273. 4. 1. 1

黑太阳神米利术主象征黑暗邪恶

实 例

纳西族 米利术主是恶神，黑太阳神，是阴气秽气、黑暗邪恶之象征。

【流传】（无考）

【出处】 陈烈：《英雄史诗〈黑白战争〉题思想的形成》，载《民族文学研究》1998 年第 2 期。

W0273. 5

太阳神浑身发金光

【关联】［W1617. 2］太阳是金色的

实 例

（参见下级母题实例）

W0273. 5. 1

太阳神穿着红袍，戴着金冠，摇着金扇，浑身上下金光闪闪

实 例

裕固族 太阳神穿着红袍，戴着金冠，摇着金扇，浑身上下，金光闪闪，照得人眼睛都睁不开来。

【流传】（无考）

【出处】 乔维森、野枫整理：《莫拉》，原载《神话传说故事选》，见陶阳、钟秀编《中国神话》（中），北京：商务印书馆 2008 年版，第 779 ~ 784 页。

W0273. 6

太阳神的性格

实 例

（参见下级母题实例）

W0273.6.1

太阳神脾气火爆

实 例

汉族 日神红脸膛、脾气火爆。

【流传】 河南省·（洛阳市）·嵩县［采录地点：嵩县·仔谷乡·王庄］

【出处】 史五友讲，郭红欣采录：《日月两兄弟分工》（1089.08.23），见张振犁编著，孟宪明、朱淑君统纂《中原神话通鉴》（第四卷），郑州：河南大学出版社 2017 年版，第 1202 ~ 1203 页。

W0273.6.2

太阳神凶恶（凶恶的太阳神）

实 例

（参见下级母题实例）

W0273.6.2.1

天上的 10 个太阳神一个比一个凶

实 例

白族 天上的十个太阳神，除英娃外，一个比一个凶恶。

【流传】 云南省·（大理白族自治州）·鹤庆（鹤庆县）

【出处】 罗玉生讲，艺叟记录：《日月甲马》，原载《中国民间故事全书》（云南省·鹤庆卷），见陶阳、钟秀编《中国神话》（下），北京：商务印书馆 2008 年版，第 1463 ~ 1466 页。

W0273.7

与太阳神的特征有关的其他母题

实 例

（参见下级母题实例）

W0274

太阳神的职能（太阳神的身份）

【关联】

① ［W0442.4.1.1］日月是人类养育神

② ［W5079.1］太阳神管理人间

实 例

（参见下级母题实例）

W0274.1

太阳神为太阳驾车

【汤普森】 A724.1

【关联】 ［W0752.4.3］羲和为太阳驾车

实 例

（参见下级母题实例）

W0274.2

太阳神发出火（太阳神发出光和热）

实 例

哈尼族 太阳神约罗使力发热，也晒不熟庄稼。

【流传】

（a）云南省·（红河哈尼族彝族自治州）·元阳县

（b）云南省·（红河哈尼族彝族自治州）·元阳县、红河（红河县）、绿春（绿春县）、金平县（金平苗族瑶族傣族自治县）等

【出处】

（a）朱小和讲，史军超采录：《查牛补天地》，见中国民间文学集成全国编辑委员会编《中国民间故事集成》（云南卷），北京：中国ISBN中心2003年版，第29页。

（b）同（a），见《哈尼族神话传说集成》，北京：中国民间文艺出版社1990年版。

W0274. 2. 1

太阳神给人光明和温暖，生长庄稼

实　例

羌族 屋顶供奉的白石中有的代表“太阳神”。太阳神给人光明和温暖，生长庄稼。

【流传】 四川省·（阿坝藏族羌族自治州）·理县·龙溪沟（今汶川县龙溪乡）

【出处】 西南民族学院研究室编：《羌（尔玛）族情况》，1954年，见吕大吉、何耀华总主编《中国各民族原始宗教资料集成》（纳西族卷、羌族卷、独龙族卷、傈僳族卷、怒族卷），北京：中国社会科学出版社2000年版，第470页。

W0274. 3

太阳神惩罚恶人

【关联】［W0335. 3］雷神惩罚恶人

实　例

景颇族 太阳神惩罚恶人。

【流传】（无考）

【出处】 丁麻途讲，桑仁整理：《太阳婆婆》，见中华民族故事大系编委会编《中华民族故事大系》第10卷（景颇族、柯尔克孜族、土族），上海：上海文艺出版社1995年版，第179页。

W0274. 4

太阳神帮助人类耕种

实　例

（参见下级母题实例）

W0274. 4. 1

太阳神带领人们种地

实　例

哈尼族 太阳神约罗白天领着哈尼种地。

【流传】 云南省·（红河哈尼族彝族自治州）·元阳县·黄草岭区（黄草岭乡）·树皮寨

【出处】

（a）杨批斗讲，史军超采录：《年月树》，见中国民间文学集成全国编辑委员会编《中国民间故事集成》（云南卷），北京：中国ISBN中心2003

年版，第289页。

(b) 同 (a)《哈尼族神话传说集成》，北京：中国民间文艺出版社1990年版。

W0274.5

太阳神是管理者

实 例

（参见下级母题实例）

W0274.5.1

太阳神管特定的地方

实 例

（参见下级母题实例）

W0274.5.1.1

太阳管九山

实 例

彝族 太阳管九山，月亮管八岭。

【流传】贵州省彝族地区

【出处】《日月二象论》，见罗曲《彝族民间文艺概论》，成都：巴蜀书社2001年版。

W0274.5.2

太阳神成为人间的首领

实 例

羌族 天女木姐是天神木比塔的三姑娘，与羌族青年斗安珠成婚，生了九弟兄。木姐为了帮助她的子孙（九兄弟发展成的羌族九个氏族）生存与发展，又派了太阳神牟尼委西来到人间，这便成了羌人的首领。

【流传】（无考）

【出处】林朝山讲，白明整理：《木姐天女的女儿》，见姚宝瑄主编《中国各民族神话》（羌族、彝族），太原：山西出版传媒集团·书海出版社2014年版，第5页。

W0274.6

日神被尊为天神（太阳神是天神）

实 例

汉族等 日神被尊为天神。

【流传】（无考）

【出处】《日神》，见乌丙安主编《中国民间神谱》，沈阳：辽宁人民出版社2007年版，第2页。

羌族 天神，又称“阿不确克”（太阳神）。

【流传】四川省·（阿坝藏族羌族自治州）·理县·桃坪乡·增头寨

【出处】

(a) 钱安靖：《羌族宗教习俗调查资料》，见羌族社会历史调查四川省编写组编《羌族社会历史调查》，成都：四川省社会科学院出版社1985年版。

(b) 同 (a)，见吕大吉、何耀华总主编《中国各民族原始宗教资料集成》（纳西族卷、羌族卷、独龙族卷、傈僳族卷、怒族卷），北京：中国社会科学出版社2000年版，第474页。

W0274.6.1

天神太阳神是最高神

【关联】［W0122.2］日月神是最高神

实 例

羌族 太阳神（天神）是最高的神。

【流传】四川省·（阿坝藏族羌族自治州·汶川县·三江镇）

【出处】西南民族学院研究室编：《羌（尔玛）族情况》，1954年，见吕大吉、何耀华总主编《中国各民族原始宗教资料集成》（纳西族卷、羌族卷、独龙族卷、傈僳族卷、怒族卷），北京：中国社会科学出版社2000年版，第548页。

W0274.7

与太阳神职能或身份有关的其他母题

【关联】［W0782.2.0.7］日神作为本主

实 例

（参见下级母题实例）

W0274.7.1

太阳神下凡巡视

实 例

高山族（阿美）太阳神下凡察访。

【流传】（台湾·花莲县·光复乡太巴塱）

【出处】《高山族各种人的始祖：太巴塱阿美人始祖》，见姚宝瑄主编《中国各民族神话》（高山族、黎族、畲族），太原：山西出版传媒集团·书海出版社2014年版，第14页。

W0274a

太阳神的能力（太阳神的事迹）

实 例

（参见下级母题实例）

W0274a.1

太阳神会变形

实 例

（参见下级母题实例）

W0274a.1.1

太阳神变老奶奶

实 例

景颇族 太阳神变老奶奶。

【流传】（无考）

【出处】丁麻途讲，桑仁整理：《太阳婆婆》，见中华民族故事大系编委会编《中华民族故事大系》第10卷（景颇族、柯尔克孜族、土族），上海：上海文艺出版社1995年版，第177页。

W0274a.2

太阳神能力非凡

实 例

（参见下级母题实例）

W0274a.2.1
太阳神能上天下海

实 例

（参见下级母题实例）

W0274a.2.1.1
太阳神上天能拔金牛角，下海能取鳌鱼胆

实 例

羌族 太阳神牟尼委西有上天能拔金牛角，下海能取鳌鱼胆的本领。

【流传】（无考）

【出处】林朝山讲，白明整理：《木姐天女的女儿》，见姚宝瑄主编《中国各民族神话》（羌族、彝族），太原：山西出版传媒集团·书海出版社2014年版，第5页。

W0274a.2.2
太阳神善射

实 例

（参见下级母题实例）

W0274a.2.2.1
太阳神百发百中

实 例

羌族 太阳神牟尼委西的本事很大，他善于射箭，“神箭用的金竹根，百发百中敌胆寒”。

【流传】（无考）

【出处】林朝山讲，白明整理：《木姐天女的女儿》，见姚宝瑄主编《中国各民族神话》（羌族、彝族），太原：山西出版传媒集团·书海出版社2014年版，第5页。

W0274a.2.3
太阳神救助人类

实 例

汉族 太阳神和月亮神为镇住引起灾难的金乌，就商量要在那儿盖个双塔，把那金乌压在地下，让它飞不出来，这儿的人就会得救了。

【流传】河南省·（郑州市）·中牟县·南黄店乡·冯堂乡［采录地点：中牟县冯堂乡蒿家村］

【出处】冯二喜（男，57岁，小学毕业，农民）讲，冯长顺采录：《建双塔》（1989.10.08），见张振犁编著，孟宪明、朱淑君统纂《中原神话通鉴》（第四卷），郑州：河南大学出版社2017年版，第1240页。

W0274a.2.3.1
太阳神帮大禹治水

实 例

（参见下级母题实例）

W0274a.2.3.1.1
太阳神用目光照晒洪水

实 例

汉族 大禹王治水时，请来太阳神帮

助，太阳神将目光对准水精洞长达七七四十九天。

【流传】河南省·（南阳市）·桐柏县（桐柏山区）

【出处】李屏堂（男，58岁）讲，赵赋采录：《桐柏禹王》（1987），见张振犁编著，孟宪明、朱淑君统纂《中原神话通鉴》（第四卷），郑州：河南大学出版社2017年版，第1156页。

W0275

太阳神的亲属（太阳神的家庭）

【汤普森】A220.2

实 例

（参见下级母题实例）

W0275.1

太阳神的父母

实 例

（参见下级母题实例）

W0275.1.1

太阳神是天神的女儿

【关联】［W0202.2.4］天神的女儿（天女）

实 例

（参见下级母题实例）

W0275.1.1.1

太阳神木餐哥是天神的女儿

实 例

傈僳族 太阳女神木餐哥是天神的女儿。

【流传】云南省·（大理白族自治州）·鹤庆县·朵美（朵美乡）

【出处】唐三妹讲，鹤庆县集成办公室采录：《山神岩桑》，见中国民间文学集成全国编辑委员会编《中国民间故事集成》（云南卷），北京：中国ISBN中心2003年版，第364页。

W0275.1.2

太阳神的父亲

实 例

（参见下级母题实例）

W0275.1.2.1

太阳神是老天爷的大儿子

实 例

汉族 老天爷的儿子老大日神，红脸膛、脾气火爆。

【流传】河南省·（洛阳市）·嵩县［采录地点：嵩县·仔谷乡·王庄］

【出处】史五友讲，郭红欣采录：《日月两兄弟分工》（1089.08.23），见张振犁编著，孟宪明、朱淑君统纂《中原神话通鉴》（第四卷），郑州：河南大学出版社2017年版，第1202~1203页。

W0275.1.3

太阳神的母亲

【关联】

① [W0752.1] 羲和是太阳的母亲

② [W1680.3] 太阳的母亲

实 例

(实例待考)

W0275.2 太阳神的兄弟姐妹

实 例

(参见下级母题实例)

W0275.2.1 太阳神姐姐，月亮神弟弟

实 例

汉族 (实例待考)

W0275.2.1.1 约罗、约白姐弟俩变成太阳神和月亮神

实 例

哈尼族 约罗约白姐弟俩斗怪物，吃下七花草的花后，约罗飞进太阳里，成为太阳神；约白飞进月亮里，为月亮神。

【流传】(无考)

【出处】《约罗约白》，见《中国各民族宗教与神话大词典》编审委员会编《中国各民族宗教与神话大词典》，北京：学苑出版社1990年版，第169~170页。

W0275.2.1a 太阳神是月亮神的姐姐

实 例

汉族 太阳神是月亮神的姐姐。

【流传】浙江省·舟山市·定海区·(岑港镇)·烟墩村

【出处】夏长生讲，夏志芳采录：《日夜是咋分开的》，见中国民间文学集成全国编辑委员会编《中国民间故事集成》(浙江卷)，北京：中国ISBN中心1997年版，第24页。

W0275.2.2 太阳神与月亮神、鸡神是三姐妹

实 例

汉族 神界有三姐妹分别帝被封为太阳神、月亮神和鸡神。

【流传】浙江省·舟山市·(定海区·岑港镇)·烟墩(烟墩村)、马目(马目村)一带

【出处】夏长生讲，夏志芳记录整理：《鸡神分日夜》(1987.07.20)，见姚宝瑄主编《中国各民族神话》(汉族)，太原：山西出版传媒集团·书海出版社2014年版，第176页。

W0275.2.3 太阳神与月亮神、天狗神是三姐妹

实 例

汉族 太阳神、月亮神和天狗是三姐妹。

【流传】浙江省·(舟山市)·定海区·洞岙乡·新城村

【出处】俞正财讲，于海辰采录：《天狗

吃月》，见中国民间文学集成全国编辑委员会编《中国民间故事集成》（浙江卷），北京：中国 ISBN 中心 1997 年版，第 35 页。

W0275. 2. 4

太阳神妹妹，月亮神是哥哥

实 例

汉族 （实例待考）

W0275. 3

太阳神的子女

【关联】［W1682］太阳的儿女

实 例

（参见下级母题实例）

W0275. 3. 0

太阳神子女众多

实 例

（参见下级母题实例）

W0275. 3. 0. 1

太阳神有 99999 个娃

实 例

白族 月亮神英比自从做了太阳神的妻子后，在一千年中，同十个太阳神生了九万九千九百九十九个娃娃。

【流传】云南省·（大理白族自治州）·鹤庆（鹤庆县）

【出处】罗玉生讲，艺叟记录：《日月甲马》，原载《中国民间故事全书》（云南省·鹤庆卷），见陶阳、钟秀编《中国神话》（下），北京：商务印书馆 2008 年版，第 1463～1466 页。

W0275. 3. 0a

太阳神特定名称的子女

实 例

（参见下级母题实例）

W0275. 3. 0a. 1

太阳神的儿子宁冠知恁，女儿玛璋维舜

实 例

景颇族 太阳神有儿女，男曰宁冠知恁，女曰玛璋维舜，二人结为夫妻，生子曰宁冠哇摩甘。

【流传】（无考）

【出处】袁珂改编：《宁冠哇》，原载谷德明编《中国少数民族神话选》，见袁珂《中国神话大词典》，北京：华夏出版社 2015 年版，第 554 页。

W0275. 3. 1

太阳神的儿子

【关联】［W1680. 2. 2］太阳是太阳神的儿子

实 例

（参见下级母题实例）

W0275. 3. 1. 1

太阳神的儿子雷公

【关联】［W0349. 2. 1］雷公是太阳神的

儿子

实 例

汉族 （实例待考）

W0275.3.2

太阳神有多个儿子

实 例

（参见下级母题实例）

W0275.3.2.1

太阳神有8个儿子

实 例

（参见下级母题实例）

W0275.3.2.1.1

太阳神的8个儿子个个顽劣成性

实 例

汉族 太阳神有8个儿子顽皮成性，被整天关在家里。

【流传】 浙江省·（杭州市）·临安县（临安市）·呼日乡·呼日村

【出处】 凌信尧讲，周林军采录：《后羿呼日》，见中国民间文学集成全国编辑委员会编《中国民间故事集成》（浙江卷），北京：中国ISBN中心1997年版，第25页。

W0275.3.3

太阳神的女儿

实 例

汉族 （实例待考）

W0275.3.4

太阳神有1对子女

实 例

景颇族 太阳神有1对儿女。

【流传】 （无考）

【出处】 木然脑都整理：《始祖宁贯娃的故事》，见中华民族故事大系编委会编《中华民族故事大系》第10卷（景颇族、柯尔克孜族、土族），上海：上海文艺出版社1995年版，第32页。

景颇族 天上的太阳神有一对儿女。

【流传】 云南省

【出处】 木然瑙都整理：《宁冠哇》，载《山茶》1983年第3期。

W0275.3.4.1

太阳神的1对儿女结为夫妻

实 例

景颇族 太阳神的一对儿女结为夫妻。

【流传】 （无考）

【出处】 木然瑙都搜集整理：《宁冠娃》，见谷德明编《中国少数民族神话》，北京：中国民间文艺出版社1987年版，第465页。

W0275.4

太阳神的妻子

【关联】 ［W1683.1］太阳的妻子

实 例

（参见下级母题实例）

W0275. 4. 1

太阳神的妻子月亮神

实 例

畲族 一对为民寻找水与火的夫妻，钟郎当日神，叫蓝娘当月神。

【流传】（无考）

【出处】雷玉生等讲，唐宗龙记录：《金水湖和银水湖》，见谷德明编《中国少数民族神话》，北京：中国民间文艺出版社1987年版，第229页。

W0275. 5

太阳神的从属

实 例

（参见下级母题实例）

W0275. 5. 1

太阳神的上司

实 例

（参见下级母题实例）

W0275. 5. 1. 1

管太阳的神搓鲁约策

实 例

哈尼族 十二个乌摩（神的名号）中第六个乌摩是管理太阳的搓鲁约策。

【流传】云南省·（红河哈尼族彝族自治州）·元阳县

【出处】卢朝贵讲，史军超采录：《神和人的家谱》，见中国民间文学集成全国编辑委员会编《中国民间故事集成》（云南卷），北京：中国ISBN中心2003年版，第23页。

哈尼族 十二个乌摩（即管神的神或专司管理的神）中，第六个乌摩是管理太阳的搓鲁约策。

【流传】云南省·（红河哈尼族彝族自治州）·元阳（元阳县）、红河（红河县）、金平（金平苗族瑶族傣族自治县）［采集于元阳县·胜村乡·全福庄］

【出处】卢朝贵讲，史军超搜集整理：《神和人的家谱》，原载云南省民间文学集成办公室编《哈尼族神话传说集成》，中国民间文艺出版社1990年版，见姚宝瑄主编《中国各民族神话》（哈尼族、傣族），太原：山西出版传媒集团·书海出版社2014年版，第42页。

W0275. 5. 2

太阳神的下属

实 例

（参见下级母题实例）

W0275. 5. 2. 1

太阳神的侍女

实 例

（参见下级母题实例）

W0275.5.2.1.1
太阳侍女蟒神玛玛

实 例

满族 东海女真人海祭时，自称太阳侍女的蟒神玛玛入世，柔软的躯体，匍匐于地上，作蛇摇舞。

【流传】（无考）

【出处】郭淑云：《满族古代祭祀舞蹈之特征》，转引自吕大吉、何耀华总主编《中国各民族原始宗教资料集成》（鄂伦春族卷、鄂温克族卷、赫哲族卷、达斡尔族卷、锡伯族卷、满族卷、蒙古族卷、藏族卷），北京：中国社会科学出版社 1999 年版，第 563 页。

W0275.5.2.2
太阳神的手下的小鬼

实 例

汉族 太阳神白儿里盖，月亮神黑儿里盖，各盖各的，太阳神盖东塔，月亮神盖西塔，他们各自都带着很多的小鬼、小判帮忙。盖呀，盖呀，整整盖了七七四十九天，终于盖成了。

【流传】河南省·（郑州市）·中牟县·南黄店乡·冯堂乡［采录地点：中牟县冯堂乡蒿家村］

【出处】冯二喜（男，57 岁，小学毕业，农民）讲，冯长顺采录：《建双塔》（1989.10.08），见张振犁编著，孟宪明、朱淑君统纂《中原神话通鉴》（第四卷），郑州：河南大学出版社 2017 年版，第 1240 页。

W0275.6
与太阳神的关系有关的其他母题

【关联】［W1561.2］太阳神生太阳

实 例

（参见下级母题实例）

W0275.6.1
太阳神的弟子

实 例

（参见下级母题实例）

W0275.6.1.1
太阳神的 12 个弟子

实 例

汉族 太阳神收了十二个弟子，教会他们散热发光的本领。

【流传】河南省·（南阳市）·桐柏县

【出处】李振有、李爱波讲，马卉欣采录：《二郎担山撵太阳（三）》（1980），见张振犁编著，孟宪明、朱淑君统纂《中原神话通鉴》（第三卷），郑州：河南大学出版社 2017 年版，第 923 页。

W0275.6.2
太阳与火神是亲属

实 例

傣族 火神的七个儿子决心救出被黑

暗之神吞入腹中的太阳哥哥、月亮姐姐和星星妹妹。

【流传】云南省·西双版纳（西双版纳傣族自治州）·勐海（勐海县）·勐遮（勐遮镇）、勐混（勐混镇）

【出处】波玉挽讲，王光搜集整理：《披乍贺与火神之子的一场战争》，见姚宝瑄主编《中国各民族神话》（哈尼族、傣族），太原：山西出版传媒集团·书海出版社 2014 年版，第 246 页。

W0276

太阳神的生活

实 例

（参见下级母题实例）

W0276.0

太阳神的服饰

实 例

（参见下级母题实例）

W0276.0.1

太阳神穿着红袍，戴着金冠

实 例

裕固族 太阳神穿着红袍，戴着金冠。

【流传】（无考）

【出处】

（a）乔维森等整理：《莫拉》，见谷德明编《中国少数民族神话》，北京：中国民间文艺出版社 1987 年版，第 719 页。

（b）乔维森等整理，钟进文辑：《莫拉》，见满都呼主编《中国阿尔泰语系诸民族神话故事》，北京：民族出版社 1997 年版，第 124 页。

W0276.0.2

太阳神身穿青色的上衣，白色的长裙

实 例

白族 太阳神身穿青色的上衣，白色的长裙，左手拿着一条放光的神枝，右手挽着一张巨大的弯弓，弓弦上插着一支锐利无比的神箭，驾着用六条无角龙拉的一架金车。

【流传】云南省·（大理白族自治州）·喜洲镇·阁洞螃村

【出处】《太阳神——喜洲区阁洞螃村本主》，见大理市文化局编《白族本主神话》，北京：中国民间文艺出版社 1988 年版，第 1～2 页。

W0276.0a

太阳神的饮食

实 例

（实例待考）

W0276.1

太阳神的居所

实 例

（参见下级母题实例）

W0276.1.1

太阳神的宫殿（太阳宫）

【关联】

① ［W1693］太阳宫

② ［W1790］天宫

实　例

（参见下级母题实例）

W0276.1.1.1

太阳神的宫殿在东海岸红光影中

实　例

裕固族 莫拉（裕固族语，孩子、小孩）来到了东海岸上，远远看见红光影里闪出太阳神的宫殿。

【流传】（无考）

【出处】

(a) 乔维森等整理：《莫拉》，见谷德明编《中国少数民族神话》，北京：中国民间文艺出版社 1987 年版，第 719 页。

(b) 乔维森等整理，钟进文辑：《莫拉》，见满都呼主编《中国阿尔泰语系诸民族神话故事》，北京：民族出版社 1997 年版，第 124 页。

裕固族 莫拉（裕固族对孩子的称呼）来到了东海岸上，远远看见红光影里闪出太阳神的宫殿。

【流传】（无考）

【出处】乔维森、野枫整理：《莫拉》，原载《神话传说故事选》，见陶阳、钟秀编《中国神话》（中），北京：商务印书馆 2008 年版，第 779 ~ 784 页。

W0276.1.1.2

太阳神的宫殿有神女守护

实　例

裕固族 太阳神的宫殿门前，坐着一位守护神女守护着宫殿。

【流传】（无考）

【出处】

(a) 乔维森等整理：《莫拉》，见谷德明编《中国少数民族神话》，北京：中国民间文艺出版社 1987 年版，第 719 页。

(b) 乔维森等整理，钟进文辑：《莫拉》，见满都呼主编《中国阿尔泰语系诸民族神话故事》，北京：民族出版社 1997 年版，第 124 页。

W0276.1.1.3

太阳神住火宫

实　例

汉族 太阳神住火宫。

【流传】河南省·（南阳市）·桐柏县·（鸿仪河乡）

【出处】王子鉴讲，柳丹采录整理：《淮水浸月》，见张振犁编著，孟宪明、朱淑君统纂《中原神话通鉴》（第三卷），郑州：河南大学出版社 2017 年版，第 845 页。

W0276. 1. 1. 4

太阳神住遥远东方一座高山上的金殿里

实 例

白族 太阳神住在东方很远很远的一座高山上的金殿里。

【流传】云南省·（大理白族自治州）·喜洲镇·阁洞螃村

【出处】《太阳神——喜洲区阁洞螃村本主》，见大理市文化局编《白族本主神话》，北京：中国民间文艺出版社1988年版，第1～2页。

W0276. 1. 2

太阳神住太阳山

实 例

蒙古族 （实例待考）

W0276. 1. 3

太阳神为什么住在天上

实 例

（参见下级母题实例）

W0276. 1. 3. 1

天空把太阳神和月亮神两个孩子带到天上

实 例

珞巴族 石金·克丁和培多·多杜（博日部落方言，前者即大地，后者即天空）是一对夫妻，他们曾一起生活，紧密地贴在一起，生下女儿东尼和儿子波罗（神灵名称，前者为太阳神，后者为月亮神）。后来石金·克丁一脚把培多·多杜踢上天空，并要他把东尼和波罗一起带走。

【流传】西藏自治区·下珞渝（又写作“下珞瑜”，泛指永木河、锡约尔河、巴恰西仁河流域）

【出处】维·埃尔温搜集：《太阳为什么那样红》，见中华民族故事大系编委会编《中华民族故事大系》第16卷（赫哲族、门巴族、珞巴族、基诺族），上海：上海文艺出版社1995年版，第416～417页。

W0276. 1. 4

太阳神住太阳中

实 例

哈尼族 以前有姐弟俩。弟弟约罗吃了一朵红花后，浑身发热，飞进太阳成了太阳神。

【流传】云南省·（红河哈尼族彝族自治州）·元阳县

【出处】卢朝贵讲，史军超采录：《太阳和月亮》，见中国民间文学集成全国编辑委员会编《中国民间故事集成》（云南卷），北京：中国ISBN中心2003年版，第117页。

W0276. 1. 5

太阳神住东海

实 例

裕固族 太阳神住在东海里。

【流传】（甘肃省祁连山一带）

【出处】

（a）乔维森、野枫记录整理：《莫拉》，见《少数民族文学作品选》编辑委员会编《中国少数民族文学作品选》（第二分册），上海：上海文艺出版社1981年版。

（b）同（a），见姚宝瑄主编《中国各民族神话》（土族、东乡族、回族、保安族、裕固族、撒拉族），太原：山西出版传媒集团·书海出版社2014年版，第90页。

裕固族 太阳神住在东海里。

【流传】（无考）

【出处】乔维森、野枫整理：《莫拉》，原载《神话传说故事选》，见陶阳、钟秀编《中国神话》（中），北京：商务印书馆2008年版，第779～784页。

W0276.2

太阳神的出行

实 例

（参见下级母题实例）

W0276.2.1

太阳神乘坐太阳车

【关联】［W0110］神的车子

实 例

（实例待考）

W0276.2.1.1

太阳车

实 例

（实例待考）

W0276.2.2

太阳神乘坐金车

实 例

（参见下级母题实例）

W0276.2.2.1

太阳神乘用六条无角龙拉的金车

实 例

白族 太阳神驾着用六条无角龙拉的一架金车。

【流传】云南省·（大理白族自治州）·喜洲镇·阁洞螃村

【出处】《太阳神——喜洲区阁洞螃村本主》，见大理市文化局编《白族本主神话》，北京：中国民间文艺出版社1988年版，第1～2页。

W0276.3

太阳神的工具（太阳神的用品）

实 例

（参见下级母题实例）

W0276.3.1

太阳神的金扇

【关联】［W9681］宝扇

实 例

裕固族 太阳神穿着红袍，戴着金冠，摇着金扇，浑身上下，金光闪闪。

【流传】（无考）

【出处】

（a）乔维森等整理：《莫拉》，见谷德明编《中国少数民族神话》，北京：中国民间文艺出版社 1987 年版，第 719 页。

（b）乔维森等整理，钟进文辑：《莫拉》，见满都呼主编《中国阿尔泰语系诸民族神话故事》，北京：民族出版社 1997 年版，第 124 页。

W0276. 3. 2

太阳神的神箭

实 例

（参见下级母题实例）

W0276. 3. 2. 1

太阳神用金竹根做神箭

实 例

羌族 太阳神牟尼委西的神箭用金竹根做成。

【流传】（无考）

【出处】 林朝山讲，白明整理：《木姐天女的女儿》，见姚宝瑄主编《中国各民族神话》（羌族、彝族），太原：山西出版传媒集团·书海出版社 2014 年版，第 5 页。

W0276. 3. 3

太阳神左手拿着一条放光的神枝，右手挽着一张巨大的弯弓，弓弦上插着一支锐利无比的神箭

实 例

白族 （参见“W0276. 0. 2 太阳神身穿青色的上衣，白色的长裙”母题实例）

W0276. 3. 3. 1

太阳神用神枝驱散乌云

实 例

白族 太阳神用神枝驱散了乌云，天空中又重现出了光芒四射的太阳。

【流传】 云南省·（大理白族自治州）·喜洲镇·阁洞螃村

【出处】《太阳神——喜洲区阁洞螃村本主》，见大理市文化局编《白族本主神话》，北京：中国民间文艺出版社 1988 年版，第 1～2 页。

W0277

太阳神的数量

【关联】［W1640］太阳的数量

实 例

（参见下级母题实例）

W0277.1

1 个太阳神

实 例

汉族 天上有一个太阳神。

【流传】 河南省·（三门峡市）·渑池县·西村乡

【出处】《二郎担山追太阳》，见白庚胜总主编《中国民间故事全书》（河南省渑池县卷），北京：知识产权出版社 2009 年版，第 3 页。

W0277.2

2 个太阳神

【汤普森】 A227

【关联】［W4057.1］一个太阳神管白天，一个太阳神管夜晚

实 例

（参见下级母题实例）

W0277.3

10 个太阳神

实 例

汉族 古时候，天上有 10 个太阳神。

【流传】 湖北省·仙桃市·毛咀镇

【出处】 刘小元讲述，别道林采录：《绊根草与马齿苋》，见中国民间文学集成全国编辑委员会编《中国民间故事集成》（湖北卷），北京：中国 ISBN 中心 1999 年版，第 20 页。

W0277.4

12 个太阳神

实 例

汉族 很古以前，天空中有十二个太阳神。

【流传】 江苏省·（连云港市）·东海县·横沟乡一带

【出处】 赵传花讲，柴刚记录：《二郎南岭与二郎北岭》（1987.05），见姚宝瑄主编《中国各民族神话》（汉族），太原：山西出版传媒集团·书海出版社 2014 年版，第 137～138 页。

W0277.5

多个太阳神

实 例

（参见下级母题实例）

W0278

与太阳神有关的其他母题（与日神有关的其他母题）

【关联】

① ［W0906.2a］太阳鬼

② ［W0924.2］太阳神鸟

③ ［W1695.16］日精

实 例

（参见下级母题实例）

W0278.1

特定名称的太阳神（太阳神的名称）

实 例

（参见下级母题实例）

W0278.1.1

太阳神羲和

实 例

汉族 日神是生育了10个太阳的羲和。

【流传】（无考）

【出处】 王德恒等：《造神史话》，天津：百花文艺出版社2002年版，第378页。

W0278.1.1.1

日神羲和生10日

实 例

汉族 （实例待考）

W0278.1.2

太阳神约罗

实 例

哈尼族 约罗约白姐弟俩斗怪物，吃下七花草的花后，约罗飞进太阳里，成为太阳神；约白飞进月亮里，为月亮神。

【流传】（无考）

【出处】《约罗约白》，见《中国各民族宗教与神话大词典》编审委员会编《中国各民族宗教与神话大词典》，北京：学苑出版社1990年版，第169～170页。

哈尼族 太阳神名叫约罗。

【流传】 云南省·（红河哈尼族彝族自治州）·元阳县·黄草岭区（黄草岭乡）·树皮寨

【出处】

（a）杨批斗讲，史军超采录：《年月树》，见中国民间文学集成全国编辑委员会编《中国民间故事集成》（云南卷），北京：中国ISBN中心2003年版，第289页。

（b）同（a）《哈尼族神话传说集成》，北京：中国民间文艺出版社1990年版。

哈尼族 天神刚造出了日月。太阳神约罗使力发热，再热也晒不熟庄稼。

【流传】 云南省·（红河哈尼族彝族自治州）·元阳（元阳县）、红河（红河县）、绿春（绿春县）、金平（金平苗族瑶族傣族自治县）

【出处】 朱小和讲唱，史军超搜集整理：《查牛补天地》（1983），原载云南省民间文学集成办公室编《哈尼族神话传说集成》，中国民间文艺出版社1990年版，见姚宝瑄主编《中国各民族神话》（哈尼族、傣族），太原：山西出版传媒集团·书海出版社2014年版，第49页。

W0278.1.3

太阳神钟郎

实 例

畲族 一对为民寻找水与火的夫妻，钟郎当日神，叫蓝娘当月神。

【流传】（无考）

【出处】 雷玉生等讲，唐宗龙记录：《金水湖和银水湖》，见谷德明编《中国少数民族神话》，北京：中国民间文艺出版社1987年版，第229页。

W0278.1.4

太阳神希温·乌娜吉

【关联】［W0058.0.4.1.1］人们感激带来温暖的希温·乌娜吉（太阳姑娘）尊她为太阳神

实 例

鄂温克族 鄂温克人奉给人间带来温暖的希温·乌娜吉（太阳姑娘），为太阳神。

【流传】 内蒙古自治区·呼伦贝尔盟（呼伦贝尔市）

【出处】

（a）隋书今搜集整理：《太阳神的传说》（1981.10.15），见马名超、王士媛、白衫编《鄂温克族民间故事选》，上海：上海文艺出版社1989年版，第5页。

（b）《太阳神的传说》，见吕大吉、何耀华总主编《中国各民族原始宗教资料集成》（鄂伦春族卷、鄂温克族卷、赫哲族卷、达斡尔族卷、锡伯族卷、满族卷、蒙古族卷、藏族卷），北京：中国社会科学出版社1999年版，第94~95页。

W0278.1.5

太阳神牟尼委西

实 例

羌族 太阳神牟尼委西本领很大。

【流传】（无考）

【出处】 林朝山讲，白明整理：《木姐天女的女儿》，见姚宝瑄主编《中国各民族神话》（羌族、彝族），太原：山西出版传媒集团·书海出版社2014年版，第5页。

W0278.1.6

太阳神东君

实 例

汉族 济天汉，至昆仑，见西王母，谒东君。

【流传】（无考）

【出处】［三国·魏］曹操：《陌上桑》。

W0278.1.6.1

东君谓日神

实 例

汉族 东君谓日神。

【流传】（无考）

【出处】《东君》，见袁珂《中国神话大词典》，北京：华夏出版社2015年版，第 88 页。

W0278. 1. 6. 1. 1

东君又称东王公

实 例

汉族 东君与西王母对举，则东君亦谓东王公。

【流传】（无考）

【出处】《东君》，见袁珂《中国神话大词典》，北京：华夏出版社 2015 年版，第 88 页。

W0278. 1. 6. 2

太阳神東君

实 例

白族 （参见“W0272. 3. 1. 2 東君为百姓除去云雾被尊为太阳神”母题实例）

W0278. 1. 6a

太阳神东皇太一

【关联】［W0204a. 3. 1. 1. 1］东皇太一是天之尊神

实 例

（参见下级母题实例）

W0278. 1. 6a. 1

东皇太一即太阳星君

实 例

汉族 “东皇太一”就是太阳星君，又名“东君”，他就是东王公的前身。

【流传】（无考）

【出处】《东王公》，见乌丙安主编《中国民间神谱》，沈阳：辽宁人民出版社 2007 年版，第 257 页。

W0278. 1. 6a. 1. 1

太阳星君

实 例

（参见下级母题实例）

W0278. 1. 6a. 1. 1. 1

男童女在祭天山顶献祭太阳星君

实 例

彝族（撒尼）萨嫫（女祭师）诵完《太阳经》后，十二个萨嫫便带领一群童男童女到祭天山顶献祭“太阳星君”。

【流传】 云南省·昆明（昆明市）·（寻甸回族彝族自治县·先锋乡）·恰普鲁村

【出处】 ＊《彝族撒尼支宗教祭司张琼 1948 年主祭实录》，见吕大吉、何耀华总主编《中国各民族原始宗教资料集成》（彝族卷、白族卷、基诺族卷），北京：中国社会科学出版社 1996 年版，第 54 页。

W0278. 1. 7

太阳女神木餐哥

实 例

傈僳族 （参见“W0275. 1. 1. 1 太阳神

木餐哥是天神的女儿”母题实例)

W0278.1.8

东海太阳神

实 例

(参见下级母题实例)

W0278.1.8.1

东海太阳神有降妖之术

实 例

裕固族 少年莫拉闻东海太阳神有降妖之术,决心往求教之。

【流传】(无考)

【出处】袁珂改编:《莫拉》,原载毛星主编《中国少数民族文学》(上册),见袁珂《中国神话大词典》,北京:华夏出版社2015年版,第586页。

W0278.1.9

太阳神披乍贺

实 例

傣族(水傣) 太阳神披乍贺是最高天神英叭的后代。

【流传】(云南省·西双版纳傣族自治州)

【出处】王松整理:《傣族——西双版纳的神谱》,见姚宝瑄主编《中国各民族神话》(哈尼族、傣族),太原:山西出版传媒集团·书海出版社2014年版,第228页。

W0278.1.10

太阳神叫“俚”

【关联】[W0497.7.12.1]磨天之神叫“俚”

实 例

(参见下级母题实例)

W0278.1.10.1

“俚”磨好天后化身到太阳中成为太阳神

实 例

佤族 “俚”磨好天后又化身进了太阳,变成了太阳神。

【流传】云南省·(普洱市)·西盟佤族自治县、澜沧拉祜族自治县等地

【出处】毕登程、隋嘎编著:《司岗里——佤族创世史诗》,昆明:云南出版集团公司·云南人民出版社2009年版,第8页。

W0278.1.11

太阳神尼伍布

实 例

(参见下级母题实例)

W0278.1.11.1

日神尼伍布是赤柯家祖先

实 例

彝族 日后有一天,日神尼伍布,是赤柯家祖先。

【流传】贵州省·（毕节市）·赫章县

【出处】罗正清翻译，黄建明摘录：《神系根源》，见吕大吉、何耀华总主编《中国各民族原始宗教资料集成》（彝族卷、白族卷、基诺族卷），北京：中国社会科学出版社 1996 年版，第 279～280 页。

W0278.1.12

太阳神英娃

实　例

白族 人类奉英娃为太阳神。

【流传】云南省·（大理白族自治州）·鹤庆（鹤庆县）

【出处】罗玉生讲，艺叟记录：《日月甲马》，原载《中国民间故事全书》（云南省·鹤庆卷），见陶阳、钟秀编《中国神话》（下），北京：商务印书馆 2008 年版，第 1463～1466 页。

W0278.1.12a

太阳天子大成神

实　例

白族 太阳天子大成神，天上人间现一转。

【流传】云南省·（大理白族自治州）·鹤庆县

【出处】张海福等调查整理：《鹤庆白族日月祭》，见吕大吉、何耀华总主编《中国各民族原始宗教资料集成》（彝族卷、白族卷、基诺族卷），北京：中国社会科学出版社 1996 年版，第 463 页。

W0278.1.13

太阳神阿不确克

实　例

羌族 太阳神又称“阿不确克”。

【流传】四川省·（阿坝藏族羌族自治州）·理县·桃坪乡·增头寨

【出处】

（a）钱安靖：《羌族宗教习俗调查资料》，见羌族社会历史调查四川省编写组编《羌族社会历史调查》，成都：四川省社会科学院出版社 1985 年版。

（b）同（a），见吕大吉、何耀华总主编《中国各民族原始宗教资料集成》（纳西族卷、羌族卷、独龙族卷、傈僳族卷、怒族卷），北京：中国社会科学出版社 2000 年版，第 474 页。

W0278.2

四月初八祭太阳神

【关联】［W6498.3］祭太阳

实　例

彝族 （实例待考）

W0278.3

太阳神的象征物（太阳神的代表物）

实　例

（参见下级母题实例）

W0278.3.1
白石代表太阳神

实 例

（参见下级母题实例）

W0278.3.1.1
屋顶小石塔顶的白石代表太阳神

实 例

羌族 太阳神（天神）以屋顶小石塔顶的白石为代表。

【流传】四川省·（阿坝藏族羌族自治州·汶川县·三江镇）

【出处】西南民族学院研究室编：《羌（尔玛）族情况》，1954年，见吕大吉、何耀华总主编《中国各民族原始宗教资料集成》（纳西族卷、羌族卷、独龙族卷、傈僳族卷、怒族卷），北京：中国社会科学出版社2000年版，第548页。

W0278.4
太阳神象征天

实 例

羌族 太阳神象征天，使他们得到温暖和使青稞生长。

【流传】（无考）

【出处】西南民族学院研究室编：《羌（尔玛）族情况》，1954年，见吕大吉、何耀华总主编《中国各民族原始宗教资料集成》（纳西族卷、羌族卷、独龙族卷、傈僳族卷、怒族卷），北京：中国社会科学出版社2000年版，第461页。

W0278.5
太阳主宰神

实 例

彝族 现祈各位神，上方主宰神，太阳主宰神，月亮主宰神。中间主宰神，白云主宰神，黑云主宰神。

【流传】云南省·（昆明市）·禄劝县（禄劝彝族苗族自治县）·云龙乡·卡问村

【出处】张仲仁（彝族）翻译：*《禄劝彝族的祈福经》，见吕大吉、何耀华总主编《中国各民族原始宗教资料集成》（彝族卷、白族卷、基诺族卷），北京：中国社会科学出版社1996年版，第288~290页。

W0278a
太阴神

实 例

（参见下级母题实例）

W0278a.1
太阴神的产生

实 例

（实例待考）

W0278a. 2

太阴神的特征

实 例

（实例待考）

W0278a. 3

与太阴神有关的其他母题

实 例

（参见下级母题实例）

W0278a. 3. 1

太阴神与仙女相爱

实 例

（参见下级母题实例）

W0278a. 3. 1. 1

太阴神与仙女私生 81 个儿子

实 例

汉族 太阴神与仙女私自结合，生下 81 个儿子。

【流传】 山西省 · 运城市

【出处】 王省三讲，王永年采录：《黄帝战蚩尤》，见中国民间文学集成全国编辑委员会编《中国民间故事集成》（山西卷），北京：中国 ISBN 中心 1999 年版，第 23 页。

※ W0280

月亮神（月神）

【汤普森】 ①A121. 1②A240

实 例

（参见下级母题实例）

W0281

月亮神的产生

【关联】［W1580］月亮的产生

实 例

（参见下级母题实例）

W0281. 1

月亮神自然存在

实 例

（实例待考）

W0281. 2

月亮神源于特定地方

实 例

（参见下级母题实例）

W0281. 2. 1

月亮神是神派出的神女

实 例

（参见下级母题实例）

W0281. 2. 1. 1

月亮神是麦德尔神女派的发白光的神女

实 例

蒙古族（卫拉特）麦德尔神女派神男、神女每天给人间照明，神女晚上值班，发白光，这就是月亮。

【流传】（无考）

【出处】姚宝瑄搜集整理：《麦德尔娘娘开天辟地》，见满都呼主编《中国阿尔泰语系诸民族神话故事》，北京：民族出版社1997年版，第147~148页。

W0281.3

月亮神的造出来的（造月亮神）

实 例

（实例待考）

W0281.4

月亮神是生育产生的

实 例

（参见下级母题实例）

W0281.4.1

神生月亮神

实 例

（实例待考）

W0281.4.2

人生月亮神

实 例

（实例待考）

W0281.4.3

动物生月亮神

实 例

（参见下级母题实例）

W0281.4.3.1

鱼生月亮神

实 例

哈尼族 最早的世上只有一条非常粗大的叫做密乌艾西艾玛的金鱼。她从脖子里的鱼鳞里抖出1对大神，先出来的是太阳神约罗，后出来的是月亮神约白。

【流传】云南省·红河哈尼族彝族自治州

【出处】《窝果策尼果》，见红河哈尼族彝族自治州人民政府编《哈尼族口传文化译注全集》第1卷，昆明：云南民族出版社2009年版，第8页。

W0281.4.3.1.1

鱼从脖子生出月亮神约白

实 例

哈尼族 海中生出的金鱼娘把大神生养，她把巨大的鱼鳞张开，鱼鳞透出万道金光，鱼鳞一抖，从脖子那里抖出两个大神，就是太阳神给罗和月亮神约白。

【流传】云南省·（红河哈尼族彝族自治州）·元阳县、金平县（金平苗族瑶族傣族自治县）、红河县等地

【出处】朱小和讲，史军超、卢朝贵搜集整理：《烟本霍本》，原载刘辉豪、阿罗编《哈尼族民间故事选》，上海文艺出版社1989年版，见姚宝瑄主

编《中国各民族神话》（哈尼族、傣族），太原：山西出版传媒集团·书海出版社2014年版，第33页。

W0281.5

月亮神是变化产生的

实 例

（参见下级母题实例）

W0281.5.1

神成为月亮神

实 例

（实例待考）

W0281.5.2

人成为月亮神

实 例

（参见下级母题实例）

W0281.5.2.1

为人类找到水的女子被封为月神

实 例

畲族 为人类找到水的女子被封为月神。

【流传】 浙江省·丽水（丽水市）

【出处】 唐宗龙等整理：《日神和月神的传说》，见中华民族故事大系编委会编《中华民族故事大系》第8卷（畲族、高山族、拉祜族），上海：上海文艺出版社1995年版，第21页。

W0281.5.2.2

帝喾的一个妻子成为月亮女神

实 例

汉族 帝喾的一个妻子是月亮女神常羲。

【流传】（无考）

【出处】《高辛帝喾》，见金麦田《中国古代神话故事全集》，北京：京华出版社2004年版，第43~44页。

W0281.5.2.3

姐弟俩中的姐姐约白飞进月亮成为月亮神

实 例

哈尼族 姐姐约白摘来一朵白花，吃下去，一身变得亮堂堂的，飞进月亮里成了月亮神。

【流传】 云南省·（红河哈尼族彝族自治州）·元阳县

【出处】 卢朝贵讲，史军超采录：《太阳和月亮》，见中国民间文学集成全国编辑委员会编《中国民间故事集成》（云南卷），北京：中国ISBN中心2003年版，第117页。

W0281.5.2.4

一户人家三姐妹中的老二做了月亮神

实 例

汉族 一户人家的三姐妹中的老二做

了月亮神。

【流传】浙江省·（舟山市）·定海区·洞岙乡·新城村

【出处】俞正财讲，于海辰采录：《天狗吃月》，见中国民间文学集成全国编辑委员会编《中国民间故事集成》（浙江卷），北京：中国 ISBN 中心 1997 年版，第 35 页。

W0281.5.2.5

女孩亨美到月宫成了月神

实 例

纳西族 美利陆阿普（神名）把亨美（人间的女孩）搭救上了天庭，阿普天神称赞亨美智慧和勇敢，让她住到月宫里，成了月神。

【流传】云南省·（丽江市）·丽江县（古城区、玉龙纳西族自治县）

【出处】木丽春采集整理：《亨美月亮姑娘》，见木丽春编著《纳西族民间故事集》，昆明：云南人民出版社 2007 年版，第 151 页。

W0281.6

月亮神是婚生的（婚生月亮神）

实 例

（参见下级母题实例）

W0281.6.1

天地婚生月亮神

实 例

珞巴族 石金·克丁和培多·多杜（博日部落方言，前者即大地，后者即天空）是一对夫妻，他们曾一起生活，紧密地贴在一起，生下女儿东尼和儿子波罗（神灵名称，前者为太阳神，后者为月亮神）。

【流传】西藏自治区·下珞渝（又写作“下珞瑜”，泛指永木河、锡约尔河、巴恰西仁河流域）

【出处】维·埃尔温搜集：《太阳为什么那样红》，见中华民族故事大系编委会编《中华民族故事大系》第 16 卷（赫哲族、门巴族、珞巴族、基诺族），上海：上海文艺出版社 1995 年版，第 416～417 页。

W0281.7

封月亮神

实 例

（参见下级母题实例）

W0281.7.1

天帝封特定的神为月亮神

【关联】［W0058.1.3.0］天神封神（天帝封神）

实 例

（参见下级母题实例）

W0281.7.1.1

天帝把神界有三姐妹中的二姐封为月亮神

实 例

汉族 神界有三姐妹，天帝把二姐封为月亮神。

【流传】浙江省·舟山市·定海区·（岑港镇）·烟墩村

【出处】夏长生讲，夏志芳采录：《日夜是咋分开的》，见中国民间文学集成全国编辑委员会编《中国民间故事集成》（浙江卷），北京：中国ISBN中心1997年版，第24页。

W0281.7.2
玉帝封特定的人为月亮神

实　例

（参见下级母题实例）

W0281.7.2.1
玉帝封天上的兄妹俩中的哥哥为月亮神

实　例

汉族 天上有兄妹两个，哥哥被玉帝封为月亮神。

【流传】江苏省·（镇江市）·丹徒县（丹徒区）·黄墟乡

【出处】孔锡生讲，於自力采录：《太阳和月亮》，见中国民间文学集成全国编辑委员会编《中国民间故事集成》（江苏卷），北京：中国ISBN中心1998年版，第3页。

W0281.8
与月亮神产生有关的其他母题

实　例

（参见下级母题实例）

W0281.8.0
特定人物被奉为月亮神

实　例

白族 人类奉英比为月亮神。

【流传】云南省·（大理白族自治州）·鹤庆（鹤庆县）

【出处】罗玉生讲，艺叟记录：《日月甲马》，原载《中国民间故事全书》（云南省·鹤庆卷），见陶阳、钟秀编《中国神话》（下），北京：商务印书馆2008年版，第1463～1466页。

W0281.8.1
月亮神与太阳神同时产生

实　例

（参见下级母题实例）

W0281.8.1.1
金鱼娘从脖子那里抖出太阳神约罗和月亮神约白

实　例

哈尼族 密乌艾西艾玛（地下最大的金鱼娘）鱼鳞一抖，从脖子那里抖出太阳神约罗和月亮神约白。

【流传】云南省·（红河哈尼族彝族自治州）·元阳县

【出处】朱小和讲，史军超等采录：《神的古今》，见中国民间文学集成全国编辑委员会编《中国民间故事集成》（云南卷），北京：中国ISBN中心

2003 年版，第 19 页。

W0281.8.2
月亮神的生日

实 例

（参见下级母题实例）

W0281.8.2.1
太阴生日三月十三

实 例

白族 太阴（月亮神）三月十三生，善男信女要诚心。

【流传】云南省·（大理白族自治州）·鹤庆县

【出处】张海福等调查整理：《鹤庆白族日月祭》，见吕大吉、何耀华总主编《中国各民族原始宗教资料集成》（彝族卷、白族卷、基诺族卷），北京：中国社会科学出版社 1996 年版，第 464 页。

W0282
月亮神的特征

实 例

（参见下级母题实例）

W0282.1
月亮男神（男月亮神）

【关联】［W0437.4.2.1］12 个乌摩中第 7 个男神乌摩俄多麦节管月亮

实 例

汉族 玉皇大帝命令天上的两兄妹每天到人间走一趟，察看凡世疾苦。哥哥夜里走，被封为月亮神。

【流传】江苏省·（镇江市）·句容（句容市），丹徒县（丹徒区）·（黄墟乡）等地

【出处】孔锡生讲，於自力记录，匡增文整理：《太阳光刺眼的传说》（1987.04.26），见姚宝瑄主编《中国各民族神话》（汉族），太原：山西出版传媒集团·书海出版社 2014 年版，第 185～186 页。

珞巴族 （实例待考）

W0282.1.1
月亮神是个小伙

实 例

鄂温克族 月亮神是个小伙子。

【流传】内蒙古自治区·（呼伦贝尔市）·鄂温克旗（鄂温克族自治旗）·南屯（巴彦托海镇的旧称）

【出处】汪立珍：《鄂温克族神话研究》，北京：中央民族大学出版社 2006 年版，第 128 页。

W0282.2
月亮女神

【汤普森】A240.1

【关联】［W0065］女神

实 例

蒙古族 （实例待考）

W0282.2.1

月亮女神的特征

实 例

（参见下级母题实例）

W0282.2.1.1

月亮女神慈善

实 例

鄂伦春族 月亮是一位慈善的女神。

【流传】（无考）

【出处】吴雅芝整理：《月亮神的传说》，见满都呼主编《中国阿尔泰语系诸民族神话故事》，北京：民族出版社1997年版，第320页。

W0282.2.2

特定名称的月亮女神

实 例

（参见下级母题实例）

W0282.2.2.1

月亮女神常羲

实 例

汉族 月亮女神常羲是帝喾的妻子。

【流传】（无考）

【出处】《高辛帝喾》，见金麦田《中国古代神话故事全集》，北京：京华出版社2004年版，第43～44页。

W0282.2.2.2

月亮女神西木免一

实 例

羌族 月亮女神西木免一。

【流传】四川省·（阿坝藏族羌族自治州）·汶川县·雁门乡·索桥村·小寨子组

【出处】周毓华：《羌族原始宗教经典及神灵系统调整》，载《西藏民族学院学报》2010年第3期。

W0282.2.3

与月亮女神有关的其他母题

【关联】［W0437.4.2.2］月姑是管理月亮的女神

实 例

（参见下级母题实例）

W0282.2.3.1

月亮女神赐给人类善良和情爱

实 例

布朗族 月亮女神给了人类善良和情爱。

【流传】云南省·西双版纳（西双版纳傣族自治州）·勐海县

【出处】《帕雅英与十二瓦席》，见云南省民族事务委员会编《布朗族族文化大观》，昆明：云南民族出版社1999年版，第173页。

W0282.3

月亮神脸白

实 例

（参见下级母题实例）

W0282.3.1

月亮神脸白光亮有限

实 例

哈尼族 月亮神约白挣白了脸，也照不明黑夜里的小路。

【流传】

（a）云南省·（红河哈尼族彝族自治州）·元阳县

（b）云南省·（红河哈尼族彝族自治州）·元阳县、红河（红河县）、绿春（绿春县）、金平县（金平苗族瑶族傣族自治县）等

【出处】

（a）朱小和讲，史军超采录：《查牛补天地》，见中国民间文学集成全国编辑委员会编《中国民间故事集成》（云南卷），北京：中国ISBN中心2003年版，第29页。

（b）同（a），见《哈尼族神话传说集成》，北京：中国民间文艺出版社1990年版。

W0282.4

善良的月亮神

实 例

（参见下级母题实例）

W0282.4.1

月亮神有同情心

实 例

（参见下级母题实例）

W0282.4.1.1

月亮神同情倒霉者

实 例

水族 牙巫被贬之后感动月神。

【流传】（无考）

【出处】《十二个仙蛋》，见范禹《水族文学史》，贵阳：贵州人民出版社1987年版，第48页。

W0282.5

月神调皮

实 例

汉族 月神，白脸，生性调皮。

【流传】 河南省·（洛阳市）·嵩县［采录地点：嵩县·仔谷乡·王庄］

【出处】 史五友讲，郭红欣采录：《日月两兄弟分工》（1089.08.23），见张振犁编著，孟宪明、朱淑君统纂《中原神话通鉴》（第四卷），郑州：河南大学出版社2017年版，第1202～1203页。

W0282.6

月神很漂亮

实 例

白族 月神名叫英比，她是个非常好看的姑娘，就住在月宫里。

【流传】云南省·（大理白族自治州）·鹤庆（鹤庆县）

【出处】罗玉生讲，艺叟记录：《日月甲马》，原载《中国民间故事全书》（云南省·鹤庆卷），见陶阳、钟秀编《中国神话》（下），北京：商务印书馆2008年版，第1463～1466页。

W0283

月神的身份（月亮神的生活，月神的生活，月神的职能）

实 例

（参见下级母题实例）

W0283. 0

月神是特定的神

实 例

（参见下级母题实例）

W0283. 0. 1

月神是妇女保护神

实 例

民族无考 月神被视为女性的保护神，同时也是婚姻的保护神。

【流传】（无考）

【出处】《月神》，见乌丙安主编《中国民间神谱》，沈阳：辽宁人民出版社2007年版，第3页。

W0283. 1

月亮神的服饰

【关联】［W1698. 4］月亮的服饰

实 例

（实例待考）

W0283. 2

月亮神的饮食

实 例

（参见下级母题实例）

W0283. 2. 1

月亮神喝鬼的血

实 例

（参见下级母题实例）

W0283. 2. 1. 1

月亮神每月喝一次鬼的血

实 例

珞巴族 波罗（月亮神）一个月只饮一次乌佑（珞巴语，鬼、精灵，也可指神、神灵）血，所以每月才有一次乌佑死亡。

【流传】

（a）西藏自治区·下珞瑜

（b）西藏自治区·下珞渝（又写作“下珞瑜”）·博日部落嘎盛村

【出处】

（a）维·埃尔温搜集：《太阳为什么那样红》，见中华民族故事大系编委会编《中华民族故事大系》第16卷（赫哲族、门巴族、珞巴族、基诺族），上海：上海文艺出版社1995年版，第416～417页。

（b）同（a），见李坚尚、刘芳贤编《珞巴族门巴族民间故事选》，上海：上海文艺出版社1993年版，第30～31页。

W0283.3
月亮神的居所

实 例

（参见下级母题实例）

W0283.3.1
月亮神为什么住在天上

【关联】［W0276.1.3］太阳神为什么住在天上

实 例

（参见下级母题实例）

W0283.3.1.1
天空把月亮神两个孩子带到天上

实 例

珞巴族 （参见“W0276.1.3.1 天空把太阳神和月亮神两个孩子带到天上”母题实例）

W0283.3.2
月亮神住月宫（月亮神住冷宫）

实 例

汉族 月亮神住冷宫，冷宫就是月宫。

【流传】 河南省·（南阳市）·桐柏县·（鸿仪河乡）

【出处】 王子鉴讲，柳丹采录整理：《淮水浸月》，见张振犁编著，孟宪明、朱淑君统纂《中原神话通鉴》（第三卷），郑州：河南大学出版社2017年版，第845页。

W0283.4
月亮神的出行

实 例

（参见下级母题实例）

W0283.4.1
月亮神下凡

实 例

（参见下级母题实例）

W0283.4.1.1
月姑娘下凡会附于一个妇女身上

实 例

壮族 举行请月姑娘下凡仪式时，月神会下凡附于一妇女身上。这个月姑娘的替身方接纳的由祭师献上的花扇和手巾，不能有人形和虎豹等兽类动物图案。否则，月神接过这些东西后，会不与人们合作进行下面的对歌、判卦等活动。

【流传】 广西壮族自治区·（百色

市）·靖西（靖西市）、德保（德保县）、那坡（那坡县），（崇左市）·天等（天等县）

【出处】凌树东搜集整理：*《祭月请神》（1990），见吕大吉、何耀华总主编《中国各民族原始宗教资料集成》（土家族卷、瑶族卷、壮族卷、黎族卷），北京：中国社会科学出版社 1998 年版，第 502 页。

W0283. 5

月亮神的用具

实 例

（实例待考）

W0283a

月亮神的关系（月神的关系）

实 例

（参见下级母题实例）

W0283a. 1

月亮神的父母

实 例

（参见下级母题实例）

W0283a. 1. 0

月亮神的父母是天和地

实 例

（参见下级母题实例）

W0283a. 1. 0. 1

月亮神波罗是培多·多杜（天空）和妻子石金·克丁（大地）的儿子

实 例

珞巴族 波罗（月亮神）是培多·多杜（天空）和妻子石金·克丁（大地）的儿子。

【流传】

(a) 西藏自治区·下珞瑜（泛指永木河、锡约尔河、巴恰西仁河流域）

(b) 西藏自治区·下珞渝（又写作“下珞瑜”）·博日部落嘎盛村

【出处】

(a) 维·埃尔温搜集：《太阳为什么那样红》，见中华民族故事大系编委会编《中华民族故事大系》第 16 卷（赫哲族、门巴族、珞巴族、基诺族），上海：上海文艺出版社 1995 年版，第 416～417 页。

(b) 同（a），见李坚尚、刘芳贤编《珞巴族门巴族民间故事选》，上海：上海文艺出版社 1993 年版，第 30～31 页。

W0283a. 1. 1

月亮神的父亲

实 例

（实例待考）

W0283a.1.2
月亮神的母亲（月母）

实 例

（参见下级母题实例）

W0283a.1.2.1
月母常羲

【关联】［W0768.1.6.2.1］帝喾的一个妻子是月亮女神常羲

实 例

汉族 有月母之国。常羲生十二月，所以称之为“月母”。

【流传】（无考）

【出处】［战国至汉］撰者不详：《山海经》。

W0283a.1.2.2
月亮神是王母娘娘的女儿

实 例

汉族 王母娘娘过生日，十个月亮神女儿都去给王母娘娘拜寿。

【流传】河南省·（南阳市）·桐柏县·（鸿仪河乡）

【出处】王子鉴讲，柳丹采录整理：《淮水浸月》，见张振犁编著，孟宪明、朱淑君统纂《中原神话通鉴》（第三卷），郑州：河南大学出版社 2017 年版，第 845 页。

W0283a.2
月亮神夫妻

实 例

（参见下级母题实例）

W0283a.2.1
月亮神是太阳神的妻子

实 例

白族 月神名叫英比，是个非常好看的姑娘。那时，天上只有她是女的，就做了十个太阳的妻子。

【流传】云南省·（大理白族自治州）·鹤庆（鹤庆县）

【出处】罗玉生讲，艺叟记录：《日月甲马》，原载《中国民间故事全书》（云南省·鹤庆卷），见陶阳、钟秀编《中国神话》（下），北京：商务印书馆 2008 年版，第 1463～1466 页。

W0283a.3
月亮神的子女

实 例

（实例待考）

W0283a.4
月亮神的兄弟姐妹

实 例

（实例待考）

W0283a. 5

月亮神的朋友

实 例

（参见下级母题实例）

W0283a. 5. 1

月神与小星神是朋友

实 例

汉族 月神平日里结交了好多的小星神做朋友。

【流传】河南省·（洛阳市）·嵩县［采录地点：嵩县·仔谷乡·王庄］

【出处】史五友讲，郭红欣采录：《日月两兄弟分工》（1089. 08. 23），见张振犁编著，孟宪明、朱淑君统纂《中原神话通鉴》（第四卷），郑州：河南大学出版社 2017 年版，第 1202 ~ 1203 页。

W0283b

月亮神的数量（月神的数量）

实 例

（参见下级母题实例）

W0283b. 1

10 个月亮神

【关联】［W1665］10 个月亮

实 例

汉族 古时候，天上有 10 个月亮神。

【流传】湖北省·仙桃市·毛咀镇

【出处】刘小元讲述，别道林采录：《绊根草与马齿苋》，见中国民间文学集成全国编辑委员会编《中国民间故事集成》（湖北卷），北京：中国 ISBN 中心 1999 年版，第 20 页。

W0283b. 1. 1

10 个月亮女神

实 例

（参见下级母题实例）

W0283b. 1. 1. 1

10 个月亮女神拜寿

实 例

汉族 十个月亮神女儿去给王母娘娘拜寿。

【流传】河南省·（南阳市）·桐柏县·（鸿仪河乡）

【出处】王子鉴讲，柳丹采录整理：《淮水浸月》，见张振犁编著，孟宪明、朱淑君统纂《中原神话通鉴》（第三卷），郑州：河南大学出版社 2017 年版，第 845 页。

W0283b. 1. 1. 2

10 个月亮女神中的老五老六下凡

实 例

汉族 织女给 10 个月亮神讲些人间的事儿之后，月亮神中的老五、老六动心想到人间。

【流传】河南省·(南阳市)·桐柏县·(鸿仪河乡)

【出处】王子鉴讲，柳丹采录整理：《淮水浸月》，见张振犁编著，孟宪明、朱淑君统纂《中原神话通鉴》(第三卷)，郑州：河南大学出版社 2017 年版，第 845 页。

W0283b.2
12 个月亮神

实 例

(实例待考)

W0284
与月亮神有关的其他母题

【关联】

① [W0122.2.1.1] 月亮是天上至尊神

② [W0275.2.1] 太阳神是月亮神的姐姐

③ [W1386.9.1] 月亮婆婆帮助补天

实 例

(参见下级母题实例)

W0284.1
特定名称的月神（月亮神的名称）

【关联】[W0282.2.2] 特定名称的月亮女神

实 例

(参见下级母题实例)

W0284.1.1
月神望舒

实 例

汉族 月御曰望舒。

【流传】(无考)

【出处】[宋] 洪兴祖：《楚辞补注》，北京：中华书局 1983 年版，第 28 页。

W0284.1.1a
月亮神常羲

实 例

(参见下级母题实例)

W0284.1.1a.1
月亮女神常羲是帝喾的妻子

实 例

汉族 月亮女神常羲是帝喾的一个妻子。

【流传】(无考)

【出处】《高辛帝喾》，见金麦田《中国古代神话故事全集》，北京：京华出版社 2004 年版，第 43～44 页。

W0284.1.2
月神别亚

实 例

鄂伦春族 鄂伦春人称月神为“别亚”。

【流传】(无考)

【出处】马名超、崔焱：《鄂伦春族宗教

与神话》，见《中国各民族宗教与神话大词典》编审委员会编《中国各民族宗教与神话大词典》，北京：学苑出版社 1993 年版。

W0284.1.3

月亮神约白

实 例

哈尼族 月亮神约白夜晚领着哈尼跳舞。

【流传】 云南省·（红河哈尼族彝族自治州）·元阳县·黄草岭区（黄草岭乡）·树皮寨

【出处】

（a）杨批斗讲，史军超采录：《年月树》，见中国民间文学集成全国编辑委员会编《中国民间故事集成》（云南卷），北京：中国 ISBN 中心 2003 年版，第 289 页。

（b）同（a）《哈尼族神话传说集成》，北京：中国民间文艺出版社 1990 年版。

哈尼族 天神造出了日月。可是太阳神约罗使力发热，再热也晒不熟庄稼；月亮神约白挣白了脸，也照不明黑夜里的小路。

【流传】 云南省·（红河哈尼族彝族自治州）·元阳（元阳县）、红河（红河县）、绿春（绿春县）、金平（金平苗族瑶族傣族自治县）

【出处】 朱小和讲唱，史军超搜集整理：《查牛补天地》（1983），原载云南省民间文学集成办公室编《哈尼族神话传说集成》，中国民间文艺出版社 1990 年版，见姚宝瑄主编《中国各民族神话》（哈尼族、傣族），太原：山西出版传媒集团·书海出版社 2014 年版，第 49 页。

W0284.1.4

月亮神波罗

实 例

（参见下级母题实例）

W0284.1.4.1

大地和天空婚生儿子波罗（月亮神）

实 例

珞巴族 大地和天空婚生女儿东尼（太阳神）和儿子波罗（月亮神）。

【流传】

（a）西藏自治区·下珞瑜（泛指永木河、锡约尔河、巴恰西仁河流域）

（b）西藏自治区·下珞渝（又写作“下珞瑜”）·博日部落嘎盛村

【出处】

（a）维·埃尔温搜集：《太阳为什么那样红》，见中华民族故事大系编委会编《中华民族故事大系》第 16 卷（赫哲族、门巴族、珞巴族、基诺族），上海：上海文艺出版社 1995 年版，第 416～417 页。

（b）同（a），见李坚尚、刘芳贤编《珞巴族门巴族民间故事选》，上海：

上海文艺出版社 1993 年版，第 30 ~ 31 页。

W0284.1.5

月神能买物

实　例

（参见下级母题实例）

W0284.1.5.1

月神能买物是诸神父母

实　例

彝族　日神尼伍布，月神能买物，是诸神父母。

【流传】贵州省·（毕节市）·赫章县

【出处】罗正清翻译，黄建明摘录：《神系根源》，见吕大吉、何耀华总主编《中国各民族原始宗教资料集成》（彝族卷、白族卷、基诺族卷），北京：中国社会科学出版社 1996 年版，第 279 ~ 280 页。

W0284.1.6

月亮神叫“伦”

【关联】［W0497.7.13.1］堆地之神叫“伦”

实　例

（参见下级母题实例）

W0284.1.6.1

伦居月亮中

实　例

佤族　“伦”堆好地后又化身进了月亮，变成了月亮神。

【流传】云南省·（普洱市）·西盟佤族自治县、澜沧拉祜族自治县等地

【出处】毕登程、隋嘎编著：《司岗里——佤族创世史诗》，昆明：云南出版集团公司·云南人民出版社 2009 年版，第 8 页。

W0284.1.7

月神英比

实　例

白族　月亮神英比做了太阳神的妻子。

【流传】云南省·（大理白族自治州）·鹤庆（鹤庆县）

【出处】罗玉生讲，艺叟记录：《日月甲马》，原载《中国民间故事全书》（云南省·鹤庆卷），见陶阳、钟秀编《中国神话》（下），北京：商务印书馆 2008 年版，第 1463 ~ 1466 页。

W0284.1a

月神的其他名称

实　例

（参见下级母题实例）

W0284.1a.1

月神又称太阴星主

实　例

汉族　月神，在民间又称太阴星主、

月宫娘娘、月娘、月姑、月光菩萨等。

【流传】（无考）

【出处】《月神》，见乌丙安主编《中国民间神谱》，沈阳：辽宁人民出版社 2007 年版，第 3 页。

W0284. 1a. 2

月神又称月宫娘娘

实 例

汉族 （参见“W0284. 1a. 1 月神又称太阴星主”母题实例）

W0284. 1a. 3

月神又称月娘

实 例

汉族 （参见“W0284. 1a. 1 月神又称太阴星主”母题实例）

W0284. 1a. 4

月神又称月姑

实 例

汉族 （参见“W0284. 1a. 1 月神又称太阴星主”母题实例）

W0284. 1a. 5

月神又称月光菩萨

实 例

汉族 （参见“W0284. 1a. 1 月神又称太阴星主”母题实例）

W0284. 2

月精[①]

实 例

（参见下级母题实例）

W0284. 2. 1

人变成月精

实 例

汉族 （参见“W0284. 2. 4. 1 月精是嫦娥变成的蟾蜍”母题实例）

W0284. 2. 2

嫦娥变成月精

【关联】［W0671. 3. 0. 1］嫦娥是月精

实 例

汉族 （参见“W0284. 2. 4. 1 月精是嫦娥变成的蟾蜍”母题实例）

W0284. 2. 3

月精是蟾蜍

【关联】［W3540. 4］月精变成蟾蜍

实 例

汉族 （参见“W0284. 2. 4. 1 月精是嫦娥变成的蟾蜍”母题实例）

---

① 月精，可以理解为月亮神的别称。

W0284.2.4

蟾蜍变月精

实 例

（参见下级母题实例）

W0284.2.4.1

月精是嫦娥变成的蟾蜍

实 例

汉族 羿请不死之药于西王母。羿妻姮娥窃之奔月，托身于月，是为蟾蜍，而为月精。

【流传】（无考）

【出处】［唐］徐坚：《初学记》卷一引［西汉］淮南王刘安及门客《淮南子》。

W0284.3

月仙子

【关联】［W0827.1.6］桂月仙子

实 例

汉族 玉皇找来太阳神和月仙子说："天下的百姓，不下雨他挑水浇地，今我命你们一百天之内不许露面。"

【流传】 河南省·濮阳市·（濮阳县）·户部寨乡（户部寨镇）·高庄村

【出处】 张克善（男，63岁，农民）讲，张富臣（男，20岁，农民）采录：《日食月食》（1990.08），见张振犁编著，孟宪明、朱淑君统纂《中原神话通鉴》（第四卷），郑州：河南大学出版社2017年版，第1215页。

W0284.4

月光神

实 例

（参见下级母题实例）

W0284.4.1

混沌时就存在月光神

实 例

彝族（撒尼） 太阴星，太阴星！混沌初开即有我，我是天上月光神。

【流传】 云南省·昆明（昆明市）·（寻甸回族彝族自治县·先锋乡）·恰普鲁村

【出处】《太阴经》，*《彝族撒尼支宗教祭司张琼1948年主祭实录》，见吕大吉、何耀华总主编《中国各民族原始宗教资料集成》（彝族卷、白族卷、基诺族卷），北京：中国社会科学出版社1996年版，第56页。

W0284.5

祭月神

实 例

（参见下级母题实例）

W0284.5.1

月初祭月神

实 例

彝族（阿哲、阿细）年头祭年神，月头祭月神。

【流传】云南省·（红河哈尼族彝族自治州）·弥勒地区（弥勒市）

【出处】孙官生调查整理：《弥勒阿细、阿哲两支彝族的自然神祭历》，见吕大吉、何耀华总主编《中国各民族原始宗教资料集成》（彝族卷、白族卷、基诺族卷），北京：中国社会科学出版社1996年版，第51页。

W0284.6

月亮主宰神

【关联】［W0278.5］太阳主宰神

实 例

彝族（参见“W0278.5 太阳主宰神”母题实例）

※W0285

星神

【汤普森】①A121；②A250

实 例

（参见下级母题实例）

W0285.1

星神的产生

实 例

（实例待考）

W0285.1.1

人变成星神

【关联】［W1719］人变成星星

实 例

（实例待考）

W0285.1.1.1

女子飞到天上变星神

【关联】［W1543.1.9.1］星神造日月星

实 例

鄂伦春族（实例待考）

W0285.2

星神的特征

实 例

（参见下级母题实例）

W0285.2.1

男星神

实 例

（实例待考）

W0285.2.2

女星神

实 例

（参见下级母题实例）

W0285.2.2.1

布星女神

实 例

（参见下级母题实例）

W0285.2.2.1.1
布星女神卧勒多赫赫

实 例

满族 女天神阿布卡赫赫上身裂生出卧勒多赫赫（布星女神）。

【流传】 黑龙江省·黑河地区（黑河市）·孙吴县·（沿江满族达斡尔族乡）·四季屯（四季屯村）

【出处】 吴纪贤、富希陆讲：《天宫大战——黑水女真人传世神话》（1939，选自富育光、郭淑云整理的手稿），见姚宝瑄主编《中国各民族神话》（满族、赫哲族、朝鲜族），太原：山西出版传媒集团·书海出版社2014年版，第22页。

W0285.2.2.2
布星妈妈

实 例

（参见下级母题实例）

W0285.2.2.2.1
布星妈妈是天神阿布凯恩都哩的手下

实 例

满族 阿布凯恩都哩（天神名）手下有一个大神叫布星妈妈（星神）。

【流传】 黑龙江省·（牡丹江市）·宁古塔（宁安县）；吉林省·长白山地区（长白山一带）

【出处】

（a）傅英仁讲述，张爱云记录整理：《天宫神魔大战》，见傅英仁讲述，张爱云记录整理《满族萨满神话》，哈尔滨：黑龙江人民出版社2006年版。

（b）同（a），见陶阳、钟秀编《中国神话》（上），北京：商务印书馆2008年版，第155～180页。

W0285.2.3
星神的体征

【关联】［W0924.4.3.2.2］神鹰是星神

实 例

（参见下级母题实例）

W0285.2.3.1
星神人身鸟翅膀

实 例

满族 （实例待考）

W0285.2.4
星神的性格

实 例

（实例待考）

W0285.3
星神的职能（星神的身份，星神的能力）

【关联】［W0924.4.3.2.2］神鹰是星神

实 例

（参见下级母题实例）

W0285. 3. 1
星神变美女

实 例

彝族（黑彝）星神变美女下凡与地上孤单的彝族始祖一道荡秋。

【流传】云南省·昆明（昆明市）·西山区·谷律（谷律乡）一带

【出处】何耀华：《彝族的自然崇拜及其特点》，载《思想战线》1982 年第 6 期。

W0285. 3. 1. 1
星女

实 例

（参见下级母题实例）

W0285. 3. 1. 1. 1
星女游人间

实 例

彝族（黑彝）星神变的美女在人间荡秋，每荡至天亮时，星女就告辞返回。

【流传】云南省·昆明（昆明市）·西山区·谷律（谷律乡）一带

【出处】何耀华：《彝族的自然崇拜及其特点》，载《思想战线》1982 年第 6 期。

W0285. 4
星神的生活

实 例

（参见下级母题实例）

W0285. 4. 1
星神的服饰

实 例

（参见下级母题实例）

W0285. 4. 1. 1
女星神身穿白色鸟羽皮袍

实 例

满族 布星的女神队拉多身着白色的鸟羽皮袍。

【流传】（无考）

【出处】《阿布卡赫赫女神创世》，王松根据富育光、孟慧英、王宏刚撰写的《满族宗教与神话》改写，见姚宝瑄主编《中国各民族神话》（满族、赫哲族、朝鲜族），太原：山西出版传媒集团、书海出版社 2014 年版，第 4～14 页。

W0285. 4. 2
星神的饮食

实 例

（实例待考）

W0285. 4. 3
星神的居所

实 例

（参见下级母题实例）

W0285.4.3.1

星神居天顶

实 例

蒙古族 居住在天顶、保护一切生物的星神腾格里。

【流传】（无考）

【出处】浦泽都尼夫著，嘎日达译：《布里亚特萨满教记述》（英文版），赫尔辛基 1941 年版，见吕大吉、何耀华总主编《中国各民族原始宗教资料集成》（鄂伦春族卷、鄂温克族卷、赫哲族卷、达斡尔族卷、锡伯族卷、满族卷、蒙古族卷、藏族卷），北京：中国社会科学出版社 1999 年版，第 630 页。

W0285.4.4

星神的出行

实 例

（实例待考）

W0285.4.5

星神的用品（星神的工具）

实 例

（参见下级母题实例）

W0285.4.5.1

星神背着个装满星星的小皮口袋

实 例

满族 布星的女神队拉多肩上背着个装满星星的小皮口袋。

【流传】（无考）

【出处】《阿布卡赫赫女神创世》，王松根据富育光、孟慧英、王宏刚撰写的《满族宗教与神话》改写，见姚宝瑄主编《中国各民族神话》（满族、赫哲族、朝鲜族），太原：山西出版传媒集团、书海出版社 2014 年版，第 4～14 页。

W0285.5

星神的关系

实 例

（参见下级母题实例）

W0285.5.1

星神的亲属

实 例

（参见下级母题实例）

W0285.5.1.1

星神三姊妹

【关联】［W0068.4］姊妹神

实 例

满族 （参见“W0285.6.1.1 星神队拉多妈妈也叫‘穹宇妈妈’”母题实例）

W0285.5.2

星神的上司

实 例

（参见下级母题实例）

W0285. 5. 2. 1

天神手下有几千万个“布日汗”（星神）

实 例

蒙古族 天神的下面有几千万个“布日汗”，即“星神”。

【流传】（无考）

【出处】齐木道吉翻译：《天地起源》，见谷德明编《中国少数民族神话》，北京：中国民间文艺出版社 1987 年版，第 31～32 页。

W0285. 5. 3

星神的朋友

实 例

（实例待考）

W0285. 6

特定名称的星神（星神的名字）

实 例

（参见下级母题实例）

W0285. 6. 1

星神队拉多妈妈

实 例

（参见下级母题实例）

W0285. 6. 1. 1

星神队拉多妈妈也叫“穹宇妈妈”

实 例

满族 啄出日月星光的天鸟是三姊妹中布星的女神队拉多。后来的人都喊她队拉多妈妈，也叫“穹宇妈妈”。

【流传】（无考）

【出处】《阿布卡赫赫女神创世》，王松根据富育光、孟慧英、王宏刚撰写的《满族宗教与神话》改写，见姚宝瑄主编《中国各民族神话》（满族、赫哲族、朝鲜族），太原：山西出版传媒集团、书海出版社 2014 年版，第 4～14 页。

W0285. 6. 2

长庚星神

实 例

（参见下级母题实例）

W0285. 6. 2. 1

西天长庚星神

实 例

汉族 大禹治水时，一个金盔金甲金面银须的大将军来到他的跟前。他是西天长庚星神，奉天皇之命，向大禹传授治水之术、降妖之法。

【流传】河南省・洛阳市

【出处】白眉采录整理：《邙山的传

说》，见张振犁编著，孟宪明、朱淑君统纂《中原神话通鉴》（第四卷），郑州：河南大学出版社 2017 年版，第 1071 页。

W0285.6.2.2

长庚星神手拿镇妖塔

实 例

汉族 长庚星神就从西天而来。长庚星手拿镇妖塔，往水中一放，一道金光骤起，黄蟒的巨头仰起乱摆，身子再也动弹不得。

【流传】河南省·洛阳市

【出处】白眉采录整理：《邙山的传说》，见张振犁编著，孟宪明、朱淑君统纂《中原神话通鉴》（第四卷），郑州：河南大学出版社 2017 年版，第 1072 页。

W0285.6.3

火星真君

实 例

（参见下级母题实例）

W0285.6.3.1

火星天神

实 例

汉族 玉皇大帝派主管南天的火星天神下凡，让他教人间种植五谷，饲养禽畜。

【流传】河南省·（郑州市）·新密市

【出处】刘文学采录整理：《三帝下凡》，见张振犁编著，孟宪明、朱淑君统纂《中原神话通鉴》（第二卷），郑州：河南大学出版社 2017 年版，第 484 页。

W0285.6.3.2

火星真君又称太阳神

实 例

汉族 火星真君本是天上的火神，因为是管太阳的，人们又称他太阳神。

【流传】河南省·（郑州市）·新密市

【出处】刘文学采录整理：《三帝下凡》，见张振犁编著，孟宪明、朱淑君统纂《中原神话通鉴》（第二卷），郑州：河南大学出版社 2017 年版，第 484 页。

W0285.6.4

黑虎星神

实 例

（参见下级母题实例）

W0285.6.4.1

黑虎星把守东天门

实 例

汉族 天上把守东门的黑虎星，在天宫因为调戏玉帝的三女儿锦衣公主，触犯天条，被玉帝打下凡，变作一只猛虎流放山间。

【流传】河南省·（郑州市）·新密市

【出处】高力升采录整理：《黄鹿坡》，见张振犁编著，孟宪明、朱淑君统纂《中原神话通鉴》（第二卷），郑州：河南大学出版社 2017 年版，第 720 页。

W0285. 6. 5
紫微星神

【关联】［W0379. 2］紫微北极大帝是四季神

实 例

（参见下级母题实例）

W0285. 6. 5. 1
紫微星神黄帝面前显形

实 例

汉族 黄帝祭天时，只见玉皇大帝和王母娘娘端坐天宫龙椅上，朝轩辕黄帝微笑，紫微星手捋长须从云端缓步向轩辕走来。

【流传】河南省·（郑州市）·新密市

【出处】袁玉生采录整理：《黄帝祈天》，见张振犁编著，孟宪明、朱淑君统纂《中原神话通鉴》（第二卷），郑州：河南大学出版社 2017 年版，第 694 页。

W0285. 6. 5. 2
紫微大帝

实 例

（参见下级母题实例）

W0285. 6. 5. 2. 1
紫微大帝与天皇大帝是兄弟

实 例

汉族 周上御国紫光夫人于上春日，游玩至温玉池边，方脱衣澡盥，忽感莲蕊九苞，一开发，化生九子。天皇大帝，长子也，紫微上宫纪纲，元化众星主领。紫微大帝，第二子，佐北极中目明堂布政下土。

【流传】（无考）

【出处】《太上说玄天大圣真武本传神咒妙经》引《北斗本生经》。

W0285. 6. 5. 2. 2
紫微大帝是紫光夫人的二儿子

实 例

汉族 紫光夫人的二儿子受封后成为紫微大帝。

【流传】（无考）

【出处】《紫微北极大帝》，见乌丙安主编《中国民间神谱》，沈阳：辽宁人民出版社 2007 年版，第 251 页。

W0285. 6. 5. 2. 2a
陈子梼与龙王的三个女儿婚生的大儿子被元始天尊封为上元一品九气天官紫微大帝

实 例

汉族 （参见“W0285. 6. 5. 2. 5 紫微大帝总领诸天之神”母题实例）

W0285.6.5.2.3
紫微北极大帝掌管自然诸神

【关联】[W0254.9.1] 紫微大帝管北天

实 例

汉族 紫微北极大帝率三界星神和山川诸神，有呼风唤雨和役使雷电鬼神的职能。

【流传】(无考)

【出处】《紫微北极大帝》，见乌丙安主编《中国民间神谱》，沈阳：辽宁人民出版社2007年版，第251页。

W0285.6.5.2.4
紫微北极大帝

实 例

(参见下级母题实例)

W0285.6.5.2.4.1
紫微北极大帝又称真武玄天大帝

【关联】[W0768.17.1.3] 玄武大帝又称真武大帝

实 例

汉族 紫微北极大帝，又称为“真武玄天大帝”、“北极大帝”、“北极玄天大帝”、“真如大帝”、“真武将军”、“元天上帝”、“元天大帝”、“北极星君”，民间称为“玄天大帝”、“上帝公”等。

【流传】(无考)

【出处】《紫微北极大帝》，见乌丙安主编《中国民间神谱》，沈阳：辽宁人民出版社2007年版，第251页。

W0285.6.5.2.4.2
紫微北极大帝生日四月十八日

实 例

汉族 农历的四月十八日为紫微北极大帝的圣诞日。

【流传】(无考)

【出处】《紫微北极大帝》，见乌丙安主编《中国民间神谱》，沈阳：辽宁人民出版社2007年版，第251页。

W0285.6.5.2.5
紫微大帝总领诸天之神

实 例

汉族 陈子梼与龙王的三个女儿成婚，婚后生了三个法力无边的儿子。元始天尊封大儿子为上元一品九气天官紫微大帝，总领诸天之神。

【流传】(无考)

【出处】《三教搜神大全》，叶德辉据明刻绘图本《三教源流搜神大全》刻。

W0285.6.6
岁星 (岁星神)

实 例

(参见下级母题实例)

W0285. 6. 6. 1

岁星手下的小神句芒

实 例

汉族 岁星叫来他手下的小神句芒训话。

【流传】河南省·（郑州市）·新郑市

【出处】刘文学采录整理：《黄帝城（二）》，见张振犁编著，孟宪明、朱淑君统纂《中原神话通鉴》（第二卷），郑州：河南大学出版社 2017 年版，第 620 页。

W0285. 6. 7

北极星神

实 例

汉族 玉皇大帝命北极星把白雪降到人间。

【流传】河南省·（驻马店市·汝南县）·马乡镇［采录地点：马乡镇联中］

【出处】李世深（男，47 岁，汉族，中专毕业，教师）讲，李凤奇（男，35 岁，汉族，中专毕业，马乡镇联中教师）采录：《原来下面不下雪》（1987. 05），见张振犁编著，孟宪明、朱淑君统纂《中原神话通鉴》（第四卷），郑州：河南大学出版社 2017 年版，第 1348 页。

W0285. 6. 8

南斗神

实 例

（参见下级母题实例）

W0285. 6. 8. 1

南斗六星的神职是第一天府宫司命星君，第二天相宫司禄星君，第三天梁宫延益星君，第四天同宫益算星君，第五天枢宫度厄星君，第六天机宫上生星君

实 例

汉族 道教还将南斗六星的神职具体化，将其分为第一天府宫司命星君，第二天相宫司禄星君，第三天梁宫延益星君，第四天同宫益算星君，第五天枢宫度厄星君，第六天机宫上生星君。由此六星成为六司星君各司其职。

【流传】（无考）

【出处】《南斗》，见乌丙安主编《中国民间神谱》，沈阳：辽宁人民出版社 2007 年版，第 6 页。

W0285. 6. 9

鼠星神

实 例

（参见下级母题实例）

W0285.6.9.1

鼠星神最早迎接太阳

实 例

满族 天神阿布卡赫赫从身上搓揉出泥，生鼠星兴克里女神。她就是在黑暗中钻行，迎接和引导太阳的光芒照进暗夜，这便是永世迎日早临的鼠星神。

【流传】黑龙江省·黑河地区（黑河市）·孙吴县·（沿江满族达斡尔族乡）·四季屯（四季屯村）

【出处】吴纪贤、富希陆讲：《天宫大战——黑水女真人传世神话》（1939，选自富育光、郭淑云整理的手稿），见姚宝瑄主编《中国各民族神话》（满族、赫哲族、朝鲜族），太原：山西出版传媒集团·书海出版社 2014 年版，第 33 页。

W0285.6.9a

牛星神

【关联】［W0672.1.1.1］蚩尤是天上黑牛星下凡

实 例

汉族 牛对牛郎说："我是天上神星。"

【流传】河南省·（郑州市）·新郑市·梨河乡·学田村

【出处】赵付叶之母（65 岁，农民，不识字）讲，赵付叶采录：《牛郎织女（二）》，见张振犁编著，孟宪明、朱淑君统纂《中原神话通鉴》（第三卷），郑州：河南大学出版社 2017 年版，第 789 页。

W0285.6.10

星神布日汗

实 例

蒙古族 在 99 个天神的下面还有几千万个"布日汗"，即"星神"。从而，在天上呈现了一派光辉灿烂的美好生活。

【流传】（无考）

【出处】《天地起源》，齐木道吉译自日本学者中田千亩著《蒙古神话》，原载谷德明编《中国少数民族神话》，见陶阳、钟秀编《中国神话》（上），北京：商务印书馆 2008 年版，第29～30 页。

W0285.7

星神的数量

实 例

（参见下级母题实例）

W0285.7.1

星神数量众多

实 例

蒙古族 （实例待考）

W0286

启明星神

【汤普森】A252

【关联】［W1740］启明星

实 例

（实例待考）

W0287

北斗星神（北斗七星神）

【汤普森】A253

【关联】［W1731］北斗星（北斗七星）

实 例

（参见下级母题实例）

W0287. 1

北斗星神的产生

实 例

（参见下级母题实例）

W0287. 1. 1

斗姆生北斗七星（神）

【关联】［W0768. 18］斗姆

实 例

汉族 北斗七星的母亲斗姆。

【流传】（无考）

【出处】《本命真君北斗星君》，见王德恒等《造神史话》，天津：百花文艺出版社2002年版，第104页。

W0287. 2

北斗星神的特征

实 例

（参见下级母题实例）

W0287. 2. 1

北斗神有雌雄

实 例

汉族 北斗之神有雌雄，十一月始建于子，月从一辰，雄左行，雌右行，五月合午谋刑，十一月合子谋德。

【流传】（无考）

【出处】［汉］刘安及门客撰：《淮南子·天文训》。

W0287. 2. 1. 1

北斗女神

【汤普森】A253. 1

实 例

（参见下级母题实例）

W0287. 2. 2

北斗星神是人的模样

实 例

汉族 管辂至平原，见颜超貌主夭亡。颜父乃求辂延命。颜依言而往，见刈麦地南大桑树下果二人围棋。颜置脯斟酒于前。其人贪戏，但饮酒食脯，不顾。数巡，北边坐者忽见颜在，叱曰："何故在此？"颜唯拜之。南边坐者语曰："适来饮他酒脯，宁无情乎？"北坐者曰："文书已定。"南坐者曰："借文书看之。"见超寿止可十九岁。乃取笔挑上，语曰："救汝至九十年活。"颜拜而回。管语颜曰："大助子，且喜得增寿。北边坐人是北斗，南边坐人是南斗。南斗注生，北斗注死。凡人受胎，皆从南斗过北斗。所有祈求，皆向北斗。"

【流传】（无考）

【出处】

(a)［晋］干宝：《搜神记》卷七。

(b)《南斗北斗》，见袁珂《中国神话大词典》，北京：华夏出版社2015年版，第228页。

W0287.3

北斗星神的职能

实 例

（参见下级母题实例）

W0287.3.1

北斗星神是主宰仓房的女神

实 例

（参见下级母题实例）

W0287.3.1.1

北斗星神奥伦是主宰仓房的女神

实 例

鄂伦春族 北斗星神"奥伦"是主宰仓房的女神。

【流传】（无考）

【出处】 马名超、崔焱：《鄂伦春族宗教与神话》，见《中国各民族宗教与神话大词典》编审委员会编《中国各民族宗教与神话大词典》，北京：学苑出版社1993年版。

W0287.3.2

北斗神是预言神

实 例

（参见下级母题实例）

W0287.3.2.1

凡有战争杀伐之事，北斗神梦以告太公

实 例

汉族 俗有南斗神注生、北斗神注死之说，故战争杀伐之事，北斗神梦以告太公也。

【流传】（无考）

【出处】《北斗神》，见袁珂《中国神话大词典》，北京：华夏出版社2015年版，第102页。

W0287.3.3

北斗星神注死

实 例

汉族 （参见"W0287.2.2 北斗星神是人的模样"母题实例）

W0287.3.4

北斗神是司命之神

实 例

汉族 道教将北斗七星神化成司命之神。

【流传】（无考）

【出处】《北斗》，见乌丙安主编《中国

民间神谱》，沈阳：辽宁人民出版社2007年版，第5页。

W0287.3.5

北斗神身兼数职

实例

（参见下级母题实例）

W0287.3.5.1

北斗神司农业丰歉，又司人之爵禄、夭寿

【关联】［W0546.0b.1］五谷神主宰粮食的丰歉

实例

汉族 北斗神职较多，既司农业丰歉，又司人之爵禄、夭寿。

【流传】（无考）

【出处】《北斗》，见乌丙安主编《中国民间神谱》，沈阳：辽宁人民出版社2007年版，第5页。

W0287.3.6

北斗神是神的管理者

实例

（参见下级母题实例）

W0287.3.6.1

北斗神管1万2千个神

实例

汉族 璇玑者，北斗君也，天之侯王也，主制万二千神，持人命籍。

【流传】（无考）

【出处】

(a)《古今图书集成·神异典》卷一四引《老子中经》。

(b)《南斗北斗》，见袁珂《中国神话大词典》，北京：华夏出版社2015年版，第228页。

W0287.4

与北斗星神有关的其他母题

实例

（参见下级母题实例）

W0287.4.1

阴历腊月二十七日祭北斗星神

实例

锡伯族 每年阴历十二月二十七日，选一只肥公羊，用清水轻轻擦洗过后宰杀，祭在供桌前祭祀北斗星神。

【流传】（无考）

【出处】

(a) 佟克力：《锡伯族历史与文化》，乌鲁木齐：新疆人民出版社1989年版，第178～179页。

(b)《星辰崇拜》，见吕大吉、何耀华总主编《中国各民族原始宗教资料集成》（鄂伦春族卷、鄂温克族卷、赫哲族卷、达斡尔族卷、锡伯族卷、满族卷、蒙古族卷、藏族卷），北京：中国社会科学出版社1999年版，第396页。

W0287.4.2

七星神

实 例

（参见下级母题实例）

W0287.4.2.1

从前朝鲜族信奉七星神

实 例

朝鲜族 从前朝鲜族民间信奉七星神。

【流传】（无考）

【出处】 金德顺讲，裴永镇整理：《朱蒙》注释，见姚宝瑄主编《中国各民族神话》（满族、赫哲族、朝鲜族），太原：山西出版传媒集团·书海出版社2014年版，第170~181页。

W0287.4.3

北斗神君

实 例

（参见下级母题实例）

W0287.4.3.1

北斗神君录人罪恶

实 例

汉族 有三台北斗神君，在人头上，录人罪恶，夺其纪算。

【流传】（无考）

【出处】［宋］作者不详：《太上感应篇》第二章。

W0288

吉星神

实 例

（参见下级母题实例）

W0288.1

吉星神的产生

【关联】［W0486］喜神（吉祥神）

实 例

（实例待考）

W0288.2

吉星神的特征

实 例

（参见下级母题实例）

W0288.2.1

吉星神有红、黑两张脸

实 例

赫哲族 吉星神的脸只有两面，一半为红，一半为黑。

【流传】（松花江下游地区依兰县至抚远市一带）

【出处】

(a) 凌纯声：《松花江下游的赫哲族》，（原1934年南京刊印本），北京：民族出版社2012年版，第143页。

(b)《吉星神》，见吕大吉、何耀华总主编《中国各民族原始宗教资料集成》（鄂伦春族卷、鄂温克族卷、赫哲族卷、达斡尔族卷、锡伯族卷、满族卷、蒙古族卷、藏族卷)，北京：中国社会科学出版社 1999 年版，第 201 页。

W0288.3

吉星神的职能

实 例

(参见下级母题实例)

W0288.3.1

吉星神是清洁之神

实 例

赫哲族 吉星神为最清洁之神。

【流传】(松花江下游地区依兰县至抚远市一带)

【出处】

(a) 凌纯声：《松花江下游的赫哲族》，(原 1934 年南京刊印本)，北京：民族出版社 2012 年版，第 143 页。

(b) 《吉星神》，见吕大吉、何耀华总主编《中国各民族原始宗教资料集成》(鄂伦春族卷、鄂温克族卷、赫哲族卷、达斡尔族卷、锡伯族卷、满族卷、蒙古族卷、藏族卷)，北京：中国社会科学出版社 1999 年版，第 201 页。

W0288.3.2

吉星神的地位仅次于天神

实 例

赫哲族 吉星神的地位仅次于天神。

【流传】(松花江下游地区依兰县至抚远市一带)

【出处】

(a) 凌纯声：《松花江下游的赫哲族》，(原 1934 年南京刊印本)，北京：民族出版社 2012 年版，第 143 页。

(b) 《吉星神》，见吕大吉、何耀华总主编《中国各民族原始宗教资料集成》(鄂伦春族卷、鄂温克族卷、赫哲族卷、达斡尔族卷、锡伯族卷、满族卷、蒙古族卷、藏族卷)，北京：中国社会科学出版社 1999 年版，第 201 页。

W0288.4

与吉星神有关的其他母题

实 例

(参见下级母题实例)

W0288.4.1

吉星神的名称

实 例

(参见下级母题实例)

W0288.4.1.1

吉星神乌什卡

实 例

赫哲族 吉星神“乌什卡”。

【流传】(无考)

【出处】《奥德玛法》，见《中国各民族宗教与神话大词典》编审委员会编《中国各民族宗教与神话大词典》，北京：学苑出版社 1990 年版，第 308 页。

W0289

与星神有关的其他母题

实 例

（参见下级母题实例）

W0289.1

其他特定名称的星神

实 例

（参见下级母题实例）

W0289.1.1

星神那丹那拉浑

实 例

（参见下级母题实例）

W0289.1.1.1

天上的七星是星神那丹那拉浑的使者

实 例

满族 天上的七星，是星神那丹那拉浑的使者。

【流传】吉林省·（长春市）·九台县（九台市）·莽卡满族乡

【出处】萨满杨世昌讲唱，富育光、王宏刚记录：《尼玛察氏野神祭》，见吕大吉、何耀华总主编《中国各民族原始宗教资料集成》（鄂伦春族卷、鄂温克族卷、赫哲族卷、达斡尔族卷、锡伯族卷、满族卷、蒙古族卷、藏族卷），北京：中国社会科学出版社 1999 年版，第 528 页。

W0289.1.2

三星神

实 例

（参见下级母题实例）

W0289.1.2.1

三星神在众神中最重要

实 例

赫哲族 在供奉的诸神中，“三星神”为最重要。

【流传】（黑龙江省）

【出处】

(a)《民族问题五种丛书》黑龙江省编辑组：《赫哲族社会历史调查》，牡丹江：黑龙江朝鲜民族出版社 1987 年版，第 121 页。

(b)《三星神》，见吕大吉、何耀华总主编《中国各民族原始宗教资料集成》（鄂伦春族卷、鄂温克族卷、赫哲族卷、达斡尔族卷、锡伯族卷、满族卷、蒙古族卷、藏族卷），北京：中国社会科学出版社 1999 年版，第 201 页。

W0289.1.3

造三星的神

实 例

（参见下级母题实例）

W0289. 1. 3. 1

祖先神造出会造三星的神

实 例

怒族 祖先神创造出会创造三星的神。

【流传】（无考）

【出处】《古歌谣》，见攸延春《怒族文学史》，昆明：云南民族出版社 2003 年版，第 53 页。

W0289. 2

星神下凡

实 例

（实例待考）

W0289. 2. 1

女星下凡变土王的女儿

实 例

仡佬族 （实例待考）

0. 3. 2 与天气有关的神[①]
【W0290 ~ W0389】

✿ W0290

气象神

【汤普森】 A280

实 例

（参见下级母题实例）

W0291

风暴神

【汤普森】 A281

实 例

（实例待考）

✻ W0292

风神[②]

【汤普森】 A282

实 例

（参见下级母题实例）

W0293

风神的产生

实 例

（参见下级母题实例）

W0293. 1

风神源于特定地方

实 例

（实例待考）

W0293. 2

风神是造出来的

实 例

① 与天气有关的神，有的研究者又称之为“与气象有关的神”或“气象神”。

② 风神，又称“风师”、“风伯”、“箕伯”等。

（实例待考）

W0293.3

生育产生风神

实 例

（参见下级母题实例）

W0293.3.1

神生风神

实 例

（参见下级母题实例）

W0293.3.1.1

第二代神王生风神

实 例

哈尼族 第二代神王烟沙生下风神（米沙）。

【流传】 云南省·（红河哈尼族彝族自治州）·元阳县

【出处】

（a）朱小和讲，史军超等采录：《神的古今》，见中国民间文学集成全国编辑委员会编《中国民间故事集成》（云南卷），北京：中国ISBN中心2003年版，第19页。

（b）卢朝贵讲，史军超采录：《神和人的家谱》，见中国民间文学集成全国编辑委员会编《中国民间故事集成》（云南卷），北京：中国ISBN中心2003年版，第23页。

W0293.3.1.2

天神生风神

实 例

傣族（水傣）（参见“W0299.1.12.1 叭纹纳是最高天神英叭的后代”母题实例）

W0293.3.2

天地孕育风神

实 例

（参见下级母题实例）

W0293.3.2.1

天地生的儿子成为风神

实 例

侗族 天与地正孕育着一个儿子。天地分开时，他受到震动和惊吓，乱叫乱吼。萨天巴（蜘蛛，女祖神，创世神）同情他的遭遇，便准许他先出生，并且封他为管理风的神，又给他取名为“风曼”。

【流传】 广西壮族自治区·（柳州市）·三江（三江侗族自治县），（桂林市）·龙胜（龙胜各族自治县）

【出处】 杨卜林喜、杨卜松林、杨明世讲，杨国仁、涛声搜集整理，蔷紫改写：《创世女神萨天巴》，过伟改写自侗族创世史诗《嘎茫莽道时嘉——远祖歌》（未出版稿），见姚宝瑄主编

《中国各民族神话》（土家族、毛南族、侗族、瑶族），太原：山西出版传媒集团·书海出版社 2014 年版，第 80 页。

W0293.4

变化产生风神

实例

（参见下级母题实例）

W0293.4.1

特定的人物变风神

实例

（实例待考）

W0293.4.2

神的脚化生风神

实例

满族 天神阿布卡恩都里的两只巨脚化生风神西斯林。风神风驰电掣，驰骋于宇宙间。

【流传】 黑龙江省·黑河地区（黑河市）·孙吴县·（沿江满族达斡尔族乡）·四季屯（四季屯村）

【出处】 吴纪贤、富希陆讲：《天宫大战——黑水女真人传世神话》（1939，选自富育光、郭淑云整理的手稿），见姚宝瑄主编《中国各民族神话》（满族、赫哲族、朝鲜族），太原：山西出版传媒集团·书海出版社 2014 年版，第 37 页。

W0293.5

婚生风神

实例

（参见下级母题实例）

W0293.5.1

特屈和天公地母生风神

实例

壮族 特屈和天公地母之子风满是风神。

【流传】（无考）

【出处】 梁庭望：《越族神话与希腊神话神祇之比较》，载《中央民族学院学报》1989 年增刊。

W0293.6

指派产生风神

实例

（参见下级母题实例）

W0293.6.1

创世主指派出风神

实例

哈萨克族 创世主迦萨甘派了风神。

【流传】（无考）

【出处】 尼合迈德·蒙加尼搜集，校仲彝翻译整理：《神与灵魂》，见谷德明编《中国少数民族神话》，北京：中国民间文艺出版社 1987 年版，第 730 页。

W0293.7

与风神产生有关的其他母题

实 例

（实例待考）

W0294

风神的性别

实 例

（参见下级母题实例）

W0294.1

女风神（风婆，风婆婆）

【汤普森】 A282.0.1

【关联】［W0298.2］旋风女神

实 例

（参见下级母题实例）

W0294.1.1

风婆

实 例

（参见下级母题实例）

W0294.1.1.1

风婆是披头散发的老太太

实 例

鄂温克族 风婆神住在人界尽头，是一个披头散发的老妪。

【流传】 内蒙古自治区·（呼伦贝尔市）·鄂温克族自治旗·辉索木（辉苏木）

【出处】 达西森林讲，朝克调查整理：《风神》（1983.08.02），见吕大吉、何耀华总主编《中国各民族原始宗教资料集成》（鄂伦春族卷、鄂温克族卷、赫哲族卷、达斡尔族卷、锡伯族卷、满族卷、蒙古族卷、藏族卷），北京：中国社会科学出版社1999年版，第99页。

W0294.1.1.2

风婆神住人界尽头

实 例

鄂温克族 风婆神住在人界尽头。

【流传】 内蒙古自治区·（呼伦贝尔市）·鄂温克族自治旗·辉索木（辉苏木）

【出处】 达西森林讲，朝克调查整理：《风神》（1983.08.02），见吕大吉、何耀华总主编《中国各民族原始宗教资料集成》（鄂伦春族卷、鄂温克族卷、赫哲族卷、达斡尔族卷、锡伯族卷、满族卷、蒙古族卷、藏族卷），北京：中国社会科学出版社1999年版，第99页。

W0294.1.1.3

老天爷令风婆顺河走

实 例

汉族 老天爷给风婆和雨神下了一道圣旨，上面写着有风顺河走，莫要窜花行。

【流传】 河南省·（安阳市·内黄县·

楚旺镇）［采录地点：楚旺镇］

【出处】许惠斌（男，82 岁，读过私塾四年，楚旺镇人）讲，张国安采录：《老天奶奶当家》（1987. 10），见张振犁编著，孟宪明、朱淑君统纂《中原神话通鉴》（第四卷），郑州：河南大学出版社 2017 年版，第 1251 页。

W0294. 1. 1. 4 龙能指使风婆

实 例

汉族 黄龙还没有练成行云降雨的本领，但可也使动风婆雨神了。

【流传】河南省·（焦作市）·孟州市

【出处】刘清顺讲，马久智采录：《黄河的由来》，见张振犁编著《中原神话通鉴》（第一卷），郑州：河南大学出版社 2017 年版，第 19 页。

W0294. 1. 1. 5 风婆是王母的手下

实 例

汉族 王母见百花仙子如此执拗，立即派风婆拔掉刚出土的香稻丸幼苗。

【流传】河南省·（信阳市）·息县

【出处】邵志怡（男，69 岁，市民，清末秀才）讲，曹金铸采录整理：《香稻丸》（1962），见张振犁编著，孟宪明、朱淑君统纂《中原神话通鉴》（第三卷），郑州：河南大学出版社 2017 年版，第 759 页。

W0294. 1. 2 风姑娘

实 例

汉族 （实例待考）

W0294. 1. 2. 1 风姑娘喜怒无常

实 例

哈尼族 风姑娘有时不高兴，发起疯来不得了。她能抬起哈尼的屋楼，会助着火威把青山烧焦。她有时温顺，有时暴躁，但人们拿她没办法。

【流传】云南省·（红河哈尼族彝族自治州）·金平县（金平苗族瑶族傣族自治县）·（大寨乡）·坡头乡（坡头村）

【出处】李文有讲，熊兴祥记录：《风姑娘》，原载《金平民间故事选》，见姚宝瑄主编《中国各民族神话》（哈尼族、傣族），太原：山西出版传媒集团·书海出版社 2014 年版，第 31 页。

哈尼族 风姑娘有时不高兴，发起疯来不得了。她能抬起哈尼的屋楼，会助着火威把青山烧焦。这个风姑娘呀，也好也不好。她有时温顺，有时暴躁。

【流传】云南省

【出处】熊兴祥搜集整理：《风姑娘》，载《山茶》1983 年第 4 期。

W0294.1.2.2
风神姑娘是游荡鬼

实 例

纳西族 风神姑娘（游荡鬼）一共有 7 个，她们是：达勒阿萨命（骑骡），维西恩汝命（骑鹿），丽江（英古）阿时命（骑山骡），巨甸舒可命（骑虎），阿昌白丁命（骑野骡），达汶达孜命（骑黄马），大理鉴英命（骑青马）

【流传】云南省·丽江（丽江市）

【出处】和志武调查整理：《丽江地区祭风鬼仪式》（1962，1989），见吕大吉、何耀华总主编《中国各民族原始宗教资料集成》（纳西族卷、羌族卷、独龙族卷、傈僳族卷、怒族卷），北京：中国社会科学出版社 2000 年版，第 135 页。

W0294.1.3
宇宙女风神

实 例

满族 韩姓满族有四个宇宙女风神神偶。

【流传】吉林省·吉林地区（吉林市）·永吉县·大绥河乡·小绥河村

【出处】

（a）富育光、孟慧英：《满族萨满教研究》，北京：北京大学出版社 1991 年版，第 120～122 页。

（b）《神偶的主要分布地域》，见吕大吉、何耀华总主编《中国各民族原始宗教资料集成》（鄂伦春族卷、鄂温克族卷、赫哲族卷、达斡尔族卷、锡伯族卷、满族卷、蒙古族卷、藏族卷），北京：中国社会科学出版社 1999 年版，第 490 页。

W0294.1.4
风婆婆

实 例

（参见下级母题实例）

W0294.1.4.1
风婆婆是豫南的桐柏山区这一带的风神

实 例

汉族 风婆婆是豫南的桐柏山区这一带的风神。

【流传】河南省豫南一带

【出处】刘四毛（男，71 岁，汉族，农民，不识字，确山人）讲，刘光（男，18 岁，汉族，高中学生）采录：《风婆婆》，见张振犁编著，孟宪明、朱淑君统纂《中原神话通鉴》（第四卷），郑州：河南大学出版社 2017 年版，第 1236 页。

W0294.1.4.2
念风婆婆咒语就会刮风

实 例

汉族 说来很灵，只要孩子们把“风

婆婆，放风来，大风不来小风来”这首儿歌念上几遍，就会从东南方吹来阵阵微风，给人们带来爽快凉意。长此以往，人们对风婆婆就更加崇敬。

【流传】河南省豫南一带

【出处】刘四毛（男，71 岁，汉族，农民，不识字，确山人）讲，刘光（男，18 岁，汉族，高中学生）采录：《风婆婆》，见张振犁编著，孟宪明、朱淑君统纂《中原神话通鉴》（第四卷），郑州：河南大学出版社 2017 年版，第 1236 页。

W0294. 1. 4. 3

风婆婆是善神

实 例

汉族 风婆婆是一个惯为民办好事的神仙。

【流传】河南省豫南一带

【出处】刘四毛（男，71 岁，汉族，农民，不识字，确山人）讲，刘光（男，18 岁，汉族，高中学生）采录：《风婆婆》，见张振犁编著，孟宪明、朱淑君统纂《中原神话通鉴》（第四卷），郑州：河南大学出版社 2017 年版，第 1237 页。

W0294. 1. 4. 4

风婆婆的助手是小鬼

实 例

汉族 凶煞神修天桥和恶煞神泛洪水的事被主管这一带风的风神——风婆婆知道了，她非常气愤，马上派小鬼去察看动静。

【流传】河南省豫南一带

【出处】刘四毛（男，71 岁，汉族，农民，不识字，确山人）讲，刘光，男（18 岁，汉族，高中学生）采录：《风婆婆》，见张振犁编著，孟宪明、朱淑君统纂《中原神话通鉴》（第四卷），郑州：河南大学出版社 2017 年版，第 1237 页。

W0294. 1. 5

风神妈妈

实 例

满族 雷神妈妈、风神妈妈、雹神妈妈、雨神妈妈，朝地下猛劲地刮起暴风，洒下暴雨、冰雹。

【流传】黑龙江沿岸，黑龙江省·（黑河市）·孙吴县、瑷珲县（爱辉区）

【出处】赵瞎子、富郭氏等讲，育光搜集整理：《白云格格》，原载育光编《七彩神火》，见陶阳、钟秀编《中国神话》（中），北京：商务印书馆 2008 年版，第 763 ~ 767 页。

W0295

风神的外形（风神的外貌）

实 例

（参见下级母题实例）

W0295.1
风神雀头鹿身

实 例

汉族 （参见“W0299.1.1.1 飞廉雀头鹿身”母题实例）

W0295.2
风神是黑旋风

【关联】［W0298.1］旋风神

实 例

黎族 风神以黑旋风的形态出现。

【流传】海南省·白沙（白沙黎族自治县），（海口市）·昌江（昌江黎族自治县）等

【出处】中国科学院广东民族研究所编：《黎族研究资料选译》，内部编印，1963年，第22页。

W0295.3
风神是老太太

实 例

鄂温克族 风神是披头散发的老妪。

【流传】内蒙古自治区·（呼伦贝尔市）·鄂温克旗（鄂温克族自治旗）·辉河索木

【出处】达西森林讲：《风神》，见吕大吉、何耀华总主编《中国各民族原始宗教资料集成》（鄂伦春族卷、鄂温克族卷、赫哲族卷、达斡尔族卷、锡伯族卷、满族卷、蒙古族卷、藏族卷），北京：中国社会科学出版社1999年版，第95页。

W0295.4
与风神外形有关的其他母题

实 例

（参见下级母题实例）

W0295.4.1
风神化虎

实 例

壮族 （实例待考）

W0295.4.2
风神化雨

实 例

水族 （实例待考）

W0295a
风神的性情

实 例

（参见下级母题实例）

W0295a.1
风神冷酷无情

实 例

普米族 纳可穆玛山（即昆仑山，白天是一座大山，到了晚上就变成了一个大姑娘）的眼泪水淌成了滚毒依（长江），它流到花同塔（今云南丽江地

区），总算找到了吉西尼（变成玉龙雪山的雨神，昆仑山的情人）。滚毒依向风神哀告，请风神给纳可穆玛捎个信，叫她到这里来与吉西尼相会时，风神严厉拒绝并咒骂。

【流传】 云南省·（丽江市）·宁蒗（宁蒗彝族自治县）；四川省·（凉山彝族自治州）·木里（木里藏族自治县）

【出处】 曹匹初讲，章虹宇搜集整理：《石头阿祖和石头子孙》，载《山茶》1986年第5期。

W0296

风神的居所

实　例

（参见下级母题实例）

W0296.1

风神住天上

实　例

（参见下级母题实例）

W0296.1.1

风神米门加木住在天上

实　例

珞巴族 米门加木是个风神，他从天上下来，把在地上见到的一切东西都摧毁。

【流传】 西藏自治区下察隅一带

【出处】 T. K. 巴鲁阿搜集：《恩尼达雅和安雅神》，见中华民族故事大系编委会编《中华民族故事大系》第16卷（赫哲族、门巴族、珞巴族、基诺族），上海：上海文艺出版社1995年版，第519~520页。

W0296.2

风神住地上

实　例

怒族 很古的时候，地上有9个风神。

【流传】 云南省·（怒江傈僳族自治州）·福贡县·架怒村（疑为子里甲乡·甲怒村）

【出处】 此阿妹讲，叶世富等采录：《刮风打雷的由来》，见中国民间文学集成全国编辑委员会编《中国民间故事集成》（云南卷），北京：中国ISBN中心2003年版，第160页。

W0296.2.1

风神住大地的边缘

实　例

汉族 （实例待考）

W0296.2.2

风神住人间的尽头

【关联】 ［W0294.1.1.2］风婆神住人界尽头

实　例

鄂温克族 在人界尽头有一个披头散发的老妪，就是风婆神。

【流传】内蒙古自治区·（呼伦贝尔市）·鄂温克族自治旗·辉索木（辉苏木）

【出处】达西森林讲，朝克调查整理：《风神》（1983.08.02），见吕大吉、何耀华总主编《中国各民族原始宗教资料集成》（鄂伦春族卷、鄂温克族卷、赫哲族卷、达斡尔族卷、锡伯族卷、满族卷、蒙古族卷、藏族卷），北京：中国社会科学出版社 1999 年版，第 99 页。

W0296.3

风神居南极

实　例

（参见下级母题实例）

W0296.3.1

风神因因乎处南极

实　例

汉族 有神名曰因因乎，南方曰因乎，夸风曰乎民，处南极以出入风。

【流传】（无考）

【出处】［战国至汉］撰者不详：《山海经·大荒南经》。

W0296.4

风神住地缝

实　例

（参见下级母题实例）

W0296.4.1

风神住东方大地的裂缝里

实　例

赫哲族 风神“卧杜玛玛”居住在东方大地的裂缝里。

【流传】（无考）

【出处】《赫哲族的宗教与神话》，见《中国各民族宗教与神话大词典》编审委员会编《中国各民族宗教与神话大词典》，北京：学苑出版社 1990 年版，第 307 页。

W0296.4.2

风神住在峡谷

实　例

鄂温克族 风神住在山上，住在峡谷里。

【流传】内蒙古自治区·呼伦贝尔市·（鄂温克族自治旗）·南屯（巴彦托海镇的俗称）

【出处】敖斯尔讲，卡丽娜调查整理：《旋风》（1984.07），见吕大吉、何耀华总主编《中国各民族原始宗教资料集成》（鄂伦春族卷、鄂温克族卷、赫哲族卷、达斡尔族卷、锡伯族卷、满族卷、蒙古族卷、藏族卷），北京：中国社会科学出版社 1999 年版，第 99 页。

W0296.5

风神住洞中

实 例

(参见下级母题实例)

W0296.5.1

风神住无底洞

实 例

怒族 很古的时候，地上的九个风神分别住在九个无底洞里。

【流传】 云南省·(怒江傈僳族自治州)·福贡县·架怒村(疑为子里甲乡·甲怒村)

【出处】 此阿妹讲述，叶世富、和光溢、李汝忠采录:《刮风打雷的由来》，见中国民间文学集成全国编辑委员会编《中国民间故事集成》(云南卷)，北京：中国 ISBN 中心 2003 年版，第 160 页。

W0296.5.1.1

风神住远方的无底黑洞

实 例

柯尔克孜族 风神科依卡特是大力士神。它居住在远方的一个无底黑洞里，它一出洞，就会带来大风。

【流传】(无考)

【出处】

(a) 张彦平编译:《雪神、冬神和风神》《阿尔泰神话》，见满都呼主编《中国阿尔泰语系诸民族神话故事》，北京：民族出版社 1997 年版，第 85 页。

(b) 毕桪:《柯尔克孜族神话》，见中国翻译网：http://www.chinatranslation.org/articleview，2006.08.13。

W0296.5.2

风神住东方的地洞

实 例

赫哲族 风神卧杜玛玛，在东方的地洞子里住。

【流传】(黑龙江省)

【出处】

(a)《民族问题五种丛书》黑龙江省编辑组:《赫哲族社会历史调查》，牡丹江：黑龙江朝鲜民族出版社 1987 年版，第 277~278 页。

(b)《风》，见吕大吉、何耀华总主编《中国各民族原始宗教资料集成》(鄂伦春族卷、鄂温克族卷、赫哲族卷、达斡尔族卷、锡伯族卷、满族卷、蒙古族卷、藏族卷)，北京：中国社会科学出版社 1999 年版，第 197 页。

W0296.5.3

风神住风洞

实 例

(参见下级母题实例)

W0296.5.3.1
风神住天生桥下的风洞中

实 例

白族 风神住在天生桥下有个风洞里面。

【流传】云南省·（大理白族自治州）·大理市·喜洲镇

【出处】王承权等调查整理：《大理白族祭风雨雹神》（1988），见吕大吉、何耀华总主编《中国各民族原始宗教资料集成》（彝族卷、白族卷、基诺族卷），北京：中国社会科学出版社1996年版，第518页。

W0296.6
风神住地宫中

【关联】［W0299.6.1］风王住地宫中

实 例

哈尼族 （实例待考）

W0296.7
风神住山中

实 例

（参见下级母题实例）

W0296.7.1
风神居青山里

实 例

彝族 山神和风神，居于青山里，住在红岩边。

【流传】贵州省·（毕节市）·威宁县（威宁彝族回族苗族自治县）、赫章县一带

【出处】罗正清翻译，黄建明摘录：《弥神与觉神》（未刊稿），见吕大吉、何耀华总主编《中国各民族原始宗教资料集成》（彝族卷、白族卷、基诺族卷），北京：中国社会科学出版社1996年版，第280页。

W0296.7.2
风神住山顶

实 例

满族 日吉纳（满语，杜鹃花）姑娘说为除掉火魔，骑上快马，跑了很多天，来到了一个高山顶——风神住的地方。

【流传】吉林省

【出处】

（a）佟畴、曾层搜集整理：《日吉纳姑娘》，见乌丙安、李文刚等编《满族民间故事选》，上海：上海文艺出版社1983年版。

（b）同（a），见姚宝瑄主编《中国各民族神话》（满族、赫哲族、朝鲜族），太原：山西出版传媒集团·书海出版社2014年版，第91~95页。

W0297
风神的工具

实 例

（参见下级母题实例）

W0297.1
风神拿着风袋

【关联】［W4285］风袋中生风

实 例

（实例待考）

W0297.2
风神左手持轮，右手执扇

实 例

（参见下级母题实例）

W0297.2.1
风伯左手持轮，右手执箑

实 例

汉族 风伯左手持轮，右手执箑。

【流传】（无考）

【出处】［清］黄斐默：《集说全真》。

W0297.2.2
风神扇着扇子把万物扇得睁不开眼

实 例

白族 天神到地上毁灭人类时，风神扇着扇子，把万物扇得睁不开眼。

【流传】云南省·（大理白族自治州）·鹤庆县

【出处】＊《崇拜树木石头的传说》，见鹤庆县民间文学集成办公室编《鹤庆民间故事集成》，昆明：云南人民出版社1989年版，第247～248页

W0297.3
风神的簸箕

实 例

鄂温克族 （实例待考）

W0297.4
风神的鼓

实 例

（参见下级母题实例）

W0297.4.1
风王的羊皮风箱鼓

实 例

哈尼族 地宫里的风王在春天里睡醒，就支起他的羊皮风箱鼓起大风。

【流传】云南省·（红河哈尼族彝族自治州）·元阳县·黄草岭区（黄草岭乡）·树皮寨

【出处】

（a）杨批斗讲，史军超采录：《年月树》，见中国民间文学集成全国编辑委员会编《中国民间故事集成》（云南卷），北京：中国ISBN中心2003年版，第289页。

（b）同（a）《哈尼族神话传说集成》，北京：中国民间文艺出版社1990年版。

W0298

特定的风神（风神的类型）

实 例

（参见下级母题实例）

W0298.1

旋风神

【汤普森】A182.1

【关联】［W0295.2］风神是黑旋风

实 例

（参见下级母题实例）

W0298.1.1

旋风女神

实 例

（参见下级母题实例）

W0298.1.1.1

东海旋风女神是福勒岛九女神

实 例

满族 福勒岛九女神是东海旋风女神，常在风平的海上吹来一股旋风。旋风连卷九个，突然远去，这是福勒岛九女神。

【流传】（无考）

【出处】《海祭》，富育光据《东海沉冤录》、《清光绪十六年扈伦七姓满族海祭神谕》翻译整理，见吕大吉、何耀华总主编《中国各民族原始宗教资料集成》（鄂伦春族卷、鄂温克族卷、赫哲族卷、达斡尔族卷、锡伯族卷、满族卷、蒙古族卷、藏族卷），北京：中国社会科学出版社1999年版，第522页。

W0298.1.2

特定名称的旋风神

实 例

（参见下级母题实例）

W0298.1.2.1

旋风神毛鲁开依达力

实 例

鄂伦春族 旋风神“毛鲁开依达力”。

【流传】（无考）

【出处】

(a) 内蒙古自治区编委会：《鄂伦春族社会历史调查》（第一集），呼和浩特：内蒙古人民出版社1984年版，第161页。

(b)《雷和风的神力》，见吕大吉、何耀华总主编《中国各民族原始宗教资料集成》（鄂伦春族卷、鄂温克族卷、赫哲族卷、达斡尔族卷、锡伯族卷、满族卷、蒙古族卷、藏族卷），北京：中国社会科学出版社1999年版，第19页。

W0298.1.2.2

旋风神恩古包尔

实 例

鄂温克族 旋风称做“恩古包尔”神，

它经常危害人畜，因此要祭祀“恩古包尔”神。

【流传】内蒙古自治区·呼伦贝尔市·（鄂温克族自治旗）·南屯（巴彦托海镇的俗称）

【出处】敖斯尔讲，卡丽娜调查整理：《旋风》（1984.07），见吕大吉、何耀华总主编《中国各民族原始宗教资料集成》（鄂伦春族卷、鄂温克族卷、赫哲族卷、达斡尔族卷、锡伯族卷、满族卷、蒙古族卷、藏族卷），北京：中国社会科学出版社 1999 年版，第 99 页。

W0298.2

春风神

实 例

（参见下级母题实例）

W0298.2.1

春风神吹风撒种

实 例

哈尼族 春风神俄虽玛听到天神优奺的声音后，吹出风帮优奺撒种。

【流传】云南省·（红河哈尼族彝族自治州）·元阳县

【出处】朱小和讲，史军超采录：《动植物的家谱》，见中国民间文学集成全国编辑委员会编《中国民间故事集成》（云南卷），北京：中国 ISBN 中心 2003 年版，第 346 页。

W0298.2.2

春风神俄虽玛

实 例

哈尼族 春风神俄虽玛。

【流传】云南省·（红河哈尼族彝族自治州）·元阳县

【出处】朱小和讲，史军超采录：《动植物的家谱》，见中国民间文学集成全国编辑委员会编《中国民间故事集成》（云南卷），北京：中国 ISBN 中心 2003 年版，第 346 页。

哈尼族 春风神俄虽玛听见天神优奺的声音，爬起来，“呜呜呜”地叫着来帮优奺撒树种。

【流传】云南省·（红河哈尼族彝族自治州）·元阳（元阳县）、红河（红河县）、金平（金平苗族瑶族傣族自治县）［采集地点：元阳县攀枝花区洞铺寨］

【出处】朱小和讲，史军超搜集整理：《动植物的家谱》（1982），原载云南省民间文学集成办公室编《哈尼族神话传说集成》，中国民间文艺出版社 1990 年版，见姚宝瑄主编《中国各民族神话》（哈尼族、傣族），太原：山西出版传媒集团·书海出版社 2014 年版，第 146 页。

W0299

与风神有关的其他母题

【关联】

① ［W0867.1］ 风怪

② ［W1294.5.1］ 风神吹开天地

实 例

（参见下级母题实例）

W0299.1

特定名称的风神（风神的名字）

实 例

（参见下级母题实例）

W0299.1.1

风神飞廉

【关联】［W0299.1.3.2］ 风伯飞廉

实 例

汉族 （实例待考）

W0299.1.1.1

飞廉雀头鹿身

实 例

汉族 飞廉（风神），鹿身，头如雀。

【流传】（无考）

【出处】［战国］ 屈原：《离骚》，［东汉］ 王逸注。

W0299.1.2

风神因因乎

实 例

汉族 （参见“W0296.3.1 风神因因乎处南极”母题实例）

W0299.1.2a

风神孟婆

实 例

汉族 古称风神为孟婆。蒋捷词云：“春雨如丝，绣出花枝红袅，怎禁他孟婆合皂。”

【流传】（无考）

【出处】［清］ 褚人获：《坚瓠二集》卷二。

W0299.1.2a.1

孟婆发怒就会刮大风

实 例

汉族 江南七月间，有大风甚于舶踔，野人相传为孟婆发怒。

【流传】（无考）

【出处】［明］ 杨慎：《丹铅总录》。

W0299.1.2b

风神禺彊

实 例

（参见下级母题实例）

W0299.1.2b.1

风神禺彊也是传播疫厉的瘟神

实 例

汉族 “西北曰厉风。”作为风神之禺彊，实传播疫厉之瘟神。

【流传】（无考）

【出处】［秦］ 吕不韦及门客：《吕氏春

秋·有始》袁珂注，见袁珂《中国神话大词典》，北京：华夏出版社 2015 年版，第 230 页。

W0299. 1. 2c

风神巽二

实 例

汉族 雪花六出，故滕六谓雪神；巽为风，故巽二为风神。

【流传】（无考）

【出处】《滕六巽二》，见袁珂《中国神话大词典》，北京：华夏出版社 2015 年版，第 351 页。

W0299. 1. 2d

风神封十八姨

实 例

汉族 唐天宝中，处士崔元微，夜与女子杨氏、李氏、陶氏、石氏及封家十八姨共饮。石氏忤姨，皆起去。明夜诸女复来，云诸女皆住苑中，每岁多被恶风所挠，常求十八姨相庇。昨石氏忤姨，故不能应难取力。求元微岁旦且作朱幡，图日月星辰之文，于苑东立之，则可免。至期，元微依言立幡。时东风震地，折树飞沙，而苑中繁花不动。乃知封十八姨，风神也。

【流传】（无考）

【出处】［唐］郑还古：《博异志》（《说库》本）“崔元微”条，见袁珂《中国神话大词典》，北京：华夏出版社 2015 年版，第 226 页。

W0299. 1. 3

风伯（风神又称风伯）

实 例

（参见下级母题实例）

W0299. 1. 3. 0

风伯的特征

实 例

（参见下级母题实例）

W0299. 1. 3. 0. 1

风伯雀头人身蛇尾

实 例

汉族 风伯雀头人身蛇尾，手持一把芭蕉大扇，在空中扇来摆去，顿时狂风大作，飞沙走石，树倒屋塌.

【流传】河南省·（郑州市）·新郑市

【出处】刘文学采录整理：《女魃战雨师》，见张振犁编著，孟宪明、朱淑君统纂《中原神话通鉴》（第二卷），郑州：河南大学出版社 2017 年版，第 547 页。

W0299. 1. 3. 0. 2

风伯是白须老翁

【关联】［W0315. 1. 1］雷公是白胡子老头

实 例

汉族 风伯为白须老翁，左手持轮，右手执箕，若扇轮状。

【流传】（无考）

【出处】［清］黄斐默：《集说诠真》，见乌丙安主编《中国民间神谱》，沈阳：辽宁人民出版社2007年版，第13页。

W0299.1.3.1

箕星是风伯

【关联】［W0299.1.4.1］箕星是风师

实 例

汉族 风伯者，箕星也。

【流传】（无考）

【出处】［晋］干宝：《搜神记》卷四。

W0299.1.3.1a

风神又称箕伯

实 例

汉族 风神，民间习称风伯，又称风师、箕伯，司风之神。

【流传】（无考）

【出处】《风神》，见乌丙安主编《中国民间神谱》，沈阳：辽宁人民出版社2007年版，第13页。

汉族 “属箕伯以函风兮。”李善注：“风师者，箕星也，主簸物，能致风气也。”

【流传】（无考）

【出处】［梁］萧统：《文选》辑张衡《思玄赋》，［唐］李善注引《风俗通》。

W0299.1.3.1b

风伯又称大风（风伯大凤）

实 例

汉族 “尧之时，大风为民害，尧乃使羿缴大风于青邱之泽。”高诱注：“大风，风伯也，能坏人屋舍，羿于青邱之泽缴遮使不为害也。”

【流传】（无考）

【出处】［西汉］淮南王刘安及门客：《淮南子·本经训》高诱注。

W0299.1.3.1c

风伯名姨

实 例

汉族 风伯名姨。

【流传】（无考）

【出处】［唐］虞世南：《北堂书钞》卷一四四引《太公金匮》。

W0299.1.3.2

风伯飞廉

实 例

汉族 飞廉，风伯也。

【流传】（无考）

【出处】［东汉］应劭：《风俗通义·祀典第八》引《楚辞》。

汉族 “后飞廉使奔属。”王逸注：“飞廉，风伯也。”

【流传】（无考）

【出处】［战国］屈原：《楚辞·离骚》

［东汉］王逸注。

汉族 风伯，名叫飞廉。

【流传】河南省·（郑州市）·新郑市

【出处】刘文学采录整理：《女魃战雨师》，见张振犁编著，孟宪明、朱淑君统纂《中原神话通鉴》（第二卷），郑州：河南大学出版社 2017 年版，第 547 页。

W0299. 1. 3. 2. 1

风伯飞廉鹿身有角

实 例

汉族 “后飞廉使奔属。”洪兴祖补注：“应劭曰：‘飞廉，神禽，能致风气。’晋灼曰：‘飞廉鹿身，头如雀，有角，而蛇尾豹文。’”

【流传】（无考）

【出处】［战国］屈原：《楚辞·离骚》［宋］洪兴祖补注。

W0299. 1. 3. 3

风伯是龙的部下

【关联】［W0672. 6. 5. 3］蚩尤的部下风伯雨师

实 例

汉族 东海龙王敖广的儿子小金龙在干旱无雨时，带领风伯、云童、雷公、电母兴云施雨。

【流传】甘肃省·（平凉市）·静宁县·城关镇

【出处】杨琨讲，陈静搜集整理：《小金龙》，见静宁县民间文学三套集成编辑组编《中国民间故事集成甘肃卷·静宁民间故事》，内部编印，1989 年，第 10 页。

W0299. 1. 3. 3a

风伯是黄帝的部下

【关联】［W0695. 4］黄帝的辅佐（黄帝的从属）

实 例

汉族 昔者黄帝合鬼神于西泰山之上，风伯进扫。

【流传】（无考）

【出处】［战国］韩非：《韩非子·十过》。

W0299. 1. 3. 4

风伯变虎

实 例

壮族 风伯入山变成虎。

【流传】广西壮族自治区·（来宾市）·忻城县

【出处】梁庭望译：《布伯》（之一），见张声震总主编，农冠品编注《壮族神话集成》，南宁：广西民族出版社 2007 年版，第 269 页。

W0299. 1. 3. 5

风伯住东泰山

实 例

汉族 东泰山之上，有风伯、雨师二位先师，能呼风唤雨，道行极深。

【流传】河南省·（郑州市）·新郑市

【出处】刘文学采录整理：《女魃战雨师》，见张振犁编著，孟宪明、朱淑君统纂《中原神话通鉴》（第二卷），郑州：河南大学出版社 2017 年版，第 546 页。

W0299.1.3.6

风伯练成妖术

实 例

汉族 风伯飞廉，采天地之阴气，经千年练成妖术。

【流传】河南省·（郑州市）·新郑市

【出处】刘文学采录整理：《女魃战雨师》，见张振犁编著，孟宪明、朱淑君统纂《中原神话通鉴》（第二卷），郑州：河南大学出版社 2017 年版，第 547 页。

W0299.1.4

风师（风神又称风师）

实 例

（参见下级母题实例）

W0299.1.4.1

箕星是风师

实 例

汉族 《周礼》风师者，箕星也；箕主簸扬，能致风气，养成万物，有功于人，王者祀以报功也。

【流传】（无考）

【出处】［东汉］应劭：《风俗通义·祀典》。

汉族 “属箕伯以函风兮。”李善注：“风师者，箕星也，主簸物，能致风气也。”

【流传】（无考）

【出处】［梁］萧统：《文选》辑张衡《思玄赋》李善注引《风俗通》。

W0299.1.4.2

风师能带来风和气流

实 例

汉族 箕星（二十八星宿之一）是风师，能带来风和气流。

【流传】（无考）

【出处】［东汉］应劭：《风俗通义·祀典第八》。

W0299.1.4.3

风师屏翳

【关联】

①［W0213d.1］天使屏翳

②［W0304.3.3.5］雨师又称屏翳

③［W0358.3.4.1a］雷神屏翳

④［W0370g.1］云神屏翳

实 例

汉族 “屏翳收风。”吕向注：“屏翳，风师也。”

【流传】（无考）

【出处】［梁］萧统：《文选》辑曹植《洛神赋》［唐］吕向注。

W0299. 1. 4a

风姨（风神又称风姨）

【关联】［W0299. 1. 3. 1c］风伯名姨

实 例

民族无考 风神有“风姨”、“方天君”的称呼。

【流传】（无考）

【出处】《风神》，见乌丙安主编《中国民间神谱》，沈阳：辽宁人民出版社2007年版，第13页。

汉族 话说风姨闻百花仙子之言，在旁便说道：“据仙姑说得其难，其慎，断不可逆天而行。”

【流传】（无考）

【出处】［清］李汝珍：《镜花缘》第二回。

W0299. 1. 4a. 1

天上的风姨不受任何管辖

实 例

汉族 天上的风姨、雨妹不受任何管辖。

【流传】山东·（泰安市）·宁阳（宁阳县）；辽宁省·沈阳市·（苏家屯区·红菱堡镇·宋大台村）

【出处】赵连才讲，赵凤芹记录整理：《玉皇大帝的传说》，见姚宝瑄主编《中国各民族神话》（汉族），太原：山西出版传媒集团·书海出版社2014年版，第339～344页。

W0299. 1. 4b

方天君（风神又称方天君）

实 例

民族无考 ［参见“W0299. 1. 4a 风姨（风神又称风姨）”母题实例］

W0299. 1. 5

风神根球鲁阿狄尔

实 例

鄂伦春族 风神叫“根球鲁阿狄尔”。

【流传】（无考）

【出处】

（a）内蒙古自治区编委会：《鄂伦春族社会历史调查》（第一集），呼和浩特：内蒙古人民出版社1984年版，第161页。

（b）《雷和风的神力》，见吕大吉、何耀华总主编《中国各民族原始宗教资料集成》（鄂伦春族卷、鄂温克族卷、赫哲族卷、达斡尔族卷、锡伯族卷、满族卷、蒙古族卷、藏族卷），北京：中国社会科学出版社1999年版，第19页。

W0299. 1. 5a

风神阿丁博尔

实 例

鄂伦春族 风神“阿丁博尔”是神灵主宰。

【流传】（无考）

【出处】马名超、崔焱：《鄂伦春族宗教与神话》，见《中国各民族宗教与神话大词典》编审委员会编《中国各民族宗教与神话大词典》，北京：学苑出版社1993年版。

W0299.1.6

风神萨勒腾格里

实 例

（参见下级母题实例）

W0299.1.6.1

3个萨勒腾格里是司风之天

实 例

蒙古族 三个萨勒腾格里是司风之天（在蒙古族民间宗教或萨满神词中，“天”与“腾格里”常常通用，此处可以看作是泛指诸神）。

【流传】（无考）

【出处】额尔德木图：《蒙古英雄史诗与孛额唱词中的“腾格里”》，载《内蒙古社会科学》（汉文版）1995年第5期。

W0299.1.7

风神米沙

实 例

哈尼族 第二代神王烟沙生下风神（米沙）。

【流传】云南省·（红河哈尼族彝族自治州）·元阳县

【出处】

（a）朱小和讲，史军超等采录：《神的古今》，见中国民间文学集成全国编辑委员会编《中国民间故事集成》（云南卷），北京：中国ISBN中心2003年版，第19页。

（b）卢朝贵讲，史军超采录：《神和人的家谱》，见中国民间文学集成全国编辑委员会编《中国民间故事集成》（云南卷），北京：中国ISBN中心2003年版，第23页。

W0299.1.7.1

第二代神王生风神米沙

实 例

哈尼族 第二代男神王烟沙大神又传出新的家谱。他生下第二代男神沙拉后，又生下了九位大神，其中有风神米沙。

【流传】云南省·（红河哈尼族彝族自治州）·元阳（元阳县）、红河（红河县）、金平（金平苗族瑶族傣族自治县）［采集地点：元阳县·胜村乡·全福庄］

【出处】卢朝贵讲，史军超搜集整理：《神和人的家谱》，原载云南省民间文学集成办公室编《哈尼族神话传说集成》，中国民间文艺出版社1990年版，见姚宝瑄主编《中国各民族神话》（哈尼族、傣族），太原：山西出版传媒集团·书海出版社2014年版，第40页。

W0299. 1. 8

风神赫史阿俄

实 例

彝族 风神的名字叫赫史阿俄。

【流传】四川省·（凉山彝族自治州）·雷波县

【出处】

（a）保木和铁讲，芦芙阿梅译，白芝采录：《开天辟地》，见中国民间文学集成全国编辑委员会编《中国民间故事集成》（四川卷），北京：中国 ISBN 中心 1998 年版，第 749 页。

（b）《开天辟地》，见陶立播、赵桂芳等编《中国少数民族神话汇编》（开天辟地篇），中央民族学院少数民族古籍整理出版规划领导小组办公室印（未署出版时间），第 85～95 页。

W0299. 1. 8a

风神黑作直

实 例

彝族 黑作直为风神。

【流传】贵州省·（毕节市）·威宁县（威宁彝族回族苗族自治县）

【出处】王海清讲，石磊采录：《诸神争大》见中国民间文学集成全国编辑委员会编《中国民间故事集成》（贵州卷），北京：中国 ISBN 中心 2003 年，第 28 页。

W0299. 1. 8b

风神米恒哲

【关联】［W0299. 2. 5. 1］风神米恒哲每天下地巡察

实 例

彝族 风神米恒哲造出来人类。

【流传】云南省·（大理白族自治州）·鹤庆县

【出处】《米恒哲降妖》，王四代根据王子尧翻译，康健、王治新等整理《彝族古歌》（贵州人民出版社 1989 年版）改写，见姚宝瑄主编《中国各民族神话》（羌族、彝族），太原：山西出版传媒集团·书海出版社 2014 年版，第 363 页。

W0299. 1. 9

风神风满

实 例

壮族 特屈和天公地母之子风满是风神。

【流传】（无考）

【出处】梁庭望：《越族神话与希腊神话神祇之比较》，载《中央民族学院学报》1989 年增刊。

W0299. 1. 10

风神卧杜玛玛

实 例

赫哲族 风有风神，名叫“卧杜玛玛”。

【流传】（黑龙江省）

【出处】

(a)《民族问题五种丛书》黑龙江省编辑组：《赫哲族社会历史调查》，牡丹江：黑龙江朝鲜民族出版社 1987 年版，第 277 ~278 页。

(b)《风》，见吕大吉、何耀华总主编《中国各民族原始宗教资料集成》(鄂伦春族卷、鄂温克族卷、赫哲族卷、达斡尔族卷、锡伯族卷、满族卷、蒙古族卷、藏族卷)，北京：中国社会科学出版社 1999 年版，第 197 页。

W0299.1.11
风神风曼

实　例

（参见下级母题实例）

W0299.1.11.1
管理风的神取名“风曼”

实　例

侗族　（参见“W0293.3.2.1 天地生的儿子成为风神”母题实例）

W0299.1.12
风神叭纹纳

实　例

（实例待考）

W0299.1.12.1
叭纹纳是最高天神英叭的后代

实　例

傣族（水傣）（实例待考）

W0299.1.13
风神西斯林

实　例

满族 因为风神西斯林是天神阿布卡恩都里的两只巨脚化生的，所以风驰电掣，驰骋于宇宙间。

【流传】黑龙江省·黑河地区（黑河市）·孙吴县·（沿江满族达斡尔族乡）·四季屯（四季屯村）

【出处】吴纪贤、富希陆讲：《天宫大战——黑水女真人传世神话》(1939，选自富育光、郭淑云整理的手稿)，见姚宝瑄主编《中国各民族神话》(满族、赫哲族、朝鲜族)，太原：山西出版传媒集团·书海出版社 2014 年版，第 37 页。

W0299.2
风神的职能（风神的能力）

实　例

（参见下级母题实例）

W0299.2.1
风神管风雨雷电

实　例

彝族 黑作直为风神，管打霜下凌，布云下雨，雷轰电闪。

【流传】贵州省·（毕节市）·威宁县（威宁彝族回族苗族自治县）

【出处】王海清讲，石磊采录：《诸神争大》，见中国民间文学集成全国编辑委员会编《中国民间故事集成》（贵州卷），北京：中国 ISBN 中心 2003 年，第 28 页。

W0299. 2. 1. 1
风神管风

实 例

鄂温克族 世间除了人以外，还有主宰风的风神。

【流传】嫩江流域鄂温克族

【出处】

（a）杜忠寿讲：《风源》，见马名超、王士媛、白衫编《鄂温克族民间故事选》，上海：上海文艺出版社 1989 年版，第 13 页。

（b）《风源》，见吕大吉、何耀华总主编《中国各民族原始宗教资料集成》（鄂伦春族卷、鄂温克族卷、赫哲族卷、达斡尔族卷、锡伯族卷、满族卷、蒙古族卷、藏族卷），北京：中国社会科学出版社 1999 年版，第 99 页。

W0299. 2. 1. 2
风伯呼风

实 例

汉族 蚩尤与黄帝作战时，请来风伯雨师，呼风唤雨，给黄帝军队造成了前进困难。

【流传】陕西省·（延安市）·黄陵县

【出处】兰草搜集整理：《风后和他的指南车》，原载黄陵县文化馆编《轩辕黄帝传说故事》，见陶阳、钟秀编《中国神话》（下），北京：商务印书馆 2008 年版，第 1205～1206 页。

W0299. 2. 2
风神是神灵主宰

实 例

鄂伦春族 风神“阿丁博尔”是神灵主宰。

【流传】（无考）

【出处】马名超、崔焱：《鄂伦春族宗教与神话》，见《中国各民族宗教与神话大词典》编审委员会编《中国各民族宗教与神话大词典》，北京：学苑出版社 1993 年版。

W0299. 2. 3
风神会变形

实 例

（参见下级母题实例）

W0299. 2. 3. 1
风神变成降雨

实 例

水族 风神变成一阵雨水降到大地上。

【流传】贵州省·（黔东南苗族侗族自治州）·榕江县·平永乡

【出处】潘开雄等讲，杨路塔采录：《十

二个仙蛋》，见中国民间文学集成全国编辑委员会编《中国民间故事集成》（贵州卷），北京：中国 ISBN 中心 2003 年，第 10 页。

W0299.2.4

风神降妖

实　例

（参见下级母题实例）

W0299.2.4.1

风神制服螃蟹精

【关联】［W0844.6］螃蟹精

实　例

黎族 洪水幸存者向风神求救，风神刮起一场大的扫土风，才把那只作恶兴灾的大螃蟹精扫到大海里。

【流传】 海南省·（三亚市）·乐东县（乐东黎族自治县）·抱由公社（抱由镇）·保定村

【出处】 符亚时讲，王越采录：《黎族支系的来源》，见中国民间文学集成全国编辑委员会编《中国民间故事集成》（海南卷），北京：中国 ISBN 中心 2002 年版，第 6 页。

W0299.2.5

风神巡视大地

实　例

（参见下级母题实例）

W0299.2.5.1

风神米恒哲每天下地巡察

实　例

彝族 风神米恒哲造出人类后，每天要下地来巡察。

【流传】 云南省·（大理白族自治州）·鹤庆县

【出处】《米恒哲降妖》，王四代根据王子尧翻译，康健、王冶新等整理《彝族古歌》（贵州人民出版社 1989 年版）改写，见姚宝瑄主编《中国各民族神话》（羌族、彝族），太原：山西出版传媒集团·书海出版社 2014 年版，第 363 页。

W0299.2.6

特定职能的风神

实　例

（参见下级母题实例）

W0299.2.6.1

掌管东风的神

实　例

（参见下级母题实例）

W0299.2.6.1.1

掌管东风的天神古尔班·埃门尔申·腾格里

实　例

蒙古族（布里亚特） 古尔班·博罗恩·

腾格里即“三天神”之意。其中，有夏雨魂灵古尔班·玛纳恩·腾格里，三个主宰云雾的天神，三个掌管西风的天神——古尔班·哈尔欣·腾格里，三个掌管东风的天神——古尔班·埃门尔申·腾格里等。

【流传】（无考）

【出处】［苏联］И. А. 曼日格耶夫著，宋长宏译，佟德富校：《布里亚特萨满教和前萨满教辞典》（俄文版），莫斯科：科学出版社 1978 年版，第 20 页，见吕大吉、何耀华总主编《中国各民族原始宗教资料集成》（鄂伦春族卷、鄂温克族卷、赫哲族卷、达斡尔族卷、锡伯族卷、满族卷、蒙古族卷、藏族卷），北京：中国社会科学出版社 1999 年版，第 629 页。

W0299. 2. 6. 2

掌管西风的神

实 例

（参见下级母题实例）

W0299. 2. 6. 2. 1

掌管西风的天神古尔班·哈尔欣·腾格里

实 例

蒙古族（布里亚特） 古尔班·博罗恩·腾格里即“三天神”之意。其中，有夏雨魂灵古尔班·玛纳恩·腾格里，三个主宰云雾的天神，三个掌管西风的天神——古尔班·哈尔欣·腾格里。

【流传】（无考）

【出处】［苏联］И. А. 曼日格耶夫著，宋长宏译，佟德富校：《布里亚特萨满教和前萨满教辞典》（俄文版），莫斯科：科学出版社 1978 年版，第 20 页，见吕大吉、何耀华总主编《中国各民族原始宗教资料集成》（鄂伦春族卷、鄂温克族卷、赫哲族卷、达斡尔族卷、锡伯族卷、满族卷、蒙古族卷、藏族卷），北京：中国社会科学出版社 1999 年版，第 629 页。

W0299. 2. 6. 3

司微风之神

实 例

（参见下级母题实例）

W0299. 2. 6. 3. 1

三个吉巴润腾格里是司微风之天

实 例

蒙古族 三个吉巴润腾格里是司微风之天（在蒙古族民间宗教或萨满神词中，“天”与“腾格里”常常通用，此处可以看作是泛指诸神）。

【流传】（无考）

【出处】额尔德木图：《蒙古英雄史诗与孛额唱词中的“腾格里”》，载《内蒙古社会科学》（汉文版）1995 年第 5 期。

W0299.2.7

风神跑得快

实　例

（参见下级母题实例）

W0299.2.7.1

风神是神的脚化生的所以跑得快

【关联】［W0293.4.2］神的脚化生风神

实　例

满族　（参见“W0299.1.13 风神西斯林”母题实例）

W0299.3

风神的关系

实　例

（参见下级母题实例）

W0299.3.1

风神的亲属

实　例

（参见下级母题实例）

W0299.3.1.1

风神是特屈和天公地母之子

实　例

壮族　特屈和天公地母之子风满是风神。

【流传】（无考）

【出处】梁庭望：《越族神话与希腊神话神祇之比较》，载《中央民族学院学报》1989年增刊。

W0299.3.1.2

风神是雷神的哥哥

实　例

满族　风神是雷神的哥哥。

【流传】黑龙江省·黑河地区（黑河市）·孙吴县·（沿江满族达斡尔族乡）·四季屯（四季屯村）

【出处】吴纪贤、富希陆讲：《天宫大战——黑水女真人传世神话》（1939，选自富育光、郭淑云整理的手稿），见姚宝瑄主编《中国各民族神话》（满族、赫哲族、朝鲜族），太原：山西出版传媒集团·书海出版社2014年版，第38页。

W0299.3.2

风神的朋友

实　例

（实例待考）

W0299.3.3

风神的上司

实　例

（实例待考）

W0299.3.4

风神的敌人

实　例

（实例待考）

W0299.4

风神的身份

【关联】［W0255.1］中央神是风神

实 例

（实例待考）

W0299.4.1

风神是大力士

实 例

柯尔克孜族（实例待考）

W0299.4.2

风神是星宿

实 例

（实例待考）

W0299.4.3

风神是恶鬼

实 例

黎族（实例待考）

W0299.5

风神的数量

实 例

（参见下级母题实例）

W0299.5.1

9 个风神

实 例

怒族 很古的时候，地上有九个风神。

【流传】云南省·（怒江傈僳族自治州）·福贡县·架怒村（疑为子里甲乡·甲怒村）

【出处】此阿妹讲述，叶世富、和光溢、李汝忠采录：《刮风打雷的由来》，见中国民间文学集成全国编辑委员会编《中国民间故事集成》（云南卷），北京：中国 ISBN 中心 2003 年版，第 160 页。

W0299.5.2

6 个风神

实 例

（参见下级母题实例）

W0299.5.2.1

6 个女风神

实 例

满族 韩姓满族有宇宙风神神偶四个，此神原来有六个，萨满去世时夹走两个。均为女性。

【流传】吉林省·吉林地区（吉林市）·永吉县·大绥河乡·小绥河村

【出处】

（a）富育光、孟慧英：《满族萨满教研

究》，北京：北京大学出版社 1991 年版，第 120～122 页。

（b）《神偶的主要分布地域》，见吕大吉、何耀华总主编《中国各民族原始宗教资料集成》（鄂伦春族卷、鄂温克族卷、赫哲族卷、达斡尔族卷、锡伯族卷、满族卷、蒙古族卷、藏族卷），北京：中国社会科学出版社 1999 年版，第 490 页。

W0299.6
风王

实　例

（参见下级母题实例）

W0299.6.1
风王住地宫中

实　例

哈尼族 地宫里的风王在春天里睡醒，就支起他的羊皮风箱鼓起大风。

【流传】 云南省·（红河哈尼族彝族自治州）·元阳县·黄草岭区（黄草岭乡）·树皮寨

【出处】

（a）杨批斗讲，史军超采录：《年月树》，见中国民间文学集成全国编辑委员会编《中国民间故事集成》（云南卷），北京：中国 ISBN 中心 2003 年版，第 289 页。

（b）同（a）《哈尼族神话传说集成》，北京：中国民间文艺出版社 1990 年版。

W0299.7
风后

【关联】［W0674］风后

实　例

（参见下级母题实例）

W0299.7.1
风后即风国之后

实　例

汉族 上世尝有风国，因为姓尔，故帝后有风后，风国之后。

【流传】（无考）

【出处】［南宋］罗泌：《路史·国名记》。

※ W0300
雨神

【汤普森】 A287

实　例

（参见下级母题实例）

W0301
雨神的产生

实　例

（参见下级母题实例）

W0301.1
雨神源于特定的地方

实　例

（实例待考）

W0301.2

雨神是造出来的

实 例

（实例待考）

W0301.3

雨神是生育产生的

实 例

（参见下级母题实例）

W0301.3.1

神生雨神

实 例

（参见下级母题实例）

W0301.3.1.1

第二代神王烟沙生雨神

实 例

哈尼族 第二代神王烟沙生下雨神（即比）。

【流传】 云南省·（红河哈尼族彝族自治州）·元阳县

【出处】

（a）朱小和讲，史军超等采录：《神的古今》，见中国民间文学集成全国编辑委员会编《中国民间故事集成》（云南卷），北京：中国ISBN中心2003年版，第19页。

（b）卢朝贵讲，史军超采录：《神和人的家谱》，见中国民间文学集成全国编辑委员会编《中国民间故事集成》（云南卷），北京：中国ISBN中心2003年版，第23页。

W0301.3.2

雨神是土地神的孩子

实 例

高山族 （实例待考）

W0301.4

雨神是变化产生的

实 例

（参见下级母题实例）

W0301.4.0

特定的神变成雨神

实 例

（参见下级母题实例）

W0301.4.0.1

龙神变成雨神

实 例

毛南族 （实例待考）

W0301.4.1

人变化为雨神

实 例

汉族 （实例待考）

W0301.4.2

动物变化为雨神

实 例

（参见下级母题实例）

W0301.4.2.1

母鸡成为雨神

实 例

畲族 （参见“W0302.3.3.1 雨神是一只上天的母鸡”母题实例）

W0301.5

雨神是婚生的

实 例

（参见下级母题实例）

W0301.5.1

雨神是特定的神婚生的

实 例

（参见下级母题实例）

W0301.5.1.1

雨神是土地神与石头神的孩子

实 例

高山族 （实例待考）

W0301.5.2

人婚生雨神

【关联】［W0304.1.7.1］男子阿桑嘎与丑陋的老太婆婚生的第四个儿子恰茅成为雨神

实 例

珞巴族 （参见“W0304.1.7.1 男子阿桑嘎与丑陋的老太婆婚生的第四个儿子恰茅成为雨神”母题实例）

W0301.6

与雨神的产生有关的其他母题

实 例

（参见下级母题实例）

W0301.6.1

封特定物为雨神

实 例

（参见下级母题实例）

W0301.6.1.1

玉皇大帝把到天上闹事的母鸡封为管雨的天神

实 例

畲族 （参见“W0303.3.3.1 雨神是一只上天的母鸡”母题实例）

W0302

雨神的特征

实 例

（参见下级母题实例）

W0302. 1

雨神的性别

实 例

（实例待考）

W0302. 1. 1

女雨神

【汤普森】A287. 1

实 例

（实例待考）

W0302. 1. 1. 1

雨母

【关联】［W1852. 6. 165］雨母山

实 例

（实例待考）

W0302. 1. 2

男雨神

实 例

（实例待考）

W0302. 2

雨神的体征

实 例

（参见下级母题实例）

W0302. 2. 1

雨神是乌髯壮汉

实 例

民族无考 雨神乌髯壮汉，左手执盂，内盛一龙，右手若洒水状。

【流传】（无考）

【出处】［清］黄斐默：《集说诠真》，见乌丙安主编《中国民间神谱》，沈阳：辽宁人民出版社 2007 年版，第 14 页。

W0302. 3

雨神的性情

实 例

（实例待考）

W0303

雨神的身份

实 例

（参见下级母题实例）

W0303. 1

雨神是特定的神

实 例

（实例待考）

W0303. 2

雨神是星宿

实 例

（参见下级母题实例）

W0303. 2. 1

雨神毕星

实 例

民族无考 以樵燎祀雨师。雨师者，毕星也。

【流传】（无考）

【出处】［东汉］应劭：《风俗通义·礼典·雨师》。

（民族无考）雨师神，毕星也。其象在天，能兴雨。

【流传】（无考）

【出处】［东汉］蔡邕：《独断》。

W0303.3

雨神是动物

实 例

（参见下级母题实例）

W0303.3.1

雨神是龙

【关联】［W4341］龙造雨

实 例

（参见下级母题实例）

W0303.3.1.1

雨神变作小龙

实 例

哈尼族 贝玛德摩诗琵看见来算命的这个哈尼人脑门上粘着一坨泥巴，就知道这是小龙从泥塘里钻出来的时候粘上的，认出这就是五月不下雨的神。

【流传】云南省·（红河哈尼族彝族自治州）·元阳（元阳县）、红河（红河县）

【出处】麻蒲成、略赫牛、白觉木讲，史军超搜集整理：《德摩诗琵杀龙》（1985），原载云南省民间文学集成办公室编《哈尼族神话传说集成》，中国民间文艺出版社 1990 年版，见姚宝瑄主编《中国各民族神话》（哈尼族、傣族），太原：山西出版传媒集团·书海出版社 2014 年版，第 181 页。

W0303.3.2

雨神是鸟

实 例

（参见下级母题实例）

W0303.3.2.1

雨神是一足神鸟

实 例

（参见下级母题实例）

W0303.3.2.1.1

雨神是能大能小的一足神鸟

实 例

汉族 雨师者，商羊是也。商羊，神鸟，一足，能大能小。

【流传】（无考）

【出处】［明］撰者不详：《三教源流搜神大全》。

W0303.3.3

雨神是鸡

实 例

（参见下级母题实例）

W0303. 3. 3. 1

雨神是一只上天的母鸡

实 例

畲族 玉皇大帝把一只到天上大闹的母鸡留在天庭，当一位管雨的天神。

【流传】浙江省·（温州市）·文成县·中樟乡·乌田村

【出处】雷西可讲，雷德宽等采录：《雷公鸡娘变》，见中国民间文学集成全国编辑委员会编《中国民间故事集成》（浙江卷），北京：中国ISBN中心1997年版，第36页。

W0303a

雨神的职能

实 例

（参见下级母题实例）

W0303a. 1

雨神主宰下雨（雨神管雨）

实 例

达斡尔族 下雨是由雨神主宰的。

【流传】（内蒙古自治区·呼伦贝尔市·陈巴尔虎旗）

【出处】

（a）满都尔图：《达斡尔鄂温克蒙古（陈巴尔虎）鄂伦春族萨满教调查》，中国社会科学院民族研究所民族学研究室，1992年，内部资料，第8页。

（b）《求雨仪式之一》，见吕大吉、何耀华总主编《中国各民族原始宗教资料集成》（鄂伦春族卷、鄂温克族卷、赫哲族卷、达斡尔族卷、锡伯族卷、满族卷、蒙古族卷、藏族卷），北京：中国社会科学出版社1999年版，第297页。

彝族 雨神雨淋淋。

【流传】贵州省

【出处】《献酒经》，原载丁文江《爨文丛刻》（甲编），见吕大吉、何耀华总主编《中国各民族原始宗教资料集成》（彝族卷、白族卷、基诺族卷），北京：中国社会科学出版社1996年版，第48页。

W0303a. 1. 1

雨神奉旨降雨

实 例

汉族 玉皇大帝传旨雨神，急下大雨。雨神遵旨，下起大雨来，大雨倾盆，山洪暴发。

【流传】河南省·（濮阳市）·清丰县［采录地点：清丰县·瓦屋头乡·张林子村］

【出处】张文方（男，55岁，农民，初中）毕业讲，曹建芳采录：《洪水遗民再殖人类》（1988. 04. 17），见张振犁编著，孟宪明、朱淑君统纂《中原神话通鉴》（第二卷），郑州：河南大学出版社2017年版，第420页。

W0303a.1.1.1
玉皇大帝让雨神降雨

实 例

汉族 一天，玉皇大帝在收供品的时候，心里对百姓给他的供品感觉乏味了，全是馒头、肉，连一样山珍海味都没有。他生气了，就叫来雨神说："天下百姓对我心不诚，我给他们风调雨顺的，连一样好东西都不给我上。你给他们停雨一百天，一百天内若要降雨，我拿你问罪。"雨神连口应诺。

【流传】 河南省·濮阳市·（濮阳县）·户部寨乡（户部寨镇）·高庄村

【出处】 张克善（男，63岁，农民）讲，张富臣（男，20岁，农民）采录：《日食月食》（1990.08），见张振犁编著，孟宪明、朱淑君统纂《中原神话通鉴》（第四卷），郑州：河南大学出版社2017年版，第1215页。

W0303a.1.2
雨母是司雨之神

实 例

汉族 雨母，盖司雨之神也。

【流传】（无考）

【出处】《雨母山》，见袁珂《中国神话大词典》，北京：华夏出版社2015年版，第187页。

W0303b
雨神的能力

实 例

（实例待考）

W0303c
雨神的生活

实 例

（参见下级母题实例）

W0303c.1
雨神的服饰

实 例

（实例待考）

W0303c.2
雨神的饮食

实 例

（实例待考）

W0303c.3
雨神的居所

实 例

（参见下级母题实例）

W0303c.3.1
雨神居天上

【关联】［W0304.1.6.1］下雨王居天上

实 例

汉族 最厉害的是天上的雨神，动不动就下大雨。人们连个安生的地方也没有，都是到处流浪。

【流传】 河南省·（南阳市）·桐柏县

【出处】 释海良讲，柳丹采录整理：《禹》，见张振犁编著，孟宪明、朱淑君统纂《中原神话通鉴》（第四卷），郑州：河南大学出版社 2017 年版，第 1147 页。

W0303c. 3. 1. 1
雨公大神住天上

实 例

保安族 小白兔像离弦的箭飞到天上。向雨公大神求雨。

【流传】（无考）

【出处】

(a)《兔子哥哥》，见毛星主编《中国少数民族文学》，长沙：湖南人民出版社 1983 年版。

(b) 同 (a)，见姚宝瑄主编《中国各民族神话》（土族、东乡族、回族、保安族、裕固族、撒拉族），太原：山西出版传媒集团·书海出版社 2014 年版，第 69 页。

W0303c. 3. 1. 2
雨神居天宫中

实 例

普米族 天宫中管降雨的神叫吉西尼。

【流传】 云南省·（丽江市）·宁蒗（宁蒗彝族自治县）；四川省·（凉山彝族自治州）·木里（木里藏族自治县）

【出处】 曹匹初讲，章虹宇搜集整理：《石头阿祖和石头子孙》，载《山茶》1986 年第 5 期。

W0303c. 3. 2
雨神住海中

实 例

汉族 日吉纳姑娘骑着快马奔向大海，见到了雨神。

【流传】 东北长白山一带

【出处】 佟畴、曾层搜集整理：《天池》，见姚宝瑄主编《中国各民族神话》（汉族），太原：山西出版传媒集团·书海出版社 2014 年版，第 348 ~ 352 页。

满族 日吉纳（满语，杜鹃花）姑娘骑着快马奔向大海，见到了雨神。

【流传】 吉林省

【出处】

(a) 佟畴、曾层搜集整理：《日吉纳姑娘》，见乌丙安、李文刚等编《满族民间故事选》，上海：上海文艺出版社 1983 年版。

(b) 同 (a)，见姚宝瑄主编《中国各民族神话》（满族、赫哲族、朝鲜族），太原：山西出版传媒集团·书海出版社 2014 年版，第 91 ~ 95 页。

W0303c. 4
雨神的出行

【关联】 ［W0304. 1. 5. 1］雨祖爷踏云

出行

实 例

（实例待考）

W0303c.5

雨神的工具

实 例

（参见下级母题实例）

W0303c.5.1

雨神的宝斧

实 例

（参见下级母题实例）

W0303c.5.1.1

雨神的宝斧能开山镇水

实 例

汉族 雨神不敢违抗老天爷的令，就变成一个砍柴人，扛着一把开山大斧，去消除洪水。这个斧子是个宝贝，能劈柴，能砍树，还能上深山降妖魔，还能下大海斩蛟龙。

【流传】河南省·（南阳市）·桐柏县

【出处】释海良讲，柳丹采录整理：《禹》，见张振犁编著，孟宪明、朱淑君统纂《中原神话通鉴》（第四卷），郑州：河南大学出版社 2017 年版，第 1148 页。

W0303c.5.2

雨神左手执盂，右手若洒水状

实 例

民族无考 雨神乌髯壮汉，左手执盂，内盛一龙，右手若洒水状。

【流传】（无考）

【出处】［清］黄斐默：《集说诠真》，见乌丙安主编《中国民间神谱》，沈阳：辽宁人民出版社 2007 年版，第 14 页。

W0303c.6

与雨神的生活有关的其他母题

实 例

（实例待考）

W0303d

雨神的关系

实 例

（参见下级母题实例）

W0303d.1

雨神的父母

实 例

（参见下级母题实例）

W0303d.1.1

雨神的父母是天神

实 例

（实例待考）

W0303d. 1. 2

雨神的父母是龙

实 例

（参见下级母题实例）

W0303d. 1. 2. 1

雨神的父亲是龙王欧罗

实 例

哈尼族 （参见“W0303e. 2. 1. 1 龙王欧罗的小儿子做五月间的雨神”母题实例）

W0303d. 2

雨神的兄弟

实 例

（实例待考）

W0303d. 3

雨神的子女

实 例

（实例待考）

W0303d. 4

雨神的上司

实 例

（参见下级母题实例）

W0303d. 4. 1

雨神是玉皇大帝的属臣

实 例

汉族 玉皇大帝便传旨雨神，急下大雨。

【流传】河南省·（濮阳市）·清丰县［采录地点：瓦屋头乡张林子村］

【出处】张文方（男，55岁，农民，初中毕业）讲，曹建芳（学生）采录，刘希功采录整理：《人身上为啥有泥》（1988. 04. 17），见张振犁编著，孟宪明、朱淑君统纂《中原神话通鉴》（第四卷），郑州：河南大学出版社2017年版，第1268页。

W0303d. 5

雨神的从属

实 例

（实例待考）

W0303d. 6

雨神的朋友

实 例

（实例待考）

W0303e

雨神的类型

实 例

（参见下级母题实例）

W0303e.1
特定职能的雨神

实 例

（参见下级母题实例）

W0303e.1.1
雨雾神

实 例

（参见下级母题实例）

W0303e.1.1.1
“努”是雨雾之神

实 例

佤族 “努”（雨、雾之神）负责管雨、雾。

【流传】云南省·（普洱市）·西盟佤族自治县、澜沧拉祜族自治县等地

【出处】毕登程、隋嘎编著：《司岗里——佤族创世史诗》，昆明：云南出版集团公司·云南人民出版社2009年版，第6页。

W0303e.1.1.2
雨雾神喷烟吐雾

实 例

傣族 雨雾之神披乍贺是个任性暴躁、忌光如仇的神，动不动就从嘴里吐出烟云、雨雾和缕缕黑暗，然后任由它在茫茫太空中翻腾、滚动，弄得好端端的世界天昏地暗、死气沉沉。

【流传】云南省·西双版纳（西双版纳傣族自治州）·勐海（勐海县）·勐遮（勐遮镇）、勐混（勐混镇）

【出处】波玉挽讲，王光搜集整理：《披乍贺与火神之子的一场战争》，见姚宝瑄主编《中国各民族神话》（哈尼族、傣族），太原：山西出版传媒集团·书海出版社2014年版，第243页。

W0303e.1.1.3
雨雾神披乍贺

实 例

傣族 大神“披乍贺”是雨雾之神，与神王英叭一样，巨大无比。

【流传】云南省·西双版纳（西双版纳傣族自治州）·勐海（勐海县）·勐遮（勐遮镇）、勐混（勐混镇）

【出处】波玉挽讲，王光搜集整理：《披乍贺与火神之子的一场战争》，见姚宝瑄主编《中国各民族神话》（哈尼族、傣族），太原：山西出版传媒集团·书海出版社2014年版，第243页。

W0303e.1.1.4
雨雾神是黑暗之神

实 例

傣族 大神披乍贺是雨雾之神，也是黑暗之神，他的神威和本领与神王英叭一样，巨大无比。

【流传】云南省·西双版纳（西双版纳

傣族自治州）·勐海（勐海县）·勐遮（勐遮镇）、勐混（勐混镇）

【出处】波玉挽讲，王光搜集整理：《披乍贺与火神之子的一场战争》，见姚宝瑄主编《中国各民族神话》（哈尼族、傣族），太原：山西出版传媒集团·书海出版社 2014 年版，第 243 页。

W0303e. 2

特定时段的雨神

实 例

（参见下级母题实例）

W0303e. 2. 1

五月份的雨神

实 例

（参见下级母题实例）

W0303e. 2. 1. 1

龙王欧罗的小儿子做五月间的雨神

实 例

哈尼族 龙王欧罗的小儿子做五月间的雨神。

【流传】（无考）

【出处】《德摩诗琵杀龙》，见《中国各民族宗教与神话大词典》编审委员会编《中国各民族宗教与神话大词典》，北京：学苑出版社 1990 年版，第 173 页。

W0303e. 2. 2

每个月都有特定的雨神

实 例

哈尼族 五月不下雨，是因为没有这个月的雨神。于是大神烟沙找个五月下雨的神帮哈尼人五月下雨。

【流传】云南省·（红河哈尼族彝族自治州）·元阳（元阳县）、红河（红河县）

【出处】麻蒲成、略赫牛、白觉木讲，史军超搜集整理：《德摩诗琵杀龙》（1985），原载云南省民间文学集成办公室编《哈尼族神话传说集成》，中国民间文艺出版社 1990 年版，见姚宝瑄主编《中国各民族神话》（哈尼族、傣族），太原：山西出版传媒集团·书海出版社 2014 年版，第 179 页。

W0304

与雨神有关的其他母题

实 例

（参见下级母题实例）

W0304. 1

特定名称的雨神（雨神的名字）

【关联】［W0695. 4. 3. 2］应龙是天上管雨水之神

实 例

（参见下级母题实例）

W0304.1.1

雨神赵神爷

实 例

（参见下级母题实例）

W0304.1.1.1

赵神爷天上管雨

实 例

壮族 天上管雨的是赵神爷。

【流传】 广西壮族自治区·（贵港市）·（横县·马岭镇·振兴村委）·龙山屯

【出处】 欧有恒讲：《伏羲兄妹》，见张声震总主编，农冠品编注《壮族神话集成》，南宁：广西民族出版社2007年版，第325页。

W0304.1.2

雨神莫都尔

实 例

鄂伦春族 鄂伦春人所崇信的雨神叫做“莫都尔”。

【流传】（无考）

【出处】 马名超、崔焱：《鄂伦春族宗教与神话》，见《中国各民族宗教与神话大词典》编审委员会编《中国各民族宗教与神话大词典》，北京：学苑出版社1993年版。

W0304.1.3

雨神即比

实 例

哈尼族 第二代神王烟沙生雨神即比。

【流传】 云南省·（红河哈尼族彝族自治州）·元阳县

【出处】

（a）朱小和讲，史军超等采录：《神的古今》，见中国民间文学集成全国编辑委员会编《中国民间故事集成》（云南卷），北京：中国ISBN中心2003年版，第19页。

（b）卢朝贵讲，史军超采录：《神和人的家谱》，见中国民间文学集成全国编辑委员会编《中国民间故事集成》（云南卷），北京：中国ISBN中心2003年版，第23页。

哈尼族 第二代男神王烟沙大神又传出新的家谱。他生下第二代男神沙拉后，又生下了九位大神，其中有风神米沙、雨神即比。

【流传】 云南省·（红河哈尼族彝族自治州）·元阳（元阳县）、红河（红河县）、金平（金平苗族瑶族傣族自治县）[采集于元阳县·胜村乡·全福庄]

【出处】 卢朝贵讲，史军超搜集整理：《神和人的家谱》，原载云南省民间文学集成办公室编《哈尼族神话传说集成》，中国民间文艺出版社1990年版，见姚宝瑄主编《中国各民族神话》（哈尼族、傣族），太原：山西出版传媒集团 · 书海出版社 2014 年版，第 40 页。

W0304. 1. 4

雨神商汤

实 例

（参见下级母题实例）

W0304. 1. 4. 1

商汤原来在天上掌管雨簿

实 例

汉族 商汤原是天上掌管雨簿的神。

【流传】河南省 · （郑州市） · 巩义市

【出处】贺宝石采录整理：《白云山》，见张振犁编著，孟宪明、朱淑君统纂《中原神话通鉴》（第四卷），郑州：河南大学出版社 2017 年版，第 1184 页。

W0304. 1. 5

雨祖爷

实 例

（参见下级母题实例）

W0304. 1. 5. 1

雨祖爷踏云出行

实 例

汉族 雨祖爷踩着云头，四处巡察雨情。他坐在云端往下一看，原来金牛正在犁地哩，很不高兴。

【流传】河南省 · （三门峡市） · 灵宝县（灵宝市）

【出处】张治国采录：《金牛与伏牛山》，见张振犁编著，孟宪明、朱淑君统纂《中原神话通鉴》（第四卷），郑州：河南大学出版社 2017 年版，第 1298 页。

W0304. 1. 6

雨王（下雨王）

实 例

（参见下级母题实例）

W0304. 1. 6. 1

下雨王居天上

实 例

汉族 天上的下雨王一时不慎，掌管的雨簿被蛟龙偷去闯下大祸。

【流传】河南省 · （郑州市） · 登封市

【出处】《崇伯鲧上任》，见张振犁编著，孟宪明、朱淑君统纂《中原神话通鉴》（第四卷），郑州：河南大学出版社 2017 年版，第 1119 页。

W0304. 1. 7

雨神恰茅

实 例

（参见下级母题实例）

W0304.1.7.1

男子阿桑嘎与丑陋的老太婆婚生的第四个儿子恰茅成为雨神

实　例

珞巴族 一个叫阿桑嘎的男子与丑陋的老太婆婚生的第四个儿子叫恰茅，是个雨神。

【流传】

（a）西藏自治区·下珞渝（泛指永木河、锡约尔河、巴恰西仁河流域）

（b）西藏自治区·下珞渝·布根部落卡西皮村

【出处】

（a）维·埃尔温搜集：《阿桑嘎和他的儿女》，见中华民族故事大系编委会编《中华民族故事大系》第16卷（赫哲族、门巴族、珞巴族、基诺族），上海：上海文艺出版社1995年版，第440~441页。

（b）同（a），见李坚尚、刘芳贤编《珞巴族门巴族民间故事选》，上海：上海文艺出版社1993年版，第54~55页。

W0304.1.8

司雨天

实　例

（参见下级母题实例）

W0304.1.8.1

豁儿泰三个腾格里是司雨天

实　例

蒙古族 豁儿泰三个腾格里是司雨天（在蒙古族民间宗教或萨满神词中，“天”与“腾格里”常常通用，此处可以看作是泛指诸神）。

【流传】（无考）

【出处】 额尔德木图：《蒙古英雄史诗与孛额唱词中的“腾格里”》，载《内蒙古社会科学》（汉文版）1995年第5期。

W0304.1.9

无为君

实　例

（参见下级母题实例）

W0304.1.9.1

无为之君分云布雨

实　例

汉族 郑有不毛之山，上有无为之君，分云布雨，于九州之内。

【流传】（无考）

【出处】［北宋］李昉、李穆、徐铉等：《太平御览》卷十一引《遁甲开山图》。

W0304.1.10

雨神吉西尼

实　例

普米族 天宫中管降雨的神叫吉西尼。

【流传】 云南省·（丽江市）·宁蒗（宁蒗彝族自治县）；四川省·（凉山

彝族自治州）·木里（木里藏族自治县）

【出处】曹匹初讲，章虹宇搜集整理：《石头阿祖和石头子孙》，载《山茶》1986 年第 5 期。

W0304. 1. 11

雨神阿波阿难

实 例

（参见下级母题实例）

W0304. 1. 11. 1

阿波阿难是造雨之神

实 例

瑶族（布努） 密洛陀（万物之母，女始祖，女神）感风怀孕，生的十二个男孩，其中老五阿波阿难是造雨之神。

【流传】广西壮族自治区·（河池市）·都安县（都安瑶族自治县）、巴马县（巴马瑶族自治县）、南丹县，（百色市）·田东县、平果县等地

【出处】桑布郎等传，蒙凤标（83 岁）、罗仁祥（73 岁）等唱：《密洛陀》（1983），见蓝怀昌、蓝书京、蒙通顺搜集翻译整理《密洛陀》，北京：中国民间文艺出版社 1988 年版，第 25 页。

W0304. 2

雨神即雨师

实 例

民族无考 雨神，又称雨师，司雨之神。

【流传】（无考）

【出处】《雨神》，见乌丙安主编《中国民间神谱》，沈阳：辽宁人民出版社 2007 年版，第 14 页。

W0304. 3

雨师

实 例

朝鲜族 （实例待考）

W0304. 3. 1

雨师的产生

实 例

（参见下级母题实例）

W0304. 3. 1. 1

毕星是雨师

实 例

汉族 雨师神，毕星也。

【流传】（无考）

【出处】［东汉］蔡邕：《独断》。

汉族 毕星（二十八星宿之一）是雨师。

【流传】（无考）

【出处】［东汉］应劭：《风俗通义·祀典第八》。

汉族 雨师者，毕星也。

【流传】（无考）

【出处】［晋］干宝：《搜神记》卷四。

W0304.3.2
雨师的特征（雨师的能力，雨师的职能）

实　例

（参见下级母题实例）

W0304.3.2.1
雨师能化龙

实　例

汉族　（实例待考）

W0304.3.2.1.1
雨师入海变龙王

实　例

壮族　雨师入海变龙王。

【流传】广西壮族自治区·（来宾市）·忻城县

【出处】梁庭望译：《布伯》（之一），见张声震总主编，农冠品编注《壮族神话集成》，南宁：广西民族出版社2007年版，第269页。

W0304.3.2.2
雨师是蚕头人身大虫

实　例

汉族　雨师是蚕头人身大虫，躬着身腰，张着黑洞似的大嘴。

【流传】河南省·（郑州市）·新郑市

【出处】刘文学采录整理：《女魃战雨师》，见张振犁编著，孟宪明、朱淑君统纂《中原神话通鉴》（第二卷），郑州：河南大学出版社2017年版，第547页。

W0304.3.2.3
雨师练成妖术

实　例

汉族　雨师，名叫萍号。采天地之阴气，经千年练成妖术。

【流传】河南省·（郑州市）·新郑市

【出处】刘文学采录整理：《女魃战雨师》，见张振犁编著，孟宪明、朱淑君统纂《中原神话通鉴》（第二卷），郑州：河南大学出版社2017年版，第547页。

W0304.3.2.4
雨师能唤雨

实　例

汉族　蚩尤与黄帝作战时，请来风伯雨师，呼风唤雨，给黄帝军队造成了前进困难。

【流传】陕西省·（延安市）·黄陵县

【出处】兰草搜集整理：《风后和他的指南车》，原载黄陵县文化馆编《轩辕黄帝传说故事》，见陶阳、钟秀编《中国神话》（下），北京：商务印书馆2008年版，第1205~1206页。

W0304. 3. 3

特定名称的雨师

实 例

（参见下级母题实例）

W0304. 3. 3. 1

雨师赤松子

【关联】［W0827. 1. 7］仙人赤松子

实 例

（参见下级母题实例）

W0304. 3. 3. 1. 1

赤松子是神农时雨师

实 例

汉族 赤松子者，神农时雨师也。

【流传】（无考）

【出处】［晋］干宝：《搜神记》卷一。

汉族 赤松子者，神农时雨师也，服水玉以教神农，能入火自烧。往往至昆仑山上，常止西王母石室中，随风雨上下。炎帝少女追之，亦得仙俱去。

【流传】（无考）

【出处】［西汉］刘向：《列仙传》卷上。

W0304. 3. 3. 1. 2

神农时，能化飞龙野人的赤松子是雨师

实 例

汉族 神农时，野人赤松子能化飞龙，为雨师。

【流传】（无考）

【出处】［明末清初］徐道：《历代神仙通鉴》（《三教同原录》）卷一。

W0304. 3. 3. 2

雨师玄冥

【关联】

①［W0383. 2. 1］水神玄冥是冬神

②［W0406. 1. 1h］水神玄冥

实 例

汉族 玄冥，雨师。

【流传】（无考）

【出处】［东汉］应劭：《风俗通义》。

汉族 玄冥，雨师也。

【流传】（无考）

【出处】［唐］欧阳询：《艺文类聚》卷二引《风俗通》。

汉族 雨师，亦称“荓翳”、“屏翳”、“玄冥”。

【流传】（无考）

【出处】《雨师》，见袁珂《中国神话大词典》，北京：华夏出版社 2015 年版，第 186 页。

W0304. 3. 3. 2. 1

玄冥即禺强

实 例

汉族 禺强（玄冥）是传说中的海神、风神和瘟神，也作“禺疆”、“禺京”，据传为黄帝之孙。

【流传】（无考）

【出处】https：//baike.baidu.com/item。

W0304.3.3.3

雨师神商羊神鸟

实 例

（参见下级母题实例）

W0304.3.3.3.1

商羊神鸟一足

实 例

汉族 雨师神，商羊是也。商羊神鸟，一足。

【流传】（无考）

【出处】［明］撰者不详：《三教源流搜神大全》（《三教搜神大全》）卷七。

W0304.3.3.4

雨师名叫萍号

实 例

汉族 雨师，名叫萍号。

【流传】河南省·（郑州市）·新郑市

【出处】刘文学采录整理：《女魃战雨师》，见张振犁编著，孟宪明、朱淑君统纂《中原神话通鉴》（第二卷），郑州：河南大学出版社 2017 年版，第 547 页。

W0304.3.3.5

雨师又称屏翳

【关联】

①［W0358.3.4.1a］雷神屏翳

②［W0370g.1］云神屏翳

实 例

汉族 “雨师妾在其北。”郭璞注：“雨师谓屏翳也。”

【流传】（无考）

【出处】［战国至汉］作者不详：《山海经·海外东经》［晋］郭璞注。

汉族 雨师，亦称“蓱翳”、“屏翳”。

【流传】（无考）

【出处】《雨师》，见袁珂《中国神话大词典》，北京：华夏出版社 2015 年版，第 186 页。

W0304.3.3.5a

雨师又称蓱翳

（无考）雨师谓之蓱翳。

【流传】（无考）

【出处】［三国·魏］张揖撰：《广雅·释天》。

汉族 雨师，亦称“蓱翳”。

【流传】（无考）

【出处】《雨师》，见袁珂《中国神话大词典》，北京：华夏出版社 2015 年版，第 186 页。

W0304.3.4

与雨师有关的其他母题

实 例

（参见下级母题实例）

W0304. 3. 4. 1
雨师的生活

实 例

（参见下级母题实例）

W0304. 3. 4. 1. 1
雨师住东泰山

实 例

汉族 东泰山之上，有风伯、雨师二位先师，能呼风唤雨，道行极深。

【流传】河南省·（郑州市）·新郑市

【出处】刘文学采录整理：《女魃战雨师》，见张振犁编著，孟宪明、朱淑君统纂《中原神话通鉴》（第二卷），郑州：河南大学出版社 2017 年版，第 546 页。

W0304. 3. 4. 2
雨师的工具

实 例

（参见下级母题实例）

W0304. 3. 4. 2. 1
雨师的金斧

实 例

汉族 黄帝的大将大鸿转身架住雨师的金斧。

【流传】河南省·（郑州市）·新密市

【出处】李延军采录整理：《素女与大鸿》，原载《袖珍陕西名胜故事丛书·轩辕黄帝传说故事》，陕西人民美术出版社 1986 年版，见张振犁编著，孟宪明、朱淑君统纂《中原神话通鉴》（第二卷），郑州：河南大学出版社 2017 年版，第 606 页。

W0304. 3. 4. 3
雨师的关系

实 例

（实例待考）

W0304. 4
雨姑娘

实 例

（参见下级母题实例）

W0304. 4. 1
雨姑娘拉赫兹

实 例

（参见下级母题实例）

W0304. 4. 1. 1
雨姑娘拉赫兹骑龙尾巴造雨

实 例

彝族（阿细） 雨姑娘拉赫兹骑上了龙的尾巴，去造雨。

【流传】（a）云南省·红河哈尼族彝族自治州·弥勒县·（西山镇）

【出处】

（a）潘正兴等唱述，云南省民族民间文学红河调查队搜集翻译整理：《阿细的先基》，昆明：云南人民出版社 1959 年版。

(b) 云南省民族民间文学红河调查队搜集整理，古梅改写：《最古的时候》，见姚宝瑄主编《中国各民族神话》(羌族、彝族)，太原：山西出版传媒集团·书海出版社 2014 年版，第 136 页。

W0304.4a

夏雨之神

实 例

(参见下级母题实例)

W0304.4a.1

夏雨魂灵古尔班·玛纳恩·腾格里

实 例

蒙古族（布里亚特）古尔班·博罗恩·腾格里即“三天神”之意。其中有夏雨魂灵古尔班·玛纳恩·腾格里。

【流传】(无考)

【出处】［苏联］И. А. 曼日格耶夫著，宋长宏译，佟德富校：《布里亚特萨满教和前萨满教辞典》(俄文版)，莫斯科：科学出版社 1978 年版，第 20 页，见吕大吉、何耀华总主编《中国各民族原始宗教资料集成》(鄂伦春族卷、鄂温克族卷、赫哲族卷、达斡尔族卷、锡伯族卷、满族卷、蒙古族卷、藏族卷)，北京：中国社会科学出版社 1999 年版，第 629 页。

W0304.5

雨神的遗迹（与雨神有关的风物）

实 例

(参见下级母题实例)

W0304.5.1

雨母山

实 例

(参见下级母题实例)

W0304.5.1.1

湘东有雨母山

实 例

汉族 湘东有雨母山，山有祠坛。每祈祷，无不降泽，是以名之。

【流传】(无考)

【出处】

(a) ［北宋］李昉、李穆、徐铉等：《太平御览》卷一一引盛弘之《荆州记》。

(b)《雨母山》，见袁珂《中国神话大词典》，北京：华夏出版社 2015 年版，第 186～187 页。

W0304.6

止雨神

实 例

(参见下级母题实例)

W0304.6.1

扫晴娘

【关联】

① ［W0695.3.3.1.2.1a］女魃是扫晴娘（止雨神）

② ［W0700.3.4］精卫是扫晴娘（止雨神）

③ ［W0713.3d］女娲是扫晴娘（止雨神）

实 例

（参见下级母题实例）

W0304.6.1.1

扫晴娘是主止雨天晴之神

实 例

汉族 扫晴娘又称扫天婆，是主止雨天晴之神。

【流传】（无考）

【出处】《扫晴娘》，见乌丙安主编《中国民间神谱》，沈阳：辽宁人民出版社 2007 年版，第 132 页。

W0304.6.1.2

扫晴娘又称扫天婆

实 例

汉族 （参见“W0304.6.1.1 扫晴娘是主止雨天晴之神”母题实例）

W0304.7

暴雨神

实 例

（参见下级母题实例）

W0304.7.1

暴雨神弥神

实 例

（参见下级母题实例）

W0304.7.1.1

暴雨神弥神住天上

实 例

彝族 弥神（暴雨神）住天上。

【流传】 贵州省·（毕节市）·威宁县（威宁彝族回族苗族自治县）、赫章县一带

【出处】 罗正清翻译，黄建明摘录：《弥神与觉神》（未刊稿），见吕大吉、何耀华总主编《中国各民族原始宗教资料集成》（彝族卷、白族卷、基诺族卷），北京：中国社会科学出版社 1996 年版，第 280 页。

W0304.8

雨鬼

实 例

（参见下级母题实例）

W0304.8.1
雨鬼黄色

实 例

基诺族 雨鬼（雨神）色黄有眼有牙，会变为马鹿。

【流传】云南省·（西双版纳傣族自治州·景洪市）·基诺山（基诺山基诺族乡）·戛里果箐、札果寨

【出处】木拉切等讲，杜玉亭调查整理：《雨鬼》（1980），见吕大吉、何耀华总主编《中国各民族原始宗教资料集成》（彝族卷、白族卷、基诺族卷），北京：中国社会科学出版社 1996 年版，第 944 页。

W0304.8.2
雨鬼会变为马鹿

实 例

基诺族 （参见“W0304.8.1 雨鬼黄色”母题实例）

W0304.8.3
雨鬼住坝上

实 例

基诺族 降雨大鬼下雨，地龙堵坝让雨鬼居住。

【流传】云南省·（西双版纳傣族自治州·景洪市）·基诺山（基诺山基诺族乡）·戛里果箐、札果寨

【出处】木拉切等讲，杜玉亭调查整理：《雨鬼》（1980），见吕大吉、何耀华总主编《中国各民族原始宗教资料集成》（彝族卷、白族卷、基诺族卷），北京：中国社会科学出版社 1996 年版，第 944 页。

W0304.9
露神

实 例

彝族 露神露浓浓。

【流传】贵州省

【出处】《献酒经》，原载丁文江《爨文丛刻》（甲编），见吕大吉、何耀华总主编《中国各民族原始宗教资料集成》（彝族卷、白族卷、基诺族卷），北京：中国社会科学出版社 1996 年版，第 48 页。

✿ W0305
雷神[①]

【汤普森】A284

实 例

汉族 （实例待考）

赫哲族 雷公是赫哲族所信奉的神灵之一。

---

① 雷神，在中国神话中雷神的名称和情形相当繁杂，如名称方面，有“雷”、“雷神”、“雷公（婆）”、“雷王”、“雷郎”、“雷公老爷”等说法，此处不再分类处理，除个别极为典型的情况外，在此一律表述为“雷神”。具体情况可参见《中国神话人物母题数据索引》。

【流传】（无考）

【出处】《雷公》，见《中国各民族宗教与神话大词典》编审委员会编《中国各民族宗教与神话大词典》，北京：学苑出版社 1990 年版，第 308 页。

※ W0306

雷神的产生（雷公的产生）

实 例

（参见下级母题实例）

W0306a

雷神源于特定的地方

实 例

（参见下级母题实例）

W0306a. 1

玉皇大帝让雷公下凡

实 例

土家族 玉皇大帝让雷公下凡，去惩罚糟蹋粮食的人。

【流传】 湖北省·（宜昌市）·长阳县（长阳土家族自治县）·都镇湾镇·杜家冲村

【出处】 孙家香讲：《洪水泡天》，见长阳土家族网：http：//www. cy - tujia. com/list_ body. php？id，2005. 12. 08。

W0306a. 2

创世主迦萨甘派来雷神

实 例

哈萨克族 创世主迦萨甘派了雷神。

【流传】（无考）

【出处】 尼合迈德·蒙加尼搜集，校仲彝翻译整理：《神与灵魂》，见谷德明编《中国少数民族神话》，北京：中国民间文艺出版社 1987 年版，第 730 页。

W0306b

雷神是造出来的（造雷神）

实 例

（参见下级母题实例）

W0306b. 1

天神造雷公

实 例

苗族 古时候，天上住着雷公和尖子（一般译为“姜央”，人名），他俩本是天神造就。

【流传】 贵州省·（黔东南苗族侗族自治州）·黄平县

【出处】 潘垢九讲，刘必强搜集整理：《鸡、鸭、鹅的由来》，见姚宝瑄主编《中国各民族神话》（布依族、仡佬族、苗族），太原：山西出版传媒集团·书海出版社 2014 年版，第 235 页。

苗族 天上住着雷公和尖子，他俩本是天神造就。

【流传】 贵州省·（黔东南苗族侗族自治州）·黄平县

【出处】 潘垢九讲，刘必强搜集整理：

《鸡、鸭、鹅的由来》，载《民间文学》1986 年第 1 期。

W0307

雷神是生育产生的（生雷神）

实 例

（参见下级母题实例）

W0307.1

神生雷神

实 例

（参见下级母题实例）

W0307.1.1

女神的儿子做雷神

实 例

苗族 女神生的 1 个儿子，任命为雷公。

【流传】（无考）

【出处】 刘守华：《中国民间故事精选》，武汉：华中理工大学出版社 1993 年版，第 30 ~ 34 页。

W0307.1.2

松土神的第一个儿子叫雷郎公公

实 例

侗族 松土（神名）同时养下 8 个儿子。第一个儿子叫雷郎公公。

【流传】 广西壮族自治区·（柳州市）·三江县（三江侗族自治县）·独洞乡·牙龙村

【出处】 公包芳讲，吴浩采录翻译：《祖先的事》，见中国民间文学集成全国编辑委员会编《中国民间故事集成》（广西卷），北京：中国 ISBN 中心 2001 年版，第 60 页。

W0307.2

卵生雷神

实 例

（参见下级母题实例）

W0307.2.1

大肉球生雷神

实 例

（参见下级母题实例）

W0307.2.1.1

雷雨中炸开大肉球生出的男孩成为雷神

实 例

汉族 一个大肉球在雷雨中炸开，蹦出一个男孩，后来成为雷神。

【流传】（无考）

【出处】［清］沈既济：《雷民传》，见马书田《道教诸神》，北京：北京燕山出版社 2006 年版，第 142 页。

W0307.2.2

蝴蝶妈妈的 12 个蛋生雷公

实 例

苗族 蝴蝶妈妈的 12 个蛋生出雷公。

【流传】贵州省·（黔东南苗族侗族自治州）·雷山县·（大塘镇）·桃江（桃江村）

【出处】杨里当讲：《姜炎斗雷公》，见中国民间文学集成全国编辑委员会编《中国民间故事集成》（贵州卷），北京：中国 ISBN 中心 2003 年版，第 39～41 页。

苗族 枫树生的蝴蝶生 12 个蛋。鹡鸰为蝴蝶孵卵孵 12 年后，孵出生命。其中，白蛋生下雷公。

【流传】贵州省、云南省苗族地区

【出处】《十二个兄弟争天下》，苗地根据《枫木歌》、《十二个蛋》等文本改写，见姚宝瑄主编《中国各民族神话》（布依族、仡佬族、苗族），太原：山西出版传媒集团·书海出版社 2014 年版，第 139～140 页。

W0307. 2. 3

1 对夫妻生的 12 个蛋孵出的最厉害的小弟变成雷公

实 例

苗族 开天辟地时，一个妻子把丈夫驱走，生 12 只蛋，生 12 兄弟，小弟烧死 11 个兄长，分别变成雷公、龙、虎、黄鼠狼等。

【流传】贵州省·（黔东南苗族侗族自治州）·炉山（今凯里）、麻江（麻江县）、（雷山县）·丹江（丹江镇），（毕节市·七星关区）·八寨（八寨镇）等地

【出处】《八寨黑苗的传说》，原载吴泽霖：《苗族中祖先来历的传说》，见马昌仪编《中国神话学文论选萃》，北京：中国广播电视出版社 1994 年版，第 442 页。

W0307. 2. 4

父女婚生的 12 蛋变成 12 个兄弟，老大是雷公

实 例

苗族 父女婚生出的 12 蛋变成 12 个兄弟，老大雷公。

【流传】贵州省·（黔东南苗族侗族自治州）·麻江（麻江县）、雷山（雷山县）

【出处】《短裙黑苗中的传说》，见马昌仪编《中国神话学文论选萃》（上编），北京：中国广播电视出版社 1994 年版，第 442～443 页。

W0307. 2. 5

石卵生雷公

实 例

畲族 很古时，世上有一个很大的圆石蛋，炸开后从石蛋里生出五个雷公。

【流传】（无考）

【出处】蓝国运记录：《天雷五兄弟》，见姚宝瑄主编《中国各民族神话》（高山族、黎族、畲族），太原：山西出版传媒集团·书海出版社 2014 年版，第 85 页。

W0307.3

婚生雷神

实 例

（参见下级母题实例）

W0307.3.1

一对男女婚生雷公

实 例

苗族 引雄和妮仰婚后，妮仰吃了牛头和虎爪，生雷公。

【流传】广西壮族自治区·（柳州市）·融水县（融水苗族自治县）

【出处】杨达香讲，梁彬搜集整理：《创世记》，见谷德明编《中国少数民族神话》，北京：中国民间文艺出版社1987年版，第545页。

W0307.4

感生雷神

实 例

（参见下级母题实例）

W0307.4.1

女子吃特定的动物生雷神

实 例

（参见下级母题实例）

W0307.4.2

女子婚后吃牛头和虎爪生雷公

实 例

苗族 引雄和妮仰婚后，妮仰吃了牛头和虎爪，生雷公。

【流传】广西壮族自治区·（柳州市）·融水县（融水苗族自治县）

【出处】杨达香讲，梁彬搜集整理：《创世记》，见谷德明编《中国少数民族神话》，北京：中国民间文艺出版社1987年版，第545页。

苗族 姑娘妮仰吃了牛头和虎爪，生下一个怪头仔，敢与妮仰斗气。妮仰凭这股脾性，就管他叫雷公。

【流传】广西壮族自治区·（柳州市）·融水苗族自治县

【出处】

（a）杨达香讲，梁彬搜集整理：《创世纪》（五、水淹天下，兄妹乘葫），见梁彬、王天若编《苗族民间故事选》，南宁：广西人民出版社1986年版。

（b）同（a），见姚宝瑄主编《中国各民族神话》（布依族、仡佬族、苗族），太原：山西出版传媒集团·书海出版社2014年版，第196页。

W0307.5

与生育雷神有关的其他母题

实 例

（实例待考）

W0308

雷神是变化产生的（变雷神）

【关联】

①［W0312.1.1］雷神娶的凡间妻子变

雷婆

② ［W0697. 1. 2. 1］ 黄帝是雷神

实 例

（参见下级母题实例）

W0308. 1

特定的神变成雷神

实 例

（实例待考）

W0308. 1. 1

龙神变成雷神

实 例

毛南族 （实例待考）

W0308. 2

特定的神性人物变成雷神

实 例

（参见下级母题实例）

W0308. 2. 1

雷神是盘古变的

【关联】

① ［W0720］ 盘古

② ［W0723a. 1. 1］ 盘古的灵魂变成雷神

实 例

（参见下级母题实例）

W0308. 2. 1. 1

盘古的魂变成雷公

【关联】 ［W0723a. 1. 1. 1］ 盘古死后灵魂变成雷公

实 例

汉族 盘古死后，灵魂飞到天上变成了雷公。

【流传】 浙江省·（绍兴市）·绍兴县·樊江乡·后堡（今绍兴市·越城区·皋埠镇·后堡村）

【出处】 胡大阿珍讲，柳坚明采录：《盘古开天辟地》，见中国民间文学集成全国编辑委员会编《中国民间故事集成》（浙江卷），北京：中国 ISBN 中心 1997 年版，第 15 页。

汉族 盘古死后魂灵变雷公，后来画的雷公是人身鸡头。

【流传】 浙江省·（金华市）·东阳县（东阳市）

【出处】 张宣元讲述，周耀明搜集整理：《盘古王开天》，载《民间文学》1986 年第 11 期。

汉族 盘古在鸡蛋中孕生时是鸡头，所以盘古的灵魂变成雷公后，雷公像都是人的身子鸡的头。

【流传】 浙江省·（金华市）·东阳县（东阳市）·青联乡·雅坑村

【出处】 张宣元讲，周耀明采录：《盘古开天》，见中国民间文学集成全国编辑委员会编《中国民间故事集成》（浙江卷），北京：中国 ISBN 中心

1997 年版，第 15 页。

汉族 盘古活到十万八千岁，死后身子变成了昆仑山，魂灵变成雷公。

【流传】浙江省·（金华市）·东阳县

【出处】

(a) 张宣元讲，周耀明搜集整理：《盘古王开天》，载《民间文学》1986 年第 11 期。

(b) 同 (a)，见姚宝瑄主编《中国各民族神话》（汉族），太原：山西出版传媒集团·书海出版社 2014 年版，第 6～7 页。

汉族 盘古死了以后，身子变成了昆仑山，魂变成了雷公。

【流传】河南省·（濮阳市）·濮阳县（五星乡）·西八里庄村

【出处】魏世敏（60 岁）讲，魏盼先采录：《盘古开天》（1990.06），见张振犁编著《中原神话通鉴》（第一卷），郑州：河南大学出版社 2017 年版，第 14 页。

汉族 盘古生十万八千岁乃死。死后魂化雷公。

【流传】（浙江省东部一带）

【出处】《盘古王开天》，见袁珂《中国神话大词典》，北京：华夏出版社 2015 年版，第 390 页。

W0308.2.2

巨人做了雷神

【关联】［W0664.1.1］巨人成为雷神

实 例

布依族 （实例待考）

W0308.3

人变成雷神

实 例

（参见下级母题实例）

W0308.3.1

人间兄弟俩成为雷神

实 例

（参见下级母题实例）

W0308.3.1.1

玉帝让 2 个孝顺的小孩升天成为雷神

实 例

瑶族 玉帝让两个有孝心的小孩到上界当雷神。

【流传】云南省·文山（文山壮族苗族自治州）·西畴县

【出处】邓光灿讲，蒋云珠采录：《玉皇鼓》，见中国民间文学集成全国编辑委员会编《中国民间故事集成》（云南卷），北京：中国 ISBN 中心 2003 年版，第 148 页。

W0308.3.2

人死后变成雷神

实 例

壮族 （实例待考）

W0308.3.3
1个男子变成雷神

实 例

（参见下级母题实例）

W0308.3.3.1
与妹妹通奸的哥哥含羞到天上后变成雷神达噻

实 例

佤族 兄妹通奸被逐出氏族，二人要跳河自尽时被天地神搭救，把哥哥变成了雷神。

【流传】云南省·（普洱市）·西盟县（西盟佤族自治县）

【出处】包永红等讲，高登智采录：《佤族姓氏的形成》，见中国民间文学集成全国编辑委员会编《中国民间故事集成》（云南卷），北京：中国ISBN中心2003年版，第336页。

W0308.3.3.2
一家三口中狂怒的父亲升上天变雷神

实 例

高山族 在马大鞍（是阿美斯人的一个社名）社的一户人家，有父亲、母亲、儿子三个人。狂怒的父亲突然升到天空，化成了雷神。

【流传】（无考）

【出处】《孩童为什么怕雷电》，原载蔡铁民编《高山族民间故事选》，见陶阳、钟秀编《中国神话》（上），北京：商务印书馆2008年版，第301～302页。

高山族（阿美）一家三口，狂怒的父亲升上天变雷神。

【流传】阿美马大鞍社

【出处】陶阳、钟秀编：《中国神话》，上海：上海文艺出版社1996年版，第416页。

W0308.3.4
赵、邓、马、关4个将军死后变成天上的雷公

实 例

壮族 天上的雷公是由赵、邓、马、关4个将军死后变成的。

【流传】广西壮族自治区·贵港（贵港市）

【出处】刘启值讲：《雷公的传说》，见张声震总主编，农冠品编注《壮族神话集成》，南宁：广西民族出版社2007年版，第211页。

W0308.3.5
人升天变成雷神

实 例

高山族 人升天变雷神。

【流传】（无考）

【出处】《孩童为什么怕闪电》，见中华民族故事大系编委会编《中华民族故事大系》第8卷（畲族、高山族、拉祜族），上海：上海文艺出版社 1995 年版，第 420 页。

W0308.4

特定物变成雷神

实 例

（参见下级母题实例）

W0308.4.1

雷神是太阳的化身

实 例

壮族 雷王是太阳的化身。

【流传】 广西壮族自治区

【出处】 兰鸿恩著：《广西民间文学散论》，南宁：广西人民出版社 1981 年版，第 12 页。

W0308.4.2

声音化为雷神

实 例

（参见下级母题实例）

W0308.4.2.1

神的鼾声化为雷神

实 例

满族 雷神西恩林是天神阿布卡恩都里的鼾声化形而成的神。

【流传】 黑龙江省·黑河地区（黑河市）·孙吴县·（沿江满族达斡尔族乡）·四季屯（四季屯村）

【出处】 吴纪贤、富希陆讲：《天宫大战——黑水女真人传世神话》（1939，选自富育光、郭淑云整理的手稿），见姚宝瑄主编《中国各民族神话》（满族、赫哲族、朝鲜族），太原：山西出版传媒集团·书海出版社 2014 年版，第 37 页。

W0309

与雷神的产生有关的其他母题

实 例

（参见下级母题实例）

W0309.1

雷神指派的

实 例

哈萨克族 创世主迦萨甘派来了雷神。

【流传】（无考）

【出处】 尼合迈德·蒙加尼搜集，校仲彝翻译整理：《神与灵魂》，见谷德明编《中国少数民族神话》，北京：中国民间文艺出版社 1987 年版，第 730 页。

W0309.2

雷神的生日

实 例

（参见下级母题实例）

W0309.2.1

雷神生日六月二十四日

实 例

汉族 农历六月二十四日为雷神的诞日。

【流传】（无考）

【出处】《雷神》，见乌丙安主编《中国民间神谱》，沈阳：辽宁人民出版社 2007 年版，第 8 页。

W0309. 3

雷神的出生地

实例

（实例待考）

✿ W0310

雷神的特征（雷公的特征）

实例

（参见下级母题实例）

✻ W0311

雷神的性别

实例

（参见下级母题实例）

W0311a

男雷神（雷公）

实例

（实例待考）

W0312

女雷神（雷婆）

【汤普森】A284. 1

【关联】

①［W0350. 2. 1］雷婆是玉皇大帝的女儿

②［W0477. 1. 1. 1］雷婆是生育神

实例

（参见下级母题实例）

W0312. 1

雷婆的产生

实例

（参见下级母题实例）

W0312. 1. 1

雷神娶的凡间妻子变成雷婆

实例

汉族 （实例待考）

W0312. 1. 2

雷婆是玉帝的大公主

实例

畲族 玉皇大帝就派女儿大公主去捉雷公。原来大公主就是原来逼雷公做丈夫的那个又高又大的女子。只好跟她上了天庭。这就是现在人们说的雷公与雷婆。

【流传】福建省·（宁德市）·福鼎（福鼎市）

【出处】蓝俊德、蓝开雅讲，蓝振河采录：《雷公和雷婆》，原载《中国民间故事集成·福建卷·闽东畲族故事》，宁德地区民间文学集成编委会 1990 年编印，见《福建省少数民族古籍丛书》编委会编《畲族卷·民间故事》，福州：海峡出版发行集团·海峡书局2013年版，第28页。

W0312.1.3

被误劈死的女子封为雷婆

实　例

畲族 一个母亲被雷公误劈而死，阎王发现她的阳寿未终。玉帝发现自己误派雷公劈错了人，于是就把她封为雷婆。

【流传】福建省·（宁德市）·福安（福安市）

【出处】郑成禄、雷品魁讲，郑碧霞采录：《霆雷为何先打闪》，原载《闽东畲族文化全书》，北京：民族出版社2009年版，见《福建省少数民族古籍丛书》编委会编《畲族卷·民间故事》，福州：海峡出版发行集团·海峡书局2013年版，第30页。

W0312.2

雷婆的特征

实　例

（参见下级母题实例）

W0312.2.1

雷婆身躯巨大

实　例

壮族 雷婆是一位身躯巨大的女神。

【流传】广西壮族自治区·（河池市）·东兰县

【出处】胡仲实：《试论雷神形象的历史演变》，见农冠品等《岭南文化与百越民风——广西民间文学论文选》，南宁：广西教育出版社1992年版。

W0312.2.2

雷婆为红色

实　例

汉族 （实例待考）

W0312.2.3

雷婆性情暴躁而善良

实　例

侗族 雷婆萨岜是性情暴躁的善神。

【流传】（无考）

【出处】黄才贵：《女神与泛神——侗族“萨玛”文化研究》，贵阳：贵州人民出版社2006年版，第213页。

W0312.2.4

雷婆心地险恶

实　例

侗族 雷婆心眼很坏。

【流传】贵州省·（黔东南苗族侗族自治州）·黎平县

【出处】吴生贤、吴金松讲，杨国仁、涛声搜集整理：《龟婆孵蛋》，载《民间文学》1986年第1期。

W0312.3

雷婆的职能（雷婆的事迹，雷婆的能力）

实 例

（参见下级母题实例）

W0312.3.1

雷婆是生殖神

实 例

侗族 雷婆是生殖神，管人间生育。

【流传】（无考）

【出处】 丘振声：《壮族图腾考》，南宁：广西教育出版社 1996 年版，第 54 页。

W0312.3.2

雷婆喝水添神力逃脱

实 例

侗族 雷婆被关在王素（人名）的铁屋中。趁王素和丈良等人不在家，只有丈美（王素的姐姐，丈良的妹妹）一人看守她时，向丈美讨水喝。雷婆喝了水，浑身顿添力量，发出雷鸣闪电，冲破铁屋而出。

【流传】 贵州省·（黔东南苗族侗族自治州）·黎平县

【出处】

（a）吴生贤、吴金松讲，杨国仁、涛声搜集整理：《龟婆孵蛋》，载《民间文学》1986 年第 1 期。

（b）同（a），见姚宝瑄主编《中国各民族神话》（土家族、毛南族、侗族、瑶族），太原：山西出版传媒集团·书海出版社 2014 年版，第 101 页。

W0312.4

雷婆的工具

实 例

（参见下级母题实例）

W0312.4.1

雷婆手拿铁凿

实 例

畲族 雷婆手里拿着一个拿铁凿。

【流传】 福建省·（宁德市）·福鼎县（福鼎市）

【出处】 蓝开雅讲，蓝振河采录：《雷公与雷婆》，见中国民间文学集成全国编辑委员会编《中国民间故事集成》（福建卷），北京：中国 ISBN 中心 2008 年版，第 15 页。

W0312.5

特定名称的女雷神（特定名称的雷婆）

实 例

（参见下级母题实例）

W0312.5.1

雷婆萨岜

实 例

侗族 雷婆的名字叫萨岜。

【流传】（无考）

【出处】黄才贵：《女神与泛神——侗族“萨玛”文化研究》，贵阳：贵州人民出版社 2006 年版，第 213 页。

W0312.5.2

女雷神玛由梭

实　例

苗族 玛由梭是女雷神。

【流传】滇东南（云南省东南部地区）

【出处】过竹：《苗族神话研究》，南宁：广西人民出版社 1988 年版，第 227 页。

W0312.5.3

雷神妈妈

实　例

（参见下级母题实例）

W0312.5.3.1

雷神妈妈听命于天神

实　例

满族 阿布卡恩都力（天神）叫雷神妈妈、风神妈妈、雹神妈妈、雨神妈妈，朝地下猛劲地刮起暴风，洒下暴雨、冰雹。

【流传】黑龙江沿岸，黑龙江省·（黑河市）·孙吴县、瑷珲县（爱辉区）

【出处】赵瞎子、富郭氏等讲，育光搜集整理：《白云格格》，原载育光编《七彩神火》，见陶阳、钟秀编《中国神话》（中），北京：商务印书馆 2008 年版，第 763 ~767 页。

W0312.6

与雷婆有关的其他母题

【关联】

① ［W0358.3.4.3］雷郎公公

② ［W1152.5.1］天是雷婆的肚皮

③ ［W1168.21.3.1］雷母娘娘看守天门

实　例

（实例待考）

※W0313

雷神的外貌（雷公的体征）

实　例

（参见下级母题实例）

W0314

雷神身材巨大

实　例

（参见下级母题实例）

W0314.1

雷神身体巨大（雷公身体巨大）

实　例

侗族 （参见“W0312.2.1 雷婆身躯巨大”母题实例）

W0314. 2

女雷神身躯巨大

实 例

壮族 （实例待考）

W0314. 3

以前天下只有雷公最大

实 例

苗族 以前的天下只有喝（雷公）大，经常跑来欺负嘎波（蛤蟆精）。嘎波无法，也只好把气咽在肚皮里。

【流传】 贵州省·（黔东南苗族侗族自治州）·雷山（雷山县）·西江地区（西江镇）

【出处】

(a) 杨正光、侯昌德讲，杨正光、侯昌德搜集整理：《雷公坪》，载《南风》1981年第1期。

(b) 同（a），见姚宝瑄主编《中国各民族神话》（布依族、仡佬族、苗族），太原：山西出版传媒集团·书海出版社2014年版，第135页。

W0314. 4

雷神的身体很长

实 例

（参见下级母题实例）

W0314. 4. 1

雷神的身体像江河样长

实 例

侗族 雷郎公公的身体有江河样长。

【流传】 广西壮族自治区·（柳州市）·三江县（三江侗族自治县）·独洞乡·牙龙村

【出处】 公包芳讲，吴浩采录翻译：《祖先的事》，见中国民间文学集成全国编辑委员会编《中国民间故事集成》（广西卷），北京：中国ISBN中心2001年版，第60页。

W0315

雷神人形

实 例

达斡尔族 “谢如·达来勒”（雷神）是在蓝布上贴金箔纸九个人形。

【流传】（内蒙古自治区·呼伦贝尔市·鄂温克族自治旗·巴彦托海镇）

【出处】

(a) 珠荣嘎、额尔登泰、满都尔图调查编著：《巴彦托海索木达斡尔族情况——达斡尔族调查材料之二》，全国人民代表大会民族委员会办公室1958年编印，第56页。

(b) 《雷神》，见吕大吉、何耀华总主编《中国各民族原始宗教资料集成》（鄂伦春族卷、鄂温克族卷、赫哲族卷、达斡尔族卷、锡伯族卷、满族卷、蒙古族卷、藏族卷），北京：中国社会科学出版社 1999 年版，第 294 页。

W0315.1

雷公是一个老头

实 例

赫哲族 雷公是一个老头。

【流传】（无考）

【出处】吕大吉、何耀华总主编，本册主编满都尔图等：《中国各民族原始宗教资料集成》（鄂伦春族卷、鄂温克族卷、赫哲族卷、达斡尔族卷、锡伯族卷、满族卷、蒙古族卷、藏族卷），北京：中国社会科学出版社 1999 年版，第 197 页。

赫哲族 雷有雷公，雷公是一个老头。

【流传】（黑龙江省）

【出处】《民族问题五种丛书》黑龙江省编辑组：《赫哲族社会历史调查》，牡丹江：黑龙江朝鲜民族出版社 1987 年版，第 277～278 页。

W0315.1.1

雷公是白胡子老头

实 例

（参见下级母题实例）

W0315.1.1.1

白胡子老头雷公站云端

实 例

汉族 空中白云上有一白胡子老头上捋着胡须，就是雷公。

【流传】河南省·濮阳市

【出处】田聚常采录：《葫芦哥哥和妹妹》，见张振犁编著，孟宪明、朱淑君统纂《中原神话通鉴》（第二卷），郑州：河南大学出版社 2017 年版，第 417 页。

W0315.2

雷公是毛脸老公公

实 例

布依族 大红公鸡雷公喝了水后，变成了毛脸老公公。

【流传】贵州省·（黔西南布依族苗族自治州）·兴仁县·菁脚乡·菁谷村

【出处】杨兴法讲，杨田采录：《细妹苏哥造人烟》见中国民间文学集成全国编辑委员会编《中国民间故事集成》（贵州卷），北京：中国 ISBN 中心 2003 年，第 46 页。

W0315.3

雷公是小伙子

实 例

畲族 雷神的外形是小伙。

【流传】浙江省·（丽水市）·青田（青田县）

【出处】唐宗龙等整理：《雷神和闪神的传说》，见中华民族故事大系编委会编《中华民族故事大系》第 8 卷（畲族、高山族、拉祜族），上海：上海文艺出版社 1995 年版，第 27 页。

W0316

雷神有动物外形

实 例

（参见下级母题实例）

W0316.1

雷神是龙

实 例

蒙古族 雷神是龙。

【流传】（无考）

【出处】《雷神》，见《中国各民族宗教与神话大词典》编审委员会编《中国各民族宗教与神话大词典》，北京：学苑出版社1990年版，第455页。

W0316.1.1

雷公是龙

【关联】［W0353.2］雷神是龙的部下

实 例

毛南族 雷公是龙的样子。

【流传】（无考）

【出处】谭启仁等讲，谭金田等翻译：《盘古的传说》，见中华民族故事大系编委会编《中华民族故事大系》第12卷（布朗族、撒拉族、毛南族），上海：上海文艺出版社1995年版，第480页。

毛南族 土地神捉住雷公后，晓得雷公是条龙，得水会生力，就把雷公用铁链锁在石头柱子上。

【流传】广西壮族自治区·（河池市）·环江毛南族自治县

【出处】

（a）覃启仁讲，谭金田、蒋志雨记录整理：《盘古的传说》，见袁凤辰等编《毛南族、京族民间故事选》，上海：上海文艺出版社1987年版。

（b）同（a），见姚宝瑄主编《中国各民族神话》（土家族、毛南族、侗族、瑶族），太原：山西出版传媒集团·书海出版社2014年版，第43页。

毛南族 土地神晓得雷公是条龙。

【流传】

（a）广西壮族自治区·（河池市）·环江县（环江毛南族自治县）·下南乡·下南村·松现屯

（b）广西壮族自治区·（河池市）·环江县（环江毛南族自治县）·上、中、下南地区（上南乡、中南乡、下南乡）

【出处】

（a）覃启仁讲，蒋志雨采录翻译：《盘哥古妹》，见中国民间文学集成全国编辑委员会编《中国民间故事集成》（广西卷），北京：中国ISBN中心2001年版，第70页。

（b）谭金田等翻译整理：《盘兄和古妹》，见谷德明编《中国少数民族神话》，北京：中国民间文艺出版社1987年版，第153页。

W0316.1.2
雷公是龙神

实 例

藏族 龙神雷公。

【流传】（无考）

【出处】《格萨尔王传》。

W0316.1.3
雷神龙形

实 例

达斡尔族 “谢如·达来勒”（雷神）有时用木制龙形为偶像。

【流传】（内蒙古自治区·呼伦贝尔市·鄂温克族自治旗·巴彦托海镇）

【出处】

（a）珠荣嘎、额尔登泰、满都尔图调查编著：《巴彦托海索木达斡尔族情况——达斡尔族调查材料之二》，全国人民代表大会民族委员会办公室1958年编印，第56页。

（b）《雷神》，见吕大吉、何耀华总主编《中国各民族原始宗教资料集成》（鄂伦春族卷、鄂温克族卷、赫哲族卷、达斡尔族卷、锡伯族卷、满族卷、蒙古族卷、藏族卷），北京：中国社会科学出版社1999年版，第294页。

W0316.2
雷神人头龙身（雷神龙身人头）

实 例

汉族 雷泽有雷神，龙身而人头，鼓其腹。

【流传】（无考）

【出处】［战国至汉］作者不详：《山海经·海内东经》。

W0316.2a
雷公鸡头人身

【关联】

①［W0317.1.0］雷神长着鸡头

②［W0515.3.2］雷公鸡

实 例

（参见下级母题实例）

W0316.2a.1
雷公鸡头人身源于前身盘古是鸡头

【关联】［W0722.2.2.4］盘古鸡头

实 例

汉族 盘古长着鸡的头。盘古死后，魂灵变成雷公，所以后来所画的雷公都是人的身子鸡的头。

【流传】浙江省·（金华市）·东阳县（东阳市）

【出处】张宣元讲述，周耀明搜集整理：《盘古王开天》，载《民间文学》1986年第11期。

汉族 盘古鸡头而龙身，状如盘龙鸡，十万八千岁乃死。死后魂化雷公，故后世所绘雷公像皆人身而鸡头也。

【流传】（浙江省东部一带）

【出处】《盘古王开天》，见袁珂《中国神话大词典》，北京：华夏出版社2015年版，第390页。

W0316.2b

雷公鸡头龙身

【关联】［W0317.1.0］雷神长着鸡头

实 例

（参见下级母题实例）

W0316.2b.1

雷公鸡头龙身是因为他是盘古的魂变成的

实 例

汉族 盘古死了以后，身子变成了昆仑山，魂变成了雷公，所以雷公被画成鸡头龙身的人。

【流传】河南省·（濮阳市）·濮阳县（五星乡）·西八里庄村

【出处】魏世敏（60岁）讲，魏盼先采录：《盘古开天》（1990.06），见张振犁编著《中原神话通鉴》（第一卷），郑州：河南大学出版社2017年版，第14页。

汉族 盘古在鸡蛋中孕生时是鸡头，所以盘古的灵魂变成雷公后，雷公像都是人的身子鸡的头。

【流传】浙江省·（金华市）·东阳县（东阳市）·青联乡·雅坑村

【出处】张宣元讲，周耀明采录：《盘古开天》，见中国民间文学集成全国编辑委员会编《中国民间故事集成》（浙江卷），北京：中国ISBN中心1997年版，第15页。

W0316.2c

雷公龙头人身虎爪

实 例

畲族 雷公五兄弟都是龙的头，人的身子，虎的爪子。

【流传】（无考）

【出处】蓝国运记录：《天雷五兄弟》，见姚宝瑄主编《中国各民族神话》（高山族、黎族、畲族），太原：山西出版传媒集团·书海出版社2014年版，第85～86页。

W0316.3

雷神是兽

实 例

（参见下级母题实例）

W0316.3.1

雷神状类熊猪

实 例

（参见下级母题实例）

W0316.3.1.1

雷神似熊猪有毛角

实 例

汉族 是日，鸾凤持竹炭刀，于野田中，以所忌物相和啖之，将有所伺。果怪云生，恶风起，迅雷急雨震之。

鸾凤乃以刃上挥，果中雷左股而断。雷堕地，状类熊猪，毛角，肉翼青色，手执短柄刚石斧，流血注然，云雨尽灭。

【流传】（无考）

【出处】［北宋］李昉、扈蒙、李穆等：《太平广记》卷三九四“陈鸾凤”条引《传奇》。

W0316.4

雷神有鸟的特征

【关联】［W0317.7.1］雷公身上长毛，尖鸡嘴，背生一对翅膀

实 例

（参见下级母题实例）

W0316.4.1

雷神长着翅膀

实 例

苗族 雷公的翅膀折断就不能飞上天了。

【流传】

（a）广西壮族自治区·（柳州市）·融水县（融水苗族自治县）·滚贝乡

（b）广西壮族自治区·（柳州市）·融水县（融水苗族自治县）

【出处】

（a）杨达香讲，梁彬采录翻译：《枉生射太阳》，见中国民间文学集成全国编辑委员会编《中国民间故事集成》（广西卷），北京：中国ISBN中心2001年版，第42页。

（b）杨达香讲，梁彬搜集整理：《创世记》，见谷德明编《中国少数民族神话》，北京：中国民间文艺出版社1987年版，第545页。

W0316.4.1.1

雷公背上生有一对翅膀

【关联】

①［W0317.7.1］雷公身上长毛，尖鸡嘴，背生一对翅膀

②［W0340.6.1］雷公翅膀无水飞不起

实 例

土家族 雷公背上生有一对翅膀。

【流传】湖南省·（湘西土家族苗族自治州）·永顺（永顺县）、古丈（古丈县）、保靖（保靖县）、龙山（龙山县）沿酉水一带土家族聚居区

【出处】

（a）田德华、向廷龙（巫师）、田光南讲，彭勃、彭继宽、田德风记录，彭勃整理：《齐天大水》（1962.05），见谷德明编《中国少数民族神话》，北京：中国民间文艺出版社1987年版。

（b）同（a），见姚宝瑄主编《中国各民族神话》（土家族、毛南族、侗族、瑶族），太原：山西出版传媒集团·书海出版社2014年版，第12页。

壮族 雷公住在天上，他的背脊上长有一双翅膀，抖动起来就刮风暴。

【流传】广西壮族自治区红水河流域各县

【出处】

（a）《布伯的故事》，载《民间文学》1979年第10期。

（b）同（a），（王松选定，）见姚宝瑄主编《中国各民族神话》（仫佬族、壮族、京族），太原：山西出版传媒集团·书海出版社2014年版，第102页。

W0316.4.1.2

雷公长有肉翅膀

实 例

汉族 海康人陈鸾凤以刀上挥，砍断雷左股雷堕地，状类熊猪，毛角，肉翼青色。

【流传】（无考）

【出处】［宋］李昉、扈蒙、李穆、徐铉等：《太平广记》卷三九四“陈鸾凤”条引《传奇》。

W0316.5

雷神是鸡

【关联】

①［W0317.2.5］雷公的脸像公鸡

②［W0327.5.1］雷公忌吃鸡

实 例

（参见下级母题实例）

W0316.5.1

雷神是公鸡（雷公是公鸡）

实 例

（参见下级母题实例）

W0316.5.1.1

雷公是尖嘴公鸡

实 例

布依族 被关在笼里雷公是一只公鸡，花花绿绿的，嘴尖尖的。

【流传】贵州省·（黔南布依族苗族自治州）·罗甸县·罗悃公社（罗悃镇）·河东大队（河东村）

【出处】罗老文讲，祖岱年搜集：《洪水潮天（四）》，见姚宝瑄主编《中国各民族神话》（布依族、仡佬族、苗族），太原：山西出版传媒集团·书海出版社2014年版，第56页。

W0316.5.1.2

雷公是只大公鸡

实 例

汉族 雷公是只大公鸡。

【流传】湖南省·（怀化市）·沅陵县

【出处】张氏讲，石如华采录：《铺天大水》，见中国民间文学集成全国编辑委员会编《中国民间故事集成》（湖南卷），北京：中国ISBN中心2002年版，第34页。

布依族 三兄妹中的大哥想吃雷公肉，他听到打了一声炸雷后，就顺势把围裙一康（方言，即“罩”的意思），康得一只大公鸡（雷公化身）。

【流传】贵州省·（黔南布依族苗族自治州）·长顺县·长寨公社（长寨镇）·竹林寨

【出处】陈光前讲，罗文亮搜集：《洪水潮天（二）》，见姚宝瑄主编《中国各民族神话》（布依族、仡佬族、苗族），太原：山西出版传媒集团·书海出版社2014年版，第52页。

W0316.5.1.2.1

雷公是头顶大红冠五色六毛的大红公鸡

实 例

布依族 雷公像只头顶大红冠子，身穿五色六毛的大红公鸡。

【流传】贵州省·（黔西南布依族苗族自治州）·兴仁县·菁脚乡·菁谷村

【出处】杨兴法讲，杨田采录：《细妹苏哥造人烟》见中国民间文学集成全国编辑委员会编《中国民间故事集成》（贵州卷），北京：中国ISBN中心2003年，第46页。

W0316.5.1a

雷神是母鸡

实 例

畲族 一只到天上大闹的赖孵鸡娘被封为“九天都雷公”。

【流传】浙江省·（温州市）·文成县·中樟乡·乌田村

【出处】雷西可讲，雷德宽等采录：《雷公鸡娘变》，见中国民间文学集成全国编辑委员会编《中国民间故事集成》（浙江卷），北京：中国ISBN中心1997年版，第36页。

W0316.5.2

雷神像鸡

实 例

布依族 （实例待考）

W0316.5.2.1

雷公外形像公鸡

实 例

瑶族 雷公的形状像公鸡一样。

【流传】广东省·（清远市）·连南县（连南瑶族自治县）·寨岗镇

【出处】唐罗古三等讲，许文清等采录：《洪水淹天》，见中国民间文学集成全国编辑委员会编《中国民间故事集成》（广东卷），北京：中国ISBN中心2006年版，第8页。

W0316.5.2.2

雷公老爷落地像一只鸡公

实 例

土家族 雷公老爷从天上下来，他像一只鸡公落在稻场上。

【流传】湖北省·（宜昌市）·长阳县（长阳土家族自治县）·都镇湾镇·杜家冲村

【出处】孙家香讲：《洪水泡天》，见长阳土家族网：http：//www.cy－tujia.com/list_ body.php？id，2005.12.08。

W0316.6
雷神是狗

实 例

（参见下级母题实例）

W0316.6.1
雷王是天狗

实 例

毛南族 （实例待考）

W0316.7
与雷神有动物外形有关的其他母题

实 例

（参见下级母题实例）

W0316.7.1
雷神的外貌像昆虫

实 例

鄂温克族 “雷神”的造型看似昆虫类。

【流传】（无考）

【出处】

（a）苏日台：《狩猎民族原始艺术》，呼和浩特：内蒙古文化出版社1992年版，第54页。

（b）《“雷神”的造型》，见吕大吉、何耀华总主编《中国各民族原始宗教资料集成》（鄂伦春族卷、鄂温克族卷、赫哲族卷、达斡尔族卷、锡伯族卷、满族卷、蒙古族卷、藏族卷），北京：中国社会科学出版社1999年版，第177页。

W0316.7.2
雷神脸赤如猴

实 例

汉族 雷神塑像若力士，裸胸袒腹，背插两翅，额具三目。脸赤如猴，下颚长而锐，足如鹰鹯，而爪更厉。

【流传】（无考）

【出处】［清］黄斐默：《集说诠真》。

W0317
与雷神的外形有关的其他母题

实 例

（参见下级母题实例）

W0317.1
雷神的头（雷公头）

实 例

（参见下级母题实例）

W0317.1.0
雷神长着鸡头

【关联】［W0316.5］雷神是鸡

实 例

汉族 盘古死了以后，身子变成了昆仑山，魂变成了雷公，所以雷公被画成鸡头龙身的人。

【流传】 河南省·（濮阳市）·濮阳县

（五星乡）·西八里庄村

【出处】魏世敏（60岁）讲，魏盼先采录：《盘古开天》（1990.06），见张振犁编著《中原神话通鉴》（第一卷），郑州：河南大学出版社2017年版，第14页。

W0317.1.1

雷公有巨大的头

实　例

（参见下级母题实例）

W0317.1.1.1

雷公头像山岗大

实　例

侗族 雷郎公公的头有山岗样大。

【流传】广西壮族自治区·（柳州市）·三江县（三江侗族自治县）·独洞乡·牙龙村

【出处】公包芳讲，吴浩采录翻译：《祖先的事》，见中国民间文学集成全国编辑委员会编《中国民间故事集成》（广西卷），北京：中国ISBN中心2001年版，第60页。

W0317.1.2

雷公有9个头（九头雷公）

实　例

汉族 人们说是“九头雷公”。

【流传】天津市·河东区

【出处】高振环讲，王维刚采录：《人为嘛穿上了衣裳》，见中国民间文学集成全国编辑委员会编《中国民间故事集成》（天津卷），北京：中国ISBN中心2004年版，第7页。

W0317.1.3

雷公头上有疙瘩的来历

实　例

（参见下级母题实例）

W0317.1.3.1

雷公头上的疙瘩是蜂蛰的

实　例

苗族 亨英（人名，雷公的弟弟）到天上斗雷公时，拿来三桶大地蜂，蜇头蜇脑蜇屁股，蜇肚蜇颈蜇喉咙。蛰的雷公头顶生个坡，鼻梁吊大萝。

【流传】广西壮族自治区·（柳州市）·融水苗族自治县

【出处】

（a）杨达香讲，梁彬搜集整理：《创世纪》（六、再造世人，接烟接烛），见梁彬、王天若编《苗族民间故事选》，南宁：广西人民出版社1986年版。

（b）同（a），见姚宝瑄主编《中国各民族神话》（布依族、仡佬族、苗族），太原：山西出版传媒集团·书海出版社2014年版，第211页。

W0317.2

雷神的脸（雷公脸）

实　例

（参见下级母题实例）

W0317.2.1
雷神红脸

【关联】［W0466.2.1.1］火神红脸

实 例

毛南族 雷公长着一张大红脸。

【流传】广西壮族自治区·（河池市）·环江毛南族自治县

【出处】

（a）覃启仁讲，谭金田、蒋志雨记录整理：《盘古的传说》，见袁凤辰等编《毛南族、京族民间故事选》，上海：上海文艺出版社1987年版。

（b）同（a），见姚宝瑄主编《中国各民族神话》（土家族、毛南族、侗族、瑶族），太原：山西出版传媒集团·书海出版社2014年版，第42～43页。

W0317.2.1a
雷神的脸是蓝靛色

实 例

壮族 雷王被关押在谷仓时，骗看守的伏依兄妹用碗舀着蓝靛水，用稻秆把蓝靛水吸进腹中，脸变成了蓝靛色。

【流传】广西壮族自治区红水河流域各县

【出处】

（a）《布伯的故事》，载《民间文学》1979年第10期。

（b）同（a），（王松选定），见姚宝瑄主编《中国各民族神话》（仫佬族、壮族、京族），太原：山西出版传媒集团·书海出版社2014年版，第109～110页。

W0317.2.2
雷神脸色多变

实 例

藏族 （参见“W0317.2.4 雷公的脸有蓝、绿、黑三色变化”母题实例）

W0317.2.3
雷神青面尖嘴

实 例

壮族 雷神青面尖嘴，手拿紫铜斧。

【流传】广西壮族自治区·河池（河池市）

【出处】《盘古》，见张声震总主编，农冠品编注《壮族神话集成》，南宁：广西民族出版社2007年版，第4页。

W0317.2.4
雷公的脸有蓝、绿、黑三色变化

实 例

藏族 雷公脸孔具有蓝、绿、黑三色的变化，三个赤色的眼睛中闪动着炽热的火焰。

【流传】（无考）

【出处】格明多杰整理：《龙神雷公》，见BBS水木清华站：http：//www.smth.

edu.cn，2006.07.20。

W0317.2.5

雷公的脸像公鸡

实　例

壮族 雷公的脸像公鸡。

【流传】广西壮族自治区·贵港（贵港市）

【出处】刘启值讲：《雷公的传说》，见张声震总主编，农冠品编注《壮族神话集成》，南宁：广西民族出版社2007年版，第211页。

W0317.3

雷神的眼（雷公眼）

实　例

（参见下级母题实例）

W0317.3.1

雷公奇特的眼睛

实　例

（参见下级母题实例）

W0317.3.1.1

雷公长着吓人的大眼睛

实　例

畲族 雷公一双突出的大眼睛，都能看清人世间的好人、坏人、恶人、负心人和不肖子孙。

【流传】（无考）

【出处】蓝国运记录：《天雷五兄弟》，见姚宝瑄主编《中国各民族神话》（高山族、黎族、畲族），太原：山西出版传媒集团·书海出版社2014年版，第86页。

W0317.3.2

雷公长着灯笼眼

实　例

壮族 住在天上的是雷王，生就一对灯笼眼。

【流传】

(a) 广西壮族自治区·（南宁市）·马山县·加芳乡（加方乡）

(b) 广西壮族自治区红水河流域各县

【出处】

(a) 韦公讲，蓝鸿恩采录翻译：《布伯斗雷王》，见中国民间文学集成全国编辑委员会编《中国民间故事集成》（广西卷），北京：中国ISBN中心2001年版，第49页。

(b) 蓝鸿恩搜集整理：《布伯》，见谷德明编《中国少数民族神话》，北京：中国民间文艺出版社1987年版，第90页。

W0317.3.2.1

雷王的一对灯笼眼闪绿光

实　例

壮族 住在天上的是雷王，生就一对灯笼眼，眨起眼来骨碌骨碌地闪绿光。

【流传】广西壮族自治区红水河流域

各县

【出处】蓝鸿恩搜集整理：《布伯的故事》，原载蓝鸿恩编《壮族民间故事选》，见陶阳、钟秀编《中国神话》（上），北京：商务印书馆2008年版，第498～508页。

壮族 住在天上的是雷王，生就一对灯笼眼，眨起眼来骨碌骨碌地闪绿光。

【流传】广西壮族自治区红水河流域各县

【出处】

（a）《布伯的故事》，载《民间文学》1979年第10期。

（b）同（a），（王松选定），见姚宝瑄主编《中国各民族神话》（仫佬族、壮族、京族），太原：山西出版传媒集团·书海出版社2014年版，第102页。

W0317.3.3

雷神3只眼（雷公3只眼）

实　例

汉族 雷神塑像若力士，裸胸袒腹，背插两翅，额具三目。

【流传】（无考）

【出处】［清］黄斐默：《集说诠真》。

汉族 雷神状若力士，裸胸袒腹，背插两翅，额具三目，脸赤如猴，下额长而锐。

【流传】（无考）

【出处】＊《雷神》，乌丙安主编《中国民间神谱》，沈阳：辽宁人民出版社2007年版，第8页。

藏族 （实例待考）

W0317.3.4

雷公的眼为什么是鼓的

实　例

（参见下级母题实例）

W0317.3.4.1

雷公的眼鼓是被坐压造成的

实　例

侗族 雷公发洪水后，人间的四兄弟到天上捉雷公。雷公吓得赶紧钻到天王老子的屁股底下，天王老子也慌了手脚，一屁股坐下来，把雷公压得眼睛都鼓出来了（现在有些地方塑雷公的像，都是鼓鼓眼）。

【流传】贵州省·（黔东南苗族侗族自治州）·天柱县

【出处】

（a）杨引招讲，龙玉龙搜集整理：《捉雷公》，载《南风》1981年第2期。

（b）同（a），见姚宝瑄主编《中国各民族神话》（土家族、毛南族、侗族、瑶族），太原：山西出版传媒集团·书海出版社2014年版，第107页。

侗族 人间的四兄弟到天上捉雷公时，吓得他赶紧钻在天王的屁股底下，天王也慌了手脚，一屁股坐下来，把雷公压得眼睛都鼓了出来。从此，雷公变成眼鼓鼓的了。

【流传】（贵州省）

【出处】杨引招讲，龙玉成搜集整理：《捉雷公引起的故事》，原载《侗族民间故事选》，见陶阳、钟秀编《中国神话》（上），北京：商务印书馆2008年版，第465～471页。

W0317.3.4.2

雷公眼珠外露是被打出来的

实 例

畲族 孤儿雷公从茅山法主学徒3年出山后，遇到一个高大的手拿铁凿的女子，交手时，被女子打败，两个眼珠都被那女子的铁凿凿得挂在眼皮下面。

【流传】福建省·（宁德市）·福鼎（福鼎市）

【出处】蓝俊德、蓝开雅讲，蓝振河采录：《雷公和雷婆》，原载《中国民间故事集成·福建卷·闽东畲族故事》，宁德地区民间文学集成编委会1990年编印，见《福建省少数民族古籍丛书》编委会编《畲族卷·民间故事》，福州：海峡出版发行集团·海峡书局2013年版，第26～27页。

W0317.3.5

雷公的眼会发光

实 例

畲族 雷公向茅山法主和闾山法主学法之后，眼睛一眨，就出现一片火光。连眨几下，天地照得光亮亮。

【流传】福建省·（宁德市）·福鼎（福鼎市）

【出处】蓝俊德、蓝开雅讲，蓝振河采录：《雷公和雷婆》，原载《中国民间故事集成·福建卷·闽东畲族故事》，宁德地区民间文学集成编委会1990年编印，见《福建省少数民族古籍丛书》编委会编《畲族卷·民间故事》，福州：海峡出版发行集团·海峡书局2013年版，第28页。

W0317.3.5.1

雷公的眼睛像月亮和太阳一样闪光

实 例

侗族 雷郎公公的头有山岗样大，胡须像树木一样粗，眼睛像月亮和太阳一样闪光。

【流传】广西壮族自治区·（柳州市）·三江县（三江侗族自治县）·独洞乡·牙龙村

【出处】公包芳讲，吴浩采录翻译：《祖先的事》，见中国民间文学集成全国编辑委员会编《中国民间故事集成》（广西卷），北京：中国ISBN中心2001年版，第60页。

W0317.4

雷神的嘴

【关联】［W0316.5.1.1］雷公是尖嘴公鸡

实　例

（参见下级母题实例）

W0317.4.1

雷神长着长嘴

【汤普森】 A284.3.1

实　例

（实例待考）

W0317.4.2

雷公长着鸡嘴

实　例

土家族 雷公的样子很难看，尖嘴巴和鸡嘴一样。

【流传】 湖南省·（湘西土家族苗族自治州）·永顺（永顺县）、古丈（古丈县）、保靖（保靖县）、龙山（龙山县）沿西水一带土家族聚居区

【出处】

（a）田德华、向廷龙（巫师）、田光南讲，彭勃、彭继宽、田德风记录，彭勃整理：《齐天大水》（1962.05），见谷德明编《中国少数民族神话》，北京：中国民间文艺出版社1987年版。

（b）同（a），见姚宝瑄主编《中国各民族神话》（土家族、毛南族、侗族、瑶族），太原：山西出版传媒集团·书海出版社2014年版，第11～12页。

W0317.5

雷神的四肢

实　例

（参见下级母题实例）

W0317.5.1

雷神长着鸡脚（雷公的鸡腿）

实　例

布依族 雷公化身的大公鸡上了天，成了鸡脚神。

【流传】 贵州省·（黔南布依族苗族自治州）·长顺县·长寨公社（长寨镇）·竹林寨

【出处】 陈光前讲，罗文亮搜集：《洪水潮天（二）》，见姚宝瑄主编《中国各民族神话》（布依族、仡佬族、苗族），太原：山西出版传媒集团·书海出版社2014年版，第52页。

壮族 雷王被布伯砍断脚之后，杀了一只鸡，用一双鸡脚接了起来。所以雷王以后就有一双鸡脚。

【流传】 广西壮族自治区红水河流域各县

【出处】

（a）蓝鸿恩搜集整理：《布伯》，见谷德明编《中国少数民族神话》，北京：中国民间文艺出版社1987年版，第90页。

（b）同（a），载《民间文学》1979年第10期。

壮族 雷公被人间会做术的老人道伯砍断双脚后，用鸡腿接上。

【流传】广西壮族自治区·（来宾市）·合山（合山市）

【出处】莫振学讲：《伏羲和芝妹》，见张声震总主编，农冠品编注《壮族神话集成》，南宁：广西民族出版社2007年版，第321页。

壮族 雷王被布伯（人间首领名）砍断脚之后，便杀了一只鸡，用一双鸡脚衔接起来。所以雷王以后就有一双鸡脚。

【流传】广西壮族自治区红水河流域各县

【出处】蓝鸿恩搜集整理：《布伯的故事》，原载蓝鸿恩编《壮族民间故事选》，见陶阳、钟秀编《中国神话》（上），北京：商务印书馆2008年版，第498～508页。

壮族 雷王被布伯（人的首领）砍断脚之后，便杀了一只鸡，用一双鸡脚接了起来，所以雷王以后就有一双鸡脚。

【流传】广西壮族自治区红水河流域各县

【出处】《布伯的故事》，原载《民间文学》1979年第10期，王松选定，见姚宝瑄主编《中国各民族神话》（仫佬族、壮族、京族），太原：山西出版传媒集团·书海出版社2014年版，第113页。

W0317.5.2

雷神足如鹰鹯

实 例

汉族 雷神塑像，足如鹰鹯，而爪更厉。

【流传】（无考）

【出处】［清］黄斐默：《集说诠真》。

W0317.6

雷公有12个身躯

实 例

壮族 雷公能变为12个身躯。

【流传】（无考）

【出处】罗勋：《神的世界与人的世界》，见罗勋《问根——壮族研究论文集》，呼和浩特：远方出版社2004年版。

W0317.6.1

雷神十二躯以应十二方位

实 例

汉族 雷州英榜山有雷神庙。神端冕而绯，左方列侍天将，一辅髦者捧圆物，色垩，为神之所始，盖鸟卵云。堂后又有雷神十二躯，以应十二方位。

【流传】（雷州）

【出处】［清］屈大均：《广东新语》卷六。

W0317.7

雷公身上长毛

【关联】 ［W0722.2.15.1］盘古浑身长毛

实 例

土家族 雷公的样子很难看，长着一身长毛。

【流传】 湖南省·（湘西土家族苗族自治州）·永顺（永顺县）、古丈（古丈县）、保靖（保靖县）、龙山（龙山县）沿西水一带土家族聚居区

【出处】 田德华、向廷龙（巫师）、田光南讲，彭勃、彭继宽、田德风记录，彭勃整理：《齐天大水》（1962.05），见姚宝瑄主编《中国各民族神话》（土家族、毛南族、侗族、瑶族），太原：山西出版传媒集团·书海出版社2014年版，第11页。

W0317.7.1

雷公身上长毛，尖鸡嘴，背生一对翅膀

实 例

土家族 雷公的样子很难看，一身都长着长毛，尖嘴巴和鸡嘴夹一样，背上生有一对翅膀。

【流传】 湖南省·（湘西土家族苗族自治州）·永顺（永顺县）、古丈（古丈县）、保靖（保靖县）、龙山（龙山县）沿西水一带

【出处】 彭勃、彭继宽等搜集整理：《齐天大水》，见谷德明编《中国少数民族神话》，北京：中国民间文艺出版社1987年版，第168页。

W0317.8

雷公的胡须

实 例

（参见下级母题实例）

W0317.8.1

雷公的胡须像树木一样粗

实 例

侗族 雷郎公公的头有山岗样大，胡须像树木一样粗。

【流传】 广西壮族自治区·（柳州市）·三江县（三江侗族自治县）·独洞乡·牙龙村

【出处】 公包芳讲，吴浩采录翻译：《祖先的事》，见中国民间文学集成全国编辑委员会编《中国民间故事集成》（广西卷），北京：中国ISBN中心2001年版，第60页。

W0317.9

雷神面目奇特（雷神面目可怕）

实 例

（参见下级母题实例）

W0317.9.1

雷神青面獠牙

实 例

（参见下级母题实例）

W0317.9.1.1

雷王青面獠牙鼓眼珠

实 例

壮族 雷王的形象是青面獠牙，两眼鼓鼓。

【流传】 广西壮族自治区左江流域

【出处】 黄庆印搜集整理：*《祭雷王神》（1989），见吕大吉、何耀华总主编《中国各民族原始宗教资料集成》（土家族卷、瑶族卷、壮族卷、黎族卷），北京：中国社会科学出版社1998年版，第504页。

W0317.9.2

雷神青面尖嘴

实 例

壮族 雷神面青青、嘴尖尖，手拿紫铜斧。

【流传】（无考）

【出处】《盘和古》，原载陶立璠、李耀宗编《中国少数民族神话传说选》，四川民族出版社1985年版，见姚宝瑄主编《中国各民族神话》（仫佬族、壮族、京族），太原：山西出版传媒集团·书海出版社2014年版，第130页。

❊ W0318

雷神的性格（雷公的性情）

【关联】［W0340.10］雷神救人

实 例

（参见下级母题实例）

W0319

善的雷神

【关联】［W0340.7］雷公是人类产生的帮助者

实 例

汉族 雷神帮助人类，给人送来火种。

【流传】 湖南省·（衡阳市）·祁东县·官山乡

【出处】 李月明讲，谢德光采录：《火是怎么来的》，见中国民间文学集成全国编辑委员会编《中国民间故事集成》（湖南卷），北京：中国ISBN中心2002年版，第44页。

W0319.1

善的雷公

【关联】［W0339.1］雷公杀螃蟹精救人类

实 例

（参见下级母题实例）

W0319.1.1

洪水时雷公做善事

实 例

苗族 洪水时，雷公做善事。

【流传】 贵州省·（黔东南苗族侗族自治州）·雷山（雷山县）、凯里（凯里市）、台江（台江县）

【出处】潘见九等讲，吴培华搜集：《雷公山的来历》，见中国民间文艺研究会贵州分会编印《民间文学资料》第51集，内部编印，1982年。

W0319. 1. 2

雷公心地善良

实 例

（参见下级母题实例）

W0319. 1. 2. 1

雷公貌丑但心地善良

实 例

畲族 雷公五兄弟的长相很是难看，但他们的心地都很善良。

【流传】（无考）

【出处】蓝国运记录：《天雷五兄弟》，见姚宝瑄主编《中国各民族神话》（高山族、黎族、畲族），太原：山西出版传媒集团·书海出版社2014年版，第86页。

W0319. 2

善的雷婆

实 例

（参见下级母题实例）

W0320

恶的雷神

【关联】

① ［W0126］恶神

② ［W0340. 12］雷公制造大旱和大涝

③ ［W0902. 4. 1. 2］雷公是恶鬼

实 例

（参见下级母题实例）

W0320. 1

恶的雷公

实 例

（参见下级母题实例）

W0320. 1. 1

雷公鬼是恶鬼

实 例

黎族 雷公鬼是恶鬼，要杀猪祭祀。

【流传】（无考）

【出处】《鬼魂崇拜》，见吕大吉、何耀华总主编《中国各民族原始宗教资料集成》（土家族卷、瑶族卷、壮族卷、黎族卷），北京：中国社会科学出版社1998年版，第695页。

W0320. 1. 2

雷公要毁灭人类

实 例

苗族 雷公做恶要毁灭人类。

【流传】

(a) 贵州省·（黔东南苗族侗族自治州）·丹寨（丹寨县）、台江（台江县）、施秉（施秉县）等

(b) 贵州省·（黔西南布依族苗族自治州）·安龙县

(c) 贵州省·(铜仁市)·松桃(松桃苗族自治县)

【出处】

(a) 潘光华、苏晓星整理:《苗族古歌》,贵阳:贵州人民出版社 1979 年版。

(b) 谭学文、马光辉讲述,熊正芬搜集整理:《洪水潮天》,见《民间文学资料》第 51 集,内部编印。

(c) 石永魁讲,杨政银等整理:《雷公的故事》,见陶立璠、赵桂芳等编《中国少数民族神话汇编》(洪水篇),中央民族学院少数民族古籍整理出版规划领导小组办公室印(未署出版时间),第 64 ~66 页。

W0320.1.3

雷公心肠狠毒害亲娘

实 例

苗族 姑娘妮仰吃了牛头和虎爪,首生雷公后,又连生虎仔、龙、人和月亮姑娘。四兄弟中雷公心肠最歹毒,他巴不得妮仰早死,乘分家的时候多占田地,拉大牛。

【流传】 广西壮族自治区·(柳州市)·融水苗族自治县

【出处】

(a) 杨达香讲,梁彬搜集整理:《创世纪》(五、水淹天下,兄妹乘葫),见梁彬、王天若编《苗族民间故事选》,南宁:广西人民出版社 1986 年版。

(b) 同(a),见姚宝瑄主编《中国各民族神话》(布依族、仡佬族、苗族),太原:山西出版传媒集团·书海出版社 2014 年版,第 197 页。

W0320.1.4

雷公赶走亲娘

【关联】 [W5102.2] 孩子不识母

实 例

侗族 雷郎公公不愿养父母爷娘。父母爷娘把他送到青天上、红霞下,永远不给他回家。

【流传】 广西壮族自治区·(柳州市)·三江县(三江侗族自治县)·独洞乡·牙龙村

【出处】 公包芳讲,吴浩采录翻译:《祖先的事》,见中国民间文学集成全国编辑委员会编《中国民间故事集成》(广西卷),北京:中国 ISBN 中心 2001 年版,第 60 页。

W0320.2

恶的雷婆

实 例

(实例待考)

W0320.3

雷公是凶神

实 例

水族 雷公是凶神。

【流传】 贵州省·(黔南布依族苗族自治州)·三都(三都水族自治县)

【出处】 石明珍讲,罗文亮等整理:《宋兰飞天》，见中华民族故事大系编委会编《中华民族故事大系》第 9 卷（水族、东乡族、纳西族），上海：上海文艺出版社 1995 年版，第 66 页。

W0320. 3. 1

凶恶的雷公图把

实　例

壮族 图把（雷公）非常凶恶。

【流传】（无考）

【出处】 蓝鸿恩整理：《人和神物分家》，见姚宝瑄主编《中国各民族神话》（仫佬族、壮族、京族），太原：山西出版传媒集团·书海出版社 2014 年版，第 114 页。

W0320. 3. 2

雷不让人生火

实　例

彝族 东家不生火，西家不冒烟，原来是雷不准煮，否则它就要打人。

【流传】（无考）

【出处】 墨色夫哈讲，胡云、邹志诚整理：《降雷》，见姚宝瑄主编《中国各民族神话》（羌族、彝族），太原：山西出版传媒集团·书海出版社 2014 年版，第 298 页。

W0321

雷神脾气暴躁

实　例

鄂伦春族（实例待考）

W0321. 1

雷婆性情暴躁

实　例

侗族 雷婆萨岜性情暴躁。

【流传】（无考）

【出处】 黄才贵：《女神与泛神——侗族“萨玛”文化研究》，贵阳：贵州人民出版社 2006 年版，第 213 页。

W0321. 2

雷公脾气暴躁

实　例

毛南族 雷公脾气很暴躁，有生命的东西都怕他。

【流传】

(a) 广西壮族自治区·（河池市）·环江县（环江毛南族自治县）·下南乡·下南村·松现屯

(b) 广西壮族自治区·（河池市）·环江县（环江毛南族自治县）·上、中、下南地区（上南乡、中南乡、下南乡）

【出处】

(a) 覃启仁讲，蒋志雨采录翻译：《盘哥古妹》，见中国民间文学集成全国编辑委员会编《中国民间故事集成》（广西卷），北京：中国 ISBN 中心 2001 年版，第 70 页。

(b) 谭金田等翻译整理：《盘兄和古妹》，见谷德明编《中国少数民族神话》，北京：中国民间文艺出版社

1987 年版，第 153 页。

(c) 覃启仁讲，谭金田等翻译整理：《盘古的传说》，见曹廷伟编著《广西民间故事辞典》，南宁：广西教育出版社 1993 年版，第 23 页。

毛南族 雷公脾气很暴躁，有生命的东西都怕他。

【流传】广西壮族自治区·（河池市）·环江县（环江毛南族自治县）

【出处】覃启仁等讲述，谭金田、蒋志雨翻译整理：《盘古的传说》，原载袁凤辰等编《毛南族、京族民间故事选》，见陶阳、钟秀编《中国神话》（上），北京：商务印书馆 2008 年版，第 22～28 页。

W0321.2.1

雷公爷脾气暴躁

实　例

汉族 雷公爷脾气暴躁。

【流传】河北省·（秦皇岛市）·卢龙县·陈官屯（陈官屯镇）

【出处】夏本讲，王淑苓采录：《盘儿和古儿》，见中国民间文学集成全国编辑委员会编《中国民间故事集成》（河北卷），北京：中国 ISBN 中心 2003 年版，第 24 页。

W0321.2.2

雷王发脾气拿着板斧和凿子这里凿，那里劈

实　例

壮族 雷王手上拿着板斧和凿子，发起脾气，就这里凿凿，那里劈劈。

【流传】广西壮族自治区红水河流域各县

【出处】

(a) 《布伯的故事》，载《民间文学》1979 年第 10 期。

(b) 同（a），（王松选定），见姚宝瑄主编《中国各民族神话》（仫佬族、壮族、京族），太原：山西出版传媒集团·书海出版社 2014 年版，第 102 页。

W0322

雷公秉性刚直

实　例

汉族 雷公秉性刚直，嫉恶如仇。

【流传】福建省·漳州市·芗城区

【出处】黄缎讲，郑惠聪采录：《眨刀婆》，见中国民间文学集成全国编辑委员会编《中国民间故事集成》（福建卷），北京：中国 ISBN 中心 2008 年版，第 17 页。

W0322.1

雷公秉公惩罚天下糟蹋粮食的人

实　例

汉族 雷公秉公惩罚天下糟蹋粮食的人。

【流传】湖南省·（怀化市）·沅陵县

【出处】张氏讲，石如华采录：《铺天大水》，见中国民间文学集成全国编辑

委员会编《中国民间故事集成》（湖南卷），北京：中国 ISBN 中心 2002 年版，第 34 页。

W0322.2

雷神两兄弟不贪心处事公正

实 例

瑶族 两个不贪心的小孩当了上界雷神，监督人世间，哪个作恶就惩罚哪个。

【流传】 云南省·文山（文山壮族苗族自治州）·西畴县

【出处】 邓光灿讲，蒋云珠采录：《玉皇鼓》，见中国民间文学集成全国编辑委员会编《中国民间故事集成》（云南卷），北京：中国 ISBN 中心 2003 年版，第 148 页。

W0323

雷神的其他性格

实 例

（参见下级母题实例）

W0323.1

雷神的嗜好

【关联】 ［W0327.4］雷神喜欢喝酒（雷神爱喝酒）

实 例

（参见下级母题实例）

W0323.1.1

雷神爱敲鼓

实 例

哈尼族 众神杀的查牛（天地神专养的神牛）的肝肺做成的震天大鼓，是雷神俄妥怒祝最爱的玩具。

【流传】 云南省·（红河哈尼族彝族自治州）·元阳（元阳县）、红河（红河县）、绿春（绿春县）、金平（金平苗族瑶族傣族自治县）

【出处】 朱小和讲唱，史军超搜集整理：《查牛补天地》（1983），原载云南省民间文学集成办公室编《哈尼族神话传说集成》，中国民间文艺出版社 1990 年版，见姚宝瑄主编《中国各民族神话》（哈尼族、傣族），太原：山西出版传媒集团·书海出版社 2014 年版，第 55 页。

W0323.2

雷公又刁又诈

实 例

苗族 洪水后，只有亨英（人名，雷公的弟弟）与他的一对儿女股略、埋耶幸存。亨英知道雷公又刁又诈，就留在天上管雷公。

【流传】 广西壮族自治区·（柳州市）·融水苗族自治县

【出处】

（a）杨达香讲，梁彬搜集整理：《创世纪》（六、再造世人，接烟接烛），见梁彬、王天若编《苗族民间故事选》，南宁：广西人民出版社 1986 年版。

(b) 同（a），见姚宝瑄主编《中国各民族神话》（布依族、仡佬族、苗族），太原：山西出版传媒集团·书海出版社 2014 年版，第 211 页。

W0323.3

雷公仇恨人类

实 例

壮族 雷公恨死了跟太白（人间头人名）一条心的人类。

【流传】（无考）

【出处】《盘和古》，原载陶立璠、李耀宗编《中国少数民族神话传说选》，四川民族出版社 1985 年版，见姚宝瑄主编《中国各民族神话》（仫佬族、壮族、京族），太原：山西出版传媒集团·书海出版社 2014 年版，第 132 页。

W0323.3.1

雷神仇视人类过上好日子

实 例

仫佬族 人们就在平地上盖房居住，耕田种地，饲养生灵，日子过得安宁兴旺。天上的雷公看到了，怒目瞪眼，咬牙切齿。

【流传】 广西壮族自治区·（河池市）·罗城县（罗城仫佬族自治县）·东门乡（东门镇）

【出处】 覃风娥、罗代超讲，梁瑞光、银应梅搜集整理：《北岭覆钟》，原载包玉堂等编《仫佬族民间故事选》，上海文艺出版社 1988 版，见姚宝瑄主编《中国各民族神话》（仫佬族、壮族、京族），太原：山西出版传媒集团·书海出版社 2014 年版，第 19 页。

W0324

与雷神的特征有关的其他母题

实 例

（参见下级母题实例）

W0324.1

雷神的心（雷公心）

实 例

（参见下级母题实例）

W0324.1.1

雷神没有心

实 例

（参见下级母题实例）

W0324.1.1.1

雷公没有心，所以会冤枉好人

实 例

汉族 天上的雷公没有心，往往会冤枉好人。

【流传】 江西省·（抚州市）·崇仁县·三山乡·三山村

【出处】 杨蓉生讲，周香兰采录：《无心的雷公》，见中国民间文学集成全国编辑委员会编《中国民间故事集成》（江西卷），北京：中国 ISBN 中心 2002 年版，第 15 页。

W0324. 1. 2

雷公心可治病

【关联】［W6247. 3］特定的药物

实 例

苗族 一老母病，对儿子说取天上雷公的心吞服可愈。

【流传】 湖南省·湘西（湘西土家族苗族自治州）

【出处】 芮逸夫：《苗族的洪水故事与伏羲女娲的传说》，载中央研究院历史语言研究所《人类学集刊》第 1 卷第 1 期，1938 年。

W0324. 1. 3

雷公心能辨别善恶

实 例

汉族 太上老君给雷公补上了一颗心，让它能辨别善恶。

【流传】 江西省·（抚州市）·崇仁县·三山乡·三山村

【出处】 杨蓉生讲，周香兰采录：《无心的雷公》，见中国民间文学集成全国编辑委员会编《中国民间故事集成》（江西卷），北京：中国 ISBN 中心 2002 年版，第 15 页。

W0324. 1. 4

雷公的心是闪电

【关联】［W4431. 1］闪电是雷公的心

实 例

汉族 雷公的心是闪电。

【流传】 江西省·（抚州市）·崇仁县·三山乡·三山村

【出处】 杨蓉生讲，周香兰采录：《无心的雷公》，见中国民间文学集成全国编辑委员会编《中国民间故事集成》（江西卷），北京：中国 ISBN 中心 2002 年版，第 15 页。

W0324. 2

雷神的肉（雷公肉）

实 例

（参见下级母题实例）

W0324. 2. 1

雷神的肉能治病

实 例

壮族 （实例待考）

W0324. 2. 2

雷公肉能长生不老

实 例

仫佬族 伏羲兄妹的两个哥哥，生性凶恶，好吃懒做。老二说：“吃了雷公肉能长生不老。”两个哥哥就到天上捉雷公。

【流传】(a) 广西壮族自治区·(河池市)·罗城县(罗城仫佬族自治县)·四把乡·石门村·冲眷屯

【出处】

(a) 包启宽讲，包玉堂采录翻译：《伏羲兄妹》(1981)，见中国民间文学集成全国编辑委员会编《中国民间故事集成》(广西卷)，北京：中国 ISBN 中心 2001 年版，第 69 页。

(b) 同 (a)，见陶阳、钟秀编《中国神话》(上)，北京：商务印书馆 2008 年版，第 472 ~ 474 页。

W0324.3

雷神的胆（雷公胆）

实　例

（实例待考）

W0324.3.1

雷神的胆能治病

实　例

侗族 （实例待考）

W0324.4

雷神的声音

实　例

（参见下级母题实例）

W0324.4.1

雷神声音巨大

实　例

（参见下级母题实例）

W0324.4.1.1

雷神声音裂地劈天

实　例

满族 雷神西恩林火发、白身、长手，喜驰游寰宇，声啸裂地劈天，勇不可当。

【流传】黑龙江省·黑河地区（黑河市）·孙吴县·（沿江满族达斡尔族乡）·四季屯（四季屯村）

【出处】吴纪贤、富希陆讲：《天宫大战——黑水女真人传世神话》(1939，选自富育光、郭淑云整理的手稿)，见姚宝瑄主编《中国各民族神话》(满族、赫哲族、朝鲜族)，太原：山西出版传媒集团·书海出版社 2014 年版，第 37 页。

W0324a

雷神的身份（雷公的身份）

实　例

（参见下级母题实例）

W0324a.1

雷神是特定的神

实　例

（参见下级母题实例）

W0324a.1.1

雷神是守护神

【关联】

① ［W0430］ 世界的保护神

② ［W0497. 8］ 身兼多职的神

实 例

（参见下级母题实例）

W0324a. 1. 1. 1

雷神是狩猎和畜牧的守护神

实 例

柯尔克孜族 雷神在柯尔克孜族神话里被说成狩猎和畜牧的守护神。

【流传】（无考）

【出处】 毕桪：《柯尔克孜族神话》，见中国翻译网：http：//www. chinatranslation. org/articleview。2006. 08. 13。

W0324a. 1. 2

雷神是天帝的部将

实 例

蒙古族 天帝点好天兵天将，到人间和妖魔鬼怪打仗时，让雷神也参加了战斗。

【流传】 新疆维吾尔自治区·伊犁哈萨克自治州

【出处】 阿不都拉搜集翻译，姚宝瑄整理：《长翅膀的神马》，见姚宝瑄主编《中国各民族神话》（达斡尔族、鄂伦春族、鄂温克族、蒙古族），太原：山西出版传媒集团·书海出版社 2014 年版，第 223 页。

W0324a. 1. 3

龙神雷公

【关联】

① ［W0324a. 5. 1］ 雷公是龙

② ［W0535］ 龙神

实 例

藏族 雷公是龙神。

【流传】（无考）

【出处】 格明多杰整理：《龙神雷公》，见 BBS 水木清华站：http：//www. smth. edu. cn 2006. 07. 20。

W0324a. 1. 4

雷公是管理天上的神

实 例

毛南族 管理天上的神叫雷公

【流传】 广西壮族自治区·（河池市）·环江县（环江毛南族自治县）

【出处】 覃启仁等讲述，谭金田、蒋志雨翻译整理：《盘古的传说》，原载袁凤辰等编：《毛南族、京族民间故事选》，见陶阳、钟秀编《中国神话》（上），北京：商务印书馆 2008 年版，第 22～28 页。

W0324a. 1. 5

雷神是雷泽的主神

实 例

汉族 雷神是雷泽的主神，是一个龙身人头、半人半兽的天神。

【流传】（无考）

【出处】《伏羲攀登天梯》，原载袁珂编译《中国神话故事》，见陶阳、钟秀编《中国神话》（上），北京：商务印书馆 2008 年版，第 181～183 页。

W0324a.1.6

雷神是天神

实　例

（参见下级母题实例）

W0324a.1.6.1

雷神是一个龙身人头、半人半兽的天神

实　例

汉族　（参见“W0324a.1.5　雷神是雷泽的主神”母题实例）

W0324a.1.6.2

雷神是最大的天神

实　例

苗族　雷神是最大的天神。

【流传】原文无流传地，据文本及注释推测该神话流传于贵州省·黔东南苗族侗族自治州·凯里市、台江县等地

【出处】张启庭、张荣光、张正玉、张启德演唱，张明搜集，燕宝整理译注：《创造宇宙·开天辟地》，见贵州省少数民族古籍整理出版规划小组办公室编，燕宝整理译注《苗族古歌》，贵阳：贵州民族出版社 1993 年版，第 39 页。

W0324a.2

雷公是王

实　例

（参见下级母题实例）

W0324a.2.1

雷公是为上界之王

实　例

布依族　盘古王开辟上、中、下三界之后，三界各选国王。其中，上界选雷公为王。

【流传】贵州省·（黔南布依族苗族自治州）平塘县、罗甸县、惠水县三县交界地区

【出处】杨兴荣、杨再良讲，杨路塔记录整理：《日、月、星》，见姚宝瑄主编《中国各民族神话》（布依族、仡佬族、苗族），太原：山西出版传媒集团·书海出版社 2014 年版，第 76 页。

W0324a.3

雷公是人

【关联】［W0315］雷神人形

实　例

（实例待考）

W0324a.4

雷神是特定职业者

【关联】［W0658a.8.1d.1］雷公是石匠

的祖师

实 例

（参见下级母题实例）

W0324a. 4. 1
雷神是铁匠

【关联】［W0459. 3］铁匠神

实 例

彝族 雷神是铁匠。

【流传】云南省·（丽江市）·宁蒗（宁蒗彝族自治县）

【出处】吉火讲，陈思清整理：《长刀》，见中华民族故事大系编委会编《中华民族故事大系》第3卷（彝族、壮族、布依族），上海：上海文艺出版社1995年版，第75页。

W0324a. 4. 2
雷神是判官

实 例

（参见下级母题实例）

W0324a. 4. 2. 1
雷神是善恶的审判者

【关联】［W0335. 6］雷神管人间的善恶

实 例

（实例待考）

W0324a. 4. 2. 2
雷神是最公正的判官

【关联】［W0322. 2］雷神两兄弟不贪心处事公正

实 例

苗族 雷公是专门评断、判决一切纠纷案件的最公正的神，故苗族过去一切纠纷皆诉诸雷公，请予公断。

【流传】原文无流传地，据文本及注释推测该神话流传于贵州省·黔东南苗族侗族自治州·凯里市、台江县等地

【出处】耇富演唱，苗丁搜集，燕宝整理译注：《枫木生人·十二个蛋》注释，见贵州省少数民族古籍整理出版规划小组办公室编，燕宝整理译注《苗族古歌》，贵阳：贵州民族出版社1993年版，第511页。

W0324a. 4. 2. 3
天帝派雷公下凡察看是否有兄妹通奸

实 例

黎族 天帝派雷公下凡来查看是否有兄妹通奸。

【流传】海南省五指山一带

【出处】

（a）王国全搜集整理：《土地公与土地婆》，见广东民族学院中文系编《黎族民间故事选》，上海：上海文艺出版社1983年版。

（b）同（a），见姚宝瑄主编《中国各民族神话》（高山族、黎族、畲族），太原：山西出版传媒集团·书海出版社2014年版，第56页。

W0324a.5
雷公是动物

实　例

（参见下级母题实例）

W0324a.5.1
雷公是龙

【关联】［W0402.5.3］水神就是龙王

实　例

（参见下级母题实例）

W0324a.5.1.1
雷公是龙，所以得水会生力

实　例

毛南族 土地晓得雷公是条龙，得水会生力，就把雷公用铁链锁在石头柱子上，让毒日头晒得他龙鳞脱落，浑身酥软，没有力气。

【流传】 广西壮族自治区·（河池市）·环江县（环江毛南族自治县）

【出处】 覃启仁等讲述，谭金田、蒋志雨翻译整理：《盘古的传说》，原载袁凤辰等编：《毛南族、京族民间故事选》，见陶阳、钟秀编《中国神话》（上），北京：商务印书馆2008年版，第22～28页。

W0324a.6
雷公是自然物

实　例

（参见下级母题实例）

W0324a.6.1
雷公是太阳

实　例

（参见下级母题实例）

W0324a.6.1.1
雷公是一个太阳

实　例

苗族 枉生（星王，指的是北斗星）用枪射太阳时，雷公（太阳之一）很奸猾，它东藏西躲。

【流传】 广西壮族自治区·（柳州市）·融水苗族自治县

【出处】

（a）杨达香讲，梁彬搜集整理：《创世纪》（四、降服太阳，枉生求助），见梁彬、王天若编《苗族民间故事选》，南宁：广西人民出版社1986年版。

（b）同（a），见姚宝瑄主编《中国各民族神话》（布依族、仡佬族、苗族），太原：山西出版传媒集团·书海出版社2014年版，第191页。

※ W0325
雷神的生活（雷公的生活）

实　例

（参见下级母题实例）

W0326

雷神的衣服（雷公的服饰）

实 例

（参见下级母题实例）

W0326. 1

雷公的战袍

实 例

（参见下级母题实例）

W0326. 1. 1

雷公穿千张人皮做成的战袍

实 例

藏族 雷公穿着千张人皮做成的战袍。

【流传】（无考）

【出处】格明多杰整理：《龙神雷公》，见BBS水木清华站：http：//www. smth. edu. cn，2006. 07. 20。

W0326. 2

雷公穿白衣白裤

实 例

毛南族 雷公长着一张大红脸，穿白衣白裤。

【流传】广西壮族自治区·（河池市）·环江毛南族自治县

【出处】

（a）覃启仁讲，谭金田、蒋志雨记录整理：《盘古的传说》，见袁凤辰等编《毛南族、京族民间故事选》，上海：上海文艺出版社1987年版。

（b）同（a），见姚宝瑄主编《中国各民族神话》（土家族、毛南族、侗族、瑶族），太原：山西出版传媒集团·书海出版社2014年版，第42～43页。

W0327

雷神的饮食

实 例

（参见下级母题实例）

W0327. 1

雷神吃人

实 例

（参见下级母题实例）

W0327. 1. 1

雷王是吃小孩的凶神

实 例

毛南族 凶神雷王以前经常到人间抓小孩吃，后来玉帝让它改为吃素食。

【流传】（广西壮族自治区·河池市）·环江毛南族自治县）

【出处】《三界公的故事》，原载毛星《中国少数民族文学》，湖南人民出版社1983年版；陈平据《中国各民族宗教与神话大词典》改写，见姚宝瑄主编《中国各民族神话》（土家族、毛南族、侗族、瑶族），太原：山西出版传媒集团·书海出版社2014年版，第65页。

W0327.2

雷神吃素

实 例

（参见下级母题实例）

W0327.2.1

雷王由吃小孩改为吃素

实 例

毛南族 （参见“W0327.1.1 雷王是吃小孩的凶神”母题实例）

W0327.2.2

玉帝不让雷王再吃肉

实 例

毛南族 （参见“W0327.1.1 雷王是吃小孩的凶神”母题实例）

W0327.3

雷公爱吃蔬菜

实 例

（参见下级母题实例）

W0327.3.1

雷公爱吃青菜和葱

实 例

苗族 果索（雷公）爱吃青菜和葱。

【流传】 湖南省·（湘西土家族苗族自治州）·花垣县·两河乡；贵州省·铜仁市·松桃县（松桃苗族自治县）·臭脑乡·仁芭芭村

【出处】 麻文顺等唱，石宗仁搜集整理：《奶傩杩傩》（即傩公傩母），见苗青主编《东部民间文学作品选》，贵阳：贵州民族出版社 2003 年版，第 72 页。

W0327.4

雷神喜欢喝酒（雷神爱喝酒）

实 例

汉族 雷很喜欢喝酒。

【流传】 四川省·（自贡市）·荣县·金台乡

【出处】 曹大瑜讲，罗志容采录：《雷和伏羲的妹妹》，见中国民间文学集成全国编辑委员会编《中国民间故事集成》（四川卷·上），北京：中国 ISBN 中心 1998 年版，第 36 页。

W0327.5

雷公的饮食禁忌

实 例

（参见下级母题实例）

W0327.5.1

雷公忌吃鸡

实 例

（参见下级母题实例）

W0327.5.1.1

雷公连鸡屎壅的菜都不吃

实 例

苗族 雷公不但不吃鸡肉，连鸡屎壅的菜他都不吃。

【流传】 湖南省湘西一带、贵州省·（铜仁市）·松桃地区（松桃苗族自治县）

【出处】

（a）滕树宽、龙炳文搜集，江波整理：《阿陪果本》，见燕宝编《苗族民间故事选》，上海：上海文艺出版社 1981 年版。

（b）同（a），见姚宝瑄主编《中国各民族神话》（布依族、仡佬族、苗族），太原：山西出版传媒集团·书海出版社 2014 年版，第 149 页。

苗族 雷公不吃鸡肉，凡是施过鸡屎肥的菜，他都不吃。

【流传】（无考）

【出处】《雷公和高比》，见陶立璠、李耀宗编《中国少数民族神话传说选》，成都：四川民族出版社 1985 年版，第 137 页。

W0327.6

雷公只喝干净的水

实 例

布依族 雷公被一个老者捉住后关在大铁笼里。雷公通过扯火闪向老者的一对儿女要水吃，两个孩子就舀起一瓢洗锅水来，雷公嫌不干净，没吃。两个孩子又换了干净的井水来，雷公喝光了。

【流传】 贵州省·（黔南布依族苗族自治州）·望谟县·油亭公社（郊纳乡油亭村）·拉怀大队（拉怀寨）

【出处】 罗老文讲，祖岱年搜集：《洪水潮天（三）》，见姚宝瑄主编《中国各民族神话》（布依族、仡佬族、苗族），太原：山西出版传媒集团·书海出版社 2014 年版，第 54 页。

W0328

雷神的居所（雷公的居所）

实 例

（参见下级母题实例）

W0328.1

雷神住天上

【关联】

①［W0328.8.1］雷神住在太阳寨

②［W1163.10.1.1］第 10 层天是雷公的住所

实 例

（参见下级母题实例）

W0328.1.1

雷住在天宫的北方

实 例

汉族 雷住在天宫的北方。

【流传】 四川省·（自贡市）·荣县·金台乡

【出处】 曹大瑜讲，罗志容采录：《雷和伏羲的妹妹》，见中国民间文学集成全国编辑委员会编《中国民间故事集成》（四川卷·上），北京：中国 IS-

BN 中心 1998 年版，第 36 页。

W0328.1.2

雷公住天上的雷神殿

实 例

布依族 布杰（祖先名）走到天上的雷神殿里，只见雷公正在“呼噜呼噜”睡大觉。

【流传】（a）整个布依族地区

【出处】

（a）班琅王、王鲁文、刘阿季讲，汛河记录整理：《洪水滔天》（1955），见陶立璠等编《中国少数民族神话汇编·洪水篇》，中央民族学院少数民族古籍整理出版规划领导小组办公室印（内部资料），第 133～139 页。

（b）同（a），汛河搜集整理《布依族民间故事集》，北京：中国民间文艺出版社 1982 年版。

（c）同（a），见姚宝瑄主编《中国各民族神话》（布依族、仡佬族、苗族），太原：山西出版传媒集团·书海出版社 2014 年版，第 64 页。

W0328.1.3

雷公住天上

实 例

苗族 雷公居于天。

【流传】贵州省·黔东南（黔东南苗族侗族自治州）

【出处】过竹：《苗族神话研究》，南宁：广西人民出版社 1988 年版，第 210 页。

苗族 天上住着雷公和尖子。

【流传】贵州省·（黔东南苗族侗族自治州）·黄平县

【出处】潘垢九讲，刘必强搜集整理：《鸡、鸭、鹅的由来》，载《民间文学》1986 年第 1 期。

壮族 重叠在一起天地被霹雳劈开时，上面一片往上升，就成了住雷公的天，下面一片往下落，就成了住人的地。

【流传】广西壮族自治区右江、红河一带

【出处】周朝珍口述，何承文整理：《布洛陀》，原载蓝鸿恩编《壮族民间故事选》，见陶阳、钟秀编《中国神话》（上），北京：商务印书馆 2008 年版，第 67～86 页。

壮族 远古的时候，天地重叠在一起结成岩石，后来霹雳把岩石炸成两大片。上面的一片往上升，就成了住雷公的天。

【流传】（a）广西壮族自治区右江及红水河一带

【出处】

（a）周朝珍讲，何承文整理：《布碌陀》，载广西民间文学研究会编印《广西民间文学丛刊》第 5 期。

（b）《布碌陀》（王松选定），见姚宝瑄主编《中国各民族神话》（仫佬族、壮族、京族），太原：山西出版传媒集团·书海出版社 2014 年版，第

74 页。

W0328. 1. 3. 1

雷公住在 10 层天上

【关联】［W1163. 10. 1. 1］第 10 层天是雷公的住所

实 例

布依族 雷公住在第十层天。

【流传】（无考）

【出处】 岭老荣唱，岭玉清翻译整理，古梅改写：《漫游十二层天和十二层海》，见姚宝瑄主编《中国各民族神话》（布依族、仡佬族、苗族），太原：山西出版传媒集团·书海出版社 2014 年版，第 30 页。

W0328. 1. 4

雷王住天上

实 例

壮族 住在天上的是雷王。

【流传】 广西壮族自治区红水河流域各县

【出处】

（a）《布伯的故事》，载《民间文学》1979 年第 10 期。

（b）同（a），文本由王松选定，见姚宝瑄主编《中国各民族神话》（仫佬族、壮族、京族），太原：山西出版传媒集团·书海出版社 2014 年版，第 102 页。

W0328. 2

雷神为什么住天上

实 例

（参见下级母题实例）

W0328. 2. 1

雷神怕弟弟抢财产住到天上

实 例

苗族 姑娘妮仰生雷公、虎、龙、人和月亮姑娘。老大雷公害死母亲主持分家后占得最好家产，他担心弟弟抢他财产，就决意搬到天上去住。

【流传】 广西壮族自治区·（柳州市）·融水苗族自治县

【出处】

（a）杨达香讲，梁彬搜集整理：《创世纪》（五、水淹天下，兄妹乘葫），见梁彬、王天若编《苗族民间故事选》，南宁：广西人民出版社 1986 年版。

（b）同（a），见姚宝瑄主编《中国各民族神话》（布依族、仡佬族、苗族），太原：山西出版传媒集团·书海出版社 2014 年版，第 197～198 页。

W0328. 2. 2

雷公住天上是被顶天柱顶上去的

实 例

壮族 雷公住天上是被顶天柱顶上去的。

【流传】 广西壮族自治区·右江、红水

河一带

【出处】周朝珍讲，何承文整理：《布罗陀》，见中华民族故事大系编委会编《中华民族故事大系》第3卷（彝族、壮族、布依族），上海：上海文艺出版社1995年版，第350页。

壮族 布碌陀带领大家用老铁木顶天时，雷公被弹至高天。

【流传】（无考）

【出处】《布碌陀造大地》（原名《布碌陀》），原载谷德明编《中国少数民族神话选》，见袁珂《中国神话大词典》，北京：华夏出版社2015年版，第439页。

W0328.2.3
雷神厌倦地上生活回到天上

实　例

（实例待考）

W0328.2.4
雷神被赶到天上

实　例

苗族 姜阳与雷公、老虎、龙、象等11个兄弟冤家比本领时，通过火攻使得雷公打筋斗，跳到半天空，揽云来抹脸，眼睛才不蒙。

【流传】广西壮族自治区·（柳州市）·融水苗族自治县

【出处】

（a）杨达香讲，梁彬搜集整理：《创世纪》（三、太阳打斗，人死草枯），见梁彬、王天若编《苗族民间故事选》，南宁：广西人民出版社1986年版。

（b）同（a），见姚宝瑄主编《中国各民族神话》（布依族、仡佬族、苗族），太原：山西出版传媒集团·书海出版社2014年版，第187页。

W0328.2.4.1
雷被地上的人用火赶到天上

实　例

侗族 雷和姜良斗狠，被姜良放火烧得抵不住，跳上了天。

【流传】贵州省·（黔东南苗族侗族自治州）·天柱县

【出处】杨引招讲，龙玉成采录：《姜良姜妹》，见中国民间文学集成全国编辑委员会编《中国民间故事集成》（贵州卷），北京：中国ISBN中心2003年，第43页。

水族 人恨雷公，放一把火，把雷公也吓了一跳，跳上了天。

【流传】（无考）

【出处】潘静流唱，燕宝记译，化斯改写：《伢俣开创世界》（原名《造天造地》），见姚宝瑄主编《中国各民族神话》（水族、布朗族、独龙族、基诺族、傈僳族），太原：山西出版传媒集团·书海出版社2014年版，第9页。

W0328. 2. 4. 2

雷公被人王用火赶到天上

实 例

汉族 人王、雷公、金龙、老虎四兄弟比谁能在草屋中坚持到最后的本领时，人王走出门外，捡来一捆一捆的柴火，草屋烧着了，雷公虽然不怕烧，也被浓烟呛得睁不开眼，喘不过气儿，跑出草屋，腾云飞到天上了。

【流传】河南省·（南阳市）·桐柏县·（吴城乡·阎庄村）

【出处】刘昌国（农民）讲，刘英采录：《人管天下》（1986. 02. 07），见张振犁编著《中原神话通鉴》（第一卷），郑州：河南大学出版社 2017 年版，第 86 页。

汉族 古时候，人王和雷公、金龙、老虎是兄弟，他们比本领时，雷公大火被浓烟呛得睁不开眼，喘不过气儿，跑出草屋，腾云飞到天上了。

【流传】河南省·（南阳市）·桐柏县［采录地点：桐柏县吴城乡阎庄村］

【出处】刘昌国讲，刘英采录：《人管天下》（1986. 02），见张振犁编著，孟宪明、朱淑君统纂《中原神话通鉴》（第四卷），郑州：河南大学出版社 2017 年版，第 1250 页。

苗族 蝴蝶生的 12 个蛋中生出雷公、人的始祖姜央、老虎、水牛、大象、蜈蚣、蛇等 12 兄弟，他们都争着当老大。姜央斗败他们成为王之后，让雷公驾烟雾，快飞上天空。

【流传】贵州省、云南省苗族地区

【出处】《十二个兄弟争天下》，苗地根据《枫木歌》、《十二个蛋》等文本改写，见姚宝瑄主编《中国各民族神话》（布依族、仡佬族、苗族），太原：山西出版传媒集团·书海出版社 2014 年版，第 144 页。

苗族 阿各林（人名）与雷神、龙王和老虎是朋友，后来比本领，用火把雷神赶到天上。

【流传】贵州省中部

【出处】苏晓星整理：《阿各林》，见燕宝编《苗族民间故事选》，上海：上海文艺出版社 1981 年版，第 6 页。

W0328. 2. 4. 3

雷公住天上是王的安排

实 例

（实例待考）

W0328. 2. 4. 4

四兄弟比本领时，雷神被弟弟用火赶到天上

实 例

苗族 阿各林（人名）与雷神、龙王和老虎是朋友，后来比本领，用火把雷神赶到天上。

【流传】贵州省中部

【出处】苏晓星整理：《阿各林》，见燕宝编《苗族民间故事选》，上海：上海文艺出版社 1981 年版，第 6 页。

壮族 人与图把（雷公）、图谷（老虎）、图额（过去译为“龙”或“蛟”，不准确，应是管理地下的神）比本领时，点起大火，雷公被烧得两眼昏花，满身灰黑，以后就只能住在天上，再也不敢下来和人住在一起了。

【流传】（无考）

【出处】蓝鸿恩整理：《人和神物分家》，见姚宝瑄主编《中国各民族神话》（仫佬族、壮族、京族），太原：山西出版传媒集团·书海出版社2014年版，第115~116页。

壮族 老大雷王、老二蛟龙、老三老虎与老四布洛陀四兄弟赛本事时，布洛陀在老大、老二、老三的茅屋外点起大火，老大雷王首先从屋顶钻出去了，一跳就跳到天上，但眼已给烟火熏黑，从此不敢再到下边来了。

【流传】（无考）

【出处】《四兄弟分家》，原载蓝鸿恩搜集整理《神弓宝剑》，中国民间文艺出版社1985年版，见吕大吉、何耀华总主编《中国各民族原始宗教资料集成》（土家族卷、瑶族卷、壮族卷、黎族卷），北京：中国社会科学出版社1998年版，第606页。

W0328.2.4.5

雷神因犯错被赶到天上

实 例

佤族 达赛（雷神）和牙远（虹神）兄妹通奸被发现，莫伟（人神）很生气，叫牙董（传说中氏族社会第三位女首领）派人抄了达赛的家，把达赛撵到天上去了。

【流传】（云南省·普洱市·西盟佤族自治县）

【出处】随戛、岩扫、岩瑞等讲，艾荻、张天达搜集整理：《司岗里》，见姚宝瑄主编《中国各民族神话》（佤族、阿昌族、纳西族、普米族、德昂族），太原：山西出版传媒集团·书海出版社2014年版，第27页。

W0328.2.5

雷公与弟弟分家时被分到天上

实 例

苗族 卵生的姜央和雷公都想争当大哥，最后他们的母亲确定雷公为大哥，但聪明的姜央用智慧不断战胜雷公，最后点火烧雷公。于是雷公与姜央分家。姜央说：“雷是大哥上天空，随着烟子上天去，就去住在跑马坪，地方一片平洋洋，你就去住在天上！”

【流传】原文无流传地，据文本及注释推测该神话流传于贵州省·黔东南苗族侗族自治州·凯里市、台江县等地

【出处】潘正昌唱，张海平搜集：《浩劫复生·洪水滔天》，见贵州省少数民族古籍整理出版规划小组办公室编，燕宝整理译注《苗族古歌》，贵阳：贵州民族出版社1993年版，第551~552页。

W0328.3

雷神居云中

实 例

水族 雷神居云中。

【流传】贵州省·（黔南布依族苗族自治州）·三都（三都水族自治县）

【出处】陆光志讲，辛骝整理：《雷、龙、虎、人争天下》，见中华民族故事大系编委会编《中华民族故事大系》第9卷（水族、东乡族、纳西族），上海：上海文艺出版社1995年版，第13页。

W0328.4

雷神住云端

实 例

（实例待考）

W0328.5

雷神住被雷击的物体中

实 例

（参见下级母题实例）

W0328.5.1

雷神住被雷击的树木中

实 例

鄂温克族 鄂温克人从不接近被雷击的树木、房屋、院墙等，认为这些地方是雷神所在之地。

【流传】内蒙古自治区·（呼伦贝尔市）·鄂温克族自治旗·伊敏索木（伊敏苏木乡）

【出处】朝勒孟讲，汪丽珍采录整理：《雷神》（1992.09.07），见吕大吉、何耀华总主编《中国各民族原始宗教资料集成》（鄂伦春族卷、鄂温克族卷、赫哲族卷、达斡尔族卷、锡伯族卷、满族卷、蒙古族卷、藏族卷），北京：中国社会科学出版社1999年版，第100页。

W0328.5.2

雷神住被雷击的房屋中

实 例

鄂温克族 （参见“W0328.5.1 雷神住被雷击的树木中”母题实例）

W0328.6

雷神的灵魂住在地下

【汤普森】A284.3.2

实 例

（实例待考）

W0328.7

雷神住树洞中

实 例

畲族 雷神躲树洞中。

【流传】浙江省·丽水（丽水市）

【出处】唐宗龙等整理：《盘石郎》，见中华民族故事大系编委会编《中华民族故事大系》第8卷（畲族、高山族、拉祜族），上海：上海文艺出版社1995年版，第96页。

W0328.7.1

雷神藏在畲山坡的树洞

实 例

畲族 雷神藏在畲山坡的树洞里。

【流传】（无考）

【出处】

（a）兰石女、钟伟琪、项次欣讲，唐宗龙记录：《桐油火和天洪》，见陶立璠、李耀宗编《中国少数民族神话传说选》，成都：四川民族出版社1985年版。

（b）同（a），见姚宝瑄主编《中国各民族神话》（高山族、黎族、畲族），太原：山西出版传媒集团·书海出版社2014年版，第99页。

W0328.8

雷神的特定的村子

实 例

（参见下级母题实例）

W0328.8.1

雷神住在太阳寨

实 例

佤族 达赛（雷神）住在太阳寨。

【流传】云南省·（普洱市）·西盟县（西盟佤族自治县），（临沧市）·沧源县（沧源佤族自治县）

【出处】随戛、岩扫、岩瑞等讲述，艾荻、张开达搜集整理：《司岗里》，载《山茶》1988年第1期。

佤族 达赛（雷神）住在太阳寨。

【流传】（云南省·普洱市·西盟佤族自治县）

【出处】随戛、岩扫、岩瑞等讲，艾荻、张天达搜集整理：《司岗里》，见姚宝瑄主编《中国各民族神话》（佤族、阿昌族、纳西族、普米族、德昂族），太原：山西出版传媒集团·书海出版社2014年版，第20页。

W0328.9

雷公居水中

【关联】［W1977.4.3.4］雷公潭

实 例

（参见下级母题实例）

W0328.9.1

雷神住湖中

实 例

（参见下级母题实例）

W0328.9.1.1

雷神住横湖上

实 例

汉族 雷神下凡后住在横湖上。

【流传】甘肃省·天水市·北道区·马跑泉镇

【出处】刘永生讲，洪良珙采录：《葫芦

河与伏羲》，见中国民间文学集成全国编辑委员会编《中国民间故事集成》（甘肃卷），北京：中国ISBN中心2001年版，第15页。

W0328.10

雷神居雷泽

实 例

汉族 雷泽有雷神，龙身而人头。

【流传】（无考）

【出处】［战国至汉］作者不详：《山海经·海内东经》。

W0328.10.1

雷神住昆仑山的雷泽

实 例

汉族 雷神深居昆仑山的雷泽，整日里闷闷不乐。

【流传】河南省·（周口市）·淮阳县

【出处】《伏羲老母华胥姑娘》，见张振犁编著《中原神话通鉴》（第一卷），郑州：河南大学出版社2017年版，第209页。

W0328.10.2

雷泽在吴西（今太湖一带）

实 例

汉族 雷泽中有雷神，龙身而人头，鼓其腹。在吴西（今太湖一带）。

【流传】（无考）

【出处】《雷泽》，见袁珂《中国神话大词典》，北京：华夏出版社2015年版，第329页。

W0328.11

雷神的宫殿（雷公殿）

实 例

（参见下级母题实例）

W0328.11.1

雷神的宫殿雷泽湖底

实 例

汉族 雷神的宫殿坐落在雷泽湖底，画龙雕栋，彩屏生辉，一片金碧辉煌，虾龟二将持刀护卫，宫娥彩女侍立两旁，雷神盘龙稳坐正中。

【流传】河南省·（周口市）·淮阳县

【出处】《伏羲老母华胥姑娘》，见张振犁编著《中原神话通鉴》（第一卷），郑州：河南大学出版社2017年版，第210页。

W0328.11.2

雷王殿

实 例

（参见下级母题实例）

W0328.11.2.1

天河通往雷王殿

实 例

壮族 布伯（人间首领名）把手一扬向雷将陆盟打去，陆盟在天河中趁势直往雷王的宫殿游去。

【流传】广西壮族自治区红水河流域各县

【出处】蓝鸿恩搜集整理：《布伯的故事》，原载蓝鸿恩编《壮族民间故事选》，见陶阳、钟秀编《中国神话》（上），北京：商务印书馆2008年版，第498～508页。

W0328.12

与雷神居所有关的其他母题

实　例

（参见下级母题实例）

W0328.12.1

雷神不断变化居住地点

实　例

（参见下级母题实例）

W0328.12.1.1

雷王晚上在北边，早晨在东面，中午坐正殿

实　例

壮族 雷王晚上在北边，早晨在东面，中午坐正殿。

【流传】广西壮族自治区红水河流域各县

【出处】蓝鸿恩搜集整理：《布伯的故事》，原载蓝鸿恩编《壮族民间故事选》，见陶阳、钟秀编《中国神话》（上），北京：商务印书馆2008年版，第498～508页。

壮族 雷王晚上在北边，早晨在东面，中午坐正殿。

【流传】广西壮族自治区红水河流域各县

【出处】

（a）《布伯的故事》，载《民间文学》1979年第10期。

（b）同（a），（王松选定），见姚宝瑄主编《中国各民族神话》（仫佬族、壮族、京族），太原：山西出版传媒集团·书海出版社2014年版，第106页。

W0329

雷神的坐骑

实　例

（参见下级母题实例）

W0329.1

雷神骑天狗

实　例

壮族 雷神的坐骑是一只天狗。

【流传】广西壮族自治区明江、右江一带

【出处】

（a）金家学讲：《卜伯战雷神》，载《三月三》1986年第10期。

（b）金家学讲：《卜伯战雷神》，见张声震总主编，农冠品编注《壮族神话集成》，南宁：广西民族出版社2007年版，第258页。

W0329. 2

雷公骑着苍龙

实 例

藏族 雷公骑着苍龙。

【流传】（无考）

【出处】格明多杰整理：《龙神雷公》，见 BBS 水木清华站：http：//www. smth. edu. cn 2006. 07. 20。

W0329. 3

雷神腾风驾火

实 例

壮族 雷王左手招来风，右手招来火，腾风驾火飞回天空。

【流传】

（a）广西壮族自治区·（南宁市）·马山县·加芳乡（加方乡）

（bc）广西壮族自治区红水河流域各县

【出处】

（a）韦公讲，蓝鸿恩采录翻译：《布伯斗雷王》，见中国民间文学集成全国编辑委员会编《中国民间故事集成》（广西卷），北京：中国 ISBN 中心 2001 年版，第 49 页。

（b）蓝鸿恩搜集整理：《布伯》，见谷德明编《中国少数民族神话》，北京：中国民间文艺出版社 1987 年版，第 90 页。

（c）同（b），载《民间文学》1979 年第 10 期。

W0329. 4

雷王驾雨行走

实 例

壮族 雷王驾着雨直往布伯（人的首领）的房子冲下来。

【流传】广西壮族自治区红水河流域各县

【出处】

（a）《布伯的故事》，载《民间文学》1979 年第 10 期。

（b）同（a），文本由王松选定，见姚宝瑄主编《中国各民族神话》（仫佬族、壮族、京族），太原：山西出版传媒集团·书海出版社 2014 年版，第 107 页。

W0330

与雷神的生活有关的其他母题

实 例

（参见下级母题实例）

W0330. 1

雷神在天上飞

实 例

土家族 （实例待考）

W0330. 2

雷神与电母为伴

【关联】［W0350］雷神的妻子

实 例

赫哲族 （实例待考）

W0330.3

雷公的成长

实 例

（参见下级母题实例）

W0330.3.1

日月星辰抚育雷公

实 例

苗族 天上住着雷公和尖子，他俩本是天神造就，日月星辰哺育大的，分不清谁大谁小。

【流传】贵州省·（黔东南苗族侗族自治州）·黄平县

【出处】潘垢九讲，刘必强搜集整理：《鸡、鸭、鹅的由来》，载《民间文学》1986年第1期。

※W0331

雷神的职能（雷公的职能，雷神的能力，雷神的事迹，雷神的行为）

【关联】［W0973.1.1］土地管地，雷公管天

实 例

（参见下级母题实例）

W0332

雷神管天管地

【关联】［W4860］天地的管理

实 例

侗族 （实例待考）

W0332.1

雷神管天

【关联】

①［W0779a.2.2.1］玉皇大帝管天上

②［W0973.1.1］土地管地，雷公管天

实 例

（参见下级母题实例）

W0332.1.1

雷公爷是管天的神仙

【关联】［W0433.1.2］管天的神雷公爷

实 例

汉族 管理上天的神仙叫雷公爷。

【流传】河北省·（秦皇岛市）·卢龙县·陈官屯（陈官屯镇）

【出处】夏本讲，王淑苓采录：《盘儿和古儿》，见中国民间文学集成全国编辑委员会编《中国民间故事集成》（河北卷），北京：中国ISBN中心2003年版，第24页。

W0332.1.2

雷管天上

实 例

苗族 有一对不知姓名的夫妇，生下了六个子女。老大叫恩，老二叫雷，老三叫虎，老四叫龙，老五叫蛇，老六叫媚。父亲一死，几兄妹便分管自

已的事，恩管地、雷管天、虎管山、龙管林、蛇管洞。

【流传】贵州省·（黔东南苗族侗族自治州）·黄平县·谷陇区（谷陇镇）

【出处】《人祖的来历》，见姚宝瑄主编《中国各民族神话》（布依族、仡佬族、苗族），太原：山西出版传媒集团·书海出版社 2014 年版，第 231 页。

水族 牙线（仙婆，天神的女儿）让儿子雷去管天上。

【流传】贵州省·（黔东南苗族侗族自治州）·榕江县·平永乡

【出处】潘开雄等讲，杨路塔采录：《十二个仙蛋》，见中国民间文学集成全国编辑委员会编《中国民间故事集成》（贵州卷），北京：中国 ISBN 中心 2003 年，第 10 页。

W0332. 1. 3 雷公管理天上（雷公管天）

实 例

汉族 很古的时候，天和地是由两兄弟管着的。弟弟叫雷公，管天上。

【流传】江西省·南昌市

【出处】周仑讲，稚翁搜集整理：《洪水的传说》，原载南昌市民间文学集成编委会编《南昌民间故事集成》，见姚宝瑄主编《中国各民族神话》（汉族），太原：山西出版传媒集团·书海出版社 2014 年版，第 87～89 页。

毛南族 管理天上的神名叫雷公。

【流传】

（a）广西壮族自治区·（河池市）·环江县（环江毛南族自治县）·下南乡·下南村·松现屯

（b）广西壮族自治区·（河池市）·环江县（环江毛南族自治县）·上、中、下南地区（上南乡、中南乡、下南乡）

【出处】

（a）覃启仁讲，蒋志雨采录翻译：《盘哥古妹》，见中国民间文学集成全国编辑委员会编《中国民间故事集成》（广西卷），北京：中国 ISBN 中心 2001 年版，第 70 页。

（b）谭金田等翻译整理：《盘兄和古妹》，见谷德明编《中国少数民族神话》，北京：中国民间文艺出版社 1987 年版，第 153 页。

（c）覃启仁讲，谭金田等翻译整理：《盘古的传说》，见曹廷伟编著《广西民间故事辞典》，南宁：广西教育出版社 1993 年版，第 23 页。

毛南族 远古的时候，管理天上的神叫雷公，脾气很暴躁，有生命的东西都怕他。

【流传】广西壮族自治区·（河池市）·环江毛南族自治县

【出处】

（a）覃启仁讲，谭金田、蒋志雨记录整理：《盘古的传说》，见袁凤辰等编《毛南族、京族民间故事选》，上海：上海文艺出版社 1987 年版。

（b）同（a），见姚宝瑄主编《中国各

民族神话》（土家族、毛南族、侗族、瑶族），太原：山西出版传媒集团·书海出版社2014年版，第42页。

壮族 哥哥雷公到天上管天。

【流传】广西壮族自治区·（河池市）·大化县（大化瑶族自治县）·羌圩乡

【出处】覃卜兵讲，覃承勤采录翻译：《姆洛甲造红水河》，见中国民间文学集成全国编辑委员会编《中国民间故事集成》（广西卷），北京：中国ISBN中心2001年版，第7页。

W0332.1.4

雷王管天界（雷公管上界）

实　例

壮族 雷王管天界。

【流传】（无考）

【出处】兰鸿恩：《论布伯的故事》，见田兵等编《中国少数民族神话论文集》，南宁：广西民族出版社1984年版，第144页。

壮族 在古老的年代，天地分成三界。上界由雷公管理。

【流传】（无考）

【出处】覃建才搜集整理：《保洛陀》，原载刘德荣等编《壮族民间故事》，云南人民出版社1988年版，见姚宝瑄主编《中国各民族神话》（仫佬族、壮族、京族），太原：山西出版传媒集团·书海出版社2014年版，第97页。

壮族 自然界由三个自然神管理，其中雷神管天界。

【流传】广西壮族自治区·百色市·田阳县·坡洪镇·个强屯

【出处】农布秋明万历四十四年手抄本，农吉勤收藏，黄明标等搜集，黄明标等翻译：《吽洛陀造麽叭科》（1616），见黄明标主编《壮族麽经布洛陀遗本影印译注》（上卷），南宁：广西人民出版社2016年版，第5页。

W0332.2

雷神管地

实　例

（参见下级母题实例）

W0332.2.1

雷神管田地

实　例

布依族 古时候，田都在雷神手里。

【流传】（无考）

【出处】

（a）祝登雍讲：《伏羲兄妹》，见谷德明编《中国少数民族神话选》，西北民族学院研究所1983年编印，内部资料。

（b）同（a），见姚宝瑄主编《中国各民族神话》（布依族、仡佬族、苗族），太原：山西出版传媒集团·书海出版社2014年版，第58页。

W0332.3

雷公主宰天地的一切

实　例

黎族 雷公是天上的大神，主宰天地的一切。

【流传】海南省·琼中县（琼中黎族苗族自治县）·五指山公社·番龙村（今属五指山市·水满乡·番龙村）

【出处】王克福讲，符策超采录：《黎母的神话》，见中国民间文学集成全国编辑委员会编《中国民间故事集成》（海南卷），北京：中国ISBN中心2002年版，第5页。

W0332.4

雷公管人间善恶

实　例

（参见下级母题实例）

W0332.4.1

雷公专管人间的不平和惩办有罪恶者，制裁五逆不孝者，糟蹋粮食者，谋财害命者，欺负孤、老、幼、弱及妇女者等

实　例

白族 “雷公”、“电母”，专门管理人世间的不平和惩办有罪恶者，制裁五逆不孝者，糟蹋粮食者，谋财害命者，欺负孤、老、幼、弱及妇女者等等。

【流传】云南省·（大理白族自治州）·鹤庆县

【出处】张海福等调查整理：《鹤庆白族风云雷电“封白”祭》（1989），见吕大吉、何耀华总主编《中国各民族原始宗教资料集成》（彝族卷、白族卷、基诺族卷），北京：中国社会科学出版社1996年版，第518页。

W0333

雷神管布雷下雨

实　例

布依族 雷公在天上管布雷下雨。

【流传】（无考）

【出处】班琅王等讲，汛河记录整理：《洪水滔天》，见谷德明编《中国少数民族神话》，北京：中国民间文艺出版社1987年版，第614页。

W0333.1

雷神掌管云雨

【关联】［W0144.3］雷公雷婆看守布雨的黑龙

实　例

（参见下级母题实例）

W0333.1.1

雷王总管天上的雨池

实　例

壮族 雷公管理天上的雨池。

【流传】（无考）

【出处】《盘和古》，见陶立璠等编《中国少数民族神话传说选》，成都：四川民族出版社 1985 年版，第 156 ~ 159 页。

壮族 雷神是天上雨池的总管。

【流传】（无考）

【出处】《盘和古》，原载陶立璠、李耀宗编《中国少数民族神话传说选》，四川民族出版社 1985 年版，见姚宝瑄主编《中国各民族神话》（仫佬族、壮族、京族），太原：山西出版传媒集团·书海出版社 2014 年版，第 130 页。

壮族 雷神管天上的雨池。

【流传】广西壮族自治区·河池（河池市）

【出处】《盘古》，见张声震总主编，农冠品编注《壮族神话集成》，南宁：广西民族出版社 2007 年版，第 4 页。

壮族 雷王（雷神）是掌管上天的云雨，人间得罪雷王，它就不给人间雨水，天就大旱，禾苗枯干，颗粒无收。

【流传】广西壮族自治区左江流域

【出处】黄庆印搜集整理：＊《祭雷王神》（1989），见吕大吉、何耀华总主编《中国各民族原始宗教资料集成》（土家族卷、瑶族卷、壮族卷、黎族卷），北京：中国社会科学出版社 1998 年版，第 504 页。

W0333.1.2
玉皇大帝派雷公管下雨

实 例

瑶族 玉皇大帝派雷公下凡巡查，并洒下倾盆大雨。

【流传】（a）云南省·文山州（文山壮族苗族自治州）

【出处】

（a）盘金贤讲，盘国金采录：《伏羲兄妹》，见中国民间文学集成全国编辑委员会编《中国民间故事集成》（云南卷），北京：中国 ISBN 中心 2003 年版，第 201 页。

（b）盘国金搜集：《伏羲兄妹》，载《山茶》1982 年第 1 期。

（c）同（b），见谷德明编《中国少数民族神话》，北京：中国民间文艺出版社 1987 年版，第 136 页。

W0333.2
雷神右手招风左手招雨

【关联】［W0337.1.1］雷王左手招来风，右手招来火，腾风驾火回天

实 例

瑶族 （实例待考）

W0333.3
雷公在天上管雨管雷电

实 例

苗族 雷公在天上，管雨管雷电。

【流传】贵州省、云南省苗族地区

【出处】《十二个兄弟争天下》，苗地根据《枫木歌》、《十二个蛋》等文本改写，见姚宝瑄主编《中国各民族神话》（布依族、仡佬族、苗族），太原：山西出版传媒集团·书海出版社 2014 年版，第 145 页。

W0333. 3. 1

雷王住在天上专门管雨

实 例

瑶族 雷王住在天上，专门管雨。

【流传】广西壮族自治区·（来宾市）·金秀瑶族自治县

【出处】

(a) 巴柏讲，刘保元、苏胜兴搜集整理：《伏羲兄妹的故事》，见苏胜兴、刘保元、韦文俊、王矿新等编《瑶族民间故事选》，上海：上海文艺出版社 1980 年版。

(b) 同（a），见姚宝瑄主编《中国各民族神话》（土家族、毛南族、侗族、瑶族），太原：山西出版传媒集团·书海出版社 2014 年版，第 188 页。

W0333. 4

雷神造雷

实 例

（参见下级母题实例）

W0333. 4. 1

雷神撞击手拿的凿和锤形成雷

实 例

鄂伦春族 雷神阿克的恩都力一手持凿，一手拿锤，两者相击，便雷声大作。

【流传】（无考）

【出处】马名超、崔焱：《鄂伦春族宗教与神话》，见《中国各民族宗教与神话大词典》编审委员会编《中国各民族宗教与神话大词典》，北京：学苑出版社 1993 年版。

W0333. 5

雷公管雨很敬业

实 例

壮族 初时，雷公把雨池管理得很好，风调雨顺，大地总是绿油油的一片，牛羊儿布满山岗。

【流传】（无考）

【出处】《盘和古》，原载陶立璠、李耀宗编《中国少数民族神话传说选》，四川民族出版社 1985 年版，见姚宝瑄主编《中国各民族神话》（仫佬族、壮族、京族），太原：山西出版传媒集团·书海出版社 2014 年版，第 130 页。

W0333. 6

雷神造雨

【关联】

①［W4339.1］雨神造雨
②［W4339.4］风雨云雾神造雨

实 例

（参见下级母题实例）

W0333.6.1
密洛陀封造雨的五子阿坡阿难为雷神

实 例

瑶族（布努）（参见“W0358.3.4.10 雷神阿坡阿难”母题实例）

W0333a
雷神管风雨雷电

实 例

（参见下级母题实例）

W0333a.1
雷王管雨水电

实 例

壮族 雨水电是雷王管的。

【流传】（无考）

【出处】《四兄弟分家》，原载蓝鸿恩搜集整理《神弓宝剑》，中国民间文艺出版社1985年版，见吕大吉、何耀华总主编《中国各民族原始宗教资料集成》（土家族卷、瑶族卷、壮族卷、黎族卷），北京：中国社会科学出版社1998年版，第605页。

W0333a.2
雷神管打雷和闪电

实 例

汉族 打雷和闪电的职能都由雷神统管。

【流传】（无考）

【出处】《电母》，见乌丙安主编《中国民间神谱》，沈阳：辽宁人民出版社2007年版，第12页。

W0333a.2.1
雷公打雷扯闪

实 例

汉族 雷公蹦出草棚，腾云驾雾，打着雷，扯着闪，雷声震得屋子乱晃，闪电照得人和老虎眼都花了。

【流传】 河南省·（南阳市）·桐柏县·（吴城乡·阎庄村）

【出处】 刘昌国（农民）讲，刘英采录：《人管天下》（1986.02.07），见张振犁编著《中原神话通鉴》（第一卷），郑州：河南大学出版社2017年版，第85页。

W0333a.2.2
雷公挥棒制造闪电

实 例

苗族 雷公有一根挥棒，他手一挥“挥棒”天空就闪电光。

【流传】 原文无流传地，据文本及注释

推测该神话流传于贵州省·黔东南苗族侗族自治州·凯里市、台江县等地

【出处】者富演唱，苗丁搜集，燕宝整理译注：《枫木生人·十二个蛋》注释，见贵州省少数民族古籍整理出版规划小组办公室编，燕宝整理译注《苗族古歌》，贵阳：贵州民族出版社1993年版，第511页。

W0333a. 3

雷神能喷出闪电

【关联】［W0134. 2］神能喷火

实 例

（参见下级母题实例）

W0333a. 3. 1

雷公喷出道道闪电撕破天

实 例

藏族 雷公张口时喷出道道闪电，撕裂天宇。

【流传】（无考）

【出处】格明多杰整理：《龙神雷公》，见BBS水木清华站：http：//www. smth. edu. cn，2006. 07. 20。

W0333a. 4

雷公会吐火

【关联】［W0340. 15］雷神放火

实 例

（参见下级母题实例）

W0333a. 4. 1

雷王喷出蓝色的绿色的火焰

实 例

壮族 雷王的嘴里喷出一丝丝蓝色的、绿色的火焰来。

【流传】广西壮族自治区红水河流域各县

【出处】蓝鸿恩搜集整理：《布伯的故事》，原载蓝鸿恩编《壮族民间故事选》，见陶阳、钟秀编《中国神话》（上），北京：商务印书馆2008年版，第498～508页。

W0333a. 5

雷神造风

实 例

（参见下级母题实例）

W0333a. 5. 1

雷王抖动背上的一对翅膀就刮风暴

【关联】［W0316. 4. 1. 1］雷公背上生有一对翅膀

实 例

壮族 雷王背脊上长着一对翅膀，抖动起来就刮风暴。

【流传】广西壮族自治区红水河流域各县

【出处】蓝鸿恩搜集整理：《布伯的故事》，原载蓝鸿恩编《壮族民间故事

选》，见陶阳、钟秀编《中国神话》（上），北京：商务印书馆 2008 年版，第 498～508 页。

W0334

雷神有神通

实 例

（参见下级母题实例）

W0334.1

雷神无所不知

实 例

（参见下级母题实例）

W0334.1.1

雷神预知未来

【关联】［W9251］预言者

实 例

蒙古族 察黑勒杆图腾格里是预祝或预言以往和未来事的雷天（在蒙古族民间宗教或萨满神词中，“天”与“腾格里”常常通用，此处可以看作是泛指诸神）。

【流传】（无考）

【出处】 额尔德木图：《蒙古英雄史诗与孛额唱词中的“腾格里”》，载《内蒙古社会科学》（汉文版）1995 年第 5 期。

W0335

雷神监督人间（雷神惩恶扬善）

实 例

民族无考 雷神除司雷之外，还有惩恶扬善之职。

【流传】（无考）

【出处】《雷神》，见乌丙安主编《中国民间神谱》，沈阳：辽宁人民出版社 2007 年版，第 8 页。

瑶族 上界雷神专门监督人世间。

【流传】 云南省·文山（文山壮族苗族自治州）·西畴县

【出处】 邓光灿讲，蒋云珠采录：《玉皇鼓》，见中国民间文学集成全国编辑委员会编《中国民间故事集成》（云南卷），北京：中国 ISBN 中心 2003 年版，第 148 页。

W0335.1

雷神惩罚不爱惜粮食的人

【关联】［W9913.1］雷公用雷劈浪费粮食的人

实 例

（参见下级母题实例）

W0335.1.1

天上的雷公专门惩罚不爱惜粮食的人

【关联】［W9913］浪费遭惩罚

实 例

汉族 人间谁要不爱惜粮食，就要受到天上的雷公的惩罚。

【流传】 吉林省·（辽源市）·梨树县

【出处】 郑连贵讲，郑连庆采录：《雷与闪》，见中国民间文学集成全国编辑委员会编《中国民间故事集成》（吉林卷），北京：中国文联出版公司1992年版，第10页。

W0335.2

雷神惩罚不孝的人

实例

汉族 （实例待考）

畲族 雷公一双突出的大眼睛，都能看清人世间的好人、坏人、恶人、负心人和不孝子孙，然后惩恶扬善。

【流传】（无考）

【出处】蓝国运记录：《天雷五兄弟》，见姚宝瑄主编《中国各民族神话》（高山族、黎族、畲族），太原：山西出版传媒集团·书海出版社2014年版，第86页。

W0335.3

雷神惩罚恶人

实例

瑶族 （实例待考）

壮族 雷神是在天上监视人间之神，凡做出没良心之事的人，会遭雷神惩罚即被雷电击死。

【流传】广西壮族自治区·（百色市）·靖西县（靖西市）

【出处】凌树东搜集整理：*《广西靖西县壮族诸神表》（1991），见吕大吉、何耀华总主编《中国各民族原始宗教资料集成》（土家族卷、瑶族卷、壮族卷、黎族卷），北京：中国社会科学出版社1998年版，第495页。

W0335.3.1

雷公乘闪电惩罚人间不良人

实例

汉族 雷公闪电行千里，单打下方不良人。

【流传】（无考）

【出处】常恕春抄录：《雷神》，见吉林省艺术研究所等编《坛续与神本》，内部编印，1985年，第146页。

W0335.3.2

雷公是惩罚人间恶人的大神

实例

汉族 雷公是惩罚人间恶人的大神。

【流传】广西壮族自治区·（南宁市）·邕宁县·那陈乡

【出处】梁仪记录：《雷公和电母》，见曹廷伟编著《广西民间故事辞典》，南宁：广西教育出版社1993年版，第16页。

W0335.3.3

雷公用雷劈坏人

【关联】[W9913.1] 雷公用雷劈浪费粮食的人

实例

汉族 雷公看到地上的人谁做了坏事，若就会发雷打死谁。

【流传】江西省·（抚州市）·崇仁县·三山乡·三山村

【出处】杨蓉生讲，周香兰采录：《无心的雷公》，见中国民间文学集成全国编辑委员会编《中国民间故事集成》（江西卷），北京：中国ISBN中心2002年版，第15页。

W0335.4

雷神惩罚血亲结婚的人

实 例

（实例待考）

W0335.5

雷神下凡巡察（雷神视察人间）

【关联】［W0340.9.6］雷公下凡

实 例

（参见下级母题实例）

W0335.5.1

玉皇大帝派雷公下凡巡察

实 例

瑶族 玉皇大帝派雷公下凡巡查。

【流传】（a）云南省·文山州（文山壮族苗族自治州）

【出处】

（a）盘金贤讲，盘国金采录：《伏羲兄妹》，见中国民间文学集成全国编辑委员会编《中国民间故事集成》（云南卷），北京：中国ISBN中心2003年版，第201页。

（b）盘国金搜集：《伏羲兄妹》，载《山茶》1982年第1期。

（c）同（b），见谷德明编《中国少数民族神话》，北京：中国民间文艺出版社1987年版，第136页。

W0335.5.1a

天帝派雷公下凡视察

实 例

黎族 天帝派雷公下凡来察看。

【流传】海南省五指山区

【出处】王国全搜集整理：《南瓜的故事》，原载广东民族学院中文系编《黎族民间故事选》，见陶阳、钟秀编《中国神话》（上），北京：商务印书馆2008年版，第374~377页。

W0335.5.2

雷神下雨时巡视天地

实 例

汉族 古时候下雨时，雷公总要出巡天地间。

【流传】福建省·漳州市·芗城区

【出处】黄缎讲，郑惠聪采录：《眨刀婆》，见中国民间文学集成全国编辑委员会编《中国民间故事集成》（福建卷），北京：中国ISBN中心2008年版，第17页。

W0335.6

雷神管人间的善恶

实 例

侗族 雷神管天管地，也管人类的善恶。

【流传】（无考）

【出处】《雷部诸神》，见王德恒等《造神史话》，天津：百花文艺出版社 2002 年版，第 119～120 页。

W0335.7
管辖特定地方的雷神

实 例

苗族 （实例待考）

W0336
雷神善斗

实 例

（参见下级母题实例）

W0336.1
雷公出战时炸雷震山

实 例

藏族 （实例待考）

W0337
雷神会飞（雷公会飞）

实 例

土家族 雷公有一对翅膀，常常搬起一把斧头在天上飞来飞去。

【流传】湖南省·（湘西土家族苗族自治州）·永顺（永顺县）、古丈（古丈县）、保靖（保靖县）、龙山（龙山县）沿酉水一带土家族聚居区

【出处】

（a）田德华、向廷龙（巫师）、田光南讲，彭勃、彭继宽、田德风记录，彭勃整理：《齐天大水》（1962.05），见谷德明编《中国少数民族神话》，北京：中国民间文艺出版社 1987 年版。

（b）同（a），见姚宝瑄主编《中国各民族神话》（土家族、毛南族、侗族、瑶族），太原：山西出版传媒集团·书海出版社 2014 年版，第 12 页。

W0337.1
雷王腾风驾火飞行

【关联】［W0346.1］雷公踩电光飞行

实 例

（参见下级母题实例）

W0337.1.1
雷王左手招来风，右手招来火，腾风驾火回天

【关联】［W0333.2］雷神右手招风左手招雨

实 例

壮族 雷王左手招来风，右手招来火，腾风驾火回天空去了。

【流传】

（a）广西壮族自治区·（南宁市）·马山县·加芳乡（加方乡）

（bc）广西壮族自治区红水河流域各县

【出处】

（a）韦公讲，蓝鸿恩采录翻译：《布伯

斗雷王》，见中国民间文学集成全国编辑委员会编《中国民间故事集成》（广西卷），北京：中国 ISBN 中心 2001 年版，第 49 页。

(b) 蓝鸿恩搜集整理：《布伯》，见谷德明编《中国少数民族神话》，北京：中国民间文艺出版社 1987 年版，第 90 页。

(c) 同 (b)，载《民间文学》1979 年第 10 期。

W0338
雷神会变化（雷公变形）

实　例

（参见下级母题实例）

W0338.1
雷神的脸会变色

【关联】［W0317.2.4］雷公的脸有蓝、绿、黑三色变化

实　例

藏族 雷公脸孔具有蓝、绿、黑三色的变化，三个赤色的眼睛中闪动着炽热的火焰。

【流传】（无考）

【出处】 格明多杰整理：《龙神雷公》，见 BBS 水木清华站：http://www.smth.edu.cn，2006.07.20。

W0338.2
雷神能变 12 个身体

实　例

壮族（实例待考）

W0338.3
雷神变鸡

【关联】［W0316.5］雷神是鸡

实　例

畲族（实例待考）

W0338.3.1
雷神变鸡蛋

实　例

景颇族（参见“W0338.5.1 雷神的女儿变鸡蛋”母题实例）

W0338.3.2
雷公变成公鸡

实　例

布依族 雷神（巨人保根本）变成山羊般大公鸡。

【流传】 四川省·（凉山彝族自治州）·宁南县·上游公社（西瑶乡）

【出处】 伍天全讲，祖岱年、罗文亮搜集整理：《洪水朝天》，见贵州省社会科学院文学研究所等编《布依族民间故事》，贵阳：贵州人民出版社 1982 年版，第 321～323 页。

布依族 雷公变成公鸡。

【流传】 贵州省·（黔西南布依族苗族自治州）·望谟县

【出处】 毛星主编：《中国少数民族文

学》（中），长沙：湖南人民出版社 1983 年版 752 ~ 754 页。

壮族 伏羲兄妹捉到的一只公鸡是雷公变的。

【流传】广西壮族自治区桂西地区（主要指河池市、百色市、崇左市所辖县市区）

【出处】唐来钟讲：《伏羲兄妹的传说》，见张声震总主编，农冠品编注《壮族神话集成》，南宁：广西民族出版社 2007 年版，第 326 页。

W0338. 3. 3

雷公变大花鸡

实 例

畲族 雷神变大花鸡。

【流传】浙江省·丽水（丽水市）

【出处】唐宗龙等整理：《盘石郎》，见中华民族故事大系编委会编《中华民族故事大系》第 8 卷（畲族、高山族、拉祜族），上海：上海文艺出版社 1995 年版，第 95 页。

W0338. 3. 3. 1

雷神变成一只红冠长翅的大花鸡

实 例

畲族 雷神打雷累了，就变成一只红冠长翅的大花鸡，在山头树林里打盹。

【流传】（无考）

【出处】

（a）兰石女、钟伟琪、项次欣讲，唐宗龙记录：《桐油火和天洪》，见陶立璠、李耀宗编《中国少数民族神话传说选》，成都：四川民族出版社 1985 年版。

（b）同（a），见姚宝瑄主编《中国各民族神话》（高山族、黎族、畲族），太原：山西出版传媒集团·书海出版社 2014 年版，第 98 页。

W0338. 4

雷公喝水后由大红公鸡变成毛脸老公公

实 例

布依族 雷公喝了水后，挣脱牢笼，由大红公鸡变成了个毛脸老公公。

【流传】贵州省·（黔西南布依族苗族自治州）·兴仁县·菁脚乡·菁谷村

【出处】杨兴法讲，杨田采录：《细妹苏哥造人烟》，见中国民间文学集成全国编辑委员会编《中国民间故事集成》（贵州卷），北京：中国 ISBN 中心 2003 年，第 46 页。

W0338. 5

与雷神会变化有关的其他母题

实 例

（参见下级母题实例）

W0338. 5. 1

雷神的女儿变鸡蛋

实 例

景颇族 雷神的女儿变鸡蛋。

【流传】（无考）

【出处】段胜鸥等整理：《鸡蛋姑娘》，见中华民族故事大系编委会编《中华民族故事大系》第10卷（景颇族、柯尔克孜族、土族），上海：上海文艺出版社1995年版，第120页。

W0339

雷公降妖（雷神除魔）

实 例

（参见下级母题实例）

W0339.1

雷公杀螃蟹精救人类

实 例

黎族 雷公为救人类，杀螃蟹精。

【流传】海南省五指山一带

【出处】文光、盘启昌等讲，陈葆真、饶明龙等记录，陈葆真、谢盛圻等整理：《螃蟹精》，见陶立璠、赵桂芳等编《中国少数民族神话汇编》（洪水篇等），中央民族学院少数民族古籍整理出版规划领导小组办公室印（未署出版时间）。

W0340

与雷神的能力或事迹有关的其他母题

【关联】

①［W1255.6.7.1］雷公劈出平地

②［W1416.5.3］雷公劈掉上天的山绝地天通

实 例

（参见下级母题实例）

W0340.0

雷神力气很大

实 例

壮族 雷王有很大的力气，到处击人。

【流传】（无考）

【出处】《四兄弟分家》，原载蓝鸿恩搜集整理《神弓宝剑》，中国民间文艺出版社1985年版，见吕大吉、何耀华总主编《中国各民族原始宗教资料集成》（土家族卷、瑶族卷、壮族卷、黎族卷），北京：中国社会科学出版社1998年版，第605页。

W0340.0.1

雷公是力士

实 例

汉族 图画之工，图雷之状，如连鼓形；又图一人，若力士，谓之雷公。

【流传】（无考）

【出处】［东汉］王充：《论衡》。

W0340.1

雷公胡作非为

实 例

（参见下级母题实例）

W0340. 1. 1

雷公在天上撒尿，舞刀弄斧

实 例

壮族 雷公在天上撒尿，并舞刀弄斧，危及人类。

【流传】广西壮族自治区·（南宁市）·上林县·塘红乡·万福村

【出处】樊绍戚讲：《道白杀雷公》，见张声震总主编，农冠品编注《壮族神话集成》，南宁：广西民族出版社2007年版，第215页。

W0340. 1. 2

雷把沃土变为荒地

实 例

壮族（沙人）雷把纳波（地名）富饶的田野山岗变为饥荒之地。

【流传】云南省

【出处】沙骥整理：《艾撒和艾苏》，原载谷德明等编《中国少数民族神话选》，西北民族学院1983年编印，见姚宝瑄主编《中国各民族神话》（仫佬族、壮族、京族），太原：山西出版传媒集团·书海出版社2014年版，第169页。

W0340. 1. 3

雷公抢劫

实 例

（参见下级母题实例）

W0340. 1. 3. 1

雷公把地上的仙草、仙果、仙树抢到天上

实 例

毛南族 雷公把地上的灵芝、蟠桃、玉桂等等仙草、仙果、仙树，抢到了天上。

【流传】广西壮族自治区·（河池市）·环江县（环江毛南族自治县）

【出处】覃启仁等讲述，谭金田、蒋志雨翻译整理：《盘古的传说》，原载袁风辰等编《毛南族、京族民间故事选》，见陶阳、钟秀编《中国神话》（上），北京：商务印书馆2008年版，第22～28页。

W0340. 2

雷神知错则改

实 例

（实例待考）

W0340. 3

雷神劈物

【关联】［W4472. 2］雷神劈出霞

实 例

（参见下级母题实例）

W0340. 3. 1

雷公劈地

实 例

（参见下级母题实例）

W0340.3.1.1

雷公把地下劈成6块。

实　例

苗族 喝（雷公）斧劈嘎波（蛤蟆精）时，把地下劈成了六块。

【流传】贵州省·（黔东南苗族侗族自治州）·雷山（雷山县）·西江地区（西江镇）

【出处】

（a）杨正光、侯昌德讲，杨正光、侯昌德搜集整理：《雷公坪》，载《南风》1981年第1期。

（b）同（a），见姚宝瑄主编《中国各民族神话》（布依族、仡佬族、苗族），太原：山西出版传媒集团·书海出版社2014年版，第136页。

W0340.3.2

雷神劈树

实　例

（参见下级母题实例）

W0340.3.2.1

雷神击不碎朽木

实　例

鄂伦春族 "翁卡伊"（飞鼠）住在最硬的树上，雷神击不着它。因为雷不击朽木。

【流传】（无考）

【出处】

（a）内蒙古自治区编委会：《鄂伦春族社会历史调查》（第一集），呼和浩特：内蒙古人民出版社1984年版，第51页。

（b）《雷神的传说》，见吕大吉、何耀华总主编《中国各民族原始宗教资料集成》（鄂伦春族卷、鄂温克族卷、赫哲族卷、达斡尔族卷、锡伯族卷、满族卷、蒙古族卷、藏族卷），北京：中国社会科学出版社1999年版，第19页。

W0340.3.2.2

雷公发酒疯劈树

实　例

苗族 爷梭把老婆谷帚轻易地让给了凡人，从此它再也找不到老婆，时常借酒发疯，下人间来劈树子、打人。

【流传】贵州省·（毕节市）·赫章县·古木乡

【出处】黄三妹讲，杨明忠采录：《体仑米和爷梭》见中国民间文学集成全国编辑委员会编《中国民间故事集成》（贵州卷），北京：中国ISBN中心2003年，第51页。

W0340.3.3

雷神劈人

实　例

（参见下级母题实例）

W0340. 3. 3. 1

雷公雷劈恶人

【关联】［W9953. 4. 2］雷公误劈孝妇

实 例

仫佬族 天上的雷公是专门劈打没有良心的恶人坏人的。

【流传】（无考）

【出处】包启宽、潘代球等讲，包玉堂、谢运源、潘琦搜集整理：《伏羲兄妹的传说》，见姚宝瑄主编《中国各民族神话》（仫佬族、壮族、京族），太原：山西出版传媒集团·书海出版社 2014 年版，第 8 页。

W0340. 4

雷神学本领（雷公学艺）

【关联】［W0357. 1］雷神的师傅（雷神的老师）

实 例

（参见下级母题实例）

W0340. 4. 1

雷公向茅山法主学本领

实 例

畲族 雷公向茅山法主学本领。

【流传】福建省·（宁德市）·福鼎县（福鼎市）

【出处】蓝开雅讲，蓝振河采录：《雷公与雷婆》，见中国民间文学集成全国编辑委员会编《中国民间故事集成》（福建卷），北京：中国 ISBN 中心 2008 年版，第 15 页。

畲族 茅山法主救活了男孩雷公，收去做了徒弟，但住了 3 年也没教他什么东西，天天让他提水砍柴。

【流传】福建省·（宁德市）·福鼎（福鼎市）

【出处】蓝俊德、蓝开雅讲，蓝振河采录：《雷公和雷婆》，原载《中国民间故事集成·福建卷·闽东畲族故事》，宁德地区民间文学集成编委会 1990 年编印，见《福建省少数民族古籍丛书》编委会编《畲族卷·民间故事》，福州：海峡出版发行集团·海峡书局 2013 年版，第 26 页。

W0340. 4. 2

雷公拜师学成后战败天兵天将

实 例

畲族 雷公拜师学成之后，使天庭都震动起来。玉皇大帝派四大金刚去捉拿雷公。结果天兵天将都打不过雷公。

【流传】福建省·（宁德市）·福鼎（福鼎市）

【出处】蓝俊德、蓝开雅讲，蓝振河采录：《雷公和雷婆》，原载《中国民间故事集成·福建卷·闽东畲族故事》，宁德地区民间文学集成编委会 1990 年编印，见《福建省少数民族古籍丛书》编委会编《畲族卷·民间故事》，福州：海峡出版发行集团·海峡书局 2013 年版，第 28 页。

W0340.5

雷公神力的恢复

【关联】［W8877］雷公的逃脱

实 例

（参见下级母题实例）

W0340.5.1

雷公喝水长力气

【关联】

①［W0338.4］雷公喝水后由大红公鸡变成毛脸老公公

②［W8877］雷公的逃脱

实 例

侗族

【流传】（无考）

【出处】

壮族 卜伯捉雷公关进笼子，骗喝了小孩的一碗蓝靛水，力气大增，逃出铁笼。

【流传】广西壮族自治区·（南宁市）·武鸣县（武鸣区）

【出处】覃娅平讲：《卜伯》，见张声震总主编，农冠品编注《壮族神话集成》，南宁：广西民族出版社2007年版，第256页。

W0340.5.2

雷公只要有水，就会力大无穷

实 例

汉族 雷公只要有了水，就会力大无穷。

【流传】江西省·南昌市·湾里区·罗亭乡·周半村

【出处】周仑讲，钟丰彩采录：《伏羲和女娲》，见中国民间文学集成全国编辑委员会编《中国民间故事集成》（江西卷），北京：中国ISBN中心2002年版，第9页。

W0340.6

雷公特定能力的丧失

实 例

（参见下级母题实例）

W0340.6.1

雷公翅膀无水飞不起

实 例

瑶族 雷公摔倒在地上，因翅膀无水飞不起。

【流传】广东省·（清远市）·连南县（连南瑶族自治县）·寨岗镇

【出处】唐罗古三等讲，许文清等采录：《洪水淹天》，见中国民间文学集成全国编辑委员会编《中国民间故事集成》（广东卷），北京：中国ISBN中心2006年版，第8页。

W0340.6.2

雷公翅膀断了，上不得天

实 例

苗族 雷公的翅膀断了，上不得

天了。

【流传】

(a) 广西壮族自治区·(柳州市)·融水县(融水苗族自治县)·滚贝乡

(b) 广西壮族自治区·(柳州市)·融水县(融水苗族自治县)

【出处】

(a) 杨达香讲,梁彬采录翻译:《杠生射太阳》,见中国民间文学集成全国编辑委员会编《中国民间故事集成》(广西卷),北京:中国 ISBN 中心 2001 年版,第 42 页。

(b) 杨达香讲,梁彬搜集整理:《创世记》,见谷德明编《中国少数民族神话》,北京:中国民间文艺出版社 1987 年版,第 545 页。

W0340.7

雷公是人类产生的帮助者

实 例

黎族 (参见“W0340.8 雷公除掉多余的太阳”母题实例)

W0340.7.1

雷神给人送火种

【关联】[W0319] 善的雷神

实 例

汉族 雷神给人间送火种。

【流传】 湖南省·(衡阳市)·祁东县·官山乡

【出处】 李月明讲,谢德光采录:《火是怎么来的》,见中国民间文学集成全国编辑委员会编《中国民间故事集成》(湖南卷),北京:中国 ISBN 中心 2002 年版,第 44 页。

W0340.8

雷公除掉多余的太阳

【关联】[W9763.2] 人和动物一起除掉多余的太阳

实 例

黎族 雷公把天上的 5 个太阳去掉 4 个。

【流传】 海南省·(三亚市)·乐东县(乐东黎族自治县)·抱由公社(抱由镇)

【出处】 符亚时讲,广东省民族普查队采录:《三兄妹》,见中国民间文学集成全国编辑委员会编《中国民间故事集成》(海南卷),北京:中国 ISBN 中心 2002 年版,第 21 页。

W0340.9

雷公出行(雷神的出行)

实 例

(参见下级母题实例)

W0340.9.1

雷公行千里

实 例

汉族 雷公闪电行千里,单打下方不良人。

【流传】(无考)

【出处】常怨春抄录：《雷神》，见吉林省艺术研究所等编《坛续与神本》，内部编印，1985年，第146页。

W0340.9.2

雷公出行打着锣鼓拿着板斧

实 例

苗族 雷公要劈死阿陪果本（人名），到了期限，雷公从天上"轰隆轰隆"地打着大锣大鼓，拿着大板斧劈向阿陪果本家奔来。

【流传】湖南省湘西一带、贵州省·（铜仁市）·松桃地区（松桃苗族自治县）

【出处】

(a) 滕树宽、龙炳文搜集，江波整理：《阿陪果本》，见燕宝编《苗族民间故事选》，上海：上海文艺出版社1981年版。

(b) 同(a)，见姚宝瑄主编《中国各民族神话》（布依族、仡佬族、苗族），太原：山西出版传媒集团·书海出版社2014年版，第150页。

W0340.9.3

雷神出现时伴霹雳火闪

实 例

侗族 霹雳火闪，震得天摇地动，雷公怒气冲冲地从天上飞了下来。

【流传】贵州省·（黔东南苗族侗族自治州）·天柱县

【出处】

(a) 杨引招讲，龙玉龙搜集整理：《捉雷公》，载《南风》1981年第2期。

(b) 同(a)，见姚宝瑄主编《中国各民族神话》（土家族、毛南族、侗族、瑶族），太原：山西出版传媒集团·书海出版社2014年版，第105页。

W0340.9.4

雷神腾风驾火

实 例

壮族 雷王左手招来风，右手招来火，腾风驾火回天空去了。

【流传】广西壮族自治区红水河流域各县

【出处】

(a)《布伯的故事》，载《民间文学》1979年第10期。

(b) 同(a)，（王松选定），见姚宝瑄主编《中国各民族神话》（仫佬族、壮族、京族），太原：山西出版传媒集团·书海出版社2014年版，第110页。

W0340.9.5

雷王展翅生风

实 例

壮族 雷王一展动翅膀，暴风便刮得天昏地暗，雷王乘着风来到了云端。

【流传】广西壮族自治区红水河流域各县

【出处】

(a)《布伯的故事》，载《民间文学》

1979 年第 10 期。

（b）同（a），（王松选定），见姚宝瑄主编《中国各民族神话》（仫佬族、壮族、京族），太原：山西出版传媒集团·书海出版社 2014 年版，第 107 页。

W0340. 9. 6

雷公下凡

【关联】［W0335. 5］雷神下凡巡察

实　例

（参见下级母题实例）

W0340. 9. 6. 1

雷公从天降的时间

实　例

（参见下级母题实例）

W0340. 9. 6. 1. 1

第一次春雷时雷公天降

实　例

壮族 每年开春响雷的第一天，是雷公刚从天上降临。

【流传】（广西壮族自治区·防城港市·上思县）

【出处】 范宏贵：《壮族卷·绪论》，见吕大吉、何耀华总主编《中国各民族原始宗教资料集成》（土家族卷、瑶族卷、壮族卷、黎族卷），北京：中国社会科学出版社 1998 年版，第 479 页。

W0340. 9a

雷重回天上

【关联】［W0328. 1］雷神住天上

实　例

（参见下级母题实例）

W0340. 9a. 1

伏羲王的妹妹答应嫁给雷后，雷回到了天宫

实　例

汉族 伏羲王的妹妹答应嫁给雷后，雷回到了天宫。

【流传】 四川省·（自贡市）·荣县·金台乡

【出处】 曹大瑜讲，罗志容采录：《雷和伏羲的妹妹》，见中国民间文学集成全国编辑委员会编《中国民间故事集成》（四川卷·上），北京：中国 ISBN 中心 1998 年版，第 36 页。

W0340. 9a. 2

九月初九雷公回天

实　例

壮族 九月初九是雷公回天宫过年的日子。

【流传】（广西壮族自治区·防城港市·上思县）

【出处】 范宏贵：《壮族卷·绪论》，见吕大吉、何耀华总主编《中国各民族原始宗教资料集成》（土家族卷、瑶

族卷、壮族卷、黎族卷），北京：中国社会科学出版社 1998 年版，第 479 页。

W0340.10

雷神救人

实 例

景颇族 灾难时，雷神救人类。

【流传】（无考）

【出处】 沙万福讲，东耳整理，永生翻译：《罗孔扎鼎》，见中华民族故事大系编委会编《中华民族故事大系》第 10 卷（景颇族、柯尔克孜族、土族），上海：上海文艺出版社 1995 年版，第 56 页。

W0340.10a

雷神治病

实 例

（参见下级母题实例）

W0340.10a.1

雷公用草药为仓颉治病

实 例

汉族 仓颉积劳成疾，卧床不起，黄帝就命雷公取来草药，亲手煎熬，治好了仓颉的病。

【流传】（河南省·新郑市）

【出处】 越国鼎讲，张永林记录：《黄帝令仓颉造字》，载《民间文学》1991 年第 11 期。

W0340.11

雷公伸冤（雷公告状）

实 例

（参见下级母题实例）

W0340.11.1

雷公的灵魂到玉帝那里诉冤

【关联】 ［W0466.10.4.2］火神上天告状

实 例

汉族 雷公被寡妇的两个儿子捉住后煮吃，雷公的灵魂到天上玉帝那里诉冤。

【流传】 浙江省·（丽水市）·缙云县·兆岸乡·兆岸村

【出处】 朱有兴讲，陈凡升记录：《雷龙雷虎》，见缙云县民间文学征集办公室编《中国民间文学集成浙江省·缙云县故事、歌谣、谚语卷》，内部编印，1988 年，第 9 页。

W0340.12

雷公制造大旱和大涝

实 例

汉族 雷公危害人类，造成大旱和大涝。

【流传】 广西壮族自治区·（柳州市）·融水县（融水苗族自治县）·（融水镇）·兴贤村·兴隆寨

【出处】 龙九旭讲，龙淑权等整理：《李岽秋义斗恶雷公》，见曹廷伟编著《广西民间故事辞典》，南宁：广西教育出版社 1993 年版，第 27 页。

W0340. 12. 1

雷神制造洪水（雷公制造洪水）

【关联】

①［W8270～W8289］洪水制造者

②［W8274］雷神制造洪水

实 例

（实例待考）

W0340. 13

雷公打败天兵

实 例

畲族 雷公看见天兵天将来捉，拿起舂臼槌就打，天兵天将一个个都打不过雷公。

【流传】福建省·（宁德市）·福鼎县（福鼎市）

【出处】蓝开雅讲，蓝振河采录：《雷公与雷婆》，见中国民间文学集成全国编辑委员会编《中国民间故事集成》（福建卷），北京：中国 ISBN 中心 2008 年版，第 15 页。

W0340. 14

雷公捉魂

实 例

（参见下级母题实例）

W0340. 14. 1

雷公捉走金牛星的灵魂

实 例

汉族 金牛星的灵魂被雷公抓上天了。

【流传】河南省·（三门峡市）·灵宝县（灵宝市）

【出处】张治国采录：《金牛与伏牛山》，见张振犁编著，孟宪明、朱淑君统纂《中原神话通鉴》（第四卷），郑州：河南大学出版社 2017 年版，第 1298 页。

W0340. 15

雷神放火

实 例

（参见下级母题实例）

W0340. 15. 1

雷王能放天火

实 例

壮族 雷王很有本事，能放天火。

【流传】（无考）

【出处】《四兄弟分家》，原载蓝鸿恩搜集整理《神弓宝剑》，中国民间文艺出版社 1985 年版，见吕大吉、何耀华总主编《中国各民族原始宗教资料集成》（土家族卷、瑶族卷、壮族卷、黎族卷），北京：中国社会科学出版社 1998 年版，第 605 页。

W0340.16 雷神造雷

【关联】［W4375］雷的产生

实 例

（参见下级母题实例）

W0340.16.1 雷神鼓其腹则雷

实 例

汉族 雷泽中有雷神，龙身而人头，鼓其腹则雷。

【流传】（无考）

【出处】［战国至汉］作者不详：《山海经·海内东经》。

W0340.17 雷神被贬人间

实 例

（参见下级母题实例）

W0340.17.1 雷神因做错事被贬人间

实 例

汉族 （实例待考）

W0340.17.2 雷神得罪玉皇大帝被贬人间

实 例

汉族 雷神本来是在天上，是天帝的宠神。因为直言进谏，得罪了玉皇大帝，被惩罪到人间。

【流传】河南省·（周口市）·淮阳县

【出处】《伏羲老母华胥姑娘》，见张振犁编著《中原神话通鉴》（第一卷），郑州：河南大学出版社 2017 年版，第 209 页。

W0340.18 雷神主死亡

【关联】［W0480］死神（死亡之神，生死神）

实 例

彝族 雷神主死亡。

【流传】云南省·（普洱市）·景东县（景东彝族自治县）

【出处】吕大吉、何耀华总主编：《中国各民族原始宗教资料集成》（彝族卷、白族卷、基诺族卷），北京：中国社会科学出版社 1996 年版，第 30 页。

W0340.19 雷神开辟道路

实 例

（参见下级母题实例）

W0340.19.1 达劳明古雷神轰开一条到毒海边的路

实 例

纳西族 丁巴什罗的弟子请求达劳明古

雷神轰开一条走到毒海边的路径。

【流传】云南省·（丽江市）·丽江县（古城区、玉龙纳西族自治县）

【出处】木丽春采集整理：《推空磨的忌禁故事》，见木丽春编著《纳西族民间故事集》，昆明：云南人民出版社2007年版，第231页。

※W0341

雷神的工具（雷公的工具）

【关联】［W0135］神的工具

实　例

（参见下级母题实例）

W0342

雷神的斧子（雷公的斧子，雷公斧）

【关联】

①［W0962］神斧

②［W6089. 2. 2］雷公斧

实　例

土家族 雷公常常搬起一把斧头在天上飞来飞去。

【流传】湖南省·（湘西土家族苗族自治州）·永顺（永顺县）、古丈（古丈县）、保靖（保靖县）、龙山（龙山县）沿西水一带

【出处】彭勃、彭继宽等搜集整理：《齐天大水》，见谷德明编《中国少数民族神话》，北京：中国民间文艺出版社1987年版，第168页。

W0342. 1

雷神手持电斧

实　例

壮族 天上的雷王用电斧劈不敬老人的人。

【流传】（无考）

【出处】蓝鸿恩：《壮族民间故事选》，上海：上海文艺出版社1984年版，第54～56页。

W0342. 2

雷神手持青铜斧

实　例

壮族 （实例待考）

W0342. 2a

雷神的紫铜斧

实　例

壮族 雷神面青青、嘴尖尖，手拿紫铜斧。

【流传】（无考）

【出处】《盘和古》，原载陶立璠、李耀宗编《中国少数民族神话传说选》，四川民族出版社1985年版，见姚宝瑄主编《中国各民族神话》（仫佬族、壮族、京族），太原：山西出版传媒集团·书海出版社2014年版，第130页。

W0342.3

雷公手持斧和锯

实 例

（参见下级母题实例）

W0342.3.1

雷公左手提红端斧，右手拿青端锯

实 例

瑶族 雷公左手提着“红端斧”，右手拿着“青端锯”。

【流传】广东省·（清远市）·连南县（连南瑶族自治县）·寨岗镇

【出处】唐罗古三等讲，许文清等采录：《洪水淹天》，见中国民间文学集成全国编辑委员会编《中国民间故事集成》（广东卷），北京：中国ISBN中心2006年版，第8页。

W0342.4

雷公拿着斧子和铜鼓

实 例

壮族 雷公拿着斧头和铜鼓。

【流传】（无考）

【出处】蓝鸿恩整理：《人和神物分家》，见中华民族故事大系编委会编《中华民族故事大系》第3卷（彝族、壮族、布依族），上海：上海文艺出版社1995年版，第370页。

W0342.5

雷神的天斧

【关联】［W6089.2.3］开天斧

实 例

苗族 雷神被阿各林（人名）斗败后很生气，就拿了自己的天斧就下地来找阿各林。

【流传】贵州省

【出处】

（a）罗亮臣讲，王春德搜集整理：《阿各林和葫芦兄妹》，见中国作家协会贵阳分会筹委会等编《民间文学资料》第十五集（苗族传说故事），内部资料，1959年编印。

（b）同（a），见姚宝瑄主编《中国各民族神话》（布依族、仡佬族、苗族），太原：山西出版传媒集团·书海出版社2014年版，第305页。

W0342.6

雷王手握两把大斧

实 例

壮族 雷王手握两把大斧，当它发出隆隆声时，跺脚踩地，舞弄着它的两把大斧，凶神恶煞。

【流传】广西壮族自治区左江流域

【出处】黄庆印搜集整理：＊《祭雷王神》（1989），见吕大吉、何耀华总主编《中国各民族原始宗教资料集成》（土家族卷、瑶族卷、壮族卷、黎族卷），北京：中国社会科学出版社

1998 年版，第 504 页。

W0342.7

雷公的石斧

实 例

（参见下级母题实例）

W0342.7.1

雷公手执短柄金刚石斧

实 例

汉族 海康人陈鸾凤以刀上挥，砍断雷左股雷堕地。雷公状类熊猪，毛角，肉翼青色，手执短柄刚石斧，血流如注。

【流传】（无考）

【出处】［宋］李昉、扈蒙、李穆、徐铉等：《太平广记》卷三九四“陈鸾凤”条引《传奇》。

W0342.8

与雷神的斧子有关的其他母题

实 例

（参见下级母题实例）

W0342.8.1

雷公的斧子只能使用斧背

实 例

畲族 茅山法主收 16 岁的男孩雷公徒弟，3 年也没教他什么，天天让他提水砍柴。告诉他你练就了好臂力，可以下山了，并送给他一把斧头。告诉他只能使用斧背，不能使用斧口。

【流传】福建省·（宁德市）·福鼎（福鼎市）

【出处】蓝俊德、蓝开雅讲，蓝振河采录：《雷公和雷婆》，原载《中国民间故事集成·福建卷·闽东畲族故事》，宁德地区民间文学集成编委会 1990 年编印，见《福建省少数民族古籍丛书》编委会编《畲族卷·民间故事》，福州：海峡出版发行集团·海峡书局 2013 年版，第 26 页。

W0342.8.2

天雷赐雷公斧

实 例

壮族 新石器时代晚期的石斧、石锛、石凿等，由于年代久远，埋藏地下，雷雨过后，经过雨水冲刷而露出地面，较容易发现和征集到。缺乏历史、考古知识的人，误认为是天雷所赐，把磨光石斧称为“雷公斧”。

【流传】广西壮族自治区左、右江流域

【出处】范宏贵：《壮族卷·绪论》，见吕大吉、何耀华总主编《中国各民族原始宗教资料集成》（土家族卷、瑶族卷、壮族卷、黎族卷），北京：中国社会科学出版社 1998 年版，第 472 页。

W0343

雷神的凿子

【关联】［W0144.2］雷公拿着铁凿，雷婆拿着舂臼槌

实　例

（参见下级母题实例）

W0343.1 雷神手持凿子和锤子

实　例

鄂伦春族 雷神阿克的恩都力一手持凿，一手拿锤。

【流传】（无考）

【出处】马名超、崔焱：《鄂伦春族宗教与神话》，见《中国各民族宗教与神话大词典》编审委员会编《中国各民族宗教与神话大词典》，北京：学苑出版社1993年版。

苗族 （实例待考）

W0343.2 雷公手持凿子和板斧

实　例

壮族 雷公手上还拿着板斧和凿子。

【流传】

（a）广西壮族自治区·（南宁市）·马山县·加芳乡（加方乡）

（bc）广西壮族自治区红水河流域各县

【出处】

（a）韦公讲，蓝鸿恩采录翻译：《布伯斗雷王》，见中国民间文学集成全国编辑委员会编《中国民间故事集成》（广西卷），北京：中国ISBN中心2001年版，第49页。

（b）蓝鸿恩搜集整理：《布伯》，见谷德明编《中国少数民族神话》，北京：中国民间文艺出版社1987年版，第90页。

（c）同（b），载《民间文学》1979年第10期。

壮族 雷王手上还拿着板斧和凿子，发起脾气，就这里凿凿，那里劈劈。

【流传】广西壮族自治区红水河流域各县

【出处】蓝鸿恩搜集整理：《布伯的故事》，原载蓝鸿恩编《壮族民间故事选》，见陶阳、钟秀编《中国神话》（上），北京：商务印书馆2008年版，第498~508页。

W0343.3 雷公的天凿

实　例

（参见下级母题实例）

W0343.3.1 雷公左手拿天凿，右手拿天鼓

实　例

畲族 雷公左手拿天凿，右手拿天鼓。

【流传】（无考）

【出处】蓝国运记录：《天雷五兄弟》，见姚宝瑄主编《中国各民族神话》（高山族、黎族、畲族），太原：山西出版传媒集团·书海出版社2014年版，第86页。

W0344

雷神的锤子

实 例

（参见下级母题实例）

W0344. 1

雷公手持铁锤和钢钻

实 例

苗族 雷公的铁锤钢钻。

【流传】 贵州东南贵州西部（贵州省东南部地区）

【出处】 王应光讲，成文魁整理：《张古老斗雷公》，见中华民族故事大系编委会编《中华民族故事大系》第2卷（藏族、维吾尔族、苗族），上海：上海文艺出版社1995年版，第629页。

W0344. 2

雷神手持铁锤和火铲

实 例

侗族 长手杆和长脚杆两兄弟见雷公摔了个四脚朝天，就夺下雷公的锤子和火铲。

【流传】 贵州省·（黔东南苗族侗族自治州）·天柱县

【出处】

（a）杨引招讲，龙玉龙搜集整理：《捉雷公》，载《南风》1981年第2期。

（b）同（a），见姚宝瑄主编《中国各民族神话》（土家族、毛南族、侗族、瑶族），太原：山西出版传媒集团·书海出版社2014年版，第106页。

侗族 四兄弟为给母亲治病捉住了雷公后，夺下他的铁锤火铲。

【流传】（贵州省）

【出处】 杨引招讲，龙玉成搜集整理：《捉雷公引起的故事》，原载《侗族民间故事选》，见陶阳、钟秀编《中国神话》（上），北京：商务印书馆2008年版，第465～471页。

W0344. 2. 1

雷一手拿铁锤，一手拿火铲

实 例

侗族 雷公一手拿铁锤，一手拿火铲。

【流传】 贵州省·（黔东南苗族侗族自治州）·黎平县·岩洞镇·四洲萨老街

【出处】 吴娇美讲：《侗族洪水神话中的祖先》，王宪昭采集，2009. 08。

侗族 雷一手拿铁锤，一手拿火铲。

【流传】 贵州省·（黔东南苗族侗族自治州）·天柱县

【出处】 杨引招讲，龙玉成采录：《姜良姜妹》，见中国民间文学集成全国编辑委员会编《中国民间故事集成》（贵州卷），北京：中国ISBN中心2003年，第43页。

W0344.3

雷公的铜锤钢鞭

实 例

苗族 杠生（星王，指的是北斗星）用枪射太阳，奸猾的雷公（太阳之一）被射落下来，它的铜锤甩到涧底，涧底陷了一个大洞，钢鞭落到坡头，坡头烈焰熊熊。

【流传】 广西壮族自治区·（柳州市）·融水苗族自治县

【出处】

（a）杨达香讲，梁彬搜集整理：《创世纪》（四、降服太阳，杠生求助），见梁彬、王天若编《苗族民间故事选》，南宁：广西人民出版社1986年版。

（b）同（a），见姚宝瑄主编《中国各民族神话》（布依族、仡佬族、苗族），太原：山西出版传媒集团·书海出版社2014年版，第191页。

W0344.4

雷公的铜锤板斧

实 例

苗族 雷公要报复人间的弟弟亨英（人名），从天上飞奔而来，他滚大雷、扇黑雾、舞铜锤、挥板斧，一心要把亨英捶烂捣碎。

【流传】 广西壮族自治区·（柳州市）·融水苗族自治县

【出处】

（a）杨达香讲，梁彬搜集整理：《创世纪》（五、水淹天下，兄妹乘葫），见梁彬、王天若编《苗族民间故事选》，南宁：广西人民出版社1986年版。

（b）同（a），见姚宝瑄主编《中国各民族神话》（布依族、仡佬族、苗族），太原：山西出版传媒集团·书海出版社2014年版，第201页。

W0344.5

雷公的雷锤电凿

实 例

（参见下级母题实例）

W0344.5.1

雷公左手握雷锤，右手拿电凿

实 例

苗族 雷公左手握雷锤，右手拿电凿。

【流传】 贵州省·黔东南（黔东南苗族侗族自治州）

【出处】 过竹：《苗族神话研究》，南宁：广西人民出版社1988年版，第210页。

W0344.6

雷神的铁锤和砧子

实 例

赫哲族 雷公有一把大铁锤和一个砧子。

【流传】（黑龙江省）

【出处】

(a)《民族问题五种丛书》黑龙江省编辑组：《赫哲族社会历史调查》，牡丹江：黑龙江朝鲜民族出版社 1987 年版，第 277～278 页。

(b)《雷和闪电》，见吕大吉、何耀华总主编《中国各民族原始宗教资料集成》（鄂伦春族卷、鄂温克族卷、赫哲族卷、达斡尔族卷、锡伯族卷、满族卷、蒙古族卷、藏族卷），北京：中国社会科学出版社 1999 年版，第 197 页。

W0344.6.1

雷公公手挥锤钻

实 例

白族 天神到地上毁灭人类时，雷公公挥着锤钻，见啥劈啥。

【流传】云南省·（大理白族自治州）·鹤庆县

【出处】*《崇拜树木石头的传说》，见鹤庆县民间文学集成办公室编《鹤庆民间故事集成》，昆明：云南人民出版社 1989 年版，第 247～248 页

W0344.7

雷神的闪锤和雷钻

实 例

高山族 雷神正好来到秃山上空，举起雷钻和闪锤，只听“轰隆”一声响，一个响沉雷，把阿里（人名）的身体击个粉碎，雷火在秃山顶上熊熊燃烧起来。

【流传】台湾

【出处】宋一平搜集整理：《阿里山》，载《民间文学》1984 年第 1 期。

W0344.8

雷神的轰天锤

实 例

满族 雷神手里拿了轰天锤。雷神的轰天锤一劈，顿时发出“轰隆隆”声响

【流传】黑龙江省·（黑河市）·孙吴县

【出处】

(a)《臭桦为啥皮是黑的》，见《七彩神火》，长春：吉林人民出版社 1984 年版。

(b)《阿布卡恩都里开辟大地》，见姚宝瑄主编《中国各民族神话》（满族、赫哲族、朝鲜族），太原：山西出版传媒集团、书海出版社 2014 年版，第 16～17 页。

W0345

雷神的鞭

实 例

（参见下级母题实例）

W0345.1

雷神的钢鞭

实 例

（参见下级母题实例）

W0345.1.1

雷公挥钢鞭满天打火闪

实 例

苗族 雷公与枉生争斗时，挥舞钢鞭，满天打起火闪。

【流传】广西壮族自治区·（柳州市）·融水苗族自治县

【出处】

(a) 杨达香讲，梁彬搜集整理：《创世纪》(四、降服太阳，枉生求助)，见梁彬、王天若编《苗族民间故事选》，南宁：广西人民出版社1986年版。

(b) 同(a)，见姚宝瑄主编《中国各民族神话》(布依族、仡佬族、苗族)，太原：山西出版传媒集团·书海出版社2014年版，第191页。

苗族 雷公挥钢鞭，满天打火闪。

【流传】

(a) 广西壮族自治区·（柳州市）·融水县（融水苗族自治县）·滚贝乡

(b) 广西壮族自治区·（柳州市）·融水县（融水苗族自治县）

【出处】

(a) 杨达香讲，梁彬采录翻译：《枉生射太阳》，见中国民间文学集成全国编辑委员会编《中国民间故事集成》（广西卷），北京：中国ISBN中心2001年版，第42页。

(b) 杨达香讲，梁彬搜集整理：《创世记》，见谷德明编《中国少数民族神话》，北京：中国民间文艺出版社1987年版，第545页。

W0345.2

雷神的火鞭

实 例

（参见下级母题实例）

W0345.2.1

雷公翻着筋斗，打着火鞭

实 例

苗族 雷公翻着筋斗，打着火鞭。

【流传】广西壮族自治区·（柳州市）·融水苗族自治县

【出处】

(a) 杨达香讲，梁彬搜集整理：《创世纪》(三、太阳打斗，人死草枯)，见梁彬、王天若编《苗族民间故事选》，南宁：广西人民出版社1986年版。

(b) 同(a)，见姚宝瑄主编《中国各民族神话》(布依族、仡佬族、苗族)，太原：山西出版传媒集团·书海出版社2014年版，第184~185页。

W0346

雷神的雷和电

实 例

（参见下级母题实例）

W0346.1

雷公踩电光飞行

实 例

汉族 雷公闪电行千里，单打下方不良人。

【流传】吉林省·（吉林市）·永吉县·土城子乡·聂司马屯汉军旗

【出处】常恕春抄录：《雷神》，见吉林省艺术研究所等编《坛续与神本》，内部编印，1985年，第146页。

土家族 雷公踩着几道电光，哗地飞落人间。

【流传】湖南省·（湘西土家族苗族自治州）·永顺（永顺县）、古丈（古丈县）、保靖（保靖县）、龙山（龙山县）沿酉水一带土家族聚居区

【出处】

(a) 田德华、向廷龙（巫师）、田光南讲，彭勃、彭继宽、田德风记录，彭勃整理：《齐天大水》（1962.05），见谷德明编《中国少数民族神话》，北京：中国民间文艺出版社1987年版。

(b) 同（a），见姚宝瑄主编《中国各民族神话》（土家族、毛南族、侗族、瑶族），太原：山西出版传媒集团·书海出版社2014年版，第12页。

W0346.1.1

雷王踏电光行走

实　例

壮族 雷王站在云端眨着眼睛往下望，绿色的电光一闪一闪直透过云层，雷王踏着电光走到半空。

【流传】广西壮族自治区红水河流域各县

【出处】

(a)《布伯的故事》，载《民间文学》1979年第10期。

(b) 同（a），（王松选定），见姚宝瑄主编《中国各民族神话》（仫佬族、壮族、京族），太原：山西出版传媒集团·书海出版社2014年版，第107页。

W0346.2

雷公手持雷和电刺

实　例

汉族 雷神一手执雷，一手握电刺。

【流传】甘肃省·（庆阳市）·正宁（正宁县）一带

【出处】黄鹏搜集整理：《阳光与黑暗》，见曹焕荣主编《中国民间故事集成·甘肃卷正宁县资料本》，内部编印，1989年，第1页。

W0347

与雷神的工具有关的其他母题

实　例

（参见下级母题实例）

W0347.1

雷公的三把秤

实　例

（参见下级母题实例）

W0347.1.1

雷公身挂三把秤，断解天下事

实 例

苗族 雷公身挂三把秤，好管天下事。第一把秤断解纠纷，第二把秤管天下田园，第三把秤管天下人。

【流传】贵州省·黔东南（黔东南苗族侗族自治州）

【出处】过竹：《苗族神话研究》，南宁：广西人民出版社1988年版，第210页。

W0347.2

雷公的槌子

实 例

（参见下级母题实例）

W0347.2.1

祖先送给雷公一个大槌子

实 例

（参见下级母题实例）

W0347.2.1.1

雷公用人祖给他的大槌子管是非

实 例

苗族 （蝴蝶生的12个卵孵出人的祖先姜央、雷和水龙、虎、野猫、喜鹊、蛇、大象、蛇等动物，姜央用智慧战胜哥哥雷公，与他分家，并让雷公住到天上。）姜央告诉雷公这样说："送给你个大槌子，看哪一个做得对，哪一个做不大对，挥起槌子就打他，这样才能管得下！"

【流传】原文无流传地，据文本及注释推测该神话流传于贵州省·黔东南苗族侗族自治州·凯里市、台江县等地

【出处】潘正昌唱，张海平搜集：《浩劫复生·洪水滔天》，见贵州省少数民族古籍整理出版规划小组办公室编，燕宝整理译注《苗族古歌》，贵阳：贵州民族出版社1993年版，第558页。

W0347.2.2

雷公的舂臼槌

实 例

（参见下级母题实例）

W0347.2.2.1

闾山法主送雷公一把舂臼槌

实 例

畲族 雷公看见天兵天将来捉，拿起舂臼槌就打，天兵天将一个个都打不过雷公。

【流传】福建省·（宁德市）·福鼎县（福鼎市）

【出处】蓝开雅讲，蓝振河采录：《雷公与雷婆》，见中国民间文学集成全国编辑委员会编《中国民间故事集成》（福建卷），北京：中国ISBN中心2008年版，第15页。

畲族 雷公做了闾山法主的徒弟，三

年出师时，闾山法主送给他一把舂臼槌。

【流传】福建省·（宁德市）·福鼎（福鼎市）

【出处】蓝俊德、蓝开雅讲，蓝振河采录：《雷公和雷婆》，原载《中国民间故事集成·福建卷·闽东畲族故事》，宁德地区民间文学集成编委会1990年编印，见《福建省少数民族古籍丛书》编委会编《畲族卷·民间故事》，福州：海峡出版发行集团·海峡书局2013年版，第27页。

W0347.3

雷公的盘子

实 例

（参见下级母题实例）

W0347.3.1

雷神端着盛满铁水和铁丸的盘子

实 例

藏族 雷公手中端着盛满铁水和炼成铁沙暴丸的盘子。

【流传】（无考）

【出处】格明多杰整理：《龙神雷公》，见BBS水木清华站：http：//www.smth.edu.cn，2006.07.20。

W0347.4

雷公的镜子

实 例

（参见下级母题实例）

W0347.4.1

玉皇赐给雷公一面镜子，让他打雷时先照一照

实 例

汉族 玉皇赐给他一面镜子，让他再打雷的时候，先用镜子照一照，免得出错。

【流传】吉林省·（辽源市）·梨树县

【出处】郑连贵讲，郑连庆采录：《雷与闪》，见中国民间文学集成全国编辑委员会编《中国民间故事集成》（吉林卷），北京：中国文联出版公司1992年版，第10页。

W0347.4.2

下雨时，雷公借闪娘娘的照妖镜照鬼怪

实 例

赫哲族 下雨打雷天，雷公借闪娘娘的照妖镜，看准鬼怪后再击之。

【流传】（黑龙江省）

【出处】

（a）《民族问题五种丛书》黑龙江省编辑组：《赫哲族社会历史调查》，牡丹江：黑龙江朝鲜民族出版社1987年版，第277～278页。

（b）《梦》，见吕大吉、何耀华总主编《中国各民族原始宗教资料集成》（鄂伦春族卷、鄂温克族卷、赫哲族卷、达斡尔族卷、锡伯族卷、满族卷、蒙古族卷、藏族卷），北京：中国社会

科学出版社 1999 年版，第 197 页。

W0347.4.3

雷神的天镜

实　例

苗族 雷神将身一纵就到了云端，拿出他的天镜，向四面八方乱照，便发出万道青光。

【流传】贵州省

【出处】

（a）罗亮臣讲，王春德搜集整理：《阿各林和葫芦兄妹》，见中国作家协会贵阳分会筹委会等编《民间文学资料》第十五集（苗族传说故事），内部资料，1959 年编印。

（b）同（a），见姚宝瑄主编《中国各民族神话》（布依族、仡佬族、苗族），太原：山西出版传媒集团·书海出版社 2014 年版，第 303 页。

W0347.5

雷车

【关联】［W6216.1］车的发明

实　例

汉族（实例待考）

W0347.6

雷公的铜铃

实　例

（参见下级母题实例）

W0347.6.1

雷公的铜铃能呼风唤雨

实　例

苗族 天雷公有一对铜铃，可以呼风唤雨。

【流传】贵州省·（黔东南苗族侗族自治州）·黄平县

【出处】潘垢九讲，刘必强搜集整理：《鸡、鸭、鹅的由来》，见姚宝瑄主编《中国各民族神话》（布依族、仡佬族、苗族），太原：山西出版传媒集团·书海出版社 2014 年版，第 235 页。

苗族 雷公仗着他的一对铜铃，任意呼风唤雨。

【流传】贵州省·（黔东南苗族侗族自治州）·黄平县

【出处】潘垢九讲，刘必强搜集整理：《鸡、鸭、鹅的由来》，载《民间文学》1986 年第 1 期。

W0347.7

雷神的锣鼓

实　例

（参见下级母题实例）

W0347.7.1

雷神的神鼓神锣

实　例

瑶族 雷神阿坡阿难受密洛陀之命，

背着神鼓神锣，升上天空去敲鼓打锣，聚云而雨，养育万物。

【流传】（无考）

【出处】《密洛陀神谱》，蓝田根据农学冠等撰写的《瑶族神话传说中的人物》编写，见姚宝瑄主编《中国各民族神话》（土家族、毛南族、侗族、瑶族），太原：山西出版传媒集团·书海出版社 2014 年版，第 148 页。

W0347. 7. 2

雷公的鼓和槌

实 例

（参见下级母题实例）

W0347. 7. 2. 1

土地神给雷公鼓槌

实 例

苗族 土地爷爷见雷公可怜，送给他一根鼓槌。

【流传】贵州省、云南省苗族地区

【出处】《十二个兄弟争天下》，苗地根据《枫木歌》、《十二个蛋》等文本改写，见姚宝瑄主编《中国各民族神话》（布依族、仡佬族、苗族），太原：山西出版传媒集团·书海出版社 2014 年版，第 145 页。

W0347. 7. 3

雷公的天鼓

实 例

汉族 我欲攀龙见明主，雷公砰訇震天鼓。

【流传】（无考）

【出处】［唐］李白：《梁甫吟》。

汉族 雷公拿起天鼓，雷母擎起闪剑，就在五斗峰上凿了一个山洞。

【流传】河南省·济源市

【出处】段庆川、程月英讲，缪华等采录整理：《王母洞》，见张振犁编著，孟宪明、朱淑君统纂《中原神话通鉴》（第三卷），郑州：河南大学出版社 2017 年版，第 741 页。

W0347. 7. 3. 1

雷神脚踏铜鼓

实 例

壮族 图把（雷公）常常拿着斧头、蹬着铜鼓，发出震天的喊声威胁人。

【流传】（无考）

【出处】蓝鸿恩整理：《人和神物分家》，见姚宝瑄主编《中国各民族神话》（仫佬族、壮族、京族），太原：山西出版传媒集团·书海出版社 2014 年版，第 114 页。

W0347. 7. 3. 2

雷神的天鼓和鼓槌是他使天下不安的祸根

实 例

汉族 雷神身边放着天鼓和鼓槌，这是他使天下不安的祸根。

【流传】河南省·（周口市）·淮阳县

【出处】《伏羲老母华胥姑娘》，见张振

犁编著《中原神话通鉴》（第一卷），郑州：河南大学出版社 2017 年版，第 210 页。

W0347.7.4
雷公的锣

实 例

（参见下级母题实例）

W0347.7.4.1
雷公有宝锣

实 例

苗族 （蝴蝶生的 12 个卵孵出人的祖先姜央、雷和水龙、虎、大象、蛇等动物，姜央与雷争统治权时，雷公放水淹天下，姜央放火烧山坡，结果）雷公得个宝锣敲，雷公飞奔上天空。

【流传】原文无流传地，据文本及注释推测该神话流传于贵州省·黔东南苗族侗族自治州·凯里市、台江县等地

【出处】耇富演唱，苗丁搜集，燕宝整理译注：《枫木生人·十二个蛋》，见贵州省少数民族古籍整理出版规划小组办公室编，燕宝整理译注《苗族古歌》，贵阳：贵州民族出版社 1993 年版，第 508 页。

W0347.8
雷公的枪

实 例

（参见下级母题实例）

W0347.8.1
雷公有大铜锤和长火枪

实 例

苗族 雷公有大铜锤和长火枪。

【流传】广西壮族自治区·（柳州市）·融水苗族自治县

【出处】

（a）杨达香讲，梁彬搜集整理：《创世纪》（五、水淹天下，兄妹乘葫），见梁彬、王天若编《苗族民间故事选》，南宁：广西人民出版社 1986 年版。

（b）同（a），见姚宝瑄主编《中国各民族神话》（布依族、仡佬族、苗族），太原：山西出版传媒集团·书海出版社 2014 年版，第 200 页。

W0347.9
雷公的铁锅、铜锤和铜网

实 例

（参见下级母题实例）

W0347.9.1
雷正在天上打制铁锅、铜锤和铜网

实 例

彝族 英雄支格阿龙到了天上捉雷公时，看见雷公正在那里打铁锅、铜锤和铜网。

【流传】（无考）

【出处】墨色夫哈讲，胡云、邹志诚整

理：《降雷》，见姚宝瑄主编《中国各民族神话》（羌族、彝族），太原：山西出版传媒集团·书海出版社 2014 年版，第 298 页。

W0347. 10

雷神的楔和槌

实 例

（参见下级母题实例）

W0347. 10. 1

雷神左手执楔，右手执槌

【关联】［W0344. 5. 1］雷公左手握雷锤，右手拿电凿

实 例

汉族 雷神足如鹰鹯，而爪更厉，左手执楔，右手执槌，做欲击状。

【流传】（无考）

【出处】［清］黄斐默：《集说诠真》，见乌丙安主编《中国民间神谱》，沈阳：辽宁人民出版社 2007 年版，第 8 页。

W0347. 11

雷神的鼓和椎

实 例

（参见下级母题实例）

W0347. 11. 1

雷神左手拿鼓，右手拿椎

【关联】［W0347. 10. 1］雷神左手执楔，右手执槌

实 例

汉族 图画之工，图雷之状，累累如连鼓之形。又图一人，若力士之容，谓之雷公，使之左手引连鼓，右手推椎，若缶之状。其意以为雷声隆隆者，连鼓相扣击之意也；其魄然若敝裂者，椎所击之声也。其杀人也，引连鼓相椎，并击之矣。

【流传】（无考）

【出处】［汉］王充：《论衡·雷虚》。

W0347. 12

雷神的牛角

实 例

（参见下级母题实例）

W0347. 12. 1

天上雷神用牛角做工具

实 例

哈尼族 天神们杀翻塔婆的龙牛铺设天地造万物时，牛角是天上雷神的工具。

【流传】（无考）

【出处】《杀牛龙，造天地》，根据张牛朗、杨批斗、李书周等演唱，杨保生、李家顺等翻译，杨笛、郭纯礼等整理《十二奴局》和《奥色密色》翻译稿改写，见姚宝瑄主编《中国各民族神话》（哈尼族、傣族），太原：山西出版传媒集团·书海出版社 2014 年版，第 14 页。

W0347.13
雷神的棒

【关联】［W0333a.2.2］雷公挥棒制造闪电

实 例

苗族 （参见“W0333a.2.2 雷公挥棒制造闪电”母题实例）

❊W0348
雷神的关系（雷公的关系）

实 例

（参见下级母题实例）

W0349
雷神的父母（雷公的父母）

实 例

（参见下级母题实例）

W0349.1
雷神是天帝的儿子

实 例

汉族 雷公是天帝的儿子。

【流传】天津市·河东区

【出处】高振环讲，王维刚采录：《人为嘛穿上了衣裳》，见中国民间文学集成全国编辑委员会编《中国民间故事集成》（天津卷），北京：中国ISBN中心2004年版，第7页。

W0349.1.1
老天爷有9个儿子是9个雷公

实 例

汉族 老天爷有9个儿子。这9个儿子是9个雷公。

【流传】天津市·河东区

【出处】高振环讲，王维刚采录：《人为嘛穿上了衣裳》，见中国民间文学集成全国编辑委员会编《中国民间故事集成》（天津卷），北京：中国ISBN中心2004年版，第7页。

W0349.2
雷神是特定的神的儿子

实 例

侗族 （实例待考）

W0349.2.1
雷公是太阳神的儿子

【关联】［W0324a.6.1.1］雷公是一个太阳

实 例

汉族 雷公是太阳神的儿子。

【流传】贵州省·（遵义市）·余庆县·敖溪区

【出处】毛光美讲，李业成采录：《布、都找火》见中国民间文学集成全国编辑委员会编《中国民间故事集成》（贵州卷），北京：中国ISBN中心2003年，第60页。

W0349. 2. 2

雷是仙婆牙线的儿子

实 例

水族 牙线（仙婆，天神的女儿）让儿子雷去管天上。

【流传】贵州省·（黔东南苗族侗族自治州）·榕江县·平永乡

【出处】潘开雄等讲，杨路塔采录：《十二个仙蛋》，见中国民间文学集成全国编辑委员会编《中国民间故事集成》（贵州卷），北京：中国 ISBN 中心 2003 年，第 10 页。

W0349. 3

雷公的父母引雄和妮仰

实 例

苗族 引雄和妮仰婚后，妮仰吃了牛头和虎爪，生雷公。

【流传】广西壮族自治区·（柳州市）·融水县（融水苗族自治县）

【出处】杨达香讲，梁彬搜集整理：《创世记》，见谷德明编《中国少数民族神话》，北京：中国民间文艺出版社 1987 年版，第 545 页。

W0349. 4

雷公的母亲

实 例

（参见下级母题实例）

W0349. 4. 1

雷公母亲从天来

实 例

苗族 雷公母亲从天来，噔噔踏着大地行，来给雷公断纠纷，来为姜央断纠纷，公平断给他二人。

【流传】原文无流传地，据文本及注释推测该神话流传于贵州省·黔东南苗族侗族自治州·凯里市、台江县等地

【出处】潘正昌唱，张海平搜集：《浩劫复生·洪水滔天》，见贵州省少数民族古籍整理出版规划小组办公室编，燕宝整理译注《苗族古歌》，贵阳：贵州民族出版社 1993 年版，第 541 页。

W0350

雷神的妻子（雷公的妻子）

【关联】

① ［W0144］雷公雷婆

② ［W0312］女雷神（雷婆）

③ ［W0358. 5. 1］雷神与凡女婚

④ ［W7059. 1］风神抢雷神的妻子

实 例

（参见下级母题实例）

W0350. 1

雷神的妻子是神

实 例

（参见下级母题实例）

W0350.1.1
雷神的妻子是太阳神和月亮神

实 例

毛南族 （实例待考）

W0350.2
雷神的妻子是天女

实 例

（参见下级母题实例）

W0350.2.1
雷公的妻子雷婆是玉皇大帝的女儿

【关联】

①［W0312］女雷神（雷婆）

②［W0780.2.4］玉皇大帝的女儿

实 例

畲族 玉皇大帝就叫女儿大公主要雷公做老公，成为雷婆。

【流传】福建省·（宁德市）·福鼎县（福鼎市）

【出处】蓝开雅讲，蓝振河采录：《雷公与雷婆》，见中国民间文学集成全国编辑委员会编《中国民间故事集成》（福建卷），北京：中国ISBN中心2008年版，第15页。

W0350.3
雷神的妻子是美女

实 例

（参见下级母题实例）

W0350.3.1
雷神娶神幻化的美女

实 例

（参见下级母题实例）

W0350.3.1.1
雷神西恩林的妻子美女其其旦

实 例

满族 天神阿布卡恩都里额上突生红瘤“其其旦”，化为美女，嫁与雷神西恩林为妻。

【流传】黑龙江省·黑河地区（黑河市）·孙吴县·（沿江满族达斡尔族乡）·四季屯（四季屯村）

【出处】吴纪贤、富希陆讲：《天宫大战——黑水女真人传世神话》（1939，选自富育光、郭淑云整理的手稿），见姚宝瑄主编《中国各民族神话》（满族、赫哲族、朝鲜族），太原：山西出版传媒集团·书海出版社2014年版，第37页。

W0350.4
雷神的妻子是凡女

实 例

（参见下级母题实例）

W0350.4.1
雷神娶凡女为妻

实 例

汉族 （实例待考）

W0350. 4. 2

雷师的村女妻子

实 例

汉族 一村女自言为雷师所娶。

【流传】（无考）

【出处】［宋］徐铉：《稽神录》。

W0350. 5

雷公的妻子电母

【关联】

①［W0145. 1］雷公电母

②［W0362a. 1］电母的丈夫雷公

实 例

汉族 女娲用土捏一对较大的男女布（男）和都（女）。“都”做了雷公妻（电母）。

【流传】贵州省·（遵义市）·余庆县

【出处】毛尖美讲：《布、都和火》，见燕宝、张晓编《贵州神话传说》，贵阳：贵州人民出版社 1997 年版，第 68 页。

W0350. 5. 1

雷神的妻子电婆

实 例

德昂族 雷神和电婆是一对夫妻。

【流传】云南省·德宏州（德宏傣族景颇族自治州）

【出处】陈志鹏采录：《祖先创世纪》，见中国民间文学集成全国编辑委员会编《中国民间故事集成》（云南卷），北京：中国 ISBN 中心 2003 年版，第 106 页。

德昂族 雷神的老婆是电婆。

【流传】云南省·德宏州（德宏傣族景颇族自治州）

【出处】

（a）陈志鹏搜集整理：《祖先创世纪》，见李子贤编《云南少数民族神话选》，昆明：云南人民出版社 1990 年版。

（b）同（a），见姚宝瑄主编《中国各民族神话》（佤族、阿昌族、纳西族、普米族、德昂族），太原：山西出版传媒集团·书海出版社 2014 年版，第 392 页。

W0350. 5. 2

雷公雷母夫妻

实 例

汉族 王母娘娘就叫雷公雷母在王屋山上造个好地方，给她修个行宫，在这里享享人间清福。

【流传】河南省·济源市

【出处】段庆川、程月英讲，缪华等采录整理：《王母洞》，见张振犁编著，孟宪明、朱淑君统纂《中原神话通鉴》（第三卷），郑州：河南大学出版社 2017 年版，第 741 页。

W0350.5.3
雷神的妻子电神

实　例

彝族 雷神叫母兹，与母赫（电）结合在一起。

【流传】四川省·凉山（凉山彝族自治州）

【出处】胡庆钧：《凉山彝族奴隶制社会形态》，北京：中国社会科学出版社1985年版，第394页。

W0350.5a
雷公闪母

实　例

（参见下级母题实例）

W0350.5a.1
雷公闪母是一对受难的老夫妻

实　例

汉族 太白金星化为白胡子老头对一对受难的老夫妻说："雷公闪母不必害怕，我是太白李金星。三十年前，你们下凡人间，今夜你们有大灾大难，玉皇让我把你们救回天宫。"

【流传】河南省

【出处】雷文杰采录整理：《雷公和闪母》，见张振犁编著，孟宪明、朱淑君统纂《中原神话通鉴》（第四卷），郑州：河南大学出版社2017年版，第1245页。

W0350.5a.2
雷公闪母是两条金龙

实　例

汉族 雷小两口子因为不孝敬父母，他两口都叫龙抓了。他爹是雷公，他娘是闪母，老两口都是天上的金龙变的。这消息在村里流传起来。后来，老百姓都捐钱盖庙，烧香磕头，敬仰雷公闪母这两条金龙。

【流传】河南省

【出处】雷文杰采录整理：《雷公和闪母》，见张振犁编著，孟宪明、朱淑君统纂《中原神话通鉴》（第四卷），郑州：河南大学出版社2017年版，第1246页。

W0350.6
雷的妻子是伏羲王的妹妹

实　例

汉族 伏羲王的妹妹答应嫁给雷后，雷回到了天宫。

【流传】四川省·（自贡市）·荣县·金台乡

【出处】曹大瑜讲，罗志容采录：《雷和伏羲的妹妹》，见中国民间文学集成全国编辑委员会编《中国民间故事集成》（四川卷·上），北京：中国ISBN中心1998年版，第36页。

W0350. 7

雷神的妻子是太阳公主

【关联】［W1682. 2］太阳的女儿

实 例

傣族 人间小伙向太阳公主求婚时，太阳公主说："汝不知我已婚矣，雷神即我夫，虽然非我所喜。吾叔乃海中龙神，即使我未婚，吾叔亦必不允汝做我夫。"

【流传】（云南省?）

【出处】袁珂改编：《太阳公主》，原载傅光宇等编《傣族民间故事选，见袁珂《中国神话大词典》，北京：华夏出版社 2015 年版，第 499 页。

W0351

雷神的子女（雷公的子女）

实 例

（参见下级母题实例）

W0351. 1

雷神的女儿

实 例

景颇族 （实例待考）

W0351. 1. 1

雷神的女儿是天女

实 例

壮族 （实例待考）

W0351. 2

雷神的儿子（雷公的儿子）

【关联】［W0680. 1. 1. 1］伏羲是雷神之子

实 例

（参见下级母题实例）

W0351. 2. 1

雷公的儿子盘果王

【关联】［W0728. 3. 7. 1］盘果王

实 例

布依族 祖先盘果王是雷公的儿子。

【流传】贵州省

【出处】《安王和祖王》（又译作《岸王和梭王》、《罕温和索温》等），见何积全、陈立浩主编《布依族文学史》，贵阳：贵州民族出版社 1992 年版，第 58 页。

W0352

雷神的兄弟姊妹（雷公的兄弟姊妹）

【关联】［W0352. 5］雷神九兄弟

实 例

（参见下级母题实例）

W0352. 1

龙王是雷王的兄弟

实 例

壮族 地下的龙王是雷王的兄弟。

【流传】

(a) 广西壮族自治区·(南宁市)·马山县·加芳乡(加方乡)

(b) 广西壮族自治区红水河流域各县

【出处】

(a) 韦公讲,蓝鸿恩采录翻译:《布伯斗雷王》,见中国民间文学集成全国编辑委员会编《中国民间故事集成》(广西卷),北京:中国ISBN中心2001年版,第49页。

(b) 蓝鸿恩搜集整理:《布伯》,见谷德明编《中国少数民族神话》,北京:中国民间文艺出版社1987年版,第90页。

壮族 地下的龙王是雷王的兄弟。

【流传】广西壮族自治区红水河流域各县

【出处】

(a) 《布伯的故事》,载《民间文学》1979年第10期。

(b) 同(a),(王松选定),见姚宝瑄主编《中国各民族神话》(仫佬族、壮族、京族),太原:山西出版传媒集团·书海出版社2014年版,第104页。

W0352.2

雷公与人类祖先是兄弟(雷公与人结拜兄弟)

【关联】

① [W0355.1.1] 雷公与人的祖先交朋友

② [W0640] 祖先

③ [W0641] 祖先神

实 例

苗族 雷公与人类始祖是兄弟。

【流传】贵州东南贵州西部(贵州省东南部地区)

【出处】王应光讲,成文魁整理:《张古老斗雷公》,见中华民族故事大系编委会编《中华民族故事大系》第2卷(藏族、维吾尔族、苗族),上海:上海文艺出版社1995年版,第627页。

苗族(黑苗) 人祖与雷公是兄弟。

【流传】贵州省

【出处】《黑苗洪水歌》,见马昌仪编《中国神话学文论选萃》(上编),北京:中国广播电视出版社1994年版,第391~392页。

W0352.2.1

人祖与雷公是一母所生

实 例

苗族 人祖与雷公是一母所生。

【流传】贵州省·黔东南(黔东南苗族侗族自治州)

【出处】《兄妹结婚歌》,见潘定智、杨培德、张寒梅编《苗族古歌》,贵阳:贵州人民出版社1997年版,第104~132页。

W0352.2.1.1

人祖姜炎和雷公是两哥弟

实 例

苗族 姜炎（人名，始祖）和雷公本是两哥弟。

【流传】贵州省·（黔东南苗族侗族自治州）·雷山县·（大塘镇）·桃江（桃江村）

【出处】杨里当讲，余文烈采录：《姜炎斗雷公》，见中国民间文学集成全国编辑委员会编《中国民间故事集成》（贵州卷），北京：中国 ISBN 中心 2003 年，第 39 页。

W0352. 2. 2

姜炎和雷公是两兄弟

实 例

苗族 姜炎（人）和雷公是蝴蝶妈妈的 12 个蛋生出的两兄弟。

【流传】贵州省·（黔东南苗族侗族自治州）·雷山县·（大塘镇）·桃江（桃江村）

【出处】杨里当讲：《姜炎斗雷公》，见中国民间文学集成全国编辑委员会编《中国民间故事集成》（贵州卷），北京：中国 ISBN 中心 2003 年版，第 39 ~ 41 页。

W0352. 2. 3

天上的雷公与人间的阿陪果本结拜兄弟

实 例

苗族 天上的雷公时常去人间的阿陪果本（人名，与雷公是结拜兄弟）家里做客。

【流传】湖南省湘西一带、贵州省·（铜仁市）·松桃地区（松桃苗族自治县）

【出处】

（a）滕树宽、龙炳文搜集，江波整理：《阿陪果本》，见燕宝编《苗族民间故事选》，上海：上海文艺出版社 1981 年版。

（b）同（a），见姚宝瑄主编《中国各民族神话》（布依族、仡佬族、苗族），太原：山西出版传媒集团·书海出版社 2014 年版，第 149 页。

W0352. 3

雷神与龙、虎、人等是兄弟

实 例

苗族 老大雷公与弟弟龙、虎、亨英（人名）和妹妹配咧（人名）是兄弟姐妹。

【流传】

（a）广西壮族自治区·（柳州市）·融水县（融水苗族自治县）·滚贝乡

（b）广西壮族自治区·（柳州市）·融水县（融水苗族自治县）

【出处】

（a）杨达香讲，梁彬采录翻译：《殷略和埋耶兄妹》，见中国民间文学集成全国编辑委员会编《中国民间故事集成》（广西卷），北京：中国 ISBN 中心 2001 年版，第 74 页。

（b）杨达香讲，梁彬搜集整理：《创世记》，见谷德明编《中国少数民族神话》，北京：中国民间文艺出版社

1987年版，第545页。

W0352.4

雷神两兄弟

实　例

瑶族 两个不贪心的小孩当了上界雷神，监督人世间，哪个作恶就惩罚哪个。

【流传】 云南省·文山（文山壮族苗族自治州）·西畴县

【出处】 邓光灿讲，蒋云珠采录：《玉皇鼓》，见中国民间文学集成全国编辑委员会编《中国民间故事集成》（云南卷），北京：中国ISBN中心2003年版，第148页。

W0352.4a

雷公五兄弟

实　例

（参见下级母题实例）

W0352.4a.1

雷公五兄弟分别负责天、地、水、火、神五种事情

实　例

畲族 巨石生的雷公五兄弟长大成人后，便做了分工，分别负责天、地、水、火、神五种不同的事情。

【流传】（无考）

【出处】 蓝国运记录：《天雷五兄弟》，见姚宝瑄主编《中国各民族神话》（高山族、黎族、畲族），太原：山西出版传媒集团·书海出版社2014年版，第85页。

W0352.4a.2

雷公五兄弟也叫五雷

实　例

畲族 很古时，圆石蛋炸开后生出五个兄弟，人们称他们为雷公，也叫五雷，或者叫午雷。

【流传】（无考）

【出处】 蓝国运记录：《天雷五兄弟》，见姚宝瑄主编《中国各民族神话》（高山族、黎族、畲族），太原：山西出版传媒集团·书海出版社2014年版，第85页。

W0352.4a.3

雷公五兄弟也叫午雷

实　例

畲族（参见“W0352.4a.2　雷公五兄弟也叫五雷”母题实例）

W0352.5

雷神九兄弟

实　例

（参见下级母题实例）

W0352.5.1

雷公9个兄弟

实　例

汉族 老天爷有9个儿子是9个雷公。

【流传】天津市·河东区

【出处】高振环讲，王维刚采录：《人为嘛穿上了衣裳》，见中国民间文学集成全国编辑委员会编《中国民间故事集成》（天津卷），北京：中国ISBN中心2004年版，第7页。

W0352.6
雷公的妹妹

【关联】［W0705.7.1］姆洛甲是雷公的妹妹

实 例

（参见下级母题实例）

W0352.6.1
雷公的妹妹姆六甲

实 例

（参见下级母题实例）

W0352.6.1.1
雷公与妹妹姆洛甲关系很僵

实 例

壮族 雷公是姆洛甲的哥哥，兄妹俩一直不相往来，更说不上早晚相帮了。

【流传】广西壮族自治区·（河池市）·大化县（大化瑶族自治县）·羌圩乡

【出处】覃卜兵讲，覃承勤采录翻译：《姆洛甲造红水河》，见中国民间文学集成全国编辑委员会编《中国民间故事集成》（广西卷），北京：中国ISBN中心2001年版，第7页。

W0352.7
与雷神的兄弟姊妹有关的其他母题

实 例

（参见下级母题实例）

W0352.7.1
雷公兄弟姊妹6人

实 例

（参见下级母题实例）

W0352.7.1.1
恩、雷、虎、龙、蛇和媚6兄妹

实 例

苗族 有一对不知姓名的夫妇，生下了六个子女。老大叫恩，老二叫雷，老三叫虎，老四叫龙，老五叫蛇，老六叫媚。父亲一死，几兄妹便分管自己的事，恩管地、雷管天、虎管山、龙管林、蛇管洞。

【流传】贵州省·（黔东南苗族侗族自治州）·黄平县·谷陇区（谷陇镇）

【出处】《人祖的来历》，见姚宝瑄主编《中国各民族神话》（布依族、仡佬族、苗族），太原：山西出版传媒集团·书海出版社2014年版，第

231 页。

W0352.7.1.2

老大雷公有弟弟龙、虎、亨英和妹妹配咧

实　例

苗族 老大雷公与弟弟龙、虎、亨英（人名）和妹妹配咧（人名）分家，他担心龙、虎、和妹妹抢他财产，就决意搬到天上去住。

【流传】

(a) 广西壮族自治区·（柳州市）·融水县（融水苗族自治县）·滚贝乡

(b) 广西壮族自治区·（柳州市）·融水县（融水苗族自治县）

【出处】

(a) 杨达香讲，梁彬采录翻译：《殷略和埋耶兄妹》，见中国民间文学集成全国编辑委员会编《中国民间故事集成》（广西卷），北京：中国ISBN中心2001年版，第74页。

(b) 杨达香讲，梁彬搜集整理：《创世记》，见谷德明编《中国少数民族神话》，北京：中国民间文艺出版社1987年版，第545页。

W0352.7.2

雷神和虹神是兄妹

实　例

佤族 达赛（雷神）和牙远（虹神）兄妹通奸触怒了天神降下的灾祸。

【流传】（云南省·普洱市·西盟佤族自治县）

【出处】 随戛、岩扫、岩瑞等讲，艾荻、张天达搜集整理：《司岗里》，见姚宝瑄主编《中国各民族神话》（佤族、阿昌族、纳西族、普米族、德昂族），太原：山西出版传媒集团·书海出版社2014年版，第27页。

W0352.7.3

雷公在兄弟中排行老大

实　例

汉族 古时候，人王和雷公、金龙、老虎是兄弟，雷公排行老大，人王是老二，虎是老三，龙是老幺。

【流传】 河南省·（南阳市）·桐柏县·（吴城乡·阎庄村）

【出处】 刘昌国（农民）讲，刘英采录：《人管天下》（1986.02.07），见张振犁编著《中原神话通鉴》（第一卷），郑州：河南大学出版社2017年版，第85页。

W0352.7.4

雷公的哥哥高比

实　例

（参见下级母题实例）

W0352.7.4.1

雷公的哥哥高比管地下

实　例

汉族 弟弟叫雷公，管天上；哥哥叫高比，管地下。

【流传】江西省·南昌市

【出处】周仑讲，稚翁搜集整理：《洪水的传说》，原载南昌市民间文学集成编委会编《南昌民间故事集成》，见姚宝瑄主编《中国各民族神话》（汉族），太原：山西出版传媒集团·书海出版社 2014 年版，第 87～89 页。

W0352. 7. 5

雷神的兄弟扬叉和法耶凝

实 例

黎族 天地将要倒覆时，玉帝急忙叫雷公的兄弟扬叉和法耶凝来，让他们下凡间去压实地基。

【流传】（海南省）

【出处】

（a）王知会讲，谢盛圻搜集整理：《五指山与七指岭》，见广东民族学院中文系编《黎族民间故事选》，上海：上海文艺出版社 1983 年版。

（b）同（a），见姚宝瑄主编《中国各民族神话》（高山族、黎族、畲族），太原：山西出版传媒集团·书海出版社 2014 年版，第 52 页。

W0353

雷神的从属（雷神的上司，雷公的从属，雷王的手下）

【关联】

①［W0361b. 2］闪电神是雷神的助手

②［W8739. 1. 2］雷兵

实 例

（参见下级母题实例）

W0353. 1

雷神受命于天神（雷神受命于天帝）

实 例

汉族 （实例待考）

W0353. 2

雷神是龙的部下

【关联】［W0316. 1. 1］雷公是龙

实 例

（参见下级母题实例）

W0353. 2. 1

雷公听命于东海龙王敖广的儿子小金龙

实 例

汉族 东海龙王敖广的儿子小金龙在干旱无雨时，带领风伯、云童、雷公、电母兴云施雨。

【流传】甘肃省·（平凉市）·静宁县·城关镇

【出处】杨琨讲，陈静搜集整理：《小金龙》，见静宁县民间文学三套集成编辑组编《中国民间故事集成甘肃卷·静宁民间故事》，内部编印，1989 年，第 10 页。

W0353.3

雷公受人监管

实 例

（参见下级母题实例）

W0353.3.1

伏、羲兄妹的爹住在天上当雷公的首领

实 例

布依族 老者（伏、羲兄妹的爹）斗败雷公，雷公求饶，老者就住在天上当雷公的首领。

【流传】贵州省·（黔南布依族苗族自治州）·罗甸县·罗悃公社（罗悃镇）·洞尚寨

【出处】杨胞建由讲，罗文亮搜集：《洪水潮天（一）》，见姚宝瑄主编《中国各民族神话》（布依族、仡佬族、苗族），太原：山西出版传媒集团·书海出版社 2014 年版，第 51 页。

W0353.3.2

一位老人到天上监督雷公

实 例

布依族 人间的老者见大雨从天而降，知道是自己的小孩把雷公放了，立即拿起大钳顺着通天树，爬到天上。在天池边抓起雷公，就要拿大钳夹他的卵蛋，雷公忙哀求饶命，请他当雷的头子。老者看见下界的人都淹死了，也只好同意。

【流传】贵州省·（黔南布依族苗族自治州）·望谟县·油亭公社（郊纳乡油亭村）·拉怀大队（拉怀寨）

【出处】罗老文讲，祖岱年搜集：《洪水潮天（三）》，见姚宝瑄主编《中国各民族神话》（布依族、仡佬族、苗族），太原：山西出版传媒集团·书海出版社 2014 年版，第 54 ~ 55 页。

W0353.4

雷神是玉皇大帝的手下

实 例

土家族 （实例待考）

W0353.4.1

雷公听令于玉帝

实 例

畲族 以前，闹饥荒，一个母亲看到老鸦吃棕树籽，想试吃棕树籽时，心急的儿子被噎死了。气得她把棕树籽泼到门外时，被巡视天下的玉帝看到了。于是调来雷公，把这个母亲劈死了。

【流传】福建省·（宁德市）·福安（福安市）

【出处】郑成禄、雷品魁讲，郑碧霞采录：《霆雷为何先打闪》，原载《闽东畲族文化全书》，北京：民族出版社 2009 年版，见《福建省少数民族古籍丛书》编委会编《畲族卷·民间故事》，福州：海峡出版发行集团·海

峡书局 2013 年版，第 29 页。

W0353. 5

雷王手下神契高

【关联】

①［W0132. 1. 2. 1］雷王手下神契高变成树上的三角蛙

②［W0354. 4. 2］雷兵契高

实 例

壮族 （参见“W0132. 1. 2. 1 雷王手下神契高变成树上的三角蛙”母题实例）

W0353. 6

雷神是黄帝的手下

实 例

（参见下级母题实例）

W0353. 6. 1

黄帝命雷公取草药

实 例

汉族 黄帝命雷公取来草药，亲手煎熬，治好了仓颉的病。

【流传】 河南省·（郑州市）·新郑市

【出处】 张永林采录整理：《仓颉造字（一）》，见张振犁编著，孟宪明、朱淑君统纂《中原神话通鉴》（第二卷），郑州：河南大学出版社 2017 年版，第 653 页。

W0353. 7

雷部首领

实 例

（参见下级母题实例）

W0353. 7. 1

姜子牙封闻仲为雷部首领，号九天应元雷神普化天尊

实 例

汉族 姜子牙封神时，闻大师闻仲被封为雷部首领，号“九天应元雷神普化天尊”。

【流传】（无考）

【出处】 《封神演义》，见乌丙安主编《中国民间神谱》，沈阳：辽宁人民出版社 2007 年版，第页。

W0353. 7. 2

雷部有催云助雨护法天君 24 名

实 例

汉族 雷部有催云助雨护法天君二十四名。

【流传】（无考）

【出处】 《雷部诸神》，见乌丙安主编《中国民间神谱》，沈阳：辽宁人民出版社 2007 年版，第 10 页。

W0353. 7. 3

雷部有元帅 36 名

实 例

汉族 雷神之外，一说认为雷部有鼓三十六面，三十六神司之，故有元帅三十六名。

【流传】（无考）

【出处】《雷部诸神》，见乌丙安主编《中国民间神谱》，沈阳：辽宁人民出版社2007年版，第10页。

W0353.8

雷神隶属于雷部

实 例

彝族（撒尼） 四道雷神：即东南西北四方之雷神。隶属于雷部。

【流传】云南省·昆明（昆明市）·官渡区

【出处】邓立木、赵永勤：《官渡区阿拉乡彝族宗教调查》，见吕大吉、何耀华总主编《中国各民族原始宗教资料集成》（彝族卷、白族卷、基诺族卷），北京：中国社会科学出版社1996年版，第127页。

W0354

雷神的使者

【汤普森】A284.0.1

实 例

（参见下级母题实例）

W0354.1

雷神的助手是鸡

【关联】［W0515.2］雷公鸡

实 例

羌族 （实例待考）

W0354.2

雷王的使者青蛙

实 例

壮族 青蛙是雷王的使者。

【流传】（无考）

【出处】丘振声：《壮族蛙图腾神话》，见张声震总主编，农冠品编注《壮族神话集成》，南宁：广西民族出版社2007年版，第771页。

W0354.3

雷神的魔兵

实 例

（参见下级母题实例）

W0354.3.1

雷公率十万魔兵

实 例

藏族 雷公率领十万魔兵。

【流传】（无考）

【出处】格明多杰整理：《龙神雷公》，见BBS水木清华站：http://www.smth.edu.cn，2006.07.20。

W0354.4

雷兵雷将

实 例

（参见下级母题实例）

W0354. 4. 1

雷将陆盟

实 例

壮族 天上的雷将陆盟督促雷兵们补天河，糊天池，不准一丝水渗到下界人间来。

【流传】

(a) 广西壮族自治区·（南宁市）·马山县·加芳乡（加方乡）

(b) 广西壮族自治区红水河流域各县

【出处】

(a) 韦公讲，蓝鸿恩采录翻译：《布伯斗雷王》，见中国民间文学集成全国编辑委员会编《中国民间故事集成》（广西卷），北京：中国 ISBN 中心 2001 年版，第 49 页。

(b) 蓝鸿恩搜集整理：《布伯》，见谷德明编《中国少数民族神话》，北京：中国民间文艺出版社 1987 年版，第 90 页。

W0354. 4. 1. 1

雷将陆盟负责给人间送雨水

实 例

壮族 雷王命令雷将陆盟以后再不给人间送雨水。

【流传】广西壮族自治区红水河流域各县

【出处】蓝鸿恩搜集整理：《布伯的故事》，载《民间文学》1979 年第 10 期。

壮族 雷王受到人的捉弄，气愤地回到天上，便叫雷将陆盟过来，命令他，以后再不给人间送雨水。

【流传】广西壮族自治区红水河流域各县

【出处】《布伯的故事》，王松选定，见姚宝瑄主编《中国各民族神话》（仫佬族、壮族、京族），太原：山西出版传媒集团·书海出版社 2014 年版，第 103 页。

壮族 雷王回到天上，叫雷将陆盟来，命令他以后再不给人间送雨水。

【流传】广西壮族自治区红水河流域各县

【出处】蓝鸿恩搜集整理：《布伯的故事》，原载蓝鸿恩编《壮族民间故事选》，见陶阳、钟秀编《中国神话》（上），北京：商务印书馆 2008 年版，第 498 ~ 508 页。

W0354. 4. 2

雷兵契高

实 例

壮族 有个雷兵名叫契高的，补天河时工作慢了一点，雷王的大将陆盟就用鞭子鞭挞他。

【流传】广西壮族自治区红水河流域各县

【出处】

(a) 《布伯的故事》，载《民间文学》1979 年第 10 期。

(b) 同（a），文本由王松选定，见姚宝瑄主编《中国各民族神话》（仫佬族、壮族、京族），太原：山西出版传媒集团·书海出版社 2014 年版，第 105 页。

W0354.5

雷神的护卫

实 例

（参见下级母题实例）

W0354.5.1

虾龟二将是雷神的护卫

实 例

汉族 雷神稳坐宫殿正中，虾龟二将持刀护卫，宫娥彩女侍立两旁，雷神盘龙。

【流传】 河南省·（周口市）·淮阳县

【出处】《伏羲老母华胥姑娘》，见张振犁编著《中原神话通鉴》（第一卷），郑州：河南大学出版社 2017 年版，第 210 页。

W0354a

雷神的助手

【关联】 ［W4438.1.1］闪电是雷公的助手

实 例

壮族 （实例待考）

W0354b

雷神的伴侣

实 例

（参见下级母题实例）

W0354b.1

闪娘娘常与雷公偕行

实 例

赫哲族 闪娘娘常与雷公偕行。

【流传】（无考）

【出处】《闪娘娘》，见《中国各民族宗教与神话大词典》编审委员会编《中国各民族宗教与神话大词典》，北京：学苑出版社 1990 年版，第 308 页。

W0354b.2

雷公风婆

实 例

（参见下级母题实例）

W0354b.2.1

雷公风婆管下雨

实 例

汉族 老天爷传令，命雷公风婆照计划下雨行事。普天下都说天爷是好天爷。

【流传】 河南省

【出处】 王远（男，70 岁，农民不识字）讲，王洪志（男，44 岁，文化站专干）采录整理：《天奶奶替天爷解难》，见张振犁编著，孟宪明、朱淑君统纂《中原神话通鉴》（第四卷），郑州：河南大学出版社 2017 年版，第 1242 页。

W0355
雷神的朋友（雷公的朋友）

实 例

（参见下级母题实例）

W0355.1
雷神与人是朋友

【关联】［W0352.2］雷公与人类始祖是兄弟

实 例

黎族 雷公与地上的人交朋友。

【流传】海南省·（三亚市）·保亭（保亭黎族苗族自治县）

【出处】广东民族学院中文系七七级采风组搜集，陈永平整理：《雷公根》，见中华民族故事大系编委会编《中华民族故事大系》第7卷（黎族、傈僳族、佤族），上海：上海文艺出版社1995年版，第21页。

W0355.1.1
雷公与人的祖先交朋友

实 例

布依族 雷公与人的祖先交朋友。

【流传】贵州省·（黔南布依族苗族自治州）·都匀（都匀市）

【出处】罗春明讲，竹茗整理：《阿培哥本和他的儿女们》，见中华民族故事大系编委会编《中华民族故事大系》第3卷（彝族、壮族、布依族），上海：上海文艺出版社1995年版，第695页。

W0355.1.2
雷公与人曾经是朋友

实 例

苗族 人与雷公曾经是朋友。

【流传】湖南省·湘西（湘西土家族苗族自治州）；贵州省·（铜仁市）·松桃（松桃苗族自治县）

【出处】腾树宽等讲，江波整理：《阿陪果本》，见燕宝编《苗族民间故事选》，上海：上海文艺出版社1981年版。

W0355.1.3
雷与人是朋友

实 例

苗族 雷，苗名果索，与果本（人名）是很好的朋友。

【流传】湖南省·（湘西土家族苗族自治州）·凤凰县·北乡

【出处】

（a）吴良佐讲，芮逸夫采录：《洪水故事》，见中国民间文学集成全国编辑委员会编《中国民间故事集成》（湖南卷），北京：中国ISBN中心2002年版，第26页。

（b）同（a），载中央研究院历史语言研究所《人类学集刊》，第1卷第1期，1938年。

W0355.2

雷公与动物是朋友

实 例

（实例待考）

W0356

雷神的仇敌

实 例

（参见下级母题实例）

W0356.1

雷神最恨鸡

【关联】

① ［W0316.5］雷神是鸡

② ［W0338.3］雷神变鸡

③ ［W0354.1］鸡是雷神的助手

实 例

苗族 雷公最恨鸡。

【流传】湖南省·湘西（湘西土家族苗族自治州）；贵州省·（铜仁市）·松桃（松桃苗族自治县）

【出处】滕树宽、龙炳文搜集，江波整理：《阿陪果本》，见中华民族故事大系编委会编《中华民族故事大系》第2卷（藏族、维吾尔族、苗族），上海：上海文艺出版社1995年版，第634页。

苗族 雷公最恨鸡了，不吃鸡肉，连鸡屎壅的菜都不吃。（疑为雷公本身是鸡，故不能吃鸡肉）

【流传】湖南省·（湘西土家族苗族自治州）·花垣县·猫儿乡

【出处】龙玉六讲，滕树宽等采录：《阿陪果本和雷公》，见中国民间文学集成全国编辑委员会编《中国民间故事集成》（湖南卷），北京：中国ISBN中心2002年版，第23页。

W0356.2

雷神的仇敌是鱼摩

实 例

鄂伦春族 "沙加"（鱼摩）专门逗雷神。"沙加"眨眼学雷神打闪，并学雷神叫，所以雷神最讨厌它。

【流传】（无考）

【出处】

（a）内蒙古自治区编委会：《鄂伦春族社会历史调查》（第一集），呼和浩特：内蒙古人民出版社1984年版，第51页。

（b）《雷神的传说》，见吕大吉、何耀华总主编《中国各民族原始宗教资料集成》（鄂伦春族卷、鄂温克族卷、赫哲族卷、达斡尔族卷、锡伯族卷、满族卷、蒙古族卷、藏族卷），北京：中国社会科学出版社1999年版，第19页。

W0356.3

雷神的仇敌是飞鼠

实 例

鄂伦春族 "翁卡伊"（飞鼠）住在最硬的树上，雷神击不着它。雷神气得专门击它，但它实际是住在朽木的树洞里，雷击不着它，是因为雷不击朽木。

【流传】（无考）

【出处】

（a）内蒙古自治区编委会：《鄂伦春族社会历史调查》（第一集），呼和浩特：内蒙古人民出版社 1984 年版，第 51 页。

（b）《雷神的传说》，见吕大吉、何耀华总主编《中国各民族原始宗教资料集成》（鄂伦春族卷、鄂温克族卷、赫哲族卷、达斡尔族卷、锡伯族卷、满族卷、蒙古族卷、藏族卷），北京：中国社会科学出版社 1999 年版，第 19 页。

W0357

与雷神的关系有关的其他母题

实 例

（参见下级母题实例）

W0357.1

雷神的师傅（雷神的老师）

实 例

（参见下级母题实例）

W0357.1.1

人是雷公的师傅

实 例

布依族 洪水时，老者躲在革当（葫芦）里升到天上，他看见雷公正在上面吐水，就趁雷公不防，拿火钳一下夹住它的卵子，雷公这下才服老者，拜老者做了师父。

【流传】贵州省·（黔南布依族苗族自治州）·罗甸县·罗悃公社（罗悃镇）·河东大队（河东村）

【出处】罗老文讲，祖岱年搜集：《洪水潮天（四）》，见姚宝瑄主编《中国各民族神话》（布依族、仡佬族、苗族），太原：山西出版传媒集团·书海出版社 2014 年版，第 56 页。

W0357.1.2

雷公的师傅茅山法主

实 例

畲族 男孩雷公 16 岁时到山上砍柴，跌入山谷，被茅山法主救活，收去做了徒弟。

【流传】福建省·（宁德市）·福鼎（福鼎市）

【出处】蓝俊德、蓝开雅讲，蓝振河采录：《雷公和雷婆》，原载《中国民间故事集成·福建卷·闽东畲族故事》，宁德地区民间文学集成编委会 1990 年编印，见《福建省少数民族古籍丛书》编委会编《畲族卷·民间故事》，福州：海峡出版发行集团·海峡书局 2013 年版，第 26 页。

W0357.2

雷女①

实 例

① 雷女，神话中的“雷女”不一定是雷神的女儿。

（参见下级母题实例）

W0357.2.1
雷神的怪蚕生雷女

实 例

黎族 雷神把怪蚕带到荒岛，蚕生姑娘雷女。

【流传】海南省雷州半岛

【出处】《雷蚕》，见高明强编《创世的神话和传说》，上海：上海三联书店1988年版，第135页。

W0357.3
雷神与人的关系

实 例

（参见下级母题实例）

W0357.3.1
人对天上雷王供香火

实 例

壮族 人只要对天上的雷王供些香火，便会风调雨顺，人们便能平安地过日子。

【流传】

（a）广西壮族自治区·（南宁市）·马山县·加芳乡（加方乡）

（bc）广西壮族自治区红水河流域各县

【出处】

（a）韦公讲，蓝鸿恩采录翻译：《布伯斗雷王》，见中国民间文学集成全国编辑委员会编《中国民间故事集成》（广西卷），北京：中国ISBN中心2001年版，第49页。

（b）蓝鸿恩搜集整理：《布伯》，见谷德明编《中国少数民族神话》，北京：中国民间文艺出版社1987年版，第90页。

（c）同（b），载《民间文学》1979年第10期。

W0358
与雷神有关的其他母题（与雷公有关的其他母题）

【关联】

① ［W0697.1.2］黄帝是雷雨神

② ［W8872］捉雷公

③ ［W9953.4.2］雷神误劈孝妇

实 例

（参见下级母题实例）

W0358.1
雷鸟

【汤普森】A284.2

实 例

（实例待考）

W0358.2
雷精

【汤普森】F434

【关联】［W0907.2］精灵

实 例

（实例待考）

W0358.3
雷神的名字（雷公名称）

实 例

（参见下级母题实例）

W0358.3.1
雷公是人的名字

实 例

（参见下级母题实例）

W0358.3.1.1
雷公是一个男孩的名字

实 例

畲族 山哈（畲族自称）有个山凛（即小孩）叫雷公，性情像火烈。

【流传】福建省·（宁德市）·福鼎县（福鼎市）

【出处】蓝开雅讲，蓝振河采录：《雷公与雷婆》，见中国民间文学集成全国编辑委员会编《中国民间故事集成》（福建卷），北京：中国 ISBN 中心 2008 年版，第 15 页。

畲族 古早的时候，有一个细妮仔（男孩子）叫雷公。他没爹没娘，性情火烈，直肠子，嗓门大，喊一声天摇地动。

【流传】福建省·（宁德市）·福鼎（福鼎市）

【出处】蓝俊德、蓝开雅讲，蓝振河采录：《雷公和雷婆》，原载《中国民间故事集成·福建卷·闽东畲族故事》，宁德地区民间文学集成编委会 1990 年编印，见《福建省少数民族古籍丛书》编委会编《畲族卷·民间故事》，福州：海峡出版发行集团·海峡书局 2013 年版，第 26 页。

W0358.3.2
黄帝是主雷雨之神

【关联】［W0690］黄帝

实 例

汉族 （实例待考）

W0358.3.3
玉帝命名九天都雷公

实 例

（参见下级母题实例）

W0358.3.3.1
玉帝让赖孵鸡娘称九天都雷公

实 例

畲族 玉帝怕让赖孵鸡娘称天神凡间不服，改叫它“九天都雷公”。

【流传】浙江省·（温州市）·文成县·中樟乡·乌田村

【出处】雷西可讲，雷德宽等采录：《雷公鸡娘变》，见中国民间文学集成全国编辑委员会编《中国民间故事集成》（浙江卷），北京：中国 ISBN 中心 1997 年版，第 36 页。

W0358.3.4

特定名称的雷神

实 例

（参见下级母题实例）

W0358.3.4.1

雷公叫丰隆

实 例

汉族 雷公名字叫丰隆

【流传】（无考）

【出处】［战国］撰者不详：《穆天子传》。

汉族 《穆天子传》曰："天子升于昆仑，观黄帝之宫，而封丰隆之葬。"丰隆，雷公也。

【流传】（无考）

【出处】［北魏］郦道元：《水经注·河水》。

W0358.3.4.1a

雷神屏翳

【关联】

①［W0213d.1］天使屏翳

②［W0304.3.3.5］雨师又称屏翳

③［W0370g.1］云神屏翳

实 例

汉族 "召屏翳。"张守节正义引应劭注："屏翳，雷师也。"

【流传】（无考）

【出处】［西汉］司马迁：《史记·司马相如列传》［唐］张守节正义引［三国］韦昭注。

W0358.3.4.2

雷神谢如·达来勒

实 例

达斡尔族 雷神谢如·达来勒。

【流传】（无考）

【出处】吕大吉、何耀华总主编《中国各民族原始宗教资料集成》（鄂伦春族卷、鄂温克族卷、赫哲族卷、达斡尔族卷、锡伯族卷、满族卷、蒙古族卷、藏族卷），北京：中国社会科学出版社1999年版，第294页。

W0358.3.4.3

雷郎公公

【关联】［W0312.5.1］雷婆萨邑

实 例

侗族 雷郎公公的身体有江河样长。

【流传】广西壮族自治区·（柳州市）·三江县（三江侗族自治县）·独洞乡·牙龙村

【出处】公包芳讲，吴浩采录翻译：《祖先的事》，见中国民间文学集成全国编辑委员会编《中国民间故事集成》（广西卷），北京：中国ISBN中心2001年版，第60页。

W0358.3.4.4

雷公喝

实 例

苗族 以前的天下只有喝（雷公）大。

【流传】贵州省·（黔东南苗族侗族自治州）·雷山（雷山县）·西江地区（西江镇）

【出处】

（a）杨正光、侯昌德讲，杨正光、侯昌德搜集整理：《雷公坪》，载《南风》1981年第1期。

（b）同（a），见姚宝瑄主编《中国各民族神话》（布依族、仡佬族、苗族），太原：山西出版传媒集团·书海出版社2014年版，第135页。

W0358. 3. 4. 4a

雷公爷梭

实 例

苗族 雷公爷梭时常借酒发疯，下人间来劈树子、打人。

【流传】贵州省·（毕节市）·赫章县·古木乡

【出处】黄三妹讲，杨明忠采录：《体仑米和爷梭》，见中国民间文学集成全国编辑委员会编《中国民间故事集成》（贵州卷），北京：中国ISBN中心2003年，第51页。

W0358. 3. 4. 4b

雷果索

实 例

苗族 雷，苗名果索。

【流传】湖南省·（湘西土家族苗族自治州）·凤凰县·北乡

【出处】

（a）吴良佐讲，芮逸夫采录：《洪水故事》，见中国民间文学集成全国编辑委员会编《中国民间故事集成》（湖南卷），北京：中国ISBN中心2002年版，第26页。

（b）同（a）载中央研究院历史语言研究所《人类学集刊》第1卷第1期，1938年。

W0358. 3. 4. 5

雷神阿路狄达力

实 例

鄂伦春族 雷神“阿路狄达力”。

【流传】（无考）

【出处】

（a）内蒙古自治区编委会：《鄂伦春族社会历史调查》（第一集），呼和浩特：内蒙古人民出版社1984年版，第161页。

（b）《雷和风的神力》，见吕大吉、何耀华总主编《中国各民族原始宗教资料集成》（鄂伦春族卷、鄂温克族卷、赫哲族卷、达斡尔族卷、锡伯族卷、满族卷、蒙古族卷、藏族卷），北京：中国社会科学出版社1999年版，第19页。

W0358. 3. 4. 5a

雷神阿克的恩都力

实 例

鄂伦春族 雷神阿克的恩都力一手持凿，一手拿锤。

【流传】（无考）

【出处】马名超、崔焱：《鄂伦春族宗教与神话》，见《中国各民族宗教与神话大词典》编审委员会编《中国各民族宗教与神话大词典》，北京：学苑出版社1993年版。

W0358.3.4.6
雷神查和尔干腾格里

实　例

鄂温克族 民间所说的"天"即"神"。"九个天"的"腾格里"，意实为"神"，而不是天。如"查和尔干腾格里"即雷神。

【流传】（无考）

【出处】

(a)《陈巴尔虎旗莫尔格河鄂温克族社会历史调查报告》，见内蒙古自治区编辑组《鄂温克族社会历史调查》，呼和浩特：内蒙古人民出版社1986年版，第338页。

(b)《莫尔格河地区供祭的天神》注释，见吕大吉、何耀华总主编《中国各民族原始宗教资料集成》（鄂伦春族卷、鄂温克族卷、赫哲族卷、达斡尔族卷、锡伯族卷、满族卷、蒙古族卷、藏族卷），北京：中国社会科学出版社1999年版，第112～113页。

W0358.3.4.7
雷神阿惹

实　例

哈尼族 大神烟沙（世上第一个男神，第二代神王）生雷神阿惹。

【流传】云南省·（红河哈尼族彝族自治州）·元阳县

【出处】卢朝贵讲，史军超采录：《神和人的家谱》，见中国民间文学集成全国编辑委员会编《中国民间故事集成》（云南卷），北京：中国ISBN中心2003年版，第23页。

哈尼族 第二代男神王烟沙大神又传出新的家谱。他生下第二代男神沙拉后，又生下了九位大神，其中有风神米沙、雨神即比、雷神阿惹。

【流传】云南省·（红河哈尼族彝族自治州）·元阳（元阳县）、红河（红河县）、金平（金平苗族瑶族傣族自治县）［采集于元阳县·胜村乡·全福庄］

【出处】卢朝贵讲，史军超搜集整理：《神和人的家谱》，原载云南省民间文学集成办公室编《哈尼族神话传说集成》，中国民间文艺出版社1990年版，见姚宝瑄主编《中国各民族神话》（哈尼族、傣族），太原：山西出版传媒集团·书海出版社2014年版，第40页。

W0358. 3. 4. 8

雷神阿霹刹

实 例

彝族 雷神阿霹刹用开荒复原的方法告诉四兄妹世上马上要发大水。

【流传】云南省·（昆明市）·石林彝族自治县

【出处】王伟搜集整理：《阿霹刹、洪水和人的祖先》，原载李德君、陶学良编《彝族民间故事选》，上海文艺出版社 1981 年版，见姚宝瑄主编《中国各民族神话》（羌族、彝族），太原：山西出版传媒集团·书海出版社 2014 年版，第 239 页。

W0358. 3. 4. 8a

雷神普化

实 例

汉族 姜子牙封神时，闻大师闻仲被封为雷部首领，号“九天应元雷神普化天尊”。

【流传】（无考）

【出处】《封神演义》，见乌丙安主编《中国民间神谱》，沈阳：辽宁人民出版社 2007 年版。

W0358. 3. 4. 8a. 1

九天应彦雷神普化鸡首人身

实 例

彝族（撒尼） 九天应彦雷神普化鸡首人身。

【流传】云南省·昆明（昆明市）·官渡区

【出处】邓立木、赵永勤：《官渡区阿拉乡彝族宗教调查》，见吕大吉、何耀华总主编《中国各民族原始宗教资料集成》（彝族卷、白族卷、基诺族卷），北京：中国社会科学出版社 1996 年版，第 126 页。

W0358. 3. 4. 8b

雷神母兹

实 例

彝族 雷神叫母兹。

【流传】四川省·凉山（凉山彝族自治州）

【出处】胡庆钧：《凉山彝族奴隶制社会形态》，北京：中国社会科学出版社 1985 年版，第 394 页。

W0358. 3. 4. 9

雷神达劳明古

【关联】［W0340. 18. 1］达劳明古雷神轰开一条到毒海边的路

实 例

纳西族 （参见“W0340. 18. 1 达劳明古雷神轰开一条到毒海边的路”母题实例）

W0358. 3. 4. 10

雷神阿坡阿难

实 例

瑶族（布努）密洛陀（万物之母，女始祖，女神）的五子阿坡阿难造雨，密洛陀把他封为雷神（雷王）。

【流传】广西壮族自治区·（河池市）·都安县（都安瑶族自治县）、巴马县（巴马瑶族自治县）、南丹县，（百色市）·田东县、平果县等地

【出处】桑布郎等传，蒙凤标（83岁）、罗仁祥（73岁）等唱：《密洛陀》（1983），见蓝怀昌、蓝书京、蒙通顺搜集翻译整理《密洛陀》，北京：中国民间文艺出版社1988年版，第121～122页。

W0358.3.4.11

雷神西恩林

实　例

满族　（参见“W0350.3.1.1 雷神西恩林的妻子美女其其旦”母题实例）

W0358.3.5

与雷神的名字有关的其他母题

实　例

（参见下级母题实例）

W0358.3.5.1

雷公老爷

实　例

土家族雷公老爷从天上下来。

【流传】湖北省·（宜昌市）·长阳县（长阳土家族自治县）·都镇湾镇·杜家冲村

【出处】孙家香讲：《洪水泡天》，见长阳土家族网：http：//www.cy－tujia.com/list_ body.php？id，2005.12.08。

W0358.3.5.2

雷公爷

实　例

汉族雷公爷脾气暴躁。

【流传】河北省·（秦皇岛市）·卢龙县·陈官屯（陈官屯镇）

【出处】夏本讲，王淑苓采录：《盘儿和古儿》，见中国民间文学集成全国编辑委员会编《中国民间故事集成》（河北卷），北京：中国ISBN中心2003年版，第24页。

W0358.3.5.2.1

雷神曰雷公

实　例

汉族雷曰天鼓，雷神曰雷公。

【流传】（无考）

【出处】［宋］王铚：《云仙杂记·天鼓》。

W0358.3.5.3

雷神爷

实　例

汉族

【流传】（无考）

【出处】

羌族 雷神爷养神鸡雷公鸡。

【流传】四川省·（阿坝藏族羌族自治州）·理县·蒲溪乡

【出处】王久清讲，韩香芝翻译，周巴采录：《木姐珠与高山海子》，见中国民间文学集成全国编辑委员会编《中国民间故事集成》（四川卷·下），北京：中国 ISBN 中心 1998 年版，第 1117 页。

W0358. 3. 5. 4

雷神称雷师

实 例

民族无考 雷神，又称雷公、雷师，司雷之神。

【流传】（无考）

【出处】《雷神》，见乌丙安主编《中国民间神谱》，沈阳：辽宁人民出版社 2007 年版，第 8 页。

W0358. 3. 5. 5

天雷

实 例

（参见下级母题实例）

W0358. 3. 5. 5. 1

大雷管天叫天雷

实 例

畲族 巨石生的雷公五兄弟长大成人后，便做了分工。其中，大雷管天，就叫天雷。

【流传】（无考）

【出处】蓝国运记录：《天雷五兄弟》，见姚宝瑄主编《中国各民族神话》（高山族、黎族、畲族），太原：山西出版传媒集团·书海出版社 2014 年版，第 85 页。

W0358. 3. 5. 6

地雷

实 例

（参见下级母题实例）

W0358. 3. 5. 6. 1

二雷管地叫地雷

实 例

畲族 巨石生的雷公五兄弟长大成人后，便做了分工。其中，二雷管地，叫地雷。

【流传】（无考）

【出处】蓝国运记录：《天雷五兄弟》，见姚宝瑄主编《中国各民族神话》（高山族、黎族、畲族），太原：山西出版传媒集团·书海出版社 2014 年版，第 85 页。

W0358. 3. 5. 7

水雷

实 例

（参见下级母题实例）

W0358.3.5.7.1

三雷管水叫水雷

实　例

畲族 巨石生的雷公五兄弟长大成人后，便做了分工：其中，三雷管水，叫水雷。

【流传】（无考）

【出处】蓝国运记录：《天雷五兄弟》，见姚宝瑄主编《中国各民族神话》（高山族、黎族、畲族），太原：山西出版传媒集团·书海出版社 2014 年版，第 85 页。

W0358.3.5.8

火雷

实　例

（参见下级母题实例）

W0358.3.5.8.1

四雷管火叫火雷

实　例

畲族 雷公五兄弟长大成人后，做了分工。其中，四雷管火，叫火雷。

【流传】（无考）

【出处】蓝国运记录：《天雷五兄弟》，见姚宝瑄主编《中国各民族神话》（高山族、黎族、畲族），太原：山西出版传媒集团·书海出版社 2014 年版，第 85 页。

W0358.3.5.9

神雷

实　例

（参见下级母题实例）

W0358.3.5.9.1

五雷管神叫神雷

实　例

畲族 巨石生的雷公五兄弟长大成人后，便做了分工：其中，五雷管神，叫神雷。

【流传】（无考）

【出处】蓝国运记录：《天雷五兄弟》，见姚宝瑄主编《中国各民族神话》（高山族、黎族、畲族），太原：山西出版传媒集团·书海出版社 2014 年版，第 85 页。

W0358.4

雷神的数量

实　例

（参见下级母题实例）

W0358.4.0

4 个雷神

实　例

（参见下级母题实例）

W0358.4.0.1

四道雷神

实 例

（参见下级母题实例）

W0358.4.0.1.1

四道雷神即东南西北四方之雷神

实 例

彝族（撒尼） 四道雷神：即东南西北四方之雷神。

【流传】云南省·昆明（昆明市）·官渡区

【出处】邓立木、赵永勤：《官渡区阿拉乡彝族宗教调查》，见吕大吉、何耀华总主编《中国各民族原始宗教资料集成》（彝族卷、白族卷、基诺族卷），北京：中国社会科学出版社1996年版，第127页。

W0358.4.1

5个雷神（5个雷公）

实 例

（参见下级母题实例）

W0358.4.1.1

五个雷神是东方青雷、南方赤雷、中央黄雷、西方白雷、北方黑雷

实 例

毛南族 （实例待考）

W0358.4.1.2

雷神5兄弟

实 例

（参见下级母题实例）

W0358.4.1.2.1

巨石生的雷公五兄弟

实 例

畲族 巨石生的雷公五兄弟。

【流传】（无考）

【出处】蓝国运记录：《天雷五兄弟》，见姚宝瑄主编《中国各民族神话》（高山族、黎族、畲族），太原：山西出版传媒集团·书海出版社2014年版，第85页。

W0358.4.1.2.2

雷大、雷二、雷三、雷四和雷五5兄弟

实 例

汉族 唐叶迁韶，信州人也，幼岁樵牧，避雨于大树下。树为雷霹，俄而却合。雷公为树所夹，奋飞不得。迁韶取石楔开枝，然后得去。仍愧谢之。约曰："来日复至此可也。"如其言至彼，雷公亦来。以墨篆一卷与之，曰："依此行之，可以致雷雨，祛疾苦，立功救人。我兄弟五人，要闻雷声，但唤雷大雷二，即相应。然

雷五性刚躁，无危急之事，不可唤之。”自是行符致雨，咸有殊效。尝于吉州市大醉，太守擒而责之，欲加楚辱。迁韶于庭下大呼雷五。

【流传】（无考）

【出处】［北宋］李昉、扈蒙、李穆等：《太平广记》卷三九四“叶迁韶”条引《神仙感遇传》。

W0358.4.2

9个雷神（9个雷公）

实 例

汉族 老天爷有9个儿子是9个雷公。

【流传】天津市·河东区

【出处】高振环讲，王维刚采录：《人为嘛穿上了衣裳》，见中国民间文学集成全国编辑委员会编《中国民间故事集成》（天津卷），北京：中国ISBN中心2004年版，第7页。

W0358.4.2a

12个雷神

实 例

（参见下级母题实例）

W0358.4.2a.1

12个雷神即一年12月轮流值日之神

实 例

彝族（撒尼）十二雷神即一年十二月轮流值日之神。

【流传】云南省·昆明（昆明市）·官渡区

【出处】邓立木、赵永勤：《官渡区阿拉乡彝族宗教调查》，见吕大吉、何耀华总主编《中国各民族原始宗教资料集成》（彝族卷、白族卷、基诺族卷），北京：中国社会科学出版社1996年版，第127页。

W0358.4.3

36个雷神

实 例

汉族 （实例待考）

W0358.4.3.1

36个雷王

实 例

壮族 有六六三十六雷王。

【流传】（无考）

【出处】丘振声：《壮族图腾考》，南宁：广西教育出版社1996年版，第66页。

W0358.4.3.2

36个雷部

实 例

（参见下级母题实例）

W0358. 4. 3. 2. 1
36 个雷部管施云布雨

实 例

彝族（撒尼）（实例待考）

W0358. 4. 4
24 个雷神

实 例

（参见下级母题实例）

W0358. 4. 4. 1
九天应元雷神普化天尊属下有 24 员雷公

实 例

汉族 姜子牙封神时，闻大师闻仲被封为雷部首领，号“九天应元雷神普化天尊”，属下有二十四员雷公催云助雨，其中也包括闪电神和助风神。

【流传】（无考）

【出处】《封神演义》，见乌丙安主编《中国民间神谱》，沈阳：辽宁人民出版社 2007 年版。

W0358. 4. 5
13 个雷神

实 例

（参见下级母题实例）

W0358. 4. 5. 1
13 个可怕的雷公腾格里

实 例

蒙古族（布里亚特） 居西南方、骑白马的白色闪电腾格里的伴随者有 77 个西哈尔、99 个库库尔和 13 个可怕的雷公腾格里。

【流传】（无考）

【出处】 浦泽都尼夫著，嘎日达译：《布里亚特萨满教记述》（英文版），赫尔辛基 1941 年版，见吕大吉、何耀华总主编《中国各民族原始宗教资料集成》（鄂伦春族卷、鄂温克族卷、赫哲族卷、达斡尔族卷、锡伯族卷、满族卷、蒙古族卷、藏族卷），北京：中国社会科学出版社 1999 年版，第 630 页。

W0358. 5
雷神的婚姻

【关联】

① ［W0330. 2］ 雷神与电母为伴

② ［W7059. 1］ 风神抢雷神的妻子

③ ［W7216］ 雷神与电母是夫妻

实 例

（参见下级母题实例）

W0358. 5. 1
雷神与凡女婚

【关联】［W7263. 4］ 凡女与雷神婚

实 例

汉族 （实例待考）

W0358.6

雷神的死亡

实 例

（参见下级母题实例）

W0358.6.1

雷神被人吃掉

实 例

（参见下级母题实例）

W0358.6.1.1

雷龙和雷虎捉雷公给母亲吃

实 例

汉族 雷公被寡妇的两个儿子雷龙和雷虎捉住后煮给母亲吃掉。

【流传】浙江省·（丽水市）·缙云县·兆岸乡·兆岸村

【出处】朱有兴讲，陈凡升记录：《雷龙雷虎》，见缙云县民间文学征集办公室编《中国民间文学集成浙江省·缙云县故事、歌谣、谚语卷》，内部编印，1988年，第9页。

W0358.6.2

雷神被处死

【关联】［W8870］斗雷公

实 例

（参见下级母题实例）

W0358.6.2.1

玉皇杀死恶的雷公

实 例

汉族 玉皇大帝杀了恶的雷公后，又换了一个雷公神。

【流传】广西壮族自治区·（柳州市）·融水县（融水苗族自治县）·（融水镇）·兴贤村·兴隆寨

【出处】龙九旭讲，龙淑权等整理：《李𬀩秋义斗恶雷公》，见曹廷伟编著《广西民间故事辞典》，南宁：广西教育出版社1993年版，第27页。

W0358.7

雷神的惧怕物

实 例

（参见下级母题实例）

W0358.7.1

雷神怕盐

实 例

苗族 果索（雷）最怕的是盐，果本（人名）去买盐来腌死他。

【流传】湖南省·（湘西土家族苗族自治州）·凤凰县·北乡

【出处】

（a）吴良佐讲，芮逸夫采录：《洪水故事》，见中国民间文学集成全国编辑委员会编《中国民间故事集成》（湖南卷），北京：中国ISBN中心2002

年版，第 26 页。

(b) 同 (a)，载中央研究院历史语言研究所《人类学集刊》第 1 卷第 1 期，1938 年。

W0358. 7. 2

雷神怕铜器

实 例

彝族 支格阿龙（文化英雄名）是用铜器收拾雷神的，所以雷神十分害怕铜金属。

【流传】四川省·（攀枝花市）·盐边县·岩口乡

【出处】莫色乌惹讲，莫色乌列采录：《审雷》，见中国民间文学集成全国编辑委员会编《中国民间故事集成》（四川卷·下），北京：中国 ISBN 中心 1998 年版，第 774 页。

W0358. 7. 3

雷神怕老婆

实 例

（参见下级母题实例）

W0358. 7. 3. 1

通过娶妻可以治雷

实 例

汉族 上帝命令伏羲的妹妹到人间治雷。伏羲的妹妹答应嫁给雷后，雷不再于人间作乱。

【流传】四川省·（自贡市）·荣县·金台乡

【出处】曹大瑜讲，罗志容采录：《雷和伏羲的妹妹》，见中国民间文学集成全国编辑委员会编《中国民间故事集成》（四川卷·上），北京：中国 ISBN 中心 1998 年版，第 36 页。

W0358. 7. 4

雷公怕青苔

实 例

壮族（沙人）雷最怕很滑的青苔。

【流传】云南省

【出处】沙骥整理：《艾撒和艾苏》，原载谷德明等编《中国少数民族神话选》，西北民族学院 1983 年编印，见姚宝瑄主编《中国各民族神话》（仫佬族、壮族、京族），太原：山西出版传媒集团·书海出版社 2014 年版，第 170 页。

W0358. 8

特定地方的雷神

实 例

（参见下级母题实例）

W0358. 8. 1

天国的雷神

实 例

（参见下级母题实例）

W0358.8.1.1

大浜天国的雷公果索

实 例

苗族 果索是大浜天国的雷公。

【流传】湖南省·（湘西土家族苗族自治州）·花垣县·两河乡；贵州省·铜仁市·松桃县（松桃苗族自治县）·臭脑乡·仁芭芭村

【出处】麻文顺等唱，石宗仁搜集整理：《奶傩嬭傩》（即傩公傩母），见苗青主编《东部民间文学作品选》，贵阳：贵州民族出版社2003年版，第72页。

W0358.9

雷公石

实 例

（参见下级母题实例）

W0358.9.1

雷击毙之处可挖出雷公石

实 例

白族 凡有人被雷击毙之处，都可从地下挖出"雷公石"。

【流传】云南省·（大理白族自治州）·鹤庆县

【出处】王承权调查整理：《鹤庆白族奇岩大石祭祀》（1988），见吕大吉、何耀华总主编《中国各民族原始宗教资料集成》（彝族卷、白族卷、基诺族卷），北京：中国社会科学出版社1996年版，第482页。

※W0360

闪电神[①]（闪神，电神，电母）

【汤普森】A285

【关联】［W4438.1.1］闪电是雷公的助手

实 例

（参见下级母题实例）

W0361

闪电神的产生（电母的产生）

实 例

（参见下级母题实例）

W0361.1

人成为闪电神

实 例

汉族 （实例待考）

W0361.1.1

救雷神的女子封为闪神

实 例

畲族 救雷神的女子封为闪神。

【流传】浙江省·（丽水市）·青田（青田县）

① 闪电神：又称"闪电娘娘"、"金光电母"等，有的神话说她是雷公的妻子。

【出处】唐宗龙等整理：《雷神和闪神的传说》，见中华民族故事大系编委会编《中华民族故事大系》第8卷（畲族、高山族、拉祜族），上海：上海文艺出版社1995年版，第28页。

W0361. 1. 2
被雷神误劈死的姑娘的冤魂召到天上封为闪电女神

【关联】［W0312. 1］被误劈死的女子封为雷婆

实 例

毛南族（实例待考）

W0361. 1. 3
被冤死的姑娘变为电母

实 例

（参见下级母题实例）

W0361. 1. 3. 1
雷公错杀的一个善良姑娘死后被封为电母

实 例

汉族 雷公错杀的一个善良的姑娘冤死后，被封为电母。

【流传】广西壮族自治区·（南宁市）·邕宁县·那陈乡

【出处】梁仪记录：《雷公和电母》，见曹廷伟编著《广西民间故事辞典》，南宁：广西教育出版社1993年版，第16页。

W0361a
闪电神的特征（电母的特征）

实 例

（参见下级母题实例）

W0361a. 1
闪电神的性别

实 例

（参见下级母题实例）

W0361a. 1. 1
闪电女神

实 例

珞巴族 天上有个闪电女神。

【流传】西藏自治区·下珞渝（下珞瑜则泛指永木河、锡约尔河、巴恰西仁河流域）

【出处】维·埃尔温搜集：《阿桑嘎和他的儿女》，见中华民族故事大系编委会编《中华民族故事大系》第16卷（赫哲族、门巴族、珞巴族、基诺族），上海：上海文艺出版社1995年版，第441页。

W0361a. 1. 1. 0
男子与丑妻婚生闪电女神

实 例

珞巴族 一个叫阿桑嘎的男子与丑陋的老太婆结婚，最后生下名叫哈里亚的女儿，是闪电神。

【流传】

(a) 西藏自治区·下珞渝（泛指永木河、锡约尔河、巴恰西仁河流域）

(b) 西藏自治区·下珞渝·布根部落卡西皮村

【出处】

(a) 维·埃尔温搜集:《阿桑嘎和他的儿女》，见中华民族故事大系编委会编《中华民族故事大系》第16卷（赫哲族、门巴族、珞巴族、基诺族），上海：上海文艺出版社1995年版，第440~441页。

(b) 同（a），见李坚尚、刘芳贤编《珞巴族门巴族民间故事选》，上海：上海文艺出版社1993年版，第54~55页。

W0361a.1.1.1

闪电女神很漂亮

实 例

珞巴族 （实例待考）

W0361a.1.1.2

闪电女神是善良的女神

实 例

毛南族 （实例待考）

W0361a.1.1.3

闪电女神性冷淡（闪电女神不愿意与男子接近）

实 例

珞巴族 闪电女神不愿意与男子接近。

【流传】 西藏自治区·下珞渝（下珞瑜则泛指永木河、锡约尔河、巴恰西仁河流域）

【出处】 维·埃尔温搜集:《阿桑嘎和他的儿女》，见中华民族故事大系编委会编《中华民族故事大系》第16卷（赫哲族、门巴族、珞巴族、基诺族），上海：上海文艺出版社1995年版，第441页。

W0361a.1.1.4

闪电神女哈里亚

实 例

珞巴族 （参见“W0361a.1.1.0 男子与丑妻婚生闪电女神”母题实例）

W0361a.1.1.4.1

闪电神女哈里亚很漂亮

实 例

珞巴族 闪电神哈里亚（女），长得十分漂亮。

【流传】

(a) 西藏自治区·下珞渝（泛指永木河、锡约尔河、巴恰西仁河流域）

(b) 西藏自治区·下珞渝·布根部落卡西皮村

【出处】

(a) 维·埃尔温搜集:《阿桑嘎和他的儿女》，见中华民族故事大系编委会编《中华民族故事大系》第16卷（赫哲族、门巴族、珞巴族、基诺族），上海：上海文艺出版社 1995 年版，第 440～441 页。

（b）同（a），见李坚尚、刘芳贤编《珞巴族门巴族民间故事选》，上海：上海文艺出版社 1993 年版，第 54～55 页。

W0361a. 2
闪电神的外貌

实　例

（参见下级母题实例）

W0361a. 2. 1
电母相貌端雅

实　例

汉族 电母容如女，貌端雅，两手各执镜。

【流传】（无考）

【出处】［清］黄斐默：《集说全真》。

W0361a. 3
闪电神的性格

实　例

（实例待考）

W0361b
闪电神的职能

实　例

（参见下级母题实例）

W0361b. 1
闪电神管雷电

实　例

（实例待考）

W0361b. 2
闪电神是雷神的助手

【关联】［W0781. 4］玉皇大帝出行有雷公电母开道

实　例

（参见下级母题实例）

W0361b. 2. 1
闪电女神为雷神照明

实　例

毛南族 （实例待考）

W0361b. 3
闪电神管降雨

实　例

（参见下级母题实例）

W0361b. 3. 1
闪电腾格里和雷鸣腾格里是降雨之神

实　例

蒙古族 闪电腾格里和雷鸣腾格里是降雨之神。

【流传】（无考）

【出处】《蒙古族卷·绪论》，见吕大吉、何耀华总主编《中国各民族原始宗教资料集成》（鄂伦春族卷、鄂温克族卷、赫哲族卷、达斡尔族卷、锡伯族卷、满族卷、蒙古族卷、藏族卷），北京：中国社会科学出版社1999年版，第585页。

W0361c

闪电神的能力

实 例

（实例待考）

W0362

闪电神的工具

实 例

（参见下级母题实例）

W0362.1

闪电神的镜子

【关联】［W0347.4］雷公的镜子

实 例

（参见下级母题实例）

W0362.1.1

电母两手执镜

实 例

汉族 电母容如女，貌端雅，两手各执镜。

【流传】（无考）

【出处】［清］黄斐默：《集说全真》。

民族无考 电母其容如女，貌端雅，两手各执镜。

【流传】（无考）

【出处】＊《电母》，见乌丙安主编《中国民间神谱》，沈阳：辽宁人民出版社2007年版，第12页。

W0362.1.2

闪电娘娘的镜子

实 例

（参见下级母题实例）

W0362.1.2.1

闪娘娘的镜子是照妖镜

实 例

赫哲族 闪娘娘有一面镜子，打闪是闪娘娘用她的镜子照妖精。

【流传】（黑龙江省）

【出处】

（a）《民族问题五种丛书》黑龙江省编辑组：《赫哲族社会历史调查》，牡丹江：黑龙江朝鲜民族出版社1987年版，第277～278页。

（b）《雷和闪电》，见吕大吉、何耀华总主编《中国各民族原始宗教资料集成》（鄂伦春族卷、鄂温克族卷、赫哲族卷、达斡尔族卷、锡伯族卷、满族卷、蒙古族卷、藏族卷），北京：中国社会科学出版社1999年版，第197页。

W0362. 1. 2. 2

闪电神用镜子把大地变成白昼

实 例

满族 闪电神手拿托里（镜子）。闪电神用托里一晃，大地万里之内便成白昼。

【流传】 黑龙江省 ·（黑河市）· 孙吴县

【出处】

(a)《臭桦为啥皮是黑的》，见《七彩神火》，长春：吉林人民出版社 1984 年版。

(b)《阿布卡恩都里开辟大地》，见姚宝瑄主编《中国各民族神话》（满族、赫哲族、朝鲜族），太原：山西出版传媒集团、书海出版社 2014 年版，第 16 ~ 17 页。

W0362. 2

闪电神把闪电做武器

【汤普森】 A285. 1

实 例

（实例待考）

W0362a

闪电神的关系

实 例

（参见下级母题实例）

W0362a. 1

电母的丈夫雷公

【关联】［W0350. 5］雷公的妻子电母

实 例

汉族 都（巨人）做了雷公的妻子后被称为电母。

【流传】 贵州省 ·（遵义市）· 余庆县 · 敖溪区

【出处】 毛光美讲，李业成采录：《布、都找火》见中国民间文学集成全国编辑委员会编《中国民间故事集成》（贵州卷），北京：中国 ISBN 中心 2003 年，第 60 页。

W0362a. 2

电母的伴侣雷公

【关联】［W0330. 2］雷神与电母为伴

实 例

（参见下级母题实例）

W0362b

闪电神的类型

实 例

（参见下级母题实例）

W0362b. 1

闪神

实 例

（参见下级母题实例）

W0362b.1.1

闪娘娘（闪电娘娘）

【关联】［W0361a.1.1］闪电女神

实 例

（参见下级母题实例）

W0362b.1.1.1

闪娘娘司闪电

实 例

赫哲族 闪娘娘司闪电。

【流传】（黑龙江省）

【出处】

（a）《民族问题五种丛书》黑龙江省编辑组：《赫哲族社会历史调查》，牡丹江：黑龙江朝鲜民族出版社1987年版，第277～278页。

（b）《雷和闪电》，见吕大吉、何耀华总主编《中国各民族原始宗教资料集成》（鄂伦春族卷、鄂温克族卷、赫哲族卷、达斡尔族卷、锡伯族卷、满族卷、蒙古族卷、藏族卷），北京：中国社会科学出版社1999年版，第197页。

W0362b.1.1.2

闪电娘娘是雷公的妻子

实 例

汉族 雷公之配偶神，俗亦称闪电娘娘。

【流传】（无考）

【出处】《电母》，见袁珂《中国神话大词典》，北京：华夏出版社2015年版，第102页。

W0362b.2

电神

实 例

（参见下级母题实例）

W0362b.2.1

电母

实 例

（参见下级母题实例）

W0362b.2.1.1

冤死的寡妇赐封为电母

实 例

民族无考 雷公疏忽误击死了一个孝顺的寡妇，后悔莫及，便上奏玉帝，将冤死的寡妇赐为电母。

【流传】（无考）

【出处】《电母》，见乌丙安主编《中国民间神谱》，沈阳：辽宁人民出版社2007年版，第12页。

W0362b.2.1.2

电母朱佩娘

实 例

汉族 中将其称电母为朱佩娘

【流传】（无考）

【出处】［明］余象斗：《北游记》，见乌丙安主编《中国民间神谱》，沈阳：辽宁人民出版社 2007 年版，第 12 页。

W0362b. 2. 1. 2a 电母称秀天君

实 例

民族无考 电母称为秀天君。

【流传】（无考）

【出处】［清］黄斐默：《集说诠真》，见乌丙安主编《中国民间神谱》，沈阳：辽宁人民出版社 2007 年版，第 12 页。

W0362b. 2. 1. 3 电母两手各执镜

实 例

民族无考 电母两手各执镜。

【流传】（无考）

【出处】［清］黄斐默：《集说诠真》，见乌丙安主编《中国民间神谱》，沈阳：辽宁人民出版社 2007 年版，第 12 页。

W0362b. 2. 1. 4 电神听命于玉帝

实 例

畲族 玉皇大帝派两个神仙兄弟造天地，弟弟懒惰造地慢，玉皇大帝就派雷神电神去催。闪电噼里啪啦甩起了鞭。

【流传】福建省·（漳州市）·华安（华安县）

【出处】钟国姓讲，钟武艺采录：《兄弟俩造天地》，原载《中国民间故事集成·福建卷·漳州市分卷》，漳州市民间文学集成编委会 1991 年编印，见《福建省少数民族古籍丛书》编委会编《畲族卷·民间故事》，福州：海峡出版发行集团·海峡书局 2013 年版，第 2 ~3 页。

W0362b. 2. 2 电婆（电婆婆）

【关联】［W0350. 5. 1］雷神的妻子电婆

实 例

（参见下级母题实例）

W0362b. 2. 2. 1 三口之家中的父亲变成雷神后，母亲手执发亮的松明升天化成电婆

实 例

高山族 在马大鞍（是阿美斯人的一个社名）社的一户人家，有父亲、母亲、儿子三个人。父亲变成雷神后，母亲手执一闪一闪发亮的松明，也随着丈夫的身后，升天化成了电婆。

【流传】（无考）

【出处】《孩童为什么怕雷电》，原载蔡铁民编《高山族民间故事选》，见陶阳、钟秀编《中国神话》（上），北京：商务印书馆 2008 年版，第 301 ~

302页。

W0362b.2.2.2
电婆婆舞大刀

实 例

白族 天神到地上毁灭人类时，电婆婆舞着大刀，在前边开路。

【流传】云南省·（大理白族自治州）·鹤庆县

【出处】*《崇拜树木石头的传说》，见鹤庆县民间文学集成办公室编《鹤庆民间故事集成》，昆明：云南人民出版社1989年版，第247～248页

W0363
与闪电神有关的其他母题

实 例

（参见下级母题实例）

W0363.1
特定名称的闪电神

实 例

（参见下级母题实例）

W0363.1.1
金光圣母

实 例

（参见下级母题实例）

W0363.1.1.1
金光圣母是主司闪电的女神

实 例

汉族 电母，又称闪电娘娘、金光圣母，是主司闪电的女神。

【流传】（无考）

【出处】《电母》，见乌丙安主编《中国民间神谱》，沈阳：辽宁人民出版社2007年版，第12页。

W0363.2
闪电天使

【汤普森】A285.0.1

实 例

（实例待考）

※W0364
雪神

实 例

（参见下级母题实例）

W0365
雪神的产生

实 例

（参见下级母题实例）

W0365.1
神生雪神

实 例

（参见下级母题实例）

W0365. 1. 1

第二代神王烟沙生雪神

实　例

哈尼族 第二代神王烟沙生下雪神。

【流传】云南省·（红河哈尼族彝族自治州）·元阳县

【出处】朱小和讲，史军超等采录：《神的古今》，见中国民间文学集成全国编辑委员会编《中国民间故事集成》（云南卷），北京：中国 ISBN 中心 2003 年版，第 19 页。

W0366

雪神的特征

实　例

（参见下级母题实例）

W0366. 1

女雪神

实　例

（参见下级母题实例）

W0366. 1. 1

女雪神骑白色母鹿

实　例

满族 雪祭时的主神尼莫玛玛降临时，骑着一对白色母鹿，身披雪山皮斗篷，光抚大地四野，她展翅飞旋，宛如天鹅翩翩起舞。

【流传】（无考）

【出处】郭淑云：《满族萨满教雪祭探析——兼论原始萨满教的社会功能》，载《内蒙古社会科学》1992 年第 5 期。

W0367

与雪神有关的其他母题

实　例

（参见下级母题实例）

W0367. 1

雪神的生活

实　例

（参见下级母题实例）

W0367. 1. 1

雪神的服饰

实　例

（实例待考）

W0367. 1. 2

雪神的居所

实　例

（参见下级母题实例）

W0367. 1. 2. 1

雪神住在天上

实　例

柯尔克孜族 雪神阿克阿坦住在天上。

【流传】（无考）

【出处】

(a) 张彦平编译：《雪神、冬神和风神》，见满都呼主编《中国阿尔泰语系诸民族神话故事》，北京：民族出版社1997年版，第85页。

(b) 毕桪：《柯尔克孜族神话》，见中国翻译网：http：//www.chinatranslation.org/articleview，2006.08.13。

W0367.1.2.2

雪神居寒星

实 例

满族 神山曼君乌延哈达为卧勒多女神所布星阵中之巨星，称寒星，或称雪星，住有曼君女神，又称曼君额云，曼君实为尼莽吉，即为雪也，即雪神所居之神星。

【流传】（黑龙江省·黑河市·爱辉区、孙吴县一带的黑水女真）

【出处】 白蒙元讲，富希陆、吴纪贤记录整理：《天宫大战·玖腓凌》（1939），见吕大吉、何耀华总主编《中国各民族原始宗教资料集成》（鄂伦春族卷、鄂温克族卷、赫哲族卷、达斡尔族卷、锡伯族卷、满族卷、蒙古族卷、藏族卷），北京：中国社会科学出版社1999年版，第483页。

W0367.1.2.3

雪神住冰山

实 例

汉族 决心制服火魔的日吉纳姑娘骑着快马向西北的大冰山跑去。她见到了雪神。

【流传】 东北长白山一带

【出处】 佟畴、曾层搜集整理：《天池》，见姚宝瑄主编《中国各民族神话》（汉族），太原：山西出版传媒集团·书海出版社2014年版，第348~352页。

满族 日吉纳（满语，杜鹃花）姑娘骑着快马向西北的大冰山跑去。见到了雪神。

【流传】 吉林省

【出处】

(a) 佟畴、曾层搜集整理：《日吉纳姑娘》，见乌丙安、李文刚等编《满族民间故事选》，上海：上海文艺出版社1983年版。

(b) 同（a），见姚宝瑄主编《中国各民族神话》（满族、赫哲族、朝鲜族），太原：山西出版传媒集团·书海出版社2014年版，第91~95页。

W0367.2

雪神的职能

实 例

（实例待考）

W0367.3

雪神的关系

实 例

（实例待考）

W0367. 4

特定名称的雪神（雪神的名称）

实 例

（参见下级母题实例）

W0367. 4. 1

雪神滕六

实 例

汉族 雪神乃是滕六。

【流传】（无考）

【出处】［明］程登吉：《幼学琼林》“天文篇”。

W0367. 4. 1. 1

雪花六出，故滕六谓雪神

实 例

汉族 雪花六出，故滕六谓雪神。

【流传】（无考）

【出处】《滕六巽二》，见袁珂《中国神话大词典》，北京：华夏出版社 2015 年版，第 351 页。

W0367. 4. 1. 2

滕六降雪

实 例

汉族 若令滕六降雪，巽二起风，不复游猎矣。

【流传】（无考）

【出处】［唐］牛僧孺：《幽怪录·滕六降雪巽二起风》。

汉族 滕六无端巽二痴，翻天作恶破春迟。

【流传】（无考）

【出处】［宋］范成大：《正月六日风雪大作》

W0367. 4. 2

姑射真人

实 例

汉族 姑射真人是掌雪之神。又有雪之精，是一匹白骡子，身上抖下一根毛，下一丈雪。却有个神仙是洪厓先生管差。

【流传】（无考）

【出处】［明］冯梦龙：《古今小说》卷三三《张古老种瓜娶文女》。

W0367. 4. 3

雪神阿克阿坦

实 例

柯尔克孜族 雪神阿克阿坦住在天上，体大无比。有时，它变作白雪降临人间，带来丰盛的牧草和五谷，带来幸福与繁荣。

【流传】（无考）

【出处】

（a）张彦平编译：《雪神、冬神和风神》，见满都呼主编《中国阿尔泰语系诸民族神话故事》，北京：民族出版社 1997 年版，第 85 页。

（b）毕桪：《柯尔克孜族神话》，见中国

翻译网：http：//www. chinatranslation. org/articleview，2006. 08. 13。

W0367.4.4

雪神青女

实 例

（实例待考）

W0367.5

霜雪神

实 例

（参见下级母题实例）

W0367.5.1

青女管霜雪

实 例

汉族 青女乃出，以降霜雪。

【流传】（无考）

【出处】见［汉］淮南王、［西汉］刘安及门客：《淮南子·天文训》。

W0367.5.2

天神青霄玉女主霜雪

实 例

汉族 "青女乃出，以降霜雪。"高诱注："青女，天神青霄玉女，主霜雪也。"

【流传】（无考）

【出处】［西汉］淮南王刘安及门客：《淮南子·天文训》［东汉］高诱注。

✻W0368

云神

【汤普森】A283

实 例

（参见下级母题实例）

W0369

云神的产生

实 例

（参见下级母题实例）

W0369.1

云神自然存在

实 例

（实例待考）

W0369.2

云神是造出来的

实 例

（实例待考）

W0369.3

云神是生育产生的

实 例

（实例待考）

W0369.4

云神是变化产生的

实 例

（实例待考）

W0369. 5

云神是婚生的

实 例

（实例待考）

W0369. 5. 1

土地神和石头神婚生云神

实 例

（实例待考）

W0369. 5. 1. 1

云神是土地神和石头神的长女

实 例

（实例待考）

W0369. 6

与云神的产生有关的其他母题

实 例

（实例待考）

W0370

云神的特征

实 例

（参见下级母题实例）

W0370a

云神的身份

实 例

（实例待考）

W0370b

云神的职能

实 例

（实例待考）

W0370b. 1

云神造雨

实 例

汉族 （实例待考）

W0370c

云神的能力

实 例

（实例待考）

W0370d

云神的生活

实 例

（参见下级母题实例）

W0370d. 1

云神的五彩衣

实 例

普米族 吉西尼（雨神）很感激云神为他送信，为了报答，他请自己的情人纳可穆玛（昆仑山女神）给云神织件五彩衣裳。

【流传】 云南省·（丽江市）·宁蒗

（宁蒗彝族自治县）；四川省·（凉山彝族自治州）·木里（木里藏族自治县）

【出处】曹匹初讲，章虹宇搜集整理：《石头阿祖和石头子孙》，载《山茶》1986年第5期。

W0370e

云神的关系

实 例

（实例待考）

W0370f

云神的类型

实 例

（实例待考）

W0370f.1

乌云神

实 例

彝族 （实例待考）

W0370g

特定名称的云神（云神的名称）

实 例

（参见下级母题实例）

W0370g.1

云神屏翳

【关联】

① [W0213d.1] 天使屏翳

② [W0299.1.4.3] 风师屏翳

③ [W0304.3.3.5] 雨师又称屏翳

④ [W0358.3.4.1a] 雷神屏翳

实 例

汉族 云神，一曰屏翳。

【流传】（无考）

【出处】《云中君》，见［战国］屈原《楚辞·九歌》［东汉］王逸注。

W0370g.1a

云神丰隆

实 例

汉族 云神，丰隆也，一曰屏翳。

【流传】（无考）

【出处】［战国］屈原：《楚辞·九歌·云中君》［东汉］王逸注。

汉族 云神丰隆也。

【流传】（无考）

【出处】［明］程登吉：《幼学琼林》“天文篇”。

W0370g.2

云神斯惹底尼

实 例

彝族 云神斯惹底尼。

【流传】四川省·（凉山彝族自治州）·雷波县

【出处】

(a) 保木和铁讲，芦芙阿梅译，白芝采录：《开天辟地》，见中国民间文学集成全国编辑委员会编《中国民间故事集成》（四川卷），北京：中国 ISBN 中心 1998 年版，第 749 页。

（b）《开天辟地》，见陶立璠、赵桂芳等编《中国少数民族神话汇编》（开天辟地篇），中央民族学院少数民族古籍整理出版规划领导小组办公室印（未署出版时间），第 85～95 页。

W0371

与云神有关的其他母题

【关联】

①［W0375.2］云雾神

②［W0827.1.2］云仙子

实 例

（参见下级母题实例）

W0371.1

云天使

【汤普森】 A283.2

实 例

（实例待考）

W0371.2

云师

【关联】

①［W0475.4.2］风伯、雨师、云师主管人的生老病死

②［W0549.3］风伯、雨师、云师主管人间谷物的生长

实 例

朝鲜族 朝鲜族自然物神有风伯、雨师、云师。

【流传】（无考）

【出处】 崔羲秀：《朝鲜族与瑶族文化比较》，载《延边大学学报》1998 年第 4 期。

W0371.2.1

云师如蚕

实 例

汉族 云师如蚕，长六寸，有毛，似兔；雨虎如蚕，长七八寸，似蛭。云雨之时，出在石上，肉甘，可熟而食。

【流传】（无考）

【出处】［汉］荣氏：《荣氏遁甲开山图》。

W0371.2.2

云师丰隆

实 例

汉族 “吾令丰隆乘云兮。”王逸注：“丰隆，云师。”

【流传】（无考）

【出处】［战国］屈原：《楚辞·离骚》［东汉］王逸注。

W0371.3

管织云的神

实 例

普米族 管织云的神。

【流传】 云南省·（丽江市）·宁蒗（宁蒗彝族自治县）；四川省·（凉山

彝族自治州）·木里县（木里藏族自治县），盐源（盐源县），左所（左所区）等地

【出处】曹匹初讲，章虹宇整理：《石头阿祖和石头子孙》，见中华民族故事大系编委会编《中华民族故事大系》第14卷（普米族、塔吉克族、怒族、俄罗斯族、鄂温克族），上海：上海文艺出版社1995年版，第41页。

W0371.4

云彩主宰神

实 例

（参见下级母题实例）

W0371.4.1

白云主宰神

实 例

彝族 （参见“W0278.5 太阳主宰神”母题实例）

W0371.4.2

黑云主宰神

实 例

彝族 （参见“W0278.5 太阳主宰神”母题实例）

W0372

雾神

【汤普森】A289.1

【关联】

①［W0303e.1.1］雨雾神

②［W1133.6.1］雾神造天

实 例

彝族 雾神雾沉沉。

【流传】贵州省

【出处】《献酒经》，原载丁文江《爨文丛刻》（甲编），见吕大吉、何耀华总主编《中国各民族原始宗教资料集成》（彝族卷、白族卷、基诺族卷），北京：中国社会科学出版社1996年版，第48页。

W0372.1

三个玛南腾格里是司雾天

实 例

蒙古族 三个玛南腾格里是司雾天（在蒙古族民间宗教或萨满神词中，“天”与“腾格里”常常通用，此处可以看作是泛指诸神）。

【流传】（无考）

【出处】额尔德木图：《蒙古英雄史诗与孛额唱词中的“腾格里”》，载《内蒙古社会科学》（汉文版）1995年第5期。

W0372.2

雾气腾格里主宰云雾

实 例

蒙古族 雾气腾格里主宰云雾。

【流传】（无考）

【出处】《蒙古族卷·绪论》，见吕大

吉、何耀华总主编《中国各民族原始宗教资料集成》（鄂伦春族卷、鄂温克族卷、赫哲族卷、达斡尔族卷、锡伯族卷、满族卷、蒙古族卷、藏族卷），北京：中国社会科学出版社1999年版，第585页。

W0373

虹神（彩虹神）

【汤普森】 A288

【关联】［W4485～W4509］虹

实　例

（参见下级母题实例）

W0373.1

彩虹神的产生

【关联】［W4485］虹的产生

实　例

（参见下级母题实例）

W0373.1.1

创始祖和造物母孕育为彩虹神

实　例

景颇族 创始祖和造物母孕育的天神幺妹为彩虹神。

【流传】 云南省·（德宏傣族景颇族自治州）·盈江县支丹山吾寨

【出处】 萧家成译著：《勒包斋娃——景颇族创世史诗》，北京：民族出版社1992年版，第6页。

W0373.2

彩虹神的特征（虹神的职能，虹神的能力）

【关联】［W4507.1］虹有特定的职能

实　例

（参见下级母题实例）

W0373.2.1

虹神司雨水

实　例

民族无考 虹神是司雨水的神之一。

【流传】（无考）

【出处】《虹神》，见乌丙安主编《中国民间神谱》，沈阳：辽宁人民出版社2007年版，第15页。

W0373.2.2

虹神缠身使人病痛

实　例

傈僳族 人若有病痛，必有虹神缠身。

【流传】 云南省·（怒江傈僳族自治州）·贡山县（贡山独龙族怒族自治县）

【出处】 杨毓骧调查整理：《贡山地区的自然神崇拜》（1988），见吕大吉、何耀华总主编《中国各民族原始宗教资料集成》（纳西族卷、羌族卷、独龙族卷、傈僳族卷、怒族卷），北京：中国社会科学出版社2000年版，第725页。

W0373.3
虹神的关系

【关联】［W4507.1.1］虹是雨神的马

实　例

（参见下级母题实例）

W0373.3.1
彩虹神是天神的幺妹

实　例

景颇族　创始祖和造物母孕育的天神幺妹为彩虹神。

【流传】云南省·（德宏傣族景颇族自治州）·盈江县·支丹山吾寨

【出处】萧家成译著：《勒包斋娃——景颇族创世史诗》，北京：民族出版社1992年版，第6页。

W0373.4
特定名称的虹神

实　例

（参见下级母题实例）

W0373.4.1
虹神阿来西尼

实　例

傈僳族　虹神阿来西尼会缠到特定的人身上。

【流传】云南省·（怒江傈僳族自治州）·贡山县（贡山独龙族怒族自治县）

【出处】杨毓骧调查整理：《贡山地区的自然神崇拜》（1988），见吕大吉、何耀华总主编《中国各民族原始宗教资料集成》（纳西族卷、羌族卷、独龙族卷、傈僳族卷、怒族卷），北京：中国社会科学出版社2000年版，第725页。

W0373.5
与彩虹神有关的其他母题

实　例

（实例待考）

W0374
冰雹神（雹神、雹子神）

实　例

白族　天神到地上毁灭人类时，雨神、雪神、雹子神拼命地往地上掷打石头石块。

【流传】云南省·（大理白族自治州）·鹤庆县

【出处】＊《崇拜树木石头的传说》，见鹤庆县民间文学集成办公室编《鹤庆民间故事集成》，昆明：云南人民出版社1989年版，第247～248页

W0374.1
冰雹神的产生

实　例

（参见下级母题实例）

W0374. 1. 1
特定的山神是雹神

实 例

（参见下级母题实例）

W0374. 1. 1. 1
念青唐古拉山神最初是雹神

实 例

藏族 念青唐古拉山神是藏北念青唐古拉山脉的统治神，这位山神最初是作为雹神。

【流传】（无考）

【出处】谢继胜：《藏族的山神神话及其特征》，载《西藏研究》1988年第4期。

W0374. 2
冰雹神的特征

实 例

（参见下级母题实例）

W0374. 2. 1
冰雹将军冷酷无情

实 例

汉族 冰雹将军本来就是个冷酷无情的家伙，一听虫王爷的蛊惑，好像冰上泼水，发誓在来年下一场大冰雹，把地上的玉米砸个粉碎。

【流传】河南省·（南阳市）·淅川县［采录地点：淅川县盛湾乡单岗村］

【出处】姚六娃讲，姚国芳采录：《青虫为什么没有牙》（1984.06），见张振犁编著，孟宪明、朱淑君统纂《中原神话通鉴》（第四卷），郑州：河南大学出版社2017年版，第1324页。

W0374. 2. 2
女雹神

实 例

（参见下级母题实例）

W0374. 2. 2. 1
雹神妈妈制造冰雹

实 例

满族 阿布卡恩都力（天神）叫雷神妈妈、风神妈妈、雹神妈妈、雨神妈妈，朝地下猛劲地刮起暴风，洒下暴雨、冰雹。

【流传】黑龙江沿岸，黑龙江省·（黑河市）·孙吴县、瑷珲县（爱辉区）

【出处】赵瞎子、富郭氏等讲，育光搜集整理：《白云格格》，原载育光编《七彩神火》，见陶阳、钟秀编《中国神话》（中），北京：商务印书馆2008年版，第763～767页。

W0374. 3
与冰雹神有关的其他母题

实 例

（参见下级母题实例）

W0374.3.1

冰雹神的能力

【关联】［W0782.2.8a.4］本主能制服冰雹神

实 例

（实例待考）

W0374.3.2

冰雹神的居所

实 例

（实例待考）

W0374.3.2.1

冰雹神居东方

实 例

蒙古族（实例待考）

W0374.3.3

特定名称的雹神

实 例

（参见下级母题实例）

W0374.3.3.1

雹神秃尾巴老李

【关联】［W3583.5］秃尾巴龙（秃尾巴老李）

实 例

汉族 秃尾巴老李（龙）是雹神。

【流传】 吉林省

【出处】《吉林乡土志·乡土传说之神话》，见李乔《中国行业神崇拜》，北京：中国华侨出版社1990年版，第343～344页。

W0374.3.3.2

冰雹神东方天神塔德·哈拉·腾格里

实 例

蒙古族（布里亚特） 东方天神塔德·哈拉·腾格里是降冰雹的神。

【流传】（无考）

【出处】《蒙古族神灵观念和神灵系统》，见吕大吉、何耀华总主编《中国各民族原始宗教资料集成》（鄂伦春族卷、鄂温克族卷、赫哲族卷、达斡尔族卷、锡伯族卷、满族卷、蒙古族卷、藏族卷），北京：中国社会科学出版社1999年版，第628页。

W0374.3.3.3

雹神李左车

实 例

汉族 王公筠苍，莅任楚中，拟登龙虎山谒天师。及湖，南登舟，即有一人驾小艇来，貌修伟，怀中出天师刺，曰："闻驺从将临，先遣负弩。"讶其预知，益神之。诚意而往，天师治具相款，服役者夜冠须鬣多不类常人。前使亦侍侧，少间向天师细语。天师谓公曰："此先生同乡，不之识耶？"公问之。曰："此即世所传雹神李左车也。”

【流传】（无考）

【出处】［清］蒲松龄：《聊斋志异》卷二《雹神》篇。

W0375
风雨云雾神（综合性气象神）

【关联】［W0433. 3. 1］管风雨云雾之神

实 例

（参见下级母题实例）

W0375. 1
风雨之神（风雨神）

实 例

（参见下级母题实例）

W0375. 1. 1
暴风雨神

【汤普森】A181

实 例

（参见下级母题实例）

W0375. 1. 1. 1
暴风雨神威力巨大

实 例

傣族 （实例待考）

W0375. 1. 2
风雨之神风曼

实 例

侗族 风雨之神“风曼”听命于萨天巴（女祖神，创世神）。

【流传】广西壮族自治区·（柳州市）·三江（三江侗族自治县），（桂林市）·龙胜（龙胜各族自治县）

【出处】杨卜林喜、杨卜松林、杨明世讲，杨国仁、涛声搜集整理，蔷紫改写：《创世女神萨天巴》，过伟改写自侗族创世史诗《嘎茫莽道时嘉——远祖歌》（未出版稿），见姚宝瑄主编《中国各民族神话》（土家族、毛南族、侗族、瑶族），太原：山西出版传媒集团·书海出版社 2014 年版，第 90 页。

W0375. 1. 3
风雨女神

实 例

（参见下级母题实例）

W0375. 1. 3. 1
司风雨之女神天婆（风雨婆）

实 例

壮族 天婆，壮语称“浦（婆）更闷（天上）”也称“风雨婆”，司管风雨之女神。

【流传】广西壮族自治区·（河池市）·东兰县

【出处】覃剑萍搜集整理：*《祭天婆》（1990），见吕大吉、何耀华总主编《中国各民族原始宗教资料集成》

（土家族卷、瑶族卷、壮族卷、黎族卷），北京：中国社会科学出版社 1998 年版，第 551 页。

W0375.1.3.2
司风雨之女神人权婆

实 例

壮族 司管风雨之女神天婆也是“人权婆”，她总管人类分布和生存所在的环境。

【流传】广西壮族自治区·（河池市）·东兰县

【出处】覃剑萍搜集整理：*《祭天婆》(1990)，见吕大吉、何耀华总主编《中国各民族原始宗教资料集成》（土家族卷、瑶族卷、壮族卷、黎族卷），北京：中国社会科学出版社 1998 年版，第 551 页。

W0375.1.3.3
风雨女神管人类环境

实 例

壮族 （参见“W0375.1.3.2 司风雨之女神人权婆”母题实例）

W0375.1.4
风雨节候大神

实 例

白族 五方五谷之神各有神号，其中有风雨节候大神。

【流传】云南省·（大理白族自治州·洱源县）·邓川州（邓川镇）

【出处】［明·隆武］艾自修纂，王云校勘：《重修邓川州志》卷十二，洱源县志办公室翻印，1986 年。

W0375.2
云雾神

【关联】

①［W0368］云神

②［W0372］雾神

实 例

（参见下级母题实例）

W0375.2.1
云雾神的产生

实 例

（参见下级母题实例）

W0375.2.1.1
巨人达能创造了云雾神努

实 例

佤族 巨人达能（人神）创造了努（云雾神）。

【流传】云南省·（普洱市）·西盟县（西盟佤族自治县）

【出处】达老屈等讲，隋嘎等采录：《司岗里》，见中国民间文学集成全国编辑委员会编《中国民间故事集成》（云南卷），北京：中国 ISBN 中心 2003 年版，第 96 页。

W0375. 2. 2

云雾神的特征

实 例

（实例待考）

W0375. 2. 3

与云雾神有关的其他母题

实 例

（参见下级母题实例）

W0375. 2. 3. 1

3 个云雾神

实 例

蒙古族（布里亚特）古尔班·博罗恩·腾格里即“三天神”之意。其中，有夏雨魂灵古尔班·玛纳恩·腾格里，三个主宰云雾的天神。

【流传】（无考）

【出处】［苏联］И. А. 曼日格耶夫著，宋长宏译，佟德富校：《布里亚特萨满教和前萨满教辞典》（俄文版），莫斯科：科学出版社 1978 年版，第 20 页，见吕大吉、何耀华总主编《中国各民族原始宗教资料集成》（鄂伦春族卷、鄂温克族卷、赫哲族卷、达斡尔族卷、锡伯族卷、满族卷、蒙古族卷、藏族卷），北京：中国社会科学出版社 1999 年版，第 629 页。

W0375. 3

风雨云雾之王

实 例

（参见下级母题实例）

W0375. 3. 1

风雨云雾之王皮扎祸

实 例

傣族 皮扎祸是风雨云雾之王。

【流传】云南省·（西双版纳傣族自治州）·景洪（景洪市）

【出处】《太阳的传说》，见岩香《傣族民间故事》，昆明：云南出版集团 2009 年版，第 14 页。

傣族 皮扎祸（狂风暴雨的意思）是风雨云雾之王。皮扎祸的威力不亚于英叭神王（大多神话说“英叭”为最早的天神）。

【流传】云南省·（西双版纳傣族自治州）·景洪市

【出处】波岩少讲，岩温扁等翻译：《青年射日》，见中国民间文学集成全国编辑委员会编《中国民间故事集成》（云南卷），北京：中国 ISBN 中心 2003 年版，第 140 页。

傣族 有神王皮扎祸是风雨云雾之王。

【流传】（云南省）

【出处】岩温扁、杨胜能、吴军搜集整理：《太阳的传说》，原载李子贤编

《云南少数民族神话选》，云南人民出版社 1990 年版，见姚宝瑄主编《中国各民族神话》（哈尼族、傣族），太原：山西出版传媒集团·书海出版社 2014 年版，第 324 页。

W0375.4

风雨雷雹之神

实 例

（参见下级母题实例）

W0375.4.1

风雨雷雹之神掌管风雨雷雹

实 例

纳西族 （参见“W0375.4.2.1 可罗可喜是天上的凶神”母题实例）

W0375.4.2

风雨雪雹之神可罗可喜

实 例

（参见下级母题实例）

W0375.4.2.1

可罗可喜是天上的凶神

实 例

纳西族 可罗可喜是天上的凶神，是天女册恒布白命原来的未婚夫，掌管风雨雷雹。

【流传】（云南省）

【出处】 和芳、和志新编译：《崇邦统——人类迁徙记》注释，见姚宝瑄主编《中国各民族神话》（佤族、阿昌族、纳西族、普米族、德昂族），太原：山西出版传媒集团·书海出版社 2014 年版，第 160 页。

纳西族 美罗可洛可兴家是掌风雨雪雹之神。

【流传】（云南省·丽江市）

【出处】 和志武翻译整理：《人类迁徙记》，原载中共丽江地委宣传部编《纳西族民间故事选》，见陶阳、钟秀编《中国神话》（中），北京：商务印书馆 2008 年版，第 856～876 页。

纳西族 美罗可洛可兴家是掌风雨雪雹之神。

【流传】 云南省·（丽江市）·丽江县（原丽江纳西族自治县，今归属为丽江市古城区和玉龙纳西族自治县）

【出处】 和芳讲，和志武采录：《人类迁徙记》附记，见中国民间文学集成全国编辑委员会编《中国民间故事集成》（云南卷），北京：中国 ISBN 中心 2003 年版，第 49 页。

W0375.5

风雨雷电神

实 例

（参见下级母题实例）

W0375.5.1

风雨雷电神是恶神

实 例

纳西族 可罗可喜是天上的凶神，是册恒布白命原来的未婚夫，掌管风雨雷电。

【流传】 云南省·丽江（丽江市）

【出处】 和芳（东巴）读经，和志武翻译整理：《崇邦统》（人类迁徙记）（1954），见吕大吉、何耀华总主编《中国各民族原始宗教资料集成》（纳西族卷、羌族卷、独龙族卷、傈僳族卷、怒族卷），北京：中国社会科学出版社2000年版，第328页。

W0376

其他气象神

【汤普森】 A289

【关联】［W0463］旱神

实　例

（参见下级母题实例）

W0376.1

天气之祖巫

实　例

（实例待考）

W0376.1.1

奢比尸为天气之祖巫

实　例

汉族 （实例待考）

W0376.2

地震之神（地震神）

【关联】［W0126.3.1.1］地震恶神

实　例

赫哲族 海边常常地震，这里有一个管地震之神。

【流传】（松花江下游地区依兰县至抚远市一带）

【出处】

（a）凌纯声：《松花江下游的赫哲族》（原1934年南京刊印本），北京：民族出版社2012年版，第126页。

（b）《萨满的神灵》，见吕大吉、何耀华总主编《中国各民族原始宗教资料集成》（鄂伦春族卷、鄂温克族卷、赫哲族卷、达斡尔族卷、锡伯族卷、满族卷、蒙古族卷、藏族卷），北京：中国社会科学出版社1999年版，第225页。

W0377

特定名称的气象神

实　例

（实例待考）

※ W0378

季节神

【汤普森】 A496

【关联】［W4770］季节

实　例

（参见下级母题实例）

W0378.1

季节神曼君乌延女神

实　例

（参见下级母题实例）

W0378.1.1

曼君乌延女神是季节神，又是北方雪神

实 例

满族 以宁摄里神山确定北方季节。曼君乌延女神，既是季节神，又是北方雪神，年年致祭不衰。

【流传】（黑龙江省·黑河市·爱辉区、孙吴县一带的黑水女真）

【出处】 白蒙元讲，富希陆、吴纪贤记录整理：《天宫大战·玖腓凌》（1939），见吕大吉、何耀华总主编《中国各民族原始宗教资料集成》（鄂伦春族卷、鄂温克族卷、赫哲族卷、达斡尔族卷、锡伯族卷、满族卷、蒙古族卷、藏族卷），北京：中国社会科学出版社1999年版，第483页。

W0378.2

造季节的神

【关联】［W4772］季节的来历

实 例

（参见下级母题实例）

W0378.2.1

造季节的神披亚莫地拉

实 例

傣族（水傣） 披亚莫地拉是造季节的神。

【流传】（云南省·西双版纳傣族自治州）

【出处】 王松整理：《傣族——西双版纳的神谱》，见姚宝瑄主编《中国各民族神话》（哈尼族、傣族），太原：山西出版传媒集团·书海出版社2014年版，第233页。

W0379

四季神

【关联】［W4784］神或神性人物划分四季

实 例

（参见下级母题实例）

W0379.1

人生的四个儿子成为四季神

实 例

（实例待考）

W0379.2

紫微北极大帝是四季神

【关联】［W0255.8.5］中央紫微北极大帝

实 例

汉族 （实例待考）

W0380

春神

【汤普森】 A496.1

实 例

（参见下级母题实例）

W0380.1

春神是太阳神

实 例

（实例待考）

W0380.2

春神是木神

【关联】［W0251.8.1］东方神句芒

实 例

（参见下级母题实例）

W0380.2.1

春神是木神句芒

【关联】

①［W0251.8.1.7］句芒是春天之神

②［W0462.4.6］芒神

实 例

汉族（实例待考）

W0380.3

太皞为司春之神

【关联】［W0740.2］太皞的身份

实 例

汉族 太皞，木德王天下，为司春之神。

【流传】（无考）

【出处】 王晓明译注：《吕氏春秋通诠》，南昌：江西人民出版社2010年版。

W0381

夏神

实 例

（参见下级母题实例）

W0381.1

夏神是火神

实 例

（参见下级母题实例）

W0381.1.1

火神祝融是夏神

【关联】［W0466.10.1.1a］火神祝融

实 例

汉族（参见“W0767.3.1.2 祝融是夏神“母题实例）

W0382

秋神

实 例

（参见下级母题实例）

W0382.1

秋神是月神

实 例

（实例待考）

W0282.2

秋神是金神

实 例

（实例待考）

W0282.2.1

金神蓐收是秋神

实 例

汉族 （实例待考）

W0383

冬神

实 例

（参见下级母题实例）

W0383.1

好斗的冬神

实 例

（参见下级母题实例）

W0383.1.1

冬神每年与地神交战9次

实 例

柯尔克孜族 冬神阿牙孜阿塔是好斗的神。它总是磨刀霍霍，每年要同地神交战九次，每次交锋九天。

【流传】（无考）

【出处】

（a）张彦平编译：《雪神、冬神和风神》《阿尔泰神话》，见满都呼主编《中国阿尔泰语系诸民族神话故事》，北京：民族出版社1997年版，第85页。

（b）毕桪：《柯尔克孜族神话》，见中国翻译网：http：//www.chinatranslation.org/articleview，2006.08.13。

W0383.2

冬神是水神

实 例

（实例待考）

W0383.2.1

水神玄冥是冬神

实 例

汉族 （实例待考）

W0384

暖神

实 例

汉族 （实例待考）

W0384.1

暖神老人

实 例

蒙古族 远古，当香海为小泥坑、须弥山为小丘时，天下有二老，一曰寒神老人，一曰暖神老人。

【流传】（无考）

【出处】＊《寒神与暖神》，原载谷德明编《中国少数民族神话》（原名《冬天和夏天》），见袁珂《中国神话大词典》，北京：华夏出版社 2015 年版，第 403 页。

W0384. 1. 1

暖神老人把冰川大地化成汪洋大海

实 例

蒙古族 暖神老人用了八天八夜把冰川大地化成了汪洋大海。

【流传】（无考）

【出处】却拉布吉译：《冬天和夏天》，见谷德明编《中国少数民族神话》，北京：中国民间文艺出版社 1987 年版，第 40～42 页。

W0385

寒神（冷神）

实 例

汉族 （实例待考）

W0385. 1

寒神是个老人

实 例

蒙古族 天下有两个老汉，一个叫寒神老人，一个叫暖神老人。

【流传】（无考）

【出处】却拉布吉译：《冬天和夏天》，见谷德明编《中国少数民族神话》，北京：中国民间文艺出版社 1987 年版，第 40～42 页。

蒙古族 远古，当香海为小泥坑、须弥山为小丘时，天下有二老，一曰寒神老人，一曰暖神老人。

【流传】（无考）

【出处】＊《寒神与暖神》，原载谷德明编《中国少数民族神话》（原名《冬天和夏天》），见袁珂《中国神话大词典》，北京：华夏出版社 2015 年版，第 403 页。

W0385. 1. 1

寒神老人把宇宙变成了冰天雪地

实 例

蒙古族 寒神老人在九天九夜之间把整个宇宙变成了冰天雪地。

【流传】（无考）

【出处】却拉布吉译：《冬天和夏天》，见谷德明编《中国少数民族神话》，北京：中国民间文艺出版社 1987 年版，第 40～42 页。

W0385. 2

天帝派冷神升天变成月亮

实 例

柯尔克孜族 天帝变成了一头巨大的青牛。天帝派冷神升到天上，变成了月亮。

【流传】（无考）

【出处】张彦平译：《火神》，见玛凯来克·月米尔巴依《柯尔克孜神话》

（柯尔克孜文），克孜勒苏，1994 年。

W0385.3

霜魂灵休鲁腾格里

实 例

（参见下级母题实例）

W0385.3.1

天降霜魂灵休鲁腾格里

实 例

蒙古族（布里亚特） 休鲁·腾格里即霜魂灵，是春寒和秋寒的化身。为了惩罚人们对腾格里的不敬，它从天上降到长满耕作物的地上。

【流传】（无考）

【出处】［苏联］И. А. 曼日格耶夫著，宋长宏译，佟德富校：《布里亚特萨满教和前萨满教辞典》（俄文版），莫斯科：科学出版社 1978 年版，第 93 页，见吕大吉、何耀华总主编《中国各民族原始宗教资料集成》（鄂伦春族卷、鄂温克族卷、赫哲族卷、达斡尔族卷、锡伯族卷、满族卷、蒙古族卷、藏族卷），北京：中国社会科学出版社 1999 年版，第 627 页。

W0385.3.2

霜魂灵休鲁腾格里是春寒和秋寒的化身

实 例

蒙古族（布里亚特） （参见“W0385.3.1 天降霜魂灵休鲁腾格里”母题实例）

W0385.4

冷冻之神

实 例

（参见下级母题实例）

W0385.4.1

冷冻之神把被火神烧烫的大地变冷

实 例

柯尔克孜族 火神想焚烧大地时，宇宙之神吩咐把冷冻之神升到天空中，命令冷冻之神把被火神烧烫的大地变冷。

【流传】 新疆维吾尔自治区·柯尔克孜地区（克孜勒苏柯尔克孜自治州）

【出处】《火神》，斯丝根据多里昆·吐尔地、阿地力·朱玛吐尔地撰写的《柯尔克孜族宗教与神话》改写，见姚宝瑄主编《中国各民族神话》（乌孜别克族、哈萨克族、柯尔克孜族、俄罗斯族、维吾尔族、塔吉克族、塔塔尔族、锡伯族），太原：山西出版传媒集团·书海出版社 2014 年版，第 147 页。

W0386

与气象神有关的其他母题（与天气神有关的其他母题）

实 例

（参见下级母题实例）

W0386.1

4个气象神

实 例

（参见下级母题实例）

W0386.1.1

祖老、苏托、布勒、久阿是4位掌管天象的神

实 例

纳西族 祖老、苏托、布勒、久阿四位神是掌管天象的神。

【流传】（云南省）

【出处】和芳、和志新编译：《崇邦统——人类迁徙记》注释，见姚宝瑄主编《中国各民族神话》（佤族、阿昌族、纳西族、普米族、德昂族），太原：山西出版传媒集团·书海出版社2014年版，第158页。

W0386.2

天气之祖巫

实 例

（参见下级母题实例）

W0386.2.1

天气之祖巫奢比尸

实 例

汉族 奢比尸为天气之祖巫。

【流传】（无考）

【出处】［战国至汉］撰者不详：《山海经·大荒东经》。

0.3.3 与自然物有关的神【W0390～W0419】

✿ W0390

自然物之神

【汤普森】A405

实 例

达斡尔族 （实例待考）

❊ W0391

山神

【汤普森】①A418；②A495

实 例

（参见下级母题实例）

W0392

山神的产生

实 例

（参见下级母题实例）

W0392.1

山神来于某个地方或自然存在

实 例

（参见下级母题实例）

W0392.1.1

山神来于天上

【关联】［W0392.4.1.1］天上的人到山里成为山神

实 例

（参见下级母题实例）

W0392.1.1.1

天上的神到山上成为山神

实 例

珞巴族 在天上雨水出来的地方，有个名叫班列比列的村子，住着马迪道神，他有三个儿子，老大叫哈鲁弗戈索戈，老二叫胡夫里迪，老三叫西西尼阿奥。胡夫里迪听了父亲的话，下到地上的山里，成了山神。

【流传】西藏自治区·下珞渝（又写作“下珞瑜”，泛指永木河、锡约尔河、巴恰西仁河流域）

【出处】维·埃尔温搜集：《马迪道的三个儿子》，见中华民族故事大系编委会编《中华民族故事大系》第16卷（赫哲族、门巴族、珞巴族、基诺族），上海：上海文艺出版社1995年版，第442～443页。

W0392.1.1.2

土地神派生山神

实 例

锡伯族 门神、路神和山神，都是土地神的派生神灵。

【流传】（无考）

【出处】

（a）佟克力：《锡伯族历史与文化》，乌鲁木齐：新疆人民出版社1989年版，第186页。

（b）《门神、路神和山神》，见吕大吉、何耀华总主编《中国各民族原始宗教资料集成》（鄂伦春族卷、鄂温克族卷、赫哲族卷、达斡尔族卷、锡伯族卷、满族卷、蒙古族卷、藏族卷），北京：中国社会科学出版社1999年版，第399页。

W0392.1.2

山神是指派来的

实 例

（参见下级母题实例）

W0392.1.2.1

创世主迦萨甘派了山神

实 例

哈萨克族 创世主迦萨甘派了山神。

【流传】（无考）

【出处】尼合迈德·蒙加尼搜集，校仲彝翻译整理：《神与灵魂》，见谷德明编《中国少数民族神话》，北京：中国民间文艺出版社1987年版，第730页。

W0392. 1. 3

有山就有山神

实 例

怒族 有山就有山神。

【流传】云南省·（怒江傈僳族自治州）·兰坪（兰坪白族普米族自治县）

【出处】李绍恩：《傈僳族、怒族中的哲学思想初探》，原载云南省民族理论研究学会云南分会筹备组编印《怒江民族研究》1988 年 1～2 期合刊，第 64 页，见吕大吉、何耀华总主编《中国各民族原始宗教资料集成》（纳西族卷、羌族卷、独龙族卷、傈僳族卷、怒族卷），北京：中国社会科学出版社 2000 年版，第 864 页。

W0392. 2

山神是创造产生的

实 例

（实例待考）

W0392. 3

山神是生育产生的

实 例

（参见下级母题实例）

W0392. 3. 1

山神是天神与动物婚生的儿子

实 例

（实例待考）

W0392. 3. 2

山神是特定的王子

实 例

藏族 （实例待考）

W0392. 3. 3

山神是天神与熊的儿子

实 例

朝鲜族 神与熊女婚生王俭，称为坛君，在平壤建立都城。坛君后来迁移到藏唐京，最后在阿斯达这个地方化为山神。

【流传】（无考）

【出处】李政文翻译，谷德明整理：《天王与熊女婚配》，原载谷德明编著《中国少数民族神话选》，西北民族学院研究所 1983 年编印，内部发行，王松选编时润色，见姚宝瑄主编《中国各民族神话》（满族、赫哲族、朝鲜族），太原：山西出版传媒集团·书海出版社 2014 年版，第 154～155 页。

W0392. 3. 4

山神生山神

实 例

（参见下级母题实例）

W0392.3.4.1

山神与仙女婚生的子孙都成为山神

实 例

哈尼族 慈祥的天神么咪让为百姓做好事的资车（人名）做了山神，并让仙女与他成婚，他的后代子孙都成了山神。

【流传】（无考）

【出处】 白祖博、黄世荣搜集整理：《山神资车》，见姚宝瑄主编《中国各民族神话》（哈尼族、傣族），太原：山西出版传媒集团·书海出版社 2014 年版，第 115 页。

W0392.4

山神是变化产生的

实 例

（参见下级母题实例）

W0392.4.0

特定的神成为山神

实 例

（参见下级母题实例）

W0392.4.0.1

马迪道神的二儿子胡夫里迪到山上成为山神

实 例

珞巴族 马迪道神的二儿子胡夫里迪下到地面的大山上，做那里的主人，成了山神。

【流传】

（a）西藏自治区·下珞渝（泛指永木河、锡约尔河、巴恰西仁河流域）

（b）西藏自治区·下珞渝·阿卡部落胡西戈村

【出处】

（a）维·埃尔温搜集：《马迪道的三个儿子》，见中华民族故事大系编委会编《中华民族故事大系》第 16 卷（赫哲族、门巴族、珞巴族、基诺族），上海：上海文艺出版社 1995 年版，第 442～443 页。

（b）同（a），见李坚尚、刘芳贤编《珞巴族门巴族民间故事选》，上海：上海文艺出版社 1993 年版，第 56～57 页。

W0392.4.1

人变成山神

实 例

傈僳族 人变成了山神。

【流传】 云南省·（怒江傈僳族自治州）·碧江（碧江县 1986 年撤销县制，归入福贡县等）

【出处】 云南大学民族民间文学怒江调查队搜集，左玉堂整理：《祭山神的由来》，见中华民族故事大系编委会编《中华民族故事大系》第 7 卷（黎族、傈僳族、佤族），上海：上海文艺出版社 1995 年版，第 433 页。

傈僳族 统管地上所有四脚动物的两兄

弟分开时，两人把这些动物，一分为二。四脚的动物很多，哥哥阿的分得不耐烦了，对弟弟说："阿弟，我们不必再细分了。你分得少一点，管起来省力一些；余下来的就都归我管，往后你要吃的，就上山来杀我的野物吧！"他一说完这话，忽然摇身一变，变成了一个白胡银须的山神，赶着他分得的动物进深山去了。

【流传】云南省

【出处】云南大学民族民间文学怒江调查队搜集，左玉堂整理：《祭山神的由来》，见《傈僳族民间故事选》，上海：上海文艺出版社 1985 年版，第 175～176 页。

W0392.4.1.1

天上的人到山里成为山神

实 例

珞巴族 天上的人到山里成为山神。

【流传】西藏自治区·下珞渝（下珞瑜则泛指永木河、锡约尔河、巴恰西仁河流域）

【出处】维·埃尔温搜集：《马迪道的三个儿子》，见中华民族故事大系编委会编《中华民族故事大系》第 16 卷（赫哲族、门巴族、珞巴族、基诺族），上海：上海文艺出版社 1995 年版，第 442 页。

W0392.4.1.2

灭妖者成为山神

实 例

羌族 灭妖者成为山神。

【流传】四川省·（阿坝藏族羌族自治州）·汶川（汶川县）

【出处】何夭云讲，蓝寿清等搜集：《阿窝坑火收妖精》，见中华民族故事大系编委会编《中华民族故事大系》第 11 卷（达斡尔族、仫佬族、羌族），上海：上海文艺出版社 1995 年版，第 692 页。

W0392.4.1.3

猎人成为山神

实 例

（实例待考）

W0392.4.1.4

强盗转生为山神

实 例

藏族 （实例待考）

W0392.4.1.5

人死后封为山神

实 例

（参见下级母题实例）

W0392.4.1.5.1

十三位酋长死后封为山神

实 例

藏族 十三位酋长死后，以大通河流域的十三座山峰命名，加封为山神。

【流传】甘肃省·（武威市）·天祝县

（天祝藏族自治县）等

【出处】王兴先：《华日地区一个藏族部落的民族学调查报告——山神和山神崇拜》，载《西藏研究》1996 年第 1 期。

W0392.4.1.6

小伙爬天顶时掉下来变成山神

实 例

鄂伦春族 小伙子爬天顶时掉下来变成山神。

【流传】（无考）

【出处】

（a）《山和树是怎么形成的》，见满都呼主编《中国阿尔泰语系诸民族神话故事》，北京：民族出版社 1997 年版，第 323 页。

（b）同（a），徐昌翰等：《鄂伦春文学》，哈尔滨：北方文艺出版社 1993 年版。

W0392.4.1.7

管动物的人成为山神

实 例

傈僳族 管理野生动物的哥哥阿底变成山神。

【流传】云南省

【出处】《山神的故事》，见中国社会科学院云南少数民族文学研究所等编《云南少数民族文学资料》（第 1 辑），内部编印，1980 年，第 152 页。

W0392.4.1.7.1

管理野生动物的哥哥阿底变成山神

实 例

傈僳族 两兄弟管地上的动物。兄忽化为山神，尚未分之动物皆随兄而去。

【流传】（无考）

【出处】袁珂改编：《山神》，原载毛星主编《中国少数民族文学》（下册），见袁珂《中国神话大词典》，北京：华夏出版社 2015 年版，第 512 页。

W0392.4.1.8

巫师成为山神

实 例

（参见下级母题实例）

W0392.4.1.8.1

巫师死后仍为儿孙做好事被尊为山神

实 例

傈僳族 尼帕（巫师）死后仍为儿孙做好事、人们尊他为山神。

【流传】云南省·（大理白族自治州）·鹤庆县·朵美（朵美乡）

【出处】唐三妹讲，鹤庆县集成办公室采录：《山神岩桑》，见中国民间文学集成全国编辑委员会编《中国民间故事集成》（云南卷），北京：中国 ISBN 中心 2003 年版，第 364 页。

W0392. 4. 1. 9

人们纪念侬达搬山的功劳立他为山神

实 例

仫佬族 人们为了纪念侬达（人们）搬山的功劳，在那最后没有挑走的穿山下起了个庙，立他为山神，逢年过节，家家户户都要祭拜他，表示对他的崇敬。

【流传】 广西壮族自治区·（河池市）·罗城县（罗城仫佬族自治县）·东门乡（东门镇）

【出处】 潘代球讲，潘琦搜集整理：《侬达搬山》，原载包玉堂等编《仫佬族民间故事选》，上海文艺出版社 1988 年版，见姚宝瑄主编《中国各民族神话》（仫佬族、壮族、京族），太原：山西出版传媒集团·书海出版社 2014 年版，第 41 页。

W0392. 4. 1. 10

天神让好人做山神

实 例

（参见下级母题实例）

W0392. 4. 1. 10. 1

天神让好人资车做了阿波雷山的山神

实 例

哈尼族 慈祥的天神么咪知道资车为百姓做好事，便派了一个最俏的仙女给他做老婆，并把他请去当阿波雷山的山神。

【流传】（无考）

【出处】 白祖博、黄世荣搜集整理：《山神资车》，见姚宝瑄主编《中国各民族神话》（哈尼族、傣族），太原：山西出版传媒集团·书海出版社 2014 年版，第 115 页。

W0392. 4. 1a

帝王变成山神

实 例

（参见下级母题实例）

W0392. 4. 1a. 1

坛君在阿斯达化为山神

实 例

朝鲜族 神与熊女婚生的坛君，最后在阿斯达这个地方化为山神。

【流传】（无考）

【出处】 李政文翻译，谷德明整理：《天王与熊女婚配》，原载谷德明编著《中国少数民族神话选》，西北民族学院研究所 1983 年编印，内部发行，王松选编时润色，见姚宝瑄主编《中国各民族神话》（满族、赫哲族、朝鲜族），太原：山西出版传媒集团·书海出版社 2014 年版，第 154 ~ 155 页。

W0392.4.1b

祖先变成山神

实 例

（参见下级母题实例）

W0392.4.1b.1

祖先死在深山中变成高山神

实 例

纳西族 祖先死在深山中，从此变成高山神。

【流传】云南省·（丽江市·宁蒗彝族自治县）·永宁（永宁乡）一带

【出处】《崇多崇》（祭锅灶，即祭家神），见吕大吉、何耀华总主编《中国各民族原始宗教资料集成》（纳西族卷、羌族卷、独龙族卷、傈僳族卷、怒族卷），北京：中国社会科学出版社2000年版，第222页。

W0392.4.2

动物变成山神

实 例

（参见下级母题实例）

W0392.4.2.1

特定动物变成山神

实 例

（参见下级母题实例）

W0392.4.2.1.1

虎被当做山神

实 例

赫哲族 当地的人们把虎当做山神。

【流传】黑龙江省·（佳木斯市）·富锦（富锦县）、同江（同江市），（双鸭山市）·饶河（饶河县）

【出处】尤连仲等讲，韩福德整理：《三月三、九月九节日的来历》，见中华民族故事大系编委会编《中华民族故事大系》第16卷（赫哲族、门巴族、珞巴族、基诺族），上海：上海文艺出版社1995年版，第211页。

W0392.4.2.1.2

猴被当做山神

实 例

汉族 猴形变成山神、乐神和“木石之怪”。

【流传】（无考）

【出处】宋薇笳：《夔字与夔神话的产生和演变》，载《民间文学论坛》1985年第3期。

W0392.4.2.2

动物的肢体变成山神

实 例

（参见下级母题实例）

W0392. 4. 2. 2. 1

动物的骨骼化为山神

实 例

藏族 居于龙神之湖的青蛙，被梵天抛往天空，坠地后身碎肢离，骨骼变成人们向往的神山圣坛；这就是岭国的圣地阿尼玛卿雪山，即护佑岭地四族的山神。

【流传】青藏高原多湖泊地区

【出处】格明多杰整理：《龙神青蛙》，见 BBS 水木清华站：http：//www.smth.edu.cn，2006.07.20。

W0392. 4. 2. 3

狐狸和鼬鼠修炼成精变成山神

实 例

达斡尔族 “敖雷·巴尔背”（汉译为“山神”）由狐狸和鼬鼠（黄鼠狼）成精的。因它修道年限较短，不能进出官衙里面。

【流传】黑龙江省·布特哈旗（今内蒙古自治区·呼伦贝尔市·扎兰屯市）

【出处】

（a）珠荣嘎、额尔登泰、满都尔图、包鹤亭调查编著：《达斡尔族情况——达斡尔族调查材料之一》，全国人民代表大会民族委员会办公室 1957 年编印，第 38 页。

（b）《“敖雷·巴尔背”祭仪之一（布特哈地区）》，见吕大吉、何耀华总主编《中国各民族原始宗教资料集成》（鄂伦春族卷、鄂温克族卷、赫哲族卷、达斡尔族卷、锡伯族卷、满族卷、蒙古族卷、藏族卷），北京：中国社会科学出版社 1999 年版，第 353 页。

W0392. 4. 3

神性人物变成山神

【关联】［W0768. 11. 3. 2］檀君化为山神（坛君化为山神）

实 例

朝鲜族 天帝庶子桓雄与熊女结婚生檀君王俭，檀君后来成了山神。

【流传】（无考）

【出处】金净伊译：《檀君神话》，见《朝鲜古典文学选集（1）——古代传说传记选》，北京：民族出版社 1988 年版。

W0392. 4. 3. 1

心好的达祖变成山神

实 例

普米族 达祖心好变山神。

【流传】云南省·（怒江傈僳族自治州）·兰坪县（兰坪白族普米族自治县）·水奉

【出处】杨汉章讲，鹏云整理：《山神和猎神》，见编写组《兰坪白族普米族自治县民间文学选集》，内部编印，1988 年，第 125 ~ 127 页。

W0392.4.3.2
仙变成山神

实　例

（参见下级母题实例）

W0392.4.3.2.1
赶山的仙人九兄弟死后被天封为山神

实　例

仡佬族 赶山的仙人九兄弟死后被天神敖伟追封为山神。

【流传】（无考）

【出处】《兄弟赶山》，见贵州省安顺地区民族事务委员会编《仡佬族古歌》，贵阳：贵州民族出版社1991年版，第5~9页。

W0392.4.4
与变化产生山神有关的其他母题

实　例

（参见下级母题实例）

W0392.4.4.1
头人死后灵魂变成山神

实　例

藏族 拉布桑山神是朵仓部落的最早头人，是这位头人死后的灵魂。

【流传】甘肃省·（武威市）·天祝县（天祝藏族自治县）等

【出处】王兴先：《华日地区一个藏族部落的民族学调查报告——山神和山神崇拜》，载《西藏研究》1996年第1期。

W0392.5
与山神的产生有关的其他母题

实　例

（参见下级母题实例）

W0392.5.1
虎作为山神

实　例

鄂伦春族 （实例待考）

鄂温克族 （实例待考）

赫哲族 （实例待考）

W0392.5.2
山当做山神

实　例

藏族 （实例待考）

W0392.5.3
通过比赛封特定山的山神

实　例

（参见下级母题实例）

W0392.5.3.1
玉帝把最先到泰山的仙封为泰山神

实　例

汉族 玉皇大帝召集各路神仙到泰山开会，说谁先到泰山，谁就是泰山神。

【流传】山东省·泰安（泰安市）

【出处】《碧霞元君的来历》，见陶阳等编《泰山故事大观》，北京：文化艺术出版社1984年版，第10页。

W0392. 5. 4

造山者被封为山神

实　例

（参见下级母题实例）

W0392. 5. 4. 1

密洛陀封造山的儿子阿亨阿独为山神

实　例

瑶族 密洛陀为了不忘阿亨阿独造山的功劳，便封他为山神。

【流传】（无考）

【出处】《密洛陀神谱》，蓝田根据农学冠等撰写的《瑶族神话传说中的人物》编写，见姚宝瑄主编《中国各民族神话》（土家族、毛南族、侗族、瑶族），太原：山西出版传媒集团·书海出版社2014年版，第147页。

W0392. 5. 5

凡山皆有神

实　例

彝族 凡山皆有神，但不知山名则请不到。凡是知道名的山都要请。

【流传】四川省·凉山（凉山彝族自治州）·甘洛县·田坝区·胜利公社（胜利乡）

【出处】苏尼木色等讲，于锦绣等记录整理：*《苏尼（巫师）的产生》，见吕大吉、何耀华总主编《中国各民族原始宗教资料集成》（彝族卷、白族卷、基诺族卷），北京：中国社会科学出版社1996年版，第266页。

W0393

山神的特征

实　例

（参见下级母题实例）

W0393. 1

男山神

实　例

（参见下级母题实例）

W0393. 1. 1

山神爷

实　例

（参见下级母题实例）

W0393. 1. 1. 1

山神爷是最崇高的神

实　例

彝族 彝家的山神爷，是最崇高的神。

【流传】云南省·（红河哈尼族彝族自治州）·红河县、元阳县

【出处】龙倮贵搜集整理，黄建明摘录：《祭山经》，见吕大吉、何耀华总主编《中国各民族原始宗教资料集成》（彝族卷、白族卷、基诺族卷），北京：中国社会科学出版社1996年版，第87页。

W0393.2

女山神

实 例

纳西族 每年正月初一、十五举行祭山活动。苏达河北岸的人祭祀男山神；南岸的人祭祀女山神。

【流传】四川省·（凉山彝族自治州）·木里县（木里藏族自治县）·俄亚乡（俄亚纳西族乡）

【出处】刘龙初调查整理：*《祭山神》，见《四川省纳西族社会历史调查》，成都：四川省社会科学院出版社1987年版，第118页。

W0393.2.1

女山神的产生

实 例

（参见下级母题实例）

W0393.2.1.1

峰崖中生女山神

实 例

纳西族（摩梭）喇神（虎神）跳到大山上，着地的震动把大山震得发抖，震塌了几堵峰崖。峰崖刚裂开。便从里面走出了住在这里的刺踏寨干木女山神。

【流传】云南省·（丽江市）·宁蒗县（宁蒗彝族自治县）

【出处】巴采若、桑绒尼搓讲，章虹宇搜集整理：《喇氏族的来源》，载《民间文学》1986年第3期。

W0393.2.2

女山神的特征

实 例

（参见下级母题实例）

W0393.2.2.1

多情的女山神

实 例

（参见下级母题实例）

W0393.2.2.1.1

多情的女山神巴丹拉姆

实 例

藏族 山神巴丹拉姆不仅长像美丽，还是一个多情的女神。

【流传】云南省·（迪庆藏族自治州）·中甸县（香格里拉县）

【出处】青都儿等讲，泽権娃·应巴采录：《神奇的女山神》，见中国民间文学集成全国编辑委员会编《中国民间故事集成》（云南卷），北京：中国ISBN中心2003年版，第384页。

W0393. 2. 2. 2

善良的女山神

【关联】

① ［W0065］女神

② ［W0125］善神（慈悲之神）

实 例

（参见下级母题实例）

W0393. 2. 2. 2. 1

善良的女山神欧吾太密雪山

实 例

羌族 欧吾太基的妻子欧吾太密雪山，是一位善良贤淑的女神，最能体察神界忧怨，人间疾苦。

【流传】四川省·（阿坝藏族羌族自治州）·黑水县·瓦钵乡

【出处】木尖基讲，江国荣采录：《欧吾太基和欧吾太密》，见中国民间文学集成全国编辑委员会编《中国民间故事集成》（四川卷·下），北京：中国ISBN中心1998年版，第1126页。

W0393. 2. 3

特定名称的女山神（女山神的名称）

【关联】［W0398. 1. 2. 1］泰山奶奶

实 例

（参见下级母题实例）

W0393. 2. 3. 1

世间最好出名的女山神巴丹麦拉姆

实 例

藏族 巴丹麦拉姆是世间最好出名的女山神。

【流传】云南省·（迪庆藏族自治州）·中甸县（香格里拉县）

【出处】青都儿等讲，泽権娃·应巴采录：《神奇的女山神》，见中国民间文学集成全国编辑委员会编《中国民间故事集成》（云南卷），北京：中国ISBN中心2003年版，第384页。

W0393. 2. 3. 2

女山神约沙厄

实 例

（参见下级母题实例）

W0393. 2. 3. 2. 1

女山神约沙厄是美丽的神射手

实 例

藏族 约沙厄山神是一位飒爽英姿的女山神，她不仅箭射得百发百中，而且特别美丽迷人。

【流传】（四川省·甘孜藏族自治州·九龙县·夏卡乡）

【出处】伍呷：《九龙藏族社会的历史调查》，原载西南民族学会编印《雅砻江上游考察报告》，1985年，见吕大吉、何耀华总主编《中国各民族原始宗教资料集成》（鄂伦春族卷、鄂温克族卷、赫哲族卷、达斡尔族卷、锡伯族卷、满族卷、蒙古族卷、藏族卷），北京：中国社会科学出版社1999年版，第943页。

W0393.2.3.3

山神娘

实 例

（参见下级母题实例）

W0393.2.3.3.1

山神娘是最慈祥的神

实 例

彝族 彝家的山神娘，是最慈祥的神。

【流传】 云南省·（红河哈尼族彝族自治州）·红河县、元阳县

【出处】 龙倮贵搜集整理，黄建明摘录：《祭山经》，见吕大吉、何耀华总主编《中国各民族原始宗教资料集成》（彝族卷、白族卷、基诺族卷），北京：中国社会科学出版社1996年版，第87页。

W0393.2.3.4

刺踏寨干木女山神

实 例

（参见下级母题实例）

W0393.2.3.4.1

刺踏寨干木女山神头戴星星帽，身穿彩霞衣，白云裙子系虹带，脚穿玛瑙鞋

实 例

纳西族（摩梭） 刺踏寨干木女山神头戴星星编串的帽子，身穿彩霞缝制的衣裳，下系白云剪裁的裙子。腰系虹带，脚穿玛瑙鞋子。

【流传】 云南省·（丽江市）·宁蒗县（宁蒗彝族自治县）

【出处】 巴采若、桑绒尼搓讲，章虹宇搜集整理：《喇氏族的来源》，载《民间文学》1986年第3期。

W0393.2.4

与女山神有关的其他母题

【关联】 ［W0396.11.4.1］山神是女司药神

实 例

（参见下级母题实例）

W0393.2.4.1

山神娘娘是妇幼保护神

实 例

羌族 山神娘娘主管保护妇女儿童。

【流传】 四川省·（阿坝藏族羌族自治州）·理县·桃坪乡·增头寨

【出处】

（a）钱安靖：《羌族宗教习俗调查资

料》，见羌族社会历史调查四川省编写组编《羌族社会历史调查》，成都：四川省社会科学院出版社1985年版。

(b) 同（a），见吕大吉、何耀华总主编《中国各民族原始宗教资料集成》（纳西族卷、羌族卷、独龙族卷、傈僳族卷、怒族卷），北京：中国社会科学出版社2000年版，第474页。

W0393.3

山神身体高大

实 例

（参见下级母题实例）

W0393.3.1

西士比亚山神高耸入云

实 例

高山族 西士比亚山神是一位高耸入云的神。

【流传】 台湾

【出处】《高山族和汉族的由来》，见谷德明编《中国少数民族神话》，北京：中国民间文艺出版社1987年版，第236页。

W0393.3.2

山神是巨人

【关联】 ［W0664.1］巨人是神（神巨人）

实 例

（参见下级母题实例）

W0393.3.2.1

山神日乌达是个巨大的老人

实 例

藏族 山神日乌达（山神菩萨）是个巨大的老人。

【流传】（无考）

【出处】《狗皮王子》，见谷德明编《中国少数民族神话》，北京：中国民间文艺出版社1987年版，第673页。

W0393.4

山神是人的外形

实 例

（参见下级母题实例）

W0393.4.1

山神是老头

实 例

达斡尔族 （实例待考）

鄂温克族 山神白纳查的外形是一个老头。

【流传】（无考）

【出处】《白纳查的传说》，见《中国各民族宗教与神话大词典》编审委员会编《中国各民族宗教与神话大词典》，北京：学苑出版社1990年版，第136～137页。

W0393.4.1.1 山神是身材高大魁梧、白发苍苍、皱纹满面的老人

实 例

鄂温克族 山神是一位身材高大魁梧、白发苍苍、皱纹满面的老人。

【流传】（无考）

【出处】

(a) 顺格布讲，朝克记录整理《山神的来历》，载《黑龙江民间文学》第六集，内部资料，1983年，第95页。

(b)《山神的来历》，见吕大吉、何耀华总主编《中国各民族原始宗教资料集成》（鄂伦春族卷、鄂温克族卷、赫哲族卷、达斡尔族卷、锡伯族卷、满族卷、蒙古族卷、藏族卷），北京：中国社会科学出版社1999年版，第96页。

W0393.4.2 山神是老人的样子

实 例

藏族 （实例待考）

W0393.4.2.1 山神有白胡须（山神白胡银须）

实 例

傈僳族 哥哥阿的变成了一个白胡银须的山神。

【流传】云南省

【出处】云南大学民族民间文学怒江调查队搜集，左玉堂整理：《祭山神的由来》，见《傈僳族民间故事选》，上海：上海文艺出版社1985年版，第175～176页。

W0393.4.2.2 山神的银须数丈

【关联】［W0398.1.4.2］山神白那查白胡子数丈

实 例

达斡尔族 “白那查”（山神）银须数丈。

【流传】（内蒙古自治区、黑龙江省等地）

【出处】

(a) 莫日根迪：《达斡尔族之宗教信仰》，载《内蒙古社会科学》1981年第3期。

(b)《“白那查”——山神之二》，见吕大吉、何耀华总主编《中国各民族原始宗教资料集成》（鄂伦春族卷、鄂温克族卷、赫哲族卷、达斡尔族卷、锡伯族卷、满族卷、蒙古族卷、藏族卷），北京：中国社会科学出版社1999年版，第295页。

达斡尔族 山神白那查的形象是一个白胡子老头。

【流传】内蒙古自治区·呼伦贝尔（呼伦贝尔市）

【出处】郭媛媛：《达斡尔族莫日根故事中的传统文化研究》，中央民族大学2010年硕士学位论文，第21页。

W0393. 4. 2. 3

山神的白胡子长万丈

【关联】［W0398. 1. 6. 12. 1］山神日乌达雪白的胡子从山顶拖到河中

实 例

藏族 （参见“W0398. 1. 6. 12. 1 山神日乌达雪白的胡子从山顶拖到河中”母题实例）

W0393. 4. 3

山神是老太太

实 例

哈尼族 （实例待考）

W0393. 4. 4

山神是猎人骑马的样子

实 例

藏族 山神经常以骑马的猎人的形象巡游在高山峡谷之中。

【流传】（无考）

【出处】格勒：《论藏族本教的神》，原载《藏族学术讨论会论文集》，西藏人民出版社1984年版，见吕大吉、何耀华总主编《中国各民族原始宗教资料集成》（鄂伦春族卷、鄂温克族卷、赫哲族卷、达斡尔族卷、锡伯族卷、满族卷、蒙古族卷、藏族卷），北京：中国社会科学出版社1999年版，第788页。

W0393. 5

山神是动物外形

实 例

（参见下级母题实例）

W0393. 5. 1

山神是一只老虎

实 例

藏族 （实例待考）

W0393. 5. 1. 1

山神爷是一只善良的老虎

实 例

鄂伦春族 山神爷是一只善良的老虎。

【流传】（无考）

【出处】《关于山神的传说》，见吕大吉、何耀华总主编《中国各民族原始宗教资料集成》（鄂伦春族卷、鄂温克族卷、赫哲族卷、达斡尔族卷、锡伯族卷、满族卷、蒙古族卷、藏族卷），北京：中国社会科学出版社1999年版，第18页。

W0393. 6

山神的性格

实 例

（参见下级母题实例）

W0393.6.1
善的山神（山神是善神）

实 例

哈尼族（实例待考）

W0393.6.1.1
山神不会无端害人

实 例

达斡尔族 “白那查”（山神）是善神，不会无端地加害于人。

【流传】（内蒙古自治区、黑龙江省等地）

【出处】

（a）珠荣嘎、满都尔图主编：《达斡尔族社会历史调查》，呼和浩特：内蒙古人民出版社1985年出版，第256页。

（b）《“白那查”——山神之一》，见吕大吉、何耀华总主编《中国各民族原始宗教资料集成》（鄂伦春族卷、鄂温克族卷、赫哲族卷、达斡尔族卷、锡伯族卷、满族卷、蒙古族卷、藏族卷），北京：中国社会科学出版社1999年版，第294页。

W0393.6.1.2
山神助人为乐

实 例

达斡尔族 “白那查”（山神）是助人为乐的“恩神”

【流传】（内蒙古自治区、黑龙江省等地）

【出处】

（a）莫日根迪：《达斡尔族之宗教信仰》，载《内蒙古社会科学》1981年第3期。

（b）《“白那查”——山神之二》，见吕大吉、何耀华总主编《中国各民族原始宗教资料集成》（鄂伦春族卷、鄂温克族卷、赫哲族卷、达斡尔族卷、锡伯族卷、满族卷、蒙古族卷、藏族卷），北京：中国社会科学出版社1999年版，第295页。

W0393.6.1.3
山神慈眉善目（山神容貌慈祥）

实 例

白族 山神骑着一头老虎，容貌慈祥。

【流传】云南省·（大理白族自治州）·云龙县·民建乡·只戛村

【出处】王承权调查整理：《云龙白族山神土地祭》（1988），见吕大吉、何耀华总主编《中国各民族原始宗教资料集成》（彝族卷、白族卷、基诺族卷），北京：中国社会科学出版社1996年版，第471页。

藏族 猎人来到山神宝殿，只见宫殿中央端坐着一位金冠玉带，面目和善的山神。

【流传】（青海省·果洛藏族自治州）

【出处】凡夫整理：《年保页什则神山的

传说》，原载果洛州群艺馆编《果洛民间故事选》，内部资料，见吕大吉、何耀华总主编《中国各民族原始宗教资料集成》（鄂伦春族卷、鄂温克族卷、赫哲族卷、达斡尔族卷、锡伯族卷、满族卷、蒙古族卷、藏族卷），北京：中国社会科学出版社 1999 年版，第 945 页。

W0393. 6. 1. 4

和善的山神治同鬼

实　例

景颇族 治同鬼，即和善之山神也。

【流传】（无考）

【出处】 袁珂改编：《能贯娃》（原名《驾驭太阳的母亲》），原载谷德明编《中国少数民族神话选》，见袁珂《中国神话大词典》，北京：华夏出版社 2015 年版，第 555 页。

W0393. 6. 2

恶的山神

实　例

仡佬族 恶的山神。

【流传】 贵州省·（遵义市）·道真（道真仡佬族苗族自治县）

【出处】 向锡安讲，舒运佑整理：《洛龙的传说》，见中华民族故事大系编委会编《中华民族故事大系》第 13 卷（仡佬族、锡伯族、阿昌族），上海：上海文艺出版社 1995 年版，第 171 页。

W0393. 6. 2. 1

阿米年青山神是一个黑道神

实　例

藏族 喇嘛教认为阿米年青山神是一个黑道神，反对祭祀他。

【流传】 甘肃省·临夏（临夏回族自治州）

【出处】《阿米年青山神》，见 BBS 水木清华站：http://www.smth.edu.cn，2006.07.20。

W0393. 6. 2. 2

山神是凶煞神

【关联】［W0126. 3. 1. 4］煞神（恶煞，凶煞神）

实　例

汉族 桐柏山区有两座最尚的山，一座叫桐山，一座叫乐山。主管这一带山岭的山神——凶煞神是一个凶残无道的家伙，它与它的弟弟，主管这一带水域的水神——恶煞神，经常狼狈为奸，无恶不作。

【流传】 河南省豫南一带

【出处】 刘四毛（男，71 岁，汉族，农民，不识字，确山人）讲，刘光，男（18 岁，汉族。高中学生）采录：《风婆婆》，见张振犁编著，孟宪明、朱淑君统纂《中原神话通鉴》（第四卷），郑州：河南大学出版社 2017 年版，第 1236 页。

W0393.6.2.3
黑雪山的山神是恶神

实 例

纳西族 很古的时候，黑雪山的山神（世日），是个凶恶的山神，山神召拢了许多的情死鬼，在黑雪山的肚子搓制着冰雹。

【流传】 云南省·（丽江市）·丽江县（古城区、玉龙纳西族自治县）

【出处】 木丽春采集整理：《阿明于勒辟文笔山灵洞》，见木丽春编著《纳西族民间故事集》，昆明：云南人民出版社2007年版，第页。

W0393.6.3
山神爱搞怪

实 例

（参见下级母题实例）

W0393.6.3.1
山神故意捉弄人

实 例

鄂伦春族 有个在山里采木耳的人，看到远处来了一个叉着腰的人，行为使人害怕，回头就跑，再看时就不见了。人们认为这些都是山神在作怪。

【流传】（无考）

【出处】

（a）内蒙古自治区编委会：《鄂伦春族社会历史调查》（第二集），呼和浩特：内蒙古人民出版社1985年版，第104~105页。

（b）《石砬子是山神所居之处》，见吕大吉、何耀华总主编《中国各民族原始宗教资料集成》（鄂伦春族卷、鄂温克族卷、赫哲族卷、达斡尔族卷、锡伯族卷、满族卷、蒙古族卷、藏族卷），北京：中国社会科学出版社1999年版，第17页。

W0393.6.4
凶猛的山神

实 例

藏族 念青唐古拉山神是一位凶猛的掌留神，人们要向山神施行血供，供奉骡马牛羊。

【流传】 西藏自治区

【出处】 谢继胜整理：《念青唐古拉山神》，见BBS水木清华站：http://www.smth.edu.cn，2006.07.20。

W0393.6.5
贪婪的山神

【关联】［W0085.17.1］贪心的神

实 例

（参见下级母题实例）

W0393.6.5.1
山神向人索要血供和牺牲

实 例

藏族 （参见“W0393.6.4 凶猛的山

神”母题实例）

W0393. 6. 6

山神易怒

实 例

（参见下级母题实例）

W0393. 6. 6. 1

山神发怒会召来狂风怒卷、雷电交加、大雨倾盆

实 例

藏族 藏族人认为中，山神比任何一种神更容易触怒，凡是经过高山雪岭、悬岩绝壁、原始森林等地方，都必须处处小心，最好不要高声喧哗、大吵大闹，否则触怒了山神，立刻就会召来狂风怒卷、雷电交加、大雨倾盆，泛滥成灾。

【流传】（无考）

【出处】 格勒：《论藏族本教的神》，原载《藏族学术讨论会论文集》，西藏人民出版社 1984 年版，见吕大吉、何耀华总主编《中国各民族原始宗教资料集成》（鄂伦春族卷、鄂温克族卷、赫哲族卷、达斡尔族卷、锡伯族卷、满族卷、蒙古族卷、藏族卷），北京：中国社会科学出版社 1999 年版，第 788 页。

W0393. 7

与山神的特征有关其他母题

实 例

（参见下级母题实例）

W0393. 7. 1

山神金身龙驾

实 例

毛南族 （实例待考）

W0393. 7. 2

山神力气大

实 例

（参见下级母题实例）

W0393. 7. 2. 1

山神挑山

实 例

仡佬族 略依（神名）下凡帮人造桥时，命山神挑山尖二座为桥墩，迅即成桥。

【流传】 贵州省·织金县、间河县一带

【出处】 袁珂改编：《天仙桥》（原名《搭桥》），原载毛星主编《中国少数民族文学》（中册），见袁珂《中国神话大词典》，北京：华夏出版社 2015 年版，第 571 页。

W0393. 7. 3

山神的大小

实 例

（参见下级母题实例）

W0393.7.3.1

大山有大山神，小山有小山神

实 例

藏族 大山有大山神，小山有小山神。

【流传】（无考）

【出处】桑木旦：《再谈达布人的族属问题》，四川省民族研究所编《白马藏人族属问题讨论集》第1集，见吕大吉、何耀华总主编《中国各民族原始宗教资料集成》（鄂伦春族卷、鄂温克族卷、赫哲族卷、达斡尔族卷、锡伯族卷、满族卷、蒙古族卷、藏族卷），北京：中国社会科学出版社1999年版，第788页。

藏族 白马藏人崇拜的山神可分两类："偶念"是总山神，即冢山、岳山、"叶西纳蒙"属于这一类；"夺拉"是小山梁子，是各寨祭祀的小山神。

【流传】（无考）

【出处】四川省民委民族识别调查组：《白马藏人调查资料辑录》，原载四川省民族研究所编印《白马藏人族属问题讨论集》，见吕大吉、何耀华总主编《中国各民族原始宗教资料集成》（鄂伦春族卷、鄂温克族卷、赫哲族卷、达斡尔族卷、锡伯族卷、满族卷、蒙古族卷、藏族卷），北京：中国社会科学出版社1999年版，第795页。

W0393.7.3.2

山大则神大

实 例

汉族等 山无大小，皆有神灵。山大则神大，山小则神小也。

【流传】（无考）

【出处】［晋］葛洪：《抱朴子·登涉》。

W0393.7.4

特定颜色的山神

实 例

（参见下级母题实例）

W0393.7.4.1

红色山神

实 例

（参见下级母题实例）

W0393.7.4.1.1

红色山神古杰喜乃

实 例

藏族 古杰喜乃山神是一位穿皮甲戴皮饰的红神，所持兵器是一支长矛和一副绳套，骑一匹红马。

【流传】（西藏自治区）

【出处】［奥地利］内贝斯基著，谢继胜译：《西藏的鬼怪和神灵——比较宗教学研究》，原载《国外藏学研究译文集》第3辑，西藏人民出版社1987年版，见吕大吉、何耀华总主编

《中国各民族原始宗教资料集成》(鄂伦春族卷、鄂温克族卷、赫哲族卷、达斡尔族卷、锡伯族卷、满族卷、蒙古族卷、藏族卷),北京:中国社会科学出版社 1999 年版,第 791 页。

W0393. 7. 5

山神光芒照人

实 例

藏族 山神有丰茂的贵体,光芒照人,一身洁白。

【流传】(无考)

【出处】谢继胜译:《祈祷阿尼玛卿山神祈祷词》,见《国外藏族研究译文集》第 3 辑,拉萨:西藏人民出版社 1987 年版。

W0394

山神的生活

实 例

(参见下级母题实例)

W0394. 1

山神的成长

实 例

(实例待考)

W0394. 2

山神的抚养

实 例

(参见下级母题实例)

W0394. 2. 1

山神在姨母抚养下长大

实 例

藏族 阿米年青山神生来就遭母死之难,被其姨母鲁古姆姆(即绵羊保姆)抚养长大。

【流传】甘肃省·临夏(临夏回族自治州)

【出处】《阿米年青山神》,见 BBS 水木清华站:http://www. smth. edu. cn,2006. 07. 20。

W0394. 3

山神的经历

实 例

(实例待考)

W0394. 4

山神的服饰

实 例

(参见下级母题实例)

W0394. 4. 1

阿尼玛卿山神头戴红缨帽,身披银甲

实 例

藏族 阿尼玛卿山神头戴红缨帽,身披银甲。

【流传】青海省·果洛州(果洛藏族自治州)·玛沁县

【出处】贡乔泽登整理：《阿尼玛卿大山神》，见 BBS 水木清华站：http://www.smth.edu.cn，2006.07.20。

藏族 阿尼玛卿山神头戴红缨帽，身披银甲，乘玉龙白马，右手持矛，左手掌旗，腰悬宝剑，佩弓挂箭。

【流传】西藏自治区

【出处】贡乔泽登讲：《阿尼玛卿大山神》，见姚宝瑄主编《中国各民族神话》（门巴族、珞巴族、怒族、藏族），太原：山西出版传媒集团·书海出版社 2014 年版，第 96 页。

W0394.4.2

山神金冠玉带

实 例

藏族 （参见“W0393.6.1.3 山神慈眉善目”母题实例）

W0394.4.3

山神一身洁白

实 例

藏族 （参见“W0393.7.5 山神光芒照人”母题实例）

W0394.4.4

山神穿黑衣

实 例

（参见下级母题实例）

W0394.4.4.1

夏达岭的山神色米青日素保穿黑斗篷

实 例

藏族 佛教传入西藏以前有很多土著山神，其中有统治六岭的 12 山神。其中，夏达岭的两个山神中，色米青日素保是一个穿黑斗篷的黑人，挥舞棍棒的三棱短剑，骑一匹黑马。念钦玉载是身穿铠甲的绿人，挥舞胜幢，骑一匹带有如风之翅的红马。

【流传】（西藏自治区）

【出处】［奥地利］内贝斯基著，谢继胜译：《西藏的鬼怪和神灵——比较宗教学研究》，原载《国外藏学研究译文集》第 3 辑，西藏人民出版社 1987 年版，见吕大吉、何耀华总主编《中国各民族原始宗教资料集成》（鄂伦春族卷、鄂温克族卷、赫哲族卷、达斡尔族卷、锡伯族卷、满族卷、蒙古族卷、藏族卷），北京：中国社会科学出版社 1999 年版，第 791 页。

W0394.5

山神的食物

实 例

（实例待考）

W0394.6

山神的居所

实 例

（参见下级母题实例）

W0394.6.0
山神有多个居所

实 例

（参见下级母题实例）

W0394.6.0.1
岩石砬子、大山之巅，密林深处、怪洞石穴、高山古泉都是山神居所

实 例

满族 凡是岩石砬子、大山之巅，密林深处、怪洞石穴、高山古泉都是山神的栖留之地。

【流传】（无考）

【出处】

（a）杨锡春：《满族风俗考》，哈尔滨：黑龙江人民出版社 1991 年出版，第 85 页。

（b）《山崇拜》，见吕大吉、何耀华总主编《中国各民族原始宗教资料集成》（鄂伦春族卷、鄂温克族卷、赫哲族卷、达斡尔族卷、锡伯族卷、满族卷、蒙古族卷、藏族卷），北京：中国社会科学出版社 1999 年版，第 479 页。

W0394.6.0.2
山神居奇峰、怪石、古树、岩洞等

实 例

鄂伦春族 奇峰、怪石、古树、岩洞等奇异景象，便认为是白那恰的栖居之处。

【流传】 黑龙江省·（大兴安岭地区）·呼玛县·十八站乡（今为塔河县）

【出处】 莫景堂讲：《白那恰》，见中国民间文学集成全国编辑委员会编《中国民间故事集成》（黑龙江卷），北京：中国 ISBN 中心 2005 年版，第 34 页。

W0394.6.1
山神住山中（山神居山上）

实 例

（参见下级母题实例）

W0394.6.1.1
山神居森林的高山上

实 例

鄂温克族 “白那查”（山神）隐居在森林里的高山、悬崖、怪树等地方。

【流传】 内蒙古自治区·（呼伦贝尔市·莫力达瓦达斡尔旗自治旗）·巴彦鄂温克民族乡

【出处】

（a）巴彦鄂温克民族乡概况编写组：《巴彦鄂温克民族乡概况》，内部资料，1988 年，第 77 页。

（b）《山神——“白那查”》，见吕大吉、何耀华总主编《中国各民族原始宗教资料集成》（鄂伦春族卷、鄂温

克族卷、赫哲族卷、达斡尔族卷、锡伯族卷、满族卷、蒙古族卷、藏族卷），北京：中国社会科学出版社1999年版，第96页。

W0394.6.1.2
山神住奇峰

实 例

鄂伦春族 （实例待考）

W0394.6.1.2a
山神居山峰

实 例

壮族 在山上大小便，不能对着山峰方向，否则也会惹怒山神。

【流传】广西壮族自治区·（百色市）·靖西县（靖西市）

【出处】凌树东搜集整理：*《祭山神》（1990），见吕大吉、何耀华总主编《中国各民族原始宗教资料集成》（土家族卷、瑶族卷、壮族卷、黎族卷），北京：中国社会科学出版社1998年版，第512页。

W0394.6.1.3
山神居特定的山上

实 例

（参见下级母题实例）

W0394.6.1.3.1
雅拉香波山神居雅砻河谷的雅拉香波山上

实 例

藏族 雅拉香波山神的居住地是雅砻河谷的雅拉香波山上。

【流传】（无考）

【出处】［奥地利］内贝斯基著，谢继胜译：《西藏的鬼怪和神灵——比较宗教学研究》，原载《国外藏学研究译文集》第3辑，西藏人民出版社1987年版，见吕大吉、何耀华总主编《中国各民族原始宗教资料集成》（鄂伦春族卷、鄂温克族卷、赫哲族卷、达斡尔族卷、锡伯族卷、满族卷、蒙古族卷、藏族卷），北京：中国社会科学出版社1999年版，第790页。

W0394.6.1.4
山神居山顶

实 例

羌族 山神设在村外，岗顶或山顶。山神的标志是一块大的白石。

【流传】四川省·（阿坝藏族羌族自治州）·茂县

【出处】西南民族学院研究室编：《羌（尔玛）族情况》，1954年，见吕大吉、何耀华总主编《中国各民族原始宗教资料集成》（纳西族卷、羌族卷、独龙族卷、傈僳族卷、怒族卷），北京：中国社会科学出版社2000年版，第 549 页。

壮族 广福山的山顶有个山神。

【流传】广西壮族自治区·（桂林市）·龙胜各族自治县·三门乡·同列、双江、大滩、古坪等村寨

【出处】陈维刚搜集整理：*《祭山神》（1990），见吕大吉、何耀华总主编《中国各民族原始宗教资料集成》（土家族卷、瑶族卷、壮族卷、黎族卷），北京：中国社会科学出版社 1998 年版，第 514 页。

W0394. 6. 2

山神住林中

实　例

（参见下级母题实例）

W0394. 6. 2. 1

山神隐居深山密林

实　例

达斡尔族 （实例待考）

W0394. 6. 2. 2

山神居神林

实　例

羌族 山神所在之地常有一丛树林，或几株古树组成“神树林”。

【流传】四川省·（阿坝藏族羌族自治州）·茂县

【出处】西南民族学院研究室编：《羌（尔玛）族情况》，1954 年，见吕大吉、何耀华总主编《中国各民族原始宗教资料集成》（纳西族卷、羌族卷、独龙族卷、傈僳族卷、怒族卷），北京：中国社会科学出版社 2000 年版，第 549 页。

W0394. 6. 2. 3

女神阿戈玛把树林分给山神

实　例

傈僳族 阿戈玛（女神）种南瓜，南瓜生出来人和鬼神，阿戈玛分配居所，把大林分给山神。

【流传】（无考）

【出处】鲁福昌唱，辛一记译整理：《祭龙神调》，载《怒江》1984 年第 3 期。

W0394. 6. 3

山神住树上

实　例

（参见下级母题实例）

W0394. 6. 3. 1

山神居怪树中

实　例

鄂温克族 “白那查”（山神）隐居在森林里的高山、悬崖、怪树等地方。

【流传】内蒙古自治区·（呼伦贝尔市·莫力达瓦达斡尔旗自治旗）·巴彦鄂温克民族乡

【出处】

(a) 巴彦鄂温克民族乡概况编写组：《巴彦鄂温克民族乡概况》，内部资料，1988年，第77页。

(b) 《山神——“白那查”》，见吕大吉、何耀华总主编《中国各民族原始宗教资料集成》（鄂伦春族卷、鄂温克族卷、赫哲族卷、达斡尔族卷、锡伯族卷、满族卷、蒙古族卷、藏族卷），北京：中国社会科学出版社1999年版，第96页。

W0394.6.3.2

山神居古树中

实 例

达斡尔族 山神白那查住在古树上。

【流传】（无考）

【出处】 吕大吉、何耀华总主编《中国各民族原始宗教资料集成》（鄂伦春族卷、鄂温克族卷、赫哲族卷、达斡尔族卷、锡伯族卷、满族卷、蒙古族卷、藏族卷），北京：中国社会科学出版社1999年版，第294页。

W0394.6.4

山神有特定的宫殿

实 例

（参见下级母题实例）

W0394.6.4.1

阿尼玛卿大山神的360位眷属分别居住在上、中、下三重由金、玉、宝石建成的宫殿中

实 例

藏族 阿尼玛卿大山神的360位眷属分别居住在上、中、下三重由金、玉、宝石建成的宫殿中。

【流传】 青海省·果洛州（果洛藏族自治州）·玛沁县

【出处】 贡乔泽登整理：《阿尼玛卿大山神》，见BBS水木清华站：http://www.smth.edu.cn，2006.07.20。

W0394.6.4.2

阿尼玛卿山神居富丽堂皇的白玉琼楼宝殿中

实 例

藏族 阿尼玛卿山神就居在一座极其富丽堂皇的白玉琼楼宝殿之中。

【流传】 青海省·果洛藏族自治州

【出处】《果洛藏族自治州概况》，青海人民出版社1985年版，见吕大吉、何耀华总主编《中国各民族原始宗教资料集成》（鄂伦春族卷、鄂温克族卷、赫哲族卷、达斡尔族卷、锡伯族卷、满族卷、蒙古族卷、藏族卷），北京：中国社会科学出版社1999年版，第796页。

W0394. 6. 5

山神住绝壁

实 例

达斡尔族 “白那查”（山神）隐居深山绝壁。

【流传】（内蒙古自治区、黑龙江省等地）

【出处】

（a）莫日根迪：《达斡尔族之宗教信仰》，载《内蒙古社会科学》1981年第3期。

（b）《“白那查”——山神之二》，见吕大吉、何耀华总主编《中国各民族原始宗教资料集成》（鄂伦春族卷、鄂温克族卷、赫哲族卷、达斡尔族卷、锡伯族卷、满族卷、蒙古族卷、藏族卷），北京：中国社会科学出版社1999年版，第295页。

W0394. 6. 5. 1

山神居崖壁

实 例

壮族 山中的岩洞、崖壁、深潭、有泉水的地方，或者是比较奇特的地方，认为是山神所居之所。

【流传】 广西壮族自治区·（百色市）·靖西县（靖西市）

【出处】 凌树东搜集整理：＊《祭山神》（1990），见吕大吉、何耀华总主编《中国各民族原始宗教资料集成》（土家族卷、瑶族卷、壮族卷、黎族卷），北京：中国社会科学出版社1998年版，第512页。

W0394. 6. 6

山神住山洞

【关联】［W0099. 4. 3］神住山洞

实 例

（参见下级母题实例）

W0394. 6. 6. 1

山神居奇异的山洞

实 例

达斡尔族 山林中遇见奇异的山洞或古树，是“白那查”（山神）栖息的地方。

【流传】（内蒙古自治区、黑龙江省等地）

【出处】

（a）珠荣嘎、满都尔图主编：《达斡尔族社会历史调查》，呼和浩特：内蒙古人民出版社1985年出版，第256页。

（b）《“白那查”——山神之一》，见吕大吉、何耀华总主编《中国各民族原始宗教资料集成》（鄂伦春族卷、鄂温克族卷、赫哲族卷、达斡尔族卷、锡伯族卷、满族卷、蒙古族卷、藏族卷），北京：中国社会科学出版社1999年版，第294页。

W0394.6.7

居住西方的山神

实 例

（参见下级母题实例）

W0394.6.7.1

诺杰康洼桑布是住在西方的山神

实 例

藏族 诺杰康洼桑布，是住在西方的山神，这位山神有绿色的身形，显此形时手持剑和黑旗。

【流传】（无考）

【出处】［奥地利］内贝斯基著，谢继胜译：《西藏的鬼怪和神灵——比较宗教学研究》，原载《国外藏学研究译文集》第3辑，西藏人民出版社1987年版，见吕大吉、何耀华总主编《中国各民族原始宗教资料集成》（鄂伦春族卷、鄂温克族卷、赫哲族卷、达斡尔族卷、锡伯族卷、满族卷、蒙古族卷、藏族卷），北京：中国社会科学出版社1999年版，第791页。

W0394.6.8

山神无庙宇

实 例

藏族 山神无庙宇，只在高山砌成个塔堆，上置白石。

【流传】（四川省·阿坝藏族羌族自治州·汶川县·草坡乡）

【出处】《嘉绒藏族社会历史调查》，原载《四川省阿坝州藏族社会历史调查》，四川省社会科学院出版社1985年版，见吕大吉、何耀华总主编《中国各民族原始宗教资料集成》（鄂伦春族卷、鄂温克族卷、赫哲族卷、达斡尔族卷、锡伯族卷、满族卷、蒙古族卷、藏族卷），北京：中国社会科学出版社1999年版，第792页。

W0394.6.9

山神居小庙（山神小庙）

实 例

（参见下级母题实例）

W0394.6.9.1

山神小庙在山垭、路口或村头

实 例

白族 山神是保护神，在山垭、路口和村头，用石块砌成简陋的山神小庙，路过时作揖鞠躬以示敬意。

【流传】云南省·大理州（大理白族自治州）

【出处】吕大吉、何耀华总主编：《中国各民族原始宗教资料集成》（彝族卷、白族卷、基诺族卷），北京：中国社会科学出版社1996年版，第399页。

W0394.7

山神的出行

实 例

（参见下级母题实例）

W0394. 7. 1

山神的坐骑

实 例

（参见下级母题实例）

W0394. 7. 1. 1

阿尼玛卿山神乘玉龙白马

实 例

藏族 阿尼玛卿山神乘玉龙白马。

【流传】青海省·果洛州（果洛藏族自治州）·玛沁县

【出处】贡乔泽登整理：《阿尼玛卿大山神》，见 BBS 水木清华站：http://www.smth.edu.cn，2006.07.20。

W0394. 7. 1. 2

山神骑一头老虎

实 例

白族 山神骑着一头老虎，容貌慈祥。

【流传】云南省·（大理白族自治州）·洱源县·凤羽乡

【出处】詹承绪调查整理：《洱源凤羽白族祭山神仪式》（1988），见吕大吉、何耀华总主编《中国各民族原始宗教资料集成》（彝族卷、白族卷、基诺族卷），北京：中国社会科学出版社 1996 年版，第 471 页。

W0394. 8

与山神的生活有关的其他母题

实 例

（参见下级母题实例）

W0394. 8. 1

有山无林的地方只有山神

实 例

鄂温克族 认为有山无林的地方只有山神。

【流传】（无考）

【出处】

（a）乌丙安：《神秘的萨满世界》，上海：上海三联书店 1989 年版，第 61 页。

（b）《树林》，见吕大吉、何耀华总主编《中国各民族原始宗教资料集成》（鄂伦春族卷、鄂温克族卷、赫哲族卷、达斡尔族卷、锡伯族卷、满族卷、蒙古族卷、藏族卷），北京：中国社会科学出版社 1999 年版，第 98 页。

W0395

山神的职能（山神的能力）

【关联】［W1980. 5. 2. 3］山神造金银

实 例

（参见下级母题实例）

W0395.0

山神管山林（山神管山）

【关联】

① ［W0398.1.2d.1］中岳神主山林树木

② ［W0437.1］管山的神

实例

达斡尔族 （实例待考）

壮族 山神是主管山林的神。

【流传】广西壮族自治区·（百色市）·靖西县（靖西市）

【出处】凌树东搜集整理：*《广西靖西县壮族诸神表》（1991），见吕大吉、何耀华总主编《中国各民族原始宗教资料集成》（土家族卷、瑶族卷、壮族卷、黎族卷），北京：中国社会科学出版社1998年版，第494页。

W0395.0.1

山神是山的统治者

实例

（参见下级母题实例）

W0395.0.1.1

念青唐古拉山神是藏北念青唐古拉山脉的统治神

实例

藏族 念青唐古拉山神是西藏最著名的山神，也称唐古拉耶秀，是藏北念青唐古拉山脉的统治神。

【流传】西藏自治区

【出处】谢继胜整理：《念青唐古拉山神》，见BBS水木清华站：http://www.smth.edu.cn，2006.07.20。

W0395.0.2

山神米司尼主宰山林

实例

傈僳族 “米司尼”（山神）主宰山林。

【流传】云南省·（昆明市）·禄劝县（禄劝彝族苗族自治县）

【出处】杨毓骧调查整理：《禄劝地区祭山神和树神》（1990），见吕大吉、何耀华总主编《中国各民族原始宗教资料集成》（纳西族卷、羌族卷、独龙族卷、傈僳族卷、怒族卷），北京：中国社会科学出版社2000年版，第728页。

W0395.0.3

山神管山上的一切

实例

（参见下级母题实例）

W0395.0.3.1

山神管山、管石、管树、管野兽

实例

白族 山神管山、管石、管树、管野兽。

【流传】云南省·怒江州（怒江傈僳族

自治州）·泸水县·洛本卓乡（洛本卓白族乡）

【出处】詹承绪等调查整理：《怒江白族仙岩祭》（1982），见吕大吉、何耀华总主编《中国各民族原始宗教资料集成》（彝族卷、白族卷、基诺族卷），北京：中国社会科学出版社 1996 年版，第 487 页。

W0395. 1

山神管动植物

实　例

鄂伦春族 “白那恰”（山神）统辖着崇山峻岭及山林中的动植物。

【流传】（无考）

【出处】赵复兴：《鄂伦春族游猎文化》，呼和浩特：内蒙古人民出版社 1991 年版，第 220 页。

W0395. 1. 1

山神管野兽

实　例

壮族 山神是管野兽的，狩猎时设坛祭祀，猎手才不会空手而归。

【流传】广西壮族自治区·（河池市）·环江毛南族自治县

【出处】范宏贵搜集整理：*《祭山神》（1991），见吕大吉、何耀华总主编《中国各民族原始宗教资料集成》（土家族卷、瑶族卷、壮族卷、黎族卷），北京：中国社会科学出版社 1998 年版，第 513 页。

W0395. 1. 1. 1

山神爷管野兽

实　例

汉族 山里的野兽归山神爷所管。

【流传】宁夏回族自治区·（吴忠市）·同心县·张家塬乡·江家塬村

【出处】陈芳蕊讲，张兆鹏采录：《膝盖骨》，见中国民间文学集成全国编辑委员会编《中国民间故事集成》（宁夏卷），北京：中国 ISBN 中心 1999 年版，第 19 页。

W0395. 1. 1. 2

山神放养着山中野物

实　例

白族 古时候，人们还不知道怎么狩猎，高山密林里面老虎、豹子、獐、鹿很多，常在山里窜来窜去。这些野物，由山神放养着。

【流传】云南省·（大理白族自治州）·洱源县

【出处】

（a）孙生红讲，寿桃记录：《猎神能嬷》，见李缵绪主编《白族神话传说集成》，北京：中国民间文艺出版社 1986 年版。

（b）同（a），见姚宝瑄主编《中国各民族神话》（白族、拉祜族、景颇族），太原：山西出版传媒集团·书海出版社 2014 年版，第 109 页。

W0395.1.2

山神管飞禽走兽

实 例

黎族 山村中的飞禽走兽都受山神的管辖。

【流传】（无考）

【出处】《黎族地区的原始宗教信仰》，见吕大吉、何耀华总主编《中国各民族原始宗教资料集成》（土家族卷、瑶族卷、壮族卷、黎族卷），北京：中国社会科学出版社1998年版，第653页。

W0395.1.2.1

斯汝山神主管飞禽走兽

【关联】［W0398.1.1.1］雪山神斯汝

实 例

纳西族 在西面山麓的森林里，住着掌管飞禽走兽的斯汝山神。

【流传】（无考）

【出处】木易根据《东巴经》和阿更讲述整理：《高楞趣和斯汝命》，原载谷德明编《中国少数民族神话》，见陶阳、钟秀编《中国神话》（中），北京：商务印书馆2008年版，第997～1005页。

纳西族 雪山之西麓森林中，住斯汝山神，主管飞禽走兽。

【流传】（无考）

【出处】袁珂改编：《高楞趣与斯汝命》，原载谷德明编《中国少数民族神话选》，见袁珂《中国神话大词典》，北京：华夏出版社2015年版，第549页。

W0395.1a

管辖一山的林木和野兽

实 例

彝族（撒尼） 山神当作一山之主，是司野兽之神，管辖一山的林木和野兽。

【流传】云南省·昆明（昆明市）东郊一带

【出处】张福记录：《撒弥支彝族的狩猎与采药祭》（1945），见吕大吉、何耀华总主编《中国各民族原始宗教资料集成》（彝族卷、白族卷、基诺族卷），北京：中国社会科学出版社1996年版，第335页。

W0395.1a.1

山神掌管禽兽草木

实 例

怒族 山神是高山峻岭上掌管珍禽异兽和花草树木的神灵。

【流传】（无考）

【出处】

（a）叶世富：《论怒族宗教与文学》，载云南省民族理论研究会怒江分会筹备组编《怒江民族研究》1985年创刊号，第35页。

（b）同（a），见吕大吉、何耀华总主编《中国各民族原始宗教资料集成》（纳西族卷、羌族卷、独龙族卷、傈僳族卷、怒族卷），北京：中国社会科学出版社 2000 年版，第 847 页。

W0395. 1a. 2

山王神主管青山和野兽

实　例

羌族 村寨附近的神林里砌有一个“那萨”（石砌），其上供五神，其中山王神，主管青山和野兽。

【流传】四川省·（阿坝藏族羌族自治州）·茂汶县（今茂县）·渭门乡·永和大队（今永和乡）

【出处】钱安靖：《茂汶县渭门乡永和大队羌族宗教习俗调查》（1983. 07. 05），见吕大吉、何耀华总主编《中国各民族原始宗教资料集成》（纳西族卷、羌族卷、独龙族卷、傈僳族卷、怒族卷），北京：中国社会科学出版社 2000 年版，第 476 页。

W0395. 2

山神保护人畜山川

实　例

藏族 女山神巴丹麦拉姆经常巡游在纳格拉的村村寨寨，除恶扶弱，庇护着这里的人畜、山川。

【流传】云南省·（迪庆藏族自治州）·中甸县（香格里拉县）

【出处】青都几等讲，泽権娃·应巴采录：《神奇的女山神》，见中国民间文学集成全国编辑委员会编《中国民间故事集成》（云南卷），北京：中国 ISBN 中心 2003 年版，第 384 页。

W0395. 2. 1

山神保护英雄

实　例

（参见下级母题实例）

W0395. 2. 1. 1

山神暗中保护寻找太阳的女子化险为夷

实　例

哈尼族 身怀有孕的年轻妇女玛勒找太阳时，有山神暗中保佑，使她化险为夷。

【流传】云南省·（普洱市）·普洱县（宁洱哈尼族彝族自治县）

【出处】周德平采录：《玛勒携子找太阳》，见中国民间文学集成全国编辑委员会编《中国民间故事集成》（云南卷），北京：中国 ISBN 中心 2003 年版，第 129 页。

W0395. 2a

山神管山河浮沉

实　例

（参见下级母题实例）

W0395. 2a. 1

阿尼玛卿雪山神掌握安多地区的山河浮沉和沧桑之变

实　例

藏族 阿尼玛卿雪山为“博卡瓦间

贡”，亦称“斯巴乔贝拉干”，即开天辟地九大造化神之一，也是72座神圣雪山之一，排行第四，掌握安多地区的山河浮沉和沧桑之变，是藏乡的救护者。

【流传】青海省·果洛藏族自治州

【出处】《果洛藏族自治州概况》，青海人民出版社1985年版，见吕大吉、何耀华总主编《中国各民族原始宗教资料集成》（鄂伦春族卷、鄂温克族卷、赫哲族卷、达斡尔族卷、锡伯族卷、满族卷、蒙古族卷、藏族卷），北京：中国社会科学出版社1999年版，第796页。

W0395.3

山神主司人的生死福祸

【关联】［W0398.1.1.5.1］雪山神阿尼玛卿主司人的生死福祸

实 例

（参见下级母题实例）

W0395.3.1

年保叶什则山神主司所辖境内福祸

实 例

藏族 年保叶什则山神主司境内福祸。

【流传】青海省·果洛州（果洛藏族自治州）

【出处】贡乔泽登整理：《年保叶什则山神》，见BBS水木清华站：http://www.smth.edu.cn，2006.07.20。

W0395.3.2

阿尼玛卿大山神主司青藏高原东北部人们的生死福祸

实 例

藏族 阿尼玛卿大山神主司青藏高原东北部人们的生死福祸。

【流传】青海省·果洛州（果洛藏族自治州）·玛沁县

【出处】贡乔泽登整理：《阿尼玛卿大山神》，见BBS水木清华站：http://www.smth.edu.cn，2006.07.20。

W0395.3.3

山神白那查的意志决定伐木是否安全

实 例

达斡尔族 猎人猎获品的多寡丰歉，伐木中的安全与否，是由“白那查”（山神）的意志来决定的。

【流传】（内蒙古自治区、黑龙江省等地）

【出处】

（a）莫日根迪：《达斡尔族之宗教信仰》，载《内蒙古社会科学》1981年第3期。

（b）《“白那查”——山神之二》，见吕大吉、何耀华总主编《中国各民族原始宗教资料集成》（鄂伦春族卷、鄂温克族卷、赫哲族卷、达斡尔族卷、锡伯族卷、满族卷、蒙古族卷、藏族卷），北京：中国社会科学出版社 1999 年版，第 295 页。

W0395.3.4

山神既能赐福也能降灾

实 例

藏族 山神能呼风唤雨，下雪和冰雹，能保佑我们平安健康，牲畜兴旺，也能降灾降难，危害我们。山神像天、地一样不好不坏，亦好亦坏。人们敬重它，恳求它，又拜服于他。

【流传】（无考）

【出处】 田必伟：《藏族原始宗教规念演变试析》，载《西藏研究》1989 年第 3 期。

W0395.3.4.1

山神能保佑人的平安健康，牲畜兴旺，也能降灾降难

实 例

藏族 山神能呼风唤雨，下雪和冰雹，能保佑我们平安健康，牲畜兴旺，也能降灾降难，危害我们。

【流传】（无考）

【出处】 田必伟：《藏族原始宗教规念演变试析》，载《西藏研究》1989 年第 3 期。

W0395.3.5

山神主宰官吏仕途、人间生老病死等

实 例

汉族 山神主宰官吏仕途、人间生老病死等。

【流传】（无考）

【出处】《山神》，见乌丙安主编《中国民间神谱》，沈阳：辽宁人民出版社 2007 年版，第 26 页。

W0395.4

山神行云布雨

【关联】［W0299.2］风神管风雨雷电

实 例

（参见下级母题实例）

W0395.4.1

阿尼玛卿山神行云布雨，施放雷电

实 例

藏族 阿尼玛卿山神行云布雨，施放雷电，或降吉祥，或降灾祸，奖惩人神，监视敌人。

【流传】 青海省·果洛州（果洛藏族自治州）·玛沁县

【出处】 贡乔泽登整理：《阿尼玛卿大山神》，见 BBS 水木清华站：http://www.smth.edu.cn，2006.07.20。

藏族 阿尼玛卿山神日夜巡视虚空和人间，行云布雨，施放雷电，或降吉祥，或降灾祸，奖惩人神，监视敌人。

【流传】 西藏自治区

【出处】 贡乔泽登讲：《阿尼玛卿大山神》，见姚宝瑄主编《中国各民族神

话》（门巴族、珞巴族、怒族、藏族），太原：山西出版传媒集团·书海出版社2014年版，第96页。

W0395.4.2

山神能呼风唤雨

【关联】［W0404.3］水神能呼风唤雨

实　例

（参见下级母题实例）

W0395.4.2.1

广福山的山神能呼风唤雨

实　例

壮族　广福山的山顶有个山神，神通广大，武艺高强，能翻江倒海，呼风唤雨。只要大吼一声，山谷震动，石崖粉碎，大树倒下。

【流传】广西壮族自治区·（桂林市）·龙胜各族自治县·和平乡·金江、龙脊、平安村，三门乡·同列、双江、大滩、古坪等村寨

【出处】陈维刚搜集整理：*《祭山神》（1990），见吕大吉、何耀华总主编《中国各民族原始宗教资料集成》（土家族卷、瑶族卷、壮族卷、黎族卷），北京：中国社会科学出版社1998年版，第514页。

W0395.4.3

山神能呼风唤雨，下雪和冰雹

实　例

藏族　山神能呼风唤雨，下雪和冰雹。

【流传】（无考）

【出处】田必伟：《藏族原始宗教规念演变试析》，载《西藏研究》1989年第3期。

W0395.4a

山神管风雨雷电、狩猎和采集的丰歉

实　例

藏族　山神享有很大的权力，主宰着风雨雷电，狩猎、采集的丰歉。

【流传】（无考）

【出处】《藏族卷·绪论》，见吕大吉、何耀华总主编《中国各民族原始宗教资料集成》（鄂伦春族卷、鄂温克族卷、赫哲族卷、达斡尔族卷、锡伯族卷、满族卷、蒙古族卷、藏族卷），北京：中国社会科学出版社1999年版，第775页。

W0395.4a.1

山神管风雨雷电

实　例　（参见“W0395.4a 山神管风雨雷电、狩猎和采集的丰歉”母题实例）

W0395.4a.2

山神管丰歉

【关联】［W0455］丰收神（丰产神）

实　例

藏族　狩猎和采集的丰歉，都是山神

的惩罚或赐予。

【流传】（无考）

【出处】《藏族卷·绪论》，见吕大吉、何耀华总主编《中国各民族原始宗教资料集成》（鄂伦春族卷、鄂温克族卷、赫哲族卷、达斡尔族卷、锡伯族卷、满族卷、蒙古族卷、藏族卷），北京：中国社会科学出版社1999年版，第775页。

W0395.4b

山神管冰霜雹雪

实 例

羌族 山王菩萨主管冰雪和狂风暴雨。

【流传】四川省·（阿坝藏族羌族自治州）·茂汶县（今茂县）·渭门乡·纳普大队（村）

【出处】钱安靖：《茂汶县渭门乡纳普大队羌族宗教习俗调查》（1983.07.10），见吕大吉、何耀华总主编《中国各民族原始宗教资料集成》（纳西族卷、羌族卷、独龙族卷、傈僳族卷、怒族卷），北京：中国社会科学出版社2000年版，第477页。

W0395.5

山神主狩猎

【关联】［W0461］猎神

实 例

达斡尔族 山林中的野游者的安全和狩猎者的丰歉，都靠“白那查”（山神）的喜怒来决定。

【流传】（内蒙古自治区、黑龙江省等地）

【出处】

（a）珠荣嘎、满都尔图主编：《达斡尔族社会历史调查》，呼和浩特：内蒙古人民出版社1985年出版，第256页。

（b）《“白那查”——山神之一》，见吕大吉、何耀华总主编《中国各民族原始宗教资料集成》（鄂伦春族卷、鄂温克族卷、赫哲族卷、达斡尔族卷、锡伯族卷、满族卷、蒙古族卷、藏族卷），北京：中国社会科学出版社1999年版，第294页。

W0395.5.1

山神能预言狩猎情况

实 例

鄂温克族 猎人们把那位能预知狩猎数量的白发老人称为山林的山神爷。

【流传】（无考）

【出处】

（a）顺格布讲，朝克记录整理《山神的来历》，载《黑龙江民间文学》第六集，内部资料，1983年，第95页。

（b）《山神的来历》，见吕大吉、何耀华总主编《中国各民族原始宗教资料集成》（鄂伦春族卷、鄂温克族卷、赫哲族卷、达斡尔族卷、锡伯族卷、满族卷、蒙古族卷、藏族卷），北京：中国社会科学出版社1999年版，第96页。

鄂温克族 一个个子不高能准确说出猎人围住了多少动物的老头儿，就是山神“白那查”。

【流传】（无考）

【出处】

（a）涂景山讲，倪笑春搜集整理：《山神“白那查”的传说》，见满都呼主编《中国阿尔泰语系诸民族神话故事》，北京：民族出版社1997年版，第310页。

（b）《山神“白那查”的传说》，见《鄂温克族民间故事选》，上海：上海文艺出版社1989年版。

W0395.5.2

山神规定猎人的猎物数量

实　例

鄂伦春族 山神“白那恰”是崇山峻岭中动植物的主宰者，猎人出猎能否猎获野兽、猎获的多少，全凭山神的恩赐。

【流传】（无考）

【出处】郭淑云：《鄂伦春族卷·绪论》，见吕大吉、何耀华总主编《中国各民族原始宗教资料集成》（鄂伦春族卷、鄂温克族卷、赫哲族卷、达斡尔族卷、锡伯族卷、满族卷、蒙古族卷、藏族卷），北京：中国社会科学出版社1999年版，第9页。

鄂温克族 （实例待考）

W0395.5.3

山神帮助猎人

实　例

达斡尔族 （实例待考）

鄂伦春族 山神装扮成七八十岁的老猎人，去帮助一个一无所获的猎人打猎。

【流传】（无考）

【出处】

（a）内蒙古自治区编委会：《鄂伦春族社会历史调查》（第一集），呼和浩特：内蒙古人民出版社1984年版，第50页。

（b）《山神的传说》，见吕大吉、何耀华总主编《中国各民族原始宗教资料集成》（鄂伦春族卷、鄂温克族卷、赫哲族卷、达斡尔族卷、锡伯族卷、满族卷、蒙古族卷、藏族卷），北京：中国社会科学出版社1999年版，第18页。

W0395.6

与山神的职能或能力有关的其他母题

【关联】

①［W0393.6.6.1］山神发怒会召来狂风怒卷、雷电交加、大雨倾盆

②［W0848.4.1.1］山神统辖妖魔

实　例

（参见下级母题实例）

W0395. 6. 1

山神的喜怒事关野游者的安全

实 例

达斡尔族 山林中的野游者的安全和狩猎者的丰歉，都靠“白那查”（山神）的喜怒来决定。

【流传】（内蒙古自治区、黑龙江省等地）

【出处】

(a) 珠荣嘎、满都尔图主编：《达斡尔族社会历史调查》，呼和浩特：内蒙古人民出版社 1985 年出版，第 256 页。

(b)《“白那查”——山神之一》，见吕大吉、何耀华总主编《中国各民族原始宗教资料集成》（鄂伦春族卷、鄂温克族卷、赫哲族卷、达斡尔族卷、锡伯族卷、满族卷、蒙古族卷、藏族卷），北京：中国社会科学出版社 1999 年版，第 294 页。

W0395. 6. 2

山神会变化（山神有变幻能力）

实 例

（参见下级母题实例）

W0395. 6. 2. 1

山神形体的变化

实 例

（参见下级母题实例）

W0395. 6. 2. 1. 1

山神能变成山一样大的巨魔，也能变猴子

实 例

藏族 念青唐古拉山神具有极大的变幻能力，能变成山一样大的巨魔，也能变猴子等。

【流传】 西藏自治区

【出处】 谢继胜整理：《念青唐古拉山神》，见 BBS 水木清华站：http://www.smth.edu.cn，2006.07.20。

W0395. 6. 2. 2

山神化为山

实 例

汉族 山神的尸体化成了一座山。那山长呀，长呀，越长越大，越来越雄伟。山石陡立，怪石横空，真是一座好山。

【流传】 河南省·（濮阳市）·清丰县［采录地点：六塔集］

【出处】 孟献义（男，59 岁，农民，中学毕业）讲，孟学超（教师）采录，刘希功采录整理：《山神和巫婆》（1987.03.02），见张振犁编著，孟宪明、朱淑君统纂《中原神话通鉴》（第四卷），郑州：河南大学出版社 2017 年版，第 1234 页。

W0395.6.3
山神会喷火

实 例

（参见下级母题实例）

W0395.6.3.1
山神白那查喷火

实 例

达斡尔族 “白那查”（达斡尔语，山神）主宰山林，能喷火。

【流传】（内蒙古自治区、黑龙江省等地）

【出处】

(a) 珠荣嘎、满都尔图主编：《达斡尔族社会历史调查》，呼和浩特：内蒙古人民出版社 1985 年出版，第 256 页。

(b)《“白那查”——山神之一》，见吕大吉、何耀华总主编《中国各民族原始宗教资料集成》（鄂伦春族卷、鄂温克族卷、赫哲族卷、达斡尔族卷、锡伯族卷、满族卷、蒙古族卷、藏族卷），北京：中国社会科学出版社 1999 年版，第 294 页。

W0395.6.4
山神的化身

实 例

（参见下级母题实例）

W0395.6.4.1
虎是山神的化身

实 例

鄂伦春族 老虎视作白那恰的化身

【流传】 黑龙江省·（大兴安岭地区）·呼玛县·十八站乡（今为塔河县）

【出处】 莫景堂讲：《白那恰》，见中国民间文学集成全国编辑委员会编《中国民间故事集成》（黑龙江卷），北京：中国 ISBN 中心 2005 年版，第 34 页。

鄂伦春族 为了报答小孩的拔刺之恩给小孩抓来很多野兽的虎，是山神爷。

【流传】（无考）

【出处】

(a) 内蒙古自治区编委会：《鄂伦春族社会历史调查》（第一集），呼和浩特：内蒙古人民出版社 1984 年版，第 50 页。

(b)《山神的传说》，见吕大吉、何耀华总主编《中国各民族原始宗教资料集成》（鄂伦春族卷、鄂温克族卷、赫哲族卷、达斡尔族卷、锡伯族卷、满族卷、蒙古族卷、藏族卷），北京：中国社会科学出版社 1999 年版，第 18 页。

W0395.6.4.2
白牦牛是山神的化身

实 例

藏族 山神最早的形象是一头白牦牛，后来由于神话的发展，山神的形体发生了变化，由白牦牛转化成白人，白牦牛则成了山神的化身。

【流传】西藏自治区

【出处】谢继胜整理：《雅拉香波山神》，见 BBS 水木清华站：http://www.smth.edu.cn，2006.07.20。

W0395.6.4.3

山神化身平常人

实 例

苗族 古时候，有一家山神两口子变作大户人家住在山脚下。

【流传】（无考）

【出处】张树民、张树清、张绍祥记录翻译：《山神女》，见姚宝瑄主编《中国各民族神话》（布依族、仡佬族、苗族），太原：山西出版传媒集团·书海出版社 2014 年版，第 279 页。

W0395.6.4.3.1

山神变成一个白胡子老倌

实 例

纳西族 山神变成一个白胡子老倌的模样，帮助孩子找妈妈。

【流传】云南省·（丽江市）·丽江县（古城区、玉龙纳西族自治县）

【出处】木丽春采集整理：《送葬背麻布包饭的来历》，见木丽春编著《纳西族民间故事集》，昆明：云南人民出版社 2007 年版，第 242 页。

W0395.6.4.4

山神的化身是独立的大石头或老树

实 例

壮族 山神居住的地方有独立的大石头，或者是老树，这些树或大石也被认为是神的替身。

【流传】广西壮族自治区·（百色市）·靖西县（靖西市）

【出处】凌树东搜集整理：*《祭山神》（1990），见吕大吉、何耀华总主编《中国各民族原始宗教资料集成》（土家族卷、瑶族卷、壮族卷、黎族卷），北京：中国社会科学出版社 1998 年版，第 513 页。

W0395.6.4.4.1

山神是神树的化身

实 例

白族 山神原来是以神树为化身。

【流传】云南省·（大理白族自治州）·云龙县·民建乡·只戛村

【出处】王承权调查整理：《云龙白族山神土地祭》（1988），见吕大吉、何耀华总主编《中国各民族原始宗教资料集成》（彝族卷、白族卷、基诺族卷），北京：中国社会科学出版社 1996 年版，第 471 页。

W0395.6.4.5

山是山神的化身

实 例

彝族 山是山神的化身，山神有撑天之力。

【流传】（无考）

【出处】《山体崇拜》，见吕大吉、何耀华总主编《中国各民族原始宗教资料集成》（彝族卷、白族卷、基诺族卷），北京：中国社会科学出版社1996年版，第83页。

藏族 （参见“W0396.10.2 山神是山的化身”母题实例）

W0395.6.4.6

山神公公化身长胡子老爷爷或白眉毛老婆婆

实 例

畲族 勇团遇着的长胡子老爷爷和白眉毛老婆婆都是山神公公的女儿的化身。

【流传】浙江省

【出处】

(a) 王国全搜集整理：《天眼重开》，见谷德明编《中国少数民族神话》，北京：中国民间文艺出版社1987年版，第209～224页。

(b) 同（a），见姚宝瑄主编《中国各民族神话》（高山族、黎族、畲族），太原：山西出版传媒集团·书海出版社2014年版，第123～124页。

W0395.6.5

地位最高的山神（山神之长，山神的首领）

实 例

（参见下级母题实例）

W0395.6.5.1

地区最大的山神阿尼玛卿大山神

实 例

藏族 阿尼玛卿大山神统管青藏高原东北部的所有山神和妖魔鬼怪。

【流传】青海省·果洛州（果洛藏族自治州）·玛沁县

【出处】贡乔泽登整理：《阿尼玛卿大山神》，见BBS水木清华站：http://www.smth.edu.cn，2006.07.20。

W0395.6.5.2

欧吾太基山是山神的首领

实 例

羌族 欧吾太基山（羌族信奉的神山），在山神之中，年龄最大，武艺超群，是山神的首领。

【流传】四川省·（阿坝藏族羌族自治州）·黑水县·瓦钵乡

【出处】木尖基讲，江国荣采录：《欧吾太基和欧吾太密》，见中国民间文学集成全国编辑委员会编《中国民间故事集成》（四川卷·下），北京：中国ISBN中心1998年版，第1126页。

W0395.6.6

山神无处不在

【关联】［W0096.1］神无处不在

实 例

（参见下级母题实例）

W0395.6.6.1

山神白那查任何地方都能听到人的说话

实 例

鄂温克族 “白那查”（山神）在任何地方都可以听到人们的说话。

【流传】内蒙古自治区·（呼伦贝尔市·莫力达瓦达斡尔旗自治旗）·巴彦鄂温克民族乡

【出处】

（a）巴彦鄂温克民族乡概况编写组：《巴彦鄂温克民族乡概况》，内部资料，1988年，第77页。

（b）《山神——“白那查”》，见吕大吉、何耀华总主编《中国各民族原始宗教资料集成》（鄂伦春族卷、鄂温克族卷、赫哲族卷、达斡尔族卷、锡伯族卷、满族卷、蒙古族卷、藏族卷），北京：中国社会科学出版社1999年版，第96页。

W0395.6.7

山神知道人间事

实 例

（参见下级母题实例）

W0395.6.7.1

山神知道当地水妖的根底

实 例

汉族 夏禹王治水来到桐柏淮河的发源地，向附近的山神了解水妖的根底。

【流传】河南省·（南阳市）·桐柏县

【出处】熊自谦（男，50岁，太阳城茶场职工）讲，孙建英采录整理：《铁链锁蛟》，见张振犁编著，孟宪明、朱淑君统纂《中原神话通鉴》（第四卷），郑州：河南大学出版社2017年版，第1163页。

W0395.6.8

山神职能分两类

【关联】［W0956.2.6］神山职能分3类

实 例

（参见下级母题实例）

W0395.6.8.1

两类山神中一类山神管生命物与无生命物，一类只管牲畜

实 例

藏族 藏区山神有两大类：一类叫希哇神，如马青俄日山神，他死的活的都管。一类叫业登巴山神，他可以保佑人们健康，牲畜兴旺。

【流传】（四川省·阿坝藏族羌族自治州·红原县）

【出处】杨明：《川西北牧区的原始宗教》，原载《西南民族新论》1985年版，见吕大吉、何耀华总主编《中国各民族原始宗教资料集成》（鄂伦春族卷、鄂温克族卷、赫哲族卷、达斡尔族卷、锡伯族卷、满族卷、蒙古族卷、藏族卷），北京：中国社会科学出版社1999年版，第788页。

W0395.6.9
山神能防山崩塌

实 例

（参见下级母题实例）

W0395.6.9.1
山神泽士是山体不崩不溃之保证者

实 例

羌族 羌民室内所供奉之神大概各地都是十二尊，其中泽士（Tsee-tze）即山神，是山体不崩不溃之保证者。

【流传】四川省·（阿坝藏族羌族自治州）·理县·星上寨等

【出处】胡鉴民：《羌族的信仰与习为》，原载《边疆研究论丛》1941年，见吕大吉、何耀华总主编《中国各民族原始宗教资料集成》（纳西族卷、羌族卷、独龙族卷、傈僳族卷、怒族卷），北京：中国社会科学出版社2000年版，第476页。

W0395.6.10
山神无所不管

【关联】

① ［W0493.3.10］灶君无所不能

② ［W0497.3］万能神（无所不能的神）

实 例

（参见下级母题实例）

W0395.6.10.1
山神管人丁牲畜、林木野兽、云雨风雪和山中物产

实 例

羌族 山神管人丁牲畜、林木野兽、云雨风雪和山中物产。

【流传】四川省·（阿坝藏族羌族自治州）·茂汶县（今茂县）·三龙乡·那呼大队（村）·斯库寨（又名河心坝）

【出处】钱安靖：《茂汶县三龙乡那呼大队斯库寨（又名河心坝）羌族宗教习俗调查》（1983.07.21），见吕大吉、何耀华总主编《中国各民族原始宗教资料集成》（纳西族卷、羌族卷、独龙族卷、傈僳族卷、怒族卷），北京：中国社会科学出版社2000年版，第477页。

W0395.6.10.2

风调雨顺、五谷丰登、六畜兴旺都离不开山神

实 例

傈僳族 风调雨顺、五谷丰登、六畜兴旺，都离不开山神的关照。

【流传】云南省·（楚雄彝族自治州）·武定县、元谋县

【出处】张桥贵调查整理：《武定、元谋地区的自然鬼神》（1988），见吕大吉、何耀华总主编《中国各民族原始宗教资料集成》（纳西族卷、羌族卷、独龙族卷、傈僳族卷、怒族卷），北京：中国社会科学出版社2000年版，第726页。

W0395.6.10.3

山神所在的山、水、树、虎豹豺狼及人畜吉凶都属它管辖

实 例

白族 山神是管理一方之神灵。这一地方的山、水、树、虎豹豺狼及人畜的吉凶都属它管辖。

【流传】云南省·（大理白族自治州）·鹤庆县

【出处】张海福等调查整理：《鹤庆白族祭山神活动》（1989），见吕大吉、何耀华总主编《中国各民族原始宗教资料集成》（彝族卷、白族卷、基诺族卷），北京：中国社会科学出版社1996年版，第472页。

W0395.6.10.4

山神管六畜兴旺，五谷丰登，老幼健康

实 例

白族 山神主管着六畜兴旺，五谷丰登，老幼健康。

【流传】云南省·（大理白族自治州）·洱源县·西山乡

【出处】赵寅松调查整理：《洱源西山白族山神石头祭》（1988），见吕大吉、何耀华总主编《中国各民族原始宗教资料集成》（彝族卷、白族卷、基诺族卷），北京：中国社会科学出版社1996年版，第469页。

W0395.6.10.5

山神能兴风雨，主水旱，管人的生老疾病

实 例

彝族（撒尼）山神能“兴风雨、主水旱”，还管本村居民的生老疾病

【流传】云南省·昆明（昆明市）·（寻甸回族彝族自治县）·（先锋乡）·恰普鲁村

【出处】吕大吉、何耀华总主编：《中国各民族原始宗教资料集成》（彝族卷、白族卷、基诺族卷），北京：中国社会科学出版社1996年版，第317页。

W0396

山神的身份

实 例

（参见下级母题实例）

W0396.1

山神是酋长

实 例

（参见下级母题实例）

W0396.1.1

大通十三位山神是护持福善的十三位酋长

实 例

藏族 大通十三位山神是护持福善的十三位酋长。

【流传】 甘肃省·（武威市）·天祝县（天祝藏族自治县）等

【出处】《大通十三位山神之烟祭》，见王兴先《华日地区一个藏族部落的民族学调查报告——山神和山神崇拜》，载《西藏研究》1996年第1期。

W0396.2

山神是天神的弟子

实 例

满族 （实例待考）

W0396.3

多重身份的山神

【关联】

①［W0497.8］身兼多职的神

②［W0497.8.5］山神兼战神

③［W0497.8.6］山神管收成

④［W0497.8.7］山神是冰雹神

⑤［W0497.8.8］山神是祖神、战神和保护神

⑥［W1282.6.2］山神分开天地

⑦［W1501a.1］山神带来万物

实 例

藏族 （实例待考）

W0396.3.1

山神是创世神、始祖神、各种神灵化身的综合神

实 例

傈僳族 傈僳族的山神，是创世神、始祖神、各种神灵化身的综合神。

【流传】 云南省·（大理白族自治州）·鹤庆县·朵美（朵美乡）

【出处】 唐三妹讲，鹤庆县集成办公室采录：《山神岩桑》，见中国民间文学集成全国编辑委员会编《中国民间故事集成》（云南卷），北京：中国ISBN中心2003年版，第364页。

W0396.3.2

山神是一种集天、地多种神灵为一统的大神

实 例

彝族 （实例待考）

W0396.4

山神是放牧者

实例

（参见下级母题实例）

W0396.4.1

山神放牧动物

实例

（参见下级母题实例）

W0396.4.1.1

山神在密林里放牧老虎、豹子、獐、鹿等野物

实例

白族 山神在密林里放牧老虎、豹子、獐、鹿等野物。

【流传】云南省·（大理白族自治州）·洱源县

【出处】孙生红讲，寿桃采录：《狩猎神》，见中国民间文学集成全国编辑委员会编《中国民间故事集成》（云南卷），北京：中国ISBN中心2003年版，第316页。

W0396.5

山神是保护神

实例

羌族 羌人生产生活于山区，视山神为保护神。

【流传】（无考）

【出处】《羌族卷·前言》，见吕大吉、何耀华总主编《中国各民族原始宗教资料集成》（纳西族卷、羌族卷、独龙族卷、傈僳族卷、怒族卷），北京：中国社会科学出版社2000年版，第451页。

W0396.5.1

山神护佑岭地四族

实例

藏族 岭国的圣地阿尼玛卿雪山，即护佑岭地四族的山神。

【流传】青藏高原多湖泊地区

【出处】格明多杰整理：《龙神青蛙》，见BBS水木清华站：http://www.smth.edu.cn，2006.07.20。

W0396.5.1.1

山神巡游村村寨寨，除恶扶弱

实例

藏族 女山神巴丹麦拉姆经常巡游在纳格拉的村村寨寨，除恶扶弱。

【流传】云南省·（迪庆藏族自治州）·中甸县（香格里拉县）

【出处】青都几等讲，泽榷娃·应巴采录：《神奇的女山神》，见中国民间文学集成全国编辑委员会编《中国民间故事集成》（云南卷），北京：中国ISBN中心2003年版，第384页。

W0396.5.2

山神是掠夺者的保护神

实　例

（参见下级母题实例）

W0396.5.2.1

掠劫者把阿米年青山神作为保护战神

实　例

藏族　掠行劫者把阿米年青山神作为他们的保护战神。

【流传】甘肃省·临夏（临夏回族自治州）

【出处】《阿米年青山神》，见 BBS 水木清华站：http：//www.smth.edu.cn，2006.07.20。

W0396.5.3

特定山神是特定部落的保护神

实　例

（参见下级母题实例）

W0396.5.3.1

年保叶什则山神是大渡河上游智氏诸藏族部落的保护神

实　例

藏族　年保叶什则山神是大渡河上游智氏诸藏族部落之保护神和战神。

【流传】青海省·果洛州（果洛藏族自治州）

【出处】贡乔泽登整理：《年保叶什则山神》，见 BBS 水木清华站：http：//www.smth.edu.cn，2006.07.20。

W0396.5.3a

山神是特定地方的保护神

实　例

彝族　山神作为地方的保护神，要不断进行祭山活动。

【流传】云南省·（大理白族自治州）·巍山（彝族回族自治）县

【出处】《山体崇拜》，见吕大吉、何耀华总主编《中国各民族原始宗教资料集成》（彝族卷、白族卷、基诺族卷），北京：中国社会科学出版社1996年版，第83页。

W0396.5.4

山神保护人不受魔鬼伤害

实　例

鄂伦春族　魔鬼早就想害死东山上部落里的人，但是那里的山神爷把得严，它一直下不了手。

【流传】（中国东北部地区）

【出处】

（a）张凤铸、蔡伯文记录整理：《阿勒塔涅斩魔记》，见张凤铸、蔡伯文编《鄂伦春民间文学选》，呼和浩特：内蒙古人民出版社1980年版。

（b）同（a），见姚宝瑄主编《中国各民族神话》（达斡尔族、鄂伦春族、鄂温克族、蒙古族），太原：山西出版传媒集团·书海出版社 2014 年版，第 107 ~ 113 页。

W0396. 5. 5

山神是生灵保护神

实　例

藏族 山神是一方生灵的保护者。

【流传】（西藏自治区·那曲地区·安多县）

【出处】 丹珠昂奔：《佛教与藏族文学》，中央民族学院出版社 1988 年版，见吕大吉、何耀华总主编《中国各民族原始宗教资料集成》（鄂伦春族卷、鄂温克族卷、赫哲族卷、达斡尔族卷、锡伯族卷、满族卷、蒙古族卷、藏族卷），北京：中国社会科学出版社 1999 年版，第 934 页。

W0396. 5. 6

山神是人畜保护神

实　例

（参见下级母题实例）

W0396. 5. 6. 1

山神保护人不受野物和冰雹之害，人畜不遭瘟疫

实　例

羌族 山神保护人不致遭受野猪、熊和冰雹之害，人畜不致遭瘟疫的危害。

【流传】（无考）

【出处】 西南民族学院研究室编：《羌（尔玛）族情况》，1954 年，见吕大吉、何耀华总主编《中国各民族原始宗教资料集成》（纳西族卷、羌族卷、独龙族卷、傈僳族卷、怒族卷），北京：中国社会科学出版社 2000 年版，第 461 页。

W0396. 6

山神是祖先

【关联】［W0648. 6］祖先是山神

实　例

（参见下级母题实例）

W0396. 6. 1

特定的山神是祖先

实　例

（参见下级母题实例）

W0396. 6. 1. 1

阿尼玛卿大山神是藏人的祖神

实　例

藏族 阿尼玛卿大山神是青藏高原东北部最早最大的山神，也是藏人的祖神、战神和保护神。

【流传】 青海省·果洛州（果洛藏族自治州）·玛沁县

【出处】 贡乔泽登整理：《阿尼玛卿大山神》，见 BBS 水木清华站：http://www.smth.edu.cn，2006. 07. 20。

W0396.6a

山神兼祖先神、保护神

实 例

（参见下级母题实例）

W0396.6a.1

牧区的山神是部落保护神和部落的祖先

【关联】［W0497.8.8.1］山神兼部落保护神和战神

实 例

藏族 牧区的山神一般都是部落集体的保护神，并且普遍都把某一山神当作部落的祖先来崇拜。

【流传】（青海省·果洛藏族自治州）

【出处】 格勒：《论藏族本教的神》，原载《藏族学术讨论会论文集》，西藏人民出版社1984年版，见吕大吉、何耀华总主编《中国各民族原始宗教资料集成》（鄂伦春族卷、鄂温克族卷、赫哲族卷、达斡尔族卷、锡伯族卷、满族卷、蒙古族卷、藏族卷），北京：中国社会科学出版社1999年版，第797页。

W0396.6a.2

山神是祖神、战神和保护神

实 例

（参见下级母题实例）

W0396.6a.2.1

山神玛嘉是藏人的祖神、战神和保护神

实 例

藏族 阿尼玛卿山神是最早最大的山神，所以被尊称为“玛嘉”，即玛氏王，也是藏人的祖神、战神和保护神。

【流传】 西藏自治区

【出处】 贡乔泽登讲：《阿尼玛卿大山神》，见姚宝瑄主编《中国各民族神话》（门巴族、珞巴族、怒族、藏族），太原：山西出版传媒集团·书海出版社2014年版，第96页。

W0396.6b

山神兼农神

实 例

（参见下级母题实例）

W0396.6b.1

山上各种精灵的总管也管农业丰歉

实 例

傈僳族 山上各种精灵的总管“米司尼”也是农业丰歉的决定者。

【流传】 云南省

【出处】 杨建和：《怒江傈僳族的宗教信仰》，原载《中国少数民族宗教初编》，云南人民出版社1985年版，见

吕大吉、何耀华总主编《中国各民族原始宗教资料集成》（纳西族卷、羌族卷、独龙族卷、傈僳族卷、怒族卷），北京：中国社会科学出版社2000年版，第711页。

W0396.7

山神是冰雹神之一

【关联】

①［W0395.4b］山神管冰霜雹雪

②［W0497.8.7］山神是冰雹神

实 例

（参见下级母题实例）

W0396.7.1

念青唐古拉山神是掌管冰雹的十八雹神之一

实 例

藏族 念青唐古拉山神是西藏最著名的山神，是掌管冰雹的十八雹神之一。

【流传】 西藏自治区

【出处】 谢继胜整理：《念青唐古拉山神》，见BBS水木清华站：http://www.smth.edu.cn，2006.07.20。

W0396.7a

山神是雹神和财神

实 例

（参见下级母题实例）

W0396.7a.1

念青唐古拉山神是雹神和财宝的保护神

实 例

藏族 念青唐古拉山神是雹神，还被认为是财宝的保护神。

【流传】（无考）

【出处】 谢继胜：《藏族的山神神话及其特征》，载《西藏研究》1988年第4期。

W0396.8

山神是看守者

实 例

（参见下级母题实例）

W0396.8.1

山神看管银子

实 例

汉族 一个身高头大的人是看银子的山神。

【流传】 河南省·（南阳市）·桐柏县

【出处】 黄发美、黄正明讲，薛远增整理：《牵牛星和织女星》，见姚宝瑄主编《中国各民族神话》（汉族），太原：山西出版传媒集团·书海出版社2014年版，第312~315页。

汉族 那个身高头大的人是看银子的山神。

【流传】 河南省·（南阳市）·桐柏

县·（固县镇·黄畈村）

【出处】黄发美讲，黄正明采录，薛远增采录整理：《牵牛星和织女星》，见张振犁编著，孟宪明、朱淑君统纂《中原神话通鉴》（第三卷），郑州：河南大学出版社 2017 年版，第 826 页。

W0396.8.1.1

看银子的山神赐牛郎银子

实 例

汉族 看银子的山神使牛郎得了一堆银子。

【流传】河南省·（南阳市）·桐柏县

【出处】黄发美讲，黄正明记录，薛远增整理：《牵牛星和织女星》，原载马卉欣主编：《中国民间故事集成》（河南桐柏县卷第一分册），见陶阳、钟秀编《中国神话》（上），北京：商务印书馆 2008 年版，第 232～235 页。

W0396.9

山神是特定的灵魂

实 例

（参见下级母题实例）

W0396.9.1

念青唐古拉山神是金刚手恰那多吉的精魂

实 例

藏族 念青唐古拉山神是金刚手恰那多吉的精魂。

【流传】（无考）

【出处】［奥地利］内贝斯基著，谢继胜译：《西藏的鬼怪与神灵——比较宗教教学研究》，见《国外藏学研究译文集》第 3 辑，西藏人民出版社 1987 年版。

W0396.9.2

山神是格萨尔的灵魂

【关联】［W0684］格萨尔（格斯尔）

实 例

藏族 库拉卡日山神又叫凯念面拉哈或扑拉哈日，被认为是格萨尔大王的精魂。

【流传】（无考）

【出处】［奥地利］内贝斯基著，谢继胜译：《西藏的鬼怪和神灵——比较宗教学研究》，原载《国外藏学研究译文集》第 3 辑，西藏人民出版社 1987 年版，见吕大吉、何耀华总主编《中国各民族原始宗教资料集成》（鄂伦春族卷、鄂温克族卷、赫哲族卷、达斡尔族卷、锡伯族卷、满族卷、蒙古族卷、藏族卷），北京：中国社会科学出版社 1999 年版，第 790 页。

W0396.10

山神是山

实 例

（参见下级母题实例）

W0396. 10. 1

神山即山神

实 例

藏族 藏族民间的传统信仰，认为藏地有四大神山：卫藏地方的神山雅拉香波；北方羌塘的神山念青唐拉；南方神山库拉日杰；东方神山沃德巩甲。这四座神山是藏区神山的代表，是佛教传入以前藏族原始信仰中崇拜的山神。

【流传】（无考）

【出处】 谢继胜：《藏族的山神神话及其特征》，载《西藏研究》1988 年第 4 期。

W0396. 10. 2

山神是山的化身

实 例

藏族 库拉卡日山神又叫凯念面拉哈或扑拉哈日，是山南一座山的化身。

【流传】（无考）

【出处】［奥地利］内贝斯基著，谢继胜译：《西藏的鬼怪和神灵——比较宗教学研究》，原载《国外藏学研究译文集》第 3 辑，西藏人民出版社 1987 年版，见吕大吉、何耀华总主编《中国各民族原始宗教资料集成》（鄂伦春族卷、鄂温克族卷、赫哲族卷、达斡尔族卷、锡伯族卷、满族卷、蒙古族卷、藏族卷），北京：中国社会科学出版社 1999 年版，第 790 页。

W0396. 11

与山神的身份与关的其他母题

【关联】

①［W0122. 4. 2］山神是最高神

②［W0497. 1. 4. 7. 0. 3］山神成为年神

实 例

（参见下级母题实例）

W0396. 11. 1

地位最高的山神

实 例

（参见下级母题实例）

W0396. 11. 1. 1

山神雅拉香波是最高之神

实 例

藏族 雅拉香波是一位古老的山神，在公元 9 世纪的敦煌古藏文手写卷中就多次说“雅拉香波乃最高之神”。

【流传】（无考）

【出处】 谢继胜：《藏族的山神神话及其特征》，载《西藏研究》1988 年第 4 期。

W0396. 11. 1. 2

山神是特定地方最大的自然神

实 例

彝族 山神为此地最大的自然神。

【流传】 贵州省·毕节县（毕节市）·龙场区（七星关区）·（大屯彝族

乡）·三官寨

【出处】陈大进等讲：《毕节三官寨彝族“献山”仪式》，见吕大吉、何耀华总主编《中国各民族原始宗教资料集成》（彝族卷、白族卷、基诺族卷），北京：中国社会科学出版社1996年版，第83~84页。

W0396.11.1a
山神之主

实　例

（参见下级母题实例）

W0396.11.1a.1
山神之主住岩上

实　例

纳西族 大神丁巴什罗（东巴教教主）规定：山神之主让住到岩上。

【流传】云南省·丽江（丽江市）

【出处】和芳（东巴）读经，和志武翻译整理：《休曲苏埃》（1962），见吕大吉、何耀华总主编《中国各民族原始宗教资料集成》（纳西族卷、羌族卷、独龙族卷、傈僳族卷、怒族卷），北京：中国社会科学出版社2000年版，第334页。

W0396.11.1b
山神是山主

实　例

（参见下级母题实例）

W0396.11.1b.1
山神是山中一切物产之主

实　例

彝族（撒尼） 山神是山中一切物产之主，因而入山之前必须祈求山神开恩。

【流传】云南省·昆明（昆明市）东郊一带

【出处】张福记录：《撒弥支彝族的狩猎与采药祭》（1945），见吕大吉、何耀华总主编《中国各民族原始宗教资料集成》（彝族卷、白族卷、基诺族卷），北京：中国社会科学出版社1996年版，第337页。

W0396.11.2
山神是土地神

实　例

（参见下级母题实例）

W0396.11.2.1
山神属于土地神的一种

实　例

汉族等 民间把山神看作土地神的一种，俗称山神土地。

【流传】（无考）

【出处】《山神》，见乌丙安主编《中国民间神谱》，沈阳：辽宁人民出版社2007年版，第26页。

W0396. 11. 2. 2

山神是土主

实 例

藏族 藏区的自然崇拜中，有时常常把山神和土主这两种神灵合二为一。

【流传】（西藏自治区·那曲地区·安多县）

【出处】丹珠昂奔：《佛教与藏族文学》注释，中央民族学院出版社 1988 年版，见吕大吉、何耀华总主编《中国各民族原始宗教资料集成》（鄂伦春族卷、鄂温克族卷、赫哲族卷、达斡尔族卷、锡伯族卷、满族卷、蒙古族卷、藏族卷），北京：中国社会科学出版社 1999 年版，第 934 页。

W0396. 11. 2a

山神是树林神

实 例

（参见下级母题实例）

W0396. 11. 2a. 1

山王神又称树林神

实 例

羌族 神林里砌有一大石碉，上供白石，称为山王神，又称树林神，也代表天神，树林神又称为山王庙。

【流传】四川省·（阿坝藏族羌族自治州）·茂汶县（今茂县）·三龙乡·那呼大队（村）·斯库寨（又名河心坝）

【出处】钱安靖：《茂汶县三龙乡那呼大队斯库寨（又名河心坝）羌族宗教习俗调查》（1983. 07. 21），见吕大吉、何耀华总主编《中国各民族原始宗教资料集成》（纳西族卷、羌族卷、独龙族卷、傈僳族卷、怒族卷），北京：中国社会科学出版社 2000 年版，第 477 页。

W0396. 11. 2b

山神是农神

【关联】［W0906. 3. 2. 5. 1］山鬼米枯干主宰农耕

实 例

（参见下级母题实例）

W0396. 11. 2b. 1

山王保佑五谷丰登

实 例

羌族 人们祈求山王保佑，不下冰雹，五谷丰登，不遭野猪、老熊、老鸦、雀鸟之害，牛羊在山上不遭野兽之害，保佑人畜平安，因而山王成了很重要的农业神。

【流传】四川省·（阿坝藏族羌族自治州）·茂县

【出处】西南民族学院研究室编：《羌（尔玛）族情况》，1954 年，见吕大吉、何耀华总主编《中国各民族原始宗教资料集成》（纳西族卷、羌族卷、独龙族卷、傈僳族卷、怒族卷），北京：中国社会科学出版社2000年版，第549页。

W0396.11.2b.2

山神保护庄稼

实　例

白族 猎人到山神跟前祭祀祈祷，杀了一只母鸡，请山神保护他的庄稼。他梦中看见山神的一个老婆用扣子下在苞谷周围，立刻就套住了一只鸩鸡和一只斑鸠。山神的另一个老婆用箭射击到跑得飞快的鹿子，山神的第三个老婆抬火枪打着了很大的野猪，从此，猎人种下的苞谷荞子保住了。

【流传】 云南省·（大理白族自治州）·洱源县

【出处】 王金发讲，王立智记录：《祭猎神》，原载《中国民间故事全书》（洱源卷），见陶阳、钟秀编《中国神话》（下），北京：商务印书馆2008年版，第1472～1473页。

W0396.11.2b.3

山神管农业丰收

实　例

白族 山神和土地神是管土地的，庄稼好坏，农业丰收与它们有关。

【流传】 云南省·（大理白族自治州）·洱源县·凤羽乡

【出处】 詹承绪调查整理：《洱源凤羽白族祭山神仪式》（1988），见吕大吉、何耀华总主编《中国各民族原始宗教资料集成》（彝族卷、白族卷、基诺族卷），北京：中国社会科学出版社1996年版，第471页。

W0396.11.3

山神是武神

实　例

（参见下级母题实例）

W0396.11.3.1

土地神是文神，山神是武神

实　例

藏族 在定居区中，每家每户的房顶上都修有两个祭坛。一个是当地的土地神（文神），一个是当地的山神（武神）。

【流传】（无考）

【出处】 ＊《年节》，原载李安宅《藏族宗教史之实地研究》，中国藏学出版社1989年版，见吕大吉、何耀华总主编《中国各民族原始宗教资料集成》（鄂伦春族卷、鄂温克族卷、赫哲族卷、达斡尔族卷、锡伯族卷、满族卷、蒙古族卷、藏族卷），北京：中国社会科学出版社1999年版，第932页。

W0396.11.4

山神是药神

实　例

（参见下级母题实例）

W0396. 11. 4. 1
山神是女司药神

实 例

藏族 擦喂滇姆钦姆山神是一位被认为是司药的女神，也是一位穿丝衣的漂亮女子。

【流传】（西藏自治区）

【出处】［奥地利］内贝斯基著，谢继胜译：《西藏的鬼怪和神灵——比较宗教学研究》，原载《国外藏学研究译文集》第 3 辑，西藏人民出版社 1987 年版，见吕大吉、何耀华总主编《中国各民族原始宗教资料集成》（鄂伦春族卷、鄂温克族卷、赫哲族卷、达斡尔族卷、锡伯族卷、满族卷、蒙古族卷、藏族卷），北京：中国社会科学出版社 1999 年版，第 792 页。

W0396. 11. 5
山神是猎神

实 例

（参见下级母题实例）

W0396. 11. 5. 1
山神、虎神等被奉为猎神

实 例

民族无考 山神、虎神等自然神灵奉为猎神。

【流传】（无考）

【出处】《猎神》，见乌丙安主编《中国民间神谱》，沈阳：辽宁人民出版社 2007 年版，第 178 页。

W0396. 11. 6
山神是特定动物

实 例

（参见下级母题实例）

W0396. 11. 6. 1
山神是会变化的特定动物

实 例

（参见下级母题实例）

W0396. 11. 6. 1. 1
雅拉香波山神是一头会变化的白牦牛

实 例

藏族 雅拉香波山神是一头白牦牛，并且可以自由变化。

【流传】（无考）

【出处】谢继胜：《藏族的山神神话及其特征》，载《西藏研究》1988 年第 4 期。

W0396. 11. 7
山神比天神要大

实 例

藏族（白马）白马藏人认为，山神比天神要大。

【流传】（四川省·绵阳市·平武县等地）

【出处】《霞道》，见周贤中《走进白马藏人》，成都：电子科技大学出版社2016年版，第59页。

W0396.11.8

山神位居祖宗神之下

实 例

彝族 山神加入到家庭神行列，位居祖宗神之下。

【流传】贵州省·毕节县（毕节市）·龙场区（七星关区）·（大屯彝族乡）·三官寨

【出处】陈大进等讲：《毕节三官寨彝族“献山”仪式》，见吕大吉、何耀华总主编《中国各民族原始宗教资料集成》（彝族卷、白族卷、基诺族卷），北京：中国社会科学出版社1996年版，第83～84页。

W0396.11.8a

山神比土地的地位高

实 例

（参见下级母题实例）

W0396.11.8a.1

山神比土地的地位高，土地比山神的年纪大

实 例

白族 山神比土地的地位高，土地比山神的年纪大。

【流传】云南省·（大理白族自治州）·大理市·海东乡

【出处】王承权等调查整理：《大理海东白族山神土地祭》（1988），见吕大吉、何耀华总主编《中国各民族原始宗教资料集成》（彝族卷、白族卷、基诺族卷），北京：中国社会科学出版社1996年版，第469页。

W0396.11.9

山神是山、石、树等神灵

实 例

傈僳族 对山、石、大树等之神灵，统称为山神。

【流传】云南省·（怒江傈僳族自治州）·碧江县五区（今属泸水县·洛本卓白族乡）·色德乡（色德行政村）·德一登村

【出处】田家祺等：《碧江县五区色德乡德一登村傈僳族社会经济调查》，见云南省编辑委员会编《傈僳族社会历史调查》，昆明：云南人民出版社1981年版，第70页。

W0396.11.10

山神亦指崖神

【关联】［W0398.2a］崖神

实 例

怒族 怒族称山神为“米枯于”（也可称“米处于”或“米柯尼”，亦指“崖神”。“于”在怒语中意为“鬼神”，“尼”是傈僳语，同样指“鬼神”）。

【流传】（无考）

【出处】

(a) 叶世富：《论怒族宗教与文学》，载云南省民族理论研究会怒江分会筹备组编《怒江民族研究》1985年创刊号，第35页。

(b) 同（a），见吕大吉、何耀华总主编《中国各民族原始宗教资料集成》（纳西族卷、羌族卷、独龙族卷、傈僳族卷、怒族卷），北京：中国社会科学出版社2000年版，第847页。

W0397

山神的工具（山神的武器）

实 例

（参见下级母题实例）

W0397.1

雷电是山神的法宝

【关联】［W4408.1］神奇的雷

实 例

景颇族 （实例待考）

W0397.2

山神手中的武器

实 例

（参见下级母题实例）

W0397.2.1

山神手拿矛和旗

实 例

（参见下级母题实例）

W0397.2.1.1

阿尼玛卿山神右手持矛，左手掌旗，腰悬宝剑，佩弓挂箭

实 例

藏族 阿尼玛卿山神右手持矛，左手掌旗，腰悬宝剑，佩弓挂箭。

【流传】青海省·果洛州（果洛藏族自治州）·玛沁县

【出处】贡乔泽登整理：《阿尼玛卿大山神》，见BBS水木清华站：http://www.smth.edu.cn，2006.07.20。

W0397.2.2

山神手持矛和剑

实 例

（参见下级母题实例）

W0397.2.2.1

雅拉香波山神双手各持一把带有五彩丝旗的短矛和一把水晶剑

实 例

藏族 雅拉香波山神双手各持一把带有五彩丝旗的短矛和一把水晶剑。

【流传】西藏自治区

【出处】谢继胜整理：《雅拉香波山神》，见BBS水木清华站：http://www.smth.edu.cn，2006.07.20。

W0397.2.3

山神手持长矛和短斧

实 例

（参见下级母题实例）

W0397.2.3.1

伊杰玛本山神手持缚旗长矛和短斧

实 例

藏族 伊杰玛本山神，是居住在南方的山神，身穿金甲，骑枣红马，穿紫袍，手持缚旗长矛和短斧。

【流传】（无考）

【出处】［奥地利］内贝斯基著，谢继胜译：《西藏的鬼怪和神灵——比较宗教学研究》，原载《国外藏学研究译文集》第3辑，西藏人民出版社1987年版，见吕大吉、何耀华总主编《中国各民族原始宗教资料集成》（鄂伦春族卷、鄂温克族卷、赫哲族卷、达斡尔族卷、锡伯族卷、满族卷、蒙古族卷、藏族卷），北京：中国社会科学出版社1999年版，第791页。

W0397.2.4

山神手拿石斧

实 例

藏族（白马） 祭祀山神时，山神旗幡上画着的山神形象为："赤身露体，肩披虎皮，腰挂三角形虎皮以遮护生殖器，右手挥舞象征神权和军权的石斧，左手捧一裸体婴儿。"

【流传】（四川省·阿坝藏族羌族自治州·九寨沟县）

【出处】徐学书：《南坪白马藏人"十二相"祭祀舞探索》，载《西藏艺术研究》1988年第2期。

W0397.2.5

山神手持长鞭

实 例

壮族 广福山的山顶有个山神。他手执长鞭，腾云驾雾，斩杀妖怪。

【流传】广西壮族自治区·（桂林市）·龙胜各族自治县·三门乡·同列、双江、大滩、古坪等村寨

【出处】陈维刚搜集整理：*《祭山神》（1990），见吕大吉、何耀华总主编《中国各民族原始宗教资料集成》（土家族卷、瑶族卷、壮族卷、黎族卷），北京：中国社会科学出版社1998年版，第514页。

W0397.2.6

山神的武器是箭

实 例

（参见下级母题实例）

W0397.2.6.1

山神爷的武器是缠着羊毛和哈达的箭杆

实 例

藏族 山神爷的武器是缠着羊毛和哈达的箭杆。

【流传】（西藏自治区·那曲地区·安多县）

【出处】丹珠昂奔：《佛教与藏族文学》，中央民族学院出版社 1988 年版，见吕大吉、何耀华总主编《中国各民族原始宗教资料集成》（鄂伦春族卷、鄂温克族卷、赫哲族卷、达斡尔族卷、锡伯族卷、满族卷、蒙古族卷、藏族卷），北京：中国社会科学出版社 1999 年版，第 934 页。

W0398

与山神有关的其他母题

【关联】

①［W0437. 1］管山的神

②［W0906. 3］山灵（山鬼，山妖，山精，石灵）

实 例

（参见下级母题实例）

W0398. 1

特定名称的山神（山神的名称）

【汤普森】A418

实 例

（参见下级母题实例）

W0398. 1. 1

雪山神（雪山之神）

实 例

（参见下级母题实例）

W0398. 1. 1. 1

雪山神斯汝

实 例

纳西族 雪山有一位斯汝山神。

【流传】（无考）

【出处】木易根据《东巴经》和阿更讲述整理：《高楞趣和斯汝命》，见谷德明编《中国少数民族神话》，北京：中国民间文艺出版社 1987 年版，第 422 页。

W0398. 1. 1. 2

雪山之神卡窝卡蒲

实 例

独龙族 雪山之神名叫卡窝卡蒲。

【流传】云南省

【出处】

（a）《木彭哥》，原载《俅人神话》，见何愈《西南少数民族及其神话》，新世纪出版社 1951 年版，第 61 页。

（b）《木彭哥》，见谷德明编《中国少数民族神话》，北京：中国民间文艺出版社 1987 年版，第 529 页。

独龙族 雪山神曰卡窝卡蒲者出，始化雪为清水，清洗各物。

【流传】（无考）

【出处】袁珂改编：《木彭哥》，原载谷德明《中国少数民族神话选》，见袁珂《中国神话大词典》，北京：华夏出版社 2015 年版，第 590 页。

W0398.1.1.2a
雪山之神格哇卡尔普

实 例

独龙族 雪山之神“格哇卡尔普”。

【流传】云南省

【出处】《嘎美嘎沙造人》，见李金明《独龙族文学简史》，昆明：云南民族出版社2004年版，第73页。

W0398.1.1.3
雪山之神化雪为水洗涤万物

实 例

独龙族 雪山之神“格哇卡尔普”把雪水化为清水洗礼万物。

【流传】云南省

【出处】《嘎美嘎沙造人》，见李金明《独龙族文学简史》，昆明：云南民族出版社2004年版，第73页。

独龙族 雪山之神卡窝卡蒲将雪化为清水，用清水洗濯万物，把万物区分开来。

【流传】(a) 云南省怒江独龙族地区

【出处】

(a) 当色·顶、孔英金、卜松、鲁腊·顶讲，李子贤、张文臣、李慰明记录，孟国才、张联华、和诠翻译，李子贤整理：《木彭哥》，见姚宝瑄主编《中国各民族神话》（水族、布朗族、独龙族、基诺族、傈僳族），太原：山西出版传媒集团·书海出版社2014年版，第110页。

(b)《卡窝卡蒲分万物》，原载李子贤《独龙族的古老神话》，见姚宝瑄主编《中国各民族神话》（水族、布朗族、独龙族、基诺族、傈僳族），太原：山西出版传媒集团·书海出版社2014年版，第113页。

W0398.1.1.4
雪龙包神

实 例

（参见下级母题实例）

W0398.1.1.4.1
雪龙包神倮倮士

实 例

羌族 “倮倮士”（雪龙包神），雪龙包为汶川、理县、小金等县交界的大雪山，羌人尊为神山、圣山，故羌人供奉雪龙包神。

【流传】四川省·（阿坝藏族羌族自治州）·汶川县·绵池乡·簇头、沟头等寨

【出处】

(a) 王治国、王升明等提供：《绵池乡簇头、沟头寨的白石崇拜》（1983.11），原载钱安靖《羌族宗教习俗调查资料》，见羌族社会历史调查四川省编写组编《羌族社会历史调查》，成都：四川省社会科学院出版社1985年版。

(b) 同（a），见吕大吉、何耀华总主编《中国各民族原始宗教资料集成》（纳西族卷、羌族卷、独龙族卷、傈

傈族卷、怒族卷），北京：中国社会科学出版社 2000 年版，第 473 页。

W0398. 1. 1. 5

雪山神阿尼玛卿

实 例

（参见下级母题实例）

W0398. 1. 1. 5. 1

雪山神阿尼玛卿主司人的生死福祸

实 例

藏族 阿尼玛卿雪山神住在青藏高原东北部，主司这里人们的生死福祸。

【流传】西藏自治区

【出处】贡乔泽登讲：《阿尼玛卿大山神》，见姚宝瑄主编《中国各民族神话》（门巴族、珞巴族、怒族、藏族），太原：山西出版传媒集团·书海出版社 2014 年版，第 96 页。

W0398. 1. 1. 5. 2

阿尼玛卿雪山神称“玛卿本拉”

实 例

藏族 阿尼玛卿雪山神作为大山神，称为“玛卿本拉”。

【流传】西藏自治区

【出处】贡乔泽登讲：《阿尼玛卿大山神》，见姚宝瑄主编《中国各民族神话》（门巴族、珞巴族、怒族、藏族），太原：山西出版传媒集团·书海出版社 2014 年版，第 96 页。

W0398. 1. 2

泰山神（东岳神，东岳大帝，太山神）

【关联】

①［W0241. 1］冥神东岳大帝

②［W0392. 5. 3. 1］玉帝把最先到泰山的仙封为泰山神

③［W0480. 5. 1］孔神泰山神

④［W0498. 5. 4. 1. 1］五显神是东岳泰山神之五子

⑤［W0725. 5. 4. 1］盘古的五世孙是东岳之神

⑥［W0773. 4］碧霞元君是泰山君主

⑦［W1851. 1］泰山（东岳）

实 例

（参见下级母题实例）

W0398. 1. 2. 1

泰山奶奶

【关联】

①［W0477. 9. 4］生育神泰山奶奶

②［W0773. 3. 1］泰山奶奶是万能女神

实 例

（参见下级母题实例）

W0398. 1. 2. 1. 1

泰山奶奶即碧霞元君

实 例

汉族 （参见“W0398. 1. 2. 1. 2 泰山奶奶保佑神州”母题实例）

W0398.1.2.1.2

泰山奶奶保佑神州

实 例

汉族 泰山奶奶（碧霞元君）对拿着装有众神葫芦的白氏郎（吕洞宾与情人白牡丹的私生子）说："孩子，你已把众神邀到这里，御旨已下，都归我管，保佑神州。"

【流传】（山东省·泰安一带）

【出处】程金富讲，张屯岭采录：《白氏郎的故事——泰山众神的由来》，原载陶阳编《泰山民间故事大观》，见陶阳、钟秀编《中国神话》（中），北京：商务印书馆 2008 年版，第 747～752 页。

W0398.1.2.2

泰山神是阎罗的上司

实 例

汉族 （实例待考）

W0398.1.2.3

泰山神东岳大帝

【关联】［W0773.1］碧霞元君是东岳大帝之女

实 例

汉族 盘古的五世孙中，大哥金蝉氏，弟弟金虹氏，弟弟有功被分为东岳之神。

【流传】（无考）

【出处】《大地之神后土娘娘》，见王德恒等《造神史话》，天津：百花文艺出版社 2002 年版，第 86～87 页。

汉族 东岳泰山，五岳之首，其神为泰山神，又称东岳大帝、东岳泰山之神。

【流传】（无考）

【出处】《东岳》，见乌丙安主编《中国民间神谱》，沈阳：辽宁人民出版社 2007 年版，第 29 页。

W0398.1.2.3.1

东岳泰山天齐仁圣大帝黄飞虎

实 例

汉族 周代人黄飞虎曾是商纣王的武臣，姜太公封神时，受封为东岳泰山天齐仁圣大帝。

【流传】（无考）

【出处】《皮革业神——黄飞虎、比干》，见乌丙安主编《中国民间神谱》，沈阳：辽宁人民出版社 2007 年版，第 223 页。

汉族 商朝末年，纣王受妲己蛊惑，荒淫残暴，为了满足自己的淫欲，连黄飞虎的妻子也不放过。黄飞虎之妻为保贞节自杀身亡。黄飞虎的妹妹是纣王的妃子，在痛斥纣王之后被摔下摘星楼而亡。黄飞虎身负家仇，和老父、二弟、三子、四友带一千家将反出五关，投奔周武王，被封为开国武成王，一起讨伐昏庸暴虐的纣王。在兴周灭商的战争中，黄飞虎战死于渑池。周武王评价黄飞虎为“真忠良君子”。姜子牙特封黄飞虎为五岳之首、东岳泰山天齐仁圣大帝，总管人间吉凶祸福。

【流传】（无考）

【出处】［明］许仲琳：《封神演义》。

W0398. 1. 2. 3. 2 东岳大帝两边是牛头马面、判官和众小鬼

实 例

汉族 东岳大帝正中坐，牛头马面两边排，判官爷怀抱生死簿，众小鬼个个拿着勾魂牌。

【流传】（山东省·泰安市徂徕山一带）

【出处】程会金讲，张纯岭记录整理：《东岳大帝评理阎王殿》，原载张纯岭编《徂徕山传奇》，见陶阳、钟秀编《中国神话》（下），北京：商务印书馆2008年版，第1291～1295页。

W0398. 1. 2. 4 东岳神是盘古五世孙金虹氏

【关联】［W0725. 5. 4. 1］盘古的五世孙是东岳神

实 例

汉族 昔盘古氏五世之苗裔曰赫天氏，赫天氏子曰胥勃氏，胥勃氏子曰玄英氏，玄英氏子曰金轮王。金轮王弟曰少海氏，少海氏妻曰弥轮仙女也。弥轮仙女夜梦吞二日，觉而有娠，生二子，长曰金蝉氏，次曰金虹氏。金虹氏者，即东岳帝也。

【流传】（无考）

【出处】《东岳大帝本纪》。

汉族 盘古终世之时，其子名赫天氏。时有三皇代出，赫天乃人居一山，于此时代代相传，故其山后即名岱宗泰山。赫天有子前勃氏，骨勃子玄莫氏生二子，长名金轮王，次子少海氏。少海氏妻弥轮仙女。弥轮仙女夜梦吞二日入腹，觉而有娠。生二子，长曰金蝉氏，后称东华帝君；次子金虹氏，后称东岳帝君。

【流传】（无考）

【出处】［汉］东方朔：《神异经》。

汉族 盘古的五世孙中，大哥金蝉氏，弟弟金虹氏，弟弟有功被分为东岳之神。

【流传】（无考）

【出处】《大地之神后土娘娘》，见王德恒等《造神史话》，天津：百花文艺出版社2002年版，第86～87页。

W0398. 1. 2. 4a 太山神是外孙天帝

实 例

汉族 泰山，一曰天孙，言天帝之孙也。

【流传】（无考）

【出处】［汉］撰者不详：《孝经援神契》。

汉族 泰山一曰天孙，言为天帝之孙

也。主召人魂。

【流传】（无考）

【出处】［晋］张华：《博物志》。

汉族　泰山乃群山之祖，五岳之宗，天帝之孙，神灵之府也。

【流传】（无考）

【出处】［明］撰者不详：《三教源流搜神大全》（《三教搜神大全》）卷七。

汉族　五岳之神分掌世界人物，各有攸属。岱乃天帝之孙，群灵之府，主世界人民官职、生死、贵贱等事。

【流传】（无考）

【出处】［明］查志隆：《岱史》引道经。

汉族　太山神，外孙天帝也。

【流传】（无考）

【出处】鲁迅：《古小说钩沉》辑《列异传》。

W0398.1.2.5

泰山娘娘被称为“送子娘娘”

【关联】［W0477.9.5］生育神泰山娘娘

实　例

汉族　泰山娘娘初始是生育神，被称为“送子娘娘”。

【流传】山东省·泰安（泰安市）

【出处】李凌燕编：《泰山诸神的传说》（中国民间信仰传说丛书），石家庄：花山文艺出版社1994年版。

W0398.1.2.6

泰山老奶奶变身成一个老嬷嬷

实　例

汉族　泰山老奶奶变身成一个老嬷嬷。

【流传】山东省·（菏泽市）·郓城县·杨庄集乡·袁屯村

【出处】刘秀英讲，潘永修采录：《二郎担山撵太阳》，见中国民间文学集成全国编辑委员会编《中国民间故事集成》（山东卷），北京：中国ISBN中心2007年版，第8页。

W0398.1.2.7

泰山主神碧霞元君

实　例

汉族　泰山庙会中，祭祀的主神由最初的东岳大帝转移为碧霞元君。

【流传】（无考）

【出处】《碧霞元君》，见乌丙安主编《中国民间神谱》，沈阳：辽宁人民出版社2007年版，第260页。

W0398.1.2.8

泰山主司人间生死贵贱之神

实　例

汉族　泰山主司人间生死贵贱之神。

【流传】（无考）

【出处】《五岳神》，见乌丙安主编《中国民间神谱》，沈阳：辽宁人民出版社 2007 年版，第 28 页。

W0398. 1. 2. 9

昔脱解王被奉为东岳神

实 例

朝鲜族 脱解（人名，国王）死后用他的骨粉做成塑像。后来他的神灵告诉臣民把自己的尸骨安放于东岳。于是他的臣民不仅照他说的去做，而且把脱解视为东岳神来供奉。

【流传】（无考）

【出处】 金永奎改写：《昔脱解王神话》，见姚宝瑄主编《中国各民族神话》（满族、赫哲族、朝鲜族），太原：山西出版传媒集团·书海出版社 2014 年版，第 166～168 页。

W0398. 1. 2. 10

东岳大帝明察阳事，办事公道

实 例

汉族 东岳大帝明察阳事，办事公道。

【流传】（山东省·泰安市徂徕山一带）

【出处】 张清宽讲，张纯岭采录：《刘海洋德走阴阳界》，原载张纯岭编《徂徕山传奇》，见陶阳、钟秀编《中国神话》（下），北京：商务印书馆 2008 年版，第 1304～1309 页。

W0398. 1. 2. 11

泰山神的封号

实 例

汉族 历代帝王对泰山神尊崇有加，唐代封为“天齐王”，宋代晋为“仁圣天齐王”、“天齐仁圣帝”，元代加封为“天齐大生仁圣帝”，明代又恢复为东岳泰山神。

【流传】（无考）

【出处】 《泰山神》，见 https：//baike. baidu. com/item。

汉族 东岳大帝是盘古氏九世苗裔金轮王少海氏与妻弥纶仙女所生之子，初名金虹氏。金虹氏有功在长白山中，至伏羲氏时封为“太岁”。至神农朝，赐天符都官，号名府君。汉明帝时，封为“泰山元帅”。唐武后垂拱二年（686 年），封东岳为“神岳天中王”。武后万岁通天元年（696 年）又尊为“天齐君”。唐玄宗开元十三年（725 年）加封“天齐王”。宋真宗大中祥符元年（1008 年），诏封东岳天齐仁圣王，四年又尊为帝，称“东岳天齐仁圣帝”。对泰山神之祭祀和崇奉，自上古三代就有。三代民居都在黄河中下游一带，故天子“以血祭祭社稷、五祀、五岳”，泰山是五岳之长被尊称为岱宗。

【流传】（无考）

【出处】［明］撰者不详：《三教源流搜神大全》（《三教搜神大全》）卷七。

W0398. 1. 2. 12

泰山神的生日

实 例

（参见下级母题实例）

W0398.1.2.12.1
泰山神的生日三月廿八

实 例

汉族 三月二十八日，俗传为东岳齐天圣帝生辰，杭州行宫凡五处，而在吴山上者最盛。士女答赛拈香，或奠献花果，或诵经上寿，或枷锁伏罪。钟鼓法音，嘈振竟日。

【流传】（无考）

【出处】［明］田汝成：《熙朝乐事》。

汉族 三月二十八日，为东岳天齐仁圣帝诞辰。

【流传】（无考）

【出处】［清］顾铁卿：《清嘉录》卷三。

汉族 每年的农历三月廿八是东岳泰山神的生日，全国各地的善男信女来此焚香祭拜，以示庆贺。

【流传】（无考）

【出处】《泰山神》，见 https://baike.baidu.com/item。

W0398.1.2a
西岳神（华山神）

实 例

（参见下级母题实例）

W0398.1.2a.1
西岳神姓恽名善

实 例

汉族 西岳神姓恽，讳善。

【流传】（无考）

【出处】［明］撰者不详：《三教源流搜神大全》（《三教搜神大全》）引［西汉］东方朔《神异经》。

W0398.1.2a.2
西岳神主世界金银铜铁五金之属、陶铸坑冶兼羽毛飞鸟之事

实 例

汉族 西岳神主世界金银铜铁五金之属，陶铸坑冶，兼羽毛飞鸟之事。

【流传】（无考）

【出处】［明］撰者不详：《三教源流搜神大全》（《三教搜神大全》）引［西汉］东方朔《神异经》。

W0398.1.2a.3
华山神的第三个女儿华山圣母

【关联】［W0068a.7.2.1］华山圣母

实 例

汉族 西岳华山上有圣母庙，相传圣母为华山神的第三个女儿。

【流传】（无考）

【出处】《西岳》，见乌丙安主编《中国民间神谱》，沈阳：辽宁人民出版社2007年版，第31页。

W0398.1.2b
南岳神（衡山神）

实 例

（实例待考）

W0398.1.2c
北岳神（恒山神）

实 例

（参见下级母题实例）

W0398.1.2c.1
北岳神主走兽

实 例

汉族 北岳者，主于世界江河淮济，兼虎豹走兽之类、蛇虺昆虫等属。

【流传】（无考）

【出处】［明］撰者不详：《三教源流搜神大全》（《三教搜神大全》）卷二。

W0398.1.2c.2
北岳神三朵神

【关联】［W0443.5.3.2］民族保护神三朵神

实 例

纳西族 南诏封丽江玉龙山为“北岳”，建北岳庙祭祀，东巴教也崇奉北岳（恩溥三朵）为“纳西恒丁”（纳西大神），巫师桑尼还把三朵神（即北岳神）崇奉为主要保护神。

【流传】云南省

【出处】吕大吉、何耀华总主编：《中国各民族原始宗教资料集成》（纳西族卷、羌族卷、独龙族卷、傈僳族卷、怒族卷），北京：中国社会科学出版社2000年版，第30页。

W0398.1.2d
中岳神（嵩山神）

实 例

（参见下级母题实例）

W0398.1.2d.1
中岳神主山林树木

实 例

汉族 中岳者主世界地泽川谷沟渠山林树木之属。

【流传】（无考）

【出处】［明］撰者不详：《三教源流搜神大全》（《三教搜神大全》）引［西汉］东方朔《神异经》。

W0398.1.2d.2
中岳神乘黄龙

实 例

汉族 中岳嵩高君，服黄素之饱，戴黄玉大乙之冠，佩神宗阳和之印，乘黄龙，从群官。

【流传】（无考）

【出处】［宋］张君房：《云笈七签》。

W0398.1.2d.3

中岳神名春选群

实　例

汉族 中央嵩山君神，姓春名选群。中岳嵩高山将军，姓石名玄。一云嵩山君角普生。

【流传】（无考）

【出处】［汉］撰者不详：《纬书集成》卷六《龙鱼河图》，上海：上海古籍出版社1994年影印。

W0398.1.2e

五岳神

实　例

（参见下级母题实例）

W0398.1.2e.1

五岳神主生老病死

实　例

汉族 五岳神神通广大，各司其职，除了可兴风雨、主旱涝以外，还可以与天地相通，主宰人的仕途以及生老病死。

【流传】（无考）

【出处】《五岳神》，见乌丙安主编《中国民间神谱》，沈阳：辽宁人民出版社2007年版，第28页。

W0398.1.3

山神白纳查

实　例

鄂温克族 山神白纳查的外形是一个老头。

【流传】（无考）

【出处】《白纳查的传说》，见《中国各民族宗教与神话大词典》编审委员会编《中国各民族宗教与神话大词典》，北京：学苑出版社1990年版，第136～137页。

W0398.1.4

山神白那查

实　例

达斡尔族 达斡尔人的山神是白那查。

【流传】内蒙古自治区·呼伦贝尔（呼伦贝尔市）

【出处】鄂苏日台：《原生态民俗信仰文化》，呼和浩特：内蒙古大学出版社2006年版。

W0398.1.4.1

山神白那查乐于助人

实　例

鄂温克族 “白那查”（山神）是助人为乐的恩神。

【流传】内蒙古自治区·（呼伦贝尔市·莫力达瓦达斡尔旗自治旗）·巴彦鄂温克民族乡

【出处】

(a) 巴彦鄂温克民族乡概况编写组：《巴彦鄂温克民族乡概况》，内部资料，1988 年，第 77 页。

(b) 《山神——“白那查”》，见吕大吉、何耀华总主编《中国各民族原始宗教资料集成》（鄂伦春族卷、鄂温克族卷、赫哲族卷、达斡尔族卷、锡伯族卷、满族卷、蒙古族卷、藏族卷），北京：中国社会科学出版社 1999 年版，第 96 页。

W0398. 1. 4. 2

山神白那查白胡子数丈

实 例

达斡尔族 “白那查”（山神）银须数丈。

【流传】（内蒙古自治区、黑龙江省等地）

【出处】

(a) 莫日根迪：《达斡尔族之宗教信仰》，载《内蒙古社会科学》1981 年第 3 期。

(b)《“白那查”——山神之二》，见吕大吉、何耀华总主编《中国各民族原始宗教资料集成》（鄂伦春族卷、鄂温克族卷、赫哲族卷、达斡尔族卷、锡伯族卷、满族卷、蒙古族卷、藏族卷），北京：中国社会科学出版社 1999 年版，第 295 页。

W0398. 1. 5

山神宁封

实 例

（参见下级母题实例）

W0398. 1. 5. 1

山神宁封管理三山五岳

实 例

汉族 宁封（最早制陶的人）统管和守护三山五岳。

【流传】四川省·（成都市）·都江堰（都江堰市）·青城乡

【出处】刘长兴讲，王纯五采录：《宁封丈人》，见中国民间文学集成全国编辑委员会编《中国民间故事集成》（四川卷·上），北京：中国 ISBN 中心 1998 年版，第 79 页。

W0398. 1. 6

其他特定名称的山神

实 例

（参见下级母题实例）

W0398. 1. 6. 1

山神老奶奶

实 例

景颇族 洪水后，幸存的姐弟俩爬到山顶，叫开房门一看，出来开门的是老奶奶治同鬼（景颇族神话中的山神）。

【流传】（云南省·德宏傣族景颇族自治

州）

【出处】岳志明、杨国治翻译整理：《驾驭太阳的母亲》，见姚宝瑄主编《中国各民族神话》（白族、拉祜族、景颇族），太原：山西出版传媒集团·书海出版社2014年版，第209页。

W0398.1.6.2

山神张大帝

实 例

（参见下级母题实例）

W0398.1.6.2.1

二月八日祠山张大帝诞

实 例

汉族 云二月八日为祠山张大帝诞。相传大帝有风山女、雪山女归省，前后数日，必有风雨，号请客风，送客雨，虽天气甚温，又必骤寒。

【流传】（无考）

【出处】［清］顾禄：《清嘉录》“冻狗肉”条。

W0398.1.6.3

山神张食豨

实 例

汉族 广德祠山神曰张，避食豨。

【流传】（无考）

【出处】［明］陶宗仪：《说郛》（百二十卷本）二四辑《三柳轩杂识》。

W0398.1.6.4

山神张渤

实 例

汉族 广德军祠山广德王，名渤，姓张，本前汉吴兴郡乌程人。

【流传】（无考）

【出处】［宋］吴曾：《能改斋漫录》卷十八“广德王开河为猪形”条。

汉族 武当人张秉遇仙女山中，后生子渤，为祠山之神。

【流传】（无考）

【出处】［明］田艺衡：《留青日札》卷二八“祠山张大帝”条。

W0398.1.6.5

山神广福王

实 例

（参见下级母题实例）

W0398.1.6.5.1

山神广福王又称威武广福大王

实 例

壮族 广福山的山顶有个山神。人们称之为“威武广福大王”，简称“广福王”。

【流传】广西壮族自治区·（桂林市）·龙胜各族自治县·三门乡·同列、双江、大滩、古坪等村寨

【出处】陈维刚搜集整理：*《祭山神》（1990），见吕大吉、何耀华总主

编《中国各民族原始宗教资料集成》（土家族卷、瑶族卷、壮族卷、黎族卷），北京：中国社会科学出版社1998年版，第514页。

W0398. 1. 6. 6

皛然山神

实　例

汉族 皛然山神，山在新明县东北一百里，黄帝乘龙登天，有小臣曰居余，攀髯而至天帝之所。帝俾之牧龙，后又辅禹治水。至商时居余号敬慎子，将己自焚，为民祷雨。周至战国，号优游先生。至汉侍西王母至汉庭，教东方朔栾巴之辈。乃归朝天帝，天帝赐之姓曰腾，名曰白，乃居于（皛然山）白崖之下。

【流传】（无考）

【出处】［宋］王象之：《舆地纪胜》卷一六五。

W0398. 1. 6. 7

日渥兹鄂山神

实　例

（参见下级母题实例）

W0398. 1. 6. 7. 1

日渥兹鄂山神在汉地山西五台山

实　例

藏族 日渥兹鄂山神在汉地山西五台山。

【流传】（无考）

【出处】马长寿：《苯教源流》，原载《民族学研究集刊》1943年第3期，见吕大吉、何耀华总主编《中国各民族原始宗教资料集成》（鄂伦春族卷、鄂温克族卷、赫哲族卷、达斡尔族卷、锡伯族卷、满族卷、蒙古族卷、藏族卷），北京：中国社会科学出版社1999年版，第794页。

W0398. 1. 6. 8

山神鲁

实　例

（参见下级母题实例）

W0398. 1. 6. 8. 1

鲁生于高天

实　例

彝族 鲁生于高天，朵出于大地（鲁、朵，作震巽二卦的卦名，又作山神和风神称谓），居于青山里，住在红岩边，弥神住天上，觉神漫盈地，随着江河流，顺着大地漫，漫及了大地，如冰雪盖地，洪水毁人类。

【流传】贵州省·（毕节市）·威宁县（威宁彝族回族苗族自治县）、赫章县一带

【出处】罗正清翻译，黄建明摘录：《弥神与觉神》（未刊稿），见吕大吉、何耀华总主编《中国各民族原始宗教资料集成》（彝族卷、白族卷、基诺族卷），北京：中国社会科学出版社

1996 年版，第 280 页。

W0398.1.6.8a
山神莫而莫谢

实 例

彝族 山神叫莫而莫谢。

【流传】四川省·凉山

【出处】胡庆钧：《凉山彝族奴隶制社会形态》，北京：中国社会科学出版社 1985 年版，第 394 页。

W0398.1.6.8b
山神涅罗摩

实 例

（参见下级母题实例）

W0398.1.6.8b.1
涅罗摩即母虎神

实 例

彝族 山神的彝名就是“涅罗摩”即母虎神。

【流传】（无考）

【出处】刘尧汉：《彝族社会历史调查研究文集》，北京：民族出版社 1980 年版，第 88 页。

W0398.1.6.9
山神仙岩

实 例

（参见下级母题实例）

W0398.1.6.9.1
仙岩是最大、最有本事、最凶的神

实 例

白族 “仙岩”（山神）是最大、最有本事、最凶的一个神，它管山、管石、管树、管野兽。

【流传】云南省·怒江州（怒江傈僳族自治州）·泸水县·洛本卓乡（洛本卓白族乡）

【出处】詹承绪等调查整理：《怒江白族仙岩祭》（1982），见吕大吉、何耀华总主编《中国各民族原始宗教资料集成》（彝族卷、白族卷、基诺族卷），北京：中国社会科学出版社 1996 年版，第 487 页。

W0398.1.6.9.2
仙岩管山、管石、管树、管野兽

实 例

白族 （参见“W0398.1.6.9.1 仙岩是最大、最有本事、最凶的神”母题实例）

W0398.1.6.10
山神公公

实 例

畲族 （参见“W0395.6.4.6 山神公公化身长胡子老爷爷或白眉毛老婆婆”母题实例）

W0398. 1. 6. 11
山神白那查

实 例

达斡尔族 达斡尔人的山神叫“白那查”。

【流传】内蒙古自治区·呼伦贝尔（呼伦贝尔市）

【出处】鄂苏日台:《原生态民俗信仰文化》，呼和浩特：内蒙古大学出版社 2006 年版。

W0398. 1. 6. 12
山神日乌达

实 例

（参见下级母题实例）

W0398. 1. 6. 12. 1
山神日乌达雪白的胡子从山顶拖到河中

实 例

藏族 山神日乌达雪白的胡子跟瀑布一样从山顶拖到河中。

【流传】四川省·（阿坝藏族羌族自治州）·马尔康县·卓克基（卓克基镇）一带

【出处】

（a）帕金搜集整理：《狗皮王子》（又称《青稞种子的来历》），见谷德明编《中国少数民族神话选》，西北民族学院研究所编印，内部资料，1983 年。

（b）同（a），见姚宝瑄主编《中国各民族神话》（门巴族、珞巴族、怒族、藏族），太原：山西出版传媒集团·书海出版社 2014 年版，第 115 页。

W0398. 1. 6. 12a
山神阿尼玛卿

【关联】

①［W0394. 4. 1］阿尼玛卿山神头戴红缨帽，身披银甲

②［W0394. 6. 4. 1］阿尼玛卿大山神的 360 位眷属分别居住在上、中、下三重由金、玉、宝石建成的宫殿中

③［W0394. 6. 4. 2］阿尼玛卿山神居富丽堂皇的白玉琼楼宝殿中

④［W0394. 7. 1. 1］阿尼玛卿山神乘玉龙白马

⑤［W0395. 2a. 1］阿尼玛卿雪山神掌握安多地区的山河浮沉和沧桑之变

⑥［W0395. 3. 2］阿尼玛卿大山神主司青藏高原东北部人们的生死福祸

⑦［W0395. 4. 1］阿尼玛卿山神行云布雨，施放雷电

⑧［W0396. 6. 1. 1］阿尼玛卿大山神是藏人的祖神

⑨［W0395. 6. 5. 1］地区最大的山神阿尼玛卿大山神

⑩［W0397. 2. 1. 1］阿尼玛卿山神右手持矛，左手掌旗，腰悬宝剑，佩弓挂箭

⑪［W0398. 1. 1. 5. 1］雪山神阿尼玛卿主司人的生死福祸

⑫［W0398. 3. 1. 2. 1］阿尼玛卿大山神原是吐春王国布岱贡嘉八个儿子之一

⑬［W0398.3.2.1.1］阿尼玛卿大山神有360位眷属，9位后妃

⑭［W0398.3.3.2］阿尼玛卿大山神有9子9女

⑮［W0398.3.5.1］阿尼玛卿大山神有1500位神将和侍从

⑯［W0398.4.1.1］野牛、岩羊、鹿麝是阿尼玛卿大山神的家畜

⑰［W0398.5.2.1］阿尼玛卿雪山视作大山神玛卿本拉

实　例

（参见下级母题实例）

W0398.1.6.12a.1

阿尼玛卿山神尊称为“玛嘉”

实　例

藏族（参见“W0396.6a.2.1 山神玛嘉是藏人的祖神、战神和保护神”母题实例）

W0398.1.6.12a.2

阿尼玛卿山神即玛氏王

实　例

藏族（参见“W0396.6a.2.1 山神玛嘉是藏人的祖神、战神和保护神”母题实例）

W0398.1.6.13

斯汝山神

【关联】［W0395.1.2.1］斯汝山神主管飞禽走兽

实　例

（参见下级母题实例）

W0398.1.6.13.1

斯汝山神的独生女儿斯汝命

实　例

纳西族 斯汝山神有一位美丽聪明的独生女儿，名叫斯汝命。

【流传】（无考）

【出处】 木易根据《东巴经》和阿更讲述整理：《高楞趣和斯汝命》，原载谷德明编《中国少数民族神话》，见陶阳、钟秀编《中国神话》（中），北京：商务印书馆2008年版，第997～1005页。

W0398.1.6.14

山神阿比西格克

实　例

羌族 羌人屋顶上敬九尊神，其中“阿比西格克”（Abe-shi-gai-ki）是山神（此神各地方不同）。

【流传】 四川省·（阿坝藏族羌族自治州）·理县·通化乡·西山大队（西山村）

【出处】 胡鉴民：《羌族的信仰与习为》，原载《边疆研究论丛》1941年，见吕大吉、何耀华总主编《中国各民族原始宗教资料集成》（纳西族卷、羌族卷、独龙族卷、傈僳族卷、怒族卷），北京：中国社会科学出版社2000年版，第475页。

W0398. 1. 6. 15
山神称“木里”

实 例

基诺族 山神又称“山鬼”，简称为“木里”。山神是山的主宰，山上的动物鬼、植物鬼都是它的下属。

【流传】 云南省·（西双版纳傣族自治州·景洪市）·基诺山（基诺山基诺族乡）·戛里果箐

【出处】 沙车等讲，杜玉亭调查整理：《山鬼》（1990），见吕大吉、何耀华总主编《中国各民族原始宗教资料集成》（彝族卷、白族卷、基诺族卷），北京：中国社会科学出版社 1996 年版，第 939 页。

W0398. 1. 6. 16
灵应山神

实 例

白族 灵应山神管山林，上爱山林下爱民。

【流传】 云南省·（大理白族自治州）·鹤庆县·和邑村

【出处】《山神经》，原载张海福等调查整理《鹤庆白族祭山神活动》（1989），见吕大吉、何耀华总主编《中国各民族原始宗教资料集成》（彝族卷、白族卷、基诺族卷），北京：中国社会科学出版社 1996 年版，第 472 页。

W0398. 1. 7
其他特定的山的山神

【关联】［W0768. 11. 3. 3］檀君成为阿斯达的山神

实 例

（参见下级母题实例）

W0398. 1. 7. 1
念青唐古拉山山神

实 例

藏族 念青唐古拉山神是一位凶猛的掌留神。

【流传】 西藏自治区

【出处】 谢继胜整理：《念青唐古拉山神》，见 BBS 水木清华站：http://www.smth.edu.cn，2006. 07. 20。

W0398. 1. 7. 2
长白山主（长白山神，白山老祖）

实 例

（参见下级母题实例）

W0398. 1. 7. 2. 1
长白山主是天神阿不凯恩都哩的弟子

实 例

满族 长白山主是阿不凯恩都哩的弟子。

【流传】 黑龙江省·（牡丹江市）·宁

安县·江东乡（江南朝鲜族满族乡）·花脸沟村（今解放村）

【出处】杨明河讲，傅英仁采录：《多龙格格》，见中国民间文学集成全国编辑委员会编《中国民间故事集成》（黑龙江卷），北京：中国 ISBN 中心 2005 年版，第 78～80 页。

W0398.1.7.2.2
长白山主的儿子三音贝子

实　例

满族 套住多余的太阳的三音贝子是长白山主的儿子。

【流传】（无考）

【出处】《三音贝子》，见马学良、梁庭望、张公瑾主编《中国少数民族文学史》，北京：中央民族大学出版社，2001 年版，第 71 页。

W0398.1.7.2.3
长白山主教人治世

实　例

满族 长白山主教给阿达匹（女首领）治理部落的方法。

【流传】黑龙江省·（牡丹江市）·宁安县·兰岗乡·新生村

【出处】赵文信讲，赵君伟采录：《阿达格恩都哩》，见中国民间文学集成全国编辑委员会编《中国民间故事集成》（黑龙江卷），北京：中国 ISBN 中心 2005 年版，第 66～67 页。

W0398.1.7.2.4
彻根彻布德黑腾格里是长白山之主神天

实　例

蒙古族 彻根彻布德黑腾格里是布里牙惕人崇奉的大腾格里，意白神天，也就是长白山之主神天（在蒙古族民间宗教或萨满神词中，“天”与“腾格里”常常通用，此处可以看作是泛指诸神）。

【流传】（无考）

【出处】额尔德木图：《蒙古英雄史诗与孛额唱词中的“腾格里”》，载《内蒙古社会科学》（汉文版）1995 年第 5 期。

W0398.1.7.2.5
长白山主超哈斋爷

实　例

满族 阿布凯恩都哩（天神名）把超哈斋爷送到地上的长白山当了白山主，调兵遣将镇压着邪魔歪道。

【流传】黑龙江省·（牡丹江市）·宁古塔（宁安县）；吉林省·长白山地区（长白山一带）

【出处】

(a) 傅英仁讲述，张爱云记录整理：《天宫神魔大战》，见傅英仁讲述，张爱云记录整理《满族萨满神话》，哈尔滨：黑龙江人民出版社 2006 年版。

(b) 同（a），见陶阳、钟秀编《中国

神话》（上），北京：商务印书馆 2008 年版，第 155 ~ 180 页。

W0398. 1. 7. 2. 6
长白山神果勒敏珊廷阿林奋厄真

实 例

满族 果勒敏珊廷阿林奋厄真（满语，对长白山神的称呼，即白山老祖）变成一位白发老人，左手举着一个桦木扎成的小排筏，右手拎着个梯子，来到天池边。

【流传】 吉林省·（延边朝鲜族自治州）·敦化市·额穆镇

【出处】

（a）伊化山、纪祥春讲，李果钧、刘忠义搜集整理：《天女浴躬池》，见《满族民间故事选》，上海：上海文艺出版社 1983 年版。

（b）同（a），见姚宝瑄主编《中国各民族神话》（满族、赫哲族、朝鲜族），太原：山西出版传媒集团·书海出版社 2014 年版，第 95 ~ 99 页。

W0398. 1. 7. 3
箕山公神许由

实 例

汉族 箕山公神许由早为孔甲夺走箕山山民之子而愤恨。

【流传】 河南省·（郑州市）·登封市

【出处】 《箕山怀的传说》，见张振犁编著，孟宪明、朱淑君统纂《中原神话通鉴》（第四卷），郑州：河南大学出版社 2017 年版，第 1042 页。

汉族 许由没，葬箕山之巅，亦名许由山，在阳城之南十余里。尧因就其墓，号曰箕山公神，以配食五岳，世世奉祀，至今不绝也。

【流传】（无考）

【出处】 ［晋］皇甫谧：《高士传·许由》。

W0398. 1. 7. 3. 1
唐尧皇帝封许由为箕山公神

实 例

汉族 许由死后，人们把他埋在箕山顶上，为了保护他的身体不被穿山甲咬吃，从四五里外的颍河滩运沙石到箕山顶，给他封起一个一亩大的大墓冢。后来尧也封他为箕山公神。

【流传】 河南省·（郑州市）·登封市

【出处】 《尧王访许由》，见张振犁编著，孟宪明、朱淑君统纂《中原神话通鉴》（第三卷），郑州：河南大学出版社 2017 年版，第 981 页。

汉族 许由死于箕山，葬于箕山坪顶。唐尧皇帝知道以后，封许由为箕山公神。

【流传】 河南省·（郑州市）·登封市

【出处】 王鸿钧采录整理：《尧访许由和巢父》，见张振犁编著，孟宪明、朱淑君统纂《中原神话通鉴》（第三卷），郑州：河南大学出版社 2017 年版，第 985 页。

W0398.1.7.3.2
许由不愿当官

实 例

汉族 尧访贤许由时，把许由搀起来，请他到阳城谈谈五谷、耕耘等事项。了解到许由的确是个博学的贤人，就要他当九州长。许由一听，脸色苍白，不寒而栗，连说治国安邦，他担当不起。

【流传】河南省·（郑州市）·登封市

【出处】王鸿钧采录整理：《尧访许由和巢父》，见张振犁编著，孟宪明、朱淑君统纂《中原神话通鉴》（第三卷），郑州：河南大学出版社 2017 年版，第 984 页。

W0398.1.7.4
山坳孟公神

实 例

壮族 山坳孟公神位的神像，高约二尺，身躯粗壮、红脸，浓眉大眼，闭口，稀疏短胡，腰杆稍向前弯，上身赤膊，下身穿短裤，右手扬大斧（或大柴刀），左手前伸握拳，作伐木状。

【流传】广西壮族自治区·（桂林市）·龙胜各族自治县·日新乡、瓢里乡、三门乡

【出处】陈维刚、梁堂清搜集整理：*《山坳孟公神》（1990），见吕大吉、何耀华总主编《中国各民族原始宗教资料集成》（土家族卷、瑶族卷、壮族卷、黎族卷），北京：中国社会科学出版社 1998 年版，第 552 页。

W0398.1.7.5
钟山神

实 例

（参见下级母题实例）

W0398.1.7.5.1
钟山之神烛阴

【关联】［W0768.19.4.1.1］烛阴

实 例

汉族 （参见“W0768.19.4.1.1.1 烛阴身长千里”母题实例）

W0398.1.7.5.2
烛阴人面蛇身，赤色

实 例

汉族 钟山之神，名曰烛阴，其为物，人面，蛇身，赤色，居钟山下。

【流传】（无考）

【出处】［战国至汉］撰者不详：《山海经·海外北经》。

W0398.1.7.6
点苍山的南支之神

实 例

白族 点苍山脚插入洱河，其最深长者，惟城东一支与喜洲一支。南支之神，其形金鱼戴金钱。

【流传】云南省·（大理白族自治

州）·城东（不详）

【出处】［元］撰者不详：《白古通记》，见王叔武辑著《云南古佚书钞》，昆明：云南人民出版社 1978 年版，第 55～56 页。

W0398. 1. 7. 7

白山神

实 例

（参见下级母题实例）

W0398. 1. 7. 7. 1

白山神无影无踪，无固定祭祀地点

实 例

白族（那马）白山神是无影无踪的，故无固定的祭祀地点。

【流传】云南省·（怒江傈僳族自治州）·兰坪县（兰坪白族普米族自治县）·中排乡·拉竹河村

【出处】刘龙初调查整理：《兰坪维西那马人祭山鬼和山神》（1988），见吕大吉、何耀华总主编《中国各民族原始宗教资料集成》（彝族卷、白族卷、基诺族卷），北京：中国社会科学出版社 1996 年版，第 473 页。

W0398. 1. 7. 7. 2

白山神是统管各路山神

实 例

白族（那马）白山神是统管各路山神的最大的山神。

【流传】云南省·（怒江傈僳族自治州）·兰坪县（兰坪白族普米族自治县）·中排乡·德庆村

【出处】刘龙初调查整理：《兰坪维西那马人祭山鬼和山神》（1988），见吕大吉、何耀华总主编《中国各民族原始宗教资料集成》（彝族卷、白族卷、基诺族卷），北京：中国社会科学出版社 1996 年版，第 473 页。

W0398. 1. 7. 8

凤凰山神公公

实 例

（参见下级母题实例）

W0398. 1. 7. 8. 1

凤凰山神公公的女儿妮囡

实 例

畲族凤凰山神公公的女儿妮囡，特意逃出山神宫来为民除害消灾。

【流传】浙江省

【出处】

（a）王国全搜集整理：《天眼重开》，见谷德明编《中国少数民族神话》，北京：中国民间文艺出版社 1987 年版，第 209～224 页。

（b）同（a），见姚宝瑄主编《中国各民族神话》（高山族、黎族、畲族），太原：山西出版传媒集团·书海出版社 2014 年版，第 123 页。

W0398.1.8

某个特定地方的山神

实 例

（参见下级母题实例）

W0398.1.8.1

迪庆州中甸县枘格拉乡的山神叫巴丹麦拉姆

实 例

藏族 迪庆藏族自治州中甸县枘格拉乡的山神叫巴丹麦拉姆。

【流传】云南省·（迪庆藏族自治州）·中甸县（香格里拉县）

【出处】青都儿等讲，泽権娃·应巴采录：《神奇的女山神》，见中国民间文学集成全国编辑委员会编《中国民间故事集成》（云南卷），北京：中国ISBN中心2003年版，第384页。

W0398.1.9

大山之王（山王）

实 例

（参见下级母题实例）

W0398.1.9.1

大山之王热妲梅俄

实 例

藏族 有大地而后有山，热妲梅俄为大山之王。

【流传】（云南省·迪庆藏族自治州）

【出处】《大地及人类由来》，原载迪庆藏族自治州文联编《藏族闰间故事》（原名《大地和人类的由来》），见袁珂《中国神话大词典》，北京：华夏出版社2015年版，第407页。

W0398.1.10

与特定名称的山神有关的其他母题

实 例

（参见下级母题实例）

W0398.1.10.1

黎山老母

实 例

（参见下级母题实例）

W0398.1.10.1.1

黎山老母居天宫

实 例

汉族 秦始皇修筑长城时，民工内亦有读书人，不堪其苦，常发怨声。黎山老母打坐天宫，觉怨气冲天。

【流传】（江西省庐山一带）

【出处】袁珂改编：《秦始皇赶山鞭》（原名《秦始皇赶山》），原载《庐山的传说》，见袁珂《中国神话大词典》，北京：华夏出版社2015年版，第389页。

W0398. 1. 10. 2 骊山老母

实 例

汉族 骊山老母，亦有其人，非乌有也。

【流传】（无考）

【出处】［清］俞樾：《小浮梅闲话》。

W0398. 1. 10. 2. 1 骊山老母发髻当顶，弊衣扶杖

实 例

汉族 李筌号达观子，居少室山。好神仙之道，常历名山，博采方术。至嵩山虎口岩，得黄帝《阴符经》本，绢素书，朱漆轴，缄以玉匣，题云："大魏真君二年七月七日，上清道士寇谦之，藏诸名山，用传同好。"其本糜烂，筌抄读数千遍，竟不晓其义理。因入秦，至骊山下，逢一老母，发髻当顶，余发半垂。弊衣扶杖，神状甚异。路傍见遗火烧树。因自语曰："火生于木。祸发必尅。"

【流传】（无考）

【出处】［宋］陈元靓：《岁时广记》卷二八引《集仙录》。

W0398. 1. 10. 3 山神龙王（苏龙）

实 例

纳西族 祭苏龙（山神龙王）时，严禁血污油腻，也不杀牲。

【流传】云南省

【出处】吕大吉、何耀华总主编：《中国各民族原始宗教资料集成》（纳西族卷、羌族卷、独龙族卷、傈僳族卷、怒族卷），北京：中国社会科学出版社2000年版，第29页。

W0398. 1. 10. 3. 1 自然生态的神灵"苏"人形蛇尾

实 例

纳西族 "苏"（自然生态的神灵）为人形蛇尾，"龙"（自然生态的神灵）为一条龙形，相传人与苏本是同父异母两兄弟，后来产生矛盾，经过丁巴什罗大神的裁定，双方言归于好。

【流传】云南省

【出处】东巴经《苏的历史》、《鹏龙之战》等，见吕大吉、何耀华总主编《中国各民族原始宗教资料集成》（纳西族卷、羌族卷、独龙族卷、傈僳族卷、怒族卷），北京：中国社会科学出版社2000年版，第22页。

W0398. 1. 10. 3. 2 自然生态的神灵"龙"为一条龙形

实 例

纳西族 （参见"W0398. 1. 10. 3. 1 自然生态的神灵"苏"人形蛇尾"母题实例）

W0398.2

岩石神（石神，岩神、石头神）

【汤普森】①A498；②A499.3

实 例

朝鲜族 朝鲜族自然物神有山神、地神、燧神、岩石神等。

【流传】（无考）

【出处】崔羲秀：《朝鲜族与瑶族文化比较》，载《延边大学学报》1998 年第 4 期。

W0398.2.1

石神的产生

实 例

（参见下级母题实例）

W0398.2.1.1

特定的石头成为石神

实 例

（参见下级母题实例）

W0398.2.1.1.1

白石成为神是因为白石护佑过祖先

实 例

羌族 羌人与戈基人相搏时，羌人失败，逃至一大白石岩洞内躲藏。戈基人追至洞口时，突然一层浓浓的白雾挡住视线，戈基人只好返回，羌人幸免于难。所以白石成为保护羌人威力无穷的神物，受到羌人的膜拜，尊崇为白石神或塔子神。

【流传】四川省·（阿坝藏族羌族自治州）·茂县·曲谷乡

【出处】周锡银、钱安靖整理：《白石神的传说》，见姚宝瑄主编《中国各民族神话》（羌族、彝族），太原：山西出版传媒集团·书海出版社 2014 年版，第 21 页

W0398.2.1.1.2

始祖居住的岩石被供奉为神

实 例

白族 始祖居住的岩石还能预测阴、晴、水、旱，故白族始祖就把它供奉为神。

【流传】云南省·（大理白族自治州）·鹤庆县

【出处】王承权调查整理：《鹤庆白族奇岩大石祭祀》（1988），见吕大吉、何耀华总主编《中国各民族原始宗教资料集成》（彝族卷、白族卷、基诺族卷），北京：中国社会科学出版社 1996 年版，第 482 页。

W0398.2.1.2

石神源于托梦

实 例

羌族 民众只知他们的祖先曾在梦中得神之启示，但不知究为何神，且不知神究属何种形相。领袖云：“白石即为吾等之神，以后如有忧患或灾

难，你们可在白石神前祷告。”

【流传】（无考）

【出处】袁珂改编：《白石神》，原载胡鉴民《羌族之信仰与习俗》，见袁珂《中国神话大词典》，北京：华夏出版社 2015 年版，第 564 页。

W0398. 2. 2

石神的特征（石神的职能）

实　例

（参见下级母题实例）

W0398. 2. 2. 1

立石为神保平安

实　例

壮族 石能主宰人的生活，故立石为神庇护人畜安全。

【流传】广西壮族自治区·（河池市）·东兰县

【出处】覃剑萍搜集整理：*《石神种类》（1990），见吕大吉、何耀华总主编《中国各民族原始宗教资料集成》（土家族卷、瑶族卷、壮族卷、黎族卷），北京：中国社会科学出版社 1998 年版，第 526 页。

W0398. 2. 2. 2

石神主孩子不受病魔侵犯

实　例

彝族（撒尼） 石神主孩子不受病魔侵犯。

【流传】云南省·（昆明市）·路南（石林彝族自治县）

【出处】何耀华：《彝族的自然崇拜及其特点》，载《思想战线》1982 年第 6 期。

W0398. 2. 2. 3

石神主玉米、瓜菜不被偷盗

实　例

彝族 石神主玉米、瓜菜不被偷盗。

【流传】云南省·（普洱市）·景东（景东彝族自治县）·太忠地区

【出处】吕大吉、何耀华总主编：《中国各民族原始宗教资料集成》（彝族卷、白族卷、基诺族卷），北京：中国社会科学出版社 1996 年版，第 29 页。

W0398. 2. 2. 4

石神主宰生育儿女

实　例

彝族 石神主宰生育儿女。

【流传】云南省·（玉溪市）·峨山县（峨山彝族自治县）·（化念镇）·太和村

【出处】吕大吉、何耀华总主编：《中国各民族原始宗教资料集成》（彝族卷、白族卷、基诺族卷），北京：中国社会科学出版社 1996 年版，第 29 页。

W0398. 2. 2. 5

石头神有大小

实　例

彝族 大小石头神，高矮果木神。

【流传】云南省·（昆明市）·禄劝县（禄劝彝族苗族自治县）·云龙乡·卡问村

【出处】张仲仁（彝族）翻译：*《禄劝彝族的祈福经》，见吕大吉、何耀华总主编《中国各民族原始宗教资料集成》（彝族卷、白族卷、基诺族卷），北京：中国社会科学出版社1996年版，第288～290页。

W0398.2.3

特定名称的石神

实　例

（参见下级母题实例）

W0398.2.3.1

石敢当

【关联】［W0773.2］碧霞元君是泰山石敢当之女

实　例

侗族 （实例待考）

汉族 （实例待考）

W0398.2.3.2

白石神

实　例

（参见下级母题实例）

W0398.2.3.2.1

救人的人变成白石神

实　例

羌族 救己救人的人变为白石神。

【流传】四川省·（阿坝藏族羌族自治州）·茂县、黑水（黑水县）

【出处】许贵福讲，吴廷安等搜集：《白石神》，见中华民族故事大系编委会编《中华民族故事大系》第11卷（达斡尔族、仫佬族、羌族），上海：上海文艺出版社1995年版，第667页。

W0398.2.3.3

石神卓禄玛玛，卓禄玛法

实　例

满族 满族先人敬奉神石。石神被敬称为卓禄玛玛，卓禄玛法。

【流传】黑龙江省·黑河地区（黑河市）

【出处】富育光调查整理：《神石崇拜》（1974），见吕大吉、何耀华总主编《中国各民族原始宗教资料集成》（鄂伦春族卷、鄂温克族卷、赫哲族卷、达斡尔族卷、锡伯族卷、满族卷、蒙古族卷、藏族卷），北京：中国社会科学出版社1999年版，第479页。

满族 满族的自然崇拜中，卓禄玛玛、卓禄玛法（均为石神名）是重要的神祇。

【流传】（无考）

【出处】王宏刚、富育光：《满族风俗志》，北京：中央民族学院出版社1991年版，第22～23页。

W0398. 2. 3. 4

怪石神

实 例

壮族 村寨周围有石形独特，诸如虎、豹、熊、龙、乌状，则被视为怪石神。

【流传】广西壮族自治区·（河池市）·东兰县

【出处】覃剑萍搜集整理：*《石神种类》（1990），见吕大吉、何耀华总主编《中国各民族原始宗教资料集成》（土家族卷、瑶族卷、壮族卷、黎族卷），北京：中国社会科学出版社1998年版，第526页。

W0398. 2. 3. 5

果树石神

实 例

（参见下级母题实例）

W0398. 2. 3. 5. 1

果树石神是保护果树的果实

实 例

壮族 果树石神是为保护果实，惩罚偷窃，壮人常在果树下设石神。

【流传】广西壮族自治区·（河池市）·东兰县

【出处】覃剑萍搜集整理：*《石神种类》（1990），见吕大吉、何耀华总主编《中国各民族原始宗教资料集成》（土家族卷、瑶族卷、壮族卷、黎族卷），北京：中国社会科学出版社1998年版，第526页。

W0398. 2. 3. 6

山坳石神

实 例

壮族 边远荒凉的高山坳口，前人立一菩萨形的山石为山坳石神。

【流传】广西壮族自治区·（河池市）·东兰县

【出处】覃剑萍搜集整理：*《石神种类》（1990），见吕大吉、何耀华总主编《中国各民族原始宗教资料集成》（土家族卷、瑶族卷、壮族卷、黎族卷），北京：中国社会科学出版社1998年版，第527页。

W0398. 2. 3. 7

田地石神

实 例

（参见下级母题实例）

W0398. 2. 3. 7. 1

田地石神是土地神

【关联】［W0236］土地神（土神，土地，土地公，土地公公，土地爷爷，土地奶奶）

实 例

壮族 田地石神。田坎、地里立一块长石片或尖石片为土地神。

【流传】广西壮族自治区·(河池市)·东兰县

【出处】覃剑萍搜集整理:*《石神种类》(1990),见吕大吉、何耀华总主编《中国各民族原始宗教资料集成》(土家族卷、瑶族卷、壮族卷、黎族卷),北京:中国社会科学出版社1998年版,第526页。

W0398.2.3.8

寨石神

实 例

壮族 村边有大树盘根的巨石,人们认为石有神灵,才会生树养树护树,因而敬奉为寨石神。

【流传】广西壮族自治区·(河池市)·东兰县

【出处】覃剑萍搜集整理:*《石神种类》(1990),见吕大吉、何耀华总主编《中国各民族原始宗教资料集成》(土家族卷、瑶族卷、壮族卷、黎族卷),北京:中国社会科学出版社1998年版,第526页。

W0398.2.3.9

岩神鸟雅翅

实 例

彝族 岩神鸟雅翅。

【流传】贵州省

【出处】《献酒经》,原载丁文江《爨文丛刻》(甲编),见吕大吉、何耀华总主编《中国各民族原始宗教资料集成》(彝族卷、白族卷、基诺族卷),北京:中国社会科学出版社1996年版,第48页。

W0398.2.3.10

石神黄焦焦

实 例

彝族 石神黄焦焦。

【流传】贵州省

【出处】《献酒经》,原载丁文江《爨文丛刻》(甲编),见吕大吉、何耀华总主编《中国各民族原始宗教资料集成》(彝族卷、白族卷、基诺族卷),北京:中国社会科学出版社1996年版,第48页。

W0398.2.3.11

玄岩神

实 例

(参见下级母题实例)

W0398.2.3.11.1

玄岩神斯勒

实 例

彝族 斯勒是玄岩神。

【流传】(无考)

【出处】岭光电译:《呗耄献祖经》,见何耀华《彝族的自然崇拜及其特点》,载《思想战线》1982年第6期。

W0398. 2. 4

与石神有关的其他母题

【关联】［W0648. 6. 1］岩神是女祖先

实　例

（参见下级母题实例）

W0398. 2. 4. 1

石神作为生育神

实　例

黎族 石头神能促进人的生育。

【流传】海南省

【出处】《黎族地区的原始宗教信仰》，见吕大吉、何耀华总主编《中国各民族原始宗教资料集成》（土家族卷、瑶族卷、壮族卷、黎族卷），北京：中国社会科学出版社 1998 年版，第 653 页。

W0398. 2. 4. 2

石神能防御庄稼受害

实　例

黎族 石头神能促进人的生育，也能防御庄稼不被鸟兽吃。

【流传】海南省

【出处】《黎族地区的原始宗教信仰》，见吕大吉、何耀华总主编《中国各民族原始宗教资料集成》（土家族卷、瑶族卷、壮族卷、黎族卷），北京：中国社会科学出版社 1998 年版，第 653 页。

W0398. 2. 4. 3

石头神供奉在大门旁的方洞

实　例

藏族（尔苏）大队的“尔苏”藏人（分布于石棉、汉源、越西、甘洛、冕宁、木里、九龙等县，自称“尔苏”，意为白人）在修房砌墙时，将大门旁的墙留一个方形洞用以供奉石头神。

【流传】（越西县·保安乡·平原村、凤凰村）

【出处】钱安靖：《越西县保安乡“尔苏”藏人宗教习俗调查》（1986），见吕大吉、何耀华总主编《中国各民族原始宗教资料集成》（鄂伦春族卷、鄂温克族卷、赫哲族卷、达斡尔族卷、锡伯族卷、满族卷、蒙古族卷、藏族卷），北京：中国社会科学出版社 1999 年版，第 958 页。

W0398. 2. 4. 4

石肌娘娘

【关联】［W0717. 4. 4. 1］女娲娘娘是石矶娘娘

实　例

（参见下级母题实例）

W0398. 2. 4. 4. 1

石肌娘娘是成精的石头

实　例

汉族 女娲补天剩下的第三块铁石放

在兜率宫门前。留久了，就成了石头精，这就是石肌娘娘。

【流传】浙江省·（丽水市）·青田县·东源镇、船寮镇

【出处】余碎笑讲，叶茂搜集整理：《三块补天石》（1987.07.15），见姚宝瑄主编《中国各民族神话》（汉族），太原：山西出版传媒集团·书海出版社2014年版，第58~60页。

W0398.2a
崖神

实 例

（参见下级母题实例）

W0398.2a.1
崖神的产生

实 例

（参见下级母题实例）

W0398.2a.1.1
人变成崖神

实 例

怒族 崖神是凡人变的。

【流传】云南省·（怒江傈僳族自治州）·贡山（贡山独龙族怒族自治县）·丙中洛乡

【出处】何叔涛调查整理：《贡山地区的崖神类》（1988），见吕大吉、何耀华总主编《中国各民族原始宗教资料集成》（纳西族卷、羌族卷、独龙族卷、傈僳族卷、怒族卷），北京：中国社会科学出版社2000年版，第849页。

怒族 怒族妇女吉娜和她的孩子变成崖神。

【流传】云南省·（怒江傈僳族自治州）·贡山县（贡山独龙族怒族自治县）

【出处】何叔涛调查整理：《崖神传说四则》（1988），见吕大吉、何耀华总主编《中国各民族原始宗教资料集成》（纳西族卷、羌族卷、独龙族卷、傈僳族卷、怒族卷），北京：中国社会科学出版社2000年版，第904~905页。

W0398.2a.1.2
女子死后变成女崖神

实 例

怒族 有个叫阿茸的怒族姑娘被一个有势力的凶恶的头人逼婚时，躲到溶洞里，头人放火烧了崖洞，阿茸被烧死（一说因受冻挨饿而死），后来变成了女崖神。

【流传】云南省·（怒江傈僳族自治州）·贡山县（贡山独龙族怒族自治县）

【出处】何叔涛调查整理：《崖神传说四则》（1988），见吕大吉、何耀华总主编《中国各民族原始宗教资料集成》（纳西族卷、羌族卷、独龙族卷、傈僳族卷、怒族卷），北京：中国社会科学出版社2000年版，第904~905页。

W0398. 2a. 2

崖神的特征（崖神的身份，崖神的职能）

【关联】［W0396. 11. 10］山神亦指崖神

实 例

（参见下级母题实例）

W0398. 2a. 2. 0

崖神是一头母猪

实 例

怒族 “母猪神洞”因洞外有一形似母猪的钟乳石而得名。当地群众认为，该处的崖神是一个母猪。

【流传】云南省·（怒江傈僳族自治州）·贡山（贡山独龙族怒族自治县）·丙中洛乡

【出处】何叔涛调查整理：《贡山地区的崖神类》（1988），见吕大吉、何耀华总主编《中国各民族原始宗教资料集成》（纳西族卷、羌族卷、独龙族卷、傈僳族卷、怒族卷），北京：中国社会科学出版社 2000 年版，第 848 页。

W0398. 2a. 2. 1

崖神专司降雨

实 例

怒族 怒族妇女吉娜和她的孩子变成崖神后，专司降雨。

【流传】云南省·（怒江傈僳族自治州）·贡山县（贡山独龙族怒族自治县）

【出处】何叔涛调查整理：《崖神传说四则》（1988），见吕大吉、何耀华总主编《中国各民族原始宗教资料集成》（纳西族卷、羌族卷、独龙族卷、傈僳族卷、怒族卷），北京：中国社会科学出版社 2000 年版，第 904 ~ 905 页。

W0398. 2a. 2. 2

崖神司植物生长

实 例

怒族 很久以前，迪麻洛村的才当崖壁附近绿树成荫，草木茂盛，后来男崖神死了，女崖神改嫁而远走他乡，所以这里现在是树木枯萎、草木凋零，一片荒凉。

【流传】云南省·（怒江傈僳族自治州）·贡山（贡山独龙族怒族自治县）·丙中洛乡

【出处】何叔涛调查整理：《贡山地区的崖神类》（1988），见吕大吉、何耀华总主编《中国各民族原始宗教资料集成》（纳西族卷、羌族卷、独龙族卷、傈僳族卷、怒族卷），北京：中国社会科学出版社 2000 年版，第 848 页。

W0398. 2a. 2. 3

崖神是婚姻神

实 例

怒族 崖神负责清理安排世间男女的姻缘。

【流传】云南省·（怒江傈僳族自治州）·贡山县（贡山独龙族怒族自治县）·丙中洛乡·迪麻洛等村

【出处】彭兆清讲，何叔涛调查整理：《孤儿娶妻》（1988），见吕大吉、何耀华总主编《中国各民族原始宗教资料集成》（纳西族卷、羌族卷、独龙族卷、傈僳族卷、怒族卷），北京：中国社会科学出版社 2000 年版，第 907～908 页。

W0398.2a.2.4

崖神主宰山林野兽

实 例

怒族 崖神主宰着山林的茂盛和野兽的出没，以及谷物生长，也主宰着人间的疾病、婚姻与生育，甚至有时还主宰各种自然现象。

【流传】云南省·（怒江傈僳族自治州）·贡山（贡山独龙族怒族自治县）

【出处】吕大吉、何耀华总主编：《中国各民族原始宗教资料集成》（纳西族卷、羌族卷、独龙族卷、傈僳族卷、怒族卷），北京：中国社会科学出版社 2000 年版，第 838 页。

W0398.2a.2.5

崖神身兼数职

实 例

（参见下级母题实例）

W0398.2a.2.5.1

崖神集山神、猎神、谷神、雨神、生育神、婚配神、保护神等诸神职能于一身

实 例

怒族 ［参见“W0398.2a.3.1 崖神吉米达（崖神吉姆达）”母题实例］

W0398.2a.2.6

崖神是生育神

实 例

怒族 崖神司人间的生育。

【流传】云南省·（怒江傈僳族自治州）·贡山（贡山独龙族怒族自治县）

【出处】何叔涛调查整理：《贡山地区接“仙乳”与求子》（1988），见吕大吉、何耀华总主编《中国各民族原始宗教资料集成》（纳西族卷、羌族卷、独龙族卷、傈僳族卷、怒族卷），北京：中国社会科学出版社 2000 年版，第 854 页。

W0398.2a.2.7

崖神是善神

实 例

怒族 行善的崖神能庇护并赐给人们好运，如保佑人畜平安兴旺、风调雨顺、谷物丰登，保佑人们婚姻美满、出猎时满载而归。

【流传】云南省·（怒江傈僳族自治州）·贡山（贡山独龙族怒族自治县）·丙中洛乡

【出处】何叔涛调查整理：《贡山地区的崖神类》（1988），见吕大吉、何耀华总主编《中国各民族原始宗教资料集成》（纳西族卷、羌族卷、独龙族卷、傈僳族卷、怒族卷），北京：中国社会科学出版社2000年版，第849页。

W0398. 2a. 2. 8

恶的崖神

实　例

怒族 恶的崖神则抢虏人们的妻子儿女，突降病灾，造成家破人亡等。

【流传】云南省·（怒江傈僳族自治州）·贡山（贡山独龙族怒族自治县）·丙中洛乡

【出处】何叔涛调查整理：《贡山地区的崖神类》（1988），见吕大吉、何耀华总主编《中国各民族原始宗教资料集成》（纳西族卷、羌族卷、独龙族卷、傈僳族卷、怒族卷），北京：中国社会科学出版社2000年版，第849页。

W0398. 2a. 3

崖神的名字

实　例

（参见下级母题实例）

W0398. 2a. 3. 1

崖神吉米达（崖神吉姆达）

实　例

怒族 崖神“吉米达”，是集山神、猎神、谷神、雨神、生育神、婚配神、保护神等诸神职能于一身的重要神祇。

【流传】云南省·（怒江傈僳族自治州）·贡山（贡山独龙族怒族自治县）·丙中洛乡

【出处】何叔涛调查整理：《贡山地区的崖神类》（1988），见吕大吉、何耀华总主编《中国各民族原始宗教资料集成》（纳西族卷、羌族卷、独龙族卷、傈僳族卷、怒族卷），北京：中国社会科学出版社2000年版，第848页。

W0398. 2a. 3. 1. 1

崖神吉姆达集山神、猎神、谷神、雨神、婚配神、生育神、保护神等神职于一身

实　例

怒族 崖神为“吉姆达”，是一个集山神、猎神、谷神、雨神、婚配神、生育神、保护神等诸神职能于一身的神。

【流传】云南省·（怒江傈僳族自治州）·贡山（贡山独龙族怒族自治县）

【出处】何叔涛调查整理：《贡山地区接“仙乳”与求子》（1988），见吕大

吉、何耀华总主编《中国各民族原始宗教资料集成》（纳西族卷、羌族卷、独龙族卷、傈僳族卷、怒族卷），北京：中国社会科学出版社 2000 年版，第 854 页。

W0398.2a.3.2

崖神吉娜木忍

实 例

（参见下级母题实例）

W0398.2a.3.2.1

崖神吉娜木忍司降雨

实 例

怒族 只要看到“吉娜木忍”崖峰上有云彩缭绕，便断定会降雨，由此人们认为“吉娜木忍”崖神司降雨。

【流传】云南省·（怒江傈僳族自治州）·贡山（贡山独龙族怒族自治县）·丙中洛乡

【出处】何叔涛调查整理：《贡山地区的崖神类》（1988），见吕大吉、何耀华总主编《中国各民族原始宗教资料集成》（纳西族卷、羌族卷、独龙族卷、傈僳族卷、怒族卷），北京：中国社会科学出版社 2000 年版，第 848 页。

W0398.2a.4

与崖神有关的其他母题

实 例

（参见下级母题实例）

W0398.2a.4.1

寡妇崖神

实 例

（参见下级母题实例）

W0398.2a.4.1.1

寡妇崖神蓄拉迷玛

实 例

怒族 “蓄拉迷玛”，怒语意为“寡妇崖神”。

【流传】云南省·（怒江傈僳族自治州）·贡山（贡山独龙族怒族自治县）·丙中洛乡·日当村

【出处】何叔涛调查整理：《贡山地区寡妇崖神：“蓄拉迷玛”》（1988），见吕大吉、何耀华总主编《中国各民族原始宗教资料集成》（纳西族卷、羌族卷、独龙族卷、傈僳族卷、怒族卷），北京：中国社会科学出版社 2000 年版，第 85 页。

W0398.2a.4.1.2

仙女洞女崖神

实 例

怒族 “仙女洞”崖神被认为是女性。

【流传】云南省·（怒江傈僳族自治州）·贡山（贡山独龙族怒族自治县）·丙中洛乡

【出处】何叔涛调查整理：《贡山地区的

崖神类》(1988)，见吕大吉、何耀华总主编《中国各民族原始宗教资料集成》(纳西族卷、羌族卷、独龙族卷、傈僳族卷、怒族卷)，北京：中国社会科学出版社 2000 年版，第 848 页。

W0398. 3
山神的关系

实 例

(参见下级母题实例)

W0398. 3. 0
山神的祖先

实 例

(参见下级母题实例)

W0398. 3. 0. 1
山神的女始祖

实 例

(参见下级母题实例)

W0398. 3. 0. 1. 1
山神的女始祖曼扎恩·古勒梅·图奥黛

实 例

蒙古族(布里亚特) 曼扎恩·古勒梅·图奥黛(манзан Јурμŋ moogэй)是所有高居于天上的众腾格里和盘踞于高山之巅的众哈特(山神)的女始祖。

【流传】(无考)

【出处】［苏联］И. А. 曼日格耶夫著，宋长宏译，佟德富校：《布里亚特萨满教和前萨满教辞典》(俄文版)，莫斯科：科学出版社 1978 年版，第 57 页，见吕大吉、何耀华总主编《中国各民族原始宗教资料集成》(鄂伦春族卷、鄂温克族卷、赫哲族卷、达斡尔族卷、锡伯族卷、满族卷、蒙古族卷、藏族卷)，北京：中国社会科学出版社 1999 年版，第 609 页。

W0398. 3. 1
山神的父母

实 例

(参见下级母题实例)

W0398. 3. 1. 1
念青唐古拉山神的父亲是沃德巩甲，母亲是章翅玉鸟

实 例

藏族 念青唐古拉山神的父亲是沃德巩甲，母亲名叫章翅玉鸟。

【流传】 西藏自治区

【出处】 谢继胜整理：《念青唐古拉山神》，见 BBS 水木清华站：http://www.smth.edu.cn，2006.07.20。

W0398. 3. 1. 2
山神是人王之子

实 例

(参见下级母题实例)

W0398.3.1.2.1

阿尼玛卿大山神原是吐蕃王国布岱贡嘉八个儿子之一

实　例

藏族 阿尼玛卿大山神原是吐蕃王国最早的九天座王之一，布岱贡嘉八个儿子之一。

【流传】青海省·果洛州（果洛藏族自治州）·玛沁县

【出处】贡乔泽登整理：《阿尼玛卿大山神》，见 BBS 水木清华站：http://www.smth.edu.cn，2006.07.20。

藏族 阿尼玛卿雪山神原是吐蕃王国最早的九天座王之一，布岱贡嘉八个儿子之一，是藏族历代先祖祭祀之九大山神之一。

【流传】西藏自治区

【出处】贡乔泽登讲：《阿尼玛卿大山神》，见姚宝瑄主编《中国各民族神话》（门巴族、珞巴族、怒族、藏族），太原：山西出版传媒集团·书海出版社 2014 年版，第 96 页。

W0398.3.1a

山神的兄弟

实　例

（参见下级母题实例）

W0398.3.1a.1

山神和猎神是兄弟

实　例

普米族 兄弟俩分别成为山神和猎神。

【流传】云南省·（怒江傈僳族自治州）·兰坪（兰坪白族普米族自治县）

【出处】杨汉章讲，鹏云整理：《山神和猎神》，见中华民族故事大系编委会编《中华民族故事大系》第 14 卷（普米族、塔吉克族、怒族、俄罗斯族、鄂温克族），上海：上海文艺出版社 1995 年版，第 182 页。

W0398.3.1b

山神的姐妹

实　例

（参见下级母题实例）

W0398.3.1b.1

山神两姊妹

实　例

傈僳族 武定县环州乡大雪坡村的山神和冷水箐村的山神是“两姊妹”，要解决什么问题，都得祭这两座山。

【流传】云南省·（楚雄彝族自治州）·武定县、元谋县

【出处】张桥贵调查整理：《武定、元谋地区的自然鬼神》（1988），见吕大吉、何耀华总主编《中国各民族原始宗教资料集成》（纳西族卷、羌族卷、独龙族卷、傈僳族卷、怒族卷），北京：中国社会科学出版社 2000 年版，第 726 页。

W0398. 3. 2

山神的妻子（山神夫妻）

实 例

苗族 古时候，有一家山神两口子变作大户人家住在山脚下。

【流传】（无考）

【出处】张树民、张树清、张绍祥记录翻译：《山神女》，见姚宝瑄主编《中国各民族神话》（布依族、仡佬族、苗族），太原：山西出版传媒集团·书海出版社2014年版，第279页。

W0398. 3. 2. 1

山神有多个妻子

实 例

（参见下级母题实例）

W0398. 3. 2. 1. 1

阿尼玛卿大山神有360位眷属，9位后妃

实 例

藏族 阿尼玛卿大山神有360位眷属，其中有9位后妃。

【流传】青海省·果洛州（果洛藏族自治州）·玛沁县

【出处】贡乔泽登整理：《阿尼玛卿大山神》，见BBS水木清华站：http：//www. smth. edu. cn，2006. 07. 20。

W0398. 3. 2. 2

山神的妻子地位显赫

实 例

（参见下级母题实例）

W0398. 3. 2. 2. 1

雅拉香波山神的妻子朗勉托吉普玉，是天界女神的首领

实 例

藏族 雅拉香波山神的妻子叫朗勉托吉普玉，是天界女神的首领。

【流传】西藏自治区

【出处】谢继胜整理：《雅拉香波山神》，见BBS水木清华站：http：//www. smth. edu. cn，2006. 07. 20。

W0398. 3. 2. 2. 2

雅拉香波山神的妻子朗勉托吉普玉本领高强

实 例

藏族 雅拉香波山神的妻子叫朗勉托吉普玉，是天界女神的首领，一身淡红色，右手执闪电，左手握冰雹、骑着闪电飞行。

【流传】（无考）

【出处】谢继胜：《藏族的山神神话及其特征》，载《西藏研究》1988年第4期。

W0398.3.2.3

山神的妻子是神女

实 例

（参见下级母题实例）

W0398.3.2.3.1

念青唐古拉山神的妻子是纳木错里的神女

实 例

藏族 念青唐古拉山神的妻子是纳木错里的神女。

【流传】 西藏自治区

【出处】 谢继胜整理：《念青唐古拉山神》，见 BBS 水木清华站：http://www.smth.edu.cn，2006.07.20。

W0398.3.3

山神的子女

实 例

（参见下级母题实例）

W0398.3.3.1

山神之女纳木湖神女

【关联】［W0415.4.1.1.1］纳木湖神女是山神之女

实 例

藏族 纳木湖神女是山神之女。

【流传】 西部藏族

【出处】 雍珠（班戈县）讲，廖东凡译：《念青唐古拉山神和纳木湖神女》，见廖东凡主编《神山之祖》，武汉：湖北少年儿童出版社 2001 年版，第 14～18 页。

W0398.3.3.2

阿尼玛卿大山神有 9 子 9 女

实 例

藏族 阿尼玛卿大山神有九子九女。

【流传】 青海省·果洛州（果洛藏族自治州）·玛沁县

【出处】 贡乔泽登整理：《阿尼玛卿大山神》，见 BBS 水木清华站：http://www.smth.edu.cn，2006.07.20。

W0398.3.3.3

山神有众多子女和卫士

实 例

藏族 山神的一个庞大而兴旺的家族均居住在这个地方，共有英姿勃勃的 9 男 9 女，还有亲族 360 位及忠实勇武的卫士和侍从 1500 多个。

【流传】 青海省·果洛藏族自治州

【出处】《果洛藏族自治州概况》，青海人民出版社 1985 年版，见吕大吉、何耀华总主编《中国各民族原始宗教资料集成》（鄂伦春族卷、鄂温克族卷、赫哲族卷、达斡尔族卷、锡伯族卷、满族卷、蒙古族卷、藏族卷），北京：中国社会科学出版社 1999 年版，第 796 页。

W0398. 3. 3. 4

山神的3个女儿

实 例

普米族 洪水后，最小的弟弟被救，乃去山神家。山神有三女均美，三姑娘尤美慧，幼子心窃爱之。

【流传】（无考）

【出处】 袁珂改编：《普米族三弟兄》（原名《洪水滔天》），原载谷德明编《中国少数民族神话选》，见袁珂《中国神话大词典》，北京：华夏出版社2015年版，第576页。

W0398. 3. 3. 5

山神的独子

实 例

藏族 年轻的猎人救了老雕叼的小白蛇。这条小蛇是山神的独生子。

【流传】（青海省·果洛藏族自治州）

【出处】 凡夫整理：《年保页什则神山的传说》，原载果洛州群艺馆编《果洛民间故事选》，内部资料，见吕大吉、何耀华总主编《中国各民族原始宗教资料集成》（鄂伦春族卷、鄂温克族卷、赫哲族卷、达斡尔族卷、锡伯族卷、满族卷、蒙古族卷、藏族卷），北京：中国社会科学出版社1999年版，第945页。

W0398. 3. 3a

山神的外甥

实 例

（参见下级母题实例）

W0398. 3. 3a. 1

年保叶什则山神是玛卿雪山神之外甥

实 例

藏族 年保叶什则山神是玛卿雪山神之外甥。

【流传】 青海省·果洛州（果洛藏族自治州）

【出处】 贡乔泽登整理：《年保叶什则山神》，见BBS水木清华站：http://www.smth.edu.cn，2006.07.20。

W0398. 3. 4

山神的上司

实 例

（参见下级母题实例）

W0398. 3. 4. 1

山神之长

实 例

羌族 （实例待考）

W0398. 3. 4. 2

管山神树神的神

实 例

（参见下级母题实例）

W0398.3.4.2.1 管山神树神的神松玛阿策

实 例

哈尼族 十二个乌摩（神的名号）中第十个是松玛阿策，专管山神树神，不让山塌树枯。

【流传】云南省·（红河哈尼族彝族自治州）·元阳县

【出处】卢朝贵讲，史军超采录：《神和人的家谱》，见中国民间文学集成全国编辑委员会编《中国民间故事集成》（云南卷），北京：中国 ISBN 中心 2003 年版，第 23 页。

W0398.3.5 山神的下属（山神的侍者）

【关联】［W0541.5.1］树神是山神的下属

实 例

（参见下级母题实例）

W0398.3.5.1 阿尼玛卿大山神有 1500 位神将和侍从

实 例

藏族 阿尼玛卿大山神有 1500 位神将和侍从。

【流传】青海省·果洛州（果洛藏族自治州）·玛沁县

【出处】贡乔泽登整理：《阿尼玛卿大山神》，见 BBS 水木清华站：http://www.smth.edu.cn，2006.07.20。

W0398.3.5.1a 念青唐古拉山神有 360 个随从

实 例

（参见下级母题实例）

W0398.3.5.1a.1 念青唐古拉山神的 360 个随从是念青唐古拉山脉 360 个山峰的山神

实 例

藏族 念青唐古拉山神有 360 个随从，这 360 个神是念青唐古拉山脉的 360 个山峰的山神。

【流传】（无考）

【出处】［奥地利］内贝斯基著，谢继胜译：《西藏的鬼怪和神灵——比较宗教学研究》，原载《国外藏学研究译文集》第 3 辑，西藏人民出版社 1987 年版，见吕大吉、何耀华总主编《中国各民族原始宗教资料集成》（鄂伦春族卷、鄂温克族卷、赫哲族卷、达斡尔族卷、锡伯族卷、满族卷、蒙古族卷、藏族卷），北京：中国社会科学出版社 1999 年版，第 790 页。

W0398.3.5.2 小鬼是山神的侍者

实 例

鄂伦春族 供山神爷“白那恰”时，用一块白布画一只虎，一个山神爷，两侧站着两个小鬼。

【流传】（无考）

【出处】

（a）内蒙古自治区编委会：《鄂伦春族社会历史调查》（第一集），呼和浩特：内蒙古人民出版社 1984 年版，第 50 页。

（b）《山神的形象》，见吕大吉、何耀华总主编《中国各民族原始宗教资料集成》（鄂伦春族卷、鄂温克族卷、赫哲族卷、达斡尔族卷、锡伯族卷、满族卷、蒙古族卷、藏族卷），北京：中国社会科学出版社 1999 年版，第 17 页。

W0398. 3. 5. 3

山神的喽啰

实　例

（参见下级母题实例）

W0398. 3. 5. 3. 1

山神领着山鬼、虎精、罴怪

实　例

汉族 人黄帝划定地点开始动工建城时，夜里，山神领着山鬼、虎精、罴怪、猴妖等，成群结队，帮黄帝建城。

【流传】河南省·（郑州市）·新郑市

【出处】薛文灿、赵国鼎讲，李新明采录整理：《黄帝城（一）》，见张振犁编著，孟宪明、朱淑君统纂《中原神话通鉴》（第二卷），郑州：河南大学出版社 2017 年版，第 618 页。

W0398. 3. 5. 4

山神的下属是山上的动物鬼、植物鬼

实　例

基诺族 （参见“W0398. 1. 6. 15 山神称‘木里’”母题实例）

W0398. 3. 5. 5

山神的下属山鬼

【关联】［W0906. 3］山灵（山鬼，山妖，山精，石灵）

实　例

景颇族 山神知道麻锐（人名）和莫班（山神的女儿）偷起了自己的金谷种后，大发脾气，派出山鬼来捣乱。

【流传】云南省·（德宏傣族景颇族自治州）·陇川县

【出处】金老六讲，刘为民搜集整理：《那泼节的传说》，载《山茶》1987 年第 1 期。

W0398. 3. 6

山神的护卫

实　例

（参见下级母题实例）

W0398.3.6.1
山神的看门狗

实　例

（参见下级母题实例）

W0398.3.6.1.1
虎狼豺熊是山神的看门狗

实　例

藏族 虎狼豺熊是阿尼玛卿大山神的看家狗。

【**流传**】青海省·果洛州（果洛藏族自治州）·玛沁县

【**出处**】贡乔泽登整理：《阿尼玛卿大山神》，见 BBS 水木清华站：http://www.smth.edu.cn，2006.07.20。

W0398.3.7
山神的朋友

实　例

（参见下级母题实例）

W0398.3.7.1
欧吾太基和峨眉山、董乌里山、安米日马寝山山神是朋友

实　例

羌族 欧吾太基和峨眉山、董乌里山、安米日马寝山四位山神是好朋友。

【**流传**】四川省·（阿坝藏族羌族自治州）·黑水县·瓦钵乡

【**出处**】木尖基讲，江国荣采录：《欧吾太基和欧吾太密》，见中国民间文学集成全国编辑委员会编《中国民间故事集成》（四川卷·下），北京：中国ISBN 中心 1998 年版，第 1126 页。

W0398.3.7.2
岗拉山神和翁水山神是朋友

实　例

藏族 岗拉山神和翁水山神是很好的朋友，都为人间做过有益的事。

【**流传**】云南省·（迪庆藏族自治州）·中甸县（香格里拉县）

【**出处**】青都几等讲，泽權娃·应巴采录：《神奇的女山神》，见中国民间文学集成全国编辑委员会编《中国民间故事集成》（云南卷），北京：中国ISBN 中心 2003 年版，第 384 页。

W0398.3.7.3
达赞念保次旺载山神的伴神有众多的赞、魔、龙

实　例

藏族 达赞念保次旺载山神是一位持瓷瓶和占卜之箭的红色赞神，他的伴神有众多的赞、魔、龙；还有伴偶及其子女。

【**流传**】（西藏自治区）

【**出处**】［奥地利］内贝斯基著，谢继胜译：《西藏的鬼怪和神灵——比较宗教学研究》，原载《国外藏学研究译文集》第 3 辑，西藏人民出版社

1987 年版，见吕大吉、何耀华总主编《中国各民族原始宗教资料集成》（鄂伦春族卷、鄂温克族卷、赫哲族卷、达斡尔族卷、锡伯族卷、满族卷、蒙古族卷、藏族卷），北京：中国社会科学出版社 1999 年版，第 792 页。

W0398. 3. 7. 4
玛卿伯姆热山神有 360 个兄弟神相伴

实　例

藏族　玛卿伯姆热山神，又称伯姆卿姆热、卓奈玛杰伯姆切，即位于库库淖尔（青海湖）湖南岸，当地人叫阿尼玛卿山（积石山），他有 360 个兄弟神相伴，简称 360 个“玛”。

【流传】（无考）

【出处】［奥地利］内贝斯基著，谢继胜译：《西藏的鬼怪和神灵——比较宗教学研究》，原载《国外藏学研究译文集》第 3 辑，西藏人民出版社 1987 年版，见吕大吉、何耀华总主编《中国各民族原始宗教资料集成》（鄂伦春族卷、鄂温克族卷、赫哲族卷、达斡尔族卷、锡伯族卷、满族卷、蒙古族卷、藏族卷），北京：中国社会科学出版社 1999 年版，第 791 页。

W0398. 4
山神的财产

【关联】［W0953. 1. 1. 4］山神的草药是起死回生药

实　例

（参见下级母题实例）

W0398. 4. 1
山神的家畜

实　例

（参见下级母题实例）

W0398. 4. 1. 1
野牛、岩羊、鹿麝是阿尼玛卿大山神的家畜

实　例

藏族　野牛、岩羊、鹿麝是阿尼玛卿大山神的家畜。

【流传】青海省·果洛州（果洛藏族自治州）·玛沁县

【出处】贡乔泽登整理：《阿尼玛卿大山神》，见 BBS 水木清华站：http：//www. smth. edu. cn，2006. 07. 20。

W0398. 4. 2
山神的宝库

实　例

（参见下级母题实例）

W0398. 4. 2. 1
冰川、冰洞和泉池是山神的宝库

实　例

藏族　许多冰川、冰洞和泉池，被认为是大山神的宝库和惩罚神鬼之监狱。

【流传】青海省·果洛州（果洛藏族自治州）·玛沁县

【出处】贡乔泽登整理：《阿尼玛卿大山神》，见 BBS 水木清华站：http://www.smth.edu.cn，2006.07.20。

W0398.4.2.2

山神的水晶宫装满金银财宝

实 例

藏族 念青唐古拉山神在山上的一座用水晶建造的宝库，库里装满了金银财宝。

【流传】西藏北部（西藏自治区北部地区）

【出处】何宗英整理：《纳木错》，见 BBS 水木清华站：http://www.smth.edu.cn，2006.07.20。

W0398.4.3

山中动植物是山神的财产

实 例

达斡尔族 山里的野兽和森林，都是“白那查”（山神）所饲养和管理的财产。

【流传】（内蒙古自治区、黑龙江省等地）

【出处】

(a) 莫日根迪：《达斡尔族之宗教信仰》，载《内蒙古社会科学》1981 年第 3 期。

(b)《“白那查”——山神之二》，见吕大吉、何耀华总主编《中国各民族原始宗教资料集成》（鄂伦春族卷、鄂温克族卷、赫哲族卷、达斡尔族卷、锡伯族卷、满族卷、蒙古族卷、藏族卷），北京：中国社会科学出版社 1999 年版，第 295 页。

W0398.4.4

山神的监狱

实 例

藏族 许多冰川、冰洞和泉池，被认为是大山神的宝库和惩罚神鬼之监狱。

【流传】青海省·果洛州（果洛藏族自治州）·玛沁县

【出处】贡乔泽登整理：《阿尼玛卿大山神》，见 BBS 水木清华站：http://www.smth.edu.cn，2006.07.20。

W0398.5

山神的象征物

【关联】

① [W0393.5.1] 山神是一只老虎

② [W0395.6.4.1] 虎是山神的化身

③ [W9240] 象征物

实 例

（参见下级母题实例）

W0398.5.1

石崖、石笋代表山神

实 例

仡佬族 仡佬族以石崖、石笋为山神。

【流传】贵州省梵净山一带

【出处】章海荣：《梵净山神》，贵阳：贵州人民出版社 1997 年版，第 130 页

W0398. 5. 2
山作为山神

实 例

（参见下级母题实例）

W0398. 5. 2. 1
阿尼玛卿雪山视作大山神玛卿本拉

实 例

藏族 藏族古代把阿尼玛卿雪山视作大山神，称为“玛卿本拉”。

【流传】青海省·果洛州（果洛藏族自治州）·玛沁县

【出处】贡乔泽登整理：《阿尼玛卿大山神》，见 BBS 水木清华站：http：//www. smth. edu. cn，2006. 07. 20。

W0398. 5. 2. 2
满族先人视山为神灵

实 例

满族 满族先人视山为一种神灵的体现。

【流传】（无考）

【出处】

（a）杨锡春：《满族风俗考》，哈尔滨：黑龙江人民出版社 1991 年出版，第 85 页。

（b）《山崇拜》，见吕大吉、何耀华总主编《中国各民族原始宗教资料集成》（鄂伦春族卷、鄂温克族卷、赫哲族卷、达斡尔族卷、锡伯族卷、满族卷、蒙古族卷、藏族卷），北京：中国社会科学出版社 1999 年版，第 479 页。

W0398. 5. 2. 3
高山代表山神

实 例

彝族 各地有其不同的以高山为代表的山神。

【流传】四川省·凉山（凉山彝族自治州）

【出处】胡庆钧：《凉山彝族奴隶制社会形态》，北京：中国社会科学出版社 1985 年版，第 394 页。

W0398. 5. 3
石头或木枝丫代表山神

实 例

藏族 祭祀亡灵时，一个石头及一个木枝丫均代表一个山神。

【流传】（四川省·凉山彝族自治州·冕宁县·联合乡）

【出处】何耀华：《冕宁县联合公社藏族社会历史调查》，原载西南民族学会编印《雅砻江下游考察报告》，1983 年，见吕大吉、何耀华总主编《中国各民族原始宗教资料集成》（鄂伦春

族卷、鄂温克族卷、赫哲族卷、达斡尔族卷、锡伯族卷、满族卷、蒙古族卷、藏族卷），北京：中国社会科学出版社 1999 年版，第 928 页。

W0398.5.3.1

白石象征山神

实 例

藏族 山菩萨以石为表示，黑石白石不分，我们称“鲁”，有的称“觉”。

【流传】（四川省·凉山彝族自治州·冕宁县·泸宁乡·拉乌堡子）

【出处】 杨光甸：《冕宁县泸宁区藏族调查笔记》（打印稿），西南民族学院研究所编印，1982 年，见吕大吉、何耀华总主编《中国各民族原始宗教资料集成》（鄂伦春族卷、鄂温克族卷、赫哲族卷、达斡尔族卷、锡伯族卷、满族卷、蒙古族卷、藏族卷），北京：中国社会科学出版社 1999 年版，第 959 页。

藏族 由于白石是从山中拣来的，所以人们把白石视为山神的代表。

【流传】（四川省西南部）

【出处】 何耀华：《川西南纳木依人和柏木依人的宗教述略》，原载《中国少数民族宗教》，云南人民出版社 1985 年版，见吕大吉、何耀华总主编《中国各民族原始宗教资料集成》（鄂伦春族卷、鄂温克族卷、赫哲族卷、达斡尔族卷、锡伯族卷、满族卷、蒙古族卷、藏族卷），北京：中国社会科学出版社 1999 年版，第 961 页。

W0398.5.4

大树代表山神

实 例

（参见下级母题实例）

W0398.5.4.1

藏历正月初九土司在山寨杀羊祭“麻石古”（大树，代表各寨的总山神）

实 例

藏族 土司在藏历正月初九这天在山寨杀羊祭“麻石古”（各寨的总山神），所谓“麻石古”，只是一棵大树。

【流传】（四川省·阿坝藏族羌族自治州·汶川县·草坡乡）

【出处】《嘉绒藏族社会历史调查》，原载《四川省阿坝州藏族社会历史调查》，四川省社会科学院出版社 1985 年版，见吕大吉、何耀华总主编《中国各民族原始宗教资料集成》（鄂伦春族卷、鄂温克族卷、赫哲族卷、达斡尔族卷、锡伯族卷、满族卷、蒙古族卷、藏族卷），北京：中国社会科学出版社 1999 年版，第 792 页。

W0398.5.4.2

普米族每家都认定一棵松树或麻栗树作为本家的山神

实 例

普米族 普米族每家都认定一棵松树或

麻栗树作为本家的山神。

【流传】（普米族广大地区）

【出处】杨祖德、杨学胜讲：《简剑祖射马鹿创天地》注释，据杨庆文《普米族文学简介》中的《捷巴鹿的故事》和季志超《藏族普米族创世神话比较》中的《吉赛叽》等编写，见姚宝瑄主编《中国各民族神话》（佤族、阿昌族、纳西族、普米族、德昂族），太原：山西出版传媒集团·书海出版社 2014 年版，第 304 页。

W0398.5.5

人造物象征山神

实 例

（参见下级母题实例）

W0398.5.5.1

用熟荞面捏一尖顶圆柱体的象征山神

实 例

独龙族 过年第二天祭山神。各家或各个家族先用熟荞面捏一尖顶圆柱体的象征物，表示山神，摆在簸箕中央，然后用熟荞面捏成各种野兽模型，摆在山神的周围。

【流传】云南省·怒江傈僳族自治州

【出处】李凡人：《独龙族的“卡雀哇”》，见中国人民政治协商会议怒江傈僳族自治州委员会文史资料研究组编《怒江文史资料选辑》第 2 辑，内部编印，1984 年，第 111～112 页。

W0398.6

山神的惧怕物

实 例

（参见下级母题实例）

W0398.6.1

山神怕野人

实 例

汉族 以前洱源县罴谷山上的石洞里住着一伙人能飞善斗，山神很害怕。

【流传】云南省·（大理白族自治州）·洱源县

【出处】芮丰、李泽民讲述，李佩玖采录：《“雷楔子”炸人种》，见中国民间文学集成全国编辑委员会编《中国民间故事集成》（云南卷），北京：中国 ISBN 中心 2003 年版，第 154 页。

W0398.7

特定方位的山神

实 例

（参见下级母题实例）

W0398.7.1

阿米年青山神是最东面的大山神

实 例

藏族 阿米年青山神是最东面的大山神。

【流传】甘肃省·临夏（临夏回族自治州）

【出处】《阿米年青山神》，见 BBS 水木清华站：http：//www.smth.edu.cn，2006.07.20。

W0398.8
山神的数量

实 例

（参见下级母题实例）

W0398.8.1
一座山只有 1 个山神

实 例

（参见下级母题实例）

W0398.8.2
一座山有多个山神

【关联】［W0396.1.1］大通十三位山神是护持福善的十三位酋长

实 例

藏族 （实例待考）

W0398.8.3
一村只有 1 个山神

实 例

傈僳族 傈僳族的山神是综合多种身份的神。一村只有一个山神。

【流传】云南省·（大理白族自治州）·鹤庆县·朵美（朵美乡）

【出处】唐三妹讲，鹤庆县集成办公室采录：《山神岩桑》，见中国民间文学集成全国编辑委员会编《中国民间故事集成》（云南卷），北京：中国 ISBN 中心 2003 年版，第 364 页。

W0398.8.4
四大山神

实 例

汉族 四大山神马上传达天帝的命令，叫鲧治水。

【流传】河南省·（郑州市）·登封市

【出处】根据《淮南子》、《山海经》、《孟子》、《尚书》、《登封县志》整理：《鲧禹治水》，见张振犁编著，孟宪明、朱淑君统纂《中原神话通鉴》（第四卷），郑州：河南大学出版社 2017 年版，第 1110 页。

W0398.8.5
四方的山神

实 例

汉族 大禹治水时，来到桐柏山察看水情。下船走到太白顶山腰，四方的山神马上前来拜见。

【流传】河南省·（南阳市）·桐柏县

【出处】郑昌寿讲，马卉欣采录：《玉井龙渊》（1979.10），见张振犁编著，孟宪明、朱淑君统纂《中原神话通鉴》（第四卷），郑州：河南大学出版社 2017 年版，第 1166 页。

W0398.8.6
5 个山神

实 例

（参见下级母题实例）

W0398. 8. 6. 1

最崇拜史里吉山神、赞别亚吉山神、舍拉特吉山神、拉枯速促吉山神、乍科乍阿吉山神5个山神

实 例

纳西族 俄亚纳西族最崇拜的山神有五个：史里吉山神、赞别亚吉山神、舍拉特吉山神、拉枯速促吉山神、乍科乍阿吉山神。

【流传】四川省·（凉山彝族自治州）·木里县（木里藏族自治县）·俄亚乡（俄亚纳西族乡）

【出处】刘龙初调查整理：*《祭山神》，见《四川省纳西族社会历史调查》，成都：四川省社会科学院出版社1987年版，第118页。

W0398. 8. 7

成千上万的山神

实 例

（参见下级母题实例）

W0398. 8. 7. 1

99999个山神

实 例

藏族（嘉绒） 天下的九万九千九百九十九座神山的山神到喜玛拉雅山山神的住地开会。

【流传】（无考）

【出处】侯光、蒋永志：《嘉绒藏区的信仰民俗》，原载《巴蜀风》1990年第3期，见吕大吉、何耀华总主编《中国各民族原始宗教资料集成》（鄂伦春族卷、鄂温克族卷、赫哲族卷、达斡尔族卷、锡伯族卷、满族卷、蒙古族卷、藏族卷），北京：中国社会科学出版社1999年版，第946页。

W0398. 8a

山神的类型

实 例

（参见下级母题实例）

W0398. 8a. 1

山神分全族山神和家庭山神

实 例

彝族 山神为此地最大的自然神，有全村寨（即全族）共祭的山神，和各个家庭的山神。

【流传】贵州省·毕节县（毕节市）·龙场区（七星关区）·（大屯彝族乡）·三官寨

【出处】陈大进等讲：《毕节三官寨彝族“献山”仪式》，见吕大吉、何耀华总主编《中国各民族原始宗教资料集成》（彝族卷、白族卷、基诺族卷），北京：中国社会科学出版社1996年版，第83～84页。

W0398.8a.2

山神有山王庙的山神，青沟的山神，后山的山神，龙头山的山神等

实 例

彝族 山神很多，有山王庙的山神，青沟的山神，后山的山神，龙头山的山神（罗俗称为黄茅埂的头壳）等。

【流传】四川省·（凉山彝族自治州）·雷波（雷波县）小凉山一带

【出处】徐益棠：《雷波小凉山之罗民》，金陵大学中国文化研究所印行，1944年，第73～74页。

W0398.8a.3

7种山神

实 例

（参见下级母题实例）

W0398.8a.3.1

山神有米司、米司然卡、米斯几塔、米司宗撮、米司各、克尼干花、古尼干花7种

实 例

傈僳族 山神有米司、米司然卡、米斯几塔、米司宗撮、米司各、克尼干花、古尼干花七种。

【流传】云南省·（怒江傈僳族自治州）·泸水县·四排·拉底村

【出处】云南民族调查组怒江分组调查整理：《泸水县四排拉底村傈僳族社会经济调查》，见《傈僳族社会历史调查》，昆明：云南人民出版社1981年版，第115～116页。

W0398.8a.4

山神有20多种

实 例

白族（那马）山神就有二十多种。分野山神和家山神两类。野山神有白山神、黑山神、干山神、雪山神、东山神、西山神、大山神、小山神、高山神、矮山神、山岗上的山神、梁子上的山神、岩子上的山神、河边上的山神、行路山神、大路山神等等。

【流传】云南省·（怒江傈僳族自治州）·兰坪县（兰坪白族普米族自治县），（迪庆藏族自治州）·维西县（维西傈僳族自治县）

【出处】刘龙初调查整理：《兰坪维西那马人祭山鬼和山神》（1988），见吕大吉、何耀华总主编《中国各民族原始宗教资料集成》（彝族卷、白族卷、基诺族卷），北京：中国社会科学出版社1996年版，第473页。

W0398.8a.5

山神分野山神和家山神2类

实 例

白族（那马）（参见“W0398.8a.4山神有20多种”母题实例）

W0398. 8a. 5. 1

野山神有白山神、黑山神、干山神、雪山神、东山神、西山神、大山神、小山神、高山神、矮山神、山岗上的山神、梁子上的山神、岩子上的山神、河边上的山神、行路山神、大路山神等等

实 例

白族（那马）（参见“W0398. 8a. 4 山神有 20 多种”母题实例）

W0398. 8a. 6

多种不同职能的山神

实 例

（参见下级母题实例）

W0398. 8a. 6. 1

山神有管人健康的山神，管五谷丰收的山神，管六畜兴败的山神，管撵山的山神，管雀儿、虫儿的山神，管耕田种地的山神，管山林的山神，管放牧的山神，管架桥的山神，管修路的山神，管挖沟的山神等

实 例

白族（那马）有不同职能的山神。有管人健康的山神，管五谷丰收的山神，管六畜兴败的山神，管撵山的山神，管雀儿、虫儿的山神，管耕田种地的山神，管山林的山神，管放牧的山神，管架桥的山神，管修路的山神，管挖沟的山神等等。

【流传】云南省·（怒江傈僳族自治州）·兰坪县（兰坪白族普米族自治县），（迪庆藏族自治州）·维西县（维西傈僳族自治县）

【出处】刘龙初调查整理：《兰坪维西那马人祭山鬼和山神》（1988），见吕大吉、何耀华总主编《中国各民族原始宗教资料集成》（彝族卷、白族卷、基诺族卷），北京：中国社会科学出版社 1996 年版，第 473 页。

W0398. 9

岸神

实 例

（参见下级母题实例）

W0398. 9. 1

岸神主管山岸

实 例

壮族岸神是主管一个山岸之神。

【流传】广西壮族自治区·（百色市）·靖西县（靖西市）

【出处】凌树东搜集整理：*《广西靖西县壮族诸神表》（1991），见吕大吉、何耀华总主编《中国各民族原始宗教资料集成》（土家族卷、瑶族卷、壮族卷、黎族卷），北京：中国社会科学出版社 1998 年版，第 494 页。

※ W0400

水神

【汤普森】A420

【关联】

①［W0410.1］河伯

②［W0906.4］水灵（水鬼）

实 例

（参见下级母题实例）

W0401

水神的产生

实 例

（参见下级母题实例）

W0401.0

水神源于特定地方

实 例

（实例待考）

W0401.1

神造水神

实 例

（参见下级母题实例）

W0401.1.1

创世神造水神

实 例

（参见下级母题实例）

W0401.1.1.1

创世神用泥垢造水神

实 例

布朗族 创世神用泥垢造水神。

【流传】云南省·（西双版纳傣族自治州）·勐海（勐海县）

【出处】艾帕相讲，岩温扁整理：《定海神珠》，见中华民族故事大系编委会编《中华民族故事大系》第 12 卷（布朗族、撒拉族、毛南族），上海：上海文艺出版社 1995 年版，第 7 页。

W0401.1.2

人神造水神

实 例

（参见下级母题实例）

W0401.1.2.1

人神达能造水神

实 例

佤族 （参见“W0406.1.5 水神吹”母题实例）

W0401.2

特定的神变成水神

实 例

（参见下级母题实例）

W0401. 2. 1

天神变成水神

实 例

（参见下级母题实例）

W0401. 2. 2

天上的神到水里成为水神

实 例

珞巴族 在天上雨水出来的地方，有个名叫班列比列的村子，住着马迪道神，他有三个儿子，老大叫哈鲁弗戈索戈，老二叫胡夫里迪，老三叫西西尼阿奥。西西尼阿奥听了父亲的话，下到地上的江河里，成为水神。

【流传】西藏自治区·下珞渝（又写作“下珞瑜”，泛指永木河、锡约尔河、巴恰西仁河流域）

【出处】维·埃尔温搜集：《马迪道的三个儿子》，见中华民族故事大系编委会编《中华民族故事大系》第16卷（赫哲族、门巴族、珞巴族、基诺族），上海：上海文艺出版社1995年版，第442～443页。

W0401. 2. 3

治水的神成为水神

实 例

瑶族（布努）密洛陀（万物之母，女始祖，女神）的二儿子波防密龙挖沟造河。因此密洛陀就封他去护湖，做水神（河神），万代称他为水王。

【流传】广西壮族自治区·（河池市）·都安县（都安瑶族自治县）、巴马县（巴马瑶族自治县）、南丹县，（百色市）·田东县、平果县等地

【出处】桑布郎等传，蒙凤标（83岁）、罗仁祥（73岁）等唱：《密洛陀》（1983），见蓝怀昌、蓝书京、蒙通顺搜集翻译整理《密洛陀》，北京：中国民间文艺出版社1988年版，第76～77页。

W0401. 2a

特定的神的肢体变水神

【关联】［W0405. 7. 1］盘古死后舌头变成水王

实 例

（参见下级母题实例）

W0401. 2a. 1

盘古死后舌头变成水王

实 例

彝族 盘古死后，舌头变成了水王。

【流传】云南省·（楚雄彝族自治州）·楚雄（楚雄市）、南华（南华县）、双柏（双柏县）等

【出处】《查姆·鲁查姆》，见扬继中、芮增瑞、左玉堂编《楚雄彝族文学简史》，北京：中国民间文艺出版社1986年版，第43～44页。

W0401. 3

特定人或物变成水神

实　例

汉族（实例待考）

W0401. 3. 1

人变成水神

实　例

（参见下级母题实例）

W0401. 3. 1. 1

天上的人到水中成为水神

实　例

珞巴族 天上的人到水中成为水神。

【流传】西藏自治区·下珞渝（下珞瑜则泛指永木河、锡约尔河、巴恰西仁河流域）

【出处】维·埃尔温搜集：《马迪道的三个儿子》，见中华民族故事大系编委会编《中华民族故事大系》第 16 卷（赫哲族、门巴族、珞巴族、基诺族），上海：上海文艺出版社 1995 年版，第 442 页。

珞巴族 马迪道神的三儿子西西尼阿奥下到地上的水里，做那里的主人，成了水神。

【流传】

（a）西藏自治区·下珞渝（泛指永木河、锡约尔河、巴恰西仁河流域）

（b）西藏自治区·下珞渝（又写作"下珞瑜"）·阿卡部落胡西戈村

【出处】

（a）维·埃尔温搜集：《马迪道的三个儿子》，见中华民族故事大系编委会编《中华民族故事大系》第 16 卷（赫哲族、门巴族、珞巴族、基诺族），上海：上海文艺出版社 1995 年版，第 442 ~ 443 页。

（b）同（a），见李坚尚、刘芳贤编《珞巴族门巴族民间故事选》，上海：上海文艺出版社 1993 年版，第 56 ~ 57 页。

W0401. 3. 1. 2

人修炼成为水神

【关联】［W0408. 2］人修炼成河神

实　例

（参见下级母题实例）

W0401. 3. 2

动物变成水神

实　例

（参见下级母题实例）

W0401. 3. 2. 1

龙王是水神

【关联】

①［W0406. 3］龙王管众水神

②［W3581］龙王

实　例

苗族 龙王是水神。

【流传】贵州省·（毕节市）·黔西

（黔西县）

【出处】过竹：《苗族神话研究》，南宁：广西人民出版社 1988 年版，第 226 页。

W0401. 3. 2. 2
龙是水神

实 例

布朗族 （实例待考）

纳西族 （实例待考）

W0401. 3. 3
灵魂变成水神

实 例

（参见下级母题实例）

W0401. 3. 3. 1
水的灵魂化成水神

实 例

壮族 水的灵魂化成水神。

【流传】广西壮族自治区·（河池市）·东兰县

【出处】覃剑萍搜集整理：*《祭水神》（1990），见吕大吉、何耀华总主编《中国各民族原始宗教资料集成》（土家族卷、瑶族卷、壮族卷、黎族卷），北京：中国社会科学出版社 1998 年版，第 509 页。

W0401. 3. 3. 2
淹死的人或动物的灵魂变成水神

实 例

壮族 死于水里的人、兽灵魂变成水神。

【流传】广西壮族自治区·（河池市）·东兰县

【出处】覃剑萍搜集整理：*《祭水神》（1990），见吕大吉、何耀华总主编《中国各民族原始宗教资料集成》（土家族卷、瑶族卷、壮族卷、黎族卷），北京：中国社会科学出版社 1998 年版，第 509 页。

W0401. 4
生育水神（婚生水神）

实 例

（参见下级母题实例）

W0401. 4. 1
特定的人婚生水神

实 例

（参见下级母题实例）

W0401. 4. 1. 1
男子阿桑嘎与丑陋的老太婆婚生第 3 个儿子柯怀成为水神

实 例

珞巴族 一个叫阿桑嘎的男子与丑陋的老太婆婚生第三个儿子叫柯怀，是个水神。

【流传】

（a）西藏自治区·下珞渝（泛指永木河、锡约尔河、巴恰西仁河流域）

（b）西藏自治区·下珞渝·布根部落卡西皮村

【出处】

（a）维·埃尔温搜集：《阿桑嘎和他的儿女》，见中华民族故事大系编委会编《中华民族故事大系》第16卷（赫哲族、门巴族、珞巴族、基诺族），上海：上海文艺出版社1995年版，第440～441页。

（b）同（a），见李坚尚、刘芳贤编《珞巴族门巴族民间故事选》，上海：上海文艺出版社1993年版，第54～55页。

W0401.4.2

神生水神

实　例

（参见下级母题实例）

W0401.4.2.1

天神英叭生后代水神巴阿嫩

实　例

傣族（水傣）水神巴阿嫩是最高天神英叭的后代。

【流传】（云南省·西双版纳傣族自治州）

【出处】王松整理：《傣族——西双版纳的神谱》，见姚宝瑄主编《中国各民族神话》（哈尼族、傣族），太原：山西出版传媒集团·书海出版社2014年版，第228页。

W0401.5

赐封水神

实　例

（参见下级母题实例）

W0401.5.1

水神指派产生的

实　例

（参见下级母题实例）

W0401.5.1.1

创世主迦萨甘派了水神

实　例

哈萨克族创世主迦萨甘派了水神。

【流传】（无考）

【出处】尼合迈德·蒙加尼搜集，校仲彝翻译整理：《神与灵魂》，见谷德明编《中国少数民族神话》，北京：中国民间文艺出版社1987年版，第730页。

W0401.5.1.2

密洛陀封开辟江河、凿通河道的波防密龙为水神

实　例

瑶族密洛陀论功行赏，封开辟江河、凿通河道的波防密龙为管理水的

水神。

【流传】（无考）

【出处】《密洛陀神谱》，蓝田根据农学冠等撰写的《瑶族神话传说中的人物》编写，见姚宝瑄主编《中国各民族神话》（土家族、毛南族、侗族、瑶族），太原：山西出版传媒集团·书海出版社2014年版，第147页。

W0401.6

与水神产生有关的其他母题

实 例

（实例待考）

W0402

水神的特征

实 例

（参见下级母题实例）

W0402.1

男水神

实 例

汉族 （实例待考）

W0402.2

女水神

【汤普森】A420.1

实 例

土家族 （实例待考）

W0402.2.1

水神布牙图牙妈妈

实 例

鄂伦春族 水神布牙图牙妈妈是女性神。

【流传】（无考）

【出处】郭淑云：《鄂伦春族卷·绪论》，见吕大吉、何耀华总主编《中国各民族原始宗教资料集成》（鄂伦春族卷、鄂温克族卷、赫哲族卷、达斡尔族卷、锡伯族卷、满族卷、蒙古族卷、藏族卷），北京：中国社会科学出版社1999年版，第11页。

W0402.3

水神的外貌

实 例

（参见下级母题实例）

W0402.3.1

水神有人的面貌（水神人形）

实 例

壮族 “召”（水神）具有人形，以及人的各种功能。

【流传】广西壮族自治区·（百色市）·靖西县（靖西市）

【出处】凌树东搜集整理：*《祭水神》（1991），见吕大吉、何耀华总主编《中国各民族原始宗教资料集成》（土家族卷、瑶族卷、壮族卷、黎族卷)，北京：中国社会科学出版社1998年版，第505页。

W0402.3.1.1
河伯人面

实 例

汉族 (实例待考)

W0402.3.1.2
水神蛇身

【关联】［W0846.2.2.7］水妖形如长蛇

实 例

壮族 对人类作祟的水神被称为“都义”，是一种头上长着红冠，蛇身，有爪的神物。

【流传】 广西壮族自治区·(百色市)·靖西县(靖西市)

【出处】 凌树东搜集整理：*《祭水神》(1991)，见吕大吉、何耀华总主编《中国各民族原始宗教资料集成》(土家族卷、瑶族卷、壮族卷、黎族卷)，北京：中国社会科学出版社1998年版，第505页。

W0402.3.2
水神有动物的面貌

实 例

(参见下级母题实例)

W0402.3.2.1
水神是犀牛

实 例

壮族 水神就是犀牛，壮语叫“图额”，它是水中最大的怪物，会造水淹没人间，会阻塞源流干裂田地。

【流传】 广西壮族自治区·(河池市)·东兰县

【出处】 覃剑萍搜集整理：*《祭水神》(1990)，见吕大吉、何耀华总主编《中国各民族原始宗教资料集成》(土家族卷、瑶族卷、壮族卷、黎族卷)，北京：中国社会科学出版社1998年版，第509页。

W0402.3.2.2
水神虎头鸡喙

实 例

白族 (参见“W0402.3.3.1 水神牛首人身”母题实例)

W0402.3.3
水神是人与动物的组合体

实 例

(参见下级母题实例)

W0402.3.3.1
水神牛首人身

实 例

白族 水神状牛首人身或虎头鸡喙。

【流传】 云南·大理(大理白族自治州)

【出处】［元］佚名：《白古通记》，见王叔武辑著：《云南古佚书钞》，昆明：云南人民出版社 1978 年版，第 55 页。

W0402. 3. 4

水神不可见

实 例

汉族 始皇梦与海神战，如人状。问占梦，博士曰："水神不可见。以大鱼蛟龙为候。"

【流传】（无考）

【出处】［西汉］司马迁：《史记·秦始皇本纪》。

W0402. 3. 5

水神身材巨大

实 例

（参见下级母题实例）

W0402. 3. 5. 1

水神挥动两扇大耳两脚如船踏水走

实 例

瑶族 （参见"W0406. 1. 6a 水神罗班"母题实例）

W0402. 4

水神的性情（水神的性格）

实 例

（参见下级母题实例）

W0402. 4. 1

水神是善神

实 例

达斡尔族 "阿彦·巴尔肯"（水神）是保护人们安全生产的善神。

【流传】黑龙江省·齐齐哈尔地区（齐齐哈尔市）

【出处】

（a）卜林：《达斡尔萨满跳神行巫见闻追忆》，见《嫩水达斡尔人》，齐齐哈尔史政协文史办公室编《齐齐哈尔文史资料》第 19 辑，内部资料，1989 年，第 412 页。

（b）《自然神的分类》，见吕大吉、何耀华总主编《中国各民族原始宗教资料集成》（鄂伦春族卷、鄂温克族卷、赫哲族卷、达斡尔族卷、锡伯族卷、满族卷、蒙古族卷、藏族卷），北京：中国社会科学出版社 1999 年版，第 292 页。

W0402. 4. 2

水神是恶神

实 例

（实例待考）

W0402. 4. 3

水神有贪欲

实 例

（参见下级母题实例）

W0402.4.3.1 水神贪色、贪玩、贪吃

实 例

壮族 山泉里的水神“贪色”、“贪玩”、“贪吃”。它把女人的灵魂“收藏”起来，与之同床共睡。

【流传】广西壮族自治区·（河池市）·东兰县

【出处】覃剑萍搜集整理：*《祭水神》(1990)，见吕大吉、何耀华总主编《中国各民族原始宗教资料集成》（土家族卷、瑶族卷、壮族卷、黎族卷），北京：中国社会科学出版社1998年版，第509页。

W0402.4.3.1.1 水神捉女人的灵魂同床共睡

实 例

壮族 （参见“W0402.4.3.1 水神贪色、贪玩、贪吃”母题实例）

W0402.5 与水神的特征有关的其他母题

实 例

（参见下级母题实例）

W0402.5.1 水神与水同在

实 例

壮族 水塘是否有水与水神是否在此水塘居住有关。

【流传】广西壮族自治区·（百色市）·靖西县（靖西市）·新靖镇

【出处】凌树东搜集整理：*《祭水神》(1991)，见吕大吉、何耀华总主编《中国各民族原始宗教资料集成》（土家族卷、瑶族卷、壮族卷、黎族卷），北京：中国社会科学出版社1998年版，第505页。

W0402.5.2 水神有大中小3种

实 例

彝族(白彝、黑彝、干彝、阿乌、撒尼等)

水神分大中小三种。

【流传】云南省·曲靖（曲靖市）

【出处】蔡家麒：《云南曲靖地区彝族调查》，见吕大吉、何耀华总主编《中国各民族原始宗教资料集成》（彝族卷、白族卷、基诺族卷），北京：中国社会科学出版社1996年版，第125页。

W0402.5.3 水神就是龙王

实 例

白族 江河湖海、溪泉井塘都有水神，水神就是龙王。

【流传】云南省·（大理白族自治州）·大理市·城郊乡、海东乡、喜洲镇

【出处】王承权调查整理：《大理白族水

神龙王祭》（1988），见吕大吉、何耀华总主编《中国各民族原始宗教资料集成》（彝族卷、白族卷、基诺族卷），北京：中国社会科学出版社1996年版，第491页。

W0403

水神的生活

实 例

（参见下级母题实例）

W0403.1

水神的服饰

实 例

（实例待考）

W0403.2

水神的饮食

实 例

（实例待考）

W0403.3

水神的居所

【关联】［W0846.2.4］水妖的居所

实 例

（参见下级母题实例）

W0403.3.0

水神居所有水中

【关联】［W0402.5.1］水神与水同在

实 例

（参见下级母题实例）

W0403.3.0.1

有水的地方皆有水神

实 例

白族 有水的地方，皆有水神或龙神。

【流传】云南省·（大理白族自治州）·鹤庆县·云鹤镇

【出处】王承权调查整理：《鹤庆白族祭水神龙神》（1988），见吕大吉、何耀华总主编《中国各民族原始宗教资料集成》（彝族卷、白族卷、基诺族卷），北京：中国社会科学出版社1996年版，第493页。

W0403.3.1

水神住深水中

实 例

哈萨克族（实例待考）

W0403.3.1.1

水神住江河湖泊的急流深潭处

实 例

达斡尔族 水有水神。江河湖泊的急流深潭处，是水神所在的地方。

【流传】（内蒙古自治区·呼伦贝尔市·陈巴尔虎旗）

【出处】

（a）满都尔图：《达斡尔鄂温克蒙古（陈巴尔虎）鄂伦春族萨满教调查》，

中国社会科学院民族研究所民族学研究室 1992 年，内部资料，第 7 ~ 8 页。

（b）《水神》，见吕大吉、何耀华总主编《中国各民族原始宗教资料集成》（鄂伦春族卷、鄂温克族卷、赫哲族卷、达斡尔族卷、锡伯族卷、满族卷、蒙古族卷、藏族卷），北京：中国社会科学出版社 1999 年版，第 296 页。

W0403.3.2

水神居河流、山泉、池塘

实　例

壮族 河流、山泉、池塘都有水神。

【流传】广西壮族自治区·（河池市）·东兰县

【出处】覃剑萍搜集整理：*《祭水神》（1990），见吕大吉、何耀华总主编《中国各民族原始宗教资料集成》（土家族卷、瑶族卷、壮族卷、黎族卷），北京：中国社会科学出版社 1998 年版，第 509 页。

W0403.3.3

水神居河湖中

实　例

藏族（白马） 水神是在河里或湖里。

【流传】（四川省）

【出处】四川省民族事务委员会民族识别调查组：《白马藏人调查资料辑录》，原载四川省民族研究所编《白马藏人族属问题讨论集》第 1 集，见吕大吉、何耀华总主编《中国各民族原始宗教资料集成》（鄂伦春族卷、鄂温克族卷、赫哲族卷、达斡尔族卷、锡伯族卷、满族卷、蒙古族卷、藏族卷），北京：中国社会科学出版社 1999 年版，第 799 页。

W0403.3.4

水神的宫殿

实　例

（参见下级母题实例）

W0403.3.4.1

水神的宫殿在河的急流滩头

实　例

壮族 红水河被人们视为水神最多的地方，急流滩头为水神“宫殿”所在。

【流传】广西壮族自治区·（河池市）·东兰县

【出处】覃剑萍搜集整理：*《祭水神》（1990），见吕大吉、何耀华总主编《中国各民族原始宗教资料集成》（土家族卷、瑶族卷、壮族卷、黎族卷），北京：中国社会科学出版社 1998 年版，第 509 页。

W0403.4

水神的出行

实　例

（参见下级母题实例）

W0403. 4. 1

水神乘龙鱼

实 例

汉族 水神乘龙鱼。

【流传】（无考）

【出处】［西晋］张华：《博物志·异闻》。

W0403. 5

水神的工具（水神的用品）

实 例

（参见下级母题实例）

W0403. 5. 1

水神的宝物

实 例

（参见下级母题实例）

W0403. 5. 1. 1

水神的定海神珠

实 例

布朗族 水神的定海神珠。

【流传】云南省·（西双版纳傣族自治州）·勐海（勐海县）

【出处】艾帕相讲，岩温扁整理：《定海神珠》，见中华民族故事大系编委会编《中华民族故事大系》第12卷（布朗族、撒拉族、毛南族），上海：上海文艺出版社1995年版，第7页。

W0404

水神的能力（水神的职能）

实 例

（参见下级母题实例）

W0404. 1

水神会变化

实 例

（参见下级母题实例）

W0404. 1. 1

水神变人

实 例

（参见下级母题实例）

W0404. 1. 1. 1

美女水神变成姑娘与人对歌

实 例

壮族 美女水神变成娘娘从水里出来，参加男女对歌。

【流传】云南省·文山（文山壮族苗族自治州）·西畴县·鸡街区·中寨村

【出处】陆朝堂讲：《稍厄的传说》（稍厄，壮语“稍”为“姑娘”，“厄”为“水神”，“稍厄”即“水神美女”的意思），见张声震总主编，农冠品编注《壮族神话集成》，南宁：广西民族出版社2007年版，第217页。

W0404.1.2
水神变龙

实 例

（参见下级母题实例）

W0404.1.2.1
河伯化为白龙

实 例

汉族 河伯化为白龙。

【流传】（无考）

【出处】［战国］屈原：《楚辞·天问》［东汉］王逸注。

W0404.1.3
水神变形为蛇

实 例

壮族 （参见“W0406.1.8 水神召”母题实例）

W0404.2
水神为人解难

实 例

汉族 （实例待考）

W0404.3
水神能呼风唤雨

实 例

壮族 对人类作祟的水神被称为“都义”，他们居深潭幽阴之处，类似汉语中的“龙”，其职能与龙相似，会变化，神秘莫测，能呼风唤雨。

【流传】广西壮族自治区·（百色市）·靖西县（靖西市）

【出处】凌树东搜集整理：*《祭水神》（1991），见吕大吉、何耀华总主编《中国各民族原始宗教资料集成》（土家族卷、瑶族卷、壮族卷、黎族卷），北京：中国社会科学出版社1998年版，第505页。

W0404.3.1
水神降雨

实 例

汉族 水神降雨水。

【流传】重庆市

【出处】熊笃、程世波：《巴渝神话传说》，重庆：重庆出版社2004年版，第78页。

W0404.4
水神管龙

实 例

彝族 （实例待考）

W0404.5
水神管水

实 例

（参见下级母题实例）

W0404. 5. 1

水神管水的方法

实 例

彝族 （实例待考）

W0404. 5. 1. 1

水神龙王在下界给人供水

实 例

壮族 雷公在上界给人供水，水神龙王在下界给人供水。

【流传】（无考）

【出处】 过伟：《壮族人文始祖论》，见张声震总主编，农冠品编注《壮族神话集成》，南宁：广西民族出版社2007年版，第681页。

W0404. 5. 2

水神管理世间所用之水

实 例

壮族 水神居住在水中，管理世间所用之水。

【流传】 广西壮族自治区·（南宁市）·武鸣县（武鸣区）西北部，马山县东部

【出处】 黄世杰搜集整理：＊《祭水神》（1990），见吕大吉、何耀华总主编《中国各民族原始宗教资料集成》（土家族卷、瑶族卷、壮族卷、黎族卷），北京：中国社会科学出版社1998年版，第510页。

W0404. 5. 3

水神管水界（水神主管水域）

实 例

壮族 自然界由三个自然神管理，其中雷神管天界，布洛陀管地界，水神管水界。

【流传】 广西壮族自治区·百色市·田阳县·坡洪镇·个强屯

【出处】 农布秋明万历四十四年手抄本，农吉勤收藏，黄明标等搜集，黄明标等翻译：《喃洛陀造麽叭科》（1616），见黄明标主编《壮族麽经布洛陀遗本影印译注》（上卷），南宁：广西人民出版社2016年版，第5页。

壮族 水神是神主管水域的神。

【流传】 广西壮族自治区·（百色市）·靖西县（靖西市）

【出处】 凌树东搜集整理：＊《广西靖西县壮族诸神表》（1991），见吕大吉、何耀华总主编《中国各民族原始宗教资料集成》（土家族卷、瑶族卷、壮族卷、黎族卷），北京：中国社会科学出版社1998年版，第494页。

W0404. 6

与水神的能力有关的其他母题

【关联】［W1915. 1. 8］水神开辟江河

实 例

（参见下级母题实例）

W0404.6.1

水神管安全生产

实 例

达斡尔族 “阿彦·巴尔肯”（水神）是保护人们安全生产的善神。

【流传】黑龙江省·齐齐哈尔地区（齐齐哈尔市）

【出处】

（a）卜林：《达斡尔萨满跳神行巫见闻追忆》，见《嫩水达斡尔人》，齐齐哈尔史政协文史办公室编《齐齐哈尔文史资料》第19辑，内部资料，1989年，第412页。

（b）《自然神的分类》，见吕大吉、何耀华总主编《中国各民族原始宗教资料集成》（鄂伦春族卷、鄂温克族卷、赫哲族卷、达斡尔族卷、锡伯族卷、满族卷、蒙古族卷、藏族卷），北京：中国社会科学出版社1999年版，第292页。

W0404.6.2

水神能灭火

实 例

景颇族 雷神制造地上的大火后，景颇族女神智桐瓦急忙请水神来帮忙，才扑灭了大火。

【流传】（云南省）［采录地点：德宏州陇川县商业局］

【出处】

（a）雷老大讲，杨红昆、朱珊整理：《开天辟地》，见李子贤编《云南少数民族神话选》，昆明：云南人民出版社1990年版。

（b）同（a），见姚宝瑄主编《中国各民族神话》（白族、拉祜族、景颇族），太原：山西出版传媒集团·书海出版社2014年版，第229页。

W0404.6.3

水神主宰水灾

【关联】［W8130］神的指令造成洪水

实 例

藏族 水神被认为是主宰水灾的神灵，也是使人身上起水泡、生脓疮、皮肤红肿的根源，外出饮用生水而得病也认为是水神造成的。

【流传】（四川省西南部）

【出处】何耀华：《川西南纳木依人和柏木依人宗教信仰述略》，原载《中国少数民族宗教》，云南人民出版社1985年版，见吕大吉、何耀华总主编《中国各民族原始宗教资料集成》（鄂伦春族卷、鄂温克族卷、赫哲族卷、达斡尔族卷、锡伯族卷、满族卷、蒙古族卷、藏族卷），北京：中国社会科学出版社1999年版，第799页。

W0404.6.4

水神管捕鱼多少

实 例

白族 打鱼是否顺利，能不能多捕鱼，要靠水神保佑。

【流传】云南省·（大理白族自治州）·大理市·城郊乡、海东乡

【出处】詹承绪调查整理：《洱海渔民水神祭》（1988），见吕大吉、何耀华总主编《中国各民族原始宗教资料集成》（彝族卷、白族卷、基诺族卷），北京：中国社会科学出版社 1996 年版，第 492 页。

W0404. 6. 5

水神主宰田地不受水旱之灾

实 例

彝族 水神主宰田地不受水旱之灾。

【流传】云南省·（普洱市）·景东（景东彝族自治县）

【出处】《天崇拜》，见吕大吉、何耀华总主编《中国各民族原始宗教资料集成》（彝族卷、白族卷、基诺族卷），北京：中国社会科学出版社 1996 年版，第 28 页。

W0404a

水神的关系

实 例

（参见下级母题实例）

W0404a. 1

水神的父母

实 例

（实例待考）

W0404a. 2

水神的子女

实 例

（参见下级母题实例）

W0404a. 2. 1

水神的女儿

实 例

（参见下级母题实例）

W0404a. 2. 1. 1

水神的女儿会魔法

实 例

藏族 （参见“W0134. 4. 5. 2. 1 神吹气把羊毛变成毛布衣服”母题实例）

W0404a. 3

水神的从属

实 例

（参见下级母题实例）

W0404a. 3. 1

水神的上司（水神的管理者）

【关联】［W0535. 5. 1］龙王管水神

实 例

纳西族 龙王鲁帕斯腊统管着地上所有的水神。

【流传】（a）云南省·（丽江市）·宁蒗县（宁蒗彝族自治县）·永宁乡

【出处】

(a) 达巴苏诺等讲，李子贤采录：《神鸟月其嘎儿》，见中国民间文学集成全国编辑委员会编《中国民间故事集成》(云南卷)，北京：中国 ISBN 中心 2003 年版，第 369 页。

(b) 达巴苏诺等讲，李子贤记录整理：《月其嘎儿》，见谷德明编《中国少数民族神话》，北京：中国民间文艺出版社 1987 年版，第 455 页。

W0404a.3.1.1

水神是龙神的从属

实 例

壮族 水神受制于龙神。

【流传】广西壮族自治区·（南宁市）·武鸣县（武鸣区）西北部，马山县东部

【出处】黄世杰搜集整理：*《祭水神》(1990)，见吕大吉、何耀华总主编《中国各民族原始宗教资料集成》(土家族卷、瑶族卷、壮族卷、黎族卷)，北京：中国社会科学出版社 1998 年版，第 510 页。

W0404a.4

水神的部下

实 例

(实例待考)

W0404a.5

水神的朋友

实 例

(实例待考)

W0404a.6

水神的兄弟

实 例

(参见下级母题实例)

W0404a.6.1

水神和火神是兄弟

实 例

(参见下级母题实例)

W0404a.6.1.1

水神共工和火神祝融弟兄俩

【关联】

① [W0685] 共工

② [W0767] 祝融

实 例

汉族 水神共工和火神祝融弟兄俩为争夺一个天鹅蛋越打越急。

【流传】河南省·（开封市）·杞县

【出处】王怀聚讲，王宪明搜集整理：《杞人忧天》，见姚宝瑄主编《中国各民族神话》(汉族)，太原：山西出版传媒集团·书海出版社 2014 年版，第 75～77 页。

W0405
特定的水神

【关联】［W0418.1］池塘神（池塘水神）

实 例

（参见下级母题实例）

W0405.0
江河湖海神（河湖江海之神）

实 例

（参见下级母题实例）

W0405.0.1
河湖江海之神应阳光而生

实 例

满族 河湖江海之神应阳光而生、而育，故常罩七彩光衫，被尊为“德立给女神”。她们给人类以光明和成长环境。

【流传】黑龙江省·黑河地区（黑河市）·孙吴县·（沿江满族达斡尔族乡）·四季屯（四季屯村）

【出处】吴纪贤、富希陆讲：《天宫大战——黑水女真人传世神话》（1939，选自富育光、郭淑云整理的手稿），见姚宝瑄主编《中国各民族神话》（满族、赫哲族、朝鲜族），太原：山西出版传媒集团·书海出版社 2014 年版，第 37 页。

W0405.0.2
河湖江海之神常罩七彩光衫

实 例

满族 （参见“W0405.0.1 河湖江海之神应阳光而生”母题实例）

W0405.0.3
河湖江海之神尊称德立给女神

实 例

满族 （参见“W0405.0.1 河湖江海之神应阳光而生”母题实例）

W0405.0.4
河湖江海之神给人类光明和成长环境

实 例

满族 （参见“W0405.0.1 河湖江海之神应阳光而生”母题实例）

W0405.0.5
与江河湖海神有关的其他母题

【关联】［W0251.9.1.2］河湖江海之神主司东方

实 例

（参见下级母题实例）

W0405.1
盐水女神

实 例

（参见下级母题实例）

W0405.1.1
盐水女神即德济娘娘

实 例

土家族 （实例待考）

W0405.1.2
盐水女神是廪君的妻子

实 例

土家族 （实例待考）

W0405.1.3
盐水女神又称巫姑

实 例

土家族 盐水女神（盐水女神，在古巴人地区流传，其他民族也有相关的故事。熊笃、程世波著《巴渝神话传说》中认为，盐水女神又称巫姑，是《山海经》中“十巫”唯一的女巫）白天化为飞虫（化飞虫，神话中关于神化为某种动物、植物或无生命物这类情况很多，据有的学者考证，这些化成的动植物、无生命物有时与该神所处的族群有关。本母题编目只列为一类现象，对其所以然不做考究）。

【流传】（无考）

【出处】［汉］宋衷注，［清］秦嘉谟等辑：《世本八种》。

W0405.2
洪水神（洪水之神）

实 例

（参见下级母题实例）

W0405.2.1
洪水之神共工

实 例

汉族 共工是洪水之神。

【流传】 四川省·巴县（今重庆市·巴南区）·土主乡·伏善村

【出处】 张文奎讲，李子硕采录：《女娲补天》，见中国民间文学集成全国编辑委员会编《中国民间故事集成》（四川卷·上），北京：中国ISBN中心1998年版，第25页。

W0405.2.2
白鸟神司管洪水

实 例

满族 满族一些姓氏供奉白鸟神，司管洪水。

【流传】（无考）

【出处】 富育光：《满族灵禽崇拜祭俗与神话探考》，见《富育光民俗文化论集》，长春：吉林大学出版社2005年版。

W0405. 3

水沟神

实 例

（参见下级母题实例）

W0405. 3. 1

水沟神阿扎

实 例

（参见下级母题实例）

W0405. 3. 1. 1

第二代神王烟沙生水沟神阿扎

实 例

哈尼族 第二代神王烟沙生下水沟神（阿扎）。

【流传】 云南省·（红河哈尼族彝族自治州）·元阳县

【出处】

（a）朱小和讲，史军超等采录：《神的古今》，见中国民间文学集成全国编辑委员会编《中国民间故事集成》（云南卷），北京：中国 ISBN 中心 2003 年版，第 19 页。

（b）卢朝贵讲，史军超采录：《神和人的家谱》，见中国民间文学集成全国编辑委员会编《中国民间故事集成》（云南卷），北京：中国 ISBN 中心 2003 年版，第 23 页。

W0405. 3. 1. 2

水沟神阿扎与风神米沙、雨神即比、雷神阿惹、土神达俄、籽种神姐玛、水神阿波、田神得威、地神朱鲁是兄弟

实 例

哈尼族 第二代男神王烟沙大神又传出新的家谱。他生下第二代男神沙拉后，又生下了九位大神，其中有风神米沙、雨神即比、雷神阿惹、土神达俄、籽种神姐玛、水神阿波、田神得威、地神朱鲁、水沟神阿扎。

【流传】 云南省·（红河哈尼族彝族自治州）·元阳（元阳县）、红河（红河县）、金平（金平苗族瑶族傣族自治县）［采集于元阳县·胜村乡·全福庄］

【出处】 卢朝贵讲，史军超搜集整理：《神和人的家谱》，原载云南省民间文学集成办公室编《哈尼族神话传说集成》，中国民间文艺出版社 1990 年版，见姚宝瑄主编《中国各民族神话》（哈尼族、傣族），太原：山西出版传媒集团·书海出版社 2014 年版，第 40 页。

W0405. 4

淮水神

【关联】［W0782. 1. 2. 1］水母娘娘是淮水神

实 例

（参见下级母题实例）

W0405.4.1
淮水神是一个作恶的蛟龙

实 例

汉族 淮水神是一个作恶的蛟龙。

【流传】河南省·（南阳市）·桐柏县

【出处】郑昌寿讲，马卉欣采录：《大禹锁蛟》，见中国民间文学集成全国编辑委员会编《中国民间故事集成》（河南卷），北京：中国 ISBN 中心 2001 年版，第 53 页。

W0405.4a
淮涡水神

实 例

（参见下级母题实例）

W0405.4a.1
淮涡水神无支祁

【关联】［W0846.2.5.5］水妖叫无支祁

实 例

汉族 禹理水，三至桐柏山。惊风走雷，石号木鸣。五伯拥川，天老肃兵，不能兴。禹怒，召集百灵，搜命夔龙。桐柏千君长稽首请命。禹因囚鸿蒙氏、章商氏、兜卢氏、犁娄氏。乃获淮涡水神，名无支祁，善应对言语，辨江淮之浅深，原隰之远近。

【流传】（无考）

【出处】［宋］李昉、扈蒙、李穆等：《太平广记》卷四百六十七。

汉族 水妖原来是一条大蛟龙变的，名字叫无支祁，自称淮涡水神，就住在淮源水中。

【流传】河南省·（南阳市）·桐柏县

【出处】熊自谦（男，50 岁，太阳城茶场职工）讲，孙建英采录整理：《铁链锁蛟》，见张振犁编著，孟宪明、朱淑君统纂《中原神话通鉴》（第四卷），郑州：河南大学出版社 2017 年版，第 1163 页。

W0405.4a.1.1
无支祁是卵生的恶龙

实 例

汉族 无支祁是两个龙蛋中的一个变成的恶龙。

【流传】河南省·（南阳市）·桐柏县

【出处】郑昌寿讲，马卉欣采录：《玉井龙渊》（1979.10）点评，见张振犁编著，孟宪明、朱淑君统纂《中原神话通鉴》（第四卷），郑州：河南大学出版社 2017 年版，第 1168 页。

W0405.4a.1.1.1
孽龙无支祁

实 例

汉族 大禹到桐柏山，擒住了孽龙无支祁，把它锁在淮井里。

【流传】河南省·（南阳市）·桐柏县
［采录地点：桐柏县·西十里村］

【出处】释海良讲，刘剑采录：《禹王分

水》（1981），见张振犁编著，孟宪明、朱淑君统纂《中原神话通鉴》（第四卷），郑州：河南大学出版社2017年版，第1172页。

W0405. 4a. 1. 2

无支祁形若猿猴，缩鼻高额，青躯白首

实 例

汉族 淮涡水神名无支祁，形若猿猴，缩鼻高额，青躯白首，金目雪牙，颈伸百尺，力逾九象，搏击腾踔疾奔，轻利倏忽，闻视不可久。

【流传】（无考）

【出处】［宋］李昉、扈蒙、李穆等：《太平广记》卷四百六十七。

W0405. 4b

淮渎神

实 例

（参见下级母题实例）

W0405. 4b. 1

淮渎神庚辰

实 例

（参见下级母题实例）

W0405. 4b. 1. 1

淮渎神庚辰是大禹的外甥

实 例

汉族 玉皇爷对大禹的外甥庚辰说：“你留下当好淮渎神吧。”

【流传】河南省·（南阳市）·桐柏县·城关镇

【出处】彭新友讲，彭云采录，马卉欣采录整理：《淮渎抢地》，见张振犁编著，孟宪明、朱淑君统纂《中原神话通鉴》（第四卷），郑州：河南大学出版社2017年版，第1175页。

W0405. 5

黄河神

实 例

（参见下级母题实例）

W0405. 5. 1

黄河神的产生

实 例

（实例待考）

W0405. 5. 2

黄河神的特征

实 例

（参见下级母题实例）

W0405. 5. 2. 1

黄河神是凶龙

实 例

汉族 把宓妃惊吓落水的凶龙，原来是执掌黄河之神河伯。

【流传】河南省·（郑州市）·巩义市（巩县洛河沿岸地区）

【出处】丁永鉴、赵现民采录整理：《嫦娥奔月（二）》，见张振犁编著，孟宪明、朱淑君统纂《中原神话通鉴》（第三卷），郑州：河南大学出版社 2017 年版，第 877 页。

W0405.5.3
与黄河神有关的其他母题

实 例

（参见下级母题实例）

W0405.5.3.1
黄河水神冯夷

实 例

汉族 冯夷，是中国古代神话中的黄河水神，也作“冰夷”。

【流传】（无考）

【出处】《冯夷》，见百度百科 https：//baike.baidu.com/item。

汉族 河伯，名冯夷。古代神话中的黄河水神。

【流传】（无考）

【出处】《河伯》，见乌丙安主编《中国民间神谱》，沈阳：辽宁人民出版社 2007 年版，第 19 页。

汉族 有个叫冯夷的人，被黄河水淹死，一肚子怨恨，就到天帝那里去告黄河的状。天帝听说黄河危害百姓，就封冯夷为黄河水神，称为河伯，治理黄河。

【流传】河南省·新乡市

【出处】申法海采录整理：《河伯授图》，见张振犁编著，孟宪明、朱淑君统纂《中原神话通鉴》（第四卷），郑州：河南大学出版社 2017 年版，第 1073 页。

W0405.5.3.1.1
一个叫冯夷的人渡河淹死，天帝封他为黄河水神

实 例

汉族 华阳一个叫冯夷的人渡河不小心落水而死，天帝命他为河伯，即黄河的水神。

【流传】（无考）

【出处】《河伯冯夷》，见金麦田《中国古代神话故事全集》，北京：京华出版社 2004 年版，第 378 页。

W0405.5.3.1.2
冯夷乘云车（雷车）

【关联】［W0717.3.2］女娲乘雷车

实 例

汉族 昔者冯夷、大丙之御也，乘云（疑应为“雷”）车，入云霓。

【流传】（无考）

【出处】［西汉］淮南王刘安及门客：《淮南子·原道训》。

W0405.5.3.1.3
黄河神又称河伯

实 例

汉族 有个叫冯夷的人，被黄河水淹死后被封为黄河水神，称为河伯。

【流传】河南省

【出处】申法海搜集整理：《河伯授图》，原载中国民间文艺研究会河南分会等编《河南民间故事集》，见陶阳、钟秀编《中国神话》（上），北京：商务印书馆 2008 年版，第 419 ~ 420 页。

W0405. 5. 3. 1. 3. 1

黄河之神河伯吓死宓妃

实　例

汉族 （参见“W0405. 5. 2. 1 黄河神是凶龙”母题实例）

W0405. 5. 3. 1. 4

黄河大王

实　例

（参见下级母题实例）

W0405. 5. 3. 1. 4. 1

黄河大王管黄河水族

实　例

汉族 黄河里的各种水族想换地方，请求黄河大王时，黄河大王拿不定主意。

【流传】河南省·（新乡市）·封丘县、长垣县，（安阳市）滑县

【出处】贾宗贤（男，64 岁，农民，不识字，封丘县王村乡徐寨村人）讲，郭顺昌（男，30 岁，大专毕业，封丘县文化馆干部）采录整理：《黄河翻身的传说》（1984. 04），见张振犁编著，孟宪明、朱淑君统纂《中原神话通鉴》（第四卷），郑州：河南大学出版社 2017 年版，第 1353 页。

W0405. 5. 3. 1. 4. 2

黄河大王在众神中官职最小

实　例

汉族 黄河大王在众神里面是官职最小的一个神，只相当于人间的一个七品知县。

【流传】河南省·（新乡市）·封丘县、长垣县，（安阳市）滑县

【出处】贾宗贤（男，64 岁，农民，不识字，封丘县王村乡徐寨村人）讲，郭顺昌（男，30 岁，大专毕业，封丘县文化馆干部）采录整理：《黄河翻身的传说》（1984. 04），见张振犁编著，孟宪明、朱淑君统纂《中原神话通鉴》（第四卷），郑州：河南大学出版社 2017 年版，第 1353 页。

W0405. 5. 3. 1. 5

黄河神发洪水

实　例

保安族 魔王妒恨和睦的三兄弟，乃召黄河神，令其发洪水三日，将三家人悉淹死。

【流传】（无考）

【出处】袁珂改编：《三兄弟》（原名

《人与魔王》)，原载谷德明编《中国少数民族神话选》，见袁珂《中国神话大词典》，北京：华夏出版社 2015 年版，第 583 页。

保安族 魔王召来了黄河神，命令河神发三天洪水。

【流传】（无考）

【出处】

(a) 乔维森、野枫记录整理：《三邻舍》，见《少数民族文学作品选》编辑委员会编《中国少数民族文学作品选》(第二分册)，上海：上海文艺出版社 1981 年版。

(b) 同 (a)，见姚宝瑄主编《中国各民族神话》（土族、东乡族、回族、保安族、裕固族、撒拉族)，太原：山西出版传媒集团·书海出版社 2014 年版，第 72 页。

W0405.5a

洛水神（洛神）

实 例

(参见下级母题实例)

W0405.5a.1

洛水神宓妃

【关联】 ［W0827.13.3.2］水仙洛川宓妃

实 例

汉族 宓妃宓牺氏之女，溺死洛水，为神。

【流传】（无考）

【出处】［三国·魏］曹植：《洛神赋》［唐］李善注引《汉书音义》。

W0405.5a.2

河洛之神宓妃

实 例

汉族 河洛之神，名曰宓妃。

【流传】（无考）

【出处】［南朝·梁］萧统：《文选》辑曹植《洛神赋》。

W0405.5b

长江水神

【关联】［W0410.5.6.1］伍子胥是主管长江水域的江神

实 例

汉族 （参见“W0410.5.6.1 伍子胥是主管长江水域的江神”母题实例）

W0405.5c

珠江水神

实 例

(实例待考)

W0405.5d

其他特定名称江河的水神

实 例

(参见下级母题实例)

W0405. 5d. 1

乌苏里江老河神

实 例

（参见下级母题实例）

W0405. 5d. 1. 1

乌苏里江老河神的儿子朱拉贝子

实 例

满族 乌苏里江老河神的儿子朱拉，大家都称他为朱拉贝子。朱拉贝子到了十七八岁的时候，出落得一表人才，为人也非常好，性情和老河神一样和蔼可亲，热情待人。

【流传】黑龙江省

【出处】傅英人（“人”疑为“仁”）讲，张爱云记录整理：《朱拉贝子和阿苏里姑娘》，原载《满族萨满神话》，见陶阳、钟秀编《中国神话》（中），北京：商务印书馆 2008 年版，第 965～972 页。

W0405. 6

储水祖母

实 例

（参见下级母题实例）

W0405. 6. 1

储水祖母专管江河湖海

实 例

侗族 储水祖母是专管江河湖海的自然女神。

【流传】（无考）

【出处】邓敏文：《“萨”神试析》，载《贵州民族研究》1990 年第 2 期。

W0405. 7

水王

实 例

（参见下级母题实例）

W0405. 7. 1

盘古死后舌头变成水王

实 例

彝族 盘古死后，舌头变成了水王。

【流传】云南省·（楚雄彝族自治州）·楚雄（楚雄市）、南华（南华县）、双柏（双柏县）等

【出处】《查姆·鲁查姆》，见扬继中、芮增瑞、左玉堂编《楚雄彝族文学简史》，北京：中国民间文艺出版社 1986 年版，第 43～44 页。

W0405. 7. 2

水王管地上的粮棉

实 例

彝族 水王罗塔纪管绿水有方。她又管水中之万物，也管龙潭和深渊，还管地上的万物，也管地上的粮和棉。

【流传】（云南省·楚雄彝族自治州·双柏县，红河哈尼族彝族自治州等地）

【出处】

(a) 云南省民族民间文学楚雄、红河调查队搜集，郭思九、陶学良整理：《查姆》，昆明：云南人民出版社1981年版。

(b) 郭思九、陶学良整理，古梅改写：《彝家的古根》，选自《云南民族文学资料》第七集中的《查姆》上部前三章，见姚宝瑄主编《中国各民族神话》（羌族、彝族），太原：山西出版传媒集团·书海出版社2014年版，第56页。

W0405.8

司水底之神

实 例

（参见下级母题实例）

W0405.8.1

司水底之神都金恩都力

实 例

（参见下级母题实例）

W0405.8.1.1

生命之母神都金恩都力变成司水底之神

实 例

满族 生命之母神都金恩都力降生在水底沙滩上，生下来是八手八足，水多深，脚多长，水多宽，手多长，水浅了，脚也就短了，水小了，手也就短了，是司水底大神，住在东海。

【流传】（无考）

【出处】

(a) 富育光：《萨满教与神话》，沈阳：辽宁大学出版社1990年版，第50页。

(b) 《都金恩都力生人》，见吕大吉、何耀华总主编《中国各民族原始宗教资料集成》（鄂伦春族卷、鄂温克族卷、赫哲族卷、达斡尔族卷、锡伯族卷、满族卷、蒙古族卷、藏族卷），北京：中国社会科学出版社1999年版，第485页。

W0405.8.1.2

司水底之神都金恩都力住东海

实 例

满族 （参见“W0405.8.1.1 生命之母神都金恩都力变成司水底之神”母题实例）

W0405.9

特定方位的水神

实 例

（参见下级母题实例）

W0405.9.1

东方水神

【关联】［W0251］东方神（东方之神）

实 例

（实例待考）

W0405. 9. 2

西方水神

【关联】［W0252］西方神（西方之神）

实 例

（实例待考）

W0405. 9. 3

南方水神

【关联】［W0253］南方神（南方之神）

实 例

（实例待考）

W0405. 9. 4

北方水神

【关联】［W0254］北方神（北方之神）

实 例

（参见下级母题实例）

W0405. 9. 4. 1

玄嚣得道为北方水神

实 例

汉族 元妃嫘祖生二子：玄嚣、昌意，并居帝位，玄嚣得道为北方水神，昌意居弱水。

【流传】（无考）

【出处】［唐］撰者不详：《轩辕黄帝传》。

W0405. 10

水德星君

实 例

（参见下级母题实例）

W0405. 10. 1

神仙水德星君主管天下水情

实 例

汉族 神仙水德星君主管天下的水情，他的坐骑水灵兽生性残暴，神通广大，特别是口中含着一颗聚水珠，能调动江河湖海之水，把任何地方变成一片泽国。

【流传】河南省·开封市

【出处】《大禹魂》，见张振犁编著，孟宪明、朱淑君统纂《中原神话通鉴》（第四卷），郑州：河南大学出版社2017年版，第1047页。

W0405. 10. 2

神仙水德星君主骑水灵兽

实 例

汉族 （参见“W0405. 10. 1 神仙水德星君主管天下水情”母题实例）

W0405. 11

黑灵真君

实 例

（参见下级母题实例）

W0405.11.1

黑灵真君是管水的主神

实 例

汉族 黑灵真君说："我虽然是管水的主神，但雨是各路龙王下的，造成灾害不是我的责任。"

【流传】河南省·（郑州市）·登封市

【出处】《盗土治水》，见张振犁编著，孟宪明、朱淑君统纂《中原神话通鉴》（第四卷），郑州：河南大学出版社 2017 年版，第 1120 页。

W0405.12

大济之神

实 例

汉族 渎有祠，以祀大济之神。其殿北复有北海神殿，北海之前有池，周七百步。

【流传】（无考）

【出处】［明］都穆：《金薤琳琅》卷十七《游济渎记》。

W0405.13

管河水泛滥的神

实 例

（参见下级母题实例）

W0405.13.1

管河水泛滥的神麦期麦所

实 例

哈尼族 十二个乌摩（即管神的神或专司管理的神）中，第十一个是麦期麦所，专管河水不会冲人家庄稼。

【流传】云南省·（红河哈尼族彝族自治州）·元阳（元阳县）、红河（红河县）、金平（金平苗族瑶族傣族自治县）［采集于元阳县·胜村乡·全福庄］

【出处】卢朝贵讲，史军超搜集整理：《神和人的家谱》，原载云南省民间文学集成办公室编《哈尼族神话传说集成》，中国民间文艺出版社 1990 年版，见姚宝瑄主编《中国各民族神话》（哈尼族、傣族），太原：山西出版传媒集团·书海出版社 2014 年版，第 42 页。

W0406

与水神有关的其他母题

【关联】

①［W0437.2］管水的神

②［W0461.3.2］猎神是水神

实 例

（参见下级母题实例）

W0406.1

特定名称的水神（水神的名字）

【关联】

①［W0383.2］冬神是水神

②［W0406.5］共工之子是水神

③［W0685.3.1］共工是水神

④［W0685.3.1.1］共工是洪水神

实　例

（参见下级母题实例）

W0406. 1. 1

水神共工

实　例

（参见下级母题实例）

W0406. 1. 1. 1

共工因会喷水被称水神

实　例

汉族 共工一头红头发，嘴里会喷水，大家都叫他“水神”。

【流传】河南省·（开封市）·杞县·柿园乡·黑木村

【出处】尹守礼讲，王怀聚采录：《女娲炼石补天》，见中国民间文学集成全国编辑委员会编《中国民间故事集成》（河南卷），北京：中国 ISBN 中心 2001 年版，第 17 页。

W0406. 1. 1. 2

共工的儿子成为水神

实　例

汉族 共工之子，为玄冥师（雨师，水神）。

【流传】（无考）

【出处】［东汉］应劭：《风俗通义·祀典第八》引《左氏春秋传》。

W0406. 1. 1. 3

共工是水师

实　例

汉族 共工氏以水纪，故为水师而水名。

【流传】（无考）

【出处】［春秋］左丘明：《左传》（《春秋左氏传》、《左氏春秋》）。

W0406. 1. 1a

水神应龙

实　例

汉族 龙王、共工、应龙、夔、无支祁等皆属水神。

【流传】（无考）

【出处】《水神》，见袁珂《中国神话大词典》，北京：华夏出版社 2015 年版，第 85 页。

W0406. 1. 1b

水神夔

实　例

汉族 （参见“W0406. 1. 1a　水神应龙”母题实例）

W0406. 1. 1c

水神无支祁

实　例

汉族 （参见“W0406. 1. 1a　水神

应龙”母题实例）

W0406.1.1c.1

水神无支祁形若猿猴

实　例

汉族 淮涡水神，名无支祁，形若猿猴。

【流传】（无考）

【出处】［北宋］李昉、扈蒙、李穆等：《太平广记》。

W0406.1.1c.2

无支祈即水母

实　例

汉族 禹锁无支祈，而释氏乃以为泗州僧伽之所降水母者。

【流传】（无考）

【出处】［南宋］罗泌：《路史·余论九》“无支祁”条。

W0406.1.1d

水神螺女

实　例

汉族 谢端钓于江上，获巨螺，置之于家，每归则饮食盈案。潜候之，有女子具馔于室，执而询之。女曰：“我乃螺女，水神，天帝悯君之孤，遣为具食，我亦当去。”

【流传】（无考）

【出处】［宋］撰者不详：《锦绣万花谷》前集卷五引《坡诗注》。

W0406.1.1e

水神雒嫔（水神雒宾）

实　例

（参见下级母题实例）

W0406.1.1e.1

水神雒嫔谓宓妃

实　例

汉族 帝降夷羿，革孽夏民，胡射夫河伯，而妻彼雒嫔。王逸注：雒嫔，水神，谓宓妃也。传曰：河伯化为白龙游于水旁，羿见射之，眇其左目。河伯上诉天帝，曰“为我杀羿”。天帝曰：“尔何故得见射？”河伯曰：“我时化为白龙出游。”天帝曰：“使汝深守神灵，羿何从得犯汝？汝今为虫兽，当为人所射，固其宜也。羿何罪欤！”

【流传】（无考）

【出处】［战国］屈原：《楚辞·天问》［东汉］王逸注。

W0406.1.1f

水神宓妃

【关联】

① ［W0405.5a.1］洛水神宓妃

② ［W0827.13.3.2］水仙洛川宓妃

实　例

汉族 （参见“W0406.1.1e.1　水神雒嫔谓宓妃”母题实例）

汉族 吾令丰隆乘云兮，求宓妃之所在。

【流传】（无考）

【出处】［战国］屈原：《楚辞·离骚》。

W0406. 1. 1f. 1

女娲的女儿宓妃淹死洛水里成了水神

实 例

汉族 宓妃是女娲的女儿。淹死洛水里成了水神。

【流传】河南省·（周口市）·淮阳县·城关［采录地点：淮阳县太昊陵］

【出处】张大娘（85岁，农民，不识字）讲，杨复俊采录：《担经挑的来历》（1985. 03），见张振犁编著《中原神话通鉴》（第一卷），郑州：河南大学出版社2017年版，第269页。

W0406. 1. 1g

水神洛子渊

实 例

汉族 后魏孝昌年中，有洛子渊，自云洛中人，戍于彭城。同营人樊元宝还，子渊附书至洛。书上题云："宅上灵台，南延洛水。"既至洛，忽逢一老翁，曰："吾儿书也。"引入，门馆甚盛。呼坐命酒，酒至，色赤，甚香美。宝告退，老翁出送。但见高岸对水，无复人家。及还彭城，子渊已失。元宝与子渊同戍三年，不知子渊是水神也。

【流传】（无考）

【出处】［南朝·梁］任昉：《述异记》卷下。

W0406. 1. 1h

水神玄冥

【关联】［W0383. 2. 1］水神玄冥是冬神

实 例

（参见下级母题实例）

W0406. 1. 1h. 1

水神玄冥变作一汪黄水

实 例

汉族 颛顼斗妖时，令辅佐水神玄冥在水南的故道里，变作一汪黄水，自己化作浮云高空探阵。

【流传】河南省·（开封市）·杞县

【出处】李广平（35岁，男，农民）讲，王怀聚采录整理：《古帝颛顼》，见张振犁编著，孟宪明、朱淑君统纂《中原神话通鉴》（第三卷），郑州：河南大学出版社2017年版，第955页。

W0406. 1. 1h. 1. 1

水神玄冥的助手白辩

实 例

汉族 玄冥治北方，白辩佐之，使主水。

【流传】（无考）

【出处】［汉］袁康：《越绝书·计倪内经》。

W0406.1.1j
水神罔两（水神魍魉）

【关联】［W0907.14.4］魍魉鬼（蝄蜽）

实　例

汉族 “故民入川泽山林，不逢不若，螭魅罔两，莫能逢之。”杜预注：“罔两，水神。”

【流传】（无考）

【出处】［春秋］左丘明：《左传·宣公三年》［晋］杜预注。

W0406.1.1k
水神玄武

实　例

汉族 玄武，水神之名。

【流传】（无考）

【出处】［南朝·宋］范晔：《后汉书·王梁传》。

W0406.1.1k.1
玄武变巨龟

实　例

汉族 朱道士者，太和八年，尝游庐山，憩于涧石，忽见蟠蛇如堆缯锦，俄变为巨龟，访之山叟，云是玄武。

【流传】（无考）

【出处】［唐］段成式：《酉阳杂俎·支诺皋下》。

W0406.1.1k.2
玄武是龟蛇合体

实　例

汉族 玄武，北方之神，龟蛇合体。

【流传】（无考）

【出处】［南朝·宋］范晔：《后汉书·王梁传》［唐］李贤注。

汉族 沈仲霄之子于竹林中见蛇缠一龟，将锄击杀之，其家数十口，旬日相次而卒。有识者曰：“玄武神也。”

【流传】（无考）

【出处】［清］陈梦雷原编，蒋廷锡重编：《古今图书集成·神异典》卷一七引五代于逖《灵应录》。

W0406.1.1m
水神杨泗将军

实　例

（参见下级母题实例）

W0406.1.1m.1
杨泗将军船民渔户供奉的水神

实　例

汉族 杨泗将军是船民渔户供奉的水神。

【流传】（湖南省、湖北省等地）

【出处】《水运、渔业神——杨泗将军》，见乌丙安主编《中国民间神谱》，沈阳：辽宁人民出版社 2007 年版，第 180 页。

W0406. 1. 1m. 2

杨泗将军生日农历六月初六

实 例

汉族 杨泗将军诞日是农历六月初六，过去许多地方在此日都有做“杨泗会”之俗。

【流传】（湖南省、湖北省等地）

【出处】《水运、渔业神——杨泗将军》，见乌丙安主编《中国民间神谱》，沈阳：辽宁人民出版社 2007 年版，第 180 页。

W0406. 1. 1n

水神萧公

实 例

（参见下级母题实例）

W0406. 1. 1n. 1

萧公名伯轩，又称萧公爷爷

实 例

汉族等 萧公，名伯轩，又称萧公爷爷。相传其生前为人正直，不苟言笑，死后为神，保船救民，有祷必应，福泽四方。他本为江西地方性水神，明初为统治者利用，成为具有全国性影响的水神。

【流传】（无考）

【出处】《水神萧公》，见乌丙安主编《中国民间神谱》，沈阳：辽宁人民出版社 2007 年版，第 24 页。

W0406. 1. 1n. 2

萧公保船救民，有祷必应

实 例

汉族等 （参见“W0406. 1. 1n. 1 萧公名伯轩，又称萧公爷爷”母题实例）

W0406. 1. 2

水神罗塔纪

实 例

（参见下级母题实例）

W0406. 1. 2. 1

水王罗塔纪是水中神仙

实 例

彝族 水王罗塔纪，是水中神仙。

【流传】（无考）

【出处】《天地的起源》，见郭思九、陶学良整理《查姆》，昆明：云南人民出版社 1994 年版。

W0406. 1. 2a

水神母介

实 例

彝族 水神叫母介。

【流传】四川省 · 凉山（凉山彝族自治州）

【出处】胡庆钧：《凉山彝族奴隶制社会形态》，北京：中国社会科学出版社 1985 年版，第 394 页。

W0406.1.3

水神阿彦·巴尔肯

实 例

达斡尔族 水神叫“阿彦·巴尔肯”。

【流传】（无考）

【出处】 吕大吉、何耀华总主编《中国各民族原始宗教资料集成》（鄂伦春族卷、鄂温克族卷、赫哲族卷、达斡尔族卷、锡伯族卷、满族卷、蒙古族卷、藏族卷），北京：中国社会科学出版社1999年版，第292页。

W0406.1.4

水神阿波

实 例

（参见下级母题实例）

W0406.1.4.1

第二代神王烟沙生水神阿波

实 例

哈尼族 第二代神王烟沙生下水神阿波。

【流传】 云南省·（红河哈尼族彝族自治州）·元阳县

【出处】

（a）朱小和讲，史军超等采录：《神的古今》，见中国民间文学集成全国编辑委员会编《中国民间故事集成》（云南卷），北京：中国ISBN中心2003年版，第19页。

（b）卢朝贵讲，史军超采录：《神和人的家谱》，见中国民间文学集成全国编辑委员会编《中国民间故事集成》（云南卷），北京：中国ISBN中心2003年版，第23页。

哈尼族 第二代男神王烟沙大神又传出新的家谱。他生下第二代男神沙拉后，又生下了九位大神，其中有风神米沙、雨神即比、雷神阿惹、土神达俄、籽种神姐玛、水神阿波。

【流传】 云南省·（红河哈尼族彝族自治州）·元阳（元阳县）、红河（红河县）、金平（金平苗族瑶族傣族自治县）［采集于元阳县·胜村乡·全福庄］

【出处】 卢朝贵讲，史军超搜集整理：《神和人的家谱》，原载云南省民间文学集成办公室编《哈尼族神话传说集成》，中国民间文艺出版社1990年版，见姚宝瑄主编《中国各民族神话》（哈尼族、傣族），太原：山西出版传媒集团·书海出版社2014年版，第40页。

W0406.1.5

水神吹

实 例

佤族 巨人达能（人神）创造了吹（水神）。

【流传】 云南省·（普洱市）·西盟县（西盟佤族自治县）

【出处】 达老屈等讲，隋嘎等采录：《司岗里》，见中国民间文学集成全国编辑委员会编《中国民间故事集成》（云南卷），北京：中国 ISBN 中心 2003 年版，第 96 页。

W0406. 1. 6

水神波防密龙

实 例

瑶族 （参见“W0401. 5. 1. 2 密洛陀封开辟江河、凿通河道的波防密龙为水神”母题实例）

W0406. 1. 6a

水神罗班

实 例

瑶族 水神罗班大如船的两脚踏着水面走，挥动着两扇大耳。

【流传】广西壮族自治区·（河池市）·大化县（大化瑶族自治县）·七百岸乡

【出处】蓝阿勇（72 岁）讲，蒙冠雄采录翻译：《密洛陀》（1982），见中国民间文学集成全国编辑委员会编《中国民间故事集成》（广西卷），北京：中国 ISBN 中心 2001 年版，第 11 ~ 22 页。

W0406. 1. 7

水神巴阿嫩

【关联】［W0401. 4. 2. 1］天神英叭生后代水神巴阿嫩

实 例

傣族（水傣）（参见“W0401. 4. 2. 1 天神英叭生后代水神巴阿嫩”母题实例）

W0406. 1. 8

水神召

实 例

壮族 “召”（水神）变成小蛇样子。

【流传】广西壮族自治区·（百色市）·靖西县（靖西市）·新靖镇

【出处】凌树东搜集整理：*《祭水神》（1991），见吕大吉、何耀华总主编《中国各民族原始宗教资料集成》（土家族卷、瑶族卷、壮族卷、黎族卷），北京：中国社会科学出版社 1998 年版，第 505 页。

W0406. 1. 8. 1

司管河流的水神称“召大”

实 例

壮族 根据水神所司辖的水源不同而分别有各种称呼：司管河流的水神为“召大”（意思是河之主），司管泉水的水神为“召布”（意思是泉之主）等等。

【流传】广西壮族自治区·（百色市）·靖西县（靖西市）

【出处】凌树东搜集整理：*《祭水神》（1991），见吕大吉、何耀华总主编《中国各民族原始宗教资料集成》（土家族卷、瑶族卷、壮族卷、黎族卷），北京：中国社会科学出版社1998年版，第505页。

W0406.1.8.2
司管泉水的水神称“召布”

实　例

壮族　（参见“W0406.1.8.1 司管河流的水神称‘召大’”母题实例）

W0406.1.9
水神沙尼

实　例

傈僳族 水神名叫沙尼。

【流传】云南省·（怒江傈僳族自治州）·贡山县（贡山独龙族怒族自治县）

【出处】杨毓骧调查整理：《贡山地区的自然神崇拜》（1988），见吕大吉、何耀华总主编《中国各民族原始宗教资料集成》（纳西族卷、羌族卷、独龙族卷、傈僳族卷、怒族卷），北京：中国社会科学出版社2000年版，第725页。

W0406.1a
水神又称河神或海神

实　例

白族　大江、小河、湖泊、池塘、溪、涧、沟、井等，凡是有水之处，必有神在其中，总称为水神，洱海渔民则称之为河神或海神。

【流传】云南省·大理州（大理白族自治州）

【出处】吕大吉、何耀华总主编：《中国各民族原始宗教资料集成》（彝族卷、白族卷、基诺族卷），北京：中国社会科学出版社1996年版，第399页。

W0406.2
祭水神

实　例

（参见下级母题实例）

W0406.2.1
春季祭龙王水神

【关联】［W0401.3.2.1］龙王是水神

实　例

纳西族（摩梭人）春季祭龙王水神。

【流传】（无考）

【出处】《打巴经》。

W0406.2.2
行船前祭水神

实　例

壮族 船舶下滩前，船主要杀小猪烧香摆酒祭敬水神祈祷它保佑下滩。

【流传】广西壮族自治区·（河池市）·东兰县

【出处】覃剑萍搜集整理：*《祭水神》（1990），见吕大吉、何耀华总主编《中国各民族原始宗教资料集成》（土家族卷、瑶族卷、壮族卷、黎族卷)，北京：中国社会科学出版社 1998 年版，第 509 页。

W0406. 2. 3

溺水而死者要祭水神

实 例

傈僳族 溺水而死者要祭水神。

【流传】云南省·（怒江傈僳族自治州）·贡山县（贡山独龙族怒族自治县）

【出处】杨毓骧调查整理：《贡山地区的自然神崇拜》(1988)，见吕大吉、何耀华总主编《中国各民族原始宗教资料集成》（纳西族卷、羌族卷、独龙族卷、傈僳族卷、怒族卷），北京：中国社会科学出版社 2000 年版，第 725 页。

W0406. 3

龙王管众水神

【关联】［W0404. 4］水神管龙

实 例

纳西族 （实例待考）

W0406. 4

水神的定海神珠

实 例

布朗族 水神有一颗定海神珠。

【流传】云南省·（西双版纳傣族自治州）·勐海（勐海县）

【出处】艾帕相讲，岩温扁整理：《定海神珠》，见中华民族故事大系编委会编《中华民族故事大系》第 12 卷（布朗族、撒拉族、毛南族），上海：上海文艺出版社 1995 年版，第 7 页。

W0406. 5

共工之子是水神

【关联】

①［W0231. 4. 1. 1］共工之子成为地神

②［W0474. 1. 3. 1］社神是共工之子

③［W0685. 3. 1］共工是水神

实 例

（参见下级母题实例）

W0406. 5. 1

共工之子为玄冥师（雨师，水神）

实 例

汉族 共工之子，为玄冥师（雨师，水神）。

【流传】（无考）

【出处】［东汉］应劭：《风俗通义·祀典第八》引《左氏春秋传》。

W0406. 6

水仙

实 例

（参见下级母题实例）

W0406. 6. 1

水仙的来历

实 例

（实例待考）

W0406.6.2 水仙的特征

实 例

（实例待考）

W0406.6.3 与水仙有关的其他母题

实 例

（参见下级母题实例）

W0406.6.3.1 特定名称的水仙

实 例

（参见下级母题实例）

W0406.6.3.1.1 水仙姑

实 例

瑶族 玉帝把天升得高高的，把洪水后再造人类的水仙姑和小伙子留在天上，不准他们再下到凡间去了。

【流传】 广东省·（清远市）·连山壮族瑶族自治县（疑为连南瑶族自治县）·（三排镇）·油岭寨（油岭千户瑶寨）

【出处】

（a）唐丁、乔二公讲，广西民族调查组搜集，廖国柱整理：《开天辟地的传说》，见苏胜兴、刘保元、韦文俊、王矿新等编《瑶族民间故事选》，上海：上海文艺出版社1980年版。

（b）同（a），见姚宝瑄主编《中国各民族神话》（土家族、毛南族、侗族、瑶族），太原：山西出版传媒集团·书海出版社2014年版，第145页。

W0406.6.3.1.1.1 水仙姑管天水

实 例

瑶族 水仙姑管天水。

【流传】 广东省·（清远市）·连南县（连南瑶族自治县）·（三排镇）·油岭村

【出处】

（a）唐丁乔二公讲，广西少数民族社会历史调查组搜集：《水仙姑》，见曹廷伟编著《广西民间故事辞典》，南宁：广西教育出版社1993年版，第14页。

（b）唐丁乔二公讲，少数民族社会历史调查组搜集，廖国柱整理：《开天辟地》，见谷德明编《中国少数民族神话》，北京：中国民间文艺出版社1987年版，第126页。

瑶族 水仙姑专门管天水。

【流传】 广东省·（清远市）·连南县（连南瑶族自治县）

【出处】 广西少数民族社会历史调查组等搜集整理：《开天辟地的传说》，见中华民族故事大系编委会编《中华民族故事大系》第5卷（瑶族、白族、土家族），上海：上海文艺出版社 1995 年版，第 27～29 页。

W0406. 6. 3. 2
水仙的居所

实 例

（参见下级母题实例）

W0406. 6. 3. 2. 1
水仙住在水底

实 例

哈萨克族 （实例待考）

W0406. 7
水姑娘

【关联】［W1895. 5. 1］姑娘穿玉衣形成水的绿色

实 例

（参见下级母题实例）

W0406. 8
水伯

实 例

（参见下级母题实例）

W0406. 8. 1
水伯天吴

实 例

（参见下级母题实例）

W0406. 8. 1. 1
天吴八首人面，虎身十尾

实 例

汉族 有夏州之国。有盖余之国。有神人，八首人面，虎身十尾，名曰天吴。

【流传】（无考）

【出处】［战国至汉］撰者不详：《山海经·大荒东经》。

W0406. 8. 1. 2
天吴居朝阳之谷

实 例

汉族 朝阳之谷，神曰天吴，是为水伯。

【流传】（无考）

【出处】［战国至汉］撰者不详：《山海经·海外东经》。

W0406. 9
水君

实 例

（参见下级母题实例）

W0406. 9. 1
水君状如人，乘马，众鱼从之

实 例

汉族 水君，状如人，乘马，众鱼皆导从之，一名鱼伯。大水乃有之。汉末有人于河际见之。人马有鳞甲，如大鲤鱼，但手足目鼻与人不异耳。见人良久，乃入水中。

【流传】（无考）

【出处】［晋］崔豹：《古今注》卷中。

W0406.10

鱼伯

实 例

（参见下级母题实例）

W0406.10.1

鱼伯有鳞甲

实 例

汉族 （参见“W0406.9.1 水君状如人，乘马，众鱼从之”母题实例）

※W0407

河神（江神）

【汤普森】A425

实 例

（参见下级母题实例）

W0408

河神的产生

实 例

（参见下级母题实例）

W0408.1

人溺死变为河神

实 例

汉族 宓妃宓牺氏之女，溺死洛水，为神。

【流传】（无考）

【出处】［三国·魏］曹植：《洛神赋》［唐］李善注引《汉书音义》。

W0408.1.1

投河而死老人成为河神（罗刹汗）

实 例

锡伯族 一位孤独的老人，世代居住在“妹妹河”（嫩江）畔，捕鱼为生，后来投江自尽，人们把他当成河神（锡伯族称“罗刹汗”），世代供奉之。

【流传】（无考）

【出处】

(a) 佟克力：《锡伯族历史与文化》，乌鲁木齐：新疆人民出版社1989年版，第186～187页。

(b)《河神和鱼神》，见吕大吉、何耀华总主编《中国各民族原始宗教资料集成》（鄂伦春族卷、鄂温克族卷、赫哲族卷、达斡尔族卷、锡伯族卷、满族卷、蒙古族卷、藏族卷），北京：中国社会科学出版社1999年版，第400页。

W0408.2

人修炼成河神

【关联】［W0410.1.1.2］人修炼成河伯

实 例

汉族 冯夷服八石，得水道仙，为河伯。

【流传】（无考）

【出处】《河伯》，见［晋］干宝著，李剑国辑校《新辑搜神记》卷一，北京：中华书局 2007 年版，第 34 页。

W0408. 3

龙是河神

实 例

蒙古族 （实例待考）

W0409

河神的特征（河神的职能）

实 例

（参见下级母题实例）

W0409. 1

女河神

【汤普森】 A425. 1

实 例

（参见下级母题实例）

W0409. 2

河神人面鱼身

实 例

汉族 河伯人面鱼身。

【流传】（无考）

【出处】［唐］段成式：《酉阳杂俎·诺皋记上》。

W0409. 3

河神像人

实 例

珞巴族 （实例待考）

W0409. 4

江神是动物外形

实 例

（参见下级母题实例）

W0409. 4. 1

江神其状初为牛形，后为龙身

实 例

汉族 李冰与江神斗，其神状初为牛形，后为龙身。

【流传】（无考）

【出处】《水神》，见袁珂《中国神话大词典》，北京：华夏出版社 2015 年版，第 85 页。

W0409. 4. 2

河神像金螺、金鱼

实 例

白族 河神有金螺、金鱼也。金鱼白头，头上有轮。

【流传】云南省·大理州（大理白族自治州）

【出处】

（a）李霖灿：《南诏大理国新资料的综合研究》，见吕大吉、何耀华总主编

《中国各民族原始宗教资料集成》（彝族卷、白族卷、基诺族卷），北京：中国社会科学出版社 1996 年版，第 398 页。

（b）《南诏图传·文字卷》，见尤中校注：《焚古通记浅述校注》，昆明：云南人民出版社 1988 年版，第 181 页。

W0409.5
河神是保护神

实　例

（参见下级母题实例）

W0409.5.1
河神保护两岸居民

实　例

满族　（参见“W0410.5.13 老河神乌苏里恩都哩”母题实例）

W0410
与河神有关的其他母题

【关联】［W0973.1.3］江神分段管理

实　例

（参见下级母题实例）

W0410.1
河伯（水神河伯）

实　例

汉族　（实例待考）

W0410.1.1
河伯的产生

实　例

（参见下级母题实例）

W0410.1.1.1
溺死的人成为河伯

实　例

汉族　弘农冯夷（人名）以八月上庚日渡河溺死，天帝署为河伯。

【流传】（无考）

【出处】［东晋］干宝：《搜神记》卷四。

W0410.1.1.1.1
冯夷八月上庚日渡河溺死被天帝署为河伯

实　例

汉族　冯夷以八月上庚日渡河溺死，天帝署为河伯。

【流传】（无考）

【出处】［战国］屈原：《楚辞·九歌·河伯》［宋］洪兴祖补注引［东晋］葛洪《抱朴子·释鬼》。

汉族　冯夷（人名）于八月上庚日渡河溺死，天帝署为河伯。

【流传】（无考）

【出处】《河伯》，见乌丙安主编《中国民间神谱》，沈阳：辽宁人民出版社 2007 年版，第 19 页。

W0410. 1. 1. 2

人修炼成河伯

实 例

汉族 冯夷服八石，得水道仙，为河伯。

【流传】（无考）

【出处】《河伯》，见［东晋］干宝著，李剑国辑校《新辑搜神记》卷一，北京：中华书局2007年版，第34页。

W0410. 1. 2

河伯的特征

实 例

（参见下级母题实例）

W0410. 1. 2. 1

河伯人面鱼身

实 例

汉族 河伯，人面，乘两龙（一曰冰夷，一曰冯夷）；又曰人面鱼身。

【流传】（无考）

【出处】［唐］段成式《酉阳杂俎·诺皋记上》。

W0410. 1. 2. 1a

河伯白面长人鱼身

实 例

汉族 河伯白面长人鱼身。

【流传】（无考）

【出处】［春秋战国］尸佼：《尸子》。

W0410. 1. 2. 1b

河伯长人鱼身

实 例

汉族 昔夏禹观河，见长人鱼身出。曰："吾河精。"盖河伯也。

【流传】（无考）

【出处】

（a）［晋］张华：《博物志·异闻》。

（b）《阳纡》，见袁珂《中国神话大词典》，北京：华夏出版社2015年版，第148页。

W0410. 1. 2. 2

河伯性情放荡，喜怒无常

实 例

汉族 河伯性情放荡，喜怒无常，心胸狭窄，盛气凌人。

【流传】河南省·（郑州市）·巩义市（巩县洛河沿岸地区）

【出处】丁永鉴、赵现民采录整理：《嫦娥奔月（二）》，见张振犁编著，孟宪明、朱淑君统纂《中原神话通鉴》（第三卷），郑州：河南大学出版社2017年版，第877页。

W0410. 1. 3

河伯的能力

实 例

（参见下级母题实例）

W0410.1.3.1

河伯化鲤鱼

实 例

朝鲜族 河伯化鲤鱼，天王郎化豺；河伯化山鸡，天王郎化雄鹰。

【流传】（无考）

【出处】李政文翻译，谷德明整理：《天王郎和柳花》，见谷德明编《中国少数民族神话》，北京：中国民间文艺出版社1987年版，第26～28页。

W0410.1.3.2

河伯化为白龙

实 例

汉族 河伯曾化为白龙，游于水上，被后羿射瞎了左眼。

【流传】（无考）

【出处】《河伯》，见乌丙安主编《中国民间神谱》，沈阳：辽宁人民出版社2007年版，第19页。

W0410.1.4

河伯的生活

实 例

（参见下级母题实例）

W0410.1.4.1

河伯娶妻

实 例

汉族 （参见“W0410.4.2.1 河神娶妻”母题实例）

W0410.1.4.2

河伯居阳盱

实 例

汉族 阳盱为水神河伯所居处。

【流传】（无考）

【出处】《阳纡》，见袁珂《中国神话大词典》，北京：华夏出版社2015年版，第148页。

W0410.1.5

河伯的关系

实 例

（参见下级母题实例）

W0410.1.5.1

河伯领着鱼鳖虾蟹、蛤蟆、长虫

实 例

汉族 河伯领着鱼鳖虾蟹、蛤蟆、长虫各路精气，帮助黄帝建城池。

【流传】河南省·（郑州市）·新郑市

【出处】薛文灿、赵国鼎讲，李新明采录整理：《黄帝城（一）》，见张振犁编著，孟宪明、朱淑君统纂《中原神话通鉴》（第二卷），郑州：河南大学出版社2017年版，第618页。

W0410.1.5.2

河伯使者

实 例

（参见下级母题实例）

W0410. 1. 5. 2. 1 河伯使者十二童子

实 例

汉族 西海水上，有神乘白马朱鬣，白衣玄冠，从十二童子，驰马西海水上，如飞如风，名曰河伯使者。或时上岸，马迹所及，水至其处。所之之国，雨水滂沱。暮则还河。

【流传】（无考）

【出处】［汉］东方朔：《神异经·西荒经》。

W0410. 1. 6 与河伯有关的其他母题

【关联】［W0405. 5. 3. 1. 3］黄河神又称河伯

实 例

（参见下级母题实例）

W0410. 1. 6. 1 河伯冰夷

【关联】［W0410. 1. 1. 1. 1］冯夷八月上庚日渡河溺死被天帝署为河伯

实 例

汉族 “乘两龙”之冰夷，即河伯。

【流传】（无考）

【出处】《水神》，见袁珂《中国神话大词典》，北京：华夏出版社 2015 年版，第 85 页。

汉族 冰夷 即“河伯”。亦作“冯夷”、“无夷”。

【流传】（无考）

【出处】《冰夷》，见袁珂《中国神话大词典》，北京：华夏出版社 2015 年版，第 140 页。

W0410. 1. 6. 1. 1 冰夷乘两龙

实 例

汉族 从极之渊深三百仞，维冰夷恒都焉。冰夷人面，乘两龙。

【流传】（无考）

【出处】［战国至汉］撰者不详：《山海经·海内北经》。

W0410. 1. 6. 2 河伯冯夷

实 例

汉族 冯夷以八月上庚日渡河溺死，天帝署为河伯。

【流传】（无考）

【出处】［战国］屈原：《楚辞·九歌·河伯》［宋］洪兴祖补注引《抱朴子·释鬼》。

汉族 《清铃传》曰：“冯夷，华阴潼乡堤首人也，服八石，得水仙，是为河伯。”

【流传】（无考）

【出处】［战国］庄周：《庄子·大宗师》释文引［晋］司马彪。

W0410.1.6.3

河伯无夷

实 例

汉族 河伯，亦作“冰夷”、“冯夷”、“无夷”。

【流传】（无考）

【出处】《河伯》，见袁珂《中国神话大词典》，北京：华夏出版社 2015 年版，第 212 页。

W0410.1.6.3.1

河伯无夷居阳纡之山

实 例

汉族 戊寅，天子西征，鹜行，至于阳纡之山，河伯无夷之所都居。

【流传】（无考）

【出处】［战国］作者不详：《穆天子传》卷一。

W0410.1.6.4

河伯女

实 例

汉族 太原郡东有崖山。天旱，土人常烧此山以求雨。俗传崖神娶河伯女，故河伯见火，必降雨救之。今山上多生水草。

【流传】（无考）

【出处】［唐］段成式：《酉阳杂俎·诺皋记上》。

汉族 阳羡小吏吴龛，有主人在溪南。尝以一日乘掘头舟过水，溪内忽见一五色石，取内床头，至夜，化成一女子，自称是河伯女。

【流传】（无考）

【出处】鲁迅：《古小说钩沉》辑《幽明录》。

W0410.1.6.5

鸭绿江的河伯神

实 例

朝鲜族 鸭绿江上有个河伯神，他有三个女儿，大的叫柳花，二的叫萱花，三的叫苇花。

【流传】（无考）

【出处】

（a）金德顺讲，裴永镇整理：《朱蒙》，见《朝鲜族民间故事讲述家金德顺故事集》，上海：上海文艺出版社 1983 年版。

（b）同（a），见姚宝瑄主编《中国各民族神话》（满族、赫哲族、朝鲜族），太原：山西出版传媒集团·书海出版社 2014 年版，第 170～181 页。

W0410.2

河神的居所

实 例

（参见下级母题实例）

W0410.2.1

河神住水中

实 例

（参见下级母题实例）

W0410. 2. 1. 1 河神能像鱼在水里生活

实 例

珞巴族 （实例待考）

W0410. 2. 2 河神住水宫

实 例

朝鲜族 天王郎解慕漱带着柳花进水宫向柳花的父亲河伯求婚。

【流传】（无考）

【出处】

（a）金德顺讲，裴永镇整理：《朱蒙》，见《朝鲜族民间故事讲述家金德顺故事集》，上海：上海文艺出版社 1983 年版。

（b）同（a），见姚宝瑄主编《中国各民族神话》（满族、赫哲族、朝鲜族），太原：山西出版传媒集团·书海出版社 2014 年版，第 170～181 页。

汉族 河神住在水宫。

【流传】河北省·（石家庄市）·藁城县（藁城市）·（常安镇）·耿村

【出处】靳景祥讲，杨荣国采录：《嫦娥奔月》，见中国民间文学集成全国编辑委员会编《中国民间故事集成》（河北卷），北京：中国 ISBN 中心 2003 年版，第 27 页。

W0410. 2. 3 河神住龙宫

实 例

汉族 河神回到龙宫，非常气恨，想狠狠报复一下人间百姓。

【流传】豫中一带（河南省中部地区）

【出处】李卫华的祖母讲，李卫华采录整理：《嫦娥与后羿》（1989. 12. 10），见张振犁编著，孟宪明、朱淑君统纂《中原神话通鉴》（第三卷），郑州：河南大学出版社 2017 年版，第 874 页。

W0410. 3 河神的生活

实 例

（参见下级母题实例）

W0410. 3. 1 河神的服饰

实 例

（实例待考）

W0410. 3. 2 河神的饮食

实 例

（实例待考）

W0410.3.3

河神的出行

实 例

汉族 （实例待考）

W0410.3.4

河神的用品

实 例

（实例待考）

W0410.4

河神的关系

实 例

（参见下级母题实例）

W0410.4.1

河神的父母

实 例

（实例待考）

W0410.4.2

河神的妻子

实 例

（参见下级母题实例）

W0410.4.2.1

河神娶妻

实 例

汉族 魏文侯时，西门豹为邺令。豹往到邺，会长老，问之民所疾苦。长老曰：“苦为河伯娶妇，以故贫。”豹问其故，对曰：“邺三老、廷掾常岁赋敛百姓，收取其钱得数百万，用其二三十万为河伯娶妇，与祝巫共分其余钱持归。当其时，巫行视小家女好者，云是当为河伯妇。即娉取。洗沐之，为治新缯绮縠衣，闲居斋戒；为治斋宫河上，张缇绛帷，女居其中，为具牛酒饭食，行十余日。共粉饰之，如嫁女床席，令女居其上，浮之河中。始浮，行数十里乃没……”

【流传】（无考）

【出处】［汉］褚少孙：《西门豹治邺》。

W0410.4.3

河神的子女

实 例

（参见下级母题实例）

W0410.4.3.1

河神有3个女儿

实 例

朝鲜族 （参见“W0410.1.6.5 鸭绿江的河伯神”母题实例）

W0410.5

特定名称的河神（特定名称的江神，河神的名称）

实 例

（参见下级母题实例）

W0410.5.1
开河创潭之神

实 例

（参见下级母题实例）

W0410.5.1.1
蟹王是开河创潭之神

实 例

苗族 蟹王是开河创潭之神。

【流传】贵州省·黔东南（黔东南苗族侗族自治州）

【出处】过竹：《苗族神话研究》，南宁：广西人民出版社 1988 年版，第 198 页。

W0410.5.2
巡江女神

实 例

（参见下级母题实例）

W0410.5.2.1
巡江女神尼如沙克沙哈（水喜鹊）

实 例

满族 水喜鹊，满语为“尼如沙克沙哈”，创世神话中的巡江女神。

【流传】（无考）

【出处】郭淑云：《满族鸟崇拜文化探源》（拟刊稿），见吕大吉、何耀华总主编《中国各民族原始宗教资料集成》（鄂伦春族卷、鄂温克族卷、赫哲族卷、达斡尔族卷、锡伯族卷、满族卷、蒙古族卷、藏族卷），北京：中国社会科学出版社 1999 年版，第 480～481 页。

W0410.5.3
巡河大王

实 例

（参见下级母题实例）

W0410.5.3.1
大禹封乌龟为“巡河大王”

实 例

汉族 大禹在三门峡降服的大乌龟现了原形，原是一个六臂黑面的大汉。他跪倒地下向大禹求饶。大禹看他一片诚意，便封他为“巡河大王”，令他监督河上的其他妖怪。

【流传】河南省·三门峡市

【出处】薛子奇、王新章讲，戴征贤采录整理：《通天柱与巡河大王》，见张振犁编著，孟宪明、朱淑君统纂《中原神话通鉴》（第四卷），郑州：河南大学出版社 2017 年版，第 1070 页。

W0410.5.4
江神屈原

【关联】［W0046.4.1］楚国大夫屈原死后成为江神

实 例

汉族 （参见“W0046.4.1 楚国大夫

屈原死后成为江神”母题实例）

W0410.5.5
江神李冰父子

实 例

汉族 修建都江堰造福一方的李冰父子，即被民间奉为江神，受蜀人供奉。

【流传】（无考）

【出处】《江神》，见乌丙安主编《中国民间神谱》，沈阳：辽宁人民出版社2007年版，第20页。

W0410.5.6
江神伍子胥

实 例

（参见下级母题实例）

W0410.5.6.1
伍子胥是主管长江水域的江神

实 例

汉族 伍子胥奉为主管长江水域的江神。

【流传】（无考）

【出处】《潮神》，见乌丙安主编《中国民间神谱》，沈阳：辽宁人民出版社2007年版，第21页。

W0410.5.7
江神奇相

实 例

汉族 江神谓之奇相。

【流传】（无考）

【出处】［三国·魏］张楫：《广雅·释天》。

W0410.5.7.1
帝女死后成为江神奇相

实 例

汉族 奇相，帝女也，卒为江神。

【流传】（无考）

【出处】［西汉］司马迁：《史记·封禅书》索隐引庾仲雍《江记》。

W0410.5.7.2
震蒙氏之女溺死成为江神奇相

实 例

汉族 震蒙氏之女窃黄帝元珠，沈江而死，化为此神（奇相），即今江渎庙也。

【流传】（无考）

【出处】［宋］张唐英：《蜀祷杌》卷上。

汉族 古史云，震蒙氏之女窃黄帝玄珠，沉江而死，化为奇相，即今江渎神是也。

【流传】（无考）

【出处】［清］张澍撰：《蜀典》卷二“奇相”条引《蜀祷杌》。

W0410.5.8
河精

实 例

（参见下级母题实例）

W0410.5.8.1
河精白面长人鱼身

实 例

汉族 禹理水，观于河，见白面长人鱼身出，曰：“吾河精也。”授禹图而还于渊中。

【流传】（无考）

【出处】

（a）［春秋战国］尸佼：《尸子》卷下。

（b）《阳纡》，见袁珂《中国神话大词典》，北京：华夏出版社 2015 年版，第 148 页。

W0410.5.8.2
河精即河伯

实 例

汉族 禹理水，观于河，见白面长人鱼身出，曰：“吾河精也。”授禹河图，而还于渊中。

【流传】（无考）

【出处】［春秋战国］尸佼著，［清］孙星衍辑本：《尸子》卷下。

汉族 昔夏禹观河，见长人鱼身出，曰：“吾河精。”盖河伯也。

【流传】（无考）

【出处】［晋］张华：《博物志·异闻》。

W0410.5.9
江妃二女

实 例

汉族 江妃二女者，不知何所人也，出游江汉之滨。交甫悦之，请其佩。二女解佩交于交甫，交甫受而怀之。趋去数十步，视佩，空怀无佩。

【流传】（无考）

【出处】［西汉］刘向：《列仙传》卷上。

W0410.5.10
河神巨灵

实 例

汉族 巨灵咆哮擘两山，洪波喷流射东海。

【流传】（无考）

【出处】［唐］李白：《西岳山云台歌送丹邱子》。

汉族 二华之山，本一山也。当河，河水过之而曲行。河神巨灵，以手擘开其上，以足蹈离其下，中分为两，以利河流。今观手迹于华岳上，指掌之迹具在。足迹在首阳山下，至今犹存。

【流传】（无考）

【出处】［东晋］干宝：《搜神记》卷十三。

W0410.5.11

总管河神

实 例

（参见下级母题实例）

W0410.5.11.1

总管河神主司河流之水神，水运业、渔业

实 例

民族无考 总管河神主司河流之水神，水运业、渔业所奉行业保护神。

【流传】（无考）

【出处】 《水运、渔业神——总管河神》，见乌丙安主编《中国民间神谱》，沈阳：辽宁人民出版社 2007 年版，第 179 页。

W0410.5.11.2

总管河神是渔民船工的保护神

实 例

民族无考 总管河神也被渔民船工奉为保护神。

【流传】（无考）

【出处】 《水运、渔业神——总管河神》，见乌丙安主编《中国民间神谱》，沈阳：辽宁人民出版社 2007 年版，第 179 页。

W0410.5.12

四渎神

实 例

（参见下级母题实例）

W0410.5.12.1

四渎神指长江神、黄河神、淮河神、济水神

实 例

汉族 四渎，即长江（古称扬子江）、黄河、淮河、济水。这四条大河在古代都是流入大海的大川，所以成为我国民间信仰中河川神的代表。

【流传】（无考）

【出处】《四渎神》，见乌丙安主编《中国民间神谱》，沈阳：辽宁人民出版社 2007 年版，第 18 页。

W0410.5.13

老河神乌苏里恩都哩

实 例

满族 在很久以前，乌苏里江有一位镇江的老河神，叫乌苏里恩都哩。他老人家不但掌管水中的一切，还保护着居住在两岸的满族人。

【流传】 黑龙江省

【出处】 傅英人（“人”疑为“仁”）讲，张爱云记录整理：《朱拉贝子和阿苏里姑娘》，原载《满族萨满神话》，见陶阳、钟秀编《中国神话》

（中），北京：商务印书馆 2008 年版，第 965 ~972 页。

W0410. 5. 14

河神“恣”

实 例

纳西族 “恣”是河神。

【流传】云南省·丽江（丽江市）·玉龙（玉龙纳西族自治县）·鲁甸（鲁甸乡）

【出处】和开祥（68 岁）讲，和志武调查整理：《丽江鲁甸地区的祭“糯布”（畜神和谷神）》（1989），见吕大吉、何耀华总主编《中国各民族原始宗教资料集成》（纳西族卷、羌族卷、独龙族卷、傈僳族卷、怒族卷），北京：中国社会科学出版社 2000 年版，第 290 页。

W0410. 6

江水神

实 例

（参见下级母题实例）

W0410. 6. 1

江中江水神

实 例

彝族 岩上岩崖神，箐中森林神，江中江水神，屋中房屋神。

【流传】云南省·（昆明市）·禄劝县（禄劝彝族苗族自治县）·云龙乡·卡问村

【出处】张仲仁（彝族）翻译：*《禄劝彝族的祈福经》，见吕大吉、何耀华总主编《中国各民族原始宗教资料集成》（彝族卷、白族卷、基诺族卷），北京：中国社会科学出版社 1996 年版，第 288 ~290 页。

W0410. 7

江河神

实 例

（参见下级母题实例）

W0410. 7. 1

江河神觉神

实 例

彝族 弥神（暴雨神）住天上，觉神（江河神）漫盈地。

【流传】贵州省·（毕节市）·威宁县（威宁彝族回族苗族自治县）、赫章县一带

【出处】罗正清翻译，黄建明摘录：《弥神与觉神》（未刊稿），见吕大吉、何耀华总主编《中国各民族原始宗教资料集成》（彝族卷、白族卷、基诺族卷），北京：中国社会科学出版社 1996 年版，第 280 页。

W0410. 7. 2

江河神木吉

实 例

彝族 江河神“木吉”。

【流传】（无考）
【出处】岭光电译：《呗耄献祖经》，见何耀华《彝族的自然崇拜及其特点》，载《思想战线》1982年第6期。

※W0411
海神
【汤普森】A421
实　例
汉族 海神来过恶风回，浪打天门石壁开。
【流传】（无考）
【出处】［唐］李白：《横江词》。

W0412
海神的产生
实　例
（参见下级母题实例）

W0412.1
人成为海神
实　例
（参见下级母题实例）

W0412.1.1
小阿哥突忽烈玛发成为海神
实　例
满族 一个部落降生的小阿哥突忽烈玛发成为海神。
【流传】黑龙江省·牡丹江市·（阳明区）·铁岭河（铁岭河镇）
【出处】郭鹤令讲，傅英仁采录：《突忽烈玛发》，见中国民间文学集成全国编辑委员会编《中国民间故事集成》（黑龙江卷），北京：中国ISBN中心2005年版，第74～75页。

W0412.2
龙成为海神
实　例
（实例待考）

W0413
海神的特征
实　例
（参见下级母题实例）

W0413.1
海神的性别
实　例
（参见下级母题实例）

W0413.1.1
女海神
【汤普森】A421.1
【关联】［W0068a.5.10.1］四海娘娘管水里的事
实　例
（参见下级母题实例）

W0413.1.1.1
东海女神
【关联】［W0065］女神

实 例

（参见下级母题实例）

W0413. 1. 1. 1. 1 东海女神是故乡神

实 例

满族 德里刻奥姆玛玛是东海女神，也是东海尼玛查哈拉（氏）远世祖的故乡神。

【流传】吉林省·（长春市）·九台县（九台市）·莽卡乡（莽卡满族乡）

【出处】杨世昌讲，富育光记录整理：《海崇拜》（1981. 03），见吕大吉、何耀华总主编《中国各民族原始宗教资料集成》（鄂伦春族卷、鄂温克族卷、赫哲族卷、达斡尔族卷、锡伯族卷、满族卷、蒙古族卷、藏族卷），北京：中国社会科学出版社 1999 年版，第 480 页。

W0413. 1. 1. 1. 2 东海女神是生命女神

实 例

满族 东海女神德里给奥木玛玛，是东方光明与水的生命母神。

【流传】吉林省·（延边朝鲜族自治州）·珲春地区（珲春市）

【出处】富育光根据实地调查（1980s）和光绪十六年（1890 年）著述的《扈伦七姓满洲火祭神书》整理翻译：《火祭》，见吕大吉、何耀华总主编《中国各民族原始宗教资料集成》（鄂伦春族卷、鄂温克族卷、赫哲族卷、达斡尔族卷、锡伯族卷、满族卷、蒙古族卷、藏族卷），北京：中国社会科学出版社 1999 年版，第 520 页。

W0413. 1. 1. 1. 3 东海生命之母神都金恩都力

实 例

满族 都金恩都力（神名）每个毛孔都能生出人和鱼来，是东海生命之母神。

【流传】（无考）

【出处】

（a）富育光：《萨满教与神话》，沈阳：辽宁大学出版社 1990 年版，第 50 页。

（b）《都金恩都力生人》，见吕大吉、何耀华总主编《中国各民族原始宗教资料集成》（鄂伦春族卷、鄂温克族卷、赫哲族卷、达斡尔族卷、锡伯族卷、满族卷、蒙古族卷、藏族卷），北京：中国社会科学出版社 1999 年版，第 485 页。

W0413. 1. 1. 1. 4 东海女神鱼首人身

实 例

满族 东海女神为鱼头女人身体的女性大神。

【流传】吉林省·（延边朝鲜族自治州）·珲春地区（珲春市）

【出处】富育光根据实地调查（1980s）

和光绪十六年（1890年）著述的《扈伦七姓满洲火祭神书》整理翻译：《火祭》，见吕大吉、何耀华总主编《中国各民族原始宗教资料集成》（鄂伦春族卷、鄂温克族卷、赫哲族卷、达斡尔族卷、锡伯族卷、满族卷、蒙古族卷、藏族卷），北京：中国社会科学出版社1999年版，第520页。

W0413.1.1.1.4.1

东海女神德里给奥木妈妈鱼首人身

实 例

满族 东海女神德里给奥木妈妈鱼首人身。

【流传】（无考）

【出处】《东海沉冤录》，见罗绮《满族神话的民族特点》，载《满族研究》1993年第1期。

W0413.2

海神的外貌

实 例

（参见下级母题实例）

W0413.2.1

海神身长鳞片

实 例

满族 海神突忽烈玛发浑身长鳞片，鸭子爪。

【流传】（无考）

【出处】《突忽烈玛发》，见傅英仁口述，张爱云整理《傅英仁满族故事》（上），哈尔滨：黑龙江人民出版社2006年版，第20页。

W0413.2.2

海神身披盔甲

实 例

汉族 昔禹王集诸侯于涂山之夕，忽大风雷震，云中甲马及九十一千余人，中有服金甲及铁甲。不被甲者，以红绢袜其首额。禹王问之，对曰：“此袜额盖武士之首服。”皆佩刀以为卫从。乃是海神来朝也。一云风伯雨师。

【流传】（无考）

【出处】［后唐］马缟：《中华古今注》卷上。

W0413.2.3

海神貌丑

实 例

汉族 始皇于海中作石桥，海神为之竖柱。始皇求与相见，神曰：“我形丑，莫图我形，当与帝相见。”乃入海四十里，见海神。

【流传】（无考）

【出处】［北魏］郦道元：《水经注·濡水》引《三齐略记》。

W0414
与海神有关的其他母题

【关联】［W0464］航海神（海上保护神，行船保护神）

实 例

（参见下级母题实例）

W0414. 1
特定名称的海神

实 例

（参见下级母题实例）

W0414. 1. 1
东海神

【关联】［W1964. 4. 2. 1］东海有东海龙王

实 例

（参见下级母题实例）

W0414. 1. 1. 1
东海女神德里刻奥姆玛玛

【关联】［W0413. 1. 1. 1］东海女神

实 例

满族 东海尼玛查哈拉（氏）崇拜东方，祭祀要面东磕头，德里刻奥姆玛玛是东海女神。

【流传】吉林省·（长春市）·九台县（九台市）·莽卡乡（莽卡满族乡）

【出处】杨世昌讲，富育光记录整理：《海崇拜》（1981. 03），见吕大吉、何耀华总主编《中国各民族原始宗教资料集成》（鄂伦春族卷、鄂温克族卷、赫哲族卷、达斡尔族卷、锡伯族卷、满族卷、蒙古族卷、藏族卷），北京：中国社会科学出版社 1999 年版，第 480 页。

W0414. 1. 1. 2
东海之神句芒

实 例

汉族 东海之神曰句芒。

【流传】（无考）

【出处】［唐］虞世南：《北堂书抄》卷一四四引《太公金匮》。

W0414. 1. 1. 3
东海之神禺猇

实 例

（参见下级母题实例）

W0414. 1. 1. 3. 1
禺猇是黄帝之子

实 例

汉族 东海之渚中，有神，人面鸟身，珥两黄蛇，践两黄蛇，名曰禺猇。黄帝生禺猇，禺猇生禺京。禺京处北海，禺猇处东海，是为海神。

【流传】（无考）

【出处】［战国至汉］撰者不详：《山海经·大荒东经》。

W0414.1.1.3.2

禺猇人面鸟身

实 例

汉族 （参见“W0414.1.1.3.1 禺猇是黄帝之子”母题实例）

W0414.1.2

南海神

实 例

（参见下级母题实例）

W0414.1.2.1

南海之神祝融

实 例

汉族 南海之神曰祝融。

【流传】（无考）

【出处】［唐］虞世南：《北堂书抄》卷一四四引《太公金匮》。

W0414.1.2.2

南海之神不廷胡余

【关联】［W0498.10］不廷胡余

实 例

汉族 南海渚中，有神，名曰不廷胡余。

【流传】（无考）

【出处】［战国至汉］撰者不详：《山海经·大荒南经》。

W0414.1.3

西海神

实 例

（参见下级母题实例）

W0414.1.3.1

西海之神蓐收

实 例

汉族 四海之神，南海之神曰祝融，东海之神曰句芒，北海之神曰玄冥，西海之神曰蓐收。

【流传】（无考）

【出处】［唐］虞世南：《北堂书抄》卷一四四引《太公金匮》。

W0414.1.3.2

西海之神弇兹

实 例

汉族 西海渚中，有神，名曰弇兹。

【流传】（无考）

【出处】［战国至汉］撰者不详：《山海经·大荒西经》。

W0414.1.4

北海神

实 例

（参见下级母题实例）

W0414. 1. 4. 1

北海之神玄冥

实 例

汉族 北海之神曰玄冥。

【流传】（无考）

【出处】［唐］虞世南：《北堂书抄》卷一四四引《太公金匮》。

W0414. 1. 4. 2

北海之神海若

实 例

汉族 《庄子·秋水》云："河伯顺流而东行，至于北海，望洋向若而叹。"此海若，即北海之神名若者。

【流传】（无考）

【出处】《海若》，见袁珂《中国神话大词典》，北京：华夏出版社 2015 年版，第 279 页。

W0414. 1. 4. 2. 1

海若舞冯夷

实 例

汉族 "令海若舞冯夷。"王逸注："海若，海神名。"

【流传】（无考）

【出处】［战国］屈原：《楚辞·远游》王逸注。

W0414. 1. 4. 3

北海海神禺强

【关联】［W0695. 3. 4. 1］黄帝之孙禺强（玄冥、禺疆、禺京）

实 例

汉族 禺强为禺猇之子，亦是人面鸟身珥两青蛇，践两赤蛇，为北海之神。

【流传】（无考）

【出处】［战国至汉］撰者不详：《山海经·大荒东经》。

W0414. 1. 4. 3. 1

黄帝的孙子禺强是海神兼风神

实 例

汉族 海神而兼风神的禺强。禺强，又叫玄冥，是黄帝的孙子。

【流传】（无考）

【出处】《颛顼隔断天地的通路》，原载袁珂编译《中国神话故事》，见陶阳、钟秀编《中国神话》（上），北京：商务印书馆 2008 年版，第 195 ~ 198 页。

W0414. 1. 4. 4

北海海神禺京

实 例

汉族 东海之渚中，有神，人面鸟身，珥两黄蛇，践两黄蛇，名曰禺猇。黄帝生禺猇，禺猇生禺京。禺京处北海，禺猇处东海，是为海神。

【流传】（无考）

【出处】［战国至汉］撰者不详：《山海经·大荒东经》。

W0414.1.4.4.1
北海神主土伦布

实　例

满族 突忽烈（人名）周游东、南、西、北四海，找到北海神主土伦布，并带回千年松木桶、万年北海冰、镇妖弓、穿妖箭等宝物。

【流传】（无考）

【出处】富育光、孟慧英、王宏刚整理：《突忽烈玛发》，见姚宝瑄主编《中国各民族神话》（满族、赫哲族、朝鲜族），太原：山西出版传媒集团·书海出版社 2014 年版，第 89 页。

W0414.1.5
海底女神

实　例

满族 东海深层海底女神吉姆吉玛玛，长有修长的青色发，如海带、飘浮于海中。

【流传】（无考）

【出处】《海祭》，富育光据《东海沉冤录》、《清光绪十六年扈伦七姓满族海祭神谕》翻译整理，见吕大吉、何耀华总主编《中国各民族原始宗教资料集成》（鄂伦春族卷、鄂温克族卷、赫哲族卷、达斡尔族卷、锡伯族卷、满族卷、蒙古族卷、藏族卷），北京：中国社会科学出版社 1999 年版，第 521～522 页。

W0414.1.6
镇海大王

实　例

（参见下级母题实例）

W0414.1.6.1
镇海大王能降蜈蚣精

实　例

京族 杀死蜈蚣精的神仙是镇海大王。

【流传】广西壮族自治区京家三岛和滨海京族居住村庄

【出处】阮进如讲，龙旦城搜集整理：《三岛传说》，见苏润光等编《京族民间故事选》，北京：中国民间文艺出版社 1984 年版，第 1 页。

京族 一位神仙化作乞丐搭船，将一滚烫南瓜投入蜈蚣精口中，蜈蚣尸断为三，化成巫头、山心、万尾三个小岛。因此居住在这三岛的京族，尊此神为镇海大王。

【流传】（无考）

【出处】韦坚平搜集整理：《镇海大王》，见姚宝瑄主编《中国各民族神话》（仫佬族、壮族、京族），太原：山西出版传媒集团·书海出版社 2014 年版，第 198 页。

W0414. 1. 7
海神突忽烈玛发

实 例

满族 突忽烈玛发是一位海神。

【流传】黑龙江省·牡丹江市·（阳明区）·铁岭河（铁岭河镇）

【出处】郭鹤令讲，傅英仁采录：《突忽烈玛发》，见中国民间文学集成全国编辑委员会编《中国民间故事集成》（黑龙江卷），北京：中国 ISBN 中心 2005 年版，第 74 ~ 75 页。

W0414. 1. 8
海神玄天上帝

实 例

汉族 玄天上帝也受到格外推崇，被沿海一带的民众奉为海神，即为海上作业的保护神。

【流传】（无考）

【出处】《紫微北极大帝》，见乌丙安主编《中国民间神谱》，沈阳：辽宁人民出版社 2007 年版，第 251 页。

W0414. 1. 8. 1
玄天上帝脚踏一龟一蛇

实 例

汉族 玄天上帝披发仗剑，赤脚踏一龟一蛇。

【流传】（无考）

【出处】《紫微北极大帝》，见乌丙安主编《中国民间神谱》，沈阳：辽宁人民出版社 2007 年版，第 251 页。

W0414. 1. 9
四海神君（四海海神）

实 例

（参见下级母题实例）

W0414. 1. 9. 1
祝融、勾芒、玄冥、蓐收为四海神君

实 例

汉族 祝融、勾芒、玄冥、蓐收，皆为中国古代传说司方位之神仙，也被视为四海神君。

【流传】（无考）

【出处】《海神》，见乌丙安主编《中国民间神谱》，沈阳：辽宁人民出版社 2007 年版，第 22 页。

W0414. 1. 10
海神冯修青

实 例

汉族 冯修青、阿明等为海神。

【流传】（无考）

【出处】《海神》，见乌丙安主编《中国民间神谱》，沈阳：辽宁人民出版社 2007 年版，第 22 页。

W0414.1.11
海神阿明

实　例

汉族（参见“W0414.1.10 海神冯修青”母题实例）

W0414.1.12
特定名称的地方性海神

实　例

（参见下级母题实例）

W0414.1.12.1
泉州海神

实　例

汉族 地方性专司保护某一海域的海神，如泉州海神等。

【流传】（无考）

【出处】《海神》，见乌丙安主编《中国民间神谱》，沈阳：辽宁人民出版社2007年版，第22页。

W0414.1.12.2
洱海中的水神也叫海神

实　例

白族 洱海四周以打鱼为生的渔民，他们认为洱海中有水神，也叫海神。

【流传】云南省·（大理白族自治州）·大理市·城郊乡、海东乡

【出处】詹承绪调查整理：《洱海渔民水神祭》（1988），见吕大吉、何耀华总主编《中国各民族原始宗教资料集成》（彝族卷、白族卷、基诺族卷），北京：中国社会科学出版社1996年版，第492页。

W0414.2
海神的职能（海神的能力）

实　例

（参见下级母题实例）

W0414.2.1
海神保护航海捕鱼者人身安全、多捕海物

实　例

满族 杨姓满族的海神为鱼骨、鱼牙偶像，它能保护航海捕鱼者人身安全、多捕海物。

【流传】吉林省·（延边朝鲜族自治州）·珲春地区（珲春市）

【出处】

（a）富育光、孟慧英：《满族萨满教研究》，北京：北京大学出版社1991年版，第123～126页。

（b）《神偶的功能》，见吕大吉、何耀华总主编《中国各民族原始宗教资料集成》（鄂伦春族卷、鄂温克族卷、赫哲族卷、达斡尔族卷、锡伯族卷、满族卷、蒙古族卷、藏族卷），北京：中国社会科学出版社1999年版，第492页。

W0414. 2. 2
海神指引探海者的方向

实 例

满族 东海深层海底女神吉姆吉玛玛，长有修长的青色发，如海带、飘浮于海中，人若探海必由她指引，才能寻回陆地。

【流传】（无考）

【出处】《海祭》，富育光据《东海沉冤录》、《清光绪十六年扈伦七姓满族海祭神谕》翻译整理，见吕大吉、何耀华总主编《中国各民族原始宗教资料集成》（鄂伦春族卷、鄂温克族卷、赫哲族卷、达斡尔族卷、锡伯族卷、满族卷、蒙古族卷、藏族卷），北京：中国社会科学出版社 1999 年版，第 521 ~522 页。

W0414. 2. 3
海神兼风神

实 例

汉族 “鱼身手足”，海神禺彊之形貌；“人面鸟身”，风神禺彊之形貌。禺彊之神职，实海神而兼风神。

【流传】（无考）

【出处】《禺彊》，见袁珂《中国神话大词典》，北京：华夏出版社 2015 年版，第 230 页。

W0414. 3
海神的生活

实 例

（参见下级母题实例）

W0414. 3. 1
海神的居所

实 例

（参见下级母题实例）

W0414. 3. 1. 1
海神住海中

实 例

满族 突忽烈玛发是居住在海里的一位海神。

【流传】黑龙江省 · 牡丹江市 · （阳明区） · 铁岭河（铁岭河镇）

【出处】郭鹤令讲，傅英仁采录：《突忽烈玛发》，见中国民间文学集成全国编辑委员会编《中国民间故事集成》（黑龙江卷），北京：中国 ISBN 中心 2005 年版，第 74 ~75 页。

W0414. 4
海神的关系

实 例

（参见下级母题实例）

W0414.4.1

海神的亲属

实　例

（实例待考）

W0414.4.1.1

波浪是海神的孩子

【汤普森】 ≈A423

实　例

（实例待考）

W0414.4.2

海神的上司

实　例

（参见下级母题实例）

W0414.4.2.1

海神是龙王的从属

实　例

汉族 命令龙王发动海神降了3天3夜大雨，形成洪水。

【流传】 陕西省·（延安市）·延川县

【出处】 白平搜集整理：《老君爷留世界》，见延川县民间文学征集办公室编《民间文学选编》，内部编印，1984年，第91页。

W0414.4.3

海神的从属

实　例

（参见下级母题实例）

W0414.4.3.1

海神的随从海女人鱼

实　例

汉族 溟海吞吐西粤，崩波鼓舞百十丈，状若雪山。尝有海神临海而射，故海浪高者既下，下者乃复高，不为民害，父老云，凡渡海，风波不起、岛屿晴明，忽见朱旗绛节，骖驾双螭，海女人鱼，先后导从，是海神游也。

【流传】（无考）

【出处】［清］屈大均：《广东新语》卷六。

W0414.5

海神的象征物（海神的神偶）

实　例

（参见下级母题实例）

W0414.5.1

鱼骨、鱼牙象征海神

实　例

满族 东海窝集部杨姓有的选一块庞大的鱼骨、鱼牙为偶，视作海神。

【流传】 吉林省·（延边朝鲜族自治州）·珲春地区（珲春市）

【出处】

（a）富育光、孟慧英：《满族萨满教研究》，北京：北京大学出版社1991年版，第 120～122 页。

（b）《神偶的主要分布地域》，见吕大吉、何耀华总主编《中国各民族原始宗教资料集成》（鄂伦春族卷、鄂温克族卷、赫哲族卷、达斡尔族卷、锡伯族卷、满族卷、蒙古族卷、藏族卷），北京：中国社会科学出版社 1999 年版，第 489 页。

W0414. 6

浪神（波浪神）

实　例

（参见下级母题实例）

W0414. 6. 1

平浪侯晏公

实　例

汉族等 晏公，名戍子，又称晏公爷爷，元朝初年人。他因病归乡，在乘舟时落水而逝，民间为其立庙祭祀，信其有平浪之功。水上往来的商贾凡遇波涛汹涌，于船上对其遥叩即见，可保舟航稳载，水途平安。

【流传】（无考）

【出处】《平浪侯晏公》，见乌丙安主编《中国民间神谱》，沈阳：辽宁人民出版社 2007 年版，第 25 页。

W0414. 6. 2

3 个波浪神

实　例

（参见下级母题实例）

W0414. 6. 2. 1

3 个波浪神吼声像水牛

实　例

哈尼族 三个波浪神来到水上，头一个像水牛一样吼着跳着去抢哈尼族先祖留下的字书。

【流传】 云南省·（红河哈尼族彝族自治州·元阳县·攀枝花乡·硐蒲寨）

【出处】 朱小和等讲，墨鹫搜集整理：《贝玛阿波吃文字》，载《山茶》1984 年第 6 期。

W0414. 7

海童

实　例

汉族 海童纷翠盖，羽客事琼筵。

【流传】（无考）

【出处】［唐］皇甫冉：《登玄元庙》诗。

汉族 开尊命客弹焦桐，扣舷大笑惊海童。

【流传】（无考）

【出处】［明］刘基：《玉涧和尚西湖图》诗。

W0414. 7. 1

神童乘白马，出则天下大水

实　例

汉族 西海有神童，乘白马，出则天下大水。

【流传】（无考）

【出处】［南朝·梁］萧统：《文选》辑左思《吴都赋》李善注引《神异经》。

W0414.7.2

神童即海神童

实例

汉族 “江斐于是往来，海童于是宴语。”刘逵注：“海童，海神童也。吴歌曲曰：‘仙人赍持何？等前谒海童。’”

【流传】（无考）

【出处】［南朝·梁］萧统：《文选》辑左思《吴都赋》刘逵注。

W0415

湖神

实例

（参见下级母题实例）

W0415.1

湖神的产生

实例

（实例待考）

W0415.1.1

神生湖神

【关联】［W0415.3.1］湖神是山神的女儿

实例

（实例待考）

W0415.2

湖神的特征

实例

（实例待考）

W0415.3

湖神的关系

实例

（参见下级母题实例）

W0415.3.1

湖神是山神的女儿

实例

藏族 纳木湖神女是山神之女。

【流传】西部藏族

【出处】雍珠（班戈县）讲，廖东凡译：《念青唐古拉山神和纳木湖神女》，见廖东凡主编《神山之祖》，武汉：湖北少年儿童出版社2001年版，第14～18页。

W0415.4

与湖神有关的其他母题

实例

（参见下级母题实例）

W0415.4.1

特定名称的湖神

实例

（参见下级母题实例）

W0415. 4. 1. 1
纳木湖湖神

实 例

（参见下级母题实例）

W0415. 4. 1. 1. 1
纳木湖神女是山神之女

实 例

藏族 纳木湖神女是山神之女。

【流传】 西部藏族

【出处】 雍珠（班戈县）讲，廖东凡译：《念青唐古拉山神和纳木湖神女》，见廖东凡主编《神山之祖》，武汉：湖北少年儿童出版社 2001 年版，第 14 ~ 18 页。

W0415. 4. 1. 2
洞庭神君

实 例

汉族 洞庭神君相传为柳毅。其神立像，赤面，獠牙，朱发，狞如夜叉，以一手遮额覆目而视，一手指湖旁。从神亦然。舟往来者必临祭，舟中之人，不敢一字妄语，尤不可以手指物及遮额，不意犯之，则有风涛之险。

【流传】（无考）

【出处】［清］东轩主人：《述异记》卷上。

W0416
泉神

【汤普森】 A427

实 例

壮族 泉神是主管泉口的水神。

【流传】 广西壮族自治区·（百色市）·靖西县（靖西市）

【出处】 凌树东搜集整理：*《广西靖西县壮族诸神表》（1991），见吕大吉、何耀华总主编《中国各民族原始宗教资料集成》（土家族卷、瑶族卷、壮族卷、黎族卷），北京：中国社会科学出版社 1998 年版，第 494 页。

W0416. 1
泉（井）女神

【汤普森】 A427. 1

实 例

（实例待考）

W0416. 2
泉神住在泉中

【汤普森】 A151. 3. 1

实 例

（实例待考）

W0416. 3
温泉女神

【关联】［W0512. 7. 2］猞猁神演变成白温泉女神

实 例

（参见下级母题实例）

W0416.3.1

长白温泉女神西伦玛玛

实 例

满族 西伦玛玛原是一位猞猁神，化为人形后并被推为首领。她为人们寻找水源时，被长白山口猝发的烈焰烧死，化为长白温泉女神，甘水汇入松花江，为后人造福。

【流传】 黑龙江省·（牡丹江市）·宁安县（宁安市）

【出处】 《西伦玛玛》，选自傅英仁：《黑龙江省宁安县满族萨满教神话调查资料》，见吕大吉、何耀华总主编《中国各民族原始宗教资料集成》（鄂伦春族卷、鄂温克族卷、赫哲族卷、达斡尔族卷、锡伯族卷、满族卷、蒙古族卷、藏族卷），北京：中国社会科学出版社1999年版，第488页。

W0416.3.1.1

部落首领西伦妈妈死后心是热的成了温泉女神

实 例

满族 西伦妈妈（部落首领名）死后仍日夜想念部落和自己的两个养子，心仍然是热的，因此她死的地方涌出了温泉，她成了温泉女神。

【流传】（无考）

【出处】 富育光、孟慧英、王宏刚整理：《西伦妈妈》，见姚宝瑄主编《中国各民族神话》（满族、赫哲族、朝鲜族），太原：山西出版传媒集团·书海出版社2014年版，第86页。

W0416.3.2

祝融之女丁竽是温泉之神

实 例

汉族 韩文公《陆浑山火》诗："女丁夫壬传世婚。"董彦远曰："元冥之子曰壬夫，娶祝融之女曰丁竽，俱学木仙，是为温泉之神。"

【流传】（无考）

【出处】 ［明］杨慎：《艺林伐山》卷十三。

W0417

潮神（涛神，波涛之神）

实 例

（参见下级母题实例）

W0417.1

潮神伍子胥

实 例

汉族 伍子胥为潮神。

【流传】 浙江省·杭州（杭州市）

【出处】 ［明］冯应京撰，戴任续撰：《月令广义·八月令》引《临安志》。

W0417. 1. 1
潮神伍子胥主司江上之波涛

实 例

汉族 奉伍子胥为“潮神”，主司江上之波涛。

【流传】（无考）

【出处】《潮神》，见乌丙安主编《中国民间神谱》，沈阳：辽宁人民出版社2007年版，第21页。

W0417. 1. 2
钱塘潮神伍子胥

实 例

汉族 越王赐种属鹿之剑，遂伏剑而死。越王葬种于国之西山，楼船之卒三千人，造鼎足之羡，或人三峰之下。葬一年，伍子胥穿山胁而持种去，与之俱浮于海。故前潮水潘侯者，伍子胥也；后重水者，大夫种也。

【流传】（无考）

【出处】［汉］赵晔：《吴越春秋·勾践伐吴外传》。

W0417. 1. 3
潮神伍子胥乘素车

实 例

汉族 子胥乘素车为潮神。

【流传】（无考）

【出处】［宋］撰者不详：《锦绣万花谷》卷五。

W0417. 2
涛神伍子胥

实 例

（参见下级母题实例）

W0417. 2. 1
吴相子胥为涛神号曰灵胥

实 例

汉族 吴相子胥为涛神，号曰灵胥。

【流传】（无考）

【出处】［清］黄斐默：《集说诠真》。

W0417. 3
波涛之神阳侯

实 例

（参见下级母题实例）

W0417. 3. 1
阳侯投江成为波涛之神

实 例

汉族 “凌阳侯之氾滥兮，忽翱翔之焉薄。”洪兴祖补注引应劭云：“阳侯，古之诸侯，有罪，自投江，其神为大波。”

【流传】（无考）

【出处】［战国］屈原：《楚辞·九章·哀郢》［宋］洪兴祖补注引［东汉］应劭语。

W0417.3.2

阳侯是伏羲的佐臣

实 例

汉族 伏羲六佐，阳侯为江海。

【流传】（无考）

【出处】［清］马骕：《绎史》卷三引《论语摘辅象》。

W0418

与自然物有关的其他神

实 例

（参见下级母题实例）

W0418.1

池塘神（池塘水神）

实 例

（参见下级母题实例）

W0418.1.1

池塘水神司管山塘水池起落，防兽抓捕鱼类

实 例

壮族 池塘水神司管山塘水池起落，防兽抓捕鱼类。

【流传】广西壮族自治区·（河池市）·东兰县

【出处】覃剑萍搜集整理：*《祭水神》(1990)，见吕大吉、何耀华总主编《中国各民族原始宗教资料集成》（土家族卷、瑶族卷、壮族卷、黎族卷），北京：中国社会科学出版社1998年版，第510页。

W0418.2

岛神

实 例

（参见下级母题实例）

W0418.2.1

岛礁神

实 例

（参见下级母题实例）

W0418.2.1.1

岛礁神是专司岛屿陆地安宁的善神

实 例

满族 奥末阿离罕——兽身人首的岛礁神，专司岛屿陆地安宁的善神。

【流传】（无考）

【出处】《海祭》，富育光据《东海沉冤录》、《清光绪十六年扈伦七姓满族海祭神谕》翻译整理，见吕大吉、何耀华总主编《中国各民族原始宗教资料集成》（鄂伦春族卷、鄂温克族卷、赫哲族卷、达斡尔族卷、锡伯族卷、满族卷、蒙古族卷、藏族卷），北京：中国社会科学出版社1999年版，第522页。

W0418.3
井神（水井神）

实 例

（参见下级母题实例）

W0418.3.1
井神的产生

实 例

（参见下级母题实例）

W0418.3.1.1
溺井而死的童子成为井神

实 例

民族无考 井神为一溺井而死的童子，又称井泉童子。

【流传】（无考）

【出处】《井神》，见乌丙安主编《中国民间神谱》，沈阳：辽宁人民出版社2007年版，第121页。

W0418.3.1.2
溺井而死的童养媳成为井神

实 例

民族无考 一个童养媳，在井边打水时无意间救起了化为青蛇的东海龙子。这个童养媳死后被奉为井神，俗称水母娘娘。

【流传】（无考）

【出处】《井神》，见乌丙安主编《中国民间神谱》，沈阳：辽宁人民出版社2007年版，第121页。

W0418.3.2
井神的特征（井神的职能）

实 例

（参见下级母题实例）

W0418.3.2.1
水井的神可使母鸭多生蛋

实 例

侗族 水井的神可以使母鸭多生蛋。

【流传】（无考）

【出处】冼光位编：《侗族统览》，南宁：广西人民出版社1995年版，第200页。

W0418.3.2.2
井神主管水井

实 例

壮族 井神是主管水井的神。

【流传】广西壮族自治区·（百色市）·靖西县（靖西市）

【出处】凌树东搜集整理：＊《广西靖西县壮族诸神表》（1991），见吕大吉、何耀华总主编《中国各民族原始宗教资料集成》（土家族卷、瑶族卷、壮族卷、黎族卷），北京：中国社会科学出版社1998年版，第494页。

W0418.3.2.3

水井神是善神

实 例

白族 在水井所在地，叫水井神。水井神是善神，因为它供给人们饮水。

【流传】云南省·（大理白族自治州）·鹤庆县·云鹤镇

【出处】王承权调查整理：《鹤庆白族祭水神龙神》（1988），见吕大吉、何耀华总主编《中国各民族原始宗教资料集成》（彝族卷、白族卷、基诺族卷），北京：中国社会科学出版社1996年版，第493页。

W0418.3.3

与井神有关的其他母题

实 例

（实例待考）

W0418.4

坑神

实 例

（实例待考）

W0418.5

龙潭神

【关联】［W1977.3］龙潭的来历

实 例

（实例待考）

W0418.6

沙漠神

【汤普森】A419.2

实 例

（实例待考）

W0419

与自然物神有关的其他母题

实 例

（参见下级母题实例）

W0419.1

自然物神的名称

实 例

（参见下级母题实例）

W0419.1.1

自然诸神统称博迪格（外界神）

实 例

达斡尔族 大自然界诸神，达斡尔语称为“博迪格”（外界神）。

【流传】黑龙江省·齐齐哈尔地区（齐齐哈尔市）

【出处】

(a) 卜林：《达斡尔萨满跳神行巫见闻追忆》，见《嫩水达斡尔人》，齐齐哈尔史政协文史办公室编《齐齐哈尔文史资料》第19辑，内部资料，1989年，第412页。

(b) 《自然神的分类》，见吕大吉、何

耀华总主编《中国各民族原始宗教资料集成》（鄂伦春族卷、鄂温克族卷、赫哲族卷、达斡尔族卷、锡伯族卷、满族卷、蒙古族卷、藏族卷），北京：中国社会科学出版社 1999 年版，第 292 页。

W0419. 2

五行神

【关联】［W4713. 1］金木水火土代表 5 个方位

实 例

（参见下级母题实例）

W0419. 2. 1

金、木、水、火、土五大神

实 例

（参见下级母题实例）

W0419. 2. 1. 1

长脚拐、铁铮脑、千里眼、顺风耳和不怕冷不怕热五兄弟被封为金、木、水、火、土五大神

【关联】［W0192. 4. 11. 1. 1］天神怕冷

实 例

汉族 封长脚拐、铁铮脑、千里眼、顺风耳和不怕冷不怕热五兄弟大闹天宫，天王没办法就封他们为金、木、水、火、土五大神。

【流传】江西省·（吉安市）·万安县·柏岩乡·黄竹村

【出处】许文才讲，许经北采录：《金木水火土星的来历》，见中国民间文学集成全国编辑委员会编《中国民间故事集成》（江西卷），北京：中国 ISBN 中心 2002 年版，第 5 页。

0.4 与职能、行业相关的神[①]（W0420～W0499）

0.4.1 创造神与破坏神【W0420～W0429】

✻W0420

创造神[②]

【关联】［W1015］创世者（造物主）

实例

独龙族（实例待考）

W0421

创造神的产生

实例

（参见下级母题实例）

W0421.1

创造神自然存在

【关联】［W0002］神自然存在

实例

（实例待考）

W0421.2

创造神是造出来的

实例

（实例待考）

W0421.2.1

祖先造出造物神

实例

怒族（实例待考）

W0421.3

创造神是孕育产生的

实例

（参见下级母题实例）

W0421.3.1

雾露和云团夫妻孕育创造神

实例

景颇族 雾露和云团是一对夫妻，孕育了无所不知的创造神潘宁桑。

① 与职能、行业相关的神，这类神与其他分类方法得出的神会有一些交叉，但从母题检索的角度考虑，列出这一类型，会成为对神全面分析的重要根据。

② 创造神，有些研究者又称“制造之神”、“造物神”，基督教等宗教神话又称之为“造物主”。在大多神话语境中“创造神”与“创世神”并没有严格区别，这里只是根据不同神话的表述的需要，将二者分别列为不同母题代码。

【流传】云南省·（德宏傣族景颇族自治州）·盈江县支丹山吾寨

【出处】萧家成译著：《勒包斋娃——景颇族创世史诗》，北京：民族出版社1992年版，第3页。

W0421.4

特定的人成为创造神

实 例

（参见下级母题实例）

W0421.4.1

兄妹被天帝封为凡间造物主

实 例

汉族 阿根和阿莲兄妹因救天神（雷公），天帝封他俩为凡间造物主。

【流传】广西壮族自治区·（玉林市）·桂平县（桂平市）龙山一带

【出处】《百家姓的来历》，见刘经元《民间故事集成》（广西桂平县），内部编印，1989年，第14页。

W0421.5

与创造神产生有关的其他母题

实 例

（参见下级母题实例）

W0421a

创造神的特征

实 例

（实例待考）

W0421b

创造神的创造

实 例

（参见下级母题实例）

W0421b.1

创造神造神

实 例

（参见下级母题实例）

W0421b.1.1

创造神造特定的神

实 例

（参见下级母题实例）

W0421b.1.1.1

创造神用月亮创造出邪恶女神玛亚斯·哈喇

【关联】［W0066.2.2］创造神造女神

实 例

蒙古族（布里亚特）创造神用月亮创造邪恶的女神玛亚斯·哈喇。

【流传】（无考）

【出处】［蒙古］曾·杜拉姆：《蒙古神话学形象》，［蒙古］国家出版社1989年版，第129页，转引自陈岗龙等《蒙古民间文学》，银川：宁夏人民出版社2008年版，第33页。

W0422

特定的创造神

实 例

（参见下级母题实例）

W0422.0

开天辟地神

【关联】［W0140.2.1.1］昆屯是开天辟地的第一代神

实 例

（参见下级母题实例）

W0422.0.1

开天辟地之神棍炭

实 例

苗族 棍炭是开天辟地之神，住在高山。

【流传】贵州东北地区

【出处】过竹：《苗族神话研究》，南宁：广西人民出版社 1988 年版，第 224 页。

W0422.0.1a

开天辟地神纳罗引勾

实 例

苗族 纳罗引勾是开天辟地的大神。

【流传】广西壮族自治区·融水（融水苗族自治县）·大年（大年乡）、拱洞（拱洞乡）等地

【出处】杨达香讲，梁彬搜集整理：《创世大神和神子神孙》，见曹廷伟编著《广西民间故事辞典》，南宁：广西教育出版社 1993 年版，第 22 页。

W0422.0.1b

开天辟地神阿爸木比达

实 例

羌族 羌人屋顶上敬九尊神，其中“阿爸木比达”（A Pam mŭbe da）是开天辟地神。

【流传】四川省·（阿坝藏族羌族自治州）·理县·通化乡·西山大队（西山村）

【出处】胡鉴民：《羌族的信仰与习为》，原载《边疆研究论丛》1941 年，见吕大吉、何耀华总主编《中国各民族原始宗教资料集成》（纳西族卷、羌族卷、独龙族卷、傈僳族卷、怒族卷），北京：中国社会科学出版社 2000 年版，第 475 页。

W0422.0.2

开天神

【关联】

① ［W0723.1.1.1］盘古是开天神

② ［W0729g.4.5.5.1.1.1］开天圣母生上古盘王、中古盘王、下古盘王

实 例

（参见下级母题实例）

W0422.0.2.1

开天神达路安

【关联】［W0725.1.2.2］盘古的母亲是

开天圣母（盘古的母亲是目母安）

实 例

佤族 开天神达路安、辟地神达利吉。

【流传】（无考）

【出处】《开天辟地》，见《中国各民族宗教与神话大词典》编审委员会编《中国各民族宗教与神话大词典》，北京：学苑出版社 1990 年版，第 591 页。

W0422. 0. 2. 2

开天神皮武妥

实 例

彝族（白彝、黑彝、干彝、阿乌、撒尼等） 开天神“皮武妥”。

【流传】云南省·曲靖（曲靖市）

【出处】蔡家麒：《云南曲靖地区彝族调查》，见吕大吉、何耀华总主编《中国各民族原始宗教资料集成》（彝族卷、白族卷、基诺族卷），北京：中国社会科学出版社 1996 年版，第 125 页。

W0422. 0. 2. 3

开天神“盘”

实 例

纳西族 “盘”是开天神。

【流传】云南省·丽江（丽江市）·玉龙（玉龙纳西族自治县）·鲁甸（鲁甸乡）

【出处】和开祥（68 岁）讲，和志武调查整理：《丽江鲁甸地区的祭“糯布”（畜神和谷神）》（1989），见吕大吉、何耀华总主编《中国各民族原始宗教资料集成》（纳西族卷、羌族卷、独龙族卷、傈僳族卷、怒族卷），北京：中国社会科学出版社 2000 年版，第 290 页。

W0422. 0. 3

辟地神

实 例

（参见下级母题实例）

W0422. 0. 3. 1

辟地神达利吉

实 例

佤族 开天神达路安、辟地神达利吉。

【流传】（无考）

【出处】《开天辟地》，见《中国各民族宗教与神话大词典》编审委员会编《中国各民族宗教与神话大词典》，北京：学苑出版社 1990 年版，第 591 页。

W0422. 0. 3. 2

辟地神阿剖南火

实 例

苗族 阿剖南火是辟地之神。

【流传】湖北省西部地区

【出处】过竹：《苗族神话研究》，南宁：广西人民出版社 1988 年版，第 225 页。

W0422.0.3.3

善神生的白蛋变成辟地七姊妹

实 例

纳西族 辟地的七姊妹由善神生的白蛋变成。

【流传】（无考）

【出处】《崇搬图》，见《中国各民族宗教与神话大词典》编审委员会编《中国各民族宗教与神话大词典》，北京：学苑出版社 1990 年版，第 509 页。

W0422.0.3.3a

辟地神“禅”

实 例

纳西族 “禅”是辟地神。

【流传】云南省·丽江（丽江市）·玉龙（玉龙纳西族自治县）·鲁甸（鲁甸乡）

【出处】和开祥（68 岁）讲，和志武调查整理：《丽江鲁甸地区的祭“糯布”（畜神和谷神）》（1989），见吕大吉、何耀华总主编《中国各民族原始宗教资料集成》（纳西族卷、羌族卷、独龙族卷、傈僳族卷、怒族卷），北京：中国社会科学出版社 2000 年版，第 290 页。

W0422.0.3.4

辟地神列哲社

实 例

彝族（白彝、黑彝、干彝、阿乌、撒尼等）

辟地神“列哲社”、水神（大中小三种）、先知神和广见博闻神等。

【流传】云南省·曲靖（曲靖市）

【出处】蔡家麒：《云南曲靖地区彝族调查》，见吕大吉、何耀华总主编《中国各民族原始宗教资料集成》（彝族卷、白族卷、基诺族卷），北京：中国社会科学出版社 1996 年版，第 125 页。

W0422.0a

造天地的神

【关联】

① ［W0055.7.1.1］水和空气凝结变成创造天地的神

② ［W0123.1.4.1］神王造天地

实 例

（参见下级母题实例）

W0422.0a.1

椭圆形的长葫芦生造天地的神俄沙扒莫

实 例

傈僳族 世界最早出现的是 5 个冰葫芦。第五个是椭圆形的长葫芦，里头住的是俄沙扒莫（造天地的神）。

【流传】四川省·（凉山彝族自治州）·德昌县·金沙乡（金沙傈僳族乡）·王家山

【出处】张长贵讲，李国才翻译采录：《冰天鹅、冰蚂蚁造天地》，见中国民间文学集成全国编辑委员会编《中国民间故事集成》（四川卷·下），北京：中国ISBN中心1998年版，第1431页。

W0422. 0a. 2

造天地的神加波俄郎

实 例

哈尼族（爱尼） 造天地的神加波俄郎神身材高大，力大无比，聪明能干。

【流传】云南省·西双版纳（西双版纳傣族自治州）

【出处】飘马讲：《奥颠米颠》（造天造地），见李子贤编《云南少数民族神话选》，昆明：云南人民出版社1990年版，第115～118页。

W0422. 0b

创造万物的神

实 例

（参见下级母题实例）

W0422. 0b. 1

创造万物的神伟代

实 例

黎族 伟代是黎族创造万物的神。

【流传】海南省·（三亚市）·乐东县（乐东黎族自治县）·抱由公社（抱由镇）

【出处】符亚时讲，广东省民族普查队采录：《伟代造动物》，见中国民间文学集成全国编辑委员会编《中国民间故事集成》（海南卷），北京：中国ISBN中心2002年版，第14页。

W0422. 0b. 2

创造万物的神格蒙

实 例

独龙族 格蒙（创造万物之神）住在天上。

【流传】云南省·（怒江傈僳族自治州）·贡山（贡山独龙族怒族自治县）·独龙江乡

【出处】约翰讲，孙敏、李昆采录：《创世纪》，见中国民间文学集成全国编辑委员会编《中国民间故事集成》（云南卷），北京：中国ISBN中心2003年版，第187页。

W0422. 0b. 3

造万物的召立自（男）和告妮自（女）

【关联】［W0208. 35. 1. 1］天神列老列格米·爷觉朗努造万物

实 例

苗族 荒古，抱（孵）婆波泥帕和抱（孵）公永立帕相交，生制造万物的召立自（男）和告妮自（女）。

【流传】云南省·（昭通市）·彝良县
【出处】张富才整理：《造天造地》，见本县编委会编《云南省彝良县故事卷》，内部编印。

W0422.0b.4
祖先神创造出造万物的神

实 例

怒族 祖先神创造出会造万物的神。
【流传】（无考）
【出处】《古歌谣》，见攸延春《怒族文学史》，昆明：云南民族出版社2003年版，第53页。

W0422.0b.5
造万物的一对夫妻神布桑该和雅桑该

实 例

傣族 布桑该、雅桑该（造万物的一对夫妻神）同时诞生的，还有一个神王，他的名字叫皮扎祸（狂风暴雨的意思）。
【流传】云南省·（西双版纳傣族自治州）·景洪市
【出处】波岩少讲，岩温扁等翻译：《青年射日》，见中国民间文学集成全国编辑委员会编《中国民间故事集成》（云南卷），北京：中国ISBN中心2003年版，第140页。

W0422.0b.6
造物神什巴老人

实 例

藏族 什巴老人是缔造万物的造物神。
【流传】青海省·黄南州（黄南藏族自治州）·泽库县、同德县等
【出处】苏乎周讲，赵清阳采录：《四季的起源》注释，见中国民间文学集成全国编辑委员会编《中国民间故事集成》（云南卷），北京：中国ISBN中心2003年版，第10页。

W0422.0c
造日月星辰的神

实 例

（参见下级母题实例）

W0422.0c.1
祖先神造出会造日月的神

实 例

怒族 祖先神创造出会创造日月的神和造星星的神。
【流传】（无考）
【出处】《古歌谣》，见攸延春《怒族文学史》，昆明：云南民族出版社2003年版，第53页。

W0422. 0c. 2

造星星的神

实 例

怒族 （参见“W0422. 0c. 1 祖先神造出会造日月的神”母题实例）

W0422. 2

造自然物之神

实 例

（参见下级母题实例）

W0422. 2. 1

造山河之神

【关联】［W0131. 3. 3. 1］大力神造山

实 例

（参见下级母题实例）

W0422. 2. 1. 1

造山河之神涅滨矮姑娘

实 例

彝族 造人之神儿依得罗娃的女儿涅滨矮姑娘造山河。

【流传】（云南省·楚雄彝族自治州·双柏县，红河哈尼族彝族自治州等地）

【出处】

（a）云南省民族民间文学楚雄、红河调查队搜集，郭思九、陶学良整理：《查姆》，昆明：云南人民出版社1981年版。

（b）郭思九、陶学良整理，古梅改写：《彝家的古根》，选自《云南民族文学资料》第七集中的《查姆》上部前三章，见姚宝瑄主编《中国各民族神话》（羌族、彝族），太原：山西出版传媒集团·书海出版社2014年版，第56页。

W0422. 2. 1. 2

造河之神

【关联】［W1910］江河的产生

实 例

苗族 者老是造船之神。

【流传】贵州省·黔东南（黔东南苗族侗族自治州）

【出处】过竹：《苗族神话研究》，南宁：广西人民出版社1988年版，第204页。

W0422. 3

造特定物之神

【关联】［W0448. 2. 3. 3］造船之神

实 例

（实例待考）

W0422. 4

造人之神

实 例

（参见下级母题实例）

W0422. 4. 1

造人之神儿依得罗娃

实 例

彝族 造人之神儿依得罗娃造人。

【流传】（云南省·楚雄彝族自治州·双柏县，红河哈尼族彝族自治州等地）

【出处】

(a) 云南省民族民间文学楚雄、红河调查队搜集，郭思九、陶学良整理：《查姆》，昆明：云南人民出版社1981年版。

(b) 郭思九、陶学良整理，古梅改写：《彝家的古根》，选自《云南民族文学资料》第七集中的《查姆》上部前三章，见姚宝瑄主编《中国各民族神话》（羌族、彝族），太原：山西出版传媒集团·书海出版社2014年版，第56页。

W0422.5

造动物之神

实 例

（参见下级母题实例）

W0422.5.1

造蚂蚁的神

实 例

（参见下级母题实例）

W0422.5.1.1

祖先神创造出造蚂蚁的神

实 例

怒族 祖先神创造出创造蚂蚁的神。

【流传】（无考）

【出处】《古歌谣》，见攸延春《怒族文学史》，昆明：云南民族出版社2003年版，第53页。

W0422.5.2

造蚂蚱的神

实 例

（参见下级母题实例）

W0422.5.2.1

祖先神创造出造蚂蚱的神

实 例

怒族 祖先神创造出创造蚂蚁的神，会创造蚂蚱的神。

【流传】（无考）

【出处】《古歌谣》，见攸延春《怒族文学史》，昆明：云南民族出版社2003年版，第53页。

W0422.5.3

造飞禽走兽的神

实 例

（参见下级母题实例）

W0422.5.3.1

祖先神创造出造飞禽走兽的神

实 例

怒族 祖先神创造出会创造飞禽走兽的神。

【流传】（无考）

【出处】《古歌谣》，见攸延春《怒族文

学史》，昆明：云南民族出版社 2003 年版，第 53 页。

W0422.6

其他特定的创造神

实 例

（参见下级母题实例）

W0422.6.1

建造之神（建筑神）

实 例

（参见下级母题实例）

W0422.6.1.1

建筑房屋的柱柱神

实 例

羌族 屋顶供奉的白石中有的代表“柱柱神”。这是建筑房屋的神，保佑房屋不倒塌。

【流传】四川省·（阿坝藏族羌族自治州）·理县·龙溪沟（今汶川县龙溪乡）

【出处】西南民族学院研究室编：《羌（尔玛）族情况》，1954 年，见吕大吉、何耀华总主编《中国各民族原始宗教资料集成》（纳西族卷、羌族卷、独龙族卷、傈僳族卷、怒族卷），北京：中国社会科学出版社 2000 年版，第 470 页。

W0422.6.1.2

建筑房屋神不瓦士

实 例

羌族 羌人屋顶上敬九尊神，其中“不瓦士”（Bo-wa-tZè）建筑房屋之神。

【流传】四川省·（阿坝藏族羌族自治州）·理县·通化乡·西山大队（西山村）

【出处】胡鉴民：《羌族的信仰与习为》，原载《边疆研究论丛》1941 年，见吕大吉、何耀华总主编《中国各民族原始宗教资料集成》（纳西族卷、羌族卷、独龙族卷、傈僳族卷、怒族卷），北京：中国社会科学出版社 2000 年版，第 475 页。

W0423

与创造神有关的其他母题

实 例

（参见下级母题实例）

W0423.1

特定名称的创造神

实 例

（参见下级母题实例）

W0423.1.1

创造神潘宁桑

实 例

景颇族 雾露和云团是一对夫妻，孕育了无所不知的创造神潘宁桑。

【流传】云南省·（德宏傣族景颇族自治州）·盈江县支丹山吾寨

【出处】萧家成译著：《勒包斋娃——景颇族创世史诗》，北京：民族出版社1992年版，第3页。

W0423.1.2

创造神日月夫妻

实 例

蒙古族（布里亚特） 太阳和月亮是夫妻，不仅创造了人类，而且创造了万物。有时他们也将其称之为“创造神”。

【流传】（无考）

【出处】

(a)［苏联］Г. Р. 加尔达诺娃著，宋长宏译，佟德富校：《喇嘛教前的布里亚特宗教信仰》（俄文版），诺沃西比尔斯克：科学出版社西伯利亚分社1987年版，第14~20页。

(b) 同（a），见吕大吉、何耀华总主编《中国各民族原始宗教资料集成》（鄂伦春族卷、鄂温克族卷、赫哲族卷、达斡尔族卷、锡伯族卷、满族卷、蒙古族卷、藏族卷），北京：中国社会科学出版社1999年版，第601页。

W0423.1.3

创造神莫伟

实 例

（参见下级母题实例）

W0423.1.3.1

莫伟是天、地、人的创造神

实 例

佤族 莫伟是佤族最高的大神，是天神、地神、人神的总称，既是天、地、人的创造神。

【流传】云南省·（普洱市）·西盟佤族自治县、澜沧拉祜族自治县等地

【出处】毕登程、隋嘎编著：《司岗里——佤族创世史诗》，昆明：云南出版集团公司·云南人民出版社2009年版，第151页。

W0423.2

创造神造万物后死亡

【关联】［W0176］神的死亡

实 例

（实例待考）

W0423.3

发明神

实 例

（参见下级母题实例）

W0423.3.1

发明神叭桑木底

实 例

（参见下级母题实例）

W0423. 3. 1. 1

叭桑木底发明农耕、定居、竹楼等

实 例

傣族（水傣） 叭桑木底是发明农耕、定居、竹楼、创造寨神、勐神的大神。

【流传】（云南省·西双版纳傣族自治州）

【出处】王松整理：《傣族——西双版纳的神谱》，见姚宝瑄主编《中国各民族神话》（哈尼族、傣族），太原：山西出版传媒集团·书海出版社 2014 年版，第 234 页。

W0424

创世神①

【关联】［W1015］创世者

实 例

（参见下级母题实例）

W0424a

创世神的产生

实 例

（参见下级母题实例）

W0424a. 1

创世神自然存在

实 例

（实例待考）

W0424a. 2

造创世神

实 例

（实例待考）

W0424a. 3

特定人物变成创世神

实 例

（实例待考）

W0424a. 4

生创世神

实 例

（参见下级母题实例）

W0424a. 4. 1

洪水后兄妹婚生创世神

实 例

汉族 洪水中忽有五龙捧巨葫芦漂流于东海。昊天圣母剖葫芦视之，见内有兄妹二人，因劝其成婚，后乃孕生

① 创世神，在许多神话中又称为“创世者”，主要包括创世的神或神性人物、人、动物等主体，又可称为“世界的创造者”、“世界万物的创造者”，有的神话研究者又称之为“造物主”等，包括一些具有神性的人物。有的神话中还有“起源神”的说法。这些神在神话中难以确定他们是生活在天上还是地上，为此从他们的开天辟地、创造物的职能上作为“造物的神”，为避免重复，具体母题编排在［W1010～W1034］世界的创造与创世者。

创世之诸神，有血肉之人类世界赤由是而诞生。

【流传】（湖北省·神农架林区）

【出处】张树艺、曹坤良唱：《黑暗传》，原载中国民间文艺研究会湖北分会编《神农架·黑暗传》序言（多种版本汇编本），见袁珂《中国神话大词典》，北京：华夏出版社2015年版，第394页。

W0424a.5

与创世神产生有关的其他母题

实　例

（参见下级母题实例）

W0424a.5.1

创世神产生的时间

实　例

（参见下级母题实例）

W0424a.5.1.1

混沌初分时产生创世神

实　例

满族 混沌初分时，产生了“创世之神”老三星。

【流传】（无考）

【出处】傅英仁讲：《老三星创世》，见傅英仁讲，张爱云整理《满族萨满神话》，哈尔滨：黑龙江人民出版社2005年版，第10页。

W0424a.5.1.2

创世神与恶魔同时产生

实　例

景颇族 与能贯娃（造物主、创世神）同时出生的还有一个凶恶的魔鬼高佐洛雷。

【流传】云南省

【出处】岳志明、杨国治翻译整理：《驾驭太阳的母亲》，见谷德明编《中国少数民族神话》，北京：中国民间文艺出版社1987年版，第468页。

W0424b

创世神的特征

实　例

（参见下级母题实例）

W0424b.1

创世神的外貌

实　例

（参见下级母题实例）

W0424b.1.1

创世主相貌与人差不多

实　例

哈萨克族 创世主迦萨甘四肢俱有，五官齐全。有耳能听，有眼会看，有舌头可以讲话，长相和人差不多。

【流传】（a）新疆维吾尔自治区

【出处】尼合迈德·蒙加尼搜集，校仲

彝翻译整理：《迦萨甘创世》，见谷德明编《中国少数民族神话》，北京：中国民间文艺出版社 1987 年版，第 727 页。

哈萨克族 创世主迦萨甘四肢具备，五官齐全。有耳能听，有眼会看，有舌可以讲话，长相和人差不多。

【流传】（新疆维吾尔自治区）

【出处】

（a）尼哈迈提·蒙加尼整理，校仲彝记录整理：《迦萨甘创世》，见张越、姚宝瑄编《新疆民族神话故事选》，乌鲁木齐：新疆人民出版社 1989 年版。

（b）同（a），见姚宝瑄主编《中国各民族神话》（乌孜别克族、哈萨克族、柯尔克孜族、俄罗斯族、维吾尔族、塔吉克族、塔塔尔族、锡伯族），太原：山西出版传媒集团·书海出版社 2014 年版，第 22 页。

哈萨克族 创世主迦萨甘四肢俱有，五官齐全。有耳能听，有眼会看，有舌头可以讲话，长相和人差不多。

【流传】 新疆维吾尔自治区

【出处】 尼合迈德·蒙加尼搜集，校仲彝翻译整理：《迦萨甘创世》，载《新疆民族文学》1982 年第 2 期。

W0424b. 2

创世神无性别

实　例

（参见下级母题实例）

W0424b. 2. 1

有的创世神既不是创世男神，也不是创世女神

实　例

瑶族 有些创世神既不归入创世男神，也不归入创世女神，如育种女神碟线原规就是一例。

【流传】（无考）

【出处】《密洛陀神谱》，蓝田根据农学冠等撰写的《瑶族神话传说中的人物》编写，见姚宝瑄主编《中国各民族神话》（土家族、毛南族、侗族、瑶族），太原：山西出版传媒集团·书海出版社 2014 年版，第 150 页。

W0424b. 3

男创世神

实　例

（实例待考）

W0424b. 4

女创世神

【关联】［W0068. 3. 1］母亲神创世

实　例

蒙古族 原初，世界混沌一片，在黑暗中创造神额和·布日罕（母亲神）在空中飘浮着。

【流传】（无考）

【出处】 陈岗龙、乌日古木勒：《蒙古民间文学》，银川：宁夏人民出版社

2008 年版，第 33 页。

W0424c

创世神的职能（创世神的身份）

实 例

（参见下级母题实例）

W0424c.1

生世界万物之神

实 例

（参见下级母题实例）

W0424c.1.1

生育世界万物之神创物始祖东神和色神

实 例

纳西族 创物始祖“动神”（又译为“东神”）和“生神”（又译为“色神”）是生育世界万物之神。

【流传】云南省·丽江县（丽江市）

【出处】和士诚讲，和志武调查整理：《关于动神和生神》（1989），见吕大吉、何耀华总主编《中国各民族原始宗教资料集成》（纳西族卷、羌族卷、独龙族卷、傈僳族卷、怒族卷），北京：中国社会科学出版社 2000 年版，第 82 页。

W0424c.1.1.1

东神和色神的祖父美令大固，祖母勒启冉固

实 例

纳西族 美令大固呀，是动、生祖父，勒启冉固呀，是动、生祖母（又译为“东神”、“色神”，“动神”和“生神”是世界万物之源）。

【流传】云南省·丽江县（丽江市）

【出处】和士诚讲，和志武调查整理：《关于动神和生神》（1989），见吕大吉、何耀华总主编《中国各民族原始宗教资料集成》（纳西族卷、羌族卷、独龙族卷、傈僳族卷、怒族卷），北京：中国社会科学出版社 2000 年版，第 82 页。

W0424c.2

创世主是天

实 例

（参见下级母题实例）

W0424c.2.1

创世主迦萨甘是天

实 例

哈萨克族 创世主迦萨甘住在天的最上层，所以，迦萨甘就是天，天也就是迦萨甘。

【流传】新疆维吾尔自治区

【出处】尼合迈德·蒙加尼搜集，校仲彝翻译整理：《迦萨甘创世》，载《新疆民族文学》1982 年第 2 期。

W0425

创世神的类型

实 例

（参见下级母题实例）

W0425.1

开天辟地之神

【关联】［W1100］天地的产生地

实 例

（参见下级母题实例）

W0425.1.1

开天辟地的女神

【关联】［W0065］女神

实 例

苗族 （实例待考）

W0425.1.2

开天之神

【关联】［W1133］神或神性人物造天

实 例

苗族 （实例待考）

W0425.1.3

辟地之神

实 例

苗族 阿剖南火是辟地之神。

【流传】湖北省西部地区

【出处】过竹：《苗族神话研究》，南宁：广西人民出版社1988年版，第225页。

W0425.2

男性创世神（创世男神）

实 例

（参见下级母题实例）

W0425.2.1

生育创世男神

实 例

（参见下级母题实例）

W0425.2.1.1

女始祖密洛陀生12个创世男神

实 例

瑶族 密洛陀（女神、女始祖）创造了十二个创世男神。

【流传】（无考）

【出处】《密洛陀神谱》，蓝田根据农学冠等撰写的《瑶族神话传说中的人物》编写，见姚宝瑄主编《中国各民族神话》（土家族、毛南族、侗族、瑶族），太原：山西出版传媒集团·书海出版社2014年版，第150页。

W0425.3

女性创世神

【关联】

①［W0068.1］创世女神

②［W0068.3.1］母亲神创世

实 例

（参见下级母题实例）

W0425.3.1

创世女神萨天巴

实 例

侗族 创世之神萨天巴（原型为蜘蛛，创世神兼女祖神）。

【流传】广西壮族自治区·（柳州市）·三江（三江侗族自治县），（桂林市）·龙胜（龙胜各族自治县）

【出处】杨卜林喜、杨卜松林、杨明世讲，杨国仁、涛声搜集整理，蔷紫改写：《创世女神萨天巴》，过伟改写自侗族创世史诗《嘎茫莽道时嘉——远祖歌》（未出版稿），见姚宝瑄主编《中国各民族神话》（土家族、毛南族、侗族、瑶族），太原：山西出版传媒集团·书海出版社2014年版，第93页。

W0425.3.2

创世始祖女神木吉卓

实 例

羌族 创世始祖女神木吉卓。

【流传】（无考）

【出处】周毓华：《羌族原始宗教经典及神灵系统调整》，载《西藏民族学院学报》2010年第3期。

W0425.3.3

女始祖密洛陀生12个创世女神

实 例

瑶族 密洛陀（女神、女始祖）创造了十二个创世女神。

【流传】（无考）

【出处】《密洛陀神谱》，蓝田根据农学冠等撰写的《瑶族神话传说中的人物》编写，见姚宝瑄主编《中国各民族神话》（土家族、毛南族、侗族、瑶族），太原：山西出版传媒集团·书海出版社2014年版，第150页。

W0425.4

祖先神是创世神

实 例

（实例待考）

W0425.5

巨人是创世神

实 例

（实例待考）

W0425.6

特定的人是创世神

实 例

（参见下级母题实例）

W0425.6.1

巫师是创世神

实 例

傈僳族 偌山上住着一个尼帕（巫师，又兼创世神），监督着天神和万物。

【流传】云南省·（大理白族自治

州）·鹤庆县·朵美（朵美乡）

【出处】唐三妹讲，鹤庆县集成办公室采录：《山神岩桑》，见中国民间文学集成全国编辑委员会编《中国民间故事集成》（云南卷），北京：中国 ISBN 中心 2003 年版，第 364 页。

W0425. 7

动物创世神

实　例

（实例待考）

W0425a

创世神的关系

实　例

（实例待考）

W0425b

创世神的寿命与死亡

实　例

（实例待考）

W0426

与创世神有关的其他母题

【关联】［W1504. 2］创世神造万物（创世主造万物）

实　例

（参见下级母题实例）

W0426. 1

特定名称的创世神

实　例

（参见下级母题实例）

W0426. 1. 1

创世神姆六甲

实　例

壮族（实例待考）

W0426. 1. 2

创世神英叭

实　例

布朗族 创世神英叭创造世界。

【流传】云南省·（西双版纳傣族自治州）·勐海（勐海县）

【出处】艾帕相讲，岩温扁整理：《定海神珠》，见中华民族故事大系编委会编《中华民族故事大系》第 12 卷（布朗族、撒拉族、毛南族），上海：上海文艺出版社 1995 年版，第 7 页。

W0426. 1. 3

创世神感路王

实　例

壮族 感路王是创世神。

【流传】（无考）

【出处】张声震主编：《布洛陀经诗》，见张声震总主编，农冠品编注《壮族神话集成》，南宁：广西民族出版社

2007年版，第76页。

W0426.1.4

创世神老三星

实 例

满族 由混沌的初分，产生了“创世之神”老三星。

【流传】黑龙江省·（牡丹江市）·宁古塔（宁安县）

【出处】傅英仁讲：《老三星创世》，见傅英仁讲述，张爱云整理《满族萨满神话》，哈尔滨：黑龙江人民出版社2006年版，第10页。

满族 老三星（大神名，创世神）拿出安达葫芦，只见一道金光把耶路哩（大魔鬼，魔王）收了进去。

【流传】黑龙江省·（牡丹江市）·宁古塔（宁安县）；吉林省·长白山地区（长白山一带）

【出处】

(a) 傅英仁讲述，张爱云记录整理：《天宫神魔大战》，见傅英仁讲述，张爱云记录整理《满族萨满神话》，哈尔滨：黑龙江人民出版社2006年版。

(b) 同(a)，见陶阳、钟秀编《中国神话》（上），北京：商务印书馆2008年版，第155~180页。

W0426.1.5

创世神利吉神和路安神

实 例

佤族 利吉神和路安神创世。

【流传】（无考）

【出处】《司岗里》，见云南省民族事务委员会编《佤族文化大观》，昆明：云南民族出版社1999年版，第160页。

W0426.1.6

创世神汉王

实 例

毛南族 创世神汉王。

【流传】广西壮族自治区

【出处】中国各民族宗教与神话大词典编审委员会编《中国各民族宗教与神话大词典》，北京：学苑出版社1990年版，第417页。

W0426.1.7

创造神潘宁桑

实 例

景颇族 创造神潘宁桑自己命名。

【流传】云南省·（德宏傣族景颇族自治州）·盈江县支丹山吾寨

【出处】萧家成译著：《勒包斋娃——景颇族创世史诗》，北京：民族出版社1992年版，第4页。

W0426.2

创世神的居所

实 例

（参见下级母题实例）

W0426. 2. 1

创世神居黑暗的空中

实　例

蒙古族 原初，世界混沌一片，在黑暗中创造神额和·布日罕（母亲神）在空中飘浮着。

【流传】（无考）

【出处】 陈岗龙、乌日古木勒：《蒙古民间文学》，银川：宁夏人民出版社2008年版，第33页。

W0426. 2. 2

创世神居九层彩云中

实　例

侗族 创世之神萨天巴（原型为蜘蛛，创世神兼女祖神）住在九层彩云的上苍。

【流传】 广西壮族自治区·（柳州市）·三江（三江侗族自治县），（桂林市）·龙胜（龙胜各族自治县）

【出处】 杨卜林喜、杨卜松林、杨明世讲，杨国仁、涛声搜集整理，蔷紫改写：《创世女神萨天巴》，过伟改写自侗族创世史诗《嘎茫莽道时嘉——远祖歌》（未出版稿），见姚宝瑄主编《中国各民族神话》（土家族、毛南族、侗族、瑶族），太原：山西出版传媒集团·书海出版社2014年版，第93页。

W0426. 2. 3

创世主住天的最上层

实　例

哈萨克族 创世主迦萨甘住在天的最上层。

【流传】（a）新疆维吾尔自治区

【出处】

（a）《造物主创世》，见满都呼主编《中国阿尔泰语系诸民族神话故事》，北京：民族出版社1997年版，第63页。

（b）尼合迈德·蒙加尼搜集，校仲彝翻译整理：《迦萨甘创世》，见谷德明编《中国少数民族神话》，北京：中国民间文艺出版社1987年版，第727页。

W0426. 3

造物主（造物神）

【关联】［W0422. 0b］创造万物的神

实　例

（参见下级母题实例）

W0426. 3. 1

造物主的产生

实　例

（参见下级母题实例）

W0426. 3. 1. 1

人因功被封为凡间造物主

【关联】［W1015］创世者（造物主）

实　例

（参见下级母题实例）

W0426.3.1.1.1

1对兄妹因救天神被封为凡间造物主

实　例

汉族 阿根和阿莲兄妹因救天神（雷公），天帝封他俩为凡间造物主。

【流传】广西壮族自治区·（玉林市）·桂平县（桂平市）龙山一带

【出处】《百家姓的来历》，见刘经元《民间故事集成》（广西桂平县），内部编印，1989年，第14页。

W0426.3.1.2

盘古的三儿子成为造物神

实　例

汉族 盘古有4子1女。盘古开天辟地后，让三儿子司管物种走兽，人称“造物神”。

【流传】河南省·（郑州市）·新密市

【出处】冯胜利采录：《造物神种玉茭》，见张振犁编著，孟宪明、朱淑君统纂《中原神话通鉴》（第二卷），郑州：河南大学出版社2017年版，第636~637页。

W0426.3.2

造物主的特征（造物神的能力）

实　例

景颇族 （参见“W0099.4.5.1.1 造物主能贯娃住高高的太阳山”母题实例）

W0426.3.2.1

造物神造物

实　例

（参见下级母题实例）

W0426.3.2.2

造物神能使草木生长

实　例

汉族 盘古死后，造物神遵照父亲的遗嘱，很快使草木生长起来。

【流传】河南省·（郑州市）·新密市

【出处】冯胜利采录：《造物神种玉茭》，见张振犁编著，孟宪明、朱淑君统纂《中原神话通鉴》（第二卷），郑州：河南大学出版社2017年版，第637页。

W0426.3.3

特定名称的造物主（特定名称的造物神）

实　例

（参见下级母题实例）

W0426.3.3.1

造物主能贯娃

【关联】［W0099.4.5.1.1］造物主能贯娃住高高的太阳山

实 例

景颇族 造物主能贯娃。

【流传】云南省

【出处】岳志明、杨国治翻译整理：《驾驭太阳的母亲》，见谷德明编《中国少数民族神话》，北京：中国民间文艺出版社 1987 年版，第 468 ~479 页。

W0426. 3. 3. 2

造物主腾格里

实 例

哈萨克族 造物主腾格里。

【流传】（无考）

【出处】玛丽娅·科别杰讲，穆哈买提拜·拜吉格铁甫搜集，安蕾等译：《大地母亲》，见满都呼主编《中国阿尔泰语系诸民族神话故事》，北京：民族出版社 1997 年版，第 58 页。

W0426. 3. 3. 2a

造物主萨迦甘

实 例

哈萨克族 远古时候，只有创世主迦萨甘。

【流传】（a）新疆维吾尔自治区

【出处】

（a）《造物主创世》，见满都呼主编《中国阿尔泰语系诸民族神话故事》，北京：民族出版社 1997 年版，第 63 页。

（b）尼合迈德·蒙加尼搜集，校仲彝翻译整理：《迦萨甘创世》，见谷德明编《中国少数民族神话》，北京：中国民间文艺出版社 1987 年版，第 727 页。

W0426. 3. 3. 3

造物主翁戛

实 例

布依族 英雄翁戛是造千种万物的造物主。

【流传】贵州省·黔西南（黔西南布依族苗族自治州）

【出处】《造千种万物》，见何积全、陈立浩主编《布依族文学史》，贵阳：贵州民族出版社 1992 年版，第 47 页。

W0426. 3. 3. 4

造物之神“帕”与“匹”

实 例

佤族 “帕”与“匹”是造物之神。

【流传】云南省·（普洱市）·西盟佤族自治县、澜沧拉祜族自治县等地

【出处】毕登程、隋嘎编著：《司岗里——佤族创世史诗》，昆明：云南出版集团公司·云南人民出版社 2009 年版，第 22 页。

W0426. 3. 4

造物主的生活

实 例

（参见下级母题实例）

W0426.3.4.1
造物主住最高天

实例

（参见下级母题实例）

W0426.3.4.1.1
造物主住最高天第7层天

实例

赫哲族 天为七层，造物主位于最高之天，其他诸神，皆居以下诸天。

【流传】（松花江下游地区依兰县至抚远市一带）

【出处】

(a) 凌纯声：《松花江下游的赫哲族》（原1934年南京刊印本），北京：民族出版社2012年版，第116页。

(b) 《人的三个灵魂》，见吕大吉、何耀华总主编《中国各民族原始宗教资料集成》（鄂伦春族卷、鄂温克族卷、赫哲族卷、达斡尔族卷、锡伯族卷、满族卷、蒙古族卷、藏族卷），北京：中国社会科学出版社1999年版，第199页。

W0426.3.4.2
造物神坐麒麟车

实例

汉族 造物神坐上麒麟车，从五月到八月走了三个月，才到了藏种山，取出两粒玉茭树种。

【流传】河南省·（郑州市）·新密市

【出处】冯胜利采录：《造物神种玉茭》，见张振犁编著，孟宪明、朱淑君统纂《中原神话通鉴》（第二卷），郑州：河南大学出版社2017年版，第637页。

W0426.3.5
与造物神有关的其他母题

实例

（参见下级母题实例）

W0426.3.5.1
造化之神

实例

（参见下级母题实例）

W0426.3.5.1.1
造化之神黔赢

实例

汉族 “召黔赢而见之兮。”王逸注：“问造化之神以得失。”

【流传】（无考）

【出处】［战国］屈原：《楚辞·远游》［东汉］王逸注。

W0426.4
创世主

实例

（参见下级母题实例）

W0426. 4. 1

胡大是创造宇宙万物的主

实 例

撒拉族 胡大是创造宇宙万物的主。

【流传】（无考）

【出处】大漠、马英生搜集整理：《胡大吹出天地》，见满都呼主编《中国阿尔泰语系诸民族神话故事》，北京：民族出版社 1997 年版，第 96 页。

W0426. 4. 2

创世主迦萨甘（腾格里）

实 例

哈萨克族 远古时候，只有创世主迦萨甘。

【流传】（a）新疆维吾尔自治区

【出处】

（a）《造物主创世》，见满都呼主编《中国阿尔泰语系诸民族神话故事》，北京：民族出版社 1997 年版，第 63 页。

（b）尼合迈德·蒙加尼搜集，校仲彝翻译整理：《迦萨甘创世》，见谷德明编《中国少数民族神话》，北京：中国民间文艺出版社 1987 年版，第 727 页。

哈萨克族 迦萨甘是哈萨克族传说中的创世主。

【流传】（新疆维吾尔自治区）

【出处】尼哈迈提·蒙加尼搜集，校仲彝翻译整理：《神与灵魂》，见姚宝瑄主编《中国各民族神话》（乌孜别克族、哈萨克族、柯尔克孜族、俄罗斯族、维吾尔族、塔吉克族、塔塔尔族、锡伯族），太原：山西出版传媒集团·书海出版社 2014 年版，第 31～32 页。

W0426. 4. 3

万能的创世主

【关联】［W0497. 3］万能神

实 例

哈萨克族 万能的创世主迦萨甘派众神去司掌万物。

【流传】（无考）

【出处】《神与灵魂》，见谷德明编《中国史诗神话选》（初稿），内部编印，第 807 页。

W0426. 5

起源神

实 例

（参见下级母题实例）

W0426. 5. 1

起源神土伦布住在北海

实 例

满族 起源神土伦布住在北海。

【流传】黑龙江省·牡丹江市·（阳明区）·铁岭河（铁岭河镇）

【出处】郭鹤令讲，傅英仁采录：《突忽烈玛发》，见中国民间文学集成全国编辑委员会编《中国民间故事集成》

（黑龙江卷），北京：中国 ISBN 中心 2005 年版，第 74 ~ 75 页。

W0427

破坏神

【汤普森】A488

【关联】［W8673.2.1］神毁灭世界

实　例

（参见下级母题实例）

W0427.1

破坏天地的神

实　例

（实例待考）

W0427.2

破坏神是创造神的兄弟

实　例

（实例待考）

W0428

与创造神或破坏神有关的其他母题

实　例

（参见下级母题实例）

W0428.1

创造神与破坏神的争斗

【关联】［W8790］神之间的争战

实　例

（实例待考）

0.4.2　与管理或保护有关的神[①]

【W0430 ~ W0449】

W0430

世界的保护神

实　例

（实例待考）

W0430.1

四方守护神为龙虎鸟龟

实　例

毛南族（实例待考）

W0431

管三界的神

【关联】［W1070］三界

实　例

（参见下级母题实例）

① 与管理或保护有关的神，在其他母题编目中已列有相应的日月星辰神、风雨雷电神和山川河流神等，但考虑到神话叙事的特殊性，有的自然现象的管理并不一定由相应名称的神来承担，特设此编目中的若个母题以突出神话文本叙事中对相应神的职能。

W0431. 1

女娲的三个儿子管三界

实 例

汉族 （实例待考）

W0432

管神的神

【关联】

① ［W0122. 6. 2］ 管特定神的神

② ［W0123. 1］ 神王（主神，众神之王）

③ ［W0779b. 2. 2. 2］ 玉皇大帝管雷公电母

④ ［W5961］ 特定领域众神的秩序

实 例

（参见下级母题实例）

W0432. 1

管众天神的神

实 例

羌族 管众天神的神。

【流传】 四川省·（阿坝藏族羌族自治州）·汶川（汶川县）

【出处】 张旭刚搜集：《大禹王》，见中华民族故事大系编委会编《中华民族故事大系》第 11 卷（达斡尔族、仫佬族、羌族），上海：上海文艺出版社 1995 年版，第 715 页。

W0432. 2

管特定神的神

实 例

（参见下级母题实例）

W0432. 2. 1

管山神树神的神

实 例

（参见下级母题实例）

W0432. 2. 1. 1

专管山神、树神的神松玛阿策

实 例

哈尼族 十二个乌摩（即管神的神或专司管理的神）中，第十个是松玛阿策，专管山神、树神，不让山塌树枯。

【流传】 云南省·（红河哈尼族彝族自治州）·元阳（元阳县）、红河（红河县）、金平（金平苗族瑶族傣族自治县）［采集于元阳县·胜村乡·全福庄］

【出处】 卢朝贵讲，史军超搜集整理：《神和人的家谱》，原载云南省民间文学集成办公室编《哈尼族神话传说集成》，中国民间文艺出版社 1990 年版，见姚宝瑄主编《中国各民族神话》（哈尼族、傣族），太原：山西出版传媒集团·书海出版社 2014 年版，第 42 页。

W0432.2.2

管灶火神的神

实 例

（参见下级母题实例）

W0432.2.2.1

管灶火神的神蝶里艾斯

实 例

哈尼族 十二个乌摩（即管神的神或专司管理的神）中，第九个是管灶火的蝶里艾斯，他管着灶火神，不让他冒火星烧房子。

【流传】云南省·（红河哈尼族彝族自治州）·元阳（元阳县）、红河（红河县）、金平（金平苗族瑶族傣族自治县）［采集于元阳县·胜村乡·全福庄］

【出处】卢朝贵讲，史军超搜集整理：《神和人的家谱》，原载云南省民间文学集成办公室编《哈尼族神话传说集成》，中国民间文艺出版社 1990 年版，见姚宝瑄主编《中国各民族神话》（哈尼族、傣族），太原：山西出版传媒集团·书海出版社 2014 年版，第 42 页。

W0432.3

12 位乌摩是管神的神

实 例

哈尼族 十二个神的名号都叫“乌摩”，意思是“管神的神”。

【流传】云南省·（红河哈尼族彝族自治州）·元阳（元阳县）、红河（红河县）、金平（金平苗族瑶族傣族自治县）［采集于元阳县·胜村乡·全福庄］

【出处】卢朝贵讲，史军超搜集整理：《神和人的家谱》，原载云南省民间文学集成办公室编《哈尼族神话传说集成》，中国民间文艺出版社 1990 年版，见姚宝瑄主编《中国各民族神话》（哈尼族、傣族），太原：山西出版传媒集团·书海出版社 2014 年版，第 41 页。

哈尼族 十二个乌摩（即管神的神或专司管理的神）来到神王烟沙的面前。

【流传】云南省·（红河哈尼族彝族自治州）·元阳（元阳县）、红河（红河县）、绿春（绿春县）、金平（金平苗族瑶族傣族自治县）

【出处】朱小和讲唱，史军超搜集整理：《查牛补天地》（1983），原载云南省民间文学集成办公室编《哈尼族神话传说集成》，中国民间文艺出版社 1990 年版，见姚宝瑄主编《中国各民族神话》（哈尼族、傣族），太原：山西出版传媒集团·书海出版社 2014 年版，第 49 页。

W0432.3.1

大神阿匹梅烟封 12 位乌摩做管神的神

实 例

哈尼族 阿匹梅烟封出的 12 位“乌摩”是“管神的神”。

【流传】云南省·（红河哈尼族彝族自治州）·元阳县

【出处】卢朝贵讲，史军超采录：《神和人的家谱》，见中国民间文学集成全国编辑委员会编《中国民间故事集成》（云南卷），北京：中国 ISBN 中心 2003 年版，第 23 页。

W0432. 4

管理神的大神

【关联】

① ［W0432. 5. 3］看守神的神

② ［W0723. 4. 1］盘古管理鬼神

实 例

（参见下级母题实例）

W0432. 4. 1

天神英叭造 22 个神后，又造 2 个管这些神的大神

实 例

傣族 天神英叭造了 22 个神之后，又捏出 2 个大神管理，一个取名英鹏，由英鹏管理 6 个神；另一个叫叭鹏，由他管着 16 个神。

【流传】云南省·西双版纳（西双版纳傣族自治州）·（勐海县）

【出处】《阳光和风成婚生英叭》，原文本为叭补笞讲，刀昌德记录《开天辟地的故事》，见姚宝瑄主编《中国各民族神话》（哈尼族、傣族），太原：山西出版传媒集团·书海出版社 2014 年版，第 235 页。

W0432. 4. 2

管理神的大神英鹏和叭鹏

实 例

（参见下级母题实例）

W0432. 4. 2. 1

英鹏管理 6 个神，叭鹏管 16 个神

实 例

傣族 （参见“W0432. 4. 1 天神英叭造 22 个神后，又造 2 个管这些神的大神”母题实例）

W0432. 5

与管神的神有关的其他母题

实 例

（参见下级母题实例）

W0432. 5. 1

神的保护神

实 例

（实例待考）

W0432. 5. 2

特定的神的保护神

实 例

（参见下级母题实例）

W0432.5.2.1

云神的保护神是昆仑山女神纳可穆玛）和玉龙雪山神吉西尼

实 例

普米族 纳可穆玛（昆仑山女神）和吉西尼（玉龙雪山神）对云神许下了愿：当云神遭到风神和雪神的欺负时，他们就来保护云神。

【流传】 云南省·（丽江市）·宁蒗（宁蒗彝族自治县）；四川省·（凉山彝族自治州）·木里（木里藏族自治县）

【出处】 曹匹初讲，章虹宇搜集整理：《石头阿祖和石头子孙》，载《山茶》1986年第5期。

W0432.5.3

看守神的神

实 例

满族 阿布卡赫赫（女天神）觉得只让敖钦女神守护巴那姆赫赫女神不放心，便又派管门的都凯女神，要她记住要时时关好天门，不让敖钦女神随意出走。

【流传】 黑龙江省·（黑河市·孙吴县·沿江满族达斡尔族乡）·四季屯

【出处】 白蒙元（萨满）讲，吴纪贤、富希陆记录：《都凯女神》（1939），见吕大吉、何耀华总主编《中国各民族原始宗教资料集成》（鄂伦春族卷、鄂温克族卷、赫哲族卷、达斡尔族卷、锡伯族卷、满族卷、蒙古族卷、藏族卷），北京：中国社会科学出版社1999年版，第484页。

W0433

管天地万物的神

实 例

（参见下级母题实例）

W0433.1

管天的神

【关联】

①［W0122.1.2］管天的神地位最高

②［W4860］天地的管理

实 例

哈尼族 十二个乌摩（神的名号）中最大的是管天的乌摩，她是乌摩里的大王，是众乌摩的阿姐。

【流传】 云南省·（红河哈尼族彝族自治州）·元阳县

【出处】 卢朝贵讲，史军超采录：《神和人的家谱》，见中国民间文学集成全国编辑委员会编《中国民间故事集成》（云南卷），北京：中国ISBN中心2003年版，第23页。

W0433.1.1

管天的神母资莫

实 例

彝族 母资莫是管天的神。

【流传】 云南省·（玉溪市）·元江

（元江哈尼族彝族傣族自治县）红河谷两岸的彝族村寨

【出处】白仲和搜集整理：《兄妹夫妻》，见彝学网：http：//222. 210. 17. 136/mzwz/index. htm，2006. 10. 25。

W0433. 1. 2

管天的神雷公爷

实 例

汉族 管理上天的神仙叫雷公爷。

【流传】河北省·（秦皇岛市）·卢龙县·陈官屯（陈官屯镇）

【出处】夏本讲，王淑苓采录：《盘儿和古儿》，见中国民间文学集成全国编辑委员会编《中国民间故事集成》（河北卷），北京：中国 ISBN 中心 2003 年版，第 24 页。

W0433. 1. 3

管天界的神佛赫

实 例

（参见下级母题实例）

W0433. 1. 3. 1

柳树变成管天的佛赫

实 例

满族 阿不凯恩都哩看见柳树变成的佛赫在海中没死，本领高强，就让佛赫执掌天界。

【流传】黑龙江省·（牡丹江市）·宁安县（宁古塔）·江东（江南朝鲜族满族乡）·缸窑村

【出处】关振川讲，傅英仁采录：《佛赫妈妈和乌申阔玛发》，见中国民间文学集成全国编辑委员会编《中国民间故事集成》（黑龙江卷），北京：中国 ISBN 中心 2005 年版，第 12～15 页。

W0433. 2

管地的神

【关联】

①［W0230］地神

②［W0236. 3. 3］土地神管大地

③［W4860］天地的管理

实 例

（参见下级母题实例）

W0433. 2. 1

后土主宰大地

实 例

汉族 “土正曰后土。”杜预注：“土为群物主，故称后也。”

【流传】（无考）

【出处】［春秋］左丘明：《左传·昭公二十九年》［晋］杜预注。

W0433. 2. 2

管地的神是女神

实 例

哈尼族 （实例待考）

W0433.2.3

管地的神米资莫

实　例

彝族 米资莫是管地的神。

【流传】 云南省·（玉溪市）·元江（元江哈尼族彝族傣族自治县）红河谷两岸的彝族村寨

【出处】 白仲和搜集整理：《兄妹夫妻》，见彝学网:http://222.210.17.136/mzwz/index. htm，2006.10.25。

W0433.3

管天气的神

【关联】［W0290］气象神

实　例

（参见下级母题实例）

W0433.3.1

管风雨云雾之神

【关联】［W0292］风神

实　例

傣族 （实例待考）

W0433.3.2

管霜雪的神

【关联】［W0364］雪神

实　例

（参见下级母题实例）

W0433.3.2.1

天神主霜雪

实　例

汉族 （实例待考）

W0433.4

管理万物的神

实　例

（参见下级母题实例）

W0433.4.1

特定名称的管天地万物的神

【关联】［W0067a.1.1］管天下的女神竺妞

实　例

（参见下级母题实例）

W0433.4.1.1

主宰万物的神帕雅天

实　例

布朗族 主宰万物的神帕雅天。

【流传】 云南省·（西双版纳傣族自治州）·勐海（勐海县）

【出处】 艾扬整理：《天和地的起源》，见中华民族故事大系编委会编《中华民族故事大系》第12卷（布朗族、撒拉族、毛南族），上海：上海文艺出版社1995年版，第5页。

W0433. 4. 1. 2

管天地万物神更资

实 例

彝族 更资是管天地万物的神。

【流传】云南省·（楚雄彝族自治州）·永仁县

【出处】《更资天神》，见中国民间文学集成全国编辑委员会编《中国民间故事集成》（云南卷），北京：中国ISBN中心2003年版，第9页。

W0433. 4. 1. 3

管天地万物的天神重和黎

实 例

汉族 天神重和黎管天地间万事万物。

【流传】陕西省·（榆林市）·绥德县·白家界乡（白家硷乡）·海满坪村

【出处】杨进山讲，刘汉腾采录：《黎民百姓和九重天》，见中国民间文学集成全国编辑委员会编《中国民间故事集成》（陕西卷），北京：中国ISBN中心1996年版，第3页。

W0433. 4. 1. 4

主管天上天下万物的神昭树贡

实 例

布朗族 昭树贡是主管天上天下万物的神。

【流传】云南省·（临沧市）·双江县（双江拉祜族佤族布朗族傣族自治县）

【出处】植万七讲，傣春华采录：《兄妹成婚衍人类》注释，见中国民间文学集成全国编辑委员会编《中国民间故事集成》（云南卷），北京：中国ISBN中心2003年版，第206页。

W0433. 4. 1. 5

主宰天地人三界十方万灵之神乌松博、乌松咬

实 例

（参见下级母题实例）

W0433. 4. 1. 5. 1

乌松博、乌松咬是一对夫妻神

实 例

白族 主宰天地人三界十方万灵之神乌松博、乌松咬（神名，音译。至今已无人能说清楚其意思）是一对夫妻神。

【流传】云南·昆明市·西山区

【出处】董绍禹：《西山区白族宗教调查》，见云南省编辑组编《昆明民族民俗和宗教调查》，昆明：云南人民出版社1985年版，第88~90页。

W0433. 5

管边界的神

实 例

（实例待考）

W0433.6

与管天地万物的神有关的其他母题

实　例

（参见下级母题实例）

W0433.6.1

看守天地的神

实　例

（参见下级母题实例）

W0433.6.1.1

4个看守天地的神

实　例

傣族 天王玛哈捧搓下身上的污垢，捏了四个“加都罗”（专门巡视和看守天地的男神，传有四个），叫他们去看守天和地。

【流传】云南省·西双版纳傣族地区（西双版纳傣族自治州）

【出处】《巴塔麻嘎捧尚罗》，王松据岩温炳翻译《巴塔麻晏》（开天辟地）改写，见姚宝瑄主编《中国各民族神话》（哈尼族、傣族），太原：山西出版传媒集团·书海出版社2014年版，第290页。

W0433.6.2

特定名称的管天地万物的神

实　例

（参见下级母题实例）

W0433.6.2.1

管世界自然万事万物的术神灵

实　例

（参见下级母题实例）

W0433.6.2.1.1

蛙蛇变成术神灵（术神）

实　例

纳西族 蛙蛇（人类以前的父亲）变成了宰理世界自然万事万物的术神灵。

【流传】云南省·（丽江市）·丽江县（古城区、玉龙纳西族自治县）

【出处】木丽春采集整理：《父亲易位的故事》，见木丽春编著《纳西族民间故事集》，昆明：云南人民出版社2007年版，第16页。

W0433.6.2.2

天地人三界十方万灵主宰神乌松博、乌松咬

实　例

白族 乌松博、乌松咬（神名，音译。至今已无人能说清楚其意思）是天地人三界十方万灵主宰之神。

【流传】云南·昆明市·西山区

【出处】董绍禹：《西山区白族宗教调查》，见云南省编辑组编《昆明民族民俗和宗教调查》，昆明：云南人民出版社1985年版，第88~90页。

W0434
管人的神

【关联】［W0442］人类保护神

实 例

（参见下级母题实例）

W0434. 1
人神

实 例

汉族 （实例待考）

W0434. 1. 1
人神的产生

实 例

（参见下级母题实例）

W0434. 1. 1. 1
混沌中生人神

实 例

彝族 天地还没有分开之前，就诞生了四个人神。（原译本称“仙子”。彝语为“司惹”。汉译本注释为“他既不是神，也不是鬼，而是同人间有血肉联系的、具有超人才能的、理想化的英雄人物。”因当时尚无“仙”的概念，故改用“人神”。）

【流传】（四川省·凉山彝族自治州）

【出处】

（a）冯元蔚译：《勒俄特依》，成都：四川民族出版社 1986 年版。

（b）冯元蔚译，蔷紫改写：《勒俄特依》，见姚宝瑄主编《中国各民族神话》（羌族、彝族），太原：山西出版传媒集团·书海出版社 2014 年版，第 148 页。

W0434. 1. 1. 1. 1
天地混沌时每个方向都生出 1 个人神

实 例

彝族 天地混沌时，每个方向分别生出一个人神。

【流传】（四川省·凉山彝族自治州）

【出处】

（a）冯元蔚译：《勒俄特依》，成都：四川民族出版社 1986 年版。

（b）冯元蔚译，蔷紫改写：《勒俄特依》，见姚宝瑄主编《中国各民族神话》（羌族、彝族），太原：山西出版传媒集团·书海出版社 2014 年版，第 148 页。

W0434. 1. 1. 2
天神生人神

实 例

哈尼族 天神俄玛生下人神玛窝。

【流传】云南省·（红河哈尼族彝族自治州）·元阳县

【出处】卢朝贵讲，史军超采录：《神和人的家谱》，见中国民间文学集成全国编辑委员会编《中国民间故事集成》（云南卷），北京：中国 ISBN 中心2003年版，第23页。

W0434.1.1.2.1

最高最大的天神俄玛生人神玛窝

实 例

哈尼族 最高最大的天神俄玛是所有天神和人的祖宗，她来到世上，生下人神玛窝。

【流传】云南省·（红河哈尼族彝族自治州）·元阳（元阳县）、红河（红河县）、金平（金平苗族瑶族傣族自治县）［采集于元阳县·胜村乡·全福庄］

【出处】卢朝贵讲，史军超搜集整理：《神和人的家谱》，原载云南省民间文学集成办公室编《哈尼族神话传说集成》，中国民间文艺出版社1990年版，见姚宝瑄主编《中国各民族神话》（哈尼族、傣族），太原：山西出版传媒集团·书海出版社2014年版，第42～43页。

W0434.1.1.3

特定的动物生人神

实 例

（参见下级母题实例）

W0434.1.1.3.1

金鱼娘抖鱼鳞从细腰处生2个人神

实 例

哈尼族 密乌艾西艾玛（地下最大的金鱼娘）抖鱼鳞，从细腰那里抖出来两个人神。

【流传】云南省·（红河哈尼族彝族自治州）·元阳县

【出处】朱小和讲，史军超等采录：《神的古今》，见中国民间文学集成全国编辑委员会编《中国民间故事集成》（云南卷），北京：中国ISBN中心2003年版，第19页。

W0434.1.1.4

卵演化出人神

实 例

土家族 卵生下无极，无极生下太极，太极生下两仪，两仪有阴有阳，就像两个人，阴就自称李古娘，阳就自称张古老。

【流传】湖南省·（湘西土家族苗族自治州）·龙山县·里耶区（里耶镇）·八面山（八面山自然保护区）

【出处】谢绍中讲，田永瑞采录：《张古老制天、李古娘制地》，见中国民间文学集成全国编辑委员会编《中国民间故事集成》（湖南卷），北京：中国ISBN中心2002年版，第6页。

W0434.1.1.5

神人夫妻造人神

实 例

苗族 神人亡洗太（女）和公达公（男）吐了3泡口水，一泡造成人神。

【流传】贵州省·（黔东南苗族侗族自

治州）·黄平县（原名旧州）·红梅乡

【出处】龙文秀唱，李德祥搜集整理：《开天辟地》，见贵州省民间文学工作组编《民间文学资料》第六集（苗族古理歌）中国民间文艺研究会贵州分会编印，内部编印，1959 年。

W0434. 1. 1. 6

聪明人成为人神

实 例

羌族 羌人屋顶上敬九尊神，其中马吉（Mǔ-gee）是羌民传说中之聪明人，它首悟神意，代表神意，指示羌人走向胜利之路。

【流传】四川省·（阿坝藏族羌族自治州）·理县·通化乡·西山大队（西山村）

【出处】胡鉴民：《羌族的信仰与习为》，原载《边疆研究论丛》1941 年，见吕大吉、何耀华总主编《中国各民族原始宗教资料集成》（纳西族卷、羌族卷、独龙族卷、傈僳族卷、怒族卷），北京：中国社会科学出版社 2000 年版，第 475 页。

W0434. 1. 2

人神的特征（人神的能力）

实 例

（参见下级母题实例）

W0434. 1. 2. 1

人神分男女

实 例

哈尼族 密乌艾西艾玛（地下最大的金鱼娘）抖鱼鳞，抖出两个人神，男的叫烟蝶，女的叫蝶玛。

【流传】云南省·（红河哈尼族彝族自治州）·元阳县

【出处】朱小和讲，史军超等采录：《神的古今》，见中国民间文学集成全国编辑委员会编《中国民间故事集成》（云南卷），北京：中国 ISBN 中心 2003 年版，第 19 页。

W0434. 1. 2. 2

人神轻如雾露

【关联】［W0072. 2. 1］最早的人神的身子很轻

实 例

哈尼族 最早的人神的身子像雾露一样轻。

【流传】云南省·（红河哈尼族彝族自治州）·元阳县

【出处】卢朝贵讲，史军超采录：《神和人的家谱》，见中国民间文学集成全国编辑委员会编《中国民间故事集成》（云南卷），北京：中国 ISBN 中心 2003 年版，第 23 页。

W0434.1.2.3
人神能回到天上

【关联】［W1426.1］以前人能上天

实 例

哈尼族 自从天神俄玛下到人间，生下的一代代人神都能回到天上，人世和天上是通着的。

【流传】云南省·（红河哈尼族彝族自治州）·元阳（元阳县）、红河（红河县）、金平（金平苗族瑶族傣族自治县）［采集于元阳县·胜村乡·全福庄］

【出处】卢朝贵讲，史军超搜集整理：《神和人的家谱》，原载云南省民间文学集成办公室编《哈尼族神话传说集成》，中国民间文艺出版社1990年版，见姚宝瑄主编《中国各民族神话》（哈尼族、傣族），太原：山西出版传媒集团·书海出版社2014年版，第44页。

W0434.1.3
特定名称的人神

【关联】［W0786.1］孔子（孔子神）

实 例

（参见下级母题实例）

W0434.1.3.1
人神玛窝

实 例

哈尼族 人的祖宗天神俄玛生下人神玛窝。

【流传】云南省·（红河哈尼族彝族自治州）·元阳县

【出处】卢朝贵讲：《神和人的家谱》，见中国民间文学集成全国编辑委员会编《中国民间故事集成》（云南卷），北京：中国ISBN中心2003年版，第23～28页。

W0434.1.3.2
管人的神阿匹梅烟

实 例

哈尼族 阿匹梅烟封的十二个乌摩（神的名号）中，第四个乌摩最重要，专门管人，阿匹梅烟找不着能人，只好自己来当，所以她又叫做“管人的阿匹梅烟”。

【流传】云南省·（红河哈尼族彝族自治州）·元阳县

【出处】卢朝贵讲，史军超采录：《神和人的家谱》，见中国民间文学集成全国编辑委员会编《中国民间故事集成》（云南卷），北京：中国ISBN中心2003年版，第23页。

W0434.1.3.3
人神烟蝶、蝶玛

实 例

哈尼族 人神烟蝶、蝶玛是从密乌艾西艾玛金鱼背出生的。

【流传】云南省·（红河哈尼族彝族自治州）·元阳县·黄草岭区（黄草岭

乡）·树皮寨

【出处】

（a）杨批斗讲，史军超采录：《年月树》，见中国民间文学集成全国编辑委员会编《中国民间故事集成》（云南卷），北京：中国 ISBN 中心 2003 年版，第 289 页。

（b）同（a）《哈尼族神话传说集成》，北京：中国民间文艺出版社 1990 年版。

哈尼族 海中生出的金鱼把鱼鳞一抖，抖出两个大神，这就是人神，男神叫烟蝶，女神叫蝶玛。

【流传】云南省·（红河哈尼族彝族自治州）·元阳县、金平县（金平苗族瑶族傣族自治县）、红河县等地

【出处】朱小和讲，史军超、卢朝贵搜集整理：《烟本霍本》，原载刘辉豪、阿罗编《哈尼族民间故事选》，上海文艺出版社 1989 年版，见姚宝瑄主编《中国各民族神话》（哈尼族、傣族），太原：山西出版传媒集团·书海出版社 2014 年版，第 33 页。

W0434. 1. 3. 4

人神俄惹结志

实　例

彝族 人神俄惹结志派了银男和金女下凡。

【流传】（四川省·凉山彝族自治州）

【出处】

（a）冯元蔚译：《勒俄特依》，成都：四川民族出版社 1986 年版。

（b）冯元蔚译，蔷紫改写：《勒俄特依》，见姚宝瑄主编《中国各民族神话》（羌族、彝族），太原：山西出版传媒集团·书海出版社 2014 年版，第 155 页。

W0434. 1. 3. 5

周公神

实　例

彝族 周公神是人神体系诸神之一。

【流传】云南省·红河地区（红河哈尼族彝族自治州）

【出处】孙官生调查整理：《红河彝族的三大神灵体系》，见吕大吉、何耀华总主编《中国各民族原始宗教资料集成》（彝族卷、白族卷、基诺族卷），北京：中国社会科学出版社 1996 年版，第 122～124 页。

W0434. 1. 4

人神的谱系

实　例

（参见下级母题实例）

W0434. 1. 4. 1

第三代人神窝觉

实　例

哈尼族 在地上生养后代的是第三代人神窝觉（窝觉以父名“窝”为姓，本名“觉”，意为天神而愿意留居人

世）。

【流传】云南省·（红河哈尼族彝族自治州）·元阳县

【出处】卢朝贵讲，史军超采录：《神和人的家谱》，见中国民间文学集成全国编辑委员会编《中国民间故事集成》（云南卷），北京：中国 ISBN 中心 2003 年版，第 23 页。

W0434.1.5

与人神有关的其他母题

实 例

（参见下级母题实例）

W0434.1.5.1

人神之王

实 例

（参见下级母题实例）

W0434.1.5.1.1

人神之王入黄炸当地

【关联】［W0106.6.1］人神王下凡考察人心

实 例

彝族 人神之王入黄炸当地，飞到西方把粮食的种子撒下大地。

【流传】（云南省·楚雄彝族自治州·双柏县，红河哈尼族彝族自治州等地）

【出处】（a）云南省民族民间文学楚雄、红河调查队搜集，郭思九、陶学良整理：《查姆》，昆明：云南人民出版社 1981 年版。

彝族 众神之王涅侬倮佐颇要造天地时召来众神其中有人神（原文整理者译为“仙”，改写者改为“人神”）之王入黄炸当地。

【流传】（云南省·楚雄彝族自治州·双柏县，红河哈尼族彝族自治州等地）

【出处】郭思九、陶学良整理，古梅改写：《彝家的古根》，选自《云南民族文学资料》第七集中的《查姆》上部前三章，见姚宝瑄主编《中国各民族神话》（羌族、彝族），太原：山西出版传媒集团·书海出版社 2014 年版，第 53 页。

W0434.1.5.2

人神长寿

实 例

（参见下级母题实例）

W0434.1.5.2.1

人神顶洛 5 万年不死

实 例

苗族 顶洛（人神名）5 万年不死。

【流传】广西壮族自治区北部地区

【出处】过竹：《苗族神话研究》，南宁：广西人民出版社 1988 年版，第 216 页。

W0434.2

人王（人皇）

【关联】

①［W0730a. 2］三皇
②［W5860］国王（人皇）

实 例

白族 （实例待考）

W0434. 2. 1
人王的产生（人皇的产生）

实 例

（参见下级母题实例）

W0434. 2. 1. 1
祖先生人王

实 例

（参见下级母题实例）

W0434. 2. 1. 1. 1
古老和盘古生人王

实 例

侗族 古老和盘古又生出了人王九兄弟。

【流传】（无考）

【出处】吴良修讲：《古老和盘古》，王宪昭采集，2009. 08。

W0434. 2. 1. 2
地气化为人王

实 例

侗族 人皇是由地气冲天而降临人间的。

【流传】（无考）

【出处】陆嘉玉：《试析秦廷锡侗族民歌中的古代神话传说故事》，见《黎平县政协文史资料》第 3 集，内部编印，2008 年。

W0434. 2. 1. 3
感生人皇

实 例

（参见下级母题实例）

W0434. 2. 1. 3. 1
太元圣母感气生地人皇

实 例

汉族 元始君下游见之，乃与通气结精，招还上宫。元始君经一劫，乃一施太元母，生天皇十三头。后生地皇，地皇十一头，地皇生人皇九头。

【流传】（无考）

【出处】［东晋］葛洪：《枕中书》。

W0434. 2. 1. 4
地皇生人皇

实 例

汉族 在二仪未分，天地日月未具时，已有盘古真人游于其中。后与太元圣母通气结精，生东王公与西王母。后又生地皇，地皇生人皇。

【流传】（无考）

【出处】［东晋］葛洪：《枕中书》。

W0434.2.1.5
与人王产生有关的其他母题

实　例

（参见下级母题实例）

W0434.2.1.5.1
人皇兄弟九人生于刑马山

实　例

民族无考 人皇兄弟九人，生于刑马山，身有九色。

【流传】（无考）

【出处】［清］王谟：《汉唐地理书钞》辑《荣氏遁甲开山图》。

W0434.2.2
人王的特征（人皇的特征，人皇的身份）

实　例

（参见下级母题实例）

W0434.2.2.1
人王有动物特征

实　例

（参见下级母题实例）

W0434.2.2.1.1
人王艾洛卜我是蛤蟆

实　例

布朗族 人王艾洛卜我是一只蛤蟆。

【流传】云南省·西双版纳（西双版纳傣族自治州）

【出处】《艾洛卜我》，见中国社会科学院云南少数民族文学研究所等编《云南少数民族文学资料》（第1辑），内部编印，1980年，第62页。

W0434.2.2.2
人皇九头

实　例

民族无考 人皇九头，乘云车，驾六羽，出谷口，兄弟九人。

【流传】（无考）

【出处】［唐］司马贞：《补史记·三皇本纪》。

汉族 频斯国有大枫木成林，有树高六七十里，树东有大石室，可容万人坐。壁上刻为三皇之像：天皇十三头，地皇十一头，人皇九头。

【流传】（无考）

【出处】［晋］王嘉：《拾遗记》卷九。

汉族 元始君下游见之，乃与通气结精，招还上宫。元始君经一劫，乃一施太元母，生天皇十三头。后生地皇，地皇十一头。地皇生人皇九头。

【流传】（无考）

【出处】［东晋］葛洪：《枕中书》。

W0434.2.2.3
人皇身体有9色

实　例

汉族 人皇兄弟九人，生于刑马山，身有九色。

【流传】（无考）

【出处】［清］王谟：《汉唐地理书钞》辑《荥氏遁甲开山图》。

W0434. 2. 2. 4

人皇龙身

实 例

汉族 天皇十三头，地皇十一头，人皇九头，皆龙身。

【流传】（无考）

【出处】［晋］王嘉：《拾遗记》卷九。

W0434. 2. 2. 5

人皇是人类首领

实 例

汉族 人类的第二代首领地皇过了一万八千岁死了。后来，在刑马山又出现了人类第三个首领，名叫人皇。

【流传】江苏省·（淮安市）·涟水县·南集乡·禹庄村

【出处】徐学尧讲，徐省生搜集整理：《世界的由来》（1983），见姚宝瑄主编《中国各民族神话》（汉族），太原：山西出版传媒集团·书海出版社2014年版，第24～28页。

W0434. 2. 3

与人王有关的其他母题

【关联】

① ［W0649. 7a］祖先是人王

② ［W0681. 5. 1］伏羲是人皇

③ ［W0697. 3. 6a］黄帝是人皇

④ ［W0713. 6］女娲是人皇

实 例

（参见下级母题实例）

W0434. 2. 3. 1

特定名称的人王（人皇的名称）

实 例

（参见下级母题实例）

W0434. 2. 3. 1. 1

人王艾洛卜我

实 例

布朗族 人王艾洛卜我。

【流传】云南省·西双版纳（西双版纳傣族自治州）

【出处】《艾洛卜我》，见中国社会科学院云南少数民族文学研究所等编《云南少数民族文学资料》（第1辑），内部编印，1980年，第62页。

W0434. 2. 3. 1. 2

人皇奶奶女娲

实 例

汉族 人首蛇身的女娲娘娘，专替老天爷繁衍生灵，人们叫她人皇奶奶。

【流传】河南省·（郑州市）·新密市·（平陌镇·龙泉村）

【出处】魏洪基（58岁，农民，小学）

讲，高力升采录整理：《黄帝拜三皇》，见张振犁编著，孟宪明、朱淑君统纂《中原神话通鉴》（第二卷），郑州：河南大学出版社 2017 年版，第 686 页。

W0434.2.3.1.3
人皇又称九皇

实 例

汉族 《史记·孝武本纪》："高世比德于九皇。"裴骃集解引张晏曰："三皇之前，有人皇九首。"又引韦昭曰："上古人皇者，九人也。"

【流传】（无考）

【出处】《九皇》，见袁珂《中国神话大词典》，北京：华夏出版社 2015 年版，第 9 页。

民族无考 人皇亦称九皇。

【流传】（无考）

【出处】《三皇》，见乌丙安主编《中国民间神谱》，沈阳：辽宁人民出版社 2007 年版，第 50 页。

W0434.2.3.1.4
黄帝轩辕氏为人皇氏

实 例

汉族 （参见"W0697.3.6a 黄帝是人皇"母题实例）

W0434.2.3.1.4.1
人皇氏

实 例

彝族 天皇地皇人皇氏，伏羲神农与轩辕。

【流传】云南省·（大理白族自治州）·巍山县（巍山彝族回族自治县）·五印乡·岩子脚（岩子脚村）、紫马鹿村

【出处】王丽珠搜集：《无上虚空地母养生保命真经》，转引自吕大吉、何耀华总主编：《中国各民族原始宗教资料集成》（彝族卷、白族卷、基诺族卷），北京：中国社会科学出版社 1996 年版，第 63～64 页。

W0434.2.3.2
人王的数量

实 例

（参见下级母题实例）

W0434.2.3.2.1
人王九兄弟（人皇兄弟九人）

实 例

侗族 古老和盘古又生出了人王九兄弟。

【流传】（无考）

【出处】吴良修讲：《古老和盘古》，王宪昭采集，2009.08。

W0434.2.3.2.1.1
人皇兄弟九人分管九州

实 例

汉族 人皇兄弟九人，生于刑马山，

身有九色。

【流传】（无考）

【出处】［清］王谟：《汉唐地理书钞》辑《荣氏遁甲开山图》。

汉族 人皇兄弟九人，分长九州，各立城邑，凡一百五十世，合四万五千六百年。

【流传】（无考）

【出处】［唐］司马贞：《补史记·三皇本纪》。

W0434. 2. 3. 2. 2

人皇生九子

实 例

汉族 人皇生九子，各居在一方，分为九州地，九州九太阳。

【流传】河南省·南阳市

【出处】邱海观（70 岁，农民）讲，李明才采录整理：《后羿追日》，见张振犁编著，孟宪明、朱淑君统纂《中原神话通鉴》（第三卷），郑州：河南大学出版社 2017 年版，第 867 页。

W0434. 2. 3. 3

人王的关系

实 例

（参见下级母题实例）

W0434. 2. 3. 3. 1

人王和雷公、金龙、老虎是兄弟

实 例

汉族 古时候，人王和雷公、金龙、老虎是兄弟。

【流传】河南省·（南阳市）·桐柏县［采录地点：桐柏县吴城乡阎庄村］

【出处】刘昌国讲，刘英采录：《人管天下》（1986. 02），见张振犁编著，孟宪明、朱淑君统纂《中原神话通鉴》（第四卷），郑州：河南大学出版社 2017 年版，第 1249 页。

W0434. 2. 3. 3. 2

人王夫妻

实 例

白族 人王夫妻在当年造人种时留下像生殖器的石头。

【流传】云南省·（大理白族自治州）·鹤庆县·朵美乡

【出处】鹤庆县民间文学集成办公室编：《石家什》，载《鹤庆民间故事集成》，昆明：云南人民出版社 1989 年版，第 30 ~ 32 页。

W0434. 2. 3. 4

人皇的寿命

实 例

（参见下级母题实例）

W0434. 2. 3. 4. 1

人皇一百五十世

实 例

汉族 人皇兄弟九人，分长九州，各

立城邑，凡一百五十世，合四万五千六百年。

【流传】（无考）

【出处】［唐］司马贞：《补史记·三皇本纪》。

W0434.2.3.4.2

人皇万岁

实 例

（参见下级母题实例）

W0434.2.3.4.2.1

第三代人皇1万5千岁

实 例

汉族 人类的第三代首领一直活了一万五千岁。

【流传】江苏省·（淮安市）·涟水县·南集乡·禹庄村

【出处】徐学尧讲，徐省生搜集整理：《世界的由来》（1983），见姚宝瑄主编《中国各民族神话》（汉族），太原：山西出版传媒集团·书海出版社2014年版，第24～28页。

W0434.2.3.4.2.2

人皇治世3万6千岁

实 例

汉族 地皇生人皇九头，各治三万六千岁。

【流传】（无考）

【出处】［东晋］葛洪：《枕中书》。

W0434.2.3.5

人皇的生活

实 例

（参见下级母题实例）

W0434.2.3.5.1

人皇居住九州中央

实 例

汉族 人类的第三代首领人皇划分出九州后，自住在九州中间，经常巡察各州工作情况。

【流传】江苏省·（淮安市）·涟水县·南集乡·禹庄村

【出处】徐学尧讲，徐省生搜集整理：《世界的由来》（1983），见姚宝瑄主编《中国各民族神话》（汉族），太原：山西出版传媒集团·书海出版社2014年版，第24～28页。

W0434.2.3.5.2

人皇乘云车

实 例

汉族 人皇九头，乘云车，驾六羽，出谷口。

【流传】（无考）

【出处】［唐］司马贞：《补史记·三皇本纪》。

W0434. 3

管理人间的神

实 例

（参见下级母题实例）

W0434. 3. 1

管理人间的神腾尼莫蹲特

实 例

（参见下级母题实例）

W0434. 3. 1. 1

腾尼莫蹲特形如不倒翁，没有手脚

实 例

赫哲族 蹲特神有三种。其中，腾尼莫蹲特，形如不倒翁，没有手脚，住在人间，管理人间的事。

【流传】（黑龙江省）

【出处】

（a）《民族问题五种丛书》黑龙江省编辑组：《赫哲族社会历史调查》，牡丹江：黑龙江朝鲜民族出版社 1987 年版，第 173～174 页。

（b）《动物神（二）》，见吕大吉、何耀华总主编《中国各民族原始宗教资料集成》（鄂伦春族卷、鄂温克族卷、赫哲族卷、达斡尔族卷、锡伯族卷、满族卷、蒙古族卷、藏族卷），北京：中国社会科学出版社 1999 年版，第 202 页。

W0434. 3. 2

专门管人的神

实 例

（参见下级母题实例）

W0434. 3. 2. 1

专门管人的女神

实 例

哈尼族 十二个乌摩（即管神的神或专司管理的神）中，第四个是最要紧的，专门管人，她把人头好好地保管着，不让刀砍斧劈，所以她又叫做“管人的阿匹梅烟”。

【流传】云南省·（红河哈尼族彝族自治州）·元阳（元阳县）、红河（红河县）、金平（金平苗族瑶族傣族自治县）［采集于元阳县·胜村乡·全福庄］

【出处】卢朝贵讲，史军超搜集整理：《神和人的家谱》，原载云南省民间文学集成办公室编《哈尼族神话传说集成》，中国民间文艺出版社 1990 年版，见姚宝瑄主编《中国各民族神话》（哈尼族、傣族），太原：山西出版传媒集团·书海出版社 2014 年版，第 41 页。

W0435

管动物的神

【汤普森】A440

【关联】

① ［W0500］动物神
② ［W5971］动物的管理

实 例

（参见下级母题实例）

W0435.1

管野生动物的神

【汤普森】 A443

实 例

（实例待考）

W0435.2

管野兽的神

【汤普森】 A443.1

实 例

（实例待考）

W0435.2.1

掌管狮子的女神

实 例

纳西族 （实例待考）

W0435.3

管家畜的神

【汤普森】 A441.1

【关联】 ［W0460］家畜神

实 例

哈尼族 （实例待考）

W0435.3.1

牧羊神

【汤普森】 ①A441.1.2；②A453

实 例

（参见下级母题实例）

W0435.3.1.1

司山羊之神

实 例

（参见下级母题实例）

W0435.3.1.1.1

帖格腾格里是专管山羊之神

实 例

蒙古族 帖格腾格里是专管山羊之天（在蒙古族民间宗教或萨满神词中，“天”与“腾格里”常常通用，此处可以看作是泛指诸神）。

【流传】（无考）

【出处】 额尔德木图：《蒙古英雄史诗与孛额唱词中的“腾格里”》，载《内蒙古社会科学》（汉文版）1995年第5期。

W0435.3.2

管牛的神

【关联】

① ［W0444.3.3.1.1］司牛生长的神
② ［W0444.3.3.2.1］司牛生殖的神

实 例

达斡尔族 （参见“W0435. 4. 1. 1 管牛下奶的神卓力·巴尔肯”母题实例）

哈萨克族 （实例待考）

W0435. 3. 3

管马的神

实 例

哈萨克族 （实例待考）

W0435. 3. 3. 1

管马的神昭路博如坎

实 例

鄂伦春族 管马的神是昭路博如坎。

【流传】（无考）

【出处】《昭路博如坎的由来》，见吕大吉、何耀华总主编《中国各民族原始宗教资料集成》（鄂伦春族卷、鄂温克族卷、赫哲族卷、达斡尔族卷、锡伯族卷、满族卷、蒙古族卷、藏族卷），北京：中国社会科学出版社1999年版，第26～27页。

W0435. 3. 4

管骆驼的神（骆驼神）

实 例

（参见下级母题实例）

W0435. 3. 4. 1

管骆驼的神奥依斯尔哈拉

实 例

哈萨克族 主宰骆驼的神是“奥依斯尔哈拉”。

【流传】（无考）

【出处】 尼合迈德·蒙加尼搜集，校仲彝翻译整理：《神与灵魂》，见谷德明编《中国少数民族神话》，北京：中国民间文艺出版社1987年版，第730页。

W0435. 3. 5

管其他家畜的神

实 例

（实例待考）

W0435. 4

管动物某一方面的神

实 例

（参见下级母题实例）

W0435. 4. 1

管动物下奶的神

实 例

（参见下级母题实例）

W0435. 4. 1. 1

管牛下奶的神卓力·巴尔肯

实 例

达斡尔族 卓力·巴尔肯是管乳牛的奶病和奶量的神。

【流传】 （内蒙古自治区、黑龙江省等地）

【出处】《达斡尔人供祭的诸神概况表》，见吕大吉、何耀华总主编《中国各民族原始宗教资料集成》（鄂伦春族卷、鄂温克族卷、赫哲族卷、达斡尔族卷、锡伯族卷、满族卷、蒙古族卷、藏族卷），北京：中国社会科学出版社 1999 年版，第 376 页。

W0436
管植物的神

实 例

佤族（实例待考）

W0436.1
管植物结果的神

【汤普森】A431

实 例

（实例待考）

W0436.2
管作物神

【关联】

① ［W0493.13］灶王爷管五谷杂粮

② ［W0549.2］管庄稼的神仙

③ ［W0734.1］神农为主管作物的土神

实 例

哈尼族 十二个乌摩（神的名号）中第三个是三姐乌摩，专门管理庄稼。

【流传】云南省·（红河哈尼族彝族自治州）·元阳县

【出处】卢朝贵讲，史军超采录：《神和人的家谱》，见中国民间文学集成全国编辑委员会编《中国民间故事集成》（云南卷），北京：中国 ISBN 中心 2003 年版，第 23 页。

W0436.2.1
管理庄稼的神

实 例

（参见下级母题实例）

W0436.2.1.1
玉皇大帝让管理庄稼的神惩罚浪费粮食者

实 例

汉族 玉皇大帝为惩罚人间浪费粮食，就让管理庄稼的神，给小麦只留一个头。

【流传】河南省·（驻马店市·平舆县·射桥镇）［采录地点：射桥乡］

【出处】赵连如（男，57 岁，汉族，初中毕业，射桥乡射桥镇农民）讲，乔蕾（男，19 岁，汉族，高中毕业，射桥乡越楼村农民）采录：《今天的小麦为什么只一个头》（1987.10），见张振犁编著，孟宪明、朱淑君统纂《中原神话通鉴》（第四卷），郑州：河南大学出版社 2017 年版，第 1335 页。

W0436.2.2
管庄稼的神仙察看民情

实 例

汉族 管庄稼的神仙察看人间的情况。

【流传】天津市·汉沽区

【出处】王只福讲，王力行采录：《黄狗替人求粮》，见中国民间文学集成全国编辑委员会编《中国民间故事集成》（天津卷），北京：中国ISBN中心2004年版，第9页。

W0437

管自然物的神

实　例

（参见下级母题实例）

W0437.1

管山的神

【关联】

①［W0391］山神

②［W4973］山的管理

实　例

（参见下级母题实例）

W0437.1.1

日月神管山岭

实　例

彝族 （实例待考）

W0437.1.2

专管山林的女神

【关联】［W0065］女神

实　例

侗族 （实例待考）

W0437.1.3

天上的老君管山

实　例

汉族 天上的老君管山。

【流传】河南省·（三门峡市）·渑池县

【出处】《飞山的来历》，见白庚胜总主编《中国民间故事全书》（河南省渑池县卷），北京：知识产权出版社2009年版，第9页。

W0437.2

管水的神

【关联】

①［W0400］水神

②［W4975］水的管理

实　例

汉族 （实例待考）

W0437.2.1

镇海大王

实　例

京族 一位神仙化作乞丐搭船，将一滚烫南瓜投入蜈蚣精口中，蜈蚣尸断为三，化成巫头、山心、万尾三个小岛。因此居住在这三岛的京族，尊此神为镇海大王。

【流传】（无考）

【出处】韦坚平搜集整理：《镇海大

王》，见姚宝瑄主编《中国各民族神话》（仫佬族、壮族、京族），太原：山西出版传媒集团·书海出版社 2014 年版，第 198 页。

W0437.2.2

管江河湖海的神

实　例

侗族 （实例待考）

W0437.2.2.1

龙王掌管江河湖泊

实　例

布朗族 管理神让龙王掌管江河湖泊。

【流传】云南省·（西双版纳傣族自治州）·勐海（勐海县）

【出处】艾扬整理：《天和地的起源》，见中华民族故事大系编委会编《中华民族故事大系》第 12 卷（布朗族、撒拉族、毛南族），上海：上海文艺出版社 1995 年版，第 6 页。

W0437.2.3

管泉和水潭的神

实　例

（参见下级母题实例）

W0437.2.3.1

管万道泉千个潭的神厄戚戚奴

实　例

哈尼族 十二个乌摩（神的名号）中第十二个是最漂亮的厄戚戚奴，她管着万道泉千个水潭。

【流传】云南省·（红河哈尼族彝族自治州）·元阳县

【出处】卢朝贵讲，史军超采录：《神和人的家谱》，见中国民间文学集成全国编辑委员会编《中国民间故事集成》（云南卷），北京：中国 ISBN 中心 2003 年版，第 23 页。

哈尼族 十二个乌摩（即管神的神或专司管理的神）中，第十二个是最漂亮的厄戚戚奴姑娘，管着万道山泉千个水潭。

【流传】云南省·（红河哈尼族彝族自治州）·元阳（元阳县）、红河（红河县）、金平（金平苗族瑶族傣族自治县）［采集于元阳县·胜村乡·全福庄］

【出处】卢朝贵讲，史军超搜集整理：《神和人的家谱》，原载云南省民间文学集成办公室编《哈尼族神话传说集成》，中国民间文艺出版社 1990 年版，见姚宝瑄主编《中国各民族神话》（哈尼族、傣族），太原：山西出版传媒集团·书海出版社 2014 年版，第 42 页。

W0437.3

管道路之神

【汤普森】A413

【关联】

①［W0448.2］保出行安全的神

②［W0448.2.1］路神

实 例

汉族 （实例待考）

W0437. 3. 1
十字路口的神

【汤普森】 A413. 1

实 例

侗族 （实例待考）

W0437. 3. 2
街道神

实 例

（参见下级母题实例）

W0437. 3. 2. 1
巷神

实 例

（参见下级母题实例）

W0437. 3. 2. 1. 1
巷神主管巷口安危的神

实 例

壮族 巷神主管巷口安危的神。

【流传】 广西壮族自治区 · （百色市） · 靖西县（靖西市）

【出处】 凌树东搜集整理：＊《广西靖西县壮族诸神表》（1991），见吕大吉、何耀华总主编《中国各民族原始宗教资料集成》（土家族卷、瑶族卷、壮族卷、黎族卷），北京：中国社会科学出版社 1998 年版，第 494 页。

W0437. 4
管其他特定自然物的神

实 例

（参见下级母题实例）

W0437. 4. 1
管太阳的神

【关联】［W0271］ 太阳神（日神）

实 例

哈尼族 （实例待考）

W0437. 4. 2
管月亮的神

【关联】［W0280］ 月亮神（月神）

实 例

（参见下级母题实例）

W0437. 4. 2. 1
12 个乌摩中第 7 个男神乌摩俄多麦节管月亮

实 例

哈尼族 十二个乌摩（神的名号）中第七个是男乌摩俄多麦节，他管着银子一样的月亮。

【流传】 云南省 · （红河哈尼族彝族自治州） · 元阳县

【出处】 卢朝贵讲，史军超采录：《神和人的家谱》，见中国民间文学集成全国编辑委员会编《中国民间故事集成》（云南卷），北京：中国 ISBN 中心 2003 年版，第 23 页。

哈尼族 十二个乌摩（即管神的神或专司管理的神）中，第七个是男乌摩俄多麦节，他专门管理月亮。

【流传】云南省·（红河哈尼族彝族自治州）·元阳（元阳县）、红河（红河县）、金平（金平苗族瑶族傣族自治县）［采集于元阳县·胜村乡·全福庄］

【出处】卢朝贵讲，史军超搜集整理：《神和人的家谱》，原载云南省民间文学集成办公室编《哈尼族神话传说集成》，中国民间文艺出版社 1990 年版，见姚宝瑄主编《中国各民族神话》（哈尼族、傣族），太原：山西出版传媒集团·书海出版社 2014 年版，第 42 页。

W0437.4.2.2

月姑是管理月亮的女神

实　例

侗族 月姑是管理月亮的女神。

【流传】（无考）

【出处】《王素族长》，见杨保愿《嘎茫莽道时嘉》（《侗族远祖歌》），北京：中国民间文艺出版社 1986 年版，第 134 页。

W0438

地方神（地方保护神）

【汤普森】A410

【关联】

①［W0058.1.3.0.2］天神木巴把死去的两个能干的兄弟封为地方神

②［W0236.3.8］土地神是地方神（土地神是地方保护神）

③［W0483.3.3］瘟神是地方保护神

④［W0493.3.6.2］灶王神是地方保护神

⑤［W0782.2］本主神

实　例

（参见下级母题实例）

W0438.1

特定地方的保护神

实　例

（参见下级母题实例）

W0438.1.1

塔牙格玛尼腾格里是专管鄂尔多斯地区的普通天

实　例

蒙古族 塔牙格玛尼腾格里是专管鄂尔多斯地区的普通天（在蒙古族民间宗教或萨满神词中，“天”与“腾格里”常常通用，此处可以看作是泛指诸神）。安答巴日斯腾格里是专管布里牙惕地区的普通天（在蒙古族民间宗教或萨满神词中，“天”与“腾格里”常常通用，此处可以看作是泛指诸神）。

【流传】（无考）

【出处】额尔德木图：《蒙古英雄史诗与

孛额唱词中的“腾格里”》，载《内蒙古社会科学》（汉文版）1995 年第 5 期。

W0438. 1. 2

东布达杰天神是特定地方保护神

实 例

珞巴族 东布达杰天神是东布地方的保护神。

【流传】 西藏自治区·林芝市·墨脱县·墨脱乡、甘登乡、格当乡、达木珞巴民族乡（讲述地点：墨脱县·达木珞巴民族乡·达木村）

【出处】 吾金讲：《东布泉水》（1956. 12），见冀文正《珞巴族民间故事》，成都：四川民族出版社 2011 年版，第 68 页。

W0438. 1. 3

南京王神

实 例

（参见下级母题实例）

W0438. 1. 3. 1

南京王神是人神

实 例

彝族 南京王神、北京王神、东京王神和西京王神，都是人神体系诸神之一。

【流传】 云南省·红河地区（红河哈尼族彝族自治州）

【出处】 孙官生调查整理：《红河彝族的三大神灵体系》，见吕大吉、何耀华总主编《中国各民族原始宗教资料集成》（彝族卷、白族卷、基诺族卷），北京：中国社会科学出版社 1996 年版，第 122～124 页。

W0438. 1. 4

北京王神

实 例

彝族 （参见“W0438. 1. 3. 1 南京王神是人神”母题实例）

W0438. 1. 5

东京王神

实 例

彝族 （参见“W0438. 1. 3. 1 南京王神是人神”母题实例）

W0438. 1. 6

西京王神

实 例

彝族 （参见“W0438. 1. 3. 1 南京王神是人神”母题实例）

W0438. 2

地方保护神保一方平安

实 例

（参见下级母题实例）

W0438.2.1

东布地方的保护神保护该地方方平安

实 例

珞巴族 东布达杰天神是东布地方的保护神。他心地善良，为保护一方平安，做了大量好事。

【流传】西藏自治区·林芝市·墨脱县·墨脱乡、甘登乡、格当乡、达木珞巴民族乡（讲述地点：墨脱县·达木珞巴民族乡·达木村）

【出处】吾金讲：《东布泉水》（1956.12），见冀文正《珞巴族民间故事》，成都：四川民族出版社2011年版，第68页。

W0438.3

地方神可分为阳神与阴神

【关联】

① [W0209.5] 阳神

② [W0235.2] 阴神

实 例

羌族 地方神中可分为阳神与阴神。

【流传】（无考）

【出处】胡鉴民：《羌族的信仰与习为》，原载《边疆研究论丛》1941年，见吕大吉、何耀华总主编《中国各民族原始宗教资料集成》（纳西族卷、羌族卷、独龙族卷、傈僳族卷、怒族卷），北京：中国社会科学出版社2000年版，第478页。

W0438.4

与地方神有关的其他母题

实 例

（参见下级母题实例）

W0438.4.1

地面上的神叫地方神

实 例

怒族 地面上的神叫地方神。

【流传】云南省·（怒江傈僳族自治州）·兰坪（兰坪白族普米族自治县）

【出处】

(a) 李绍恩：《傈僳族、怒族中的哲学思想初探》，载云南省民族理论研究会怒江州分会筹备组编《怒江民族研究》1988年1~2期。

(b) 同（a），见吕大吉、何耀华总主编《中国各民族原始宗教资料集成》（纳西族卷、羌族卷、独龙族卷、傈僳族卷、怒族卷），北京：中国社会科学出版社2000年版，第851页。

W0439

城池保护神

【汤普森】A412

实 例

（参见下级母题实例）

W0439. 1

城隍是城市守护神

实 例

汉族 城隍为城市守护神。

【流传】（无考）

【出处】《城市守护神城隍》，见王德恒等《造神史话》，天津：百花文艺出版社 2002 年版，第 145 页。

W0439. 1. 1

城隍

实 例

汉族 城隍的名称在周代已有，隍字本意为护城河，城隍一词的古义就是护城之河。城隍正式被认为是“神”，始于南北朝时期。

【流传】（无考）

【出处】《城隍》，见乌丙安主编《中国民间神谱》，沈阳：辽宁人民出版社 2007 年版，第 78 页。

壮族 太上老君、关帝、通天圣帝、城隍等是壮族从别的民族传进本地壮族的外来神。

【流传】广西壮族自治区·（南宁市）·武鸣县·两江乡·雷江片，马山县·古零乡·杨圩片

【出处】黄世杰搜集整理：＊《多神信仰》（1990），见吕大吉、何耀华总主编《中国各民族原始宗教资料集成》（土家族卷、瑶族卷、壮族卷、黎族卷），北京：中国社会科学出版社 1998 年版，第 493 页。

W0439. 1. 1. 1

城隍的产生

实 例

（参见下级母题实例）

W0439. 1. 1. 1. 1

城隍是江里出来的一个老头

实 例

汉族 城隍是江里出来的一个老头。

【流传】辽宁省·鞍山市·台安县·达牛乡（达牛镇）·河南村

【出处】庞文学讲：《城隍的故事》，见本市编《辽宁省民间文学集成·鞍山市卷》，内部编印，1988 年，第 5～6 页。

W0439. 1. 1. 2

城隍的特征（城隍的职能，城隍的能力）

实 例

（参见下级母题实例）

W0439. 1. 1. 2. 1

城隍主求雨、祈晴、禳灾

实 例

民族? 城隍的神职多为求雨、祈晴、禳灾之事。

【流传】（无考）

【出处】《城隍》，见乌丙安主编《中国

民间神谱》，沈阳：辽宁人民出版社2007年版，第78页。

W0439.1.1.2.2
城隍主冥籍

实 例

汉族 据《太平广记》载王简易事，知唐时城隍已主冥籍，如今世所传。

【流传】（无考）

【出处】［清］俞樾：《茶香室丛钞》卷一六。

W0439.1.1.2.3
城隍神管人的灵魂

实 例

羌族 羌人病重是因为其魂魄被所谓阴差用链子和锁逮走。治病时须请释比（巫师）作法念经，请城隍神打开锁链，放回病人魂魄。

【流传】 四川省·（阿坝藏族羌族自治州）·理县·桃坪乡·增头寨

【出处】

（a）杨茂山（释比，64岁）唱，周巴翻译，钱安靖整理：《下坛经》（1983.10）说明文字，见钱安靖《羌族和羌语支各居民集团宗教习俗调查报告》，四川大学宗教研究所油印本，1987年12月。

（b）同（a），见吕大吉、何耀华总主编《中国各民族原始宗教资料集成》（纳西族卷、羌族卷、独龙族卷、傈僳族卷、怒族卷），北京：中国社会科学出版社2000年版，第529页。

W0439.1.1.3
城隍的生活

实 例

（实例待考）

W0439.1.1.4
城隍的名称（城隍的名号）

实 例

（参见下级母题实例）

W0439.1.1.4.1
不同地方城隍有名号

实 例

（参见下级母题实例）

W0439.1.1.4.1.1
燕都城隍为文丞相

实 例

汉族 天下城隍名号不一。世传燕都城隍为文丞相，苏州城隍姓白，杭州城隍即胡总制，近更周御史。

【流传】（无考）

【出处】［明］冯应京：《月令广义·岁令一》。

W0439.1.1.4.1.2
苏州城隍姓白

实 例

汉族 （参见“W0439. 1. 1. 4. 1. 1 燕都城隍为文丞相”母题实例）

W0439. 1. 1. 4. 1. 3 杭州城隍胡总制（周御史）

实 例

汉族 （参见“W0439. 1. 1. 4. 1. 1 燕都城隍为文丞相”母题实例）

W0439. 1. 1. 4. 2 郡邑城隍主

实 例

白族 郡邑城隍主者。

【流传】云南省·（大理白族自治州·洱源县）·邓川州（邓川镇）

【出处】［明·隆武］艾自修纂，王云校勘：《重修邓川州志》卷十二，洱源县志办公室翻印，1986年。

W0439. 1. 1. 5 城隍的关系

实 例

（参见下级母题实例）

W0439. 1. 1. 5. 1 城隍的鬼使

实 例

（参见下级母题实例）

W0439. 1. 1. 5. 1. 1 城隍的鬼使丁郢手执符牒

实 例

汉族 唐洪州司马王简易者，常暴得疾，梦见一鬼使，自称丁郢，手执符牒，云奉城隍神命，来追王简易。

【流传】（无考）

【出处】［宋］李昉、扈蒙、李穆、徐铉等：《太平广记》卷一二四“王简易”条引《报应录》。

W0440 村寨保护神（寨神，村神，村寨神）

实 例

（参见下级母题实例）

W0440. 1 寨神的产生

实 例

（参见下级母题实例）

W0440. 1. 1 首领死后成为村寨保护神

实 例

傣族 勐海首领召海骑一头大白象与入侵者争战时身亡。召海和白象的魂就成了保护勐海坝子的勐神，每年人们都要宰牛杀猪祭祀。

【流传】（无考）

【出处】岩峰、王松搜集整理：《蛇掌泊》，原载《中国各民族宗教与神话大词典》编审委员会编《中国各民族宗教与神话大词典》，学苑出版社1990年版，见姚宝瑄主编《中国各民族神话》（哈尼族、傣族），太原：山西出版传媒集团·书海出版社2014年版，第367页。

W0440.1.2

建寨的人成为寨神

实　例

（参见下级母题实例）

W0440.1.2.1

会种植蔬菜、槟榔、绿叶的波孙藤建立一个新寨子，死后立为寨神

实　例

傣族 会种植蔬菜、槟榔、绿叶的波孙藤建立了一个新寨子，他死后，人们很怀念他，将他的灵魂立为寨神，每年祭祀一次。

【流传】（无考）

【出处】《波孙藤》，原载《中国各民族宗教与神话大词典》编审委员会编《中国各民族宗教与神话大词典》，学苑出版社1990年版，见姚宝瑄主编《中国各民族神话》（哈尼族、傣族），太原：山西出版传媒集团·书海出版社2014年版，第375页。

W0440.1.3

第一个建立村寨的祖先成为村寨神

实　例

壮族 第一个建立村寨的祖先是祖先神，也是村寨神。

【流传】（无考）

【出处】范宏贵：《壮族卷·绪论》，见吕大吉、何耀华总主编《中国各民族原始宗教资料集成》（土家族卷、瑶族卷、壮族卷、黎族卷），北京：中国社会科学出版社1998年版，第474页。

W0440.1.4

特定的树为村寨保护神

【关联】［W0930］神树（神木）

实　例

（参见下级母题实例）

W0440.1.4.1

古高大的大榕树和龙眼树作为村寨保护神

实　例

壮族 人们崇敬大树，认为它们都赋有灵性，特别是大榕树和龙眼树，岁月古久，高大如巨伞，四季常青，便视之为生命的神树和村屯的保护神树。

【流传】广西壮族自治区·（百色市）

·田林县

【出处】覃立革搜集整理：*《拜大树保全村兴旺》(1990)，见吕大吉、何耀华总主编《中国各民族原始宗教资料集成》(土家族卷、瑶族卷、壮族卷、黎族卷)，北京：中国社会科学出版社 1998 年版，第 520 页。

W0440. 1. 5

石作为村寨保护神

实 例

(参见下级母题实例)

W0440. 1. 5. 1

白石作为村寨保护神

实 例

藏族 在一株大树的树脚下，有一堆用石头垒起的圆凸，石头是随手捡来的自然之石，称作“石布母”。哪家人有什么需要祈求，就来向它许愿，即使无求于它，也要来烧香，敬个鸡蛋。“石布母”的任务是保佑全寨人畜平安。

【流传】(四川省·凉山彝族自治州·冕宁县·泸宁乡·拉乌堡子)

【出处】杨光甸：《冕宁县泸宁区藏族调查笔记》(打印稿)，西南民族学院研究所编印，1982 年，见吕大吉、何耀华总主编《中国各民族原始宗教资料集成》(鄂伦春族卷、鄂温克族卷、赫哲族卷、达斡尔族卷、锡伯族卷、满族卷、蒙古族卷、藏族卷)，北京：中国社会科学出版社 1999 年版，第 960 页。

W0440. 1. 5a

特定人物分派寨神

实 例

(参见下级母题实例)

W0440. 1. 5b. 1

天公遮帕麻 30 员神将管理村寨

实 例

阿昌族 为了防止妖魔再来扰乱世界，遮帕麻派三十名神兵去把守山头，派三十员神将管理村寨。

【流传】云南省·(德宏傣族景颇族自治州)·梁河县

【出处】赵安贤讲述，杨叶生翻译，智克整理：《遮帕麻与遮米麻》，载《山茶》1981 年第 2 期。

W0440. 1. 6

与寨神产生有关的其他母题

实 例

(参见下级母题实例)

W0440. 1. 6. 1

建寨那天寨神勐神诞生

实 例

傣族 宣布建寨的那天，人们用奇形怪状的石头和树根支在寨子中央红石头(寨心)上面，称它们为风火神、女鬼、地基鬼和管理林、木、地的鬼官，并宣布“寨神勐神”的诞生。

【流传】（无考）

【出处】《桑木底故事系列》，陈平根据《中国各民族宗教与神话大辞典》及《傣族民间故事选》改写，见姚宝瑄主编《中国各民族神话》（哈尼族、傣族），太原：山西出版传媒集团·书海出版社2014年版，第345页。

W0440.2

寨神的特征

实　例

（参见下级母题实例）

W0440.2.1

护寨女神（女寨神）

【关联】［W0065］女神

实　例

哈尼族 哈尼人依照阿波摩米的吩咐，建寨时撒灰糠、侧顶三脚、敲铓打锣、宴请寨女神。

【流传】 云南省·玉溪地区（玉溪市）

【出处】 毛里仰讲：《人神分家》，王松选自玉溪地区《民间文学资料》第1集，见姚宝瑄主编《中国各民族神话》（哈尼族、傣族），太原：山西出版传媒集团·书海出版社2014年版，第77页。

W0440.2.1.1

护寨女神萨岁

【关联】［W0729b］萨天巴（萨岁）

实　例

侗族 一个叫杏妮的女子跳崖后成为保家护寨的女神萨岁。

【流传】 贵州省·（黔东南苗族侗族自治州）·黎平县·岩洞镇·竹坪村

【出处】 邓昌职：《萨岁的来历》，王宪昭采集，2009.08。

W0440.2.1.2

寡妇艾玛杀死魔王被人们奉为寨神

实　例

哈尼族 寡妇艾玛杀死魔王拯救了哈尼人，艾玛死后，人们便奉其为寨神。

【流传】（无考）

【出处】《男扮女装祭护寨神的由来》，转引自史军超：《哈尼族文化英雄论》，载《民族文学研究》1998年第3期。

W0440.2.2

村寨神没有具体神象

实　例

（参见下级母题实例）

W0440.2.2.1

村寨神的形象是某些自然物

实　例

纳西族 在祭村寨中，村寨神并没有神的形象，所祭祀的便是村寨这自然物。

【流传】云南省·丽江县（丽江市）·（古城区）·大东地区（大东乡）

【出处】和士诚（80 岁）讲，和宝林调查整理：《丽江大东地区的“子瓦本”（祭村寨神）仪式》（1989），见吕大吉、何耀华总主编《中国各民族原始宗教资料集成》（纳西族卷、羌族卷、独龙族卷、傈僳族卷、怒族卷），北京：中国社会科学出版社 2000 年版，第 115 页。

W0440. 3

寨神的身份

【关联】［W0121. 2. 7. 2］正神是村寨保护神

实 例

（参见下级母题实例）

W0440. 3. 1

村寨的保护神是动物

【关联】［W0271］太阳神（日神）

实 例

哈尼族 （实例待考）

W0440. 3. 1. 1

牛是村寨的保护神

【关联】［W0509］牛神

实 例

傣族 牛是村寨的保护神。

【流传】云南省·德宏（德宏傣族景颇族自治州）·潞西市

【出处】刀承华：《傣族古老文学中的动物图腾崇拜》，载《中央民族大学学报》2009 年第 4 期。

W0440. 3. 1. 2

象是村寨的保护神

实 例

傣族 景洪曼波寨有一部分人认为象是寨神。

【流传】云南省·（西双版纳傣族自治州）·景洪（景洪市）

【出处】张公瑾：《傣族文化与宗教》，北京：中央民族大学出版社 2002 年版，第 11 页。

W0440. 3. 2

寨神兼地方神

实 例

（参见下级母题实例）

W0440. 3. 2. 1

蛇曼蛇勐是保护寨子和地方的神

实 例

傣族（水傣）蛇曼蛇勐是保护寨子和地方的神。

【流传】（云南省·西双版纳傣族自治州）

【出处】王松整理：《傣族——西双版纳的神谱》，见姚宝瑄主编《中国各民族神话》（哈尼族、傣族），太原：山西出版传媒集团·书海出版社 2014

年版，第234页。

W0440.4

寨神的职能（寨神的能力，寨神的事迹）

实　例

（参见下级母题实例）

W0440.4.1

寨神（村神）主管村寨安危

实　例

壮族 村神主管村寨安危的神。

【流传】广西壮族自治区·（百色市）·靖西县（靖西市）

【出处】凌树东搜集整理：*《广西靖西县壮族诸神表》（1991），见吕大吉、何耀华总主编《中国各民族原始宗教资料集成》（土家族卷、瑶族卷、壮族卷、黎族卷），北京：中国社会科学出版社1998年版，第494页。

W0440.4.2

寨神负责保佑全寨安宁

实　例

纳西族 每个家庭有家神，每个村寨有寨神；家神负责保佑全家安宁，寨神负责保佑全寨安宁。

【流传】云南省·丽江县（丽江市·玉龙纳西族自治县）·塔城（塔城乡）·依陇（依陇行政村）一带

【出处】李国文调查整理：*《丽江塔城依陇地区祭“子瓦”神仪式》，载《民族调查研究》1986年第3期。

W0440.5

寨神的生活

实　例

（参见下级母题实例）

W0440.5.1

寨神的居所

实　例

（参见下级母题实例）

W0440.5.1.1

寨神居寨子中央（寨神居寨心）

实　例

傣族 （参见“W0440.1.6.1　建寨那天寨神勐神诞生”母题实例）

W0440.6

寨神的关系

实　例

（实例待考）

W0440.7

寨神的名称（寨神的类型）

实　例

（参见下级母题实例）

W0440. 7. 1

中心寨神

实 例

佤族 由于班洪寨是班洪部落的政治中心，“王子”和“官家”的所在地，所以班洪寨神林中所代奉的“梅吉”神，就成了整个班洪部落的保护神。

【流传】云南省·（临沧市）·沧源县（沧源佤族自治县）

【出处】白老大讲，张云采录：《兄妹神》附记，见中国民间文学集成全国编辑委员会编《中国民间故事集成》（云南卷），北京：中国 ISBN 中心 2003 年版，第 334 页。

W0440. 7. 2

故土神（故里神灵）

实 例

（参见下级母题实例）

W0440. 7. 2. 1

故里神灵里神

实 例

藏族 藏族居住的地方，不论城镇、乡村还是牧区，都有各自供奉的故里神灵——“里神”。

【流传】（无考）

【出处】恰白·次旦平措著，达瓦次仁译：《论藏族的焚香祭神习俗》，载《中国藏学》1989 年第 4 期。

W0440. 7. 3

寨神的辈次（寨神的排序）

实 例

（参见下级母题实例）

W0440. 7. 3. 1

始寨神

实 例

（参见下级母题实例）

W0440. 7. 3. 1. 1

始寨神祖巨彻

实 例

纳西族 “祖巨彻”是始寨神，“祖律彻”是二寨神，“祖命彻”是末代寨神。

【流传】云南省·丽江（丽江市）·玉龙（玉龙纳西族自治县）·鲁甸（鲁甸乡）

【出处】和开祥（68 岁）讲，和志武调查整理：《丽江鲁甸地区的祭“糯布”（畜神和谷神）》（1989），见吕大吉、何耀华总主编《中国各民族原始宗教资料集成》（纳西族卷、羌族卷、独龙族卷、傈僳族卷、怒族卷），北京：中国社会科学出版社 2000 年版，第 290 页。

W0440.7.3.2
二寨神

实 例

（参见下级母题实例）

W0440.7.3.2.1
二寨神祖律彻

实 例

纳西族 （参见“W0440.7.3.1.1 始寨神祖巨彻”母题实例）

W0440.7.3.3
三寨神（三代寨神）

实 例

纳西族 “祖巨彻”是始寨神，“祖律彻”是二寨神，“祖命彻”是末代寨神。

【流传】云南省·丽江（丽江市）·玉龙（玉龙纳西族自治县）·鲁甸（鲁甸乡）

【出处】和开祥（68岁）讲，和志武调查整理：《丽江鲁甸地区的祭“糯布”（畜神和谷神）》（1989），见吕大吉、何耀华总主编《中国各民族原始宗教资料集成》（纳西族卷、羌族卷、独龙族卷、傈僳族卷、怒族卷），北京：中国社会科学出版社2000年版，第290页。

W0440.7.3.4
其他次序寨神

实 例

（参见下级母题实例）

W0440.7.3.5
末代寨神

实 例

（参见下级母题实例）

W0440.7.3.5.1
末代寨神祖命彻

实 例

纳西族 （参见“W0440.7.3.1.1 始寨神祖巨彻”母题实例）

W0440.8
与寨神有关的其他母题

【关联】

①［W0474.3.3.1］社神是村寨保护神

②［W0583.2.1］女文化英雄保护村内人畜平安

实 例

（参见下级母题实例）

W0440.8.1
请寨神（祭寨鬼）

实 例

（参见下级母题实例）

W0440. 8. 1. 1
建寨时请寨神

实 例

哈尼族 哈尼人依照阿波摩米的吩咐，传下了建寨撒灰糠、侧顶三脚（烹调时用的铁支架）、敲铓打锣、宴请寨女神的习俗和仪式。

【流传】云南省·玉溪地区（玉溪市）

【出处】毛里仰讲：《人神分家》，王松选自玉溪地区《民间文学资料》第1集，见姚宝瑄主编《中国各民族神话》（哈尼族、傣族），太原：山西出版传媒集团·书海出版社2014年版，第77页。

W0440. 8. 1. 2
秋收后还愿请神时先请本寨诸神

实 例

羌族 秋收后还愿请神时，先请本寨诸神，再请外地神，最后请释比祖师。

【流传】四川省·（阿坝藏族羌族自治州）·汶川县·绵池乡·沟头寨

【出处】

(a) 王治国（释比，64岁）唱，汪有伦翻译，钱安靖整理：《上坛经》（1983.11～1984.11）说明文字，见钱安靖《羌族和羌语支各居民集团宗教习俗调查报告》，四川大学宗教研究所油印本，1987年12月。

(b) 同（a），见吕大吉、何耀华总主编《中国各民族原始宗教资料集成》（纳西族卷、羌族卷、独龙族卷、傈僳族卷、怒族卷），北京：中国社会科学出版社2000年版，第538页。

W0440. 8. 1. 3
砍地前用3年3个月的3块肉干巴祭寨鬼（寨神）

实 例

基诺族 砍地前，用三年三个月的三块肉干巴祭寨鬼（神）。

【流传】云南省·西双版纳（西双版纳傣族自治州）·景洪市·基诺族乡·巴亚村·巴亚中寨，基诺山戛里果箐一带

【出处】杜玉亭调查整理：《巴亚寨砍地仪式》（1979），见吕大吉、何耀华总主编《中国各民族原始宗教资料集成》（彝族卷、白族卷、基诺族卷），北京：中国社会科学出版社1996年版，第800页。

W0440. 8. 2
寨鬼

实 例

（参见下级母题实例）

W0440. 8. 2. 1
每个山寨都有一个寨鬼

实 例

基诺族 每个山寨都有一个寨鬼。

【流传】云南省·（西双版纳傣族自治州·景洪市）·基诺山（基诺山基诺族乡）·戛里果箐、巴亚新寨、茶叶大地、巴卡寨

【出处】不拉塞等讲，杜玉亭调查整理：《卓巴、牛皮木鼓与寨鬼》（1980～1990），见吕大吉、何耀华总主编《中国各民族原始宗教资料集成》（彝族卷、白族卷、基诺族卷），北京：中国社会科学出版社1996年版，第868页。

W0440.8.2.2

寨鬼是最早建寨的卓巴（寨父，长老）

实 例

基诺族 寨鬼是最早建寨的卓巴（寨父，长老）。

【流传】云南省·（西双版纳傣族自治州·景洪市）·基诺山（基诺山基诺族乡）·戛里果箐、巴亚中寨、茶叶大地、巴朵寨、巴洒寨

【出处】不拉塞等讲，杜玉亭调查整理：《牛皮木鼓的神秘性》（1980～1990），见吕大吉、何耀华总主编《中国各民族原始宗教资料集成》（彝族卷、白族卷、基诺族卷），北京：中国社会科学出版社1996年版，第875页。

W0440.8.2.3

寨鬼是山寨的主宰

实 例

基诺族 寨鬼是山寨的主宰，山寨一切仪式都必须祭它，而其主祭人或寨鬼与村民的中介，就是卓巴（寨父）。

【流传】云南省·（西双版纳傣族自治州·景洪市）·基诺山（基诺山基诺族乡）·戛里果箐、巴亚新寨、茶叶大地、巴卡寨

【出处】不拉塞等讲，杜玉亭调查整理：《卓巴、牛皮木鼓与寨鬼》（1980～1990），见吕大吉、何耀华总主编《中国各民族原始宗教资料集成》（彝族卷、白族卷、基诺族卷），北京：中国社会科学出版社1996年版，第868页。

W0441

法事保护神（护法神）

实 例

（参见下级母题实例）

W0441.1

护法神的类型

实 例

（参见下级母题实例）

W0441.1.1

佛教护法神（佛门保护神）

实 例

（实例待考）

W0441. 1. 2

巫师的护法神

实 例

（参见下级母题实例）

W0441. 1. 2. 1

特定动物是巫师的护法神

实 例

（参见下级母题实例）

W0441. 1. 2. 1. 1

金丝猴救了端公成为端公的护法神

实 例

羌族 金丝猴曾救了端公（即羌族“释比”、“许”的汉语说法，意为“巫师”、“祭师”）的性命，所以金丝猴为端公的护法神。没有金丝猴就失去了法力。

【流传】 四川省·（阿坝藏族羌族自治州）·茂县·三龙乡

【出处】 西南民族学院研究室编：《羌（尔玛）族情况》，1954 年，见吕大吉、何耀华总主编《中国各民族原始宗教资料集成》（纳西族卷、羌族卷、独龙族卷、傈僳族卷、怒族卷），北京：中国社会科学出版社 2000 年版，第 493 页。

W0441. 1. 3

萨满的保护神

实 例

鄂伦春族 萨满塔克塔布跳神时很意外地哈克木克其敖包（小二沟北的一个敖包）的神附体了，自称是叶小姐（女神），这位神找他的理由是，因为他的骨髂洁白，血液清净，因此就变成他的萨满神之一。

【流传】（内蒙古自治区·呼伦贝尔市·鄂伦春自治旗·小二沟·南屯）

【出处】

（a）内蒙古自治区编委会：《鄂伦春族社会历史调查》（第一集），呼和浩特：内蒙古人民出版社 1984 年版，第 54 页。

（b）《“斯文”是萨满神灵的总称》，见吕大吉、何耀华总主编《中国各民族原始宗教资料集成》（鄂伦春族卷、鄂温克族卷、赫哲族卷、达斡尔族卷、锡伯族卷、满族卷、蒙古族卷、藏族卷），北京：中国社会科学出版社 1999 年版，第 40 页。

W0441. 1. 4

东巴教的护法神

实 例

（参见下级母题实例）

W0441.1.4.1

东巴教主丁巴什罗有生翅的护法神 360 个

实 例

纳西族 丁巴什罗骑着乳白色的神马，用天国的牦牛犏牛驮经，黄象白象驮法器，带领生翅的护法神三百六十个，生爪的护法神三百六十个，生角的护法神三百六十个，东巴徒弟三百六十个，天兵天将千千万万，右手摇着黄金板铃，左手敲着法鼓，浩浩荡荡地下凡来了。

【流传】 云南省·丽江地区（丽江市）

【出处】 赵银棠讲，杨润光整理：《丁巴什罗》，载《山茶》1982 年第 3 期。

W0441.2

护法神的产生

实 例

（参见下级母题实例）

W0441.2.1

人因有功被封为护法神

实 例

（参见下级母题实例）

W0441.2.1.1

消灭妖魔猛兽的小伙被天神封为护法神

实 例

藏族 小伙子用非凡的智慧和魄力，为安多地区消灭了妖魔，降伏了猛兽。他的业绩感动了天神，被天神封为护法神。

【流传】（青海省·果洛藏族自治州）

【出处】 周协邦整理：《阿尼玛卿雪山的传说》，原载果洛州群艺馆编《果洛民间故事选》，内部资料，见吕大吉、何耀华总主编《中国各民族原始宗教资料集成》（鄂伦春族卷、鄂温克族卷、赫哲族卷、达斡尔族卷、锡伯族卷、满族卷、蒙古族卷、藏族卷），北京：中国社会科学出版社 1999 年版，第 944 页。

W0441.2.2

特定的神成为护法神

实 例

（参见下级母题实例）

W0441.2.2.1

雅拉香波、念青唐古拉、拉库日达、活德巩甲四大山神和十二丹玛女神成为护法神

实 例

藏族 雅拉香波、念青唐古拉、拉库日达、活德巩甲四大山神和十二丹玛女神成为护法神。

【流传】（无考）

【出处】 洛珠加措，俄东瓦拉译：《莲花生大师本生传》，青海人民出版社 1990 年版，见吕大吉、何耀华总主编

《中国各民族原始宗教资料集成》（鄂伦春族卷、鄂温克族卷、赫哲族卷、达斡尔族卷、锡伯族卷、满族卷、蒙古族卷、藏族卷），北京：中国社会科学出版社1999年版，第775页。

W0441. 2. 2. 2

被降服的妖魔神祇成为护法神

实 例

藏族 藏传佛教创始人之一的莲花生到吐蕃传播佛教时，沿途“降伏”的妖魔神祇，并使之成为佛教护法神的神灵中，就有大部分是藏区原有的山神。

【流传】（无考）

【出处】《藏族卷·绪论》，见吕大吉、何耀华总主编《中国各民族原始宗教资料集成》（鄂伦春族卷、鄂温克族卷、赫哲族卷、达斡尔族卷、锡伯族卷、满族卷、蒙古族卷、藏族卷），北京：中国社会科学出版社1999年版，第775页。

W0441. 3

护法神的特征

实 例

（参见下级母题实例）

W0441. 3. 1

护法神长着翅膀

实 例

纳西族 丁巴什罗（东巴教教主）带领着360个生翅的护法。

【流传】（a）云南省·（丽江市）·丽江县（原丽江纳西族自治县，今归属为丽江市古城区和玉龙纳西族自治县）

【出处】

（a）赵银棠讲，杨润光采录：《丁巴什罗》，见中国民间文学集成全国编辑委员会编《中国民间故事集成》（云南卷），北京：中国ISBN中心2003年版，第370页。

（b）赵银棠讲，杨士光整理：《丁巴什罗》，载《山茶》1982年第3期。

（c）同（b），见谷德明编《中国少数民族神话》，北京：中国民间文艺出版社1987年版，第431页。

W0441. 3. 2

护法神长着爪子

实 例

纳西族 丁巴什罗（东巴教教主）带领着360个生爪的护法。

【流传】（a）云南省·（丽江市）·丽江县（原丽江纳西族自治县，今归属为丽江市古城区和玉龙纳西族自治县）

【出处】

（a）赵银棠讲，杨润光采录：《丁巴什罗》，见中国民间文学集成全国编辑委员会编《中国民间故事集成》（云南卷），北京：中国ISBN中心2003年版，第370页。

（b）赵银棠讲，杨士光整理：《丁巴什

罗》，载《山茶》1982 年第 3 期。

(c) 同 (b)，见谷德明编《中国少数民族神话》，北京：中国民间文艺出版社 1987 年版，第 431 页。

W0441.3.3

护法神头上有角

实 例

纳西族 丁巴什罗（东巴教教主）带领着 360 个生角的护法 360 个。

【流传】(a) 云南省·（丽江市）·丽江县（原丽江纳西族自治县，今归属为丽江市古城区和玉龙纳西族自治县）

【出处】

(a) 赵银棠讲，杨润光采录：《丁巴什罗》，见中国民间文学集成全国编辑委员会编《中国民间故事集成》（云南卷），北京：中国 ISBN 中心 2003 年版，第 370 页。

(b) 赵银棠讲，杨士光整理：《丁巴什罗》，载《山茶》1982 年第 3 期。

(c) 同 (b)，见谷德明编《中国少数民族神话》，北京：中国民间文艺出版社 1987 年版，第 431 页。

W0441.4

护法神的职能

实 例

（参见下级母题实例）

W0441.4.1

护法神掌管特定地方的兴衰

实 例

藏族 小伙子铲除妖魔，降伏猛兽的业绩感动了天神，被天神封为护法神，授权由他掌管安多地区的山河浮沉和沧桑之变。

【流传】（青海省·果洛藏族自治州）

【出处】周协邦整理：《阿尼玛卿雪山的传说》，原载果洛州群艺馆编《果洛民间故事选》，内部资料，见吕大吉、何耀华总主编《中国各民族原始宗教资料集成》（鄂伦春族卷、鄂温克族卷、赫哲族卷、达斡尔族卷、锡伯族卷、满族卷、蒙古族卷、藏族卷），北京：中国社会科学出版社 1999 年版，第 944 页。

W0441.5

特定名称的护法神

实 例

（参见下级母题实例）

W0441.5.1

佛教护法神比亚司东神

实 例

藏族 比亚司东神是有各种神力佛教护法神。

【流传】（无考）

【出处】米亚罗讲，萧崇索搜集整理：

《种子的起源》注释，见谷德明编《中国少数民族神话》，北京：中国民间文艺出版社1987年版，第685页。

W0441. 5. 1. 1

比亚司东神千手千眼十一头

实 例

藏族 比亚司东神是佛经传说中的千手千眼十一头的护法神，有各种神力。

【流传】四川省藏族聚居地区

【出处】

(a) 任称尔甲讲，萧崇素搜集整理：《种子的起源》，载《民间文学》1961年第2期。

(b) 同（a），见陶阳、钟秀编《中国神话》（中），北京：商务印书馆2008年版，第898～910页。

W0441. 5. 2

护法神优麻（东格尤麻）

实 例

纳西族 护法神“优麻”。

【流传】云南省·丽江县（丽江市）·塔城乡·依陇行政村·巴甸村

【出处】和学智等讲，杨福泉调查整理：《丽江塔城地区的“送火神”仪式》（1989），见吕大吉、何耀华总主编《中国各民族原始宗教资料集成》（纳西族卷、羌族卷、独龙族卷、傈僳族卷、怒族卷），北京：中国社会科学出版社2000年版，第73页。

W0441. 5. 2. 1

360个东格尤麻护法神

实 例

纳西族 迎请三百六十东格尤麻护法神，迎请千千万万勇士神。

【流传】云南省·丽江县（丽江市）·长水乡（不详）

【出处】和泗泉读经，周汝诚调查记录，和志武翻译整理：经书《动丁》（1989），见吕大吉、何耀华总主编《中国各民族原始宗教资料集成》（纳西族卷、羌族卷、独龙族卷、傈僳族卷、怒族卷），北京：中国社会科学出版社2000年版，第84页。

W0441. 6

与护法神有关的其他母题

实 例

（参见下级母题实例）

W0441. 6. 1

护身神

实 例

（参见下级母题实例）

W0441. 6. 1. 1

雌雄葡萄秧为护身神

实 例

毛南族 法师教授学习赶山术的覃三九时，从后园中觅得雌雄葡萄苗各一子之，令以雄种于凤腾山脚，雌种于飞龙山脚，谓二物皆汝护身神。

【流传】（无考）

【出处】袁珂改编：《覃三九》（原名《三九的传说》），原载袁凤辰等编《毛南族民间故事集》，见袁珂《中国神话大词典》，北京：华夏出版社2015年版，第570页。

W0442

人类保护神（人的保护神）

实　例

（参见下级母题实例）

W0442.1

人类保护神的产生

实　例

（参见下级母题实例）

W0442.1.1

与神有血缘关系的人成为人的保护神

实　例

藏族 有一家名叫仁青曲学的。这一家的母亲感山神怀孕。当地人都称这家人的孩子是山神的后裔，并说这个山神，经常以亲属关系来保护该村的安全。

【流传】（四川省·甘孜藏族自治州·甘孜县·昔色乡）

【出处】格勒：《论藏族本教的神》，原载《藏族学术讨论会论文集》，西藏人民出版社1984年版，见吕大吉、何耀华总主编《中国各民族原始宗教资料集成》（鄂伦春族卷、鄂温克族卷、赫哲族卷、达斡尔族卷、锡伯族卷、满族卷、蒙古族卷、藏族卷），北京：中国社会科学出版社1999年版，第944页。

W0442.2

人类保护神的特征（人类保护神的职能，人的保护神的生活）

实　例

（参见下级母题实例）

W0442.2.1

人的保护神的居所

实　例

（参见下级母题实例）

W0442.2.1.1

人的保护神在人的头上面（人的头上守护神）

实　例

（参见下级母题实例）

W0442.2.1.1.1

头上守护神是人类食物之赐予者

实　例

蒙古族（布里亚特）头上之守护神是我们食物之赐予者。从我们小舍门口替我们押入光线。从顶上烟筒中显示给我们太阳。

【流传】（无考）

【出处】［波］尼斡拉滋著，金启孮译：《西伯利亚各民族之萨满教》，中国社会科学院民族研究所《萨满教研究》编写组 1978 年印，见吕大吉、何耀华总主编《中国各民族原始宗教资料集成》（鄂伦春族卷、鄂温克族卷、赫哲族卷、达斡尔族卷、锡伯族卷、满族卷、蒙古族卷、藏族卷），北京：中国社会科学出版社 1999 年版，第 620 页。

W0442. 2. 1. 2

人的五尊守卫神中索拉（生命神）在头上，颇拉米孜（父神）在右肩，玛拉布孜（母神）在左肩，格拉达玛（家神）在头前，尚拉郑钦（舅神）在头后

【关联】［W0448. 1. 3. 2］5 尊守卫神

实　例

藏族　每一个人一出生就有五尊守卫神附在身上，其中索拉（生命神）在头上，颇拉米孜（父神）在右肩，玛拉布孜（母神）在左肩，格拉达玛（家神）在头前，尚拉郑钦（舅神）在头后。

【流传】（无考）

【出处】噶尔梅·散旦：《本教历史及其教义概述》，见林继富《生命的归宿——藏族灵魂观念试析》，载《邦锦花》1990 年第 3 期。

W0442. 3. 1

特定名称的人类保护神

实　例

（参见下级母题实例）

W0442. 3. 1. 1

人类保护神恩都里增图

实　例

（参见下级母题实例）

W0442. 3. 1. 1. 1

恩都里增图是天神阿布卡恩都里创造人类时的大弟子

实　例

满族　天神阿布卡恩都里心地善良的大弟子恩都里增图，降临地上国成为保护人类的神。

【流传】(a）辽宁省·（鞍山市）·岫岩县（岫岩满族自治县）·城南蓝旗堡子

【出处】

(a）傅英仁讲，余金整理：《天神创世》，见谷德明编《中国少数民族神话》，北京：中国民间文艺出版社 1987 年版，第 1 ~5 页。

(b）《天神创世》，见《满族民间故事选》，上海：上海文艺出版社 1983 年版。

(c）《天神创世》，见陶立璠、赵桂芳等编《中国少数民族神话汇编》（开

天辟地篇），中央民族学院少数民族古籍整理出版规划领导小组办公室印（未署出版时间），第225～226页。

满族 至高无上的天神阿布卡恩都里创造人类时，派心地善良的大弟子恩都里增图降临地上国做保护人类的神。

【流传】（无考）

【出处】傅英仁、余金讲述整理：《耶路里》，见姚宝瑄主编《中国各民族神话》（满族、赫哲族、朝鲜族），太原：山西出版传媒集团·书海出版社2014年版，第86～88页。

W0442.3.1.2

人类保护神德立克女神

实　例

（参见下级母题实例）

W0442.3.1.2.1

德立克女神人身鱼首

实　例

满族 人类有了这些人身鱼首的德立克女神的庇佑，才得以生存，并使子孙茁壮成长。

【流传】（无考）

【出处】《阿布卡赫赫女神创世》，王松根据富育光、孟慧英、王宏刚撰写的《满族宗教与神话》改写，见姚宝瑄主编《中国各民族神话》（满族、赫哲族、朝鲜族），太原：山西出版传媒集团、书海出版社2014年版，第4～14页。

W0442.3.1.2.2

德立克女神使人类健康繁衍

实　例

满族 （参见“W0442.3.1.2.1 德立克女神人身鱼首”母题实例）

W0442.4

与人类保护神有关的其他母题

实　例

（参见下级母题实例）

W0442.4.1

人类养育神

【关联】［W2690］人的抚养

实　例

（参见下级母题实例）

W0442.4.1.1

日月是人类养育神

实　例

鄂温克族 太阳和月亮是养育人类之神。

【流传】（内蒙古自治区·呼伦贝尔市·根河市·敖鲁古雅地区）使用驯鹿鄂温克人

【出处】纽拉（女萨满，1907年生）讲，孟和、玛尼记录整理采录整理：《敖鲁古雅鄂温克萨满的神衣》，见吕大吉、何耀华总主编《中国各民族原始宗教资料集成》（鄂伦春族卷、鄂温克族卷、赫哲族卷、达斡尔族卷、锡伯族卷、满族卷、蒙古族卷、藏族卷），北京：中国社会科学出版社1999年版，第138～139页。

W0443
特定人群的保护神

【关联】［W0995.3.2］一个特定群体共同的神

实 例

（参见下级母题实例）

W0443.1
家神（家鬼，家庭保护神，家族保护神）

【关联】

①［W0443.1.5.1］宅神

②［W5085］家庭（家族）

实 例

（参见下级母题实例）

W0443.1.1
家神的产生

实 例

（参见下级母题实例）

W0443.1.1.1
特定的物变家鬼

实 例

苗族 （实例待考）

W0443.1.1.2
家神是天神之子

实 例

朝鲜族 （实例待考）

W0443.1.1.3
祖先的灵魂是家族保护神

【关联】［W0593.1.2］英雄的灵魂成为保护神

实 例

鄂伦春族 祖先的灵魂可以保佑家族和氏族狩猎顺利，子孙繁衍和平安。

【流传】（无考）

【出处】赵复兴：《鄂伦春族游猎文化》，呼和浩特：内蒙古人民出版社1991年版，第226页。

W0443.1.1.4
祖先崇拜产生家神

实 例

藏族 家神最早产生于祖先崇拜时代。

【流传】（无考）

【出处】格勒：《论藏族本教的神》，原载《藏族学术讨论会论文集》，西藏人民出版社1984年版，见吕大吉、何耀华总主编《中国各民族原始宗教资料集成》（鄂伦春族卷、鄂温克族卷、赫哲族卷、达斡尔族卷、锡伯族卷、满族卷、蒙古族卷、藏族卷），北京：中国社会科学出版社 1999 年版，第 808 页。

W0443.1.1.5
与家神的产生有关的其他母题

【关联】［W0132.4.6.3］生育神变为家族保护神

实　例

（参见下级母题实例）

W0443.1.1.5.1
家神由多神构成

实　例

（参见下级母题实例）

W0443.1.1.5.1.1
家神包括地基鬼、火塘鬼、祖先柱和楼梯鬼

实　例

傣族（水傣）家神包括地基鬼、火塘鬼、祖先柱和楼梯鬼。

【流传】（云南省·西双版纳傣族自治州）

【出处】王松整理：《傣族——西双版纳的神谱》，见姚宝瑄主编《中国各民族神话》（哈尼族、傣族），太原：山西出版传媒集团·书海出版社 2014 年版，第 233 页。

W0443.1.1.5.1.2
家神包括祖宗神、土地公神、灶王神，花婆王、火神等

【关联】［W0443.8.3.6］花婆王是幼儿守护神

实　例

壮族 家神包括祖宗神、土地公神、灶王神，花婆王、火神等。

【流传】广西壮族自治区·（南宁市）·武鸣县·两江乡·雷江片，马山县·古零乡·杨圩片

【出处】黄世杰搜集整理：*《多神信仰》（1990），见吕大吉、何耀华总主编《中国各民族原始宗教资料集成》（土家族卷、瑶族卷、壮族卷、黎族卷），北京：中国社会科学出版社 1998 年版，第 493 页。

W0443.1.1.5.1.3
天地神和山神是家神

实　例

羌族 每家房顶小石碉上供三个白石，代表山王神、地神和天神，为羌人家神。

【流传】四川省·（阿坝藏族羌族自治州）·茂汶县（今茂县）·三龙乡·那呼大队（村）·斯库寨（又名河心坝）

【出处】钱安靖：《茂汶县三龙乡那呼大队斯库寨（又名河心坝）羌族宗教习俗调查》（1983.07.21），见吕大吉、

何耀华总主编《中国各民族原始宗教资料集成》（纳西族卷、羌族卷、独龙族卷、傈僳族卷、怒族卷），北京：中国社会科学出版社 2000 年版，第 477 页。

W0443. 1. 2
家神的特征（家庭保护神的身份）

实 例

（参见下级母题实例）

W0443. 1. 2. 0
家神的性别

实 例

（参见下级母题实例）

W0443. 1. 2. 0. 1
男家神

实 例

（实例待考）

W0443. 1. 2. 0. 2
女家神

实 例

（参见下级母题实例）

W0443. 1. 2. 0. 2. 1
家神有女神、石匠的妻子和娶来的媳妇等

实 例

羌族 羌族诸神中，家神有女神（女当家人、女祖先），也有石匠的妻子，和娶来的媳妇。

【流传】（无考）

【出处】 西南民族学院研究室编：《羌（尔玛）族情况》，1954 年，见吕大吉、何耀华总主编《中国各民族原始宗教资料集成》（纳西族卷、羌族卷、独龙族卷、傈僳族卷、怒族卷），北京：中国社会科学出版社 2000 年版，第 462 页。

W0443. 1. 2. 1
家庭保护神的神偶是老奶奶

实 例

蒙古族 用毛毡和丝绸制作的“老奶奶”保护神模拟像，在伏尔加河流域的卡尔梅克人中也发现它作为家庭保护神而出现过。

【流传】（无考）

【出处】 ［西德］海西希著，耿昇译、王尧校订：《蒙古的宗教》，天津：天津古籍出版社 1989 年版，第 369 ~ 370 页。

W0443. 1. 2. 2
火是家庭保护神

实 例

蒙古族（布里亚特） 火被认为是家庭的保护神，是家庭的重要成员。

【流传】（无考）

【出处】 ［苏联］Г. Р. 加尔达诺娃著，

宋长宏译，佟德富校：《喇嘛教前的布里亚特宗教信仰》（俄文版），诺沃西比尔斯克：科学出版社西伯利亚分社 1987 年版，第 22～26 页，见吕大吉、何耀华总主编《中国各民族原始宗教资料集成》（鄂伦春族卷、鄂温克族卷、赫哲族卷、达斡尔族卷、锡伯族卷、满族卷、蒙古族卷、藏族卷），北京：中国社会科学出版社 1999 年版，第 608 页。

W0443.1.2.2a
家神即火神

【关联】［W0466］火神

实　例

藏族 家神又称根子，房神，所谓“灶神”或“火神”，实际上也是家神。

【流传】（无考）

【出处】格勒：《论藏族本教的神》，原载《藏族学术讨论会论文集》，西藏人民出版社 1984 年版，见吕大吉、何耀华总主编《中国各民族原始宗教资料集成》（鄂伦春族卷、鄂温克族卷、赫哲族卷、达斡尔族卷、锡伯族卷、满族卷、蒙古族卷、藏族卷），北京：中国社会科学出版社 1999 年版，第 808 页。

W0443.1.2.3
家神是财神

实　例

（参见下级母题实例）

W0443.1.2.3.1
家神为住家招来财富

实　例

藏族 家神的另一职责是守住自家的财富。好的家神可以帮助主人找来财富。

【流传】（无考）

【出处】丹珠昂奔：《藏族神灵论》，中国社会科学出版社 1990 年版，见吕大吉、何耀华总主编《中国各民族原始宗教资料集成》（鄂伦春族卷、鄂温克族卷、赫哲族卷、达斡尔族卷、锡伯族卷、满族卷、蒙古族卷、藏族卷），北京：中国社会科学出版社 1999 年版，第 810 页。

W0443.1.2.4
家神兼战神和财神

实　例

藏族 有些场合下，家神还充当战神和财神的角色。

【流传】（无考）

【出处】丹珠昂奔：《藏族神灵论》，中国社会科学出版社 1990 年版，见吕大吉、何耀华总主编《中国各民族原始宗教资料集成》（鄂伦春族卷、鄂温克族卷、赫哲族卷、达斡尔族卷、锡伯族卷、满族卷、蒙古族卷、藏族卷），北京：中国社会科学出版社 1999 年版，第 810 页。

W0443. 1. 2. 5

家神即灶神

【关联】［W0493］灶神（灶王，灶王爷）

实 例

藏族 家神又称根子，房神，所谓“灶神”或“火神”，实际上也是家神。

【流传】（无考）

【出处】格勒：《论藏族本教的神》，原载《藏族学术讨论会论文集》，西藏人民出版社 1984 年版，见吕大吉、何耀华总主编《中国各民族原始宗教资料集成》（鄂伦春族卷、鄂温克族卷、赫哲族卷、达斡尔族卷、锡伯族卷、满族卷、蒙古族卷、藏族卷），北京：中国社会科学出版社 1999 年版，第 808 页。

W0443. 1. 2. 5. 1

灶旁的一个木桩象征家神

实 例

藏族 家神唯一的住所在厨房里，在灶旁边的一根桩头上捆绑着麦秆、杂木、鸡尾毛等东西，这就象征着是家神。

【流传】（无考）

【出处】格勒：《论藏族本教的神》，原载《藏族学术讨论会论文集》，西藏人民出版社 1984 年版，见吕大吉、何耀华总主编《中国各民族原始宗教资料集成》（鄂伦春族卷、鄂温克族卷、赫哲族卷、达斡尔族卷、锡伯族卷、满族卷、蒙古族卷、藏族卷），北京：中国社会科学出版社 1999 年版，第 808 页。

W0443. 1. 2. 6

祖先神为家神

【关联】［W0443. 1. 1. 4］祖先崇拜产生家神

实 例

壮族 丧葬后，要抓一把灵位牌烧成的灰和烧的一炷香，移放在中堂神龛当家神。这是死者的第二个灵魂，当作祖先神。

【流传】（广西壮族自治区·柳州市·柳城县）

【出处】杨钦华搜集整理：*《人魂投胎转世》（1989），见吕大吉、何耀华总主编《中国各民族原始宗教资料集成》（土家族卷、瑶族卷、壮族卷、黎族卷），北京：中国社会科学出版社 1998 年版，第 488 页。

W0443. 1. 2. 6. 1

三代以内祖宗死后成为家神

【关联】［W0646. 3. 2. 4］死去的长辈为家族祖先神

实 例

壮族 三代以内的祖宗死后转变为家神。

【流传】（无考）

【出处】范宏贵：《壮族卷·绪论》，见吕大吉、何耀华总主编《中国各民族原始宗教资料集成》（土家族卷、瑶族卷、壮族卷、黎族卷），北京：中国社会科学出版社 1998 年版，第 480 页。

W0443.1.2.6.2 家神视为祖先

实 例

羌族 各地羌民把家庭保护神、男性女性保护神、媳妇神、管孩子之神、管活人死人灵魂之神等，列为家神，纳入祖先崇拜。

【流传】（无考）

【出处】《羌族卷·前言》，见吕大吉、何耀华总主编《中国各民族原始宗教资料集成》（纳西族卷、羌族卷、独龙族卷、傈僳族卷、怒族卷），北京：中国社会科学出版社 2000 年版，第 452 页。

W0443.1.3 家神的职能

实 例

（参见下级母题实例）

W0443.1.3.1 家庭保护神保家中清吉平安

实 例

羌族 （参见“W0443.1.4.3 家庭保护神恰达黑吉马必吉”母题实例）

W0443.1.3.1.1 保护家中平安之神亦吉

实 例

羌族 （参见“W0658b.1.10.1 十三位祖先神”母题实例）

W0443.1.3.2 家神中祖宗神地位最高

实 例

壮族 所供奉的家神中，以祖宗神地位最高，权力最大。

【流传】广西壮族自治区·（南宁市）·武鸣县·两江乡·雷江片，马山县·古零乡·杨圩片

【出处】黄世杰搜集整理：*《多神信仰》（1990），见吕大吉、何耀华总主编《中国各民族原始宗教资料集成》（土家族卷、瑶族卷、壮族卷、黎族卷），北京：中国社会科学出版社 1998 年版，第 493 页。

W0443.1.3.3 家神保佑家人平安

实 例

藏族 家神会在冥冥之中保护家人发财致富，平安无事。

【流传】（无考）

【出处】格勒：《论藏族本教的神》，原载《藏族学术讨论会论文集》，西藏

人民出版社 1984 年版，见吕大吉、何耀华总主编《中国各民族原始宗教资料集成》（鄂伦春族卷、鄂温克族卷、赫哲族卷、达斡尔族卷、锡伯族卷、满族卷、蒙古族卷、藏族卷），北京：中国社会科学出版社 1999 年版，第 808 页。

W0443. 1. 3. 4

家神分为家庭保护神、男性女性保护神、媳妇神、管孩子之神、管活人死人灵魂之神等

实 例

羌族 （参见“W0443. 1. 2. 6. 2 家神视为祖先”母题实例）

W0443. 1. 4

特定名称的家神

实 例

（参见下级母题实例）

W0443. 1. 4. 1

家庭保护神日耶

实 例

佤族 “日耶”家庭保护神之名。

【流传】云南省·（普洱市）·西盟佤族自治县、澜沧拉祜族自治县等地

【出处】毕登程、隋嘎编著：《司岗里——佤族创世史诗》，昆明：云南出版集团公司·云南人民出版社 2009 年版，第 97 页。

佤族 阿佤最崇拜的是日耶神是家庭保护神。

【流传】云南省·（普洱市）·西盟佤族自治县、澜沧拉祜族自治县等地

【出处】毕登程、隋嘎编著：《司岗里——佤族创世史诗》，昆明：云南出版集团公司·云南人民出版社 2009 年版，第 154 页。

W0443. 1. 4. 2

家庭保护神珠连

实 例

赫哲族 “珠连”是保佑一家平安之神，每家都供此神。

【流传】（黑龙江省）

【出处】

（a）《民族问题五种丛书》黑龙江省编辑组：《赫哲族社会历史调查》，牡丹江：黑龙江朝鲜民族出版社 1987 年版，第 173～174 页。

（b）《动物神（二）》，见吕大吉、何耀华总主编《中国各民族原始宗教资料集成》（鄂伦春族卷、鄂温克族卷、赫哲族卷、达斡尔族卷、锡伯族卷、满族卷、蒙古族卷、藏族卷），北京：中国社会科学出版社 1999 年版，第 202 页。

W0443. 1. 4. 3

家庭保护神恰达黑吉马必吉

实 例

羌族 恰达黑吉马必吉（家庭保护

神）保护家中清吉平安，防止灾害疾病。

【流传】四川省·（阿坝藏族羌族自治州）·汶川县·龙溪乡·阿尔大队（阿尔村）

【出处】

(a) 钱安靖：《羌族宗教习俗调查资料》（三），见羌族社会历史调查四川省编写组编《羌族社会历史调查》，成都：四川省社会科学出版社1985年版。

(b)《汶川县龙溪乡羌族端公经典简介》，见吕大吉、何耀华总主编《中国各民族原始宗教资料集成》（纳西族卷、羌族卷、独龙族卷、傈僳族卷、怒族卷），北京：中国社会科学出版社2000年版，第471页。

W0443.1.4.4

家神格拉达玛

实　例

藏族　（参见“W0448.1.3.2.1.1 父神颇拉米孜”母题实例）

W0443.1.4.5

家神勿底勿沙

实　例

彝族（腊罗、摩察、纳苏、给尼、葛泼）

吊唁死者时，请“来格勿地”（指院心神），请“勿底勿沙”（指家神）等，送死者到阴间。

【流传】云南省·大理州（大理白族自治州）

【出处】《开吊经》，原载王丽珠《大理州彝族原始宗教调查》，见吕大吉、何耀华总主编《中国各民族原始宗教资料集成》（彝族卷、白族卷、基诺族卷），北京：中国社会科学出版社1996年版，第168页。

W0443.1.4.6

当家人神

实　例

（参见下级母题实例）

W0443.1.4.6.1

当家人神奉祀在房顶

实　例

羌族　屋顶供奉的白石中有的代表“当家人神”。该神生前劳动打柴找吃穿，死后奉祀房顶。

【流传】四川省·（阿坝藏族羌族自治州）·理县·龙溪沟（今汶川县龙溪乡）

【出处】西南民族学院研究室编：《羌（尔玛）族情况》，1954年，见吕大吉、何耀华总主编《中国各民族原始宗教资料集成》（纳西族卷、羌族卷、独龙族卷、傈僳族卷、怒族卷），北京：中国社会科学出版社2000年版，第470页。

W0443. 1. 4. 7

家神基兮士

实 例

羌族 羌人家中仿汉俗，堂屋设神龛，供红纸书写的神，除“天地国亲师”外，还有其他七尊神如家神（“基兮士”）、文武夫子（“兹卓士”）等。

【流传】四川省·（阿坝藏族羌族自治州）·汶川县·绵池乡·簇头、沟头寨

【出处】

(a) 钱安靖：《羌族宗教习俗调查资料》，见羌族社会历史调查四川省编写组编《羌族社会历史调查》，成都：四川省社会科学院出版社1985年版。

(b) 同（a），见吕大吉、何耀华总主编《中国各民族原始宗教资料集成》（纳西族卷、羌族卷、独龙族卷、傈僳族卷、怒族卷），北京：中国社会科学出版社2000年版，第593页。

W0443. 1. 4. 8

家神“主德”

实 例

白族 火塘，当地白语称“架公登”，三脚架叫“打各”。二者合称为“主德”，即管理整个家庭的家神或家鬼。

【流传】云南省·怒江州（怒江傈僳族自治州）·泸水县·洛本卓乡（洛本卓白族乡）

【出处】詹承绪等调查整理：《怒江白族祖灵象征与祭祖》（1982），见吕大吉、何耀华总主编《中国各民族原始宗教资料集成》（彝族卷、白族卷、基诺族卷），北京：中国社会科学出版社1996年版，第540页。

W0443. 1. 4. 9

火塘和三脚架合称家神

实 例

白族 （参见“W0443. 1. 4. 8 家神‘主德’”母题实例）

W0443. 1. 5

与家神有关的其他母题

【关联】

① ［W0121. 2. 6. 1］家神中的主神

② ［W0914. 3. 4. 1］家堂鬼

实 例

（参见下级母题实例）

W0443. 1. 5. 0

家灵

实 例

（参见下级母题实例）

W0443. 1. 5. 0. 1

家灵主宰一家幸福

实 例

傈僳族 家灵主宰一家的幸福。

【流传】碧罗雪山（云南省·怒江傈僳族自治州·贡山独龙族怒族自治县与

云南省·迪庆藏族自治州·德钦县交界一带）

【出处】陶云逵：《碧罗雪山之傈僳族》，见国立中央研究院《历史语言研究所集刊》第17本，商务印书馆民国三十七年（1948），第394～395页。

W0443.1.5.1
宅神

实 例

（参见下级母题实例）

W0443.1.5.1.1
成造神（家宅神）是天神之子

实 例

朝鲜族 成造神（家宅神）是天神之子。

【流传】（无考）

【出处】《成造本歌》，见金东勋：《朝鲜族的神话传说》，http://www.chinactwh.com，2003.09.02。

W0443.1.5.2
本族萨满的神灵被视作阖族守护神

【关联】［W0768.12］萨满神

实 例

满族 本族萨满的神灵被视作阖族守护神。

【流传】（无考）

【出处】

（a）富育光、孟慧英：《满族萨满教研究》，北京：北京大学出版社1991年版，第110～111页。

（b）《萨满葬礼》，见吕大吉、何耀华总主编《中国各民族原始宗教资料集成》（鄂伦春族卷、鄂温克族卷、赫哲族卷、达斡尔族卷、锡伯族卷、满族卷、蒙古族卷、藏族卷），北京：中国社会科学出版社1999年版，第506页。

W0443.1.5.3
护考祖的神

实 例

彝族 祈福时，要祈祷护考祖的神，护妣祖的神，房中保护神。

【流传】云南省·（昆明市）·禄劝县（禄劝彝族苗族自治县）·云龙乡·卡问村

【出处】张仲仁（彝族）翻译：*《禄劝彝族的祈福经》，见吕大吉、何耀华总主编《中国各民族原始宗教资料集成》（彝族卷、白族卷、基诺族卷），北京：中国社会科学出版社1996年版，第288～290页。

W0443.1.5.4
护妣祖的神

实 例

彝族 （参见“W0443.1.5.3 护考祖的神”母题实例）

W0443. 1. 5. 5
房中保护神

实 例

彝族 （参见“W0443. 1. 5. 3 护考祖的神”母题实例）

W0443. 1. 5. 6
家神的居所

实 例

（参见下级母题实例）

W0443. 1. 5. 6. 1
家神居家堂神龛

实 例

壮族 三代以内的祖宗死后转变为家神，居住在家里厅堂的神龛上，与家人最亲。

【流传】（无考）

【出处】范宏贵：《壮族卷·绪论》，见吕大吉、何耀华总主编《中国各民族原始宗教资料集成》（土家族卷、瑶族卷、壮族卷、黎族卷），北京：中国社会科学出版社 1998 年版，第 480 页。

W0443. 1. 5. 6. 2
家神居火塘

实 例

彝族（撒尼）火塘是家神之所在。

【流传】云南省·昆明（昆明市）·（寻甸回族彝族自治县·先锋乡）·恰普鲁村

【出处】云南彝族撒尼支宗教祭司张琼（1890～1971）遗稿，长孙张福整理：《火祟拜》，见吕大吉、何耀华总主编《中国各民族原始宗教资料集成》（彝族卷、白族卷、基诺族卷），北京：中国社会科学出版社 1996 年版，第 95 页。

W0443. 1. 5. 6a
家神的用品

实 例

（参见下级母题实例）

W0443. 1. 5. 6a. 1
家神需要桥、塔、梯子、箭等物品

实 例

纳西族（鲁鲁）东巴在火塘上方摆一张矮桌，桌上放家神竹篓。竹篓里早已放着家神木牌（一段栗木），家神之桥（一段松木），家神之塔（一段柏木），家神之梯（一段松木），家神之箭（一段青竹，下嵌三叉铁镞，上缠五色丝线）。

【流传】云南省·丽江县（丽江市）·（玉龙纳西族自治县）·塔城（塔城乡）·洛固行政村

【出处】和玉顺（67 岁）讲，杨福泉调查整理：《丽江塔城洛固鲁鲁人的结婚祭家神》（1989），见吕大吉、何耀华总主编《中国各民族原始宗教资料集成》（纳西族卷、羌族卷、独龙族卷、傈僳族卷、怒族卷），北京：中国社会科学出版社 2000 年版，第 311 页。

W0443.1.5.7

家神的象征物

实　例

（参见下级母题实例）

W0443.1.5.7.1

羊角代表家神

实　例

纳西族（摩梭）神羊把毛皮送给了摩梭人的女始祖昂姑咪，人类就用羊毛编织衣裙，用羊皮缝褂子穿。为了永远记住神羊的好处，摩梭人用羊角卜卦，把羊角当家神供奉的习俗就是这里来的。

【流传】云南省·（丽江市）·宁蒗县（宁蒗彝族自治县）

【出处】桑直若史、益依关若讲，章天钖、章天铭搜集，章虹宇整理：《昂姑咪》，载《山茶》1986 年第 3 期。

W0443.1.5.7.1.1

因神羊对人有恩遂把羊角当家神供奉

实　例

纳西族（摩梭）守天河的神羊把身上的毛皮送给昂姑咪（女始祖名）做御寒的衣裙。为了永远记住神羊的好处，摩梭人用羊角卜卦，把羊角当家神供奉的习俗就是这样来的。

【流传】云南省·（丽江市）·宁蒗县（宁蒗彝族自治县）

【出处】《昂姑咪》，见姚宝瑄主编《中国各民族神话》（佤族、阿昌族、纳西族、普米族、德昂族），太原：山西出版传媒集团·书海出版社 2014 年版，第 108～109 页。

W0443.1.5.7.2

火塘对面的主柱象征家神

【关联】［W0443.1.2.5.1］灶旁的一个木桩象征家神

实　例

傣族（水傣）家神是指直属祖先，竹楼上火塘对面的主柱，外人不能碰，因为它就是这家祖先的象征（一说是寨神叭桑木底之魂）。

【流传】（云南省·西双版纳傣族自治州）

【出处】王松整理：《傣族——西双版纳的神谱》，见姚宝瑄主编《中国各民族神话》（哈尼族、傣族），太原：山西出版传媒集团·书海出版社 2014 年版，第 234 页。

W0443.1.5.7.3

火塘为家庭保护神

实　例

白族（那马） 拉玛（即那马）人把“佐”（兰坪拉玛人称火塘为“佐不地”，简称为“佐”）看成全家庭的保护神，以“佐”为家庭祭祀的中心。

【流传】云南省·（怒江傈僳族自治州）·兰坪县（兰坪白族普米族自治县）

【出处】傅光宇、李松发：《拉玛人的“佐”崇拜》，载《大理文化》1990年第6期。

W0443. 1. 5. 8

祭祀家神

实　例

（参见下级母题实例）

W0443. 1. 5. 8. 1

饭前祭家神

实　例

藏族 平时家中吃什么东西，在没有吃以前，要先在代表家神的柱头上放一点，若吃鸡蛋，则把蛋壳倒扣在一根细木棍上，捆在柱头上，目的是请求家神与家人同甘共苦，并随时保护家中的一切财物。

【流传】（无考）

【出处】格勒：《论藏族本教的神》，原载《藏族学术讨论会论文集》，西藏人民出版社1984年版，见吕大吉、何耀华总主编《中国各民族原始宗教资料集成》（鄂伦春族卷、鄂温克族卷、赫哲族卷、达斡尔族卷、锡伯族卷、满族卷、蒙古族卷、藏族卷），北京：中国社会科学出版社1999年版，第808页。

W0443. 1. 5. 8. 2

家中男的当家就供男家神

实　例

羌族 家庭以男人当家，就供“男主宰神”；女人做主的，就供“女主宰神”。

【流传】（无考）

【出处】曾文琼、陈泛舟：《羌族原始宗教考略》，载《世界宗教研究》，1981年第2期。

W0443. 1. 5. 8a

家神禁忌

实　例

（参见下级母题实例）

W0443. 1. 5. 8a. 1

小孩不能在家神面前玩弓弩

实　例

白族 禁止小孩在家里玩弄弩弓，防止误伤家庭的保护神——家神。

【流传】云南省·（怒江傈僳族自治州）·兰坪县（兰坪白族普米族自治县），（迪庆藏族自治州）·维西县（维西傈僳族自治县）

【出处】刘龙初调查整理：《兰坪维西那

马人禁忌》（1988），见吕大吉、何耀华总主编《中国各民族原始宗教资料集成》（彝族卷、白族卷、基诺族卷），北京：中国社会科学出版社1996年版，第674页。

W0443.1.5.9

父亲神

实 例

（参见下级母题实例）

W0443.1.5.9.1

阿爸腾格里即父亲之天

实 例

蒙古族 阿爸腾格里，即父亲之天（在蒙古族民间宗教或萨满神词中，“天”与“腾格里”常常通用，此处可以看作是泛指诸神）。

【流传】（无考）

【出处】 额尔德木图：《蒙古英雄史诗与孛额唱词中的“腾格里”》，载《内蒙古社会科学》（汉文版）1995年第5期。

W0443.1.5.10

庭院神

【关联】［W0236.3.10］土地神是管庭院之神

实 例

（参见下级母题实例）

W0443.1.5.10.1

院心神

实 例

（参见下级母题实例）

W0443.1.5.10.1.1

院心神来格勿地

实 例

彝族（腊罗、摩察、纳苏、给尼、葛泼） 吊唁死者时，请地脉龙神，请“来格勿地”（指院心神）等，送死者到阴间。

【流传】 云南省·大理州（大理白族自治州）

【出处】《开吊经》，原载王丽珠《大理州彝族原始宗教调查》，见吕大吉、何耀华总主编《中国各民族原始宗教资料集成》（彝族卷、白族卷、基诺族卷），北京：中国社会科学出版社1996年版，第168页。

W0443.1.5.11

毕摩的家神

实 例

（参见下级母题实例）

W0443.1.5.11.1

笔母的家神是笔母祖先中第一个做笔母的人

实 例

彝族 笔母的家神，即笔母祖先第一个做笔母的人。

【流传】四川省·（凉山彝族自治州）·雷波（雷波县）小凉山一带

【出处】徐益棠：《雷波小凉山之罗民》，金陵大学中国文化研究所印行，1944年，第73~74页。

W0443.1.5.12

家鬼与家神不分

实 例

白族（那马）有些村子仍然是鬼神不分的。家有家鬼与家神。

【流传】云南省·（怒江傈僳族自治州）·兰坪县（兰坪白族普米族自治县），（迪庆藏族自治州）·维西县（维西傈僳族自治县）

【出处】刘龙初调查整理：《兰坪、维西那马人对鬼与神的区别》（1988），见吕大吉、何耀华总主编《中国各民族原始宗教资料集成》（彝族卷、白族卷、基诺族卷），北京：中国社会科学出版社1996年版，第405页。

W0443.2

特定地区人的保护神

【关联】

①［W0439］城池保护神

②［W0440］村寨保护神（寨神，村神，村寨神）

实 例

（参见下级母题实例）

W0443.2.1

布哈诺颜的9个儿子到了地上成为各个地区的保护神

实 例

蒙古族（布里亚特）布哈诺颜（牛的名称）的九个儿子在天界长大后带着9颗铸造的大印降到了地上，成了各个地区的保护神。

【流传】（无考）

【出处】［苏联］И.А.曼日格耶夫著，宋长宏译，佟德富校：《布里亚特萨满教和前萨满教辞典》（俄文版），莫斯科：科学出版社1978年版，第49页，见吕大吉、何耀华总主编《中国各民族原始宗教资料集成》（鄂伦春族卷、鄂温克族卷、赫哲族卷、达斡尔族卷、锡伯族卷、满族卷、蒙古族卷、藏族卷），北京：中国社会科学出版社1999年版，第608页。

W0443.2.2

牧区的保护神

【关联】［W0396.6a.1］牧区的山神是部落保护神和部落的祖先

实 例

藏族 藏族居住的地方，不论城镇、乡村还是牧区都有各自供奉的故里神灵“里神”。

【流传】（无考）

【出处】恰白·次旦平措著，达瓦次仁译：《论藏族的焚香祭神习俗》，载

《中国藏学》1989 年第 4 期。

W0443.3
特定性别的保护神

实 例

（参见下级母题实例）

W0443.3.1
男人的保护神

实 例

（参见下级母题实例）

W0443.3.1.1
男保护神马维士专门保护男人和男孩

实 例

羌族 （参见"W0658b.1.10.1 十三位祖先神"母题实例）

羌族 "马维士"是男保护神，负责保护男人和男孩。

【流传】 四川省·（阿坝藏族羌族自治州）·汶川县·龙溪乡·龙溪寨

【出处】

（a）［美］格莱汉撰，钱谦译：《羌族习俗》，载《宗教学研究》1988 年第 1 期。

（b）同（a），*《龙溪乡龙溪寨的白石崇拜》，见吕大吉、何耀华总主编《中国各民族原始宗教资料集成》（纳西族卷、羌族卷、独龙族卷、傈僳族卷、怒族卷），北京：中国社会科学出版社 2000 年版，第 473 页。

W0443.3.1.2
保佑男子工作之神密帕露

实 例

羌族 （实例待考）

W0443.3.2
女人的保护神（妇女保护神，妇女保佑神）

【关联】 ［W0283.0.1］月神是妇女保护神

实 例

（参见下级母题实例）

W0443.3.2.1
产妇的保护神

实 例

（参见下级母题实例）

W0443.3.2.1.1
死于难产的女子成为产妇保护神

实 例

蒙古族（布里亚特） 萨满教神话中的埃尔亥·苏依贝恩是产妇的魂灵保护神。她是死于难产的布拉加特部图腾祖先布哈·诺颜的女儿。

【流传】（无考）

【出处】 ［苏联］И. А. 曼日格耶夫著，宋长宏译，佟德富校：《布里亚特萨满教和前萨满教辞典》（俄文版），莫斯科：科学出版社 1978 年版，第104～105 页，见吕大吉、何耀华总主编《中国各民族原始宗教资料集成》（鄂伦春族卷、鄂温克族卷、赫哲族卷、达斡尔族卷、锡伯族卷、满族卷、蒙古族卷、藏族卷），北京：中国社会科学出版社 1999 年版，第 622 页。

W0443. 3. 2. 1. 2 产妇的灵魂保护神埃尔亥·苏依贝恩

实 例

蒙古族（布里亚特） 埃尔亥·苏依贝恩是产妇的灵魂保护神。

【流传】（无考）

【出处】《蒙古族神灵观念和神灵系统》，见吕大吉、何耀华总主编《中国各民族原始宗教资料集成》（鄂伦春族卷、鄂温克族卷、赫哲族卷、达斡尔族卷、锡伯族卷、满族卷、蒙古族卷、藏族卷），北京：中国社会科学出版社 1999 年版，第 622 页。

W0443. 3. 2. 2 女性保护神使女子漂亮

实 例

（参见下级母题实例）

W0443. 3. 2. 2. 1 女性保护神白拉姆女神使拉萨女子聪明伶俐，婀娜苗条

实 例

藏族 白拉姆女神处处护佑妇女。拉萨女子之所以聪明伶俐，婀娜苗条，全是因为白拉姆女神的保佑。

【流传】西藏自治区·拉萨市·南郊·次却林乡

【出处】廖东凡搜集：《白拉姆女神和赤尊赞》，原载《西藏民间故事选》，见陶阳、钟秀编《中国神话》（中），北京：商务印书馆 2008 年版，第 953～955 页。

W0443. 3. 2. 3 女人保护神石第贝士

实 例

（参见下级母题实例）

W0443. 3. 2. 3. 1 女保护神石第贝士负责保护妇女与女孩，但不管妇女生育孩子

实 例

羌族 “石第贝士”是女保护神，负责保护妇女与女孩，但不管妇女生育孩子。

【流传】四川省·（阿坝藏族羌族自治州）·汶川县·龙溪乡·龙溪寨

【出处】

（a）［美］格莱汉撰，钱谦译：《羌族习俗》，载《宗教学研究》1988 年第 1 期。

（b）同（a），＊《龙溪乡龙溪寨的白石崇拜》，见吕大吉、何耀华总主编《中国各民族原始宗教资料集成》（纳

西族卷、羌族卷、独龙族卷、傈僳族卷、怒族卷），北京：中国社会科学出版社 2000 年版，第 473 页。

W0443.3.2.3.2
保佑妇女工作之神西帕露

实 例

羌族 （参见“W0658b.1.10.1 十三位祖先神”母题实例）

W0443.3.2.4
妇女保佑神顺天圣母

实 例

（参见下级母题实例）

W0443.3.2.4.1
顺天圣母是保佑妇女顺利分娩的助产、催生女神

实 例

汉族 顺天圣母可保佑妇女顺利分娩的助产、催生女神。

【流传】（无考）

【出处】 《顺天圣母》，见乌丙安主编《中国民间神谱》，沈阳：辽宁人民出版社 2007 年版，第 101 页。

W0443.3.2.4.2
顺天圣母原名陈靖姑

实 例

汉族 顺天圣母原名陈靖姑，又作陈进姑，民间俗称临水夫人、顺懿夫人、大奶夫人。

【流传】（福建省·福州市）

【出处】 《顺天圣母》，见乌丙安主编《中国民间神谱》，沈阳：辽宁人民出版社 2007 年版，第 101 页。

W0443.3.2.4.3
顺天圣母原名陈进姑

实 例

汉族 （参见“W0443.3.2.4.2 顺天圣母原名陈靖姑”母题实例）

W0443.3.2.4.4
顺天圣母又称临水夫人

实 例

汉族 （参见“W0443.3.2.4.2 顺天圣母原名陈靖姑”母题实例）

W0443.3.2.4.5
顺天圣母又称顺懿夫人

实 例

汉族 （参见“W0443.3.2.4.2 顺天圣母原名陈靖姑”母题实例）

W0443.3.2.4.6
顺天圣母又称大奶夫人

实 例

汉族 （参见“W0443.3.2.4.2 顺天圣母原名陈靖姑”母题实例）

W0443. 3. 2. 5

妇女保护神祖姆吐可汗王

实 例

蒙古族（布里亚特） 斯布兰德王的夫人祖姆吐可汗王，成为妇女的保护者。

【流传】（无考）

【出处】 浦泽都尼夫著，嘎日达译：《布里亚特萨满教记述》（英文版），赫尔辛基 1941 年版，转引自吕大吉、何耀华总主编《中国各民族原始宗教资料集成》（鄂伦春族卷、鄂温克族卷、赫哲族卷、达斡尔族卷、锡伯族卷、满族卷、蒙古族卷、藏族卷），北京：中国社会科学出版社 1999 年版，第 612 页。

W0443. 3. 2. 6

司管妇女的最高神女神巴丁喇木

实 例

纳西族（摩梭） “巴丁喇木”（藏语、普米语和摩梭语的复合词，含义为“西蕃女神”）女神是司管妇女的最高之神，她主宰妇女的生育、身材的美丑和婴儿发育的正常或畸形及妇女的疾病等。

【流传】 云南省·（丽江市）·宁蒗县（宁蒗彝族自治县）；四川省·（凉山彝族自治州）·木里县（木里藏族自治县）、盐源县

【出处】 杨学政调查整理：*《摩梭人的“巴丁喇木”女神崇拜》，见云南省社会科学院宗教研究所编《宗教调查与研究》，内部编印，1986 年，第 191 ~ 193 页。

W0443. 4

英雄的保护神

实 例

汉族 （实例待考）

W0443. 5

族神（民族神）①

【汤普森】 A415

实 例

傈僳族 民族之间的纠纷，也认为有鬼

① 族神（民族神），关于民族神、民族神是一个极其复杂的问题，既可以不同的民族或民族信奉同一个类型的神，如天神、地神、山神、水神等，也可以在一个族体内的不同区域或支系信奉不同的神。以民族神为例，往往与这个民族的构成中所处的自然环境不同，生产方式或社会发展阶段的不同有关，如鄂温克族在不同地区或不同生产方式的群落所供祭的神也不尽相同，其中游猎的敖鲁古雅地区鄂温克人所供祭的神有被视为人类祖先神的“舍卧刻”神，管各种疾病的“舍利”神，保护驯鹿的“奥荣”神和熊神、保护婴儿的“奥蔑”神等为数不多的几种神，总称为“玛鲁”神，可视为一种集体的神；而在牧区和农区鄂温克人中则有天神、“敖教尔”神（祖先神）、“吉雅奇”神、“敖雷”神、“雅鲁”神、“娘娘”神、“乌西”神、“德力格丁”神、“毛木铁”神、“哈音”神、“卓力”神以及作为萨满神灵的蛇神、鹰神等众多的神。这些神各有不同的来历和祭祀的内容。参见吕大吉、何耀华总主编《中国各民族原始宗教资料集成》（鄂伦春族卷、鄂温克族卷、赫哲族卷、达斡尔族卷、锡伯族卷、满族卷、蒙古族卷、藏族卷）第二章《信奉的各种神》注释，北京：中国社会科学出版社 1999 年版，第 110 页。

神从中作祟，因而傈僳族的观念中逐步形成有勒墨鬼（白族）、么梦鬼（纳西族）、怒族鬼等。

【流传】（无考）

【出处】《傈僳族简史》编写组：《傈僳族简史》，昆明：云南人民出版社1983年版，第126页。

W0443.5.1

氏族神（氏族保护神）

【关联】

① ［W0124.2.1.1］氏族神上升为部落神

② ［W0655.4.2］祖先神是氏族保护神

实　例

（参见下级母题实例）

W0443.5.1.1

每个氏族都有自己的氏族神舍卧刻

实　例

鄂温克族 莫尔格河地区鄂温克人每个氏族都有自己供奉的“舍卧刻”神。而且每个氏族的人都供奉自己氏族的“舍卧刻”。

【流传】（内蒙古自治区·呼伦贝尔市·陈巴尔虎旗莫尔格河一带）

【出处】

（a）《陈巴尔虎旗莫尔格河鄂温克族社会历史调查报告》，见内蒙古自治区编辑组《鄂温克族社会历史调查》，呼和浩特：内蒙古人民出版社1986年版，第340页。

（b）《“舍卧刻”神的由来、构成及祭仪》，见吕大吉、何耀华总主编《中国各民族原始宗教资料集成》（鄂伦春族卷、鄂温克族卷、赫哲族卷、达斡尔族卷、锡伯族卷、满族卷、蒙古族卷、藏族卷），北京：中国社会科学出版社1999年版，第116页。

W0443.5.1.2

不同氏族的氏族神舍不同

实　例

鄂温克族 每个氏族的“舍卧刻”都不同，其偶像也各不相同。

【流传】（内蒙古自治区·呼伦贝尔市·陈巴尔虎旗莫尔格河一带）

【出处】

（a）《陈巴尔虎旗莫尔格河鄂温克族社会历史调查报告》，见内蒙古自治区编辑组《鄂温克族社会历史调查》，呼和浩特：内蒙古人民出版社1986年版，第340页。

（b）《“舍卧刻”神的由来、构成及祭仪》，见吕大吉、何耀华总主编《中国各民族原始宗教资料集成》（鄂伦春族卷、鄂温克族卷、赫哲族卷、达斡尔族卷、锡伯族卷、满族卷、蒙古族卷、藏族卷），北京：中国社会科学出版社1999年版，第116页。

W0443.5.1.3

氏族神给本族治病

实　例

鄂伦春族 氏族神在其他氏族里到处流浪寻找附体的对象，来给本族的患者跳神治病。

【流传】（无考）

【出处】

（a）内蒙古自治区编委会：《鄂伦春族社会历史调查》（第二集），呼和浩特：内蒙古人民出版社 1985 年版，第 180 页。

（b）《“多尼”萨满的来历》，见吕大吉、何耀华总主编《中国各民族原始宗教资料集成》（鄂伦春族卷、鄂温克族卷、赫哲族卷、达斡尔族卷、锡伯族卷、满族卷、蒙古族卷、藏族卷），北京：中国社会科学出版社 1999 年版，第 32 页。

W0443. 5. 2

部落神（部落保护神）

【关联】

①［W5300］部落

②［W5304］神或神性人物生育部落始祖

③［W5326］部落首领是神

实　例

佤族 （实例待考）

藏族 每一民族和部落皆各有自己所供奉的山神或地方神，各主宰着一定的领域。

【流传】（无考）

【出处】刘立千：《从“格萨尔史诗”看古代高原的部落社会》，原载四川省格萨尔办公室编印《格萨尔论文选集》，1990 年，见吕大吉、何耀华总主编《中国各民族原始宗教资料集成》（鄂伦春族卷、鄂温克族卷、赫哲族卷、达斡尔族卷、锡伯族卷、满族卷、蒙古族卷、藏族卷），北京：中国社会科学出版社 1999 年版，第 954 页。

W0443. 5. 2. 1

特定的神是部落保护神

【关联】

①［W0396. 6a. 1］牧区的山神是部落保护神和部落的祖先

②［W0497. 8. 8. 1］山神兼部落保护神和战神

实　例

（参见下级母题实例）

W0443. 5. 2. 2

特定动物是部落保护神

实　例

（参见下级母题实例）

W0443. 5. 2. 2. 1

一只神奇的扁角鹿是部落的祖先和保护神

实　例

蒙古族 一只神奇的扁角鹿是部落的祖先和保护人。她引导各个部落前进，为他们走向新的地方指明道路。

【流传】（无考）

【出处】［苏联］A.П.奥克拉德尼科夫：《博格多乌拉山麓石崖上的蒙古古代人像、铭文和图形》，陈弘法译自《蒙古考古论文集》，莫斯科：苏联科学院出版社1962年版，见吕大吉、何耀华总主编《中国各民族原始宗教资料集成》（鄂伦春族卷、鄂温克族卷、赫哲族卷、达斡尔族卷、锡伯族卷、满族卷、蒙古族卷、藏族卷），北京：中国社会科学出版社1999年版，第644页。

W0443.5.2.3
特定名称的部落神

实　例

（参见下级母题实例）

W0443.5.2.3.1
勐神（色勐）

实　例

傣族　民族首领思童法（直译为天大的虎）死后，人们将他的魂立为勐神，每年祭祀一次。

【流传】（无考）

【出处】岩峰、王松搜集整理：《思童法》，原载《中国各民族宗教与神话大词典》编审委员会编《中国各民族宗教与神话大词典》，学苑出版社1990年版，见姚宝瑄主编《中国各民族神话》（哈尼族、傣族），太原：山西出版传媒集团·书海出版社2014年版，第360页。

W0443.5.2.3.2
家族守护神兼部落守护神梁玛千与嘎基雅瓦安

实　例

高山族（排湾）梁玛千与嘎基雅瓦安是家族守护神，还是部落守护神。

【流传】台湾排湾人地区

【出处】《太阳神的后裔》，海云根据曾思奇《高山族古老神话传说中的人物与境域》整理，见姚宝瑄主编《中国各民族神话》（高山族、黎族、畲族），太原：山西出版传媒集团·书海出版社2014年版，第9页。

W0443.5.3
民族保护神（民族神，民族的守护神）

实　例

（参见下级母题实例）

W0443.5.3.1
羌人的保护神是山神

实　例

羌族　羌人生产生活于山区，视山神为保护神。

【流传】（无考）

【出处】《羌族卷·前言》，见吕大吉、何耀华总主编《中国各民族原始宗教资料集成》（纳西族卷、羌族卷、独龙族卷、傈僳族卷、怒族卷），北京：

中国社会科学出版社 2000 年版，第 451 页。

W0443. 5. 3. 1a

羌族守护神格沙又称八大将军

实 例

羌族 “格沙”，又称八大将军，是羌族守护神。

【流传】四川省·（阿坝藏族羌族自治州）·茂县·渭门乡·永和大队（今永和乡）

【出处】

(a) 钱安靖：《羌族宗教习俗调查资料》（七），见羌族社会历史调查四川省编写组编《羌族社会历史调查》，成都：四川省社会科学院出版社 1986 年版。

(b) 同（a），见吕大吉、何耀华总主编《中国各民族原始宗教资料集成》（纳西族卷、羌族卷、独龙族卷、傈僳族卷、怒族卷），北京：中国社会科学出版社 2000 年版，第 567 页。

W0443. 5. 3. 2

民族保护神三朵神

【关联】［W0398. 1. 2c. 2］北岳神三朵神

实 例

纳西族 纳西族古氏族束、叶两支后裔（西部方言）的三朵土主神是民族保护神。

【流传】云南省

【出处】《三朵土主神崇拜》，见吕大吉、何耀华总主编《中国各民族原始宗教资料集成》（纳西族卷、羌族卷、独龙族卷、傈僳族卷、怒族卷），北京：中国社会科学出版社 2000 年版，第 23 ~ 24 页。

W0443. 5. 3. 2. 1

三朵神生肖属羊

实 例

纳西族 民族保护神三朵神生肖属羊，每逢二月八日羊日（后多为二月八日）不论官民都到玉龙山下的北岳庙虔诚祭祀，用猪头公鸡作牲品。

【流传】云南省

【出处】《三朵土主神崇拜》，见吕大吉、何耀华总主编《中国各民族原始宗教资料集成》（纳西族卷、羌族卷、独龙族卷、傈僳族卷、怒族卷），北京：中国社会科学出版社 2000 年版，第 24 页。

W0443. 5. 3. 2. 2

二月八日羊日祭三朵神

实 例

纳西族 （参见“W0443. 5. 3. 2. 1 三朵神生肖属羊”母题实例）

W0443. 5. 3. 2a

三朵神保佑做官、从商、求学、当兵

实 例

纳西族 凡出远门到异乡，不论做官、从商、求学、当兵，甚至一般出去谋生者，都到北岳庙敬香，祈求三朵神的保佑。

【流传】云南省·（丽江市·玉龙纳西族自治县）·白沙（白沙镇）·玉龙村

【出处】和志武调查整理：《关于“三朵”神的调查》（1954，1985），见吕大吉、何耀华总主编《中国各民族原始宗教资料集成》（纳西族卷、羌族卷、独龙族卷、傈僳族卷、怒族卷），北京：中国社会科学出版社 2000 年版，第 118 页。

W0443.5.4

民族英雄神

实 例

（参见下级母题实例）

W0443.5.4.1

民族英雄神有三界公爷神、莫一大王、白马姑娘、甘王、蓝陆等

实 例

壮族 三界公爷神、莫一大王、白马姑娘、甘王、蓝陆等是壮族民族英雄神。

【流传】广西壮族自治区·（南宁市）·武鸣县·两江乡·雷江片，马山县·古零乡·杨圩片

【出处】黄世杰搜集整理：*《多神信仰》（1990），见吕大吉、何耀华总主编《中国各民族原始宗教资料集成》（土家族卷、瑶族卷、壮族卷、黎族卷），北京：中国社会科学出版社 1998 年版，第 492 页。

W0443.5.5

与族神有关的其他母题

实 例

（参见下级母题实例）

W0443.5.5.0

特定名称的族神

实 例

（参见下级母题实例）

W0443.5.5.0.1

族神碾木曾

实 例

民族 祈福时要祈十七神。其中有天神吾安普，地神尹安妣，祖神哲撒勒，族神碾木曾。

【流传】云南省·（昆明市）·禄劝县（禄劝彝族苗族自治县）·云龙乡·卡问村

【出处】张仲仁（彝族）翻译：*《禄劝彝族的祈福经》，见吕大吉、何耀华总主编《中国各民族原始宗教资料集成》（彝族卷、白族卷、基诺族卷），北京：中国社会科学出版社 1996 年版，第 288～290 页。

W0443. 5. 5. 1
阴族首领邪魔氏

实 例

汉族 很久以前，世上没有天地，混混沌沌。里面住着两个大族。阴族首领是邪魔氏，牛头狗身，红眼睛，绿头发，魔力高强。阳族首领是盘古，龙头人身，高 8 尺，力大无穷。

【流传】浙江省·宁波市·宁海县·（西店镇）·紫江村

【出处】邬荣绍讲，邬为国记录：《盘古开天辟地》（1987. 03），见罗杨总主编，戴余金本卷主编《中国民间故事丛书·浙江宁波·宁海卷》，北京：知识产权出版社 2015 年版，第 3 页。

W0443. 5. 5. 2
不同民族的神同源

实 例

（参见下级母题实例）

W0443. 5. 5. 2. 1
藏族神与白族神同源

实 例

纳西族 善神依古阿格变化出的蛋生的白鸡额玉额玛生下九对白蛋。其中，一对变为盘神（藏族之神）和禅神（白族之神）。

【流传】（云南省）

【出处】和芳、和志新编译：《崇邦统——人类迁徙记》，见姚宝瑄主编《中国各民族神话》（佤族、阿昌族、纳西族、普米族、德昂族），太原：山西出版传媒集团·书海出版社 2014 年版，第 138 页。

W0443. 5. 5. 3
不同族体对同一个神态度不同

实 例

蒙古族（布里亚特） 大多数萨满教徒认为，阿达·乌兰·腾格里是此腾格里经常化身为对人类生命有危害的自然现象和其他现象：狂风、酷热、大旱、人畜瘟疫和各种各样的损害收成的啮齿动物、昆虫等等。有些布里亚特部落中则把阿达·乌兰·腾格里看作是善神，它只给人类带来好处，是养马业和马群的保护神。

【流传】（无考）

【出处】［苏联］И. А. 曼日格耶夫著，宋长宏译，佟德富校：《布里亚特萨满教和前萨满教辞典》（俄文版），莫斯科：科学出版社 1978 年版，第 20 ~ 21 页，见吕大吉、何耀华总主编《中国各民族原始宗教资料集成》（鄂伦春族卷、鄂温克族卷、赫哲族卷、达斡尔族卷、锡伯族卷、满族卷、蒙古族卷、藏族卷），北京：中国社会科学出版社 1999 年版，第 628 页。

W0443. 5. 5. 4
特定族群专属的神

实 例

傈僳族 荞氏族的人祭“括扒柯尼”，认为这是自己的祖先括木必。这种精灵只有本氏族的人才祭奉。

【流传】云南省·怒江地区（怒江傈僳族自治州）

【出处】杨建和：《怒江傈僳族的宗教信仰》，见宋恩常编《中国少数民族宗教初编》，昆明：云南人民出版社1985年版，第220页。

W0443.6

姓氏神（姓氏保护神）

实 例

（参见下级母题实例）

W0443.6.1

特定姓氏供奉的神

实 例

（参见下级母题实例）

W0443.6.1.1

郭姓满族的断事神他拉伊罕妈妈

实 例

满族 他拉伊罕妈妈是郭合勒氏族（郭姓）所供奉的断事神。

【流传】黑龙江省·牡丹江市·（阳明区）·铁岭河（铁岭河镇）

【出处】郭鹤令讲，傅英仁采录：《他拉伊罕妈妈》，见中国民间文学集成全国编辑委员会编《中国民间故事集成》（黑龙江卷），北京：中国ISBN中心2005年版，第50～52页。

W0443.6.1.2

石姓满族奉鹰、虎、蟒、蛇等为保护神

实 例

满族 石姓满族的鹰、虎、蟒、蛇等八面动物旗帜，以及各种设竿祭祖时竿头屹立的虎头、神鹰，或神树上悬挂的兔皮等，均为姓氏保护神。

【流传】吉林省·长春市·九台市

【出处】

（a）富育光、孟慧英：《满族萨满教研究》，北京：北京大学出版社1991年版，第123～126页。

（b）《神偶的功能》，见吕大吉、何耀华总主编《中国各民族原始宗教资料集成》（鄂伦春族卷、鄂温克族卷、赫哲族卷、达斡尔族卷、锡伯族卷、满族卷、蒙古族卷、藏族卷），北京：中国社会科学出版社1999年版，第493页。

W0443.6.1.3

伊尔根觉罗（赵姓）满族供奉女神阿达匹汗奇

实 例

满族 阿达匹汗奇是伊尔根觉罗（满语，赵姓）氏族的女神。

【流传】黑龙江省·（牡丹江市）·宁安县·兰岗乡·新生村

【出处】赵文信讲，赵君伟采录：《阿达

格恩都哩》，见中国民间文学集成全国编辑委员会编《中国民间故事集成》（黑龙江卷），北京：中国 ISBN 中心 2005 年版，第 66～67 页。

W0443.7

老人保护神

实 例

（参见下级母题实例）

W0443.7.1

根源之孛斡栾腾格里是守护老人的天

实 例

蒙古族 根源之孛斡栾腾格里，又称额布根孛斡栾腾格里，守护老人的天（在蒙古族民间宗教或萨满神词中，“天”与“腾格里”常常通用，此处可以看作是泛指诸神）。

【流传】（无考）

【出处】 额尔德木图：《蒙古英雄史诗与孛额唱词中的“腾格里”》，载《内蒙古社会科学》（汉文版）1995 年第 5 期。

W0443.7.2

额布根孛斡栾腾格里是守护老人的天

实 例

蒙古族 （参见“W0443.7.1 根源之孛斡栾腾格里是守护老人的天”母题实例）

W0443.8

幼儿保护神（儿童保护神、小孩保护神、婴儿保护神）

【关联】［W1735.6.1］北斗星是婴儿的吉祥星

实 例

（参见下级母题实例）

W0443.8.1

幼儿保护神的产生

实 例

（参见下级母题实例）

W0443.8.1.1

大人为幼儿做 3 个布娃娃作为幼儿保护神

实 例

鄂伦春族 孩子出生后，大人要为孩子做三个布娃娃为保护神。

【流传】 黑龙江省·大兴安岭地区

【出处】 孟秀春调查整理：《灵魂观》，见吕大吉、何耀华总主编《中国各民族原始宗教资料集成》（鄂伦春族卷、鄂温克族卷、赫哲族卷、达斡尔族卷、锡伯族卷、满族卷、蒙古族卷、藏族卷），北京：中国社会科学出版社 1999 年版，第 24 页。

W0443.8.1.2

牧马人吉雅其的妻子因喜爱小孩成为孩子们的保护神

实 例

蒙古族 （参见“W0443.8.3.3 牧马人吉雅其的妻子是幼儿保护神”母题实例）

W0443.8.1.3

小孩拜的父母树成为保护神

实 例

壮族 小孩拜特定的树为父母后，这棵树就成了小孩的保护神，小孩病了，由其父亲或母亲到神树根底下，用酒菜等祭品祭祀神树，祷告神树保佑小孩身体健康，生命安全。

【流传】广西壮族自治区·（南宁市）·武鸣县（武鸣区）西北部，马山县东部

【出处】黄世杰搜集整理：*《祖宗神树》（1990），见吕大吉、何耀华总主编《中国各民族原始宗教资料集成》（土家族卷、瑶族卷、壮族卷、黎族卷），北京：中国社会科学出版社1998年版，第519页。

壮族 有的孩子出生后，遇到一些大病难，根据这孩子的生肖五行来推算，认为这孩子在五行中“缺木”，需用“木”来补缺，故以大树来补充所缺之“木”，所拜认做父母的这棵树便成了此孩子的保护神。

【流传】广西壮族自治区·钦州市·（钦北区）·新棠乡（新棠镇）·屯王村、东留村、榃中村等

【出处】归发国搜集整理：*《三种树神》（1990），见吕大吉、何耀华总主编《中国各民族原始宗教资料集成》（土家族卷、瑶族卷、壮族卷、黎族卷），北京：中国社会科学出版社1998年版，第522页。

W0443.8.1.4

挂生育女神房子的一棵果树被视为婴儿的保护神

实 例

纳西族 “那蹄底基”（生育女神的房子）挂在一棵果树上，这棵果树被视为婴儿的保护神。

【流传】云南省·（丽江市·宁蒗彝族自治县）·永宁（永宁乡）一带

【出处】严汝娴、宋兆麟调查整理：《永宁纳西族的母系制》，昆明：云南人民出版社1984年版，第200页

W0443.8.2

幼儿保护神的特征

实 例

（参见下级母题实例）

W0443.8.2.1

幼儿保护神鸟形

实 例

（参见下级母题实例）

W0443. 8. 2. 1. 1

幼儿保护神奥蔑是小雀形状

实 例

鄂温克族 “奥蔑”是保护婴儿生命安全的神，形状是白桦或落叶松制成的小雀。

【流传】（内蒙古自治区·呼伦贝尔市·额尔古纳市）

【出处】

（a）《额尔古纳旗使用驯鹿鄂温克人的调查报告》，见内蒙古自治区编辑组《鄂温克族社会历史调查》，呼和浩特：内蒙古人民出版社 1986 年版，第 233 页。

（b）《“玛鲁”的构成》，见吕大吉、何耀华总主编《中国各民族原始宗教资料集成》（鄂伦春族卷、鄂温克族卷、赫哲族卷、达斡尔族卷、锡伯族卷、满族卷、蒙古族卷、藏族卷），北京：中国社会科学出版社 1999 年版，第 111 页。

W0443. 8. 3

特定名称的幼儿保护神

实 例

（参见下级母题实例）

W0443. 8. 3. 1

幼儿保护神奥蔑神

实 例

鄂温克族 萨满举行招魂后，把装着代表小孩灵魂的小鸟的木盒放入“玛鲁”神盒里，它就成为保护小孩的奥蔑神了。

【流传】（无考）

【出处】《招魂》，原载孟和《萨满教》（初稿），第 25 页，见吕大吉、何耀华总主编《中国各民族原始宗教资料集成》（鄂伦春族卷、鄂温克族卷、赫哲族卷、达斡尔族卷、锡伯族卷、满族卷、蒙古族卷、藏族卷），北京：中国社会科学出版社 1999 年版，第 108 页。

鄂温克族 游猎的敖鲁古雅地区鄂温克人所供祭的神有保护婴儿的“奥蔑”神。

【流传】（无考）

【出处】吕大吉、何耀华总主编：《中国各民族原始宗教资料集成》（鄂伦春族卷、鄂温克族卷、赫哲族卷、达斡尔族卷、锡伯族卷、满族卷、蒙古族卷、藏族卷）第二章《信奉的各种神》注释，北京：中国社会科学出版社 1999 年版，第 110 页。

W0443. 8. 3. 1a

婴儿保护神乌麦

实 例

鄂温克族 乌麦（乌麦，有的作品译为“奥蔑”）是婴儿保护神。

【流传】（无考）

【出处】

（a）《乌麦》，见《中国各民族宗教与

神话大词典》编审委员会编《中国各民族宗教与神话大词典》，北京：学苑出版社 1990 年版，第 135 页。

(b)《自然神》，见吕大吉、何耀华主编《中国各民族原始宗教资料集成》（鄂伦春族卷、鄂温克族卷、赫哲族卷、达斡尔族卷、锡伯族卷、满族卷、蒙古族卷、藏族卷），北京：中国社会科学出版社 1999 年版，第 110 页。

W0443.8.3.2 幼儿保护神乌木西妈妈

实 例

（参见下级母题实例）

W0443.8.3.2.1 保婴、育婴女神乌木西妈妈

实 例

满族 乌木西妈妈即满族民间为保婴、育婴而祭祀的女神。

【流传】（无考）

【出处】 孟慧英：《乌麦研究》，载《黑龙江民族丛刊》2000 年第 3 期。

W0443.8.3.3 牧马人吉雅其的妻子是幼儿保护神

实 例

蒙古族 牧马人吉雅其的妻子喜爱小孩，成为孩子们的保护神

【流传】 内蒙古自治区·哲里木盟（今通辽市）·科左中旗（科尔沁左翼中旗）·摇里木都公社（腰林毛都镇）·西塔林爱里（西塔林艾勒）

【出处】 乌力吉讲，阿奇记录整理：《吉雅其》，见谷德明编《中国少数民族神话》，北京：中国民间文艺出版社 1987 年版，第 42～44 页。

W0443.8.3.3a 婴儿保护神胡乌姆加沙诺颜

实 例

蒙古族 胡乌姆加沙诺颜〔нууигшиа ноён，他和他的妻子胡乌丽哈坦（нуури хаман）都是婴儿的魂灵主神。

【流传】（无考）

【出处】［苏联］И. А. 曼日格耶夫著，宋长宏译，佟德富校：《布里亚特萨满教和前萨满教辞典》（俄文版），莫斯科：科学出版社 1978 年版，第 77 页，见吕大吉、何耀华总主编《中国各民族原始宗教资料集成》（鄂伦春族卷、鄂温克族卷、赫哲族卷、达斡尔族卷、锡伯族卷、满族卷、蒙古族卷、藏族卷），北京：中国社会科学出版社 1999 年版，第 748 页。

W0443.8.3.4 守护小孩的神阿密玛玛

实 例

土家族 姑娘在河边感孕后，逃到婆婆

洞。后来她成为专门给人送子女、守护小孩的神，叫阿密玛玛。

【流传】湖南省·（湘西土家族苗族自治州）·永顺县·大坝乡·双凤村

【出处】马炜、陆群：《土家族：湖南永顺县双凤村调查》，昆明：云南大学出版社 2004 年版，第 220 页。

W0443. 8. 3. 5

保婴之神佛陀玛玛

实 例

满族 佛陀玛玛是保婴之神。她的吉祥物“锁线”一直受到满族的珍重。

【流传】（无考）

【出处】王宏刚、富育光：《满族风俗志》，北京：中央民族学院出版社 1991 年版，第 155 ~156 页。

W0443. 8. 3. 6

花婆王是幼儿守护神

实 例

壮族 花婆王，又叫“花王圣母”，是布洛陀的妻子，是壮族专管生儿育女的神灵，也是儿童们的守护神。

【流传】广西壮族自治区·（南宁市）·武鸣县·两江乡·雷江片，马山县·古零乡·杨圩片

【出处】黄世杰搜集整理：＊《社会鬼与自然界鬼》（1990），见吕大吉、何耀华总主编《中国各民族原始宗教资料集成》（土家族卷、瑶族卷、壮族卷、黎族卷），北京：中国社会科学出版社 1998 年版，第 488 页。

W0443. 8. 3. 7

儿童保护神张仙

实 例

汉族 张仙不仅主司送子，还可保佑幼儿健康成长。

【流传】（无考）

【出处】《送子张仙》，见乌丙安主编《中国民间神谱》，沈阳：辽宁人民出版社 2007 年版，第 106 页。

W0443. 8. 3. 7a

小儿神项橐（小儿神项托）

实 例

汉族 项橐鲁人，十岁而亡，时人尸而祝之，号小儿神。

【流传】（无考）

【出处】［明］董斯张：《广博物志》卷十四引《图经》。

W0443. 8. 3. 7a. 1

小儿神项橐保儿童口齿伶俐、聪明智慧

实 例

汉族 小儿神本名项橐，又作项托，是春秋时期鲁国著名的神童，可保儿童口齿伶俐、聪明智慧之神。

【流传】（无考）

【出处】《小儿神》，见乌丙安主编《中

国民间神谱》，沈阳：辽宁人民出版社 2007 年版，第 110 页。

W0443.8.3.7a.2

项橐是孔子师

实　例

汉族（实例待考）

W0443.8.4

与幼儿保护神有关的其他母题

【关联】［W0654.2.3.6］女祖神是幼儿看护神

实　例

（参见下级母题实例）

W0443.8.4.1

妇女儿童保护神

【关联】［W0393.2.4.1］山神娘娘是妇幼保护神

实　例

羌族 山神娘娘主管保护妇女儿童。

【流传】四川省·（阿坝藏族羌族自治州）·理县·桃坪乡·增头寨

【出处】

(a) 钱安靖：《羌族宗教习俗调查资料》，见羌族社会历史调查四川省编写组编《羌族社会历史调查》，成都：四川省社会科学院出版社 1985 年版。

(b) 同 (a)，见吕大吉、何耀华总主编《中国各民族原始宗教资料集成》（纳西族卷、羌族卷、独龙族卷、傈僳族卷、怒族卷），北京：中国社会科学出版社 2000 年版，第 474 页。

W0443.8.4.2

子孙保护神

实　例

（参见下级母题实例）

W0443.8.4.2.1

子孙保护神阿楚尔腾格里

实　例

蒙古族 阿楚尔的腾格里是保护子孙后代的天（在蒙古族民间宗教或萨满神词中，“天”与“腾格里”常常通用，此处可以看作是泛指诸神）。

【流传】（无考）

【出处】额尔德木图：《蒙古英雄史诗与孛额唱词中的“腾格里”》，载《内蒙古社会科学》（汉文版）1995 年第 5 期。

W0443.8.4.3

子孙保护神张仙

实　例

汉族（实例待考）

W0443.8.4.4

婴儿护理神

实　例

（参见下级母题实例）

W0443. 8. 4. 4. 1

婴儿护理神阿普肯永八和阿仔肯永麻

实 例

纳西族 “阿普肯永八”和“阿仔肯永麻”是小孩的“照料神”，婴儿哭笑都是他们两个在逗的原因，小孩屁股上挂一块布也是用来防止二神生气时打小孩的屁股。

【流传】 云南省·丽江县（丽江市）·（玉龙纳西族自治县）·塔城（塔城乡）·依陇（依陇行政村）·巴甸村

【出处】 和崇义（50岁）讲，杨福泉调查整理：《丽江塔城依陇地区的生育卜算仪式》（1989），见吕大吉、何耀华总主编《中国各民族原始宗教资料集成》（纳西族卷、羌族卷、独龙族卷、傈僳族卷、怒族卷），北京：中国社会科学出版社2000年版，第303页。

W0443. 9

行业保护神

【关联】［W0058. 1. 2. 3］因造物不同封不同行业神

实 例

（参见下级母题实例）

W0443. 9. 1

制造类行业保护神

实 例

（参见下级母题实例）

W0443. 9. 1. 1

铁匠保护神（炼铁的保护神）

【关联】

①［W0459. 3］铁匠神

②［W0658a. 8. 25. 2］老君是铁匠行业的主神

③［W6076. 6. 2］铁匠具有强大的力量

实 例

蒙古族（布里亚特） 图梅尔舍·诺彦是炼铁的保护神。

【流传】（无考）

【出处】 《蒙古族自然神灵的信仰和崇拜》，见吕大吉、何耀华总主编《中国各民族原始宗教资料集成》（鄂伦春族卷、鄂温克族卷、赫哲族卷、达斡尔族卷、锡伯族卷、满族卷、蒙古族卷、藏族卷），北京：中国社会科学出版社1999年版，第613页。

W0443. 9. 1. 1. 1

铁匠保护神达尔罕·查干·腾格里

实 例

蒙古族（布里亚特） 达尔罕·查干·腾格里是铁匠职业的保护神。

【流传】（无考）

【出处】 《蒙古族神灵观念和神灵系统》，见吕大吉、何耀华总主编《中国各民族原始宗教资料集成》（鄂伦春族卷、鄂温克族卷、赫哲族卷、达斡尔族卷、锡伯族卷、满族卷、蒙古族卷、藏族卷），北京：中国社会科学出版社 1999 年版，第 626 页。

W0443.9.1.1.1.1

达尔罕·查干·腾格里是白铁匠部落的保护神

【关联】［W6076.6］铁匠

实　例

蒙古族（布里亚特）达尔罕·查干·腾格里是铁匠职业的魂灵，白铁匠部落（Cazaaн gapxaн）的保护神。

【流传】（无考）

【出处】［苏联］И. A. 曼日格耶夫著，宋长宏译，佟德富校：《布里亚特萨满教和前萨满教辞典》（俄文版），莫斯科：科学出版社 1978 年版，第 42 页，见吕大吉、何耀华总主编《中国各民族原始宗教资料集成》（鄂伦春族卷、鄂温克族卷、赫哲族卷、达斡尔族卷、锡伯族卷、满族卷、蒙古族卷、藏族卷），北京：中国社会科学出版社 1999 年版，第 626 页。

W0443.9.1.1.2

铁匠保护神汗·霍尔穆斯·腾格里

实　例

（参见下级母题实例）

W0443.9.1.1.2.1

铁匠保护神是西方天神之首

实　例

蒙古族（布里亚特）汗·霍尔穆斯·腾格里是 55 西方天神之首，它化身为温和的毛毛的细雨，能使牧草旺盛，牲畜肥壮。它还被认为是铁匠职业的保护神。

【流传】（无考）

【出处】［苏联］И. A. 曼日格耶夫著，宋长宏译，佟德富校：《布里亚特萨满教和前萨满教辞典》（俄文版），莫斯科：科学出版社 1978 年版，第 84 页，见吕大吉、何耀华总主编《中国各民族原始宗教资料集成》（鄂伦春族卷、鄂温克族卷、赫哲族卷、达斡尔族卷、锡伯族卷、满族卷、蒙古族卷、藏族卷），北京：中国社会科学出版社 1999 年版，第 627 页。

W0443.9.1.1.3

9 个铁匠保护神

实　例

蒙古族（布里亚特）天神铁匠博任托依是胡莱尔·查干·腾格里的后裔。他遵照汗·霍尔穆斯·腾格里的命令，派下了自己的九个儿子来到地上教人们打铁技术，这九个儿子成了各种打铁工具的保护神。

【流传】（无考）

【出处】［苏联］И. A. 曼日格耶夫著，

宋长宏译，佟德富校：《布里亚特萨满教和前萨满教辞典》（俄文版），莫斯科：科学出版社 1978 年版，第 23 页，见吕大吉、何耀华总主编《中国各民族原始宗教资料集成》（鄂伦春族卷、鄂温克族卷、赫哲族卷、达斡尔族卷、锡伯族卷、满族卷、蒙古族卷、藏族卷），北京：中国社会科学出版社 1999 年版，第 679 页。

W0443.9.1.2

伞匠保护神

实　例

（参见下级母题实例）

W0443.9.1.2.1

制伞业祖师鲁班妻云氏

【关联】［W0768.20.2.3］鲁班是木匠始祖

实　例

汉族 制伞业的祖师为鲁班妻云氏。

【流传】（无考）

【出处】《制伞业神——鲁班妻》，见乌丙安主编《中国民间神谱》，沈阳：辽宁人民出版社 2007 年版，第 227 页。

W0443.9.1.3

描金业保护神玄天上帝

实　例

汉族 描金业所奉之行业保护神玄天上帝即真武大帝。

【流传】（无考）

【出处】《描金业神——玄天上帝》，见乌丙安主编《中国民间神谱》，沈阳：辽宁人民出版社 2007 年版，第 207 页。

W0443.9.1.4

织渔网业的保护神

实　例

（参见下级母题实例）

W0443.9.1.4.1

古利梅希诺颇和古利梅希哈坦是用马毛编织渔网捕鱼者的魂灵保护神

实　例

蒙古族（布里亚特） 古利梅希诺颇和古利梅希哈坦是用马毛编织渔网捕鱼者的魂灵保护神。

【流传】（无考）

【出处】［苏联］И. А. 曼日格耶夫著，宋长宏译，佟德富校：《布里亚特萨满教和前萨满教辞典》（俄文版），莫斯科：科学出版社 1978 年版，第 39～40 页，见吕大吉、何耀华总主编《中国各民族原始宗教资料集成》（鄂伦春族卷、鄂温克族卷、赫哲族卷、达斡尔族卷、锡伯族卷、满族卷、蒙古族卷、藏族卷），北京：中国社会科学出版社 1999 年版，第 621 页。

W0443.9.1.5

与火相关的行业的保护神

实　例

（参见下级母题实例）

W0443.9.1.5.1

与火相关的行业的保护神祝融

【关联】［W0767.3.1.1］祝融是火神

实　例

汉族 祝融也被后世一些与火相关的行业奉为保护神。

【流传】（无考）

【出处】《火神》，见乌丙安主编《中国民间神谱》，沈阳：辽宁人民出版社2007年版，第15页。

W0443.9.2

经营类行业保护神

实　例

（参见下级母题实例）

W0443.9.2.1

生意人的保护神

实　例

（参见下级母题实例）

W0443.9.2.1.1

商贾保护神关公

实　例

汉族 关公被人视为武神、财神及保护商贾之神。人遇有争执时，求彼之明见决断。旱时人们又向彼求雨，又可求病人药方，被人视为驱逐恶鬼凶神之最有力者。

【流传】（无考）

【出处】《民间新年神像图画展览会》，https：//baike.baidu.com/item，2018.03.26

W0443.9.2.1.2

贩牛业行业保护神牛王

实　例

民族无考 农耕业、贩牛业均视牛王为行业保护神。

【流传】（无考）

【出处】《牛王》，见乌丙安主编《中国民间神谱》，沈阳：辽宁人民出版社2007年版，第41页。

W0443.9.2.2

狐是娼妓业的保护神

【关联】［W0658a.8.45］娼妓业祖神

实　例

汉族等 旧时的赌博、娼妓、戏曲等行业还将狐视为本行业的保护神。

【流传】（无考）

【出处】《狐仙》，见乌丙安主编《中国民间神谱》，沈阳：辽宁人民出版社2007年版，第37页。

W0443. 9. 2. 3

狐是赌博业的保护神

实 例

汉族等 （参见“W0443. 9. 2. 2 狐是娼妓业的保护神”母题实例）。

【流传】（无考）

【出处】《狐仙》，见乌丙安主编《中国民间神谱》，沈阳：辽宁人民出版社2007年版，第37页。

W0443. 9. 3

服务类行业保护神

实 例

（参见下级母题实例）

W0443. 9. 3. 1

医生的保护神

实 例

（参见下级母题实例）

W0443. 9. 3. 1. 1

治病业保护神保生大帝

实 例

民族无考 保生大帝又名大道公、吴真君，是去病救疾的神医。

【流传】（台湾、福建等地）

【出处】《保生大帝》，见乌丙安主编《中国民间神谱》，沈阳：辽宁人民出版社2007年版，第108页。

W0443. 9. 4

宗教从业者保护神

实 例

（参见下级母题实例）

W0443. 9. 4. 1

巫师的保护神

实 例

纳西族 “吕波”（纳西族巫师）有四个保护神，第一个叫“突尺优麻”；第二个叫“三多”或“伯使三多（桑多）”（现在，“伯使桑多”是纳西人的雪山守护神），第三个和第四个是三多的两个兄长，第一个兄长叫“阿吾瓦”，玉龙雪山的西面坡上有一个供奉他的岩洞和神龛；另一个兄长叫“拉吉拉恒”，他的庙在拉市坝附近的“那居瓦”（一般认为，这两个是本地山神）。

【流传】云南省

【出处】［美籍奥地利人］约瑟夫·洛克调查整理：《献给中国西藏边疆的萨满》，原载［瑞士］《人类学》1959年第54期，杨福泉译，见吕大吉、何耀华总主编《中国各民族原始宗教资料集成》（纳西族卷、羌族卷、独龙族卷、傈僳族卷、怒族卷），北京：中国社会科学出版社2000年版，第192页。

W0443.9.4.1.1
苏尼（巫师）的护神称阿萨

实　例

（参见下级母题实例）

W0443.9.4.1.1.1
阿萨

实　例

（参见下级母题实例）

W0443.9.4.1.1.1.1
阿萨有“木色阿萨”（山神、兽神、鸟神）和“尼勒阿萨”（有名的苏尼、毕摩及亲属死后变的神）2类

实　例

彝族 苏尼（巫师）的护神称为“阿萨”，有两大类：一是“木色阿萨”（山神、兽神、鸟神），一是“尼勒阿萨”（有名的苏尼、毕摩及亲属死后变的神）。

【流传】 四川省·（凉山彝族自治州）·美姑县·洪溪公社（洪溪乡）·采乃吉大队

【出处】 苏尼兹哈讲，于锦绣等记录整理：《洪溪苏尼兹哈谈苏尼》，见吕大吉、何耀华总主编《中国各民族原始宗教资料集成》（彝族卷、白族卷、基诺族卷），北京：中国社会科学出版社1996年版，第269页。

W0443.9.4.2
宗教从业者保护神有等级之分

实　例

（参见下级母题实例）

W0443.9.4.2.1
师娘（巫师）的护法神地位低于笔母（毕摩）的护法神

实　例

彝族 师娘（巫师）不习经典，有护法神，其护法神之阶级，低于笔母（毕摩）之护法神。

【流传】 四川省·（凉山彝族自治州）·雷波（雷波县）小凉山一带

【出处】 徐益棠：《雷波小凉山之罗民》，金陵大学中国文化研究所印行，1944年，第77页。

W0443.9.4.2.2
毕摩的祖师阿塞拉子位列所有护法神之首

实　例

彝族 阿塞拉子（毕摩的祖师）名列在所有护法神的首位。

【流传】 川（四川省）、滇（云南省）大小凉山一带

【出处】 何耀华：《彝族社会中的毕摩》，载《云南社会科学》1988年第2期。

W0443. 9. 4. 3

有的巫师把邪神作为保护神

【关联】［W0126. 3. 5］邪神

实 例

彝族 苏埃（即巫师）还供“邪神”，作法事时才献祭请来帮助捉鬼。

【流传】贵州省·（毕节市）·赫章县·妈姑乡

【出处】陈执中等讲，于锦绣等调查整理：《威宁、赫章彝族的布母》，见吕大吉、何耀华总主编《中国各民族原始宗教资料集成》（彝族卷、白族卷、基诺族卷），北京：中国社会科学出版社 1996 年版，第 219 页。

W0443. 9. 4. 4

和尚神

实 例

（参见下级母题实例）

W0443. 9. 4. 4. 1

和尚神是人神

实 例

彝族 和尚神是人神体系诸神之一。

【流传】云南省·红河地区（红河哈尼族彝族自治州）

【出处】孙官生调查整理：《红河彝族的三大神灵体系》，见吕大吉、何耀华总主编《中国各民族原始宗教资料集成》（彝族卷、白族卷、基诺族卷），北京：中国社会科学出版社 1996 年版，第 122 ~ 124 页。

W0443. 9. 4. 5

尼姑神

实 例

彝族 尼姑神是人神体系诸神之一。

【流传】云南省·红河地区（红河哈尼族彝族自治州）

【出处】孙官生调查整理：《红河彝族的三大神灵体系》，见吕大吉、何耀华总主编《中国各民族原始宗教资料集成》（彝族卷、白族卷、基诺族卷），北京：中国社会科学出版社 1996 年版，第 122 ~ 124 页。

W0443. 9. 4. 6

呗耄神

实 例

（参见下级母题实例）

W0443. 9. 4. 6. 1

天上的呗耄神骑母牛下凡

实 例

彝族（撒尼）天上的呗耄神下凡时骑的一条母牛生下的小牛犊变成一个娃娃。这个娃娃双手过膝，两耳垂肩，人们都喊他神童。

【流传】云南省·昆明（昆明市）·尾依初村（不详）

【出处】撒尼支宗教祭司张琼讲，张福

记录：《撒尼人的土主崇拜》，见吕大吉、何耀华总主编《中国各民族原始宗教资料集成》（彝族卷、白族卷、基诺族卷），北京：中国社会科学出版社1996年版，第76～77页。

W0443.9.5
饲养业保护神

实 例

（参见下级母题实例）

W0443.9.5.1
蚕业神

实 例

（参见下级母题实例）

W0443.9.5.1.1
蚕业神马头娘

【关联】［W0534.3.3］蚕神马头娘

实 例

汉族 养蚕业奉祀较为普遍者为嫘祖和马头娘。

【流传】（无考）

【出处】《蚕业神——嫘祖、马头娘、蚕花五圣、青衣神》，见乌丙安主编《中国民间神谱》，沈阳：辽宁人民出版社2007年版，第185页。

W0443.9.5.1.2
蚕业神嫘祖

【关联】［W0703.2.2.1］嫘祖是蚕神

实 例

汉族 养蚕业奉祀较为普遍者为嫘祖。

【流传】（无考）

【出处】《蚕业神——嫘祖、马头娘、蚕花五圣、青衣神》，见乌丙安主编《中国民间神谱》，沈阳：辽宁人民出版社2007年版，第185页。

W0443a
特定的个人的保护神（个人保护神）

【关联】［W0782.2.8.1］本主是村寨和人的保护神

实 例

（参见下级母题实例）

W0443a.1
个人保护神从小选定

实 例

（参见下级母题实例）

W0443a.1.1
小孩选定保护神后要举行仪式确认

实 例

羌族 羌族的个人保护神名目繁多，如太阳、月亮、星星、山神、岩石、树木等，均可作个人保护神，一般从小孩开始选定，并请“许”或“诗谷”举行一定的宗教仪式。

【流传】（无考）

【出处】《羌族卷·前言》，见吕大吉、何耀华总主编《中国各民族原始宗教资料集成》（纳西族卷、羌族卷、独龙族卷、傈僳族卷、怒族卷），北京：中国社会科学出版社 2000 年版，第 452 页。

W0443a. 2

两兄弟的保护神

实 例

（参见下级母题实例）

W0443a. 2. 1

阿哈的腾格里是保护哥哥的天，都的腾格里是保护弟弟的天

实 例

蒙古族 阿哈的腾格里是保护哥哥的天，都的腾格里是保护弟弟的天（在蒙古族民间宗教或萨满神词中，“天”与“腾格里”常常通用，此处可以看作是泛指诸神）。

【流传】（无考）

【出处】额尔德木图：《蒙古英雄史诗与孛额唱词中的“腾格里”》，载《内蒙古社会科学》（汉文版）1995 年第 5 期。

W0443a. 3

奴隶的神

实 例

（参见下级母题实例）

W0443a. 3. 1

奴隶兹哈的主人和马死后都成为他的神

实 例

彝族 兹哈是个奴隶，主子死了就成了他的神，马也成了他的神。

【流传】四川省·（凉山彝族自治州）·美姑县·洪溪公社（洪溪乡）·采乃吉大队

【出处】苏尼兹哈讲，于锦绣等记录整理：《洪溪苏尼兹哈谈苏尼》，见吕大吉、何耀华总主编《中国各民族原始宗教资料集成》（彝族卷、白族卷、基诺族卷），北京：中国社会科学出版社 1996 年版，第 269 页。

W0443a. 4

每一个人都有自己的护法神

实 例

彝族 每一个人都有自己的护法神。

【流传】四川省·（凉山彝族自治州）大凉山一带

【出处】白荻：《倮罗的宗教和他们的巫师》，载《京沪周刊》1947 年第 1 卷第 21 期。

W0443b

保护人的特定部位的神（人的特定肢体的保护神）

实 例

（参见下级母题实例）

W0443b.1

保护人头的神

实　例

（参见下级母题实例）

W0443b.1.1

乌魔阿匹梅烟是管理和保护人头的神

实　例

哈尼族 德摩诗匹（始祖，第一个女巫、大贝玛）吩咐管理人头的乌魔阿匹梅烟："请你把人头守牢，不要让野物把人头咬通咬掉。"

【流传】云南省·（红河哈尼族彝族自治州）·元阳（元阳县）、红河（红河县）、金平（金平苗族瑶族傣族自治县）［采集于元阳县攀枝花区洞铺寨］

【出处】朱小和讲，史军超搜集整理：《动植物的家谱》（1982），原载云南省民间文学集成办公室编《哈尼族神话传说集成》，中国民间文艺出版社 1990 年版，见姚宝瑄主编《中国各民族神话》（哈尼族、傣族），太原：山西出版传媒集团·书海出版社 2014 年版，第 142 页。

W0443b.2

齿神

实　例

（参见下级母题实例）

W0443b.2.1

齿神名丹朱

实　例

汉族 齿神名丹朱。

【流传】（无考）

【出处】［明］孙瑴：《龙鱼河图》。

W0443b.3

护眼神

实　例

（参见下级母题实例）

W0443b.3.1

护眼女神

【关联】［W0512.0.3］看守日月的刺猬神是护眼女神

实　例

（参见下级母题实例）

W0443b.3.1.1

护眼女神的神火能穿透大地

实　例

满族 阿布卡赫赫有位护眼女神，她的神火能穿透大地，润育沃野，滋生万物。

【流传】黑龙江省·黑河地区（黑河市）·孙吴县·（沿江满族达斡尔族乡）·四季屯（四季屯村）

【出处】吴纪贤、富希陆讲：《天宫大

战——黑水女真人传世神话》(1939，选自富育光、郭淑云整理的手稿)，见姚宝瑄主编《中国各民族神话》(满族、赫哲族、朝鲜族)，太原：山西出版传媒集团·书海出版社2014年版，第25页。

W0443b. 3. 1. 2

护眼女神集众神之能

实 例

满族 看守日月的刺猬神（护眼女神）集万神的能力和品德于一身，能攻能守，能进能退，能隐能显，能扩能缩，能滚能行，威勇无敌。

【流传】 黑龙江省·黑河地区（黑河市）·孙吴县·（沿江满族达斡尔族乡）·四季屯（四季屯村）

【出处】 吴纪贤、富希陆讲：《天宫大战——黑水女真人传世神话》(1939，选自富育光、郭淑云整理的手稿)，见姚宝瑄主编《中国各民族神话》(满族、赫哲族、朝鲜族)，太原：山西出版传媒集团·书海出版社2014年版，第31页。

W0443c

特定嗜好者的保护神

实 例

(参见下级母题实例)

W0443c. 1

造谣中伤者的保护神

实 例

(参见下级母题实例)

W0443c. 1. 1

造谣中伤者的保护神天神古日尔·腾格里

实 例

蒙古族（布里亚特） 天神古日尔·腾格里是造谣中伤者的保护神、庇护者。

【流传】（无考）

【出处】［苏联］И. А. 曼日格耶夫著，宋长宏译，佟德富校：《布里亚特萨满教和前萨满教辞典》(俄文版)，莫斯科：科学出版社1978年版，第39页，见吕大吉、何耀华总主编《中国各民族原始宗教资料集成》(鄂伦春族卷、鄂温克族卷、赫哲族卷、达斡尔族卷、锡伯族卷、满族卷、蒙古族卷、藏族卷)，北京：中国社会科学出版社1999年版，第626页。

W0444

动物保护神

【关联】［W0435］管动物的神

实 例

(参见下级母题实例)

W0444.1
动物保护神的产生

实 例

（参见下级母题实例）

W0444.1.1
发明使用铜刀铜矛铜箭的英雄成为动物保护神

实 例

哈尼族 动物保护神是发明使用铜刀铜矛铜箭的英雄。

【流传】（无考）

【出处】《猎神》，转引自史军超《哈尼族文化英雄论》，载《民族文学研究》1998年第3期。

W0444.2
动物保护神的特征

实 例

（实例待考）

W0444.3
特定动物的保护神

实 例

（参见下级母题实例）

W0444.3.1
鹿的保护神

实 例

（参见下级母题实例）

W0444.3.1.1
保护驯鹿的神奥荣

实 例

鄂温克族 游猎的敖鲁古雅地区鄂温克人所供祭的神有保护驯鹿的“奥荣”神。

【流传】（无考）

【出处】吕大吉、何耀华总主编：《中国各民族原始宗教资料集成》（鄂伦春族卷、鄂温克族卷、赫哲族卷、达斡尔族卷、锡伯族卷、满族卷、蒙古族卷、藏族卷）第二章《信奉的各种神》注释，北京：中国社会科学出版社1999年版，第110页。

W0444.3.1.2
鹿保护神可防止鹿的瘟疫

实 例

鄂温克族 “奥荣”是保护驯鹿的神。其形状是用落叶松、桦树上升的一种细木条做成的弯曲形的木条。一旦发生疫病时，拿出它挂在健康驯鹿的脖子上就可免疫。

【流传】（内蒙古自治区·呼伦贝尔市·额尔古纳市）

【出处】

（a）《额尔古纳旗使用驯鹿鄂温克人的调查报告》，见内蒙古自治区编辑组《鄂温克族社会历史调查》，呼和浩特：内蒙古人民出版社1986年版，第233页。

（b）《“玛鲁”的构成》，见吕大吉、何耀华总主编《中国各民族原始宗教资料集成》（鄂伦春族卷、鄂温克族卷、赫哲族卷、达斡尔族卷、锡伯族卷、满族卷、蒙古族卷、藏族卷），北京：中国社会科学出版社1999年版，第111页。

W0444.3.2
马的保护神

实 例

（参见下级母题实例）

W0444.3.2.1
马的保护神葛姆

实 例

藏族 葛姆（女子名，龙女）从脐上发出一道七彩虹光，虹光中出现了一个身穿羽毛衣服的女子。女子说：“我是母亲的女儿。我不是凡人，我是耳上长着鹫毛神马江郭排布的保护神，我与神马不相离。”

【流传】（无考）

【出处】 徐国琼搜集整理：《雄师大王格萨尔》，见陶阳、钟秀编《中国神话》（中），北京：商务印书馆2008年版，第702~711页。

W0444.3.3
牛的保护神

实 例

（参见下级母题实例）

W0444.3.3.1
司牛生长的神

实 例

（参见下级母题实例）

W0444.3.3.1.1
巴力玛腾格里是使牛生长的神

实 例

蒙古族 巴力玛腾格里是使牛长身子的天（在蒙古族民间宗教或萨满神词中，“天”与“腾格里”常常通用，此处可以看作是泛指诸神）。

【流传】（无考）

【出处】 额尔德木图：《蒙古英雄史诗与孛额唱词中的“腾格里”》，载《内蒙古社会科学》（汉文版）1995年第5期。

W0444.3.3.2
司牛生殖的神

实 例

（参见下级母题实例）

W0444.3.3.2.1
宁布达牙腾格里是使牛群繁殖的神

实 例

蒙古族 宁布达牙腾格里是使牛群繁殖的天（在蒙古族民间宗教或萨满神词中，“天”与“腾格里”常常通用，此处可以看作是泛指诸神）。

【流传】（无考）

【出处】额尔德木图：《蒙古英雄史诗与孛额唱词中的“腾格里”》，载《内蒙古社会科学》（汉文版）1995年第5期。

W0444.4

与动物保护神有关的其他母题

实　例

（实例待考）

W0445

植物保护神

【关联】［W0436］管植物的神

实　例

（参见下级母题实例）

W0445.1

庄稼保护神（作物保护神）

实　例

（参见下级母题实例）

W0445.1.1

庄稼保护神的产生

实　例

（参见下级母题实例）

W0445.1.1.1

特定女子是庄稼保护神

实　例

（参见下级母题实例）

W0445.1.1.1.1

始祖密洛陀的七女成为庄稼保护神

实　例

瑶族　始祖密洛陀生的十二个创世女神中，七姐喂伢轻负责看管鸡羊和庄稼，是保护神。

【流传】（无考）

【出处】《密洛陀神谱》，蓝田根据农学冠等撰写的《瑶族神话传说中的人物》编写，见姚宝瑄主编《中国各民族神话》（土家族、毛南族、侗族、瑶族），太原：山西出版传媒集团·书海出版社2014年版，第151页。

W0445.1.2

庄稼保护神的特征

实　例

（实例待考）

W0445.1.3

与庄稼保护神有关的其他母题

实　例

（参见下级母题实例）

W0445.1.3.1

驱蝗神

实　例

（参见下级母题实例）

W0445. 1. 3. 1. 1
驱蝗神刘猛将军

实 例

锡伯族 刘猛将军是汉族的驱蝗神。锡伯族把他也当作驱蝗神来供奉。一般在关帝庙之后建有一间房屋，称八蚱庙。在春秋两季进行祭供活动。

【流传】（新疆维吾尔自治区·伊犁哈萨克自治州·察布查尔锡伯自治县）

【出处】

（a）贺灵、佟克力：《锡伯族史》，乌鲁木齐：新疆人民出版社 1993 年版第 471 页。

（b）《其他信仰》，见吕大吉、何耀华总主编《中国各民族原始宗教资料集成》（鄂伦春族卷、鄂温克族卷、赫哲族卷、达斡尔族卷、锡伯族卷、满族卷、蒙古族卷、藏族卷），北京：中国社会科学出版社 1999 年版，第 462 页。

W0445a
动植物保护神

实 例

（参见下级母题实例）

W0445a. 1
女始祖生动植物保护神

实 例

（参见下级母题实例）

W0445a. 1. 1
女始祖生的残疾女儿成为动植物保护神

实 例

（参见下级母题实例）

W0445a. 1. 1. 1
女始祖生的残疾女儿看守家畜和庄稼

实 例

瑶族（布努） 密洛陀（万物之母，女始祖，女神）生 12 个女孩中，七姐身残，但有捆绑本事。谁家把她安为看守神，老鹰不敢来抓鸡，地头庄稼没人偷。

【流传】 广西壮族自治区·（河池市）·都安县（都安瑶族自治县）、巴马县（巴马瑶族自治县）、南丹县，（百色市）·田东县、平果县等地

【出处】 蓝怀昌、蓝书京、蒙通顺搜集翻译整理：《密洛陀》之注释，北京：中国民间文艺出版社 1988 年版，第 307 页。

W0446
自然物保护神或无生命物保护神

【关联】 ［W0462. 4. 4］守护粮田的神（田地守护神）

实 例

（参见下级母题实例）

W0446.0

天地的保护神

实 例

（参见下级母题实例）

W0446.0.1

地门的守护神

实 例

（参见下级母题实例）

W0446.0.1.1

守护大地两方位大门的腾格里叫柯布

实 例

蒙古族（布里亚特）守护大地两方位大门的腾格里叫柯布，其中守护西方三重门的柯布分别是：（1）守护内层大门的是萨克腾格里（sakir tegri）的儿子——松库德王腾格里；（2）守护中层大门的是罗斯特山（Russet Hill）的长老、皇帝的儿子；（3）守护外层大门的是俄库里玛王腾格里。

【流传】（无考）

【出处】浦泽都尼夫著，嘎日达译：《布里亚特萨满教记述》（英文版），赫尔辛基1941年版，见吕大吉、何耀华总主编《中国各民族原始宗教资料集成》（鄂伦春族卷、鄂温克族卷、赫哲族卷、达斡尔族卷、锡伯族卷、满族卷、蒙古族卷、藏族卷），北京：中国社会科学出版社1999年版，第630页。

W0446.1

山川河流等的保护神

实 例

（实例待考）

W0446.1.1

山的保护神

实 例

（实例待考）

W0446.1.1.1

特定的山的保护神

【关联】［W0723.1.3.5.1］盘古是盘古山的保护神

实 例

（实例待考）

W0446.1.2

水的保护神

实 例

（实例待考）

W0446.2

劳动工具保护神

实 例

（参见下级母题实例）

W0446. 2. 1
冶炼工具保护神

【关联】

①［W0443. 9. 1. 1］铁匠保护神（炼铁的保护神）

②［W0497. 7. 5］冶炼神

实 例

蒙古族（布里亚特）达尔罕·查干·腾格里的9个儿子分别成为铁匠工具风箱、炼炉、砧子等的保护神。

【流传】（无考）

【出处】《蒙古族神灵观念和神灵系统》，见吕大吉、何耀华总主编《中国各民族原始宗教资料集成》（鄂伦春族卷、鄂温克族卷、赫哲族卷、达斡尔族卷、锡伯族卷、满族卷、蒙古族卷、藏族卷），北京：中国社会科学出版社1999年版，第626页。

W0446. 2. 1. 1
达尔罕·查干·腾格里的9个儿子是铁匠工具保护神

实 例

蒙古族（布里亚特）天神铁匠博任托依的九个儿子遵照达尔罕·查干·腾格里的意志，到人间教会布里亚特人冶铁技术，这九个儿子就成了各种铁匠工具的保护神，其中包括风箱保护神，锻炉保护神，砧子保护神，锤子保护神，夹具保护神，大钳子保护神，小钳子保护神，等等。

【流传】（无考）

【出处】［苏联］И. А. 曼日格耶夫著，宋长宏译，佟德富校：《布里亚特萨满教和前萨满教辞典》（俄文版），莫斯科：科学出版社1978年版，第42页，见吕大吉、何耀华总主编《中国各民族原始宗教资料集成》（鄂伦春族卷、鄂温克族卷、赫哲族卷、达斡尔族卷、锡伯族卷、满族卷、蒙古族卷、藏族卷），北京：中国社会科学出版社1999年版，第626页。

W0446. 2. 1. 2
铁匠工具的保护神包括风箱保护神，锻炉保护神，砧子保护神等

实 例

蒙古族（布里亚特）（参见“W0446. 2. 1. 1 达尔罕·查干·腾格里的9个儿子是铁匠工具保护神”母题实例）

W0446. 2. 1. 2. 1
风箱保护神

实 例

蒙古族（布里亚特）（参见“W0446. 2. 1. 1 达尔罕·查干·腾格里的9个儿子是铁匠工具保护神”母题实例）

W0446. 2. 1. 2. 2
锻炉保护神

实 例

蒙古族（布里亚特）（参见“W0446. 2.

1.1 达尔罕·查干·腾格里的9个儿子是铁匠工具保护神”母题实例）

W0446.2.1.2.3
砧子保护神

实 例

蒙古族（布里亚特）（参见“W0446.2.1.1 达尔罕·查干·腾格里的9个儿子是铁匠工具保护神”母题实例）

W0446.2.1.2.4
锤子保护神

实 例

蒙古族（布里亚特）（参见“W0446.2.1.1 达尔罕·查干·腾格里的9个儿子是铁匠工具保护神”母题实例）

W0446.2.1.2.5
夹具保护神

实 例

蒙古族（布里亚特）（参见“W0446.2.1.1 达尔罕·查干·腾格里的9个儿子是铁匠工具保护神”母题实例）

W0446.2.1.2.6
大钳子保护神

实 例

蒙古族（布里亚特）（参见“W0446.2.1.1 达尔罕·查干·腾格里的9个儿子是铁匠工具保护神”母题实例）

W0446.2.1.2.7
小钳子保护神

实 例

蒙古族（布里亚特）（参见“W0446.2.1.1 达尔罕·查干·腾格里的9个儿子是铁匠工具保护神”母题实例）

W0446.3
生活用品的保护神

实 例

（参见下级母题实例）

W0446.3.1
锅灶的保护神

实 例

（参见下级母题实例）

W0446.3.1.1
火是锅灶的保护神

实 例

哈萨克族 火是驱除一切恶魔、妖怪的神，也是屋内锅灶的保护神。

【流传】（新疆维吾尔自治区）

【出处】尼哈迈提·蒙加尼搜集，校仲彝翻译整理：《神与灵魂》，见姚宝瑄主编《中国各民族神话》（乌孜别克族、哈萨克族、柯尔克孜族、俄罗斯族、维吾尔族、塔吉克族、塔塔尔族、锡伯族），太原：山西出版传媒集团·书海出版社2014年版，第

31～32 页。

W0446. 3. 2

锅碗瓢盆的保护神

实 例

（参见下级母题实例）

W0446. 3. 2. 1

管甑子的神

实 例

哈尼族 十二个乌摩（神的名号）中第八个乌摩是短耳朵的那斗阿娄，专门管理甑子神。

【流传】云南省·（红河哈尼族彝族自治州）·元阳县

【出处】卢朝贵讲，史军超采录：《神和人的家谱》，见中国民间文学集成全国编辑委员会编《中国民间故事集成》（云南卷），北京：中国 ISBN 中心 2003 年版，第 23 页。

哈尼族 十二个乌摩（即管神的神或专司管理的神）中，第八个是短耳朵的那斗阿娄，他专门管理甑子。甑子神的脾气最古怪，不是把饭蒸得夹生就是把饭蒸烂，那斗阿娄就会天天斥责甑子神，使甑子神不敢胡闹。

【流传】云南省·（红河哈尼族彝族自治州）·元阳（元阳县）、红河（红河县）、金平（金平苗族瑶族傣族自治县）［采集于元阳县·胜村乡·全福庄］

【出处】卢朝贵讲，史军超搜集整理：《神和人的家谱》，原载云南省民间文学集成办公室编《哈尼族神话传说集成》，中国民间文艺出版社 1990 年版，见姚宝瑄主编《中国各民族神话》（哈尼族、傣族），太原：山西出版传媒集团·书海出版社 2014 年版，第 42 页。

W0446. 4

其他特定物的保护神

实 例

（参见下级母题实例）

W0446. 4. 1

旗帜的守护神

实 例

（参见下级母题实例）

W0446. 4. 1. 1

苏立德腾格里是旗帜的守护天

实 例

蒙古族 苏立德腾格里是旗帜的守护天（在蒙古族民间宗教或萨满神词中，“天”与“腾格里”常常通用，此处可以看作是泛指诸神）。

【流传】（无考）

【出处】额尔德木图：《蒙古英雄史诗与孛额唱词中的“腾格里”》，载《内蒙古社会科学》（汉文版）1995 年第 5 期。

W0446.4.2

宗庙的保护神

【关联】［W0461a］庙神

实　例

（参见下级母题实例）

W0446.4.2.1

祖先牌位、山神、地神是宗庙家庙的保护神

实　例

彝族（阿细人）在宗庙、家庙中设立祖先牌位，并塑有山神、地神，让三神来护佑宗族家族的庙宇。

【流传】云南省·（红河哈尼族彝族自治州）·弥勒（弥勒市）·西山一区（西山路片区）

【出处】孙官生调查整理：《弥勒、泸西彝族的祖灵祭》，见吕大吉、何耀华总主编《中国各民族原始宗教资料集成》（彝族卷、白族卷、基诺族卷），北京：中国社会科学出版社1996年版，第200页。

W0446.4.3

铠甲保护神

实　例

（参见下级母题实例）

W0446.4.3.1

铠甲保护神蛇头人身

实　例

藏族 葛姆（女子名，龙女）从胸口生出一个蛇头人身的儿童。儿童说："我是母亲的二儿子。我不是凡人，我是铠甲上的保护神。"

【流传】（无考）

【出处】徐国琼搜集整理：《雄师大王格萨尔》，见陶阳、钟秀编《中国神话》（中），北京：商务印书馆2008年版，第702～711页。

W0447

保护神的生活

实　例

（参见下级母题实例）

W0447.1

保护神的服饰

实　例

（实例待考）

W0447.2

保护神的食物

实　例

（实例待考）

W0447.3

保护神的居所

实　例

（参见下级母题实例）

W0447. 3. 1
住在头盔上的保护神

实 例

藏族 葛姆（女子名，龙女）从头顶上发出一道白光，白光中出现一个鸟头人身的儿童。儿童说："我是母亲的大儿子。我不是凡人，我是头盔上的保护神，我与神子不相离。"

【流传】（无考）

【出处】 徐国琼搜集整理：《雄师大王格萨尔》，见陶阳、钟秀编《中国神话》（中），北京：商务印书馆 2008 年版，第 702 ~711 页。

W0447. 4
保护神的出行

实 例

（实例待考）

W0448
与保护神有关的其他母题

【关联】［W0973］神的分工

实 例

（参见下级母题实例）

W0448. 1
护卫神（守卫神）

实 例

（参见下级母题实例）

W0448. 1. 1
护卫神的产生

实 例

（参见下级母题实例）

W0448. 1. 1. 1
卵生护卫神

实 例

（参见下级母题实例）

W0448. 1. 1. 2
蝴蝶蛋中孵出护卫神尕哈

实 例

苗族 蝴蝶生的 12 个蛋中孵出护卫神尕哈。

【流传】（无考）

【出处】《古枫·蝶母》，见高明强编《创世的神话和传说》，上海：上海三联书店 1988 年版，第 98 页。

W0448. 1. 2
护卫神的特征

实 例

（实例待考）

W0448. 1. 3
与护卫神有关的其他母题

【关联】

①［W0324a. 1. 1］雷神是守护神

②［W0439. 1］城隍是城市守护神

实 例

（参见下级母题实例）

W0448.1.3.1
护佑文明发达的神

实 例

（参见下级母题实例）

W0448.1.3.1.1
巨龟是护佑文明发达的神

实 例

藏族 巨龟被当作护佑文明发达的神灵。

【流传】（无考）

【出处】格明多杰整理：《化世之龟》，见 BBS 水木清华站：http：//www.smth.edu.cn，2006.07.20。

W0448.1.3.2
5 尊守卫神

实 例

（参见下级母题实例）

W0448.1.3.2.1
5 尊生命守卫神是父神、母神、舅神、家神、生命神

实 例

藏族 （参见“W0448.1.3.2.1.1 父神颇拉米孜”母题实例）

W0448.1.3.2.1.1
父神颇拉米孜

实 例

藏族 由于有了三姐米堪玛尔和她的丈夫孜巴东虚才使得人类能生存下来。这对夫妇共有 8 个后代，他们为人类最早的祖先。其中五姐谢萨那玛是生命女神，她有 12 个后代，他们中有颇拉米孜——父神，玛拉布孜——母神，尚拉郑钦——舅神，格拉达玛——家神，再加上索拉年钦——生命神被称为五尊守卫神。

【流传】（无考）

【出处】噶尔梅·散旦著《本教历史及其教义概述》，见林继富《生命的归宿——藏族灵魂观念试析》，载《邦锦花》1990 年第 3 期。

W0448.1.3.2.1.2
母神玛拉布孜

实 例

藏族 （参见“W0448.1.3.2.1.1 父神颇拉米孜”母题实例）

W0448.1.3.2.1.3
舅神尚拉郑钦

实 例

藏族 （参见“W0448.1.3.2.1.1 父神颇拉米孜”母题实例）

W0448. 2

保出行安全的神（出行安全神、交通神）

实 例

满族 （实例待考）

W04488. 2. 1

路神

实 例

侗族 （实例待考）

汉族 （实例待考）

W0448. 2. 1. 1

领路神（指路神）

【关联】［W0480. 6. 2］阴间的领路神

实 例

（参见下级母题实例）

W0448. 2. 1. 1. 1

领路神阔力

实 例

赫哲族 萨满跳大神唱神歌请神时，其中要请铁打的阔力（领路神）呀。

【流传】（黑龙江省）

【出处】

（a）徐昌翰、黄任远：《赫哲族文学》，哈尔滨：北方文艺出版社1991年版，第340～348页。

（b）《请神》，见吕大吉、何耀华总主编《中国各民族原始宗教资料集成》（鄂伦春族卷、鄂温克族卷、赫哲族卷、达斡尔族卷、锡伯族卷、满族卷、蒙古族卷、藏族卷），北京：中国社会科学出版社1999年版，第255页。

W0448. 2. 1. 1. 2

上天指路神（启示之神）

实 例

（参见下级母题实例）

W0448. 2. 1. 1. 2. 1

上天指路神赫托

实 例

羌族 羌民室内所供奉之神大概各地都是十二尊，其中赫托（Heie-to）是上天指路神（或启示之神）。

【流传】四川省·（阿坝藏族羌族自治州）·理县·星上寨等

【出处】胡鉴民：《羌族的信仰与习为》，原载《边疆研究论丛》1941年，见吕大吉、何耀华总主编《中国各民族原始宗教资料集成》（纳西族卷、羌族卷、独龙族卷、傈僳族卷、怒族卷），北京：中国社会科学出版社2000年版，第476页。

W0448. 2. 1. 2

五路神

【关联】［W0658a. 8. 23. 1］赌博行业祖师五路神

实　例

（参见下级母题实例）

W0448.2.1.2.1

五路神是出行神

实　例

汉族　“五路神”指路头、行神，即指五祀门行中之行神，出门五路皆可得财。

【流传】（无考）

【出处】《五路神》，见乌丙安主编《中国民间神谱》，沈阳：辽宁人民出版社2007年版，第143页。

W0448.2.1.3

五路神即户神、灶神、土神、门神和路神

实　例

汉族　“五祀”曰：“户、灶、中霤、门、行也。”即户神，灶神、土神、门神和路神。

【流传】（无考）

【出处】《礼记·曲礼下》郑玄注。

W0448.2.1.4

五路神指土地爷、牛（马）王爷、仙姑、财神爷和灶王爷

实　例

汉族　五路神指土地爷、牛（马）王爷、仙姑、财神爷和灶王爷。

【流传】（无考）

【出处】《五路神》，见乌丙安主编《中国民间神谱》，沈阳：辽宁人民出版社2007年版，第143页。

W0448.2.1.5

黄帝之子累祖成为路神

【关联】［W0695.3.2］黄帝的儿子

实　例

民族无考　路神乃黄帝之子累祖，相传其酷爱旅行，常年游走各地而终死于途中。故民间奉其为“行神”。

【流传】（无考）

【出处】《路神》，见乌丙安主编《中国民间神谱》，沈阳：辽宁人民出版社2007年版，第126页。

W0448.2.1.5.1

累祖死于道后人奉为行神

实　例

汉族　昔黄帝之子累祖，好远游而死于道，故后人以为行神也。

【流传】（无考）

【出处】［东汉］班固等：《汉书·临江闵王荣传》颜师古注。

W0448.2.1.5a

黄帝子累祖是道神

实　例

汉族　祖，道神也。黄帝之子曰累祖，好远游，死道路，故祀以为道神，以求道路之福。

【流传】（无考）

【出处】［南朝·梁］沈约：《宋书·礼志》注引崔寔《四民月令》。

W0448. 2. 1. 6 黄帝之子累祖因死于途中被奉为“行神”

实 例

民族无考 （参见“W0448. 2. 1. 5 黄帝之子累祖成为路神”母题实例）

W0448. 2. 1. 7 黄帝之妻嫘祖成为路神

实 例

（参见下级母题实例）

W0448. 2. 1. 7. 1 黄帝之妻嫘祖因死于途中黄帝为封其为路神

实 例

民族无考 路神是黄帝之妻嫘祖，早在黄帝周游天下之时，嫘祖陪其同行，后逝于路途之中。黄帝为了祭奠她，而封其为路神。

【流传】（无考）

【出处】《路神》，见乌丙安主编《中国民间神谱》，沈阳：辽宁人民出版社2007年版，第126页。

W0448. 2. 1. 8 路神是共工之子修

实 例

民族无考 路神乃共工之子修，他喜欢驱车旅游，驾舟远航。

【流传】（无考）

【出处】《路神》，见乌丙安主编《中国民间神谱》，沈阳：辽宁人民出版社2007年版，第126页。

W0448. 2. 1. 9 路神司出入平安

实 例

民族无考 路神又称道路神、行神，是主司道路顺畅、出门平安之神。

【流传】（无考）

【出处】《路神》，见乌丙安主编《中国民间神谱》，沈阳：辽宁人民出版社2007年版，第126页。

W0448. 2. 1. 9a 路神阻挡邪魔野鬼

实 例

白族 路神具有阻挡邪魔野鬼的能力，也有佑人出行平安的本事。

【流传】云南省·（大理白族自治州）·云龙县·石门镇

【出处】王承权等调查整理：《云龙白族的堵路祭》（1988），见吕大吉、何耀华总主编《中国各民族原始宗教资料集成》（彝族卷、白族卷、基诺族卷），北京：中国社会科学出版社1996年版，第517页。

W0448.2.1.10

开路神

实 例

（参见下级母题实例）

W0448.2.1.10.0

黄帝的随身护卫成为开路神

实 例

汉族 开路神乃黄帝时代的勇士方相氏，也是黄帝的随身护卫。

【流传】（无考）

【出处】《开路神》，见乌丙安主编《中国民间神谱》，沈阳：辽宁人民出版社2007年版，第129页。

W0448.2.1.10.1

开路神君方相氏

实 例

汉族 开路神君乃是《周礼》之方相氏是也。

【流传】（无考）

【出处】［明］撰者不详：《三教源流搜神大全》（《三教搜神大全》）。

W0448.2.1.10.2

开路神又称险道神

实 例

汉族 开路神君方相氏，俗名险道神，一名阡陌将军，一名开路神君。留传之于后世矣。

【流传】（无考）

【出处】［明］撰者不详：《三教源流搜神大全》，［清］叶德辉本卷七。

汉族 险道神，即“开路神”

【流传】（无考）

【出处】《险道神》，见袁珂《中国神话大词典》，北京：华夏出版社2015年版，第253页。

W0448.2.1.10.3

行殡葬之仪的开路神（丧车之神）

实 例

（无考） 开路神又称险道神，旧时死人出殡时的开路神。

【流传】（无考）

【出处】《开路神》，见乌丙安主编《中国民间神谱》，沈阳：辽宁人民出版社2007年版，第129页。

民族无考 丧车之神是一些少数民族信奉的行殡葬之仪的开路神。

【流传】（无考）

【出处】《丧车之神》，见乌丙安主编《中国民间神谱》，沈阳：辽宁人民出版社2007年版，第169页。

W0448.2.1.10.4

开路神君身长丈余，头广三尺

实 例

汉族 开路神君身长丈余，头广三尺，须长三尺五寸，须赤面蓝。

【流传】（无考）

【出处】［明］撰者不详：《三教源流搜神大全》，［清］叶德辉本卷七。

W0448.2.1.10.5 开路神驱魔开路

实 例

民族无考 开路神左手握有回纹印章，可为行人指点迷津；右手执一杆长戟，可为死者驱魔开路。

【流传】（无考）

【出处】《开路神》，见乌丙安主编《中国民间神谱》，沈阳：辽宁人民出版社2007年版，第129页。

W0448.2.1.10.6 开路神左手执玉印，右手执方天画戟

实 例

汉族 开路神君头戴束发金冠，身穿红战袍，脚穿皂皮靴，左手执玉印，右手执方天画戟，出柩以先行之。

【流传】（无考）

【出处】［明］撰者不详：《三教源流搜神大全》，［清］叶德辉本卷七。

W0448.2.1.10.7 还愿开路神杂若比

实 例

羌族 羌人屋顶上敬九尊神，其中“杂若比”（Dsǔ-rǔ-pee）是还愿开路神。

【流传】四川省·（阿坝藏族羌族自治州）·理县·通化乡·西山大队（西山村）

【出处】胡鉴民：《羌族的信仰与习为》，原载《边疆研究论丛》1941年，见吕大吉、何耀华总主编《中国各民族原始宗教资料集成》（纳西族卷、羌族卷、独龙族卷、傈僳族卷、怒族卷），北京：中国社会科学出版社2000年版，第475页。

W0448.2.1.11 特定名称的路神

实 例

（参见下级母题实例）

W0448.2.1.11.1 路神结林尼（路鬼）

实 例

傈僳族 各种物体和各种现象，都被认为是有灵的，但鬼和神的观念尚未分明，统称为“尼”（精灵）。如“结林尼”（路鬼），也可以视为“路神”。

【流传】云南省·怒江（傈僳族自治州）

【出处】杨建和：《怒江傈僳族的宗教信仰》，见宋恩常编《中国少数民族宗教初编》，昆明：云南人民出版社

1985 年版，第 219 页。

W0448.2.1.11.1a
路神呷咕尼

实　例

傈僳族 路神称“呷咕尼”。凡死于械斗者，其灵魂不散，要祭路神。

【流传】云南省·（怒江傈僳族自治州）·贡山县（贡山独龙族怒族自治县）

【出处】杨毓骧调查整理：《贡山地区的自然神崇拜》（1988），见吕大吉、何耀华总主编《中国各民族原始宗教资料集成》（纳西族卷、羌族卷、独龙族卷、傈僳族卷、怒族卷），北京：中国社会科学出版社 2000 年版，第 725 页。

W0448.2.1.12
祭路神

实　例

（参见下级母题实例）

W0448.2.1.12.1
入山采药时祭路神

实　例

彝族（撒尼） 入山采药时要祭“路神”。

【流传】云南省·昆明（昆明市）东郊一带

【出处】张福记录：《撒弥支彝族的狩猎与采药祭》（1945），见吕大吉、何耀华总主编《中国各民族原始宗教资料集成》（彝族卷、白族卷、基诺族卷），北京：中国社会科学出版社 1996 年版，第 338 页。

W0448.2.2
车神（车辆神，车马神）

实　例

（参见下级母题实例）

W0448.2.2.1
车马神司出行安全

实　例

民族无考 车马神又称车辆神、车神，掌管车辆及行车安全之神。

【流传】（无考）

【出处】《车马神》，见乌丙安主编《中国民间神谱》，沈阳：辽宁人民出版社 2007 年版，第 128 页。

W0448.2.2.2
车马神是车马业保护神

实　例

汉族 从事车马贩运业者还将车马神视为行业保护神，每到年节，皆要拜祭车神纸马。

【流传】（无考）

【出处】《车马神》，见乌丙安主编《中国民间神谱》，沈阳：辽宁人民出版社 2007 年版，第 128 页。

W0448. 2. 2. 3

车马神是头戴纱帽身穿官衣的男神

实 例

汉族 车马神为头戴纱帽的男神形象，其身穿官衣。坐骑黑马，手举“大吉”帖子，后有侍从高举“日行千里”大旗。

【流传】（无考）

【出处】《车马神》，见乌丙安主编《中国民间神谱》，沈阳：辽宁人民出版社 2007 年版，第 128 页。

W0448. 2. 2. 4

车辆神五方五帝

实 例

民族无考 五方五帝为车辆神。

【流传】（无考）

【出处】《车马神》，见乌丙安主编《中国民间神谱》，沈阳：辽宁人民出版社 2007 年版，第 128 页。

W0448. 2. 3

船神

实 例

（参见下级母题实例）

W0448. 2. 3. 1

女船神

实 例

满族 胡姓满族的威虎力恩都力为船神。船上稳立的二位女神保佑人们捕渔行船安全，这对姊妹神身上缠着树皮细绳，表示风浪再大，也能保佑行船安全。

【流传】吉林省·（延边朝鲜族自治州）·珲春地区（珲春市）

【出处】

（a）富育光、孟慧英：《满族萨满教研究》，北京：北京大学出版社 1991 年版，第 123～126 页。

（b）《神偶的功能》，见吕大吉、何耀华总主编《中国各民族原始宗教资料集成》（鄂伦春族卷、鄂温克族卷、赫哲族卷、达斡尔族卷、锡伯族卷、满族卷、蒙古族卷、藏族卷），北京：中国社会科学出版社 1999 年版，第 492 页。

W0448. 2. 3. 2

女船神威虎力恩都力

实 例

满族（胡姓） 珲春满族胡姓的威虎力恩都力即船神也由木刻而成。是脚踏一只船的两位并立女神，尖顶，眼部画线为形，嘴部刻画，一根细线将两神绑接，象征在大海中行船纹丝不动。

【流传】吉林省·（延边朝鲜族自治州）·珲春地区（珲春市）

【出处】

（a）富育光、孟慧英：《满族萨满教研究》，北京：北京大学出版社 1991 年版，第 120～122 页。

(b)《神偶的主要分布地域》，见吕大吉、何耀华总主编《中国各民族原始宗教资料集成》（鄂伦春族卷、鄂温克族卷、赫哲族卷、达斡尔族卷、锡伯族卷、满族卷、蒙古族卷、藏族卷），北京：中国社会科学出版社1999年版，第489页。

W0448.2.3.3

造船之神

【汤普森】A451.2.1

【关联】［W6217.1］船的发明

实 例

（参见下级母题实例）

W0448.2.3.3.1

造船之神者老

实 例

苗族 者老是造船之神。

【流传】贵州省·黔东南（黔东南苗族侗族自治州）

【出处】过竹：《苗族神话研究》，南宁：广西人民出版社1988年版，第204页。

W0448.2.5

特定名称的出行安全神

实 例

（参见下级母题实例）

W0448.2.5.1

保护行人安全的神查克大神

实 例

满族 保护行人安全的神查克大神是个善良的神。

【流传】黑龙江省·（哈尔滨市）·阿城县（阿城区）

【出处】穆尔察·晔骏讲，孟慧英采录：《护路神查克大》，见中国民间文学集成全国编辑委员会编《中国民间故事集成》（黑龙江卷），北京：中国ISBN中心2005年版，第41～42页。

W0448.2.5.2

管道路交通的祖母萨格昆

实 例

侗族 萨格昆为管道路交通的祖母。

【流传】（无考）

【出处】黄才贵：《女神与泛神——侗族"萨玛"文化研究》，贵阳：贵州人民出版社2006年版，第226页。

W0448.2.6

与出行安全神有关的其他母题

实 例

（参见下级母题实例）

W0448.2.6.1

水运业神仙

实 例

（参见下级母题实例）

W0448. 2. 6. 1. 1
水运业神仙人叔婆、船头伯公

实 例

民族无考 从事水上交通与贩运的水运业所奉行业神有仙人叔婆、船头伯公。

【流传】（无考）

【出处】《水运业神——仙人叔婆、船头伯公》，见乌丙安主编《中国民间神谱》，沈阳：辽宁人民出版社 2007 年版，第 182 页。

W0448. 2. 6. 2
漕运业神

实 例

（参见下级母题实例）

W0448. 2. 6. 2. 1
漕运业神金龙四大王

实 例

汉族 金龙四大王又称金龙大王，北方漕运业，特别是大运河和黄河流域船户所奉的漕运保护神，有“北方河道尊神”之称。

【流传】（中国北方地区）

【出处】《漕运业神——金龙四大王》，见乌丙安主编《中国民间神谱》，沈阳：辽宁人民出版社 2007 年版，第 181 页。

W0448. 2. 6. 3
人力车业神

实 例

（参见下级母题实例）

W0448. 2. 6. 3. 1
人力车业神周文王

实 例

汉族 人力车业奉周文王为祖师神。

【流传】（无考）

【出处】《人力车业神——周文王》，见乌丙安主编《中国民间神谱》，沈阳：辽宁人民出版社 2007 年版，第 183 页。

W0448. 3
综合性保护神（无所不包的保护神）

实 例

（参见下级母题实例）

W0448. 3. 1
天、地、人的保护神

实 例

（参见下级母题实例）

W0448. 3. 1. 1
天、地、人的保护神莫伟

实 例

佤族 莫伟是佤族最高的大神，也是天、地、人的保护神。

【流传】云南省·（普洱市）·西盟佤族自治县、澜沧拉祜族自治县等地

【出处】毕登程、隋嘎编著：《司岗里——佤族创世史诗》，昆明：云南出版集团公司·云南人民出版社2009年版，第151页。

W0448.4

最高保护神

【关联】［W0122］至高无上的神（最高神）

实 例

（参见下级母题实例）

W0448.4.1

山神卡亨是九个守护大神中的老大

实 例

瑶族 密洛陀（万物之母，女始祖，女神）九个守护大神，山神卡亨是老大。

【流传】广西壮族自治区·（河池市）·大化县（大化瑶族自治县）·七百弄乡

【出处】蓝阿勇（72岁）讲，蒙冠雄采录翻译：《密洛陀》（1982），见中国民间文学集成全国编辑委员会编《中国民间故事集成》（广西卷），北京：中国ISBN中心2001年版，第11～22页。

0.4.3 与功能或行业有关的神（行业神）[①]【W0450～W0499】

W0450

爱神

【汤普森】A475

实 例

（参见下级母题实例）

W0450.1

爱神的产生

实 例

（参见下级母题实例）

W0450.1.1

一对恩爱夫妻被封为爱神

实 例

畲族 两恩爱夫妻被封为爱神。

【流传】浙江省

【出处】唐宗龙搜集，陈玮君整理：《一颗杏儿一颗心》，见中华民族故事大系编委会编《中华民族故事大系》第8卷（畲族、高山族、拉祜族），上

① 与功能或行业有关的神，此项包括生产、生活中出现的某些“行业神”。

海：上海文艺出版社 1995 年版，第 110 页。

W0450. 1. 2

女祖先成为爱神

实 例

彝族（俚颇） 女祖先格勒嫫若是爱之神，这个人间第一个乐师，她去砍下了竹子，她用竹子做成乐器，用竹子吹出曲子，用竹子吹出爱情。

【流传】云南省·（楚雄彝族自治州）·大姚县·昙华山区（昙华乡）

【出处】

（a）陆颇梭颇（毕摩）演唱，夏光辅、诸海阿苏翻译：《俚泼古歌》，见云南省社会科学院楚雄彝族文化研究所编《彝族民间文学》（第二辑），1985 年。

（b）陆颇梭颇（毕摩）演唱，夏光辅、诸海阿苏翻译，古梅改写：《赤梅葛——俚泼古歌》，见姚宝瑄主编《中国各民族神话》（羌族、彝族），太原：山西出版传媒集团·书海出版社 2014 年版，第 111 页。

W0450. 1. 3

爱神从花中走来

实 例

纳西族 （参见“W0450. 6. 3 爱神尤祖阿主”母题实例）

W0450. 2

爱神的特征

实 例

（参见下级母题实例）

W0450. 2. 1

爱神貌美

实 例

（参见下级母题实例）

W0450. 2. 1. 1

爱神容貌比月亮还美

实 例

纳西族 尤祖阿主爱神的容貌比月亮还要美貌。

【流传】云南省·（丽江市）·丽江县（古城区、玉龙纳西族自治县）

【出处】木丽春采集整理：《爱神蛊惑人的传说》，见木丽春编著《纳西族民间故事集》，昆明：云南人民出版社 2007 年版，第 188 页。

W0450. 2. 2

爱神心地善良

实 例

（参见下级母题实例）

W0450. 2. 2. 1

爱神慈眉善目心比蜜甜

实 例

纳西族 尤祖阿主爱神有一颗蜜汁般甜蜜的心灵，有一双羊羔般慈善的眼睛。

【流传】云南省·（丽江市）·丽江县（古城区、玉龙纳西族自治县）

【出处】木丽春采集整理：《爱神蛊惑人的传说》，见木丽春编著《纳西族民间故事集》，昆明：云南人民出版社2007年版，第188页。

W0450.2.3

爱神声音甜美

实 例

纳西族 尤祖阿主爱神有一条包罗人间悦声愉音的金嗓子。

【流传】云南省·（丽江市）·丽江县（古城区、玉龙纳西族自治县）

【出处】木丽春采集整理：《爱神蛊惑人的传说》，见木丽春编著《纳西族民间故事集》，昆明：云南人民出版社2007年版，第188页。

W0450.3

爱神的能力

实 例

（参见下级母题实例）

W0450.3.1

爱神会魔法

实 例

（参见下级母题实例）

W0450.3.1.1

爱神有会幻化万千美景的魔法

实 例

纳西族 尤祖阿主爱神是有会幻化万千美好景色魔法的女性。

【流传】云南省·（丽江市）·丽江县（古城区、玉龙纳西族自治县）

【出处】木丽春采集整理：《爱神蛊惑人的传说》，见木丽春编著《纳西族民间故事集》，昆明：云南人民出版社2007年版，第188页。

W0450.4

爱神的事迹

实 例

（参见下级母题实例）

W0450.4.1

爱神种下一棵情死树

【关联】［W7980］殉情

实 例

纳西族 爱神尤祖阿主在吃山楂果的时候，种下了一棵情死树。

【流传】云南省·（丽江市）·丽江县（古城区、玉龙纳西族自治县）

【出处】木丽春采集整理：《情死树的传说》，见木丽春编著《纳西族民间故事集》，昆明：云南人民出版社2007年版，第200页。

W0450. 5

爱神的生活

实 例

（参见下级母题实例）

W0450. 5. 1

爱神的服饰

实 例

（实例待考）

W0450. 5. 2

爱神的饮食

实 例

（实例待考）

W0450. 5. 3

爱神的居所

实 例

（参见下级母题实例）

W0450. 5. 3. 1

爱神住天上

实 例

（参见下级母题实例）

W0450. 5. 3. 1. 1

爱神尤祖阿主住在天国

实 例

纳西族 爱神尤祖阿主住在天国。

【流传】云南省·（丽江市）·丽江县（古城区、玉龙纳西族自治县）

【出处】木丽春采集整理：《爱神和美利东主》，见木丽春编著《纳西族民间故事集》，昆明：云南人民出版社2007年版，第184页。

W0450. 5. 4

爱神的出行

实 例

（实例待考）

W0450. 5. 5

爱神的用品

实 例

（实例待考）

W0450. 6

特定名称的爱神

实 例

（参见下级母题实例）

W0450. 6. 1

爱神王素

实 例

壮族 王素是爱神。

【流传】（无考）

【出处】梁庭望：《越族神话与希腊神话神祇之比较》，载《中央民族学院学报》1989年增刊。

W0450.6.2

爱情祖母

实　例

（参见下级母题实例）

W0450.6.2.1

爱情祖母萨花淋

实　例

侗族 萨花淋为爱情祖母。

【流传】（无考）

【出处】黄才贵：《女神与泛神——侗族“萨玛”文化研究》，贵阳：贵州人民出版社2006年版，第226页。

W0450.6.3

爱神尤祖阿主

实　例

纳西族 花丛中走出来美貌的尤祖阿主爱神。

【流传】云南省·（丽江市）·丽江县（古城区、玉龙纳西族自治县）

【出处】木丽春采集整理：《美利东主寻死记》，见木丽春编著《纳西族民间故事集》，昆明：云南人民出版社2007年版，第181页。

W0450.6.3.1

爱神尤祖阿主永远年轻

实　例

纳西族 爱神尤祖阿主不会衰老，永远年轻。

【流传】云南省·（丽江市）·丽江县（古城区、玉龙纳西族自治县）

【出处】木丽春采集整理：《爱神蛊惑人的传说》，见木丽春编著《纳西族民间故事集》，昆明：云南人民出版社2007年版，第188页。

W0450.6.4

爱神海剌哈剌腾格里

实　例

（参见下级母题实例）

W0450.6.4.1

海剌哈剌腾格里是司爱的黑天

实　例

蒙古族 海剌哈剌腾格里是司爱的黑天（在蒙古族民间宗教或萨满神词中，“天”与“腾格里”常常通用，此处可以看作是泛指诸神）。

【流传】（无考）

【出处】额尔德木图：《蒙古英雄史诗与孛额唱词中的“腾格里”》，载《内蒙古社会科学》（汉文版）1995年第5期。

W0450.6.5

恋爱之神泗州大圣

实　例

（参见下级母题实例）

W0450. 6. 5. 1

泗州大圣又称泗州佛

实 例

汉族 泗州大圣又称泗州佛，是保佑男女婚恋之神。

【流传】（广东省、福建省等地）

【出处】《泗州大圣》，见乌丙安主编《中国民间神谱》，沈阳：辽宁人民出版社2007年版，第135页。

W0450. 7

与爱神有关的其他母题

实 例

（参见下级母题实例）

W0450a

报信之神（信神，传令神）

【关联】［W0466. 3. 6］火神是通报神

实 例

（参见下级母题实例）

W0450a. 1

报信之神怀波松

实 例

瑶族 报信之神怀波松每天去千山万水间察看树苗竹秧生长情况，然后向密洛陀报信。

【流传】（无考）

【出处】《密洛陀神谱》，蓝田根据农学冠等撰写的《瑶族神话传说中的人物》编写，见姚宝瑄主编《中国各民族神话》（土家族、毛南族、侗族、瑶族），太原：山西出版传媒集团·书海出版社2014年版，第148页。

W0450a. 2

报信神鸠神

实 例

（参见下级母题实例）

W0450a. 2. 1

鸠神能传报福祸信息

实 例

满族 鸠神能传报福祸信息，掌管山林旷野诸事顺绥。

【流传】（无考）

【出处】郭淑云：《满族鸟崇拜文化探源》（拟刊稿），见吕大吉、何耀华总主编《中国各民族原始宗教资料集成》（鄂伦春族卷、鄂温克族卷、赫哲族卷、达斡尔族卷、锡伯族卷、满族卷、蒙古族卷、藏族卷），北京：中国社会科学出版社1999年版，第481页。

W0450a. 3

报信使者喜鹊

实 例

满族 地上的喜鹊望见白云格格，就把人间的苦难告诉了她。

【流传】（无考）

【出处】
(a) 孙玉清讲，王惠立搜集整理：《白云格格》，见谷德明编《中国少数民族神话》，北京：中国民间文艺出版社1987年版，第9～14页。
(b)《白云格格》，见满都呼主编《中国阿尔泰语系诸民族神话故事》，北京：民族出版社1997年版，第253～255页。
(c)《白云格格》，见《满族民间故事选》，上海：上海文艺出版社1983年版。

W0450a.4
传令神额其和

实 例

（参见下级母题实例）

W0450a.4.1
2个传令神额其和

实 例

赫哲族 萨满跳大神唱神歌请神时，其中要请一对银额其和（传令神）。

【流传】（黑龙江省）

【出处】
(a) 徐昌翰、黄任远：《赫哲族文学》，哈尔滨：北方文艺出版社1991年版，第340～348页。
(b)《请神》，见吕大吉、何耀华总主编《中国各民族原始宗教资料集成》（鄂伦春族卷、鄂温克族卷、赫哲族卷、达斡尔族卷、锡伯族卷、满族卷、蒙古族卷、藏族卷），北京：中国社会科学出版社1999年版，第255页。

W0450b
避邪神

实 例

（参见下级母题实例）

W0450b.1
男女避邪神

实 例

赫哲族 避邪神（hɔrɔ mafa）的偶像为人形的神，男女避邪神都有两足。

【流传】（松花江下游地区依兰县至抚远市一带）

【出处】
(a) 凌纯声：《松花江下游的赫哲族》（原1934年南京刊印本），北京：民族出版社2012年版，第156页。
(b)《人形诸神》，见吕大吉、何耀华总主编《中国各民族原始宗教资料集成》（鄂伦春族卷、鄂温克族卷、赫哲族卷、达斡尔族卷、锡伯族卷、满族卷、蒙古族卷、藏族卷），北京：中国社会科学出版社1999年版，第205页。

W0450c
爱美之神（美神）

实 例

（参见下级母题实例）

W0450c. 1

天神混散是爱美之神

实 例

傣族（水傣） 天神混散是个很爱美的神，他想要把大地做成个美丽的遍地是花的大地。

【流传】云南省·德宏（德宏傣族景颇族自治州）·潞西（芒市）

【出处】依示讲，岩坎记录：《荷花变成四大洲》，见姚宝瑄主编《中国各民族神话》（哈尼族、傣族），太原：山西出版传媒集团·书海出版社2014年版，第240页。

W0451

财神（财神爷，财富神，司财富之神）

【汤普森】A473

实 例

（参见下级母题实例）

W0451. 1

财神的产生

实 例

（参见下级母题实例）

W0451. 1. 1

人变成财神

实 例

（参见下级母题实例）

W0451. 1. 1. 1

清廉爱民的官员被奉为财神

实 例

汉族 李诡祖，淄川五松山人。生日九月十七。民间称增福相公，文财神，又称财帛星君，增福财神，福善平施公。魏孝文帝时任曲梁县令，清廉爱民，去世后立祠祭祀。

【流传】（无考）

【出处】《财神》（道教神明），https：//baike. baidu. com/item，2018. 03. 26。

W0451. 1. 2

创始祖和造物母孕育财富神

实 例

景颇族 创始祖和造物母孕育天上的诸神：天神、雷神、财富神、知识文化神、太阳神。

【流传】云南省·（德宏傣族景颇族自治州）·盈江县支丹山吾寨（?）

【出处】萧家成译著：《勒包斋娃——景颇族创世史诗》，北京：民族出版社1992年版，第6页。

W0451. 1. 2a

其他神转化为财神

实 例

（参见下级母题实例）

W0451.1.2a.1

仓神转化为财神

实 例

羌族 （参见“W0451.2.1.2.1 女财神昼确士”母题实例）

W0451.1.3

与财神的产生有关的其他母题

实 例

（参见下级母题实例）

W0451.1.3.1

财神的生日正月初五

实 例

汉族等 祭祀财神仪式主要在正月初五进行，此日乃五路财神的生日。

【流传】（中国南方地区）

【出处】《财神》，见乌丙安主编《中国民间神谱》，沈阳：辽宁人民出版社2007年版，第136页。

W0451.1.3.2

父母的部分遗体和遗物被称为“财神”

实 例

（参见下级母题实例）

W0451.1.3.2.1

父母的部分遗体和遗物因可为子孙带来财宝和福气被称为“财神”或“福禄寿神”

实 例

彝族 父母的部分遗体和遗物可为子孙带来财宝和福气，所以又称为“财神”或“福禄寿神”，彝语名“吉禄”。

【流传】 贵州省·毕节县（毕节市）·（七星关区·大屯彝族乡）·三官寨

【出处】 于绵绣根据实地调查资料撰写：《神堂崇拜》，见吕大吉、何耀华总主编《中国各民族原始宗教资料集成》（彝族卷、白族卷、基诺族卷），北京：中国社会科学出版社1996年版，第108页。

W0451.2

财神的特征

实 例

（参见下级母题实例）

W0451.2.1

财神的性别

实 例

（参见下级母题实例）

W0451. 2. 1. 1

男财神

实 例

（实例待考）

W0451. 2. 1. 2

女财神

【关联】［W0451. 7. 3］司财宝女神

实 例

藏族 决班震桑玛是一位管理财宝的女神。

【流传】 西藏自治区·（日喀则市·定日县）珠穆朗玛峰一带

【出处】 谢继胜整理：《载世巨象》，见BBS 水木清华站：http：//www. smth. edu. cn，2006. 07. 20。

W0451. 2. 1. 2. 1

女财神昼确士

实 例

羌族 “昼确士”（仓神），女神，后转化为汉式财神。

【流传】 四川省·（阿坝藏族羌族自治州）·汶川县·绵池乡·簇头、沟头等寨

【出处】

（a）王治国、王升明等提供：《绵池乡簇头、沟头寨的白石崇拜》（1983. 11），原载钱安靖《羌族宗教习俗调查资料》，见羌族社会历史调查四川省编写组编《羌族社会历史调查》，成都：四川省社会科学院出版社 1985 年版。

（b）同（a），见吕大吉、何耀华总主编《中国各民族原始宗教资料集成》（纳西族卷、羌族卷、独龙族卷、傈僳族卷、怒族卷），北京：中国社会科学出版社 2000 年版，第 474 页。

W0451. 2. 2

财神的外貌

实 例

（参见下级母题实例）

W0451. 2. 2. 1

财神黑面

实 例

汉族 （参见“W0451. 7. 1. 2 财神邯郸爷赵玄坛”母题实例）

W0451. 2. 2. 2

财神黑面浓须

实 例

彝族（撒尼） 财神头戴铁冠，黑面浓须。

【流传】 云南省·昆明（昆明市）

【出处】 张福整理：《撒尼支彝族的祭财门》，见吕大吉、何耀华总主编《中国各民族原始宗教资料集成》（彝族卷、白族卷、基诺族卷），北京：中国社会科学出版社 1996 年版，第 343 页。

W0451.2.3

财神的性格

实　例

（实例待考）

W0451.3

财神的职能

实　例

（参见下级母题实例）

W0451.3.1

财神管人间财富

实　例

（参见下级母题实例）

W0451.3.1.1

财神能招财进宝

实　例

汉族　（参见“W0451.6.2.1.2 关公讲信重义”母题实例）

W0451.3.1.2

财神使人发财

实　例

汉族　（实例待考）

W0451.3.1.3

财神掌握和控制家中金、银、钱、物等财产

实　例

羌族　（参见“W0451.7.1.7 财神力久士”母题实例）

W0451.3.2

财神司人畜疾病

实　例

（参见下级母题实例）

W0451.3.2.1

财神吉雅其专司人畜疾病

实　例

鄂伦春族财神“吉雅其”专司人畜疾病。

【流传】（无考）

【出处】

(a) 内蒙古自治区编委会：《鄂伦春族社会历史调查》（第一集），呼和浩特：内蒙古人民出版社 1984 年版，第 49 页。

(b)《“吉雅其”神》，见吕大吉、何耀华总主编《中国各民族原始宗教资料集成》（鄂伦春族卷、鄂温克族卷、赫哲族卷、达斡尔族卷、锡伯族卷、满族卷、蒙古族卷、藏族卷），北京：中国社会科学出版社 1999 年版，第 29 页。

W0451. 3. 3

财神招财利市

实 例

汉族 拜年者必先拜其所供之灯影。灯影者，外画财神，内点以烛，有八尺余长者在中，左招财，右利市。

【流传】（无考）

【出处】［清］诸安仁：《营口杂记》。

W0451. 3. 4

财神解释公平

实 例

彝族（撒尼） 财神爷奉天帝之命，巡察五方，提点九州万国；他能保病禳灾、除瘟翦疟；民间若有讼冤伸抑之事，此神能使之“解释公平”。

【流传】 云南省·昆明（昆明市）·（寻甸回族彝族自治县）·（先锋乡）·恰普鲁村

【出处】 张福整理：《撒尼支彝族的祭财门》，见吕大吉、何耀华总主编《中国各民族原始宗教资料集成》（彝族卷、白族卷、基诺族卷），北京：中国社会科学出版社 1996 年版，第 343 页。

W0451. 4

财神的能力

实 例

（参见下级母题实例）

W0451. 4. 1

财神能保命解灾

【关联】［W0451. 6. 2. 2. 4］赵公明能驱雷役电，唤雨呼风，降瘟剪疟，保命解灾

实 例

汉族 （参见“W0451. 6. 2. 2. 4 赵公明能驱雷役电，唤雨呼风，降瘟剪疟，保命解灾”母题实例）

W0451. 4a

财神的生活

实 例

（参见下级母题实例）

W0451. 4a. 1

财神的服饰

实 例

（参见下级母题实例）

W0451. 4a. 1. 1

财神头戴金，身穿银

实 例

汉族 财神爷爷不姓财，俺请财官下天来。头戴金，身穿银。

【流传】（河北省·邯郸市·曲周县）

【出处】《财神》（道教神明），https：//baike. baidu. com/item，2018. 03. 26。

W0451.4a.1.2

财神头戴铁冠，全身戎装

实 例

彝族（撒尼） 财神头戴铁冠，全身戎装。

【流传】云南省·昆明（昆明市）

【出处】张福整理：《撒尼支彝族的祭财门》，见吕大吉、何耀华总主编《中国各民族原始宗教资料集成》（彝族卷、白族卷、基诺族卷），北京：中国社会科学出版社 1996 年版，第 343 页。

W0451.4a.2

财神的食物

实 例

（实例待考）

W0451.4a.3

财神的居所

实 例

（参见下级母题实例）

W0451.4a.3.1

财富神住天上

实 例

景颇族 天上的诸神：天神、雷神、财富神、知识文化神、太阳神等。

【流传】云南省·（德宏傣族景颇族自治州）·盈江县支丹山吾寨

【出处】萧家成译著：《勒包斋娃——景颇族创世史诗》，北京：民族出版社 1992 年版，第 6 页。

W0451.4a.3.2

财神在西南方

实 例

蒙古族 西南方有赐予财富的白色小腾格里（天神）。

【流传】（无考）

【出处】拉·胡日查巴特尔著，A. 图门译，苏鲁格校订：《哈腾根十三家神祭祀》，内蒙古文化出版社 1986 年版（蒙文版），第 37～39 页，见吕大吉、何耀华总主编《中国各民族原始宗教资料集成》（鄂伦春族卷、鄂温克族卷、赫哲族卷、达斡尔族卷、锡伯族卷、满族卷、蒙古族卷、藏族卷），北京：中国社会科学出版社 1999 年版，第 633 页。

W0451.4a.4

财神的出行

实 例

（参见下级母题实例）

W0451.4a.4.1

财神骑黑虎

实 例

彝族（撒尼） 财神头戴铁冠，全身戎装；右手执铁鞭，左手持翅宝，黑面浓须，骑在一只黑虎上。

【流传】云南省·昆明（昆明市）

【出处】张福整理：《撒尼支彝族的祭财门》，见吕大吉、何耀华总主编《中国各民族原始宗教资料集成》（彝族卷、白族卷、基诺族卷），北京：中国社会科学出版社 1996 年版，第 343 页。

W0451. 4a. 5

财神的工具

实 例

（参见下级母题实例）

W0451. 4a. 5. 1

财神怀里抱着聚宝盆

实 例

汉族 财神爷爷不姓财，俺请财官下天来。头戴金，身穿银，怀里抱着聚宝盆。

【流传】（河北省·曲周）

【出处】《财神》（道教神明），https：//baike. baidu. com/item，2018. 03. 26。

W0451. 4a. 5. 2

财神右手执铁鞭，左手持翅宝

实 例

彝族（撒尼）（参见“W0451. 4a. 4. 1 财神骑黑虎”母题实例）

W0451. 5

财神的关系

实 例

（实例待考）

W0451. 6

财神的类型

实 例

（参见下级母题实例）

W0451. 6. 1

文财神

实 例

汉族等 文财神主要为比干、范蠡等。

【流传】（无考）

【出处】《财神》，见乌丙安主编《中国民间神谱》，沈阳：辽宁人民出版社 2007 年版，第 136 页。

W0451. 6. 1. 1

文财神比干

实 例

汉族等 商代丞相比干没有心，故办事公道，不偏不向，颇受乡民爱戴，遂被后人尊为文财神。

【流传】（无考）

【出处】《文财神》，见乌丙安主编《中国民间神谱》，沈阳：辽宁人民出版社 2007 年版，第 138 页。

W0451.6.1.1.1

比干掌管30岁人以后的财运

实　例

汉族 比干（东路文财神）掌管三十岁人以后的财运。人一般三十岁以后供奉。

【流传】（无考）

【出处】《财神》（道教神明·信奉解说），https://baike.baidu.com/item，2018.03.26。

W0451.6.1.2

文财神范蠡（文财神陶朱公）

实　例

汉族等 春秋越国人范蠡到齐国经营农业和商业，发了大财之后，将所得钱财全部分给贫困朋友与亲戚，老年之时在陶邑定居，自号“陶朱公”。被后人奉为文财神。

【流传】（无考）

【出处】《文财神》，见乌丙安主编《中国民间神谱》，沈阳：辽宁人民出版社2007年版，第138页。

W0451.6.1.2.1

范蠡掌管30岁人以后的财运

实　例

汉族 范蠡（南路文财神）掌管三十岁人以后的财运。人一般三十岁以后供奉。

【流传】（无考）

【出处】《财神》（道教神明·信奉解说），https://baike.baidu.com/item，2018.03.26。

W0451.6.1.3

文财神刘海

实　例

汉族 李诡祖、比干、范蠡、刘海被奉为文财神。

【流传】（无考）

【出处】《财神》（道教神明），https://baike.baidu.com/item，2018.03.26。

W0451.6.1.4

文财神李诡祖（财帛星君）

实　例

（参见下级母题实例）

W0451.6.1.4.1

李诡祖生日九月十七

实　例

汉族 财帛星君李诡祖又称增福相公、文财神、增福财神、福善平施公。姓李名诡祖，南北朝北魏淄川人。生日九月十七，成道日七月二十二。

【流传】（山东省·淄博市·淄川区?）

【出处】《财神》（道教神明），https://baike.baidu.com/item，2018.03.26。

W0451. 6. 2

武财神

实 例

（参见下级母题实例）

W0451. 6. 2. 1

武财神关公（武财神关羽，财神关公）

【关联】

① ［W0451. 6. 4. 3］西路武财神关公

② ［W0782. 4］关公（关帝，关羽，关云长）

③ ［W0782. 4. 3］关公的身份

实 例

汉族等 武财神主要为赵公明、关公。

【流传】（无考）

【出处】《财神》，见乌丙安主编《中国民间神谱》，沈阳：辽宁人民出版社2007年版，第136页。

汉族 关羽在佛教中是伽蓝菩萨，在道教中是武财神，在儒教中是武圣人。他集三教于一身，具有司命禄、佑科举、招财进宝、巡察冥司、诛伐叛道、驱邪避恶等法力。

【流传】 辽宁省·（锦州市）·北镇市·常兴店镇

【出处】《青岩寺》，见 http://www.lvshan.com。

W0451. 6. 2. 1. 1

关公掌管三十岁人以后的财运

实 例

汉族 关公（西路武财神）掌管三十岁人以后的财运。

【流传】（无考）

【出处】《财神》（道教神明·信奉解说），https://baike.baidu.com/item，2018. 03. 26。

W0451. 6. 2. 1. 2

关公讲信重义

实 例

汉族 关云长管过兵马站，长于算数，发明日清薄，而且讲信用、重义气，故为商家所崇祀，一般商家以关公为他们的守护神，关公同时被视为招财进宝的财神爷。

【流传】（无考）

【出处】《财神》（道教神明），https://baike.baidu.com/item，2018. 03. 26。

W0451. 6. 2. 2

武财神赵公明（财神赵公明）

实 例

（参见下级母题实例）

W0451. 6. 2. 2. 1

赵公明掌管30岁人以后的财运

实 例

汉族 赵公明（北路武财神）掌管三十岁人以后的财运。人一般三十岁以后供奉。

【流传】（无考）

【出处】《财神》（道教神明·信奉解说），https://baike.baidu.com/item，2018.03.26。

W0451.6.2.2.2

月财神赵公明

实　例

汉族 日春神青帝和月财神赵公明合称为“春福”。

【流传】（无考）

【出处】《财神》（道教神明），https://baike.baidu.com/item，2018.03.26。

W0451.6.2.2.2.1

月财神赵公明是正财神

实　例

汉族 月财神赵公明被奉为正财神。

【流传】（无考）

【出处】《财神》（道教神明），https://baike.baidu.com/item，2018.03.26。

W0451.6.2.2.3

寒单爷赵公明

实　例

汉族 道教和世人奉祀的财神，影响最大的当推寒单爷赵公明。寒单爷是中国民间俗称的流氓神，正确名称是邯郸爷，由于早年拜的人，普遍是一些地方角头（黑社会老大），角头识字不多，误把邯郸写成寒单，甚至有写成韩单的。不管是寒单、韩单亦或是邯郸堂的炸邯郸爷，都“系出同门”。

【流传】（无考）

【出处】《财神》（道教神明），https://baike.baidu.com/item，2018.03.26。

W0451.6.2.2.4

赵公明能驱雷役电，唤雨呼风，降瘟剪疟，保命解灾

实　例

汉族 赵公明神异多能，变化无穷，能够驱雷役电，唤雨呼风，降瘟剪疟，保命解灾。故人称“元帅之功莫大焉”。凡买卖求财，只要对赵公明祈祷，便无不称心如意，故而中国民间奉其为财神。旧时年画中，赵公明的形象多为头戴铁冠，手持宝鞭，黑面浓须，身跨黑虎，面目狰狞，因此人们又称其为武财神。

【流传】（无考）

【出处】［明］撰者不详：《三教源流搜神大全》（《三教搜神大全》）。

W0451.6.2.2.5

赵公明被封为金龙如意正一龙虎玄坛真君之神

实　例

汉族 财神姓赵名公明。他原在峨眉

山罗浮洞修道，因助纣攻打武王，死后被封为“金龙如意正一龙虎玄坛真君之神”，并统领招宝天尊、纳珍天尊、招财使者、利市仙官四个部下。

【流传】（无考）

【出处】［明］许仲琳：《封神演义》（《封神榜》）。

W0451. 6. 2. 2. 6
赵公明又称赵玄坛

实 例

（参见下级母题实例）

W0451. 6. 2. 2. 6. 1
赵公明因曾封正一玄坛元帅故称赵玄坛

实 例

汉族 旧时民间所祀之财神。因赵公明曾封正一玄坛元帅，故称赵玄坛。

【流传】（无考）

【出处】《赵玄坛》，见袁珂《中国神话大词典》，北京：华夏出版社 2015 年版，第 225 页。

W0451. 6. 2. 2. 6a
赵公明圣号为总管上清正一玄坛飞虎金轮执法赵元帅

实 例

汉族 赵元帅，姓赵讳公明，钟南山人也。其服色头戴铁冠，手执铁鞭，面黑色而胡须，跨虎。驱雷役电，唤雨呼风，除瘟剪疟，保病禳灾，元帅之功莫大焉。至知公讼冤抑，买卖求财，可对神祷，无不如意，故上天圣号为总管上清正一玄坛飞虎金轮执法赵元帅。

【流传】（无考）

【出处】［明］撰者不详：《三教源流搜神大全》，［清］叶德辉本卷三

W0451. 6. 2. 2. 7
赵公明受封神霄副元帅

实 例

汉族 赵元帅，姓赵讳公明，钟南山人也。自秦时避世山中，精修至道，功成，钦奉玉帝旨召为神霄副元帅。

【流传】（无考）

【出处】［明］撰者不详：《三教源流搜神大全》，［清］叶德辉本卷三

W0451. 6. 2. 2. 8
赵公明的特征与装备

实 例

（参见下级母题实例）

W0451. 6. 2. 2. 8. 1
赵公明黑面浓须，武装置鞭，身跨黑虎

实 例

汉族 赵公明像黑面浓须，武装置鞭，身跨黑虎。

【流传】（无考）

【出处】《赵玄坛》，见袁珂《中国神话大词典》，北京：华夏出版社 2015 年版，第 225 页。

W0451.6.2.2.8.2

赵公明头戴铁冠，手执铁鞭，面黑色而胡须，跨虎

实 例

汉族 赵元帅，姓赵讳公明，钟南山人也。其服色头戴铁冠，手执铁鞭，面黑色而胡须，跨虎。

【流传】（无考）

【出处】［明］撰者不详：《三教源流搜神大全》，［清］叶德辉本卷三

W0451.6.2.2.9

赵公明的身份（赵公明的职能）

实 例

（参见下级母题实例）

W0451.6.2.2.9.1

赵公明是仙人

实 例

（参见下级母题实例）

W0451.6.2.2.9.1.1

赵公明修道成仙

实 例

汉族 赵公明乃道教传说中的虚构人物，相传，其原名赵朗，字公明，终南山人氏，秦时避世隐居于山中，潜心修道。汉代时，被张天师收为徒弟，并使其骑黑虎。看守炼丹室。待仙丹炼成后，赵公明因服食部分仙丹而能变化无穷，被奉为武财神。

【流传】（无考）

【出处】《武财神》，见乌丙安主编《中国民间神谱》，沈阳：辽宁人民出版社 2007 年版，第 142 页。

W0451.6.2.2.9.2

赵公明是张天师徒弟

实 例

汉族 （参见“W0451.6.2.2.9.1.1 赵公明修道成仙”母题实例）

W0451.6.2.2.9.3

赵公明驱雷役电，唤雨呼风，除瘟剪疟，保病禳灾

实 例

汉族 赵元帅，姓赵讳公明，钟南山人也。其服色头戴铁冠，手执铁鞭，面黑色而胡须，跨虎。驱雷役电，唤雨呼风，除瘟剪疟，保病禳灾，元帅之功莫大焉。至知公讼冤抑，买卖求财，可对神祷，无不如意。

【流传】（无考）

【出处】［明］撰者不详：《三教源流搜神大全》，［清］叶德辉本卷三

W0451.6.2.2.9.4

赵公明唤雨呼风，法力无边

实 例

汉族 灌县民间赵公爷（即赵公明，亦称赵玄坛，民间呼为赵公元帅，祀为财神）能驱雷役电，呼风唤雨，法力无边。旧时民宅多挂其像，称为“赵公镇宅”。

【流传】四川省·（都江堰市）·灌县（古城）·柳街乡一带

【出处】康弘讲，王纯五记录整理：《太阳宝和月儿光咋个来的》（1987. 01. 04），见姚宝瑄主编《中国各民族神话》（汉族），太原：山西出版传媒集团·书海出版社 2014 年版，第 213 ~ 214 页。

W0451. 6. 2. 3

武财神钟馗

【关联】［W0554. 6. 2］门神钟馗

实 例

汉族 钟馗和关公被奉为赐福镇宅的武财神。

【流传】（无考）

【出处】《财神》（道教神明），https：//baike. baidu. com/item，2018. 03. 26。

W0451. 6. 3

文武财神

实 例

（参见下级母题实例）

W0451. 6. 3. 1

王亥

实 例

（参见下级母题实例）

W0451. 6. 3. 1. 1

王亥掌管六十岁人以后的财运

实 例

汉族 王亥（中斌财神）掌管六十岁人以后的财运。人一般六旬供奉。

【流传】（无考）

【出处】《财神》（道教神明·信奉解说），https：//baike. baidu. com/item，2018. 03. 26。

W0451. 6. 3. 1. 2

中斌财神王亥是大财神

实 例

汉族 大财神为中斌财神王亥。

【流传】（无考）

【出处】《财神》（道教神明），https：//baike. baidu. com/item，2018. 03. 26。

W0451. 6. 4

五大财神（五路财神）

实 例

（参见下级母题实例）

W0451. 6. 4. 1

中央文武财神王亥，南方范蠡、西方财神关公、北方财神赵公明

实 例

汉族 中国主要供奉的五大财神，分别是：中斌财神：王亥（中），文财神：比干（东）、范蠡（南），武财神：关公（西）、赵公明（北）。

【流传】（无考）

【出处】《财神》（道教神明），https://baike.baidu.com/item，2018.03.26。

W0451.6.4.1a

五路财神本指赵公元帅、招宝天尊萧升、纳珍天尊曹宝、招财使者陈九公和利市仙官姚少司

实 例

汉族 五路财神本指赵公元帅、招宝天尊萧升、纳珍天尊曹宝、招财使者陈九公和利市仙官姚少司。

【流传】（无考）

【出处】《五路神》，见乌丙安主编《中国民间神谱》，沈阳：辽宁人民出版社2007年版，第143页。

W0451.6.4.2

东路文财神比干

实 例

汉族 （参见“W0451.6.1.1.1 比干掌管30岁人以后的财运”母题实例）

W0451.6.4.3

西路武财神关公

实 例

汉族 （参见“W0451.6.2.1.1 关公掌管三十岁人以后的财运”母题实例）

W0451.6.4.4

南路文财神范蠡

实 例

汉族 （参见“W0451.6.1.2.1 范蠡掌管30岁人以后的财运”母题实例）

W0451.6.4.5

北路武财神赵公明

实 例

汉族 （参见“W0451.6.2.2.1 赵公明掌管30岁人以后的财运“母题实例）

W0451.6.5

四方财神

【关联】［W0256］四方神

W0451.6.5.1

西南财神端木赐

实 例

汉族 四方财神：端木赐（西南）、李诡祖（东北）、管仲（东南）、白圭（西北）。以上曾被道教分为“四面八方一个中”的财神阵容。

【流传】（无考）

【出处】《财神》（道教神明），https://baike.baidu.com/item，2018.03.26。

W0451. 6. 5. 1. 1

西南财神端木赐掌管30岁人以前的财运

实 例

汉族 端木赐（西南财神）掌管三十岁人以前的财运。人一般三十岁前供奉。

【流传】（无考）

【出处】《财神》（道教神明 · 信奉解说），https：//baike. baidu. com/item，2018. 03. 26。

W0451. 6. 5. 2

东北财神李诡祖

实 例

（参见下级母题实例）

W0451. 6. 5. 2. 1

东北财神李诡祖掌管30岁人以前的财运

实 例

汉族 李诡祖（东北财神）掌管三十岁人以前的财运。人一般三十岁前供奉。

【流传】（无考）

【出处】《财神》（道教神明 · 信奉解说），https：//baike. baidu. com/item，2018. 03. 26。

W0451. 6. 5. 3

东南财神管仲

实 例

（参见下级母题实例）

W0451. 6. 5. 3. 1

东南财神管仲掌管30岁人以前的财运

实 例

汉族 管仲（东南财神）掌管三十岁人以前的财运。人一般三十岁前供奉。

【流传】（无考）

【出处】《财神》（道教神明 · 信奉解说），https：//baike. baidu. com/item，2018. 03. 26。

W0451. 6. 5. 4

西北财神白圭

实 例

（参见下级母题实例）

W0451. 6. 5. 4. 1

西北财神白圭掌管30岁人以前的财运

实 例

汉族 白圭（西北财神）掌管三十岁人以前的财运。人一般三十岁前供奉。

【流传】（无考）

【出处】《财神》（道教神明·信奉解说），https：//baike.baidu.com/item，2018.03.26。

W0451.6.5.5
西方金甲财神

实　例

白族 西方金甲财神。

【流传】云南省·大理（白族自治州）

【出处】田怀清调查整理：《祥云考古资料反映的灵魂不死观念》（1988），见吕大吉、何耀华总主编《中国各民族原始宗教资料集成》（彝族卷、白族卷、基诺族卷），北京：中国社会科学出版社1996年版，第597页。

W0451.6.6
三尊财神

实　例

（参见下级母题实例）

W0451.6.6.1
三尊财神正中为文财神比干，左首为武财神赵公明元帅，右首为武财神关圣帝君

实　例

汉族 白云观中的“财神殿”位于“玉皇殿”（供奉玉皇大帝老天爷的）右侧。“财神殿”门口有游览说明介绍，上面说殿内所供奉的三尊财神，正中为文财神比干，左首为武财神赵公明元帅，右首为武财神关圣帝君。

【流传】（无考）

【出处】《财神》（道教神明），https：//baike.baidu.com/item，2018.03.26。

W0451.7
与财神有关的其他母题

【关联】

①［W0452a.2.2］厕神使人发财

②［W0466.3.4.3］火神是财神

③［W0768.3］善财童子（送财童子）

实　例

（参见下级母题实例）

W0451.7.1
特定名称的财神（财神的名称）

实　例

藏族 （实例待考）

W0451.7.1.1
财神吉雅其

【关联】［W0058.1b.1.2］鄂伦春财神吉雅其神是传来的蒙古族神

实　例

鄂伦春族 蒙古人和达斡尔人所供奉的“吉亚其神”，被引至鄂伦春族萨满教之中，成为主司牲畜和财产之神。

【流传】（无考）

【出处】郭淑云：《鄂伦春族卷·绪论》，见吕大吉、何耀华总主编《中国各民族原始宗教资料集成》（鄂伦

春族卷、鄂温克族卷、赫哲族卷、达斡尔族卷、锡伯族卷、满族卷、蒙古族卷、藏族卷），北京：中国社会科学出版社 1999 年版，第 11 页。

W0451. 7. 1. 2
财神邯郸爷赵玄坛

实 例

民族? 初五接财神，邯郸爷赵玄坛最受尊拜。玄坛面似锅底，手执钢鞭，身骑黑虎，极其威武。

【流传】（无考）

【出处】《财神》（道教神明），https://baike. baidu. com/item，2018. 03. 26。

W0451. 7. 1. 3
南海财神刘海蟾

实 例

汉族 南海财神刘海蟾。

【流传】（无考）

【出处】《财神》（道教神明），https://baike. baidu. com/item，2018. 03. 26。

W0451. 7. 1. 4
财神蔡京

实 例

汉族 宋朝蔡京富有，是富神降生。他恰生于正月初五，所以民间把他当作财神来祭拜。

【流传】（无考）

【出处】《财神》（道教神明），https://baike. baidu. com/item，2018. 03. 26。

W0451. 7. 1. 5
致富之神额勒孛格只胡腾格里

实 例

蒙古族 额勒孛格只胡腾格里是致富之天（在蒙古族民间宗教或萨满神词中，“天”与“腾格里”常常通用，此处可以看作是泛指诸神）。

【流传】（无考）

【出处】 额尔德木图：《蒙古英雄史诗与孛额唱词中的“腾格里”》，载《内蒙古社会科学》（汉文版）1995 年第 5 期。

W0451. 7. 1. 5a
毕斯曼·腾格里是司财富之天

实 例

蒙古族 毕斯曼·腾格里是司财富之天（在蒙古族民间宗教或萨满神词中，“天”与“腾格里”常常通用，此处可以看作是泛指诸神）。

【流传】（无考）

【出处】 额尔德木图：《蒙古英雄史诗与孛额唱词中的“腾格里”》，载《内蒙古社会科学》（汉文版）1995 年第 5 期。

W0451. 7. 1. 5b
喇哈木腾格里是致富的天

实 例

蒙古族 喇哈五个腾格里，又称喇哈木腾格里，司致富的天（在蒙古族民间宗教或萨满神词中，“天”与“腾格里”常常通用，此处可以看作是泛指诸神）。

【流传】（无考）

【出处】 额尔德木图：《蒙古英雄史诗与孛额唱词中的“腾格里”》，载《内蒙古社会科学》（汉文版）1995年第5期。

W0451.7.1.6

财神北方多闻毗沙门天王

实　例

民族无考 四大天王中的北方多闻毗沙门天王奉为“财神”。

【流传】（无考）

【出处】《四大天王》，见乌丙安主编《中国民间神谱》，沈阳：辽宁人民出版社2007年版，第331页。

W0451.7.1.7

财神力久士

实　例

羌族 “力久士”（Ndziju sei），财神，掌握和控制家中财产，如金、银、钱、物等。

【流传】 四川省·（阿坝藏族羌族自治州）·汶川县·龙溪乡·龙溪寨

【出处】

(a)［美］格莱汉撰，钱谦译：《羌族习俗》，载《宗教学研究》1988年第1期。

(b) 同(a)，*《龙溪乡龙溪寨的白石崇拜》，见吕大吉、何耀华总主编《中国各民族原始宗教资料集成》（纳西族卷、羌族卷、独龙族卷、傈僳族卷、怒族卷），北京：中国社会科学出版社2000年版，第473页。

W0451.7.2

发财龟

实　例

（参见下级母题实例）

W0451.7.2.1

斑纹犀龟把世间一切财富尽收腹中

实　例

藏族 斑纹犀龟（创造与毁灭世界者）把世间一切财富尽收腹部为己所有。

【流传】（无考）

【出处】《五部遗教》，见格明多杰整理：《化世之龟》，BBS水木清华站：http：//www.smth.edu.cn，2006.07.20。

W0451.7.3

司财宝女神

实　例

（参见下级母题实例）

W0451. 7. 3. 1

主宰财宝的女神决班震桑玛

实 例

藏族 决班震桑玛是一位红色的女神，她的手里持一个装满宝物的纽子，给人们奉献的是财物宝库。

【流传】西藏自治区·（日喀则市·定日县）珠穆朗玛峰一带

【出处】谢继胜整理：《载世巨象》，见 BBS 水木清华站：http：//www. smth. edu. cn，2006. 07. 20。

W0451. 7. 4

财神爷

实 例

汉族 关云长管过兵马站，长于算数，发明日清薄，而且讲信用、重义气，故为商家所崇祀，一般商家以关公为他们的守护神，关公同时被视为招财进宝的财神爷。

【流传】（无考）

【出处】《财神》（道教神明），https：//baike. baidu. com/item，2018. 03. 26。

W0451. 7. 5

财神奶奶

实 例

（参见下级母题实例）

W0451. 7. 5. 1

财神奶奶端庄

实 例

汉族 以前，财神庙里有一个端庄的财神奶奶。

【流传】东北地区（复述地点：海伦市·永和乡·利祥村）

【出处】姜明山复述：《财神爷休妻》（2012. 03），见李海生《东北民间故事》（上册），哈尔滨：黑龙江教育出版社 2016 年版，第 82 ~83 页。

W0451. 7. 5. 2

财神奶奶不上神台

实 例

汉族 因财神奶奶把财神爷当年送她的耳环赠给了穷人叫花子，一脚把财神奶奶踢下了神龛。

【流传】东北地区（复述地点：海伦市·永和乡·利祥村）

【出处】姜明山复述：《财神爷休妻》（2012. 03），见李海生《东北民间故事》（上册），哈尔滨：黑龙江教育出版社 2016 年版，第 82 ~83 页。

W0451. 7. 6

小财神

实 例

（参见下级母题实例）

W0451.7.6.1

利市仙官是一位小财神

实 例

汉族 利市仙官是一位小财神。

【流传】（无考）

【出处】《利市仙官》，见乌丙安主编《中国民间神谱》，沈阳：辽宁人民出版社2007年版，第143页。

W0451.7.7

招财童子

【关联】［0768.3］善财童子（送财童子）

实 例

汉族等 财神还有五路财神、招财童子、利市仙官、抓钱娃娃等。

【流传】（无考）

【出处】《财神》，见乌丙安主编《中国民间神谱》，沈阳：辽宁人民出版社2007年版，第137页。

W0451.7.8

抓钱娃娃

实 例

汉族等 （参见"W0451.7.7）招财童子"母题实例

W0451.7.9

聚财童子

实 例

汉族 （实例待考）

W0451.7.10

散财童子

实 例

汉族 "散财童子"又称"善财童子"。善财为文殊菩萨曾住过的福城中长者五百童子之一。出生时，家中自然涌现许多珍奇财宝，因而取名为"善财"。

【流传】（无考）

【出处】《华严经》。

W0451.7.11

运财童子

实 例

汉族 观世音菩萨身旁有一对金童玉女，金童是大发慈悲的好神仙，他会令人们的财运有改进，所以很多人称他为"运财童子"。

【流传】（无考）

【出处】《运财童子》，见https://baike.baidu.com/item/8594208。

W0451a

穷神（败家神）

实 例

（参见下级母题实例）

W0451a. 1

穷神的产生

实 例

（参见下级母题实例）

W0451a. 1. 1

灾难使神变成穷神

【关联】［W0236. 3. 1. 1. 1］洪水中土地神丢了金银财宝变成穷神

实 例

（实例待考）

W0451a. 1. 2

特定人物成为穷神

实 例

（参见下级母题实例）

W0451a. 1. 2. 1

颛顼的儿子成为穷神

【关联】［W0763. 4. 4. 5］颛顼的儿子穷蝉

实 例

汉族 （参见“W0451a. 3. 1 穷神又称穷鬼”母题实例）

W0451a. 2

穷神的特征

实 例

（参见下级母题实例）

W0451a. 2. 1

穷神身材矮小

实 例

汉族 （参见“W0451a. 3. 1 穷神又称穷鬼”母题实例）

W0451a. 2. 2

穷神破衣烂衫

实 例

汉族 （参见“W0451a. 3. 1 穷神又称穷鬼”母题实例）

W0451a. 3

特定名称的穷神（穷神的名称）

【关联】

①［W0236. 3. 1］土地神是穷神

②［W0459a. 2］歌神是穷神

实 例

（参见下级母题实例）

W0451a. 3. 1

穷神又称穷鬼

实 例

汉族 穷神又称“穷鬼”，是上古帝王颛顼之子，他身材矮小，饮食简单，常食稀饭，喜穿破衣，人称其“穷子”，此日即称“送穷子”。

【流传】（无考）

【出处】《穷神》，见乌丙安主编《中国民间神谱》，沈阳：辽宁人民出版社

2007年版，第165页。

W0451a.3.2

穷神又称送穷子（穷神又称穷子）

实 例

汉族 （参见“W0451a.3.1 穷神又称穷鬼”母题实例）

W0451a.4

与穷神有关的其他母题

实 例

（参见下级母题实例）

W0451a.4.1

穷神是穷人的保护神

实 例

汉族 穷神常被杠夫等一些地位低下、生活贫困的穷人视为保护神

【流传】（无考）

【出处】《穷神》，见乌丙安主编《中国民间神谱》，沈阳：辽宁人民出版社2007年版，第165页。

W0452

测量之神

【关联】［W6983］度量衡等的发明

实 例

（参见下级母题实例）

W0452.1

测量大地的女神

实 例

苗族 （实例待考）

W0452a

厕神（厕所神）

实 例

（参见下级母题实例）

W0452a.1

厕神的产生

实 例

（参见下级母题实例）

W0452a.1.1

生育厕神

实 例

（参见下级母题实例）

W0452a.1.1.1

帝喾与常仪生厕神紫姑（厕神紫姑是帝喾的女儿）

【关联】［W0768.1.6.3.2］高辛的女儿（帝喾的女儿）

实 例

汉族 帝喾有四妻四子：姜生弃（即后稷），是周族的祖先；简狄生契，是商族的祖先；庆都生帝尧；常仪生

挚。另说还有一女，名紫姑，即民间所奉之厕神。

【流传】（无考）

【出处】《帝喾》，见乌丙安主编《中国民间神谱》，沈阳：辽宁人民出版社2007年版，第57页。

W0452a. 1. 2

特定的女子成为厕神

实　例

（参见下级母题实例）

W0452a. 1. 2. 1

被秽事相辱而死的家妾成为厕神

实　例

汉族　世有紫姑神，古来相传，云是人家妾，为大妇所嫉，每以秽事相次役。正月十五日感激而死。故世人以其日作其形，夜于厕间或猪栏边迎之。

【流传】（无考）

【出处】［南朝·宋］刘敬叔：《异苑》卷五。

W0452a. 2

厕神的特征（厕神的能力，厕神的行为）

实　例

（参见下级母题实例）

W0452a. 2. 1

厕神能预知祸福

实　例

汉族　厕神并非专管人间屎尿等污秽之事，还有乞巧、占卜吉凶、预知祸福的职能。

【流传】（无考）

【出处】《紫姑》，见乌丙安主编《中国民间神谱》，沈阳：辽宁人民出版社2007年版，第120页。

W0452a. 2. 2

厕神使人发财

实　例

汉族　天台有民王某，常祭厕神。一日至其所，见黄衣女子，于怀中取小盒子，以指点少膏如口脂，涂民右耳下，戒之曰："或见蚁子群聚，倒耳听之，必有所得。"民明旦见础柱下群蚁纷纷，知其下有宝。民伺蚁出，寻之，获白金十锭。

【流传】（无考）

【出处】［清］褚人获：《坚瓠秘集》卷一"厕神"条引《葆光录》。

W0452a. 2. 3

厕神夜于厕间或猪栏边

实　例

汉族　厕神紫姑神，世人以其日作其形，夜于厕间或猪栏边迎之。

【流传】（无考）

【出处】［南朝·宋］刘敬叔：《异苑》卷五。

W0452a.2.4 坑神臭气熏天

实 例

彝族 （参见“W0452a.3.4 厕神又称坑神”母题实例）

W0452a.3 厕神的名称

实 例

（参见下级母题实例）

W0452a.3.1 厕神紫姑

实 例

（参见下级母题实例）

W0452a.3.1.1 紫姑又称戚姑、七姑

实 例

汉族 紫姑又称戚姑、七姑，是民间俗信的厕神。

【流传】（无考）

【出处】《紫姑》，见乌丙安主编《中国民间神谱》，沈阳：辽宁人民出版社2007年版，第120页。

W0452a.3.2 厕神坑三姑娘

实 例

汉族 因厕所俗称“茅坑”、“粪坑”，故“坑三姑娘”即指厕神。

【流传】（中国北方地区）

【出处】《坑三姑娘》，见乌丙安主编《中国民间神谱》，沈阳：辽宁人民出版社2007年版，第121页。

W0452a.3.2.1 坑三姑娘即云霄、琼霄、碧霄三姐妹

实 例

汉族 坑三姑娘是三座仙岛上的三位仙姑，即云霄、琼霄、碧霄三姐妹。

【流传】（无考）

【出处】［明］许仲琳：《封神演义》（《封神榜》）。

W0452a.3.3 厕神何紫姑（厕神何三姑）

实 例

（参见下级母题实例）

W0452a.3.3.1 何紫姑名媚，字丽卿

实 例

汉族 紫姑，莱阳人，姓何，名媚，字丽卿，寿阳李景纳为妾。其妻妒

之，于正月十五阴杀之厕中。天帝悯之，命为厕神。故世人作其形，夜于厕间迎祀，以占众事。俗呼为三姑。

【流传】（无考）

【出处】［清］陈梦雷原编，蒋廷锡重编：《古今图书集成·神异典》卷四〇引《显异录》。

W0452a. 3. 4

厕神又称坑神

实 例

彝族 坑神（厕神）气熏熏。

【流传】 贵州省

【出处】《献酒经》，原载丁文江《爨文丛刻》（甲编），见吕大吉、何耀华总主编《中国各民族原始宗教资料集成》（彝族卷、白族卷、基诺族卷），北京：中国社会科学出版社1996年版，第48页。

W0452a. 4

与厕神有关的其他母题

实 例

（参见下级母题实例）

W0452a. 4. 1

正月望夜迎厕神紫姑

实 例

汉族 旧俗，正月望夜迎厕神，谓之紫姑。

【流传】（无考）

【出处】［宋］沈括：《梦溪笔谈》卷二一。

W0452b

厨神

【关联】［W0493］灶神

实 例

（参见下级母题实例）

W0452b. 1

厨神的产生

实 例

（实例待考）

W0452b. 2

厨神的特征

实 例

（实例待考）

W0452b. 3

与厨神有关的其他母题

实 例

（实例待考）

W0453

赌神

【汤普森】 A482

实 例

（实例待考）

W0454

房屋神（屋神，房神）

【汤普森】A411

【关联】［W0454.1］屋灵

实 例

（参见下级母题实例）

W0454.1

屋神的产生

实 例

（实例待考）

W0454.1.1

特定的物作为房屋神

实 例

（实例待考）

W0454.1.1.1

蛇是房屋神

实 例

汉族 （实例待考）

W0454.1.2

盖房时刻的木人被奉为屋神

实 例

白族 （实例待考）

W0454.2

屋神的特征

实 例

（参见下级母题实例）

W0454.2.1

屋神的性别

实 例

（参见下级母题实例）

W0454.2.1.1

男女屋神

实 例

赫哲族 房神（agəjat'a）是人形的神，偶像平顶为男神，尖顶为女神。

【流传】（松花江下游地区依兰县至抚远市一带）

【出处】

(a) 凌纯声：《松花江下游的赫哲族》（原1934年南京刊印本），北京：民族出版社2012年版，第156页。

(b)《人形诸神》，见吕大吉、何耀华总主编《中国各民族原始宗教资料集成》（鄂伦春族卷、鄂温克族卷、赫哲族卷、达斡尔族卷、锡伯族卷、满族卷、蒙古族卷、藏族卷），北京：中国社会科学出版社1999年版，第204页。

W0454. 2. 1. 2

房神分男女

实 例

傣族 傣族竹楼里有两根主要的柱子，名叫男柱女柱，是傣族原始宗教中房神的象征物。

【流传】（无考）

【出处】《桑木底故事系列》，陈平根据《中国各民族宗教与神话大辞典》及《傣族民间故事选》改写，见姚宝瑄主编《中国各民族神话》（哈尼族、傣族），太原：山西出版传媒集团·书海出版社2014年版，第344页。

W0454. 3

屋神的职能（屋神的能力）

实 例

（参见下级母题实例）

W0454. 3. 0

房屋神主司保护家庭和家中的人

实 例

羌族 （参见“W0454. 4. 0. 1 房屋神几贵士”母题实例）

W0454. 3. 1

屋神能保母子平安

实 例

满族 赵姓用皮制房神山神偶，女性，身上挂彩穗，象征飞天云彩，神偶为腾飞状。该神主要保佑母亲和孩子健康、平安，尤其是不得妇女病。

【流传】吉林省·吉林地区（吉林市）·市郊红旗乡

【出处】

(a) 富育光、孟慧英：《满族萨满教研究》，北京：北京大学出版社1991年版，第120~122页。

(b)《神偶的主要分布地域》，见吕大吉、何耀华总主编《中国各民族原始宗教资料集成》（鄂伦春族卷、鄂温克族卷、赫哲族卷、达斡尔族卷、锡伯族卷、满族卷、蒙古族卷、藏族卷），北京：中国社会科学出版社1999年版，第490页。

W0454. 3. 2

屋神司住宅平安

实 例

赫哲族 房神（agəjat’a）是人形的神，偶像平顶为男神，尖顶为女神，司住宅的平安。

【流传】（松花江下游地区依兰县至抚远市一带）

【出处】

(a) 凌纯声：《松花江下游的赫哲族》，（原1934年南京刊印本），北京：民族出版社2012年版，第156页。

(b)《人形诸神》，见吕大吉、何耀华总主编《中国各民族原始宗教资料集成》（鄂伦春族卷、鄂温克族卷、赫哲族卷、达斡尔族卷、锡伯族卷、满族卷、蒙古族卷、藏族卷），北京：

中国社会科学出版社 1999 年版，第 204 页。

W0454.3.3

屋神兼人的保护神

实 例

满族 杨姓司室宅、人身安全的女性神偶为皮制，双眼由铁丝嵌内，凸形，双臂呈飞腾状，有发辫。

【流传】吉林省·吉林地区（吉林市）·永吉县·大绥河乡·小绥河村

【出处】

(a) 富育光、孟慧英：《满族萨满教研究》，北京：北京大学出版社 1991 年版，第 120～122 页。

(b)《神偶的主要分布地域》，见吕大吉、何耀华总主编《中国各民族原始宗教资料集成》（鄂伦春族卷、鄂温克族卷、赫哲族卷、达斡尔族卷、锡伯族卷、满族卷、蒙古族卷、藏族卷），北京：中国社会科学出版社 1999 年版，第 490 页。

W0454.3.4

屋神主管房屋

实 例

壮族 屋神是主管房屋的神。

【流传】广西壮族自治区·（百色市）·靖西县（靖西市）

【出处】凌树东搜集整理：＊《广西靖西县壮族诸神表》（1991），见吕大吉、何耀华总主编《中国各民族原始宗教资料集成》（土家族卷、瑶族卷、壮族卷、黎族卷），北京：中国社会科学出版社 1998 年版，第 494 页。

W0454.4

与屋神有关的其他母题

【关联】［W0906.10.1］屋灵

实 例

（参见下级母题实例）

W0454.4.0

房屋神的名字

实 例

（参见下级母题实例）

W0454.4.0.1

房屋神几贵士

实 例

羌族 “几贵士”（Ji Gwe Sei），为家神或房屋神，负责保护家庭和家中的人。

【流传】四川省·（阿坝藏族羌族自治州）·汶川县·龙溪乡·龙溪寨

【出处】

(a)［美］格莱汉撰，钱谦译：《羌族习俗》，载《宗教学研究》1988 年第 1 期。

(b) 同（a），＊《龙溪乡龙溪寨的白石崇拜》，见吕大吉、何耀华总主编《中国各民族原始宗教资料集成》（纳西族卷、羌族卷、独龙族卷、傈僳族卷、怒族卷），北京：中国社会科学出版社 2000 年版，第 473 页。

W0454.4.1

屋内主柱是房神的象征

实 例

傣族 （参见“W0454.2.1.2 房神分男女”母题实例）

W0454.4.1.1

房中柱子神

实 例

彝族 房中锅桩神，房中柱子神。

【流传】 云南省·（昆明市）·禄劝县（禄劝彝族苗族自治县）·云龙乡·卡问村

【出处】 张仲仁（彝族）翻译：*《禄劝彝族的祈福经》，见吕大吉、何耀华总主编《中国各民族原始宗教资料集成》（彝族卷、白族卷、基诺族卷），北京：中国社会科学出版社 1996 年版，第 288 ~ 290 页。

W0454.4.1.2

房屋中柱神

实 例

（参见下级母题实例）

W0454.4.1.2.1

房屋中柱神又称中央皇帝

实 例

羌族 房屋中柱有中柱神，又称中央皇帝。

【流传】 四川省·（阿坝藏族羌族自治州）·理县·桃坪乡·增头寨

【出处】

（a）杨茂山（释比，64 岁）唱，周巴翻译，钱安靖整理：《上坛经》（1983.10）说明文字，见钱安靖《羌族和羌语支各居民集团宗教习俗调查报告》，四川大学宗教研究所油印本，1987 年 12 月。

（b）同（a），见吕大吉、何耀华总主编《中国各民族原始宗教资料集成》（纳西族卷、羌族卷、独龙族卷、傈僳族卷、怒族卷），北京：中国社会科学出版社 2000 年版，第 528 页。

W0454.4.1.2.2

中柱神里勿

实 例

羌族 羌民室内所供奉之神大概各地都是十二尊，其中里勿（Ngi-yu）是中柱神

【流传】 四川省·（阿坝藏族羌族自治州）·理县·星上寨等

【出处】 胡鉴民：《羌族的信仰与习为》，原载《边疆研究论丛》1941 年，见吕大吉、何耀华总主编《中国各民族原始宗教资料集成》（纳西族卷、羌族卷、独龙族卷、傈僳族卷、怒族卷），北京：中国社会科学出版社 2000 年版，第 476 页。

W0454.4.2

上梁神

实 例

（参见下级母题实例）

W0454.4.2.1

上梁神主管房屋

实 例

壮族 上梁神是主管房屋的神。

【流传】广西壮族自治区·（百色市）·靖西县（靖西市）

【出处】凌树东搜集整理：＊《广西靖西县壮族诸神表》（1991），见吕大吉、何耀华总主编《中国各民族原始宗教资料集成》（土家族卷、瑶族卷、壮族卷、黎族卷），北京：中国社会科学出版社 1998 年版，第 495 页。

W0454.4.3

中梁神

实 例

（参见下级母题实例）

W0454.4.3.1

中梁神启萨祖格

实 例

羌族 每家供奉和私祭的神有十尊。其中“启萨祖格”（中梁神），又称中央皇帝。

【流传】四川省·（阿坝藏族羌族自治州）·理县·桃坪乡·增头寨

【出处】

（a）钱安靖：《羌族宗教习俗调查资料》，见羌族社会历史调查四川省编写组编《羌族社会历史调查》，成都：四川省社会科学院出版社 1985 年版。

（b）同（a），见吕大吉、何耀华总主编《中国各民族原始宗教资料集成》（纳西族卷、羌族卷、独龙族卷、傈僳族卷、怒族卷），北京：中国社会科学出版社 2000 年版，第 475 页。

W0454.4.3.2

中梁神又称中央皇帝

实 例

羌族 （参见“W0454.4.3.1 中梁神启萨祖格”母题实例）

W0454a

洞神（山洞神）

实 例

（参见下级母题实例）

W0454a.1

把门的洞神

实 例

布依族 茫耶到达西方神洞取五谷种时，从洞门两面跳出两个把门的洞神。

【流传】（无考）

【出处】

（a）汛河搜集整理：《茫耶寻谷种》，见谷德明编《中国少数民族神话选》，西北民族学院研究所1983年编印，内部资料。

（b）同（a），见姚宝瑄主编《中国各民族神话》（布依族、仡佬族、苗族），太原：山西出版传媒集团·书海出版社2014年版，第43页。

W0454a. 1. 1

2个把门的洞神

实 例

（参见下级母题实例）

W0454a. 1. 1. 1

2个把门的洞神，一个红脸手拿斧头，一个黑脸手拿大刀

实 例

布依族 去西天取谷种的茫耶（人名）朝放谷种的洞的大门走去时，忽然从洞门两面跳出两个把门的洞神。一个是红脸，手拿两把大斧头；一个是黑脸，手拿一把大刀，挡住了去路。

【流传】（无考）

【出处】 李箐搜集整理：《茫耶寻谷种》，原载陶立璠、李耀宗编《中国少数民族神话传说选》，见陶阳、钟秀编《中国神话》（下），北京：商务印书馆2008年版，第1166～1171页。

W0455

丰收神（丰产神）

【关联】［W0497. 8. 6］山神管收成

实 例

（参见下级母题实例）

W0455. 1

丰收神的产生

实 例

（参见下级母题实例）

W0455. 1. 1

卵生丰收神

实 例

（参见下级母题实例）

W0455. 1. 1. 1

1对蛋孵出丰收神和善良神

实 例

纳西族 一对蛋孵出了丰收神和善良神。

【流传】 云南省·丽江（丽江市）

【出处】 和芳讲：《崇搬图》，见《东巴经文资料》（1963－1964），中国社科院图书馆单册复印云南丽江县文化馆资料合订本，内部编印，第8页。

W0455. 2

丰收神的特征

实 例

（实例待考）

W0455.3
特定名称的丰收神

实 例

（参见下级母题实例）

W0455.3.1
土地神是丰收神

【关联】［W0236］土地神（土神，土地，土地公，土地公公，土地爷爷，土地奶奶）

实 例

汉族 （实例待考）

W0455.3.2
丰收之神布翁多吉

实 例

珞巴族 东英汉衣（传说中的女鬼、女精灵）收了很多旱稻、玉米和鸡爪谷，准备送给丰收之神布翁多吉。她用红布包好后，让弟弟东英布能送去（珞巴族习俗，向对方送红色的东西，表示挑战和对抗，不是友好的态度）。

【流传】 西藏自治区·（林芝市）·米林（米林县）

【出处】 达布讲，李坚尚、裴富珍搜集整理，刘东翻译：《布翁多吉》，见中华民族故事大系编委会编《中华民族故事大系》第16卷（赫哲族、门巴族、珞巴族、基诺族），上海：上海文艺出版社1995年版，第458～459页。

W0455.3.3
丰收神塔冉尼阿尔比惕哈胡腾格里

实 例

（参见下级母题实例）

W0455.3.3.1
塔冉尼阿尔比惕哈胡腾格里是赐丰收之天

实 例

蒙古族 塔冉尼阿尔比惕哈胡腾格里是赐丰收之天（在蒙古族民间宗教或萨满神词中，“天”与“腾格里”常常通用，此处可以看作是泛指诸神）。

【流传】（无考）

【出处】 额尔德木图：《蒙古英雄史诗与孛额唱词中的“腾格里”》，载《内蒙古社会科学》（汉文版）1995年第5期。

W0455.3.4
丰收神米司尼

实 例

（参见下级母题实例）

W0455.3.4.1
山上各种精灵的总管米司尼主宰农业丰歉

【关联】

① ［W0395. 0. 2］山神米司尼主宰山林
② ［W0395. 4a. 2］山神管丰歉

实 例

傈僳族 山上各种精灵的总管米司尼，也是农业丰歉的决定者。

【流传】云南省·怒江地区（怒江傈僳族自治州）

【出处】杨建和：《怒江傈僳族的宗教信仰》，见宋恩常编《中国少数民族宗教初编》，昆明：云南人民出版社1985年版，第223～224页。

W0455. 3. 5

保丰收之神经日不朗

【关联】［W0906. 2. 3. 2a］地鬼经日不朗

实 例

独龙族 “经日不朗”（地鬼）是保丰收之神。

【流传】云南省·（怒江傈僳族自治州）·贡山县（贡山独龙族怒族自治县）

【出处】洪俊：《贡山第四区第三行政村解放前独龙族社会组织调查》，见中国科学院民族研究所云南民族调查组等编：《云南省怒江独龙族社会调查》（调查材料之七），内部编印，1964年，第32页。

W0455. 4

与丰收神有关的其他母题

【关联】

① ［W0147. 4. 3a］田公地母能保粮食丰收
② ［W0287. 3. 5. 1］北斗神司农业丰歉，又司人之爵禄、夭寿
③ ［W0395. 4a. 2］山神管丰歉
④ ［W0546. 0b. 1］五谷神主宰粮食的丰歉
⑤ ［W0655. 4. 4. 3］祖先神保丰收

实 例

（参见下级母题实例）

W0455. 4. 1

歉收神

实 例

（参见下级母题实例）

W0455. 4. 1. 1

五谷不丰收的“寸”鬼

实 例

纳西族 可兴可乐（天女波白命的舅舅，也是波白命的公公，因人间的利恩若抢走波白命结怨）支派了五谷不丰收的“寸”鬼，来到人间作祟，弄得利恩若家里谷不丰登了。

【流传】云南省·（丽江市）·丽江县（古城区、玉龙纳西族自治县）

【出处】木丽春采集整理：《斗本的来历》（注：斗本，即祛灾仪式），见木丽春编著《纳西族民间故事集》，昆明：云南人民出版社2007年版，第254页。

W0455.4.2
鼠王主人间五谷丰收

实 例

白族 鼠王是五谷娘娘的丈夫，主人间五谷丰收。

【流传】云南省·（大理白族自治州）·鹤庆县

【出处】章虹宇调查整理：《鹤庆白族马鼠狗羊祭》，见吕大吉、何耀华总主编《中国各民族原始宗教资料集成》（彝族卷、白族卷、基诺族卷），北京：中国社会科学出版社1996年版，第515页。

W0456
纺织神

【关联】

① ［W0459.5.1］衣神的产生

② ［W6120～W6123］纺织

实 例

汉族 （实例待考）

W0456.1
纺织女神

【汤普森】A451.3.1

【关联】［W6122.2］女猎神教人纺织

实 例

（参见下级母题实例）

W0456.1.1
白昼神和黑夜神生纺织女神

实 例

景颇族 白昼神和黑夜神孕育了纺织女神。

【流传】云南省·（德宏傣族景颇族自治州）·盈江县支丹山吾寨

【出处】萧家成译著：《勒包斋娃——景颇族创世史诗》，北京：民族出版社1992年版，第6页。

W0456.2
男女纺织神

实 例

（参见下级母题实例）

W0456.2.1
姐弟俩纺织神

实 例

（参见下级母题实例）

W0456.2.1.1
姐姐圭忽（桂花）和弟弟毕什（风）成为纺织神

实 例

白族 劳谷（男始祖）和劳泰（女始祖）被尊称为天公、地母。他们繁衍白族的10对子女也分别被尊为神。其中五姑娘圭忽（桂花）和五儿子毕什（风）成为纺织神。

【流传】云南省·（大理白族自治州）·鹤庆（鹤庆县），丽江（丽江市）及（丽江市）·永胜（永胜县）

【出处】李剑飞讲，李缵绪、章虹宇记录：《人类和万物的起源》（又名《劳谷与劳泰》、《古干古洛创世记》），原载李缵绪主编《白族神话传说集成》，中国民间文艺出版社1986年版，见姚宝瑄主编《中国各民族神话》（白族、拉祜族、景颇族），太原：山西出版传媒集团·书海出版社2014年版，第28页。

W0457
福神

实 例

（参见下级母题实例）

W0457.1
福神的产生

实 例

（参见下级母题实例）

W0457.1.1
天官视为福神

实 例

汉族 唐代的三元节，官方下令天下禁屠三日，命令百姓停止宰杀渔猎。由于天官可以赐福，民间将天官视为“福神”，与禄、寿二神并列。

【流传】（无考）

【出处】《三官》，见乌丙安主编《中国民间神谱》，沈阳：辽宁人民出版社2007年版，第248页。

W0457.2
福神的特征（福神的职能）

实 例

（参见下级母题实例）

W0457.2.1
福神主宰人间福运

实 例

汉族 福神主宰人间幸福、运气的福运之神。

【流传】（无考）

【出处】《福神》，见乌丙安主编《中国民间神谱》，沈阳：辽宁人民出版社2007年版，第146页。

W0457.2.2
福神专为世人作福

实 例

蒙古族 （参见“W0457.3.0.4 福神姑娘腾格里（喇哈木腾格里）”母题实例）

W0457.3
与福神有关的其他母题

实 例

（参见下级母题实例）

W0457.3.0

特定名称的福神（福神的名字）

【关联】［W0768.15.2.2］东王公是福神

实　例

（参见下级母题实例）

W0457.3.0.1

福神杨成

实　例

汉族 福神者本道州刺史杨公讳成。昔汉武帝爱道州矮民，以为宫奴玩戏。杨公守郡，以表奏闻，云“臣按五典，本土只有矮民无矮奴也”，武帝感悟，更不复取。郡人立祠绘像供养，以为本州福神也。

【流传】（无考）

【出处】［明］撰者不详：《三教源流搜神大全》，［清］叶德辉本卷四。

W0457.3.0.2

造福女神华岳三娘

【关联】［W0467.3.7.1］华岳三娘又称华山三圣母（华岳三娘又称华山三公主）

实　例

汉族 华岳三娘被青年男女奉为佑助婚恋的爱神，也被奉为造福女神。

【流传】（无考）

【出处】《华岳三娘》，见乌丙安主编《中国民间神谱》，沈阳：辽宁人民出版社2007年版，第136页。

W0457.3.0.3

福神和合二仙

【关联】［W0827b.1.3］和合二仙是民间喜神

实　例

汉族 福神还有和合二仙、招财童子、利市仙官、送子张仙、魏微以及杨成等。

【流传】（无考）

【出处】《福神》，见乌丙安主编《中国民间神谱》，沈阳：辽宁人民出版社2007年版，第146页。

W0457.3.0.4

福神姑娘腾格里（喇哈木腾格里）

实　例

蒙古族 成就事务的姑娘腾格里，又称喇哈木腾格里。大慈大悲，专为世人作福的天（在蒙古族民间宗教或萨满神词中，“天”与“腾格里”常常通用，此处可以看作是泛指诸神）。

【流传】（无考）

【出处】额尔德木图：《蒙古英雄史诗与孛额唱词中的“腾格里”》，载《内蒙古社会科学》（汉文版）1995年第5期。

W0457. 3. 0. 5
福神暖图察罕腾格里

实 例

（参见下级母题实例）

W0457. 3. 0. 5. 1
赐予百姓安乐的33个暖图察罕·腾格里

实 例

蒙古族 三十三个暖图察罕·腾格里是赐予百姓安乐之天，又称暖图察罕腾格里。

【流传】（无考）

【出处】额尔德木图：《蒙古英雄史诗与孛额唱词中的“腾格里”》，载《内蒙古社会科学》（汉文版）1995年第5期。

W0457. 3. 0. 6
福神喜利妈妈

实 例

（参见下级母题实例）

W0457. 3. 0. 6. 1
福神喜利妈妈是神也是人

实 例

锡伯族 锡伯族的福神“喜利妈妈”是“神”，也是人。她是两千多年前锡伯族祖先拓跋鲜卑的开国皇帝——成皇帝拓跋毛的救命恩人。她死后，被成皇帝封为“福神”。

【流传】内蒙古自治区、中国东北地区

【出处】吴竹芳讲，吴长春整理：《喜利妈妈》，见姚宝瑄主编《中国各民族神话》（乌孜别克族、哈萨克族、柯尔克孜族、俄罗斯族、维吾尔族、塔吉克族、塔塔尔族、锡伯族），太原：山西出版传媒集团·书海出版社2014年版，第326页。

W0457. 3. 0. 6. 2
喜利妈妈救苦救难

实 例

锡伯族 “喜利妈妈”是锡伯族人信仰的救苦救难的“福神”。

【流传】内蒙古自治区、中国东北地区

【出处】吴竹芳讲，吴长春整理：《喜利妈妈》，见姚宝瑄主编《中国各民族神话》（乌孜别克族、哈萨克族、柯尔克孜族、俄罗斯族、维吾尔族、塔吉克族、塔塔尔族、锡伯族），太原：山西出版传媒集团·书海出版社2014年版，第326页。

W0457. 3. 0a
福神的生活

实 例

（参见下级母题实例）

W0457. 3. 0a. 1
福神居九层天上

实 例

彝族 福神在天上，在天九层上。

【流传】云南省·（昆明市）·禄劝县（禄劝彝族苗族自治县）·云龙乡·卡问村

【出处】张仲仁（彝族）翻译：*《禄劝彝族的祈福经》，见吕大吉、何耀华总主编《中国各民族原始宗教资料集成》（彝族卷、白族卷、基诺族卷），北京：中国社会科学出版社1996年版，第288~290页。

W0457.3.1

禄神

实 例

（参见下级母题实例）

W0457.3.1.1

正一福禄财神真君比干

【关联】［W0451.6.1.1.1］比干掌管30岁人以后的财运

实 例

汉族 比干死后被封为文曲星，北斗第4星。另封为国神，即道门福禄寿中的禄。福禄寿中的禄即为比干。另封为正一福禄财神真君、天官文财尊神等。

【流传】（无考）

【出处】《财神》（道教神明），https：//baike.baidu.com/item，2018.03.26。

W0457.3.1.2

禄神张仙神

实 例

（参见下级母题实例）

W0457.3.1.2.1

禄神张仙神送子

实 例

汉族 禄神是为送子张仙神，不仅佑人加官，亦可保人得子。

【流传】（无考）

【出处】《禄神》，见乌丙安主编《中国民间神谱》，沈阳：辽宁人民出版社2007年版，第147页。

W0457.3.1.3

禄神张远霄

实 例

（参见下级母题实例）

W0457.3.1.3.1

禄神张远霄专除民间灾事祸患

实 例

汉族 禄神是五代时的得道仙人张远霄，他专除民间灾事祸患。

【流传】（无考）

【出处】《禄神》，见乌丙安主编《中国民间神谱》，沈阳：辽宁人民出版社2007年版，第147页。

W0457. 3. 1. 4
禄神又名禄星

实 例

汉族 禄神又名禄星，司禄，主司加官进禄之神。

【流传】（无考）

【出处】《禄神》，见乌丙安主编《中国民间神谱》，沈阳：辽宁人民出版社 2007 年版，第 147 页。

W0457. 3. 1. 5
禄神主司加官进禄

实 例

汉族 （参见“W0457. 3. 1. 4 禄神又名禄星”母题实例）

W0457. 3. 1. 6
蜀中神梓潼帝君专掌注禄籍

【关联】［W0497. 7. 26. 4］文昌神又称梓潼神

实 例

汉族 梓潼帝君为蜀中神，专掌注禄籍。

【流传】（无考）

【出处】［宋］吴自牧：《梦粱录》卷十四，杭州：浙江人民出版社 1980 年版，第 131 页。

W0457. 3. 2
请福神

实 例

汉族 请福神与迎福神听明圣谕，不敢怠慢，驾祥云来至牛心山下。

【流传】河南省·（南阳市）·西峡县［采录地点：西峡县·军马河乡·军马河村］

【出处】马文生采录，谢起超采录整理：《血缘配》（1986. 04），见张振犁编著，孟宪明、朱淑君统纂《中原神话通鉴》（第二卷），郑州：河南大学出版社 2017 年版，第 388 页。

W0457. 3. 3
迎福神

实 例

汉族 灾难后，幸存的一对姐弟繁衍人类。值班神见天下升起了袅袅炊烟，慌忙禀告了玉帝，玉帝听后十分欢喜，忙下了一道御旨兴世圣人，现已大事成就，功德已满。御令清福神、迎福神为接引御使，接引兴世圣人前往蓬莱仙岛静养。

【流传】河南省·（南阳市）·西峡县［采录地点：西峡县·军马河乡·军马河村］

【出处】马文生采录，谢起超采录整理：《血缘配》（1986. 04），见张振犁编著，孟宪明、朱淑君统纂《中原神话通鉴》（第二卷），郑州：河南大学出版社 2017 年版，第 388 页。

W0457.3.4

福禄神

实 例

（参见下级母题实例）

W0457.3.4.1

龙被视为福禄神

实 例

彝族（撒尼）“龙”是一种神秘的动物神，故将它视为“福禄神”。

【流传】云南省·昆明（昆明市）·（寻甸回族彝族自治县）·（先锋乡）·恰普鲁村

【出处】张福记录：《祭龙求雨祈丰年仪式》（1956），见吕大吉、何耀华总主编《中国各民族原始宗教资料集成》（彝族卷、白族卷、基诺族卷），北京：中国社会科学出版社 1996 年版，第 320 页。

W0457a

复仇之神

实 例

汉族 箕山公神许由早为孔甲夺走箕山山民之子而愤恨。他刮起大风，本想把厅椽摧折，把孔甲的使臣砸死。

【流传】河南省·（郑州市）·登封市

【出处】《箕山怀的传说》，见张振犁编著，孟宪明、朱淑君统纂《中原神话通鉴》（第四卷），郑州：河南大学出版社 2017 年版，第 1042 页。

W0457a.1

复仇之神爱报复

实 例

蒙古族（布里亚特）（参见“W0457a.2 复仇之神休鲁·腾格里”母题实例）

W0457a.2

复仇之神休鲁·腾格里

实 例

蒙古族（布里亚特）乌和·希亚汉·休鲁·腾格里即“爱报复的休鲁·腾格里”。他能降春寒、夏寒于地上，并因此而造成野生植物和谷类作物的大批死亡。

【流传】（无考）

【出处】［苏联］И. А. 曼日格耶夫著，宋长宏译，佟德富校：《布里亚特萨满教和前萨满教辞典》（俄文版），莫斯科：科学出版社 1978 年版，第 82 页，见吕大吉、何耀华总主编《中国各民族原始宗教资料集成》（鄂伦春族卷、鄂温克族卷、赫哲族卷、达斡尔族卷、锡伯族卷、满族卷、蒙古族卷、藏族卷），北京：中国社会科学出版社 1999 年版，第 628 页。

W0457a.3

复仇女神

实 例

（参见下级母题实例）

W0457a. 3. 1

复仇女神专门惩罚负心汉

实 例

怒族 一个姑娘敢上绳梯取一窝野蜂蜂蜜时被嫉妒的小伙砍断绳梯后，变成了石门关的崖神，经常吼叫着要抓获那些负心而又绝情的男子。

【流传】云南省·（怒江傈僳族自治州）·贡山县（贡山独龙族怒族自治县）

【出处】何叔涛调查整理：《崖神传说四则》（1988），见吕大吉、何耀华总主编《中国各民族原始宗教资料集成》（纳西族卷、羌族卷、独龙族卷、傈僳族卷、怒族卷），北京：中国社会科学出版社 2000 年版，第 904 ~ 905 页。

W0457a. 3. 2

复仇女神班旦拉姆

实 例

（参见下级母题实例）

W0457a. 3. 2. 1

复仇女神班旦拉姆性情暴烈

实 例

藏族 班旦拉姆是位性情暴烈的复仇女神，在佛法上拥有无可争议的权力。

【流传】西藏自治区·拉萨市·南郊·次却林乡

【出处】廖东凡搜集：《白拉姆女神和赤尊赞》，原载《西藏民间故事选》，见陶阳、钟秀编《中国神话》（中），北京：商务印书馆 2008 年版，第 953 ~ 955 页。

W0458

光明之神（光明神，光神）

【汤普森】A260

实 例

（参见下级母题实例）

W0458. 1

光明神的产生

实 例

（实例待考）

W0458. 2

光明神的特征

实 例

（参见下级母题实例）

W0458. 2. 1

光明神的性别

实 例

（实例待考）

W0458. 2. 1. 1

光明女神

【汤普森】A260. 1

实 例

（实例待考）

W0458.2.2
光明神的体征

实 例

（参见下级母题实例）

W0458.2.2.1
光神光明明

实 例

彝族 光神光明明。

【流传】 贵州省

【出处】《献酒经》，原载丁文江《爨文丛刻》（甲编），见吕大吉、何耀华总主编《中国各民族原始宗教资料集成》（彝族卷、白族卷、基诺族卷），北京：中国社会科学出版社1996年版，第48页。

W0458.2.3
光明神的性格

实 例

（实例待考）

W0458.2.3.1
光明之神是善神

【汤普森】 ≈A107

【关联】［W0125］善神（慈悲之神）

实 例

（实例待考）

W0458.3
光明神的职能

实 例

（实例待考）

W0458.4
光明神的类型

实 例

（参见下级母题实例）

W0458.4.1
曙光之神

【汤普森】 A270

实 例

（实例待考）

W0458.4.2
驱赶黑暗之神

实 例

（参见下级母题实例）

W0458.4.2.1
启明星是驱赶黑暗之神

实 例

鄂温克族 启明星是驱赶黑暗之神。

【流传】（内蒙古自治区·呼伦贝尔市·根河市·敖鲁古雅地区）使用驯鹿鄂温克人

【出处】 纽拉（女萨满，1907年生）讲，孟和、玛尼记录整理采录整理：

《敖鲁古雅鄂温克萨满的神衣》，见吕大吉、何耀华总主编《中国各民族原始宗教资料集成》（鄂伦春族卷、鄂温克族卷、赫哲族卷、达斡尔族卷、锡伯族卷、满族卷、蒙古族卷、藏族卷），北京：中国社会科学出版社 1999 年版，第 138 ~ 139 页。

W0458. 4. 3
开启明亮之神

实 例

（参见下级母题实例）

W0458. 4. 3. 1
开启明亮的神仙莫西一

实 例

羌族 开启明亮的神仙莫西一。

【流传】四川省·（阿坝藏族羌族自治州）·汶川县·雁门乡·索桥村·小寨子组

【出处】周毓华：《羌族原始宗教经典及神灵系统调整》，载《西藏民族学院学报》2010 年第 3 期。

W0458. 4. 4
造光明之神

【关联】

① ［W0458］ 光明之神（光明神，光神）

② ［W4600］ 光的产生

实 例

（参见下级母题实例）

W0458. 4. 4. 1
造明之神果楼生冷猎

实 例

苗族 造明之神果楼生冷猎。

【流传】（无考）

【出处】石宗仁整理：《创天立地》，见高明强编《创世的神话和传说》，上海：上海三联书店 1988 年版，第 63 页。

W0458. 5
与光明神有关的其他母题

实 例

（参见下级母题实例）

W0458. 5. 1
日月是光明之神

实 例

（参见下级母题实例）

W0458. 5. 1. 1
日月是善良的光明神

实 例

瑶族 住在天空的太阳和月亮，是两个心肠好的光明之神。

【流传】（无考）

【出处】

（a）赵老大讲，梅中泉记录整理：《日月成婚》，载《山茶》1983 年第 3 期。

（b）同（a），见姚宝瑄主编《中国各民族神话》（土家族、毛南族、侗族、瑶族），太原：山西出版传媒集团·书海出版社2014年版，第178页。

W0459
工匠神

【汤普森】①A141；②A451

实 例

（参见下级母题实例）

W0459.1
纺车神

实 例

汉族 （实例待考）

W0459.2
弓箭神

【关联】［W6970～W6979］弓箭

实 例

（参见下级母题实例）

W0459.2.1
弓箭女神

【关联】［W0044.2a.2.2］东海窝集部尼玛察地方的族长成为弓箭女神

实 例

（参见下级母题实例）

W0459.2.1.1
弓箭女神多龙格格

实 例

满族 尼玛察族（杨姓）供奉箭神多龙格格。

【流传】（无考）

【出处】《多龙格格》，见傅英仁口述，张爱云整理《傅英仁满族故事》（上），哈尔滨：黑龙江人民出版社2006年版，第23页。

满族 多龙格格是满族的弓箭女神。

【流传】（无考）

【出处】富育光、孟慧英、王宏刚整理：《多龙格格》，见姚宝瑄主编《中国各民族神话》（满族、赫哲族、朝鲜族），太原：山西出版传媒集团·书海出版社2014年版，第73页。

满族 多龙格格，为旧时尼马察氏族（杨姓）所供奉的弓箭神。

【流传】黑龙江省·（牡丹江市）·宁安县·江东乡（江南朝鲜族满族乡）·花脸沟村（今解放村）

【出处】杨明河讲，傅英仁采录：《多龙格格》，见中国民间文学集成全国编辑委员会编《中国民间故事集成》（黑龙江卷），北京：中国ISBN中心2005年版，第78～80页。

W0459. 2. 1. 1. 1

女酋长多龙用箭除掉恶鹏被族人供为弓箭神

实 例

满族 多龙（女酋长名）用学的箭术除尽恶鹏，并留下神箭后飞向长白山，被族人供为弓箭神。

【流传】（无考）

【出处】富育光、孟慧英、王宏刚整理：《多龙格格》，见姚宝瑄主编《中国各民族神话》（满族、赫哲族、朝鲜族），太原：山西出版传媒集团·书海出版社 2014 年版，第 73 页。

W0459. 2. 1. 2

弓箭女神长着双翅，人面鸟身

实 例

满族 弓箭女神的神偶为长着双翅的人面鸟身像。

【流传】（无考）

【出处】富育光、孟慧英、王宏刚整理：《多龙格格》，见姚宝瑄主编《中国各民族神话》（满族、赫哲族、朝鲜族），太原：山西出版传媒集团·书海出版社 2014 年版，第 73 页。

W0459. 2. 2

箭神

实 例

汉族 （实例待考）

W0459. 3

铁匠神

【汤普森】A142

【关联】

① ［W0443. 9. 1. 1］铁匠保护神（炼铁的保护神）

② ［W0658a. 8. 25. 1］铁匠祖师老君

③ ［W1103. 4. 2］创世神和铁匠神分别造天地

④ ［W6076. 6］铁匠

实 例

（参见下级母题实例）

W0459. 3. 1

铁匠神阿尔师傅

实 例

（参见下级母题实例）

W0459. 3. 1. 1

铁匠神阿尔师傅造开天地的铜铁叉

实 例

彝族 天王大神恩梯古兹命令铁匠神阿尔师傅打造分开天开地的铜铁叉。

【流传】（无考）

【出处】《天神造天地》，见姚宝瑄主编《中国各民族神话》（羌族、彝族），太原：山西出版传媒集团·书海出版社 2014 年版，第 86 页。

W0459.3.2

铁匠女神

实　例

（参见下级母题实例）

W0459.3.2.1

铁匠鬼女能保佑打制的铁器锋利耐用

实　例

基诺族 铁匠的职能之一，是在元旦时举行打铁仪式，在仪式的午宴上卓巴（寨父）与铁匠首先用酒、肉、饭祭铁匠鬼女，请她保佑打制的铁器锋利耐用，山地农业丰收。

【流传】 云南省·（西双版纳傣族自治州·景洪市）·基诺山（基诺山基诺族乡）·戛里果箐一带

【出处】 杜玉亭调查整理：《巴亚寨铁匠的宗教性职能》（1980），见吕大吉、何耀华总主编《中国各民族原始宗教资料集成》（彝族卷、白族卷、基诺族卷），北京：中国社会科学出版社1996年版，第837页。

W0459.4

木匠神

【汤普森】 ①A143；②A451.2

【关联】［W0134.4.12.1］神会木匠活

实　例

汉族　（实例待考）

W0459.4a

石匠神

实　例

羌族 屋顶供奉的白石中有的代表"石匠神"。该神砌房屋有功，奉祀于屋角，也称"角角神"。

【流传】 四川省·（阿坝藏族羌族自治州）·理县·龙溪沟（今汶川县龙溪乡）

【出处】 西南民族学院研究室编：《羌（尔玛）族情况》，1954年，见吕大吉、何耀华总主编《中国各民族原始宗教资料集成》（纳西族卷、羌族卷、独龙族卷、傈僳族卷、怒族卷），北京：中国社会科学出版社2000年版，第470页。

W0459.5

衣神

【关联】［W6127］神教人制衣

实　例

（参见下级母题实例）

W0459.5.1

衣神的产生

【关联】［W6125］人穿衣服的来历

实　例

（实例待考）

W0459. 5. 2

衣神的特征

实 例

（实例待考）

W0459. 5. 3

特定名称的衣神

实 例

（参见下级母题实例）

W0459. 5. 3. 1

衣神织女

【关联】

①［W0766］织女

②［W0766. 4］织女的职能（织女的能力）

实 例

（参见下级母题实例）

W0459. 5. 3. 1. 1

织女下凡教人织布被称“衣神

实 例

汉族 织女下凡教凡间人织布，人们就称她为“衣神”。

【流传】福建省·（宁德市）·霞浦县·城关（松城街道及松港街道）

【出处】王庆国讲，郑东夫采录：《农神和衣神》，见中国民间文学集成全国编辑委员会编《中国民间故事集成》（福建卷），北京：中国 ISBN 中心 2008 年版，第 14 页。

W0459. 5. 4

与衣神有关的其他母题

实 例

（实例待考）

W0459. 6

陶神（制陶神，制陶业之神）

【汤普森】A451. 4

实 例

（参见下级母题实例）

W0459. 6. 1

陶神的产生

实 例

（实例待考）

W0459. 6. 2

陶神的特征

实 例

（实例待考）

W0459. 6. 3

与陶神有关的其他母题

实 例

（参见下级母题实例）

W0459. 6. 3. 1

陶业祖师和保护神是舜

实 例

汉族 石湾陶业奉舜为祖师和保护神。

【流传】广东省·佛山（佛山市）·石湾（石湾区）

【出处】李乔：《中国行业神崇拜》，北京：中国华侨出版社1990年版，第111页。

W0459.7

特定名称的工匠神

【关联】［W0768.20.2.1］鲁班是匠神

实　例

（参见下级母题实例）

W0459.7.1

工艺神达拉布

实　例

珞巴族 达拉布是珞巴族义都部落传说中的神，善于做工艺。

【流传】西藏自治区下察隅一带

【出处】维·埃尔温搜集：《达劳》，见中华民族故事大系编委会编《中华民族故事大系》第16卷（赫哲族、门巴族、珞巴族、基诺族），上海：上海文艺出版社1995年版，第618～619页。

W0459.7.2

工匠神罗德、挨依

实　例

（参见下级母题实例）

W0459.7.2.1

罗德、挨依二神带领大神造天架

实　例

哈尼族 大神里手艺最巧的工匠有两个，一个是罗德，一个是挨依，他们领着大神们造天架。

【流传】云南省·（红河哈尼族彝族自治州）·元阳县、金平县（金平苗族瑶族傣族自治县）、红河县等地

【出处】朱小和讲，史军超、卢朝贵搜集整理：《烟本霍本》，原载刘辉豪、阿罗编《哈尼族民间故事选》，上海文艺出版社1989年版，见姚宝瑄主编《中国各民族神话》（哈尼族、傣族），太原：山西出版传媒集团·书海出版社2014年版，第36页。

W0459.7.3

匠神吐莫炭

实　例

彝族 祈福时要祈十七神。其中有天神吾安普，地神尹安妣，祖神哲撒勒，族神碾木曾，女神乃迷冯，呗神纳莫革，匠神吐莫炭。

【流传】云南省·（昆明市）·禄劝县（禄劝彝族苗族自治县）·云龙乡·卡问村

【出处】张仲仁（彝族）翻译：*《禄劝彝族的祈福经》，见吕大吉、何耀华总主编《中国各民族原始宗教资料集成》（彝族卷、白族卷、基诺族

卷），北京：中国社会科学出版社1996年版，第288～290页。

W0459. 8

与工匠神有关的其他母题

实 例

（参见下级母题实例）

W0459. 8. 1

神匠

实 例

（参见下级母题实例）

W0459. 8. 1. 1

神匠掌管浊气层

实 例

彝族 “更”（天神更资）缠着母亲蒲依要玩伴，蒲依割了一半肝生小男孩，取名“阿尔”。阿尔长不高，更就给阿尔起了个名字叫“德布”（意即又矮又胖的小人）。后来更封德布阿尔为神匠，让他掌管浊气层。

【流传】云南省·（楚雄彝族自治州）·永仁县

【出处】

（a）曲木阿石等讲，罗有能整理：《更资天神》，见云南省楚雄州文教局、云南省楚雄州民委会编《楚雄民间文学资料》，内部资料，1979年。

（b）同（a），见姚宝瑄主编《中国各民族神话》（羌族、彝族），太原：山西出版传媒集团·书海出版社2014年版，第180页。

W0459a

歌神

【关联】［W0489. 2］音乐之神

实 例

（参见下级母题实例）

W0459a. 0

姐弟俩成为歌神

实 例

（参见下级母题实例）

W0459a. 0. 1

天公、地母生的女儿几米然（闪电）和儿子细肝飘（心肝宝贝）成为歌神

实 例

白族 劳谷（男始祖）和劳泰（女始祖）被尊称为天公、地母。他们繁衍白族的10对子女也分别被尊为神。其中十姑娘几米然（闪电）和十儿子细肝飘（心肝宝贝）成为歌神，永远享受人们的供祭。

【流传】云南省·（大理白族自治州）·鹤庆（鹤庆县），丽江（丽江市）及（丽江市）·永胜（永胜县）

【出处】李剑飞讲，李缵绪、章虹宇记录：《人类和万物的起源》（又名《劳谷与劳泰》、《古干古洛创世记》），原载李缵绪主编《白族神话传

说集成》，中国民间文艺出版社1986年版，见姚宝瑄主编《中国各民族神话》（白族、拉祜族、景颇族），太原：山西出版传媒集团·书海出版社2014年版，第28页。

W0459a.0.1.1

男女歌神几米然和细肝飘

实　例

白族 歌神“甲马”，画面是一管木唢呐和两片树叶，象征男、女歌神几米然和细肝飘。七月十五日“打歌”迎本主时使用。

【流传】 云南省·（大理白族自治州）·鹤庆县

【出处】 章虹宇：《关于鹤庆白族“甲马”》，载《山茶》1992年第6期。

W0459a.1

歌神戕云

实　例

苗族 戕云是苗族古老神话中的歌神。

【流传】（无考）

【出处】

(a) 龙海清整理：《歌神戕云》，见《中国各民族宗教与神话大词典》编审委员会编《中国各民族宗教与神话大词典》，北京：学苑出版社1990年版。

(b) 杨知勇改写：《蚩尤》，见姚宝瑄主编《中国各民族神话》（布依族、仡佬族、苗族），太原：山西出版传媒集团·书海出版社2014年版，第320页。

W0459a.2

歌神是穷神

实　例

（参见下级母题实例）

W0459a.2.1

贫穷的打鱼人戕云成为歌神

实　例

苗族 苗族的歌神戕云，原来出身贫苦，以打鱼为生。

【流传】（无考）

【出处】

(a) 龙海清整理：《歌神戕云》，见《中国各民族宗教与神话大词典》编审委员会编《中国各民族宗教与神话大词典》，北京：学苑出版社1990年版。

(b) 杨知勇改写：《蚩尤》，见姚宝瑄主编《中国各民族神话》（布依族、仡佬族、苗族），太原：山西出版传媒集团·书海出版社2014年版，第320页。

W0460

家畜神（畜神）

【汤普森】 A441

实　例

（参见下级母题实例）

W0460.0

家畜神的产生

实 例

（参见下级母题实例）

W0460.0.1

特定的动物神成为家畜神

实 例

（参见下级母题实例）

W0460.0.1.1

羊神成为家畜神

实 例

羌族 羊神本为羌族很重要的神，后转化为汉式的牛马二王和六畜神。

【流传】四川省·（阿坝藏族羌族自治州）·汶川县·绵池乡·簇头、沟头等寨

【出处】

(a) 王治国、王升明等提供：《绵池乡簇头、沟头寨的白石崇拜》（1983.11），原载钱安靖《羌族宗教习俗调查资料》，见羌族社会历史调查四川省编写组编《羌族社会历史调查》，成都：四川省社会科学院出版社 1985 年版。

(b) 同（a），见吕大吉、何耀华总主编《中国各民族原始宗教资料集成》（纳西族卷、羌族卷、独龙族卷、傈僳族卷、怒族卷），北京：中国社会科学出版社 2000 年版，第 474 页。

W0460.0.1.2

马死变畜神

实 例

纳西族 马老如蛙死，马死变畜神。

【流传】云南省·（迪庆藏族自治州）·中甸县（香格里拉县）·三坝区·东坝乡

【出处】那布若讲，和志武调查整理：《中甸三坝阮可超荐经调查》（1962，1989），见吕大吉、何耀华总主编《中国各民族原始宗教资料集成》（纳西族卷、羌族卷、独龙族卷、傈僳族卷、怒族卷），北京：中国社会科学出版社 2000 年版，第 103 页。

W0460.1

特定名称的家畜守护神

实 例

（参见下级母题实例）

W0460.1.1

保牧乐神

实 例

蒙古族 （实例待考）

W0460.1.2

然里

实 例

（参见下级母题实例）

W0460.1.2.1

始祖德摩诗匹封天神摩米的小儿子然里为家畜守护神

实 例

哈尼族 德摩诗匹（始祖，第一个大贝玛）吩咐天神摩米的小儿子然里说：“请你守好牛羊猪鸡，不要给它们打失一根细毛，不要让豹子老虎进圈来闹。”

【流传】 云南省·（红河哈尼族彝族自治州）·元阳（元阳县）、红河（红河县）、金平（金平苗族瑶族傣族自治县）［采集于元阳县攀枝花区洞铺寨］

【出处】 朱小和讲，史军超搜集整理：《动植物的家谱》（1982），原载云南省民间文学集成办公室编《哈尼族神话传说集成》，中国民间文艺出版社1990年版，见姚宝瑄主编《中国各民族神话》（哈尼族、傣族），太原：山西出版传媒集团·书海出版社2014年版，第142页。

W0460.1.3

畜神石斗加士

实 例

（参见下级母题实例）

W0460.1.3.1

畜神石斗加士负责管理和保护猪、牛、绵羊、山羊、鸡、鸭等家畜

实 例

羌族 “石斗加士”（STuja Sei），畜神，负责管理和保护家畜，如猪、牛、绵羊、山羊、鸡、鸭等。

【流传】 四川省·（阿坝藏族羌族自治州）·汶川县·龙溪乡·龙溪寨

【出处】

(a)［美］格莱汉撰，钱谦译：《羌族习俗》，载《宗教学研究》1988年第1期。

(b) 同（a），*《龙溪乡龙溪寨的白石崇拜》，见吕大吉、何耀华总主编《中国各民族原始宗教资料集成》（纳西族卷、羌族卷、独龙族卷、傈僳族卷、怒族卷），北京：中国社会科学出版社2000年版，第473页。

W0460.1.4

畜神称“糯”

实 例

纳西族 畜神称“糯”，共有十八位。

【流传】 云南省·丽江县（丽江市）·（玉龙纳西族自治县）·塔城（塔城乡）·依陇（依陇行政村）·巴甸村

【出处】 和学智（70岁）讲，杨福泉调查整理：《丽江塔城依陇地区的祭畜神仪式》（1989），见吕大吉、何耀华

总主编《中国各民族原始宗教资料集成》（纳西族卷、羌族卷、独龙族卷、傈僳族卷、怒族卷），北京：中国社会科学出版社 2000 年版，第 290 页。

W0460. 1. 5

家畜保护神牛王

实　例

（参见下级母题实例）

W0460. 1. 5. 1

牛王保护耕牛不染瘟疫

实　例

彝族（撒尼）牛王是家畜保护神，保护耕牛不染瘟疫。

【流传】云南省 · 昆明（昆明市）

【出处】张福记录：《撒弥支彝族的祭牛王马祖》（1965），见吕大吉、何耀华总主编《中国各民族原始宗教资料集成》（彝族卷、白族卷、基诺族卷），北京：中国社会科学出版社 1996 年版，第 339 页。

W0460. 2

家畜神的特征（家畜神的职能）

实　例

（参见下级母题实例）

W0460. 2. 1

畜神管放牧与牲畜兴旺繁殖

实　例

（参见下级母题实例）

W0460. 2. 1. 1

管放牧与牲畜兴旺繁殖之神鲁美亨赶

实　例

纳西族十八位畜神有管放牧与牲畜兴旺繁殖之神鲁美亨赶。

【流传】云南省 · 丽江县（丽江市）·（玉龙纳西族自治县）· 塔城（塔城乡）· 依陇（依陇行政村）· 巴甸村

【出处】和学智（70 岁）讲，杨福泉调查整理：《丽江塔城依陇地区的祭畜神仪式》（1989），见吕大吉、何耀华总主编《中国各民族原始宗教资料集成》（纳西族卷、羌族卷、独龙族卷、傈僳族卷、怒族卷），北京：中国社会科学出版社 2000 年版，第 290 页。

W0460. 3

家畜神的类型（家畜神的数量）

实　例

（参见下级母题实例）

W0460. 3. 1

畜神共 18 位

实　例

（参见下级母题实例）

W0460.3.1.1

18位畜神是天之畜神、地之畜神、桑神之畜神、盘神之畜神、胜利神之畜神、吾神之畜神、沃神之畜神、亨神之畜神、“鲁美亨赶”之畜神、“怒子阿八汝”之畜神、风与猎神之畜神、家神之畜神、村寨神之畜神等

实 例

纳西族 畜神共有十八位。包括天之畜神、地之畜神、桑神之畜神、盘神之畜神、胜利神之畜神、吾神之畜神、沃神之畜神、亨神之畜神、“鲁美亨赶”（管放牧与牲畜兴旺繁殖之神）之畜神、“怒子阿八汝”之畜神（此为畜神中最大者）、风与猎神之畜神、家神之畜神、村寨神之畜神等。

【流传】 云南省·丽江县（丽江市）·（玉龙纳西族自治县）·塔城（塔城乡）·依陇（依陇行政村）·巴甸村

【出处】 和学智（70岁）讲，杨福泉调查整理：《丽江塔城依陇地区的祭畜神仪式》（1989），见吕大吉、何耀华总主编《中国各民族原始宗教资料集成》（纳西族卷、羌族卷、独龙族卷、傈僳族卷、怒族卷），北京：中国社会科学出版社2000年版，第290页。

W0460.4

与家畜神有关的其他母题

【关联】［W0435.3］管家畜的神

实 例

（参见下级母题实例）

W0460.4.1

祭畜神

实 例

（参见下级母题实例）

W0460.4.1.1

家畜瘟疫流行或生祟时祭畜神

实 例

怒族 每逢家畜瘟疫流行或生祟时，各家就自行举行祭畜神仪式。

【流传】 云南省·（怒江傈僳族自治州）·兰坪（兰坪白族普米族自治县）

【出处】 李绍恩：《傈僳族、怒族中的哲学思想初探》，原载云南省民族理论研究学会云南分会筹备组编印《怒江民族研究》，1988年1~2期合刊，第64页，见吕大吉、何耀华总主编《中国各民族原始宗教资料集成》（纳西族卷、羌族卷、独龙族卷、傈僳族卷、怒族卷），北京：中国社会科学出版社2000年版，第864页。

W0461

猎神（狩猎神）

【汤普森】A452

实 例

（参见下级母题实例）

W0461. 1

猎神的产生

实 例

（参见下级母题实例）

W0461. 1. 0

神生猎神

实 例

（实例待考）

W0461. 1. 0. 1

天公、地母生的姐弟俩成为猎神

实 例

白族 （实例待考）

W0461. 1. 1

人变成猎神

【关联】［W00043］人变成神

实 例

纳西族 人变成猎神。

【流传】（无考）

【出处】和义光讲，杨增烈等搜集，勤耕整理：《祭猎神的由来》，见中华民族故事大系编委会编《中华民族故事大系》第9卷（水族、东乡族、纳西族），上海：上海文艺出版社1995年版，第933页。

W0461. 1. 1. 1

人修炼成猎神

实 例

（参见下级母题实例）

W0461. 1. 1. 1. 1

蓝大伯学法后成猎神

实 例

畲族 蓝大伯学法后成猎神。

【流传】（无考）

【出处】《猎神》，见中央民族学院少数民族文艺研究所编《中国民族民间文学》，北京：中央民族学院出版社1987年版，第588页。

W0461. 1. 1. 2

人死后成为猎神

实 例

独龙族 有一个叫朋松的人婚后生了1子叫阿卡提，死后变成了猎神。

【流传】云南省·（怒江傈僳族自治州）·贡山（贡山独龙族怒族自治县）·独龙江乡

【出处】阿柏讲·巴子采录：《猎神阿卡提》，见中国民间文学集成全国编辑委员会编《中国民间故事集成》（云南卷），北京：中国 ISBN 中心 2003 年版，第 389 页。

W0461.1.1.2.1 猎人死后成为猎神

实 例

白族 猎手能嬷把织网、支网、下扣子的方法教给了山神。山神和猎人又一起把打猎的办法教给山上打猎的人们。从此人们才开始用网具狩猎。后来，能嬷死了，人们感谢他的恩情，把他尊为猎神。

【流传】 云南省·（大理白族自治州）·洱源县

【出处】

(a) 孙生红讲，寿桃记录：《猎神能嬷》，见李缵绪主编《白族神话传说集成》，北京：中国民间文艺出版社 1986 年版。

(b) 同（a），见姚宝瑄主编《中国各民族神话》（白族、拉祜族、景颇族），太原：山西出版传媒集团·书海出版社 2014 年版，第 110 页。

白族 猎人能嬷死后，人们感谢他的恩情，就把他尊为猎神。

【流传】 云南省·（大理白族自治州）·洱源县

【出处】 孙生红讲，寿桃采录：《狩猎神》，见中国民间文学集成全国编辑委员会编《中国民间故事集成》（云南卷），北京：中国 ISBN 中心 2003 年版，第 316 页。

纳西族 猎神丽慈最初也是一个猎人，他（有人认为此神是女性）和他的猎犬一起死在山谷里。

【流传】 云南省·丽江县（丽江市）·（古城区）·大东乡，（玉龙纳西族自治县）·龙盘乡（龙蟠乡）

【出处】 和士诚等讲，戈阿干调查整理：《丽江大东、龙盘地区的祭猎神仪式》（1985，1986），见吕大吉、何耀华总主编《中国各民族原始宗教资料集成》（纳西族卷、羌族卷、独龙族卷、傈僳族卷、怒族卷），北京：中国社会科学出版社 2000 年版，第 283 页。

W0461.1.1.3 特定的人被拜为猎神

实 例

（参见下级母题实例）

W0461.1.1.3.1 白发老人被称为猎神

实 例

鄂伦春族 白发老人被称为猎神。

【流传】 黑龙江省·大兴安岭地区

【出处】 郭其柱讲，王肯整理：《猎神》，见中华民族故事大系编委会编《中华民族故事大系》第 15 卷（德昂族、保安族、裕固族、京族、塔塔尔族、独龙族、鄂伦春族），上海：上海文艺出版社 1995 年版，第 709 页。

W0461. 1. 1. 4

册封猎神

实 例

（参见下级母题实例）

W0461. 1. 1. 4. 1

始祖密洛陀封善猎的儿子为猎神

实 例

瑶族 桑勒山遵从密洛陀之命，射死了饿虎、饿狼和变幻莫测的兽妖。密洛陀便封他为猎神。

【流传】（无考）

【出处】《密洛陀神谱》，蓝田根据农学冠等撰写的《瑶族神话传说中的人物》编写，见姚宝瑄主编《中国各民族神话》（土家族、毛南族、侗族、瑶族），太原：山西出版传媒集团·书海出版社 2014 年版，第 150 页。

瑶族（布努） 女始祖密洛陀的小儿子灭兽怪立功勋，密洛陀就让他以后去狩猎兽禽，常住山林当了猎神。

【流传】广西壮族自治区·（河池市）·都安县（都安瑶族自治县）、巴马县（巴马瑶族自治县）、南丹县，（百色市）·田东县、平果县等地

【出处】桑布郎等传，蒙凤标（83 岁）、罗仁祥（73 岁）等唱：《密洛陀》（1983），见蓝怀昌、蓝书京、蒙通顺搜集翻译整理《密洛陀》，北京：中国民间文艺出版社 1988 年版，第 230 页。

W0461. 1. 1. 5

发明狩猎的人被奉为猎神

实 例

傣族 发明狩猎的沙罗（人名）做了首领，年老死后，人人哭，个个叫，都说他的好处，祈求他要像活着一样帮助大家猎得更多的野兽，帮助大家的日子过得更好。大家就尊立他为猎神。

【流传】（无考）

【出处】岩峰、王松搜集整理：《沙罗》，见姚宝瑄主编《中国各民族神话》（哈尼族、傣族），太原：山西出版传媒集团·书海出版社 2014 年版，第 376 ~ 377 页。

W0461. 1. 1. 6

一个女子到深山中成为猎神

实 例

怒族 古时候有个女孩子，被野兽牵往了灵魂，决心离开她的兄弟姊妹到深山老林中去。很多人拉不住。她说："我一定要离开你们到大山上去，那里有许多的野兽，我要为你们管理野兽，这些野兽将来都是属于你们的。"她到深山老林里去后，就作了猎神。

【流传】（无考）

【出处】

（a）《猎神的由来传说之一》，原载张云卿《怒族文艺简况》，见民族文化

工作指导委员会办公室编印《1958年少数民族文艺调查资料汇编》（下册），1962年编印，第634页。

（b）同（a），见吕大吉、何耀华总主编《中国各民族原始宗教资料集成》（纳西族卷、羌族卷、独龙族卷、傈僳族卷、怒族卷），北京：中国社会科学出版社2000年版，第908～909页。

W0461.1.2

英雄变成猎神

实 例

（参见下级母题实例）

W0461.1.2.1

神射手朗布松杀猛兽献身成了箐口猎神

实 例

普米族 朗布松（神射手、猎人）为民杀猛兽献身，死后成了箐口猎神。

【流传】 云南省·（怒江傈僳族自治州）·兰坪县（兰坪白族普米族自治县）

【出处】 杨树蕃等讲，施中林采录：《猎神朗布松》，见中国民间文学集成全国编辑委员会编《中国民间故事集成》（云南卷），北京：中国ISBN中心2003年版，第387页。

W0461.1.2.2

为民除害的英雄杜朝选被尊为猎神

实 例

白族 为民除害的英雄杜朝选，并把它尊为猎神。

【流传】 云南省·（大理白族自治州）·大理市·（喜洲镇）·周城村

【出处】 《猎神杜朝选》，见云南省民间文学集成办公室编《白族神话传说集成》，北京：中国民间文艺出版社1986年版，第178～180页

W0461.1.3

其他神成为猎神

实 例

（参见下级母题实例）

W0461.1.3.1

山神奉为猎神

实 例

民族无考 山神、虎神等自然神灵奉为猎神。

【流传】（无考）

【出处】 《猎神》，见乌丙安主编《中国民间神谱》，沈阳：辽宁人民出版社2007年版，第178页。

W0461. 1. 3. 2

虎神奉为猎神

实 例

民族无考（参见“W0461. 1. 3. 1 山神奉为猎神”母题实例）

W0461. 1. 3. 3

猎犬死后变成猎神

实 例

纳西族 先前猎犬为食亡，犬死变猎神。

【流传】 云南省·（迪庆藏族自治州）·中甸县（香格里拉县）·三坝区·东坝乡

【出处】 那布若讲，和志武调查整理：《中甸三坝阮可超荐经调查》（1962，1989），见吕大吉、何耀华总主编《中国各民族原始宗教资料集成》（纳西族卷、羌族卷、独龙族卷、傈僳族卷、怒族卷），北京：中国社会科学出版社 2000 年版，第 103 页。

W0461. 2

猎神的特征

实 例

（参见下级母题实例）

W0461. 2. 1

猎神的外貌

实 例

（参见下级母题实例）

W0461. 2. 1. 1

猎神是白发老人

实 例

鄂伦春族 一个白发老人被拜为猎神。

【流传】（无考）

【出处】

（a）郭其柱讲：《猎神》，见满都呼主编《中国阿尔泰语系诸民族神话故事》，北京：民族出版社 1997 年版，第 322 页。

（b）郭其柱讲：《猎神》，见隋书今编《鄂伦春族民间故事选》，上海：上海文艺出版社 1988 年版。

W0461. 2. 1. 2

猎神像动物

实 例

（参见下级母题实例）

W0461. 2. 1. 2. 1

猎神外貌似狗

实 例

锡伯族 猎神的神像由兽皮制成，形状似狗，平常和猎具挂在一起，出猎时随身携带。

【流传】（无考）

【出处】

（a）佟克力：《锡伯族历史与文化》，乌鲁木齐：新疆人民出版社 1989 年版，第187页。

（b）《猎神》，见吕大吉、何耀华总主编《中国各民族原始宗教资料集成》（鄂伦春族卷、鄂温克族卷、赫哲族卷、达斡尔族卷、锡伯族卷、满族卷、蒙古族卷、藏族卷），北京：中国社会科学出版社1999年版，第401页。

W0461.2.1.2.2

猎神夜晚像金狗和野物

实 例

纳西族 猎神夜晚像一对精灵的金狗和野物投宿一个洞穴。

【流传】 云南省·丽江县（丽江市）·（古城区）·大东乡，（玉龙纳西族自治县）·龙盘乡（龙蟠乡）

【出处】 和士诚等讲，戈阿干调查整理：《丽江大东、龙盘地区的祭猎神仪式》（1985，1986），见吕大吉、何耀华总主编《中国各民族原始宗教资料集成》（纳西族卷、羌族卷、独龙族卷、傈僳族卷、怒族卷），北京：中国社会科学出版社2000年版，第284页。

W0461.2.1.3

猎神身躯魁梧高大

实 例

怒族 猎神的身躯魁梧又高大。

【流传】 云南省·怒江傈僳族自治州

【出处】

（a）木玉璋等记录整理：《祭猎神调》，原载怒江傈僳族自治州文联编《怒江》1982年创刊号，第60~63页。

（b）同（a），见吕大吉、何耀华总主编《中国各民族原始宗教资料集成》（纳西族卷、羌族卷、独龙族卷、傈僳族卷、怒族卷），北京：中国社会科学出版社2000年版，第910~916页。

W0461.2.1.4

猎神双眼圆又亮，辫子粗又长，虎牙大又白，手脚粗又壮

实 例

怒族 猎神呀，猎神！你的双眼长得又圆又明亮，你的辫子长得又粗又黑亮，你的虎牙长得宽大又白亮，你的双手生得结实又白胖，你的双脚长得粗大又肥壮，你的胸脯长得结实又丰满，你的身躯魁梧又高大，你的性格活泼又潇洒。

【流传】 云南省·怒江傈僳族自治州

【出处】

（a）木玉璋等记录整理：《祭猎神调》，原载怒江傈僳族自治州文联编《怒江》1982年创刊号，第60~63页。

（b）同（a），见吕大吉、何耀华总主编《中国各民族原始宗教资料集成》（纳西族卷、羌族卷、独龙族卷、傈僳族卷、怒族卷），北京：中国社会科学出版社2000年版，第910~916页。

W0461. 2. 2
男猎神

实 例

（实例待考）

W0461. 2. 3
女猎神

【汤普森】 A452. 1

实 例

布朗族 （实例待考）

W0461. 2. 3. 1
女猎神的产生

实 例

（实例待考）

W0461. 2. 3. 2
女猎神的特征

实 例

（参见下级母题实例）

W0461. 2. 3. 2. 1
女猎神很美

实 例

（参见下级母题实例）

W0461. 2. 3. 2. 1. 1
女猎神身材匀称结实，脸庞端正，肤红齿白，发辫黑长

实 例

怒族 女猎神身材匀称结实，脸庞端正，肤红齿白，发辫黑长。

【流传】（无考）

【出处】 袁珂改编：《女猎神》，原载谷德明《中国少数民族神话选》，见袁珂《中国神话大词典》，北京：华夏出版社 2015 年版，第 578 页。

W0461. 2. 3. 3
女猎神的关系

实 例

（参见下级母题实例）

W0461. 2. 3. 3. 1
女猎神是山神的妻子

实 例

白族 三个女性猎神是山神的妻子。

【流传】 云南省 ·（大理白族自治州）· 云龙县

【出处】 李月繁讲，杨松泉等采录：《狩猎神》附记，见中国民间文学集成全国编辑委员会编《中国民间故事集成》（云南卷），北京：中国 ISBN 中心 2003 年版，第 315 页。

W0461.2.3.4
女猎神的数量

实例

（参见下级母题实例）

W0461.2.3.4.1
3个女猎神

实例

白族 白族有三个女性猎神。

【流传】云南省·（大理白族自治州）·云龙县

【出处】李月繁讲，杨松泉等采录：《狩猎神》附记，见中国民间文学集成全国编辑委员会编《中国民间故事集成》（云南卷），北京：中国ISBN中心2003年版，第315页。

W0461.2.3.4.1.1
3个女猎神是上洞梅神、中洞梅神、下洞梅神

实例

白族 白族的猎神为三个女性，叫上洞梅神、中洞梅神、下洞梅神。

【流传】云南省·（大理白族自治州）·云龙县

【出处】李月繁讲，杨松泉等采录：《狩猎神》注释，见中国民间文学集成全国编辑委员会编《中国民间故事集成》（云南卷），北京：中国ISBN中心2003年版，第315页。

W0461.2.3.5
与女猎神有关的其他母题

实例

（参见下级母题实例）

W0461.2.3.5.1
女猎神米斯

实例

傈僳族 米斯（猎神）是个女的，猎人们都很敬重她。

【流传】云南省·（怒江傈僳族自治州）·贡山县（贡山独龙族怒族自治县）

【出处】打登讲，余友诚采录：《猎神米斯》，见中国民间文学集成全国编辑委员会编《中国民间故事集成》（云南卷），北京：中国ISBN中心2003年版，第318页。

W0461.2.3.5.2
猎神姑娘

实例

彝族 搓日阿补（英雄名）天天去找猎神姑娘玩。

【流传】（云南省）

【出处】苏绍相、李玉兴、克鲁讲，基默热阔搜集：《搓日阿补征服女儿国》，原载李子贤编《云南少数民族神话选》，云南人民出版社1990年版，见姚宝瑄主编《中国各民族神

话》（羌族、彝族），太原：山西出版传媒集团·书海出版社 2014 年版，第 350～351 页。

W0461. 2. 3. 5. 3

女猎神丽慈

实 例

纳西族 猎神丽慈是女性神。

【流传】云南省·丽江县（丽江市）·（古城区）·大东乡，（玉龙纳西族自治县）·龙盘乡（龙蟠乡）

【出处】和士诚等讲，戈阿干调查整理：《丽江大东、龙盘地区的祭猎神仪式》（1985，1986），见吕大吉、何耀华总主编《中国各民族原始宗教资料集成》（纳西族卷、羌族卷、独龙族卷、傈僳族卷、怒族卷），北京：中国社会科学出版社 2000 年版，第 283 页。

W0461. 2. 4

猎神善良

实 例

（实例待考）

W0461. 2. 5

猎神是恶鬼

实 例

黎族 猎鬼是恶鬼，要杀鸡祭祀。

【流传】（无考）

【出处】《鬼魂崇拜》，见吕大吉、何耀华主编，本册主编李绍明等《中国各民族原始宗教资料集成》（土家族卷、瑶族卷、壮族卷、黎族卷），北京：中国社会科学出版社 1998 年版，第 695 页。

W0461. 2. 5. 1

猎神可以变鬼害猎人

实 例

哈尼族 （实例待考）

W0461. 2. 6

猎神男女双体连胎

实 例

珞巴族 主宰狩猎的鬼是“崩布—岗布”（男女双体连胎）。

【流传】西藏自治区

【出处】于乃昌：《珞巴族神话与生殖崇拜》，见 http：//www. tibet－web. com，2003. 10. 06。

W0461. 2. 7

猎神有不同颜色

实 例

纳西族 （参见“W0461. 6. 1. 2. 1 白色猎神骑白马，青色猎神骑青马”母题实例）

W0461. 3

猎神的身份

实 例

（参见下级母题实例）

W0461.3.1

猎神是祖先

实 例

锡伯族 猎神，锡伯族称“班达玛法”，玛法，也有先祖之意，是猎人供奉的神灵。

【流传】（无考）

【出处】

（a）佟克力：《锡伯族历史与文化》，乌鲁木齐：新疆人民出版社1989年版，第187页。

（b）《猎神》，见吕大吉、何耀华总主编《中国各民族原始宗教资料集成》（鄂伦春族卷、鄂温克族卷、赫哲族卷、达斡尔族卷、锡伯族卷、满族卷、蒙古族卷、藏族卷），北京：中国社会科学出版社1999年版，第400～401页。

W0461.3.2

猎神是水神

实 例

怒族 水鬼“独药于”主宰狩猎，实际身份是猎神。

【流传】（无考）

【出处】

（a）《思想战线》编辑部编：《西南少数民族风俗志》，北京：中国民间文艺出版社1981年版，第341～342页。

（b）同（a），见吕大吉、何耀华总主编《中国各民族原始宗教资料集成》（纳西族卷、羌族卷、独龙族卷、傈僳族卷、怒族卷），北京：中国社会科学出版社2000年版，第847页。

W0461.3.3

猎神是神祇，也是鬼魅

实 例

纳西族 猎神既是神祇，也是鬼魅。

【流传】云南省·丽江县（丽江市）·（古城区）·大东乡，（玉龙纳西族自治县）·龙盘乡（龙蟠乡）

【出处】和士诚等讲，戈阿干调查整理：《“丽蒙增”（为猎神生献牺牲）祭辞》（1985，1986），见吕大吉、何耀华总主编《中国各民族原始宗教资料集成》（纳西族卷、羌族卷、独龙族卷、傈僳族卷、怒族卷），北京：中国社会科学出版社2000年版，第288页。

W0461.4

猎神的职能（猎神的能力，猎神的事迹）

实 例

（参见下级母题实例）

W0461.4.1

猎神决定人能打到的猎物

实 例

鄂伦春族 管狩猎的神是玛路毛木台，打不到猎物时就要祭它。

【流传】（无考）

【出处】《玛路毛木台》，见吕大吉、何耀华主编《中国各民族原始宗教资料集成》（鄂伦春族卷、鄂温克族卷、赫哲族卷、达斡尔族卷、锡伯族卷、满族卷、蒙古族卷、藏族卷），北京：中国社会科学出版社 1999 年版，第 26 页。

鄂伦春族 有专门赐给人猎物的神。

【流传】（无考）

【出处】赵复兴：《鄂伦春族游猎文化》，呼和浩特：内蒙古人民出版社 1991 年版，第 200 页。

傈僳族 山上的动物都是猎神米斯统管，猎人得不到她的恩准，就打不到猎物。

【流传】云南省·（怒江傈僳族自治州）·贡山县（贡山独龙族怒族自治县）

【出处】打登讲，余友诚采录：《猎神米斯》，见中国民间文学集成全国编辑委员会编《中国民间故事集成》（云南卷），北京：中国 ISBN 中心 2003 年版，第 318 页。

W0461. 4. 1. 1

猎神帮助人获取猎物

实 例

彝族 搓日阿补（英雄名）天天去找猎神姑娘玩。因为有猎神的相助，从此打猎也不用刀弩，想杀想砍，伸手就可把野物拉来了。

【流传】（云南省）

【出处】苏绍相、李玉兴、克鲁讲，基默热阔搜集：《搓日阿补征服女儿国》，原载李子贤编《云南少数民族神话选》，云南人民出版社 1990 年版，见姚宝瑄主编《中国各民族神话》（羌族、彝族），太原：山西出版传媒集团·书海出版社 2014 年版，第 350 ~ 351 页。

W0461. 4. 1. 2

猎神帮助人狩猎

实 例

怒族 猎人到山上打猎，女孩变成的猎神便告诉他们哪里有可以猎取的野兽，哪里有老野兽不要打，猎人听了她的话每次都有很大的收获。

【流传】（无考）

【出处】

(a)《猎神的由来传说之一》，原载张云卿《怒族文艺简况》，见民族文化工作指导委员会办公室编印《1958 年少数民族文艺调查资料汇编》（下册），1962 年编印，第 634 页。

(b) 同 (a)，见吕大吉、何耀华总主编《中国各民族原始宗教资料集成》（纳西族卷、羌族卷、独龙族卷、傈僳族卷、怒族卷），北京：中国社会科学出版社 2000 年版，第 908 ~ 909 页。

W0461.4.1a

猎神管理猎物

实 例

怒族 猎神呀，猎神！兽灵啊，兽灵！请你叫所有的走兽来相会吧！请你叫所有的飞禽来相聚吧！把沧江那边的大兽引过来，把怒山那边的牛羚引过来，把七座山上的野驴引过来，把九座山上的野牛引过来，

【流传】 云南省·怒江傈僳族自治州

【出处】

（a）木玉璋等记录整理：《祭猎神调》，原载怒江傈僳族自治州文联编《怒江》1982年创刊号，第60~63页。

（b）同（a），见吕大吉、何耀华总主编《中国各民族原始宗教资料集成》（纳西族卷、羌族卷、独龙族卷、傈僳族卷、怒族卷），北京：中国社会科学出版社2000年版，第910~916页。

W0461.4.2

猎神保护动物

【汤普森】 ≈A189.12

实 例

白族 白族的猎神是专管野兽和保护的神灵。

【流传】 云南省·（大理白族自治州）·云龙县

【出处】 李月繁讲，杨松泉等采录：《狩猎神》注释，见中国民间文学集成全国编辑委员会编《中国民间故事集成》（云南卷），北京：中国ISBN中心2003年版，第315页。

W0461.4.3

猎神专管野兽

实 例

白族 （参见“W0461.4.2 猎神保护动物”母题实例）

怒族 猎神是野外动物的总管。

【流传】 云南省·（怒江傈僳族自治州）·兰坪（兰坪白族普米族自治县）

【出处】 李绍恩：《傈僳族、怒族中的哲学思想初探》，原载云南省民族理论研究学会云南分会筹备组编印《怒江民族研究》，1988年1~2期合刊，第64页，见吕大吉、何耀华总主编《中国各民族原始宗教资料集成》（纳西族卷、羌族卷、独龙族卷、傈僳族卷、怒族卷），北京：中国社会科学出版社2000年版，第864页。

W0461.4.4

猎神管理动物神

实 例

（参见下级母题实例）

W0461.4.4.1

猎神统管龙神、鱼神、蛇神、獐神、麂神等诸动物神

实 例

彝族（白彝、黑彝、干彝、阿乌、撒尼等） 龙神、鱼神、蛇神、獐神、麂神等诸动物神统归猎神管辖，同狩猎生产有关。

【流传】云南省·曲靖（曲靖市）

【出处】蔡家麒：《云南曲靖地区彝族调查》，见吕大吉、何耀华总主编《中国各民族原始宗教资料集成》（彝族卷、白族卷、基诺族卷），北京：中国社会科学出版社 1996 年版，第 125 页。

W0461. 4. 5

猎神具有高超狩猎本领

实 例

怒族 猎人的猎神妻子捕获野兽的本领非常神奇，甚至能用麻秆刺中麂子和野猪。

【流传】云南省·怒江州（怒江傈僳族自治州）

【出处】《猎神的由来传说之二》，根据怒江州文化局编《深山夜话——怒江各民族民间故事选》中《猎神》一文，重新整理，见吕大吉、何耀华总主编《中国各民族原始宗教资料集成》（纳西族卷、羌族卷、独龙族卷、傈僳族卷、怒族卷），北京：中国社会科学出版社 2000 年版，第 909 页。

W0461. 4. 5. 1

猎神善于张弩射箭收拣野物

实 例

纳西族 猎神善于张弩射箭，善于收拣野物。

【流传】云南省·丽江县（丽江市）·（古城区）·大东乡，（玉龙纳西族自治县）·龙盘乡（龙蟠乡）

【出处】和士诚等讲，戈阿干调查整理：《“丽蒙增”（为猎神生献牺牲）祭辞》（1985，1986），见吕大吉、何耀华总主编《中国各民族原始宗教资料集成》（纳西族卷、羌族卷、独龙族卷、傈僳族卷、怒族卷），北京：中国社会科学出版社 2000 年版，第 287 页。

W0461. 4. 6

猎神主宰人全家食禄、牲畜繁殖，出猎得否

实 例

傈僳族 猎神主宰全家之食禄及牲畜之繁殖，出猎之得否。

【流传】碧罗雪山（云南省·怒江傈僳族自治州·贡山独龙族怒族自治县与云南省·迪庆藏族自治州·德钦县交界一带）

【出处】陶云逵：《碧罗雪山之傈僳族》，见国立中央研究院《历史语言研究所集刊》第 17 本，商务印书馆民国三十七年（1948），第 394 ~ 395 页。

W0461. 5

猎神的生活

实 例

（参见下级母题实例）

W0461.5.1

猎神的服饰

实 例

（实例待考）

W0461.5.2

猎神的饮食

实 例

（参见下级母题实例）

W0461.5.2.1

猎神不饮家畜血，只饮兽血

实 例

纳西族 猎神从不饮用家畜的血，只把兽血当作饮料。

【流传】云南省·丽江县（丽江市）·（古城区）·大东乡，（玉龙纳西族自治县）·龙盘乡（龙蟠乡）

【出处】和士诚等讲，戈阿干调查整理：《丽江大东、龙盘地区的祭猎神仪式》（1985，1986），见吕大吉、何耀华总主编《中国各民族原始宗教资料集成》（纳西族卷、羌族卷、独龙族卷、傈僳族卷、怒族卷），北京：中国社会科学出版社2000年版，第284页。

W0461.5.2.2

猎神不吃食物只饮烧酒

实 例

独龙族 家人拿出了各种食物来招待猎神，他都不吃。最后找来了烧酒，他一饮而尽。

【流传】（无考）

【出处】蔡家麒：《独龙族社会历史综合考察报告》，载中国西南民族研究学会、云南省民族研究所编印《民族调查研究》（专刊）1983年第1期。

W0461.5.3

猎神的居所

实 例

（参见下级母题实例）

W0461.5.3.1

猎神住树洞

实 例

怒族 女猎神住在树洞里。

【流传】云南省·（怒江傈僳族自治州）·福贡县·匹河乡（匹河怒族乡）

【出处】付加仁等讲，木玉璋采录：《猎人与女猎神》，见中国民间文学集成全国编辑委员会编《中国民间故事集成》（云南卷），北京：中国ISBN中心2003年版，第270页。

W0461.5.3.2

猎神住森林

实 例

纳西族 在雪山东面山麓的森林里，住着峨高楞猎神。

【流传】（无考）

【出处】木易根据《东巴经》和阿更讲述整理：《高楞趣和斯汝命》，见谷德明编《中国少数民族神话》，北京：中国民间文艺出版社1987年版，第422页。

纳西族 在东面山麓的森林里，住着峨高楞猎神。

【流传】（无考）

【出处】木易根据《东巴经》和阿更讲述整理：《高楞趣和斯汝命》，原载谷德明编《中国少数民族神话》，见陶阳、钟秀编《中国神话》（中），北京：商务印书馆2008年版，第997～1005页。

W0461.5.3.3

猎神住高山

实 例

怒族 久居在高山的猎神，巡视着所有的羚牛马鹿。

【流传】云南省·怒江傈僳族自治州

【出处】

（a）木玉璋等记录整理：《祭猎神调》，原载怒江傈僳族自治州文联编《怒江》1982年创刊号，第60～63页。

（b）同（a），见吕大吉、何耀华总主编《中国各民族原始宗教资料集成》（纳西族卷、羌族卷、独龙族卷、傈僳族卷、怒族卷），北京：中国社会科学出版社2000年版，第910～916页。

W0461.6

猎神的用品（猎神的工具）

实 例

（参见下级母题实例）

W0461.6.1

猎神出行工具

实 例

（参见下级母题实例）

W0461.6.1.1

猎神以动物为坐骑

实 例

（参见下级母题实例）

W0461.6.1.1.1

猎神坐骑是岩羊、马鹿、麂子

实 例

哈尼族 猎人们用铜打造了刀、箭和长矛，把猎神的坐骑岩羊、马鹿、麂子射倒。

【流传】（云南省）

【出处】史军超整理：《猎神》，见姚宝瑄主编《中国各民族神话》（哈尼族、傣族），太原：山西出版传媒集团·书海出版社2014年版，第115页。

W0461.6.1.2

猎神的坐骑与自身颜色相同

实　例

（参见下级母题实例）

W0461.6.1.2.1

白色猎神骑白马，青色猎神骑青马

实　例

纳西族 白色的猎神乘骑白色的骏驹，青色的猎神乘骑青色的骏驹，黑色的猎神乘骑黑色的骏驹，黄色的猎神乘骑黄色的骏驹，五色猎神乘骑五色花驹。

【流传】 云南省·丽江县（丽江市）·（古城区）·大东乡，（玉龙纳西族自治县）·龙盘乡（龙蟠乡）

【出处】 和士诚等讲，戈阿干调查整理：《丽江大东、龙盘地区的祭猎神仪式》（1985，1986），见吕大吉、何耀华总主编《中国各民族原始宗教资料集成》（纳西族卷、羌族卷、独龙族卷、傈僳族卷、怒族卷），北京：中国社会科学出版社2000年版，第284页。

W0461.6.2

猎神的武器

实　例

（实例待考）

W0461.6.3

猎神的财产

实　例

（参见下级母题实例）

W0461.6.3.1

野兽是猎神的财产

实　例

哈尼族 满山的野兽都是三位猎神的财产。

【流传】（云南省）

【出处】 史军超整理：《猎神》，见姚宝瑄主编《中国各民族神话》（哈尼族、傣族），太原：山西出版传媒集团·书海出版社2014年版，第115页。

W0461.7

猎神的关系

实　例

（参见下级母题实例）

W0461.7.1

猎神的父母

实　例

（参见下级母题实例）

W0461.7.1.1

猎神的母亲是女始祖

实　例

瑶族 桑勒山遵从母亲密洛陀（女始祖）之命，射死了饿虎、饿狼和变幻莫测的兽妖。密洛陀便封他为猎神。

【流传】（无考）

【出处】《密洛陀神谱》，蓝田根据农学冠等撰写的《瑶族神话传说中的人物》编写，见姚宝瑄主编《中国各民族神话》（土家族、毛南族、侗族、瑶族），太原：山西出版传媒集团·书海出版社2014年版，第150页。

W0461.7.1.2

猎神的父亲是特定的神

实 例

（参见下级母题实例）

W0461.7.1.2.1

猎神姑娘的父亲诗姆岩哈是天祖

实 例

彝族 猎神姑娘放着父亲诗姆岩哈（天祖）的牲畜，一天到晚奔波在大地上。

【流传】（云南省）

【出处】苏绍相、李玉兴、克鲁讲，基默热阔搜集：《搓日阿补征服女儿国》，原载李子贤编《云南少数民族神话选》，云南人民出版社1990年版，见姚宝瑄主编《中国各民族神话》（羌族、彝族），太原：山西出版传媒集团·书海出版社2014年版，第350页。

W0461.7.2

猎神的配偶

实 例

（参见下级母题实例）

W0461.7.2.1

女猎神的丈夫是山神

实 例

白族 三个女性猎神是山神的妻子。

【流传】云南省·（大理白族自治州）·云龙县

【出处】李月繁讲，杨松泉等采录：《狩猎神》附记，见中国民间文学集成全国编辑委员会编《中国民间故事集成》（云南卷），北京：中国ISBN中心2003年版，第315页。

W0461.7.3

猎神的助手

实 例

（参见下级母题实例）

W0461.7.3.1

猎神领着猎犬和黄鹰青鹫

实 例

纳西族 猎神身后领着银灰色的猎犬，手上驾有黄鹰青鹫。

【流传】云南省·丽江县（丽江市）·（古城区）·大东乡，（玉龙纳西族自治县）·龙盘乡（龙蟠乡）

【出处】和士诚等讲，戈阿干调查整理：《丽江大东、龙盘地区的祭猎神仪式》（1985，1986），见吕大吉、何耀华总主编《中国各民族原始宗教资料集成》（纳西族卷、羌族卷、独龙族卷、傈僳族卷、怒族卷），北京：中国社会科学出版社2000年版，第284页。

W0461.7.4
猎神兄妹

实 例

（参见下级母题实例）

W0461.7.4.1
猎神是两兄妹

实 例

纳西族 猎神是两兄妹，很忌讳听到丑话。

【流传】云南省·丽江县（丽江市）·（玉龙纳西族自治县）·塔城（塔城乡）·依陇（依陇行政村）·巴甸村

【出处】和崇义（50岁）讲，杨福泉调查整理：《丽江塔城依陇地区的祭猎神仪式》（1989），见吕大吉、何耀华总主编《中国各民族原始宗教资料集成》（纳西族卷、羌族卷、独龙族卷、傈僳族卷、怒族卷），北京：中国社会科学出版社2000年版，第282页。

W0461.8
猎神的寿命与死亡

实 例

（实例待考）

W0461.9
猎神的数量（猎神的类型）

实 例

（参见下级母题实例）

W0461.9.1
2个猎神

实 例

（实例待考）

W0461.9.1.1
男女2个猎神

实 例

白族 （实例待考）

W0461.9.2
3个猎神

【关联】［W0461.2.3.4.1］3个女猎神

实 例

哈尼族 古时候，人们到山上去打猎总是打不到，支下的扣子、挖下的陷阱都被三个猎神破坏了。

【流传】（云南省）

【出处】史军超整理：《猎神》，见姚宝瑄主编《中国各民族神话》（哈尼族、傣族），太原：山西出版传媒集团·书海出版社2014年版，第115页。

W0461.9.2.1 西山3个女猎神

实 例

民族? 西山的猎神共有三个，都是女的。

【流传】 云南省·（大理白族自治州）·洱源县

【出处】 王金发讲，王立智记录：《祭猎神》，原载《中国民间故事全书》（洱源卷），见陶阳、钟秀编《中国神话》（下），北京：商务印书馆2008年版，第1472～1473页。

W0461.9.3 五方猎神

实 例

（参见下级母题实例）

W0461.9.3.1 东方白色猎神

实 例

纳西族 （参见“W0461.10.1.6b.1 猎神肯陕厘玛乌增主宰着五方猎神”母题实例）

W0461.9.3.2 南方青色猎神

实 例

纳西族 （参见“W0461.10.1.6b.1 猎神肯陕厘玛乌增主宰着五方猎神”母题实例）

W0461.9.3.3 西方黑色猎神

实 例

纳西族 （参见“W0461.10.1.6b.1 猎神肯陕厘玛乌增主宰着五方猎神”母题实例）

W0461.9.3.4 北方黄色猎神

实 例

纳西族 （参见“W0461.10.1.6b.1 猎神肯陕厘玛乌增主宰着五方猎神”母题实例）

W0461.9.3.5 中央五色猎神

实 例

纳西族 （参见“W0461.10.1.6b.1 猎神肯陕厘玛乌增主宰着五方猎神”母题实例）

W0461.10 与猎神有关的其他母题

【关联】 ［W0088.4.1.3.1］猎神怕人的铜刀、铜箭和铜矛

实 例

（参见下级母题实例）

W0461.10.1

特定名称的猎神

【关联】［W0681.1.1.1］伏羲被奉为猎神

实 例

（参见下级母题实例）

W0461.10.1.1

狩猎神木克蹲特

实 例

赫哲族 “木克蹲特”神，形似狗熊，住在陆地，主司狩猎之事。

【流传】（黑龙江省）

【出处】

（a）《民族问题五种丛书》黑龙江省编辑组：《赫哲族社会历史调查》，牡丹江：黑龙江朝鲜民族出版社 1987 年版，第 173～174 页。

（b）《动物神（二）》，见吕大吉、何耀华总主编《中国各民族原始宗教资料集成》（鄂伦春族卷、鄂温克族卷、赫哲族卷、达斡尔族卷、锡伯族卷、满族卷、蒙古族卷、藏族卷），北京：中国社会科学出版社 1999 年版，第 202 页。

W0461.10.1.2

管狩猎的神玛路毛木台

实 例

鄂伦春族 “玛路毛木台”是管狩猎的神。

【流传】（无考）

【出处】

（a）内蒙古自治区编委会：《鄂伦春族社会历史调查》（第一集），呼和浩特：内蒙古人民出版社 1984 年版，第 49 页。

（b）《玛路毛木台》，见吕大吉、何耀华总主编《中国各民族原始宗教资料集成》（鄂伦春族卷、鄂温克族卷、赫哲族卷、达斡尔族卷、锡伯族卷、满族卷、蒙古族卷、藏族卷），北京：中国社会科学出版社 1999 年版，第 26 页。

W0461.10.1.3

猎神桑勒山

实 例

瑶族 母亲密洛陀（女始祖）封儿子桑勒山为猎神。

【流传】（无考）

【出处】《密洛陀神谱》，蓝田根据农学冠等撰写的《瑶族神话传说中的人物》编写，见姚宝瑄主编《中国各民族神话》（土家族、毛南族、侗族、瑶族），太原：山西出版传媒集团·书海出版社 2014 年版，第 150 页。

W0461.10.1.4

猎神能嬷

实 例

白族 猎人能嬷死后，人们感谢他的

恩情，就把他尊为猎神。

【流传】云南省·（大理白族自治州）·洱源县

【出处】孙生红讲，寿桃采录：《狩猎神》，见中国民间文学集成全国编辑委员会编《中国民间故事集成》（云南卷），北京：中国 ISBN 中心 2003 年版，第 316 页。

W0461. 10. 1. 4a

猎神能库

实 例

白族 白族称猎神为“能库”。

【流传】云南省·（大理白族自治州）·云龙县

【出处】李月繁讲，杨松泉等采录：《狩猎神》注释，见中国民间文学集成全国编辑委员会编《中国民间故事集成》（云南卷），北京：中国 ISBN 中心 2003 年版，第 315 页。

W0461. 10. 1. 4b

猎神雌吾（红云）和岛锁（大山）

实 例

白族 （参见“W0461. 9. 1. 1 男女 2 个猎神”母题实例）

白族 劳谷（男始祖）和劳泰（女始祖）被尊称为天公、地母。他们繁衍白族的 10 对子女也分别被尊为神。其中大姑娘雌吾（红云），大儿子岛锁（大山）是猎神。

【流传】云南省·（大理白族自治州）·鹤庆（鹤庆县），丽江（丽江市）及（丽江市）·永胜（永胜县）

【出处】李剑飞讲，李缵绪、章虹宇记录：《人类和万物的起源》（又名《劳谷与劳泰》、《古干古洛创世记》），原载李缵绪主编《白族神话传说集成》，中国民间文艺出版社 1986 年版，见姚宝瑄主编《中国各民族神话》（白族、拉祜族、景颇族），太原：山西出版传媒集团·书海出版社 2014 年版，第 28 页。

W0461. 10. 1. 5

猎神阿卡提

实 例

独龙族 阿卡提死后变成了猎神。

【流传】云南省·（怒江傈僳族自治州）·贡山（贡山独龙族怒族自治县）·独龙江乡

【出处】阿柏讲·巴子采录：《猎神阿卡提》，见中国民间文学集成全国编辑委员会编《中国民间故事集成》（云南卷），北京：中国 ISBN 中心 2003 年版，第 389 页。

W0461. 10. 1. 5a

猎神阿朋

实 例

独龙族 岩神让勤劳的阿朋当上了岩上的猎神。

【流传】云南省·（怒江傈僳族自治

州）·贡山（贡山独龙族怒族自治县）·独龙江乡

【出处】依里亚讲，奎国华翻译、采录：《祭猎神》，见中国民间文学集成全国编辑委员会编《中国民间故事集成》（云南卷），北京：中国 ISBN 中心 2003 年版，第 314 页。

W0461.10.1.6
猎神峨高楞

实 例

纳西族 在雪山东面山麓的森林里，住着峨高楞猎神。

【流传】（无考）

【出处】木易根据《东巴经》和阿更讲述整理：《高楞趣和斯汝命》，见谷德明编《中国少数民族神话》，北京：中国民间文艺出版社 1987 年版，第 422 页。

W0461.10.1.6a
猎神丽慈

实 例

（参见下级母题实例）

W0461.10.1.6a.1
猎神丽慈既是善神，也是恶神

实 例

纳西族 猎神丽慈既属于善神，也属于恶神，具有双重神格。他常常保护猎人。但也会伤害猎人。

【流传】云南省·丽江县（丽江市）·（古城区）·大东乡，（玉龙纳西族自治县）·龙盘乡（龙蟠乡）

【出处】和士诚等讲，戈阿干调查整理：《丽江大东、龙盘地区的祭猎神仪式》（1985，1986），见吕大吉、何耀华总主编《中国各民族原始宗教资料集成》（纳西族卷、羌族卷、独龙族卷、傈僳族卷、怒族卷），北京：中国社会科学出版社 2000 年版，第 283 页。

W0461.10.1.6b
猎神肯陕厘玛乌增

实 例

（参见下级母题实例）

W0461.10.1.6b.1
猎神肯陕厘玛乌增主宰着五方猎神

【关联】[W0461.9.3] 五方猎神

实 例

纳西族 肯陕厘玛乌增（猎神名）大神主宰着五方猎神。在太阳升起的东方，白色的猎神乘骑白色的骏驹；在布吉河（指穿流在横断山系之间的南北向的河流）下游的南方，青色的猎神乘骑青色的骏驹；在太阳落山的西方，黑色的猎神乘骑黑色的骏驹；在布吉河上源的北方，黄色的猎神乘骑黄色的骏驹；在蓝天和大地的中央，五色猎神乘骑五色花驹。

【流传】云南省·丽江县（丽江市）·

（古城区）·大东乡，（玉龙纳西族自治县）·龙盘乡（龙蟠乡）

【出处】和士诚等讲，戈阿干调查整理：《丽江大东、龙盘地区的祭猎神仪式》（1985，1986），见吕大吉、何耀华总主编《中国各民族原始宗教资料集成》（纳西族卷、羌族卷、独龙族卷、傈僳族卷、怒族卷），北京：中国社会科学出版社 2000 年版，第 284 页。

W0461. 10. 1. 6c

猎神肯陕厘玛享迪

实　例

（参见下级母题实例）

W0461. 10. 1. 6c. 1

猎神肯陕厘玛享迪是猎神之魁

实　例

纳西族 猎神肯陕厘玛享迪是猎神之魁，大大小小的猎神皆由他来主宰。

【流传】云南省·丽江（丽江市）·（玉龙纳西族自治县）·白沙乡（白沙镇）

【出处】和士诚等讲，戈阿干调查整理：《丽江大东、龙盘地区的祭猎神仪式》（1985，1986），见吕大吉、何耀华总主编《中国各民族原始宗教资料集成》（纳西族卷、羌族卷、独龙族卷、傈僳族卷、怒族卷），北京：中国社会科学出版社 2000 年版，第 284 页。

W0461. 10. 1. 7

猎神崩布—岗布

实　例

珞巴族 主宰狩猎的鬼是“崩布—岗布”（男女双体连胎）。

【流传】西藏自治区

【出处】于乃昌：《珞巴族神话与生殖崇拜》，见 http：//www. tibet - web. com，2003. 10. 06。

W0461. 10. 1. 8

猎神班达玛法

实　例

锡伯族 猎神，锡伯族称“班达玛法”。

【流传】（无考）

【出处】

（a）佟克力：《锡伯族历史与文化》，乌鲁木齐：新疆人民出版社 1989 年版，第 187 页。

（b）《猎神》，见吕大吉、何耀华总主编《中国各民族原始宗教资料集成》（鄂伦春族卷、鄂温克族卷、赫哲族卷、达斡尔族卷、锡伯族卷、满族卷、蒙古族卷、藏族卷），北京：中国社会科学出版社 1999 年版，第 400 ~401 页。

W0461. 10. 1. 9

猎神米斯

实　例

傈僳族 山上的动物都是猎神米斯统管。

【流传】云南省·（怒江傈僳族自治州）·贡山县（贡山独龙族怒族自治县）

【出处】打登讲，余友诚采录：《猎神米斯》，见中国民间文学集成全国编辑委员会编《中国民间故事集成》（云南卷），北京：中国 ISBN 中心 2003 年版，第 318 页。

W0461.10.1.10

吴扎拉氏族（吴姓）满族供奉狩猎神鄂多哩玛发

实　例

满族 鄂多哩玛发是旧时依兰一带的吴扎拉氏族（吴姓）所供奉的狩猎神。

【流传】黑龙江省·牡丹江市·（阳明区）·铁岭河（铁岭河镇）

【出处】郭鹤令讲，傅英仁采录：《鄂多哩玛发》，见中国民间文学集成全国编辑委员会编《中国民间故事集成》（黑龙江卷），北京：中国 ISBN 中心 2005 年版，第 57～58 页。

W0461.10.1.11

猎神梅山氏

实　例

民族无考 梅山氏被奉为猎神。

【流传】（无考）

【出处】《猎神》，见乌丙安主编《中国民间神谱》，沈阳：辽宁人民出版社 2007 年版，第 178 页。

W0461.10.1.12

猎神称梢斯

实　例

基诺族 猎神称为“梢斯”。

【流传】（无考）

【出处】《猎神》，见乌丙安主编《中国民间神谱》，沈阳：辽宁人民出版社 2007 年版，第 178 页。

W0461.10.1.13

猎神称射猎师爷

实　例

畲族 猎神称“射猎师爷”。

【流传】（无考）

【出处】《猎神》，见乌丙安主编《中国民间神谱》，沈阳：辽宁人民出版社 2007 年版，第 178 页。

W0461.10.1.14

猎神名“优”

实　例

彝族 猎神称为“优”。

【流传】（小凉山一带）

【出处】《猎神》，见乌丙安主编《中国民间神谱》，沈阳：辽宁人民出版社 2007 年版，第 178 页。

W0461. 10. 1. 15

猎神称舍卧刻

实 例

鄂温克族 猎神为“舍卧刻”。

【流传】（无考）

【出处】《猎神》，见乌丙安主编《中国民间神谱》，沈阳：辽宁人民出版社 2007 年版，第 178 页。

W0461. 10. 1. 16

司猎物之天玛纳罕·腾格里

实 例

蒙古族 玛纳罕·腾格里是司猎物之天。孛额教又称其为“昂之天”。

【流传】（无考）

【出处】额尔德木图：《蒙古英雄史诗与孛额唱词中的“腾格里”》，载《内蒙古社会科学》（汉文版）1995 年第 5 期。

W0461. 10. 1. 16a

司猎物之天称昂之天

实 例

蒙古族 （参见“W0461. 10. 1. 16 司猎物之天玛纳罕·腾格里”母题实例）

W0461. 10. 2

狩猎者的保护神

实 例

（参见下级母题实例）

W0461. 10. 2. 1

狩猎者的女保护神

实 例

蒙古族（布里亚特）图瓦—萨尔贾克人和乌梁海人有神或掌权颇大的女神，它是狩猎者的保护神。

【流传】（无考）

【出处】［苏联］Г. Р. 加尔达诺娃著，宋长宏译，佟德富校：《喇嘛教前的布里亚特宗教信仰》（俄文版），诺沃西比尔斯克：科学出版社西伯利亚分社 1987 年版，第 26 ~ 30 页，见吕大吉、何耀华总主编《中国各民族原始宗教资料集成》（鄂伦春族卷、鄂温克族卷、赫哲族卷、达斡尔族卷、锡伯族卷、满族卷、蒙古族卷、藏族卷），北京：中国社会科学出版社 1999 年版，第 649 页。

W0461. 10. 3

五方猎神

实 例

纳西族 东方乘骑白驹的白面猎神，南方乘骑青驹的青面猎神，西方乘骑黄驹的黄面猎神，北方乘骑黑驹的黑面猎神，天地中央乘骑五色花驹的花面猎神。

【流传】云南省·丽江县（丽江市）·（古城区）·大东乡，（玉龙纳西族自治县）·龙盘乡（龙蟠乡）

【出处】和士诚等讲，戈阿干调查整理：《丽江大东、龙盘地区的祭猎神仪式》（1985，1986），见吕大吉、何耀华总主编《中国各民族原始宗教资料集成》（纳西族卷、羌族卷、独龙族卷、傈僳族卷、怒族卷），北京：中国社会科学出版社2000年版，第285页。

W0461.10.3.1

东方乘骑白驹的白面猎神

实 例

纳西族 （参见“W0461.10.3 五方猎神”母题实例）

W0461.10.3.2

南方乘骑青驹的青面猎神

实 例

纳西族 （参见“W0461.10.3 五方猎神”母题实例）

W0461.10.3.3

西方乘骑黄驹的黄面猎神

实 例

纳西族 （参见“W0461.10.3 五方猎神”母题实例）

W0461.10.3.4

北方乘骑黑驹的黑面猎神

实 例

纳西族 （参见“W0461.10.3 五方猎神”母题实例）

W0461.10.3.5

天地中央乘骑五色花驹的花面猎神

实 例

纳西族 （参见“W0461.10.3 五方猎神”母题实例）

W0461a

庙神

实 例

（参见下级母题实例）

W0461a.1

庙神的产生

实 例

（参见下级母题实例）

W0461a.1.1

老狐狸精变成庙神

实 例

达斡尔族 供在小寺里的庙神，是由千年黑、万年白的狐狸精变成的神。

【流传】（内蒙古自治区·呼伦贝尔市·鄂温克族自治旗·巴彦托海镇）

【出处】

（a）珠荣嘎、额尔登泰、满都尔图调查编著：《巴彦托海索木达斡尔族情况——达斡尔族调查材料之二》，全国人民代表大会民族委员会办公室

1958 年编印，第 55 页。

(b)《“苏木·巴尔肯”（庙神）》，见吕大吉、何耀华总主编《中国各民族原始宗教资料集成》（鄂伦春族卷、鄂温克族卷、赫哲族卷、达斡尔族卷、锡伯族卷、满族卷、蒙古族卷、藏族卷），北京：中国社会科学出版社 1999 年版，第 356 页。

W0461a. 2

庙神的特征

实 例

（实例待考）

W0461a. 3

与庙神有关的其他母题

【关联】［W0446. 4. 2］宗庙的保护神

实 例

（参见下级母题实例）

W0461a. 3. 1

每一个大的寨子都有一个庙神

实 例

傈僳族 每一个大的寨子均设一庙神。

【流传】云南省·（德宏傣族景颇族自治州）·盈江县·苏典（傈僳族）乡

【出处】许鸿宝等：《盈江县苏典傈僳族调查报告》，见云南省编辑组编《云南少数民族社会历史调查资料汇编》（二），昆明：云南人民出版社 1987 年版，第 66～67 页。

W0462

农神（农业神）

【汤普森】A432

【关联】［W0731］神农

实 例

（参见下级母题实例）

W0462. 1

农神的产生

实 例

（参见下级母题实例）

W0462. 1. 1

特定的人物成为农神

【关联】［W0734. 1. 2］神农是农神

实 例

（参见下级母题实例）

W0462. 1. 1. 1

炎帝发明农业成为农神

实 例

汉族 （实例待考）

W0462. 1. 1. 2

牛郎下凡成为农神

【关联】［W0734. 5］神农是牛郎

实 例

汉族 （实例待考）

W0462.1.1.3

一对姐弟成为农神

实 例

（参见下级母题实例）

W0462.1.1.3.1

天公地母的七姑娘吉介（金鸡）和七儿子舞努（黄龙）成为农神

实 例

白族 劳谷（男始祖）和劳泰（女始祖）被尊称为天公、地母。他们繁衍白族的10对子女也分别被尊为神。其中七姑娘吉介（金鸡）、七儿子舞努（黄龙）成为农神，永远享受人们的供祭。

【流传】 云南省·（大理白族自治州）·鹤庆（鹤庆县），丽江（丽江市）及（丽江市）·永胜（永胜县）

【出处】 李剑飞讲，李缵绪、章虹宇记录：《人类和万物的起源》（又名《劳谷与劳泰》、《古干古洛创世记》），原载李缵绪主编《白族神话传说集成》，中国民间文艺出版社1986年版，见姚宝瑄主编《中国各民族神话》（白族、拉祜族、景颇族），太原：山西出版传媒集团·书海出版社2014年版，第28页。

W0462.2

农神的特征（农神的身份）

实 例

（参见下级母题实例）

W0462.2.0

男女农神

实 例

（参见下级母题实例）

W0462.2.0.1

男女农神舞努和吉介

实 例

白族 农神“甲马”，画面用一杆生双穗的谷穗图案，来表现男女农神舞努和吉介的神格。栽种庄稼前“祭种”和收获后“谢神”祭祀时使用。

【流传】 云南省·（大理白族自治州）·鹤庆县

【出处】 章虹宇：《关于鹤庆白族“甲马”》，载《山茶》1992年第6期。

W0462.2.1

农神是主管农作生产之神

实 例

壮族 农神是主管农作生产之神。

【流传】 广西壮族自治区·（百色市）·靖西县（靖西市）

【出处】 凌树东搜集整理：*《广西靖西县壮族诸神表》（1991），见吕大吉、何耀华总主编《中国各民族原始宗教资料集成》（土家族卷、瑶族卷、壮族卷、黎族卷），北京：中国社会科学出版社 1998 年版，第 495 页。

W0462. 2. 2

农神是掌管农业的神

实 例

汉族 人不爱惜粮食耳朵事情传到天上后，玉皇大帝很是震怒，便下了一道圣旨给掌管农业的神，令地上的作物连年不收，小麦都只长秸秆不长穗，来惩罚人间的百姓。

【流传】河南省 · 洛阳市

【出处】《口粮为什么又叫"免狗点"》，见张振犁编著，孟宪明、朱淑君统纂《中原神话通鉴》（第四卷），郑州：河南大学出版社 2017 年版，第 1346 页。

W0462. 2. 3

农业神包括多神

实 例

（参见下级母题实例）

W0462. 2. 3. 1

农业神有田公地母神、五谷神、雷神、磨神和碓神等

实 例

彝族 农业神有田公地母神、五谷神、雷神、磨神和碓神等。

【流传】云南省 · 曲靖（曲靖市）

【出处】蔡家麒：《云南曲靖地区彝族调查》，见吕大吉、何耀华总主编《中国各民族原始宗教资料集成》（彝族卷、白族卷、基诺族卷），北京：中国社会科学出版社 1996 年版，第 125 页。

W0462. 2. 3. 1. 1

磨神

实 例

彝族（撒尼） 呗耄向"碓神"、"磨神"献祭。祝祷曰："磨神来享祭，今天祭你们。粮食多了磨辛苦，一天到晚隆隆响，荞面粉粉似下雪，人吃磨粉长得壮，畜吃磨粉多长膘。"

【流传】云南省 · 昆明（昆明市）

【出处】张福整理：《撒尼支彝族的祭财门》，见吕大吉、何耀华总主编《中国各民族原始宗教资料集成》（彝族卷、白族卷、基诺族卷），北京：中国社会科学出版社 1996 年版，第 342 页。

W0462. 3

农神的职能（农神的能力，农神的事迹）

实 例

（参见下级母题实例）

W0462.3.1

农神降雨

实　例

满族 瓜尔佳氏满族用饽饽祭神的是农神乌忻恩都力。认为有了他的庇佑，禾苗茁壮，五谷丰收，牛肥马壮，六畜兴旺。打糕中需要撒水，它象征着农神降赐的雨水。

【流传】（黑龙江松花江畔）

【出处】 富育光、王宏刚：《满族萨满关志远、关柏荣访问记》（1984～1985），见吕大吉、何耀华总主编《中国各民族原始宗教资料集成》（鄂伦春族卷、鄂温克族卷、赫哲族卷、达斡尔族卷、锡伯族卷、满族卷、蒙古族卷、藏族卷），北京：中国社会科学出版社1999年版，第535页。

W0462.3.2

农神决定庄稼长势

实　例

怒族 庄稼长势怎样，收成是否好，在很大程度上取决于农神。

【流传】 云南省·（怒江傈僳族自治州）·兰坪（兰坪白族普米族自治县）

【出处】 李绍恩：《傈僳族、怒族中的哲学思想初探》，原载云南省民族理论研究学会云南分会筹备组编印《怒江民族研究》，1988年1～2期合刊，第64页，见吕大吉、何耀华总主编《中国各民族原始宗教资料集成》（纳西族卷、羌族卷、独龙族卷、傈僳族卷、怒族卷），北京：中国社会科学出版社2000年版，第864页。

W0462.4

与农神有关的其他母题

【关联】

①［W0455］丰收神（丰产神）

②［W0548］其他作物神

实　例

（参见下级母题实例）

W0462.4.1

特定名称的农神

【关联】［W0688.3.1］后稷是农神

实　例

（参见下级母题实例）

W0462.4.1.0

农神后稷

【关联】［W0688.3.1］后稷是农神

实　例

汉族 后稷是主管农业的神。

【流传】（无考）

【出处】《农神后稷》，见王德恒等《造神史话》，天津：百花文艺出版社2002年版，第56页。

W0462.4.1.0.1

农业神后稷名弃

实　例

汉族 农业神后稷名弃，是周代最初的远祖，帝尧时期人，其母姜原，弃幼时就喜欢种植芝麻、豆类、麦子等农作物，长大后精通农事，善于择地种植五谷。

【流传】（无考）

【出处】《农业神——后稷》，见乌丙安主编《中国民间神谱》，沈阳：辽宁人民出版社 2007 年版，第 172 页。

W0462. 4. 1. 0. 2

农神名弃

实　例

汉族 弃是开始种稷和麦的第一人，将其尊为农神、稷神。

【流传】（无考）

【出处】《弃》，见乌丙安主编《中国民间神谱》，沈阳：辽宁人民出版社 2007 年版，第 62 页。

W0462. 4. 1. 0a

稷神

实　例

（参见下级母题实例）

W0462. 4. 1. 0a. 1

弃是开始种稷和麦的第一人被尊为稷神

实　例

汉族 （参见“W0462. 4. 1. 0. 2　农神名弃”母题实例）

W0462. 4. 1. 1

农神牛郎

【关联】［W0766. 5. 2. 1. 1］农神（牛郎）与衣神（织女）是夫妻

实　例

（参见下级母题实例）

W0462. 4. 1. 1. 1

被贬下天的牛郎称“农神”

实　例

汉族 被贬下天的牛郎在凡间看牛、种田，年年好收成，大家称牛郎叫“农神”。

【流传】福建省·（宁德市）·霞浦县·城关（松城街道及松港街道）

【出处】王庆国讲，郑东夫采录：《农神和衣神》，见中国民间文学集成全国编辑委员会编《中国民间故事集成》（福建卷），北京：中国 ISBN 中心 2008 年版，第 14 页。

W0462. 4. 1. 1. 2

农神牛郎的妻子是织女

实　例

汉族 农神（牛郎）与衣神（织女）结婚。

【流传】福建省·（宁德市）·霞浦县

【出处】王庆国讲：《农神和衣神》，见中国民间文学集成全国编辑委员会编《中国民间故事集成》（福建卷），北京：中国 ISBN 中心 1998 年版，第 14～15 页。

W0462.4.1.2

农神布洛陀

实 例

壮族 （实例待考）

W0462.4.1.3

农业神兄养、兄廷

实 例

苗族 兄养、兄廷是农业神。

【流传】贵州省·黔东南（黔东南苗族侗族自治州）

【出处】过竹：《苗族神话研究》，南宁：广西人民出版社 1988 年版，第 204 页。

W0462.4.2

主管开垦田地的神

实 例

（参见下级母题实例）

W0462.4.2.1

主管开垦田地的神恩戈达嘎

实 例

珞巴族 恩戈达嘎是珞巴族传说中的神灵，在西方的山头上，主管开垦的田地。

【流传】西藏自治区·下珞渝（又写作“下珞瑜”，泛指永木河、锡约尔河、巴恰西仁河流域）

【出处】维·埃尔温搜集：《科札木科札》，见中华民族故事大系编委会编《中华民族故事大系》第 16 卷（赫哲族、门巴族、珞巴族、基诺族），上海：上海文艺出版社 1995 年版，第 553～554 页。

W0462.4.3

农神卫士

实 例

（参见下级母题实例）

W0462.4.3.1

射日有功的皇蜂被封为农神卫士

实 例

侗族 皇蜂射日有功，被萨天巴封为农神卫士。

【流传】（无考）

【出处】《姜良姜妹》，见杨保愿《嘎茫莽道时嘉》（《侗族远祖歌》），北京：中国民间文艺出版社 1986 年版，第 86 页。

W0462.4.4

守护粮田的神（田地守护神）

实 例

（参见下级母题实例）

W0462.4.4.1

高能大神扎纳阿玛守护粮田

实 例

哈尼族 德摩诗匹（始祖，第一个女巫）吩咐高能大神扎纳阿玛（神名）：“你守好大田和坡地，守好田棚和粮仓，收得的粮食一颗也不要丢。”

【流传】云南省·（红河哈尼族彝族自治州）·元阳（元阳县）、红河（红河县）、金平（金平苗族瑶族傣族自治县），采集于元阳县攀枝花区洞铺寨

【出处】朱小和讲，史军超搜集整理：《动植物的家谱》（1982），原载云南省民间文学集成办公室编《哈尼族神话传说集成》，中国民间文艺出版社1990年版，见姚宝瑄主编《中国各民族神话》（哈尼族、傣族），太原：山西出版传媒集团·书海出版社2014年版，第142页。

W0462. 4. 5

青苗神

实　例

（参见下级母题实例）

W0462. 4. 5. 1

农业神青苗神

实　例

汉族 农业神青苗神又称禾神、苗王、谷神，主司青壮苗稼之神。

【流传】（无考）

【出处】《农业神——青苗神》，见乌丙安主编《中国民间神谱》，沈阳：辽宁人民出版社2007年版，第174页。

W0462. 4. 5. 2

青苗神又称禾神

实　例

汉族 （参见“W0462. 4. 5. 1　农业神青苗神”母题实例）

W0462. 4. 5. 3

青苗神又称苗王

实　例

汉族 （参见“W0462. 4. 5. 1　农业神青苗神”母题实例）

W0462. 4. 5. 4

青苗神又称谷神

【关联】［W0546］五谷神（谷神）

实　例

汉族 （参见“W0462. 4. 5. 1　农业神青苗神”母题实例）

W0462. 4. 5. 5

青苗神主司青壮苗稼

实　例

汉族 （参见“W0462. 4. 5. 1　农业神青苗神”母题实例）

W0462. 4. 5. 6

青苗太子

实　例

（参见下级母题实例）

W0462.4.5.6.1

青苗太子佑秧苗茁壮成长

实 例

彝族（白彝） 六月初六祭“青苗太子”，保佑秧苗茁壮成长。

【流传】 云南省·昆明（昆明市）·西山区·谷律（谷律乡）、团结公社（团结乡）

【出处】 雷宏安：《昆明西山区谷律、团结公社彝族宗教调查》，见吕大吉、何耀华总主编《中国各民族原始宗教资料集成》（彝族卷、白族卷、基诺族卷），北京：中国社会科学出版社1996年版，第325页。

W0462.4.5.6.2

六月初六祭青苗太子

实 例

彝族（白彝）（参见“W0462.4.5.6.1 青苗太子佑秧苗茁壮成长”母题实例）

W0462.4.6

芒神

实 例

（参见下级母题实例）

W0462.4.6.1

农业神芒神

实 例

汉族 农业神芒神又称春天之神，又称句芒、春神、木神，是主宰春天草木复荣之神，也是主司农事生产之神。

【流传】（无考）

【出处】《农业神——芒神》，见乌丙安主编《中国民间神谱》，沈阳：辽宁人民出版社2007年版，第172页。

W0462.4.6.2

芒神是牧童

实 例

汉族 芒神是一吹横笛的牧童形象，所牧之牛表示农事将忙，所吹之笛声则表示春天将至，带给大地勃勃生机。

【流传】（无考）

【出处】《农业神——芒神》，见乌丙安主编《中国民间神谱》，沈阳：辽宁人民出版社2007年版，第173页。

W0462.4.6.3

芒神吹之笛声则表示春天将至

实 例

汉族（参见“W0462.4.6.2 芒神是牧童”母题实例）

W0462.4.6.4

芒神身高3尺6寸5分

实 例

（参见下级母题实例）

W0462. 4. 6. 4. 1
芒神身高 3 尺 6 寸 5 分象征一年 365 天

实　例

汉族 芒神是男性形象，身高三尺六寸五分，象征一年三百六十五天。

【流传】（无考）

【出处】《农业神——芒神》，见乌丙安主编《中国民间神谱》，沈阳：辽宁人民出版社 2007 年版，第 172 页。

W0462. 4. 6. 5
芒神主宰春天草木复荣

实　例

汉族 （参见“W0462. 4. 6. 1　农业神芒神”母题实例）

W0462. 4. 6. 6
芒神主司农事生产

实　例

汉族 （参见“W0462. 4. 6. 1　农业神芒神”母题实例）

W0462. 4. 6. 7
芒神的名称

实　例

（参见下级母题实例）

W0462. 4. 6. 7. 1
芒神又称春天之神

【关联】［W0380. 2. 1］春神是木神句芒

实　例

汉族 （参见“W0462. 4. 6. 1　农业神芒神”母题实例）

W0462. 4. 6. 7. 2
芒神又称句芒

实　例

汉族 （参见“W0462. 4. 6. 1　农业神芒神”母题实例）

W0462. 4. 6. 7. 3
芒神又称春神

实　例

汉族 （参见“W0462. 4. 6. 1　农业神芒神”母题实例）

W0462. 4. 6. 7. 4
芒神又称木神

实　例

汉族 （参见“W0462. 4. 6. 1　农业神芒神”母题实例）

W0462. 4. 6. 7. 5
春牛芒神

实　例

汉族　芒神，谓句芒神；旧时造作春牛芒神施行，所以劝农也。清制：顺天府以六月移文钦天监，定次年芒神土牛服色绘图，立春日进呈。

【流传】（无考）

【出处】《春牛芒神》，见袁珂《中国神话大词典》，北京：华夏出版社 2015 年版，第 221 页。

W0462.4.7

八蜡

实　例

（参见下级母题实例）

W0462.4.7.1

八蜡即八种农事神

实　例

汉族　农业神八蜡即八种农事神，指先啬，即先农神农；司啬，即后稷；对田种有功的民间小官；田间房舍小道；能吃野鼠野兽、保护田苗的猫虎；堤坊：水沟和昆虫。

【流传】（无考）

【出处】《农业神——八蜡》，见乌丙安主编《中国民间神谱》，沈阳：辽宁人民出版社 2007 年版，第 172 页。

W0462.4.7.2

八蜡指先啬，即先农神农；司啬，即后稷；对田种有功的民间小官；田间房舍小道；能吃野鼠野兽、保护田苗的猫虎；堤坊：水沟和昆虫

实　例

汉族　（参见“W0462.4.7.1 八蜡即八种农事神”母题实例）

W0462.4.8

农务神

实　例

（参见下级母题实例）

W0462.4.8.1

农务之总神

实　例

彝族　农务之总神，献酒及他呵，过了些日子，到耕耘之日，垭耕不遇风，原耕不失露，土边蛇不屈，田外鼠不窠。

【流传】贵州省

【出处】《献酒经》，原载丁文江《爨文丛刻》（甲编），上海商务印书馆 1936 年版，见吕大吉、何耀华总主编《中国各民族原始宗教资料集成》（彝族卷、白族卷、基诺族卷），北京：中国社会科学出版社 1996 年版，第 48～49 页。

W0463
旱神（干旱神）

实 例

（参见下级母题实例）

W0463. 1
旱神的产生

【关联】［W0047. 2. 3. 1］食作物的昆虫化身为干旱神

实 例

（参见下级母题实例）

W0463. 1. 1
狂风闪电孕育旱神

实 例

阿昌族 狂风和闪电孕育旱神腊訇。

【流传】 云南省·（德宏傣族景颇族自治州）·梁河县

【出处】 赵安贤讲述，杨叶生翻译，智克整理：《遮帕麻与遮米麻》，载《山茶》1981 年第 2 期。

W0463. 1. 2
特定的昆虫成为旱神

实 例

（参见下级母题实例）

W0463. 1. 2. 1
食作物的昆虫化身为干旱神

实 例

蒙古族（布里亚特） 嘎日达·乌兰·腾格里（制造干旱的天神）是使牧草必需的水分干涸的酷热和吃光作物幼芽的各种昆虫、啮齿动物的形象化身。

【流传】（无考）

【出处】［苏联］И. А. 曼日格耶夫著，宋长宏译，佟德富校：《布里亚特萨满教和前萨满教辞典》（俄文版），莫斯科：科学出版社 1978 年版，第 38 页，见吕大吉、何耀华总主编《中国各民族原始宗教资料集成》（鄂伦春族卷、鄂温克族卷、赫哲族卷、达斡尔族卷、锡伯族卷、满族卷、蒙古族卷、藏族卷），北京：中国社会科学出版社 1999 年版，第 626 页。

W0463. 2
旱神的特征

实 例

（实例待考）

W0463. 2. 1
女旱神

【汤普森】 A431. 1. 4

实 例

（实例待考）

W0463. 3
与旱神有关的其他母题

实 例

（参见下级母题实例）

W0463.3.1

特定名称的旱神（旱神名称）

【关联】［W0695.3.3.1.2.1］女魃是旱神

实 例

（参见下级母题实例）

W0463.3.1.1

旱神是东方天神嘎日达·乌兰·腾格里

实 例

蒙古族（布里亚特）东方天神嘎日达·乌兰·腾格里将有害于作物的干旱带到地上。

【流传】（无考）

【出处】《蒙古族神灵观念和神灵系统》，见吕大吉、何耀华总主编《中国各民族原始宗教资料集成》（鄂伦春族卷、鄂温克族卷、赫哲族卷、达斡尔族卷、锡伯族卷、满族卷、蒙古族卷、藏族卷），北京：中国社会科学出版社1999年版，第626页。

蒙古族（布里亚特）嘎日达·乌兰·腾格里直译为“火红的天”，是东方天神之一，能给地上降下有害于牧草和庄稼的干旱。

【流传】（无考）

【出处】［苏联］И. А. 曼日格耶夫著，宋长宏译，佟德富校：《布里亚特萨满教和前萨满教辞典》（俄文版），莫斯科：科学出版社1978年版，第38页，见吕大吉、何耀华总主编《中国各民族原始宗教资料集成》（鄂伦春族卷、鄂温克族卷、赫哲族卷、达斡尔族卷、锡伯族卷、满族卷、蒙古族卷、藏族卷），北京：中国社会科学出版社1999年版，第626页。

W0463.3.1.2

火神旱神腊訇

实 例

阿昌族 天公遮帕麻走进火神旱神腊訇的家，腊訇鼓圆了他的12个眼球，鼻孔里喷出两股火焰，满脸杀气。

【流传】（云南省）

【出处】赵安贤讲，智克整理：《遮帕麻与遮米麻》，见姚宝瑄主编《中国各民族神话》（佤族、阿昌族、纳西族、普米族、德昂族），太原：山西出版传媒集团·书海出版社2014年版，第86页。

W0463.3.1.3

旱魃

实 例

（参见下级母题实例）

W0463.3.1.3.1

旱魃是女神

实 例

汉族 黄帝请来天上一位名叫旱魃的女神，施展法术，制住了风雨。

【流传】陕西省·（延安市）·黄陵县

【出处】兰草搜集整理：《风后和他的指南车》，原载黄陵县文化馆编《轩辕黄帝传说故事》，见陶阳、钟秀编《中国神话》（下），北京：商务印书馆2008年版，第1205～1206页。

W0463. 3. 1. 3. 2

干旱时驱赶旱魃

实例

白族 遭遇旱灾时禳旱魃。

【流传】云南省·（大理白族自治州）·鹤庆县

【出处】章虹宇：《关于鹤庆白族“甲马”》，载《山茶》1992年第6期。

白族 发生干旱或缺水插秧时，要耍水龙求雨时，全家老少都拿水往龙身上洒泼，边泼边喊：“旱魃滚开！”

【流传】云南省·（大理白族自治州）·洱源县·茈碧乡、凤羽乡

【出处】王承权等调查整理：《洱源白族求雨祈晴祭》（1988），见吕大吉、何耀华总主编《中国各民族原始宗教资料集成》（彝族卷、白族卷、基诺族卷），北京：中国社会科学出版社1996年版，第698页。

W0463. 3. 1. 3. 3

祭水神求雨时驱赶旱魃

实例

白族 祭水神求雨时，喊：“旱魃走开，龙王下雨来了！”

【流传】云南省·（大理白族自治州）·大理市·城郊乡、海东乡、喜洲镇

【出处】王承权调查整理：《大理白族水神龙王祭》（1988），见吕大吉、何耀华总主编《中国各民族原始宗教资料集成》（彝族卷、白族卷、基诺族卷），北京：中国社会科学出版社1996年版，第492页。

W0463. 3. 2

旱涝神

实例

（参见下级母题实例）

W0463. 3. 2. 1

旱涝饥馑大神

实例

白族 旱涝饥馑大神。

【流传】云南省·（大理白族自治州·洱源县）·邓川州（邓川镇）

【出处】［明·隆武］艾自修纂，王云校勘：《重修邓川州志》卷十二，洱源县志办公室翻印，1986年。

W0464

航海神（海上保护神，行船保护神）

【汤普森】A456

【关联】

①［W0411］海神

②［W0775. 3. 2］妈祖是航海神

实 例

（参见下级母题实例）

W0464.1

航海女神

【汤普森】A556.1

实 例

（参见下级母题实例）

W0464.1.1

航海保护神即迷额哈女神

实 例

（参见下级母题实例）

W0464.1.1.1

迷额哈女神即“眼神”

实 例

满族 女神“迷额哈”，又称为“雅哈”、“尼雅哈”女神，实际是“亚沙”神，即“眼神”。她是海中的眼睛，不论冬夏，不论昼夜还是游进无垠的狂涛，尼雅哈女神都会保护人船顺利返航。

【流传】（无考）

【出处】《海祭》，富育光据《东海沉冤录》、《清光绪十六年扈伦七姓满族海祭神谕》翻译整理，见吕大吉、何耀华总主编《中国各民族原始宗教资料集成》（鄂伦春族卷、鄂温克族卷、赫哲族卷、达斡尔族卷、锡伯族卷、满族卷、蒙古族卷、藏族卷），北京：中国社会科学出版社1999年版，第522页。

W0464.2

海上男神

实 例

（参见下级母题实例）

W0464.2.1

遇害的小伙成为海上保护神

实 例

（参见下级母题实例）

W0464.2.1.1

遇害的突忽烈成为女真人的海上保护神

实 例

满族 突忽烈（东海上伦部落小伙子，因身体怪异遭族人迫害）不但降伏危害部落的恶神耶鲁里，还率海龟治山治水，并且人们打鱼赶海遇风浪时，总有突忽烈相救。他成了女真人的海上保护神。

【流传】（无考）

【出处】富育光、孟慧英、王宏刚整理：《突忽烈玛发》，见姚宝瑄主编《中国各民族神话》（满族、赫哲族、朝鲜族），太原：山西出版传媒集团·书海出版社2014年版，第89页。

W0464.3
行船保护神

实 例

（参见下级母题实例）

W0464.3.1
行船保护神朱拉贝子

实 例

满族 朱拉贝子是位行船保护神，北部满族各个氏族都供奉这位神。

【流传】黑龙江省

【出处】傅英人（“人”疑为“仁”）讲，张爱云记录整理：《朱拉贝子和阿苏里姑娘》，原载《满族萨满神话》，见陶阳、钟秀编《中国神话》（中），北京：商务印书馆 2008 年版，第 965 ~972 页。

W0464.4
船业、船运业保护神

实 例

（参见下级母题实例）

W0464.4.1
船业、船运业保护神水母娘娘

实 例

汉族 水母娘娘是护佑渔民之神，被奉为船业、船运业奉为保护神。

【流传】（无考）

【出处】《船运业神——水母娘娘》，见乌丙安主编《中国民间神谱》，沈阳：辽宁人民出版社 2007 年版，第 180 页。

W0465
黑暗之神（黑暗神）

【汤普森】A270

实 例

（参见下级母题实例）

W0465.1
黑暗神的产生

实 例

（实例待考）

W0465.2
黑暗神的特征

实 例

（参见下级母题实例）

W0465.2.1
黑暗之神憎恨光明

实 例

傣族 黑暗之神披乍贺看见脚下出现了一个圆球，又看见一个太阳和一个月亮，还有无数的星星挂在空中，把天地照亮，十分恼怒。于是要把太阳、月亮和星星一个也不剩全吃掉。

【流传】云南省·西双版纳（西双版纳傣族自治州）·勐海（勐海县）·勐遮（勐遮镇）、勐混（勐混镇）

【出处】波玉挽讲，王光搜集整理：《披乍贺与火神之子的一场战争》，见姚宝瑄主编《中国各民族神话》（哈尼族、傣族），太原：山西出版传媒集团·书海出版社2014年版，第243页。

W0465.3

与黑暗神有关的其他母题

【关联】

① ［W0303e.1.1.4］雨雾神是黑暗之神

② ［W0458］光明之神（光明神，光神）

实 例

（参见下级母题实例）

W0465.3.1

黑暗之神是恶魔

【汤普森】≈A107

【关联】［W0842］恶魔

实 例

（实例待考）

W0465.3.2

黑暗之神毁灭光明

实 例

（参见下级母题实例）

W0465.3.2.1

黑暗之神皮扎祸毁灭光明

实 例

傣族 黑暗之神皮扎祸要毁灭光明。

【流传】云南省·（西双版纳傣族自治州）·景洪（景洪市）

【出处】《太阳的传说》，见岩香《傣族民间故事》，昆明：云南出版集团2009年版，第14页。

W0466

火神

【汤普森】A493

实 例

（参见下级母题实例）

W0466.1

火神的产生

实 例

（参见下级母题实例）

W0466.1.1

火神源于特定地方

实 例

（参见下级母题实例）

W0466.1.1.1

火神从天而降

实 例

蒙古族 火神萨吉阿代从天降到地上。

【流传】（无考）

【出处】《蒙古族自然神灵的信仰和崇拜》，见吕大吉、何耀华总主编《中国各民族原始宗教资料集成》（鄂伦春族卷、鄂温克族卷、赫哲族卷、达斡尔族卷、锡伯族卷、满族卷、蒙古族卷、藏族卷），北京：中国社会科学出版社 1999 年版，第 605 页。

W0466. 1. 1. 1. 1

火神萨吉阿代遵照西方腾格里的意志从天上降到地下

实 例

蒙古族（布里亚特）火神萨吉阿代遵照西方腾格里的意志从天上降到地下。

【流传】（无考）

【出处】［苏联］И. А. 曼日格耶夫著，宋长宏译，佟德富校：《布里亚特萨满教和前萨满教辞典》（俄文版），莫斯科：科学出版社 1978 年版，第 37～38 页，见吕大吉、何耀华总主编《中国各民族原始宗教资料集成》（鄂伦春族卷、鄂温克族卷、赫哲族卷、达斡尔族卷、锡伯族卷、满族卷、蒙古族卷、藏族卷），北京：中国社会科学出版社 1999 年版，第 605 页。

W0466. 1. 1. 1. 2

火神是指派产生的

实 例

哈萨克族创世主迦萨甘派了火神。

【流传】（无考）

【出处】尼合迈德·蒙加尼搜集，校仲彝翻译整理：《神与灵魂》，见谷德明编《中国少数民族神话》，北京：中国民间文艺出版社 1987 年版，第 730 页。

W0466. 1. 2

火神是造出来的

实 例

（实例待考）

W0466. 1. 3

火神是生育产生的

实 例

（参见下级母题实例）

W0466. 1. 3. 1

狂风和闪电孕生火神

实 例

阿昌族狂风和闪电孕育了一个最大的火神和旱神腊訇。

【流传】（a）云南省·（德宏傣族景颇族自治州）·梁河县

【出处】

（a）赵安贤讲，杨叶生、智克采录：《遮帕麻与遮米麻》，见中国民间文学集成全国编辑委员会编《中国民间故事集成》（云南卷），北京：中国 ISBN 中心 2003 年版，第 69 页。

（b）赵安贤讲，舟叶生译，智克整理：《遮帕麻与遮米麻》，见谷德明编《中国少数民族神话》，北京：中国民间文艺出版社 1987 年版，第 490 页。

（c）同（b），见陶立璠、赵桂芳等编《中国少数民族神话汇编》（开天辟地篇），中央民族学院少数民族古籍整理出版规划领导小组办公室印（未署出版时间），第 330 页。

阿昌族 狂风和闪电孕育了一个最大的火神和旱神腊訇。

【流传】（云南省）

【出处】 赵安贤讲，智克整理：《遮帕麻与遮米麻》，见姚宝瑄主编《中国各民族神话》（佤族、阿昌族、纳西族、普米族、德昂族），太原：山西出版传媒集团·书海出版社 2014 年版，第 80 页。

W0466.1.3.2

天公地母婚生火神

实 例

（参见下级母题实例）

W0466.1.4

火神是变化产生的

【关联】［W0466.9.1.1］煮饭人被天神命名为火炭神

实 例

（参见下级母题实例）

W0466.1.4.1

特定的人成为火神

实 例

（参见下级母题实例）

W0466.1.4.1.1

造火者被奉为火神

实 例

壮族 布碌陀的儿子甘歌造好火后，把火种，拿到屋檐下去收藏，结果引起一场大火灾，甘歌被烧死了。后人为纪念这位造火的祖先，奉他为火神。

【流传】（无考）

【出处】 覃承勤整理：《甘歌》，见姚宝瑄主编《中国各民族神话》（仫佬族、壮族、京族），太原：山西出版传媒集团·书海出版社 2014 年版，第 158 页。

W0466.1.4.1.2

造火者被烧死后变成火神

实 例

壮族 布洛陀的儿子甘歌造出火后，拾起剩下的火种，藏到屋檐下，结果引起一场大火灾，甘歌被火烧死，变成火神。

【流传】 广西壮族自治区·（河池市）·东兰县，（河池市）·巴马县（巴马瑶族自治县）、凤山县

【出处】 覃剑萍搜集整理：*《祭火神》（1990），见吕大吉、何耀华总主编《中国各民族原始宗教资料集成》（土家族卷、瑶族卷、壮族卷、黎族卷），北京：中国社会科学出版社 1998 年版，第 523 页。

W0466. 1. 4. 2

特定物变成火神

实 例

（参见下级母题实例）

W0466. 1. 4. 2. 1

铁质东西埋入炭灰会变成火神

实 例

白族 平时不能将铁质东西埋入炭灰，否则就会变成火神。

【流传】 云南省·（大理白族自治州）·洱源县·西山乡

【出处】 赵寅松调查整理：《洱源西山白族火神祭》（1988），见吕大吉、何耀华总主编《中国各民族原始宗教资料集成》（彝族卷、白族卷、基诺族卷），北京：中国社会科学出版社1996年版，第505页。

W0466. 1. 5

火神是婚配产生的

实 例

（实例待考）

W0466. 1. 5. 1

狂风和闪电孕育火神

实 例

阿昌族 （实例待考）

W0466. 1. 6

火神是感生的

实 例

（实例待考）

W0466. 1. 7

与火神产生有关的其他母题

实 例

（实例待考）

W0466. 1. 7. 1

火神的生日

实 例

（实例待考）

W0466. 2

火神的特征

实 例

（参见下级母题实例）

W0466. 2. 1

火神的面貌

实 例

（参见下级母题实例）

W0466. 2. 1. 1

火神红脸

【关联】［W0317. 2. 1］雷神红脸

实 例

汉族 （实例待考）

W0466.2.1.2

火神黑脸红唇灰眉白须

实 例

壮族 “火神”黑脸红唇，灰眉白须，端庄慈祥。

【流传】广西壮族自治区·（河池市）·东兰县，（河池市）·巴马县（巴马瑶族自治县）、凤山县

【出处】覃剑萍搜集整理：*《祭火神》（1990），见吕大吉、何耀华总主编《中国各民族原始宗教资料集成》（土家族卷、瑶族卷、壮族卷、黎族卷），北京：中国社会科学出版社1998年版，第523页。

W0466.2.1.3

火神是公鸡模样

实 例

纳西族（摩梭） 在天宫中看守的天神的儿子昂神是只大公鸡，它见昂姑咪（女始祖名）一伙来到山下，爪子一伸，翅膀一拍，飞到昂姑咪面前。

【流传】云南省·（丽江市）·宁蒗县（宁蒗彝族自治县）

【出处】

(a)《昂姑咪》，载《山茶》1986年第3期。

(b) 同(a)，见姚宝瑄主编《中国各民族神话》（佤族、阿昌族、纳西族、普米族、德昂族），太原：山西出版传媒集团·书海出版社2014年版，第109页。

W0466.2.1.4

火神是看不见的神灵（火神无形）

实 例

白族 火神是看不见的神灵，只有恭恭敬敬把它送走，请它不要给村民带来麻烦，大家才能得到安宁。

【流传】云南省·（大理白族自治州）·鹤庆县·云鹤镇

【出处】王承权调查整理：《鹤庆白族送火神》（1988），见吕大吉、何耀华总主编《中国各民族原始宗教资料集成》（彝族卷、白族卷、基诺族卷），北京：中国社会科学出版社1996年版，第506页。

W0466.2.1.5

火神没有偶像

实 例

白族 火神没有代表物，没有偶像。

【流传】云南省·（怒江傈僳族自治州）·兰坪县（兰坪白族普米族自治县），（迪庆藏族自治州）·维西县（维西傈僳族自治县）

【出处】刘龙初调查整理：《兰坪维西那马人送火神撵火鬼》（1988），见吕大吉、何耀华总主编《中国各民族原始宗教资料集成》（彝族卷、白族卷、基诺族卷），北京：中国社会科学出

版社 1996 年版，第 508 页。

W0466. 2. 1. 6

火神有光毛火发

实 例

满族 突姆火神身披光毛火发，光照中天，她用光毛火发为布星女神照路。

【流传】黑龙江省·黑河地区（黑河市）·孙吴县·（沿江满族达斡尔族乡）·四季屯（四季屯村）

【出处】吴纪贤、富希陆讲：《天宫大战——黑水女真人传世神话》（1939，选自富育光、郭淑云整理的手稿），见姚宝瑄主编《中国各民族神话》（满族、赫哲族、朝鲜族），太原：山西出版传媒集团·书海出版社 2014 年版，第 29 页。

W0466. 2. 1. 7

火神金身火体

实 例

汉族 火神的九个儿子个个都是金身火体，能发光发热。

【流传】四川省·巴县（重庆·巴南区）·鱼洞镇

【出处】张文奎讲，李子硕记录整理：《太阳和星星的来历》（1988. 04），见姚宝瑄主编《中国各民族神话》（汉族），太原：山西出版传媒集团·书海出版社 2014 年版，第 207 ~ 209 页。

W0466. 2. 1. 8

火神是鸟

实 例

（参见下级母题实例）

W0466. 2. 1. 8. 1

火神是长尾巴火鸟

实 例

白族（那马） 火神是一种火鸟，长着一条长长的尾巴。

【流传】云南省·（怒江傈僳族自治州）·兰坪县（兰坪白族普米族自治县），（迪庆藏族自治州）·维西县（维西傈僳族自治县）

【出处】刘龙初调查整理：《兰坪维西那马人送火神撵火鬼》（1988），见吕大吉、何耀华总主编《中国各民族原始宗教资料集成》（彝族卷、白族卷、基诺族卷），北京：中国社会科学出版社 1996 年版，第 508 页。

W0466. 2. 2

火神的性别

实 例

（参见下级母题实例）

W0466. 2. 2. 0

火神是女神也是男神

【关联】［W0069］双性神（两性神）

实 例

蒙古族（布里亚特） 火魂灵主神最常以女性身份出现，有时也是一幅男人的面孔。

【流传】（无考）

【出处】［苏联］Г. Р. 加尔达诺娃著，宋长宏译，佟德富校：《喇嘛教前的布里亚特宗教信仰》（俄文版），诺沃西比尔斯克：科学出版社西伯利亚分社1987年版，第22～26页，见吕大吉、何耀华总主编《中国各民族原始宗教资料集成》（鄂伦春族卷、鄂温克族卷、赫哲族卷、达斡尔族卷、锡伯族卷、满族卷、蒙古族卷、藏族卷），北京：中国社会科学出版社1999年版，第608页。

W0466.2.2.1

男火神

实　例

傣族（实例待考）

W0466.2.2.2

女火神

【汤普森】 A493.1

【关联】［W0065］女神

实　例

土家族（实例待考）

W0466.2.2.2.1

火神是老太太（火神是老太婆）

实　例

鄂伦春族 一家三口遇到的“托布堪”（火神）是一个老太太。

【流传】（a）黑龙江省·（黑河市）·逊克县·新鄂乡·新鄂村

【出处】

（a）初特温讲：《托布堪》，见中国民间文学集成全国编辑委员会编《中国民间故事集成》（黑龙江卷），北京：中国ISBN中心2005年版，第36页。

（b）初特渐、莫彩花讲：《火神》，见满都呼主编《中国阿尔泰语系诸民族神话故事》，北京：民族出版社1997年版，第327页。

鄂伦春族 火神是老太婆。

【流传】（无考）

【出处】

（a）内蒙古自治区编委会：《鄂伦春族社会历史调查》（第一集），呼和浩特：内蒙古人民出版社1984年版，第161页。

（b）《火神的传说》，见吕大吉、何耀华总主编《中国各民族原始宗教资料集成》（鄂伦春族卷、鄂温克族卷、赫哲族卷、达斡尔族卷、锡伯族卷、满族卷、蒙古族卷、藏族卷），北京：中国社会科学出版社1999年版，第19～20页。

鄂伦春族 火神“托欧博如坎”的化身是位慈祥的老太婆。

【流传】（无考）

【出处】 郭淑云：《鄂伦春族卷·绪论》，见吕大吉、何耀华总主编《中国各民族原始宗教资料集成》（鄂伦春族卷、鄂温克族卷、赫哲族卷、达斡尔族卷、锡伯族卷、满族卷、蒙古族卷、藏族卷），北京：中国社会科学出版社 1999 年版，第 11 页。

鄂伦春族 火神是一位老太太。

【流传】内蒙古自治区·呼伦贝尔盟（呼伦贝尔市）·鄂伦春族自治旗（鄂伦春自治旗）

【出处】辒肌挺讲：《火神的传说》，原载巴图宝音搜集整理《鄂伦春族民间故事集》，见陶阳、钟秀编《中国神话》（下），北京：商务印书馆 2008 年版，第 1134～1135 页。

W0466. 2. 2. 2. 1. 1

火神博如坎是一个长头发的红脸老太婆

实　例

鄂伦春族 一对老夫妻架火做饭时，柴火烧得特别旺，火焰升得特别高，火苗上渐渐显出一个长头发的红脸老太婆来。这就是火神“博如坎”显形。

【流传】（中国东北部地区）

【出处】

（a）张凤铸、蔡伯文记录整理：《阿勒塔涅斩魔记》，见张凤铸、蔡伯文编《鄂伦春民间文学选》，呼和浩特：内蒙古人民出版社 1980 年版。

（b）同（a），见姚宝瑄主编《中国各民族神话》（达斡尔族、鄂伦春族、鄂温克族、蒙古族），太原：山西出版传媒集团·书海出版社 2014 年版，第 107～113 页。

W0466. 2. 2. 2. 2

火母女神

实　例

鄂温克族 篝火旁坐着一位老太婆，脸上都是血，双眼什么也看不见。这时用水浇灭火的女人才明白，这是火母女神。

【流传】内蒙古自治区·（呼伦贝尔市）·鄂温克族自治旗·伊敏索木

【出处】敖斯尔讲，卡丽娜、汪丽珍采录整理：《火母女神》（1985. 08. 07），见吕大吉、何耀华总主编《中国各民族原始宗教资料集成》（鄂伦春族卷、鄂温克族卷、赫哲族卷、达斡尔族卷、锡伯族卷、满族卷、蒙古族卷、藏族卷），北京：中国社会科学出版社 1999 年版，第 102 页。

W0466. 2. 2. 2. 3

火娘娘

实　例

哈萨克族 哈萨克族称火神为“火娘娘”。

【流传】（无考）

【出处】何星亮：《中国自然神与自然崇拜》，上海：上海三联书店 1992 年版，第 386 页。

W0466.2.2.2.4
保管火种的女神

实 例

鄂伦春族 鄂伦春人于保管火种之女神崇敬备至。每饭前必投食物少许或注酒一杯于火，以示供奉；严禁向火泼水，或于烤肉时以刀叉之。

【流传】（无考）

【出处】袁珂改编：《火神》，原载谷德明编《中国少数民族神话选》，见袁珂《中国神话大词典》，北京：华夏出版社 2015 年版，第 592 页。

W0466.2.3
火神的性格

实 例

（参见下级母题实例）

W0466.2.3.1
火神性格暴躁

实 例

傣族 火神王的七胞胎个个都是胆大性烈的暴躁男子。

【流传】云南省·（西双版纳傣族自治州）·景洪市

【出处】波岩少讲，岩温扁等翻译：《青年射日》，见中国民间文学集成全国编辑委员会编《中国民间故事集成》（云南卷），北京：中国 ISBN 中心 2003 年版，第 140 页。

傣族 火神的七胞胎儿子，血统是火神，是火的化身，所以他们的本事很大，个个都是胆大性烈的暴躁男子。

【流传】（云南省）

【出处】岩温扁、杨胜能、吴军搜集整理：《太阳的传说》，原载李子贤编《云南少数民族神话选》，云南人民出版社 1990 年版，见姚宝瑄主编《中国各民族神话》（哈尼族、傣族），太原：山西出版传媒集团·书海出版社 2014 年版，第 325 页。

W0466.2.3.1.1
火神一言不合就发火

实 例

傣族 火神的七个儿子生下来就在父母亲身边吃火、吃烟长大的，因此，一个个都性子暴躁，说不上几句话便火冒三丈。

【流传】云南省·西双版纳（西双版纳傣族自治州）·勐海（勐海县）·勐遮（勐遮镇）、勐混（勐混镇）

【出处】波玉挽讲，王光搜集整理：《披乍贺与火神之子的一场战争》，见姚宝瑄主编《中国各民族神话》（哈尼族、傣族），太原：山西出版传媒集团·书海出版社 2014 年版，第 245 页。

W0466.2.3.2
傲慢的火神

实 例

（参见下级母题实例）

W0466. 2. 3. 2. 1
火神和他的 9 个儿子蔑视诸神

实 例

汉族 火神和他的 9 个儿子不把诸神放在眼里。

【流传】 四川省 · 巴县（重庆 · 巴南区） · 鱼洞镇

【出处】 张文奎讲，李子硕记录整理：《太阳和星星的来历》（1988. 04），见姚宝瑄主编《中国各民族神话》（汉族），太原：山西出版传媒集团 · 书海出版社 2014 年版，第 207 ~209 页。

W0466. 3
火神的身份

实 例

（参见下级母题实例）

W0466. 3. 1
火神是猎人的保护神

【关联】［W0497. 8］身兼多职的神

实 例

鄂伦春族 火神还被猎人奉为保护神。

【流传】（无考）

【出处】 郭淑云：《鄂伦春族萨满教特点刍议》，载《内蒙古社会科学》1996 年第 2 期。

鄂温克族 （实例待考）

W0466. 3. 2
火神即旱神

实 例

阿昌族 狂风和闪电孕育了一个最大的火神和旱神腊訇。

【流传】（a）云南省 · （德宏傣族景颇族自治州） · 梁河县

【出处】

（a）赵安贤讲，杨叶生、智克采录：《遮帕麻与遮米麻》，见中国民间文学集成全国编辑委员会编《中国民间故事集成》（云南卷），北京：中国 ISBN 中心 2003 年版，第 69 页。

（b）赵安贤讲，舟叶生译，智克整理：《遮帕麻与遮米麻》，见谷德明编《中国少数民族神话》，北京：中国民间文艺出版社 1987 年版，第 490 页。

（c）同（b），见陶立璠、赵桂芳等编《中国少数民族神话汇编》（开天辟地篇），中央民族学院少数民族古籍整理出版规划领导小组办公室印（未署出版时间），第 330 页。

W0466. 3. 2. 1
火神与旱神是同一个神

实 例

阿昌族 遮帕麻（男始祖、天公）南行补天期间，狂风和闪电孕育了一个最大的火神和旱神腊訇。

【流传】 云南省 · （德宏傣族景颇族自治州） · 梁河县

【出处】赵安贤讲述，杨叶生翻译，智克整理：《遮帕麻与遮米麻》，载《山茶》1981年第2期。

W0466.3.3

火神是魔王

实　例

阿昌族 狂风和闪电孕育了魔王火神和旱神腊訇。

【流传】云南省·（德宏傣族景颇族自治州）·梁河（梁河县）

【出处】赵安贤讲：《遮帕麻与遮米麻》，见梁河县文化馆编：《阿昌族民间文学资料》（第一辑），内部编印，第9页。

W0466.3.4

火神兼具多种神格

实　例

（参见下级母题实例）

W0466.3.4.1

火神又指"灶神"、"火塘神"、"锅庄神"

实　例

藏族 藏区谈到"火神"这个字眼，往往都是指的"灶神"或"火塘神"、"锅庄神"。

【流传】（无考）

【出处】《藏族卷·绪论》，见吕大吉、何耀华总主编《中国各民族原始宗教资料集成》（鄂伦春族卷、鄂温克族卷、赫哲族卷、达斡尔族卷、锡伯族卷、满族卷、蒙古族卷、藏族卷），北京：中国社会科学出版社1999年版，第777页。

W0466.3.4.1.1

锅庄神

实　例

（参见下级母题实例）

W0466.3.4.1.1.1

每当春季三月间在播种或吃青时祭锅庄神

实　例

傈僳族 每当春季三月间，日期不定，在播种的时期，或吃青的时候，就要开始祭锅庄神。

【流传】（原民国时西康省，相等于今四川省·雅安市、甘孜藏族自治州康定县一带）

【出处】陈宗祥：《西康傈僳水田民族之图腾制度》，载《边政公论》第7卷第1期，民国三十七年（1948），第1~2页。

W0466.3.4.1.1.2

锅庄神与祖先神合一

实　例

傈僳族 祭祀锅庄神时，把半生不熟的肝子、腰子取出，平均插在七根椏枝上。把刀头肉盛满七只木碗里，一起搁在锅庄神前面。男子跑到户外，大声喊：“祖宗三代请来用呀！”这样算是完成锅庄神的祭祀了。

【流传】（原民国时西康省，相等于今四川省·雅安市、甘孜藏族自治州康定县一带）

【出处】陈宗祥：《西康倮倮水田民族之图腾制度》，载《边政公论》第7卷第1期，民国三十七年（1948），第1~2页。

W0466. 3. 4. 2

火神是家庭保护神

【关联】［W0443. 1. 2. 2a］家神即火神

实　例

蒙古族（布里亚特） 火神萨吉阿代下临凡界后，成了火和家灶的保护神，也是生儿育女和家庭幸福的保护神。

【流传】（无考）

【出处】［苏联］И. А. 曼日格耶夫著，宋长宏译，佟德富校：《布里亚特萨满教和前萨满教辞典》（俄文版），莫斯科：科学出版社1978年版，第37~38页，见吕大吉、何耀华总主编《中国各民族原始宗教资料集成》（鄂伦春族卷、鄂温克族卷、赫哲族卷、达斡尔族卷、锡伯族卷、满族卷、蒙古族卷、藏族卷），北京：中国社会科学出版社1999年版，第605页。

壮族 祖宗神、土地公神、灶王神，花婆王、火神等都属于家神。

【流传】广西壮族自治区·（南宁市）·武鸣县·两江乡·雷江片，马山县·古零乡·杨圩片

【出处】黄世杰搜集整理：*《多神信仰》（1990），见吕大吉、何耀华总主编《中国各民族原始宗教资料集成》（土家族卷、瑶族卷、壮族卷、黎族卷），北京：中国社会科学出版社1998年版，第493页。

W0466. 3. 4. 3

火神是财神

实　例

藏族 火神除了主宰家人温暖健康之外，还能使家庭富裕。

【流传】（四川省西南部）

【出处】何耀华：《川西南纳木依人和柏木依人的宗教信仰述略》，原载《中国少数民族宗教》，云南人民出版社1985年版，见吕大吉、何耀华总主编《中国各民族原始宗教资料集成》（鄂伦春族卷、鄂温克族卷、赫哲族卷、达斡尔族卷、锡伯族卷、满族卷、蒙古族卷、藏族卷），北京：中国社会科学出版社1999年版，第804页。

W0466. 3. 5

火神是太阳

【关联】［W1620. 3］太阳是火神

实　例

（参见下级母题实例）

W0466.3.5.1

9个太阳是天帝的9个火神

实 例

畲族 很久以前，天上有9个太阳，它们是天帝的9个火神。

【流传】 福建省·（福州市）·连江（连江县）

【出处】 林必霖搜集，黄家殿、邱学飞采录：《太阳和月亮》，原载《畲族传说故事》，福州：福建人民出版社1984年版，见《福建省少数民族古籍丛书》编委会编《畲族卷·民间故事》，福州：海峡出版发行集团·海峡书局2013年版，第9页。

W0466.3.6

火神是通报神

【关联】 ［W0450a］报信之神（信神，传令神）

实 例

（参见下级母题实例）

W0466.3.6.1

火神是端公的通报神

【关联】 ［W0493.7.1a.4.1］火塘神是端公的信使

实 例

羌族 每年农历八月初一端公还大愿作法之先，要做好三支箭，并说：今晚还三支箭，第一支箭还阿爸木比塔，第二支箭还当地地盘业主神，第三支还火神，并请火神通报其他二神，据说火神是通报神。

【流传】 四川省·（阿坝藏族羌族自治州）·汶川县·绵池乡·沟头寨

【出处】

（a）王治国（释比，64岁）唱，汪有伦翻译，钱安靖整理：《上坛经》（1983.11～1984.11）注释，见钱安靖《羌族和羌语支各居民集团宗教习俗调查报告》，四川大学宗教研究所油印本，1987年12月。

（b）同（a），见吕大吉、何耀华总主编《中国各民族原始宗教资料集成》（纳西族卷、羌族卷、独龙族卷、傈僳族卷、怒族卷），北京：中国社会科学出版社2000年版，第539页。

W0466.3.6.2

火神是天神的信使

实 例

羌族 男女正式订婚时要吃订婚酒（“锡时启”），男方到女家宴请其家门房族，并由释比主持敬神，演唱订婚敬神词（“取达”），请火神转告天神和羌人祖先木吉卓与热比娃，祈求它们保佑这对未来的夫妇清吉平安。

【流传】 四川省·（阿坝藏族羌族自治州）·汶川县·龙溪乡

【出处】 钱安靖：《汶川县龙溪乡羌族宗教习俗调查》（1990.05），见吕大吉、何耀华总主编《中国各民族原始宗教资料集成》（纳西族卷、羌族卷、独龙族卷、傈僳族卷、怒族卷），北京：中国社会科学出版社 2000 年版，第 563 页。

W0466. 3. 7

火神是特定身份的人

实 例

（参见下级母题实例）

W0466. 3. 7. 1

铁匠是火神

实 例

羌族 屋顶供奉的白石中有的代表“铁匠”。铁匠打铁火圈和铁器，又是火神菩萨，保佑不发生火灾。

【流传】 四川省·（阿坝藏族羌族自治州）·理县·龙溪沟（今汶川县龙溪乡）

【出处】 西南民族学院研究室编：《羌（尔玛）族情况》，1954 年，见吕大吉、何耀华总主编《中国各民族原始宗教资料集成》（纳西族卷、羌族卷、独龙族卷、傈僳族卷、怒族卷），北京：中国社会科学出版社 2000 年版，第 471 页。

W0466. 3. 8

火神是坏蛋

实 例

（参见下级母题实例）

W0466. 3. 8. 1

火神是创世的破坏者

实 例

柯尔克孜族 宇宙之神创造了七层大地和世间万物后，有个火神不怀好意，企图把宇宙之神创造的大地夺过去，由他独霸。于是用火的威力焚烧世间万物，使大地变成一片火海，使万物无法生存。

【流传】 新疆维吾尔自治区·柯尔克孜地区（克孜勒苏柯尔克孜自治州）

【出处】 《火神》，斯丝根据多里昆·吐尔地、阿地力·朱玛吐尔地撰写的《柯尔克孜族宗教与神话》改写，见姚宝瑄主编《中国各民族神话》（乌孜别克族、哈萨克族、柯尔克孜族、俄罗斯族、维吾尔族、塔吉克族、塔塔尔族、锡伯族），太原：山西出版传媒集团·书海出版社 2014 年版，第 146 页。

W0466. 4

火神的能力（火神的职能，火神的事迹）

实 例

（参见下级母题实例）

W0466. 4. 1

火神管理火

实 例

鄂伦春族 火神管理火

【流传】（无考）

【出处】

（a）内蒙古自治区编委会：《鄂伦春族社会历史调查》（第一集），呼和浩特：内蒙古人民出版社 1984 年版，第 161 页。

（b）《火神的传说》，见吕大吉、何耀华总主编《中国各民族原始宗教资料集成》（鄂伦春族卷、鄂温克族卷、赫哲族卷、达斡尔族卷、锡伯族卷、满族卷、蒙古族卷、藏族卷），北京：中国社会科学出版社 1999 年版，第 19～20 页。

W0466.4.1.1

火神掌管人间烟火

实 例

畲族 火神与烟神夫妻掌握人间烟火。

【流传】浙江省·丽水（丽水市）

【出处】唐宗龙等整理：《火神和烟神的传说》，见中华民族故事大系编委会编《中华民族故事大系》第 8 卷（畲族、高山族、拉祜族），上海：上海文艺出版社 1995 年版，第 45 页。

W0466.4.1.2

火神管世间所用之火

实 例

壮族 火神管理着世间所用之火。

【流传】广西壮族自治区·（南宁市）·武鸣县（武鸣区）西北部，马山县东部

【出处】黄世杰搜集整理：＊《崇敬火神》（1990），见吕大吉、何耀华总主编《中国各民族原始宗教资料集成》（土家族卷、瑶族卷、壮族卷、黎族卷），北京：中国社会科学出版社 1998 年版，第 524 页。

W0466.4.1.3

火神管控家中的火

实 例

羌族 火神控制家中的火，以免引起火灾，烧毁房屋。

【流传】四川省·（阿坝藏族羌族自治州）·汶川县·龙溪乡·龙溪寨

【出处】

（a）［美］格莱汉撰，钱谦译：《羌族习俗》，载《宗教学研究》1988 年第 1 期。

（b）同（a），＊《龙溪乡龙溪寨的白石崇拜》，见吕大吉、何耀华总主编《中国各民族原始宗教资料集成》（纳西族卷、羌族卷、独龙族卷、傈僳族卷、怒族卷），北京：中国社会科学出版社 2000 年版，第 472 页。

W0466.4.1.4

火神防火灾

实 例

羌族 ［参见“W0466.10.1.16a 火神莫波士（茂波士）”母题实例］

W0466.4.2
火神的变形

实 例

（参见下级母题实例）

W0466.4.2.1
火神变太阳

【关联】

①［W1545.8.6］日月是天上的火神

②［W1569.3］火神变成太阳

③［W1620.3］太阳是火神

实 例

（参见下级母题实例）

W0466.4.2.1.1
火神的7个儿子变7个太阳

实 例

傣族 火神生下7个儿子，他们到天上与黑暗魔王搏斗，变成了7个太阳。

【流传】（无考）

【出处】《七个太阳的传说》，见王松《论神话及其他》，昆明：云南民族出版社2006年版，第59~60页。

W0466.4.3
火神喷火（火神吐火）

实 例

汉族 祝融大脑瓜，嘴一张就喷火，大家都叫他“火神”。

【流传】河南省·（开封市）·杞县·柿园乡·黑木村

【出处】尹守礼讲，王怀聚采录：《女娲炼石补天》，见中国民间文学集成全国编辑委员会编《中国民间故事集成》（河南卷），北京：中国ISBN中心2001年版，第17页。

W0466.4.4
火神显形

实 例

（参见下级母题实例）

W0466.4.4.1
火神在火中显形

实 例

鄂伦春族 一对老夫妻架火做饭时，火苗上渐渐显出一个长头发的红脸老太婆来。原来是火神“博如坎”显形。

【流传】（中国东北部地区）

【出处】

（a）张凤铸、蔡伯文记录整理：《阿勒塔涅斩魔记》，见张凤铸、蔡伯文编《鄂伦春民间文学选》，呼和浩特：内蒙古人民出版社1980年版。

（b）同（a），见姚宝瑄主编《中国各民族神话》（达斡尔族、鄂伦春族、鄂温克族、蒙古族），太原：山西出版传媒集团·书海出版社2014年版，第107~113页。

W0466.4.5

火神保佑家中所有事情

实 例

藏族（白马） 火神受到白马藏人每家每户虔诚的供奉。家中大小事都会祈求火神佑护。

【流传】（四川省）

【出处】四川省民委民族识别调查组：《白马藏人调查资料辑录》，原载四川省民族研究所编印《白马藏人族属问题讨论集》，见吕大吉、何耀华总主编《中国各民族原始宗教资料集成》（鄂伦春族卷、鄂温克族卷、赫哲族卷、达斡尔族卷、锡伯族卷、满族卷、蒙古族卷、藏族卷），北京：中国社会科学出版社 1999 年版，第 803 页。

W0466.4.5.1

火神主管人财两旺

实 例

壮族 火神是主管一家人口兴旺、家财、生活之神

【流传】广西壮族自治区·（百色市）·靖西县（靖西市）

【出处】凌树东搜集整理：*《广西靖西县壮族诸神表》（1991），见吕大吉、何耀华总主编《中国各民族原始宗教资料集成》（土家族卷、瑶族卷、壮族卷、黎族卷），北京：中国社会科学出版社 1998 年版，第 495 页。

W0466.4.6

火神炼铁

实 例

（参见下级母题实例）

W0466.4.6.1

火神终年在石山底下炼铁熔石

实 例

傣族 火神终年在石山底下炼铁和熔石。

【流传】（无考）

【出处】岩峰、王松搜集整理：《射神惟鲁塔》，原载《中国各民族宗教与神话大词典》编审委员会编《中国各民族宗教与神话大词典》，学苑出版社 1990 年版，见姚宝瑄主编《中国各民族神话》（哈尼族、傣族），太原：山西出版传媒集团·书海出版社 2014 年版，第 380 页。

W0466.4.7

火神能化身烈火

实 例

傣族 火神的 7 个儿子与黑暗之神披乍贺交战时，大哥第一个出阵，他怒吼一声，立刻变成一团熊熊的烈火，直朝披乍贺猛扑过去。

【流传】云南省·西双版纳（西双版纳傣族自治州）·勐海（勐海县）·勐遮（勐遮镇）、勐混（勐混镇）

【出处】波玉挽讲，王光搜集整理：《披乍贺与火神之子的一场战争》，见姚宝瑄主编《中国各民族神话》（哈尼族、傣族），太原：山西出版传媒集团·书海出版社 2014 年版，第247 页。

W0466. 4. 7. 1 火神可以加旺火势帮焚化尸体

实　例

傈僳族（参见“W0466. 10. 1. 18　火神阿多尼”母题实例）

W0466. 5 火神的居所

实　例

（参见下级母题实例）

W0466. 5. 1 火神在天上

实　例

汉族（实例待考）

水族 天上的火神。

【流传】贵州省·（黔南布依族苗族自治州）·三都（三都水族自治县）

【出处】韦金荣等讲，张巢等整理：《都柳江的传说》，见中华民族故事大系编委会编《中华民族故事大系》第 9 卷（水族、东乡族、纳西族），上海：上海文艺出版社 1995 年版，第84 页。

W0466. 5. 1. 1 火神住天河边

实　例

珞巴族 从前，天河边住着两户人家，一家是火乌佑（乌佑，珞巴语音译，泛指珞巴族崇拜的各种精灵，这里可视为火神），一家是水乌佑。

【流传】西藏自治区·林芝市·墨脱县·达木珞巴民族乡、背崩乡（讲述地点：墨脱县·达木珞巴民族乡·卡布村）

【出处】牛布讲：《珞巴族神话（七）》（1957. 10），见冀文正《珞巴族民间故事》，成都：四川民族出版社 2011 年版，第 6 页。

W0466. 5. 2 火神住湖底

实　例

（参见下级母题实例）

W0466. 5. 2. 1 火神住镜泊湖湖底

实　例

满族 镜泊湖底下住着个火神。

【流传】（无考）

【出处】汪立珍：《满族民间文学中的信仰观念》，载《满族研究》1990 年第 2 期。

W0466.5.3

火神居灶中

实 例

汉族 祝融吴回为高辛帝火正，死为火神，托祀于灶。

【流传】（无考）

【出处】［西汉］刘安及门客撰：《淮南子·时则训》。

W0466.5.3.1

火神居火塘之中

实 例

侗族 火神居火塘之中。

【流传】（无考）

【出处】黄才贵：《女神与泛神——侗族“萨玛”文化研究》，贵阳：贵州人民出版社2006年版，第215页。

W0466.5.3.2

火神居火塘的锅庄石中

实 例

藏族 屋中火塘上立三块锅庄石，被视为“火神”之所在。

【流传】（四川省西南部）

【出处】何耀华：《川西南纳木依人和柏木依人的宗教信仰述略》，原载《中国少数民族宗教》，云南人民出版社1985年版，见吕大吉、何耀华总主编《中国各民族原始宗教资料集成》（鄂伦春族卷、鄂温克族卷、赫哲族卷、达斡尔族卷、锡伯族卷、满族卷、蒙古族卷、藏族卷），北京：中国社会科学出版社1999年版，第804页。

W0466.5.3.3

火神居锅庄

实 例

彝族 认为锅庄为火神之所在。

【流传】四川省·凉山（凉山彝族自治州）

【出处】吕大吉、何耀华总主编：《中国各民族原始宗教资料集成》（彝族卷、白族卷、基诺族卷），北京：中国社会科学出版社1996年版，第30页。

W0466.5.4

火神居屋顶

实 例

土家族 一个火阳（火神）在一个女的屋上住了三年。

【流传】湖北省·（宜昌市）·长阳县（长阳土家族自治县）·都镇湾镇·杜家冲村

【出处】孙家香讲：《火阳》，见长阳土家族网：http：//www.cy－tujia.com/list_ body.php？id，2005.12.08。

W0466.5.5

火神居石中

【关联】［W6962］火石

实 例

满族 火神突额姆把自己身上的光毛火发变成星星，给人类照明，自己却变得赤身裸体，只好住进石头里，所以石头也是火神的栖息处。

【流传】（无考）

【出处】王宏刚、富育光：《满族风俗志》，北京：中央民族学院出版社1991年版，第22～23页。

W0466. 5. 6

火神居树中

实 例

（参见下级母题实例）

W0466. 5. 6. 1

火神躲在枫木中

实 例

壮族 布碌陀派卜冬寒去找火。他受命四处找火，发现火神躲在枫木里。

【流传】（无考）

【出处】篮鸿恩（疑为“蓝鸿恩”）整理：《卜冬寒》，原载《中国各民族宗教与神话大词典》，学苑出版社1993年版，见姚宝瑄主编《中国各民族神话》（仫佬族、壮族、京族），太原：山西出版传媒集团·书海出版社2014年版，第159页。

W0466. 5. 7

火神住昆仑山

实 例

（参见下级母题实例）

W0466. 5. 7. 1

火神居昆仑山光明宫

实 例

汉族 昆仑山上有一座光明宫，光明宫里住着火神。

【流传】安徽省淮河一带

【出处】唐元海讲，茆文斗搜集整理：《祝融胜共工》，载《民间文学》1986年第6期。

W0466. 5. 8

与火神的居所有关的其他母题

实 例

（参见下级母题实例）

W0466. 5. 8. 1

火神不能居家中

【关联】［W0912. 1. 5. 2］发生火灾时撵火鬼

实 例

壮族 火神是不能引回家的。九月九日这天壮族称为“猎非节”，意思是黑火节。

【流传】广东省·（清远市）·连山县（连山壮族瑶族自治县）

【出处】陈摩人搜集整理：*《九月初九送火神》（1990），见吕大吉、何耀华总主编《中国各民族原始宗教资料集成》（土家族卷、瑶族卷、壮族卷、黎族卷），北京：中国社会科学出版社1998年版，第524页。

W0466.6

火神的生活

实　例

（参见下级母题实例）

W0466.6.0

火神的服饰

实　例

（参见下级母题实例）

W0466.6.0.1

火神穿龙蛇图案的衣裳

实　例

彝族（为新娘出嫁织布时）你说织成龙布，你说织成蛇布；那是九皇大会上，火神大将穿的衣。不是新娘穿的衣。

【流传】云南省·楚雄彝族自治州·姚安县、大姚县等彝族地区

【出处】《婚事和恋歌·说亲》，见云南省民族民间文学楚雄调查队整理编写《梅葛》，昆明：云南人民出版社2009年版，第137页。

W0466.6.0.2

火神穿红衣

实　例

满族火神拖亚恩都里居住在最高的天穹中，他穿着用天绸制成的红袍，每天都随着“舜莫林”（日马）在辽阔的天空中奔跑。

【流传】（无考）

【出处】《阿布卡赫赫女神创世》，王松根据富育光、孟慧英、王宏刚撰写的《满族宗教与神话》改写，见姚宝瑄主编《中国各民族神话》（满族、赫哲族、朝鲜族），太原：山西出版传媒集团、书海出版社2014年版，第4～14页。

W0466.6.1

火神的饮食

实　例

（参见下级母题实例）

W0466.6.1.1

火神以火为食

实　例

傣族火神王的七胞胎从出世的那一天起，就天天在父母身边吃火，烟和火把他们养大。

【流传】云南省·（西双版纳傣族自治州）·景洪市

【出处】波岩少讲，岩温扁等翻译：《青年射日》，见中国民间文学集成全国编辑委员会编《中国民间故事集成》（云南卷），北京：中国ISBN中心2003年版，第140页。

傣族火神的七胞胎儿子，从出世的那一天起，就天天在父母身边吃火，

是烟和火把他们喂养大的。

【流传】（云南省）

【出处】岩温扁、杨胜能、吴军搜集整理：《太阳的传说》，原载李子贤编《云南少数民族神话选》，云南人民出版社 1990 年版，见姚宝瑄主编《中国各民族神话》（哈尼族、傣族），太原：山西出版传媒集团·书海出版社 2014 年版，第 325 页。

W0466. 6. 2

火神的工具

实 例

（实例待考）

W0466. 6. 3

火神洗浴

实 例

（参见下级母题实例）

W0466. 6. 3. 1

火神在天河洗浴

实 例

珞巴族 火乌佑（乌佑，珞巴语音译，泛指珞巴族崇拜的各种精灵，这里可视为火神）身体烫，洗澡时间多，用水也多，天河的水差不多被他用完了。

【流传】西藏自治区·林芝市·墨脱县·达木珞巴民族乡、背崩乡［讲述地点：墨脱县·达木珞巴民族乡·卡布村］

【出处】牛布讲：《珞巴族神话（七）》（1957. 10），见冀文正《珞巴族民间故事》，成都：四川民族出版社 2011 年版，第 6 ~ 7 页。

W0466. 6. 4

火神的出行

实 例

（参见下级母题实例）

W0466. 6. 4. 1

火神行走如炸雷

实 例

土家族 道士来送火神，火神起身走如打一炸雷。

【流传】湖北省·（宜昌市）·长阳县（长阳土家族自治县）·都镇湾镇·杜家冲村

【出处】孙家香讲：《火阳》，见长阳土家族网：http：//www. cy - tujia. com/list_ body. php？ id，2005. 12. 08。

W0466. 6. 4. 2

火神乘一团赤红云彩

实 例

汉族 火神接旨出了南天门，乘一团赤红云彩，径直来到麦积山。

【流传】甘肃省·（天水市）·麦积山一带

【出处】田恒江搜集整理：《人间天宫》，载《民间文学》1983 年第

5期。

W0466.6.4.3
火神驾火龙

实 例

汉族 火神祝融驾着一条火龙出来迎战水神共工。

【流传】（无考）

【出处】

（a）茆文斗搜集整理：《祝融胜共工》，原载《民间文学》1986年第6期。

（b）同（a），见姚宝瑄主编《中国各民族神话》（汉族），太原：山西出版传媒集团·书海出版社2014年版，第418～419页。

W0466.7
火神的关系

实 例

（参见下级母题实例）

W0466.7.1
火神的父母

实 例

（参见下级母题实例）

W0466.7.1.1
火神是神王英叭的儿子

实 例

傣族 火神是神王英叭的儿子。

【流传】云南省·西双版纳（西双版纳傣族自治州）·勐海（勐海县）·勐遮（勐遮镇）、勐混（勐混镇）

【出处】波玉挽讲，王光搜集整理：《披乍贺与火神之子的一场战争》，见姚宝瑄主编《中国各民族神话》（哈尼族、傣族），太原：山西出版传媒集团·书海出版社2014年版，第245页。

W0466.7.2
火神的兄弟姐妹

实 例

（参见下级母题实例）

W0466.7.2.1
火神七兄弟

实 例

（参见下级母题实例）

W0466.7.2.1.1
火神王七胞胎

实 例

傣族 火神王七胞胎出世后，烟和火把他们养大。

【流传】云南省·（西双版纳傣族自治州）·景洪市

【出处】波岩少讲，岩温扁等翻译：《青年射日》，见中国民间文学集成全国编辑委员会编《中国民间故事集成》（云南卷），北京：中国ISBN中心2003年版，第140页。

W0466. 7. 2. 2

火神姐弟

实　例

白族 ［参见“W0466. 10. 1. 13　火神姐姐舍忽朵（鲜花）和弟弟巨鲁王（雄鹰）”母题实例］

W0466. 7. 3

火神的妻子

实　例

（参见下级母题实例）

W0466. 7. 3. 1

火神与烟神夫妻

实　例

畲族 火神与烟神夫妻掌握人间烟火。

【流传】 浙江省·丽水（丽水市）

【出处】 唐宗龙等整理：《火神和烟神的传说》，见中华民族故事大系编委会编《中华民族故事大系》第8卷（畲族、高山族、拉祜族），上海：上海文艺出版社1995年版，第45页。

W0466. 7. 4

火神的儿子

【关联】 ［W0093. 4. 1. 1］火神的儿子吃火长大

实　例

（参见下级母题实例）

W0466. 7. 4. 1

火神有7个儿子

实　例

傣族 火神有七个儿子。在院子里嘻嘻哈哈，又说又笑地打闹。

【流传】 云南省·西双版纳（西双版纳傣族自治州）·勐海（勐海县）·勐遮（勐遮镇）、勐混（勐混镇）

【出处】 波玉挽讲，王光搜集整理：《披乍贺与火神之子的一场战争》，见姚宝瑄主编《中国各民族神话》（哈尼族、傣族），太原：山西出版传媒集团·书海出版社2014年版，第245页。

W0466. 7. 4. 1. 1

火神的七胞胎儿子

实　例

傣族 风雨云雾神皮扎祸造成天地黑暗时，人间出现了七个兄弟，他们是火神王的七胞胎。

【流传】（云南省）

【出处】 岩温扁、杨胜能、吴军搜集整理：《太阳的传说》，原载李子贤编《云南少数民族神话选》，云南人民出版社1990年版，见姚宝瑄主编《中国各民族神话》（哈尼族、傣族），太原：山西出版传媒集团·书海出版社2014年版，第325页。

W0466.7.4.2

火神有9个儿子

实 例

汉族 火神的9个儿子变成9个大火球，烤干大地。

【流传】四川省·巴县（今重庆市·巴南区）·土主乡·伏善村

【出处】张文奎讲，李子硕采录：《星星的来历》，见中国民间文学集成全国编辑委员会编《中国民间故事集成》（四川卷·上），北京：中国ISBN中心1998年版，第33页。

汉族 火神有九个儿子。

【流传】四川省·巴县（重庆·巴南区）·鱼洞镇

【出处】张文奎讲，李子硕记录整理：《太阳和星星的来历》（1988.04），见姚宝瑄主编《中国各民族神话》（汉族），太原：山西出版传媒集团·书海出版社2014年版，第207~209页。

W0466.7.5

火神的其他亲属

实 例

（实例待考）

W0466.7.6

火神的上司

实 例

（参见下级母题实例）

W0466.7.6.1

火神是玉皇的下属

实 例

汉族 玉皇大帝手下有个火神。

【流传】四川省·巴县（重庆·巴南区）·鱼洞镇

【出处】张文奎讲，李子硕记录整理：《太阳和星星的来历》（1988.04），见姚宝瑄主编《中国各民族神话》（汉族），太原：山西出版传媒集团·书海出版社2014年版，第207~209页。

W0466.8

火神的寿命与死亡

实 例

（实例待考）

W0466.9

火神的类型

实 例

（参见下级母题实例）

W0466.9.1

火炭神

实 例

（参见下级母题实例）

W0466.9.1.1

煮饭人被天神命名为火炭神

实 例

彝族 煮饭人被天神命名为火炭神。

【流传】云南省·（红河哈尼族彝族自治州）·弥勒县（弥勒市）·（羊拉乡·归吾村委会）·罗多村

【出处】陈文有讲：《火炭神》，见李德君《彝族阿细人民间文学作品采集实录》，北京：中央民族大学出版社2009年版，第347页。

W0466.9.1.2

火炭神在神中地位最高

实 例

彝族 煮饭人被天神命名为火炭神，在神中地位最高。

【流传】云南省·（红河哈尼族彝族自治州）·弥勒县（弥勒市）·（羊拉乡·归吾村委会）·罗多村

【出处】陈文有讲：《火炭神》，见李德君《彝族阿细人民间文学作品采集实录》，北京：中央民族大学出版社2009年版，第347页。

W0466.9.2

天庭火神

实 例

（参见下级母题实例）

W0466.9.2.1

天庭火神蒙格西

实 例

羌族 天庭火神蒙格西。

【流传】（无考）

【出处】袁珂改编：《燃比娃取火》，原载郑文泽编《羌族民间故事集》，见袁珂《中国神话大词典》，北京：华夏出版社2015年版，第566页。

W0466.9.3

火神具有善恶两种

实 例

彝族（撒尼）火神具有善恶两种。

【流传】云南省·昆明（昆明市）·（寻甸回族彝族自治县·先锋乡）·恰普鲁村

【出处】云南彝族撒尼支宗教祭司张琼（1890～1971）遗稿，长孙张福整理《火崇拜》，见吕大吉、何耀华总主编《中国各民族原始宗教资料集成》（彝族卷、白族卷、基诺族卷），北京：中国社会科学出版社1996年版，第97页。

W0466.9.4

管柴火神

实 例

（参见下级母题实例）

W0466.9.4.1

管柴火神里士

实 例

羌族 羌民室内所供奉之神大概各地都是十二尊，其中里士（lJei-tze）是管柴火神。

【流传】四川省·（阿坝藏族羌族自治州）·理县·星上寨等

【出处】胡鉴民：《羌族的信仰与习为》，原载《边疆研究论丛》，1941年，见吕大吉、何耀华总主编《中国各民族原始宗教资料集成》（纳西族卷、羌族卷、独龙族卷、傈僳族卷、怒族卷），北京：中国社会科学出版社2000年版，第476页。

W0466.10
与火神有关的其他母题

【关联】

①［W0907.7］火灵（火鬼）

②［W0995.6b.1］送火神

③［W1386.4］火神补天

实 例

（参见下级母题实例）

W0466.10.1
特定名称的火神（火神的名称）

【关联】

①［W0381.1］夏神是火神

②［W0738.2.4］燧人氏是火神（火神燧人氏）

③［W0744a.1.1］炎帝是火神（火神炎帝）

④［W0767.3.1.1］祝融是火神

⑤［W0907.7.3.2］火神也叫火鬼

实 例

（参见下级母题实例）

W0466.10.1.1
火神商伯

【关联】［W0044.8.6.1］会生火的阏伯被认为是神

实 例

（参见下级母题实例）

W0466.10.1.1.1
商伯是天上管火的火神

实 例

汉族 商伯原先是天上管火的火神。

【流传】河南省·商丘（商丘市）·郭村乡·谢寨村

【出处】谢善行讲，谢书民采录：《商伯盗火》，见中国民间文学集成全国编辑委员会编《中国民间故事集成》（河南卷），北京：中国ISBN中心2001年版，第42页。

汉族 商伯是天上管火的火神。

【流传】（无考）

【出处】《商伯盗火》，原载张振犁《华夏族“盗火神话”试探》，见《二十世纪中国民俗学经典·神话卷》，北京：社会科学文献出版社2002年版，第283页。

汉族 商伯本天上火神，闻人间无火，度日艰难，心甚悯之。

【流传】（河南省·商丘市）

【出处】袁珂改编：《商伯盗火》，原载张振犁《中原古典神话流变论考》，见袁珂《中国神话大词典》，北京：华夏出版社 2015 年版，第 392 页。

汉族 火神的名字叫商伯。商伯原是天庭里一方管理火种的火神，他多次向人间投下火种，但都没有成功。

【流传】 河南省·商丘市·（郭村乡·谢寨村）

【出处】 谢世行讲，谢书民采录：《商伯盗火》（1987），见张振犁编著，孟宪明、朱淑君统纂《中原神话通鉴》（第三卷），郑州：河南大学出版社 2017 年版，第 963 页。

W0466. 10. 1. 1. 2

商伯为看守火种

实　例

汉族 商伯为看守火种饿死在了台上，火种保存了下来。

【流传】 河南省·商丘市·（郭村乡·谢寨村）

【出处】 谢世行讲，谢书民采录：《商伯盗火》（1987），见张振犁编著，孟宪明、朱淑君统纂《中原神话通鉴》（第三卷），郑州：河南大学出版社 2017 年版，第 963 页。

W0466. 10. 1. 1. 3

火神商伯给人间送火

实　例

汉族 火神商伯偷偷给人间送火，犯了天条，就惩罚他，把他下凡到人间。

【流传】 河南省·商丘市·（郭村乡·谢寨村）

【出处】 谢世行讲，谢书民采录：《商伯盗火》（1987），见张振犁编著，孟宪明、朱淑君统纂《中原神话通鉴》（第三卷），郑州：河南大学出版社 2017 年版，第 963 页。

W0466. 10. 1. 1a

火神祝融

【关联】［W0381. 1. 1］火神祝融是夏神

实　例

汉族 祝融大脑瓜，嘴一张就喷火，大家都叫他“火神”。

【流传】 河南省·（开封市）·杞县·柿园乡·黑木村

【出处】 尹守礼讲，王怀聚采录：《女娲炼石补天》，见中国民间文学集成全国编辑委员会编《中国民间故事集成》（河南卷），北京：中国 ISBN 中心 2001 年版，第 17 页。

汉族 祝融是我国长期以来受到广泛祭祀的火神。他发现了击石取火的方法，取代了燧人氏的钻木取火，使人们取火更为简单便捷。

【流传】（无考）

【出处】《火神》，见乌丙安主编《中国民间神谱》，沈阳：辽宁人民出版社 2007 年版，第 15 页。

汉族 新密市东北的火神寨有一座庙，供奉的是火神祝融的圣像。

【流传】 河南省·（郑州市）·新密市

东北

【出处】张永林采录整理：《火神寨的传说》，见张振犁编著，孟宪明、朱淑君统纂《中原神话通鉴》（第三卷），郑州：河南大学出版社 2017 年版，第 768 页。

W0466.10.1.1b
火神爷阏伯

实 例

汉族 阏伯到天上取火下不来了，在天上被封为“火神爷”。

【流传】河南省·商丘市

【出处】高有鹏采录：《阏伯盗火》，见张振犁编著，孟宪明、朱淑君统纂《中原神话通鉴》（第三卷），郑州：河南大学出版社 2017 年版，第 969 页。

W0466.10.1.1b.1
阏伯

实 例

（参见下级母题实例）

W0466.10.1.1b.1.0
阏伯死后变成火神

实 例

汉族 为百姓管理火的阏伯死后，大家都乐意把他说成是专门给人们造福的神仙，就在埋葬他的那座高大的土丘上建了一座庙，用泥塑成阏伯的像，供在庙里，尊为“火神”，经常给他烧香磕头。

【流传】河南省

【出处】刘秀森搜集整理：《阏伯台与火神庙》，原载《河南民间文学》第五辑，见陶阳、钟秀编《中国神话》（下），北京：商务印书馆 2008 年版，第 1127～1129 页。

W0466.10.1.1b.1.1
阏伯是老天爷的儿子

实 例

汉族 阏伯是老天爷的儿子。

【流传】河南省·商丘市

【出处】高有鹏采录：《阏伯盗火》，见张振犁编著，孟宪明、朱淑君统纂《中原神话通鉴》（第三卷），郑州：河南大学出版社 2017 年版，第 968 页。

W0466.10.1.1b.1.1a
阏伯是帝喾的儿子

【关联】［W0768.1.6.3.1.1.1］高辛氏有阏伯、实沈 2 个儿子

实 例

汉族 帝喾王带着他的儿子阏伯出外巡察，来到一个地方，见这里的人们都还吃生食，感到十分可怜。

【流传】河南省·商丘市

【出处】王伟讲，刘秀森采录整理：《阏伯管火》，见张振犁编著，孟宪明、朱淑君统纂《中原神话通鉴》（第三

卷），郑州：河南大学出版社 2017 年版，第 971 页。

汉族 帝喾带着他的儿子阏伯出外巡察。

【流传】中原一带

【出处】刘秀森搜集整理：《阏伯管火》，原载张楚北编《中原神话》，郑州：海燕出版社 1988 年版，见姚宝瑄主编《中国各民族神话》（汉族），太原：山西出版传媒集团·书海出版社 2014 年版，第 405～406 页。

汉族 阏伯是帝喾王最有能力的儿子。

【流传】河南省

【出处】刘秀森搜集整理：《阏伯台与火神庙》，原载《河南民间文学》第五辑，见陶阳、钟秀编《中国神话》（下），北京：商务印书馆 2008 年版，第 1127～1129 页。

W0466. 10. 1. 1b. 1. 1b 阏伯是天上神仙下凡

实 例

汉族 大家感激阏伯取火，都说他是天上神仙下凡，给百姓造福来了。

【流传】河南省·商丘市

【出处】王伟讲，刘秀森采录整理：《阏伯管火》，见张振犁编著，孟宪明、朱淑君统纂《中原神话通鉴》（第三卷），郑州：河南大学出版社 2017 年版，第 971 页。

W0466. 10. 1. 1b. 1. 2 阏伯有同情心

实 例

汉族 阏伯心地善良，对天下的百姓非常同情。在天上每天热的吃着，暖的穿着，看见人间的老百姓出在水深火热中怪可怜的，就偷着下到人间，帮助老百姓找火。

【流传】河南省·商丘市

【出处】高有鹏采录：《阏伯盗火》，见张振犁编著，孟宪明、朱淑君统纂《中原神话通鉴》（第三卷），郑州：河南大学出版社 2017 年版，第 968 页。

W0466. 10. 1. 1b. 1. 3 阏伯在天上就是管火

实 例

汉族 阏伯在天上就是管火的，天上用火，离太阳近就从太阳上取。

【流传】河南省·商丘市

【出处】高有鹏采录：《阏伯盗火》，见张振犁编著，孟宪明、朱淑君统纂《中原神话通鉴》（第三卷），郑州：河南大学出版社 2017 年版，第 968 页。

W0466. 10. 1. 1b. 1. 3a 阏伯是管理火的官

实 例

汉族 阏伯是管理火的官。

【流传】河南省·商丘市

【出处】张永玉（59岁，商丘西南赵口乡小学教师）讲，吕文凯采录：《火神台的传说》（1991.06），见张振犁编著，孟宪明、朱淑君统纂《中原神话通鉴》（第三卷），郑州：河南大学出版社2017年版，第965页。

W0466.10.1.1b.1.3b 阏伯是火正

实 例

汉族 阏伯成为商丘城西南一带的“火正”，管理火的官。这片地方就成了帝喾王给阏伯的封地，封号叫“商”。

【流传】河南省·商丘市

【出处】王伟讲，刘秀森采录整理：《阏伯管火》，见张振犁编著，孟宪明、朱淑君统纂《中原神话通鉴》（第三卷），郑州：河南大学出版社2017年版，第971页。

W0466.10.1.1b.1.3c 阏伯管理火种不熄

实 例

汉族 管理火种不熄的阏伯为火神。

【流传】（无考）

【出处】《火神》，见乌丙安主编《中国民间神谱》，沈阳：辽宁人民出版社2007年版，第15页。

W0466.10.1.1b.1.4 阏伯到天上取火

实 例

（参见下级母题实例）

W0466.10.1.1b.1.4.1 阏伯骑公鸡到天上取火

实 例

汉族 阏伯骑着一只大老公鸡飞到天上。天上的火都是成块成块的，阏伯拾起来就往怀里揣。

【流传】河南省·商丘市

【出处】高有鹏采录：《阏伯盗火》，见张振犁编著，孟宪明、朱淑君统纂《中原神话通鉴》（第三卷），郑州：河南大学出版社2017年版，第968页。

W0466.10.1.1b.1.5 阏伯的封号叫“商”

【关联】［W0466.10.1.1］火神商伯

实 例

汉族 阏伯的封号是“商”。

【流传】河南省·商丘市

【出处】王伟讲，刘秀森采录整理：《阏伯管火》，见张振犁编著，孟宪明、朱淑君统纂《中原神话通鉴》（第三卷），郑州：河南大学出版社2017年版，第971页。

W0466. 10. 1. 1b. 1. 5. 1
帝王给阏伯的封地封号叫“商”

实 例

汉族 阏伯是管理火的官。他管的这片地方就成了帝王给阏伯的封地，封号叫“商”。

【流传】河南省·商丘市

【出处】张永玉（59 岁，商丘西南赵口乡小学教师）讲，吕文凯采录：《火神台的传说》（1991. 06），见张振犁编著，孟宪明、朱淑君统纂《中原神话通鉴》（第三卷），郑州：河南大学出版社 2017 年版，第 965 页。

W0466. 10. 1. 1b. 1. 6
阏伯庙

实 例

汉族 太祖皇帝草昧日，客游睢阳，醉卧阏伯庙。

【流传】（无考）

【出处】［宋］王明清：《挥麈后录》卷一。

汉族 大家都乐意把阏伯说成是专门给人们造福的神人。就在那座高大的土丘上建一座庙，用泥塑成阏伯像，供在庙里，尊为“火神”，经常给他烧香磕头。

【流传】河南省·商丘市

【出处】王伟讲，刘秀森采录整理：《阏伯管火》，见张振犁编著，孟宪明、朱淑君统纂《中原神话通鉴》（第三卷），郑州：河南大学出版社 2017 年版，第 971 页。

W0466. 10. 1. 1b. 1. 6. 1
阏伯庙又称“火神庙”

实 例

汉族 人们为纪念阏伯修的庙叫做“阏伯庙”，也有人称“火神庙”。过去盖庙时把这座高丘削成了土台，所以人们又叫它“阏伯台”，或叫“火神台”。

【流传】河南省·商丘市

【出处】王伟讲，刘秀森采录整理：《阏伯管火》，见张振犁编著，孟宪明、朱淑君统纂《中原神话通鉴》（第三卷），郑州：河南大学出版社 2017 年版，第 971 页。

W0466. 10. 1. 1c
火正夫黎

实 例

汉族 夫黎为高辛帝火正，故命之曰“祝融”（管火的官职名）。

【流传】（无考）

【出处】［春秋］左丘明：《国语·郑语》。

W0466. 10. 1. 1d
火神爷黎妞

实 例

汉族 火神爷叫黎妞（当地人称小名

为某妞，男女都一样）。他生来聪明伶俐，性情火爆，红脸膛，大眼睛，动不动就火冒三丈。

【流传】河南省豫中一带

【出处】郭立峰讲：《火神祝融的传说》，见张振犁编著，孟宪明、朱淑君统纂《中原神话通鉴》（第三卷），郑州：河南大学出版社 2017 年版，第 766 页。

W0466.10.1.1e

火神宋无忌

实 例

汉族 火之精曰宋无忌。

【流传】（无考）

【出处】［西汉］司马迁：《史记·封禅书》［唐］司马贞索隐引《白泽图》。

W0466.10.1.1f

火神游光

实 例

汉族 火神谓之游光。

【流传】（无考）

【出处】［三国·魏］张揖撰：《广雅·释天》。

W0466.10.1.1g

火神吴回

【关联】［W0767.7.1.2a］祝融即吴回

实 例

汉族 “有人名吴回，奇左，是无右臂。”郭璞注：“吴回，祝融弟，亦火正也。”

【流传】（无考）

【出处】［战国至汉］撰者不详：《山海经·大荒西经》［晋］郭璞注。

W0466.10.1.1h

火神回禄

【关联】［W0767.7.1.2a.1］吴回即回禄

实 例

汉族 “禳火于玄冥、回禄。”杜预注：“回禄，火神。”

【流传】（无考）

【出处】［春秋］左丘明：《左传·昭公十八年》［晋］杜预注。

W0466.10.1.1k

凌霄女

实 例

（参见下级母题实例）

W0466.10.1.1k.1

沅州火神凌霄女

实 例

汉族 沅州火神，不祀祝融而祀凌霄女。一不虔，则神女立遣火鸦，衔火丸置茅屋之上，两翅扇风发火，故多火灾。

【流传】（沅州！）

【出处】［清］俞樾：《茶香室续钞》卷

十九“凌霄女”条引许缵曾《滇行纪程》。

W0466. 10. 1. 2

火神恩尼·阿拉

实 例

珞巴族 天空有位大神，名叫恩尼·达雅，他见到地上的神和人相互打斗，十分生气，就和安雅神一起，共同派出下属的神到地上，把地上的神和人一起消灭。恩尼·达雅派出火神恩尼·阿拉下来放火，把地上的谷仓、房子和地里的庄稼全都烧毁。

【流传】 西藏自治区下察隅一带

【出处】 T. K. 巴鲁阿搜集：《恩尼·达雅和安雅神》，见中华民族故事大系编委会编《中华民族故事大系》第16卷（赫哲族、门巴族、珞巴族、基诺族），上海：上海文艺出版社1995年版，第519～520页。

W0466. 10. 1. 3

火神南火

实 例

苗族 火神名叫南火。

【流传】（无考）

【出处】 龙炳文整理：《古老话》，见苏晓星《苗族文学史》，成都：四川出版集团、四川民族出版社2003年版，第62页。

W0466. 10. 1. 4

火神燧神

实 例

朝鲜族 朝鲜族的燧神是火神。

【流传】（无考）

【出处】 崔羲秀：《朝鲜族与瑶族文化比较》，载《延边大学学报》1998年第4期。

W0466. 10. 1. 5

火神透欧博如坎

实 例

鄂伦春族 “透欧博如坎”是火神。

【流传】（无考）

【出处】

(a) 内蒙古自治区编委会：《鄂伦春族社会历史调查》（第一集），呼和浩特：内蒙古人民出版社1984年版，第161页。

(b)《火神的传说》，见吕大吉、何耀华总主编《中国各民族原始宗教资料集成》（鄂伦春族卷、鄂温克族卷、赫哲族卷、达斡尔族卷、锡伯族卷、满族卷、蒙古族卷、藏族卷），北京：中国社会科学出版社1999年版，第19～20页。

W0466. 10. 1. 5. 1

火神托布堪

实 例

鄂伦春族 托布堪即鄂伦春语中的火神。

【流传】内蒙古自治区·（呼伦贝尔市）·鄂伦春自治旗·托扎敏公社（托扎敏镇）

【出处】辑机士延讲，巴图宝音整理：《火神》，见中国民间文艺研究会内蒙古分会编《蒙古族、达斡尔族鄂伦春族民间文学资料汇编》，内部编印，1980年。

W0466.10.1.5a

火神喜清洁

实　例

鄂伦春族 火神最喜欢清洁，如将尿倒入火里，会发生火山爆发。

【流传】黑龙江省·大兴安岭地区

【出处】孟秀春调查整理：《火的禁忌》（1991），见吕大吉、何耀华总主编《中国各民族原始宗教资料集成》（鄂伦春族卷、鄂温克族卷、赫哲族卷、达斡尔族卷、锡伯族卷、满族卷、蒙古族卷、藏族卷），北京：中国社会科学出版社1999年版，第20页。

W0466.10.1.6

火神爷爷佛架玛法

实　例

赫哲族 火神爷爷“佛架玛法”。

【流传】（无考）

【出处】《赫哲族的宗教与神话》，见《中国各民族宗教与神话大词典》编审委员会编《中国各民族宗教与神话大词典》，北京：学苑出版社1990年版，第307页。

W0466.10.1.7

火神腊訇

实　例

（参见下级母题实例）

W0466.10.1.7.1

火神腊訇也是旱神

【关联】［W0463.3.1.2］火神旱神腊訇

实　例

阿昌族 狂风和闪电孕育了一个最大的火神和旱神腊訇降落到中国。

【流传】（云南省）

【出处】赵安贤讲，智克整理：《遮帕麻与遮米麻》，见姚宝瑄主编《中国各民族神话》（佤族、阿昌族、纳西族、普米族、德昂族），太原：山西出版传媒集团·书海出版社2014年版，第80页。

W0466.10.1.8

火畲神

实　例

（参见下级母题实例）

W0466.10.1.8.1

火畲神婆

实　例

土家族 “火畲神婆”最先发明了刀耕火种，人们奉她为火畲神。

【流传】（无考）

【出处】游俊：《土家族祖先崇拜略论》，载《世界宗教研究》2000年第4期。

W0466.10.1.9

火神萨吉阿代

实　例

蒙古族 火神萨吉阿代从天降到地上。

【流传】（无考）

【出处】《蒙古族自然神灵的信仰和崇拜》，见吕大吉、何耀华总主编《中国各民族原始宗教资料集成》（鄂伦春族卷、鄂温克族卷、赫哲族卷、达斡尔族卷、锡伯族卷、满族卷、蒙古族卷、藏族卷），北京：中国社会科学出版社1999年版，第605页。

W0466.10.1.10

火阳

实　例

土家族 一个火阳（火神）在一个女的屋上住了三年。

【流传】湖北省·（宜昌市）·长阳县（长阳土家族自治县）·都镇湾镇·杜家冲村

【出处】孙家香讲：《火阳》，见长阳土家族网：http://www.cy-tujia.com/list_body.php?id，2005.12.08。

W0466.10.1.11

火神嘎日·扎扬希

实　例

蒙古族（布里亚特） 嘎日·扎扬希（zau zaulu）即火神，是人的最重要最亲近的神，是主要的神祇。

【流传】（无考）

【出处】［苏联］Г.Р.加尔达诺娃著，宋长宏译，佟德富校：《喇嘛教前的布里亚特宗教信仰》（俄文版），诺沃西比尔斯克：科学出版社西伯利亚分社1987年版，第22～26页，见吕大吉、何耀华总主编《中国各民族原始宗教资料集成》（鄂伦春族卷、鄂温克族卷、赫哲族卷、达斡尔族卷、锡伯族卷、满族卷、蒙古族卷、藏族卷），北京：中国社会科学出版社1999年版，第607页。

W0466.10.1.12

火神王

实　例

（参见下级母题实例）

W0466.10.1.12.1

火神王丸勒哇摩甘

实　例

景颇族 火神王丸勒哇摩甘说：“人间不能供奉火神；火神将带灾难与汝等。天下灾难，唯火神带来者最大。”

【流传】（无考）

【出处】袁珂改编：《火神王》（原名《取火的故事》），原载欧鹍渤编《景颇族民间故事》，见袁珂《中国神话大词典》，北京：华夏出版社2015年版，第552页。

W0466.10.1.13

火神姐姐舍忽朵（鲜花）和弟弟巨鲁王（雄鹰）

实　例

民族？　劳谷（男始祖）和劳泰（女始祖）被尊称为天公、地母。他们繁衍白族的10对子女也分别被尊为神。其中二姑娘舍忽朵（鲜花）和二儿子巨鲁王（雄鹰）是火神，永远享受人们的供祭。

【流传】云南省·（大理白族自治州）·鹤庆（鹤庆县），丽江（丽江市）及（丽江市）·永胜（永胜县）

【出处】李剑飞讲，李缵绪、章虹宇记录：《人类和万物的起源》（又名《劳谷与劳泰》、《古干古洛创世记》），原载李缵绪主编《白族神话传说集成》，中国民间文艺出版社1986年版，见姚宝瑄主编《中国各民族神话》（白族、拉祜族、景颇族），太原：山西出版传媒集团·书海出版社2014年版，第28页。

W0466.10.1.14

火神锅庄菩萨

实　例

藏族　逢年过节，都要祭锅庄菩萨（火神）。

【流传】（四川省西南部）

【出处】何耀华：《川西南纳木依人和柏木依人的宗教信仰述略》，原载《中国少数民族宗教》，云南人民出版社1985年版，见吕大吉、何耀华总主编《中国各民族原始宗教资料集成》（鄂伦春族卷、鄂温克族卷、赫哲族卷、达斡尔族卷、锡伯族卷、满族卷、蒙古族卷、藏族卷），北京：中国社会科学出版社1999年版，第804页。

W0466.10.1.15

火神丹磊（火神打洛）

实　例

佤族　佤族不同地方，火神的叫法不同，如西盟的丹磊（今译“打洛”）叫它“孤迫”。

【流传】云南省·（普洱市）·西盟佤族自治县、澜沧拉祜族自治县等地

【出处】毕登程、隋嘎编著：《司岗里——佤族创世史诗》，昆明：云南出版集团公司·云南人民出版社2009年版，第78页。

W0466.10.1.15a

火神孤迫

实　例

佤族　（参见“W0466.10.1.15 火神丹磊（火神打洛）”母题实例）

W0466. 10. 1. 16 火神莫古依稀

实 例

羌族 （参见“W0658b. 1. 10. 1 十三位祖先神”母题实例）

W0466. 10. 1. 16a 火神莫波士（茂波士）

实 例

羌族 “莫波士”（MoBo sei），或称“茂波士”（MuBo sei），即火神，负责管制屋内火塘和火烛，以免火灾。

【流传】 四川省·（阿坝藏族羌族自治州）·汶川县·龙溪乡·龙溪寨

【出处】

(a) ［美］格莱汉撰，钱谦译：《羌族习俗》，载《宗教学研究》1988 年第 1 期。

(b) 同（a），＊《龙溪乡龙溪寨的白石崇拜》，见吕大吉、何耀华总主编《中国各民族原始宗教资料集成》（纳西族卷、羌族卷、独龙族卷、傈僳族卷、怒族卷），北京：中国社会科学出版社 2000 年版，第 473 页。

W0466. 10. 1. 16b 火神翁不士

实 例

民族? 羌人家中仿汉俗，堂屋设神龛，供红纸书写的神，除“天地国亲师”外，还有其他七尊神如家神（“基兮士”）、火神（“翁不士”）等。

【流传】 四川省·（阿坝藏族羌族自治州）·汶川县·绵池乡·簇头、沟头寨

【出处】

(a) 钱安靖：《羌族宗教习俗调查资料》，见羌族社会历史调查四川省编写组编《羌族社会历史调查》，成都：四川省社会科学院出版社 1985 年版。

(b) 同（a），见吕大吉、何耀华总主编《中国各民族原始宗教资料集成》（纳西族卷、羌族卷、独龙族卷、傈僳族卷、怒族卷），北京：中国社会科学出版社 2000 年版，第 593 ~ 594 页。

W0466. 10. 1. 16c 火神莫枯一且

实 例

羌族 每家供奉和私祭的神有十尊。其中“莫枯一且”（火神），其代表为火塘及置于火塘上的铁三脚架（最早在火塘边竖三个白石）。

【流传】 四川省·（阿坝藏族羌族自治州）·理县·桃坪乡·增头寨

【出处】

(a) 钱安靖：《羌族宗教习俗调查资料》，见羌族社会历史调查四川省编写组编《羌族社会历史调查》，成都：四川省社会科学院出版社 1985 年版。

(b) 同（a），见吕大吉、何耀华总主编《中国各民族原始宗教资料集成》

（纳西族卷、羌族卷、独龙族卷、傈僳族卷、怒族卷），北京：中国社会科学出版社2000年版，第474页。

W0466.10.1.17

突姆火神

实 例

满族 为了帮助卧勒多布星，地神巴那姆赫赫也将长在自己心上的突姆火神派到卧勒多赫赫身边。

【流传】 黑龙江省·黑河地区（黑河市）·孙吴县·（沿江满族达斡尔族乡）·四季屯（四季屯村）

【出处】 吴纪贤、富希陆讲：《天宫大战——黑水女真人传世神话》（1939，选自富育光、郭淑云整理的手稿），见姚宝瑄主编《中国各民族神话》（满族、赫哲族、朝鲜族），太原：山西出版传媒集团·书海出版社2014年版，第29页。

W0466.10.1.18

火神阿多尼

实 例

傈僳族 火化人的尸体时烧不化，要请来火神（阿多尼）加旺火势，将尸体焚化。

【流传】 云南省·（怒江傈僳族自治州）·贡山县（贡山独龙族怒族自治县）

【出处】 杨毓骧调查整理：《贡山地区的自然神崇拜》（1988），见吕大吉、何耀华总主编《中国各民族原始宗教资料集成》（纳西族卷、羌族卷、独龙族卷、傈僳族卷、怒族卷），北京：中国社会科学出版社2000年版，第725页。

W0466.10.2

火神腊月二十三日送上天

【关联】［W0493.3.4.4］腊月二十三日灶王爷上天

实 例

鄂伦春族 鄂伦春族人每逢腊月二十三日送火神“上天”。

【流传】（无考）

【出处】 马名超、崔焱：《鄂伦春族宗教与神话》，见《中国各民族宗教与神话大词典》编审委员会编《中国各民族宗教与神话大词典》，北京：学苑出版社1993年版。

W0466.10.3

祭火神

实 例

（参见下级母题实例）

W0466.10.3.1

敬火神时间腊月二十三日

实 例

鄂伦春族 每年的十二月二十三日晚上，都要摆上供品敬拜火神。

【流传】黑龙江省·（齐齐哈尔市）·讷河县（讷河市）·讷河镇

【出处】敖福林讲：《火神的传说》，见中国民间文学集成全国编辑委员会编《中国民间故事集成》（黑龙江卷），北京：中国 ISBN 中心 2005 年版，第 37 页。

W0466. 10. 3. 2 逢年过节祭火神

实 例

藏族 （参见“W0466. 10. 1. 14 火神锅庄菩萨”母题实例）

W0466. 10. 3. 3 六月祭火神

实 例

彝族（阿哲、阿细）六月祭火神。

【流传】云南省·（红河哈尼族彝族自治州）·弥勒地区（弥勒市）

【出处】孙官生调查整理：《弥勒阿细、阿哲两支彝族的自然神祭历》，见吕大吉、何耀华总主编《中国各民族原始宗教资料集成》（彝族卷、白族卷、基诺族卷），北京：中国社会科学出版社 1996 年版，第 51 页。

W0466. 10. 4 火神的遭遇

实 例

（参见下级母题实例）

W0466. 10. 4. 1 火神被人误伤

实 例

鄂伦春族 猎人用刀砍火时，把火神的脸给碰伤了。

【流传】黑龙江省·（齐齐哈尔市）·讷河县（讷河市）·讷河镇

【出处】敖福林讲：《火神的传说》，见中国民间文学集成全国编辑委员会编《中国民间故事集成》（黑龙江卷），北京：中国 ISBN 中心 2005 年版，第 37 页。

W0466. 10. 5 火神复仇

实 例

（参见下级母题实例）

W0466. 10. 5. 1 火神上天告状

实 例

（实例待考）

W0466. 10. 5. 2 火神报复不敬火者

实 例

鄂温克族 一个人用刀子捅火激怒火神，被冻死。

【流传】（无考）

【出处】《火神的报复》，见吕大吉、何

耀华总主编《中国各民族原始宗教资料集成》（鄂伦春族卷、鄂温克族卷、赫哲族卷、达斡尔族卷、锡伯族卷、满族卷、蒙古族卷、藏族卷），北京：中国社会科学出版社 1999 年版，第 103 页。

鄂温克族 一个人用水浇灭火，受到火母女神的报复。

【流传】内蒙古自治区·（呼伦贝尔市）·鄂温克族自治旗·伊敏索木（伊敏苏木乡）

【出处】《火母女神》，见吕大吉、何耀华总主编《中国各民族原始宗教资料集成》（鄂伦春族卷、鄂温克族卷、赫哲族卷、达斡尔族卷、锡伯族卷、满族卷、蒙古族卷、藏族卷），北京：中国社会科学出版社 1999 年版，第 102 页。

W0466.10.6 火神的象征物

实 例

（参见下级母题实例）

W0466.10.6.1 火塘代表火神

实 例

藏族（白马） 家里的火塘（铁三脚架）火神具体代表，也是全家之中心。

【流传】（四川省）

【出处】四川省民委民族识别调查组：《白马藏人调查资料辑录》，原载四川省民族研究所编印《白马藏人族属问题讨论集》，见吕大吉、何耀华总主编《中国各民族原始宗教资料集成》（鄂伦春族卷、鄂温克族卷、赫哲族卷、达斡尔族卷、锡伯族卷、满族卷、蒙古族卷、藏族卷），北京：中国社会科学出版社 1999 年版，第 803 页。

W0466.10.6.2 锅庄代表火神

实 例

羌族 羌人信仰的诸神，在家中除火神以一锅桩（庄）为代表外，其余诸神皆以白石为表征。

【流传】（无考）

【出处】《羌族卷·前言》，见吕大吉、何耀华总主编《中国各民族原始宗教资料集成》（纳西族卷、羌族卷、独龙族卷、傈僳族卷、怒族卷），北京：中国社会科学出版社 2000 年版，第 449 页。

W0466.10.7 火神的遗迹

实 例

（参见下级母题实例）

W0466.10.7.1 火神庙

实 例

汉族 （实例待考）

W0466. 10. 7. 2

火神台

实 例

（参见下级母题实例）

W0466. 10. 7. 2. 1

火神台在商丘

实 例

汉族 今天商丘县城西南边，有座本地妇孺皆知的火神台。

【流传】 河南省·商丘市·（郭村乡·谢寨村）

【出处】 谢世行讲，谢书民采录：《商伯盗火》（1987），见张振犁编著，孟宪明、朱淑君统纂《中原神话通鉴》（第三卷），郑州：河南大学出版社 2017 年版，第 963 页。

W0467

婚姻神

【汤普森】 A475. 0. 2

【关联】［W7000］婚姻

实 例

（参见下级母题实例）

W0467. 1

婚姻神的产生

实 例

（实例待考）

W0467. 2

婚姻神的特征

实 例

（参见下级母题实例）

W0467. 2. 1

婚姻女神

实 例

（参见下级母题实例）

W0467. 2. 1. 1

婚姻女神白拉姆

实 例

藏族 女神白拉姆能给有情人带来美满的姻缘。

【流传】 西藏自治区·拉萨市·南郊·次却林乡

【出处】 廖东凡搜集：《白拉姆女神和赤尊赞》，原载《西藏民间故事选》，见陶阳、钟秀编《中国神话》（中），北京：商务印书馆 2008 年版，第 953 ~955 页。

W0467. 3

特定名称的婚姻神

实 例

（参见下级母题实例）

W0467.3.1

婚姻神月老

实 例

（实例待考）

W0467.3.2

婚姻神花婆

实 例

壮族 （参见“W0477.9.9.1 生育神花婆圣母”母题实例）

W0467.3.3

婚姻女神鹅巴立西

实 例

羌族 婚姻女神鹅巴立西。

【流传】 四川省·（阿坝藏族羌族自治州）·汶川（汶川县）

【出处】 罗世泽讲，周礼明翻译：《羊角姻缘》，见中华民族故事大系编委会编《中华民族故事大系》第11卷（达斡尔族、仫佬族、羌族），上海：上海文艺出版社1995年版，第644页。

W0467.3.4

主宰男女婚姻的鬼崩吉—崩达

实 例

（参见下级母题实例）

W0467.3.4.1

崩吉—崩达是男女双体连胎

实 例

珞巴族 主宰男女婚姻的鬼是“崩吉—崩达”（男女双体连胎）。

【流传】 西藏自治区

【出处】 于乃昌：《珞巴族神话与生殖崇拜》，见 http：//www.tibet-web.com，2003.10.06。

W0467.3.5

婚姻神答背女神

实 例

鄂温克族 （实例待考）

W0467.3.6

婚姻神女娲

实 例

汉族 女娲是婚姻之神。

【流传】 河南省·（南阳市）·桐柏县

【出处】 《女娲是婚姻之神》，见么书仪选注：《神话传说三百篇》，大连：大连出版社1999年版，第10～11页。

W0467.3.7

婚姻神华岳三娘

【关联】 ［W0457.3.0.2］造福女神华岳三娘

实 例

汉族 华岳三娘是主司婚恋的女神。

【流传】（无考）

【出处】《华岳三娘》，见乌丙安主编《中国民间神谱》，沈阳：辽宁人民出版社 2007 年版，第 136 页。

W0467. 3. 7. 1

华岳三娘又称华山三圣母（华岳三娘又称华山三公主）

实 例

汉族 华岳三娘排行老三，又称“华山三圣母”、“华山三公主”。

【流传】（无考）

【出处】《华岳三娘》，见乌丙安主编《中国民间神谱》，沈阳：辽宁人民出版社 2007 年版，第 136 页。

W0467. 3. 7. 2

华岳三娘是玉皇大帝的外甥女

实 例

汉族 华岳三娘本是玉皇大帝的外甥女，聪明美丽、心地善良，常居于西岳华山的圣母宫中。

【流传】（无考）

【出处】《华岳三娘》，见乌丙安主编《中国民间神谱》，沈阳：辽宁人民出版社 2007 年版，第 136 页。

W0467. 3. 7. 3

华岳三娘的儿子沉香

实 例

汉族 华岳三娘曾巧遇凡间男子刘彦昌，结成夫妻，生下儿子沉香。

【流传】（无考）

【出处】《华岳三娘》，见乌丙安主编《中国民间神谱》，沈阳：辽宁人民出版社 2007 年版，第 136 页。

W0467. 4

与婚姻神有关的其他母题

【关联】

① ［W0713. 3］女娲是婚姻神

② ［W0723. 4. 3］盘古管理婚姻

实 例

（参见下级母题实例）

W0467. 4. 1

媒神

【关联】［W0236. 3. 11］土地神是媒神

实 例

土家族 （实例待考）

W0467. 4. 1. 1

媒神塔纪神

实 例

彝族 （实例待考）

W0467. 4. 1. 2

媒神月下老人（月老）

实 例

汉族 唐韦固旅次宋城南店，遇老人

倚囊坐，向月下检书。问所检何书，云婚牍耳。又问囊中何物，云赤绳子耳，以系夫妇之足，虽仇家异域，绳一系之，亦必好合。因询己妻，知为店北卖菜眇妪女，才三岁，陋亦如妪。后果应验，题其店曰“定婚店”。俗因称媒妁为月下老人，或简称月老。

【流传】（无考）

【出处】［唐］李复言：《续玄怪录·定婚店》，见袁珂《中国神话大词典》，北京：华夏出版社 2015 年版，第 72 页。

汉族等 月下老人又称“月老”，专司人间婚姻之“媒神”。

【流传】（无考）

【出处】《月下老人》，见乌丙安主编《中国民间神谱》，沈阳：辽宁人民出版社 2007 年版，第 134 页。

W0468
金属神

实 例

（参见下级母题实例）

W0468.1
金银铜铁锡神

实 例

（参见下级母题实例）

W0468.1.1
神生金银铜铁锡神

实 例

（参见下级母题实例）

W0468.1.1.1
第二代神王烟沙生金银铜铁锡神

实 例

哈尼族 第二代神王烟沙又生下了风神、雨神、雷神、土神、籽种神、水神、田神、地神、水沟神、金银铜铁锡神等。

【流传】云南省·（红河哈尼族彝族自治州）·元阳县、金平县（金平苗族瑶族傣族自治县）、红河县等地

【出处】朱小和讲，史军超、卢朝贵搜集整理：《烟本霍本》，原载刘辉豪、阿罗编《哈尼族民间故事选》，上海文艺出版社 1989 年版，见姚宝瑄主编《中国各民族神话》（哈尼族、傣族），太原：山西出版传媒集团·书海出版社 2014 年版，第 34 页。

哈尼族 第二代神王烟沙生下金银铜铁锡神。

【流传】云南省·（红河哈尼族彝族自治州）·元阳县

【出处】朱小和讲，史军超等采录：《神的古今》，见中国民间文学集成全国编辑委员会编《中国民间故事集成》（云南卷），北京：中国 ISBN 中心 2003 年版，第 19 页。

W0468. 2

金神（金子神）

【关联】［W0282. 2］秋神是金神

实 例

（参见下级母题实例）

W0468. 2. 1

第二代神王生金子神

实 例

哈尼族 大神烟沙（世上第一个男神，第二代神王）生金子神。

【流传】云南省·（红河哈尼族彝族自治州）·元阳县

【出处】卢朝贵讲，史军超采录：《神和人的家谱》，见中国民间文学集成全国编辑委员会编《中国民间故事集成》（云南卷），北京：中国ISBN中心2003年版，第23页。

W0468. 2. 2

祖神封子孙为金子神

实 例

哈尼族 第二代男神王烟沙大神生下第二代男神沙拉和风神、雨神、雷神等九位大神后，又一口气生下了五个儿子。第一代神王老祖母阿匹梅烟实在喜欢这五个孙子，就拿出金闪闪的盔给了大孙子，封他做了金子神。金子神把那有权有势的头盔戴好，走出神殿去掌管世上的金子。

【流传】云南省·（红河哈尼族彝族自治州）·元阳（元阳县）、红河（红河县）、金平（金平苗族瑶族傣族自治县）［采集于元阳县·胜村乡·全福庄］

【出处】卢朝贵讲，史军超搜集整理：《神和人的家谱》，原载云南省民间文学集成办公室编《哈尼族神话传说集成》，中国民间文艺出版社1990年版，见姚宝瑄主编《中国各民族神话》（哈尼族、傣族），太原：山西出版传媒集团·书海出版社2014年版，第40页。

W0468. 3

铁神

【关联】［W0324a. 4. 1］雷神是铁匠

实 例

（参见下级母题实例）

W0468. 3. 1

铁神的产生

实 例

（参见下级母题实例）

W0468. 3. 1. 1

第二代神王生黑铁神

实 例

哈尼族 大神烟沙（世上第一个男神，第二代神王）生黑铁神。

【流传】云南省·（红河哈尼族彝族自治州）·元阳县

【出处】卢朝贵讲，史军超采录：《神和人的家谱》，见中国民间文学集成全国编辑委员会编《中国民间故事集成》（云南卷），北京：中国ISBN中心2003年版，第23页。

W0468.3.2

铁神的特征

实例

（参见下级母题实例）

W0468.3.2.1

铁神是蛇的样子

实例

鄂温克族 铁神的偶像是仿效雌雄两条蛇制作的，雌蛇有两只犄角；雄蛇有三只犄角。

【流传】（无考）

【出处】

（a）乌云达赍整理：《舍沃克神与铁神》，见满都呼主编《中国阿尔泰语系诸民族神话故事》，北京：民族出版社1997年版，第305页。

（b）《舍沃克神与铁神》，见内蒙古自治区鄂温克族研究会编：《鄂温克族研究文集》第二辑（上），内部编印。

W0468.3.2.2

黑铁神

实例

哈尼族 （参见“W0468.3.1.1 第二代神王生黑铁神”母题实例）

W0468.3.3

与铁神有关的其他母题

实例

（参见下级母题实例）

W0468.3.3.1

铁神有炼铁石

实例

哈尼族 人从铁神那里得到炼铁的铁石头。

【流传】云南省·（红河哈尼族彝族自治州）·元阳（元阳县）·攀枝花区（攀枝花乡）·洞铺寨

【出处】朱小和讲，史军超、卢朝贵搜集整理：《摩批》（1985），原载云南省民间文学集成办公室编《哈尼族神话传说集成》，中国民间文艺出版社1990年版，见姚宝瑄主编《中国各民族神话》（哈尼族、傣族），太原：山西出版传媒集团·书海出版社2014年版，第214页。

W0468.3.3.2

铁神与风神、雨神、雷神等是9兄弟

实例

哈尼族 第二代男神王烟沙大神生下第二代男神沙拉和风神、雨神、雷神等九位大神后，又一口气生下了五个儿子。第一代神王老祖母阿匹梅烟给第三个孙子戴上高高的铁盔，让他掌管黑铁的命。

【流传】云南省·（红河哈尼族彝族自治州）·元阳（元阳县）、红河（红河县）、金平（金平苗族瑶族傣族自治县）［采集于元阳县·胜村乡·全福庄］

【出处】卢朝贵讲，史军超搜集整理：《神和人的家谱》，原载云南省民间文学集成办公室编《哈尼族神话传说集成》，中国民间文艺出版社 1990 年版，见姚宝瑄主编《中国各民族神话》（哈尼族、傣族），太原：山西出版传媒集团·书海出版社 2014 年版，第 41 页。

W0468. 4

铜神

实 例

汉族 铜神，衡阳唐安县东有略塘，塘有铜神。

【流传】（无考）

【出处】《物异》，见［唐］段成式《酉阳杂俎》前集卷十。

W0468. 4. 1

铜神的产生

实 例

（参见下级母题实例）

W0468. 4. 1. 1

世上第一个男神烟沙生铜神

实 例

哈尼族 大神烟沙（世上第一个男神，第二代神王）生铜神。

【流传】云南省·（红河哈尼族彝族自治州）·元阳县

【出处】卢朝贵讲，史军超采录：《神和人的家谱》，见中国民间文学集成全国编辑委员会编《中国民间故事集成》（云南卷），北京：中国 ISBN 中心 2003 年版，第 23 页。

W0468. 4. 1. 2

第二代男神王烟沙大神生铜神

实 例

哈尼族 第二代男神王烟沙大神生下第二代男神沙拉和风神、雨神、雷神等九位大神后，又一口气生下了五个儿子。第一代神王老祖母阿匹梅烟给第四个孙子戴上铜盔，封为铜神。

【流传】云南省·（红河哈尼族彝族自治州）·元阳（元阳县）、红河（红河县）、金平（金平苗族瑶族傣族自治县）［采集于元阳县·胜村乡·全福庄］

【出处】卢朝贵讲，史军超搜集整理：《神和人的家谱》，原载云南省民间文学集成办公室编《哈尼族神话传说集成》，中国民间文艺出版社 1990 年版，见姚宝瑄主编《中国各民族神话》（哈尼族、傣族），太原：山西出版传媒集团·书海出版社 2014 年版，第 41 页。

W0468.4.2
铜神的特征

实　例

（实例待考）

W0468.4.3
与铜神有关的其他母题

实　例

（参见下级母题实例）

W0468.4.3.1
铜神居塘中

实　例

汉族　承水出衡阳重安县西，东北流，至重安县，径舜庙下，又东合略塘。相传云，此塘中有铜神，今犹时闻铜声于水，水辄变绿，作铜腥，鱼为之死。

【流传】（无考）

【出处】［北魏］郦道元：《水经注·湘水》。

W0468.4.3.2
荆山铜神

实　例

（参见下级母题实例）

W0468.4.3.2.1
荆山铜神向黄帝献铜

实　例

汉族　荆山上的铜神听说黄帝爷来找铜炼丹，就赶紧把黄铜献了出来。

【流传】中原一带

【出处】

（a）贾同然、程建军搜集，程建军整理：《黄帝岭》，见张楚北编《中原神话》，郑州：海燕出版社 1988 年版。

（b）贾同然、程建军搜集，程建军整理：《黄帝炼丹》，见姚宝瑄主编《中国各民族神话》（汉族），太原：山西出版传媒集团·书海出版社 2014 年版，第 400～401 页。

W0468.5
锡神

实　例

（参见下级母题实例）

W0468.5.1
第一个男神大神烟沙生锡神

实　例

哈尼族　大神烟沙（世上第一个男神，第二代神王）生锡神。

【流传】云南省·（红河哈尼族彝族自治州）·元阳县

【出处】卢朝贵讲，史军超采录：《神和人的家谱》，见中国民间文学集成全国编辑委员会编《中国民间故事集成》（云南卷），北京：中国ISBN中心2003年版，第23页。

W0468. 5. 2

第一代神王老祖母阿匹梅烟给第五个孙子戴上锡盔封为锡神

实　例

哈尼族 第二代男神王烟沙大神生下第二代男神沙拉和风神、雨神、雷神等九位大神后，又一口气生下了五个儿子。第一代神王老祖母阿匹梅烟给第五个孙子戴上锡盔，封为锡神。

【流传】 云南省·（红河哈尼族彝族自治州）·元阳（元阳县）、红河（红河县）、金平（金平苗族瑶族傣族自治县）［采集于元阳县·胜村乡·全福庄］

【出处】 卢朝贵讲，史军超搜集整理：《神和人的家谱》，原载云南省民间文学集成办公室编《哈尼族神话传说集成》，中国民间文艺出版社1990年版，见姚宝瑄主编《中国各民族神话》（哈尼族、傣族），太原：山西出版传媒集团·书海出版社2014年版，第41页。

W0468. 6

银神（银子神）

实　例

（参见下级母题实例）

W0468. 6. 1

大神烟沙生银子神

【关联】［W1980. 1. 2. 1］有了金属神后产生金属

实　例

哈尼族 大神烟沙（世上第一个男神，第二代神王）生银子神。

【流传】 云南省·（红河哈尼族彝族自治州）·元阳县

【出处】 卢朝贵讲，史军超采录：《神和人的家谱》，见中国民间文学集成全国编辑委员会编《中国民间故事集成》（云南卷），北京：中国ISBN中心2003年版，第23页。

W0468. 6. 2

祖神封子孙为银子神

实　例

哈尼族 第二代男神王烟沙大神生下第二代男神沙拉和风神、雨神、雷神等九位大神后，又生下了五个儿子。第一代神王老祖母阿匹梅烟实在喜欢这五个孙子，就拿出白闪闪的银盔戴在第二个孙子的头上，封他为银子神掌管世上的银子。

【流传】 云南省·（红河哈尼族彝族自治州）·元阳（元阳县）、红河（红河县）、金平（金平苗族瑶族傣族自治县）［采集于元阳县·胜村乡·全福庄］

【出处】 卢朝贵讲，史军超搜集整理：

《神和人的家谱》，原载云南省民间文学集成办公室编《哈尼族神话传说集成》，中国民间文艺出版社 1990 年版，见姚宝瑄主编《中国各民族神话》（哈尼族、傣族），太原：山西出版传媒集团·书海出版社 2014 年版，第 41 页。

W0469

酒神

【关联】［W6155］酒

实 例

（参见下级母题实例）

W0469.1

酒神的产生

实 例

（实例待考）

W0469.2

酒神的特征

实 例

（参见下级母题实例）

W0469.2.1

男酒神

实 例

（实例待考）

W0469.2.2

女酒神

实 例

（参见下级母题实例）

W0469.2.2.1

老年女酒神务右

实 例

苗族 务右是老年女酒神。

【流传】贵州省·黔东南（黔东南苗族侗族自治州）

【出处】过竹：《苗族神话研究》，南宁：广西人民出版社 1988 年版，第 206 页。

W0469.3

与酒神有关的其他母题

实 例

（实例待考）

W0470

美丽之神

【汤普森】A462

实 例

（实例待考）

W0470.1

美丽女神

【汤普森】A462.1

【关联】［W0067.5.4］爱美的女神

实 例

（实例待考）

W0471

命运之神（命运神）

【汤普森】A463

【关联】［W9480］命运

实 例

（参见下级母题实例）

W0471.1

命运神的产生

【关联】［W9481］命运的产生

实 例

（参见下级母题实例）

W0471.1.1

特定的人成为命运之神

实 例

（参见下级母题实例）

W0471.1.1.1

喇嘛庙被雷死的一个伙夫成为命运神

实 例

达斡尔族 蒙古地方有一个喇嘛庙的一个伙夫，向往达斡尔人生活，前往达斡尔地区的半路上，被雷击死。后来，达斡尔人把他的灵魂立为神，叫"吉雅其·巴尔肯"（词根吉雅，达斡尔语，汉译为命运。吉雅其神系司命运的神）。

【流传】（原黑龙江省布特哈旗，今为内蒙古自治区呼伦贝尔市扎兰屯市）

【出处】

（a）珠荣嘎、额尔登泰、满都尔图、包鹤亭调查编著：《达斡尔族情况——达斡尔族调查材料之一》，全国人民代表大会民族委员会办公室1957年编印，第37～38页。

（b）《吉雅其神的由来及祭词片断（布特哈地区）》，见吕大吉、何耀华总主编《中国各民族原始宗教资料集成》（鄂伦春族卷、鄂温克族卷、赫哲族卷、达斡尔族卷、锡伯族卷、满族卷、蒙古族卷、藏族卷），北京：中国社会科学出版社1999年版，第318页。

W0471.2

命运神的特征

实 例

（参见下级母题实例）

W0471.2.1

命运女神

【汤普森】N111

实 例

汉族 （实例待考）

W0471.2.2

白色命运之神

实 例

（参见下级母题实例）

W0471.2.2.1 白色命运腾格里是保护牲畜的腾格里

实 例

蒙古族 白色命运腾格里是保护牲畜的腾格里，孛尔贵尚玛尔勇士之父。

【流传】（无考）

【出处】拉·胡日查巴特尔著，A. 图门译，苏鲁格校订：《哈腾根十三家神祭祀》（蒙文版），内蒙古文化出版社1986年版，第59~63页，见吕大吉、何耀华总主编《中国各民族原始宗教资料集成》（鄂伦春族卷、鄂温克族卷、赫哲族卷、达斡尔族卷、锡伯族卷、满族卷、蒙古族卷、藏族卷），北京：中国社会科学出版社1999年版，第632页。

W0471.3 命运神的职能

实 例

（参见下级母题实例）

W0471.3.1 命运神也是财神

实 例

鄂伦春族 命运神是"吉雅其"（吉雅其，在鄂伦春族神话中有时又作"财神"）。

【流传】（无考）

【出处】《"吉雅其"神》，见吕大吉、何耀华总主编《中国各民族原始宗教资料集成》（鄂伦春族卷、鄂温克族卷、赫哲族卷、达斡尔族卷、锡伯族卷、满族卷、蒙古族卷、藏族卷），北京：中国社会科学出版社1999年版，第26页。

W0471.4 特定名称的命运之神

实 例

（参见下级母题实例）

W0471.4.1 命运神吉雅其

实 例

鄂伦春族 命运神是"吉雅其"。

【流传】（无考）

【出处】《"吉雅其"神》，见吕大吉、何耀华总主编《中国各民族原始宗教资料集成》（鄂伦春族卷、鄂温克族卷、赫哲族卷、达斡尔族卷、锡伯族卷、满族卷、蒙古族卷、藏族卷），北京：中国社会科学出版社1999年版，第26页。

W0471.4.2 命运神吉雅其·巴尔肯

实 例

达斡尔族 以人物崇拜为特征的祖先神

出现的同时，出现了专管命运和家族财产的“吉雅其·巴尔肯”和以保胎为其主要职能的“奥蔑·巴尔肯”等人物神。

【流传】（内蒙古自治区、黑龙江省等地）

【出处】 满都尔图：《达斡尔族卷·绪论》，见吕大吉、何耀华总主编《中国各民族原始宗教资料集成》（鄂伦春族卷、鄂温克族卷、赫哲族卷、达斡尔族卷、锡伯族卷、满族卷、蒙古族卷、藏族卷），北京：中国社会科学出版社 1999 年版，第 288 页。

W0471. 4. 3

命运神贺什格腾格里

实　例

（参见下级母题实例）

W0471. 4. 3. 1

贺什格腾格里是定夺命运之天

实　例

蒙古族 贺什格腾格里是定夺命运之天（在蒙古族民间宗教或萨满神词中，“天”与“腾格里”常常通用，此处可以看作是泛指诸神）。

【流传】（无考）

【出处】 额尔德木图：《蒙古族英雄史诗与孛额唱词中的“腾格里”》，载《蒙古社会科学》1995 年第 5 期。

W0471. 4. 4

命运神那仁都兰腾格里

实　例

（参见下级母题实例）

W0471. 4. 4. 1

那仁都兰腾格里是西方五十五尊腾格里之苏勒德命运之神

实　例

蒙古族 那仁都兰腾格里是西方五十五尊腾格里之苏勒德命运之神。

【流传】（无考）

【出处】 拉·胡日查巴特尔著，A. 图门译，苏鲁格校订：《哈腾根十三家神祭祀》（蒙文版），内蒙古文化出版社 1986 年版，第 59 ~ 63 页，见吕大吉、何耀华总主编《中国各民族原始宗教资料集成》（鄂伦春族卷、鄂温克族卷、赫哲族卷、达斡尔族卷、锡伯族卷、满族卷、蒙古族卷、藏族卷），北京：中国社会科学出版社 1999 年版，第 631 页。

W0471. 4. 5

命运之神天通土地未卜仙官

实　例

（参见下级母题实例）

W0471.4.5.1
天通土地未卜仙官管普天下上、中、下人的命运

实 例

彝族（撒尼）（道教）天通土地未卜仙官即命运之神，管普天下上、中、下人的命运。

【流传】 云南省·昆明（昆明市）·官渡区

【出处】 邓立木、赵永勤：《官渡区阿拉乡彝族宗教调查》，见吕大吉、何耀华总主编《中国各民族原始宗教资料集成》（彝族卷、白族卷、基诺族卷），北京：中国社会科学出版社1996年版，第126页。

W0471.5
与命运之神有关的其他母题

实 例

（参见下级母题实例）

W0471.5.1
主司文运之神

实 例

（参见下级母题实例）

W0471.5.1.1
奎星是主司文运之神（魁星主文运）

实 例

汉族 魁星是北斗七星中的第一星。汉代，即有“奎主文章”之说法，后人将奎星视为主司文运之神。

【流传】（无考）

【出处】《魁星》，见乌丙安主编《中国民间神谱》，沈阳：辽宁人民出版社2007年版，第151页。

W0472
怒神

【汤普森】 ①A139.13；②A486

实 例

（参见下级母题实例）

W0472a
器物神

实 例

（参见下级母题实例）

W0472a.1
器物神的产生

实 例

（实例待考）

W0472a.2
器物神的特征

实 例

（实例待考）

W0472a. 3

与器物神有关的其他母题

【关联】［W0965］神鼓（鼓神）

实 例

（参见下级母题实例）

W0472a. 3. 1

器物制造神

实 例

（参见下级母题实例）

W0472a. 3. 1. 1

造石器神

实 例

（参见下级母题实例）

W0472a. 3. 1. 1. 1

造石器之神甘歌

实 例

壮族 甘歌是造石器之神。

【流传】（无考）

【出处】梁庭望：《越族神话与希腊神话神祇之比较》，载《中央民族学院学报》1989 年增刊。

W0473

杀戮之神

【汤普森】A310. 2

实 例

（参见下级母题实例）

W0473. 1

司杀伐的黑方之腾格里

实 例

蒙古族 司杀伐的黑方之腾格里。

【流传】（无考）

【出处】额尔德木图：《蒙古英雄史诗与孛额唱词中的“腾格里”》，载《内蒙古社会科学》（汉文版）1995 年第 5 期。

W0474

社神（社王）[1]

实 例

（参见下级母题实例）

W0474. 1

社神的产生

实 例

（参见下级母题实例）

W0474. 1. 1

社神源于特定地方

实 例

（实例待考）

---

① 社神（社王），关于社神的说法较为复杂，所指人物也不甚一致。一般认为社神即土地神。神话传说中有的说社神即“后土”，有的说是共工氏的儿子句龙，等等。

W0474.1.2
社神是造出来的（造社神）

实 例

（参见下级母题实例）

W0474.1.2.1
祖先用泥造社神（社婆婆）

实 例

苗族 纳罗引勾（半人半兽的巨人，祖先）造人时放进窑的泥人有生有熟。造得生的泥人做了社婆婆、庙公公。

【流传】广西壮族自治区·（柳州市）·融水苗族自治县

【出处】

（a）杨达香讲，梁彬搜集整理：《创世纪》（二、捏人捏兽，栽果撒谷），见梁彬、王天若编《苗族民间故事选》，南宁：广西人民出版社1986年版。

（b）同（a），见姚宝瑄主编《中国各民族神话》（布依族、仡佬族、苗族），太原：山西出版传媒集团·书海出版社2014年版，第175页。

W0474.1.3
社神是生育产生的（生社神）

实 例

（参见下级母题实例）

W0474.1.3.1
神生社神

实 例

（参见下级母题实例）

W0474.1.3.2
社神是共工之子

【关联】

① ［W0231.4.1.1］共工之子成为地神

② ［W0406.5］共工之子是水神

实 例

汉族 （实例待考）

W0474.1.4
感生社神（人感生社神）

实 例

（参见下级母题实例）

W0474.1.4.1
女子感生社神

实 例

（参见下级母题实例）

W0474.1.4.2
寡妇感生社王

实 例

毛南族 社王的父亲早死，他的母亲一次赶圩回到半路，突然感到肚里怀了孕。社王刚生下来，嘴上就有三撇胡子。

【流传】（无考）

【出处】《社王》，原载《中国各民族宗教与神话大词典》，北京：学苑出版社 1990 年版，见姚宝瑄主编《中国各民族神话》（土家族、毛南族、侗族、瑶族），太原：山西出版传媒集团 · 书海出版社 2014 年版，第 67 页。

W0474. 1. 5

册封社神

实 例

（参见下级母题实例）

W0474. 1. 5. 1

黄帝封社王

实 例

毛南族 社王的父亲早死，他的母亲一次赶圩回到半路，突然怀孕，生的儿子被黄帝封为社王。

【流传】（无考）

【出处】《社王》，原载《中国各民族宗教与神话大词典》，北京：学苑出版社 1990 年版，见姚宝瑄主编《中国各民族神话》（土家族、毛南族、侗族、瑶族），太原：山西出版传媒集团 · 书海出版社 2014 年版，第 67 页。

W0474. 1. 5. 2

玉帝分封出社王爷

实 例

壮族 玉帝分封，出现社王爷的职位。

【流传】广西壮族自治区 · （柳州市）· 柳城（柳城县），（河池市）· 宜山（宜州市）

【出处】龙意华讲：《灶王爷和社王爷》，见张声震总主编，农冠品编注《壮族神话集成》，南宁：广西民族出版社 2007 年版，第 397 页。

W0474. 1. 6

特定人物变成社神

实 例

（实例待考）

W0474. 1. 7

与社神产生有关的其他母题

实 例

（参见下级母题实例）

W0474. 1. 7. 1

社神生有异象

实 例

（参见下级母题实例）

W0474.1.7.1.1
社王出生有三撇胡子

实 例

毛南族 （参见“W0474.1.4.2 寡妇感生社王”母题实例）

W0474.2
社神的特征

实 例

（参见下级母题实例）

W0474.2.1
社神面黑而多须

实 例

汉族 社神头戴铁冠面黑而多须。

【流传】（无考）

【出处】［明］《三教源流搜神大全》刻绘图本。

W0474.3
社神的身份

实 例

（参见下级母题实例）

W0474.3.1
社是土地之神的神主

实 例

汉族 社是土地之神的神主。

【流传】（无考）

【出处】《风俗通义·祀典第八》引《孝经》，见［东汉］应劭著，赵泓译注《风俗通义全译》，贵阳：贵州人民出版社1998年版，第305页。

W0474.3.1.1
社即土地神

实 例

汉族 社者，土地之神。土地阔不可尽祭，故封土为社以报功也。

【流传】（无考）

【出处】［清］翟颢：《通俗编》（无不宜斋本）卷十九引《孝经纬》。

W0474.3.2
社神是地主

实 例

汉族 社，地主也，从亓土。

【流传】（无考）

【出处】［东汉］许慎：《说文》一。

W0474.3.3
社神是保护神

实 例

壮族 祖宗神、坟地神、社公神等是地方保护神。

【流传】广西壮族自治区·（南宁市）·武鸣县·两江乡·雷江片，马山县·古零乡·杨圩片

【出处】黄世杰搜集整理：*《多神信仰》（1990），见吕大吉、何耀华总主

编《中国各民族原始宗教资料集成》（土家族卷、瑶族卷、壮族卷、黎族卷），北京：中国社会科学出版社 1998 年版，第 492 页。

W0474.3.3.1

社神是村寨保护神

实例

毛南族 天上玉皇得知社王出生后被抛弃大难不死，收到天宫抚养，长大后封为社王，派到毛南山乡保护村寨。

【流传】（无考）

【出处】《社王》，原载《中国各民族宗教与神话大词典》，北京：学苑出版社 1990 年版，见姚宝瑄主编《中国各民族神话》（土家族、毛南族、侗族、瑶族），太原：山西出版传媒集团·书海出版社 2014 年版，第 68 页。

W0474.3.3.2

社公神是村寨人畜禾苗的保护神

实例

壮族 社公神是村寨人畜禾苗的保护神。

【流传】 广西壮族自治区·（南宁市）·武鸣县（武鸣区）西北部，马山县东部

【出处】 范宏贵搜集整理：*《祭社王》（1991），见吕大吉、何耀华总主编《中国各民族原始宗教资料集成》（土家族卷、瑶族卷、壮族卷、黎族卷），北京：中国社会科学出版社 1998 年版，第 549 页。

W0474.3.4

与社神身份有关的其他母题

实例

（参见下级母题实例）

W0474.3.4.1

社神比土地神地位高

实例

壮族 社神比土地神大一级，是几个村寨合供的神。

【流传】 广西壮族自治区·（百色市）·靖西县（靖西市）

【出处】 凌树东搜集整理：*《广西靖西县壮族诸神表》（1991），见吕大吉、何耀华总主编《中国各民族原始宗教资料集成》（土家族卷、瑶族卷、壮族卷、黎族卷），北京：中国社会科学出版社 1998 年版，第 494 页。

W0474.4

社神的职能

实例

（参见下级母题实例）

W0474.4.1

京师社神黄崇主天下名山

实例

汉族 京师社神，天之正臣，左阴右

阳，姓黄名崇。本杨州九江历阳人也。秩万石，主天下名山大神，社皆臣从之。

【流传】（无考）

【出处】 撰者不详：《社神品》引《老子天地鬼神目录》。

W0474.4.2

社神司财

实 例

汉族 买卖求财，社神能使之宜利和合。但有公平之事，可以对神祷，无不如意。

【流传】（无考）

【出处】［明］撰者不详：《三教源流搜神大全》（《三教搜神大全》）刻绘图本。

W0474.4.3

社神管粮食

实 例

（参见下级母题实例）

W0474.4.3.1

社王爷管田野中的五谷杂粮

实 例

壮族 社王爷分管田野中的五谷杂粮。

【流传】 广西壮族自治区·（柳州市）·柳城（柳城县），（河池市）·宜山（宜州市）

【出处】 龙意华讲：《灶王爷和社王爷》，见张声震总主编，农冠品编注《壮族神话集成》，南宁：广西民族出版社2007年版，第397页。

W0474.4.4

社神是人与神的中介

实 例

毛南族 “还愿”法事请社王入筵，请他做中间人，向主人家证明诸神已领到祭品，向诸神证明主人家已还了愿，清了债。

【流传】（无考）

【出处】《社王》，原载《中国各民族宗教与神话大词典》，北京：学苑出版社1990年版，见姚宝瑄主编《中国各民族神话》（土家族、毛南族、侗族、瑶族），太原：山西出版传媒集团·书海出版社2014年版，第68页。

W0474.4.5

社神管生产

实 例

壮族 社王专管人间生产。

【流传】 广西壮族自治区·（来宾市）·武宣县

【出处】 范宏贵搜集整理：*《祭社王》（1991），见吕大吉、何耀华总主编《中国各民族原始宗教资料集成》（土家族卷、瑶族卷、壮族卷、黎族卷），北京：中国社会科学出版社

1998 年版，第 550 页。

W0474. 4. 6

社王斩妖除邪

实 例

毛南族 社王来到毛南山乡，一不吃民间的灶头饭，二不进人间烟火房，在六圩街买了一顶草帽戴在头上，就四处奔波，为民斩妖除邪。

【流传】（无考）

【出处】《社王》，原载《中国各民族宗教与神话大词典》，北京：学苑出版社 1990 年版，见姚宝瑄主编《中国各民族神话》（土家族、毛南族、侗族、瑶族），太原：山西出版传媒集团·书海出版社 2014 年版，第 68 页。

W0474. 4. 7

社王管土地和庄稼

实 例

壮族 社王主管土地和庄稼

【流传】贵州省·（黔东南苗族侗族自治州）·从江县

【出处】范宏贵搜集整理：*《祭社王》（1991），见吕大吉、何耀华总主编《中国各民族原始宗教资料集成》（土家族卷、瑶族卷、壮族卷、黎族卷），北京：中国社会科学出版社 1998 年版，第 549 页。

W0474. 5

社神的能力（社神的事迹）

实 例

（参见下级母题实例）

W0474. 5. 1

社神能治理水土

实 例

汉族 社神，盖共工氏之子勾龙也，能平水土。帝颛顼之世，举以为土政，天下赖其功，尧祠以为社。凡树社者，欲令万民加肃敬也。

【流传】（无考）

【出处】［东汉］蔡邕：《独断》卷上。

W0474. 5. 2

社神能除病消灾

实 例

汉族 社神能“驱雷役电，唤雨呼风，除瘟剪疟，保病祛灾”。

【流传】（无考）

【出处】［明］撰者不详：《三教源流搜神大全》（《三教搜神大全》）刻绘图本。

W0474. 6

社神的生活

实 例

（参见下级母题实例）

W0474.6.1

社神的服饰

实　例

（参见下级母题实例）

W0474.6.1.1

社神头戴铁冠

实　例

汉族　社神头戴铁冠手执铁鞭。

【流传】（无考）

【出处】［明］撰者不详：《三教源流搜神大全》（《三教搜神大全》）刻绘图本。

W0474.6.2

社神的食物

实　例

（实例待考）

W0474.6.3

社神的居所

实　例

（参见下级母题实例）

W0474.6.3.1

社神无居所

实　例

（参见下级母题实例）

W0474.6.3.1.1

社神无庙

实　例

民族？社王无庙。其神偶一般是尺把长，三四十公分大小的天然冬瓜状的长条形石块。

【流传】广西壮族自治区·百色地区（百色市）

【出处】范宏贵搜集整理：*《祭社王》（1991），见吕大吉、何耀华总主编《中国各民族原始宗教资料集成》（土家族卷、瑶族卷、壮族卷、黎族卷），北京：中国社会科学出版社1998年版，第550页。

W0474.6.3.2

社神居村边大树下

【关联】［W0236.3a.3.3］土地神住树洞

实　例

壮族　社王主管土地和庄稼。每个村寨都在村边大树脚下搭一个或三个社棚作为社王处所。

【流传】贵州省·（黔东南苗族侗族自治州）·从江县

【出处】范宏贵搜集整理：*《祭社王》（1991），见吕大吉、何耀华总主编《中国各民族原始宗教资料集成》（土家族卷、瑶族卷、壮族卷、黎族卷），北京：中国社会科学出版社1998年版，第549页。

W0474. 6. 3. 3

社神居社树中

实　例

壮族 在村头生长大树被认为是社王所居，称为“社树”，不能砍伐。

【流传】广西壮族自治区·（河池市）·环江毛南族自治县

【出处】范宏贵搜集整理：＊《祭社王》（1991），见吕大吉、何耀华总主编《中国各民族原始宗教资料集成》（土家族卷、瑶族卷、壮族卷、黎族卷），北京：中国社会科学出版社1998年版，第551页。

W0474. 6. 4

社神的出行

实　例

（参见下级母题实例）

W0474. 6. 4. 1

社神骑虎

实　例

汉族 社神头戴铁冠手执铁鞭，面黑而多须，跨虎。

【流传】（无考）

【出处】［明］撰者不详：《三教源流搜神大全》（《三教搜神大全》）刻绘图本。

W0474. 6. 5

社神的工具

实　例

（参见下级母题实例）

W0474. 6. 5. 1

社神手执铁鞭

实　例

汉族 （参见“W0474. 6. 1. 1 社神头戴铁冠”母题实例）

W0474. 7

社神的关系

实　例

（参见下级母题实例）

W0474. 7. 1

社神的父母

实　例

（参见下级母题实例）

W0474. 7. 1. 1

社神勾龙的父亲共工氏

实　例

汉族 社神，盖共工氏之子勾龙也。

【流传】（无考）

【出处】［东汉］蔡邕：《独断》卷上。

W0474.7.2
社神的子女

实 例

（实例待考）

W0474.7.3
社神的上司

实 例

（实例待考）

W0474.7.4
社神的下属

实 例

（参见下级母题实例）

W0474.7.4.1
社神有八员猛将，六毒大神，五方雷神、五方猖兵、二十八将

实 例

汉族 社神手下有八员猛将，六毒大神，还有五方雷神、五方猖兵、二十八将等。

【流传】（无考）

【出处】［明］撰者不详：《三教源流搜神大全》（《三教搜神大全》）刻绘图本。

W0474.8
特定名称的社神（社神的名称）

实 例

（参见下级母题实例）

W0474.8.1
社神勾龙

实 例

汉族 社，地主也，从示土。《春秋传》曰："共工之子句龙为社神。"

【流传】（无考）

【出处】［东汉］许慎：《说文》一。

W0474.8.1.1
共工之子句龙为后土，后土为社

实 例

汉族 共工氏有子曰句龙，为后土。后土为社。

【流传】（无考）

【出处】［春秋］左丘明：《左传·昭公二十九年》。

W0474.8.1.2
社神勾龙能平水土

实 例

民族？ （参见"W0474.5.1 社神能治理水土"母题实例）

W0474.8.1a
社神后土

实 例

汉族 共工氏之子曰后土，能平九州，故祀以为社。

【流传】（无考）

【出处】［春秋战国］孔子弟子等作，［西汉］戴圣编：《礼记》（《小戴礼记》、《小戴记》）之《祭法》。

汉族 昔烈山氏之有天下也，共工氏之霸九州也，其子四后土，能平九土，故祀以为社。

【流传】（无考）

【出处】［春秋］左丘明：《国语·鲁语上》

W0474. 8. 2

社神黄崇

实 例

（参见下级母题实例）

W0474. 8. 2. 1

京师社神，姓黄名崇

实 例

汉族 京师社神，天之正臣，左阴右阳，姓黄名崇。

【流传】（无考）

【出处】撰者不详：《社神品》引《老子天地鬼神目录》。

W0474. 8. 3

社婆婆

【关联】［W0147. 6］社婆婆和庙公公

实 例

苗族 纳罗引勾（半人半兽的巨人）造人时放进窑的泥人有生有熟。造得生的泥人做了社婆婆、庙公公。

【流传】广西壮族自治区·（柳州市）·融水苗族自治县

【出处】

（a）杨达香讲，梁彬搜集整理：《创世纪》（二、捏人捏兽，栽果撒谷），见梁彬、王天若编《苗族民间故事选》，南宁：广西人民出版社 1986 年版。

（b）同（a），见姚宝瑄主编《中国各民族神话》（布依族、仡佬族、苗族），太原：山西出版传媒集团·书海出版社 2014 年版，第 175 页。

W0474. 8. 4

社王

实 例

毛南族 “还愿”法事请社王入筵。

【流传】（无考）

【出处】《社王》，原载《中国各民族宗教与神话大词典》，北京：学苑出版社 1990 年版，见姚宝瑄主编《中国各民族神话》（土家族、毛南族、侗族、瑶族），太原：山西出版传媒集团·书海出版社 2014 年版，第 68 页。

W0474. 8. 4. 1

社王爷

实 例

壮族 玉帝分封，出现社王爷的职位，分管田野中的五谷杂粮。

【流传】广西壮族自治区·（柳州

市）·柳城（柳城县），（河池市）·宜山（宜州市）

【出处】龙意华讲：《灶王爷和社王爷》，见张声震总主编，农冠品编注《壮族神话集成》，南宁：广西民族出版社2007年版，第397页。

W0474.8.5

社公神

实　例

壮族（参见“W0474.3.3.2　社公神是村寨人畜禾苗的保护神”母题实例）

W0474.8.5.1

社神又称社公

实　例

民族?“社祭土而主阴气也”，孔颖达　疏许慎曰：“今人谓社神为社公。”

【流传】（无考）

【出处】［春秋战国］孔子弟子等作，［西汉］戴圣编：《礼记》（《小戴礼记》、《小戴记》）之《郊特牲》［唐］孔颖达疏引［汉］许慎语。

W0474.8.6

社灵

实　例

（参见下级母题实例）

W0474.8.6.1

社灵主宰全村幸福

实　例

傈僳族社灵主宰全村之幸福。

【流传】碧罗雪山（云南省·怒江傈僳族自治州·贡山独龙族怒族自治县与云南省·迪庆藏族自治州·德钦县交界一带）

【出处】陶云逵：《碧罗雪山之傈僳族》，见国立中央研究院《历史语言研究所集刊》第17本，商务印书馆民国三十七年（1948），第394～395页。

W0474.9

社神的类型

实　例

（参见下级母题实例）

W0474.9.1

大社

实　例

汉族土地神有多种层次，有大社、王社、国社、州社、县社等，不同的社中敬的土地神有不同。

【流传】（无考）

【出处】王德恒等：《造神史话》，天津：百花文艺出版社2002年版，第130页。

W0474. 9. 2

王社

实 例

汉族 （参见“W0474. 9. 1 大社”母题实例）

W0474. 9. 3

国社

实 例

汉族 （参见“W0474. 9. 1 大社”母题实例）

W0474. 9. 4

州社

实 例

汉族 （参见“W0474. 9. 1 大社”母题实例）

W0474. 9. 5

县社

实 例

汉族 （参见“W0474. 9. 1 大社”母题实例）

W0474. 10

与社神有关的其他母题

【关联】［W0768. 16. 3. 4］ 后土是社神

实 例

（参见下级母题实例）

W0474. 10. 1

社神的象征物（社神神偶）

实 例

（参见下级母题实例）

W0474. 10. 1. 1

社神神偶是长条形石块

实 例

壮族 （参见“W0474. 6. 3. 1. 1 社神无庙”母题实例）

W0474. 10. 2

25 家为一社

实 例

汉族 旧制，二十五家为一社。

【流传】（无考）

【出处】［东汉］班固：《汉书》之《五行志》。

W0475

生命之神（生命神，寿神）

【汤普森】①≈A108；②A474

实 例

（参见下级母题实例）

W0475. 1

生命之神的产生

实 例

（参见下级母题实例）

W0475.1.1

水生生命之神

实 例

（参见下级母题实例）

W0475.1.1.1

生命之神生于水底

实 例

满族 生命之母神都金恩都力降生在水底沙滩上。

【流传】（无考）

【出处】

(a) 富育光：《萨满教与神话》，沈阳：辽宁大学出版社1990年版，第50页。

(b) 《都金恩都力生人》，见吕大吉、何耀华总主编《中国各民族原始宗教资料集成》（鄂伦春族卷、鄂温克族卷、赫哲族卷、达斡尔族卷、锡伯族卷、满族卷、蒙古族卷、藏族卷），北京：中国社会科学出版社1999年版，第485页。

W0475.2

生命之神的特征

实 例

（实例待考）

W0475.3

特定名称的生命之神

实 例

（参见下级母题实例）

W0475.3.1

生命之母神都金恩都力

实 例

满族 （参见“W0475.1.1.1 生命之神生于水底”母题实例）

W0475.3.2

寿神麻姑

【关联】［W0806.0.2.3.5］麻姑献寿

实 例

（参见下级母题实例）

W0475.3.2.1

麻姑是赐福添寿的长寿女神

实 例

汉族 麻姑赐福添寿的长寿女神。

【流传】（无考）

【出处】《麻姑》，见乌丙安主编《中国民间神谱》，沈阳：辽宁人民出版社2007年版，第155页。

W0475.3.3

寿神西王母

【关联】［W0760.8.2］西王母主长寿

实 例

汉族等 寿神还有西王母、彭祖、麻姑等。

【流传】（无考）

【出处】《寿星南极仙翁》，见乌丙安主

编《中国民间神谱》，沈阳：辽宁人民出版社 2007 年版，第 153 页。

W0475. 3. 4
寿神彭祖

【关联】［W0768. 9. 2. 1］彭祖长寿

实 例

汉族（参见“W0475. 3. 3　寿神西王母”母题实例）

W0475. 3. 5
寿星南极仙翁（老寿星）

【关联】［W0768. 9. 1. 1. 1］老寿星雷姆比彭祖还老

实 例

（参见下级母题实例）

W0475. 3. 5. 1
寿星南极仙翁又称南极老人

【关联】［W0761. 3. 5］西王母的女儿南极王夫人

实 例

汉族 寿星南极仙翁又称南极老人、“寿星”等，俗信可保佑人的性命，使人延年益寿的神仙。

【流传】（无考）

【出处】《寿星南极仙翁》，见乌丙安主编《中国民间神谱》，沈阳：辽宁人民出版社 2007 年版，第 153 页。

W0475. 3. 5. 2
寿星南极仙翁又称寿星

实 例

汉族（参见“W0475. 3. 5. 1　寿星南极仙翁又称南极老人”母题实例）

W0475. 3. 5. 3
寿星南极仙翁保佑人的性命，使人延年益寿

实 例

汉族（参见“W0475. 3. 5. 1　寿星南极仙翁又称南极老人”母题实例）

W0475. 3. 5. 4
老寿星的龙头杖

实 例

高山族 老寿星是个白胡老头，从天上落下来，手拿龙头拐杖。

【流传】台湾

【出处】宋一平搜集整理：《阿里山》，载《民间文学》1984 年第 1 期。

W0475. 3. 5. 4. 1
阿里山的神木是老寿星的龙头杖

实 例

高山族 阿里山的“神木”则为老寿星龙头杖所变。

【流传】（台湾嘉义县）

【出处】袁珂改编：《阿里山》，原载陶

阳、钟秀编《中国神话》，见袁珂《中国神话大词典》，北京：华夏出版社2015年版，第527页。

W0475.3.6

生命神索拉年钦

实　例

藏族　（参见“W0448.1.3.2.1.1 父神颇拉米孜”母题实例）

W0475.3.7

生命的胎胞神“团”

实　例

佤族　“团”是生命的胎胞神。

【流传】云南省·（普洱市）·西盟佤族自治县、澜沧拉祜族自治县等地

【出处】毕登程、隋嘎编著：《司岗里——佤族创世史诗》，昆明：云南出版集团公司·云南人民出版社2009年版，第10页。

W0475.3.8

生命神“祀”

实　例

（参见下级母题实例）

W0475.3.8.1

生命神“祀”又译“家神”

实　例

纳西族　祈求后裔、长寿和恰当的射精仪式中，用一个称为“祀都”的竹篓，“祀”是生命神（国内一般译为“家神”）。

【流传】云南省

【出处】［美籍奥地利人］约瑟夫·洛克：《纳西人的“纳高”崇拜和有关仪式》，见吕大吉、何耀华总主编《中国各民族原始宗教资料集成》（纳西族卷、羌族卷、独龙族卷、傈僳族卷、怒族卷），北京：中国社会科学出版社2000年版，第110页。

W0475.4

与生命之神有关的其他母题

实　例

（参见下级母题实例）

W0475.4.1

特定的人物是寿神

实　例

苗族　（实例待考）

W0475.4.2

风伯、雨师、云师主管人的生老病死

【关联】［W0549.3］风伯、雨师、云师主管人间谷物的生长

实　例

朝鲜族　天帝的小儿子桓雄下凡到太白山，成为此地的天王。他派风伯、雨师、云师主管人间谷物的生长和人们的生老病死，以及人间事情。

【流传】（无考）

【出处】李政文译：《坛君神话》，见谷德明编《中国少数民族神话》，北京：中国民间文艺出版社 1987 年版，第 19～21 页。

W0475.4.3

命神

实 例

（参见下级母题实例）

W0475.4.3.1

体神又称命神

实 例

藏族 体神又称命神，其中又分男神和女神。前者附在右肩上，后者附在左肩上。这种命神犹如一盏灯，故曰命灯，这是人能够生存的气息。

【流传】（无考）

【出处】宋兆麟：《巫与巫术》，四川省民族出版社 1989 年版，见吕大吉、何耀华总主编《中国各民族原始宗教资料集成》（鄂伦春族卷、鄂温克族卷、赫哲族卷、达斡尔族卷、锡伯族卷、满族卷、蒙古族卷、藏族卷），北京：中国社会科学出版社 1999 年版，第 812 页。

W0475.4.3.2

命神分男神和女神

实 例

藏族 （参见“W0475.4.3.1 体神又称命神”母题实例）

W0475.4.3.3

命神像灯故曰命灯

实 例

藏族 （参见“W0475.4.3.1 体神又称命神”母题实例）

W0475.4.3.4

老人的命神是一棵树

实 例

藏族 一位老人的命神是一棵树。树的叶子发黄就预示着他会得病。

【流传】（青海省·海西蒙古族藏族自治州）

【出处】丹珠昂奔：《藏族神灵论》，中国社会科学出版社 1990 年版，见吕大吉、何耀华总主编《中国各民族原始宗教资料集成》（鄂伦春族卷、鄂温克族卷、赫哲族卷、达斡尔族卷、锡伯族卷、满族卷、蒙古族卷、藏族卷），北京：中国社会科学出版社 1999 年版，第 980 页。

W0475.4.4

不死之神

实 例

汉族 形天与帝争神，帝断其首，葬之常羊之山。乃以乳为目，以脐为口，操干戚以舞。

【流传】（无考）

【出处】［战国至汉］撰者不详：《山海经·海外西经》。

W0475.4.5
负责转世的神

实 例

（参见下级母题实例）

W0475.4.5.1
负责转世的神札牙俺腾格里（札牙安察罕腾格里，札牙安塔本腾格里）

实 例

蒙古族 札牙俺腾格里，又称札牙安察罕腾格里，或称札牙安塔本腾格里，是主管转世之灵魂的天（在蒙古族民间宗教或萨满神词中，“天”与“腾格里”常常通用，此处可以看作是泛指诸神）。

【流传】（无考）

【出处】额尔德木图：《蒙古英雄史诗与孛额唱词中的“腾格里”》，载《内蒙古社会科学》（汉文版）1995年第5期。

W0475.4.6
主宰自然界万类物种荣衰之神

实 例

（参见下级母题实例）

W0475.4.6.1
主宰自然界万类物种荣衰之神术神

实 例

纳西族 术神是纳西族信奉的自然神，它主宰着自然界万类物种的荣衰。

【流传】云南省·（丽江市）·丽江县（古城区、玉龙纳西族自治县）

【出处】木丽春采集整理：《术神灵的传说》，见木丽春编著《纳西族民间故事集》，昆明：云南人民出版社2007年版，第101页。

W0476
牲畜神（牲畜保护神，家畜保护神）

【关联】［W0460］家畜神

实 例

（参见下级母题实例）

W0476.1
牲畜神的产生

实 例

（参见下级母题实例）

W0476.1.0
神或神性人物成为牲畜神

实 例

（参见下级母题实例）

W0476. 1. 0. 1

天神的儿子是家畜守护神

实 例

（参见下级母题实例）

W0476. 1. 0. 1. 1

天神的小儿子摩米然里是家畜守护神

实 例

哈尼族 天神的小儿子摩米然里是家畜守护神。

【流传】 云南省·（红河哈尼族彝族自治州）·元阳（元阳县）、红河（红河县）、金平（金平苗族瑶族傣族自治县）［采集于元阳县攀枝花区洞铺寨］

【出处】 朱小和讲，史军超搜集整理：《动植物的家谱》（1982），原载云南省民间文学集成办公室编《哈尼族神话传说集成》，中国民间文艺出版社1990年版，见姚宝瑄主编《中国各民族神话》（哈尼族、傣族），太原：山西出版传媒集团·书海出版社2014年版，第142页。

W0476. 1. 1

人成为牲畜神

实 例

（参见下级母题实例）

W0476. 1. 1. 1

人被雷击死后成为家畜神

【关联】 ［W0047. 2. 2］遭雷击的动物成为神

实 例

达斡尔族 人被雷击死后成为“吉雅其·巴尔肯”（词根吉雅，达斡尔语，汉译为命运。吉雅其神系司命运的神），对人不作祟，不叫人闹病，它专管家畜以及财富。

【流传】（原黑龙江省布特哈旗，今为内蒙古自治区呼伦贝尔市扎兰屯市）

【出处】

（a）珠荣嘎、额尔登泰、满都尔图、包鹤亭调查编著：《达斡尔族情况——达斡尔族调查材料之一》，全国人民代表大会民族委员会办公室1957年编印，第37～38页。

（b）《吉雅其神的由来及祭词片断（布特哈地区）》，见吕大吉、何耀华总主编《中国各民族原始宗教资料集成》（鄂伦春族卷、鄂温克族卷、赫哲族卷、达斡尔族卷、锡伯族卷、满族卷、蒙古族卷、藏族卷），北京：中国社会科学出版社1999年版，第318页。

W0476. 1. 1. 2

会养殖的人为牲畜神

【关联】 ［W0058. 1a. 1. 1］拜会养殖的人为牲畜神

实 例

(参见下级母题实例)

W0476.1.1.2.1 牧使牲畜的达尔洪爷爷成为保佑牲畜繁衍的男神灵

实 例

锡伯族 牲畜闹瘟疫时，孤寡的达尔洪爷爷所放牧的牲畜繁殖成牛马成群，使每家都有一群牲畜了。乡亲们为他立了神位，成了锡伯人供奉的保佑牲畜繁衍的男神灵了，即海尔堪爷爷。

【流传】（无考）

【出处】 富清讲，赵春生搜集翻译整理：《达尔洪爷爷的传说》，见满都呼主编《中国阿尔泰语系诸民族神话故事》，北京：民族出版社1997年版，第291页。

W0476.1.1.3 独身的牧羊老人保如乐岱成为牲畜保护神

实 例

蒙古族 独身的牧羊老人名叫保如乐岱，成为牲畜保护神。

【流传】 内蒙古自治区·哲里木盟（今通辽市）·科左中旗（科尔沁左翼中旗）·摇里木都公社（腰林毛都镇）·西塔林爱里（西塔林艾勒）

【出处】 乌力吉讲，阿奇记录整理：《保牧乐》，见谷德明编《中国少数民族神话》，北京：中国民间文艺出版社1987年版，第44～49页。

W0476.1.1.4 勤劳的牧马人吉雅其被人们当成牲畜保护神

实 例

蒙古族 勤劳的牧马人吉雅其被人们当成牲畜保护神来供奉。

【流传】（无考）

【出处】 乌力吉讲，阿奇记录整理：《吉雅其》，见谷德明编《中国少数民族神话》，北京：中国民间文艺出版社1987年版，第42～44页。

蒙古族 牲畜保护神“吉雅其”原是一位深知马的习性、勤劳而又热情的牧马人。

【流传】（无考）

【出处】 秋浦主编：《萨满教研究》，上海：上海人民出版社1958年版，第97～99页。

蒙古族 牧马人吉雅其死后，人们怕他的亡灵降灾牲畜，家家都请博（萨满）来做吉雅其的偶像供奉起来。吉雅其从此成了全蒙古尊奉的牲畜保护神。

【流传】 内蒙古自治区·哲里木盟（通辽市）

【出处】 门德白乙尔讲：＊《吉雅其的传说》（1984.07），原载白翠英、邢源、福宝林、王笑编《科尔沁博艺术初探》，哲里木盟文化处内部资料，1986年，见吕大吉、何耀华总主编

《中国各民族原始宗教资料集成》（鄂伦春族卷、鄂温克族卷、赫哲族卷、达斡尔族卷、锡伯族卷、满族卷、蒙古族卷、藏族卷），北京：中国社会科学出版社 1999 年版，第 660 页。

W0476. 1. 2

人的亡灵成为牲畜神

实　例

（参见下级母题实例）

W0476. 1. 2. 1

被雷击身亡的蒙古喇嘛庙伙夫的亡灵成为牲畜神

实　例

达斡尔族 吉雅其·巴尔肯（牲畜神）是被雷击身亡的蒙古喇嘛庙伙夫的亡灵形成的。

【流传】（内蒙古自治区、黑龙江省等地）

【出处】《达斡尔人供祭的诸神概况表》，见吕大吉、何耀华总主编《中国各民族原始宗教资料集成》（鄂伦春族卷、鄂温克族卷、赫哲族卷、达斡尔族卷、锡伯族卷、满族卷、蒙古族卷、藏族卷），北京：中国社会科学出版社 1999 年版，第 376 页。

W0476. 1. 2. 2

祖宗的灵魂是牲畜保护神

实　例

哈萨克族 牲畜得了传染病，要赶往祖坟去过夜，托祖宗的灵魂为其除灾灭祸。

【流传】（无考）

【出处】 尼合迈德·蒙加尼搜集，校仲彝翻译整理：《神与灵魂》，见谷德明编《中国少数民族神话》，北京：中国民间文艺出版社 1987 年版，第 730 页。

W0476. 1. 3

生育牲畜神

实　例

（参见下级母题实例）

W0476. 1. 3. 1

创始祖和造物母孕育三牲六畜之祖

实　例

景颇族 创始祖和造物母孕育了三牲六畜之祖。

【流传】 云南省·（德宏傣族景颇族自治州）·盈江县支丹山吾寨

【出处】 萧家成译著：《勒包斋娃——景颇族创世史诗》，北京：民族出版社 1992 年版，第 6 页。

W0476. 2

牲畜神的特征

实　例

（参见下级母题实例）

W0476.2.1
牲畜神的性别

实 例

（参见下级母题实例）

W0476.2.1.1
牲畜女神

实 例

（参见下级母题实例）

W0476.2.1.1.1
掌管牲畜的女神达嘎卓桑玛

实 例

藏族 达嘎卓桑玛是掌管牲畜的女神。

【流传】西藏自治区·（日喀则市·定日县）珠穆朗玛峰一带

【出处】谢继胜整理：《载世巨象》，见BBS水木清华站：http：//www.smth.edu.cn，2006.07.20。

W0476.2.2
牲畜神人形

实 例

（参见下级母题实例）

W0476.2.2.1
牲畜神吉雅奇是用偷来的不同姓氏人家的种马的鬃尾绣成的2个人形

实 例

鄂温克族 “吉雅奇”（牲畜之神）的形状是在一方形的毡子上，用偷来的不同姓氏人家的种马的鬃尾，绣成的两个人形。

【流传】（内蒙古自治区·呼伦贝尔市·鄂温克族自治旗·辉索木）

【出处】

（a）《鄂温克族自治旗辉索木调查报告》，见内蒙古自治区编辑组《鄂温克族社会历史调查》，呼和浩特：内蒙古人民出版社1986年版，第488～489页。

（b）《“吉雅奇”神之一》，见吕大吉、何耀华总主编《中国各民族原始宗教资料集成》（鄂伦春族卷、鄂温克族卷、赫哲族卷、达斡尔族卷、锡伯族卷、满族卷、蒙古族卷、藏族卷），北京：中国社会科学出版社1999年版，第117页。

W0476.3
牲畜神的职能

【关联】［W0497.8.9.1］牲畜之神吉雅奇也是赐运气之神

实 例

（参见下级母题实例）

W0476. 3. 0

牲畜神主管牲畜

实 例

壮族 牲畜神是主管牲畜之神。

【流传】广西壮族自治区·（百色市）·靖西县（靖西市）

【出处】凌树东搜集整理：*《广西靖西县壮族诸神表》（1991），见吕大吉、何耀华总主编《中国各民族原始宗教资料集成》（土家族卷、瑶族卷、壮族卷、黎族卷），北京：中国社会科学出版社1998年版，第495页。

W0476. 3. 1

牲畜神管牲畜安全

实 例

鄂伦春族 昭路和查路博如坎（博如坎，鄂伦春语“神”的意思）专管牲畜安全。

【流传】（无考）

【出处】《昭路和查路博如坎》，见吕大吉、何耀华主编《中国各民族原始宗教资料集成》（鄂伦春族卷、鄂温克族卷、赫哲族卷、达斡尔族卷、锡伯族卷、满族卷、蒙古族卷、藏族卷），北京：中国社会科学出版社1999年版，第26页。

W0476. 3. 2

牲畜神保五畜兴旺

实 例

（参见下级母题实例）

W0476. 3. 2. 1

保牧乐神保五畜兴旺

实 例

蒙古族 保牧乐神保佑人们一年四季无病无灾，平安吉祥，家家殷实，五畜兴旺。

【流传】（无考）

【出处】

（a）色道尔吉翻译：《保牧乐》，见满都呼主编《中国阿尔泰语系诸民族神话故事》，北京：民族出版社1997年版，第164页。

（b）《保牧乐》，见色道尔吉等《蒙古族历代文学作品选》，呼和浩特：内蒙古人民出版社1982年版。

W0476. 3. 3

牲畜神给予人类牲畜

实 例

（参见下级母题实例）

W0476. 3. 3. 1

牲畜之神吉雅奇给予人类牲畜，也赐给人运气

实 例

鄂温克族 吉雅奇（牲畜之神）除给予人类牲畜外，也是赐给运气的神。

【流传】（内蒙古自治区·呼伦贝尔市·陈巴尔虎旗莫尔格河一带）

【出处】

(a)《陈巴尔虎旗莫尔格河鄂温克族社会历史调查报告》，见内蒙古自治区编辑组《鄂温克族社会历史调查》，呼和浩特：内蒙古人民出版社 1986 年版，第 338 页。

(b)《“吉雅奇”神之二》，见吕大吉、何耀华总主编《中国各民族原始宗教资料集成》（鄂伦春族卷、鄂温克族卷、赫哲族卷、达斡尔族卷、锡伯族卷、满族卷、蒙古族卷、藏族卷），北京：中国社会科学出版社 1999 年版，第 117 页。

W0476.3.3.2

牲畜保护神是牲畜的主人

实 例

蒙古族 （牲畜保护神吉雅其，）所有的骆驼群，都在你的梢绳上系；所有的马牛羊，都打有你的印记。

【流传】（内蒙古自治区・通辽市）

【出处】 李青（甘珠尔扎布，萨满）唱：＊《吉雅其祈祷辞》，原载白翠英、邢源、福宝琳、王笑《科尔沁博艺术初探》，哲里木盟文化处编印，内部资料，1986 年，见吕大吉、何耀华总主编《中国各民族原始宗教资料集成》（鄂伦春族卷、鄂温克族卷、赫哲族卷、达斡尔族卷、锡伯族卷、满族卷、蒙古族卷、藏族卷），北京：中国社会科学出版社 1999 年版，第 672 页。

W0476.3.4

牲畜保护神是财富的主人

实 例

蒙古族 带领着九个孩子，身着花袍子，掌管着五畜，财富的主人吉雅其阿爸。

【流传】 内蒙古自治区・哲里木盟（通辽市）・科尔沁右翼后旗・海斯改苏木、西海斯改嘎查

【出处】 莲花其其格（女萨满）诵唱，乌兰察夫、苏鲁格，苏鲁格译：＊《吉雅其祭奠祷辞》，见吕大吉、何耀华总主编《中国各民族原始宗教资料集成》（鄂伦春族卷、鄂温克族卷、赫哲族卷、达斡尔族卷、锡伯族卷、满族卷、蒙古族卷、藏族卷），北京：中国社会科学出版社 1999 年版，第 673 页。

W0476.4

牲畜神的关系

实 例

（参见下级母题实例）

W0476.4.1

牲畜神的亲属

实 例

（参见下级母题实例）

W0476.4.1.1

牲畜保护神吉雅其阿爸有9个孩子

实 例

蒙古族（参见“W0476.3.4 牲畜保护神是财富的主人”母题实例）

W0476.5

牲畜神的类型

实 例

（参见下级母题实例）

W0476.5.1

六畜神

实 例

（参见下级母题实例）

W0476.5.1.1

牛魔王是六畜神

实 例

壮族 牛魔王是六畜之神。

【流传】（无考）

【出处】 梁庭望：《越族神话与希腊神话神祇之比较》，载《中央民族学院学报》1989年增刊。

W0476.5.2

主宰特定牲畜的神

实 例

（参见下级母题实例）

W0476.5.2.1

主宰骆驼的神

【关联】［W0435.3.4］管骆驼的神（骆驼神）

实 例

哈萨克族（参见“W0435.3.4 管骆驼的神”母题实例）

W0476.5.2.2

主宰马的神

实 例

哈萨克族 主宰马的神是“坎巴尔”。

【流传】（无考）

【出处】 尼合迈德·蒙加尼搜集，校仲彝翻译整理：《神与灵魂》，见谷德明编《中国少数民族神话》，北京：中国民间文艺出版社1987年版，第730页。

W0476.5.2.3

主宰牛的神

实 例

（参见下级母题实例）

W0476.5.2.3.1

主宰牛的神臻恩格巴巴

实 例

哈萨克族 主宰牛的神是“臻恩格巴巴”。

【流传】（无考）

【出处】尼合迈德·蒙加尼搜集，校仲彝翻译整理：《神与灵魂》，见谷德明编《中国少数民族神话》，北京：中国民间文艺出版社 1987 年版，第 730 页。

W0476.5.2.4

主宰羊的神

实 例

（参见下级母题实例）

W0476.5.2.4.1

主宰羊的神巧潘阿塔

实 例

哈萨克族 主宰羊的神是“巧潘阿塔”。

【流传】（无考）

【出处】尼合迈德·蒙加尼搜集，校仲彝翻译整理：《神与灵魂》，见谷德明编《中国少数民族神话》，北京：中国民间文艺出版社 1987 年版，第 730 页。

W0476.5.2.5

猪的保护神

实 例

（参见下级母题实例）

W0476.5.2.5.1

猪栏神是猪畜保护神

实 例

民族无考 猪栏神是猪畜保护神。

【流传】（无考）

【出处】《猪栏神》，见乌丙安主编《中国民间神谱》，沈阳：辽宁人民出版社 2007 年版，第 130 页。

W0476.5.3

牲畜神是多个动物神的集合

实 例

（参见下级母题实例）

W0476.5.3.1

牲畜神主要包括牛、马、猪、狗、鸡、鸭等神

实 例

壮族 牲畜神主要包括牛、马、猪、狗、鸡、鸭等神。

【流传】广西壮族自治区·（百色市）·靖西县（靖西市）

【出处】凌树东搜集整理：*《广西靖西县壮族诸神表》（1991），见吕大吉、何耀华总主编《中国各民族原始宗教资料集成》（土家族卷、瑶族卷、壮族卷、黎族卷），北京：中国社会科学出版社 1998 年版，第 495 页。

W0476.5.4

六畜五圣

实 例

（参见下级母题实例）

W0476.5.4.1

六畜五圣是主司六畜之神

实 例

民族无考 六畜五圣是主司六畜之神。

【流传】（无考）

【出处】《六畜五圣》，见乌丙安主编《中国民间神谱》，沈阳：辽宁人民出版社2007年版，第176页。

W0476.5.5

特定毛色的家畜的保护神

实 例

（参见下级母题实例）

W0476.5.5.1

古日尔·腾格里，被视为暗（黑）毛色的有角家畜的保护神

实 例

蒙古族（布里亚特） 东方神与西方神为争夺炼铁作坊降临下界，变成公牛，互相争斗。战败的博霍·泰里回到东方后，成为古日尔·腾格里，被视为暗（黑）毛色的大有角家畜的保护神。

【流传】（无考）

【出处】［苏联］Г.Р.加尔达诺娃著，宋长宏译，佟德富校：《喇嘛教前的布里亚特宗教信仰》（俄文版），诺沃西比尔斯克：科学出版社西伯利亚分社1987年版，第77～80页，见吕大吉、何耀华总主编《中国各民族原始宗教资料集成》（鄂伦春族卷、鄂温克族卷、赫哲族卷、达斡尔族卷、锡伯族卷、满族卷、蒙古族卷、藏族卷），北京：中国社会科学出版社1999年版，第625页。

W0476.6

特定名称的牲畜神

【关联】［W0471.2.2.1］白色命运腾格里是保护牲畜的腾格里

实 例

（参见下级母题实例）

W0476.6.1

牲畜神保牧乐

【关联】［W0476.1.1.3］独身的牧羊老人保如乐岱成为牲畜保护神

实 例

蒙古族 老牧羊人保如乐岱变成了替天保护人间牲畜的“保牧乐”（牲畜神）。

【流传】（无考）

【出处】乌力吉讲，阿奇记录整理：《保牧乐》，见谷德明编《中国少数民族神话》，北京：中国民间文艺出版社1987年版，第44～49页。

W0476.6.1.1
天庭偷牛的郝布拉特成为保牧乐神

实 例

蒙古族 郝布拉特把从天庭偷来的牛杀掉，用牛皮割成皮条把牛骨缠好，把它分给了人间的百姓，作为保牧乐神。

【流传】（无考）

【出处】

（a）色道尔吉翻译：《保牧乐》，见满都呼主编《中国阿尔泰语系诸民族神话故事》，北京：民族出版社1997年版，第164页。

（b）《保牧乐》，见色道尔吉等《蒙古族历代文学作品选》，呼和浩特：内蒙古人民出版社1982年版。

W0476.6.1a
牲畜神吉雅其

【关联】

①［W0208.34.1］天神吉雅琦

②［W0451.7.1.1］财神吉雅其

③［W0471.4.1］命运神吉雅其

④［W0476.1.1.4］勤劳的牧马人吉雅其被人们当成牲畜保护神

⑤［W0497.8.9.1］牲畜之神吉雅奇也是赐运气之神

⑥［W0639.2.1.1.1］牲畜神吉雅奇是一男一女两个人形

实 例

蒙古族 吉雅其是蒙古人供奉过的牲畜保护神之一。

【流传】 内蒙古自治区·哲里木盟（今通辽市）·科左中旗（科尔沁左翼中旗）·摇里木都公社（腰林毛都镇）·西塔林爱里（西塔林艾勒）

【出处】 乌力吉讲，阿奇记录整理：《吉雅其》，见谷德明编《中国少数民族神话》，北京：中国民间文艺出版社1987年版，第42~44页。

W0476.6.1a.1
吉雅其住羚羊角内的宫殿中

实 例

蒙古族 羚羊角内有宫殿，挂进毡车停南面，五畜兴旺保丰年呵，我祖所尊吉雅其。犍牛角内是神堂，挂上哈那停前方，保佑子孙自长久呵，一尊真神吉雅其。

【流传】（无考）

【出处】 乌兰杰：《蒙古族古代音乐舞蹈初探》，呼和浩特：内蒙古人民出版社1985年版，第127页。

W0476.6.2
牲畜神昭路和查路博如坎

实 例

鄂伦春族 专管牲畜安全的神是昭路和查路博如坎（博如坎，鄂伦春语“神”的意思）。

【流传】（无考）

【出处】《昭路和查路博如坎》，见吕大吉、何耀华总主编《中国各民族原始宗教资料集成》（鄂伦春族卷、鄂温克族卷、赫哲族卷、达斡尔族卷、锡伯族卷、满族卷、蒙古族卷、藏族卷），北京：中国社会科学出版社1999年版，第26页。

W0476.6.2.1 管牲畜安全神昭路和查路博如坎

实 例

鄂伦春族 “昭路博如坎”、“查路博如坎”二神专管牲畜安全。

【流传】（无考）

【出处】

(a) 内蒙古自治区编委会：《鄂伦春族社会历史调查》（第一集），呼和浩特：内蒙古人民出版社1984年版，第49页。

(b)《昭路和查路博如坎》，见吕大吉、何耀华总主编《中国各民族原始宗教资料集成》（鄂伦春族卷、鄂温克族卷、赫哲族卷、达斡尔族卷、锡伯族卷、满族卷、蒙古族卷、藏族卷），北京：中国社会科学出版社1999年版，第26页。

W0476.6.3 牲畜保护神米阔勒神

实 例

鄂温克族 米阔勒神是保佑牲畜太平之神。

【流传】（内蒙古自治区·呼伦贝尔市·陈巴尔虎旗莫尔格河一带）

【出处】

(a)《陈巴尔虎旗莫尔格河鄂温克族社会历史调查报告》，见内蒙古自治区编辑组《鄂温克族社会历史调查》，呼和浩特：内蒙古人民出版社1986年版，第333页。

(b)《“米阔鲁”节》，见吕大吉、何耀华总主编《中国各民族原始宗教资料集成》（鄂伦春族卷、鄂温克族卷、赫哲族卷、达斡尔族卷、锡伯族卷、满族卷、蒙古族卷、藏族卷），北京：中国社会科学出版社1999年版，第163页。

W0476.6.3a 家畜神依希克伊

实 例

鄂温克族 依希克伊是鄂温克族信奉的家畜神。

【流传】 内蒙古自治区·（呼伦贝尔市）·阿荣旗

【出处】《依希克伊》，见《中国各民族宗教与神话大词典》编审委员会编《中国各民族宗教与神话大词典》，北京：学苑出版社1990年版，第135页。

W0476.6.4 家畜神海尔堪爷爷

实 例

锡伯族 锡伯人供奉的保佑牲畜繁衍的

男神灵海尔堪爷爷。

【流传】（无考）

【出处】富清讲，赵春生搜集翻译整理：《达尔洪爷爷的传说》，见满都呼主编《中国阿尔泰语系诸民族神话故事》，北京：民族出版社 1997 年版，第 291 页。

W0476.6.5 畜神东欠永布

实　例

珞巴族（博嘎尔部落） 畜神东欠永布保佑家畜兴旺。

【流传】西藏自治区·（林芝市）·米林县

【出处】迄今讲，于乃昌整理：《阿宾肯日》，见《珞巴族民间故事》：http://www.tibet-web.com/old/minjian/ync/gushi/mulu.htm，2003.10.02。

W0476.6.6 牲畜保护神吉雅其·带拉勒

实　例

（参见下级母题实例）

W0476.6.6.1 “吉雅其·带拉勒”也叫做“专”，有男女 1 对

实　例

达斡尔族 “吉雅其·带拉勒”在当地也叫做“专”。其偶像是在蓝布上贴金箔纸偶像两个，一男一女，装在木匣里，挂在南房檐下，是专司人畜两旺的神。

【流传】（内蒙古自治区·呼伦贝尔市·鄂温克族自治旗·巴彦托海镇）

【出处】

（a）珠荣嘎、额尔登泰、满都尔图调查编著：《巴彦托海索木达斡尔族情况——达斡尔族调查材料之二》，全国人民代表大会民族委员会办公室 1958 年编印，第 55～56 页。

（b）《“吉雅其·带拉勒”》，见吕大吉、何耀华总主编《中国各民族原始宗教资料集成》（鄂伦春族卷、鄂温克族卷、赫哲族卷、达斡尔族卷、锡伯族卷、满族卷、蒙古族卷、藏族卷），北京：中国社会科学出版社 1999 年版，第 318 页。

W0476.6.7 牲畜保护神奥依斯勒喀刺

实　例

（参见下级母题实例）

W0476.6.7.1 奥依斯勒喀刺是牲畜的守护神之一

实　例

哈萨克族 奥依斯勒喀刺是牲畜的守护神之一。

【流传】（无考）

【出处】黄中祥：《传承方式与演唱传

统——哈萨克族民间演唱艺人调查研究》，北京：民族出版社 2009 年版，第 275 页。

W0476.6.8

牲畜神摩米扎里

实 例

（参见下级母题实例）

W0476.6.8.1

12 个乌摩中第 5 个乌摩是管理万匹牲口的摩米扎里

实 例

哈尼族 十二个乌摩（神的名号）中第五个乌摩是管理万匹牲口的摩米扎里。

【流传】云南省·（红河哈尼族彝族自治州）·元阳县

【出处】卢朝贵讲，史军超采录：《神和人的家谱》，见中国民间文学集成全国编辑委员会编《中国民间故事集成》（云南卷），北京：中国 ISBN 中心 2003 年版，第 23 页。

哈尼族 十二个乌摩（即管神的神或专司管理的神）中，第五个是管理万匹牲口的摩米扎里，她把牛马的毛细心地收藏好，一根也不让它丢掉。

【流传】云南省·（红河哈尼族彝族自治州）·元阳（元阳县）、红河（红河县）、金平（金平苗族瑶族傣族自治县）［采集于元阳县·胜村乡·全福庄］

【出处】卢朝贵讲，史军超搜集整理：《神和人的家谱》，原载云南省民间文学集成办公室编《哈尼族神话传说集成》，中国民间文艺出版社 1990 年版，见姚宝瑄主编《中国各民族神话》（哈尼族、傣族），太原：山西出版传媒集团·书海出版社 2014 年版，第 42 页。

W0476.7

与牲畜神有关的其他母题

实 例

（参见下级母题实例）

W0476.7.1

牲畜神每家必供

实 例

（参见下级母题实例）

W0476.7.1.1

每家必供牲畜神吉雅奇

实 例

鄂温克族 “吉雅奇”（牲畜之神）是鄂温克人每家必供的牲畜之神。

【流传】（内蒙古自治区·呼伦贝尔市·鄂温克族自治旗·辉索木）

【出处】

(a) 《鄂温克族自治旗辉索木调查报告》，见内蒙古自治区编辑组《鄂温克族社会历史调查》，呼和浩特：内蒙古人民出版社 1986 年版，第 488 ~ 489 页。

(b)《“吉雅奇”神之一》，见吕大吉、何耀华总主编《中国各民族原始宗教资料集成》（鄂伦春族卷、鄂温克族卷、赫哲族卷、达斡尔族卷、锡伯族卷、满族卷、蒙古族卷、藏族卷），北京：中国社会科学出版社 1999 年版，第 117 页。

W0476.7.2
人畜保护神

实 例

（参见下级母题实例）

W0476.7.2.1
瘟司海会王神是保佑人畜摆脱疾疫苦海之神灵

实 例

民族？ 瘟司海会王神是保佑人畜摆脱疾疫苦海之神灵。

【流传】（云南省 · 丽江市）

【出处】《瘟神》，见乌丙安主编《中国民间神谱》，沈阳：辽宁人民出版社 2007 年版，第 166 页。

W0476.7.2.2
女始祖密洛陀造的小铜人和小锌人成为保佑人畜性命安康的贤思师恩（神皇）

实 例

瑶族 密洛陀（万物之母，女始祖，女神）用铜和锌造出的小铜人和小锌人长大了武艺高强，密洛陀送一对到人间，变成保佑人畜性命安康的贤思师恩（神皇）。

【流传】 广西壮族自治区 ·（河池市）· 巴马县（巴马瑶族自治县）· 东山乡 · 弄山村

【出处】 蒙老三（70 岁）讲，蒙灵记录翻译：《密洛陀》（1981），原载南宁师范学院编《广西少数民族与汉族民歌民间故事》，见陶阳、钟秀编《中国神话》（上），北京：商务印书馆 2008 年版，第 106～109 页。

W0476.7.3
牲畜保护神的数量

实 例

（参见下级母题实例）

W0476.7.3.1
牲畜保护神有 106 位

实 例

蒙古族 画出来的是一百零六位吉雅其（牲畜保护神），一百零六位中有六位朱拉阿爸。我们把牲羊敬献您神像面前，埋在九十九座坟边的叁布拉阿爸。

【流传】（内蒙古自治区 · 通辽市）

【出处】 李青（甘珠尔扎布，萨满）唱：*《吉雅其祈祷辞》，原载白翠英、邢源、福宝琳、王笑《科尔沁博艺术初探》，哲里木盟文化处编印，内部资料，1986 年，见吕大吉、何耀华总主编《中国各民族原始宗教资料集成》（鄂伦春族卷、鄂温克族卷、赫哲族卷、达斡尔族卷、锡伯族卷、满族卷、蒙古族卷、藏族卷），北京：中国社会科学出版社 1999 年版，第 671 页。

W0476a
厩神

实 例

（参见下级母题实例）

W0476a.1
厩神的产生

实 例

（实例待考）

W0476a.2
厩神的特征

实 例

（实例待考）

W0476a.3
与厩神有关的其他母题

实 例

（参见下级母题实例）

W0476a.3.1
祭厩神

实 例

（参见下级母题实例）

W0476a.3.1.1
每年农历三月初三、六月二十四或七月八日在自家畜厩门口祭厩神

实 例

傈僳族 每年农历三月初三、六月二十四或七月八日，在自家畜厩门口杀鸡为祭厩神。

【流传】云南省·（楚雄彝族自治州）·武定县、元谋地区（元谋县）

【出处】张桥贵调查整理：《武定、元谋地区的祭鬼》（1988），见吕大吉、何耀华总主编《中国各民族原始宗教资料集成》（纳西族卷、羌族卷、独龙族卷、傈僳族卷、怒族卷），北京：中国社会科学出版社 2000 年版，第 741 页。

W0477
生育神（生殖神，人种神）

【汤普森】A477

实 例

（参见下级母题实例）

W0477.1
生育神的产生

实 例

（参见下级母题实例）

W0477.1.1

神成为生育神

实 例

（参见下级母题实例）

W0477.1.1.1

雷婆是生育神

【关联】［W0312］女雷神（雷婆）

实 例

佤族 雷婆是生殖神，管人间生育。

【流传】（无考）

【出处】 丘振声：《壮族图腾考》，南宁：广西教育出版社1996年版，第54页。

W0477.1.2

神性人物成为生育神

实 例

（参见下级母题实例）

W0477.1.2.1

祖先是生育神

【关联】［W0648］祖先是神

实 例

苗族 洪水后，爸龙、德龙兄妹婚生人类，不生儿育女的夫妻，还求德龙、爸龙赠男送女。

【流传】 湖南省·（湘西土家族苗族自治州）·花垣县·猫儿乡

【出处】 龙玉六讲，滕树宽等采录：《阿陪果本和雷公》，见中国民间文学集成全国编辑委员会编《中国民间故事集成》（湖南卷），北京：中国ISBN中心2002年版，第23页。

W0477.1.2.2

女祖先是生育神

【关联】

①［W0654.2.2.6］女始祖有很大的乳房

②［W0654.2.2.7］女始祖有很多乳房

③［W0654.2.2.8］女始祖高产

实 例

（参见下级母题实例）

W0477.1.2.2.1

女祖先在阴间管生育

实 例

壮族 姆洛甲（女始祖）在阴间司管人间生男育女之事。

【流传】 广西壮族自治区·（河池市）·东兰县

【出处】 覃剑萍搜集整理：*《始母姆洛甲司管生育》（1990），见吕大吉、何耀华总主编《中国各民族原始宗教资料集成》（土家族卷、瑶族卷、壮族卷、黎族卷），北京：中国社会科学出版社1998年版，第528页。

W0477.1.3

特定的人成为生育神

实 例

土家族 （实例待考）

W0477.2

生育神的特征

实 例

（参见下级母题实例）

W0477.2.1

生育神双体连胎

实 例

珞巴族 （参见“W0477.9.10.1 宁——宁德是男女双体连胎的鬼”母题实例）

W0477.2.2

生育神有巨大的乳房

实 例

（参见下级母题实例）

W0477.2.2.1

掌管后嗣子孙的老妈妈乳房很长

实 例

达斡尔族 掌管后嗣子孙的老妈妈乳房长的很长，能从肩上搭过去，喂后背的婴儿；从腋下肥大的袖筒里掏出来，喂身旁的婴儿。

【流传】（内蒙古自治区、黑龙江省等地）

【出处】

（a）奥登挂：《达斡尔族古代的萨满教信仰》，载《北方民族》1991 年第 2 期。

（b）《生命的海泉》，见吕大吉、何耀华总主编《中国各民族原始宗教资料集成》（鄂伦春族卷、鄂温克族卷、赫哲族卷、达斡尔族卷、锡伯族卷、满族卷、蒙古族卷、藏族卷），北京：中国社会科学出版社 1999 年版，第 299 页。

W0477.2.2.2

生育神奶头由肩上往后耷拉着

实 例

达斡尔族 奥蔑·巴尔肯（女神名，主生育）的乳房很长，喂奶时奶头由袖筒内或由肩上往后耷拉着。

【流传】（内蒙古自治区·呼伦贝尔市·鄂温克族自治旗·巴彦托海镇）

【出处】

（a）珠荣嘎、额尔登泰、满都尔图调查编著：《巴彦托海索木达斡尔族情况——达斡尔族调查材料之二》，全国人民代表大会民族委员会办公室 1958 年编印，第 56 页。

（b）《奥蔑·巴尔肯》，见吕大吉、何耀华总主编《中国各民族原始宗教资料集成》（鄂伦春族卷、鄂温克族卷、赫哲族卷、达斡尔族卷、锡伯族卷、满族卷、蒙古族卷、藏族卷），北京：中国社会科学出版社 1999 年版，第 318 页。

W0477.3

生育神的身份

实 例

（实例待考）

W0477.4

生育神的居所

实 例

（参见下级母题实例）

W0477.4.1

生育神住在特定的山上

实 例

瑶族 （实例待考）

W0477.4.2

生育神住山顶

实 例

（参见下级母题实例）

W0477.4.2.1

生育神住龙芒山顶上

实 例

瑶族 （参见“W0477.9.8a 生育神雷都仙念”母题实例）

W0477.5

生育神的职能

实 例

（参见下级母题实例）

W0477.5.1

生育神兼管妇女儿童健康

实 例

（参见下级母题实例）

W0477.5.1.1

大神佛佗玛玛兼管生育和妇女儿童健康

实 例

满族 生殖、育婴大神佛佗玛玛的责任除了主管人类自身繁衍外，还关照儿童防病，妇女健康诸事。

【流传】（无考）

【出处】

（a）富育光、孟慧英：《满族萨满教研究》，北京：北京大学出版社1991年版，第123～126页。

（b）《神偶的功能》，见吕大吉、何耀华总主编《中国各民族原始宗教资料集成》（鄂伦春族卷、鄂温克族卷、赫哲族卷、达斡尔族卷、锡伯族卷、满族卷、蒙古族卷、藏族卷），北京：中国社会科学出版社1999年版，第492页。

W0477.5.2

生育神管理幼儿成长

实 例

壮族 未成年的小孩这段人生仍属于

花王（生育神）管辖。

【流传】广西壮族自治区·（百色市）·靖西（靖西市）、德保县

【出处】凌树东搜集整理：＊《巫事活动》（1989），见吕大吉、何耀华总主编《中国各民族原始宗教资料集成》（土家族卷、瑶族卷、壮族卷、黎族卷），北京：中国社会科学出版社1998年版，第562页。

W0477.6

生育神的能力

实 例

（实例待考）

W0477.7

生育神的关系

实 例

（实例待考）

W0477.8

生育神的类型

实 例

（参见下级母题实例）

W0477.8.1

主管生育的男神

实 例

羌族 （实例待考）

W0477.8.1.1

司子嗣生育的男性大神张仙

实 例

汉族 张仙是主司子嗣生育的男性大神。道教人士，原名张远霄，四川眉山人。

【流传】（无考）

【出处】《送子张仙》，见乌丙安主编《中国民间神谱》，沈阳：辽宁人民出版社2007年版，第106页。

W0477.8.1.2

送子张仙

实 例

汉族 主司送子的神祇也有男性神，如送子张仙、送子弥勒等。

【流传】（无考）

【出处】《子孙娘娘》，见乌丙安主编《中国民间神谱》，沈阳：辽宁人民出版社2007年版，第96页。

W0477.8.2

主管生育的女神（生育女神）

实 例

（参见下级母题实例）

W0477.8.2.1

白昼神和黑夜神孕育生育女神

实 例

景颇族 白昼神和黑夜神孕育了生育

女神。

【流传】云南省·（德宏傣族景颇族自治州）·盈江县支丹山吾寨

【出处】萧家成译著：《勒包斋娃——景颇族创世史诗》，北京：民族出版社1992年版，第6页。

W0477.8.3

管投生的神（司投胎之神）

实 例

（参见下级母题实例）

W0477.8.3.1

管凡人投生的神

【关联】［W9375］投胎

实 例

羌族 管凡人投生的神。

【流传】四川省·（阿坝藏族羌族自治州）·汶川（汶川县）

【出处】罗世泽讲，周礼明翻译：《羊角姻缘》，见中华民族故事大系编委会编《中华民族故事大系》第11卷（达斡尔族、仫佬族、羌族），上海：上海文艺出版社1995年版，第645页。

W0477.8.3.2

专管凡人投生的天神智比娃西

实 例

羌族 司人间婚姻的女神鹅巴巴西的哥哥智比娃西是专管凡人投生大事的天神。

【流传】四川省·（阿坝藏族羌族自治州）·茂县

【出处】《羊角花》，原载茂县文化馆编《羌族民间故事》（三），1982年12月，见吕大吉、何耀华总主编《中国各民族原始宗教资料集成》（纳西族卷、羌族卷、独龙族卷、傈僳族卷、怒族卷），北京：中国社会科学出版社2000年版，第583页。

W0477.8.4

胎神

实 例

（参见下级母题实例）

W0477.8.4.1

白昼神和黑夜神孕生胎神

实 例

景颇族 白昼神和黑夜神孕育了胎神和难产神。

【流传】云南省·（德宏傣族景颇族自治州）·盈江县支丹山吾寨

【出处】萧家成译著：《勒包斋娃——景颇族创世史诗》，北京：民族出版社1992年版，第6页。

W0477.8.5

子孙保生之君

实 例

（参见下级母题实例）

W0477. 8. 5. 1

主管生育送子之女神又称子孙保生之君

实 例

汉族 主管生育送子之女神，又称子孙保生之君。

【流传】（无考）

【出处】《子孙娘娘》，见乌丙安主编《中国民间神谱》，沈阳：辽宁人民出版社 2007 年版，第 96 页。

W0477. 8. 6

送子之神（送子神）

【关联】

①［W0068a. 5. 13］子孙娘娘（送子娘娘）

②［W0713. 3a. 1］女娲是送子娘娘

实 例

高山族 有夫妇，年老无子，急欲得子。人告之云，可祀送子神，日日祈求，当如望也。夫妇如言为之，未及半载，老妇果妊，十月生子，乃一蛋。

【流传】（无考）

【出处】 袁珂改编：《蛋人》（原名《人生蛋》），原载《高山族神话传说》，见袁珂《中国神话大词典》，北京：华夏出版社 2015 年版，第 529 页。

W0477. 8. 6. 1

送子女神鬼子母

【关联】［W0068a. 5. 13. 7］送子娘娘女岐（九子母）

实 例

民族无考 鬼子母原名“诃利帝母”，是催生送子之女神。

【流传】（无考）

【出处】《鬼子母》，见乌丙安主编《中国民间神谱》，沈阳：辽宁人民出版社 2007 年版，第 104 页。

W0477. 8. 6. 2

送子神禄神

实 例

汉族 禄神是为送子张仙神，不仅佑人加官，亦可保人得子。

【流传】（无考）

【出处】《禄神》，见乌丙安主编《中国民间神谱》，沈阳：辽宁人民出版社 2007 年版，第 147 页。

W0477. 8. 6. 3

送子弥勒

【关联】

①［W0787. 7. 2］弥勒佛（弥勒）

②［W0787. 7. 2. 3］弥勒送子

实 例

汉族 （参见“W0477. 8. 1. 2 送子张仙”母题实例）

W0477.9

特定名称的生育神

实 例

（参见下级母题实例）

W0477.9.1

生育神花仙婆

实 例

布依族（实例待考）

W0477.9.2

生育神加奇神

实 例

鄂温克族 鄂温克人信仰中管生育的是加奇神。

【流传】 黑龙江省·黑河市

【出处】 莫春安讲，白水夫采集：《加奇神》，见中国民间文学集成全国编辑委员会编《中国民间故事集成》（黑龙江卷），北京：中国 ISBN 中心 2005 年版，第 39 页。

W0477.9.3

生育神女娲

实 例

汉族 女娲祷神祠祈而为女媒，因置婚姻。

【流传】（无考）

【出处】［东汉］应劭：《风俗通》。

W0477.9.4

生育神泰山奶奶

实 例

汉族（实例待考）

W0477.9.5

生育神泰山娘娘

实 例

汉族 元君（碧霞元君、泰山娘娘）能为众生造福如其愿，贫者愿富，疾者愿安，耕者愿岁，贾者愿息，祈生者愿年，未子者愿嗣，子为亲愿，弟为兄愿，亲戚交厚，靡不相交愿，而神亦靡诚弗应。

【流传】（无考）

【出处】［明］王锡爵：《东岳碧霞宫碑》。

W0477.9.5a

生育神少司命

实 例

汉族 大司命统司人之生死，而少司命则司人子嗣之有无，皆楚俗为之名而祀之。

【流传】（无考）

【出处】［清］王夫之：《楚辞通释》。

W0477.9.5a.1

少司命是司人子嗣有无之神

实 例

汉族 《楚辞·九歌》中“少司命”，旧以为星名，王夫之谓是“司人子嗣有无”之神。

【流传】（无考）

【出处】《少司命》，见袁珂《中国神话大词典》，北京：华夏出版社2015年版，第65页。

W0477.9.5b

生育神花蕊夫人

实 例

（参见下级母题实例）

W0477.9.5b.1

花蕊夫人是掌管妇女孕育生子的送子神

实 例

汉族 花蕊夫人是掌管妇女孕育生子的送子神。

【流传】（四川省）

【出处】《花蕊夫人》，见乌丙安主编《中国民间神谱》，沈阳：辽宁人民出版社2007年版，第108页。

W0477.9.6

生育神佛陀妈妈

实 例

满族 神佛陀妈妈管下方平安和生育子女。

【流传】（a）黑龙江省·（牡丹江市）·宁安县（宁古塔）·江东乡（江南朝鲜族满族乡）·缸窑村

【出处】

（a）关振川讲，傅英仁采录：《沙克沙恩都哩》，见中国民间文学集成全国编辑委员会编《中国民间故事集成》（黑龙江卷），北京：中国ISBN中心2005年版，第63～64页。

（b）《沙克沙恩都哩》，见《满族神话故事》，哈尔滨：北方文艺出版社1985年版。

（c）《沙克沙恩都哩》，见满都呼主编《中国阿尔泰语系诸民族神话故事》，北京：民族出版社1997年版，第277～278页。

W0477.9.6.1

下方管平安生育子女的神佛陀妈妈遇事上天启奏天神

实 例

满族 下方管平安生育子女的神佛陀妈妈遇事上天启奏天神。

【流传】（a）黑龙江省·（牡丹江市）·宁安县（宁古塔）·江东乡（江南朝鲜族满族乡）·缸窑村

【出处】

（a）关振川讲，傅英仁采录：《沙克沙恩都哩》，见中国民间文学集成全国编辑委员会编《中国民间故事集成》（黑龙江卷），北京：中国ISBN中心2005年版，第63～64页。

（b）《沙克沙恩都哩》，见《满族神话故事》，哈尔滨：北方文艺出版社1985年版。

（c）《沙克沙恩都哩》，见满都呼主编《中国阿尔泰语系诸民族神话故事》，北京：民族出版社 1997 年版，第 277～278 页。

W0477.9.6a

生育神嘎哈山玛玛

实 例

（参见下级母题实例）

W0477.9.6a.1

嘎哈山玛玛主司孳育人间生灵万物

实 例

满族 嘎哈山玛玛主司孳育人间万灵、万物。

【流传】（无考）

【出处】 郭淑云：《满族萨满教雪祭探析——兼论原始萨满教的社会功能》，载《内蒙古社会科学》1992 年第 5 期。

W0477.9.7

生育神春巴妈帕

实 例

土家族 生育始祖神“春巴妈帕”。

【流传】（无考）

【出处】 游俊：《土家族祖先崇拜略论》，载《世界宗教研究》2000 年第 4 期。

W0477.9.8

生育神旺丁大仙

实 例

瑶族 旺丁大仙掌管人间生育。

【流传】 广东省·（韶关市）·乳源县（乳源瑶族自治县）·必背镇

【出处】 赵良保讲，莫泽坚采录：《春夏秋冬四兄弟》，见中国民间文学集成全国编辑委员会编《中国民间故事集成》（广东卷），北京：中国 ISBN 中心 2006 年版，第 4 页。

W0477.9.8a

生育神雷都仙念

实 例

瑶族 龙芒山顶上的神仙雷都仙念，是专管天下生儿育女的神仙。

【流传】 广东省·（清远市）·连南县（连南瑶族自治县）·寨岗镇

【出处】 唐罗古三等讲，许文清等采录：《洪水淹天》，见中国民间文学集成全国编辑委员会编《中国民间故事集成》（广东卷），北京：中国 ISBN 中心 2006 年版，第 8 页。

W0477.9.9

生育神花婆

实 例

（参见下级母题实例）

W0477.9.9.1

生育神花婆圣母

实 例

壮族 三月三抢花炮时，先抢到铁环的人，为生育神花婆圣母所赏识，会生贵子。

【流传】（无考）

【出处】范宏贵：《壮族卷·绪论》，见吕大吉、何耀华总主编《中国各民族原始宗教资料集成》（土家族卷、瑶族卷、壮族卷、黎族卷），北京：中国社会科学出版社 1998 年版，第 480 页。

W0477.9.9.2

花婆王是生育神

实 例

壮族 花婆王，又叫“花王圣母”，是壮族专管生儿育女的神灵。

【流传】广西壮族自治区·（南宁市）·武鸣县·两江乡·雷江片，马山县·古零乡·杨圩片

【出处】黄世杰搜集整理：*《社会鬼与自然界鬼》（1990），见吕大吉、何耀华总主编《中国各民族原始宗教资料集成》（土家族卷、瑶族卷、壮族卷、黎族卷），北京：中国社会科学出版社 1998 年版，第 488 页。

W0477.9.9.3

花婆

实 例

（参见下级母题实例）

W0477.9.9.3.1

花婆住阴间

实 例

壮族 阴间有个花婆，专管三十六个花园。

【流传】（无考）

【出处】黄英振、李永宁、黄如猛搜集整理：*《求花经》（1989），见吕大吉、何耀华总主编《中国各民族原始宗教资料集成》（土家族卷、瑶族卷、壮族卷、黎族卷），北京：中国社会科学出版社 1998 年版，第 574 页。

W0477.9.9.3.2

花婆专管阴间 36 个花园

实 例

壮族 （参见“W0477.9.9.3.1 花婆住阴间”母题实例）

W0477.9.9.3.3

花婆常春不老

实 例

壮族 阴间主管生育的花婆常春不老。

【流传】（无考）

【出处】黄英振、李永宁、黄如猛搜集整理：*《求花经》（1989），见吕大吉、何耀华总主编《中国各民族原始宗教资料集成》（土家族卷、瑶族卷、壮族卷、黎族卷），北京：中国社会科学出版社 1998 年版，第 574 页。

W0477.9.9a

生育神姆六甲

【关联】［W0705.3.2］姆六甲是女始祖

实 例

（参见下级母题实例）

W0477.9.9a.1

娅枉是天上管地上人间的生育的神

实 例

壮族 娅枉（姆洛甲的别称）是天上管地上人间的生育的神。

【流传】云南省·文山（文山壮族苗族自治州）·西畴县·莲花塘区·和平村

【出处】田兰芳讲：《娅枉》，见张声震总主编，农冠品编注《壮族神话集成》，南宁：广西民族出版社 2007 年版，第 31 页。

W0477.9.9a.2

女始祖姆洛甲在阴间司管人间生男育女

实 例

壮族 姆洛甲（女始祖）在阴间司管人间生男育女之事。

【流传】广西壮族自治区·（河池市）·东兰县

【出处】覃剑萍搜集整理：*《始母姆洛甲司管生育》（1990），见吕大吉、何耀华总主编《中国各民族原始宗教资料集成》（土家族卷、瑶族卷、壮族卷、黎族卷），北京：中国社会科学出版社 1998 年版，第 528 页。

W0477.9.9b

生育神花王

实 例

壮族 花王是壮族信仰中主管生育养育的神，一般奉敬祖宗神的人都供奉花王的神牌。

【流传】广西壮族自治区·（百色市）·靖西县（靖西市）

【出处】凌树东搜集整理：*《广西靖西县壮族诸神表》（1991），见吕大吉、何耀华总主编《中国各民族原始宗教资料集成》（土家族卷、瑶族卷、壮族卷、黎族卷），北京：中国社会科学出版社 1998 年版，第 494 页。

W0477.9.10

生育神宁——宁德

实 例

（参见下级母题实例）

W0477. 9. 10. 1

宁——宁德是男女双体连胎的鬼

实 例

珞巴族 主宰妇女身孕的鬼“宁——宁德”（男女双体连胎）。

【流传】西藏自治区

【出处】于乃昌：《珞巴族神话与生殖崇拜》，见 http：//www. tibet - web. com，2003. 10. 06。

W0477. 9. 11

生育女神奥蔑·巴尔肯

实 例

达斡尔族 （参见“W0109. 6. 2. 1 女神奥蔑·巴尔肯骑白色牝马”母题实例）

W0477. 9. 11a

生育女神奥蔑·额倭

实 例

（参见下级母题实例）

W0477. 9. 11a. 1

奥蔑·额倭是掌管后嗣子孙的老妈妈

实 例

达斡尔族 奥蔑·额倭是掌管后嗣子孙的老妈妈。

【流传】（内蒙古自治区、黑龙江省等地）

【出处】

(a) 奥登挂：《达斡尔族古代的萨满教信仰》，载《北方民族》1991 年第 2 期。

(b) 《生命的海泉》，见吕大吉、何耀华总主编《中国各民族原始宗教资料集成》（鄂伦春族卷、鄂温克族卷、赫哲族卷、达斡尔族卷、锡伯族卷、满族卷、蒙古族卷、藏族卷），北京：中国社会科学出版社 1999 年版，第 299 页。

W0477. 9. 12

司生育之神夜鬼

实 例

怒族 夜鬼是司生育的鬼神。

【流传】云南省·怒江州（怒江傈僳族自治州）·碧江县（碧江县已撤销，现为怒江傈僳族自治州中部）

【出处】

(a) 何叔涛：《碧江怒族的原始宗教》，载《世界宗教研究》1985 年第 3 期，第 141 页。

(b) 同（a），见吕大吉、何耀华总主编《中国各民族原始宗教资料集成》（纳西族卷、羌族卷、独龙族卷、傈僳族卷、怒族卷），北京：中国社会科学出版社 2000 年版，第 855 页。

W0477. 9. 13

生育神“华”

实 例

纳西族 “华”是生育神。

【流传】云南省·丽江（丽江市）·玉龙（玉龙纳西族自治县）·鲁甸（鲁甸乡）

【出处】和开祥（68岁）讲，和志武调查整理：《丽江鲁甸地区的祭“糯布”（畜神和谷神）》（1989），见吕大吉、何耀华总主编《中国各民族原始宗教资料集成》（纳西族卷、羌族卷、独龙族卷、傈僳族卷、怒族卷），北京：中国社会科学出版社2000年版，第290页。

W0477.9.13a

生育神那蹄

实 例

（参见下级母题实例）

W0477.9.13a.1

生育神那蹄为女人形象

实 例

纳西族 生育神“那蹄”，为女人形象，主宰妇女生育，保佑婴儿健康。

【流传】云南省·（丽江市·宁蒗彝族自治县）·永宁（永宁乡）一带

【出处】严汝娴、宋兆麟调查整理：《永宁纳西族的母系制》，昆明：云南人民出版社1984年版，第200页

W0477.9.13a.2

生育神那蹄乳房大，肚子鼓，阴部明显

实 例

纳西族 “那蹄”（生育女神）的偶像是乳房大，肚子鼓，阴部明显。

【流传】云南省·（丽江市·宁蒗彝族自治县）·永宁（永宁乡）一带

【出处】严汝娴、宋兆麟调查整理：《永宁纳西族的母系制》，昆明：云南人民出版社1984年版，第200页

W0477.9.13a.3

生育神那蹄主宰妇女生育，保佑婴儿健康

实 例

纳西族 （参见“W0477.9.13a.1 生育神那蹄为女人形象”母题实例）

W0477.9.13b

生育神“仁”

实 例

（参见下级母题实例）

W0477.9.13b.1

“仁”是会飞会跳、发展繁衍快的生育神

实 例

纳西族 “仁”是一种会飞会跳、发展繁衍快的生育神。

【流传】云南省·丽江（丽江市·玉龙纳西族自治县）·鲁甸地区（鲁甸乡）

【出处】和开祥（69 岁）讲，和志武调查整理：《丽江鲁甸地区祭生育神（“仁”）仪式》（1989），见吕大吉、何耀华总主编《中国各民族原始宗教资料集成》（纳西族卷、羌族卷、独龙族卷、傈僳族卷、怒族卷），北京：中国社会科学出版社 2000 年版，第 112 页。

W0477. 9. 14

生育神娃英卡

实　例

（参见下级母题实例）

W0477. 9. 14. 1

生育神娃英卡形象是一具石头女阴中冒出的 2 个葫芦

实　例

白族 生育神娃英卡，画面是一具石头女阴中冒出两个葫芦，葫芦蒂上吐出两条藤须交缠成一，妇女生孩子时、婴儿满月和周岁时，举行“乞育”仪式和贺出生、庆满月、“抓周岁”时使用。

【流传】云南省·（大理白族自治州）·鹤庆县

【出处】章虹宇：《关于鹤庆白族“甲马”》，载《山茶》1992 年第 6 期。

W0477. 10

与生育神有关的其他母题

【关联】

① ［W0068. 7］自生自育的女神

② ［W0312. 3. 1］雷婆是生殖神

③ ［W0398. 2a. 2. 6］崖神是生育神

④ ［W0497. 8. 11. 6］蛇是生殖神、农业神、财帛神兼医药、护卫之神

实　例

（参见下级母题实例）

W0477. 10. 1

难产神

【关联】［W0907. 14. 13b］难产鬼

实　例

（参见下级母题实例）

W0477. 10. 1. 1

白昼神和黑夜神孕生难产神

实　例

景颇族 白昼神和黑夜神孕育了胎神和难产神。

【流传】云南省·（德宏傣族景颇族自治州）·盈江县支丹山吾寨（?）

【出处】萧家成译著：《勒包斋娃——景颇族创世史诗》，北京：民族出版社 1992 年版，第 6 页。

W0477. 10. 2

生殖神的象征物

实　例

（参见下级母题实例）

W0477.10.2.1

生殖器状的石头尊作人种神

实 例

白族 鹤庆朵美乡把石家什（生殖器状的石头）尊作人种神。

【流传】云南省·（大理白族自治州）·鹤庆县·（朵美乡）·朵美街

【出处】彭独豹讲，鹤庆县集成办公室采录：《石家什》，见中国民间文学集成全国编辑委员会编《中国民间故事集成》（云南卷），北京：中国ISBN中心2003年版，第233页。

W0477.10.3

祭祀生育神

实 例

（参见下级母题实例）

W0477.10.3.1

春节时祭生育神

实 例

锡伯族 每到春节祭祀“希林玛玛”（锡伯语意为“续嗣女祖”）时，由袋里取出她的神偶，从西北墙角斜拉到东南墙角，家长带领其家小为其烧香磕头，到二月初二再装回纸袋里，挂回原处。

【流传】（无考）

【出处】

(a) 佟克力：《锡伯族历史与文化》，乌鲁木齐：新疆人民出版社1989年版，第256～257页。

(b)《希林玛玛》，见吕大吉、何耀华总主编《中国各民族原始宗教资料集成》（鄂伦春族卷、鄂温克族卷、赫哲族卷、达斡尔族卷、锡伯族卷、满族卷、蒙古族卷、藏族卷），北京：中国社会科学出版社1999年版，第398页。

W0477.10.4

催生娘娘

实 例

（参见下级母题实例）

W0477.10.4.1

催生娘娘丙尼士

实 例

羌族 羌人家中仿汉俗，堂屋设神龛，供红纸书写的神，除“天地国亲师”外，还有其他七尊神如家神（“基兮士”）、催生娘娘（“丙尼士”）等。

【流传】四川省·（阿坝藏族羌族自治州）·汶川县·绵池乡·簇头、沟头寨

【出处】

(a) 钱安靖：《羌族宗教习俗调查资料》，见羌族社会历史调查四川省编写组编《羌族社会历史调查》，成都：四川省社会科学院出版社1985年版。

（b）同（a），见吕大吉、何耀华总主编《中国各民族原始宗教资料集成》（纳西族卷、羌族卷、独龙族卷、傈僳族卷、怒族卷），北京：中国社会科学出版社2000年版，第593页。

W0478

食人神

【汤普森】 A153.8

【关联】［W0093.3.4］神以人为食物

实 例

（实例待考）

W0478a

世界之神

实 例

（参见下级母题实例）

W0478a.1

世界之神果苏果干

实 例

苗族 世界之神果苏果干射日月。

【流传】（无考）

【出处】 石宗仁整理：《创天立地》，见苏晓星《苗族文学史》，成都：四川出版集团、四川民族出版社2003年版，第63页。

W0479

受难之神（苦难神）

【汤普森】 A139.12

实 例

（实例待考）

W0480

死神（死亡之神，生死神）

【汤普森】 ①A108.1；②A310；③A487

【关联】［W2970］人的死亡

实 例

（参见下级母题实例）

W0480.1

死神的产生

实 例

（参见下级母题实例）

W0480.1.1

特定的人物婚生死神

实 例

（参见下级母题实例）

W0480.1.1.1

一对夫妻婚生死神

实 例

（参见下级母题实例）

W0480.1.1.1.1

男子阿桑嘎与丑陋的老太婆婚生的第二个儿子沙克通成为死神

实 例

珞巴族 一个叫阿桑嘎的男子与丑陋的老太婆结婚生的第二个儿子，名叫沙克通。沙克通是一位死神。

【流传】

(a) 西藏自治区·下珞渝（泛指永木河、锡约尔河、巴恰西仁河流域）

(b) 西藏自治区·下珞渝·布根部落卡西皮村

【出处】

(a) 维·埃尔温搜集：《阿桑嘎和他的儿女》，见中华民族故事大系编委会编《中华民族故事大系》第16卷（赫哲族、门巴族、珞巴族、基诺族），上海：上海文艺出版社1995年版，第440～441页。

(b) 同(a)，见李坚尚、刘芳贤编《珞巴族门巴族民间故事选》，上海：上海文艺出版社1993年版，第54～55页。

W0480.2

死神的特征

实 例

（参见下级母题实例）

W0480.2.1

死亡女神（死亡之母）

【汤普森】 A487.1

实 例

（实例待考）

W0480.2.2

死神全身黑得像煤

实 例

傣族 全身黑得像煤一般的死神。

【流传】 云南省·西双版纳（西双版纳傣族自治州）

【出处】 陈贵培整理：《画神多兰嘎》，原载贾芝、孙剑冰编《中国民间故事选》，见陶阳、钟秀编《中国神话》（下），北京：商务印书馆2008年版，第1086～1088页。

W0480.3

死神的职能（死神的能力）

实 例

（参见下级母题实例）

W0480.3.1

死神掌管全动人灵魂

【关联】 [W0202.4.4.2.1] 天神叭英的使者是掌管全动人灵魂的死神

实 例

傣族 （参见“W0202.4.4.2.1 天神叭英的使者是掌管全动人灵魂的死神”母题实例）

W0480.3.2

死神的白叶帽下任何生命无法躲避死亡

实 例

基诺族 在死鬼（死神）的白叶帽下，人死无法躲，牛死无法藏。

【流传】云南省·（西双版纳傣族自治州·景洪市）·基诺山（基诺山基诺族乡）·戛里果箐、巴亚新寨、茶叶大地、巴卡寨

【出处】不拉塞等讲，杜玉亭调查整理：《卓巴、牛皮木鼓与寨鬼》（1980～1990），见吕大吉、何耀华总主编《中国各民族原始宗教资料集成》（彝族卷、白族卷、基诺族卷），北京：中国社会科学出版社 1996 年版，第 868 页。

W0480. 4
死神的生活

实 例

（参见下级母题实例）

W0480. 4. 1
死神的服饰

实 例

（参见下级母题实例）

W0480. 4. 1. 1
死神穿黑色衣裳

【关联】［W0480. 2. 2］死神全身黑得像煤

实 例

傣族 一刮风之夜，忽有一披黑棉毯、着黑包头之人进入画师多兰嘎之室。多兰嘎问之何人？黑衣人曰："吾叭英之使者，死神也。"

【流传】（云南省？）

【出处】袁珂改编：《画神多兰嘎》，原载傅光宇等编《傣族民间故事选》，见袁珂《中国神话大词典》，北京：华夏出版社 2015 年版，第 502 页。

W0480. 4. 2
死神的饮食

实 例

（实例待考）

W0480. 4. 3
死神的居所

实 例

（参见下级母题实例）

W0480. 4. 3. 1
死神居地下

实 例

（实例待考）

W0480. 4. 3. 2
死神居山上

实 例

（实例待考）

W0480. 4. 3. 2. 1
掌管生死的神住在泰山

实 例

汉族 （实例待考）

W0480.4.3.3
死神居树上

实　例

（实例待考）

W0480.4.3.4
死神在天上

实　例

傣族 画匠多兰嘎在画完最后一笔后，带着一对罕项（敬神的蜡条）跟着死神来到天上。

【流传】云南省·西双版纳（西双版纳傣族自治州）

【出处】陈贵培整理：《画神多兰嘎》，原载贾芝、孙剑冰编《中国民间故事选》，见陶阳、钟秀编《中国神话》（下），北京：商务印书馆 2008 年版，第 1086 ~ 1088 页。

W0480.4.4
死神的出行

实　例

（实例待考）

W0480.5
特定名称的死神（死神的名字）

实　例

（参见下级母题实例）

W0480.5.1
死神泰山神

实　例

（实例待考）

W0480.5.1.1
泰山神管生死

【关联】［W0398.1.2］泰山神

实　例

汉族 （实例待考）

W0480.5.2
死神刘翁

实　例

（实例待考）

W0480.5.3
死神沙克通

实　例

珞巴族 （参见“W0480.1.1.1.1 男子阿桑嘎与丑陋的老太婆婚生的第二个儿子沙克通成为死神”母题实例）

W0480.5.4
死神爱勺夺

实　例

彝族 今有死神处，死神爱勺夺，快奔死神处，滚向死神处，死神在等待，死神在迎候。

【流传】云南省·（昆明市）·路南县（石林彝族自治县）·（圭山镇·尾乍黑村委会）·土瓜黑村

【出处】黄建明等译：《赶邪魔经》，见吕大吉、何耀华总主编《中国各民族原始宗教资料集成》（彝族卷、白族卷、基诺族卷），北京：中国社会科学出版社1996年版，第285～286页。

W0480.5.5

死亡之神沙勒玛迪

实 例

（参见下级母题实例）

W0480.5.5.1

沙勒玛迪男神管粟、芋、豆和人类的死亡

实 例

高山族（排湾） 沙勒玛迪男神管粟、芋、豆和人类的死亡。

【流传】台湾排湾人地区

【出处】《太阳神的后裔》，海云根据曾思奇《高山族古老神话传说中的人物与境域》整理，见姚宝瑄主编《中国各民族神话》（高山族、黎族、畲族），太原：山西出版传媒集团·书海出版社2014年版，第9页。

W0480.5.6

死神尤鲁瓦

实 例

纳西族 穷女婿杀死原来的尤鲁瓦死神后，当上了尤鲁瓦死神。

【流传】云南省·（丽江市）·丽江县（古城区、玉龙纳西族自治县）

【出处】木丽春采集整理：《死神尤鲁瓦的出世》，见木丽春编著《纳西族民间故事集》，昆明：云南人民出版社2007年版，第173页。

W0480.6

与死神有关的其他母题

【关联】［W0340.18］雷神主死亡

实 例

（参见下级母题实例）

W0480.6.1

死神的预兆

【关联】［W9200］征兆

实 例

汉族 （实例待考）

W0480.6.2

阴间的领路神

【关联】［W0448.2.1］路神

实 例

赫哲族 鹰神是萨满到阴间的领路神。

【流传】（无考）

【出处】吕大吉、何耀华总主编：《中国各民族原始宗教资料集成》（鄂伦春族卷、鄂温克族卷、赫哲族卷、达斡尔族卷、锡伯族卷、满族卷、蒙古族卷、藏族卷），北京：中国社会科学

出版社1999年版，第224页。

W0480.6.3

生死神

实　例

（参见下级母题实例）

W0480.6.3.1

阴阳神

实　例

（参见下级母题实例）

W0480.6.3.1.1

阴阳神主管人间生死

实　例

苗族　（参见“W0480.6.3.1.2　阴阳神自格老”母题实例）

W0480.6.3.1.2

阴阳神自格老

实　例

苗族　自格老是主管人间生死的阴阳神。

【流传】云南东部（云南省·昭通市、曲靖市、文山壮族苗族自治州、红河哈尼族彝族自治州、楚雄彝族自治州等地州）

【出处】马兴才讲，杨忠伦记录翻译：《召采与卯蚩彩娥翠》，原载《云南苗族民间文学集成》，见陶阳、钟秀编《中国神话》（中），北京：商务印书馆2008年版，第1037～1053页。

W0480a

活神

实　例

（参见下级母题实例）

W0480a.1

普天下的神只有黄飞虎是个活神

实　例

汉族　普天下的神只有黄飞虎是个活神。

【流传】（山东省·泰安一带）

【出处】徐淑芳采录：《姜子牙封神》，原载陶阳编《泰山民间故事大观》，见陶阳、钟秀编《中国神话》（中），北京：商务印书馆2008年版，第756页。

W0481

贪婪之神

【汤普森】A139.15

实　例

（实例待考）

W0481.1

贪婪的山神

【关联】［W0391］山神

实　例

藏族　（实例待考）

W0482

偷盗之神（偷盗神，盗神，搬运神）

【汤普森】A457

【关联】［W0658a.8.32.1］窃贼祖师时迁

实 例

（参见下级母题实例）

W0482.1

毛鬼神

实 例

（参见下级母题实例）

W0482.1.1

毛鬼神是拿着小红口袋专门倒腾人家粮食的神

实 例

汉族 毛鬼神是一个拿着小红口袋，专门倒腾人家粮食的神。

【流传】山西省·（阳泉市）·盂县·清城乡

【出处】潘根富讲：《毛鬼神上当》，见盂县民间文学集成编委会编《中国民间文学集成山西卷·盂县民间文学集成》，内部编印，1988年，第4页。

W0483

瘟神（疾病神，病魔，瘟疫鬼）

【汤普森】①A478；②A478.1

实 例

（参见下级母题实例）

W0483.1

瘟神的产生

实 例

（参见下级母题实例）

W0483.1.1

瘟神天降

实 例

藏族 （实例待考）

W0483.1.2

瘟神四生育产生的生育

实 例

（参见下级母题实例）

W0483.1.2.1

瘟神是古帝颛项的三个儿子

实 例

汉族 瘟神是古帝颛项的三个儿子。

【流传】（无考）

【出处】《瘟神》，见乌丙安主编《中国民间神谱》，沈阳：辽宁人民出版社2007年版，第166页。

W0483.1.3

瘟神是变化产生的

实 例

（参见下级母题实例）

W0483.1.3.1

颛顼的儿子死后变瘟神

【关联】［W0907.8.2.1］颛顼氏有三子，死而为疫鬼

实 例

汉族 瘟神是古帝颛顼的三个儿子，死后化为疫鬼，其一子居江水，是为疟鬼；一子居若水，为魍魉；另一子居人之住所内，善惊小儿。

【流传】（无考）

【出处】《瘟神》，见乌丙安主编《中国民间神谱》，沈阳：辽宁人民出版社2007年版，第166页。

W0483.1.3.2

瘟死的老人成为瘟神

实 例

汉族 玉帝以斑竹村人作恶，遣土地往投药井中，瘟死全村之人。有卖豆腐老人雷琼者知其事，攫药吞之，即时瘟死，四肢青黑。玉帝感其行，封之为“感灵瘟元帅”。

【流传】（无考）

【出处】［明］余象斗：《北方真武玄天上帝出身志传》（《北游记》）卷四。

W0483.2

瘟神的特征

实 例

（参见下级母题实例）

W0483.2.1

瘟神的性别

实 例

（实例待考）

W0483.2.1.1

女瘟神

【汤普森】A478.1

实 例

（实例待考）

W0483.2.2

瘟神的外貌

实 例

（参见下级母题实例）

W0483.2.2.1

疾病神蛇形

实 例

鄂温克族 在拉玛湖中，有一条长有两个大角的蛇，它与人不通话，但和萨满能通话，这就是“舍卧刻”（管疾病的神）。

【流传】（内蒙古自治区·呼伦贝尔市·额尔古纳市）

【出处】

（a）《额尔古纳旗使用驯鹿鄂温克人的调查报告》，见内蒙古自治区编辑组《鄂温克族社会历史调查》，呼和浩

特：内蒙古人民出版社1986年版，第233页。

（b）《“舍卧刻”来源的传说》，见吕大吉、何耀华总主编《中国各民族原始宗教资料集成》（鄂伦春族卷、鄂温克族卷、赫哲族卷、达斡尔族卷、锡伯族卷、满族卷、蒙古族卷、藏族卷），北京：中国社会科学出版社1999年版，第112页。

W0483.2.3
瘟神的性格

实 例

（实例待考）

W0483.3
瘟神的职能（瘟神的能力）

实 例

（参见下级母题实例）

W0483.3.1
瘟神主宰各种疾病

实 例

鄂伦春族 翁库鲁博如坎，鄂伦春族所信奉的主宰各种疾病之神。

【流传】（无考）

【出处】马名超、崔焱：《鄂伦春族宗教与神话》，见《中国各民族宗教与神话大词典》编审委员会编《中国各民族宗教与神话大词典》，北京：学苑出版社1993年版。

W0483.3.2
瘟神司传染病

实 例

汉族 瘟神是主降瘟疫等急性、烈性传染病之鬼神。

【流传】（无考）

【出处】《瘟神》，见乌丙安主编《中国民间神谱》，沈阳：辽宁人民出版社2007年版，第166页。

W0483.3.3
瘟神是地方保护神

实 例

壮族 祖宗神、坟地神、社公神、土地公神、灶王神、境主大王神、五伤神、瘟神、游江、令公、灵宝等是地方保护神。

【流传】广西壮族自治区·（南宁市）·武鸣县·两江乡·雷江片，马山县·古零乡·杨圩片

【出处】黄世杰搜集整理：*《多神信仰》（1990），见吕大吉、何耀华总主编《中国各民族原始宗教资料集成》（土家族卷、瑶族卷、壮族卷、黎族卷），北京：中国社会科学出版社1998年版，第492页。

W0483.4
瘟神的关系

实 例

（参见下级母题实例）

W0483.4.1

瘟神的父母

实 例

（参见下级母题实例）

W0483.4.1.1

瘟神的父亲颛顼

实 例

汉族 （参见“W0483.1.3.1 颛顼的儿子死后变瘟神”母题实例）

W0483.4.2

瘟神是虫王爷的“一担挑”

实 例

汉族 虫王爷生出一条毒计。它找到“一担挑”姐夫瘟神，要它在来年春发一场瘟疫，要使天下农人饿不死病死。

【流传】 河南省·（南阳市）·淅川县［采录地点：淅川县盛湾乡单岗村］

【出处】 姚六娃讲，姚国芳采录：《青虫为什么没有牙》（1984.06），见张振犁编著，孟宪明、朱淑君统纂《中原神话通鉴》（第四卷），郑州：河南大学出版社 2017 年版，第 1324 页。

W0483.5

瘟神的类型

实 例

（参见下级母题实例）

W0483.5.1

天花神

实 例

侗族 （实例待考）

赫哲族 天花娘娘专门治天花。

【流传】（松花江下游地区依兰县至抚远市一带）

【出处】

（a）凌纯声：《松花江下游的赫哲族》（原 1934 年南京刊印本），北京：民族出版社 2012 年版，第 133～134 页。

（b）《娘娘神》，见吕大吉、何耀华总主编《中国各民族原始宗教资料集成》（鄂伦春族卷、鄂温克族卷、赫哲族卷、达斡尔族卷、锡伯族卷、满族卷、蒙古族卷、藏族卷），北京：中国社会科学出版社 1999 年版，第 204 页。

W0483.5.1.1

天花娘娘

实 例

鄂伦春族 （参见“W0483.5.1.2 司天花的神额古都娘娘”母题实例）

W0483.5.1.2

司天花的神额古都娘娘

实 例

鄂伦春族 “额古都娘娘”，专司天花的神。

【流传】（无考）

【出处】

（a）内蒙古自治区编委会：《鄂伦春族社会历史调查》（第一集），呼和浩特：内蒙古人民出版社 1984 年版，第 49 页。

（b）《娘娘神的分类》，见吕大吉、何耀华总主编《中国各民族原始宗教资料集成》（鄂伦春族卷、鄂温克族卷、赫哲族卷、达斡尔族卷、锡伯族卷、满族卷、蒙古族卷、藏族卷），北京：中国社会科学出版社 1999 年版，第 28 页。

W0483. 5. 2

痘神

实 例

（参见下级母题实例）

W0483. 5. 2. 0

痘神的产生

实 例

（参见下级母题实例）

W0483. 5. 2. 0. 1

农家挑水壮汉奉为痘神

实 例

汉族 将农家挑水壮汉奉为痘神，以求其扑灭天花，保佑孩童平安。

【流传】（无考）

【出处】《痘神》，见乌丙安主编《中国民间神谱》，沈阳：辽宁人民出版社 2007 年版，第 111 页。

W0483. 5. 2. 1

男痘神是男祖先顾兴阿玛法

实 例

锡伯族 萨满的神像图的最上一层画有飘飘然的云彩，云彩顶上右角画有太阳，左角画有月亮，太阳和月亮正中画有三位女子，她们是锡伯族萨满供奉的“依兰恩杜里格格”（三位神姐）。在“依兰恩杜里格格”上面还有“布尔堪巴克西玛法”。在太阳下面有“顾兴阿玛法”，即仁慈的男祖，他是萨满供奉的男痘神。

【流传】（新疆维吾尔自治区·伊犁哈萨克自治州·察布查尔锡伯自治县）

【出处】贺灵调查整理：《神像图》，见吕大吉、何耀华总主编《中国各民族原始宗教资料集成》（鄂伦春族卷、鄂温克族卷、赫哲族卷、达斡尔族卷、锡伯族卷、满族卷、蒙古族卷、藏族卷），北京：中国社会科学出版社 1999 年版，第 414 页。

W0483. 5. 2. 2

女痘神是女祖先吉朗阿玛玛

实 例

锡伯族 萨满的神像图画有三位女子，她们是锡伯族萨满供奉的“依兰恩杜里格格”（三位神姐）。在“依兰恩杜里格格”上面还有“布尔堪巴克西玛法”。在太阳下面有“顾兴阿玛法”，即仁慈的男祖，他是萨满供奉的男痘神；在月亮下面有“吉朗阿玛玛”，即仁慈的女祖，她是女痘神。

【流传】（新疆维吾尔自治区·伊犁哈萨克自治州·察布查尔锡伯自治县）

【出处】贺灵调查整理：《神像图》，见吕大吉、何耀华总主编《中国各民族原始宗教资料集成》（鄂伦春族卷、鄂温克族卷、赫哲族卷、达斡尔族卷、锡伯族卷、满族卷、蒙古族卷、藏族卷），北京：中国社会科学出版社1999年版，第414页。

W0483.5.2.3

痘神广泽尊王

实　例

汉族 痘神广泽尊王又称郭圣王、圣王公。

【流传】（福建、台湾等地）

【出处】《广泽尊王》，见乌丙安主编《中国民间神谱》，沈阳：辽宁人民出版社2007年版，第111页。

W0483.5.2.4

痘神郭圣王

实　例

汉族 （参见“W0483.5.2.3 痘神广泽尊王”母题实例）

W0483.5.2.5

痘神圣王公

实　例

汉族 （参见“W0483.5.2.3 痘神广泽尊王”母题实例）

W0483.5.2.6

痘儿哥哥和痘儿姐姐

实　例

（参见下级母题实例）

W0483.5.2.6.1

掌管男性出痘之神为“痘儿哥哥”，掌管女性出痘之神为“痘儿姐姐”、“痘神娘娘”

实　例

汉族 掌管男性出痘之神为“痘儿哥哥”；掌管女性出痘之神为“痘儿姐姐”、“痘神娘娘”等。

【流传】（无考）

【出处】《痘神》，见乌丙安主编《中国民间神谱》，沈阳：辽宁人民出版社2007年版，第111页。

W0483.5.2.7

痘神奶奶

实　例

（参见下级母题实例）

W0483. 5. 2. 7. 1
姜子牙封其正房金氏为卫房圣母元君，俗称痘神奶奶

实 例

汉族 姜子牙克商封神之时，遂封余化龙为主痘碧霞元君，封其正房金氏为卫房圣母元君，俗称痘神奶奶，其五个儿子分别封为东、西、南、北、中五方主痘正神。

【流传】（无考）

【出处】《痘神》，见乌丙安主编《中国民间神谱》，沈阳：辽宁人民出版社2007年版，第111页。

W0483. 5. 3
司麻疹的神

实 例

（参见下级母题实例）

W0483. 5. 3. 1
司麻疹的神尼其昆娘娘

实 例

鄂伦春族 “尼其昆娘娘”，专司麻疹的神。

【流传】（无考）

【出处】

（a）内蒙古自治区编委会：《鄂伦春族社会历史调查》（第一集），呼和浩特：内蒙古人民出版社1984年版，第49页。

（b）《娘娘神的分类》，见吕大吉、何耀华总主编《中国各民族原始宗教资料集成》（鄂伦春族卷、鄂温克族卷、赫哲族卷、达斡尔族卷、锡伯族卷、满族卷、蒙古族卷、藏族卷），北京：中国社会科学出版社1999年版，第28页。

W0483. 5. 3. 2
麻疹之神

实 例

（参见下级母题实例）

W0483. 5. 3. 2. 1
麻疹神又称麻神

实 例

民族无考 麻疹之神又称麻神、疹神、斑神等，乃小儿出天花时所供奉的救命除疾之神。

【流传】（无考）

【出处】《麻疹之神》，见乌丙安主编《中国民间神谱》，沈阳：辽宁人民出版社2007年版，第111页。

W0483. 5. 3. 2. 2
麻疹神又称疹神

实 例

民族无考 （参见“W0483. 5. 3. 2 麻疹之神”母题实例）

W0483.5.3.2.3 麻疹神又称斑神

实例

民族无考（参见“W0483.5.3.2 麻疹之神”母题实例）

W0483.5.3.2.4 小儿出天花时供奉麻疹之神

实例

民族无考（参见“W0483.5.3.2 麻疹之神”母题实例）

W0483.5.4 司人畜抽风病的神

实例

（参见下级母题实例）

W0483.5.4.1 司人畜抽风病之神德勒库达日依乐

实例

鄂伦春族 “德勒库达日依乐”，是专司人畜抽风病的神。

【流传】（无考）

【出处】

（a）内蒙古自治区编委会：《鄂伦春族社会历史调查》（第一集），呼和浩特：内蒙古人民出版社1984年版，第49页。

（b）《德勒库达日依乐》，见吕大吉、何耀华总主编《中国各民族原始宗教资料集成》（鄂伦春族卷、鄂温克族卷、赫哲族卷、达斡尔族卷、锡伯族卷、满族卷、蒙古族卷、藏族卷），北京：中国社会科学出版社1999年版，第27页。

W0483.5.4.2 风生司人畜抽风病的神恩古包尔

实例

鄂伦春族 风生专司人畜疾病的神“恩古包尔”。

【流传】（无考）

【出处】

（a）内蒙古自治区编委会：《鄂伦春族社会历史调查》（第一集），呼和浩特：内蒙古人民出版社1984年版，第49页。

（b）《恩古包尔》，见吕大吉、何耀华总主编《中国各民族原始宗教资料集成》（鄂伦春族卷、鄂温克族卷、赫哲族卷、达斡尔族卷、锡伯族卷、满族卷、蒙古族卷、藏族卷），北京：中国社会科学出版社1999年版，第27页。

W0483.5.4.2.1 恩古包尔的脉搏通过旋风与虹相连

实例

鄂伦春族 “恩古包尔”是专司人畜疾

病的神。它来源于风，其脉搏通过旋风与虹相连。

【流传】（无考）

【出处】

(a) 内蒙古自治区编委会：《鄂伦春族社会历史调查》（第一集），呼和浩特：内蒙古人民出版社 1984 年版，第 49 页。

(b) 《恩古包尔》，见吕大吉、何耀华总主编《中国各民族原始宗教资料集成》（鄂伦春族卷、鄂温克族卷、赫哲族卷、达斡尔族卷、锡伯族卷、满族卷、蒙古族卷、藏族卷），北京：中国社会科学出版社 1999 年版，第 27 页。

W0483.5.5

司斑疮的神

实 例

（参见下级母题实例）

W0483.5.5.1

司斑疮的神额胡娘娘

实 例

鄂伦春族 “额胡娘娘”，专司人身上长红斑点的神。

【流传】（无考）

【出处】

(a) 内蒙古自治区编委会：《鄂伦春族社会历史调查》（第一集），呼和浩特：内蒙古人民出版社 1984 年版，第 49 页。

(b) 《娘娘神的分类》，见吕大吉、何耀华总主编《中国各民族原始宗教资料集成》（鄂伦春族卷、鄂温克族卷、赫哲族卷、达斡尔族卷、锡伯族卷、满族卷、蒙古族卷、藏族卷），北京：中国社会科学出版社 1999 年版，第 28 页。

W0483.5.5.2

疮病之神

实 例

（参见下级母题实例）

W0483.5.5.2.1

疮病之神达兰·图尔盖德

实 例

蒙古族（布里亚特）达兰·图尔盖德是 70 个无名魂灵，是疮病之神。

【流传】（无考）

【出处】［苏联］И. А. 曼日格耶夫著，宋长宏译，佟德富校：《布里亚特萨满教和前萨满教辞典》（俄文版），莫斯科：科学出版社 1978 年版，第 42 页，见吕大吉、何耀华总主编《中国各民族原始宗教资料集成》（鄂伦春族卷、鄂温克族卷、赫哲族卷、达斡尔族卷、锡伯族卷、满族卷、蒙古族卷、藏族卷），北京：中国社会科学出版社 1999 年版，第 638 页。

W0483.5.6
人畜疾病神

实 例

（参见下级母题实例）

W0483.5.6.1
管人畜疾病的神恩古包尔

实 例

鄂伦春族 恩古包尔是管人畜疾病的神。

【流传】（无考）

【出处】《恩古包尔》，见吕大吉、何耀华总主编《中国各民族原始宗教资料集成》（鄂伦春族卷、鄂温克族卷、赫哲族卷、达斡尔族卷、锡伯族卷、满族卷、蒙古族卷、藏族卷），北京：中国社会科学出版社1999年版，第27页。

W0483.5.6.2
家畜的瘟神

实 例

（参见下级母题实例）

W0483.5.6.2.1
包莫·腾格里能给家畜降下各种疾病

实 例

蒙古族（布里亚特） 包莫·腾格里是44东方恶腾格里之一，它能给家畜降下各种疾病。

【流传】（无考）

【出处】［苏联］И. А. 曼日格耶夫著，宋长宏译，佟德富校：《布里亚特萨满教和前萨满教辞典》（俄文版），莫斯科：科学出版社1978年版，第23页，见吕大吉、何耀华总主编《中国各民族原始宗教资料集成》（鄂伦春族卷、鄂温克族卷、赫哲族卷、达斡尔族卷、锡伯族卷、满族卷、蒙古族卷、藏族卷），北京：中国社会科学出版社1999年版，第627页。

W0483.5.7
肚痛神

实 例

（参见下级母题实例）

W0483.5.7.1
肚痛神人形

实 例

赫哲族 肚痛神（muha sə ɔ）的偶像是人形。

【流传】（松花江下游地区依兰县至抚远市一带）

【出处】

（a）凌纯声：《松花江下游的赫哲族》（原1934年南京刊印本），北京：民族出版社2012年版，第156页。

（b）《人形诸神》，见吕大吉、何耀华总主编《中国各民族原始宗教资料集成》（鄂伦春族卷、鄂温克族卷、赫哲族卷、达斡尔族卷、锡伯族卷、满族卷、蒙古族卷、藏族卷），北京：中国社会科学出版社 1999 年版，第 205 页。

W0483. 5. 8

痨病神

实 例

（参见下级母题实例）

W0483. 5. 8. 1

痨病神瘦弱

实 例

赫哲族 痨病神的偶像是人形，有两手两足，胸部刻肋骨形，以示病体的瘦弱。

【流传】（松花江下游地区依兰县至抚远市一带）

【出处】

（a）凌纯声：《松花江下游的赫哲族》（原 1934 年南京刊印本），北京：民族出版社 2012 年版，第 156 页。

（b）《人形诸神》，见吕大吉、何耀华总主编《中国各民族原始宗教资料集成》（鄂伦春族卷、鄂温克族卷、赫哲族卷、达斡尔族卷、锡伯族卷、满族卷、蒙古族卷、藏族卷），北京：中国社会科学出版社 1999 年版，第 205 页。

W0483. 5. 9

五种疫疠之神

实 例

汉族 “君请立五厉之祭。”注曰“厉”同“疠”，五厉，即五疠。谓五种疫疠之神。

【流传】（无考）

【出处】［春秋］管仲：《管子·轻重甲》袁珂注，见袁珂《中国神话大词典》，北京：华夏出版社 2015 年版，第 58 页。

W0483. 5. 10

伤寒病瘟神

实 例

（参见下级母题实例）

W0483. 5. 10. 1

伤寒病和瘰疬病化身为危害人类的无名魂灵

实 例

蒙古族（布里亚特） 伤寒病和瘰疬病（Шара убшэн）化身为危害人类的无名魂灵（属东方腾格里神统）。

【流传】（无考）

【出处】［苏联］И. А. 曼日格耶夫著，宋长宏译，佟德富校：《布里亚特萨满教和前萨满教辞典》（俄文版），莫斯科：科学出版社 1978 年版，第 83 页，见吕大吉、何耀华总主编《中国各民族原始宗教资料集成》（鄂伦春族卷、鄂温克族卷、赫哲族卷、达斡尔族卷、锡伯族卷、满族卷、蒙古族卷、藏族卷），北京：中国社会科学出版社 1999 年版，第 638 页。

W0483.5.11

治结核病之神

实 例

（参见下级母题实例）

W0483.5.11.1

孛绰玛腾格里是祛除结核病的天

实 例

蒙古族 孛绰玛腾格里是祛除一切结核病的天（在蒙古族民间宗教或萨满神词中，“天”与“腾格里”常常通用，此处可以看作是泛指诸神）。

【流传】（无考）

【出处】 额尔德木图：《蒙古英雄史诗与孛额唱词中的“腾格里”》，载《内蒙古社会科学》（汉文版）1995 年第 5 期。

W0483.6

与瘟神有关的其他母题

【关联】

① ［W0251.6.1.2］ 东方天神是瘟神

② ［W0907.8］ 瘟疫鬼

③ ［W0995.8.2］ 驱瘟神

④ ［W8646］ 瘟疫（疾病）的制造者

实 例

（参见下级母题实例）

W0483.6.1

特定名称的瘟神（疾病神）

实 例

（参见下级母题实例）

W0483.6.1.1

瘟神翁库鲁博如坎

实 例

鄂伦春族 翁库鲁博如坎，鄂伦春族所信奉的主宰各种疾病之神。

【流传】（无考）

【出处】 马名超、崔焱：《鄂伦春族宗教与神话》，见《中国各民族宗教与神话大词典》编审委员会编《中国各民族宗教与神话大词典》，北京：学苑出版社 1993 年版。

W0483.6.1.2

娘娘神能让人闹病

实 例

鄂温克族 （实例待考）

W0483.6.1.3

东方天神包莫·腾格里是家畜的瘟神

实 例

蒙古族（布里亚特） 东方天神包莫·腾格里给家畜降下各种疾病。

【流传】（无考）

【出处】《蒙古族神灵观念和神灵系统》，见吕大吉、何耀华总主编《中国各民族原始宗教资料集成》（鄂伦春族卷、鄂温克族卷、赫哲族卷、达斡尔族卷、锡伯族卷、满族卷、蒙古族卷、藏族卷），北京：中国社会科学出版社 1999 年版，第 627 页。

W0483. 6. 1. 4
瘟疫神冯伯

实 例

（参见下级母题实例）

W0483. 6. 1. 4. 1
冯伯是天上个仙家仨兄弟中的老大

实 例

壮族 天上一个仙家的仨兄弟中老大冯伯掌管瘟疫。

【流传】广西壮族自治区 ·（来宾市）· 合山（合山市）

【出处】莫振学讲：《伏羲和芝妹》，见张声震总主编，农冠品编注《壮族神话集成》，南宁：广西民族出版社 2007 年版，第 320 页。

W0483. 6. 1. 5
瘟神又称五瘟神

实 例

汉族 瘟神又称五瘟神、五瘟使者，主降瘟疫等急性、烈性传染病之鬼神。

【流传】（无考）

【出处】《瘟神》，见乌丙安主编《中国民间神谱》，沈阳：辽宁人民出版社 2007 年版，第 166 页。

W0483. 6. 1. 6
瘟神又称五瘟使者

实 例

汉族 （参见“W0483. 6. 1. 5 瘟神又称五瘟神”母题实例）

W0483. 6. 1. 6. 1
五方力士在天为五鬼，在地为五瘟使者

实 例

汉族 昔隋文帝开皇十一年六月内，有五力士现于凌空三五丈于余，身披五色袍，各执一物。一人执杓子并罐子，一人执皮袋并剑，一人执扇，一人执键，一人执大壶。帝问太史居仁曰：“此何神？主何灾福也？”张居仁奏曰：“此是五方力士，在天为五鬼，在地为五瘟使者。春瘟张元伯，夏瘟刘元达，秋瘟赵公明，冬瘟钟仕贵，总管中瘟史文业。”

【流传】（无考）

【出处】［明］撰者不详：《三教源流搜神大全》，［清］叶德辉本卷四。

W0483.6.1.7
瘟神颛顼（疫神帝颛顼）

【关联】［W0483.1.3.1］颛顼的儿子死后变瘟神

实 例

汉族 疫神帝颛顼。

【流传】（无考）

【出处】［东汉］蔡邕：《独断》。

W0483.6.1.8
感灵瘟元帅

实 例

（参见下级母题实例）

W0483.6.1.8.1
玉帝封为救人而死的老人为感灵瘟元帅

实 例

汉族 （参见“W0483.1.3.2 瘟死的老人成为瘟神”母题实例）

W0483.6.1.9
大厉疫鬼

实 例

（参见下级母题实例）

W0483.6.1.9.1
大厉疫鬼伯强

实 例

汉族 “伯强何处？”王逸注：“伯强，大厉疫鬼也，所至伤人。”

【流传】（无考）

【出处】［战国］屈原：《楚辞·天问》［东汉］王逸注。

W0483.6.1.10
瘟神“增”鬼

实 例

纳西族 可兴可乐（天女波白命的舅舅，也是波白命的公公，因人间的利恩若抢走波白命结怨）支派牲畜遭瘟病的“增”鬼，来到人间作祟，弄得利恩若家里的牲畜不兴旺。

【流传】云南省·（丽江市）·丽江县（古城区、玉龙纳西族自治县）

【出处】木丽春采集整理：《斗本的来历》（注斗本，即祛灾仪式），见木丽春编著《纳西族民间故事集》，昆明：云南人民出版社 2007 年版，第 254 页。

W0483.6.1.11
瘟神米处干

实 例

（参见下级母题实例）

W0483.6.1.11.1
崖神米处干是司昏迷、癫痫等急病重症的瘟神

实 例

怒族 崖神“米处干”是司昏迷、癫痛等急病重症、拘押人的灵魂的瘟神。

【流传】云南省·怒江州（怒江傈僳族自治州）·碧江县（碧江县已撤销，现为怒江傈僳族自治州中部）

【出处】何叔涛调查整理：《贡山地区的崖神类》（1988），见吕大吉、何耀华总主编《中国各民族原始宗教资料集成》（纳西族卷、羌族卷、独龙族卷、傈僳族卷、怒族卷），北京：中国社会科学出版社2000年版，第848页。

W0483. 6. 2
瘟神的生活

实 例

（参见下级母题实例）

W0483. 6. 2. 1
瘟疫鬼住天上

实 例

黎族 瘟疫鬼住在天上。

【流传】（无考）

【出处】《鬼魂崇拜》，见吕大吉、何耀华总主编《中国各民族原始宗教资料集成》（土家族卷、瑶族卷、壮族卷、黎族卷），北京：中国社会科学出版社1998年版，第694页。

W0483. 6. 3
瘟神的工具（瘟神的用品）

实 例

（参见下级母题实例）

W0483. 6. 3. 1
瘟神的瘟疫葫芦

实 例

保安族 瘟神打开瘟疫葫芦盖子，放出疫病，吞掉大河家的三户人家。

【流传】（无考）

【出处】

（a）乔维森、野枫记录整理：《三邻舍》，见《少数民族文学作品选》编辑委员会编《中国少数民族文学作品选》（第二分册），上海：上海文艺出版社1981年版。

（b）同（a），见姚宝瑄主编《中国各民族神话》（土族、东乡族、回族、保安族、裕固族、撒拉族），太原：山西出版传媒集团·书海出版社2014年版，第73页。

W0483. 6. 4
瘟神的死亡

实 例

（实例待考）

W0483. 6. 4. 1
送瘟神

【关联】［W0995. 8. 2］驱瘟神

实 例

汉族 （实例待考）

W0483.6.4.2

烧死瘟神

实 例

汉族 （实例待考）

W0483.6.5

管疾病的神（治特定病的神）

【关联】［W0654.2.3.5］女祖先是掌管特定疾病的神

实 例

（参见下级母题实例）

W0483.6.5.1

管各种疾病的神舍利神

实 例

鄂温克族 游猎的敖鲁古雅地区鄂温克人所供祭的神中有管各种疾病的“舍利”神。

【流传】（无考）

【出处】 吕大吉、何耀华总主编：《中国各民族原始宗教资料集成》（鄂伦春族卷、鄂温克族卷、赫哲族卷、达斡尔族卷、锡伯族卷、满族卷、蒙古族卷、藏族卷）第二章《信奉的各种神》注释，北京：中国社会科学出版社1999年版，第110页。

W0483.6.5.2

治腿疼的神

实 例

（参见下级母题实例）

W0483.6.5.2.1

阔勒吉勒蹲特专治腿疼、臂疼

实 例

赫哲族 蹲特神有三种。其中，阔勒吉勒蹲特，为狗熊蹲坐形，专治腿疼、臂疼，是住在天上的神。

【流传】（黑龙江省）

【出处】

（a）《民族问题五种丛书》黑龙江省编辑组：《赫哲族社会历史调查》，牡丹江：黑龙江朝鲜民族出版社1987年版，第173～174页。

（b）《动物神（二）》，见吕大吉、何耀华总主编《中国各民族原始宗教资料集成》（鄂伦春族卷、鄂温克族卷、赫哲族卷、达斡尔族卷、锡伯族卷、满族卷、蒙古族卷、藏族卷），北京：中国社会科学出版社1999年版，第202页。

W0483.6.6

神经疾病的神

实 例

（参见下级母题实例）

W0483.6.6.1

嘎日祖申主管各种神经和心理疾病

实 例

蒙古族（布里亚特） 嘎日祖申是一组神

灵，主管各种神经和心理疾病。

【流传】（无考）

【出处】［苏联］И. А. 曼日格耶夫著，宋长宏译，佟德富校：《布里亚特萨满教和前萨满教辞典》（俄文版），莫斯科：科学出版社 1978 年版，第 37 页，见吕大吉、何耀华总主编《中国各民族原始宗教资料集成》（鄂伦春族卷、鄂温克族卷、赫哲族卷、达斡尔族卷、锡伯族卷、满族卷、蒙古族卷、藏族卷），北京：中国社会科学出版社 1999 年版，第 638 页。

W0483. 6. 7

病鬼

【关联】［W0912. 2b. 1. 1］驱病鬼要晚间举行

实 例

（参见下级母题实例）

W0483. 6. 7. 0

病鬼的产生

实 例

（参见下级母题实例）

W0483. 6. 7. 0. 1

患特定的病死后变成相对应的病鬼

实 例

（参见下级母题实例）

W0483. 6. 7. 0. 1. 1

疟疾鬼、头痛鬼、痢疾鬼、腹痛鬼、出血鬼等都是因患该种疾病死的人所变

实 例

彝族 疟疾鬼、头痛鬼、痢疾鬼、腹痛鬼、出血鬼等等则是因患该种疾病而死的人所变的。

【流传】四川省·（凉山彝族自治州）·美姑县·巴普乡；云南省·（楚雄彝族自治州）武定县·万德乡

【出处】吕大吉、何耀华总主编：《中国各民族原始宗教资料集成》（彝族卷、白族卷、基诺族卷），北京：中国社会科学出版社 1996 年版，第 117～118 页。

W0483. 6. 7. 1

病鬼茄姑尼

实 例

傈僳族 各种物体和各种现象，都被认为是有灵的，但鬼和神的观念尚未分明，统称为“尼”（精灵）。如“爱起尼”（慢性病鬼）、“欠阿加”（血鬼）、“茄姑尼”（病鬼）。

【流传】云南省·怒江（傈僳族自治州）

【出处】杨建和：《怒江傈僳族的宗教信仰》，见宋恩常编《中国少数民族宗教初编》，昆明：云南人民出版社 1985 年版，第 219 页。

W0483.6.7.2
风湿病鬼

实 例

彝族 放出的风湿病鬼像腾起的白雾一样。

【流传】 四川省·凉山（凉山彝族自治州）·美姑县

【出处】 巴莫·阿依：《西昌银厂乡彝族的丝尔寄（送风湿病鬼）仪式》，见吕大吉、何耀华总主编《中国各民族原始宗教资料集成》（彝族卷、白族卷、基诺族卷），北京：中国社会科学出版社1996年版，第247页。

W0483.6.7.2.0
天地是风湿病鬼的父母

实 例

彝族 天是风湿病鬼的父，地是风湿病鬼的母，杉林是风湿病鬼的住地。

【流传】 四川省·凉山（凉山彝族自治州）·美姑县

【出处】 巴莫·阿依：《西昌银厂乡彝族的丝尔寄（送风湿病鬼）仪式》，见吕大吉、何耀华总主编《中国各民族原始宗教资料集成》（彝族卷、白族卷、基诺族卷），北京：中国社会科学出版社1996年版，第247页。

W0483.6.7.2.1
小孩或少年死后被狗踩、闻或舔过变成风湿病鬼

实 例

彝族 “丝尔得克”、“丝尔铁克”、“丝尔伙克”，呗耄解释说这三种为小孩或少年死后被狗踩过、闻过、舔过所变的风湿病鬼。

【流传】 四川省·（凉山彝族自治州）·西昌市·银厂乡·甘边村马海

【出处】 巴莫·阿依：《西昌银厂乡彝族的丝尔寄（送风湿病鬼）仪式》，见吕大吉、何耀华总主编《中国各民族原始宗教资料集成》（彝族卷、白族卷、基诺族卷），北京：中国社会科学出版社1996年版，第242页。

W0483.6.7.2.1a
难产而死母子变成风湿病鬼

实 例

彝族 “丝尔惹尼”即二十岁左右的妇女在怀孕期间或生产时因难产孩子和母亲都不幸身亡所变成的风湿病鬼。

【流传】 四川省·（凉山彝族自治州）·西昌市·银厂乡·甘边村马海

【出处】 巴莫·阿依：《西昌银厂乡彝族的丝尔寄（送风湿病鬼）仪式》，见吕大吉、何耀华总主编《中国各民族原始宗教资料集成》（彝族卷、白族卷、基诺族卷），北京：中国社会科

学出版社 1996 年版，第 242 页。

W0483. 6. 7. 2. 1b
暴死的女子变成风湿病鬼

实 例

彝族 身着花花绿绿衣服的年轻妇女突然死后变成风湿病鬼。

【流传】四川省·（凉山彝族自治州）·西昌市·银厂乡·甘边村马海

【出处】巴莫·阿依：《西昌银厂乡彝族的丝尔寄（送风湿病鬼）仪式》，见吕大吉、何耀华总主编《中国各民族原始宗教资料集成》（彝族卷、白族卷、基诺族卷），北京：中国社会科学出版社 1996 年版，第 242 页。

W0483. 6. 7. 2. 2
风湿病鬼爱臭美

实 例

彝族 风湿病鬼爱美、爱炫耀、好热闹。

【流传】四川省·（凉山彝族自治州）·西昌市·银厂乡·甘边村马海

【出处】巴莫·阿依：《西昌银厂乡彝族的丝尔寄（送风湿病鬼）仪式》，见吕大吉、何耀华总主编《中国各民族原始宗教资料集成》（彝族卷、白族卷、基诺族卷），北京：中国社会科学出版社 1996 年版，第 242 页。

W0483. 6. 7. 2. 3
风湿病鬼住杉林中

实 例

彝族 （参见“W0483. 6. 7. 2. 0 天地是风湿病鬼的父母”母题实例）

W0483. 6. 7. 2. 4
风湿病鬼爱住好景区

实 例

彝族 山岩、溪河、森林、坝子都有美好的风景，是风湿病鬼喜爱的地方。

【流传】四川省·（凉山彝族自治州）·西昌市·银厂乡·甘边村马海

【出处】巴莫·阿依：《西昌银厂乡彝族的丝尔寄（送风湿病鬼）仪式》，见吕大吉、何耀华总主编《中国各民族原始宗教资料集成》（彝族卷、白族卷、基诺族卷），北京：中国社会科学出版社 1996 年版，第 242 页。

W0483. 6. 7. 2. 5
风湿病鬼种类繁多

实 例

彝族 风湿病鬼种类众多，从风湿病鬼的处所上分，有“瓦尼丝尔”即从山岩中来的风湿病鬼；“依古丝尔”即从水里来的风湿病鬼；“如伙丝尔”即从杉树林中来的风湿病鬼；“的土丝尔”即从坝子上来的风湿病鬼。

【流传】四川省·（凉山彝族自治州）·西昌市·银厂乡·甘边村马海

【出处】巴莫·阿依：《西昌银厂乡彝族的丝尔寄（送风湿病鬼）仪式》，见吕大吉、何耀华总主编《中国各民族原始宗教资料集成》（彝族卷、白族卷、基诺族卷），北京：中国社会科学出版社1996年版，第242页。

W0483.6.8

蛊神

实 例

（参见下级母题实例）

W0483.6.8.1

甲马子中有各种蛊神

实 例

白族 白族甲马子中，有各种不同的“蛊”神。有一人手握蛇，身旁大树上有一孔，孔用做出气的。另外，还有身披战袍，手持兵器的威猛武士，正奋力击毙一物。这些“蛊”神是能杀“蛊”之神。

【流传】云南省

【出处】杨郁生：《独具一格的白族木刻——甲马子》，载《大理文化》1982年第6期。

W0484

盐神

实 例

（参见下级母题实例）

W0484.1

盐神的产生

实 例

（实例待考）

W0484.1.1

发现盐的人成为为盐神

实 例

白族 （实例待考）

W0484.2

盐神的特征

实 例

（实例待考）

W0484.3

盐神的生活

实 例

（实例待考）

W0484.4

特定名称的盐神（盐神的名称）

实 例

（参见下级母题实例）

W0484.4.1

盐神桑姑尼

实 例

阿昌族 天公遮帕麻造南天门时，智慧而美丽的盐神桑姑尼来到了遮帕麻身边。

【流传】（云南省）

【出处】赵安贤讲，智克整理：《遮帕麻与遮米麻》，见姚宝瑄主编《中国各民族神话》（佤族、阿昌族、纳西族、普米族、德昂族），太原：山西出版传媒集团·书海出版社2014年版，第79页。

W0484.5
与盐神有关的其他母题

【关联】［W0658a.8.15］盐业祖师

实 例

（实例待考）

W0485
药神（医神，医病之神）

【汤普森】A454

【关联】

①［W0907.8］瘟疫鬼（疫鬼）

②［W6238.1］药神造药

③［W8657］瘟疫（疾病）的消除

实 例

（参见下级母题实例）

W0485.1
药神的产生

实 例

（参见下级母题实例）

W0485.1.1
会治病的人被奉为药神

实 例

白族（参见“W0485.1.2 姐弟俩成为药神”母题实例）

W0485.1.2
姐弟俩成为药神

实 例

白族 劳谷（男始祖）和劳泰（女始祖）被尊称为天公、地母。他们繁衍白族的10对子女也分别被尊为神。其中九姑娘谷卓（弓弩）和九儿子亥特（打雷）能为人治病，被奉为药神，永远享受人们的供祭。

【流传】云南省·（大理白族自治州）·鹤庆（鹤庆县），丽江（丽江市）及（丽江市）·永胜（永胜县）

【出处】李剑飞讲，李缵绪、章虹宇记录：《人类和万物的起源》（又名《劳谷与劳泰》、《古干古洛创世记》），原载李缵绪主编《白族神话传说集成》，中国民间文艺出版社1986年版，见姚宝瑄主编《中国各民族神话》（白族、拉祜族、景颇族），太原：山西出版传媒集团·书海出版社2014年版，第28页。

W0485.1.3

始祖密洛陀封自己的九女为医祖当药神

实 例

瑶族（布努）密洛陀（万物之母，女始祖，女神）生的12个女孩哺育的12对男孩女孩被病缠身时，密洛陀的九女找草药治好孩子的病，于是密洛陀封九女为医祖，当药神。

【流传】广西壮族自治区·（河池市）·都安县（都安瑶族自治县）、巴马县（巴马瑶族自治县）、南丹县，（百色市）·田东县、平果县等地

【出处】桑布郎等传，蒙凤标（83岁）、罗仁祥（73岁）等唱：《密洛陀》（1983），见蓝怀昌、蓝书京、蒙通顺搜集翻译整理《密洛陀》，北京：中国民间文艺出版社1988年版，第330~334页。

W0485.2

药神的特征

实 例

（参见下级母题实例）

W0485.2.1

男医神

【关联】［W0731］神农

实 例

（实例待考）

W0485.2.2

女医神

【汤普森】A454.1

实 例

（参见下级母题实例）

W0485.2.2.1

12个创世女神中的九姐被封为药神

实 例

瑶族 十二个创世女神中的九姐喂偿旧，上山采药、熬药，负责给密洛陀造的十二个男孩和十二个女孩冲洗和服用，被封为药神。

【流传】（无考）

【出处】《密洛陀神谱》，蓝田根据农学冠等撰写的《瑶族神话传说中的人物》编写，见姚宝瑄主编《中国各民族神话》（土家族、毛南族、侗族、瑶族），太原：山西出版传媒集团·书海出版社2014年版，第151页。

W0485.2.3

药神头上长角

实 例

汉族 （实例待考）

W0485.2.4

药神有神眼

实 例

（参见下级母题实例）

W0485. 2. 4. 1

药王菩萨用铜铃眼看自己的血脉

实 例

汉族 药王菩萨有一双铜铃眼，能看见自己满身的血脉。

【流传】浙江省·（丽水市）·青田县·船寮镇·黄言村

【出处】余碎笑讲，陈志望采录：《神农尝百草》，见中国民间文学集成全国编辑委员会编《中国民间故事集成》（浙江卷），北京：中国 ISBN 中心 1997 年版，第 58 页。

W0485. 2. 5

医病之神浑身通透

实 例

（参见下级母题实例）

W0485. 2. 5. 1

医病之神纳丹威虎里从外面能看到五脏六腑

【关联】［W0744. 1. 1. 1］炎帝的肚子像透明水晶能看到五脏六腑

实 例

满族 天神纳丹威虎里受命离开天上国，到了瘟疫流行的地上国为人治病。他的肚子与他的为人一样，是通明透亮的，从外面一眼就能看到五脏六腑。

【流传】（无考）

【出处】傅英仁、余金讲述整理：《耶路里》，见姚宝瑄主编《中国各民族神话》（满族、赫哲族、朝鲜族），太原：山西出版传媒集团·书海出版社 2014 年版，第 86 ~ 88 页。

W0485. 4

药神的职能（药神的能力，药神的事迹）

实 例

（参见下级母题实例）

W0485. 4. 1

药神能透视自身

【关联】［W0733. 1］神农身体通透（透明）

实 例

汉族 人们为了感谢神农的功德，称他为医药的祖师爷（药神）。

【流传】

（a）四川省·（宜宾市）·高县·白庙乡·瓦屋村

（b）浙江省·（金华市）·东阳县（东阳市）·罗屏乡

【出处】

（a）左湘权讲，王进龙采录：《神农尝百草》，见中国民间文学集成全国编辑委员会编《中国民间故事集成》（四川卷·上），北京：中国 ISBN 中心 1998 年版，第 75 页。

（b）楼良秀讲，马烈商采录：《神农尝

百草》，见中国民间文学集成全国编辑委员会编《中国民间故事集成》（浙江卷），北京：中国 ISBN 中心 1997 年版，第 58 页。

W0485.4.2

药神主管中草药植物

实 例

壮族 药神是主管中草药植物之神。

【流传】 广西壮族自治区·（百色市）·靖西县（靖西市）

【出处】 凌树东搜集整理：*《广西靖西县壮族诸神表》（1991），见吕大吉、何耀华总主编《中国各民族原始宗教资料集成》（土家族卷、瑶族卷、壮族卷、黎族卷），北京：中国社会科学出版社 1998 年版，第 494 页。

W0485.5

药神的生活

实 例

（实例待考）

W0485.6

药神的关系

实 例

（实例待考）

W0485.7

药神的死亡

实 例

（参见下级母题实例）

W0485.7.1

药神中毒而死

实 例

（参见下级母题实例）

W0485.7.1.1

药王菩萨尝蜈蚣被毒死

实 例

汉族 药王菩萨尝蜈蚣时，被蜈蚣毒死了。

【流传】 浙江省·（丽水市）·青田县·船寮镇·黄言村

【出处】 余碎笑讲，陈志望采录：《神农尝百草》，见中国民间文学集成全国编辑委员会编《中国民间故事集成》（浙江卷），北京：中国 ISBN 中心 1997 年版，第 58 页。

W0485.8

药神的类型

实 例

（实例待考）

W0485.8.1

医生身份的神

【汤普森】 A144

实 例

（实例待考）

W0485. 8. 2

药兽神

实 例

汉族 （实例待考）

W0485. 9

药神的名称（特定名称的名称）

实 例

（参见下级母题实例）

W0485. 9. 1

药神神农

实 例

（参见下级母题实例）

W0485. 9. 1. 1

神农是医药的祖师爷（药神、药仙）

【关联】［W0734. 6. 1］神农氏是中药的祖师

实 例

汉族 （参见“W0485. 4. 1 药神能透视自身”母题实例）

W0485. 9. 1. 2

神农当作药王菩萨

【关联】［W0485. 9. 3. 2］药王菩萨神农

实 例

彝族（撒尼） 萨咪人把神农当作“药王菩萨”来供奉。

【流传】 云南省·昆明市·东郊（经济技术开发区）·阿拉乡·三瓦村

【出处】 张福整理：《云南彝族撒尼支宗教祭司张琼遗稿》，见吕大吉、何耀华总主编《中国各民族原始宗教资料集成》（彝族卷、白族卷、基诺族卷），北京：中国社会科学出版社1996年版，第328页。

W0485. 9. 2

药王炎帝

【关联】［W0742］炎帝

实 例

（参见下级母题实例）

W0485. 9. 2. 1

炎帝找到药材被后人称“药王”

实 例

汉族 炎帝找可以治疗的药材，后来人们又称炎帝是“药王”。

【流传】 山西省·（长治市）·潞城县

【出处】 王来虎讲，申双鱼采录：《神农种谷》，见中国民间文学集成全国编辑委员会编《中国民间故事集成》（山西卷），北京：中国ISBN中心1999年版，第19页。

W0485. 9. 3

药王菩萨

实 例

（参见下级母题实例）

W0485.9.3.1 三皇五帝时产生药王菩萨

实 例

汉族 三皇五帝时出了一个药王菩萨。

【流传】 浙江省·（丽水市）·青田县·船寮镇·黄言村

【出处】 余碎笑讲，陈志望采录：《神农尝百草》，见中国民间文学集成全国编辑委员会编《中国民间故事集成》（浙江卷），北京：中国ISBN中心1997年版，第58页。

W0485.9.3.2 药王菩萨神农

【关联】［W0485.9.1］药神神农

实 例

汉族 神农首创行医，为医药之祖，应有药王之称，虽未见载籍，然民间亦多有以“药王菩萨”称神农者。

【流传】（无考）

【出处】《药王》，见袁珂《中国神话大词典》，北京：华夏出版社2015年版，第224页。

W0485.9.4 药王邳彤

实 例

（参见下级母题实例）

W0485.9.4.1 邳彤是东汉光武帝刘秀二十八将之一

实 例

汉族 东汉光武帝刘秀二十八将（二十八宿）之一的邳彤也被尊为药王。

【流传】（无考）

【出处】《医药业神——神农·扁鹊·孙思邈·邳彤·李时珍·韦善俊》，见乌丙安主编《中国民间神谱》，沈阳：辽宁人民出版社2007年版，第201页。

W0485.9.5 药王韦古道

实 例

（参见下级母题实例）

W0485.9.5.1 药王韦古道号归藏，西域天竺人

实 例

汉族 药王，姓韦，名古道，号归藏，西域天竺人。开元二十五年，入京师，纱巾毳袍，杖履而行，腰系葫芦数十，广施药饵，疗人多效。帝召入宫，图其形，赐号药王。

【流传】（无考）

【出处】［南唐］沈汾：《续仙传》。

W0485. 9. 6

药王孙思邈

实 例

（参见下级母题实例）

W0485. 9. 6. 1

孙思邈药王庙在陕西省耀县

实 例

汉族 民间又称唐孙思邈为药王，陕西省耀县有药王庙，祀孙思邈。

【流传】（陕西省耀县）

【出处】《药王》，见袁珂《中国神话大词典》，北京：华夏出版社 2015 年版，第 224 页。

W0485. 9. 7

药王扁鹊

实 例

（参见下级母题实例）

W0485. 9. 7. 1

扁鹊药王庙在郑州城

实 例

汉族 郑州城有药王庙，专祀扁鹊。

【流传】（无考）

【出处】［清］高士奇：《扈从西巡日录》。

W0485. 9. 8

彝族药王呐取日麻

实 例

彝族 呐取日麻是彝族的药王。

【流传】（云南省·楚雄彝族自治州）

【出处】李学忠讲，甘振林、楚臣搜集：《药王呐取日麻》，原载楚雄市民族事务委员会、楚雄市文化局编《楚雄市民间文学集成》，内部资料，1988 年，见姚宝瑄主编《中国各民族神话》（羌族、彝族），太原：山西出版传媒集团·书海出版社 2014 年版，第 313 页。

W0485. 9. 9

主管医药的天神喀喇·腾格里

实 例

蒙古族 喀喇·腾格里，又称罕喀喇腾格里，孛额教称其为“大拇指上带有药，食指上有吉利的罕喀喇腾格里”，主管医药的天（在蒙古族民间宗教或萨满神词中，“天”与“腾格里”常常通用，此处可以看作是泛指诸神）。

【流传】（无考）

【出处】额尔德木图：《蒙古英雄史诗与孛额唱词中的“腾格里”》，载《内蒙古社会科学》（汉文版）1995 年第 5 期。

W0485.10

与药神有关的其他母题

实 例

（实例待考）

W0485a

衙门神

实 例

（参见下级母题实例）

W0485a.1

衙门神有12种

实 例

鄂伦春族 “衙门博如坎”即衙门神，有十二种。

【流传】（无考）

【出处】赵复兴：《鄂伦春族游猎文化》，呼和浩特：内蒙古人民出版社1991年版，第229页。

W0485a.2

衙门博如坎供奉在军衙门、总管衙门、协领公署或公差家中

实 例

鄂伦春族 “衙门博如坎”即衙门神，有十二种。有的鄂伦春人在将军衙门、总管衙门、协领公署以及后来的旗、县等地方工作的人家，都供奉衙门神。

【流传】（无考）

【出处】赵复兴：《鄂伦春族游猎文化》，呼和浩特：内蒙古人民出版社1991年版，第229页。

W0486

喜神（吉祥神）

实 例

满族 石头蛮尼是苏穆拉供奉的吉祥神。

【流传】（无考）

【出处】《石头蛮尼》，见傅英仁口述，张爱云整理《傅英仁满族故事》（上），哈尔滨：黑龙江人民出版社2006年版，第88页。

W0486.1

喜神的产生

实 例

（参见下级母题实例）

W0486.1.1

白光中生吉祥神

实 例

藏族 从白光里衍生出一个白人沃色丹，给人带来幸福与吉祥。

【流传】（无考）

【出处】魏强：《藏族宗教文学的文化学价值》，载《民族文学研究》1995年第4期。

W0486. 2

喜神的特征（喜神的身份，喜神的职能，喜神的行为）

实 例

（参见下级母题实例）

W0486. 2. 1

喜神是专司人间幸福美满、喜乐之事的吉祥神

实 例

汉族 喜神是专司人间幸福美满、喜乐之事的吉祥神。

【流传】（无考）

【出处】《喜神》，见乌丙安主编《中国民间神谱》，沈阳：辽宁人民出版社2007年版，第157页。

W0486. 2. 2

喜神是笑面青年

实 例

白族 （参见“W0486. 3. 8 喜神希登”母题实例）

W0486. 3

特定名称的喜神（喜神的名称）

【关联】

① ［W0518a. 1. 1］喜鹊神是喜神

② ［W0542. 1. 3. 1］花神是喜神

③ ［W0827b. 1. 3］和合二仙是民间喜神

实 例

（参见下级母题实例）

W0486. 3. 1

喜神沙克沙恩都哩

实 例

满族 沙克沙恩都哩是满族普遍供奉的喜神。

【流传】（a）黑龙江省·（牡丹江市）·宁安县（宁古塔）·江东乡（江南朝鲜族满族乡）·缸窑村

【出处】

（a）关振川讲，傅英仁采录：《沙克沙恩都哩》，见中国民间文学集成全国编辑委员会编《中国民间故事集成》（黑龙江卷），北京：中国ISBN中心2005年版，第63～64页。

（b）《沙克沙恩都哩》，见《满族神话故事》，哈尔滨：北方文艺出版社1985年版。

（c）《沙克沙恩都哩》，见满都呼主编《中国阿尔泰语系诸民族神话故事》，北京：民族出版社1997年版，第277～278页；

（d）《沙克沙恩都哩》，见傅英仁口述，张爱云整理《傅英仁满族故事》（上），哈尔滨：黑龙江人民出版社2006年版，第24页。

W0486. 3. 2

喜神刘海

实 例

汉族 民间的喜神有和合二仙、招财童子、刘海、状元及第、喜神爷爷、喜神奶奶等。

【流传】（无考）

【出处】《喜神》，见乌丙安主编《中国民间神谱》，沈阳：辽宁人民出版社2007年版，第157页。

W0486.3.3

喜神爷爷

实 例

汉族 （参见“W0486.3.2 喜神刘海”母题实例）

W0486.3.4

喜神奶奶

实 例

汉族 （参见“W0486.3.2 喜神刘海”母题实例）

W0486.3.5

喜庆之神

实 例

（参见下级母题实例）

W0486.3.5.1

团圆与喜庆之神万回哥哥

【关联】［W0827b.1.5］万回哥哥像蓬头笑面，身著绿衣，左手擎鼓，右手执棒，云是和合之神

实 例

汉族 万回哥哥是团圆与喜庆之神。

【流传】（无考）

【出处】《万回哥哥》，见乌丙安主编《中国民间神谱》，沈阳：辽宁人民出版社2007年版，第159页。

W0486.3.6

吉神泰逢

实 例

（参见下级母题实例）

W0486.3.6.1

吉神泰逢其状如人而虎尾

实 例

汉族 和山，吉神泰逢司之。其状如人而虎尾，是好居于萯山之阳，出入有先。泰逢神动天地气也。

【流传】（无考）

【出处】［战国至汉］撰者不详：《山海经·中次三经》。

W0486.3.6.2

泰逢神能动天地气

实 例

汉族 （参见“W0486.3.6.1 吉神泰逢其状如人而虎尾”母题实例）

W0486.3.7

吉勒腾格里是保全年平安顺利之天

实 例

蒙古族 吉勒腾格里是预祝全年的平安顺利之天（在蒙古族民间宗教或萨满神词中，“天”与“腾格里”常常通用，此处可以看作是泛指诸神）。

【流传】（无考）

【出处】额尔德木图：《蒙古英雄史诗与孛额唱词中的“腾格里”》，载《内蒙古社会科学》（汉文版）1995年第5期。

W0486.3.8 喜神希登

实 例

白族 喜神希登，画面是一降狮的笑面青年。手持牛尾，反穿羊皮褂，乘骑飞驰的青狮，腾空子大山上空。过春节和家中建新屋时使用。

【流传】云南省·（大理白族自治州）·鹤庆县

【出处】章虹宇：《关于鹤庆白族“甲马”》，载《山茶》1992年第6期。

W0486.4 与喜神有关的其他母题

【关联】［W0981.2.1.1］大年初一早晨顺着公鸡打鸣的方向走会碰到喜神

实 例

（参见下级母题实例）

W0486.4.1 喜鹊是喜神的使者

【关联】

①［W0171］神的使者

②［W0518a.1.1］喜鹊神是喜神

实 例

满族 喜神到人间投胎时，天神赐给他五千喜鹊兵。

【流传】（a）黑龙江省·（牡丹江市）·宁安县（宁古塔）·江东乡（江南朝鲜族满族乡）·缸窑村

【出处】

（a）关振川讲，傅英仁采录：《沙克沙恩都哩》，见中国民间文学集成全国编辑委员会编《中国民间故事集成》（黑龙江卷），北京：中国ISBN中心2005年版，第63～64页。

（b）《沙克沙恩都哩》，见《满族神话故事》，哈尔滨：北方文艺出版社1985年版。

（c）《沙克沙恩都哩》，见满都呼主编《中国阿尔泰语系诸民族神话故事》，北京：民族出版社1997年版，第277～278页。

W0486.4.2 正月元日鸡初鸣时祀喜神

实 例

汉族 正月元日鸡初鸣时，祀喜神于其方，日出天行。

【流传】（无考）

【出处】汪承烈修：《宣汉县志》卷十五《礼俗·岁时节序》。

W0486.4.3

接新娘时要迎送喜神

实 例

白族 白族接新娘要迎送喜神。

【流传】云南省·（大理白族自治州）·大理市·海东乡

【出处】詹承绪调查整理：《大理海东白族婚礼中迎送喜神仪式》（1988），见吕大吉、何耀华总主编《中国各民族原始宗教资料集成》（彝族卷、白族卷、基诺族卷），北京：中国社会科学出版社 1996 年版，第 728 页。

W0486.4.4

喜神树

实 例

（参见下级母题实例）

W0486.4.4.1

结婚的前一天要立喜神树

实 例

傈僳族 在结婚的前一天，男女两家都要砍来青枝绿叶、木杆等于屋外院中“搭青棚”，并在棚中树立一棵高约 5 米的青松树，称“喜神树”。

【流传】云南省·（楚雄彝族自治州）·武定县、元谋地区（元谋县）

【出处】张桥贵：《武定、元谋地区婚仪中的祭神》（1988），见吕大吉、何耀华总主编《中国各民族原始宗教资料集成》（纳西族卷、羌族卷、独龙族卷、傈僳族卷、怒族卷），北京：中国社会科学出版社 2000 年版，第 796 页。

W0486a

哭神

实 例

（参见下级母题实例）

W0486a.1

哭神司小儿哭闹

实 例

汉族 哭神是小儿哭闹之神。小儿爱哭，彻夜不眠，是因冒犯哭神所致。

【流传】（无考）

【出处】《哭神》，见乌丙安主编《中国民间神谱》，沈阳：辽宁人民出版社 2007 年版，第 167 页。

W0487

幸福之神

【汤普森】A467

实 例

（参见下级母题实例）

W0487a

幸运之神（幸运神，运气之神）

【关联】［W9490］运气

实 例

（参见下级母题实例）

W0487a. 1

幸运之神的产生

【关联】［W9491］运气的产生

实 例

（实例待考）

W0487a. 2

幸运之神的特征

实 例

（实例待考）

W0487a. 3

幸运之神的生活

实 例

（实例待考）

W0487a. 4

与幸运之神有关的其他母题

实 例

（参见下级母题实例）

W0487a. 4. 1

特定名称的幸运之神

实 例

（参见下级母题实例）

W0487a. 4. 1. 1

天神吉雅奇主宰好运气

实 例

鄂温克族 有9个天（即9个天神），其中吉雅奇天主宰好运气。

【流传】（内蒙古自治区·呼伦贝尔市·陈巴尔虎旗莫尔格河一带）

【出处】

（a）《陈巴尔虎旗莫尔格河鄂温克族社会历史调查报告》，见内蒙古自治区编辑组《鄂温克族社会历史调查》，呼和浩特：内蒙古人民出版社1986年版，第338页。

（b）《莫尔格河地区供祭的天神》，见吕大吉、何耀华总主编《中国各民族原始宗教资料集成》（鄂伦春族卷、鄂温克族卷、赫哲族卷、达斡尔族卷、锡伯族卷、满族卷、蒙古族卷、藏族卷），北京：中国社会科学出版社1999年版，第112～113页。

W0487a. 4. 1. 2

振兴运气之神塔林·齐诺恩·察罕·苏勒德（苏勒德腾格里）

实 例

蒙古族 塔林·齐诺恩·察罕·苏勒德，又称苏勒德腾格里，或称九个苏勒德腾格里，是振兴运气的天（在蒙古族民间宗教或萨满神词中，“天”与“腾格里”常常通用，此处可以看作是泛指诸神）。

【流传】（无考）

【出处】额尔德木图：《蒙古英雄史诗与孛额唱词中的“腾格里”》，载《内蒙古社会科学》（汉文版）1995 年第 5 期。

W0488

刑罚神

【汤普森】 A464

【关联】 ［W0658a.8.1.19］刑狱业祖师

实　例

（参见下级母题实例）

W0488.1

刑罚神的产生

实　例

（参见下级母题实例）

W0488.1.1

分封出刑罚神

实　例

（参见下级母题实例）

W0488.1.1.1

第一代女神王阿匹梅烟封出十二位尊神是专管不守规矩的天神

实　例

哈尼族 站在烟罗神殿的中央，第一代女神王阿匹梅烟又封出十二位尊神。这些神都是她的孙子，专管不守规矩的天神。

【流传】 云南省·（红河哈尼族彝族自治州）·元阳（元阳县）、红河（红河县）、金平（金平苗族瑶族傣族自治县）［采集于元阳县·胜村乡·全福庄］

【出处】 卢朝贵讲，史军超搜集整理：《神和人的家谱》，原载云南省民间文学集成办公室编《哈尼族神话传说集成》，中国民间文艺出版社 1990 年版，见姚宝瑄主编《中国各民族神话》（哈尼族、傣族），太原：山西出版传媒集团·书海出版社 2014 年版，第 41 页。

W0488.2

刑罚神的特征

实　例

（参见下级母题实例）

W0488.2.1

刑罚神公平

实　例

（参见下级母题实例）

W0488.2.1.1

刑罚神公平是因为心是用湖水做的

实　例

哈尼族 第一代神王阿匹梅烟用湖水做十二个乌摩（即管神的神或专司管理的神）的心，所以乌摩办事最公平。

【流传】 云南省·（红河哈尼族彝族自治州）·元阳（元阳县）、红河（红河县）、金平（金平苗族瑶族傣族自治县）［采集于元阳县·胜村乡·全

福庄]

【出处】卢朝贵讲，史军超搜集整理：《神和人的家谱》，原载云南省民间文学集成办公室编《哈尼族神话传说集成》，中国民间文艺出版社1990年版，见姚宝瑄主编《中国各民族神话》（哈尼族、傣族），太原：山西出版传媒集团·书海出版社2014年版，第41页。

W0488.3 与刑罚神有关的其他母题

实 例

（参见下级母题实例）

W0488.3.1 主刑罚之神蓐收

实 例

汉族 虢公梦在庙，有神，人面白毛虎爪，执钺，立于西阿。公惧而走。神曰："无走，帝命曰，使晋袭于尔门。"拜稽首。觉，召史嚚占之。对曰："如君之言，则蓐收也，天之刑神也。"

【流传】（无考）

【出处】［春秋］左丘明：《国语·晋语二》。

W0488.3.2 司过之神

实 例

（参见下级母题实例）

W0488.3.2.1 天地有司过之神依人之所犯轻重以夺人算

实 例

汉族 是以天地有司过之神，依人之所犯轻重，以夺人算。算减则贫耗，多逢忧患，人皆恶之，刑祸随之，吉庆避之，恶星灾之。算尽则死。

【流传】（无考）

【出处】［宋］撰者不详：《太上感应篇》（《感应篇》）第二章。

W0488.3.3 审判神（判神）

实 例

（参见下级母题实例）

W0488.3.3.1 天上的判神

实 例

（参见下级母题实例）

W0488.3.3.1.1 天上的判神劳柳普

实 例

（参见下级母题实例）

W0488.3.3.1.1.1

天上的判神劳柳普比雷早生7天

实 例

苗族 有个名叫劳柳普（天上的判神），比雷早生七早晨，个头比马高七寸，身子比龙长七丈。

【流传】原文无流传地，据文本及注释推测该神话流传于贵州省·黔东南苗族侗族自治州·凯里市、台江县等地

【出处】潘正昌唱，张海平搜集：《浩劫复生·洪水滔天》，见贵州省少数民族古籍整理出版规划小组办公室编，燕宝整理译注《苗族古歌》，贵阳：贵州民族出版社1993年版，第525页。

W0489

艺术之神

【汤普森】①A450.1；②A465

【关联】［W6700］艺术的产生

实 例

（参见下级母题实例）

W0489.1

诗神

【汤普森】A465.1

实 例

（实例待考）

W0489.2

音乐之神

【汤普森】A465.2

【关联】

①［W0459a］歌神

②［W6900］音乐

实 例

（参见下级母题实例）

W0489.2.1

音乐神伶伦

实 例

汉族 伶伦是掌管音乐的神。

【流传】（无考）

【出处】《乐神伶伦》，见金麦田《中国古代神话故事全集》，北京：京华出版社2004年版，第371页。

W0489.3

表演之神

【汤普森】≈A465.3

实 例

（实例待考）

W0489.4

舞蹈之神

【汤普森】A465.4

【关联】［W6907～W6908］舞蹈

实 例

（实例待考）

W0489. 5

绘画之神

【汤普森】A465. 5

【关联】[W0497. 7. 33] 画神

实 例

（实例待考）

W0489. 6

歌舞之神

实 例

（参见下级母题实例）

W0489. 6. 1

9 个都那兀尔巴拜是司歌舞之神

实 例

蒙古族 九个都那兀尔巴拜是司歌舞之天（在蒙古族民间宗教或萨满神词中，“天”与“腾格里”常常通用，此处可以看作是泛指诸神）。

【流传】（无考）

【出处】额尔德木图：《蒙古英雄史诗与孛额唱词中的“腾格里”》，载《内蒙古社会科学》（汉文版）1995 年第 5 期。

W0490

预言之神

【汤普森】A471

【关联】[W9251] 预言者

实 例

（参见下级母题实例）

W0490. 1

占卜神

【关联】[W9191] 占卜者（占卜师）

实 例

（参见下级母题实例）

W0490. 1. 1

占卜女神

【关联】

① [W0065] 女神

② [W0067a. 7] 女神是占卜师

③ [W9190. 2] 母亲教占卜

实 例

（参见下级母题实例）

W0490. 1. 1. 1

占卜女神停吉希桑玛

实 例

（参见下级母题实例）

W0490. 1. 1. 1. 1

女神停吉希桑玛是绿色女神

实 例

藏族 女神停吉希桑玛是绿色女神，她奉献给人们的是明空圆光占卜的智慧。

【流传】西藏自治区·（日喀则市·定日县）珠穆朗玛峰一带

【出处】谢继胜整理：《载世巨象》，见

BBS 水木清华站：http：//www.smth.edu.cn，2006.07.20。

W0490.1.1.1.2
女神停吉希桑玛给人明空圆光占卜的智慧

实 例

藏族 （参见“W0490.1.1.1.1 女神停吉希桑玛是绿色女神”母题实例）

W0491
渔神

【汤普森】 ①A147；②A455

【关联】 ［W6022］捕鱼的产生

实 例

（参见下级母题实例）

W0491.1
捕捞保护神（渔业保护神）

实 例

（参见下级母题实例）

W0491.1.1
器械捕鱼者的魂灵保护神

实 例

（参见下级母题实例）

W0491.1.1.1
器械捕鱼者的魂灵保护神古鲁奥希诺颜和古勒希哈坦

实 例

蒙古族（布里亚特） 古鲁奥希诺颜和古勒希哈坦是用“莫尔德（μopg）”器械捕鱼者的魂灵保护神。这两个神可能是生前与捕鱼业有关系的死去的萨满的化身，或者是某捕鱼能手的化身。

【流传】（无考）

【出处】［苏联］И.А.曼日格耶夫著，宋长宏译，佟德富校：《布里亚特萨满教和前萨满教辞典》（俄文版），莫斯科：科学出版社1978年版，第40页，见吕大吉、何耀华总主编《中国各民族原始宗教资料集成》（鄂伦春族卷、鄂温克族卷、赫哲族卷、达斡尔族卷、锡伯族卷、满族卷、蒙古族卷、藏族卷），北京：中国社会科学出版社1999年版，第621页。

W0491.1.1.1.1
古鲁奥希诺颜和古勒希哈坦是萨满的化身

实 例

蒙古族（布里亚特）（参见“W0491.1.1.1 器械捕鱼者的魂灵保护神古鲁奥希诺颜和古勒希哈坦”母题实例）

W0491.1.1.1.2
古鲁奥希诺颜和古勒希哈坦是某捕鱼能手的化身

实 例

蒙古族（布里亚特）（参见“W0491.1.1.1

器械捕鱼者的魂灵保护神古鲁奥希诺颜和古勒希哈坦”母题实例）

W0491.1.2

东海海底女神吉姆吉玛玛助人捕捞

实 例

满族 海中有玉的蚌蛤深钻海底，海参深伏海底岩壁，海龟深藏于海底砂石之草中，只有祈求东海深层海底女神吉姆吉玛玛相助，才能觅得，而不致深海窒息或小船触礁沉没。

【流传】（无考）

【出处】《海祭》，富育光据《东海沉冤录》、《清光绪十六年扈伦七姓满族海祭神谕》翻译整理，见吕大吉、何耀华总主编《中国各民族原始宗教资料集成》（鄂伦春族卷、鄂温克族卷、赫哲族卷、达斡尔族卷、锡伯族卷、满族卷、蒙古族卷、藏族卷），北京：中国社会科学出版社 1999 年版，第 521～522 页。

W0491.2

专司捕鱼的神木克蹲特

实 例

（参见下级母题实例）

W0491.2.1

木克蹲特形如龙

实 例

赫哲族 木克蹲特，形如龙，专司捕鱼之事。

【流传】（黑龙江省）

【出处】

(a)《民族问题五种丛书》黑龙江省编辑组：《赫哲族社会历史调查》，牡丹江：黑龙江朝鲜民族出版社 1987 年版，第 173～174 页。

(b)《动物神（二）》，见吕大吉、何耀华总主编《中国各民族原始宗教资料集成》（鄂伦春族卷、鄂温克族卷、赫哲族卷、达斡尔族卷、锡伯族卷、满族卷、蒙古族卷、藏族卷），北京：中国社会科学出版社 1999 年版，第 202 页。

W0491.2.2

木克蹲特住水中

实 例

赫哲族 蹲特神有三种。其中，木克蹲特，形如龙，住在水中，专司捕鱼之事。

【流传】（黑龙江省）

【出处】

(a)《民族问题五种丛书》黑龙江省编辑组：《赫哲族社会历史调查》，牡丹江：黑龙江朝鲜民族出版社 1987 年版，第 173～174 页。

(b)《动物神（二）》，见吕大吉、何耀华总主编《中国各民族原始宗教资料集成》（鄂伦春族卷、鄂温克族卷、赫哲族卷、达斡尔族卷、锡伯族卷、满族卷、蒙古族卷、藏族卷），北京：

中国社会科学出版社 1999 年版，第 202 页。

W0491.3

特定名称的渔猎神

实 例

（参见下级母题实例）

W0491.3.1

渔民奉伏羲为渔猎神

实 例

汉族 渔民奉伏羲是渔猎之神。

【流传】（无考）

【出处】李乔：《中国行业神崇拜》，北京：中国华侨出版社 1990 年版，第 323 页。

W0491.4

与渔神有关的其他母题

【关联】［W0461］猎神（狩猎神）

实 例

（实例待考）

W0491a

御禀神

实 例

（参见下级母题实例）

W0491a.1

御禀神是天帝的属臣

实 例

（参见下级母题实例）

W0491a.1.1

天帝派御禀神私访人间

实 例

汉族 天帝派御禀神到人间私访。

【流传】山西省·临汾市

【出处】霍庆献讲，孟华采录：《五谷之根》，见中国民间文学集成全国编辑委员会编《中国民间故事集成》（山西卷），北京：中国 ISBN 中心 1999 年版，第 21 页。

W0492

灾难神（灾难保护神）

【汤普森】A478

实 例

（参见下级母题实例）

W0492.1

避险保护神

实 例

（参见下级母题实例）

W0492.1.1

保护人们脱离死亡危险的大头幼狐西瑟瑞王

实 例

蒙古族（布里亚特）保护人们脱离死亡危险的大头幼狐——西瑟瑞王（prince acirai），居住在奥昆山黑色光滑岩石上。

【流传】（无考）

【出处】浦泽都尼夫著，嘎日达译：《布里亚特萨满教记述》（英文版），赫尔辛基1941年版，转引自吕大吉、何耀华总主编《中国各民族原始宗教资料集成》（鄂伦春族卷、鄂温克族卷、赫哲族卷、达斡尔族卷、锡伯族卷、满族卷、蒙古族卷、藏族卷），北京：中国社会科学出版社1999年版，第612页。

W0492. 1. 1. 1
西瑟瑞王居住在奥昆山黑色光滑岩石上

实　例

蒙古族（布里亚特）（参见“W0492. 1. 1 保护人们脱离死亡危险的大头幼狐西瑟瑞王”母题实例）

W0492a
消灾之神

实　例

（参见下级母题实例）

W0492a. 1
特定的神是消灾之神

【关联】［W0474. 5. 2］社神能除病消灾

实　例

（参见下级母题实例）

W0492a. 1. 1
二尊拉拜腾格里是祛除坏事之神

实　例

蒙古族 二尊拉拜腾格里是祛除坏事的天（在蒙古族民间宗教或萨满神词中，“天”与“腾格里”常常通用，此处可以看作是泛指诸神）。

【流传】（无考）

【出处】额尔德木图：《蒙古英雄史诗与孛额唱词中的“腾格里”》，载《内蒙古社会科学》（汉文版）1995年第5期。

W0493
灶神（灶王，灶王爷，灶君）

【汤普森】A411. 2

实　例

（参见下级母题实例）

W0493. 1
灶神的产生

实　例

（参见下级母题实例）

W0493. 1. 1
灶神自然产生

实　例

（实例待考）

W0493.1.2

灶神源于特定的地方

实 例

（实例待考）

W0493.1.3

灶神是造出来的

实 例

（实例待考）

W0493.1.4

灶神的生育产生的（婚生灶神）

实 例

（参见下级母题实例）

W0493.1.4.1

灶神是特定人物的儿子

实 例

（参见下级母题实例）

W0493.1.4.1.1

灶神是颛顼的儿子

【关联】［W0483.1.3.1］颛顼的儿子死后变瘟神

实 例

汉族 （实例待考）

W0493.1.5

灶神是变化产生的

【关联】［W0493.6.5.1.1］姓张的书生变成灶王爷

实 例

（参见下级母题实例）

W0493.1.5.1

特定的神变成灶神

实 例

（参见下级母题实例）

W0493.1.5.1.1

邋遢神踢到人间后封为灶王爷

实 例

汉族 （实例待考）

W0493.1.5.1.2

火神成为灶神

实 例

（参见下级母题实例）

W0493.1.5.1.2.1

火神翁不士转化为汉式灶神

实 例

羌族 “翁不士”（火神），本为羌人火塘三足，后转化为汉式灶神，成了天神的通讯员或间谍。

【流传】四川省·（阿坝藏族羌族自治州）·汶川县·绵池乡·簇头、沟头等寨

【出处】

（a）王治国、王升明等提供：《绵池乡簇头、沟头寨的白石崇拜》（1983.11），

原载钱安靖《羌族宗教习俗调查资料》，见羌族社会历史调查四川省编写组编《羌族社会历史调查》，成都：四川省社会科学院出版社 1985 年版。

（b）同（a），见吕大吉、何耀华总主编《中国各民族原始宗教资料集成》（纳西族卷、羌族卷、独龙族卷、傈僳族卷、怒族卷），北京：中国社会科学出版社 2000 年版，第 474 页。

W0493. 1. 5. 2

人成为灶神

【关联】［W0493. 1. 6. 1. 1］玉皇大帝封 1 对饿死的老夫妻为灶神

实 例

壮族（实例待考）

W0493. 1. 5. 2. 1

人死后成为灶神

实 例

（参见下级母题实例）

W0493. 1. 5. 2. 1. 1

战死的士兵封为灶神

实 例

汉族 商朝末年，姜子牙帮助周武王讨伐纣王，历经多次浴血之战，终于打下江山，裂土封侯。姜子牙受师之命，立下封神榜。有功的将领牺牲后，都能受封为神；但广大冲锋陷阵的士兵，战死沙场，却都未受到封赏。这些游鬼冤魂，死无归宿，心中不快，难免闹事。姜子牙了解这一情形后，便将战死的士兵封为灶神。

【流传】（无考）

【出处】罗伟国：《灶王爷的传说》，载《中国道教》2004 年第 6 期。

W0493. 1. 6

封灶神

实 例

（参见下级母题实例）

W0493. 1. 6. 1

玉皇大帝封灶神

实 例

（参见下级母题实例）

W0493. 1. 6. 1. 1

玉皇大帝封 1 对饿死的老夫妻为灶神

实 例

汉族 一对饿死的老夫妻死后被玉皇大帝封灶神。

【流传】河南省·（三门峡市）·渑池县

【出处】《灶神》，见白庚胜总主编《中国民间故事全书》（河南省渑池县卷），北京：知识产权出版社 2009 年版，第 9 页。

W0493.1.6.1.2
人间12个兄弟死后被玉帝封为灶王

实 例

壮族 12个人间兄弟死后被玉帝封为灶王。

【流传】 广西壮族自治区·（柳州市）·柳江县（柳江区）

【出处】 韦汉良讲：《灶王十二兄弟》，见张声震总主编，农冠品编注《壮族神话集成》，南宁：广西民族出版社2007年版，第454～455页。

W0493.1.7
与灶神的产生有关的其他母题

【关联】 ［W0058.1b.1.5］傈僳族从汉族传来门神、灶神

实 例

（参见下级母题实例）

W0493.1.7.1
有火德者成为灶神

实 例

（参见下级母题实例）

W0493.1.7.1.1
炎帝神农以火德王天下死托祀于灶神

实 例

汉族 炎帝神农以火德王天下，死托祀于灶神。

【流传】（无考）

【出处】 ［西汉］淮南王刘安及门客：《淮南子·氾论训》高诱注。

W0493.1.7.2
灶神的生日

实 例

（参见下级母题实例）

W0493.1.7.2.1
灶神生日腊月二十三日

实 例

汉族 腊月二十三日为“灶王诞”，即灶王上天之日。

【流传】（无考）

【出处】《灶神》，见乌丙安主编《中国民间神谱》，沈阳：辽宁人民出版社2007年版，第115页。

W0493.1.7.2.2
灶君生日农历八月三日

实 例

白族 农历8月3日是灶君生日。

【流传】 云南省·（大理白族自治州）·大理市·城郊乡

【出处】 王承权调查整理：《大理白族祭灶君》（1988），见吕大吉、何耀华总主编《中国各民族原始宗教资料集成》（彝族卷、白族卷、基诺族卷），北京：中国社会科学出版社1996年

版，第 504 页。

W0493. 2

灶神的特征

实 例

（参见下级母题实例）

W0493. 2. 1

灶神的性别

实 例

（参见下级母题实例）

W0493. 2. 1. 1

灶神是男神

实 例

汉族 则称，灶君姓张，名单，字子郭，当属男神。

【流传】（无考）

【出处】［清］撰者不详：《敬灶全书》。

W0493. 2. 1. 2

灶神是女神

实 例

汉族 灶神姓张名单，又名隗，字子郭，貌如美女。其妻小字卿忌。生有六女，都取名察洽。

【流传】（无考）

【出处】［唐］段成式：《酉阳杂俎·诺皋记》。

W0493. 2. 2

灶神的面貌（灶神的身份）

实 例

（参见下级母题实例）

W0493. 2. 2. 1

灶神状如美女

实 例

汉族 灶神名隗，状如美女。

【流传】（无考）

【出处】［唐］段成式《酉阳杂俎》前集卷十四《诺皋记上》。

汉族 “灶有髻。”司马彪注：“髻，灶神，著赤衣，状如美女。”

【流传】（无考）

【出处】［战国］庄周：《庄子·达生》司马彪注。

W0493. 2. 2. 2

灶神状如老妇

实 例

汉族 灶神祝融，为老妇。

【流传】（无考）

【出处】［北宋］李昉、李穆、徐铉等：《太平御览》引《五经异义》。

W0493. 2. 2. 3

灶神是一对老夫妻

实 例

锡伯族 灶神像是一位老奶奶和白发老爷爷，在老爷爷身旁画一男孩，老奶奶身旁画一女孩。

【流传】（无考）

【出处】

(a) 佟克力：《锡伯族历史与文化》，乌鲁木齐：新疆人民出版社1989年版，第258页。

(b)《灶神》，见吕大吉、何耀华总主编《中国各民族原始宗教资料集成》（鄂伦春族卷、鄂温克族卷、赫哲族卷、达斡尔族卷、锡伯族卷、满族卷、蒙古族卷、藏族卷），北京：中国社会科学出版社1999年版，第400页。

W0493.2.2.4

灶神无形

实 例

（参见下级母题实例）

W0493.2.2.4.1

灶神没有具体形象

实 例

藏族 藏族的灶神同家神一样，没有具体的形象。

【流传】（无考）

【出处】丹珠昂奔：《藏族神灵论》，中国社会科学出版社1990年版，见吕大吉、何耀华总主编《中国各民族原始宗教资料集成》（鄂伦春族卷、鄂温克族卷、赫哲族卷、达斡尔族卷、锡伯族卷、满族卷、蒙古族卷、藏族卷），北京：中国社会科学出版社1999年版，第804页。

W0493.2.3

灶神的性情（灶神的性格）

实 例

（参见下级母题实例）

W0493.2.3.1

灶神胆小

实 例

（实例待考）

W0493.2.3.2

灶神邋遢

实 例

（实例待考）

W0493.2.3.2.1

灶神是邋遢神

实 例

汉族 （实例待考）

W0493.2.3.3

灶神爱打小报告

实 例

侗族 灶神是个耳报神，但凡人世间的善恶，他都要到天上去禀报，谁要是糟蹋五谷，天王就打发雷公下来惩罚。

【流传】（贵州省）

【出处】杨引招讲，龙玉成搜集整理：《捉雷公引起的故事》，原载《侗族民间故事选》，见陶阳、钟秀编《中国神话》（上），北京：商务印书馆2008年版，第465～471页。

W0493. 2. 4

与灶神的特征有关的其他母题

实 例

（参见下级母题实例）

W0493. 2. 4. 1

灶神耳聋

实 例

汉族 （实例待考）

W0493. 2. 4. 2

灶神难侍候

实 例

（参见下级母题实例）

W0493. 2. 4. 2. 1

灶神很容易冒犯

实 例

藏族 灶神是很难侍候的神，很容易冒犯。

【流传】（无考）

【出处】＊《灶神》，原载丹珠昂奔《佛教与藏族文学》，中央民族学院出版社1988年版，见吕大吉、何耀华总主编《中国各民族原始宗教资料集成》（鄂伦春族卷、鄂温克族卷、赫哲族卷、达斡尔族卷、锡伯族卷、满族卷、蒙古族卷、藏族卷），北京：中国社会科学出版社1999年版，第866页。

W0493. 3

灶神的职能（灶神的身份，灶神的能力，灶神的事迹，灶神的行为）

实 例

（参见下级母题实例）

W0493. 3. 1

灶神保六畜兴旺

实 例

汉族 灶神保安身，保六畜兴旺。

【流传】吉林省·（吉林市）·永吉县·土城子乡·聂司马屯汉军旗

【出处】常恕春抄录：《灶神》见吉林省艺术研究所等编《坛续与神本》，内部编印，1985年，第151页。

W0493. 3. 2

灶神管与火有关的事务

实 例

（参见下级母题实例）

W0493.3.2.1

灶王为人看家管火

实 例

仡佬族 灶王到人间帮助人类看家、管理火。

【流传】 贵州省·（六盘水市）·六枝特区·店子乡（新窑乡）·那义村·青桐林

【出处】 程少先等讲，叶正乾采录：《盘古王和他的儿孙们》见中国民间文学集成全国编辑委员会编《中国民间故事集成》（贵州卷），北京：中国ISBN中心2003年，第62页。

W0493.3.2.2

灶神是专管炊事的神灵

实 例

锡伯族 灶神是专管炊事的神灵。

【流传】（无考）

【出处】

(a) 佟克力：《锡伯族历史与文化》，乌鲁木齐：新疆人民出版社1989年版，第258页。

(b)《灶神》，见吕大吉、何耀华总主编《中国各民族原始宗教资料集成》（鄂伦春族卷、鄂温克族卷、赫哲族卷、达斡尔族卷、锡伯族卷、满族卷、蒙古族卷、藏族卷），北京：中国社会科学出版社1999年版，第400页。

W0493.3.2.3

灶神是火王

实 例

汉族 吴回回禄之神，托于灶，是月火王，故祀之也。

【流传】（无考）

【出处】［秦］吕不韦及门客：《吕氏春秋》。

W0493.3.3

灶神管五谷杂粮

【关联】［W3952.1］灶神向玉皇大帝为人类讨五谷

实 例

壮族 玉帝分封，出现社王爷的职位，分管田野中的五谷杂粮。

【流传】 广西壮族自治区·（柳州市）·柳城（柳城县），（河池市）·宜山（宜州市）

【出处】 龙意华讲：《灶王爷和社王爷》，见张声震总主编，农冠品编注《壮族神话集成》，南宁：广西民族出版社2007年版，第397页。

W0493.3.3a

灶王主管人的饮食

【关联】［W0493.3.6.6］灶神是主管饮食之神

实 例

汉族 灶神又称灶君、灶王、灶王

爷、灶君菩萨，主司民间饮食之神。

【流传】（无考）

【出处】《灶神》，见乌丙安主编《中国民间神谱》，沈阳：辽宁人民出版社2007年版，第114页。

壮族 灶王是壮族信仰中主管吃、喝的神。

【流传】广西壮族自治区·（百色市）·靖西县（靖西市）

【出处】凌树东搜集整理：*《广西靖西县壮族诸神表》（1991），见吕大吉、何耀华总主编《中国各民族原始宗教资料集成》（土家族卷、瑶族卷、壮族卷、黎族卷），北京：中国社会科学出版社1998年版，第494页。

W0493. 3. 4

灶神上天（送灶神）

【关联】［W1428. 1. 2］灶王神上天

实 例

（参见下级母题实例）

W0493. 3. 4. 1

灶神上天汇报人间事

实 例

汉族 灶王每年腊月二十三到天上汇报，腊月三十那天再回到人间。

【流传】东北地区（复述地点：孙吴县·红旗乡·小兴安屯）

【出处】尹宪芬复述：《灶王爷》（2012. 09），见李海生《东北民间故事》（上册），哈尔滨：黑龙江教育出版社2016年版，第73～74页。

W0493. 3. 4. 1. 1

灶君腊月返回天堂诉说人间悲情

实 例

汉族 一年腊月，灶君从人间返回天堂，向玉帝说人们谷物缺少，情况十分悲惨。

【流传】河南省·（驻马店市）·遂平县西部山区一带

【出处】崔蕊的祖母讲，崔蕊（女，16岁，汉族，花庄乡初中学校学生）采录：《牛为什么吃草》（1988），见张振犁编著，孟宪明、朱淑君统纂《中原神话通鉴》（第四卷），郑州：河南大学出版社2017年版，第1296页。

W0493. 3. 4. 2

灶神上天报告人的罪行

实 例

汉族 灶神晦日归天，白人罪。

【流传】（无考）

【出处】［北宋］李昉、李穆、徐铉等：《太平御览》卷一八六引《淮南万毕术》

W0493. 3. 4. 3

灶神晦日归天

实 例

汉族 灶神晦日（腊月二十三日或二

十四日）归天，白人罪。

【流传】（无考）

【出处】［北宋］李昉、李穆、徐铉等：《太平御览》卷一八六引《淮南万毕术》。

W0493.3.4.4

腊月二十三日灶王爷上天

【关联】［W0466.10.2］火神腊月二十三日送上天

实　例

汉族 腊月二十三，白牡丹（女子名，吕洞宾的情人）在家忙着买菜、蒸糖瓜、办年货，还准备着摆供，打发灶王爷上天。

【流传】（山东省·泰安一带）

【出处】程金富讲，张屯岭采录：《白氏郎的故事——泰山众神的由来》，原载陶阳编《泰山民间故事大观》，见陶阳、钟秀编《中国神话》（中），北京：商务印书馆 2008 年版，第 747～752 页。

蒙古族 （实例待考）

W0493.3.4.4a

灶神腊月二十四上天

实　例

白族 灶神“甲马”中的图像表示男、女灶神亨老和弗整的化身。腊月二十四日送灶时使用。

【流传】云南省·（大理白族自治州）·鹤庆县

【出处】章虹宇：《关于鹤庆白族“甲马”》，载《山茶》1992 年第 6 期。

汉族 古传腊月二十四，灶君朝天欲言事。云车风马小留连，家有杯盘丰典祀。猪头烂熟生鱼鲜，豆沙甘松粉饵圆。男儿酌献女儿避，酹酒烧钱灶君喜。婢子斗争君莫闻，猫犬触移君莫嗔。送君醉饱登天门，杓长杓短勿复云，乞取利市归来分。

【流传】（无考）

【出处】［南宋］范成大：《祭灶词》。

W0493.3.4.5

灶神是天王老子的耳报神

实　例

侗族 灶神是个耳报神，但凡人世间的善恶，他都要到天上去禀报给天王老子。

【流传】贵州省·（黔东南苗族侗族自治州）·天柱县

【出处】

（a）杨引招讲，龙玉龙搜集整理：《捉雷公》，载《南风》1981 年第 2 期。

（b）同（a），见姚宝瑄主编《中国各民族神话》（土家族、毛南族、侗族、瑶族），太原：山西出版传媒集团·书海出版社 2014 年版，第 105 页。

W0493.3.4.6

灶神上天 7 次

实　例

汉族 灶君上天奏事，来回总共

七回。

【流传】（无考）

【出处】罗伟国：《灶王爷的传说》，载《中国道教》2004 年第 6 期。

W0493. 3. 4. 7

灶神每月都上天

实 例

（参见下级母题实例）

W0493. 3. 4. 7. 1

灶神每月最后一日上天

实 例

汉族 灶神每月月底上天，向司命神报告人的过失。司命神根据灶神的汇报，按照过失大小来剥夺人的寿命，最少三天，最多三百天。

【流传】（无考）

【出处】《易内戒》，见罗伟国《灶王爷的传说》，载《中国道教》2004 年第 6 期。。

汉族 灶神每月最后一日上天，为的是向天尊汇报人们的善恶功过。

【流传】（无考）

【出处】［东晋］葛洪：《抱朴子》。

W0493. 3. 4. 8

灶神上天需要 7 日

实 例

汉族 迎神薪突正衣冠，灶马纷纷乍解鞍。来复只须占七日，笑他人说上天难。

【流传】（无考）

【出处】［清］吴曼云：《江乡节物词》。

W0493. 3. 5

灶神的化身是动物

实 例

（实例待考）

W0493. 3. 5. 1

灶神的化身是猎狗

实 例

门巴族 （实例待考）

W0493. 3. 6

灶神是特定的神

实 例

（参见下级母题实例）

W0493. 3. 6. 1

灶王神属于家神

实 例

壮族 祖宗神、土地公神、灶王神、花婆王、火神等都属于家神。

【流传】广西壮族自治区·（南宁市）·武鸣县·两江乡·雷江片，马山县·古零乡·杨圩片

【出处】黄世杰搜集整理：*《多神信仰》（1990），见吕大吉、何耀华总主编《中国各民族原始宗教资料集成》（土家族卷、瑶族卷、壮族卷、黎族

卷），北京：中国社会科学出版社 1998 年版，第 493 页。

W0493.3.6.2

灶王神是地方保护神

实 例

壮族 祖宗神、坟地神、社公神、土地公神、灶王神、境主大王神、五伤神、瘟神、游江、令公、灵宝等是地方保护神。

【流传】 广西壮族自治区·（南宁市）·武鸣县·两江乡·雷江片，马山县·古零乡·杨圩片

【出处】 黄世杰搜集整理：*《多神信仰》（1990），见吕大吉、何耀华总主编《中国各民族原始宗教资料集成》（土家族卷、瑶族卷、壮族卷、黎族卷），北京：中国社会科学出版社 1998 年版，第 492 页。

W0493.3.6.3

灶神是女神

实 例

汉族 灶神其状如美女，著赤衣，名髻也。

【流传】（无考）

【出处】［战国］庄周：《庄子》。

W0493.3.6.4

灶神是财神

实 例

藏族 一些地方把灶神当成家神和财神来供奉。

【流传】（无考）

【出处】《藏族卷·绪论》，见吕大吉、何耀华总主编《中国各民族原始宗教资料集成》（鄂伦春族卷、鄂温克族卷、赫哲族卷、达斡尔族卷、锡伯族卷、满族卷、蒙古族卷、藏族卷），北京：中国社会科学出版社 1999 年版，第 777 页。

W0493.3.6.5

灶神即火神

【关联】［W0466］火神

实 例

藏族 灶神又称火神。为了使灶神能安心于家中，乐于庇护。

【流传】（无考）

【出处】 田必伟：《藏族原始宗教观念试析》，载《西藏研究》1989 年第 3 期。

W0493.3.6.6

灶神是主管饮食之神

实 例

汉族 灶王又称"灶神"、"灶君"、"灶君老爷"、"老灶爷"等，是我国古代神话中主管饮食之神。

【流传】（无考）

【出处】 罗伟国：《灶王爷的传说》，载《中国道教》2004 年第 6 期。

W0493. 3. 6. 7

灶神是厨房之神

实 例

汉族 灶神，全衔“东厨司命九灵元王定福神君”，俗称“灶君”，或称“灶君公”、“司命真君”、“九天东厨烟主”、“护宅天尊”或“灶王”，北方称他为“灶王爷”，鸾门尊奉为三恩主之一，也就是厨房之神。

【流传】（无考）

【出处】罗伟国：《灶王爷的传说》，载《中国道教》2004 年第 6 期。

W0493. 3. 6. 8

灶神是本家司命神

实 例

白族 灶神是本家司命神，所以要先求灶神福佑。

【流传】云南省·（大理白族自治州）·洱源县·茈碧乡、凤羽乡

【出处】王承权调查整理：《洱源凤羽茈碧白族祛病巫术四种》（1988），见吕大吉、何耀华总主编《中国各民族原始宗教资料集成》（彝族卷、白族卷、基诺族卷），北京：中国社会科学出版社 1996 年版，第 617 页。

W0493. 3. 7

灶神奉职天台

实 例

汉族 灶神硕以瓦器奉职天臺，不思先公而务私家，背奥媚灶，苟谄大臣。

【流传】（无考）

【出处】［东晋］袁宏：《后汉纪·献帝纪二》。

W0493. 3. 8

灶神是天神的通讯员

实 例

羌族 （参见“W0493. 1. 5. 1. 2. 1 火神翁不士转化为汉式灶神”母题实例）

W0493. 3. 9

灶神是玉皇的使者

实 例

（参见下级母题实例）

W0493. 3. 9. 1

灶神是玉皇派到人间督察人们的善恶言行的使者

实 例

白族 灶神是玉皇的使者，被派到人间督察人们的善恶言行。

【流传】云南省·（大理白族自治州）·大理市·城郊乡

【出处】王承权调查整理：《大理白族祭灶君》（1988），见吕大吉、何耀华总主编《中国各民族原始宗教资料集成》（彝族卷、白族卷、基诺族卷），

北京：中国社会科学出版社 1996 年版，第 504 页。

W0493.3.10
灶君无所不能

【关联】［W0911.2.8.3.1］祭灶君招魂

实 例

白族（那马） 灶君无所不能，只要祭它，就能把人丢失的魂找回来。

【流传】云南省·（怒江傈僳族自治州）·兰坪县（兰坪白族普米族自治县），（迪庆藏族自治州）·维西县（维西傈僳族自治县）

【出处】刘龙初调查整理：《兰坪维西那马人的喊魂仪式》（1988），见吕大吉、何耀华总主编《中国各民族原始宗教资料集成》（彝族卷、白族卷、基诺族卷），北京：中国社会科学出版社 1996 年版，第 434 页。

W0493.3.11
灶神在家神中地位最高

实 例

怒族 灶神是家庭中最重要的神灵。

【流传】（无考）

【出处】吕大吉、何耀华总主编：《中国各民族原始宗教资料集成》（纳西族卷、羌族卷、独龙族卷、傈僳族卷、怒族卷），北京：中国社会科学出版社 2000 年版，第 838 页。

W0493.4
灶神的生活

实 例

（参见下级母题实例）

W0493.4.1
灶神的服饰

实 例

汉族 灶神名禅，字子郭，衣黄衣，披发，从灶中出。

【流传】（无考）

【出处】［唐］李贤注引《杂五行书》。

W0493.4.2
灶神的饮食

实 例

（参见下级母题实例）

W0493.4.2.1
灶神吃素

实 例

傈僳族 灶神不敬肉，只敬茶，因为是吃素。

【流传】四川省·（攀枝花市）·盐边县·岩门公社（岩门乡）

【出处】李永宪等：《盐边县岩门公社傈僳族调查报告》，见中国西南民族研究学会编印《雅砻江下游考察报告》，内部编印，1983 年，第 204 页。

W0493.4.3

灶神的居所

实 例

（参见下级母题实例）

W0493.4.3.1

灶神“种火老母元君”居昆仑山

实 例

汉族 灶神是居于昆仑山的“种火老母元君”。

【流传】（无考）

【出处】撰者不详：《敬造全书·灶王经》。

W0493.4.3.2

灶神居锅台上边的墙

实 例

藏族 各个家庭里灶神的位置有所不同。其中，有的以锅台上边的墙为意向中的灶神的神龛，备加恭敬，若烧奶、茶等，让灶神受用。

【流传】（无考）

【出处】丹珠昂奔：《藏族神灵论》，中国社会科学出版社1990年版，见吕大吉、何耀华总主编《中国各民族原始宗教资料集成》（鄂伦春族卷、鄂温克族卷、赫哲族卷、达斡尔族卷、锡伯族卷、满族卷、蒙古族卷、藏族卷），北京：中国社会科学出版社1999年版，第804～805页。

W0493.4.3.3

灶神居厨房里的某一根柱子

实 例

藏族 各个家庭里灶神的位置有所不同。其中，有的以厨房里的某一根柱子为灶神的神舍，抹点酥油。有的每打出一次新的酥油，都要先抹在柱子上一点，意思仍然是灶神先享用。

【流传】（无考）

【出处】丹珠昂奔：《藏族神灵论》，中国社会科学出版社1990年版，见吕大吉、何耀华总主编《中国各民族原始宗教资料集成》（鄂伦春族卷、鄂温克族卷、赫哲族卷、达斡尔族卷、锡伯族卷、满族卷、蒙古族卷、藏族卷），北京：中国社会科学出版社1999年版，第805页。

W0493.4.3.4

灶神置锅灶后面的右上角

实 例

藏族 每家火塘的铁三脚后面右上角地方立一块石板，或挖一个小穴，为灶神，在吃饭喝酒时用点酒奠敬，不准任何人搁脚。

【流传】（四川省·阿坝藏族羌族自治州）

【出处】《嘉绒藏族调查》，原载《四川省阿坝州藏族社会历史调查》，四川省社会科学院出版社1985年版，见吕大吉、何耀华总主编《中国各民族原始宗教资料集成》（鄂伦春族卷、鄂温克族卷、赫哲族卷、达斡尔族卷、锡伯族卷、满族卷、蒙古族卷、藏族卷），北京：中国社会科学出版社1999年版，第803页。

W0493.4.3.5

灶神在灶旁

实　例

怒族 灶神的位置在灶旁（当地的大部分地区习惯于架起铁三脚煮食物，故灶神也在三脚旁）。

【流传】云南省·（怒江傈僳族自治州）·兰坪（兰坪白族普米族自治县）

【出处】

(a) 李绍恩：《傈僳族、怒族中的哲学思想初探》，载云南省民族理论研究会怒江州分会筹备组编《怒江民族研究》1988年1~2期。

(b) 同 (a)，见吕大吉、何耀华总主编《中国各民族原始宗教资料集成》（纳西族卷、羌族卷、独龙族卷、傈僳族卷、怒族卷），北京：中国社会科学出版社2000年版，第851页。

W0493.4.4

灶神的出行

【关联】［W0493.3.4］灶神上天

实　例

（参见下级母题实例）

W0493.4.4.1

灶王大年初一从天上返回

实　例

汉族 （参见“W0493.4.5 灶神的用品”母题实例）

W0493.4.5

灶神的用品

实　例

汉族 张灶王每年腊月二十三日上天禀明玉帝，大年初一返回。

【流传】（河南省）

【出处】袁珂改编：《张灶王》（原名《节日的传说·祭灶》），原载《河南民间故事丛书》（五），见袁珂《中国神话大词典》，北京：华夏出版社2015年版，第381页。

W0493.4.5.1

灶王爷的灶马

实　例

（参见下级母题实例）

W0493.4.5.1.1

灶王爷的灶马是神马

实　例

汉族 灶王爷在每年的腊月二十三夜里，骑着灶马上天宫，向玉皇爷禀报下情，直到正月初一五更才回来，一来一去整七天。灶马是神马，一天一夜能跑一万八千里。

【流传】河南省·（南阳市）·新野县

【出处】曹学典讲，曹宝泉采录：《盘古爷开天》，见张振犁编著《中原神话通鉴》（第一卷），郑州：河南大学出版社 2017 年版，第 34 页。

W0493. 4. 5. 1. 1. 1

灶王爷的神马日行一万八千里

实 例

（参见下级母题实例）

W0493. 4. 6

与灶神生活有关的其他母题

实 例

（实例待考）

W0493. 5

灶神的关系

【关联】［W0236. 4. 5. 1］土地神的辅佐是社王、灶王

实 例

（参见下级母题实例）

W0493. 5. 1

灶神夫妻

实 例

（实例待考）

W0493. 5. 1. 1

灶王爷灶王奶奶

实 例

（实例待考）

W0493. 5. 2

灶王的兄弟

实 例

（参见下级母题实例）

W0493. 5. 2. 1

灶神三兄弟

实 例

珞巴族 灶神三兄弟，会帮助全天下人。

【流传】西藏自治区·林芝市·墨脱县·墨脱乡、甘登乡、旁辛乡［讲述地点：墨脱县·墨脱乡·墨脱村］

【出处】桑杰绕登、江措讲：《祭灶神》（1996. 09），见冀文正《珞巴族民间故事》，成都：四川民族出版社 2011 年版，第 75 页。

W0493. 5. 3

灶神的上司

实 例

（参见下级母题实例）

W0493.5.3.1

灶神是玉皇大帝的使者

实 例

汉族 旧时每逢灶王上天之日，家家户户都要祭灶，唯恐得罪这位玉皇大帝派驻人间的使者。

【流传】（无考）

【出处】罗伟国：《灶王爷的传说》，载《中国道教》2004 年第 6 期。

W0493.5.4

灶神的子女

实 例

（参见下级母题实例）

W0493.5.4.1

灶神有 5 对儿女

实 例

纳西族 把东方的灶神来洒奠，洒奠灶祇的五位男儿，洒奠灶祇的五位女儿。

【流传】云南省·丽江县（丽江市）·（古城区）·大东乡，（玉龙纳西族自治县）·龙盘乡（龙蟠乡）

【出处】和士诚等讲，戈阿干调查整理：《“丽蒙增”（为猎神生献牺牲）祭辞》（1985，1986），见吕大吉、何耀华总主编《中国各民族原始宗教资料集成》（纳西族卷、羌族卷、独龙族卷、傈僳族卷、怒族卷），北京：中国社会科学出版社 2000 年版，第 289 页。

W0493.6

特定名称的灶神（灶神的名称，灶神的姓氏名号）

实 例

（参见下级母题实例）

W0493.6.1

灶神祝融

【关联】

① ［W0767.3.1.1］祝融是火神

② ［W0767.5.2.3］祝融是颛顼的儿子

实 例

（参见下级母题实例）

W0493.6.1.1

灶神祝融为老妇

实 例

汉族 灶神祝融，为老妇。

【流传】（无考）

【出处】［北宋］李昉、李穆、徐铉等：《太平御览》引《五经异义》。

W0493.6.1a

灶神种火老母元君

实 例

汉族 （参见“W0493.4.3.1 灶神‘种火老母元君’居昆仑山”母题实例）

W0493. 6. 1b

灶神炎帝神农

【关联】

① ［W0744a. 1］炎帝是神

② ［W0744a. 1. 1］炎帝是火神

实　例

汉族（实例待考）

W0493. 6. 1c

灶神名隗

实　例

汉族灶神名隗，状如美女。

【流传】（无考）

【出处】［唐］段成式：《酉阳杂俎》前集卷十四《诺皋记上》。

W0493. 6. 1d

灶神穷蝉（灶神名蝉）

实　例

（参见下级母题实例）

W0493. 6. 1d. 1

灶神穷蝉是颛顼的儿子

【关联】［W0763. 4. 4. 5］颛顼的儿子穷蝉

实　例

汉族颛顼的一个儿子叫“穷蝉”，即灶神。

【流传】（无考）

【出处】《天帝颛顼》，见金麦田《中国古代神话故事全集》，北京：京华出版社2004年版，第41页。

W0493. 6. 1d. 2

灶神名蝉，字子郭，衣黄衣

实　例

汉族灶神名蝉，字子郭，衣黄衣。

【流传】（无考）

【出处】［南朝·宋］范晔：《后汉书·阴识传》注引《杂五行书》。

W0493. 6. 1e

灶神吴回回禄

实　例

（参见下级母题实例）

W0493. 6. 1e. 1

吴回回禄之神托于灶，是月火王

实　例

汉族吴回回禄之神，托于灶，是月火王，故祀之也。

【流传】（无考）

【出处】［秦］吕不韦及门客：《吕氏春秋》。

W0493. 6. 1f

灶神叫张单

实　例

（参见下级母题实例）

W0493.6.1f.1

灶神姓张，名单，字子郭

实 例

汉族 灶神姓张，名单，字子郭。

【流传】（无考）

【出处】［唐］段成式：《酉阳杂俎·诺皋记上》。

汉族 黄帝第五子挥公，发明传世瑰宝的弓矢被赐姓张；挥之十一世孙张单，其任“火正”之职时，发明了“造灶”，使人类生活有了用“灶”烹饪食物的飞跃，张单因此被人们供奉为“灶君公”。

【流传】（无考）

【出处】［明］嘉靖年间修：《张氏统宗世谱》。

W0493.6.1g

灶神宋无忌

【关联】

①［W0827.1.19］仙人宋无忌（宋毋忌）

②［W0867.5.1］火之怪宋毋忌

实 例

汉族 宋无忌宜为灶神。而苏吉利当又为宋无忌之讹变。吉、忌之音俱近髻（蛣），即《庄子·达生》所谓“灶有髻（蛣）”也。

【流传】（无考）

【出处】《灶神》，见袁珂《中国神话大词典》，北京：华夏出版社 2015 年版，第 171 页。

W0493.6.1g.1

王基家贱妇生宋无忌

实 例

汉族 王基家贱妇生一儿，堕地，即走入灶中。辂曰：“直宋无忌之妖，将其入灶也。”

【流传】（无考）

【出处】［西晋］陈寿：《三国志·魏书·管辂传》。

W0493.6.1h

灶神叫苏吉利

实 例

汉族 灶神姓苏，名吉利。

【流传】（无考）

【出处】［南朝·梁］宗懔：《荆楚岁时记》。

汉族 灶神，姓苏，名吉利，妇名博颊。

【流传】（无考）

【出处】［隋］杜台卿：《玉烛宝典》引《灶书》。

W0493.6.2

灶神居拉西其

实 例

鄂伦春族 居拉西其是鄂伦春族所敬奉的灶神。

【流传】（无考）

【出处】马名超、崔焱：《鄂伦春族宗教与神话》，见《中国各民族宗教与神话大词典》编审委员会编《中国各民族宗教与神话大词典》，北京：学苑出版社 1993 年版。

W0493. 6. 3

灶神卜冬寒

实 例

壮族 为人类找到火的叫卜冬寒的人变成壮族民间的灶神。

【流传】云南省·文山（文山壮族苗族自治州）；广西壮族自治区·河池（河池市）

【出处】蓝鸿恩整理：《找火》，见张声震总主编，农冠品编注《壮族神话集成》，南宁：广西民族出版社 2007 年版，第 52 ~ 53 页。

W0493. 6. 3. 1

始祖布碌陀封为人们找来火种的卜冬寒为灶神

实 例

壮族 布碌陀封为人们找来火种的卜冬寒为灶神。

【流传】（无考）

【出处】篮鸿恩（疑为“蓝鸿恩”）整理：《卜冬寒》，原载《中国各民族宗教与神话大词典》，学苑出版社 1993 年版，见姚宝瑄主编《中国各民族神话》（仫佬族、壮族、京族），太原：山西出版传媒集团·书海出版社 2014 年版，第 159 页。

W0493. 6. 3a

灶神亨老和弗整

实 例

白族 灶神“甲马”，画面是一把火把和三个石头，上边是一个铁三脚架图案。表示男、女灶神亨老和弗整的化身。

【流传】云南省·（大理白族自治州）·鹤庆县

【出处】章虹宇：《关于鹤庆白族“甲马”》，载《山茶》1992 年第 6 期。

W0493. 6. 3a. 1

始祖生的八姑娘亨老（黑虎）和八儿子弗整（栗树）成为灶神

实 例

白族 劳谷（男始祖）和劳泰（女始祖）被尊称为天公、地母。他们繁衍白族的 10 对子女也分别被尊为神。其中八姑娘亨老（黑虎）和八儿子弗整（栗树）成为灶神，永远享受人们的供祭。

【流传】云南省·（大理白族自治州）·鹤庆（鹤庆县），丽江（丽江市）及（丽江市）·永胜（永胜县）

【出处】李剑飞讲，李缵绪、章虹宇记录：《人类和万物的起源》（又名《劳谷与劳泰》、《古干古洛创世记》），原载李缵绪主编《白族神话传说集成》，中国民间文艺出版社 1986 年版，见姚宝瑄主编《中国各民族神话》（白族、拉祜族、景颇族），太原：山西出版传媒集团·书海出版社 2014 年版，第 28 页。

W0493.6.4
灶王

实 例

汉族 月朔，乞儿三五人为一队，扮灶公灶婆，噪于门庭以乞钱，至二十四日止，谓之跳灶王。案李廓《镜听》词："匣中取镜辞灶王。"是称灶神为灶王，唐时已然。

【流传】（无考）

【出处】［清］顾禄：《清嘉录》卷十二"跳灶王"条。

W0493.6.4.1
张灶王

实 例

（参见下级母题实例）

W0493.6.4.1.1
会盘锅台的姓张的泥工被奉为张灶王

实 例

汉族 古时有盘古山，山上有庙，庙有老道主持之。山下村中有张姓兄弟，兄为泥工，弟为画匠。泥工善盘锅台，所盘锅台易烧而省柴，家家锅台俱为其所盘，以此著名，人称"张灶王"。

【流传】（河南省）

【出处】袁珂改编：《张灶王》（原名《节日的传说·祭灶》），原载《河南民间故事丛书》（五），见袁珂《中国神话大词典》，北京：华夏出版社 2015 年版，第 381 页。

W0493.6.4.1.2
做坏事而知羞的张奎死在锅台旁，玉皇封他为灶王

实 例

汉族 从前有个叫张奎的人，虽然做过不好的事，但知道羞耻。死在锅台旁，玉皇就封他为灶王。

【流传】东北地区（复述地点：孙吴县·红旗乡·小兴安屯）

【出处】尹宪芬复述：《灶王爷》（2012.09），见李海生《东北民间故事》（上册），哈尔滨：黑龙江教育出版社 2016 年版，第 73～74 页。

W0493.6.4.2
唐代有灶神为灶王之说

实 例

汉族 李廓《镜听》词："匣中取镜辞灶王。"是称灶神为灶王，唐时已然。

【流传】（无考）

【出处】［清］顾禄：《清嘉录》卷十二"跳灶王"条。

W0493.6.5
灶王爷

实 例

（参见下级母题实例）

W0493.6.5.1
灶王爷姓张

实 例

（参见下级母题实例）

W0493.6.5.1.1
姓张的书生变成灶王爷

实 例

汉族 一个姓张的书生变成灶王爷。

【流传】 河北省·秦皇岛市·抚宁县·（留守营镇）·宋庄乡（宋庄村）

【出处】 朱桂芹讲：《灶王爷的来历》，见本县集成办编《抚宁民间故事卷》第1集，内部编印，1987年，第27~29页。

W0493.6.5.2
北方称“灶神”为“灶王爷”

实 例

汉族 灶神，北方称为“灶王爷”。

【流传】（中国北方）

【出处】 罗伟国：《灶王爷的传说》，载《中国道教》2004年第6期。

W0493.6.5a
老灶爷

实 例

（参见下级母题实例）

W0493.6.5a.1
老灶爷腊月二十三日上天禀告民情

实 例

汉族 腊月二十三日，老灶爷上天禀告民间情事。

【流传】 湖北

【出处】 王定范、孟国民讲，王永武搜集整理：《老牛下凡》，原载中国民间文艺研究会湖北分会编《湖北民间故事传说集》，见姚宝瑄主编《中国各民族神话》（汉族），太原：山西出版传媒集团·书海出版社2014年版，第84~85页。

W0493.6.6
灶君

实 例

汉族 灶神，亦作“灶君”。

【流传】（无考）

【出处】《灶神》，见袁珂《中国神话大词典》，北京：华夏出版社2015年版，第171页。

汉族 复涂侦谓卫灵公曰：“梦见灶君。”

【流传】（无考）

【出处】［西汉］刘向：《战国策·赵策三》。

彝族（撒尼）灶神又名“灶君”。

【流传】云南省·昆明（昆明市）·（寻甸回族彝族自治县）·（先锋乡）·恰普鲁村

【出处】云南彝族撒尼支宗教祭司张琼（1890—1971）遗稿，长孙张福整理：《火崇拜》，见吕大吉、何耀华总主编《中国各民族原始宗教资料集成》（彝族卷、白族卷、基诺族卷），北京：中国社会科学出版社 1996 年版，第 99 页。

W0493.6.6.1

张灶君

实 例

汉族 张灶君心里怪玉皇大帝办事过分，就生法儿让金鸡儿叫唤起来，金鸡一叫唤，天亮了，天兵天将只好变成山峰。

【流传】河南省·平顶山市

【出处】赫莲烨讲，陈金展采录：《石人山的传说》，见张振犁编著，孟宪明、朱淑君统纂《中原神话通鉴》（第三卷），郑州：河南大学出版社 2017 年版，第 936 页。

W0493.6.6.2

灶神又称“灶君公”

实 例

汉族 灶神，俗称“灶君”，或称“灶君公”、“司命真君”、“九天东厨烟主”。

【流传】（无考）

【出处】罗伟国：《灶王爷的传说》，载《中国道教》2004 年第 6 期。

W0493.6.6.3

灶神尊称“南方火帝君”

实 例

彝族（撒尼）灶神又名“灶君”，由火神爷演变展而来，因此又尊称为“南方火帝君”。

【流传】云南省·昆明（昆明市）·（寻甸回族彝族自治县）·（先锋乡）·恰普鲁村

【出处】云南彝族撒尼支宗教祭司张琼（1890—1971）遗稿，长孙张福整理：《火崇拜》，见吕大吉、何耀华总主编《中国各民族原始宗教资料集成》（彝族卷、白族卷、基诺族卷），北京：中国社会科学出版社 1996 年版，第 99 页。

W0493.6.7

灶君菩萨

实 例

汉族 灶神又称灶君菩萨。

【流传】（无考）

【出处】《灶神》，见乌丙安主编《中国民间神谱》，沈阳：辽宁人民出版社 2007 年版，第 114 页。

W0493. 6. 8
灶鬼

实 例

（参见下级母题实例）

W0493. 6. 8. 1
灶鬼是恶鬼

实 例

黎族 灶鬼是恶鬼，要杀猪祭祀。

【流传】（无考）

【出处】《鬼魂崇拜》，见吕大吉、何耀华总主编《中国各民族原始宗教资料集成》（土家族卷、瑶族卷、壮族卷、黎族卷），北京：中国社会科学出版社 1998 年版，第 695 页。

W0493. 6. 9
灶神又称“九司命真君”

实 例

汉族 （参见“W0493. 6. 6. 2 灶神又称‘灶君公’”母题实例）

W0493. 6. 10
灶神又称“九天东厨烟主”

实 例

汉族 （参见“W0493. 6. 6. 2 灶神又称‘灶君公’”母题实例）

W0493. 6. 11
灶神又称“护宅天尊”

实 例

汉族 灶神，俗称“灶君”，或称“灶君公”、“司命真君”、“九天东厨烟主”、“护宅天尊”或“灶王”。

【流传】（无考）

【出处】 罗伟国：《灶王爷的传说》，载《中国道教》2004 年第 6 期。

W0493. 6. 12
灶神全称东厨司命九灵元王定福神君

实 例

汉族 灶神，全衔是“东厨司命九灵元王定福神君”，俗称“灶君”。

【流传】（无考）

【出处】 罗伟国：《灶王爷的传说》，载《中国道教》2004 年第 6 期。

W0493. 6. 13
灶君娘娘

实 例

（参见下级母题实例）

W0493. 6. 13. 1
灶君娘娘上天奏玉皇大帝

实 例

畲族 土地变得不肥沃了，世间没吃没穿很可怜，灶君娘娘就上天奏玉皇大帝。

【流传】福建省·（宁德市）·福鼎（福鼎市）

【出处】钟梅娟讲，蓝俊德采录：《金蚕姑娘与金牛星》，原载《中国民间故事集成·福建卷·闽东畲族故事》，宁德地区民间文学集成编委会1990年编印，见《福建省少数民族古籍丛书》编委会编《畲族卷·民间故事》，福州：海峡出版发行集团·海峡书局2013年版，第33页。

W0493.7

与灶神有关的其他母题

实　例

（参见下级母题实例）

W0493.7.1

火炉神（炉神）

【汤普森】A493.2

【关联】

①［W0466］火神

②［W0791.4.2.2］炉神太上老君

实　例

汉族 匠门又名干将门。吴王使干将于此铸剑，材五山之精，合五精之英，使童女三百人祭炉神。

【流传】（无考）

【出处】［唐］陆广微：《吴地记》（《古今逸史》本）。

W0493.7.1.1

炉神是金银铜铁锡业保护神

实　例

汉族 炉神，又作炉火之神，金银铜铁锡业供奉的祖师神及行业保护神。

【流传】（无考）

【出处】《金银铜铁锡业神——太上老君》，见乌丙安主编《中国民间神谱》，沈阳：辽宁人民出版社2007年版，第211页。

W0493.7.1a

火塘神

【关联】

①［W0443.1.5.7.3］火塘为家庭保护神

②［W0466.3.4.1］火神又指“灶神”、“火塘神”、“锅庄神”

实　例

（参见下级母题实例）

W0493.7.1a.1

火塘神的产生

实　例

（参见下级母题实例）

W0493.7.1a.1.1

5个男火塘神灵和5个女火塘神灵

实　例

纳西族 五个男火塘神灵和五个女火塘神灵，受术王的指派，离开术家到人间管理人间的火塘，洞察评判如有冒犯术神灵禁忌的事情，就把它记录在火塘的神座上，然后向术王禀告。

【流传】云南省·（丽江市）·丽江县（古城区、玉龙纳西族自治县）

【出处】木丽春采集整理：《火塘神灵的传说》，见木丽春编著《纳西族民间故事集》，昆明：云南人民出版社2007年版，第37页。

W0493.7.1a.1.1.1

5对孤儿兄妹被术王封赐火塘神灵

实 例

纳西族 孤儿5男5女十兄妹在术王的家里住了三年，非常和睦，他们的做人感动了术王。术王封赐了十兄妹为佐神灵（火塘神灵）。

【流传】云南省·（丽江市）·丽江县（古城区、玉龙纳西族自治县）

【出处】木丽春采集整理：《火塘神灵的传说》，见木丽春编著《纳西族民间故事集》，昆明：云南人民出版社2007年版，第36页。

W0493.7.1a.2

火塘神的特征（火塘神的职能）

实 例

（参见下级母题实例）

W0493.7.1a.2.1

火塘神是慈祥的白发老人

实 例

白族 火塘神是一位慈祥的白发老人。

【流传】云南·怒江地区（怒江傈僳族自治州）

【出处】赵寅松、苏松林整理：《怒江地区白族（白人）社会历史的几个专题调查》，见《白族社会历史调查》（二），昆明：云南人民出版社1987年版，第100～101页。

W0493.7.1a.2.2

火塘神专司人间火塘

实 例

纳西族 天神叫火塘神专司人间火塘，每月初一下凡，察看各家火塘及火塘周围的情况，并把所见所闻记在火塘周围，二十四日上天禀告天神。

【流传】云南省·丽江县（丽江市）·（玉龙纳西族自治县）·塔城（塔城乡）·依陇（依陇行政村）·巴甸村

【出处】和崇义（50岁）讲，杨福泉调查整理：《丽江地区新火塘升火仪式》（1989），见吕大吉、何耀华总主编《中国各民族原始宗教资料集成》（纳西族卷、羌族卷、独龙族卷、傈僳族卷、怒族卷），北京：中国社会科学出版社2000年版，第297页。

W0493.7.1a.3
火塘神的生活

实 例

（参见下级母题实例）

W0493.7.1a.3.1
火塘神每月初一下凡

实 例

纳西族 （参见“W0493.7.1a.2.2 火塘神专司人间火塘”母题实例）

W0493.7.1a.4
火塘神的关系

实 例

（参见下级母题实例）

W0493.7.1a.4.1
火塘神是端公的信使

实 例

羌族 端公通察众神灵，火塘神灵去转告，众神赐福我羌人，亦由火塘神带来，火塘神灵恩情大，吉祥如意满人间。

【流传】四川省·（阿坝藏族羌族自治州）·汶川县·龙溪乡·比亚朵寨

【出处】

(a) 余明海（释比，68岁）、朱顺才（释比，68岁）唱，汪有伦等翻译，钱安靖整理：《上坛经》（1983.11～1984.12），见钱安靖《羌族和羌语支各居民集团宗教习俗调查报告》，四川大学宗教研究所油印本，1987年12月。

(b) 同（a），见吕大吉、何耀华总主编《中国各民族原始宗教资料集成》（纳西族卷、羌族卷、独龙族卷、傈僳族卷、怒族卷），北京：中国社会科学出版社2000年版，第533页。

W0493.7.1a.5
火塘神的名称

实 例

（参见下级母题实例）

W0493.7.1a.5.1
火塘神“佐”

实 例

纳西族 10个无父无母的兄弟姐妹（孤儿）祭天神时，各依次骑上龙，到了天上，变成了神灵，天神叫他们专司人间火塘，称为“佐”（火塘神）。

【流传】云南省·丽江县（丽江市）·（玉龙纳西族自治县）·塔城（塔城乡）·依陇（依陇行政村）·巴甸村

【出处】和崇义（50岁）讲，杨福泉调查整理：《丽江地区新火塘升火仪式》（1989），见吕大吉、何耀华总主编《中国各民族原始宗教资料集成》（纳西族卷、羌族卷、独龙族卷、傈僳族卷、怒族卷），北京：中国社会科学出版社2000年版，第297页。

W0493. 7. 1a. 5. 2
火塘神花勒布

实 例

纳西族 办喜事时，请“达巴”（巫师）念的经叫《穷博盖亨》，包括《阿普柴格拉》（祖先经）、《肯日格拉》（撵山菩萨经）、《瓜格拉》（灶神）、《花勒布》（火塘神）。

【流传】四川省·（凉山彝族自治州）·木里县（木里藏族自治县）·项脚乡

【出处】郭大烈调查整理：《木里藏族自治县项脚公社“纳日”和“拉热”人的文化习俗》，见吕大吉、何耀华总主编《中国各民族原始宗教资料集成》（纳西族卷、羌族卷、独龙族卷、傈僳族卷、怒族卷），北京：中国社会科学出版社2000年版，第201页。

W0493. 7. 1a. 6
祭火塘神

实 例

（参见下级母题实例）

W0493. 7. 1a. 6. 1
火塘建好后“升火”祭火塘神

实 例

纳西族 火塘建好后，要择吉日举行“升火”仪式，要祭火塘神五兄弟和火塘神五兄妹。

【流传】云南省·丽江县（丽江市）·（玉龙纳西族自治县）·塔城（塔城乡）·依陇（依陇行政村）·巴甸村

【出处】和崇义（50岁）讲，杨福泉调查整理：《丽江地区新火塘升火仪式》（1989），见吕大吉、何耀华总主编《中国各民族原始宗教资料集成》（纳西族卷、羌族卷、独龙族卷、傈僳族卷、怒族卷），北京：中国社会科学出版社2000年版，第297页。

W0493. 7. 1a. 6. 2
用酒、肉和米祭火塘神

实 例

白族 给火塘神祭一点酒、肉和米，他就喜欢，会给人起好名字。

【流传】云南·怒江地区（怒江傈僳族自治州）

【出处】赵寅松、苏松林整理：《怒江地区白族（白人）社会历史的几个专题调查》，见《白族社会历史调查》（二），昆明：云南人民出版社1987年版，第100～101页。

W0493. 7. 2
灶火神（管灶火的神）

实 例

（参见下级母题实例）

W0493. 7. 2. 1
灶火神蝶里艾斯

实 例

哈尼族 十二个乌摩（神的名号）中第九个是管灶火的蝶里艾斯，他管着灶火神，不给他冒火星烧房子。

【流传】云南省·（红河哈尼族彝族自治州）·元阳县

【出处】卢朝贵讲，史军超采录：《神和人的家谱》，见中国民间文学集成全国编辑委员会编《中国民间故事集成》（云南卷），北京：中国ISBN中心2003年版，第23页。

W0493.7.3
五方灶神

实　例

（参见下级母题实例）

W0493.7.3.1
五方灶神分立东、南、西、北、中

实　例

汉族 分立东、南、西、北、中五方灶神之目。

【流传】（无考）

【出处】［清］撰者不详：《敬造全书·灶王经》。

W0493.7.4
灶神的数量

实　例

（参见下级母题实例）

W0493.7.4.1
12个灶王

实　例

壮族 人间的12个兄弟死后，被玉帝封为12个灶王。

【流传】广西壮族自治区·（柳州市）·柳江县（柳江区）

【出处】韦汉良讲：《灶王十二兄弟》，见张声震总主编，农冠品编注《壮族神话集成》，南宁：广西民族出版社2007年版，第454～455页。

W0493.7.5
灶王像（灶君像）

实　例

（参见下级母题实例）

W0493.7.5.1
灶王像的来历

实　例

汉族 善盘锅台的张灶王（本为人名）年至八十，于腊月二十三日寿终于家。他的善画的弟弟遂于腊月二十三兄忌日，展纸濡毫，绘年历，图兄及已故之嫂像于其上，又图二龙抬历头，下又图十二意子为十二才官。

【流传】（河南省）

【出处】袁珂改编：《张灶王》（原名《节日的传说·祭灶》），原载《河南民间故事丛书》（五），见袁珂《中国神话大词典》，北京：华夏出版社 2015 年版，第 381 页。

W0493. 7. 5. 2
灶君像供奉于灶头

实 例

汉族 旧时民间灶王信仰颇为广泛，多将灶君像供奉于灶头。

【流传】（无考）

【出处】 罗伟国：《灶王爷的传说》，载《中国道教》2004 年第 6 期。

W0493. 7. 6
灶神的象征（灶神的代表物）

实 例

（参见下级母题实例）

W0493. 7. 6. 1
灶神即灶火本身

实 例

藏族 各个家庭里灶神的位置有所不同。其中，有的不设象征灶神的柱子和墙，而是以灶火本身为灶神的依附处。

【流传】（无考）

【出处】 丹珠昂奔：《藏族神灵论》，中国社会科学出版社 1990 年版，见吕大吉、何耀华总主编《中国各民族原始宗教资料集成》（鄂伦春族卷、鄂温克族卷、赫哲族卷、达斡尔族卷、锡伯族卷、满族卷、蒙古族卷、藏族卷），北京：中国社会科学出版社 1999 年版，第 805 页。

W0493. 7. 7
祭灶神

实 例

（参见下级母题实例）

W0493. 7. 7. 1
除夕祭灶神

实 例

傈僳族 每年除夕晚上插三炷香，献菜饭，祭灶神。

【流传】 云南省·（楚雄彝族自治州）·武定县、元谋地区（元谋县）

【出处】 张桥贵调查整理：《武定、元谋地区的祭鬼》（1988），见吕大吉、何耀华总主编《中国各民族原始宗教资料集成》（纳西族卷、羌族卷、独龙族卷、傈僳族卷、怒族卷），北京：中国社会科学出版社 2000 年版，第 741 页。

W0494
战神

【汤普森】 ①A145；②A485

【关联】［W8733］战士

实 例

（参见下级母题实例）

W0494.1

战神的产生

实 例

（参见下级母题实例）

W0494.1.1

白昼和黑夜婚生战神

实 例

景颇族（参见“W0494.6.7.1 白昼瓦囊宁推和黑夜宁星依锐婚生战神木朵省郎和吉卡恩旁”母题实例）

W0494.1.2

特定人物成为战神

实 例

（参见下级母题实例）

W0494.1.2.1

死去的祖先是战神

实 例

纳西族（阮可）阮可人所祭的战神（胜利神）即他们的十二代远祖：伙窝美使、美使拉窝、拉窝三古、三古三塔、三塔哈恒、哈恒补巴、补巴西盘、西盘久汝、久汝久阿、纳布次、瓦迅成、瓦成高。相传这些祖先与敌人拼死战斗，经历千险万难，取得胜利，争得了阮可人生活的地盘，因此阮可人把他们作为战神祭祀。

【流传】云南省·（迪庆藏族自治州）·中甸县（香格里拉县）·三坝乡（三坝纳西族乡）·白地行政村·吴树湾村

【出处】久高吉讲，杨福泉调查整理：《中甸三坝白地阮可人的祭战神（胜利神）仪式》（1989），见吕大吉、何耀华总主编《中国各民族原始宗教资料集成》（纳西族卷、羌族卷、独龙族卷、傈僳族卷、怒族卷），北京：中国社会科学出版社2000年版，第299页。

W0494.1.3

一对男女婚生战胜

实 例

（参见下级母题实例）

W0494.1.3.1

老布通苟与苏绕婚生战神里萨敬久

实 例

纳西族父亲老布通苟出世了，母亲苏绕来自金母出世了，两个结缘成一家。他们两个做变化，到了不足期的九个月零十三天，生出战神里萨敬久。

【流传】（无考）

【出处】《什罗飒》，见吕大吉、何耀华总主编《中国各民族原始宗教资料集成》（纳西族卷、羌族卷、独龙族卷、傈僳族卷、怒族卷），北京：中国社会科学出版社2000年版，第341页。

W0494.2

战神的特征

实 例

（参见下级母题实例）

W0494.2.1

战神的性别

实 例

（参见下级母题实例）

W0494.2.1.1

男战神

实 例

（实例待考）

W0494.2.1.2

女战神

【汤普森】①A125.1.1；②A485.1

实 例

（参见下级母题实例）

W0494.2.1.2.1

女天神的侍女奥朵西是牧兽女神是战神

实 例

满族 阿布卡赫赫（女天神）的侍女奥朵西是牧兽女神，也是智慧的战神。

【流传】黑龙江省·（黑河市）·孙吴县

【出处】关锁之的父亲讲，富希陆搜集：《女战神奥朵西玛玛》（1939），见吕大吉、何耀华总主编《中国各民族原始宗教资料集成》（鄂伦春族卷、鄂温克族卷、赫哲族卷、达斡尔族卷、锡伯族卷、满族卷、蒙古族卷、藏族卷），北京：中国社会科学出版社1999年版，第484页。

W0494.2.1.2.2

女战神奥都妈妈

实 例

满族 奥都妈妈是满族的女战神。奥都，满语意为射箭坚实、骑马稳当之意。

【流传】（无考）

【出处】富育光、孟慧英、王宏刚整理：《奥都妈妈》，见姚宝瑄主编《中国各民族神话》（满族、赫哲族、朝鲜族），太原：山西出版传媒集团·书海出版社2014年版，第73～74页。

W0494.2.1.2.2.1

女战神奥都玛玛骑双乘神骥

实 例

满族 女战神奥都玛玛，骑双乘神骥，驰骋如飞，在战斗中庇护着本部出兵发马、征战旅次的吉祥安宁。

【流传】黑龙江省、吉林省

【出处】

（a）富育光、孟慧英：《满族萨满教研究》，北京：北京大学出版社1991年版，第123～126页。

(b)《神偶的功能》，见吕大吉、何耀华总主编《中国各民族原始宗教资料集成》（鄂伦春族卷、鄂温克族卷、赫哲族卷、达斡尔族卷、锡伯族卷、满族卷、蒙古族卷、藏族卷），北京：中国社会科学出版社1999年版，第493页。

W0494.2.2

战神的面貌

实 例

（参见下级母题实例）

W0494.2.2.1

战神红脸

实 例

（参见下级母题实例）

W0494.2.2.1.1

灵虎战神面色火红，长发尽染鲜血

实 例

藏族 火焰虎神（又称灵虎战神、红灵虎等）的面色火红，长发尽染鲜血。

【流传】四川省·西康（今四川省西部和西藏自治区东部）；西藏自治区·（那曲地区）·安多地区（安多县）

【出处】格明多杰整理：《火焰虎神》，见BBS水木清华站：http://www.smth.edu.cn，2006.07.20。

W0494.2.2.2

战神相貌怪异

实 例

（参见下级母题实例）

W0494.2.2.2.1

战神长着瞅鬼眼，吃鬼嘴，杀鬼手，镇鬼脚

实 例

纳西族 （参见“W0494.6.9 战神里萨敬久”母题实例）

W0494.3

战神的职能（战神的能力）

实 例

（参见下级母题实例）

W0494.3.1

战神能降妖服怪

实 例

（参见下级母题实例）

W0494.3.1.1

本当战神制伏妖魔鬼怪

实 例

纳西族 “本当”战神能以各种武器制伏妖魔鬼怪。

【流传】云南省

【出处】吕大吉、何耀华总主编：《中国

各民族原始宗教资料集成》（纳西族卷、羌族卷、独龙族卷、傈僳族卷、怒族卷），北京：中国社会科学出版社2000年版，第26页。

W0494.4
战神的生活

实 例

（参见下级母题实例）

W0494.4.1
战神的服饰

实 例

（参见下级母题实例）

W0494.4.1.1
战神身穿铠甲

【关联】［W0091.4.2］特定的神的服饰

实 例

（参见下级母题实例）

W0494.4.1.1.1
灵虎战神穿着犀牛皮铠甲

实 例

藏族 火焰虎神（又称灵虎战神、红灵虎等）穿着犀牛皮铠甲。

【流传】四川省·西康（今四川省西部和西藏自治区东部）；西藏自治区·（那曲地区）·安多地区（安多县）

【出处】格明多杰整理：《火焰虎神》，见BBS水木清华站：http：//www.smth.edu.cn，2006.07.20。

W0494.4.2
战神的饮食

【关联】

①［W0672.3.1.1］蚩尤是战神

②［W0672.10］蚩尤的饮食

实 例

（实例待考）

W0494.4.3
战神的居所

实 例

（实例待考）

W0494.4.4
战神的出行

实 例

（参见下级母题实例）

W0494.4.4.1
战神骑特定动物

实 例

（参见下级母题实例）

W0494.4.4.1.1
灵虎战神骑雷电火炭马，或骑疯狂母老虎

实 例

藏族 火焰虎神（又称灵虎战神、红灵虎等）或骑雷电火炭马，或骑疯狂

母老虎。

【流传】四川省·西康（今四川省西部和西藏自治区东部）；西藏自治区·（那曲地区）·安多地区（安多县）

【出处】格明多杰整理：《火焰虎神》，见BBS水木清华站：http：//www.smth.edu.cn，2006.07.20。

W0494.4.4.1.2

战神丁巴什罗骑海螺白的神鹏鸟

实 例

纳西族 丁巴什罗（东巴教教主，战神）骑上一只海螺白的神鹏鸟。

【流传】（无考）

【出处】《什罗飒》，见吕大吉、何耀华总主编《中国各民族原始宗教资料集成》（纳西族卷、羌族卷、独龙族卷、傈僳族卷、怒族卷），北京：中国社会科学出版社2000年版，第342页。

W0494.4.5

战神的工具（战神的武器）

实 例

（参见下级母题实例）

W0494.4.5.1

灵虎战神持铜剑提人头或持长矛挎硬弓

实 例

藏族 火焰虎神（又称灵虎战神、红灵虎等）或持铜剑提人头，或持长矛挎硬弓。

【流传】四川省·西康（今四川省西部和西藏自治区东部）；西藏自治区·（那曲地区）·安多地区（安多县）

【出处】格明多杰整理：《火焰虎神》，见BBS水木清华站：http：//www.smth.edu.cn，2006.07.20。

W0494.5

战神的关系

实 例

（参见下级母题实例）

W0494.5.1

战神的亲属

实 例

（实例待考）

W0494.5.2

战神的上司

实 例

（实例待考）

W0494.5.3

战神的从属

实 例

（参见下级母题实例）

W0494.5.3.1

战神火焰虎神统率10万空行赞神大军

实 例

藏族 火焰虎神（又称灵虎战神、红灵虎等）统率着十万空行赞神大军。

【流传】四川省·西康（今四川省西部和西藏自治区东部）；西藏自治区·（那曲地区）·安多地区（安多县）

【出处】格明多杰整理：《火焰虎神》，见BBS水木清华站：http：//www.smth.edu.cn，2006.07.20。

W0494.5.4

战神的朋友

实 例

（实例待考）

W0494.6

特定名称的战神（战神的名字）

【关联】

① ［W0494.6.3］虎神是战神

② ［W0672.3.1.1］蚩尤是战神

③ ［W0774.1.1.2］天界战神丁巴什罗

实 例

（参见下级母题实例）

W0494.6.1

战神刑天

【关联】［W0765］刑天

实 例

汉族 刑天又称形天、邢天。刑天是炎帝的大将，勇猛好战。相传刑天是一个没有名号的巨人，因与黄帝大战被砍掉头颅才叫刑天。后来被作为战神。

【流传】（无考）

【出处】《战神》，见https://baike.baidu.com/item。

W0494.6.1a

战神蚩尤

实 例

汉族 兵主蚩尤是上古时代九黎族部落酋长，中国神话中的兵主。曾与炎帝大战，后把炎帝打败，于是炎帝与黄帝一起联合来战蚩尤。蚩尤被黄帝所杀，帝斩其首葬之，首级化为血枫林。后黄帝尊蚩尤为“兵主”。

【流传】（无考）

【出处】《战神》，见https://baike.baidu.com/item。

W0494.6.1b

战神应龙

实 例

汉族 （实例待考）

W0494.6.1c

战神吕尚（武祖吕尚）

实 例

汉族 吕尚是一个文武全能之人，文则经天纬地，武则开国定邦，既擅运筹帷幄，又能统兵作战，因此在唐宋以前吕尚被历代皇帝尊称为开国战神，逐渐成为天下人所供奉的神祇，最终被追尊为“昭烈武成王”。姜姓，吕氏，名尚，一说名望，字子牙，也称“姜太公”、“姜子牙”、“太公望”、“吕望”、“尚父”、“师尚父”。

【流传】（无考）

【出处】《战神》，见 https：//baike. baidu. com/item。

W0494.6.1d

战神太白金星

实　例

汉族 先秦时期，阴阳家认为太白金星是武神、战神，掌管战争之事。只要金星在特殊时间、区域出现，是“变天”的象征，是爆发革命或政府变异的前兆，代表将要发生大事。

【流传】（无考）

【出处】《战神》，见 https：//baike. baidu. com/item。

W0494.6.1e

战神勾陈大帝

实　例

汉族 勾陈宫中一星曰天皇大帝，其神曰耀魄宝，主御群灵执万神图。

【流传】（无考）

【出处】［唐］房玄龄等：《晋书·天文志》。

民族待考 勾陈上宫天皇大帝，又作西方太极天皇大帝简称“勾陈大帝”、“天皇大帝”，为道教尊神“四御”中的第三位神。勾陈大帝是斗姆元君的长子，紫微大帝的胞兄。奉玉皇上帝敕命，执掌天地人三才，主管人世间的众生，与一切兵戎、战争之事，故亦是武神。

【流传】（无考）

【出处】《战神》，见 https://baike. baidu. com/item。

W0494.6.1f

战神真武大帝

实　例

汉族 真武大帝，又称玄天上帝、玄武大帝、佑圣真君玄天上帝、荡魔天尊、九天荡魔祖师、无量祖师，全称真武荡魔大帝，是中国神话传说中的北方之神，为道教神仙中赫赫有名的玉京尊神。真武大帝的形象非常威武，其身长百尺，披散着头发，金锁甲胄，脚下踏着五色灵龟，按剑而立，眼如电光，身边侍立着龟蛇二将及记录着三界功过善恶的金童玉女。

【流传】（无考）

【出处】《战神》，见 https：//baike. baidu. com/item。

W0494. 6. 1g

战神武曲星

实 例

汉族 武曲星，中国民间信仰之一。五行阴金，化气为财，为财帛宫主，成为财富之神，司掌财富、武勇。

【流传】（无考）

【出处】《战神》，见 https：//baike. baidu. com/item。

W0494. 6. 1h

战神关圣帝君

实 例

汉族 关羽倍受中华文化历代推崇，因其忠义和勇武的形象，多被民众尊称为关公、关老爷、关大爷、关爷爷，又多次被后代帝王褒封，直至武圣，关圣帝君。俗称关圣帝、关帝君、关帝爷、关帝、圣帝，圣帝君等。道教尊为协天大帝、伏魔大帝、翊汉天尊等，中国佛教界奉其为护法神之一，称为“伽蓝菩萨”。

【流传】（无考）

【出处】《战神》，见 https：//baike. baidu. com/item。

W0494. 6. 1j

战神岳圣帝君

实 例

汉族 岳圣帝君是岳飞的神号，全称“三界靖魔大帝忠孝庙法天尊岳圣帝君”。明太祖朱元璋开国以来，明朝历代皇帝一直十分推崇岳飞的军事能力，明朝洪武年间，岳飞被封为“靖魔大帝”，明朝万历年间，岳飞被封为“三界靖魔大帝忠孝庙法天尊岳圣帝君”，后世尊称“岳圣帝君”。

【流传】（无考）

【出处】《战神》，见 https：//baike. baidu. com/item。

W0494. 6. 2

狼是战神

实 例

（参见下级母题实例）

W0494. 6. 2. 1

苍狼是战神

实 例

古突厥族 苍狼是战神。

【流传】（无考）

【出处】《乌古斯汗传》，见那木吉拉：《狼图腾：阿尔泰兽祖神话探源》，北京：民族出版社 2009 年版，第 43 页。

W0494. 6. 3

虎神是战神

实 例

（参见下级母题实例）

W0494.6.3.1

战神火焰虎神

实 例

藏族 火焰虎神是战神。

【流传】四川省·西康（今四川省西部和西藏自治区东部）；西藏自治区·（那曲地区）·安多地区（安多县）

【出处】格明多杰整理：《火焰虎神》，见 BBS 水木清华站：http://www.smth.edu.cn，2006.07.20。

W0494.6.4

常胜将军

实 例

（参见下级母题实例）

W0494.6.4.1

高神是常胜之将帅

实 例

纳西族 善神依古阿格变化出的蛋生的白鸡额玉额玛生下九对白蛋，分别变成九对神和超能的人。其中，一对变为高神（常胜之将帅）和吾神（参谋之军帅）。

【流传】（云南省）

【出处】和芳、和志新编译：《崇邦统——人类迁徙记》，见姚宝瑄主编《中国各民族神话》（佤族、阿昌族、纳西族、普米族、德昂族），太原：山西出版传媒集团·书海出版社 2014 年版，第 138 页。

W0494.6.4a

战神尤麻、罗久、本当、多构等

实 例

纳西族 尤麻、罗久、本当、多构等战神食的面偶前，放有弓箭、刀矛、铁爪等兵器，插有白、绿、黑、黄、红五面战旗。

【流传】云南省·丽江县（丽江市）·（玉龙纳西族自治县）·鸣音地区（鸣音乡）

【出处】和即贵（60 岁）讲，和品正调查整理：《丽江鸣音乡鸣音村祭送端鬼仪式》（1990），见吕大吉、何耀华总主编《中国各民族原始宗教资料集成》（纳西族卷、羌族卷、独龙族卷、傈僳族卷、怒族卷），北京：中国社会科学出版社 2000 年版，第 182 页。

W0494.6.4b

战神郎久敬玖、优麻、多格

实 例

纳西族 祭东巴祖师神“丁巴什罗”时，要用大麦炒面制作许多神的面偶，其中有郎久敬玖战神、优麻战神、多格战神等。

【流传】云南省·丽江（丽江市）

【出处】和开祥（68 岁）讲，王世英调查整理：《祭东巴祖师神“丁巴什罗”仪式》（1989），见吕大吉、何耀华总主编《中国各民族原始宗教资料集成》（纳西族卷、羌族卷、独龙族卷、傈僳族卷、怒族卷），北京：中国社会科学出版社2000年版，第209页。

W0494. 6. 4b. 1

战神里萨敬久

实 例

（参见下级母题实例）

W0494. 6. 4b. 1. 1

战神里萨敬久到天国18层顶上念经学法

实 例

纳西族 战神里萨敬久到天国十八层顶上，坐在白缎帐篷里，念经学法来修行。

【流传】（无考）

【出处】《什罗飒》，见吕大吉、何耀华总主编《中国各民族原始宗教资料集成》（纳西族卷、羌族卷、独龙族卷、傈僳族卷、怒族卷），北京：中国社会科学出版社2000年版，第341页。

W0494. 6. 4b. 1. 2

战神里萨敬久煮不死

实 例

纳西族 战神里萨敬久呀，出世还不满三天，就被那些妖魔鬼怪们，双脚上铁镣，双手套手铐，拉到千条道路会合处，被放进有八支提耳的大铜锅中煮起来。煮了三天三夜，把铜锅盖子打开一看：发现战神里萨敬久满脸汗滴如玉露，从铜锅里雄赳赳地站了起来。

【流传】（无考）

【出处】《什罗飒》，见吕大吉、何耀华总主编《中国各民族原始宗教资料集成》（纳西族卷、羌族卷、独龙族卷、傈僳族卷、怒族卷），北京：中国社会科学出版社2000年版，第341页。

W0494. 6. 5

战神布伯[①]

实 例

壮族 （参见“W0494. 6. 5a 战神梭王”母题实例）

W0494. 6. 5a

战神梭王

实 例

壮族 布伯、梭王是战神。

【流传】（无考）

【出处】梁庭望：《越族神话与希腊神话神祇之比较》，载《中央民族学院学报》1989年增刊。

W0494. 6. 5b

战神道白

实 例

① 战神布伯，“布伯”在有的神话译为“道白”，疑为音异。

（参见下级母题实例）

W0494.6.5b.1
战神道白斗雷公

实 例

壮族 斗雷公的战神叫道白。

【流传】广西壮族自治区·（南宁市）·上林县·塘红乡·万福村

【出处】樊绍戚讲：《道白杀雷公》，见张声震总主编，农冠品编注《壮族神话集成》，南宁：广西民族出版社 2007 年版，第 215 页。

W0494.6.6
战神扎略阿则

实 例

（参见下级母题实例）

W0494.6.6.1
战神扎略阿则用牛角号召集众神

实 例

哈尼族 战神扎略阿则吹召神的牛角号召集众神。

【流传】云南省·（红河哈尼族彝族自治州）·元阳县

【出处】朱小和讲，史军超等采录：《神的古今》，见中国民间文学集成全国编辑委员会编《中国民间故事集成》（云南卷），北京：中国 ISBN 中心 2003 年版，第 19 页。

哈尼族 战神扎略阿则拔出召神的牛角号，吹了起来。

【流传】云南省·（红河哈尼族彝族自治州）·元阳县、金平县（金平苗族瑶族傣族自治县）、红河县等地

【出处】朱小和讲，史军超、卢朝贵搜集整理：《烟本霍本》，原载刘辉豪、阿罗编《哈尼族民间故事选》，上海文艺出版社 1989 年版，见姚宝瑄主编《中国各民族神话》（哈尼族、傣族），太原：山西出版传媒集团·书海出版社 2014 年版，第 35 页。

W0494.6.7
战神木朵省郎和吉卡恩旁

实 例

（参见下级母题实例）

W0494.6.7.1
白昼瓦囊宁推和黑夜宁星侬锐婚生战神木朵省郎和吉卡恩旁

实 例

景颇族 白昼瓦囊宁推和黑夜宁星侬锐相配，生下战神木朵省郎和吉卡恩旁。

【流传】云南省·（德宏傣族景颇族自治州）·盈江县支丹山吾寨

【出处】萧家成译著：《勒包斋娃——景颇族创世史诗》，北京：民族出版社 1992 年版，第 38 页。

W0494. 6. 8

主战之神

实 例

（参见下级母题实例）

W0494. 6. 8. 1

客德尔多黑绅腾格里是征战之总头目

实 例

蒙古族 客德尔多黑绅腾格里是征战之总头目。

【流传】（无考）

【出处】 额尔德木图：《蒙古英雄史诗与孛额唱词中的“腾格里”》，载《内蒙古社会科学》（汉文版）1995 年第 5 期。

W0494. 6. 8. 2

白色战斗腾格里是七十尊云神之主

实 例

蒙古族 西方诸神中的白色战斗腾格里是七十尊云神之主，掌管战争的腾格里。

【流传】（无考）

【出处】 拉·胡日查巴特尔著，A. 图门译，苏鲁格校订：《哈腾根十三家神祭祀》（蒙文版），内蒙古文化出版社 1986 年版，第 59 ~ 63 页，见吕大吉、何耀华总主编《中国各民族原始宗教资料集成》（鄂伦春族卷、鄂温克族卷、赫哲族卷、达斡尔族卷、锡伯族卷、满族卷、蒙古族卷、藏族卷），北京：中国社会科学出版社 1999 年版，第 632 页。

W0494. 6. 8. 3

专司征战的大阿萨尔腾格里

实 例

蒙古族 周游人间专司征战的大阿萨尔腾格里。

【流传】（无考）

【出处】 额尔德木图：《蒙古英雄史诗与孛额唱词中的“腾格里”》，载《内蒙古社会科学》（汉文版）1995 年第 5 期。

W0494. 6. 8. 4

岱钦阔日勒腾格里主管征战

实 例

蒙古族 岱钦阔日勒腾格里，又称岱钦腾格里，主管征战，临征或参战前祭此天（在蒙古族民间宗教或萨满神词中，“天”与“腾格里”常常通用，此处可以看作是泛指诸神）。

【流传】（无考）

【出处】 额尔德木图：《蒙古英雄史诗与孛额唱词中的“腾格里”》，载《内蒙古社会科学》（汉文版）1995 年第 5 期。

W0494.6.9

战神里萨敬久

实　例

纳西族 战神里萨敬久长副瞅鬼眼，有张吃鬼嘴，有双杀鬼手，有双镇鬼脚。

【流传】（无考）

【出处】《什罗飒》，见吕大吉、何耀华总主编《中国各民族原始宗教资料集成》（纳西族卷、羌族卷、独龙族卷、傈僳族卷、怒族卷），北京：中国社会科学出版社 2000 年版，第 341 页。

W0494.6.10

战神塔腊

实　例

羌族 羌人屋顶上敬九尊神，其中“塔腊”（Ta-Là）是指示战争之神（羌人打灭葛人即受此神之指示）。

【流传】 四川省·（阿坝藏族羌族自治州）·理县·通化乡·西山大队（西山村）

【出处】 胡鉴民：《羌族的信仰与习为》，原载《边疆研究论丛》1941 年，见吕大吉、何耀华总主编《中国各民族原始宗教资料集成》（纳西族卷、羌族卷、独龙族卷、傈僳族卷、怒族卷），北京：中国社会科学出版社 2000 年版，第 475 页。

W0494.7

与战神有关的其他母题

实　例

（参见下级母题实例）

W0494.7.1

主征战胜负的鬼

实　例

（参见下级母题实例）

W0494.7.1.1

主军征战胜负的鬼崩德—岗达男女双体连胎

实　例

珞巴族 主军征战胜负的鬼是“崩德—岗达”（男女双体连胎）。

【流传】 西藏自治区

【出处】 于乃昌：《珞巴族神话与生殖崇拜》，见 http：//www.tibet-web.com，2003.10.06。

W0494.7.2

武神

实　例

（参见下级母题实例）

W0494.7.2.1

武神关羽

【关联】［W0782.4.3.1］关羽是武神

实　例

达斡尔族 清代时，达斡尔族成年男子均有服兵役的义务，认为关羽是武神，能够保佑和帮助他们打胜仗。

【流传】（内蒙古自治区、黑龙江省等地）

【出处】

(a) 珠荣嘎、满都尔图主编：《达斡尔族社会历史调查》，呼和浩特：内蒙古人民出版社 1985 年出版，第 257～258 页。

(b)《道教的影响》，见吕大吉、何耀华总主编《中国各民族原始宗教资料集成》（鄂伦春族卷、鄂温克族卷、赫哲族卷、达斡尔族卷、锡伯族卷、满族卷、蒙古族卷、藏族卷），北京：中国社会科学出版社 1999 年版，第 361～362 页。

W0494. 7. 2. 2

武神护宝神赤尊赞

实 例

藏族 护宝神赤尊赞是拉萨著名武神。

【流传】西藏自治区·拉萨市·南郊·次却林乡

【出处】廖东凡搜集：《白拉姆女神和赤尊赞》，原载《西藏民间故事选》，见陶阳、钟秀编《中国神话》（中），北京：商务印书馆 2008 年版，第 953～955 页。

W0494. 7. 3

胜利神（战胜神）

实 例

（参见下级母题实例）

W0494. 7. 3. 1

胜利神主司打胜仗

实 例

纳西族 没得胜利神之命，战不会打赢。

【流传】云南省·丽江县（丽江市）

【出处】和士诚讲，和志武调查整理：《关于动神和生神》（1989），见吕大吉、何耀华总主编《中国各民族原始宗教资料集成》（纳西族卷、羌族卷、独龙族卷、傈僳族卷、怒族卷），北京：中国社会科学出版社 2000 年版，第 82 页。

W0494. 7. 3. 2

战胜神“高”

实 例

纳西族 “高”是战胜神。

【流传】云南省·丽江（丽江市）·玉龙（玉龙纳西族自治县）·鲁甸（鲁甸乡）

【出处】和开祥（68 岁）讲，和志武调查整理：《丽江鲁甸地区的祭“糯布”（畜神和谷神）》（1989），见吕大吉、何耀华总主编《中国各民族原始宗教资料集成》（纳西族卷、羌族卷、独龙族卷、傈僳族卷、怒族卷），北京：中国社会科学出版社2000年版，第290页。

W0494.7.4

战神的数量

实 例

（参见下级母题实例）

W0494.7.4.1

18个战神

实 例

纳西族 “祭胜”仪式上，用羊奶、水和血拌在一起滴洒，其血代表“可登得油”（以前祖先杀死的敌手的勇士）的血，再于土堆前放置石头十八个，代表战神十八尊，大者如碗，小者如蛋卵，按大小顺序排列，并于每一石头前压放一片杜鹃树叶。

【流传】 云南省·丽江县（丽江市）·（玉龙纳西族自治县）·宝山区（宝山乡）·上宝山村

【出处】 和志典、王德义讲，李国文调查整理：《丽江宝山地区的祭天仪式》（1981），见吕大吉、何耀华总主编《中国各民族原始宗教资料集成》（纳西族卷、羌族卷、独龙族卷、傈僳族卷、怒族卷），北京：中国社会科学出版社2000年版，第53页。

W0494.7.5

战鬼

实 例

（参见下级母题实例）

W0494.7.5.1

战鬼埋尼

实 例

怒族 战鬼“埋尼”。

【流传】 云南省·（怒江傈僳族自治州）·福贡县

【出处】

(a)《怒族简史》，昆明：云南人民出版社1987年版，第92页。

(b) 同(a)，见吕大吉、何耀华总主编《中国各民族原始宗教资料集成》（纳西族卷、羌族卷、独龙族卷、傈僳族卷、怒族卷），北京：中国社会科学出版社2000年版，第847页。

W0494.7.6

祭战神

实 例

（参见下级母题实例）

W0494.7.6.1

战前祭战神

实 例

汉族 （实例待考）

W0494. 7. 6. 2

战后祭战神

实 例

汉族 （实例待考）

W0494. 7. 6. 3

正月初四早上祭战神

实 例

纳西族（阮可）正月初四早上祭战神。

【流传】云南省·（迪庆藏族自治州）·中甸县（香格里拉县）·三坝乡（三坝纳西族乡）·白地行政村·吴树湾村

【出处】久高吉等讲，杨福泉调查整理：《中甸三坝白地阮可人的“祭天上傻子恶神”仪式》（1989），见吕大吉、何耀华总主编《中国各民族原始宗教资料集成》（纳西族卷、羌族卷、独龙族卷、傈僳族卷、怒族卷），北京：中国社会科学出版社 2000 年版，第 62 页。

W0495

贞洁女神

【汤普森】A476

实 例

（实例待考）

W0496

智慧之神（智慧神，知识神）

【汤普森】A461

【关联】［W0085. 7］机智的神

实 例

（参见下级母题实例）

W0496. 1

智慧神的产生

实 例

（参见下级母题实例）

W0496. 1. 1

混沌中生智慧神

实 例

德昂族 狂风在天地混沌中吹出一团黑糊糊的东西，这团东西被撕成两半后，从中间掉出了一个人，叫做“帕达然”，他是最早的人，也是智慧的神。

【流传】云南省·德宏州（德宏傣族景颇族自治州）

【出处】陈志鹏采录：《祖先创世纪》，见中国民间文学集成全国编辑委员会编《中国民间故事集成》（云南卷），北京：中国 ISBN 中心 2003 年版，第 106 页。

W0496. 1. 2

云雾生智慧神

实 例

（参见下级母题实例）

W0496.1.2.1

雾露和云团相配孕生智慧神捷宁章

实 例

景颇族 雾露和云团相配，孕育了智慧神捷宁章。

【流传】云南省·（德宏傣族景颇族自治州）·盈江县支丹山吾寨

【出处】萧家成译著：《勒包斋娃——景颇族创世史诗》，北京：民族出版社1992年版，第3页。

W0496.1.3

卵生智慧神

实 例

（参见下级母题实例）

W0496.1.3.1

1对蛋孵出灵巧神和智慧神

实 例

纳西族 一对蛋孵出了灵巧神和智慧神。

【流传】云南省·丽江（丽江市）

【出处】和芳讲：《崇搬图》，见《东巴经文资料》（1963—1964），中国社科院图书馆单册复印云南丽江县文化馆资料合订本，内部编印，第8页。

W0496.1.4

男女天鬼婚生智慧神

实 例

景颇族 在宇宙最早出现的男天鬼能汪拉和女天鬼能斑木占，生下了一个代表智慧的天鬼潘瓦能桑。

【流传】（无考）

【出处】斋瓦贡退干唱，李向前、木然瑶都搜集整理，木子改写：《穆脑斋瓦——宁冠瓦》，见姚宝瑄主编《中国各民族神话》（白族、拉祜族、景颇族），太原：山西出版传媒集团·书海出版社2014年版，第224页。

W0496.2

智慧神的特征

实 例

（参见下级母题实例）

W0496.2.1

智慧女神

【汤普森】A461.1

【关联】［W0065］女神

实 例

（参见下级母题实例）

W0496.2.1.1

智慧女神务罗务素

实 例

苗族 （参见“W0496.2.1.2 智慧女

神务罗务素住银河中”母题实例）

W0496.2.1.2
智慧女神务罗务素住银河中

实 例

苗族 智慧女神务罗务素住在银河中。

【流传】 广西壮族自治区北部地区

【出处】 过竹：《苗族神话研究》，南宁：广西人民出版社1988年版，第215页。

W0496.2.1.3
智慧女神盘祖萨美

实 例

（参见下级母题实例）

W0496.2.1.3.1
智慧女神盘祖萨美是住十八层天上的女巫

实 例

纳西族 住十八层天上的女巫“盘祖萨美”，是智慧女神。

【流传】 云南省·丽江（丽江市）

【出处】 和云章解读，和力民翻译《求取祭祀占卜经》，载《纳西东巴古籍译注》（三），云南民族1989，转引自吕大吉、何耀华总主编：《中国各民族原始宗教资料集成》（纳西族卷、羌族卷、独龙族卷、傈僳族卷、怒族卷），北京：中国社会科学出版社2000年版，第191页。

W0496.2.2
机智女神

实 例

景颇族 （实例待考）

W0496.3
智慧神的职能（智慧神的能力）

【关联】 ［W1535.2.3］智慧神给万物取名

实 例

（参见下级母题实例）

W0496.3.1
知识神开知识锁

实 例

彝族 知识神开知识锁。

【流传】 贵州省·毕节（毕节市）

【出处】 贵州省毕节地区民族事务委员会编，陈长友主编：《物始纪略》（第二集），成都：四川民族出版社1991年版，第1页。

W0496.3a
智慧神的生活

实 例

（参见下级母题实例）

W0496.3a.1

智慧神住北方

实 例

哈尼族 懂道理的神是胡子像茅草一样多的乌孔拔森，住在北方的地角上。他的智慧像他的胡子一样多。

【流传】 云南省·（红河哈尼族彝族自治州）·元阳（元阳县）、红河（红河县）、绿春（绿春县）、金平（金平苗族瑶族傣族自治县）

【出处】 朱小和讲唱，史军超搜集整理：《查牛补天地》（1983），原载云南省民间文学集成办公室编《哈尼族神话传说集成》，中国民间文艺出版社1990年版，见姚宝瑄主编《中国各民族神话》（哈尼族、傣族），太原：山西出版传媒集团·书海出版社2014年版，第52页。

W0496.3b

智慧神的关系

实 例

（实例待考）

W0496.4

与智慧神有关的其他母题

【关联】 ［W6784］与智慧有关的其他母题

实 例

（参见下级母题实例）

W0496.4.1

特定名称的智慧神

实 例

（参见下级母题实例）

W0496.4.1.1

智慧神帕达然

实 例

德昂族 “帕达然”是最早的人，也是智慧的神。

【流传】 云南省·德宏州（德宏傣族景颇族自治州）

【出处】 陈志鹏采录：《祖先创世纪》，见中国民间文学集成全国编辑委员会编《中国民间故事集成》（云南卷），北京：中国ISBN中心2003年版，第106页。

W0496.4.1.2

智慧神捷宁章

实 例

景颇族 （参见“W0496.1.2.1 雾露和云团相配孕生智慧神捷宁章”母题实例）

W0496.4.1.2a

代表智慧的天鬼潘瓦能桑

实 例

景颇族 （参见“W0496.1.4 男女天鬼婚生智慧神”母题实例）

W0496. 4. 1. 3
智慧之神粟东、粟波

实 例

苗族 粟东、粟波是智慧之神。

【流传】贵州省·黔东南（黔东南苗族侗族自治州）

【出处】过竹：《苗族神话研究》，南宁：广西人民出版社 1988 年版，第 205 页。

W0496. 4. 1. 4
智慧之神乌孔拔森

【关联】［W0103. 5a. 2. 1］智慧之神乌孔拔森睡在冰床上

实 例

哈尼族 （参见“W0103. 5a. 2. 1 智慧之神乌孔拔森睡在冰床上”母题实例）

W0496. 4. 2
智慧天

【关联】［W1168. 13. 2］智慧之天

实 例

（参见下级母题实例）

W0496. 4. 2. 1
苏腾格里是智慧之天（天神）

实 例

蒙古族 苏腾格里是智慧之天。

【流传】（无考）

【出处】额尔德木图：《蒙古族英雄史诗与孛额唱词中的“腾格里”》，载《蒙古社会科学》1995 年第 5 期。

W0496. 4. 2. 2
乌哈安朝络蒙腾格里是智慧的启明天

实 例

蒙古族 乌哈安朝络蒙腾格里是智慧的启明天（在蒙古族民间宗教或萨满神词中，“天”与“腾格里”常常通用，此处可以看作是泛指诸神）。

【流传】（无考）

【出处】额尔德木图：《蒙古英雄史诗与孛额唱词中的“腾格里”》，载《内蒙古社会科学》（汉文版）1995 年第 5 期。

W0496. 4. 3
智慧星

实 例

满族 （实例待考）

W0496. 4. 4
智慧水

实 例

（参见下级母题实例）

W0496. 4. 4. 1
青蛙舅舅给人喝智慧水

实 例

普米族 青蛙舅舅给人喝智慧水。

【流传】云南省·（丽江市）·宁蒗（宁蒗彝族自治县），（怒江傈僳族自治州）·兰坪县（兰坪白族普米族自治县）；四川省·（凉山彝族自治州）·木里县（木里藏族自治县），盐源（盐源县）

【出处】王震亚整理：《开天辟地》，见中华民族故事大系编委会编《中华民族故事大系》第14卷（普米族、塔吉克族、怒族、俄罗斯族、鄂温克族），上海：上海文艺出版社1995年版，第5页。

W0496.4.5

书神

实 例

（参见下级母题实例）

W0496.4.5.1

密洛陀封为儿子邮友郁夺为书神

实 例

（参见下级母题实例）

W0496.4.5.1.1

书神邮友郁夺给1万2千种物体取名

实 例

瑶族 邮友郁夺给一万两千种物体取了名。密洛陀便封他为书神。

【流传】（无考）

【出处】《密洛陀神谱》，蓝田根据农学冠等撰写的《瑶族神话传说中的人物》编写，见姚宝瑄主编《中国各民族神话》（土家族、毛南族、侗族、瑶族），太原：山西出版传媒集团·书海出版社2014年版，第149页。

W0496.4.6

广见博闻神

实 例

彝族（白彝、黑彝、干彝、阿乌、撒尼等）

曲靖支彝人有广见博闻神等。

【流传】云南省·曲靖（曲靖市）

【出处】蔡家麒：《云南曲靖地区彝族调查》，见吕大吉、何耀华总主编《中国各民族原始宗教资料集成》（彝族卷、白族卷、基诺族卷），北京：中国社会科学出版社1996年版，第125页。

W0496.4.7

先知神

实 例

彝族（白彝、黑彝、干彝、阿乌、撒尼等）

曲靖支彝人信奉先知神。

【流传】云南省·曲靖（曲靖市）

【出处】蔡家麒：《云南曲靖地区彝族调查》，见吕大吉、何耀华总主编《中国各民族原始宗教资料集成》（彝族卷、白族卷、基诺族卷），北京：中国社会科学出版社1996年版，第

125 页。

W0496. 4. 8

谋略神

实 例

（参见下级母题实例）

W0496. 4. 8. 1

谋略神吾

实 例

纳西族 “吾” 是谋略神。

【流传】 云南省·丽江（丽江市）·玉龙（玉龙纳西族自治县）·鲁甸（鲁甸乡）

【出处】 和开祥（68 岁）讲，和志武调查整理：《丽江鲁甸地区的祭“糯布”（畜神和谷神）》（1989），见吕大吉、何耀华总主编《中国各民族原始宗教资料集成》（纳西族卷、羌族卷、独龙族卷、傈僳族卷、怒族卷），北京：中国社会科学出版社 2000 年版，第 290 页。

W0497

与职能或行业有关的其他神

实 例

（参见下级母题实例）

W0497. 1

时间神

【关联】［W4635 ~ W4647］时间

实 例

（参见下级母题实例）

W0497. 1. 1

时间神的产生

实 例

（实例待考）

W0497. 1. 2

时间神的特征

实 例

（实例待考）

W0497. 1. 3

时间神的职能

实 例

（参见下级母题实例）

W0497. 1. 3. 1

管昼夜的神

【关联】［W4010］昼夜

实 例

哈尼族 （实例待考）

W0497. 1. 3. 1. 1

司昼夜神偶是 1 对夫妻神

实 例

满族 杨姓宇宙司昼夜神偶为一对夫妻神，面部用笔画成，均作腾飞状，双偶正面均为白色，背部女为白色，表明白昼即司白天，男为黑色，意为夜，即司黑天。

【流传】吉林省·吉林地区（吉林市）·永吉县·大绥河乡·小绥河村

【出处】

（a）富育光、孟慧英：《满族萨满教研究》，北京：北京大学出版社 1991 年版，第 120～122 页。

（b）《神偶的主要分布地域》，见吕大吉、何耀华总主编《中国各民族原始宗教资料集成》（鄂伦春族卷、鄂温克族卷、赫哲族卷、达斡尔族卷、锡伯族卷、满族卷、蒙古族卷、藏族卷），北京：中国社会科学出版社 1999 年版，第 490 页。

W0497.1.3.1.2

司白天神

实 例

满族（参见“W0497.1.3.1.1 司昼夜神偶是 1 对夫妻神”母题实例）

W0497.1.3.1.3

司黑天神

实 例

满族（参见“W0497.1.3.1.1 司昼夜神偶是 1 对夫妻神”母题实例）

W0497.1.3.2

时间神管年辰

实 例

羌族 管年辰的是阿麦木比。

【流传】四川省·（阿坝藏族羌族自治州）·汶川县·雁门乡·索桥村·小寨子组

【出处】周毓华：《羌族原始宗教经典及神灵系统调整》，载《西藏民族学院学报》2010 年第 3 期。

W0497.1.4

特定的时间神（特定时间的神）

实 例

（参见下级母题实例）

W0497.1.4.1

白昼神和黑夜神

实 例

景颇族 白昼神和黑夜神生创始祖和造物母。

【流传】云南省·（德宏傣族景颇族自治州）·盈江县支丹山吾寨（?）

【出处】萧家成译著：《勒包斋娃——景颇族创世史诗》，北京：民族出版社 1992 年版，第 3 页。

W0497.1.4.1.1

白昼神和黑夜神夫妻

实 例

景颇族 白昼神和黑夜神孕育了各种野鬼。

【流传】云南省·（德宏傣族景颇族自治州）·盈江县支丹山吾寨（?）

【出处】萧家成译著：《勒包斋娃——景颇族创世史诗》，北京：民族出版社1992年版，第6页。

W0497. 1. 4. 1. 2

白昼神

实 例

景颇族（参见“W0497. 1. 4. 1 白昼神和黑夜神”母题实例）

W0497. 1. 4. 1. 3

黑夜神（夜神、背灯神）

实 例

（参见下级母题实例）

W0497. 1. 4. 1. 3. 1

夜神人身鸟翅

实 例

满族 背灯神（夜神）是人身鸟翅的半人半禽神祇。

【流传】（无考）

【出处】

（a）富育光：《萨满教与神话》，沈阳：辽宁大学出版社1990年版，第102页。

（b）《星神助世》，见吕大吉、何耀华总主编《中国各民族原始宗教资料集成》（鄂伦春族卷、鄂温克族卷、赫哲族卷、达斡尔族卷、锡伯族卷、满族卷、蒙古族卷、藏族卷），北京：中国社会科学出版社1999年版，第483页。

W0497. 1. 4. 1. 3. 2

女夜神穹宇玛玛

实 例

满族 萨满祭祀的背灯神（夜神），其中有一位伟大的宇宙布星女神卧拉多玛玛，即穹宇玛玛，是满族创世神话中宇宙三姐妹之一。

【流传】（无考）

【出处】

（a）富育光：《萨满教与神话》，沈阳：辽宁大学出版社1990年版，第102页。

（b）《星神助世》，见吕大吉、何耀华总主编《中国各民族原始宗教资料集成》（鄂伦春族卷、鄂温克族卷、赫哲族卷、达斡尔族卷、锡伯族卷、满族卷、蒙古族卷、藏族卷），北京：中国社会科学出版社1999年版，第483页。

W0497. 1. 4. 2

正月神

实 例

汉族等 农历正月初一，天腊之辰；农历正月初一，元始天尊万寿；农历正月初一，弥勒尊佛布袋和尚佛诞；农历正月初一，接神、迎喜神，出门走喜神方；农历正月初一，放爆竹，以避山燥恶鬼；农历正月初二，车公诞；农历正月初二，拜财神；农历正月初三，孙真人诞；农历正月初三，真武大帝诞；农历正月初三，拜天地神；农历正月初四，箸筒姑娘诞；农历正月初四，灶神下降；农历正月初四，孙天医真人千秋；农历正月初五，财神诞；农历正月初五，路头神诞；农历正月初五，定光佛圣诞；农历正月初五，接财神，迎五路财神、关帝；农历正月初六，清水祖师诞；农历正月初六，九天玄女圣诞；农历正月初七，人日；农历正月初八，谷王诞；农历正月初八，白衣观音诞；农历正月初八，江东神圣诞；农历正月初八，五殿阎罗王圣诞；农历正月初八，拜本命星辰“顺星”；农历正月初九，玉皇大帝诞；农历正月初九，汉闽越王诞；农历正月初九，拜天公玉皇大帝；农历正月初十土神诞；农历正月十一，太均娘娘诞；农历正月十三，温许二公诞；农历正月十三，刘猛将军虫王爷诞；农历正月十三，关圣帝君飞升；农历正月十四，迎紫姑厕神，也有在正月十三或十五；农历正月十五，上元天官圣诞；农历正月十五，张天师张道陵诞；农历正月十五，门丞户尉诞；农历正月十五，佑圣真君诞；农历正月十五，临水夫人陈靖姑千秋；农历正月十五，金天娘诞；农历正月十五，三一教主诞；农历正月十五，盘古圣诞；农历正月十五，灯节；农历正月十六，绥靖伯诞；农历正月十六，三王公诞；农历正月十九，门官土地诞；农历正月十九，长春丘真人诞；农历正月二十，招财童子诞；农历正月廿三，喇嘛“打鬼”；农历正月廿四，雷都光耀大帝圣诞；农历正月廿五，满族仓廪神诞；农历正月廿六，庇佑财神诞；农历正月廿六，观音开库

【流传】（无考）

【出处】百度百科，见 https：//baike.baidu.com/item。

W0497.1.4.3

二月神

实 例

汉族等 农历二月初一，太阳升殿之辰；农历二月初一，勾陈诞；农历二月初一，初殿诞；农历二月初一，一殿秦广王千秋；农历二月初一，中和节；农历二月初一，拜太阳星君；农历二月初二，土地诞；农历二月初二，孟夫子诞；农历二月初二，济公菩萨诞；农历二月初二，福德正神土地爷千秋；农历二月初三，文昌帝君梓潼神圣诞；农历二月初六，东华帝君诞；农历二月初八，三殿宋帝王圣诞；农历二月初九，六祖禅师诞；农历二月初十，土神诞；农历二月十二，花神诞；农历二月十三，洪圣爷诞；农历二月十五，太上老君诞；农历二月十五，精忠岳元帅诞；农历二月十五，三山国王千秋；农历二月十五，九天玄女娘娘圣诞；农历二月十六，开漳圣王诞；农历二月十七，新竹都城隍公爷千秋；农历二月十八，

四殿五官王诞；农历二月十九，观世音菩萨诞；农历二月十九，玉女娘娘诞生；农历二月二十，普贤菩萨诞；农历二月廿一，普贤菩萨圣诞；农历二月廿二，广泽尊王宝诞；农历二月廿五，玄天上帝诞；农历二月廿六，真武大帝圣诞；农历二月廿七，东岳大帝。

【流传】（无考）

【出处】百度百科，见 https：//baike. baidu. com/item。

W0497. 1. 4. 4

三月神

实　例

汉族等 农历三月上旬，公历四月四日或五日，清明鬼节，拜众鬼；农历三月初一，二殿楚江王诞；农历三月初三，北帝诞；农历三月初三，玄天上帝万寿；农历三月初三，蟠桃会，纪念王母娘娘；农历三月初三，上巳节，去江边洗涤污浊，以消灾除邪；农历三月初四，张王爷诞；农历三月初六，长老诞；农历三月初七，何仙姑诞；农历三月初八，六殿卞城王诞；农历三月初十，土神诞；农历三月十二，中央五道诞；农历三月十五，医灵诞；农历三月十五，玄坛诞；农历三月十五，保生大帝吴真人千秋；农历三月十五，中路财神赵公元帅圣诞；农历三月十五，白族观音市“三月街”；农历三月十六，准提菩萨佛诞；农历三月十八，中岳诞；农历三月十九，太阳星君圣诞；农历三月二十，注生娘娘千秋；农历三月廿三，天后娘娘妈祖圣诞；农历三月廿六，鬼谷先师千秋；农历三月廿七，车大元帅诞；农历三月廿七，七殿泰山王千秋；农历三月廿八，制字先师仓颉诞；农历三月廿八，东岳大帝圣诞；农历三月廿九，土地公生日。

【流传】（无考）

【出处】百度百科，见 https：//baike. baidu. com/item。

W0497. 1. 4. 4a

四月神

实　例

汉族等 农历四月初一，八殿都市王诞；农历四月初四，文殊菩萨诞；农历四月初八，三界诞；农历四月初八，九殿平等王诞；农历四月初八，佛祖释迦牟尼万寿；农历四月初八，金花夫人送子娘娘诞；农历四月初八，浴佛节；农历四月初八，放生会；农历四月初十，土神诞；农历四月十二，风神生日；农历四月十二，蛇王生日；农历四月十二，苏府王爷千秋；农历四月十四，吕祖仙师圣诞；农历四月十五，汉钟离仙师诞；农历四月十五，释迦文佛成道；农历四月十七，金花娘娘诞；农历四月十七，十殿轮回王千秋；农历四月十八，华佗仙师诞；农历四月十八，送生司马诞；农历四月十八，北极紫微大帝圣诞；农历四月二十，眼光佛诞；农历四月廿一，托塔李天王圣诞；农历四月廿一，先天朱将军圣诞；农历四月廿三，普贤菩萨诞；农历四月廿五，武安尊王千秋；农历四月廿五，白族观音会；农历四月廿六，蒋公诞；农历四月廿六，南鲲鯓李王爷千秋；农历四月廿七，南鲲鯓范五王爷千秋；农历四月廿八，药王诞；农历四月廿八，神农五谷先帝万寿。

【流传】（无考）

【出处】百度百科，见 https：//baike.baidu.com/item。

W0497.1.4.4b

五月神

实　例

汉族等 农历五月初一，南极长生大帝诞；农历五月初一，城隍出巡；农历五月初五，地腊之辰；农历五月初五，端午祭屈原、龙神；农历五月初五，挂钟馗像、天师像，以驱鬼祟；农历五月初五，五福大帝得道；农历五月初五，南天骆恩师圣诞；农历五月初六，清水祖师成道；农历五月初七，巧圣先师鲁班节；农历五月初八，悦城龙母诞；农历五月初十，土神诞；隍爷圣诞；农历五月十二，丙灵公诞；农历五月十三，关平太子诞；农历五月十三，关圣帝君关羽圣诞；农历五月十五，玉女娘娘飞升；农历五月十六，天地造化之神诞；农历五月十六，如来佛祖诞；农历五月十六，张天师仙师诞；农历五月十七，萧府王爷千秋；农历五月十八，老母娘娘诞；农历五月十八，张天师张道陵圣诞；农历五月十九，九天马恩师圣诞；农历五月二十，丹阳马真人

【流传】（无考）

【出处】百度百科，见 https：//baike.baidu.com/item。

W0497.1.4.4c

六月神

实　例

汉族等 农历六月初一，韦陀护法诞；农历六月初三，韦驮诞；农历六月初六，天贶节；农历六月初六，杨四将军诞；农历六月初六崔判官诞；农历六月初六，泰山诞；农历六月初六，翻经节，信女翻经“转男身”；农历六月初六，九天李恩师圣诞；农历六月初六，布依族祭大禹；农历六月初十，刘海仙师诞；农历六月十一，田都元帅诞；农历六月十二，彭祖诞；农历六月十二，井泉诞；农历六月十三，鲁班诞；农历六月十五，王灵天君圣诞；农历六月十五，无极老申娘寿诞；农历六月十六，鲁班节；农历六月十六，雷神诞；农历六月十六，南极大帝圣诞；农历六月十六，先天王天君圣诞；农历六月十八，南鲲鯓池二王爷千秋；农历六月十九，观世音菩萨诞，成道日；农历六月廿三，

马王诞；农历六月廿四，关圣帝君圣诞；农历六月廿四，火神诞；农历六月廿四，王灵官诞；农历六月廿四，和合二仙诞；农历六月廿四，西秦王爷千秋；农历六月廿四，雷祖大帝圣诞；农历六月廿四，南极大帝圣诞；农历六月廿六，杨真君诞；农历六月廿九，天枢诞。

【流传】（无考）

【出处】 百度百科，见 https：//baike. baidu. com/item。

W0497. 1. 4. 4d

七月神

实　例

汉族等 农历七月初一，太上老君诞；农历七月初七，乞巧节，拜牛郎织女二星；农历七月初七，康公诞；农历七月初七，七宫仙女下降；农历七月初七，大成魁星圣诞；农历七月初七，七星娘娘千秋；农历七月初七，卫房圣母圣诞；农历七月十二，长春真人诞；农历七月十三，大势至菩萨圣诞；农历七月十四，开基恩主千秋；农历七月十五，中元节，拜见三界公（天官、地官、水官）；农历七月十五，鬼节，烧纸钱，普度孤魂；农历七月十五，盂兰盆节；农历七月十五，中元地官大帝圣诞；农历七月十五，灵济君诞；农历七月十五，地藏王诞；农历七月十八，王母娘娘圣诞；农历七月十九，值年太岁星君千秋；农历七月十九，伏曦氏八卦祖师千秋；农历七月二十，张王爷诞；农历七月廿一，普庵诞；农历七月廿二，财帛星君诞；农历七月廿三，法主圣君千秋；农历七月廿三，南宫柳星君圣诞；农历七月廿三，诸葛武侯千秋；农历七月廿四，城隍诞；农历七月廿四，草圣诞；农历七月廿四，龙树菩萨圣诞；农历七月廿四，郑延平郡王千秋；农历七月廿五，齐天大圣诞；农历七月廿六，新竹都城隍奶奶圣诞；农历七月三十，地藏王菩萨诞。

【流传】（无考）

【出处】 百度百科，见 https：//baike. baidu. com/item。

W0497. 1. 4. 4e

八月神

实　例

汉族等 农历八月初一，许真君诞；农历八月初一，金甲神诞；农历八月初二，社王诞；农历八月初三，九天司命灶君灶王爷诞；农历八月初三，北斗星君圣诞；农历八月初三，九天朱恩师圣诞；农历八月初三，姜相子牙千秋；农历八月初五，雷声普化天尊雷祖圣诞；农历八月初八，瑶池大会；农历八月初十，北岳诞；农历八月十二，西方五道诞；农历八月十五，中秋节；农历八月十五，太阴星君月神娘娘诞；农历八月十五，临水夫人林姑千秋；农历八月十五，南鲲鯓朱四王爷千秋；农历八月十五，南宫孔恩师圣诞；农历八月十五，九天玄女娘娘千秋；农历八月十六，齐天大圣诞；农历八月十六，朱元帅诞；农历八月十六，新竹都城隍公爷千秋；农历八月廿二，燃灯古佛圣诞；农历八月廿二，广泽尊王千秋；农历八月廿三，刑天王爷千秋；农历八月廿四，陶冶仙诞；农历八月廿四，南鲲鯓万善爷千秋；农历八月廿五，太阳诞；农历八月廿七，孔夫子圣诞。

【流传】（无考）

【出处】 百度百科，见 https：//baike.baidu.com/item。

W0497.1.4.4f

九月神

实　例

汉族等 农历九月初一，南斗星君诞；农历九月初一，飞天大圣诞；农历九月初一，初一至初九，北降九星降世；农历九月初九，斗母星君圣诞；农历九月初九，重阳帝君诞；农历九月初九，关帝飞升诞；农历九月初九，绥靖伯诞；农历九月初九，临水夫人李姑诞；农历九月初九，中坛元帅太子爷诞；农历九月初九，火神爷诞；农历九月初九，酆都大帝圣诞；农历九月初九，九皇大帝圣诞；农历九月十三，孟婆神诞；农历九月十三，天水圣母飞升；农历九月十五，孟婆尊神千秋；农历九月十五，南鲲鯓吴三王爷千秋；农历九月十五，赵大元帅诞；农历九月十五，朱圣夫子圣诞；农历九月十七，金龙王诞；农历九月十七，先锋诞；农历九月十七，招财童子诞；农历九月十八，仓颉先师千秋；农历九月十八，显应祖师圣诞；农历九月十九，观世音菩萨诞；农历九月廿六，五显灵官诞；农历九月廿八，华光大帝诞；农历九月廿八，五显大帝千秋；农历九月三十，药师如来圣诞。

【流传】（无考）

【出处】 百度百科，见 https：//baike.baidu.com/item。

W0497.1.4.4g

十月神

实　例

汉族等 农历十月初一，东岳诞；农历十月初一，三田都千岁诞；农历十月初二，周将军诞；农历十月初三，二茅真君诞；农历十月初三，助顺将军圣诞；农历十月初五，达摩祖师诞；农历十月初十，花公花婆诞；农历十月初十，水仙尊王诞；农历十月十二，齐天大圣诞；农历十月十五，下元水官大帝圣诞；农历十月十五，瘟神刘使者诞；农历十月十五，温元帅诞；农历十月十五，神农氏；农历十月十六，巫山娘娘诞；农历十月十八，地母至尊千秋；农历十月二十，虚靖天帅诞；农历十月廿二，青山灵安尊王千秋；农历十月廿三，周仓将军千秋；农历十月廿五，感天大帝许真人诞；农历十月廿七，五岳诞；农历十月廿七，紫微星君圣诞；农历十月三十，周将军诞。

【流传】（无考）

【出处】百度百科，见 https：//baike.baidu. com/item。

W0497. 1. 4. 4h

十一月神（冬月神）

实 例

汉族等 农历十一月初四，孔子诞；农历十一月初四，安南尊王千秋；农历十一月初四，太乙救苦天尊圣诞；农历十一月初六，玉皇大帝诞；农历十一月初六，西岳诞；农历十一月十一，太乙救苦天尊圣诞；农历十一月十五，无极老申娘圣诞；农历十一月十七，阿弥陀佛诞；农历十一月十九，九莲菩萨诞；农历十一月十九，日光天子诞；农历十一月廿三，送子张仙师诞；农历十一月廿三，南斗星君下降，世人宜求寿；农历十一月廿七，普庵祖师诞；农历十一月廿七，董公真仙圣诞；农历十一月廿九，新竹都城隍公爷圣诞

【流传】（无考）

【出处】百度百科，见 https：//baike.baidu. com/item。

W0497. 1. 4. 4j

十二月神（腊月神）

实 例

汉族等 农历十二月初一，跳灶王；农历十二月初四，三代祖师圣诞；农历十二月初六，普庵祖师圣诞；农历十二月初八，腊八节；农历十二月初八，佛祖成道日，如来佛诞；农历十二月初八，王侯腊之辰，喝腊八粥（“佛粥”）；农历十二月初十二，百福日蚕花娘娘诞；农历十二月十五，温元帅师诞；农历十二月十六，南岳诞；农历十二月十六，太上老君诞；农历十二月十六，福德正神诞；农历十二月二十，鲁班诞；农历十二月廿一，天猷诞；农历十二月廿一，祭灶，也有在廿四日；农历十二月廿四，时灶君上天朝玉帝，送灶神；农历十二月廿五，接玉皇，天神下降；农历十二月廿九，南北斗星君下降；农历十二月廿九，华严菩萨圣诞；农历十二月三十，诸佛下界察民间善恶；农历十二月三十，紫姑厕神诞；农历十二月三十，换门神；农历十二月三十，迎灶王下界（接灶）；农历十二月三十，南斗北斗星君下降。

【流传】（无考）

【出处】百度百科，见 https：//baike.baidu. com/item。

W0497. 1. 4. 5

司日月之长短之神

实 例

汉族 （参见“W0497. 1. 5. 3. 1 石夷处西北隅”母题实例）

W0497.1.4.6
四值功曹

实 例

（参见下级母题实例）

W0497.1.4.6.1
四值功曹是天上值年、值月、值日、值时的四位天神

实 例

汉族 四值功曹为天庭中值年、值月、值日、值时的四位天神。

【流传】（无考）

【出处】《四值功曹》，见乌丙安主编《中国民间神谱》，沈阳：辽宁人民出版社2007年版，第252页。

W0497.1.4.7
年神

【关联】［W0122.6.2.1］大神沙拉管天地间的天神、地神、太阳神、月亮神、庄稼神、年神、水神、树神和人神

实 例

（参见下级母题实例）

W0497.1.4.7.0
年神是特定的神

实 例

（参见下级母题实例）

W0497.1.4.7.0.1
年神是土地神

实 例

藏族 年神与山神有血肉关系。许多的情况下，年神、山神、土主是混淆的。

【流传】（无考）

【出处】丹珠昂奔：《藏族神灵论》，中国社会科学出版社1990年版，见吕大吉、何耀华总主编《中国各民族原始宗教资料集成》（鄂伦春族卷、鄂温克族卷、赫哲族卷、达斡尔族卷、锡伯族卷、满族卷、蒙古族卷、藏族卷），北京：中国社会科学出版社1999年版，第954页。

W0497.1.4.7.0.2
年神是本主神

实 例

藏族 住在地上的有宁神，是保护大山或保护地方的神祇。藏文作悉达，译作年神、本主神，或译当方神。

【流传】（无考）

【出处】刘立千：《从“格萨尔史诗”看古代高原的部落社会》，原载四川省格萨尔办公室编印《格萨尔论文选集》，1990年，见吕大吉、何耀华总主编《中国各民族原始宗教资料集成》（鄂伦春族卷、鄂温克族卷、赫哲族卷、达斡尔族卷、锡伯族卷、满族卷、蒙古族卷、藏族卷），北京：

中国社会科学出版社 1999 年版，第 954 页。

W0497.1.4.7.0.3

山神成为年神

实 例

（参见下级母题实例）

W0497.1.4.7.0.3.1

山神成为年神，是因为山是年神附着之地

实 例

藏族 古代藏族社会由畜牧业向农业的过渡，对年神逐渐由图腾崇拜，转向自然崇拜。出现了山神为年神的情况。本教徒认为山神之所以成为年神，是因为山是年神附着之地。

【流传】（无考）

【出处】格勒：《论藏族本教的神》，原载《藏族学术讨论会论文集》，西藏人民出版社 1984 年版，见吕大吉、何耀华总主编《中国各民族原始宗教资料集成》（鄂伦春族卷、鄂温克族卷、赫哲族卷、达斡尔族卷、锡伯族卷、满族卷、蒙古族卷、藏族卷），北京：中国社会科学出版社 1999 年版，第 955 页。

W0497.1.4.7.1

年神的根基在空中和光明之处

实 例

藏族 年神的根基虽在空中和光明之处，但其主要活动场所在高山峡谷之中。

【流传】（无考）

【出处】格勒：《论藏族本教的神》，原载《藏族学术讨论会论文集》，西藏人民出版社 1984 年版，见吕大吉、何耀华总主编《中国各民族原始宗教资料集成》（鄂伦春族卷、鄂温克族卷、赫哲族卷、达斡尔族卷、锡伯族卷、满族卷、蒙古族卷、藏族卷），北京：中国社会科学出版社 1999 年版，第 775 页。

W0497.1.4.7.2

年神附着在山上

【关联】［W0103.8.2.1］年神多附身于人世间的死物

实 例

藏族 “年”神也附在山上，因此又和山神有密切的关系，许多山脉都被认为附有“年”神，如念青唐古拉山就被认为是“大年神”。

【流传】（无考）

【出处】常霞青：《论西藏本教的类属》，原载《藏族史论文集》四川民族出版社 1988 年版，见吕大吉、何耀华总主编《中国各民族原始宗教资料集成》（鄂伦春族卷、鄂温克族卷、赫哲族卷、达斡尔族卷、锡伯族卷、满族卷、蒙古族卷、藏族卷），北京：中国社会科学出版社 1999 年版，第 956 页。

W0497.1.4.7.3

年神居岩石中

实 例

藏族 古代藏族除了崇拜天、地、山、川、日、月、星辰之外，还普遍崇拜“年”神，认为年神栖息在树林和岩石中，平时在山上和山谷中游荡。

【流传】（无考）

【出处】 常霞青：《论西藏本教的类属》，原载《藏族史论文集》四川民族出版社1988年版，见吕大吉、何耀华总主编《中国各民族原始宗教资料集成》（鄂伦春族卷、鄂温克族卷、赫哲族卷、达斡尔族卷、锡伯族卷、满族卷、蒙古族卷、藏族卷），北京：中国社会科学出版社1999年版，第956页。

W0497.1.4.7.4

年神居高山峡谷中

实 例

藏族 年神经常游荡在高山峡谷。

【流传】（无考）

【出处】 格勒：《论藏族本教的神》，原载《藏族学术讨论会论文集》，西藏人民出版社1984年版，见吕大吉、何耀华总主编《中国各民族原始宗教资料集成》（鄂伦春族卷、鄂温克族卷、赫哲族卷、达斡尔族卷、锡伯族卷、满族卷、蒙古族卷、藏族卷），北京：中国社会科学出版社1999年版，第955页。

W0497.1.4.7.5

年神有多个居所

实 例

藏族 小宁神（又译作年神、本主神，或译当方神）如住在地上称萨宁，住水中的称曲宁，住树林的称辛宁，住石中的称多宁。

【流传】（无考）

【出处】 刘立千：《从“格萨尔史诗”看古代高原的部落社会》，原载四川省格萨尔办公室编印《格萨尔论文选集》，1990年，见吕大吉、何耀华总主编《中国各民族原始宗教资料集成》（鄂伦春族卷、鄂温克族卷、赫哲族卷、达斡尔族卷、锡伯族卷、满族卷、蒙古族卷、藏族卷），北京：中国社会科学出版社1999年版，第955页。

W0497.1.4.7.5.1

年神居石缝、森林

实 例

藏族 年神是一种在山岭沟谷中游荡、在石缝、森林中安家的神。

【流传】（无考）

【出处】 丹珠昂奔：《藏族神灵论》，中国社会科学出版社1990年版，见吕大吉、何耀华总主编《中国各民族原始宗教资料集成》（鄂伦春族卷、鄂温克族卷、赫哲族卷、达斡尔族卷、锡伯族卷、满族卷、蒙古族卷、藏族卷），北京：中国社会科学出版社1999年版，第954页。

W0497. 1. 4. 7. 6 年神分为黑年神和白年神两大类

实　例

藏族 年神分为黑年神和白年神两大类。

【流传】（无考）

【出处】 丹珠昂奔：《藏族神灵论》，中国社会科学出版社1990年版，见吕大吉、何耀华总主编《中国各民族原始宗教资料集成》（鄂伦春族卷、鄂温克族卷、赫哲族卷、达斡尔族卷、锡伯族卷、满族卷、蒙古族卷、藏族卷），北京：中国社会科学出版社1999年版，第954页。

W0497. 1. 4. 7. 6. 1 白年神

实　例

（参见下级母题实例）

W0497. 1. 4. 7. 6. 1. 1 年神居于天者称为白年神

实　例

藏族 年神居于天者称为白，居于地者称为黑。山、崖岩、林、海、水等是黑年神。

【流传】（无考）

【出处】 丹珠昂奔：《藏族神灵论》，中国社会科学出版社1990年版，见吕大吉、何耀华总主编《中国各民族原始宗教资料集成》（鄂伦春族卷、鄂温克族卷、赫哲族卷、达斡尔族卷、锡伯族卷、满族卷、蒙古族卷、藏族卷），北京：中国社会科学出版社1999年版，第954页。

W0497. 1. 4. 7. 6. 1. 2 日、月、星、云、虹等是白年神

实　例

藏族 年神居于天者称为白，居于地者称为黑。日、月、星、云、虹等是白年神。

【流传】（无考）

【出处】 丹珠昂奔：《藏族神灵论》，中国社会科学出版社1990年版，见吕大吉、何耀华总主编《中国各民族原始宗教资料集成》（鄂伦春族卷、鄂温克族卷、赫哲族卷、达斡尔族卷、锡伯族卷、满族卷、蒙古族卷、藏族卷），北京：中国社会科学出版社1999年版，第954页。

W0497. 1. 4. 7. 6. 2 黑年神

实　例

（参见下级母题实例）

W0497.1.4.7.6.2.1

年神居于地者称为黑年神

实 例

藏族 （参见“W0497.1.4.7.6.1.1 年神居于天者称为白年神”母题实例）

W0497.1.4.7.7

年神以白云为帐幕

实 例

藏族 年神以白云为帐幕。

【流传】（无考）

【出处】丹珠昂奔：《藏族神灵论》，中国社会科学出版社1990年版，见吕大吉、何耀华总主编《中国各民族原始宗教资料集成》（鄂伦春族卷、鄂温克族卷、赫哲族卷、达斡尔族卷、锡伯族卷、满族卷、蒙古族卷、藏族卷），北京：中国社会科学出版社1999年版，第822页。

W0497.1.4.7.8

年神以风为马

实 例

藏族 年神经常游荡在高山峡谷之中，所以它们最喜欢献马。因此风就是年神的马。

【流传】（无考）

【出处】格勒：《论藏族本教的神》，原载《藏族学术讨论会论文集》，西藏人民出版社1984年版，见吕大吉、何耀华总主编《中国各民族原始宗教资料集成》（鄂伦春族卷、鄂温克族卷、赫哲族卷、达斡尔族卷、锡伯族卷、满族卷、蒙古族卷、藏族卷），北京：中国社会科学出版社1999年版，第830页。

W0497.1.4.7.9

恐怖的年神

实 例

藏族 年神走过时，如遇着森林，树木就会一溜枯死，遇草则草一溜枯死，遇石则石上留下烧成褐色的印迹。年神十分可怕凶恶。故藏区将一些残忍无情的人称“年”人，将那些经常死人的地方称“年”地。

【流传】（无考）

【出处】丹珠昂奔：《藏族神灵论》，中国社会科学出版社1990年版，见吕大吉、何耀华总主编《中国各民族原始宗教资料集成》（鄂伦春族卷、鄂温克族卷、赫哲族卷、达斡尔族卷、锡伯族卷、满族卷、蒙古族卷、藏族卷），北京：中国社会科学出版社1999年版，第954页。

W0497.1.4.8

其他特定的时间神

实 例

（参见下级母题实例）

W0497.1.4.8.1
历法神

实 例

（参见下级母题实例）

W0497.1.4.8.1.1
历法神捧麻远冉

实 例

傣族 神官捧麻远冉在天上专管历法。

【流传】（云南省）

【出处】 陈平改写：《捧麻远冉与捧腊哈纳罗》，原载《巴塔麻嘎捧尚罗》，见姚宝瑄主编《中国各民族神话》（哈尼族、傣族），太原：山西出版传媒集团·书海出版社2014年版，第368页。

W0497.1.4.8.1.1.1
神官捧麻远冉在天上专管历法

实 例

傣族 神官捧麻远冉在天上专管历法，日月星辰统归他管。在天上，除了天王玛哈捧外，就数他权力最大。

【流传】（云南省）

【出处】 陈平改写：《捧麻远冉与捧腊哈纳罗》，原载《巴塔麻嘎捧尚罗》，见姚宝瑄主编《中国各民族神话》（哈尼族、傣族），太原：山西出版传媒集团·书海出版社2014年版，第368页。

W0497.1.4.8.2
节气神

实 例

（参见下级母题实例）

W0497.1.4.8.2.1
呼呼格西本·腾格里是报春的天

实 例

蒙古族 呼呼格西本·腾格里是报春的天（在蒙古族民间宗教或萨满神词中，“天”与“腾格里”常常通用，此处可以看作是泛指诸神）。

【流传】（无考）

【出处】 额尔德木图：《蒙古英雄史诗与孛额唱词中的“腾格里”》，载《内蒙古社会科学》（汉文版）1995年第5期。

W0497.1.4.8.3
冬藏神（岁序完成神）

实 例

（参见下级母题实例）

W0497.1.4.8.3.1
冬藏神哈哈比

实 例

羌族 羌人屋顶上敬九尊神，其中“哈哈比”（Hä-hä-be）是冬藏神或岁序完成神

【流传】四川省·（阿坝藏族羌族自治州）·理县·通化乡·西山大队（西山村）

【出处】胡鉴民：《羌族的信仰与习为》，原载《边疆研究论丛》1941年，见吕大吉、何耀华总主编《中国各民族原始宗教资料集成》（纳西族卷、羌族卷、独龙族卷、傈僳族卷、怒族卷），北京：中国社会科学出版社2000年版，第475页。

W0497.1.5

特定名称的时间神

实　例

（参见下级母题实例）

W0497.1.5.1

时间神阿麦木比

实　例

羌族 管年辰的时间神阿麦木比。

【流传】四川省·（阿坝藏族羌族自治州）·汶川县·雁门乡·索桥村·小寨子组

【出处】周毓华：《羌族原始宗教经典及神灵系统调整》，载《西藏民族学院学报》2010年第3期。

W0497.1.5.2

时间神噎鸣

实　例

（参见下级母题实例）

W0497.1.5.2.1

共工生后土，后土生噎鸣

实　例

汉族 共工生后土，后土生噎鸣。噎鸣生岁十有二。

【流传】（无考）

【出处】［战国至汉］撰者不详：《山海经．海内经》。

W0497.1.5.2.2

噎鸣12岁

实　例

汉族 （参见“W0497.1.5.2.1 共工生后土，后土生噎鸣”母题实例）

W0497.1.5.2a

时间神噎

实　例

（参见下级母题实例）

W0497.1.5.2a.1

下地是生噎

实　例

汉族 颛顼令黎邛下地，下地是生噎，处于西极，以行日月星辰之行次。

【流传】（无考）

【出处】［战国至汉］撰者不详：《山海经·大荒西经》。

W0497. 1. 5. 2a. 2
嘘处于西极

实 例

汉族 （参见“W0497. 1. 5. 2a. 1 下地是生噎”母题实例）

W0497. 1. 5. 2a. 3
噎行日月星辰之行次

实 例

汉族 （参见“W0497. 1. 5. 2a. 1 下地是生噎”母题实例）

W0497. 1. 5. 3
时间神石夷

实 例

（参见下级母题实例）

W0497. 1. 5. 3. 1
石夷处西北隅

实 例

汉族 有人名曰石夷，来风曰韦，处西北隅，以司日月之长短。

【流传】（无考）

【出处】［战国至汉］撰者不详：《山海经·大荒西经》。

W0497. 1. 5. 4
时间神玄冥

【关联】

①［W0304. 3. 3. 2］雨师玄冥

②［W0406. 1. 1h］水神玄冥

③［W0406. 5. 1］共工之子为玄冥师（雨师，水神）

实 例

（参见下级母题实例）

W0497. 1. 5. 4. 1
孟冬之月，其神玄冥

实 例

汉族 孟冬之月，其帝颛顼，其神玄冥。

【流传】（无考）

【出处】［春秋战国］孔子弟子等作，［西汉］戴圣编：《礼记》（《小戴礼记》、《小戴记》）之《月令》。

W0497. 1. 6
与时间神有关的其他母题

实 例

（实例待考）

W0497. 2
通天地的神

【关联】［W1400～W1424］天地通

实 例

汉族 黄帝的曾孙颛顼令重、黎二神绝地天通。

【流传】（无考）

【出处】《颛顼隔断天地的通路》，原载袁珂编译《中国神话故事》，见陶阳、钟秀编《中国神话》（上），北京：商务印书馆 2008 年版，第 195 ~ 198 页。

W0497.2.1

鸟神通天地

【关联】［W0514］鸟神

实　例

（参见下级母题实例）

W0497.3

万能神（无所不能的神）

【关联】

①［W0068.6］万能的女神

②［W0140.1.1］万能女神传神谱

③［W0426.4.3］万能的创世主

④［W0497.3］万能神（无所不能的神）

⑤［W0773.3.3.1］泰山奶奶是万能女神

⑥［W1133.6.3］万能之神开天

⑦［W1168.13.13.1］万能之神分出四方天

实　例

（参见下级母题实例）

W0497.3.1

万能神格莱格桑

实　例

景颇族 万能神格莱格桑。

【流传】（无考）

【出处】尚正兴整理：《神金木沙阿朗》，见《中国各民族宗教与神话大词典》编审委员会编《中国各民族宗教与神话大词典》，北京：学苑出版社 1990 年版，第 362 页。

W0497.3.2

万能的大神神王阿匹梅烟女神

实　例

哈尼族 万能的大神，最高的神王阿匹梅烟（女神）。

【流传】云南省·（红河哈尼族彝族自治州·元阳县·攀枝花乡·硐蒲寨）

【出处】朱小和讲，史军超搜集整理：《永生不死的姑娘》，原载《哈尼族神话传说集成》，见陶阳、钟秀编《中国神话》（下），北京：商务印书馆 2008 年版，第 1095 ~ 1099 页。

W0497.3.3

万能的神创造人

【关联】［W2052］神造人

实　例

高山族 万能的神创造出一批人。

【流传】（台湾）

【出处】

（a）《高山族和汉族的来源》，见陈国强编《高山族神话传说》，福州：福建人民出版社 1980 年版。

（b）同（a），见姚宝瑄主编《中国各民族神话》（高山族、黎族、畲族），太原：山西出版传媒集团·书海出版社 2014 年版，第 17 页。

W0497. 3. 4
万能神多格天将

实 例

（参见下级母题实例）

W0497. 3. 4. 1
多格天将什么都知道，什么都会做

实 例

纳西族 英明的多格天将没有一样不会做，没有一样不知道，没有一样看不见，没有一样听不到，是最敏捷不过了，是最贤能不过了。

【流传】 云南省・丽江（丽江市）

【出处】 和芳（东巴）读经，和志武翻译整理：《多格飒》（1963），见吕大吉、何耀华总主编《中国各民族原始宗教资料集成》（纳西族卷、羌族卷、独龙族卷、傈僳族卷、怒族卷），北京：中国社会科学出版社 2000 年版，第 358 页。

W0497. 4
掌管生死的神

【关联】

① ［W0480］死神（死亡之神，生死神）

② ［W0480. 5. 1. 1］泰山神管生死

实 例

（参见下级母题实例）

W0497. 4. 1
管生死簿之神

实 例

（参见下级母题实例）

W0497. 4. 1. 1
管生死簿之神嘎两

实 例

苗族 嘎两是管生死簿之神。

【流传】 贵州省・（黔东南苗族侗族自治州）・丹寨县・排调（排调镇）

【出处】 王启荣讲，潘明修采录：《榜香猷》见中国民间文学集成全国编辑委员会编《中国民间故事集成》（贵州卷），北京：中国 ISBN 中心 2003 年，第 79 页。

W0497. 5
射日之神（射神）

【关联】

① ［W0084. 2. 1. 1］射神的吼声能拨云见日

② ［W9715 ~ W9764］射日者

③ ［W9721］神射日

实 例

（参见下级母题实例）

W0497. 5. 1
射神的产生

实 例

（参见下级母题实例）

W0497.5.1.1
神生射日神

实 例

（参见下级母题实例）

W0497.5.1.1.1
射日之神是太阳神的后代

实 例

傣族（水傣）射日之神惟鲁塔是太阳神披乍贺的后代。

【流传】（云南省·西双版纳傣族自治州）

【出处】王松整理：《傣族——西双版纳的神谱》，见姚宝瑄主编《中国各民族神话》（哈尼族、傣族），太原：山西出版传媒集团·书海出版社 2014 年版，第 228 页。

W0497.5.2
射神的特征

实 例

（实例待考）

W0497.5.3
特定名称的射神

实 例

（参见下级母题实例）

W0497.5.3.1
射日之神阿剖果酥

实 例

苗族 阿剖果酥是射日之神。

【流传】湖北省西部地区

【出处】过竹：《苗族神话研究》，南宁：广西人民出版社 1988 年版，第 225 页。

W0497.5.3.2
射神惟鲁塔

实 例

傣族 射神惟鲁塔住在天山里，他是个射箭的能手，身子长得又高又大，胸宽可以遮天，手臂粗得像树干。

【流传】（无考）

【出处】岩峰、王松搜集整理：《射神惟鲁塔》，原载《中国各民族宗教与神话大词典》编审委员会编《中国各民族宗教与神话大词典》，学苑出版社 1990 年版，见姚宝瑄主编《中国各民族神话》（哈尼族、傣族），太原：山西出版传媒集团·书海出版社 2014 年版，第 380 页。

W0497.5.3.2.1
射神惟鲁塔拉弓射日

实 例

傣族 射神惟鲁塔拉弓射日，射得只剩下最后一个太阳。

【流传】（无考）

【出处】岩峰、王松搜集整理：《射神惟鲁塔》，原载《中国各民族宗教与神话大词典》编审委员会编《中国各民族宗教与神话大词典》，学苑出版社1990年版，见姚宝瑄主编《中国各民族神话》（哈尼族、傣族），太原：山西出版传媒集团·书海出版社2014年版，第382页。

W0497.5.4

与射神有关的其他母题

实 例

（实例待考）

W0497.6

补天之神

【关联】

①［W1384］补天

②［W1386.7］神补天

实 例

（参见下级母题实例）

W0497.6.1

补天大神谷夫

实 例

苗族 谷夫是补天大神，用青石板补天。

【流传】贵州省·（毕节市）·黔西（黔西县）

【出处】过竹：《苗族神话研究》，南宁：广西人民出版社1988年版，第226页。

W0497.6.2

补天之神布桑戛西、雅桑戛赛

实 例

傣族（水傣）补天之神布桑戛西、雅桑戛赛。

【流传】（云南省·西双版纳傣族自治州）

【出处】王松整理：《傣族——西双版纳的神谱》，见姚宝瑄主编《中国各民族神话》（哈尼族、傣族），太原：山西出版传媒集团·书海出版社2014年版，第228页。

W0497.7

其他特定职能的神

实 例

（参见下级母题实例）

W0497.7.1

茶神

实 例

汉族 太子文学陆鸿渐，名羽，其生不知何许人。竟陵龙盖寺僧姓陆，于堤上得一初生儿，收育之，遂以陆为氏。及长，聪俊多闻，学赡词博，诙谐谈辨，若东方曼倩之俦。鸿渐性嗜茶，始创煎茶法，至今鬻茶之家，陶其像置于锡器之间，云宜茶足利。鸿渐又撰《茶经》二卷。今为鸿渐形者，因目为茶神，有交易则茶祭之，无则以釜汤沃之。

【流传】（无考）

【出处】［唐］不题撰人：《大唐传载》。

W0497.7.1.1

陆羽成为茶神（茶神陆羽）

【关联】［W0658a.8.46.1］茶业祖师神陆羽

实　例

汉族 弃婴陆羽后来成为茶神。

【流传】（无考）

【出处】《茶神陆羽》，见王德恒等《造神史话》，天津：百花文艺出版社2002年版，第278页。

W0497.7.2

断事神

实　例

（参见下级母题实例）

W0497.7.2.1

有本领的女子成为断事神满

实　例

满族 郭合勒氏族（郭姓）所供奉的断事神是一个有本领的女子。

【流传】黑龙江省·牡丹江市·（阳明区）·铁岭河（铁岭河镇）

【出处】郭鹤令讲，傅英仁采录：《他拉伊罕妈妈》，见中国民间文学集成全国编辑委员会编《中国民间故事集成》（黑龙江卷），北京：中国ISBN中心2005年版，第50~52页。

W0497.7.2.2

女断事神他拉伊罕是大萨满

实　例

满族 他拉伊罕女神原是居住在乌苏里江东部的一位大萨满。她的九个徒弟成为四十八个部落有名的大萨满，她被族人敬奉为断事神。

【流传】黑龙江省·（牡丹江市）·宁安县（宁安市）

【出处】《他拉伊罕女神》，选自傅英仁《黑龙江省宁安县满族萨满教神话调查资料》，见吕大吉、何耀华总主编《中国各民族原始宗教资料集成》（鄂伦春族卷、鄂温克族卷、赫哲族卷、达斡尔族卷、锡伯族卷、满族卷、蒙古族卷、藏族卷），北京：中国社会科学出版社1999年版，第515页。

满族 他拉伊罕妈妈是郭合勒氏族（郭姓）所供奉的断事神。

【流传】黑龙江省·牡丹江市·（阳明区）·铁岭河（铁岭河镇）

【出处】郭鹤令讲，傅英仁采录：《他拉伊罕妈妈》，见中国民间文学集成全国编辑委员会编《中国民间故事集成》（黑龙江卷），北京：中国ISBN中心2005年版，第50~52页。

W0497.7.2.3
管人间纠纷的天神谩神

实 例

彝族（阿哲、阿细） 五月祭谩神（管人间纠纷的天神）。

【流传】云南省·（红河哈尼族彝族自治州）·弥勒地区（弥勒市）

【出处】孙官生调查整理：《弥勒阿细、阿哲两支彝族的自然神祭历》，见吕大吉、何耀华总主编《中国各民族原始宗教资料集成》（彝族卷、白族卷、基诺族卷），北京：中国社会科学出版社1996年版，第51页。

W0497.7.2a
司法神

实 例

（参见下级母题实例）

W0497.7.2a.1
管天规天法的神

实 例

（参见下级母题实例）

W0497.7.2a.1.1
专管天规天法的神官捧腊哈纳罗

实 例

傣族 天王玛哈捧把专管天规天法的神官捧腊哈纳罗叫来，派他去查看捧麻远冉在人间制造年月日的情况。

【流传】（云南省）

【出处】陈平改写：《捧麻远冉与捧腊哈纳罗》，原载《巴塔麻嘎捧尚罗》，见姚宝瑄主编《中国各民族神话》（哈尼族、傣族），太原：山西出版传媒集团·书海出版社2014年版，第369页。

W0497.7.2b
查事神

实 例

（参见下级母题实例）

W0497.7.2b.1
玉皇大帝让查事神下凡查事

实 例

汉族 玉皇大帝知道了人间浪费粮食的事，让查事神下凡查实。

【流传】河南省·（驻马店市·平舆县·射桥镇）［采录地点：射桥乡］

【出处】赵连如（男，57岁，汉族，初中毕业，射桥乡射桥镇农民）讲，乔蕾（男，19岁，汉族，高中毕业，射桥乡越楼村农民）采录：《今天的小麦为什么只一个头》（1987.10），见张振犁编著，孟宪明、朱淑君统纂《中原神话通鉴》（第四卷），郑州：河南大学出版社2017年版，第1335页。

W0497.7.3

狱神

实 例

（参见下级母题实例）

W0497.7.3.1

狱神皋陶

实 例

（参见下级母题实例）

W0497.7.3.1.1

皋陶因制五刑之律被称为狱神

实 例

汉族 少昊氏的后裔皋陶因制五刑之律被称为狱神。

【流传】（无考）

【出处】《狱神皋陶》，见王德恒等《造神史话》，天津：百花文艺出版社2002年版，第298页。

W0497.7.4

成功之神

实 例

（参见下级母题实例）

W0497.7.4.1

弘古尔巴尼腾格里是赐事业成功之天

实 例

蒙古族 弘古尔巴尼腾格里是赐事业成功之天。

【流传】（无考）

【出处】额尔德木图：《蒙古族英雄史诗与孛额唱词中的“腾格里”》，载《蒙古社会科学》1995年第5期。

W0497.7.5

冶炼神

【关联】［W6108.2］冶炼

实 例

蒙古族 （实例待考）

W0497.7.5.1

匠神洛班造锯造斧封为冶炼神

实 例

瑶族 格样赊样（人名）给匠神洛班造锯造斧。按他的功绩，应封为冶炼神，却没有被列入十二男神之列。

【流传】（无考）

【出处】《密洛陀神谱》，蓝田根据农学冠等撰写的《瑶族神话传说中的人物》编写，见姚宝瑄主编《中国各民族神话》（土家族、毛南族、侗族、瑶族），太原：山西出版传媒集团·书海出版社2014年版，第150页。

W0497.7.5.2

冶炼神不在十二男神之列

实 例

瑶族 （参见“W0497.7.5.1 匠神洛

班造锯造斧封为冶炼神”母题实例）

W0497.7.5.3
昆吾之神

实例

汉族 越王勾践使工人以白马白牛祠昆吾之神，采金铸之，以成八剑之精。

【流传】（无考）

【出处】［晋］王嘉：《拾遗记》卷十。

W0497.7.6
食物神（粮食神）

实例

汉族 （实例待考）

W0497.7.6.1
给人食物的女神米玉洛桑玛

实例

（参见下级母题实例）

W0497.7.6.1.1
给人食物的米玉洛桑玛是黄色的女神

实例

藏族 米玉洛桑玛女神是一位黄色的女神，右手持装满粮食的盘子，骑一头金黄色的老虎，女神奉献给人们以福禄与食物。

【流传】西藏自治区·（日喀则市·定日县）珠穆朗玛峰一带

【出处】谢继胜整理：《载世巨象》，见BBS水木清华站：http：//www.smth.edu.cn，2006.07.20。

W0497.7.6.2
赐人畜食物的神

实例

（参见下级母题实例）

W0497.7.6.2.1
赐人畜食物的神罕古吉尔腾格里

实例

蒙古族 罕古吉尔腾格里，又称古吉尔腾格里，赐食于人畜之天（在蒙古族民间宗教或萨满神词中，“天”与“腾格里”常常通用，此处可以看作是泛指诸神）。

【流传】（无考）

【出处】额尔德木图：《蒙古英雄史诗与孛额唱词中的“腾格里”》，载《内蒙古社会科学》（汉文版）1995年第5期。

W0497.7.7
掌管天干地支的神

实例

锡伯族 掌管天干地支的神。

【流传】（无考）

【出处】金炳喆翻译：《骆驼和野鸡》，见中华民族故事大系编委会编《中华民族故事大系》第13卷（仡佬族、锡伯族、阿昌族），上海：上海文艺出版社1995年版，第836页。

W0497.7.8
掌织云的神

实 例

普米族（实例待考）

W0497.7.9
巨灵神

【关联】

①［W0071.1.1］巨人神（巨神）

②［W1504.7.2］神巨人和他的孩子造万物

实 例

（参见下级母题实例）

W0497.7.9.1
巨灵鄂尔德穆

实 例

鄂伦春族巨灵“鄂尔德穆”。

【流传】（无考）

【出处】马名超、崔焱：《鄂伦春族宗教与神话》，见《中国各民族宗教与神话大词典》编审委员会编《中国各民族宗教与神话大词典》，北京：学苑出版社1993年版。

W0497.7.9.2
巨灵皇帝

实 例

（参见下级母题实例）

W0497.7.9.2.1
大禹王尊封开河放水的大汉为“巨灵皇帝”即“巨灵神”

实 例

汉族大禹王尊封开河放出地中央大水的大汉为“巨灵皇帝”，也就是“巨灵神”。

【流传】浙江省·丽水市·城关镇

【出处】吴玉生讲，唐宗龙采录：《禹土封巨灵神》，见中国民间文学集成全国编辑委员会编《中国民间故事集成》（浙江卷），北京：中国ISBN中心1997年版，第64页。

W0497.7.9.3
巨灵神金盘金甲手执开山大斧

实 例

汉族金盘金甲手执开山大斧的巨灵神奉王母娘娘之命，驾起云头，到峨眉山捉拿偷偷逃到凡间的二个仙女。

【流传】四川省·成都市

【出处】张承业搜集整理：《天门石》，见姚宝瑄主编《中国各民族神话》（汉族），太原：山西出版传媒集团·书海出版社2014年版，第82～84页。

W0497.7.10
人伦神（礼仪神）

实 例

（参见下级母题实例）

W0497.7.10.1
人伦神伏羲兄妹

实 例

仫佬族 为了纪念这两位人类的祖先——伏羲兄妹，仫佬人村村寨寨都立庙塑像，称他们为人伦神，世代祭祀。

【流传】 广西壮族自治区·（河池市）·罗城县（罗城仫佬族自治县）·东门（东门镇）、四把（四把乡）

【出处】 包启宽、潘代球讲，包玉堂、谢运源等搜集整理：《伏羲兄妹的传说》，见谷德明编《中国少数民族神话》，北京：中国民间文艺出版社1987年版，第146页。

仫佬族 仡佬人称伏羲兄妹为人伦神，立庙塑像，世代祭祀。

【流传】（无考）

【出处】 袁珂改编：《伏羲兄妹》（原名《伏羲兄妹的传说》），原载《仫佬族民间故事》，见袁珂《中国神话大词典》，北京：华夏出版社2015年版，第562页。

仫佬族 洪水后，幸存的伏羲兄妹婚生人类。为纪念这两位人类的祖先，仫佬人村村寨寨都立庙塑像，称他们为人伦神，世代祭祀。

【流传】（无考）

【出处】 包启宽、潘代球等讲，包玉堂、谢运源、潘琦搜集整理：《伏羲兄妹的传说》，见姚宝瑄主编《中国各民族神话》（仫佬族、壮族、京族），太原：山西出版传媒集团·书海出版社2014年版，第10页。

W0497.7.10.2
天神的女儿玛白管规矩，姻姒管礼节

实 例

哈尼族 俄玛天神是人的第一代祖先，先生下玛白和烟姒两个女儿，玛白管“规矩”，姻姒管“礼节”。

【流传】（无考）

【出处】《神和人的谱系》，见《中国各民族宗教与神话大词典》编审委员会编《中国各民族宗教与神话大词典》，北京：学苑出版社1990年版，第170页。

W0497.7.10a
规矩礼貌神

实 例

（参见下级母题实例）

W0497.7.10a.1
规矩礼貌神陆和色

实 例

纳西族 天上的规矩礼貌神陆和色。

【流传】 云南省·（丽江市）·丽江县（古城区、玉龙纳西族自治县）

【出处】 木丽春采集整理：《丹务葬

仪》，见木丽春编著《纳西族民间故事集》，昆明：云南人民出版社 2007 年版，第 251 页。

W0497.7.11

文化神（科考神）

实 例

汉族 文昌帝君叫他亚，也叫张垩。他生前居住在蜀地的梓潼县，死后当地人立庙奉祀，称他“梓潼君”。上帝命他掌管文昌府之事以及人间的禄籍。元代时，文昌星与梓潼君合一，被封为“辅元开化文昌司禄宏仁帝君”，简称“文昌帝君”，也叫“梓潼帝君”。文昌神既关系着国家的文运，也关系着士子的仕途，是首屈一指的文教大神。

【流传】（无考）

【出处】《文昌神》，见 https://baike.baidu.com/item。

W0497.7.12

磨天之神

实 例

（参见下级母题实例）

W0497.7.12.1

磨天之神叫“俚”

实 例

佤族 “俚”是磨天之神。俚负责磨天。

【流传】云南省·（普洱市）·西盟佤族自治县、澜沧拉祜族自治县等地

【出处】毕登程、隋嘎编著：《司岗里——佤族创世史诗》，昆明：云南出版集团公司·云南人民出版社 2009 年版，第 5 页。

W0497.7.13

堆地之神

实 例

（参见下级母题实例）

W0497.7.13.1

堆地之神叫“伦”

实 例

佤族 “伦”是堆地之神。他负责堆地。

【流传】云南省·（普洱市）·西盟佤族自治县、澜沧拉祜族自治县等地

【出处】毕登程、隋嘎编著：《司岗里——佤族创世史诗》，昆明：云南出版集团公司·云南人民出版社 2009 年版，第 5 页。

W0497.7.14

招魂之神（招魂神）

实 例

（参见下级母题实例）

W0497.7.14.1

意外死亡的召日姑姑罕被当做招魂神

实 例

鄂伦春族 女孩召日姑姑罕意外死后，人们把她当做招魂的神。

【流传】（无考）

【出处】

（a）李水花讲，孟淑珍整理：《召日姑姑神》，见黑龙江省民族研究所《鄂伦春民间文学》（内部出版）。

（b）《召日姑姑神》，见满都呼主编《中国阿尔泰语系诸民族神话故事》，北京：民族出版社1997年版，第329页。

W0497.7.15

睡眠神

【关联】［W0116.3］神的睡眠

实 例

（参见下级母题实例）

W0497.7.15.1

看守睡眠的女神敖钦

实 例

满族 阿布卡赫赫（女天神）造的敖钦女神，是为了守侍巴那姆赫赫使她不能安眠昏睡。

【流传】 黑龙江省·（黑河市·孙吴县·沿江满族达斡尔族乡）·四季屯

【出处】 白蒙元（萨满）讲，吴纪贤、富希陆记录：《都凯女神》（1939），见吕大吉、何耀华总主编《中国各民族原始宗教资料集成》（鄂伦春族卷、鄂温克族卷、赫哲族卷、达斡尔族卷、锡伯族卷、满族卷、蒙古族卷、藏族卷），北京：中国社会科学出版社1999年版，第484页。

W0497.7.16

祖师神

实 例

（参见下级母题实例）

W0497.7.16.1

祖师神有三元祖师唐道扬、葛定应、周护王、妹毛法度、阴阳师父、真武大将军等

实 例

壮族 祖师神如三元祖师唐道扬、葛定应、周护王、妹毛法度、阴阳师父、真武大将军等。

【流传】 广西壮族自治区·（南宁市）·武鸣县·两江乡·雷江片，马山县·古零乡·杨圩片

【出处】 黄世杰搜集整理：*《多神信仰》（1990），见吕大吉、何耀华总主编《中国各民族原始宗教资料集成》（土家族卷、瑶族卷、壮族卷、黎族卷），北京：中国社会科学出版社1998年版，第492页。

W0497.7.17
主祝咒之神

【关联】［W9175］咒语

实　例

（参见下级母题实例）

W0497.7.17.1
主祝咒之神哈达尔嘎宝门腾格里

实　例

蒙古族 哈达尔嘎宝门腾格里是祝咒之总管天（在蒙古族民间宗教或萨满神词中，“天”与“腾格里”常常通用，此处可以看作是泛指诸神）。

【流传】（无考）

【出处】额尔德木图：《蒙古英雄史诗与字额唱词中的“腾格里”》，载《内蒙古社会科学》（汉文版）1995年第5期。

W0497.7.18
定天地的神

实　例

（参见下级母题实例）

W0497.7.18.1
定天地大神掌月朗宛

实　例

（参见下级母题实例）

W0497.7.18.1.1
定天地大神掌月朗宛是最高天神英叭的后代

实　例

傣族（水傣）最高天神英叭的后代掌月朗宛是定天地大神。

【流传】（云南省·西双版纳傣族自治州）

【出处】王松整理：《傣族——西双版纳的神谱》，见姚宝瑄主编《中国各民族神话》（哈尼族、傣族），太原：山西出版传媒集团·书海出版社2014年版，第228页。

W0497.7.19
守坟神

实　例

（参见下级母题实例）

W0497.7.19.1
人死后的灵魂变成守坟神

实　例

壮族 人死后，要把三个灵魂分别送到不同的地方去。其中，一个送到坟地，成为守坟神。

【流传】（无考）

【出处】黄世杰搜集整理：＊《万物有灵》（1990），见吕大吉、何耀华总主编《中国各民族原始宗教资料集成》（土家族卷、瑶族卷、壮族卷、黎族卷），北京：中国社会科学出版社1998年版，第485～486页。

W0497.7.20

主万物生长之神

【关联】［W0426.3.2.2］造物神能使草木生长

实 例

（参见下级母题实例）

W0497.7.20.1

主万物生长之神女夷

实 例

（参见下级母题实例）

W0497.7.20.1.1

女夷是主春夏长养之神

实 例

汉族 女夷，主春夏长养之神也。

【流传】（无考）

【出处】［西汉］淮南王刘安及门客：《淮南子·天文训》［东汉］高诱注。

W0497.7.20.1.2

女夷鼓歌使百谷禽兽草木生长

实 例

汉族 女夷鼓歌，以司天和，以长百谷禽兽草木。

【流传】（无考）

【出处】［西汉］淮南王刘安及门客：《淮南子·天文训》。

W0497.7.21

游戏神

实 例

（参见下级母题实例）

W0497.7.21.1

宁神喜掷骰子，故称游戏神

实 例

藏族 宁神（又译作年神、本主神，或译当方神）喜掷骰子，故称游戏神。

【流传】（无考）

【出处】刘立千：《从“格萨尔史诗”看古代高原的部落社会》，原载四川省格萨尔办公室编印《格萨尔论文选集》，1990年，见吕大吉、何耀华总主编《中国各民族原始宗教资料集成》（鄂伦春族卷、鄂温克族卷、赫哲族卷、达斡尔族卷、锡伯族卷、满族卷、蒙古族卷、藏族卷），北京：中国社会科学出版社1999年版，第955页。

W0497.7.22

窑神

【关联】［W0658a.8.28］陶瓷业窑祖师（制陶业祖师，烧窑业所奉祖师）

实 例

（参见下级母题实例）

W0497.7.22.1
窑神生日农历二月十五日

实 例

汉族 每年农历二月十五日为窑神生日，这一天各窑场都要歇工举行隆重的祭司窑神仪式。

【流传】（河北省）

【出处】《陶瓷业神——窑神、范蠡、宁封子》，见乌丙安主编《中国民间神谱》，沈阳：辽宁人民出版社2007年版，第208页。

W0497.7.22.2
窑神主管造窑烧窑

实 例

壮族 窑神是主管营造烧窑的神。如石灰窑、砖瓦窑都有神在主宰。

【流传】广西壮族自治区·（百色市）·靖西县（靖西市）

【出处】凌树东搜集整理：*《广西靖西县壮族诸神表》（1991），见吕大吉、何耀华总主编《中国各民族原始宗教资料集成》（土家族卷、瑶族卷、壮族卷、黎族卷），北京：中国社会科学出版社1998年版，第495页。

W0497.7.22.3
特定窑神主管特定的窑

实 例

壮族 （参见“W0497.7.22.2 窑神主管窑炉”母题实例）

W0497.7.22.4
窑神太上老君

实 例

汉族 陶瓷业所奉之窑神有太上老君、红脸掌柜、红脸大汉等。

【流传】（河北省·彭城、磁县）

【出处】《陶瓷业神——窑神、范蠡、宁封子》，见乌丙安主编《中国民间神谱》，沈阳：辽宁人民出版社2007年版，第208页。

W0497.7.22.5
窑神红脸掌柜

实 例

汉族 （参见“W0497.7.22.4 窑神太上老君”母题实例）

W0497.7.22.6
窑神红脸大汉

实 例

汉族 （参见“W0497.7.22.4 窑神太上老君”母题实例）

W0497.7.22.7
窑神童宾

实 例

汉族 陶瓷业供奉的窑神有童宾、赵慨、蒋知四、华光等。

【流传】（江西省·景德镇）

【出处】《陶瓷业神——窑神、范蠡、宁封子》，见乌丙安主编《中国民间神谱》，沈阳：辽宁人民出版社 2007 年版，第 208 页。

W0497. 7. 22. 8

窑神赵慨

实 例

汉族 （参见“W0497. 7. 22. 7 窑神童宾”母题实例）

W0497. 7. 22. 9

窑神蒋知四

实 例

汉族 （参见“W0497. 7. 22. 7 窑神童宾”母题实例）

W0497. 7. 22. 10

窑神华光

实 例

汉族 （参见“W0497. 7. 22. 7 窑神童宾”母题实例）

W0497. 7. 22a

煤窑之神（煤窑神，窑神爷，窑王爷）

实 例

（参见下级母题实例）

W0497. 7. 22a. 1

煤窑神又是煤业的行业保护神

实 例

汉族 煤窑之神又称窑神爷、窑王爷，是煤业所奉行业保护神。

【流传】（无考）

【出处】《煤炭业神——煤窑之神》，见乌丙安主编《中国民间神谱》，沈阳：辽宁人民出版社 2007 年版，第 209 页。

W0497. 7. 23

烟神

【关联】［W0466. 7. 3. 1］火神与烟神夫妻

实 例

（参见下级母题实例）

W0497. 7. 23. 1

三个斡您腾格里是司烟之神

实 例

蒙古族 三个斡您腾格里是司烟天（神）。

【流传】（无考）

【出处】额尔德木图：《蒙古英雄史诗与孛额唱词中的“腾格里”》，载《内蒙古社会科学》（汉文版）1995 年第 5 期。

W0497.7.24

巡天之神（巡天大神）

实 例

（参见下级母题实例）

W0497.7.24.1

巡天之神加都罗是最高天神英叭的后代

实 例

傣族（水傣）巡天之神加都罗是最高天神英叭的后代。

【流传】（云南省·西双版纳傣族自治州）

【出处】王松整理：《傣族——西双版纳的神谱》，见姚宝瑄主编《中国各民族神话》（哈尼族、傣族），太原：山西出版传媒集团·书海出版社 2014 年版，第 228 页。

W0497.7.24.2

48 个巡天大神

实 例

（参见下级母题实例）

W0497.7.24.2.1

48 个巡天大神，东西南北每个方向各 12 位

实 例

满族 阿布凯恩都哩（天神名）在天上分配了四十八个巡天大神，一个方向有十二位。

【流传】黑龙江省·（牡丹江市）·宁古塔（宁安县）；吉林省·长白山地区（长白山一带）

【出处】

（a）傅英仁讲述，张爱云记录整理：《天宫神魔大战》，见傅英仁讲述，张爱云记录整理《满族萨满神话》，哈尔滨：黑龙江人民出版社 2006 年版。

（b）同（a），见陶阳、钟秀编《中国神话》（上），北京：商务印书馆 2008 年版，第 155～180 页。

W0497.7.25

巫神

【关联】［W9120］巫师

实 例

（参见下级母题实例）

W0497.7.25.1

“巴”是巫神的代称

实 例

壮族 “巴”作为巫神的代称。“巴”可以说是巫神的专用名词，只出现在与巫事有关的用语中。对巫神替身（即巫师）人们要称之为“巴”，巫师对自己的师父亦要称之为“巴”。

【流传】广西壮族自治区·（百色市）·靖西县

【出处】凌树东搜集整理：＊《壮语有关巫的词义》（1991），见吕大吉、何

耀华总主编《中国各民族原始宗教资料集成》（土家族卷、瑶族卷、壮族卷、黎族卷），北京：中国社会科学出版社1998年版，第558页。

W0497.7.25.2
人被巫神附体后成为巫师

【关联】［W9121］巫师的产生

实　例

壮族 人只有被巫神附体才能修炼成巫师。

【流传】 广西壮族自治区·（百色市）·靖西县（靖西市）

【出处】 凌树东搜集整理：*《广西靖西县壮族诸神表》（1991），见吕大吉、何耀华总主编《中国各民族原始宗教资料集成》（土家族卷、瑶族卷、壮族卷、黎族卷），北京：中国社会科学出版社1998年版，第495页。

W0497.7.26
文昌神

实　例

（参见下级母题实例）

W0497.7.26.0
文昌神主科举

实　例

汉族 文昌神（文昌帝君、梓潼神）主科举。

【流传】（无考）

【出处】《文昌祠记》，见贡师泰《玩斋集》卷七，影印文渊阁四库全书第1215册，第619页。

W0497.7.26.1
文昌神即官神

实　例

壮族 文昌神直译为“官神”，指由清代以前官府建起的庙宇。即外来文昌帝神，被壮族信仰所接受的神。

【流传】 广西壮族自治区·（百色市）·靖西县（靖西市）

【出处】 凌树东搜集整理：*《广西靖西县壮族诸神表》（1991），见吕大吉、何耀华总主编《中国各民族原始宗教资料集成》（土家族卷、瑶族卷、壮族卷、黎族卷），北京：中国社会科学出版社1998年版，第495页。

W0497.7.26.2
壮族文昌神是外来神

实　例

壮族 （参见“W0497.7.26.1 文昌神即官神”母题实例）

W0497.7.26.3
文昌帝君

实　例

（参见下级母题实例）

W0497.7.26.3.0 文昌帝君是功名利禄神

实 例

汉族 文昌帝君主宰文运、功名利禄之神，俗称“文曲星”、“文星”或“文昌神”。

【流传】（无考）

【出处】《文昌帝君》，见乌丙安主编《中国民间神谱》，沈阳：辽宁人民出版社2007年版，第150页。

W0497.7.26.3.1 文昌帝君是教育业神

【关联】［W0658a.8.9b.1］书坊、雕版等行业祖师文昌帝君

实 例

汉族 文昌帝君亦被奉为教育业、刻碑业祖师。

【流传】（无考）

【出处】《文昌帝君》，见乌丙安主编《中国民间神谱》，沈阳：辽宁人民出版社2007年版，第150页。

W0497.7.26.3.2 文昌帝君救人之难

实 例

汉族 文昌帝君救人之难，济人之急，悯人之孤，容人之过，广行阴骘，上格苍穹。

【流传】（无考）

【出处】撰者不详：《文昌帝君阴骘文》（《阴骘文》。

W0497.7.26.3.3 文昌帝君贤达孝顺

实 例

汉族 （参见“W0497.7.26.3.4 文昌帝君姓张名亚子”母题实例）

W0497.7.26.3.3.1 文昌帝君割肉食母

实 例

汉族 （参见“W0497.7.26.3.4 文昌帝君姓张名亚子”母题实例）

W0497.7.26.3.4 文昌帝君姓张名亚子

实 例

汉族 文昌帝君姓张名亚子，晋朝人，贤达孝顺。其母生疮之时，曾用嘴为其母吮毒，并割己肉为母食用。

【流传】（无考）

【出处】《文昌帝君》，见乌丙安主编《中国民间神谱》，沈阳：辽宁人民出版社2007年版，第150页。

W0497.7.26.4 文昌神又称梓潼神

实 例

汉族 文昌神又称文昌帝君、梓潼神

等，主科举。

【流传】（无考）

【出处】《文昌祠记》，见贡师泰《玩斋集》卷七，影印文渊阁四库全书第1215册，第619页。

W0497.7.27

使者神

实 例

（参见下级母题实例）

W0497.7.27.1

天人间的使者神

实 例

蒙古族 札阿邻腾格里是承担天人之间使者之职的天（在蒙古族民间宗教或萨满神词中，“天”与“腾格里”常常通用，此处可以看作是泛指诸神）。

【流传】（无考）

【出处】额尔德木图：《蒙古英雄史诗与孛额唱词中的“腾格里”》，载《内蒙古社会科学》（汉文版）1995年第5期。

W0497.7.28

传话神

实 例

（参见下级母题实例）

W0497.7.28.1

传话神多地

实 例

（参见下级母题实例）

W0497.7.28.1.1

传话神多地帮助麽公招魂

实 例

壮族 为病牛招魂时，麽公唱念牛之来历，牛之功劳，并派“多地”（传话神）到野外去巡找牛魂。

【流传】广西壮族自治区·（河池市）·东兰县田坝壮区

【出处】覃剑萍搜集整理：*《祭牛魂》（1989），见吕大吉、何耀华总主编《中国各民族原始宗教资料集成》（土家族卷、瑶族卷、壮族卷、黎族卷），北京：中国社会科学出版社1998年版，第600页。

W0497.7.29

大司命

实 例

（参见下级母题实例）

W0497.7.29.1

大司命司人之生死

实 例

汉族 大司命统司人之生死，而少司命则司人子嗣之有无，皆楚俗为之名而祀之。

【流传】（无考）

【出处】［清］王夫之：《楚辞通释》。

W0497.7.30

掠刷神

【关联】［W0451a］穷神（败家神）

实 例

（参见下级母题实例）

W0497.7.30.1

掠刷使

实 例

（参见下级母题实例）

W0497.7.30.1.1

掠刷使司人剩财而掠之

实 例

汉族 掠刷神降。《搜神记》：掠刷掌财畜之有余者，咸刷而掠之，谓人生贫富有定分，勿越分以强求。

【流传】（无考）

【出处】［明］冯应京：《月令广义·八月令》。

汉族 杜陵韦元方见裴璞，任邠州新平县尉。元和五年，璞卒于官。后又相见。裴璞曰："吾力阴官，职受武士，故武饰耳。"元方曰："何官?"曰："陇右三川掠刷使耳。"问："何所司耶?"曰："吾职司人剩财而掠之。"元方曰："何谓剩财?"璞曰："所得乃逾数外之财，即谓之剩，故掠亡焉。生人一饮一酌，无非前定，况财宝乎?"

【流传】（无考）

【出处】［明］撰者不详：《三教源流搜神大全》，［清］叶德辉本卷三引《幽怪录》。

W0497.7.30.1.2

掠刷神又称掠剩大夫

实 例

汉族 掠刷神又称掠剩大夫，专司刷掠富人钱财，均分世间贫富之神。

【流传】（无考）

【出处】《掠刷神》，见乌丙安主编《中国民间神谱》，沈阳：辽宁人民出版社2007年版，第163页。

W0497.7.31

家具神

实 例

（参见下级母题实例）

W0497.7.31.1

成型的家具有家具神

实 例

壮族 成型的家具有家具神存在。

【流传】广西壮族自治区·（百色市）·靖西县（靖西市）

【出处】凌树东搜集整理：*《祭拜家具神》(1990)，见吕大吉、何耀华总主编《中国各民族原始宗教资料集成》（土家族卷、瑶族卷、壮族卷、黎族卷），北京：中国社会科学出版社 1998 年版，第 554 页。

W0497.7.31.2

家具神主管日常生活和生产用具

实 例

壮族 家具神是主管日常生活、生产用具的神，几乎包括所有的日常用具，生产工具。

【流传】 广西壮族自治区·（百色市）·靖西县（靖西市）

【出处】 凌树东搜集整理：*《广西靖西县壮族诸神表》（1991），见吕大吉、何耀华总主编《中国各民族原始宗教资料集成》（土家族卷、瑶族卷、壮族卷、黎族卷），北京：中国社会科学出版社 1998 年版，第 495 页。

W0497.7.31.3

家具神包括桌、凳、床、橱柜、箱、缸、罐、坛、勺、刀、锄、铲、犁、耙等神

实 例

壮族 家具神主要包括桌、凳、床、橱柜、箱、缸、罐、坛、勺、刀、锄、铲、犁、耙等。

【流传】 广西壮族自治区·（百色市）·靖西县（靖西市）

【出处】 凌树东搜集整理：*《广西靖西县壮族诸神表》（1991），见吕大吉、何耀华总主编《中国各民族原始宗教资料集成》（土家族卷、瑶族卷、壮族卷、黎族卷），北京：中国社会科学出版社 1998 年版，第 495 页。

W0497.7.31.3.1

床神

实 例

（参见下级母题实例）

W0497.7.31.3.1.1

床神又称床公

实 例

民族? 床神又称“床公”，是保佑睡眠安稳、多子多福之神。

【流传】（无考）

【出处】《床神》，见乌丙安主编《中国民间神谱》，沈阳：辽宁人民出版社 2007 年版，第 113 页。

W0497.7.31.3.1.2

床神是保佑睡眠安稳、多子多福之神

实 例

汉族 （参见“W0497.7.31.3.1.1 床神又称床公”母题实例）

W0497.7.31.3.1.3

床公床母

实 例

（参见下级母题实例）

W0497.7.31.3.1.3.1

床公床母是周文王夫妇

实 例

汉族 床公床母乃是周文王夫妇。

【流传】（无考）

【出处】《床神》，见乌丙安主编《中国民间神谱》，沈阳：辽宁人民出版社2007年版，第113页。

W0497.7.31a

坛神

实 例

（参见下级母题实例）

W0497.7.31a.1

3个坛神

实 例

傈僳族 壁上挂上青杠树枝削白了的三根丫枝表示三个坛神。

【流传】四川省·（攀枝花市）·盐边县·岩门公社（岩门乡）

【出处】李永宪等：《盐边县岩门公社傈僳族调查报告》，见中国西南民族研究学会编印《雅砻江下游考察报告》，内部编印，1983年，第204页。

W0497.7.31a.2

坛神是最早的祖先

实 例

傈僳族 传说中的坛神是一个古老的神，已不知具体为何物。有的说是最早的那个祖先。

【流传】四川省·（攀枝花市）·盐边县·岩门公社（岩门乡）

【出处】李永宪等：《盐边县岩门公社傈僳族调查报告》，见中国西南民族研究学会编印《雅砻江下游考察报告》，内部编印，1983年，第204页。

W0497.7.32

信郎神

实 例

（参见下级母题实例）

W0497.7.32.1

东海信郎神

实 例

汉族 东海信郎神，破石为帆；今东海有信郎神祠，即是也。

【流传】（无考）

【出处】［宋］乐史：《太平寰宇记》卷九九引《郡国志》。

W0497.7.33

画神

【关联】［W0489.5］绘画之神

实 例

（参见下级母题实例）

W0497.7.33.1

画神多兰嘎

实 例

傣族 凡间多兰嘎被天神叭英封为天上画神。

【流传】（云南省）

【出处】袁珂改编：《画神多兰嘎》，原载傅光宇等编《傣族民间故事选》，见袁珂《中国神话大词典》，北京：华夏出版社 2015 年版，第 502 页。

W0497. 7. 33. 1. 1

画匠多兰嘎被死神带到天上后成为画神

实 例

傣族 画匠多兰嘎被死神带到天上后，天神英叭发现他把人间的面孔都画熟了，就让留在天上做画神。

【流传】云南省·西双版纳（西双版纳傣族自治州）

【出处】陈贵培整理：《画神多兰嘎》，原载贾芝、孙剑冰编《中国民间故事选》，见陶阳、钟秀编《中国神话》（下），北京：商务印书馆 2008 年版，第 1086 ~ 1088 页。

W0497. 7. 33a

碑帖拓裱业神

实 例

（参见下级母题实例）

W0497. 7. 33a. 1

碑站拓裱业神孔子

【关联】［W0786. 1］孔子

实 例

汉族 在农历八月二十七日孔子诞辰日，碑帖拓裱业行业者在供奉孔子的同时，将颜回、孟子等作为配祀之神一并奉祭。

【流传】（无考）

【出处】《碑站拓裱业神——孔子、颜回》，见乌丙安主编《中国民间神谱》，沈阳：辽宁人民出版社 2007 年版，第 222 页。

W0497. 7. 34

戏神（戏剧界行业神）

实 例

（参见下级母题实例）

W0497. 7. 34. 1

戏神西川灌口神

实 例

汉族 奇哉清源师，演古先神圣八能千唱之节，而为此道。初止爨弄参鹘，后稍为末泥三姑旦等杂剧传奇，长者折至半百，短者折才四耳。予闻清源，西川灌口神也，为人美好，以游戏而得道，流此教于人间，讫无祠者。

【流传】（无考）

【出处】［明］汤显祖：《汤显祖集·诗文集卷三四·宜黄县戏神清源师庙记》。

W0497.7.34.2

戏剧界行业神二郎神

实 例

汉族 戏剧界行业神很多，如老郎神、二郎神、后唐庄宗、田窦二将军、田公元帅等，而此中尤以唐明皇影响最大。

【流传】（无考）

【出处】《梨园业神——老郎神、唐明皇》，见乌丙安主编《中国民间神谱》，沈阳：辽宁人民出版社 2007 年版，第 233 页。

W0497.7.35

三弦书艺人行业神

实 例

（参见下级母题实例）

W0497.7.35.1

三弦书艺人行业神天皇、地皇、人皇

实 例

汉族 三弦书艺人，敬的是天皇、地皇、人皇。

【流传】河南省·（南阳市）·方城县·广店乡［采录地点：南召县留山镇关坡村］

【出处】王国祥（男，65 岁，民间艺人，不识字）讲，吕春合采录：《三皇与三弦》（1987.10），见张振犁编著《中原神话通鉴》（第一卷），郑州：河南大学出版社 2017 年版，第 224 页。

汉族 三弦说书艺人敬的神是天皇、地皇、人皇。

【流传】河南省·（南阳市）·南召县

【出处】王国祥讲，李继锋采录：《三弦与三皇》（1989.08），见张振犁编著《中原神话通鉴》（第一卷），郑州：河南大学出版社 2017 年版，第 225 页。

W0497.7.36

搬运业神

实 例

（参见下级母题实例）

W0497.7.36.1

搬运业神王二车神

实 例

民族无考 王二车神是搬运业神。

【流传】（无考）

【出处】《搬运业神——王二车神》，见乌丙安主编《中国民间神谱》，沈阳：辽宁人民出版社 2007 年版，第 182 页。

W0497.7.37

三官（三官神）

实 例

（参见下级母题实例）

W0497. 7. 37. 1
三官神天官、地官、水官

实 例

（参见下级母题实例）

W0497. 7. 37. 1. 1
天官生日正月十五日、地官生日七月十五日，水官生日十月十五日

实 例

汉族 正月十五日、七月十五日以及十月十五日，分别为天官、地官、水官的圣诞之日，称为三元日。

【流传】（无考）

【出处】《三官》，见乌丙安主编《中国民间神谱》，沈阳：辽宁人民出版社 2007 年版，第 248 页。

W0497. 7. 37. 1. 2
地官清虚大帝

实 例

汉族 陈子梼与龙王的三个女儿成婚，婚后生了三个法力无边的儿子。元始天尊封封二儿子为中元二品七气地官清虚大帝，管辖五岳帝君并二十四治山、九地土皇、四维八极神君。

【流传】（无考）

【出处】《三教搜神大全》，叶德辉据明刻绘图本《三教源流搜神大全》刻。

W0497. 7. 37. 1. 3
水官洞阴大帝

实 例

汉族 陈子梼与龙王的三个女儿成婚，婚后生了三个法力无边的儿子。元始天尊封三儿子为下元三品五气水官洞阴大帝，总管九江水帝、四渎神君、十二溪真及三河四梅神君等江河神灵。

【流传】（无考）

【出处】《三教搜神大全》，叶德辉据明刻绘图本《三教源流搜神大全》刻。

W0497. 7. 37. 2
三官是尧、舜、禹

实 例

汉族 元始天尊吸入“始阳九气”、“清虚七气”、“晨浩五气”后，吐气化成尧、舜、禹，被人们封三官大帝。

【流传】（无考）

【出处】《三官》，见乌丙安主编《中国民间神谱》，沈阳：辽宁人民出版社 2007 年版，第 248 页。

W0497. 7. 37. 3
三官是唐宏、葛雍、实仓

实 例

汉族 三官是周幽王的谏臣唐宏、葛雍、实仓三位将军，死后为神，各地

多建有庙宇祭祀。

【流传】（无考）

【出处】《三官》，见乌丙安主编《中国民间神谱》，沈阳：辽宁人民出版社2007年版，第248页。

W0497.7.37.4

三官是金、土、水三官

实　例

汉族 金为生，候地气，土为成，候地气，水为化，候水气，称为三官。

【流传】（无考）

【出处】［清］陈梦雷原编，蒋廷锡重编：《古今图书集成·神异典》中引自《鲞梅集》。

W0497.7.37.5

三官是陈子梼与龙王的三个女儿婚生的3个法力无边的儿子

实　例

汉族 陈子梼与龙王的三个女儿成婚，婚后生了三个法力无边的儿子。元始天尊封大儿子为上元一品九气天官紫微大帝，总领诸天之神。

【流传】（无考）

【出处】［明］撰者不详：《三教源流搜神大全》，［清］叶德辉刻绘图本。

W0497.7.37.6

三官的其他名称

实　例

（参见下级母题实例）

W0497.7.37.6.1

三官又称三官大帝

实　例

汉族 三官是天官、地官、水官的统称，又名“三官大帝”、“三元大帝”、“三官帝君”、“三元”，台湾地区则称为“三界公”。

【流传】（无考）

【出处】《三官》，见乌丙安主编《中国民间神谱》，沈阳：辽宁人民出版社2007年版，第248页。

W0497.7.37.6.2

三官又称三元大帝

实　例

汉族 （参见“W0497.7.37.6.1 三官又称三官大帝”母题实例）

W0497.7.37.6.3

三官又称三官帝君

实　例

汉族 （参见“W0497.7.37.6.1 三官又称三官大帝”母题实例）

W0497.7.37.6.4

三官又称三元

实　例

汉族 （参见“W0497.7.37.6.1 三

官又称三官大帝”母题实例）

W0497.7.37.6.5

三官又称三界公

实 例

汉族 （参见“W0497.7.37.6.1 三官又称三官大帝”母题实例）

W0497.7.37.7

三官的职能

实 例

（参见下级母题实例）

W0497.7.37.7.1

拜三官求吉祈福

实 例

汉族 农历正月十五、七月十五、十月十五统称为三元节，届时要祭拜三官，求吉祈福。

【流传】（无考）

【出处】《三官》，见乌丙安主编《中国民间神谱》，沈阳：辽宁人民出版社2007年版，第250页。

W0497.7.38

桥神

实 例

（参见下级母题实例）

W0497.7.38.1

桥神主管桥梁

实 例

壮族 桥神是主管桥梁之神。

【流传】 广西壮族自治区·（百色市）·靖西县（靖西市）

【出处】 凌树东搜集整理：*《广西靖西县壮族诸神表》（1991），见吕大吉、何耀华总主编《中国各民族原始宗教资料集成》（土家族卷、瑶族卷、壮族卷、黎族卷），北京：中国社会科学出版社1998年版，第494页。

W0497.7.38.2

桥神是护河佑桥

实 例

民族无考 桥神是护河佑桥、主宰渡河安全之神。

【流传】（无考）

【出处】《桥神》，见乌丙安主编《中国民间神谱》，沈阳：辽宁人民出版社2007年版，第124页。

W0497.7.38.3

桥神主病

实 例

彝族 路神、桥神主病。

【流传】 云南省·（普洱市）·景东县（景东彝族自治县）

【出处】 吕大吉、何耀华总主编：《中国各民族原始宗教资料集成》（彝族卷、白族卷、基诺族卷），北京：中国社会科学出版社1996年版，第30页。

W0497.7.39

墓神

实　例

（参见下级母题实例）

W0497.7.39.1

墓神主司墓地安宁

实　例

汉族 墓神又称墓地之神、守墓神，主司墓地安宁，不扰人世生活之鬼神。

【流传】（无考）

【出处】《墓神》，见乌丙安主编《中国民间神谱》，沈阳：辽宁人民出版社2007年版，第168页。

W0497.7.39.2

墓神又称墓地之神

实　例

汉族 （参见“W0497.7.39.1　墓神主司墓地安宁”母题实例）

W0497.7.39.3

墓神又称守墓神

实　例

汉族 （参见“W0497.7.39.1　墓神主司墓地安宁”母题实例）

W0497.7.40

畜牧神（牧神）

实　例

（参见下级母题实例）

W0497.7.40.1

牧神管辖羊、牛、猪、马、鸡、狗六神

实　例

彝族 牧神管辖羊、牛、猪、马、鸡、狗六神。

【流传】 云南省·曲靖（曲靖市）

【出处】 蔡家麒：《云南曲靖地区彝族调查》，见吕大吉、何耀华总主编《中国各民族原始宗教资料集成》（彝族卷、白族卷、基诺族卷），北京：中国社会科学出版社1996年版，第125页。

W0497.7.40.2

畜牧神海尔堪

实　例

锡伯族 畜牧神“海尔堪”，多在自家南墙外设有其神位。

【流传】（无考）

【出处】《畜牧之神》，见乌丙安主编《中国民间神谱》，沈阳：辽宁人民出版社2007年版，第177页。

W0497.7.41

放牧神

【关联】［W0068.15.8.1］放牧神女

实 例

（参见下级母题实例）

W0497.7.41.1

放牛神

实 例

（参见下级母题实例）

W0497.7.41.1.1

放牛神哈戛迷土

实 例

彝族（腊罗、摩察、纳苏、给尼、葛泼）

吊唁死者时，请地脉龙神，请“哈戛迷土”（指放牛神）等，送死者到阴间。

【流传】云南省·大理州（大理白族自治州）

【出处】《开吊经》，原载王丽珠《大理州彝族原始宗教调查》，见吕大吉、何耀华总主编《中国各民族原始宗教资料集成》（彝族卷、白族卷、基诺族卷），北京：中国社会科学出版社1996年版，第168页。

W0497.8

身兼多职的神

实 例

（参见下级母题实例）

W0497.8.1

人、神合一

实 例

德昂族 （实例待考）

W0497.8.2

神与魔王合一

实 例

门巴族 须弥山不远有一座高山，山上有个拉麦神，是神，也是魔王。

【流传】西藏自治区·墨脱县

【出处】益西平措讲，冀文正采录：《创世说》，见中国民间文学集成全国编辑委员会编《中国民间故事集成》（西藏卷），北京：中国ISBN中心2001年版，第4页。

W0497.8.3

天地神合一

【关联】［W0209.2］天神与佛合一

实 例

（参见下级母题实例）

W0497.8.3.1

天地神王

实 例

傣族 英叭神因为创造出无限宽阔无限大的地球，因此，后人称之为天地神王。

【流传】（无考）

【出处】《开天辟地》，见谷德明编《中国少数民族神话》，北京：中国民间文艺出版社1987年版，第341页。

W0497.8.3.2

天地神

实 例

（参见下级母题实例）

W0497.8.3.2.1

一个人的两个灵魂分别变成天地神

实 例

景颇族 母亲失去了孩子，心里很难过，终于活活气死了。她死后，一个魂上了天，成了天鬼，另一个入了地，变成了地鬼。

【流传】（无考）

【出处】殷江腊讲，永生翻译，东耳、永生整理，木子改写：《人类始祖的传说》，见姚宝瑄主编《中国各民族神话》（白族、拉祜族、景颇族），太原：山西出版传媒集团·书海出版社2014年版，第223页。

W0497.8.4

火神和旱神合一

实 例

阿昌族 狂风和闪电孕育了一个最大的火神和旱神腊訇降落到中国。

【流传】（云南省）

【出处】赵安贤讲，智克整理：《遮帕麻与遮米麻》，见姚宝瑄主编《中国各民族神话》（佤族、阿昌族、纳西族、普米族、德昂族），太原：山西出版传媒集团·书海出版社2014年版，第80页。

W0497.8.5

山神兼战神

【关联】

①［W0391］山神

②［W0673.8.1.2.1］二郎神阿米夏琼是山神，也是战神

实 例

藏族 （参见“W0497.8.8.1 山神兼部落保护神和战神”母题实例）

W0497.8.6

山神管收成

【关联】［W0391］山神

实 例

白族 （实例待考）

W0497.8.7

山神是冰雹神

【关联】［W0391］山神

实 例

藏族 念青唐古拉山神是最初是雹神。

【流传】（无考）

【出处】谢继胜：《藏族的山神神话及其特征》，载《西藏研究》1988 年第 4 期。

W0497.8.8

山神是祖神、战神和保护神

【关联】［W0391］山神

实 例

藏族 青藏高原东北部最早最大的山神阿尼玛卿大山神原是也是藏人的祖神、战神和保护神。

【流传】青海省·果洛州（果洛藏族自治州）·玛沁县

【出处】贡乔泽登整理：《阿尼玛卿大山神》，见 BBS 水木清华站：http://www.smth.edu.cn，2006.07.20。

W0497.8.8.1

山神兼部落保护神和战神

实 例

藏族 年保叶什则山神是玛卿雪山神之外甥。系大渡河上游智氏诸藏族部落之保护神和战神。

【流传】青海省·果洛州（果洛藏族自治州）

【出处】贡乔泽登整理：《年保叶什则山神》，见 BBS 水木清华站：http://www.smth.edu.cn，2006.07.20。

W0497.8.8.2

最大的山神阿尼玛卿大山神是藏人的祖神、战神和保护神

实 例

藏族 青藏高原东北部最早最大的山神阿尼玛卿大山神原是也是藏人的祖神、战神和保护神。

【流传】青海省·果洛州（果洛藏族自治州）·玛沁县

【出处】贡乔泽登整理：《阿尼玛卿大山神》，见 BBS 水木清华站：http://www.smth.edu.cn，2006.07.20。

W0497.8.9

家畜神兼运气之神

【关联】［W0460］家畜神

实 例

鄂温克族 家畜神“吉雅奇”也是赐给运气之神。

【流传】内蒙古自治区·（呼伦贝尔市）·陈巴尔虎旗等

【出处】《“吉雅奇”神之二》，见吕大吉、何耀华总主编《中国各民族原始宗教资料集成》（鄂伦春族卷、鄂温克族卷、赫哲族卷、达斡尔族卷、锡伯族卷、满族卷、蒙古族卷、藏族卷），北京：中国社会科学出版社 1999 年版，第 117 页。

W0497.8.9.1

牲畜之神吉雅奇也是赐运气之神

实 例

鄂温克族 吉雅奇（牲畜之神）除给予人类牲畜外，也是赐给运气的神。

【流传】（内蒙古自治区·呼伦贝尔市·陈巴尔虎旗莫尔格河一带）

【出处】

（a）《陈巴尔虎旗莫尔格河鄂温克族社会历史调查报告》，见内蒙古自治区编辑组《鄂温克族社会历史调查》，呼和浩特：内蒙古人民出版社 1986 年版，第 338 页。

（b）《“吉雅奇”神之二》，见吕大吉、何耀华总主编《中国各民族原始宗教资料集成》（鄂伦春族卷、鄂温克族卷、赫哲族卷、达斡尔族卷、锡伯族卷、满族卷、蒙古族卷、藏族卷），北京：中国社会科学出版社 1999 年版，第 117 页。

W0497.8.9a

海神兼风神

实 例

（参见下级母题实例）

W0497.8.9a.1

海神兼风神禺疆

实 例

汉族 天帝叫海神兼风神的禺疆，带了十五只大乌龟，去把五座山用头顶起来。

【流传】 河南省

【出处】 赵承采录整理：《龙伯钓鳌》，见张振犁编著，孟宪明、朱淑君统纂《中原神话通鉴》（第四卷），郑州：河南大学出版社 2017 年版，第 1244 页。

W0497.8.9b

风神兼水神

实 例

（参见下级母题实例）

W0497.8.9b.1

风、水之神吹

实 例

（参见下级母题实例）

W0497.8.9b.1.1

吹负责管风、水

实 例

佤族 “吹”（风、水之神）负责管风、水。

【流传】 云南省·（普洱市）·西盟佤族自治县、澜沧拉祜族自治县等地

【出处】 毕登程、隋嘎编著：《司岗里——佤族创世史诗》，昆明：云南出版集团公司·云南人民出版社 2009 年版，第 6 页。

W0497.8.10

三光神

实 例

（参见下级母题实例）

W0497.8.10.1

三光神是日神、月神和星神

实 例

毛南族 （实例待考）

W0497.8.10.2

三光神是给人光亮的女神

实 例

毛南族 （实例待考）

W0497.8.11

其他身兼多职的神

【关联】［W0398.2a.3.1.1］崖神吉姆达集山神、猎神、谷神、雨神、婚配神、生育神、保护神等神职于一身

实 例

（参见下级母题实例）

W0497.8.11.1

身兼天神、地神、人神的神

实 例

（参见下级母题实例）

W0497.8.11.1.1

莫伟是天、地、人神

实 例

佤族 莫伟是佤族最高的大神，是天神、地神、人神的总称，既是天、地、人的创造神，也是天、地、人的保护神。

【流传】云南省·（普洱市）·西盟佤族自治县、澜沧拉祜族自治县等地

【出处】毕登程、隋嘎编著：《司岗里——佤族创世史诗》，昆明：云南出版集团公司·云南人民出版社2009年版，第151页。

W0497.8.11.1.2

天神与祖先神合一

实 例

羌族 羌族崇拜的天神不是单一的天神，而是与祖先神合二而一。

【流传】（无考）

【出处】《羌族卷·前言》，见吕大吉、何耀华总主编《中国各民族原始宗教资料集成》（纳西族卷、羌族卷、独龙族卷、傈僳族卷、怒族卷），北京：中国社会科学出版社2000年版，第449页。

W0497.8.11.2

苏木妈妈是萨满神、护宅神、药神、烹饪神

实 例

满族 苏木妈妈是萨满神、护宅神、药神、烹饪神。

【流传】黑龙江省·（黑河市）·爱辉县（爱辉区）

【出处】《苏木妈妈》，见富育光讲，荆文礼整理《苏木妈妈·创世神话与传说》，长春：吉林人民出版社 2009 年版，第 116 页。

W0497.8.11.3

奥朵西身兼牧神、战神和女宅侍护神

实 例

满族 奥朵西身兼牧神、战神和女宅侍护神。

【流传】（无考）

【出处】罗绮：《满族神话的民族特点》，载《满族研究》1993 年第 1 期。

W0497.8.11.4

透欧玛路神保护人马平安、多打野兽，还统率别的神

实 例

鄂伦春族 “透欧玛路”神不但保护人马平安、多打野兽，而且还能统率别的神。

【流传】（无考）

【出处】

(a) 内蒙古自治区编委会：《鄂伦春族社会历史调查》（第二集），呼和浩特：内蒙古人民出版社 1985 年版，第 105 页。

(b)《透欧玛路》，见吕大吉、何耀华总主编《中国各民族原始宗教资料集成》（鄂伦春族卷、鄂温克族卷、赫哲族卷、达斡尔族卷、锡伯族卷、满族卷、蒙古族卷、藏族卷），北京：中国社会科学出版社 1999 年版，第 26 页。

W0497.8.11.5

麻哈戛栽是管林、管水、管地之神

实 例

傣族（水傣） 麻哈戛栽是管林、管水、管地之神。

【流传】（云南省·西双版纳傣族自治州）

【出处】王松整理：《傣族——西双版纳的神谱》，见姚宝瑄主编《中国各民族神话》（哈尼族、傣族），太原：山西出版传媒集团·书海出版社 2014 年版，第 233 页。

W0497.8.11.6

蛇是生殖神、农业神、财帛神兼医药、护卫之神

实 例

白族 蛇是生殖之神，农业之神，财帛之神，也是医药、护卫之神。

【流传】云南·大理（大理白族自治州）

【出处】张旭：《大理白族史探索》，昆

明：云南人民出版社 1990 年版，第 2～3 页。

W0497. 8. 11. 7

吉米达集山神、猎神、谷神、生育神等庇护神于一身

实 例

怒族 “吉米达”是一种集山神、猎神、谷神、生育神等庇护神的功能于一身的重要神祇。

【流传】云南省·（怒江傈僳族自治州）·贡山（贡山独龙族怒族自治县）

【出处】吕大吉、何耀华总主编：《中国各民族原始宗教资料集成》（纳西族卷、羌族卷、独龙族卷、傈僳族卷、怒族卷），北京：中国社会科学出版社 2000 年版，第 838 页。

W0498

其他特定名称的神

实 例

（参见下级母题实例）

W0498. 1

敖包神

实 例

（参见下级母题实例）

W0498. 1. 1

敖包神是一切神灵中占居第一位的神

实 例

蒙古族 敖包神是一切神灵中占居第一位的神。

【流传】（无考）

【出处】［蒙古］策·达赖著，丁师浩、特尔根译：《蒙古萨满教简史》，中国社会科学院民族研究所《萨满教研究》编写组编印，1978 年，见吕大吉、何耀华总主编《中国各民族原始宗教资料集成》（鄂伦春族卷、鄂温克族卷、赫哲族卷、达斡尔族卷、锡伯族卷、满族卷、蒙古族卷、藏族卷），北京：中国社会科学出版社 1999 年版，第 735～736 页。

W0498. 2

长乘

实 例

（参见下级母题实例）

W0498. 2. 1

长乘如人而豹尾

实 例

汉族 西水行四百里，曰流沙，二百里至于嬴母之山，神长乘司之，是天之九德也，其神状如人而豹尾。

【流传】（无考）

【出处】［战国至汉］撰者不详：《山海经·西次三经》。

W0498.2.2
长乘司蠃母之山

实　例

汉族　（参见“W0498.2.1 长乘如人而豹尾”母题实例）

W0498.3
马当神

实　例

汉族　马当神风送滕王阁。

【流传】（无考）

【出处】

(a)［明］冯梦龙：《醒世恒言》卷四十

(b)《马当神》，见袁珂《中国神话大词典》，北京：华夏出版社 2015 年版，第 31 页。

汉族　王昌龄自吴抵京国，舟行至马裘山，祷于神，后得神假赤鲤送还金错刀子事：马当神固为庸人所艳称也。

【流传】（无考）

【出处】

(a)［唐］谷神子（郑还古）：《博异志》。

(b)《马当神》，见袁珂《中国神话大词典》，北京：华夏出版社 2015 年版，第 31 页。

W0498.3.1
马当神能生神风

实　例

汉族　王勃“落霞与孤鹜齐飞，秋水共长天一色”二句，得马当神神风之助。

【流传】（无考）

【出处】

(a)［五代］王定保：《唐摭言》（《说库》本）。

(b)《马当神》，见袁珂《中国神话大词典》，北京：华夏出版社 2015 年版，第 31 页。

W0498.4
夜游神

实　例

汉族　夜亦不置洗濯余水，为夜游神饮马也，曰不当价。

【流传】（无考）

【出处】［明］刘侗、于奕正：《帝京景物略》卷二。

W0498.4.1
夜游神乔坤

实　例

汉族　日游神温（讳）良，夜游神乔（讳）坤。

【流传】（无考）

【出处】［明］许仲琳：《封神演义》第

九十九回。

W0498.4.2
夜行游女

实 例

（参见下级母题实例）

W0498.4.2.1
夜行游女又称鬼车

实 例

汉族 夜行游女，即“姑获鸟”、“鬼车”。

【流传】（无考）

【出处】《夜行游女》，见袁珂《中国神话大词典》，北京：华夏出版社 2015 年版，第 211 页。

W0498.4.2.2
夜行游女又称天帝女

实 例

汉族 夜行游女，一曰天帝女，一名钓星，夜飞昼隐，如鬼神，衣毛为飞鸟，脱毛为妇人，无子，喜取人子，胸前有乳。凡人饴小儿，不可露处，小儿亦不可露晒，毛落衣中，为鸟祟，或以血点其衣为志。或言产死者所化。

【流传】（无考）

【出处】［唐］段成式：《酉阳杂俎·羽篇》。

W0498.4.2.3
产死者化为夜行游女

实 例

汉族 （参见“W0498.4.2.2 夜行游女又称天帝女”母题实例）

W0498.4.3
夜游神为帝司夜

实 例

汉族 有神人二八，连臂，为帝司夜于此野。

【流传】（无考）

【出处】［战国至汉］撰者不详：《山海经·海外南经》。

W0498.4.4
夜游神负责治保

实 例

彝族（撒尼）日游神、夜游神负责治保工作。

【流传】云南省·昆明（昆明市）·官渡区

【出处】邓立木、赵永勤：《官渡区阿拉乡彝族宗教调查》，见吕大吉、何耀华总主编《中国各民族原始宗教资料集成》（彝族卷、白族卷、基诺族卷），北京：中国社会科学出版社 1996 年版，第 126 页。

W0498.4a
日游神

实 例

（参见下级母题实例）

W0498.4a.1
日游神温良

实 例

汉族 日游神温（讳）良。

【流传】（无考）

【出处】［明］许仲琳：《封神演义》第九十九回。

W0498.5
五通神

实 例

汉族 临川水东小民吴二，事五通神甚灵，凡财货之出入亏赢，必先阴告。

【流传】（无考）

【出处】［宋］洪迈：《夷坚丁志》卷一五。

W0498.5.1
五位射日者被奉为五通神

实 例

畲族 很古的时候，天上有10个太阳一起出来，造成旱灾。畲家五个兄弟射太阳。畲家为了纪念这五兄弟射日的功劳，就塑像建庙，尊称他们为“五通神”。

【流传】福建省·（漳州市）·云霄县

【出处】张春梅讲，王雄铮采录：《五通神的来历》，原载《中国民间故事集成·福建卷·漳州市分卷》，漳州市民间文学集成编委会1991年编印，见《福建省少数民族古籍丛书》编委会编《畲族卷·民间故事》，福州：海峡出版发行集团·海峡书局2013年版，第15～16页。

W0498.5.2
五通神是群妖鬼怪

实 例

汉族 五通神乃群妖鬼怪之类也，常幻化人形，为祟世间，每一妖鬼皆可称“五通”，非待合“五”而后始称之，“五”系虚数而非实指。

【流传】（无考）

【出处】《五通神》，见袁珂《中国神话大词典》，北京：华夏出版社2015年版，第61页。

W0498.5.3
五通神常幻化人形为祟世间

实 例

汉族 （参见“W0498.5.2 五通神是群妖鬼怪”母题实例）

W0498.5.4
五通神又称五显神

实 例

汉族 五显庙初名“五通”，故五显神应即五通神。

【流传】（无考）

【出处】《五显神》，见袁珂《中国神话大词典》，北京：华夏出版社 2015 年版，第 61 页。

W0498. 5. 4. 1

五显神（五显公之神）

实 例

（参见下级母题实例）

W0498. 5. 4. 1. 1

五显神是东岳泰山神之五子

【关联】［W0398. 1. 2］泰山神（东岳神）

实 例

汉族 五显神盖即东岳泰山神之五子，俱为火神。

【流传】（无考）

【出处】《五显神》，见袁珂《中国神话大词典》，北京：华夏出版社 2015 年版，第 61 页。

W0498. 5. 4. 1. 2

五显神是火神

实 例

汉族 （参见“W0498. 5. 4. 1. 1 五显神是东岳泰山神之五子”母题实例）

W0498. 5. 4. 1. 3

第一位显聪，第二位显明，第三位显正，第四位显直，第五位显德

实 例

汉族 五显公之神在天地间相与为本始，至唐光启中乃降于兹邑。传言邑民王喻有园在城偏北，一夕，园中红光烛天，见神五人自天而下，邑人乃相与斩竹薙（薙）草，作为华屋，立像肖貌，揭（敬）虔安灵。先是庙号上名五通，大观中始赐庙额曰灵顺，宣和间封两字侯，理宗改封八字王号：第一位显聪，第二位显明，第三位显正，第四位显直，第五位显德。

【流传】（无考）

【出处】［明］撰者不详：《三教源流搜神大全》，［清］叶德辉本卷二。

W0498. 5. 5

五通神又称木下三郎（五通神又称木客）

实 例

（参见下级母题实例）

W0498. 5. 5. 1

江西闽中称五通神为木下三郎（五通神又称木客）

实 例

汉族 （参见“W0498. 5. 6 独足五

通”母题实例）

W0498.5.6

独足五通

实 例

汉族 大江以南地多山，而俗祀鬼，其神怪甚诡异，多依岩石树木为丛祠，村村有之。二浙江东曰五通，江西闽中曰木下三郎，又曰木客，一足者曰独足五通，名虽不同，其实则一。

【流传】（无考）

【出处】［南宋］洪迈：《夷坚丁志》卷一九。

W0498.6

山都

实 例

（参见下级母题实例）

W0498.6.1

山都形如人，长二尺余，黑色，赤目，发黄被身

实 例

汉族 南康有神，名曰山都，形如人，长二尺余，黑色，赤目，发黄被身。于深山树中作窠，窠形如坚鸟卵，高三尺许。

【流传】（无考）

【出处】鲁迅：《古小说钩沉》辑《述异记》。

W0498.7

三师

实 例

（参见下级母题实例）

W0498.7.1

三师能降龙降雨消除旱灾

实 例

壮族 人们感激三师降龙降雨消除旱灾，就把他从东海接到人间，刻制精美的面具让他戴上，奉若神明。

【流传】（无考）

【出处】覃承勤整理：《三师》，原载《中国各民族宗教与神话大词典》，学苑出版社1993年版，见姚宝瑄主编《中国各民族神话》（仫佬族、壮族、京族），太原：山西出版传媒集团·书海出版社2014年版，第166页。

W0498.8

萧公神

实 例

（参见下级母题实例）

W0498.8.1

萧公无疾坐亡成神

实 例

汉族 《稗史汇编》云：萧公者清江市里人，平生朴直，不妄言笑，年八十二，无疾坐亡。家人以桶盛尸置中

堂祀之。

【流传】（清江市）

【出处】《萧公神》，见袁珂《中国神话大词典》，北京：华夏出版社 2015 年版，第 287 页。

W0498.8.2

萧公神清江人

实 例

汉族 （参见“W0498.8.1 萧公无疾坐亡成神”母题实例）

W0498.8.3

萧公神江西人

实 例

汉族 今江西人俱祀萧公神，不知何时始。

【流传】（江西）

【出处】［清］李调元：《新搜神记·神考》。

W0498.9

乡傩神

实 例

（参见下级母题实例）

W0498.9.1

高阳氏第三子死后成为乡傩神

实 例

汉族 乡傩神，高阳氏第三子殁而为神。

【流传】（无考）

【出处】［清］陈梦雷原编，蒋廷锡重编：《古今图书集成·职方典》卷一一八六引《蕲水县志》。

W0498.9a

桑林

实 例

汉族 黄帝，古天神也，始造人之时，化生阴阳。上骈、桑林，皆神名。

【流传】（无考）

【出处】［西汉］淮南王刘安及门客：《淮南子·说林训》［东汉］高诱注。

W0498.9b

六宗

实 例

（参见下级母题实例）

W0498.9b.1

六宗神指星、辰、风伯、雨师、司中、司命

实 例

汉族 六宗，星、辰、风伯、雨师、司中、司命。

【流传】（无考）

【出处】［战国］屈原：《楚辞·九章·惜诵》［宋］洪兴祖补注。

W0498.9b.2

六宗指埋少牢于太昭，祭时；祖迎于坎坛，祭寒暑；主于郊宫，祭日；夜明，祭月；幽荣，祭星；雩荣，祭水旱

实 例

汉族 《孔丛子》云："宰我问禋于六宗，孔子曰：所宗者六，埋少牢于太昭，祭时也；祖迎于坎坛，祭寒暑也；主于郊宫，祭日也；夜明，祭月也；幽荣，祭星也；雩荣，祭水旱也。禋于六宗，此之谓也。"又一说云，六宗，星、辰、风伯、雨师、司中、司命。

【流传】（无考）

【出处】［战国］屈原：《楚辞·九章·惜诵》［宋］洪兴祖补注。

W0498.9b.3

六宗之神又称六神

实 例

汉族 "戒六神与向服。"王逸注："六神谓六宗之神也。"

【流传】（无考）

【出处】［战国］屈原：《楚辞·九章·惜诵》［东汉］王逸注。

W0498.9c

江郎神

实 例

汉族 晋湛满有子仕洛，永嘉乱不能归，使祝宗告江郎神曰："若能致子，靡爱斯牲。"旬日，其子忽见三少年于洛滨，曰："某日当载汝归。"至期，使冥目入车中，去如飘风。

【流传】（无考）

【出处】［清］陈梦雷原编，蒋廷锡重编：《古今图书集成·职方典》卷一一六引《衢州府志》。

汉族 曹滋，字仲益。尝以干至衢州江山县，县有江郎庙。滋闻其灵响，往拜谒焉。

【流传】（无考）

【出处】［宋］郭彖：《睽车志》卷五。

W0498.9c.1

三兄弟化为江郎神

实 例

汉族 须江县江郎山。昔有江家在山下居，兄弟三人，神化于此，故有三石峰之异。

【流传】（无考）

【出处】［宋］李昉、扈蒙、李穆、徐铉等：《太平广记》卷二九西"湛满"条引《十道记》。

W0498.9d

计蒙

实 例

（参见下级母题实例）

W0498. 9d. 1

计蒙人身而龙首

实 例

汉族 光山，其上多碧，其下多木。神计蒙处之，其状人身而龙首，恒游于漳渊，出入必有飘风暴雨。

【流传】（无考）

【出处】［战国至汉］撰者不详：《山海经·中次八经》。

W0498. 9d. 2

计蒙居光山

实 例

汉族 （参见“W0498. 9d. 1 计蒙人身而龙首”母题实例）

W0498. 9d. 3

计蒙出行造成风雨

实 例

汉族 （参见“W0498. 9d. 1 计蒙人身而龙首”母题实例）

W0498. 10

不廷胡余

【关联】［W0414. 1. 2. 2］南海之神不廷胡余

实 例

（参见下级母题实例）

W0498. 10. 1

不廷胡余人面，珥两青蛇，践两赤蛇

实 例

汉族 （参见“W0498. 10. 2 不廷胡余居南海渚中”母题实例）

W0498. 10. 2

不廷胡余居南海渚中

实 例

汉族 南海渚中，有神，人面，珥两青蛇，践两赤蛇，名曰不廷胡余。

【流传】（无考）

【出处】［战国至汉］撰者不详：《山海经·大荒南经》。

W0498. 11

傻神（傻子神）

【关联】［W0126. 2. 6］恶神很傻（傻子恶神）

实 例

（参见下级母题实例）

W0498. 11. 1

神王造傻神

实 例

（参见下级母题实例）

W0498.11.1.1

神王英叭担心神不听话就造了一对傻神兄弟

实 例

傣族 神王英叭担心神不听话，就决定再用他的污垢捏造一对兄弟神，只给他们生命和语言，不给他们智慧和思考的本领，让他们不会乱跑乱走，让他们只是死死守着神果园的两道门。

【流传】云南省·西双版纳傣族地区（西双版纳傣族自治州）

【出处】《巴塔麻嘎捧尚罗》，王松据岩温炳翻译《巴塔麻晏》（开天辟地）改写，见姚宝瑄主编《中国各民族神话》（哈尼族、傣族），太原：山西出版传媒集团·书海出版社2014年版，第294页。

W0498.12

土伯九约

实 例

（参见下级母题实例）

W0498.12.1

土伯九约三目虎首

实 例

汉族 土伯九约，三目虎首，其身若牛些。

【流传】（无考）

【出处】［战国］屈原：《楚辞·招魂》。

W0498.13

陆吾

实 例

（参见下级母题实例）

W0498.13.1

陆吾人面虎身

实 例

汉族 昆仑之丘，是实惟帝之下都，神陆吾司之。其神状虎身而九尾，人面而虎爪。是神也，司天之九部，及帝之囿时。

【流传】（无考）

【出处】［战国至汉］撰者不详：《山海经·西次三经》。

W0498.14

五藏神

实 例

（参见下级母题实例）

W0498.14.1

五藏神即心、肝、脾、肺、肾五脏腑之神

实 例

汉族 五藏神，谓心、肝、脾、肺、肾五脏腑之神也。民间至今犹有以饮食自享为“修五脏庙”之说。

【流传】（无考）

【出处】《五藏神》，见袁珂《中国神话大词典》，北京：华夏出版社 2015 年版，第 61 页。

W0498. 14. 2

五脏神穿五方色衣

实 例

汉族 郑齐婴，开元中为吏部侍郎河南黜涉使，将归，途次华州。忽见五人，衣五方色衣，诣所再拜。齐婴问其由，答曰："是大使五藏神。"

【流传】（无考）

【出处】［北宋］李昉、扈蒙、李穆、徐铉等：《太平广记》卷三五八"郑齐婴"条引《广异志》。

W0498. 15

彊良

实 例

（参见下级母题实例）

W0498. 15. 1

彊良是虎首人身之神

实 例

汉族 大荒之中，有山名曰北极天柜，海水北注焉。有神，九首人面鸟身，名曰九凤。又有神衔蛇衔操蛇，其状虎首人身，四蹄长肘，名曰彊良。

【流传】（无考）

【出处】［战国至汉］撰者不详：《山海经·大荒北经》。

W0498. 16

蛊神

【关联】［W8655. 1］放蛊

实 例

（参见下级母题实例）

W0498. 16. 1

蛊神主司施蛊

实 例

民族无考 蛊神主司施蛊、除蛊之神。蛊是一种以毒虫作祟害人的黑巫术

【流传】（无考）

【出处】《蛊神》，见乌丙安主编《中国民间神谱》，沈阳：辽宁人民出版社 2007 年版，第 169 页。

W0498. 16a

驱毒之神

实 例

（参见下级母题实例）

W0498. 16a. 1

水缸驱毒神曲促比其

实 例

羌族 羌民室内所供奉之神大概各地都是十二尊，其中曲促比其（Tchu-tso-Pei-tchei）是水缸驱毒神。

【流传】四川省·（阿坝藏族羌族自治州）·理县·星上寨等

【出处】胡鉴民：《羌族的信仰与习为》，原载《边疆研究论丛》1941年，见吕大吉、何耀华总主编《中国各民族原始宗教资料集成》（纳西族卷、羌族卷、独龙族卷、傈僳族卷、怒族卷），北京：中国社会科学出版社2000年版，第476页。

W0498.16a.2

咒诅六毒五道大神

实 例

白族 咒诅六毒五道大神。

【流传】云南省·大理（白族自治州）

【出处】田怀清调查整理：《祥云考古资料反映的灵魂不死观念》（1988），见吕大吉、何耀华总主编《中国各民族原始宗教资料集成》（彝族卷、白族卷、基诺族卷），北京：中国社会科学出版社1996年版，第599页。

W0498.17

妒妇神（跖妇之神）

实 例

汉族 妬妇津在临济。相传武后不敢渡，别取道以避之。跖妇之神，刘伯玉妻也。

【流传】（无考）

【出处】

(a)［清］王士禛：《分甘馀话》卷四。

(b)《妬妇津》，见袁珂《中国神话大词典》，北京：华夏出版社2015年版，第119页。

W0498.18

媳妇神

实 例

（参见下级母题实例）

W0498.18.1

媳妇神又称角角神

实 例

（参见下级母题实例）

W0498.18.1.1

媳妇死后祭媳妇神3年

实 例

羌族 屋顶供奉的白石中有的代表“媳妇”。媳妇虽是娶来的，但在家中劳动一、二十年，死后敬在一个屋角上，敬她三年（也有称为“角角神”的）。

【流传】四川省·（阿坝藏族羌族自治州）·理县·龙溪沟（今汶川县龙溪乡）

【出处】西南民族学院研究室编：《羌（尔玛）族情况》，1954年，见吕大吉、何耀华总主编《中国各民族原始宗教资料集成》（纳西族卷、羌族卷、独龙族卷、傈僳族卷、怒族卷），北京：中国社会科学出版社2000年版，第471页。

W0498. 19

三尸神

实 例

（参见下级母题实例）

W0498. 19. 1

三尸神居人的身上

实 例

汉族 有三尸神，在人身中，每到庚早日，辄上诣天曹，言人罪过，月晦之日，灶神亦然。

【流传】（无考）

【出处】［宋］撰者不详：《太上感应篇》（《感应篇》）第二章。

W0498. 19. 2

三尸神在庚早日上诣天曹言人罪过

实 例

汉族 有三尸神，在人身中，每到庚早日，辄上诣天曹，言人罪过，月晦之日，灶神亦然。凡人有过，大则夺纪，小则夺算。其过大小，有数百事。欲求长生者，先须避之。

【流传】（无考）

【出处】［宋］撰者不详：《太上感应篇》（《感应篇》）第二章。

Motif-index of China Mythology Characters Database

中国神话人物母题数据索引

（6–3）

王宪昭 | 著

中国社会科学出版社

6-3　基本母题检索

0.5　与具体的物相关的神
【W0500 ~ W0559】

‖0.5.1　动物神‖
【W0500 ~ W0539】

‖0.5.2 植物神‖
【W0540～W0549】

‖0.5.3 无生命物神‖
【W0550～W0599】

0.6 神性人物
【W0560～W0769】

‖0.6.1 文化英雄‖
【W0560～W0629】

‖0.6.4 巨人‖

【W0660 ~ W0669】

‖0.6.5 常见的典型神性人物‖

【W0670 ~ W0769】

6 –3
【W0500 ~ W0699】

0.5 与具体的物相关的神[①]（W0500～W0559）

0.5.1 动物神[②]【W0500～W0539】

✿ W0500

动物神

【汤普森】①A132；②A440

实 例

（参见下级母题实例）

W0500.1

动物神的产生

实 例

（参见下级母题实例）

W0500.1.1

人生动物神

【关联】［W2615］人生动物

实 例

（参见下级母题实例）

W0500.1.1.1

妇女生一只神蛙

实 例

壮族 有位壮族妇女生下一只神蛙。

【流传】（无考）

【出处】《青蛙皇帝》，见梁庭望《壮族图腾初探》，载《学术论坛》1982年第3期。

W0500.1.2

特定动物被封为神

实 例

（参见下级母题实例）

---

① 与具体的物相关的神，包括动物神、植物神与无生命物神等，该类神数量众多，有时常与图腾崇拜母题结合，情况复杂。此处所列举母题中包含了一定数量的具有神性的动物、植物或无生命物，表述中不再单独标出。母题编目中只选取其中一些常见或有代表性的母题。

② 动物神，在神话叙事中的动物神并没有严格的界定，有时会包含一些带有神性的动物，如“牛神”，有时可以特指“牛”作为神来崇拜，有时也可以指“神牛”，有的神话中则表示为“牛大王”、“牛王”等，在此均表述为“牛神”。关于动物的分类在生物学情况非常详尽，但如“蚯蚓”属于“环节动物”、“蜈蚣”属于“节肢动物”，等等，若神话叙事母题采用这种分类方法，无疑会削足适履，从神话的创作角度，人们更关注的是动物的外在特征，故神话母题编目中的动物类型与生物学中的动物分类会有某些不一致之处，具体情况可参见“动物和植物”母题类型表述和《中国动植物神话母题数据索引》。

W0500. 1. 2. 1

玉帝封头上有角的动物为神

实 例

汉族 玉皇大帝设宴招待下界的动物，封头上有角的动物为神。

【流传】江苏省·张家港市·中兴乡、（金港镇）·滩上村

【出处】邱春才讲，丁品森、翟耀进搜集整理：《公鸡晨啼的传说》，见陈世海《张家港曲艺丛书：张家港故事选集》，南京：江苏凤凰文艺出版社2016年版，第118页。

W0500. 2

动物神的特征

实 例

（参见下级母题实例）

W0500. 2. 1

动物神的性别

实 例

（实例待考）

W0500. 2. 1. 1

动物女神

【汤普森】A440. 1

【关联】［W0065］女神

实 例

（实例待考）

W0500. 2. 2

动物神的体征

实 例

（实例待考）

W0500. 2. 2. 1

合体的动物神

实 例

（实例待考）

W0500. 2. 2. 1. 1

龙马神

【关联】［W0537. 1. 1］龙马

实 例

汉族 （实例待考）

W0500. 2. 3

动物神的性格

实 例

（实例待考）

❊ W0501

哺乳动物类的神（兽神）

实 例

达斡尔族 （实例待考）

珞巴族 （实例待考）

W0501.1

兽神的产生

实 例

（参见下级母题实例）

W0501.1.1

特定人物变成兽神

实 例

（参见下级母题实例）

W0501.1.1.1

女始祖会造飞禽走兽的成为兽神

实 例

瑶族（布努）密洛陀（万物之母，女始祖，女神）感风怀孕，生的十二个男孩，其中老七格防则依是造飞禽走兽的兽神。

【流传】广西壮族自治区·（河池市）·都安县（都安瑶族自治县）、巴马县（巴马瑶族自治县）、南丹县，（百色市）·田东县、平果县等地

【出处】桑布郎等传，蒙风标（83岁）、罗仁祥（73岁）等唱：《密洛陀》（1983），见蓝怀昌、蓝书京、蒙通顺搜集翻译整理《密洛陀》，北京：中国民间文艺出版社1988年版，第26页。

W0501.2

兽神的特征

实 例

（参见下级母题实例）

W0501.2.1

怪异的兽神

【关联】［W0921a］神兽

实 例

（参见下级母题实例）

W0501.2.1.1

飞兽之神

实 例

（参见下级母题实例）

W0501.2.1.1.1

飞兽之神人面马身

实 例

汉族 凡西次二经之首，自钤山至于莱山，凡十七山，四千一百四十里。其十神者，皆人面而马身，其七神皆人面牛身，四足而一臂，操杖以行，是为飞兽之神。

【流传】（无考）

【出处】［战国至汉］撰者不详：《山海经·西次二经》。

W0501.2.1.1.2

飞兽之神人面牛身，四足一臂

实 例

汉族 （参见“W0512.8.1.1 飞兽之神人面马身”母题实例）

W0501.3

兽神的生活

实 例

（参见下级母题实例）

W0501.3.1

兽神的居所

实 例

（参见下级母题实例）

W0501.3.1.1

兽神住雪山

实 例

怒族 长栖在雪山的兽灵，照管着所有的飞禽走兽。

【流传】 云南省·怒江傈僳族自治州

【出处】

（a）木玉璋等记录整理：《祭猎神调》，原载怒江傈僳族自治州文联编《怒江》1982年创刊号，第60～63页。

（b）同（a），见吕大吉、何耀华总主编《中国各民族原始宗教资料集成》（纳西族卷、羌族卷、独龙族卷、傈僳族卷、怒族卷），北京：中国社会科学出版社2000年版，第910～916页。

W0501.4

与兽神有关的其他母题

实 例

（实例待考）

W0502

虎神

【汤普森】 A132.10

【关联】

① ［W0494.6.3］虎神是战神

② ［W1266.1.1.1］虎神刨土形成盆地

③ ［W1846.1.3］神刨出山洞

实 例

彝族 （实例待考）

藏族 火焰虎神是战神。

【流传】 四川省·西康（今四川省西部和西藏自治区东部）；西藏自治区·（那曲地区）·安多地区（安多县）

【出处】 格明多杰整理：《火焰虎神》，见BBS水木清华站：http：//www.smth.edu.cn，2006.07.20。

W0502.1

虎神的产生

实 例

（参见下级母题实例）

W0502.1.1

虎为虎神

实 例

赫哲族 赫哲族以虎为神，禁忌猎虎。

【流传】 黑龙江省·（佳木斯市）·富锦（富锦市）

【出处】《虎神》，见《中国各民族宗教与神话大词典》编审委员会编《中国各民族宗教与神话大词典》，北京：学苑出版社 1990 年版，第 309 页。

W0502.2

虎神的特征

【关联】［W0255.8.4］虎是中央的神灵

实 例

（参见下级母题实例）

W0502.2.1

虎神性格忠厚

实 例

纳西族（摩梭）喇神（虎神）虽不如别的神能说会道，但他生性忠厚，办事踏实。

【流传】云南省·（丽江市）·宁蒗县（宁蒗彝族自治县）

【出处】巴采若、桑绒尼搓讲，章虹宇搜集整理：《喇氏族的来源》，载《民间文学》1986 年第 3 期。

W0502.3

虎神的身份

【关联】［W0494.6.3］虎神是战神

实 例

（参见下级母题实例）

W0502.3.1

虎神是使者

【关联】［W0761.5.4.1］白虎神是西王母使者

实 例

（实例待考）

W0502.3.2

虎神是虎的管理者

实 例

赫哲族 每种动物，都有相应的神主司。如虎有虎神（jarəgi səɔ）。

【流传】（松花江下游地区依兰县至抚远市一带）

【出处】

（a）凌纯声：《松花江下游的赫哲族》（原 1934 年南京刊印本），北京：民族出版社 2012 年版，第 156 页。

（b）《动物神》，见吕大吉、何耀华总主编《中国各民族原始宗教资料集成》（鄂伦春族卷、鄂温克族卷、赫哲族卷、达斡尔族卷、锡伯族卷、满族卷、蒙古族卷、藏族卷），北京：中国社会科学出版社 1999 年版，第 202 页。

W0502.4

特定名称的虎神（虎神名称）

【关联】［W0285.6.4］黑虎星神

实 例

（参见下级母题实例）

W0502.4.1

白虎神

【关联】

① ［W0761. 5. 4. 1］白虎神是西王母使者

② ［W0768. 7. 3. 1. 1］向王廪君是白虎神

实 例

土家族 向王为古之廪君，廪君本是白虎神。

【流传】湖北省·（宜昌市）·长阳（长阳土家族自治县）·贺家坪（贺家坪镇）

【出处】《土家故事中的老虎形象》，见http://www.cy-tujia.com，2005. 12. 14。

W0502. 4. 1. 1

白虎神是凶神

实 例

汉族 白虎者，岁中凶神也，常居岁后四辰。所居之地，犯之，主有丧服之灾。

【流传】（无考）

【出处】［清］允禄、梅瑴成、何国栋等：《协纪辨方书》卷三引《人元秘枢经》。

W0502. 4. 1. 2

白虎神好饮人血

实 例

汉族 房陵有白虎神，好饮人血，真人召其神戒之，遂灭。

【流传】（无考）

【出处】［明］王世贞：《列仙全传》卷三。

W0502. 4. 1. 3

白虎神化身为老人

实 例

汉族 白虎神来到下界，摇身一变，变成一个须发花白的老人。

【流传】江苏省·张家港市

【出处】丁品森搜集整理：《神奇老虎嘴》，见陈世海《张家港曲艺丛书：张家港故事选集》，南京：江苏凤凰文艺出版社2016年版，第47页。

W0502. 4. 2

虎神塔斯和

实 例

赫哲族 “塔斯和”（虎神），形如虎，是家庭保护神。

【流传】（黑龙江省）

【出处】

(a)《民族问题五种丛书》黑龙江省编辑组：《赫哲族社会历史调查》，牡丹江：黑龙江朝鲜民族出版社1987年版，第173~174页。

(b)《动物神（二）》，见吕大吉、何耀华总主编《中国各民族原始宗教资料集成》（鄂伦春族卷、鄂温克族卷、赫哲族卷、达斡尔族卷、锡伯族卷、满族卷、蒙古族卷、藏族卷），北京：中国社会科学出版社1999年版，第203页。

W0502.4.3

猛虎神

实 例

（参见下级母题实例）

W0502.4.3.1

宝木勒猛虎之神

实 例

蒙古族 我们精诚来崇拜，宝木勒猛虎之神。

【流传】（无考）

【出处】乌兰杰：《蒙古族古代音乐舞踏初探》，呼和浩特：内蒙古人民出版社1985年版，第108~110页。

W0502.4.4

金方白虎之神

实 例

汉族 王母髽发戴胜，虎齿善啸者，此乃王母之使，金方白虎之神，非王母之真形也。

【流传】（无考）

【出处】［元］赵道一：《历世真仙体道通鉴后集》卷一“金母元君”条。

W0502.5

与虎神有关的其他母题

【关联】［W0494.6.3］虎神是战神

实 例

（参见下级母题实例）

W0502.5.1

掌管兽类的神

实 例

（参见下级母题实例）

W0502.5.1.1

天上仙人三兄弟中老二冯雨掌管兽类

实 例

壮族 天上一个仙家的仨兄弟中老二冯雨掌管兽类。

【流传】广西壮族自治区·（来宾市）·合山（合山市）

【出处】莫振学讲：《伏羲和芝妹》，见张声震总主编，农冠品编注《壮族神话集成》，南宁：广西民族出版社2007年版，第320页。

W0503

猴神

【汤普森】A132.2

实 例

彝族 苏埃神（巫师神）有鹰神、猴神、熊神等动物神。

【流传】贵州省·（毕节市）·威宁县（威宁彝族回族苗族自治县）、赫章县

【出处】陈执中等讲，于锦绣等调查整理：《威宁、赫章彝族的布母》，见吕大吉、何耀华总主编《中国各民族原始宗教资料集成》（彝族卷、白族卷、

基诺族卷），北京：中国社会科学出版社 1996 年版，第 220 页。

藏族 （实例待考）

W0504

狐神（狐仙，狐仙神）

实 例

达斡尔族 巴尔西是娘娘神和狐仙的显灵者。

【流传】 黑龙江省·黑龙江省黑河市·爱辉县（爱辉区）·西岗子乡·友谊社

【出处】

（a）珠荣嘎、额尔登泰、满都尔图调查编著：《爱辉县西岗子乡友谊社达斡尔族情况——达斡尔族调查材料之三》，内蒙古少数民族社会历史调查组 1959 年编印，第 107 页。

（b）《巴尔西之三（爱辉地区）》，见吕大吉、何耀华总主编《中国各民族原始宗教资料集成》（鄂伦春族卷、鄂温克族卷、赫哲族卷、达斡尔族卷、锡伯族卷、满族卷、蒙古族卷、藏族卷），北京：中国社会科学出版社 1999 年版，第 358 页。

满族 （实例待考）

W0504.1

狐神的产生

实 例

（参见下级母题实例）

W0504.1.1

狐精变成狐仙神

实 例

鄂伦春族 狐仙神“敖律博如坎”为狐精所变。

【流传】（无考）

【出处】 马名超、崔焱：《鄂伦春族宗教与神话》，见《中国各民族宗教与神话大词典》编审委员会编《中国各民族宗教与神话大词典》，北京：学苑出版社 1993 年版。

W0504.2

狐神的特征

实 例

（参见下级母题实例）

W0504.2.1

狐仙神是恶神

实 例

（参见下级母题实例）

W0504.2.1.1

狐仙神经常害人

实 例

鄂伦春族 狐仙神“敖律博如坎”为狐精所变的恶神，常加害于人。

【流传】（无考）

【出处】 马名超、崔焱：《鄂伦春族宗教与神话》，见《中国各民族宗教与神话大词典》编审委员会编《中国各民族宗教与神话大词典》，北京：学苑出版社 1993 年版。

W0504.3
与狐神有关的其他母题

实 例

（参见下级母题实例）

W0504.3.1
特定名称的狐神

实 例

（参见下级母题实例）

W0504.3.1.1
狐仙神敖律博如坎

实 例

鄂伦春族 狐仙神叫“敖律博如坎”。

【流传】（无考）

【出处】 马名超、崔焱：《鄂伦春族宗教与神话》，见《中国各民族宗教与神话大词典》编审委员会编《中国各民族宗教与神话大词典》，北京：学苑出版社 1993 年版。

W0505
狼神

【汤普森】 A132.8

实 例

（参见下级母题实例）

W0505.1
狼神的产生

实 例

（参见下级母题实例）

W0505.1.1
狼神从天而降

实 例

维吾尔族 苍狼从天而降，保护受妖怪威胁的姑娘。

【流传】（无考）

【出处】《神树母亲》，载《民间文学》1985 年第 9 期。

W0505.2
狼神的特征

实 例

（实例待考）

W0505.3
与狼神有关的其他母题

实 例

（参见下级母题实例）

W0505.3.1
天狼大王

【关联】［W1796.2］天狼

实 例

（参见下级母题实例）

W0505. 3. 1. 1

天狼大王是日月的儿子

实 例

普米族 太阳、月亮的儿子天狼大王。

【流传】（无考）

【出处】宁蒗县《创世歌》，见中央民族学院少数民族文艺研究所编《中国民族民间文学》，北京：中央民族学院出版社1987年版，第536页。

W0505. 3. 2

狼神管理狼

实 例

赫哲族 每种动物，都有相应的神主司。如狼有狼神（ləluki səɔ）。

【流传】（松花江下游地区依兰县至抚远市一带）

【出处】

（a）凌纯声：《松花江下游的赫哲族》（原1934年南京刊印本），北京：民族出版社2012年版，第156页。

（b）《动物神》，见吕大吉、何耀华总主编《中国各民族原始宗教资料集成》（鄂伦春族卷、鄂温克族卷、赫哲族卷、达斡尔族卷、锡伯族卷、满族卷、蒙古族卷、藏族卷），北京：中国社会科学出版社1999年版，第202页。

W0506

鹿神

【汤普森】A132. 4

实 例

（参见下级母题实例）

W0506. 1

鹿神坚得勒玛

实 例

鄂温克族 坚得勒玛是鹿神。

【流传】（无考）

【出处】《坚得勒玛》，见《中国各民族宗教与神话大词典》编审委员会编《中国各民族宗教与神话大词典》，北京：学苑出版社1990年版，第136页。

W0506. 2

鹿神抓罗妈妈（鹿奶奶）

实 例

满族 抓罗妈妈为旧时宁古塔一带吴扎拉氏族（吴姓）的祭祀凡人鹿神，也称鹿奶奶。

【流传】黑龙江省·牡丹江市·（西安区）·温春乡（温春镇）·楼坊（楼房村）

【出处】梅崇阿讲，傅英仁采录：《抓罗妈妈》，见中国民间文学集成全国编辑委员会编《中国民间故事集成》（黑龙江卷），北京：中国ISBN中心2005年版，第70~72页。

W0507

马神

【汤普森】A132. 3

实 例

（参见下级母题实例）

W0507.1

马神的产生

实 例

（实例待考）

W0507.1.1

天上的马神下凡成为马

【关联】［W3175］马的产生

实 例

汉族 （实例待考）

W0507.2

马神的特征（马神的身份）

实 例

（参见下级母题实例）

W0507.2.1

女马神

【汤普森】 A132.3.2

实 例

（实例待考）

W0507.2.2

马神是民间磨坊、骡马商、养马房、旅店等行业供奉的神

实 例

汉族等 民间磨坊、骡马商、养马房、旅店等行业也供奉马神。

【流传】（无考）

【出处】《马王》，见乌丙安主编《中国民间神谱》，沈阳：辽宁人民出版社2007年版，第42页。

W0507.3

马神的职能

实 例

（参见下级母题实例）

W0507.3.1

马神主管马

实 例

赫哲族 每种动物，都有相应的神主司。如马有马神（mɔrin səɔ）。

【流传】（松花江下游地区依兰县至抚远市一带）

【出处】

（a）凌纯声：《松花江下游的赫哲族》（原1934年南京刊印本），北京：民族出版社2012年版，第156页。

（b）《动物神》，见吕大吉、何耀华总主编《中国各民族原始宗教资料集成》（鄂伦春族卷、鄂温克族卷、赫哲族卷、达斡尔族卷、锡伯族卷、满族卷、蒙古族卷、藏族卷），北京：中国社会科学出版社1999年版，第202页。

W0507.4

马神的生活

实 例

（实例待考）

W0507.4.1

马神住水中

【关联】［W3189.1.2］有魔力的马

实 例

黎族 （实例待考）

W0507.5

特定名称的马神

实 例

（参见下级母题实例）

W0507.5.1

马神昭路博如坎

实 例

鄂伦春族 “昭路博如坎”是马神。

【流传】（无考）

【出处】

（a）内蒙古自治区编委会：《鄂伦春族社会历史调查》（第一集），呼和浩特：内蒙古人民出版社1984年版，第162页。

（b）《昭路查路博如坎的由来》，见吕大吉、何耀华总主编《中国各民族原始宗教资料集成》（鄂伦春族卷、鄂温克族卷、赫哲族卷、达斡尔族卷、锡伯族卷、满族卷、蒙古族卷、藏族卷），北京：中国社会科学出版社1999年版，第26～27页。

W0507.5.2

马神又称马祖

实 例

汉族等 马王又称马祖、马神、马明王、马王爷、白马将军、马元帅等。

【流传】（无考）

【出处】《马王》，见乌丙安主编《中国民间神谱》，沈阳：辽宁人民出版社2007年版，第42页。

W0507.5.3

马神又称马王

实 例

汉族等 （参见“W0507.5.2 马神又称马祖”母题实例）

W0507.5.3.1

马王3只眼

实 例

民族无考 民间对马王的形象塑造通常是三只眼、四条臂，面目狰狞、性情暴躁。在我国民间素有“马王爷三只眼”的俗语相传。

【流传】（无考）

【出处】《马王》，见乌丙安主编《中国民间神谱》，沈阳：辽宁人民出版社2007年版，第42页。

W0507.5.4

马神又称马明王

实 例

汉族等 （参见“W0507.5.2 马神又称马祖”母题实例）

W0507.5.5

马神又称马王爷

实 例

汉族等 （参见“W0507.5.2 马神又称马祖”母题实例）

W0507.5.6

马神又称白马将军

实 例

汉族等 （参见“W0507.5.2 马神又称马祖”母题实例）

W0507.5.7

马神又称马元帅

实 例

汉族等 （参见“W0507.5.2 马神又称马祖”母题实例）

W0507.6

与马神有关的其他母题

【关联】［W0904.1］马灵（马鬼）

实 例

（参见下级母题实例）

W0507.6.1

马神的生日

实 例

（参见下级母题实例）

W0507.6.1.1

马王的生日六月二十三日

实 例

民族无考 农历六月二十三日为马王生日，是日，凡养马的人家大都要备供品以祭祀。

【流传】（无考）

【出处】《马王》，见乌丙安主编《中国民间神谱》，沈阳：辽宁人民出版社2007年版，第42页。

W0507.6.2

主宰马的神

实 例

（参见下级母题实例）

W0507.6.2.1

主宰马的神坎巴尔

实 例

（参见下级母题实例）

W0507.6.2.1.1

主宰马的神坎巴尔保护着马的生长

实 例

哈萨克族 主宰马的神是"坎巴尔"。这个神会保护着马的生长。

【流传】（新疆维吾尔自治区）

【出处】尼哈迈提·蒙加尼搜集，校仲彝翻译整理：《神与灵魂》，见姚宝瑄主编《中国各民族神话》（乌孜别克族、哈萨克族、柯尔克孜族、俄罗斯族、维吾尔族、塔吉克族、塔塔尔族、锡伯族），太原：山西出版传媒集团·书海出版社 2014 年版，第 31～32 页。

W0508
猫神

【汤普森】A1811. 3

实　例

汉族 （实例待考）

W0509
牛神

【汤普森】A132. 9

实　例

傣族 （实例待考）

W0509. 1
牛神的产生

实　例

（参见下级母题实例）

W0509. 1. 1
牛成为牛神

实　例

汉族 （实例待考）

W0509. 1. 2
牛神天降

实　例

民族无考 农历七月二十五日为牛王生日，但此时正值农忙季节，后改为十月初一祭祀牛王。

【流传】（无考）

【出处】《牛王》，见乌丙安主编《中国民间神谱》，沈阳：辽宁人民出版社 2007 年版，第 41 页。

W0509. 1. 2. 1
灰牛大仙从天上下凡到地上变成牛神爷爷

实　例

汉族 灰牛大仙从天上下凡到地上后，养了一对小牛，这就是牛的祖先，灰牛大仙自己就变成了牛神爷爷。

【流传】（无考）

【出处】

（a）孙长生讲，钟伟今搜集整理：《白龙和灰牛》，载《民间文学》1980 年 5 期。

（b）孙长生讲，钟伟今搜集整理：《天

虫》，见姚宝瑄主编《中国各民族神话》（汉族），太原：山西出版传媒集团·书海出版社 2014 年版，第 352～356 页。

W0509.1.3

牛王的生日是七月二十五日

实 例

彝族（撒尼） 牛王生辰是阴历七月二十五。

【流传】云南省·昆明（昆明市）

【出处】张福记录：《撒弥支彝族的祭牛王马祖》（1965），见吕大吉、何耀华总主编《中国各民族原始宗教资料集成》（彝族卷、白族卷、基诺族卷），北京：中国社会科学出版社 1996 年版，第 339 页。

W0509.2

牛神的特征

实 例

（参见下级母题实例）

W0509.2.1

女牛神

【关联】［W0065］女神

实 例

（参见下级母题实例）

W0509.2.1.1

女性牛神榜依

实 例

苗族 榜依是女性牛神。

【流传】贵州省·黔东南（黔东南苗族侗族自治州）

【出处】过竹：《苗族神话研究》，南宁：广西人民出版社 1988 年版，第 204 页。

W0509.3

牛神的身份（牛神的职能）

【关联】［W0251.6.1.3］东方天神是牛神

实 例

（参见下级母题实例）

W0509.3.1

牛神管理耕牛

实 例

（参见下级母题实例）

W0509.3.1.1

牛王即是管理耕牛的神灵

实 例

汉族 牛有灵性，牛王即是管理耕牛的神灵。

【流传】（无考）

【出处】《牛王》，见乌丙安主编《中国民间神谱》，沈阳：辽宁人民出版社 2007 年版，第 41 页。

W0509. 3. 1. 2

牛神是天上管草籽的神

实 例

汉族 天地初分时，牛是天上管草籽的神，叫牛神。

【流传】浙江省·（温州市）·泰顺县

【出处】吴用楠讲，吴俏岚记录：《牛神被罚》，原载《浙江省泰顺县民间文学集成会议资料》，见陶阳、钟秀编《中国神话》（下），北京：商务印书馆2008年版，第1199页。

W0509. 4

特定名称的牛神

实 例

（参见下级母题实例）

W0509. 4. 1

牛神乌和仁腾格里

实 例

鄂温克族 民间所说的“天”即“神”。“九个天”的“腾格里”，意实为“神”，而不是天。如“乌和仁腾格里”即牛神。

【流传】（内蒙古自治区·呼伦贝尔市·陈巴尔虎旗莫尔格河一带）

【出处】

（a）《陈巴尔虎旗莫尔格河鄂温克族社会历史调查报告》，见内蒙古自治区编辑组《鄂温克族社会历史调查》，呼和浩特：内蒙古人民出版社1986年版，第338页。

（b）《莫尔格河地区供祭的天神》，见吕大吉、何耀华总主编《中国各民族原始宗教资料集成》（鄂伦春族卷、鄂温克族卷、赫哲族卷、达斡尔族卷、锡伯族卷、满族卷、蒙古族卷、藏族卷），北京：中国社会科学出版社1999年版，第112~113页。

W0509. 4. 2

牛神耇英

实 例

苗族 耇英是牛神，掌管天下的牛。

【流传】贵州省·黔东南（黔东南苗族侗族自治州）

【出处】过竹：《苗族神话研究》，南宁：广西人民出版社1988年版，第206页。

W0509. 4. 3

天牛神

实 例

（参见下级母题实例）

W0509. 4. 3. 1

天牛神下凡传玉帝圣旨

实 例

汉族 老天爷知道人间吃饭、梳妆很随便。就派最诚实的天牛神下到人间传他的旨意。

【流传】河南省

【出处】王文富（男，56岁，工人）讲，马辉岐采录整理：《牛传话》，见张振犁编著，孟宪明、朱淑君统纂《中原神话通鉴》（第四卷），郑州：河南大学出版社2017年版，第1295页。

W0509.4.4

黄牛神

实 例

（参见下级母题实例）

W0509.4.4.1

沼川庙祀黄牛之神

实 例

汉族 黄牛峡上有沼川庙，黄牛之神也，亦云助禹疏川者。庙背大峰峻壁之上，有黄迹如牛，一墨迹如人牵之，云此其神也。

【流传】（无考）

【出处】［南宋］范成大：《吴船录》卷下。

W0509.4.4.2

山顶黄牛神。

实 例

彝族 山顶黄牛神。

【流传】云南省·（昆明市）·禄劝县（禄劝彝族苗族自治县）·云龙乡·卡问村

【出处】张仲仁（彝族）翻译：*《禄劝彝族的祈福经》，见吕大吉、何耀华总主编《中国各民族原始宗教资料集成》（彝族卷、白族卷、基诺族卷），北京：中国社会科学出版社1996年版，第288~290页。

W0509.5

与牛神有关的其他母题

实 例

（参见下级母题实例）

W0509.5.1

天上的牛神下凡成为耕牛

【关联】［W3200］牛的产生

实 例

满族 （实例待考）

汉族 （实例待考）

畲族 （实例待考）

W0509.5.2

祭牛神

实 例

（参见下级母题实例）

W0509.5.2.1

十月初一祭祀牛王

实 例

（参见下级母题实例）

W0509. 5. 2. 1. 1

牛王的生日是七月二十五日，因正值农忙季节，改为十月初一祭祀牛王

实 例

民族无考（参见“W0509. 1. 2 牛神天降”母题实例）

W0509. 5. 2. 2

主宰牛的神

实 例

（参见下级母题实例）

W0509. 5. 2. 2. 1

主宰牛的神臻恩格巴巴

实 例

（参见下级母题实例）

W0509. 5. 2. 2. 1. 1

主宰牛的神臻恩格巴巴会保护着牛的生长

实 例

哈萨克族 主宰牛的神是“臻恩格巴巴”。这个神会保护着牛的生长。

【流传】（新疆维吾尔自治区）

【出处】尼哈迈提·蒙加尼搜集，校仲彝翻译整理：《神与灵魂》，见姚宝瑄主编《中国各民族神话》（乌孜别克族、哈萨克族、柯尔克孜族、俄罗斯族、维吾尔族、塔吉克族、塔塔尔族、锡伯族），太原：山西出版传媒集团·书海出版社 2014 年版，第 31～32 页。

W0510

犬神（狗神）

【汤普森】A132. 8

实 例

赫哲族 祭吉星神庙中有的供有狗神（ɲiuria）、虎神（marin mafa）等。

【流传】（松花江下游地区依兰县至抚远市一带）

【出处】

(a) 凌纯声：《松花江下游的赫哲族》（原 1934 年南京刊印本），北京：民族出版社 2012 年版，第 143 页。

(b)《吉星神》，见吕大吉、何耀华总主编《中国各民族原始宗教资料集成》（鄂伦春族卷、鄂温克族卷、赫哲族卷、达斡尔族卷、锡伯族卷、满族卷、蒙古族卷、藏族卷），北京：中国社会科学出版社 1999 年版，第 201 页。

W0510. 1

犬神的产生

实 例

（参见下级母题实例）

W0510. 1. 1

犬有战功变成神

实 例

汉族 （实例待考）

W0510.1.2
犬神是鹫鹰的后代

实　例

柯尔克孜族 猎犬神库玛依克是鹫鹰的后代。

【流传】（无考）

【出处】张彦平编译：《牲畜保护神、猎犬神和百鸟之神》，见满都呼主编《中国阿尔泰语系诸民族神话故事》，北京：民族出版社1997年版，第85页。

W0510.2
犬神的特征

实　例

（实例待考）

W0510.3
与犬神有关的其他母题

实　例

（参见下级母题实例）

W0510.3.1
狗神管理狗

实　例

赫哲族 每种动物，都有相应的神主司。如狗有狗神（ɲiuria səɔ）。

【流传】（松花江下游地区依兰县至抚远市一带）

【出处】

（a）凌纯声：《松花江下游的赫哲族》（原1934年南京刊印本），北京：民族出版社2012年版，第156~157页。

（b）《动物神》，见吕大吉、何耀华总主编《中国各民族原始宗教资料集成》（鄂伦春族卷、鄂温克族卷、赫哲族卷、达斡尔族卷、锡伯族卷、满族卷、蒙古族卷、藏族卷），北京：中国社会科学出版社1999年版，第202页。

W0511
熊神

【汤普森】A132.5

实　例

（参见下级母题实例）

W0511.1
熊神的产生

实　例

（实例待考）

W0511.2
熊神的特征

实　例

（实例待考）

W0511.3
熊神的生活

实　例

（参见下级母题实例）

W0511.3.1
熊神的居所

实 例

（参见下级母题实例）

W0511.3.1.1
熊神住深山密林的洞穴

实 例

满族（杨姓） 熊神在深山密林的洞穴中。

【流传】吉林省·（长春市）·九台县（九台市）·（胡家乡）·小韩乡（小韩村）

【出处】宋和平：《满族萨满神歌内容浅析》，载《满族研究》1995年第2期。

W0511.4
熊神的职能

实 例

（参见下级母题实例）

W0511.4.1
熊神保人畜平安

实 例

（参见下级母题实例）

W0511.4.1.1
熊神在狼不来

实 例

鄂温克族 鄂温克人认为，熊在狼不来，所以立熊为神，以求人畜平安。

【流传】内蒙古自治区

【出处】

（a）乌云达赉整理：《熊，原本是人》，见满都呼主编《中国阿尔泰语系诸民族神话故事》，北京：民族出版社1997年版，第306页。

（b）《熊，原本是人》，见内蒙古自治区鄂温克族研究会编《鄂温克族研究文集》第二辑（上），内部编印。

W0511.4.2
熊神是动物保护神

实 例

鄂温克族 游猎的敖鲁古雅地区鄂温克人所供祭的神有保护驯鹿的“奥荣”神和熊神。

【流传】（无考）

【出处】吕大吉、何耀华总主编：《中国各民族原始宗教资料集成》（鄂伦春族卷、鄂温克族卷、赫哲族卷、达斡尔族卷、锡伯族卷、满族卷、蒙古族卷、藏族卷）第二章《信奉的各种神》注释，北京：中国社会科学出版社1999年版，第110页。

W0511.5
熊神的类型（熊神的名称）

实 例

（参见下级母题实例）

W0511.5.1

北方的熊神

实 例

（参见下级母题实例）

W0511.5.1.1

北方的熊神生神孩儿叫阿俄苏补

实 例

彝族 北方的熊神生了个神孩儿叫阿俄苏补。

【流传】四川省·（凉山彝族自治州）·雷波县

【出处】

(a) 保木和铁讲，芦芙阿梅译，白芝采录：《开天辟地》，见中国民间文学集成全国编辑委员会编《中国民间故事集成》（四川卷），北京：中国 ISBN 中心 1998 年版，第 749 页。

(b) 《开天辟地》，见陶立璠、赵桂芳等编《中国少数民族神话汇编》（开天辟地篇），中央民族学院少数民族古籍整理出版规划领导小组办公室印（未署出版时间），第 85~95 页。

W0511.6

与熊神有关的其他母题

【关联】

① ［W0865.2］ 熊怪（熊妖，熊精）

② ［W0904.4］ 熊灵（熊鬼）

实 例

（参见下级母题实例）

W0512

其他哺乳动物神

实 例

（参见下级母题实例）

W0512.0

刺猬神

实 例

（参见下级母题实例）

W0512.0.1

刺猬神管理刺猬

实 例

赫哲族 每种动物，都有相应的神主司。如刺猬有刺猬神（səŋgə səɔ）。

【流传】（松花江下游地区依兰县至抚远市一带）

【出处】

(a) 凌纯声：《松花江下游的赫哲族》（原 1934 年南京刊印本），北京：民族出版社 2012 年版，第 157 页。

(b) 《动物神》，见吕大吉、何耀华总主编《中国各民族原始宗教资料集成》（鄂伦春族卷、鄂温克族卷、赫哲族卷、达斡尔族卷、锡伯族卷、满族卷、蒙古族卷、藏族卷），北京：中国社会科学出版社 1999 年版，第 202 页。

W0512.0.2

特定神原型是刺猬神

实 例

（参见下级母题实例）

W0512.0.2.1

守护日月的者固鲁女神原是天上的刺猬神

实 例

（参见下级母题实例）

W0512.0.2.1.1

守护日月的者固鲁女神身披光衫

实 例

满族 守护日月的者固鲁女神原是天上的刺猬神，身披光衫，内藏万物的魂魄。

【流传】 黑龙江省·黑河地区（黑河市）·孙吴县·（沿江满族达斡尔族乡）·四季屯（四季屯村）

【出处】 吴纪贤、富希陆讲：《天宫大战——黑水女真人传世神话》（1939），选自富育光、郭淑云整理的手稿，见姚宝瑄主编《中国各民族神话》（满族、赫哲族、朝鲜族），太原：山西出版传媒集团·书海出版社2014年版，第31页。

W0512.0.2.1.2

守护日月的者固鲁女神内藏万物的魂魄

实 例

满族 （参见“W0512.0.2.1.1 守护日月的者固鲁女神身披光衫”母题实例）

W0512.0.3

看守日月的刺猬神是护眼女神

【关联】 ［W0443b.3.1］护眼女神

实 例

满族 （参见“W0512.0.4 刺猬神集万神的能力和品德于一身”母题实例）

W0512.0.4

刺猬神集万神的能力和品德于一身

实 例

满族 看守日月的刺猬神（护眼女神）集万神的能力和品德于一身，能攻能守，能进能退，能隐能显，能扩能缩，能滚能行，威勇无敌。

【流传】 黑龙江省·黑河地区（黑河市）·孙吴县·（沿江满族达斡尔族乡）·四季屯（四季屯村）

【出处】 吴纪贤、富希陆讲：《天宫大战——黑水女真人传世神话》（1939），选自富育光、郭淑云整理的手稿，见姚宝瑄主编《中国各民族神话》（满族、赫哲族、朝鲜族），太原：山西出版传媒集团·书海出版社2014年版，第31页。

W0512.0.5

刺猬神僧格恩都哩

实 例

（参见下级母题实例）

W0512.0.5.1

刺猬神僧格恩都哩不怕火，不怕魔冰

实 例

满族 僧格恩都哩（刺猬神）不怕火，也不怕魔冰。

【流传】黑龙江省·（牡丹江市）·宁古塔（宁安县）；吉林省·长白山地区（长白山一带）

【出处】

(a) 傅英仁讲述，张爱云记录整理：《天宫神魔大战》，见傅英仁讲述，张爱云记录整理《满族萨满神话》，哈尔滨：黑龙江人民出版社2006年版。

(b) 同(a)，见陶阳、钟秀编《中国神话》（上），北京：商务印书馆2008年版，第155～180页。

W0512.1

象神

实 例

彝族 （实例待考）

W0512.1.1

象神的产生

实 例

（参见下级母题实例）

W0512.1.2

象神的特征

实 例

（实例待考）

W0512.1.3

与象神有关的其他母题

实 例

（参见下级母题实例）

W0512.1.3.1

白象神

实 例

傣族 傣族有“蛇掌泊”，“蛇”即“神”，“掌”即“象”，“泊”即“白”，意即白象神。

【流传】（无考）

【出处】岩峰、王松搜集整理：《蛇掌泊》，原载《中国各民族宗教与神话大词典》编审委员会编《中国各民族宗教与神话大词典》，学苑出版社1990年版，见姚宝瑄主编《中国各民族神话》（哈尼族、傣族），太原：山西出版传媒集团·书海出版社2014年版，第367页。

W0512. 2

羊神

【汤普森】A132. 14

实 例

（参见下级母题实例）

W0512. 2. 1

羊神的产生

实 例

（参见下级母题实例）

W0512. 2. 1. 1

农历六月二十三日为羊神生日

实 例

白族 农历六月二十三日为羊神生日，白族在这天要往树上挂一块羊毛毯，以此象征羊魂，并向羊神摆供祭祀，祈求其佑助羊群平安。

【流传】（云南省）

【出处】《羊神》，见乌丙安主编《中国民间神谱》，沈阳：辽宁人民出版社 2007 年版，第 44 页。

W0512. 2. 2

羊神的特征（羊神的身份，羊神的职能，羊神的能力）

实 例

（参见下级母题实例）

W0512. 2. 2. 1

羊神是畜牧之神

实 例

羌族 羊神是畜牧之神。

【流传】四川省·（阿坝藏族羌族自治州）·汶川县、理县、茂县、松潘县

【出处】西南民族学院研究室编：《羌（尔玛）族情况》，1954 年，见吕大吉、何耀华总主编《中国各民族原始宗教资料集成》（纳西族卷、羌族卷、独龙族卷、傈僳族卷、怒族卷），北京：中国社会科学出版社 2000 年版，第 554 页。

W0512. 2. 2. 1. 1

羊神是六畜神

实 例

羌族 羊神即代表六畜神，无羊神的地方，每每有牛王菩萨。

【流传】（无考）

【出处】胡鉴民：《羌族的信仰与习为》，原载《边疆研究论丛》1941 年，见吕大吉、何耀华总主编《中国各民族原始宗教资料集成》（纳西族卷、羌族卷、独龙族卷、傈僳族卷、怒族卷），北京：中国社会科学出版社 2000 年版，第 463 页。

W0512. 2. 2. 2

羊神能降山妖野鬼

实 例

白族 羊神能降山妖野鬼，每年八月二十三日办会事神。

【流传】云南省·（大理白族自治州）·鹤庆县

【出处】章虹宇调查整理：《鹤庆白族马鼠狗羊祭》，见吕大吉、何耀华总主编《中国各民族原始宗教资料集成》（彝族卷、白族卷、基诺族卷），北京：中国社会科学出版社1996年版，第515页。

W0512.2.2.3

羊神主瘟疫

实 例

彝族 羊神主瘟疫。

【流传】云南省·（普洱市）·景东县（景东彝族自治县）

【出处】吕大吉、何耀华总主编：《中国各民族原始宗教资料集成》（彝族卷、白族卷、基诺族卷），北京：中国社会科学出版社1996年版，第30页。

W0512.2.2.4

羊神能保佑羊子兴旺，防豺狼豹熊之害

实 例

羌族 （参见“W0512.2.4.2.1 每年正月初五敬羊神”母题实例）

W0512.2.3

特定名称的羊神（羊神的名称）

实 例

（参见下级母题实例）

W0512.2.3.1

羱羝大神

实 例

藏族 多事羱羝之神，人信巫觋。

【流传】（无考）

【出处】［后晋］刘昫等撰：《旧唐书》卷一百九十六上《吐蕃列传上》，北京：中华书局1965年版。

藏族 重鬼右巫，事羱羝为大神。

【流传】（无考）

【出处】［北宋］欧阳修、宋祁撰：《新唐书》卷二百一十六上《吐蕃列传上》，北京：中华书局1966年版。

W0512.2.3.2

绵羊神

实 例

（参见下级母题实例）

W0512.2.3.2.1

山腰绵羊神

实 例

彝族 山腰绵羊神。

【流传】云南省·（昆明市）·禄劝县（禄劝彝族苗族自治县）·云龙乡·卡问村

【出处】张仲仁（彝族）翻译：＊《禄劝彝族的祈福经》，见吕大吉、何耀华总主编《中国各民族原始宗教资料

集成》（彝族卷、白族卷、基诺族卷），北京：中国社会科学出版社1996年版，第288～290页。

W0512. 2. 3. 3

羊神菩萨

实 例

羌族 屋顶供奉的白石中有的代表“羊神菩萨”。该神保佑羊子不遗失，不生瘟疫。

【流传】四川省·（阿坝藏族羌族自治州）·理县·龙溪沟（今汶川县龙溪乡）

【出处】西南民族学院研究室编：《羌（尔玛）族情况》，1954年，见吕大吉、何耀华总主编《中国各民族原始宗教资料集成》（纳西族卷、羌族卷、独龙族卷、傈僳族卷、怒族卷），北京：中国社会科学出版社2000年版，第470页。

W0512. 2. 4

与羊神有关的其他母题

【关联】［W0854. 7. 4. 3］羊精

实 例

（参见下级母题实例）

W0512. 2. 4. 1

主宰羊的神

实 例

（参见下级母题实例）

W0512. 2. 4. 1. 1

主宰羊的神巧潘阿塔

实 例

哈萨克族 主宰羊的神是“巧潘阿塔”。这个神会保护着羊的生长。

【流传】（新疆维吾尔自治区）

【出处】尼哈迈提·蒙加尼搜集，校仲彝翻译整理：《神与灵魂》，见姚宝瑄主编《中国各民族神话》（乌孜别克族、哈萨克族、柯尔克孜族、俄罗斯族、维吾尔族、塔吉克族、塔塔尔族、锡伯族），太原：山西出版传媒集团·书海出版社2014年版，第31～32页。

W0512. 2. 4. 2

祭羊神

实 例

（参见下级母题实例）

W0512. 2. 4. 2. 1

每年正月初五敬羊神

实 例

羌族 每年正月初五，农民赶着羊，以香、酒敬羊神，求神保佑羊子兴旺，不遭豺狼豹熊之害。

【流传】四川省·（阿坝藏族羌族自治州）·汶川县、理县、茂县、松潘县

【出处】西南民族学院研究室编：《羌（尔玛）族情况》，1954年，见吕大吉

吉、何耀华总主编《中国各民族原始宗教资料集成》（纳西族卷、羌族卷、独龙族卷、傈僳族卷、怒族卷），北京：中国社会科学出版社2000年版，第554页。

W0512.3
猪神

【汤普森】A123.6.7

实 例

满族（实例待考）

W0512.3.1
养猪者被奉为猪神

实 例

汉族（实例待考）

W0512.3.1.1
创世女神八姐喂刹东养猪被封为猪神

实 例

瑶族 十二个创世女神中的八姐喂刹东负责养猪、找猪食，被封为猪神。

【流传】（无考）

【出处】《密洛陀神谱》，蓝田根据农学冠等撰写的《瑶族神话传说中的人物》编写，见姚宝瑄主编《中国各民族神话》（土家族、毛南族、侗族、瑶族），太原：山西出版传媒集团·书海出版社2014年版，第151页。

瑶族（布努）密洛陀（万物之母，女始祖，女神）生的12个女孩中，八姐喂刹东找猪菜辛辛苦苦，驯服野猪把猪养得肥肥壮壮，于是密洛陀把她封为猪神。

【流传】广西壮族自治区·（河池市）·都安县（都安瑶族自治县）、巴马县（巴马瑶族自治县）、南丹县，（百色市）·田东县、平果县等地

【出处】桑布郎等传，蒙凤标（83岁）、罗仁祥（73岁）等唱：《密洛陀》（1983），见蓝怀昌、蓝书京、蒙通顺搜集翻译整理《密洛陀》，北京：中国民间文艺出版社1988年版，第318～326页。

W0512.3.2
野猪神

实 例

（参见下级母题实例）

W0512.3.2.1
野猪神是久居山巅的大神

实 例

满族 野猪神是久居山巅的大神，身高过山，毛耸如林，四足遮过平川，獠牙划出了山谷沟壑，闯下山来，万山雷鸣，其的神力能庇佑八方安宁。

【流传】吉林省·（长春市）·九台县（九台市）·莽卡满族乡

【出处】萨满杨世昌讲唱，富育光、王宏刚记录：《尼玛察氏野神祭》，见吕大吉、何耀华总主编《中国各民族原

始宗教资料集成》（鄂伦春族卷、鄂温克族卷、赫哲族卷、达斡尔族卷、锡伯族卷、满族卷、蒙古族卷、藏族卷），北京：中国社会科学出版社1999年版，第529页。

W0512. 3. 2. 2

野猪神的神力庇佑八方安宁

实 例

满族 （参见“W0512. 3. 2. 1 野猪神是久居山巅的大神”母题实例）

W0512. 3. 2. 3

野猪神管理野猪

实 例

赫哲族 每种动物，都有相应的神主司。如野猪有野猪神（ɲikt'ə sə ɔ）。

【流传】（松花江下游地区依兰县至抚远市一带）

【出处】

（a）凌纯声：《松花江下游的赫哲族》（原1934年南京刊印本），北京：民族出版社2012年版，第157页。

（b）《动物神》，见吕大吉、何耀华总主编《中国各民族原始宗教资料集成》（鄂伦春族卷、鄂温克族卷、赫哲族卷、达斡尔族卷、锡伯族卷、满族卷、蒙古族卷、藏族卷），北京：中国社会科学出版社1999年版，第202页。

W0512. 3. 2. 4

野猪神牛的白斯

实 例

彝族 当地彝族崇拜野猪神“牛的白斯”。

【流传】 云南省·永善县·兴隆等地

【出处】 何耀华：《彝族的自然崇拜及其特点》，载《思想战线》1982年第6期。

W0512. 3. 3

猪神的特征

【关联】［W0633. 13］猪头人身之神

实 例

（参见下级母题实例）

W0512. 3. 3. 1

猪神是大力士

实 例

纳西族（摩梭） 情（即猪）神是天界中的大力士，它嘴一拱，能掀掉三座大山，开出四个大海；耳一搧，能飞沙走石。

【流传】 云南省·（丽江市）·宁蒗县（宁蒗彝族自治县）

【出处】 巴采若、桑绒尼搓讲，章虹宇搜集整理：《喇氏族的来源》，载《民间文学》1986年第3期。

W0512.3.4
与猪神有关的其他母题

实 例

（参见下级母题实例）

W0512.3.4.1
祭猪神

实 例

（参见下级母题实例）

W0512.3.4.1.1
每逢三、六、九日到神庙祭猪神

实 例

白族 每逢三、六、九日，都有人到神庙祭猪神。几家拼伙或独家去，带上香蜡纸烛，在那里杀鸡煮肉，以牲醴致祭。

【流传】云南省·（大理白族自治州）·剑川县·沙溪乡·联合村

【出处】张文调查整理：《剑川白族要牛祭》（1985），见吕大吉、何耀华总主编《中国各民族原始宗教资料集成》（彝族卷、白族卷、基诺族卷），北京：中国社会科学出版社1996年版，第711页。

W0512.3.4.1.2
家中猪病时祭猪神

实 例

白族 遇家中猪病时祭猪神。

【流传】云南省·（大理白族自治州）·鹤庆县

【出处】章虹宇：《关于鹤庆白族“甲马”》，载《山茶》1992年第6期。

W0512.4
驴神

【汤普森】A132.3.3

实 例

（实例待考）

W0512.5
骡神

【汤普森】A132.3.1.1

实 例

（实例待考）

W0512.6
豹神

实 例

（参见下级母题实例）

W0512.6.1
金钱豹神

实 例

赫哲族 “雅日格”（金钱豹神）形如金钱豹是家庭保护神。

【流传】（黑龙江省）

【出处】

（a）《民族问题五种丛书》黑龙江省编

辑组：《赫哲族社会历史调查》，牡丹江：黑龙江朝鲜民族出版社 1987 年版，第 173～174 页。

(b)《动物神（二）》，见吕大吉、何耀华总主编《中国各民族原始宗教资料集成》（鄂伦春族卷、鄂温克族卷、赫哲族卷、达斡尔族卷、锡伯族卷、满族卷、蒙古族卷、藏族卷），北京：中国社会科学出版社 1999 年版，第 202～203 页。

W0512.7

猞猁神

实 例

（参见下级母题实例）

W0512.7.1

猞猁神西伦玛玛

实 例

（参见下级母题实例）

W0512.7.1.1

猞猁神西伦玛玛拯救百姓

实 例

满族 西伦玛玛原是一位猞猁神，为了拯救苦难深重的部民，化为人形。

【流传】黑龙江省·（牡丹江市）·宁安县（宁安市）

【出处】《西伦玛玛》，选自傅英仁《黑龙江省宁安县满族萨满教神话调查资料》，见吕大吉、何耀华总主编《中国各民族原始宗教资料集成》（鄂伦春族卷、鄂温克族卷、赫哲族卷、达斡尔族卷、锡伯族卷、满族卷、蒙古族卷、藏族卷），北京：中国社会科学出版社 1999 年版，第 488 页。

W0512.7.2

猞猁神演变成白温泉女神

【关联】［W0416.3］温泉女神

实 例

满族 猞猁神后来演变成白温泉女神。

【流传】（无考）

【出处】富育光、孟慧英、王宏刚整理：《西伦妈妈》，见姚宝瑄主编《中国各民族神话》（满族、赫哲族、朝鲜族），太原：山西出版传媒集团·书海出版社 2014 年版，第 86 页。

W0512.8

骆驼神

实 例

（参见下级母题实例）

W0512.8.1

主宰骆驼的神

实 例

（参见下级母题实例）

W0512.8.1.1

主宰骆驼的神奥依斯尔哈拉

实 例

（参见下级母题实例）

W0512.8.1.1.1

主宰骆驼的神奥依斯尔哈拉护着骆驼的生长

实 例

哈萨克族 主宰骆驼的神是“奥依斯尔哈拉”。这个神会保护着骆驼的生长。

【流传】（新疆维吾尔自治区）

【出处】 尼哈迈提·蒙加尼搜集，校仲彝翻译整理：《神与灵魂》，见姚宝瑄主编《中国各民族神话》（乌孜别克族、哈萨克族、柯尔克孜族、俄罗斯族、维吾尔族、塔吉克族、塔塔尔族、锡伯族），太原：山西出版传媒集团·书海出版社 2014 年版，第 31～32 页。

W0512.9

穿山甲神

实 例

（参见下级母题实例）

W0512.9.1

穿山甲神五克倍恩都哩

实 例

（参见下级母题实例）

W0512.9.1.1

穿山甲神五克倍恩都哩一身铠甲

实 例

满族 五克倍恩都哩（穿山甲神）有一身的铠甲，能够忍受魔冰的侵蚀。

【流传】 黑龙江省·（牡丹江市）·宁古塔（宁安县）；吉林省·长白山地区（长白山一带）

【出处】

（a）傅英仁讲述，张爱云记录整理：《天宫神魔大战》，见傅英仁讲述，张爱云记录整理《满族萨满神话》，哈尔滨：黑龙江人民出版社 2006 年版。

（b）同（a），见陶阳、钟秀编《中国神话》（上），北京：商务印书馆 2008 年版，第 155～180 页。

※W0513

鸟类动物神

实 例

（参见下级母题实例）

W0514

鸟神

【汤普森】 A132.6

实 例

（参见下级母题实例）

W0514.1

鸟神的产生

实 例

（参见下级母题实例）

W0514. 1. 1

姑娘变鸟神

实 例

满族 白水鸟（鸟神）是白姑娘变的。

【流传】（无考）

【出处】 富育光：《满族灵禽崇拜祭俗与神话探考》，见《富育光民俗文化论集》，长春：吉林大学出版社 2005 年版。

W0514. 2

鸟神的特征

【关联】［W0497. 2. 1］鸟神通天地

实 例

（参见下级母题实例）

W0514. 2. 1

鸟神有巨大的翅膀

实 例

柯尔克孜族 百鸟之神库达依克的翅膀有五十庹长，飞起来无比矫健、神勇，谁触犯它，谁就要受到惩罚。

【流传】（无考）

【出处】 张彦平编译：《牲畜保护神、猎犬神和百鸟之神》，见满都呼主编《中国阿尔泰语系诸民族神话故事》，北京：民族出版社 1997 年版，第 85 页。

W0514. 3

特定名称的鸟神

实 例

（参见下级母题实例）

W0514. 3. 1

百鸟之神库达依克

实 例

柯尔克孜族 百鸟之神库达依克。

【流传】（无考）

【出处】 张彦平编译：《牲畜保护神、猎犬神和百鸟之神》，见满都呼主编《中国阿尔泰语系诸民族神话故事》，北京：民族出版社 1997 年版，第 85 页。

W0514. 3. 2

白羽鸟神

实 例

（参见下级母题实例）

W0514. 3. 2. 1

白姑娘变的白水鸟死后化为白羽鸟神

实 例

满族 白水鸟是白姑娘所变，死后化为白羽鸟神。

【流传】（无考）

【出处】 富育光：《论萨满教的天穹观》，载《世界宗教研究》1987 年第

4期。

满族 白水鸟（鸟神）是白姑娘变的。

【流传】（无考）

【出处】富育光：《满族灵禽崇拜祭俗与神话探考》，见《富育光民俗文化论集》，长春：吉林大学出版社2005年版。

W0514.3.3 布谷鸟神

实 例

（参见下级母题实例）

W0514.3.3.1 九个伊格墩（布谷鸟神）

实 例

赫哲族 萨满跳大神唱神歌请神时，其中要请九个伊格墩（布谷鸟神）。

【流传】（黑龙江省）

【出处】

（a）徐昌翰、黄任远：《赫哲族文学》，哈尔滨：北方文艺出版社1991年版，第340～348页。

（b）《请神》，见吕大吉、何耀华总主编《中国各民族原始宗教资料集成》（鄂伦春族卷、鄂温克族卷、赫哲族卷、达斡尔族卷、锡伯族卷、满族卷、蒙古族卷、藏族卷），北京：中国社会科学出版社1999年版，第255页。

W0514.3.4 白鸟神（白水鸟神）

【关联】［W0405.2.2］白鸟神司管洪水

实 例

满族 满族一些姓氏供奉白鸟神，司管洪水。

【流传】（无考）

【出处】富育光：《满族灵禽崇拜祭俗与神话探考》，见《富育光民俗文化论集》，长春：吉林大学出版社2005年版。

W0514.3.5 天鹅神

【关联】［W0924.4.4］神鸟天鹅

实 例

（参见下级母题实例）

W0514.3.5.1 天鹅神是吉祥守护神

实 例

满族 天鹅神是吉祥的守护神。

【流传】（无考）

【出处】郭淑云：《满族鸟崇拜文化探源》（拟刊稿），见吕大吉、何耀华总主编《中国各民族原始宗教资料集成》（鄂伦春族卷、鄂温克族卷、赫哲族卷、达斡尔族卷、锡伯族卷、满族卷、蒙古族卷、藏族卷），北京：中国社会科学出版社1999年版，第

480 页。

W0514. 3. 5. 2

天鹅神嘎喽玛玛

实 例

满族 天鹅神满语称“嘎喽玛玛”。

【流传】（无考）

【出处】郭淑云：《满族鸟崇拜文化探源》（拟刊稿），见吕大吉、何耀华总主编《中国各民族原始宗教资料集成》（鄂伦春族卷、鄂温克族卷、赫哲族卷、达斡尔族卷、锡伯族卷、满族卷、蒙古族卷、藏族卷），北京：中国社会科学出版社 1999 年版，第 480 页。

W0514. 3. 6

鸽神

【汤普森】A123. 6. 5

实 例

（实例待考）

W0514. 3. 7

鸟神毕方

实 例

汉族 毕方鸟神头如人面，形状像鹤，长有四肢，手脚如爪，长有两个翅膀，两目如电，叫声如狼嚎，在东泰山深谷密林之中，采阴阳之气，练就千年仙丹，谁人服了，便能腾云驾雾，在空中飞行。

【流传】河南省·（郑州市）·新郑市

【出处】刘文学采录整理：《东海捉夔牛》，见张振犁编著，孟宪明、朱淑君统纂《中原神话通鉴》（第二卷），郑州：河南大学出版社 2017 年版，第 551 页。

W0514. 3. 8

鹤神

实 例

（参见下级母题实例）

W0514. 3. 8. 1

人成为鹤神

实 例

（参见下级母题实例）

W0514. 3. 8. 1. 1

仲舒被玉帝封为鹤神

实 例

汉族 仲舒葬父已毕，守孝三年，不思饮食。忽一日对众曰：“前者，母与我仙米，我却不知，一顿吃了，不料形体变异。今玉帝差火明大将军宣我上天，封为鹤神之职。每遇壬辰癸巳上天，亥已西游，归东北方四十四日后，还天上一十六日也。”

【流传】（无考）

【出处】《鹤神》，原载《清平山堂话本·董永遇仙传》，见袁珂《中国神话大词典》，北京：华夏出版社 2015 年版，第 353 页。

W0514.3.8.2
鹤神食仙米

实 例

汉族 （参见“W0514.3.8.1.1 仲舒被玉帝封为鹤神”母题实例）

W0514.3.8.3
鹤神饭量巨大

实 例

汉族 或成（一作：鹤神）下凡后，成天钻在粮山中吃。他的食量大得惊人，不消多少时间，玉帝给的米、麦、豆三座粮山都被他吃掉了。

【流传】江苏省·（常州市）·武进县（武进区）

【出处】于美蓉讲，钟斌成记录：《吃星》，见姚宝瑄主编《中国各民族神话》（汉族），太原：山西出版传媒集团·书海出版社2014年版，第298~299页。

W0514.3.8.4
鹤神是天上的星宿

实 例

汉族 或成（一作：鹤神）是天上的星宿。

【流传】江苏省·（常州市）·武进县（武进区）

【出处】于美蓉讲，钟斌成记录：《吃星》，见姚宝瑄主编《中国各民族神话》（汉族），太原：山西出版传媒集团·书海出版社2014年版，第298~299页。

W0514.4
与鸟神有关的其他母题

【关联】

①［W0497.2.1］鸟神通天地

②［W0924］神鸟

实 例

（参见下级母题实例）

W0515
鸡神

【汤普森】≈A132.6.3

实 例

（参见下级母题实例）

W0515.1
鸡神的产生

【关联】［W0047.2.1］公鸡成为神（公鸡变成神）

实 例

（参见下级母题实例）

W0515.1.1
天女成为鸡神

实 例

（参见下级母题实例）

W0515. 1. 1. 1

天帝把神界的三妹封为鸡神

实 例

汉族 神界有三姐妹，天帝把三妹封为鸡神。

【流传】浙江省·舟山市·定海区·（岑港镇）·烟墩村

【出处】夏长生讲，夏志芳采录：《日夜是咋分开的》，见中国民间文学集成全国编辑委员会编《中国民间故事集成》（浙江卷），北京：中国 ISBN 中心 1997 年版，第 24 页。

汉族 以天地黑暗时，神界有三姐妹。未被封神的小妹请求帝，让她也像大姐、二姐被封为太阳神、月亮神那样，为人做点好事。帝就封小妹为鸡神。

【流传】浙江省·舟山市·（定海区·岑港镇）·烟墩（烟墩村）、马目（马目村）一带

【出处】夏长生讲，夏志芳记录整理：《鸡神分日夜》（1987. 07. 20），见姚宝瑄主编《中国各民族神话》（汉族），太原：山西出版传媒集团·书海出版社 2014 年版，第 176 页。

W0515. 1. 2

特定的鸡成为鸡神

【关联】［W0835. 5. 2］公鸡变成妖精

实 例

（参见下级母题实例）

W0515. 1. 2. 1

一只 3 岁的公鸡变成刻安其神

实 例

鄂温克族 一只三岁的公鸡变为“刻安其”神。

【流传】内蒙古自治区·（呼伦贝尔市）·鄂温克旗（鄂温克族自治旗）·辉河索木

【出处】《“刻安其”神》，见吕大吉、何耀华总主编《中国各民族原始宗教资料集成》（鄂伦春族卷、鄂温克族卷、赫哲族卷、达斡尔族卷、锡伯族卷、满族卷、蒙古族卷、藏族卷），北京：中国社会科学出版社 1999 年版，第 114 页。

W0515. 2

鸡神的特征

实 例

（参见下级母题实例）

W0515. 3

与鸡神有关的其他母题

【关联】［W0844. 10. 9］鸡精

实 例

（参见下级母题实例）

W0515. 3. 1

金鸡神

实 例

羌族 金鸡女神芋姆色是神山的雪笼包上的金蛋银弹生出。

【流传】（无考）

【出处】《尕姆来麦》，见周毓华《羌族原始宗教经典及神灵系统调整》，载《西藏民族学院学报》2010 年第 3 期。

W0515.3.2

雷公鸡

【关联】［W0316.5］雷公是鸡

实 例

羌族 从前，有雷公鸡。

【流传】四川省·（阿坝藏族羌族自治州）·理县

【出处】周巴等搜集翻译：《洪水潮天》，见中华民族故事大系编委会编《中华民族故事大系》第 11 卷（达斡尔族、仫佬族、羌族），上海：上海文艺出版社 1995 年版，第 681 ~ 683 页。

W0515.3.2.1

雷公鸡是雷神爷养的鸡

实 例

羌族 雷公鸡是雷神爷养的鸡。

【流传】四川省·（阿坝藏族羌族自治州）·理县·蒲溪乡

【出处】王久清讲，韩香芝翻译，周巴采录：《木姐珠与高山海子》，见中国民间文学集成全国编辑委员会编《中国民间故事集成》（四川卷·下），北京：中国 ISBN 中心 1998 年版，第 1117 页。

W0515.3.2.2

雷公鸡帮雷公下雨

实 例

羌族 雷公鸡是雷神爷养来兴风造云、闪电施雨的神鸡。

【流传】四川省·（阿坝藏族羌族自治州）·理县·蒲溪乡

【出处】王久清讲，韩香芝翻译，周巴采录：《木姐珠与高山海子》，见中国民间文学集成全国编辑委员会编《中国民间故事集成》（四川卷·下），北京：中国 ISBN 中心 1998 年版，第 1117 页。

W0515.3.2.3

雷公鸡住天边的一朵黑云上

实 例

羌族 天边的一朵黑云上有雷公鸡（雷神爷养的鸡）。

【流传】四川省·（阿坝藏族羌族自治州）·理县·蒲溪乡

【出处】王久清讲，韩香芝翻译，周巴采录：《木姐珠与高山海子》，见中国民间文学集成全国编辑委员会编《中国民间故事集成》（四川卷·下），北京：中国 ISBN 中心 1998 年版，第 1117 页。

W0515. 3. 3

宝鸡神

实 例

(参见下级母题实例)

W0515. 3. 3. 1

宝鸡神居岐州陈仓

实 例

汉族 宝鸡神在岐州陈仓县东二十里，故陈仓城中。

【流传】(岐州陈仓县)

【出处】［西汉］司马迁:《史记·秦本纪》张守节正义引《括地志》。

W0516

燕神

实 例

(参见下级母题实例)

W0517

鹰神

实 例

(参见下级母题实例)

W0517. 1

鹰神的产生

实 例

(实例待考)

W0517. 2

鹰神的特征（鹰神的身份，鹰神的能力）

实 例

(参见下级母题实例)

W0517. 2. 1

鹰神是人类始祖母和母亲

实 例

满族 神鹰是人类始母的恩人和母亲。

【流传】(无考)

【出处】郭淑云:《满族鸟崇拜及其对北方民俗的影响》，载《西北民族研究》1996 年第 2 期。

W0517. 2. 2

神鹰是天宫守卫

实 例

(参见下级母题实例)

W0517. 2. 2. 1

四只神鹰看守着天宫四方

实 例

满族 (参见“W0256. 5. 2 四方神又叫四方面大神”母题实例)

W0517. 3

与鹰神有关的其他母题

【关联】［W0924. 4. 3］神鹰

实 例

（参见下级母题实例）

W0517.3.1

特定名称的鹰神（鹰神的名字）

实 例

（参见下级母题实例）

W0517.3.1.1

宝木勒·海青之神

实 例

蒙古族 全蒙古所敬仰，宝木勒·海青之神。

【流传】（无考）

【出处】乌兰杰：《蒙古族古代音乐舞踏初探》，呼和浩特：内蒙古人民出版社1985年版，第108~110页。

W0517.3.1.2

老鹰神党格白诺

实 例

彝族 当地彝族崇拜老鹰神“党格白诺”。

【流传】云南省·永善县·兴隆等地

【出处】何耀华：《彝族的自然崇拜及其特点》，载《思想战线》1982年第6期。

W0517.3.2

鹰神住高山山峰

实 例

满族（杨姓） 鹰神筑巢在高山的山峰上。

【流传】吉林省·（长春市）·九台县（九台市）·（胡家乡）·小韩乡（小韩村）

【出处】宋和平：《满族萨满神歌内容浅析》，载《满族研究》1995年第2期。

W0517.3.3

鹰神下凡吃血

实 例

鄂伦春族 在萨满春祭和跳神治病仪式上，有鹰神下凡吃血的仪式。

【流传】黑龙江省·大兴安岭地区

【出处】郭淑云、孟秀春调查整理：《血祭遗风》，见吕大吉、何耀华总主编《中国各民族原始宗教资料集成》（鄂伦春族卷、鄂温克族卷、赫哲族卷、达斡尔族卷、锡伯族卷、满族卷、蒙古族卷、藏族卷），北京：中国社会科学出版社1999年版，第60页。

W0517.3.4

鹰神是光与热的象征

实 例

满族 鹰神，是光与热的象征。

【流传】（无考）

【出处】富育光：《满族灵禽崇拜祭俗与神话探考》，见《富育光民俗文化论集》，长春：吉林大学出版社2005年版。

W0518

乌鸦神

实 例

（参见下级母题实例）

W0518.1

乌鸦神的产生

【关联】［W3366.2］乌鸦是神的后代

实 例

（参见下级母题实例）

W0518.2

乌鸦神的特征

实 例

（参见下级母题实例）

W0518.3

与乌鸦神有关的其他母题

【关联】

①［W0171.1.2］乌鸦是神的信使

②［W0780.8.2.1］乌鸦是玉皇大帝的信使

③［W0995.5.7.1］神的幻象是乌鸦

实 例

（参见下级母题实例）

W0518.3.1

乌鸦的祖宗是神

实 例

布依族 乌鸦的祖宗是神，长得很大，两只翅膀一张开足足遮得五间大瓦房。

【流传】贵州省·（安顺市）·镇宁县（镇宁布依族苗族自治县）·扁担山（扁担山镇）

【出处】韦泽周讲，韦兴标采录：《大乌》见中国民间文学集成全国编辑委员会编《中国民间故事集成》（贵州卷），北京：中国 ISBN 中心 2003 年，第 68 页。

W0518.3.2

特定名称的乌鸦神

实 例

（参见下级母题实例）

W0518.3.2.1

乌鸦神哈恩都里

实 例

（参见下级母题实例）

W0518.3.2.1.1

乌鸦神哈恩都里食毒草而死

实 例

满族 乌鸦神哈恩都里看见树下长出一根又肥又嫩的黑草，就跳下去啄食了。原来这根黑草原来是一根毒草。她吃了这根毒草之后，就死去了。

【流传】（无考）

【出处】《阿布卡赫赫女神创世》，王松根据富育光、孟慧英、王宏刚撰写的《满族宗教与神话》改写，见姚宝瑄主编《中国各民族神话》（满族、赫哲族、朝鲜族），太原：山西出版传媒集团、书海出版社 2014 年版，第 4～14 页。

W0518a

其他鸟神

实 例

（参见下级母题实例）

W0518a.1

喜鹊神

【关联】［W0486.4.1］喜鹊是喜神的使者

实 例

（参见下级母题实例）

W0518a.1.1

喜鹊神是喜神

实 例

满族 因为喜鹊神沙克沙哈恩都里向人类预报了山洪和瘟疫，又设计破了恶魔耶鲁里的迷魂阵，救出了部落的难民，就成了部落的萨满，成了逢凶化吉、遇难呈祥的喜神。

【流传】（无考）

【出处】《阿布卡赫赫女神创世》，王松根据富育光、孟慧英、王宏刚撰写的《满族宗教与神话》改写，见姚宝瑄主编《中国各民族神话》（满族、赫哲族、朝鲜族），太原：山西出版传媒集团、书海出版社 2014 年版，第 4～14 页。

W0518a.1.2

喜鹊神是天神阿布卡赫赫的侍女神

实 例

满族 乌鸦神和喜鹊神是天神阿布卡赫赫天神身边的侍女神。

【流传】（无考）

【出处】《阿布卡赫赫女神创世》，王松根据富育光、孟慧英、王宏刚撰写的《满族宗教与神话》改写，见姚宝瑄主编《中国各民族神话》（满族、赫哲族、朝鲜族），太原：山西出版传媒集团、书海出版社 2014 年版，第 4～14 页。

W0518a.2

孔雀神

【关联】［W3353.1］孔雀是鸟王

实 例

（参见下级母题实例）

W0518a.2.1

孔雀神郁纳士

【关联】［W0121.2.5.2］正神郁纳士（孔雀神）

实 例

羌族 汶山寨认为郁纳士（ü-ngä-tzé）（孔雀神）是正神。

【流传】（无考）

【出处】胡鉴民：《羌族的信仰与习为》，原载《边疆研究论丛》1941年，见吕大吉、何耀华总主编《中国各民族原始宗教资料集成》（纳西族卷、羌族卷、独龙族卷、傈僳族卷、怒族卷），北京：中国社会科学出版社2000年版，第478页。

※W0520
水中动物神

实 例

（参见下级母题实例）

W0521
鱼神

【汤普森】①A132.13②A445

实 例

锡伯族 民间有众多神灵存在，且都有各自的代表物，如土地神、谷神、猎神、鱼神等。

【流传】（无考）

【出处】

(a) 佟克力：《锡伯族历史与文化》，乌鲁木齐：新疆人民出版社1989年版，第181~182页。

(b)《天穹观念》，见吕大吉、何耀华总主编《中国各民族原始宗教资料集成》（鄂伦春族卷、鄂温克族卷、赫哲族卷、达斡尔族卷、锡伯族卷、满族卷、蒙古族卷、藏族卷），北京：中国社会科学出版社1999年版，第389页。

W0521.1
鱼神的产生

实 例

（参见下级母题实例）

W0521.1.1
鱼神自然产生

实 例

（实例待考）

W0521.1.2
造鱼神

实 例

（实例待考）

W0521.1.3
生育鱼神

实 例

（实例待考）

W0521.1.4
变化产生鱼神

实 例

（参见下级母题实例）

W0521.1.4.1
姐弟俩成为鱼神

【关联】［W0044］特定的人成为神

实 例

白族 劳谷（男始祖）和劳泰（女始祖）被尊称为天公、地母。他们繁衍白族的10对子女也分别被尊为神。其中六姑娘班卓芝（白鸟）和六儿子亨卓枝（黑雀）成为鱼神。

【流传】云南省·（大理白族自治州）·鹤庆（鹤庆县），丽江（丽江市）及（丽江市）·永胜（永胜县）

【出处】李剑飞讲，李缵绪、章虹宇记录：《人类和万物的起源》（又名《劳谷与劳泰》、《古干古洛创世记》），原载李缵绪主编《白族神话传说集成》，中国民间文艺出版社1986年版，见姚宝瑄主编《中国各民族神话》（白族、拉祜族、景颇族），太原：山西出版传媒集团·书海出版社2014年版，第28页。

W0521.1.4.2

渔人变成洱海弓鱼的鱼神

实 例

白族 杨干贞是五代时“大义宁”的皇帝。传说是渔人出身，是洱海弓鱼的鱼神。

【流传】云南省·（大理白族自治州）洱海一带

【出处】张锡禄：《白族对鱼和海螺的原始崇拜初探》，见《南诏与白族文化》，北京：华夏出版社1992年版，第135页。

W0521.2

鱼神的特征（鱼神的生活）

实 例

（参见下级母题实例）

W0521.2.1

鱼神居树上

实 例

纳西族 大神丁巴什罗（东巴教教主）规定：鱼神之主住到树上。

【流传】云南省·丽江（丽江市）

【出处】和芳（东巴）读经，和志武翻译整理：《休曲苏埃》（1962），见吕大吉、何耀华总主编《中国各民族原始宗教资料集成》（纳西族卷、羌族卷、独龙族卷、傈僳族卷、怒族卷），北京：中国社会科学出版社2000年版，第334页。

W0521.3

特定名称的鱼神

实 例

（参见下级母题实例）

W0521.3.1

金鱼神

【关联】［W0087.1.3.1］金鱼娘扇出天地日月等7个大神

实 例

哈尼族 远古时，睡在大海里的密乌艾

西艾玛金鱼娘（金鱼神）扇出了七个大神。

【流传】云南省·（红河哈尼族彝族自治州）·元阳县·黄草岭区（黄草岭乡）·树皮寨

【出处】

(a) 杨批斗讲，史军超采录：《年月树》，见中国民间文学集成全国编辑委员会编《中国民间故事集成》（云南卷），北京：中国 ISBN 中心 2003 年版，第 289 页。

(b) 同 (a)《哈尼族神话传说集成》，北京：中国民间文艺出版社 1990 年版。

哈尼族 大金鱼（金鱼神）抖鱼鳞抖出天神、地神、日神、月神、人神等大神。

【流传】云南省·（红河哈尼族彝族自治州）·元阳县·攀枝花区（攀枝花乡）·洞铺寨

【出处】《烟本霍本》，上海：上海文艺出版社 1989 年版。

W0521. 3. 1. 1

关中有金鱼神

实　例

汉族 关中有金鱼神。云周平二年，十旬不雨，遣祭天神，俄而生涌泉，金鱼跃出而降。

【流传】（关中）

【出处】［清］东轩主人：《述异记》卷下。

W0521. 3. 2

鱼花五圣

实　例

（参见下级母题实例）

W0521. 3. 2. 1

鱼花五圣是主管江、湖、河、读、海五水域的鱼苗之神

实　例

民族无考 “鱼花五圣”是主管江、湖、河、读、海五水域的鱼苗之神。

【流传】（无考）

【出处】《鱼化五圣》，见乌丙安主编《中国民间神谱》，沈阳：辽宁人民出版社 2007 年版，第 176 页。

W0521. 3. 3

鱼母神

实　例

（参见下级母题实例）

W0521. 3. 3. 1

鱼母神居三九天上

实　例

满族 三九天上的鱼母神在水中变成机灵敏捷的小鲤拐子，在泥水中找到了变成蚯蚓的恶魔耶鲁里。

【流传】黑龙江省·黑河地区（黑河市）·孙吴县·（沿江满族达斡尔族乡）·四季屯（四季屯村）

【出处】吴纪贤、富希陆讲：《天宫大战——黑水女真人传世神话》（1939，选自富育光、郭淑云整理的手稿），见姚宝瑄主编《中国各民族神话》（满族、赫哲族、朝鲜族），太原：山西出版传媒集团·书海出版社 2014 年版，第 3 页。

W0521.4

与鱼神有关的其他母题

【关联】［W0926.6］神鱼

实 例

（参见下级母题实例）

W0521.4.1

鱼精

实 例

（参见下级母题实例）

W0521.4.1.1

鲤鱼精

实 例

（参见下级母题实例）

W0521.4.1.1.1

东海鲤鱼精化牛助人

实 例

苗族 东海鲤鱼精化小牛帮农家犁田。

【流传】贵州省·（铜仁市）·石阡县

【出处】夏熙烨搜集：《鱼娘扛舟》，见贵州省文管会办公室编《贵州文物古迹传说选》，贵阳：贵州人民出版社 1985 年版，第 142～145 页。

W0522

虾神

【关联】［W8739.2］虾兵蟹将

实 例

（实例待考）

W0523

其他水中动物神

实 例

（参见下级母题实例）

W0523.1

海豹神

【汤普森】A132.11

实 例

（实例待考）

W0523.2

鳗鱼神

【汤普森】A132.12

实 例

（实例待考）

W0523.3

螺神（田螺神）

实 例

（参见下级母题实例）

W0523. 3. 1

田螺姑娘

实 例

（参见下级母题实例）

W0523. 3. 1. 1

田螺姑娘是龙王的三公主

实 例

汉族 田螺姑娘出身东海，是龙王的三公主。

【流传】江苏省 · 张家港市

【出处】《田螺姑娘》，徐洪高根据包文灿《田螺姑娘报恩》改编，见陈世海《张家港曲艺丛书：张家港故事选集》，南京：江苏凤凰文艺出版社2016年版，第16页。

W0523. 3. 2

螺神形为玉螺

实 例

白族 点苍山脚插入洱河，其最深长者，惟城东一支与喜洲一支。北支之神，其形玉螺。二物见则为祥。

【流传】云南省 ·（大理白族自治州）· 大理市 · 喜洲（喜洲镇）

【出处】［元］撰者不详：《白古通记》，见王叔武辑著《云南古佚书钞》，昆明：云南人民出版社1978年版，第55～56页。

※ W0525

昆虫与其他动物神

实 例

（参见下级母题实例）

W0526

爬行动物神

【汤普森】A446

实 例

（实例待考）

W0527

龟神

【汤普森】A132. 15

实 例

（参见下级母题实例）

W0527. 1

龟神的产生

实 例

（参见下级母题实例）

W0527. 1. 1

龟升天成神

实 例

汉族 伏羲顺着通天树爬到了天上，正好碰见升天成神的白龟。

【流传】河南省 ·（周口市）· 淮阳县 · 城关

【出处】刘王氏（82岁，农民，不识

字）讲，杨复俊采录：《天地分》（1985.08），见张振犁编著《中原神话通鉴》（第一卷），郑州：河南大学出版社2017年版，第281页。

W0527.2
龟神的特征

实 例

（参见下级母题实例）

W0527.2.1
女龟神

实 例

（参见下级母题实例）

W0527.2.1.1
女龟神乌鲁胡玛众神

实 例

满族 龟神（乌鲁胡玛众神），她们可帮助渔船防备暗礁并帮助人们脱险。

【流传】（无考）

【出处】罗绮：《满族神话的民族特点》，载《满族研究》1993年第1期。。

W0527.3
龟神的职能

实 例

（参见下级母题实例）

W0527.3.1
龟神管龟

实 例

赫哲族 每种动物，都有相应的神主司。如龟有龟神（kəlā sɔɔ）。

【流传】（松花江下游地区依兰县至抚远市一带）

【出处】

（a）凌纯声：《松花江下游的赫哲族》（原1934年南京刊印本），北京：民族出版社2012年版，第157页。

（b）《动物神》，见吕大吉、何耀华总主编《中国各民族原始宗教资料集成》（鄂伦春族卷、鄂温克族卷、赫哲族卷、达斡尔族卷、锡伯族卷、满族卷、蒙古族卷、藏族卷），北京：中国社会科学出版社1999年版，第202页。

W0527.3.2
龟神帮人暗礁脱险

实 例

满族 乌鲁胡玛众神——龟神，有男有女，他们身材肥胖、矮小，常在海滩上嬉戏、歌唱，这些神最大的神威是能使人船防备暗礁，渔帆船在暗礁上搁浅，祈求乌鲁胡玛众神才能脱险。

【流传】（无考）

【出处】《海祭》，富育光据《东海沉冤录》、《清光绪十六年扈伦七姓满族海祭神谕》翻译整理，见吕大吉、何耀华总主编《中国各民族原始宗教资料集成》（鄂伦春族卷、鄂温克族卷、赫哲族卷、达斡尔族卷、锡伯族卷、满族卷、蒙古族卷、藏族卷），北京：中国社会科学出版社 1999 年版，第 522 页。

W0527.4

龟神的能力（龟神的事迹）

实 例

（参见下级母题实例）

W0527.4.1

龟神会幻术

实 例

满族 渔民非常膜拜乌鲁胡玛众神（龟神），认为它有幻术神功。

【流传】（无考）

【出处】《海祭》，富育光据《东海沉冤录》、《清光绪十六年扈伦七姓满族海祭神谕》翻译整理，见吕大吉、何耀华总主编《中国各民族原始宗教资料集成》（鄂伦春族卷、鄂温克族卷、赫哲族卷、达斡尔族卷、锡伯族卷、满族卷、蒙古族卷、藏族卷），北京：中国社会科学出版社 1999 年版，第 522 页。

W0527.5

与龟神有关的其他母题

【关联】［W0970.8.6a.1.3］玄武号执明神君

实 例

（参见下级母题实例）

W0527.5.1

特定名称的龟神

实 例

（参见下级母题实例）

W0527.5.1.1

白龟神

实 例

汉族 白龟庙。上蔡县东南三十八里，祀白龟之神，台下产蓍草。

【流传】（上蔡县）

【出处】上蔡县地方史志编纂委员会编：《上蔡县志》，上海：上海三联书店 1995 年版。

W0528

蚂蚁神

【关联】［W0844.7］蚂蚁精

实 例

（参见下级母题实例）

W0528.1

蚂蚁神的产生

实 例

（实例待考）

W0528.2

蚂蚁神的特征

实 例

（参见下级母题实例）

W0528.2.1

蚂蚁神不怕摔

实 例

汉族 蚩尤与黄帝作战时，请来大力神。黄帝的部将应龙把大力神引到东北面的山上。早已埋伏在这里的蚂蚁神，连忙放出无数不怕摔的大蚂蚁，成群结队地围住大力神乱咬。

【流传】 河南省·（驻马店市）·确山县·（蚁蜂乡·鼓楼村·第四村）［采录地点：蚁蜂乡·彭楼村］

【出处】 张天义（男，73岁，农民，私塾）讲，彭永先采录：《蚂蚁山和蚁蜂店》（1988.04.03），见张振犁编著，孟宪明、朱淑君统纂《中原神话通鉴》（第二卷），郑州：河南大学出版社2017年版，第574页。

W0528.3

与蚂蚁神有关的其他母题

实 例

（参见下级母题实例）

W0528.3.1

蚂蚁神居长白山

实 例

（参见下级母题实例）

W0528.3.1.1

黄帝到长白山请蚂蚁神助战

【关联】 ［W0537.7.1.1］黄帝到百花山请来蜜蜂神帮助战蚩尤

实 例

汉族 蚩尤战不过黄帝，就请来一位大力神。黄帝看难以取胜，就派军师风后去长白山请来蚂蚁神，去百花山请来蜜蜂神，定下计策，让二神联合作战，杀死大力神。

【流传】 河南省·（驻马店市）·确山县·（蚁蜂乡·鼓楼村·第四村）［采录地点：蚁蜂乡·彭楼村］`

【出处】 张天义（男，73岁，农民，私塾）讲，彭永先采录：《蚂蚁山和蚁蜂店》（1988.04.03），见张振犁编著，孟宪明、朱淑君统纂《中原神话通鉴》（第二卷），郑州：河南大学出版社2017年版，第574页。

W0529

蟒神（神蟒）

【关联】 ［W0058.0.2.1.1］人把威胁人畜的蟒视为神

实 例

锡伯族 无论是蟒，还是其他蛇类，对人畜的安全都有很大威胁，人们为了躲避它们，就把它们视为神，祈求蟒神不要加害于生灵。

【流传】（无考）

【出处】

（a）佟克力：《锡伯族历史与文化》，乌鲁木齐：新疆人民出版社 1989 年版，第 266 ~267 页。

（b）《蛇》，见吕大吉、何耀华总主编《中国各民族原始宗教资料集成》（鄂伦春族卷、鄂温克族卷、赫哲族卷、达斡尔族卷、锡伯族卷、满族卷、蒙古族卷、藏族卷），北京：中国社会科学出版社 1999 年版，第 397 页。

W0529. 1

蟒神的产生

实 例

（参见下级母题实例）

W0529. 1. 1

蟒神从东海来

实 例

满族 蟒神是从东海来的，能翻山越岭，能漂洋过海，所向无敌。

【流传】吉林省·（长春市）·九台县（九台市）·莽卡乡（莽卡满族乡）

【出处】杨世昌讲，富育光记录整理：《海崇拜》（1981. 03），见吕大吉、何耀华总主编《中国各民族原始宗教资料集成》（鄂伦春族卷、鄂温克族卷、赫哲族卷、达斡尔族卷、锡伯族卷、满族卷、蒙古族卷、藏族卷），北京：中国社会科学出版社 1999 年版，第 480 页。

W0529. 2

蟒神的特征

实 例

（参见下级母题实例）

W0529. 2. 1

金色的蟒神

实 例

满族 金色的蟒神，是身随众神偶来的。

【流传】吉林省·（长春市）·九台县（九台市）·莽卡满族乡

【出处】萨满杨世昌讲唱，富育光、王宏刚记录：《尼玛察氏野神祭》，见吕大吉、何耀华总主编《中国各民族原始宗教资料集成》（鄂伦春族卷、鄂温克族卷、赫哲族卷、达斡尔族卷、锡伯族卷、满族卷、蒙古族卷、藏族卷），北京：中国社会科学出版社 1999 年版，第 528 页。

W0529. 2. 2

银色的蟒神

实 例

（参见下级母题实例）

W0529. 2. 2. 1

银色的蟒神带领众蛇神

实 例

满族 金色的蟒神，是身随众神偶来

的，银色的蟒神，是带着众蛇神来的，铁青色的蟒神，是带领着师徒和众萨满神来的。

【流传】吉林省·（长春市）·九台县（九台市）·莽卡满族乡

【出处】萨满杨世昌讲唱，富育光、王宏刚记录：《尼玛察氏野神祭》，见吕大吉、何耀华总主编《中国各民族原始宗教资料集成》（鄂伦春族卷、鄂温克族卷、赫哲族卷、达斡尔族卷、锡伯族卷、满族卷、蒙古族卷、藏族卷），北京：中国社会科学出版社1999年版，第528页。

W0529.3

蟒神的身份（蟒神的职能）

【关联】

①［W0124.3.1］蟒神是天上很有威望的大神

②［W0275.5.2.1.1］太阳侍女蟒神玛玛

③［W0912.3.1.4.1］大蟒神捉麻风鬼

实　例

（参见下级母题实例）

W0529.3.1

蟒神是送阳光的神

实　例

满族 萨满祭的神很多，有虎神、金钱豹神、野猪神，最闻名要算八尺蟒神、九尺蟒神，是送阳光和温暖普照大地的神。

【流传】吉林省·（长春市）·九台县（九台市）·莽卡乡（莽卡满族乡）

【出处】杨世昌讲，富育光记录整理：《海崇拜》（1981.03），见吕大吉、何耀华总主编《中国各民族原始宗教资料集成》（鄂伦春族卷、鄂温克族卷、赫哲族卷、达斡尔族卷、锡伯族卷、满族卷、蒙古族卷、藏族卷），北京：中国社会科学出版社1999年版，第480页。

W0529.3.2

神蟒管天

实　例

（参见下级母题实例）

W0529.3.2.1

神蟒统辖着九层天中的三层天

实　例

满族 神蟒统辖着九层天中的三层天。

【流传】吉林省·（长春市）·九台县（九台市）·莽卡满族乡

【出处】萨满杨世昌讲唱，富育光、王宏刚记录：《尼玛察氏野神祭》，见吕大吉、何耀华总主编《中国各民族原始宗教资料集成》（鄂伦春族卷、鄂温克族卷、赫哲族卷、达斡尔族卷、锡伯族卷、满族卷、蒙古族卷、藏族卷），北京：中国社会科学出版社1999年版，第528页。

W0529.3.3

蟒神是百虫之首

实 例

满族 在庄严的七星斗前跪请百虫之首，英勇无比的九尺蟒神“乌云德扎布占爷”。

【流传】吉林省·（长春市）·九台县（九台市）·莽卡满族乡

【出处】萨满杨世昌讲唱，富育光、王宏刚记录：《尼玛察氏野神祭》，见吕大吉、何耀华总主编《中国各民族原始宗教资料集成》（鄂伦春族卷、鄂温克族卷、赫哲族卷、达斡尔族卷、锡伯族卷、满族卷、蒙古族卷、藏族卷），北京：中国社会科学出版社1999年版，第528页。

W0529.3.3.1

神蟒是百虫中最高的神主

实 例

满族 神蟒统辖着九层天中的三层天，是百虫中最高的神主。

【流传】（无考）

【出处】王宏刚、于国华：《论满族蛇蟒舞蹈的象征意义》，载《学术研究丛刊》1992年第1期。

W0529.4

蟒神的生活

实 例

（参见下级母题实例）

W0529.4.1

蟒神住白山第九层山峰

实 例

满族（杨姓） 蟒神居住在白山上第九层山峰。

【流传】吉林省·（长春市）·九台县（九台市）·（胡家乡）·小韩乡（小韩村）

【出处】宋和平：《满族萨满神歌内容浅析》，载《满族研究》1995年第2期。

W0529.4.2

蟒神住天上

实 例

（参见下级母题实例）

W0529.4.2.1

天上的蟒神神通广大

实 例

汉族 天上有一位神通广大的蟒神，他热爱人间奇异美丽的风光，向往人间幸福美好的生活，在人们生息的地方到处游山逛景，分享人间的快乐。

【流传】河南省·（新乡市）·封丘县·司庄、陈桥一带［采录地点：封丘县司庄］

【出处】刘振山（男，64岁，不识字，封丘县司庄乡农民）讲，郭顺昌

（男，30岁，大专毕业，封丘县文化馆干部）采录整理：《邙山和黄河的传说》（1984.05），见张振犁编著，孟宪明、朱淑君统纂《中原神话通鉴》（第四卷），郑州：河南大学出版社2017年版，第1355页。

W0529.5

与蟒神有关的其他母题

【关联】

① ［W0844.5］蟒精（蟒妖）

② ［W0900.4.3.1］外祖父的保护神大蟒神传给外孙

实　例

（参见下级母题实例）

W0529.5.1

白蟒神

【关联】［W0793.4.3.2］白蟒是真主的差役

实　例

彝族 三双六条绳，寻其结头处，系在铜柱上，拴在铁柱上，慢慢起变化，长绳变蟒精，变成白蟒神。

【流传】贵州省·（毕节市）·赫章县

【出处】罗正清翻译，黄建明摘录：《神系根源》，见吕大吉、何耀华总主编《中国各民族原始宗教资料集成》（彝族卷、白族卷、基诺族卷），北京：中国社会科学出版社1996年版，第279～280页。

W0530

蛇神

【汤普森】A132.1

实　例

（参见下级母题实例）

W0530.1

蛇神的产生

实　例

（参见下级母题实例）

W0530.1.1

蛇神源于特定地方

实　例

汉族 （参见“W0530.5.2 蛇神尊称游天大帝”母题实例）

W0530.1.1.1

蛇神天降

实　例

鄂温克族 天上下来的大蛇就是舍沃克神。

【流传】（无考）

【出处】

（a）乌云达赉整理：《舍沃克神与铁神》，见满都呼主编《中国阿尔泰语系诸民族神话故事》，北京：民族出版社1997年版，第305页。

（b）《舍沃克神与铁神》，见内蒙古自治区鄂温克族研究会编《鄂温克族研究文集》第二辑（上），内部编印。

W0530. 1. 2

特定物变成蛇神

实 例

（参见下级母题实例）

W0530. 1. 2. 1

坏心眼的人的骨渣变蛇神

实 例

赫哲族 坏心眼的人的骨渣变蛇神。

【流传】黑龙江省·（佳木斯市）·富锦（富锦县）、同江（同江市），（双鸭山市）·饶河（饶河县）

【出处】毕张氏讲，韩福德整理：《宝葫芦》，见中华民族故事大系编委会编《中华民族故事大系》第16卷（赫哲族、门巴族、珞巴族、基诺族），上海：上海文艺出版社1995年版，第179页。

W0530. 1. 3

怪蛇被尊为神

实 例

鄂温克族 长着一副像鹿角一样的大犄角蛇，治好了猎人母亲的病，鄂温克族人供奉的神舍窝刻（祖先神）。

【流传】黑龙江省·黑河市·爱辉区

【出处】敖长林讲，倪笑春采录：《舍窝刻》，见中国民间文学集成全国编辑委员会编《中国民间故事集成》（黑龙江卷），北京：中国ISBN中心2005年版，第38页。

W0530. 1. 3. 1

为人治病的人脸有牛犄角的蛇被尊为神

实 例

鄂温克族 小伙古尔丹为了永不忘记那条长着一副人脸和牛犄角的大蛇治好母亲的病，成为鄂温克族人供奉的“舍卧刻”神（蛇神）。

【流传】（无考）

【出处】敖长林讲，倪笑春搜集整理：《蛇》，见吕大吉、何耀华总主编《中国各民族原始宗教资料集成》（鄂伦春族卷、鄂温克族卷、赫哲族卷、达斡尔族卷、锡伯族卷、满族卷、蒙古族卷、藏族卷），北京：中国社会科学出版社1999年版，第104页。

W0530. 1. 4

与蛇神的产生有关的其他母题

实 例

（参见下级母题实例）

W0530. 1. 4. 1

蛇神的生日农历四月二十日

实 例

汉族 农历四月二十日为蛇王生日。

【流传】（无考）

【出处】《蛇神》，见乌丙安主编《中国

民间神谱》，沈阳：辽宁人民出版社 2007 年版，第 39 页。

W0530.2

蛇神的特征

实 例

（参见下级母题实例）

W0530.2.1

蛇神的性别

实 例

（参见下级母题实例）

W0530.2.1.1

蛇神雄有三个角，雌有两个角

实 例

鄂温克族 “舍利”是最厉害的神，是鄂温克人用洋铁模仿十五丈长蛇做的神形，雄蛇有三个角，雌有两个角。

【流传】（内蒙古自治区·呼伦贝尔市·额尔古纳市）

【出处】

（a）《额尔古纳旗使用驯鹿鄂温克人的调查报告》，见内蒙古自治区编辑组《鄂温克族社会历史调查》，呼和浩特：内蒙古人民出版社 1986 年版，第 233 页。

（b）《“玛鲁”的构成》，见吕大吉、何耀华总主编《中国各民族原始宗教资料集成》（鄂伦春族卷、鄂温克族卷、赫哲族卷、达斡尔族卷、锡伯族卷、满族卷、蒙古族卷、藏族卷），北京：中国社会科学出版社 1999 年版，第 111 页。

W0530.2.2

蛇神的体征

实 例

（参见下级母题实例）

W0530.2.2.1

蛇神头上有两只大犄角

实 例

鄂温克族 天上下来的大蛇头上长有两只大犄角，它就是舍沃克神。

【流传】（无考）

【出处】

（a）乌云达赍整理：《舍沃克神与铁神》，见满都呼主编《中国阿尔泰语系诸民族神话故事》，北京：民族出版社 1997 年版，第 305 页。

（b）《舍沃克神与铁神》，见内蒙古自治区鄂温克族研究会编：《鄂温克族研究文集》第二辑（上），内部编印。

W0530.2.2.2

蛇神冠冕南面

实 例

汉族 （参见“W0530.5.2 蛇神尊称游天大帝”母题实例）

W0530. 2. 3

蛇神的性格

实 例

（实例待考）

W0530. 3

蛇神的职能（蛇神的身份，蛇神的能力）

实 例

（参见下级母题实例）

W0530. 3. 1

蛇神是最厉害的一种神灵

实 例

鄂温克族 使鹿鄂温克萨满用铁片或兽毛做成蛇形挂在神衣上，称为“舍利”，是最厉害的一种神灵。

【流传】内蒙古自治区·（呼伦贝尔市）·鄂温克族自治旗·巴彦托海镇

【出处】陶克讲，卡丽娜调查整理：《蛇神灵》（1990. 08. 13），见吕大吉、何耀华总主编《中国各民族原始宗教资料集成》（鄂伦春族卷、鄂温克族卷、赫哲族卷、达斡尔族卷、锡伯族卷、满族卷、蒙古族卷、藏族卷），北京：中国社会科学出版社1999年版，第127页。

W0530. 3. 2

蛇神常做善事

实 例

（参见下级母题实例）

W0530. 3. 2. 1

舍活克神给人类做了无数好事

实 例

鄂温克族 大蛇舍活克神给人类和鄂温克人做了无数好事。

【流传】（无考）

【出处】乌云达赉整理：《舍活克神与铁神》，见内蒙古自治区鄂温克族研究会编《鄂温克族研究文集》第2辑（上），内部编印。

W0530. 3. 3

蛇神管各种疾病

实 例

鄂温克族 蛇神管各种疾病，人患疾病请萨满跳神祭蛇神祈求保佑病人康复。

【流传】（内蒙古自治区·呼伦贝尔市·根河市·敖鲁古雅地区）使用驯鹿鄂温克人

【出处】纽拉（女萨满，1907年生）讲，孟和、玛尼记录整理采录整理：《敖鲁古雅鄂温克萨满的神衣》，见吕大吉、何耀华总主编《中国各民族原始宗教资料集成》（鄂伦春族卷、鄂温克族卷、赫哲族卷、达斡尔族卷、锡伯族卷、满族卷、蒙古族卷、藏族卷），北京：中国社会科学出版社1999年版，第138～139页。

W0530.3.4

蛇神统率众蛇

实 例

哈尼族 （参见“W0530.5.3 蛇神普伯”母题实例）

W0530.4

蛇神的生活

实 例

（参见下级母题实例）

W0530.4.1

蛇神的坐骑是乌鸦

实 例

鄂温克族 蛇神舍沃克神平素骑乌鸦，在空中自由飞翔。

【流传】（无考）

【出处】

(a) 乌云达赉整理：《舍沃克神与铁神》，见满都呼主编《中国阿尔泰语系诸民族神话故事》，北京：民族出版社1997年版，第305页。

(b)《舍沃克神与铁神》，见内蒙古自治区鄂温克族研究会编《鄂温克族研究文集》第二辑（上），内部编印。

W0530.5

蛇神的名称

实 例

（参见下级母题实例）

W0530.5.1

蛇神舍卧舍活克刻（舍活克）

实 例

鄂温克族 小伙古尔丹为了永不忘记那条长着一副人脸和牛犄角的大蛇治好母亲的病，就用桦木照蛇的样子刻了一条蛇，用狍皮包起来。每逢打猎回家就用猎获的各种兽肉祭奠它。后来蛇就成了鄂温克族人供奉的“舍卧刻”神。

【流传】（无考）

【出处】敖长林讲，倪笑春搜集整理：《蛇》，见吕大吉、何耀华总主编《中国各民族原始宗教资料集成》（鄂伦春族卷、鄂温克族卷、赫哲族卷、达斡尔族卷、锡伯族卷、满族卷、蒙古族卷、藏族卷），北京：中国社会科学出版社1999年版，第104页。

W0530.5.2

蛇神尊称游天大帝

实 例

汉族 潮州有蛇神，其像冠冕南面，尊曰游天大帝，龛中皆蛇也。欲见之，庙祝必致辞而后出，盘旋鼎俎间，或倒悬梁椽上。或以竹竿承之，蜿蜒纠结，不怖人，亦不螫人。长三尺许，苍翠可爱。闻此自梧州而来，长年长老尤敬之。

【流传】（无考）

【出处】［清］吴震方：《岭南杂记》。

W0530. 5. 3

蛇神普伯

实 例

哈尼族 带领龙与蛇的普直和普伯分别是龙神和蛇神。

【流传】云南省·（红河哈尼族彝族自治州）·元阳（元阳县）、红河（红河县）、金平（金平苗族瑶族傣族自治县）［采集地点：元阳县攀枝花区洞铺寨］

【出处】朱小和讲，史军超搜集整理：《动植物的家谱》（1982），原载云南省民间文学集成办公室编《哈尼族神话传说集成》，中国民间文艺出版社1990年版，见姚宝瑄主编《中国各民族神话》（哈尼族、傣族），太原：山西出版传媒集团·书海出版社2014年版，第139～140页。

W0530. 6

与蛇神有关的其他母题

【关联】

①［W0838. 3. 6］蛇形妖魔（怪物）

②［W0844. 4］蛇妖（蛇精，蛇精灵）

实 例

（参见下级母题实例）

W0530. 6. 1

蛇神只与萨满通话

实 例

鄂温克族 从天上下来的蛇神舍沃克神跟普通人不通话，只跟萨满通话。

【流传】（无考）

【出处】

（a）乌云达赉整理：《舍沃克神与铁神》，见满都呼主编《中国阿尔泰语系诸民族神话故事》，北京：民族出版社1997年版，第305页。

（b）《舍沃克神与铁神》，见内蒙古自治区鄂温克族研究会编《鄂温克族研究文集》第二辑（上），内部编印。

W0530. 6. 2

操蛇之神

【关联】［W0252. 8. 2. 1］蓐收左耳佩蛇

实 例

汉族 愚公移山，操蛇之神闻之，惧其不已也，告之于帝。

【流传】（无考）

【出处】［战国］列御寇：《列子·汤问》。

W0531

蚯蚓神

【关联】［W0723. 2. 7. 2］盘古是蚯蚓精

实 例

（实例待考）

W0532

蛙神（青蛙神）

实 例

（参见下级母题实例）

W0532.1
蛙神的产生

实 例

（参见下级母题实例）

W0532.1.1
人生神蛙

实 例

壮族 （实例待考）

W0532.2
蛙神的特征（蛙神的职能，蛙神的能力）

实 例

（参见下级母题实例）

W0532.2.1
青蛙神主旱涝

实 例

汉族、壮族等青蛙神最初主司旱涝丰歉之事，发展为可预卜人事祸福及后代的繁衍。

【流传】（无考）

【出处】《青蛙神》，见乌丙安主编《中国民间神谱》，沈阳：辽宁人民出版社2007年版，第38页。

W0532.2.2
蛙神能大能小

实 例

彝族（撒尼）蛙神出游，能大能小。

【流传】云南省·昆明市·东郊（经济技术开发区）·阿拉乡·三瓦村

【出处】张福整理：《云南彝族撒尼支宗教祭司张琼遗稿》，见吕大吉、何耀华总主编《中国各民族原始宗教资料集成》（彝族卷、白族卷、基诺族卷），北京：中国社会科学出版社1996年版，第328页。

W0532.3
与蛙神有关的其他母题

实 例

（参见下级母题实例）

W0532.3.1
蛙神的名称

实 例

（参见下级母题实例）

W0532.3.1.1
青蛙神名葛长庚

实 例

汉族 宋代时，青蛙神崇拜渐被人格化，与民间相传的一位姓葛名长庚，号白玉蟾的仙人叠合，被称为玉蟾大王，并有了玉蟾大王庙。

【流传】（无考）

【出处】《青蛙神》，见乌丙安主编《中国民间神谱》，沈阳：辽宁人民出版社2007年版，第38页。

W0533

蜈蚣神（蜈蚣精）

【关联】

① ［W0414. 1. 6. 1］镇海大王能降蜈蚣精

② ［W0854. 7. 4. 4. 1］吃人的蜈蚣精

③ ［W1852. 5. 1］蜈蚣精化为九华山

实例

（参见下级母题实例）

W0533. 1

蜈蚣精名叫五挡

实例

汉族 开天辟地之时，有个蜈蚣成了精，名叫五挡。

【流传】黑龙江省·（哈尔滨市）·五常县（五常市）·拉林镇

【出处】李录讲，赵广礼采录：《五挡神、洪钧老祖和托骨佛》，见中国民间文学集成全国编辑委员会编《中国民间故事集成》（黑龙江卷），北京：中国 ISBN 中心 2005 年版，第 6 页。

W0533. 2

蜈蚣精跃入海中掀巨浪如山

实例

京族 白龙岭上有石洞，洞中住一大蜈蚣精，常跃入海中，掀巨浪如山，复转身冲击海面，扇起狂风，造成漩涡。

【流传】（无考）

【出处】袁珂改编：《京族三岛》（原名《三岛的来历》），原载毛星主编《中国少数民族文学》（中册），见袁珂《中国神话大词典》，北京：华夏出版社 2015 年版，第 587 页。

W0534

蚕神

实例

满族 （实例待考）

W0534. 1

蚕神的产生

实例

（参见下级母题实例）

W0534. 1. 1

特定女子变成蚕神

实例

（参见下级母题实例）

W0534. 1. 1. 1

马皮卷走的德卉姑娘变成蚕神

实例

汉族 马皮卷着德卉姑娘，一直向伏牛山深山飞去，在一棵大栎树下，马皮停了下来，德卉姑娘失去人形，变成了马头形蚕。她不吃别的东西，只吃栎叶或桑叶。后来，成了这片树林的主人，上帝封她为蚕神。

【流传】河南省·（南阳市）·南召县蚕区［采录地点：太山庙乡楼山村］

【出处】薛书林（男，33岁，汉族，初中毕业，太山庙乡横山村农民）讲，刘万普（男，25岁，汉族，高中毕业，石门乡孙庄村农民）采录，乔明光，男（48岁，汉族，大学本科毕业，南召县文化局干部）采录整理：《蚕姑奶奶》（1986.05），见张振犁编著，孟宪明、朱淑君统纂《中原神话通鉴》（第四卷），郑州：河南大学出版社2017年版，第1277页。

W0534.1.1.2

桑姑娘送金黄色的丝献给黄帝成为蚕神

实　例

汉族　桑姑娘送金黄色的丝献给黄帝时，得到黄帝的赏识后，立即又变成一条马头蚕，在大家面前吐起丝来。人们认为这是天帝派来的蚕神，于是人们都尊称桑姑娘为蚕神。

【流传】河南省·（郑州市）·荥阳市

【出处】王金岭采录整理：《蚕神献丝》，见张振犁编著，孟宪明、朱淑君统纂《中原神话通鉴》（第二卷），郑州：河南大学出版社2017年版，第525页。

W0534.1.2

天降蚕神

实　例

（参见下级母题实例）

W0534.1.2.1

正月半有神降陈氏之宅

实　例

汉族　正月半，有神降陈氏之宅，云："我是蚕神，能见祭，当令蚕百倍。"今人正月半作糕糜，象此也。

【流传】（无考）

【出处】［北宋］李昉、李穆、徐铉等：《太平御览》卷八二五引《齐谐记》。

W0534.2

蚕神的特征（蚕神的职能）

实　例

（参见下级母题实例）

W0534.2.1

蚕神马头

实　例

汉族　蜀中寺观多塑女人披马皮，谓马头娘，以祈蚕。俗谓蚕神为马明菩萨。

【流传】（无考）

【出处】［宋］戴埴：《鼠璞》卷下《蚕马同本》条引［唐］《乘异集》。

W0534.2.2

马头娘披马皮

实　例

汉族　（参见"W0534.3.3.1　马头

娘又称蚕女”母题实例）

W0534. 2. 3
蚕神献丝

实 例

（参见下级母题实例）

W0534. 2. 3. 1
黄帝斩蚩尤时蚕神献丝

实 例

汉族 黄帝斩蚩尤，蚕神献丝，乃称织维之功。

【流传】（无考）

【出处】［清］马骕：《绎史》卷五引《黄帝内传》。

W0534. 3
与蚕神有关的其他母题

【关联】［W0703. 6. 1. 4］嫘祖称先蚕（先蚕嫘祖）

实 例

（参见下级母题实例）

W0534. 3. 1
先蚕之神黄帝

【关联】［W0697. 1. 4］黄帝是先蚕之神

实 例

汉族 黄帝为先蚕之神。

【流传】（无考）

【出处】《蚕神》，见王德恒等《造神史话》，天津：百花文艺出版社2002年版，第286页。

W0534. 3. 2
先蚕为蚕神

实 例

汉族 先蚕为蚕神。

【流传】（无考）

【出处】《蚕神》，见王德恒等《造神史话》，天津：百花文艺出版社2002年版，第286页。

W0534. 3. 3
蚕神马头娘

【关联】［W0443. 9. 5. 1. 1］蚕业神马头娘

实 例

汉族 一女子的父亲为邻邦掠去，已逾年，唯所乘之马犹在。女念父，或废饮食。其母慰抚之，因告誓于众曰：“有得父还者，以此女嫁之。”部下之人无能为之。马迎得父归。母以誓众之言白之。父怒杀马。曝其皮于庭。女行过其侧，马皮蹶然而起，卷女飞去。旬日，皮复栖于桑树之上。女化为蚕。父母悔恨，念之不已，忽见蚕女，乘流云，驾此马，侍卫数十人，自天而下。谓父母曰：“太上以我孝能致身，心不忘义，授以九宫仙嫔之任，长生于天矣，无复忆念也。”乃冲虚而去，今家在什邡、绵竹、德阳三县界。每岁祈蚕者，四方云集，皆获灵应。宫观诸化，塑女子之象，披马皮，谓之马头娘，此祈蚕桑焉。

【流传】（无考）

【出处】《蚕神》，见袁珂《中国神话大词典》，北京：华夏出版社 2015 年版。

W0534.3.3.1 马头娘又称蚕女

实 例

汉族 蚕女旧迹，今在广汉，其冢在什邡、绵竹、德阳三县界，每岁祈蚕者，四方云集，皆获灵应。宫观诸化，塑女子之像，披马皮，谓之马头娘，以祈蚕桑焉。

【流传】（无考）

【出处】［唐］皇甫氏：《原化传拾遗·蚕女》。

W0534.3.3.2 马头娘又称蚕花娘娘

实 例

汉族 马头娘又称蚕花娘娘、马明王、马明菩萨、蚕女等。

【流传】（中国南方地区）

【出处】《蚕业神——嫘祖、马头娘、蚕花五圣、青衣神》，见乌丙安主编《中国民间神谱》，沈阳：辽宁人民出版社 2007 年版，第 185 页。

W0534.3.3.3 马头娘又称马明王

实 例

汉族 （参见“W0534.3.3.2 马头娘又称蚕花娘娘”母题实例）

W0534.3.3.3.1 马明王女身马头

实 例

汉族 所谓马头娘，本《荀子·蚕赋》“身女子而头马首”语附会，俗称马明王。明王乃神之通号。

【流传】（无考）

【出处】［清］翟灏：《通俗编》卷十九引《七修类稿》。

W0534.3.3.3.2 马明王庙

实 例

（参见下级母题实例）

W0534.3.3.3.2.1 马明王庙在西湖北高峰

实 例

汉族 西湖北高峰，石磴数百级，山半有马明王庙，春月，祈蚕者咸往焉。

【流传】（无考）

【出处】［明］田汝成：《西湖游览志》卷十。

W0534.3.3.4 马头娘又称马明菩萨

实 例

汉族 蜀中寺观多塑女人披马皮，谓之马头娘，以祈蚕。俗谓蚕神为马明菩萨。

【流传】（无考）

【出处】

（a）［宋］戴埴：《鼠璞》卷下“蚕马同本”条引［唐］《乘异集》。

（b）《马明王》，见袁珂《中国神话大词典》，北京：华夏出版社 2015 年版，第 31 页。

汉族 马头娘又称马明菩萨。

【流传】（中国南方地区）

【出处】《蚕业神——嫘祖、马头娘、蚕花五圣、青衣神》，见乌丙安主编《中国民间神谱》，沈阳：辽宁人民出版社 2007 年版，第 185 页。

W0534. 3. 3. 5

马头娘又称蚕女

实　例

汉族 蚕女旧迹，今在广汉。冢在什邡、绵竹、德阳三县界，每岁祈蚕者，四方云集。宫观诸化，塑女子之像，披马皮，谓之马头娘，以祈蚕桑焉。

【流传】（无考）

【出处】［宋］李昉、扈蒙、李穆、徐铉等：《太平广记》卷四七九“蚕女”条引《原化传拾遗》。

W0534. 3. 3. 6

马头娘冢在什邡、绵竹、德阳三县界

实　例

汉族 （参见“W0534. 3. 3. 5 马头娘又称蚕女”母题实例）

W0534. 3. 3a

蚕神菀窳

实　例

汉族 二月上壬日取道中土井华水和逕蚕屋四角宜蚕。神名菀窳。

【流传】（无考）

【出处】［隋］杜台卿：《玉烛宝典》卷二引《淮南万毕术》。

W0534. 3. 3a. 1

蚕神菀窳妇人

实　例

汉族 今蚕神曰菀窳妇人、寓氏公主，凡二神。

【流传】（无考）

【出处】［晋］司马彪：《后汉书志·礼仪志》［梁］刘昭注引《汉旧仪》。

汉族 公主者，女之尊称也；菀窳妇人，先蚕者也。

【流传】（无考）

【出处】［晋］干宝：《搜神记》卷十四。

W0534.3.3b

蚕神青衣神

实 例

（参见下级母题实例）

W0534.3.3b.1

青衣神即蚕丛氏

实 例

（参见下级母题实例）

W0534.3.3b.1.1

蚕丛氏教民蚕事

实 例

汉族 青衣神即蚕丛氏也。按传，蚕丛氏初为蜀侯，后称蜀王，尝服青衣巡行郊野，教民蚕事。乡人感其德，因为立祠祀之，祠庙遍于西土，罔不灵验。俗概之曰青衣神，青神县亦以此得名。

【流传】（无考）

【出处】［明］撰者不详：《三教源流搜神大全》，［清］叶德辉本卷七。

W0534.3.4

祭先蚕

实 例

（参见下级母题实例）

W0534.3.4.1

以少牢祀先蚕

实 例

汉族 祠先蚕，礼以少牢

【流传】（无考）

【出处】［晋］司马彪：《后汉书志·礼仪志》。

W0534.3.5

蚕神蚕女

实 例

（参见下级母题实例）

W0534.3.5.1

高辛时蜀有蚕女，不知姓氏

实 例

汉族 蜀之先有蚕丛帝。又高辛时，蜀有蚕女，不知姓氏。

【流传】（无考）

【出处】［元］赵道一：《历世真仙体道通鉴后集》卷二“蚕女”条。

W0534a

蜂神

实 例

（参见下级母题实例）

W0534a.1

蜂神名骄虫

实 例

汉族 平逄之山，有神焉，其状如人而二首，名曰骄虫，是为螫虫，实为蜂蜜之庐。

【流传】（无考）

【出处】［战国至汉］撰者不详：《山海经·中次六经》。

W0535

龙神[①]

【汤普森】A139.3

【关联】［W3581］龙王

实 例

（参见下级母题实例）

W0535.1

龙神的产生

实 例

（参见下级母题实例）

W0535.1.1

龙神源于特定的地方

实 例

（实例待考）

W0535.1.2

龙神的造出来的

实 例

（实例待考）

W0535.1.3

龙神是生育产生的（生龙神）

实 例

（参见下级母题实例）

W0535.1.3.1

鸟卵生龙神

实 例

壮族 龙神初为一鸟所生之蛋，化为一大蛇，最后方变为龙。

【流传】广西壮族自治区·（南宁市）·武鸣县（武鸣区）西北部，马山县东部

【出处】黄世杰搜集整理：*《祭龙神》（1990），见吕大吉、何耀华总主编《中国各民族原始宗教资料集成》（土家族卷、瑶族卷、壮族卷、黎族卷），北京：中国社会科学出版社1998年版，第504页。

W0535.1.4

龙神是婚生的

实 例

（参见下级母题实例）

① 龙神，神话叙事中的“龙神”有时又称作“龙王”，有时与“龙”混为一谈，详细区别需参见《中国动植物起源神话母题实例与索引》。

W0535.1.4.1
女始祖兄妹婚生龙神

实 例

哈尼族 女始祖塔婆和哥哥兄妹结婚，生龙神、鹰神和虎神的母亲。

【流传】云南省

【出处】《塔婆的传说》，见《中国各民族宗教与神话大词典》编审委员会编《中国各民族宗教与神话大词典》，北京：学苑出版社1990年版，第174页。

W0535.1.5
与龙神的产生有关的其他母题

实 例

（参见下级母题实例）

W0535.1.5.1
龙神、鹰神和虎神一母所生

实 例

哈尼族 塔婆（塔婆，哈尼语称多子的妇女为“塔婆”，又译为“佐白”、“唐盘”等）和哥哥兄妹结婚，她既是各民族的共祖，又是龙神、鹰神和虎神的母亲。

【流传】云南省

【出处】《塔婆的传说》，见《中国各民族宗教与神话大词典》编审委员会编《中国各民族宗教与神话大词典》，北京：学苑出版社1990年版，第174页。

W0535.2
龙神的特征

实 例

（参见下级母题实例）

W0535.2.1
龙神的外貌

实 例

（参见下级母题实例）

W0535.2.1.1
龙神有多种动物外貌

实 例

（参见下级母题实例）

W0535.2.1.1.1
龙神类动物有鱼、蛇、螃蟹、青蛙、蝌蚪等

实 例

藏族 藏族中的“龙神”并不像汉族传说中的那种似长蛇形，有鳞、有四只带爪的脚、有胡须、有角的能飞行和吞云吐雾的动物。藏族的龙神都没有具体说明是一种什么形象，有时甚至还把鱼、蛇、青蛙这些水族都包括进“龙神”一类。

【流传】（无考）

【出处】《藏族卷·绪论》，见吕大吉、何耀华总主编《中国各民族原始宗教

资料集成》（鄂伦春族卷、鄂温克族卷、赫哲族卷、达斡尔族卷、锡伯族卷、满族卷、蒙古族卷、藏族卷），北京：中国社会科学出版社 1999 年版，第 776 页。

藏族 藏族的龙神没有明确的动物特征描述，只是说作为龙神类的动物有鱼、蛇、螃蟹、青蛙、蝌蚪等。

【流传】（无考）

【出处】格勒：《论藏族本教的神》，原载《藏族学术讨论会论文集》，西藏人民出版社 1984 年版，见吕大吉、何耀华总主编《中国各民族原始宗教资料集成》（鄂伦春族卷、鄂温克族卷、赫哲族卷、达斡尔族卷、锡伯族卷、满族卷、蒙古族卷、藏族卷），北京：中国社会科学出版社 1999 年版，第 963 ~964 页。

W0535. 2. 2

龙神的性格

实 例

（参见下级母题实例）

W0535. 2. 2. 1

龙神善恶兼具

实 例

藏族 解让、章赛让、得巴让基本属于不好不坏，善恶兼有的龙神，它们可能给人类带来祸乱，也可能给人类带来幸福。

【流传】（无考）

【出处】丹珠昂奔：《藏族神灵论》，中国社会科学出版社 1990 年版，见吕大吉、何耀华总主编《中国各民族原始宗教资料集成》（鄂伦春族卷、鄂温克族卷、赫哲族卷、达斡尔族卷、锡伯族卷、满族卷、蒙古族卷、藏族卷），北京：中国社会科学出版社 1999 年版，第 964 页。

W0535. 2. 2. 2

善的龙神

实 例

藏族 嘉让是善的龙神，它可以保护人类，给人类带来幸福。

【流传】（无考）

【出处】丹珠昂奔：《藏族神灵论》，中国社会科学出版社 1990 年版，见吕大吉、何耀华总主编《中国各民族原始宗教资料集成》（鄂伦春族卷、鄂温克族卷、赫哲族卷、达斡尔族卷、锡伯族卷、满族卷、蒙古族卷、藏族卷），北京：中国社会科学出版社 1999 年版，第 964 页。

W0535. 2. 2. 2. 1

好龙神甲仁善心善德

实 例

藏族 “甲仁”类龙神被称为具有善心善德的。

【流传】（无考）

【出处】格勒：《论藏族本教的神》，原载《藏族学术讨论会论文集》，西藏人民出版社1984年版，见吕大吉、何耀华总主编《中国各民族原始宗教资料集成》（鄂伦春族卷、鄂温克族卷、赫哲族卷、达斡尔族卷、锡伯族卷、满族卷、蒙古族卷、藏族卷），北京：中国社会科学出版社1999年版，第963页。

W0535.2.2.3
恶的龙神

【关联】［W3569.1.2］恶龙

实 例

（参见下级母题实例）

W0535.2.2.3.1
坏龙神芒仁

实 例

藏族 “芒仁”类龙神属于坏的龙神，对人类危害极大。

【流传】（无考）

【出处】格勒：《论藏族本教的神》，原载《藏族学术讨论会论文集》，西藏人民出版社1984年版，见吕大吉、何耀华总主编《中国各民族原始宗教资料集成》（鄂伦春族卷、鄂温克族卷、赫哲族卷、达斡尔族卷、锡伯族卷、满族卷、蒙古族卷、藏族卷），北京：中国社会科学出版社1999年版，第963页。

W0535.2.2.3.1.1
恶龙神莽让制造瘟疫、疾病、干旱

实 例

藏族 莽让是恶的龙神，它可以给人间带来灾难祸害，诸如瘟疫，疾病、干旱，均为彼之所为。

【流传】（无考）

【出处】丹珠昂奔：《藏族神灵论》，中国社会科学出版社1990年版，见吕大吉、何耀华总主编《中国各民族原始宗教资料集成》（鄂伦春族卷、鄂温克族卷、赫哲族卷、达斡尔族卷、锡伯族卷、满族卷、蒙古族卷、藏族卷），北京：中国社会科学出版社1999年版，第964页。

W0535.2.3
龙神的惧怕物

实 例

（参见下级母题实例）

W0535.2.3.1
龙神害怕打铁声

实 例

哈尼族 （实例待考）

W0535.3
龙神的身份

实 例

（参见下级母题实例）

W0535. 3. 1

龙神是天狗

实 例

毛南族 （实例待考）

W0535. 3. 2

龙神是护法神

实 例

（参见下级母题实例）

W0535. 3. 2. 1

龙神被收伏后成为护法神是护法神

实 例

藏族 本教意愿被崇拜供奉的龙神，终于也因“兴风作浪，危害人畜”而被莲花生一一收伏，成为佛教的护法神祇。

【流传】（无考）

【出处】洛珠加措、俄东瓦拉译：《莲花生大师本生传》，青海人民出版社1990年版，见吕大吉、何耀华总主编《中国各民族原始宗教资料集成》（鄂伦春族卷、鄂温克族卷、赫哲族卷、达斡尔族卷、锡伯族卷、满族卷、蒙古族卷、藏族卷），北京：中国社会科学出版社1999年版，第776页。

W0535. 3. 3

龙神是财神

实 例

（参见下级母题实例）

W0535. 3. 3. 1

龙神是一切财富之源

实 例

藏族 龙神比人富裕，它们是一切财富之源。因此，龙神又是财神。

【流传】（无考）

【出处】格勒：《论藏族本教的神》，原载《藏族学术讨论会论文集》，西藏人民出版社1984年版，见吕大吉、何耀华总主编《中国各民族原始宗教资料集成》（鄂伦春族卷、鄂温克族卷、赫哲族卷、达斡尔族卷、锡伯族卷、满族卷、蒙古族卷、藏族卷），北京：中国社会科学出版社1999年版，第963页。

W0535. 3. 4

龙神是动物精灵

实 例

（参见下级母题实例）

W0535. 3. 4. 1

龙神是一种可以随时附身或者变为蛇、蛙、螃蟹的精灵

实 例

藏族 （参见“W0535.4.2 龙神无处不在”母题实例）

W0535.3.5
龙神是恶神

实 例

（参见下级母题实例）

W0535.3.5.1
龙神毁灭人间火种

实 例

独龙族 凶残的龙神鬼王亲自驾着风雨赶来了，他想用狂风暴雨把火种扑灭，让独龙子孙永远处于生食挨饿的困境。

【流传】 独龙江一带

【出处】 李新明搜集整理：《创火人》，载《山茶》1987年第6期。

W0535.4
龙神的居所

【关联】［W0096.1.3.1］龙神无处不在

实 例

（参见下级母题实例）

W0535.4.1
龙神住水中

实 例

傈僳族 阿戈玛（女神）种南瓜，南瓜生出来人和鬼，阿戈玛分配居所，把烂巴塘子、普沟箐水分给龙神。

【流传】（无考）

【出处】 鲁福昌唱，辛一记译整理：《祭龙神调》，载《怒江》1984年第3期。

W0535.4.1.1
龙王居海中（龙神居海中）

实 例

傣族 太阳公主对求婚的人间小伙说：“吾叔乃海中龙神，即使我未婚，吾叔亦必不允汝做我夫。”

【流传】（云南省）

【出处】 袁珂改编：《太阳公主》，原载傅光宇等编《傣族民间故事选，见袁珂《中国神话大词典》，北京：华夏出版社2015年版，第499页。

汉族 （实例待考）

黎族 （参见“W0535.4.1.2 龙神居河中”母题实例）

W0535.4.1.2
龙神居河中

实 例

黎族 龙公住在海里或河里。

【流传】（无考）

【出处】《鬼魂崇拜》，见吕大吉、何耀华总主编《中国各民族原始宗教资料集成》（土家族卷、瑶族卷、壮族卷、黎族卷），北京：中国社会科学出版社1998年版，第694页。

W0535. 4. 1. 3
龙神居潭中

实例

（参见下级母题实例）

W0535. 4. 1. 3. 1
龙神居深潭

实例

壮族 龙神居于深水潭中。

【流传】广西壮族自治区·（南宁市）·武鸣县（武鸣区）西北部，马山县东部

【出处】黄世杰搜集整理：*《祭龙神》（1990），见吕大吉、何耀华总主编《中国各民族原始宗教资料集成》（土家族卷、瑶族卷、壮族卷、黎族卷），北京：中国社会科学出版社1998年版，第504页。

W0535. 4. 1. 3. 2
龙神居龙潭

实例

白族 由水源形成的水塘和水池，称为龙潭，有龙神。

【流传】云南省·（大理白族自治州）·鹤庆县·云鹤镇

【出处】王承权调查整理：《鹤庆白族祭水神龙神》（1988），见吕大吉、何耀华总主编《中国各民族原始宗教资料集成》（彝族卷、白族卷、基诺族卷），北京：中国社会科学出版社1996年版，第493页。

汉族 （实例待考）

彝族 龙神之所在就是龙潭。

【流传】云南省·大理州（大理白族自治州）·巍山（巍山彝族回族自治县）等县

【出处】王丽珠：《大理州彝族原始宗教调查》，见吕大吉、何耀华总主编《中国各民族原始宗教资料集成》（彝族卷、白族卷、基诺族卷），北京：中国社会科学出版社1996年版，第90页。

W0535. 4. 1. 4
龙神居水底

实例

藏族 龙神的家在水底下。

【流传】（无考）

【出处】格勒：《论藏族本教的神》，原载《藏族学术讨论会论文集》，西藏人民出版社1984年版，见吕大吉、何耀华总主编《中国各民族原始宗教资料集成》（鄂伦春族卷、鄂温克族卷、赫哲族卷、达斡尔族卷、锡伯族卷、满族卷、蒙古族卷、藏族卷），北京：中国社会科学出版社1999年版，第963页。

W0535. 4. 2
龙神无处不在

实例

藏族 龙神是一种可以随时附身或者变为蛇、蛙、螃蟹的精灵，并且无时无处不存在。

【流传】（无考）

【出处】丹珠昂奔：《藏族神灵论》，中国社会科学出版社1990年版，见吕大吉、何耀华总主编《中国各民族原始宗教资料集成》（鄂伦春族卷、鄂温克族卷、赫哲族卷、达斡尔族卷、锡伯族卷、满族卷、蒙古族卷、藏族卷），北京：中国社会科学出版社1999年版，第964页。

W0535.4.3

龙神居多个地方

实　例

（参见下级母题实例）

W0535.4.3.1

龙神可居于水中、平地、山上

实　例

壮族 龙神不但居于水中，有时候平地、山上也有龙卧着。

【流传】广西壮族自治区·（南宁市）·武鸣县（武鸣区）西北部，马山县东部

【出处】黄世杰搜集整理：*《祭龙神》（1990），见吕大吉、何耀华总主编《中国各民族原始宗教资料集成》（土家族卷、瑶族卷、壮族卷、黎族卷），北京：中国社会科学出版社1998年版，第504页。

W0535.4.4

龙神住地下

实　例

藏族 神鸟生的十八个蛋中，三个松石蛋，像三兄弟一样向下滚落，就成了地下的龙神。

【流传】云南省·迪庆（迪庆藏族自治州）

【出处】才旦旺堆搜集，蔷紫整理《神蛋创世纪》，见姚宝瑄主编《中国各民族神话》（门巴族、珞巴族、怒族、藏族），太原：山西出版传媒集团·书海出版社2014年版，第75页。

W0535.5

龙神的职能

实　例

（参见下级母题实例）

W0535.5.1

龙王管水神

实　例

（参见下级母题实例）

W0535.5.1.1

龙王管地上所有的水神

实　例

纳西族 龙王鲁帕斯腊统管着地上所有的水神。

【流传】（a）云南省·（丽江市）·宁

蒗县（宁蒗彝族自治县）·永宁乡

【出处】

(a) 达巴苏诺等讲，李子贤采录：《神鸟月其嘎儿》，见中国民间文学集成全国编辑委员会编《中国民间故事集成》（云南卷），北京：中国ISBN中心2003年版，第369页。

(b) 达巴苏诺等讲，李子贤记录整理：《月其嘎儿》，见谷德明编《中国少数民族神话》，北京：中国民间文艺出版社1987年版，第455页。

W0535.5.2

龙王管下界

实 例

藏族 龙神不仅掌握着藏区的降雨大权，而且还要管避免水灾，防止疾病、饥荒、受伤，产生妒嫉之心等几乎无所不包的人间杂事

【流传】（无考）

【出处】格勒：《论藏族本教的神》，原载《藏族学术讨论会论文集》，西藏人民出版社1984年版，见吕大吉、何耀华总主编《中国各民族原始宗教资料集成》（鄂伦春族卷、鄂温克族卷、赫哲族卷、达斡尔族卷、锡伯族卷、满族卷、蒙古族卷、藏族卷），北京：中国社会科学出版社1999年版，第776页。

W0535.5.2.1

龙神管所有人间事

实 例

壮族 龙神也叫蛟龙神，龙神司天下雨之事。

【流传】广西壮族自治区·（南宁市）·武鸣县（武鸣区）西北部，马山县东部

【出处】黄世杰搜集整理：*《祭龙神》(1990)，见吕大吉、何耀华总主编《中国各民族原始宗教资料集成》（土家族卷、瑶族卷、壮族卷、黎族卷），北京：中国社会科学出版社1998年版，第504页。

W0535.5.3

龙神司雨

实 例

（参见下级母题实例）

W0535.5.3.1

龙神管雨水

实 例

藏族 巫师求雨时呼叫的龙神，都是分管雨水的龙神。它们的名称都与降雨有关。

【流传】（无考）

【出处】格勒：《论藏族本教的神》，原载《藏族学术讨论会论文集》，西藏人民出版社1984年版，见吕大吉、何耀华总主编《中国各民族原始宗教资料集成》（鄂伦春族卷、鄂温克族卷、赫哲族卷、达斡尔族卷、锡伯族卷、满族卷、蒙古族卷、藏族卷），北京：中国社会科学出版社1999年

版，第 860 页。

W0535.5.3a

龙神管旱涝

实 例

羌族 村寨附近的神林里砌有一个“那萨”（石碉），其上供五神，其中“殊不二”大龙神和“殊觉”小龙神管水旱。

【流传】四川省·（阿坝藏族羌族自治州）·茂汶县（今茂县）·渭门乡·永和大队（今永和乡）

【出处】钱安靖：《茂汶县渭门乡永和大队羌族宗教习俗调查》（1983.07.05），见吕大吉、何耀华总主编《中国各民族原始宗教资料集成》（纳西族卷、羌族卷、独龙族卷、傈僳族卷、怒族卷），北京：中国社会科学出版社 2000 年版，第 476 页。

W0535.5.4

主宰争战的龙神

实 例

（参见下级母题实例）

W0535.5.4.1

主宰争战的龙神却热

实 例

藏族 却热等龙神主司人间饮食饥饿和战争冲突。人们吃不饱或遇战争，是因为这些龙神不高兴。

【流传】（无考）

【出处】丹珠昂奔：《藏族神灵论》，中国社会科学出版社 1990 年版，见吕大吉、何耀华总主编《中国各民族原始宗教资料集成》（鄂伦春族卷、鄂温克族卷、赫哲族卷、达斡尔族卷、锡伯族卷、满族卷、蒙古族卷、藏族卷），北京：中国社会科学出版社 1999 年版，第 964 页。

W0535.5.5

主宰疾病的龙神

实 例

（参见下级母题实例）

W0535.5.5.1

主宰疾病的龙神僧隆

实 例

藏族 僧隆等龙神主司各种龙病，若生癞子、疮疱、水痘等龙病，当求它免去灾病沉疴。

【流传】（无考）

【出处】丹珠昂奔：《藏族神灵论》，中国社会科学出版社 1990 年版，见吕大吉、何耀华总主编《中国各民族原始宗教资料集成》（鄂伦春族卷、鄂温克族卷、赫哲族卷、达斡尔族卷、锡伯族卷、满族卷、蒙古族卷、藏族卷），北京：中国社会科学出版社 1999 年版，第 964 页。

W0535. 5. 6

主管人的精神的龙神

实 例

（参见下级母题实例）

W0535. 5. 6. 1

主管人的精神的龙神嘎彼、宁嘎

实 例

藏族 主管精神领域的龙神，如嘎彼、宁嘎等就是让人们存心善良正直，不要生贪嗔、嫉妒之心的龙神。

【流传】（无考）

【出处】 丹珠昂奔：《藏族神灵论》，中国社会科学出版社 1990 年版，见吕大吉、何耀华总主编《中国各民族原始宗教资料集成》（鄂伦春族卷、鄂温克族卷、赫哲族卷、达斡尔族卷、锡伯族卷、满族卷、蒙古族卷、藏族卷），北京：中国社会科学出版社 1999 年版，第 964 页。

W0535. 6

龙神的能力

实 例

（实例待考）

W0535. 7

龙神的工具

实 例

（实例待考）

W0535. 8

龙神的关系

实 例

（参见下级母题实例）

W0535. 8. 1

龙神的父亲（龙王）

实 例

（实例待考）

W0535. 8. 2

龙神的母亲（龙母）

【关联】［W3582］龙母（龙的母亲）

实 例

哈尼族 （实例待考）

W0535. 8. 3

龙神的儿子

实 例

（实例待考）

W0535. 8. 4

龙神的女儿（龙女）

【关联】

① ［W0727. 6］盘古与龙女婚

② ［W7478］人与龙女婚

③ ［W7537. 1］太阳与龙女婚

实 例

（参见下级母题实例）

W0535.8.4.1
龙女变形为蛇
【关联】［W9562］动物变其他动物

实 例

怒族 （实例待考）

W0535.8.4.2
龙女外形是小白母鸡

实 例

藏族 （实例待考）

W0535.8.4.3
龙女外形是小花狗

实 例

藏族 （实例待考）

W0535.8.4.4
龙女立为勐神

实 例

傣族 景洪人为感谢龙女的恩情，立她为勐神，年年到澜沧江边祭祀。

【流传】（云南省）

【出处】

（a）《龙女神》，见西双版纳傣族自治州民族事务委员会编《傣族文学简史》，云南民族出版社1988年版。

（b）同（a），见姚宝瑄主编《中国各民族神话》（哈尼族、傣族），太原：山西出版传媒集团·书海出版社2014年版，第335页。

W0535.8.5
龙神的亲族（龙神的亲戚）

实 例

（参见下级母题实例）

W0535.8.5.1
龙神是太阳神的弟弟

实 例

傣族 人间小伙向太阳公主求婚时，太阳公主说："汝不知我已婚矣，雷神即我夫，虽然非我所喜。吾叔乃海中龙神，即使我未婚，吾叔亦必不允汝做我夫。"

【流传】（云南省）

【出处】袁珂改编：《太阳公主》，原载傅光宇等编《傣族民间故事选》，见袁珂《中国神话大词典》，北京：华夏出版社2015年版，第499页。

W0535.8.6
龙神的上司

实 例

（参见下级母题实例）

W0535.8.6.1
龙神听命于雷神

实 例

壮族 龙神受雷王管制。

【流传】广西壮族自治区·（南宁

市）·武鸣县（武鸣区）西北部，马山县东部

【出处】黄世杰搜集整理：*《祭龙神》(1990)，见吕大吉、何耀华总主编《中国各民族原始宗教资料集成》(土家族卷、瑶族卷、壮族卷、黎族卷)，北京：中国社会科学出版社1998年版，第504页。

W0535. 8. 7

龙神的从属

实 例

(实例待考)

W0535. 9

龙神的寿命与死亡

实 例

(实例待考)

W0535. 10

龙神的婚姻

【关联】

① [W3584. 9] 龙的婚姻

② [W7528. 1. 2] 龙与太阳婚

③ [W7478] 人与龙婚

实 例

(实例待考)

W0535. 11

龙神的类型（龙神的数量）

实 例

(参见下级母题实例)

W0535. 11. 1

水龙神

实 例

(参见下级母题实例)

W0535. 11. 1. 1

神的腋毛化水龙神

【关联】[W0067a. 3. 1] 女神阿布卡赫赫拔腋毛化为水龙

实 例

满族 女神阿布卡赫赫让拔下身上的腋毛，化成了无数条水龙（水龙神）。

【流传】(无考)

【出处】富育光讲，荆文礼整理：《天宫大战·西林安班玛发》，长春：吉林人民出版社2009年版，第71～72页。

满族 水龙神木克木都里恩都里，是阿布卡赫赫腋毛所化。

【流传】(无考)

【出处】罗绮：《满族神话的民族特点》，载《满族研究》1993年第1期。

W0535. 11. 1. 2

水龙神木克木都力恩都里

实 例

(参见下级母题实例)

W0535.11.1.2.1

水龙神木克木都力恩都里是最古的宇宙大神之一

实　例

满族 诸申（原为“女真”谐音，至明末清初，“诸申”一词指女真人中的平民）供祭的木克木都力恩都里（水龙神），是最古的宇宙大神之一。

【流传】（无考）

【出处】

（a）富育光：《萨满教与神话》，沈阳：辽宁大学出版社 1990 年版，第 51 页。

（b）《龙神吞水》，见吕大吉、何耀华总主编《中国各民族原始宗教资料集成》（鄂伦春族卷、鄂温克族卷、赫哲族卷、达斡尔族卷、锡伯族卷、满族卷、蒙古族卷、藏族卷），北京：中国社会科学出版社 1999 年版，第 482 页。

W0535.11.2

火龙神

【关联】［W3583.1］火龙（喷火的龙）

实　例

（实例待考）

W0535.11.3

旺龙神

实　例

（参见下级母题实例）

W0535.11.3.1

五大旺龙神

实　例

毛南族 世上有五大旺龙神。

【流传】（无考）

【出处】《安龙谢土》，见《中国各民族宗教与神话大词典》编审委员会编《中国各民族宗教与神话大词典》，北京：学苑出版社 1990 年版，第 407－408 页。

W0535.11.4

天干龙神

实　例

（参见下级母题实例）

W0535.11.4.1

农历的二月初八祭天干龙神

实　例

彝族（葛泼） 农历的二月初八祭“天干龙神”。

【流传】云南省·（大理白族自治州）·巍山彝族回族自治县北部

【出处】王丽珠：《大理州彝族原始宗教调查》，见吕大吉、何耀华总主编《中国各民族原始宗教资料集成》（彝族卷、白族卷、基诺族卷），北京：中国社会科学出版社 1996 年版，第 91 页。

W0535. 11. 5

金龙神

实 例

（参见下级母题实例）

W0535. 11. 5. 1

金龙男神和金龙女神洗太阳

实 例

彝族（阿细）金龙男神和金龙女神洗太阳。

【流传】（a）云南省·红河哈尼族彝族自治州·弥勒县·（西山镇）

【出处】

（a）潘正兴等唱述，云南省民族民间文学红河调查队搜集翻译整理：《阿细的先基》，昆明：云南人民出版社1959年版。

（b）云南省民族民间文学红河调查队搜集整理，古梅改写：《最古的时候》，见姚宝瑄主编《中国各民族神话》（羌族、彝族），太原：山西出版传媒集团·书海出版社2014年版，第134页。

W0535. 11. 5. 2

金龙老神

实 例

（参见下级母题实例）

W0535. 11. 5. 2. 1

金龙老神回天宫交旨

实 例

汉族 金龙老神对大禹说："鸡叫之声，就是我回天宫交旨之时。"

【流传】河南省·（郑州市）·登封市（豫西一带）

【出处】崔文秀讲，韩有治采录整理：《崇伯点化》，见张振犁编著，孟宪明、朱淑君统纂《中原神话通鉴》（第四卷），郑州：河南大学出版社2017年版，第1019页。

W0535. 11. 6

银龙神

实 例

（参见下级母题实例）

W0535. 11. 6. 1

银龙男神和银龙女神洗月亮

实 例

彝族（阿细）天上的银龙男神和银龙女神用银水洗月亮。

【流传】（a）云南省·红河哈尼族彝族自治州·弥勒县·（西山镇）

【出处】

（a）潘正兴等唱述，云南省民族民间文学红河调查队搜集翻译整理：《阿细的先基》，昆明：云南人民出版社1959年版。

（b）云南省民族民间文学红河调查队搜集整理，古梅改写：《最古的时候》，见姚宝瑄主编《中国各民族神话》（羌族、彝族），太原：山西出版传媒集团·书海出版社 2014 年版，第 134 页。

W0535.11.7
铜龙神

实 例

（参见下级母题实例）

W0535.11.7.1
铜龙男神和铜龙女神洗星星

实 例

彝族（阿细）天上的铜龙男神和铜龙女神用铜水洗星星。

【流传】（a）云南省·红河哈尼族彝族自治州·弥勒县·（西山镇）

【出处】

（a）潘正兴等唱述，云南省民族民间文学红河调查队搜集翻译整理：《阿细的先基》，昆明：云南人民出版社 1959 年版。

（b）云南省民族民间文学红河调查队搜集整理，古梅改写：《最古的时候》，见姚宝瑄主编《中国各民族神话》（羌族、彝族），太原：山西出版传媒集团·书海出版社 2014 年版，第 134 页。

W0535.11.8
锡龙神

实 例

（参见下级母题实例）

W0535.11.8.1
锡龙男神和锡龙女神洗云彩

实 例

彝族（阿细）天上的锡龙男神和锡龙女神用锡水洗云彩。

【流传】（a）云南省·红河哈尼族彝族自治州·弥勒县·（西山镇）

【出处】

（a）潘正兴等唱述，云南省民族民间文学红河调查队搜集翻译整理：《阿细的先基》，昆明：云南人民出版社 1959 年版。

（b）云南省民族民间文学红河调查队搜集整理，古梅改写：《最古的时候》，见姚宝瑄主编《中国各民族神话》（羌族、彝族），太原：山西出版传媒集团·书海出版社 2014 年版，第 134 页。

W0535.11.9
龙神分 5 类

实 例

（参见下级母题实例）

W0535. 11. 9. 1

五类龙神分管5个方位

实 例

（参见下级母题实例）

W0535. 11. 9. 1. 1

龙神分甲仁、吉尔仁、芒仁、壮色仁、毒巴仁5类，分居于世界的东、南、西、北、中五个方位

实 例

藏族 龙神的种类很多。总的分为五大类：即“甲仁”、“吉尔仁”、“芒仁”、“壮色仁”、“毒巴仁”。它们分居于世界的东、南、西、北、中五个方位，把人类封锁在中间。

【流传】（无考）

【出处】格勒：《论藏族本教的神》，原载《藏族学术讨论会论文集》，西藏人民出版社1984年版，见吕大吉、何耀华总主编《中国各民族原始宗教资料集成》（鄂伦春族卷、鄂温克族卷、赫哲族卷、达斡尔族卷、锡伯族卷、满族卷、蒙古族卷、藏族卷），北京：中国社会科学出版社1999年版，第963页。

W0535. 11. 9. 1. 2

龙神按方位分嘉让、解让、莽让、章赛让、得巴让5类

实 例

藏族 居住在东、南、西、北、中的龙神可分为嘉让、解让、莽让、章赛让、得巴让五类。

【流传】（无考）

【出处】丹珠昂奔：《藏族神灵论》，中国社会科学出版社1990年版，见吕大吉、何耀华总主编《中国各民族原始宗教资料集成》（鄂伦春族卷、鄂温克族卷、赫哲族卷、达斡尔族卷、锡伯族卷、满族卷、蒙古族卷、藏族卷），北京：中国社会科学出版社1999年版，第964页。

W0535. 11. 10

四海龙神

【关联】［W3581. 4. 1］四海龙王

实 例

（参见下级母题实例）

W0535. 11. 10. 1

南海龙神

实 例

汉族 龙溪，在奉化，旧有虚白观。唐开元间，叶静能讲经于此，忽南海龙神化一髯叟听讲。

【流传】（无考）

【出处】

（a）［明］陈仁锡：《潜确类书》卷三一。

（b）《龙溪》，见袁珂《中国神话大词典》，北京：华夏出版社2015年版，第98页。

W0535.11.11

地脉龙神

【关联】［W1238］地脉（地维，地筋，地线，地理）

实 例

（参见下级母题实例）

W0535.11.11.1

地脉龙神走阴间的黄路

实 例

彝族 去阴间有白路、黑路、黄路三条路：上面一条是黄路，黄路是地脉龙神走的。

【流传】四川省·（凉山彝族自治州）·雷波（雷波县）小凉山一带

【出处】《雷波彝族的指路经》，见徐益棠《雷波小凉山之罗民》，金陵大学中国文化所印行，1944年，见吕大吉、何耀华总主编《中国各民族原始宗教资料集成》（彝族卷、白族卷、基诺族卷），北京：中国社会科学出版社1996年版，第287页。

W0535.11.11.2

阴龙是地脉龙神

实 例

土家族 阴龙常在地里钻来钻去，成了“地脉龙神”。

【流传】湖北省·（宜昌市）·长阳（长阳土家族自治县）·贺家坪（贺家坪镇）·火麦溪（火麦溪村）

【出处】郑文仕讲，杜荣东采录：《神龙造天造地造人》，见中国民间文学集成全国编辑委员会编《中国民间故事集成》（湖北卷），北京：中国ISBN中心1999年版，第7页。

W0535.11.11.3

祭地脉龙神（安龙）

实 例

白族 送葬时，在棺材放进坟内前要先要举行安龙谢土仪式，祭地脉龙神。

【流传】云南省·（大理白族自治州）·洱源县·凤羽镇

【出处】王承权调查整理：《洱源白族的丧礼葬仪》（1988），见吕大吉、何耀华总主编《中国各民族原始宗教资料集成》（彝族卷、白族卷、基诺族卷），北京：中国社会科学出版社1996年版，第553页。

W0535.11.11.3.1

修房动土时要安龙奠土

实 例

白族 有地脉龙神。凡修房动土，要做斋饭进行“安龙奠土”。

【流传】云南省·（大理白族自治州）·剑川县·甸南镇

【出处】张海福调查整理：《鹤庆白族祭地活动》（1989），见吕大吉、何耀华总主编《中国各民族原始宗教资料集成》（彝族卷、白族卷、基诺族卷），北京：中国社会科学出版社 1996 年版，第 467 页。

W0535. 11. 12
川泽龙王大神

实 例

白族 川泽龙王大神。

【流传】云南省·（大理白族自治州·洱源县）·邓川州（邓川镇）

【出处】［明·隆武］艾自修纂，王云校勘：《重修邓川州志》卷十二，洱源县志办公室翻印，1986 年。

W0535. 11. 13
百个龙神

实 例

傈僳族 百龙神管雨、水等。每年祭一次，在八月或十月祭。

【流传】四川省·（攀枝花市）·盐边县·岩门公社（岩门乡）

【出处】李永宪等：《盐边县岩门公社傈僳族调查报告》，见中国西南民族研究学会编印《雅砻江下游考察报告》，内部编印，1983 年，第 204 页。

W0535. 12
与龙神有关的其他母题

实 例

（参见下级母题实例）

W0535. 12. 1
龙神的名称

实 例

（参见下级母题实例）

W0535. 12. 1. 1
龙神也叫蛟龙神

实 例

壮族 （参见“W0535. 5. 2. 1 龙神管所有人间事”母题实例）

W0535. 12. 2
火龙真君

实 例

（参见下级母题实例）

W0535. 12. 2. 1
火龙真君会日月交拜之法

实 例

汉族 吕洞宾遇到火龙真君，得到日月交拜之法与天遁剑法。

【流传】（无考）

【出处】《吕洞宾》，见乌丙安主编《中国民间神谱》，沈阳：辽宁人民出版社 2007 年版，第 270 页。

W0536
凤凰神（凤神）

【关联】［W3585］凤（凤凰）

实 例

（参见下级母题实例）

W0536.1

凤凰神的产生

实 例

（参见下级母题实例）

W0536.2

凤凰神的特征

实 例

（参见下级母题实例）

W0536.3

与凤凰神有关的其他母题

【关联】

① ［W3588.7］ 凤凰是吉祥象征

② ［W6391］ 凤凰崇拜

实 例

（参见下级母题实例）

W0536.3.1

凤凰神女

实 例

（参见下级母题实例）

W0536.3.1.1

凤凰神女教人植树栽花

实 例

白族 凤凰神女从此常化为白族妇女，教村民植树栽花。

【流传】 云南省·大理（大理白族自治州）

【出处】 《凤凰女神》，见文学博客网：http：//blog. readnovel. com/article/htm/tid_ 172268. html，2006. 07. 16。

W0536.3.2

凤凰女神

实 例

白族 凤凰是女神。

【流传】 云南省·（大理白族自治州）·大理市·七里桥乡

【出处】 《凤凰女神》，见《中国各民族宗教与神话大词典》编审委员会编《中国各民族宗教与神话大词典》，北京：学苑出版社 1990 年版，第 16 页。

W0537

与动物神有关的其他母题

【关联】

① ［W0435.3］ 管家畜的神

② ［W0921］ 神性动物

实 例

（参见下级母题实例）

W0537.1

特定名称的动物神（动物神名称）

实 例

（参见下级母题实例）

W0537.1.1
动物神博果勒・巴尔肯

实 例

达斡尔族 达斡尔族崇拜的内容以自然神为主。如产生年代久远的“腾格日・巴尔肯”（天神）、“博果勒・巴尔肯”（动物神）、“霍列力・巴尔肯”（动物神）等。

【流传】（内蒙古自治区、黑龙江省等地）

【出处】 满都尔图：《达斡尔族卷・绪论》，见吕大吉、何耀华总主编《中国各民族原始宗教资料集成》（鄂伦春族卷、鄂温克族卷、赫哲族卷、达斡尔族卷、锡伯族卷、满族卷、蒙古族卷、藏族卷），北京：中国社会科学出版社 1999 年版，第 288 页。

W0537.1.1.1
动物神博果勒・巴尔肯有 17 个神位

实 例

达斡尔族 “博果勒・巴尔肯”（动物神）由 17 个神位组成，是一个众多的神灵汇聚的群体。

【流传】（内蒙古自治区、黑龙江省等地）

【出处】 满都尔图：《达斡尔族卷・绪论》，见吕大吉、何耀华总主编《中国各民族原始宗教资料集成》（鄂伦春族卷、鄂温克族卷、赫哲族卷、达斡尔族卷、锡伯族卷、满族卷、蒙古族卷、藏族卷），北京：中国社会科学出版社 1999 年版，第 288 页。

W0537.1.2
动物神霍列力・巴尔肯

实 例

（参见下级母题实例）

W0537.1.2.1
动物神霍列力・巴尔肯有 24 个神位

实 例

达斡尔族 达斡尔族早期供祭的神是集体的神。如“霍列力・巴尔肯”（动物神）有 24 个神位组成。

【流传】（内蒙古自治区、黑龙江省等地）

【出处】 满都尔图：《达斡尔族卷・绪论》，见吕大吉、何耀华总主编《中国各民族原始宗教资料集成》（鄂伦春族卷、鄂温克族卷、赫哲族卷、达斡尔族卷、锡伯族卷、满族卷、蒙古族卷、藏族卷），北京：中国社会科学出版社 1999 年版，第 288 页。

W0537.1.3
兽神贡波茶布

实 例

珞巴族（博嘎尔部落） 珞巴族出猎之前，要祭祀兽神贡波茶布。

【流传】西藏自治区·（林芝市）·米林县

【出处】迄今讲，于乃昌整理：《阿宾肯日》，见《珞巴族民间故事》：http://www.tibet - web.com/old/minjian/ync/gushi/mulu.htm，2003.10.02。

W0537.1.4

动物神达能

实 例

佤族 里（天神，旧译“利吉神”）和伦（地神，旧译“路安神”）造出动物后，派达能（动物神名）管动物。

【流传】（云南省·普洱市·西盟佤族自治县）

【出处】随戛、岩扫、岩瑞等讲，艾荻、张天达搜集整理：《司岗里》，见姚宝瑄主编《中国各民族神话》（佤族、阿昌族、纳西族、普米族、德昂族），太原：山西出版传媒集团·书海出版社2014年版，第13页。

W0537.1.4.1

动物神达能陷入地下

实 例

佤族 达能（达”即爷爷，“能”为名。传说中的动物神）砍断了拴着天地的铁链后，生怕天又掉下来，就双手托着天，从西盟一直托到昔薄、安瓦（地名，今属缅甸）。到安瓦时踩通了大地，达能掉进地里去了。

【流传】（云南省·普洱市·西盟佤族自治县）

【出处】随戛、岩扫、岩瑞等讲，艾荻、张天达搜集整理：《司岗里》，见姚宝瑄主编《中国各民族神话》（佤族、阿昌族、纳西族、普米族、德昂族），太原：山西出版传媒集团·书海出版社2014年版，第12页。

W0537.2

动物神的职能（动物神的能力）

实 例

（参见下级母题实例）

W0537.2.1

专司特定动物之神

实 例

（参见下级母题实例）

W0537.2.1.1

司雌性动物之神

实 例

（参见下级母题实例）

W0537.2.1.1.1

母畜之神弥里颜腾格里

实 例

蒙古族 弥里颜腾格里，布里牙惕人称之为母畜之天（在蒙古族民间宗教或萨满神词中，“天”与“腾格里”常常通用，此处可以看作是泛指诸神）。

【流传】（无考）

【出处】额尔德木图：《蒙古英雄史诗与孛额唱词中的“腾格里”》，载《内蒙古社会科学》（汉文版）1995 年第 5 期。

W0537.2.2

特定动物神是巫师的神

实 例

（参见下级母题实例）

W0537.2.2.1

巫师神有鹰神、猴神、熊神等动物神

实 例

彝族 苏埃（巫师）神有鹰神、猴神、熊神等动物神。

【流传】贵州省·（毕节市）·威宁县（威宁彝族回族苗族自治县）、赫章县

【出处】陈执中等讲，于锦绣等调查整理：《威宁、赫章彝族的布母》，见吕大吉、何耀华总主编《中国各民族原始宗教资料集成》（彝族卷、白族卷、基诺族卷），北京：中国社会科学出版社 1996 年版，第 220 页。

W0537.3

动物神的生活

实 例

（参见下级母题实例）

W0537.3.1

不同的动物神住在山的不同地方

实 例

（参见下级母题实例）

W0537.3.1.1

山顶黄牛神，山腰绵羊神，山脚黑猪神

实 例

彝族 山顶黄牛神，山腰绵羊神，山脚黑猪神。

【流传】云南省·（昆明市）·禄劝县（禄劝彝族苗族自治县）·云龙乡·卡问村

【出处】张仲仁（彝族）翻译：*《禄劝彝族的祈福经》，见吕大吉、何耀华总主编《中国各民族原始宗教资料集成》（彝族卷、白族卷、基诺族卷），北京：中国社会科学出版社 1996 年版，第 288～290 页。

W0537.4

动物神的数量

实 例

（参见下级母题实例）

W0537.4.1

某种动物神的数量

【关联】［W0537.1.1.1］动物神博果勒·巴尔肯有 17 个神位

实 例

（参见下级母题实例）

W0537.5

野生动物神

【关联】［W0435.1］管野生动物的神

实 例

（参见下级母题实例）

W0537.5.1

野生动物神是恶神

实 例

（实例待考）

W0537.5.2

野性禽兽神何日格

实 例

达斡尔族 达斡尔族把野生禽兽诸神统称何日格（野外神）。

【流传】黑龙江省·齐齐哈尔地区（齐齐哈尔市）

【出处】

（a）卜林：《达斡尔萨满跳神行巫见闻追忆》，见《嫩水达斡尔人》，齐齐哈尔史政协文史办公室编《齐齐哈尔文史资料第19辑》，内部资料，1989年，第412页。

（b）《自然神的分类》，见吕大吉、何耀华总主编《中国各民族原始宗教资料集成》（鄂伦春族卷、鄂温克族卷、赫哲族卷、达斡尔族卷、锡伯族卷、满族卷、蒙古族卷、藏族卷），北京：中国社会科学出版社1999年版，第292页。

W0537.5.2.1

野外神何日格是恶神

实 例

达斡尔族 “何日格”神（野外神）是成了精灵的野牲神，其中包括熊、狐、狼、黄鼠狼、蛇，野鸡等神，认为是有害于人类的恶神。

【流传】黑龙江省·齐齐哈尔地区（齐齐哈尔市）

【出处】

（a）卜林：《达斡尔萨满跳神行巫见闻追忆》，见《嫩水达斡尔人》，齐齐哈尔史政协文史办公室编《齐齐哈尔文史资料第19辑》，内部资料，1989年，第412页。

（b）《自然神的分类》，见吕大吉、何耀华总主编《中国各民族原始宗教资料集成》（鄂伦春族卷、鄂温克族卷、赫哲族卷、达斡尔族卷、锡伯族卷、满族卷、蒙古族卷、藏族卷），北京：中国社会科学出版社1999年版，第292页。

W0537.6

巨兽神

实 例

（参见下级母题实例）

W0537. 6. 1

最早时巨兽神管天下

实 例

苗族 远古的时候，管天下的大神叫竺妞（开天辟地的巨兽，贵州苗族叫修妞）。

【流传】云南省·文山（文山壮族苗族自治州）一带

【出处】邓光北、闪永仙说唱，项保昌、刘德荣搜集：《开天补天，辟地补地》，见姚宝瑄主编《中国各民族神话》（布依族、仡佬族、苗族），太原：山西出版传媒集团·书海出版社2014年版，第125页。

W0537. 7

昆虫神（虫神）

实 例

（参见下级母题实例）

W0537. 7. 0

虫神的产生

实 例

（参见下级母题实例）

W0537. 7. 0a

虫神的特征（虫神的身份）

实 例

（参见下级母题实例）

W0537. 7. 0a. 1

虫神是天神

实 例

白族 天神中有一个虫王。

【流传】云南·昆明市·西山区

【出处】董绍禹：《西山区白族宗教调查》，见云南省编辑组编《昆明民族民俗和宗教调查》，昆明：云南人民出版社1985年版，第88~90页。

W0537. 7. 0b

虫神的职能

实 例

（参见下级母题实例）

W0537. 7. 0b. 1

虫神管理虫害

实 例

白族 天神中有一个虫王，管理虫害，每年必须向它供祭，否则它会把害虫撒到地里吃尽禾苗。

【流传】云南·昆明市·西山区

【出处】董绍禹：《西山区白族宗教调查》，见云南省编辑组编《昆明民族民俗和宗教调查》，昆明：云南人民出版社1985年版，第88~90页。

W0537. 7. 1

蜜蜂神

实 例

（参见下级母题实例）

W0537.7.1.1 黄帝到百花山请来蜜蜂神帮助战蚩尤

实例

汉族 （参见“W0528.3.1.1 黄帝到长白山请蚂蚁神助战”母题实例）

W0537.7.2 虫王

实例

（参见下级母题实例）

W0537.7.2.1 虫王掌管百虫，能驱虫御灾

实例

汉族等 虫王是掌管百虫、驱虫御灾之神。

【流传】（无考）

【出处】《虫王》，见乌丙安主编《中国民间神谱》，沈阳：辽宁人民出版社2007年版，第40页。

W0537.7.2.2 虫王刘宰

实例

汉族等 在中国各地，民间崇信的虫王还有刘宰、姚崇、葛子坚、金姑娘、稽山大王、蝗蝻大尉等。

【流传】（中国各地）

【出处】《虫王》，见乌丙安主编《中国民间神谱》，沈阳：辽宁人民出版社2007年版，第40页。

W0537.7.2.3 虫王姚崇

实例

汉族等 （参见“W0537.7.2.2 虫王刘宰”母题实例）

W0537.7.2.4 虫王葛子坚

实例

汉族等 （参见“W0537.7.2.2 虫王刘宰”母题实例）

W0537.7.2.5 虫王金姑娘

实例

汉族等 （参见“W0537.7.2.2 虫王刘宰”母题实例）

W0537.7.2.6 虫王稽山大王

实例

汉族等 （参见“W0537.7.2.2 虫王刘宰”母题实例）

W0537. 7. 2. 7

虫王蝗蛹大尉

实 例

汉族等 （参见“W0537. 7. 2. 2 虫王刘宰”母题实例）

W0537. 7. 2. 8

其他名称的虫王

实 例

（实例待考）

W0537. 7. 3

虫灾之年祭祀虫神

实 例

（参见下级母题实例）

W0537. 7. 3. 1

杀猪宰鸡祭祀虫神（虫王会）

实 例

傈僳族 凡有虫灾之年，选好日子，在赤郎阱村土主庙里，杀猪宰鸡祭祀虫神，俗称“虫王会”，祀求害虫不要吃庄稼。

【流传】 云南省·（昆明市）·禄劝县（禄劝彝族苗族自治县）·翠华乡、屏山乡

【出处】 杨毓骧调查整理：《禄劝地区的自然神灵崇拜》（1989），见吕大吉、何耀华总主编《中国各民族原始宗教资料集成》（纳西族卷、羌族卷、独龙族卷、傈僳族卷、怒族卷），北京：中国社会科学出版社2000年版，第727页。

W0537. 7. 3. 2

人们驱虫无术时乞灵于虫王

实 例

彝族（撒尼） 人们驱虫无术，不得不乞灵于虫王。

【流传】 云南省·昆明市·东郊（经济技术开发区）·阿拉乡·三瓦村

【出处】 张福整理：《云南彝族撒尼支宗教祭司张琼遗稿》，见吕大吉、何耀华总主编《中国各民族原始宗教资料集成》（彝族卷、白族卷、基诺族卷），北京：中国社会科学出版社1996年版，第328页。

W0537. 8

生肖神

实 例

（参见下级母题实例）

W0537. 8. 1

十二生肖神

【关联】 ［W6987］十二生肖的来历

实 例

（参见下级母题实例）

W0537.8.1.1
十二生肖神将是东方琉璃世界的护法神

实 例

汉族 十二生肖神将是东方琉璃世界的护法神，手中拿着各种兵器，龙骧虎步，威武雄壮，保护着天下苍生吉祥如意，平安顺利。

【流传】辽宁省·（锦州市）·北镇市·常兴店镇

【出处】《青岩寺》，见 http://www.lvshan.com。

W0537.9
动植物神

实 例

（参见下级母题实例）

W0537.9.1
好日王腾格里是汉皇帝崇奉的司庄稼畜群之天（神）

实 例

蒙古族 好日王腾格里是汉皇帝崇奉的司庄稼畜群之天（在蒙古族民间宗教或萨满神词中，“天”与“腾格里”常常通用，此处可以看作是泛指诸神）。

【流传】（无考）

【出处】额尔德木图：《蒙古英雄史诗与孛额唱词中的“腾格里”》，载《内蒙古社会科学》（汉文版）1995 年第 5 期。

W0537.10
相伴动物神

实 例

（参见下级母题实例）

W0537.10.1
金马碧鸡神

实 例

汉族 宣帝时，或言益州有金马碧鸡之神，可醮祭而致，于是遣谏大夫王褒，使持节而求之。

【流传】（益州）

【出处】［东汉］班固等：《汉书·郊祀志下》。

0.5.2 植物神
【W0540 ~ W0549】

✿ W0540
植物神

实 例

（参见下级母题实例）

W0540.1
植物神的产生

实 例

(参见下级母题实例)

W0540. 1. 1

天神任命植物神

实 例

(参见下级母题实例)

W0540. 1. 1. 1

天神俚和伦派普冷当植物神

实 例

佤族 俚(天神名)和伦(天神名)派普冷(植物神)管植物。

【流传】云南省·(普洱市)·西盟县(西盟佤族自治县)

【出处】达老屈等讲,隋嘎等采录:《司岗里》,见中国民间文学集成全国编辑委员会编《中国民间故事集成》(云南卷),北京:中国 ISBN 中心 2003 年版,第 96 页。

W0540. 2

植物神的特征

实 例

(参见下级母题实例)

W0540. 2. 1

奇异植物是神

实 例

壮族 奇花异草,怪藤怪树,长得异乎寻常的,都以为神。

【流传】广西壮族自治区·(河池市)·东兰县

【出处】覃剑萍搜集整理:＊《祭草神》(1990),见吕大吉、何耀华总主编《中国各民族原始宗教资料集成》(土家族卷、瑶族卷、壮族卷、黎族卷),北京:中国社会科学出版社 1998 年版,第 522 页。

W0540. 3

特定名称的植物神

实 例

汉族 (实例待考)

W0540. 3. 1

植物神喷

实 例

佤族 (实例待考)

W0540. 3. 1a

植物神普冷

实 例

佤族 俚(天神名)和伦(天神名)派普冷(植物神)管植物。

【流传】云南省·(普洱市)·西盟县(西盟佤族自治县)

【出处】达老屈等讲,隋嘎等采录:《司岗里》,见中国民间文学集成全国编辑委员会编《中国民间故事集成》(云南卷),北京:中国 ISBN 中心 2003 年版,第 96 页。

W0540.3.1a.1

天神地神派普冷管植物

实 例

佤族 里（天神，旧译“利吉神”）和伦（地神，旧译“路安神”）派普冷（植物神名）管植物。

【流传】（云南省·普洱市·西盟佤族自治县）

【出处】 随戛、岩扫、岩瑞等讲，艾荻、张天达搜集整理：《司岗里》，见姚宝瑄主编《中国各民族神话》（佤族、阿昌族、纳西族、普米族、德昂族），太原：山西出版传媒集团·书海出版社 2014 年版，第 13 页。

W0540.3.2

植物神榜香够

实 例

苗族 榜香够是植物神。

【流传】 贵州省·黔东南（黔东南苗族侗族自治州）

【出处】 过竹：《苗族神话研究》，南宁：广西人民出版社 1988 年版，第 205 页。

W0541

树神（森林神，林神，树林神）

【汤普森】 A435

【关联】

① ［W0854.2.2］ 树精

② ［W4275.2］ 树神造风

实 例

维吾尔族（实例待考）

W0541.1

树神的产生

实 例

（参见下级母题实例）

W0541.1.1

树老后成为神

实 例

达斡尔族 达翰尔人特别崇拜树神，认为榆树、松树、白杨树老了就成神。

【流传】（无考）

【出处】 奇克热讲：《毛都耶德根和莫日根》，见满都呼主编《中国阿尔泰语系诸民族神话故事》，北京：民族出版社 1997 年版，第 180 页。

W0541.1.1.1

古树或粗大的树木视为树神

实 例

汉族等 通常将一些古树或粗大的树木视为树神，加以供奉。

【流传】 中国多地区

【出处】《树木之神》，见乌丙安主编《中国民间神谱》，沈阳：辽宁人民出版社 2007 年版，第 35 页。

W0541. 1. 1a

茂盛的树成为神树

实例

白族 海岛村南面有堆大石头，周围不长草，唯独有株大万年青树挺拔叶茂，白族人认为它已成了树神，过去常在树下烧香，更无人敢动。

【流传】 云南省·（大理白族自治州）·大理市·海东乡·海岛村

【出处】 王承权调查整理：《大理白旗神树祭祀》（1988），见吕大吉、何耀华总主编《中国各民族原始宗教资料集成》（彝族卷、白族卷、基诺族卷），北京：中国社会科学出版社 1996 年版，第 509 页。

W0541. 1. 2

造林者被奉为林神

实例

（参见下级母题实例）

W0541. 1. 2. 1

女始祖密洛陀封造林的儿子为林神

实例

瑶族 雅友雅耶请求造草木女神帮助，买来了树种、竹秧。他腾云驾雾，飞到各地去播种造林。密洛陀封他做林神，管理大地上的林木。

【流传】（无考）

【出处】《密洛陀神谱》，蓝田根据农学冠等撰写的《瑶族神话传说中的人物》编写，见姚宝瑄主编《中国各民族神话》（土家族、毛南族、侗族、瑶族），太原：山西出版传媒集团·书海出版社 2014 年版，第 148 页。

W0541. 1. 3

人的灵魂变成森林神

实例

（参见下级母题实例）

W0541. 1. 3. 1

在森林里迷路的人的灵魂变成森林主神奥尔博利·查干·诺颜

实例

蒙古族（布里亚特） 森林主神奥尔博利·查干·诺颜是在森林里迷路的人的灵魂。

【流传】（无考）

【出处】［苏联］И. А. 曼日格耶夫著，宋长宏译，佟德富校：《布里亚特萨满教和前萨满教辞典》（俄文版），莫斯科：科学出版社 1978 年版，第 61 页，见吕大吉、何耀华总主编《中国各民族原始宗教资料集成》（鄂伦春族卷、鄂温克族卷、赫哲族卷、达斡尔族卷、锡伯族卷、满族卷、蒙古族卷、藏族卷），北京：中国社会科学出版社 1999 年版，第 621 页。

W0541.1.3.2
森林中失路而死者之幽魂成为森林神奥因·爱钦

实 例

蒙古族（布里亚特）森林神奥因·爱钦是森林中失路而死者之幽魂所化。

【流传】（无考）

【出处】［波］尼斡拉滋著，金启孮译：《西伯利亚各民族之萨满教》，中国社会科学院民族研究所《萨满教研究》编写组1978年印，见吕大吉、何耀华总主编《中国各民族原始宗教资料集成》（鄂伦春族卷、鄂温克族卷、赫哲族卷、达斡尔族卷、锡伯族卷、满族卷、蒙古族卷、藏族卷），北京：中国社会科学出版社1999年版，第623页。

W0541.1.3.3
萨满的灵魂变成森林神

实 例

蒙古族（布里亚特）密林（原始森林）众魂灵主神，被认为是埃文基萨满们死后的灵魂变成。

【流传】（无考）

【出处】［苏联］И. А. 曼日格耶夫著，宋长宏译，佟德富校：《布里亚特萨满教和前萨满教辞典》（俄文版），莫斯科：科学出版社1978年版，第68~69页，见吕大吉、何耀华总主编《中国各民族原始宗教资料集成》（鄂伦春族卷、鄂温克族卷、赫哲族卷、达斡尔族卷、锡伯族卷、满族卷、蒙古族卷、藏族卷），北京：中国社会科学出版社1999年版，第622页。

W0541.2
树神的特征

实 例

（参见下级母题实例）

W0541.2.1
树神的外貌

实 例

（参见下级母题实例）

W0541.2.1.1
林神貌似老人

实 例

鄂温克族 林神是老人形，但这位神远比人形大。

【流传】（无考）

【出处】

(a) 乌丙安：《神秘的萨满世界》，上海：上海三联书店1989年版，第61页。

(b)《树林》，见吕大吉、何耀华总主编《中国各民族原始宗教资料集成》（鄂伦春族卷、鄂温克族卷、赫哲族卷、达斡尔族卷、锡伯族卷、满族卷、蒙古族卷、藏族卷），北京：中国社会科学出版社1999年版，第98页。

W0541. 2. 1. 2

树神是一个像大猩猩的老人

实 例

基诺族 树神的样子是一个像大猩猩般的老人。

【流传】云南省·（西双版纳傣族自治州·景洪市）·基诺山（基诺山基诺族乡）·戛里果箐

【出处】白佳林等讲，杜玉亭调查整理：《刀耕前杀狗祭树鬼的来历》（1990），见吕大吉、何耀华总主编《中国各民族原始宗教资料集成》（彝族卷、白族卷、基诺族卷），北京：中国社会科学出版社 1996 年版，第 943 页。

W0541. 2. 1. 3

树神白皎皎

实 例

彝族 树神白皎皎。

【流传】贵州省

【出处】《献酒经》，原载丁文江《爨文丛刻》（甲编），见吕大吉、何耀华总主编《中国各民族原始宗教资料集成》（彝族卷、白族卷、基诺族卷），北京：中国社会科学出版社 1996 年版，第 48 页。

W0541. 2. 2

森林神声音奇特

实 例

（参见下级母题实例）

W0541. 2. 2. 1

森林神时哭时笑声音怪异

实 例

鄂温克族 森林神在密林中时常发出怪异的声音，常常哭叫，但不一会儿又突然发出笑声，使人感到神秘莫测。

【流传】（无考）

【出处】

（a）乌丙安：《神秘的萨满世界》，上海：上海三联书店 1989 年版，第 61 页。

（b）《树林》，见吕大吉、何耀华总主编《中国各民族原始宗教资料集成》（鄂伦春族卷、鄂温克族卷、赫哲族卷、达斡尔族卷、锡伯族卷、满族卷、蒙古族卷、藏族卷），北京：中国社会科学出版社 1999 年版，第 98 页。

W0541. 2. 3

森林神善良

实 例

（参见下级母题实例）

W0541. 2. 3. 1

森林主神奥尔博利·查干·诺颜是善神

实 例

蒙古族（布里亚特） 森林主神奥尔博

利·查干·诺颜，被认为是活动于森林或原始密林中的魂灵主神，是一个不怀恶意、不伤人类的魂灵存在。

【流传】（无考）

【出处】［苏联］И. А. 曼日格耶夫著，宋长宏译，佟德富校：《布里亚特萨满教和前萨满教辞典》（俄文版），莫斯科：科学出版社 1978 年版，第 61 页，见吕大吉、何耀华总主编《中国各民族原始宗教资料集成》（鄂伦春族卷、鄂温克族卷、赫哲族卷、达斡尔族卷、锡伯族卷、满族卷、蒙古族卷、藏族卷），北京：中国社会科学出版社 1999 年版，第 621 页。

W0541.3

树神的职能（树神的能力）

实　例

（参见下级母题实例）

W0541.3.1

树神是主管树木之神

实　例

壮族 树神是主管树木之神。

【流传】广西壮族自治区·（百色市）·靖西县（靖西市）

【出处】凌树东搜集整理：*《广西靖西县壮族诸神表》（1991），见吕大吉、何耀华总主编《中国各民族原始宗教资料集成》（土家族卷、瑶族卷、壮族卷、黎族卷），北京：中国社会科学出版社 1998 年版，第 494 页。

W0541.3.1.1

树神主宰山中所有的树木

实　例

傈僳族 （参见“W0541.6.9 树神司尼”母题实例）

W0541.3.2

树林神主宰天气

实　例

（参见下级母题实例）

W0541.3.2.1

树神能兴云雨

实　例

汉族 （参见“W0541.6.1.4.1 树神黄祖能兴云雨”母题实例）

W0541.3.2.2

树林神主宰冰霜雹雪

实　例

羌族 村寨附近的神林里砌有一个“那萨”（石碉），其上供五神，其中“若基依”（树林神），主管冰霜雹雪。

【流传】四川省·（阿坝藏族羌族自治州）·茂汶县（今茂县）·渭门乡·永和大队（今永和乡）

【出处】钱安靖：《茂汶县渭门乡永和大队羌族宗教习俗调查》（1983.07.05），见吕大吉、何耀华总主编《中国各民族原始宗教资料集成》(纳西族卷、羌族卷、独龙族卷、傈僳族卷、怒族卷),北京:中国社会科学出版社 2000 年版,第 476 页。

W0541. 3. 3

森林神施舍猎物

实 例

(参见下级母题实例)

W0541. 3. 3. 1

慷慨大方的森林主神随便地把猎物分给人

实 例

蒙古族(布里亚特)森林主神是一位对待初猎者很慷慨大方的神灵,他经常轻松随便地把猎物分给人们。

【流传】(无考)

【出处】[苏联] Г. Р. 加尔达诺娃著,宋长宏译,佟德富校:《喇嘛教前的布里亚特宗教信仰》(俄文版),诺沃西比尔斯克:科学出版社西伯利亚分社 1987 年版,第 29 ~ 30 页,见吕大吉、何耀华总主编《中国各民族原始宗教资料集成》(鄂伦春族卷、鄂温克族卷、赫哲族卷、达斡尔族卷、锡伯族卷、满族卷、蒙古族卷、藏族卷),北京:中国社会科学出版社 1999 年版,第 615 页。

W0541. 3. 3. 2

树林神主宰森林野兽

实 例

羌族 树林神主管森林野兽。

【流传】四川省·(阿坝藏族羌族自治州)·茂汶县(今茂县)·渭门乡·纳普大队(村)

【出处】钱安靖:《茂汶县渭门乡纳普大队羌族宗教习俗调查》(1983. 07. 10),见吕大吉、何耀华总主编《中国各民族原始宗教资料集成》(纳西族卷、羌族卷、独龙族卷、傈僳族卷、怒族卷),北京:中国社会科学出版社 2000 年版,第 477 页。

W0541. 3. 4

森林神是兽类的主人

实 例

蒙古族(布里亚特)森林主神是一个长有一张巨嘴的老头,与他周围的许多树木相像。此神经常骑着驼鹿在自己的森林领地内行走,是许多群驼鹿、马鹿及其他兽类的占有者。

【流传】(无考)

【出处】[苏联] И. А. 曼日格耶夫著,宋长宏译,佟德富校:《布里亚特萨满教和前萨满教辞典》(俄文版),莫斯科:科学出版社 1978 年版,第 61 页,见吕大吉、何耀华总主编《中国各民族原始宗教资料集成》(鄂伦春族卷、鄂温克族卷、赫哲族卷、达斡尔尔族卷、锡伯族卷、满族卷、蒙古族卷、藏族卷），北京：中国社会科学出版社1999年版，第621页。

W0541.3.5

树林神能令禾草不生，人有灾病

实 例

羌族 树林神有极大的能力，它要享受羔羊与礼拜，不供奉它，它能令禾草不生，人有灾病。

【流传】（无考）

【出处】胡鉴民：《羌族的信仰与习为》，原载《边疆研究论丛》1941年，见吕大吉、何耀华总主编《中国各民族原始宗教资料集成》（纳西族卷、羌族卷、独龙族卷、傈僳族卷、怒族卷），北京：中国社会科学出版社2000年版，第464页。

W0541.3.6

树神保佑全家清吉平安

实 例

傈僳族 在大年三十晚上，杀一只开叫的大红公鸡，祭“司尼”（树神），祈祷树神保佑来年全家清吉平安。

【流传】云南省·（昆明市）·禄劝县（禄劝彝族苗族自治县）

【出处】杨毓骧调查整理：《禄劝地区祭山神和树神》（1990），见吕大吉、何耀华总主编《中国各民族原始宗教资料集成》（纳西族卷、羌族卷、独龙族卷、傈僳族卷、怒族卷），北京：中国社会科学出版社2000年版，第728页。

W0541.4

树神的居所

实 例

（参见下级母题实例）

W0541.4.1

林神住有山有林的地方

实 例

鄂温克族 有山有林的地方除山神外同时还有林神。

【流传】（无考）

【出处】

（a）乌丙安：《神秘的萨满世界》，上海：上海三联书店1989年版，第61页。

（b）《树林》，见吕大吉、何耀华总主编《中国各民族原始宗教资料集成》（鄂伦春族卷、鄂温克族卷、赫哲族卷、达斡尔族卷、锡伯族卷、满族卷、蒙古族卷、藏族卷），北京：中国社会科学出版社1999年版，第98页。

W0541.4.2

树神在各寨前、后山上

实 例

藏族（白马） 树神是各寨前、后山上，各留有一片“千年万代不砍的老林”。

【流传】（四川省）

【出处】四川民委民族识别调查组：《白马藏人调查资料辑录》，原载四川省民族研究所编《白马藏人族属问题讨论集（一）》，见吕大吉、何耀华总主编《中国各民族原始宗教资料集成》（鄂伦春族卷、鄂温克族卷、赫哲族卷、达斡尔族卷、锡伯族卷、满族卷、蒙古族卷、藏族卷），北京：中国社会科学出版社 1999 年版，第 800 页。

W0541.4.3

树神居树上

实 例

（参见下级母题实例）

W0541.4.3.1

树神居村头、坳口等高大古老的树上

实 例

壮族 树神多居住于村头、坳口等高大古老的树上。

【流传】广西壮族自治区·（百色市）·靖西县（靖西市）

【出处】凌树东搜集整理：*《广西靖西县壮族诸神表》（1991），见吕大吉、何耀华总主编《中国各民族原始宗教资料集成》（土家族卷、瑶族卷、壮族卷、黎族卷），北京：中国社会科学出版社 1998 年版，第 494 页。

W0541.4.3.2

树神依附在各种神树上

实 例

白族 那马人的树神是依附在各种神树上。

【流传】云南省·（怒江傈僳族自治州）·兰坪县（兰坪白族普米族自治县），（迪庆藏族自治州）·维西县（维西傈僳族自治县）

【出处】刘龙初调查整理：《兰坪维西那马人树神祭》（1988），见吕大吉、何耀华总主编《中国各民族原始宗教资料集成》（彝族卷、白族卷、基诺族卷），北京：中国社会科学出版社 1996 年版，第 512 页。

W0541.4.4

箐中森林神

实 例

彝族 岩上岩崖神，箐中森林神。

【流传】云南省·（昆明市）·禄劝县（禄劝彝族苗族自治县）·云龙乡·卡问村

【出处】张仲仁（彝族）翻译：*《禄劝彝族的祈福经》，见吕大吉、何耀华总主编《中国各民族原始宗教资料集成》（彝族卷、白族卷、基诺族卷），北京：中国社会科学出版社 1996 年版，第 288～290 页。

W0541.5

树神的关系

实 例

（参见下级母题实例）

W0541.5.1

树神是山神的下属

实 例

羌族 羌人认为，树神属山王统辖，故不单独供奉树神。

【流传】 四川省·（阿坝藏族羌族自治州）·汶川县·龙溪乡·阿尔大队（阿尔村）

【出处】

（a）钱安靖：《羌族宗教习俗调查资料》（三），见羌族社会历史调查四川省编写组编《羌族社会历史调查》，成都：四川省社会科学出版社1985年版。

（b）《汶川县龙溪乡羌族端公经典简介》，见吕大吉、何耀华总主编《中国各民族原始宗教资料集成》（纳西族卷、羌族卷、独龙族卷、傈僳族卷、怒族卷），北京：中国社会科学出版社2000年版，第471页。

W0541.6

特定名称的树神（树神名称）

实 例

（参见下级母题实例）

W0541.6.1

特定的森林神（特定名称的林神，特定名称的树神）

【汤普森】 A419.1

实 例

佤族 （实例待考）

W0541.6.1.1

乌鸦是森林女神

【关联】 ［W3366.2］乌鸦是神的后代

实 例

满族 （实例待考）

W0541.6.1.2

林神乌里阿玛卡

实 例

鄂温克族 鄂温克族称林神为“乌里阿玛卡”。

【流传】（无考）

【出处】

（a）乌丙安：《神秘的萨满世界》，上海：上海三联书店1989年版，第61页。

（b）《树林》，见吕大吉、何耀华总主编《中国各民族原始宗教资料集成》（鄂伦春族卷、鄂温克族卷、赫哲族卷、达斡尔族卷、锡伯族卷、满族卷、蒙古族卷、藏族卷），北京：中国社会科学出版社1999年版，第98页。

W0541. 6. 1. 3
天上树林神塔比甲蒲

实 例

羌族 天上树林神塔比甲蒲惩罚死者下凡的三女儿。

【流传】四川省·（阿坝藏族羌族自治州）·汶川县·雁门乡·月里村

【出处】赵帮龙讲，李冀祖采录：＊《放牛郎与天女》，见中国民间文学集成全国编辑委员会编《中国民间故事集成》（四川卷·下），北京：中国 ISBN 中心 1998 年版，第 1115 页。

W0541. 6. 1. 4
树神黄祖

实 例

（参见下级母题实例）

W0541. 6. 1. 4. 1
树神黄祖能兴云雨

实 例

汉族 庐江龙舒县陆亭，流水边有一大树，高数十丈，常有黄鸟数千枚巢其上。时久旱，长老共相谓曰："彼树常有黄气，或有神灵，可以祈雨。"因以酒脯往。亭中有寡妇李宪者，夜起，室中忽见一妇人，著绣衣，自称曰："我树神黄祖也，能兴云雨。以汝性洁，佐汝为生。朝来父老皆欲祈雨，吾已求之于帝，明日日中大雨。"

【流传】（无考）

【出处】［晋］干宝：《搜神记》卷十八。

W0541. 6. 1. 5
森林神乐夺

实 例

彝族 森林神"乐夺"。

【流传】（无考）

【出处】岭光电译：《呗耄献祖经》，见何耀华《彝族的自然崇拜及其特点》，载《思想战线》1982 年第 6 期。

W0541. 6. 2
杉树神

实 例

彝族 （实例待考）

W0541. 6. 3
松树神（柏树神）

实 例

（参见下级母题实例）

W0541. 6. 3. 1
树神中柏树神地位最高

实 例

彝族 树神以柏树神地位最高。

【流传】四川省·凉山（凉山彝族自治州）·甘洛县·田坝区·胜利公社（胜利乡）

【出处】苏尼木色等讲，于锦绣等记录

整理：*《苏尼（巫师）的产生》，见吕大吉、何耀华总主编《中国各民族原始宗教资料集成》（彝族卷、白族卷、基诺族卷），北京：中国社会科学出版社1996年版，第266页。

W0541.6.3.2

树神名树包树爬

实 例

彝族 树神名字叫“树包树爬”。

【流传】四川省·凉山（凉山彝族自治州）·甘洛县·田坝区·胜利公社（胜利乡）

【出处】苏尼木色等讲，于锦绣等记录整理：*《苏尼（巫师）的产生》，见吕大吉、何耀华总主编《中国各民族原始宗教资料集成》（彝族卷、白族卷、基诺族卷），北京：中国社会科学出版社1996年版，第266页。

W0541.6.4

竹神

实 例

（参见下级母题实例）

W0541.6.4.1

洪水中救祖先的竹子被奉为神

实 例

彝族 竹子洪水中救祖先而被奉为神。

【流传】云南省·（昆明市）·路南（路南石林彝族自治县）

【出处】王伟整理：《阿霹刹、洪水和人的祖先》，见中华民族故事大系编委会编《中华民族故事大系》第3卷（彝族、壮族、布依族），上海：上海文艺出版社1995年版，第36页。

W0541.6.4.2

竹神监督蛇

实 例

汉族 竹神监督蛇，如果蛇滥施淫威，伤害人畜就即刻打死。

【流传】福建省·（三明市）·宁化县·城关（城关镇）

【出处】薛其康讲，张锡电采录：《人死蛇蜕壳》，见中国民间文学集成全国编辑委员会编《中国民间故事集成》（山西卷），北京：中国ISBN中心1999年版，第10页。

W0541.6.5

柳树神

实 例

（参见下级母题实例）

W0541.6.5.1

柳树神保佑降生

实 例

锡伯族 因柳树生命力强，成活率高，萌发性强，又富于弹性，古代锡伯族供立了柳树神翁（佛多霍·玛法），把它当作保佑降生的神灵。

【流传】（无考）

【出处】

（a）佟克力：《锡伯族历史与文化》，乌鲁木齐：新疆人民出版社 1989 年版，第 180 ~ 181 页。

（b）《神树》，见吕大吉、何耀华总主编《中国各民族原始宗教资料集成》（鄂伦春族卷、鄂温克族卷、赫哲族卷、达斡尔族卷、锡伯族卷、满族卷、蒙古族卷、藏族卷），北京：中国社会科学出版社 1999 年版，第 398 页。

W0541. 6. 6

林海女神

实 例

（参见下级母题实例）

W0541. 6. 6. 1

乌鸦是林海女神

实 例

满族 乌鸦是看林子的格格，即林海女神。

【流传】（无考）

【出处】富育光：《满族灵禽崇拜祭俗与神话探考》，见《富育光民俗文化论集》，长春：吉林大学出版社 2005 年版。

W0541. 6. 7

枫神

【关联】［W6333］枫树图腾

实 例

（参见下级母题实例）

W0541. 6. 7. 1

枫神蚩尤

实 例

苗族 湖南城北的苗族有祭枫神为病人驱除鬼疫的习俗。枫神由人装扮，头上反戴铁三角，身上倒披蓑衣，脚穿钉鞋，手持一根木棒。相传这位枫神就是蚩尤。

【流传】（湖南省）

【出处】

（a）《蚩尤》，见《中国各民族宗教与神话大词典》编审委员会编《中国各民族宗教与神话大词典》，北京：学苑出版社 1990 年版。

（b）杨知勇改写：《蚩尤》，见姚宝瑄主编《中国各民族神话》（布依族、仡佬族、苗族），太原：山西出版传媒集团 · 书海出版社 2014 年版，第 320 页。

W0541. 6. 8

其他树木神

【关联】［W3798. 1］生命树

实 例

（参见下级母题实例）

W0541. 6. 9

树神司尼

实 例

傈僳族 “司尼”（树神）主宰山中所有的树木。

【流传】云南省·（昆明市）·禄劝县（禄劝彝族苗族自治县）

【出处】杨毓骧调查整理：《禄劝地区祭山神和树神》（1990），见吕大吉、何耀华总主编《中国各民族原始宗教资料集成》（纳西族卷、羌族卷、独龙族卷、傈僳族卷、怒族卷），北京：中国社会科学出版社 2000 年版，第 728 页。

W0541.7

与树神有关的其他母题

【关联】

① ［W0396.11.2a］山神是树林神

② ［W0854.2.2］树精（木精）

实 例

（参见下级母题实例）

W0541.7.1

树萨满

实 例

（参见下级母题实例）

W0541.7.1.1

树萨满毛都耶德根

实 例

达斡尔族 毛都耶德根（达斡尔语，即“树萨满”）能告知猎人打猎情况。

【流传】（无考）

【出处】奇克热讲：《毛都耶德根和莫日根》，见满都呼主编《中国阿尔泰语系诸民族神话故事》，北京：民族出版社 1997 年版，第 180 页。

W0541.7.2

木神

【关联】［W0854.2.2］树精（木精）

实 例

（参见下级母题实例）

W0541.7.2.1

姐弟俩成为木神

实 例

白族 劳谷（男始祖）和劳泰（女始祖）被尊称为天公、地母。他们繁衍白族的 10 对子女也分别被尊为神。其中三儿子岛召困（大石头）和四姑娘害脑些（星星）成为是木神，永远享受人们的供祭。

【流传】云南省·（大理白族自治州）·鹤庆（鹤庆县），丽江（丽江市）及（丽江市）·永胜（永胜县）

【出处】李剑飞讲，李缵绪、章虹宇记录：《人类和万物的起源》（又名《劳谷与劳泰》、《古干古洛创世记》），原载李缵绪主编《白族神话传说集成》，中国民间文艺出版社 1986 年版，见姚宝瑄主编《中国各民族神话》（白族、拉祜族、景颇族），太原：山西出版传媒集团·书海出版社 2014 年版，第 28 页。

W0541.7.3

森林神的化身

实　例

（参见下级母题实例）

W0541.7.3.1

森林神的化身是白胡子老头

实　例

蒙古族（布里亚特） 密林主神最经常的化身是巨大的白胡子老头。

【流传】（无考）

【出处】［苏联］Г.Р. 加尔达诺娃著，宋长宏译，佟德富校：《喇嘛教前的布里亚特宗教信仰》（俄文版），诺沃西比尔斯克：科学出版社西伯利亚分社1987年版，第29～30页，见吕大吉、何耀华总主编《中国各民族原始宗教资料集成》（鄂伦春族卷、鄂温克族卷、赫哲族卷、达斡尔族卷、锡伯族卷、满族卷、蒙古族卷、藏族卷），北京：中国社会科学出版社1999年版，第614页。

W0541.7.4

树神以特定的树为象征

实　例

（参见下级母题实例）

W0541.7.4.1

除夕选长年不落叶的栎类树作为树神

实　例

傈僳族 大年三十那天要首先祭祀树神，在寨内的西方选择一棵长年不落叶的栎类树作为树神。

【流传】 云南省·（昆明市）·禄劝县（禄劝彝族苗族自治县）

【出处】 杨毓骧调查整理：《禄劝地区祭山神和树神》（1990），见吕大吉、何耀华总主编《中国各民族原始宗教资料集成》（纳西族卷、羌族卷、独龙族卷、傈僳族卷、怒族卷），北京：中国社会科学出版社2000年版，第728页。

W0542

花草神

实　例

（参见下级母题实例）

W0542.1

花神

【汤普森】 A434

实　例

汉族 仙女道："张委损花害人，花神奏闻上帝，已夺其算。"

【流传】（无考）

【出处】［明］冯梦龙：《醒世恒言》

卷四。

壮族 （实例待考）

W0542.1.1

花神的产生

实 例

（参见下级母题实例）

W0542.1.1.1

女子修行成为花神

实 例

汉族 花姑者，姓黄氏，名令微，临川人也。慕道出家。花姑修行，八十余，颜色如处子，时人号曰花姑。尝于井山遇一狂象，为毒箭所中，花姑拔去之，后尝衔莲藕来置花姑所。

【流传】（无考）

【出处】［北宋］乐史：《太平寰宇记》卷一一〇。

W0542.1.2

花神的特征

实 例

（参见下级母题实例）

W0542.1.2.1

花神青春不老

实 例

汉族 （参见“W0542.1.1.1 女子修行成为花神”母题实例）

W0542.1.3

花神的身份

实 例

（实例待考）

W0542.1.3.1

花神是喜神

实 例

毛南族 （实例待考）

W0542.1.4

花神的职能

实 例

（参见下级母题实例）

W0542.1.4.1

花神管花草树木

实 例

畲族 花神管花草树木。

【流传】浙江省·丽水（丽水市）

【出处】唐宗龙等整理：《林神和花神的传说》，见中华民族故事大系编委会编《中华民族故事大系》第8卷（畲族、高山族、拉祜族），上海：上海文艺出版社1995年版，第51页。

W0542.1.4.2

花神管百花

实 例

汉族 盘古开天辟地以后，叫他的女儿管百花，人称花神。

【流传】河南省·（南阳市）·社旗县

【出处】杨东来搜集整理：《天女散花》，见张振犁编著《中原神话通鉴》（第一卷），郑州：河南大学出版社2017年版，第37～38页。

W0542. 1. 4. 3

花神主春夏长养

实 例

汉族 女夷，主春夏长养之神，即花神也。

【流传】（无考）

【出处】［明］冯应京：《月令广义·岁令一》。

W0542. 1. 5

花神的类型（特定名称的花神）

实 例

（参见下级母题实例）

W0542. 1. 5. 1

牡丹花神

实 例

（实例待考）

W0542. 1. 5. 2

花神女夷

实 例

（参见下级母题实例）

W0542. 1. 5. 2. 1

花神女夷主春夏长养

实 例

汉族 女夷是主春夏长养之神，即花神。

【流传】（无考）

【出处】［明］冯应京：《月令广义·岁令一》。

W0542. 1. 6

花神的关系

实 例

（参见下级母题实例）

W0542. 1. 6. 1

花神是盘古的女儿

【关联】［W0725. 5. 1a. 1］盘古的女儿花神

实 例

汉族 盘古开天辟地以后，叫他的大儿子管天上事，人称玉帝；叫他的二儿子管地上事，人称黄帝；叫他的女儿管百花，人称花神。

【流传】河南省·（南阳市）·社旗县

【出处】杨东来搜集整理：《天女散花》，见张振犁编著《中原神话通鉴》（第一卷），郑州：河南大学出版社2017年版，第37～38页。

汉族 盘古的女儿管百花，人称花神。

【流传】河南省·驻马店市·汝南县

【出处】申汪让讲，张丽卿采录整理：《天女散花》，见张振犁编著《中原神话通鉴》（第一卷），郑州：河南大学出版社 2017 年版，第 39 页。

汉族 盘古叫他的女儿育出百花，给天地增美，人称“花神”。

【流传】河南省·（新乡市）·封丘县

【出处】王又凡（50 多岁，教师）讲，王海燕采录：《花神》（1989.12.16），见张振犁编著《中原神话通鉴》（第一卷），郑州：河南大学出版社 2017 年版，第 39～40 页。

W0542.1.6.1.1

盘古让小女儿司管百花，人称“花神”

实 例

汉族 盘古有 4 子 1 女。盘古开天辟地后，叫他的小女儿司管百花，人称“花神”。

【流传】河南省·（郑州市）·新密市

【出处】冯胜利采录：《造物神种玉茭》，见张振犁编著，孟宪明、朱淑君统纂《中原神话通鉴》（第二卷），郑州：河南大学出版社 2017 年版，第 636～637 页。

W0542.1.6.2

花神是玉帝的妹妹

实 例

汉族 玉帝便随着花神妹妹来看花，大喜。

【流传】河南省·（南阳市）·社旗县

【出处】杨东来搜集整理：《天女散花》，见张振犁编著《中原神话通鉴》（第一卷），郑州：河南大学出版社 2017 年版，第 38 页。

W0542.1.7

花神的数量

实 例

（实例待考）

W0542.1.7.1

5 个花神

实 例

毛南族 （实例待考）

W0542.1.8

与花神有关的其他母题

【关联】［W0827.1.3］百花仙子（花仙）

实 例

（参见下级母题实例）

W0542.1.8.1

花神的生日

实 例

（参见下级母题实例）

W0542. 1. 8. 1. 1
花神生日是二月十二日

实 例

汉族 二月十二日是花神生日。

【流传】江苏省

【出处】［清］吴澜等修，汪堃等纂：《昆新两县续修合志》（《昆新合志》）。

W0542. 1. 8. 2
特定名称的花神（花神的名字）

实 例

（参见下级母题实例）

W0542. 1. 8. 2. 1
花神女夷

实 例

汉族 女夷为花神，乃魏夫人之弟子。花姑亦为花神。

【流传】（无考）

【出处】［明］冯应京：《月令广义·岁令一》。

W0542. 1. 8. 2. 2
花神名叫花姑

实 例

汉族 春圃祀花姑。

【流传】（无考）

【出处】［明］冯应京：《月令广义·春令》。

汉族 花神女夷是魏夫人的女弟子，名叫花姑。

【流传】（无考）

【出处】《花神》，见乌丙安主编《中国民间神谱》，沈阳：辽宁人民出版社2007年版，第34页。

W0542. 2
草神（茅草神）

【汤普森】A433. 5

实 例

汉族 （实例待考）

W0542. 2. 1
灵芝神

【关联】［W3820］灵芝

实 例

（实例待考）

W0542. 2. 2
茅草神能避邪驱鬼

实 例

壮族 茅草长得特别快，茅根交织如网，很难斩草除根，人们当作是神灵。茅草神是强于其他妖魔，有它可以避邪驱鬼。壮家煮酒、煮豆腐时，大门口插上“茅郎”（用三根茅草结为人形的标记），外人就不得入门。如有急事，只能在门外与主家对话，不得乱闯入屋。外人看见“茅郎”拦门，都暗暗走开。

【流传】广西壮族自治区·（河池市）·东兰县

【出处】覃剑萍搜集整理：*《祭草神》（1990），见吕大吉、何耀华总主编《中国各民族原始宗教资料集成》（土家族卷、瑶族卷、壮族卷、黎族卷），北京：中国社会科学出版社1998年版，第522页。

W0542.2.3
茅草神又称茅郎

实　例

壮族 （参见“W0542.2.2 茅草神能避邪驱鬼”母题实例）

W0542.2.3.1
大门口插上“茅郎”时外人不得入门

实　例

壮族 （参见“W0542.2.2 茅草神能避邪驱鬼”母题实例）

W0542.2.4
割草时拜草神

实　例

壮族 人们上山割草茅，下田割田基草，十月割稻谷（壮人认为稻禾也是草类），都得事先用茅草结成一个草人，在结草人时，口中喃喃数语，草人结成后，便向它叩头三拜，祈求草神保佑。

【流传】广西壮族自治区·崇左市·扶绥县

【出处】黄庆印搜集整理：*《祭草神》（1989），见吕大吉、何耀华总主编《中国各民族原始宗教资料集成》（土家族卷、瑶族卷、壮族卷、黎族卷），北京：中国社会科学出版社1998年版，第523页。

W0542.2.5
野草神

实　例

（参见下级母题实例）

W0542.2.5.1
野草之神次平

实　例

彝族 野草之神“次平”。

【流传】（无考）

【出处】岭光电译：《呗耄献祖经》，见何耀华《彝族的自然崇拜及其特点》，载《思想战线》1982年第6期。

W0542.3
人参神

【关联】

① ［W0804.3.1］人吃人参精成为神仙

② ［W0828.2.2.1.1］人参姑娘

实　例

（参见下级母题实例）

W0542. 3. 1

人参神鄂尔霍达

实 例

锡伯族 萨满的神灵有自然神、动植物神和祖先神三类。其中植物神有鄂尔霍达神（人参）。

【流传】（新疆维吾尔自治区·伊犁哈萨克自治州·察布查尔锡伯自治县）

【出处】吴景石，额尔根扎布、灵梅、九娘、菊花等讲，贺灵采录整理：《萨满的神灵》，见吕大吉、何耀华总主编《中国各民族原始宗教资料集成》（鄂伦春族卷、鄂温克族卷、赫哲族卷、达斡尔族卷、锡伯族卷、满族卷、蒙古族卷、藏族卷），北京：中国社会科学出版社 1999 年版，第 409 页。

W0542. 4

与花草神有关的其他母题

实 例

（参见下级母题实例）

W0542. 4. 1

水草大王

实 例

（参见下级母题实例）

W0542. 4. 1. 1

世上最早出现的肉核小伙和肉核姑娘称为水草大王和五谷娘娘

【关联】［W0546. 2］五谷娘娘

实 例

白族 世上最早出现的肉核小伙和肉核姑娘，被称为水草大王和五谷娘娘。

【流传】云南省·（大理白族自治州）·鹤庆县·城郊（草海镇）

【出处】朱二爷等讲，章虹宇等记录整理：《人类是从哪里来的》，见谷德明编《中国少数民族神话》，北京：中国民间文艺出版社 1987 年版，第 299 页。

W0542. 4. 2

草木之神

实 例

（参见下级母题实例）

W0542. 4. 2. 1

草木之神司草木生长的高矮

实 例

苗族 玉帝让天将砍断通天的马桑树后，心犹未安，复令司草木之神，严禁马桑树高长，凡达三五尺者，均须曲背垂头向下。

【流传】（无考）

【出处】《马桑树》，原载谢馨藻等搜集整理《苗族民间故事》，见袁珂《中国神话大词典》，北京：华夏出版社2015年版，第416页。

W0542.4.3

叶神

实 例

（参见下级母题实例）

W0542.4.3.1

八月祭叶神

实 例

彝族（阿哲、阿细） 八月，弥勒阿细、阿哲两支彝族祭叶神。

【流传】云南省·（红河哈尼族彝族自治州）·弥勒地区（弥勒市）

【出处】孙官生调查整理：《弥勒阿细、阿哲两支彝族的自然神祭历》，见吕大吉、何耀华总主编《中国各民族原始宗教资料集成》（彝族卷、白族卷、基诺族卷），北京：中国社会科学出版社1996年版，第51页。

W0543

蔬菜水果神

【汤普森】A430

实 例

（参见下级母题实例）

W0543.1

水果神

【汤普森】A433.4

实 例

（实例待考）

W0543.2

果神

实 例

（参见下级母题实例）

W0543.2.1

果神主管果树

实 例

壮族 果神是主管果树之神。

【流传】广西壮族自治区·（百色市）·靖西县（靖西市）

【出处】凌树东搜集整理：*《广西靖西县壮族诸神表》（1991），见吕大吉、何耀华总主编《中国各民族原始宗教资料集成》（土家族卷、瑶族卷、壮族卷、黎族卷），北京：中国社会科学出版社1998年版，第494页。

❊ W0544

作物神（庄稼神）

【汤普森】A433

实 例

侗族 （实例待考）

W0544.1

作物神的产生

实 例

（实例待考）

W0544.2

作物神的特征

实 例

（参见下级母题实例）

W0544.2.1

女作物神

实 例

（参见下级母题实例）

W0544.2.1.1

女作物神使庄稼生长

实 例

哈尼族 十二个乌摩（即管神的神或专司管理的神）中，第三个是三姐乌摩，专门管理庄稼，她生着千万只手，每只拿着一股金线，把谷穗、苞谷、荞颗绑上秆秆。

【流传】 云南省·（红河哈尼族彝族自治州）·元阳（元阳县）、红河（红河县）、金平（金平苗族瑶族傣族自治县）［采集地点：元阳县·胜村乡·全福庄］

【出处】 卢朝贵讲，史军超搜集整理：《神和人的家谱》，原载云南省民间文学集成办公室编《哈尼族神话传说集成》，中国民间文艺出版社 1990 年版，见姚宝瑄主编《中国各民族神话》（哈尼族、傣族），太原：山西出版传媒集团·书海出版社 2014 年版，第 41 页。

W0544.3

作物神的生活

实 例

（参见下级母题实例）

W0544.3.1

作物神的苏醒

实 例

（参见下级母题实例）

W0544.3.1.1

春风神一吹气，庄稼神就醒

实 例

哈尼族 春风神一吹气，庄稼神就会醒来，开始生长。

【流传】 云南省·（红河哈尼族彝族自治州）·元阳（元阳县）、红河（红河县）、金平（金平苗族瑶族傣族自治县）［采集地点：元阳县攀枝花区洞铺寨］

【出处】 朱小和讲，史军超搜集整理：《动植物的家谱》（1982），原载云南省民间文学集成办公室编《哈尼族神话传说集成》，中国民间文艺出版社 1990 年版，见姚宝瑄主编《中国各民族神话》（哈尼族、傣族），太原：山西出版传媒集团·书海出版社 2014 年版，第 147 页。

W0544.4

特定名称的作物神

实 例

（参见下级母题实例）

W0544.4.1

庄稼神稷神

实 例

（参见下级母题实例）

W0544.4.1.1

稷神是厉山氏之子柱

实 例

汉族 稷神，盖厉山氏之子柱也。柱能殖百谷，帝颛顼之世，举以为田正，天下赖其功。周弃亦播殖百谷。以稷五谷之长也，因以稷名其神也。

【流传】（无考）

【出处】［东汉］蔡邕：《独断》卷上。

W0544.5

与作物神有关的其他母题

实 例

（实例待考）

W0545

稻神（稻谷神）

【汤普森】 A433.1.1

实 例

（参见下级母题实例）

W0545.1

稻神的产生

实 例

（参见下级母题实例）

W0545.1.1

稻谷神是天神的女儿

实 例

（参见下级母题实例）

W0545.1.1.1

稻谷仙姑是天神的女儿

实 例

哈尼族 稻谷仙姑是天神十二个姑娘之一。

【流传】（a）云南省·（红河哈尼族彝族自治州）·元阳县

【出处】

（a）朱小和讲，李永万翻译，红芒等整理：《英雄玛麦的传说》，见哈尼太龙网：http：//hanitalan.yxtc.net/hnwx_mjgs_1.htm，2009.02.13。

（b）朱小和讲，李永万翻译，红芒等整理：《英雄玛麦》，载《山茶》1982

年第 2 期。

(c) 同 (b), 见谷德明编《中国少数民族神话》, 北京: 中国民间文艺出版社 1987 年版, 第 317 页。

W0545. 2
稻神的特征

实 例

(参见下级母题实例)

W0545. 2. 1
稻谷神善饮

实 例

(参见下级母题实例)

W0545. 2. 1. 1
稻谷仙姑在天神 12 个姑娘中酒量最大

实 例

哈尼族 稻谷仙姑是天神十二个姑娘当中酒量最大的一个。

【流传】(a) 云南省 · (红河哈尼族彝族自治州) · 元阳县

【出处】

(a) 朱小和讲, 李永万翻译, 红芒等整理:《英雄玛麦的传说》, 见哈尼太龙网: http://hanitalan. yxtc. net/hnwx_mjgs_1. htm, 2009. 02. 13。

(b) 朱小和讲, 李永万翻译, 红芒等整理:《英雄玛麦》, 载《山茶》1982 年第 2 期。

(c) 同 (b), 见谷德明编《中国少数民族神话》, 北京: 中国民间文艺出版社 1987 年版, 第 317 页。

W0545. 3
与稻神有关的其他母题

【关联】[W0547] 谷神

实 例

(实例待考)

W0546
五谷神

【汤普森】A433. 1

实 例

(参见下级母题实例)

W0546. 0
五谷神的产生

实 例

(参见下级母题实例)

W0546. 0. 1
取五谷种的人被封为五谷神

实 例

白族 为了纪念向观音要来五谷种的跛达, 人们又去见观音, 把跛达封为"五谷神王"。

【流传】云南省 · (大理白族自治州) · 洱源县

【出处】

(a) 少峰、李荣记录:《五谷神王》, 见李缵绪主编《白族神话传说集成》,

北京：中国民间文艺出版社 1986 年版。

(b) 同 (a)，见姚宝瑄主编《中国各民族神话》（白族、拉祜族、景颇族），太原：山西出版传媒集团·书海出版社 2014 年版，第 112 页。

W0546.0.1.1

观音把求得五谷种子的跋达封为五谷之神（五谷神跋达）

实 例

白族 人们为了纪念跋达为人们求得五谷种子的功劳，去见观音，把跋达封为“五谷之神”，并在每年农历六月二十五这天，吃新梨，尝新米，家家户户点起火把迎跋达。

【流传】云南省·大理州（大理白族自治州）

【出处】《火把节》，见大理白族自治州《白族民间故事》编辑组编《白族民间故事》，昆明：云南人民出版社 1982 年版，第 26～27 页。

W0546.0.2

封特定的人为五谷神

实 例

（参见下级母题实例）

W0546.0.2.1

女始祖密洛陀封儿子勒则勒郎为造五谷之神

实 例

瑶族（布努） 密洛陀（万物之母，女始祖，女神）感风怀孕，生的十二个男孩，其中老八勒则勒郎是造五谷之神。

【流传】广西壮族自治区·（河池市）·都安县（都安瑶族自治县）、巴马县（巴马瑶族自治县）、南丹县，（百色市）·田东县、平果县等地

【出处】桑布郎等传，蒙凤标（83 岁）、罗仁祥（73 岁）等唱：《密洛陀》（1983），见蓝怀昌、蓝书京、蒙通顺搜集翻译整理《密洛陀》，北京：中国民间文艺出版社 1988 年版，第 26 页。

W0546.0a

五谷神的体征

实 例

（实例待考）

W0546.0b

五谷神的职能

实 例

（参见下级母题实例）

W0546.0b.1

五谷神主宰粮食的丰歉

实 例

白族 五谷神主宰粮食的丰歉。

【流传】云南省·（大理白族自治州）·云龙县·（关坪乡）·关坪村

【出处】王承权等调查整理：《云龙白族祭五谷神》（1988），见吕大吉、何耀华总主编《中国各民族原始宗教资料集成》（彝族卷、白族卷、基诺族卷），北京：中国社会科学出版社1996年版，第699页。

W0546. 0c

五谷神的生活

实　例

（参见下级母题实例）

W0546. 0c. 1

五谷神穿青衣服

实　例

白族（那马）穿青衣服的五谷神是管白米饭的王子。

【流传】云南省·（怒江傈僳族自治州）·兰坪县（兰坪白族普米族自治县）·（石登乡）·拉竹河村

【出处】刘龙初调查整理：《兰坪维西那马人祭五谷神仪式》（1988），见吕大吉、何耀华总主编《中国各民族原始宗教资料集成》（彝族卷、白族卷、基诺族卷），北京：中国社会科学出版社1996年版，第701页。

W0546. 2

五谷娘娘

实　例

（参见下级母题实例）

W0546. 2. 1

世上最早出现的肉核姑娘成为五谷娘娘

【关联】［W0542. 4. 1. 1］世上最早出现的肉核小伙和肉核姑娘称为水草大王和五谷娘娘

实　例

白族　人们为了纪念肉核小伙和肉核姑娘（以前的男女首领，由太阳的肉核变成）教会人们种庄稼，在螺峰山顶盖了一座庙，塑了他们二人的像，称为水草大王和五谷娘娘。

【流传】云南省·（大理白族自治州）·鹤庆县·城郊（城郊乡）、西山区（西山一带）

【出处】朱二爷、徐元讲，章虹宇、傅光宇整理：《人类是从哪里来的》，见谷德明编《中国少数民族神话》，北京：中国民间文艺出版社1987年版，第299～302页。

W0546. 2. 2

五谷娘娘嫁鼠王

【关联】［W0455. 4. 2］鼠王主人间五谷丰收

实　例

白族　鼠王是五谷娘娘的丈夫。

【流传】云南省·（大理白族自治州）·鹤庆县

【出处】章虹宇调查整理：《鹤庆白族马鼠狗羊祭》，见吕大吉、何耀华总主编编《中国各民族原始宗教资料集成》（彝族卷、白族卷、基诺族卷），北京：中国社会科学出版社 1996 年版，第 515 页。

W0546.3

五谷长老

实 例

（参见下级母题实例）

W0546.3.1

五谷长老住天上

实 例

汉族 天上有五谷长老。

【流传】江西省·南昌市

【出处】万芳林讲，万千采录：《金毛狗下凡》，见中国民间文学集成全国编辑委员会编《中国民间故事集成》（江西卷），北京：中国 ISBN 中心 2002 年版，第 14 页。

W0546.4

五谷祖母

实 例

（参见下级母题实例）

W0546.4.1

五谷祖母萨问

实 例

侗族 萨问为五谷祖母。

【流传】（无考）

【出处】黄才贵：《女神与泛神——侗族“萨玛”文化研究》，贵阳：贵州人民出版社 2006 年版，第 228 页。

W0546.5

五谷神婆

实 例

（参见下级母题实例）

W0546.5.1

每逢农历二月二十日祭管五谷的神婆

实 例

侗族 每逢农历二月二十日，侗家杀鸡、杀鸭，烧香敬管五谷的神婆，祈求她保佑五谷丰收。

【流传】贵州省·（黔东南苗族侗族自治州）·从江县，黎平县·六洞（包括堂安寨、已伦寨、纪堂寨、登杠寨、登江寨、厦格寨、地坪寨和肇兴寨）、九洞（包括从江县的增冲寨、银潭寨、则里寨、占里寨、高阡寨、信地寨；榕江县的大利寨、宰荡寨；黎平县的登岑寨、述洞寨）一带

【出处】

(a) 吴生贤搜集，吴生贤、涛声、杨国仁整理：《四也挑歌传侗乡》，见杨通山、蒙光朝、过伟等《侗族民间故事选》，上海：上海文艺出版社 1982 年版。

(b) 同 (a)，见姚宝瑄主编《中国各民族神话》（土家族、毛南族、侗族、

瑶族），太原：山西出版传媒集团·书海出版社2014年版，第117页。

W0546.6

五谷灵娘

实 例

壮族 雷王神、龙神、水神、火神、五谷灵娘等是自然神。

【流传】 广西壮族自治区·（南宁市）·武鸣县·两江乡·雷江片，马山县·古零乡·杨圩片

【出处】 黄世杰搜集整理：*《多神信仰》（1990），见吕大吉、何耀华总主编《中国各民族原始宗教资料集成》（土家族卷、瑶族卷、壮族卷、黎族卷），北京：中国社会科学出版社1998年版，第492页。

W0546.6.1

五谷灵娘美丽善良

实 例

壮族 五谷灵娘是一位美丽善良的专管人间五谷丰歉的女神。

【流传】 广西壮族自治区·（南宁市）·武鸣县（武鸣区）西北部，马山县东部

【出处】 黄世杰搜集整理：*《五谷灵娘》（1990），见吕大吉、何耀华总主编《中国各民族原始宗教资料集成》（土家族卷、瑶族卷、壮族卷、黎族卷），北京：中国社会科学出版社1998年版，第517页。

W0546.6.2

五谷灵娘专管人间五谷丰歉

实 例

壮族 （参见“W0546.6.1 五谷灵娘美丽善良”母题实例）

W0546.7

谷神奶奶

实 例

（参见下级母题实例）

W0546.7.1

五谷神是谷神奶奶

实 例

傣族（水傣） 五谷神是谷神奶奶。

【流传】 （云南省·西双版纳傣族自治州）

【出处】 王松整理：《傣族——西双版纳的神谱》，见姚宝瑄主编《中国各民族神话》（哈尼族、傣族），太原：山西出版传媒集团·书海出版社2014年版，第233页。

W0546.7a

仙奶

实 例

（参见下级母题实例）

W0546.7a.1

仙奶是五谷管理神

实 例

壮族 农历八月十五日敬仙奶（五谷管理神）时，敬请仙奶在此圆月明亮之时下凡。

【流传】 贵州省·（黔东南苗族侗族自治州）·从江县·宰河乡、尧贵壮族乡等

【出处】 覃华儒搜集整理：*《敬奶王》（1989），见吕大吉、何耀华总主编《中国各民族原始宗教资料集成》（土家族卷、瑶族卷、壮族卷、黎族卷），北京：中国社会科学出版社1998年版，第554页。

W0546.8

其他名称的五谷神（五谷神的名号）

【关联】 ［W0462.4.5.4］青苗神又称谷神

实 例

（参见下级母题实例）

W0546.8.1

谷力五仙

实 例

（参见下级母题实例）

W0546.8.1.1

五仙城（广州）的五仙是五谷之神

实 例

汉族 晋吴修为广州刺史。来至州，有五仙人骑五色羊负五谷来，止州厅上。其后，州厅梁上图画以为瑞，号广州曰五仙城。城中坡山今有五仙观，粤人春秋祈谷，以此方谷力五仙所遗，一仙遗一谷，谷有五，故为五仙，而五仙当日复有丰年之祝，故皆称为五谷之神。

【流传】（无考）

【出处】 ［清］屈大均：《广东新语》卷六。

W0546.8.2

五谷保护神

实 例

（参见下级母题实例）

W0546.8.2.1

奶王是五谷保护神

实 例

壮族 壮家于吃新节时敬奶王，认为奶王是保护和管理五谷之神。

【流传】 贵州省·（黔东南苗族侗族自治州）·从江县·宰河乡、尧贵壮族乡等

【出处】 覃华儒搜集整理：*《敬奶

王》(1989),见吕大吉、何耀华总主编《中国各民族原始宗教资料集成》(土家族卷、瑶族卷、壮族卷、黎族卷),北京:中国社会科学出版社1998年版,第553~554页。

W0546. 8. 3
五谷神蜡八

实 例

白族 五谷者,人之司命,先王制为蜡,祭以报谷也。其神八,故曰蜡八。

【流传】云南省·(大理白族自治州)·大理(大理市)

【出处】[清·康熙]傅天祥、黄元治:《大理府志》卷十七,铅印本,1940年。

W0546. 8. 4
五土五谷之神

实 例

白族 凡乡村一百家共立一坛,以祀五土五谷之神。

【流传】云南省·(大理白族自治州·洱源县)·邓川州(邓川镇)

【出处】[明·隆武]艾自修纂,王云校勘:《重修邓川州志》卷十二,洱源县志办公室翻印,1986年。

W0546. 8. 4a
五方五谷之神

实 例

白族 五方五谷之神号:神农田主大帝,后稷稼穑大神,风雨节候大神,田公地母众神,练秀结实大神,扫除螟蝗大神,守护仓囷大神,六畜财血大神,水草伯(佰)药大神。

【流传】云南省·(大理白族自治州·洱源县)·邓川州(邓川镇)

【出处】[明·隆武]艾自修纂,王云校勘:《重修邓川州志》卷十二,洱源县志办公室翻印,1986年。

W0546. 8. 5
五谷神又称管白米饭的王

实 例

(参见下级母题实例)

W0546. 8. 5. 1
管白米饭的王是庄稼的保护神

实 例

白族(那马)五谷神,又称为“管白米饭的王”,是庄稼的保护神。

【流传】云南省·(怒江傈僳族自治州)·兰坪县(兰坪白族普米族自治县),(迪庆藏族自治州)·维西县(维西傈僳族自治县)

【出处】刘龙初调查整理:《兰坪维西那马人祭五谷神仪式》(1988),见吕大吉、何耀华总主编《中国各民族原始宗教资料集成》(彝族卷、白族卷、基诺族卷),北京:中国社会科学出版社1996年版,第700页。

W0546.8.6

五谷神即五谷太子和天光五谷神

实 例

（参见下级母题实例）

W0546.8.6.1

五谷太子和天光五谷神是父子俩

实 例

彝族（撒尼）五谷神即五谷太子和天光五谷神，是父子俩，专管五谷生长。

【流传】云南省·昆明（昆明市）·官渡区

【出处】邓立木、赵永勤：《官渡区阿拉乡彝族宗教调查》，见吕大吉、何耀华总主编《中国各民族原始宗教资料集成》（彝族卷、白族卷、基诺族卷），北京：中国社会科学出版社1996年版，第126页。

W0546.8.6.2

五谷太子是民间12神之一

实 例

彝族（撒尼）当地民间信奉的各种神祇的偶像：土主、山神、五谷神、五谷太子、牛王、马祖、财神、送子娘娘、龙王、虫王、路神、桥神等共12尊。

【流传】云南省·昆明（昆明市）·（寻甸回族彝族自治县·先锋乡）·恰普鲁村

【出处】＊《彝族撒尼支宗教祭司张琼1948年主祭实录》，见吕大吉、何耀华总主编《中国各民族原始宗教资料集成》（彝族卷、白族卷、基诺族卷），北京：中国社会科学出版社1996年版，第54页。

W0546.9

与五谷神有关的其他母题

【关联】

① ［W0235.1.13］地神称五谷神

② ［W0547］谷神

③ ［W0688.3.2］稷是五谷之长

④ ［W0905.4］谷魂（谷鬼）

实 例

（实例待考）

W0547

谷神

【关联】［W0905.4］谷魂（谷鬼）

实 例

（参见下级母题实例）

W0547.1

谷神的产生

实 例

（参见下级母题实例）

W0547.1.1

谷神从天而降

实 例

傣族 从天上到地下，只有雅欢毫（谷魂奶奶）是不求任何神仙，而对人和动物却有不能忽视的贡献。她不崇拜天神地祇，也不崇拜纸上写的经文。

【流传】（云南省）

【出处】

（a）崔亚兰整理：《谷魂奶奶》，见傅光宇编《傣族民间故事选》，上海：上海文艺出版社 1985 年版。

（b）同（a），见姚宝瑄主编《中国各民族神话》（哈尼族、傣族），太原：山西出版传媒集团·书海出版社 2014 年版，第 346 页。

W0547. 1. 2

特定的人被奉为谷神

实　例

水族 人们做锅新米饭到田边去敬谷神——蒿欧其（死去的取来谷种的人）。

【流传】贵州省·（毕节市）·黔西（黔西县）·大水乡

【出处】闵恩伯讲，魏绪文搜集整理：《谷神》，见谷德明编《中国少数民族神话》，北京：中国民间文艺出版社 1987 年版，第 640 页。

W0547. 1. 2. 1

为取谷种而死的人成为谷神

实　例

水族 为人取稻种的蒿欧其与黄狗死，水族人感其德，每年吃新节之日，家家户户俱上山安网，捕箐鸡、煮新米饭，携至田边以奉之，蒿欧其遂为水族之谷神。

【流传】（无考）

【出处】袁珂改编：《谷神》，原载谷德明编《中国少数民族神话选》，见袁珂《中国神话大词典》，北京：华夏出版社 2015 年版，第 540 页。

W0547. 1. 3

土地神派生谷神

实　例

锡伯族 谷神是土地神的派生神灵。

【流传】（无考）

【出处】

（a）佟克力：《锡伯族历史与文化》，乌鲁木齐：新疆人民出版社 1989 年版，第 182～183 页。

（b）《谷神》，见吕大吉、何耀华总主编《中国各民族原始宗教资料集成》（鄂伦春族卷、鄂温克族卷、赫哲族卷、达斡尔族卷、锡伯族卷、满族卷、蒙古族卷、藏族卷），北京：中国社会科学出版社 1999 年版，第 401 页。

W0547. 2

谷神的特征

实　例

（参见下级母题实例）

W0547.2.1

谷神外形是老妇人

实 例

傣族 （参见“W0547.4.5a.1 谷魂奶奶雅欢毫”母题实例）

W0547.2.2

谷神是瞎眼婆婆

实 例

阿昌族 谷稷者，相传为一瞎眼老妪，阿昌人昵呼为“瞎眼鬼”。谷稷聪明智慧，教民艺种五谷，所至之处，人皆以山鸡、鹧鸪之肉奉养之，而其地常获丰收。

【流传】（无考）

【出处】 袁珂改编：《谷稷》，原载《云南少数民族文学资料》（第一辑），见袁珂《中国神话大词典》，北京：华夏出版社 2015 年版，第 574 页。

W0547.2.3

谷神善良而崇高

实 例

傣族 傣家人一致供奉着谷神布岑塔，视他为最善良、最贴心、最崇高、最值得敬仰的神灵。

【流传】 云南省·德宏地区（德宏傣族景颇族自治州）

【出处】

（a）多永相搜集整理：《谷神布岑塔》，见李子贤编《云南少数民族神话选》，云南人民出版社 1990 年版。

（b）同（a），见姚宝瑄主编《中国各民族神话》（哈尼族、傣族），太原：山西出版传媒集团·书海出版社 2014 年版，第 353 页。

W0547.3

谷神的身份（谷神的职能）

实 例

（参见下级母题实例）

W0547.3.1

谷神是女首领

实 例

佤族 女头人司欧布是司谷物生长的女神。

【流传】 云南省·（普洱市）·西盟县（西盟佤族自治县）

【出处】 包永红等讲，高登智采录：《佤族姓氏的形成》，见中国民间文学集成全国编辑委员会编《中国民间故事集成》（云南卷），北京：中国 ISBN 中心 2003 年版，第 336 页。

W0547.3.2

谷神管谷物

【关联】［W0905.4.2.2］谷魂掌管人间和神的粮食

实 例

独龙族 谷神管理所有的谷物。

【流传】（无考）

【出处】当色·顶等讲，李子贤整理：《彭根朋上天娶媳妇》，见《云南民族民间故事选》，昆明：云南人民出版社1960年版。

W0547.3.3
谷神是主管稻谷生长及农事丰收的农事神

实 例

民族无考 谷神是主管稻谷生长及农事丰收的农事神。

【流传】（中国南方地区）

【出处】《农业神——谷神》，见乌丙安主编《中国民间神谱》，沈阳：辽宁人民出版社2007年版，第176页。

W0547.3.4
谷神是作物保护神

实 例

（参见下级母题实例）

W0547.3.4.1
谷神护卫旱地，看守水田

实 例

傣族 （参见“W0547.4.5 谷神布岑塔”母题实例）

W0547.3.5
谷神是丰收神

实 例

傣族 有谷神布岑塔护佑，粮食就丰收。

【流传】云南省·德宏地区（德宏傣族景颇族自治州）

【出处】

（a）多永相搜集整理：《谷神布岑塔》，见李子贤编《云南少数民族神话选》，云南人民出版社1990年版。

（b）同（a），见姚宝瑄主编《中国各民族神话》（哈尼族、傣族），太原：山西出版传媒集团·书海出版社2014年版，第353页。

W0547.3.6
谷神的地位高

实 例

傣族 布岑塔（谷神）昂着头、挺着胸、瞪着眼，威武地挥起手臂在空中画了个圈。那些身披袈裟跪在召苏楠（佛祖师爷）面前的徒子徒孙和神仙们，与他相比，显得那么矮小，活像些猴子趴在大象旁边。

【流传】云南省·德宏地区（德宏傣族景颇族自治州）

【出处】

（a）多永相搜集整理：《谷神布岑塔》，见李子贤编《云南少数民族神话选》，云南人民出版社1990年版。

（b）同（a），见姚宝瑄主编《中国各民族神话》（哈尼族、傣族），太原：山西出版传媒集团·书海出版社2014年版，第349页。

W0547.3.6.1

谷神不用拜佛

实 例

傣族 召苏楠（人名）成佛时，在菩提树下静坐，接受八方神仙、弟子的顶礼膜拜。只有一个粗实、高大、苍黑的神不跪拜，直挺挺站着看热闹。他就是布岑塔（谷神）。

【流传】 云南省·德宏地区（德宏傣族景颇族自治州）

【出处】

(a) 多永相搜集整理：《谷神布岑塔》，见李子贤编《云南少数民族神话选》，云南人民出版社1990年版。

(b) 同（a），见姚宝瑄主编《中国各民族神话》（哈尼族、傣族），太原：山西出版传媒集团·书海出版社2014年版，第349页。

W0547.3.6.2

谷魂奶奶不求任何神仙

实 例

傣族 雅欢毫（谷魂奶奶）是唯一的不求任何神仙而对世间有不可忽视的贡献的神。

【流传】（云南省）

【出处】

(a) 崔亚兰整理：《谷魂奶奶》，见傅光宇编《傣族民间故事选》，上海：上海文艺出版社1985年版。

(b) 同（a），见姚宝瑄主编《中国各民族神话》（哈尼族、傣族），太原：山西出版传媒集团·书海出版社2014年版，第347页。

W0547.4

谷神的名称

实 例

（参见下级母题实例）

W0547.4.1

谷神又称五谷神

实 例

锡伯族 谷神亦称“五谷之神”。

【流传】（无考）

【出处】

(a) 佟克力：《锡伯族历史与文化》，乌鲁木齐：新疆人民出版社1989年版，第182~183页。

(b) 《谷神》，见吕大吉、何耀华总主编《中国各民族原始宗教资料集成》（鄂伦春族卷、鄂温克族卷、赫哲族卷、达斡尔族卷、锡伯族卷、满族卷、蒙古族卷、藏族卷），北京：中国社会科学出版社1999年版，第401页。

W0547.4.2

谷神蒿欧其

实 例

水族 人们做锅新米饭到田边去敬谷神——蒿欧其。

【流传】贵州省·（毕节市）·黔西（黔西县）·大水乡

【出处】闵恩伯讲，魏绪文搜集整理：《谷神》，见谷德明编《中国少数民族神话》，北京：中国民间文艺出版社1987年版，第640页。

水族 蒿欧其被水族奉为谷神。

【流传】（无考）

【出处】袁珂改编：《谷神》，原载谷德明编《中国少数民族神话选》，见袁珂《中国神话大词典》，北京：华夏出版社2015年版，第540页。

W0547. 4. 3

谷神哲库恩杜里（哲库厄真）

实 例

锡伯族 锡伯族的谷神叫“哲库恩杜里”或“哲库厄真”。

【流传】（无考）

【出处】

（a）佟克力：《锡伯族历史与文化》，乌鲁木齐：新疆人民出版社1989年版，第182～183页。

（b）《谷神》，见吕大吉、何耀华总主编《中国各民族原始宗教资料集成》（鄂伦春族卷、鄂温克族卷、赫哲族卷、达斡尔族卷、锡伯族卷、满族卷、蒙古族卷、藏族卷），北京：中国社会科学出版社1999年版，第401页。

W0547. 4. 4

谷子娘娘

实 例

壮族 每逢栽秧和结束栽秧这天，壮家就要杀鸡宰鹅，把天上的谷子娘娘（谷神）接下凡来。

【流传】（云南省·文山壮族苗族自治州）

【出处】黄懿陆搜集整理：*《谷神》（1990），见吕大吉、何耀华总主编《中国各民族原始宗教资料集成》（土家族卷、瑶族卷、壮族卷、黎族卷），北京：中国社会科学出版社1998年版，第517页。

W0547. 4. 5

谷神布岑塔

实 例

傣族 谷神布岑塔护卫旱地，看守水田，成了粮食作物的精灵和保护神。

【流传】云南省·德宏地区（德宏傣族景颇族自治州）

【出处】

（a）多永相搜集整理：《谷神布岑塔》，见李子贤编《云南少数民族神话选》，云南人民出版社1990年版。

（b）同（a），见姚宝瑄主编《中国各民族神话》（哈尼族、傣族），太原：山西出版传媒集团·书海出版社2014年版，第353页。

W0547.4.5a
谷魂奶奶

实 例

（参见下级母题实例）

W0547.4.5a.1
谷魂奶奶雅欢亳

实 例

傣族 雅欢亳（谷魂奶奶）地上的人和一切动物都离不开我。我比一切天神地祇都要伟大。

【流传】（云南省）

【出处】

(a) 崔亚兰整理：《谷魂奶奶》，见傅光宇编《傣族民间故事选》，上海：上海文艺出版社 1985 年版。

(b) 同 (a)，见姚宝瑄主编《中国各民族神话》（哈尼族、傣族），太原：山西出版传媒集团·书海出版社 2014 年版，第 346 页。

W0547.4.5a.2
谷魂奶奶自为自立

实 例

傣族 从天上到地下，只有雅欢亳（谷魂奶奶）是不求任何神仙，而对人和动物却有不能忽视的贡献。她不崇拜天神地祇，也不崇拜纸上写的经文。

【流传】（云南省）

【出处】

(a) 崔亚兰整理：《谷魂奶奶》，见傅光宇编《傣族民间故事选》，上海：上海文艺出版社 1985 年版。

(b) 同 (a)，见姚宝瑄主编《中国各民族神话》（哈尼族、傣族），太原：山西出版传媒集团·书海出版社 2014 年版，第 346 页。

W0547.5
谷神的生活

实 例

（参见下级母题实例）

W0547.5.1
谷神居树上

实 例

傣族 谷神布岑塔时而隐蔽在村边田头的大青树上，时而又置身夜蒿树、茭瓜丛里。

【流传】云南省·德宏地区（德宏傣族景颇族自治州）

【出处】

(a) 多永相搜集整理：《谷神布岑塔》，见李子贤编《云南少数民族神话选》，云南人民出版社 1990 年版。

(b) 同 (a)，见姚宝瑄主编《中国各民族神话》（哈尼族、傣族），太原：山西出版传媒集团·书海出版社 2014 年版，第 353 页。

W0547.6

与谷神有关的其他母题

【关联】

① ［W0546］五谷神

② ［W0905.4］谷魂（谷鬼）

实 例

（参见下级母题实例）

W0547.6.1

青稞神代表谷神

实 例

羌族 羌民以青稞神代表谷神。向神求青稞种为祭山会的重要祭祀活动。

【流传】四川省·（阿坝藏族羌族自治州）·茂县·三龙乡

【出处】

（a）《羌族的祭山会》（1983.05），原载钱安靖《羌族宗教习俗调查资料》，见羌族社会历史调查四川省编写组编《羌族社会历史调查》，成都：四川省社会科学院出版社 1986 年版。

（b）同（a），见吕大吉、何耀华总主编《中国各民族原始宗教资料集成》（纳西族卷、羌族卷、独龙族卷、傈僳族卷、怒族卷），北京：中国社会科学出版社 2000 年版，第 552 页。

W0548

其他作物神

【关联】［W0436.2］管作物神

实 例

（参见下级母题实例）

W0548.1

米神

实 例

汉族 （实例待考）

W0548.2

麦神

实 例

汉族 （实例待考）

W0548.2.1

麦神是五谷神的女儿

实 例

畲族 麦神是五谷神的女儿。

【流传】浙江省·丽水（丽水市）

【出处】罗尔东等整理：《麦神》，见中华民族故事大系编委会编《中华民族故事大系》第 8 卷（畲族、高山族、拉祜族），上海：上海文艺出版社 1995 年版，第 89 页。

W0548.2.2

麦神主小麦丰歉

实 例

彝族 玉麦神、荞神主该种作物的丰歉。

【流传】云南省·（普洱市）·景东县（景东彝族自治县）

【出处】吕大吉、何耀华总主编：《中国各民族原始宗教资料集成》（彝族卷、白族卷、基诺族卷），北京：中国社会科学出版社1996年版，第30页。

W0548.3
青稞神

实 例

（参见下级母题实例）

W0548.3.1
青稞神日克启

实 例

羌族 青稞神日克启。

【流传】四川省·（阿坝藏族羌族自治州）·汶川县

【出处】周毓华：《羌族原始宗教经典及神灵系统调整》，载《西藏民族学院学报》2010年第3期。

W0548.4
豆神

实 例

（实例待考）

W0548.5
玉米神（玉麦神）

实 例

（参见下级母题实例）

W0548.5.1
玉麦神主玉麦的丰歉

实 例

彝族 当地彝族认为玉麦神、荞神主该种作物的丰歉。

【流传】云南省·（普洱市）·景东县（景东彝族自治县）

【出处】何耀华：《彝族的自然崇拜及其特点》，载《思想战线》1982年第6期。

W0548.6
荞神

实 例

彝族 （参见“W0548.5.1 玉麦神主玉麦的丰歉”母题实例）

W0548.6.1
荞神能保佑人畜平安

实 例

傈僳族 傈僳族主要的食粮是苦荞，认为苦荞是神最先送给人类的粮食，又能保佑人畜平安，因而受到祭祀。

【流传】云南省·（楚雄彝族自治州）·武定县、元谋地区（元谋县）

【出处】张桥贵调查整理：《武定、元谋地区的祭鬼》（1988），见吕大吉、何耀华总主编《中国各民族原始宗教资料集成》（纳西族卷、羌族卷、独龙族卷、傈僳族卷、怒族卷），北京：

中国社会科学出版社 2000 年版，第 741 页。

W0548. 6. 2

荞王天地爷

实 例

（参见下级母题实例）

W0548. 6. 2. 1

六月六祭祀荞王天地爷

实 例

彝族（密且） 六月初六，祭祀荞王天地爷。

【流传】 云南省·（昆明市）·富民县

【出处】 高立士：《密且人的原始宗教》，载《思想战线》1989 年第 1 期。

W0549

与作物神有关的其他母题

【关联】 ［W0405. 7. 2］水王管地上的粮棉

实 例

（参见下级母题实例）

W0549. 1

种子神（籽种神）

实 例

（参见下级母题实例）

W0549. 1. 1

籽种神姐玛

实 例

哈尼族 第二代男神王烟沙大神又传出新的家谱。他生下第二代男神沙拉后，又生下了九位大神，其中有风神米沙、雨神即比、雷神阿惹、土神达俄、籽种神姐玛。

【流传】 云南省·（红河哈尼族彝族自治州）·元阳（元阳县）、红河（红河县）、金平（金平苗族瑶族傣族自治县）［采集于元阳县·胜村乡·全福庄］

【出处】 卢朝贵讲，史军超搜集整理：《神和人的家谱》，原载云南省民间文学集成办公室编《哈尼族神话传说集成》，中国民间文艺出版社 1990 年版，见姚宝瑄主编《中国各民族神话》（哈尼族、傣族），太原：山西出版传媒集团·书海出版社 2014 年版，第 40 页。

W0549. 1. 1. 1

第二代神王烟沙生籽种神（姐玛）

实 例

哈尼族 第二代神王烟沙生下籽种神（姐玛）。

【流传】 云南省·（红河哈尼族彝族自治州）·元阳县

【出处】

（a）朱小和讲，史军超等采录：《神的

古今》，见中国民间文学集成全国编辑委员会编《中国民间故事集成》（云南卷），北京：中国 ISBN 中心 2003 年版，第 19 页。

（b）卢朝贵讲，史军超采录：《神和人的家谱》，见中国民间文学集成全国编辑委员会编《中国民间故事集成》（云南卷），北京：中国 ISBN 中心 2003 年版，第 23 页。

W0549.2

管庄稼的神仙

实 例

汉族 管庄稼的神仙装扮成一个要饭花子。

【流传】天津市·汉沽区

【出处】王只福讲，王力行采录：《黄狗替人求粮》，见中国民间文学集成全国编辑委员会编《中国民间故事集成》（天津卷），北京：中国 ISBN 中心 2004 年版，第 9 页。

W0549.3

风伯、雨师、云师主管人间谷物的生长

实 例

朝鲜族 天帝的小儿子桓雄下凡到太白山，成为此地的天王。他派风伯、雨师、云师主管人间谷物的生长和人们的生老病死，以及人间事情。

【流传】（无考）

【出处】《坛君神话》，见李政文译《坛君神话》，见谷德明编《中国少数民族神话》，北京：中国民间文艺出版社 1987 年版，第 19～21 页。

W0549.4

水田天地老爷

【关联】［W0236.5.4］田神

实 例

（参见下级母题实例）

W0549.4.1

水田天地老爷能驱虫保丰收

实 例

彝族（密且） 祭祀水田天地老爷，驱除病虫害，确保庄稼丰收。

【流传】云南省·（昆明市）·富民县

【出处】高立士：《密且人的原始宗教》，载《思想战线》1989 年第 1 期。

W0549.5

柴禾神（柴神）

实 例

（参见下级母题实例）

W0549.5.1

柴禾神为人送柴草

实 例

纳西族 术（神）家每天支派柴禾神灵，把柴禾送到人们的火塘边供人烧饭。

【流传】云南省·（丽江市）·丽江县（古城区、玉龙纳西族自治县）

【出处】木丽春采集整理：《柴禾的故事》，见木丽春编著《纳西族民间故事集》，昆明：云南人民出版社 2007 年版，第 119 页。

0. 5. 3 无生命物神【W0550 ~ W0599】

W0550

仓库神

【关联】［W1735. 4］北斗星是仓库神

实 例

（参见下级母题实例）

W0550. 1

仓库神的产生

实 例

（参见下级母题实例）

W0550. 1. 1

一个升到天上的妇女成为仓库神

实 例

鄂伦春族 升到天上的妇女奉为主管仓房的神。

【流传】（无考）

【出处】《“奥伦”神的传说》，见《中国各民族宗教与神话大词典》编审委员会编《中国各民族宗教与神话大词典》，北京：学苑出版社 1990 年版，第131 ~ 132 页。

W0550. 1. 1. 1

与仓库一起升到天上的妇女成为保护仓库的女神

实 例

鄂伦春族 一善良的媳妇被丈夫追赶时乘欧伦（库房）升天，成为管仓库的神。

【流传】内蒙古自治区·呼伦贝尔（呼伦贝尔市）

【出处】

（a）旃诛枚等讲：《欧伦神的传说》，见陶阳、钟秀编《中国神话》，上海：上海文艺出版社 1996 年版，第 380 页。

（b）旃诛枚讲：《欧伦神的传说》，见满都呼主编《中国阿尔泰语系诸民族神话故事》，北京：民族出版社 1997 年版，第 321 页。

鄂伦春族 北斗星是欧伦（鄂伦春语，库房）变成的。同欧伦一起升天的女人，后来也就成了保护仓库的女神，受到鄂伦春人的祭祀。

【流传】内蒙古自治区·呼伦贝尔市·鄂伦春族自治旗

【出处】旃诛枚讲：《欧伦神的传说》，见姚宝瑄主编《中国各民族神话》（达斡尔族、鄂伦春族、鄂温克族、蒙古族），太原：山西出版传媒集团、书海出版社 2014 年版，第 31 页。

W0550.2
仓库神的特征（仓神的身份）

实　例

（参见下级母题实例）

W0550.2.1
女仓神

实　例

（参见下级母题实例）

W0550.2.1.1
司掌仓库的“奥伦”神都是女性神

实　例

鄂伦春族 司掌仓库的“奥伦”神都是女性神。

【流传】（无考）

【出处】 郭淑云：《鄂伦春族卷·绪论》，见吕大吉、何耀华总主编《中国各民族原始宗教资料集成》（鄂伦春族卷、鄂温克族卷、赫哲族卷、达斡尔族卷、锡伯族卷、满族卷、蒙古族卷、藏族卷），北京：中国社会科学出版社 1999 年版，第 11 页。

W0550.2.1.2
女神奥轮是保护仓库的神

实　例

鄂伦春族 凡所奉祀之神，鄂伦春语均曰“博如坎”。为其保护仓库，故奉祀此一女神奥轮。

【流传】（无考）

【出处】 袁珂改编：《北斗星》，原载毛星主编《中国少数民族文学》（中册），见袁珂《中国神话大词典》，北京：华夏出版社 2015 年版，第 592 页。

W0550.2.1.3
家庭主妇主祭女仓神

实　例

羌族 “昼确士”（仓神），女神，本为羌神，由家庭主妇主祭。

【流传】 四川省·（阿坝藏族羌族自治州）·汶川县·绵池乡·簇头、沟头等寨

【出处】

（a）王治国、王升明等提供：《绵池乡簇头、沟头寨的白石崇拜》（1983.11），原载钱安靖《羌族宗教习俗调查资料》，见羌族社会历史调查四川省编写组编《羌族社会历史调查》，成都：四川省社会科学院出版社 1985 年版。

（b）同（a），见吕大吉、何耀华总主编《中国各民族原始宗教资料集成》（纳西族卷、羌族卷、独龙族卷、傈僳族卷、怒族卷），北京：中国社会科学出版社 2000 年版，第 474 页。

W0550.2.2
仓神是仓储业祖师神

实　例

汉族 仓储业所奉祖师神为仓神。

【流传】(无考)

【出处】《仓储业神——仓神》，见乌丙安主编《中国民间神谱》，沈阳：辽宁人民出版社 2007 年版，第 184 页。

W0550. 3

与仓库神有关的其他母题

实 例

(参见下级母题实例)

W0550. 3. 1

粮仓神

实 例

鄂伦春族 (参见“W0550. 1. 1 一个升到天上的妇女成为仓库神”母题实例)

W0550. 3. 2

仓王神

实 例

汉族 有熊国都西北四十五里，有个仓王村(在今新密市境)。仓王村里有个仓王庙，庙里敬着仓王神。

【流传】河南省·(郑州市)·新密市

【出处】高力升、李高强采录整理：《仓王》，见张振犁编著，孟宪明、朱淑君统纂《中原神话通鉴》(第二卷)，郑州：河南大学出版社 2017 年版，第 718 页。

W0550. 3. 3

特定名称的仓神

实 例

(参见下级母题实例)

W0550. 3. 3. 1

仓神萧何

实 例

汉族 汉相萧何曾督送粮饷，被奉为仓神。

【流传】(中国南方地区)

【出处】《仓储业神——仓神》，见乌丙安主编《中国民间神谱》，沈阳：辽宁人民出版社 2007 年版，第 184 页。

W0550. 3. 3. 2

仓神韩信

实 例

(参见下级母题实例)

W0550. 3. 3. 2. 1

仓神韩信俗称韩王爷

实 例

汉族 多数地区所祀仓神是西汉开国元勋韩信，俗称“韩王爷”。

【流传】(无考)

【出处】《仓储业神——仓神》，见乌丙安主编《中国民间神谱》，沈阳：辽宁人民出版社 2007 年版，第 184 页。

W0550.3.3.3
库房神欧伦

【关联】[W0550.2.1.2] 女神奥轮是保护仓库的神

实 例

鄂伦春族 鄂伦春人就把北斗星叫做“欧伦布日坎”，即欧伦（库房）神。

【流传】内蒙古自治区·呼伦贝尔盟（呼伦贝尔市）·鄂伦春族自治县（鄂伦春自治旗）

【出处】旃诛梅讲：《欧伦神的传说》，原载巴图宝音搜集整理《鄂伦春族民间故事集》，见陶阳、钟秀编《中国神话》（上），北京：商务印书馆2008年版，第246～247页。

W0550.3.4
祭仓神

实 例

（参见下级母题实例）

W0550.3.4.1
还天愿或打太平保护时敬仓神五谷神

实 例

羌族 羌人还天愿或打太平保护时，敬仓神五谷神。

【流传】四川省·（阿坝藏族羌族自治州）·理县·桃坪乡·增头寨

【出处】

(a) 杨茂山（释比，64岁）唱，周巴翻译，钱安靖整理：《上坛经》(1983.10) 说明文字，见钱安靖《羌族和羌语支各居民集团宗教习俗调查报告》，四川大学宗教研究所油印本，1987年12月。

(b) 同(a)，见吕大吉、何耀华总主编《中国各民族原始宗教资料集成》（纳西族卷、羌族卷、独龙族卷、傈僳族卷、怒族卷），北京：中国社会科学出版社2000年版，第528页。

W0551
缸神

实 例

哈尼族 （实例待考）

W0552
火塘神

【关联】[W0493] 灶神

实 例

佤族 （实例待考）

哈尼族 （实例待考）

W0553
木炭神

实 例

（实例待考）

W0553.1

人变木炭神

实 例

彝族 （实例待考）

W0554

门神

【汤普森】A411.1

实 例

汉族 君释菜、礼门神。

【流传】（无考）

【出处】［春秋战国］孔子弟子等作，［西汉］戴圣编：《礼记》之《丧大记》［汉］郑玄注。

W0554.1

门神的产生（门神的来历）

实 例

（参见下级母题实例）

W0554.1.1

特定的人成为门神

实 例

汉族 （实例待考）

W0554.1.1.1

一对兄妹成为门神

实 例

（参见下级母题实例）

W0554.1.1.1.1

洪水后，天神让乱伦的一对兄妹去人间做了门神

实 例

纳西族 天神美利东阿普佩服陆和色兄妹洪水后逃生的智慧，就宽恕了他们乱伦的罪孽，让他们去人间做守门护家的门神。

【流传】云南省·（丽江市）·丽江县（原丽江纳西族自治县，今归属为丽江市古城区和玉龙纳西族自治县）

【出处】和彩云讲，木丽春采录：《门神的来历》，见中国民间文学集成全国编辑委员会编《中国民间故事集成》（云南卷），北京：中国 ISBN 中心 2003 年版，第 266 页。

纳西族 天神阿普发现乱伦的陆和色两个兄妹，没有被洪水吞没，宽恕了他们的罪孽，把兄妹俩从天庭里驱逐到人间，做人类守门护家的门神。

【流传】云南省·（丽江市）·丽江县（古城区、玉龙纳西族自治县）

【出处】木丽春采集整理：《门神来历的传说》，见木丽春编著《纳西族民间故事集》，昆明：云南人民出版社 2007 年版，第 57 页。

W0554.1.1.2

历史人物成为门神

实 例

汉族 （参见“W0554.6.10 门神赵

公明、杨延昭”母题实例）

W0554.1.2

特定的动物成为门神

实 例

（参见下级母题实例）

W0554.1.2.1

门神青龙白虎

实 例

汉族 “四象”中的青龙白虎被列为门神

【流传】（无考）

【出处】《四象》，见乌丙安主编《中国民间神谱》，沈阳：辽宁人民出版社2007年版，第263页。

W0554.2

门神的特征

实 例

（参见下级母题实例）

W0554.2.1

门神的性别

实 例

（参见下级母题实例）

W0554.2.1.1

男门神

实 例

汉族 （参见“W0554.6.1门神·神荼郁垒”母题实例）

W0554.2.1.2

女门神

实 例

汉族 （实例待考）

W0554.2.1.3

男女一对门神

实 例

纳西族 陆门神和色门神是一对下凡的兄妹。

【流传】云南省·（丽江市）·丽江县（古城区、玉龙纳西族自治县）

【出处】木丽春采集整理：《门神来历的传说》，见木丽春编著《纳西族民间故事集》，昆明：云南人民出版社2007年版，第58页。

W0554.2.2

门神的外貌

实 例

（参见下级母题实例）

W0554.2.2.1

红脸门神

实 例

布依族 茫耶到达西方神洞取五谷种时，从洞门两面跳出两个把门的洞神，其中一个是红脸，一个是黑脸。

【流传】（无考）

【出处】

（a）汛河搜集整理：《茫耶寻谷种》，见谷德明编《中国少数民族神话选》，西北民族学院研究所1983年编印，内部资料。

（b）同（a），见姚宝瑄主编《中国各民族神话》（布依族、仡佬族、苗族），太原：山西出版传媒集团·书海出版社2014年版，第43页。

W0554. 2. 2. 2

黑脸门神

实　例

布依族（参见“W0554. 2. 2. 1 红脸门神”母题实例）

W0554. 2. 3

门神的性格

实　例

（实例待考）

W0554. 3

门神的职能（门神的能力）

【关联】［W0912. 3. 1. 1］门神驱鬼

实　例

（参见下级母题实例）

W0554. 3. 0

门神守护房屋大门

实　例

壮族 门神是守护房屋大门之神。

【流传】 广西壮族自治区·（百色市）·靖西县（靖西市）

【出处】 凌树东搜集整理：*《广西靖西县壮族诸神表》（1991），见吕大吉、何耀华总主编《中国各民族原始宗教资料集成》（土家族卷、瑶族卷、壮族卷、黎族卷），北京：中国社会科学出版社1998年版，第495页。

W0554. 3. 0a

门神主出入，护门庭

实　例

彝族（撒尼） 门神主出入，守护门庭有功，它以威武的形状恐吓邪魔外道，防止其侵入家门。

【流传】 云南省·昆明（昆明市）

【出处】 张福整理：《撒尼支彝族的祭财门》，见吕大吉、何耀华总主编《中国各民族原始宗教资料集成》（彝族卷、白族卷、基诺族卷），北京：中国社会科学出版社1996年版，第343页。

W0554. 3. 1

门神拒鬼于门外（门神拒妖魔于门外，门神能驱魔）

实　例

达斡尔族（实例待考）

锡伯族 门神（锡伯族称“杜卡依恩杜里”）是象征保家卫乡、拦魔驱鬼的神灵。

【流传】（无考）

【出处】

(a) 佟克力：《锡伯族历史与文化》，乌鲁木齐：新疆人民出版社 1989 年版，第 186 页。

(b)《门神、路神和山神》，见吕大吉、何耀华总主编《中国各民族原始宗教资料集成》（鄂伦春族卷、鄂温克族卷、赫哲族卷、达斡尔族卷、锡伯族卷、满族卷、蒙古族卷、藏族卷），北京：中国社会科学出版社 1999 年版，第 399 页。

W0554.3.1.1

门神把善的都放进屋里，把鬼、妖和恶的拒在门外

实 例

纳西族 门神把善的都放进屋里，把鬼、妖和恶的拒在门外。

【流传】云南省·（丽江市）·丽江县（原丽江纳西族自治县，今归属为丽江市古城区和玉龙纳西族自治县）

【出处】和彩云讲，木丽春采录：《门神的来历》，见中国民间文学集成全国编辑委员会编《中国民间故事集成》（云南卷），北京：中国 ISBN 中心 2003 年版，第 266 页。

W0554.3.2

门神帮人分辨事情

实 例

（参见下级母题实例）

W0554.3.2.1

门神帮助人们分清黑白、阴阳、人鬼、神妖、善恶

实 例

纳西族 门神帮助人们分清黑白、阴阳、人鬼、神妖、善恶。

【流传】云南省·（丽江市）·丽江县（原丽江纳西族自治县，今归属为丽江市古城区和玉龙纳西族自治县）

【出处】和彩云讲，木丽春采录：《门神的来历》，见中国民间文学集成全国编辑委员会编《中国民间故事集成》（云南卷），北京：中国 ISBN 中心 2003 年版，第 266 页。

W0554.3.3

门神保家卫乡

实 例

锡伯族 门神是象征保家卫乡、拦魔驱鬼的神灵。

【流传】（无考）

【出处】

(a) 佟克力：《锡伯族历史与文化》，乌鲁木齐：新疆人民出版社 1989 年版，第 186 页。

(b)《门神、路神和山神》，见吕大吉、何耀华总主编《中国各民族原始宗教资料集成》（鄂伦春族卷、鄂温克族卷、赫哲族卷、达斡尔族卷、锡伯族卷、满族卷、蒙古族卷、藏族卷），

北京：中国社会科学出版社 1999 年版，第 399 页。

W0554. 3. 3. 1

门神守卫庭院

实 例

蒙古族 守卫庭院的门神，夜间巡行的差役，速速来赴宴席。

【流传】（无考）

【出处】乌兰杰：《蒙古族古代音乐舞蹈初探》，呼和浩特：内蒙古人民出版社 1985 年版，第 143～144 页。

W0554. 3. 4

守神门的神

实 例

（参见下级母题实例）

W0554. 3. 4. 1

守神门的神涅约西一

实 例

羌族 守神门的神涅约西一。

【流传】四川省·（阿坝藏族羌族自治州）·汶川县·雁门乡·索桥村·小寨子组

【出处】周毓华：《羌族原始宗教经典及神灵系统调整》，载《西藏民族学院学报》2010 年第 3 期。

W0554. 3. 5

守山的门神

实 例

（参见下级母题实例）

W0554. 3. 5. 1

神山果洛山有六位山的门神

实 例

藏族 神山果洛山共有六位山的“门神”。其中，正面左侧门神叫那耶尕吾（白色神牛之意）；右侧门神叫加什达玛吾（红色神虎之意）；东面山关门神叫拉翁托洛；南面山关门神叫克采囊谦，西面山关门神叫扎衣赛查；北面山关门神叫帕隆知玉，均是以其山势的形态而得名。

【流传】青海省·果洛藏族自治州

【出处】《果洛藏族自治州概况》，青海人民出版社 1985 年版，见吕大吉、何耀华总主编《中国各民族原始宗教资料集成》（鄂伦春族卷、鄂温克族卷、赫哲族卷、达斡尔族卷、锡伯族卷、满族卷、蒙古族卷、藏族卷），北京：中国社会科学出版社 1999 年版，第 796 页。

W0554. 4

门神的工具（门神的家伙，门神的武器）

实 例

（参见下级母题实例）

W0554.4.1

门神拿斧

实 例

（参见下级母题实例）

W0554.4.1.1

红脸门神手拿两把大斧头

实 例

布依族 茫耶（人名）到达西方神洞取五谷种时，从洞门两面跳出两个把门的洞神，其中，一个是红脸，手拿两把大斧头；考一个黑脸门神手拿大刀。

【流传】（无考）

【出处】

(a) 汛河搜集整理：《茫耶寻谷种》，见谷德明编《中国少数民族神话选》，西北民族学院研究所 1983 年编印，内部资料。

(b) 同（a），见姚宝瑄主编《中国各民族神话》（布依族、仡佬族、苗族），太原：山西出版传媒集团·书海出版社 2014 年版，第 43 页。

W0554.4.2

门神拿刀

实 例

（参见下级母题实例）

W0554.4.2.1

黑脸门神拿大刀

实 例

布依族 （参见“W0554.4.1.1 红脸门神手拿两把大斧头”母题实例）

W0554.4.3

门神拿枪（门神拿戈）

实 例

汉族 门神皆甲胄执戈，悬弧佩剑，或谓为神荼、郁垒，或谓为秦琼、敬德，其实皆非也。但谓之门神可矣。夫门为五祀之首，并非邪神，都人神之而不祀之，失其旨矣。

【流传】（无考）

【出处】 富察敦崇：《燕京岁时记》，北京：北京出版社 1961 年版。

W0554.4.4

门神拿锤

实 例

汉族 武将门神通常贴在临街的大门上，为了镇住恶魔或灾星从大门外进入，故所供的门神多手持兵器。如：“刀枪剑戟、斧钺钩叉、鞭锏锤爪、镗棍槊棒、拐子、流星”等。

【流传】（无考）

【出处】《门神》，见 https：//baike. baidu. com。

W0554.4.5

门神拿棍

实 例

汉族 （参见“W0554.4.4 门神拿锤”母题实例）

W0554.4.6

门神拿其他武器

实 例

（实例待考）

W0554.4.7

门神的搭配物

实 例

（参见下级母题实例）

W0554.4.7.1

门神的陪伴物有爵、鹿、蝠、喜、马、宝、瓶、鞍等吉祥物

实 例

汉族 门神年画中多配有爵、鹿、蝠、喜、马、宝、瓶、鞍等吉祥物品，此八物各取谐音为爵位、荣禄、幸福、喜庆、驿马、驰报、平安，以求“爵禄福喜，马报平安”之吉祥瑞意。

【流传】（无考）

【出处】《门神》，见乌丙安主编《中国民间神谱》，沈阳：辽宁人民出版社2007年版，第81页。

W0554.4.8

门神手拿尺子

实 例

（参见下级母题实例）

W0554.4.8.1

门神拿着两把大角尺

实 例

苗族 门神拿着两把大角尺，牢牢拦住大门口。

【流传】 原文无流传地，据文本及注释推测该神话流传于贵州省·黔东南苗族侗族自治州·凯里市、台江县等地。

【出处】 张启庭、张荣光、张正玉、张启德演唱，张明搜集，燕宝整理译注：《创造宇宙·运金运银》，见贵州省少数民族古籍整理出版规划小组办公室编，燕宝整理译注《苗族古歌》，贵阳：贵州民族出版社1993年版，第151页。

W0554.5

门神的类型

实 例

（参见下级母题实例）

W0554.5.1

文门神

实 例

（参见下级母题实例）

W0554.5.1.1

文门神状元、仙童

实 例

汉族 一些文门神有状元、仙童、刘海、喜神、和合二仙、招财童子、五子门神，加官进禄门神等。

【流传】（无考）

【出处】《门神》，见乌丙安主编《中国民间神谱》，沈阳：辽宁人民出版社2007年版，第81页。

W0554.5.1.2

文门神刘海、喜神、和合二仙、招财童子、五子门神

实 例

汉族 （参见“W0554.5.1.1 文门神状元、仙童”母题实例）

W0554.5.1.3

文门神加官进禄门神等

实 例

汉族 （参见“W0554.5.1.1 文门神状元、仙童”母题实例）

W0554.5.2

武门神

实 例

（参见下级母题实例）

W0554.5.3

守神门的神

实 例

羌族 （实例待考）

W0554.5.3.1

守庙门的神

实 例

（实例待考）

W0554.5.3.2

守家门的神

实 例

（实例待考）

W0554.5.4

左右门神

实 例

（参见下级母题实例）

W0554.5.4.1

左门神陆加士

实 例

羌族 “陆加士”（NuNga sei），左门神，其职司负责赶鬼出门，并将鬼拒之门外。

【流传】四川省·（阿坝藏族羌族自治州）·汶川县·龙溪乡·龙溪寨

【出处】

(a) ［美］格莱汉撰，钱谦译：《羌族习俗》，载《宗教学研究》1988 年第 1 期。

(b) 同（a），＊《龙溪乡龙溪寨的白石崇拜》，见吕大吉、何耀华总主编《中国各民族原始宗教资料集成》（纳西族卷、羌族卷、独龙族卷、傈僳族卷、怒族卷），北京：中国社会科学出版社 2000 年版，第 473 页。

W0554. 5. 4. 2

右门神独迪士

实 例

羌族 “独迪士”（DoDzei sei），右门神，负责赶鬼出门，并将鬼拒之门外。

【流传】 四川省·（阿坝藏族羌族自治州）·汶川县·龙溪乡·龙溪寨

【出处】

(a) ［美］格莱汉撰，钱谦译：《羌族习俗》，载《宗教学研究》1988 年第 1 期。

(b) 同（a），＊《龙溪乡龙溪寨的白石崇拜》，见吕大吉、何耀华总主编《中国各民族原始宗教资料集成》（纳西族卷、羌族卷、独龙族卷、傈僳族卷、怒族卷），北京：中国社会科学出版社 2000 年版，第 473 页。

W0554. 5. 4. 3

左门神陆神，右门神色神

实 例

纳西族 洪水后繁衍人类的兄妹俩，陆神（司巴孔姆）和色神（司巴吉姆）的灵魂永远不会死。后来，人类的子孙后代，把托付着陆和色灵魂的石头虔诚地抱到门口两旁竖立起来，变成了纳西族的门神，左边的石头叫陆神（陆鲁意陆石），右边的石头叫色神（色鲁意色石）。

【流传】 云南省·（丽江市）·丽江县（古城区、玉龙纳西族自治县）

【出处】 木丽春采集整理：《“抽秽”俗礼的来历》，见木丽春编著《纳西族民间故事集》，昆明：云南人民出版社 2007 年版，第 232 页。

W0554. 5. 5

天地门神

实 例

（参见下级母题实例）

W0554. 5. 5. 1

天门神细几

实 例

（参见下级母题实例）

W0554. 5. 5. 1. 1

天门神细几可抵挡万事

实 例

羌族 羌人屋顶上敬九尊神，其中“细几”（Shgee）是天门神（万事由它抵挡）。

【流传】四川省·（阿坝藏族羌族自治州）·理县·通化乡·西山大队（西山村）

【出处】胡鉴民：《羌族的信仰与习为》，原载《边疆研究论丛》1941年，见吕大吉、何耀华总主编《中国各民族原始宗教资料集成》（纳西族卷、羌族卷、独龙族卷、傈僳族卷、怒族卷），北京：中国社会科学出版社2000年版，第475页。

W0554.6

特定名称的门神

【关联】［W0554.3.4.1］守神门的神涅约西一

实　例

（参见下级母题实例）

W0554.6.1

门神神荼、郁垒

【关联】［W0912.3.1.1.2］神荼和郁垒捉鬼

实　例

汉族 唐朝的秦叔宝、尉迟敬德代替传说中的神荼、郁垒变为门神。

【流传】浙江省·（衢州市）·开化（开化县）

【出处】《将军与门神》，见王全吉等《浙江民俗故事》，杭州：浙江文艺出版社2009年版，第4页。

汉族 岁旦绘二神贴户左右：左神茶，右郁垒，俗谓之门神。

【流传】（无考）

【出处】［宋］曾慥：《类说》卷六引《荆楚岁时记》。

W0554.6.1.1

神荼、郁垒的关系

实　例

（参见下级母题实例）

W0554.6.1.1.1

门神神荼、郁垒是两兄弟

实　例

汉族 神荼、郁垒是兄弟二人，因有治鬼之能，被黄帝派到东海把守桃都山，凡有邪神、恶鬼入山偷桃，二神便以木剑砍其颈，穿其身，故邪神、恶鬼对此二神颇为惧怕，被封为门神。

【流传】（无考）

【出处】《门神》，见乌丙安主编《中国民间神谱》，沈阳：辽宁人民出版社2007年版，第81页。

汉族 一天夜里，野王子带了好些人，都扮成鬼怪的样子，去神荼、郁垒两兄弟的桃林里偷桃，想把弟兄俩吓走。谁知道神荼弟兄俩身正不怕影子斜，不怕鬼。哥哥在前边抓，弟弟在后边捆，都把野王子和他带的那些人逮住喂了虎豹。这事儿传开以后，人们都说神荼、郁垒弟兄俩能降鬼捉鬼，说那桃枝儿也能避邪，家家都用桃木做俩板儿，上面刻上弟兄俩的名字，挂在门口，以示驱灾避邪。后来有了纸，人们又把弟兄俩的相貌画在纸上，贴在大门上。这就是门神的由来。

【流传】河南省·（南阳市）·社旗县［采录地点：社旗县文化馆］

【出处】赵光华（男，53岁，县志办干部，高中）讲，徐东采录：《门神》（1980.02），见张振犁编著，孟宪明、朱淑君统纂《中原神话通鉴》（第二卷），郑州：河南大学出版社2017年版，第648页。

W0554.6.1.1.1.1

哥哥神荼，弟弟郁垒

实 例

汉族 很早的时候，黄河边儿有座度朔山，山上有一片野桃林，桃林里住着弟兄俩，哥哥叫神荼，弟弟叫郁垒。弟兄俩的力气大哩很，连那狮子、老虎、豹子都听他们使唤。

【流传】河南省·（南阳市）·社旗县［采录地点：社旗县文化馆］

【出处】赵光华（男，53岁，县志办干部，高中）讲，徐东采录：《门神》（1980.02），见张振犁编著，孟宪明、朱淑君统纂《中原神话通鉴》（第二卷），郑州：河南大学出版社2017年版，第647页。

W0554.6.1.2

神荼、郁垒的特征

实 例

（参见下级母题实例）

W0554.6.1.2.1

神荼、郁垒面目狰狞

实 例

民族？ （参见“W0554.6.1.2.2.1 神荼体形高大，头如柳斗，鬓发倒竖，怒目圆睁，口若血盆，手持一把木剑”母题实例）

W0554.6.1.2.2

神荼的特征

实 例

（参见下级母题实例）

W0554.6.1.2.2.1

神荼体形高大，头如柳斗，鬓发倒竖，怒目圆睁，口若血盆，手持一把木剑

实 例

汉族 神荼头如柳斗，鬓发倒竖，怒目圆睁，口若血盆，个子又高又大，手持一把木剑，站在门口，监视各路神仙进入门户。他发现哪个邪仙恶神在人间做了坏事，就用木剑将他的头砍下来，扔到山谷喂毒龙。

【流传】河南省·（郑州市）·新郑市

【出处】王金岭采录整理：《门神的传说》，见张振犁编著，孟宪明、朱淑君统纂《中原神话通鉴》（第二卷），郑州：河南大学出版社2017年版，

第646页。

W0554.6.1.2.3
郁垒的特征

实 例

（参见下级母题实例）

W0554.6.1.2.3.1
郁垒个子粗矮，头如柳斗，鬓毛倒竖，怒目圆睁，口若血盆，手牵一只猛虎

实 例

汉族 郁垒个子又粗又矮，也是头如柳斗，鬓毛倒竖，怒目圆睁，口若血盆，手里拿着一根苇绳，一手牵着一只猛虎，专门监视鬼怪，发现哪个鬼怪在人间做了恶事，不容分说，就用苇绳将他们捆起来，扔给那只猛虎吃掉。

【流传】河南省·（郑州市）·新郑市

【出处】王金岭采录整理：《门神的传说》，见张振犁编著，孟宪明、朱淑君统纂《中原神话通鉴》（第二卷），郑州：河南大学出版社2017年版，第646页。

W0554.6.1.3
神荼、郁垒的职能

实 例

（参见下级母题实例）

W0554.6.1.3.1
门神神荼、郁垒能御凶鬼

实 例

汉族 东海有度索山，或曰度朔山，伪呼也。山有神荼、郁垒神，能御凶鬼，为百姓除患，制驱傩之礼以象之。

【流传】（无考）

【出处】［北宋］张君房：《云笈七签》卷一〇〇引《黄帝书》。

W0554.6.1.3.2
黄帝封神荼、郁垒为神鬼大吏，监视和统领所有神仙、鬼怪

实 例

汉族 黄帝封神荼、郁垒为神鬼大吏，监视和统领天上人间神仙、鬼怪。

【流传】河南省·（郑州市）·新郑市

【出处】王金岭采录整理：《门神的传说》，见张振犁编著，孟宪明、朱淑君统纂《中原神话通鉴》（第二卷），郑州：河南大学出版社2017年版，第646页。

W0554.6.1.3.2.1
黄帝让神荼、郁垒管鬼怪

实 例

汉族 黄帝问白泽神兽："是否有什么神或人能将这些鬼怪管起来，不再

危害百姓?”白泽神兽说:“你可让神荼、郁垒二人监管,天下方可太平。”
【流传】河南省·(郑州市)·新郑市
【出处】王金岭采录整理:《门神的传说》,见张振犁编著,孟宪明、朱淑君统纂《中原神话通鉴》(第二卷),郑州:河南大学出版社 2017 年版,第 646 页。

W0554. 6. 1. 3. 3
神荼、郁垒主阅领万鬼

实 例

汉族 《山海经》又曰:沧海之中,有度朔之山,上有大桃木,其屈蟠三千里,其枝间东北曰鬼门,万鬼所出入也。上有二神人,一曰神荼,一曰郁垒,主阅领万鬼。恶害之鬼,执以苇索而以食虎。于是黄帝乃作礼,以时驱之,立大桃人,门户画神荼、郁垒与虎,悬苇索以御凶魅。
【流传】(无考)
【出处】[东汉]王充:《论衡·订鬼》。

W0554. 6. 1. 4
与神荼、郁垒有关的其他母题

实 例

(参见下级母题实例)

W0554. 6. 1. 4. 1
门神左神荼,右郁垒

实 例

汉族 岁旦绘二神,贴户左右,左神荼,右郁垒,俗谓之门神。
【流传】(无考)
【出处】[宋]曾慥:《类说》卷六引《荆楚岁时记》。

W0554. 6. 2
门神钟馗

实 例

(参见下级母题实例)

W0554. 6. 2. 1
钟馗

【关联】[W0451. 6. 2. 3]武财神钟馗

实 例

(参见下级母题实例)

W0554. 6. 2. 1. 1
钟馗是鬼王

实 例

汉族 钟馗专门捉鬼、斩鬼、吃鬼的鬼王。
【流传】(无考)
【出处】《钟馗》,见乌丙安主编《中国民间神谱》,沈阳:辽宁人民出版社 2007 年版,第 91 页。

W0554. 6. 2. 1. 2
乔钟馗

实 例

汉族 皇祐中,金陵上元县发一冢,乃宋征西将军宗悫母郑夫人墓,夫人汉大司农郑众女也。悫有妹名钟馗。后魏有李钟馗，隋将有乔钟馗、杨钟馗。然则“钟馗”之名，从来远矣，非起于开元之时，开元之时始有此画耳。钟馗字亦作钟葵。

【流传】（无考）

【出处】［北宋］沈括：《补笔谈》卷三。

W0554.6.2.1.3

李钟馗

实 例

汉族 皇祐中，金陵上元县发一冢，乃宋征西将军宗悫母郑夫人墓，夫人汉大司农郑众女也。悫有妹名钟馗。后魏有李钟馗。

【流传】（无考）

【出处】［北宋］沈括：《补笔谈》卷三。

W0554.6.2.1.4

钟馗除妖

实 例

汉族 明皇开元，讲武骊山，还宫痁作，将逾月。忽一夕梦二鬼，一大一小。其小者衣绛犊鼻，屦一足，跣一足，窃太真紫香囊及上玉笛，绕殿而奔。其大者戴帽，衣蓝裳，袒一臂，鞹鄹双足，捉其小者，刳目而啖之。上问大者曰：“尔何人也?”奏曰：“臣钟馗氏，即武举不捷之士也，誓与陛下除天下之妖孽。”梦觉，痁若顿瘳，而体益壮。

【流传】（无考）

【出处】［北宋］沈括：《补笔谈》卷三。

W0554.6.2.1.5

钟馗吃鬼

实 例

汉族 （参见“W0554.6.2.1.4 钟馗除妖”母题实例）

W0554.6.3

门神秦琼、尉迟恭

实 例

（参见下级母题实例）

W0554.6.3.1

门神姓秦，家住上方柳家村

实 例

汉族 门神爷来本姓秦，家住上方柳家村，上方大官他不做坐，来到下方当门君。

【流传】吉林省·（吉林市）·永吉县·土城子乡·聂司马屯汉军旗

【出处】常恕春抄录：《门神》，见吉林省艺术研究所等编：《坛续与神本》，内部编印，1985，第148页。

W0554.6.3.2

秦琼和尉迟恭是唐朝开国功臣

实 例

汉族 唐代时的门神由两位著名的武将，即秦琼和尉迟恭。二人是唐朝开国功臣，相传曾为唐太宗守夜而奉为门神。

【流传】（无考）

【出处】《门神》，见乌丙安主编《中国民间神谱》，沈阳：辽宁人民出版社2007年版，第81页。

W0554. 6. 3. 3

秦琼和尉迟恭曾为唐太宗守夜而奉为门神

实 例

汉族 （参见“W0554. 6. 3. 2 秦琼和尉迟恭是唐朝开国功臣”母题实例）

W0554. 6. 3a

门神秦叔宝胡敬德

实 例

（参见下级母题实例）

W0554. 6. 3a. 1

唐太宗寝门卫士秦叔宝胡敬德成为门神

实 例

汉族 唐太宗寝门外抛砖弄瓦、鬼魅呼号，太宗以告群臣。秦叔宝出班奏曰：“愿同胡敬德戎装立门外以伺。”太宗可其奏，夜果无警。因命画工图二人之像，悬于宫掖之左右门，邪祟以息。后世沿袭，遂永为门神。

【流传】（无考）

【出处】［明］撰者不详：《三教源流搜神大全》，［清］叶德辉本卷七。

W0554. 6. 4

门神赵云、马超

实 例

（参见下级母题实例）

W0554. 6. 4. 1

河南一带门神多为赵云、马超神

实 例

汉族 明清之后，河南一带门神多为赵云、马超神。

【流传】（河南省）

【出处】《门神》，见乌丙安主编《中国民间神谱》，沈阳：辽宁人民出版社2007年版，第81页。

W0554. 6. 5

门神孙膑、庞涓

实 例

（参见下级母题实例）

W0554. 6. 5. 1

陕西一带门神孙膑、庞涓

实 例

汉族 明清之后，陕西一带的门神多为孙膑、庞涓或黄三太、杨香武。

【流传】（无考）

【出处】《门神》，见乌丙安主编《中国民间神谱》，沈阳：辽宁人民出版社2007年版，第81页。

W0554.6.6
门神黄三太、杨香武

实 例

（参见下级母题实例）

W0554.6.6.1
陕西一带门神黄三太、杨香武

实 例

汉族 （参见“W0554.6.5.1 陕西一带门神孙膑、庞涓”母题实例）

W0554.6.7
门神孟良、焦赞

实 例

（参见下级母题实例）

W0554.6.7.1
汉中一带门神孟良、焦赞

实 例

汉族 明清之后，汉中一带多为孟良、焦赞。

【流传】（无考）

【出处】《门神》，见乌丙安主编《中国民间神谱》，沈阳：辽宁人民出版社2007年版，第81页。

W0554.6.8
门神马超、马岱

实 例

（参见下级母题实例）

W0554.6.8.1
河北一带门神马超、马岱

实 例

汉族 明清之后，河北一带的门神多为马超、马岱或薛仁贵、盖苏文。

【流传】（无考）

【出处】《门神》，见乌丙安主编《中国民间神谱》，沈阳：辽宁人民出版社2007年版，第81页。

W0554.6.9
门神薛仁贵、盖苏文

实 例

（参见下级母题实例）

W0554.6.9.1
河北一带门神薛仁贵、盖苏文

实 例

汉族 （参见“W0554.6.8.1 河北一带门神马超、马岱”母题实例）

W0554.6.10
门神赵公明、杨延昭

实 例

汉族 明清之后，有些地方的门神为赵公明、杨延昭、李克用、赵匡胤、李元霸、裴元庆、钟馗、燃灯道人、哼哈二将、太岁神、姜太公等。

【流传】（无考）

【出处】《门神》，见乌丙安主编《中国民间神谱》，沈阳：辽宁人民出版社2007年版，第81页。

W0554. 6. 11

汉族地区其他门神

实 例

（参见下级母题实例）

W0554. 6. 11. 1

门神李克用、赵匡胤、李元霸、裴元庆、钟馗、燃灯道人、哼哈二将、太岁神、姜太公等

实 例

汉族 （参见“W0554. 6. 10 门神赵公明、杨延昭”母题实例）

W0554. 6. 12

门神陆和色兄妹

实 例

纳西族 天神美利东阿普佩服陆和色兄妹洪水后逃生的智慧，让他们去人间做了守门护家的门神。

【流传】云南省·（丽江市）·丽江县（原丽江纳西族自治县，今归属为丽江市古城区和玉龙纳西族自治县）

【出处】和彩云讲，木丽春采录：《门神的来历》，见中国民间文学集成全国编辑委员会编《中国民间故事集成》（云南卷），北京：中国ISBN中心2003年版，第266页。

W0554. 6. 13

门神杜卡依恩杜里

实 例

锡伯族 门神在锡伯族称“杜卡依恩杜里”。

【流传】（无考）

【出处】

（a）佟克力：《锡伯族历史与文化》，乌鲁木齐：新疆人民出版社1989年版，第186页。

（b）《门神、路神和山神》，见吕大吉、何耀华总主编《中国各民族原始宗教资料集成》（鄂伦春族卷、鄂温克族卷、赫哲族卷、达斡尔族卷、锡伯族卷、满族卷、蒙古族卷、藏族卷），北京：中国社会科学出版社1999年版，第399页。

W0554. 6. 14

门神紫微布罗

实 例

彝族（腊罗、摩察、纳苏、给尼、葛泼）

（实例待考）

W0554.6.15
大门神吉哈厄西且

实 例

（参见下级母题实例）

W0554.6.15.1
大门神吉哈厄西且又称野神

实 例

羌族 每家供奉和私祭的神有十尊。其中“吉哈厄西且”（大门神），又称野神。

【流传】 四川省·（阿坝藏族羌族自治州）·理县·桃坪乡·增头寨

【出处】

（a）钱安靖：《羌族宗教习俗调查资料》，见羌族社会历史调查四川省编写组编《羌族社会历史调查》，成都：四川省社会科学院出版社 1985 年版。

（b）同（a），见吕大吉、何耀华总主编《中国各民族原始宗教资料集成》（纳西族卷、羌族卷、独龙族卷、傈僳族卷、怒族卷），北京：中国社会科学出版社 2000 年版，第 475 页。

W0554.6.15a
门神勒额都都

实 例

羌族 （参见“W0658b.1.10.1 十三位祖先神”母题实例）

W0554.7
与门神有关的其他母题

实 例

（参见下级母题实例）

W0554.7.1
门神兄妹

实 例

（实例待考）

W0554.7.2
门神的象征物

实 例

（参见下级母题实例）

W0554.7.2.1
门前石头象征门神

实 例

（参见下级母题实例）

W0554.7.2.1.1
门神兄妹离开人间时把灵魂托付给石头，门前的石头就代表门神

实 例

纳西族 门神兄妹离开人间时，把他们的灵魂托付给石头，这样石头坐在门神的座位上。

【流传】 云南省·（丽江市）·丽江县（原丽江纳西族自治县，今归属为丽江市古城区和玉龙纳西族自治县）

【出处】和彩云讲，木丽春采录：《门神的来历》，见中国民间文学集成全国编辑委员会编《中国民间故事集成》（云南卷），北京：中国 ISBN 中心 2003 年版，第 266 页。

W0554.7.3

供奉门神

实 例

（参见下级母题实例）

W0554.7.3.1

通过门垛内供奉一尊神像供门神

实 例

藏族 每家每户都要根据家庭的经济条件在大门的门垛内供奉一尊神像，谓之供门神。

【流传】（无考）

【出处】恰白·次旦平措著，达瓦次仁译：《论藏族的焚香祭神习俗》，载《中国藏学》1989 年第 4 期。

W0554.7.4

门栏神

实 例

（参见下级母题实例）

W0554.7.4.1

房中门栏神

实 例

彝族 房中锅桩神，房中柱子神，房中门栏神。

【流传】云南省·（昆明市）·禄劝县（禄劝彝族苗族自治县）·云龙乡·卡问村

【出处】张仲仁（彝族）翻译：*《禄劝彝族的祈福经》，见吕大吉、何耀华总主编《中国各民族原始宗教资料集成》（彝族卷、白族卷、基诺族卷），北京：中国社会科学出版社 1996 年版，第 288～290 页。

W0554.7.5

门角神

实 例

（参见下级母题实例）

W0554.7.5.1

门角神南厄阿底昔古迫

实 例

羌族 南厄阿底昔古迫（门角神），保佑家人进出平安。

【流传】四川省·（阿坝藏族羌族自治州）·汶川县·龙溪乡·阿尔大队（阿尔村）

【出处】

（a）钱安靖：《羌族宗教习俗调查资料》（三），见羌族社会历史调查四川省编写组编《羌族社会历史调查》，成都：四川省社会科学出版社 1985 年版。

（b）《汶川县龙溪乡羌族端公经典简介》，见吕大吉、何耀华总主编《中国各民族原始宗教资料集成》（纳西族卷、羌族卷、独龙族卷、傈僳族卷、怒族卷），北京：中国社会科学出版社2000年版，第471页。

W0555
磨神

实 例

（参见下级母题实例）

W0555.1
磨神帮助穷人

实 例

汉族 （实例待考）

W0555a
碾子神

实 例

达斡尔族 众多的神统称“瓦兰·巴尔肯”由二十四个特格（组或座位）组成，其中有棺材、狐狸精、妖怪、碾子、婴儿等神。

【流传】 黑龙江省·齐齐哈尔地区（齐齐哈尔市）·（梅里斯达斡尔族区·卧牛吐达斡尔族镇）·额尔门沁屯

【出处】

(a) 珠荣嘎、额尔登泰、满都尔图调查编著：《巴彦托海索木达斡尔族情况——达斡尔族调查材料之二》，全国人民代表大会民族委员会办公室1958年编印，第55页。

(b)《“博果勒·巴尔肯”的构成和祭仪》，见吕大吉、何耀华总主编《中国各民族原始宗教资料集成》（鄂伦春族卷、鄂温克族卷、赫哲族卷、达斡尔族卷、锡伯族卷、满族卷、蒙古族卷、藏族卷），北京：中国社会科学出版社1999年版，第304~305页。

W0556
其他无生命物神

【关联】［W0398.2］岩石神（石神）

实 例

（参见下级母题实例）

W0556.1
农具神

【关联】［W6436.1］农具崇拜

实 例

（参见下级母题实例）

W0556.1.1
犁神

实 例

汉族 （实例待考）

拉祜族 （实例待考）

W0556.2
生活用具神

实 例

（参见下级母题实例）

W0556. 2. 1

板凳神

实 例

（参见下级母题实例）

W0556. 2. 1. 1

特定的人因用板凳施法术被称为板凳神

实 例

侗族 大小板凳老神是张天师的徒弟，精通法术，神通广大。大板凳名杨法祖，施法时以一条大板凳当麒麟、狮子为坐骑，故称大板凳老神。小板凳名姚再茂，作法以一条小板凳当老虎、豹子为坐骑，故叫小板凳老神。

【流传】（无考）

【出处】《大小板凳老神》，原载《中国各民族宗教与神话大词典》，北京：学苑出版社 1990 年版，见姚宝瑄主编《中国各民族神话》（土家族、毛南族、侗族、瑶族），太原：山西出版传媒集团·书海出版社 2014 年版，第 126 页。

W0556. 2. 1. 2

板凳老神能炼灵丹妙药

实 例

侗族 两个特定的人修炼成的大小板凳老神，能炼灵丹妙药，治病除疾救世人。

【流传】（无考）

【出处】《大小板凳老神》，原载《中国各民族宗教与神话大词典》，北京：学苑出版社 1990 年版，见姚宝瑄主编《中国各民族神话》（土家族、毛南族、侗族、瑶族），太原：山西出版传媒集团·书海出版社 2014 年版，第 126 页。

W0556. 2. 1. 3

大小板凳老神是张天师的徒弟

实 例

侗族 大小板凳老神是张天师的徒弟。

【流传】（无考）

【出处】《大小板凳老神》，原载《中国各民族宗教与神话大词典》，北京：学苑出版社 1990 年版，见姚宝瑄主编《中国各民族神话》（土家族、毛南族、侗族、瑶族），太原：山西出版传媒集团·书海出版社 2014 年版，第 126 页。

W0556. 2. 2

笊篱神

实 例

（参见下级母题实例）

W0556. 2. 2. 1

笊篱姑姑神

实 例

鄂伦春族 笊篱姑姑亦称笊篱姑姑汗，即笊篱姑姑神之意。

【流传】（无考）

【出处】

（a）白水夫：《占卜习俗》，见中国人民政治协商会议黑龙江省委员会文史资料委员会编辑部编《山岭上的鄂伦春人》，哈尔滨：黑龙江人民出版社1989年版。

（b）《笊篱姑姑跳舞》，见吕大吉、何耀华总主编《中国各民族原始宗教资料集成》（鄂伦春族卷、鄂温克族卷、赫哲族卷、达斡尔族卷、锡伯族卷、满族卷、蒙古族卷、藏族卷），北京：中国社会科学出版社1999年版，第76页。

W0556.3

仪式用具神

实　例

（参见下级母题实例）

W0556.3.1

面具神

实　例

鄂温克族 “面具”神为毛木铁神，是以铁片剪成的面具。

【流传】（内蒙古自治区·呼伦贝尔市·鄂温克族自治旗·辉索木、伊敏索木）

【出处】

（a）苏日台：《狩猎民族原始艺术》，呼和浩特：内蒙古文化出版社1992年版，第62页。

（b）《“面具”神》（毛木铁神），见吕大吉、何耀华总主编《中国各民族原始宗教资料集成》（鄂伦春族卷、鄂温克族卷、赫哲族卷、达斡尔族卷、锡伯族卷、满族卷、蒙古族卷、藏族卷），北京：中国社会科学出版社1999年版，第119页。

W0557

与无生命物神有关的其他母题

实　例

（实例待考）

W0557.1

无生命物神帮助弱者

【关联】［W8771］神作为争战中帮助者

实　例

（实例待考）

0.6　神性人物
(W0560 ~ W0769)

0.6.1　文化英雄
【W0560 ~ W0629】

✿ W0560

文化英雄[1]

【汤普森】 ①A500；②A510.1；③≈Z200

实　例

(参见下级母题实例)

✿ W0561

文化英雄的产生

【汤普森】 A511

实　例

(参见下级母题实例)

W0562

文化英雄源于某个地方或自然存在

【汤普森】 A513

实　例

(参见下级母题实例)

W0562.1

文化英雄从天上来

【汤普森】 A513.1

---

① 文化英雄，"文化英雄"是多数神话学研究者经常使用的一个概念。文化英雄（culture hero）在人类学上的解释为："指在民俗学上具有光荣的人物，他们被认为对古代特殊生活方式具有教化之功。"（《云五社会科学大辞典》第10册人类学分册，台湾商务印书馆1975年版，第32页）神话学中认为：文化英雄是"古代文明创建过程中有杰出贡献者，即神话传说中的发明创造者。他们集中体现了上古人民的智慧和才能，推动了人类文化的进程，代表了人类文明的曙光，因此被大家纪念和歌颂。"（潜明滋：《中国古代神话与传说》，商务印书馆1996年版，第114页）美国出版的《韦氏大辞典》解释说"文化英雄，系传说人物，常以兽、鸟、人、半神等各种形象出现。一民族常把一些对于他们的生活方式、文化来源最基本的因素（诸如各类重大发明、各种主要障碍的克服、神圣活动，以及民族自身、人类、自然现象和世界的起源），加诸于文化英雄之上。""文化英雄"在有些神话语境中也可以表述为"英雄"。神话中某些特性的人物介乎于神与精灵、神与人、神与物之间的人物，这些形象可以称之为"文化英雄"。神话中的"英雄"与我们今天所说的"英雄"具有本质的不同。神话中的"英雄"，与"神"既有联系，又有区别。在许多少数民族神话中，文化英雄与神有时会同时出现，相提并论，甚至难以有一个统一的区分标准。从某些角度观察，仍可以找出一些区别。如文化英雄一般产生较晚，他们往往有自己的生身父母，有奇特的身世，甚至会有一定的身体特征，如身材伟岸，力大无穷等。文化英雄在文化创造或与自然界进行抗争时一般要靠超常的体力，特别是经常需要神灵或动物的帮助，能使用某种工具或武器，最后在与邪恶势力的斗争中取得胜利，或者在为人类造福中取得业绩。对于"文化英雄"的定义，不同的研究者可能出现一些不同的理解，如苏联的百科全书解释为："文化英雄，神话人物。他为人类获得或首次制作各种文化器物（火、植物栽培、劳动工具），教人狩猎、手工和技艺，制定社会组织、婚丧典章、礼仪节令。文化英雄也可以参与创世，诸如填海造地，开辟宇宙，确立昼夜四季，掌管潮汐水旱，造最初的人，并给以意识，施以教化等等。"

【关联】[W0006] 神从天降

实 例

(参见下级母题实例)

W0562.1.1

特定的文化英雄从天而降

实 例

(参见下级母题实例)

W0562.1.1.1

蚩尤81个兄弟从天而降

实 例

汉族 天兵把蚩尤81个兄弟打下天界去受苦受难。

【流传】山西省·运城市

【出处】王省三讲,王永年采录:《黄帝战蚩尤》,见中国民间文学集成全国编辑委员会编《中国民间故事集成》(山西卷),北京:中国ISBN中心1999年版,第23页。

※W0563

文化英雄是生育产生的

【汤普森】A511.1

实 例

(参见下级母题实例)

W0564

神生文化英雄

实 例

(参见下级母题实例)

W0564.1

文化英雄是神的儿子

【汤普森】A512.3

【关联】[W0566] 神或神性人物生育文化英雄

实 例

(实例待考)

W0564.1.1

文化英雄是造物者的儿子

【汤普森】A512.2

实 例

(实例待考)

W0564.2

女神生育文化英雄

实 例

土家族 (实例待考)

W0565

神性人物生文化英雄

实 例

(参见下级母题实例)

W0565.1

文化英雄是神性人物的儿子

实 例

(参见下级母题实例)

W0565. 1. 1

英雄生英雄

实 例

（参见下级母题实例）

W0565. 1. 1. 1

英雄交奥达尔是英雄艾尔托斯托克的儿子

实 例

柯尔克孜族 交奥达尔（英雄名）是英雄艾尔托斯托克的儿子。

【流传】（新疆维吾尔自治区）

【出处】卡坦司马依勒讲，《玛纳斯》工作组搜集，张运隆整理翻译：《英雄交奥达尔的故事》，见姚宝瑄主编《中国各民族神话》（乌孜别克族、哈萨克族、柯尔克孜族、俄罗斯族、维吾尔族、塔吉克族、塔塔尔族、锡伯族），太原：山西出版传媒集团·书海出版社 2014 年版，第 156 页。

W0566

神与神性人物生育文化英雄

【关联】［W7220］神与神性人物婚

实 例

（实例待考）

W0567

人孕生文化英雄

【关联】［W0572. 4. 1. 1］处女感动物生文化英雄

实 例

汉族 （实例待考）

W0567. 1

处女圣洁孕生文化英雄

【汤普森】A511. 1. 3. 3

实 例

（实例待考）

W0567. 2

特定来历的人生文化英雄

实 例

苗族 （实例待考）

W0567. 3

人孕生的文化英雄是特定人物投胎

【关联】

① ［W9375］投胎

② ［W9376］神与神性人物投胎

实 例

（参见下级母题实例）

W0567. 3. 1

女子孕生的文化英雄是神投胎

实 例

（参见下级母题实例）

W0567.3.1.1

格萨尔王是天神投胎为部落小酋长所弃妇之子

实　例

藏族 格萨尔王降生为一部落小酋长所弃妇之子。

【流传】（无考）

【出处】刘局乐整理：《格萨尔王的传说》，见 BBS 水木清华站：http：//www.smth.edu.cn，2006.07.20。

W0568

动物生文化英雄

【关联】

①［W0027］动物生神

②［W2155］动物生人

实　例

（参见下级母题实例）

W0568.1

文化英雄的母亲是鹿

【汤普森】A511.1.8.1

实　例

（实例待考）

W0568.2

文化英雄的母亲是熊

实　例

（实例待考）

W0568.3

牛生文化英雄

【关联】［W0704a.1.1］莫一大王是神牛的儿子

实　例

壮族 莫一是神牛的儿子。

【流传】（无考）

【出处】丘振声：《壮族图腾考》，南宁：广西教育出版社 1996 年版，第 316 页。

W0568.4

鹰生文化英雄

实　例

（参见下级母题实例）

W0568.4.1

支格阿龙是鹰的后代

实　例

彝族 支格阿龙（文化英雄名）是鹰的后代。

【流传】四川省·（攀枝花市）·米易县

【出处】呼银安讲，彭莹采录：《射太阳和月亮》，见中国民间文学集成全国编辑委员会编《中国民间故事集成》（四川卷·下），北京：中国 ISBN 中心 1998 年版，第 771 页。

W0569

植物生文化英雄

实 例

（实例待考）

W0569.1

植物的果实生文化英雄

实 例

（实例待考）

W0570

特定物质生文化英雄

实 例

（参见下级母题实例）

W0570.1

文化英雄是太阳的儿子

【汤普森】A512.4

实 例

（实例待考）

W0570.2

炸开的石头生文化英雄

【汤普森】A511.1.4.1

实 例

（实例待考）

W0570.3

男子的骨骼中生文化英雄

【汤普森】A511.1.4.3

实 例

（实例待考）

W0571

婚生文化英雄（婚生英雄）

实 例

（参见下级母题实例）

W0571.0

神或神性人物婚生文化英雄

实 例

（实例待考）

W0571.0.1

神婚生文化英雄

实 例

（实例待考）

W0571.0.2

神性人物婚生文化英雄

实 例

（实例待考）

W0571.0.3

神与神性人物婚生文化英雄

实 例

（实例待考）

W0571.1

人与动物婚生文化英雄

【汤普森】A511.1.8

【关联】［W2450］人与动物婚生人

实 例

哈萨克族 （实例待考）

W0571.1.1

人龙交生文化英雄

实 例

汉族 （实例待考）

W0571.1.2

人熊婚生英雄

实 例

鄂伦春族 （实例待考）

维吾尔族 英雄艾里·库尔班是一只白熊与一个叫玛丽克的姑娘生的孩子。

【流传】新疆维吾尔自治区

【出处】

（a）《艾里·库尔班》，见满都呼主编《中国阿尔泰语系诸民族神话故事》，北京：民族出版社1997年版，第43页。

（b）《英雄艾里·库尔班》，见张越、姚宝瑄编《新疆民族神话故事选》，乌鲁木齐：新疆人民出版社1989年版。

W0571.1.2.1

猎手与母熊生的孩子成为英雄

实 例

鄂温克族 猎手与母熊生的2个孩子成为森林中的2个英雄。

【流传】（无考）

【出处】汪立珍：《鄂温克族神话研究》，北京：中央民族大学出版社2006年版，第85页。

W0571.1.2.2

女子与白熊婚生英雄艾里·库尔班

实 例

维吾尔族 （参见“W0628a.49.1英雄艾里·库尔班”母题实例）

W0571.2

特定来历的人婚生文化英雄

实 例

（参见下级母题实例）

W0571.2.1

桃核生的1对男女婚生射日英雄

实 例

苗族 大桃树的果核生出1男1女成亲，生出射日英雄杨亚。

【流传】贵州省·（安顺市）·镇宁县（镇宁布依族苗族自治县）·黄果树（黄果树镇）一带

【出处】朱顺清讲，杨文金1986年采录：《杨亚射日月》，见燕宝、张晓编《神话传说》，贵阳：贵州人民出版社1997年版，第18～19页。

W0572

感生文化英雄

【关联】［W0567. 1］处女圣洁孕生文化英雄

实 例

（参见下级母题实例）

W0572. 1

文化英雄产生于神圣怀孕

【汤普森】A511. 1. 3

实 例

土家族 （参见“W0572. 2. 1. 1 女神阿妮喝了白虎娘娘送来的喜药生文化英雄”母题实例）

W0572. 2

神感生文化英雄

【关联】［W2279. 1］神感生人

实 例

（参见下级母题实例）

W0572. 2. 1

女神吃特定物生文化英雄

实 例

（参见下级母题实例）

W0572. 2. 1. 1

女神阿妮喝了白虎娘娘送来的喜药生文化英雄

实 例

土家族 女神阿妮喝了白虎娘娘派神送来的喜药，生下了土家族的8位英雄。

【流传】湖南省·湘西（湘西土家族苗族自治州）

【出处】《八部大王》，见刘黎光《中国民间故事集成湖南卷湘西州分卷》（上），吉首资料本，1989年，第72页。

W0572. 3

神性人物感生文化英雄

实 例

（实例待考）

W0572. 4

人感生文化英雄

【关联】［W0834. 1. 2］人感生妖

实 例

（参见下级母题实例）

W0572. 4. 1

处女感生文化英雄

实 例

（参见下级母题实例）

W0572. 4. 1. 1

处女感动物生文化英雄

实 例

彝族 支格阿龙（英雄名）的母亲有一天在屋檐下织布，忽然天空飞来一只岩鹰，滴了一滴血在她的裙子上，后来，她怀了孕，生了支格阿龙。

【流传】四川省·凉山彝族自治州

【出处】比雀阿立讲，摩依翻译，上元、邹志诚整理，王四代选编：《支格阿龙认妈妈》，见姚宝瑄主编《中国各民族神话》（羌族、彝族），太原：山西出版传媒集团·书海出版社 2014 年版，第 280 页。

W0572.4.1.1.1

幺女蒲莫列衣未出嫁时感神鹰生支格阿龙

实　例

彝族 蒲家的幺女蒲莫列衣未出嫁，感神鹰生支格阿龙。

【流传】四川省·（凉山彝族自治州）·雷波县·乌角乡

【出处】毕尔念尔讲，芦其好梅翻译，赵富香采录：《支格阿龙出生不凡》，见中国民间文学集成全国编辑委员会编《中国民间故事集成》（四川卷），北京：中国 ISBN 中心 1998 年版，第 769 页。

W0572.4.2

已婚女子感生文化英雄

实　例

（参见下级母题实例）

W0572.4.2.1

木古搓日出门寻找丈夫时，感风生儿子搓日阿补（英雄名）

实　例

彝族 有个叫木古搓日的女人出门寻找丈夫时，感风生儿子搓日阿补。搓日阿补小人长成大人，大人变成英雄。

【流传】（云南省）

【出处】苏绍相、李玉兴、克鲁讲，基默热阔搜集：《搓日阿补征服女儿国》，原载李子贤编《云南少数民族神话选》，云南人民出版社 1990 年版，见姚宝瑄主编《中国各民族神话》（羌族、彝族），太原：山西出版传媒集团·书海出版社 2014 年版，第 339～340 页。

W0572.4.3

女子见到特定现象生文化英雄

实　例

（参见下级母题实例）

W0572.4.3.1

女子于晨曦中临渊祝祷时见神龟天蟒性交，浓雾漫天，口吸精自孕而生果（英雄名）

实　例

满族 建州女真的民族英雄王果便是其母于晨曦中临渊祝祷时见神龟天蟒性交，浓雾漫天，口吸精自孕而生果，英武非凡。

【流传】（无考）

【出处】《两世罕王传》，见禹宏《从传承方式表现内容看满族神话的民族特色——与华夏神话比较》，载《民族文学研究》1990 年第 2 期。

W0572. 5

动物感生文化英雄

【关联】［W2279. 2］动物感生人

实 例

（实例待考）

W0572. 6

与感生文化英雄有关的其他母题

实 例

（实例待考）

W0573

卵生文化英雄

【汤普森】①A511. 1. 9；②A515. 1. 1

实 例

（实例待考）

W0573. 1

特殊来历的卵生文化英雄

实 例

藏族（实例待考）

W0574

文化英雄特殊的出生

【汤普森】A511. 1. 4

【关联】

①［W0035］神的特殊出生

②［W2594］特殊的出生

实 例

（参见下级母题实例）

W0574. 1

文化英雄从母亲的特殊部位生出

实 例

（参见下级母题实例）

W0574. 1. 1

文化英雄从母亲的肋中生出

【汤普森】A511. 1. 1

实 例

（实例待考）

W0574. 1. 2

文化英雄从母亲的头上出生

实 例

（参见下级母题实例）

W0574. 1. 2. 1

嘎达米是从母亲的头上的大血泡里生出

实 例

普米族 力大无穷的嘎达米是从母亲的头上的大血泡里生出的。

【流传】云南省

【出处】《嘎达米》，见中国社会科学院云南少数民族文学研究所等编《云南少数民族文学资料》（第 2 辑），内部编印，1981 年，第 105 页。

W0574.2

文化英雄出生前会讲话

【汤普森】 A511.1.2

实 例

（实例待考）

W0574.3

文化英雄出生时的特异现象

【汤普森】 F960.1.2

【关联】 ［W2598.1.1］圣人不一般的出生

实 例

汉族 （实例待考）

W0574.3.1

文化英雄出生时现祥瑞

实 例

土族 （实例待考）

W0574.3.1.1

文化英雄出生时群雀聚集，满屋红光

实 例

侗族 吴勉（神性人物，文化英雄名）生下来的时候，有一群雀子落在他家屋顶上，红光满屋、香馥盈村。

【流传】 贵州省·（黔东南苗族侗族自治州）·黎平县

【出处】

（a）杨明桃、李如璧、陈士贵讲，杨国仁搜集整理：《吴勉》，见毛星《中国少数民族文学》，湖南人民出版社1983年版。

（b）同（a），见姚宝瑄主编《中国各民族神话》（土家族、毛南族、侗族、瑶族），太原：山西出版传媒集团·书海出版社2014年版，第126～127页。

W0574.3.2

英雄出生时惊雷相伴

实 例

苗族 （实例待考）

W0574.3.3

英雄诞生时出现彩虹

实 例

（参见下级母题实例）

W0574.3.3.1

治水英雄出生时天上同时出现7条彩虹

实 例

汉族 天上同时出现了七条彩虹，诸神一齐来祝贺治水大帝的诞生。

【流传】（无考）

【出处】

（a）钟伟今搜集整理：《禹的诞生》，载《山海经》1981年第4期。

（b）同（a），见姚宝瑄主编《中国各民族神话》（汉族），太原：山西出版

传媒集团·书海出版社 2014 年版，第 107～110 页。

W0574.4

英雄回到母胎再生

【汤普森】T539.1

【关联】［W2581］神奇的怀孕

实 例

（实例待考）

W0574.5

与文化英雄特殊出生有关的其他母题

实 例

（实例待考）

W0575

与生育文化英雄有关的其他母题

实 例

（参见下级母题实例）

W0575.1

英雄生于灾难之际

【汤普森】T583.2

【关联】［W8000］世界灾难（灾难）

实 例

（参见下级母题实例）

W0575.2

文化英雄在娘胎中长牙

实 例

（参见下级母题实例）

W0575.2.1

文化英雄宁冠娃在娘胎里就长出了牙齿，会大喊大叫

实 例

景颇族 宁冠娃（文化英雄名）在娘胎里就长出了牙齿，会大喊大叫。

【流传】（云南省）

【出处】

(a) 尚正兴整理：《宁冠娃》，见《中国各民族宗教与神话大词典》编审委员会编《中国各民族宗教与神话大词典》，北京：学苑出版社 1993 年版。

(b) 同 (a)，见姚宝瑄主编《中国各民族神话》（白族、拉祜族、景颇族），太原：山西出版传媒集团·书海出版社 2014 年版，第 243 页。

※ W0576

特定的人物成为文化英雄

实 例

（参见下级母题实例）

W0577

特定的人变成文化英雄

实 例

（参见下级母题实例）

W0577.1

弃儿成为英雄

【汤普森】≈S371

【关联】［W2670］弃婴

实 例

（实例待考）

W0577.2

野孩长成英雄

实 例

（参见下级母题实例）

W0577.2.1

收养的野孩长成英雄

实 例

（参见下级母题实例）

W0577.2.1.1

猎人收养的野猪洞中的野孩长成英雄

实 例

珞巴族 猎人达仁收养了野猪洞穴中的一个野孩子。达仁的妻子亚姆是个善良贤惠的妇女，她给捡来的孩子喂动物乳汁，喂鸡蛋，喂鸡爪谷甜酒。孩子慢慢长大，到十二岁时就能跟随大人上山狩猎，而且他的箭法百发百中，猎获了很多野兽，都平均分给了村民。到他十八岁时，聪明过人，占卜技术非凡，深受大家的尊敬。

【流传】西藏自治区·林芝市·墨脱县·达木珞巴民族乡［讲述地点：墨脱县·达木珞巴民族乡·达木村］

【出处】江措讲：《米日珞巴的来历》(1968.12)，见冀文正《珞巴族民间故事》，成都：四川民族出版社 2011 年版，第 17 页。

W0577.3

人经过锻炼成为英雄

实 例

（参见下级母题实例）

W0577.3.1

争战中杀死敌手者成为英雄

实 例

珞巴族（德根等部落） 马宁、马卓兄弟俩杀了乌尤和奥洛木达甘木，变成远近闻名的英雄。

【流传】西藏自治区

【出处】

(a) 达得讲，刘芳贤、李坚尚搜集整理：《智勇双全的两兄弟》，载《民间文学》1985 年第 8 期。

(b) 同 (a)，见姚宝瑄主编《中国各民族神话》(门巴族、珞巴族、怒族、藏族)，太原：山西出版传媒集团·书海出版社 2014 年版，第 46 页。

W0578

动物成为文化英雄

【汤普森】A522

实 例

（参见下级母题实例）

W0578. 1

狗成为文化英雄

【汤普森】A522. 1. 1

【关联】［W3967］狗盗粮种

实 例

哈尼族 （实例待考）

W0578. 2

兔子成为文化英雄

【汤普森】A522. 1. 2

实 例

（实例待考）

W0578. 3

鸟成为文化英雄

【汤普森】A522. 2

实 例

（实例待考）

W0578. 3. 1

燕子是文化英雄

实 例

蒙古族 （实例待考）

W0578. 3. 2

鹰成为文化英雄

【汤普森】A522. 2. 3

实 例

（实例待考）

W0578. 4

癞蛤蟆成为英雄

【关联】

①［W3543. 3］蛤蟆能呼风唤雨

②［W3543. 7］蛤蟆做人王

实 例

（参见下级母题实例）

W0578. 4. 1

孤寡老两口捡的癞蛤蟆变成英雄

实 例

满族 一无儿无女的老两口捡得癞蛤蟆做儿子，后变英雄。

【流传】辽宁省·（鞍山市）·岫岩（岫岩满族自治县）

【出处】《蛤蟆儿子》，见中国民间文艺研究会辽宁分会编《满族三老人故事集》，沈阳：春风文艺出版社 1984 年版，第 256～262 页。

W0578. 5

其他动物成为文化英雄

【汤普森】A522. 3

实 例

（参见下级母题实例）

W0578. 5. 1

猴子变成文化英雄

实 例

（参见下级母题实例）

W0578.5.1.1

白猴变成小英雄玛麦

实 例

白族 白猴变成小英雄玛麦。

【流传】（无考）

【出处】《英雄玛麦》，见西北民族学院编《中国少数民族神话选》，内部编印，1983 年，第 355～359 页。

W0579

植物成为文化英雄

实 例

（实例待考）

W0580

与文化英雄产生有关的其他母题

实 例

（参见下级母题实例）

W0580.1

神投胎为英雄

【关联】［W9376］神与神性人物投胎

实 例

汉族 火星天神下凡投胎为少典的儿子榆罔。

【流传】河南省·（郑州市）·新密市

【出处】刘文学采录整理：《三帝下凡》，见张振犁编著，孟宪明、朱淑君统纂《中原神话通鉴》（第二卷），郑州：河南大学出版社 2017 年版，第 485 页。

藏族 （实例待考）

W0580.2

文化英雄的再生

实 例

（实例待考）

W0580.2.1

文化英雄的转世

【关联】［W9350］转世（托生、转生）

实 例

（实例待考）

W0580.2.2

文化英雄死后变成童孩

【汤普森】A511.1.6

实 例

（实例待考）

W0580.3

文化英雄出生在危难之际

实 例

（参见下级母题实例）

W0580.3.1

英雄为射日而生

【关联】［W9715］射日者（射月者）

实 例

（参见下级母题实例）

W0580. 3. 1. 1

天上多日并出时，英雄支格阿龙降生

实 例

彝族 （参见“W0628a. 53. 1 彝家英雄支格阿龙”母题实例）

W0580. 3. 2

火灾不断时英雄应时而生

实 例

傣族 火灾不断时，人间出现了一个青年，他身材高大魁伟，手臂壮实像椰子树干，胸脯宽阔厚实，迈一步就能跨过一座山，一气能挑起几个小山包。

【流传】（云南省）

【出处】 岩温扁、杨胜能、吴军搜集整理：《太阳的传说》，原载李子贤编《云南少数民族神话选》，云南人民出版社 1990 年版，见姚宝瑄主编《中国各民族神话》（哈尼族、傣族），太原：山西出版传媒集团·书海出版社 2014 年版，第 326 页。

W0580. 4

文化英雄生不逢时

实 例

（实例待考）

W0580. 5

英雄代有才人出

实 例

壮族 布伯（英雄名）死后，江岩村一个老牧人家里，出生了一个顶天立地的英雄，名叫岑逊。

【流传】（无考）

【出处】 黄景山、黄继良、覃文珍讲，杨士衡、覃建才搜集整理：《岑逊王》，原载《民间文学集刊》第八本，见姚宝瑄主编《中国各民族神话》（仫佬族、壮族、京族），太原：山西出版传媒集团·书海出版社 2014 年版，第 185 页。

W0580. 6

通过比赛产生英雄

实 例

（参见下级母题实例）

W0580. 6. 1

通过抢肉确定谁是英雄

实 例

佤族 安木拐（传说中氏族社会的第二位女首领）为了培养佤族的勇敢精神。就把活捉来的野兽拴在石头桩桩上，让人们比赛把它们活活撕死。谁撕抢得的肉多，谁就是英雄，就受到安木拐的表扬和人们的敬仰。这项活动一代一代流传下来，后来演变成了

"砍牛尾巴"的习俗。

【流传】云南省·（普洱市）·西盟县（西盟佤族自治县），（临沧市）·沧源县（沧源佤族自治县）

【出处】随戛、岩扫、岩瑞等讲述，艾荻、张开达搜集整理：《司岗里》，载《山茶》1988年第1期。

W0580.7

造文化英雄

实 例

（参见下级母题实例）

W0580.7.1

祖先造出文化英雄

【关联】［W0015.3］祖先造神

实 例

（参见下级母题实例）

W0580.7.1.1

熊公用木棒搅水塘扭拧岩石生出英雄火亚立

实 例

苗族 熊公在那古时候，用木棒来搅水塘，扭拧岩石就爬起，才生出个火亚立（神性人物或文化英雄名）。

【流传】原文无流传地，据文本及注释推测该神话流传于贵州省·黔东南苗族侗族自治州·凯里市、台江县等地。

【出处】张启庭、张荣光、张正玉、张启德演唱，张明搜集，燕宝整理译注：《创造宇宙·开天辟地》，见贵州省少数民族古籍整理出版规划小组办公室编，燕宝整理译注《苗族古歌》，贵阳：贵州民族出版社1993年版，第52页。

※ W0581

文化英雄的特征

【汤普森】A526

实 例

（参见下级母题实例）

W0582

男文化英雄

实 例

（实例待考）

W0583

女文化英雄

实 例

（参见下级母题实例）

W0583.1

女文化英雄的产生

实 例

（实例待考）

W0583.2

女文化英雄的特征（女文化英雄的职能，女文化英雄的身份）

实 例

（参见下级母题实例）

W0583. 2. 1

女文化英雄保护村内人畜平安

【关联】［W0440］村寨保护神（寨神，村神，村寨神）

实 例

（参见下级母题实例）

W0583. 2. 1. 1

女英雄米德摩能保护村内人畜平安

实 例

彝族（阿细）远古时，有个叫“米德摩”（阿细语是土地的主人）的女英雄，战胜了危害人类的恶神，因此人们纪念她，祈祷她保护村内人畜平安。

【流传】云南省·（红河哈尼族彝族自治州）·弥勒县（弥勒市）

【出处】杨毓骧：《弥勒阿细人的社会文化》，载《民族调查研究》1986年第2期。

W0583. 3

女文化英雄的事迹

实 例

（参见下级母题实例）

W0583. 3. 1

女文化英雄斗雷公

【关联】［W0603. 1. 2. 1］女英雄斩蟒蛇

实 例

水族 女英雄斗雷公。

【流传】贵州省·（黔南布依族苗族自治州）·三都（三都水族自治县）

【出处】石明珍讲，罗文亮等整理：《宋兰飞天》，见中华民族故事大系编委会编《中华民族故事大系》第9卷（水族、东乡族、纳西族），上海：上海文艺出版社1995年版，第68页。

W0583. 3. 2

女文化英雄斗恶神

实 例

彝族（撒尼）（参见“W0583. 2. 1. 1 女英雄米德摩能保护村内人畜平安”母题实例）

W0583. 4

与女文化英雄有关的其他母题

实 例

（实例待考）

W0584

文化英雄的体征

实 例

（参见下级母题实例）

W0584. 1

文化英雄是半人半兽

【关联】［W0070. 3. 1］半人半兽的神

实 例

（参见下级母题实例）

W0584.1.1

文化英雄人头鸟身

实 例

（参见下级母题实例）

W0584.1.1.1

人头鸟身的文化英雄沙克沙

实 例

满族 拯救人类的英雄沙克沙“人头鸟身”。

【流传】 (a) 黑龙江省·（牡丹江市）·宁安县（宁古塔）·江东乡（江南朝鲜族满族乡）·缸窑村

【出处】

(a) 关振川讲，傅英仁采录：《沙克沙恩都哩》，见中国民间文学集成全国编辑委员会编《中国民间故事集成》（黑龙江卷），北京：中国ISBN中心2005年版，第63～64页。

(b) 《沙克沙恩都哩》，见《满族神话故事》，哈尔滨：北方文艺出版社1985年版。

(c) 《沙克沙恩都哩》，见满都呼主编《中国阿尔泰语系诸民族神话故事》，北京：民族出版社1997年版，第277～278页。

W0584.1.2

文化英雄人首蛇身（文化英雄蛇身人面）

【关联】［W0722.2.1.5］盘古人头蛇身（盘古人首蛇身）

实 例

（参见下级母题实例）

W0584.1.2.1

窫窳蛇身人面

实 例

汉族 （昆仑山）窫窳者，蛇身人面，贰负臣所杀也。

【流传】（无考）

【出处】

(a) 《山海经·海内西经》。

(b) 《昆仑》，见袁珂《中国神话大词典》，北京：华夏出版社2015年版，第196页。

W0584.2

文化英雄的身体

实 例

（参见下级母题实例）

W0584.2.0

文化英雄身材魁梧

实 例

傣族 射日的青年身材高大魁伟。

【流传】 云南省·（西双版纳傣族自治州）·景洪市

【出处】 波岩少讲，岩温扁等翻译：《青年射日》，见中国民间文学集成全国编辑委员会编《中国民间故事集成》（云南卷），北京：中国ISBN中心

2003 年版，第 140 页。

W0584. 2. 1

文化英雄有惊人的身高

实 例

景颇族 （实例待考）

W0584. 2. 2

文化英雄身体很小

【汤普森】L112. 2

实 例

（实例待考）

W0584. 2. 3

文化英雄通体透明

【关联】［W0733. 1］神农身体通透（神农身体透明）

实 例

汉族 神农氏通体透明，五脏六腑能看得清清楚楚。

【流传】江苏省·太仓市·双凤乡·西街

【出处】钱绍伟讲，毛林浓采录：《药王神农氏》，见中国民间文学集成全国编辑委员会编《中国民间故事集成》（江苏卷），北京：中国 ISBN 中心 1998 年版，第 7 页。

汉族 神农生能看清自己的心肝肠肺。

【流传】四川省·（宜宾市）·高县·白庙乡·瓦屋村

【出处】左湘权讲，王进龙采录：《神农尝百草》，见中国民间文学集成全国编辑委员会编《中国民间故事集成》（四川卷·上），北京：中国 ISBN 中心 1998 年版，第 75 页。

汉族 炎帝的肚子像透明的水晶，从外面就能看到五脏六腑。

【流传】山西省·（长治市）·潞城县

【出处】王来虎讲，申双鱼采录：《神农种谷》，见中国民间文学集成全国编辑委员会编《中国民间故事集成》（山西卷），北京：中国 ISBN 中心 1999 年版，第 19 页。

W0584. 2. 4

文化英雄外表像怪物

【汤普森】≈L112. 1

实 例

（实例待考）

W0584. 2. 5

文化英雄有动物外形

【关联】［W0070. 3. 1］半人半兽的神

实 例

（参见下级母题实例）

W0584. 2. 5. 1

突忽烈出生时浑身长着鳞片，两脚像鸭子爪

实 例

满族 一个土伦部落的小阿哥突忽

烈，出生时浑身长着闪闪发光的鳞片，两脚像鸭子爪一样。

【流传】黑龙江省·牡丹江市·（阳明区）·铁岭河（铁岭河镇）

【出处】郭鹤令讲，傅英仁采录：《突忽烈玛发》，见中国民间文学集成全国编辑委员会编《中国民间故事集成》（黑龙江卷），北京：中国ISBN中心2005年版，第74～75页。

W0584.2.6

文化英雄长有翅膀

实　例

汉族 不知过了多少年，世上出现一个带翅膀的英雄。据说他是老天爷派下来的，神通大，武艺高，神箭一射出去，直闪光，还带响。妖魔们可怕他了。

【流传】河南省·（南阳市）·桐柏县·（城关镇）

【出处】李长春（39岁）讲，刘剑采录整理：《前羿和后羿》（1982.03.10），见张振犁编著，孟宪明、朱淑君统纂《中原神话通鉴》（第三卷），郑州：河南大学出版社2017年版，第847页。

W0584.2.6.1

女子与岩鹰婚生的英雄吉智高卢身上生有翅膀

实　例

彝族 女子与岩鹰婚生的吉智高卢（英雄名）身上生有翅膀，随时飞来飞去，往返于他的两位夫人之间。

【流传】（无考）

【出处】《吉智高卢》，原载谷德明编《中国少数民族神话》，西北民族学院研究所印刷，内部资料，1983年，见姚宝瑄主编《中国各民族神话》（羌族、彝族），太原：山西出版传媒集团·书海出版社2014年版，第321页。

W0584.3

文化英雄的头

实　例

（实例待考）

W0584.3.1

文化英雄有多个头

【汤普森】≈A526.4

实　例

（实例待考）

W0584.3.2

文化英雄长着丑陋的脑袋

【汤普森】L112.3.1

实　例

（实例待考）

W0584.4

文化英雄的脸

实　例

（实例待考）

W0584. 4. 1

文化英雄长着几张脸

【关联】［W0692. 1］黄帝四面

实 例

汉族 （实例待考）

W0584. 4. 1. 1

千面英雄

实 例

汉族 （实例待考）

W0584. 5

文化英雄的眼睛

实 例

（参见下级母题实例）

W0584. 5. 1

文化英雄有多个眼睛

【汤普森】 ≈A526. 5

实 例

壮族 （实例待考）

W0584. 5. 2

文化英雄长着 3 个眸子

实 例

（参见下级母题实例）

W0584. 5. 2. 1

尧舜叁牟子（尧舜三眸子）

实 例

汉族 禹跳、汤偏、尧舜叁牟子。

【流传】（无考）

【出处】［战国］荀况：《荀子·非相》。

W0584. 5. 3

文化英雄长着特定颜色的眼睛

实 例

（参见下级母题实例）

W0584. 5. 3. 1

英雄长着绿色的眼睛

实 例

壮族 岑逊（英雄名）和普通人不同，他的眼睛是绿色的。

【流传】（无考）

【出处】 黄景山、黄继良、覃文珍讲，杨士衡、覃建才搜集整理：《岑逊王》，原载《民间文学集刊》第八本，见姚宝瑄主编《中国各民族神话》（仫佬族、壮族、京族），太原：山西出版传媒集团·书海出版社 2014 年版，第 185 页。

W0584. 6

文化英雄的鼻子

实 例

（实例待考）

W0584.7

文化英雄的嘴巴

实　例

（实例待考）

W0584.8

文化英雄的四肢

实　例

（参见下级母题实例）

W0584.8.1

英雄的手臂很长

实　例

（参见下级母题实例）

W0584.8.1.1

英雄的手臂壮实得像椰子树干

实　例

傣族 射日的青年身材高大魁伟，手臂壮实得像椰子树干，迈一步就能跨过一座山，一气能挑起几个小山包。

【流传】 云南省·（西双版纳傣族自治州）·景洪市

【出处】 波岩少讲，岩温扁等翻译：《青年射日》，见中国民间文学集成全国编辑委员会编《中国民间故事集成》（云南卷），北京：中国 ISBN 中心 2003 年版，第 140 页。

W0584.8.2

英雄长着三节手

实　例

（参见下级母题实例）

W0584.8.2.1

力大无比的三节手后生郎正能打落太阳

实　例

壮族 太阳造成旱灾，布洛陀（祖先名）告诉人们："要救大地，就要打落十九个太阳。你们去找壮家英雄吧！不要找唱歌的，要去找那个力大无比的三节手后生郎正。"

【流传】（无考）

【出处】 陆世安讲，杨照昌整理：《布洛陀》，原载刘德荣等编《壮族民间故事》，云南人民出版社 1988 年版，见姚宝瑄主编《中国各民族神话》（仫佬族、壮族、京族），太原：山西出版传媒集团·书海出版社 2014 年版，第 135～136 页。

W0584.8.3

英雄的两手过膝

实　例

（参见下级母题实例）

W0584. 8. 3. 1

英雄岑逊的两手垂下来冒过膝盖头

实　例

壮族 岑逊（英雄名）和普通人不同。他的两手垂下来冒过膝盖头。

【流传】（无考）

【出处】黄景山、黄继良、覃文珍讲，杨士衡、覃建才搜集整理：《岑逊王》，原载《民间文学集刊》第八本，见姚宝瑄主编《中国各民族神话》（仫佬族、壮族、京族），太原：山西出版传媒集团·书海出版社 2014 年版，第 185 页。

W0584. 8. 4

文化英雄 9 臂 9 腿

【关联】

①［W0662. 4. 5］巨人有八双手臂

②［W0722. 2. 1. 3. 1］盘古三头六臂

实　例

苗族 有个好汉金松昂（半神半人名），他的身子真灵巧，九个胳臂九只手，九条长腿九个膝。

【流传】原文无流传地，据文本及注释推测该神话流传于贵州省·黔东南苗族侗族自治州·凯里市、台江县等地。

【出处】张启庭、张荣光、张正玉、张启德演唱，张明搜集，燕宝整理译注：《创造宇宙·打柱撑天》，见贵州省少数民族古籍整理出版规划小组办公室编，燕宝整理译注《苗族古歌》，贵阳：贵州民族出版社 1993 年版，第 303 页。

W0584. 9

文化英雄的毛发

实　例

（实例待考）

W0584. 10

文化英雄力量巨大

实　例

傣族 （实例待考）

壮族 （实例待考）

W0584. 10. 1

文化英雄力能搬山

实　例

汉族 （实例待考）

W0584. 10. 2

文化英雄力能拔树

实　例

（参见下级母题实例）

W0584. 10. 2. 1

英雄把水桶粗的大树连根拔起

实　例

傈僳族 斯尼冉（英雄名）力气很大，

能把有水桶粗的大树连根拔出来。

【流传】云南省·（怒江傈僳族自治州）·福贡县

【出处】普阿冒讲，木玉璋采录：《木筒里出来的人》，见中国民间文学集成全国编辑委员会编《中国民间故事集成》（云南卷），北京：中国ISBN中心2003年版，第248页。

W0584.10.2.2

英雄把大树连根拔起

实　例

朝鲜族 金蛙王的七个王子邀朱蒙（卵生的男孩，后来成为国王）去狩猎。他们一同进了长白山，一整天只猎到一只鹿，还是朱蒙射死的。回家的路上，七个王子好生嫉妒，抢了朱蒙的鹿不说，还把朱蒙绑在一棵大树上。结果朱蒙一下把大树连根拔了起来，把大伙儿都吓傻了。

【流传】长白山等地

【出处】金德顺讲，裴永镇记录整理：《东明王的传说》，原载《金德顺故事集》，见陶阳、钟秀编《中国神话》（中），北京：商务印书馆2008年版，第886～897页。

W0584.10.3

文化英雄好臂力（英雄臂力惊人）

实　例

（参见下级母题实例）

W0584.10.3.1

小英雄两手能拉十石弓

实　例

满族 阿兰姑娘从小就爱骑马射箭，两条腿能跑九山十八梁，两手能拉十石弓。

【流传】黑龙江省·牡丹江市·（西安区）·温春乡（温春镇）·楼坊（楼房村）

【出处】梅崇阿讲，傅英仁采录：《抓罗妈妈》，见中国民间文学集成全国编辑委员会编《中国民间故事集成》（黑龙江卷），北京：中国ISBN中心2005年版，第70～72页。

W0584.10.3.2

英雄拉起硬弓射得穿33座山岩

实　例

景颇族 一个叫麻锐的年轻人，拉起硬弓射得穿三十三座山岩。

【流传】云南省·（德宏傣族景颇族自治州）·陇川县·邦外（陇把镇）

【出处】金老六讲，刘为民采录：《那泼节的传说》，见中国民间文学集成全国编辑委员会编《中国民间故事集成》（云南卷），北京：中国ISBN中心2003年版，第330页。

W0584. 10. 3. 3

英雄莫一大王能拉动 320 斤的弓，射 40 斤重的箭

实 例

壮族 莫一大王（英雄名，首领）的神力很大，练兵马时，可舞弄四百斤重的大刀，拉动三百二十斤力的弓弦，射四十斤重的箭。

【流传】广西壮族自治区·（河池市）·南丹（南丹县）·河池（已撤销，今属河池市）、宜山（宜州市），（柳州市）·柳城（柳城县）等地

【出处】蓝鸿恩搜集整理：《莫一大王的故事》，见姚宝瑄主编《中国各民族神话》（仫佬族、壮族、京族），太原：山西出版传媒集团·书海出版社 2014 年版，第 179 页。

W0584. 10. 4

文化英雄能踩碎大山

实 例

傣族 射日的青年射日时，双脚一蹬把大山踩碎了。

【流传】云南省·（西双版纳傣族自治州）·景洪市

【出处】波岩少讲，岩温扁等翻译：《青年射日》，见中国民间文学集成全国编辑委员会编《中国民间故事集成》（云南卷），北京：中国 ISBN 中心 2003 年版，第 140 页。

W0584. 11

与文化英雄体征有关的其他母题

实 例

满族 （实例待考）

W0584. 11. 1

英雄有与一般人不同的体征

实 例

（参见下级母题实例）

W0584. 11. 1. 1

英雄的舌头能舔到鼻尖

实 例

壮族 岑逊（英雄名）和普通人不同。他的舌头能舔到自己的鼻端。

【流传】（无考）

【出处】黄景山、黄继良、覃文珍讲，杨士衡、覃建才搜集整理：《岑逊王》，原载《民间文学集刊》第八本，见姚宝瑄主编《中国各民族神话》（仫佬族、壮族、京族），太原：山西出版传媒集团·书海出版社 2014 年版，第 185 页。

W0585

文化英雄的性情（英雄的性格）

【汤普森】A520

实 例

（参见下级母题实例）

W0585. 1

文化英雄是骗子

【汤普森】 A521

实 例

（实例待考）

W0585. 2

有不良习性的英雄

【汤普森】 L114

实 例

（实例待考）

W0585. 3

性情癫狂的英雄

【汤普森】 L116

实 例

（实例待考）

W0585. 4

傻里傻气的英雄

【汤普森】 L121

实 例

（实例待考）

W0585. 5

居功自傲的英雄

实 例

蒙古族 （实例待考）

W0585. 5. 1

英雄射日后自我膨胀

实 例

汉族 尧时，羿射落9个太阳后，觉得自己了不起了，德行比尧还要高，想叫尧让位。

【流传】 浙江省·（温州市）·洞头县·洞头乡·后垅村

【出处】 吴艺讲，叶永福记录：《嫦娥吞仙丹》（1987. 05. 30），见姚宝瑄主编《中国各民族神话》（汉族），太原：山西出版传媒集团·书海出版社2014年版，第240～241页。

W0585. 6

英雄聪明勇敢

实 例

（参见下级母题实例）

W0585. 6. 1

谁也赛不过英雄岑逊的聪明勇敢

实 例

壮族 岑逊（英雄名）和普通人不同。他身体十分魁伟，坐着像座岭，站着像山峰。讲聪明勇敢，谁也赛不过他。

【流传】（无考）

【出处】 黄景山、黄继良、覃文珍讲，杨士衡、覃建才搜集整理：《岑逊王》，原载《民间文学集刊》第八本，见姚宝瑄主编《中国各民族神话》（仫佬族、壮族、京族），太原：山西出版传媒集团·书海出版社 2014 年版，第 185 页。

W0585. 6. 2
英雄大胆

实　例

（参见下级母题实例）

W0585. 6. 2. 1
孤胆英雄

实　例

（参见下级母题实例）

W0585. 6. 2. 1. 1
英雄一个人去除魔

实　例

柯尔克孜族 老人吩咐八个勇士帮助女婿交奥达尔（英雄名）去铲除魔王时，交奥达尔决心一个人去，把勇士赶回家去。

【流传】（新疆维吾尔自治区）

【出处】 卡坦司马依勒讲，《玛纳斯》工作组搜集，张运隆整理翻译：《英雄交奥达尔的故事》，见姚宝瑄主编《中国各民族神话》（乌孜别克族、哈萨克族、柯尔克孜族、俄罗斯族、维吾尔族、塔吉克族、塔塔尔族、锡伯族），太原：山西出版传媒集团·书海出版社 2014 年版，第 171 页。

W0585. 7
文化英雄潇洒

实　例

（参见下级母题实例）

W0585. 7. 1
文化英雄支格阿龙遨游天地间

实　例

彝族 支格阿龙（文化英雄名）四处旅行的时候，骑了四匹仙马，牵了四条仙狗，天天从地下到天上，从海洋到山谷游玩。

【流传】 四川省·凉山州（凉山彝族自治州）

【出处】 赤哈子讲，上元、邹志诚整理：《打蚊子、青蛙和蛇》，原载李德君、陶学良编《彝族民间故事选》，见陶阳、钟秀编《中国神话》（中），北京：商务印书馆 2008 年版，第 675 ~ 686 页。

W0585. 8
文化英雄不恋母

实　例

（参见下级母题实例）

W0585. 8. 1
文化英雄出生后主动脱离母亲

实　例

（参见下级母题实例）

W0585.8.1.1

英雄支格阿龙生后第一夜不肯吃母乳，第二夜不肯同母睡，第三夜不肯穿母衣

实 例

彝族 蒲莫列衣（女子名）感龙鹰的血生支格阿龙（文化英雄名），生后第一夜，不肯吃母乳；生后第二夜，不肯同母睡；生后第三夜，不肯穿母衣。

【流传】凉山一带

【出处】《勒俄特衣》，见冯元蔚、曲比石美整理校订：《凉山彝文资料选译》第1集，西南民族学院印刷厂1978，第38~46页。

W0585.9

英雄有勇无谋（草莽英雄）

实 例

（参见下级母题实例）

W0585.9.1

英雄错怪他的助手

实 例

柯尔克孜族 交奥达尔（英雄名）错怪了他的座下神驹时，神驹规劝说："你这个有勇无智的英雄，真是一个脸毛还长在额头、乳汁还留在嘴里的孩子！"

【流传】（新疆维吾尔自治区）

【出处】卡坦司马依勒讲，《玛纳斯》工作组搜集，张运隆整理翻译：《英雄交奥达尔的故事》，见姚宝瑄主编《中国各民族神话》（乌孜别克族、哈萨克族、柯尔克孜族、俄罗斯族、维吾尔族、塔吉克族、塔塔尔族、锡伯族），太原：山西出版传媒集团·书海出版社2014年版，第164页。

W0585.10

英雄一诺千金

实 例

（参见下级母题实例）

W0585.10.1

英雄说到做到

实 例

柯尔克孜族 交奥达尔（英雄名）生来禀性刚毅、神力过人，说到做到，只要是认准该做的事，不管遇到什么样的困难，不达目的，绝不罢休。

【流传】（新疆维吾尔自治区）

【出处】卡坦司马依勒讲，《玛纳斯》工作组搜集，张运隆整理翻译：《英雄交奥达尔的故事》，见姚宝瑄主编《中国各民族神话》（乌孜别克族、哈萨克族、柯尔克孜族、俄罗斯族、维吾尔族、塔吉克族、塔塔尔族、锡伯族），太原：山西出版传媒集团·书海出版社2014年版，第156页。

W0585.11

英雄不近女色（英雄大男子主义）

实 例

（参见下级母题实例）

W0585.11.1

英雄不关心女人

实 例

赫哲族 安徒（英雄名）和朋友火图（英雄名）获胜后正喝庆功酒时，安徒的第三个妻子胡沙德都来送信说："安徒，你妻子都负伤了，你表妹也被抓去，你妹妹追赶敌人去了，你赶快去帮助他们吧！"安徒就像没听见似的，仍在喝酒作乐。

【流传】（黑龙江省·佳木斯市·同江县·八岔赫哲族乡）

【出处】

(a) 吴进才说唱，尤志贤翻译整理：《安徒莫日根》，载中国民间文艺研究会黑龙江分会所编《黑龙江民间文学》，1981年第2集。

(b) 同(a)，见姚宝瑄主编《中国各民族神话》（满族、赫哲族、朝鲜族），太原：山西出版传媒集团·书海出版社2014年版，第137页。

※W0586

文化英雄的生活与经历

实 例

（参见下级母题实例）

W0587

英雄出生后被抛弃

【汤普森】 ①A511.2.1；②L111.2

【关联】［W2670］弃婴

实 例

（参见下级母题实例）

W0587.0

英雄成为弃婴的原因

实 例

（参见下级母题实例）

W0587.0.1

英雄因为出生无父被抛弃

实 例

（实例待考）

W0587.0.2

英雄因为形体怪异被抛弃

实 例

（实例待考）

W0587.0.3

英雄因为性格怪异被抛弃

实 例

（参见下级母题实例）

W0587.0.3.1

英雄支格阿龙出生后因为不吃妈妈的奶被抛弃

实 例

彝族 支格阿龙（英雄名）生下来后，一年不吃妈妈的奶，两年不和妈妈睡在一起，三年不听妈妈的话。妈妈人为是个怪物，不能留。就把他扔到山沟里去了。

【流传】四川省·凉山彝族自治州

【出处】比雀阿立讲，摩依翻译，上元、邹志诚整理，王四代选编：《支格阿龙认妈妈》，见姚宝瑄主编《中国各民族神话》（羌族、彝族），太原：山西出版传媒集团·书海出版社 2014 年版，第 280 页。

W0587.1

在海边发现英雄（在海边发现文化英雄）

【汤普森】L111.2.2

实 例

（实例待考）

W0587.2

在树上发现英雄（在树上发现文化英雄）

【汤普森】L111.2.3

实 例

（实例待考）

W0587.3

在动物居所发现英雄（在动物居所发现文化英雄）

实 例

（参见下级母题实例）

W0587.3.1

在狼穴发现英雄（在狼穴发现文化英雄）

【汤普森】L111.2.4

实 例

（实例待考）

W0587.3.2

英雄被抛弃后与动物为伴

实 例

（参见下级母题实例）

W0587.3.2.1

英雄支格阿龙被抛弃后，在山沟里与蛇同住 3 年

实 例

彝族 支格阿龙（英雄名）出生后第三年被妈妈抛弃。他在山沟里天天和蛇住在一起，一住住了三年。

【流传】四川省·凉山彝族自治州

【出处】比雀阿立讲，摩依翻译，上元、邹志诚整理，王四代选编：《支格阿龙认妈妈》，见姚宝瑄主编《中国各民族神话》（羌族、彝族），太原：山西出版传媒集团·书海出版社 2014 年版，第 280 页。

W0587.4

文化英雄生活在山上

【汤普森】A571

实　例

壮族 （实例待考）

W0587.5

与英雄被抛弃有关的其他母题

实　例

（参见下级母题实例）

W0587.5.1

英雄回家

实　例

（参见下级母题实例）

W0587.5.1.1

英雄少年离家老大回

实　例

傣族 少年出发寻妖夺宝的宛纳帕（人名）把宝石带回了家乡。把宝石重新高挂在菩提树梢上的时候，勇敢的宛纳帕已经是一位白发苍苍的老人了。

【流传】（云南省）

【出处】

（a）岩温扁、杨胜能、吴军搜集整理：《傣族男子为什么要纹身》，见傅光宇编《傣族民间故事选》，上海：上海文艺出版社 1985 年版。

（b）同（a），见姚宝瑄主编《中国各民族神话》（哈尼族、傣族），太原：山西出版传媒集团·书海出版社 2014 年版，第 356 页。

W0588

文化英雄的抚养

【汤普森】A511

实　例

（参见下级母题实例）

W0588.1

神或神性人物抚养文化英雄

实　例

（实例待考）

W0588.1.1

萨满抚育文化英雄

实　例

满族 （实例待考）

W0588.2

特定的人抚养文化英雄

【汤普森】A511.3.2

实　例

（实例待考）

W0588.3

动物抚养文化英雄

【汤普森】L111.7

【关联】［W2693］动物抚养人；

实 例

汉族 （实例待考）

W0588.3.1
狼抚养文化英雄

【汤普森】A511.2.1.1

【关联】［W2693.6.2］狼抚养人

实 例

（实例待考）

W0588.3.2
虎抚养文化英雄

【汤普森】A511.2.1.2

实 例

汉族 （实例待考）

W0588.4
与英雄的抚养有关的其他母题

实 例

（参见下级母题实例）

W0588.4.1
英雄被冷落

实 例

珞巴族 大力士为东方国王铲除罗刹鬼之后，被留在宫中。但他吃的东西确实太多，日子久了，国王心疼起粮食来。又想着罗刹鬼已灭，用不着他了就开始冷落他。

【流传】西藏自治区·林芝市·墨脱县·旁辛乡、达木珞巴民族乡、加拉萨乡（讲述地点：墨脱县·达木珞巴民族乡·达木村）

【出处】吉如、扎西、保红讲：《大力士当国王》（1997.06），见冀文正《珞巴族民间故事》，成都：四川民族出版社2011年版，第121页。

W0589
文化英雄的成长（文化英雄的经历）

【汤普森】A511.4

实 例

（参见下级母题实例）

W0589.1
文化英雄出生后迅速成长

【汤普森】A511.4.1

【关联】［W0090.2.2］神迅速成长

实 例

（参见下级母题实例）

W0589.1.1
文化英雄出生后短时间长大

实 例

（参见下级母题实例）

W0589.1.1.1
文化英雄生下来3天会走

实 例

满族 （实例待考）

W0589. 1. 1. 1a
文化英雄生下来 10 天会跑

实　例

哈萨克族 小坎德巴依（英雄名）生下来后，六天就会笑了，十天就会走会跑了，六岁就长成了一个壮实的小伙子。

【流传】新疆维吾尔自治区

【出处】李雍翻译：《英雄坎德巴依》，原载陶立璠、李耀宗编《中国少数民族神话传说选》，见陶阳、钟秀编《中国神话》（中），北京：商务印书馆 2008 年版，第 687 ~695 页。

满族 （实例待考）

W0589. 1. 1. 2
文化英雄 2 个月会走，3 个月会说话

【关联】［W2598. 4. 4］孩子出生就会说话

实　例

回族 一对老夫妇生的男孩赶旱（英雄名），两个月就会走路，三个月就会说话。

【流传】云南省

【出处】《插龙牌》，见中国社会科学院云南少数民族文学研究所等编《云南少数民族文学资料》（第 3 辑），内部编印，1981 年，第 3 页。

W0589. 1. 1. 3
英雄出生后第 1 天吃一碗饭，第 2 天会说话，第 3 天会走路，第 4 天会跑，第 5 天成为大人

实　例

独龙族 妮泰姑娘感象而生的儿子马葛捧刚生下来的第一天，就能吃一碗饭，两天就会说话，三天就会走路，四天就会跑，五天就长得跟大人一样。

【流传】（无考）

【出处】

（a）约翰讲，陈凤楼搜集整理：《大象的儿子》，见谷德明编《中国少数民族神话》，北京：中国民间文艺出版社 1987 年版，第 517 页。

（b）同（a）载《山茶》1983 年第 3 期。

W0589. 2
文化英雄早熟

【汤普森】A527. 1

实　例

（参见下级母题实例）

W0589. 2. 1
文化英雄在母胎中说话

【汤普森】A511. 1. 2

【关联】［W2587. 6］孩子在母腹中说话

实　例

（实例待考）

W0589.2.2
文化英雄生下 3 天说话

【关联】［W0751.4.2.1］大禹生下 3 天会说话

实 例

羌族 大禹生下三天后就会说话。

【流传】四川省·（阿坝藏族羌族自治州）·汶川（汶川县）

【出处】张旭刚搜集：《大禹王》，见中华民族故事大系编委会编《中华民族故事大系》第 11 卷（达斡尔族、仫佬族、羌族），上海：上海文艺出版社 1995 年版，第 715 页。

W0589.2.3
文化英雄生下 6 天会笑

实 例

哈萨克族 （参见“W0589.1.1.1a 文化英雄生下来 10 天会跑”母题实例）

W0589.2.4
文化英雄年幼时本领非凡

实 例

壮族 （实例待考）

W0589.2.4.1
英雄小时候就善射

实 例

朝鲜族 阿妈妮（妈妈，母亲）给小朱蒙（卵生的男孩，后来成为国王）做了一张手巴掌大的小弓，又拆了篦子上的竹签给他当箭。苍蝇落在纺车上，这孩子一箭射死一只，箭箭不落空。

【流传】长白山等地

【出处】金德顺讲，裴永镇记录整理：《东明王的传说》，原载《金德顺故事集》，见陶阳、钟秀编《中国神话》（中），北京：商务印书馆 2008 年版，第 886～897 页。

W0589.3
文化英雄的成长经历多次磨难

【关联】［W0899.5］灵魂的磨难

实 例

珞巴族 （实例待考）

苗族 （实例待考）

W0589.3.1
英雄大难不死

实 例

（参见下级母题实例）

W0589.3.1.1
英雄几次遇害都转危为安

实 例

藏族 觉如（格萨尔）出生 3 天，他的心肠歹毒的叔叔晁同趁机把里面放有“油末纠芥”毒药的酥油喂给他时，他尝到酥油有怪味，便运用神力把毒药化作两股浓烟，从鼻孔喷出，直向晃同脸上射去。后来晃同多次设奸计想害死格萨尔，但都被神通广大的格萨尔战胜了。

【流传】（无考）

【出处】徐国琼搜集整理：《雄师大王格萨尔》，见陶阳、钟秀编《中国神话》（中），北京：商务印书馆 2008 年版，第 702～711 页。

W0589. 4
文化英雄的饮食

实 例

（参见下级母题实例）

W0589. 4. 1
文化英雄的食物

实 例

（参见下级母题实例）

W0589. 4. 1. 1
文化英雄以铁为食

【关联】［W0672. 5. 2. 1］蚩尤石头铁块当饭吃

实 例

彝族 支格阿鲁以铁当饭，力量巨大。

【流传】（无考）

【出处】马海乌利讲：《开天辟地的故事》，见刘魁立主编《玉皇大帝的传说》，北京：中国社会出版社 2008 年版，第 58 页。

W0589. 4. 1. 2
文化英雄食露水

实 例

侗族 （实例待考）

W0589. 5
文化英雄饮食惊人

实 例

（参见下级母题实例）

W0589. 5. 1
文化英雄的巨大饭量

实 例

汉族 （实例待考）

W0589. 5. 1. 1
文化英雄一次吃掉很多动物

实 例

鄂伦春族 （实例待考）

W0589. 5. 1. 2
英雄汉一顿吃 9 槽粑 9 桶鱼

实 例

苗族 榜养朋荣（半人半神）英雄汉，一顿吃下九槽粑，一顿能吃九桶鱼，能吃得下三秤铁，九斤钢水漱漱口。

【流传】原文无流传地，据文本及注释

推测该神话流传于贵州省·黔东南苗族侗族自治州·凯里市、台江县等地。

【出处】张启庭、张荣光、张正玉、张启德演唱，张明搜集，燕宝整理译注：《创造宇宙·铸日造月》，见贵州省少数民族古籍整理出版规划小组办公室编，燕宝整理译注《苗族古歌》，贵阳：贵州民族出版社 1993 年版，第 352～352 页。

W0589.5.2

英雄喝干河水

【关联】［W0663.2.1］巨人饮干江河

实 例

鄂伦春族 （实例待考）

汉族 （实例待考）

赫哲族 有老两口养了一个儿子（少年英雄）一喝水，就能喝干一条大河。

【流传】黑龙江省·（佳木斯市）·同江县（同江市）

【出处】龙树林、吴连贵讲，龙志贤、黄任远搜集整理：《射太阳》，原载王士媛编《赫哲族民间故事选》，见陶阳、钟秀编《中国神话》（上），北京：商务印书馆 2008 年版，第 289～290 页。

土家族 （实例待考）

W0589.6

文化英雄分配食宿

【汤普森】A547

实 例

（实例待考）

W0589a

文化英雄的服饰（文化英雄的装备）

实 例

（参见下级母题实例）

W0589a.1

文化英雄的头饰

实 例

（参见下级母题实例）

W0589a.1.1

文化英雄头戴铜盔

实 例

彝族 支格阿鲁（射日英雄）头戴铜盔。

【流传】四川省·（凉山彝族自治州）·美姑县

【出处】《勒俄特伊》，巴莫曲布嫫：《彝族鬼灵信仰田野调查手记》，http://www.ihchina.cn/inc/detail.jsp?info_id=2421。

W0589a.2

文化英雄的衣服

实 例

（实例待考）

W0589b

文化英雄的居所

实 例

（参见下级母题实例）

W0589b.1

文化英雄住天上

实 例

（参见下级母题实例）

W0589b.1.1

文化英雄回归天界

【汤普森】A566

实 例

（参见下级母题实例）

W0589b.1.1.1

文化英雄回天国

实 例

藏族 格萨尔王至众敌俱摧，民害悉除，安置三界后，归还天国。

【流传】（无考）

【出处】刘局乐整理：《格萨尔王的传说》，见 BBS 水木清华站：http：//www.smth.edu.cn，2006.07.20。

W0589b.1.2

英雄魂归天国

实 例

藏族 （参见“W0589b.1.1.1 文化英雄回天国”母题实例）

W0589c

文化英雄的出行

实 例

（实例待考）

※W0590

文化英雄的能力（文化英雄的本领，文化英雄的事迹）

【汤普森】A527

【关联】

①［W3959］文化英雄取粮种

②［W4976.1.1］文化英雄治水

③［W6955.2］文化英雄盗火

④［W9660.7.1］宝物只献给特定的英雄

⑤［W9729］文化英雄射日

实 例

（参见下级母题实例）

W0591

文化英雄本领的获得

实 例

（参见下级母题实例）

W0591.1

英雄从天上获得本领

实 例

蒙古族 （实例待考）

W0591.2

英雄从老人那里获得本领

实　例

（参见下级母题实例）

W0591.2.1

射日英雄乌恩的本领是跟天降的老人学的

实　例

蒙古族 射日英雄乌恩的本领是跟一个天上下来的老人学的。

【流传】（无考）

【出处】赛野搜集整理：《乌恩射太阳》，见谷德明编《中国少数民族神话》，北京：中国民间文艺出版社1987年版，第49～58页。

W0591.3

英雄从小练就本领

实　例

彝族 有一个叫阿喇的青年机智勇敢，从小练就一身打猎的好本领，很多毒蛇猛兽都死在他手下。

【流传】（云南省·昆明市）

【出处】王芝、王凤英讲，李光荣搜集整理：《阿喇寻药》，原名《采药》，原载昆明市民间文学集成办公室编《昆明民间故事》，内部资料，1987年，见姚宝瑄主编《中国各民族神话》（羌族、彝族），太原：山西出版传媒集团·书海出版社2014年版，第324页。

W0592

文化英雄能力非凡

【汤普森】A526.7

实　例

（参见下级母题实例）

W0592.1

文化英雄有神力

实　例

傈僳族 （实例待考）

W0592.2

文化英雄出生就会跑

【汤普森】F583

实　例

（实例待考）

W0592.3

英雄能搬山（英雄能移山）

实　例

（参见下级母题实例）

W0592.3.1

英雄能担山

【关联】［W9867.2］二郎担山追杀太阳

实　例

汉族 （实例待考）

壮族 （参见“W0592. 3. 2 英雄莫一大王把山背到背上搬走”母题实例）

W0592. 3. 2

英雄莫一大王把山背到背上搬走

实 例

壮族 莫一大王（英雄名）用伞把的尖尖戳住了山腰，把山连伞把一起背到背上搬走了。

【流传】 广西壮族自治区·（河池市）·南丹（南丹县）·河池（已撤销，今属河池市）、宜山（宜州市），（柳州市）·柳城（柳城县）等地

【出处】 蓝鸿恩搜集整理：《莫一大王的故事》，见姚宝瑄主编《中国各民族神话》（仫佬族、壮族、京族），太原：山西出版传媒集团·书海出版社2014年版，第178页。

W0592. 4

英雄善射

实 例

朝鲜族 阿妈妮给小朱蒙做了小弓和竹箭。这孩子一箭射死一只苍蝇。

【流传】 长白山等地

【出处】 金德顺讲，裴永镇记录整理：《东明王的传说》，原载《金德顺故事集》，见陶阳、钟秀编《中国神话》（中），北京：商务印书馆2008年版，第886~897页。

侗族 （实例待考）

W0592. 5

英雄知晓古今

实 例

苗族 （实例待考）

W0592. 5. 1

英雄会讲故事

实 例

汉族 （实例待考）

W0592. 6

文化英雄能看到别人看不到的东西

实 例

（参见下级母题实例）

W0592. 6. 1

文化英雄能透视身体

实 例

汉族 神农生下来后全身透明，自己能看清自己的心肝肠肺。

【流传】 四川省·（宜宾市）·高县·白庙乡·瓦屋村

【出处】 左湘权讲，王进龙采录：《神农尝百草》，见中国民间文学集成全国编辑委员会编《中国民间故事集成》（四川卷·上），北京：中国ISBN中心1998年版，第75页。

W0592.7
文化英雄能拨云开雾

实 例

（参见下级母题实例）

W0592.7.1
宁贯娃一举手就能拨开云雾

实 例

景颇族 娃娃（改天整地的宁贯娃）刚落地，一举手就能拨开云雾。

【流传】云南省·（德宏傣族景颇族自治州）·陇川县

【出处】施戛崩等讲，何峨采录：《宁贯娃改天整地》，见中国民间文学集成全国编辑委员会编《中国民间故事集成》（云南卷），北京：中国 ISBN 中心 2003 年版，第 61 页。

景颇族 宁冠娃（文化英雄名）的眼睛像两盏灯，举手能拨开云雾，高山是他的坐凳，他的笑声能传到九座大山外，一跺脚大地就响起回声。

【流传】（云南省）

【出处】

（a）尚正兴整理：《宁冠娃》，见《中国各民族宗教与神话大词典》编审委员会编《中国各民族宗教与神话大词典》，北京：学苑出版社 1993 年版。

（b）同（a），见姚宝瑄主编《中国各民族神话》（白族、拉祜族、景颇族），太原：山西出版传媒集团·书海出版社 2014 年版，第 243 页。

W0592.7a
文化英雄能腾云驾雾

实 例

彝族 吐鲁汝（反天庭的英雄），能腾云驾雾，千变万化。

【流传】贵州省·（毕节市）·威宁县（威宁彝族回族苗族自治县）

【出处】王小二讲，石磊采录：《拆掉通天的桥》见中国民间文学集成全国编辑委员会编《中国民间故事集成》（贵州卷），北京：中国 ISBN 中心 2003 年，第 70 页。

W0592.8
英雄能干常人干不成的事

实 例

（参见下级母题实例）

W0592.8.1
只有英雄能盗取蟒魔王头上的宝帽

实 例

蒙古族 盗取蟒魔王头上的宝帽，普通人办不到，非得让能干的山的儿子（英雄名）前去才能成功。

【流传】内蒙古自治区·赤峰市·巴林右旗

【出处】胡尔查翻译，甘珠尔扎布搜集整理：《山的儿子》，见姚宝瑄主编《中国各民族神话》（达斡尔族、鄂伦春族、鄂温克族、蒙古族），太原：山西出版传媒集团·书海出版社 2014 年版，第 202 页。

W0592. 8. 2
英雄虎口拔牙

实 例

（参见下级母题实例）

W0592. 8. 2. 1
英雄拔下蛇的毒牙

【关联】［W8952］人与动物之争

实 例

彝族 搓日阿补（英雄名）一纵步跳起来，骑上了蛇的脖子，像一座大山压在蛇身上，压得蛇动弹不得，蛇乖乖地让他拔下了毒牙。

【流传】（云南省）

【出处】苏绍相、李玉兴、克鲁讲，基默热阔搜集：《搓日阿补征服女儿国》，原载李子贤编《云南少数民族神话选》，云南人民出版社 1990 年版，见姚宝瑄主编《中国各民族神话》（羌族、彝族），太原：山西出版传媒集团·书海出版社 2014 年版，第 345 页。

W0592. 8. 3
英雄说话成真

实 例

（参见下级母题实例）

W0592. 8. 3. 1
英雄的言语使水上产生桥

实 例

朝鲜族 金蛙王带领士兵追赶朱蒙（河伯的女儿卵生的男孩），忽然眼前有一条又宽又深的大江挡住了去路。朱蒙举起长鞭指天长叹道："我是天帝的孙子，河伯的外孙，今天来到这个地方避难，要是天帝有情，就快快降船。要是河伯长眼，就快快搭桥！"话音未落，无数的鱼鳖虾蟹浮出了水面，从南到北搭成了一座浮桥。

【流传】长白山等地

【出处】金德顺讲，裴永镇记录整理：《东明王的传说》，原载《金德顺故事集》，见陶阳、钟秀编《中国神话》（中），北京：商务印书馆 2008 年版，第 886～897 页。

W0592. 9
文化英雄睁着眼睡觉

实 例

基诺族 少雪（祖先名，也可以视为文化英雄，即不知父亲的老祖父"雪"）睡觉时睁着双眼，如醒着一样，别人不能趁他睡觉时暗算他，即人们无论在日夜里都不能把他杀死。

【流传】云南省·（西双版纳傣族自治州·景洪市）·基诺山（基诺山基诺族乡）·戛里果箐、巴亚中寨

【出处】沙车等讲，杜玉亭调查整理：

《巴亚寨父系英雄阿普少雪》(1980)，见吕大吉、何耀华总主编《中国各民族原始宗教资料集成》(彝族卷、白族卷、基诺族卷)，北京：中国社会科学出版社1996年版，第876~877页。

W0592.10

英雄综合素质高

实 例

(参见下级母题实例)

W0592.10.1

英雄拉得起硬弓，挥得动长刀，会唱姑娘合得上的山歌，跳起舞大地都会震动

实 例

景颇族 景颇寨子中有一个叫麻锐的年轻人。他拉起硬弓，射得穿三十三座山岩；他挥起长刀，砍得倒九十九棵大树；他唱起山歌来，没有一个姑娘合得上；他跳起舞来，大地都会震动，寨子里的姑娘和他比，好像是拿星星去比月亮，都配不上他。

【流传】 云南省·(德宏傣族景颇族自治州)·陇川县

【出处】 金老六讲，刘为民搜集整理：《那泼节的传说》，载《山茶》1987年第1期。

W0593

文化英雄是保护神

实 例

(参见下级母题实例)

W0593.1

文化英雄荫泽后人

实 例

(参见下级母题实例)

W0593.1.1

文化英雄的灵魂保护部落

实 例

哈萨克族 那些英雄人物和声名显赫的人物的灵魂，还能保护整个部落。

【流传】 (无考)

【出处】 尼合迈德·蒙加尼搜集，校仲彝翻译整理：《神与灵魂》，见谷德明编《中国少数民族神话》，北京：中国民间文艺出版社1987年版，第730页。

哈萨克族 那些英雄人物和声名显赫人物的灵魂，能保护整个部落。重大活动时往往呼唤本部落已故的英雄们的名字，祈求他们大显神灵，前来祐助。

【流传】 (新疆维吾尔自治区)

【出处】 尼哈迈提·蒙加尼搜集，校仲彝翻译整理：《神与灵魂》，见姚宝瑄主编《中国各民族神话》(乌孜别克

族、哈萨克族、柯尔克孜族、俄罗斯族、维吾尔族、塔吉克族、塔塔尔族、锡伯族），太原：山西出版传媒集团·书海出版社 2014 年版，第 31～32 页。

W0593.1.2

英雄的灵魂成为保护神

【关联】［W0443.1.1.3］祖先的灵魂是家族保护神

实 例

藏族 那些曾保护过先民们的人的灵魂。死后他的灵魂仍然在保护着部落，免其受到侵害。这种被先民们称为“神”的灵魂，大多在生前是民族祖先中强悍的英雄人物。

【流传】（无考）

【出处】《藏族卷·绪论》，见吕大吉、何耀华总主编《中国各民族原始宗教资料集成》（鄂伦春族卷、鄂温克族卷、赫哲族卷、达斡尔族卷、锡伯族卷、满族卷、蒙古族卷、藏族卷），北京：中国社会科学出版社 1999 年版，第 778 页。

W0594

文化英雄善跑

实 例

（实例待考）

W0594.1

文化英雄逐日

【关联】［W9865］追杀太阳

实 例

（实例待考）

W0594.1.1

文化英雄担山逐日

【关联】［W9867.2］二郎担山追杀太阳

实 例

（实例待考）

W0595

文化英雄助人

【汤普森】≈A581.1

实 例

（实例待考）

W0595.1

文化英雄灾难中拯救人类

实 例

（实例待考）

W0595.2

文化英雄为人解决衣食住行

实 例

（实例待考）

W0595.2.1

文化英雄为人类盗水

【汤普森】A1111

实 例

（实例待考）

W0596

文化英雄除暴安良

【关联】［W0442］人类保护神（人的保护神）

实 例

（参见下级母题实例）

W0596.1

半人半神的英雄专门除暴安良

实 例

怒族 女子感石生了一个儿子，取名"卢让让"（即石头的儿子）。在其父亲帮助下，成了专门除暴安良的半人半神的英雄。

【流传】（无考）

【出处】《崖神娶人妻传说之三》，根据和光益等整理的《怒族民间故事》（云南人民出版社 1988 年版）重新整理，见吕大吉、何耀华总主编《中国各民族原始宗教资料集成》（纳西族卷、羌族卷、独龙族卷、傈僳族卷、怒族卷），北京：中国社会科学出版社 2000 年版，第 906～907 页。

W0597

文化英雄追梦

实 例

（参见下级母题实例）

W0597.1

文化英雄寻找天边（光明）

【汤普森】 H1260

【关联】［W1166］天边（天的边际）

实 例

（实例待考）

W0597.2

文化英雄寻找亲人

实 例

（参见下级母题实例）

W0597.2.1

文化英雄寻父

【关联】

①［W9935］寻找父亲

②［W9935.1］儿子寻父

实 例

（实例待考）

W0597.2.2

文化英雄寻母

【关联】［W9936］寻找母亲

实 例

（参见下级母题实例）

W0597.2.2.1

英雄被动物养到 16 岁时寻找母亲

实 例

彝族 神龙鹰（父亲角色）把阿鲁举热（龙女感鹰生的儿子）养到16岁，阿鲁举热想起生身的母亲，要去找阿妈。

【流传】云南省·（楚雄彝族自治州）·大姚县

【出处】肖开亮讲，李世忠等采录：《阿鲁举热》，见中国民间文学集成全国编辑委员会编《中国民间故事集成》（云南卷），北京：中国ISBN中心2003年版，第341页。

W0597. 2. 3

文化英雄寻妻

【关联】［W9937］寻找妻子

实 例

（实例待考）

W0597. 2. 4

文化英雄寻子

实 例

（实例待考）

W0597. 3

文化英雄寻找朋友

实 例

（实例待考）

W0597. 4

文化英雄寻宝

【关联】［W9932］寻找特定的物

实 例

（实例待考）

W0597. 5

文化英雄离家创业（争战等）

【汤普森】≈F612

实 例

（实例待考）

W0598

文化英雄学艺收徒

实 例

（参见下级母题实例）

W0598. 1

文化英雄学艺

【关联】

①［W0672. 8. 1］蚩尤学艺

②［W0723d. 9］盘古上学

实 例

瑶族 （实例待考）

W0598. 1. 1

文化英雄学艺原因

实 例

（实例待考）

W0598. 1. 2

文化英雄学艺内容

【关联】［W0692. 2. 1. 1］黄帝专程访仙问道

实 例

汉族 （实例待考）

W0598.1.3

文化英雄学艺结果

【关联】［W0745b.4.2.4.1］南方赤帝女学道得仙

实 例

汉族 南方赤帝女学道得仙，居南阳愕山桑树上。

【流传】（无考）

【出处】［北宋］李昉、李穆、徐铉等：《太平御览》卷九二一引《广异记》。

W0598.2

文化英雄收徒

【关联】［W0749.4.2］羿的徒弟

实 例

（参见下级母题实例）

W0598.2.1

文化英雄收徒类型

实 例

（参见下级母题实例）

W0598.2.1.1

英雄降服者收为徒弟

实 例

维吾尔族 英雄艾里·库尔班把自己的降服者收为徒弟。

【流传】新疆维吾尔自治区

【出处】

(a)《艾里·库尔班》，见满都呼主编《中国阿尔泰语系诸民族神话故事》，北京：民族出版社1997年版，第43页。

(b)《英雄艾里·库尔班》，见张越、姚宝瑄编《新疆民族神话故事选》，乌鲁木齐：新疆人民出版社1989年版。

W0599

文化英雄的发明

【关联】

①［W0697b.1］黄帝是发明者

⑥［W0741.3.1］太昊是发明者

③［W0767.3.3］祝融发明火

④［W6042］神或神性人物发明耕种

⑤［W6080.2］神性人物造工具

⑥［W6102］文化英雄教手工制作

⑥［W6128］神性人物教人制衣

⑦［W6145.2］文化英雄创造食物

⑧［W6205］神或神性人物创造房屋

实 例

（实例待考）

W0599.1

文化英雄发明生产工具

【关联】

①［W6080.2.2］祖先发明农具

②［W6080.4.2］农具的产生

实 例

（实例待考）

W0599. 2

文化英雄发明生活用品

实 例

（实例待考）

W0599. 3

文化英雄发明武器

【关联】［W8743］神或神性人物发明武器

实 例

（实例待考）

W0599. 4

文化英雄发明其他无形文化产品

实 例

（实例待考）

W0599. 5

文化英雄传授技术

【汤普森】 A541

【关联】［W6043］发明或传授耕种

实 例

（实例待考）

W0600

文化英雄称王（英雄成王）

实 例

（参见下级母题实例）

W0600. 1

文化英雄称王的原因（文化英雄称王的方式）

实 例

（参见下级母题实例）

W0600. 1. 1

英雄借助神力称王

实 例

（参见下级母题实例）

W0600. 1. 1. 1

格萨尔借神力称王

实 例

藏族 格萨尔（天神投胎人间）与珠牡婚后乃借神力称王，为格萨尔王，是为黑头人之君长。

【流传】（无考）

【出处】 刘局乐整理：《格萨尔王的传说》，见 BBS 水木清华站：http：//www. smth. edu. cn，2006. 07. 20。

W0600. 1. 2

文化英雄立功称王

实 例

（实例待考）

W0600. 1. 3

文化英雄通过竞技称王

【关联】［W0684. 3. 3. 1］格萨尔赛马称王

实 例

（实例待考）

W0601

文化英雄建立秩序

【汤普森】A530

【关联】［W5003］社会秩序的建立

实 例

壮族 掌管万物生死大权的布碌陀，给万物安名定姓，建立秩序。

【流传】（a）广西壮族自治区右江及红水河一带

【出处】

（a）周朝珍讲，何承文整理：《布碌陀》，载广西民间文学研究会编印《广西民间文学丛刊》第5期。

（b）《布碌陀》（王松选定），见姚宝瑄主编《中国各民族神话》（仫佬族、壮族、京族），太原：山西出版传媒集团·书海出版社2014年版，第76页。

W0602

文化英雄的变形（英雄会变形）

【汤普森】A527.3.1

实 例

彝族 （实例待考）

W0602.1

文化英雄变成动物

实 例

汉族 （实例待考）

W0602.2

英雄变巨人

实 例

（参见下级母题实例）

W0602.2.1

英雄争战时就变成巨人

实 例

柯尔克孜族 达尼格尔（英雄名）上场后，身子一摇，变成一个头顶蓝天、高大无比的巨人。

【流传】（新疆维吾尔自治区）

【出处】玛沙托克托逊讲，《玛纳斯》工作组搜集，张运隆整理，朱玛拉依翻译：《达尼格尔降伏魔法师》，见姚宝瑄主编《中国各民族神话》（乌孜别克族、哈萨克族、柯尔克孜族、俄罗斯族、维吾尔族、塔吉克族、塔塔尔族、锡伯族），太原：山西出版传媒集团·书海出版社2014年版，第196页。

W0603

文化英雄立功

实 例

（参见下级母题实例）

W0603.1

文化英雄降妖捉怪

【汤普森】A531

【关联】［W8836］英雄降妖

实 例

（实例待考）

W0603. 1. 1

文化英雄降龙

【关联】［W8880］斗龙

实 例

壮族 （实例待考）

W0603. 1. 2

文化英雄斩蛇

实 例

（参见下级母题实例）

W0603. 1. 2. 1

女英雄斩蟒蛇

实 例

东乡族 女英雄斩蟒蛇。

【流传】（无考）

【出处】马自祥整理：《璐妇人斩蟒》，见中华民族故事大系编委会编《中华民族故事大系》第 9 卷（水族、东乡族、纳西族），上海：上海文艺出版社 1995 年版，第 377 页。

W0603. 2

文化英雄救亲人

实 例

（参见下级母题实例）

W0603. 2. 1

文化英雄救出落入魔掌的母亲

【关联】［W8982. 11］儿子救母亲

实 例

藏族 （实例待考）

W0603. 2. 1. 1

英雄阿鲁举热从妖洞中救出母亲回到祖宗的故乡

实 例

彝族 阿鲁举热（英雄，大神人）从妖洞中救出母亲后，他们回到以前祖宗在的地方。

【流传】云南省·（楚雄彝族自治州）·大姚县

【出处】肖开亮讲，李世忠等采录：《阿鲁举热》，见中国民间文学集成全国编辑委员会编《中国民间故事集成》（云南卷），北京：中国 ISBN 中心 2003 年版，第 341 页。

W0603. 2. 2

文化英雄救出落入魔掌的妻子

【关联】［W8981. 2. 1］营救失去的妻子

实 例

（实例待考）

W0603. 2. 3

英雄救美

实 例

（参见下级母题实例）

W0603.2.3.1

后羿关键时刻救了嫦娥

【关联】［W0749.3］后羿的能力（羿职能，后羿的事迹）

实 例

汉族 河神见嫦娥长得美丽，想抢她为妻，幸亏后羿赶到，射伤河神，把她救了下来。

【流传】 江苏省·（淮安市）·淮阴市（淮阴区）

【出处】 徐省生讲，徐素芳记录集整理：《后羿射日与嫦娥奔月》（1988.05.20），见姚宝瑄主编《中国各民族神话》（汉族），太原：山西出版传媒集团·书海出版社 2014 年版，第 139～140 页。

W0604

与文化英雄的能力有关的其他母题

实 例

（参见下级母题实例）

W0604.1

英雄的弱点（阿喀琉斯之踵）

实 例

（参见下级母题实例）

W0604.1.1

特定物是英雄的命根

实 例

（参见下级母题实例）

W0604.1.1.1

宝剑是英雄的命根子

实 例

哈萨克族 江德巴特尔（英雄名）在妻子的再三要求下，把自己的命根子告诉她说："我右脚靴底上，有一把四十庹长的宝剑，这宝剑就是我的命根子。它怕水，一把它扔进水里我就完了。"

【流传】（新疆维吾尔自治区）

【出处】

（a）师忠孝翻译：《飞汗的儿子》，见银帆编《哈萨克族民间故事选》，上海：上海文艺出版社 1986 年版。

（b）《江德巴特尔》，见姚宝瑄主编《中国各民族神话》（乌孜别克族、哈萨克族、柯尔克孜族、俄罗斯族、维吾尔族、塔吉克族、塔塔尔族、锡伯族），太原：山西出版传媒集团·书海出版社 2014 年版，第 98 页。

❊ W0605

文化英雄的工具（文化英雄的武器，英雄的用品）[1]

【汤普森】 A524.2

---

① 文化英雄的工具（武器），这类母题在不同民族的神话叙事中数量众多，此处只选择一些代表性的母题作为示例。具体母题可参见"武器"、"弓箭"、"宝物"等相关类型母题实例。

【关联】［W8748～W8753］常见的武器

实 例

（参见下级母题实例）

W0606

文化英雄的奇特之物

【汤普森】A524

实 例

（参见下级母题实例）

W0606. 1

文化英雄的坐骑

【关联】［W0109］神的坐骑

实 例

（参见下级母题实例）

W0606. 1. 1

文化英雄的马

实 例

（参见下级母题实例）

W0606. 1. 1. 1

文化英雄的九层翅膀的神马

实 例

彝族 阿鲁举热（英雄，大神人）得到一匹长着九层翅膀的神马。

【流传】云南省·（楚雄彝族自治州）·大姚县

【出处】肖开亮讲，李世忠等采录：《阿鲁举热》，见中国民间文学集成全国编辑委员会编《中国民间故事集成》（云南卷），北京：中国ISBN中心2003年版，第341页。

彝族 射日英雄支格阿鲁脚踏大地，乘骑的儿翅飞马。

【流传】四川省·（凉山彝族自治州）·美姑县

【出处】《勒俄特伊》，巴莫曲布嫫：《彝族鬼灵信仰田野调查手记》，http：//www.ihchina.cn/inc/detail.jsp?info_ id＝2421。

W0606. 1. 1. 2

英雄偶得瘦弱的马成为健壮的天马

实 例

普米族 （参见“W0628a. 39. 1. 1 甲布战独角怪兽”母题实例）

W0606. 1. 1. 3

英雄骑仙马

【关联】［W4953. 1. 3］月亮骑仙马行走

实 例

彝族 支格阿龙（文化英雄名）骑着四匹仙马来了。他左手提弓，右手拿箭，决定要把多个太阳和月亮射下来。

【流传】四川省·凉山州（凉山彝族自治州）

【出处】赤哈子讲，上元、邹志诚整理：《射太阳和月亮》，原载李德君、陶学良编《彝族民间故事选》，见陶阳、钟秀编《中国神话》（中），北京：商务印书馆2008年版，第675～

686页。

彝族 彝族英雄支格阿龙驾着四匹仙马来了。

【流传】（无考）

【出处】赤哈子讲，上元、邹志诚整理：《射太阳和月亮》，见姚宝瑄主编《中国各民族神话》（羌族、彝族），太原：山西出版传媒集团·书海出版社2014年版，第297页。

W0606.1.2

文化英雄的狗

【汤普森】A524.1.1

实　例

（参见下级母题实例）

W0606.2

文化英雄的神力武器

实　例

（参见下级母题实例）

W0606.2.1

文化英雄的神箭

实　例

彝族 （参见“W0963.2.1.3.1 鹅毛变成一支神箭”母题实例）

W0606.2.1.1

英雄阿朵有三支神箭

实　例

彝族 英雄阿朵有三支神箭。洪水时，他射出第一支神箭，一声霹雳，山开了，阿朵带领大伙上了山。

【流传】（云南省·昆明市）

【出处】飞崇义讲，灌玉搜集整理：《阿朵变的云雀》，原载昆明市民间文学集成办编《昆明民间故事》，见姚宝瑄主编《中国各民族神话》（羌族、彝族），太原：山西出版传媒集团·书海出版社2014年版，第303页。

W0606.2.2

文化英雄的神斧

实　例

壮族 布洛陀（b为“布碌陀”，壮族文化始祖、英雄、神话中的人王等）的大板斧是神斧。

【流传】

（a）广西壮族自治区·（河池市）·巴马县（巴马瑶族自治县）·所略乡·所略村

（b）广西壮族自治区右江流域、云南省红河流域一带

【出处】

（a）周朝珍讲，何承文采录翻译：《布洛陀》，见中国民间文学集成全国编辑委员会编《中国民间故事集成》（广西卷），北京：中国ISBN中心2001年版，第30页。

（b）周朝珍讲，何承文整理：《布碌陀》，见谷德明编《中国少数民族神话》，北京：中国民间文艺出版社1987年版，第68页。

W0606. 2. 3

文化英雄的宝剑

实 例

（参见下级母题实例）

W0606. 2. 3. 1

英雄伦吉善有一把祖父留下来的宝剑

实 例

鄂伦春族 （参见“W0628a. 14. 2. 1 伦吉善寻找魔王抢走的恋人”母题实例）

W0606. 2. 4

文化英雄的神刀

实 例

（参见下级母题实例）

W0606. 2. 4. 1

吐鲁汝的神刀能一刀砍倒9座山

实 例

彝族 吐鲁汝（反天庭的英雄）的神刀，一刀就砍倒了九座山。

【流传】贵州省·（毕节市）·威宁县（威宁彝族回族苗族自治县）

【出处】王小二讲，石磊采录：《拆掉通天的桥》见中国民间文学集成全国编辑委员会编《中国民间故事集成》（贵州卷），北京：中国 ISBN 中心 2003 年，第 70 页。

W0606. 3

文化英雄的刀枪弓箭

实 例

（参见下级母题实例）

W0606. 3. 1

手持铜矛、铜箭

实 例

（参见下级母题实例）

W0606. 3. 1. 1

射日英雄支格阿鲁手持铜矛、铜箭、铜网

实 例

彝族 支格阿鲁（射日英雄）手持铜矛、铜箭、铜网，头顶日月，脚踏大地乘骑的九翅飞马。

【流传】四川省·（凉山彝族自治州）·美姑县

【出处】《勒俄特伊》，巴莫曲布嫫：《彝族鬼灵信仰田野调查手记》，http：//www. ihchina. cn/inc/detail. jsp? info_ id =2421。

W0606. 3. 2

英雄的神刀

实 例

基诺族 有一个神刀英雄名叫曹扣王，曾大败入侵敌军，并把敌人赶走，但

回乡后他因嗜杀成瘾每天要杀一人。

【流传】云南省·（西双版纳傣族自治州·景洪市）·勐旺乡·补远寨

【出处】李章宝等讲，杜玉亭调查整理：《补远寨神刀英雄曹扣王》（1982），见吕大吉、何耀华总主编《中国各民族原始宗教资料集成》（彝族卷、白族卷、基诺族卷），北京：中国社会科学出版社 1996 年版，第 877 页。

W0607

文化英雄的宝物

【关联】

① ［W0977.1］神的宝物

② ［W9650］宝物

实 例

（参见下级母题实例）

W0607.1

文化英雄宝物的获得

实 例

（实例待考）

W0607.2

文化英雄的争战类宝物

实 例

（参见下级母题实例）

W0607.2.1

文化英雄的宝马

【汤普森】A524.1.2

【关联】［W9690.2］宝马

实 例

普米族 （实例待考）

彝族 （实例待考）

W0607.2.2

文化英雄的宝刀

【关联】［W9672］宝刀

实 例

彝族 （实例待考）

W0607.2.3

文化英雄的神箭和神线

实 例

（参见下级母题实例）

W0607.2.3.1

阿鲁举热的神箭和神线能使山垮、海干、人死

实 例

彝族 阿鲁举热（英雄名）拿着神箭和神线，指山山会垮，指海海会干，指人人会死。

【流传】云南省·（楚雄彝族自治州）·大姚县

【出处】肖开亮讲，李世忠等采录：《阿鲁举热》，见中国民间文学集成全国编辑委员会编《中国民间故事集成》（云南卷），北京：中国 ISBN 中心 2003 年版，第 341 页。

W0607.3

文化英雄的生活类宝物

实 例

（实例待考）

W0607.4

文化英雄的其他宝物

实 例

（实例待考）

W0608

文化英雄武器的获得（文化英雄工具的获得）

实 例

（参见下级母题实例）

W0608.1

英雄从特定的地方得到武器

【关联】

①［W8741］武器的产生（获得）

②［W8746.1］武器是出生时带来的

实 例

（参见下级母题实例）

W0608.1.1

英雄从天上得到武器

实 例

（实例待考）

W0608.1.2

英雄从地下得到武器

实 例

（实例待考）

W0608.1.3

英雄从水中得到武器

实 例

（实例待考）

W0608.1.4

英雄从火中得到武器

实 例

（实例待考）

W0608.1.5

英雄从洞中得到武器

实 例

（实例待考）

W0608.1.6

英雄从其他特定地方得到武器

实 例

（实例待考）

W0608.2

英雄从特定人物那里得到武器

实 例

（参见下级母题实例）

W0608.2.1

英雄从神那里得到武器

实 例

（参见下级母题实例）

W0608.2.1.1

吐鲁汝从地神那里得到一把神刀

实 例

彝族 吐鲁汝（反天庭的英雄）从地神那里得到一把神刀。

【流传】 贵州省·（毕节市）·威宁县（威宁彝族回族苗族自治县）

【出处】 王小二讲，石磊采录：《拆掉通天的桥》见中国民间文学集成全国编辑委员会编《中国民间故事集成》（贵州卷），北京：中国 ISBN 中心 2003 年，第 70 页。

W0608.2.2

英雄从长辈那里获得武器

实 例

（参见下级母题实例）

W0608.2.2.1

艾里·库尔班从外婆那里获得武器

实 例

维吾尔族 外婆给了英雄艾里·库尔班斩恶龙、斗妖魔的武器（宝物）。

【流传】 新疆维吾尔自治区

【出处】

（a）《艾里·库尔班》，见满都呼主编《中国阿尔泰语系诸民族神话故事》，北京：民族出版社 1997 年版，第 43 页。

（b）《英雄艾里·库尔班》，见张越、姚宝瑄编《新疆民族神话故事选》，乌鲁木齐：新疆人民出版社 1989 年版。

W0608.3

文化英雄制造武器

【关联】［W8744］武器是造出来的

实 例

（实例待考）

W0608.4

文化英雄夺得武器

【关联】［W8746.2］武器是从敌方夺取的

实 例

（实例待考）

W0608.5

文化英雄盗来武器

实 例

（实例待考）

W0608.6

与文化英雄武器的获得有关的其他母题

实 例

（实例待考）

W0609

与文化英雄的工具有关的其他母题

【关联】［W8753.2.2］只有特定的人能拿得动的武器

实 例

（实例待考）

W0609.1

文化英雄武器使用方法

实 例

（实例待考）

W0609.2

文化英雄武器的保存

实 例

（实例待考）

W0609.3

文化英雄武器失去

实 例

（实例待考）

❊W0610

文化英雄的关系

实 例

（参见下级母题实例）

W0611

文化英雄的祖先

实 例

（实例待考）

W0612

文化英雄的父母

【关联】

①［W0566］神或神性人物生育文化英雄

②［W0567］人孕生文化英雄

实 例

（实例待考）

W0612.1

文化英雄的父亲

实 例

（实例待考）

W0612.1.1

文化英雄无父

【汤普森】≈L111.5

【关联】［W0628.2.2.1］文化英雄是无父的神仙

实 例

彝族 （实例待考）

W0612.1.2

文化英雄父子

【汤普森】A515.2

实 例

（实例待考）

W0612.2
文化英雄的母亲

【关联】

①［W0568.1］文化英雄的母亲是鹿

②［W0568.2］文化英雄的母亲是熊

实 例

（实例待考）

W0612.2.1
英雄的母亲是神

实 例

（实例待考）

W0613
文化英雄的父系亲属

实 例

（参见下级母题实例）

W0613.1
文化英雄的祖父

实 例

（实例待考）

W0613.2
文化英雄的祖母

实 例

（实例待考）

W0613.3
文化英雄的叔父

实 例

（参见下级母题实例）

W0613.3.1
英雄的叔父心肠歹毒

实 例

（参见下级母题实例）

W0613.3.1.1
英雄的叔父总想害死英雄

实 例

藏族 觉如（格萨尔）的心肠歹毒的叔叔晁同总想把他害死。

【流传】（无考）

【出处】 徐国琼搜集整理：《雄师大王格萨尔》，见陶阳、钟秀编《中国神话》（中），北京：商务印书馆 2008 年版，第 702～711 页。

W0613.4
文化英雄的姑母

实 例

（实例待考）

W0614
文化英雄的母系亲属

实 例

（参见下级母题实例）

W0614. 1

文化英雄的外祖父

实 例

（参见下级母题实例）

W0614. 1. 1

英雄是天神的外甥

【关联】［W0673. 7. 2. 1］杨二郎是老天爷的外甥

实 例

汉族 杨二郎是老天爷的外甥。

【流传】

（a）黑龙江省·黑河市

（b）山东省·（菏泽市）·郓城县·杨庄集乡·袁屯村

【出处】

（a）贾长有讲，贾永先采录：《二郎担山赶太阳》，见中国民间文学集成全国编辑委员会编《中国民间故事集成》（黑龙江卷），北京：中国 ISBN 中心 2005 年版，第 25 页。

（b）刘秀英讲，潘永修采录：《二郎担山撵太阳》，见中国民间文学集成全国编辑委员会编《中国民间故事集成》（山东卷），北京：中国 ISBN 中心 2007 年版，第 8 页。

W0614. 2

文化英雄的外祖母

实 例

（实例待考）

W0614. 3

文化英雄的舅舅

【关联】［W0737a. 3. 2. 1］少典是神农的舅舅的儿子

实 例

汉族 神农氏时，神农的舅舅有个儿子叫少典。

【流传】河南省·（郑州市）·新密市

【出处】郭城采录整理：《黄帝降生》，见张振犁编著，孟宪明、朱淑君统纂《中原神话通鉴》（第二卷），郑州：河南大学出版社 2017 年版，第 515 页。

W0615

文化英雄的妻子

实 例

（参见下级母题实例）

W0615. 1

一对文化英雄夫妻

【汤普森】A515

实 例

（实例待考）

W0615. 2

英雄娶很多妻子

【关联】

①［W0695. 1. 5］黄帝有 4 个妻子

②［W7960］一夫多妻

实 例

汉族 （参见“W0695.1.5.1 黄帝有嫘祖、嫫母、方雷氏、大彤鱼氏4个妻子”母题实例）

W0615.2.1
英雄把抓来的女子全作为妻子

实 例

赫哲族 安徒（英雄名）和朋友火图（英雄名）获胜后正喝庆功酒时，安徒的妹妹和妻子们又抓来一个姑娘，被迫给安徒做了第六个妻子。

【流传】（黑龙江省·佳木斯市·同江县·八岔赫哲族乡）

【出处】

(a) 吴进才说唱，尤志贤翻译整理：《安徒莫日根》，载中国民间文艺研究会黑龙江分会所编《黑龙江民间文学》，1981年第2集。

(b) 同(a)，见姚宝瑄主编《中国各民族神话》（满族、赫哲族、朝鲜族），太原：山西出版传媒集团·书海出版社2014年版，第137页。

W0616
文化英雄的兄弟姐妹

实 例

（参见下级母题实例）

W0616.1
文化英雄的兄弟

实 例

（实例待考）

W0616.1.1
一对文化英雄兄弟

【汤普森】 A515.1

【关联】［W0622.1］一对文化英雄兄弟是仇敌

实 例

（实例待考）

W0616.2
文化英雄兄妹

实 例

（实例待考）

W0616.2.1
一对文化英雄兄妹

实 例

（实例待考）

W0617
文化英雄的后代

【汤普森】 A592

【关联】［W0628a.30.1.1］英雄阿巴达尼的后代阿宾肯日

实 例

（实例待考）

W0617.1
文化英雄的女儿

【汤普森】 A592.2

【关联】［W5127］女儿

实 例

（实例待考）

W0618

文化英雄的上司

实 例

（实例待考）

W0619

文化英雄的同僚

实 例

（实例待考）

W0620

文化英雄的朋友

【关联】

①［W0160］神的朋友

②［W0725. 6. 3. 1. 1］盘古兄妹与怪牛是朋友

实 例

汉族 （实例待考）

W0621

文化英雄的帮助者

【关联】［W9987］帮助者

实 例

（参见下级母题实例）

W0621. 1

神或神性人物作为英雄的帮助者

实 例

（参见下级母题实例）

W0621. 1. 1

神作为英雄的帮助者

实 例

（参见下级母题实例）

W0621. 1. 1. 1

星神帮助英雄反天庭

实 例

彝族 星神帮助吐鲁汝（人间的英雄）英雄反天庭。

【流传】贵州省·（毕节市）·威宁县（威宁彝族回族苗族自治县）

【出处】王小二讲，石磊采录：《拆掉通天的桥》见中国民间文学集成全国编辑委员会编《中国民间故事集成》（贵州卷），北京：中国 ISBN 中心 2003 年，第 70 页。

W0621. 1. 2

神性人物作为英雄的帮助者

实 例

（实例待考）

W0621.2

特定的人作为英雄的帮助者

实 例

（实例待考）

W0621.2.1

父母作为英雄的帮助者

【关联】［W9989.4］父母作为帮助者

实 例

（实例待考）

W0621.2.2

妻子作为英雄的帮助者

【关联】［W9989.6］妻子作为帮助者

实 例

藏族 （实例待考）

W0621.2.3

兄弟作为英雄的帮助者

实 例

蒙古族 （实例待考）

W0621.2.4

子女作为英雄的帮助者

实 例

（实例待考）

W0621.2.5

朋友作为英雄的帮助者

实 例

赫哲族、蒙古族（实例待考）

W0621.2.6

对手中的叛逆者作为英雄的帮助者

实 例

蒙古族 （实例待考）

W0621.3

动物作为英雄的帮助者

【关联】［W9990］动物作为帮助者

实 例

独龙族 （实例待考）

W0621.3.1

鸟是英雄的助手

实 例

（参见下级母题实例）

W0621.3.1.1

巨鸟阿勒普·卡拉库斯帮助英雄回到人间

实 例

柯尔克孜族 巨鸟阿勒普·卡拉库斯是英雄的得力助手。英雄从地下回到人间，大多得到它的帮助。

【流传】（无考）

【出处】张彦平编译：《阿勒普·卡拉库斯神鸟》，见满都呼主编《中国阿尔泰语系诸民族神话故事》，北京：民族出版社 1997 年版，第 86 页。

W0621. 3. 2

马是英雄的助手

实 例

（参见下级母题实例）

W0621. 3. 2. 1

天马帮英雄战独角怪兽

实 例

普米族 甲布（人名，英雄）偶然得一匹瘦弱的天马，在他精心喂养下，天马长得英俊又健壮，帮他去战独角怪兽。

【流传】云南省·（丽江市）·宁蒗（宁蒗彝族自治县）；四川省·（凉山彝族自治州）·木里县（木里藏族自治县）

【出处】由和品初等演唱，殷海涛等记录整理：《支萨·甲布》，见熊胜祥主编《普米族歌谣集成》，北京：中国民间文艺出版社 1990 年版，第 369 页。

W0621. 4

植物作为英雄的帮助者

【关联】［W9991］物作为帮助者

实 例

（实例待考）

W0621. 5

无生命物作为英雄的帮助者

【关联】［W9992］自然物作为帮助者

实 例

（实例待考）

W0621. 6

文化英雄的神奇助手

【汤普森】A528

实 例

彝族 （实例待考）

W0621. 7

与文化英雄的帮助者有关的其他母题

实 例

（实例待考）

W0622

文化英雄的敌人

【关联】［W0166］神的仇敌

实 例

（实例待考）

W0622. 1

一对文化英雄兄弟是仇敌

【汤普森】A515. 1. 2

实 例

（实例待考）

W0623
文化英雄的其他关系

实 例

（参见下级母题实例）

W0623.1
文化英雄的救助者

实 例

（参见下级母题实例）

W0623.1.1
特定动物是英雄的救助者

【关联】 ［W3365.4］喜鹊是英雄的救助者

实 例

（参见下级母题实例）

W0623.1.1.1
喜鹊是英雄的救助者

实 例

满族 南方飞来的一黑一白两只喜鹊救出被天神绑在天树尖上的为人类盗天火的托阿。

【流传】（无考）

【出处】

(a) 傅英仁搜集整理：《托阿恩都哩》，见满都呼主编《中国阿尔泰语系诸民族神话故事》，北京：民族出版社1997年版，第272～273页。

(b)《托阿恩都哩》，见《满族神话故事》，哈尔滨：北方文艺出版社1985年版。

※W0624
文化英雄的寿命与死亡

实 例

（参见下级母题实例）

W0625
文化英雄长寿

【汤普森】 A564

实 例

（参见下级母题实例）

W0625.1
特定的文化英雄有特定的寿命

【关联】 ［W0726.1.2］盘古活了1万8千岁

实 例

（参见下级母题实例）

W0625.1.1
天管师1200岁

实 例

傈僳族 天管师（注：类似于大禹的人物）一千二百岁。

【流传】 四川省·（凉山彝族自治州）·德昌县·宽裕乡·赵家湾子

【出处】 张国全讲，李文华等采录：《天管师和张古老》，见中国民间文学集成全国编辑委员会编《中国民间故事集成》（四川卷·下），北京：中国ISBN中心1998年版，第1437页。

W0626

文化英雄不会死

【汤普森】A570

实 例

（实例待考）

W0627

文化英雄的死亡

【汤普森】A565

【关联】［W9358.1］文化英雄死后转生为人

实 例

（参见下级母题实例）

W0627.1

文化英雄劳累而死

【关联】［W0701.5.3］夸父累死

实 例

（参见下级母题实例）

W0627.1.1

文化英雄造福人类劳累而死

实 例

（参见下级母题实例）

W0627.1.1.1

力嘎钉天81天没有吃喝，劳累而死

实 例

布依族 力嘎忙着钉天，九九八十一天都没有吃喝，劳累而死。

【流传】（无考）

【出处】王燕、春甫、班告爷（布依族）等讲，汛河1954年记录整理：《力戛撑天》，见谷德明编《中国少数民族神话》，北京：中国民间文艺出版社1987年版，第611～613页。

W0627.2

文化英雄争战身亡

实 例

（实例待考）

W0627.3

文化英雄被害死

实 例

汉族 （实例待考）

W0627.3.1

文化英雄被妻子害死

实 例

（参见下级母题实例）

W0627.3.1.1

英雄阿鲁举热被小老婆害死

实 例

彝族 阿鲁举热（英雄，大神人）神马被小老婆剪掉了三层翅膀，他和神马一起淹没在大海之中。

【流传】云南省·（楚雄彝族自治州）·大姚县

【出处】肖开亮讲，李世忠等采录：《阿鲁举热》，见中国民间文学集成全国编辑委员会编《中国民间故事集成》（云南卷），北京：中国ISBN中心2003年版，第341页。

W0627.3.2

英雄因没有完成任务被杀

实 例

（参见下级母题实例）

W0627.3.2.1

鲧治水无功被杀

实 例

汉族 舜看到鲧治水没有功效，就把鲧杀死在东海边的羽山顶上。

【流传】（无考）

【出处】

(a) 钟伟今搜集整理：《禹的诞生》，载《山海经》1981年第4期。

(b) 同(a)，见姚宝瑄主编《中国各民族神话》（汉族），太原：山西出版传媒集团·书海出版社2014年版，第107~110页。

W0627.4

英雄因坐骑而死

实 例

（参见下级母题实例）

W0627.4.1

英雄因坐骑的受伤而死

实 例

（参见下级母题实例）

W0627.4.1.1

支格阿鲁从随受伤的飞马跌落摔死

实 例

彝族 支格阿鲁（文化英雄，b为“尼支呷洛”）骑了一匹叫四母都得的飞马，飞到跌爬暑落上空时，翅膀就掉了，他们一齐沉到跌爬暑落里面去了，死去了。

【流传】（无考）

【出处】

(a) 蒋汉章翻译，李仲舒整理：《创造万物的巨人支格阿鲁》，见陶立璠、李耀宗主编《中国少数民族神话传说选》，成都：四川民族出版社1985年版，第86页。

(b)《创造万物的巨人尼支呷略》，见谷德明编《中国少数民族神话》，北京：中国民间文艺出版社1987年版，第 280 页。

W0627.5

文化英雄死后化身特定物

实 例

（参见下级母题实例）

W0627.5.1

文化英雄化星星

实 例

（参见下级母题实例）

W0627.5.1.1

布伯死后化为启明星

实 例

壮族 斗雷公布伯化为启明星。

【流传】广西壮族自治区红水河流域

【出处】蓝鸿恩搜集整理：《布伯的故事》，见中华民族故事大系编委会编《中华民族故事大系》第 3 卷（彝族、壮族、布依族），上海：上海文艺出版社 1995 年版，第 373 ~ 384 页。

W0627.6

与文化英雄的死亡有关的其他母题

【关联】［W2941.5］特定的人不死

实 例

（参见下级母题实例）

W0627.6.0

英雄特定部位不死

【关联】［W0765.4.3］刑天舞干戚

实 例

（参见下级母题实例）

W0627.6.0.1

英雄的头不死

【关联】［W0888］灵魂不死

实 例

壮族 莫一大王（英雄名，首领）被杀头了，但他没有死。他的头刚砍下，就飞上了天空，张开嘴对着官兵哈哈大笑。

【流传】广西壮族自治区·（河池市）·南丹（南丹县）·河池（已撤销，今属河池市）、宜山（宜州市），（柳州市）·柳城（柳城县）等地

【出处】蓝鸿恩搜集整理：《莫一大王的故事》，见姚宝瑄主编《中国各民族神话》（仫佬族、壮族、京族），太原：山西出版传媒集团·书海出版社 2014 年版，第 183 页。

W0627.6.0.2

英雄的心不死

实 例

汉族 （实例待考）

W0627.6.1
文化英雄死而复生

实 例

柯尔克孜族 青年英雄用剑刺穿阿日达哈尔（巨蟒）的咽喉时，因中毒而昏死过去。汗王的女儿用乳汁冲去毒血，青年英雄死而复生。

【流传】（无考）

【出处】张彦平编译：《青年英雄》，见满都呼主编《中国阿尔泰语系诸民族神话故事》，北京：民族出版社1997年版，第93页。

W0627.6.2
文化英雄死后遗迹

实 例

（参见下级母题实例）

W0627.6.2.1
英雄死后血迹变成金达莱

实 例

朝鲜族 远古时，皇帝挑选姑娘送祭坛，兄妹逃跑激怒了皇帝，被抓的哥哥在走向刑场时路上洒下的血迹变成金达莱。

【流传】吉林省·（吉林市）·磐石市·（吉昌镇）·烧锅朝鲜族村

【出处】尹龙鲁讲：《金达莱的传说》，见瞿健文、崔明龙主编：《朝鲜族：吉林磐石市烧锅朝鲜族村调查》，昆明：云南大学出版社2004年版，第265～267页。

W0628
文化英雄的类型（特定的文化英雄）

实 例

（参见下级母题实例）

W0628.1
神类文化英雄

实 例

哈尼族 （实例待考）

W0628.1.1
文化英雄是农神

【汤普森】A541.2

【关联】

①［W0462］农神（农业神）

②［W0462.1.1］炎帝发明农业成为农神

实 例

汉族 （实例待考）

W0628.2
神性人物类文化英雄

实 例

（参见下级母题实例）

W0628. 2. 1

文化英雄是巨人和神

实 例

彝族 （实例待考）

W0628. 2. 2

文化英雄是神仙

实 例

（参见下级母题实例）

W0628. 2. 2. 1

文化英雄是无父的神仙

实 例

彝族 尼支呷洛（文化英雄，b 为“尼支呷洛”）是无父的神仙。

【流传】（无考）

【出处】

（a）蒋汉章翻译，李仲舒整理：《创造万物的巨人支格阿鲁》，见陶立璠、李耀宗主编《中国少数民族神话传说选》，成都：四川民族出版社 1985 年版，第 86 页。

（b）《创造万物的巨人尼支呷略》，见谷德明编《中国少数民族神话》，北京：中国民间文艺出版社 1987 年版，第 280 页。

W0628. 4

人作为文化英雄

实 例

（实例待考）

W0628. 4. 1

特定行业的人是文化英雄

实 例

（实例待考）

W0628. 4. 1. 1

文化英雄是铁匠

【汤普森】L113. 6

实 例

（实例待考）

W0628. 5

动物文化英雄

实 例

（参见下级母题实例）

W0628. 5. 1

燕子作为文化英雄

实 例

（参见下级母题实例）

W0628. 5. 1. 1

燕子是为人取谷种的文化英雄

实 例

蒙古族 燕子是为人类带来谷种的文化英雄。

【流传】（无考）

【出处】那木吉拉：《阿尔泰语系诸民族神话比较研究》，北京：学习出版社

2010 年版，第 505 页。

W0628.6

按行为划分的文化英雄

实 例

（参见下级母题实例）

W0628.6.1

救世文化英雄

实 例

（实例待考）

W0628.6.2

发明者文化英雄

实 例

（实例待考）

W0628.6.3

斗妖文化英雄

实 例

（实例待考）

W0628.6.4

射日文化英雄

【关联】

① ［W0628a.14.3.1］ 达公射日

② ［W0628a.34.1］ 射日英雄乌恩

实 例

（实例待考）

W0628.6.5

取粮种文化英雄

【关联】

① ［W0739.3.2.1］ 舜取谷种

② ［W3959］ 文化英雄取粮种

③ ［W3959.1］ 舜取粮种

实 例

汉族 舜从天上偷来稻谷种子。

【流传】 浙江省·金华（金华市）·（武义县）·后树乡·黄泥坑村

【出处】 张舍囡讲：＊《虞舜耕田》，见《浙江省民间文学集成·金华市故事卷》，杭州：浙江文艺出版社 1989 年版，第 31 页。

W0628.6.5.1

取粮种文化英雄累死在返回途中

实 例

布依族 后生茫耶从西天神洞取种时，累死在返回途中。

【流传】 贵州省·（黔西南布依族苗族自治州）·贞丰（贞丰县）、安龙（安龙县）一带

【出处】 蒙岩等讲，汛河搜集整理：《茫耶寻谷种》，见谷德明编《中国少数民族神话》，北京：中国民间文艺出版社 1987 年版，第 622 页。

W0628.6.6

盗火文化英雄

实 例

（实例待考）

W0628.7

与文化英雄身份有关的其他母题

实 例

（参见下级母题实例）

W0628.7.1

文化英雄是孤儿

【汤普森】L111.4

【关联】

实 例

（实例待考）

W0628.7.2

少年英雄

实 例

（参见下级母题实例）

W0628.7.2.1

英雄少年老成

实 例

鄂伦春族 从前，有个寡妇的儿子，九岁就会打猎，不但懂得捕猎各种野兽的方法，而且熟知各种野兽的习性。

【流传】内蒙古自治区·（呼伦贝尔市）·鄂伦春族自治旗

【出处】

（a）德兴德讲，巴图宝音记录整理：《大水的故事》（1980），见隋书金编《鄂伦春族民间故事选》，上海：上海文艺出版社1988年版。

（b）同（a），见姚宝瑄主编《中国各民族神话》（达斡尔族、鄂伦春族、鄂温克族、蒙古族），太原：山西出版传媒集团·书海出版社2014年版，第，25～28页。

W0628.7.3

暮年英雄

实 例

（实例待考）

W0628a

特定名称的文化英雄（文化英雄的名字）[1]

实 例

（参见下级母题实例）

W0628a.1

阿昌族神话中的文化英雄

实 例

[1] 特定名字的文化英雄（文化英雄的名字），各民族神话中的文化英雄非常丰富而复杂。从各民族文化英雄的构成看，也不尽一致。有的民族具有文化英雄谱系，有的民族则在不同地区不同支系中都可能会塑造出不同类型不同名称的文化英雄。这里选录的一些名称，只是一些民族神话中出现的或较为典型的文化英雄，尽可能照顾到各民族神话传说中出现的某些文化英雄名称，属于不是完全归纳。此处的母题编目，仅为使用者提供一个进一步系统研究的切入点接口。有些名称的汉语表述与翻译者有关，在此不做具体概念的探究和翻译真伪方面的辨析。

阿昌族 （实例待考）

W0628a.2

白族神话中的文化英雄

实 例

白族 （实例待考）

W0628a.3

保安族神话中的文化英雄

实 例

保安族 （实例待考）

W0628a.4

布朗族神话中的文化英雄

实 例

布朗族 （实例待考）

W0628a.5

布依族神话中的文化英雄

实 例

（实例待考）

W0628a.6

朝鲜族神话中的文化英雄

实 例

（参见下级母题实例）

W0628a.6.1

金达莱

实 例

朝鲜族 （实例待考）

W0628a.7

达斡尔族神话中的文化英雄

实 例

达斡尔族 英雄毛都耶德根保护猎人平安无事，获得猎物。

【流传】（无考）

【出处】奇克热讲，萨音塔娜搜集整理：《毛都耶德根和莫日根》，见《达斡尔民间故事选》，呼和浩特：内蒙古人民出版社1987年版。

W0628a.8

傣族神话中的文化英雄

实 例

傣族 （实例待考）

W0628a.9

德昂族神话中的文化英雄

实 例

德昂族 （实例待考）

W0628a.10

东乡族神话中的文化英雄

实 例

东乡族 （实例待考）

W0628a. 11

侗族神话中的文化英雄

实 例

（参见下级母题实例）

W0628a. 11. 1

茫耶

实 例

（参见下级母题实例）

W0628a. 11. 1. 1

茫耶西天取粮种

实 例

布依族 后生茫耶从西天神洞取谷种。

【流传】贵州省·（黔西南布依族苗族自治州）·贞丰（贞丰县）、安龙（安龙县）一带

【出处】蒙岩等讲，汛河搜集整理：《茫耶寻谷种》，见谷德明编《中国少数民族神话》，北京：中国民间文艺出版社 1987 年版，第 622 页。

W0628a. 11. 2

叟

实 例

（参见下级母题实例）

W0628a. 11. 2. 1

叟的箭能穿云

实 例

侗族 从前，侗家有个名叫叟的武士，他的箭能穿过云层，千里万里，也都能百发百中。

【流传】（abc）广西壮族自治区·（桂林市）·龙胜（龙胜各族自治县）·（平等乡）·龙平（龙平村）一带

【出处】

（a）奈勾讲，华谋搜集整理：《救月亮》，见谷德明编《中国少数民族神话》，北京：中国民间文艺出版社 1987 年版，第 631 页。

（b）同（a），见《侗族民间故事选》，上海：上海文艺出版社 1982 年版，第 11 页。

（c）同（a），见曹廷伟编著《广西民间故事辞典》，南宁：广西教育出版社 1993 年版，第 11 页；（d）《救月亮》，见《侗族文学史》编写组编《侗族文学史》，贵阳：贵州民族出版社 1988 年版，第 59 页。

W0628a. 12

独龙族神话中的文化英雄

实 例

（参见下级母题实例）

W0628a. 12. 1

马葛捧

实 例

（参见下级母题实例）

W0628a.12.1.1
马葛捧是感象而生的儿子

实 例

独龙族 妮泰姑娘感象而生的儿子马葛捧成为英雄。

【流传】（无考）

【出处】

（a）约翰讲，陈凤楼搜集整理：《大象的儿子》，见谷德明编《中国少数民族神话》，北京：中国民间文艺出版社1987年版，第517页。

（b）同（a）载《山茶》1983年第3期。

W0628a.13
俄罗斯族神话中的文化英雄

实 例

俄罗斯族（实例待考）

W0628a.14
鄂伦春族神话中的文化英雄

实 例

（参见下级母题实例）

W0628a.14.1
吴达内

实 例

（参见下级母题实例）

W0628a.14.1.1
吴达内少年斩妖魔

实 例

鄂伦春族 吴达内（英雄名）虽然岁数不大，可他做出杀死妖魔的惊天动地的事情。因此，鄂伦春人世世代代不忘吴达内是个勇敢的人，是鄂伦春族的英雄！

【流传】 黑龙江省·（大兴安岭地区）·呼玛县·（十八站）

【出处】

（a）孟古古善讲，潭玉昆、李宝玉口译，隋书金记录整理：《吴达内的故事》，见隋书金编《鄂伦春民间故事选》，上海：上海文艺出版社1988年版。

（b）同（a），见姚宝瑄主编《中国各民族神话》（达斡尔族、鄂伦春族、鄂温克族、蒙古族），太原：山西出版传媒集团·书海出版社2014年版，第83页。

W0628a.14.1.2
吴达内在大蟒腹中顽强生存

实 例

鄂伦春族 吴达内（英雄名）被大蟒活活地吞了。可是他因为怀揣着家乡的故土，没忘记使命，他虽然身体被大蟒活吞了，心却没有死，在大蟒的肚子里顽强地活着。

【流传】 黑龙江省·（大兴安岭地

区）·呼玛县·（十八站）

【出处】

（a）孟古古善讲，潭玉昆、李宝玉口译，隋书金记录整理：《吴达内的故事》，见隋书金编《鄂伦春民间故事选》，上海：上海文艺出版社 1988 年版。

（b）同（a），见姚宝瑄主编《中国各民族神话》（达斡尔族、鄂伦春族、鄂温克族、蒙古族），太原：山西出版传媒集团·书海出版社 2014 年版，第 68 页。

W0628a. 14. 2

伦吉善

实 例

（参见下级母题实例）

W0628a. 14. 2. 1

伦吉善寻找魔王抢走的恋人

实 例

鄂伦春族 伦吉善（男子名，英雄）背起自己的猎枪，带上祖父留下来的明晃晃的宝剑，跨上了飞快的猎马，去找被魔王抢走的恋人。

【流传】（中国东北部地区）

【出处】

（a）巴图宝音记录整理：《伦吉善和阿依吉伦》，见谷德明编《中国少数民族神话选》，西北民族学院研究所 1983 年编印，内部发行。

（b）同（a），见姚宝瑄主编《中国各民族神话》（达斡尔族、鄂伦春族、鄂温克族、蒙古族），太原：山西出版传媒集团·书海出版社 2014 年版，第 33 ~ 38 页。

W0628a. 14. 3

达公

实 例

（参见下级母题实例）

W0628a. 14. 3. 1

达公射日

实 例

鄂伦春族 达公射日前，一次喝了一条小河的水。

【流传】黑龙江省·黑河市·（爱辉区）·新生乡（新生鄂伦春族乡）

【出处】莫庆云讲，白水夫采录：《达公射日》，见《中国民间故事集成》（黑龙江），2005，第 26 页。

W0628a. 15

鄂温克族神话中的文化英雄

实 例

鄂温克族 （实例待考）

W0628a. 16

高山族神话中的文化英雄

实 例

高山族 （实例待考）

W0628a.17
仡佬族神话中的文化英雄

实 例

仡佬族 （实例待考）

W0628a.18
哈尼族神话中的文化英雄

实 例

哈尼族 （实例待考）

W0628a.19
哈萨克族神话中的文化英雄

实 例

（参见下级母题实例）

W0628a.19.1
英雄江德巴特尔

实 例

哈萨克族 英雄江德巴特尔有一把四十庹长的宝剑，是他的命根子。它最怕水。

【流传】（新疆维吾尔自治区）

【出处】

(a) 师忠孝翻译：《飞汗的儿子》，见银帆编《哈萨克族民间故事选》，上海：上海文艺出版社1986年版。

(b) 《江德巴特尔》，见姚宝瑄主编《中国各民族神话》（乌孜别克族、哈萨克族、柯尔克孜族、俄罗斯族、维吾尔族、塔吉克族、塔塔尔族、锡伯族），太原：山西出版传媒集团·书海出版社2014年版，第98页。

W0628a.20
汉族神话中的文化英雄

实 例

汉族 （实例待考）

W0628a.21
赫哲族神话中的文化英雄

实 例

（参见下级母题实例）

W0628a.21.1
英雄青年莫日根

实 例

赫哲族 有老两口养了一个儿子。他一使劲，能推倒一座大山；他一喝水，能喝干一条大河；他一蹬脚，就蹬出一个深潭。村里人都叫他莫日根（赫哲语，意为“英雄青年”）。

【流传】黑龙江省·（佳木斯市）·同江县（同江市）

【出处】龙树林、吴连贵讲，龙志贤、黄任远搜集整理：《射太阳》，原载王士媛编《赫哲族民间故事选》，见陶阳、钟秀编《中国神话》（上），北京：商务印书馆2008年版，第289~290页。

W0628a. 21. 2

英雄安徒莫日根

实 例

赫哲族 人们都很敬佩英雄安徒莫日根。

【流传】（黑龙江省·佳木斯市·同江县·八岔赫哲族乡）

【出处】

（a）吴进才说唱，尤志贤翻译整理：《安徒莫日根》，载中国民间文艺研究会黑龙江分会所编《黑龙江民间文学》，1981 年第 2 集。

（b）同（a），见姚宝瑄主编《中国各民族神话》（满族、赫哲族、朝鲜族），太原：山西出版传媒集团·书海出版社 2014 年版，第 142 页。

W0628a. 22

回族神话中的文化英雄

实 例

回族 （实例待考）

W0628a. 23

基诺族神话中的文化英雄

实 例

基诺族 （实例待考）

W0628a. 24

京族神话中的文化英雄

实 例

京族 （实例待考）

W0628a. 25

景颇族神话中的文化英雄

实 例

（参见下级母题实例）

W0628a. 25. 1

英雄麻锐

实 例

（参见下级母题实例）

W0628a. 25. 1. 1

麻锐生得聪明魁梧

实 例

景颇族 景颇寨子中有一个叫麻锐的年轻人，生得聪明魁梧，就像山上的大青树。

【流传】云南省·（德宏傣族景颇族自治州）·陇川县

【出处】金老六讲，刘为民搜集整理：《那泼节的传说》，载《山茶》1987 年第 1 期。

W0628a. 26

柯尔克孜族神话中的文化英雄

实 例

（参见下级母题实例）

W0628a.26.0

英雄玛纳斯

实 例

柯尔克孜族 玛纳斯是柯尔克孜族传说中著名的英雄和领袖，他是力量、勇气和智慧的化身。广义的玛纳斯包括玛纳斯及其七代子孙的故事，分为八个部分，即《玛纳斯》《赛麦台依》《赛依台克》《凯乃木》《赛依特》《阿色勒巴恰与别克巴恰》《索木碧莱克》《奇格台依》。狭义的玛纳斯则专指第一部，主要描写了玛纳斯非凡的一生，由"神奇的诞生""少年时代的显赫战功""英维的婚姻""部落联盟的首领""伟大的远征""壮烈的牺牲"几个部分，其英雄事迹非常突出。

【流传】新疆维吾尔自治区

【出处】冯骥才总主编：《中国非物质文化遗产百科全书代表性项目》卷上，北京：中国文联出版社2015年版，第29页。

W0628a.26.1

英雄交奥达尔

实 例

柯尔克孜族 交奥达尔（英雄名）错怪了他的座下神驹。

【流传】（新疆维吾尔自治区）

【出处】卡坦司马依勒讲，《玛纳斯》工作组搜集，张运隆整理翻译：《英雄交奥达尔的故事》，见姚宝瑄主编《中国各民族神话》（乌孜别克族、哈萨克族、柯尔克孜族、俄罗斯族、维吾尔族、塔吉克族、塔塔尔族、锡伯族），太原：山西出版传媒集团·书海出版社2014年版，第164页。

W0628a.26.2

英雄德坎巴依

实 例

柯尔克孜族 德坎巴依（英雄名）横眉瞪眼地朝恶魔威逼了过去。

【流传】（新疆维吾尔自治区）

【出处】

（a）葛世钦翻译整理：《德坎巴依降恶魔》，见祁连休、刘世华《中国民间故事选》（第一集），北京：中国少年儿童出版社1981年版。

（b）同（a），见姚宝瑄主编《中国各民族神话》（乌孜别克族、哈萨克族、柯尔克孜族、俄罗斯族、维吾尔族、塔吉克族、塔塔尔族、锡伯族），太原：山西出版传媒集团·书海出版社2014年版，第208～209页。

W0628a.27

拉祜族神话中的文化英雄

实 例

拉祜族 （实例待考）

W0628a. 28

黎族神话中的文化英雄

实 例

黎族 （实例待考）

W0628a. 29

傈僳族神话中的文化英雄

实 例

傈僳族 （实例待考）

W0628a. 30

珞巴族神话中的文化英雄

实 例

（参见下级母题实例）

W0628a. 30. 1

英雄阿巴达尼

实 例

（参见下级母题实例）

W0628a. 30. 1. 1

英雄阿巴达尼的后代阿宾肯日

实 例

珞巴族 阿宾肯日是英雄阿巴达尼的后代。

【流传】西藏自治区·（林芝市）·米林县·纳玉区（南伊乡）

【出处】

（a）东娘讲：《阿宾肯》，见谷德明编《中国少数民族神话选》，西北民族学院研究所编印，内部资料，1983 年。

（b）东娘讲：《阿宾肯日造弓箭》，见姚宝瑄主编《中国各民族神话》（门巴族、珞巴族、怒族、藏族），太原：山西出版传媒集团·书海出版社 2014 年版，第 30 页。

W0628a. 31

满族神话中的文化英雄

实 例

（参见下级母题实例）

W0628a. 31. 1

白云格格

实 例

满族 （实例待考）

W0628a. 32

毛南族神话中的文化英雄

实 例

毛南族 （实例待考）

W0628a. 33

门巴族神话中的文化英雄

实 例

门巴族 （实例待考）

W0628a. 34

蒙古族神话中的文化英雄

实 例

（参见下级母题实例）

W0628a.34.1

射日英雄乌恩

实 例

蒙古族 英雄乌恩为民除害射太阳。

【流传】（无考）

【出处】赛野搜集整理：《乌恩射太阳》，见谷德明编《中国少数民族神话》，北京：中国民间文艺出版社1987年版，第49~58页。

W0628a.34.2

能干的山的儿子

实 例

（参见下级母题实例）

W0628a.34.2.1

能干的山的英雄儿子斗蟒魔王

实 例

蒙古族 盗取蟒魔王头上的宝帽，普通人办不到，非得让能干的山的儿子（英雄名）前去才能成功。

【流传】内蒙古自治区·赤峰市·巴林右旗

【出处】胡尔查翻译，甘珠尔扎布搜集整理：《山的儿子》，见姚宝瑄主编《中国各民族神话》（达斡尔族、鄂伦春族、鄂温克族、蒙古族），太原：山西出版传媒集团·书海出版社2014年版，第202页。

W0628a.35

苗族神话中的文化英雄

实 例

（参见下级母题实例）

W0628a.35.1

英雄汉榜养朋荣

实 例

（参见下级母题实例）

W0628a.35.1.1

英雄汉榜养朋荣是半人半神

实 例

苗族 榜养朋荣（半人半神）英雄汉，能吃得下三秤铁，九斤钢水漱漱口。

【流传】原文无流传地，据文本及注释推测该神话流传于贵州省·黔东南苗族侗族自治州·凯里市、台江县等地

【出处】张启庭、张荣光、张正玉、张启德演唱，张明搜集，燕宝整理译注：《创造宇宙·铸日造月》，见贵州省少数民族古籍整理出版规划小组办公室编，燕宝整理译注《苗族古歌》，贵阳：贵州民族出版社1993年版，第352~352页。

W0628a.35.2

英雄汉修狃

实 例

（参见下级母题实例）

W0628a. 35. 2. 1
修狃半神半鸟

实　例

（参见下级母题实例）

W0628a. 35. 2. 1. 1
修狃喙像碓杆，头上有 2 只角，脚杆粗如仓柱，鞋子撮箕大

实　例

苗族　修狃是个英雄汉，喙子大得像碓杆，头上高高两只角，脚杆粗大如仓柱，穿的鞋子撮箕大。

【流传】原文无流传地，据文本及注释推测该神话流传于贵州省·黔东南苗族侗族自治州·凯里市、台江县等地

【出处】张启庭、张荣光、张正玉、张启德演唱，张明搜集，燕宝整理译注：《创造宇宙·开天辟地》，见贵州省少数民族古籍整理出版规划小组办公室编，燕宝整理译注《苗族古歌》，贵阳：贵州民族出版社 1993 年版，第 41 ~42 页。

W0628a. 35. 3
好汉金松昂

实　例

（参见下级母题实例）

W0628a. 35. 3. 1
半人半兽的金松昂能上天入地

实　例

苗族　有个好汉金松昂（半神半人名），天上他也去得到，地上他也来得了。

【流传】原文无流传地，据文本及注释推测该神话流传于贵州省·黔东南苗族侗族自治州·凯里市、台江县等地

【出处】张启庭、张荣光、张正玉、张启德演唱，张明搜集，燕宝整理译注：《创造宇宙·打柱撑天》，见贵州省少数民族古籍整理出版规划小组办公室编，燕宝整理译注《苗族古歌》，贵阳：贵州民族出版社 1993 年版，第 303 页。

W0628a. 35. 4
坩埚婆婆

实　例

（参见下级母题实例）

W0628a. 35. 4. 1
青石妈妈生养坩埚婆婆

实　例

苗族　坩埚婆婆（神性人物或文化英雄名）老人家，哪个妈妈来生她？青石妈妈来生养，才有坩埚老人家。

【流传】原文无流传地，据文本及注释推测该神话流传于贵州省·黔东南苗

族侗族自治州·凯里市、台江县等地

【出处】张启庭、张荣光、张正玉、张启德演唱，张明搜集，燕宝整理译注：《创造宇宙·开天辟地》，见贵州省少数民族古籍整理出版规划小组办公室编，燕宝整理译注《苗族古歌》，贵阳：贵州民族出版社 1993 年版，第 53 页。

W0628a. 36

仫佬族神话中的文化英雄

实　例

仫佬族　（实例待考）

W0628a. 37

纳西族神话中的文化英雄

实　例

纳西族　（实例待考）

W0628a. 38

怒族神话中的文化英雄

实　例

（参见下级母题实例）

W0628a. 38. 1

半人半神的英雄卢让让

实　例

（参见下级母题实例）

W0628a. 38. 1. 1

女子感石生英雄卢让让（石头的儿子）

实　例

怒族　姐妹打赌说“咱俩来打赌，谁能把篮子套在崖石上，谁就做他的妻子吧！”结果妹妹套上了。妹妹一个月后就怀了孕，一年后生了一个儿子，取名“卢让让”（怒语，即石头的儿子）。在其父亲帮助下，成了专门除暴安良的半人半神的英雄。

【流传】（无考）

【出处】《崖神娶人妻传说之三》，根据和光益等整理的《怒族民间故事》（云南人民出版社 1988 年版）重新整理，见吕大吉、何耀华总主编《中国各民族原始宗教资料集成》（纳西族卷、羌族卷、独龙族卷、傈僳族卷、怒族卷），北京：中国社会科学出版社 2000 年版，第 906 ~ 907 页。

W0628a. 39

普米族神话中的文化英雄

实　例

（参见下级母题实例）

W0628a. 39. 1

英雄甲布

实　例

（参见下级母题实例）

W0628a. 39. 1. 1
甲布战独角怪兽

实 例

普米族 甲布（人名，英雄）偶然得一匹瘦弱的天马，在他精心喂养下，天马长得英俊又健壮，帮他去战独角怪兽。

【流传】云南省·（丽江市）·宁蒗（宁蒗彝族自治县）；四川省·（凉山彝族自治州）·木里县（木里藏族自治县）

【出处】由和品初等演唱，殷海涛等记录整理：《支萨·甲布》，见熊胜祥主编《普米族歌谣集成》，北京：中国民间文艺出版社1990年版，第369页。

W0628a. 40
羌族神话中的文化英雄

实 例

羌族 （实例待考）

W0628a. 41
撒拉族神话中的文化英雄

实 例

撒拉族 （实例待考）

W0628a. 42
畲族神话中的文化英雄

【关联】［W0729］盘瓠（盘皇）

实 例

畲族 （实例待考）

W0628a. 43
水族神话中的文化英雄

实 例

水族 （实例待考）

W0628a. 44
塔吉克族神话中的文化英雄

实 例

塔吉克族 （实例待考）

W0628a. 45
塔塔尔族神话中的文化英雄

实 例

塔塔尔族 （实例待考）

W0628a. 46
土家族神话中的文化英雄

实 例

土家族 （实例待考）

W0628a. 47
土族神话中的文化英雄

实 例

土族 （实例待考）

W0628a.48

佤族神话中的文化英雄

实 例

佤族 （实例待考）

W0628a.49

维吾尔族神话中的文化英雄

实 例

（参见下级母题实例）

W0628a.49.1

英雄艾里·库尔班

实 例

维吾尔族 英雄艾里·库尔班是一只白熊与一个叫玛丽克的姑娘生的孩子。

【流传】新疆维吾尔自治区

【出处】

(a)《艾里·库尔班》，见满都呼主编《中国阿尔泰语系诸民族神话故事》，北京：民族出版社 1997 年版，第 43 页。

(b)《英雄艾里·库尔班》，见张越、姚宝瑄编《新疆民族神话故事选》，乌鲁木齐：新疆人民出版社 1989 年版。

W0628a.49.1.1

艾里·库尔班斩恶龙

实 例

维吾尔族 外婆给了英雄艾里·库尔班斩恶龙、斗妖魔的武器（宝物）。

【流传】新疆维吾尔自治区

【出处】

(a)《艾里·库尔班》，见满都呼主编《中国阿尔泰语系诸民族神话故事》，北京：民族出版社 1997 年版，第 43 页。

(b)《英雄艾里·库尔班》，见张越、姚宝瑄编《新疆民族神话故事选》，乌鲁木齐：新疆人民出版社 1989 年版。

W0628a.50

乌孜别克族神话中的文化英雄

实 例

乌孜别克族 （实例待考）

W0628a.51

锡伯族神话中的文化英雄

实 例

锡伯族 （实例待考）

W0628a.52

瑶族神话中的文化英雄

【关联】

①［W0729］盘瓠（盘皇）

②［W0729g.4.5.5］盘瓠称盘王（盘王即盘瓠王）

实 例

瑶族 （实例待考）

W0628a. 53

彝族神话中的文化英雄

实 例

（参见下级母题实例）

W0628a. 53. 1

彝族英雄支格阿龙

实 例

彝族 白天六个太阳同时出，晚上七个月亮一起出，晒死人间的草木和动物，这时生出一个彝家英雄，名字就叫支格阿龙。

【流传】（四川省·凉山彝族自治州）

【出处】

（a）冯元蔚译：《勒俄特依》，成都：四川民族出版社1986年版。

（b）冯元蔚译，蕾紫改写：《勒俄特依》，见姚宝瑄主编《中国各民族神话》（羌族、彝族），太原：山西出版传媒集团·书海出版社2014年版，第161页。

W0628a. 53. 1. 1

支格阿龙上天捉雷公

实 例

彝族 雷公在天上打铁锅、铜锤和铜网，来对付地上的英雄支格阿龙。

【流传】（无考）

【出处】 墨色夫哈讲，胡云、邹志诚整理：《降雷》，见姚宝瑄主编《中国各民族神话》（羌族、彝族），太原：山西出版传媒集团·书海出版社2014年版，第298页。

W0628a. 53. 2

人间英雄吐鲁汝

实 例

（参见下级母题实例）

W0628a. 53. 2. 1

英雄吐鲁汝反天庭

实 例

彝族 助人间的英雄吐鲁汝反天庭。

【流传】 贵州省·（毕节市）·威宁县（威宁彝族回族苗族自治县）

【出处】 王小二讲，石磊采录：《拆掉通天的桥》见中国民间文学集成全国编辑委员会编《中国民间故事集成》（贵州卷），北京：中国ISBN中心2003年，第70页。

W0628a. 53. 3

英雄阿鲁举热

实 例

（参见下级母题实例）

W0628a. 53. 3. 1

阿鲁举热是个大神人

实 例

彝族 英雄阿鲁举热是大神人，有一匹神马。

【流传】云南省·（楚雄彝族自治州）·大姚县

【出处】肖开亮讲，李世忠等采录：《阿鲁举热》，见中国民间文学集成全国编辑委员会编《中国民间故事集成》（云南卷），北京：中国ISBN中心2003年版，第341页。

W0628a.54

裕固族神话中的文化英雄

实例

裕固族 （实例待考）

W0628a.55

藏族神话中的文化英雄

实例

（参见下级母题实例）

W0628a.55.1

英雄格萨尔

【关联】［W0684］格萨尔（格斯尔）

实例

藏族 英雄格萨尔生下来时是肉蛋。

【流传】（无考）

【出处】何天慧、王沂暖译：《格萨尔王传·花岭诞生之部》，兰州：甘肃人民出版社1985年版，第64页。

W0628a.56

壮族神话中的文化英雄

【关联】

①［W0704a］莫一大王

②［W0768.10］布伯

实例

（参见下级母题实例）

W0628a.56.1

岑孙

实例

（参见下级母题实例）

W0628a.56.1.1

岑孙力大无比能万斤担挑大山

实例

壮族 岑孙力大无比，用万斤担挑大山。

【流传】广西壮族自治区·（河池市）·都安（都安瑶族自治县）

【出处】覃建真整理：《岑孙兄弟开红河水》，见张声震总主编，农冠品编注《壮族神话集成》，南宁：广西民族出版社2007年版，第421页。

W0628a.56.1a

岑顺

实例

（参见下级母题实例）

W0628a.56.1a.1

英雄岑顺的筷子变成树

实例

壮族 英雄岑顺的筷子变成两棵树。

【流传】广西壮族自治区·（百色

市）·平果（平果县）

【出处】李山讲：《岑顺王与无名树》，王宪昭、李斯颖采集，2009. 12。

W0628a. 56. 2

射日英雄特康

实 例

（参见下级母题实例）

W0628a. 56. 2. 1

特康出生 3 个月会射箭

实 例

壮族 射日英雄特康生下后 3 个月就能射箭。

【流传】（无考）

【出处】《特康射太阳》，见张声震总主编，农冠品编注《壮族神话集成》，南宁：广西民族出版社 2007 年版，第 516 页。

W0628a. 56. 3

白马姑娘

实 例

壮族 三界公爷神、莫一大王、白马姑娘、甘王、蓝陆等是壮族民族英雄神。

【流传】广西壮族自治区·（南宁市）·武鸣县·两江乡·雷江片，马山县·古零乡·杨圩片

【出处】黄世杰搜集整理：*《多神信仰》（1990），见吕大吉、何耀华总主编《中国各民族原始宗教资料集成》（土家族卷、瑶族卷、壮族卷、黎族卷），北京：中国社会科学出版社 1998 年版，第 492 页。

W0628a. 56. 4

甘王

实 例

壮族 （参见“W0628a. 56. 3 白马姑娘”母题实例）

W0628a. 56. 5

蓝陆

实 例

壮族 （参见“W0628a. 56. 3 白马姑娘”母题实例）

W0628a. 57

与文化英雄名称有关的其他母题

实 例

（参见下级母题实例）

W0628a. 57. 1

英雄扬名

实 例

（实例待考）

W0628a. 57. 1. 1

英雄被授予特定称号（英雄封号）

实 例

（实例待考）

W0628a.57.2

英雄隐名埋姓

实 例

（参见下级母题实例）

W0628a.57.2.1

英雄成事后告诫众人保护姓名隐私权

实 例

蒙古族 山的儿子帮助官兵射杀了水怪后，官兵致谢时，山的儿子说：“千万不要向可汗透露水怪是我射死的，这就行了！”

【流传】 内蒙古自治区·赤峰市·巴林右旗

【出处】 胡尔查翻译，甘珠尔扎布搜集整理：《山的儿子》，见姚宝瑄主编《中国各民族神话》（达斡尔族、鄂伦春族、鄂温克族、蒙古族），太原：山西出版传媒集团·书海出版社2014年版，第201页。

W0629

与文化英雄有关的其他母题

【关联】

① ［W0669.2.1］巨人是文化英雄

② ［W6896.3.1］英雄第一次奇遇知道了自己的名字

③ ［W8801］文化英雄的争斗

④ ［W8993］末路英雄

⑤ ［W9125.1］文化英雄是巫师

⑥ ［W9944］英雄巧遇

实 例

（参见下级母题实例）

W0629.1

文化英雄的离去

【汤普森】 A560

【关联】

实 例

（实例待考）

W0629.2

英雄的失误（英雄马失前蹄）

【关联】 ［W9953］失误

实 例

（实例待考）

W0629.3

文化英雄的归宿

实 例

（参见下级母题实例）

W0629.3.1

英雄载誉归来

实 例

赫哲族 安徒（英雄名）来到一个悦混（村子）。在这里治好了病，又打了胜仗，人们都很敬佩他。

【流传】 （黑龙江省·佳木斯市·同江县·八岔赫哲族乡）

【出处】

(a) 吴进才说唱，尤志贤翻译整理：《安徒莫日根》，载中国民间文艺研究会黑龙江分会所编《黑龙江民间文学》1981年第2集。

(b) 同(a)，见姚宝瑄主编《中国各民族神话》(满族、赫哲族、朝鲜族)，太原：山西出版传媒集团·书海出版社2014年版，第142页。

W0629.3.1.1

英雄漫长的回乡路

实 例

(参见下级母题实例)

W0629.3.1.1.1

英雄多年后才回乡

实 例

裕固族 莫拉(人名，斗雪妖的英雄)为降服雪妖去拜太阳神学本领，直到第八年的冬天，莫拉才满身尘土，迈着艰难的步子，徒步走回家乡。

【流传】(甘肃省祁连山一带)

【出处】

(a) 乔维森、野枫记录整理：《莫拉》，见《少数民族文学作品选》编辑委员会编《中国少数民族文学作品选》(第二分册)，上海：上海文艺出版社1981年版。

(b) 同(a)，见姚宝瑄主编《中国各民族神话》(土族、东乡族、回族、保安族、裕固族、撒拉族)，太原：山西出版传媒集团·书海出版社2014年版，第93页。

W0629.3.2

英雄团圆

实 例

(参见下级母题实例)

W0629.3.2.1

英雄与所有妻子和姊妹团聚

实 例

赫哲族 安徒(英雄名)到了一个悦混(村子)，因这个悦混的主人被他战死，于是人们都归顺了安徒。他们用酒宴庆贺新主人的到来。这时，安徒的所有妻子和妹妹们都来了，大家团聚在一起，十分热闹。

【流传】(黑龙江省·佳木斯市·同江县·八岔赫哲族乡)

【出处】

(a) 吴进才说唱，尤志贤翻译整理：《安徒莫日根》，载中国民间文艺研究会黑龙江分会所编《黑龙江民间文学》1981年第2集。

(b) 同(a)，见姚宝瑄主编《中国各民族神话》(满族、赫哲族、朝鲜族)，太原：山西出版传媒集团·书海出版社2014年版，第142页。

W0629.3.3

英雄成神

实 例

（实例待考）

W0629.3.4

英雄升天

实　例

（实例待考）

0.6.2　半神半人、合体神与分体神[①]【W0630～W0639】

※ W0630

半神半人

【汤普森】①A122；②A506

实　例

景颇族　（实例待考）

W0630a

半神半人的产生

实　例

（参见下级母题实例）

W0630a.1

自然产生半神半人

实　例

（参见下级母题实例）

W0630a.1.1

天地间自然产生半神半人

实　例

（参见下级母题实例）

W0630a.1.1.1

最古时，天地间只出一批老公公，第三个公叫甫方（半神半人）

实　例

苗族　最初古时期，天地间只生出一批老公公。其中第三个公叫甫方（半神半人）。

【流传】原文无流传地，据文本及注释推测该神话流传于贵州省·黔东南苗族侗族自治州·凯里市、台江县等地

【出处】张启庭、张荣光、张正玉、张启德演唱，张明搜集，燕宝整理译注：《创造宇宙·开天辟地》，见贵州省少数民族古籍整理出版规划小组办公室编，燕宝整理译注《苗族古歌》，贵阳：贵州民族出版社 1993 年版，第 5 页。

① 半神半人、合体神与分体神，该类母题与“神的体征”类母题有直接联系，鉴于神话研究中经常把“半神半人”作为一种特殊的分析类型，故在此单独列出。

W0630a. 1. 1. 2

最古时，天地间只出一批老公公，第四个公叫修狃（半神半人）

实 例

苗族 最初古时期，天地间只生出一批老公公。其中第四个公叫修狃（半神半兽的动物，似犀牛的形象）。

【流传】原文无流传地，据文本及注释推测该神话流传于贵州省·黔东南苗族侗族自治州·凯里市、台江县等地

【出处】张启庭、张荣光、张正玉、张启德演唱，张明搜集，燕宝整理译注：《创造宇宙·开天辟地》，见贵州省少数民族古籍整理出版规划小组办公室编，燕宝整理译注《苗族古歌》，贵阳：贵州民族出版社 1993 年版，第 5 页。

W0630b

半神半人的特征

实 例

（参见下级母题实例）

W0630b. 1

半神半泥的人

实 例

（参见下级母题实例）

W0630b. 1. 1

女娲生的男孩与灾难后幸存的女孩婚生半神半泥的人

实 例

汉族 女娲造的人只剩下一个女孩活下来。女娲发现自己怀孕了，再后来，她生下个胖小子，再后来，她就叫胖小子和那小女孩结了婚，他们生下了好多好多半神半泥的人。

【流传】河南省·安阳市·安阳县·磊口乡·目明村

【出处】赵庆士（农民）讲，左兵采录：《女娲造人（四）》（原名《下雨时为啥起黑云》），见张振犁编著《中原神话通鉴》（第一卷），郑州：河南大学出版社 2017 年版，第 170 页。

W0631

人与一种动物合成的半神半人

实 例

苗族 （实例待考）

W0631. 1

半人半牛之神

【关联】［W0722. 2. 1. 2］盘古牛头马面龙身

实 例

（实例待考）

W0631.2

半人半狗之神

实 例

（实例待考）

W0631.3

半人半鸟之神

实 例

（实例待考）

W0631.4

半人半鱼之神

【汤普森】A131.1

【关联】［W0409.2］河神人面鱼身

实 例

（实例待考）

W0631.5

半人半蛇之神

【关联】

①［W0632.1.3］人头蛇身之神

②［W0712.2］女娲人头蛇身

实 例

（参见下级母题实例）

W0631.6

人与其他动物合成的半神半人

实 例

（参见下级母题实例）

W0631.6.1

半人半狼之神

实 例

西北地区古代民族 （实例待考）

W0632

人头动物身体的神（人面动物身体的神）

实 例

（参见下级母题实例）

W0632.1

神是人头动物身体

实 例

（参见下级母题实例）

W0632.1.1

人头马身之神

【汤普森】B21

实 例

（实例待考）

W0632.1.2

人头狗身之神

【汤普森】B25.2

实 例

汉族 （实例待考）

W0632. 1. 3

人头蛇身之神

【汤普森】B29. 2. 1

【关联】［W0722. 2. 1. 5］盘古人头蛇身（盘古人首蛇身）

实 例

（实例待考）

W0632. 1. 4

人头鸟身之神

实 例

傣族 （实例待考）

汉族 （实例待考）

W0632. 1. 5

人头龙身之神（龙身人头之神）

【关联】［W0316. 2］雷神龙身人头

实 例

汉族 雷泽有神，龙身人头，鼓其腹而熙。

【流传】（无考）

【出处】［汉］淮南王刘安及门客：《淮南子·地形训》。

W0632. 2

神是人面动物身体

实 例

（参见下级母题实例）

W0632. 2. 1

人面兽身之神

【关联】［W0253. 8. 1. 1］南方神祝融兽身人面

实 例

汉族 （实例待考）

W0632. 2. 1. 1

人面虎身之神

实 例

汉族 （实例待考）

W0632. 2. 2

人面鸟身之神

【关联】［W0254. 8. 3. 1］北方神禺疆人面鸟身

实 例

汉族 北方禺疆，人面鸟身，黑身手足。

【流传】（无考）

【出处】［战国至汉］撰者不详：《山海经·海外北经》。

W0632. 2. 3

人面鱼身之神

【汤普森】B83

实 例

（实例待考）

W0633

人的身体动物头的神（神长着动物的头）

【汤普森】 A131.3

实 例

（参见下级母题实例）

W0633.1

狗头人身之神

【汤普森】 B25.1

实 例

（实例待考）

W0633.2

鸡头人身之神

【关联】［W0722.2.2.4］盘古鸡头人身

实 例

汉族 雷公是人的身子鸡的头。

【流传】 浙江省·（金华市）·东阳县（东阳市）·青联乡·雅坑村

【出处】 张宣元讲，周耀明采录：《盘古开天》，见中国民间文学集成全国编辑委员会编《中国民间故事集成》（浙江卷），北京：中国 ISBN 中心 1997 年版，第 15 页。

W0633.3

狼头人身之神

实 例

西北地区古代民族 （实例待考）

W0633.4

龙头人身之神

【汤普森】 A18.1

【关联】［W0722.2.2.2］盘古龙头人身

实 例

汉族 混沌里住着的阳族首领盘古，龙头人身。

【流传】 浙江省·（宁波市）·宁海县·（西店镇）·紫江村

【出处】 邬荣绍讲，邬为国搜集整理：《盘古开天辟地》（1987），见姚宝瑄主编《中国各民族神话》（汉族），太原：山西出版传媒集团·书海出版社 2014 年版，第 11～12 页。

W0633.5

驴头人身之神

【汤普森】 B22.1

实 例

（实例待考）

W0633.6

猫头人身

【汤普森】 ①A131.3.1②B29.4.1

实 例

汉族 （实例待考）

W0633.7

鸟头人身之神

【汤普森】 B55

实 例

（实例待考）

W0633. 8

牛头人身之神

【汤普森】B23. 1

实 例

汉族 （实例待考）

W0633. 9

蛇头人身之神

实 例

（实例待考）

W0633. 10

狮头人身之神

【关联】［W0722. 2. 2. 1］盘古是狮头人身

实 例

汉族 盘古王是一个狮头人身的巨人。

【流传】四川省·（成都市）·崇庆县（崇州市）

【出处】吴道士讲，毛甫澄采录：《盘古开天地》，见中国民间文学集成全国编辑委员会编《中国民间故事集成》（四川卷·上），北京：中国 ISBN 中心 1998 年版，第 22 页。

W0633. 11

象头人身之神

【汤普森】①A131. 2②B28

实 例

（实例待考）

W0633. 12

羊头人身之神

【汤普森】①A131. 3. 3；②B24. 2

实 例

（实例待考）

W0633. 13

猪头人身之神

实 例

（实例待考）

W0633. 14

与动物头部特征有关的其他母题

实 例

（参见下级母题实例）

W0633. 14. 1

猪嘴人身之神

【汤普森】A131. 3. 2

实 例

汉族 （参见“W0695. 3. 4. 3. 1. 1 韩流麒麟身，长颈子，小耳朵，人脸猪嘴猪脚”母题实例）

藏族 （实例待考）

W0633. 14. 2

马嘴人身之神

【汤普森】B21. 3

实　例

（实例待考）

W0633.14.3

鱼头人身之神

【关联】［W0413.1.1.1.4］东海女神德里给奥木妈妈鱼首人身

实　例

满族（参见“W0413.1.1.1.4 东海女神德里给奥木妈妈鱼首人身”母题实例）

※W0634

合体神

【关联】［W0070.6］连体神

实　例

（参见下级母题实例）

W0634.1

由多只动物成的神

实　例

（参见下级母题实例）

W0634.1.1

由黑、白、草三色3只狐狸合成的神“胡里斤”神

实　例

鄂伦春族 赵立本是50年代十八站乡一带著名萨满，他主领的是“胡里斤”神（由黑、白、草三色的三只狐狸合成的神）。

【流传】黑龙江省·（大兴安岭地区）·呼玛地区（呼玛县）

【出处】

(a) 富育光、王宏刚、关小云、孟淑清：《大兴安岭鄂伦春族萨满文化调查》，载《北方民族》1990年第1期。

(b)《黑龙江省呼玛地区的萨满》，见吕大吉、何耀华总主编《中国各民族原始宗教资料集成》（鄂伦春族卷、鄂温克族卷、赫哲族卷、达斡尔族卷、锡伯族卷、满族卷、蒙古族卷、藏族卷），北京：中国社会科学出版社1999年版，第37页。

W0634.1.2

神的形状是多种动物形状的组合

实　例

（参见下级母题实例）

W0634.1.2.1

更资天神的母亲蒲依长着螃蟹的脚、鱼的鳞、牛头马面、穿山甲的尾和猪身子

实　例

彝族 太古时，最高神更资天神的母亲蒲依最初形成，是云的形状。她长着螃蟹的脚，但脚是红云；长着鱼的鳞，但鳞是黑云；长着牛头马面，但面是白云；蒲依长着穿山甲的尾，但尾是花云；她生长着猪身子，但身子是浓云。

【流传】云南省·（楚雄彝族自治州）·永仁县

【出处】

（a）曲木阿石等讲，罗有能整理：《更资天神》，见云南省楚雄州文教局、云南省楚雄州民委会编《楚雄民间文学资料》，内部资料，1979 年。

（b）同（a），见姚宝瑄主编《中国各民族神话》（羌族、彝族），太原：山西出版传媒集团·书海出版社 2014 年版，第 174 页。

W0634. 1. 3

合体神自生自育

实 例

满族 一个自生自育的合体神变成了男神。

【流传】（无考）

【出处】《天宫大战》，见潜明滋《中国古代神话与传说》，北京：商务印书馆 1996 年版，第 56 页。

W0635

人兽合体的神

实 例

（参见下级母题实例）

W0635. 1

虎神身而九尾，人面虎爪

实 例

汉族 神状虎神身而九尾，人面而虎爪。

【流传】（无考）

【出处】［战国至汉］撰者不详：《山海经·西山经》。

W0636

动物头动物身体的神

实 例

（实例待考）

W0636. 1

牛头龙身之神

实 例

汉族 （实例待考）

W0636. 2

龙头蛇身之神

实 例

汉族 （实例待考）

W0637

多种体征的合体神

实 例

（实例待考）

W0637. 1

九首人面鸟身之神

【关联】［W1572. 2. 8. 3a］人面鸟身的鸟左眼变成太阳

实 例

汉族 （实例待考）

W0638

与合体神有关的其他母题

【关联】［W0061.1］自生自育的合体神变成男神

实 例

（实例待考）

W0639

分体神

实 例

（参见下级母题实例）

W0639.1

分体神的产生

实 例

（实例待考）

W0639.1.1

神能裂生神

实 例

满族 （参见“W0235.1.9.1 女天神阿布卡赫赫的下身又裂出女地神巴那姆赫赫”母题实例）

W0639.1.2

一神化身为多神

实 例

（实例待考）

W0639.2

分体神的特征（分体神的类型）

实 例

（参见下级母题实例）

W0639.2.1

一神两体

实 例

（参见下级母题实例）

W0639.2.1.1

一神分男女两种体征

实 例

（参见下级母题实例）

W0639.2.1.1.1

牲畜神吉雅奇是一男一女两个人形

实 例

鄂温克族 吉雅奇神（牲畜之神）是一男一女两个人形。

【流传】（内蒙古自治区·呼伦贝尔市·鄂温克族自治旗·辉索木）

【出处】

(a) 《鄂温克族自治旗辉索木调查报告》，见内蒙古自治区编辑组《鄂温克族社会历史调查》，呼和浩特：内蒙古人民出版社 1986 年版，第 488～489 页。

(b) 《“吉雅奇”神之一》，见吕大吉、何耀华总主编《中国各民族原始宗教资料集成》（鄂伦春族卷、鄂温克族卷、赫哲族卷、达斡尔族卷、锡伯族卷、满族卷、蒙古族卷、藏族卷），北京：中国社会科学出版社 1999 年版，第 117 页。

W0639.2.2

一神多体

实 例

（实例待考）

W0639.3

与分体神有关的其他母题

实 例

（实例待考）

0.6.3 祖先（祖先神，始祖神）①

【W0640 ~ W0659】

✿ W0640

祖先（先祖，始祖，文化始祖）

实 例

（参见下级母题实例）

✿ W0641

祖先神（祖神，始祖神）②

实 例

（参见下级母题实例）

W0641.1

人死后成为祖先神

实 例

达斡尔族 （参见“W0646.3.2.2 助战的人死后成为祖先神”母题实例）

W0641.2

不同家族分别供奉不同颜色的祖神

【关联】［W6440］颜色崇拜

实 例

黎族 （实例待考）

❊ W0642

祖先的产生（祖先神的产生）

实 例

（参见下级母题实例）

① 祖先（祖先神，始祖神），在神话叙事中虽然以“祖先”的概念出现，但实际文化含义却具有“神”或“神性人物”的特征，表达的是“祖先神”或“始祖神”之意。据此，也将神话中的“祖先”列为“神或神性人物”的一种类型。

② 祖先神（祖神、始祖神），有的神话称为“始祖神”、“父母神”、“祖神”等。在不同民族中，关于“祖先神”的名称又有很大差别。如壮族的祖先神，又称“祖宗神”、“家先”，可以分为“三祖家先”、“历代家先”、“家堂神”等［参见吕大吉、何耀华总主编《中国各民族原始宗教资料集成》（土家族卷、瑶族卷、壮族卷、黎族卷），北京：中国社会科学出版社 1998 年版，第 534 页］。

W0643

祖先来源于特定的地方

实 例

（参见下级母题实例）

W0643.1

祖先天降

【关联】［W0006］神从天降

实 例

哈萨克族 （实例待考）

怒族 （实例待考）

W0643.1.1

王朝之先祖从天堂降到凡间

实 例

藏族 （参见“W0659.2.55.1 王朝先祖俄带贡甲”母题实例）

W0643.1.2

上帝给人从天上派来祖先

实 例

（参见下级母题实例）

W0643.1.2.1

布洛陀与母勒甲是上帝派到凡间的始祖

实 例

壮族 布洛陀与母勒甲是上帝派到凡间造人造物，创造凡人世界的始祖。

【流传】广西壮族自治区·（百色市）·田阳县

【出处】黄明标搜集整理：《布洛陀与敢壮山的传说》，见广西田阳县人民政府网：http：//www.gxty.gov.cn/tykk/ShowArticle.asp？ArticleID=726，2007.01.22。

W0643.1.3

天神用吊篮把人的始祖放到地上

实 例

（参见下级母题实例）

W0643.1.3.1

女天神阿波米淹用吊篮将女始祖塔婆从天上放到大地上

实 例

哈尼族 为大地上繁衍人类，女天神阿波米淹就用吊篮将塔婆（女始祖）从天上放到大地上。

【流传】云南省·西双版纳（西双版纳傣族自治州）

【出处】飘马讲，白章富搜集整理：《奥颠米颠》，见姚宝瑄主编《中国各民族神话》（哈尼族、傣族），太原：山西出版传媒集团·书海出版社2014年版，第80页。

W0643.1.4

六部之祖都是从天而降的神人

实 例

朝鲜族 古时朝鲜遗民分居于山谷之间的六个部落。这六部之祖都是从天而降的神人。当时，虽有六部，却无君主。

【流传】（无考）

【出处】金永奎改写：《赫居世神话》，见姚宝瑄主编《中国各民族神话》（满族、赫哲族、朝鲜族），太原：山西出版传媒集团·书海出版社 2014 年版，第 165～166 页。

W0643.2

祖先来于树中

实　例

苗族 （参见“W0659. 2. 35. 2. 1 枫树生的蝴蝶生的卵孵出始祖姜央”母题实例）

W0643.3

祖先从山中来

实　例

（参见下级母题实例）

W0643.3.1

爷娘岩中来，祖先山中来

实　例

布依族 我们的爷娘岩中来，我们的祖先山中来。

【流传】贵州省布依族地区

【出处】杨正荣、祝登壅讲，岭玉清、汛河搜集整理，古梅改写：《翁戛造万物》，见姚宝瑄主编《中国各民族神话》（布依族、仡佬族、苗族），太原：山西出版传媒集团·书海出版社 2014 年版，第 11 页。

W0643.4

祖先从雾气中来

实　例

（参见下级母题实例）

W0643.4.1

神风吹雾气散，出现祖先密洛陀

实　例

瑶族 神风吹，雾气散，出现了密洛陀。

【流传】广西壮族自治区·（河池市）·巴马县（巴马瑶族自治县）·东山乡

【出处】蒙老三讲，蒙灵记录翻译：《密洛陀》，见中国民间文学集成全国编辑委员会编《中国民间故事集成》（广西卷），北京：中国 ISBN 中心 2001 年版，第 22 页。

瑶族 神风吹，雾气散，出现了密洛陀。

【流传】广西壮族自治区·（河池市）·巴马县（巴马瑶族自治县）·东山乡·弄山村

【出处】蒙老三（70 岁）讲，蒙灵记录翻译：《密洛陀》（1981），原载南宁师范学院编《广西少数民族与汉族民歌民间故事》，见陶阳、钟秀编《中国神话》（上），北京：商务印书馆2008年版，第106~109页。

W0643.5

始祖从海外来

实 例

（参见下级母题实例）

W0643.5.1

始祖在神的护佑下漂洋渡海而来

实 例

壮族 始祖从海外而来，幸得莫一大王（保护神）制止狂风大浪，带我始祖漂洋渡海。

【流传】 广西壮族自治区·（桂林市）·龙胜各族自治县·和平乡·平安寨

【出处】 范宏贵、陈维刚搜集整理：*《莫一大王》（1990），见吕大吉、何耀华总主编《中国各民族原始宗教资料集成》（土家族卷、瑶族卷、壮族卷、黎族卷），北京：中国社会科学出版社1998年版，第546页。

W0643.6

祖先从洞中来

【关联】［W2205］洞生人

实 例

（参见下级母题实例）

W0643.6.1

祖先源于司岗里

实 例

佤族 司岗里是祖先曾经出来的地方，司岗里又是祖先曾经回归的地方。

【流传】 云南省·（普洱市）·西盟佤族自治县、澜沧拉祜族自治县等地

【出处】 毕登程、隋嘎编著：《司岗里——佤族创世史诗》，昆明：云南出版集团公司·云南人民出版社2009年版，第166页。

W0643a

祖先自然产生

实 例

（参见下级母题实例）

W0643a.1

大地出现后就有了祖先

实 例

（参见下级母题实例）

W0643a.1.1

出现陆地有了山和神，就有了人类的祖先猕猴和岩妖

实 例

藏族 出现陆地后，有了山和神，接着就有了人类的祖先猕猴和岩妖。

【流传】（云南省·迪庆藏族自治州）

【出处】＊《猕猴变人》，原载丹珠昂奔：《藏族神灵论》，中国社会科学出版社 1990 年版，见吕大吉、何耀华总主编《中国各民族原始宗教资料集成》（鄂伦春族卷、鄂温克族卷、赫哲族卷、达斡尔族卷、锡伯族卷、满族卷、蒙古族卷、藏族卷），北京：中国社会科学出版社 1999 年版，第 939 页。

W0644

祖先是造出来的（造祖先神）

实 例

（参见下级母题实例）

W0644. 1

神造祖先

【关联】［W0014］神是创造产生的（造神）

实 例

高山族 洪水后，神把一个幸存者的皮肉投入海中化生为许多人。这些人泅水到达岸边就安营扎寨，建立村社，生活下来，这些人就成了萨斯特人（高山族的一个支系）的祖先。

【流传】台湾·新竹县·五峰乡、苗栗县·南庄乡

【出处】

（a）《高山族和汉族的来源》，见陈国强编《高山族神话传说》，福州：福建人民出版社 1980 年版。

（b）同（a），见姚宝瑄主编《中国各民族神话》（高山族、黎族、畲族），太原：山西出版传媒集团·书海出版社 2014 年版，第 17 ~ 18 页。

藏族 世界出现森林后，德绕高大神又造了一个人，给他起名做阿加尼（文化英雄名），这是人类最早的祖先。

【流传】（西藏自治区）

【出处】

（a）旺秋搜集：《僜人创世神话》，根据中国社科院民族研究所编《僜人社会历史调查》，云南人民出版社 1990 年版，西藏民间文艺研究会主办《邦锦梅朵》1984 年第 8 期中的《僜人创世神话》整理。

（b）同（a），见姚宝瑄主编《中国各民族神话》（门巴族、珞巴族、怒族、藏族），太原：山西出版传媒集团·书海出版社 2014 年版，第 87 ~ 88 页。

W0644. 1. 1

神造的完整的人成为祖先

实 例

（参见下级母题实例）

W0644. 1. 1. 1

夫妻神索依迪朗造的第一个完整的人雅呷确呷·丹巴协惹是羌族人的祖先

实 例

羌族 索依迪朗（夫妻神）造出的第一个完整的人，给他取名字叫雅呷确

呷·丹巴协惹，就是羌族人的祖先。

【流传】 四川省·（阿坝藏族羌族自治州）·茂县·太平乡·牛尾巴村

【出处】 郑友富讲，王康男采录：《索依迪朗造人》，见中国民间文学集成全国编辑委员会编《中国民间故事集成》（四川卷·下），北京：中国ISBN中心1998年版，第1118页。

羌族 雅呷确呷·丹巴协惹是索依迪天神和索依朗地母造出来的第一个完整的人，所以，他就具有生养后代的本领和责任，也就成了羌族人的祖先。

【流传】 四川省·阿坝藏族羌族自治州·茂汶羌族自治县（今属茂县）

【出处】

（a）《开咂酒曲子》，见杨亮才、陶立璠、邓敏文：《中国少数民族文学》（上册），北京：人民出版社1985年版。

（b）《索依迪朗夫妇造人》，原名《人是咋个来的》，郑友富、周贵友讲，王康、龚剑雄、吴文光采录，王康整理，原载西南民族学院图书馆与西南民族学院《羌族文学简史》编写组《羌族民间文学资料集》（一），1987年编，见姚宝瑄主编《中国各民族神话》（羌族、彝族），太原：山西出版传媒集团·书海出版社2014年版，第8页。

羌族 索依迪朗（羌语，意为“娘老子”。迪，意为“老汉”，即“父亲”；朗，意为“阿妈”，即“母亲”）到第三儿子“雅呷确呷、丹巴协惹”时，才成为第一个完整的人。他具有生育后代的本领和责任，也就成了羌人的祖先。

【流传】（无考）

【出处】《索依迪朗：设计造人》，原载西南民族学院《羌族文学简史》编写组编《羌族民间文学资料集》（一），1987年4月，见吕大吉、何耀华总主编《中国各民族原始宗教资料集成》（纳西族卷、羌族卷、独龙族卷、傈僳族卷、怒族卷），北京：中国社会科学出版社2000年版，第578页。

W0644.1.2 山神造祖先

实 例

（参见下级母题实例）

W0644.1.2.1 洪水后西士比亚山神用一个幸存男人的皮肉造出赛夏人的祖先

实 例

高山族 洪水后，西士比亚山的神把一个幸存男人的皮肉造出的人，安营扎寨，建立村社，就是萨斯特人（赛夏人）的祖先。

【流传】 台湾

【出处】《高山族和汉族的由来》，见谷德明编《中国少数民族神话》，北京：中国民间文艺出版社1987年版，第

236 页。

W0644. 1. 3

夫妻神造人的祖先

实 例

（参见下级母题实例）

W0644. 1. 3. 1

男神布桑戛西和女神雅桑戛赛夫妻造人的男女祖先

实 例

傣族 男神布桑戛西和女神雅桑戛赛（夫妻神）造出一对男女成活后，教给了他们语言，让他们来主宰世界，叫他们结为夫妻。人类的祖先就这样诞生了。

【流传】（云南省）

【出处】《破仙葫芦进人间，开创世道人类》，原载祜巴勐《论傣族诗歌》，中国民间文学出版社 1981 年版，见姚宝瑄主编《中国各民族神话》（哈尼族、傣族），太原：山西出版传媒集团·书海出版社 2014 年版，第 262 页。

W0644. 1. 4

天神造祖先

实 例

（参见下级母题实例）

W0644. 1. 4. 1

女天神创造祖先亚当

实 例

维吾尔族 亚当（祖先名）是我们的女天神创造的。

【流传】新疆维吾尔自治区·伊犁州（伊犁哈萨克自治州），新疆南疆一带

【出处】阿不都拉搜集翻译，姚宝瑄整理：《女天神创造亚当》，见姚宝瑄主编《中国各民族神话》（乌孜别克族、哈萨克族、柯尔克孜族、俄罗斯族、维吾尔族、塔吉克族、塔塔尔族、锡伯族），太原：山西出版传媒集团·书海出版社 2014 年版，第 223 页。

W0644. 2

神性人物造祖先

实 例

（参见下级母题实例）

W0644. 2. 1

真主造人的祖先

实 例

（参见下级母题实例）

W0644. 2. 1. 1

真主安拉用金木水火土造阿丹圣人

实 例

回族 真主安拉用金木水火土捏人，

成为阿丹圣人。

【流传】（无考）

【出处】《阿丹和海娃》，见中央民族学院少数民族文艺研究所编《中国民族民间文学》，北京：中央民族学院出版社1987年版，第284页。

回族 古时候，真主造化了人祖阿丹圣人。

【流传】（无考）

【出处】《阿丹好娃》，见宁夏《回族文学史》编写组编著《中国回族民间文学概观》，内部编印，1978年。

W0644.2.1.2

真主人祖阿达姆与阿瓦

实　例

柯尔克孜族 真主创造人类最早祖先阿达姆与阿瓦。阿达姆之子曰努赫，在世凡九百五十年。

【流传】（无考）

【出处】袁珂改编：《创世传说》，原载毛星主编《中国少数民族文学》（上册），见袁珂《中国神话大词典》，北京：华夏出版社2015年版，第558页。

W0644.2.2

创世主造人的祖先

实　例

（参见下级母题实例）

W0644.2.2.1

创世主迦萨甘造人类的始祖

实　例

哈萨克族 创世主迦萨甘造出人类的始祖。

【流传】（a）新疆维吾尔自治区

【出处】

（a）《造物主创世》，见满都呼主编《中国阿尔泰语系诸民族神话故事》，北京：民族出版社1997年版，第63页。

（b）尼合迈德·蒙加尼搜集，校仲彝翻译整理：《迦萨甘创世》，见谷德明编《中国少数民族神话》，北京：中国民间文艺出版社1987年版，第727页。

哈萨克族 迦萨甘用黄泥捏出泥人，成活后成为人类的始祖。男的名叫阿达姆阿塔，意思是“人类之父”。女的叫作阿达姆阿娜，意思是“人类之母”。

【流传】（新疆维吾尔自治区）

【出处】

（a）尼哈迈提·蒙加尼整理，校仲彝记录整理：《迦萨甘创世》，见张越、姚宝瑄编《新疆民族神话故事选》，乌鲁木齐：新疆人民出版社1989年版。

（b）同（a），见姚宝瑄主编《中国各民族神话》（乌孜别克族、哈萨克族、柯尔克孜族、俄罗斯族、维吾尔族、塔吉克族、塔塔尔族、锡伯族），太原：山西出版传媒集团·书海出版社

2014 年版，第 23 页。

W0644. 2. 3

天女造祖先

实 例

蒙古族 嫁到人间的天女昌翁吉吉米回娘家时，用火坑里的灰灰做了一个灰娃娃，成活后伺候丈夫鲁俄俄。天女返回后发现鲁俄俄也造了很多娃儿，有男的也有女的。鲁俄俄做的那些男女灰娃儿，以后便成了我们的祖先。

【流传】 四川省·（凉山彝族自治州）·木里藏族自治县

【出处】

（a）扎西玛讲，何杜基译，李述唐采录：《鲁俄俄》，见中国民间文学集成全国编辑委员会编《中国民间故事集成》（四川卷·下），北京：中国 ISBN 中心 1998 年版，第 1481 ~ 1484 页。

（b）同（a），载《民间文学》1987 年第 7 期。

（c）同（a），见满都呼主编《中国阿尔泰语系诸民族神话故事》，北京：民族出版社 1997 年版，第 158 ~ 160 页。

藏族 嫁到人间的天女昌翁吉吉米回娘家时，用火坑里的灰灰做了一个灰娃娃，成活后伺候丈夫鲁俄俄。天女返回后发现鲁俄俄也造了很多娃儿，有男的也有女的。鲁俄俄做的那些男女灰娃儿，以后便成了我们的祖先。

【流传】 四川省

【出处】 扎西玛讲，何杜基译，李述唐采录：《鲁俄俄》，见陶阳、钟秀编《中国神话》（中），北京：商务印书馆 2008 年版，第 637 ~ 642 页。

W0644. 3

人造祖先

实 例

（参见下级母题实例）

W0644. 3. 1

灾难幸存者造祖先

实 例

（参见下级母题实例）

W0644. 3. 1. 1

洪水幸存者鲁俄俄造的男女灰娃成为人类祖先

实 例

蒙古族 洪水幸存者鲁俄俄做的那些男女灰娃儿，以后便成了人类的祖先。

【流传】 四川省与云南省交界处的泸沽湖一带

【出处】

（a）扎西玛、何杜基讲，李述唐搜集整理：《鲁俄俄》，载中国民间文艺家协会《民间文学》1987 年第 7 期。

（b）同（a），见姚宝瑄主编《中国各民族神话》（达斡尔族、鄂伦春族、鄂温克族、蒙古族），太原：山西出版传媒集团·书海出版社 2014 年版，第 148 页。

W0645
祖先是生育产生的（生祖先神）

实 例

（参见下级母题实例）

W0645.1
神生祖先

实 例

纳西族 （实例待考）

W0645.1.1
天神生祖先

实 例

（实例待考）

W0645.1.2
雷神生祖先

【关联】［W0657.0.1.1］祖先是雷公的儿子

实 例

布依族 （实例待考）

W0645.1.3
地神生祖先

实 例

（实例待考）

W0645.1.4
地母生祖先

【关联】［W0659.2.30.2］大地和天空婚生人的祖先阿巴达尼

实 例

珞巴族 大地母又生了两个小儿子，哥哥叫阿巴达尼，弟弟叫阿巴达洛。他们成为人的祖先。

【流传】西藏自治区·（林芝市）·米林县·纳玉公社（南伊乡）

【出处】达牛、东娘讲：《阿巴达尼和阿巴达洛》，见谷德明编《中国少数民族神话》，北京：中国民间文艺出版社 1987 年版，第 252 页。

W0645.1.5
始祖神生祖先

实 例

（参见下级母题实例）

W0645.1.5.1
始祖神梅烟恰阿妈生人的先祖恰乞形阿玛

实 例

哈尼族 梅烟恰阿妈（始祖神）生下人的先祖恰乞形阿玛。

【流传】云南省·（红河哈尼族彝族自治州）·元阳县

【出处】

（a）卢朝贵讲，史军超采录：《神和人

的家谱》，见中国民间文学集成全国编辑委员会编《中国民间故事集成》（云南卷），北京：中国 ISBN 中心 2003 年版，第 23 页。

（b）朱小和讲，史军超采录：《动植物的家谱》，见中国民间文学集成全国编辑委员会编《中国民间故事集成》（云南卷），北京：中国 ISBN 中心 2003 年版，第 346 页。

W0645. 1. 6

男神生祖先

实 例

（参见下级母题实例）

W0645. 1. 6. 1

两个男神分别生的 1 对男女成为远祖

实 例

高山族 两个男神分别生的一男一女，成了后来雅美人的远祖。

【流传】 台湾

【出处】《神膝相擦生人类》，见谷德明编《中国少数民族神话》，北京：中国民间文艺出版社 1987 年版，第 240 页。

W0645. 2

神性人物生祖先

实 例

（参见下级母题实例）

W0645. 2. 1

鬼生祖先

实 例

珞巴族 混沌初开时有个叫做肯库的怪物生下一个像泥球那样的乌佑（鬼，精灵等）。这个乌佑生阿巴达尼（祖先名）。

【流传】 西藏自治区·下珞渝（又写作“下珞瑜”，泛指永木河、锡约尔河、巴恰西仁河流域）

【出处】 B. K. 舒克拉搜集：《肯库》，见中华民族故事大系编委会编《中华民族故事大系》第 16 卷（赫哲族、门巴族、珞巴族、基诺族），上海：上海文艺出版社 1995 年版，第 394 页。

W0645. 2. 1. 1

天鬼生祖先

实 例

景颇族 （实例待考）

W0645. 2. 2

巫师生祖先

【关联】［W9120］巫师

实 例

（实例待考）

W0645. 2. 2. 1

祖先生于巫师之家

实 例

土家族 （实例待考）

W0645.2.3

天女生祖先

实 例

（参见下级母题实例）

W0645.2.3.1

天女与猎人媾和生的男婴成为祖先

实 例

蒙古族 天女因不能留人间弃婴，将与猎人媾和而生的男婴放在纳德山湖边。杜尔伯特祖先尚无酋长，切盼得一理想之首领。乃据先知者之指引，登上纳德山，循鸟鸣之方向，于山湖旁树梢上觅得此天女所生之子，将此子带回部落。此子长大，成为身枋魁梧之男儿，创立伟业，遂为绰罗斯家族之祖先。

【流传】（无考）

【出处】《天女之惠》，原载齐木道吉等编《蒙古族文学简史》，见袁珂《中国神话大词典》，北京：华夏出版社2015年版，第396页。

W0645.2.4

神灵生祖先

实 例

（参见下级母题实例）

W0645.2.4.1

神灵“禅图”生祖先阿巴达尼

实 例

珞巴族 一个叫“禅图”的乌佑（珞巴语，鬼、精灵，也可指神、神灵）生阿巴达尼（珞巴族的始祖）。

【流传】

（a）西藏自治区·下珞渝（泛指永木河、锡约尔河、巴恰西仁河流域）

（b）西藏自治区·下珞渝（又写作“下珞瑜”）·阿帕塔尼部落日如村

【出处】

（a）B.K.舒克拉搜集：《肯库》，见中华民族故事大系编委会编《中华民族故事大系》第16卷（赫哲族、门巴族、珞巴族、基诺族），上海：上海文艺出版社1995年版，第394页。

（b）同（a），见李坚尚、刘芳贤编《珞巴族门巴族民间故事选》，上海：上海文艺出版社1993年版，第8页。

W0645.2a

人生祖先

实 例

（参见下级母题实例）

W0645.2a.1

一对夫妻婚生祖先

实 例

（参见下级母题实例）

W0645. 2a. 1. 1

一对夫妻生珞巴族的始祖仓巴神

实 例

珞巴族 有一对夫妻生了三个女儿全部嫁出去后，又生了一个男孩，这个男孩是仓巴神，成为珞巴族的始祖。

【流传】西藏自治区·（林芝市）·墨脱县·（达木珞巴族乡）·卡布村

【出处】旺扎讲，于乃昌整理：《仓巴神》，见《珞巴族民间故事》：http://www.tibet-web.com/old/minjian/ync/gushi/mulu.htm，2003.10.02。

W0645. 2a. 1. 2

三姐米堪玛尔和丈夫孜巴东虚才生的后代成为祖先

实 例

藏族 由于有了三姐米堪玛尔和她的丈夫孜巴东虚才使得人类能生存下来。这对夫妇共有8个后代，他们为人类最早的祖先。

【流传】（无考）

【出处】噶尔梅·散旦著：《本教历史及其教义概述》，见林继富《生命的归宿——藏族灵魂观念试析》，载《邦锦花》1990年第3期。

W0645. 3

卵生祖先（卵生始祖）

实 例

侗族 龟孵蛋生出始祖。

【流传】贵州省·（黔东南苗族侗族自治州）·从江（从江县）、黎平（黎平县）等

【出处】《侗族祖先哪里来》（序歌），贵阳：贵州人民出版社1981年版。

高山族（排弯）高山族人始祖生自两粒圆蛋中。

【流传】（无考）

【出处】袁珂改编：《两粒蛋》（原名《两粒光闪闪的圆蛋》），原载《台湾高山族传说与风情》（下册），见袁珂《中国神话大词典》，北京：华夏出版社2015年版，第526页。

苗族 姜央系远古时代从十二个蛋里孵出来的人类始祖。

【流传】原文无流传地，据文本及注释推测该神话流传于贵州省·黔东南苗族侗族自治州·凯里市、台江县等地

【出处】耇富演唱，苗丁搜集，燕宝整理译注：《枫木生人·枫香树种》注释，见贵州省少数民族古籍整理出版规划小组办公室编，燕宝整理译注《苗族古歌》，贵阳：贵州民族出版社1993年版，第396页。

W0645. 3. 1

蛇卵生始祖

实 例

（参见下级母题实例）

W0645.3.1.1

蛇卵孵出女始祖黎母

【关联】［W0659.2.28.1］黎族的始祖黎母

实 例

黎族 黎母山有女，自卵中诞生，为黎母。

【流传】海南省

【出处】［清］张庆长：《黎岐纪闻》，广州：广东高等教育出版社1992年版。

黎族 雷公摄蛇卵于山中，生黎人之祖（黎母）。

【流传】海南省

【出处】

(a) 陆次云：《峒溪纤志》，见吕大吉、何耀华总主编《中国各民族原始宗教资料集成》（土家族卷、瑶族卷、壮族卷、黎族卷），北京：中国社会科学出版社1998年版，第654页。

(b)《岭南丛论》卷六，见吕大吉、何耀华总主编《中国各民族原始宗教资料集成》（土家族卷、瑶族卷、壮族卷、黎族卷），北京：中国社会科学出版社1998年版，第654页。

W0645.3.2

女始祖的卵生人类祖先

实 例

（参见下级母题实例）

W0645.3.2.1

女祖神萨天巴的卵孵出人类始祖松恩

实 例

侗族 萨天巴（蜘蛛，女祖神，创世神）交给四个萨犹（这里应是一种动物名称）孵化人类的卵。四个萨犹一共孵了三百六十个日夜。一个蛋里出来了始祖松恩。

【流传】广西壮族自治区·（柳州市）·三江（三江侗族自治县），（桂林市）·龙胜（龙胜各族自治县）

【出处】杨卜林喜、杨卜松林、杨明世讲，杨国仁、涛声搜集整理，蔷紫改写：《创世女神萨天巴》，过伟改写自侗族创世史诗《嘎茫莽道时嘉——远祖歌》（未出版稿），见姚宝瑄主编《中国各民族神话》（土家族、毛南族、侗族、瑶族），太原：山西出版传媒集团·书海出版社2014年版，第94页。

W0645.3.3

蝴蝶卵生祖先

【关联】［W0659.2.35.2.1］枫树生的蝴蝶生的卵孵出始祖姜央

实 例

苗族 （参见“W0659.2.35.2.1 枫树生的蝴蝶生的卵孵出始祖姜央”母题实例）

W0645. 3. 4

大石蛋生始祖

实 例

（参见下级母题实例）

W0645. 3. 4. 1

大石蛋孵出男始祖布洛陀

实 例

壮族 布洛陀从大石蛋孵出。

【**流传**】（无考）

【**出处**】农冠品：《壮族神话谱系及其内涵述论》，见覃乃昌等编《壮学首届国际学术研讨会论文集》，南宁：广西民族出版社 2004 年版。

W0645. 3. 5

婚生的卵生祖先

【**关联**】［W2610. 3］婚生卵

实 例

（参见下级母题实例）

W0645. 3. 5. 1

动物婚生的卵孵出的葫芦生祖先

实 例

傣族 天上的老母牛与鹞鹰下凡后婚生 3 个蛋，蛋出的葫芦生出许多怪物。天神说，这就是人类的祖先。

【**流传**】云南省·德宏（德宏傣族景颇族自治州）

【**出处**】哓汉讲，斯尼整理：《神牛生蛋造人类》，见姚宝瑄主编《中国各民族神话》（哈尼族、傣族），太原：山西出版传媒集团·书海出版社 2014 年版，第 249 页。

W0645. 3. 6

太阳卵生始祖

实 例

（参见下级母题实例）

W0645. 3. 6. 1

太阳的核生男女始祖

实 例

白族 大金龙吞太阳后把吐出的太阳炸开时，撞不碎的肉核核炸开生出男女，即女始祖劳泰好男始祖劳谷。

【**流传**】云南省·（大理白族自治州）·鹤庆（鹤庆县），丽江（丽江市）及（丽江市）·永胜（永胜县）

【**出处**】李剑飞讲，李缵绪、章虹宇记录：《人类和万物的起源》（又名《劳谷与劳泰》、《古干古洛创世记》），原载李缵绪主编《白族神话传说集成》，中国民间文艺出版社 1986 年版，见姚宝瑄主编《中国各民族神话》（白族、拉祜族、景颇族），太原：山西出版传媒集团·书海出版社 2014 年版，第 20 页。

W0645. 3. 7

彩蛋生祖先

实 例

（参见下级母题实例）

W0645.3.7.1

风变化出的彩蛋中的白蛋变化出第一代祖先

实 例

纳西族 五股彩风起变化，出现了五个彩蛋。白蛋又变化，出生了美令东主（第一代祖先）。

【流传】云南省·（迪庆藏族自治州）·中甸县（香格里拉县）·三坝乡（三坝纳西族乡）·白地（白地村）一带

【出处】和牛恒（东巴）读经，和志武翻译整理：《东埃术埃》（1962），见吕大吉、何耀华总主编《中国各民族原始宗教资料集成》（纳西族卷、羌族卷、独龙族卷、傈僳族卷、怒族卷），北京：中国社会科学出版社2000年版，第350页。

W0645.4

动物生祖先

【关联】［W0027］动物生神

实 例

（实例待考）

W0645.4.1

特定的动物生祖先

实 例

（实例待考）

W0645.4.1.1

母狼生祖先

实 例

西北地区古代民族 （实例待考）

W0645.4.2

动物婚生祖先

实 例

（实例待考）

W0645.4.2.1

蛇与蜂婚生祖先

实 例

怒族 （实例待考）

W0645.5

植物生祖先

【关联】［W0028］植物生神

实 例

（参见下级母题实例）

W0645.5.1

树生祖先

实 例

苗族 枫木生的蝴蝶生卵，卵孵出的人类始祖。

【流传】原文无流传地，据文本及注释推测该神话流传于贵州省·黔东南苗族侗族自治州·凯里市、台江县等地

【出处】耇富演唱，苗丁搜集，燕宝整理译注：《枫木生人·枫香树种》注释，见贵州省少数民族古籍整理出版规划小组办公室编，燕宝整理译注《苗族古歌》，贵阳：贵州民族出版社1993年版，第396页。

W0645. 5. 1. 1

树瘿感天光孕育祖先

实　例

维吾尔族 天光照射大树，大树长出树瘿，树瘿孕育出5个孩子，其中一个后来被拥立为汗王，成为维吾尔人的祖先。

【流传】（无考）

【出处】张碧波、董国尧主编：《中国古代北方民族文化史》（上），哈尔滨：黑龙江人民出版社2001年版，第475页。

W0645. 5. 2

竹生祖先

【关联】［W2172］竹生人

实　例

仡佬族 （参见“W0646. 3. 4. 1 竹生的男孩成为祖先”母题实例）

W0645. 5. 2. 1

一个女神手中的竹子生男女始祖神

实　例

高山族（雅美） 一个女神左手握的竹子里出现男神与女神，即卑南社的始祖。

【流传】（无考）

【出处】佐山融吉：《蕃族调查报告书》，台北：“临时旧惯调查会”出版，1913年，第1页。

W0645. 5. 3

花生祖先

实　例

壮族 （实例待考）

W0645. 5. 4

葫芦生祖先

实　例

哈尼族 （实例待考）

W0645. 5. 4. 1

天降的葫芦生祖先

实　例

哈尼族（僾尼） （参见“W0659. 2. 18. 3 女始祖阿戛拉优”母题实例）

W0645. 6

自然物（无生命物）生祖先

【关联】［W0030］无生命物生神

实　例

（参见下级母题实例）

W0645.6.1

天地生祖先

实　例

珞巴族　禅图生阿巴达尼（祖先名）。禅图死后她的遗体果是这样变化，就成了今天的天和地。

【流传】西藏自治区·下珞渝（又写作“下珞瑜”，泛指永木河、锡约尔河、巴恰西仁河流域）

【出处】B. K. 舒克拉搜集：《肯库》，见中华民族故事大系编委会编《中华民族故事大系》第16卷（赫哲族、门巴族、珞巴族、基诺族），上海：上海文艺出版社1995年版，第394页。

W0645.6.2

天生祖先

实　例

哈尼族　（实例待考）

W0645.6.2.1

苏龙人的始祖母是天的女儿

实　例

珞巴族　苏龙人的始祖母是天的女儿，名叫龙乃布黑米，她住口在天上。

【流传】西藏自治区·珞渝地区（包括上珞瑜，泛指古称的白马岗即今林芝市墨脱县、马尼岗、梅楚卡一带，下珞瑜则泛指永木河、锡约尔河、巴恰西仁河流域）

【出处】阿岗讲，刘芳贤、庞艳瑞搜集整理，达登翻译：《垛和斯罗外出寻妻》，见中华民族故事大系编委会编《中华民族故事大系》第16卷（赫哲族、门巴族、珞巴族、基诺族），上海：上海文艺出版社1995年版，第579页。

W0645.6.3

地生祖先

实　例

珞巴族　（实例待考）

W0645.6.4

泥巴生祖先

实　例

佤族　（实例待考）

W0645.6.5

水生祖先

【关联】［W2208］水生人

实　例

（参见下级母题实例）

W0645.6.5.1

水生人祖

实　例

彝族　人祖是从水中生的。

【流传】云南省·（楚雄彝族自治州·武定县）·万德（万德镇）

【出处】罗希吾戈翻译：《夷僰榷濮》（六祖史诗），昆明：云南民族出版社1986年版，第15页。

W0645. 6. 6
星星生祖先

实 例

（参见下级母题实例）

W0645. 6. 6. 1
北斗星生祖先盘果王

【关联】［W0728. 3. 7. 1］盘果王

实 例

布依族 祖先盘果王是北斗星的儿子。

【流传】贵州省

【出处】《安王和祖王》（又译作《岸王和梭王》、《罕温和索温》等），见何积全、陈立浩主编《布依族文学史》，贵阳：贵州民族出版社1992年版，第58页。

W0645. 6. 7
石生祖先

【关联】［W2210］石生人

实 例

（实例待考）

W0645. 6. 7. 1
圆石碰撞生祖先

实 例

布依族 （实例待考）

W0645. 6. 8
风生祖先

实 例

（参见下级母题实例）

W0645. 6. 8. 1
风生祖先盘果王

【关联】［W0659. 2. 5. 1］祖先盘果王

实 例

布依族 祖先盘果王是风的儿子。

【流传】贵州省

【出处】《安王和祖王》（又译作《岸王和梭王》、《罕温和索温》等），见何积全、陈立浩主编《布依族文学史》，贵阳：贵州民族出版社1992年版，第58页。

W0645. 7
与生育祖先有关的其他母题

实 例

（参见下级母题实例）

W0645. 7. 1
祖先生在特定的地方

实 例

（参见下级母题实例）

W0645. 7. 1. 1
祖先阿巴达尼生在特定的村子

实 例

珞巴族 很早很早以前，阿巴达尼住在工布地区的麦当富木德鲁东村。那时，麦当富木德鲁东村是恩德阿两岸最大的珞巴族聚居村寨，人口众多。

【流传】西藏自治区·珞渝地区（包括上珞瑜，泛指古称的白马岗即今林芝市墨脱县、马尼岗、梅楚卡一带，下珞瑜则泛指永木河、锡约尔河、巴恰西仁河流域）

【出处】亚热讲，刘芳贤、庞艳瑞搜集整理，达登翻译：《阿巴达尼南迁》，见中华民族故事大系编委会编《中华民族故事大系》第16卷（赫哲族、门巴族、珞巴族、基诺族），上海：上海文艺出版社1995年版，第969～700页。

W0645.7.2
两物相撞生祖先

实 例

（参见下级母题实例）

W0645.7.2.1
宇宙间一个绿扁块和一个红圆砣相碰起火花后生祖先

实 例

布依族 宇宙间一个绿扁块和一个红圆砣相碰起火花后生出祖先布灵（又译“独零”）。

【流传】（无考）

【出处】《造万物》第一章，见BBS水木清华站：http：//www.smth.edu.cn，2006.07.20。

W0645.7.3
祖先的特殊身世

实 例

（参见下级母题实例）

W0645.7.3.1
祖先生于巫师之家

实 例

（参见下级母题实例）

W0645.7.3.1.1
始祖廪君出生在长阳武落钟离山的一个巫师之家

实 例

土家族 始祖廪君出生在清江河畔长阳武落钟离山的一个巫师之家。

【流传】湖北省

【出处】《廪君传》，见长阳土家族网：http：//www.cy - tujia.com/list _ body.php？id，2005.12.08。

W0645a
祖先是婚生的（婚生始祖）

实 例

（参见下级母题实例）

W0645a.1
神婚生祖先

【关联】［W7200］神的婚姻

实 例

（参见下级母题实例）

W0645a. 1. 1

天神婚生祖先

实 例

（参见下级母题实例）

W0645a. 1. 1

天神夫妇生人类创世祖

实 例

景颇族 天神夫妇生人类创世祖宁贯娃。

【流传】 云南省·（德宏傣族景颇族自治州）·陇川县

【出处】 施戛崩讲《宁贯娃改天整地》，见中国民间文学集成全国编辑委员会编《中国民间故事集成》（云南卷），北京：中国 ISBN 中心 2003 年版，第 61～66 页。

W0645a. 2

人与神婚生祖先

【关联】［W7263］人与特定的神婚

实 例

藏族 （实例待考）

W0645a. 2. 1

人祖是开天男神和辟地女神的后代

实 例

纳西族 利恩（人祖）是九位开天的男神的后代，是七位辟地的女神的后代。

【流传】（a）云南省·（丽江市）·丽江县（原丽江纳西族自治县，今归属为丽江市古城区和玉龙纳西族自治县）

【出处】

（a）和芳讲，和志武采录：《人类迁徙记》，见中国民间文学集成全国编辑委员会编《中国民间故事集成》（云南卷），北京：中国 ISBN 中心 2003 年版，第 49 页。

（b）和志武翻译整理：《人类迁徙记》，见谷德明编《中国少数民族神话》，北京：中国民间文艺出版社 1987 年版，第 395 页。

W0645a. 3

人与人婚生祖先

实 例

（实例待考）

W0645a. 4

人与动物婚生祖先

【关联】［W7401］人与动物婚

实 例

鄂伦春族 （实例待考）

鄂温克族 （实例待考）

W0645a.5

人与植物婚生祖先

【关联】［W7490］人与植物婚

实 例

（实例待考）

W0645a.6

动物婚生祖先

【关联】［W2485］动物与动物婚生人

实 例

（参见下级母题实例）

W0645a.6.1

苍狼与白鹿生祖先

【关联】［W5650.2］苍狼与母鹿婚生蒙古族

实 例

蒙古族 （参见“W0650.2.3 苍狼与白鹿是祖先”母题实例）

W0645a.7

无生命物婚生祖先

实 例

（参见下级母题实例）

W0645a.7.1

天地婚生祖先

实 例

珞巴族 （实例待考）

W0645a.7.2

阴阳交合生始祖

实 例

阿昌族 阴阳相生诞生了天公遮帕麻和地母遮米麻（男女始祖名）。

【流传】（云南省）

【出处】赵安贤讲，智克整理：《遮帕麻与遮米麻》，见姚宝瑄主编《中国各民族神话》（佤族、阿昌族、纳西族、普米族、德昂族），太原：山西出版传媒集团·书海出版社2014年版，第74页。

W0646

祖先是变化产生的（变成祖先神）

实 例

（参见下级母题实例）

W0646.1

神成为祖先

【关联】［W0648］祖先是神

实 例

（参见下级母题实例）

W0646.1.1

神下凡成为人的祖先

实 例

满族 （实例待考）

W0646. 1. 2

特定出生的神成为祖先

实 例

（参见下级母题实例）

W0646. 1. 2. 1

竹子生的神成为祖先

实 例

高山族（参见“W0645. 5. 2. 1 一个女神手中的竹子生男女始祖神”母题实例）

W0646. 2

神性人物成为祖先

实 例

（参见下级母题实例）

W0646. 2. 1

英雄成为祖先

实 例

（参见下级母题实例）

W0646. 2. 1. 1

英雄不拉子立功被称为“阿普”（祖父）

实 例

基诺族 由于不拉子（父系英雄名字）在战争中维护了巴卡寨的生存，所以人们尊称不拉子为“阿普”——祖父。

【流传】云南省·（西双版纳傣族自治州·景洪市）·基诺山（基诺山基诺族乡）·巴卡寨

【出处】美约等讲，杜玉亭调查整理：《巴卡寨父系英雄不拉子》（1979），见吕大吉、何耀华总主编《中国各民族原始宗教资料集成》（彝族卷、白族卷、基诺族卷），北京：中国社会科学出版社1996年版，第878页。

W0646. 2. 2

巫师端公是羌民始祖

实 例

（参见下级母题实例）

W0646. 2. 2. 1

端公又称释比

实 例

羌族 端公是羌民的始祖，也称巫师，羌语称“释比”。

【流传】四川省·（阿坝藏族羌族自治州·汶川县·雁门乡·萝卜寨）

【出处】

（a）张宗南：《萝卜寨羌民的端公》，载《边疆服务》第1卷第2期，1943年6月。

（b）同（a），见吕大吉、何耀华总主编《中国各民族原始宗教资料集成》（纳西族卷、羌族卷、独龙族卷、傈僳族卷、怒族卷），北京：中国社会科学出版社2000年版，第488页。

W0646.2.3
神男神女成为祖先

实 例

（参见下级母题实例）

W0646.2.3.1
万物之母密洛陀生的12对神男神女成为最早的祖先

实 例

瑶族（布努）密洛陀（万物之母，女始祖，女神）生下十二位神女，还生下十二位神男。她们都是我们最早的母亲，他们都是我们最早的祖先。

【流传】广西壮族自治区·（河池市）·都安县（都安瑶族自治县）、巴马县（巴马瑶族自治县）、南丹县，（百色市）·田东县、平果县等地

【出处】桑布郎等传，蒙凤标（83岁）、罗仁祥（73岁）等唱：《密洛陀》（1983），见蓝怀昌、蓝书京、蒙通顺搜集翻译整理《密洛陀》，北京：中国民间文艺出版社1988年版，第536页。

W0646.3
人成为祖先

实 例

（参见下级母题实例）

W0646.3.1
特定的人成为祖先

【关联】［W0644.1.1］神造的完整的人成为祖先

实 例

（参见下级母题实例）

W0646.3.1.1
一个妇人成为始祖

实 例

白族 白族的始祖是一个妇人。

【流传】云南省·大理（大理白族自治州）

【出处】杨惠讲，杨宪典采录：《九隆神》，见中国民间文学集成全国编辑委员会编《中国民间故事集成》（云南卷），北京：中国ISBN中心2003年版，第235页。

W0646.3.1.2
牧羊人被尊为祖先

实 例

（参见下级母题实例）

W0646.3.1.2.1
生众多子孙的牧羊人蔡嘉宝成为始祖

实 例

羌族 穷牧羊人蔡嘉宝因为选择了好地方，生了许多子孙，便成了人类

始祖。

【流传】（无考）

【出处】《白云和石神》，见谷德明编《中国少数民族神话》，北京：中国民间文艺出版社 1987 年版，第 265 页。

W0646. 3. 1. 3

造人的人成为祖先

实　例

（参见下级母题实例）

W0646. 3. 1. 3. 1

造人的姐弟俩成为祖先

实　例

汉族 灾难后幸存的姐弟俩把黄土造人，变成的人可以自由结婚了，他们生下孩子，孩子又生孩子，人就这样一代代地繁衍下来，直到今天。那姐弟俩就成了我们的祖先。

【流传】河南省·（南阳市）·内乡县

【出处】孙均芝（70 岁）讲，付新超采录整理：《我们的祖先》（1981. 03. 25），见张振犁编著，孟宪明、朱淑君统纂《中原神话通鉴》（第二卷），郑州：河南大学出版社 2017 年版，第 395 页。

W0646. 3. 1. 4

一对兄妹成为祖先

实　例

汉族 （实例待考）

W0646. 3. 1. 4. 1

洪水后繁衍人类的王姜和妹妹被尊为祖先

实　例

布依族 洪水后，王姜和妹妹婚生一块肉瘤砍碎化为人类。王姜也成了人类的祖先，小妹便成了圣母。

【流传】（无考）

【出处】

（a）《王姜射日》，见谷德明编《中国少数民族神话选》，西北民族学院研究所 1983 年编印，内部资料。

（b）同（a），见姚宝瑄主编《中国各民族神话》（布依族、仡佬族、苗族），太原：山西出版传媒集团·书海出版社 2014 年版，第 58 页。

W0646. 3. 1. 4. 2

天女与地上的弟弟兄妹婚成为人类之祖。

实　例

独龙族 天女与孔庚（属孔当氏族，地上的人名）本为兄妹，结婚后为人类之祖。

【流传】云南省

【出处】陶云逵：《几个云南藏缅语系土族的创世故事》，原载金陵大学中国文化研究所编《边疆研究论丛》1942 ~ 1944 年，见吕大吉、何耀华总主编《中国各民族原始宗教资料集成》（纳西族卷、羌族卷、独龙族卷、傈僳族卷、怒族卷），北京：中国社会科学出版社 2000 年版，第 679 页。

W0646.3.1.5 一对姐弟成为人类祖先

实 例

（参见下级母题实例）

W0646.3.1.5.1 灾难后繁衍人类的姐弟奉为人祖爷和人祖奶奶

【关联】［W0143.2］人祖爷和人祖奶

实 例

汉族 天塌地陷后，幸存的姐弟俩造出人类，成了人们传说中的“人祖爷”和“人祖奶奶”，都说他俩是人祖传世，让泥人投了胎，才续上了人间烟火。

【流传】 河南省·（周口市）·淮阳县·朱口镇·关路沿村、大王村［采录地点：朱口镇关路沿村］

【出处】 李显民（男，54 岁，初中）王文科（男，48 岁、农民）讲，包敬学采录整理：《人祖的故事》（1985.10），见张振犁编著《中原神话通鉴》（第一卷），郑州：河南大学出版社 2017 年版，第 290 页。

W0646.3.1.5.2 天塌地陷后婚生人的姐弟成为始祖

实 例

汉族 天塌地陷后，幸存的雷花、雷生姐弟成婚繁衍人类。姐弟二人成了人根之祖。

【流传】 河南省·（南阳市）·桐柏县·（固县乡·黄畈村）

【出处】 黄发美（37 岁）、郑昌寿（65 岁）讲，马卉欣采录整理：《鹿鸭媒》（1980.02），见张振犁编著，孟宪明、朱淑君统纂《中原神话通鉴》（第二卷），郑州：河南大学出版社 2017 年版，第 399 页。

汉族 天塌地陷后，幸存的一对姐弟俩成婚后繁衍后代。这姐弟俩就是现在人们的祖宗。

【流传】 河南省·（南阳市）·南召县

【出处】 乔明昭讲，王悦民采录：《姐弟俩》，见张振犁编著，孟宪明、朱淑君统纂《中原神话通鉴》（第二卷），郑州：河南大学出版社 2017 年版，第 385 页。

汉族 天塌地陷后，一对繁衍人类的姐弟就是历来人们所敬的人祖爷和人祖奶奶。

【流传】 河南省·（周口市）·郸城县、淮阳县一带

【出处】 张登科（男，汉族，45 岁，高中）讲，张效连采录，任海萍采录整

理：《人祖爷和人祖奶奶的来历》，见张振犁编著《中原神话通鉴》（第一卷），郑州：河南大学出版社 2017 年版，第 335 页。

W0646. 3. 1. 5. 3

天地混沌后婚生人的姐弟成为始祖

实 例

汉族 天地混沌后，幸存的姐弟俩成亲做了夫妻，开始生儿育女。后人就称他俩为人祖爷、人祖奶奶。

【流传】 河南省 ·（驻马店市）· 汝南县 · 三门闸乡 · 周屯村

【出处】 董清玉（70 岁，农民，私塾）讲，魏建国采录：《人祖爷和人祖奶奶》（1987. 05. 26），见张振犁编著《中原神话通鉴》（第一卷），郑州：河南大学出版社 2017 年版，第 327 页。

W0646. 3. 1. 6

最早造的一对男女成为人祖

实 例

（参见下级母题实例）

W0646. 3. 1. 6. 1

最早造的一对男女婚配生育子女成为人祖

实 例

佤族 最早的一个人用泥造的二人成人后，乃婚配以生育子女，遂为人类之祖。

【流传】（云南省）

【出处】 袁珂改编：《人类祖先》，原载《云南民族文学资料》（第一辑），见袁珂《中国神话大词典》，北京：华夏出版社 2015 年版，第 517 页。

W0646. 3. 2

人死后成为祖先

【关联】［W0654. 3. 7. 1］人死后变成的祖先神形体同人生前一样

实 例

壮族 祖宗神是由人死后变成的，其形体同人生前一样。

【流传】 广西壮族自治区 ·（南宁市）· 武鸣县（武鸣区）西北部，马山县东部

【出处】 黄世杰搜集整理：*《保护家族的祖先神》（1990），见吕大吉、何耀华总主编《中国各民族原始宗教资料集成》（土家族卷、瑶族卷、壮族卷、黎族卷），北京：中国社会科学出版社 1998 年版，第 534 页。

W0646. 3. 2. 1

被雷击死者成为祖先

【关联】［W0044. 9. 1］遭雷击的人成为神

实 例

达斡尔族 祖先神多为被雷击而死者的

怨魂，但并不是每个被雷击死者都能被供为本莫昆（达斡尔族父系氏族组织）的祖神。只有在冬季被雷击死者的灵魂才能当本莫昆的祖神。

【流传】（内蒙古自治区、黑龙江省等地）

【出处】

(a) 珠荣嘎、满都尔图主编：《达斡尔族社会历史调查》，呼和浩特：内蒙古人民出版社 1985 年出版，第 249 页。

(b)《祖神的普遍性》，见吕大吉、何耀华总主编《中国各民族原始宗教资料集成》（鄂伦春族卷、鄂温克族卷、赫哲族卷、达斡尔族卷、锡伯族卷、满族卷、蒙古族卷、藏族卷），北京：中国社会科学出版社 1999 年版，第 313 页。

鄂温克族 鄂温克人的“敖教勒”神（祖先神）是被雷击而身亡者的灵魂而成的。

【流传】内蒙古自治区·（呼伦贝尔市）·阿荣旗·查巴奇乡（查巴奇鄂温克族乡）

【出处】

(a)《阿荣旗查巴奇乡鄂温克族调查报告》，见内蒙古自治区编辑组《鄂温克族社会历史调查》，呼和浩特：内蒙古人民出版社 1986 年版，第 114 页。

(b)《霍卓热神的构成》，见吕大吉、何耀华总主编《中国各民族原始宗教资料集成》（鄂伦春族卷、鄂温克族卷、赫哲族卷、达斡尔族卷、锡伯族卷、满族卷、蒙古族卷、藏族卷），北京：中国社会科学出版社 1999 年版，第 115 页。

W0646.3.2.2

助战的人死后成为祖先神

实　例

达斡尔族 一次战役中，主人受致命伤，向奴仆博恒绰说完遗嘱后死去了。（他的遗嘱是憎恨战争的寓言式的悲伤诗。）后来博恒绰也在行军中病死。他俩被族众供奉为霍卓尔·巴尔肯（祖先神）

【流传】（内蒙古自治区·呼伦贝尔市·鄂温克族自治旗·巴彦托海镇）

【出处】

(a) 珠荣嘎、额尔登泰、满都尔图调查编著：《巴彦托海索木达斡尔族情况——达斡尔族调查材料之二》，全国人民代表大会民族委员会办公室 1958 年编印，第 51 页。

(b)《登特科莫昆霍卓尔雅德根的传说》，见吕大吉、何耀华总主编《中国各民族原始宗教资料集成》（鄂伦春族卷、鄂温克族卷、赫哲族卷、达斡尔族卷、锡伯族卷、满族卷、蒙古族卷、藏族卷），北京：中国社会科学出版社 1999 年版，第 324 页。

W0646.3.2.3

黄帝元妃嫘祖死后，帝祭之以为祖神

实 例

汉族 帝周游行时，元妃嫘祖死于道，帝祭之以为祖神。

【流传】（无考）

【出处】［唐］王瓘：《轩辕本纪》。

W0646.3.2.4

死去的长辈为家族祖先神

【关联】［W0443.1.2.6.1］三代以内祖宗死后成为家神

实 例

汉族 各地民众通常在自家内供奉自家已故的长辈先人，奉为家族祖先神。

【流传】（无考）

【出处】《祖先神》，见乌丙安主编《中国民间神谱》，沈阳：辽宁人民出版社 2007 年版，第 66 页。

W0646.3.2.4.1

人死后三年列入祖神

实 例

壮族 老人正常过世后，要为死者立一个灵位。三年届满，请师公烧掉灵位，即死者列入历代祖宗神位。

【流传】广西壮族自治区·（南宁市）·武鸣县（武鸣区）西北部，马山县东部

【出处】黄世杰搜集整理：*《保护家族的祖先神》（1990），见吕大吉、何耀华总主编《中国各民族原始宗教资料集成》（土家族卷、瑶族卷、壮族卷、黎族卷），北京：中国社会科学出版社 1998 年版，第 534 页。

W0646.3.2.5

非正常死亡的人或 36 岁以前死的人举行送伤亡鬼仪式后列入历代祖宗神位

实 例

壮族 非正常死亡的人或三十六岁以前死的，需要举行送伤亡鬼的仪式（即下刀山，过火炼）后，方可烧掉灵位，正式列入历代祖宗神位。

【流传】广西壮族自治区·（南宁市）·武鸣县（武鸣区）西北部，马山县东部

【出处】黄世杰搜集整理：*《保护家族的祖先神》（1990），见吕大吉、何耀华总主编《中国各民族原始宗教资料集成》（土家族卷、瑶族卷、壮族卷、黎族卷），北京：中国社会科学出版社 1998 年版，第 534 页。

W0646.3.3

与神结婚的人成为祖先

实 例

（参见下级母题实例）

W0646.3.3.1

与女猎神结婚的猎人被奉为祖先

实　例

怒族 与女猎神结婚的年轻的猎人被怒族的猎人奉为自己的祖先。

【流传】云南省·（怒江傈僳族自治州）·福贡县·匹河乡（匹河怒族乡）

【出处】付加仁等讲，木玉璋采录：《猎人与女猎神》，见中国民间文学集成全国编辑委员会编《中国民间故事集成》（云南卷），北京：中国 ISBN 中心 2003 年版，第 270 页。

怒族 怒族的猎人就把一位与女猎神结婚的猎人奉为自己的祖先。

【流传】（云南省·怒江傈僳族自治州·福贡县·匹河怒族乡·瓦娃村）

【出处】

（a）阿加仁、谦付加讲，木玉璋、宛乘搜集整理：《女猎神》，见谷德明编《中国少数民族神话选》，西北民族学院研究所编印，内部资料，1983 年。

（b）同（a），见姚宝瑄主编《中国各民族神话》（门巴族、珞巴族、怒族、藏族），太原：山西出版传媒集团·书海出版社 2014 年版，第 66 页。

W0646.3.4

特定来历的人成为祖先

实　例

（参见下级母题实例）

W0646.3.4.1

竹生的男孩成为祖先

【关联】［W0645.5.2］竹生祖先

实　例

仡佬族 竹子里生的男孩成为祖先。

【流传】贵州省梵净山一带

【出处】章海荣：《梵净山神》，贵阳：贵州人民出版社 1997 年版，第 124～125 页

W0646.3.5

其他特定的人成为祖先

实　例

（参见下级母题实例）

W0646.3.5.1

泥人变成祖先

【关联】［W2087］用土（泥）造人

实　例

（参见下级母题实例）

W0646.3.5.1.1

神喂养的泥巴灰造的娃娃成为人的祖先

【关联】［W0644.3.1.1］洪水幸存者鲁俄俄造的男女灰娃成为人类祖先

实　例

藏族 神把粮食拿去喂一个泥巴灰灰做的娃娃，娃娃吃了长大变成了现在人的祖先。

【流传】四川省·（凉山彝族自治州）·木里县（木里藏族自治县）·桃坝乡

【出处】扎西仁青讲，偏初次尔翻译，刘先进等采录：《洪水潮天》，见中国民间文学集成全国编辑委员会编《中国民间故事集成》（四川卷·下），北京：中国ISBN中心1998年版，第938页。

W0646. 4

人的灵魂变成祖先

实 例

（参见下级母题实例）

W0646. 4. 1

特定死亡者的灵魂变成祖先

【关联】［W0916. 16. 1］灵简是象征宗支的神物

实 例

（参见下级母题实例）

W0646. 4. 1. 1

被雷击身亡者的灵魂成为祖先神“敖教勒”神

实 例

鄂温克族 鄂温克人的“敖教勒”神（祖先神）是被雷击而身亡者的灵魂而成的。

【流传】内蒙古自治区·（呼伦贝尔市）·阿荣旗·查巴奇乡（查巴奇鄂温克族乡）

【出处】

（a）《阿荣旗查巴奇乡鄂温克族调查报告》，见内蒙古自治区编辑组《鄂温克族社会历史调查》，呼和浩特：内蒙古人民出版社1986年版，第114页。

（b）《霍卓热神的构成》，见吕大吉、何耀华总主编《中国各民族原始宗教资料集成》（鄂伦春族卷、鄂温克族卷、赫哲族卷、达斡尔族卷、锡伯族卷、满族卷、蒙古族卷、藏族卷），北京：中国社会科学出版社1999年版，第115页。

W0646. 4. 1. 2

被雷击死的两兄弟的灵魂成为祖先神霍卓尔·巴尔肯

实 例

达斡尔族 失踪的兄弟二人被雷击丧命，他俩的灵魂要当霍卓尔·巴尔肯（祖先神）。

【流传】（内蒙古自治区·呼伦贝尔市·鄂温克族自治旗·巴彦托海镇）

【出处】

（a）珠荣嘎、额尔登泰、满都尔图调查编著：《巴彦托海索木达斡尔族情况——达斡尔族调查材料之二》，全国人民代表大会民族委员会办公室1958年编印，第51页。

（b）《满那莫昆霍卓尔雅德根的传说》，见吕大吉、何耀华总主编《中国各民族原始宗教资料集成》（鄂伦春族卷、鄂温克族卷、赫哲族卷、达斡尔族卷、锡伯族卷、满族卷、蒙古族卷、藏族卷），北京：中国社会科学出版社 1999 年版，第 324 页。

W0646.4.2

死者亡灵被奉为祖神

实 例

（参见下级母题实例）

W0646.4.2.1

男子从军死在半路，灵魂变粟雀飞回布家乡被奉为祖神

实 例

达斡尔族 满那莫昆的一个男子被迫从军，死在半路，灵魂变成一只粟雀，飞回布特哈家乡，立他为祖神。

【流传】（无考）

【出处】中央少数民族语言调查队搜集：《满那莫昆祖神的来历》，见萨音塔娜编《达斡尔民间故事选》，呼和浩特：内蒙古人民出版社 1987 年版，第 181～182 页。

W0646.4.3

冤死的灵魂成为祖神

实 例

达斡尔族 霍卓尔·巴尔肯（祖神）是被雷击或其他特殊原因冤死者的灵魂形成的。

【流传】（内蒙古自治区、黑龙江省等地）

【出处】《达斡尔人供祭的诸神概况表》，见吕大吉、何耀华总主编《中国各民族原始宗教资料集成》（鄂伦春族卷、鄂温克族卷、赫哲族卷、达斡尔族卷、锡伯族卷、满族卷、蒙古族卷、藏族卷），北京：中国社会科学出版社 1999 年版，第 376 页。

达斡尔族 霍卓尔·巴尔肯大都是怨死者之灵魂不散，显灵作祟被供祭为祖神的。

【流传】黑龙江省·齐齐哈尔市市郊

【出处】

（a）珠荣嘎、满都尔图、绍道、赵映东、吴永章调查编著：《齐齐哈尔市郊达斡尔族情况——达斡尔族调查材料之五》，内蒙古少数民族社会调查组 1958 年编印，第 76 页。

（b）《祖神的血缘性》，见吕大吉、何耀华总主编《中国各民族原始宗教资料集成》（鄂伦春族卷、鄂温克族卷、赫哲族卷、达斡尔族卷、锡伯族卷、满族卷、蒙古族卷、藏族卷），北京：中国社会科学出版社 1999 年版，第 313 页。

达斡尔族 达斡尔族各氏族集团供祭的祖先神，既非其祖先，也非英雄人物，而是因各种特殊原因屈死者的冤魂。

【流传】（东北地区）

【出处】满都尔图：《达斡尔族卷·绪论》，见吕大吉、何耀华总主编《中国各民族原始宗教资料集成》（鄂伦春族卷、鄂温克族卷、赫哲族卷、达

斡尔族卷、锡伯族卷、满族卷、蒙古族卷、藏族卷），北京：中国社会科学出版社 1999 年版，第 288 页。

W0646. 4. 4
作祟的灵魂成为祖神

【关联】［W0058. 0. 2. 2］人敬作祟的物为神

实 例

（参见下级母题实例）

W0646. 4. 4. 1
祖母死后作祟被奉为祖神

实 例

达斡尔族 莫尔登氏族的一个祖母生了 7 个男孩后离去。七兄弟各自成家后，这个祖母悄悄返回，有的子孙没有认出她是谁，就没有理睬她。从那时起，这位老太婆就对那些没有理睬她的人家作祟，因而被奉为祖神。

【流传】（无考）

【出处】奇克热讲：《莫尔登·额托姑的来历》，见满都呼主编《中国阿尔泰语系诸民族神话故事》，北京：民族出版社 1997 年版，第 184 页。

达斡尔族 很早以前，孟尔丁哈拉的一个祖母生了七个男孩，孩子们长大了，她忽然失踪，若干年后，这兄弟七人的子孙繁殖，这个祖母在他们中间突然出现，认出了她请她吃饭的子孙无恙，而没有理睬她的子孙则常被这老太婆作祟，因而被奉为神，叫做“孟尔丁·领特乌”。

【流传】（内蒙古自治区·呼伦贝尔市·鄂温克族自治旗·巴彦托海镇）

【出处】

（a）珠荣嘎、额尔登泰、满都尔图调查编著：《巴彦托海索木达斡尔族情况——达斡尔族调查材料之二》，全国人民代表大会民族委员会办公室 1958 年编印，第 51 页。

（b）《孟尔丁哈拉一部分人的霍卓尔雅德根的传说》，见吕大吉、何耀华总主编《中国各民族原始宗教资料集成》（鄂伦春族卷、鄂温克族卷、赫哲族卷、达斡尔族卷、锡伯族卷、满族卷、蒙古族卷、藏族卷），北京：中国社会科学出版社 1999 年版，第 324 ~ 325 页。

W0646. 4. 4. 2
1 个女子死后灵魂作祟被奉为祖神

实 例

达斡尔族 一个姑娘死后，她的梳妆匣顺着嫩江水漂浮到孟尔丁族众的住地。她的死魂作祟，使鄂嫩和莫尔丁两个哈拉的人经常闹病，所以这两个哈拉（同一个父系祖先的后代为一个“哈拉”，即父系氏族，“哈拉”又分化出若干个“莫昆”。“莫昆”是血缘关系更为亲近的血缘集团）把她立为霍卓尔·巴尔肯（祖先神），这神没有偶像。

【流传】（黑龙江中游北岸支流鄂嫩河流域）

【出处】

(a) 珠荣嘎、额尔登泰、满都尔图、包鹤亭调查编著：《达斡尔族情况——达斡尔族调查材料之一》，全国人民代表大会民族委员会办公室 1957 年编印，第 37 页。

(b) 《孟尔丁哈拉阿尔哈昌莫昆的祖神“都博浅霍卓尔”》，见吕大吉、何耀华总主编《中国各民族原始宗教资料集成》（鄂伦春族卷、鄂温克族卷、赫哲族卷、达斡尔族卷、锡伯族卷、满族卷、蒙古族卷、藏族卷），北京：中国社会科学出版社 1999 年版，第 314 页。

W0646.4.5

人死后的灵魂成为家神

实 例

（参见下级母题实例）

W0646.4.5.1

人死后 3 个灵魂中的一个留在家里的中堂神龛上当家先神

实 例

壮族 人死后，要把三个灵魂分别送到不同的地方去：一个送到坟地，成为守坟神；一个留在家里的中堂神龛上当家先神，保佑家庭的安全。

【流传】（无考）

【出处】黄世杰搜集整理：*《万物有灵》（1990），见吕大吉、何耀华总主编《中国各民族原始宗教资料集成》（土家族卷、瑶族卷、壮族卷、黎族卷），北京：中国社会科学出版社 1998 年版，第 485 ~486 页。

W0646.5

动物变成祖先

【关联】

① ［W0650］祖先是动物（动物祖先，动物作为祖先）

② ［W0650.7.1］特定的动物是祖先的化身

实 例

（参见下级母题实例）

W0646.5.1

蜂变成祖先

实 例

怒族 天降群蜂，蜂与虎交配，生下了怒族的女始祖茂英充。

【流传】云南省·（怒江傈僳族自治州）·福贡县·匹河乡（匹河怒族乡）

【出处】企扒冲讲，李卫才采录：《女始祖》，见中国民间文学集成全国编辑委员会编《中国民间故事集成》（云南卷），北京：中国 ISBN 中心 2003 年版，第 268 页。

W0646.5.2

鸟变成祖先

实 例

黎族 （实例待考）

W0646. 5. 3
蛇变成祖先

实 例

（参见下级母题实例）

W0646. 5. 3. 1
蛇成为祖先神（蛇是祖先神）

【关联】［W0650. 3］祖先是蛇

实 例

（参见下级母题实例）

W0646. 5. 3. 1. 1
天降的一个长着人脸和牛犄角的蛇被奉为祖先神

实 例

鄂温克族 天上降的一个长着人脸和牛犄角的蛇给人治病，被奉为“舍卧刻”神（“舍卧刻”神，鄂温克语，即人类祖先神）。

【流传】（无考）

【出处】 敖长林讲：《蛇》，见吕大吉、何耀华总主编《中国各民族原始宗教资料集成》（鄂伦春族卷、鄂温克族卷、赫哲族卷、达斡尔族卷、锡伯族卷、满族卷、蒙古族卷、藏族卷），北京：中国社会科学出版社 1999 年版，第 104 页。

W0646. 5. 4
特定的动物成为祖先神

实 例

（参见下级母题实例）

W0646. 5. 4. 1
有恩的动物成为祖先

实 例

（参见下级母题实例）

W0646. 5. 4. 1. 1
有恩于人的獐子被奉为祖先

实 例

彝族 四男四女兄妹成亲后，他们的子孙同室操戈，互相逐杀。后来一对被追杀时被獐子所救。此后，这一对夫妇及其子孙乃奉獐子为祖先。

【流传】 云南省·玉溪（玉溪市）·新平县（新平彝族傣族自治县）鲁魁山地区（鲁魁山一带）

【出处】

（a）＊《獐子氏族的来历》，见吕大吉、何耀华总主编《中国各民族原始宗教资料集成》（彝族卷、白族卷、基诺族卷），北京：中国社会科学出版社 1996 年版，第 22～23 页。

（b）同（a），见陶云逵《大寨里彝之宗族与图腾制》，载《边疆人文》第 6 卷第 4 期。

W0646. 6
植物变成祖先（植物成为祖先）

【关联】［W0651］祖先是植物

实 例

（参见下级母题实例）

W0646.6.1

花变成女始祖

【关联】［W0705.1.3.2］鲜花变成姆六甲

实 例

壮族 （参见“W0705.1.3.2 鲜花变成姆六甲”母题实例）

W0646.6.2

树成为祖先

实 例

（参见下级母题实例）

W0646.6.2.1

羊角树成为祖先（麦祖）

实 例

傈僳族 兄妹婚生两个血胞，将其中一血胞丢在羊角树下，该处也就有了人烟。傈僳就称这些为羊角树，即是“麦祖”。

【流传】（原民国时西康省，相等于今四川省·雅安市、甘孜藏族自治州康定县一带）

【出处】＊《佘祖、麦祖由来》，原载陈宗祥《西康傈僳水田民族之图腾制度》，见《边政公论》第6卷第4期，民国三十六年（1947），第55～56页。

W0646.7

其他特定物变祖先

实 例

（参见下级母题实例）

W0646.7.1

祖先的偶像变成祖先神

实 例

鄂伦春族 一个氏族里的人都供奉同一个祖宗的偶体，经过长期供奉，这个偶体就变成了神，此神就是这一氏族的祖先神。

【流传】（无考）

【出处】

(a) 内蒙古自治区编委会：《鄂伦春族社会历史调查》（第二集），呼和浩特：内蒙古人民出版社1985年版，第105页。

(b)《“莫昆”萨满的来历》，见吕大吉、何耀华总主编《中国各民族原始宗教资料集成》（鄂伦春族卷、鄂温克族卷、赫哲族卷、达斡尔族卷、锡伯族卷、满族卷、蒙古族卷、藏族卷），北京：中国社会科学出版社1999年版，第31页。

W0646.7.2

太阳变成的肉核炸开后变成始祖

实 例

白族 太阳变成的肉核炸开后变成了

一个女人和一个男人。后人把先出现的女人叫作劳泰（祖母，即女始祖），把后出现的男人叫作劳谷（祖父，即男始祖）。从此，世上有了人类。

【流传】云南省·大理州（大理白族自治州）

【出处】《人类和万物的起源》，见云南省民间文学集成办公室编《白族神话传说集成》，北京：中国民间文艺出版社 1986 年版，第 1～10 页。

W0646. 8

与变化产生祖先有关的其他母题

实 例

（参见下级母题实例）

W0646. 8. 1

祖先是反复演化产生的

实 例

（参见下级母题实例）

W0646. 8. 1. 1

声音中产生气息，声音与气息生白露，白露变成大海，大海生恨仍，恨仍生每仍，每仍以后七代，是人类的祖先

实 例

纳西族 先在高处出现了喃喃的声音，低处出现了嘘嘘的气息。声音与气息相结合，生出三滴白露。三滴白露变成三片大海。大海中生出恨仍。恨仍生每仍。每仍以后七代，便是人类的祖先。

【流传】（云南省·丽江市）

【出处】和志武翻译整理：《人类迁徙记》，原载中共丽江地委宣传部编《纳西族民间故事选》，见陶阳、钟秀编《中国神话》（中），北京：商务印书馆 2008 年版，第 856～876 页。

W0646. 8. 1. 2

水经多次演化变成始祖

实 例

瑶族（布努） 晶莹水珠变成铁石龙，铁石龙变成大龙海龙，大龙海龙变成神仙师傅，神仙师傅变成大风，大风变成密洛陀（布努瑶的始祖母，女神）。

【流传】广西壮族自治区·（河池市）·都安县（都安瑶族自治县）、巴马县（巴马瑶族自治县）、南丹县，（百色市）·田东县、平果县等地

【出处】蓝怀昌、蓝书京、蒙通顺搜集翻译整理：《密洛陀·后记》，北京：中国民间文艺出版社 1988 年版，第 552 页。

※ W0647

祖先是特定的人物（特定人物成为祖先，祖先的身份）

【关联】［W1687. 1. 3］人类始祖是月亮的父亲

实 例

（参见下级母题实例）

W0648

祖先是神

实 例

（参见下级母题实例）

W0648.1

女祖先神（女祖神）

【关联】［W0654.2］女祖先

实 例

（参见下级母题实例）

W0648.1.1

祖先是女神

【关联】［W0065］女神

实 例

（实例待考）

W0648.1.2

女祖先神的产生

实 例

（参见下级母题实例）

W0648.1.2.1

卵生女祖先

实 例

（参见下级母题实例）

W0648.1.2.1.1

石洞中大蛋的核变成女祖先

实 例

纳西族（摩梭人）石洞中有大蛋，蛋核变成摩梭人的女祖先昂姑咪阿斯。

【流传】云南省·（丽江市）·宁蒗（宁蒗彝族自治县）

【出处】《昂姑咪》，载《山茶》1986年第3期。

W0648.1.2.2

女祖神达摩天子是李王婆

实 例

侗族女祖神达摩天子是李王婆。

【流传】湖南省·（怀化市）·通道侗族自治县·（下乡乡）·雷团（雷团村）一带

【出处】杨锡光整理：《达摩天子》，原载《中国各民族宗教与神话大词典》，北京：学苑出版社1990年版，见姚宝瑄主编《中国各民族神话》（土家族、毛南族、侗族、瑶族），太原：山西出版传媒集团·书海出版社2014年版，第122页。

W0648.1.2.3

未婚或未育女子死后被奉为祖先神

实 例

达斡尔族因为未出嫁或婚嫁不久的青年女子以及家庭女奴婢含冤身亡者的灵魂作祟，被本莫昆（具有密切血缘关系的父系氏族集团）而立为神，并被其莫昆后代奉之为祖先神。

【流传】（内蒙古自治区、黑龙江省等

地）

【出处】满都尔图：《达斡尔族卷·绪论》，见吕大吉、何耀华总主编《中国各民族原始宗教资料集成》（鄂伦春族卷、鄂温克族卷、赫哲族卷、达斡尔族卷、锡伯族卷、满族卷、蒙古族卷、藏族卷），北京：中国社会科学出版社 1999 年版，第 288 页。

W0648. 1. 3
女祖先神的特征

实 例

（实例待考）

W0648. 1. 4
女祖先神的生活

实 例

（参见下级母题实例）

W0648. 1. 4. 1
神鹰抚养女始祖

实 例

满族（东海女真后裔扈伦七姓）鹰神代敏格格抚养的一个女子，成了世上第一个萨满和人类的始母神。

【流传】（无考）

【出处】郭淑云：《满族鸟崇拜及其对北方民俗的影响》，载《西北民族研究》1996 年第 2 期。

满族 神鹰受命后，就让昆哲勒神鸟衔来太阳河中的生命与智慧的神羹，喂育萨满（人类的始母神）。

【流传】（无考）

【出处】富育光讲，荆文礼整理：《天宫大战·西林安班玛发》，长春：吉林人民出版社 2009 年版，第 70 页。

W0648. 1. 5
与女祖先神有关的其他母题

【关联】［W0646. 3. 1. 1］一个妇人成为始祖

实 例

（参见下级母题实例）

W0648. 1. 5. 1
人类的始母神

【关联】［W0056. 2. 3. 1］天神阿布卡赫赫身上搓下的泥变成始母神赫赫满尼

实 例

满族（东海女真后裔扈伦七姓）鹰神代敏格格抚养的一个女子，成了世上第一个萨满和人类的始母神。

【流传】（无考）

【出处】郭淑云：《满族鸟崇拜及其对北方民俗的影响》，载《西北民族研究》1996 年第 2 期。

W0648. 1. 5. 2
女祖先神是萨满

实 例

满族（东海女真后裔扈伦七姓）鹰神代敏格格抚养的一个女子，成了世上第一个萨满和人类的始母神。

【流传】（无考）

【出处】郭淑云：《满族鸟崇拜及其对北方民俗的影响》，载《西北民族研究》1996 年第 2 期。

W0648.1.5.2.1

洪水后的女大萨满成为人类始母神

实　例

满族 洪水之后的女大萨满，成为人类的始母神。

【流传】（无考）

【出处】富育光讲，荆文礼整理：《天宫大战·西林安班玛发》，长春：吉林人民出版社 2009 年版，第 71 ~ 72 页。

W0648.1.5.3

众多女祖先神

实　例

锡伯族 锡伯族信奉的数十种祖先神灵中，近十种为女祖先神灵，她们是伊散珠玛玛、依兰恩杜里格格（三位神姐）、吉朗阿玛玛等。

【流传】（无考）

【出处】贺灵：《锡伯族卷·绪论》，见吕大吉、何耀华总主编《中国各民族原始宗教资料集成》（鄂伦春族卷、鄂温克族卷、赫哲族卷、达斡尔族卷、锡伯族卷、满族卷、蒙古族卷、藏族卷），北京：中国社会科学出版社 1999 年版，第 387 页。

W0648.1.5.4

女祖神称圣母

实　例

侗族 达摩天子是侗族崇拜的女神。俗称“圣母”。

【流传】（无考）

【出处】杨锡光整理：《达摩天子》，原载《中国各民族宗教与神话大词典》，北京：学苑出版社 1990 年版，见姚宝瑄主编《中国各民族神话》（土家族、毛南族、侗族、瑶族），太原：山西出版传媒集团·书海出版社 2014 年版，第 122 页。

W0648.1.5.5

女祖神称祖婆神

实　例

侗族 达摩天子是侗族崇拜的女神。女祖神达摩天子是李王婆，有的又说是莎玛，俗称“圣母”或“祖婆”神。

【流传】（无考）

【出处】杨锡光整理：《达摩天子》，原载《中国各民族宗教与神话大词典》，北京：学苑出版社 1990 年版，见姚宝瑄主编《中国各民族神话》（土家族、毛南族、侗族、瑶族），太原：山西出版传媒集团·书海出版社 2014 年版，第 122 页。

W0648. 1. 5. 6

宇宙的始母神阿布凯赫赫

实 例

满族 阿布凯赫赫是整个宇宙的始母神。

【流传】 黑龙江省·（牡丹江市）·宁古塔（宁安县）；吉林省·长白山地区（长白山一带）

【出处】 傅英人（疑“人”为“仁”）讲述，张爱云整理：《阿布凯赫赫创造天地人》之注释，原载《满族萨满神话》，见陶阳、钟秀编《中国神话》（上），北京：商务印书馆 2008 年版，第 140～154 页。

W0648. 2

男祖先神

实 例

（参见下级母题实例）

W0648. 3

祖先是天神（天神成为祖先）

【关联】

①［W0648. 8. 4. 1］男女始祖也是 1 对天神夫妇

②［W0659. 2. 3. 4］祖先是天神牟里注阿普

实 例

傣族 天神是人类的祖先，只会帮助人类，不会为难人类。

【流传】 云南省·（普洱市）·景谷县（景谷傣族彝族自治县）

【出处】 波罕康朗赛讲，岩峰采录：《射弄法》，见中国民间文学集成全国编辑委员会编《中国民间故事集成》（云南卷），北京：中国 ISBN 中心 2003 年版，第 397 页。

哈尼族 （实例待考）

W0648. 3. 1

天神成为祖先神

实 例

满族 （实例待考）

W0648. 3. 2

天神是人类的祖先

实 例

纳西族 祖先天神牟里注阿普，他的儿子错则勒厄和女儿铁赫勃勃住地上。

【流传】 四川省·（凉山彝族自治州）·木里县（木里藏族自治县）·俄亚乡（俄亚纳西族乡）

【出处】 印扎次里讲：《错则勒厄》，见中国民间文学集成全国编辑委员会编《中国民间故事集成》（四川卷·下），北京：中国 ISBN 中心 1998 年版，第 1419～1421 页。

W0648. 3. 2. 1

天神莫朋是人类的祖先

实 例

独龙族 天神莫朋是人类的祖先。

【流传】云南省·（怒江傈僳族自治州）·贡山县（贡山独龙族怒族自治县）

【出处】祝发清等翻译整理：《聪明勇敢的朋更朋》，见中华民族故事大系编委会编《中华民族故事大系》第15卷（德昂族、保安族、裕固族、京族、塔塔尔族、独龙族、鄂伦春族），上海：上海文艺出版社1995年版，第581～595页。

W0648.3.3

一对天神是人的祖先

实　例

景颇族 一对天鬼娃袤能退腊和能星农锐木占是人的祖先。他们又生下了人间第一个王子德鲁贡山和聪明勇敢的宁冠瓦。

【流传】（无考）

【出处】斋瓦贡退干唱，李向前、木然瑶都搜集整理，木子改写：《穆脑斋瓦——宁冠瓦》，见姚宝瑄主编《中国各民族神话》（白族、拉祜族、景颇族），太原：山西出版传媒集团·书海出版社2014年版，第225页。

W0648.3.4

祖先神是天神

【关联】［W0497.8.11.1.2］天神与祖先神合一

实　例

羌族 “木比塔”，亦为羌人崇拜的天神，汉话称川祖。

【流传】四川省·（阿坝藏族羌族自治州）·汶川县·龙溪乡·阿尔大队（阿尔村）

【出处】

（a）钱安靖：《羌族宗教习俗调查资料》（三），见羌族社会历史调查四川省编写组编《羌族社会历史调查》，成都：四川省社会科学出版社1985年版。

（b）《汶川县龙溪乡羌族端公经典简介》，见吕大吉、何耀华总主编《中国各民族原始宗教资料集成》（纳西族卷、羌族卷、独龙族卷、傈僳族卷、怒族卷），北京：中国社会科学出版社2000年版，第471页。

W0648.4

祖先是地神

【关联】［W0230］地神

实　例

苗族 （实例待考）

W0648.5

祖先是夫妻神（一对夫妻神成为祖先）

实　例

（参见下级母题实例）

W0648. 5. 1

布桑该和雅桑该夫妇二神是人类的始祖

实　例

傣族 （参见“W0659. 2. 8. 1 人类始祖布桑该和雅桑该”母题实例）

W0648. 5. 2

祖先神是兼管生育的夫妻神

实　例

满族 东海窝集部胡氏满族供奉的一对祖先神便是兼管生育的夫妻神。

【流传】 黑龙江省·（牡丹江市）·宁安地区（宁安县）

【出处】

(a) 富育光、孟慧英：《满族萨满教研究》，北京：北京大学出版社 1991 年版，第 123～126 页。

(b) 《神偶的功能》，见吕大吉、何耀华总主编《中国各民族原始宗教资料集成》（鄂伦春族卷、鄂温克族卷、赫哲族卷、达斡尔族卷、锡伯族卷、满族卷、蒙古族卷、藏族卷），北京：中国社会科学出版社 1999 年版，第 493 页。

W0648. 6

祖先是山神（祖先是神山）

实　例

（参见下级母题实例）

W0648. 6. 1

岩神是女祖先

实　例

藏族 （实例待考）

W0648. 6. 2

神山是特定群体的祖先

实　例

（参见下级母题实例）

W0648. 6. 2. 1

阿喜色达部落自称是珠日神山的后裔

实　例

藏族 牧区的山神一般都是部落集体的保护神。并且普遍都把某一山神当作部落的祖先来崇拜。如阿喜色达部落自称是“珠日”神山的后裔，青海的果格部落自称是“年保叶什则”神山（果洛山）的后裔。

【流传】（青海省·果洛藏族自治州）

【出处】 格勒：《论藏族本教的神》，原载《藏族学术讨论会论文集》，西藏人民出版社 1984 年版，见吕大吉、何耀华总主编《中国各民族原始宗教资料集成》（鄂伦春族卷、鄂温克族卷、赫哲族卷、达斡尔族卷、锡伯族卷、满族卷、蒙古族卷、藏族卷），北京：中国社会科学出版社 1999 年版，第 797 页。

W0648.7

祖先是其他特定的神

【关联】［W0655.4］祖先是保护神

实 例

（参见下级母题实例）

W0648.7.1

祖先是海神

实 例

（参见下级母题实例）

W0648.7.1.1

突厥之先曰射摩舍利海神

实 例

古突厥 突厥之先曰射摩舍利海神。

【流传】（无考）

【出处】

(a)《境异》，见［唐］段成式《酉阳杂俎》前集卷四。

(b)《突厥之先与女海神》，见满都呼主编《中国阿尔泰语系诸民族神话故事》，北京：民族出版社1997年版，第12页。

W0648.7.2

祖先是人神

实 例

（参见下级母题实例）

W0648.7.2.1

男始祖板古是天降的人神

实 例

白族 板古（男始祖名）是天降的人神，出去打猎与众不同，他走到哪里，哪里的飞禽走兽就跪倒在他面前，主动奉献给他。

【流传】云南省·（大理白族自治州）·剑川（剑川县）

【出处】李恩发讲，李绍尼整理：《“五百天”神》，原载陶立璠、李耀宗《中国少数民族神话传说选》，四川民族出版社1985年版，见姚宝瑄主编《中国各民族神话》（白族、拉祜族、景颇族），太原：山西出版传媒集团·书海出版社2014年版，第119页。

W0648.7.3

祖先是家神

实 例

藏族（白马）白马藏人祭祀祖先即家神。

【流传】（四川省）

【出处】四川省民委民族识别调查组：《白马藏人调查资料辑录》，原载四川民族研究所编印《白马藏人族属问题讨论集》（一），见吕大吉、何耀华总主编《中国各民族原始宗教资料集成》（鄂伦春族卷、鄂温克族卷、赫哲族卷、达斡尔族卷、锡伯族卷、满族卷、蒙古族卷、藏族卷），北京：中国社会科学出版社1999年版，第807页。

W0648.7.4

祖神是英雄神

实　例

白族 “五百天”神既是白子白女最早的神祖，又是除恶安良的英雄的象征。

【流传】 云南省·（大理白族自治州）·剑川（剑川县）

【出处】 李恩发讲，李绍尼整理：《“五百天”神》，原载陶立璠、李耀宗《中国少数民族神话传说选》，四川民族出版社1985年版，见姚宝瑄主编《中国各民族神话》（白族、拉祜族、景颇族），太原：山西出版传媒集团·书海出版社2014年版，第123页。

W0648.8

与祖先是神有关的其他母题

【关联】

① ［W0477.1.2.1］祖先是生育神

② ［W0730b.3.1］萨天巴是女性祖先神祖母神

实　例

（参见下级母题实例）

W0648.8.1

始祖成为神

实　例

苗族 （实例待考）

W0648.8.2

兄妹祖先神（姐弟祖先神）

实　例

彝族 （实例待考）

W0648.8.2.1

兄妹死后被地神招进地府当土地公和土地婆

实　例

黎族 洪水后，两兄妹完成了繁育海南岛黎苗汉三族的人种后，就在月落日出的时辰，被地神招进地府，派当土地公和土地婆。

【流传】

（a）海南省·（三亚市）·保亭县（保亭黎族苗族自治县）·保城镇

（bc）海南省五指山区

【出处】

（a）王老黎讲，王国全采录：《三个民族同一源》，见中国民间文学集成全国编辑委员会编《中国民间故事集成》（海南卷），北京：中国ISBN中心2002年版，第9页。

（b）王国全搜集整理：《南瓜的故事》，见谷德明编《中国少数民族神话》，北京：中国民间文艺出版社 1987 年版，第 196 页。

（c）同（b），见陶阳、钟秀编《中国神话》（上），北京：商务印书馆 2008 年版，第 374 页。

W0648.8.2.2

洪水后繁衍人类的姐弟俩是罗神公公和罗神娘娘

实　例

土家族 洪水后，结婚繁衍人类的姐弟俩就是罗神公公和罗神娘娘。

【流传】 湖南省·（湘西土家族苗族自治州）·永顺县

【出处】 彭武东讲，彭勃采录：《罗神公公和罗神娘娘》，见中国民间文学集成全国编辑委员会编《中国民间故事集成》（湖南卷），北京：中国 ISBN 中心 2002 年版，第 31 页。

W0648.8.3

贵族的祖先是神

【关联】［W5028.2.1］王族贵族的产生

实　例

高山族（实例待考）

W0648.8.4

祖先与神合一

实　例

（参见下级母题实例）

W0648.8.4.1

男女始祖也是 1 对天神夫妇

实　例

傣族 布桑该和牙桑该是一对天神夫妇，也是人类的祖先。

【流传】 云南省

【出处】《布桑该和牙桑该》，见中国社会科学院云南少数民族文学研究所等编《云南少数民族文学资料》（第 3 辑），内部编印，1981 年，第 125 页。

W0648.8.5

祖先是善神

实　例

（实例待考）

W0648.8.6

祖先是恶神

实　例

（参见下级母题实例）

W0648.8.6.1

祖先神贻害后代

实　例

鄂伦春族 “阿娇鲁博如坎”（“阿娇鲁”是“根”的意思，“博如坎”即“神”）即祖先神。如果出嫁到别的民族的妇女得了病，萨满跳神给治病时，常常说：“你的病，是你娘家的阿娇鲁害了你。”

【流传】（无考）

【出处】

(a) 内蒙古自治区编委会：《鄂伦春族社会历史调查》（第一集），呼和浩特：内蒙古人民出版社 1984 年版，第 162 页。

(b) 《祖先神的血缘性》，见吕大吉、何耀华总主编《中国各民族原始宗教资料集成》（鄂伦春族卷、鄂温克族卷、赫哲族卷、达斡尔族卷、锡伯族卷、满族卷、蒙古族卷、藏族卷），北京：中国社会科学出版社 1999 年版，第 27 页。

W0648.8.7

祖宗神是家神

实 例

壮族 祖宗神、土地公神、灶王神，花婆王、火神等都属于家神。

【流传】广西壮族自治区·（南宁市）·武鸣县·两江乡·雷江片，马山县·古零乡·杨圩片

【出处】黄世杰搜集整理：*《多神信仰》(1990)，见吕大吉、何耀华总主编《中国各民族原始宗教资料集成》（土家族卷、瑶族卷、壮族卷、黎族卷），北京：中国社会科学出版社 1998 年版，第 493 页。

W0648.8.8

历代祖先都是神

实 例

羌族 当地每家房顶的石碉上供白石代表三神，其中“作格”（历代祖先），即家中代代相传的神。

【流传】四川省·（阿坝藏族羌族自治州）·茂汶县（今茂县）·渭门乡·纳普大队（村）

【出处】钱安靖：《茂汶县渭门乡纳普大队羌族宗教习俗调查》(1983.07.10)，见吕大吉、何耀华总主编《中国各民族原始宗教资料集成》（纳西族卷、羌族卷、独龙族卷、傈僳族卷、怒族卷），北京：中国社会科学出版社 2000 年版，第 477 页。

W0649

祖先是神性人物

实 例

（参见下级母题实例）

W0649.1

祖先是半人半神

实 例

（参见下级母题实例）

W0649.1.1

祖先盘古半人半神

实 例

汉族 （实例待考）

W0649.1.2

祖先宁贯娃是半人半神

实 例

景颇族 半人半神的宁贯瓦（半人半神的宁贯瓦，在不同的神话文本中有译为“宁贯娃”、“能贯娃”等，关于他的身份有的神话说是“半人半神”，有的说是“创世祖”等）。

【流传】云南省

【出处】《人类始祖宁贯瓦》，见中央民族学院少数民族文艺研究所编《中国民族民间文学》，北京：中央民族学院出版社1987年版，第325页。

W0649.2

祖先是天女

【关联】［W0202.2.4］天神的女儿（天女）

实 例

（参见下级母题实例）

W0649.2.1

女始祖木姐珠是天神的女儿

实 例

羌族 羌人信奉的女始祖木姐珠是天神的女儿。

【流传】四川省·（绵阳市）·北川县·墩上羌族乡·岭岗村

【出处】苟玉书讲，王羽中采录：《木姐珠和斗安珠》附记，见中国民间文学集成全国编辑委员会编《中国民间故事集成》（四川卷·下），北京：中国ISBN中心1998年版，第1111页。

W0649.2.2

天女繁衍人类成为始祖

实 例

（参见下级母题实例）

W0649.2.2.1

一个天女降到北方地区繁衍蒙古人

实 例

蒙古族 一个天女降到北方地区繁衍蒙古人。

【流传】（无考）

【出处】中国各民族宗教与神话大词典编审委员会编《中国各民族宗教与神话大词典》，北京：学苑出版社1990年版，第455页

W0649.3

祖先是仙（仙人是祖先）

实 例

（参见下级母题实例）

W0649.3.1

祖先是仙女

实 例

达斡尔族 现在的达斡尔人是仙女生下的后代。

【流传】（无考）

【出处】巴达荣嘎讲：《代尼乌音和莫日根》，见萨音塔娜编《达斡尔民间故事选》，呼和浩特：内蒙古人民出版社 1987 年版。

W0649. 3. 2

仙辈是祖先

实 例

彝族 仙和人同样，仙辈是祖先。

【流传】贵州省·毕节（毕节市）·赫章县

【出处】贵州省毕节地区民族事务委员会编，王子尧等译：《物始纪略》（第一集），成都：四川民族出版社 1990 年版，第 62 页。

W0649. 3. 3

祖先是神仙

实 例

（参见下级母题实例）

W0649. 3. 3. 1

女祖先安木拐成了天上的神仙

实 例

佤族 安木拐（佤族女祖先）登上图莫伟龙（人间最高的山峰）飘飘然成了天上的神仙。

【流传】云南省·（普洱市）·西盟佤族自治县、澜沧拉祜族自治县等地

【出处】毕登程、隋嘎编著：《司岗里——佤族创世史诗》，昆明：云南出版集团公司·云南人民出版社 2009 年版，第 54 页。

W0649. 4

祖先是巨人

【关联】［W0660］巨人

实 例

（参见下级母题实例）

W0649. 4. 1

浊气混合生成的葫芦生老祖巨人翁戛

实 例

布依族 天空中的清气与凡尘中的浊气混合生成的葫芦生的翁戛老祖是个巨人。他身子像座山，身躯又大又粗，可以当作撑天柱，拳头就像个大囤箩，伸开巴掌像棵大榕树，双手又粗又大。

【流传】贵州省布依族地区

【出处】杨正荣、祝登 讲，岭玉清、汛河搜集整理，古梅改写：《翁戛造万物》，见姚宝瑄主编《中国各民族神话》（布依族、仡佬族、苗族），太原：山西出版传媒集团·书海出版社 2014 年版，第 7 页。

W0649. 4. 2

祖先布杰脚杆如树手摩天

实 例

布依族 以前，布依族有个叫布杰的祖

先，脚杆比木棉树还大，手杆像大榕树枝枝一样能摩天。

【流传】（a）整个布依族地区

【出处】

（a）班琅王、王鲁文、刘阿季讲，汛河记录整理：《洪水滔天》（1955），见陶立璠等编《中国少数民族神话汇编·洪水篇》，中央民族学院少数民族古籍整理出版规划领导小组办公室印（内部资料），第133～139页。

（b）同（a），汛河搜集整理：《布依族民间故事集》，北京：中国民间文艺出版社1982年版。

（c）同（a），见姚宝瑄主编《中国各民族神话》（布依族、仡佬族、苗族），太原：山西出版传媒集团·书海出版社2014年版，第64页。

W0649.5

祖先是神职人员

实　例

（参见下级母题实例）

W0649.5.1

人祖德摩诗匹是第一代大贝玛

实　例

哈尼族 人的先祖德摩诗匹是第一代大贝玛。

【流传】 云南省·（红河哈尼族彝族自治州）·元阳县

【出处】 朱小和讲，史军超采录：《动植物的家谱》，见中国民间文学集成全国编辑委员会编《中国民间故事集成》（云南卷），北京：中国ISBN中心2003年版，第346页。

W0649.6

祖先是鬼（鬼是祖先，祖先是妖魔）

【关联】［W0899.3.10.1］祖先鬼飘荡不定

实　例

（参见下级母题实例）

W0649.6.1

人类的祖先母是岩精

实　例

藏族 人类的祖先母系一岩精。

【流传】 西藏自治区

【出处】 王沂暖译：《西藏王统记》，北京：商务印书馆1949年版。

W0649.6.2

第三代、第四代人祖都是鬼

实　例

哈尼族 觉涅（第三代人神）、涅直（第四代人神）都是鬼［这里也可以理解为“神”，一些民族神话表述中常出现鬼神不分，人鬼（神）同祖的情况，根据文本中的叙事，哈尼族的“鬼”本质是“神”，与人类产生相关的“鬼”有时称之为“人神”］。

【流传】 云南省·（红河哈尼族彝族自

治州）·元阳县

【出处】 卢朝贵讲，史军超采录：《神和人的家谱》，见中国民间文学集成全国编辑委员会编《中国民间故事集成》（云南卷），北京：中国 ISBN 中心 2003 年版，第 23 页。

W0649.6.2.1

第三代先祖窝觉生直鬼

实 例

哈尼族 第三代先祖窝觉又生下了后代，这就是有名的涅直（哈尼语，鬼的头领，鬼王，直鬼）。涅直先祖也是一窝一窝地过日子，只是涅直中有了头领。

【流传】 云南省·（红河哈尼族彝族自治州）·元阳（元阳县）、红河（红河县）、金平（金平苗族瑶族傣族自治县）［采集于元阳县·胜村乡·全福庄］

【出处】 卢朝贵讲，史军超搜集整理：《神和人的家谱》，原载云南省民间文学集成办公室编《哈尼族神话传说集成》，中国民间文艺出版社 1990 年版，见姚宝瑄主编《中国各民族神话》（哈尼族、傣族），太原：山西出版传媒集团·书海出版社 2014 年版，第 43 页。

W0649.7

祖先是英雄（英雄成为祖先）

【关联】 ［W0649.9.1］造人的文化英雄成为祖先

实 例

（参见下级母题实例）

W0649.7.1

祖先多林蛮尼善跳跃的英雄神

实 例

满族 多林蛮尼（蛮尼，满语，祖先神的尊称，亦指祖先神的神偶）是位善跳跃的英雄神，能连续跳过九个山头，此英雄神起源于氏族早期。

【流传】（无考）

【出处】 郭淑云：《满族萨满教雪祭探析——兼论原始萨满教的社会功能》，载《内蒙古社会科学》1992 年第 5 期。

W0649.7.2

特定的英雄被尊为祖先

实 例

（参见下级母题实例）

W0649.7.2.1

降妖除害的英雄被尊为祖先

实 例

藏族 为了纪念降妖除害的英雄，以黄河为姓的当地百姓，把这座拔地而起的雪山叫“阿尼玛卿”，藏语意思为大玛氏先祖老翁神山。

【流传】（青海省·果洛藏族自治州）

【出处】 周协邦整理：《阿尼玛卿雪山的传说》，原载果洛州群艺馆编《果洛民间故事选》，内部资料，见吕大吉、何耀华总主编《中国各民族原始宗教资料集成》（鄂伦春族卷、鄂温克族卷、赫哲族卷、达斡尔族卷、锡伯族卷、满族卷、蒙古族卷、藏族卷），北京：中国社会科学出版社 1999 年版，第 945 页。

W0649.7.3

始祖是能镇妖驱邪的英雄

实　例

彝族 始祖阿倮是一位有着非凡智慧和巨大力量，能镇妖驱邪的英雄。

【流传】 云南省·（红河哈尼族彝族自治州）·石屏县·哨冲（哨冲镇）

【出处】 范祖锜：《石屏县哨冲彝族"咪嘎好"祭祀现场纪实》，见吕大吉、何耀华总主编《中国各民族原始宗教资料集成》（彝族卷、白族卷、基诺族卷），北京：中国社会科学出版社 1996 年版，第 206 页。

W0649.7a

祖先是人王

【关联】［W0434.2］人王（人皇）

实　例

（参见下级母题实例）

W0649.7a.1

祖先是天降的人王

实　例

白族 祖先是从天上下来的人王。

【流传】 云南省·（大理白族自治州）·剑川（剑川县）

【出处】 李恩发讲，李绍尼整理：《"五百天"神》，原载陶立璠、李耀宗《中国少数民族神话传说选》，四川民族出版社 1985 年版，见姚宝瑄主编《中国各民族神话》（白族、拉祜族、景颇族），太原：山西出版传媒集团·书海出版社 2014 年版，第 120 页。

W0649.8

特定名称的神性人物祖先

【关联】

①［W0670.4.5］布洛陀是始祖

②［W0687.3.1］洪钧老祖是人的祖宗的祖宗

实　例

（参见下级母题实例）

W0649.8.1

高祖公和高祖婆

实　例

汉族 世界大劫时，只剩下一对姐弟结婚。他俩结为夫妻繁衍人类，后人就把他俩叫做高祖公、高祖婆。

【流传】 黑龙江省一带［复述地点：山东省·威海市·文登市·侯家镇·西敖村］

【出处】 宋镇江复述：《高祖公高祖婆》（2011.10），见李海生《东北民间故事》（上册），哈尔滨：黑龙江教育出版社 2016 年版，第 4 页。

W0649. 8. 1. 1

姓高的姐弟俩繁衍人类成为高祖公、高祖婆

实 例

汉族 姓高的姐弟俩成婚，称为高祖公和高祖婆。

【流传】黑龙江省·（绥化市）·青冈县·劳动乡

【出处】樊老太太讲：《高祖公高祖婆》，见中国民间文学集成全国编辑委员会编《中国民间故事集成》（黑龙江卷），北京：中国 ISBN 中心 2005 年版，第 10～11 页。

W0649. 8. 1. 2

造人的兄妹被尊为高祖公、高祖婆

实 例

汉族 结婚造人的兄妹被尊为高祖公、高祖婆。

【流传】黑龙江省·（哈尔滨市）·呼兰县·呼兰镇

【出处】徐和讲：《高祖公高祖婆》，见中国民间文学集成全国编辑委员会编《中国民间故事集成》（黑龙江卷），北京：中国 ISBN 中心 2005 年版，第 9～10 页。

W0649. 8. 2

始祖神卵玉娘娘

实 例

土家族 人类始神是“卵玉娘娘”。

【流传】（无考）

【出处】杨昌鑫：《土家族风俗志》，北京：中央民族学院出版社 1989 年版，第 10～12 页。

W0649. 9

造人者成为祖先

实 例

（参见下级母题实例）

W0649. 9. 1

造人的文化英雄成为祖先

实 例

（参见下级母题实例）

W0649. 9. 1. 1

造人的半人半兽的巨人被尊为祖先

【关联】［W0649. 4］祖先是巨人

实 例

苗族 纳罗引勾（半人半兽的巨人）造人时放进窑的泥人有生有熟。纳罗引勾吩咐熟的泥人说：“你们是人，日后手要勤，脚要灵，要种田锄地，织布缝衣，起楼建房，育男养女，世代相传。”人非常感激，就尊称他是人类的桑巴桑勾（老祖宗）。

【流传】广西壮族自治区·（柳州市）·融水苗族自治县

【出处】

（a）杨达香讲，梁彬搜集整理：《创世纪》（二、捏人捏兽，栽果撒谷），见梁彬、王天若编《苗族民间故事选》，南宁：广西人民出版社 1986 年版。

（b）同（a），见姚宝瑄主编《中国各民族神话》（布依族、仡佬族、苗族），太原：山西出版传媒集团·书海出版社 2014 年版，第 175 页。

W0649a

祖先是人

实　例

（参见下级母题实例）

W0649a. 1

祖先想成仙没有成功

实　例

（参见下级母题实例）

W0649a. 1. 1

繁衍人类的姜郎姜妹没有成仙

实　例

（参见下级母题实例）

W0649a. 1. 1. 1

繁衍人类的姜郎姜妹向佛祖要全身金像，佛祖说他们没修炼过算不了仙

实　例

侗族 姜郎姜妹洪水后繁衍人类，认为自己有功，到西天佛祖那里去要全身金像，佛祖说他们没修炼过，算不了仙，只能享受小的供奉。

【流传】 湖南省·（怀化市）·新晃县（新晃侗族自治县）·李树乡·茂溪村

【出处】 吴贻刚讲，杨顺成等采录：《姜郎姜妹》，见中国民间文学集成全国编辑委员会编《中国民间故事集成》（湖南卷），北京：中国 ISBN 中心 2002 年版，第 28 页。

W0649a. 2

祖先是特殊体征的人

实　例

（参见下级母题实例）

W0649a. 2. 1

祖先是猴人

实　例

羌族 猴人是我们的祖先。

【流传】（a）四川省·（阿坝藏族羌族自治州）·松潘县·小姓乡

【出处】

（a）索芝公讲，泽黑木翻译，阿坝羌族民间文学采风队采录：《猴变人》，见中国民间文学集成全国编辑委员会编《中国民间故事集成》（四川卷·下），北京：中国 ISBN 中心 1998 年版，第 1120 页。

（b）《猴变人》，见李明主编《羌族文学史》，成都：四川民族出版社 1994 年版，第 45 页。

W0649a. 2. 1. 1

天神木巴造猴人

实 例

羌族 猴人（人的祖先）一身长满了毛，是木巴（天神）制的人。

【流传】(a) 四川省·（阿坝藏族羌族自治州）·松潘县·小姓乡

【出处】

(a) 索芝公讲，泽黑木翻译，阿坝羌族民间文学采风队采录：《猴变人》，见中国民间文学集成全国编辑委员会编《中国民间故事集成》（四川卷·下），北京：中国 ISBN 中心 1998 年版，第 1120 页。

(b)《猴变人》，见李明主编《羌族文学史》，成都：四川民族出版社 1994 年版，第 45 页。

W0649a. 3

祖先变成人

实 例

（参见下级母题实例）

W0649a. 3. 1

特定人物把祖先变成的特定的人

实 例

（参见下级母题实例）

W0649a. 3. 1. 1

喇嘛把蒙古人的祖先苍狼变成蒙古人的敌人

实 例

蒙古族 苍狼本来是蒙古人的祖先。后来喇嘛来到草原，苍狼被喇嘛从天上打了下来，在深山草丛中生活。喇嘛把苍狼变成了我们的敌人，直到现在，苍狼总是吃我们的牛羊。

【流传】新疆维吾尔自治区·卫拉特蒙古族居住地区

【出处】

(a) 阿·太白讲，姚宝瑄整理：《苍狼和母鹿》，见张越、姚宝瑄编《新疆民族神话故事选》，乌鲁木齐：新疆人民出版社 1989 年版。

(b) 同 (a)，见姚宝瑄主编《中国各民族神话》（达斡尔族、鄂伦春族、鄂温克族、蒙古族），太原：山西出版传媒集团·书海出版社 2014 年版，第 139 页。

W0649a. 4

祖先是怪人（祖先是怪物）

实 例

（参见下级母题实例）

W0649a. 4. 1

怪物变成人的祖先

实 例

（参见下级母题实例）

W0649a. 4. 1. 1

天上的老母牛与鹞鹰婚生蛋孵出的怪物成为人的祖先

实 例

傣族 天上的老母牛与鹞鹰下凡后婚生3个蛋，蛋孵出的葫芦生许多对浑身圆圆的怪物，天神用神水洗了洗，“怪物”便长出了手脚和脖子，成为人类的祖先。从此，大地上才有了人类。

【流传】云南省·德宏（德宏傣族景颇族自治州）

【出处】哓汉讲，斯尼整理：《神牛生蛋造人类》，见姚宝瑄主编《中国各民族神话》（哈尼族、傣族），太原：山西出版传媒集团·书海出版社2014年版，第249页。

W0649a.5

祖先是特定身份的人（祖先是特定经历的人，特定的人被尊为祖先）

【关联】［W0659.1.6.1］生果洛人第三代祖先的女人成为果洛人的祖神

实 例

怒族 猎人娶女猎神为妻。其后怒族猎人遂奉此猎人为其祖先。当其行猎之时，亦常于羚羊迹印后见有人之足迹，因追念此猎神姑娘，冀其赐予丰富之猎物也。

【流传】（高黎贡山）

【出处】袁珂改编：《女猎神》，原载谷德明编《中国少数民族神话选》，见袁珂《中国神话大词典》，北京：华夏出版社2015年版，第578页。

W0650

祖先是动物（动物祖先，动物作为祖先）

【关联】［W6290］动物图腾

实 例

（参见下级母题实例）

W0650.1

祖先是龙

实 例

（参见下级母题实例）

W0650.1.1

高皇的出身先变龙后变人

实 例

畲族 且说高皇的出身，先是变龙后变人。

【流传】广东省·潮州市

【出处】雷楠、陈焕钧收集整理：《高皇歌》，转引自李筱文《广东畲族文化特性初探》，见《畲族文化学术研讨会论文》，2007.12。

W0650.2

祖先是狼（狼成为祖先）

【关联】［W0645.4.1.1］母狼生祖先

实 例

（参见下级母题实例）

W0650. 2. 1

狼是女祖先

实 例

蒙古族 （参见“W0654. 2. 3. 3. 1 母狼是布里亚特人的女始祖”母题实例）

W0650. 2. 2

成吉思合罕的祖先是苍色狼

实 例

蒙古族 成吉思合罕的祖先是承受天命而生的苍色狼。

【流传】（无考）

【出处】额尔登泰、乌云达赉著，苏鲁格新译：《蒙古秘史》校勘本，内蒙古人民出版社 1980 年版，第 1 页，见吕大吉、何耀华总主编《中国各民族原始宗教资料集成》（鄂伦春族卷、鄂温克族卷、赫哲族卷、达斡尔族卷、锡伯族卷、满族卷、蒙古族卷、藏族卷），北京：中国社会科学出版社 1999 年版，第 641 页。

W0650. 2. 3

苍狼与白鹿是祖先

实 例

蒙古族 后世的蒙古人都认为苍狼和母鹿是自己的祖先。

【流传】新疆维吾尔自治区卫拉特蒙古族

【出处】阿·太白讲，姚宝暄采录：《苍狼和母鹿》，原载马昌仪编《中国神话故事》，见陶阳、钟秀编《中国神话》（中），北京：商务印书馆 2008 年版，第 550 页。

W0650. 2. 3. 1

苍色的狼与惨白色的鹿相配生巴塔赤罕

实 例

蒙古族 当初元朝的人祖是天生一个苍色的狼，与一个惨白色的鹿相配了，然后到了斡难名字的河源头一个叫不儿罕名字的山，产下儿子巴塔赤罕。

【流传】（无考）

【出处】额尔登泰、乌云达赉：《蒙古秘史》校勘本，呼和浩特：内蒙古人民出版社 1980 年版，第 913 页。

W0650. 3

祖先是蛇

【关联】［W0646. 5. 3. 1］蛇成为祖先神（蛇是祖先神）

实 例

高山族（卑南） 蛇是我们的老祖宗。

【流传】台湾

【出处】林城妹讲，曾建次口译：《蛇是我们的老祖宗》，原载金荣华编《台湾卑南族口传文学选》，见陶阳、钟秀编《中国神话》（中），北京：商务印书馆 2008 年版，第 551 ~ 552 页。

W0650.4

祖先是鸟

【关联】［W2163］ 鸟生人

实 例

汉族 （实例待考）

W0650.4.1

乌鸦是祖先

实 例

（参见下级母题实例）

W0650.4.1.1

乌鸦被某姓氏作为祖先

实 例

满族 有姓氏认乌鸦为祖。

【流传】（无考）

【出处】《宁安县志》，见富育光《满族灵禽崇拜祭俗与神话探考》，《富育光民俗文化论集》，长春：吉林大学出版社2005年版。

W0650.4.2

祖先天鹅

实 例

蒙古族 （参见“W0654.2.3.3.2 天鹅是女始祖”母题实例）

W0650.4.3

祖先冶鸟

实 例

（参见下级母题实例）

W0650.4.3.1

冶鸟为越祝之祖

实 例

汉族 越人谓冶鸟为越祝之祖也。

【流传】（无考）

【出处】《冶鸟》，见［晋］干宝著，李剑国辑校《新辑搜神记》卷一，北京：中华书局2007年版，第275页。

W0650.4.4

白水鸟是传宗的母神

实 例

满族 因天地初开时，群群白水鸟等啄食水中沙泥碎石造出大地，人类万物才有了生息繁衍的地方，所以白水鸟就成了传宗的母神。

【流传】（无考）

【出处】富育光、孟慧英、王宏刚整理：《白水鸟神》，见姚宝瑄主编《中国各民族神话》（满族、赫哲族、朝鲜族），太原：山西出版传媒集团·书海出版社2014年版，第72页。

W0650.5

祖先是猴子

【关联】［W2158］ 猴生人

实 例

羌族 （实例待考）

W0650.5.1

猕猴是男祖先

实 例

（参见下级母题实例）

W0650.5.1.1

人类祖先是神变的猕猴

实 例

藏族 人类的祖先原系一神变的猕猴。

【流传】西藏自治区

【出处】王沂暖译：《西藏王统记》，北京：商务印书馆1949年版。

W0650.5.1.2

猕猴是人类始祖和神灵

实 例

藏族 伏藏和苯教文献中则将猕猴当作人类始祖和神灵。

【流传】（无考）

【出处】格明多杰整理：《灵猴繁衍之人种》，见BBS水木清华站：http://www.smth.edu.cn，2006.07.20。

W0650.5.2

变成了人的猴子成为雪域上的先民

实 例

藏族 众猴子逐渐变成了人，成为雪域上的先民。

【流传】西藏自治区·拉萨市

【出处】桑杰讲，强巴班宗翻译：《藏族的起源》附记，见中国民间文学集成全国编辑委员会编《中国民间故事集成》（西藏卷），北京：中国ISBN中心2001年版，第3页。

W0650.5.3

猿猴成为祖先

实 例

（参见下级母题实例）

W0650.5.3.1

白石感白鹏孕生的猿猴成为祖先

实 例

藏族 白石感白鹏孕生的猿猴生了该地藏人的直系祖先。

【流传】（四川省·凉山彝族自治州·冕宁县等）

【出处】刘世旭：《冕宁等县藏族的白石崇拜辨析》，载《西南民族学院学报》1989年第4期。

W0650.5.4

公猴母猴是祖先

实 例

纳西族 丽江纳西族称祖先为“余”，直译即猴；称岳父、公公为“余胚”，“胚”为“普”之变音，直译即“公猴”之意；称岳母、婆婆为“余美”，直译即“母猴”。

【流传】云南省·丽江（丽江市）、中甸（迪庆藏族自治州香格里拉）·白地

【出处】杨福泉调查整理：《民俗和亲属称谓中所反映的猴图腾崇拜意识》（1989），见吕大吉、何耀华总主编《中国各民族原始宗教资料集成》（纳西族卷、羌族卷、独龙族卷、傈僳族卷、怒族卷），北京：中国社会科学出版社 2000 年版，第 41 页。

W0650.6

祖先是鱼（祖先鱼）

【关联】［W2166］鱼生人

实 例

哈尼族 人类的祖先是鱼（祖先鱼）。

【流传】云南省·（红河哈尼族彝族自治州）·元阳县·黄草岭区（黄草岭乡）·树皮寨

【出处】杨批斗讲，史军超采录：《祖先鱼上山》，见中国民间文学集成全国编辑委员会编《中国民间故事集成》（云南卷），北京：中国 ISBN 中心 2003 年版，第 37 页。

W0650.7

与动物是祖先有关的其他母题

实 例

（参见下级母题实例）

W0650.7.1

特定的动物是祖先的化身

实 例

普米族 （实例待考）

W0650.7.1.1

维加西拉鸟是祖先的化身

实 例

黎族 “维加西拉”鸟把黎族先民的女儿抚养大，所以这种鸟被认为是黎族祖先的化身或保护神。

【流传】海南省

【出处】

（a）邢关英：《论黎族的图腾崇拜——黎族先民的原始宗教研究之一》，载《海南档案》1992 年第 3 期。

（b）邢关英：《黎族》，北京：民族出版社 1990 年版，第 72 页。

W0650.7.1.2

百步蛇和西稀利鸟是祖先的化身

实 例

高山族 高山族仍然认为百步蛇和西稀利（一种小鸟的名字）是祖先的化身，神圣不可侵犯。

【流传】（无考）

【出处】《纹面断齿成亲》，原载蔡铁民编《高山族民间故事选》，见陶阳、钟秀编《中国神话》（下），北京：商务印书馆 2008 年版，第 1505 ~

1506 页。

W0650. 7. 2

特定的动物是祖母神

实 例

（参见下级母题实例）

W0650. 7. 2. 1

白水鸟是传宗的母神

实 例

满族 因天地初开时，遍地洪水，群群白水鸟等啄食水中沙泥碎石，又吐到一些浅滩上堆出了大地，人类万物才有了生息繁衍的地方，所以白水鸟就成了传宗的母神。

【流传】（无考）

【出处】富育光、孟慧英、王宏刚整理：《白水鸟神》，见姚宝瑄主编《中国各民族神话》（满族、赫哲族、朝鲜族），太原：山西出版传媒集团·书海出版社 2014 年版，第 72 页。

W0650. 7. 3

狗是人的祖先（祖先是犬）

【关联】

①［W2157］狗生人

②［W2458］人与犬婚生人

实 例

黎族 （实例待考）

苗族 苗族把盘皇视为祖先，逢年过节都要祭祀盘皇。

【流传】海南省·（三亚市）·陵水县（陵水黎族自治县）·祖关镇（本号镇）·白水岭苗村

【出处】邓文安讲，潘先樗采录：《盘皇造万物》，见中国民间文学集成全国编辑委员会编《中国民间故事集成》（海南卷），北京：中国 ISBN 中心 2002 年版，第 3 页。

畲族 龙犬（龙期，号槃瓠）与公主繁衍后代。

【流传】（无考）

【出处】沈作乾：《畲民调查记》，载见《东方杂志》二十一卷七号。

畲族 龙犬盘瓠王与三公主婚生三男一女，繁衍盘、蓝、雷、钟四姓人。

【流传】福建省·（宁德市）·柘荣县

【出处】蓝维积讲，肖孝正采录：《畲族姓氏与世居山脚的来历》，见中国民间文学集成全国编辑委员会编《中国民间故事集成》（福建卷），北京：中国 ISBN 中心 2008 年版，第 21 页。

瑶族 龙犬盘瓠与三公主婚生后代。

【流传】湖南省·（永州市）·江永县·千家峒瑶族乡

【出处】蒋正（男，65 岁，农民，瑶族，不识字）讲，王金粲（瑶族，《永州日报》社记者）采录：《盘瓠》（1986），见中国民间文学集成全国编辑委员会编《中国国民间故事集成》（湖南卷），北京：中国 ISBN 中心，2002 年版，第 18 页。

彝族 （实例待考）

裕固族 （实例待考）

W0650.7.3.1

吐蕃有以犬为先人者

实 例

民族无考 吐蕃有以犬为先人者。

【流传】（无考）

【出处】［后晋］刘昫等：《旧唐书》卷一九四《突厥传上》，北京：中华书局1975年版，第5175页。

W0650.7.4

熊与罴是祖先

实 例

汉族 赵简子语：“夫熊与罴，皆其祖也。”

【流传】（无考）

【出处】［西汉］司马迁：《史记·赵世家》，转引自叶舒宪《熊图腾——中华祖先神话探源》，上海：上海文艺出版社、上海锦绣文章出版社2007年版，第175页。

W0650.7.4.1

熊是祖先

实 例

鄂温克族 （实例待考）

鄂伦春族 （实例待考）

W0650.7.4.2

称老熊为“熊奶奶”

实 例

佤族 从前有的佤族人还叫老熊为“熊奶奶”。

【流传】云南省·（普洱市）·西盟佤族自治县、澜沧拉祜族自治县等地

【出处】毕登程、隋嘎编著：《司岗里——佤族创世史诗》，昆明：云南出版集团公司·云南人民出版社2009年版，第37页。

W0650.7.5

猪是祖先

实 例

（参见下级母题实例）

W0650.7.5.1

野猪为祖先

实 例

珞巴族 猎人达仁收养了野猪洞穴中的一个野孩子。他成婚后在米日建家立业，后来这里发展成为米日大氏族。代代米日珞巴都说，他们的祖先是野猪，视野猪为他们的图腾，从不猎获野猪，每年还举行不少祭祀野猪的活动。

【流传】西藏自治区·林芝市·墨脱县·达木珞巴民族乡（讲述地点：墨脱县·达木珞巴民族乡·达木村）

【出处】江措讲：《米日珞巴的来历》（1968. 12），见冀文正《珞巴族民间故事》，成都：四川民族出版社 2011 年版，第 17 页。

W0650. 7. 6

牛是祖先

【关联】［W2161. 3］牛生人

实　例

（参见下级母题实例）

W0650. 7. 6. 1

母牛是祖先

实　例

佤族 不管人还是动物，都是母牛的后代。

【流传】云南省·（临沧市）·沧源（沧源佤族自治县）一带

【出处】肖二贡讲，学良记录整理：《青蛙大王与母牛》，载《山茶》1985 年第 6 期。

W0650. 7. 7

虎是祖先

【关联】

①［W2159］虎生人

②［W2452］人与虎婚生人

实　例

纳西族（摩梭） 摩梭人有不少人姓喇（摩梭语，虎）的，传说这些喇姓人的祖先是老虎。

【流传】云南省·（丽江市）·宁蒗县（宁蒗彝族自治县）

【出处】巴采若、桑绒尼搓讲，章虹宇搜集整理：《喇氏族的来源》，载《民间文学》1986 年第 3 期。

彝族 因为彝族最早的祖先是老虎，老虎喜欢住在山上，彝族就成了虎的子孙，彝家就成了虎的氏族。

【流传】（a）云南省·（楚雄彝族自治州）·大姚县·昙华乡

【出处】

（a）李申呼颇讲，郭恩九采录：《虎氏族》，见中国民间文学集成全国编辑委员会编《中国民间故事集成》（云南卷），北京：中国 ISBN 中心 2003 年版，第 225 页。

（b）同（a），见陶阳、钟秀编《中国神话》（中），北京：商务印书馆 2008 年版，第 570～575 页。

W0650. 7. 7. 1

母虎是祖先

实　例

彝族 彝族每家供奉一幅祖先画像，称为“涅罗摩”，意思是母虎灵或母虎祖先。

【流传】云南省哀牢山一带

【出处】＊《虎图腾》，见刘尧汉《彝族社会历史调查研究文集》，北京：民族出版社 1980 年版，第 225 页。

W0651

祖先是植物

实 例

（实例待考）

W0651.1

祖先是特定的树

实 例

（实例待考）

W0651.1.1

田姓土家人把紫荆树奉为“祖宗树”

实 例

土家族（实例待考）

W0651.2

祖先是竹子

实 例

彝族（实例待考）

W0652

祖先是无生命物（自然物成为祖先，无生命物是祖先）

实 例

（参见下级母题实例）

W0652.0

祖先是天

【关联】［W2203.1］天生人

实 例

（实例待考）

W0652.1

祖先是地

【关联】［W2203.1］天生人

实 例

（参见下级母题实例）

W0652.1.1

大地是人类的祖公

实 例

黎族 大地是人类的祖公。

【流传】海南省·（三亚市）·乐东县（乐东黎族自治县）·三平乡

【出处】邢国精讲，华南师范学院中文系搜集整理：《月亮为什么夜里出来》，见中国民间文学集成全国编辑委员会编《中国民间故事集成》（海南卷），北京：中国ISBN中心2002年版，第23页。

W0652.2

祖先是日月（日月成为祖先）

实 例

蒙古族（布里亚特）萨满的祭词中，太阳和月亮被称为祖先。

【流传】（无考）

【出处】

（a）［苏联］Г. Р. 加尔达诺娃著，宋长宏译，佟德富校：《喇嘛教前的布里亚特宗教信仰》（俄文版），诺沃西比尔斯克：科学出版社西伯利亚分社1987年版，第14～20页。

（b）同（a），见吕大吉、何耀华总主编《中国各民族原始宗教资料集成》（鄂伦春族卷、鄂温克族卷、赫哲族卷、达斡尔族卷、锡伯族卷、满族卷、蒙古族卷、藏族卷），北京：中国社会科学出版社1999年版，第601页。

W0652. 2. 1

太阳是女祖先，月亮是男祖先

实 例

（参见下级母题实例）

W0652. 2. 1. 1

太阳是母亲，月亮是父亲

实 例

鄂温克族 使用驯鹿的鄂温克人认为太阳是母亲，给人类带来温暖；月亮是父亲，夜间给人们带来光明。

【流传】内蒙古自治区·（呼伦贝尔市·根河市）·敖鲁古雅地区（敖鲁古雅鄂温克族乡）

【出处】《太阳和月亮》，原载孟和《萨满教》（初稿），第6页，见吕大吉、何耀华总主编《中国各民族原始宗教资料集成》（鄂伦春族卷、鄂温克族卷、赫哲族卷、达斡尔族卷、锡伯族卷、满族卷、蒙古族卷、藏族卷），北京：中国社会科学出版社1999年版，第94页。

W0652. 2. 2

太阳是男祖先，月亮是女祖先

实 例

（参见下级母题实例）

W0652. 2. 2. 1

太阳是始祖父神，月亮是始祖母神

实 例

鄂温克族 各种不同身份的神都归太阳和月亮管，所以太阳是始祖父神，月亮是始祖母神。

【流传】内蒙古自治区·（呼伦贝尔市）·额尔古纳右旗（根河市）·阿龙山镇

【出处】《最早萨满传袭的传说》，见吕大吉、何耀华总主编《中国各民族原始宗教资料集成》（鄂伦春族卷、鄂温克族卷、赫哲族卷、达斡尔族卷、锡伯族卷、满族卷、蒙古族卷、藏族卷），北京：中国社会科学出版社1999年版，第123页。

W0652. 2. 3

祖先是太阳（太阳是祖先）

【关联】［W2204. 1］太阳生人

实　例

（参见下级母题实例）

W0652.2.3.1

太阳是人类的婆祖

实　例

黎族 太阳是人类的婆祖。

【流传】海南省·（三亚市）·乐东县（乐东黎族自治县）·三平乡

【出处】邢国精讲，华南师范学院中文系搜集整理：《月亮为什么夜里出来》，见中国民间文学集成全国编辑委员会编《中国民间故事集成》（海南卷），北京：中国ISBN中心2002年版，第23页。

W0652.2.4

祖先是月亮

实　例

（实例待考）

W0652.3

祖先是星星（星星是祖先）

实　例

（实例待考）

W0652.3.1

祖先是特定的星星下凡

实　例

土家族 （实例待考）

W0652.4

特定的石头是祖先

【关联】［W2210］石生人

实　例

藏族 石头被庙顶堡的藏族认为是自己的祖先。在家中供祖先灵牌的楼上，都要供奉一块世代相传的石头，它被认为是他们最古老的祖先。

【流传】四川省·凉山州（凉山彝族自治州）·冕宁县·锣锅底地区

【出处】

（a）陈明芳等：《冕宁县和爱公社庙顶地区藏族社会历史调查》，见《雅砻江下游考察报告》，中国西南民族研究学会编印，1983年。

（b）同（a），见吕大吉、何耀华总主编《中国各民族原始宗教资料集成》（纳西族卷、羌族卷、独龙族卷、傈僳族卷、怒族卷），北京：中国社会科学出版社2000年版，第482～483页。

W0652.4.1

象征男性生殖器的石头（石且）是人类的祖先

实　例

黎族 人相信象征男性生殖器的石头（“石且”）是人类的祖先。

【流传】海南省·（三亚市）·保亭县（保亭黎族苗族自治县）

【出处】王海昌等：《黎族始祖崇拜

析》，见海南省民族研究所编《海南民族研究论集》，中山大学 1992，第 190 页。

W0652. 4. 2

白石头是最古老的祖先

【关联】［W2210. 1］白石生人

实 例

藏族 当地人认为，石头是自己的祖先。家中供奉祖先灵牌的楼上，都要供奉一块世代相传的白石头，这块石头被认为是他们最古老的祖先。

【流传】（四川省·凉山彝族自治州·冕宁县·和爱藏族乡·庙顶村）

【出处】 陈明芳、王志良、刘世旭：《冕宁县庙顶地区藏族社会历史调查》，原载西南民族学会编印《雅砻江下游考查报告》，1983 年，见吕大吉、何耀华总主编《中国各民族原始宗教资料集成》（鄂伦春族卷、鄂温克族卷、赫哲族卷、达斡尔族卷、锡伯族卷、满族卷、蒙古族卷、藏族卷），北京：中国社会科学出版社 1999 年版，第 960 页。

W0652. 5

祖先是山

实 例

（参见下级母题实例）

W0652. 5. 1

人的祖先是阿尼玛卿山的“阿尼”

【关联】［W2209］山生人

实 例

藏族 阿尼玛卿山（积石山）的“阿尼”就是藏族的祖父、祖先或老爷之意。

【流传】（无考）

【出处】 桑木旦：《再谈达布人的族属问题》，原载四川省民族研究所编《白马藏人族属问题讨论集》第 1 集，见吕大吉、何耀华总主编《中国各民族原始宗教资料集成》（鄂伦春族卷、鄂温克族卷、赫哲族卷、达斡尔族卷、锡伯族卷、满族卷、蒙古族卷、藏族卷），北京：中国社会科学出版社 1999 年版，第 788 页。

W0653

与祖先的产生有关的其他母题

实 例

（参见下级母题实例）

W0653. 0

祖先产生的时间

【关联】［W2010］人产生的时间

实 例

（参见下级母题实例）

W0653.0.1
天地产生后产生祖先

实 例

（参见下级母题实例）

W0653.0.2
先有神后有祖先

实 例

藏族 出现了天地，有了山和神之后，接着有了人类的祖先猕猴和岩妖。

【流传】（云南省·迪庆藏族自治州）

【出处】＊《猕猴变人》，见吕大吉、何耀华总主编《中国各民族原始宗教资料集成》（鄂伦春族卷、鄂温克族卷、赫哲族卷、达斡尔族卷、锡伯族卷、满族卷、蒙古族卷、藏族卷），北京：中国社会科学出版社 1999 年版，第 979 页。

W0653.0.3
大灾难后产生祖先

【关联】［W8000］世界灾难（灾难）

实 例

（参见下级母题实例）

W0653.0.3.1
大洪水后的幸存者成为祖先

实 例

（实例待考）

W0653.0.3.2
火灾后的幸存者成为祖先

实 例

傣族 在经历了大火烧地以后，幸存下来的人成为人类的祖先。

【流传】（云南省）

【出处】岩温扁、杨胜能、吴军搜集整理：《太阳的传说》，原载李子贤编《云南少数民族神话选》，云南人民出版社 1990 年版，见姚宝瑄主编《中国各民族神话》（哈尼族、傣族），太原：山西出版传媒集团·书海出版社 2014 年版，第 326 页。

W0653.0.3.3
天塌地陷后的幸存者成为祖先

实 例

（参见下级母题实例）

W0653.0.3.3.1
天塌地陷后幸存的姐弟俩成为人头爷和人头姑奶奶

实 例

汉族 天塌地陷后，幸存的姐弟俩造出了人类，所以后世就尊他们为人头爷，人头姑奶奶。

【流传】河南省·（周口市）·沈丘县［采录地点：沈丘县刘庄店］

【出处】齐永利、齐风运及其父讲，齐春旺采录整理：《人头爷》（1982.04），见张振犁编著《中原神话通鉴》（第一卷），郑州：河南大学出版社 2017 年版，第 350 页。

W0653. 0. 4

先有女始祖后有男始祖

实 例

（参见下级母题实例）

W0653. 0. 4. 1

先出现女始祖劳泰后出现男始祖劳谷

实 例

白族 大金龙吞太阳后把吐出的太阳炸开时，撞不碎的肉核核炸开生出男女。后人把先出现的女人叫作劳泰（女始祖），把后出现的男人叫作劳谷（男始祖）。

【流传】云南省·（大理白族自治州）·鹤庆（鹤庆县），丽江（丽江市）及（丽江市）·永胜（永胜县）

【出处】李剑飞讲，李缵绪、章虹宇记录：《人类和万物的起源》（又名《劳谷与劳泰》、《古干古洛创世记》），原载李缵绪主编《白族神话传说集成》，中国民间文艺出版社 1986 年版，见姚宝瑄主编《中国各民族神话》（白族、拉祜族、景颇族），太原：山西出版传媒集团·书海出版社 2014 年版，第 20 页。

W0653. 0. 5

男女祖先同时产生

【关联】［W2769. 1］男女同时产生

实 例

苗族 天和地刚形成的时候，同时生出了一对人类的始祖。女始祖叫做波丽萍，男始祖叫岳利毕。

【流传】云南省

【出处】王建国讲，陆兴凤翻译：《人类始祖返老还童的故事》，原载《云南苗族民间故事集成》，见陶阳、钟秀编《中国神话》（下），北京：商务印书馆 2008 年版，第 1100～1103 页。

W0653. 0. 5. 1

混沌中生祖先盘古和女娲

实 例

汉族 （实例待考）

W0653. 1

作祟的祖先成为祖先神

实 例

达斡尔族 （实例待考）

W0653. 2

祖先产生的地点

实 例

（参见下级母题实例）

W0653.2.1

人祖生于淮阳

实 例

汉族 淮阳是人祖爷文化发祥地，有太昊陵、人祖庙。

【流传】河南省·（周口市）·沈丘县［采录地点：沈丘县赵德营］

【出处】齐永全（男，40岁，农民）讲，张振犁、程健君录音：《人祖爷（四）》（193.11.10），见张振犁编著《中原神话通鉴》（第一卷），郑州：河南大学出版社2017年版，第343页。

W0653.2.1.1

牧羊人蔡嘉宝选择居住地繁衍子孙被尊为人类始祖

实 例

羌族 牧羊人蔡嘉宝因为选择了好地方，生了许多子孙，便成了人类始祖。

【流传】（无考）

【出处】袁祯祺讲，向世茂、郑文译搜集整理：《白云石神》，见姚宝瑄主编《中国各民族神话》（羌族、彝族），太原：山西出版传媒集团·书海出版社2014年版，第20页

W0653.4

祖先与天地同时产生

实 例

（参见下级母题实例）

W0653.4.1

始祖岩该冈木与天地共生

实 例

佤族（永不列部落） 始祖岩该冈木与天地共生。

【流传】云南省·（普洱市）·西盟县（西盟佤族自治县）

【出处】尼嘎、阿香采录：《上下葫芦国的由来》，见中国民间文学集成全国编辑委员会编《中国民间故事集成》（云南卷），北京：中国ISBN中心2003年版，第192页。

W0653.5

人神同祖（人与神性人物同祖，人与神同源共祖）

实 例

（参见下级母题实例）

W0653.5.1

天神俄玛是所有天神的祖宗，也是人的祖宗

实 例

哈尼族 最大的天神俄玛是所有天神的祖宗，也是人的祖宗。

【流传】云南省·（红河哈尼族彝族自治州）·元阳县

【出处】卢朝贵讲，史军超采录：《神和人的家谱》，见中国民间文学集成全

国编辑委员会编《中国民间故事集成》（云南卷），北京：中国 ISBN 中心 2003 年版，第 23 页。

哈尼族 最高最大的天神俄玛是所有天神的祖宗，也是人的祖宗。

【流传】云南省·（红河哈尼族彝族自治州）·元阳（元阳县）、红河（红河县）、金平（金平苗族瑶族傣族自治县）［采集于元阳县·胜村乡·全福庄］

【出处】卢朝贵讲，史军超搜集整理：《神和人的家谱》，原载云南省民间文学集成办公室编《哈尼族神话传说集成》，中国民间文艺出版社 1990 年版，见姚宝瑄主编《中国各民族神话》（哈尼族、傣族），太原：山西出版传媒集团·书海出版社 2014 年版，第 42 页。

W0653. 5. 2

人与魔鬼同祖先

实　例

哈尼族 天降的陨石生的第一个男子阿托拉扬和天神降下的金葫芦生的第一个女人阿嘎拉优配成了夫妻。他们是人类和魔鬼的祖先。

【流传】云南省·（普洱市）·孟连县（孟连傣族拉祜族佤族自治县）

【出处】李格、王富帮讲，张犁翻译，李灿伟、莫非搜集整理：《天、地、人和万物的起源》，原载云南省民间文学集成办公室编《哈尼族神话传说集成》，中国民间文艺出版社 1990 年版，见姚宝瑄主编《中国各民族神话》（哈尼族、傣族），太原：山西出版传媒集团·书海出版社 2014 年版，第 61 页。

W0653. 5a

人与动物同祖（人与动物同源共祖）

实　例

（实例待考）

W0653. 5b

人与植物同祖（人与植物同源共祖）

实　例

（实例待考）

W0653. 5c

人与无生命物同祖（人与无生命物同源共祖）

实　例

（参见下级母题实例）

W0653. 6

始祖的产生比神晚

实　例

（参见下级母题实例）

W0653.6.1

人祖姜央比众神和巨人产生晚

实 例

苗族 人祖姜央与众神和巨人相比，生得最晚，只有姜央年纪最小。

【流传】贵州省·（黔东南苗族侗族自治州）·台江县、施秉县、凯里县（凯里市）等地

【出处】秦公、岩公、李普奶等苗族八歌手说唱，唐春芳、桂舟人搜集整理：《巨鸟生天地，众神辟地天》，见姚宝瑄主编《中国各民族神话》（布依族、仡佬族、苗族），太原：山西出版传媒集团·书海出版社2014年版，第118页。

W0653.7

男女祖先产生的先后

实 例

（参见下级母题实例）

W0653.7.1

先产生女祖先后产生男祖先

实 例

（实例待考）

W0653.7.2

先产生男祖先后产生女祖先

实 例

（参见下级母题实例）

W0653.7.2.1

先孵出男始祖松恩，后孵出女始祖松桑

实 例

侗族 四个萨犹（这里应是一种动物名称）孵化萨天巴（蜘蛛，女祖神，创世神）交给的四个卵，一个卵中孵出男始祖松恩之后，过了三百六十天，又孵四个卵，一个卵中孵出女始祖松桑。

【流传】广西壮族自治区·（柳州市）·三江（三江侗族自治县），（桂林市）·龙胜（龙胜各族自治县）

【出处】杨卜林喜、杨卜松林、杨明世讲，杨国仁、涛声搜集整理，蔷紫改写：《创世女神萨天巴》，过伟改写自侗族创世史诗《嘎茫莽道时嘉——远祖歌》（未出版稿），见姚宝瑄主编《中国各民族神话》（土家族、毛南族、侗族、瑶族），太原：山西出版传媒集团·书海出版社2014年版，第96页。

W0654

祖先的特征（祖先神的特征，祖神的特征）

实 例

（参见下级母题实例）

W0654.0

祖先是两性人（祖先兼具男女两性）

实 例

（参见下级母题实例）

W0654.0.1

人祖德摩诗匹可以做男人可以做女人的人

实 例

哈尼族 德摩诗匹（人祖，第一代大贝玛）是可以做男人可以做女人的人。

【流传】云南省·（红河哈尼族彝族自治州）·元阳（元阳县）、红河（红河县）、金平（金平苗族瑶族傣族自治县）［采集地点：元阳县攀枝花区洞铺寨］

【出处】朱小和讲，史军超搜集整理：《动植物的家谱》（1982），原载云南省民间文学集成办公室编《哈尼族神话传说集成》，中国民间文艺出版社1990年版，见姚宝瑄主编《中国各民族神话》（哈尼族、傣族），太原：山西出版传媒集团·书海出版社2014年版，第138页。

W0654.0.2

人类始祖东神是阳性神

实 例

纳西族 “动”（又译为“东神”、“懂神”等，有的认为是阳性神，还有的认为是天地间人神）是人类之始祖。

【流传】云南省·丽江（丽江市）·玉龙（玉龙纳西族自治县）·鲁甸（鲁甸乡）

【出处】和开祥（68岁）讲，和志武调查整理：《丽江鲁甸地区的祭“糯布”（畜神和谷神）》（1989），见吕大吉、何耀华总主编《中国各民族原始宗教资料集成》（纳西族卷、羌族卷、独龙族卷、傈僳族卷、怒族卷），北京：中国社会科学出版社2000年版，第290页。

W0654.1

男祖先

实 例

（参见下级母题实例）

W0654.1.1

男祖先的产生

实 例

（实例待考）

W0654.1.1.1

女祖先生男祖先

实 例

苗族 （实例待考）

W0654.1.2

男祖先的特征

【关联】［W1282.5.1］男祖先分开天地

实 例

（参见下级母题实例）

W0654.1.2.1
男始祖原来有大乳房

实 例

阿昌族 遮帕麻（男始祖、天公）没有穿衣裳，腰上系着一根神奇的“赶山鞭”，胸前吊着两只山一样的大乳房。

【流传】云南省·（德宏傣族景颇族自治州）·梁河县

【出处】赵安贤讲述，杨叶生翻译，智克整理：《遮帕麻与遮米麻》，载《山茶》1981年第2期。

W0654.1.3
与男祖先有关的其他母题

实 例

（实例待考）

W0654.2
女祖先（女始祖）

【关联】

① ［W0648.1］女祖先神（女祖神）

② ［W0705］姆六甲

实 例

瑶族 （实例待考）

W0654.2.1
女祖先的产生

实 例

（参见下级母题实例）

W0654.2.1.1
女祖先从天而降

实 例

怒族 茂英充（女始祖）从天降到了地上。

【流传】云南省·（怒江傈僳族自治州）·福贡县·匹河乡（匹河怒族乡）

【出处】企扒冲讲，李卫才采录：《女始祖》，见中国民间文学集成全国编辑委员会编《中国民间故事集成》（云南卷），北京：中国ISBN中心2003年版，第268页。

W0654.2.1.2
动物婚生女始祖

实 例

（参见下级母题实例）

W0654.2.1.2.1
蛇与蜂交配生女始祖

实 例

怒族 天降群蜂，蛇与蜂交配，生下了怒族的女始祖茂英充。

【流传】云南省·（怒江傈僳族自治州）·福贡县·匹河乡（匹河怒族乡）

【出处】企扒冲讲，李卫才采录：《女始祖》，见中国民间文学集成全国编辑委员会编《中国民间故事集成》（云南卷），北京：中国 ISBN 中心 2003 年版，第 268 页。

W0654. 2. 1. 2. 2

蜂与虎交配生女始祖

实 例

怒族 天降群蜂，蜂与虎交配，生下了怒族的女始祖茂英充。

【流传】 云南省·（怒江傈僳族自治州）·福贡县·匹河乡（匹河怒族乡）

【出处】 企扒冲讲，李卫才采录：《女始祖》，见中国民间文学集成全国编辑委员会编《中国民间故事集成》（云南卷），北京：中国 ISBN 中心 2003 年版，第 268 页。

W0654. 2. 1. 3

特定身份的人成为女始祖

实 例

（参见下级母题实例）

W0654. 2. 1. 3. 1

女始祖是萨满

【关联】［W9146］萨满

实 例

满族 满族胡姓、赵姓的萨满神谕中说，鹭神最早从火中叼出一个石蛋，生出一个女萨满。她就是东海九十九个噶珊的七杈鹿角罕王，是东海最远古的始祖女罕。

【流传】（无考）

【出处】 郭淑云：《满族古文化遗存探考》，载《满族研究》1991 年第 3 期。

满族 满族胡、赵姓萨满神谕中传讲，鹰神最早从火中叼出一个石蛋，生出一个女萨满，这就是东海九十九个噶珊的士义鹿角罕王，她是东海最远古的女祖，女罕。

【流传】（无考）

【出处】 富育光：《满族灵禽崇拜祭俗与神话探考》，载《民族文学研究》1987 年 3 期。

W0654. 2. 1. 4

死亡的女子成为女祖先神

实 例

达斡尔族 死亡的女子，由梳妆匣内变化，由红色包袱里成仙，飞起了红色家雀，和鲤鱼一同跃游，与鲫鱼作了伙伴，最后成为九个支族的母性的祖神。

【流传】（黑龙江中游北岸支流鄂嫩河流域）

【出处】

（a）珠荣嘎、额尔登泰、满都尔图、包鹤亭调查编著：《达斡尔族情况——达斡尔族调查材料之一》，全国人民代表大会民族委员会办公室 1957 年编印，第 37 页。

（b）《孟尔丁哈拉阿尔哈昌莫昆的祖神

"都博浅霍卓尔"》，见吕大吉、何耀华总主编《中国各民族原始宗教资料集成》（鄂伦春族卷、鄂温克族卷、赫哲族卷、达斡尔族卷、锡伯族卷、满族卷、蒙古族卷、藏族卷），北京：中国社会科学出版社 1999 年版，第 314 页。

W0654. 2. 1. 5

水生女始祖

实　例

基诺族 以前只有太阳和大水。过了一万年，从水里浮出一个戴着白帽尖、穿着白衣裙的女人，她像白云一样浮在水面。她就是人类的始祖，她的名字叫做尧白。

【流传】（无考）

【出处】《水里浮起的尧白阿嫫》，见姚宝瑄主编《中国各民族神话》（水族、布朗族、独龙族、基诺族、傈僳族），太原：山西出版传媒集团 · 书海出版社 2014 年版，第 154 页。

W0654. 2. 1. 6

特定动物是女始祖

实　例

（参见下级母题实例）

W0654. 2. 1. 6. 1

女始祖是梅花鹿豁阿 · 马阑勒

实　例

蒙古族 蒙古人的女始祖是梅花鹿豁阿 · 马阑勒（美丽的母鹿）。

【流传】（无考）

【出处】［苏联］A. П. 奥克拉德尼科夫：《博格多乌拉山麓石崖上的蒙古古代人像、铭文和图形》，陈弘法译自《蒙古考古论文集》，莫斯科：苏联科学院出版社 1962 年版，见吕大吉、何耀华总主编《中国各民族原始宗教资料集成》（鄂伦春族卷、鄂温克族卷、赫哲族卷、达斡尔族卷、锡伯族卷、满族卷、蒙古族卷、藏族卷），北京：中国社会科学出版社 1999 年版，第 643 ~ 644 页。

W0654. 2. 1. 7

花生女始祖

实　例

汉族 三界中最早出现了一朵奇异的鲜花。花开了，花蕊中间却长出一个女人来，这个女人就是我们今天人类的始祖。

【流传】辽宁省 · （大连市） · 瓦房店市 · 炮台镇 · 长岭村、老染房村一带

【出处】秦淑慧讲，孙波搜集整理：《姝六甲》（1986. 03），见姚宝瑄主编《中国各民族神话》（汉族），太原：山西出版传媒集团 · 书海出版社 2014 年版，第 36 ~ 38 页。

W0654. 2. 2

女祖先的特征

实　例

（参见下级母题实例）

W0654. 2. 2. 1 女始祖的饭量巨大

实 例

壮族 姆洛甲（女始祖）一餐要吃50头野猪，一日三餐要吃150头。

【流传】 广西壮族自治区·（百色市）·西林县·那佐乡·那来村

【出处】

（a）黄公受讲，岑护双采录翻译：《巨人夫妻》，见中国民间文学集成全国编辑委员会编《中国民间故事集成》（广西卷），北京：中国ISBN中心2001年版，第55页。

（b）同（a），见张声震总主编，农冠品编注《壮族神话集成》，南宁：广西民族出版社2007年版，第31页。

W0654. 2. 2. 1. 1 女始祖姆洛甲一餐要吃五十头野猪

实 例

壮族 女始祖姆洛甲长到十三四岁，像小山一样高大。她一餐要吃五十头野猪，一日三餐要吃一百五十头。她口干时，一口气能把一条山溪喝干。

【流传】

（a）广西壮族自治区·（百色市）·西林县·那佐乡·那来村

（b）广西壮族自治区

【出处】

（a）黄公受讲，岑护双采录翻译：《巨人夫妻》，见中国民间文学集成全国编辑委员会编《中国民间故事集成》（广西卷），北京：中国ISBN中心2001年版，第55～60页。

（b）黄公受讲，岑护双采录翻译：《巨人夫妻——姆洛甲与布洛陀》，原载中国民间文学集成全国编辑委员会编《中国民间故事集成》（广西卷），北京：中国ISBN中心2001年版，见陶阳、钟秀编《中国神话》（中），北京：商务印书馆2008年版，第659～667页。

W0654. 2. 2. 2 女始祖贤明善良

实 例

侗族 萨天巴（蜘蛛，女祖神，创世神）管理着莽莽上苍，萨天巴善良又贤明。

【流传】 广西壮族自治区·（柳州市）·三江（三江侗族自治县），（桂林市）·龙胜（龙胜各族自治县）

【出处】 杨卜林喜、杨卜松林、杨明世讲，杨国仁、涛声搜集整理，蔷紫改写：《创世女神萨天巴》，过伟改写自侗族创世史诗《嘎茫莽道时嘉——远祖歌》（未出版稿），见姚宝瑄主编《中国各民族神话》（土家族、毛南族、侗族、瑶族），太原：山西出版传媒集团·书海出版社2014年版，第73页。

W0654.2.2.2a
女始祖很聪明

实 例

壮族 花中生出的女始祖姆六甲披头散发，全身一丝不挂，满身长毛，但却很聪明。

【流传】（无考）

【出处】《姆六甲》，原载蓝鸿恩搜集整理《神弓宝剑》，中国民间文艺出版社1985年版，见吕大吉、何耀华总主编《中国各民族原始宗教资料集成》（土家族卷、瑶族卷、壮族卷、黎族卷），北京：中国社会科学出版社1998年版，第603页。

W0654.2.2.3
祖婆高大强壮

实 例

壮族 壮族祖婆姆洛甲住壮乡竹林间，是一位高大强壮、力大无穷的女人。

【流传】广西壮族自治区·（百色市）·西林县·那佐乡·那来村

【出处】

(a) 黄公受讲，岑护双采录翻译：《巨人夫妻》，见中国民间文学集成全国编辑委员会编《中国民间故事集成》（广西卷），北京：中国ISBN中心2001年版，第55页。

(b) 同（a），见张声震总主编，农冠品编注《壮族神话集成》，南宁：广西民族出版社2007年版，第31页。

W0654.2.2.4
祖先神是地位不高的女性

实 例

达斡尔族 达斡尔族各氏族集团供祭的祖先神是因各种特殊原因屈死者的冤魂。其中有的是未出嫁或婚嫁不久的青年女子，有的甚至是家庭女奴婢，均为女性。

【流传】（内蒙古自治区、黑龙江省等地）

【出处】满都尔图：《达斡尔族卷·绪论》，见吕大吉、何耀华总主编《中国各民族原始宗教资料集成》（鄂伦春族卷、鄂温克族卷、赫哲族卷、达斡尔族卷、锡伯族卷、满族卷、蒙古族卷、藏族卷），北京：中国社会科学出版社1999年版，第288页。

W0654.2.2.5
孤单的女始祖

实 例

哈尼族 人类的始祖母塔坡夜里孤孤单单独自一个人住在岩洞里，白天则一个人上山去采集野果子充饥，日子过得十分凄凉。

【流传】（云南省）

【出处】卢朝贵搜集整理，王松选编，昌文改写：《塔坡和她的三个儿子》（原题为《塔坡取种》），见姚宝瑄主编《中国各民族神话》（哈尼族、傣族），太原：山西出版传媒集团·书海出版社 2014 年版，第 71 页。

W0654. 2. 2. 6
女始祖有很大的乳房

【关联】［W0477. 1. 2. 2］女祖先是生育神

实 例

（实例待考）

W0654. 2. 2. 7
女始祖有很多乳房

实 例

（参见下级母题实例）

W0654. 2. 2. 7. 1
女始祖有 14 个乳房

实 例

（参见下级母题实例）

W0654. 2. 2. 7. 1. 1
女始祖前后各有 7 个乳房

实 例

哈尼族 塔婆（女始祖）胸前七只奶，胸后也有七只奶。

【流传】 云南省·西双版纳（西双版纳傣族自治州）

【出处】 飘马讲，白章富搜集整理：《奥颠米颠》，见姚宝瑄主编《中国各民族神话》（哈尼族、傣族），太原：山西出版传媒集团·书海出版社 2014 年版，第 80 页。

W0654. 2. 2. 8
女始祖高产

实 例

（参见下级母题实例）

W0654. 2. 2. 8. 1
女始祖全身怀孕

实 例

哈尼族 塔婆（女始祖）来到大地上不久，不知为什么，从头到脚，周身上下，就连头发毫毛都怀孕了。

【流传】 云南省·西双版纳（西双版纳傣族自治州）

【出处】 飘马讲，白章富搜集整理：《奥颠米颠》，见姚宝瑄主编《中国各民族神话》（哈尼族、傣族），太原：山西出版传媒集团·书海出版社 2014 年版，第 80 页。

W0654. 2. 2. 9
女始祖原来有胡须

实 例

阿昌族 女始祖地母遮米麻拔下自己的胡须织大地。

【流传】（云南省）

【出处】 赵安贤讲，智克整理：《遮帕麻与遮米麻》，见姚宝瑄主编《中国各民族神话》（佤族、阿昌族、纳西族、普米族、德昂族），太原：山西出版传媒集团·书海出版社 2014 年版，第 74 页。

W0654.2.3
与女祖先有关的其他母题

【关联】［W1282.5.2］女祖先分开天地

实　例

（参见下级母题实例）

W0654.2.3.1
第一个女祖先

实　例

苗族 （实例待考）

W0654.2.3.2
女始祖住天上

实　例

白族 （实例待考）

W0654.2.3.3
特定的动物是女始祖

实　例

（参见下级母题实例）

W0654.2.3.3.1
母狼是布里亚特人的女始祖

实　例

蒙古族（布里亚特）母狼是布里亚特人的女始祖。

【流传】（无考）

【出处】《蒙古族图腾崇拜》，见吕大吉、何耀华总主编《中国各民族原始宗教资料集成》（鄂伦春族卷、鄂温克族卷、赫哲族卷、达斡尔族卷、锡伯族卷、满族卷、蒙古族卷、藏族卷），北京：中国社会科学出版社 1999 年版，第 641 页。

W0654.2.3.3.2
天鹅是女始祖

实　例

蒙古族（布里亚特）天鹅是女始祖。

【流传】（无考）

【出处】《蒙古族图腾崇拜》，见吕大吉、何耀华总主编《中国各民族原始宗教资料集成》（鄂伦春族卷、鄂温克族卷、赫哲族卷、达斡尔族卷、锡伯族卷、满族卷、蒙古族卷、藏族卷），北京：中国社会科学出版社 1999 年版，第 646 页。

W0654.2.3.4
女始祖的居所

实　例

（参见下级母题实例）

W0654.2.3.4.1
女始祖生活在天外上界

实　例

侗族 萨天巴（蜘蛛，女祖神，创世神）生活在天外的上界，管理着莽莽上苍，萨天巴善良又贤明。

【流传】广西壮族自治区·（柳州市）·三江（三江侗族自治县），（桂林市）·龙胜（龙胜各族自治县）

【出处】杨卜林喜、杨卜松林、杨明世讲，杨国仁、涛声搜集整理，蔷紫改写：《创世女神萨天巴》，过伟改写自侗族创世史诗《嘎茫莽道时嘉——远祖歌》（未出版稿），见姚宝瑄主编《中国各民族神话》（土家族、毛南族、侗族、瑶族），太原：山西出版传媒集团·书海出版社 2014 年版，第 73 页。

W0654. 2. 3. 5

女祖先是掌管特定疾病的神

实 例

锡伯族 “吉朗阿玛玛”（锡伯语意为仁慈的女祖），她和玛法玛玛（痘花女祖）同为管天花病的女神灵。

【流传】（无考）

【出处】

（a）佟克力：《锡伯族历史与文化》，乌鲁木齐：新疆人民出版社 1989 年版，第 192 页。

（b）《吉朗阿玛玛（顾兴阿玛法）》，见吕大吉、何耀华总主编《中国各民族原始宗教资料集成》（鄂伦春族卷、鄂温克族卷、赫哲族卷、达斡尔族卷、锡伯族卷、满族卷、蒙古族卷、藏族卷），北京：中国社会科学出版社 1999 年版，第 398 页。

W0654. 2. 3. 6

女祖神是幼儿看护神

实 例

侗族 祖婆达摩天子是农民，贫穷、正直、勤奋，善于抚养儿女，哪家小孩有病或夜哭，只要她在门前哼三声，小孩就会熟睡到天明。

【流传】（无考）

【出处】杨锡光整理：《达摩天子》，原载《中国各民族宗教与神话大词典》，北京：学苑出版社 1990 年版，见姚宝瑄主编《中国各民族神话》（土家族、毛南族、侗族、瑶族），太原：山西出版传媒集团·书海出版社 2014 年版，第 122 页。

W0654. 2. 3. 7

女始祖是族谱起源

实 例

怒族 所有家谱都起源于一个共同的女始祖“茂允冲”。

【流传】云南省·怒江州（怒江傈僳族自治州）·碧江县（碧江县已撤销，现为怒江傈僳族自治州中部）

【出处】

（a）何叔涛：《碧江怒族命名法的历史演变》，载《民族文化》1981 年第 4 期，第 33 页。

（b）同（a），见吕大吉、何耀华总主编《中国各民族原始宗教资料集成》（纳西族卷、羌族卷、独龙族卷、傈傈族卷、怒族卷），北京：中国社会科学出版社 2000 年版，第 854 页。

W0654.3
祖先的体征

实 例

（参见下级母题实例）

W0654.3.1
祖先的头

实 例

（参见下级母题实例）

W0654.3.1.1
祖先有多个头

实 例

（参见下级母题实例）

W0654.3.1.1.1
先祖有 10 个头

实 例

哈尼族 人的第八代先祖突玛生着十个头，大神们砍掉九个，只留一个垛在突玛肩膀上。

【流传】 云南省·（红河哈尼族彝族自治州）·元阳（元阳县）、红河（红河县）、金平（金平苗族瑶族傣族自治县）［采集地点：元阳县·胜村乡·全福庄］

【出处】 卢朝贵讲，史军超搜集整理：《神和人的家谱》，原载云南省民间文学集成办公室编《哈尼族神话传说集成》，中国民间文艺出版社 1990 年版，见姚宝瑄主编《中国各民族神话》（哈尼族、傣族），太原：山西出版传媒集团·书海出版社 2014 年版，第 45 页。

哈尼族 先祖突玛（又说是人神）生 10 个头，大神们给他砍掉 9 个。

【流传】 云南省·（红河哈尼族彝族自治州）·元阳县

【出处】 卢朝贵讲，史军超采录：《神和人的家谱》，见中国民间文学集成全国编辑委员会编《中国民间故事集成》（云南卷），北京：中国 ISBN 中心 2003 年版，第 23 页。

W0654.3.1.2
人祖头上有角

实 例

汉族 过去人祖庙里敬的人祖爷，头上长着两只角。

【流传】 河南省·（驻马店市·确山县）［采录地点：盘龙镇］

【出处】 杨永兴讲，杨建军采录：《人为啥不长角》（1987.03），见张振犁编著，孟宪明、朱淑君统纂《中原神话通鉴》（第四卷），郑州：河南大学出版社 2017 年版，第 1262 页。

W0654.3.2
祖先的五官

实 例

（参见下级母题实例）

W0654. 3. 2. 1
祖先的眼睛

实 例

（参见下级母题实例）

W0654. 3. 2. 1. 1
独眼祖先

【关联】［W2828］独眼人

实 例

（实例待考）

W0654. 3. 2. 1. 2
直眼祖先

【关联】［W2831］直眼人

实 例

彝族 （实例待考）

W0654. 3. 2. 1. 3
竖眼祖先

【关联】［W2830］竖眼人

实 例

（实例待考）

W0654. 3. 2. 1. 4
祖先有多只眼

【关联】［W2832. 2］祖先有 4 只眼睛

实 例

（参见下级母题实例）

W0654. 3. 2. 1. 4. 1
祖先有 3 只眼睛

实 例

珞巴族 珞巴族的祖先达尼很聪明。他生有三只眼睛，两只在前，一只在后，后边的眼睛能看到诸神诸鬼。

【流传】 西藏自治区・林芝市・墨脱县・达木珞巴民族乡、墨脱乡（讲述地点：墨脱县・达木珞巴民族乡・马尔康村）

【出处】 牛布讲：《杀鸡占卜的由来》（1956. 12），见冀文正《珞巴族民间故事》，成都：四川民族出版社 2011 年版，第 28 页。

W0654. 3. 2. 1. 4. 2
祖先有 4 只眼睛

实 例

珞巴族 阿巴达尼（文化祖先名）有四只眼睛，一双长在前额，一双长在脑后，脑后的那两只眼睛是用来对付妖魔的。

【流传】（西藏自治区・林芝市・米林县）

【出处】 东娘、达农讲，于乃昌整理：《阿巴达尼遇难》，见姚宝瑄主编《中国各民族神话》（门巴族、珞巴族、怒族、藏族），太原：山西出版传媒集团・书海出版社 2014 年版，第 36 页。

W0654.3.2.1.5

祖先的眼长在特殊地方

实 例

（实例待考）

W0654.3.2.1.6

祖先的4只眼睛，一双长在前额，一双长在脑后

实 例

珞巴族 （参见“W0654.3.2.1.4.2 祖先有4只眼睛”母题实例）

珞巴族（博嘎尔部落） 阿巴达尼（人名，人的祖先）有四只眼睛，一双长在前额，一双长在脑后。

【流传】 西藏自治区·（林芝市）·米林县

【出处】 东娘等讲，于乃昌整理：《阿巴达尼遇难》，见《珞巴族民间故事》：http://www.tibet-web.com/old/minjian/ync/gushi/mulu.htm，2003.10.02。

W0654.3.2.1.7

祖先两眼发光

实 例

布依族 翁戛（人类祖先）两只眼睛，都能放射出灼灼的光焰，只要他眨动一下眼，就好像天在扯闪。

【流传】 贵州省·（黔西南布依族苗族自治州）·望谟县、贞丰县，（安顺市）·关岭（关岭布依族苗族自治县）、紫云（紫云苗族布依族自治县）、镇宁（镇宁布依族苗族自治县）一带

【出处】 伍也香、韦少云、蒙远平唱，立浩、汛河搜集整理，古梅改写：《翁戛分年月》，见姚宝瑄主编《中国各民族神话》（布依族、仡佬族、苗族），太原：山西出版传媒集团·书海出版社2014年版，第49页。

W0654.3.2.1.8

祖先长有顺风耳和千里眼

【关联】［W0419.2.1.1］长脚拐、铁铮脑、千里眼、顺风耳和不怕冷不怕热五兄弟被封为金、木、水、火、土五大神

实 例

布依族 布依族有个叫布杰的祖先，长有顺风耳和千里眼。

【流传】（无考）

【出处】 班琅王等讲，汛河记录整理：《洪水滔天》，见谷德明编《中国少数民族神话》，北京：中国民间文艺出版社1987年版，第614页。

W0654.3.3

祖先的四肢

实 例

（参见下级母题实例）

W0654. 3. 3. 1

祖先手能摸天

实 例

布依族 翁戛（人类祖先）的两只手，能够摸到天。

【流传】贵州省·（黔西南布依族苗族自治州）·望谟县、贞丰县，（安顺市）·关岭（关岭布依族苗族自治县）、紫云（紫云苗族布依族自治县）、镇宁（镇宁布依族苗族自治县）一带

【出处】伍也香、韦少云、蒙远平唱，立浩、汛河搜集整理，古梅改写：《翁戛分年月》，见姚宝瑄主编《中国各民族神话》（布依族、仡佬族、苗族），太原：山西出版传媒集团·书海出版社 2014 年版，第 48～49 页。

W0654. 3. 3. 2

祖先脚杆比木棉树高，手杆像大榕树

实 例

布依族 布依族有个叫布杰的祖先，他的脚杆比木棉树还大，手杆像大榕树枝枝一样能摩天。

【流传】（无考）

【出处】班琅王等讲，汛河记录整理：《洪水滔天》，见谷德明编《中国少数民族神话》，北京：中国民间文艺出版社 1987 年版，第 614 页。

W0654. 3. 4

祖先的生殖器

实 例

（参见下级母题实例）

W0654. 3. 4. 1

祖先的巨大生殖器

【关联】

①［W0662. 5］巨人有巨大的生殖器

②［W1846. 2. 2］女祖先的阴道变成山洞

实 例

（参见下级母题实例）

W0654. 3. 4. 1. 1

始祖布洛陀的生殖器粗过大柱，长过三根刺竹

实 例

壮族 男始祖布洛陀高大如山，生殖器粗过大柱，长过三根刺竹（壮家最高的竹种，每根高二十余米）。

【流传】广西壮族自治区红水河地区（红水河一带）

【出处】覃剑萍搜集整理：*《祭始祖布洛陀》（1990），见吕大吉、何耀华总主编《中国各民族原始宗教资料集成》（土家族卷、瑶族卷、壮族卷、黎族卷），北京：中国社会科学出版社 1998 年版，第 532 页。

W0654.3.4.1.2

始祖布洛陀的生殖器又大又长，能伸过河上变成“天桥”，也称“屌桥”

实　例

壮族 始祖布洛陀的生殖器又大又长，它伸过河上，变成“天桥”，也称“屌桥”。

【流传】 广西壮族自治区·（红水河一带）

【出处】 覃剑萍搜集整理：*《生殖器崇拜》（1990），见吕大吉、何耀华总主编《中国各民族原始宗教资料集成》（土家族卷、瑶族卷、壮族卷、黎族卷），北京：中国社会科学出版社1998年版，第532页。

W0654.3.4.2

祖先的阳具是巨石

实　例

壮族 （参见“W0670.1a.1.2.1 布洛陀的阳具是巨石”母题实例）

W0654.3.4.3

祖先的生殖器会变化

实　例

（参见下级母题实例）

W0654.3.4.3.1

祖先布洛陀的阳具化鞭

实　例

壮族 布洛陀的阳具化鞭。

【流传】 （无考）

【出处】 过伟：《壮族人文始祖论》，见张声震总主编，农冠品编注《壮族神话集成》，南宁：广西民族出版社2007年版，第688页。

W0654.3.5

祖先的音容笑貌

实　例

（参见下级母题实例）

W0654.3.5.1

祖先声音如雷

实　例

布依族 翁戛（人类祖先）的声音很大，就像雷神发怒，山川都会被震动。

【流传】 贵州省·（黔西南布依族苗族自治州）·望谟县、贞丰县，（安顺市）·关岭（关岭布依族苗族自治县）、紫云（紫云苗族布依族自治县）、镇宁（镇宁布依族苗族自治县）一带

【出处】 伍也香、韦少云、蒙远平唱，立浩、汛河搜集整理，古梅改写：《翁戛分年月》，见姚宝瑄主编《中国

各民族神话》（布依族、仡佬族、苗族），太原：山西出版传媒集团·书海出版社 2014 年版，第 49 页。

W0654. 3. 6

祖先无形

实 例

（参见下级母题实例）

W0654. 3. 6. 1

祖先神无形

实 例

（参见下级母题实例）

W0654. 3. 6. 1. 1

最早的家庭祖先无偶像

实 例

民族无考 最早的家庭祖先是无偶像的，后来逐渐形象化，民间常立牌位供奉。

【流传】（无考）

【出处】《祖先神》，见乌丙安主编《中国民间神谱》，沈阳：辽宁人民出版社 2007 年版，第 66 页。

W0654. 3. 7

祖先的形体与人一样

实 例

（参见下级母题实例）

W0654. 3. 7. 1

人死后变成的祖先神形体同人生前一样

实 例

壮族 祖宗神是由人死后变成的，其形体同人生前一样。

【流传】广西壮族自治区·（南宁市）·武鸣县（武鸣区）西北部，马山县东部

【出处】黄世杰搜集整理：*《保护家族的祖先神》（1990），见吕大吉、何耀华总主编《中国各民族原始宗教资料集成》（土家族卷、瑶族卷、壮族卷、黎族卷），北京：中国社会科学出版社 1998 年版，第 534 页。

W0654. 3a

祖先的性情（祖先的性格）

实 例

（参见下级母题实例）

W0654. 3a. 1

慈祥的祖先

实 例

（实例待考）

W0654. 3a. 2

不讲理的祖先

实 例

苗族 （蝴蝶生的 12 个卵孵出人的

祖先姜央、雷和水龙、虎、野猫、喜鹊、蛇、大象、蛇等动物，姜央用智慧战胜哥哥雷公，与他分家，雷公分得黄牛住到天上，姜央分得小狗不能耕田，就宰杀吃掉，然后到雷公那里借牛）姜央（人类祖先名）滑头心眼坏，将雷公那头黄牛，宰杀了来做菜吃，牛尾插在烂泥田。

【流传】原文无流传地，据文本及注释推测该神话流传于贵州省·黔东南苗族侗族自治州·凯里市、台江县等地

【出处】潘正昌唱，张海平搜集：《浩劫复生·洪水滔天》，见贵州省少数民族古籍整理出版规划小组办公室编，燕宝整理译注《苗族古歌》，贵阳：贵州民族出版社 1993 年版，第 570 页。

W0654.4

与祖先的特征有关的其他母题

实　例

（参见下级母题实例）

W0654.4.1

祖神武士模样

实　例

蒙古族 宝木勒是我祖，上古时已降临，头戴神盔，手持宝剑。疯虎当坐骑，身披金银甲，毒蛇当长鞭。

【流传】（无考）

【出处】甘珠尔扎布（萨满）唱，扎木苏抄录，苏鲁格译：《向十万“翁衮”祈祷》，见吕大吉、何耀华总主编《中国各民族原始宗教资料集成》（鄂伦春族卷、鄂温克族卷、赫哲族卷、达斡尔族卷、锡伯族卷、满族卷、蒙古族卷、藏族卷），北京：中国社会科学出版社 1999 年版，第 666 页。

W0654.4.2

祖先具有神性

实　例

纳西族 历代先祖的名字便是从“高勒趣”之后的“格趣”算起，其排列是：高勒趣—格趣—格巴—拉解—拉解顾搭—顾塔解巴—解巴解劝—解劝话若—话若话巴者—话巴者衣若—衣若皆初—皆初古衬。到了第十一代即“皆初古衬”，据说神通十分广大，能隐身化虎，能把天上的太阳从东边往西边拉，一直拉落到山那面。

【流传】云南省·丽江县（丽江市）·（玉龙纳西族自治县）·宝山区（宝山乡）·上宝山村

【出处】和志典、王德义讲，李国文调查整理：《丽江宝山地区的祭天仪式》（1981），见吕大吉、何耀华总主编《中国各民族原始宗教资料集成》（纳西族卷、羌族卷、独龙族卷、傈僳族卷、怒族卷），北京：中国社会科学出版社 2000 年版，第 53 页。

W0654.4.3

祖先不得病

实　例

傈僳族 人的祖先是猿猴，本来不会病，不会死。

【流传】 云南省

【出处】

(a)《停灵挽歌》，见祝发清等《云南少数民族生葬志》，昆明：云南民族出版社1988年版，第172～179页。

(b) 同(a)，见吕大吉、何耀华总主编《中国各民族原始宗教资料集成》(纳西族卷、羌族卷、独龙族卷、傈僳族卷、怒族卷)，北京：中国社会科学出版社2000年版，第813～184页。

W0655

祖先的能力（祖先的本领，祖先神的职能，祖先的事迹，祖先的行为）

【关联】［W1511.8］始祖神生万物

实　例

（参见下级母题实例）

W0655.1

始祖先知先觉（祖先无所不知）

【关联】［W0654.3.2.1.8］祖先长有顺风耳和千里眼

实　例

佤族（永不列部落） 始祖岩该冈木是个无所不知、心灵手巧的神人。

【流传】 云南省·（普洱市）·西盟县（西盟佤族自治县）

【出处】 尼嘎、阿香采录：《上下葫芦国的由来》，见中国民间文学集成全国编辑委员会编《中国民间故事集成》(云南卷)，北京：中国ISBN中心2003年版，第192页。

壮族 （实例待考）

W0655.1.1

祖先知道天上的事情

实　例

布依族 以前，布依族有个叫布杰的祖先，因经常到天上去玩，天上玉皇大帝和众神仙们言行，他都知道得一清二楚。

【流传】 (a) 整个布依族地区

【出处】

(a) 班琅王、王鲁文、刘阿季讲，汛河记录整理：《洪水滔天》(1955)，见陶立璠等编《中国少数民族神话汇编·洪水篇》，中央民族学院少数民族古籍整理出版规划领导小组办公室印（内部资料），第133～139页。

(b) 同(a)，汛河搜集整理：《布依族民间故事集》，北京：中国民间文艺出版社1982年版。

(c) 同(a)，见姚宝瑄主编《中国各民族神话》（布依族、仡佬族、苗族），太原：山西出版传媒集团·书海出版社2014年版，第64页。

W0655.2

祖先有智慧

实　例

（参见下级母题实例）

W0655.2.1
祖先能通阴阳

实 例

（参见下级母题实例）

W0655.2.1.1
神许给人祖通阴通阳的本领

实 例

哈尼族 天神地神许给恰乞形阿玛（人的先祖）通阴通阳的本领。

【流传】云南省·（红河哈尼族彝族自治州）·元阳县

【出处】朱小和讲，史军超采录：《动植物的家谱》，见中国民间文学集成全国编辑委员会编《中国民间故事集成》（云南卷），北京：中国ISBN中心2003年版，第346页。

W0655.2.2
祖先很聪明

实 例

（参见下级母题实例）

W0655.2.2.1
人祖姜央在未出生前就会思想

实 例

苗族 人祖姜央在蛋里，就是很聪明的，还没出世，还在蛋里的时候，他就会说话了。

【流传】贵州省、云南省苗族地区

【出处】《十二个兄弟争天下》，苗地根据《枫木歌》、《十二个蛋》等文本改写，见姚宝瑄主编《中国各民族神话》（布依族、仡佬族、苗族），太原：山西出版传媒集团·书海出版社2014年版，第141页。

W0655.3
祖先力大无比（祖先是大力士）

【关联】［W0131.3］大力神（大力士神）

实 例

瑶族 （实例待考）

W0655.3.1
祖先能把地跺塌

实 例

布依族 翁戛（人类祖先）的两只手，能够摸到天；他的两只脚，能把地跺穿。

【流传】贵州省·（黔西南布依族苗族自治州）·望谟县、贞丰县，（安顺市）·关岭（关岭布依族苗族自治县）、紫云（紫云苗族布依族自治县）、镇宁（镇宁布依族苗族自治县）一带

【出处】伍也香、韦少云、蒙远平唱，立浩、汛河搜集整理，古梅改写：《翁戛分年月》，见姚宝瑄主编《中国各民族神话》（布依族、仡佬族、苗族），太原：山西出版传媒集团·书

海出版社 2014 年版，第 49 页。

W0655. 3. 2
祖先有神力

实 例

（参见下级母题实例）

W0655. 3. 2. 1
祖先能把能把天和地分开

实 例

布依族 布依族的翁戛老祖是个巨人。他力气盖过神仙，能把天和地分开。

【流传】贵州省布依族地区

【出处】杨正荣、祝登壅讲，岭玉清、汛河搜集整理，古梅改写：《翁戛造万物》，见姚宝瑄主编《中国各民族神话》（布依族、仡佬族、苗族），太原：山西出版传媒集团·书海出版社 2014 年版，第 7 页。

W0655. 3. 2. 2
祖先挥掌赶山

【关联】

① ［W6051. 1］ 赶山造田

② ［W9007. 2］ 赶山填海

实 例

壮族 布洛陀巴掌一扇，能把天下的山峰赶过来。

【流传】广西壮族自治区·（百色市）·西林县·那佐乡·那来村

【出处】

（a）黄公受讲，岑护双采录翻译：《巨人夫妻》，见中国民间文学集成全国编辑委员会编《中国民间故事集成》（广西卷），北京：中国 ISBN 中心 2001 年版，第 55 页。

（b）同（a），见张声震总主编，农冠品编注《壮族神话集成》，南宁：广西民族出版社 2007 年版，第 31 页。

W0655. 3. 2. 2. 1
男始祖布洛陀一巴掌赶跑山峰

实 例

壮族 男始祖布洛陀巴掌一扇，把天下的山峰赶过来，堆积成一座大山。

【流传】

（a）广西壮族自治区·（百色市）·西林县·那佐乡·那来村

（b）广西壮族自治区

【出处】

（a）黄公受讲，岑护双采录翻译：《巨人夫妻》，见中国民间文学集成全国编辑委员会编《中国民间故事集成》（广西卷），北京：中国 ISBN 中心 2001 年版，第 55 ~ 60 页。

（b）黄公受讲，岑护双采录翻译：《巨人夫妻——姆洛甲与布洛陀》，原载中国民间文学集成全国编辑委员会编《中国民间故事集成》（广西卷），北京：中国 ISBN 中心 2001 年版，见陶阳、钟秀编《中国神话》（中），北京：商务印书馆 2008 年版，第 659 ~ 667 页。

W0655.3.2.3

祖先能把天当大锅盖一样提起来

实 例

瑶族 发枚（始祖名）生来力气比牯牛大，能把天当大锅盖一样提起来。

【流传】 贵州省·（黔东南苗族侗族自治州）·从江县·（翠里乡）·高芒乡（高芒村）

【出处】 赵金荣讲，杨路塔采录：《发枚造天地》见中国民间文学集成全国编辑委员会编《中国民间故事集成》（贵州卷），北京：中国ISBN中心2003年，第9页。

W0655.3.2.4

祖先拉天缩地

实 例

彝族（俚颇） 阿文（彝族的祖宗）是个大力士，他二话不说，拉起地筋，就用力一抖，要把地缩拢过来就天。他拉起地筋，用力一抖，要把地缩拢过来就天。

【流传】 云南省·（楚雄彝族自治州）·大姚县·昙华山区（昙华乡）

【出处】

（a）陆颇梭颇（毕摩）演唱，夏光辅、诺海阿苏翻译：《俚泼古歌》，见云南省社会科学院楚雄彝族文化研究所编《彝族民间文学》（第二辑），1985年。

（b）陆颇梭颇（毕摩）演唱，夏光辅、诺海阿苏翻译，古梅改写：《赤梅葛——俚泼古歌》，见姚宝瑄主编《中国各民族神话》（羌族、彝族），太原：山西出版传媒集团·书海出版社2014年版，第96页。

W0655.4

祖先是保护神

实 例

（参见下级母题实例）

W0655.4.1

祖先是家族守护神

【关联】［W0443.5］族神（民族神）

实 例

哈萨克族 本家的祖先是家族的守护神。

【流传】（无考）

【出处】 黄中祥：《传承方式与演唱传统——哈萨克族民间演唱艺人调查研究》，北京：民族出版社2009年版，第276页。

佤族 西盟一带佤族的共同祖先是阿依俄或格来旦，是氏族的守护神。

【流传】 云南省·（普洱市）·西盟县（西盟佤族自治县）

【出处】 包永红等讲，高登智采录：《佤族姓氏的形成》附记，见中国民间文学集成全国编辑委员会编《中国民间故事集成》（云南卷），北京：中国ISBN中心2003年版，第336页。

W0655.4.1.1

祖先为家族消灾

实 例

（参见下级母题实例）

W0655.4.1.1.1

祖神乌兰巴日肯帮本族人灭灾怯病

实 例

达斡尔族 祖神的名字叫“乌兰巴日肯”能帮本族人灭灾怯病。

【流传】（无考）

【出处】中央少数民族语言调查队整理：《满那莫昆祖神的来历》，见满都呼主编《中国阿尔泰语系诸民族神话故事》，北京：民族出版社1997年版，第181页。

W0655.4.2

祖先神是氏族保护神（祖先是氏族守护神）

【关联】［W0443.5.1］氏族神

实 例

达斡尔族 霍卓尔·巴尔肯（祖神）保护本氏族成员平安无灾。

【流传】（内蒙古自治区、黑龙江省等地）

【出处】《达斡尔人供祭的诸神概况表》，见吕大吉、何耀华总主编《中国各民族原始宗教资料集成》（鄂伦春族卷、鄂温克族卷、赫哲族卷、达斡尔族卷、锡伯族卷、满族卷、蒙古族卷、藏族卷），北京：中国社会科学出版社1999年版，第376页。

佤族 （参见“W0655.4.1 祖先是家族守护神”母题实例）

W0655.4.2.1

祖先神敖教勒神是氏族保护神

实 例

鄂温克族 鄂温克人认为“敖教勒”神（祖先神）是保护自己氏族的神。

【流传】内蒙古自治区·（呼伦贝尔市）·阿荣旗·查巴奇乡（查巴奇鄂温克族乡）

【出处】

(a)《阿荣旗查巴奇乡鄂温克族调查报告》，见内蒙古自治区编辑组《鄂温克族社会历史调查》，呼和浩特：内蒙古人民出版社1986年版，第114页。

(b)《霍卓热神的构成》，见吕大吉、何耀华总主编《中国各民族原始宗教资料集成》（鄂伦春族卷、鄂温克族卷、赫哲族卷、达斡尔族卷、锡伯族卷、满族卷、蒙古族卷、藏族卷），北京：中国社会科学出版社1999年版，第115页。

W0655.4.3

祖先护佑后代

【关联】［W0648.8.6.1］祖先神贻害

后代

实 例

（参见下级母题实例）

W0655.4.3.1

祖先帮助后代打胜仗

实 例

羌族 在羌人与戈基人打仗遭到失利时，女祖先木姐（天女名）在天宫看见后，把三块白石抛下山；三方魔兵面前倒，白石变成大雪山。三座大雪山，矗立云中间；挡着魔兵前进路，羌人脱险得安全。

【流传】（无考）

【出处】林朝山讲，白明整理：《木姐天女的女儿》，见姚宝瑄主编《中国各民族神话》（羌族、彝族），太原：山西出版传媒集团·书海出版社 2014 年版，第 5 页。

W0655.4.3.2

祖先神保佑儿孙幸福富足

实 例

满族 祖先神保佑儿孙幸福、富足。供祀祖先神就是希望他们按祖规遗训，规规矩矩地生活，保佑他们富庶、康宁。

【流传】吉林省·（长春市）·九台（九台市）

【出处】

（a）富育光、孟慧英：《满族萨满教研究》，北京：北京大学出版社 1991 年版，第 123～126 页。

（b）《神偶的功能》，见吕大吉、何耀华总主编《中国各民族原始宗教资料集成》（鄂伦春族卷、鄂温克族卷、赫哲族卷、达斡尔族卷、锡伯族卷、满族卷、蒙古族卷、藏族卷），北京：中国社会科学出版社 1999 年版，第 492 页。

W0655.4.3.3

祖先保护幼儿

实 例

高山族（卑南） 蛇是我们的老祖宗，人一出生它就来保护孩子。

【流传】台湾

【出处】林城妹讲，曾建次口译：《蛇是我们的老祖宗》，原载金荣华编《台湾卑南族口传文学选》，见陶阳、钟秀编《中国神话》（中），北京：商务印书馆 2008 年版，第 551～552 页。

W0655.4.4

祖先神是保护神

实 例

民族无考 祖先神是同一氏族、部落、民族、家族及家庭的重要保护神。

【流传】（无考）

【出处】《祖先神》，见乌丙安主编《中国民间神谱》，沈阳：辽宁人民出版社 2007 年版，第 66 页。

W0655. 4. 4. 1
祖宗神是地方保护神

实 例

壮族 祖宗神、坟地神、社公神、土地公神、灶王神、境主大王神、五伤神、瘟神、游江、令公、灵宝等是地方保护神。

【流传】广西壮族自治区·（南宁市）·武鸣县·两江乡·雷江片，马山县·古零乡·杨圩片

【出处】黄世杰搜集整理：*《多神信仰》（1990），见吕大吉、何耀华总主编《中国各民族原始宗教资料集成》（土家族卷、瑶族卷、壮族卷、黎族卷），北京：中国社会科学出版社 1998 年版，第 492 页。

W0655. 4. 4. 2
祖先神保佑人畜平安

实 例

壮族 九代以后则进入村旁的社公庙里与社公同住，与社公一样同受村民的祭祀，并保佑村寨人畜平安。

【流传】广西壮族自治区·（南宁市）·武鸣县北部、马山县东部

【出处】黄世杰搜集整理：*《祖先神与子孙后代》（1990），见吕大吉、何耀华总主编《中国各民族原始宗教资料集成》（土家族卷、瑶族卷、壮族卷、黎族卷），北京：中国社会科学出版社 1998 年版，第 496 页。

W0655. 4. 4. 3
祖先神保丰收

【关联】［W0455］丰收神（丰产神）

实 例

壮族 丰收是天地、祖宗保佑的结果，吃新米先祭祖，为报答也为来年求祖先赐福。

【流传】云南省·（曲靖市）·师宗县·高良乡

【出处】高立士搜集整理：*《先祭树后祭坟》（1989），见吕大吉、何耀华总主编《中国各民族原始宗教资料集成》（土家族卷、瑶族卷、壮族卷、黎族卷），北京：中国社会科学出版社 1998 年版，第 539 页。

W0655. 4. 5
始祖能除灾灭祸

实 例

（参见下级母题实例）

W0655. 4. 5. 1
始祖布洛陀有通天本领，能除灾灭祸

实 例

壮族 始祖布洛陀有通天本领，能除灾灭祸，拯救百姓，赐给人类吉祥安乐。

【流传】广西壮族自治区红水河地区

（红水河一带）

【出处】覃剑萍搜集整理：*《祭始祖布洛陀》（1990），见吕大吉、何耀华总主编《中国各民族原始宗教资料集成》（土家族卷、瑶族卷、壮族卷、黎族卷），北京：中国社会科学出版社1998年版，第531页。

W0655.5 祖先能力非凡

实　例

（参见下级母题实例）

W0655.5.1 祖先能上天入地

实　例

布依族 布杰（布依族祖先之一）是个能人，能上天下地。

【流传】贵州省·（黔西南布依族苗族自治州）·望谟县、册亨县、安龙县一带

【出处】

(a) 韦朝路　覃玉竹讲，汛河搜集整理：《铜鼓的来历》，见贵州省民族事务委员会编《民间文学资料》第四十四集（布依族神话传说故事寓言童话），内部资料，1980年编印。

(b) 同（a），见姚宝瑄主编《中国各民族神话》（布依族、仡佬族、苗族），太原：山西出版传媒集团·书海出版社2014年版，第95页。

W0655.5.1.1 祖先能上天

【关联】［W1425］上天（登天）

实　例

仫佬族 仫佬族中有个祖先叫达伙。他的本领大，既与天宫有联系，又同人间的百姓很要好。

【流传】（无考）

【出处】《达伙撒种》，见姚宝瑄主编《中国各民族神话》（仫佬族、壮族、京族），太原：山西出版传媒集团·书海出版社2014年版，第24页。

瑶族 祖神果阿常双脚一蹬就冲上了天空。

【流传】贵州省·（黔南布依族苗族自治州）·荔波县·瑶麓乡

【出处】覃继高等讲，黄海采录：《十六个太阳和十七个月亮》见中国民间文学集成全国编辑委员会编《中国民间故事集成》（贵州卷），北京：中国ISBN中心2003年，第21页。

W0655.5.1.1.1 祖先布杰经常到天上去玩耍

实　例

布依族 以前，布依族有个叫布杰的祖先，他经常到天上去玩耍。

【流传】(a) 整个布依族地区

【出处】

(a) 班琅王、王鲁文、刘阿季讲，汛河记录整理：《洪水滔天》（1955），见

陶立璠等编《中国少数民族神话汇编·洪水篇》，中央民族学院少数民族古籍整理出版规划领导小组办公室印（内部资料），第133～139页。

（b）同（a），汛河搜集整理：《布依族民间故事集》，北京：中国民间文艺出版社1982年版。

（c）同（a），见姚宝瑄主编《中国各民族神话》（布依族、仡佬族、苗族），太原：山西出版传媒集团·书海出版社2014年版，第64页。

W0655. 5. 1a

祖神能通天神与鬼神

实　例

彝族 毕摩先将意见传达于其祖神师祖，再由师祖转达于天宫或其他鬼神。

【流传】（无考）

【出处】 马学良：《倮族的巫师"呗耄"和"天书"》，载《边政公论》1947年第6卷第1期。

W0655. 5. 2

祖先耳聪目明

实　例

布依族 以前，布依族有个叫布杰的祖先，身材巨大，还长有顺风耳和千里眼，本事大得很。

【流传】（a）整个布依族地区

【出处】

（a）班琅王、王鲁文、刘阿季讲，汛河记录整理：《洪水滔天》（1955），见陶立璠等编《中国少数民族神话汇编·洪水篇》，中央民族学院少数民族古籍整理出版规划领导小组办公室印（内部资料），第133～139页。

（b）同（a），汛河搜集整理：《布依族民间故事集》，北京：中国民间文艺出版社1982年版。

（c）同（a），见姚宝瑄主编《中国各民族神话》（布依族、仡佬族、苗族），太原：山西出版传媒集团·书海出版社2014年版，第64页。

W0655. 5. 3

祖先无所不能

实　例

（参见下级母题实例）

W0655. 5. 3. 1

先祖直塔婆是一个是无所不能的女子

实　例

哈尼族 人的十六代先祖梅烟恰生下了四个姑娘。其中，大姐人祖恰乞形生第七代人祖摩于直，摩于直又生出两个高能的姑娘，一个是赫赫有名的直塔婆（女子名，多子的先祖），一个是无所不能的直学吾（女子名）。

【流传】 云南省·（红河哈尼族彝族自治州）·元阳（元阳县）、红河（红河县）、金平（金平苗族瑶族傣族自治县），［采集地点：元阳县·胜村

乡·全福庄］

【出处】卢朝贵讲，史军超搜集整理：《神和人的家谱》，原载云南省民间文学集成办公室编《哈尼族神话传说集成》，中国民间文艺出版社 1990 年版，见姚宝瑄主编《中国各民族神话》（哈尼族、傣族），太原：山西出版传媒集团·书海出版社 2014 年版，第 48 页。

W0655.5.4

祖先飞翔

实 例

（参见下级母题实例）

W0655.5.4.1

祖先翱翔云端

实 例

蒙古族 云端飞腾诸祖先，来自四十九处寓所。

【流传】（无考）

【出处】乌兰杰：《蒙古族古代音乐舞踏初探》，呼和浩特：内蒙古人民出版社 1985 年版，第 108 ~ 110 页。

W0655.6

与祖先的能力有关的其他母题

【关联】

① ［W1103.9］ 祖先造天地

② ［W1504.8］ 祖先造万物

③ ［W9733］ 祖先射日

实 例

（参见下级母题实例）

W0655.6.1

祖先降魔除妖（祖先驱鬼）

【关联】［W0912］ 驱鬼

实 例

（参见下级母题实例）

W0655.6.1.1

祖先驱邪撵鬼

实 例

侗族 姜郎姜妹洪水后繁衍人类后，佛祖要他俩驱邪撵鬼，打救凡人。

【流传】湖南省·（怀化市）·新晃县（新晃侗族自治县）·李树乡·茂溪村

【出处】吴贻刚讲，杨顺成等采录：《姜郎姜妹》，见中国民间文学集成全国编辑委员会编《中国民间故事集成》（湖南卷），北京：中国 ISBN 中心 2002 年版，第 28 页。

W0655.6.2

祖先出生后很快具有非凡能力

实 例

壮族 （实例待考）

W0655.6.3

祖先会招魂

实 例

（参见下级母题实例）

W0655.6.3.1

请祖先召回病牛的牛魂

实 例

壮族 为病牛招魂时，主人面对神台敬香火，请布洛陀、姆洛甲（祖先名）巡走天空，查找牛魂。

【流传】广西壮族自治区·（河池市）·东兰县田坝壮区

【出处】覃剑萍搜集整理：*《祭牛魂》（1989），见吕大吉、何耀华总主编《中国各民族原始宗教资料集成》（土家族卷、瑶族卷、壮族卷、黎族卷），北京：中国社会科学出版社1998年版，第600页。

W0655.6.3a

祖先会法术

实 例

苗族 姜央（人类祖先名）就有大法术。

【流传】原文无流传地，据文本及注释推测该神话流传于贵州省·黔东南苗族侗族自治州·凯里市、台江县等地

【出处】潘正昌唱，张海平搜集：《浩劫复生·洪水滔天》，见贵州省少数民族古籍整理出版规划小组办公室编，燕宝整理译注《苗族古歌》，贵阳：贵州民族出版社1993年版，第602页。

W0655.6.4

祖先眼观六路耳听八方

【关联】［W0592.6］文化英雄能看到别人看不到的东西

实 例

（参见下级母题实例）

W0655.6.4.1

女始祖萨天巴能看到四面八方

实 例

侗族 （参见“W0659.2.11.2 女始祖萨天巴”母题实例）

W0655.6.5

祖先是能人

实 例

（参见下级母题实例）

W0655.6.5.1

祖先带领人们奔小康

实 例

苗族 人通过采摘野果和狩猎小动物不够吃时，人间出了一个能人即始祖旨示老（旨，主人、主管；示老，首领。意译为：主事的首领。又译为“主世老”），带领大家走出老林，来到一个叫找福兆的地方开荒种地。

【流传】云南省东北部

【出处】

（a）杨芝、潘贤讲，陆兴凤、记录整

理，里晴、吕稼祥校正：《旨示老》，见杨光汉主编《云南苗族民间故事集成》，北京：中国民间文艺出版社1988年版。

(b) 同 (a)，见姚宝瑄主编《中国各民族神话》（布依族、仡佬族、苗族），太原：山西出版传媒集团·书海出版社2014年版，第292页。

W0655.6.6

祖先会变形

【关联】［W9500］变形

实 例

（参见下级母题实例）

W0655.6.6.1

祖先死后变成山

【关联】［W1852.6］其他特定的山的来历

实 例

哈尼族 生育人类的男女始祖阿托拉扬和阿嘎拉优都死了，他们变成了两座大山。

【流传】云南省·（普洱市）·孟连县（孟连傣族拉祜族佤族自治县）

【出处】李格、王富帮讲，张犁翻译，李灿伟、莫非搜集整理：《天、地、人和万物的起源》，原载云南省民间文学集成办公室编《哈尼族神话传说集成》，中国民间文艺出版社1990年版，见姚宝瑄主编《中国各民族神话》（哈尼族、傣族），太原：山西出版传媒集团·书海出版社2014年版，第61页。

W0655.6.6.2

祖先阿倮能十二变

实 例

彝族 阿倮（祖先）能够十二变法，他穿铁衣，戴铁帽，穿铁鞋袜，提上大铁锤，肩挎铁罩笼，手拿铁马鞭。

【流传】云南省·红河南岸红河（红河县）、元阳（元阳县）一带

【出处】孙官生调查整理：《祭倮神话》，见吕大吉、何耀华总主编《中国各民族原始宗教资料集成》（彝族卷、白族卷、基诺族卷），北京：中国社会科学出版社1996年版，第283～284页。

W0655.6.7

特定一代祖先变聪明

实 例

（参见下级母题实例）

W0655.6.7.1

第十一代先祖变聪明

实 例

哈尼族 第九代先祖玛约生下第十代先祖约涅，约涅又生下第十一代先祖涅本（灵活通达的鬼）。约涅比前一代聪明了一点，只是脑子还是塞死的，涅本就开窍了；约涅的耳朵是聋的，

涅本就听见了；约涅的身子是堵着的，涅本就通了。

【流传】云南省·（红河哈尼族彝族自治州）·元阳（元阳县）、红河（红河县）、金平（金平苗族瑶族傣族自治县）［采集地点：元阳县·胜村乡·全福庄］

【出处】卢朝贵讲，史军超搜集整理：《神和人的家谱》，原载云南省民间文学集成办公室编《哈尼族神话传说集成》，中国民间文艺出版社 1990 年版，见姚宝瑄主编《中国各民族神话》（哈尼族、傣族），太原：山西出版传媒集团·书海出版社 2014 年版，第 45 页。

W0655.7

与祖先的职能有关的其他母题

实 例

（参见下级母题实例）

W0655.7.1

祖先神掌管家中事

实 例

（参见下级母题实例）

W0655.7.1.1

祖先神阻止家中夜哭

实 例

赫哲族 沙日奇五夜间哭泣时，供奉的祖宗板突然说话，告诉他哭泣无益。

【流传】（松花江下游地区依兰县至抚远市一带）

【出处】《沙日奇五》，见凌纯声《松花江下游的赫哲族》（原 1934 年南京刊印本），北京：民族出版社 2012 年版，第 708 页。

W0655.7.2

祖先管人世和鬼世

实 例

（参见下级母题实例）

W0655.7.2.1

祖先德摩诗匹白天在人世做事，夜晚在鬼世做事

实 例

哈尼族 （参见“W0659.2.18.5 人的先祖德摩诗匹”母题实例）

W0655.7.3

祖先神是家族管理者

实 例

达斡尔族 死亡后作祟的女子被奉为女祖先神。她是十个家族的管辖者，是二十个家族的根本。

【流传】（黑龙江中游北岸支流鄂嫩河流域）

【出处】

(a) 珠荣嘎、额尔登泰、满都尔图、包鹤亭调查编著：《达斡尔族情况——达斡尔族调查材料之一》，全国人民代表大会民族委员会办公室 1957 年

编印，第 37 页。

(b)《孟尔丁哈拉阿尔哈昌莫昆的祖神“都博浅霍卓尔”》，见吕大吉、何耀华总主编《中国各民族原始宗教资料集成》（鄂伦春族卷、鄂温克族卷、赫哲族卷、达斡尔族卷、锡伯族卷、满族卷、蒙古族卷、藏族卷），北京：中国社会科学出版社 1999 年版，第 315 页。

W0655.7.4

祖先神是族体标志

实 例

鄂温克族 一个氏族祖先如果有两个儿子，就分出两个“乌力楞”（即“子孙们”的意思，指同一父系所传的子孙。一个“乌力楞”就是一个父系家族）。两个“乌力楞”就各有一个“玛鲁”（“玛鲁”是与鄂温克人祖先有关系的神）。“玛鲁”是象征着乌力楞之神。每个氏族的各“乌力楞”都有自己的“玛鲁”。

【流传】（内蒙古自治区·呼伦贝尔市·额尔古纳市）

【出处】

(a)《额尔古纳旗使用驯鹿鄂温克人的调查报告》，见内蒙古自治区编辑组《鄂温克族社会历史调查》，呼和浩特：内蒙古人民出版社 1986 年版，第 232 页。

(b)《“玛鲁”神概况》，见吕大吉、何耀华总主编《中国各民族原始宗教资料集成》（鄂伦春族卷、鄂温克族卷、赫哲族卷、达斡尔族卷、锡伯族卷、满族卷、蒙古族卷、藏族卷），北京：中国社会科学出版社 1999 年版，第 110 页。

W0655.7.5

祖先神管婚姻

实 例

（参见下级母题实例）

W0655.7.5.1

人祖爷管婚姻

实 例

汉族 王母娘娘的第五外孙女韩俭，私奔下凡生子后成了寡妇，实在熬不下去了，就带着孩子到陈州人祖庙找人祖爷。她一见人祖爷就说：“人祖爷呀人祖爷，你掌管的人间男女成对，恩恩爱爱，可我孤单一人多苦哇！你给我找个主吧。”

【流传】 河南省·（周口市）·项城县

【出处】 陈杰（男，47 岁，汉族，初中毕业，傅集乡汽车站工人）讲，姜学成（男，29 岁，汉族，高中毕业，傅集乡文化站专干）采录，苏国安采录整理：《眼耳口鼻的由来》，见张振犁编著，孟宪明、朱淑君统纂《中原神话通鉴》（第四卷），郑州：河南大学出版社 2017 年版，第 1263 页。

W0655. 7. 6

祖先神主宰家庭兴衰

实 例

壮族 祖宗神很有威力，管理着每家人口、牲畜和各种器物及家运的兴衰，保佑家庭的安全，挡住其他野鬼恶灵上门生事扰人。

【流传】广西壮族自治区·（南宁市）·武鸣县（武鸣区）西北部，马山县东部

【出处】黄世杰搜集整理：＊《保护家族的祖先神》（1990），见吕大吉、何耀华总主编《中国各民族原始宗教资料集成》（土家族卷、瑶族卷、壮族卷、黎族卷），北京：中国社会科学出版社1998年版，第534页。

W0655. 8

与祖先的事迹有关的其他母题

实 例

（参见下级母题实例）

W0655. 8. 1

祖先造福后代（祖先的功德）

实 例

（参见下级母题实例）

W0655. 8. 1. 1

祖先消除多余太阳

【关联】［W9715］射日者（射月者）

实 例

普米族 人类的祖先格悟松为人类摘除8个多余的太阳。

【流传】云南省·丽江县（丽江市）·（玉龙纳西族自治县）·塔城乡

【出处】熊才讲，木丽春采录：《格悟松巴治太阳》，见中国民间文学集成全国编辑委员会编《中国民间故事集成》（云南卷），北京：中国ISBN中心2003年版，第135页。

W0655. 8. 2

祖先治理天地旋转

实 例

普米族 为了人类和万物的生存，普米族的老祖先阿普和阿斯带着自己最有本领的8个儿女，邀约着万物的首领龙、凤、龟、麟、虎一同治理旋转的天地。

【流传】（无考）

【出处】若扯绒布讲：《天阳老祖和地阴阿斯》，见章虹宇《普米族的“八卦图”》，载《云南民族学院学报》1995年第2期。

W0655. 8. 3

祖先开天辟地

实 例

（参见下级母题实例）

W0655.8.3.1

始祖发枚开天辟地

【关联】［W0422.0］开天辟地神

实 例

瑶族 瑶家出了一个开天辟地的始祖，名叫发枚。

【流传】贵州省·（黔东南苗族侗族自治州）·从江县·（翠里乡）·高芒乡（高芒村）

【出处】赵金荣讲，杨路塔采录：《发枚造天地》见中国民间文学集成全国编辑委员会编《中国民间故事集成》（贵州卷），北京：中国ISBN中心2003年，第9页。

W0655.8.4

祖先神建村寨

实 例

（参见下级母题实例）

W0655.8.4.1

祖先神是第一个建立村寨的祖先

实 例

壮族 第一个建立村寨的祖先是祖先神，也是村寨神。

【流传】（无考）

【出处】范宏贵：《壮族卷·绪论》，见吕大吉、何耀华总主编《中国各民族原始宗教资料集成》（土家族卷、瑶族卷、壮族卷、黎族卷），北京：中国社会科学出版社1998年版，第474页。

W0655.9

与祖先的行为有关的其他母题

实 例

（参见下级母题实例）

W0655.9.1

祖先行为像动物

实 例

（参见下级母题实例）

W0655.9.1.1

祖先走路像猩猩

【关联】［W2317］猴变成人

实 例

哈尼族 第七代先祖名叫乌突，比第六代祖先直乌们又好了一截但还是站不起来，走路是半蹲的，两只手掌拄在两边。

【流传】云南省·（红河哈尼族彝族自治州）·元阳（元阳县）、红河（红河县）、金平（金平苗族瑶族傣族自治县）［采集地点：元阳县·胜村乡·全福庄］

【出处】卢朝贵讲，史军超搜集整理：《神和人的家谱》，原载云南省民间文学集成办公室编《哈尼族神话传说集成》，中国民间文艺出版社1990年版，见姚宝瑄主编《中国各民族神话》（哈尼族、傣族），太原：山西出版传媒集团·书海出版社 2014 年版，第 44 页。

W0655. 9. 2

祖先神不能回家

实 例

（参见下级母题实例）

W0655. 9. 2. 1

住在野外的祖宗回家会危害活人安全

实 例

壮族 住在野外的那个祖宗（坟地神），永远是不能回家的，否则会危害活人的安全。

【流传】广西壮族自治区·（南宁市）·武鸣县北部、马山县东部

【出处】黄世杰搜集整理：*《祖先神与子孙后代》（1990），见吕大吉、何耀华总主编《中国各民族原始宗教资料集成》（土家族卷、瑶族卷、壮族卷、黎族卷），北京：中国社会科学出版社 1998 年版，第 496 页。

W0655. 9. 3

祖先的灵魂回家

【关联】

① ［W0903］祖灵（祖先的灵魂）

② ［W0903. 6. 2］祖灵返乡（祖灵回家）

③ ［W0910. 2］人死后魂归祖神居所（灵魂还乡）

实 例

白族 （参见“W0899. 3. 12. 1 人死后七日内灵魂回煞”母题实例）

W0655. 9. 3. 1

祖先的灵魂以梦的形式回故乡

实 例

汉族 盘古死后，他的灵魂向家乡飞来，不少人在梦中见到了祖先。

【流传】河南省·（南阳市）·桐柏县

【出处】卖艺盲人讲，马卉欣采录整理：《盘古死在大梁山》，见张振犁编著《中原神话通鉴》（第一卷），郑州：河南大学出版社 2017 年版，第 111 页。

W0656

祖先的生活

实 例

（参见下级母题实例）

W0656. 0

祖先的生活状况

实 例

（参见下级母题实例）

W0656. 0. 1

祖先贫穷

实 例

（参见下级母题实例）

W0656.0.1.1
洛巴族的祖先达尼是穷人

实 例

民族? 珞巴族的祖先达尼是个穷人。

【流传】 西藏自治区·林芝市·墨脱县·达木珞巴民族乡、甘登乡（讲述地点：墨脱县·甘登乡·刀嘎村）

【出处】 德果讲：《拐杖的来历》(1997.04)，见冀文正《珞巴族民间故事》，成都：四川民族出版社2011年版，第22页。

W0656.0.2
祖先有特定的生产形态

实 例

（参见下级母题实例）

W0656.0.2.1
女始祖过着渔猎采集生活

实 例

怒族 洪水幸存者茂英其汝咪独自一人生活在“加了块”（地名，在碧罗雪山的南端），过着狩猎采集的生活。

【流传】 云南省·怒江州（怒江傈僳族自治州）·碧江县（已撤销，现为怒江傈僳族自治州中部）

【出处】

(a) 宝山屹：《碧江怒族虎、麂子、蜂、鸡氏族的族源传说》，见碧江县政协文史资料编写组编《碧江文史资料选辑》，1987年版。

(b) 同(a)，见吕大吉、何耀华总主编《中国各民族原始宗教资料集成》（纳西族卷、羌族卷、独龙族卷、傈僳族卷、怒族卷），北京：中国社会科学出版社2000年版，第900页。

W0656.1
祖先的服饰

实 例

（参见下级母题实例）

W0656.1.1
祖先穿植物叶

实 例

（参见下级母题实例）

W0656.1.1.1
人祖爷腰围莲花，人祖奶身裹草叶

实 例

汉族 天塌地陷后，幸存的姐弟俩婚后儿女多了，都光着身子不好看，弟弟抓藕莲叶遮着肚子，姐妹扯草叶子遮着。所以太昊陵老人祖爷腰上有个莲花子，人祖奶下身围草叶子。

【流传】 河南省·（周口市）·项城县［采录地点：河南项城县高寺］

【出处】 高李氏（81岁，农民）讲，高有鹏采录整理：《人祖的传说》（1983年春节），见张振犁编著《中原神话通鉴》（第一卷），郑州：河南大学出版社 2017 年版，第 348 页。

W0656. 1. 1. 2

人祖爷身披葫叶

实 例

汉族 人祖身披葫衣，赤着脚，冬天披兽皮。

【流传】河南省·（周口市）·沈丘县［采录地点：沈丘县赵德营］

【出处】齐永全（男，40 岁，农民）讲，张振犁、程健君录音：《人祖爷（四）》（1983. 11. 10），见张振犁编著《中原神话通鉴》（第一卷），郑州：河南大学出版社 2017 年版，第 343 页。

汉族 老人祖爷都是身披葫叶，脚无鞋。

【流传】河南省·（周口市）·沈丘县［采录地点：沈丘县·新集乡·乔庄］

【出处】黄乔氏（女，78 岁）讲，张振犁、程健君录音：《亚当和爱娃》（1983. 11. 12），见张振犁编著《中原神话通鉴》（第一卷），郑州：河南大学出版社 2017 年版，第 352 页。

W0656. 1. 1. 3

人祖爷身披藕莲叶

实 例

汉族 人祖赤着脚，泥巴着腿，浑身披着藕莲叶。

【流传】河南省·（周口市）·沈丘县［采录地点：沈丘县乔庄］

【出处】乔振帮（87 岁，农民，不识字）讲，张振犁、程健君录音：《人祖爷（六）》（1983. 11. 13），见张振犁编著《中原神话通鉴》（第一卷），郑州：河南大学出版社 2017 年版，第 346 页。

W0656. 1. 2

祖先穿兽皮

实 例

（参见下级母题实例）

W0656. 1. 2. 1

人祖冬天披兽皮

实 例

汉族 （参见“W0656. 1. 1. 2 人祖爷身披葫叶”母题实例）

W0656. 1. 3

人祖爷赤脚

实 例

汉族 （参见“W0656. 1. 1. 2 人祖爷身披葫叶”母题实例）

W0656. 2

祖先的饮食

实 例

（参见下级母题实例）

W0656.2.1

祖先以特定物为食

实 例

（参见下级母题实例）

W0656.2.1.1

祖先靠吸雾露长大

实 例

侗族 祖先松桑和松恩靠吸雾露长大。

【流传】贵州省·（黔东南苗族侗族自治州）·黎平县·岩洞镇·四洲萨老街

【出处】吴良民讲：《龟婆孵蛋与人类起源》，王宪昭采集，2009.08。

W0656.2.1.2

祖先不爱江河水和山泉水，只爱咸水

实 例

哈尼族 （实例待考）

W0656.2.1.3

祖先吃铁饼，喝铁水

实 例

彝族 始祖阿倮捏铁饼充饥，炼铁水解渴，打死了众妖。

【流传】云南省·（红河哈尼族彝族自治州）·石屏县·哨冲（哨冲镇）

【出处】范祖锜：《石屏县哨冲彝族"咪嘎好"祭祀现场纪实》，见吕大吉、何耀华总主编《中国各民族原始宗教资料集成》（彝族卷、白族卷、基诺族卷），北京：中国社会科学出版社1996年版，第206页。

W0656.2.2

祖先饭量巨大

【关联】［W0717.1.1］女娲饭量巨大

实 例

纳西族 （实例待考）

壮族 姆洛甲（女始祖）饭量巨大。

【流传】广西壮族自治区·（百色市）·西林县·那佐乡·那来村

【出处】

（a）黄公受讲，岑护双采录翻译：《巨人夫妻》，见中国民间文学集成全国编辑委员会编《中国民间故事集成》（广西卷），北京：中国ISBN中心2001年版，第55页。

（b）同（a），见张声震总主编，农冠品编注《壮族神话集成》，南宁：广西民族出版社2007年版，第31页。

W0656.3

祖先的居所

实 例

（参见下级母题实例）

W0656.3.1

祖先住天上

【关联】

① ［W0654. 2. 3. 2］ 女始祖住天上
② ［W1426. 7］ 祖先上天
③ ［W1696. 2. 3］ 祖先居月宫

实 例

珞巴族 列德罗登同许多动物原住在天上。后来与阿巴达尼结婚，一起生活后，生下了六个儿子。他们是崩如、玛雅、巴依、达足、苏龙和纳。这六兄弟的后裔，就发展成珞巴族的六个部落。而苏龙这部分人，就世代成为崩如等部落人的奴隶。

【流传】 西藏西巴霞曲流域

【出处】 达伐讲，李坚尚、裴富珍搜集整理，达公翻译：《列德罗登的故事》，见中华民族故事大系编委会编《中华民族故事大系》第16卷（赫哲族、门巴族、珞巴族、基诺族），上海：上海文艺出版社1995年版，第499～501页。

苗族 （实例待考）

壮族 始祖住天上。

【流传】 广西壮族自治区·（百色市）·隆林（隆林各族自治县）

【出处】 杨业荣等整理：《铜鼓的传说》，见中华民族故事大系编委会编《中华民族故事大系》第3卷（彝族、壮族、布依族），上海：上海文艺出版社1995年版，第421页。

W0656. 3. 1. 1

祖先住天堂

实 例

（参见下级母题实例）

W0656. 3. 1. 1. 1

远古祖先英雄神居于九天金楼神堂

实 例

满族 众多的动物神、植物神以及诸民族远古祖先英雄神，高居于九天“金楼神堂”之中。

【流传】（无考）

【出处】

(a) 富育光：《萨满教与神话》，沈阳：辽宁大学出版社1990年版，第26页。

(b)《九天三界说》，见吕大吉、何耀华总主编《中国各民族原始宗教资料集成》（鄂伦春族卷、鄂温克族卷、赫哲族卷、达斡尔族卷、锡伯族卷、满族卷、蒙古族卷、藏族卷），北京：中国社会科学出版社1999年版，第477页。

W0656. 3. 1. 2

前6代祖先住在天上

实 例

纳西族 海中生出的人类祖先海史海古、海古美古、美古初初、初初慈禹、慈禹初居、初居具仁、具仁迹仁、迹仁崇仁、崇仁丽恩。“丽恩”以下的世系为：丽恩糯、糯本培、本培窝、窝高来、高来秋，共十四代。前六代被认为住在天上，后八代才住在人间。

【流传】云南省·丽江（丽江市）

【出处】和芳（东巴）读经，和志武翻译整理：《崇邦统》（人类迁徙记）（1954），见吕大吉、何耀华总主编《中国各民族原始宗教资料集成》（纳西族卷、羌族卷、独龙族卷、傈僳族卷、怒族卷），北京：中国社会科学出版社2000年版，第322页。

纳西族 大海做变化，生出人类的祖先。其中前6代祖先住在天上。

【流传】（云南省）

【出处】和芳、和志新编译：《崇邦统——人类迁徙记》注释，见姚宝瑄主编《中国各民族神话》（佤族、阿昌族、纳西族、普米族、德昂族），太原：山西出版传媒集团·书海出版社2014年版，第143页。

W0656.3.1.3

祖先造了天地和人后到天上安家

实　例

壮族 开天辟地老祖保洛陀，造了天地和人后，就在天上安家了。

【流传】（无考）

【出处】岭隆业、杨荣杰、金稼民搜集、整理：《铜鼓的来历》，原载蓝鸿恩编：《壮族民间故事选》，上海文艺出版社1984年版，见姚宝瑄主编《中国各民族神话》（仫佬族、壮族、京族），太原：山西出版传媒集团·书海出版社2014年版，第149页。

W0656.3.1.4

男女始祖分别居太阳宫和月寒宫中

实　例

白族 板古（男始祖名）住在太阳宫里，不怕酷热熏蒸，每天随着太阳起落监视白天，惩罚凶恶；板梅（女始祖名）住在月寒宫里，随着月亮出没，监视夜晚，惩罚劣行。

【流传】云南省·（大理白族自治州）·剑川（剑川县）

【出处】李恩发讲，李绍尼整理：《“五百天”神》，原载陶立璠、李耀宗《中国少数民族神话传说选》，四川民族出版社1985年版，见姚宝瑄主编《中国各民族神话》（白族、拉祜族、景颇族），太原：山西出版传媒集团·书海出版社2014年版，第123页。

W0656.3.2

祖先住特定的天上

实　例

（参见下级母题实例）

W0656.3.2.1

人类始祖“板古”和“板梅”兄妹住在500层天上

实　例

白族 人类的始祖哥哥“板古”和妹

妹“板梅”住在500层天上。

【流传】云南省·（大理白族自治州）·剑川（剑川县）

【出处】李恩发讲，李绍尼整理：《“五百天”神》，见陶立璠、李耀宗编《中国少数民族神话传说选》，成都：四川民族出版社1985年版，第94页。

白族 板古、板梅（男女始祖名）为子孙降妖除害时，从百层天上的害人虎妖杀起，板古剥下虎皮缝坎肩穿，以镇虎狼；渐次杀到二百层天上害人的类羊魔王，板梅剥下羊皮披在肩上，一镇羊精，二御风寒；一直斗到三百层天上怪兽，砍除四百层天上恶神；之后，飞到最高最高的五百层天上住下，日夜守望天宫地界。

【流传】云南省·（大理白族自治州）·剑川（剑川县）

【出处】李恩发讲，李绍尼整理：《“五百天”神》，原载陶立璠、李耀宗《中国少数民族神话传说选》，四川民族出版社1985年版，见姚宝瑄主编《中国各民族神话》（白族、拉祜族、景颇族），太原：山西出版传媒集团·书海出版社2014年版，第123页。

W0656. 3. 3

祖先住地上（祖先居人间）

实 例

（参见下级母题实例）

W0656. 3. 3. 1

祖先居地的中央

实 例

阿昌族 遮帕麻（男始祖、天公）和遮米麻（女始祖、地母）结合了，他们就安身在大地的中央。

【流传】云南省·（德宏傣族景颇族自治州）·梁河县

【出处】赵安贤讲述，杨叶生翻译，智克整理：《遮帕麻与遮米麻》，载《山茶》1981年第2期。

阿昌族 遮帕麻（男始祖名，被封为“天公”）和遮米麻（女始祖名，被奉为“地母”）结合了，他们就安身在大地的中央。

【流传】（云南省）

【出处】赵安贤讲，智克整理：《遮帕麻与遮米麻》，见姚宝瑄主编《中国各民族神话》（佤族、阿昌族、纳西族、普米族、德昂族），太原：山西出版传媒集团·书海出版社2014年版，第77页。

W0656. 3. 3a

祖先住地下

实 例

（实例待考）

W0656. 3. 3b

祖神居神圣之地

实 例

（参见下级母题实例）

W0656.3.3b.1
祖神居神林神山

实 例

彝族（撒尼）神林神山也是火化场或祖坟地，成为祖神居所。

【流传】云南省·（昆明市）·路南（石林彝族自治县）

【出处】于锦绣：《〈普兹楠兹〉序》，见吕大吉、何耀华总主编《中国各民族原始宗教资料集成》（彝族卷、白族卷、基诺族卷），北京：中国社会科学出版社1996年版，第65页。

W0656.3.4
祖先住山上

实 例

（参见下级母题实例）

W0656.3.4.1
祖先住特定的山上

实 例

（参见下级母题实例）

W0656.3.4.1.1
祖公布洛陀和祖婆姆六甲住敢壮山

实 例

壮族 祖公布洛陀和祖婆姆六甲下凡，到广西田阳县的敢壮山居住。

【流传】广西壮族自治区·百色市·田阳县·坡洪镇

【出处】黄明标主编：《壮族麽经布洛陀遗本影印译注》（上卷），南宁：广西人民出版社2016年版，第1页。

W0656.3.5
祖先住水中

实 例

（实例待考）

W0656.3.5.1
祖先住特定的水中

实 例

（实例待考）

W0656.3.6
祖先住特定动植物里

实 例

（参见下级母题实例）

W0656.3.6.1
祖先住在枫树心里

实 例

苗族 祖宗的老家在枫树心里。

【流传】（无考）

【出处】《祭鼓词》，见陶阳、钟秀《中国创世神话》，上海：上海人民出版社1993年版，第64页。

W0656. 3. 7
祖先住家中

实 例

（参见下级母题实例）

W0656. 3. 7. 1
祖先住家堂

实 例

（参见下级母题实例）

W0656. 3. 7. 1. 1
三代以内祖先神居家堂

实 例

壮族 留在家里的祖宗（家堂神），三代以内住在家里的厅堂神龛上，其与家人和子孙的关系较密切，享受子孙的平常祭祀。

【流传】广西壮族自治区·（南宁市）·武鸣县北部、马山县东部

【出处】黄世杰搜集整理：*《祖先神与子孙后代》(1990)，见吕大吉、何耀华总主编《中国各民族原始宗教资料集成》（土家族卷、瑶族卷、壮族卷、黎族卷），北京：中国社会科学出版社 1998 年版，第 496 页。

W0656. 3. 7. 2
祖先神住屋外

实 例

（参见下级母题实例）

W0656. 3. 7. 2. 1
五代以后的祖先神转至屋檐下居住

实 例

壮族 五代以后的祖先神则转至屋檐下居住。

【流传】（无考）

【出处】范宏贵：《壮族卷·绪论》，见吕大吉、何耀华总主编《中国各民族原始宗教资料集成》（土家族卷、瑶族卷、壮族卷、黎族卷），北京：中国社会科学出版社 1998 年版，第 480 页。

W0656. 3. 8
祖先住特定物中

实 例

（参见下级母题实例）

W0656. 3. 8. 1
祖先住庙中

实 例

（参见下级母题实例）

W0656. 3. 8. 1. 1
祖先住家庙

实 例

（实例待考）

W0656.3.8.1.2
祖先住公庙

实 例

（参见下级母题实例）

W0656.3.8.1.2.1
九代以后的祖先神移入村旁的社公庙与社公同住

实 例

壮族 九代以后的祖先神移入村旁的社公庙里，与社公同住。

【流传】（无考）

【出处】 范宏贵：《壮族卷·绪论》，见吕大吉、何耀华总主编《中国各民族原始宗教资料集成》（土家族卷、瑶族卷、壮族卷、黎族卷），北京：中国社会科学出版社1998年版，第480页。

W0656.3.8.2
祖先住坟墓

实 例

（实例待考）

W0656.3.8.3
祖先住神龛

实 例

（实例待考）

W0656.3.8.4
祖先住祠堂（祖先住家祠）

实 例

汉族 （实例待考）

W0656.3.8.5
祖先居灶台

实 例

（参见下级母题实例）

W0656.3.8.5.1
锅庄石是女始祖灵魂的住所

实 例

纳西族（摩梭） 摩梭人的火塘正前方都要供一块叫做“括鲁”的锅庄石。摩梭人世世代代崇拜锅庄石，因为锅庄石是象征昂姑咪（女始祖名）灵魂的住处。

【流传】 云南省·（丽江市）·宁蒗县（宁蒗彝族自治县）

【出处】

（a）《昂姑咪》，载《山茶》1986年第3期。

（b）同（a），见姚宝瑄主编《中国各民族神话》（佤族、阿昌族、纳西族、普米族、德昂族），太原：山西出版传媒集团·书海出版社2014年版，第110页。

W0656. 3. 9
与祖先居所有关的其他母题

实 例

（参见下级母题实例）

W0656. 3. 9. 1
祖先有的前几代住天上，后几代住人间

实 例

纳西族 大海做变化，生出人类的祖先。其中前6代祖先住在天上。后八代才住在人间。

【流传】（云南省）

【出处】和芳、和志新编译：《崇邦统——人类迁徙记》注释，见姚宝瑄主编《中国各民族神话》（佤族、阿昌族、纳西族、普米族、德昂族），太原：山西出版传媒集团·书海出版社2014年版，第143页。

W0656. 3. 9. 2
祖先居所众多

实 例

（参见下级母题实例）

W0656. 3. 9. 2. 1
祖先有49处寓所

实 例

蒙古族 云端飞腾诸祖先，来自四十九处寓所。

【流传】（无考）

【出处】乌兰杰：《蒙古族古代音乐舞踏初探》，呼和浩特：内蒙古人民出版社1985年版，第108～110页。

W0656. 3. 9. 3
祖先鬼寨

实 例

（参见下级母题实例）

W0656. 3. 9. 3. 1
祖先鬼寨类似人间

实 例

基诺族 祖先鬼寨由第一代卓巴（寨父）治理的祖先居住地类似人间，那里有刀耕火种，有狩猎，有人间的节庆，有恋爱婚姻家庭，有长老制度，其生活的美好不亚于人间。

【流传】云南省·（西双版纳傣族自治州·景洪市）·基诺山（基诺山基诺族乡）·戛里果箐、巴亚中寨、札果寨、茶叶大地

【出处】杜玉亭调查整理：《与父崇拜有关的鬼神》（1989～1990），见吕大吉、何耀华总主编《中国各民族原始宗教资料集成》（彝族卷、白族卷、基诺族卷），北京：中国社会科学出版社1996年版，第866页。

W0656. 3. 9. 4
祖先居所很美好

实 例

基诺族 善终的正常死亡者的归宿是祖先阴灵的居住地，那里有着不亚于人间的美好生活。

【流传】云南省·（西双版纳傣族自治州·景洪市）·基诺山（基诺山基诺族乡）·巴亚中寨、戛里果箐

【出处】不拉塞等讲，杜玉亭调查整理：《墓地与善恶死亡观念》（1979～1990），见吕大吉、何耀华总主编《中国各民族原始宗教资料集成》（彝族卷、白族卷、基诺族卷），北京：中国社会科学出版社1996年版，第919页。

W0656.3.9.4a

祖先的故地是美好的地方

实 例

怒族 出殡时，由一长老为男死者指点去路，念《送魂词》，指点死者到阿祖的地方去。阿祖在的地方：屋宇是用金子盖的，围墙是用银子砌的；路面是用金子铺的，桥梁是用银子搭的；那里遍山金光万道，那里遍野银光闪烁。

【流传】云南省·（怒江傈僳族自治州）·碧江县（已撤销，现为怒江傈僳族自治州中部）·三区

【出处】

(a) 杨智勇等编：《云南少数民族生葬志》，昆明：云南民族出版社1988年版，第298～300页。

(b) 同（a），见吕大吉、何耀华总主编《中国各民族原始宗教资料集成》（纳西族卷、羌族卷、独龙族卷、傈僳族卷、怒族卷），北京：中国社会科学出版社2000年版，第922～923页。

W0656.4

祖先的用品（祖先的工具）

实 例

（参见下级母题实例）

W0656.4.1

祖先的神器

实 例

（参见下级母题实例）

W0656.4.1.1

煮饭的三脚石是祖先的神器

实 例

基诺族 因战争仓促离家忘记了带走祖先的神器——煮饭用的三脚石，事后招来了人丁衰亡。

【流传】云南省·（西双版纳傣族自治州·景洪市）·（基诺山基诺族乡）·巴亚寨

【出处】巴亚叭约等讲，杜玉亭调查整理：《阿希部落女祖米里几德的传说》（1958），见吕大吉、何耀华总主编《中国各民族原始宗教资料集成》（彝族卷、白族卷、基诺族卷），北京：中国社会科学出版社1996年版，第877～878页。

W0656. 5

祖先的生活境况

实 例

（参见下级母题实例）

W0656. 5. 1

贫穷的祖先（穷酸的祖神）

实 例

珞巴族（实例待考）

W0656. 5. 1. 1

女祖神达摩天子家境贫寒

实 例

侗族 女祖神达摩天子家境贫寒，缺吃少衣无裤穿，每天半夜起床进田坝看水，上山砍柴，都是捆一张芭蕉叶当裤子。

【流传】（无考）

【出处】 杨锡光整理：《达摩天子》，原载《中国各民族宗教与神话大词典》，北京：学苑出版社 1990 年版，见姚宝瑄主编《中国各民族神话》（土家族、毛南族、侗族、瑶族），太原：山西出版传媒集团·书海出版社 2014 年版，第 122 页。

W0656. 6

祖先的经历

实 例

（参见下级母题实例）

W0656. 6. 1

人的祖先经历九生九死

【关联】［W0658. 4. 4. 1］祖先死亡 9 次

实 例

哈尼族 德摩诗匹（人的先祖）九生九死。

【流传】 云南省·（红河哈尼族彝族自治州）·元阳县

【出处】 朱小和讲，史军超采录：《动植物的家谱》，见中国民间文学集成全国编辑委员会编《中国民间故事集成》（云南卷），北京：中国 ISBN 中心 2003 年版，第 346 页。

W0657

祖先的关系

【关联】［W7244］祖先的婚姻

实 例

（参见下级母题实例）

W0657. 0

祖先的父母（祖先的祖先，祖先神的先祖）

实 例

（参见下级母题实例）

W0657. 0. 1

祖先的父亲

实 例

（实例待考）

W0657.0.1.1

祖先是雷公的儿子

【关联】［W0645.1.2］雷神生祖先

实 例

布依族（实例待考）

W0657.0.2

祖先的母亲

实 例

（实例待考）

W0657.0.3

祖先是神的后代

实 例

（参见下级母题实例）

W0657.0.3.1

祖先崇仁丽恩是开天九弟兄、辟地七姐妹的后代

实 例

纳西族 崇仁丽恩（祖先名）是开天九弟兄的后代，是辟地七姐妹的后代。

【流传】（云南省）

【出处】和芳、和志新编译：《崇邦统——人类迁徙记》，见姚宝瑄主编《中国各民族神话》（佤族、阿昌族、纳西族、普米族、德昂族），太原：山西出版传媒集团·书海出版社2014年版，第155页。

W0657.1

祖先的兄弟（祖先神的兄弟）

实 例

（参见下级母题实例）

W0657.1.1

祖先与神是兄弟

实 例

（实例待考）

W0657.1.1.1

祖先与太阳神、月亮神是兄弟

实 例

珞巴族（实例待考）

W0657.1.2

祖先有兄弟数人

实 例

（参见下级母题实例）

W0657.1.2.1

祖先两兄弟

实 例

（实例待考）

W0657.1.2.2

祖先三兄弟

实 例

（参见下级母题实例）

W0657. 1. 2. 2. 1
祖先三兄弟造天梯

实 例

哈尼族 先祖三兄弟为造天梯寻找大象。

【流传】云南省·（红河哈尼族彝族自治州）·元阳（元阳县）、红河（红河县）、金平（金平苗族瑶族傣族自治县）［采集地点：元阳县攀枝花区洞铺寨］

【出处】朱小和讲，史军超搜集整理：《动植物的家谱》（1982），原载云南省民间文学集成办公室编《哈尼族神话传说集成》，中国民间文艺出版社1990年版，见姚宝瑄主编《中国各民族神话》（哈尼族、傣族），太原：山西出版传媒集团·书海出版社2014年版，第145页。

W0657. 1. 2. 3
祖先四兄弟

实 例

藏族 （实例待考）

W0657. 1. 3
祖先与动物是兄弟

实 例

侗族 （实例待考）

W0657. 1. 4
祖先的哥哥

实 例

（参见下级母题实例）

W0657. 1. 4. 1
祖先的哥哥是天仙

实 例

（参见下级母题实例）

W0657. 1. 4. 1. 1
仡佬祖先的大哥天仙老祖是老天的儿子

实 例

仡佬族 仡佬祖先的大哥天仙老祖是老天的儿子。

【流传】贵州省·（六盘水市）·六枝特区·店子乡（新窑乡）·那义村·青桐林

【出处】程少先等讲，叶正乾采录：《盘古王和他的儿孙们》，见中国民间文学集成全国编辑委员会编《中国民间故事集成》（贵州卷），北京：中国ISBN中心2003年，第62页。

W0657. 1. 4. 2
祖先神是日月神的弟弟

实 例

珞巴族 大地和天空婚生太阳神和月亮神两个孩子后，又生了人的祖先阿巴达尼。

【流传】

（a）西藏自治区·下珞瑜（泛指永木河、锡约尔河、巴恰西仁河流域）

（b）西藏自治区·下珞渝（又写作“下珞瑜”）·博日部落嘎盛村

【出处】

（a）维·埃尔温搜集：《太阳为什么那样红》，见中华民族故事大系编委会编《中华民族故事大系》第16卷（赫哲族、门巴族、珞巴族、基诺族），上海：上海文艺出版社1995年版，第416～417页。

（b）同（a），见李坚尚、刘芳贤编《珞巴族门巴族民间故事选》，上海：上海文艺出版社1993年版，第30～31页。

W0657.1.5

祖先神三兄弟

【关联】［W0659.2.29.1.2］虎氏族最早的祖先色腊坐和搭腊坐两兄弟

实 例

（参见下级母题实例）

W0657.1.5.1

祖先神三兄弟老大不会当家生产，老二挖药，老三打井

实 例

羌族 亦必打莫（祖神），此神为三兄弟，老大不会当家，生产搞不好；老二挖药；老三到川西坝打井。

【流传】四川省·（阿坝藏族羌族自治州）·汶川县·龙溪乡·阿尔大队（阿尔村）

【出处】

（a）钱安靖：《羌族宗教习俗调查资料》（三），见羌族社会历史调查四川省编写组编《羌族社会历史调查》，成都：四川省社会科学出版社1985年版。

（b）《汶川县龙溪乡羌族端公经典简介》，见吕大吉、何耀华总主编《中国各民族原始宗教资料集成》（纳西族卷、羌族卷、独龙族卷、傈僳族卷、怒族卷），北京：中国社会科学出版社2000年版，第471页。

W0657.2

祖先的兄妹（祖先的兄弟姐妹）

实 例

（参见下级母题实例）

W0657.2.1

祖先和神女是兄妹

【关联】［W0068.15］神女

实 例

（参见下级母题实例）

W0657.2.1.1

洪水后祖先和神女兄妹结婚

实 例

汉族 洪水后，祖先和神女兄妹结婚。

【流传】河南省

【出处】丁广友讲，张楚北采录：《姊妹成婚》附记，见中国民间文学集成全国编辑委员会编《中国民间故事集成》（河南卷），北京：中国 ISBN 中心 2001 年版，第 15 页。

W0657.2.2

祖先有多个兄弟姐妹

实 例

（参见下级母题实例）

W0657.2.2.1

祖先利恩若有五兄弟和五姐妹

【关联】［W0659.2.37.1］人祖利恩（人祖从忍利恩）

实 例

纳西族 很古的时候，利恩若（祖先名）五兄弟和五姐妹，他们相互伙烧一塘火，相互坐了一窝子。

【流传】云南省·（丽江市）·丽江县（古城区、玉龙纳西族自治县）

【出处】木丽春采集整理：《斗本的来历》（注斗本，即祛灾仪式），见木丽春编著《纳西族民间故事集》，昆明：云南人民出版社 2007 年版，第 253 页。

W0657.2.3

祖先是一对同胞兄妹

实 例

怒族 太古时候的怒族老祖是两位同胞兄妹。

【流传】云南省·（怒江傈僳族自治州）·福贡县·（鹿马登乡）·鹿马登村

【出处】

(a) 胡正生搜集、杨如锋整理：《鹿马登怒族创世传说》，见《怒江文史资料》第八辑，1987 年，第 8～11 页。

(b) 同（a），见吕大吉、何耀华总主编《中国各民族原始宗教资料集成》（纳西族卷、羌族卷、独龙族卷、傈僳族卷、怒族卷），北京：中国社会科学出版社 2000 年版，第 902～903 页。

W0657.2a

祖先夫妻（夫妻祖先）

实 例

普米族 （实例待考）

瑶族 （实例待考）

W0657.2a.1

祖先是一对夫妻

实 例

（参见下级母题实例）

W0657.2a.1.1

男始祖布洛陀与女始祖姆洛甲夫妻各有神通

实 例

壮族 布洛陀（男始祖）与姆洛甲

（女始祖）各有各的本领，谁都胜不了谁，两人结为夫妻。

【流传】广西壮族自治区·（百色市）·西林县·那佐乡·那来村

【出处】

(a) 黄公受讲，岑护双采录翻译：《巨人夫妻》，见中国民间文学集成全国编辑委员会编《中国民间故事集成》（广西卷），北京：中国ISBN中心2001年版，第55页。

(b) 同（a），见张声震总主编，农冠品编注《壮族神话集成》，南宁：广西民族出版社2007年版，第31页。

W0657.2a.1.2

天塌地陷后幸存的祖先人祖、人奶

实 例

汉族 天塌地陷后，天成了，地成了，在龟肚子里躲藏的姊妹俩出来了。他俩就是人祖、人奶。

【流传】河南省·（周口市）·西华县［采录地点：西华县思都岗村］

【出处】张慎重讲，张振犁、程健君录音：《人祖爷（二）》（1983.11.03），见张振犁编著《中原神话通鉴》（第一卷），郑州：河南大学出版社2017年版，第340页。

W0657.2a.2

兄妹成婚成为祖先

实 例

白族 （实例待考）

W0657.2a.3

人祖爷和人祖奶不是两口子

实 例

汉族 人祖爷和人祖奶不是两口子，人祖爷是弟弟，人祖奶是他姐。

【流传】河南省·（周口市）·西华县［采录地点：西华县逍遥镇］

【出处】刘炎（60岁，农民）讲，河南大学“中原神话调查组”采录，张振犁、程健君录音整理：《人祖爷（一）》（1983.11.04），见张振犁编著《中原神话通鉴》（第一卷），郑州：河南大学出版社2017年版，第338页。

W0657.3

祖先的朋友

【关联】［W0352.2］雷公与人类始祖是兄弟

实 例

（参见下级母题实例）

W0657.3.1

祖先与动物是朋友

实 例

苗族 （参见“W0659.2.35.9 人的祖先阿各林”母题实例）

W0657. 3. 2

祖先与神是朋友

实 例

苗族 （实例待考）

W0657. 3. 3

祖先友交多类

实 例

（参见下级母题实例）

W0657. 3. 3. 1

人的祖先阿各林与雷神、龙王和老虎是朋友

实 例

苗族 （实例待考）

W0657. 3a

祖先的仇敌

实 例

珞巴族 阿巴达尼（文化祖先名）和阿宾金纳是死对头，都想害死对方。

【流传】 西藏珞巴族博嘎尔部落［西藏自治区·林芝市·米林县·纳玉区（南伊乡）］

【出处】 东娘、达牛讲，于乃昌整理：《阿巴达尼和阿宾金纳》（1979. 08），见姚宝瑄主编《中国各民族神话》（门巴族、珞巴族、怒族、藏族），太原：山西出版传媒集团·书海出版社 2014 年版，第 38 页。

W0657. 4

祖先的子女

实 例

（参见下级母题实例）

W0657. 4. 1

创造人类的老祖有个独眼姑娘

实 例

独龙族 创造人类的老祖目朋的独眼姑娘心地善良。

【流传】 云南省·（怒江傈僳族自治州）·贡山（贡山独龙族怒族自治县）·独龙江乡

【出处】 孔志清讲，辛一采录：《行米戛朋》，见中国民间文学集成全国编辑委员会编《中国民间故事集成》（云南卷），北京：中国 ISBN 中心 2003 年版，第 275 页。

W0657. 5

与祖先的关系有关的其他母题

【关联】 ［W0659. 4］特定时期的祖先（祖先的辈次，祖先的谱系）

实 例

（参见下级母题实例）

W0657. 5. 1

祖先的情人

实 例

（参见下级母题实例）

W0657.5.1.1

始祖情人的死去

实 例

（参见下级母题实例）

W0657.5.1.1.1

人祖姜央的宁三娘、皮方觉等情人洪水中丧生

实 例

苗族 人祖姜央有宁三娘、皮方觉等情人。这些情人都在洪水中被淹死。

【流传】贵州省·黔东南（黔东南苗族侗族自治州）

【出处】过竹：《苗族神话研究》，南宁：广西人民出版社1988年版，第211页。

W0657.5.2

祖先神的管理者

实 例

（参见下级母题实例）

W0657.5.2.1

日月管理着祖神神灵

实 例

鄂温克族 萨满的不同辈分的祖神神灵都归太阳和月亮管。

【流传】内蒙古自治区·（呼伦贝尔市）·额尔古纳左旗·阿龙山镇

【出处】纽拉（女萨满，1907年生）讲，满都尔图、孟和采录整理：《最早萨满传袭的传说》（1990.11.12），见吕大吉、何耀华总主编《中国各民族原始宗教资料集成》（鄂伦春族卷、鄂温克族卷、赫哲族卷、达斡尔族卷、锡伯族卷、满族卷、蒙古族卷、藏族卷），北京：中国社会科学出版社1999年版，第123页。

W0658

祖先的寿命与死亡

实 例

（参见下级母题实例）

W0658.1

祖先不死

实 例

侗族 （实例待考）

W0658.1.1

始祖波丽萍和男始祖岳利华不死

实 例

（参见下级母题实例）

W0658.1.1.1

天神赐始祖波丽萍和男始祖岳利华不死

实 例

苗族 天神赐福给女始祖波丽萍和男始祖岳利华永久的生命。

【流传】云南省·（昭通市）·彝良县

【出处】王建国讲，陆兴凤翻译，杨光汉采录：《人类始祖返老还童》，见中国民间文学集成全国编辑委员会编《中国民间故事集成》（云南卷），北京：中国 ISBN 中心 2003 年版，第 280 页。

W0658. 2

祖先寿命很长

实 例

苗族 （参见“W0658. 1. 1. 1 神赐始祖波丽萍和男始祖岳利华不死”母题实例）

W0658. 2. 1

祖先千百岁时仍是鹤发童颜

实 例

白族 已经活了千百岁，仍是鹤发童颜的板古、板梅（男女始祖名）夫妻俩面对着人类子孙灭绝的危险，日夜忧心忡忡。

【流传】云南省·（大理白族自治州）·剑川（剑川县）

【出处】李恩发讲，李绍尼整理：《“五百天”神》，原载陶立璠、李耀宗《中国少数民族神话传说选》，四川民族出版社 1985 年版，见姚宝瑄主编《中国各民族神话》（白族、拉祜族、景颇族），太原：山西出版传媒集团·书海出版社 2014 年版，第 120 页。

W0658. 3

祖先有多条命

实 例

（参见下级母题实例）

W0658. 3. 1

祖先有 9 条命（祖神先有 9 条命）

实 例

（参见下级母题实例）

W0658. 3. 1. 1

天神地神给祖先有 9 条命

实 例

哈尼族 天神地神许给恰乞形阿玛（人的先祖）9 条命。

【流传】云南省·（红河哈尼族彝族自治州）·元阳县

【出处】朱小和讲，史军超采录：《动植物的家谱》，见中国民间文学集成全国编辑委员会编《中国民间故事集成》（云南卷），北京：中国 ISBN 中心 2003 年版，第 346 页。

W0658. 4

祖先的死亡

实 例

（参见下级母题实例）

W0658.4.0

祖先不死

实 例

（参见下级母题实例）

W0658.4.0.1

人的祖先猿猴不病不死

实 例

傈僳族 人的祖先是猿猴，本来不会病，不会死。

【流传】云南省

【出处】

（a）《停灵挽歌》，见祝发清等《云南少数民族生葬志》，昆明：云南民族出版社1988年版，第172～179页。

（b）同（a），见吕大吉、何耀华总主编《中国各民族原始宗教资料集成》（纳西族卷、羌族卷、独龙族卷、傈僳族卷、怒族卷），北京：中国社会科学出版社2000年版，第813～184页。

W0658.4.1

祖先死亡的原因

实 例

（参见下级母题实例）

W0658.4.1.1

祖先自然死亡

实 例

（实例待考）

W0658.4.1.2

祖先因治水而死

实 例

（实例待考）

W0658.4.1.3

祖先争战而死

实 例

（实例待考）

W0658.4.1.4

祖先被杀死

实 例

（参见下级母题实例）

W0658.4.1.4.1

特定的方法才能杀死祖先

实 例

（参见下级母题实例）

W0658.4.1.4.1.1

杀死祖先必须用藤篾绞

实 例

基诺族 人们得知杀死少雪（祖先名，即不知父亲的老祖父“雪”）的秘诀，即用刀不能杀死他，必须用藤篾绞，才能将他弄死。

【流传】云南省·（西双版纳傣族自治州·景洪市）·基诺山（基诺山基诺族乡）·戛里果箐、巴亚中寨

【出处】沙车等讲，杜玉亭调查整理：《巴亚寨父系英雄阿普少雪》（1980），见吕大吉、何耀华总主编《中国各民族原始宗教资料集成》（彝族卷、白族卷、基诺族卷），北京：中国社会科学出版社 1996 年版，第 876～877 页。

W0658. 4. 1. 5

祖先病死

实 例

（参见下级母题实例）

W0658. 4. 1. 5. 1

女始祖密洛陀染上霍乱病死去

实 例

瑶族（布努）密洛陀（万物之母，女始祖，女神）染上霍乱病，病情一天天加重，过几天就死去了。

【流传】广西壮族自治区·（河池市）·巴马县（巴马瑶族自治县）·东山乡·弄山村

【出处】蒙老三（70 岁）讲，蒙灵记录翻译：《密洛陀》（1981），原载南宁师范学院编《广西少数民族与汉族民歌民间故事》，见陶阳、钟秀编《中国神话》（上），北京：商务印书馆 2008 年版，第 106～109 页。

W0658. 4. 1. 6

祖先在偶然事件中死亡

实 例

（参见下级母题实例）

W0658. 4. 1. 6. 1

男始祖布洛陀被落石砸死

实 例

壮族 布洛陀（男始祖）为别人造房后，回到自己的岩洞里，睡到三更半夜时，一块大岩石裂开落下来，正压在身上。布洛陀就这样死了。

【流传】广西壮族自治区右江、红河一带

【出处】周朝珍口述，何承文整理：《布洛陀》，原载蓝鸿恩编《壮族民间故事选》，见陶阳、钟秀编《中国神话》（上），北京：商务印书馆 2008 年版，第 67～86 页。

W0658. 4. 2

祖先死亡的时间

实 例

（实例待考）

W0658. 4. 3

祖先死亡的地点

实 例

（参见下级母题实例）

W0658. 4. 3. 1

祖先死在东边天脚

实 例

布依族 （参见“W0659. 2. 5. 5 人祖布

杰”母题实例）

W0658.4.4

祖先死亡的次数

实　例

（参见下级母题实例）

W0658.4.4.1

祖先死亡9次

【关联】［W0175.5.1］神九生九死

实　例

（参见下级母题实例）

W0658.4.4.1.1

祖先经过9次生死轮回

实　例

哈尼族 第八代先祖叫做阿培突玛。这代祖先与前面的几代祖先相比，站也会站，走也会走，命实在大，传说他们生过九回，死过九遍。

【流传】云南省·（红河哈尼族彝族自治州）·元阳（元阳县）、红河（红河县）、金平（金平苗族瑶族傣族自治县）［采集地点：元阳县·胜村乡·全福庄］

【出处】卢朝贵讲，史军超搜集整理：《神和人的家谱》，原载云南省民间文学集成办公室编《哈尼族神话传说集成》，中国民间文艺出版社1990年版，见姚宝瑄主编《中国各民族神话》（哈尼族、傣族），太原：山西出版传媒集团·书海出版社2014年版，第44页。

W0658.4.5

祖先死亡的结果

实　例

（参见下级母题实例）

W0658.4.5.1

祖先垂死化生

实　例

（参见下级母题实例）

W0658.4.5.1.1

祖先死后变泥土

实　例

景颇族 始祖死后变泥土。

【流传】（无考）

【出处】木然脑都整理：《始祖宁贯娃的故事》，见中华民族故事大系编委会编《中华民族故事大系》第10卷（景颇族、柯尔克孜族、土族），上海：上海文艺出版社1995年版，第33页。

W0658.4.5.2

祖先死后回天上

实　例

哈尼族 （实例待考）

W0658. 4. 5. 3

祖先死后变成龙

实 例

（参见下级母题实例）

W0658. 4. 5. 3. 1

女祖先密洛陀死后入地成龙

实 例

瑶族（布努）密洛陀（万物之母，女始祖，女神）临死前告诉子孙："我一人入地去成龙。"

【流传】广西壮族自治区·（河池市）·都安县（都安瑶族自治县）、巴马县（巴马瑶族自治县）、南丹县，（百色市）·田东县、平果县等地

【出处】桑布郎等传，蒙凤标（83 岁）、罗仁祥（73 岁）等唱：《密洛陀》（1983），见蓝怀昌、蓝书京、蒙通顺搜集翻译整理《密洛陀》，北京：中国民间文艺出版社 1988 年版，第 382 页。

W0658. 4. 6

与祖先死亡有关的其他母题

实 例

（实例待考）

W0658a

祖先的类型

实 例

（参见下级母题实例）

W0658a. 1

神的祖先（神的始祖）

【汤普森】 A111. 3

实 例

（参见下级母题实例）

W0658a. 1. 1

众神的祖先

实 例

（参见下级母题实例）

W0658a. 1. 1. 1

神的女始祖

实 例

（参见下级母题实例）

W0658a. 1. 1. 1. 1

天神和众山神的女始祖曼扎恩·古勒海·图奥黛

实 例

蒙古族（布里亚特）曼扎恩·古勒海·图奥黛是天上的腾格里和众山神的女始祖。

【流传】（无考）

【出处】《蒙古族自然神灵的信仰和崇拜》，见吕大吉、何耀华总主编《中国各民族原始宗教资料集成》（鄂伦春族卷、鄂温克族卷、赫哲族卷、达斡尔族卷、锡伯族卷、满族卷、蒙古

族卷、藏族卷），北京：中国社会科学出版社1999年版，第609页。

W0658a.1.1.2

天神英叭是天地间一切神的始祖

实　例

傣族 气体、烟雾与狂风变成之神，故名英叭（英叭，傣语即“气体之王”），是神遂为天地一切神之始祖，后被尊为“英叭召”。

【流传】（云南省）

【出处】 袁珂改编：《英叭由来》（原名《地球和“英叭”的由来》），原载谷德明编《中国少数民族神话选》，见袁珂《中国神话大词典》，北京：华夏出版社2015年版，第502页。

傣族 天神英叭是天地间一切神的始祖，后来被尊为“英叭召”。

【流传】（无考）

【出处】《地球和“英叭”的由来》，见姚宝瑄主编《中国各民族神话》（哈尼族、傣族），太原：山西出版传媒集团·书海出版社2014年版，第332页。

W0658a.1.2

特定的神的祖先

实　例

（参见下级母题实例）

W0658a.1.2.1

天神的祖先

实　例

（参见下级母题实例）

W0658a.1.2.1.1

天帝的祖坟在九层天上的最北面

实　例

蒙古族 天帝的爷爷、父亲死后都埋在九层天上的最北面，那里是他的祖坟。

【流传】 新疆维吾尔自治区·伊犁哈萨克自治州

【出处】 阿不都拉搜集翻译，姚宝瑄整理：《长翅膀的神马》，见姚宝瑄主编《中国各民族神话》（达斡尔族、鄂伦春族、鄂温克族、蒙古族），太原：山西出版传媒集团·书海出版社2014年版，第222页。

W0658a.1.3

神的祖先神

实　例

（参见下级母题实例）

W0658a.1.4

神的始祖是宇宙的众神之王

实　例

傣族 第十六层天阿嘎尼塔捧是天最高的一层，大神英叭自己就住在这里。因为他是造天造地的神，是一切神的始祖，是宇宙的众神之王。

【流传】云南省·西双版纳傣族地区（西双版纳傣族自治州）

【出处】《巴塔麻嘎捧尚罗》，王松据岩温炳翻译《巴塔麻晏》（开天辟地）改写，见姚宝瑄主编《中国各民族神话》（哈尼族、傣族），太原：山西出版传媒集团·书海出版社2014年版，第283页。

W0658a. 2

神性人物的祖先

实 例

（参见下级母题实例）

W0658a. 2. 1

文化英雄的祖先

实 例

（实例待考）

W0658a. 2. 2

鬼的祖先

实 例

（参见下级母题实例）

W0658a. 2. 2. 1

彭干支伦和木占威纯生各种鬼的祖先

实 例

景颇族 彭干支伦（男）和木占威纯（女）生各种鬼的祖先。

【流传】云南省

【出处】尚正兴整理：《神金木沙阿朗》，见《中国各民族宗教与神话大词典》编审委员会编《中国各民族宗教与神话大词典》，北京：学苑出版社1990年版，第362页。

W0658a. 3

社会群体的祖先

实 例

（参见下级母题实例）

W0658a. 3. 1

国家的文化始祖

实 例

（实例待考）

W0658a. 3. 2

民族的祖先

实 例

（实例待考）

W0658a. 3. 3

氏族的祖先神（部落的祖先）

【关联】

①［W0648. 6. 2. 1］阿喜色达部落自称是珠日神山的后裔

②［W5250］氏族

实 例

藏族 （实例待考）

W0658a.3.3.1
众多氏族的祖先

实 例

（参见下级母题实例）

W0658a.3.3.1.1
一个死亡的女子成为九个支族的女祖神

实 例

达斡尔族 死亡的女子，由梳妆匣内变化，由红色包袱里成仙，飞起了红色家雀，和鲤鱼一同跃游，与鲫鱼作了伙伴，最后成为九个支族的母性的祖神。

【流传】（黑龙江中游北岸支流鄂嫩河流域）

【出处】

（a）珠荣嘎、额尔登泰、满都尔图、包鹤亭调查编著：《达斡尔族情况——达斡尔族调查材料之一》，全国人民代表大会民族委员会办公室1957年编印，第37页。

（b）《孟尔丁哈拉阿尔哈昌莫昆的祖神“都博浅霍卓尔”》，见吕大吉、何耀华总主编《中国各民族原始宗教资料集成》（鄂伦春族卷、鄂温克族卷、赫哲族卷、达斡尔族卷、锡伯族卷、满族卷、蒙古族卷、藏族卷），北京：中国社会科学出版社1999年版，第314页。

W0658a.3.3.2
天宫男女诸神受伤降到地上成为各氏族、各部落的祖先神

实 例

满族 一些受了伤的天宫男女诸神落到人间，成了各氏族、各部落的祖先神。

【流传】 黑龙江省·（牡丹江市）·宁安县（宁古塔）·江东（江南朝鲜族满族乡）·缸窑村

【出处】 关振川讲，傅英仁采录：《佛赫妈妈和乌申阔玛发》，见中国民间文学集成全国编辑委员会编《中国民间故事集成》（黑龙江卷），北京：中国ISBN中心2005年版，第12～15页。

W0658a.3.3.3
莫昆[①]都有各自的祖神

实 例

达斡尔族 每个莫昆都有各自的祖神，每家都不例外地加以供祭。

【流传】（内蒙古自治区、黑龙江省等地）

【出处】 满都尔图：《达斡尔族卷·绪论》，见吕大吉、何耀华总主编《中国各民族原始宗教资料集成》（鄂伦

① 莫昆，同一个父系祖先的后代为一个“哈拉”，即父系氏族，“哈拉”又分化出若干个“莫昆”，“莫昆”是血缘关系更为亲近的血缘集团。

春族卷、鄂温克族卷、赫哲族卷、达斡尔族卷、锡伯族卷、满族卷、蒙古族卷、藏族卷），北京：中国社会科学出版社 1999 年版，第 288 页。

W0658a. 3. 3. 4

各氏族女始祖茂英充

实　例

怒族 远古时，蜂与蛇交（一说蜂与虎交），生茂英充。茂英充长大成人，又与虎、蜂、蛇、麂、马鹿结合，所生子女力虎氏族、蜂氏族、蛇氏族、麂氏族、马鹿氏族。茂英充遂为各氏族之始祖。

【流传】（无考）

【出处】 袁珂改编：《女始祖茂英充》，原载毛星主编《中国少数民族文学》（下册），见袁珂《中国神话大词典》，北京：华夏出版社 2015 年版，第 578 页。

W0658a. 3. 4

村寨的祖先

【关联】［W0440］村寨保护神（寨神，村神，村寨神）

实　例

（实例待考）

W0658a. 3. 5

特定地域的祖先

实　例

（实例待考）

W0658a. 3. 6

特定姓氏的祖先

【关联】［W6820］姓氏的产生

实　例

（实例待考）

W0658a. 4

人的祖先

实　例

（参见下级母题实例）

W0658a. 4. 1

人类创世祖宁贯娃

实　例

景颇族 天神夫妇生人类创世祖宁贯娃。

【流传】 云南省·（德宏傣族景颇族自治州）·陇川县

【出处】 施戛崩讲《宁贯娃改天整地》，见中国民间文学集成全国编辑委员会编《中国民间故事集成》（云南卷），北京：中国 ISBN 中心 2003 年版，第 61～66 页。

W0658a. 5

动物的祖先

实　例

（实例待考）

W0658a.5.1

六畜之祖

实　例

景颇族（实例待考）

W0658a.6

植物的祖先

实　例

（实例待考）

W0658a.7

无生命物的祖先

实　例

（实例待考）

W0658a.8

特定职业者的祖先（行业祖师）

【关联】［W0497.7.16］祖师神

实　例

（参见下级母题实例）

W0658a.8.1

工匠的始祖（工匠的祖师神）

实　例

（参见下级母题实例）

W0658a.8.1.1

工匠的始祖格莫阿赫

实　例

彝族工匠的始祖格莫阿赫。

【流传】四川省·（凉山彝族自治州）·雷波县

【出处】

（a）保木和铁讲，芦芙阿梅译，白芝采录：《开天辟地》，见中国民间文学集成全国编辑委员会编《中国民间故事集成》（四川卷），北京：中国ISBN中心1998年版，第749页。

（b）《开天辟地》，见陶立璠、赵桂芳等编《中国少数民族神话汇编》（开天辟地篇），中央民族学院少数民族古籍整理出版规划领导小组办公室印（未署出版时间），第85～95页。

W0658a.8.1.2

工匠始祖炯公洛班

实　例

瑶族（布努）密洛陀（万物之母，女始祖，女神）的三儿子炯公洛班去铺路架桥，密洛陀封他做工匠始祖。

【流传】广西壮族自治区·（河池市）·都安县（都安瑶族自治县）、巴马县（巴马瑶族自治县）、南丹县，（百色市）·田东县、平果县等地

【出处】桑布郎等传，蒙凤标（83岁）、罗仁祥（73岁）等唱：《密洛陀》（1983），见蓝怀昌、蓝书京、蒙通顺搜集翻译整理《密洛陀》，北京：中国民间文艺出版社1988年版，第86页。

W0658a. 8. 1a

补锅匠行业祖师神

实 例

（参见下级母题实例）

W0658a. 8. 1a. 1

补锅匠行业祖师神弘忍

实 例

汉族 补锅匠奉弘忍为行业祖师神。弘忍，唐代僧人，中国禅宗第五祖。

【流传】（四川省·内江市）

【出处】《补锅业神——弘忍》，见乌丙安主编《中国民间神谱》，沈阳：辽宁人民出版社 2007 年版，第 213 页。

W0658a. 8. 1b

表行业祖师

实 例

（参见下级母题实例）

W0658a. 8. 1b. 1

表行业祖师利玛窦

实 例

民族无考 钟表是利玛窦由西方传入的，故我国钟表行业将其奉为祖师。

【流传】（无考）

【出处】《钟表业神——利玛窦》，见乌丙安主编《中国民间神谱》，沈阳：辽宁人民出版社 2007 年版，第 228 页。

W0658a. 8. 1c

编织业祖师

【关联】

① ［W6082. 3］受山雀做窝的启示学会用竹藤编织簸箕

② ［W6097. 7. 1］受山雀做窝的启示学会用竹藤编织筛子

实 例

（参见下级母题实例）

W0658a. 8. 1c. 1

编织业祖师神刘备

实 例

汉族 刘备幼年家境贫寒，曾与母亲以织席贩鞋为生，故后世编织业将其奉为祖师神。

【流传】（无考）

【出处】《编织业神——刘备》，见乌丙安主编《中国民间神谱》，沈阳：辽宁人民出版社 2007 年版，第 229 页。

W0658a. 8. 1d

石匠的祖师

实 例

（参见下级母题实例）

W0658a. 8. 1d. 1

雷公是石匠的祖师

实 例

白族 祖祖辈辈以开采、制作大理石为业的石匠的行业神是雷公，尊称为“雷公祖师”。

【流传】云南省·（大理白族自治州）·大理市·（大理镇）·三文笔村

【出处】詹承绪调查整理：《大理三文笔村石匠祖师祭》（1988），见吕大吉、何耀华总主编《中国各民族原始宗教资料集成》（彝族卷、白族卷、基诺族卷），北京：中国社会科学出版社1996年版，第731页。

W0658a.8.2

特定宗教的祖神

实 例

（参见下级母题实例）

W0658a.8.2.1

毕摩的始祖

【关联】［W9147］毕摩

实 例

（参见下级母题实例）

W0658a.8.2.1.1

毕摩的始祖水中出生

实 例

彝族 毕摩的始祖是从水中出生的。

【流传】云南省·（楚雄彝族自治州·武定县）·万德（万德镇）

【出处】罗希吾戈翻译：《夷僰榷濮》（六祖史诗），昆明：云南民族出版社1986年版，第11页。

W0658a.8.2.2

麽教的祖师

实 例

（参见下级母题实例）

W0658a.8.2.2.1

三元祖师唐道扬、葛定应、周护王、妹毛法度、阴阳师父、真武大将军等是祖师神

实 例

壮族 三元祖师唐道扬、葛定应、周护王、妹毛法度、阴阳师父、真武大将军等是祖师神。

【流传】广西壮族自治区·（南宁市）·武鸣县·两江乡·雷江片，马山县·古零乡·杨圩片

【出处】黄世杰搜集整理：*《多神信仰》（1990），见吕大吉、何耀华总主编《中国各民族原始宗教资料集成》（土家族卷、瑶族卷、壮族卷、黎族卷），北京：中国社会科学出版社1998年版，第492页。

W0658a.8.2.3

佛教中观派的祖师鲁珠大师（龙树法师）

实 例

藏族 佛教中观派的祖师鲁珠大师（龙树法师）对众生一概怜悯，不分远近。

【流传】西藏自治区

【出处】李朝群翻译整理：《顿珠和巫术师七兄弟》，原载《西藏民间故事选》，见陶阳、钟秀编《中国神话》（下），北京：商务印书馆2008年版，第1365～1370页。

W0658a. 8. 3

鞭炮业的祖师

实 例

（参见下级母题实例）

W0658a. 8. 3. 1

鞭炮业祖师祝融

【关联】［W0767］祝融

实 例

汉族 鞭炮业的祖师是火神祝融。

【流传】河南省豫中一带

【出处】郭立峰讲：《火神祝融的传说》，见张振犁编著，孟宪明、朱淑君统纂《中原神话通鉴》（第三卷），郑州：河南大学出版社2017年版，第766页。

汉族 祝融与蚩尤大战时，曾将竹子燃爆崩炸蚩尤，还用爆竹驱除过危害百姓的山魈，并传授人们制作爆竹的技艺，被鞭炮业奉为祖师。

【流传】（无考）

【出处】《鞭炮业神——祝融、无敌火炮将军》，见乌丙安主编《中国民间神谱》，沈阳：辽宁人民出版社2007年版，第224页。

W0658a. 8. 3. 2

鞭炮业祖师神李畋（花炮业祖师神李畋）

实 例

汉族 明洪武三年，上栗人在“佑圣观”设立爆竹祖师神位，每逢农历四月十八日李畋先师会，到“佑圣观”祭祀李畋。

【流传】江西省·萍乡市

【出处】撰者不详：《萍乡地方志》。

W0658a. 8. 4

巫师的祖先神

【关联】［W9121］巫师的产生

实 例

（参见下级母题实例）

W0658a. 8. 4. 1

“巴”神是巫师的祖先神

实 例

壮族 “巴”神（巫师的祖先神）的存在始终要通过替身、巫师来体现，一旦老巫师死后，“巴”神会从死人躯体超脱出来，重新寻找新的替身，这个阶段可以是老巫师死后不久就开始反映出来，也可以是相隔一二十年后或者更长时间才反映出来，但是只要有新的巫师产生，人们就会毫不迟疑地认为是“巴”神附身所致。

【流传】（无考）

【出处】凌树东搜集整理：＊《巫的组织形式》（1990），见吕大吉、何耀华总主编《中国各民族原始宗教资料集成》（土家族卷、瑶族卷、壮族卷、黎族卷），北京：中国社会科学出版社1998年版，第589页。

W0658a.8.4.2
摩梭人巫师祖师英什东巴商来

实　例

纳西族（摩梭） 达巴（纳西族摩梭人的巫师）祖师是“英什东巴商来”（丁巴什罗，纳西族东巴教始祖）。

【流传】云南省·（丽江市·宁蒗彝族自治县）·永宁区（永宁乡·永宁行政村）·忠实乡（忠实村）

【出处】阿窝都之（66岁）讲，和志武调查整理：《永宁地区的“达巴”调查》（二）（1962），见吕大吉、何耀华总主编《中国各民族原始宗教资料集成》（纳西族卷、羌族卷、独龙族卷、傈僳族卷、怒族卷），北京：中国社会科学出版社2000年版，第201页。

W0658a.8.4.3
原始女巫的祖师东神、色神

实　例

纳西族 动、生神（又译为“东神”、“色神”）是原始女巫“把”时代的祖师，一切古谱都起始于动神，故东巴（达巴）做任何仪式都首先要请动神。又说，动神是男神、阳神；生神是女神、阴神。

【流传】云南省·丽江县（丽江市）·长水乡（不详）

【出处】和泗泉读经，周汝诚调查记录，和志武翻译整理：经书《动丁》（1989），见吕大吉、何耀华总主编《中国各民族原始宗教资料集成》（纳西族卷、羌族卷、独龙族卷、傈僳族卷、怒族卷），北京：中国社会科学出版社2000年版，第83～84页。

W0658a.8.4.4
端公（巫师）的祖师神阿爸木拉

实　例

羌族 “端公”（巫师）的祖师羌语称“阿爸木拉”，即端公所供的神。

【流传】四川省·阿坝藏族羌族自治州·汶川县·绵池（绵池镇）

【出处】

(a) 钱安靖：《羌族宗教习俗调查资料》，见羌族社会历史调查四川省编写组编《羌族社会历史调查》，成都：四川省社会科学院出版社1986年版。

(b)《汶川县绵池乡羌族端公的由来及其经典介绍》，见吕大吉、何耀华总主编《中国各民族原始宗教资料集成》（纳西族卷、羌族卷、独龙族卷、傈僳族卷、怒族卷），北京：中国社会科学出版社2000年版，第489页。

W0658a. 8. 5

猎人的祖先

实 例

（参见下级母题实例）

W0658a. 8. 5. 1

与女猎神结婚的猎人成为猎人的祖先

实 例

怒族 猎人与女猎神婚。其后怒族猎人遂奉此猎人为其祖先。

【流传】（无考）

【出处】 袁珂改编：《女猎神》，原载谷德明《中国少数民族神话选》，见袁珂《中国神话大词典》，北京：华夏出版社 2015 年版，第 578 页。

W0658a. 8. 6

制墨业和烟铺祖师吕洞宾

【关联】［W6262］墨的产生

实 例

汉族 制墨业和烟铺将吕洞宾奉为祖师。每年农历四月十四其诞辰之日，制墨业的工匠以及烟铺业者多举行祭祀活动。

【流传】（无考）

【出处】《制墨业神——吕洞宾》，见乌丙安主编《中国民间神谱》，沈阳：辽宁人民出版社 2007 年版，第 220 页。

W0658a. 8. 7

制笔业的祖师

【关联】［W6261］笔的产生

实 例

（参见下级母题实例）

W0658a. 8. 7. 1

制笔业的祖师蒙恬

实 例

汉族 蒙恬是秦朝的一名战将，制笔业的祖师。

【流传】（无考）

【出处】《制笔业神——蒙恬》，见乌丙安主编《中国民间神谱》，沈阳：辽宁人民出版社 2007 年版，第 217 页。

W0658a. 8. 8

占卜业的祖师

【关联】［W9190］占卜的产生

实 例

（参见下级母题实例）

W0658a. 8. 8. 1

占卜业祖师伏羲、周文王

【关联】［W0681. 6. 1］伏羲是占卜业祖师神

实 例

汉族 占卜业多奉伏羲、周文王为祖师神。

【流传】（无考）

【出处】《占卜业神——伏羲·周文王》，见乌丙安主编《中国民间神谱》，沈阳：辽宁人民出版社2007年版，第241页。

W0658a.8.8.2

阴阳占卜业者祖师地藏王菩萨

实 例

民族无考 风水业、阴阳占卜业者奉地藏王菩萨为祖师。

【流传】（无考）

【出处】《地藏菩萨》，见乌丙安主编《中国民间神谱》，沈阳：辽宁人民出版社2007年版，第322页。

W0658a.8.9

造纸业祖师

【关联】［W6263］纸的产生

实 例

（参见下级母题实例）

W0658a.8.9.1

蔡伦为“蔡伦圣人”或“龙亭侯蔡伦祖师”

实 例

汉族 造纸作坊多尊蔡伦为“蔡伦圣人”或“龙亭侯蔡伦祖师”。

【流传】（中国多地）

【出处】《造纸业神——蔡伦》，见乌丙安主编《中国民间神谱》，沈阳：辽宁人民出版社2007年版，第217页。

W0658a.8.9.1.1

农历三月十七日其生日以及十月初十蔡伦忌日

实 例

汉族 农历三月十七日其生日以及十月初十是“龙亭侯蔡伦祖师”其忌日。

【流传】（中国多地）

【出处】《造纸业神——蔡伦》，见乌丙安主编《中国民间神谱》，沈阳：辽宁人民出版社2007年版，第217页。

W0658a.8.9a

印刷行业祖师

实 例

（参见下级母题实例）

W0658a.8.9a.1

印刷行业祖师神毕昇

实 例

汉族 毕昇发明的活字印刷术，被后世印刷行业奉为祖师神。

【流传】（无考）

【出处】《印刷业神——毕昇》，见乌丙安主编《中国民间神谱》，沈阳：辽宁人民出版社2007年版，第222页。

W0658a.8.9b

书坊、雕版等行业祖师

实 例

（参见下级母题实例）

W0658a. 8. 9b. 1

书坊、雕版等行业祖师文昌帝君

【关联】［W0497. 7. 26. 3. 1］文昌帝君为教育业神

实 例

汉族 文昌星和梓潼帝君同被道教尊为主管功名利禄之神，二神逐渐合二为一，称文昌帝君，又称梓潼帝君。书坊、雕版等行业将文昌帝君奉为祖师。

【流传】（无考）

【出处】《书坊业、雕版业神——文昌帝君、李聃》，见乌丙安主编《中国民间神谱》，沈阳：辽宁人民出版社2007年版，第221页。

W0658a. 8. 10

扎彩业祖师五道之神

实 例

汉族 扎彩业是为死者发丧扎纸活的行业，所奉祖师为五道之神，又称五道真君。

【流传】（无考）

【出处】《扎彩业神——五道之神》，见乌丙安主编《中国民间神谱》，沈阳：辽宁人民出版社2007年版，第226页。

W0658a. 8. 11

造酒业祖师

【关联】［W6155. 2］酒的制造

实 例

（参见下级母题实例）

W0658a. 8. 11. 1

造酒业祖师仪狄

实 例

汉族 造酒业所奉祖师仪狄。

【流传】（无考）

【出处】《造酒业神——仪狄、杜康》，见乌丙安主编《中国民间神谱》，沈阳：辽宁人民出版社2007年版，第194页。

W0658a. 8. 11. 2

造酒业祖师杜康

实 例

汉族 后世人为了纪念杜康，尊他为酿酒始祖。

【流传】陕西省·（延安市）·黄陵县

【出处】英兰草搜集整理：《酿酒始祖杜康》，原载黄陵县文化馆编《轩辕黄帝传说故事》，见陶阳、钟秀编《中国神话》（下），北京：商务印书馆2008年版，第1261～1262页。

汉族 造酒业所奉祖师主要为仪狄、杜康。

【流传】（无考）

【出处】《造酒业神——仪狄、杜康》，见乌丙安主编《中国民间神谱》，沈阳：辽宁人民出版社2007年版，第194页。

W0658a.8.11.3

造酒的祖师爷水西（人名）

实　例

汉族 水西（人名）是造酒的祖师爷。

【流传】浙江省

【出处】虞金寿、施美生讲，蔡水儿搜集整理：《大禹和水西》，载《山海经》1981年第4期。

W0658a.8.11a

卖酒业祖师

实　例

（参见下级母题实例）

W0658a.8.11a.1

卖酒业祖师神李白

实　例

汉族 卖酒业奉唐代诗人李白为祖师神。

【流传】（浙江省）

【出处】《卖酒业神——李白》，见乌丙安主编《中国民间神谱》，沈阳：辽宁人民出版社2007年版，第196页。

W0658a.8.12

洗浴业祖师

实　例

（参见下级母题实例）

W0658a.8.12.1

澡堂业祖师僧人志公

实　例

汉族 澡堂业将佛教僧人志公奉为其祖师。

【流传】（无考）

【出处】《修脚业、澡堂业神——志公》，见乌丙安主编《中国民间神谱》，沈阳：辽宁人民出版社2007年版，第229页。

W0658a.8.13

景泰蓝制造业祖师

实　例

（参见下级母题实例）

W0658a.8.13.1

景泰蓝制造业祖师神大禹

实　例

汉族等 禹曾以青铜制九鼎，还被后世景泰蓝制造业奉为祖师。

【流传】（无考）

【出处】《禹》，见乌丙安主编《中国民间神谱》，沈阳：辽宁人民出版社2007年版，第61页。

汉族 景泰蓝业将铸铜鼎的大禹奉为祖师神。

【流传】（北京市）

【出处】《景泰蓝业神——大禹》，见乌丙安主编《中国民间神谱》，沈阳：辽宁人民出版社 2007 年版，第 216 页。

W0658a. 8. 14
医药业祖师

【关联】

①［W6230］医术的产生

②［W6235］药的产生（药的获得）

实 例

（参见下级母题实例）

W0658a. 8. 14. 1
医药业祖师神伏羲、神农、黄帝三皇

实 例

汉族 医药业最早奉三皇为祖师神，即伏羲、神农、黄帝。

【流传】（无考）

【出处】《医药业神——神农·扁鹊·孙思邈·邳彤·李时珍·韦善俊》，见乌丙安主编《中国民间神谱》，沈阳：辽宁人民出版社 2007 年版，第 201 页。

W0658a. 8. 14a
兽医业祖师

实 例

（参见下级母题实例）

W0658a. 8. 14a. 1
兽医业祖师马师皇

实 例

汉族 黄帝时马医马师皇因诊治龙、马医术高超，被后世兽医业奉为祖师。

【流传】（无考）

【出处】《兽医业祖师——马师皇》，见乌丙安主编《中国民间神谱》，沈阳：辽宁人民出版社 2007 年版，第 205 页。

W0658a. 8. 15
盐业祖师

实 例

（参见下级母题实例）

W0658a. 8. 15. 1
盐业祖师神张道陵

实 例

汉族 盐业所奉祖师神主要有张道陵、葛洪、管仲、盐佬等人。

【流传】两淮流域一带

【出处】《盐业神——张道陵、葛洪、管仲》，见乌丙安主编《中国民间神谱》，沈阳：辽宁人民出版社 2007 年版，第 194 页。

W0658a. 8. 15. 2
盐业祖师神管仲

实 例

汉族 （参见“W0658a. 8. 15. 1 盐业祖师神张道陵”母题实例）。

W0658a.8.15.2
盐业祖师神葛洪

实 例

汉族 （参见“W0658a.8.15.1 盐业祖师神张道陵”母题实例”）。

W0658a.8.16
阉割业祖师

实 例

（参见下级母题实例）

W0658a.8.16.1
阉割业祖师华佗

【关联】［W0827.1.21］仙人华佗

实 例

汉族 汉代著名的医学家华佗尤擅外科，故而被阉割业奉为祖师。

【流传】（无考）

【出处】《阉割业神——华佗》，见乌丙安主编《中国民间神谱》，沈阳：辽宁人民出版社2007年版，第201页。

W0658a.8.17
衙役业祖师

实 例

（参见下级母题实例）

W0658a.8.17.1
衙役业祖师秦琼

实 例

汉族 衙役业的祖师是唐朝的著名武将秦琼。

【流传】（无考）

【出处】《衙役业神——秦琼》，见乌丙安主编《中国民间神谱》，沈阳：辽宁人民出版社2007年版，第231页。

W0658a.8.18
靴鞋业祖师

【关联】［W6136］鞋的产生

实 例

（参见下级母题实例）

W0658a.8.18.1
靴鞋业祖师孙膑

实 例

汉族 靴鞋业感念孙膑之遭遇，将其奉为祖师。每年农历三月初三孙膑诞日的前夕对其进行敬祭。

【流传】（无考）

【出处】《靴鞋业神——孙膑》，见乌丙安主编《中国民间神谱》，沈阳：辽宁人民出版社2007年版，第189页。

W0658a.8.19
刑狱业祖师

【关联】［W0488］刑罚神

实 例

（参见下级母题实例）

W0658a. 8. 19. 1

刑狱业的祖师皋陶

实 例

汉族 刑狱业的祖师为古代尧舜时代掌管刑狱与司法的官员皋陶。

【流传】（无考）

【出处】《刑狱业神——皋陶、箫王》，见乌丙安主编《中国民间神谱》，沈阳：辽宁人民出版社 2007 年版，第 230 页。

W0658a. 8. 20

相声界祖师

实 例

（参见下级母题实例）

W0658a. 8. 20. 1

相声界祖师东方朔

实 例

汉族 西汉武帝的侍臣东方朔诙谐滑稽名声较大，被后世相声界奉为祖师。

【流传】（无考）

【出处】《相声业神——东方朔》，见乌丙安主编《中国民间神谱》，沈阳：辽宁人民出版社 2007 年版，第 235 页。

W0658a. 8. 21

戏剧界祖师

【关联】［W6909. 1］ 戏的产生

实 例

（参见下级母题实例）

W0658a. 8. 21. 1

戏剧之祖唐明皇

实 例

汉族 老郎庙，在镇抚司前，梨园子弟祀之。其神白面少年，相传为明皇，因明皇兴梨园故也。

【流传】（无考）

【出处】［清］顾录：《清嘉录》卷七“青龙戏”条引钱思元《吴门补乘》。

W0658a. 8. 21. 2

京西影戏业尊观音为祖师

实 例

民族无考 玉器行的工匠及商人奉白衣观音为祖师，京西的影戏业也尊观音为祖师。

【流传】（无考）

【出处】《观世音菩萨》，见乌丙安主编《中国民间神谱》，沈阳：辽宁人民出版社 2007 年版，第 316 页。

W0658a. 8. 22

武师业与保镖业祖师

实 例

（参见下级母题实例）

W0658a.8.22.1

武师业与保镖业祖师达摩

实　例

汉族 武师业与保镖业都与武术有关，所奉祖师多为达摩。

【流传】（无考）

【出处】《武师业、保镖业、盗匪、修脚业神——达摩》，见乌丙安主编《中国民间神谱》，沈阳：辽宁人民出版社2007年版，第232页。

W0658a.8.23

赌博行业祖师

【关联】

①［W0443.9.2.3］狐是赌博业的保护神

②［W0453］赌神

实　例

（参见下级母题实例）

W0658a.8.23.1

赌博行业祖师五路神

实　例

汉族 赌博行业将五路神奉为祖师。

【流传】（无考）

【出处】《五路神》，见乌丙安主编《中国民间神谱》，沈阳：辽宁人民出版社2007年版，第143页。

W0658a.8.24

屠宰业祖师

实　例

（参见下级母题实例）

W0658a.8.24.1

屠宰业祖师张飞

实　例

汉族 《三国演义》中的人物张飞，因出身屠夫，被屠宰业奉为祖师。

【流传】（无考）

【出处】《屠宰业神——三义之神·张飞·樊哙》，见乌丙安主编《中国民间神谱》，沈阳：辽宁人民出版社2007年版，第199页。

W0658a.8.24.2

屠宰业祖师樊哙

实　例

汉族 汉高祖刘邦手下的一员大将樊哙曾以屠狗卖肉为生，由于其发迹后做了大官，屠宰业将其奉为祖师。

【流传】（无考）

【出处】《屠宰业神——三义之神·张飞·樊哙》，见乌丙安主编《中国民间神谱》，沈阳：辽宁人民出版社2007年版，第199页。

W0658a.8.25

铁匠祖师

【关联】

①［W0459. 3］铁匠神

②［W6076. 6］铁匠

实　例

（参见下级母题实例）

W0658a. 8. 25. 1

铁匠祖师老君

实　例

（实例待考）

W0658a. 8. 25. 2

老君是铁匠行业的主神

实　例

汉族 民间做铁器的铺子也将老君作为行业主神供奉。

【流传】（无考）

【出处】《老子》，见乌丙安主编《中国民间神谱》，沈阳：辽宁人民出版社2007年版，第247页。

W0658a. 8. 26

水业祖师

实　例

（参见下级母题实例）

W0658a. 8. 26. 1

水业祖师神水母娘娘

实　例

民族无考 水母娘娘是配水业供奉的祖师神。

【流传】（无考）

【出处】《井神》，见乌丙安主编《中国民间神谱》，沈阳：辽宁人民出版社2007年版，第121页。

W0658a. 8. 27

说书业行业祖师

实　例

（参见下级母题实例）

W0658a. 8. 27. 1

说书业行业祖师孔子

实　例

汉族 说书业多将周庄王、孔子、文昌帝君三位并列为祖师。

【流传】（无考）

【出处】《说书业神——周庄王、孔子、文昌帝君》，见乌丙安主编《中国民间神谱》，沈阳：辽宁人民出版社2007年版，第234页。

W0658a. 8. 27. 2

说书业行业祖师周庄王

实　例

汉族 （参见“W0658a. 8. 27. 1　说书业行业祖师孔子”母题实例）

W0658a. 8. 27. 3

说书业行业祖师文昌帝君

实　例

汉族 （参见“W0658a. 8. 27. 1　说书业行业祖师孔子”母题实例）

W0658a.8.27.3.1

文昌祠

实 例

（参见下级母题实例）

W0658a.8.27.3.1.1

梓潼帝君庙俗称文昌祠

实 例

汉族 梓潼帝君庙，俗称文昌祠。神初祀于蜀。嘉熙间，蜀破，民多徙钱唐，而蜀人牟子才等，遂请立庙于吴山，其傍立二童，俗称天聋、地哑者是也。

【流传】（无考）

【出处】［明］田汝成：《西湖游览志》卷十二。

W0658a.8.27.3.1.2

文昌祠有天聋、地哑二童

实 例

汉族 （参见“W0658a.8.27.3.1.1 梓潼帝君庙俗称文昌祠”母题实例）

W0658a.8.28

陶瓷业窑祖师（制陶业祖师，烧窑业所奉祖师）

【关联】

①［W0459.6］陶神（制陶神，制陶业之神）

②［W0497.7.22］窑神

③［W6251］陶器的产生

实 例

（参见下级母题实例）

W0658a.8.28.1

陶瓷业窑祖师神范蠡

实 例

汉族 陶瓷业奉范蠡为行业祖师神，尊其“造缸先师”、“致富先师”。

【流传】（江苏省·宜兴市）

【出处】《陶瓷业神——窑神、范蠡、宁封子》，见乌丙安主编《中国民间神谱》，沈阳：辽宁人民出版社2007年版，第208页。

W0658a.8.28.2

陶瓷业窑祖师神陶正宁封子

实 例

汉族 一些烧窑业所奉祖师神为陶正宁封子。

【流传】（中国东北地区、湖省一带）

【出处】《陶瓷业神——窑神、范蠡、宁封子》，见乌丙安主编《中国民间神谱》，沈阳：辽宁人民出版社2007年版，第208页。

W0658a.8.29

碾磨、面粉业等行业祖师

实 例

（参见下级母题实例）

W0658a. 8. 29. 1

碾磨、面粉业等行业将神农奉为祖师

实 例

汉族 神农是后世的碾磨、面粉业等行业也将神农奉为祖师。

【流传】（无考）

【出处】《神农》，见乌丙安主编《中国民间神谱》，沈阳：辽宁人民出版社2007年版，第54页。

W0658a. 8. 30

命相业祖师

【关联】

① ［W0490. 1］ 占卜神

② ［W9190］ 占卜的产生

实 例

（参见下级母题实例）

W0658a. 8. 30. 1

命相业祖师鬼谷子

实 例

汉族 命相业业内所奉祖师主要有元天上帝、鬼谷子、周公、报事灵童等。

【流传】（无考）

【出处】《命相业神——元天上帝·鬼谷子》，见乌丙安主编《中国民间神谱》，沈阳：辽宁人民出版社2007年版，第241页。

W0658a. 8. 30. 2

命相业祖师陈抟

实 例

汉族 一些地区的命相业将陈抟奉为祖师。

【流传】（无考）

【出处】《陈抟》，见乌丙安主编《中国民间神谱》，沈阳：辽宁人民出版社2007年版，第294页。

W0658a. 8. 30a

风水业者奉地藏王菩萨为祖师

实 例

（参见下级母题实例）

W0658a. 8. 30a. 1

风水业者祖师藏王菩萨

【关联】

① ［W0658a. 8. 8. 2］ 阴阳占卜业者祖师地藏王菩萨

② ［W0790d. 3］ 地藏菩萨（地藏王菩萨，地藏王）

实 例

民族无考 风水业者奉地藏王菩萨为祖师。

【流传】（无考）

【出处】《地藏菩萨》，见乌丙安主编《中国民间神谱》，沈阳：辽宁人民出版社2007年版，第322页。

W0658a.8.31
染坊业祖师

实 例

（参见下级母题实例）

W0658a.8.31.1
染坊业祖师神奉梅、葛二圣

实 例

（参见下级母题实例）

W0658a.8.31.1.1
梅、葛二圣俗称染缸坊神或缸神

实 例

汉族 染坊业奉梅、葛二圣为祖师神，俗称“染缸坊神”、“缸神”。

【流传】（无考）

【出处】《染坊业神——梅福、葛洪》，见乌丙安主编《中国民间神谱》，沈阳：辽宁人民出版社 2007 年版，第 188 页。

W0658a.8.32
窃贼祖师

【关联】

① ［W0482］ 偷盗之神

② ［W9950］ 偷盗

实 例

（参见下级母题实例）

W0658a.8.32.1
窃贼祖师时迁

实 例

汉族 《水浒传》中盗墓贼出身的时迁，轻功上乘，善于偷盗，故后世窃贼亦将时迁奉为祖师。

【流传】（无考）

【出处】《窃贼业神——时迁·五盗将军》，见乌丙安主编《中国民间神谱》，沈阳：辽宁人民出版社 2007 年版，第 240 页。

W0658a.8.33
乞丐业祖师

实 例

（参见下级母题实例）

W0658a.8.33.1
乞丐业祖师范丹

实 例

汉族 乞丐业所奉祖师主要有范丹、郑元和等。

【流传】（无考）

【出处】《乞丐业神——范丹、郑元和》，见乌丙安主编《中国民间神谱》，沈阳：辽宁人民出版社 2007 年版，第 239 页。

W0658a. 8. 34
漆器业祖师

实 例

（参见下级母题实例）

W0658a. 8. 34. 1
漆器业祖师漆宝真人

实 例

汉族 漆器业所奉祖师为漆宝真人。

【流传】（无考）

【出处】《漆器业神——漆宝真人》，见乌丙安主编《中国民间神谱》，沈阳：辽宁人民出版社2007年版，第227页。

W0658a. 8. 35
皮革业祖师

实 例

（参见下级母题实例）

W0658a. 8. 35. 1
皮革业祖师黄飞虎

实 例

汉族 皮革业奉黄飞虎和比干为其祖师。

【流传】（无考）

【出处】《皮革业神——黄飞虎、比干》，见乌丙安主编《中国民间神谱》，沈阳：辽宁人民出版社2007年版，第223页。

W0658a. 8. 35. 2
皮革业祖师比干

实 例

汉族 一些地方的皮革业有将比干奉为祖师，将黄飞虎列在其后配祀。

【流传】（无考）

【出处】《皮革业神——黄飞虎、比干》，见乌丙安主编《中国民间神谱》，沈阳：辽宁人民出版社2007年版，第223页。

W0658a. 8. 36
酱菜业祖师

实 例

（参见下级母题实例）

W0658a. 8. 36. 1
酱菜业祖师神颜真卿

实 例

汉族 明清时期，酱园报赛必在颜鲁公祠，取盐卤二字同音。

【流传】（江苏省·南京市）

【出处】［清］陈作霖：《炳烛里谈》。

W0658a. 8. 36. 2
酱菜业祖师神蔡邕

实 例

汉族 酱菜业奉蔡邕为祖师神。

【流传】（无考）

【出处】《酱菜业神——蔡邕·颜真

卿》，见乌丙安主编《中国民间神谱》，沈阳：辽宁人民出版社 2007 年版，第 197 页。

W0658a.8.37

绘画业祖师

【关联】

①［W0489.5］绘画之神

②［W0497.7.33］画神

③［W6755］图画的产生

实 例

（参见下级母题实例）

W0658a.8.37.1

绘画业祖师神吴道子

实 例

汉族 唐代著名画家吴道子妙笔生花，民间绘画业将其奉为祖师神。

【流传】（无考）

【出处】《绘画业神——吴道子》，见乌丙安主编《中国民间神谱》，沈阳：辽宁人民出版社 2007 年版，第 236 页。

W0658a.8.38

玉器业祖师

实 例

（参见下级母题实例）

W0658a.8.38.1

玉器业祖师神丘处机

实 例

汉族 丘处机为全真教的创始人，号长春真人，被封为玉器业主祀的祖师神。

【流传】（北京市）

【出处】《玉器业神——丘处机·白衣观音·卞和·周宣王》，见乌丙安主编《中国民间神谱》，沈阳：辽宁人民出版社 2007 年版，第 215 页。

W0658a.8.38.2

玉器行工匠及商人祖师白衣观音

实 例

民族无考 玉器行的工匠及商人奉白衣观音为祖师。

【流传】（无考）

【出处】《观世音菩萨》，见乌丙安主编《中国民间神谱》，沈阳：辽宁人民出版社 2007 年版，第 316 页。

W0658a.8.39

锡箔业祖师

实 例

（参见下级母题实例）

W0658a.8.39.1

锡箔业祖师神朱元璋

实 例

汉族 锡箔业奉明太祖朱元璋为祖师神。

【流传】（浙江省）

【出处】《锡箔业神——朱元璋》，见乌

丙安主编《中国民间神谱》，沈阳：辽宁人民出版社 2007 年版，第 214 页。

W0658a. 8. 40

针匠祖师

实 例

（参见下级母题实例）

W0658a. 8. 40. 1

针匠祖师神刘海

实 例

汉族 刘海，针匠祖师。

【流传】（无考）

【出处】［东晋］道士许真君：《玉匣记》。

汉族 刘海又称刘海蟾，上八仙之一。从钟离权、吕洞宾学道成仙，制针业奉刘海为祖师。

【流传】（无考）

【出处】《制针业神——刘海》，见乌丙安主编《中国民间神谱》，沈阳：辽宁人民出版社 2007 年版，第 225 页。

W0658a. 8. 41

工匠业祖师

实 例

（参见下级母题实例）

W0658a. 8. 41. 1

工匠行业祖师神鲁班

实 例

汉族 鲁班是木、瓦、石等诸多工匠行业所崇信的祖师神。

【流传】（无考）

【出处】《木瓦石匠业——鲁班》，见乌丙安主编《中国民间神谱》，沈阳：辽宁人民出版社 2007 年版，第 205 页。

W0658a. 8. 42

糕点业祖师

实 例

（参见下级母题实例）

W0658a. 8. 42. 1

糕点业祖师神闻仲

实 例

汉族 糕点业奉闻仲为祖师神，尊为雷祖。

【流传】（北京市）

【出处】《糕点业神——闻仲》，见乌丙安主编《中国民间神谱》，沈阳：辽宁人民出版社 2007 年版，第 200 页。

W0658a. 8. 42. 1. 1

闻仲尊为雷祖

实 例

汉族 （参见“W0658a. 8. 42. 1 糕点

业祖师神闻仲”母题实例）

W0658a. 8. 42. 2

糕点业祖师神燧人氏

【关联】［W0738. 2. 4］燧人氏是火神（火神燧人氏）

实 例

汉族 清代，宫廷御膳房糕点师傅所奉祖师为远古燧人氏。

【流传】（无考）

【出处】《糕点业神——闻仲》，见乌丙安主编《中国民间神谱》，沈阳：辽宁人民出版社 2007 年版，第 200 页。

W0658a. 8. 42a

豆腐业祖师

实 例

（参见下级母题实例）

W0658a. 8. 42a. 1

豆腐业祖师神淮南先师刘安

实 例

汉族 豆腐业多奉淮南先师为祖师神。淮南先师即西汉淮南王刘安，汉高祖刘邦之孙。

【流传】（无考）

【出处】《豆腐业神——淮南先师·乐毅》，见乌丙安主编《中国民间神谱》，沈阳：辽宁人民出版社 2007 年版，第 199 页。

W0658a. 8. 42b

厨业祖师

实 例

（参见下级母题实例）

W0658a. 8. 42b. 1

厨业祖师灶君

实 例

汉族 清代，很多地方的厨业及相关行业奉灶君为祖师

【流传】（无考）

【出处】《厨业神——汉宣帝、易牙、詹王》，见乌丙安主编《中国民间神谱》，沈阳：辽宁人民出版社 2007 年版，第 192 页。

W0658a. 8. 42b. 2

厨业祖师易牙

实 例

汉族 厨业多奉易牙为祖师。

【流传】（江浙省、天津市、辽宁省·沈阳市）

【出处】《厨业神——汉宣帝、易牙、詹王》，见乌丙安主编《中国民间神谱》，沈阳：辽宁人民出版社 2007 年版，第 192 页。

W0658a. 8. 42b. 3

厨业祖师汉宣帝

实 例

汉族 厨业多奉汉宣帝为祖师。

【流传】（陕西省关中地区）

【出处】《厨业神——汉宣帝、易牙、詹王》，见乌丙安主编《中国民间神谱》，沈阳：辽宁人民出版社 2007 年版，第 192 页。

W0658a. 8. 43

土匪行祖师

实 例

（参见下级母题实例）

W0658a. 8. 43. 1

十八罗汉为土匪行祖师。

实 例

民族无考 “十八罗汉”为土匪行祖师。

【流传】（无考）

【出处】《十八罗汉》，见乌丙安主编《中国民间神谱》，沈阳：辽宁人民出版社 2007 年版，第 326 页。

W0658a. 8. 44

纺织业祖师

【关联】

① ［W0456］纺织神

② ［W6120］纺织的产生

实 例

（参见下级母题实例）

W0658a. 8. 44. 1

纺织业祖师神织女

实 例

汉族 纺织业包括棉纺、丝织等行业，所奉祖师神主要是织女。

【流传】（无考）

【出处】《纺织业神——织女、黄道婆》，见乌丙安主编《中国民间神谱》，沈阳：辽宁人民出版社 2007 年版，第 187 页。

W0658a. 8. 44. 2

纺织业祖师神黄道婆

实 例 （参见“W0658a. 8. 44. 1”母题实例）

W0658a. 8. 44. 3

纺织行业之祖螺祖

实 例

汉族 后人不忘螺祖植桑、养蚕、抽丝、织锦的功绩，现在农家的织布机上，还敬着螺祖的牌位。

【流传】（无考）

【出处】张曹氏讲，张永林采录：《螺祖养蚕》，载《民间文学》1998 年第 8 期。

W0658a. 8. 45

娼妓业祖神

实 例

（参见下级母题实例）

W0658a.8.45.1 娼妓业祖神烟花使者

实 例

汉族 娼妓业供奉的神有管仲、白眉神、勾栏女神、吕洞宾、铁板桥真人先师、刘赤金母、勾栏土地、烟花使者等。

【流传】（无考）

【出处】《娼妓业神——管仲·白眉神·吕洞宾》，见乌丙安主编《中国民间神谱》，沈阳：辽宁人民出版社2007年版，第237页。

W0658a.8.45.2 娼妓业祖神管仲

实 例

汉族 管仲当时开设官妓，被后世娼妓业奉为祖师神。

【流传】（无考）

【出处】《娼妓业神——管仲·白眉神·吕洞宾》，见乌丙安主编《中国民间神谱》，沈阳：辽宁人民出版社2007年版，第237页。

W0658a.8.46 茶业祖师

【关联】

① ［W3753］茶树的产生（茶的产生）

② ［W6158.1］饮茶的来历

实 例

（参见下级母题实例）

W0658a.8.46.1 茶业祖师神陆羽

【关联】［W0497.7.1.1］陆羽成为茶神（茶神陆羽）

实 例

汉族 陆羽去世不久即被茶业奉为祖师神。

【流传】（无考）

【出处】《茶业神——陆羽》，见乌丙安主编《中国民间神谱》，沈阳：辽宁人民出版社2007年版，第197页。

W0658a.8.47 造秤的祖师爷

【关联】

① ［W6983］度量衡等的发明

② ［W6984.7］秤的来历

实 例

（参见下级母题实例）

W0658a.8.47.1 造秤的祖师爷“千人平”

【关联】［W0828.1.3.1］造秤的祖师爷“千人平”半人半仙

实 例

汉族 （参见“W0828.1.3.1 造秤的祖师爷‘千人平’半人半仙”母题实例）

W0658a. 9

特定时代的祖先

实 例

（参见下级母题实例）

W0658a. 9. 1

七次洪水滔天和七次野火烧山以前的人类祖先榜香猷

实 例

苗族 榜香猷是七次洪水滔天和七次野火烧山以前的人类祖先。

【流传】贵州省·（黔东南苗族侗族自治州）·丹寨县·排调（排调镇）

【出处】王启荣讲，潘明修采录：《榜香猷》见中国民间文学集成全国编辑委员会编《中国民间故事集成》（贵州卷），北京：中国ISBN中心2003年，第79页。

W0658b

祖先的数量

实 例

（参见下级母题实例）

W0658b. 1

特定数量的祖先

实 例

（参见下级母题实例）

W0658b. 1. 1

1位祖先（1位祖先神）

实 例

（实例待考）

W0658b. 1. 2

2位祖先（2位祖先神）

实 例

（实例待考）

W0658b. 1. 3

3位祖先（3位祖先神）

实 例

（实例待考）

W0658b. 1. 4

4位祖先（4位祖先神）

实 例

（参见下级母题实例）

W0658b. 1. 4. 1

最早的四个兄弟是祖先

实 例

藏族 很久以前，有四个兄弟，是我们的祖先。

【流传】西藏自治区

【出处】旺秋采录：《僜人祖先的来历》，见中国民间文学集成全国编辑委员会编《中国民间故事集成》（西藏卷），北京：中国ISBN中心2001

年版，第16页。

W0658b.1.5

5位祖先（5位祖先神）

实 例

（实例待考）

W0658b.1.6

6位祖先（6位祖先神）

实 例

（参见下级母题实例）

W0658b.1.6.1

3对祖先

实 例

（参见下级母题实例）

W0658b.1.6.1.1

男女始祖布洛陀与姆六甲生的3对男女成为人类的祖先

实 例

壮族 妻子姆六甲在海边感丈夫布洛陀从海里向她溅起浪花，就怀孕了，最后从腋下剖出三男三女六个人来，这就是人类的祖先。

【流传】（无考）

【出处】《姆六甲》注释，原载蓝鸿恩搜集整理《神弓宝剑》，中国民间文艺出版社1985年版，见吕大吉、何耀华总主编《中国各民族原始宗教资料集成》（土家族卷、瑶族卷、壮族卷、黎族卷），北京：中国社会科学出版社1998年版，第604页。

W0658b.1.7

7位祖先（7位祖先神）

实 例

（实例待考）

W0658b.1.8

8位祖先（8位祖先神）

实 例

（参见下级母题实例）

W0658b.1.8.1

厉姓以红黄蓝绿各色布帛作八个人形神偶

实 例

满族 厉姓满族以红黄蓝绿各色布帛作八个人形神偶，祭祖供奉。

【流传】 黑龙江省·（黑河市）宁安县

【出处】

（a）富育光、孟慧英：《满族萨满教研究》，北京：北京大学出版社1991年版，第120～122页。

（b）《神偶的主要分布地域》，见吕大吉、何耀华总主编《中国各民族原始宗教资料集成》（鄂伦春族卷、鄂温克族卷、赫哲族卷、达斡尔族卷、锡伯族卷、满族卷、蒙古族卷、藏族卷），北京：中国社会科学出版社1999年版，第490页。

W0658b. 1. 9

9 位祖先（9 位祖先神）

实 例

（实例待考）

W0658b. 1. 10

其他特定数量的祖先

实 例

（参见下级母题实例）

W0658b. 1. 10. 1

十三位祖先神

实 例

羌族 每家共有十三个家神，即（1）“莫初”，是历代祖先神；（2）“亦吉”，是保护家中平安之神，可说是护家神；（3）“玉莫”，是管死人阴魂之神；（4）“西斯笃”，是帮助端公、工匠等手艺人能记忆清楚之神；（5）“西”，乃“西斯笃”娘娘，其职责与“西斯笃”同；（6）“密帕露”，是保佑男子工作之神；（7）“西帕露”，是保佑妇女工作之神；（8）“吸血系”，是牲畜神，保佑牲畜平安；（9）“斯卓吉”，是管理活人灵魂之神；（10）“勒额都都”，是门神；（11）“莫古依稀”，是火神；（12）“活叶依稀”，是男祖宗；（13）“迟依稀”，是女祖宗。

【流传】四川省·（阿坝藏族羌族自治州）·汶川县·雁门乡·萝卜寨

【出处】

（a）张宗南：《萝卜寨羌民的端公》，载《边疆服务》第1卷第2期，1943年6月。

（b）同（a），见吕大吉、何耀华总主编《中国各民族原始宗教资料集成》（纳西族卷、羌族卷、独龙族卷、傈僳族卷、怒族卷），北京：中国社会科学出版社2000年版，第469页。

W0658b. 2

无特定数量的祖先

实 例

（参见下级母题实例）

W0658b. 2. 1

祖神霍卓尔·巴尔肯有 1 个或 2 个偶像

实 例

达斡尔族 霍卓尔·巴尔肯（祖神）也称为“诺托尔·巴尔肯”。偶像是用没有毛的皮板剪成的人形一个或两个，供在住屋的西北或西南角墙壁上钉的小木台上。

【流传】黑龙江省·黑龙江省黑河市·爱辉县（爱辉区）·西岗子乡·友谊社

【出处】

（a）珠荣嘎、额尔登泰、满都尔图调查编著：《爱辉县西岗子乡友谊社达斡尔族情况——达斡尔族调查材料之三》，内蒙古少数民族社会历史调查组1959年编印，第106页。

(b)《爱辉地区的祖神》，见吕大吉、何耀华总主编《中国各民族原始宗教资料集成》（鄂伦春族卷、鄂温克族卷、赫哲族卷、达斡尔族卷、锡伯族卷、满族卷、蒙古族卷、藏族卷），北京：中国社会科学出版社1999年版，第314页。

W0658b.2.2

多位祖先神

实 例

（参见下级母题实例）

W0658b.2.2.1

祖先神有伊散珠玛玛、布尔堪巴克西玛法、三位神姐妹、吉朗阿玛玛、顾兴阿玛法、六个巴克西、萨满玛法、玛玛默尔根、爷爷默尔根、阿琪神、善琦神、库鲁鲁神、色类撒音神、额依嫩德德神、佛多霍玛法、苏鲁玛玛、玛法玛玛、罗刹汗等

实 例

锡伯族 萨满的神灵有自然神、动植物神和祖先神三类。其中祖先神有伊散珠玛玛、布尔堪巴克西玛法、三位神姐妹、吉朗阿玛玛、顾兴阿玛法、六个巴克西、萨满玛法、玛玛默尔根、爷爷默尔根、阿琪神、善琦神、库鲁鲁神、色类撒音神、额依嫩德德神、佛多霍玛法、苏鲁玛玛、玛法玛玛、罗刹汗等。

【流传】（新疆维吾尔自治区·伊犁哈萨克自治州·察布查尔锡伯自治县）

【出处】吴景石，额尔根扎布、灵梅、九娘、菊花等讲，贺灵采录整理：《萨满的神灵》，见吕大吉、何耀华总主编《中国各民族原始宗教资料集成》（鄂伦春族卷、鄂温克族卷、赫哲族卷、达斡尔族卷、锡伯族卷、满族卷、蒙古族卷、藏族卷），北京：中国社会科学出版社1999年版，第409页。

W0658b.3

祖神由3个部分组成

实 例

（参见下级母题实例）

W0658b.3.1

遭雷击者身体的上中下三个部分形成3个不同的祖神

实 例

达斡尔族 被雷击死的莫昆祖神的肉体，变成三种不同名称的神；尸体的上部变成“亨格尔·达列勒·博尔绰库尔”（“亨格尔”，人和动物胸腔部分，“达列勒”，意为雷击，被雷击而亡者的上半身，“博尔绰库尔”，形容兽类皮毛的花色，多指孤瑰等皮毛兽），中部变为“霍卓尔·克亦登”

（“克亦登”，原词意不详，祖先神的副神，布上绘制人和龙形为其偶像），下部变成“霍卓尔·多勒布尔”，都是祖神的组成部分。

【流传】（内蒙古自治区、黑龙江省等地）

【出处】

（a）珠荣嘎、满都尔图主编：《达斡尔族社会历史调查》，呼和浩特：内蒙古人民出版社1985年出版，第249页。

（b）《祖神的普遍性》，见吕大吉、何耀华总主编《中国各民族原始宗教资料集成》（鄂伦春族卷、鄂温克族卷、赫哲族卷、达斡尔族卷、锡伯族卷、满族卷、蒙古族卷、藏族卷），北京：中国社会科学出版社1999年版，第313页。

W0659

与祖先有关的其他母题（与祖先神有关的其他母题）

【关联】

①［W0122. 5a］祖先是地位高的神

②［W0122. 5. 6. 2］祖先神位居众神之首

③［W0132. 4. 5. 1］母系氏族的祖先神演变为父系氏族的祖先神

④［W0903］祖灵（祖先的灵魂）

⑤［W6376. 1］祖先崇拜

⑥［W9933. 1］寻找冥界的祖先

实　例

（参见下级母题实例）

W0659. 1

祖先的名称（特定名称的祖先神）

实　例

（参见下级母题实例）

W0659. 1. 1

祖先的封号

实　例

（实例待考）

W0659. 1. 2

祖先的尊称

实　例

（参见下级母题实例）

W0659. 1. 2. 1

祖先尊称为王

实　例

畲族　“盘古大王”、“盘大护（驸）”是畲族同胞对盘瓠的尊号。

【流传】广东省·（广州市）·增城（增城区），惠州市·博罗（博罗县）

【出处】李国俊　王华兵采录：《龙犬驸马》附记，见中国民间文学集成全国编辑委员会编《中国民间故事集成》（广东卷），北京：中国ISBN中心2006年版，第15页。

W0659.1.2.2
男女始祖被称为“五百天”神爷、神奶

实 例

白族 因为板古、板梅（男女始祖名）二老身上各围着树叶五百片，炼剑淬火五百日，又住在五百层天上，后来，白子白女就把他们称做“五百天”神爷、神奶了。

【流传】云南省·（大理白族自治州）·剑川（剑川县）

【出处】李恩发讲，李绍尼整理：《“五百天”神》，原载陶立璠、李耀宗《中国少数民族神话传说选》，四川民族出版社1985年版，见姚宝瑄主编《中国各民族神话》（白族、拉祜族、景颇族），太原：山西出版传媒集团·书海出版社2014年版，第123页。

W0659.1.3
始祖的名称不固定

实 例

（参见下级母题实例）

W0659.1.3.1
始祖姜央有多种叫法

实 例

苗族 “姜央”是苗族传说中的始祖，有时称“央”，有时又称“那”。“央”与“那”有时是一个人，有时又是两个人。

【流传】贵州省·（黔东南苗族侗族自治州）·台江县、施秉县、凯里县（凯里市）等地

【出处】秦公、岩公、李普奶等苗族八歌手说唱，唐春芳、桂舟人搜集整理：《巨鸟生天地，众神辟地天》，见姚宝瑄主编《中国各民族神话》（布依族、仡佬族、苗族），太原：山西出版传媒集团·书海出版社2014年版，第114页。

W0659.1.4
祖先命名方式

实 例

（参见下级母题实例）

W0659.1.4.1
根据祖先居所命名祖先

实 例

（参见下级母题实例）

W0659.1.4.1.1
把住在500层天上男女始祖称为“五百天”神爷、神奶

实 例

白族 因为人类的始祖“板古”和“板梅”住在500层天上，白族子女就把他们称为“五百天”神爷、神奶。

【流传】云南省·（大理白族自治

州）·剑川（剑川县）

【出处】李恩发讲，李绍尼整理：《“五百天”神》，见陶立璠、李耀宗编《中国少数民族神话传说选》，成都：四川民族出版社 1985 年版，第 94 页。

W0659. 1. 5

父母神

实 例

（参见下级母题实例）

W0659. 1. 5. 1

父母神厄莎

实 例

拉祜族 父母神厄莎造人。

【流传】云南省

【出处】《扎努扎别》，见苏翠薇《拉祜族的伦理道德和审美意识初探》，载《云南社会科学》1998 年第 3 期。

W0659. 1. 6

祖神

实 例

（参见下级母题实例）

W0659. 1. 6. 1

生果洛人第三代祖先的女人成为果洛人的祖神

实 例

藏族 年保叶什则山神将三女儿嫁给智拉嘉（人类祖先）之孙做妻子，生了果洛人的第三代祖先，因此成为果洛人的祖神，据说果洛人的死魂都要归依此山神。

【流传】青海省·果洛州（果洛藏族自治州）

【出处】贡乔泽登整理：《年保叶什则山神》，见 BBS 水木清华站：http：//www. smth. edu. cn，2006. 07. 20。

W0659. 1. 7

远祖

实 例

（参见下级母题实例）

W0659. 1. 7. 1

神生的 1 对男女成为远祖

【关联】［W0645. 1］神生祖先

实 例

高山族 两个男神分别生的一男一女，成了后来雅美人的远祖。

【流传】台湾

【出处】《神膝相擦生人类》，见谷德明编《中国少数民族神话》，北京：中国民间文艺出版社 1987 年版，第 240 页。

W0659. 1. 8

近祖

实 例

汉族 （实例待考）

W0659.1.9

送人爷、送人奶奶

实 例

（参见下级母题实例）

W0659.1.9.1

最早繁衍人类的1对男女称为送人爷、送人奶奶

实 例

汉族 很早的时候，世上只有一男一女两个人。他俩造了很多人，后来这人都称一开始那一男一女“送人爷、送人奶奶”。

【流传】河南省·（安阳市）·安阳县［采录地点：安阳县·崔家桥乡·韩宋村］

【出处】杨万荣（女，72岁，善讲故事）讲，杨秀林采录整理：《捏土造人》（1990.02），见张振犁编著，孟宪明、朱淑君统纂《中原神话通鉴》（第二卷），郑州：河南大学出版社2017年版，第411页。

W0659.1.10

开山老祖

实 例

（参见下级母题实例）

W0659.1.10.1

最早婚生人类的1对男女称为开山老祖

实 例

汉族 开天辟地时，世界上只有一男一女两个人。他们通过滚磨结成了夫妻，这夫妻俩就是人类的开山老祖。

【流传】河南省·（三门峡市）·卢氏县

【出处】杜滕氏讲，杜玉峰采录整理：《合磨成婚，捏泥成人》，见张振犁编著，孟宪明、朱淑君统纂《中原神话通鉴》（第二卷），郑州：河南大学出版社2017年版，第410页。

W0659.1.11

宗神

实 例

（参见下级母题实例）

W0659.1.11.1

宗神又名大小鬼

【关联】［W0659.8］祖先鬼

实 例

藏族（白马） 曹盖是各部的宗神，又名大小鬼。跳曹盖时以舞驱邪逐鬼，是借祖宗的威力祈求佑护，各种曹盖都是反穿羊皮袄，扎一大羊尾，持牦牛尾而舞。

【流传】（无考）

【出处】扎嘎：《白马人的面具舞》，载《历史知识》1984年第2期。

W0659. 1. 12
老祖公和老祖婆

实 例

壮族 一个男祖先和仙女婚生两个儿子。哥哥与母猴结婚。弟弟带着自己的老婆儿女翻山越岭来到了现在人在的这个地方，就一代一代地传下来。现在的人就是那个弟弟和弟媳传下来的，他们就是人的老祖公和老祖婆。

【流传】云南省·（红河哈尼族彝族自治州）·金平县（金平苗族瑶族傣族自治县）

【出处】苏光凤、李正坤讲，吴佳梁校正：《祖先》，见姚宝瑄主编《中国各民族神话》（仫佬族、壮族、京族），太原：山西出版传媒集团·书海出版社 2014 年版，第 148 页。

W0659. 1. 13
人头爷和人头姑奶奶

实 例

汉族 天塌地陷后，幸存的姐弟俩造出了人类，所以后世就尊他们为人头爷，人头姑奶奶。

【流传】河南省·（周口市）·沈丘县［采录地点：沈丘县刘庄店］

【出处】齐永利、齐风运及其父讲，齐春旺采录整理：《人头爷》（1982. 04），见张振犁编著《中原神话通鉴》（第一卷），郑州：河南大学出版社 2017 年版，第 350 页。

W0659. 1. 14
祖宗鬼

实 例

（参见下级母题实例）

W0659. 1. 14. 1
祖宗鬼管管家务事

实 例

傈僳族 祖宗鬼在家事上如婚嫁、生产、死亡或出行，有重要的关系。

【流传】中缅交界一带

【出处】［英］罗斯、克金白兰恩：《中缅交界之傈僳》，原载陶云逵《碧罗雪山之傈僳族》，见国立中央研究院《历史语言研究所集刊》第 17 本，商务印书馆民国三十七年（1948），第 394 ~395 页。

W0659. 2
各民族神话名称的祖先（祖先神、始祖、人祖、先人）①

【关联】［W0658a. 3. 2］民族的祖先

① 各民族特定名称的祖先（祖先神、始祖、人祖、先人），在各民族涉及族源或有关历史的宏大叙事的神话传说中，往往会塑造一个或数个文化祖先。关于各民族祖先的神话母题具有非常丰富而复杂的特点，有时文化祖先与文化始祖、祖先神、各代祖先神、人祖、不同时期的祖先、祖宗、文化英雄、先人、人类祖先等概念混杂在一起。有些民族支系众多、特定神话传说在不同地区流传过程中会发生很大变化以及讲述人或采集者本身表述和理解的原因，往往会使祖先的名称、事迹等相关叙事具有很多差异性。在此只是示例性的母题采集，具体情况应以各民族认可的规范的表述为准。

实 例

（参见下级母题实例）

W0659.2.1

阿昌族神话中的祖先（始祖、人祖、先人）

实 例

（参见下级母题实例）

W0659.2.1.1

人类始祖遮帕麻和遮米麻

实 例

阿昌族 人类的始祖遮帕麻和遮米麻造天织地。

【流传】（a）云南省·（德宏傣族景颇族自治州）·梁河县

【出处】

（a）赵安贤讲，杨叶生、智克采录：《遮帕麻与遮米麻》，见中国民间文学集成全国编辑委员会编《中国民间故事集成》（云南卷），北京：中国ISBN中心2003年版，第69页。

（b）赵安贤讲，杨叶生译，智克整理：《遮帕麻与遮米麻》，见谷德明编《中国少数民族神话》，北京：中国民间文艺出版社1987年版，第490页。

（c）同（b），见陶立璠、赵桂芳等编《中国少数民族神话汇编》（开天辟地篇），中央民族学院少数民族古籍整理出版规划领导小组办公室印（未署出版时间），第330页。

W0659.2.2

白族神话中的祖先（始祖、人祖、先人）

实 例

（参见下级母题实例）

W0659.2.2.1

人祖哥哥“板古”和妹妹“板梅”

【关联】［W0656.3.2.1］类始祖哥哥“板古”和妹妹“板梅”住在500层天上

实 例

白族 哥哥“板古”和妹妹“板梅”兄妹结婚，繁衍人类后，板古住在太阳宫里，每天监督太阳，惩罚凶恶。

【流传】云南省·（大理白族自治州）·剑川（剑川县）

【出处】李恩发讲，李绍尼整理：《“五百天”神》，见陶立璠、李耀宗编《中国少数民族神话传说选》，成都：四川民族出版社1985年版，第94页。

W0659.2.2.2

女始祖劳泰和男始祖劳谷

【关联】［W0653.0.4.1］先出现女始祖劳泰后出现男始祖劳谷

实 例

白族 （参见“W0653.0.4.1先出现

女始祖劳泰后出现男始祖劳谷”母题实例）

W0659. 2. 2. 3

开山老祖是一妇人

实 例

白族 苏姓家族的开山老祖据说是一妇人。

【流传】云南省·昆明市·西山区·谷律公社（谷律彝族白族乡）·妥排大队（妥排村）

【出处】董绍禹：《西山区白族宗教调查》，见《昆明民族民俗和宗教调查》，昆明：云南人民出版社1985年版，第92页。

W0659. 2. 3

保安族神话中的祖先（始祖、人祖、先人）

实 例

（实例待考）

W0659. 2. 4

布朗族神话中的祖先（始祖、人祖、先人）

实 例

（实例待考）

W0659. 2. 5

布依族神话中的祖先（始祖、人祖、先人）

实 例

（参见下级母题实例）

W0659. 2. 5. 1

祖先盘果王

实 例

布依族 祖先盘果王是雷公的儿子。祖先盘果王与鱼女结婚生安王。

【流传】贵州省

【出处】《安王和祖王》（又译作《岸王和梭王》、《罕温和索温》等），见何积全、陈立浩主编《布依族文学史》，贵阳：贵州民族出版社1992年版，第58页。

W0659. 2. 5. 2

人类祖先王姜兄妹

实 例

布依族 洪水后，王姜和妹妹婚生一块肉瘤砍碎化为人类。王姜也成了人类的祖先，小妹便成了圣母。

【流传】（无考）

【出处】

(a)《王姜射日》，见谷德明编《中国少数民族神话选》，西北民族学院研究所1983年编印，内部资料。

(b) 同(a)，见姚宝瑄主编《中国各民族神话》（布依族、仡佬族、苗族），太原：山西出版传媒集团·书海出版社2014年版，第58页。

W0659.2.5.3

祖先布灵（人猿）

实 例

布依族 宇宙间一个绿扁块和一个红圆砣相碰起火花后生出布灵（又译“独零”，布依语“人猿”，含“祖先”之意）。

【流传】（无考）

【出处】《造万物》第一章，见 BBS 水木清华站：http：//www.smth.edu.cn，2006.07.20。

W0659.2.5.4

人类祖先翁戛

实 例

布依族 人类祖先翁戛身材高大。

【流传】贵州省·（黔西南布依族苗族自治州）·望谟县、贞丰县，（安顺市）·关岭（关岭布依族苗族自治县）、紫云（紫云苗族布依族自治县）、镇宁（镇宁布依族苗族自治县）一带

【出处】伍也香、韦少云、蒙远平唱，立浩、汛河搜集整理，古梅改写：《翁戛分年月》，见姚宝瑄主编《中国各民族神话》（布依族、仡佬族、苗族），太原：山西出版传媒集团·书海出版社 2014 年版，第 48～49 页。

W0659.2.5.5

人祖布杰

实 例

布依族 人祖布杰沉入东边天脚捅洞消水时，洪水，一头扎进一个大石缝缝里拔不出来，死在了东边天脚。

【流传】（无考）

【出处】班琅王等讲，汛河记录整理：《洪水滔天》，见谷德明编《中国少数民族神话》，北京：中国民间文艺出版社 1987 年版，第 614 页。

W0659.2.6

朝鲜族神话中的祖先（始祖、人祖、先人）

实 例

（参见下级母题实例）

W0659.2.6.1

祖神檀君

【关联】［W0768.11.2.2］檀君是朝鲜族的祖上神

实 例

朝鲜族 （参见 W0768.11.2.2 檀君是朝鲜族的祖上神“母题实例）

W0659.2.6.2

朝鲜族祖上神高登神（高句丽始祖朱蒙神）

实 例

朝鲜族 高登神（高句丽始祖朱蒙神）是朝鲜族的祖上神。

【流传】（无考）

【出处】 崔羲秀：《朝鲜族与瑶族文化比较》，载《延边大学学报》1998 年第 4 期。

W0659. 2. 6. 3

朝鲜族祖上神扶余神（朱蒙母柳花神）

实 例

朝鲜族 扶余神（朱蒙母柳花神）是朝鲜族的祖上神。

【流传】（无考）

【出处】 崔羲秀：《朝鲜族与瑶族文化比较》，载《延边大学学报》1998 年第 4 期。

W0659. 2. 7

达斡尔族神话中的祖先（始祖、人祖、先人）

实 例

（参见下级母题实例）

W0659. 2. 7. 1

祖神乌兰巴日肯

【关联】［W0655. 4. 1. 1. 1］祖神乌兰巴日肯帮本族人灭灾怯病

实 例

达斡尔族 （参见“W0655. 4. 1. 1. 1 祖神乌兰巴日肯帮本族人灭灾怯病”母题实例）

W0659. 2. 7. 2

祖神霍卓尔·巴尔肯

实 例

达斡尔族 霍卓尔·巴尔肯被奉为祖神。

【流传】（无考）

【出处】《中国各民族宗教与神话大词典》编审委员会编：《中国各民族宗教与神话大词典》，北京：学苑出版社 1990 年版，第 69～72 页。

W0659. 2. 8

傣族神话中的祖先（始祖、人祖、先人）

实 例

（参见下级母题实例）

W0659. 2. 8. 1

人类始祖布桑该和雅桑该

【关联】［W0648. 5. 1］布桑该和雅桑该夫妇二神是人类的始祖

实 例

傣族 布桑该和雅桑该夫妇二神是人类的始祖。

【流传】 云南省·（西双版纳傣族自治州）·景洪市

【出处】 波岩扁讲，岩温扁、征鹏翻译：《布桑该雅桑该》注释，见中国民间文学集成全国编辑委员会编《中国民间故事集成》（云南卷），北京：中国ISBN中心2003年版，第85页。

傣族 人类始祖布桑该和雅桑该。

【流传】云南省·西双版纳（西双版纳傣族自治州）·勐海（勐海县）

【出处】杨胜能搜集整理：《妈海》，见姚宝瑄主编《中国各民族神话》（哈尼族、傣族），太原：山西出版传媒集团·书海出版社2014年版，第319页。

W0659.2.9

德昂族神话中的祖先（始祖、人祖、先人）

实　例

（实例待考）

W0659.2.9.1

茶树是祖先

实　例

德昂族 （实例待考）

W0659.2.10

东乡族神话中的祖先（始祖、人祖、先人）

实　例

（实例待考）

W0659.2.11

侗族神话中的祖先（始祖、人祖、先人）

【关联】［W0067a.8.1.1］大祖母萨玛（萨岁）是侗族至高无上的女神

实　例

（参见下级母题实例）

W0659.2.11.1

祖先松桑和松恩

【关联】［W0653.7.2.1］先孵出男始祖松恩，后孵出女始祖松桑

实　例

侗族 蛋生的祖先松桑和松恩靠吸雾露长大。

【流传】贵州省·（黔东南苗族侗族自治州）·黎平县·岩洞镇·四洲萨老街

【出处】吴良民讲：《龟婆孵蛋与人类起源》，王宪昭采集，2009.08。

W0659.2.11.2

女始祖萨天巴（始祖母萨天巴）

实　例

侗族 萨天巴（蜘蛛，女始祖）虽然只有两只眼，可是，两只眼睛里却安上了一千个眼珠，所以，她能放眼看见百万方。

【流传】广西壮族自治区·（柳州市）·三江（三江侗族自治县），（桂林市）·龙胜（龙胜各族自治县）

【出处】杨卜林喜、杨卜松林、杨明世讲，杨国仁、涛声搜集整理，蔷紫改写：《创世女神萨天巴》，过伟改写自侗族创世史诗《嘎茫莽道时嘉——远

祖歌》（未出版稿），见姚宝瑄主编《中国各民族神话》（土家族、毛南族、侗族、瑶族），太原：山西出版传媒集团·书海出版社 2014 年版，第 72 页。

侗族 萨天巴是生育出人的始祖母。

【流传】（无考）

【出处】杨保愿：《嘎茫莽道时嘉·序言》（《侗族远祖歌》），北京：中国民间文艺出版社 1986 年版，第 1 页。

侗族 祖母神萨天巴养育人类。

【流传】（无考）

【出处】廖开顺：《侗族远古神话传说的美学基因》，载《贵州民族研究》1995 年第 3 期。

W0659. 2. 11. 3

天花祖母萨多

实　例

侗族 萨多为天花祖母。

【流传】（无考）

【出处】黄才贵：《女神与泛神——侗族“萨玛”文化研究》，贵阳：贵州人民出版社 2006 年版，第 225 页。

W0659. 2. 11. 4

祖婆达摩天子

实　例

侗族 侗家人很感激祖婆达摩天子。

【流传】（无考）

【出处】杨锡光整理：《达摩天子》，原载《中国各民族宗教与神话大词典》，北京：学苑出版社 1990 年版，见姚宝瑄主编《中国各民族神话》（土家族、毛南族、侗族、瑶族），太原：山西出版传媒集团·书海出版社 2014 年版，第 122 页。

W0659. 2. 11. 5

祖神婆是天外的一只金斑大蜘蛛

实　例

侗族 远古的时候，没有天地时，只有在天外住着一只金斑大蜘蛛，后人都称她是神殿上最大的祖神婆。

【流传】广西壮族自治区·（柳州市）·三江（三江侗族自治县），（桂林市）·龙胜（龙胜各族自治县）

【出处】杨卜林喜、杨卜松林、杨明世讲，杨国仁、涛声搜集整理，蔷紫改写：《创世女神萨天巴》，过伟改写自侗族创世史诗《嘎茫莽道时嘉——远祖歌》（未出版稿），见姚宝瑄主编《中国各民族神话》（土家族、毛南族、侗族、瑶族），太原：山西出版传媒集团·书海出版社 2014 年版，第 72 页。

W0659. 2. 11. 6

女祖神莎玛

实　例

侗族 达摩天子是侗族崇拜的女神。女祖神达摩天子是李王婆，有的又说是莎玛，俗称“圣母”或“祖婆”神。

【流传】（无考）

【出处】杨锡光整理：《达摩天子》，原载《中国各民族宗教与神话大词典》，北京：学苑出版社1990年版，见姚宝瑄主编《中国各民族神话》（土家族、毛南族、侗族、瑶族），太原：山西出版传媒集团·书海出版社2014年版，第122页。

W0659.2.12

独龙族神话中的祖先（始祖、人祖、先人）

实　例

（参见下级母题实例）

W0659.2.12.1

人祖莫朋

【关联】［W0648.3.2.1］天神莫朋是人类的祖先

实　例

独龙族（参见“W0648.3.2.1 天神莫朋是人类的祖先”母题实例）

W0659.2.13

俄罗斯族神话中的祖先（始祖、人祖、先人）

实　例

（实例待考）

W0659.2.14

鄂伦春族神话中的祖先（始祖、人祖、先人）

实　例

（参见下级母题实例）

W0659.2.14.1

女祖先神阿娇儒博如坎

实　例

鄂伦春族 鄂伦春人对祖先神“阿娇儒博如坎”尊崇备至。“阿娇儒”，意为“根子”，原指母系氏族的祖先，是一位女性祖先。

【流传】（无考）

【出处】郭淑云：《鄂伦春族卷·绪论》，见吕大吉、何耀华总主编《中国各民族原始宗教资料集成》（鄂伦春族卷、鄂温克族卷、赫哲族卷、达斡尔族卷、锡伯族卷、满族卷、蒙古族卷、藏族卷），北京：中国社会科学出版社1999年版，第11页。

鄂伦春族 “阿娇儒”意为根子，指母系氏族的祖先，是一位女性祖先。

【流传】（无考）

【出处】郭淑云：《鄂伦春族萨满教特点刍议》，载《内蒙古社会科学》1996年第2期。

W0659.2.14.2

祖先神阿娇鲁博如坎

实　例

鄂伦春族 鄂伦春人的祖先神是阿娇鲁博如坎。

【流传】（无考）

【出处】《祖先神和娘娘神》，见吕大吉、何耀华总主编《中国各民族原始宗教资料集成》（鄂伦春族卷、鄂温克族卷、赫哲族卷、达斡尔族卷、锡伯族卷、满族卷、蒙古族卷、藏族卷），北京：中国社会科学出版社1999年版，第26～27页。

W0659. 2. 15

鄂温克族神话中的祖先（始祖、人祖、先人）

实 例

（参见下级母题实例）

W0659. 2. 15. 1

祖先神舍卧刻

【关联】［W0443. 5. 1. 1］每个氏族都有自己的氏族神舍卧刻

实 例

鄂温克族 “舍卧刻”（祖先神）喜欢动物“刻如那斯”。

【流传】（内蒙古自治区·呼伦贝尔市·额尔古纳市）

【出处】

（a）《额尔古纳旗使用驯鹿鄂温克人的调查报告》，见内蒙古自治区编辑组《鄂温克族社会历史调查》，呼和浩特：内蒙古人民出版社1986年版，第233页。

（b）《“玛鲁”的构成》，见吕大吉、何耀华总主编《中国各民族原始宗教资料集成》（鄂伦春族卷、鄂温克族卷、赫哲族卷、达斡尔族卷、锡伯族卷、满族卷、蒙古族卷、藏族卷），北京：中国社会科学出版社1999年版，第111页。

鄂温克族 游猎的敖鲁古雅地区鄂温克人所供祭的神有被视为人类祖先神的“舍卧刻”神。

【流传】（无考）

【出处】 吕大吉、何耀华总主编：《中国各民族原始宗教资料集成》（鄂伦春族卷、鄂温克族卷、赫哲族卷、达斡尔族卷、锡伯族卷、满族卷、蒙古族卷、藏族卷）第二章《信奉的各种神》注释，北京：中国社会科学出版社1999年版，第110页。

W0659. 2. 15. 2

祖先神敖教勒神

【关联】［W0655. 4. 2. 1］祖先神敖教勒神是氏族保护神

实 例

鄂温克族 （参见“W0655. 4. 2. 1 祖先神敖教勒神是氏族保护神”母题实例）

鄂温克族 鄂温克人“敖教勒”神是祖先神。“敖教勒”即“根子”之意。

【流传】 内蒙古自治区·（呼伦贝尔市）·阿荣旗·查巴奇乡（查巴奇鄂温克族乡）

【出处】

(a)《阿荣旗查巴奇乡鄂温克族调查报告》，见内蒙古自治区编辑组《鄂温克族社会历史调查》，呼和浩特：内蒙古人民出版社1986年版，第114页。

(b)《霍卓热神的构成》，见吕大吉、何耀华总主编《中国各民族原始宗教资料集成》（鄂伦春族卷、鄂温克族卷、赫哲族卷、达斡尔族卷、锡伯族卷、满族卷、蒙古族卷、藏族卷），北京：中国社会科学出版社1999年版，第115页。

W0659.2.15.3

祖先神霍卓热

实 例

鄂温克族 敖教勒（又称“霍卓热”）是鄂温克人的祖先神。

【流传】内蒙古自治区·（呼伦贝尔市）·阿荣旗

【出处】《敖教勒》，见《中国各民族宗教与神话大词典》编审委员会编《中国各民族宗教与神话大词典》，北京：学苑出版社1990年版，第135页。

W0659.2.16

高山族神话中的祖先（始祖、人祖、先人）

实 例

（参见下级母题实例）

W0659.2.16.1

蛇是老祖宗

实 例

高山族（卑南） 蛇是我们的老祖宗，人一出生它就来保护孩子。

【流传】台湾

【出处】林城妹讲，曾建次口译：《蛇是我们的老祖宗》，原载金荣华编《台湾卑南族口传文学选》，见陶阳、钟秀编《中国神话》（中），北京：商务印书馆2008年版，第551~552页。

W0659.2.17

仡佬族神话中的祖先（始祖、人祖、先人）

实 例

（参见下级母题实例）

W0659.2.17.1

仫佬族中有个祖先叫达伙

实 例

（参见下级母题实例）

W0659.2.17.2

祖先达伙既与天宫有联系，又同人间的百姓很要好

实 例

仫佬族 仫佬族中有个祖先叫达伙，他本领大，既与天宫有联系，又同人间的百姓很要好。

【流传】（无考）

【出处】《达伙撒种》，见姚宝瑄主编《中国各民族神话》（仫佬族、壮族、京族），太原：山西出版传媒集团·书海出版社 2014 年版，第 24 页。

W0659. 2. 18

哈尼族神话中的祖先（始祖、人祖、先人）

实 例

（参见下级母题实例）

W0659. 2. 18. 1

天上的老祖母俄玛

实 例

哈尼族 天上的老祖母“俄玛”。

【流传】云南省·（红河哈尼族彝族自治州）·元阳县·攀枝花区（攀枝花乡）·洞铺寨，黄草岭区（黄草岭乡）·树皮寨

【出处】《神和人的家谱》，见史军超：《哈尼族神话传说中记载的人类第一次脑体劳动大分工》，载《云南民族学院学报》1997 年第 3 期。

W0659. 2. 18. 2

人类始祖母塔婆

实 例

哈尼族 塔婆为哈尼族人类始祖母。

【流传】（无考）

【出处】《塔婆的传说》，见《中国各民族宗教与神话大词典》编审委员会编《中国各民族宗教与神话大词典》，北京：学苑出版社 1990 年版，第 174 页。

W0659. 2. 18. 3

女始祖阿戛拉优

实 例

哈尼族（僾尼） 从天而降一个葫芦中出来了女始祖阿戛拉优。

【流传】（无考）

【出处】《人和万物是怎样产生的》，见王亚南《民间口承文化中的社群源流史》，载《民族文学研究》1996 年第 2 期。

W0659. 2. 18. 4

人祖恰乞形阿玛

【关联】［W0655. 2. 1. 1］神许给人祖通阴通阳的本领

实 例

哈尼族 给人的先祖恰乞形阿玛有 9 条命。

【流传】云南省·（红河哈尼族彝族自治州）·元阳县

【出处】朱小和讲，史军超采录：《动植物的家谱》，见中国民间文学集成全国编辑委员会编《中国民间故事集成》（云南卷），北京：中国 ISBN 中心 2003 年版，第 346 页。

W0659.2.18.5

人的先祖德摩诗匹

实 例

哈尼族 德摩诗匹（人的先祖、第一代大贝玛）管理着人世和鬼世，白天在人世做事，夜晚在鬼世做事。

【流传】 云南省·（红河哈尼族彝族自治州）·元阳县

【出处】 朱小和讲，史军超采录：《动植物的家谱》，见中国民间文学集成全国编辑委员会编《中国民间故事集成》（云南卷），北京：中国ISBN中心2003年版，第346页。

W0659.2.19

哈萨克族神话中的祖先（始祖、人祖、先人）

实 例

（参见下级母题实例）

W0659.2.19.1

人类的男始祖阿达姆阿塔（人类之父），女始祖阿达姆阿娜（人类之母）

实 例

哈萨克族 创世主迦萨甘造人类的始祖。男的名叫阿达姆阿塔（人类之父），女的唤作阿达姆阿娜（人类之母）。

【流传】（a）新疆维吾尔自治区

【出处】

（a）《造物主创世》，见满都呼主编《中国阿尔泰语系诸民族神话故事》，北京：民族出版社1997年版，第63页。

（b）尼合迈德·蒙加尼搜集，校仲彝翻译整理：《迦萨甘创世》，见谷德明编《中国少数民族神话》，北京：中国民间文艺出版社1987年版，第727页。

W0659.2.19.1.1

阿达姆阿塔和哈瓦娜是夫妻

实 例

哈萨克族 洪水后，天神安拉造的男子阿达姆阿塔和女人哈瓦娜结为夫妇，他们每年生一对孪生男女。安拉又允许这些男女结为夫妻，这样才繁衍了人类。因此，阿达姆阿塔就成为人类的始祖。

【流传】（新疆维吾尔自治区）

【出处】《阿达姆阿塔》，斯丝根据别克苏勒坦、佟中明撰写的《哈萨克族宗教与神话》改写，见姚宝瑄主编《中国各民族神话》（乌孜别克族、哈萨克族、柯尔克孜族、俄罗斯族、维吾尔族、塔吉克族、塔塔尔族、锡伯族），太原：山西出版传媒集团·书海出版社2014年版，第27页。

W0659.2.19.1.2

人类始祖阿达姆阿塔寿命1千岁

实 例

哈萨克族 人类的始祖阿达姆阿塔活了

一千岁才去世。

【流传】（新疆维吾尔自治区）

【出处】《阿达姆阿塔》，斯丝根据别克苏勒坦、佟中明撰写的《哈萨克族宗教与神话》改写，见姚宝瑄主编《中国各民族神话》（乌孜别克族、哈萨克族、柯尔克孜族、俄罗斯族、维吾尔族、塔吉克族、塔塔尔族、锡伯族），太原：山西出版传媒集团·书海出版社 2014 年版，第 27 页。

W0659. 2. 20

汉族神话中的祖先（始祖、人祖、先人）

实　例

（参见下级母题实例）

W0659. 2. 20. 1

始祖盘古

实　例

汉族　（实例待考）

W0659. 2. 20. 2

始祖伏羲

【关联】［W0675］伏羲

实　例

汉族　（实例待考）

W0659. 2. 20. 3

始祖女娲

实　例

汉族　（实例待考）

W0659. 2. 20. 4

始祖伏羲女娲（伏羲女娲是人祖）

实　例

汉族　（实例待考）

W0659. 2. 20. 4. 1

天下人都是伏羲女娲的子孙

实　例

汉族　天下人是伏羲和女娲创造的，都是伏羲女娲的子孙。

【流传】河南省·（周口市）·淮阳县［采录地点：淮阳县·棠棣村］

【出处】李国争（男，63 岁，农民，私塾）讲，杨复俊采录：《人祖创世传说》（1985. 01. 06），见张振犁编著《中原神话通鉴》（第一卷），郑州：河南大学出版社 2017 年版，第 287 页。

W0659. 2. 20. 4. 2

伏羲女娲是人的老祖先

实　例

汉族　一对兄妹俩结婚后共生了一百个男的和一百个女子，人才一代代传下去。后人都说，哥哥叫伏羲，妹妹叫女娲，他们俩是人的老祖先。

【流传】河南省·（新乡市）·封丘县

【出处】宁卓的姥姥讲，宁卓采录：《女

娲兄妹的故事》（1989.12），见张振犁编著《中原神话通鉴》（第一卷），郑州：河南大学出版社 2017 年版，第 337 页。

W0659.2.20.5

始祖黄帝

实 例

汉族 （参见“W0690 黄帝”母题实例）

W0659.2.20.6

始祖炎帝

实 例

汉族 （参见“W0742 炎帝”母题实例）

W0659.2.20.7

始祖颛顼

实 例

汉族 （参见“W0763 颛顼”母题实例）

W0659.2.20.8

始祖帝喾

实 例

汉族 帝喾前承炎黄，后启尧、舜，奠定华夏根基，是华夏民族的共同人文始祖，商、周两朝先祖，帝挚、弃、契、帝尧之父。

【流传】（无考）

【出处】《帝喾》，见 https://baike.baidu.com/item。

W0659.2.20.9

始祖尧

实 例

汉族 （参见“W0747 尧”母题实例）

W0659.2.20.10

始祖舜

实 例

汉族 （参见“W0739 舜”母题实例）

W0659.2.20.11

始祖禹

实 例

汉族 （参见“W0751 禹（大禹）”母题实例）

W0659.2.20.12

人类始祖胈

实 例

汉族 胈生海人，海人生若菌，若菌生圣人，圣人生庶人。凡胈者生于庶人。

【流传】（无考）

【出处】［汉］淮南王刘安及门客：《淮

南子·地形训》。

W0659. 2. 20. 13

祖先洪钧老祖

实 例

（参见下级母题实例）

W0659. 2. 20. 13. 1

洪钧老祖是人的祖宗的祖宗

实 例

汉族 天地里面住着一个洪钧老祖，是我们祖宗的祖宗。

【流传】 浙江省·（杭州市）·临安县（临安市）·临安镇

【出处】 胡炳法讲，胡月耕采录：《先有洪钧后有天》，见中国民间文学集成全国编辑委员会编《中国民间故事集成》（浙江卷），北京：中国 ISBN 中心 1997 年版，第 23 页。

W0659. 2. 21

赫哲族神话中的祖先（始祖、人祖、先人）

实 例

（实例待考）

W0659. 2. 22

回族神话中的祖先（始祖、人祖、先人）

实 例

（实例待考）

W0659. 2. 23

基诺族神话中的祖先（始祖、人祖、先人）

实 例

（参见下级母题实例）

W0659. 2. 23. 1

女祖先尧白

实 例

基诺族 以前，从水里浮出一个戴着白帽尖、穿着白衣裙的女人，像白云一样浮在水面。她就是人类的始祖，名字叫做尧白。

【流传】（无考）

【出处】《水里浮起的尧白阿嫫》，见姚宝瑄主编《中国各民族神话》（水族、布朗族、独龙族、基诺族、傈僳族），太原：山西出版传媒集团·书海出版社 2014 年版，第 154 页。

W0659. 2. 23. 1a

女始祖丕嫫

实 例

（参见下级母题实例）

W0659. 2. 23. 1a. 1

女始祖丕嫫是主管人生的最高神

实 例

基诺族 丕嫫（女始祖）事实上就成为主管人生的最高的鬼（神）。

【流传】云南省·（西双版纳傣族自治州·景洪市）·基诺山（基诺山基诺族乡）·巴亚中寨、戛里果箐

【出处】不拉塞等讲，杜玉亭调查整理：《巫师求丕嫫赐名的仪式》（1980），见吕大吉、何耀华总主编《中国各民族原始宗教资料集成》（彝族卷、白族卷、基诺族卷），北京：中国社会科学出版社1996年版，第887页。

W0659.2.23.2

祖先雪

实　例

基诺族 人们终于得知了杀死少雪（祖先名，即不知父亲的老祖父“雪”）的秘诀。

【流传】云南省·（西双版纳傣族自治州·景洪市）·基诺山（基诺山基诺族乡）·戛里果箐、巴亚中寨

【出处】沙车等讲，杜玉亭调查整理：《巴亚寨父系英雄阿普少雪》（1980），见吕大吉、何耀华总主编《中国各民族原始宗教资料集成》（彝族卷、白族卷、基诺族卷），北京：中国社会科学出版社1996年版，第876～877页。

W0659.2.23.2.1

老祖父雪不知父亲

实　例

基诺族 不知父亲的老祖父雪，是巴亚寨建寨的始祖。少雪长得魁伟英武，力大无穷，手执一口百余斤重的铁刀，腰系一块数百斤重的磨刀石，行走迅捷，无人匹敌。

【流传】云南省·（西双版纳傣族自治州·景洪市）·基诺山（基诺山基诺族乡）·戛里果箐、巴亚中寨

【出处】沙车等讲，杜玉亭调查整理：《巴亚寨父系英雄阿普少雪》（1980），见吕大吉、何耀华总主编《中国各民族原始宗教资料集成》（彝族卷、白族卷、基诺族卷），北京：中国社会科学出版社1996年版，第876～877页。

W0659.2.23.2.2

老祖父雪是建寨的始祖

实　例

基诺族 （参见“W0659.2.23.2.1 老祖父雪不知父亲”母题实例）

W0659.2.23.2.3

老祖父雪魁伟英武，力大无穷

实　例

基诺族 （参见“W0659.2.23.2.1 老祖父雪不知父亲”母题实例）

W0659.2.23.3

祖父不拉子

【关联】［W0646.2.1.1］英雄不拉子立功被称为“阿普”（祖父）

实　例

基诺族 由于不拉子（父系英雄名字）在战争维护了巴卡寨的生存，所以人们尊称不拉子为“阿普”——祖父。

【流传】云南省·（西双版纳傣族自治州·景洪市）·基诺山（基诺山基诺族乡）·巴卡寨

【出处】美约等讲，杜玉亭调查整理：《巴卡寨父系英雄不拉子》（1979），见吕大吉、何耀华总主编《中国各民族原始宗教资料集成》（彝族卷、白族卷、基诺族卷），北京：中国社会科学出版社1996年版，第878页。

W0659. 2. 24

京族神话中的祖先（始祖、人祖、先人）

实　例

（实例待考）

W0659. 2. 25

景颇族神话中的祖先（始祖、人祖、先人）

实　例

（参见下级母题实例）

W0659. 2. 25. 1

人祖彭干支伦和木占外顺

实　例

景颇族 娃襄能退腊和能星农锐木占一对天鬼，生一对人祖：彭干支伦和木占外顺。

【流传】云南省·德宏州（德宏傣族景颇族自治州）·盈江县·卡场公社（卡场镇）·乌帕大队（乌帕村）

【出处】贡退干唱：《穆脑斋瓦》，见中国社会科学院云南少数民族文学研究所等编《云南少数民族文学资料》（第1辑），内部编印，1980年，第123页。

W0659. 2. 26

柯尔克孜族神话中的祖先（始祖、人祖、先人）

实　例

（参见下级母题实例）

W0659. 2. 26. 1

人类最早祖先阿达姆与阿瓦

【关联】［W0644. 2. 1. 2］真主人祖阿达姆与阿瓦

实　例

柯尔克孜族 真主创造了大地、万物、宇宙以及其他自然现象，然后才创造了人类最早的祖先阿达姆和阿瓦。

【流传】（新疆维吾尔自治区）

【出处】

（a）《创世的传说》，见毛星主编《中国少数民族文学》，长沙：湖南人民出版社1983年版。

（b）同（a），见姚宝瑄主编《中国各民族神话》（乌孜别克族、哈萨克族、柯尔克孜族、俄罗斯族、维吾尔族、塔吉克族、塔塔尔族、锡伯族），太原：山西出版传媒集团·书海出版社2014年版，第144页。

柯尔克孜族 真主创造人类最早祖先阿达姆与阿瓦。阿达姆之子曰努赫，在世凡九百五十年。

【流传】（无考）

【出处】 袁珂改编：《创世传说》，原载毛星主编《中国少数民族文学》（上册），见袁珂《中国神话大词典》，北京：华夏出版社2015年版，第558页。

W0659.2.27

拉祜族神话中的祖先（始祖、人祖、先人）

实 例

（参见下级母题实例）

W0659.2.27.1

祖先厄莎

【关联】［W0659.1.5.1］父母神厄莎

实 例

拉祜族 父母神厄莎造人。

【流传】 云南省

【出处】《扎努扎别》，见苏翠薇《拉祜族的伦理道德和审美意识初探》，载《云南社会科学》1998年第3期。

W0659.2.28

黎族神话中的祖先（始祖、人祖、先人）

实 例

（参见下级母题实例）

W0659.2.28.1

黎族的始祖黎母

【关联】［W0645.3.1.1］蛇卵孵出女始祖黎母

实 例

黎族 蛇卵孵出一个女孩，雷公给她起了个名字，叫黎母，成为黎族的始祖。

【流传】 海南省

【出处】

（a）［清］《琼州府志》，见《古今图书集成·职方典》卷一三九二，见吕大吉、何耀华总主编《中国各民族原始宗教资料集成》（土家族卷、瑶族卷、壮族卷、黎族卷），北京：中国社会科学出版社1998年版，第664页。

（b）广东民族学院中文系采风组搜集整理：《黎母山》，见谷德明编《中国少数民族神话》，北京：中国民间文艺出版社1987年版，第202页。

（c）《黎母山传说》，见广东民族学院中文系编《黎族民间故事选》，上海：上海文艺出版社1982年版，第12页。

黎族 海南岛的黎族人是黎母所生。

【流传】 海南省·琼中县（琼中黎族苗族自治县）·五指山公社·番龙村（今属五指山市·水满乡·番龙村）

【出处】 王克福讲，符策超采录：《黎母的神话》，见中国民间文学集成全国编辑委员会编《中国民间故事集成》（海南卷），北京：中国 ISBN 中心 2002 年版，第 5 页。

W0659. 2. 29

傈僳族神话中的祖先（始祖、人祖、先人）

实 例

（参见下级母题实例）

W0659. 2. 29. 1

祖先神佘祖与麦祖

实 例

（参见下级母题实例）

W0659. 2. 29. 1. 1

问卜或祭祀必请佘祖与麦祖

实 例

傈僳族 佘祖与麦祖——傈僳的两位祖先，在任何祭祀的程序里，每一步总要把他们请到，否则，这次问卜或祭祀就不算完全。傈僳不但认他俩为祖先，而已把他俩认为“神”。

【流传】 四川省·凉山地区（凉山彝族自治州）

【出处】 陈宗祥：《西康傈僳水田民族之图腾制度》，载《边政公论》第 6 卷第 4 期，民国三十七年（1948），第 58 页。

W0659. 2. 29. 1. 2

虎氏族最早的祖先色腊坐和搭腊坐两兄弟

实 例

傈僳族 拉扒（虎）氏族最早的祖先是色腊坐和搭腊坐兄弟二人。

【流传】 云南省·（怒江傈僳族自治州）·碧江县五区（今属泸水县·洛本卓白族乡）·色德乡（色德行政村）

【出处】 云南民族调查组怒江分组调查整理：《碧江县五区色德乡傈僳族来源及迁徙的传说》，见云南省编辑委员会编《傈僳族社会历史调查》，昆明：云南人民出版社 1981 年版，第 161 页。

W0659. 2. 30

珞巴族神话中的祖先（始祖、人祖、先人）

实 例

（参见下级母题实例）

W0659. 2. 30. 1

珞巴族始祖阿巴达尼

【关联】 ［W0645. 2. 4. 1］神灵“禅图”生祖先阿巴达尼

实 例

珞巴族 一个叫“禅图”的乌佑（珞巴语，鬼、精灵，也可指神、神灵）生阿巴达尼（珞巴族的始祖）。

【流传】

（a）西藏自治区·下珞渝（泛指永木河、锡约尔河、巴恰西仁河流域）

（b）西藏自治区·下珞渝（又写作“下珞瑜”）·阿帕塔尼部落日如村

【出处】

（a）B.K. 舒克拉搜集：《肯库》，见中华民族故事大系编委会编《中华民族故事大系》第16卷（赫哲族、门巴族、珞巴族、基诺族），上海：上海文艺出版社1995年版，第394页。

（b）同（a），见李坚尚、刘芳贤编《珞巴族门巴族民间故事选》，上海：上海文艺出版社1993年版，第8页。

W0659.2.30.2
大地和天空婚生人的祖先阿巴达尼

实 例

珞巴族 大地和天空婚生人的祖先阿巴达尼。

【流传】

（a）西藏自治区·下珞瑜（泛指永木河、锡约尔河、巴恰西仁河流域）

（b）西藏自治区·下珞渝（又写作“下珞瑜”）·博日部落嘎盛村

【出处】

（a）维·埃尔温搜集：《太阳为什么那样红》，见中华民族故事大系编委会编《中华民族故事大系》第16卷（赫哲族、门巴族、珞巴族、基诺族），上海：上海文艺出版社1995年版，第416～417页。

（b）同（a），见李坚尚、刘芳贤编《珞巴族门巴族民间故事选》，上海：上海文艺出版社1993年版，第30～31页。

W0659.2.31
满族神话中的祖先（始祖、人祖、先人）

实 例

（参见下级母题实例）

W0659.2.31.1
祖先神穆昆达

实 例

满族 （参见“W0069a.5.1 祖先神穆昆达有时变成男的，有时变成女的”母题实例）

W0659.2.31.2
祖先神撮哈占爷（长白山神）

【关联】［W0109.5.1.1］祖先神撮哈占爷骑火龙驹

实 例

满族 （参见“W0109.5.1.1 祖先神撮哈占爷骑火龙驹”母题实例）

W0659.2.31.3
郭合乐哈拉第一代祖先神鄂多玛发（穆昆神）

实 例

满族 鄂多玛发，是旧时郭合乐哈拉供奉的第一代祖先神，称穆昆神。

【流传】黑龙江省·牡丹江市·（阳明区）·铁岭河（铁岭河镇）

【出处】郭鹤令讲，傅英仁采录：《鄂多玛发》，见中国民间文学集成全国编辑委员会编《中国民间故事集成》（黑龙江卷），北京：中国 ISBN 中心 2005 年版，第 46 ~ 48 页。

W0659. 2. 31. 4

女大萨满成为人类始母

【关联】［W0648. 1. 5. 2. 1］洪水后的女大萨满成为人类始母神

实　例

满族 洪水后，大地上的女大萨满，成为人类始母

【流传】黑龙江省·黑河地区（黑河市）·孙吴县·（沿江满族达斡尔族乡）·四季屯（四季屯村）

【出处】吴纪贤、富希陆讲：《天宫大战——黑水女真人传世神话》（1939，选自富育光、郭淑云整理的手稿），见姚宝瑄主编《中国各民族神话》（满族、赫哲族、朝鲜族），太原：山西出版传媒集团·书海出版社 2014 年版，第 36 页。

W0659. 2. 31. 5

鹰首女神是第一代萨满和人类的始母神

实　例

（参见下级母题实例）

W0659. 2. 31. 5. 1

鹰首女神代敏格格

实　例

满族 洪水后，幸存的一对男女后来生下了一个女儿。天神阿布卡赫赫把她作为将来的人种，就叫鹰首女神代敏格格飞到这石头山包上，偷偷把这个女婴叼走了。鹰首女神又把这个女婴抚养成人，她就成为第一代萨满和人类的始母神。

【流传】（无考）

【出处】《阿布卡赫赫女神创世》，王松根据富育光、孟慧英、王宏刚撰写的《满族宗教与神话》改写，见姚宝瑄主编《中国各民族神话》（满族、赫哲族、朝鲜族），太原：山西出版传媒集团、书海出版社 2014 年版，第 4 ~ 14 页。

W0659. 2. 32

毛南族神话中的祖先（始祖、人祖、先人）

实　例

（实例待考）

W0659. 2. 33

门巴族神话中的祖先（始祖、人祖、先人）

实　例

（实例待考）

W0659.2.34

蒙古族神话中的祖先（始祖、人祖、先人）

实 例

（参见下级母题实例）

W0659.2.34.1

蒙古族祖先是天女

【关联】［W0649.2.2.1］一个天女降到北方地区繁衍蒙古人

实 例

蒙古族 （参见“W0649.2.2.1 一个天女降到北方地区繁衍蒙古人”母题实例）

W0659.2.35

苗族神话中的祖先（始祖、人祖、先人）

实 例

（参见下级母题实例）

W0659.2.35.1

始祖伏羲女娲

实 例

苗族 （实例待考）

W0659.2.35.2

始祖姜央

【关联】［W0659.1.3.1］始祖姜央有多种叫法

实 例

苗族 （参见“W0659.1.3. 始祖姜央有多种叫法”母题实例）

苗族 人祖是姜央。

【流传】 贵州省·黔东南（黔东南苗族侗族自治州）

【出处】《兄妹结婚歌》，见潘定智、杨培德、张寒梅编：《苗族古歌》，贵阳：贵州人民出版社 1997 年版，第 104～132 页。

W0659.2.35.2.1

枫树生的蝴蝶生的卵孵出始祖姜央

实 例

苗族 枫树生的蝴蝶生 12 个蛋。鹡鸰为蝴蝶孵卵孵 12 年后，孵出生命。其中，黄蛋生下人类的始祖姜央。

【流传】 贵州省、云南省苗族地区

【出处】《十二个兄弟争天下》，苗地根据《枫木歌》、《十二个蛋》等文本改写，见姚宝瑄主编《中国各民族神话》（布依族、仡佬族、苗族），太原：山西出版传媒集团·书海出版社 2014 年版，第 139～140 页。

W0659.2.35.2.2

姜央从东方来

实 例

苗族 姜央（人类祖先名）就有大法术，姜央是从东方来。

【流传】原文无流传地，据文本及注释推测该神话流传于贵州省·黔东南苗族侗族自治州·凯里市、台江县等地

【出处】潘正昌唱，张海平搜集：《浩劫复生·洪水滔天》，见贵州省少数民族古籍整理出版规划小组办公室编，燕宝整理译注《苗族古歌》，贵阳：贵州民族出版社1993年版，第602页。

W0659. 2. 35. 2. 3

姜央的二姐夫“黎”

实 例

苗族 “黎”传说是姜央（苗族祖先名）的二姐夫。

【流传】原文无流传地，据文本及注释推测该神话流传于贵州省·黔东南苗族侗族自治州·凯里市、台江县等地

【出处】今旦整理译注：《浩劫复生·打杀蜈蚣》注释，见贵州省少数民族古籍整理出版规划小组办公室编，燕宝整理译注《苗族古歌》，贵阳：贵州民族出版社1993年版，第641页。

W0659. 2. 35. 3

女始祖波丽萍和男始祖岳利华

【关联】［W0658. 1. 1. 1］天神赐始祖波丽萍和男始祖岳利华不死

实 例

苗族 （参见“W0658. 1. 1. 1 天神赐始祖波丽萍和男始祖岳利华不死”母题实例）

苗族 天和地刚形成的时候，同时生出了一对人类的始祖。女始祖叫波丽萍，男始祖叫岳利华。

【流传】云南省·彝良县

【出处】王建国讲，陆兴凤翻译，杨光汉采录：《人类始祖返老还童》，见中国民间文学集成全国编辑委员会编《中国民间故事集成》（云南卷），北京：中国ISBN中心2003年版，第280页。

苗族 女始祖波丽萍和男始祖岳利毕后来也随着众多的儿孙搬上了蓝天居住。

【流传】云南省

【出处】王建国讲，陆兴凤翻译：《人类始祖返老还童的故事》，原载《云南苗族民间故事集成》，见陶阳、钟秀编《中国神话》（下），北京：商务印书馆2008年版，第1100～1103页。

W0659. 2. 35. 4

祖先傩公傩母

【关联】［W0146］傩公傩母

实 例

苗族 （参见“W0146. 1. 1 洪水后婚生人类的1对兄妹被奉祀为傩公傩母”母题实例）

W0659. 2. 35. 5

人类祖先榜香猷

实 例

苗族 榜香猷是七次洪水滔天和七次野火烧山以前的人类祖先。

【流传】贵州省·（黔东南苗族侗族自治州）·丹寨县·排调（排调镇）

【出处】王启荣讲，潘明修采录：《榜香猷》见中国民间文学集成全国编辑委员会编《中国民间故事集成》（贵州卷），北京：中国 ISBN 中心 2003 年，第 79 页。

W0659.2.35.6

苗族始祖蝴蝶妈妈

实 例

（参见下级母题实例）

W0659.2.35.6.1

枫木树心生蝴蝶妈妈

实 例

苗族 远古的时候，在太阳出来的东海之滨有一座山叫宋山，山上的枫木砍倒后，从树心里生下一只蝴蝶：妹留。这就是苗族的始祖：蝴蝶妈妈。

【流传】贵州省、云南省苗族地区

【出处】《十二个兄弟争天下》，苗地根据《枫木歌》、《十二个蛋》等文本改写，见姚宝瑄主编《中国各民族神话》（布依族、仡佬族、苗族），太原：山西出版传媒集团·书海出版社 2014 年版，第 137 页。

W0659.2.35.6.2

祖神蝴蝶妈妈妹榜妹留

【关联】［W0122.5.6.1］最高祖神妹榜妹留

实 例

苗族 在祭祖活动中，妹榜妹留（蝴蝶妈妈）被尊为最高祖神。

【流传】（无考）

【出处】燕宝整理：《妹榜妹留》，见姚宝瑄主编《中国各民族神话》（布依族、仡佬族、苗族），太原：山西出版传媒集团·书海出版社 2014 年版，第 279 页。

W0659.2.35.7

人类的老祖宗纳罗引勾

实 例

苗族 造人的纳罗引勾（半人半兽的巨人），被后人尊称是人类的桑巴桑勾（老祖宗）。

【流传】广西壮族自治区·（柳州市）·融水苗族自治县

【出处】

（a）杨达香讲，梁彬搜集整理：《创世纪》（二、捏人捏兽，栽果撒谷），见梁彬、王天若编《苗族民间故事选》，南宁：广西人民出版社 1986 年版。

（b）同（a），见姚宝瑄主编《中国各民族神话》（布依族、仡佬族、苗族），太原：山西出版传媒集团·书海出版社 2014 年版，第 175 页。

W0659.2.35.8

祖先东山老人和西山娘娘

实 例

苗族 洪水后幸存一对兄妹，因他们

在东山西山滚磨验证后成婚，繁衍后代，所以现在农村里“还神”时敬奉“东山老人”、“西山娘娘”，敬奉的就是当时这对兄妹。

【流传】（无考）

【出处】《雷公和高比》，见陶立璠、李耀宗编《中国少数民族神话传说选》，成都：四川民族出版社 1985 年版，第 143 页。

W0659. 2. 35. 9

人的祖先阿各林

实 例

苗族 人的祖先阿各林与雷神、龙王和老虎是朋友。

【流传】贵州省中部

【出处】苏晓星整理：《阿各林》，见燕宝编《苗族民间故事选》，上海：上海文艺出版社 1981 年版，第 7 页。

W0659. 2. 35. 10

祖先爸龙、德龙兄妹

实 例

苗族 洪水后，爸龙、德龙兄妹婚生人类，成为祖先。

【流传】湖南省·（湘西土家族苗族自治州）·花垣县·猫儿乡

【出处】龙玉六讲，滕树宽等采录：《阿陪果本和雷公》，见中国民间文学集成全国编辑委员会编《中国民间故事集成》（湖南卷），北京：中国 ISBN 中心 2002 年版，第 23 页。

W0659. 2. 35. 11

古时候祖先有 12 个

实 例

苗族 在很古老、很古老的时候，天下还没有好多人，我们的祖先才有十二个。

【流传】贵州省·（黔东南苗族侗族自治州）·榕江县、凯里县（凯里市）

【出处】江开银讲，杨元龙、杨方明记录整理：《芦笙》，原载黔东南苗族侗族自治州文学艺术研究室编《苗族民间故事集》，见陶阳、钟秀编《中国神话》（下），北京：商务印书馆 2008 年版，第 1278 ~ 1280 页。

W0659. 2. 36

仫佬族神话中的祖先（始祖、人祖、先人）

实 例

（参见下级母题实例）

W0659. 2. 36. 1

人类的祖先伏羲兄妹

实 例

仫佬族 人类的祖先是伏羲兄妹，仫佬人村村寨寨都立庙塑像，世代祭祀。

【流传】广西壮族自治区·（河池市）·罗城县（罗城仫佬族自治县）·东门（东门镇）、四把（四把乡）

【出处】包启宽、潘代球讲，包玉堂、

谢运源等搜集整理：《伏羲兄妹的传说》，见谷德明编《中国少数民族神话》，北京：中国民间文艺出版社1987年版，第146页。

仫佬族 洪水后，幸存的伏羲兄妹婚生人类，于是他俩成为人类的祖先。

【流传】（无考）

【出处】 包启宽、潘代球等讲，包玉堂、谢运源、潘琦搜集整理：《伏羲兄妹的传说》，见姚宝瑄主编《中国各民族神话》（仫佬族、壮族、京族），太原：山西出版传媒集团·书海出版社2014年版，第10页。

W0659.2.37

纳西族神话中的祖先（始祖、人祖、先人）

实　例

（参见下级母题实例）

W0659.2.37.0

人类的祖先从陆神、色神一代起始

实　例

纳西族 人类的祖先从陆、色（神名）一代起始，盘祖谱盘到美利东二代祖先，又盘到崇仁利恩三代祖先，一直盘到俄高楞一代，高楞趣一代。

【流传】 云南省·（丽江市）·丽江县（古城区、玉龙纳西族自治县）

【出处】 木丽春采集整理：《人脱皮的故事》，见木丽春编著《纳西族民间故事集》，昆明：云南人民出版社2007年版，第11页。

W0659.2.37.0a

第一代祖先美令东主

实　例

纳西族 五股彩风起变化，出现了五个彩蛋。白蛋又变化，出生了美令东主（第一代祖先）。

【流传】 云南省·（迪庆藏族自治州）·中甸县（香格里拉县）·三坝乡（三坝纳西族乡）·白地（白地村）一带

【出处】 和牛恒（东巴）读经，和志武翻译整理：《东埃术埃》（1962），见吕大吉、何耀华总主编《中国各民族原始宗教资料集成》（纳西族卷、羌族卷、独龙族卷、傈僳族卷、怒族卷），北京：中国社会科学出版社2000年版，第350页。

W0659.2.37.0a.1

祖先美利东阿普是九层天上下凡人间的神人

实　例

纳西族 美利东阿普（祖先名）是九层天上下凡人间的神人，死了后应回到天上去。

【流传】 云南省·（丽江市）·丽江县（古城区、玉龙纳西族自治县）

【出处】 木丽春采集整理：《人寿的故事》，见木丽春编著《纳西族民间故事集》，昆明：云南人民出版社 2007 年版，第 79 页。

W0659. 2. 37. 0a. 2

祖先美利东阿普死后要回到天上

实例

纳西族（参见“W0659. 2. 37. 0a. 1 祖先美利东阿普是九层天上下凡人间的神人”母题实例）

W0659. 2. 37. 1

人祖利恩（人祖从忍利恩）

实例

纳西族 利恩（人祖）是九位开天的男神的后代，是七位辟地的女神的后代。

【流传】（a）云南省·（丽江市）·丽江县（原丽江纳西族自治县，今归属为丽江市古城区和玉龙纳西族自治县）

【出处】

（a）和芳讲，和志武采录：《人类迁徙记》，见中国民间文学集成全国编辑委员会编《中国民间故事集成》（云南卷），北京：中国 ISBN 中心 2003 年版，第 49 页。

（b）和志武翻译整理：《人类迁徙记》，见谷德明编《中国少数民族神话》，北京：中国民间文艺出版社 1987 年版，第 395 页。

W0659. 2. 37. 1. 1

崇仁利恩是第三代祖先

【关联】［W0657. 2. 2. 1］祖先利恩若有五兄弟和五姐妹

实例

纳西族（参见“W0659. 2. 37. 0 人类的祖先从陆神、色神一代起始”母题实例）

W0659. 2. 37. 1. 2

父亲色圣周盘和母亲巴抓普母交合生崇仁利恩

实例

纳西族 木火土铁水五种元素中产生的 39 座金黄色的山和 7 个蓝色的湖交合，产生出父亲色圣周盘和母亲巴抓普母，他俩交合，生出崇仁利恩（祖先名）。

【流传】云南省

【出处】［美籍奥地利人］约瑟夫·洛克等著，杨福泉摘译：《纳西手写本目录》，联邦德国威斯巴登，1965 年，第 241～244 页。

W0659. 2. 37. 1a

祖先崇仁丽恩

实例

纳西族 海中生出的人类祖先海史海古、海古美古、美古初初、初初慈禹、慈禹初居、初居具仁、具仁迹仁、迹仁崇仁、崇仁丽恩。“丽恩”以下的世系为——丽恩糯、糯本培、本培窝、窝高来、高来秋，共十四代。前六代被认为住在天上，后八代才住在人间。

【流传】云南省·丽江（丽江市）

【出处】和芳（东巴）读经，和志武翻译整理：《崇邦统》（人类迁徙记）（1954），见吕大吉、何耀华总主编《中国各民族原始宗教资料集成》（纳西族卷、羌族卷、独龙族卷、傈僳族卷、怒族卷），北京：中国社会科学出版社2000年版，第322页。

W0659.2.37.1a.1

海生人类祖先海史海古、海古美古、美古初初、初初慈禹、慈禹初居、初居具仁、具仁迹仁、迹仁崇仁、崇仁丽恩

实 例

纳西族（参见“W0659.2.37.1a 祖先崇仁丽恩”母题实例）

W0659.2.37.1a.2

丽恩以下的祖先有丽恩糯、糯本培、本培窝、窝高来、高来秋

实 例

纳西族（参见“W0659.2.37.1a 祖先崇仁丽恩”母题实例）

W0659.2.37.2

女祖先昂姑咪阿斯

实 例

纳西族（摩梭人）石洞中有大蛋，蛋核变成摩梭人的女祖先昂姑咪阿斯。

【流传】云南省·（丽江市）·宁蒗（宁蒗彝族自治县）

【出处】《昂姑咪》，载《山茶》1986年第3期。

W0659.2.37.3

摩梭人祖先曹直鲁耶

实 例

纳西族（摩梭人）摩梭人的祖先叫曹直鲁耶。

【流传】云南省·（丽江市）·宁蒗县（宁蒗彝族自治县）·永宁（永宁乡）·泥鳅沟中村

【出处】“达巴”翁争讲，农布翻译，邓启耀整理：《天鹅之死》，见民俗学博客网：http://www.chinafolklore.org/blog/?uid-199-action-viewspace-itemid-3390，2009.09.07。

W0659.2.37.4

祖先是天神牟里注阿普

【关联】[祖先天神牟里注阿普]

实 例

纳西族 祖先天神牟里注阿普。

【流传】四川省·（凉山彝族自治

州）·木里县（木里藏族自治县）·俄亚乡（俄亚纳西族乡）

【出处】印扎次里讲：《错则勒厄》，见中国民间文学集成全国编辑委员会编《中国民间故事集成》（四川卷·下），北京：中国 ISBN 中心 1998 年版，第 1419～1421 页。

W0659. 2. 37. 5

祖先美利东

实例

（参见下级母题实例）

W0659. 2. 37. 5. 1

美利东是第二代祖先

实例

纳西族（参见“W0659. 2. 37. 0 人类的祖先从陆神、色神一代起始”母题实例）

W0659. 2. 37. 6

祖先高楞趣

实例

纳西族（参见“W0659. 2. 37. 0 人类的祖先从陆神、色神一代起始”母题实例）

W0659. 2. 37. 7

纳西族有 14 代祖先

实例

（参见下级母题实例）

W0659. 2. 37. 7. 1

纳西族 14 代祖先前六代祖先住在天上，后八代才住在人间

实例

纳西族（参见“W0659. 2. 37. 1a 祖先崇仁丽恩”母题实例）

W0659. 2. 37. 8

7 代人类祖先

实例

（参见下级母题实例）

W0659. 2. 37. 8. 1

每仍初初、初初雌玉、雌玉初居、初居九仁、九仁姐生、姐生从忍、从忍利恩

实例

纳西族大海中生出恨仍。恨仍生每仍。每仍以后七代，便是人类的祖先，他们是：每仍初初→初初雌玉→雌玉初居→初居九仁→九仁姐生→姐生从忍→从忍利恩。

【流传】（云南省·丽江市）

【出处】和志武翻译整理：《人类迁徙记》，原载中共丽江地委宣传部编《纳西族民间故事选》，见陶阳、钟秀编《中国神话》（中），北京：商务印书馆 2008 年版，第 856～876 页。

W0659.2.38

怒族神话中的祖先（始祖、人祖、先人）

实 例

（参见下级母题实例）

W0659.2.38.1

女祖先茂英充

实 例

怒族 茂英充（女始祖）从天降到了地上。

【流传】 云南省·（怒江傈僳族自治州）·福贡县·匹河乡（匹河怒族乡）

【出处】 企扒冲讲，李卫才采录：《女始祖》，见中国民间文学集成全国编辑委员会编《中国民间故事集成》（云南卷），北京：中国ISBN中心2003年版，第268页。

W0659.2.38.1.1

蜂变成斗霍人的女始祖茂英充

【关联】［W0654.2.1.2.1］蛇与蜂交配生女始祖

实 例

怒族 蜂变为斗霍人（怒族的小氏族名称）的女始祖茂英充。

【流传】 云南省·（怒江傈僳族自治州）·福贡县·匹河乡（匹河怒族乡）·九村

【出处】 *《氏族神话》，见攸延春《怒族文学史》，昆明：云南民族出版社2003年版，第30页。

W0659.2.38.2

男祖先勒阐，女祖先齿阐

实 例

怒族 太古时候的怒族老祖是两位同胞兄妹，男的叫勒阐，女的叫齿阐。

【流传】 云南省·（怒江傈僳族自治州）·福贡县·（鹿马登乡）·鹿马登村

【出处】

（a）胡正生搜集、杨如锋整理：《鹿马登怒族创世传说》，见《怒江文史资料》第八辑，1987年，第8～11页。

（b）同（a），见吕大吉、何耀华总主编《中国各民族原始宗教资料集成》（纳西族卷、羌族卷、独龙族卷、傈僳族卷、怒族卷），北京：中国社会科学出版社2000年版，第902～903页。

W0659.2.39

普米族神话中的祖先（始祖、人祖、先人）

实 例

（参见下级母题实例）

W0659.2.39.1

老祖先阿普和阿斯

实 例

普米族 普米族的老祖先阿普和阿斯。

【流传】（无考）

【出处】若扯绒布讲：《天阳老祖和地阴阿斯》，见章虹宇《普米族的“八卦图”》，载《云南民族学院学报》1995 年第 2 期。

W0659. 2. 39. 2

始祖公牦牛和白母狼

实 例

普米族 普米男女始祖分别是公牦牛和白母狼。

【流传】云南省·（丽江市）·宁蒗（宁蒗彝族自治县）；四川省·（凉山彝族自治州）·西昌（西昌市），木里县（木里藏族自治县）等

【出处】编玛讲，章虹宇整理：《巴弄明和巴弄姆》，见中华民族故事大系编委会编《中华民族故事大系》第 14 卷（普米族、塔吉克族、怒族、俄罗斯族、鄂温克族），上海：上海文艺出版社 1995 年版，第 34 页。

W0659. 2. 40

羌族神话中的祖先（始祖、人祖、先人）

实 例

（参见下级母题实例）

W0659. 2. 40. 1

始祖木姐珠和玉比娃

实 例

羌族 羌族始祖木姐珠和玉比娃。

【流传】四川省·（阿坝藏族羌族自治州）·理县

【出处】王久清等讲，周巴等搜集，韩香芝翻译：《洪水潮天》，见中华民族故事大系编委会编《中华民族故事大系》第 11 卷（达斡尔族、仫佬族、羌族），上海：上海文艺出版社 1995 年版，第 681 页。

W0659. 2. 40. 1. 1

女始祖木姐珠

【关联】［W0649. 2. 1］女始祖木姐珠是天神的女儿

实 例

羌族 羌人信奉的女始祖木姐珠是天神的女儿。

【流传】四川省·（绵阳市）·北川县·墩上羌族乡·岭岗村

【出处】苟玉书讲，王羽中采录：《木姐珠和斗安珠》附记，见中国民间文学集成全国编辑委员会编《中国民间故事集成》（四川卷·下），北京：中国 ISBN 中心 1998 年版，第 1111 页。

W0659. 2. 40. 2

创世始祖女神木吉卓

实 例

羌族 （参见“W0066. 1. 1. 1 天降创世始祖女神木吉卓”母题实例）

W0659.2.40.3

人类始祖蔡嘉宝

【关联】［W0653.2.1.1］牧羊人蔡嘉宝选择居住地繁衍子孙被尊为人类始祖

实 例

羌族 穷牧羊人蔡嘉宝因为选择了好地方，生了许多子孙，便成了人类始祖。

【流传】（无考）

【出处】《白云和石神》，见谷德明编《中国少数民族神话》，北京：中国民间文艺出版社1987年版，第265页。

W0659.2.40.4

羌族人祖先雅呷确呷·丹巴协惹

【关联】［W0644.1.1.1］夫妻神索依迪朗造的第一个完整的人雅呷确呷·丹巴协惹是羌族人的祖先

实 例

羌族 夫妻神索依迪朗造出羌族人的祖先雅呷确呷·丹巴协惹。

【流传】四川省·（阿坝藏族羌族自治州）·茂县·太平乡·牛尾巴村

【出处】郑友富讲，王康男采录：《索依迪朗造人》，见中国民间文学集成全国编辑委员会编《中国民间故事集成》（四川卷·下），北京：中国ISBN中心1998年版，第1118页。

W0659.2.40.5

男祖瓦奚比，女祖瓦奚米雅

实 例

羌族 男祖名叫瓦奚比，瓦奚米雅是女祖，还愿本是古来兴，子孙后代须遵行。

【流传】四川省·（阿坝藏族羌族自治州）·汶川县·龙溪乡·比亚朵寨

【出处】

（a）余明海（释比，68岁）、朱顺才（释比，68岁）唱，汪有伦等翻译，钱安靖整理：《上坛经》（1983.11～1984.12），见钱安靖《羌族和羌语支各居民集团宗教习俗调查报告》，四川大学宗教研究所油印本，1987年12月。

（b）同（a），见吕大吉、何耀华总主编《中国各民族原始宗教资料集成》（纳西族卷、羌族卷、独龙族卷、傈僳族卷、怒族卷），北京：中国社会科学出版社2000年版，第531页。

W0659.2.40.6

祖先神莫初（历代祖先神莫初）

实 例

羌族 每家室内供有十三尊神，其中有历代祖先神（“莫初”）、男性祖先神（“活叶依稀”）和女性祖先神（“迟依稀”）。

【流传】四川省·（阿坝藏族羌族自治州）·汶川县·雁门乡一带

【出处】《羌族卷·前言》，见吕大吉、何耀华总主编《中国各民族原始宗教资料集成》（纳西族卷、羌族卷、独龙族卷、傈僳族卷、怒族卷），北京：中国社会科学出版社2000年版，第452页。

W0659. 2. 40. 7

男祖先神活叶依稀

实 例

羌族 ［参见“W0659. 2. 40. 6 祖先神莫初（历代祖先神莫初）”母题实例］

W0659. 2. 40. 8

女祖先神迟依稀

实 例

羌族 ［参见“W0659. 2. 40. 6 祖先神莫初（历代祖先神莫初）”母题实例］

W0659. 2. 41

撒拉族神话中的祖先（始祖、人祖、先人）

实 例

（实例待考）

W0659. 2. 42

畲族神话中的祖先（始祖、人祖、先人）

实 例

（参见下级母题实例）

W0659. 2. 42. 1

祖先高皇

实 例

畲族 且说高皇的出身，先是变龙后变人。

【流传】广东省·潮州市

【出处】雷楠、陈焕钧收集整理：《高皇歌》，转引自李筱文《广东畲族文化特性初探》，见《畲族文化学术研讨会论文》，2007. 12。

W0659. 2. 43

水族神话中的祖先（始祖、人祖、先人）

实 例

（实例待考）

W0659. 2. 44

塔吉克族神话中的祖先（始祖、人祖、先人）

实 例

（实例待考）

W0659. 2. 45

塔塔尔族神话中的祖先（始祖、人祖、先人）

实 例

（实例待考）

W0659. 2. 46

土家族神话中的祖先（始祖、人祖、先人）

实 例

（参见下级母题实例）

W0659.2.46.1

人类始神卵玉娘娘

实例

土家族 人类始神是“卵玉娘娘”。

【流传】（无考）

【出处】杨昌鑫：《土家族风俗志》，北京：中央民族学院出版社 1989 年版，第 10～12 页。

W0659.2.46.2

始祖神春巴妈帕

【关联】［W0477.9.7］生育神春巴妈帕

实例

土家族 （参见“W0477.9.7 生育神春巴妈帕”母题实例）

W0659.2.46.3

人类始祖神咿罗娘娘

实例

土家族 人类始祖神叫“咿罗娘娘”。

【流传】（无考）

【出处】《摆手歌》，见彭继宽等《土家族文学史》，长沙：湖南文艺出版社 1989 年版，第 61 页。

W0659.2.47

土族神话中的祖先（始祖、人祖、先人）

实例

（实例待考）

W0659.2.48

佤族神话中的祖先（始祖、人祖、先人）

实例

（参见下级母题实例）

W0659.2.48.1

祖先阿依俄或格来旦

实例

佤族 西盟一带佤族的共同祖先是阿依俄或格来旦。

【流传】云南省·（普洱市）·西盟县（西盟佤族自治县）

【出处】包永红等讲，高登智采录：《佤族姓氏的形成》附记，见中国民间文学集成全国编辑委员会编《中国民间故事集成》（云南卷），北京：中国 ISBN 中心 2003 年版，第 336 页。

W0659.2.48.2

始祖岩该冈木

【关联】［W0653.4.1］始祖岩该冈木与天地共生

实例

佤族（永不列部落） （参见“W0653.4.1 始祖岩该冈木与天地共生”母题实例）

佤族（永不列部落） 始祖岩该冈木是个无所不知、心灵手巧的神人。

【流传】云南省·（普洱市）·西盟县（西盟佤族自治县）

【出处】尼嘎、阿香采录：《上下葫芦国的由来》，见中国民间文学集成全国编辑委员会编《中国民间故事集成》（云南卷），北京：中国 ISBN 中心 2003 年版，第 192 页。

W0659. 2. 48. 3

女祖先安木拐（圣祖母拐）

实 例

佤族 安木拐（佤族女祖先）登上图莫伟龙（人间最高的山峰）成了天上的神仙。

【流传】云南省·（普洱市）·西盟佤族自治县、澜沧拉祜族自治县等地

【出处】毕登程、隋嘎编著：《司岗里——佤族创世史诗》，昆明：云南出版集团公司·云南人民出版社 2009 年版，第 54 页。

W0659. 2. 48. 3. 1

安木拐是妈侬的三姑娘

实 例

佤族 “拐”全称是“安木拐”，妈侬的三姑娘，人类的第二位圣祖母。

【流传】云南省·（普洱市）·西盟佤族自治县、澜沧拉祜族自治县等地

【出处】毕登程、隋嘎编著：《司岗里——佤族创世史诗》，昆明：云南出版集团公司·云南人民出版社 2009 年版，第 1 页。

W0659. 2. 48. 3. 2

安木拐是人类的第二位圣祖母

实 例

佤族 （参见“W0659. 2. 48. 3. 1 安木拐是妈侬的三姑娘”母题实例）

W0659. 2. 48. 4

圣祖母侬（圣祖母妈侬）

实 例

佤族 佤族人迁徙到了巴格岱和跨莫（地名），那儿已经有了多处来的人，于是知道侬、拐（佤族始祖名）不是人类唯一的圣祖母，勒尔（泥巴，这里指特定的地名）也不是人类唯一的衣胞地。

【流传】云南省·（普洱市）·西盟佤族自治县、澜沧拉祜族自治县等地

【出处】毕登程、隋嘎编著：《司岗里——佤族创世史诗》，昆明：云南出版集团公司·云南人民出版社 2009 年版，第 33～34 页。

W0659. 2. 49

维吾尔族神话中的祖先（始祖、人祖、先人）

实 例

（参见下级母题实例）

W0659. 2. 49. 1

祖先亚当

【关联】［W0644. 1. 4. 1］女天神创造祖

先亚当

实 例

维吾尔族 亚当（祖先名）是我们的女天神创造的。

【流传】 新疆维吾尔自治区·伊犁州（伊犁哈萨克自治州），新疆南疆一带

【出处】 阿不都拉搜集翻译，姚宝瑄整理：《女天神创造亚当》，见姚宝瑄主编《中国各民族神话》（乌孜别克族、哈萨克族、柯尔克孜族、俄罗斯族、维吾尔族、塔吉克族、塔塔尔族、锡伯族），太原：山西出版传媒集团·书海出版社 2014 年版，第 223 页。

W0659.2.49.2

人类始祖库马尔斯

实 例

维吾尔族 库马尔斯被维吾尔族的先民尊崇为人类的始祖。

【流传】（无考）

【出处】《库马尔斯》，载《新疆大学学报》1985 年第 2 期。

W0659.2.50

乌孜别克族神话中的祖先（始祖、人祖、先人）

实 例

（实例待考）

W0659.2.51

锡伯族神话中的祖先（始祖、人祖、先人）

实 例

（实例待考）

W0659.2.52

瑶族神话中的祖先（始祖、人祖、先人）

实 例

（参见下级母题实例）

W0659.2.52.1

始祖盘王（盘瓠王）

【关联】［W0729］盘瓠（盘皇）

实 例

瑶族 （实例待考）

W0659.2.52.2

女始祖密洛陀

实 例

瑶族 天地间的铜鼓中有一个女子，她就是人和万物之母密洛陀。

【流传】 广西壮族自治区·（河池市）·大化县（大化瑶族自治县）·七百弄乡

【出处】 蓝阿勇讲，蒙冠雄采录翻译：《密洛陀》，见中国民间文学集成全国编辑委员会编《中国民间故事集成》（广西卷），北京：中国 ISBN 中心

2001 年版，第 11 页。

W0659. 2. 52. 3

祖神果阿

实 例

瑶族 祖神果阿常双脚一蹬就冲上了天空。

【流传】贵州省·荔波县·瑶麓乡

【出处】覃继高等讲，黄海采录：《十六个太阳和十七个月亮》见中国民间文学集成全国编辑委员会编《中国民间故事集成》（贵州卷），北京：中国 ISBN 中心 2003 年，第 21 页。

W0659. 2. 52. 4

开天辟地的始祖发枚

实 例

瑶族 瑶家出了一个开天辟地的始祖，名叫发枚。

【流传】贵州省·从江县·高芒乡

【出处】赵金荣讲，杨路塔采录：《发枚造天地》见中国民间文学集成全国编辑委员会编《中国民间故事集成》（贵州卷），北京：中国 ISBN 中心 2003 年，第 9 页。

W0659. 2. 52. 5

女祖先务告

实 例

瑶族 很古的时候，我们的祖先是个女人，名字叫务告（瑶语“务”是“婆婆”，“告”为人名）。

【流传】贵州省·荔波县·洞塘乡

【出处】韦老根讲，全心华等采录：《务告造人》见中国民间文学集成全国编辑委员会编《中国民间故事集成》（贵州卷），北京：中国 ISBN 中心 2003 年，第 13 页。

W0659. 2. 53

彝族神话中的祖先（始祖、人祖、先人）

实 例

（参见下级母题实例）

W0659. 2. 53. 1

始祖伏羲女娲

实 例

彝族 （实例待考）

W0659. 2. 53. 2

祖宗阿文

实 例

彝族（俚颇）彝族的祖宗阿文是个大力士。

【流传】云南省·（楚雄彝族自治州）·大姚县·昙华山区（昙华乡）

【出处】

（a）陆颇梭颇（毕摩）演唱，夏光辅、诺海阿苏翻译：《俚泼古歌》，见云南省社会科学院楚雄彝族文化研究所编《彝族民间文学》（第二辑），

1985年。

(b) 陆颇梭颇（毕摩）演唱，夏光辅、诺海阿苏翻译，古梅改写：《赤梅葛——俚泼古歌》，见姚宝瑄主编《中国各民族神话》（羌族、彝族），太原：山西出版传媒集团·书海出版社2014年版，第96页。

W0659.2.53.3

祖神哲撒勒

实 例

彝族 祈福时要祈十七神。其中有天神吾安普，地神尹安妣，祖神哲撒勒。

【流传】云南省·（昆明市）·禄劝县（禄劝彝族苗族自治县）·云龙乡·卡问村

【出处】张仲仁（彝族）翻译：＊《禄劝彝族的祈福经》，见吕大吉、何耀华总主编《中国各民族原始宗教资料集成》（彝族卷、白族卷、基诺族卷），北京：中国社会科学出版社1996年版，第288~290页。

W0659.2.53.4

祖先阿倮

实 例

（参见下级母题实例）

W0659.2.53.4.1

阿倮是天上生、地上长的神人

实 例

彝族（聂苏）阿倮（彝族祖先）是神人，天上生、地上长。

【流传】云南省·（红河哈尼族彝族自治州）·石屏县·哨冲（哨冲镇）

【出处】范祖锜：《石屏县哨冲彝族"咪嘎好"祭祀现场纪实》，见吕大吉、何耀华总主编《中国各民族原始宗教资料集成》（彝族卷、白族卷、基诺族卷），北京：中国社会科学出版社1996年版，第209页。

W0659.2.53.5

祖先普丕

实 例

彝族 祖灵尊为神，彝语通称为"普丕"（祖先）。

【流传】贵州省·毕节地区（毕节市）·龙场区（七星关区）·（大屯彝族乡）·三官寨

【出处】于绵琇：《彝族的近祖崇拜》，载《世界宗教研究》1983年第2期。

W0659.2.53.6

先祖阿把佬

实 例

（参见下级母题实例）

W0659.2.53.6.1

阿把佬头大身细，会念咒语

实 例

彝族 阿把佬是先祖，长相头大身

细，会念咒语。

【流传】云南省·大理（大理白族自治州）

【出处】王丽珠：《大理州彝族原始宗教调查》，见吕大吉、何耀华总主编《中国各民族原始宗教资料集成》（彝族卷、白族卷、基诺族卷），北京：中国社会科学出版社 1996 年版，第 71 页。

W0659. 2. 53. 7 母虎祖先涅罗摩

实 例

彝族 彝族每家供奉一幅祖先画像，称为“涅罗摩”，意为母虎灵或母虎祖先。

【流传】云南省哀牢山一带

【出处】＊《虎图腾》，见刘尧汉《彝族社会历史调查研究文集》，北京：民族出版社 1980 年版，第 225 页。

W0659. 2. 54 裕固族神话中的祖先（始祖、人祖、先人）

实 例

（实例待考）

W0659. 2. 55 藏族神话中的祖先（始祖、人祖、先人）

实 例

（参见下级母题实例）

W0659. 2. 55. 1 王朝先祖俄带贡甲

实 例

藏族 俄带贡甲是从天堂降到凡间的王朝之先祖。

【流传】西藏自治区

【出处】［法］石泰安：《西藏的文明》，耿昇译，北京：中国藏学出版社 1999 年版，第 227 页。

W0659. 2. 55. 2 祖先丈夫孜巴东虚才和三姐米堪玛尔

【关联】［W0645. 2a. 1. 2］三姐米堪玛尔和丈夫孜巴东虚才生的后代成为祖先

实 例

藏族 三姐米堪玛尔和她的丈夫孜巴东虚才使得人类繁衍。

【流传】（无考）

【出处】噶尔梅·散旦：《本教历史及其教义概述》，见林继富《生命的归宿——藏族灵魂观念试析》，载《邦锦花》1990 年第 3 期。

W0659. 2. 55. 3 人类最早的祖先阿加尼

实 例

藏族 世界出现森林后，德绕高大神又造了一个人，给他起名做阿加尼（文化英雄名)，这是人类最早的祖先。

【流传】（西藏自治区）

【出处】

（a）旺秋搜集：《僜人创世神话》，根据中国社会科学院民族研究所编《僜人社会历史调查》，云南人民出版社1990年版，西藏民间文艺研究会主办《邦锦梅朵》1984年第8期中的《僜人创世神话》整理。

（b）同（a），见姚宝瑄主编《中国各民族神话》（门巴族、珞巴族、怒族、藏族），太原：山西出版传媒集团·书海出版社2014年版，第87～88页。

W0659.2.56

壮族神话中的祖先（始祖、人祖、先人）

实 例

（参见下级母题实例）

W0659.2.56.1

始祖伏羲女娲

实 例

壮族 （实例待考）

W0659.2.56.1a

伏依兄妹是始祖神

【关联】［W0768.10.4.1］伏依兄妹是布伯的儿女

实 例

壮族 花婆王、布洛陀、布伯、伏依兄妹、盘古大帝等是人类始祖神。

【流传】广西壮族自治区·（南宁市）·武鸣县·两江乡·雷江片，马山县·古零乡·杨圩片

【出处】黄世杰搜集整理：*《多神信仰》（1990），见吕大吉、何耀华总主编《中国各民族原始宗教资料集成》（土家族卷、瑶族卷、壮族卷、黎族卷），北京：中国社会科学出版社1998年版，第492页。

W0659.2.56.2

女始祖姆洛甲（女始祖姆六甲）

【关联】［W0705］姆六甲

实 例

壮族 姆洛甲（女始祖）饭量巨大。

【流传】广西壮族自治区·（百色市）·西林县·那佐乡·那来村

【出处】

（a）黄公受讲，岑护双采录翻译：《巨人夫妻》，见中国民间文学集成全国编辑委员会编《中国民间故事集成》（广西卷），北京：中国ISBN中心2001年版，第55页。

（b）同（a），见张声震总主编，农冠品编注《壮族神话集成》，南宁：广西民族出版社2007年版，第31页。

W0659.2.56.3

男始祖布洛陀

实 例

壮族 （实例待考）

W0659. 2. 56. 3. 1

始祖布洛陀和姆六甲

【关联】

①［W0643. 1. 2. 1］布洛陀与母勒甲是上帝派到凡间的始祖

②［W0657. 2a. 1. 1］男始祖布洛陀与女始祖姆洛甲夫妻各有神通

实 例

壮族（参见“W0670. 5. 2. 1 布洛陀与姆六甲是夫妻”母题实例）

W0659. 2. 56. 4

始祖神者弘

实 例

壮族（侬人）壮族为保护古树林木，把创世神“布洛朵”、始祖神“者弘”和太阳女神“乜唐温”封在村四周的古树林木上，严禁砍伐。

【流传】云南省·文山壮族苗族自治州·西畴县·西洒镇·汤果村一带

【出处】王明富搜集整理：《乌衣与壮族女人节》，见 http://tieba.baidu.com/p/1849011753

W0659. 2. 56. 5

花婆王是始祖神

实 例

壮族 花婆王、布洛陀、布伯等是人类始祖神。

【流传】广西壮族自治区·（南宁市）·武鸣县·两江乡·雷江片，马山县·古零乡·杨圩片

【出处】黄世杰搜集整理：*《多神信仰》（1990），见吕大吉、何耀华总主编《中国各民族原始宗教资料集成》（土家族卷、瑶族卷、壮族卷、黎族卷），北京：中国社会科学出版社1998年版，第492页。

W0659. 2. 57

其他一些古代民族神话中的祖先（始祖、人祖、先人）

实 例

（参见下级母题实例）

W0659. 2. 57. 1

月亮仙女生的8个男孩和北斗七星生的8个女孩婚生鲜卑人的祖先

实 例

锡伯族（实例待考）

W0659. 2. 57. 2

古代鲜卑人的祖先天神源于太阳

实 例

锡伯族（实例待考）

W0659. 3

祖先的象征物（祖先的代表物，祖先神的象征）

实 例

（参见下级母题实例）

W0659.3.1

特定用品作为祖先的象征

实 例

（参见下级母题实例）

W0659.3.1.1

火塘上的碗柜代表祖先神

实 例

藏族（白马）祖先神（家神）无具体的实物象征，没有神祖牌，只是在每家的火塘正上方（东墙）有个神柜（即碗柜，内装碗、盆、灶具等）。

【流传】（四川省）

【出处】四川省民委民族识别调查组：《白马藏人调查资料辑录》，原载四川民族研究所编印《白马藏人族属问题讨论集》（一），见吕大吉、何耀华总主编《中国各民族原始宗教资料集成》（鄂伦春族卷、鄂温克族卷、赫哲族卷、达斡尔族卷、锡伯族卷、满族卷、蒙古族卷、藏族卷），北京：中国社会科学出版社 1999 年版，第 807 页。

W0659.3.2

自然物作为祖先的象征

实 例

（参见下级母题实例）

W0659.3.2.1

石头象征祖先

实 例

藏族（尔苏）尔苏藏族以石头代表家庭祖先，供于住房墙洞内。

【流传】（石棉县·蟹螺乡·江坝村）

【出处】钱安靖：《石棉县蟹螺乡江坝大队尔苏藏族宗教习俗调查》（1986），见吕大吉、何耀华总主编《中国各民族原始宗教资料集成》（鄂伦春族卷、鄂温克族卷、赫哲族卷、达斡尔族卷、锡伯族卷、满族卷、蒙古族卷、藏族卷），北京：中国社会科学出版社 1999 年版，第 958 页。

W0659.3.3

人造物作为祖先的象征

实 例

（参见下级母题实例）

W0659.3.3.1

神像代表祖先

实 例

汉族 （实例待考）

W0659.3.3.2

羊毛线代表始祖神

实 例

羌族 祭山会祭祀山神仪式上，巫师以羊毛线（代表始祖神）系在到会人头发或纽扣上，表示生命已由神系住，长命百岁，像高山一样。

【流传】四川省·（阿坝藏族羌族自治州）·茂县·三龙乡

【出处】

(a)《羌族的祭山会》(1983. 05)，原载钱安靖《羌族宗教习俗调查资料》，见羌族社会历史调查四川省编写组编《羌族社会历史调查》，成都：四川省社会科学院出版社 1986 年版。

(b) 同 (a)，见吕大吉、何耀华总主编《中国各民族原始宗教资料集成》(纳西族卷、羌族卷、独龙族卷、傈僳族卷、怒族卷)，北京：中国社会科学出版社 2000 年版，第 552 页。

W0659. 3. 4

祖先树

实 例

(参见下级母题实例)

W0659. 3. 4. 1

每家有多棵祖先树

实 例

彝族（摩察） 祖先树每家都有二三棵，多者有五六棵。多选用黄栗树，是彝族的神树。

【流传】云南省·（大理白族自治州）·巍山彝族回族自治县·庙街乡·多雨村、麻秸房（麻秸房村）一带

【出处】王丽珠（彝族）：《大理州彝族原始宗教调查》，见吕大吉、何耀华总主编《中国各民族原始宗教资料集成》(彝族卷、白族卷、基诺族卷)，北京：中国社会科学出版社 1996 年版，第 136 页。

W0659. 3. 5

石祖

【关联】

①［W0652. 4］特定的石头是祖先

②［W0903. 6. 3. 1］坟墓上的石头代表祖灵

实 例

(参见下级母题实例)

W0659. 3. 5. 1

每年三、五、七月祭石祖

实 例

普米族 居住在泸沽湖边上的普米人、摩梭人，每年三、五、七月，都要到阿布流沟山的石洞中去祭石祖。

【流传】云南省·（丽江市）·宁蒗（宁蒗彝族自治县）；四川省·（凉山彝族自治州）·木里（木里藏族自治县）

【出处】曹匹初讲，章虹宇搜集整理：《石头阿祖和石头子孙》，载《山茶》1986 年第 5 期。

W0659. 3. 6

祖先牌位

实 例

羌族 丧葬时，在堂屋家神神龛前置

"祖先牌位"，供奉直系亲属各祖先；在祖先牌位侧，置"代荐牌位"，供奉旁系亲属各祖先。

【流传】四川省·（阿坝藏族羌族自治州）·茂县·渭门乡·永和大队（今永和乡）

【出处】

(a) 钱安靖：《羌族宗教习俗调查资料》（七），见羌族社会历史调查四川省编写组编《羌族社会历史调查》，成都：四川省社会科学院出版社1986年版。

(b) 同（a），见吕大吉、何耀华总主编《中国各民族原始宗教资料集成》（纳西族卷、羌族卷、独龙族卷、傈僳族卷、怒族卷），北京：中国社会科学出版社2000年版，第567页。

W0659.3a

祖先的替代物

实　例

（参见下级母题实例）

W0659.3a.1

寻找不到祖先青蛙时，取蟋蟀、野蛙代替

实　例

壮族 人们大年初一请祖神时，成群结队拥向田野河沟，用手翻石掏洞，以竹片掀土撩草，寻找蛙婆（蛙婆为母神祖神的化身）。天寒地冻，不易寻到青蛙，故取蟋蟀、野蛙代替。

【流传】广西壮族自治区·（河池市）·东兰县红水河两岸

【出处】覃剑萍搜集整理：＊《祭祀蛙婆》（1990），见吕大吉、何耀华总主编《中国各民族原始宗教资料集成》（土家族卷、瑶族卷、壮族卷、黎族卷），北京：中国社会科学出版社1998年版，第541页。

W0659.4

特定时期的祖先（祖先的辈次，祖先的谱系）

【关联】

①［W0657］祖先的关系

②［W0974.2］神的辈次

实　例

（参见下级母题实例）

W0659.4.1

第一代祖先神（第1代祖先）

实　例

（参见下级母题实例）

W0659.4.1.1

俄玛天神是人的第一代祖先

实　例

哈尼族 俄玛天神是人的第一代祖先。

【流传】（无考）

【出处】《神和人的谱系》，见《中国各民族宗教与神话大词典》编审委员会编《中国各民族宗教与神话大词典》，北京：学苑出版社1990年版，第

170 页。

W0659. 4. 1. 2
特定姓氏的第一代祖先神

实 例

满族 ［参见“W0659. 2. 31. 3 郭合乐哈拉第一代祖先神鄂多玛发（穆昆神）”母题实例］

W0659. 4. 2
第二代祖先神（第 2 代祖先）

实 例

哈尼族 （实例待考）

W0659. 4. 2. 1
敖鲁古雅鄂温克萨满的第二代祖神为 1 女 1 男，女的名为都尔库楞，男的叫阿尔卡兰

实 例

鄂温克族 敖鲁古雅鄂温克萨满的第二代祖神仍为一女一男，女的名为都尔库楞，男的叫阿尔卡兰。

【流传】 内蒙古自治区·（呼伦贝尔市）·额尔古纳左旗·阿龙山镇

【出处】 纽拉（女萨满，1907 年生）讲，满都尔图、孟和采录整理：《最早萨满传袭的传说》（1990. 11. 12），见吕大吉、何耀华总主编《中国各民族原始宗教资料集成》（鄂伦春族卷、鄂温克族卷、赫哲族卷、达斡尔族卷、锡伯族卷、满族卷、蒙古族卷、藏族卷），北京：中国社会科学出版社 1999 年版，第 123 页。

W0659. 4. 3
第三代祖先神（第 3 代祖先）

实 例

（参见下级母题实例）

W0659. 4. 3. 1
第三代先祖窝觉喜欢生育

实 例

哈尼族 第三代先祖窝觉不像第二代人神玛窝，他不嫌弃宽宽平平的大地，欢欢喜喜地在这里生养后代。

【流传】 云南省·（红河哈尼族彝族自治州）·元阳（元阳县）、红河（红河县）、金平（金平苗族瑶族傣族自治县）［采集地点：元阳县·胜村乡·全福庄］

【出处】 卢朝贵讲，史军超搜集整理：《神和人的家谱》，原载云南省民间文学集成办公室编《哈尼族神话传说集成》，中国民间文艺出版社 1990 年版，见姚宝瑄主编《中国各民族神话》（哈尼族、傣族），太原：山西出版传媒集团·书海出版社 2014 年版，第 43 页。

W0659. 4. 4
第四代祖先神（第 4 代祖先）

实 例

（实例待考）

W0659.4.5
第五代祖先神（第5代祖先）

实　例

（实例待考）

W0659.4.6
第六代祖先神（第6代祖先）

实　例

（参见下级母题实例）

W0659.4.6.1
第六代先祖叫直乌

实　例

哈尼族 第六代先祖叫直乌，他们比涅直（哈尼语，鬼的头领，鬼王，直鬼）好多了，会活会动了，所以他们又叫“活起来的祖先”。

【流传】 云南省·（红河哈尼族彝族自治州）·元阳（元阳县）、红河（红河县）、金平（金平苗族瑶族傣族自治县）［采集于元阳县·胜村乡·全福庄］

【出处】 卢朝贵讲，史军超搜集整理：《神和人的家谱》，原载云南省民间文学集成办公室编《哈尼族神话传说集成》，中国民间文艺出版社1990年版，见姚宝瑄主编《中国各民族神话》（哈尼族、傣族），太原：山西出版传媒集团·书海出版社2014年版，第43～44页。

W0659.4.7
第七代祖先神（第7代祖先）

实　例

（参见下级母题实例）

W0659.4.7.1
人的7代祖先

实　例

纳西族 人的7代祖先是每仍初初、初初雌玉、雌玉初居、初居九仁、九仁姐生、姐生从忍、从忍利恩。

【流传】 (a) 云南省·（丽江市）·丽江县（原丽江纳西族自治县，今归属为丽江市古城区和玉龙纳西族自治县）

【出处】

(a) 和芳讲，和志武采录：《人类迁徙记》，见中国民间文学集成全国编辑委员会编《中国民间故事集成》（云南卷），北京：中国ISBN中心2003年版，第49页。

(b) 和志武翻译整理：《人类迁徙记》，见谷德明编《中国少数民族神话》，北京：中国民间文艺出版社1987年版，第395页。

W0659.4.8
第八代祖先神（第8代祖先）

实　例

（参见下级母题实例）

W0659. 4. 8. 1

第八代先祖阿培突玛

实 例

哈尼族 第八代先祖叫做“阿培突玛”（“阿培”即“祖先”）生过九回，死过九道。

【流传】 云南省·（红河哈尼族彝族自治州）·元阳县

【出处】 卢朝贵讲，史军超采录：《神和人的家谱》，见中国民间文学集成全国编辑委员会编《中国民间故事集成》（云南卷），北京：中国 ISBN 中心 2003 年版，第 23 页。

W0659. 4. 9

第九代祖先神（第 9 代祖先）

实 例

（实例待考）

W0659. 4. 10

其他各代祖先神

实 例

（实例待考）

W0659. 8. 10. 1

第 10 代祖先

实 例

（实例待考）

W0659. 5

祖先成仙

实 例

（参见下级母题实例）

W0659. 5. 1

祖先没有成仙

【关联】［W0801］仙的产生

实 例

侗族 姜郎姜妹洪水后繁衍人类，但佛祖说他们没修炼过，算不了仙。

【流传】 湖南省·（怀化市）·新晃县（新晃侗族自治县）·李树乡·茂溪村

【出处】 吴贻刚讲，杨顺成等采录：《姜郎姜妹》，见中国民间文学集成全国编辑委员会编《中国民间故事集成》（湖南卷），北京：中国 ISBN 中心 2002 年版，第 28 页。

W0659. 6

祖先出生的地方也是回归的地方

实 例

佤族 （实例待考）

W0659. 7

祖先神偶

实 例

（参见下级母题实例）

W0659.7.1

祖先神偶的制作

实　例

（参见下级母题实例）

W0659.7.1.1

用竹根做祖先神偶

实　例

彝族　彝族沿笔摩比恩阿子的做法，用竹根来作先人的灵（祖先神偶）。

【流传】（无考）

【出处】

（a）蒋汉章翻译，李仲舒整理：《创造万物的巨人支格阿鲁》，见陶立璠、李耀宗主编《中国少数民族神话传说选》，成都：四川民族出版社1985年版，第86页。

（b）《创造万物的巨人尼支呷咯》，见谷德明编《中国少数民族神话》，北京：中国民间文艺出版社1987年版，第280页。

W0659.7.2

祖先神偶的放置

实　例

（参见下级母题实例）

W0659.7.2.1

祖先的神偶放神堂

实　例

满族　满族及其先世女真人尊称供奉祖先神偶、神谱、神案、神像、神谕、神器之所为“恩都力包”，即“祖先神的家”，现译为“神堂”。

【流传】（无考）

【出处】

（a）富育光：《萨满教与神话》，沈阳：辽宁大学出版社1990年版，第304页。

（b）《萨满教的神居之所——堂子》，见吕大吉、何耀华总主编《中国各民族原始宗教资料集成》（鄂伦春族卷、鄂温克族卷、赫哲族卷、达斡尔族卷、锡伯族卷、满族卷、蒙古族卷、藏族卷），北京：中国社会科学出版社1999年版，第495页。

W0659.8

祖先鬼

【关联】

①［W0835.4a］祖先变成妖

②［W0903.2.2］祖先鬼是恶鬼

实　例

黎族　祖先鬼比其他鬼还要可怕。

【流传】（无考）

【出处】邢关英：《黎族》，北京：民族出版社1990年版，第71页。

W0659.8.1

始祖鬼要杀水牛祭祀

实　例

黎族　始祖鬼是恶鬼，要杀水牛

祭祀。

【流传】（无考）

【出处】《鬼魂崇拜》，见吕大吉、何耀华总主编《中国各民族原始宗教资料集成》（土家族卷、瑶族卷、壮族卷、黎族卷），北京：中国社会科学出版社 1998 年版，第 695 页。

W0659.9
祭祀祖先（祭祀祖先神，祭祖，祖先的祭祀）

【关联】［W0659.3.5.1］每年三、五、七月祭石祖

实　例

（参见下级母题实例）

W0659.9.1
祖宗神是各家各户主要供祀的神

实　例

壮族 祖宗神是壮族各家各户主要供祀的神，祖宗神多指本姓历代祖宗以及本姓曾依附的大姓，有恩于本姓的姓氏先人。

【流传】广西壮族自治区·（百色市）·靖西县（靖西市）

【出处】凌树东搜集整理：*《广西靖西县壮族诸神表》（1991），见吕大吉、何耀华总主编《中国各民族原始宗教资料集成》（土家族卷、瑶族卷、壮族卷、黎族卷），北京：中国社会科学出版社 1998 年版，第 494 页。

W0659.9.2
迎祖先（接祖先，接祖神）

【关联】

①［W0903.6.2］祖灵返乡（祖灵回家）

②［W0911.7.7.］接父魂

实　例

（参见下级母题实例）

W0659.9.2.1
除夕接祖先回家

实　例

汉族 （实例待考）

W0659.9.3
送祖先

实　例

（参见下级母题实例）

W0659.9.3.1
七月十四日送祖

实　例

彝族 七月十四日子好，那天晚上要送祖。

【流传】云南省·楚雄彝族自治州·姚安县、大姚县等彝族地区

【出处】《婚事和恋歌·说亲》，见云南省民族民间文学楚雄调查队整理编写《梅葛》，昆明：云南人民出版社 2009 年版，第 129 页。

W0659.9.3.2

把祖先送到澜沧江西岸老家

【关联】［W0903.6.2.3］祖灵回故土

实 例

傈僳族 拉扒（虎）氏族最早的祖先是色腊坐和搭腊坐兄弟二人，他们从丽江迁到兰坪县属营盘街澜沧江西岸的普渡村（一说是窝邓），后来搭腊坐仍留居普渡村，色腊坐迁到怒江区碧江县五区，所以至今他们送祖先或送鬼仍送到澜沧江西岸的老家去。

【流传】云南省·（怒江傈僳族自治州）·碧江县五区（今属泸水县·洛本卓白族乡）·色德乡（色德行政村）

【出处】云南民族调查组怒江分组调查整理：《碧江县五区色德乡傈僳族来源及迁徙的传说》，见云南省编辑委员会编《傈僳族社会历史调查》，昆明：云南人民出版社1981年版，第161页。

W0659.9a

忘却祖先（忘记祖先）

实 例

（参见下级母题实例）

W0659.9a.1

人不知道祖辈三代的名字

实 例

独龙族 人死后数月，要在家里举行祭奠死者的仪式，然后将祭品装在竹篓里，挂在坟前木杆上。以后不再祭扫，没有崇拜祖先的观念，很多人都不知道祖辈三代的名字。

【流传】（无考）

【出处】全国人民代表大会民族委员会调查研究组：《独龙族社会情况调查》，见独龙族社会历史调查组《独龙族社会历史调查》（一），昆明：云南民族出版社1981年版，第10页。

W0659.9a.2

人因忘记了祖先盘古而产生利害冲突

实 例

汉族 今天的人类都是盘古的后代。到了离现在约有五十万年的时候，盘古的后代布满了世界各地，他们互相之间不认识了。经常发生利害冲突，相互打仗闹纠纷。

【流传】江苏省·（淮安市）·涟水县·南集乡·禹庄村

【出处】徐学尧讲，徐省生搜集整理：《世界的由来》（1983），见姚宝瑄主编《中国各民族神话》（汉族），太原：山西出版传媒集团·书海出版社2014年版，第24～28页。

W0659.10

祖先的待遇

实 例

（参见下级母题实例）

W0659. 10. 1

不同辈次的祖先神待遇不同

实 例

（参见下级母题实例）

W0659. 10. 1. 1

只有五代以后的祖先神受祭祀

实 例

壮族 五代以后的祖先神要转移到屋檐下，只有在举行婚、丧之时和每年的农历七月十四才会享受到家人和子孙的祭祀，它与家人和子孙的关系一般。

【流传】广西壮族自治区·（南宁市）·武鸣县北部、马山县东部

【出处】黄世杰搜集整理：*《祖先神与子孙后代》（1990），见吕大吉、何耀华总主编《中国各民族原始宗教资料集成》（土家族卷、瑶族卷、壮族卷、黎族卷），北京：中国社会科学出版社 1998 年版，第 496 页。

0. 6. 4 巨人
【W0660 ~ W0669】

※W0660

巨人[①]

【汤普森】A133

【关联】［W2810］身体高大的人

实 例

（参见下级母题实例）

W0661

巨人的产生

【汤普森】①A1659. 1；②F531. 6. 1

实 例

（参见下级母题实例）

W0661. 1

巨人来于某个地方或自然存在

实 例

（实例待考）

W0661. 2

巨人是造出来的

实 例

（参见下级母题实例）

W0661. 2. 1

女娲造巨人

【关联】［W2065］女娲造人

实 例

（参见下级母题实例）

① 巨人，此处的巨人与人的体征母题类型的“身体很高大的人”侧重点稍有不同，这里更注重“神性”。具体情况参见《中国神话人物母题数据索引》中的有关实例。

W0661.2.1.1

女娲用泥造了2个巨人

实 例

汉族 女娲娘娘用泥巴捏人，又矮又小，后来剩下一大坨泥巴，捏了两个巨人。

【流传】贵州省·（遵义市）·余庆县·敖溪区

【出处】毛光美讲，李业成采录：《布、都找火》见中国民间文学集成全国编辑委员会编《中国民间故事集成》（贵州卷），北京：中国ISBN中心2003年，第60页。

W0661.2.2

神造巨人

实 例

（参见下级母题实例）

W0661.2.2.1

天神造巨人简剑祖

实 例

普米族 天神要开天辟地，便做了个巨人，给他取名叫简剑祖。

【流传】（普米族广大地区）

【出处】杨祖德、杨学胜讲：《简剑祖射马鹿创天地》，据杨庆文《普米族文学简介》中的《捷巴鹿的故事》和季志超《藏族普米族创世神话比较》中的《吉赛叽》等编写，见姚宝瑄主编《中国各民族神话》（佤族、阿昌族、纳西族、普米族、德昂族），太原：山西出版传媒集团·书海出版社2014年版，第302页。

W0661.3

巨人是生育产生的

实 例

（参见下级母题实例）

W0661.3.1

神生巨人

实 例

（参见下级母题实例）

W0661.3.1.1

夫妻神生的第一个孩子是巨人

实 例

羌族 索依迪朗（夫妻神）生的第一个儿子身材体胚太大，样子很难看，也不好给他这样大的人修房子。

【流传】四川省·（阿坝藏族羌族自治州）·茂县·太平乡·牛尾巴村

【出处】郑友富讲，王康男采录：《索依迪朗造人》，见中国民间文学集成全国编辑委员会编《中国民间故事集成》（四川卷·下），北京：中国ISBN中心1998年版，第1118页。

W0661. 3. 1. 2

天上的神索依迪和地上的神索依朗婚生巨人

实 例

羌族 天上的神索依迪和地上的神索依朗相见后生巨人儿子安耶节毕·托慢姆祖。

【流传】 四川省·阿坝藏族羌族自治州·茂汶羌族自治县（今属茂县）

【出处】

（a）《开咂酒曲子》，见杨亮才、陶立璠、邓敏文《中国少数民族文学》（上册），北京：人民出版社 1985 年版。

（b）《索依迪朗夫妇造人》，原名《人是咋个来的》，郑友富、周贵友讲，王康、龚剑雄、吴文光采录，王康整理，原载西南民族学院图书馆与西南民族学院《羌族文学简史》编写组《羌族民间文学资料集》（一），1987 年编，见姚宝瑄主编《中国各民族神话》（羌族、彝族），太原：山西出版传媒集团·书海出版社 2014 年版，第 6 页。

羌族 索依迪朗（羌语，意为“娘老子”。迪，意为“老汉”，即“父亲”；朗，意为“阿妈”，即“母亲”）吃特定食物后孕生下第一个儿子，体格太大了，他身长九排（排，一种长度单位，指人的左右两臂平肩伸直后的距离），头长九卡（一种长度单位，指手掌打伸后，从拇指尖到中指尖的距离），手掌长九卡，脚板长九卡；以山为歇气坪，以粗大的树木为手杖，样子显得很难看。

【流传】（无考）

【出处】《索依迪朗：设计造人》，原载西南民族学院《羌族文学简史》编写组编《羌族民间文学资料集》（一），1987 年 4 月，见吕大吉、何耀华总主编《中国各民族原始宗教资料集成》（纳西族卷、羌族卷、独龙族卷、傈僳族卷、怒族卷），北京：中国社会科学出版社 2000 年版，第 578 页。

W0661. 3. 2

巨人生巨人

实 例

（参见下级母题实例）

W0661. 3. 2. 1

男巨人生女巨人

实 例

哈尼族 造天地的青蛙让巨人儿子纳得造天时怀孕，999 天后一阵肚子疼，猛一挣便从肛门里掉下一个东西，转眼变成个女娃娃，女娃娃见风就长，长成了个巨大的姑娘。

【流传】 云南省·（普洱市）·墨江县（墨江哈尼族自治县）

【出处】 金开兴讲，蓝明红搜集整理：《青蛙造天造地》，单超选自云南省民间文学集成办公室编《哈尼族神话传说集成》，中国民间文艺出版社 1990 年，见姚宝瑄主编《中国各民族神话》（哈尼族、傣族），太原：山西出版传媒集团·书海出版社 2014 年版，第 6 页。

W0661.3.3

石生巨人

实 例

（参见下级母题实例）

W0661.3.3.1

青石裂开生巨人

实 例

普米族 峨萝山上有座青石裂开生出巨人简锦祖。

【流传】云南省·（怒江傈僳族自治州）·兰坪县（兰坪白族普米族自治县），（丽江市）·宁蒗县（宁蒗彝族自治县）

【出处】王震亚采录：《简锦祖杀马鹿》，见中国民间文学集成全国编辑委员会编《中国民间故事集成》（云南卷），北京：中国 ISBN 中心 2003 年版，第 386 页。

W0661.3.4

混沌中生巨人

【关联】

① ［W0721.3.1］混沌生盘古

② ［W1057.1］混沌（混沌卵）

实 例

苗族 （实例待考）

W0661.3.5

树生巨人

【关联】［W2171］树生人

实 例

（参见下级母题实例）

W0661.3.5.1

树桠巴中爆出巨人坛嘎朋

实 例

独龙族 坛嘎朋（人名）是从树桠巴中爆出来后，不久便成为巨人。

【流传】云南省·（怒江傈僳族自治州）·贡山（贡山独龙族怒族自治县）·独龙江两岸

【出处】约翰讲，陶学良、陶立璠搜集整理：《坛嘎朋》，见谷德明编《中国少数民族神话》，北京：中国民间文艺出版社 1987 年版，第 523 页。

W0661.3.6

巨兽生巨人

实 例

苗族 巨人剖帕的母亲是一头巨兽，她的名字叫修妞。

【流传】贵州省·（黔东南苗族侗族自治州）·台江县、施秉县、凯里县（凯里市）等地

【出处】秦公、岩公、李普奶等苗族八歌手说唱，唐春芳、桂舟人搜集整

理：《巨鸟生天地，众神辟地天》，见姚宝瑄主编《中国各民族神话》（布依族、仡佬族、苗族），太原：山西出版传媒集团·书海出版社 2014 年版，第 113 页。

W0661. 3. 6. 1

巨兽婚生巨人

实 例

苗族 有个巨大的东西，又像人，又像巨兽，古时候叫扒山扒岭的，扒到西方，生下了巨人黄虎他妈妈；有个巨大的东西，又像人，又像巨兽，古时候叫钻山潜水的，钻通到东方，养大了巨人黄虎他爹。

【流传】 贵州省·（黔东南苗族侗族自治州）·台江县、施秉县、凯里县（凯里市）等地

【出处】 秦公、岩公、李普奶等苗族八歌手说唱，唐春芳、桂舟人搜集整理：《巨鸟生天地，众神辟地天》，见姚宝瑄主编《中国各民族神话》（布依族、仡佬族、苗族），太原：山西出版传媒集团·书海出版社 2014 年版，第 113 页。

W0661. 3. 7

卵生巨人

【关联】 [W0725. 6. 7. 1. 1. 1] 混沌卵生巨人远古

实 例

（实例待考）

W0661. 3. 8

水生巨人

实 例

（参见下级母题实例）

W0661. 3. 8. 1

女天神让水生的水球中生巨人

实 例

满族 最早世界一片大水。阿布卡赫赫（女天神）让水里生出个水泡聚成的大球生出了六个宁姑（巨人）。

【流传】（无考）

【出处】

(a) 富育光：《萨满教与神话》，沈阳：辽宁大学出版社 1990 年版，第 50 ~ 51 页。

(b)《水生人》，见吕大吉、何耀华总主编《中国各民族原始宗教资料集成》（鄂伦春族卷、鄂温克族卷、赫哲族卷、达斡尔族卷、锡伯族卷、满族卷、蒙古族卷、藏族卷），北京：中国社会科学出版社 1999 年版，第 486 页。

W0661. 3. 8. 2

水泡生 6 个巨人

实 例

满族 最早世界一片大水。阿布卡赫赫（女天神）在黑风中让水里生出个水泡。水泡像蛤蟆籽，越生越多，越

生越大，越生水泡聚到一起，聚成个大球漂在水上，不知经过了多长的时候，球里蹦出了六个宁姑（巨人）。

【流传】（无考）

【出处】

(a) 富育光：《萨满教与神话》，沈阳：辽宁大学出版社 1990 年版，第 50 ~ 51 页。

(b) 《水生人》，见吕大吉、何耀华总主编《中国各民族原始宗教资料集成》（鄂伦春族卷、鄂温克族卷、赫哲族卷、达斡尔族卷、锡伯族卷、满族卷、蒙古族卷、藏族卷），北京：中国社会科学出版社 1999 年版，第 486 页。

W0661.3.9

青蛙生巨人

实 例

（参见下级母题实例）

W0661.3.9.1

造天地的青蛙生巨人

实 例

哈尼族 造天地的青蛙怀孕了，一直怀了九百九十九天，生下了一对双胞胎，他们一落地便长成了一双男女巨人，男的阿哥叫纳得，女的阿妹叫阿依。

【流传】云南省·（普洱市）·墨江县（墨江哈尼族自治县）

【出处】金开兴讲，蓝明红搜集整理：《青蛙造天造地》，单超选自云南省民间文学集成办公室编《哈尼族神话传说集成》，中国民间文艺出版社 1990 年，见姚宝瑄主编《中国各民族神话》（哈尼族、傣族），太原：山西出版传媒集团·书海出版社 2014 年版，第 5 页。

W0661.3.10

地生巨人

实 例

拉祜族 远古之时，地上尚无人，忽从地下钻出一人，曰扎努扎别。其人身高如天，大如地之半，力能拔巨树，步跨六七里，为人忠诚勤劳。

【流传】（无考）

【出处】袁珂改编：《扎努扎别》，原载谷德明编《中国少数民族神话选》，见袁珂《中国神话大词典》，北京：华夏出版社 2015 年版，第 531 页。

W0661.3a

巨人是婚生的

实 例

（参见下级母题实例）

W0661.3a.1

神和人婚生巨人

【汤普森】F531.6.1.1

实 例

（实例待考）

W0661.3a.2

阳光与风姑娘婚生巨人

实 例

傣族 阳光和风结婚之后，生下一个巨人，名叫英叭。

【流传】云南省·西双版纳（西双版纳傣族自治州）·（勐海县）

【出处】《阳光和风成婚生英叭》，原文本为叭补答讲，刀昌德记录《开天辟地的故事》，见姚宝瑄主编《中国各民族神话》（哈尼族、傣族），太原：山西出版传媒集团·书海出版社2014年版，第235页。

W0661.4

巨人是变化产生的

【关联】［W0132.1.1.1］神变形为巨人

实 例

（参见下级母题实例）

W0661.4.1

石头变成巨人

实 例

（参见下级母题实例）

W0661.4.1.1

洪水后一个石研变成巨人

实 例

满族 洪水后一个石研变成一位高大巨人。

【流传】黑龙江省·（牡丹江市）·宁安县（宁古塔）·江东（江南朝鲜族满族乡）·缸窑村

【出处】关振川讲，傅英仁采录：《佛赫妈妈和乌申阔玛发》，见中国民间文学集成全国编辑委员会编《中国民间故事集成》（黑龙江卷），北京：中国ISBN中心2005年版，第12～15页。

W0661.4.2

人变成巨人

实 例

（参见下级母题实例）

W0661.4.2.1

人吃特定物变成巨人

实 例

（参见下级母题实例）

W0661.4.2.1.1

人吃龙珠变成巨人

实 例

壮族 岩刚（小伙名）将龙珠衔在嘴里，不慎吞入腹内。霎那间，一股寒流浸遍全身，岩刚顿时变成了一个巨人，周身石环雾绕、水气弥漫。

【流传】（无考）

【出处】胡仲实搜集整理：《岩刚河的来历》，见姚宝瑄主编《中国各民族神话》（仫佬族、壮族、京族），太原：山西出版传媒集团·书海出版社2014年版，第165页。

W0661.5

巨人产生的其他方式

实　例

（实例待考）

W0661.5.1

动物转世为巨人

【汤普森】 F531.6.1.8

实　例

（实例待考）

W0661.6

与巨人产生有关的其他母题

实　例

（参见下级母题实例）

W0661.6.1

巨人比祖先产生早

实　例

苗族 造天造地、造万物的姜央（人类祖先）生得不算最早。在他的前面，还有巨人府方。

【流传】 贵州省·（黔东南苗族侗族自治州）·台江县、施秉县、凯里县（凯里市）等地

【出处】 秦公、岩公、李普奶等苗族八歌手说唱，唐春芳、桂舟人搜集整理：《巨鸟生天地，众神辟地天》，见姚宝瑄主编《中国各民族神话》（布依族、仡佬族、苗族），太原：山西出版传媒集团·书海出版社2014年版，第113页。

W0661.6.2

特定国家的人是巨人

【关联】［W5926］巨人国

实　例

（参见下级母题实例）

W0661.6.2.1

大秦国人长10丈

实　例

汉族 大秦国人，长十丈。

【流传】（无考）

【出处】［晋］张华：《博物志·异闻》引《河图玉版》。

W0662

巨人的体征

【汤普森】 F531.1

实　例

（参见下级母题实例）

W0662.1

男巨人

实　例

（参见下级母题实例）

W0662.1.1

男巨人叫布

实　例

汉族 女娲娘娘捏 2 个巨人，把男的叫布，女的叫都。

【流传】贵州省·（遵义市）·余庆县·敖溪区

【出处】毛光美讲，李业成采录：《布、都找火》见中国民间文学集成全国编辑委员会编《中国民间故事集成》（贵州卷），北京：中国 ISBN 中心 2003 年，第 60 页。

W0662. 2

女巨人

【汤普森】F531. 0. 4

实 例

（参见下级母题实例）

W0662. 2. 1

女巨人叫都

实 例

汉族 （参见“W0662. 1. 1 男巨人叫布”母题实例）

W0662. 2. 2

女巨人姝六甲

实 例

（参见下级母题实例）

W0662. 2. 2. 1

女巨人姝六甲叉开两腿蹬两座大山

实 例

汉族 姝六甲（女始祖）叉开两腿，站在两座大山上，突然吹来一阵风，觉得肚里憋得慌，便撒了一泡尿，尿湿了地上的土。

【流传】辽宁省·（大连市）·瓦房店市·炮台镇、长岭村、老染房村一带

【出处】秦淑慧讲，孙波搜集整理：《姝六甲》（1986. 03），见姚宝瑄主编《中国各民族神话》（汉族），太原：山西出版传媒集团·书海出版社 2014 年版，第 36 ~ 38 页。

W0662. 2. 3

女巨人阿嫫

实 例

（参见下级母题实例）

W0662. 2. 3. 1

世界最早只有巨人阿嫫

实 例

基诺族 最早的世界上只有巨人阿嫫——母亲一人生存。

【流传】云南省·（西双版纳傣族自治州·景洪市）·（基诺山基诺族乡）·巴亚寨

【出处】巴卡老四等讲，杜玉亭调查整理：《创世母亲造天地万物》（1958 ~ 1981），见吕大吉、何耀华总主编《中国各民族原始宗教资料集成》（彝族卷、白族卷、基诺族卷），北京：中国社会科学出版社 1996 年版，第 879 页。

W0662.3

巨人的身高（巨人的身材，巨人身高惊人）

实 例

（参见下级母题实例）

W0662.3.0

巨人身高万丈

【关联】［W0701.2.1］夸父身高万丈

实 例

汉族 巨人夸父身高万丈。

【流传】 山西省·（运城市）·临猗县·（北辛乡）·北马村

【出处】 范智太讲，范学信采录：《黄帝战蚩尤》，见中国民间文学集成全国编辑委员会编《中国民间故事集成》（山西卷），北京：中国 ISBN 中心 1999 年版，第 24 页。

W0662.3.1

巨人的身高 9 万尺

实 例

彝族 巨人阿黑西尼摩身高 9 万尺。

【流传】 云南省·红河（红河哈尼族彝族自治州）

【出处】《阿黑西尼摩》，见王松《论神话及其他》，昆明：云南民族出版社 2006 年版，第 18 页。

W0662.3.1a

巨人身高几十丈

实 例

（参见下级母题实例）

W0662.3.1a.1

龙伯国的巨人身高好几十丈

实 例

汉族 伏羲、神农时候，龙伯国的人的身量据说还有好几十丈长。

【流传】 河南省

【出处】 赵承采录整理：《龙伯钓鳌》，见张振犁编著，孟宪明、朱淑君统纂《中原神话通鉴》（第四卷），郑州：河南大学出版社 2017 年版，第 1244 页。

W0662.3.1a.2

巨人身长 10 丈

实 例

汉族 大秦国人长十丈。小秦国人长八尺。

【流传】（无考）

【出处】

(a) ［南朝·梁］萧绎：《金楼子》卷五。

(b) 同（a），见袁珂《中国神话大词典》，北京：华夏出版社 2015 年版，第 1 页。

W0662. 3. 1b

巨人身长 2 千里

实 例

汉族 西北海外，有人长二千里，两脚中间相去千里，腹围一千六百里，但日饮天酒五斗。

【流传】（无考）

【出处】［汉］东方朔：《神异经·西北荒经》。

W0662. 3. 2

巨人天一样高

实 例

汉族 长脚拐站起来脑袋就顶到了天。

【流传】江西省·（吉安市）·万安县·柏岩乡·黄竹村

【出处】许文才讲，许经北采录：《金木水火土星的来历》，见中国民间文学集成全国编辑委员会编《中国民间故事集成》（江西卷），北京：中国 ISBN 中心 2002 年版，第 5 页。

拉祜族 巨人扎努扎别天一样高。

【流传】云南省

【出处】李晓邨等搜集整理：《扎努扎别》，载《民间文学》1960 年第 10 期。

W0662. 3. 2. 1

巨人身体天一样高，大地一半大

实 例

拉祜族 扎努扎别（人名）身子有天一样高，大地一半大。

【流传】（无考）

【出处】

(a) 杨铜搜集整理：《扎努扎别》，载《山茶》1982 年第 4 期。

(b) 同（a）见谷德明编《中国少数民族神话》，北京：中国民间文艺出版社 1987 年版，第 389 页。

W0662. 3. 3

巨人身高像山

实 例

哈萨克族 江德巴特尔（英雄名）在途中发现一座山好像朝着他们移动。走到跟前才发现，原来是个像山一样的巨人！

【流传】（新疆维吾尔自治区）

【出处】

(a) 师忠孝翻译：《飞汗的儿子》，见银帆编《哈萨克族民间故事选》，上海：上海文艺出版社 1986 年版。

(b) 《江德巴特尔》，见姚宝瑄主编《中国各民族神话》（乌孜别克族、哈萨克族、柯尔克孜族、俄罗斯族、维吾尔族、塔吉克族、塔塔尔族、锡伯族），太原：山西出版传媒集团·书海出版社 2014 年版，第 90 页。

拉祜族 巨人札努札别站起来像座高山。

【流传】云南省·（普洱市）·澜沧县（澜沧拉祜族自治县）

【出处】扎法、扎拉讲，晓村、王松采录：《札努札别》，见中国民间文学集成全国编辑委员会编《中国民间故事集成》（云南卷），北京：中国ISBN中心2003年版，第366页。

W0662.3.4

巨人伸手触天

实　例

（参见下级母题实例）

W0662.3.4.1

巨人能伸手抓云

实　例

苗族 半人半兽的巨人纳罗引伸手揽得云，覆手戳穿地。

【流传】广西壮族自治区·（柳州市）·融水苗族自治县

【出处】

（a）杨达香讲，梁彬搜集整理：《创世纪》（一、开天辟地，地始天初），见梁彬、王天若编《苗族民间故事选》，南宁：广西人民出版社1986年版。

（b）同（a），见姚宝瑄主编《中国各民族神话》（布依族、仡佬族、苗族），太原：山西出版传媒集团·书海出版社2014年版，第168页。

W0662.3.4.2

巨人伸手能摸到天宫

实　例

汉族 防风块头大，站在山上，手一举便能摸到天宫。

【流传】浙江省·（金华市）·东阳县（东阳市）·青联乡·雅坑村

【出处】张永茂讲，周耀明采录：《防风治水》，见中国民间文学集成全国编辑委员会编《中国民间故事集成》（浙江卷），北京：中国ISBN中心1997年版，第69页。

W0662.3.4a

巨人跨步巨大

实　例

（参见下级母题实例）

W0662.3.4a.1

巨人一步跨山

实　例

汉族 岱舆、员峤、方壶、瀛洲、蓬莱为五神山。龙伯之国有大人，举足不盈数步而暨五山之所，一钓而连。六鳌，合负而趣，归其国，灼其骨以数焉。

【流传】（无考）

【出处】

（a）《列子·汤问》。

（b）《五神山》，见袁珂《中国神话大

词典》，北京：华夏出版社 2015 年版，第 61 页。

W0662. 3. 4a. 2

巨人一步跨七八里

实 例

拉祜族 从地下钻出来的一个人扎努扎别，长得高大结实，身子有天一样高，大地一半大，一手可以拔掉一棵大树，一步可以跨七八里路。

【流传】（云南省）

【出处】 杨铜搜集整理：《地子扎努扎别》，见姚宝瑄主编《中国各民族神话》（白族、拉祜族、景颇族），太原：山西出版传媒集团·书海出版社 2014 年版，第 186 页。

W0662. 3. 5

与巨人身高有关的其他母题

实 例

（参见下级母题实例）

W0662. 3. 5. 1

两千张蓑衣缝不成巨人的一个裤兜兜

实 例

苗族 半人半兽的巨人纳罗引勾臂膀大，像土坡，脚板长，两里多。十二丈布盖不住他半个膝头，两千张蓑衣缝不成他一个裤兜兜。

【流传】 广西壮族自治区·（柳州市）·融水苗族自治县

【出处】

（a）杨达香讲，梁彬搜集整理：《创世纪》（一、开天辟地，地始天初），见梁彬、王天若编《苗族民间故事选》，南宁：广西人民出版社 1986 年版。

（b）同（a），见姚宝瑄主编《中国各民族神话》（布依族、仡佬族、苗族），太原：山西出版传媒集团·书海出版社 2014 年版，第 168 页。

W0662. 3. 5. 2

巨人的身影长 9 百里

实 例

朝鲜族 古时有一个老人长得十分高大，身影长九百里。

【流传】（无考）

【出处】 金东勋整理：《巨石老翁造山河》，见姚宝瑄主编《中国各民族神话》（满族、赫哲族、朝鲜族），太原：山西出版传媒集团·书海出版社 2014 年版，第 163 页。

W0662. 4

巨人的四肢

实 例

（参见下级母题实例）

W0662. 4. 1

巨人的四肢像丘陵

实 例

拉祜族 巨人札努札别四肢像丘陵。

【流传】云南省·（普洱市）·澜沧县（澜沧拉祜族自治县）

【出处】扎法、扎拉讲，晓村、王松采录：《札努札别》，见中国民间文学集成全国编辑委员会编《中国民间故事集成》（云南卷），北京：中国 ISBN 中心 2003 年版，第 366 页。

W0662.4.2

巨人的大脚

【关联】［W0669.1.2.3］防风氏的脚骨一根有七尺长

实　例

汉族（参见“W0669.1.2.3 防风氏的脚骨一根有七尺长”母题实例）

W0662.4.2.1

巨人长着 8 节大柱脚

实　例

苗族 半人半兽巨人纳罗引勾有两个厚臂膀，还有八节大柱脚。

【流传】广西壮族自治区·（柳州市）·融水苗族自治县

【出处】

（a）杨达香讲，梁彬搜集整理：《创世纪》（一、开天辟地，地始天初），见梁彬、王天若编《苗族民间故事选》，南宁：广西人民出版社 1986 年版。

（b）同（a），见姚宝瑄主编《中国各民族神话》（布依族、仡佬族、苗族），太原：山西出版传媒集团·书海出版社 2014 年版，第 168 页。

W0662.4.2.2

巨人脚板两里多

实　例

苗族 半人半兽的巨人纳罗引勾臂膀大，像土坡，脚板长，两里多。

【流传】广西壮族自治区·（柳州市）·融水苗族自治县

【出处】

（a）杨达香讲，梁彬搜集整理：《创世纪》（一、开天辟地，地始天初），见梁彬、王天若编《苗族民间故事选》，南宁：广西人民出版社 1986 年版。

（b）同（a），见姚宝瑄主编《中国各民族神话》（布依族、仡佬族、苗族），太原：山西出版传媒集团·书海出版社 2014 年版，第 168 页。

W0662.4.2a

巨人的长腿

实　例

（参见下级母题实例）

W0662.4.2a.1

巨人的九节腿是九座高山岭

实　例

苗族 有个公公九节腿，七个膝盖老年人。话说是个九节腿，却是九座高山岭，七座绿色马草山。

【流传】原文无流传地，据文本及注释推测该神话流传于贵州省·黔东南苗

族侗族自治州·凯里市、台江县等地

【出处】肴富演唱，苗丁搜集，燕宝整理译注：《枫木生人·枫香树种》，见贵州省少数民族古籍整理出版规划小组办公室编，燕宝整理译注《苗族古歌》，贵阳：贵州民族出版社1993年版，第401页。

W0662. 4. 3

巨人有巨大的拳头

实 例

（参见下级母题实例）

W0662. 4. 3. 1

巨人保根多挥拳像大山

实 例

布依族 巨人保根多挥起大山般的拳头，把6个太阳的眼睛都打瞎了，只留下一个太阳神。

【流传】四川省·（凉山彝族自治州）·宁南县·上游公社（西瑶乡）

【出处】伍天全讲，祖岱年、罗文亮搜集整理：《洪水朝天》，见贵州社会科学院文学研究所等编《布依族民间故事》，贵阳：贵州人民出版社1982年版，第321～323页。

W0662. 4. 4

巨人有八只手

实 例

满族 水泡聚成的大球生的六个宁姑（巨人）。六人四十八只手，所以什么都能得到。

【流传】（无考）

【出处】

（a）富育光：《萨满教与神话》，沈阳：辽宁大学出版社1990年版，第50～51页。

（b）《水生人》，见吕大吉、何耀华总主编《中国各民族原始宗教资料集成》（鄂伦春族卷、鄂温克族卷、赫哲族卷、达斡尔族卷、锡伯族卷、满族卷、蒙古族卷、藏族卷），北京：中国社会科学出版社1999年版，第486页。

W0662. 4. 5

巨人有八双手臂

实 例

苗族 巨人府方老人力大无边，他的脚杆有几节，手臂有八双，他能一口吃下九篓鱼，一口吃下九槽粑粑，一口咬死一匹马。

【流传】贵州省·（黔东南苗族侗族自治州）·台江县、施秉县、凯里县（凯里市）等地

【出处】秦公、岩公、李普奶等苗族八歌手说唱，唐春芳、桂舟人搜集整理：《巨鸟生天地，众神辟地天》，见姚宝瑄主编《中国各民族神话》（布依族、仡佬族、苗族），太原：山西出版传媒集团·书海出版社2014年版，第116页。

W0662.4.6

巨人的手脚上都长两只眼睛

实 例

满族 水泡聚成的大球生的六个宁姑（巨人）。六个巨人的手、脚上都长两只眼睛。

【流传】（无考）

【出处】

(a) 富育光：《萨满教与神话》，沈阳：辽宁大学出版社 1990 年版，第 50 ~ 51 页。

(b)《水生人》，见吕大吉、何耀华总主编《中国各民族原始宗教资料集成》（鄂伦春族卷、鄂温克族卷、赫哲族卷、达斡尔族卷、锡伯族卷、满族卷、蒙古族卷、藏族卷），北京：中国社会科学出版社 1999 年版，第 486 页。

W0662.5

巨人的生殖器

实 例

（参见下级母题实例）

W0662.5.1

巨人的阴茎很长

实 例

（参见下级母题实例）

W0662.5.1.1

巨人唐达福人没到家阳具先进门

实 例

高山族（布农） 从前有个叫“唐达福”的巨人，一步能跨两座山，人还没有到家，他的阳具就先回到屋内了。他坐下时睾丸垂地，地上留下两个大窟窿。

【流传】台湾

【出处】达西乌拉弯·毕马（田哲益）、达给斯海方岸·娃莉丝（全妙云）著：《布农族口传神话传说》，台北：台原艺术文化基金会·台原出版社 1998 年版，第 30 页。

W0662.5.2

巨人的阴茎可做桥

实 例

鄂温克族 巨人为让儿子过河，以阴茎为桥。

【流传】黑龙江省嫩江农区

【出处】黑龙江省鄂温克族研究会编：《鄂温克族研究文集》第 2 集，内部编印，2000 年，第 257 页。

W0662.5.3

巨人的睾丸巨大

实 例

高山族（布农）（参见“W0662.5.1.1 巨人唐达福人没到家阳具先进门”母

题实例）

W0662. 5. 4

巨人的女阴可做网

实 例

鄂温克族 巨人的儿子过河时落入水中，他的母亲张女阴于下游，做网状救子。

【流传】黑龙江省嫩江流域

【出处】黑龙江省鄂温克族研究会编：《鄂温克族研究文集》第2集，内部编印，2000年，第257页。

W0662. 6

巨人的其他特殊体征

实 例

（参见下级母题实例）

W0662. 6. 1

巨人半人半兽

【关联】［W0070. 3. 1］半人半兽的神

实 例

苗族 混沌中出现纳罗引勾（半人半兽的巨人）。

【流传】广西壮族自治区·（柳州市）·融水县（融水苗族自治县）·滚贝乡

【出处】杨达香讲：《纳罗引勾开天辟地造人》，见中国民间文学集成全国编辑委员会编《中国民间故事集成》（广西卷），北京：中国ISBN中心2001年版，第24~30页。

W0662. 6. 2

巨人的腰杆像钢一样硬

实 例

苗族 巨人府方老人力大无边，他的腰杆像钢一样硬。

【流传】贵州省·（黔东南苗族侗族自治州）·台江县、施秉县、凯里县（凯里市）等地

【出处】秦公、岩公、李普奶等苗族八歌手说唱，唐春芳、桂舟人搜集整理：《巨鸟生天地，众神辟地天》，见姚宝瑄主编《中国各民族神话》（布依族、仡佬族、苗族），太原：山西出版传媒集团·书海出版社2014年版，第116页。

W0663

巨人的其他特征

实 例

（参见下级母题实例）

W0663. 0

巨人不吃不喝

实 例

哈尼族 男巨人纳得生的巨人女儿不吃不喝越长越好看，跟又是爹又是妈的纳得在天上做伴。

【流传】云南省·（普洱市）·墨江县（墨江哈尼族自治县）

【出处】金开兴讲，蓝明红搜集整理：《青蛙造天造地》，单超选自云南省民间文学集成办公室编《哈尼族神话传说集成》，中国民间文艺出版社 1990 年版，见姚宝瑄主编《中国各民族神话》（哈尼族、傣族），太原：山西出版传媒集团·书海出版社 2014 年版，第 6 页。

W0663.1
巨人饭量巨大

实 例

（参见下级母题实例）

W0663.1.1
巨人一餐吃掉很多动物

实 例

（实例待考）

W0663.1.1.1
巨人一顿饭千头牛

实 例

（实例待考）

W0663.1.2
巨人一口吃下九篓鱼

实 例

苗族 巨人府方老人力大无边，他的脚杆有几节，手臂有八双，他能一口吃下九篓鱼，一口吃下九槽粑粑，一口咬死一匹马，他的腰杆像钢一样硬。

【流传】贵州省·（黔东南苗族侗族自治州）·台江县、施秉县、凯里县（凯里市）等地

【出处】秦公、岩公、李普奶等苗族八歌手说唱，唐春芳、桂舟人搜集整理：《巨鸟生天地，众神辟地天》，见姚宝瑄主编《中国各民族神话》（布依族、仡佬族、苗族），太原：山西出版传媒集团·书海出版社 2014 年版，第 116 页。

W0663.1.3
巨人一餐饭要吃几石米

实 例

拉祜族 巨人札努札别一餐饭要吃几石米。

【流传】云南省·（普洱市）·澜沧县（澜沧拉祜族自治县）

【出处】扎法、扎拉讲，晓村、王松采录：《札努札别》，见中国民间文学集成全国编辑委员会编《中国民间故事集成》（云南卷），北京：中国 ISBN 中心 2003 年版，第 366 页。

W0663.1.4
巨人一餐吃千担粮

实 例

苗族 半人半兽的巨人纳罗引，三千担糍粑不够他一餐，九百坛酸鱼不够他两口。

【流传】广西壮族自治区·（柳州

市）·融水苗族自治县

【出处】

（a）杨达香讲，梁彬搜集整理：《创世纪》（一、开天辟地，地始天初），见梁彬、王天若编《苗族民间故事选》，南宁：广西人民出版社1986年版。

（b）同（a），见姚宝瑄主编《中国各民族神话》（布依族、仡佬族、苗族），太原：山西出版传媒集团·书海出版社2014年版，第168页。

W0663.2

巨人饮水海量

实 例

（参见下级母题实例）

W0663.2.1

巨人饮干江河

【汤普森】①A133.1；②F531.3.4.2

【关联】［W0589.5.2］英雄喝干河水

实 例

哈尼族 祖先鱼饮山泉水、江水不解渴，去饮海水。

【流传】云南省·（红河哈尼族彝族自治州）·元阳县·黄草岭区（黄草岭乡）·树皮寨

【出处】杨批斗讲，史军超采录：《祖先鱼上山》，见中国民间文学集成全国编辑委员会编《中国民间故事集成》（云南卷），北京：中国ISBN中心2003年版，第37页。

汉族 夸父逐日口渴时，喝黄河里的水，黄河水被他喝干了，又喝渭河里的水，渭河里的水也喝干了，还是不解渴。

【流传】河南省·（三门峡市）·灵县（灵宝市）

【出处】许顺湛、丹书记录，李庆红、张振犁整理：《夸父追日》，原载中国民间文艺研究会河南分会等编《河南民间故事集》，见陶阳、钟秀编《中国神话》（中），北京：商务印书馆2008年版，第657～658页。

W0663.2.1.1

巨人一口喝干半条河

实 例

蒙古族 赤脚巨人夭乌麦勒根饿了，就抓一只黄羊往嘴里一填，渴了一口喝干半条河水。

【流传】（无考）

【出处】阿·太白搜集翻译，姚宝瑄、巴音巴图整理：《赤脚巨人》，见姚宝瑄主编《中国各民族神话》（达斡尔族、鄂伦春族、鄂温克族、蒙古族），太原：山西出版传媒集团·书海出版社2014年版，第215页。

W0663.2.1.2

巨人一口喝干整条河

实 例

珞巴族 天父、地母的大儿子德宁阳一口气能喝干整条河的水。

【流传】

（a）西藏自治区·（林芝市）·米林（米林县）
（b）西藏自治区·（林芝市）·米林县、马尼岗（现为印占区）一带

【出处】

（a）达让讲，高前译，李坚尚、裴富珍搜集整理：《德宁阳之死》，见中华民族故事大系编委会编《中华民族故事大系》第16卷（赫哲族、门巴族、珞巴族、基诺族），上海：上海文艺出版社1995年版，第397～399页。
（b）同（a），见李坚尚、刘芳贤编《珞巴族门巴族民间故事选》，上海：上海文艺出版社1993年版，第11～13页。

W0663.2.2

巨人喝干海水

【汤普森】 A928

实　例

（实例待考）

W0663.3

吃人的巨人

【汤普森】 G11.2

【关联】［W0840.5.1］吃人的妖魔

实　例

（实例待考）

W0663.3.1

巨人是吃人恶魔

【汤普森】 G304

【关联】［W0842］恶魔

实　例

（实例待考）

W0663.4

巨人很大的步伐

【汤普森】 ①≈A133.2；②F531.3.5

实　例

（实例待考）

W0663.4.1

巨人能跨二山

实　例

高山族（布农）（实例待考）

W0663.5

会飞的巨人

实　例

（参见下级母题实例）

W0663.5.1

巨人飞天汉是灵巧的水鸭

实　例

苗族 有三个飞行在天空中的巨人，名字就叫飞天汉，它们就是灵巧的水鸭。

【流传】 贵州省·（黔东南苗族侗族自治州）·台江县、施秉县、凯里县（凯里市）等地

【出处】 宝久老、岩公、李普奶等八位歌手演唱，桂舟人、唐春芳搜集，苗

地改写：《打柱撑天》，见姚宝瑄主编《中国各民族神话》（布依族、仡佬族、苗族），太原：山西出版传媒集团·书海出版社 2014 年版，第 122 页。

W0663. 6

巨人力气巨大（巨人力大无穷）

实　例

（参见下级母题实例）

W0663. 6. 1

巨人力大能托天

实　例

侗族 有两个巨人，一个叫张古，一个叫盘古，两个力大能托天。

【流传】贵州省·（黔东南苗族侗族自治州）·三穗县·款场（款场乡）

【出处】杨引兰讲，周昌武采录：《开天辟地》见中国民间文学集成全国编辑委员会编《中国民间故事集成》（贵州卷），北京：中国 ISBN 中心 2003 年，第 5 页。

W0663. 6. 2

巨人推倒山

【汤普森】F626

实　例

（实例待考）

W0663. 6. 2a

巨人能提起山

实　例

蒙古族 赤脚巨人夭乌麦勒根一只手可以提起一座山，一步可以跨过一道深涧。

【流传】（无考）

【出处】阿·太白搜集翻译，姚宝瑄、巴音巴图整理：《赤脚巨人》，见姚宝瑄主编《中国各民族神话》（达斡尔族、鄂伦春族、鄂温克族、蒙古族），太原：山西出版传媒集团·书海出版社 2014 年版，第 214 页。

W0663. 6. 3

巨人搬运重物

【汤普森】≈F631

实　例

（实例待考）

W0663. 6. 4

巨人拔树如葱

实　例

拉祜族 巨人扎努扎别一手能拔起一棵大树。

【流传】云南省

【出处】李晓邨等搜集整理：《扎努扎别》，载《民间文学》1960 年第 10 期。

W0663.7

巨人的声音似雷

【关联】

① ［W0084.2.2］ 神的声音如雷

② ［W0663.3.1］ 巨人是吃人恶魔

③ ［W0722.4.1］ 盘古说话像打雷

实 例

侗族 有两个巨人，一个叫张古，一个叫盘古，两个说话像打雷。

【流传】贵州省·（黔东南苗族侗族自治州）·三穗县·款场（款场乡）

【出处】杨引兰讲，周昌武采录：《开天辟地》见中国民间文学集成全国编辑委员会编《中国民间故事集成》（贵州卷），北京：中国 ISBN 中心 2003 年，第 5 页。

W0663.7.1

巨人说话震得地动

实 例

汉族 （实例待考）

W0663.7.2

巨人打鼾像老虎吼叫

实 例

苗族 半人半兽的巨人纳罗引，打鼻鼾像万头老虎吼叫。

【流传】广西壮族自治区·（柳州市）·融水苗族自治县

【出处】

（a）杨达香讲，梁彬搜集整理：《创世纪》（一、开天辟地，地始天初），见梁彬、王天若编《苗族民间故事选》，南宁：广西人民出版社 1986 年版。

（b）同（a），见姚宝瑄主编《中国各民族神话》（布依族、仡佬族、苗族），太原：山西出版传媒集团·书海出版社 2014 年版，第 168 页。

W0663.7.3

巨人咳嗽像雷公劈山头

实 例

苗族 半人半兽的巨人纳罗引，打鼻鼾像万头老虎吼叫，他咳一声像十二个雷公劈山头。

【流传】广西壮族自治区·（柳州市）·融水苗族自治县

【出处】

（a）杨达香讲，梁彬搜集整理：《创世纪》（一、开天辟地，地始天初），见梁彬、王天若编《苗族民间故事选》，南宁：广西人民出版社 1986 年版。

（b）同（a），见姚宝瑄主编《中国各民族神话》（布依族、仡佬族、苗族），太原：山西出版传媒集团·书海出版社 2014 年版，第 168 页。

W0663.8

与巨人特征有关的其他母题

实 例

（参见下级母题实例）

W0663. 8. 1

巨人特征的变化

实 例

（参见下级母题实例）

W0663. 8. 1. 1

巨人身体的缩小

实 例

汉族 天帝知道了龙伯国的大人钓起了六只顶戴神山的大乌龟造成灾难后，非常恼怒，马上运用神力，削减龙伯国的疆土，使它狭窄，缩小龙伯国的人的身躯使它短小。

【流传】 河南省

【出处】 赵承采录整理：《龙伯钓鳌》，见张振犁编著，孟宪明、朱淑君统纂《中原神话通鉴》（第四卷），郑州：河南大学出版社 2017 年版，第 1244 页。

W0664

巨人的身份

实 例

（参见下级母题实例）

W0664. 1

巨人是神（神巨人）

【关联】［W0393. 3. 2］山神是巨人

实 例

（参见下级母题实例）

W0664. 1. 1

巨人成为雷神

实 例

布依族 哥哥保根多、弟弟保根本两个巨人兄弟做了雷神。

【流传】 四川省·（凉山彝族自治州）·宁南县·上游公社（西瑶乡）

【出处】 伍天全讲，祖岱年、罗文亮搜集整理：《洪水朝天》，见贵州省社会科学院文学研究所等编《布依族民间故事》，贵阳：贵州人民出版社 1982 年版，第 321 ~323 页。

W0664. 1. 2

神巨人顾米亚

实 例

（参见下级母题实例）

W0664. 1. 2. 1

神巨人顾米亚造人

实 例

布朗族 神巨人顾米亚造人类。

【流传】 云南省·（西双版纳傣族自治州）·勐海县

【出处】 岩的兴讲：《顾米亚》，见中国民间文学集成全国编辑委员会编《中国民间故事集成》（云南卷），北京：中国 ISBN 中心 2003 年版，第 151 页。

W0664.2

巨人是祖先

实 例

（参见下级母题实例）

W0664.3.1

巨人是诸神之祖

实 例

满族 世界大水的水泡聚成大球，大球生出了六个宁姑（巨人），便是诸神之祖。

【流传】（无考）

【出处】

(a) 富育光：《萨满教与神话》，沈阳：辽宁大学出版社1990年版，第50～51页。

(b)《水生人》，见吕大吉、何耀华总主编《中国各民族原始宗教资料集成》（鄂伦春族卷、鄂温克族卷、赫哲族卷、达斡尔族卷、锡伯族卷、满族卷、蒙古族卷、藏族卷），北京：中国社会科学出版社1999年版，第486页。

W0664a

巨人的职能

实 例

（实例待考）

W0664b

巨人的能力（巨人的行为，巨人的事迹）

实 例

（参见下级母题实例）

W0664b.1

巨人善战

实 例

（参见下级母题实例）

W0664b.1.1

巨人杀死巨兽

实 例

怒族 大地万物为巨人砍死之巨兽所化。

【流传】（无考）

【出处】袁珂改编：《巨兽化万物》，原载毛星主编《中国少数民族文学》（下册），见袁珂《中国神话大词典》，北京：华夏出版社2015年版，第579页。

W0664b.2

巨人的变化

实 例

（参见下级母题实例）

W0664b. 2. 1

巨人变矮

实 例

（参见下级母题实例）

W0664b. 2. 1. 1

天帝让巨人变矮

实 例

汉族 岱舆、员峤、方壶、瀛洲、蓬莱为五神山。龙伯之国有大人，举足不盈数步而暨五山之所，一钓而连六鳌，合负而趣，归其国，灼其骨以数焉。于是岱舆、员峤二山流于北极，沉于大海，仙圣之播迁者巨亿计。帝凭怒，侵减龙伯之国使阨，侵小龙伯之民使短。至伏羲、神农时，其国人犹数十丈。

【流传】（无考）

【出处】

（a）［战国］列御寇：《列子·汤问》。

（b）《五神山》，见袁珂《中国神话大词典》，北京：华夏出版社 2015 年版，第 61 页。

W0664b. 3

巨人能预知世事

实 例

（参见下级母题实例）

W0664b. 3. 1

巨人能从书上看出人类的生死

实 例

哈萨克族 一个巨人能从书上看出一个人是死是活，能知道世界上每天有多少人死去，有多少人降生。

【流传】（新疆维吾尔自治区）

【出处】

（a）师忠孝翻译：《飞汗的儿子》，见银帆编《哈萨克族民间故事选》，上海：上海文艺出版社 1986 年版。

（b）《江德巴特尔》，见姚宝瑄主编《中国各民族神话》（乌孜别克族、哈萨克族、柯尔克孜族、俄罗斯族、维吾尔族、塔吉克族、塔塔尔族、锡伯族），太原：山西出版传媒集团·书海出版社 2014 年版，第 90 页。

W0664b. 4

巨人撒尿成河

实 例

（参见下级母题实例）

W0664b. 4. 1

布洛陀撒尿像山洪暴发，水涨千丈高

实 例

壮族 布洛陀（男始祖）往河里撒尿，忽然像山洪暴发一样，水涨千丈高，一直涨升到天底，把青山和树木都淹没了。

【流传】

(a) 广西壮族自治区·(百色市)·西林县·那佐乡·那来村

(b) 广西壮族自治区

【出处】

(a) 黄公受讲，岑护双采录翻译：《巨人夫妻》，见中国民间文学集成全国编辑委员会编《中国民间故事集成》(广西卷)，北京：中国 ISBN 中心 2001 年版，第 55～60 页。

(b) 黄公受讲，岑护双采录翻译：《巨人夫妻——姆洛甲与布洛陀》，原载中国民间文学集成全国编辑委员会编《中国民间故事集成》(广西卷)，北京：中国 ISBN 中心 2001 年版，见陶阳、钟秀编《中国神话》(中)，北京：商务印书馆 2008 年版，第 659～667 页。

W0665

巨人的关系

【汤普森】F531.6.8

实　例

(参见下级母题实例)

W0665.1

巨人的父母

实　例

(参见下级母题实例)

W0665.2

巨人兄弟

【关联】[W0669.1.2.4] 防风有九九八十一个弟兄

实　例

汉族 巨人防风有九九八十一个弟兄。

【流传】浙江省·(湖州市)·德清县·三合乡

【出处】沈益民讲，钟铭等采录：《大禹找防风》，见中国民间文学集成全国编辑委员会编《中国民间故事集成》(浙江卷)，北京：中国 ISBN 中心 1997 年版，第 68 页。

W0665.2.1

巨人兄弟俩哥哥善良，弟弟做恶

实　例

布依族 哥哥保根多、弟弟保根本是两个巨人兄弟。哥哥善良，弟弟做恶。

【流传】四川省·(凉山彝族自治州)·宁南县·上游公社(西瑶乡)

【出处】伍天全讲，祖岱年、罗文亮搜集整理：《洪水朝天》，见贵州省社会科学院文学研究所等编《布依族民间故事》，贵阳：贵州人民出版社 1982 年版，第 321～323 页。

W0665.2.2

无忧无虑的巨人兄弟

实　例

藏族 远古时代，有一对在巴颜喀拉山生活得无忧无虑的巨人兄弟。

【流传】（青海省·果洛藏族自治州）

【出处】陈世濂搜集整理：《扎陵和鄂陵》，原载果洛州群艺馆编《果洛民间故事选》，内部资料，1985 年，见吕大吉、何耀华总主编《中国各民族原始宗教资料集成》（鄂伦春族卷、鄂温克族卷、赫哲族卷、达斡尔族卷、锡伯族卷、满族卷、蒙古族卷、藏族卷），北京：中国社会科学出版社 1999 年版，第 949 页。

W0665. 2. 3

巨人三兄弟

实 例

（参见下级母题实例）

W0665. 2. 3. 1

长狄兄弟三人身长百尺

【关联】［W0669. 1. 1］巨人长狄

实 例

汉族 长狄兄弟三人，各长百尺。

【流传】（无考）

【出处】［清］马国翰：《玉函山房辑佚书》辑《春秋纬考异邮》。

W0665. 2a

巨人兄妹

实 例

（参见下级母题实例）

W0665. 2a. 1

巨人纳得、阿依兄妹

实 例

哈尼族 （参见“W0661. 3. 9. 1 造天地的青蛙生巨人”母题实例）

W0665. 3

巨人的子女

实 例

（参见下级母题实例）

W0665. 3. 1

巨人的儿子

【关联】［W0025. 1］神是巨人的儿子

实 例

达斡尔族 巨人生了一个儿子。

【流传】黑龙江省嫩江流域

【出处】黑龙江省鄂温克研究会编：《鄂温克族研究文集》第 2 辑，黑龙江省鄂温克研究会，内部编印，2000 年，第 257 页。

鄂伦春族 （实例待考）

W0665. 4

巨人夫妻

实 例

（参见下级母题实例）

W0665.4.1

女娲让造的2个巨人男女结为夫妻

实 例

汉族 女娲娘娘捏2个巨人，男的叫布，女的叫都，二人结为夫妻。

【流传】 贵州省·（遵义市）·余庆县·敖溪区

【出处】 毛光美讲，李业成采录：《布、都找火》，见中国民间文学集成全国编辑委员会编《中国民间故事集成》（贵州卷），北京：中国ISBN中心2003年，第60页。

W0665.5

巨人的朋友

实 例

（实例待考）

W0665.5.1

巨人是人的朋友

【汤普森】 F531.5.1

实 例

（实例待考）

W0665.6

巨人的对手

实 例

（实例待考）

W0665.7

巨人的谱系

实 例

（参见下级母题实例）

W0665.7.1

每个巨人前面都有一个巨人祖先

实 例

苗族 在巨人府方前面有巨人养优，养优前面有巨人火耐，火耐前面，有巨人剖帕。巨人剖帕的母亲修妞前面，还有个巨人黄虎。

【流传】 贵州省·（黔东南苗族侗族自治州）·台江县、施秉县、凯里县（凯里市）等地

【出处】 秦公、岩公、李普奶等苗族八歌手说唱，唐春芳、桂舟人搜集整理：《巨鸟生天地，众神辟地天》，见姚宝瑄主编《中国各民族神话》（布依族、仡佬族、苗族），太原：山西出版传媒集团·书海出版社2014年版，第113页。

W0665.8

巨人的从属

实 例

（实例待考）

W0665.8.1

巨人是天神的侍从

【汤普森】 A133.3

实 例

（实例待考）

W0666

巨人的寿命与死亡

【汤普森】F531. 6. 4

实 例

（参见下级母题实例）

W0666. 1

长寿的巨人

【汤普森】F531. 6. 4. 1

实 例

（实例待考）

W0666. 1. 1

巨人1万8千岁

实 例

（实例待考）

W0666. 2

不死的巨人

【汤普森】F531. 6. 4. 3

实 例

（实例待考）

W0666. 3

巨人的死亡

实 例

（参见下级母题实例）

W0666. 3. 1

巨人中毒而死

实 例

（参见下级母题实例）

W0666. 3. 1. 1

巨人中牛屎虫的角毒而死

实 例

拉祜族 巨人扎努扎别中牛屎虫的角毒而死。

【流传】云南省

【出处】李晓邨等搜集整理：《扎努扎别》，载《民间文学》1960年第10期。

W0666. 3. 2

巨人中箭而死

实 例

（实例待考）

W0666. 3. 3

巨人被害死

实 例

（参见下级母题实例）

W0666. 3. 3. 1

巨人被天神害死

实 例

怒族 天上的黑须老人要惩罚创造大

地的巨人搓海玩海，让踩碎的蜗牛刺进他的脚板心，搓海玩海央求时，黑须老人招来一群绿头苍蝇，揉碎后塞进伤口，搓海玩海的伤口生脓生蛆，七天后，死在路旁。

【流传】云南省·（怒江傈僳族自治州）·贡山地区（贡山独龙族怒族自治县）

【出处】

(a) 李兴民讲，李含生、杨春寿、周良智搜集整理：《搓海玩海》，见陶立播、李耀宗编《中国少数民族神话传说选》，成都：四川民族出版社1985年版。

(b) 同(a)，见姚宝瑄主编《中国各民族神话》（门巴族、珞巴族、怒族、藏族），太原：山西出版传媒集团·书海出版社2014年版，第68~69页。

W0667

巨人的生活

实 例

（参见下级母题实例）

W0667.1

巨人的居所

【汤普森】F531.6.2

实 例

（实例待考）

W0667.1.1

巨人住山上

【汤普森】F531.6.2.1

实 例

（实例待考）

W0667.1a

巨人的服饰

实 例

（实例待考）

W0667.1b

巨人的食物

实 例

（实例待考）

W0667.2

巨人的工具

实 例

（参见下级母题实例）

W0667.2.1

巨人的武器巨大无比

实 例

汉族 （实例待考）

W0667.2.2

巨人的武器与生俱来

实 例

（实例待考）

W0667.2.3

巨人用大树做拐棍

实 例

羌族 巨人安耶节毕·托慢姆祖，以山为歇气坪，以粗大的树木为拐棍。

【流传】四川省·阿坝藏族羌族自治州·茂汶羌族自治县（今属茂县）

【出处】

(a)《开咂酒曲子》，见杨亮才、陶立璠、邓敏文《中国少数民族文学》（上册），北京：人民出版社 1985 年版。

(b)《索依迪朗夫妇造人》，原名《人是咋个来的》，郑友富、周贵友讲，王康、龚剑雄、吴文光采录，王康整理，原载西南民族学院图书馆与西南民族学院《羌族文学简史》编写组《羌族民间文学资料集》（一），1987 年编，见姚宝瑄主编《中国各民族神话》（羌族、彝族），太原：山西出版传媒集团·书海出版社 2014 年版，第 6 页。

W0667. 2. 4

巨人的弓箭

【关联】［W6976. 1］重量巨大的弓

实 例

（参见下级母题实例）

W0667. 2. 4. 1

巨人的大弓 12 丈长

实 例

壮族 有个巨人名叫侯野，能拉动十二丈长的弓，射箭又准又远，是个打猎能手。

【流传】（广西壮族自治区·崇左市·龙州县）

【出处】广西壮族文学史龙州调查组搜集，黄永辉整理：《侯野》，原载谷德明编《中国少数民族神话选》，西北民族学院编印，1983 年，见姚宝瑄主编《中国各民族神话》（仫佬族、壮族、京族），太原：山西出版传媒集团·书海出版社 2014 年版，第 166 页。

W0668

巨人的类型

实 例

（参见下级母题实例）

W0668. 1

独眼巨人

【汤普森】F531. 1. 1. 1

实 例

哈萨克族 铜爪妖是一个独眼巨人。

【流传】（无考）

【出处】

(a) 毕椁译：《阿勒申·阿克蔑尔干》，满都呼主编《中国阿尔泰语系诸民族神话故事》，北京：民族出版社 1997 年版，第 71 页。

(b) 同 (a)，载《遗产》1992 年第 2 期。

W0668. 1. 1

独眼巨人的用具

实 例

（参见下级母题实例）

W0668.1.1.1
独眼巨人的高头大马

实 例

鄂温克族 部落首领来墨尔根与一个骑着高头大马的独眼巨人比本事。

【流传】黑龙江省嫩江流域

【出处】《来墨尔根与巨人》，载《黑龙江民间文学》1983年第6期。

鄂温克族 来墨尔根（酋长名）跨过黑龙江北岸打猎时，在一座山顶上发现了一匹高大的马，马背上端坐着一个巨人。马和巨人都只有一只眼睛。

【流传】嫩江流域

【出处】杜宝莲讲：《来墨尔根和巨人》，见姚宝瑄主编《中国各民族神话》（达斡尔族、鄂伦春族、鄂温克族、蒙古族），太原：山西出版传媒集团·书海出版社2014年版，第122页。

W0668.1.2
独眼巨人的居所

实 例

（参见下级母题实例）

W0668.1.2.1
独眼巨人住洞穴

实 例

哈萨克族 独眼巨人同羊群一起居住在岩穴。

【流传】（无考）

【出处】毕桪译：《阿勒克·蔑尔干》，见满都呼主编《中国阿尔泰语系诸民族神话故事》，北京：民族出版社1997年版，第71页。

W0668.1.2.2
独眼巨人在绝壁巅顶

实 例

鄂温克族 奇人来墨尔根于绝壁巅顶，遇一独眼巨人。

【流传】（无考）

【出处】袁珂改编：《来墨尔根》，原载毛星主编《中国少数民族文学》（中册），见袁珂《中国神话大词典》，北京：华夏出版社2015年版，第581页。

W0668.1a
多眼巨人（多目巨人）

实 例

（参见下级母题实例）

W0668.1a.1
六眼巨人

实 例

满族 水泡聚成的大球生的六个宁姑（巨人）。六个巨人有三十六只眼睛。所以什么都能看得见。

【流传】（无考）

【出处】

(a) 富育光：《萨满教与神话》，沈阳：辽宁大学出版社 1990 年版，第 50 ~ 51 页。

(b) 《水生人》，见吕大吉、何耀华总主编《中国各民族原始宗教资料集成》（鄂伦春族卷、鄂温克族卷、赫哲族卷、达斡尔族卷、锡伯族卷、满族卷、蒙古族卷、藏族卷），北京：中国社会科学出版社 1999 年版，第 486 页。

W0668. 2

长毛巨人

实 例

毛南族 （实例待考）

W0668. 3

赤脚巨人

实 例

（参见下级母题实例）

W0668. 3. 1

赤脚巨人夭乌麦勒根身高如山

实 例

蒙古族 有一个山一样高大的人，叫夭乌麦勒根，意思是赤脚巨人。

【流传】（无考）

【出处】 阿 · 太白搜集翻译，姚宝瑄、巴音巴图整理：《赤脚巨人》，见姚宝瑄主编《中国各民族神话》（达斡尔族、鄂伦春族、鄂温克族、蒙古族），太原：山西出版传媒集团 · 书海出版社 2014 年版，第 214 页。

W0669

与巨人有关的其他母题

【汤普森】 F531. 6

【关联】

① ［W1103. 8］ 巨人开辟天地（巨人造天地）

② ［W1378. 3］ 巨人修补天地

③ ［W1545. 2. 6a］ 巨人的眼睛变成日月

④ ［W3047. 7. 2］ 巨兽

⑤ ［W8738. 3］ 巨人战士

⑥ ［W9125. 2］ 巨人是巫师

实 例

（参见下级母题实例）

W0669. 1

特定名称的巨人（巨人的名字）

【关联】

① ［W0670. 4. 4］ 布洛陀是巨人

② ［W0701. 3. 1］ 夸父是巨人（巨人夸父）

③ ［W0723. 2. 5］ 盘古是巨人

④ ［W0725. 6. 7. 1. 1］ 巨人远古

⑤ ［W0768. 1. 2. 1］ 高辛是巨人

实 例

布朗族 （实例待考）

W0669.1.1

巨人长狄

实 例

（参见下级母题实例）

W0669.1.1.1

长狄身横九亩

【关联】［W0665.2.3.1］长狄兄弟三人身长百尺

实 例

汉族 长狄也兄弟三人，佚宕中国，瓦石不能害。叔孙得臣最善射者也。射其目，身横九亩，断其首而载之，眉见于轼。

【流传】（无考）

【出处】［战国?］榖梁赤：《榖梁传·文公十一年》。

W0669.1.2

防风（防风氏）

实 例

（参见下级母题实例）

W0669.1.2.0

洪水生防风

实 例

汉族 洪水中生出的防风（巨人名）长得又高又大，眼看就要碰着天了。

【流传】浙江省·（湖州市）·德清县·三合乡

【出处】沈益民讲，钟铭、钟伟今采录：《尧封防风国》，见陶阳、钟秀编《中国神话》（中），北京：商务印书馆2008年版，第813～814页。

W0669.1.2.1

巨人防风氏骨节专车

实 例

汉族 昔禹致群神于会稽之山。防风氏后至，禹杀而戮之，其骨节专车。

【流传】（无考）

【出处】［春秋］左丘明：《国语·鲁语下》。

汉族 昔禹致群神于会稽之山，防风氏后至。禹杀而戮之，其骨节专车。

【流传】（无考）

【出处】《会稽山》，见袁珂《中国神话大词典》，北京：华夏出版社2015年版，第131页。

W0669.1.2.1a

防风氏身长3丈

实 例

汉族 防风氏身长三丈，刑者不及，乃筑高塘临之，故曰刑塘。

【流传】（浙江省）

【出处】鲁迅：《会稽郡故书杂集》辑《贺循会稽记》。

W0669.1.2.1b

防风身高如山

实 例

汉族 防风是大个子，站着山样高，躺下河样长。因为他个子高，站在山上，手一举就能摸到天宫。

【流传】浙江省·（金华市）·东阳县（东阳市）

【出处】张永茂讲，周耀明整理：《王鲧和防风》，载《民间文学》1986 年第 11 期。

W0669. 1. 2. 2

防风太大难以杀死

实 例

汉族 地皇要杀防风，按因为他块头大，杀他勿得。

【流传】浙江省·（金华市）·东阳县（东阳市）·青联乡·雅坑村

【出处】张永茂讲，周耀明采录：《防风治水》，见中国民间文学集成全国编辑委员会编《中国民间故事集成》（浙江卷），北京：中国 ISBN 中心 1997 年版，第 69 页。

W0669. 1. 2. 3

防风氏的脚骨一根有七尺长

实 例

汉族 防风氏的脚骨一根有七尺长。

【流传】浙江省·绍兴县（绍兴市）·（柯桥区）·型塘乡（湖塘街道）·东方村（型塘村）

【出处】俞党头讲·傅作人采录：《大禹斩防风》，见中国民间文学集成全国编辑委员会编《中国民间故事集成》（浙江卷），北京：中国 ISBN 中心 1997 年版，第 72 页。

W0669. 1. 2. 4

防风有九九八十一个弟兄

实 例

汉族 封山上住着一个巨人防风，他有九九八十一个弟兄。

【流传】浙江省·（湖州市）·德清县·三合乡

【出处】沈益民讲，钟铭等采录：《大禹找防风》，见中国民间文学集成全国编辑委员会编《中国民间故事集成》（浙江卷），北京：中国 ISBN 中心 1997 年版，第 68 页。

W0669. 1. 2. 5

防风氏龙首牛耳，连眉一目

实 例

汉族 今吴越间防网庙，土木作其形，龙首牛耳，连眉一目。昔禹会涂山，执玉帛者万国。防风氏后至，禹诛之，其长三丈，其骨头专车。今南中民有姓防风氏，即其后也，皆长大。越俗，祭防风神，奏防风古乐，截竹长三丈，吹之如皞，三人披发而舞。

【流传】（无考）

【出处】［南朝·梁］任昉：《述异记》卷上。

W0669.1.2.6

防风是汪芒氏之君

实 例

汉族 防风，汪芒氏之君也。守封嵎之山者也，为漆姓；在虞、夏、商，为汪芒氏，于周为长狄，今为大人。僬侥氏长三尺，短之至也；长者不过十之，数之极也。

【流传】（无考）

【出处】［春秋］左丘明：《国语·鲁语下》。

W0669.1.2.7

防风与玄龟是朋友

实 例

汉族 防风（巨人名）和玄龟交了朋友。

【流传】浙江省·（湖州市）·德清县·三合乡

【出处】沈益民讲，钟铭、钟伟今采录：《尧封防风国》，见陶阳、钟秀编《中国神话》（中），北京：商务印书馆2008年版，第813～814页。

W0669.1.2a

巨人长脚拐

实 例

汉族 长脚拐站起来脑袋就顶到了天。

【流传】江西省·（吉安市）·万安县·柏岩乡·黄竹村

【出处】许文才讲，许经北采录：《金木水火土星的来历》，见中国民间文学集成全国编辑委员会编《中国民间故事集成》（江西卷），北京：中国ISBN中心2002年版，第5页。

W0669.1.2b

赣巨人

实 例

（参见下级母题实例）

W0669.1.2b.1

南方赣巨人人面长唇，黑身有毛

实 例

汉族 南方有赣巨人，人面长唇，黑身有毛，反踵，见人则笑，唇蔽其面，因可逃也。

【流传】（无考）

【出处】［战国至汉］撰者不详：《山海经·海内经》。

W0669.1.3

巨人札努札别

实 例

拉祜族 古代有个巨人，名叫札努札别。

【流传】云南省·（普洱市）·澜沧县（澜沧拉祜族自治县）

【出处】扎法、扎拉讲，晓村、王松采录：《札努札别》，见中国民间文学集成全国编辑委员会编《中国民间故事集成》（云南卷），北京：中国 ISBN 中心 2003 年版，第 366 页。

W0669. 1. 3. 1

扎努扎别身子有天一样高，地一般大

实　例

拉祜族 从地下钻出来一个人，名叫扎努扎别，他长得高大结实，身子有天一样高，地一般大，一手可以拔掉一棵大树，一步可以跨七八里路，为人忠厚老实又勤劳。

【流传】云南省

【出处】杨铜搜集整理：《扎努扎别》，载《山茶》1982 年第 4 期。

W0669. 1. 4

巨人阿黑西尼摩

实　例

彝族 巨人阿黑西尼摩。

【流传】云南省·红河（红河哈尼族彝族自治州）

【出处】《阿黑西尼摩》，见王松《论神话及其他》，昆明：云南民族出版社 2006 年版，第 18 页。

W0669. 1. 5

巨人纳罗引勾

实　例

苗族 混沌中出现巨人纳罗引勾。

【流传】广西壮族自治区·（柳州市）·融水县（融水苗族自治县）·滚贝乡

【出处】杨达香讲：《纳罗引勾开天辟地造人》，见中国民间文学集成全国编辑委员会编《中国民间故事集成》（广西卷），北京：中国 ISBN 中心 2001 年版，第 24 ~ 30 页。

W0669. 1. 5a

巨人府方

实　例

苗族 巨人府方老人力大无边。

【流传】贵州省·（黔东南苗族侗族自治州）·台江县、施秉县、凯里县（凯里市）等地

【出处】秦公、岩公、李普奶等苗族八歌手说唱，唐春芳、桂舟人搜集整理：《巨鸟生天地，众神辟地天》，见姚宝瑄主编《中国各民族神话》（布依族、仡佬族、苗族），太原：山西出版传媒集团·书海出版社 2014 年版，第 116 页。

W0669. 1. 5b

巨人黄虎

实　例

苗族 巨人黄虎的爹妈是又像人，又像巨兽的东西。

【流传】贵州省·（黔东南苗族侗族自治州）·台江县、施秉县、凯里县（凯里市）等地

【出处】秦公、岩公、李普奶等苗族八歌手说唱，唐春芳、桂舟人搜集整理：《巨鸟生天地，众神辟地天》，见姚宝瑄主编《中国各民族神话》（布依族、仡佬族、苗族），太原：山西出版传媒集团·书海出版社2014年版，第113页。

W0669.1.6

巨人简锦祖（巨人简剑祖）

实 例

普米族 峨萝山上有座青石裂开生出简锦祖（巨人）。

【流传】云南省·（怒江傈僳族自治州）·兰坪县（兰坪白族普米族自治县），（丽江市）·宁蒗县（宁蒗彝族自治县）

【出处】王震亚采录：《简锦祖杀马鹿》，见中国民间文学集成全国编辑委员会编《中国民间故事集成》（云南卷），北京：中国ISBN中心2003年版，第386页。

W0669.1.6.1

巨人简剑祖有六种狗做助手

实 例

普米族 天神予巨人简剑祖以红狗、白狗、金狗、银狗、铜狗、铁狗各一，六狗助简剑祖觅得马鹿。

【流传】（无考）

【出处】袁珂改编：《巨人简剑祖》（原名《捉马鹿的故事》），原载毛星主编《中国少数民族文学》（下册），见袁珂《中国神话大词典》，北京：华夏出版社2015年版，第575页。

W0669.1.7

巨人张古和盘古

实 例

侗族 有两个巨人，一个叫张古，一个叫盘古。

【流传】贵州省·（黔东南苗族侗族自治州）·三穗县·款场（款场乡）

【出处】杨引兰讲，周昌武采录：《开天辟地》见中国民间文学集成全国编辑委员会编《中国民间故事集成》（贵州卷），北京：中国ISBN中心2003年，第5页。

W0669.1.7.1

巨人保根多和保根本

实 例

（参见下级母题实例）

W0669.1.7.1.1

巨人保根多和保根本兄弟性格迥异

实 例

布依族 哥哥保根多、弟弟保根本两个巨人兄弟，哥哥善良，弟弟做恶。

【流传】四川省·（凉山彝族自治州）·宁南县·上游公社（西瑶乡）

【出处】伍天全讲，祖岱年、罗文亮搜

集整理：《洪水朝天》，见贵州省社会科学院文学研究所等编《布依族民间故事》，贵阳：贵州人民出版社 1982 年版，第 321～323 页。

W0669. 1. 8

宁姑（巨人）

实 例

满族 最早世界一片大水。阿布卡赫赫（女天神）让水里生出个水泡聚成的大球生出了六个宁姑（巨人）。

【流传】（无考）

【出处】

（a）富育光：《萨满教与神话》，沈阳：辽宁大学出版社 1990 年版，第 50～51 页。

（b）《水生人》，见吕大吉、何耀华总主编《中国各民族原始宗教资料集成》（鄂伦春族卷、鄂温克族卷、赫哲族卷、达斡尔族卷、锡伯族卷、满族卷、蒙古族卷、藏族卷），北京：中国社会科学出版社 1999 年版，第 486 页。

W0669. 1. 9

其他特定名称的巨人

实 例

（参见下级母题实例）

W0669. 1. 9. 1

巨人德宁阳

实 例

珞巴族 天父、地母的大儿子德宁阳长得特别高大，头顶着天。

【流传】

（a）西藏自治区·（林芝市）·米林（米林县）

（b）西藏自治区·（林芝市）·米林县、马尼岗（现为印占区）一带

【出处】

（a）达让讲，高前译，李坚尚、裴富珍搜集整理：《德宁阳之死》，见中华民族故事大系编委会编《中华民族故事大系》第 16 卷（赫哲族、门巴族、珞巴族、基诺族），上海：上海文艺出版社 1995 年版，第 397～399 页。

（b）同（a），见李坚尚、刘芳贤编《珞巴族门巴族民间故事选》，上海：上海文艺出版社 1993 年版，第 11～13 页。

W0669. 1. 9. 2

巨人搓海玩海

实 例

怒族 巨人搓海玩海伤口生脓生蛆，七天而死。

【流传】 云南省·（怒江傈僳族自治州）·贡山地区（贡山独龙族怒族自治县）

【出处】

（a）李兴民讲，李含生、杨春寿、周良智搜集整理：《搓海玩海》，见陶立璠、李耀宗编《中国少数民族神话传说选》，成都：四川民族出版社 1985

年版。

(b) 同 (a)，见姚宝瑄主编《中国各民族神话》(门巴族、珞巴族、怒族、藏族)，太原：山西出版传媒集团·书海出版社 2014 年版，第 68 ~ 69 页。

W0669.1.10
与巨人的名称有关的其他母题

实 例

(参见下级母题实例)

W0669.1.10.1
大人

实 例

汉族 有大人之市，名曰大人之堂，有一大人踆其上，张其两臂 ("臂" 原作 "耳"，据王念孙、郝懿行校改)。

【流传】(无考)

【出处】《大人市》，见袁珂《中国神话大词典》，北京：华夏出版社 2015 年版，第 20 页。

W0669.1a
无名巨人

实 例

汉族 蚩尤反抗黄帝失败以后，又有一个无名的巨人，起来反抗黄帝，为炎帝复仇，立志要推翻宇宙最高统治者的统治。

【流传】(无考)

【出处】袁珂重述：《刑天》，原载袁珂《神话故事新编》，见陶阳、钟秀编《中国神话》(中)，北京：商务印书馆 2008 年版，第 795 ~ 796 页。

W0669.2
巨人的特定身份

实 例

(实例待考)

W0669.2.1
巨人是文化英雄

【汤普森】 A523

实 例

(实例待考)

W0669.2.2
巨人是建造师

【汤普森】 F531.6.6

实 例

(实例待考)

W0669.3
巨人王国

【关联】［W5926］巨人国

实 例

(实例待考)

W0669.3.2
巨人之王

【汤普森】 G156

【关联】［W5030］首领

实 例

（实例待考）

W0669. 4

巨人的致命弱点

实　例

（实例待考）

0. 6. 5 常见的典型神性人物[①]
【W0670 ~ W0769】

W0670

布洛陀[②]

实　例

（参见下级母题实例）

W0670. 1

布洛陀的产生

实　例

（参见下级母题实例）

W0670. 1. 1

天降布洛陀

实　例

（参见下级母题实例）

W0670. 1. 1. 1

布洛陀与妻子姆六甲一起从天而降

实　例

（参见下级母题实例）

W0670. 1. 1. 1. 1

布洛陀与妻子姆六甲从天上降到敢壮山

实　例

壮族 布洛陀与姆洛甲一起从天上降到田阳县敢壮山。

【流传】（无考）

【出处】过伟：《壮族人文始祖论》，见张声震总主编，农冠品编注《壮族神话集成》，南宁：广西民族出版社2007年版，第680页。

W0670. 1. 1. 2

布洛陀携妻子母洛甲下凡

实　例

壮族 布洛陀携妻子“母洛甲”下凡。

【流传】广西壮族自治区

【出处】黄诚专：《布洛陀的传说》，见http：//hongdou. gxnews. com. cn，

① 常见的典型神性人物，该类母题是一个集合概念，为便于查找和比较，此处包括了文化英雄、半神半人、文化祖先和部分宗教人物神等类型。由于神话表述的不规范性，在不同的神话中同一个名称可能表述着不同的文化含义，在此不做细分，所列举的母题也只是部分民族神话文本中一些常见的或具有代表性的个例。具体神性人物的事迹参见文化发明、射日等神话母题中的相应神性人物及《中国文化起源神话母题实例与索引》、中国其他类型神话母题数据索引。

② 布洛陀，在不同的神话版本中常被译成不同文字，如“布洛朵”、“布碌陀”、“抱洛朵”、“保洛陀”等。

2008．04.08。

W0670.1.2

感生布洛陀

实 例

（参见下级母题实例）

W0670.1.2.1

母亲感风生布洛陀

实 例

壮族 母亲感风而孕生布洛陀。

【流传】（无考）

【出处】张声震主编：《壮族麽经布洛陀影印译注》，南宁：广西民族出版社2004年版，第2290页。

W0670.1.2.2

祖宜婆洗浴时感混沌的汗水生布洛陀

实 例

壮族 祖宜婆在水潭的下游洗身时感上游混沌洗身时的汗水，生7子，老五是布洛陀。

【流传】（无考）

【出处】张声震主编：《壮族麽经布洛陀影印译注》，南宁：广西民族出版社2004年版，第1970～1976页。

W0670.1.3

洞生布洛陀

实 例

（参见下级母题实例）

W0670.1.3.1

姆洛甲造的河流冲击岩石形成的山洞生布洛陀

实 例

壮族 姆洛甲造出的河流冲击岩石形成的山洞中出来布洛陀。

【流传】（无考）

【出处】《布洛陀寻踪》，南宁：广西人民出版社2004年版，第396页。

W0670.1.4

卵生布洛陀

实 例

（参见下级母题实例）

W0670.1.4.1

布洛陀从大石蛋孵出

【关联】［W0645.3.4.1］大石蛋孵出男始祖布洛陀

实 例

壮族 （参见“W0645.3.4.1 大石蛋孵出男始祖布洛陀”母题实例）

W0670.1.4.2

布洛陀从石头蛋中孵出

实 例

壮族 一个大石蛋中孵出始祖布洛陀。

【流传】（无考）

【出处】农冠品：《壮族神话谱系及其内涵述论》，见覃乃昌等编《壮学首届国际学术研讨会论文集》，南宁：广西民族出版社 2004 年版。

W0670. 1. 5

特定的女子生布洛陀

实 例

（参见下级母题实例）

W0670. 1. 5. 1

祖宜婆感生布洛陀

实 例

（参见下级母题实例）

W0670. 1. 5. 1. 1

布洛陀是祖宜婆 7 个儿子中的老五

实 例

壮族 （参见“W0670. 1. 2. 2 祖宜婆洗浴时感混沌的汗水生布洛陀”母题实例）

W0670. 1. 5. 2

姆洛甲生布洛陀

实 例

壮族 （实例待考）

W0670. 1. 6

布洛陀神奇的出生

实 例

（实例待考）

W0670. 1. 6. 1

布洛陀出生时亮光照亮天空

实 例

壮族 （实例待考）

W0670. 1. 7

与布洛陀出生有关的其他母题

实 例

（参见下级母题实例）

W0670. 1. 7. 1

布洛陀的生日

实 例

（参见下级母题实例）

W0670. 1. 7. 1. 1

布洛陀生日是农历二月十九

实 例

壮族 布洛陀生日是农历二月十九。

【流传】广西壮族自治区·（百色市）·田阳县·那坡镇·平朴村

【出处】黄照强讲：《布洛陀造人间天地》，见张声震总主编，农冠品编注《壮族神话集成》，南宁：广西民族出版社 2007 年版，第 166 页。

W0670. 1. 7. 2

布洛陀出生时天有异象

实 例

（参见下级母题实例）

W0670.1.7.2.1
布洛陀出生时一道亮光照亮天空

实 例

壮族 布洛陀出生时一道亮光照亮天空。

【流传】广西壮族自治区·（百色市）·阳县·百育镇·新民村·花茶屯

【出处】潘培新讲：《祖公和母娘》，见张声震总主编，农冠品编注《壮族神话集成》，南宁：广西民族出版社2007年版，第164页。

W0670.1a
布洛陀的特征

实 例

（参见下级母题实例）

W0670.1a.1
布洛陀的体征

实 例

（参见下级母题实例）

W0670.1a.1.1
布洛陀的身材高大（布洛陀身材魁梧）

实 例

壮族 布碌陀身材魁伟、体魄强壮，虽然年纪老迈，鬓发斑白，但仍然满面红光，精神抖擞，脸上时常带笑，两眼炯炯有神，充满着智慧的光芒。

【流传】（a）广西壮族自治区右江及红水河一带

【出处】

（a）周朝珍讲，何承文整理：《布碌陀》，载广西民间文学研究会编印《广西民间文学丛刊》第5期。

（b）《布碌陀》（王松选定），见姚宝瑄主编《中国各民族神话》（仫佬族、壮族、京族），太原：山西出版传媒集团·书海出版社2014年版，第75页。

W0670.1a.1.1a
布洛陀鬓发斑白，满面红光

实 例

壮族 布洛陀身材魁伟，体魄强壮。他虽然年纪老迈，鬓发斑白，但仍然满面红光，精神抖擞。

【流传】广西壮族自治区右江、红河一带

【出处】周朝珍口述，何承文整理：《布洛陀》，原载蓝鸿恩编《壮族民间故事选》，见陶阳、钟秀编《中国神话》（上），北京：商务印书馆2008年版，第67~86页。

W0670.1a.1.2
布洛陀的阳具

实 例

（参见下级母题实例）

W0670. 1a. 1. 2. 1

布洛陀的阳具是巨石

实 例

壮族 广西亭怀屯通往巴马县的燕洞的山路旁有一个巨石，传说是布洛陀的阳具。

【流传】（无考）

【出处】过伟：《壮族人文始祖论》，见张声震总主编，农冠品编注《壮族神话集成》，南宁：广西民族出版社2007年版，第681页。

W0670. 1a. 1. 2. 2

布洛陀的阳具横跨右江

实 例

壮族 布洛陀的阳具横跨右江。

【流传】广西壮族自治区·（百色市）·田阳县敢壮山一带

【出处】过伟：《壮族人文始祖论》，见张声震总主编，农冠品编注《壮族神话集成》，南宁：广西民族出版社2007年版，第681页。

W0670. 1a. 1. 2. 3

布洛陀生殖器巨大

实 例

壮族 （参见“W0654. 3. 4. 1. 2 始祖布洛陀的生殖器又大又长，能伸过河上变成‘天桥’，也称‘屌桥’”母题实例）

W0670. 1a. 1. 2. 4

布洛陀的生殖器化成巨大的赶山鞭

实 例

壮族 （实例待考）

W0670. 2

布洛陀的本领（布洛陀的能力）

【关联】［W1331. 2. 1］布洛陀造天柱

实 例

（参见下级母题实例）

W0670. 2. 1

布洛陀造万物

实 例

（参见下级母题实例）

W0670. 2. 1. 1

布洛陀造天地人

实 例

壮族 壮家的开天辟地老祖布洛陀，造了天地和人以后，就在天上安家了。

【流传】广西壮族自治区·（百色市）·西林县

【出处】岑永钦、黎显春讲，岑隆业、杨荣杰、金稼民整理：《铜鼓的来历》，原载选自蓝鸿恩编《壮族民间故事选》，见陶阳、钟秀编《中国神话》（下），北京：商务印书馆2008

年版，第1271～1274页。

W0670.2.2

布洛陀制定万物秩序

实　例

壮族　（实例待考）

W0670.2.3

布洛陀有神力

实　例

壮族　布碌陀智慧过人，神力无边，众人因往寻之，恳商治理大地之法。

【流传】（无考）

【出处】《布碌陀造天地》（原名《布碌陀》），原载谷德明编《中国少数民族神话选》，见袁珂《中国神话大词典》，北京：华夏出版社2015年版，第439页。

壮族　洛陀山有个老人，名叫布洛陀，他智慧过人，神力无限。

【流传】广西壮族自治区右江、红河一带

【出处】周朝珍口述，何承文整理：《布洛陀》，原载蓝鸿恩编《壮族民间故事选》，见陶阳、钟秀编《中国神话》（上），北京：商务印书馆2008年版，第67～86页。

W0670.2.3.1

布洛陀能扛起顶天柱

实　例

壮族　人们有了顶天柱，可是太重，大家扛不起。布碌陀抹了抹汗，马步一蹲，就把顶天柱扛到肩上去了。大家跟着，一帮扶头，一帮抬尾，把它抬到碌陀山顶上。

【流传】（a）广西壮族自治区右江及红水河一带

【出处】

（a）周朝珍讲，何承文整理：《布碌陀》，载广西民间文学研究会编印《广西民间文学丛刊》第5期。

（b）《布碌陀》（王松选定），见姚宝瑄主编《中国各民族神话》（仫佬族、壮族、京族），太原：山西出版传媒集团·书海出版社2014年版，第75～76页。

W0670.2.3.2

布洛陀的力量比雷公还大

实　例

壮族（沙人）雷的力量，他只比波落多（又译“保洛陀”、“布洛陀”、“陆驮公公”等，沙人传说中最聪明、最有办法的人）差一点。

【流传】云南省

【出处】沙蘘整理：《艾撒和艾苏》，原载谷德明等编《中国少数民族神话选》，西北民族学院1983年编印，见姚宝瑄主编《中国各民族神话》（仫佬族、壮族、京族），太原：山西出版传媒集团·书海出版社2014年版，第170页。

W0670. 2. 3. 3

布洛陀显神力（布洛陀力大无穷）

实 例

（参见下级母题实例）

W0670. 2. 3. 3. 1

布洛陀能让搁浅的船通过沙滩

实 例

壮族 布洛陀显神力，让搁浅的船通过沙滩。

【流传】广西壮族自治区·（百色市）·田阳县敢壮山一带

【出处】彭自强讲：《布洛陀山》，王宪昭、李斯颖采集，2009. 12。

W0670. 2. 4

布洛陀懂兽语

实 例

（参见下级母题实例）

W0670. 2. 4. 1

布洛陀能与百兽对话

实 例

壮族 （实例待考）

W0670. 2. 5

布洛陀能预言

实 例

（参见下级母题实例）

W0670. 2. 5. 1

布洛陀能预知未来

实 例

壮族 管理中界的保洛陀，对于过去未来全懂得。

【流传】（无考）

【出处】覃建才搜集整理：《保洛陀》，原载刘德荣等编《壮族民间故事》，云南人民出版社 1988 年版，见姚宝瑄主编《中国各民族神话》（仫佬族、壮族、京族），太原：山西出版传媒集团·书海出版社 2014 年版，第 97 页。

W0670. 2. 6

布洛陀能显灵

实 例

（实例待考）

W0670. 2. 7

布洛陀无所不晓（布洛陀无所不知，布洛陀无所不通）

实 例

壮族 始祖布洛陀无所不晓。

【流传】广西壮族自治区·（南宁市）·马山县·百龙滩镇·大龙村

【出处】罗公九讲：《无所不晓》，见张声震总主编，农冠品编注《壮族神话集成》，南宁：广西民族出版社 2007

年版，第 45 页。

壮族 布洛陀没有什么本事，只有智慧，什么事他都懂，什么道理他都知晓。

【流传】（无考）

【出处】《四兄弟分家》，原载蓝鸿恩搜集整理《神弓宝剑》，中国民间文艺出版社 1985 年版，见吕大吉、何耀华总主编《中国各民族原始宗教资料集成》（土家族卷、瑶族卷、壮族卷、黎族卷），北京：中国社会科学出版社 1998 年版，第 605 页。

壮族 布洛陀知天知地又知人。他最聪明、最有智慧，壮家不论碰到什么事情都要去问他。好事要问他，连坏事也要问他。

【流传】（无考）

【出处】陆世安讲，杨照昌整理：《布洛陀》，原载刘德荣等编《壮族民间故事》，云南人民出版社 1988 年版，见姚宝瑄主编《中国各民族神话》（仫佬族、壮族、京族），太原：山西出版传媒集团·书海出版社 2014 年版，第 135 页。

壮族 布洛陀是上通天文下知地理，无所不知，无事不晓，且能通神治鬼的圣神。

【流传】贵州省·（黔东南苗族侗族自治州）·从江县

【出处】覃华儒搜集整理：*《凡大事必请布洛陀》（1990），见吕大吉、何耀华总主编《中国各民族原始宗教资料集成》（土家族卷、瑶族卷、壮族卷、黎族卷），北京：中国社会科学出版社 1998 年版，第 532 页。

W0670.2.7.1

布洛陀知晓三界的事情

实　例

壮族 保洛陀知道三界的所有事情。

【流传】广西壮族自治区右江流域

【出处】覃建才搜集整理：《保洛陀》，见曹廷伟编著《广西民间故事辞典》，南宁：广西教育出版社 1993 年版，第 17 页。

壮族 管理中界的保洛陀，是个极聪明、极能干的圣人，三界的事情，他都知道。

【流传】（无考）

【出处】覃建才搜集整理：《保洛陀》，原载刘德荣等编《壮族民间故事》，云南人民出版社 1988 年版，见姚宝瑄主编《中国各民族神话》（仫佬族、壮族、京族），太原：山西出版传媒集团·书海出版社 2014 年版，第 97 页。

W0670.2.8

布洛陀会腾云驾雾

实　例

壮族 （实例待考）

W0670. 2. 9

布洛陀会变化

【关联】［W0654. 3. 4. 3. 1］祖先布洛陀的阳具化鞭

实 例

壮族 （参见“W0654. 3. 4. 3. 1 祖先布洛陀的阳具化鞭”母题实例）

W0670. 3

布洛陀的行为（布洛陀的事迹）

实 例

（参见下级母题实例）

W0670. 3. 1

布洛陀下凡

实 例

（参见下级母题实例）

W0670. 3. 1. 1

布洛陀打开天门下凡

实 例

壮族 保洛陀（男祖先名）打开天门飞下地来，征求人们的意见。

【流传】（无考）

【出处】岭隆业、杨荣杰、金稼民搜集、整理：《铜鼓的来历》，原载蓝鸿恩编《壮族民间故事选》，上海文艺出版社1984年版，见姚宝瑄主编《中国各民族神话》（仫佬族、壮族、京族），太原：山西出版传媒集团·书海出版社2014年版，第150页。

W0670. 3. 2

布洛陀撒尿成河

实 例

壮族 布洛陀（男始祖）往河里撒尿，忽然像山洪暴发一样，水涨千丈高，一直涨升到天底，把青山和树木都淹没了。

【流传】

（a）广西壮族自治区·（百色市）·西林县·那佐乡·那来村

（b）广西壮族自治区

【出处】

（a）黄公受讲，岑护双采录翻译：《巨人夫妻》，见中国民间文学集成全国编辑委员会编《中国民间故事集成》（广西卷），北京：中国ISBN中心2001年版，第55～60页。

（b）黄公受讲，岑护双采录翻译：《巨人夫妻——姆洛甲与布洛陀》，原载中国民间文学集成全国编辑委员会编《中国民间故事集成》（广西卷），北京：中国ISBN中心2001年版，见陶阳、钟秀编《中国神话》（中），北京：商务印书馆2008年版，第659～667页。

W0670. 4

布洛陀的身份（布洛陀的职能）

实 例

（参见下级母题实例）

W0670.4.1
布洛陀是造物主

实 例

壮族 布洛陀是壮家的造物主。

【流传】(无考)

【出处】陆世安讲，杨照昌整理：《布洛陀》，原载刘德荣等编《壮族民间故事》，云南人民出版社 1988 年版，见姚宝瑄主编《中国各民族神话》(仫佬族、壮族、京族)，太原：山西出版传媒集团·书海出版社 2014 年版，第 135 页。

W0670.4.2
布洛陀是老人

实 例

(参见下级母题实例)

W0670.4.2.1
布洛陀是智慧老人

实 例

壮族 布洛陀是洛陀山的智慧老人。

【流传】(无考)

【出处】过伟：《壮族人文始祖论》，见张声震总主编，农冠品编注《壮族神话集成》，南宁：广西民族出版社 2007 年版，第 680 页。

壮族 布洛陀在壮语里的意思是无所不晓，无所不知的人，也可以译为智慧老人。

【流传】(无考)

【出处】《布洛陀与姆六甲·天地分家》注释，原载蓝鸿恩搜集整理《神弓宝剑》，中国民间文艺出版社 1985 年版，见吕大吉、何耀华总主编《中国各民族原始宗教资料集成》(土家族卷、瑶族卷、壮族卷、黎族卷)，北京：中国社会科学出版社 1998 年版，第 603 页。

W0670.4.2.2
布洛陀是不死的老人

实 例

壮族 布洛朵（即布洛陀的另一种译法）是一位不会死的老人。

【流传】云南省·文山（文山壮族苗族自治州）·西畴县·兴街镇·下南丘村

【出处】陆开富讲：《布洛朵》，见张声震总主编，农冠品编注《壮族神话集成》，南宁：广西民族出版社 2007 年版，第 40 页。

W0670.4.3
布洛陀是神

实 例

(参见下级母题实例)

W0670.4.3.1
布洛陀是创世神

实 例

(实例待考)

W0670. 4. 3. 2
布洛陀是地神

实 例

壮族 布洛陀是地神。

【流传】（无考）

【出处】梁庭望：《在田阳壮族人文始祖布洛陀文化遗址研讨会上的发言》，载《广西民族报》，2002. 09. 16。

W0670. 4. 3. 3
布洛陀是神主

实 例

（参见下级母题实例）

W0670. 4. 3. 3. 1
布洛陀因生人之功被尊为神主

实 例

壮族 人是因布洛陀之神功才得以诞生，个个都对他极为敬重，都尊称其为“神主”。

【流传】广西壮族自治区·（百色市）·田阳县

【出处】李世锋：《布洛陀神功缔造人间天地》，见广西田阳县人民政府网：http：//www. gxty. gov. cn/tykk/ShowArticle. asp？ArticleID =726，2007. 01. 22。

W0670. 4. 3. 4
布洛陀是圣神

实 例

壮族 布洛陀是壮族人的一位圣神。

【流传】贵州省·（黔东南苗族侗族自治州）·从江县

【出处】覃华儒搜集整理：*《凡大事必请布洛陀》（1990），见吕大吉、何耀华总主编《中国各民族原始宗教资料集成》（土家族卷、瑶族卷、壮族卷、黎族卷），北京：中国社会科学出版社 1998 年版，第 532 页。

W0670. 4. 4
布洛陀是巨人

实 例

（参见下级母题实例）

W0670. 4. 4. 1
布洛陀是男性巨人

实 例

壮族 布洛陀是男性巨人。

【流传】（无考）

【出处】过伟：《壮族人文始祖论》，见张声震总主编，农冠品编注《壮族神话集成》，南宁：广西民族出版社 2007 年版，第 680 页。

W0670. 4. 5
布洛陀是始祖

实 例

壮族 （实例待考）

W0670.4.5.1

布洛陀与姆六甲是凡人世界的始祖

实　例

壮族 （实例待考）

W0670.4.5.2

布洛陀是始祖神

实　例

壮族 花婆王、布洛陀、布伯、伏依兄妹、盘古大帝等是人类始祖神。

【流传】广西壮族自治区·（南宁市）·武鸣县·两江乡·雷江片，马山县·古零乡·杨圩片

【出处】黄世杰搜集整理：*《多神信仰》（1990），见吕大吉、何耀华总主编《中国各民族原始宗教资料集成》（土家族卷、瑶族卷、壮族卷、黎族卷），北京：中国社会科学出版社1998年版，第492页。

W0670.4.6

布洛陀是神人

实　例

（参见下级母题实例）

W0670.4.6.1

布洛陀是地上的神人

实　例

壮族 始祖姆六甲和布洛陀是地上的神人。

【流传】

（a）广西壮族自治区·（百色市）·西林县·那佐乡·那来村

（b）广西壮族自治区

【出处】

（a）黄公受讲，岑护双采录翻译：《巨人夫妻》，见中国民间文学集成全国编辑委员会编《中国民间故事集成》（广西卷），北京：中国ISBN中心2001年版，第55～60页。

（b）黄公受讲，岑护双采录翻译：《巨人夫妻——姆洛甲与布洛陀》，原载中国民间文学集成全国编辑委员会编《中国民间故事集成》（广西卷），北京：中国ISBN中心2001年版，见陶阳、钟秀编《中国神话》（中），北京：商务印书馆2008年版，第659～667页。

W0670.4.7

布洛陀是王

实　例

（参见下级母题实例）

W0670.4.7.1

布洛陀是人王

实　例

壮族 人王布碌陀帮人建房屋。

【流传】（a）广西壮族自治区右江及红水河一带

【出处】

（a）周朝珍讲，何承文整理：《布碌

陀》，载广西民间文学研究会编印《广西民间文学丛刊》第5期。
(b)《布碌陀》（王松选定），见姚宝瑄主编《中国各民族神话》（仫佬族、壮族、京族），太原：山西出版传媒集团·书海出版社2014年版，第96页。

W0670.4.7.2
布洛陀管中界之王

实 例

壮族 在古老的年代，天地分成三界。上界由雷公管理，中界由保洛陀管理。

【流传】（无考）

【出处】覃建才搜集整理：《保洛陀》，原载刘德荣等编《壮族民间故事》，云南人民出版社1988年版，见姚宝瑄主编《中国各民族神话》（仫佬族、壮族、京族），太原：山西出版传媒集团·书海出版社2014年版，第97页。

W0670.4.7.3
布洛陀是壮族三王之一

实 例

壮族 碌陀山山脚下有一个岩洞，里面住着一位胡子花白的老头子，这就是闻名于世的壮族三王——布碌陀。

【流传】(a) 广西壮族自治区右江及红水河一带

【出处】
(a) 周朝珍讲，何承文整理：《布碌陀》，载广西民间文学研究会编印《广西民间文学丛刊》第5期。
(b)《布碌陀》（王松选定），见姚宝瑄主编《中国各民族神话》（仫佬族、壮族、京族），太原：山西出版传媒集团·书海出版社2014年版，第74页。

W0670.4.8
布洛陀是圣人

实 例

壮族 （实例待考）

W0670.4.9
布洛陀是万物生死的主宰者

实 例

（参见下级母题实例）

W0670.4.9.1
布洛陀掌管万物生死大权

实 例

壮族 以前万物无名。掌管万物生死大权的布碌陀，一一都给安名定姓。

【流传】(a) 广西壮族自治区右江及红水河一带

【出处】
(a) 周朝珍讲，何承文整理：《布碌陀》，载广西民间文学研究会编印《广西民间文学丛刊》第5期。
(b)《布碌陀》（王松选定），见姚宝瑄主编《中国各民族神话》（仫佬族、壮族、京族），太原：山西出版传媒集团团·书海出版社2014年版，第76页。

W0670.4.10

布洛陀是制造者

【关联】［W1704.4.1］男始祖布洛陀造星星

实　例

（实例待考）

W0670.4.10.1

布洛陀是鬼神制造者

实　例

壮族　（实例待考）

W0670.4.11

布洛陀是管理者

实　例

（参见下级母题实例）

W0670.4.11.1

布洛陀管人间

【关联】［W0697a.3］黄帝管人间

实　例

壮族　自然界由三个自然神管理，其中布洛陀管地界。

【流传】广西壮族自治区·百色市·田阳县·坡洪镇·个强屯

【出处】农布秋明万历四十四年手抄本，农吉勤收藏，黄明标等搜集，黄明标等翻译：《喃洛陀造麽叭科》（1616）注释，见黄明标主编《壮族麽经布洛陀遗本影印译注》（上卷），南宁：广西人民出版社2016年版，第5页。

W0670.4.11.2

布洛陀管中界

实　例

壮族　在古老的年代，天地分成三界。上界由雷公管理，中界由保洛陀管理。

【流传】（无考）

【出处】覃建才搜集整理：《保洛陀》，原载刘德荣等编《壮族民间故事》，云南人民出版社1988年版，见姚宝瑄主编《中国各民族神话》（仫佬族、壮族、京族），太原：山西出版传媒集团·书海出版社2014年版，第97页。

壮族　保洛陀（一般译为布洛陀）管中界（人间）。

【流传】（无考）

【出处】兰鸿恩：《论布伯的故事》，见田兵等编《中国少数民族神话论文集》，南宁：广西民族出版社1984年版，第138页。

W0670.4.12

布洛陀是智者

【关联】［0670.4.2.1］布洛陀是智慧老人

实　例

壮族　以前，人中出现一个非常聪明和有智慧的人，名叫布洛陀。

【流传】（无考）

【出处】《布洛陀》，原载蓝鸿恩搜集整理《神弓宝剑》，中国民间文艺出版社 1985 年版，见吕大吉、何耀华总主编《中国各民族原始宗教资料集成》（土家族卷、瑶族卷、壮族卷、黎族卷），北京：中国社会科学出版社 1998 年版，第 604 页。

W0670. 5

布洛陀的关系

实 例

（参见下级母题实例）

W0670. 5. 1

布洛陀的母亲

实 例

（参见下级母题实例）

W0670. 5. 1. 1

布洛陀的母亲姆六甲

【关联】［W0705］姆六甲

实 例

壮族 布洛陀是姆洛甲的儿子。

【流传】（无考）

【出处】过伟：《壮族人文始祖论》，见张声震总主编，农冠品编注《壮族神话集成》，南宁：广西民族出版社 2007 年版，第 680 页。

W0670. 5. 2

布洛陀的妻子

实 例

（参见下级母题实例）

W0670. 5. 2. 1

布洛陀与姆六甲是夫妻

实 例

壮族 布洛陀和姆六甲是夫妇，在制造人类时意见有分歧。

【流传】（无考）

【出处】《姆六甲》注释，原载蓝鸿恩搜集整理《神弓宝剑》，中国民间文艺出版社 1985 年版，见吕大吉、何耀华总主编《中国各民族原始宗教资料集成》（土家族卷、瑶族卷、壮族卷、黎族卷），北京：中国社会科学出版社 1998 年版，第 604 页。

壮族 布洛陀和姆洛甲是夫妻，他们繁衍了人类。

【流传】广西壮族自治区红水河地区（红水河一带）

【出处】覃剑萍搜集整理：*《祭始祖布洛陀》（1990），见吕大吉、何耀华总主编《中国各民族原始宗教资料集成》（土家族卷、瑶族卷、壮族卷、黎族卷），北京：中国社会科学出版社 1998 年版，第 531 页。

W0670. 5. 2. 2

布洛陀的老婆母勒甲

实 例

壮族 布洛陀的老婆叫做母勒甲（即姆六甲）。

【流传】广西壮族自治区·（百色

市）·田阳县

【出处】黄明标整理：《祭祀歌·唱祖公》，见张声震总主编，农冠品编注《壮族神话集成》，南宁：广西民族出版社 2007 年版，第 161 页。

W0670.5.2.3

布洛陀的妻子花婆王

【关联】［0659.2.56.5］花婆王是始祖神

实　例

壮族 花婆王，又叫“花王圣母”，是布洛陀的妻子，是壮族专管生儿育女的神灵，也是儿童们的守护神。

【流传】广西壮族自治区·（南宁市）·武鸣县·两江乡·雷江片，马山县·古零乡·杨圩片

【出处】黄世杰搜集整理：＊《社会鬼与自然界鬼》（1990），见吕大吉、何耀华总主编《中国各民族原始宗教资料集成》（土家族卷、瑶族卷、壮族卷、黎族卷），北京：中国社会科学出版社 1998 年版，第 488 页。

W0670.5.3

布洛陀的子女

实　例

（参见下级母题实例）

W0670.5.3.1

布洛陀有 5 个孩子

实　例

壮族 （实例待考）

W0670.5.3.2

布碌陀的儿子

实　例

（参见下级母题实例）

W0670.5.3.2.1

布碌陀的儿子甘歌

实　例

壮族 甘歌是布碌陀的儿子

【流传】（无考）

【出处】覃承勤整理：《甘歌》，见姚宝瑄主编《中国各民族神话》（仫佬族、壮族、京族），太原：山西出版传媒集团·书海出版社 2014 年版，第 158 页。

W0670.5.4

布洛陀的兄弟

实　例

（参见下级母题实例）

W0670.5.4.1

布洛陀兄弟 7 人

实　例

壮族 （参见“W0670.1.2.2 祖宜婆洗浴时感混沌的汗水生布洛陀”母题实例）

W0670. 5. 4. 2

布洛陀四兄弟

实 例

（参见下级母题实例）

W0670. 5. 4. 2. 1

布洛陀与雷王、蛟龙和老虎是四兄弟

实 例

壮族 布洛陀是四兄弟。老大是 duz byaj（雷王），老二是 duz ngieg（蛟龙），老三是 duz guk（老虎），老四就是布洛陀。

【流传】（无考）

【出处】《四兄弟分家》，原载蓝鸿恩搜集整理《神弓宝剑》，中国民间文艺出版社 1985 年版，见吕大吉、何耀华总主编《中国各民族原始宗教资料集成》（土家族卷、瑶族卷、壮族卷、黎族卷），北京：中国社会科学出版社 1998 年版，第 605 页。

W0670. 5. 5

布洛陀的亲戚

实 例

（实例待考）

W0670. 5. 5. 1

野猪称布洛陀为姐夫

实 例

壮族 （实例待考）

W0670. 5. 6

布洛陀的朋友

实 例

（实例待考）

W0670. 5. 7

布洛陀的随从

实 例

（参见下级母题实例）

W0670. 5. 7. 1

布洛陀有老虎结伴随行

实 例

壮族 布洛陀有老虎随行结伴。

【流传】（无考）

【出处】张声震主编：《壮族麽经布洛陀影印译注》，南宁：广西民族出版社 2004 年版，第 1433 页。

W0670. 5. 8

布洛陀的其他关系

实 例

（实例待考）

W0670. 5. 8. 1

布洛陀的岳母

实 例

（实例待考）

W0670.5.8.1.1
布洛陀的岳母在天界

实 例

壮族 （实例待考）

W0670.6
与布洛陀有关的其他母题

实 例

（参见下级母题实例）

W0670.6.1
布洛陀的名称[①]

实 例

（参见下级母题实例）

W0670.6.1.1
布洛朵

实 例

壮族 布洛朵（即布洛陀的另一种译法）是一位不会死的老人。

【流传】 云南省·文山（文山壮族苗族自治州）·西畴县·兴街镇·下南丘村

【出处】 陆开富讲：《布洛朵》，见张声震总主编，农冠品编注《壮族神话集成》，南宁：广西民族出版社 2007 年版，第 40 页。

W0670.6.1.2
黼洛陀

实 例

壮族 （实例待考）

W0670.6.1.3
布碌陀

实 例

壮族 碌陀山山脚下有一个岩洞里面住着布碌陀。

【流传】 （a）广西壮族自治区右江及红水河一带

【出处】

（a）周朝珍讲，何承文整理：《布碌陀》，载广西民间文学研究会编印《广西民间文学丛刊》第 5 期。

（b）《布碌陀》（王松选定），见姚宝瑄主编《中国各民族神话》（仫佬族、壮族、京族），太原：山西出版传媒集团·书海出版社 2014 年版，第 74 页。

W0670.6.1.4
抱洛朵

实 例

---

① 布洛陀的名称，由于神话文本与异文的丰富性，造成“布洛陀”汉语记音有多种写法。在此作为母题列举出来，以便于对不同文本的检索。

壮族 远古，洛陀山住着一位不会老死的老人——布洛陀（又译作“抱洛朵”）。

【流传】云南省·（文山壮族苗族自治州）·西畴县

【出处】陆开富等讲，王明富采录：《布洛陀》，见中国民间文学集成全国编辑委员会编《中国民间故事集成》（云南卷），北京：中国 ISBN 中心 2003 年版，第 86 页。

W0670. 6. 1. 5

保洛陀

实 例

壮族 保洛陀（一般译为布洛陀）管中界（人间）。

【流传】（无考）

【出处】兰鸿恩：《论布伯的故事》，见田兵等编《中国少数民族神话论文集》，南宁：广西民族出版社 1984 年版，第 138 页。

W0670. 6. 1. 6

布罗托

实 例

壮族 （实例待考）

W0670. 6. 1. 7

陆陀公公（陆驮公公）

实 例

壮族（沙人） 布洛陀，又译“波落多、“保洛陀”、“陆驮公公”等。

【流传】云南省

【出处】沙骥整理：《艾撒和艾苏》，原载谷德明等编《中国少数民族神话选》，西北民族学院 1983 年编印，见姚宝瑄主编《中国各民族神话》（仫佬族、壮族、京族），太原：山西出版传媒集团·书海出版社 2014 年版，第 170 页。

W0670. 6. 1. 8

波落多

实 例

壮族 ［参见“W0670. 6. 1. 7 陆陀公公（陆驮公公）”母题实例］

W0670. 6. 2

布洛陀的工具

实 例

（参见下级母题实例）

W0670. 6. 2. 1

布洛陀的神斧

实 例

（参见下级母题实例）

W0670. 6. 2. 1. 1

布洛陀的大板斧是为人类造福的神斧

实 例

壮族 布碌陀的大板斧是神斧，是让他为人类造福的。

【流传】（a）广西壮族自治区右江及红水河一带

【出处】

（a）周朝珍讲，何承文整理：《布碌陀》，载广西民间文学研究会编印《广西民间文学丛刊》第5期。

（b）《布碌陀》（王松选定），见姚宝瑄主编《中国各民族神话》（仫佬族、壮族、京族），太原：山西出版传媒集团·书海出版社2014年版，第75页。

壮族 布洛陀（男始祖，神）的大板斧是为人类造福的神斧。

【流传】广西壮族自治区右江、红河一带

【出处】周朝珍口述，何承文整理：《布洛陀》，原载蓝鸿恩编《壮族民间故事选》，见陶阳、钟秀编《中国神话》（上），北京：商务印书馆2008年版，第67～86页。

W0670.6.3

布洛陀的性格

实 例

（参见下级母题实例）

W0670.6.3.1

布洛陀善听民意

实 例

壮族 保洛陀（男祖先名）是个很好的人，他聪明，有本事，又最关心人们的酸甜苦辣，又最能听取别人的意见。

【流传】（无考）

【出处】岭隆业、杨荣杰、金稼民搜集、整理：《铜鼓的来历》，原载蓝鸿恩编：《壮族民间故事选》，上海文艺出版社1984年版，见姚宝瑄主编《中国各民族神话》（仫佬族、壮族、京族），太原：山西出版传媒集团·书海出版社2014年版，第150页。

W0670.6.4

布洛陀的居所

实 例

（参见下级母题实例）

W0670.6.4.1

布洛陀住水中

实 例

（参见下级母题实例）

W0670.6.4.1.1

布洛陀住红水河深处

实 例

壮族 布洛陀住在红水河深处。

【流传】（无考）

【出处】张声震主编：《壮族麽经布洛陀影印译注》，南宁：广西民族出版社2004年版，第1428页。

W0670. 6. 4. 2
布洛陀住岩洞（布洛陀住坎拉）

实 例

壮族 布洛陀住“坎拉”（岩洞）。

【流传】广西壮族自治区·（河池市）·巴马县（巴马瑶族自治县）·所略乡

【出处】周朝珍唱：《布洛陀造米》，见张声震总主编，农冠品编注《壮族神话集成》，南宁：广西民族出版社2007年版，第131页。

W0670. 6. 4. 3
布洛陀住天上

实 例

壮族 壮家的老祖布洛陀在天上安家了。他把壮家人安排住在高山大岭上。他只要头低一点，就能看见子孙的日子是好是歹了。

【流传】广西壮族自治区·（百色市）·西林县

【出处】岑永钦、黎显春讲，岑隆业、杨荣杰、金稼民整理：《铜鼓的来历》，原载选自蓝鸿恩编《壮族民间故事选》，见陶阳、钟秀编《中国神话》（下），北京：商务印书馆2008年版，第1271～1274页。

W0670. 6. 4. 3. 1
布洛陀造人后回到天上

实 例

壮族 （参见“W0670. 6. 4. 3. 2 布洛陀造天地和人以后在天上安家”母题实例）

W0670. 6. 4. 3. 2
布洛陀造天地和人以后在天上安家

实 例

壮族 开天辟地老祖布洛陀，造了天地和人以后，在天上安家。

【流传】广西壮族自治区·（百色市）·西林县·八达镇

【出处】

(a) 岑水钦讲，岑隆业采录翻译：《地上的星星》，见中国民间文学集成全国编辑委员会编《中国民间故事集成》（广西卷），北京：中国ISBN中心2001年版，第86页。

(b) 同（a），见张声震总主编，农冠品编注《壮族神话集成》，南宁：广西民族出版社2007年版，第373页。

(c) 岑永钦等讲，岑隆业等搜集整理：《铜鼓的传说》，见谷德明编《中国少数民族神话》，北京：中国民间文艺出版社1987年版，第116页。

W0670. 6. 4. 4
布洛陀居山上

实 例

（参见下级母题实例）

W0670.6.4.4.1

布洛陀居洛陀山（布碌陀住碌陀山）

实　例

壮族 布洛陀是洛陀山的智慧老人。

【流传】（无考）

【出处】 过伟：《壮族人文始祖论》，见张声震总主编，农冠品编注《壮族神话集成》，南宁：广西民族出版社2007年版，第680页。

壮族 远古，洛陀山住着一位不会老死的老人——布洛陀（又译作“布碌陀”、“布洛朵”、“抱洛朵”等，壮族文化始祖、英雄、神话中的人王等）。

【流传】 云南省·（文山壮族苗族自治州）·西畴县

【出处】 陆开富等讲，王明富采录：《布洛陀》，见中国民间文学集成全国编辑委员会编《中国民间故事集成》（云南卷），北京：中国ISBN中心2003年版，第86页。

壮族 碌陀山有老人名布碌陀者，乃壮族三王之一。

【流传】（无考）

【出处】《布碌陀造天地》（原名《布碌陀》），原载谷德明编《中国少数民族神话选》，见袁珂《中国神话大词典》，北京：华夏出版社2015年版，第439页。

壮族 碌陀山有个老人，名叫布碌陀，他智慧过人，神力无限。

【流传】（a）广西壮族自治区右江及红水河一带

【出处】

（a）周朝珍讲，何承文整理：《布碌陀》，载广西民间文学研究会编印《广西民间文学丛刊》第5期。

（b）《布碌陀》（王松选定），见姚宝瑄主编《中国各民族神话》（仫佬族、壮族、京族），太原：山西出版传媒集团·书海出版社2014年版，第74页。

W0670.6.4.4.2

布洛陀居敢壮山

实　例

壮族 布洛陀与姆洛甲一起从天上降到田阳县敢壮山。

【流传】（无考）

【出处】 过伟：《壮族人文始祖论》，见张声震总主编，农冠品编注《壮族神话集成》，南宁：广西民族出版社2007年版，第680页。

W0670.6.5

布洛陀的寿命

实　例

（实例待考）

W0670.6.5.1

布洛陀不死

实　例

壮族 （实例待考）

W0670. 6. 6

布洛陀的死亡

实 例

（参见下级母题实例）

W0670. 6. 6. 1

布洛陀劳累而死

实 例

（实例待考）

W0670. 6. 6. 2

布洛陀被石头砸死

【关联】［W0658. 4. 1. 6. 1］男始祖布洛陀被落石砸死

实 例

壮族 布碌陀（人王、祖先）一直忙于帮人建房屋。有一天晚上，他回到自己的岩洞，睡到三更半夜时，一块大岩石裂开落下来压在他的身上，死了。他自己什么东西也没有。

【流传】（a）广西壮族自治区右江及红水河一带

【出处】

（a）周朝珍讲，何承文整理：《布碌陀》，载广西民间文学研究会编印《广西民间文学丛刊》第5期。

（b）《布碌陀》（王松选定），见姚宝瑄主编《中国各民族神话》（仫佬族、壮族、京族），太原：山西出版传媒集团·书海出版社2014年版，第96页。

W0670. 6. 6. 3

布洛陀与年轻人比本领时死亡

实 例

壮族 布洛陀没有学得穿山的本领，与孩子比本领时不服输，一头往大山峰的底层穿去，被压在山峰底下。

【流传】广西壮族自治区·（百色市）·西林县·那佐乡·那来村

【出处】

（a）黄公受讲，岑护双采录翻译：《巨人夫妻》，见中国民间文学集成全国编辑委员会编《中国民间故事集成》（广西卷），北京：中国ISBN中心2001年版，第55页。

（b）同（a），见张声震总主编，农冠品编注《壮族神话集成》，南宁：广西民族出版社2007年版，第31页。

W0670. 6. 7

祭祀布洛陀

实 例

（实例待考）

W0670. 6. 7. 1

长青树下祭祀布洛陀

实 例

壮族 （实例待考）

W0671

嫦娥

实 例

（参见下级母题实例）

W0671.1

嫦娥的产生

实 例

（参见下级母题实例）

W0671.1.1

一个女子变成嫦娥

实 例

（参见下级母题实例）

W0671.1.1.1

一个媳妇吃了灵芝草飞到月亮中成为嫦娥

实 例

蒙古族 一个媳妇吃了小兔子给的灵芝草后抱着小兔子飞到空中，成了月亮里的嫦娥和玉兔。

【流传】辽宁省·（朝阳市）·喀左县（喀喇沁左翼蒙古族自治县）·东哨乡·十家子村

【出处】武德胜讲，乌忠恕采录翻译：《太阳和月亮是两口子》，见中国民间文学集成全国编辑委员会编《中国民间故事集成》（辽宁卷），北京：中国ISBN中心1994年版，第5~6页。

W0671.2

嫦娥的特征

实 例

（参见下级母题实例）

W0671.2.1

嫦娥很美

实 例

（参见下级母题实例）

W0671.2.1.1

嫦娥是天下最美的姑娘

实 例

汉族 羿的妻子嫦娥能歌善舞，非常美丽。

【流传】河南省·（南阳市）·社旗县

【出处】赵光华（男，干部）讲，徐东采录整理：《中秋节的来历》，见张振犁编著，孟宪明、朱淑君统纂《中原神话通鉴》（第三卷），郑州：河南大学出版社2017年版，第882页。

W0671.2.1.2

嫦娥是人间最漂亮的女人

实 例

汉族 羿射日后，娶了个妻子叫嫦娥，嫦娥是天下最美的姑娘。

【流传】河南省·（南阳市）·社旗县

【出处】赵光华（男，53岁，高中毕业，干部）讲，徐东采录：《中秋节的传说》(1980. 02)，见张振犁编著，孟宪明、朱淑君统纂《中原神话通鉴》(第三卷)，郑州：河南大学出版社 2017 年版，第 884 页。

汉族 后羿的女人叫嫦娥，嫦娥是人世间最漂亮的女人。

【流传】四川省·巴县（重庆·巴南区）·五布乡

【出处】王庭光讲，梁昌明记录，金祥度整理：《嫦娥奔月》(1987. 10)，见姚宝瑄主编《中国各民族神话》(汉族)，太原：山西出版传媒集团·书海出版社 2014 年版，第 245～246 页。

W0671. 2. 1a

嫦娥才貌超群

实 例

汉族 后羿的妻子叫嫦娥，正是百里挑一、才貌超群的天仙，也是后羿的好帮手

【流传】江苏省·常州市郊区

【出处】王福明讲，陆华珍记录：《嫦娥的故事》(1988. 05)，见姚宝瑄主编《中国各民族神话》(汉族)，太原：山西出版传媒集团·书海出版社 2014 年版，第 240～241 页。

W0671. 2. 2

嫦娥心灵美

实 例

汉族 古时候，有一个漂亮善良的姑娘，名叫嫦娥。这个姑娘很能干，她的心眼也好着哩。

【流传】河南省·（濮阳市）·濮阳县［采录地点：濮阳县·习城］

【出处】陈蓝天（男，50 岁，男，大学，农民）讲，陈印景采录：《嫦娥奔月（一）》(1989. 11)，见张振犁编著，孟宪明、朱淑君统纂《中原神话通鉴》(第三卷)，郑州：河南大学出版社 2017 年版，第 875 页。

W0671. 2. 3

嫦娥心胸狭隘

实 例

汉族 嫦娥心眼窄小，一个人独吞了她丈夫羿的不死药。

【流传】(无考)

【出处】袁珂重述：《射日奔月》，原载袁珂《神异篇》，见陶阳、钟秀编《中国神话》(上)，北京：商务印书馆 2008 年版，第 279～288 页。

W0671. 2. 3. 1

抱怨和责怪丈夫羿无能

实 例

汉族 后羿的妻子嫦娥与后羿被贬下凡后，心胸狭隘的嫦娥，自然容不下这么大的悲愁和烦恼，时常抱怨和责怪羿。

【流传】河南省·（濮阳市）·濮阳县

【出处】袁珩（58 岁，小学教师）讲，郭晋光采录：《仙女变成了癞蛤蟆》(1989. 12. 11)，见张振犁编著，孟宪

明、朱淑君统纂《中原神话通鉴》（第三卷），郑州：河南大学出版社 2017 年版，第 895 页。

W0671.2.3a

嫦娥自私自利

实 例

（参见下级母题实例）

W0671.2.3a.1

嫦娥只考虑自己不顾丈夫

实 例

汉族 嫦娥从杵里倒出了长生不老药，不管丈夫羿，自己偷偷全吃掉了。

【流传】浙江省

【出处】陈伟君记录整理：《奔月》，见姚宝瑄主编《中国各民族神话》（汉族），太原：山西出版传媒集团·书海出版社 2014 年版，第 251～262 页。

W0671.2.3a.2

嫦娥不顾丈夫独吞仙药升天

实 例

汉族 嫦娥见了长生不老药就起了歹心：她只想着自己回天宫，不管丈夫羿的死活。乘丈夫出去的时候，独自把两人的药都吃了。

【流传】河南省·洛阳市

【出处】刘东山讲，顾丰年记录整理：《嫦娥种牡丹》，见姚宝瑄主编《中国各民族神话》（汉族），太原：山西出版传媒集团·书海出版社 2014 年版，第 237～240 页。

汉族 嫦娥嘴馋偷吃灵药，抛下了丈夫，独自升天了。

【流传】豫鄂边（河南省湖北省交界处）一带

【出处】王氏讲，甘心田记录整理：《天狗吞月》，见姚宝瑄主编《中国各民族神话》（汉族），太原：山西出版传媒集团·书海出版社 2014 年版，第 230～232 页。

W0671.2.4

嫦娥多情

实 例

（参见下级母题实例）

W0671.2.4.1

嫦娥爱慕英俊魁梧的吴刚

实 例

汉族 嫦娥本来是人间后羿的妻子，也是个多情女子。她见吴刚英俊魁梧，自知回不了人间，对他已有爱慕之心。

【流传】河南省·（开封市）·开封县（祥符区）

【出处】刘继龙（男，35 岁，工人，初中）讲，文戈采录整理：《吴刚的传说》，见张振犁编著，孟宪明、朱淑君统纂《中原神话通鉴》（第三卷），郑州：河南大学出版社 2017 年版，第 903 页。

W0671.2.5

嫦娥嘴馋

实 例

汉族 羿的妻子叫嫦娥，长得很漂亮。她整天不干活儿，还闹着丈夫给弄好的吃。

【流传】河南省·南阳市

【出处】孙建英讲，马卉欣采录整理：《羿和妻子》，见张振犁编著，孟宪明、朱淑君统纂《中原神话通鉴》（第三卷），郑州：河南大学出版社 2017 年版，第 870 页。

W0671.2.5.1

嫦娥向丈夫羿闹着要吃金乌肉

实 例

汉族 嫦娥向丈夫羿闹着非吃金乌肉不可（金乌肉就是老鸹肉）。要弄不到金乌肉，她就不活了。羿看妻子哭闹得厉害，就答应出去猎找金乌去。

【流传】河南省·南阳市

【出处】孙建英讲，马卉欣采录整理：《羿和妻子》，见张振犁编著，孟宪明、朱淑君统纂《中原神话通鉴》（第三卷），郑州：河南大学出版社 2017 年版，第 870 页。

W0671.2.6

嫦娥聪明伶俐

实 例

汉族 东山脚下住着一户人家，老夫妇年过半百勤劳忠厚，女儿嫦娥聪明伶俐。

【流传】河南省·（南阳市）·方城县·（史店乡·大林头村）

【出处】殷龙欣（男，46 岁，农民）讲，余秀海、姚民校采录整理：《药奶奶》（1985.04.09），见张振犁编著，孟宪明、朱淑君统纂《中原神话通鉴》（第三卷），郑州：河南大学出版社 2017 年版，第 892 页。

W0671.2.7

嫦娥贪图享乐

实 例

（参见下级母题实例）

W0671.2.7.1

嫦娥总是幻想能过上天堂生活

实 例

汉族 嫦娥总是幻想着能过上天堂的生活。

【流传】河南省·安阳市

【出处】胡阅（50 岁，农民）讲，翟宏为采录：《中秋节的由来》，见张振犁编著，孟宪明、朱淑君统纂《中原神话通鉴》（第三卷），郑州：河南大学出版社 2017 年版，第 880 页。

W0671.2.8

嫦娥勤劳

实 例

汉族 很早以前，月亮里面住着一个美丽勤劳的姑娘叫做嫦娥。

【流传】福建省·（泉州市）·安溪县·虎邱（虎邱镇）·罗岩（罗岩村）

【出处】高宝玉讲，詹成法记录整理：《月亮为啥有圆有缺》（1987.12），见姚宝瑄主编《中国各民族神话》（汉族），太原：山西出版传媒集团·书海出版社2014年版，第226~227页。

W0671.3

嫦娥的身份

实 例

（参见下级母题实例）

W0671.3.0

嫦娥是神（嫦娥是神性人物）

实 例

（参见下级母题实例）

W0671.3.0.1

嫦娥是月精

实 例

（参见下级母题实例）

W0671.3.0.1.1

嫦娥入月中成为月精

实 例

汉族 “羿请不死之药于西王母，姮娥窃以奔月，怅然有丧，无以续之。”高诱注：“姮娥，羿妻。羿请不死之药于西王母，未及服之，姮娥盗食之，得仙，奔入月中为月精。”

【流传】（无考）

【出处】［西汉］淮南王刘安及门客：《淮南子·览冥训》［东汉］高诱注。

汉族 昔常娥以西王母不死之药服之，遂奔月为月精。

【流传】（无考）

【出处】［刘宋］王僧达：《祭颜光禄文》，见［梁］萧统编《文选》注引《归藏》。

W0671.3.0.2

嫦娥代表月神

实 例

汉族 民间月神的形象多以嫦娥为代表。

【流传】（无考）

【出处】《月神》，见乌丙安主编《中国民间神谱》，沈阳：辽宁人民出版社2007年版，第3页。

W0671.3.0.3

嫦娥以前是天上的女神

实 例

汉族 羿的妻子嫦娥以前是天上的女神。

【流传】（无考）

【出处】袁珂重述：《射日奔月》，原载袁珂《神异篇》，见陶阳、钟秀编《中国神话》（上），北京：商务印书馆 2008 年版，第 279～288 页。

W0671.3.1
嫦娥是侍从

实 例

（参见下级母题实例）

W0671.3.1.1
嫦娥是王母娘娘的侍从

【关联】［W0703.4.2］嫘祖是王母娘娘的侍女

实 例

汉族 嫦娥是王母娘娘贴身丫鬟。

【流传】浙江省·（宁波市）·宁海县·麻山乡（今麻山乡与桑洲镇合并为桑洲镇）

【出处】麻云彩讲，麻承照采录：《吴刚砍娑婆树》，见中国民间文学集成全国编辑委员会编《中国民间故事集成》（浙江卷），北京：中国 ISBN 中心 1997 年版，第 31 页。

W0671.3.2
嫦娥是王妃

实 例

（参见下级母题实例）

W0671.3.2.1
嫦娥是帝王侯吉的妃子

实 例

汉族 古时候有位帝王叫侯吉，嫦娥是他的一位妃子。

【流传】山东省·济南市·槐荫区

【出处】宋汉南讲，刘恩芳采录：《嫦娥奔月》，见中国民间文学集成全国编辑委员会编《中国民间故事集成》（山东卷），北京：中国 ISBN 中心 2007 年版，第 6 页。

W0671.3.3
嫦娥是动物

实 例

（参见下级母题实例）

W0671.3.3.1
嫦娥托胎为蟾蜍

实 例

汉族 嫦娥托身于月，是为蟾蜍。

【流传】（无考）

【出处】［晋］干宝著，钱振民校点：《搜神记》卷十四，长沙：岳麓书社 1997 年版，第 117 页。

W0671.3.3.2
嫦娥托身于月成为蟾蜍月精

实 例

汉族 羿请不死之药于西王母，羿妻姮娥窃之奔月，托身于月，是为蟾蜍，而为月精。

【流传】（无考）

【出处】［唐］徐坚：《初学记》卷一引《淮南子》。

W0671.3.3.3

嫦娥化身蟾蜍

实 例

汉族 羿请不死之药于西王母。羿妻姮娥窃之奔月，托身于月，是为蟾蜍，而为月精。

【流传】（无考）

【出处】［唐］徐坚：《初学记》卷一引《淮南子》。

汉族 羿请不死之药于西王母，姮娥窃之以奔月。将往，枚筮之于有黄。有黄占之，曰："吉。翩翩归妹，独将西行。逢天晦芒，毋惊毋恐，后且大昌。"姮娥遂托身于月，是为蟾蜍。

【流传】（无考）

【出处】［清］严可均等编撰：《全上古三代秦汉三国六朝文·全后汉文》辑［东汉］张衡《灵宪》。

汉族 古传嫦娥窃药奔月，化为蟾蜍，此蟾蜍即在月中任捣药事。

【流传】（无考）

【出处】《嫦娥捣药》，见袁珂《中国神话大词典》，北京：华夏出版社 2015 年版，第 345 页。

W0671.3.4

嫦娥是凡女

实 例

汉族 从前，嫦娥并不是一个神仙，而是凡人。

【流传】豫中一带（河南省中部地区）

【出处】李卫华的祖母讲，李卫华采录整理：《嫦娥与后羿》（1989.12.10），见张振犁编著，孟宪明、朱淑君统纂《中原神话通鉴》（第三卷），郑州：河南大学出版社 2017 年版，第 873 页。

W0671.3.4.1

嫦娥原来是人间一个俊俏闺女

实 例

汉族 嫦娥原来不是仙人，只是人间的一个俊俏闺女。

【流传】河北省·（石家庄市）·藁城县（藁城市）·（常安镇）·耿村

【出处】靳景祥讲，杨荣国采录：《嫦娥奔月》，见中国民间文学集成全国编辑委员会编《中国民间故事集成》（河北卷），北京：中国 ISBN 中心 2003 年版，第 27 页。

W0671.3.5

嫦娥是神仙（嫦娥是仙）

实 例

（参见下级母题实例）

W0671.3.5.1

嫦娥偷吃不死药成仙

实 例

汉族 嫦娥吃了药丸后变成了神仙。

【流传】豫中一带（河南省中部地区）

【出处】李卫华的祖母讲，李卫华采录整理：《嫦娥与后羿》（1989. 12. 10），见张振犁编著，孟宪明、朱淑君统纂《中原神话通鉴》（第三卷），郑州：河南大学出版社 2017 年版，第 874 页。

W0671. 3. 5. 2

嫦娥偷吃王母娘娘的灵芝草成仙

实 例

汉族 嫦娥偷吃了王母娘娘的灵芝草，成了仙。

【流传】四川省·（德阳市）·绵竹县（绵竹市）·马尾乡

【出处】黄永青讲，王仲齐采录：《后羿射日》，见中国民间文学集成全国编辑委员会编《中国民间故事集成》（四川卷·上），北京：中国 ISBN 中心 1998 年版，第 85 页。

W0671. 3. 5. 3

嫦娥是月中仙子

实 例

汉族 嫦娥因窃食了后羿向西王母所求的不死之药而升入月宫，成为月中仙子。

【流传】（无考）

【出处】《月神》，见乌丙安主编《中国民间神谱》，沈阳：辽宁人民出版社 2007 年版，第 3 页。

W0671. 3. 5. 4

嫦娥是天仙

实 例

汉族 嫦娥是才貌超群的天仙。

【流传】江苏省·常州市郊区

【出处】王福明讲，陆华珍记录：《嫦娥的故事》（1988. 05），见姚宝瑄主编《中国各民族神话》（汉族），太原：山西出版传媒集团·书海出版社 2014 年版，第 240 ~ 241 页。

W0671. 4

嫦娥的能力

实 例

（参见下级母题实例）

W0671. 4. 1

嫦娥会飞

实 例

（参见下级母题实例）

W0671. 4. 1. 1

嫦娥展翅飞翔

实 例

汉族 （参见“W0671. 5. 1. 11 嫦娥生出翅膀后奔向月宫”母题实例）

W0671. 4. 2

嫦娥会变化

实 例

（参见下级母题实例）

W0671.4.2.1 嫦娥变成蟾蜍

实 例

汉族 嫦娥变为蟾蜍。

【流传】（无考）

【出处】［清］严可均等编撰：《全上古三代秦汉三国六朝文·全后汉文》辑［东汉］张衡《灵宪》。

W0671.4.2.1.1 嫦娥到月亮后变成蟾蜍

实 例

汉族 嫦娥上了月亮，就变成了蟾蜍。

【流传】（无考）

【出处】［东汉］张衡：《灵宪经》。

W0671.4.2.1.2 嫦娥偷吃仙药变成癞蛤蟆

实 例

汉族 嫦娥独自吃掉丈夫羿的仙药，飞临月宫，气喘未定，就觉得异样，脊梁骨不住地往下缩，肚子和腰身却尽量往外膨胀，嘴巴在变宽，眼睛在变大，脖子和肩膀挤在一起，周身皮肤上长出铜钱样的疙瘩来。这个超群绝世的美貌仙子，只因为一念之错，变成了一个最丑陋可憎的癞蛤蟆了。

【流传】河南省·（濮阳市）·濮阳县

【出处】袁珩（58 岁，小学教师）讲，郭晋光采录：《仙女变成了癞蛤蟆》（1989.12.11），见张振犁编著，孟宪明、朱淑君统纂《中原神话通鉴》（第三卷），郑州：河南大学出版社 2017 年版，第 896 页。

W0671.4.2.2 嫦娥化身老太婆

实 例

（参见下级母题实例）

W0671.4.2.2.1 月中嫦娥变成老太太到人间考察人心

实 例

满族 月中嫦娥到人间考察人心时，变成一个老太太。

【流传】辽宁省·（抚顺市）·新宾满族自治县

【出处】洪福来讲，徐奎生记录整理：《月亮沟的来历》（1984.12.06），见姚宝瑄主编《中国各民族神话》（满族、赫哲族、朝鲜族），太原：山西出版传媒集团·书海出版社 2014 年版，第 65 ~ 70 页。

W0671.5 嫦娥的事迹（嫦娥的生活，嫦娥的经历）

实 例

（参见下级母题实例）

W0671.5.1
嫦娥奔月

【关联】［W1437.5.1.2］嫦娥吃不死药后升天

实 例

（参见下级母题实例）

W0671.5.1.1
嫦娥怕落到恶人之手吃仙药后奔月

实 例

汉族 羿的徒弟逄蒙嬉皮笑脸地调戏羿的妻子嫦娥，威逼她交出那包不死药时，嫦娥身单力薄，怕不死药落到强盗手里，就乘逄蒙不防备，取出不死药，自己全部吃了下去。顷刻，身子轻得像燕子一样，飞出窗口，飘飘荡荡升了天，来到了月宫。

【流传】河南省·（南阳市）·社旗县

【出处】赵光华（男，干部）讲，徐东采录整理：《中秋节的来历》，见张振犁编著，孟宪明、朱淑君统纂《中原神话通鉴》（第三卷），郑州：河南大学出版社2017年版，第882页。

汉族 嫦娥为避免不死药落入歹人逄蒙之手，就把不死药拿出来全部吃了下去。立时，身轻如燕，冲出窗口，飞上天空去了。不得已，就飞到离地面最近的月亮上安身。

【流传】河南省·（南阳市）·社旗县

【出处】章林采录整理：《中秋节祭月》，见张振犁编著，孟宪明、朱淑君统纂《中原神话通鉴》（第三卷），郑州：河南大学出版社2017年版，第884页。

汉族 羿的徒弟逄蒙外貌看着怪忠厚，实际却是个奸猾小人。他见羿的妻子嫦娥长得漂亮，就起了歹心。他听说嫦娥藏着羿的不死药，就想把药偷偷吃掉，自己上天成仙。嫦娥怕落到强盗手里，就自己吃掉，结果飞到月亮上。

【流传】河南省·（南阳市）·社旗县

【出处】赵光华（男，53岁，高中毕业，干部）讲，徐东采录：《中秋节的传说》（1980.02），见张振犁编著，孟宪明、朱淑君统纂《中原神话通鉴》（第三卷），郑州：河南大学出版社2017年版，第884页。

汉族 后羿家有长生不老药的事让一个无赖知道了。后羿的妻子为了不让不老药落入歹人之手，自己吃掉飞到了月宫。

【流传】河南省·（南阳市）·南召县·（太山庙乡·朱沙铺村）

【出处】褚虎臣（男，78岁，农民，读过四年私塾）讲，张春平采录：《八月十五敬月亮》（1098.06），见张振犁编著，孟宪明、朱淑君统纂《中原神话通鉴》（第三卷），郑州：河南大学出版社2017年版，第886页。

汉族 后羿外出时，他徒弟起了歹心，逼嫦娥交出灵芝草，嫦娥遭逼得没得法，就把灵芝草吃了，后来飘到月亮上去了。

【流传】四川省·巴县（重庆·巴南区）·五布乡

【出处】王庭光讲，梁昌明记录，金祥度整理：《嫦娥奔月》（1987.10），见姚宝瑄主编《中国各民族神话》（汉族），太原：山西出版传媒集团·书海出版社2014年版，第245～246页。

W0671.5.1.1a

嫦娥为了替丈夫解难吃神药后奔月

实　例

汉族 嫦娥听说准备射日的丈夫后羿如果吃了升腾灵丹药上天后就不能再下来射日，她为了替丈夫解难，自己夜间偷吃了神药，飞上月宫折了桂枝，抛下来给丈夫做箭杆。

【流传】江苏省·（淮安市）·淮阴市（淮阴区）

【出处】徐省生讲，徐素芳记录集整理：《后羿射日与嫦娥奔月》（1988.05.20），见姚宝瑄主编《中国各民族神话》（汉族），太原：山西出版传媒集团·书海出版社2014年版，第139～140页。

W0671.5.1.2

嫦娥因私心偷吃药后奔月

实　例

汉族 后羿的老婆嫦娥偷吃了神药，跑到月宫。

【流传】河南省·（南阳市）·桐柏县·（鸿仪河乡）

【出处】王子鉴讲，柳丹采录整理：《淮水浸月》，见张振犁编著，孟宪明、朱淑君统纂《中原神话通鉴》（第三卷），郑州：河南大学出版社2017年版，第845页。

汉族 嫦娥从首饰匣中取出了后羿的那包升仙之药，也来不及倒水，便将仙丹吞了下去。霎时，只觉得头晕目眩，飘飘欲仙，身不由己，升向天空。

【流传】河南省·（郑州市）·巩义市（巩县洛河沿岸地区）

【出处】丁永鉴、赵现民采录整理：《嫦娥奔月（二）》，见张振犁编著，孟宪明、朱淑君统纂《中原神话通鉴》（第三卷），郑州：河南大学出版社2017年版，第879页。

汉族 羿把仙药交给妻子嫦娥保管。嫦娥心想，自己原是天上的女神，如今不能上天，全是受丈夫的连累。灵药既然除了长生更有能使人升天的妙用，自己吃了丈夫的一份，也不怎么亏负他。于是趁着羿不在家的一个晚上，把葫芦里的药倒出来，一齐吞了。

【流传】河南省·（濮阳市）·濮阳县

【出处】袁珩（58岁，小学教师）讲，郭晋光采录：《仙女变成了癞蛤蟆》（1989.12.11），见张振犁编著，孟宪明、朱淑君统纂《中原神话通鉴》

（第三卷），郑州：河南大学出版社 2017 年版，第 896 页。

汉族 嫦娥本来是人间后羿的妻子，因偷吃仙药而升天。

【流传】河南省·（开封市）·开封县（祥符区）

【出处】刘继龙（男，35 岁，工人，初中）讲，文戈采录整理：《吴刚的传说》，见张振犁编著，孟宪明、朱淑君统纂《中原神话通鉴》（第三卷），郑州：河南大学出版社 2017 年版，第 903 页。

汉族 人间的嫦娥，偷吃了不死药，飞到天上，进入月宫。

【流传】河南省·信阳市

【出处】吴炳良讲，张楚北、张书中采录整理：《月牙石》，见张振犁编著，孟宪明、朱淑君统纂《中原神话通鉴》（第三卷），郑州：河南大学出版社 2017 年版，第 909 页。

W0671. 5. 1. 2a

嫦娥因馋嘴吃了仙药后奔月

【关联】［W0671. 2. 5］嫦娥嘴馋

实　例

汉族 嫦娥按后羿的嘱托，把仙药在人参汤里煮熟，等后羿回来好一起吃了成仙。嫦娥嘴馋，自己吃了最后一粒仙丹，又把那人参精用指甲掐吃了，香得眯着眼笑。

【流传】豫南一带（河南省·南阳市·桐柏县·毛集镇·田木湾村）

【出处】王王氏（94 岁，农民）讲，甘心田采录整理：《天狗吞月》（1986. 12），见张振犁编著，孟宪明、朱淑君统纂《中原神话通鉴》（第四卷），郑州：河南大学出版社 2017 年版，第 1216～1217 页。

W0671. 5. 1. 2b

嫦娥偷吃不死药后奔月

实　例

汉族 羿请不死之药于西王母，姮娥窃以奔月。

【流传】（无考）

【出处】［西汉］淮南王刘安及门客：《淮南子·览冥训》。

汉族 姮娥，羿妻。羿请不死之药于西王母，未及服之，姮娥盗食之，得仙，奔入月中为月精。

【流传】（无考）

【出处】［西汉］淮南王刘安及门客：《淮南子·览冥》［东汉］高诱注。

汉族 羿请不死之药于西王母，妻姮娥窃而服之，奔月宫。

【流传】（无考）

【出处】［元］赵道一：《历世真仙体道通鉴后集》卷二“姮娥”条。

W0671. 5. 1. 3

嫦娥处于好奇吃药奔月

实　例

汉族 嫦娥对丈夫后羿说的不死药的

功能半信半疑，就在当天夜里，偷了一些吃了。吃罢，觉得身子渐渐轻得像一张纸，一阵风刮来，就飘上了天，一直飘到月亮上。

【流传】河南省·（郑州市）·登封市

【出处】辛毅采录整理：《赏月》，见张振犁编著，孟宪明、朱淑君统纂《中原神话通鉴》（第三卷），郑州：河南大学出版社2017年版，第891页。

W0671.5.1.4

嫦娥为了与丈夫决裂吃药奔月

实 例

汉族 （参见"W0671.5.1.5 嫦娥为了不让丈夫作恶吃药奔月"母题实例）

W0671.5.1.5

嫦娥为了不让丈夫作恶吃药奔月

实 例

汉族 有人为后羿寻得仙药二粒。嫦娥想，自己的丈夫性情粗暴，他若长生不老岂不是有害百姓？于是她在八月十五那天，把二粒药丸自己服下了肚里。

【流传】江苏省·常州市郊区

【出处】王福明讲，陆华珍记录：《嫦娥的故事》（1988.05），见姚宝瑄主编《中国各民族神话》（汉族），太原：山西出版传媒集团·书海出版社2014年版，第240~241页。

W0671.5.1.5.1

嫦娥为了不让丈夫篡位吃药奔月

实 例

汉族 嫦娥担心自己的丈夫羿吃了九粒日头丹，夺取尧的帝位，扰乱百姓，就偷偷吃了他的仙丹。

【流传】浙江省·（温州市）·洞头县·洞头乡·后垅村

【出处】吴艺讲，叶永福记录：《嫦娥吞仙丹》（1987.05.30），见姚宝瑄主编《中国各民族神话》（汉族），太原：山西出版传媒集团·书海出版社2014年版，第240~241页。

W0671.5.1.6

嫦娥吃了特定的植物飞到月宫

实 例

（参见下级母题实例）

W0671.5.1.6.1

嫦娥吃了家里的草药飞到月宫

实 例

汉族 嫦娥的爹和娘都是老百姓，不知道在哪儿，她家弄来很多草药。有一种药，她爹老是不叫嫦娥看，也不叫她吃。有一天，她趁着家里的人不在家，就偷偷地打开了药罐，吃了后就飞到月亮上的广寒宫了。

【流传】河南省·（濮阳市）·濮阳县［采录地点：濮阳县·习城］

【出处】陈蓝天（男，50岁，男，大学，农民）讲，陈印景采录：《嫦娥奔月（一）》（1989.11），见张振犁编著，孟宪明、朱淑君统纂《中原神话通鉴》（第三卷），郑州：河南大学出版社2017年版，第875页。

W0671.5.1.6.2
嫦娥吃了白兔送来的花朵飞到月宫

实 例

汉族 小白兔把花枝送到嫦娥嘴边。嫦娥张嘴噙着一个花朵，只觉一股清香，直透肺腑，疲乏顿消，神清气爽，身体也竟然轻飘飘，从地面上起来，一直飘到月宫。

【流传】河南省·（南阳市）·方城县·（史店乡·大林头村）

【出处】殷龙欣（男，46岁，农民）讲，余秀海、姚民校采录整理：《药奶奶》（1985.04.09），见张振犁编著，孟宪明、朱淑君统纂《中原神话通鉴》（第三卷），郑州：河南大学出版社2017年版，第894页。

W0671.5.1.6.3
嫦娥吃仙桃飞到月宫

实 例

汉族 嫦娥吃仙桃后飞到月宫。

【流传】湖南省洞庭湖一带

【出处】金春华、吴竹溪记录整理：《嫦娥奔月》，见姚宝瑄主编《中国各民族神话》（汉族），太原：山西出版传媒集团·书海出版社2014年版，第244～245页。

W0671.5.1.7
嫦娥奔月不能返回

实 例

汉族 嫦娥对最小的月亮神说："逄蒙存下害死自己的丈夫羿的坏心，他趁羿不在家，来抢不死药。我怕护不住不死药，把药吞下啦。一吞下，就飘到月宫上来了。我现在还想回到人间，可惜已经不能了。"

【流传】河南省·（南阳市）·桐柏县·（鸿仪河乡）

【出处】王子鉴讲，柳丹采录整理：《淮水浸月》，见张振犁编著，孟宪明、朱淑君统纂《中原神话通鉴》（第三卷），郑州：河南大学出版社2017年版，第845页。

W0671.5.1.8
嫦娥奔月后伤心不已

实 例

汉族 嫦娥仙子住在寂寞无趣的广寒宫，心里烦腻透了。

【流传】陕西省·西安市

【出处】王钟晓、郭仲鞅记录整理：《月生峰》，见姚宝瑄主编《中国各民族神话》（汉族），太原：山西出版传媒集团·书海出版社2014年版，第223～225页。

W0671.5.1.9

嫦娥奔月害苦丈夫

实 例

汉族 嫦娥奔月之后，羿昼夜思维成疾。

【流传】（无考）

【出处】［元］伊士珍：《琅嬛记》引《三余帖》。

W0671.5.1.10

嫦娥八月十五日升天到月宫

实 例

汉族 嫦娥在八月十五日升天，到了月宫做了仙子。

【流传】江苏省·常州市郊区

【出处】王福明讲，陆华珍记录：《嫦娥的故事》（1988.05），见姚宝瑄主编《中国各民族神话》（汉族），太原：山西出版传媒集团·书海出版社2014年版，第240～241页。

W0671.5.1.11

嫦娥生出翅膀后奔向月宫

实 例

汉族 嫦娥通过洗澡长出翅膀，决心离开凶狠的丈夫后羿，当她看见又清又亮的月亮，就鼓起翅膀，向上张开两只手，一直向月宫里飞去了。

【流传】辽宁省·沈阳市东北一带

【出处】李凤春讲，张相承、王辉记录整理：《嫦娥奔月》，见姚宝瑄主编《中国各民族神话》（汉族），太原：山西出版传媒集团·书海出版社2014年版，第242～244页。

W0671.5.2

嫦娥下凡

实 例

（参见下级母题实例）

W0671.5.2.1

嫦娥随丈夫下凡

实 例

（参见下级母题实例）

W0671.5.2.1.1

嫦娥随丈夫舜下凡

实 例

汉族 舜带着妻子嫦娥下凡。

【流传】四川省·成都市·东城区

【出处】李芝讲，张光荣采录：《舜射九日》，见中国民间文学集成全国编辑委员会编《中国民间故事集成》（四川卷·上），北京：中国ISBN中心1998年版，第90页。

W0671.5.2.1.2

嫦娥随丈夫羿下凡

实 例

汉族 神箭手羿的妻子嫦娥听说羿要下凡，就闹着要跟他一起去看看人间景象。羿答应下来。

【流传】河南省·洛阳市

【出处】刘东山讲，顾丰年记录整理：《嫦娥种牡丹》，见姚宝瑄主编《中国各民族神话》（汉族），太原：山西出版传媒集团·书海出版社 2014 年版，第 237～240 页。

W0671. 5. 2. 2

嫦娥随被贬的丈夫后羿下凡

实 例

汉族 后羿因为射杀了天帝的九个太阳儿子，被贬下凡时，他的妻子也一同下凡。

【流传】河南省·（濮阳市）·濮阳县

【出处】袁珩（58 岁，小学教师）讲，郭晋光采录：《仙女变成了癞蛤蟆》（1989. 12. 11），见张振犁编著，孟宪明、朱淑君统纂《中原神话通鉴》（第三卷），郑州：河南大学出版社 2017 年版，第 895 页。

W0671. 5. 2. 3

嫦娥下凡不归

实 例

汉族 嫦娥仙子下凡后被人间壮丽的景色陶醉了，就偷偷地留在了人间。

【流传】陕西省·西安市

【出处】王钟晓、郭仲鞅记录整理：《月生峰》，见姚宝瑄主编《中国各民族神话》（汉族），太原：山西出版传媒集团·书海出版社 2014 年版，第 223～225 页。

W0671. 5. 2. 3. 1

嫦娥仙子迷恋人间美景下凡不归

实 例

汉族 嫦娥仙子下凡后被人间壮丽的景色陶醉了，不愿返回寂寞的广寒宫，就偷偷地留在了人间。

【流传】陕西省·西安市

【出处】王钟晓、郭仲鞅记录整理：《月生峰》，见姚宝瑄主编《中国各民族神话》（汉族），太原：山西出版传媒集团·书海出版社 2014 年版，第 223～225 页。

W0671. 5. 3

嫦娥被冤枉

实 例

（参见下级母题实例）

W0671. 5. 3. 1

嫦娥为救人偷吃仙药被误解

实 例

汉族 嫦娥原来的丈夫是个史官，他恨透了嫦娥，就在史书上编造瞎话，说嫦娥当初上月宫是偷吃了仙药。其实，人家嫦娥是看到他又懒又馋，写史记事也不公正，才独自跑到天上去的。后人不知道内情，以为嫦娥真的是好吃嘴才撇下丈夫，跑到了天上呢。

【流传】河南省·（南阳市）·西峡县

【出处】马富贵讲，刘志伟采录，张振犁、王定翔采录整理：《后羿登月》，见张振犁编著，孟宪明、朱淑君统纂《中原神话通鉴》（第三卷），郑州：河南大学出版社 2017 年版，第 865 页。

W0671.5.4

嫦娥偷灵药

实 例

汉族 云母屏风烛影深，长河渐落晓星沉。嫦娥应悔偷灵药，碧海青天夜夜心。

【流传】（无考）

【出处】［唐］李商隐：《嫦娥》。

W0671.5.4.1

嫦娥因贪玩偷吃仙药

实 例

汉族 嫦娥是贪玩偷吃仙药，才到月娘上去的。

【流传】浙江省·（温州市）·洞头县·洞头乡·后垅村

【出处】吴艺讲，叶永福记录：《嫦娥吞仙丹》（1987.05.30），见姚宝瑄主编《中国各民族神话》（汉族），太原：山西出版传媒集团·书海出版社 2014 年版，第 240～241 页。

W0671.5.4.2

嫦娥嘴馋偷吃丈夫后羿的灵药

【关联】［W0671.5.1.2a］嫦娥因馋嘴吃了仙药后奔月

实 例

汉族 嫦娥嘴馋偷吃了丈夫后羿的灵药，抛下了丈夫，身子随着凉风飘飘地飞了起来，独自升天而去。

【流传】豫、鄂交界处一带·河南省·（南阳市）·桐柏县

【出处】王氏讲，甘心田记录整理：《天狗吞月》，原载马卉欣主编《中国民间故事集成·神话传说》（河南桐柏县卷第一分册），见陶阳、钟秀编《中国神话》（上），北京：商务印书馆 2008 年版，第 269～271 页。

W0671.5.5

嫦娥捣药

实 例

（参见下级母题实例）

W0671.5.5.1

月中嫦娥不停捣药

实 例

汉族 嫦娥捣药无穷已，玉女投壶未肯休。

【流传】（无考）

【出处】［唐］李商隐：《寄远》。

W0671. 5. 6

嫦娥的服饰

实 例

（实例待考）

W0671. 5. 7

嫦娥的饮食

实 例

（实例待考）

W0671. 5. 8

嫦娥的居所

实 例

（参见下级母题实例）

W0671. 5. 8. 1

嫦娥居月亮中

实 例

白族（那马）妹妹见姐姐被妖精吃掉，惊恐万状，爬到一棵大树上，向月亮中的嫦娥求救。

【流传】云南省·（怒江傈僳族自治州）·兰坪县（兰坪白族普米族自治县）·营盘镇·恩琪（恩琪村）、新华（新华村）等村

【出处】刘龙初调查整理：《兰坪维西那马人崇拜白石》（1988），见吕大吉、何耀华总主编《中国各民族原始宗教资料集成》（彝族卷、白族卷、基诺族卷），北京：中国社会科学出版社1996年版，第487页。

W0671. 5. 8. 1. 1

太白金星把嫦娥安排到月亮上

实 例

汉族嫦娥独自吃掉长生不老药飞到天上，太白金星把拂尘朝嫦娥轻轻一挥，嫦娥就落到了月亮上。

【流传】河南省·洛阳市

【出处】刘东山讲，顾丰年记录整理：《嫦娥种牡丹》，见姚宝瑄主编《中国各民族神话》（汉族），太原：山西出版传媒集团·书海出版社2014年版，第237～240页。

W0671. 5. 8. 2

嫦娥居月宫（嫦娥住广寒宫）

【关联】［W1696］月宫（广寒宫）

实 例

汉族嫦娥仙子住在寂寞无趣的广寒宫，心里烦腻透了。

【流传】陕西省·西安市

【出处】王钟晓、郭仲鞅记录整理：《月生峰》，见姚宝瑄主编《中国各民族神话》（汉族），太原：山西出版传媒集团·书海出版社2014年版，第223～225页。

汉族嫦娥吃仙桃后飞到月宫，就和小白兔在月宫里住了下来。

【流传】湖南省洞庭湖一带

【出处】金春华、吴竹溪记录整理：《嫦娥奔月》，见姚宝瑄主编《中国各民

族神话》(汉族)，太原：山西出版传媒集团·书海出版社2014年版，第244~245页。

汉族 嫦娥虽然成了神仙后，孤凄寂寞地住在月宫里。

【流传】浙江省

【出处】陈伟君记录整理：《奔月》，见姚宝瑄主编《中国各民族神话》(汉族)，太原：山西出版传媒集团·书海出版社2014年版，第251~262页。

W0671.5.8.2.1

嫦娥打赌输了留在月宫上看树

实 例

汉族 王母娘娘和嫦娥姑娘到月宫种桂树后打赌：将来谁种的树长得慢，就罚谁留月宫里守树。结果嫦娥输了，只好留在月宫上看树。

【流传】浙江省·(温州市)·文成县·大峃区(大峃镇)一带

【出处】季遇地讲，季成锋记录，夏克旭整理：《吴刚砍树》(1987.06.18)，见姚宝瑄主编《中国各民族神话》(汉族)，太原：山西出版传媒集团·书海出版社2014年版，第281~282页。

W0671.5.8.2.2

嫦娥为救人类留在月宫

实 例

汉族 嫦娥吃了升腾灵丹药上天为丈夫后羿射日折了桂枝，抛下来给丈夫做箭杆。但她再也不能回到地面了，直到现在仍住在月宫里。

【流传】江苏省·(淮安市)·淮阴市(淮阴区)

【出处】徐省生讲，徐素芳记录集整理：《后羿射日与嫦娥奔月》(1988.05.20)，见姚宝瑄主编《中国各民族神话》(汉族)，太原：山西出版传媒集团·书海出版社2014年版，第139~140页。

W0671.5.8.2.3

嫦娥因羞见天神去了月宫

实 例

汉族 嫦娥吞了长生不老药后成仙升天，她后悔因为私心背叛了丈夫羿，使羿死于非命，羞见诸天神，不敢飞往天宫里去，于是到了月宫。

【流传】浙江省

【出处】陈伟君记录整理：《奔月》，见姚宝瑄主编《中国各民族神话》(汉族)，太原：山西出版传媒集团·书海出版社2014年版，第251~262页。

W0671.5.8.3

嫦娥住洛水

实 例

汉族 洛水河边有个少女嫦娥，在河边洗衣。

【流传】江苏省·(淮安市)·淮阴市(淮阴区)

【出处】徐省生讲，徐素芳记录集整理：

《后羿射日与嫦娥奔月》(1988.05.20)，见姚宝瑄主编《中国各民族神话》(汉族)，太原：山西出版传媒集团·书海出版社2014年版，第139~140页。

W0671.6

嫦娥的用具（嫦娥的玩伴）

实 例

(参见下级母题实例)

W0671.6.1

嫦娥的玉兔

【关联】

① [W1696.2.2] 玉兔住月宫

② [W4194.1] 月亮中的玉兔

实 例

(参见下级母题实例)

W0671.6.1.1

嫦娥带到天上的兔子成为玉兔

实 例

蒙古族 一个媳妇吃了小兔子给的灵芝草后抱着小兔子飞到空中，成了月亮里的嫦娥和玉兔。

【流传】辽宁省·(朝阳市)·喀左县(喀喇沁左翼蒙古族自治县)·东哨乡·十家子村

【出处】武德胜讲，乌忠恕采录翻译：《太阳和月亮是两口子》，见中国民间文学集成全国编辑委员会编《中国民间故事集成》(辽宁卷)，北京：中国ISBN中心1994年版，第5~6页。

W0671.6.1.2

玉皇大帝派玉兔与嫦娥做伴

实 例

汉族 嫦娥偷吃家中的药后，飞广寒宫。她的哭声感动了老天爷。玉皇大帝显了灵，派玉兔降到月亮上边，陪着嫦娥，哄哄她，给她做个伴。

【流传】河南省·(濮阳市)·濮阳县[采录地点：濮阳县·习城]

【出处】陈蓝天(男，50岁，男，大学，农民)讲，陈印景采录：《嫦娥奔月(一)》(1989.11)，见张振犁编著，孟宪明、朱淑君统纂《中原神话通鉴》(第三卷)，郑州：河南大学出版社2017年版，第876页。

W0671.6.1a

嫦娥的白兔

实 例

(参见下级母题实例)

W0671.6.1a.1

月宫中白兔陪伴嫦娥

实 例

汉族 月宫中是一派明亮的水银世界。在这个新的世界里，嫦娥把白兔当做自己的伙伴。

【流传】河南省·(南阳市)·方城县·(史店乡·大林头村)

【出处】殷龙欣（男，46岁，农民）讲，余秀海、姚民校采录整理：《药奶奶》（1985.04.09），见张振犁编著，孟宪明、朱淑君统纂《中原神话通鉴》（第三卷），郑州：河南大学出版社2017年版，第894页。

汉族 嫦娥在月亮上养着很多雪一样白的小白兔。

【流传】福建省·（泉州市）·安溪县·虎邱（虎邱镇）·罗岩（罗岩村）

【出处】高宝玉讲，詹成法记录整理：《月亮为啥有圆有缺》（1987.12），见姚宝瑄主编《中国各民族神话》（汉族），太原：山西出版传媒集团·书海出版社2014年版，第226～227页。

汉族 嫦娥虽然成了神仙，可是她却永远永远孤凄寂寞地住在月宫里，只有小白兔儿在伴随着她。

【流传】浙江省

【出处】陈伟君记录整理：《奔月》，见姚宝瑄主编《中国各民族神话》（汉族），太原：山西出版传媒集团·书海出版社2014年版，第251～262页。

W0671.6.1a.1.1

嫦娥奔月时带了只小白兔

实　例

汉族 妻子嫦娥趁后羿不在家，偷偷儿吃了后羿的两粒仙丹，抱着小白兔飘到天上了。

【流传】河南省·南阳市

【出处】孙建英讲，马卉欣采录整理：《羿和妻子》，见张振犁编著，孟宪明、朱淑君统纂《中原神话通鉴》（第三卷），郑州：河南大学出版社2017年版，第871页。

W0671.6.2

嫦娥的蟾蜍

实　例

（参见下级母题实例）

W0671.6.2.1

嫦娥的丈夫羿被变成又脏又丑的癞蛤

【关联】［W0671.3.3.3］嫦娥化身蟾蜍

实　例

汉族 月亮上嫦娥见自己的丈夫羿被变成了一只又脏又丑的癞蛤，大哭之后，她把这只蟾蜍抱进宽敞清静的月宫，端上仙果桂酒敬它。这样，天天侍奉，夜夜伴陪，天长日久，人们有了“月有蟾蜍宫”的说法。

【流传】河南省·（南阳市）·桐柏县·（鸿仪河乡）

【出处】王子鉴（男，42岁）讲，薛远增采录整理：《彩虹》续篇，见张振犁编著，孟宪明、朱淑君统纂《中原神话通鉴》（第三卷），郑州：河南大学出版社2017年版，第898页。

W0671.7
嫦娥的关系

实　例

（参见下级母题实例）

W0671.7.1
嫦娥的祖辈

实　例

（参见下级母题实例）

W0671.7.1.1
嫦娥是王母娘娘的外孙女

实　例

汉族 嫦娥是王母娘娘的外孙女。

【流传】山东省·（菏泽市）·定陶县·杜堂乡·孙堂村

【出处】孙凡凤讲，李美英采录：《天狗吞月亮》，见中国民间文学集成全国编辑委员会编《中国民间故事集成》（山东卷），北京：中国ISBN中心2007年版，第7页。

W0671.7.2
嫦娥的父母

实　例

（参见下级母题实例）

W0671.7.2.1
嫦娥的父母是老百姓

实　例

汉族 嫦娥的爹和娘都是老百姓，不知道在哪儿，她家弄来很多草药。

【流传】河南省·（濮阳市）·濮阳县［采录地点：濮阳县·习城］

【出处】陈蓝天（男，50岁，男，大学，农民）讲，陈印景采录：《嫦娥奔月（一）》（1989.11），见张振犁编著，孟宪明、朱淑君统纂《中原神话通鉴》（第三卷），郑州：河南大学出版社2017年版，第875页。

W0671.7.3
嫦娥的丈夫

实　例

（参见下级母题实例）

W0671.7.3.0
嫦娥的丈夫羿

实　例

汉族 嫦娥是神射手羿的妻子。她能歌善舞，无论什么事，都做得井井有条。

【流传】浙江省

【出处】陈伟君记录整理：《奔月》，见姚宝瑄主编《中国各民族神话》（汉族），太原：山西出版传媒集团·书海出版社2014年版，第251～262页。

汉族 神箭手羿的妻子名叫嫦娥。

【流传】河南省·洛阳市

【出处】刘东山讲，顾丰年记录整理：《嫦娥种牡丹》，见姚宝瑄主编《中国各民族神话》（汉族），太原：山西出版传媒集团·书海出版社 2014 年版，第 237 ~240 页。

W0671.7.3.1

嫦娥的丈夫后羿

【关联】［W0749.4.1.1］后羿的妻子嫦娥

实　例

汉族 嫦娥，后羿的妻子。

【流传】（无考）

【出处】《嫦娥》，见乌丙安主编《中国民间神谱》，沈阳：辽宁人民出版社 2007 年版，第 64 页。

汉族 嫦娥见后羿英武，起了爱慕之心，于是二人结为夫妇。

【流传】江苏省·（淮安市）·淮阴市（淮阴区）

【出处】徐省生讲，徐素芳记录集整理：《后羿射日与嫦娥奔月》（1988.05.20），见姚宝瑄主编《中国各民族神话》（汉族），太原：山西出版传媒集团·书海出版社 2014 年版，第 139 ~140 页。

汉族 后羿长得又凶又丑，却有一个非常美丽的妻子，名叫嫦娥。

【流传】辽宁省·沈阳市东北一带

【出处】李凤春讲，张相承、王辉记录整理：《嫦娥奔月》，见姚宝瑄主编《中国各民族神话》（汉族），太原：山西出版传媒集团·书海出版社 2014 年版，第 242 ~244 页。

W0671.7.3.1.1

嫦娥与后羿是恩爱夫妻

实　例

汉族 嫦娥与后羿是一对恩爱夫妻。

【流传】河北省·（石家庄市）·藁城县（藁城市）·（常安镇）·耿村

【出处】靳景祥讲，杨荣国采录：《嫦娥奔月》，见中国民间文学集成全国编辑委员会编《中国民间故事集成》（河北卷），北京：中国 ISBN 中心 2003 年版，第 27 页。

W0671.7.3.1.2

嫦娥下凡嫁后羿

实　例

汉族 嫦娥下凡配了后羿，成了夫妻。

【流传】河南省·（南阳市）·桐柏县

【出处】邓鹏讲：《嫦娥下凡》，见姚宝瑄主编《中国各民族神话》（汉族），太原：山西出版传媒集团·书海出版社 2014 年版，第 246 ~248 页。

W0671.7.3.2

嫦娥的丈夫孙经武

实　例

（参见下级母题实例）

W0671. 7. 3. 2. 1
嫦娥的丈夫孙经武手拿太阳

实 例

白族 手拿火焰镜（太阳）的孙经武和嫦娥是夫妻。

【流传】湖南省·（张家界市）·桑植县·马合口乡（马合口白族乡）·佳木峪村

【出处】谷兆庆讲，李康学等采录：《昂日星与公鸡》，见中国民间文学集成全国编辑委员会编《中国民间故事集成》（湖南卷），北京：中国 ISBN 中心 2002 年版，第 16 页。

W0671. 7. 3. 3
嫦娥的丈夫舜

实 例

汉族 嫦娥是舜的妻子。

【流传】四川省·成都市·东城区

【出处】李芝讲，张光荣采录：《舜射九日》，见中国民间文学集成全国编辑委员会编《中国民间故事集成》（四川卷·上），北京：中国 ISBN 中心 1998 年版，第 90 页。

W0671. 7. 3. 4
嫦娥的丈夫吴刚

实 例

汉族 嫦娥偷吃家中的药后，放到广寒宫。她的哭声感动了老天爷，就派了另一个男子吴刚跟了她。从此，我们就能在月亮上看到玉兔和吴刚伐树了。

【流传】河南省·（濮阳市）·濮阳县［采录地点：濮阳县·习城］

【出处】陈蓝天（男，50 岁，男，大学，农民）讲，陈印景采录：《嫦娥奔月（一）》（1989. 11），见张振犁编著，孟宪明、朱淑君统纂《中原神话通鉴》（第三卷），郑州：河南大学出版社 2017 年版，第 876 页。

W0671. 7. 4
嫦娥的恋人

实 例

（参见下级母题实例）

W0671. 7. 4. 1
嫦娥与吴刚相好

实 例

汉族 南天门的吴刚和月亮里的嫦娥很要好。因为他经常牵挂着与嫦娥相会，常疏于职守。

【流传】（无考）

【出处】《广寒宫的传说》，见 http：//baike. baidu. com/link？ur。

W0671. 7. 4. 2
嫦娥与吴刚是情人

实 例

汉族 南天门的吴刚和月里嫦娥很

要好。

【流传】浙江省·（宁波市）·鄞县

【出处】庄兆讲，庄晓静记录：《月亮树》，见姚宝瑄主编《中国各民族神话》（汉族），太原：山西出版传媒集团·书海出版社 2014 年版，第 275 页。

W0671.7.4.3

嫦娥与月生是恋人

实　例

汉族　嫦娥救活食野果中毒的月生（人名），两人在相处中，成为恋人。

【流传】陕西省·西安市

【出处】王钟晓、郭仲鞅记录整理：《月生峰》（见姚宝瑄主编《中国各民族神话》（汉族），太原：山西出版传媒集团·书海出版社 2014 年版，第 223 ~225 页。

W0671.8

与嫦娥有关的其他母题

【关联】

①［W0671.3.0.1］嫦娥是月精

②［W0739.4.4.3］舜的妻子嫦娥

③［W0749.4.1.1］后羿的妻子嫦娥

④［W4165］月亮中的影子

实　例

白族　（实例待考）

W0671.8.1

嫦娥的名称

实　例

（参见下级母题实例）

W0671.8.1.1

嫦娥即姮娥

实　例

汉族　“羿请不死之药于西王母，姮娥窃以奔月。”嫦娥，作姮娥。

【流传】（无考）

【出处】［西汉］淮南王刘安及门客：《淮南子·览冥训》袁珂注，见袁珂《中国神话大词典》，北京：华夏出版社 2015 年版，第 345 页。

W0671.8.1.2

嫦娥又称药奶奶

实　例

汉族　嫦娥升天到月宫，她往下撒药的消息一传十，十传百。人们很怀念嫦娥，感谢嫦娥，月亮里影影绰绰可以看见树影下一个人影在舂药，都说那就是嫦娥，并亲切地叫她“药奶奶”。

【流传】河南省·（南阳市）·方城县·（史店乡·大林头村）

【出处】殷龙欣（男，46 岁，农民）讲，余秀海、姚民校采录整理：《药奶奶》（1985.04.09），见张振犁编著，孟宪明、朱淑君统纂《中原神话通鉴》（第三卷），郑州：河南大学出版社 2017 年版，第 894 页。

W0671.8.1.3

嫦娥即宓妃

【关联】

① ［W0405. 5a. 1］洛水神宓妃

② ［W0680. 5. 3. 2］伏羲的女儿宓妃（伏羲氏的女儿宓妃）

③ ［W0715. 9. 2a］女娲的女儿宓妃

④ ［W0749. 4. 1. 3］后羿的妻子宓妃

实 例

（参见下级母题实例）

W0671.8.1.3.1

后羿为妻子宓妃改名嫦娥

实 例

汉族 后羿深深地爱着妻子宓妃，并给她改了一个很好听的名字叫嫦娥。

【流传】河南省·（郑州市）·巩义市（巩县洛河沿岸地区）

【出处】丁永鉴、赵现民采录整理：《嫦娥奔月（二）》，见张振犁编著，孟宪明、朱淑君统纂《中原神话通鉴》（第三卷），郑州：河南大学出版社 2017 年版，第 878 页。

W0671.8.1.4

嫦娥又称常仪

【关联】

① ［W0768. 1. 6. 2a. 1］帝喾有元妃姜嫄、次妃简狄、庆都和常仪

② ［W0768. 1. 6. 2a. 1. 3］常仪

实 例

汉族 “时维姜嫄”孔颖达疏：“帝喾卜其四妃之子……下妃娵訾之女曰常仪，生挚。”

【流传】（无考）

【出处】《诗·大雅·生民》孔颖达疏引《大戴礼记·帝系篇》。

W0671.8.1.5

嫦娥又作常羲

实 例

汉族 生月十二之常羲在后世逐渐演变为神话中奔月之嫦娥。

【流传】（无考）

【出处】《常羲》，见乌丙安主编《中国民间神谱》，沈阳：辽宁人民出版社 2007 年版，第 58 页。

汉族 “有女子方浴月。帝俊妻常羲，生月十有二，此始浴之。”常羲，即嫦娥。

【流传】（无考）

【出处】［战国至汉］撰者不详：《山海经·大荒西经》袁珂注，见袁珂《中国神话大词典》，北京：华夏出版社 2015 年版，第 345 页。

W0671.8.1.6

嫦娥又称虚上夫人

实 例

汉族 虚上夫人，即“嫦娥”、“姮娥”。

【流传】（无考）

【出处】《虚上夫人》，见袁珂《中国神话大词典》，北京：华夏出版社2015年版，第294页。

W0671.8.1.7

嫦娥又称素娥

实　例

汉族 “集素娥于后庭。”李周翰注：“常娥窃药奔月，月色白，故云素娥。”

【流传】（无考）

【出处】［南朝·梁］萧统：《文选》辑谢庄《月赋》［唐］李周翰注。

汉族 青女素娥俱耐冷，月中霜里斗婵娟。

【流传】（无考）

【出处】［唐］李商隐：《霜月》。

W0671.8.1.8

嫦娥又作常娥

实　例

汉族 嫦娥，又称“常娥”、“姮娥”。

【流传】（无考）

【出处】《嫦娥》，见乌丙安主编《中国民间神谱》，沈阳：辽宁人民出版社2007年版，第64页。

W0671.8.1.9

嫦娥仙子

实　例

汉族 嫦娥吃仙桃后飞到月宫后，成了月宫里的嫦娥仙子。

【流传】湖南省洞庭湖一带

【出处】金春华、吴竹溪记录整理：《嫦娥奔月》，见姚宝瑄主编《中国各民族神话》（汉族），太原：山西出版传媒集团·书海出版社2014年版，第244～245页。

W0671.8.2

吴刚

实　例

（参见下级母题实例）

W0671.8.2.1

吴刚的妻子嫦娥

实　例

汉族 嫦娥飞到月宫后，三天月宫里有了一男一女。天长日久，吴刚和嫦娥慢慢产生了爱情，便结为夫妻。

【流传】河南省·信阳市

【出处】吴炳良讲，张楚北、张书中采录整理：《月牙石》，见张振犁编著，孟宪明、朱淑君统纂《中原神话通鉴》（第三卷），郑州：河南大学出版社2017年版，第909页。

W0671. 8. 2. 1a

嫦娥把后羿带到天上婚后后羿改名叫吴刚

实 例

汉族 嫦娥看见后羿长得结实，就爱上了他，把他带到天上了，他们结成两口后，后羿就改名叫吴刚了。

【流传】 河南省·（焦作市）·温县·（杨磊乡·东城外村）

【出处】 刘林其（72 岁，农民）讲，刘建中采录：《后羿射日（一）》，见张振犁编著，孟宪明、朱淑君统纂《中原神话通鉴》（第三卷），郑州：河南大学出版社 2017 年版，第 863 页。

W0671. 8. 2. 1b

吴刚是嫦娥的佣人

实 例

汉族 嫦娥让佣人吴刚去砍掉王母娘娘种的桂花树。

【流传】 浙江省·（温州市）·文成县·大峃区（大峃镇）一带

【出处】 季遇地讲，季成锋记录，夏克旭整理：《吴刚砍树》（1987. 06. 18），见姚宝瑄主编《中国各民族神话》（汉族），太原：山西出版传媒集团·书海出版社 2014 年版，第 281 ~ 282 页。

W0671. 8. 2. 2

吴刚月中受罚

【关联】 ［W0201a. 1. 3. 1］吴刚是有罪的天神

实 例

（参见下级母题实例）

W0671. 8. 2. 2. 1

吴刚贬到月宫

实 例

汉族 因守南天门的吴刚经常与王母娘娘的丫鬟嫦娥私会，玉帝下圣旨，把吴刚贬到月宫，罚他砍婆娑树。

【流传】 浙江省·宁波市·宁海县·麻山乡·田头村

【出处】 麻彩云讲，麻承照记录：《兄妹结婚》（1986. 12），见罗杨总主编，戴余金本卷主编《中国民间故事丛书·浙江宁波·宁海卷》，北京：知识产权出版社 2015 年版，第 5 页。

W0671. 8. 2. 3

吴刚的妻子丽娥

实 例

汉族 吴刚来到人间，与一个名叫丽娥的姑娘结了婚。

【流传】 河南省·（开封市）·开封县（祥符区）

【出处】 刘继龙（男，35 岁，工人，初中）讲，文戈采录整理：《吴刚的传说》，见张振犁编著，孟宪明、朱淑君统纂《中原神话通鉴》（第三卷），郑州：河南大学出版社 2017 年版，第 902 页。

W0671.8.2.4

吴刚司管月宫

实 例

汉族 天有九重，因此也叫九天。月亮属第三天，因此有“三天月宫”之说。在三天月宫里，原来只有吴刚一人，司管月宫，早已列入仙班。

【流传】 河南省·信阳市

【出处】 吴炳良讲，张楚北、张书中采录整理：《月牙石》，见张振犁编著，孟宪明、朱淑君统纂《中原神话通鉴》（第三卷），郑州：河南大学出版社 2017 年版，第 909 页。

W0671.8.2.5

吴刚列入仙班（仙人吴刚）

实 例

汉族 旧言月中有桂，有蟾蜍。故异书言，月桂高五百丈，下有一人，常斫之，树创随合。人姓吴，名刚，西河人，学仙有过，谪令伐树。

【流传】（无考）

【出处】［唐］段成式：《酉阳杂俎·天咫》。

汉族 （参见“W0671.8.2.4 吴刚司管月宫”母题实例）

W0671.8.2.6

吴刚是玉皇大帝女儿的仙师

实 例

汉族 吴刚本是玉皇大帝女儿的仙师。在仙宫除了教授仙女们无穷的奥妙，还兼管编写天书。

【流传】 河南省·（开封市）·开封县（祥符区）

【出处】 刘继龙（男，35 岁，工人，初中）讲，文戈采录整理：《吴刚的传说》，见张振犁编著，孟宪明、朱淑君统纂《中原神话通鉴》（第三卷），郑州：河南大学出版社 2017 年版，第 902 页。

W0671.8.2.7

吴刚是西河人

实 例

汉族 人姓吴名刚，西河人，学仙有过，谪令伐树。

【流传】（无考）

【出处】［唐］段成式：《酉阳杂俎·天咫》。

W0671.8.2.8

吴刚是牧龙人

实 例

汉族 吴刚是东海一个牧龙的人，吴刚身材魁梧，力大无比，身上带把锋利闪光的斧头。

【流传】江苏省·（苏州市）·吴江县

【出处】陆阿妹讲，王瑞林、石敏记录：《吴刚与月中桂》（1983. 07. 30），见姚宝瑄主编《中国各民族神话》（汉族），太原：山西出版传媒集团·书海出版社2014年版，第273～274页。

W0671. 8. 2. 9

吴刚是月宫的守护者

实 例

汉族 嫦娥瞒过守卫月宫的吴刚，私自驾云出游，来到仙游寺。

【流传】陕西省·西安市

【出处】王钟晓、郭仲鞅记录整理：《月生峰》，见姚宝瑄主编《中国各民族神话》（汉族），太原：山西出版传媒集团·书海出版社2014年版，第223～225页。

W0671. 8. 2. 9. 0

吴刚月中伐桂

【关联】

①［W4167. 2］月亮中的影子是吴刚和桂树

②［W4182. 1］吴刚伐桂

实 例

汉族 嫦娥与王母娘娘打赌输了，要留在月宫上看树。嫦娥很生气，就让佣人吴刚去砍掉王母娘娘种的桂花树。

【流传】浙江省·（温州市）·文成县·大峃区（大峃镇）一带

【出处】季遇地讲，季成锋记录，夏克旭整理：《吴刚砍树》（1987. 06. 18），见姚宝瑄主编《中国各民族神话》（汉族），太原：山西出版传媒集团·书海出版社2014年版，第281～282页。

W0671. 8. 2. 9. 1

吴刚在月亮上砍发财树

实 例

汉族 月亮中的吴刚，是到月亮上砍发财树的人。

【流传】江苏省·（宿迁市）·泗阳县·王集镇·刘滩村

【出处】胡为景讲，胡道碧记录：《月亮里的黑影》（1986. 09. 21），见姚宝瑄主编《中国各民族神话》（汉族），太原：山西出版传媒集团·书海出版社2014年版，第267～268页。

W0671. 8. 2. 9. 2

吴刚因贪心留在月亮上

实 例

汉族 “飞天牛”对带到月亮上砍金桂树的吴刚说：“快走吧，太阳一出来，咱就回不去了。”因吴刚太贪心，“飞天牛”就独自走了，把吴刚丢在月亮上了。

【流传】河南省

【出处】辛毅记录整理：《吴刚砍桂》，见姚宝瑄主编《中国各民族神话》（汉族），太原：山西出版传媒集团·

书海出版社 2014 年版，第 282～285 页。

W0671.8.2.9.3

吴刚因偷情被贬月宫

实 例

汉族 南天门守将吴刚与王母娘娘贴身丫鬟嫦娥偷情，王母娘娘到玉帝跟前奏了一本，说吴刚勾搭宫女。玉帝下了一道圣旨，把吴刚贬到月宫。

【流传】 浙江省·（宁波市）·宁海县·麻山乡·长田头村

【出处】 麻彩云讲，麻承照记录整理：《吴刚砍娑婆树》（1986.12），见姚宝瑄主编《中国各民族神话》（汉族），太原：山西出版传媒集团·书海出版社 2014 年版，第 265～277 页。

W0671.8.2.10

吴刚是天将

实 例

汉族 吴刚原来是南天门的守将。

【流传】 浙江省·（宁波市）·宁海县·麻山乡·长田头村

【出处】 麻彩云讲，麻承照记录整理：《吴刚砍娑婆树》（1986.12），见姚宝瑄主编《中国各民族神话》（汉族），太原：山西出版传媒集团·书海出版社 2014 年版，第 265～277 页。

W0671.8.2.11

吴刚刁钻

实 例

汉族 在嵩山下的颍河边上两位老人的大儿子吴刚，是个刁钻人。

【流传】 河南省

【出处】 辛毅记录整理：《吴刚砍桂》，见姚宝瑄主编《中国各民族神话》（汉族），太原：山西出版传媒集团·书海出版社 2014 年版，第 282～285 页。

W0671.8.2.12

吴刚是个懒汉

实 例

汉族 吴刚原是个走路懒挪腿，干活不肯抬手的十十足足懒汉子。

【流传】 浙江省

【出处】 唐宗龙记录，陈玮君整理：《砍宝树》，见姚宝瑄主编《中国各民族神话》（汉族），太原：山西出版传媒集团·书海出版社 2014 年版，第 278～280 页。

W0671a

常羲

实 例

（参见下级母题实例）

W0671a. 1

常羲的产生

实 例

（实例待考）

W0671a. 2

常羲的特征

实 例

（实例待考）

W0671a. 3

常羲的身份（常羲的职能）

实 例

（参见下级母题实例）

W0671a. 3. 1

常羲是月神

实 例

（实例待考）

W0671a. 3. 2

常羲是生月亮的女神

实 例

汉族 帝俊妻常羲，生日十有二。

【流传】（无考）

【出处】［战国至汉］撰者不详：《山海经·大荒西经》。

W0671a. 4

常羲的生活

实 例

（实例待考）

W0671a. 5

常羲的关系

实 例

（参见下级母题实例）

W0671a. 5. 1

常羲的父母

实 例

（实例待考）

W0671a. 5. 2

常羲的丈夫

实 例

（实例待考）

W0671a. 5. 2. 1

常羲是帝俊的妻子

实 例

汉族 （参见 W0671a. 3. 2 常羲是生月亮的女神实例）

W0671a. 5. 2. 2

常羲是与羲和同为帝俊之妻

【关联】 ［W0752. 3. 2］羲和是帝俊的

妻子

实 例

汉族 （实例待考）

W0671a.5.3

常羲的子女

实 例

（实例待考）

W0671a.5.3.1

常羲的月亮女儿

实 例

（实例待考）

W0671a.6

与常羲的有关的其他母题

实 例

（参见下级母题实例）

W0671a.6.1

常羲的名称

【关联】［W0671.8.1.5］嫦娥又作常羲

实 例

（实例待考）

W0672

蚩尤

实 例

（参见下级母题实例）

W0672.1

蚩尤的产生

实 例

（参见下级母题实例）

W0672.1.1

蚩尤天降

实 例

（参见下级母题实例）

W0672.1.1.1

蚩尤是天上黑牛星下凡

【关联】［W0285.6.9a］牛星神

实 例

汉族 蚩尤是天上黑牛星下凡，身高丈八，头如柳斗，脸似火盆，眼如灯盏，头上还长着一双大犄角，说起话来嗡声嗡气好像打雷，性格凶狠残暴。

【流传】河南省·（郑州市）·新密市·（平陌镇·龙泉村）

【出处】魏洪基（58岁，农民，小学）讲，高力升采录整理：《黄帝拜三皇》，见张振犁编著，孟宪明、朱淑君统纂《中原神话通鉴》（第二卷），郑州：河南大学出版社2017年版，第685页。

W0672.1.1.2

蚩尤是东方岁星下凡

实 例

汉族 东方岁星见火星、轩辕星都先后下凡，到人间做了天子，当上酋长，万人敬仰，四方朝贺，而自己却在天庭做玉帝的把门将军，心中实在不是滋味。因此，轩辕星君下凡不久，他就将镇守东方的差事交给手下的一个叫句芒的小神守着，自己化作一条苍龙，由青云扶绕，降落在东方的济水一带。这里是九黎族蚩尤部落，岁星做了蚩尤部落的首领，其名就叫蚩尤。

【流传】河南省·（郑州市）·新密市

【出处】刘文学采录整理：《三帝下凡》，见张振犁编著，孟宪明、朱淑君统纂《中原神话通鉴》（第二卷），郑州：河南大学出版社 2017 年版，第 486 页。

W0672. 1. 2

蚩尤是炎帝的后代

实　例

汉族 蚩尤姜姓，炎帝之裔也。

【流传】（无考）

【出处】［南宋］罗泌：《路史·后纪四·蚩尤传》。

W0672. 1. 2a

蚩尤是神农的后裔

实　例

苗族 蚩尤是炎帝的后裔（有的说成是神农后裔），是九黎的首领。

【流传】（无考）

【出处】

(a)《蚩尤》，见《中国各民族宗教与神话大词典》编审委员会编《中国各民族宗教与神话大词典》，北京：学苑出版社 1990 年版。

(b) 杨知勇改写：《蚩尤》，见姚宝瑄主编《中国各民族神话》（布依族、仡佬族、苗族），太原：山西出版传媒集团·书海出版社 2014 年版，第 318 页。

W0672. 1. 3

特定人物婚生蚩尤

实　例

（参见下级母题实例）

W0672. 1. 3. 1

天上太阴神与玉皇大帝的宫女婚生蚩尤

【关联】［W0278a］太阴神

实　例

汉族 天上太阴神与玉皇大帝的宫女结合，生的 81 个儿子中老大是蚩尤。

【流传】山西省·运城市

【出处】王省三讲，王永年采录：《黄帝战蚩尤》，见中国民间文学集成全国编辑委员会编《中国民间故事集成》（山西卷），北京：中国 ISBN 中心 1999 年版，第 23 页。

W0672.1.4

与蚩尤的产生有关的其他母题

实 例

(参见下级母题实例)

W0672.1.4.1

蚩尤出自羊水

实 例

汉族 蚩尤出自羊水，八肱八趾疏首，登九淖以伐空桑，黄帝杀之于青丘。

【流传】(无考)

【出处】［唐］徐坚：《初学记》卷九引《归藏·启筮》。

W0672.1.4.2

蚩尤和黄帝同时代

实 例

汉族 和黄帝同时期的还有一个叫九黎族的部落，首领叫蚩尤，十分强悍。

【流传】河南省·(郑州市)·新郑市

【出处】蔡柏顺采录整理：《轩辕故里》，见张振犁编著，孟宪明、朱淑君统纂《中原神话通鉴》(第二卷)，郑州：河南大学出版社2017年版，第512页。

W0672.2

蚩尤的特征

实 例

(参见下级母题实例)

W0672.2.0

蚩尤的身材

实 例

(参见下级母题实例)

W0672.2.0.1

蚩尤身长9尺有余

实 例

汉族 蚩尤身长九尺有余，是个半人半兽的怪胎，铜头铁额，虎背熊腰。

【流传】山西省·运城市

【出处】王省三讲，王永年采录：《黄帝战蚩尤》，见中国民间文学集成全国编辑委员会编《中国民间故事集成》(山西卷)，北京：中国ISBN中心1999年版，第23页。

W0672.2.0.2

蚩尤虎背熊腰

实 例

汉族 蚩尤身长九尺有余，铜头铁额，虎背熊腰。

【流传】山西省·运城市

【出处】王省三讲，王永年采录：《黄帝战蚩尤》，见中国民间文学集成全国编辑委员会编《中国民间故事集成》（山西卷），北京：中国 ISBN 中心 1999 年版，第 23 页。

W0672. 2. 0. 3

蚩尤身高 1 丈、脸色黝黑

实 例

汉族 蚩尤是身高一丈、脸色黝黑、十分凶野的人。

【流传】河南省·（郑州市）·新密市

【出处】张造讲，高力升采录：《黄帝战蚩尤》，见张振犁编著，孟宪明、朱淑君统纂《中原神话通鉴》（第二卷），郑州：河南大学出版社 2017 年版，第 535 页。

W0672. 2. 1

蚩尤铜头铁臂

实 例

汉族 （实例待考）

W0672. 2. 1a

蚩尤铜头铁额

实 例

汉族 蚩尤是个半人半兽的怪胎，铜头铁额。

【流传】山西省·运城市

【出处】王省三讲，王永年采录：《黄帝战蚩尤》，见中国民间文学集成全国编辑委员会编《中国民间故事集成》（山西卷），北京：中国 ISBN 中心 1999 年版，第 23 页。

W0672. 2. 1b

蚩尤铜头

实 例

汉族 蚩尤铜头啖石，飞空走险，以馗牛皮为鼓，九击而止之，尤不能飞走，遂系之。

【流传】（无考）

【出处】［战国至汉］撰者不详：《山海经·大荒北经》吴任臣注引《广成子传》。

W0672. 2. 2

蚩尤有多个手足

【关联】

①［W0080. 3］神长着多条腿

②［W0924. 2. 2. 1］神鸟多足多翼

实 例

汉族 （参见“W0672. 2. 3 蚩尤四目六手”母题实例）

W0672. 2. 3

蚩尤四目六手

实 例

汉族 蚩尤，食铁石，人身牛蹄，四目六手。

【流传】（无考）

【出处】［南朝·梁］任昉：《述异记》卷上。

W0672.2.4

蚩尤半人半兽

实 例

汉族 蚩尤身长九尺有余，是个半人半兽的怪胎。

【流传】 山西省·运城市

【出处】 王省三讲，王永年采录：《黄帝战蚩尤》，见中国民间文学集成全国编辑委员会编《中国民间故事集成》（山西卷），北京：中国 ISBN 中心 1999 年版，第 23 页。

W0672.2.4.1

蚩尤人身牛蹄

实 例

汉族 蚩尤，食铁石，人身牛蹄，四目六手。

【流传】（无考）

【出处】［南朝·梁］任昉：《述异记》卷上。

汉族 蚩尤非常残暴，肆虐人民，长得像个怪物，是人身牛蹄子，有四只眼、六只手，耳朵两旁长的鬓发，竖起来好像剑戟一样。

【流传】 陕西省·（延安市）·黄陵县

【出处】 郭诚整理：《黄帝战蚩尤》，原载黄陵县文化馆编《轩辕黄帝传说故事》，见陶阳、钟秀编《中国神话》（中），北京：商务印书馆 2008 年版，第 787～792 页。

W0672.2.4.1.1

蚩尤族人身牛蹄

实 例

汉族（参见“W0672.2.3 蚩尤四目六手”母题实例）

W0672.2.4.2

蚩尤兽身人语

实 例

汉族 蚩尤兄弟八十一人，并兽身人语，铜头铁额，食沙石子。

【流传】（无考）

【出处】［北宋］李昉、李穆、徐铉等：《太平御览》卷七八引［汉］《龙鱼河图》。

汉族 黄帝在位二十一年，而蚩尤肆孽，弟兄八十一人，兽身人语，铜头铁额，啖砂吞石，不殖五谷。作五虐之刑以害黎庶，铸兵于葛炉之山，不用帝命。

【流传】（无考）

【出处】［元］赵道一：《历世真仙体道通鉴后集》卷二“九天玄女”条。

W0672.2.4.3

蚩尤兽身人面

实 例

汉族 蚩尤的弟兄，个个钢头铁额，兽身人面。

【流传】 山西省·（运城市）·芮城

县·风陵渡（风陵渡镇）

【出处】何方当讲，薛亚采录：《黄帝战蚩尤》，见中国民间文学集成全国编辑委员会编《中国民间故事集成》（山西卷），北京：中国 ISBN 中心 1999 年版，第 225 页。

W0672. 2. 5

蚩尤头上长角

【关联】

① ［W0073. 8］神头上长角

② ［W0485. 2. 3］药神头上长角

③ ［W0733. 3］神农头上长角

④ ［W0838. 4. 11］妖魔头上长角

实　例

汉族　蚩尤，食铁石，人身牛蹄，四目六手，耳鬓如剑戟，头有角。

【流传】（无考）

【出处】［南朝·梁］任昉：《述异记》卷上。

W0672. 2. 5. 1

蚩尤长着犄角

实　例

汉族　蚩尤头上长着犄角。

【流传】河北省·（张家口市）·涿鹿县·（矾山镇）·下七旗村

【出处】孙文会讲，孙秀琴采录：《黄帝战蚩尤》，见中国民间文学集成全国编辑委员会编《中国民间故事集成》（河北卷），北京：中国 ISBN 中心 2003 年版，第 30 页。

W0672. 2. 5. 2

蚩尤生有锋利的触角

实　例

汉族　蚩尤人身牛首，四目六手，铜头铁额，并生有锋利的触角，鬓发硬如剑戟，率领八十一个弟兄，个个人面兽身，吃石头铁块，操各种兵器，喷云吐雾。

【流传】河南省·（郑州市）·登封市

【出处】《炎黄二帝石》，见张振犁编著，孟宪明、朱淑君统纂《中原神话通鉴》（第二卷），郑州：河南大学出版社 2017 年版，第 503 页。

W0672. 2. 6

蚩尤八肱八趾疏首

实　例

汉族　蚩尤出自羊水，八肱八趾疏首。

【流传】（无考）

【出处】［唐］徐坚：《初学记》卷九引《归藏·启筮》。

W0672. 2. 7

蚩尤像条虫

实　例

汉族　黄帝告诉仓颉说，蚩尤虽是人，但脸似黑炭团，右颊上还长了个肉瘤，左腿短，没脚，右腿长，脚还往上翘，狰狞丑陋，像条虫。

【流传】河南省·（焦作市）·武陟县

【出处】王百贞讲，王广先采录整理：《仓颉造字（五）》，见张振犁编著，孟宪明、朱淑君统纂《中原神话通鉴》（第二卷），郑州：河南大学出版社2017年版，第661页。

W0672.2.8

蚩尤狰狞丑陋

实 例

（参见下级母题实例）

W0672.2.8.1

蚩尤是人，但脸似黑炭团，脸上长肉瘤，左腿短，没脚，右腿长，脚往上翘，狰狞丑陋

实 例

汉族 （参见“W0672.2.7 蚩尤像条虫”母题实例）

W0672.2.9

蚩尤生性暴戾

实 例

汉族 东南方的部落首领叫蚩尤，他生性暴戾，天性乖张。他听说中原地带是个风水宝地，就大肆向中原侵扰，又杀又抢，手段残忍。

【流传】河南省·（郑州市）·新郑市·（七里阎村）

【出处】高梧林（70岁，私塾先生）讲，李新明采录整理：《轩辕方》，见张振犁编著，孟宪明、朱淑君统纂《中原神话通鉴》（第二卷），郑州：河南大学出版社2017年版，第563页。

W0672.2.10

蚩尤十分凶野

实 例

汉族 （参见“W0672.2.0.3 蚩尤身高1丈、脸色黝黑”母题实例）

W0672.2.11

蚩尤明乎天道

实 例

汉族 （参见“W0695.4.7.4.1 黄帝有蚩尤、大常、奢龙、祝融、大封、后土六相”母题实例）

W0672.3

蚩尤的身份

实 例

（参见下级母题实例）

W0672.3.1

蚩尤是神

【关联】［W0541.6.7.1］枫神蚩尤

实 例

苗族 （实例待考）

W0672. 3. 1. 1

蚩尤是战神

【关联】［W0494. 6. 1a］战神蚩尤

实 例

（参见下级母题实例）

W0672. 3. 1. 1. 1

蚩尤是兵主

实 例

汉族 齐祀八神，三曰兵主，祠蚩尤。

【流传】（无考）

【出处】［西汉］司马迁：《史记·封禅书》。

W0672. 3. 1. 2

蚩尤是南方的恶神

实 例

汉族 南方有个恶神叫蚩尤，他能呼风唤雨，常来侵犯中原，骚扰百姓。

【流传】河南省豫中一带

【出处】郭立峰讲：《火神祝融的传说》，见张振犁编著，孟宪明、朱淑君统纂《中原神话通鉴》（第三卷），郑州：河南大学出版社 2017 年版，第 766 页。

W0672. 3. 1. 3

蚩尤是天符之神

实 例

汉族 蚩尤天符之神，状类不常，三代彝器，多著蚩尤之像，为贪虐者之戒。

【流传】（无考）

【出处】［南宋］罗泌：《路史·蚩尤传》注。

W0672. 3. 1. 4

蚩尤是天神

实 例

汉族 蚩尤是天神，他有八十一个兄弟，都是能说人话的猛兽，一个个铜头铁额，用石头铁块当饭吃。

【流传】陕西省·（延安市）·黄陵县

【出处】郭诚整理：《黄帝战蚩尤》，原载黄陵县文化馆编《轩辕黄帝传说故事》，见陶阳、钟秀编《中国神话》（中），北京：商务印书馆 2008 年版，第 787～792 页。

W0672. 3. 2

蚩尤是祖先

实 例

景颇族 （实例待考）

苗族 （实例待考）

W0672. 3. 3

蚩尤是首领

实 例

（参见下级母题实例）

W0672.3.3.1

蚩尤是九黎的首领

实　例

苗族 蚩尤是九黎的首领。

【流传】（无考）

【出处】

（a）《蚩尤》，见《中国各民族宗教与神话大词典》编审委员会编《中国各民族宗教与神话大词典》，北京：学苑出版社1990年版。

（b）杨知勇改写：《蚩尤》，见姚宝瑄主编《中国各民族神话》（布依族、仡佬族、苗族），太原：山西出版传媒集团·书海出版社2014年版，第318页。

汉族 蚩尤是九黎族的首领。

【流传】（无考）

【出处】 蔡英生讲，蔡柏顺搜集：*《黄帝战蚩尤》，载《民间文学》1991年8期，见姚宝瑄主编《中国各民族神话》（汉族），太原：山西出版传媒集团·书海出版社2014年版，第412~415页。

汉族 蚩尤是九黎族的首领。

【流传】 河南省·（郑州市）·新郑市

【出处】 蔡英生（75岁，教师）讲，蔡柏顺采录整理：《黄帝初战蚩尤》，见张振犁编著，孟宪明、朱淑君统纂《中原神话通鉴》（第二卷），郑州：河南大学出版社2017年版，第541页。

汉族 南方有个九黎族，首领叫蚩尤，很强暴，兄弟八十一个，都长得像野兽一样，铜头铁额，头上长角，能抵死人。

【流传】（无考）

【出处】 郭大山讲，张永林采录：《炎黄和睦草》，载《民间文学》1991年第8期。

W0672.3.3.2

蚩尤是姜氏部落的首领

实　例

汉族 炎帝死后，大儿子蚩尤当上了姜氏部落的首领。

【流传】 河南省·（郑州市）·新密市

【出处】 张造讲，高力升采录：《黄帝战蚩尤》，见张振犁编著，孟宪明、朱淑君统纂《中原神话通鉴》（第二卷），郑州：河南大学出版社2017年版，第536页。

W0672.3.3.3

蚩尤是济水部落首领

实　例

汉族 济水（今山东省西部）一带有个蚩尤部落。部落的首领叫蚩尤。

【流传】 河南省·（郑州市）·新密市

【出处】 刘文学采录整理：《风后八卦阵》，见张振犁编著，孟宪明、朱淑君统纂《中原神话通鉴》（第二卷），郑州：河南大学出版社2017年版，第566页。

W0672. 4

蚩尤的能力

实 例

（参见下级母题实例）

W0672. 4. 1

蚩尤发明兵器

【关联】［W8741］武器的产生（获得）

实 例

（参见下级母题实例）

W0672. 4. 1. 1

蚩尤造立兵、杖、刀、戟、大弩

实 例

汉族 （蚩尤）造立兵、杖、刀、戟、大弩。

【流传】（无考）

【出处】［北宋］李昉、李穆、徐铉等：《太平御览》卷七九引《龙鱼河图》。

W0672. 4. 1. 2

蚩尤作五兵

实 例

（参见下级母题实例）

W0672. 4. 1. 2. 1

蚩尤作戈、矛，戟、酋矛、夷矛

实 例

汉族 蚩尤作五兵：戈、矛，戟、酋矛、夷矛。

【流传】（无考）

【出处】［宋］罗泌：《路史·后纪四》注引《世本》。

W0672. 4. 2

蚩尤会飞

实 例

汉族 蚩尤飞空离开冀州，往老巢晋南而逃。

【流传】山西省·运城市

【出处】王省三讲，王永年采录：《黄帝战蚩尤》，见中国民间文学集成全国编辑委员会编《中国民间故事集成》（山西卷），北京：中国 ISBN 中心 1999 年版，第 23 页。

W0672. 4. 3

蚩尤除病驱魔

实 例

（参见下级母题实例）

W0672. 4. 3. 1

祭枫神蚩尤可除病驱魔

实 例

苗族 （参见“W0541. 6. 7. 1 枫神蚩尤”母题实例）

W0672.4.4

蚩尤会妖术（蚩尤会法术，蚩尤会魔法）

实 例

（参见下级母题实例）

W0672.4.4.1

蚩尤用妖术刮起阴风，飞沙走石

实 例

汉族 黄帝战蚩尤时，令常伯击夔牛鼓，蚩尤的士兵被震得心惊胆战，头晕耳聋。蚩尤定了定神，又施展妖术，喷起浓雾。霎时间，灰蒙蒙，雾腾腾，啥也看不清了。蚩尤看到黄帝凭借指南车又冲上来了，再施妖术，刮起阴风，顿时飞沙走石，遮天盖地。

【流传】 河南省·（郑州市）·新郑市

【出处】：《黄帝大战涿鹿》，见张振犁编著，孟宪明、朱淑君统纂《中原神话通鉴》（第二卷），郑州：河南大学出版社2017年版，第543页。

W0672.4.4.2

蚩尤会兴妖作怪

实 例

汉族 蚩尤不光力大凶猛，还会兴妖作怪。每回与黄帝交战，他都要喷云吐雾，飞沙走石，弄得天昏地暗。

【流传】 河北省·（张家口市）·涿鹿（涿鹿县）

【出处】 李怀全采录整理：《黄帝避难上七旗》，原载涿鹿县志编纂委员会新编《涿鹿县志》，河北人民出版社1994年版，见张振犁编著，孟宪明、朱淑君统纂《中原神话通鉴》（第二卷），郑州：河南大学出版社2017年版，第575页。

W0672.4.4.3

蚩尤念咒作法后变形

实 例

汉族 蚩尤说着就在他爹炎帝面前念咒作法。不一会儿工夫，蚩尤竟变得身高两三丈，脸像一个和面盆，眼和灯盏差不多，血盆大嘴里露出两个獠牙，样子十分怕人。蚩尤又作了个法术，本来是晴天，一会儿工夫就阴了，又是刮风，又是打雷，风婆雷公都来了，只吓得众兄弟们躲的躲、藏的藏。

【流传】 河南省·（郑州市）·新密市

【出处】 张造讲，高力升采录：《黄帝战蚩尤》，见张振犁编著，孟宪明、朱淑君统纂《中原神话通鉴》（第二卷），郑州：河南大学出版社2017年版，第535页。

W0672.4.4.4

蚩尤会喷云吐雾

实 例

汉族 黄帝和蚩尤交战时，蚩尤喷出漫天雾气，使黄帝的兵马迷失了方向，乱了阵脚。

【流传】（无考）

【出处】杨周氏、杨秀华讲：《黄帝造车轮》，见姚宝瑄主编《中国各民族神话》（汉族），太原：山西出版传媒集团·书海出版社 2014 年版，第 399～400 页。

汉族 黄帝和蚩尤交战时，眼看快胜了。蚩尤喷出漫天雾气，使黄帝的兵马迷失了方向，乱了阵营。

【流传】（无考）

【出处】杨周氏讲，侯松平采录：《黄帝造车轮》，载《民间文学》1998 年第 8 期。

W0672. 4. 5

蚩尤变幻多端

实 例

汉族 蚩尤变幻多方，征风召雨，吹烟喷雾，黄帝师众大迷。

【流传】（无考）

【出处】［明］董斯张：《广博物志》卷九引《玄女法》。

W0672. 5

蚩尤的生活

实 例

（参见下级母题实例）

W0672. 5. 1

蚩尤的服饰

实 例

（实例待考）

W0672. 5. 2

蚩尤的饮食

实 例

（参见下级母题实例）

W0672. 5. 2. 1

蚩尤石头铁块当饭吃

【关联】

① ［W0093. 3. 6］ 神以石头为食

② ［W0589. 4. 1. 1］ 文化英雄以铁为食

实 例

汉族 蚩尤是天神，他有八十一个兄弟，都是能说人话的猛兽，一个个铜头铁额，用石头铁块当饭吃。

【流传】陕西省·（延安市）·黄陵县

【出处】郭诚整理：《黄帝战蚩尤》，原载黄陵县文化馆编《轩辕黄帝传说故事》，见陶阳、钟秀编《中国神话》（中），北京：商务印书馆 2008 年版，第 787～792 页。

W0672. 5. 3

蚩尤的武器

实 例

（参见下级母题实例）

W0672.5.3.1
蚩尤的武器是石斧、棍棒

实 例

汉族 蚩尤挥动石斧、棍棒，将风后团团包围住。

【流传】河北省·（张家口市）·涿鹿（涿鹿县）

【出处】李怀全采录整理：《黄帝巧摆八卦阵》，原载涿鹿县志编纂委员会新编《涿鹿县志》，河北人民出版社1994年版，见张振犁编著，孟宪明、朱淑君统纂《中原神话通鉴》（第二卷），郑州：河南大学出版社2017年版，第565页。

W0672.5.3.2
蚩尤的“雾母”（蚩尤的“雾幕”）

实 例

（参见下级母题实例）

W0672.5.3.2.1
蚩尤的“雾母”是能发出雾的袋子

实 例

汉族 蚩尤曾取先天纯阴之气练成雾，将它储藏在一个山洞里，待要用时，将雾装在一个袋里。这个袋子，名叫“雾母”，长八尺，宽二尺，能展能卷，形状似一块帘幕，因此人们又叫它“雾幕”。

【流传】河南省·（郑州市）·新郑市

【出处】刘文学采录整理：《指南车破雾》，见张振犁编著，孟宪明、朱淑君统纂《中原神话通鉴》（第二卷），郑州：河南大学出版社2017年版，第561页。

W0672.5.4
蚩尤的用品

实 例

（参见下级母题实例）

W0672.5.4.1
蚩尤的手杖

实 例

（参见下级母题实例）

W0672.5.4.1.1
蚩尤的手杖化为枫木

【关联】［W0701.4a.2.2.1］夸父的杖化为邓林

实 例

汉族 黄帝于是纳五音之策，以审攻战之事，复率诸侯再伐蚩尤于冀州。杀蚩尤于黎山之丘（东荒之北隅也）。掷械于大荒之中宋山之上。其械后化为枫木之林。

【流传】（无考）

【出处】［北宋］张君房：《云笈七签·轩辕本纪》。

W0672. 6

蚩尤的关系

实 例

（参见下级母题实例）

W0672. 6. 0

蚩尤的祖先

实 例

（参见下级母题实例）

W0672. 6. 0. 1

蚩尤是炎帝的后裔

【关联】

① ［W0672. 1. 2a］ 蚩尤是神农的后裔

② ［W0701. 6. 0. 1］ 夸父为炎帝的后代

实 例

汉族 蚩尤姜姓，炎帝之裔也。

【流传】（无考）

【出处】［南宋］罗泌：《路史·蚩尤传》。

W0672. 6. 0. 2

蚩尤是炎帝的孙子

实 例

汉族 轩辕打败炎帝，那些诸侯都想拥戴他当天子。但炎帝的子孙不甘心向黄帝称臣，就先后起来为炎帝报仇，前仆后继，不肯罢休。其中最著名的一次就是蚩尤伐黄帝了。蚩尤姓姜，是炎帝的孙子。

【流传】 陕西省·（延安市）·黄陵县

【出处】 郭诚整理：《黄帝战蚩尤》，原载黄陵县文化馆编《轩辕黄帝传说故事》，见陶阳、钟秀编《中国神话》（中），北京：商务印书馆 2008 年版，第 787 ~ 792 页。

W0672. 6. 1

蚩尤的父母

实 例

（参见下级母题实例）

W0672. 6. 1. 1

蚩尤的父母是太阴神和玉帝的宫女

实 例

（参见下级母题实例）

W0672. 6. 1. 1. 1

蚩尤是太阴神和玉帝的宫女婚生的 81 个儿子中的长子

实 例

汉族 天上太阴神与玉皇大帝的宫女结合，生的 81 个儿子中老大是蚩尤。

【流传】 山西省·运城市

【出处】 王省三讲，王永年采录：《黄帝战蚩尤》，见中国民间文学集成全国编辑委员会编《中国民间故事集成》（山西卷），北京：中国 ISBN 中心 1999 年版，第 23 页。

W0672.6.1.2

蚩尤是炎帝的儿子

实 例

汉族 炎帝的儿子蚩尤反叛作乱，争战黄帝。

【流传】 河南省·（郑州市）·新密市

【出处】 张造、王石磙（云岩宫园林工人）讲，高力升采录：《云岩宫》，见张振犁编著，孟宪明、朱淑君统纂《中原神话通鉴》（第二卷），郑州：河南大学出版社 2017 年版，第 539 页。

W0672.6.1.2.1

蚩尤是炎帝的大儿子

实 例

汉族 炎帝见站在面前的是大儿子蚩尤，决心打败黄帝为爹爹报仇，非常欣慰。

【流传】 河南省·（郑州市）·新密市

【出处】 张造讲，高力升采录：《黄帝战蚩尤》，见张振犁编著，孟宪明、朱淑君统纂《中原神话通鉴》（第二卷），郑州：河南大学出版社 2017 年版，第 535 页。

W0672.6.2

蚩尤的兄弟

实 例

（参见下级母题实例）

W0672.6.2.0

蚩尤有 72 个兄弟

实 例

苗族 蚩尤共有兄弟七十二人，皆人身牛蹄，四目六手，耳鬓如剑戟，头有角，以铁石为食。

【流传】（无考）

【出处】［南朝·梁］任昉：《述异记》。

W0672.6.2.0.1

蚩尤有 78 个兄弟

实 例

汉族 蚩尤有 78 个弟兄。

【流传】 山西省·（运城市）·芮城县·风陵渡（风陵渡镇）

【出处】 何方当讲，薛亚采录：《黄帝战蚩尤》，见中国民间文学集成全国编辑委员会编《中国民间故事集成》（山西卷），北京：中国 ISBN 中心 1999 年版，第 225 页。

W0672.6.2.1

蚩尤有 81 个兄弟

实 例

汉族 蚩尤兄弟八十一人，并兽身人语，铜头铁额，食沙石子。

【流传】（无考）

【出处】［北宋］李昉、李穆、徐铉等：《太平御览》卷七八引［汉］《龙鱼河图》。

汉族 黄帝在位二十一年，而蚩尤肆孽，弟兄八十一人，兽身人语，铜头铁额，啖砂吞石，不殖五谷。作五虐之刑以害黎庶，铸兵于葛炉之山，不用帝命。

【流传】（无考）

【出处】［元］赵道一：《历世真仙体道通鉴后集》卷二“九天玄女”条。

W0672. 6. 2. 1. 1

蚩尤有 81 个兄弟长得凶神恶煞一般

实 例

汉族 济水一带有个蚩尤部落，首领蚩尤的手下有八十一个弟兄，个个长得凶神恶煞一般，到处侵占土地，抢夺财物，杀人如麻。

【流传】河南省·（郑州市）·新密市

【出处】刘文学采录整理：《风后八卦阵》，见张振犁编著，孟宪明、朱淑君统纂《中原神话通鉴》（第二卷），郑州：河南大学出版社 2017 年版，第 566 页。

W0672. 6. 2. 1. 2

蚩尤有 81 个兄弟人面兽身，头上两只角，脚腿像牛蹄，耳鬓如剑戟，吃沙石

实 例

汉族 九黎族的首领蚩尤，手下有八十一个弟兄，长得人面兽身，头上两只角，脚腿像牛蹄，耳鬓如剑戟，吃沙子，吃石头面。

【流传】河南省·（郑州市）·新郑市

【出处】蔡英生（75 岁，教师）讲，蔡柏顺采录整理：《黄帝初战蚩尤》，见张振犁编著，孟宪明、朱淑君统纂《中原神话通鉴》（第二卷），郑州：河南大学出版社 2017 年版，第 541 页。

W0672. 6. 2. 1. 3

蚩尤有 81 个兄弟兽身人面，铜头铁额

实 例

汉族 有一个叫九黎族的部落，首领叫蚩尤，十分强悍。蚩尤有八十一个兄弟，都是兽身人面，铜头铁额，非常凶猛。

【流传】河南省·（郑州市）·新郑市

【出处】蔡柏顺采录整理：《轩辕故里》，见张振犁编著，孟宪明、朱淑君统纂《中原神话通鉴》（第二卷），郑州：河南大学出版社 2017 年版，第 512 页。

W0672. 6. 2. 1. 4

蚩尤有 81 个兄弟长得高大魁梧，铜头铁额，头上长角，能抵死人

实 例

汉族 南方有个九黎族，首领叫蚩尤，很强暴，兄弟八十一个，都长得

高大魁梧，铜头铁额，头上长角，能抵死人。

【流传】河南省·（郑州市）·新密市

【出处】郭大山讲，张永林采录整理：《炎黄和睦草》，见张振犁编著，孟宪明、朱淑君统纂《中原神话通鉴》（第二卷），郑州：河南大学出版社2017年版，第504页。

W0672.6.2.2

蚩尤的兄弟铜头铁臂（蚩尤的兄弟铜头铁额）

实 例

汉族 蚩尤兄弟八十一人，并兽身人语，铜头铁额，食沙石子。

【流传】（无考）

【出处】［北宋］李昉、李穆、徐铉等：《太平御览》卷七八引《龙鱼河图》。

W0672.6.3

蚩尤的子孙

实 例

（参见下级母题实例）

W0672.6.3.1

景颇人是蚩尤的子孙

实 例

景颇族 云南中缅边界上的野人（今景颇族）说他们蚩尤子孙。

【流传】（无考）

【出处】王明珂：《炎黄子孙是谁？——中华民族的历史记忆与民族认同》，见 http://blog.163.com/wang_mingke/blog/ 2010.05.23。

W0672.6.4

蚩尤的上司

实 例

（参见下级母题实例）

W0672.6.4.1

蚩尤是黄帝的臣下

实 例

汉族 黄帝战蚩尤时，将蚩尤拿住，押解回涿鹿城。黄帝亲自为蚩尤解下锁链，蚩尤甘愿称臣。黄帝即封蚩尤为上将军。

【流传】河南省·（郑州市）·新郑市

【出处】刘文学采录整理：《夔鼓败蚩尤》，见张振犁编著，孟宪明、朱淑君统纂《中原神话通鉴》（第二卷），郑州：河南大学出版社2017年版，第555页。

汉族 蚩尤是炎帝的孙子，原来臣属于轩辕。

【流传】陕西省·（延安市）·黄陵县

【出处】郭诚整理：《黄帝战蚩尤》，原载黄陵县文化馆编《轩辕黄帝传说故事》，见陶阳、钟秀编《中国神话》（中），北京：商务印书馆2008年版，第787～792页。

W0672. 6. 4. 2

蚩尤是黄帝的属神

实 例

汉族 雨师与风伯、蚩尤，盖均黄帝之属神。

【流传】（无考）

【出处】《雨师》，见袁珂《中国神话大词典》，北京：华夏出版社 2015 年版，第 186 页。

W0672. 6. 5

蚩尤的从属

实 例

（参见下级母题实例）

W0672. 6. 5. 1

蚩尤率魑魅魍魉

实 例

汉族 黄帝复率诸侯再伐蚩尤于冀州。蚩尤率魑魅魍魉，请风伯雨师从天大风而来，命应龙蓄水以攻黄帝。

【流传】（无考）

【出处】［北宋］张君房：《云笈七签·轩辕本纪》。

W0672. 6. 5. 1. 1

蚩尤氏帅魑魅

【关联】［W0907. 14. 4a］魑魅

实 例

汉族 蚩尤氏帅魑魅，以与黄帝战于涿鹿，帝命吹角作龙吟以御之。

【流传】（无考）

【出处】［唐］杜佑：《通典·乐典》。

W0672. 6. 5. 2

蚩尤的军师魑魅魍魉

实 例

汉族 魑魅、魍魉助蚩尤战黄帝时，蚩尤军大胜。蚩尤为魑魅、魍魉设宴庆功并封为军师。

【流传】河南省·（郑州市）·新郑市

【出处】刘文学采录整理：《魑魅、魍魉》，见张振犁编著，孟宪明、朱淑君统纂《中原神话通鉴》（第二卷），郑州：河南大学出版社 2017 年版，第 545 页。

W0672. 6. 5. 3

蚩尤的部下风伯雨师

实 例

汉族 黄帝复率诸侯再伐蚩尤于冀州。蚩尤率魑魅魍魉，请风伯雨师从天大风而来，命应龙蓄水以攻黄帝。

【流传】（无考）

【出处】［北宋］张君房：《云笈七签·轩辕本纪》。

汉族 轩辕黄帝战蚩尤时，蚩尤命令风伯雨师，掀起狂风暴雨向轩辕阵中打来。

【流传】陕西省·（延安市）·黄陵县

【出处】郭诚整理：《黄帝战蚩尤》，原载黄陵县文化馆编《轩辕黄帝传说故事》，见陶阳、钟秀编《中国神话》（中），北京：商务印书馆 2008 年版，第 787～792 页。

W0672.6.5.4
蚩尤的士兵

实　例

（参见下级母题实例）

W0672.6.5.4.1
蚩尤的士兵全是水性很好的南方人

实　例

汉族 蚩尤的士兵全是南方人，他们水性很好。

【流传】河南省·（郑州市）·新密市

【出处】李延军采录整理：《素女与大鸿》，原载《袖珍陕西名胜故事丛书·轩辕黄帝传说故事》，陕西人民美术出版社 1986 年版，见张振犁编著，孟宪明、朱淑君统纂《中原神话通鉴》（第二卷），郑州：河南大学出版社 2017 年版，第 606 页。

W0672.6.6
蚩尤的朋友

实　例

（参见下级母题实例）

W0672.6.6.1
蚩尤的朋友野人

实　例

汉族 蚩尤战黄帝时，请来一批野人助战，带领九黎族全部士卒耀武扬威地杀向黄帝城。

【流传】河北省·（张家口市）·涿鹿（涿鹿县）

【出处】李怀全采录整理：《黄帝巧摆八卦阵》，原载涿鹿县志编纂委员会新编《涿鹿县志》，河北人民出版社 1994 年版，见张振犁编著，孟宪明、朱淑君统纂《中原神话通鉴》（第二卷），郑州：河南大学出版社 2017 年版，第 565 页。

W0672.6.7
蚩尤的老师

实　例

（参见下级母题实例）

W0672.6.7.1
蚩尤拜六玄龙为师

实　例

汉族 蚩尤争战黄帝前对父亲炎帝说："孩儿曾拜六玄龙为师。他教孩儿变化长身和呼风唤雨的本领。"

【流传】河南省·（郑州市）·新密市

【出处】张造讲，高力升采录：《黄帝战蚩尤》，见张振犁编著，孟宪明、朱淑君统纂《中原神话通鉴》（第二卷），郑州：河南大学出版社 2017 年版，第 535 页。

W0672. 6. 8

蚩尤的帮助者（蚩尤作战时的帮助者）

实 例

（参见下级母题实例）

W0672. 6. 8. 1

岁星帮助蚩尤

【关联】［W0672. 1. 1. 2］蚩尤是东方岁星下凡

实 例

汉族 岁星曾化作苍龙下凡做了蚩尤部落的首领，被黄帝杀了。

【流传】河南省·（郑州市）·新郑市

【出处】刘文学采录整理：《黄帝城（二）》，见张振犁编著，孟宪明、朱淑君统纂《中原神话通鉴》（第二卷），郑州：河南大学出版社 2017 年版，第 620 页。

W0672. 7

蚩尤的寿命与死亡

实 例

（参见下级母题实例）

W0672. 7. 1

蚩尤的死亡

实 例

（参见下级母题实例）

W0672. 7. 1. 1

蚩尤被杀死

实 例

（参见下级母题实例）

W0672. 7. 1. 1. 1

黄帝杀死蚩尤

实 例

（参见下级母题实例）

W0672. 7. 1. 1. 1. 1

黄帝杀死蚩尤于黎山之丘

实 例

汉族 黄帝于是纳五音之策，以审攻战之事，复率诸侯再伐蚩尤于冀州。蚩尤乃败于阪泉，遂杀之于中冀，其地遂名绝辔之野（在妫州也）。既擒杀蚩尤，乃迁其庶类之善者于邹屠之乡。其恶者以械之。帝令画蚩尤之形于旗上，以厭邪魅，名蚩尤旗。杀蚩尤于黎山之丘（东荒之北隅也）。

【流传】（无考）

【出处】［北宋］张君房：《云笈七签·轩辕本纪》。

W0672. 7. 1. 1. 2

陶正宁封杖杀蚩尤

实 例

汉族 青城山上的陶正宁封有烟雾不迷之功，蚩尤喷烟吐雾作乱时，宁封用杖将他打死。

【流传】四川省·（成都市）·都江堰（都江堰市）·青城乡

【出处】刘长兴讲，王纯五采录：《宁封丈人》，见中国民间文学集成全国编辑委员会编《中国民间故事集成》（四川卷·上），北京：中国ISBN中心1998年版，第79页。

W0672.8

蚩尤的经历

实 例

（参见下级母题实例）

W0672.8.1

蚩尤学艺

【关联】［W0598.1］文化英雄学艺

实 例

（参见下级母题实例）

W0672.8.1.1

蚩尤学艺时神鸟相助

实 例

苗族 蚩尤学艺时得到神鸟的帮助。

【流传】贵州省·（安顺市）·关岭（关岭布依族苗族自治县）、镇宁（镇宁布依族苗族自治县）、紫云（紫云苗族布依族自治县），（贵阳市）·息烽县；四川省·（宜宾市）·珙县

【出处】《蚩尤神话》，见巴略、王秀盛《苗族文学概论》，北京：中国文史出版社2006年版，第29页。

W0672.8.2

蚩尤南迁

实 例

汉族 （实例待考）

W0672.8.3

蚩尤受封

实 例

（参见下级母题实例）

W0672.8.3.1

炎帝封蚩尤为姜氏部落的接替头人

实 例

汉族 炎帝见蚩尤如此有本领，十分高兴，就当着众儿子的面，封蚩尤为姜氏部落的接替头人。

【流传】河南省·（郑州市）·新密市

【出处】张造讲，高力升采录：《黄帝战蚩尤》，见张振犁编著，孟宪明、朱淑君统纂《中原神话通鉴》（第二卷），郑州：河南大学出版社2017年版，第536页。

W0672.9

蚩尤的居所

实 例

（参见下级母题实例）

W0672. 9. 1

蚩尤住黄河一带

实 例

（实例待考）

W0672. 9. 2

蚩尤住晋南

实 例

汉族 蚩尤飞空离开冀州，往老巢晋南而逃。

【流传】山西省·运城市

【出处】王省三讲，王永年采录：《黄帝战蚩尤》，见中国民间文学集成全国编辑委员会编《中国民间故事集成》（山西卷），北京：中国 ISBN 中心 1999 年版，第 23 页。

W0672. 10

蚩尤的饮食

实 例

（参见下级母题实例）

W0672. 10. 1

蚩尤以石头为食

实 例

（参见下级母题实例）

W0672. 10. 1. 1

蚩尤兄弟 78 人石头当食物

实 例

汉族 蚩尤和他的 78 个弟兄平素认石头当食物。

【流传】山西省·（运城市）·芮城县·风陵渡（风陵渡镇）

【出处】何方当讲，薛亚采录：《黄帝战蚩尤》，见中国民间文学集成全国编辑委员会编《中国民间故事集成》（山西卷），北京：中国 ISBN 中心 1999 年版，第 225 页。

W0672. 10. 1. 2

蚩尤兄弟 81 人啖砂吞石

实 例

汉族 黄帝在位二十一年，而蚩尤肆孽，弟兄八十一人，兽身人语，铜头铁额，啖砂吞石，不殖五谷。

【流传】（无考）

【出处】［元］赵道一：《历世真仙体道通鉴后集》卷二“九天玄女”条。

W0672. 10. 2

蚩尤以铁石为食（蚩尤食铁石）

实 例

汉族 蚩尤，食铁石，人身牛蹄，四目六手。

【流传】（无考）

【出处】［南朝·梁］任昉：《述异记》卷上。

W0672. 10. 2. 1

蚩尤族以铁石为食

实 例

苗族 蚩尤族皆人身牛蹄，四目六手，耳鬓如剑戟，头有角，以铁石为食。

【流传】（无考）

【出处】［南朝·梁］任昉：《述异记》。

W0672.10.3

蚩尤吃人

实　例

汉族 黄帝与蚩尤战了好多年，也制服不了到处吃人行凶的祸害精蚩尤。

【流传】 河北省·（张家口市）·涿鹿（涿鹿县）

【出处】 李怀全采录整理：《黄帝巧摆八卦阵》，原载涿鹿县志编纂委员会新编《涿鹿县志》，河北人民出版社1994年版，见张振犁编著，孟宪明、朱淑君统纂《中原神话通鉴》（第二卷），郑州：河南大学出版社2017年版，第564页。

W0672.11

与蚩尤有关的其他母题

【关联】

①［W1250.2.3］蚩尤的身体化生土

②［W6373.2］蚩尤崇拜

③［W8806.3］黄帝战蚩尤

实　例

（参见下级母题实例）

W0672.11.1

蚩尤的名字（蚩尤名称，蚩尤名号）

实　例

（参见下级母题实例）

W0672.11.1.1

蚩尤姜姓

实　例

汉族 蚩尤姜姓，炎帝之裔也。

【流传】（无考）

【出处】［南宋］罗泌：《路史·后纪四·蚩尤传》。

W0672.11.1.2

仓颉造出“蚩尤”二字

实　例

汉族 仓颉造出“蚩尤”二字。“蚩”表示山下压一条虫；“尤”字，画的是一个脸颊长个肉瘤，左腿短，没脚，右腿长，脚还往上翘的大人。

【流传】 河南省·（焦作市）·武陟县

【出处】 王百贞讲，王广先采录整理：《仓颉造字（五）》，见张振犁编著，孟宪明、朱淑君统纂《中原神话通鉴》（第二卷），郑州：河南大学出版社2017年版，第661页。

W0672. 11. 2

祭蚩尤

实 例

（参见下级母题实例）

W0672. 11. 2. 1

十月祭祀蚩尤

实 例

苗族 人们常于十月祭祀蚩尤。

【流传】（无考）

【出处】

（a）《蚩尤》，见《中国各民族宗教与神话大词典》编审委员会编《中国各民族宗教与神话大词典》，北京：学苑出版社 1990 年版。

（b）杨知勇改写：《蚩尤》，见姚宝瑄主编《中国各民族神话》（布依族、仡佬族、苗族），太原：山西出版传媒集团·书海出版社 2014 年版，第 319 页。

W0672. 11. 3

蚩尤的遗迹（与蚩尤有关的风物）

实 例

（参见下级母题实例）

W0672. 11. 3. 1

蚩尤血

实 例

（参见下级母题实例）

W0672. 11. 3. 1. 1

解州盐池红色是蚩尤血所染

实 例

苗族 蚩尤被杀后，解州盐池的盐水变红，人们认为是蚩尤的血染红，故称解州盐泽为“蚩尤血”。

【流传】（无考）

【出处】

（a）《蚩尤》，见《中国各民族宗教与神话大词典》编审委员会编《中国各民族宗教与神话大词典》，北京：学苑出版社 1990 年版。

（b）杨知勇改写：《蚩尤》，见姚宝瑄主编《中国各民族神话》（布依族、仡佬族、苗族），太原：山西出版传媒集团·书海出版社 2014 年版，第 319 页。

汉族 解州盐泽，方百二十里。久雨，四山之水，悉注其中，未尝溢；大旱未尝涸。卤色正赤，在版泉之下，俚俗谓之蚩尤血。

【流传】（无考）

【出处】 ［宋］沈括：《梦溪笔谈》卷三。

W0672. 11. 3. 2

蚩尤旗

实 例

（参见下级母题实例）

W0672.11.3.2.1

祭蚩尤时天上出现的赤气称蚩尤旗

实 例

苗族 人们常于十月祭祀蚩尤，祭时有赤气涌出，横亘天际，人们称之为“蚩尤旗”。

【流传】（无考）

【出处】

(a)《蚩尤》，见《中国各民族宗教与神话大词典》编审委员会编《中国各民族宗教与神话大词典》，北京：学苑出版社1990年版。

(b) 杨知勇改写：《蚩尤》，见姚宝瑄主编《中国各民族神话》（布依族、仡佬族、苗族），太原：山西出版传媒集团·书海出版社2014年版，第319页。

W0672.11.3.2.2

蚩尤的青色蚩旗

实 例

汉族 蚩尤在一个山岗高处，像一尊天神似的坐在那里，身旁竖着一面青色蚩旗。

【流传】 河南省·（郑州市）·新密市

【出处】 刘文学采录整理：《风后八卦阵》，见张振犁编著，孟宪明、朱淑君统纂《中原神话通鉴》（第二卷），郑州：河南大学出版社2017年版，第567页。

W0672.11.3.2.3

蚩尤旗状若众植华以长，黄上白下

实 例

汉族 有其状若众植华以长，黄上白下，其名蚩尤之旗。

【流传】（无考）

【出处】［秦］吕不韦及门客：《吕氏春秋·明理》。

W0672.11.3.2.4

蚩尤旗预兆王者征伐

实 例

汉族 蚩尤之旗，类彗而后曲，象旗，见则王者征伐四方。

【流传】（无考）

【出处】［西汉］司马迁：《史记·天官书》。

W0672.11.3.3

蚩尤冢

实 例

（参见下级母题实例）

W0672.11.3.3.1

蚩尤尸首冢

实 例

汉族 黄帝复率诸侯再伐蚩尤于冀州。所杀蚩尤，身首异处。帝闵，令葬其冢于寿张，其肩髀于山阳，其髀冢在巨鹿。
【流传】（无考）
【出处】［北宋］张君房：《云笈七签·轩辕本纪》。

W0672.11.3.3.2
蚩尤衣冠冢
实 例
（实例待考）

W0672.11.3.3.3
蚩尤冢在寿张
实 例
汉族 （实例待考）

W0672.11.3.4
蚩尤像
实 例
（参见下级母题实例）

W0672.11.3.4.1
黄帝画蚩尤象以威天下
实 例
汉族 后天下复扰乱，黄帝画蚩尤形象，以威天下。
【流传】（无考）
【出处】［汉］不题撰人：《龙鱼河图》。

W0672.11.3.5
蚩尤村
实 例
汉族 （实例待考）

W0673
二郎神①
实 例
（参见下级母题实例）

W0673.1
二郎神的产生
实 例
（参见下级母题实例）

W0673.1.1
生育二郎神
实 例
（实例待考）

W0673.1.2
特定的人成为二郎神
实 例
（参见下级母题实例）

W0673.1.2.1
能干的两兄弟死后被天神封为二郎神
实 例
羌族 两个能干的兄弟死后，弟弟于永被木巴（天神）封为罗和二王。二

① 二郎神，在一些神话传说或故事中又常称作“杨二郎”，在道教或其他宗教神话中也很常见。

王又叫二郎神。

【流传】四川省·（阿坝藏族羌族自治州）·茂县·较场乡

【出处】肖德升讲，罗世泽采录：《岐山大王和罗和二王》，见中国民间文学集成全国编辑委员会编《中国民间故事集成》（四川卷·下），北京：中国ISBN中心1998年版，第1127页。

W0673.2

二郎神的特征

实 例

（参见下级母题实例）

W0673.2.1

二郎神3只眼

【关联】［W0075.3.1］三眼神

实 例

汉族 杨二郎有3只眼。

【流传】山东省·（菏泽市）·郓城县·杨庄集乡·袁屯村

【出处】刘秀英讲，潘永修采录：《二郎担山撵太阳》，见中国民间文学集成全国编辑委员会编《中国民间故事集成》（山东卷），北京：中国ISBN中心2007年版，第8页。

汉族 二郎神名叫杨戬，脸上长着三只眼。

【流传】陕西省·西安市

【出处】赵康民记录集整理：《二郎神称骊山》，见姚宝瑄主编《中国各民族神话》（汉族），太原：山西出版传媒集团·书海出版社2014年版，第136~137页。

W0673.2.1.1

杨戬是三只眼的大汉

实 例

汉族 老天爷很可怜黄帝，就在天上召集各路天神询问谁愿意帮助黄帝修城时，众天神中站出来一员身材高大，脸上长着三只眼的大汉，说：“我杨戬愿替玉帝前去，请您恩准。”

【流传】河南省·（郑州市）·新郑市

【出处】周河（73岁，私塾先生）讲，高力升整理：《黄帝修城（三）》，见张振犁编著，孟宪明、朱淑君统纂《中原神话通鉴》（第二卷），郑州：河南大学出版社2017年版，第617页。

W0673.2.1.2

三眼神杨二郎

实 例

汉族 李冰之子李二郎（或杨二郎）亦为三眼。

【流传】四川省·都江堰市

【出处】《三眼神》，见袁珂《中国神话大词典》，北京：华夏出版社2015年版，第18页。

W0673.2.1a

二郎神面白微须三只眼

实 例

汉族 杨戬身披锁子甲黄金，面白微须三只眼，手使三尖二刃锋。

【流传】（无考）

【出处】杜颖陶编：《董永沉香合集》，上海：上海古典文学出版社 1957 年版。

W0673.2.2

杨二郎力气大

实　例

汉族 杨二郎住在灌口，他的能力是镇山、担山和移山，力大得很。

【流传】河南省·（郑州市）·登封市

【出处】《扁担眼》，见张振犁编著，孟宪明、朱淑君统纂《中原神话通鉴》（第三卷），郑州：河南大学出版社 2017 年版，第 912 页。

W0673.2.2.1

杨戬用一根荆条能把两个小山担起来

【关联】［W0673.6.5.2］杨二郎的扁担

实　例

汉族 杨戬用一根荆条，就能把两个小山担起来

【流传】河南省·（郑州市）·新郑市

【出处】周河（73 岁，私塾先生）讲，高力升整理：《黄帝修城（三）》，见张振犁编著，孟宪明、朱淑君统纂《中原神话通鉴》（第二卷），郑州：河南大学出版社 2017 年版，第 617 页。

W0673.2.3

二郎神是彪形大汉

实　例

汉族 二郎神杨戬是一个彪形大汉。

【流传】河南省·（郑州市）·新密市·岳村、来集、城关镇等

【出处】王天边讲，李改玲采录整理：《二郎斩蛟》，见张振犁编著，孟宪明、朱淑君统纂《中原神话通鉴》（第三卷），郑州：河南大学出版社 2017 年版，第 930 页。

W0673.2.3.1

二郎神身材高得能摘星星

实　例

汉族 二郎神杨戬，是玉皇大帝外甥，生三只眼睛，身体高大，脚踏地头顶天，一伸手能摘下月亮和星星。

【流传】河南省·（三门峡市）·渑池县·西村乡

【出处】刘桂萍讲，姚光一采录述：《二郎神挑山追太阳》，见张振犁编著，孟宪明、朱淑君统纂《中原神话通鉴》（第三卷），郑州：河南大学出版社 2017 年版，第 918 页。

W0673.2.4

二郎神心善（好心的二郎神）

实　例

汉族 二郎神杨戬心眼好，有时还干

预那些贪懒误事的神仙，为凡间百姓办点好事。

【流传】河南省·（三门峡市）·渑池县·西村乡

【出处】刘桂萍讲，姚光一采录述：《二郎神挑山追太阳》，见张振犁编著，孟宪明、朱淑君统纂《中原神话通鉴》（第三卷），郑州：河南大学出版社2017年版，第918页。

W0673.2.4.1

二郎神关心人间疾苦

实 例

汉族 当时有个好心的二郎神，看到天上九个太阳并出晒得大地焦了，禾苗枯了，他决定把太阳压在山下。

【流传】江苏省·（连云港市）·东海县

【出处】王运家讲，朱守和记录：《二郎神挑来平明龙虎山》，见姚宝瑄主编《中国各民族神话》（汉族），太原：山西出版传媒集团·书海出版社2014年版，第114～115页。

W0673.2.5

二郎神是死心眼儿货

实 例

汉族 天上10个太阳。杨二郎担压太阳。压得天上只剩下一个太阳了。杨二郎死心眼儿货，也不想想没一个太阳中不中，还是只管担着山撵。

【流传】河南省·（平顶山市）·鲁山县

【出处】李永和讲，张怀发采录：《杨二郎担山撵太阳》，见张振犁编著，孟宪明、朱淑君统纂《中原神话通鉴》（第三卷），郑州：河南大学出版社2017年版，第925页。

W0673.2.6

二郎神有动物体征

【关联】［W0673.8.1.3.1］二郎神杨戬原形是虾蟆

实 例

汉族 （参见“W0673.8.1.3.1 二郎神杨戬原形是虾蟆”母题实例）

W0673.3

二郎神的身份

实 例

（参见下级母题实例）

W0673.3.1

二郎神是天神

实 例

汉族 二郎担山压太阳后成了天神，据说那条宝贝扁担就成了他的兵器。

【流传】河南省·（南阳市）·西峡县·（顺车乡·杜店村）

【出处】任西挺（男，初小，农民）、任相山（男，50岁，小学，农民）讲，任放远采录整理：《太阳沟》（1983.04），见张振犁编著，孟宪明、朱淑君统纂《中原神话通鉴》（第三卷），郑州：河南大学出版社 2017 年版，第 947 页。

W0673.3.2 二郎神是大力神

实 例

汉族 大力神二郎神担起几座大山，飞步追赶太阳。

【流传】河南省·（南阳市）·方城县·（二郎庙乡·大王庄）

【出处】林纪（70 岁，农民）讲，杨明鲜采录整理：《二郎神担山赶太阳》（1983），见张振犁编著，孟宪明、朱淑君统纂《中原神话通鉴》（第三卷），郑州：河南大学出版社 2017 年版，第 917 页。

W0673.3.3 二郎神是巨人

实 例

（参见下级母题实例）

W0673.3.3.1 二郎站起身体像座高山

实 例

汉族 有个年轻巨人二郎。二郎站起身子像座高山，腾腾鞋壳篓里积灰能堆起座小山岗，轻轻说句话震得山都乱动弹。

【流传】河南省·（南阳市）·西峡县·（顺车乡·杜店村）

【出处】任西挺（男，初小，农民）、任相山（男，50 岁，小学，农民）讲，任放远采录整理：《太阳沟》（1983.04），见张振犁编著，孟宪明、朱淑君统纂《中原神话通鉴》（第三卷），郑州：河南大学出版社 2017 年版，第 944 页。

W0673.3.4 二郎神是神仙

实 例

（参见下级母题实例）

W0673.3.4.1 玉皇大帝封杨二郎为神仙

实 例

汉族 天上玉皇大帝知道了杨二郎担山赶太阳的事迹，就封杨二郎为神仙，专为人们驱邪拿怪，抱打不平。连杨二郎的妹妹也封作圣母娘娘，造福人类。

【流传】河南省·（周口市）·扶沟县·（白潭乡·东白庄村）

【出处】窦平（男，66 岁，农民，不识字）讲，窦宝全采录整理：《杨二郎担山赶太阳》，见张振犁编著，孟宪明、朱淑君统纂《中原神话通鉴》（第三卷），郑州：河南大学出版社 2017 年版，第 914 页。

W0673.3.4.2

杨二郎是天上的神仙

实 例

汉族 天上的神仙杨二郎，看到天上12个太阳造成人间灾难，决心将太阳除掉。

【流传】江苏省·（连云港市）·东海县

【出处】丁维英讲，陈绍武、王运生记录：《二郎担山赶太阳》（1987.05），见姚宝瑄主编《中国各民族神话》（汉族），太原：山西出版传媒集团·书海出版社2014年版，第113页。

W0673.3.5

二郎神是法师

实 例

（参见下级母题实例）

W0673.3.5.1

二郎神是大法师的高徒

实 例

汉族 在东南方盱眙的山上，有一位法力无边的大师，他有个高徒姓杨名戬，外号叫二郎神。

【流传】江苏省·（宿迁市）·泗洪县·城头（城头乡）·莫台村

【出处】莫天创讲，莫云搜集整理：《二郎担山赶太阳》（1988.12），见姚宝瑄主编《中国各民族神话》（汉族），太原：山西出版传媒集团·书海出版社2014年版，第120~121页。

W0673.4

二郎神的能力（二郎神的职能）

【关联】

① ［W1835.4.3］二郎担山

② ［W1978.1.2.4］二郎神抠地成井

实 例

（参见下级母题实例）

W0673.4.1

二郎神会变化

实 例

（参见下级母题实例）

W0673.4.1.1

二郎神能72变

实 例

汉族 二郎神有72般变化。

【流传】河南省·（三门峡市）·渑池县·西村乡

【出处】《二郎神填海》，见白庚胜总主编《中国民间故事全书》（河南省渑池县卷），北京：知识产权出版社2009年版，第5页。

汉族 二郎神杨戬七十二变，其甥沉香则有七十三变。

【流传】（无考）

【出处】

(a) 杜颖陶编：《董永沉香合集·新刻

宝莲灯救母全传》。

(b) 同 (a), 见袁珂《中国神话大词典》, 北京: 华夏出版社 2015 年版, 第 2 页。

W0673. 4. 1. 2

二郎神变石人山

实 例

汉族 二郎神变那个石人最高, 就叫做石人山。

【流传】河南省·平顶山市

【出处】赫莲烨讲, 陈金展采录:《石人山的传说》, 见张振犁编著, 孟宪明、朱淑君统纂《中原神话通鉴》(第三卷), 郑州: 河南大学出版社 2017 年版, 第 936 页。

W0673. 4. 2

二郎神能治水妖水怪

实 例

羌族 两个能干的兄弟死后, 弟弟于永被木巴 (天神) 封为罗和二王。二王又叫二郎神, 很有本事, 水妖水怪都怕他。

【流传】四川省·(阿坝藏族羌族自治州)·茂县·较场乡

【出处】肖德升讲, 罗世泽采录:《歧山大王和罗和二王》, 见中国民间文学集成全国编辑委员会编《中国民间故事集成》(四川卷·下), 北京: 中国 ISBN 中心 1998 年版, 第 1127 页。

W0673. 4. 3

二郎神填海移山

实 例

汉族 天帝的外甥二郎神杨戬, 力大无穷, 有七十二般变化, 填海移山不在话下。

【流传】河南省·(三门峡市)·渑池县·南村乡

【出处】茹明采录:《二郎神担山填海》, 见张振犁编著, 孟宪明、朱淑君统纂《中原神话通鉴》(第三卷), 郑州: 河南大学出版社 2017 年版, 第 927 页。

W0673. 4. 4

二郎杨戬司门天

实 例

蒙古族 (参见“W0673. 8. 1. 10 二郎神额勒勒大腾格里”母题实例)

W0673. 4. 5

二郎神力大无穷

实 例

(参见下级母题实例)

W0673. 4. 5. 1

二郎神拔巨树作扁担

实 例

汉族 二郎神力大无穷, 行走如飞。他拔起一根巨树作为扁担, 担起两座山继续追赶太阳。

【流传】江苏省·（宿迁市）·泗洪县·城头（城头乡）·莫台村

【出处】莫天创讲，莫云搜集整理：《二郎担山赶太阳》（1988.12），见姚宝瑄主编《中国各民族神话》（汉族），太原：山西出版传媒集团·书海出版社2014年版，第120～121页。

W0673.4.6

二郎神专管冰雹

实 例

白族 专管冰雹的二郎神为本主。

【流传】云南省·（大理白族自治州）·鹤庆县

【出处】张海福调查整理：《鹤庆白族尊制服冰雹的二郎神为本主》（1990），见吕大吉、何耀华总主编《中国各民族原始宗教资料集成》（彝族卷、白族卷、基诺族卷），北京：中国社会科学出版社1996年版，第577页。

W0673.5

二郎神的事迹

实 例

（参见下级母题实例）

W0673.5.1

二郎担山逐日

【关联】

①［W9866.1］上帝与二郎神撵太阳

②［W9867.2］二郎神担山追杀太阳

实 例

汉族 杨二郎担山追赶太阳。

【流传】河南省·（周口市）·扶沟县·（白潭乡·东白庄村）

【出处】窦平（男，66岁，农民，不识字）讲，窦宝全采录整理：《杨二郎担山赶太阳》，见张振犁编著，孟宪明、朱淑君统纂《中原神话通鉴》（第三卷），郑州：河南大学出版社2017年版，第914页。

W0673.5.2

二郎担山填海

【关联】［W9007.2］赶山填海

实 例

汉族 杨二郎赶山填海。

【流传】辽宁省·（大连市）·庄河县

【出处】赵振厚讲：《黑岛》，见庄河县文化馆编《庄河民间传说》（1），内部编印，1983年，第8页。

W0673.5.3

杨二郎下凡

实 例

（参见下级母题实例）

W0673.5.3.1

杨戬驾云到下界

实 例

汉族 杨戬离开南天门，驾着云来到了下界。

【流传】河南省·（郑州市）·新郑市

【出处】周河（73岁，私塾先生）讲，高力升整理：《黄帝修城（三）》，见张振犁编著，孟宪明、朱淑君统纂《中原神话通鉴》（第二卷），郑州：河南大学出版社2017年版，第617页。

W0673. 5. 3. 2

杨二郎背着玉皇大帝和王母娘娘偷偷下凡

实 例

汉族 杨二郎背着玉皇大帝和王母娘娘，出了天宫，下到凡界。

【流传】辽宁省·（丹东市）·东沟县（东港市），（大连市）·庄河县（庄河市）一带

【出处】王锦函讲，王荷清记录整理：《杨二郎填海追太阳》，见姚宝瑄主编《中国各民族神话》（汉族），太原：山西出版传媒集团·书海出版社2014年版，第123～130页。

W0673. 5. 4

二郎神降妖

实 例

（参见下级母题实例）

W0673. 5. 4. 1

尧派杨戬制服作孽的沃焦

实 例

汉族 羿射落下的九个太阳掉在东海里成为沃焦。尧又派杨戬，俗称杨二郎的，制服在大地上作孽的沃焦。杨二郎住在灌口，他的能力是镇山、担山和移山，力大得很。

【流传】河南省·（郑州市）·登封市

【出处】《扁担眼》，见张振犁编著，孟宪明、朱淑君统纂《中原神话通鉴》（第三卷），郑州：河南大学出版社2017年版，第912页。

W0673. 5. 4. 2

二郎斩蛟

实 例

汉族 二郎为李冰仲子，喜驰猎，与其友七人斩蛟。

【流传】（无考）

【出处】［清］钱茂：《历代都江堰功小传》。

汉族 二郎喜驰猎之事，奉父命而斩蛟，其友七人实助之。

【流传】（无考）

【出处】［民国］罗骏声：《灌县志》附《灌志文征》卷五《李公父子治水记》。

汉族 后人为了纪念杨二郎为民斩蛟除害，就在壶瓶咀西北方、赵寨附近修建了一座二郎庙，以表敬意。

【流传】河南省·（郑州市）·新密市·岳村、来集、城关镇等

【出处】王天边讲，李改玲采录整理：《二郎斩蛟》，见张振犁编著，孟宪明、朱淑君统纂《中原神话通鉴》

（第三卷），郑州：河南大学出版社2017年版，第930页。

W0673.5.5

二郎神助人

实 例

（参见下级母题实例）

W0673.5.5.1

二郎神为愚公把山担走

实 例

汉族 很久以前，九十高寿的愚公率领儿孙们要搬掉挡在门前的两座大山。他们决心移山填海的精神感动了天上的二郎神。二郎要趁夜深人静把山担走，扔到东海里去。

【流传】河南省·（鹤壁市）·浚县

【出处】吕子英（男，60岁，学校校长）讲，邢清玉采录整理：《大伾山与浮丘山的传说》（1988.10），见张振犁编著，孟宪明、朱淑君统纂《中原神话通鉴》（第三卷），郑州：河南大学出版社2017年版，第931页。

W0673.6

二郎神的生活

实 例

（参见下级母题实例）

W0673.6.1

二郎神的服饰

实 例

（参见下级母题实例）

W0673.6.1.1

二郎神身披锁子甲黄金

实 例

汉族 二郎爷来本姓杨，身穿石青树叶黄。手使金弓银弹子，梧桐树上打凤凰。

【流传】吉林省·（吉林市）·永吉县·土城子乡·聂司马屯汉军旗

【出处】常恕春抄录：《二郎》，见吉林省艺术研究所等编《坛续与神本》，内部编印，1985年，第157页。

汉族 当先显出一神将，身披锁子甲黄金；白面微须三只眼，手使三尖二刃锋；众神看罢杨小圣，认得是，临江灌口二郎神。

【流传】（无考）

【出处】杜颖陶编：《董永沉香合集·沉香救母雌雄剑》，上海：上海古典文学出版社1957年版。

W0673.6.1.2

二郎神头戴一顶三山帽

实 例

汉族 杨戬“牵着狗来驾着鹰”、“头戴一顶三山帽”。

【流传】（无考）

【出处】杜颖陶编：《董永沉香合集》，上海：上海古典文学出版社1957年版。

W0673.6.2

二郎神的食物

实 例

（实例待考）

W0673.6.3

二郎神的居所

实 例

（参见下级母题实例）

W0673.6.3.1

杨二郎住在灌口

实 例

汉族 杨戬，俗称杨二郎，他住在灌口。

【流传】河南省·（郑州市）·登封市

【出处】《扁担眼》，见张振犁编著，孟宪明、朱淑君统纂《中原神话通鉴》（第三卷），郑州：河南大学出版社2017年版，第912页。

W0673.6.3.2

二郎神居天上

实 例

汉族 天上的二郎神变成要饭的，查访人间的情况。

【流传】黑龙江省一带（复述地点：山东省·威海市·文登市·侯家镇·西敖村）

【出处】李琴复述：《人吃饭狗吃屎》（2011.10），见李海生《东北民间故事》（上册），哈尔滨：黑龙江教育出版社2016年版，第6页。

W0673.6.4

二郎神的出行

实 例

（参见下级母题实例）

W0673.6.4.1

杨二郎驾云彩出行

实 例

汉族 二郎神从天上驾着云彩下来，一看人间这般气象，便询问山神土地。

【流传】河南省·（三门峡市）·渑池县·西村乡

【出处】刘桂萍讲，姚光一采录述：《二郎神挑山追太阳》，见张振犁编著，孟宪明、朱淑君统纂《中原神话通鉴》（第三卷），郑州：河南大学出版社2017年版，第918页。

W0673.6.5

二郎神的工具

实 例

（参见下级母题实例）

W0673.6.5.1

二郎手使金弓银弹子

实 例

汉族 二郎爷来本姓杨，身穿道袍鹅蛋黄。手使金弓银弹子，梧桐树上打凤凰。

【流传】（无考）

【出处】杜颖陶编：《董永沉香合集》引太平歌词《二郎劈山救母》。

W0673.6.5.2

杨二郎的扁担

实 例

汉族 二郎东捉太阳时，只见面前放着一根扁担，就拿起扁担，放在肩头上。一放，忽地一下他的身子长得跟天恁高，扁担也随着他长，长得有千万丈长。

【流传】河南省·（三门峡市）·卢氏县

【出处】杜秉贵讲，杜玉峰采录整理：《二郎担山赶太阳》，见张振犁编著，孟宪明、朱淑君统纂《中原神话通鉴》（第三卷），郑州：河南大学出版社2017年版，第916页。

W0673.6.5.2.1

杨二郎的宝贝扁担

实 例

汉族 二郎得到了宝贝扁担，马上又砍了根参天大树，做了个称心如意的打竖杆儿。选了两架山挑起来，去捉太阳。

【流传】河南省·（南阳市）·西峡县·（顺车乡·杜店村）

【出处】任西挺（男，初小，农民）、任相山（男，50岁，小学，农民）讲，任放远采录整理：《太阳沟》（1983.04），见张振犁编著，孟宪明、朱淑君统纂《中原神话通鉴》（第三卷），郑州：河南大学出版社2017年版，第946页。

W0673.6.5.3

杨二郎的青龙宝剑

实 例

汉族 二郎神杨戬是一个彪形大汉，手握青龙宝剑，脚登五彩祥云站立头顶。

【流传】河南省·（郑州市）·新密市·岳村、来集、城关镇等

【出处】王天边讲，李改玲采录整理：《二郎斩蛟》，见张振犁编著，孟宪明、朱淑君统纂《中原神话通鉴》（第三卷），郑州：河南大学出版社2017年版，第930页。

W0673.6.5.4

杨二郎的三棱刀

实 例

汉族 二郎神杨戬将青海的一座大山，用三棱刀一下劈成两半个，再用担子扎住，担起来就往东海岸走去。

【流传】河南省·（三门峡市）·渑池县·南村乡

【出处】茹明采录：《二郎神担山填海》，见张振犁编著，孟宪明、朱淑

君统纂《中原神话通鉴》（第三卷），郑州：河南大学出版社 2017 年版，第 928 页。

W0673. 6. 5. 4. 1
杨二郎手使三尖二刃锋

实 例

汉族 （参见“W0673. 6. 1. 1 二郎神身披锁子甲黄金”母题实例）

W0673. 6. 5. 4. 2
杨二郎的三尖二刃刀

实 例

汉族 二郎神惯使一把三尖两刃刀。

【流传】 陕西省·西安市

【出处】 赵康民记录集整理：《二郎神称骊山》，见姚宝瑄主编《中国各民族神话》（汉族），太原：山西出版传媒集团·书海出版社 2014 年版，第 136～137 页。

W0673. 6. 5. 5
杨二郎的捆仙绳

实 例

汉族 二郎神在天空暗中相助，那九条龙已被黄帝的手下武定拿住，用二郎神的捆仙绳捆在水中，等待黄帝发落。

【流传】 河南省·（南阳市）·新密市

【出处】 高力升、高帆采录整理：《九龙朝凤》，见张振犁编著，孟宪明、朱淑君统纂《中原神话通鉴》（第二卷），郑州：河南大学出版社 2017 年版，第 519 页。

W0673. 6. 5. 6
二郎神的神鞭

【关联】 ［W0966. 15］ 神鞭

实 例

（参见下级母题实例）

W0673. 6. 5. 6. 1
二郎神手执五台鞭

实 例

汉族 开天辟地之初，二郎神手执五台鞭，驱一猪、一虎与一牛过大海。

【流传】 （辽宁省·大连市）

【出处】 袁珂改编：《猪岛、猫牛岛与虎平岛》（原名《猫牛岛和虎平岛》），原载中国民间文艺研究会辽宁分会编《大连风物传说》，见袁珂《中国神话大词典》，北京：华夏出版社 2015 年版，第 391 页。

W0673. 6. 5. 6. 2
二郎神的赶山鞭

实 例

汉族 禹王乘云驾雾，来到天宫，向二郎神借来了赶山鞭。

【流传】 淮河流域

【出处】 唐元海、王玉佩讲，茆文斗搜集整理：《禹王锁蛟》，载《民间文学》1986 年第 6 期。

W0673.6.6

二郎神的宠物

实 例

（参见下级母题实例）

W0673.6.6.1

二郎神的哮天犬

实 例

汉族 杨二郎担着山撵上了小太阳。他命哮天犬和一个小太阳厮打。

【流传】河南省·（南阳市）·桐柏县

【出处】李振有、李爱波讲，马卉欣采录：《二郎担山撵太阳（三）》（1980），见张振犁编著，孟宪明、朱淑君统纂《中原神话通鉴》（第三卷），郑州：河南大学出版社 2017 年版，第 923 页。

汉族 二郎神带着哮天犬和天兵天将下得凡来。

【流传】河南省·（南阳市）·社旗县

【出处】张运芳（农民）讲，徐东采录整理：《麦穗与狗和兔子》，见张振犁编著，孟宪明、朱淑君统纂《中原神话通鉴》（第四卷），郑州：河南大学出版社 2017 年版，第 1337 页。

汉族 二郎神带着哮天犬来到人间。

【流传】河南省·洛阳市

【出处】《口粮为什么又叫“免狗点”》，见张振犁编著，孟宪明、朱淑君统纂《中原神话通鉴》（第四卷），郑州：河南大学出版社 2017 年版，第 1346 页。

汉族 二郎神行走时牵着哮天犬。

【流传】陕西省·西安市

【出处】赵康民记录集整理：《二郎神称骊山》，见姚宝瑄主编《中国各民族神话》（汉族），太原：山西出版传媒集团·书海出版社 2014 年版，第 136～137 页。

W0673.6.6.2

二郎神的黑猎犬

实 例

蒙古族 （参见“W0673.8.1.10 二郎神额勒勒大腾格里”母题实例）

W0673.7

二郎神的关系

实 例

（参见下级母题实例）

W0673.7.0

二郎神的祖辈

实 例

（参见下级母题实例）

W0673.7.0.1

杨二郎是玉帝的外孙

实 例

汉族 杨二郎是玉皇大帝、王母娘娘的外孙子。

【流传】辽宁省·（丹东市）·东沟县（东港市），（大连市）·庄河县（庄河市）一带

【出处】王锦函讲，王荷清记录整理：《杨二郎填海追太阳》，见姚宝瑄主编《中国各民族神话》（汉族），太原：山西出版传媒集团·书海出版社 2014 年版，第 123 ~ 130 页。

W0673. 7. 1

二郎神的父母

实 例

（参见下级母题实例）

W0673. 7. 1. 1

杨二郎的母亲是神仙

【关联】［W0817a. 4. 1. 1］杨二郎的仙体母亲被太阳晒化

实 例

汉族 二郎神杨戬的母亲是个神仙。

【流传】陕西省·（咸阳市）·彬县·小章乡·赵寨村

【出处】池老犟讲，纪笑强采录：《二郎神担山压太阳》，见中国民间文学集成全国编辑委员会编《中国民间故事集成》（陕西卷），北京：中国 ISBN 中心 1996 年版，第 21 页。

W0673. 7. 1. 2

杨二郎的父母是开山老祖

实 例

汉族 顶天立地的英雄杨二郎，父母是开山老祖。

【流传】河南省·（三门峡市）·卢氏县

【出处】杜秉贵讲，杜玉峰采录整理：《二郎担山赶太阳》，见张振犁编著，孟宪明、朱淑君统纂《中原神话通鉴》（第三卷），郑州：河南大学出版社 2017 年版，第 915 页。

W0673. 7. 1. 3

杨二郎的父母是一对穷夫妻

实 例

汉族 一条大山沟里，住着一户姓杨的贫苦人家。这家三口人，一个老母亲和两个儿子。老大上山挖野菜，从悬崖上摔下来死了。老二长得虎头虎脑，膀乍腰圆，力大无比，很是勇猛，方圆几十里的人家都知道他，叫他“大力二郎”。

【流传】河南省·（南阳市）·南召县

【出处】翟传林（男，30 岁，教师，高中）讲，乔明宪采录整理：《二郎船》，见张振犁编著，孟宪明、朱淑君统纂《中原神话通鉴》（第三卷），郑州：河南大学出版社 2017 年版，第 941 页。

W0673.7.1.4

二郎是李冰之子

【关联】［W0673.8.1.4a］二郎神李二郎

实　例

汉族 李冰去水患，庙食于蜀之离堆，而其子二郎以灵化显圣。

【流传】（无考）

【出处】傅增湘：《宋代蜀文辑存》卷十三。

汉族 蜀中灌口二郎庙。是李冰的第二儿子。因李冰开凿离堆有功立庙，今来现灵。

【流传】（无考）

【出处】［宋］朱熹与弟子语，黎靖德编：《朱子语类》卷三。

汉族 秦灾蜀，秦王命李冰为蜀郡守，二郎亦偕其父同至蜀。时蜀地多水患，二郎奉父命往寻洪水祸源，思有以治之。

【流传】（无考）

【出处】《二郎》，见袁珂《中国神话大词典》，北京：华夏出版社2015年版，第4页。

W0673.7.2

二郎神的外祖父（二郎神的舅父）

实　例

（参见下级母题实例）

W0673.7.2.1

杨二郎是老天爷的外甥

实　例

汉族 杨二郎是老天爷的外甥。

【流传】

（a）黑龙江省·黑河市

（b）山东省·（菏泽市）·郓城县·杨庄集乡·袁屯村

【出处】

（a）贾长有讲，贾永先采录：《二郎担山赶太阳》，见中国民间文学集成全国编辑委员会编《中国民间故事集成》（黑龙江卷），北京：中国ISBN中心2005年版，第25页。

（b）刘秀英讲，潘永修采录：《二郎担山撵太阳》，见中国民间文学集成全国编辑委员会编《中国民间故事集成》（山东卷），北京：中国ISBN中心2007年版，第8页。

汉族 二郎神是老天爷的亲外甥。

【流传】河南省·（南阳市）·西峡县［采录地点：西峡县·五里桥乡·石人沟村］

【出处】张治田（男，70岁，农民，不识字）讲，万子东采录，谢起超采录整理：《石人沟》（1980.05），见张振犁编著，孟宪明、朱淑君统纂《中原神话通鉴》（第三卷），郑州：河南大学出版社2017年版，第940页。

W0673. 7. 2. 2

杨二郎是天帝的外甥

实 例

汉族 二郎神是天帝的外甥。

【流传】河南省·（三门峡市）·渑池（渑池县）

【出处】《二郎神填海》，见白庚胜总主编《中国民间故事全书》（河南省渑池县卷），北京：知识产权出版社2009年版，第5页。

W0673. 7. 2. 3

杨二郎是张天师的外甥

实 例

汉族 杨二郎是张天师的外甥。

【流传】辽宁省·（抚顺市）·清原县（清原满族自治县）·斗虎屯镇

【出处】何忠良讲，周世新采录：《张天师与二郎神》，见中国民间文学集成全国编辑委员会编《中国民间故事集成》（辽宁卷），北京：中国ISBN中心1994年版，第8页。

W0673. 7. 2a

二郎神的其他亲属

实 例

（参见下级母题实例）

W0673. 7. 2a. 1

二郎神的妹妹华岳三圣母

实 例

汉族 二郎神是华岳三圣母的亲哥哥。

【流传】陕西省·西安市

【出处】赵康民记录集整理：《二郎神称骊山》，见姚宝瑄主编《中国各民族神话》（汉族），太原：山西出版传媒集团·书海出版社2014年版，第136~137页。

W0673. 7. 2a. 2

杨二郎的哥哥杨大郎

实 例

汉族 泰山脚下，住着一对庄稼汉，哥哥叫杨大郎，弟弟叫杨二郎。

【流传】江苏省·（徐州市）·新沂市

【出处】叶炳南讲，张希贤整理：《追赶太阳》，见姚宝瑄主编《中国各民族神话》（汉族），太原：山西出版传媒集团·书海出版社2014年版，第121~123页。

W0673. 7. 3

二郎神的上司

实 例

（参见下级母题实例）

W0673.7.3.1
二郎神是玉皇大帝的部下

实 例

汉族 一天，玉皇大帝正坐灵霄宝殿养神，听到下面哭哭闹闹，就派二郎神下去察看。

【流传】河南省·（南阳市）·桐柏县

【出处】袁相如（男，53岁，职工）讲，谢明超采录，陈胜采录整理：《桐柏山、淮河、大禹》，见张振犁编著，孟宪明、朱淑君统纂《中原神话通鉴》（第四卷），郑州：河南大学出版社2017年版，第1149页。

W0673.7.3a
二郎神的下属

实 例

（参见下级母题实例）

W0673.7.3a.1
二郎神的部将雷公电母

实 例

白族 二郎神的部将有雷公电母。

【流传】云南省·（大理白族自治州）·鹤庆县

【出处】张海福调查整理：《鹤庆白族尊制服冰雹的二郎神为本主》（1990），见吕大吉、何耀华总主编《中国各民族原始宗教资料集成》（彝族卷、白族卷、基诺族卷），北京：中国社会科学出版社1996年版，第578页。

W0673.7.4
与二郎神的关系有关的其他母题

实 例

（参见下级母题实例）

W0673.7.4.1
二郎神是华岳三圣母的亲哥哥

实 例

汉族 ☆二郎神是华岳三圣母的亲哥哥。

【流传】陕西省·（西安市）·临潼县（临潼区）·行者乡（行者街道）·海家庄

【出处】李世忠讲，赵康民采录：《二郎神称骊山》，见中国民间文学集成全国编辑委员会编《中国民间故事集成》（陕西卷），北京：中国ISBN中心1996年版，第20页。

W0673.8
与二郎神有关的其他母题

实 例

（参见下级母题实例）

W0673.8.1
二郎神名称的来历（二郎神名称）

实 例

（参见下级母题实例）

W0673. 8. 1. 1

二郎神即罗和二王

实 例

羌族 两个能干的兄弟死后，弟弟于永被木巴（天神）封为罗和二王。二王又叫二郎神。

【流传】四川省·（阿坝藏族羌族自治州）·茂县·较场乡

【出处】肖德升讲，罗世泽采录：《歧山大王和罗和二王》，见中国民间文学集成全国编辑委员会编《中国民间故事集成》（四川卷·下），北京：中国ISBN中心1998年版，第1127页。

W0673. 8. 1. 2

二郎神阿米夏琼

实 例

（参见下级母题实例）

W0673. 8. 1. 2. 1

二郎神阿米夏琼是山神，也是战神

实 例

藏族 阿米夏琼（二郎神）是山神，也是战神。

【流传】青海省·海南藏族自治州·贵德县·东沟乡、和西沟乡

【出处】李加才让：《安多热贡地区的民间宗教活动》，载《西南民族大学学报》2009年第5期。

W0673. 8. 1. 3

二郎神杨戬

实 例

汉族 二郎乃二郎神杨戬，二郎担山赶太阳。

【流传】四川省·都江堰市

【出处】《二郎担山赶太阳》，见袁珂《中国神话大词典》，北京：华夏出版社2015年版，第5页。

汉族 杨戬是临江灌口二郎神。

【流传】（无考）

【出处】杜颖陶编：《董永沉香合集》，上海：上海古典文学出版社1957年版。

汉族 玉皇大帝想要知道他的旨意执行得如何了，便派二郎神杨戬下凡察看。

【流传】河南省·洛阳市

【出处】《口粮为什么又叫“免狗点”》，见张振犁编著，孟宪明、朱淑君统纂《中原神话通鉴》（第四卷），郑州：河南大学出版社2017年版，第1346页。

W0673. 8. 1. 3. 1

二郎神杨戬原形是虾蟆

实 例

汉族 中贵杨戬，于堂后作一大池，环以廊庑，扃锔周密。每浴时屏人，跃入池中游泳，率移时而出，人莫得

窥。一日，戬独寝堂中，有盗入其室，忽见床上乃一虾蟆，大可一床，两目如金，光彩射人。盗为之惊仆，而虾蟆复变为人，乃戬也。掷一银香球与之，盗不敢受，拜而出。后以他事系开封狱，自道如此。

【流传】（无考）

【出处】［宋］陆游：《老学庵笔记》卷十。

W0673.8.1.4

二郎神杨二郎

实 例

汉族 有个大汉叫杨二郎，力能拔山。

【流传】河南省·（周口市）·扶沟县·（白潭乡·东白庄村）

【出处】窦平（男，66岁，农民，不识字）讲，窦宝全采录整理：《杨二郎担山赶太阳》，见张振犁编著，孟宪明、朱淑君统纂《中原神话通鉴》（第三卷），郑州：河南大学出版社2017年版，第914页。

W0673.8.1.4a

二郎神李二郎

实 例

汉族 灌口二郎神有三，即李二郎、赵昱、杨戬。

【流传】（无考）

【出处】《戏神》，见袁珂《中国神话大词典》，北京：华夏出版社2015年版，第145页。

W0673.8.1.5

二郎圣君

实 例

汉族 二郎圣君化身为后生见彭祖。

【流传】河南省·濮阳市［采录地点：濮阳县］

【出处】施国银（男，60岁，汉族，不识字，濮阳县农民）讲，王其连（大专毕业，濮阳市劳动局干部）采录：《不到黄河心不死》（1986.04.13），见张振犁编著，孟宪明、朱淑君统纂《中原神话通鉴》（第四卷），郑州：河南大学出版社2017年版，第1371页。

W0673.8.1.6

大力二郎

实 例

汉族 （参见“W0673.7.1.3 杨二郎的父母是一对穷夫妻”母题实例）

W0673.8.1.7

杨小圣

实 例

汉族 （参见“W0673.6.1.1 二郎神身披锁子甲黄金”母题实例）

W0673. 8. 1. 8

二郎神赵昱

实　例

汉族 清源道妙真君，姓赵名昱，俗曰灌口二郎。

【流传】（无考）

【出处】［明］撰者不详：《三教源流搜神大全》，［清］叶德辉本卷三。

W0673. 8. 1. 9

二郎神邓遐

实　例

汉族 二郎神庙，在府城忠清里。神姓邓，讳遐，挥剑截蛟，数断而出，自是患息。乡人德之，为立祠祀之，以其尝为二郎将，故尊为二郎神。

【流传】（杭州府）

【出处】［清］陈梦雷原编，蒋廷锡重编：《古今图书集成·职方典》卷九四七。

W0673. 8. 1. 10

二郎神额勒勒大腾格里

实　例

蒙古族 领着黑猎犬的额勒勒大腾格里，又称额勒勒大腾格里或称额勒爷腾格里，此天是汉文化进入蒙古的产物，实际上就是二郎杨戬，蒙古人称他为司门天（在蒙古族民间宗教或萨满神词中，“天”与“腾格里”常常通用，此处可以看作是泛指诸神）。

【流传】（无考）

【出处】额尔德木图：《蒙古英雄史诗与孛额唱词中的“腾格里”》，载《内蒙古社会科学》（汉文版）1995 年第 5 期。

W0673. 8. 2

二郎神遗迹

实　例

（参见下级母题实例）

W0673. 8. 2. 1

二郎井

实　例

汉族 二郎担山撵太阳时，太渴了，发现地下有一个小水坑，用指头往下一拧，成了一口井，二郎一喝，凉甜解渴。后来人们用砖把井砌了砌，起名叫“二郎井”。

【流传】河南省·（南阳市）·镇平县·二龙乡

【出处】镇平县民间文学普查组采录整理：《二郎担山撵太阳（二）》（1986. 03. 28），见张振犁编著，孟宪明、朱淑君统纂《中原神话通鉴》（第三卷），郑州：河南大学出版社 2017 年版，第 922 页。

W0673. 8. 2. 2

二郎石

实　例

汉族 二郎神脚趾头旮旯里抠出来的两块泥沙，慢慢变成了两座不大不小的石山，矗立在黄河急流中，人们把它们叫做二郎石。

【流传】河南省·（三门峡市）·渑池县·南村乡

【出处】茹明采录：《二郎神担山填海》，见张振犁编著，孟宪明、朱淑君统纂《中原神话通鉴》（第三卷），郑州：河南大学出版社 2017 年版，第 928 页。

W0673.8.2.3

二郎坑

实 例

汉族 当二郎担起山来继续压太阳时，不料扁担楔儿折断了，溜担了。山掉下来，将地砸了两个坑。据说前郭雷和大史村的“二郎坑”就是当时二郎担山砸的。

【流传】河南省·（新乡市）·辉县

【出处】李桂生采录整理：《二郎担山》，见张振犁编著，孟宪明、朱淑君统纂《中原神话通鉴》（第三卷），郑州：河南大学出版社 2017 年版，第 926 页。

W0673.8.2.4

二郎船

实 例

汉族 大力二郎担山压太阳，他过河坐的那条船，成了石船，现在还在四棵树乡二郎船村放着。人们为了不忘二郎的好处，在“二郎船”附近修了二郎庙。

【流传】河南省·（南阳市）·南召县

【出处】翟传林（男，30 岁，教师，高中）讲，乔明宪采录整理：《二郎船》，见张振犁编著，孟宪明、朱淑君统纂《中原神话通鉴》（第三卷），郑州：河南大学出版社 2017 年版，第 942 页。

W0674

风后

实 例

（参见下级母题实例）

W0674.1

风后的产生

实 例

（参见下级母题实例）

W0674.1.1

风后与女娲同时代

实 例

汉族 风后与女娲是同时期的人，女娲死了以后，埋在新郑市林场了。

【流传】河南省·（郑州市）·新郑市

【出处】袁固（63 岁，高师）讲，河南大学“中原神话调查组”录音，张振犁、蔡柏顺、程健君采录：《风后岭》（1983.11.26），见张振犁编著《中原神话通鉴》（第一卷），郑州：河南大学出版社 2017 年版，第 142 页。

W0674. 2

风后的特征

实 例

（参见下级母题实例）

W0674. 2. 1

风后的体征

实 例

汉族 （实例待考）

W0674. 2. 2

风后有勇有谋

实 例

汉族 风后有勇有谋，办事很有办法。

【流传】河南省·（郑州市）·新密市

【出处】张造讲，高力升采录：《黄帝战蚩尤》，见张振犁编著，孟宪明、朱淑君统纂《中原神话通鉴》（第二卷），郑州：河南大学出版社 2017 年版，第 535 页。

W0674. 3

风后的身份（风后的职能，风后的能力）

实 例

（参见下级母题实例）

W0674. 3. 1

风后是天上的金川星

实 例

汉族 风后本来是天上的金川星。

【流传】河南省·（郑州市）·新郑市

【出处】蔡英生（75 岁，教师）讲，蔡柏顺采录整理：《风后岭》，见张振犁编著，孟宪明、朱淑君统纂《中原神话通鉴》（第二卷），郑州：河南大学出版社 2017 年版，第 600 页。

W0674. 3. 2

风后是黄帝的属臣

实 例

汉族 黄帝得风后于海隅，登以为相。

【流传】（无考）

【出处】［清］马骕：《绎史》卷五引《帝王世纪》。

W0674. 3. 2. 1

风后是黄帝的谋士

实 例

汉族 为了找到这块风水宝地，黄帝带领手下谋士风后，走了无数地方，爬高山，越深涧，跨沟壑，穿平原，终于在神州的中部腹地找到了云岩宫。

【流传】河南省·（南阳市）·新密市

【出处】高力升、高帆采录整理：《九龙

朝风》，见张振犁编著，孟宪明、朱淑君统纂《中原神话通鉴》（第二卷），郑州：河南大学出版社 2017 年版，第 518 页。

W0674.3.2.2

风后是黄帝的军师

实 例

汉族 黄帝看对付蚩尤难以取胜，就派军师风后去长白山请来蚂蚁神。

【流传】河南省·（驻马店市）·确山县·（蚁蜂乡·鼓楼村·第四村）［采录地点：蚁蜂乡·彭楼村］

【出处】张天义（男，73 岁，农民，私塾）讲，彭永先采录：《蚂蚁山和蚁蜂店》（1988.04.03），见张振犁编著，孟宪明、朱淑君统纂《中原神话通鉴》（第二卷），郑州：河南大学出版社 2017 年版，第 574 页。

W0674.3.2.3

风后是黄帝的大将军

实 例

汉族 黄帝访广成子后得大将军风后和力牧，战胜了炎帝。

【流传】河南省·（郑州市）·新密市

【出处】张造、王石磙（云岩宫园林工人）讲，高力升采录：《云岩宫》，见张振犁编著，孟宪明、朱淑君统纂《中原神话通鉴》（第二卷），郑州：河南大学出版社 2017 年版，第 539 页。

W0674.3.2.4

风后是黄帝的大臣

实 例

汉族 风后、力牧等是黄帝的大臣。

【流传】河南省·（郑州市）·新密市

【出处】高力升采录整理：《来集与牛集》，见张振犁编著，孟宪明、朱淑君统纂《中原神话通鉴》（第二卷），郑州：河南大学出版社 2017 年版，第 632 页。

汉族 轩辕忙把大臣风后召来，给他说了九天玄女给他兵法《阴符经》这件事。

【流传】陕西省·（延安市）·黄陵县

【出处】郭诚整理：《黄帝战蚩尤》，原载黄陵县文化馆编《轩辕黄帝传说故事》，见陶阳、钟秀编《中国神话》（中），北京：商务印书馆 2008 年版，第 787～792 页。

W0674.3.3

风后是个发明者

实 例

（参见下级母题实例）

W0674.3.3.1

风后造指南车

实 例

（参见下级母题实例）

W0674. 3. 3. 1. 1

风后法斗机作指南车

实 例

汉族 黄帝与蚩尤战于琢鹿之野。蚩尤作大雾弥三日，军人皆惑。黄帝乃令风后法斗机，作指南车以别四方，遂擒蚩尤。

【流传】（无考）

【出处】［北宋］李昉、李穆、徐铉等：《太平御览》卷十五引《志林》。

W0674. 3. 3. 2

风后发明八卦阵

【关联】［W9198. 1］八卦

实 例

汉族 蚩尤攻打黄帝，被风后的八卦阵法打得惨败，因而终日一筹莫展，命将士死守蚩尤寨，一连数月不敢出战。

【流传】 河南省·（郑州市）·新郑市

【出处】 刘文学采录整理：《女魃战雨师》，见张振犁编著，孟宪明、朱淑君统纂《中原神话通鉴》（第二卷），郑州：河南大学出版社 2017 年版，第 546 页。

汉族 为助黄帝战胜蚩尤，风后把他多年研究的八卦阵战法图拿了出来，给将士们讲解。

【流传】 河南省·（郑州市）·新密市

【出处】 高力升采录整理：《摩旗山》，见张振犁编著，孟宪明、朱淑君统纂《中原神话通鉴》（第二卷），郑州：河南大学出版社 2017 年版，第 569 页。

汉族 黄帝与风后研究如何打败蚩尤。风后把他在具茨山潜心研练的八卦阵图详细地告诉了黄帝。

【流传】 河南省·（郑州市）·新密市

【出处】 高力升采录整理：《绵羊救驾》，见张振犁编著，孟宪明、朱淑君统纂《中原神话通鉴》（第二卷），郑州：河南大学出版社 2017 年版，第 571 页。

W0674. 3. 3. 2. 1

风后在涿鹿布八卦阵

实 例

汉族 风后率三万军队，在涿鹿城东一个山坡处（今八卦村），按照乾、坎、艮、震、巽、离、坤、兑八个方位布阵。

【流传】 河南省·（郑州市）·新密市

【出处】 刘文学采录整理：《风后八卦阵》，见张振犁编著，孟宪明、朱淑君统纂《中原神话通鉴》（第二卷），郑州：河南大学出版社 2017 年版，第 567 页。

W0674. 3. 3. 3

风后造兵器

实 例

汉族 风后大造兵械器具，又研制了“指南器”装置战车。

【流传】河南省·（郑州市）·新郑市

【出处】赵林阁讲，赵国鼎采录整理：《黄帝四十五里军马营》，见张振犁编著，孟宪明、朱淑君统纂《中原神话通鉴》（第二卷），郑州：河南大学出版社 2017 年版，第 722 页。

W0674.3.4

风后善伏羲之道

实 例

汉族 风后善伏羲之道，因八卦设九宫，以安营垒，定万民之竁。蚩尤之灭，多出其徽猷。

【流传】（无考）

【出处】［晋］皇甫谧：《帝王世纪》。

W0674.3.5

风后立功

实 例

（参见下级母题实例）

W0674.3.5.1

风后杀蚩尤

实 例

汉族 黄帝战蚩尤时，一直追到黎山之中，风后亲自刺杀了蚩尤。

【流传】河南省·（郑州市）·新郑市

【出处】：《黄帝大战涿鹿》，见张振犁编著，孟宪明、朱淑君统纂《中原神话通鉴》（第二卷），郑州：河南大学出版社 2017 年版，第 543 页。

W0674.3.6

风后被封为天老

实 例

汉族 黄帝奖惩严明，在战场上立功的人都给予嘉奖。因风后勇立战功，亲自刺杀蚩尤，黄帝封他为天老，位置仅次于他，并把具茨山改名为“风后岭”，封给风后。

【流传】河南省·（郑州市）·新郑市

【出处】：《黄帝大战涿鹿》，见张振犁编著，孟宪明、朱淑君统纂《中原神话通鉴》（第二卷），郑州：河南大学出版社 2017 年版，第 543 页。

W0674.3.6.1

黄帝封风后为仅次于自己的天老

实 例

汉族 黄帝奖惩严明，在战场上立功的人都给予嘉奖。因风后勇立战功，亲自刺杀蚩尤，黄帝封他为天老，位置仅次于自己。

【流传】（无考）

【出处】蔡英生讲，蔡柏顺搜集：*《黄帝战蚩尤》，载《民间文学》1991 年 8 期，见姚宝瑄主编《中国各民族神话》（汉族），太原：山西出版传媒集团·书海出版社 2014 年版，第 412～415 页。

汉族 黄帝与蚩尤作战时，因风后勇立战功，亲自刺杀蚩尤，黄帝封他为天老，位置仅次于他。

【流传】（无考）

【出处】蔡英生讲，蔡柏顺采录：《大战涿鹿》，见陶阳、钟秀编《中国神话》（中），北京：商务印书馆2008年版，第785～786页。

W0674. 3. 7

风后是管家

实 例

（参见下级母题实例）

W0674. 3. 7. 1

风后掌管部落中的内外事务

实 例

汉族 风后有勇有谋，办事很有办法，黄帝就叫他掌管部落中的内外事务。

【流传】河南省·（郑州市）·新密市

【出处】张造讲，高力升采录：《黄帝战蚩尤》，见张振犁编著，孟宪明、朱淑君统纂《中原神话通鉴》（第二卷），郑州：河南大学出版社2017年版，第535页。

W0674. 4

风后的关系

实 例

（参见下级母题实例）

W0674. 4. 1

风后的亲属

实 例

（参见下级母题实例）

W0674. 4. 1. 1

风后是伏羲之裔

实 例

汉族 风后，伏羲之裔，黄帝臣三公之一也。善伏羲之道，因八卦设九宫，以安营垒，定万民之窾。蚩尤之灭，多出其徽猷。

【流传】（无考）

【出处】［清］黄本诚纂修：《新郑县志》乾隆四十一年。

W0674. 4. 2

风后的师傅

实 例

（参见下级母题实例）

W0674. 4. 2. 1

风后的老师道人华盖童子

实 例

汉族 风后下凡降生在具茨山一个农夫家里。他七八岁时跟道人华盖童子在具茨山顶修炼。

【流传】河南省·（郑州市）·新郑市

【出处】蔡英生（75岁，教师）讲，蔡柏顺采录整理：《风后岭》，见张振犁编著，孟宪明、朱淑君统纂《中原神话通鉴》（第二卷），郑州：河南大学出版社2017年版，第600页。

W0674.4.3

风后的上司

实 例

（参见下级母题实例）

W0674.4.3.1

王母娘娘派金川星风后下凡做黄帝的助手

实 例

汉族 风后本来是天上的金川星。黄帝来到人间后，王母娘娘怕他只身孤单，治理天下有困难，便派金川星下来做他的助手。

【**流传**】河南省·（郑州市）·新郑市

【**出处**】蔡英生（75岁，教师）讲，蔡柏顺采录整理：《风后岭》，见张振犁编著，孟宪明、朱淑君统纂《中原神话通鉴》（第二卷），郑州：河南大学出版社2017年版，第600页。

W0674.4.3.2

轩辕氏拜风后为领兵大将

实 例

汉族 轩辕氏拜风后为领兵大将，大兴风后兵法。

【**流传**】河南省·（郑州市）·新郑市

【**出处**】赵林阁讲，赵国鼎采录整理：《黄帝四十五里军马营》，见张振犁编著，孟宪明、朱淑君统纂《中原神话通鉴》（第二卷），郑州：河南大学出版社2017年版，第722页。

W0674.4.3.3

黄帝封风后为宰相

实 例

汉族 黄帝将风后与力牧请到了云崖宫中。封风后为宰相，力牧为大将。

【**流传**】河南省·（郑州市）·新密市

【**出处**】张造讲，高力升采录整理：《黄帝访广成子》，见张振犁编著，孟宪明、朱淑君统纂《中原神话通鉴》（第二卷），郑州：河南大学出版社2017年版，第690页。

W0674.4

与风后有关的其他母题

【**关联**】［W6216.3.2］指南车

实 例

（参见下级母题实例）

W0674.4.1

风后的名称

【**关联**】［W0717.4.5.4］女娲氏即风后

实 例

汉族 （实例待考）

W0674.4.2

风后的遗迹

实 例

（参见下级母题实例）

W0674.4.2.1
风后岭

实 例

（参见下级母题实例）

W0674.4.2.1.1
具茨山称“风后岭”

实 例

汉族 具茨山，因帮助轩辕黄帝开发中原的宰相风后曾在这山上修炼，才改了名，叫它“风后岭”。

【流传】河南省·（郑州市）·新郑市

【出处】蔡英生（75岁，教师）讲，蔡柏顺采录整理：《风后岭》，见张振犁编著，孟宪明、朱淑君统纂《中原神话通鉴》（第二卷），郑州：河南大学出版社2017年版，第600页。

W0674.4.2.1.2
风后岭是风后封地

实 例

汉族 黄帝战胜蚩尤后，风后回到自己的封地风后岭（今河南省新郑市西南具茨山上）。

【流传】河南省·（郑州市）·新密市

【出处】刘文学采录整理：《风后八卦阵》，见张振犁编著，孟宪明、朱淑君统纂《中原神话通鉴》（第二卷），郑州：河南大学出版社2017年版，第567页。

※W0675
伏羲[①]

实 例

（参见下级母题实例）

W0676
伏羲的产生

实 例

（参见下级母题实例）

W0676.1
伏羲源于特定地方

实 例

（参见下级母题实例）

W0676.1.1
伏羲从天上来到人间（伏羲天降）

实 例

汉族 很古的时候，人们不会种田，不会织布，生活很苦。天上的天帝就

---

① 伏羲，在不同的叙事又写作或称作“宓羲”、“庖牺”、“包牺”、“牺皇”、“皇羲”、“太昊”、“太皞”、“郗系”、“伏义”等。如《史记》中写作“伏牺”。该母题在不同的神话叙事中存在较多歧义，不同的民族神话中所说的“伏羲”由于词源情况非常复杂，有些并不一定是确指的“伏羲”。如“伏羲兄妹”有时可能表述为“伏羲女娲兄妹”、“伏羲与妹妹”、“伏哥和羲妹”、“羲哥和羲妹”等等，因此这里只是从母题的基本属性考虑，列出带有普适性的样例，对于是不是原生意义上的“伏羲”此处不做相应的索引。

派伏羲到人间，教人们耕地、播种、织布等。天帝知道伏羲教人们很有办法，就不叫他回天上去了，让他永远住在人间。

【流传】河南省·（周口市）·淮阳县

【出处】陈云峰记录：《伏羲教民》，原载张振犁、程健君编《中原神话专题资料》，见陶阳、钟秀编《中国神话》（下），北京：商务印书馆2008年版，第1186～1187页。

W0676.1.1.1

天上的伏羲兄妹下凡

实 例

汉族 天上的伏羲兄妹下凡。

【流传】（无考）

【出处】夏玉刚讲：《伏羲兄妹与石头》，见中国民间文学集成全国编辑委员会编《中国民间故事集成》（四川卷·上），北京：中国ISBN中心1998年版，第54页。

W0676.1.1.2

天帝派伏羲到人间

实 例

汉族 玉皇大帝派伏羲下凡到人间。

【流传】河南省·（周口市）·郸城县、淮阳县一带［采录地点：郸城县文化馆］

【出处】何道守（男，50岁，文化干部）讲，王小芬采录：《东西南北的由来》（1986年冬），见张振犁编著《中原神话通鉴》（第一卷），郑州：河南大学出版社2017年版，第221页。

汉族 天上的天帝就派伏羲到人间，教人们耕地、播种、织布等。

【流传】河南省·（周口市）·淮阳县

【出处】陈云峰采录：《伏羲教民》，见张振犁编著《中原神话通鉴》（第一卷），郑州：河南大学出版社2017年版，第223页。

W0676.2

伏羲是造出来的

实 例

（参见下级母题实例）

W0676.2.1

女娲造伏羲

实 例

汉族 （参见“W0676.2.2 女娲造伏羲兄妹”母题实例）

W0676.2.2

女娲造伏羲兄妹[①]

实 例

汉族 女娲落凡七日用泥造伏羲兄妹。

【流传】山西省·（阳泉市）·平定

---

① 伏羲兄妹，有的神话又译为“伏义兄妹”。

县·（锁簧镇）·东锁簧村

【出处】朱翠兰讲，冯富国采录：《兄妹神婚与东西磨山》，见中国民间文学集成全国编辑委员会编《中国民间故事集成》（山西卷），北京：中国ISBN中心1999年版，第12页。

W0676. 2. 3

女娲造伏羲女娲

【关联】［W0680. 2］伏羲兄妹

实例

汉族 女娲把自己造的50对男女中的1对取名伏羲女娲。

【流传】山西省·（阳泉市）·平定县·（锁簧镇）·东锁簧村

【出处】朱翠兰讲：《兄妹神婚与东西磨山》，见中国民间文学集成全国编辑委员会编《中国民间故事集成》（山西卷），北京：中国ISBN中心1999年版，第12～14页。

W0676. 3

伏羲是生育产生的

【关联】

①［W0711. 3. 3. 2］华胥生男子为伏羲，女子为女娲

②［W0768. 2. 4. 1. 2］张天师是伏羲兄妹的父亲

实例

（参见下级母题实例）

W0676. 3. 1

地生伏羲

实例

（参见下级母题实例）

W0676. 3. 1. 1

伏羲从地下拱出来

实例

汉族 伏羲是从地下拱出来的。

【流传】河南省·（周口市）·西华县·聂堆乡

【出处】张慎重口述、陈连仲记录：《女娲和伏羲》，见陶阳、牟钟秀著《中国创世神话》，上海：上海人民出版社2006年版，第159页。

W0676. 3. 2

花生伏羲

实例

汉族 盘古开天地后，湖中的生的两朵莲花中生伏羲和女娲。

【流传】河南省

【出处】郭云梦搜集：《莲生伏羲女娲》，见张楚北《中原神话》，郑州：海燕出版社1988年版，第12页。

壮族 （实例待考）

W0676. 3. 3

特定的人物生伏羲

实例

（参见下级母题实例）

W0676.3.3.1

盘古生伏羲女娲

实 例

汉族 盘古开天辟地后，妻子生很多孩子，最后一胎是1男1女，即伏羲女娲兄妹。

【流传】 河南省·（焦作市）·武陟县·阳城乡

【出处】 李持见讲：《避难创世》，见中国民间文学集成全国编辑委员会编《中国民间故事集成》（河南卷），北京：中国ISBN中心2001年版，第10～11页。

W0676.3.4

卵生伏羲

实 例

（参见下级母题实例）

W0676.3.4.1

天地卵生伏羲

实 例

汉族 以前天地混沌，跟一个鸡蛋似的，他就从那里头生出来的。

【流传】 河南省·（周口市）·西华县［采录地点：思都岗龙泉寺］

【出处】 张慎重（72岁，农民，私塾）讲，张振犁、程健君录音：《女娲补天（四）》（1983.11.03），见张振犁编著《中原神话通鉴》（第一卷），郑州：河南大学出版社2017年版，第130页。

W0676.3.5

感生伏羲

实 例

（参见下级母题实例）

W0676.3.5.1

华胥感雷迹生伏羲

实 例

汉族 大迹出雷泽，华胥履之，生宓牺。

【流传】（无考）

【出处】［北宋］李昉、李穆、徐铉等：《太平御览》卷七八引《诗综含神雾》。

汉族 盘古开天辟地以后，生了九千九百九十九胎孩子，最后一胎是双胞胎。先生的是男性，取名伏羲，后生的是女性，取名女娲。

【流传】 河南省·（焦作市）·武陟县·阳城乡·郭下村

【出处】 李待见（女，42岁，农民，小学）讲，王广先采录整理：《石狮子同伏羲和女娲》，见张振犁编著《中原神话通鉴》（第一卷），郑州：河南大学出版社2017年版，第301页。

汉族 华胥氏之国有个叫华胥氏的姑娘，在大沼泽雷泽游玩时看见一个巨人的足印，就用自己的脚去踩一踩这巨人的足印，后来就怀了孕，生下一个儿子，名叫伏羲。

【流传】（无考）

【出处】《伏羲攀登天梯》，原载袁珂编译《中国神话故事》，见陶阳、钟秀编《中国神话》（上），北京：商务印书馆2008年版，第181～183页。

W0676. 3. 6

与生育伏羲有关的其他母题

实 例

（实例待考）

W0676. 4

伏羲是变化产生的

实 例

（参见下级母题实例）

W0676. 4. 1

猴子变为伏羲

【关联】［W0680. 2. 4. 1. 1］伏羲兄妹是盘古开天地时的1对聪明的猴子

实 例

（参见下级母题实例）

W0676. 4. 2

伏羲是黄狗变的

实 例

汉族 根据国王的许愿，公主要嫁给退敌的黄狗。一位大臣用法术把黄狗盖在缸下说：“七七四十九天，就会变成人。”到了五七三十五天时公主打开，结果这只狗变成人头狗身，一半是人一半是狗，所以给他起名“伏”，即左半是“人”，右半是“犬”。而“羲”字，只不过是汉语的“兮”字罢了。伏羲也就是“伏兮”，这就是伏羲的由来。

【流传】河南省·（周口市）·淮阳县·汲冢乡·呰后张庄

【出处】张中山（男，35岁，农民，高中）讲，楚万生采录整理：《伏羲的由来》，见张振犁编著《中原神话通鉴》（第一卷），郑州：河南大学出版社2017年版，第283～284页。

W0676. 5

伏羲是婚生的（婚生伏羲）

实 例

（参见下级母题实例）

W0676. 5. 1

盘古婚生伏羲

【关联】［W0680. 2. 2. 1］盘古婚生伏羲和女娲

实 例

汉族 （参见“W0676. 5. 2 盘古兄妹婚生伏羲氏”母题实例）

W0676. 5. 2

盘古兄妹婚生伏羲氏

【关联】

①［W0725.5.0.1.1］盘古兄妹婚生伏羲氏、神农氏、祝融氏等10人
②［W0725.5.1.2］盘古的儿子伏羲氏
③［W0727.3］盘古兄妹婚

实 例

汉族 盘古兄妹二人成亲三十载，生下男女十个人。其中，长子取名伏羲氏。

【流传】（无考）

【出处】 陶阳根据《黑暗传》资料重述：《盘古老祖是龙之子》，见陶阳、钟秀编《中国神话》（中），北京：商务印书馆2008年版，第539～540页。

W0676.5.3
雷神与人女婚生伏羲

实 例

（参见下级母题实例）

W0676.5.3.1
华胥部落的一位姑娘与雷神婚生伏羲氏

实 例

汉族 伏羲氏是华胥部落的一位姑娘与雷神婚生的儿子。

【流传】 甘肃省·天水市·北道区·马跑泉镇

【出处】 刘永生讲，洪良珙采录：《葫芦河与伏羲》，见中国民间文学集成全国编辑委员会编《中国民间故事集成》（甘肃卷），北京：中国ISBN中心2001年版，第15页。

W0676.5.3.2
雷神与华胥婚生伏羲

【关联】［W0676.3.5.1］华胥感雷迹生伏羲

实 例

汉族 雷神娶华胥姑娘做了妻子。三年头上，华胥姑娘生了一个白胖男孩。这男孩就是伏羲。

【流传】 河南省·（周口市）·淮阳县

【出处】《伏羲老母华胥姑娘》，见张振犁编著《中原神话通鉴》（第一卷），郑州：河南大学出版社2017年版，第211页。

W0676.5.4
华胥和狗婚生伏羲

实 例

汉族 华胥和狗配了夫妻，生伏羲。

【流传】 浙江省·湖州市·镇西乡·赵家坪（疑为赵家村）

【出处】 冯雨轩讲，钟铭采录：《华胥补天》，见中国民间文学集成全国编辑委员会编《中国民间故事集成》（浙江卷），北京：中国ISBN中心1997年版，第18页。

W0676.5.5
地王婚生伏羲

实 例

汉族 雷公的弟弟管地的高比有一双儿女，儿子叫伏羲，女儿叫女娲。

【流传】江西省·南昌市·湾里区·罗亭乡·周半村

【出处】周仑讲，钟丰彩采录：《伏羲和女娲》，见中国民间文学集成全国编辑委员会编《中国民间故事集成》（江西卷），北京：中国 ISBN 中心 2002 年版，第 9 页。

W0676.6
伏羲是感生的（感生伏羲）

【关联】

① ［W0676.6.3.1］华胥女子感虹和脚印生伏羲

② ［W0689.4.2］华胥是伏羲女娲的母亲

③ ［W2230］感生人

实 例

（参见下级母题实例）

W0676.6.1
女子履足印生伏羲

实 例

（参见下级母题实例）

W0676.6.1.1
老婆子踏大脚印孕生伏羲和女娲

实 例

汉族 老婆子踏大脚印而孕，生伏羲和女娲。

【流传】甘肃省·天水市·北道区·中滩乡

【出处】雷兴旺讲：《伏羲女娲成婚》，见中国民间文学集成全国编辑委员会编《中国民间故事集成》（甘肃卷），北京：中国 ISBN 中心 2001 年版，第 11 页。

W0676.6.1.2
华胥女感巨人防风的脚印生伏羲

实 例

汉族 华胥女感巨人防风的脚印，生伏羲。

【流传】浙江省·（湖州市）·德清县·三合乡

【出处】沈益民讲，钟铭等采录：《大禹找防风》，见中国民间文学集成全国编辑委员会编《中国民间故事集成》（浙江卷），北京：中国 ISBN 中心 1997 年版，第 68 页。

W0676.6.1.3
无名女子在水边履大脚印生伏羲

实 例

汉族 一个没有名字的女子因为在水池边履大脚印生伏羲。

【流传】甘肃省·（平凉市）·静宁县·李店乡·店子村

【出处】李俊源讲，王知三搜集整理：《伏羲降生》，见静宁县民间文学三套集成编辑组编《中国民间故事集成甘肃卷·静宁民间故事》，内部编印，

1989 年，第 9 页。

W0676.6.2
女子感虹生伏羲

实 例

汉族 （参见“W0676.6.3.1 华胥女子感虹和脚印生伏羲”母题实例）

W0676.6.3
女子感虹和脚印生伏羲

实 例

（参见下级母题实例）

W0676.6.3.1
华胥女子感虹和脚印生伏羲

【关联】［W0689.4.2］华胥是伏羲女娲的母亲

实 例

汉族 华胥踏大脚印和遇两道彩虹生伏羲和女娲。

【流传】陕西省·（西安市）·蓝田县·华胥乡·上许村

【出处】许存义讲，许洪轩采录：《华胥国》，见中国民间文学集成全国编辑委员会编《中国民间故事集成》（陕西卷），北京：中国 ISBN 中心 1996 年版，第 6 页。

W0676.6.4
神母感生伏羲

实 例

（参见下级母题实例）

W0676.6.4.1
神母游华胥之洲感青虹生庖牺

实 例

汉族 神母游华胥之洲，有青虹绕之，即觉有娠，生庖牺。

【流传】（无考）

【出处】［东晋］王嘉：《拾遗记》。

W0676.7
与伏羲的产生有关的其他母题

实 例

（参见下级母题实例）

W0676.7.1
伏羲的出生地点

实 例

（参见下级母题实例）

W0676.7.1.1
伏羲生于成纪

实 例

（参见下级母题实例）

W0676.7.1.1.1
太皞庖牺生于成纪县

实 例

汉族 渎东经成纪县，故帝太皞庖牺所生之处也。

【流传】（无考）

【出处】［北魏］郦道元：《水经注·渭水》。

W0676.7.1.2

伏羲生于天水

实 例

汉族 伏羲又称太昊，甘肃省天水市是传说中的伏羲诞生地，故有“羲皇故里”之称。

【流传】（无考）

【出处】《伏羲》，见乌丙安主编《中国民间神谱》，沈阳：辽宁人民出版社2007年版，第48页。

W0676.7.1.3

伏羲生于仇夷山

实 例

汉族 仇夷山（今甘肃省成县西）四绝孤立，太昊之治，伏羲生处。

【流传】（无考）

【出处】

(a) ［北宋］李昉、李穆、徐铉等：《太平御览》卷七八引《遁甲开山图》。

(b)《仇夷山》，见袁珂《中国神话大词典》，北京：华夏出版社2015年版，第70页。

W0676.7.2

伏羲女娲同时产生

【关联】

①［W0680.2.2］伏羲女娲是兄妹（伏羲女娲兄妹）

②［W0680.2.2.10］伏羲女娲同母

实 例

汉族 在很古的时候，世界上没有人。后来混沌分开，不周山下出现一对男女，男的叫伏羲，女的叫女娲。

【流传】江苏省·宿迁市

【出处】刘汉飞讲，刘汉飞记录：《女娲哭天》（1986.10.22），见姚宝瑄主编《中国各民族神话》（汉族），太原：山西出版传媒集团·书海出版社2014年版，第61~62页。

W0677

伏羲的特征

实 例

（参见下级母题实例）

W0677.1

伏羲是女的

【关联】［W0680.6.1］伏羲天神的妃子

实 例

汉族 伏羲是一个女性形象。

【流传】广西壮族自治区·（玉林市·兴业县）·葵阳乡（葵阳镇）

【出处】《伏羲造人》，见中国民间文学集成全国编辑委员会编《中国民间故事集成》（广西卷），北京：中国ISBN中心2001年版，第67页。

W0677.2

伏羲蛇身九首

实 例

汉族 昔者人皇（伏羲）蛇身九首。

【流传】（无考）

【出处】《春皇庖牺》，见［东晋］王嘉撰，［梁］萧绮录，齐治平校注《拾遗记》卷一，北京：中华书局1981年版，第1页。

W0677.3

伏羲人头蛇身

实 例

汉族 伏羲人头蛇身。

【流传】浙江省·（湖州市）·德清县·三合乡

【出处】沈益民讲，钟铭等采录：《大禹找防风》，见中国民间文学集成全国编辑委员会编《中国民间故事集成》（浙江卷），北京：中国ISBN中心1997年版，第68页。

W0677.3.1

伏羲人面蛇身

实 例

汉族 有一些穿黑衣服的人，簇拥着一个人脸蛇身的神，这个神就是华胥氏的儿子伏羲。

【流传】（无考）

【出处】《禹擒水怪无支祁》，原载袁珂编译《中国神话故事》，见陶阳、钟秀编《中国神话》（上），北京：商务印书馆2008年版，第428～430页。

W0677.3.1.1

羲皇是蛇身人面之神

实 例

汉族 羲皇（伏羲）是蛇身人面之神。

【流传】（无考）

【出处】《夏禹》，见［东晋］王嘉撰，［梁］萧绮录，齐治平校注：《拾遗记》卷二，北京：中华书局1981年版，第38页。

W0677.3.1.2

伏羲蛇身人首

实 例

汉族 伏羲，蛇身人首，有圣德。

【流传】（无考）

【出处】［唐］司马贞：《史记·补三皇本纪》。

汉族 伏牛台在县南十五里。按《帝王世纪》曰：“伏羲风姓，蛇身人首，常居此台伏牛乘马，故曰伏牛台。”

【流传】（无考）

【出处】［北宋］乐史：《太平寰宇记》卷四三。

W0677.3a

伏羲人头龙身

实 例

汉族 两千年以前，陈国国王梦见从西边天空飘来一朵红云彩，上面站着一个很高的人，人头龙身子，头戴冲天冠，身披苇叶子衣裳，手捧八卦图，慢慢落了下来。这个人就是人祖伏羲。

【流传】河南省·（周口市）·淮阳县·葛店乡·戴集南村［采录地点：淮阳县葛店乡文化站］

【出处】张六老（男，78岁，不识字）讲，李振声采录：《人祖伏羲坟》（1985.02），见张振犁编著《中原神话通鉴》（第一卷），郑州：河南大学出版社2017年版，第255页。

W0677.4

伏羲鳞身

实　例

汉族 （参见“W0680.2.2.14a 伏羲鳞身，女娲蛇躯”母题实例）

W0677.5

伏羲龟齿龙唇

实　例

汉族 庖牺（伏羲）出生时，长头修目，龟齿龙唇。

【流传】（无考）

【出处】《春皇庖牺》，见［东晋］王嘉撰，［梁］萧绮录，齐治平校注《拾遗记》卷一，北京：中华书局1981年版，第1页。

W0677.5.1

伏羲蛇身人首，龙唇龟齿

实　例

彝族（撒尼） 萨弥人供奉的“伏羲”，蛇身人首，龙唇龟齿，是一个半人半神的形象。

【流传】云南省·昆明市·东郊（经济技术开发区）·阿拉乡·三瓦村

【出处】张福整理：《云南彝族撒尼支宗教祭司张琼遗稿》，见吕大吉、何耀华总主编《中国各民族原始宗教资料集成》（彝族卷、白族卷、基诺族卷），北京：中国社会科学出版社1996年版，第328页。

W0677.6

伏羲人头狗身

实　例

汉族 房黄王领兵来打宛丘国时，宛丘王许诺谁能退敌就把女儿许给他。结果一条大黄狗击退强敌。宛丘王想悔婚时，一个大臣建议用大缸把黄狗扣起来，如果真是天神，经过七七四十九天就会变成人。公主因担心害怕，等到四十八天时，就掀开大缸，结果狗头变成了人头，狗身子还没变。半人半狗，狗就是犬，“人”字和“犬”字合起来就叫“伏”吧。他是公主的女婿，公主就喊他“伏婿”，时间长了，“伏婿”成了他的官称，后来人们把“婿”字念转音念成了“羲”字，“伏婿”慢慢变成了“伏羲”。

【流传】河南省·（周口市）·淮阳县

【出处】雷中俊（40多岁，文化干部）讲，杨复俊采录：《伏羲的来历》（1986.04），见张振犁编著《中原神话通鉴》（第一卷），郑州：河南大学出版社2017年版，第217~218页。

W0677.6.1

伏羲狗身人首

实　例

汉族　伏羲是狗身人首的人。

【流传】河南省·（周口市）·淮阳（淮阳县）

【出处】乔晓光：《天下第一狗》，载《中华遗产》2006年第7期。

W0677.7

与伏羲的特征有关的其他母题

实　例

（参见下级母题实例）

W0677.7.1

伏羲是猴子

【关联】

①［W0676.4.1］猴子变为伏羲

②［W0680.2.4.1］伏羲兄妹是猴子

实　例

汉族　盘古开天地时，天下全是猴子，其中一对精灵鬼为伏羲兄妹。

【流传】四川省·（成都市）·双流县·永兴镇

【出处】郭顺红讲：《伏羲与兄妹与猿猴》，见中国民间文学集成全国编辑委员会编《中国民间故事集成》（四川卷·上），北京：中国ISBN中心1998年版，第53页。

W0677.7.2

伏羲长角

【关联】［W0722.2.4.2］盘古头上生角

实　例

汉族　太昊伏羲风姓，人头龙身，头生双角，是天下的帝皇。

【流传】河南省·（周口市）·淮阳县·黄路口乡·裳棣集村

【出处】李国争（男，63岁，农民，私塾）讲，杨复俊采录：《太昊伏羲陵》（1986.04），见张振犁编著《中原神话通鉴》（第一卷），郑州：河南大学出版社2017年版，第258页。

W0677.7.2.1

人祖爷伏羲头上长着两只角

实　例

汉族　人祖庙里敬的人祖爷伏羲，头上长着两只角。

【流传】河南省·（驻马店市）·确山县·盘龙镇·靖宇村

【出处】杨永兴讲，杨建军采录：《伏羲奏本去人角》，见中国民间文学集成全国编辑委员会编《中国民间故事集成》（河南卷），北京：中国 ISBN 中心 2001 年版，第 26 页。

W0677.7.2.2

伏羲有两个犄角

实 例

汉族 伏羲像头上长有两个犄角。

【流传】河南省·（洛阳市）·孟津县［采录地点：孟津渡口负图寺门外］

【出处】雷北海（60 多岁，稍识字）讲，张振犁、程健君采录：《负图寺》（1985.04.17），见张振犁编著《中原神话通鉴》（第一卷），郑州：河南大学出版社 2017 年版，第 233 页。

W0677.7.3

庖牺长头修目

实 例

汉族 庖牺（伏羲）出生时，长头修目。

【流传】（无考）

【出处】《春皇庖牺》，见［东晋］王嘉撰，［梁］萧绮录，齐治平校注《拾遗记》卷一，北京：中华书局 1981 年版，第 1 页。

W0678

伏羲的生活

实 例

（参见下级母题实例）

W0678.1

伏羲的居所

【关联】［W0255.8.1］神农伏羲二帝在中央

实 例

（参见下级母题实例）

W0678.1.1

伏羲原来在天上

实 例

（参见下级母题实例）

W0678.1.1.1

伏羲原来住天堂

实 例

汉族 伏羲是大力天神的妃子，从天堂下凡。

【流传】广西壮族自治区·南宁（南宁市）市郊亭子一带（江南区·亭子街）

【出处】苏保双讲，黄露西记录：《伏羲下凡》，见曹廷伟编著《广西民间故事辞典》，南宁：广西教育出版社 1993 年版，第 24 页。

W0678.1.1a

伏羲居住人间

实 例

（参见下级母题实例）

W0678.1.1a.1

老天爷让伏羲永远住在人间

实 例

汉族 老天爷知道伏羲教人们很多东西，就不叫他回天上去了，让他永远在人间。

【流传】河南省·（周口市）·淮阳县

【出处】陈云峰采录：《伏羲教民》，见张振犁编著《中原神话通鉴》（第一卷），郑州：河南大学出版社2017年版，第223页。

W0678.1.2

伏羲在中央

实 例

汉族 （实例待考）

W0678.1.3

伏羲住山中

实 例

仫佬族 很早以前，山里居住着伏羲四兄妹和他们的老母亲。

【流传】（无考）

【出处】包启宽、潘代球等讲，包玉堂、谢运源、潘琦搜集整理：《伏羲兄妹的传说》，见姚宝瑄主编《中国各民族神话》（仫佬族、壮族、京族），太原：山西出版传媒集团·书海出版社2014年版，第8页。

W0678.1.3.1

伏羲居住昆仑山

实 例

（参见下级母题实例）

W0678.1.3.1.1

伏羲住昆仑山山洞

【关联】［W0723c.1.1.1］盘古在昆仑山山洞中发现伏羲氏

实 例

汉族 盘古在昆仑山山洞中，发现了伏羲氏。

【流传】湖北省·黄冈县（黄冈市）·（团风县）·马庙（马庙镇）

【出处】周海山讲，徐再跃采录：《盘古斩蟒开天地》，见中国民间文学集成全国编辑委员会编《中国民间故事集成》（湖北卷），北京：中国ISBN中心1999年版，第5页。

W0678.1.3.2

伏羲居住卦台山

实 例

（参见下级母题实例）

W0678.1.3.2.1

人祖爷爷伏羲住卦台山

实 例

汉族 人祖爷爷伏羲住在卦台山。

【流传】甘肃省·天水市·北道区·中

滩乡

【出处】雷兴旺讲，杨晓学采录：《伏羲女娲成婚》，见中国民间文学集成全国编辑委员会编《中国民间故事集成》（甘肃卷），北京：中国ISBN中心2001年版，第10页。

W0678.1.3.3

伏羲兄妹和老母亲住山上

实 例

仫佬族 很早以前，山里住着伏羲兄妹和老母亲。

【流传】

（a）广西壮族自治区·（河池市）·罗城县（罗城仫佬族自治县）·四把乡·石门村·冲春屯

（bc）广西壮族自治区·（河池市）·罗城县（罗城仫佬族自治县）·东门（东门镇）、四把（四把乡）

【出处】

（a）包启宽讲，包玉堂采录翻译：《伏羲兄妹》，见中国民间文学集成全国编辑委员会编《中国民间故事集成》（广西卷），北京：中国ISBN中心2001年版，第69页。

（b）包启宽、潘代球讲，包玉堂、谢运源等搜集整理：《伏羲兄妹的传说》，见谷德明编《中国少数民族神话》，北京：中国民间文艺出版社1987年版，第146页。

（c）同（b），见曹廷伟编著《广西民间故事辞典》，南宁：广西教育出版社1993年版，第26页。

W0678.1.4

伏羲居特定地点

实 例

（参见下级母题实例）

W0678.1.4.1

伏羲居宛丘

实 例

汉族 很久以前，宛丘地方有一个宛丘洞，宛丘洞里住着一老一小。老的人称太婆，小的名叫伏羲。

【流传】河南省·（周口市）·淮阳县

【出处】《人祖爷》，见张振犁编著《中原神话通鉴》（第一卷），郑州：河南大学出版社2017年版，第212页。

汉族 古时候，伏羲曾居在宛丘（现在的河南淮阳一带）这地方。

【流传】河南省·（周口市）·淮阳（淮阳县）一带

【出处】陈云锋搜集，杨复俊整理：《伏羲指向》，见姚宝瑄主编《中国各民族神话》（汉族），太原：山西出版传媒集团·书海出版社2014年版，第395～396页。

W0678.2

伏羲的服饰

【关联】［W0680.2.2.14.1］伏羲女娲穿龙衣

实 例

（参见下级母题实例）

W0678.2.1
伏羲身披树叶腰围兽皮

实 例

汉族 大禹治水时进入一个金碧辉煌的宫殿，见椅上坐着一个人头龙身的人，身披树叶，腰围兽皮，头生有两个长角。大禹知道他就是伏羲老祖。

【流传】河南省·（周口市）·淮阳县［淮阳太昊陵庙会］

【出处】李国争（男，63岁，农民）讲，杨复俊采录：《伏羲神话传闻·伏羲帮禹治水》（1982.02），见张振犁编著《中原神话通鉴》（第一卷），郑州：河南大学出版社2017年版，第265页。

W0678.2.2
伏羲身披葫叶

实 例

汉族 负图寺伏羲殿里的伏羲像是泥胎，头上长两个犄角，没穿衣裳，身上披的是葫叶。

【流传】河南省·（洛阳市）·孟津县［采录地点：孟津老城大街］

【出处】张从瑞（70岁，生意人）讲，张振犁、程健君采录：《负图寺》（1985.04.17），见张振犁编著《中原神话通鉴》（第一卷），郑州：河南大学出版社2017年版，第233页。

W0678.3
伏羲的饮食

实 例

（实例待考）

W0678.4
伏羲的工具（伏羲的用品）

实 例

（参见下级母题实例）

W0678.4.1
伏羲的鞭

实 例

（参见下级母题实例）

W0678.4.1.1
伏羲的鞭能大能小

实 例

汉族 人们躲着洪水走的日子长了，总难安家。后来，就跋山涉水，去求拜伏羲。伏羲有一杆鞭，这杆鞭能大能小，能粗能细。

【流传】河南省·（周口市）·淮阳县

【出处】《赶水鞭》，见张振犁编著《中原神话通鉴》（第一卷），郑州：河南大学出版社2017年版，第219页。

W0678.4.2
伏羲的青龙拐棍

实 例

（参见下级母题实例）

W0678. 4. 2. 1

伏羲的青龙拐棍能降妖

实 例

汉族 伏羲不慌不忙拿出青龙拐棍。这青龙拐棍是老天爷送他的。不管遇上啥妖怪，只要用这青龙拐棍去打，没有打不赢的。

【流传】河南省·（周口市）·太康县·朱口镇·雷庄

【出处】雷培显（农民）讲雷文杰采录整理：《伏羲降龙》，见张振犁编著《中原神话通鉴》（第一卷），郑州：河南大学出版社 2017 年版，第 220～221 页。

W0678. 5

伏羲的出行（伏羲的坐骑）

实 例

（参见下级母题实例）

W0678. 5. 1

伏羲乘龙

实 例

（参见下级母题实例）

W0678. 5. 1. 1

伏羲乘大龙

实 例

汉族 伏羲算出有条黄龙在西方作恶，为了拯救百姓，他乘上大龙，来到潭边。

【流传】河南省·（周口市）·太康县·朱口镇·雷庄

【出处】雷培显（农民）讲雷文杰采录整理：《伏羲降龙》，见张振犁编著《中原神话通鉴》（第一卷），郑州：河南大学出版社 2017 年版，第 220 页。

W0678. 5. 1. 2

伏羲乘六龙

实 例

汉族 正当人们处于生死存亡的关键时刻，伏羲乘坐六龙，身披葫叶，飘然而至。

【流传】河南省·（洛阳市）·孟津县

【出处】张作贞（农民）讲，褚书智采录整理：《负图寺的传说》，见张振犁编著《中原神话通鉴》（第一卷），郑州：河南大学出版社 2017 年版，第 236 页。

汉族 伏羲乘坐六龙，身披胡叶，飘然而至。

【流传】河南省·洛阳（洛阳市）

【出处】张作贞讲，褚书智搜集整理：《龙马负图》，原载林野等编《中州名胜传说》，见陶阳、钟秀编《中国神话》（下），北京：商务印书馆 2008 年版，第 1179～1181 页。

汉族 伏羲乘坐六龙，身披胡叶。

【流传】中原一带

【出处】

(a) 张作贞讲，褚书智记录整理：《龙马负图》，见张楚北编《中原神话》，郑州：海燕出版社1988年版。

(b) 张作贞讲，褚书智记录整理：《伏羲画卦》，见姚宝瑄主编《中国各民族神话》(汉族)，太原：山西出版传媒集团·书海出版社2014年版，第393～395页。

W0678.5.2

伏羲乘虎

实 例

(参见下级母题实例)

W0678.5.2.1

伏羲的坐骑是3只虎

实 例

彝族 三只老虎一直是伏羲的坐骑，在他南征北战中为他建立了不朽的功勋。

【流传】云南省·（大理白族自治州）·南涧县

【出处】施光美讲，华源记录：《母虎日历碑》，原载《中国民间故事全书》(云南省·南涧卷)，见陶阳、钟秀编《中国神话》(中)，北京：商务印书馆2008年版，第547～549页。

W0678.6

伏羲会客

实 例

(参见下级母题实例)

W0678.6.1

伏羲请仙女饮龙酒琼浆

实 例

汉族 人皇伏羲见九仙女下凡，忙热情待客，请九位仙女饮龙酒琼浆。

【流传】河南省·（周口市）·淮阳县

【出处】《龙酒的传说》，见张振犁编著《中原神话通鉴》（第一卷），郑州：河南大学出版社2017年版，第227页。

W0679

伏羲的职能（伏羲的能力，伏羲的事迹，伏羲的行为）

实 例

(参见下级母题实例)

W0679.1

伏羲预测凶吉

【关联】

① [W9191] 占卜者（占卜师）

⑩ [W9251] 预言者

实 例

(参见下级母题实例)

W0679.1.1

伏羲作八卦

【关联】[W9198.1] 八卦

实 例

汉族 两千年以前，陈国国王梦见从西边天空飘来一朵红云彩，上面站着一个很高的人，人头龙身子，头戴冲天冠，身披苇叶子衣裳，手捧八卦图，慢慢落了下来。这个人就是人祖伏羲。

【流传】河南省·（周口市）·淮阳县·葛店乡·戴集南村［采录地点：淮阳县葛店乡文化站］

【出处】张六老（男，78岁，不识字）讲，李振声采录：《人祖伏羲坟》（1985.02），见张振犁编著《中原神话通鉴》（第一卷），郑州：河南大学出版社2017年版，第255页。

W0679.1.2

伏羲占卜

实 例

汉族 伏羲氏观看形势、报告凶吉。

【流传】湖北省·黄冈县（黄冈市）·（团风县）·马庙（马庙镇）

【出处】周海山讲，徐再跃采录：《盘古斩蟒开天地》，见中国民间文学集成全国编辑委员会编《中国民间故事集成》（湖北卷），北京：中国ISBN中心1999年版，第5页。

W0679.1.2.1

伏羲氏看形势报凶吉

实 例

汉族 伏羲氏观看形势、报告凶吉。

【流传】湖北省·黄冈县（黄冈市）·（团风县）·马庙（马庙镇）

【出处】周海山讲，徐再跃采录：《盘古斩蟒开天地》，见中国民间文学集成全国编辑委员会编《中国民间故事集成》（湖北卷），北京：中国ISBN中心1999年版，第5页。

W0679.1.3

伏羲能掐会算

实 例

汉族 人祖伏羲在八卦台前推算八卦，掐指一算，知道有条黄龙在西方作恶，那里的老百姓有大灾大难。在八卦台前推算八卦，掐指一算，知道有条黄龙在西方作恶，那里的老百姓有大灾大难。

【流传】河南省·（周口市）·太康县·朱口镇·雷庄

【出处】雷培显（农民）讲雷文杰采录整理：《伏羲降龙》，见张振犁编著《中原神话通鉴》（第一卷），郑州：河南大学出版社2017年版，第220页。

W0679.2

伏羲定婚制

【关联】［W7001］婚姻的产生

实 例

（实例待考）

W0679.3

伏羲造物

【关联】

①［W2064］伏羲造人
②［W3369.2.3］伏羲造鸭

实 例

（参见下级母题实例）

W0679.3.1

伏羲造琴

【关联】［W6277］琴瑟的来历

实 例

（实例待考）

W0679.3.2

伏羲兄妹造用具

实 例

瑶族 为了人间生产生活的需要，伏羲兄妹就造出了一些用具。

【流传】（a）云南省·文山州（文山壮族苗族自治州）

【出处】

（a）盘金贤讲，盘国金采录：《伏羲兄妹》，见中国民间文学集成全国编辑委员会编《中国民间故事集成》（云南卷），北京：中国 ISBN 中心 2003 年版，第 201 页。

（b）盘国金搜集：《伏羲兄妹》，载《山茶》1982 年第 1 期。

（c）同（b），见谷德明编《中国少数民族神话》，北京：中国民间文艺出版社 1987 年版，第 136 页。

W0679.3.3

伏羲造卦（伏羲画卦）

【关联】［W9198.1］八卦

实 例

（参见下级母题实例）

W0679.3.3.1

神农重六十四卦之义

实 例

汉族 黄帝取伏羲氏之卦象，法而用之，据神农所重六十四卦之义，帝乃作八卦之说，谓之八索，求其重卦之义也。

【流传】（无考）

【出处】［唐］撰者不详：《轩辕黄帝传》。

W0679.3.3.2

伏羲听八风之气画八卦

实 例

汉族 伏羲坐于方坛之上，听八风之气，乃画八卦。

【流传】（无考）

【出处】［北宋］李昉、李穆、徐铉等：《太平御览》卷九引《王子年拾遗记》。

W0679.4

伏羲能上天

【关联】

① ［W0680. 2. 2. 15］伏羲女娲兄妹乘龙上天

② ［W1426］人上天

实 例

（参见下级母题实例）

W0679. 4. 1

地上的人只有人祖伏羲能上天

实 例

汉族 地上的人，除了人祖伏羲，谁也爬不到天上。

【流传】河南省·（周口市）·淮阳县·城关

【出处】刘王氏（82岁，农民，不识字）讲，杨复俊采录：《天地分》（1985. 08），见张振犁编著《中原神话通鉴》（第一卷），郑州：河南大学出版社2017年版，第281页。

W0679. 5

伏羲建都

实 例

（参见下级母题实例）

W0679. 5. 1

伏羲建都宛丘

【关联】［W0678. 1. 4. 1］伏羲居宛丘

实 例

汉族 宛丘故治在今河南省淮阳县东南，古属陈，相传伏羲、神农均于此建都。

【流传】河南省·淮阳县

【出处】《八卦坛》，见袁珂《中国神话大词典》，北京：华夏出版社2015年版，第8页。

W0679. 6

伏羲管理大地

实 例

（参见下级母题实例）

W0679. 6. 1

天帝管天，伏羲管地

实 例

汉族 天上天帝管天，地上伏羲管地。

【流传】河南省·（周口市）·淮阳县

【出处】《龙酒的传说》，见张振犁编著《中原神话通鉴》（第一卷），郑州：河南大学出版社2017年版，第227页。

W0679. 7

伏羲打渔

实 例

汉族 打渔老汉不是别人，正是人间老祖伏羲。

【流传】河南省·（周口市）·淮阳县

【出处】一算卦先生讲，杨复俊采录：：《八卦柏》，见张振犁编著《中原神话通鉴》（第一卷），郑州：河南大学出版社2017年版，第241页。

W0679.8

伏羲发明五谷

实 例

（参见下级母题实例）

W0679.8.1

伏羲始尝草木发现五谷

【关联】［W0735.2a］神农尝百谷

实 例

汉族 伏羲始尝草木可食者，一日而遇七十毒，然后五谷乃形。

【流传】（无考）

【出处】［东汉］孔氏：《孔丛子·连丛子下》。

W0680

伏羲的关系

实 例

（参见下级母题实例）

W0680.1

伏羲的父母

实 例

（参见下级母题实例）

W0680.1.1

伏羲是神的儿子

实 例

（参见下级母题实例）

W0680.1.1.1

伏羲是雷神之子

【关联】［W0351.2］雷神的儿子（雷公的儿子）

实 例

汉族 有一天，伏羲来到宛丘湖捞鱼。白龟告诉他："你的妈妈华胥在雷泽，是雷神的妻子，你是雷神的儿子。"

【流传】河南省·（周口市）·淮阳县

【出处】《人祖爷》，见张振犁编著《中原神话通鉴》（第一卷），郑州：河南大学出版社2017年版，第212～213页。

汉族 距离齐国东方几千万里的华胥国，一女子到雷泽玩，见一巨大脚印，踩上去后怀孕了，诞下一人面蛇身之子，即伏羲。故后人又说伏羲是雷神之子。

【流传】（无考）

【出处】《伏羲》，见乌丙安主编《中国民间神谱》，沈阳：辽宁人民出版社2007年版，第48页。

汉族 太迹出雷泽，华胥履之，生伏牺。

【流传】（无考）

【出处】［北宋］李昉、李穆、徐铉等：《太平御览》卷七八引《诗含神雾》。

汉族 因为华胥氏踩了雷神的足印才生出伏羲，伏羲当然也是雷神的儿子。

【流传】（无考）

【出处】《伏羲攀登天梯》，原载袁珂编译《中国神话故事》，见陶阳、钟秀编《中国神话》（上），北京：商务印书馆 2008 年版，第 181～183 页。

W0680. 1. 2

伏羲是天师的儿子

实 例

（实例待考）

W0680. 1. 3

伏羲是巫师的儿子

实 例

（参见下级母题实例）

W0680. 1. 3. 1

伏羲女娲的父亲是会法术的张宝卜

实 例

汉族 伏羲女娲的父亲叫张宝卜，会弄法术，连雷公也斗不过他。

【流传】河南省·（南阳市）·桐柏县

【出处】《伏羲女娲兄妹结婚》，见么书仪选注《神话传说三百篇》，大连：大连出版社 1999 年版，第 16～19 页。

W0680. 1. 4

伏羲是玉帝儿子

实 例

（实例待考）

W0680. 1. 4. 1

伏羲是老天爷的儿子

实 例

汉族 （实例待考）

W0680. 1. 5

伏羲是大圣的儿子

【关联】［W0680. 2. 0. 3］伏羲兄妹是大圣的儿女

实 例

（实例待考）

W0680. 1. 6

伏羲是盘古儿子

【关联】

①［W0676. 5. 1］盘古婚生伏羲

②［W0680. 2. 0. 1］伏羲兄妹是盘古的儿女

③［W0725］盘古的关系

实 例

（参见下级母题实例）

W0680. 1. 6. 1

伏羲氏是盘古的儿子

实 例

汉族 盘古兄妹二人婚生的长子取名伏羲氏。

【流传】（无考）

【出处】陶阳根据《黑暗传》资料重

述：《盘古老祖是龙之子》，见陶阳、钟秀编《中国神话》（中），北京：商务印书馆 2008 年版，第 539～540 页。

W0680.1.7 伏羲是特定的人的儿子

实 例

（参见下级母题实例）

W0680.1.7.1 伏羲是叫昆仑的种田人的儿子

【关联】［W0680.2.0.5］伏羲兄妹是一个叫昆仑的种田老汉的儿女

实 例

壮族 伏羲兄妹的父亲是一个叫昆仑的种田老汉。

【流传】广西壮族自治区·（河池市）·宜州（宜州市）·矮山（矮山乡）、北牙（北牙瑶族乡）、怀远（怀远镇）

【出处】梁俊如讲：《伏羲兄妹》，见张声震总主编，农冠品编注《壮族神话集成》，南宁：广西民族出版社 2007 年版，第 316 页。

W0680.1.7.2 伏羲是首领的儿子

实 例

（参见下级母题实例）

W0680.1.7.2.1 伏羲女娲兄妹是首领高比的儿女

【关联】［W0680.2.2.5］伏羲女娲兄妹是雷公的哥哥高比的 1 对儿女

实 例

汉族 地上的首领高比有一双儿女，儿子叫做伏羲，女儿叫做女娲。

【流传】江西省·南昌市

【出处】周仑讲，稚翁搜集整理：《洪水的传说》，原载南昌市民间文学集成编委会编《南昌民间故事集成》，见姚宝瑄主编《中国各民族神话》（汉族），太原：山西出版传媒集团·书海出版社 2014 年版，第 87～89 页。

W0680.1.7.3 伏羲是一个高人的干儿子

实 例

彝族 密西把（一个高人的名字）见老虎从狼群中救出的小男孩生得天庭开阔、耳大眼灵，就有心收他做干儿，聪明的小男孩“扑通”一声跪下，说道：“我愿做你的干儿，随你回家！”密西把给干儿起了个名字叫“伏羲”。

【流传】云南省·（大理白族自治州）·南涧县

【出处】施光美讲，华源记录：《母虎日历碑》，原载《中国民间故事全书》（云南省·南涧卷），见陶阳、钟秀编《中国神话》（中），北京：商务印书馆 2008 年版，第 547 ~ 549 页。

W0680. 1. 8

伏羲的母亲

实 例

（参见下级母题实例）

W0680. 1. 8. 1

羲皇的母亲华胥

实 例

汉族 蛇身之神，即羲皇也。其母是九河神女华胥。

【流传】（无考）

【出处】［东晋］王嘉：《拾遗记》卷二。

W0680. 1. 8. 2

伏羲是华胥氏的儿子

【关联】［W0689. 4. 3］华胥是伏羲的母亲

实 例

汉族 人脸蛇身的伏羲神是九河神女华胥氏的儿子。

【流传】（无考）

【出处】《禹擒水怪无支祁》，原载袁珂编译《中国神话故事》，见陶阳、钟秀编《中国神话》（上），北京：商务印书馆 2008 年版，第 428 ~ 430 页。

W0680. 1. 9

与伏羲的父母有关的其他母题

【关联】［W0676. 5. 5］地王婚生伏羲

实 例

（参见下级母题实例）

W0680. 1. 9. 1

伏羲是雷公的哥哥高比的儿子（伏羲是雷公的侄子）

实 例

汉族 伏羲女娲兄妹是雷公的哥哥高比的 1 对儿女。

【流传】江西省 · 南昌（南昌市）

【出处】周仑讲：《洪水的传说》，见本市编《南昌民间故事集成》，内部编印，1985 年。

汉族 以前有两兄弟，弟弟叫雷公，管天上；哥哥叫高比，管地下。高比的儿子女儿伏羲女娲是雷公的侄儿侄女。

【流传】江西省 · 南昌市

【出处】周仑讲，稚翁搜集整理：《洪水的传说》，原载南昌市民间文学集成编委会编《南昌民间故事集成》，见姚宝瑄主编《中国各民族神话》（汉族），太原：山西出版传媒集团 · 书海出版社 2014 年版，第 87 ~ 89 页。

W0680. 1. 9. 1. 1

伏羲女娲的叔父是雷公

实 例

汉族 雷公发洪水前，从口里拔出一个牙齿来，酬谢侄儿、侄女伏羲女娲。

【流传】江西省·南昌（南昌市）

【出处】周仑讲，稚翁采录：《洪水的传说》，原载南昌市民间文学集成编委会编《南昌民间故事集成》，见陶阳、钟秀编《中国神话》（上），北京：商务印书馆2008年版，第475～477页。

W0680.1.9.2
伏羲是黄龙的养子

【关联】［W0680.2.2.13.1］伏羲女娲是黄龙的养子

实　例

汉族（参见“W0680.2.2.13.1 伏羲女娲是黄龙的养子”母题实例）

W0680.2
伏羲兄妹

实　例

（参见下级母题实例）

W0680.2.0
伏羲兄妹的产生

【关联】［W0676.2.2］女娲造伏羲兄妹

实　例

（参见下级母题实例）

W0680.2.0.1
伏羲兄妹是盘古的儿女

【关联】

①［W0680.2.0.3］伏羲兄妹是大圣的儿女

②［W0723.2.8.1］天降大圣盘古

实　例

（参见下级母题实例）

W0680.2.0.1.1
伏羲兄妹是盘古夫妻生的最后1对双胞胎

实　例

汉族盘古开天辟地后，妻子生很多孩子，最后一胎是1男1女，即伏羲女娲兄妹。

【流传】河南省·（焦作市）·武陟县·阳城乡

【出处】李持见讲：《避难创世》，见中国民间文学集成全国编辑委员会编《中国民间故事集成》（河南卷），北京：中国ISBN中心2001年版，第10～11页。

W0680.2.0.2
华胥生伏羲兄妹

【关联】［W0711.3.3.2］华胥生男子为伏羲，女子为女娲

实　例

汉族天塌地陷时，伏羲到白龟腹中避难时，白龟介绍一个姑娘说：“这是你的妹妹，叫女娲。你的母亲是华胥姑娘。我在雷泽拯救了你，你母亲又给你生个妹妹，我受天帝的圣谕，接回女娲，已等你整整一天了。”

【流传】河南省·（周口市）·淮阳县

【出处】《人祖爷》，见张振犁编著《中原神话通鉴》（第一卷），郑州：河南大学出版社 2017 年版，第 214 页。

W0680. 2. 0. 3

伏羲兄妹是大圣的儿女

【关联】［W0723. 2. 8. 1］天降大圣盘古

实 例

瑶族 洪水中逃生的伏羲兄妹是大圣的儿女。

【流传】广西壮族自治区·（来宾市）·金秀瑶族自治县

【出处】巴柏口述，刘保元、苏胜兴搜集整理：《伏羲兄妹的故事》，见苏胜兴等《瑶族民间故事选》，上海：上海文艺出版社 1980 年版。

瑶族 大圣捉住雷王后，把他关在禾仓里。要腌雷王出门买盐时，叮嘱他的一对儿女伏羲兄妹说："好好看守雷王，不要给他水喝。"

【流传】广西壮族自治区·（来宾市）·金秀瑶族自治县

【出处】

(a) 巴柏讲，刘保元、苏胜兴搜集整理：《伏羲兄妹的故事》，见苏胜兴、刘保元、韦文俊、王矿新等编《瑶族民间故事选》，上海：上海文艺出版社 1980 年版。

(b) 同 (a)，见姚宝瑄主编《中国各民族神话》（土家族、毛南族、侗族、瑶族），太原：山西出版传媒集团·书海出版社 2014 年版，第 190 页。

W0680. 2. 0. 4

伏羲兄妹的父亲是张天师

【关联】［W0768. 2. 4. 1］张天师

实 例

瑶族 有家穷人只生兄妹俩，哥哥名叫伏羲，兄妹很小死了娘，跟着爹爹张天师度日。

【流传】(a) 云南省·文山州（文山壮族苗族自治州）

【出处】

(a) 盘金贤讲，盘国金采录：《伏羲兄妹》，见中国民间文学集成全国编辑委员会编《中国民间故事集成》（云南卷），北京：中国 ISBN 中心 2003 年版，第 201 页。

(b) 盘国金搜集：《伏羲兄妹》，载《山茶》1982 年第 1 期。

(c) 同 (b)，见谷德明编《中国少数民族神话》，北京：中国民间文艺出版社 1987 年版，第 136 页。

W0680. 2. 0. 5

伏羲兄妹是一个叫昆仑的种田老汉的儿女

实 例

壮族 伏羲兄妹的父亲是一个叫昆仑的种田老汉。

【流传】广西壮族自治区·（河池市）·宜州（宜州市）·矮山（矮山乡）、北牙（北牙瑶族乡）、怀远（怀远镇）

【出处】梁俊如讲：《伏羲兄妹》，见张声震总主编，农冠品编注《壮族神话集成》，南宁：广西民族出版社 2007 年版，第 316 页。

W0680.2.0.6

女娲用泥捏出伏羲兄妹

实 例

汉族 女娲用泥捏出伏羲兄妹。

【流传】山西省

【出处】《兄妹神婚与东西磨山》，见《中国民间故事集成·山西卷》，送审稿。

W0680.2.1

伏羲女娲是双胞胎

【关联】［W0710］女娲

实 例

汉族 盘古的妻子最后一胎生伏羲女娲。

【流传】河南省·（焦作市）·武陟县·阳城乡·郭下村

【出处】李持见讲，王广先采录：《避难创世》，见中国民间文学集成全国编辑委员会编《中国民间故事集成》（河南卷），北京：中国 ISBN 中心 2001 年版，第 9 页。

W0680.2.1.1

莲花生伏羲女娲

【关联】［W0109.18.2.1］神坐在莲花上源于莲生伏羲女娲

实 例

汉族 盘古开天地后，湖生两朵莲花，莲花中生伏羲和女娲。于是有了人类。

【流传】河南省

【出处】郭云梦搜集：《莲生伏羲女娲》，见张楚北《中原神话》，郑州：海燕出版社 1988 年版，第 12 页。

汉族 盘古的眼睛变成天长日久，湖里慢慢生出了莲叶，长出来一根花梗，上头却结着两个花骨朵。两个花骨朵吸收了日月的精华，天地的灵气，越长越大。裂开后，中间坐着两个娃娃，一个是男的，一个是女的。男的就是伏羲，女的就是女娲。

【流传】河南省·（周口市）·淮阳县

【出处】郭云梦采录：《莲生伏羲女娲》，见张振犁编著《中原神话通鉴》（第一卷），郑州：河南大学出版社 2017 年版，第 280 页。

汉族 荷花开花后生出一男一女两个娃娃。男的就是伏羲，女的就是女娲。

【流传】中原一带

【出处】郭云梦搜集：《莲生伏羲女娲》，原载张梦北编《中原神话》，见陶阳、钟秀编《中国神话》（上），北京：商务印书馆 2008 年版，第 359 页。

W0680. 2. 1. 2

伏羲女娲是盘古妻子生的最后 1 对双胞胎

实 例

汉族 盘古的妻子最后一胎生伏羲女娲。

【流传】河南省·（焦作市）·武陟县·阳城乡·郭下村

【出处】李持见讲，王广先采录：《避难创世》，见中国民间文学集成全国编辑委员会编《中国民间故事集成》（河南卷），北京：中国 ISBN 中心 2001 年版，第 9 页。

W0680. 2. 2

伏羲女娲是兄妹（伏羲女娲兄妹）

【关联】

① ［W0659. 2. 20. 4］ 始祖伏羲女娲（伏羲女娲是人祖）

② ［W0682. 2. 1］ 伏羲女娲兄妹婚

③ ［W0715. 4. 3. 2］ 女娲是伏羲的妹妹

④ ［W1386. 3. 3］ 伏羲女娲兄妹补天

实 例

汉族 伏羲女娲是两兄妹。

【流传】江西省·南昌（南昌市）

【出处】周仑讲：《洪水的传说》，见本市编《南昌民间故事集成》，内部编印，1985 年。

汉族 天漏水造成洪水，女娲和哥哥伏羲幸存。

【流传】江苏省·（淮安市）·涟水（涟水县）各地

【出处】徐学尧讲，徐省生搜集整理：《开天辟地和人的由来》（1986. 06），见姚宝瑄主编《中国各民族神话》（汉族），太原：山西出版传媒集团·书海出版社 2014 年版，第 20 ~ 22 页。

W0680. 2. 2. 0

伏羲女娲是亲兄妹

实 例

汉族 很古的时候，有两个十多岁的小孩，男的叫伏羲，女的叫女娲，是一对亲兄妹。

【流传】河南省·（信阳市）·息县·中渡店

【出处】戴金声（男，65 岁，农民）讲，戴丽新采录：《兄妹成婚》（1986），见张振犁编著《中原神话通鉴》（第一卷），郑州：河南大学出版社 2017 年版，第 352 页。

W0680. 2. 2. 1

盘古婚生伏羲和女娲

【关联】

① ［W0676. 5. 1］ 盘古婚生伏羲

② ［W0725. 2. 5. 1. 4］ 盘兄即伏羲，古妹即女娲

③ ［W0725. 5. 0. 2］ 盘古的儿女伏羲女娲

实 例

汉族 盘古开天辟地后，妻子生很多

孩子，最后一胎是1男1女，即伏羲女娲兄妹。

【流传】河南省·（焦作市）·武陟县·阳城乡

【出处】李持见讲：《避难创世》，见中国民间文学集成全国编辑委员会编《中国民间故事集成》（河南卷），北京：中国ISBN中心2001年版，第10~11页。

W0680.2.2.2

伏羲女娲兄妹是孤儿

实 例

汉族 伏羲、女娲是无父母无家的兄妹。

【流传】（无考）

【出处】唐升荣等讲：《伏羲和女娲的故事》，见蔚家麟选编《中国民间故事精选》，武汉：长江文艺出版社2005年版，第6~12页。

汉族 很早以前，伏羲女娲兄妹的父母死得早。

【流传】河北省·（石家庄市）·新乐县（新乐市）

【出处】刘戊戌讲，富强采录：《洪水漫世》，见中国民间文学集成全国编辑委员会编《中国民间故事集成》（河北卷），北京：中国ISBN中心2003年版，第20页。

汉族 伏羲女娲是两个没有父母的兄妹。

【流传】河南省·（驻马店市）·正阳县·慎水乡·韦老庄

【出处】代星讲，代胜利采录：《姊妹成婚》，见中国民间文学集成全国编辑委员会编《中国民间故事集成》（河南卷），北京：中国ISBN中心2001年版，第14页。

水族 伏羲女娲兄妹幼无父母，孤苦伶仃，亦甚穷困。

【流传】（无考）

【出处】袁珂改编：《空心竹》，原载谷德明编《中国少数民族神话选》，见袁珂《中国神话大词典》，北京：华夏出版社2015年版，第542页。

汉族 伏羲的妹妹叫女娲，父母早年去世，他兄妹两个过日子。

【流传】河南省·（周口市）·淮阳县

【出处】杨牧采录：《伏羲和女娲（三）》（1982），见张振犁编著《中原神话通鉴》（第一卷），郑州：河南大学出版社2017年版，第320页。

W0680.2.2.2.1

没爹没娘的伏羲女娲兄妹住在宛丘山的宛丘洞里

实 例

汉族 古时候，宛丘山的宛丘洞里住着没爹也没娘的兄妹俩。哥哥叫伏羲，妹妹叫女娲。

【流传】河南省·（周口市）·淮阳县［采录地点：淮阳县·棠棣村］

【出处】李国争（男，63岁，农民，私塾）讲，杨复俊采录：《人祖创世传说》（1985. 01. 06），见张振犁编著《中原神话通鉴》（第一卷），郑州：河南大学出版社 2017 年版，第 284 页。

W0680. 2. 2. 2. 2

伏羲女娲是穷人家的兄妹孤儿

实　例

汉族 伏羲和女娲是兄妹俩。父母早亡，家里很穷。

【流传】 河南省·（三门峡市）·义马市

【出处】《伏羲和女娲（二）》，见张振犁编著《中原神话通鉴》（第一卷），郑州：河南大学出版社 2017 年版，第 317 页。

W0680. 2. 2. 3

伏羲女娲是玉帝的儿女

实　例

汉族 伏羲女娲是玉皇大帝的儿女。

【流传】 河北省·邯郸（邯郸市）·涉县

【出处】《女娲治世》，见中国民间文学集成全国编辑委员会编《中国民间故事集成》（河北卷），北京：中国 ISBN 中心 2003 年版，第 24 页。

W0680. 2. 2. 4

华胥姑娘生伏羲女娲兄妹（华胥生伏羲女娲兄妹）

【关联】［W0711. 3. 3. 2］华胥生男子为伏羲，女子为女娲

实　例

汉族（参见“W0680. 2. 0. 2 华胥生伏羲兄妹”母题实例）

W0680. 2. 2. 5

伏羲女娲兄妹是雷公的哥哥高比的 1 对儿女

【关联】［W0680. 1. 9. 1］伏羲是雷公的哥哥高比的儿子（伏羲是雷公的侄子）

实　例

汉族 伏羲女娲兄妹是雷公的哥哥高比的 1 对儿女。

【流传】 江西省·南昌（南昌市）

【出处】 周仑讲：《洪水的传说》，见本市编《南昌民间故事集成》，内部编印，1985 年。

汉族 很古的时候，天和地是由两兄弟管着的。管天的弟弟叫雷公，管地的哥哥叫高比。高比有一双儿女，儿子叫做伏羲，女儿叫做女娲，两兄妹替父亲看家。

【流传】 江西省·南昌（南昌市）

【出处】 周仑讲，稚翁采录：《洪水的传说》，原载南昌市民间文学集成编委会编《南昌民间故事集成》，见陶阳、钟秀编《中国神话》（上），北京：商务印书馆 2008 年版，第 475 ~ 477 页。

W0680.2.2.6

伏羲女娲兄妹的居所

实 例

（参见下级母题实例）

W0680.2.2.6.1

伏羲女娲兄妹居山中

实 例

畲族 在天下还没有人类时，在一座大山之中住着兄妹两人，哥哥叫伏羲，妹妹叫女娲。

【流传】（无考）

【出处】

（a）蓝国运、蓝国根记录整理：《伏羲与女娲》，见《中国各民族宗教与神话大词典》，北京：学苑出版社 1993 年版。

（b）同（a），见姚宝瑄主编《中国各民族神话》（高山族、黎族、畲族），太原：山西出版传媒集团·书海出版社 2014 年版，第 86 页。

W0680.2.2.6.1.1

伏羲女娲兄妹居浮山岭

实 例

汉族 荒古时候，浮山岭住着伏羲女娲两兄妹。

【流传】 河南省·（郑州市）·新密市·浮山村

【出处】 张央（男，82 岁，农民）、张仓（男，81 岁，农民）讲，河南大学“中原神话调查组”采录：《虎为媒》（2001.04.14），见张振犁编著《中原神话通鉴》（第一卷），郑州：河南大学出版社 2017 年版，第 296 页。

W0680.2.2.6.2

伏羲女娲兄妹居美丽的湖畔

实 例

汉族 在一个美丽的湖畔生活着兄妹俩，哥哥叫伏羲，妹妹叫女娲。

【流传】 河南省·（周口市）·淮阳县

【出处】 梁露采录：《伏羲和女娲的故事》，见张振犁编著《中原神话通鉴》（第一卷），郑州：河南大学出版社 2017 年版，第 324 页。

W0680.2.2.6.3

伏羲女娲兄妹居嵩山洪荒沟

实 例

汉族 伏羲、女娲兄妹的家，在中岳嵩山北面的洪荒沟里。

【流传】 河南省·（郑州市）·新密市［采录地点：新密市浮戏山］

【出处】 陈志忠采录：《船山》（1992.10），见张振犁编著《中原神话通鉴》（第一卷），郑州：河南大学出版社 2017 年版，第 295 页。

W0680. 2. 2. 7
伏羲女娲是人间最早出现的 2 个人

实 例

汉族 开天辟地时，世上只有女娲和哥哥伏羲两个人。

【流传】河北省·（邯郸市）·涉县

【出处】《女娲兄妹结亲的传说》，见张振犁编著《中原神话通鉴》（第一卷），郑州：河南大学出版社 2017 年版，第 313 页。

W0680. 2. 2. 7. 1
伏羲女娲是开天辟地后最早出现的 2 个人

实 例

汉族 伏羲与女娲为兄妹俩，开天辟地头两个人。

【流传】河南省·（周口市）·西华县

【出处】张慎重（72 岁，农民）讲，张振犁、程健君录音：《思都岗（女娲城）》（1983. 11. 03），见张振犁编著《中原神话通鉴》（第一卷），郑州：河南大学出版社 2017 年版，第 202 页。

W0680. 2. 2. 8
伏羲女娲是灾难后幸存的 1 对兄妹

实 例

（参见下级母题实例）

W0680. 2. 2. 8. 1
伏羲女娲是天地混沌后幸存的 1 对兄妹

实 例

汉族 天地混沌后，只剩下一对兄妹。这兄妹俩就是伏羲和女娲。

【流传】河南省·（驻马店市）·上蔡县、（周口市）·陈州（淮阳县）

【出处】白龟庙前卖茶老汉讲，彭兴孝采录：《白龟庙》（1987. 03. 02），见张振犁编著《中原神话通鉴》（第一卷），郑州：河南大学出版社 2017 年版，第 248 页。

W0680. 2. 2. 8. 2
伏羲女娲是天塌后幸存的 1 对兄妹

实 例

汉族 很古的时候，有一天天塌了，世上只剩下伏羲和女娲兄妹二人了。

【流传】河南省·（焦作市）·武陟县

【出处】王百贞讲，王广先采录整理：《兄妹成婚》，见张振犁编著《中原神话通鉴》（第一卷），郑州：河南大学出版社 2017 年版，第 356 页。

W0680. 2. 2. 9
伏羲女娲兄妹同族

实 例

汉族 很古以前，中州的黄河岸边有座大山，山上有一个山洞，山洞里住着一族人。族人里有这么兄妹两个，女的叫女娲，男的叫伏羲。

【流传】河南省·（周口市）·沈丘县·刘庄店乡·耿庄

【出处】耿如林（善讲故事，不识字）讲，耿瑞采录，张振犁采录整理：《玄武、女娲、伏羲和黄帝》（1983.05），见张振犁编著《中原神话通鉴》（第一卷），郑州：河南大学出版社2017年版，第298页。

W0680.2.2.10

伏羲女娲同母

实　例

汉族 伏羲古之继天而帝者也，女娲与之同母而相佐之。

【流传】河南省

【出处】《明代万历二十四年浮山岭重修伏羲女娲祠记》，见张振犁编著《中原神话通鉴》（第一卷），郑州：河南大学出版社2017年版，第297页。

汉族 伏羲女娲是一母同生的亲兄妹。

【流传】河南省·（信阳市）·息县·中渡店

【出处】戴金声（男，65岁，农民）讲，戴丽新采录：《兄妹成婚》（1986），见张振犁编著《中原神话通鉴》（第一卷），郑州：河南大学出版社2017年版，第353页。

W0680.2.2.11

伏羲女娲兄妹男主外女主内

实　例

汉族 伏羲和女娲原来不是两口，是兄妹俩，伏羲每天上山打猎、摘野果、采草药，女娲在家操持家务，日子虽苦，还算欢乐。

【流传】河南省·（焦作市）·沁阳县

【出处】张俊兴、秦太昌采录整理：《伏羲峰和女娲山》，见张振犁编著《中原神话通鉴》（第一卷），郑州：河南大学出版社2017年版，第304页。

W0680.2.2.11a

哥哥伏羲开荒种地，驯兽养禽；妹妹女娲织网捕鱼，采果充饥

实　例

汉族 伏羲、女娲是兄妹。伏羲开荒种地，驯兽养禽；女娲织网捕鱼，采果充饥。

【流传】浙江省·宁波市·宁海县·（深甽镇）·深甽村

【出处】丁直民讲，林永宽记录：《兄妹结婚》（1987.03），见罗杨总主编，戴余金本卷主编《中国民间故事丛书·浙江宁波·宁海卷》，北京：知识产权出版社2015年版，第4页。

W0680.2.2.12

伏羲女娲是人祖爷人祖奶奶

【关联】

① ［W0143. 2］人祖爷和人祖奶
② ［W0659. 2. 20. 4］始祖伏羲女娲（伏羲女娲是人祖）
③ ［W0681. 3. 2］洪水后因伏羲和女娲繁衍后代被称为人祖爷

实 例

汉族 人祖爷、人祖奶奶就是淮阳太昊陵敬的伏羲和奶奶庙里的女娲。

【流传】河南省·（周口市）·沈丘县·卡路口乡·孙庄

【出处】孙洪杰（男，67 岁，农民。不识字）讲，孙如灵采录：《伏羲和女娲（四）》（1986. 10），见张振犁编著《中原神话通鉴》（第一卷），郑州：河南大学出版社 2017 年版，第 324 页。

汉族 天下人是伏羲和女娲创造的。天下人称伏羲为人祖爷，称女娲为人祖奶奶。

【流传】河南省·（周口市）·淮阳县［采录地点：淮阳县·棠棣村］

【出处】李国争（男，63 岁，农民，私塾）讲，杨复俊采录：《人祖创世传说》（1985. 01. 06），见张振犁编著《中原神话通鉴》（第一卷），郑州：河南大学出版社 2017 年版，第 287 页。

W0680. 2. 2. 12. 1
伏羲女娲是人祖爷人祖姑娘

实 例

汉族 伏羲和女娲用双手造出人类。人们叫伏羲为“人祖爷”，称女娲为“人祖奶奶”、“人祖姑娘”。

【流传】河南省·（周口市）·淮阳县

【出处】《人祖奶奶》，见张振犁编著《中原神话通鉴》（第一卷），郑州：河南大学出版社 2017 年版，第 191 页。

W0680. 2. 2. 12a
伏羲女娲是人皇玄母

实 例

汉族 女娲和伏羲都过世了。后人们称伏羲、女娲为人皇玄母，都说自己是从玄武（乌龟）来的。

【流传】河南省·（周口市）·沈丘县·刘庄店乡·耿庄

【出处】耿如林（善讲故事，不识字）讲，耿瑞采录，张振犁采录整理：《玄武、女娲、伏羲和黄帝》（1983. 05），见张振犁编著《中原神话通鉴》（第一卷），郑州：河南大学出版社 2017 年版，第 300 页。

W0680. 2. 2. 12b
伏羲女娲是成活泥人的爸爸妈妈

实 例

汉族 女娲娘娘抟黄土造了人。这些人会说话又会走路，高兴地叫女娲“妈妈”，叫伏羲“爸爸”。

【流传】河南省·（周口市）·淮阳县·（王店乡·棠棣村）

【出处】李国争（63 岁，农民）讲，杨复俊采录：《女娲娘娘》（1985.01.06），见张振犁编著《中原神话通鉴》（第一卷），郑州：河南大学出版社 2017 年版，第 144 页。

W0680.2.2.12c
伏羲女娲的孩子有熊

实 例

汉族 伏羲对孩子有熊说，要治好你母亲女娲的眼睛，唯有玉皇后花园的菊花。

【流传】河南省·（焦作市）·武陟县·阳城乡·郭下村

【出处】李待见（男，农民，小学）讲，王广先采录整理：《四大怀药》，见张振犁编著《中原神话通鉴》（第一卷），郑州：河南大学出版社 2017 年版，第 196 页。

W0680.2.2.13
伏羲女娲是龙的传人

实 例

汉族 洪水后，只剩下伏羲女娲兄妹俩。收养他俩的黄龙在空中云端里说："你们两人成婚，人之常理。你们不是凡人，都是我黄龙的传人。"

【流传】河南省·洛阳市·（洛龙区）·龙门（龙门镇）［采录地点：洛阳南郊夜叉磨村］

【出处】吕娅娜采录，张振犁重写：《龙的传人》（1999.03.03），见张振犁编著《中原神话通鉴》（第一卷），郑州：河南大学出版社 2017 年版，第 291 页。

W0680.2.2.13.1
伏羲女娲是黄龙的养子

实 例

汉族 洪水后，只有伏羲女娲兄妹俩幸存。天帝命令黄龙到人间帮助兄妹二人，把他们收作黄龙自己的子女。

【流传】河南省·洛阳市·（洛龙区）·龙门（龙门镇）［采录地点：洛阳南郊夜叉磨村］

【出处】吕娅娜采录，张振犁重写：《龙的传人》（1999.03.03），见张振犁编著《中原神话通鉴》（第一卷），郑州：河南大学出版社 2017 年版，第 291 页。

W0680.2.2.14
伏羲女娲是龙

实 例

汉族 （参见"W0680.2.2.14.1 伏羲女娲穿龙衣"母题实例）

W0680.2.2.14.1
伏羲女娲穿龙衣

实 例

汉族 衣裳是从伏羲女娲时兴起的。因伏羲、女娲都是龙，所以又称衣裳是"龙衣"。

【流传】河南省·（周口市）·淮阳县

【出处】李国争（男，63 岁，农民）讲，杨复俊采录：《龙衣》（1983. 02. 01），见张振犁编著《中原神话通鉴》（第一卷），郑州：河南大学出版社 2017 年版，第 229 页。

W0680. 2. 2. 14a

伏羲鳞身，女娲蛇躯

实 例

汉族 伏羲鳞身，女娲蛇躯。

【流传】（无考）

【出处】［东汉］王延寿：《灵光殿赋》。

W0680. 2. 2. 15

伏羲女娲兄妹乘龙上天

实 例

汉族 尔时人民死，惟有伏羲、女娲兄妹二人，依龙上天，得存其命。

【流传】（无考）

【出处】［唐］撰者不详：《天地开辟以来帝王纪》敦煌本。

W0680. 2. 2. 16

张伏羲和李女娲

实 例

汉族 古时候的第一个皇帝是张伏羲，李女娲是他的妻子。

【流传】江苏省·（淮安市）·金湖县南片（南部）

【出处】冯学仁讲，戴之尧记录：《张伏羲补天》（1987. 06. 23），见姚宝瑄主编《中国各民族神话》（汉族），太原：山西出版传媒集团·书海出版社 2014 年版，第 63 页。

W0680. 2. 3

伏羲兄妹是孤儿

【关联】

［W0680. 2. 2. 2］伏羲女娲兄妹是孤儿

实 例

汉族 伏羲和女娲是兄妹俩。父母早亡，家里很穷。

【流传】河南省·（三门峡市）·义马市

【出处】《伏羲和女娲（二）》，见张振犁编著《中原神话通鉴》（第一卷），郑州：河南大学出版社 2017 年版，第 317 页。

瑶族 伏羲兄妹是 1 对孤儿。

【流传】（无考）

【出处】《伏羲兄妹》，见谷德明编《中国少数民族神话》，北京：中国民间文艺出版社 1987 年版，第 137 页。

W0680. 2. 4

与伏羲兄妹有关的其他母题

【关联】

①［W0497. 7. 10. 1］人伦神伏羲兄妹

②［W0659. 2. 36. 1］人类的祖先伏羲兄妹

③［W0715. 4. 3. 2］女娲是伏羲的妹妹

④［W0761. 2. 1］王母娘娘是伏羲的妹妹

⑤［W0768.6.1］骊山老母是伏羲的妹妹

实　例

瑶族、壮族（实例待考）

W0680.2.4.1
伏羲兄妹是猴子

【关联】［W0650.5］祖先是猴子

实　例

（参见下级母题实例）

W0680.2.4.1.1
伏羲兄妹是盘古开天地时的1对聪明的猴子

实　例

汉族 盘古开天地时，天下全是猴子，其中一对精灵鬼为伏羲兄妹。

【流传】四川省·（成都市）·双流县·永兴镇

【出处】郭顺红讲：《伏羲与兄妹与猿猴》，见中国民间文学集成全国编辑委员会编《中国民间故事集成》（四川卷·上），北京：中国ISBN中心1998年版，第53页。

W0680.2.4.2
伏羲的妹妹性格刁钻

实　例

布依族 伏羲妹妹是个刁舌鬼。她哄过了太白金星，其实到了凡间，她又违背誓言，不愿意与伏羲哥哥结婚了。

【流传】（无考）

【出处】

（a）祝登雍讲：《伏羲兄妹》，见谷德明编《中国少数民族神话选》，西北民族学院研究所1983年编印，内部资料。

（b）同（a），见姚宝瑄主编《中国各民族神话》（布依族、仡佬族、苗族），太原：山西出版传媒集团·书海出版社2014年版，第60页。

W0680.2.4.3
伏羲四兄妹

实　例

（参见下级母题实例）

W0680.2.4.3.1
伏羲、女娲、祝融与共工四兄妹

实　例

汉族 伏羲、女娲、祝融与共工是华胥和狗婚配生的4兄妹。

【流传】浙江省·湖州市·镇西乡·赵家坪（疑为赵家村）

【出处】冯雨轩讲，钟铭采录：《华胥补天》，见中国民间文学集成全国编辑委员会编《中国民间故事集成》（浙江卷），北京：中国ISBN中心1997年版，第18页。

W0680.2.4.3.2
伏羲四兄妹与老母亲山中生活

实　例

仫佬族 很早以前，山里居住着伏羲四兄妹和他们的老母亲。

【流传】（无考）

【出处】 包启宽、潘代球等讲，包玉堂、谢运源、潘琦搜集整理：《伏羲兄妹的传说》，见姚宝瑄主编《中国各民族神话》（仫佬族、壮族、京族），太原：山西出版传媒集团·书海出版社2014年版，第8页。

W0680. 2. 4. 4

伏羲的妹妹骊山老母和王母娘娘

实 例

汉族 骊山老母和王母娘娘是姐妹俩，是哥哥伏羲氏的好帮手。

【流传】（a）宁夏·（中卫市）·中宁县·新堡乡·聂弯村

【出处】

（a）杨发兴讲，宋福采录：《骊山老母补天，王母娘娘补地》（1986），见中国民间文学集成全国编辑委员会编《中国民间故事集成》（宁夏卷），北京：中国ISBN中心1999年版，第3页。

（b）同（a），见陶阳、钟秀编《中国神话》（上），北京：商务印书馆2008年版，第404～406页。

W0680. 3

伏羲的姐弟

实 例

（参见下级母题实例）

W0680. 3. 1

伏羲女娲是姐弟

实 例

汉族 人祖爷和人祖奶（当地人对伏羲和女娲的尊称）是姐弟俩。

【流传】 河南省·（周口市）·西华县·逍遥镇·西街

【出处】 刘炎讲，张振犁采录：《姊妹成婚》，见中国民间文学集成全国编辑委员会编《中国民间故事集成》（河南卷），北京：中国ISBN中心2001年版，第13页。

W0680. 4

伏羲的兄弟

实 例

（参见下级母题实例）

W0680. 4. 1

伏羲的残疾哥哥

实 例

（参见下级母题实例）

W0680. 4. 1. 1

伏羲兄妹有一个独眼哥哥和一个跛脚哥哥

实 例

仫佬族 伏羲兄妹有一个独眼哥哥和一个跛脚哥哥。

【流传】

(a) 广西壮族自治区·(河池市)·罗城县(罗城仫佬族自治县)·四把乡·石门村·冲春屯。
(b) 广西壮族自治区·(河池市)·罗城县(罗城仫佬族自治县)·东门(东门镇)、四把(四把乡)

【出处】
(a) 包启宽讲,包玉堂采录翻译:《伏羲兄妹》,见中国民间文学集成全国编辑委员会编《中国民间故事集成》(广西卷),北京:中国ISBN中心2001年版,第69页。
(b) 包启宽、潘代球讲,包玉堂、谢运源等搜集整理:《伏羲兄妹的传说》,见谷德明编《中国少数民族神话》,北京:中国民间文艺出版社1987年版,第146页。

仫佬族 很早以前,山里住着伏羲兄妹和老母亲。伏羲和妹妹心地善良;两个哥哥一个独眼,一个跛脚,生性凶恶,好吃懒做。

【流传】(a) 广西壮族自治区·(河池市)·罗城县(罗城仫佬族自治县)·四把乡·石门村·冲春屯

【出处】
(a) 包启宽讲,包玉堂采录翻译:《伏羲兄妹》(1981),见中国民间文学集成全国编辑委员会编《中国民间故事集成》(广西卷),北京:中国ISBN中心2001年版,第69页。
(b) 同(a),见陶阳、钟秀编《中国神话》(上),北京:商务印书馆2008年版,第472~474页。

W0680.4.1.2
伏羲的二哥是瘸子

实 例

仫佬族 以前,山中住伏羲四兄妹及其老母。伏羲与妹心最善,伏羲之二兄一独眼,一跛足,性贪残而懒惰。

【流传】(无考)

【出处】袁珂改编:《伏羲兄妹》(原名《伏羲兄妹的传说》),原载《仫佬族民间故事》,见袁珂《中国神话大词典》,北京:华夏出版社2015年版,第562页。

W0680.4.2
伏羲的独眼哥哥

实 例

仫佬族 (参见"W0680.4.1.1 伏羲兄妹有一个独眼哥哥和一个跛脚哥哥"母题实例)

W0680.4.3
与伏羲的哥哥有关的其他母题

实 例

(参见下级母题实例)

W0680.4.3.1
伏羲的哥哥捉雷公

【关联】[W8872] 捉雷公

实 例

仫佬族 伏羲的哥哥捉雷公。

【流传】（无考）

【出处】《伏羲兄妹的传说》，见《中国各民族宗教与神话大词典》编审委员会编《中国各民族宗教与神话大词典》，北京：学苑出版社 1990 年版，第 491 页。

W0680. 4. 4

伏羲的弟弟

实 例

（参见下级母题实例）

W0680. 4. 4. 1

伏羲氏的弟弟神农氏、祝融氏

实 例

汉族 盘古兄妹二人成亲三十载，生下男女十个人。其中，长子取名伏羲氏，姬仙女纪管中州。第二取名神农氏，姬赵女纪管湖州。第四取名祝融氏，姬孙女纪管海州。

【流传】（无考）

【出处】陶阳根据《黑暗传》资料重述：《盘古老祖是龙之子》，见陶阳、钟秀编《中国神话》（中），北京：商务印书馆 2008 年版，第 539 ~ 540 页。

W0680. 4a

伏羲的妻子

实 例

（参见下级母题实例）

W0680. 4a. 1

伏羲的妻子女娲（伏羲女娲是夫妻）

【关联】［W0682. 1. 1］伏羲女娲婚

实 例

汉族 女娲与伏羲结婚。

【流传】湖北省 ·（孝感市）· 安陆市 · 烟店镇

【出处】万大江讲：*《女娲配伏羲》，见中国民间文学集成全国编辑委员会编《中国民间故事集成》（湖北卷），北京：中国 ISBN 中心 1999 年版，第 12 页。

汉族 伏羲女娲兄妹成婚。

【流传】河北省 ·（邯郸市）· 涉县

【出处】《女娲治世》，见中国民间文学集成全国编辑委员会编《中国民间故事集成》（河北卷），北京：中国 ISBN 中心 2003 年版，第 25 页。

汉族 伏羲、女娲是两夫妻。

【流传】浙江省 ·（温州市）· 文成县 · 南田区 · 石庄乡

【出处】陈成藏讲，陈云记录，文帆整理：《芝麻饼与日月星辰》（1987. 10. 03），见姚宝瑄主编《中国各民族神话》（汉族），太原：山西出版传媒集团 · 书海出版社 2014 年版，第 306 页。

W0680.4a.2

伏羲氏的妻子女娲

实 例

汉族 伏羲氏的妻子名叫女娲。

【流传】淮河流域一带

【出处】唐元海讲，茆文斗搜集整理：《女娲补天治水》，载《民间文学》1986年第6期。

汉族 伏羲氏的妻子名叫女娲，她不仅长得聪明俊秀，而且也非常能干，什么活儿都会。

【流传】淮河流域一带

【出处】唐元梅讲：《女娲补天》，见姚宝瑄主编《中国各民族神话》（汉族），太原：山西出版传媒集团·书海出版社2014年版，第45~46页。

W0680.4a.2.1

淮夷部落首领伏羲氏的妻子叫女娲

实 例

汉族 在中原一带，居住着一个淮夷部落，部落首领伏羲氏的妻子名叫女娲。

【流传】淮河流域一带

【出处】

(a) 唐元梅讲：《女娲补天治水》，载《民间文学》1986年第6期。

(b) 同(a)，见姚宝瑄主编《中国各民族神话》（汉族），太原：山西出版传媒集团·书海出版社2014年版，第94~95页。

W0680.4b

伏羲的姬妾

实 例

（参见下级母题实例）

W0680.4b.1

伏羲姬仙女

实 例

汉族 盘古兄妹二人婚生的长子取名伏羲氏，姬仙女纪管中州。

【流传】（无考）

【出处】陶阳根据《黑暗传》资料重述：《盘古老祖是龙之子》，见陶阳、钟秀编《中国神话》（中），北京：商务印书馆2008年版，第539~540页。

W0680.5

伏羲的后代

【关联】［W0715.3.4］女娲是伏羲的女儿

实 例

（参见下级母题实例）

W0680.5.1

伏羲的后代廪君

【关联】

①［W0768.7］廪君

②［W0768.7.4.2］廪君是伏羲的后代

实　例

（参见下级母题实例）

W0680. 5. 1. 1

伏羲氏的后裔“务相”被尊称为“廪君”

实　例

土家族 东方天帝伏羲氏的后裔“务相”在武落钟离山部族纷争中获胜，成为首领，被尊称为“廪君”。

【流传】（无考）

【出处】《率民走出穴居野处的廪君》，见王德恒等《造神史话》，天津：百花文艺出版社2002年版，第17~18页。

W0680. 5. 2

伏羲的儿子

实　例

（参见下级母题实例）

W0680. 5. 2. 1

伏羲有9个儿子

实　例

汉族 伏羲是一条龙。一龙生九子，九子布九宫（八宫加中宫）。长子青龙氏居东，二子白龙氏居西，三子赤龙氏居南，四子黑龙氏居北，而九子黄龙氏居中。

【流传】 河南省·（周口市）·淮阳县

【出处】《八卦坛》，原载原见《中华民族始祖太昊伏羲氏》，见张振犁编著《中原神话通鉴》（第一卷），郑州：河南大学出版社2017年版，第242页。

W0680. 5. 2. 2

伏羲有9个儿子都是龙

实　例

汉族 （参见“W0680. 5. 2. 1 伏羲有9个儿子”母题实例）

W0680. 5. 2. 3

伏羲长子青龙氏

实　例

（参见下级母题实例）

W0680. 5. 2. 3. 1

伏羲长子青龙氏居东

实　例

汉族 （参见“W0680. 5. 2. 1 伏羲有9个儿子”母题实例）

W0680. 5. 2. 4

伏羲二子白龙氏

实　例

（参见下级母题实例）

W0680. 5. 2. 4. 1

伏羲二子白龙氏居西

实　例

汉族 （参见“W0680. 5. 2. 1 伏羲有

9 个儿子”母题实例）

W0680.5.2.5

伏羲三子赤龙氏

实 例

（参见下级母题实例）

W0680.5.2.5.1

伏羲三子赤龙氏居南

实 例

汉族 （参见“W0680.5.2.1 伏羲有 9 个儿子”母题实例）

W0680.5.2.6

伏羲四子黑龙氏

实 例

（参见下级母题实例）

W0680.5.2.6.1

伏羲四子黑龙氏居北

实 例

汉族 （参见“W0680.5.2.1 伏羲有 9 个儿子”母题实例）

W0680.5.2.7

伏羲九子黄龙氏

实 例

（参见下级母题实例）

W0680.5.2.7.1

伏羲九子黄龙氏居中

实 例

汉族 （参见“W0680.5.2.1 伏羲有 9 个儿子”母题实例）

W0680.5.3

伏羲的女儿

实 例

（参见下级母题实例）

W0680.5.3.1

伏羲的女儿女娲

【关联】

① ［W0713.9.1］女娲是伏羲的辅佐者

② ［W0715.3.4］女娲是伏羲的女儿

实 例

汉族 女娲是伏羲帝的女儿。

【流传】山东省·济南市

【出处】宋汉南讲：《女娲补天》，见中国民间文学集成全国编辑委员会编《中国民间故事集成》（山东卷），北京：中国 ISBN 中心 2007 年版，第 4～5 页。

W0680.5.3.2

伏羲的女儿宓妃（伏羲氏的女儿宓妃）

实 例

汉族 伏羲的女儿宓妃赶来了，要伏

羲快回家，说淮河也发水了。

【流传】河南省·（周口市）·淮阳县

【出处】《赶水鞭》，见张振犁编著《中原神话通鉴》（第一卷），郑州：河南大学出版社 2017 年版，第 219 页。

汉族 很古的时候，洛河岸边住着个名叫宓妃的姑娘，她是伏羲的女儿。

【流传】河南省·（郑州市）·巩义市

【出处】孙宪周讲，石栏采录整理：《洛神宓妃》，见张振犁编著《中原神话通鉴》（第一卷），郑州：河南大学出版社 2017 年版，第 251 页。

汉族 回郭镇的刘村，位于洛水两岸。这里有一座庙，叫宓妃庙。庙里供奉的宓妃，是伏羲氏的女儿，也就是人们常说的“洛神”。

【流传】河南省·（郑州市）·巩义市（巩县洛河沿岸地区）

【出处】丁永鉴、赵现民采录整理：《嫦娥奔月（二）》，见张振犁编著，孟宪明、朱淑君统纂《中原神话通鉴》（第三卷），郑州：河南大学出版社 2017 年版，第 876 页。

W0680. 5. 3. 2. 1

宓妃宓牺氏之女

实 例

汉族 宓妃宓牺氏之女，溺死洛水，为神。

【流传】（无考）

【出处】［三国·魏］曹植《洛神赋》李善注引《汉书音义》。

W0680. 5. 3. 2. 2

伏羲的女儿宓妃又称洛河娘娘

【关联】［W0405. 5a. 1］洛水神宓妃

实 例

汉族 宓妃为了平息水患，嫁给洛河里制造水患的龙头人身的怪物。两岸的人民为了纪念宓妃，在岸边盖起了庙宇，塑了她美丽的形象，一年四季奉祀，把她称为洛河娘娘。

【流传】河南省·（郑州市）·巩义市

【出处】孙宪周讲，石栏采录整理：《洛神宓妃》，见张振犁编著《中原神话通鉴》（第一卷），郑州：河南大学出版社 2017 年版，第 252 页。

W0680. 6

与伏羲的关系有关的其他母题

实 例

（参见下级母题实例）

W0680. 6. 1

伏羲天神的妃子

实 例

汉族 伏羲是天神的妃子。

【流传】广西壮族自治区·南宁（南宁市）市郊亭子一带（江南区·亭子街）

【出处】苏保双讲，黄露西记录：《伏羲下凡》，见曹廷伟编著《广西民间故事辞典》，南宁：广西教育出版社 1993 年版，第 24 页。

W0680.6.2
伏羲的辅佐者

【关联】［W0713.9.1］女娲是伏羲的辅佐者

实 例

（参见下级母题实例）

W0680.6.2.1
伏羲的辅佐女娲

【关联】［W0715.10.1.1］女娲辅佐伏羲治理天下

实 例

汉族 女娲是辅佐伏羲治理天下的人。

【流传】河南省·（南阳市）·桐柏县

【出处】《伏羲女娲兄妹结婚》，见么书仪选注《神话传说三百篇》，大连：大连出版社1999年版，第16～19页。

W0680.6.2.2
伏羲六佐

实 例

（参见下级母题实例）

W0680.6.2.2.1
伏羲六佐，金提主化俗，乌明主建福，视默主灾恶，纪通为中职，仲起为海陆，阳侯为江海

实 例

汉族 伏羲六佐，金提主化俗，乌明主建福，视默主灾恶，纪通为中职，仲起为海陆，阳侯为江海。

【流传】（无考）

【出处】［清］马骕：《绎史》卷三引《论语摘辅象》。

W0680.6.3
伏羲的朋友

实 例

（参见下级母题实例）

W0680.6.3.1
伏羲与天女是朋友

实 例

汉族 九仙女背着天帝，常常在夜深人静时，偷偷趁着夜色腾云驾雾，来龙井饮用琼浆，天久日长，自然和伏羲交上了朋友。

【流传】河南省·（周口市）·淮阳县

【出处】《龙酒的传说》，见张振犁编著《中原神话通鉴》（第一卷），郑州：河南大学出版社2017年版，第228页。

W0681
伏羲的身份

【关联】［W6909.1.1］伏羲为戏皇

实 例

（参见下级母题实例）

W0681. 1
伏羲是神

实 例

（参见下级母题实例）

W0681. 1. 0
伏羲一位大神

实 例

汉族 伏羲是一位大神。

【流传】浙江省·（金华市）·东阳县（东阳市）·青联乡·雅坑村

【出处】张宣元讲，周耀明采录：《伏羲造字》，见中国民间文学集成全国编辑委员会编《中国民间故事集成》（浙江卷），北京：中国ISBN中心1997年版，第60页。

W0681. 1. 0. 1
伏羲是发明记事的大神

实 例

汉族 有个大神，叫伏羲，决心解决人的记事方法问题。

【流传】浙江省·（金华市）·东阳县（东阳市）

【出处】胡章潮讲，周耀明记录整理：《伏羲造字》，原载浙江省宁海县《民间文学资料本》，见陶阳、钟秀编《中国神话》（下），北京：商务印书馆2008年版，第1239～1240页。

W0681. 1. 1
伏羲是渔猎之神

【关联】［W0485a. 3. 1］渔民奉伏羲为渔猎神

实 例

汉族 渔民奉伏羲是渔猎之神。

【流传】（无考）

【出处】李乔：《中国行业神崇拜》，北京：中国华侨出版社1990年版，第323页。

W0681. 1. 1. 1
伏羲被奉为猎神

实 例

民族无考 与伏羲一样被奉为猎神的还有和梅山氏等。

【流传】（无考）

【出处】《猎神》，见乌丙安主编《中国民间神谱》，沈阳：辽宁人民出版社2007年版，第178页。

W0681. 1. 2
伏羲是天皇

实 例

（参见下级母题实例）

W0681. 1. 2. 1
伏羲是三皇之首

【关联】［W0204. 11. 5］天皇是三皇之首

实 例

汉族 （实例待考）

W0681.1.2.2 玉皇大帝封伏羲为天皇

实 例

汉族 玉皇大帝把伏羲封为天皇。

【流传】陕西省·（榆林市）·绥德县·辛店乡

【出处】马世厚讲：《女娲造就人世》，见中国民间文学集成全国编辑委员会编《中国民间故事集成》（陕西卷），北京：中国 ISBN 中心 1996 年版，1996，第 5～6 页。

W0681.1.3 伏羲兄妹是第四代神

实 例

壮族 （实例待考）

W0681.1.4 伏羲氏是东方天帝

【关联】

① ［W0204.13.1b.3］东方的天帝太昊伏羲

② ［W0681.5.2］伏羲是东方大帝

实 例

土家族 “廪君”（务相）是东方天帝伏羲氏的后裔。

【流传】（无考）

【出处】《率民走出穴居野处的廪君》，见王德恒等《造神史话》，天津：百花文艺出版社 2002 年版，第 17～18 页。

W0681.1.5 与伏羲是神有关的其他母题

实 例

（参见下级母题实例）

W0681.1.5.1 人祖爷伏羲上天成神

实 例

汉族 人祖爷伏羲上天成神。

【流传】河南省·（驻马店市）·确山县·盘龙镇·靖宇村

【出处】杨永兴讲，杨建军采录：《伏羲奏本去人角》，见中国民间文学集成全国编辑委员会编《中国民间故事集成》（河南卷），北京：中国 ISBN 中心 2001 年版，第 26 页。

W0681.1.5.2 伏羲是蛇身之神

实 例

汉族 禹见一神，蛇身人面。禹曰：“华胥生圣子，是汝耶？”答曰：“华胥是九河神女，以生余也。”蛇身之神，即羲皇也。

【流传】（无考）

【出处】

(a)［东晋］王嘉：《拾遗记》卷二。

（b）《禹凿龙门》，见袁珂《中国神话大词典》，北京：华夏出版社 2015 年版，第 239 页。

W0681. 2

伏羲是神性人物

实 例

（参见下级母题实例）

W0681. 2. 1

伏羲是神人

实 例

（参见下级母题实例）

W0681. 2. 1. 1

伏羲是黄狗变成的人头狗身的神人

【关联】［W0677. 7. 3］伏羲人头狗身

实 例

汉族 远古，宛丘被强兵重围，黄狗击退敌兵，后变为人头狗身的神人（伏羲）。

【流传】 河南省

【出处】 雷中俊讲，杨复俊整理：《伏羲的来历》，见张楚北《中原神话》，郑州：海燕出版社 1988 年版，第 13 ~ 14 页。

W0681. 3

伏羲是人祖

实 例

（参见下级母题实例）

W0681. 3. 1

伏羲是人祖爷

【关联】［W0713. 7. 3］女娲尊称为人祖奶

实 例

汉族 当地人尊称伏羲为人祖爷。

【流传】 河南省·（周口市）·西华县·逍遥镇·西街

【出处】 刘炎讲，张振犁采录：《姊妹成婚》，见中国民间文学集成全国编辑委员会编《中国民间故事集成》（河南卷），北京：中国 ISBN 中心 2001 年版，第 13 页。

W0681. 3. 2

洪水后因伏羲和女娲繁衍后代被称为人祖爷

【关联】［W0143. 2］人祖爷和人祖奶

实 例

汉族 伏羲从天上来到淮阳，帮助人们种地，日子越过越好。人们为了纪念伏羲的功德，就称伏羲是人祖爷。

【流传】 河南省·（周口市）·淮阳县

【出处】 陈云峰采录：《伏羲教民》，见张振犁编著《中原神话通鉴》（第一卷），郑州：河南大学出版社 2017 年版，第 223 页。

汉族 洪水退去后，幸存的伏羲和女娲兄妹长大，结成夫妻，繁殖了人类。因此，后人敬称伏羲为人祖爷。

【流传】河南省·（周口市）·淮阳县·安岭乡·马楼村

【出处】马师庆讲，凌丁甲采录：《泥泥狗的传说》（1986.02.02），见张振犁编著《中原神话通鉴》（第一卷），郑州：河南大学出版社2017年版，第271页。

W0681.3.3
伏羲是人根之祖

实　例

汉族 伏羲是人根之祖。

【流传】河南省·（洛阳市）·孟津县［采录地点：孟津老城大街］

【出处】张从瑞（70岁，生意人）讲，张振犁、程健君采录：《负图寺》（1985.04.17），见张振犁编著《中原神话通鉴》（第一卷），郑州：河南大学出版社2017年版，第233页。

W0681.3.4
伏羲被特定地方称为人祖

实　例

（参见下级母题实例）

W0681.3.4.1
伏羲从天上来到淮阳后成为人祖

实　例

汉族 伏羲从天上来到淮阳，帮助人们种地，日子越过越好。人们为了纪念伏羲的功德，就称伏羲是人祖爷，还修了庙院，替他铸了金像。

【流传】河南省·（周口市）·淮阳县

【出处】陈云峰记录：《伏羲教民》，原载张振犁、程健君编《中原神话专题资料》，见陶阳、钟秀编《中国神话》（下），北京：商务印书馆2008年版，第1186～1187页。

W0681.4
伏羲是人

实　例

（参见下级母题实例）

W0681.4.1
伏羲是狗身人首的人

实　例

汉族 伏羲是狗身人首。

【流传】河南省·（周口市）·淮阳（淮阳县）

【出处】乔晓光：《天下第一狗》，载《中华遗产》2006年第7期。

W0681.4.1.1
伏羲是穷人家的孩子

实　例

瑶族 过去有家穷人，只生兄妹俩，哥哥名叫伏羲。

【流传】（无考）

【出处】

（a）盘国金搜集：《伏羲兄妹》，载《山茶》1982年第1期。

(b) 同（a），见姚宝瑄主编《中国各民族神话》（土家族、毛南族、侗族、瑶族），太原：山西出版传媒集团·书海出版社 2014 年版，第 184 页。

W0681.5

伏羲是皇帝（伏羲是帝王）

【关联】［W5860］国王

实　例

汉族 以前，伏羲做皇帝。

【流传】四川省·巴县（今重庆市·巴南区）·丰盛乡

【出处】陈继娜讲，景星明采录：《蓑衣的由来》，见中国民间文学集成全国编辑委员会编《中国民间故事集成》（四川卷·上），北京：中国 ISBN 中心 1998 年版，第 62 页。

W0681.5.1

伏羲是人皇

【关联】［W0713.6］女娲是人皇

实　例

汉族 昔者人皇（伏羲）蛇身九首。

【流传】（无考）

【出处】《春皇庖牺》，见［东晋］王嘉撰，［梁］萧绮录，齐治平校注《拾遗记》卷一，北京：中华书局 1981 年版，第 1 页。

W0681.5.2

伏羲是东方大帝

实　例

汉族 东方大帝——伏羲，从西山归来。

【流传】河南省·（周口市）·淮阳县·葛店乡·戴集南村

【出处】张六老（农民）讲，李振声、徐其广采录：《人祖坟的传说》（1986.02.15），见张振犁编著《中原神话通鉴》（第一卷），郑州：河南大学出版社 2017 年版，第 253 页。

W0681.5.3

伏羲继天而帝

实　例

汉族 伏羲古之继天而帝者也。

【流传】河南省

【出处】《明代万历二十四年浮山岭重修伏羲女娲祠记》，见张振犁编著《中原神话通鉴》（第一卷），郑州：河南大学出版社 2017 年版，第 297 页。

W0681.5.4

伏羲是青帝

实　例

（参见下级母题实例）

W0681.5.4.1

青帝即太昊伏羲

实　例

汉族 青帝即太昊伏羲。

【流传】（无考）

【出处】《青帝》，见袁珂《中国神话大

词典》，北京：华夏出版社 2015 年版，第 190 页。

W0681.5.5

伏羲是最早的皇帝

实 例

（参见下级母题实例）

W0681.5.5.1

一个皇帝是张伏羲

实 例

汉族 古时候的第一个皇帝是张伏羲。

【流传】 江苏省·（淮安市）·金湖县南片（南部）

【出处】 冯学仁讲，戴之尧记录：《张伏羲补天》（1987.06.23），见姚宝瑄主编《中国各民族神话》（汉族），太原：山西出版传媒集团·书海出版社 2014 年版，第 63 页。

W0681.6

与伏羲身份有关的其他母题

实 例

（参见下级母题实例）

W0681.6.1

伏羲是占卜业祖师神

实 例

汉族 占卜业多奉伏羲、周文王为祖师神。

【流传】（无考）

【出处】 《占卜业神——伏羲·周文王》，见乌丙安主编《中国民间神谱》，沈阳：辽宁人民出版社 2007 年版，第 241 页。

W0681.6.2

伏羲是龙

实 例

汉族 伏羲是一条龙。一龙生九子，九子布九宫（八宫加中宫）。

【流传】 河南省·（周口市）·淮阳县

【出处】 《八卦坛》，原载原见《中华民族始祖太昊伏羲氏》，见张振犁编著《中原神话通鉴》（第一卷），郑州：河南大学出版社 2017 年版，第 242 页。

W0681.6.2.1

伏羲是一条青龙

实 例

汉族 天帝是条黄龙，伏羲是条青龙。

【流传】 河南省·（周口市）·淮阳县

【出处】 《龙酒的传说》，见张振犁编著《中原神话通鉴》（第一卷），郑州：河南大学出版社 2017 年版，第 227 页。

W0681.6.2.2

伏羲返真化成一条青龙

实 例

汉族 伏羲返真化成一条青龙，尾蘸宛丘湖水，须髯奋张，腾云驾雾。找到了龙井，重新开掘出了玉液琼浆。色味还如以前，不过饮时需再酿制了。

【流传】河南省·（周口市）·淮阳县

【出处】《龙酒的传说》，见张振犁编著《中原神话通鉴》（第一卷），郑州：河南大学出版社 2017 年版，第 229 页。

W0681. 6. 3

伏羲是部落首领

实　例

（参见下级母题实例）

W0681. 6. 3. 1

伏羲是中原一带淮夷部落的首领

实　例

汉族 在中原一带，居住着一个淮夷部落，这部落的首领便是伏羲氏。

【流传】淮河流域

【出处】唐元梅讲，茆文斗搜集整理：《女娲补天治水》，载《民间文学》1986 年第 6 期。

汉族 中原一带居住着一个淮夷部落，这个部落的首领便是伏羲氏。

【流传】淮河流域一带

【出处】唐元梅讲：《女娲补天》，见姚宝瑄主编《中国各民族神话》（汉族），太原：山西出版传媒集团·书海出版社 2014 年版，第 45 ~ 46 页。

汉族 以前，在中原一带，居住着一个淮夷部落，这部落的首领便是伏羲氏。

【流传】淮河一带

【出处】唐元梅讲：《女娲补天治水》，见姚宝瑄主编《中国各民族神话》（汉族），太原：山西出版传媒集团·书海出版社 2014 年版，第 94 ~ 95 页。

W0681. 6. 3. 2

伏羲是彝族部落首领

实　例

彝族 伏羲在干父亲密西把（一个高人的名字）教诲下学本领，长大以后，成了彝族部落的大首领。

【流传】云南省·（大理白族自治州）·南涧县

【出处】施光美讲，华源记录：《母虎日历碑》，原载《中国民间故事全书》（云南省·南涧卷），见陶阳、钟秀编《中国神话》（中），北京：商务印书馆 2008 年版，第 547 ~ 549 页。

W0682

伏羲的婚姻

实　例

（参见下级母题实例）

W0682.1

伏羲与女娲婚（伏羲女娲结婚，伏羲女娲是夫妻）

实 例

汉族 女娲本是伏羲妇。

【流传】（无考）

【出处】［唐］卢仝：《与马异结交诗》。

W0682.1.0

伏羲和女娲不是夫妻（伏羲和女娲原来不是两口子）

实 例

汉族 伏羲、女娲不是夫妻，说女娲是姑娘。所以都把女娲称作“女娲娘娘”。

【流传】河南省·（周口市）·淮阳县

【出处】朱俊宣、朱俊政等讲，朱明华采录：《女娲造人（七）》（1989.07），见张振犁编著《中原神话通鉴》（第一卷），郑州：河南大学出版社2017年版，第176～177页。

汉族 伏羲和女娲原来不是两口，是兄妹俩。

【流传】河南省·（焦作市）·沁阳县

【出处】张俊兴、秦太昌采录整理：《伏羲峰和女娲山》，见张振犁编著《中原神话通鉴》（第一卷），郑州：河南大学出版社2017年版，第304页。

W0682.1.1

伏羲女娲婚

实 例

（参见下级母题实例）

W0682.1.1.1

伏羲女娲兄妹为传人类结为夫妻

实 例

汉族 尔时人民死，唯有伏羲、女娲兄妹二人，依龙上天，得存其命，恐绝人种，即为夫妇。

【流传】（无考）

【出处】［唐］撰者不详：《天地开辟以来帝王纪》敦煌本。

W0682.1.1.2

最早产生1对男女伏羲和女娲成婚

实 例

汉族 最早产生的两个人，男的叫伏羲，女的叫女娲，他们俩结了婚。

【流传】江苏省·宿迁市

【出处】刘汉飞讲，刘汉飞记录：《女娲哭天》（1986.10.22），见姚宝瑄主编《中国各民族神话》（汉族），太原：山西出版传媒集团·书海出版社2014年版，第61～62页。

W0682. 1. 1. 3

龙头蛇身的伏羲女娲一雌一雄绳索般相交在一起

实 例

畲族 伏羲女娲是龙头蛇身。两个龙头，两面相照，四目相对，亲密无间，一雌一雄，两身绳索般相交在一起。

【流传】浙江省·丽水市·（莲都区·联城镇）·张村街·胡椒坑畲村

【出处】

（a）蓝国运、蓝国根记录整理：《伏羲与女娲》注释，见《中国各民族宗教与神话大词典》，北京：学苑出版社1993年版。

（b）同（a），见姚宝瑄主编《中国各民族神话》（高山族、黎族、畲族），太原：山西出版传媒集团·书海出版社2014年版，第87页。

W0682. 1. 2

伏义女娲婚

实 例

汉族 伏义与女娲兄妹成婚。

【流传】河北省

【出处】《百家姓的传说》，杨利慧《女娲的神话及其信仰》，博士学位论文，北京师范大学，1993年。

W0682. 2

伏羲兄妹婚

实 例

仫佬族 洪水后，幸存的伏羲兄妹结婚繁衍人类。

【流传】（无考）

【出处】包启宽、潘代球等讲，包玉堂、谢运源、潘琦搜集整理：《伏羲兄妹的传说》，见姚宝瑄主编《中国各民族神话》（仫佬族、壮族、京族），太原：山西出版传媒集团·书海出版社2014年版，第10页。

羌族 （实例待考）

壮族 伏羲兄妹结婚繁衍后代。

【流传】广西壮族自治区·（河池市）·宜州（宜州市）·矮山（矮山乡）、北牙（北牙瑶族乡）、怀远（怀远镇）

【出处】梁俊如讲：《伏羲兄妹》，见张声震总主编，农冠品编注《壮族神话集成》，南宁：广西民族出版社2007年版，第316页。

W0682. 2. 1

伏羲女娲兄妹婚

【关联】［W7300］兄妹婚

实 例

汉族 伏羲女娲兄妹在盘古的劝说下成为夫妻。

【流传】河北省·邯郸（邯郸市）·

涉县

【出处】《女娲治世》，见中国民间文学集成全国编辑委员会编《中国民间故事集成》（河北卷），北京：中国 ISBN 中心 2003 年版，第 24 页。

毛南族 （实例待考）

壮族 （实例待考）

W0682.2.1.1 洪水后伏羲女娲兄妹结婚

实 例

汉族 洪水后，伏羲兄妹成婚。

【流传】四川省·（绵阳市）·三台县·红星乡

【出处】李远成讲：《伏羲兄妹造人》，见中国民间文学集成全国编辑委员会编《中国民间故事集成》（四川卷·上），北京：中国 ISBN 中心 1998 年版，第 50 页。

汉族 洪水后，伏羲女娲兄妹结婚。

【流传】河南省·（焦作市）·沁阳市·（紫陵镇·赵寨村）神农山一带

【出处】《女娲山和伏羲峰》，http://www.ha.xinhuane.com，2007.06.28.

W0682.2.1.2 玉帝让儿女伏羲女娲兄妹成婚

实 例

汉族 玉帝让他们儿女伏羲女娲兄妹成婚。

【流传】河北省·（邯郸市）·涉县

【出处】《女娲治世》，见中国民间文学集成全国编辑委员会编《中国民间故事集成》（河北卷），北京：中国 ISBN 中心 2003 年版，第 25 页。

W0682.2.1.3 盘古劝说伏羲女娲兄妹成婚

实 例

汉族 伏羲女娲兄妹在盘古的劝说下成为夫妻。

【流传】河北省·邯郸（邯郸市）·涉县

【出处】《女娲治世》，见中国民间文学集成全国编辑委员会编《中国民间故事集成》（河北卷），北京：中国 ISBN 中心 2003 年版，第 24 页。

W0682.2.2 伏义兄妹成婚

实 例

（参见下级母题实例）

W0682.2.2.1 洪水后女娲造的伏义兄妹成婚

【关联】［W0716.4.1］女娲伏义成婚

实 例

汉族 洪水后，成亲的伏义兄妹是女娲用泥捏的。

【流传】山西省

【出处】《兄妹神婚和东西磨山》，见台

北汉学研究中心《中国神话与传说学术研讨会论文集》（下），（内部交换本），1995 年，第 464～465 页。

W0682.2.3

伏哥和羲妹婚

实 例

布依族 （实例待考）

W0682.3

伏羲姐弟婚

实 例

（参见下级母题实例）

W0682.3.1

伏羲女娲姐弟婚

【关联】［W7350］姐弟婚

实 例

（参见下级母题实例）

W0682.3.1.1

洪水后伏羲女娲姐弟结婚

实 例

汉族 洪水后，女娲伏羲姐弟结婚。

【流传】 河南省

【出处】 张楚北等搜集整理：《龟为媒》，见张楚北编《中原神话》，郑州：海燕出版社 1988 年版，第 19～20 页。

W0682.4

与伏羲的婚姻有关的其他母题

实 例

（实例待考）

W0683

与伏羲有关的其他母题

实 例

（参见下级母题实例）

W0683.1

伏羲的姓氏

实 例

（参见下级母题实例）

W0683.1.1

伏羲风姓

实 例

汉族 伏牛台在县南十五里。按《帝王世纪》曰："伏羲风姓。"

【流传】（无考）

【出处】［宋］乐史：《太平寰宇记》卷四三。

W0683.2

伏羲的名字（伏羲的名称，伏羲的名号，伏羲的别称）

实 例

（参见下级母题实例）

W0683.2.1

伏羲别号春皇

【关联】［W0683.2.13］庖牺

实 例

汉族 春皇者，庖牺之别号。

【流传】（无考）

【出处】《春皇庖牺》，见［东晋］王嘉撰，［梁］萧绮录，齐治平校注《拾遗记》卷一，北京：中华书局 1981 年版，第 1 页。

W0683.2.1.1

庖牺别号春皇，以木德称王

实 例

汉族 春皇者，庖牺之别号，以木德称王，故曰春皇。

【流传】（无考）

【出处】［东晋］王嘉：《拾遗记》卷一。

W0683.2.2

伏羲氏

实 例

（实例待考）

W0683.2.2.1

伏羲氏太皞

实 例

汉族 （实例待考）

W0683.2.2.2

伏羲氏太昊

实 例

（实例待考）

W0683.2.3

伏羲即盘兄

【关联】［W0728.3.7.10.1］盘古氏夫妻即伏羲氏夫妻

实 例

毛南族 洪水后幸存盘兄和古妹，盘兄即伏羲，古妹即女娲。

【流传】广西壮族自治区·（河池市）·环江县（环江毛南族自治县）

【出处】覃启仁讲，谭金田等翻译整理：《盘古的传说》，见曹廷伟编著《广西民间故事辞典》，南宁：广西教育出版社 1993 年版，第 23 页。

W0683.2.4

伏羲即槃瓠

实 例

汉族 伏羲一名，古无定书，或作伏戏、庖牺、宓羲、虙牺，同声俱可相假。伏羲与槃瓠为双声。伏羲、庖牺、盘古、槃瓠，声训可通，殆属一词。无间汉苗，俱自承为盘古之后，两者神话，盖同出于一源也。

【流传】（无考）

【出处】常任侠：《沙坪坝出土之石棺画

象研究》，载《说文月刊》1941 年第 2 卷第 10、11 期合刊。

W0683. 2. 5

伏羲即神农

实 例

汉族 （实例待考）

W0683. 2. 6

伏羲即炎帝

实 例

汉族 （实例待考）

W0683. 2. 7

羲皇

【关联】［W0681. 1. 2］伏羲是天皇

实 例

汉族 羲皇（伏羲）是蛇身人面之神。

【流传】（无考）

【出处】《夏禹》，见［东晋］王嘉撰，［梁］萧绮录，齐治平校注：《拾遗记》卷二，北京：中华书局 1981 年版，第 38 页。

W0683. 2. 7. 1

皇羲

实 例

汉族 （参见“W0683. 2. 14 包牺”母题实例）

W0683. 2. 8

牺皇

实 例

汉族 “牺皇”亦称“皇牺”，一作“戏皇”。即“伏羲氏”。古人以伏牺为三皇之一，故称。

【流传】（无考）

【出处】 https：//baike. baidu. com/item。

W0683. 2. 9

瓠系

实 例

汉族 （实例待考）

W0683. 2. 10

牺

实 例

汉族 （实例待考）

W0683. 2. 11

必羲

实 例

汉族 （实例待考）

W0683. 2. 12

宓羲（宓牺）

实 例

汉族 女娲氏亦风性，蛇身人首，有神圣之德，代宓牺立号曰女希氏。无革造，惟作笙簧，故《易》不载。不承五运，一曰女娲亦木德王。盖宓牺之后，已经数世，金木轮环，周而复始。特举女娲以其功高而充三皇，故频木王也。

【流传】（无考）

【出处】［唐］司马贞：《补史记》。

汉族 伏羲一名，古无定书，或作伏戏、庖牺、宓羲、虙牺，同声俱可相假。伏羲与槃瓠为双声。伏羲、庖牺、盘古、槃瓠，声训可通，殆属一词。无问汉苗，俱自承为盘古之后，两者神话，盖同出于一源也。

【流传】（无考）

【出处】常任侠：《沙坪坝出土之石棺画象研究》，载《说文月刊》1941年第2卷第10、11期合刊。

W0683.2.13

庖牺

实例

（参见下级母题实例）

W0683.2.13.1

庖牺别号春皇

实例

汉族 春皇者，庖牺之别号。

【流传】（无考）

【出处】《春皇庖牺》，见［东晋］王嘉撰，［梁］萧绮录，齐治平校注《拾遗记》卷一，北京：中华书局1981年版，第1页。

W0683.2.14

包牺

实例

汉族 伏羲，华夏民族人文先始，三皇之一，亦是与女娲同为福佑社稷之正神。楚帛书记载其为创世神，是中国最早的有文献记载的创世神。风姓，又名宓羲、庖牺、包牺、伏戏，亦称牺皇、皇羲，《史记》中称伏牺，在后世与太昊、青帝等诸神合并，在后世被朝廷官方称为“太昊伏羲氏”，亦有青帝太昊伏羲（即东方上帝）一说。

【流传】（无考）

【出处】《伏羲》，见 https://baike.baidu.com/item。

W0683.2.15

炮牺

实例

汉族 （实例待考）

W0683.2.16

虙戏

实例

汉族 （实例待考）

W0683. 2. 17

虙羲

实 例

汉族 （实例待考）

W0683. 2. 18

伏依

实 例

汉族 （实例待考）

W0683. 2. 19

伏义

实 例

汉族 女娲伏义成婚繁衍人类。

【流传】河北省

【出处】《百家姓的传说》，杨利慧《女娲的神话及其信仰》，博士学位论文，北京师范大学，1993 年。

W0683. 2. 20

伏希

实 例

汉族 （实例待考）

W0683. 2. 21

伏戏

实 例

汉族 （参见“W0683. 2. 14 包牺”母题实例）

W0683. 2. 22

伏牛羲

实 例

汉族 （实例待考）

W0683. 2. 23

大熊包戏

实 例

汉族 曰故（古）大熊包戏（伏羲），出血□雨走（震）。

【流传】（无考）

【出处】［战国中期］作者不详：《楚帛书·甲篇》。

W0683. 2. 24

天皇氏太昊伏羲

实 例

汉族 圣祖庙三皇殿内所祀“三皇”，即太昊伏羲—天皇氏。

【流传】山西省·孝义市

【出处】《三皇》，见乌丙安主编《中国民间神谱》，沈阳：辽宁人民出版社 2007 年版，第 50 页。

W0683. 3

伏羲的寿命与死亡

实 例

（参见下级母题实例）

W0683.3.1
伏羲寿命190多岁

实 例

汉族 人阳寿有数，伏羲亦是如此。当伏羲190岁那年，就要传位给儿子。

【流传】河南省·（周口市）·淮阳县

【出处】《八卦坛》，原载原见《中华民族始祖太昊伏羲氏》，见张振犁编著《中原神话通鉴》（第一卷），郑州：河南大学出版社2017年版，第242页。

W0683.3.1.1
伏羲寿命194岁

实 例

汉族 人祖伏羲活了194岁，死在宛丘。

【流传】河南省·（周口市）·淮阳县［淮阳太昊陵庙会］

【出处】李国争（男，63岁，农民）讲，杨复俊采录：《伏羲神话传闻·伏羲帮禹治水》（1982.02），见张振犁编著《中原神话通鉴》（第一卷），郑州：河南大学出版社2017年版，第265页。

W0683.3.2
伏羲七月九日死亡

实 例

汉族 伏羲阳寿尽了。七月九日这一天，是天下龙的子孙永远祭奠的日子。

【流传】河南省·（周口市）·淮阳县

【出处】《八卦坛》，原载原见《中华民族始祖太昊伏羲氏》，见张振犁编著《中原神话通鉴》（第一卷），郑州：河南大学出版社2017年版，第246页。

W0683.4
伏羲的遗迹

实 例

（参见下级母题实例）

W0683.4.1
伏羲庙

实 例

（参见下级母题实例）

W0683.4.2
伏羲墓

实 例

（参见下级母题实例）

W0683.4.2.1
陈州伏羲墓

实 例

汉族 陈州为太昊之墟；东关城内，有伏羲女娲庙。东关外有伏羲墓，以铁锢之，触犯不得，时人谓之翁婆墓。

【流传】（无考）

【出处】［五代·蜀］杜光庭：《录异记》卷八。

W0683. 4. 3

伏羲山

实 例

（参见下级母题实例）

W0683. 4. 3. 1

伏羲山即浮戏山（船山）

实 例

汉族 大洪水时，伏羲女娲兄妹二人在浮戏山上避过了洪水。浮戏山很高，上面又宽敞、平展，像船一样，载浮躲避。所以后人就叫这座山为“船山”。其实就是浮戏山，也叫伏羲山。

【流传】河南省·（郑州市）·新密市［采录地点：新密市浮戏山］

【出处】陈志忠采录：《船山》(1992. 10)，见张振犁编著《中原神话通鉴》（第一卷），郑州：河南大学出版社 2017 年版，第 295 页。

W0683. 5

伏羲的灵魂

实 例

（参见下级母题实例）

W0683. 5. 1

伏羲女娲之灵

实 例

汉族 伏羲女娲之为灵昭昭也，画卦开文字之始，炼石补造化之穹，载于史，著于传，杂见于众家彰矣。

【流传】河南省

【出处】清道光六年浮山岭伏羲女娲庙碑《重修伏羲女娲庙碑记》，见张振犁编著《中原神话通鉴》（第一卷），郑州：河南大学出版社 2017 年版，第 297 页。

W0683. 6

伏羲头

实 例

（参见下级母题实例）

W0683. 6. 1

蔡河上漂来的伏羲头

实 例

汉族 一个滔天大浪又从蔡河上游压了下来。浪头上还托着一颗人头越漂越近，只见那人头大得像柳斗一样，上面生着两只角，高鼻梁，宽嘴巴，两只眼睛异常有神。老年人从早年的传说里，断定这颗奇怪的头是伏羲（太昊）的头。

【流传】河南省·（周口市）·淮阳县

【出处】肖新明采录：《伏羲墓》，见张

振犁编著《中原神话通鉴》（第一卷），郑州：河南大学出版社 2017 年版，第 259 ~ 260 页。

W0684

格萨尔（格斯尔）①

实　例

（参见下级母题实例）

W0684.1

格萨尔的产生

实　例

（参见下级母题实例）

W0684.1.1

格萨尔源于特定地方

实　例

（参见下级母题实例）

W0684.1.1.1

格萨尔是神投胎人间

【关联】［W0567.3.1.1］格萨尔王是天神投胎为部落小酋长所弃妇之子

实　例

土族 格萨尔是神人投胎人间。

【流传】 青海省·（海东市）·互助县（互助土族自治县）；甘肃省·（武威市）·天祝（天祝藏族自治县）

【出处】 王殿整理：《格萨尔》，见中华民族故事大系编委会编《中华民族故事大系》第 10 卷（景颇族、柯尔克孜族、土族），上海：上海文艺出版社 1995 年版，第 684 页。

藏族 格萨尔王降生为一部落小酋长所弃妇之子。

【流传】（无考）

【出处】 刘局乐整理：《格萨尔王的传说》，见 BBS 水木清华站：http://www.smth.edu.cn，2006.07.20。

W0684.1.2

格萨尔是卵生的

实　例

（参见下级母题实例）

W0684.1.2.1

英雄格萨尔出生时是一枚肉蛋

实　例

（参见下级母题实例）

---

① 格萨尔，关于格萨尔的英雄史诗，流传于藏族、土族、裕固族等许多民族地区，在蒙古族地区翻译为“格斯尔”。格萨尔是一个被神化的形象，从神话母题的母题的角度，一些英雄史诗中的人物是带有神性，包括出生、成长、争战、爱情等都有明显的神话元素。考虑到许多民族都有长篇史诗、英雄史诗，如许多民族都有流传的《格萨尔》、蒙古族的《江格尔》、柯尔克孜族的《玛纳斯》、彝族的《梅葛》、苗族的《亚鲁王》等，叙述的神话性质的英雄较多，不再一一列出，使用编目时可参照相关母题。

W0684. 1. 2. 1. 1

英雄格萨尔出生时是太阳神赐孕给龙女诞生的肉蛋

实 例

藏族 英雄格萨尔生下来时是一枚肉蛋，他是太阳神赐孕给龙女诞生的。

【流传】（无考）

【出处】何天慧、王沂暖译：《格萨尔王传·花岭诞生之部》，兰州：甘肃人民出版社1985年版，第64页。

W0684. 1. 2. 2

格萨尔的母亲生的动物丢失，最后生的蛋中生格萨尔

实 例

（参见下级母题实例）

W0684. 1. 2. 2. 1

格萨尔的母亲生许多动物均失去，最后生一个圆圆的肉蛋中生格萨尔

实 例

藏族 （参见“W0684. 5. 1. 1 格萨尔的母亲尕察拉姆”母题实例）

W0684. 1. 2. 3

白色海螺蛋生格萨尔

实 例

（参见下级母题实例）

W0684. 1. 2. 3. 1

5只雌鸟生的5个不同颜色的蛋中，白色海螺蛋生智慧的格萨尔

实 例

藏族 5个树桠上有5只雌鸟生5个不同颜色的蛋。打开白色海螺蛋，出来智慧格萨尔。

【流传】西藏自治区·日喀则（日喀则市）·谢通门县

【出处】《五棵树上五雌鸟》，见中国民间文学集成全国编辑委员会、中国歌谣集成西藏卷编辑委员会编《中国歌谣集·西藏卷》，中国ISBN中心1995年版，第73页。

W0684. 1. 3

格萨尔是感生的

实 例

（参见下级母题实例）

W0684. 1. 3. 1

格萨尔的母亲无夫孕格萨尔

实 例

裕固族 格萨尔的母亲无夫孕格萨尔。

【流传】（无考）

【出处】杨发源讲，武文整理：《格萨尔的故事》，见中华民族故事大系编委会编《中华民族故事大系》第15卷（德昂族、保安族、裕固族、京族、塔塔尔族、独龙族、鄂伦春族），上

海：上海文艺出版社 1995 年版，第 165 页。

W0684.1.3.2

女子梦感日月生格萨尔

实　例

裕固族 女子梦感日月生格萨尔。

【流传】（无考）

【出处】蓝廷秀讲，巴依尔等记录，夏日库翻译，苏民整理：《格斯尔的出世和智娶公主》，见中华民族故事大系编委会编《中华民族故事大系》第 15 卷（德昂族、保安族、裕固族、京族、塔塔尔族、独龙族、鄂伦春族），上海：上海文艺出版社 1995 年版，第 175 页。

W0684.1.3.3

龙女葛姆梦感白光生格萨尔

实　例

藏族 葛姆（女子名，龙女）梦见空中出现一道白光从帐房破洞中射到自己身上，同时感到全身温暖，心情舒畅。在同一时间，丈夫森隆（人名，穷人）也梦见有个身穿金甲，手持弓箭的武士向他躬腰施礼。两人梦醒后，各自把自己做的梦相互说了一遍，都觉得有些奇异。不久，葛姆孕生格萨尔。

【流传】（无考）

【出处】徐国琼搜集整理：《雄师大王格萨尔》，见陶阳、钟秀编《中国神话》（中），北京：商务印书馆 2008 年版，第 702 ~ 711 页。

W0684.1.4

与格萨尔的产生有关的其他母题

实　例

（参见下级母题实例）

W0684.1.4.1

羌族部落的一个女子生格萨尔

实　例

羌族 很早很早以前，在松潘县小姓乡埃溪寨一带，居住着一支古老的羌族部落。部落中有一个女子，一天她正在山上割草的时候，生下了一个儿娃子，取名叫“嘎莎”（讲述者认为是羌语译的藏语“格萨尔”）。

【流传】四川省·（阿坝藏族羌族自治州）·松潘县·小姓乡·大耳边村

【出处】林波讲，王康、龚剑雄、吴文光采录，王康、龚剑雄整理：《阿里·嘎莎》，原载西南民族学院编印《羌族民间文学资料》，见姚宝瑄主编《中国各民族神话》（羌族、彝族），太原：山西出版传媒集团·书海出版社 2014 年版，第 27 页。

W0684.1.4.2

格萨尔出生时手持白色绸结

实　例

藏族 格萨尔出生时，长着大鹏鸟

首，手持白色绸结。

【流传】（无考）

【出处】何天慧、王沂暖译：《格萨尔王传·花岭诞生之部》，兰州：甘肃人民出版社 1985 年版，第 64 页。

W0684. 1. 4. 3
格萨尔出生时手作拉弓状，会说话

实 例

藏族 格萨尔的母亲尕察拉姆生一个圆圆的肉蛋，用箭头割开，跳出一个作拉弓的样子，会说话的婴儿——格萨尔。

【流传】西藏自治区

【出处】华甲、王沂暖译：《格萨尔王传·贵德分章本》，兰州：甘肃人民出版社 1985 年版，第 16 页。

W0684. 1. 4. 4
格萨尔出生下后第一天会走

实 例

土族 格萨尔生下后第一天会走。

【流传】青海省·（海东市）·互助县（互助土族自治县）；甘肃省·（武威市）·天祝（天祝藏族自治县）

【出处】王殿整理：《格萨尔》，见中华民族故事大系编委会编《中华民族故事大系》第 10 卷（景颇族、柯尔克孜族、土族），上海：上海文艺出版社 1995 年版，第 685 页。

W0684. 2
格萨尔的特征

实 例

（参见下级母题实例）

W0684. 2. 1
格萨尔生而不凡

实 例

（参见下级母题实例）

W0684. 2. 1. 1
格萨尔出生后不同凡人

实 例

土族 （参见“W0684. 1. 4. 4 格萨尔出生下后第一天会走”母题实例）

W0684. 2. 1. 2
格萨尔出生后饭量与力气非凡

实 例

羌族 一个女子在山上割草时生“嘎莎”（讲述者认为是羌语译的藏语“格萨尔”）。嘎莎生下来就显得与众不同，他吃得特别多，力气也特别的大。人家制伏不了的犏牛，他能制伏；三四个人都抬不起的大石头，他轻轻一提就起来了。

【流传】四川省·（阿坝藏族羌族自治州）·松潘县·小姓乡·大耳边村

【出处】林波讲，王康、龚剑雄、吴文光采录，王康、龚剑雄整理：《阿里·嘎莎》，原载西南民族学院编印《羌族民间文学资料》，见姚宝瑄主编《中国各民族神话》（羌族、彝族），太原：山西出版传媒集团·书海出版社 2014 年版，第 27 页。

W0684.2.2

格萨尔鸟首

实 例

（参见下级母题实例）

W0684.2.2.1

格萨尔出生时长着大鹏鸟首

实 例

藏族 格萨尔出生时，长着大鹏鸟首。

【流传】（无考）

【出处】何天慧、王沂暖译：《格萨尔王传·花岭诞生之部》，兰州：甘肃人民出版社 1985 年版，第 64 页。

W0684.3

格萨尔的身份

实 例

（参见下级母题实例）

W0684.3.1

格萨尔是神子

实 例

（参见下级母题实例）

W0684.3.1.1

格萨尔王是上界白梵天王三子中的幼子

实 例

藏族 格萨尔王是上界白梵天王三子中之幼子。

【流传】（无考）

【出处】刘局乐整理：《格萨尔王的传说》，见 BBS 水木清华站：http：//www.smth.edu.cn，2006.07.20。

W0684.3.2

格萨尔是统治者

实 例

（参见下级母题实例）

W0684.3.2.1

格萨尔统治藏地

实 例

藏族 格萨尔统治藏地。

【流传】（无考）

【出处】陶长松整理：《北斗七兄弟星》，见 BBS 水木清华站：http：//www.smth.edu.cn，2006.07.20。

W0684.3.3

格萨尔是王

实 例

（参见下级母题实例）

W0684. 3. 3. 1

格萨尔赛马称王

【关联】［W0600. 1. 3］文化英雄通过竞技称王

实 例

藏族（实例待考）

W0684. 3. 4

格萨尔是神

实 例

（参见下级母题实例）

W0684. 3. 4. 1

格萨尔的灵魂是山神

【关联】［W0396. 9. 2］山神是格萨尔的灵魂

实 例

藏族 库拉卡日山神又叫凯念面拉哈或扑拉哈日，被认为是格萨尔大王的精魂。

【流传】（无考）

【出处】［奥地利］内贝斯基著，谢继胜译：《西藏的鬼怪和神灵——比较宗教学研究》，原载《国外藏学研究译文集》第3集，西藏人民出版社1987年版，见吕大吉、何耀华总主编《中国各民族原始宗教资料集成》（鄂伦春族卷、鄂温克族卷、赫哲族卷、达斡尔族卷、锡伯族卷、满族卷、蒙古族卷、藏族卷），北京：中国社会科学出版社1999年版，第790页。

W0684. 4

格萨尔的能力（格萨尔的事迹）

实 例

（参见下级母题实例）

W0684. 4. 1

格萨尔会变形（格萨尔显神通）

实 例

（参见下级母题实例）

W0684. 4. 1. 1

格萨尔能变成巨人

实 例

土族 格萨尔能变成巨人。

【流传】 青海省·（海东市）·互助县（互助土族自治县）；甘肃省·（武威市）·天祝（天祝藏族自治县）

【出处】 王殿整理：《格萨尔》，见中华民族故事大系编委会编《中华民族故事大系》第10卷（景颇族、柯尔克孜族、土族），上海：上海文艺出版社1995年版，第687页。

W0684. 4. 1. 2

格萨尔能变得很小

实 例

土族 格萨尔能变得很小。

【流传】 青海省·（海东市）·互助县（互助土族自治县）；甘肃省·（武威

市）·天祝（天祝藏族自治县）

【出处】王殿整理：《格萨尔》，见中华民族故事大系编委会编《中华民族故事大系》第10卷（景颇族、柯尔克孜族、土族），上海：上海文艺出版社1995年版，第686页。

W0684.4.1.3

格萨尔化作一块石头

实 例

藏族 格萨尔显示神通，化作有牦牛般大的一块石头，堵住了石岩洞头，连一点可以进去的缝隙都没有留。

【流传】（无考）

【出处】王沂暖、何天慧译：《格萨尔王传·英雄诞生之部》，甘肃省人民出版1985年版，见吕大吉、何耀华总主编《中国各民族原始宗教资料集成》（鄂伦春族卷、鄂温克族卷、赫哲族卷、达斡尔族卷、锡伯族卷、满族卷、蒙古族卷、藏族卷），北京：中国社会科学出版社1999年版，第861页。

W0684.4.2

格萨尔降妖除魔

实 例

藏族 格萨尔统治藏地，消灭了各地的妖魔鬼怪。

【流传】（无考）

【出处】陶长松整理：《北斗七兄弟星》，见BBS水木清华站：http://www.smth.edu.cn，2006.07.20。

W0684.4.2.1

格萨尔降服九头妖魔

实 例

裕固族 格萨尔降九头妖魔。

【流传】（无考）

【出处】杨发源讲，武文整理：《格萨尔的故事》，见中华民族故事大系编委会编《中华民族故事大系》第15卷（德昂族、保安族、裕固族、京族、塔塔尔族、独龙族、鄂伦春族），上海：上海文艺出版社1995年版，第171页。

W0684.4.3

格萨尔王架桥修路

实 例

（参见下级母题实例）

W0684.4.3.1

格萨尔架设了巴桑（膝网桥），修了萨拉朗（猢狲路）

实 例

珞巴族 格萨尔王和王后卓玛历经三个月的艰辛跋涉，终于踏上了净土白马尚。这里地形非常险峻，他们只架设了巴桑（膝网桥），修了萨拉朗（猢狲路）。

【流传】西藏自治区·林芝市·墨脱县·德兴乡、墨脱乡、背崩乡、达木珞巴民族乡［讲述地点：墨脱县·达木珞巴民族乡·卡布村］

【出处】纳龙讲：《格萨尔王在珞渝》（1997. 01），见冀文正《珞巴族民间故事》，成都：四川民族出版社 2011 年版，第 30 页。

W0684. 4. 4

格萨尔护佑百姓幸福安康

实 例

藏族 英雄格萨尔王，白梵天神之子，护佑卫藏四如，百姓幸福安康。

【流传】（无考）

【出处】《七兄弟星》，原载毛星主编《中国少数民族文学》（上册）第 402 页，见袁珂《中国神话大词典》，北京：华夏出版社 2015 年版，第 406 页。

W0684. 4a

格萨尔的生活（格萨尔的经历）

实 例

（参见下级母题实例）

W0684. 4a. 1

格萨尔年少时历经磨难

实 例

（参见下级母题实例）

W0684. 4a. 1. 1

少年格萨尔在荒野掘地鼠猎野兽为食

实 例

藏族 格萨尔王（天神投胎人间）自孩提至少年，几无时不在贫困山野中，恒掘地鼠、猎野兽以为食。

【流传】（无考）

【出处】刘局乐整理：《格萨尔王的传说》，见 BBS 水木清华站：http://www. smth. edu. cn，2006. 07. 20。

W0684. 5

格萨尔的关系

实 例

（参见下级母题实例）

W0684. 5. 0

格萨尔的祖先

实 例

（参见下级母题实例）

W0684. 5. 0. 1

格萨尔是神的后裔

实 例

藏族 格卓山的宁神是格萨尔的族父，称宁钦阿布格卓或宁钦古拉格卓。

【流传】（无考）

【出处】刘立千：《从“格萨尔史诗”看古代高原的部落社会》，原载四川省格萨尔办公室编印《格萨尔论文选集》，1990 年，见吕大吉、何耀华总主编《中国各民族原始宗教资料集成》（鄂伦春族卷、鄂温克族卷、赫哲族卷、达斡尔族卷、锡伯族卷、满族卷、蒙古族卷、藏族卷），北京：

中国社会科学出版社 1999 年版，第 955 页。

W0684.5.1

格萨尔的父母

实 例

（参见下级母题实例）

W0684.5.1.1

格萨尔的母亲尕察拉姆

实 例

藏族 格萨尔的母亲尕察拉姆生许多动物但都不见了，最后生一个圆圆的肉蛋，蛋中生格萨尔。

【流传】西藏自治区

【出处】华甲、王沂暖译：《格萨尔王传·贵德分章本》，兰州：甘肃人民出版社 1985 年版，第 16 页。

W0684.5.2

格萨尔的妻子

实 例

（参见下级母题实例）

W0684.5.2.1

格萨尔王王后卓玛

实 例

珞巴族 格萨尔王听说白马岗是块圣地，但没有道路，他和王后卓玛决心去那里周游一番，架桥修路。

【流传】西藏自治区·林芝市·墨脱县·德兴乡、墨脱乡、背崩乡、达木珞巴民族乡［讲述地点：墨脱县·达木珞巴民族乡·卡布村］

【出处】纳龙讲：《格萨尔王在珞渝》（1997.01），见冀文正《珞巴族民间故事》，成都：四川民族出版社 2011 年版，第 30 页。

W0684.6

与格萨尔有关的其他母题

【关联】

①［W0396.9.2］山神是格萨尔的灵魂

②［W0628a.55.1］英雄格萨尔

实 例

（参见下级母题实例）

W0684.6.1

格萨尔的名称

实 例

（参见下级母题实例）

W0684.6.1.1

格斯尔

实 例

（实例待考）

W0684.6.1.2

嘎莎

实 例

羌族 很早很早以前，一支古老的羌族部落中有一个女子，她生下了一个儿娃子，取名叫“嘎莎”（讲述者认为是羌语译的藏语“格萨尔”）。

【流传】四川省·（阿坝藏族羌族自治州）·松潘县·小姓乡·大耳边村

【出处】林波讲，王康、龚剑雄、吴文光采录，王康、龚剑雄整理：《阿里·嘎莎》，原载西南民族学院编印《羌族民间文学资料》，见姚宝瑄主编《中国各民族神话》（羌族、彝族），太原：山西出版传媒集团·书海出版社 2014 年版，第 27 页。

W0684. 6. 2

格萨尔与龙女婚

实 例

藏族 （实例待考）

W0684a

葛天氏

实 例

（参见下级母题实例）

W0684a. 1

葛天氏的产生

实 例

（参见下级母题实例）

W0684a. 1. 1

盘古兄妹婚生葛天氏

【关联】［W0725. 5. 1. 5］盘古的儿子葛天氏

实 例

汉族 盘古兄妹二人成亲三十载，生下男女十个人。其中，第五子取名葛天氏。

【流传】（无考）

【出处】陶阳根据《黑暗传》资料重述：《盘古老祖是龙之子》，见陶阳、钟秀编《中国神话》（中），北京：商务印书馆 2008 年版，第 539 ~ 540 页。

W0684a. 2

葛天氏的特征

实 例

（参见下级母题实例）

W0684a. 3

与葛天氏有关的其他母题

实 例

（参见下级母题实例）

W0684a. 3. 1

葛天氏姬李女

实 例

汉族 盘古兄妹二人婚生的第五子取名葛天氏，姬李女纪管福州。

【流传】（无考）

【出处】陶阳根据《黑暗传》资料重述：《盘古老祖是龙之子》，见陶阳、钟秀编《中国神话》（中），北京：商务印书馆 2008 年版，第 539 ~ 540 页。

W0685
共工

实　例

（参见下级母题实例）

W0685.1
共工的产生

实　例

（参见下级母题实例）

W0685.1.1
华胥与狗婚配生共工

实　例

汉族 华胥和狗配了夫妻，生共工。

【流传】浙江省·湖州市·镇西乡·赵家坪（疑为赵家村）

【出处】冯雨轩讲，钟铭采录：《华胥补天》，见中国民间文学集成全国编辑委员会编《中国民间故事集成》（浙江卷），北京：中国 ISBN 中心 1997 年版，第 18 页。

W0685.1.2
共工是神蛇投胎

实　例

汉族 古时候，发洪水后，一条不守天规的神蛇被贬下凡帮人治水。神蛇投胎，取名共工。共工做了水官。

【流传】浙江省·宁波市·宁海县·（越溪乡）·七市（七市村）

【出处】吴土田讲，胡声雷记录：《共工治水》（1987.02），见罗杨总主编，戴余金本卷主编《中国民间故事丛书·浙江宁波·宁海卷》，北京：知识产权出版社 2015 年版，第 7 页。

W0685.2
共工的特征

实　例

（参见下级母题实例）

W0685.2.1
共工有多个头

实　例

（参见下级母题实例）

W0685.2.1.1
共工有 9 个脑壳

实　例

汉族 共工有 9 个脑壳。

【流传】四川省·巴县（今重庆市·巴南区）·土主乡·伏善村

【出处】张文奎讲，李子硕采录：《女娲补天》，见中国民间文学集成全国编辑委员会编《中国民间故事集成》（四川卷·上），北京：中国 ISBN 中心 1998 年版，第 25 页。

W0685.2.2
共工一头红头发，嘴里会喷水

实　例

汉族 共工一头红头发，嘴里会喷水。

【流传】河南省·（开封市）·杞县·柿园乡·黑木村

【出处】尹守礼讲，王怀聚采录：《女娲炼石补天》，见中国民间文学集成全国编辑委员会编《中国民间故事集成》（河南卷），北京：中国 ISBN 中心 2001 年版，第 17 页。

W0685. 2. 3

共工铜头铁臂

实 例

汉族 共工屡战不胜祝融，气得用头撞天柱山。铜头铁臂的共工只几下就把天柱山撞倒了。

【流传】河南省·（周口市）·太康县·朱口镇

【出处】雷丕显（男，72 岁，农民）讲，雷文杰采录整理：《共工和祝融》（1986），见张振犁编著，孟宪明、朱淑君统纂《中原神话通鉴》（第三卷），郑州：河南大学出版社 2017 年版，第 764 页。

汉族 铜头铁臂的共工几下把天柱山撞倒了。

【流传】中原一带

【出处】雷文杰搜集：《共工和祝融》，原载张楚北编《中原神话》，见陶阳、钟秀编《中国神话》（上），北京：商务印书馆 2008 年版，第 389 ~ 390 页。

W0685. 2. 4

共工人面蛇身朱发

实 例

汉族 共工人面蛇身朱发。

【流传】（无考）

【出处】［宋］罗泌：《路史·后纪二》注引《归藏·启筮》。

W0685. 2. 5

共工青面獠牙

实 例

汉族 中天镇镇首的大儿子共工虽然长了个人样的头，却是青面獠牙，一头红发，身子像个大黑蟒。

【流传】河南省·（开封市）·杞县

【出处】尹守礼（农民）讲，王怀聚采录整理：《杞人忧天（一）》，见张振犁编著《中原神话通鉴》（第一卷），郑州：河南大学出版社 2017 年版，第 158 页。

W0685. 2. 6

共工喜怒无常

实 例

汉族 共工是个喜怒无常、非常霸道的水神。

【流传】河南省·（南阳市）·南召县太山庙乡、留山一带

【出处】诸虎臣（男，73 岁，农民，私塾）讲，乔明宪采录：《春夏秋冬的

来历》（1986.09），见张振犁编著，孟宪明、朱淑君统纂《中原神话通鉴》（第三卷），郑州：河南大学出版社2017年版，第765页。

W0685.2.6.1
共工脾气暴躁

实 例

汉族 四兄妹中的共工和祝融，脾气火暴；杞人胆小怕事；女娲善良、聪明、灵巧。

【流传】 河南省·（开封市）·杞县

【出处】 王怀聚讲，王宪明搜集整理：《杞人忧天》，见姚宝瑄主编《中国各民族神话》（汉族），太原：山西出版传媒集团·书海出版社2014年版，第75~77页。

W0685.3
共工的身份

实 例

（参见下级母题实例）

W0685.3.0
共工氏是神

实 例

汉族 很古以前，有一个叫共工氏的神，他不知因为什么事被触怒，大发雷霆，一头撞断了撑天玉柱。

【流传】 河南省·（三门峡市）·渑池县·南村乡

【出处】 茹明采录：《二郎神担山填海》，见张振犁编著，孟宪明、朱淑君统纂《中原神话通鉴》（第三卷），郑州：河南大学出版社2017年版，第927页。

W0685.3.1
共工是水神

【关联】 ［W0400］水神

实 例

汉族 老辈人传说共工是水神。

【流传】 河南省·（洛阳市）·新安县·磁涧乡·孝水村

【出处】 杨傍子（58岁，识些字）讲，张建伟采录：《女娲补天（六）》（1989.10.25），见张振犁编著《中原神话通鉴》（第一卷），郑州：河南大学出版社2017年版，第135页。

W0685.3.1.1
共工是洪水神

【关联】 ［W0405.2.1］洪水之神共工

实 例

汉族 共工是洪水之神。

【流传】 四川省·巴县（今重庆市·巴南区）·土主乡·伏善村

【出处】 张文奎讲，李子硕采录：《女娲补天》，见中国民间文学集成全国编辑委员会编《中国民间故事集成》（四川卷·上），北京：中国ISBN中心1998年版，第25页。

W0685.3.1.2

共工是管水的水神

实 例

汉族 共工是管水的水神。

【流传】中原一带

【出处】雷文杰搜集：《共工和祝融》，原载张楚北编《中原神话》，见陶阳、钟秀编《中国神话》（上），北京：商务印书馆2008年版，第389~390页。

W0685.3.1.3

共工是北方的水神

实 例

汉族 北方的水神共工，住在颛顼的附近，不能顺从颛顼的意旨，因而受颛顼的压迫也最是厉害。

【流传】（无考）

【出处】《共工怒触不周山》，原载袁珂编译《中国神话故事》，见陶阳、钟秀编《中国神话》（中），北京：商务印书馆2008年版，第721~723页。

W0685.3.2

共工是天神

实 例

汉族 天上原有两大天神，一个叫共工，一个叫祝融。

【流传】河南省·（周口市）·太康县·朱口镇

【出处】雷丕显（男，72岁，农民）讲，雷文杰采录整理：《共工和祝融》（1986），见张振犁编著，孟宪明、朱淑君统纂《中原神话通鉴》（第三卷），郑州：河南大学出版社2017年版，第764页。

汉族 共工与祝融都是天神。

【流传】中原一带

【出处】雷文杰搜集：《共工和祝融》，原载张楚北编《中原神话》，见陶阳、钟秀编《中国神话》（上），北京：商务印书馆2008年版，第389~390页。

W0685.3.3

共工是恶神

实 例

汉族 恶神共工氏杀了很多人。

【流传】四川省·（德阳市）·广汉县（广汉市）

【出处】鲁智廉讲，吴良贵采录：《女娲补天》，见中国民间文学集成全国编辑委员会编《中国民间故事集成》（四川卷·上），北京：中国ISBN中心1998年版，第25页。

汉族 尧的时候，有个恶神共工。

【流传】河南省·（郑州市）·登封市

【出处】根据《淮南子》《山海经》《孟子》《尚书》《登封县志》整理：《鲧禹治水》，见张振犁编著，孟宪明、朱淑君统纂《中原神话通鉴》（第四卷），郑州：河南大学出版社2017年版，第1110页。

W0685.3.4
共工是首领

实 例

（参见下级母题实例）

W0685.3.4.1
共工下凡成为人间首领

实 例

汉族 共工与祝融结仇触怒了老天爷。老天爷就把共工和祝融一齐赶下了天庭。两个天神到了人间，成了人间的两个大头领。

【流传】 河南省·（周口市）·太康县·朱口镇

【出处】 雷丕显（男，72岁，农民）讲，雷文杰采录整理：《共工和祝融》（1986），见张振犁编著，孟宪明、朱淑君统纂《中原神话通鉴》（第三卷），郑州：河南大学出版社2017年版，第764页。

W0685.3.4.2
共工氏是黄河以北一个部落的首领

实 例

汉族 上古时，黄河以北有个部落首领叫共工氏。

【流传】 河南省·（南阳市）·南阳县

【出处】 邱海观（70岁，农民）讲，李明才采录整理：《弓和箭的传说》，见张振犁编著，孟宪明、朱淑君统纂《中原神话通鉴》（第四卷），郑州：河南大学出版社2017年版，第1281页。

W0685.3.5
共工是水师

实 例

汉族 共工氏以水纪，故为水师而水名。

【流传】（无考）

【出处】［春秋］左丘明：《左传·昭公十七年》。

W0685.4
共工的职能（共工的能力，共工的经历）

实 例

（参见下级母题实例）

W0685.4.1
共工与颛顼之争

【关联】［W8800］神性人物间的争斗

实 例

（参见下级母题实例）

W0685.4.1.1
共工撞倒不周山

实 例

汉族 昔者共工与颛顼争为帝，怒而触不周之山，天柱折，地维绝，天倾西北，故日月星辰移焉；地不满东南，故水潦尘埃归焉。

【流传】（无考）

【出处】［西汉］淮南王刘安及门客：《淮南子·天文训》

W0685. 4. 1a

共工与祝融之争

实 例

（参见下级母题实例）

W0685. 4. 1a. 1

共工被祝融打败

实 例

汉族 太古时候，共工跟祝融氏干仗，没干过祝融氏，他就一头撞在了不周山上，把不周山撞倒了。

【流传】（a）吉林·长春市·伊通县（伊通满族自治县）·伊丹镇

【出处】

（a）张久成、瓮圈村讲，施立学采录：《女娲补西北天》（1990），见中国民间文学集成全国编辑委员会编《中国民间故事集成》（吉林卷），北京：中国文联出版公司 1992 年版，第 1 页。

（b）同（a），见陶阳、钟秀编《中国神话》（上），北京：商务印书馆 2008 年版，第 398 页。

W0685. 4. 2

共工变形

实 例

（参见下级母题实例）

W0685. 4. 2. 1

共工变鼠

实 例

（参见下级母题实例）

W0685. 4. 2. 1. 1

老天爷惩罚让共工变鼠

实 例

汉族 老天爷惩罚共工，让他变成老鼠。

【流传】河南省

【出处】雷文杰搜集：《共工与祝融》，见张楚北《中原神话》，郑州：海燕出版社 1988 年版，第 36 页。

W0685. 5

共工的关系

实 例

（参见下级母题实例）

W0685. 5. 1

共工的父母与祖先

实 例

（参见下级母题实例）

W0685. 5. 1. 0

共工是炎帝后代

实 例

汉族 炎帝之妻，赤水之子听訞生炎居，炎居生节并，节并生戏器，戏器生祝融，祝融降处江水，生共工。

【流传】（无考）

【出处】［战国至汉］撰者不详：《山海经·海内经》。

W0685.5.1.0a

共工是炎帝神农氏的后裔

实 例

汉族 共工，姜姓，炎帝神农氏的后裔。

【流传】（无考）

【出处】《水神》，见乌丙安主编《中国民间神谱》，沈阳：辽宁人民出版社2007年版，第17页。

W0685.5.1.0b

共工是神农的子孙

实 例

汉族 神农氏的子孙共工氏。

【流传】（a）宁夏·（中卫市）·中宁县·新堡乡·聂弯村

【出处】

（a）杨发兴讲，宋福采录：《骊山老母补天，王母娘娘补地》（1986），见中国民间文学集成全国编辑委员会编《中国民间故事集成》（宁夏卷），北京：中国ISBN中心1999年版，第3页。

（b）同（a），见陶阳、钟秀编《中国神话》（上），北京：商务印书馆2008年版，第404～406页。

W0685.5.1.1

共工是祝融的儿子

【关联】［W0767］祝融

实 例

汉族 戏器生祝融，祝融降处于江水，生共工。

【流传】（无考）

【出处】［战国至汉］撰者不详：《山海经·海内经》。

W0685.5.1.2

共工是人的儿子

实 例

（参见下级母题实例）

W0685.5.1.2.1

共工是中天镇镇首的长子

实 例

汉族 以前，天地的中心有个中天镇。镇首的大儿子叫共工。

【流传】河南省·（开封市）·杞县

【出处】王怀聚讲，王宪明搜集整理：《杞人忧天》，见姚宝瑄主编《中国各民族神话》（汉族），太原：山西出版传媒集团·书海出版社2014年版，第75～77页。

W0685.5.1.3

共工、女娲是人的子女

实 例

汉族 古时候，河南杞县中天镇首领有 4 个孩子，分别是共工、祝融、气人和女娲。

【流传】河南省·（开封市）·杞县·柿园乡

【出处】尹守礼讲：《女娲炼石补天》，见中国民间文学集成全国编辑委员会编《中国民间故事集成》（河南卷），北京：中国 ISBN 中心 2001 年版，第 18 页。

W0685. 5. 2

共工的兄弟姐妹

实 例

（参见下级母题实例）

W0685. 5. 2. 1

共工与祝融是亲兄弟

【关联】［W0404a. 6. 1. 1］水神共工和火神祝融弟兄俩

实 例

汉族 中天镇镇首的几个孩子却与人家不一样，身高都超过三丈一，他的大儿子叫共工，二儿子叫祝融，三儿子叫气人，闺女叫女娲。

【流传】河南省·（开封市）·杞县

【出处】尹守礼（农民）讲，王怀聚采录整理：《杞人忧天（一）》，见张振犁编著《中原神话通鉴》（第一卷），郑州：河南大学出版社 2017 年版，第 158 页。

W0685. 5. 3

共工的妻子

实 例

（参见下级母题实例）

W0685. 5. 3. 1

共工的妻子风氏

实 例

汉族 水神共工的妻子风氏，被大禹收进一个袋子中。

【流传】广东省

【出处】许和达搜集整理：《妖婆婆的风袋》，见关汉、韦轩编《广东民间故事选》，广州：花城出版社 1982 年版，第 159 页。

W0685. 5. 4

共工的子女

实 例

（参见下级母题实例）

W0685. 5. 4. 1

共工的儿子

实 例

（参见下级母题实例）

W0685. 5. 4. 1. 1

共工的儿子成为地神

实 例

汉族 共工的儿子平定九州，成为地神。

【流传】（无考）

【出处】［春秋］左丘明：《国语·鲁语》。

W0685.5.4.1.2

共工的儿子修

【关联】［W0448.2.1.8］路神是共工之子修

实 例

（参见下级母题实例）

W0685.5.4.1.2.1

共工的儿子修是祖神

实 例

汉族 共工之子曰修，好远游，舟车所至，足迹所达，靡不穷览，故祀以为祖神。

【流传】（无考）

【出处】［东汉］应劭：《风俗通义》卷八。

W0685.5.4.1.3

共工的儿子句龙

实 例

汉族 共工氏有子曰句龙，为后土。

【流传】（无考）

【出处】［春秋］左丘明：《左传·昭公二十九年》。

W0685.5.4.1.4

共工的儿子术器

实 例

汉族 共工生术器，术器首方颠，是复土穰，以处江水。

【流传】（无考）

【出处】［战国至汉］撰者不详：《山海经·海内经》。

W0685.5.4.1.4.1

术器兑首方颠

实 例

汉族 术器兑首方颠。

【流传】（无考）

【出处】［宋］罗泌：《路史·后纪四》。

W0685.5.4.1.5

共工氏的儿子是不才子

实 例

汉族 共工氏有不才子，以冬至日死，为厉，畏赤豆，故作赤豆粥以禳之。

【流传】（无考）

【出处】［宋］罗泌：《路史·后纪二》注引《岁时记》。

W0685.5.4.2

共工氏的女儿

实 例

（参见下级母题实例）

W0685.5.4.2.1

共工氏有个女儿叫农奇

实 例

汉族 （参见“W0685.6.1.1 共工氏”母题实例）

W0685.5.5

共工的上司

实 例

（参见下级母题实例）

W0685.5.6

共工的从属

实 例

（参见下级母题实例）

W0685.5.6.1

共工的部下相柳

实 例

汉族 共工之臣曰相柳氏，九首，以食于九山。相柳之所抵，厥为泽溪。禹杀相柳，其血腥，不可以树五谷种。禹厥之，三仞三沮，乃以为众帝之台。在昆仑之北，柔利之东。相柳者，九首人面，蛇身而青。不敢北射，畏共工之台。台在其东，台四方，隅有一蛇，虎色，首冲南方。

【流传】（无考）

【出处】［战国至汉］撰者不详：《山海经·海外北经》。

W0685.5.6.1.1

相柳9个头，人面蛇身，青灰色

实 例

汉族 尧的时候，有个恶神共工，他的部下相柳，也很凶恶，有九个头，人面蛇身，青灰色，盘踞九土，作恶多端。

【流传】河南省·（郑州市）·登封市

【出处】根据《淮南子》《山海经》《孟子》《尚书》《登封县志》整理：《鲧禹治水》，见张振犁编著，孟宪明、朱淑君统纂《中原神话通鉴》（第四卷），郑州：河南大学出版社2017年版，第1110页。

W0685.5.6.2

共工的臣下相繇

实 例

（参见下级母题实例）

W0685.5.6.2.1

相繇九首蛇身

实 例

汉族 共工之臣名曰相繇，九首蛇身，自环，食于九土。其所歍所尼，即为源泽。不辛乃苦，百兽莫能处。禹湮洪水，杀相繇。其血腥臭，不可生谷；其地多水，不可居也。禹湮之，三仞三沮，乃以为池，群帝因是以为台，在昆仑之北。

【流传】（无考）

【出处】［战国至汉］撰者不详：《山海经·大荒北经》。

W0685.5.7 共工的朋友

实 例

（参见下级母题实例）

W0685.5.7.1 共工与龙王是朋友

实 例

汉族 中天镇镇首的大儿子共工经常去大海里和老龙王一块儿玩耍，人称他“水神”。

【流传】河南省·（开封市）·杞县

【出处】尹守礼（农民）讲，王怀聚采录整理：《杞人忧天（一）》，见张振犁编著《中原神话通鉴》（第一卷），郑州：河南大学出版社 2017 年版，第 158 页。

W0685.5.7.1.1 共工与海龙王是朋友

实 例

汉族 天地的中心有个中天镇，镇首的大儿子共工长得一头红发，青面獠牙，样子十分难看。他嘴里会喷水，和海龙王是朋友，人们都叫他“水神”。

【流传】河南省·（开封市）·杞县

【出处】王怀聚讲，王宪明搜集整理：《杞人忧天》，见姚宝瑄主编《中国各民族神话》（汉族），太原：山西出版传媒集团·书海出版社 2014 年版，第 75～77 页。

W0685.6 共工的名字（共工的姓氏名号）

【关联】［0763.5.1.5］颛顼号共工

实 例

（参见下级母题实例）

W0685.6.1 共工氏

实 例

汉族 共工氏有个女儿，叫农奇，是一位勤劳勇敢、聪明智慧的女子，经常登山涉水出外猎兽采果，供伙伴们享用。

【流传】河南省·（南阳市）·南阳县

【出处】邱海观（70 岁，农民）讲，李明才采录整理：《弓和箭的传说》，见张振犁编著，孟宪明、朱淑君统纂《中原神话通鉴》（第四卷），郑州：河南大学出版社 2017 年版，第 1281 页。

W0685.6.2 共工姓姜

实 例

汉族 （参见“W0685.5.1.0a 共工

是炎帝神农氏的后裔”母题实例）

W0685. 6. 3

共工名康回

实例

汉族 “康回凭怒，地何故以东南倾??”王逸注：“康回，共工名。”

【流传】（无考）

【出处】［战国］屈原：《楚辞·天问》［东汉］王逸注。

W0685. 7

与共工有关的其他母题

实例

（参见下级母题实例）

W0685. 7. 1

共工的居所

实例

（参见下级母题实例）

W0685. 7. 1. 1

共工住在东海

实例

汉族 水神共工住在东海里，性情很暴虐。

【流传】（无考）

【出处】茆文斗搜集整理：《祝融胜共工》，见姚宝瑄主编《中国各民族神话》（汉族），太原：山西出版传媒集团·书海出版社 2014 年版，第 418～419 页。

汉族 共工住在东海里，性情很暴虐。

【流传】安徽省淮河一带

【出处】唐元海讲，茆文斗搜集整理：《祝融胜共工》，载《民间文学》1986 年第 6 期。

W0685. 7. 2

共工的遗迹

实例

（参见下级母题实例）

W0685. 7. 2. 1

共工之台

实例

汉族 大荒之中，有山名曰不句，海水北入焉。有系昆之山者，有共工之台，射者不敢北乡（向）。

【流传】（无考）

【出处】［战国至汉］撰者不详：《山海经·大荒北经》。

W0686

鲧

实例

（参见下级母题实例）

W0686. 1

鲧的产生

实例

（参见下级母题实例）

W0686.1.1

颛顼生鲧

实例

汉族 颛顼生鲧，鲧生高密，是为禹。

【流传】（无考）

【出处】［汉］宋衷注，［清］秦嘉谟等辑：《世本·帝系》。

W0686.1.2

鲧是白龙神马下凡转世

实例

汉族 白龙神马到凡间转世成人，姓姒名鲧。

【流传】河南省·（郑州市）·登封市

【出处】《盗土治水》，见张振犁编著，孟宪明、朱淑君统纂《中原神话通鉴》（第四卷），郑州：河南大学出版社2017年版，第1120页。

W0686.2

鲧的特征

实例

（参见下级母题实例）

W0686.2.1

鲧身材矮小

实例

汉族 身材矮小的王鲧。

【流传】浙江省·（金华市）·东阳县（东阳市）·青联乡·雅坑村

【出处】张永茂讲，周耀明采录：《防风治水》，见中国民间文学集成全国编辑委员会编《中国民间故事集成》（浙江卷），北京：中国ISBN中心1997年版，第69页。

W0686.2.1.1

王鲧长3寸，重6两

实例

汉族 王鲧与防风为好友。防风身巨，立如山高，卧似河长；王鲧微，长三寸，重六两。

【流传】（无考）

【出处】袁珂改编：《王鲧与防风》，原载《民间文学》1986年第11期，见袁珂《中国神话大词典》，北京：华夏出版社2015年版，第376页。

汉族 王鲧是小个子，三寸长，六两重。

【流传】浙江省·（金华市）·东阳县（东阳市）

【出处】张永茂讲，周耀明整理：《王鲧和防风》，载《民间文学》1986年第11期。

W0686.2.2

鲧的原形是龙

实例

（参见下级母题实例）

W0686. 2. 2. 1

鲧被杀后现出原身是大黄龙

【关联】[W0686. 5. 1. 1] 鲧化为黄龙

实 例

汉族 天兵天将把鲧撵到天边上，把他杀了。鲧现出原身，是只大黄龙。

【流传】山东省·（济宁市）·鱼台县［采录地点：鱼台县·罗屯乡·后张村］

【出处】张林相（男，77岁，农民）讲，张运武采录整理：《滚土堆》（1989. 07. 25），见张振犁编著，孟宪明、朱淑君统纂《中原神话通鉴》（第四卷），郑州：河南大学出版社2017年版，第1080页。

W0686. 2. 2. 2

崇伯鲧原神是天上壬癸宫中的白龙神马

实 例

汉族 崇伯鲧的原神是天上壬癸宫中的白龙神马。

【流传】河南省·（郑州市）·登封市

【出处】《盗土治水》，见张振犁编著，孟宪明、朱淑君统纂《中原神话通鉴》（第四卷），郑州：河南大学出版社2017年版，第1120页。

W0686. 2. 3

鲧的原形是龟

实 例

汉族 起龟驮碑，人们只当那是一般的乌龟哩。其实不知道它原是天上的神，名叫鲧。

【流传】河南省·（南阳市）·南阳县（宛城区、卧龙区）

【出处】徐清法讲，党铁九采录整理：《鲧禹父子与龟驮碑》，见张振犁编著，孟宪明、朱淑君统纂《中原神话通鉴》（第四卷），郑州：河南大学出版社2017年版，第1107页。

W0686. 2. 4

鲧性格坦荡

实 例

（参见下级母题实例）

W0686. 2. 4. 1

鲧不计前嫌

实 例

汉族 舜王对劝阻的大臣说："当年杀鲧是他自己罪有应得，今日用他的二儿子文命治水是他有领导治服洪水的能力。我虞舜是堂堂一代君王，怎能在用人上计较前嫌呢！"

【流传】河南省·（郑州市）·登封市

【出处】《负黍厅对》，见张振犁编著，孟宪明、朱淑君统纂《中原神话通鉴》（第四卷），郑州：河南大学出版社2017年版，第1132～1133页。

W0686.2.5

鲧刚愎自用

实 例

（参见下级母题实例）

W0686.2.5.1

崇伯鲧听不进任何不同意见

实 例

汉族 尧王爷传下旨意，命崇伯鲧治理洪水，但是，崇伯鲧刚愎自用，自负才高，听不进任何不同意见。

【流传】河南省·（郑州市）·登封市

【出处】《玉溪村》，见张振犁编著，孟宪明、朱淑君统纂《中原神话通鉴》（第四卷），郑州：河南大学出版社2017年版，第1124页。

W0686.3

鲧的身份（鲧的职能）

实 例

（参见下级母题实例）

W0686.3.1

鲧是一个部落的首领

【关联】［W5325］部落首领

实 例

汉族 鲧原来是一个部落的首领。

【流传】陕西省·（宝鸡市）·千阳县·上店乡·上店村

【出处】张来祥讲，武向阳采录：《天下江水向东流》，见中国民间文学集成全国编辑委员会编《中国民间故事集成》（陕西卷），北京：中国ISBN中心1996年版，第18页。

W0686.3.2

鲧是玄武大帝

【关联】［W0254.3］玄武是北方神

实 例

（参见下级母题实例）

W0686.3.3

鲧是天神

实 例

汉族 起龟驮碑，人们只当那是一般的乌龟哩。其实它原是天上的神鲧。

【流传】河南省·（南阳市）·南阳县（宛城区、卧龙区）

【出处】徐清法讲，党铁九采录整理：《鲧禹父子与龟驮碑》，见张振犁编著，孟宪明、朱淑君统纂《中原神话通鉴》（第四卷），郑州：河南大学出版社2017年版，第1107页。

W0686.3.3.1

鲧是天上显赫的大神

实 例

汉族 鲧是天上的一位显赫的大神。

【流传】（无考）

【出处】袁珂重述：《鲧偷取息壤平治洪水》，原载袁珂编译《中国神话故事》，见陶阳、钟秀编《中国神话》（上），北京：商务印书馆 2008 年版，第 407 ~ 411 页。

W0686. 3. 4

鲧是官员

实 例

（参见下级母题实例）

W0686. 3. 4. 1

尧王爷封鲧为大司空

实 例

汉族 鲧治水开始头几年，用神土“息壤”修筑堤坝，把洪水圈起来，减轻了灾害，尧王爷晋封他为大司空，老百姓赞扬他是有功之臣。

【流传】 河南省·（郑州市）·登封市

【出处】 《玉溪村》，见张振犁编著，孟宪明、朱淑君统纂《中原神话通鉴》（第四卷），郑州：河南大学出版社 2017 年版，第 1124 页。

W0686. 3. 4. 2

尧王封鲧为崇伯

实 例

汉族 尧王接受了大臣们的意见，封鲧为崇伯，命令他火速到中原上任，领导治水。

【流传】 河南省·（郑州市）·登封市

【出处】 《崇伯鲧上任》，见张振犁编著，孟宪明、朱淑君统纂《中原神话通鉴》（第四卷），郑州：河南大学出版社 2017 年版，第 1119 页。

汉族 尧王封鲧做崇伯，领导治理洪水。

【流传】 河南省·（郑州市）·登封市

【出处】 《盗土治水》，见张振犁编著，孟宪明、朱淑君统纂《中原神话通鉴》（第四卷），郑州：河南大学出版社 2017 年版，第 1120 页。

W0686. 3. 4. 3

鲧在玉皇大帝驾下当天官

实 例

汉族 禹王的爹叫鲧，鲧在玉皇大帝驾下当天官。

【流传】 山东省·（济宁市）·鱼台县［采录地点：鱼台县·罗屯乡·后张村］

【出处】 张林相（男，77 岁，农民）讲，张运武采录整理：《滚土堆》（1989. 07. 25），见张振犁编著，孟宪明、朱淑君统纂《中原神话通鉴》（第四卷），郑州：河南大学出版社 2017 年版，第 1080 页。

W0686. 3. 5

鲧是酋长

实 例

（参见下级母题实例）

W0686.3.5.1
崇伯鲧是唐尧时崇地的酋长

实 例

汉族 唐尧时，登封市叫崇地，嵩山叫崇山。那时，普天下洪水泛滥，人们无法生存，纷纷逃往崇地。因为这里地势高，又有个酋长崇伯鲧领着堵水，就留下了一大片土地，可供居住。

【流传】 河南省·（郑州市）·登封市

【出处】 甄秉浩采录整理：《涂山姚代姐育婴》，见张振犁编著，孟宪明、朱淑君统纂《中原神话通鉴》（第四卷），郑州：河南大学出版社 2017 年版，第 1026 页。

W0686.3.6
鲧是王

实 例

（参见下级母题实例）

W0686.3.6.1
鲧治水有功被尊为王

实 例

汉族 王鲧即投以色土。江河上游水被阻，下游平川，自然免遭水患。众感王鲧德，方议拥戴为王。

【流传】（无考）

【出处】 袁珂改编：《王鲧与防风》，原载《民间文学》1986 年第 11 期，见袁珂《中国神话大词典》，北京：华夏出版社 2015 年版，第 376 页。

W0686.3.7
鲧是诸侯

实 例

（参见下级母题实例）

W0686.3.7.1
鲧是舜时的诸侯

实 例

汉族 尧以天下让舜。鲧为诸侯。

【流传】（无考）

【出处】［秦］吕不韦及门客：《吕氏春秋·行论》。

W0686.3.8
鲧是动物

实 例

（参见下级母题实例）

W0686.3.8.1
鲧原是天上一匹白马

实 例

汉族 鲧原是天上的一匹白马。

【流传】（无考）

【出处】 袁珂重述：《鲧偷取息壤平治洪水》，原载袁珂编译《中国神话故事》，见陶阳、钟秀编《中国神话》（上），北京：商务印书馆 2008 年版，第 407 ~ 411 页。

W0686. 4
鲧的生活（鲧的行为，鲧的事迹）

实 例

（参见下级母题实例）

W0686. 4. 1
鲧的服饰

实 例

（实例待考）

W0686. 4. 2
鲧的居所

实 例

（参见下级母题实例）

W0686. 4. 2. 1
鲧是石纽村人

实 例

汉族 尧王为治水访贤人时，西岳大臣推荐说：“汶山石纽村有个名字叫鲧的人，很善于修堤筑坝，让他来领导治水就行。”

【流传】 河南省·（郑州市）·登封市

【出处】《崇伯鲧上任》，见张振犁编著，孟宪明、朱淑君统纂《中原神话通鉴》（第四卷），郑州：河南大学出版社2017年版，第1119页。

W0686. 4. 2. 2
崇伯鲧居汶山石纽村

实 例

汉族 （参见“W0686. 4. 4. 2 崇伯鲧治水只堵不疏”母题实例）

W0686. 4. 2. 3
鲧死后化黄能居羽渊

实 例

汉族 昔者鲧违帝命，殛之于羽山，化为黄能，以入于羽渊。

【流传】（无考）

【出处】［春秋］左丘明：《国语·晋语八》。

W0686. 4. 2. 4
鲧死后化黄龙居深渊

实 例

汉族 鲧的尸体变成了一条黄龙，趁势游向羽山下的深渊中去。

【流传】（无考）

【出处】

（a）钟伟今搜集整理：《禹的诞生》，载《山海经》1981年第4期。

（b）同（a），见姚宝瑄主编《中国各民族神话》（汉族），太原：山西出版传媒集团·书海出版社2014年版，第107～110页。

W0686.4.3
鲧的工具

实 例

（实例待考）

W0686.4.4
鲧治水

实 例

（参见下级母题实例）

W0686.4.4.1
鲧在尧时治水

实 例

汉族 尧时，恶龙造成洪水。当时有一个人叫鲧，他和人们一道逃到一个小山包上，心中非常难受，决心治水。

【流传】河南省·商丘市

【出处】崔玉德（农民）讲，刘秀森采录整理：《大禹骨链锁恶龙》，见张振犁编著，孟宪明、朱淑君统纂《中原神话通鉴》（第四卷），郑州：河南大学出版社2017年版，第1144页。

W0686.4.4.1.1
鲧受尧王之命到中原治水

实 例

汉族 崇伯鲧接到尧王的任命二话没说，同他的爱妻辛嬉女一道，带着他的独生儿子文命，从汶山石纽村出发，日夜兼程盗中原治水。

【流传】河南省·（郑州市）·登封市

【出处】《崇伯鲧上任》，见张振犁编著，孟宪明、朱淑君统纂《中原神话通鉴》（第四卷），郑州：河南大学出版社2017年版，第1119页。

W0686.4.4.2
崇伯鲧治水只堵不疏

实 例

汉族 唐尧派鲧专门去治水。鲧只知道堵，一连治水九年不成，便被唐尧杀了。

【流传】河南省·（郑州市）·登封市

【出处】甄秉洁采录整理：《太室山与少室山》，见张振犁编著，孟宪明、朱淑君统纂《中原神话通鉴》（第四卷），郑州：河南大学出版社2017年版，第1118页。

W0686.4.4.3
鲧盗息壤堵洪水

实 例

汉族 鲧偷取天帝的息壤平治洪水，没有成功。

【流传】（无考）

【出处】袁珂重述：《鲧偷取息壤平治洪水》，原载袁珂编译《中国神话故事》，见陶阳、钟秀编《中国神话》（上），北京：商务印书馆2008年版，第407～411页。

W0686. 4. 4. 3a

鲧盗青泥堵洪水

实 例

汉族 鲧顺着滔天的洪水游到天上去了，就咬下一块青泥，吐出之后，青泥见风就多，遇水就长。长得早比封山高，而且越来越高，猛地撞到了天上。

【流传】浙江省·（湖州市）·德清县·三合乡

【出处】沈益民讲，钟铭、钟伟今采录：《尧封防风国》，见陶阳、钟秀编《中国神话》（中），北京：商务印书馆 2008 年版，第 813 ~814 页。

W0686. 4. 4. 4

鲧治水失败

实 例

（参见下级母题实例）

W0686. 4. 4. 4. 1

鲧盲目泄洪治水失败

实 例

汉族 白胡子老头儿告诉大禹："把龙门口打开，下游还没有河道，又没有堤坝，洪水下去没有管教到处泛滥，那还得了。当年崇伯鲧就是吃了这个亏的。"

【流传】河南省·（郑州市）·登封市（豫西一带）

【出处】崔文秀讲，韩有治采录整理：《崇伯点化》，见张振犁编著，孟宪明、朱淑君统纂《中原神话通鉴》（第四卷），郑州：河南大学出版社 2017 年版，第 1017 页。

W0686. 4. 4. 4. 2

鲧治水 9 年失败

实 例

汉族 夏禹的父亲崇鲧领导治水九年，因治洪水的方法不当，招致大祸，被判罪充军羽山，死在北极的冰天雪地里。

【流传】河南省·（郑州市·登封市（中岳嵩山一带）

【出处】韩成良讲，韩有治采录整理：《挪宫》，见张振犁编著，孟宪明、朱淑君统纂《中原神话通鉴》（第四卷），郑州：河南大学出版社 2017 年版，第 1043 页。

W0686. 4. 5

鲧斗龙

实 例

（参见下级母题实例）

W0686. 4. 5. 1

鲧率众斗恶龙

实 例

汉族 尧让鲧治水时，鲧当众说："我鲧如果三年不能把恶龙治服，甘当死罪。”从此，鲧带领大家跟恶龙搏斗起来。

【流传】河南省·商丘市

【出处】崔玉德（农民）讲，刘秀森采录整理：《大禹骨链锁恶龙》，见张振犁编著，孟宪明、朱淑君统纂《中原神话通鉴》（第四卷），郑州：河南大学出版社2017年版，第1145页。

W0686.4.6

鲧能生育

实 例

（参见下级母题实例）

W0686.4.6.1

鲧腹生黄龙

实 例

（参见下级母题实例）

W0686.4.6.1.1

鲧死后三年死尸不腐腹生黄龙

实 例

汉族 鲧死后三年死尸不腐。玉皇大帝怕他再犯上作乱，就派祝融下凡察看。祝融手执利刀刚刚划破尸体的时候，尸体肚子里便跳出一条黄龙，跃进羽山脚下的大河中。

【流传】河南省·（郑州市）·登封市

【出处】《盗土治水》，见张振犁编著，孟宪明、朱淑君统纂《中原神话通鉴》（第四卷），郑州：河南大学出版社2017年版，第1121页。

W0686.4.7

鲧造城

实 例

汉族 奚仲作车，仓颉作书，后稷作稼，皋陶作刑，昆吾作陶，夏鲧作城，此六人者，所作当矣。

【流传】（无考）

【出处】［秦］吕不韦及门客：《吕氏春秋·君守篇》

汉族 昔夏鲧作三仞之城。

【流传】（无考）

【出处】［西汉］淮南王刘安及门客：《淮南子·原道训》

汉族 鲧筑城以卫君，造郭以守民，此城郭之始也。

【流传】（无考）

【出处】［汉］赵晔：《吴越春秋》。

W0686.5

鲧的变化

实 例

（参见下级母题实例）

W0686.5.1

鲧化为龙

实 例

（参见下级母题实例）

W0686.5.1.1
鲧化为黄龙

实 例

（参见下级母题实例）

W0686.5.1.1.1
鲧的尸体化为黄龙

实 例

汉族 鲧死三岁不腐，剖之以吴刀，化为黄龙。

【流传】（无考）

【出处】［战国至汉］撰者不详：《山海经·海内经》郭璞注引《归藏·启筮》。

汉族 鲧被剖开的尸体化做一条黄龙，跳进羽山旁边的羽渊去了。

【流传】（a）淮河流域

【出处】

（a）常山讲述：《鲧王治水》，原载茆文斗搜集整理《河蚌姑娘》，见陶阳、钟秀编《中国神话》（上），北京：商务印书馆2008年版，第412～418页。

（b）袁珂重述：《鲧偷取息壤平治洪水》，原载袁珂编译《中国神话故事》，见陶阳、钟秀编《中国神话》（上），北京：商务印书馆2008年版，第407～411页。

汉族 鲧的尸体变成了一条黄龙，趁势游向羽山下的深渊中去。

【流传】（无考）

【出处】钟伟今搜集整理：《禹的诞生》，载《山海经》1981年第4期。

W0686.5.2
鲧化为鱼

实 例

（参见下级母题实例）

W0686.5.2.1
鲧化为玄鱼

实 例

汉族 尧命夏鲧治水，九载无绩，鲧自沈于羽渊，化为玄鱼。

【流传】（无考）

【出处】

（a）［东晋］王嘉《拾遗记》卷二。

（b）《羽渊》，见袁珂《中国神话大词典》，北京：华夏出版社2015年版，第147页。

W0686.5.2.2
鲧化为金鱼

实 例

（参见下级母题实例）

W0686.5.2.2.1
鲧治水无绩自沉羽渊化为金鱼

实 例

汉族 鲧治水无绩，自沉于羽渊化为金鱼。

【流传】（无考）

【出处】［东晋］王嘉：《拾遗记》。

W0686.5.3
鲧化为熊

实 例

（参见下级母题实例）

W0686.5.3.1
鲧化黄熊

实 例

汉族 阻穷西征，岩何越焉？化为黄熊，巫何活焉，咸播秬黍，莆雚是营，何由并投，而鮌疾修盈？

【流传】（无考）

【出处】［战国］屈原：《楚辞·天问》。

W0686.5.3.1.1
鲧违帝命死于羽山化为黄熊

实 例

汉族 昔者鲧违帝命，殛之于羽山，化为黄熊。

【流传】（无考）

【出处】［春秋］左丘明：《国语·晋语》。

汉族 昔尧殛鲧于羽山，其神化为黄熊，以入于羽渊。

【流传】（无考）

【出处】［春秋］左丘明：《左传·昭公七年》。

W0686.5.3.2
鲧的神化为黄能（黄熊）

实 例

汉族 鲧的神化为黄能（黄熊）。

【流传】（无考）

【出处】《夏禹》，见［晋］王嘉撰，［梁］萧绮录，齐治平校注：《拾遗记》卷二，北京：中华书局1981年版，第35页。

汉族 昔尧殛鲧于羽山，其神化为黄熊，以入于羽渊。

【流传】（无考）

【出处】

（a）《左传·昭公七年》。

（b）《羽渊》，见袁珂《中国神话大词典》，北京：华夏出版社2015年版，第147页。

W0686.5.4
鲧化为玄鱼

实 例

（参见下级母题实例）

W0686.5.4.1
鲧治水失败后自沉羽渊化为玄鱼

实 例

汉族 尧命夏鲧治水，九载无绩。鲧自沉于羽渊，化为玄鱼。

【流传】（无考）

【出处】［东晋］王嘉：《拾遗记》

卷二。

W0686. 5. 5

鲧化为鳖

实 例

(参见下级母题实例)

W0686. 5. 5. 1

鲧死化为三足鳖

实 例

汉族 鲧死化为黄能，即三足鳖也。

【流传】(无考)

【出处】《三足鳖》，见袁珂《中国神话大词典》，北京：华夏出版社 2015 年版，第 17 页。

W0686. 6

鲧的关系

实 例

(参见下级母题实例)

W0686. 6. 0

鲧的父母与祖先

实 例

(参见下级母题实例)

W0686. 6. 0. 1

鲧的父亲颛顼

【关联】［W0686. 1. 1］颛顼生鲧

实 例

汉族 (参见“W0686. 1. 1 颛顼生鲧”母题实例)

W0686. 6. 0. 2

鲧的父亲是天帝

实 例

(参见下级母题实例)

W0686. 6. 0. 2. 1

鲧是天帝长子

实 例

汉族 昔者伯鲧，帝之元子，废帝之德庸，既乃刑之于羽之郊，乃热照无有及也。帝亦不爱。

【流传】(无考)

【出处】

(a)《墨子·尚贤》。

(b)《羽山》，见袁珂《中国神话大词典》，北京：华夏出版社 2015 年版，第 146 页。

W0686. 6. 0. 3

鲧的父亲骆明

实 例

汉族 (参见“W0686. 6. 0. 4 鲧是黄帝的曾孙”母题实例)

W0686. 6. 0. 4

鲧是黄帝的曾孙

【关联】［W0695. 3. 4. 2］黄帝之孙鲧

实 例

汉族 黄帝生骆明，骆明生白马，白马是为鲧。

【流传】（无考）

【出处】［战国至汉］撰者不详：《山海经·海内经》。

W0686.6.1

鲧的妻子

实 例

（参见下级母题实例）

W0686.6.1.1

鲧的妻子辛嬉女

实 例

汉族 辛嬉女虽然盼着儿子有朝一日治服洪水，但突然听到玉溪已经把文命举荐给舜王的时候，又想起了自己的丈夫崇伯鲧，两眼含泪，沉默不语了。

【流传】河南省·（郑州市）·登封市

【出处】《负黍厅对》，见张振犁编著，孟宪明、朱淑君统纂《中原神话通鉴》（第四卷），郑州：河南大学出版社2017年版，第1134页。

W0686.6.1.2

鲧的妻子辛嬉氏

实 例

汉族 辛嬉氏想到丈夫崇伯鲧惨死羽山，洪水还在继续泛滥的时候，不由得大放悲声痛哭起来。

【流传】河南省·（郑州市）·登封市

【出处】《文命聆教》，见张振犁编著，孟宪明、朱淑君统纂《中原神话通鉴》（第四卷），郑州：河南大学出版社2017年版，第1126页。

W0686.6.1.3

鲧的妻子有莘氏之女女嬉

实 例

汉族 鲧娶于有莘氏之女，名曰女嬉。

【流传】（无考）

【出处】［东汉］赵晔：《吴越春秋》。

W0686.6.1.3.1

鲧娶于有莘氏之子女志氏

实 例

汉族 鲧娶于有莘氏之子，谓之女志氏，产文命。

【流传】（无考）

【出处】［汉］戴德：《大戴礼记·帝系》。

W0686.6.1.4

鲧的妻子女狄

实 例

汉族 尧理天下，洪水既甚，大禹乃化生于石纽山泉。女狄暮汲水，得石子如珠，爱而吞之，有娠，十四月生子。及长，能知泉源，代父鲧理洪水。

【流传】（无考）

【出处】［清］马骕：《绎史》卷十一注引《遁甲开山图》。

W0686. 6. 1. 5
鲧的妻子脩己娘娘

实 例

汉族 鲧的妻子是脩己娘娘。

【流传】（无考）

【出处】

(a) 钟伟今搜集整理：《禹的诞生》，载《山海经》1981 年第 4 期。

(b) 同（a），见姚宝瑄主编《中国各民族神话》（汉族），太原：山西出版传媒集团·书海出版社 2014 年版，第 107 ~ 110 页。

W0686. 6. 2
鲧的儿子

实 例

（参见下级母题实例）

W0686. 6. 2. 1
鲧的儿子禹

实 例

（参见下级母题实例）

W0686. 6. 2. 2
鲧剖腹生子

【关联】

① ［W0686. 4. 6. 1］鲧腹生黄龙

② ［W0751. 1. 1. 1］鲧复生禹

③ ［W2153. 5］男人生孩子

实 例

汉族 鲧死，其尸三年不腐，用吴刀将其腹剖开，生黄龙，即大禹。

【流传】（无考）

【出处】［战国至汉］撰者不详：《山海经·海内经》。

W0686. 6. 2. 3
鲧的儿子文命

实 例

汉族 崇伯鲧出外治水已经九年，他的夫人辛嬉女成了满头白发的老婆儿，孩子文命也已经长大成人。

【流传】河南省·（郑州市）·登封市

【出处】《崇伯鲧上任》，见张振犁编著，孟宪明、朱淑君统纂《中原神话通鉴》（第四卷），郑州：河南大学出版社 2017 年版，第 1119 页。

汉族 玉溪老人推荐崇伯鲧的儿子文命出山治水。

【流传】河南省·（郑州市）·登封市

【出处】《玉溪垂钓》，见张振犁编著，孟宪明、朱淑君统纂《中原神话通鉴》（第四卷），郑州：河南大学出版社 2017 年版，第 1130 页。

W0686. 6. 2. 3. 1
下雨王借尸转世为文命

实 例

汉族 下雨王为治水下凡借尸转世时，看到老婆走到死尸跟前哭道："文命！我的儿啊，娘给你送饭来了！"说着用筷子撬开死尸的嘴，把米汤一勺一勺灌进死尸的嘴里，哭诉道："你是崇伯鲧爷的单根独苗，我没有把你抚养成人，对不起您爹，也对不起你啊！"下雨王听得清清楚楚，自己将是崇伯鲧的儿子文命，眼前的白头发老婆儿就是自己的生身亲娘，再也没有犹豫就附尸转世了。

【流传】 河南省·（郑州市）·登封市

【出处】《下雨王借尸转世》，见张振犁编著，孟宪明、朱淑君统纂《中原神话通鉴》（第四卷），郑州：河南大学出版社2017年版，第1123页。

W0686.6.2.3.2

下雨王奉玉皇大帝之命投胎为鲧的儿子文命

实 例

汉族 下雨王奉玉皇大帝的旨意，下凡治理洪水。为了早日完成使命，节省了投胎出生成长过程，在崇高山下借崇伯鲧的儿子文命的尸体转世。

【流传】 河南省·（郑州市）·登封市

【出处】《文命聆教》，见张振犁编著，孟宪明、朱淑君统纂《中原神话通鉴》（第四卷），郑州：河南大学出版社2017年版，第1126页。

W0686.6.3

鲧的朋友

实 例

（参见下级母题实例）

W0686.6.3.1

矮小的王鲧和巨人防风是好朋友

实 例

汉族 身材矮小的王鲧和巨人防风是好朋友。

【流传】 浙江省·（金华市）·东阳县（东阳市）·青联乡·雅坑村

【出处】 张永茂讲，周耀明采录：《防风治水》，见中国民间文学集成全国编辑委员会编《中国民间故事集成》（浙江卷），北京：中国ISBN中心1997年版，第69页。

汉族 王鲧和防风是好朋友。

【流传】 浙江省·（金华市）·东阳县（东阳市）

【出处】 张永茂讲，周耀明整理：《王鲧和防风》，载《民间文学》1986年第11期。

W0686.6.4

鲧的从属

实 例

（参见下级母题实例）

W0686. 6. 4. 1

崇伯鲧部下有玉溪、叠溪文武二将

实 例

汉族 崇伯鲧部下有两个大将，是同胞弟兄，哥哥玉溪是足智多谋的文人，弟弟叠溪是能征善战的武士。

【流传】 河南省·（郑州市）·登封市

【出处】《玉溪村》，见张振犁编著，孟宪明、朱淑君统纂《中原神话通鉴》（第四卷），郑州：河南大学出版社2017年版，第1124页。

W0686. 7

鲧的寿命与死亡

实 例

（参见下级母题实例）

W0686. 7. 1

鲧的寿命

实 例

（参见下级母题实例）

W0686. 7. 2

鲧的死亡

实 例

（参见下级母题实例）

W0686. 7. 2. 1

鲧被杀死

实 例

（参见下级母题实例）

W0686. 7. 2. 1. 1

尧杀鲧

实 例

（参见下级母题实例）

W0686. 7. 2. 1. 1. 1

鲧因治水不力被尧杀死

实 例

汉族 尧王杀了在治理洪水中犯有严重错误的崇伯鲧。

【流传】 河南省·（郑州市）·登封市

【出处】《舜王访贤》，见张振犁编著，孟宪明、朱淑君统纂《中原神话通鉴》（第四卷），郑州：河南大学出版社2017年版，第1128页。

汉族 鲧治水失败，尧一怒把他判成了死罪。

【流传】 河南省·商丘市

【出处】 崔玉德（农民）讲，刘秀森采录整理：《大禹骨链锁恶龙》，见张振犁编著，孟宪明、朱淑君统纂《中原神话通鉴》（第四卷），郑州：河南大学出版社2017年版，第1145页。

W0686.7.2.1.2
地皇杀鲧

实　例

（参见下级母题实例）

W0686.7.2.1.2.1
王鲧治水失败被地皇处死

实　例

汉族　王鲧和防风治水失败。地皇发了怒，把王鲧和防风抓起来，杀死他们。

【流传】浙江省·（金华市）·东阳县（东阳市）

【出处】张永茂讲，周耀明整理：《王鲧和防风》，载《民间文学》1986年第11期。

W0686.7.2.2
鲧被天兵天将杀死

实　例

汉族　天兵天将把鲧撵到天边上，把他杀了。

【流传】山东省·（济宁市）·鱼台县［采录地点：鱼台县·罗屯乡·后张村］

【出处】张林相（男，77岁，农民）讲，张运武采录整理：《滚土堆》（1989.07.25），见张振犁编著，孟宪明、朱淑君统纂《中原神话通鉴》（第四卷），郑州：河南大学出版社2017年版，第1080页。

W0686.7.2.3
鲧被火神祝融杀死

实　例

汉族　火神祝融遵照帝命，乘驾两条火龙，飞到羽山上空，见鲧正用天土筑堤，大吼一声，一个炸雷，尾巴一甩，一道火闪，把鲧殛死在羽山之下。

【流传】河南省·（郑州市）·登封市

【出处】根据《淮南子》《山海经》《孟子》《尚书》《登封县志》整理：《鲧禹治水》，见张振犁编著，孟宪明、朱淑君统纂《中原神话通鉴》（第四卷），郑州：河南大学出版社2017年版，第1111页。

W0686.7.2.4
鲧被舜杀死

实　例

汉族　舜接任尧的位置之后，发现鲧治水无能，就把他杀了。

【流传】河南省·（洛阳市）·伊川县

【出处】诸书智采录整理：《夏宝》，见张振犁编著，孟宪明、朱淑君统纂《中原神话通鉴》（第四卷），郑州：河南大学出版社2017年版，第1106页。

W0686. 7. 2. 4. 1

舜王判鲧死罪

实 例

汉族 崇伯鲧在外治水失败被舜王判罪发配羽山，死在冰天雪地里。

【流传】河南省·（郑州市）·登封市

【出处】《崇伯鲧上任》，见张振犁编著，孟宪明、朱淑君统纂《中原神话通鉴》（第四卷），郑州：河南大学出版社 2017 年版，第 1119 页。

汉族 崇伯鲧治理洪水只堵不疏，开始也有成效，但是后来雨越下越大，地上的洪水越积越多，结果堤崩坝溃，造成更大灾害。舜王判他死罪，发配羽山，死在冰天雪地。

【流传】河南省·（郑州市）·登封市

【出处】《盗土治水》，见张振犁编著，孟宪明、朱淑君统纂《中原神话通鉴》（第四卷），郑州：河南大学出版社 2017 年版，第 1121 页。

W0686. 7. 2. 4. 2

鲧因作乱犯上被舜杀死

实 例

汉族 尧以天下让舜。鲧为诸侯，怒于尧，曰："得天之道者为帝，得地之道者为三公，今我得地之道，而不以我为三公。"以尧为失论。欲得三公，怒甚猛兽，欲以为乱。比兽之角，能以力城；举其尾，能以为旌。召之不来，仿佯于野以患帝。舜于是殛之于羽山，副之以吴刀。

【流传】（无考）

【出处】［秦］吕不韦及门客：《吕氏春秋·行论》。

W0686. 7. 2. 4. 3

舜杀鲧在东海边的羽山顶上

实 例

汉族 舜看到鲧治水没有功效，就把鲧杀死在东海边的羽山顶上。

【流传】（无考）

【出处】钟伟今搜集整理：《禹的诞生》，载《山海经》1981 年第 4 期。

W0686. 7. 3

鲧的死亡地点

实 例

（参见下级母题实例）

W0686. 7. 3. 1

鲧死在羽山之下

实 例

汉族 火神祝融遵照帝命，乘驾两条火龙，飞到羽山上空，见鲧正用天土筑堤，大吼一声，一个炸雷，尾巴一甩，一道火闪，把鲧殛死在羽山之下。

【流传】河南省·（郑州市）·登封市

【出处】根据《淮南子》《山海经》《孟子》《尚书》《登封县志》整理：《鲧禹治水》，见张振犁编著，孟宪明、朱淑君统纂《中原神话通鉴》（第四卷），郑州：河南大学出版社 2017 年版，第 1111 页。

W0686.7.3.2

鲧死在羽山的冰天雪地中

实 例

汉族 （参见“W0686.7.2.4.1 舜王判鲧死罪”母题实例）

W0686.7.4

鲧死后的结果

【关联】［W0888.1.2.1］鲧含冤而死后魂灵不散

实 例

（参见下级母题实例）

W0686.7.4.1

鲧死后变成三脚鳖

实 例

汉族 鲧死后变成了一条黄龙（一说是黄熊，一说是三脚鳖），随着浪涛跃入洪水，潜沉到深深的水底。

【流传】 河南省·（郑州市）·登封市

【出处】 根据《淮南子》《山海经》《孟子》《尚书》《登封县志》整理：《鲧禹治水》，见张振犁编著，孟宪明、朱淑君统纂《中原神话通鉴》（第四卷），郑州：河南大学出版社 2017 年版，第 1111 页。

W0686.7.4.2

鲧死后变成黄熊

实 例

汉族 （参见“W0686.7.4.1 鲧死后变成三脚鳖”母题实例）

W0686.7.4.3

鲧死后变成黄龙

实 例

汉族 （参见“W0686.7.4.1 鲧死后变成三脚鳖”母题实例）

W0686.8

鲧的名称（鲧的名号）

实 例

（参见下级母题实例）

W0686.8.1

鲧称崇伯鲧

实 例

（参见下级母题实例）

W0686.8.1.1

因夏后所居嵩山，故鲧称崇伯鲧

实 例

汉族 夏后所居曰嵩山，夏都阳城，即嵩山所在，古无“嵩”山，但以崇字为之，故《国语》称鲧为崇伯鲧。

【流传】（无考）

【出处】［清末民初］章炳麟：《神权时代居山说》。

W0686. 8. 2

鲧姓姒名鲧

实 例

汉族 白龙神马到凡间转世成人，姓姒名鲧。尧王封他做崇伯，领导治理洪水。

【流传】河南省·（郑州市）·登封市

【出处】《盗土治水》，见张振犁编著，孟宪明、朱淑君统纂《中原神话通鉴》（第四卷），郑州：河南大学出版社 2017 年版，第 1120 页。

W0686. 8. 3

鲧读“滚”的来历

实 例

（参见下级母题实例）

W0686. 8. 3. 1

认识“鲧”字的人少，就念成了“滚”

实 例

汉族 禹王为了让人们记住他爹鲧，就把当时的土垌堆叫鲧土。鲧字认识的少，也就念成了“滚”。

【流传】山东省·（济宁市）·鱼台县［采录地点：鱼台县·罗屯乡·后张村］

【出处】张林相（男，77 岁，农民）讲，张运武采录整理：《滚土堆》（1989. 07. 25），见张振犁编著，孟宪明、朱淑君统纂《中原神话通鉴》（第四卷），郑州：河南大学出版社 2017 年版，第 1080 页。

W0686. 8. 4

鲧又称白马

实 例

汉族 黄帝生骆明，骆明生白马，白马是为鲧。

【流传】（无考）

【出处】［战国至汉］撰者不详：《山海经·海内经》。

W0686. 9

与鲧有关的其他母题

【关联】［W1252. 3. 3. 2］鲧窃息壤

实 例

（参见下级母题实例）

W0686. 9. 1

鲧的遗迹

实 例

（参见下级母题实例）

W0686. 9. 1. 1

鲧土

实 例

汉族 禹王治水有功，当了皇帝。为了让人们记住他爹鲧，就把这个土垌堆叫鲧土。

【流传】山东省·（济宁市）·鱼台县

［采录地点：鱼台县·罗屯乡·后张村］

【出处】张林相（男，77岁，农民）讲，张运武采录整理：《滚土堆》（1989.07.25），见张振犁编著，孟宪明、朱淑君统纂《中原神话通鉴》（第四卷），郑州：河南大学出版社2017年版，第1080页。

W0687

洪钧老祖[1]

实 例

（参见下级母题实例）

W0687.1

洪钧老祖的产生

实 例

（参见下级母题实例）

W0687.1.1

洪钧老祖是生育产生的

实 例

（参见下级母题实例）

W0687.1.1.1

骨中生洪钧

实 例

汉族 世界没人时，骨棒子中出现能人托骨佛、洪钧等。

【流传】黑龙江省·（哈尔滨市）·五常县（五常市）·拉林镇

【出处】李录讲：《五档神、洪钧老祖和托骨佛》，见中国民间文学集成全国编辑委员会编《中国民间故事集成》（黑龙江卷），北京：中国ISBN中心2005年版，第6～7页。

W0687.1.2

洪钧老祖是变化产生的

实 例

（参见下级母题实例）

W0687.1.2.1

蛇修炼成洪钧老祖

【关联】［W0687.4.2］洪钧老祖是蛇

实 例

汉族 洪钧老祖是条火赤练蛇修炼所成。

【流传】江苏省·（镇江市）·丹阳市·云林乡（云林镇）·伦地村

【出处】徐书明讲，康新民采录：《绿鸭淘沙造大地》，见中国民间文学集成全国编辑委员会编《中国民间故事集成》（江苏卷），北京：中国ISBN中心1998年版，第13页。

---

① 洪钧老祖，有的神话又译作“洪君老主”、“洪君老祖”、“鸿均老祖”、“红君老祖”等，本编目一律表述为“洪钧老祖”。

W0687.1.2.2

山上一株红藤受天地灵气成精成为洪钧老祖

实 例

汉族 山上一株红藤受天地的灵气成了精，自称洪钧老祖。

【流传】湖北省·（黄冈市）·罗田县·（三里畈镇）·邱家河村

【出处】邱玉堂讲，邱玉潮采录：《洪钧老祖造人》，见中国民间文学集成全国编辑委员会编《中国民间故事集成》（湖北卷），北京：中国ISBN中心1999年版，第6页。

W0687.1.3

与洪钧老祖的产生有关的其他母题

实 例

（参见下级母题实例）

W0687.1.3.1

洪钧老祖在世界上出现最早

实 例

汉族 世界最早有洪钧老祖。

【流传】天津市·汉沽区

【出处】刘景玉讲：《洪钧老祖分天地》，见中国民间文学集成全国编辑委员会编《中国民间故事集成》（天津卷），北京：中国ISBN中心2004年版，第5页。

W0687.1.3.2

洪钧老祖比盘古产生早

实 例

土家族 （实例待考）

W0687.2

洪钧老祖的特征

实 例

（参见下级母题实例）

W0687.2.1

洪钧老祖身体长

实 例

（参见下级母题实例）

W0687.2.1.1

洪钧老祖身体绕昆仑山3圈

实 例

汉族 洪钧老祖越长越长，在昆仑山上盘了三道。

【流传】黑龙江省·（哈尔滨市）·五常县（五常市）·拉林镇

【出处】李录讲，赵广礼采录：《五挡神、洪钧老祖和托骨佛》，见中国民间文学集成全国编辑委员会编《中国民间故事集成》（黑龙江卷），北京：中国ISBN中心2005年版，第6页。

W0687.2.2

洪钧老祖有翅膀

实 例

（实例待考）

W0687.2.3

洪钧老祖寿命长

实 例

（参见下级母题实例）

W0687.2.3.1

洪钧老祖经历过七世混沌

实 例

汉族 洪钧老祖是个得道的蚯蚓，能盘昆仑山三圈，已经历过七世混沌。

【流传】吉林省·（四平市）·伊通县（伊通满族自治县）·伊丹镇·邵家村

【出处】王力田采录：《高公高婆》，见中国民间文学集成全国编辑委员会编《中国民间故事集成》（吉林卷），北京：中国文联出版公司 1992 年版，第 10 页。

W0687.2.4

洪君老祖胆小

实 例

汉族 盘古开出天地。有个洪君老祖游玩天空，看到北天柱造斜了，他怕天塌下来被压死，就逃出天外去躲避。

【流传】浙江省·（丽水市）·青田县·东源镇、船寮镇

【出处】余碎笑讲，叶茂搜集整理：《三块补天石》（1987.07.15），见姚宝瑄主编《中国各民族神话》（汉族），太原：山西出版传媒集团·书海出版社 2014 年版，第 58～60 页。

W0687.3

洪钧老祖的身份

实 例

（参见下级母题实例）

W0687.3.1

洪钧老祖是人的祖宗的祖宗

实 例

汉族 （实例待考）

W0687.3.2

洪钧老祖是动物

实 例

（参见下级母题实例）

W0687.3.2.1

洪钧老祖是蚯蚓

【关联】［W1996.2.7.3］世界最早产生的是蚯蚓

实 例

汉族 洪君老主是蚯蚓。

【流传】黑龙江省·（哈尔滨市）·宾县·乌河乡·红石村

【出处】张氏讲，张玉琼整理：《人是怎么来的》，见黑龙江省宾县民间文学集成编委会编《宾县民间故事集成》，内部编印，1988 年，第 122 页。

W0687. 3. 2. 2
洪钧老祖是蛇

实 例

（参见下级母题实例）

W0687. 3. 2. 2. 1
洪钧老祖是火赤练蛇

实 例

汉族 （参见“W0687. 8. 1. 3 洪钧老祖即洪兴祖”母题实例）

W0687. 3. 2. 3
洪钧老祖是虫子

实 例

（参见下级母题实例）

W0687. 3. 2. 3. 1
开天辟地时，洪钧老祖是小红虫子

实 例

汉族 洪钧老祖是开天辟地时一个不点儿的小红虫子（蚯蚓）。

【流传】黑龙江省·（哈尔滨市）·五常县（五常市）·拉林镇

【出处】李录讲，赵广礼采录：《五挡神、洪钧老祖和托骨佛》，见中国民间文学集成全国编辑委员会编《中国民间故事集成》（黑龙江卷），北京：中国 ISBN 中心 2005 年版，第 6 页。

W0687. 3. 2. 4
洪钧老祖是鹅

实 例

汉族 （实例待考）

W0687. 4
洪钧老祖的能力

实 例

（实例待考）

W0687. 4. 1
洪钧老祖会飞翔

实 例

（实例待考）

W0687. 4. 1. 1
洪钧老祖有翅膀不会飞

实 例

汉族 （实例待考）

W0687. 5
洪钧老祖的事迹

【关联】

① ［W1283. 5］ 洪钧老祖分开天地

② ［W1385. 5. 2. 2］ 红君道人造的天缺一只角

实 例

（参见下级母题实例）

W0687.5.1

洪钧老祖传三教

【关联】［W6450］宗教的产生

实 例

土家族 洪君老祖传三教。

【流传】（无考）

【出处】《创世歌》，见长阳土家族网：http：//www.cy - tujia.com/list _ body.php? id = 172&news _ par _ id，2005.12.14。

W0687.5.1.1

洪钧老祖创道教

【关联】［W6462］教派的数量

实 例

（参见下级母题实例）

W0687.5.2

洪钧老祖专门降妖捉怪

【关联】［W8838］宗教人物斗妖魔

实 例

汉族 洪钧老祖专门找出害人怪物，惩罚他们。

【流传】湖北省·黄冈县（黄冈市）·（团风县）·马庙（马庙镇）

【出处】周海山讲，徐再跃采录：《盘古斩蟒开天地》，见中国民间文学集成全国编辑委员会编《中国民间故事集成》（湖北卷），北京：中国 ISBN 中心 1999 年版，第 5 页。

W0687.6

洪钧老祖的关系

实 例

（实例待考）

W0687.7

洪钧老祖的生活

实 例

（参见下级母题实例）

W0687.7.1

洪钧老祖的居所

实 例

（参见下级母题实例）

W0687.7.1.1

洪钧老祖居伏牛山

【关联】［W0723c.1.2.1］盘古在伏牛山遇洪钧老祖

实 例

汉族 盘古走到伏牛山，在这座山上遇见了洪钧老祖。

【流传】湖北省·黄冈县（黄冈市）·（团风县）·马庙（马庙镇）

【出处】周海山讲，徐再跃采录：《盘古斩蟒开天地》，见中国民间文学集成全国编辑委员会编《中国民间故事集成》（湖北卷），北京：中国 ISBN 中心 1999 年版，第 5 页。

W0687.7.2 洪钧老祖的坐骑

实 例

（参见下级母题实例）

W0687.7.2.1 鸿钧老祖乘骑金龙

实 例

汉族 鸿钧老祖乘骑金龙。

【流传】（无考）

【出处】［元］赵道一：《历世真仙体道通鉴后集》。

W0687.8 与洪钧老祖有关的其他母题

实 例

（参见下级母题实例）

W0687.8.1 洪钧老祖的名称

实 例

（参见下级母题实例）

W0687.8.1.1 洪君老祖

实 例

汉族 盘古开出天地。有个洪君老祖游玩天空，看到北天柱造斜了，他怕天塌下来被压死，就逃出天外去躲避。

【流传】浙江省·（丽水市）·青田县·东源镇、船寮镇

【出处】余碎笑讲，叶茂搜集整理：《三块补天石》（1987.07.15），见姚宝瑄主编《中国各民族神话》（汉族），太原：山西出版传媒集团·书海出版社 2014 年版，第 58～60 页。

W0687.8.1.2 洪君老主

实 例

汉族 洪君老主是蚯蚓。

【流传】黑龙江省·（哈尔滨市）·宾县·乌河乡·红石村

【出处】张氏讲，张玉琼整理：《人是怎么来的》，见黑龙江省宾县民间文学集成编委会编《宾县民间故事集成》，内部编印，1988 年，第 122 页。

W0687.8.1.3 洪钧老祖即洪兴祖

实 例

汉族 洪兴祖（注：为道教中的洪钧老祖，而非宋代历史人物）是条火赤练蛇。

【流传】江苏省·（镇江市）·丹阳市·云林乡（云林镇）·伦地村

【出处】徐书明讲，康新民采录：《绿鸭淘沙造大地》，见中国民间文学集成全国编辑委员会编《中国民间故事集

成》（江苏卷），北京：中国 ISBN 中心 1998 年版，第 13 页。

W0688

后稷（稷）

实 例

（参见下级母题实例）

W0688.1

后稷的产生

实 例

（参见下级母题实例）

W0688.1.1

稷神是炎帝的儿子

实 例

（实例待考）

W0688.1.2

周弃祀以为稷

实 例

汉族 昔烈山氏之有天下也，其子曰柱，能殖百谷百蔬；夏之兴也，周弃继之，故祀以为稷。

【流传】（无考）

【出处】［春秋］左丘明：《国语·鲁语》。

W0688.1.3

感生后稷

实 例

（参见下级母题实例）

W0688.1.3.1

姜原踏巨人迹生后稷

实 例

汉族 姜原出野，见巨人迹，心忻然说，欲践之，践之而身动，如孕者。居期而生子。初欲弃之，因名曰弃。

【流传】（无考）

【出处】［西汉］司马迁：《史记·周本纪》。

W0688.1.4

婚生后稷

实 例

（参见下级母题实例）

W0688.1.4.1

帝喾与姜嫄婚生后稷

实 例

汉族 帝喾卜其四妃之子，皆有天下。上妃有邰氏之女，曰姜嫄，而生后稷。

【流传】（无考）

【出处】［先秦］史官修撰：《世本·帝系篇》。

W0688.1.4.1.1

后稷是帝喾的元子

实 例

汉族 稷维元子，帝何竺之？投之于冰上，鸟何燠之？何冯弓挟矢，殊能将之？既惊帝切激，何逢长之？

【流传】（无考）

【出处】［战国］屈原：《楚辞·天问》。

民族？ “稷维元子，帝何竺之？”注曰：“姜嫄为帝喾元妃，生后稷，简狄为次妃，生契。故曰稷维元子也。”

【流传】（无考）

【出处】［战国］屈原：《楚辞·天问》［宋］洪兴祖注。

W0688. 1. 5

帝俊生后稷

【关联】［W0739. 6. 6］舜即帝俊

实 例

汉族 帝俊生后稷，稷降以百谷。稷之弟曰台玺，生叔均。

【流传】（无考）

【出处】［战国至汉］撰者不详：《山海经·大荒西经》。

W0688. 1. 6

后稷是下方人帝之子

实 例

汉族 后稷乃天帝子。帝俊历史化而为帝喾，后稷遂又为下方人帝之子。

【流传】（无考）

【出处】《后稷》，见袁珂《中国神话大词典》，北京：华夏出版社 2015 年版，第 135 页。

W0688. 2

后稷的特征

实 例

（实例待考）

W0688. 3

后稷的身份（后稷的能力，后稷的事迹）

实 例

（参见下级母题实例）

W0688. 3. 1

后稷是农神

实 例

（参见下级母题实例）

W0688. 3. 1. 1

后稷是主管农业的神

实 例

汉族 后稷是主管农业的神。

【流传】（无考）

【出处】《农神后稷》，见王德恒等《造神史话》，天津：百花文艺出版社 2002 年版，第 56 页。

W0688. 3. 1a

后稷是稼穑大神

实 例

白族 五方五谷之神各有神号，其中

有后稷稼穑大神。

【流传】云南省·（大理白族自治州·洱源县）·邓川州（邓川镇）

【出处】［明·隆武］艾自修纂，王云校勘：《重修邓川州志》卷12，洱源县志办公室翻印，1986年。

W0688.3.2

稷是五谷之长

实 例

（参见下级母题实例）

W0688.3.2.1

稷始降百谷

实 例

汉族 汤时大旱七年，煎沙烂石，天下作饥，后稷是始降百谷，烝民乃粒，万邦作义。

【流传】（无考）

【出处】［春秋战国］晋国魏国史官编撰：《竹书纪年》。

W0688.3.3

后稷是古代周族之始祖

实 例

汉族 弃，即后稷，相传乃古代周族之始祖，其父帝喾。

【流传】（无考）

【出处】《弃》，见乌丙安主编《中国民间神谱》，沈阳：辽宁人民出版社2007年版，第62页。

W0688.3.4

后稷教民稼穑

实 例

汉族 又说弃为儿童时，好种树麻、菽。成人后，有相地之宜，善种谷物稼穑，教民耕种。

【流传】（无考）

【出处】《诗经·大雅·生民》。

W0688.3.4a

稷为人类找食物

实 例

汉族 一个名叫稷的青年人是个有心计的人，把满山遍野的东西都尝一遍，看什么能吃，好为大伙寻找些食物。

【流传】（无考）

【出处】

（a）田春元讲，杨东来搜集整理：《五谷的来历》，载《民间文学》，1984年第7期。

（b）同（a），见陶阳、钟秀编《中国神话》（下），北京：商务印书馆2008年版，第1143～1145页。

W0688.3.5

后稷是“三公”之一

实 例

（参见下级母题实例）

W0688. 3. 5. 1

大禹、皋陶、后稷为“三公”

实 例

汉族 大禹、皋陶、后稷为“三公”。

【流传】（无考）

【出处】［西汉］司马迁：《史记·殷本纪》引《尚书·汤诰》。

W0688. 3. 6

后稷尝百草

实 例

汉族 后稷原来的族里有几百口人，后稷尝百草带领大家播五谷。

【流传】（无考）

【出处】蔡英生讲，蔡柏顺采录：《轩辕访贤》，载《民间文学》1991 年第 8 期。

W0688. 4

后稷的关系

实 例

（参见下级母题实例）

W0688. 4. 1

后稷的父母

实 例

（参见下级母题实例）

W0688. 4. 1. 1

后稷的父亲帝喾，母亲姜原

实 例

汉族 周后稷，名弃。其母姜原为帝喾元妃。姜原出野，见巨人迹，心忻然说，欲践之，践之而身动，如孕者。居期而生子，以为不祥，弃之隘巷，马牛过者，皆辟不践；徙置之林中，适会山林多人。迁之；而弃渠中冰上，飞鸟以其翼覆荐之。姜原以为神。遂收养长之。初欲弃之，因名曰弃。

【流传】（无考）

【出处】［西汉］司马迁：《史记·周本纪》。

W0688. 4. 1. 2

后稷的母亲姜原（后稷的母亲姜嫄）

实 例

汉族 周后稷，名弃。其母有邰氏女，曰姜原。

【流传】（无考）

【出处】［西汉］司马迁：《史记·周本纪》。

W0688. 4. 2

后稷的子女

实 例

（实例待考）

W0688.4.3
后稷的从属

实 例

（参见下级母题实例）

W0688.4.3.1
稷是尧的下属

【关联】［W0747.5.7.2］稷为尧使

实 例

汉族 稷为尧使，西见王母。

【流传】（无考）

【出处】［汉］焦延寿：《易林》卷一。

W0688.5
与后稷有关的其他母题

实 例

（参见下级母题实例）

W0688.5.1
后稷的名称

【关联】［W0544.4.1.1］稷神是厉山氏之子柱

实 例

（参见下级母题实例）

W0688.5.1.1
稷被称为神农氏

实 例

汉族 （实例待考）

W0688.5.1.2
稷神被称为后稷

实 例

汉族 后稷，本名姬弃，是传说中上古尧、舜、禹之臣，任农师“后稷”，赐姓姬氏。以官名行世，通称后稷，死后被尊为“稷神”。

【流传】（无考）

【出处】《稷神》，见 https：//baike. baidu. com/item。

W0688.5.1.3
后稷名弃

实 例

汉族 周后稷，名弃。

【流传】（无考）

【出处】［西汉］司马迁：《史记·周本纪》。

W0688.5.1.3.1
后稷因出生后被抛弃故名弃

实 例

汉族 （参见“W0688.4.1.1 后稷的父亲帝喾，母亲姜原”母题实例）

W0688.5.1.4
周弃名稷

实 例

汉族 周弃亦为稷。

【流传】(无考)

【出处】[春秋] 左丘明:《左传·昭公二十九年》。

W0688. 5. 2

稷的死亡

实 例

(参见下级母题实例)

W0688. 5. 2. 1

稷葬氐国西

实 例

汉族 后稷之葬,山水环之。在氐国西。

【流传】(无考)

【出处】[战国至汉] 撰者不详:《山海经·海内西经》。

W0688. 5. 2. 2

稷葬都广之野

实 例

汉族 西南黑水之间,有都广之野,后稷葬焉。

【流传】(无考)

【出处】[战国至汉] 撰者不详:《山海经·海内经》。

W0688. 5. 2. 3

后稷葬于大泽

实 例

汉族 槐江之山,实惟帝之平圃,神招英司之,其状马身而人面,虎文而鸟翼,徇于四海,其音如榴。南望昆仑,其光熊熊,其气魂魂;西望大泽,后稷之所潜也;其中多玉,其阴多榣木之有若。

【流传】(无考)

【出处】

(a) [战国至汉] 撰者不详:《山海经·西次三经》。

(b)《县圃》,见袁珂《中国神话大词典》,北京:华夏出版社 2015 年版,第 162 页。

W0689

华胥

实 例

(参见下级母题实例)

W0689. 1

华胥的产生

实 例

(参见下级母题实例)

W0689. 1. 1

盘古造华胥

实 例

(参见下级母题实例)

W0689. 1. 1. 1

盘古用泥和水造出华胥

实 例

汉族 盘古挖起块泥和水一捏，捏出了一个女人，取名华胥。

【流传】浙江省·湖州市·镇西乡·赵家坪（疑为赵家村）

【出处】冯雨轩讲，钟铭采录：《华胥补天》，见中国民间文学集成全国编辑委员会编《中国民间故事集成》（浙江卷），北京：中国 ISBN 中心 1997 年版，第 18 页。

W0689.2

华胥的特征

实 例

（实例待考）

W0689.3

华胥的身份

实 例

（参见下级母题实例）

W0689.3.1

华胥是神女

实 例

（参见下级母题实例）

W0689.3.1.1

华胥是九河神女

实 例

汉族 华胥是九河神女。

【流传】（无考）

【出处】《夏禹》，见［东晋］王嘉撰，［梁］萧绮录，齐治平校注：《拾遗记》卷二，北京：中华书局 1981 年版，第 38 页。

汉族 禹凿龙关之山，亦谓之龙门。至一空岩，深数十里，幽暗不可复行。禹乃负火而进。有兽状如豕，衔夜明之珠，其光如烛。又有青犬，行吠于前。禹计可十里，迷于昼夜。既觉渐明，见一神，蛇身人面。禹曰：'华胥生圣子，是汝耶？'答曰："华胥是九河神女，以生余也。"

【流传】（无考）

【出处】

（a）［东晋］王嘉：《拾遗记》卷二。

（b）《禹凿龙门》，见袁珂《中国神话大词典》，北京：华夏出版社 2015 年版，第 239 页。

W0689.3.1.2

华胥氏是九河神女

实 例

汉族 九河神女华胥氏。

【流传】（无考）

【出处】《禹擒水怪无支祁》，原载袁珂编译《中国神话故事》，见陶阳、钟秀编《中国神话》（上），北京：商务印书馆 2008 年版，第 428～430 页。

W0689.3.2

华胥是宛丘一个美丽的姑娘

实 例

汉族 宛丘有一个美丽的姑娘，人都亲切地喊她华胥姑娘。她长得很美，有一双会说话的眼睛，有一副会笑的柳叶长眉，有一头油光发亮的黑发，身材窈窕，简直就是一株怒放的野花儿。

【流传】河南省·（周口市）·淮阳县

【出处】《伏羲老母华胥姑娘》，见张振犁编著《中原神话通鉴》（第一卷），郑州：河南大学出版社 2017 年版，第 209 页。

W0689.4

华胥的关系

实 例

（参见下级母题实例）

W0689.4.1

华胥的丈夫是狗

实 例

（参见下级母题实例）

W0689.4.1.1

华胥与狗婚

【关联】［W7422］人与犬婚

实 例

汉族 华胥和狗婚生女娲。

【流传】浙江省·湖州市·镇西乡·赵家坪（疑为赵家村）

【出处】冯雨轩讲，钟铭采录：《华胥补天》，见中国民间文学集成全国编辑委员会编《中国民间故事集成》（浙江卷），北京：中国 ISBN 中心 1997 年版，第 18 页。

W0689.4.2

华胥是伏羲女娲的母亲

【关联】［W0680.2］伏羲兄妹

实 例

汉族 华胥踏大脚印和遇两道彩虹生伏羲和女娲。

【流传】陕西省·（西安市）·蓝田县·华胥乡·上许村

【出处】许存义讲，许洪轩采录：《华胥国》，见中国民间文学集成全国编辑委员会编《中国民间故事集成》（陕西卷），北京：中国 ISBN 中心 1996 年版，第 6 页。

W0689.4.3

华胥是伏羲的母亲

实 例

汉族 大迹出雷泽，华胥履之，生宓牺。

【流传】（无考）

【出处】［北宋］李昉、李穆、徐铉等：《太平御览》卷七八引《诗纬含神雾》。

W0689.5

华胥的生活

实 例

（参见下级母题实例）

W0689.5.1

华胥的居所

实 例

（参见下级母题实例）

W0689.5.1.1

华胥住窑洞中

【关联】［W6178］人穴居

实 例

汉族 从前有一个女人叫华胥，居住在蓝田县华胥乡华胥坪的一个窑洞里。

【流传】陕西省·（西安市）·蓝田县·华胥乡·上许村

【出处】许存义讲，许洪轩采录：《华胥国》，见中国民间文学集成全国编辑委员会编《中国民间故事集成》（陕西卷），北京：中国 ISBN 中心 1996 年版，第 6 页。

W0689.6

与华胥有关的其他母题

实 例

（实例待考）

❊ W0690

黄帝①

实 例

（参见下级母题实例）

W0691

黄帝的产生

实 例

（参见下级母题实例）

W0691.0

黄帝源于天

实 例

（参见下级母题实例）

W0691.0.1

黄帝是天神下凡（黄帝是天上的神仙下凡）

【关联】［W0691.4.1a.1］天神轩辕星降在有熊国

实 例

（参见下级母题实例）

W0691.0.1.1

黄帝为普救众生下凡

【关联】［W0697b.1.2］黄帝下凡制衣裳

实 例

汉族 天上的轩辕星看见人间困苦，他心里很难受，就暗下决心，要到人间来，帮助穷苦的百姓改变这种状况。

【流传】河南省·（郑州市）·新郑市

【出处】蔡柏顺采录整理：《轩辕故

① 黄帝，又称“轩辕”。据《史记·五帝本纪》中记载，黄帝是一个被神话化的历史人物，如黄帝名下还统领着 12 姓（胞族）和 25 宗（氏族），并他曾率熊、罴、貔、貅、貙、虎六类兽与敌手作战。若还原为现实真实，实际是率领以熊、罴、貔、貅、貙、虎六类兽为图腾的军队。

里》，见张振犁编著，孟宪明、朱淑君统纂《中原神话通鉴》（第二卷），郑州：河南大学出版社 2017 年版，第 512 页。

汉族 轩辕与众神仙看人间景致时，发现老百姓受苦受难，就暗下决心，要到人间去，帮助百姓摆脱困境。

【流传】河南省·（郑州市）·新郑市

【出处】蔡英生（75 岁，教师）讲，蔡柏顺采录整理：《黄帝出世》，见张振犁编著，孟宪明、朱淑君统纂《中原神话通鉴》（第二卷），郑州：河南大学出版社 2017 年版，第 506 页。

W0691. 0. 2

黄帝是天帝下凡

实 例

（参见下级母题实例）

W0691. 0. 2. 1

天帝下凡后黄帝降生

实 例

汉族 天帝下凡后，黄帝就降生了。

【流传】河南省·（郑州市）·新密市

【出处】郭城采录整理：《黄帝降生》，见张振犁编著，孟宪明、朱淑君统纂《中原神话通鉴》（第二卷），郑州：河南大学出版社 2017 年版，第 515 页。

W0691. 0. 3

黄帝是上天真龙降生

实 例

汉族 人们都知道黄帝是上天真龙降生。

【流传】河南省·（郑州市）·新郑市

【出处】高梧林（70 岁，农民）讲，李新明采录整理：《轩辕尊号》，见张振犁编著，孟宪明、朱淑君统纂《中原神话通鉴》（第二卷），郑州：河南大学出版社 2017 年版，第 586 页。

W0691. 1

神性人物造出黄帝

实 例

（参见下级母题实例）

W0691. 1. 1

伏羲女娲造黄帝

【关联】［W0680. 2. 2］伏羲女娲是兄妹（伏羲女娲兄妹）

实 例

（参见下级母题实例）

W0691. 1. 1. 1

伏羲女娲用黄土造黄帝

实 例

汉族 女娲伏羲兄妹用黄土捏人，头领为黄帝。

【流传】河南省·（济源市）·邵源镇

【出处】翟钢炮讲：《女娲伏羲避难创世》，见《济源邵源创世神话群》，郑州：河南人民出版社 2008 年版，第 4 页。

W0691.2

黄帝是婚生的（婚生黄帝）

实 例

（参见下级母题实例）

W0691.2.1

一对兄妹婚生黄帝

实 例

（参见下级母题实例）

W0691.2.1.1

洪水后，花和姓结婚生黄帝

实 例

壮族 洪水后，花和姓结婚生1子，取名黄帝。

【流传】广西壮族自治区·百色（百色市）·（右江区）·达江乡·达金村

【出处】龙明朗讲：《花和姓》，见张声震总主编，农冠品编注《壮族神话集成》，南宁：广西民族出版社2007年版，第348~349页。

W0691.3

黄帝是感生的（感生黄帝）

实 例

（参见下级母题实例）

W0691.3.1

女子看到闪电与北斗星生轩辕

实 例

汉族 （参见“W0691.3.2.3 少典的妻子附宝见像蛇一样绕着北斗七星旋转的电光孕生轩辕”母题实例）

W0691.3.2

女子感雷生轩辕

实 例

（参见下级母题实例）

W0691.3.2.1

少典的妻子附宝感雷发的白光生轩辕黄帝

实 例

汉族 古时，少典与附宝是一对老夫妇，附宝遇雷发的白光，生出轩辕，即黄帝。

【流传】河南省·（郑州市）·新郑县（新郑市）

【出处】蔡柏顺搜集：《黄帝出进》，见张楚北《中原神话》，郑州：海燕出版社1988年版，第52页。

汉族 公孙少典的妻子附宝感风雷中的一道白光生黄帝。

【流传】河南省·（郑州市）·新郑县（新郑市）·城关镇·南街

【出处】蔡英生讲·蔡柏顺采录：《黄帝下凡》，见中国民间文学集成全国编辑委员会编《中国民间故事集成》（河南卷），北京：中国ISBN中心2001年版，第30页。

W0691. 3. 2. 2
附宝见大电绕北斗枢星生黄帝轩辕

实 例

汉族 附宝见大电绕北斗枢星，感而生黄帝轩辕于青邱。

【流传】（无考）

【出处】［汉］撰者不详：《纬书集成·河图编·河图稽命徵》

汉族 附宝见大电光绕北斗枢星照郊野，孕生黄帝。

【流传】（无考）

【出处】《附宝》，见［晋］干宝：《新辑搜神记》卷四，李剑国辑校，中华书局2007，第75页。

W0691. 3. 2. 3
少典的妻子附宝见像蛇一样绕着北斗七星旋转的电光孕生轩辕

实 例

汉族 有一天，少典和附宝下地去种糜子。突然天上有道电光像蛇一样绕着北斗七星旋转，把四野都罩上了一层青色，附宝就怀孕了。她怀孕二十四个月，第三年，才在新郑西北的轩辕之丘，生下个胖小子，取了个名字叫轩辕。

【流传】 河南省·（郑州市）·新密市

【出处】 郭城采录整理：《黄帝降生》，见张振犁编著，孟宪明、朱淑君统纂《中原神话通鉴》（第二卷），郑州：河南大学出版社2017年版，第515页。

W0691. 3. 2. 4
少典的妻子附宝听到雷声吓得蹲在地上遂孕生黄帝

实 例

汉族 公孙少典的妻子附宝在北山坡正挖野菜，突然刮起一阵旋风。霎时间，乌云翻滚，天昏地暗，只听一声雷响，把附宝吓得蹲在地上，遂孕生黄帝。

【流传】 河南省·（郑州市）·新郑市

【出处】 蔡英生（75岁，教师）讲，蔡柏顺采录整理：《黄帝出世》，见张振犁编著，孟宪明、朱淑君统纂《中原神话通鉴》（第二卷），郑州：河南大学出版社2017年版，第506页。

W0691. 3. 3
黄帝投胎在附宝腹中

实 例

汉族 轩辕从中宫走出来，因为中宫是天的正中央，新郑是地的正中心，他直上直下，刚好看见附宝在挖野菜，就投胎下凡了。

【流传】 河南省·（郑州市）·新郑市

【出处】 蔡英生（75岁，教师）讲，蔡柏顺采录整理：《黄帝出世》，见张振犁编著，孟宪明、朱淑君统纂《中原神话通鉴》（第二卷），郑州：河南大学出版社2017年版，第506页。

W0691.4
与黄帝的产生有关的其他母题

【关联】［W0693.5.1］黄帝生活在五六千年前

实 例

（参见下级母题实例）

W0691.4.1
轩辕生于青邱（黄帝生于青邱）

实 例

汉族 附宝生黄帝轩辕于青邱。

【流传】（无考）

【出处】［汉］撰者不详：《纬书集成·河图编·河图稽命徵》。

汉族 附宝见大电光绕北斗枢星，照耀郊野，感而孕二十五月，而生黄帝轩辕于青邱。

【流传】（无考）

【出处】［清］马国翰：《玉函山房辑佚书》辑《河图稽命徵》。

W0691.4.1a
轩辕生于有熊

实 例

汉族 有熊之地，是黄帝部落世代生活的地方，也是黄帝的出生地。

【流传】河南省·（郑州市）·新郑市

【出处】高梧林（70岁，农民）讲，李新明采录整理：《轩辕尊号》，见张振犁编著，孟宪明、朱淑君统纂《中原神话通鉴》（第二卷），郑州：河南大学出版社2017年版，第585页。

W0691.4.1a.1
天神轩辕星降在有熊国

实 例

汉族 玉皇大帝派天神轩辕星君治理人间时，轩辕星君听了太白金星的建议，就落座在中央的有熊国。

【流传】河南省·（郑州市）·新密市

【出处】刘文学采录整理：《三帝下凡》，见张振犁编著，孟宪明、朱淑君统纂《中原神话通鉴》（第二卷），郑州：河南大学出版社2017年版，第485页。

W0691.4.1b
轩辕生于新郑

实 例

（参见下级母题实例）

W0691.4.1b.1
轩辕黄帝生于新郑城北门外一座庙宇

实 例

汉族 轩辕黄帝出生在现在的新郑县城北门外的一座古老的庙宇处。

【流传】河南省·（郑州市）·新郑市

【出处】蔡英生（75岁，教师）讲，蔡柏顺采录整理：《黄帝出世》，见张振犁编著，孟宪明、朱淑君统纂《中原神话通鉴》（第二卷），郑州：河南大学出版社2017年版，第506页。

汉族 郑州附近的新郑县，城北门外，有一座古色古香的庙宇。轩辕黄帝就出生在这里。

【流传】河南省·（郑州市）·新郑市

【出处】蔡柏顺采录整理：《轩辕故里》，见张振犁编著，孟宪明、朱淑君统纂《中原神话通鉴》（第二卷），郑州：河南大学出版社2017年版，第512页。

W0691.4.2

黄帝是仙胎

实 例

汉族 黄帝是个仙胎。

【流传】浙江省·（绍兴市）·诸暨县（诸暨市）·白门乡·中宅村

【出处】黄珠琴讲，方伟康采录：《黄帝除“祸”》，见中国民间文学集成全国编辑委员会编《中国民间故事集成》（浙江卷），北京：中国ISBN中心1997年版，第62页。

W0691.4.3

长时间孕生黄帝

实 例

（参见下级母题实例）

W0691.4.3.0

附宝怀孕黄帝24个月

实 例

汉族 （参见“W0691.3.2.3 少典的妻子附宝见像蛇一样绕着北斗七星旋转的电光孕生轩辕”母题实例）

W0691.4.3.1

附宝怀孕黄帝25个月

实 例

汉族 附宝孕二十五月生黄帝。

【流传】（无考）

【出处】《附宝》，见［晋］干宝著，李剑国辑校《新辑搜神记》卷一，北京：中华书局2007年版，第75页。

汉族 附宝见大电光绕北斗权星，照耀郊野，感而孕二十五月，而生黄帝轩辕于青邱。

【流传】（无考）

【出处】［清］马国翰：《玉函山房辑佚书》辑《河图稽命徵》。

W0691.4.3.2

附宝怀孕黄帝3年

实 例

汉族 有熊国的国君少典的妻子附宝怀孕3年，始生黄帝。

【流传】河南省·（郑州市）·新密市

【出处】刘文学采录整理：《三帝下凡》，见张振犁编著，孟宪明、朱淑君统纂《中原神话通鉴》（第二卷），郑州：河南大学出版社2017年版，第486页。

W0691.4.4

黄帝生下时已 10 岁

实 例

（参见下级母题实例）

W0691.4.4.1

附宝生黄帝时黄帝已 10 岁

实 例

汉族 公孙少典的妻子附宝感雷生下来个圆圆的大肉疙瘩。这肉疙瘩一落地，越变越大，眨眼工夫，从里面钻出来个十几岁大的孩子——黄帝。

【流传】 河南省·（郑州市）·新郑市

【出处】 蔡英生（75 岁，教师）讲，蔡柏顺采录整理：《黄帝出世》，见张振犁编著，孟宪明、朱淑君统纂《中原神话通鉴》（第二卷），郑州：河南大学出版社 2017 年版，第 506 页。

W0691.4.5

黄帝神奇的出生

实 例

（参见下级母题实例）

W0691.4.5.1

黄帝出生现异兆

【关联】 ［W0751.1.5.7］大禹出生有异兆

实 例

（参见下级母题实例）

W0691.4.5.1.1

黄帝出生时满屋子弥漫着紫气

实 例

汉族 轩辕是天帝下凡脱胎而成的，生他的时候，满屋子都弥漫着紫气，又像云团一样围着屋子不散。

【流传】 河南省·（郑州市）·新密市

【出处】 郭城采录整理：《黄帝降生》，见张振犁编著，孟宪明、朱淑君统纂《中原神话通鉴》（第二卷），郑州：河南大学出版社 2017 年版，第 515 页。

W0691.4.5.1.2

黄帝出生时满屋红光，有四龙护驾

实 例

汉族 黄帝出生时满屋都是红光，轩辕丘的四周有四条龙飞来游去像是护驾。黄帝生下来身似龙体，脸似太阳，二眼如月亮，手足像龙爪，说话犹若洪钟。

【流传】 河南省·（郑州市）·新密市

【出处】 刘文学采录整理：《三帝下凡》，见张振犁编著，孟宪明、朱淑君统纂《中原神话通鉴》（第二卷），郑州：河南大学出版社 2017 年版，第 486 页。

W0691. 4. 5. 1. 3

轩辕刚生下来就会说话

实 例

汉族 轩辕可真灵，刚生下来就会说话，从小就聪明过人。

【流传】河南省·（郑州市）·新密市

【出处】郭城采录整理：《黄帝降生》，见张振犁编著，孟宪明、朱淑君统纂《中原神话通鉴》（第二卷），郑州：河南大学出版社 2017 年版，第 515 页。

W0691. 4. 5. 2

黄帝生而神灵

实 例

汉族 黄帝者，少典之子，曰轩辕，生而神灵。以与炎帝战于阪泉之野，三战而后克之。

【流传】（无考）

【出处】［三国·魏］王肃：《孔子家语》。

W0691. 4. 6

黄帝产生在神农之后

实 例

汉族 以古史咸以神农后始有黄帝也。

【流传】（无考）

【出处】《轩辕》，见袁珂《中国神话大词典》，北京：华夏出版社 2015 年版，第 155 页。

W0691. 4. 7

黄帝出生比炎帝晚

【关联】［W0695. 2. 1］黄帝炎帝是兄弟

实 例

汉族 比炎帝稍后一点，又出了一个大神，就是黄帝。

【流传】（无考）

【出处】袁珂重述：《宇宙的最高统治者——黄帝》，原载袁珂《神话故事新编》，见陶阳、钟秀编《中国神话》（中），北京：商务印书馆 2008 年版，第 805～807 页。

W0692

黄帝的特征

实 例

（参见下级母题实例）

W0692. 1

黄帝的体征

实 例

（参见下级母题实例）

W0692. 1. 1

黄帝四面

【关联】［W0238. 4. 4. 2. 3］地母神的女儿四个头分管四方

实 例

汉族 子贡云：“古者黄帝四面，信乎？”孔子曰：“黄帝取合己者四人，使治四方，不计而耦，不约而成，此之谓四面。”

【流传】（无考）

【出处】［北宋］李昉、李穆、徐铉等：《太平御览》卷七九引《尸子》。

W0692.1.1.1

黄帝的四张脸上有8只眼睛，8个耳朵

实 例

汉族 轩辕生着四张脸，八只眼睛，八个耳朵。

【流传】河南省·（郑州市）·巩义市

【出处】周得京采录整理：《洛出书》，《原载中原神话》，海燕出版社1988年版，见张振犁编著，孟宪明、朱淑君统纂《中原神话通鉴》（第二卷），郑州：河南大学出版社2017年版，第696页。

W0692.1.1.2

黄帝四张脸正对着东西南北四方

实 例

汉族 黄帝长有四张脸，四张脸正对着东西南北四方，把各处发生的事情都看得清清楚楚，谁也瞒不了他。

【流传】（无考）

【出处】袁珂重述：《宇宙的最高统治者——黄帝》，原载袁珂《神话故事新编》，见陶阳、钟秀编《中国神话》（中），北京：商务印书馆2008年版，第805～807页。

W0692.1.2

黄帝身高九尺

实 例

汉族 轩辕长得身高九尺，肩阔腰圆，眼睛像泉水一样清亮，脑门像山峁峁一样开朗，胡须不太长，但耳朵很大，待咱百姓可好了。

【流传】河南省·（郑州市）·新密市

【出处】郭城采录整理：《黄帝降生》，见张振犁编著，孟宪明、朱淑君统纂《中原神话通鉴》（第二卷），郑州：河南大学出版社2017年版，第515页。

W0692.1.3

黄帝龙体

实 例

汉族 辕十七星在七星北，如龙之体，主雷雨之神。

【流传】（无考）

【出处】《黄帝》袁珂注引《大象列星图》，见袁珂《中国神话大词典》，北京：华夏出版社2015年版，第289页。

W0692.2

黄帝的性格

实 例

（参见下级母题实例）

W0692.2.1
黄帝虚心好学

实 例

（参见下级母题实例）

W0692.2.1.1
黄帝专程访仙问道

实 例

汉族 黄帝专程到青城山向仙人宁封请教龙虫乔飞行之术。

【流传】河南省·（郑州市）·新郑市

【出处】《陶正宁封》，原载马清福主编《秦汉神异》，辽宁大学出版社1991年版，见张振犁编著，孟宪明、朱淑君统纂《中原神话通鉴》（第二卷），郑州：河南大学出版社2017年版，第631页。

W0692.2.2
黄帝居安思危

实 例

（参见下级母题实例）

W0692.2.2.1
黄帝从不坐享其成

实 例

汉族 始祖爷黄帝虽被尊为天子，从不坐享其成。

【流传】河南省·（郑州市）·新郑市

【出处】袁玉生采录整理：《牛庄与马庄的故事》，见张振犁编著，孟宪明、朱淑君统纂《中原神话通鉴》（第二卷），郑州：河南大学出版社2017年版，第634页。

W0692.2.3
黄帝善用人

实 例

（参见下级母题实例）

W0692.2.3.1
黄帝体贴手下

实 例

汉族 黄帝本来就很体贴手下的人，又很会用他们，所以愿意跟他的人越来越多，他带领的部落也就越来越兴旺起来。

【流传】河南省·（郑州市）·新郑市

【出处】蔡柏顺采录整理：《轩辕故里》，见张振犁编著，孟宪明、朱淑君统纂《中原神话通鉴》（第二卷），郑州：河南大学出版社2017年版，第512页。

W0692.2.4
黄帝慈善

实 例

（参见下级母题实例）

W0692.2.4.1
黄帝养性爱民，不好战伐

实 例

汉族 黄帝之初，养性爱民，不好战伐。

【流传】（无考）

【出处】［北宋］李昉、李穆、徐铉等：《太平御览》卷七九引《蒋子万机论》。

汉族 轩辕生性爱民，不想战伐。一直想劝蚩尤休战。

【流传】陕西省·（延安市）·黄陵县

【出处】郭诚整理：《黄帝战蚩尤》，原载黄陵县文化馆编《轩辕黄帝传说故事》，见陶阳、钟秀编《中国神话》（中），北京：商务印书馆 2008 年版，第 787～792 页。

W0692.3

与黄帝的特征有关的其他母题

实 例

（参见下级母题实例）

W0692.3.1

黄帝头顶偶五色祥云

实 例

汉族 黄帝头顶出现五色祥云，形成各式各样美丽花朵，金枝玉叶，十分好看。

【流传】（无考）

【出处】

（a）蔡英生讲，蔡柏顺采录：《大战涿鹿》，载《民间文学》1991 年第 8 期。

（b）同（a），见陶阳、钟秀编《中国神话》（中），北京：商务印书馆 2008 年版，第 785～786 页。

W0693

黄帝的生活

实 例

（参见下级母题实例）

W0693.1

黄帝的服饰

实 例

（参见下级母题实例）

W0693.1.1

黄帝身着黄袍，头戴黄冠，脚登黄靴

实 例

汉族 黄帝坐华盖车的中央，身着黄袍，头戴黄冠，脚登黄靴。

【流传】河南省·（郑州市）·新郑市

【出处】刘文学采录整理：《黄帝西泰山会诸侯》，见张振犁编著，孟宪明、朱淑君统纂《中原神话通鉴》（第二卷），郑州：河南大学出版社 2017 年版，第 589 页。

W0693.1.2

皇帝的头饰

实 例

（参见下级母题实例）

W0693. 1. 2. 1
轩辕氏头戴一顶斑鹿皮套，周围插满天鹅和鹰鸾的翎羽

实 例

汉族 轩辕氏头上戴着一顶斑鹿皮套，周围插满天鹅和鹰鸾的翎羽；一件牛皮武服从左肩斜披下来，腰间束着一条宽宽的虎皮腰带，长弓斜挎，箭囊挂在腰间。再看那颈下的皮条上，虎、狮的门牙一个挨着一个，光胸前就已十六枚了。

【流传】河南省·（郑州市）·新郑市

【出处】《八大酋长比武》，原载蔡柏顺《炎黄二帝研究》，华龄出版社 1992 年版，见张振犁编著，孟宪明、朱淑君统纂《中原神话通鉴》（第二卷），郑州：河南大学出版社 2017 年版，第 588 页。

W0693. 1. 3
黄帝的服装

实 例

（参见下级母题实例）

W0693. 1. 3. 1
黄帝身穿一件牛皮武服，从左肩斜披下来

实 例

汉族 （参见“W0693. 1. 2. 1 轩辕氏头戴一顶斑鹿皮套，周围插满天鹅和鹰鸾的翎羽”母题实例）

W0693. 1. 4
黄帝的腰饰

实 例

（参见下级母题实例）

W0693. 1. 4. 1
黄帝腰间束着一条宽宽的虎皮腰带

实 例

汉族 （参见“W0693. 1. 2. 1 轩辕氏头戴一顶斑鹿皮套，周围插满天鹅和鹰鸾的翎羽”母题实例）

W0693. 2
黄帝的食物

实 例

（参见下级母题实例）

W0693. 2. 1
黄帝食玉膏

实 例

汉族 黄帝的食物是玉膏（一种胶状美玉）。

【流传】（无考）

【出处】《黄帝的行宫昆仑山》，见王德恒等《造神史话》，天津：百花文艺出版社 2002 年版，第 24 页。

汉族 搥（密）山，其中多白玉，是有玉膏，其原沸沸汤汤，黄帝是食是飨。

【流传】（无考）

【出处】

(a) ［战国至汉］撰者不详：《山海经·西次三经》。

(b)《玉膏》，见袁珂《中国神话大词典》，北京：华夏出版社 2015 年版，第 94 页。

W0693.2.1.1

黄帝在峚山食玉膏

实　例

汉族 峚山，其上多丹木，员叶而赤茎，黄华而赤实，其味如饴，食之不饥。丹水出焉，西流注于稷泽，其中多白玉。是有玉膏，其原沸沸汤汤，黄帝是食是飨。

【流传】（无考）

【出处】

(a) ［战国至汉］撰者不详：《山海经·西次三经》。

(b)《峚山》，见袁珂《中国神话大词典》，北京：华夏出版社 2015 年版，第 229 页。

W0693.3

黄帝的居所

【关联】［W0255.8.2］黄帝主中央

实　例

（参见下级母题实例）

W0693.3.1

黄帝居昆仑山

【关联】

① ［W0678.3.1］伏羲居住昆仑山

② ［W0697b.2.2.0］黄帝在昆仑山炼丹

③ ［W0717.2.2］女娲居住昆仑山

④ ［W0758.4］西王母居住昆仑山

⑤ ［W0812.5］群仙居住昆仑山

⑥ ［W1850］昆仑山

实　例

汉族 黄帝住在昆仑山上。

【流传】河南省·（三门峡市）·灵宝市·阳平乡·乔营村

【出处】马长治讲，贾同然等采录：《黄帝升天》，见中国民间文学集成全国编辑委员会编《中国民间故事集成》（河南卷），北京：中国 ISBN 中心 2001 年版，第 38 页。

汉族 黄帝住在昆仑山，西王母也住在这里。

【流传】（无考）

【出处】袁珂重述：《射日奔月》，原载袁珂《神异篇》，见陶阳、钟秀编《中国神话》（上），北京：商务印书馆 2008 年版，第 279 ~ 288 页。

W0693.3.1.1

黄帝的宫殿在昆仑山

实　例

汉族 （实例待考）

W0693.3.2

黄帝居天上

实　例

（实例待考）

W0693.3.3

黄帝有天宫和地宫

实　例

汉族 黄帝是神国至高无上的主宰，有天宫，也有地上的宫殿。

【流传】（无考）

【出处】《黄帝的行宫昆仑山》，见王德恒等《造神史话》，天津：百花文艺出版社2002年版，第23页。

W0693.3.3.1

黄帝下界的宫殿建在昆仑山上

实　例

汉族 黄帝在下界的宫殿建在昆仑山上。

【流传】（无考）

【出处】《黄帝的行宫昆仑山》，见王德恒等《造神史话》，天津：百花文艺出版社2002年版，第24页。

W0693.3.4

黄帝居黄帝城

【关联】［W0698.2.6］黄帝城

实　例

汉族 黄帝教士兵把“八卦阵”阵法练好了，黄帝便率领这支军队回到了黄帝城。

【流传】河北省·（张家口市）·涿鹿（涿鹿县）

【出处】李怀全采录整理：《黄帝巧摆八卦阵》，原载涿鹿县志编纂委员会新编《涿鹿县志》，河北人民出版社1994年版，见张振犁编著，孟宪明、朱淑君统纂《中原神话通鉴》（第二卷），郑州：河南大学出版社2017年版，第564页。

W0693.3.5

黄帝的避暑宫

实　例

（参见下级母题实例）

W0693.3.5.1

黄帝避暑宫在风后岭西北坡半山腰

实　例

汉族 风后岭西北坡半山腰，有一个宽敞的大石洞。相传，这个洞就是轩辕黄帝夏天住的地方，叫黄帝避暑宫。

【流传】河南省·（郑州市）·新密市

【出处】赵林阁讲，赵国鼎采录整理：《黄帝避暑宫》，见张振犁编著，孟宪明、朱淑君统纂《中原神话通鉴》（第二卷），郑州：河南大学出版社2017年版，第726页。

W0693.3.6

黄帝居浮戏山

实 例

（参见下级母题实例）

W0693.3.6.1

黄帝在浮戏山与神仙下棋

实 例

汉族 黄帝在浮戏山住下来，平时没有事情，就经常与一位仙人在神仙洞东边的一座小山上下棋。

【流传】 河南省·（郑州市）·新密市［采录地点：浮戏山神仙洞］

【出处】 慎之建（男，知识分子）讲：《轩辕黄帝骑黑龙升天》（1990.11.29），见张振犁编著，孟宪明、朱淑君统纂《中原神话通鉴》（第二卷），郑州：河南大学出版社2017年版，第708页。

W0693.3.7

黄帝居黄河上游

【关联】 ［W0697b.5.2.1］轩辕黄帝在黄河上游率领子孙开荒造田

实 例

汉族 （参见“W0697b.5.2.1 轩辕黄帝在黄河上游率领子孙开荒造田”母题实例）

W0693.3.8

黄帝居新郑一带

实 例

汉族 少典之子黄帝居新郑一带。

【流传】 河南省·（郑州市）·登封市

【出处】 《炎黄二帝石》，见张振犁编著，孟宪明、朱淑君统纂《中原神话通鉴》（第二卷），郑州：河南大学出版社2017年版，第503页。

W0693.3.9

与黄帝居所有关的其他母题

实 例

（参见下级母题实例）

W0693.3.9.1

云岩宫是黄帝活动最集中之处

实 例

汉族 云岩宫是黄帝活动最集中的地方。

【流传】 河南省·（郑州市）·新密市

【出处】 张造、王石磙（云岩宫园林工人）讲，高力升采录：《云岩宫》，见张振犁编著，孟宪明、朱淑君统纂《中原神话通鉴》（第二卷），郑州：河南大学出版社2017年版，第539页。

W0693.3.9.2
轩辕氏作于空桑之北

实 例

汉族 轩辕氏作于空桑之北。

【流传】（无考）

【出处】

（a）［宋］罗泌：《路史·禅通纪》。

（b）《轩辕山》，见袁珂《中国神话大词典》，北京：华夏出版社 2015 年版，第 155 页。

W0693.4
黄帝的出行

实 例

（参见下级母题实例）

W0693.4.1
黄帝的游历

【关联】［W1792.5.1］黄帝到天宫

实 例

（参见下级母题实例）

W0693.4.1.1
黄帝巡游四海

实 例

（参见下级母题实例）

W0693.4.1.1.1
黄帝做了天子后带大臣巡游四海

实 例

汉族 黄帝做了天子后，为了使天下太平、百姓安居乐业，经常带领大臣们四方巡访，了解民情，为百姓除灾解难。

【流传】河南省·（郑州市）·新郑市

【出处】王金岭采录整理：《门神的传说》，见张振犁编著，孟宪明、朱淑君统纂《中原神话通鉴》（第二卷），郑州：河南大学出版社 2017 年版，第 645 页。

W0693.4.1.1.2
轩辕黄帝率领一班大臣到中原游幸

实 例

汉族 轩辕黄帝见四海宁静，风调雨顺，便率领一班大臣到中原游幸。

【流传】河南省·（洛阳市）·洛宁县

【出处】王照吉采录整理：《长水》，见张振犁编著，孟宪明、朱淑君统纂《中原神话通鉴》（第二卷），郑州：河南大学出版社 2017 年版，第 695 页。

W0693.4.2
黄帝出访

实 例

（参见下级母题实例）

W0693.4.2.1
黄帝到具茨山寻访圣仙大隗真人

实 例

汉族 黄帝到具茨山寻访圣仙大隗真人。

【流传】河南省·（郑州市）·新密市

【出处】许鹤亭讲，高力升、李高强整理：《黄帝寻访大隗真人》，见张振犁编著，孟宪明、朱淑君统纂《中原神话通鉴》（第二卷），郑州：河南大学出版社 2017 年版，第 681 页。

W0693. 4. 2. 1. 1

大隗真人有智有谋，神通广大

实　例

汉族 大隗真人有智有谋，神通广大，是黄帝战蚩尤时的一员名将。

【流传】河南省·（郑州市）·新密市

【出处】许鹤亭讲，高力升、李高强整理：《黄帝寻访大隗真人》，见张振犁编著，孟宪明、朱淑君统纂《中原神话通鉴》（第二卷），郑州：河南大学出版社 2017 年版，第 681 页。

W0693. 4. 3

黄帝出行巧遇

【关联】［W9942］巧遇

实　例

（参见下级母题实例）

W0693. 4. 3. 1

黄帝遇仙姑

实　例

汉族 有一位仙姑从外地巡游回来，看见黄帝在用麻秆挑荆筐，运土修城，心想有妨仙家住处，就变成了一只花山鸡，前去阻止。

【流传】河南省·（郑州市）·新密市

【出处】刘素洁采录整理：《黄帝修城（二）》，见张振犁编著，孟宪明、朱淑君统纂《中原神话通鉴》（第二卷），郑州：河南大学出版社 2017 年版，第 615 页。

W0693. 5

黄帝的祭扫

实　例

（参见下级母题实例）

W0693. 5. 1

黄帝祭祀玉皇大帝

实　例

（参见下级母题实例）

W0693. 5. 1. 1

黄帝在祭天台祭祀玉皇大帝

实　例

汉族 在西北有个大土岗，据说，那是黄帝祭祀玉皇大帝的高岗。

【流传】河南省·（平顶山市）·郏县［采录地点：郏县·白庙乡·贾坡村］

【出处】朱木正讲，贾建采录：《黄帝乘龙升天》（1985），见张振犁编著，孟宪明、朱淑君统纂《中原神话通鉴》（第二卷），郑州：河南大学出版社 2017 年版，第 707 页。

W0693. 6

黄帝的工具（黄帝的用品）

实 例

（参见下级母题实例）

W0693. 6. 1

黄帝的弓箭

实 例

（参见下级母题实例）

W0693. 6. 1. 1

黄帝的千年藤弓和竹杆鱼骨箭

实 例

汉族 人祖爷黄帝为采来能治病无叶草，背上他的千年藤弓，竹杆鱼骨箭，不分昼夜向黄河源头那个深涧走去。

【流传】河南省·（郑州市）·新密市

【出处】袁玉生采录整理：《黄帝与节节草》，见张振犁编著，孟宪明、朱淑君统纂《中原神话通鉴》（第二卷），郑州：河南大学出版社 2017 年版，第 643 页。

W0693. 6. 2

黄帝的降龙杵

实 例

（参见下级母题实例）

W0693. 6. 2. 1

黄帝用降龙杵战使用石斧的炎帝

实 例

汉族 炎黄之战中，炎帝使用石斧，黄帝使用降龙杵。

【流传】河南省黄帝故里一带（河南省·郑州市·新郑市）

【出处】刘文学采录整理：《三帝下凡》（点评），见张振犁编著，孟宪明、朱淑君统纂《中原神话通鉴》（第二卷），郑州：河南大学出版社 2017 年版，第 501 页。

W0693. 6. 3

黄帝的宝剑

实 例

（参见下级母题实例）

W0693. 6. 3. 1

黄帝用宝剑挖出泉水

实 例

汉族 黄帝遵照道长之言，又返回松树下继续挖泉了。当他挖到九九八十一天的时候，大水顺着宝剑涌出来了。

【流传】河南省·（郑州市）·新密市

【出处】白天宝讲，高力升、高帆采录整理：《贾鲁河的传说》，见张振犁编著，孟宪明、朱淑君统纂《中原神话通鉴》（第二卷），郑州：河南大学出版社 2017 年版，第 609 页。

W0693.6.4

黄帝的玄珠

实 例

（参见下级母题实例）

W0693.6.4.1

黄帝遗其玄珠于昆仑山

实 例

汉族 黄帝游乎赤水之北，登乎昆仑之丘，而南望还归，遗其玄珠。

【流传】（无考）

【出处】

（a）［战国］庄周：《庄子·天地》。

（b）《赤水》，见袁珂《中国神话大词典》，北京：华夏出版社 2015 年版，第 159 页。

W0693.7

与黄帝生活有关的其他母题

实 例

（参见下级母题实例）

W0693.7.1

黄帝生活的时间

实 例

（参见下级母题实例）

W0693.7.1.1

黄帝生活在五六千年前

实 例

汉族 五六千年前，黄帝是有熊氏部落的首领。

【流传】河南省·（三门峡市）·灵宝（灵宝市）

【出处】《黄帝的传说》，见白庚胜总主编《中国民间故事全书》（河南省灵宝卷），北京：知识产权出版社 2009 年版，第 5 页。

W0693.7.1.2

黄帝生活在原始社会末期

实 例

汉族 远古时代的原始社会末期，少典之子黄帝居新郑一带。

【流传】河南省·（郑州市）·登封市

【出处】《炎黄二帝石》，见张振犁编著，孟宪明、朱淑君统纂《中原神话通鉴》（第二卷），郑州：河南大学出版社 2017 年版，第 503 页。

W0693.7.2

黄帝得馈赠

实 例

（参见下级母题实例）

W0693. 7. 2. 1
黄帝得天书

实 例

汉族 黄帝地皇九年正月上寅，诣首阳山，宰牧从焉。次驾东行诣青丘，紫府先生授三皇箓及天文大字；次西入崆峒礼广成子；回驾王屋，启石函，发玉笈，得九鼎、飞灵神丹诀。

【流传】（无考）

【出处】［宋］罗泌：《路史》卷十四。

W0693. 7. 2. 2
黄帝得宝书

实 例

（参见下级母题实例）

W0693. 7. 2. 2. 1
王母娘娘送黄帝治世宝书

实 例

汉族 黄帝得到讲治国之道的《神芝图》。原来这书是王母娘娘让华盖童子送给他的。为了纪念王母，黄帝在风后岭东坡半山腰，建了个王母娘娘庙。

【流传】 河南省·（郑州市）·新郑市

【出处】 蔡柏顺采录整理：《轩辕故里》，见张振犁编著，孟宪明、朱淑君统纂《中原神话通鉴》（第二卷），郑州：河南大学出版社 2017 年版，第 513 页。

W0693. 7. 2. 2. 2
黄帝在翠妫河边得鱼送的宝书

实 例

汉族 黄帝来到翠妫河边，只见一条大鱼逆流而上，一翻身就不见了，河面上出现了一张绿底红字的图画和一本红皮书。鹤发童颜的牧羊人说："这是王母让我送给你的礼物《神芝图》。"

【流传】 河南省·（郑州市）·新郑市

【出处】 蔡英生（75 岁，教师）讲，蔡柏顺采录整理：《黄帝治国》，见张振犁编著，孟宪明、朱淑君统纂《中原神话通鉴》（第二卷），郑州：河南大学出版社 2017 年版，第 594 页。

W0693. 7. 2. 2. 3
黄盖（华盖）童子授黄帝《神芝图》七十二卷

实 例

汉族 黄帝见黄（华）盖童子，受《神芝图》七十二卷。

【流传】（无考）

【出处】［北宋］张君房：《云笈七签·轩辕本纪》。

W0693. 7. 2. 2. 4
天皇给黄帝天书三卷、《八阵图》一张

实 例

汉族 天皇送给后代（黄帝）天书三卷、《八阵图》一张。

【流传】河南省·（郑州市）·新密市·（平陌镇·龙泉村）

【出处】魏洪基（58岁，农民，小学）讲，高力升采录整理：《黄帝拜三皇》，见张振犁编著，孟宪明、朱淑君统纂《中原神话通鉴》（第二卷），郑州：河南大学出版社2017年版，第686页。

W0693.7.2.3

黄帝得符

实 例

（参见下级母题实例）

W0693.7.2.3.1

黄帝得天帝赐符

实 例

汉族 黄帝诛蚩尤，七十二战不克，昼梦金人引领长头，衣元狐之裘，而言曰："某，天帝之使，授符于帝。"帝惊悟，求其符不得。问风后、力牧，力牧曰："此天帝也。"乃与盛水之阳，筑坛祭之，俄有元龟巨鳌从水中出，含符致坛而去。似皮非皮，似绨非绨，以血为文，曰："天一在前，太乙在后。"黄帝受符再拜。于是设九宫，置八门，布三奇六仪，为阴阳二遁，凡一千八百局，名曰"天乙遁甲式。"三门发，五将具，征蚩尤以斩之。

【流传】（无考）

【出处】［唐］李筌：《神机制敌太白阴经》卷九。

W0694

黄帝的坐骑

实 例

（参见下级母题实例）

W0694.1

黄帝乘龙

【关联】

①［W0680.2.2.15］伏羲女娲兄妹乘龙上天

②［W0763.3.4.1］颛顼乘龙至四海

③［W0768.1.5.3.1］帝喾春夏乘龙，秋冬乘马

实 例

汉族 黄帝采首山铜，铸鼎于荆山下。鼎既成，有龙垂胡髯下迎黄帝。黄帝上骑龙，群臣后宫从上七十余人，龙乃上去。

【流传】（无考）

【出处】［东汉］王充：《论衡·道虚》。

W0694.1.1

黄帝乘黄龙

实 例

汉族 黄帝骑着黄龙到处游玩。

【流传】河南省·（郑州市）·新郑县（新郑市）·城关镇·南街

【出处】 蔡英生讲·蔡柏顺采录：《黄帝下凡》，见中国民间文学集成全国编辑委员会编《中国民间故事集成》（河南卷），北京：中国 ISBN 中心 2001 年版，第 30 页。

W0694. 1. 1. 1

黄帝乘的黄龙有黄云围绕

实　例

汉族 黄龙背上坐着一个影影绰绰像是黄帝模样的人，由一团黄云裹着，飞向天空。

【流传】 河南省·（郑州市）·新郑市

【出处】 刘文学采录整理：《黄帝坟的传说》，见张振犁编著，孟宪明、朱淑君统纂《中原神话通鉴》（第二卷），郑州：河南大学出版社 2017 年版，第 715 页。

W0694. 1. 1. 2

玉皇大帝赐黄帝黄龙

实　例

汉族 黄帝在玉皇大帝和黑风怪的搏斗中立过大功，救过玉皇大帝的性命，玉皇大帝便让他住在天宫的中宫，还赐给他一条黄龙，他可以骑上黄龙任意游玩。

【流传】 河南省·（郑州市）·新郑市

【出处】 蔡英生（75 岁，教师）讲，蔡柏顺采录整理：《黄帝出世》，见张振犁编著，孟宪明、朱淑君统纂《中原神话通鉴》（第二卷），郑州：河南大学出版社 2017 年版，第 506 页。

W0694. 1. 2

黄帝乘云龙

实　例

汉族 黄帝乘云龙而游。

【流传】（无考）

【出处】《轩辕黄帝》，见［东晋］王嘉撰，［梁］萧绮录，齐治平校注《拾遗记》卷一，北京：中华书局 1981 年版，第 9 页。

W0694. 1. 3

黄帝乘青龙

【关联】［W3583. 12］青龙

实　例

汉族 青龙（为黄帝）进驾。

【流传】（无考）

【出处】《淮南子·览冥训》，见［汉］刘安等著，陈广忠译注《淮南子译注》，长春：吉林文史出版社 1990 年版，第 288 页。

汉族 青龙率领的天兵天将接黄帝升天。青龙伏在地上，让黄帝坐在身上。

【流传】 河南省·（平顶山市）·郏县［采录地点：郏县·白届乡·贾坡村］

【出处】 朱木正讲，贾建采录：《黄帝乘龙升天》（1985），见张振犁编著，孟宪明、朱淑君统纂《中原神话通鉴》（第二卷），郑州：河南大学出版社 2017 年版，第 707 页。

W0694.1.4
黄帝骑黑龙

【关联】［W3583.16］黑龙

实 例

（参见下级母题实例）

W0694.1.4.1
黄帝骑黑龙升天去王屋山访西王母

实 例

汉族 黄帝悟道之后，就登上神仙洞东边的鸡山（也叫鸡冠山）上的引龙台，骑黑龙升天去王屋山访西王母去了。

【流传】河南省·（郑州市）·新密市［采录地点：浮戏山神仙洞］

【出处】慎之建（男，知识分子）讲：《轩辕黄帝骑黑龙升天》（1990.11.29），见张振犁编著，孟宪明、朱淑君统纂《中原神话通鉴》（第二卷），郑州：河南大学出版社2017年版，第708页。

W0694.1.4.2
黄帝与嫘祖骑上黑龙潭腾起的黑龙升天

实 例

汉族 黑龙潭中腾起一条“八翼黑龙”，慢慢地飞到黄帝和嫘祖身边。黄帝与嫘祖骑到黑龙背上，那黑龙腾空而起，骑龙升天。

【流传】河南省·（郑州市）·新密市

【出处】慎广建讲，高力升、高帆采录整理：《黄帝炼仙丹》，见张振犁编著，孟宪明、朱淑君统纂《中原神话通鉴》（第二卷），郑州：河南大学出版社2017年版，第678页。

W0694.1.5
黄帝骑屠龙

实 例

（参见下级母题实例）

W0694.1.5.1
黄帝骑的屠龙四蹄踩着一片红云

实 例

汉族 黄帝骑在屠龙身上，见屠龙昂首翘尾，四蹄踩着一片红云，奋力西行。

【流传】河南省·（郑州市）·新密市

【出处】刘素洁采录整理：《黄帝修城（二）》，见张振犁编著，孟宪明、朱淑君统纂《中原神话通鉴》（第二卷），郑州：河南大学出版社2017年版，第614页。

W0694.1.6
黄帝的龙驹

实 例

汉族 黄帝饮完他的龙驹，牵马回营房。

【流传】河南省·（郑州市）·新郑市

【出处】张永林采录整理：《自然山黄帝饮马泉》，见张振犁编著，孟宪明、朱淑君统纂《中原神话通鉴》（第二卷），郑州：河南大学出版社 2017 年版，第 725 页。

W0694. 2

黄帝乘龙车

【关联】［W0110. 2. 1］神坐特定的车子

实 例

（实例待考）

W0694. 3

黄帝乘神马

实 例

（参见下级母题实例）

W0694. 3. 1

黄帝乘神马飞黄

实 例

汉族 青龙（为黄帝）进驾，飞黄（神马名）伏皁（供黄帝驱使）。

【流传】（无考）

【出处】《淮南子·览冥训》，见［汉］刘安等著，陈广忠译注《淮南子译注》，长春：吉林文史出版社 1990 年版，第 288 页。

W0694. 4

黄帝坐华盖车

实 例

（参见下级母题实例）

W0694. 4. 1

黄帝坐华盖车中央

实 例

汉族 华盖车上，黄帝坐在中央。

【流传】河南省·（郑州市）·新郑市

【出处】刘文学采录整理：《黄帝西泰山会诸侯》，见张振犁编著，孟宪明、朱淑君统纂《中原神话通鉴》（第二卷），郑州：河南大学出版社 2017 年版，第 589 页。

W0694. 4. 2

华盖车四轮，中立黄伞，四周有黄色丝绸围屏

实 例

汉族 黄帝坐华盖车的中央。华盖车有四个轮子，车上竖起一根黄色柱子，撑起一顶黄色大伞，伞的四沿围有一圈二尺半长的黄色丝绸围屏。

【流传】河南省·（郑州市）·新郑市

【出处】刘文学采录整理：《黄帝西泰山会诸侯》，见张振犁编著，孟宪明、朱淑君统纂《中原神话通鉴》（第二卷），郑州：河南大学出版社 2017 年版，第 589 页。

W0694. 5

黄帝乘象车

实 例

（参见下级母题实例）

W0694.5.1

黄帝乘象车，六蛟龙为驾

实 例

汉族 昔日者，黄帝合鬼神于西泰山上，驾象车而六蛟龙，毕方并辖，蚩尤居前，风伯进扫，雨师洒道，虎狼在前，鬼神在后，腾蛇伏地，凤凰覆上，大合鬼神，作为《清角》。

【流传】（无考）

【出处】［战国］韩非：《韩非子·十过》。

W0695

黄帝的关系

实 例

（参见下级母题实例）

W0695.0

黄帝的父母与祖先

实 例

（参见下级母题实例）

W0695.0.0

黄帝是伏羲女娲的后代

实 例

汉族 伏羲和女娲一代代又生下了黄帝、尧、舜、大禹，子子孙孙繁衍下去。

【流传】 河南省·洛阳市·（洛龙区）·龙门（龙门镇）［采录地点：洛阳南郊夜叉磨村］

【出处】 吕娅娜采录，张振犁重写：《龙的传人》（1999.03.03），见张振犁编著《中原神话通鉴》（第一卷），郑州：河南大学出版社 2017 年版，第 292 页。

W0695.0.0.1

黄帝是伏羲女娲的儿子

【关联】［W0680.2.2.12c］伏羲女娲的孩子有熊

实 例

汉族 天塌地陷，世上只剩下伏羲和女娲兄妹两个人。他们婚后只生了两个孩子，一个叫黄帝，即有熊，一个叫炎帝，即神农。

【流传】 河南省·（焦作市）·武陟县·北郭乡·李后庄村

【出处】 秦秀花（女，71 岁，农民）讲，王广先采录整理：《人从哪里来》，见张振犁编著《中原神话通鉴》（第一卷），郑州：河南大学出版社 2017 年版，第 303 页。

W0695.0.0.2

伏羲女娲婚生黄帝和炎帝

实 例

汉族 天塌地陷，世上只剩下伏羲和女娲兄妹两个人。他们婚后只生了两个孩子，一个叫黄帝，即有熊，一个叫炎帝，即神农。

【流传】 河南省·（焦作市）·武陟

县·北郭乡·李后庄村

【出处】秦秀花（女，71 岁，农民）讲，王广先采录整理：《人从哪里来》，见张振犁编著《中原神话通鉴》（第一卷），郑州：河南大学出版社 2017 年版，第 303 页。

W0695. 0. 1

黄帝是盘古的儿子

实 例

（参见下级母题实例）

W0695. 0. 1. 1

黄帝是盘古的二儿子

【关联】

①［W0725. 5. 0. 1b］盘古有 4 儿 1 女

②［W0725. 5. 1. 3. 1a］盘古的次子黄帝

实 例

汉族 盘古开天辟地以后，叫他的大儿子管天上事，人称玉帝；叫他的二儿子管地上事，人称黄帝。

【流传】河南省·（南阳市）·社旗县

【出处】杨东来搜集整理：《天女散花》，见张振犁编著《中原神话通鉴》（第一卷），郑州：河南大学出版社 2017 年版，第 37 ~ 38 页。

汉族 盘古有 4 子 1 女。盘古开天辟地后，叫他的二儿子司管九州，为人间始祖，人称“黄帝”。

【流传】河南省·（郑州市）·新密市

【出处】冯胜利采录：《造物神种玉茭》，见张振犁编著，孟宪明、朱淑君统纂《中原神话通鉴》（第二卷），郑州：河南大学出版社 2017 年版，第 636 ~ 637 页。

W0695. 0. 2

黄帝的父亲是公孙少典，母亲是附宝

实 例

汉族 公孙少典的妻子附宝感风雷中的一道白光生黄帝。

【流传】河南省·（郑州市）·新郑县（新郑市）·城关镇·南街

【出处】蔡英生讲·蔡柏顺采录：《黄帝下凡》，见中国民间文学集成全国编辑委员会编《中国民间故事集成》（河南卷），北京：中国 ISBN 中心 2001 年版，第 30 页。

汉族 有熊国的国君少典和他的妻子附宝正同部落的男女老少在具茨山下耕作时，轩辕星化作的一条黄龙从天而降，投胎到附宝腹中。第三年生轩辕黄帝。

【流传】河南省·（郑州市）·新密市

【出处】刘文学采录整理：《三帝下凡》，见张振犁编著，孟宪明、朱淑君统纂《中原神话通鉴》（第二卷），郑州：河南大学出版社 2017 年版，第 486 页。

W0695. 0. 3

黄帝的父亲少典，母亲有蟜氏

【关联】［W0737a. 3. 4. 1］少典的儿子

黄帝

实 例

汉族 昔少典娶于有蟜氏，生黄帝炎帝。

【流传】（无考）

【出处】［春秋］左丘明：《国语·晋语四》。

W0695.1

黄帝的妻子

【关联】［W0695.1.2］黄帝娶螺祖为妻

实 例

（参见下级母题实例）

W0695.1.1

黄帝的妻子雷祖

实 例

汉族 黄帝妻雷祖，生昌意；昌意生韩流；韩流生帝颛顼。

【流传】（无考）

【出处】［战国至汉］撰者不详：《山海经·海内经》。

W0695.1.1.1

黄帝妃方雷氏

实 例

汉族 方雷氏，黄帝妃，生玄嚣，是为青阳。

【流传】（无考）

【出处】［东汉］班固：《汉书》。

W0695.1.2

黄帝的妻子螺祖

【关联】［W0448.2.1.7］黄帝之妻嫘祖成为路神

实 例

汉族 螺祖和黄帝结亲。

【流传】河南省·（郑州市）·新郑县（新郑市）·郭店乡·张辛庄

【出处】张曹氏讲，张永林采录：《黄帝娶妻》，见中国民间文学集成全国编辑委员会编《中国民间故事集成》（河南卷），北京：中国 ISBN 中心 2001 年版，第 31 页。

汉族 黄帝立即招来妻子嫘祖，叫她把蚕神请到轩辕丘附近的桑山上，放到桑林中。

【流传】河南省·（郑州市）·荥阳市

【出处】王金岭采录整理：《蚕神献丝》，见张振犁编著，孟宪明、朱淑君统纂《中原神话通鉴》（第二卷），郑州：河南大学出版社 2017 年版，第 525 页。

汉族 螺祖和黄帝结成了夫妻。

【流传】（无考）

【出处】张曹氏讲，张永林采录：《螺祖养蚕》，载《民间文学》1998 年第 8 期。

W0695.1.2.1

黄帝的正妃螺祖

实 例

汉族 黄帝指派他的正妃嫘祖分管制作衣服。

【流传】陕西省·（延安市）·黄陵县·南城塔

【出处】拴劳娘讲，兰草采录：《先蚕娘娘嫘祖》，见中国民间文学集成全国编辑委员会编《中国民间故事集成》（陕西卷），北京：中国ISBN中心1996年版，第16页。

汉族 轩辕皇帝周游九垓，元妃嫘祖死于道。

【流传】（无考）

【出处】［明］撰者不详：《三教源流搜神大全》，［清］叶德辉本卷七。

W0695. 1. 2. 2

黄帝的妻子西陵氏螺祖

实 例

汉族 亘古洪荒时，人类的首领名叫黄帝，黄帝的妻子便是西陵氏嫘祖。

【流传】河南省·（郑州市）·巩义市

【出处】石栏采录整理：《嫘祖访玉仙》，见张振犁编著，孟宪明、朱淑君统纂《中原神话通鉴》（第二卷），郑州：河南大学出版社2017年版，第521页。

W0695. 1. 2. 3

黄帝元妃西陵氏曰嫘祖

实 例

汉族 黄帝元妃西陵氏曰嫘祖，以其始蚕，故又祀先蚕。

【流传】（无考）

【出处】［南宋］罗泌：《路史·后纪》卷五。

W0695. 1. 3

黄帝娶丑女为妻

实 例

（参见下级母题实例）

W0695. 1. 3. 1

黄帝为避免抢婚娶丑女为妻

实 例

汉族 黄帝为了避免部落间抢婚，带头娶丑女为妻。

【流传】（无考）

【出处】兰草搜集整理：《黄帝为啥娶丑女》，见兰草编《轩辕黄帝传说故事》，西安：陕西旅游出版社1986年版，第47页。

汉族 为了制止这部落里“抢婚”事情的蔓延发展，黄帝专门挑选了面貌丑陋、品德贤淑的丑女（封号嫫母）为妻，还到处传扬，让群臣百姓们都知晓。

【流传】河南省·（郑州市）·新郑市

【出处】张永林采录整理：《杜康献酒》，见张振犁编著，孟宪明、朱淑君统纂《中原神话通鉴》（第二卷），郑州：河南大学出版社2017年版，第639页。

W0695.1.4
黄帝的妻子嫫母娘娘

实 例

（参见下级母题实例）

W0695.1.4.1
黄帝的妻子嫫母娘娘很丑却年轻

实 例

汉族 嫫母娘娘是黄帝最年轻、长相最丑的一个妃子。

【流传】河南省·（郑州市）·新郑市

【出处】《嫫母发明火药》，原载任化民、王谦编《荆山黄帝陵》，见张振犁编著，孟宪明、朱淑君统纂《中原神话通鉴》（第二卷），郑州：河南大学出版社 2017 年版，第 516 页。

W0695.1.4.2
嫫母（嫫母娘娘）

实 例

（参见下级母题实例）

W0695.1.4.2.1
嫫母娘娘很丑很温柔

实 例

汉族 黄帝妃嫫母于四妃之班居下，貌甚丑而最贤，心每居下。

【流传】（无考）

【出处】［清］卢文弨：《尚书大传续补遗》。

汉族 嫫母娘娘人虽长得丑，善良贤惠、勤劳能干，把宫内大小事都安排得井井有条。

【流传】河南省·（郑州市）·新郑市

【出处】《嫫母发明火药》，原载任化民、王谦编《荆山黄帝陵》，见张振犁编著，孟宪明、朱淑君统纂《中原神话通鉴》（第二卷），郑州：河南大学出版社 2017 年版，第 516 页。

W0695.1.4.2a
嫫女

实 例

（参见下级母题实例）

W0695.1.4.2a.1
嫫女丑得让人讨厌

实 例

汉族 人间又出现一个女人，叫嫫女。这个女人长得很丑，人们都很讨厌她。

【流传】河南省·（南阳市）·桐柏县

【出处】刘剑讲，柳丹采录整理：《旱芭和嫫女》，见张振犁编著，孟宪明、朱淑君统纂《中原神话通鉴》（第二卷），郑州：河南大学出版社 2017 年版，第 516 页。

W0695.1.4.2b
黄帝的西宫娘娘嫫母

实 例

汉族 黄帝活到一百零八岁那年要巡游天下，嫘祖将宫中之事交给西宫娘娘嫫母，就同黄帝一起上路了。

【流传】河南省·（郑州市）·新郑市

【出处】刘文学采录整理：《黄帝坟的传说》，见张振犁编著，孟宪明、朱淑君统纂《中原神话通鉴》（第二卷），郑州：河南大学出版社 2017 年版，第 711 页。

W0695.1.4.2c

黄帝的妃子嫫母

实　例

汉族 西宫娘娘嫫母，是黄帝最年轻、长相最丑的一个妃子。

【流传】陕西省·（延安市）·黄陵县

【出处】李延军搜集整理：《“明火”的发明》，原载黄陵县文化馆编《轩辕黄帝传说故事集》，见陶阳、钟秀编《中国神话》（下），北京：商务印书馆 2008 年版，第 1132～1133 页。

W0695.1.5

黄帝有 4 个妻子

实　例

（参见下级母题实例）

W0695.1.5.1

黄帝有嫘祖、嫫母、方雷氏、大肜鱼氏 4 个妻子

实　例

汉族 黄帝的妻子嫘祖、嫫母、方雷氏、大肜鱼氏。

【流传】河南省·（郑州市）·新郑市

【出处】刘文学采录整理：《黄帝坟的传说》，见张振犁编著，孟宪明、朱淑君统纂《中原神话通鉴》（第二卷），郑州：河南大学出版社 2017 年版，第 714 页。

W0695.1.6

黄帝四妃

【关联】

①［W0747.5.2.2］尧有四妃

②［W0768.1.6.2a］帝喾有四妃

实　例

（参见下级母题实例）

W0695.1.6.1

黄帝的四妃方雷氏、嫘祖、肜鱼氏、嫫母

实　例

汉族 方雷氏，黄帝妃，生玄嚣，是为青阳。絫祖（即嫘祖），黄帝妃，生昌意。肜鱼氏，黄帝妃，生夷鼓。嫫母，黄帝妃，生苍林。

【流传】（无考）

【出处】［东汉］班固：《汉书》。

W0695.1.6.2

黄帝元妃嫘祖，次妃女节，三妃肜鱼氏，四妃嫫母

实　例

汉族 黄帝共立四妃，除元妃嫘祖外，还有三个次妃，一个叫方雷氏（也叫女节），一个叫彤鱼氏，还有一个叫嫫母，嫫母“班在三人之下”。

【流传】（无考）

【出处】［晋］皇甫谧：《帝王世纪》。

W0695.1.7

黄帝次妃好如

实　例

汉族 轩辕皇帝周游九垓，元妃嫘祖死于道，召次妃好如监护，因买相以防夜，盖其始也。

【流传】（无考）

【出处】［明］撰者不详：《三教源流搜神大全》，［清］叶德辉本卷七。

W0695.1.8

黄帝夫人费修

实　例

汉族 黄帝欲征蚩尤时，迎日推策以封胡为将，以夫人费修之子为太子。

【流传】（无考）

【出处】［元］赵道一：《历世真仙体道通鉴后集》卷二“九天玄女”条。

W0695.1.9

黄帝的妻子西萌氏

实　例

汉族 黄帝轩辕和他的老婆西萌氏决心发明衣服帮人们御寒。

【流传】山东省·（青岛市）·崂山（崂山区）

【出处】宋宗科讲，徐其仁搜集整理：《西萌氏找桑蚕》，原载青岛市艺术馆、崂山县文化馆编《崂山民间故事集》第3集，见陶阳、钟秀编《中国神话》（下），北京：商务印书馆2008年版，第1212～1215页。

W0695.1.10

黄帝的妻子魃

【关联】［W0695.3.3.1］黄帝的女儿魃（女魃，旱魃）

实　例

汉族 蚩尤作兵伐黄帝时，黄帝乃请天（鼋）女曰祓（魃）施法。女祓名女丑（祓，酉鬼），又名嫫母，实即蟆母，为黄帝母族天鼋之女。属鬼族，酉姓，乃使用小口尖底瓶的仰韶文化氏族，非美丑之丑。女祓衣青衣，自愿施法（秃发）止雨。雨止，遂杀蚩尤。黄帝娶女祓为妻。

【流传】（无考）

【出处】王一兵：《嫫母的故事》，http://blog.sina.com.cn，2011.11.05.

W0695.2

黄帝的兄弟

实　例

（参见下级母题实例）

W0695. 2. 1
黄帝炎帝是兄弟

实 例

（参见下级母题实例）

W0695. 2. 1. 1
黄帝炎帝是同父母兄弟

【关联】［W0695. 0. 0. 2］伏羲女娲婚生黄帝和炎帝

实 例

汉族 昔少典娶于有蟜氏，生黄帝炎帝。

【流传】（无考）

【出处】［春秋］左丘明：《国语·晋语四》。

汉族 远古时代的原始社会末期，少典之子炎帝、黄帝是同父异母的兄弟。

【流传】河南省·（郑州市）·登封市

【出处】《炎黄二帝石》，见张振犁编著，孟宪明、朱淑君统纂《中原神话通鉴》（第二卷），郑州：河南大学出版社2017年版，第503页。

W0695. 2. 1. 1. 1
黄帝炎帝亲如手足，和睦相亲

实 例

汉族 炎黄二帝是同父异母兄弟，兄弟手足，和睦相亲。

【流传】河南省·（郑州市）·新密市

【出处】郭大山讲，张永林采录整理：《炎黄和睦草》，见张振犁编著，孟宪明、朱淑君统纂《中原神话通鉴》（第二卷），郑州：河南大学出版社2017年版，第504页。

W0695. 2. 1. 1. 2
黄帝与炎帝是同父异母兄弟

实 例

汉族 黄帝居于轩辕之丘，其父少典为有熊国国君，因此黄帝与炎帝应为同父异母之兄弟。

【流传】（无考）

【出处】《黄帝》，见乌丙安主编《中国民间神谱》，沈阳：辽宁人民出版社2007年版，第53页。

W0695. 2. 1. 2
炎黄的先祖是三皇

实 例

汉族 三皇殿里敬的是天皇伏羲、地皇神农、人皇女娲。三皇是炎黄二帝的先祖。

【流传】河南省·（郑州市）·新密市

【出处】李富裕（男，62岁，退休文化干部）讲：《轩辕黄帝拜三皇》（1990. 11. 29），见张振犁编著，孟宪明、朱淑君统纂《中原神话通鉴》（第二卷），郑州：河南大学出版社2017年版，第684页。

W0695.2.2

黄帝和玉皇大帝是兄弟

实 例

汉族 轩辕黄帝和玉帝是亲兄弟。

【流传】

(a) 河南省·(郑州市)·新郑县(新郑市)·城关镇·南街

(b) 河南省·(郑州市)·新郑县(新郑市)·城关镇·溟水寨

【出处】

(a) 蔡英生讲,蔡柏顺采录:《黄帝下凡》,见中国民间文学集成全国编辑委员会编《中国民间故事集成》(河南卷),北京:中国 ISBN 中心 2001 年版,第 30 页。

(b) 杨秀华讲,侯松平采录:《黄帝造车轮》,见中国民间文学集成全国编辑委员会编《中国民间故事集成》(河南卷),北京:中国 ISBN 中心 2001 年版,第 33 页。

W0695.2.2.1

黄帝的前世轩辕星和玉皇大帝是兄弟

实 例

汉族 黄帝出生后,跪在少典、附宝二位老人面前,叫了声爹娘,讲了自己的身世。说他原来是天上的轩辕星,主管雷雨,和玉皇大帝是弟兄。

【流传】 河南省·(郑州市)·新郑市

【出处】 蔡英生(75 岁,教师)讲,蔡柏顺采录整理:《黄帝出世》,见张振犁编著,孟宪明、朱淑君统纂《中原神话通鉴》(第二卷),郑州:河南大学出版社 2017 年版,第 506 页。

W0695.2.2.2

黄帝是玉帝的弟弟

实 例

汉族 玉帝和王母娘娘云游中天时,看见黄帝一个人闷坐在风后岭的山坡上。玉帝问:"夫人,你看那不是贤弟么?"

【流传】(无考)

【出处】 杨周氏讲,侯松平采录:《黄帝造车轮》,载《民间文学》1998 年第 8 期。

W0695.3

黄帝的后代

实 例

(参见下级母题实例)

W0695.3.1

黄帝的子女(黄帝的儿女)

实 例

(实例待考)

W0695.3.2

黄帝的儿子

【关联】[W0414.1.1.3.1] 禺猇是黄帝之子

实 例

（参见下级母题实例）

W0695. 3. 2. 1

轩辕帝的大儿子真武

实 例

汉族 王母娘娘化身老妪点化轩辕帝的大太子真武。

【流传】河南省·（郑州市）·新郑市

【出处】许治业讲，张爱民采录整理：《王母娘娘磨绣针》，见张振犁编著，孟宪明、朱淑君统纂《中原神话通鉴》（第三卷），郑州：河南大学出版社 2017 年版，第 745 页。

W0695. 3. 2. 1. 1

轩辕帝的大儿子真武不想当官

实 例

汉族 轩辕帝的大太子真武不愿在宫廷为官，特请求去风后岭庙修行。

【流传】河南省·（郑州市）·新郑市

【出处】许治业讲，张爱民采录整理：《王母娘娘磨绣针》，见张振犁编著，孟宪明、朱淑君统纂《中原神话通鉴》（第三卷），郑州：河南大学出版社 2017 年版，第 744 页。

W0695. 3. 2. 2

黄帝的大儿子轩武

实 例

汉族 黄帝的大儿子轩武居风后岭。

【流传】河南省·（郑州市）·新密市

【出处】史丙辰讲，张宝锁采录整理：《玉皇大帝强占修道洞》，见张振犁编著，孟宪明、朱淑君统纂《中原神话通鉴》（第二卷），郑州：河南大学出版社 2017 年版，第 680 页。

W0695. 3. 2. 2. 1

黄帝的大太子轩武封地风后岭

实 例

汉族 轩辕黄帝的大太子轩武，在封地风后岭深受老百姓的爱戴。

【流传】河南省·（郑州市）·新密市

【出处】史丙辰讲，张宝锁采录整理：《玉皇大帝强占修道洞》，见张振犁编著，孟宪明、朱淑君统纂《中原神话通鉴》（第二卷），郑州：河南大学出版社 2017 年版，第 679 页。

W0695. 3. 2. 3

黄帝的儿子玄嚣、昌意

实 例

汉族 黄帝的儿子，一个叫玄嚣，一个叫昌意。

【流传】中原一带

【出处】

（a）蔡怡赖搜集整理：《黄帝选贤》，见张楚北编《中原神话》，郑州：海燕出版社 1988 年版。

（b）同（a），见姚宝瑄主编《中国各民族神话》（汉族），太原：山西出版传媒集团·书海出版社 2014 年版，第416~418页。

W0695.3.2.3.0 黄帝与嫘祖婚生二子玄嚣、昌意

【关联】［W0703.4.3.1］黄帝娶正妃西陵氏于大梁

实 例

汉族 帝娶西陵氏于大梁，曰嫘祖为元妃。生二子玄嚣、昌意。时元妃西陵氏始养蚕为丝。

【流传】（无考）

【出处】［北宋］张君房：《云笈七签·轩辕本纪》。

W0695.3.2.3.1 昌意

【关联】

① ［W0763.1.2.1］昌意与嫘仆婚生颛顼

② ［W0763.4.1.2］颛顼的祖父昌意

③ ［W0763.4.2.2.1］颛顼的父亲昌意

实 例

（参见下级母题实例）

W0695.3.2.3.1.1 黄帝和雷祖生昌意

实 例

汉族 黄帝和妻子雷祖，生了昌意。

【流传】（无考）

【出处】《颛顼隔断天地的通路》，原载袁珂编译《中国神话故事》，见陶阳、钟秀编《中国神话》（上），北京：商务印书馆2008年版，第195~198页。

W0695.3.2.3.1.2 昌意在天廷犯错被贬若水

实 例

汉族 黄帝的儿子昌意在天廷犯了过错，被贬谪到下方的若水去居住。

【流传】（无考）

【出处】《颛顼隔断天地的通路》，原载袁珂编译《中国神话故事》，见陶阳、钟秀编《中国神话》（上），北京：商务印书馆2008年版，第195~198页。

W0695.3.2.4 黄帝有25个儿子

实 例

汉族 黄帝跟前有二十五个儿子，可是就数这三个女儿讨他喜欢。

【流传】河南省·（郑州市）·新密市

【出处】高力升采录整理：《天仙庙与白松楼》，见张振犁编著，孟宪明、朱淑君统纂《中原神话通鉴》（第二卷），郑州：河南大学出版社2017年版，第716页。

W0695.3.2.4.1 黄帝25子中得姓者14人

实 例

汉族 黄帝二十五子，其得姓者十四人。黄帝居轩辕之丘，而娶西陵氏之女，是为嫘祖。嫘祖为黄帝正妃，生二子，其后皆有天下；其一曰玄嚣，是为青阳，青阳降居江水；其二曰昌意，降居若水。

【流传】（无考）

【出处】［西汉］司马迁：《史记》。

W0695.3.2.5

黄帝的儿子累祖（嫘祖）

【关联】［W0448.2.1.5］黄帝之子累祖成为路神

实 例

汉族 昔黄帝之子累祖，好远游而死于道，故后人以为行神也。

【流传】（无考）

【出处】［东汉］班固等：《汉书·临江闵王荣传》［唐］颜师古注。

民族无考 路神乃黄帝之子累祖，相传其酷爱旅行，常年游走各地而终死于途中。故民间奉其为“行神”。

【流传】（无考）

【出处】《路神》，见乌丙安主编《中国民间神谱》，沈阳：辽宁人民出版社2007年版，第126页。

W0695.3.2.6

黄帝的儿子骆明

实 例

汉族 黄帝生骆明，骆明生白马，白马是为鲧。

【流传】（无考）

【出处】［战国至汉］撰者不详：《山海经·海内经》。

W0695.3.3

黄帝的女儿

实 例

（参见下级母题实例）

W0695.3.3.1

黄帝的女儿魃（女魃，旱魃）

【关联】［W0463.3.1.3］旱魃

实 例

汉族 为了彻底打败蚩尤，黄帝又把自己的女儿女魃召来助战。

【流传】陕西省·（延安市）·黄陵县

【出处】郭诚整理：《黄帝战蚩尤》，原载黄陵县文化馆编《轩辕黄帝传说故事》，见陶阳、钟秀编《中国神话》（中），北京：商务印书馆2008年版，第787～792页。

W0695.3.3.1.1

女魃的特征

实 例

（参见下级母题实例）

W0695.3.3.1.1.1

女魃青衣

实 例

汉族 有人衣青衣，名曰黄帝女魃。蚩尤作兵伐黄帝，黄帝乃令应龙攻之冀州之野。应龙蓄水，蚩尤请风伯雨师纵大风雨。黄帝乃下天女曰魃。雨止，遂杀蚩尤。

【流传】（无考）

【出处】［战国至汉］撰者不详：《山海经·大荒北经》。

W0695.3.3.1.1.2

女魃头似金鸡，面如月盘，身似青蛇

实 例

汉族 黄帝、风后被蚩尤战败后，正要挥旗收兵，只见从西北天空飞来一位女郎，头似金鸡，面如月盘，身似青蛇，两翼如孔雀开屏，两脚似凤爪，倏然落在黄帝身边说："爹爹勿忧，待我破风伯、雨师的妖术！"说罢，从翅膀上拔出一根羽毛，放在手掌之上，用嘴一吹，变成一根火棍，击败风伯、雨师。这位女郎名叫女魃。

【流传】河南省·（郑州市）·新郑市

【出处】刘文学采录整理：《女魃战雨师》，见张振犁编著，孟宪明、朱淑君统纂《中原神话通鉴》（第二卷），郑州：河南大学出版社 2017 年版，第 547 页。

W0695.3.3.1.1.3

魃长二三尺

实 例

汉族 南方有人，长二三尺，裸形，而目在顶上，走行如风，名曰魃。所见之国大旱，赤地千里。一曰旱母，一曰狢，遇者得之，投溷中乃死，旱灾销也。

【流传】（无考）

【出处】［北宋］李昉、李穆、徐铉等：《太平御览》卷八八三引《神异经》。

W0695.3.3.1.1.4

魃目在头顶上

实 例

汉族 （参见"W0695.3.3.1.1.3 魃长二三尺"母题实例）

W0695.3.3.1.1.5

魃走行如风

实 例

汉族 （参见"W0695.3.3.1.1.3 魃长二三尺"母题实例）

W0695.3.3.1.2

女魃的身份

实 例

（参见下级母题实例）

W0695.3.3.1.2.1

女魃是旱神

实 例

汉族 "旱魃为虐，如惔如焚。"毛

传：“魃，旱神也。”

【流传】（无考）

【出处】《诗·大雅·云汉》毛传。

汉族 有人衣青衣，名曰黄帝女魃。所居不雨。

【流传】（无考）

【出处】［战国至汉］撰者不详：《山海经·大荒北经》。

汉族 女魃是个旱神，专会收云息雨。她身上能散发出极大的热量，每到一处，云散雨收，烈日当空，赤地千里，到哪儿就给哪儿的百姓造成灾难。

【流传】陕西省·（延安市）·黄陵县

【出处】郭诚整理：《黄帝战蚩尤》，原载黄陵县文化馆编《轩辕黄帝传说故事》，见陶阳、钟秀编《中国神话》（中），北京：商务印书馆 2008 年版，第 787～792 页。

W0695. 3. 3. 1. 2. 1a

女魃是扫晴娘（止雨神）

实 例

民族无考 女魃是主止雨天晴之神

【流传】（无考）

【出处】《扫晴娘》，见乌丙安主编《中国民间神谱》，沈阳：辽宁人民出版社 2007 年版，第 132 页。

W0695. 3. 3. 1. 2. 2

女魃是天上一位灶神

实 例

汉族 黄帝的女儿女魃，乃是天上一位灶神。

【流传】河南省·（郑州市）·新郑市

【出处】刘文学采录整理：《女魃战雨师》，见张振犁编著，孟宪明、朱淑君统纂《中原神话通鉴》（第二卷），郑州：河南大学出版社 2017 年版，第 548 页。

W0695. 3. 3. 1. 2. 3

魃是神女

实 例

汉族 “锺山者，有女子衣青衣，名曰赤水女子献。”郭璞注：“神女也。”吴承志云：“献当作魃。上文有人衣青衣名曰黄帝女魃，后置之赤水之北，赤水女子魃即黄帝女魃也。”

【流传】（无考）

【出处】［战国至汉］撰者不详：《山海经·大荒北经》郭璞注，吴承志注。

W0695. 3. 3. 1. 3

与女魃有关的其他母题

实 例

（参见下级母题实例）

W0695. 3. 3. 1. 3. 1

女魃会法术

实 例

汉族 黄帝战蚩尤时，黄帝的女儿女魃来了，施展法术，将风伯、雨师打败，黄帝又打了一个大胜仗。

【流传】河南省·（郑州市）·新郑市

【出处】刘文学采录整理：《指南车破雾》，见张振犁编著，孟宪明、朱淑君统纂《中原神话通鉴》（第二卷），郑州：河南大学出版社 2017 年版，第 561 页。

W0695.3.3.1.3.2 黄帝的女儿女魃耗尽功力留在人间

实 例

汉族 黄帝的女儿女魃曾云游各地，驱赶暴风淫雨，拯救百姓。因帮助黄帝攻打风伯、雨师，耗尽身上功力，再也飞不上天空，只好留在人间。

【流传】河南省·（郑州市）·新郑市

【出处】刘文学采录整理：《女魃战雨师》，见张振犁编著，孟宪明、朱淑君统纂《中原神话通鉴》（第二卷），郑州：河南大学出版社 2017 年版，第 548 页。

汉族 有人衣青衣，名曰黄帝女魃。蚩尤作兵伐黄帝，黄帝乃令应龙攻之冀州之野。应龙蓄水，蚩尤请风伯雨师纵大风雨。黄帝乃下天女曰魃。雨止。魃不得复上，所居不雨。

【流传】（无考）

【出处】［战国至汉］撰者不详：《山海经·大荒北经》。

W0695.3.3.1.3.3 黄帝的女儿旱芭

实 例

（参见下级母题实例）

W0695.3.3.1.3.3.1 黄帝的女儿旱芭浑身是火

实 例

汉族 黄帝的女儿旱芭浑身是火，她到哪里，哪里就是焦土。

【流传】河南省·（南阳市）·桐柏县

【出处】刘剑讲，柳丹采录整理：《旱芭和嫫女》，见张振犁编著，孟宪明、朱淑君统纂《中原神话通鉴》（第二卷），郑州：河南大学出版社 2017 年版，第 516 页。

W0695.3.3.1.3.3.2 黄帝的女儿旱芭与太阳神结拜兄妹

实 例

汉族 黄帝的女儿旱芭在天宫时，和太阳神很要好，他们是结拜兄妹。

【流传】河南省·（南阳市）·桐柏县

【出处】刘剑讲，柳丹采录整理：《旱芭和嫫女》，见张振犁编著，孟宪明、朱淑君统纂《中原神话通鉴》（第二卷），郑州：河南大学出版社 2017 年版，第 516 页。

W0695.3.3.1.3.4
旱魃住北方

实 例

汉族 黄帝的女儿女魃居住在北方，所以，北方经常缺雨少水，人们称她为“旱魃”。

【流传】河南省·（郑州市）·新郑市

【出处】刘文学采录整理：《女魃战雨师》，见张振犁编著，孟宪明、朱淑君统纂《中原神话通鉴》（第二卷），郑州：河南大学出版社 2017 年版，第 548 页。

W0695.3.3.1.3.4a
旱神女魃没有固定的住处

实 例

汉族 旱神女魃只好到处乱跑，没有固定的住处。轩辕便让她住在赤水以北的地方，再不准她到处乱跑了。但是女魃跑惯了，有时忍受不住约束，还是经常偷偷逃出来，自由自在地闲逛。

【流传】陕西省·（延安市）·黄陵县

【出处】郭诚整理：《黄帝战蚩尤》，原载黄陵县文化馆编《轩辕黄帝传说故事》，见陶阳、钟秀编《中国神话》（中），北京：商务印书馆 2008 年版，第 787 ~ 792 页。

W0695.3.3.1.3.4b
女魃住在昆仑山

实 例

汉族 旱神女魃住在遥远的昆仑山上。

【流传】陕西省·（延安市）·黄陵县

【出处】郭诚整理：《黄帝战蚩尤》，原载黄陵县文化馆编《轩辕黄帝传说故事》，见陶阳、钟秀编《中国神话》（中），北京：商务印书馆 2008 年版，第 787 ~ 792 页。

W0695.3.3.1.3.5
旱魃喝干河水

实 例

白族 旱魃堵住苍山十八溪之一茫涌溪的出水口，把山上流下来的溪水喝干。

【流传】（无考）

【出处】李缵绪整理：《赤子三爷神》，见姚宝瑄主编《中国各民族神话》（白族、拉祜族、景颇族），太原：山西出版传媒集团·书海出版社 2014 年版，第 108 页。

W0695.3.3.2
黄帝有 3 个女儿

实 例

（参见下级母题实例）

W0695.3.3.2.1
黄帝的 3 个女儿为嫘祖一胎所生

实 例

汉族 黄帝有三个女儿，是嫘祖一胎所生，所以长得一模一样，既聪明又漂亮。

【流传】 河南省·（郑州市）·新密市

【出处】 高力升采录整理：《天仙庙与白松楼》，见张振犁编著，孟宪明、朱淑君统纂《中原神话通鉴》（第二卷），郑州：河南大学出版社 2017 年版，第 716 页。

W0695.3.3.2.1.1

轩辕黄帝正妻嫘祖第一胎生下彩英、彩娥、彩虹 3 个女儿

实 例

汉族 河南新郑市轩辕丘西北角，有一处品字形荒坟冢，相传那是轩辕黄帝三个女儿的坟墓。轩辕黄帝正妻嫘祖，第一胎生下三个女儿，分别给他们取名为彩英、彩娥、彩虹。

【流传】 河南省·（郑州市）·新郑市、（新密市）

【出处】 王流舟采录整理：《黄帝三女冢》，见张振犁编著，孟宪明、朱淑君统纂《中原神话通鉴》（第二卷），郑州：河南大学出版社 2017 年版，第 530 页。

W0695.3.3.2.2

黄帝有天仙、地仙、人仙 3 个女儿

【关联】

① ［W0800］ 仙人（神仙）

② ［W0825］ 天仙

③ ［W0827.2］ 地仙

实 例

汉族 黄帝有三个女儿。大女儿叫天仙，二女儿叫地仙，三女儿叫人仙。

【流传】 河南省·（郑州市）·新密市

【出处】 高力升采录整理：《天仙庙与白松楼》，见张振犁编著，孟宪明、朱淑君统纂《中原神话通鉴》（第二卷），郑州：河南大学出版社 2017 年版，第 716 页。

W0695.3.3.2.3

黄帝的 3 个女儿性格不同

实 例

汉族 黄帝的二女儿与姐姐相反，生性粗矿，爱跑爱跳，更爱舞枪弄棒，经常偷偷跑到军营中骑马射箭，跟随风后、力牧、常先、大鸿等学习文韬武略。第三个女儿人仙与她两个姐姐更是不同。她生性孤僻、文静，看到人们经常为争夺地盘，抢夺财物，东砍西杀，死于非命，就要求父亲让她出家修道，为那些死亡的人祈祷，祝愿他们的亡灵早日归天，得到超度。

【流传】 河南省·（郑州市）·新密市

【出处】 高力升采录整理：《天仙庙与白松楼》，见张振犁编著，孟宪明、朱淑君统纂《中原神话通鉴》（第二卷），郑州：河南大学出版社 2017 年版，第 716 页。

W0695. 3. 3. 2. 3. 1
黄帝的大女儿性格温顺

实 例

汉族 黄帝的大女儿天仙，生性温柔典雅，不爱多说闲话，经常跟随母亲嫘祖，植桑养蚕，抽丝织锦，大门不出，二门不踩，是一个地道的温顺女儿。

【流传】河南省·（郑州市）·新密市

【出处】高力升采录整理：《天仙庙与白松楼》，见张振犁编著，孟宪明、朱淑君统纂《中原神话通鉴》（第二卷），郑州：河南大学出版社 2017 年版，第 716 页。

W0695. 3. 3. 2. 4
黄帝的 3 个女儿修炼成仙

实 例

汉族 黄帝的三个女儿天仙、地仙、人仙姊妹仨都修成正果，升天成仙。

【流传】河南省·（郑州市）·新密市

【出处】高力升采录整理：《天仙庙与白松楼》，见张振犁编著，孟宪明、朱淑君统纂《中原神话通鉴》（第二卷），郑州：河南大学出版社 2017 年版，第 717 页。

W0695. 3. 3. 2. 5
黄帝 3 女儿修身学道黄姑仙岛

实 例

汉族 在溱洧二水交汇处，有一个黄姑仙岛。传说这里曾是黄帝三女儿修身学道的幽栖胜地。

【流传】河南省·（郑州市）·新密市

【出处】王耀斌采录整理：《黄姑仙岛的传说》，见张振犁编著，孟宪明、朱淑君统纂《中原神话通鉴》（第二卷），郑州：河南大学出版社 2017 年版，第 671 页。

W0695. 3. 3. 2. 6
黄帝的三女儿叫灵秀

实 例

（参见下级母题实例）

W0695. 3. 3. 2. 6. 1
三女儿灵秀是轩辕氏和妻子嫘祖的掌上明珠

实 例

汉族 黄帝的三女儿叫灵秀，是轩辕氏和妻子嫘祖的掌上明珠。

【流传】河南省·（郑州市）·新郑市

【出处】张永林采录整理：《白龙潭与黑龙潭》，见张振犁编著，孟宪明、朱淑君统纂《中原神话通鉴》（第二卷），郑州：河南大学出版社 2017 年版，第 729 页。

W0695. 3. 4
黄帝的孙子

实 例

（参见下级母题实例）

W0695.3.4.1 黄帝之孙禺强（玄冥、禺疆、禺京）

【关联】［W0254.8.3.1］北方神禺疆人面鸟身

实 例

汉族 黄帝的孙子禺强是海神而兼风神。

【流传】（无考）

【出处】《颛顼隔断天地的通路》，原载袁珂编译《中国神话故事》，见陶阳、钟秀编《中国神话》（上），北京：商务印书馆2008年版，第195～198页。

W0695.3.4.1.1 禺强是海神、风神和瘟神

【关联】［W0414.1.4.3.1］黄帝的孙子禺强是海神兼风神

实 例

汉族 禺强（玄冥）是传说中的海神、风神和瘟神，也作“禺疆”、“禺京”，据传为黄帝之孙。

【流传】（无考）

【出处】https：//baike.baidu.com/item。

W0695.3.4.2 黄帝之孙鲧

实 例

汉族 黄帝生骆明，骆明生白马，白马是为鲧。

【流传】（无考）

【出处】［战国至汉］撰者不详：《山海经·海内经》。

汉族 鲧的父亲是骆明，骆明的父亲是黄帝，他便是黄帝的孙儿。

【流传】（无考）

【出处】袁珂重述：《鲧偷取息壤平治洪水》，原载袁珂编译《中国神话故事》，见陶阳、钟秀编《中国神话》（上），北京：商务印书馆2008年版，第407～411页。

W0695.3.4.3 黄帝之孙韩流

实 例

汉族 黄帝的儿子昌意在下方的若水居住，生了韩流。

【流传】（无考）

【出处】《颛顼隔断天地的通路》，原载袁珂编译《中国神话故事》，见陶阳、钟秀编《中国神话》（上），北京：商务印书馆2008年版，第195～198页。

W0695.3.4.3.1 韩流

实 例

（参见下级母题实例）

W0695. 3. 4. 3. 1. 1

韩流麒麟身，长颈子，小耳朵，人脸猪嘴猪脚

实 例

汉族 黄帝的孙子韩流的形状很奇怪：长颈子，小耳朵，人的脸，猪的嘴巴，麒麟的身子，两条腿是生在一起的，加上一对猪的脚。

【流传】（无考）

【出处】《颛顼隔断天地的通路》，原载袁珂编译《中国神话故事》，见陶阳、钟秀编《中国神话》（上），北京：商务印书馆 2008 年版，第 195 ~ 198 页。

W0695. 4

黄帝的辅佐（黄帝的从属）

实 例

（参见下级母题实例）

W0695. 4. 1

黄帝的辅佐风后

实 例

（参见下级母题实例）

W0695. 4. 1. 1

黄帝因梦得风后

实 例

汉族 黄帝做了一个梦，梦见狂风大作，把天下的尘垢全部刮跑了。他想：风为号令，是指执政的人，这个人姓“风”；“垢”字去了土字旁，是个“后”字，名字叫“后”。天下难道有姓“风”名“后”的人吗？遂得风后。

【流传】河南省·（郑州市）·新郑市

【出处】蔡柏顺采录整理：《轩辕故里》，见张振犁编著，孟宪明、朱淑君统纂《中原神话通鉴》（第二卷），郑州：河南大学出版社 2017 年版，第 512 页。

W0695. 4. 1. 2

黄帝的大臣风后

实 例

汉族 黄帝的大臣风后领着兵杀出城来战蚩尤。

【流传】河北省·（张家口市）·涿鹿（涿鹿县）

【出处】李怀全采录整理：《黄帝巧摆八卦阵》，原载涿鹿县志编纂委员会新编《涿鹿县志》，河北人民出版社 1994 年版，见张振犁编著，孟宪明、朱淑君统纂《中原神话通鉴》（第二卷），郑州：河南大学出版社 2017 年版，第 565 页。

W0695. 4. 1. 3

风氏姓即伏羲氏之姓，是黄帝三臣之一

实 例

汉族 风氏姓也，伏羲氏之姓。黄帝

臣三公之一也。

【流传】（无考）

【出处】［南宋］郑樵：《通志·氏族略》。

W0695.4.2

黄帝的辅佐后土

实 例

汉族 中央，土也，其帝黄帝，其佐后土。

【流传】（无考）

【出处】《淮南子·天文训》，见［西汉］刘安等著，陈广忠译注《淮南子译注》，长春：吉林文史出版社1990年版，第108页。

W0695.4.3

黄帝的大将应龙

【关联】［W0717.3.2.1］女娲雷车驾应龙

实 例

汉族 蚩尤作兵伐黄帝，黄帝乃令应龙攻之冀州之野。应龙畜水。蚩尤请风伯雨师，纵大风雨。黄帝乃下天女曰魃，雨止，遂杀蚩尤。

【流传】（无考）

【出处】［战国至汉］撰者不详：《山海经·大荒北经》。

汉族 应龙也是黄帝身旁一员大将。

【流传】河南省·（郑州市）·新郑市

【出处】刘文学采录整理：《女魃战雨师》，见张振犁编著，孟宪明、朱淑君统纂《中原神话通鉴》（第二卷），郑州：河南大学出版社2017年版，第547页。

W0695.4.3.1

应龙与素女是夫妻

实 例

汉族 黄帝听说素女帮助应龙取回兽骨，就让应龙与素女结为夫妻，共同制造军鼓，送往涿鹿。

【流传】河南省·（郑州市）·新郑市

【出处】刘文学采录整理：《雷泽取兽骨》，见张振犁编著，孟宪明、朱淑君统纂《中原神话通鉴》（第二卷），郑州：河南大学出版社2017年版，第550页。

W0695.4.3.2

应龙是天上管雨水之神

实 例

汉族 应龙也是黄帝身旁一员大将。传说是天上管雨水之神，有蓄水本领。

【流传】河南省·（郑州市）·新郑市

【出处】刘文学采录整理：《女魃战雨师》，见张振犁编著，孟宪明、朱淑君统纂《中原神话通鉴》（第二卷），郑州：河南大学出版社2017年版，第547页。

W0695.4.3.2.1

应龙会喷水

实 例

汉族 黄帝与蚩尤战了几个回合，黄帝的士兵节节败退时，应龙及时赶到，即刻从口中吐出一条水柱，朝着蚩尤的兵士喷去，喷得他们摇摇晃晃，步步后退。

【流传】河南省·（郑州市）·新郑市

【出处】蔡英生（75岁，教师）讲，蔡柏顺采录整理：《黄帝初战蚩尤》，见张振犁编著，孟宪明、朱淑君统纂《中原神话通鉴》（第二卷），郑州：河南大学出版社2017年版，第541页。

W0695. 4. 3. 3

应龙化作黑龙吸水

实 例

汉族 应龙化作一条巨大的黑龙，在乌云中昂首摆尾，张开门扇似的大口，将那倾盆暴雨吸入口中。

【流传】河南省·（郑州市）·新郑市

【出处】刘文学采录整理：《女魃战雨师》，见张振犁编著，孟宪明、朱淑君统纂《中原神话通鉴》（第二卷），郑州：河南大学出版社2017年版，第547页。

W0695. 4. 3. 4

应龙战蚩尤

实 例

汉族 应龙穿有素女所赐的草鞋，也腾空而起，手拿金斧追赶过去，和蚩尤在空中一来一往交战。

【流传】河南省·（郑州市）·新郑市

【出处】刘文学采录整理：《夔鼓败蚩尤》，见张振犁编著，孟宪明、朱淑君统纂《中原神话通鉴》（第二卷），郑州：河南大学出版社2017年版，第555页。

W0695. 4. 3. 5

应龙的金斧

实 例

汉族 应龙救了素女变成的受伤的仙鹤后，素女从头上拔下一根金簪，摇了一下，将它变成一把闪闪发光的金斧，交给应龙。

【流传】河南省·（郑州市）·新郑市

【出处】刘文学采录整理：《雷泽取兽骨》，见张振犁编著，孟宪明、朱淑君统纂《中原神话通鉴》（第二卷），郑州：河南大学出版社2017年版，第549页。

W0695. 4. 4

黄帝的大将力牧

实 例

汉族 黄帝的大将力牧是牧马人出身，对放牧牲畜很有门道，黄帝就叫他负责发展农牧业生产。

【流传】河南省·（郑州市）·新密市

【出处】张造讲，高力升采录：《黄帝战蚩尤》，见张振犁编著，孟宪明、朱淑君统纂《中原神话通鉴》（第二卷），郑州：河南大学出版社2017年版，第535页。

W0695.4.4.1

黄帝因梦得大将力牧

实 例

汉族 黄帝梦见了一个膀大腰圆的彪形大汉，手里握着千钧重的弓弩，驱赶着万群牛羊。黄帝醒来后，自己圆起梦来：能握得动千钧之弩，必然力大无穷，这个人姓“力”；能够驱赶牛羊万群，一定是个很会放牧的人，这人叫“牧”。天下难道会有姓“力”名“牧”的人吗？后来果然找到大将力牧相助。

【流传】河南省·（郑州市）·新郑市

【出处】蔡柏顺采录整理：《轩辕故里》，见张振犁编著，孟宪明、朱淑君统纂《中原神话通鉴》（第二卷），郑州：河南大学出版社2017年版，第512页。

W0695.4.4.2

黄帝的臣下力牧居东海大泽

实 例

汉族 黄帝去东海大泽访得了力牧。力牧自幼放牧牛羊，有一手养马驯兽的本领。他身躯高大，力气超人，单手能将大牛撂个筋斗，双手能举起一只大黑熊。

【流传】河南省·（郑州市）·新密市

【出处】李老四讲，高力升采录整理：《力牧台》，见张振犁编著，孟宪明、朱淑君统纂《中原神话通鉴》（第二卷），郑州：河南大学出版社2017年版，第602页。

W0695.4.4.3

黄帝的大将力牧部下的储粮官仓王

实 例

汉族 仓王是黄帝的大将力牧部下的一个储粮官。

【流传】河南省·（郑州市）·新密市

【出处】高力升、李高强采录整理：《仓王》，见张振犁编著，孟宪明、朱淑君统纂《中原神话通鉴》（第二卷），郑州：河南大学出版社2017年版，第718页。

W0695.4.5

黄帝的大将常伯

实 例

（参见下级母题实例）

W0695.4.5.1

常伯公而忘私

实 例

汉族 黄帝祭天求雨需要一只虎。大将常伯却被捕捉到的虎送给了更需要虎的外族人。常伯对等待祭天的众人说：“父老乡亲，缺一只虎头，不必犯愁，用我的头顶替。”说罢，抡起石斧，就要自刎。

【流传】河南省·（郑州市）·新郑市、（新密市）

【出处】:《杀身祭天的传说》，原载蔡柏顺《炎黄二帝研究》，华龄出版社1992年版，见张振犁编著，孟宪明、朱淑君统纂《中原神话通鉴》（第二卷），郑州：河南大学出版社2017年版，第611页。

W0695. 4. 6

黄帝有多名大将

实 例

（参见下级母题实例）

W0695. 4. 6. 1

黄帝访得大鸿、大隗、具茨、武定四员大将

实 例

汉族 炎帝的儿子蚩尤又反叛作乱，黄帝又访得大鸿、大隗、具茨、武定四员大将，才打败了蚩尤。

【流传】河南省·（郑州市）·新密市

【出处】张造、王石磙（云岩宫园林工人）讲，高力升采录:《云岩宫》，见张振犁编著，孟宪明、朱淑君统纂《中原神话通鉴》（第二卷），郑州：河南大学出版社2017年版，第539页。

W0695. 4. 6. 2

黄帝令力牧、大隗、常先请风婆、雷公迎战蚩尤

实 例

汉族 蚩尤从河北涿鹿发兵中原时，黄帝令力牧、大隗、常先请来风婆、雷公迎战蚩尤。

【流传】河南省·（郑州市）·新密市

【出处】高力升采录整理:《天仙庙与白松楼》，见张振犁编著，孟宪明、朱淑君统纂《中原神话通鉴》（第二卷），郑州：河南大学出版社2017年版，第717页。

W0695. 4. 6. 3

黄帝召集风后、常先、大鸿、力牧、祝融、刑天等商事

实 例

汉族 黄帝为解救受蚩尤干扰的众部落，召集风后、常先、大鸿、力牧、祝融、刑天等商议此事。

【流传】河南省·（郑州市）·新密市

【出处】刘文学采录整理:《风后八卦阵》，见张振犁编著，孟宪明、朱淑君统纂《中原神话通鉴》（第二卷），郑州：河南大学出版社2017年版，第566页。

W0695. 4. 6. 4

黄帝逐鹿战蚩尤时，左有风后，右有常伯，后有力牧

【关联】

① ［W8806. 2］炎黄战蚩尤

② ［W8806. 3］黄帝战蚩尤

实 例

汉族 黄帝逐鹿战蚩尤时，左有风

后，右有常伯，后有力牧。

【流传】河南省·（郑州市）·新郑市

【出处】：《黄帝大战涿鹿》，见张振犁编著，孟宪明、朱淑君统纂《中原神话通鉴》（第二卷），郑州：河南大学出版社2017年版，第543页。

W0695.4.6.5

轩辕黄帝得大鸿氏、武定和常先三人

实 例

汉族 轩辕黄帝得大鸿氏、武定和常先三人，如虎添翼。

【流传】河南省·（郑州市）·新密市

【出处】许鹤亭讲，高力升、李高强整理：《黄帝寻访大隗真人》，见张振犁编著，孟宪明、朱淑君统纂《中原神话通鉴》（第二卷），郑州：河南大学出版社2017年版，第682页。

W0695.4.6.6

黄帝左有风后，右有常伯，后有力牧

实 例

汉族 黄帝左有风后，右有常伯，后有力牧。

【流传】（无考）

【出处】

（a）蔡英生讲，蔡柏顺采录：《大战涿鹿》，载《民间文学》1991年第8期。

（b）同（a），见陶阳、钟秀编《中国神话》（中），北京：商务印书馆2008年版，第785～786页。

W0695.4.7

黄帝的大臣

实 例

（参见下级母题实例）

W0695.4.7.1

黄帝的属臣风伯雨师

【关联】［W0299.1.3.3a］风伯是黄帝的部下

实 例

（参见下级母题实例）

W0695.4.7.1.1

黄帝让风伯雨师止雨

实 例

汉族 黄帝复率诸侯再伐蚩尤于冀州。蚩尤率魑魅魍魉，请风伯雨师从天大风而来，命应龙蓄水以攻黄帝。黄帝请风伯雨师及天下女祆以止雨于东荒之地。

【流传】（无考）

【出处】［北宋］张君房：《云笈七签·轩辕本纪》。

W0695.4.7.2

黄帝大臣常先

实 例

汉族 黄帝身边有一个大臣名叫

常先。

【流传】河南省·（郑州市）·新郑市

【出处】《常先造鼓》，原载任化民，王谦编《荆山黄帝陵》，内部编印，1994年，见张振犁编著，孟宪明、朱淑君统纂《中原神话通鉴》（第二卷），郑州：河南大学出版社2017年版，第628页。

W0695.4.7.3

黄帝有3个大臣

实 例

汉族 （参见“W0695.4.1.3 风氏姓即伏羲氏之姓，是黄帝三臣之一”母题实例）

W0695.4.7.4

黄帝有6个佐臣

实 例

（参见下级母题实例）

W0695.4.7.4.1

黄帝有蚩尤、大常、奢龙、祝融、大封、后土六相

实 例

汉族 昔者黄帝得蚩尤而明于天道，得大常而察于地利，得奢龙而辨于东方，得祝融而辨于南方，得大封而辨于西方，得后土而辨于北方。黄帝得六相而天地治，神明至。蚩尤明乎天道，故使为当时；大常察乎地利，故使为廪者，奢龙辨乎东方，故使为土师，祝融辨乎南方，故使为司徒；大封辨于西方，故使为司马；后土辨乎北方，故使为李。

【流传】（无考）

【出处】［春秋］管仲：《管子·五行》。

W0695.4.7.5

黄帝的佐臣伯夷

【关联】［W0763.4.9.1］颛顼的老师伯夷父

实 例

（参见下级母题实例）

W0695.4.7.5.1

伯夷制造五刑

实 例

汉族 当尧之时，伯夷为秩宗。

【流传】（无考）

【出处】［西汉］刘向：《说苑·君道》。

W0695.4.7.5.2

伯夷能礼于神

实 例

汉族 伯夷能礼于神，以佐尧者也。

【流传】（无考）

【出处】［春秋］左丘明：《国语·郑语》。

W0695.4.7.6

黄帝的辅佐榆冈

【关联】［W0735b.6.1］神农之孙榆冈

实 例

汉族 （参见“W0735b.6.1 神农之孙榆罔”母题实例）

W0695.4.7.7

黄帝的臣下共鼓、货狄

实 例

汉族 “共鼓、货狄作舟。”宋衷注：“二人并黄帝臣。

【流传】（无考）

【出处】［先秦］史官修撰：《世本·作篇》宋衷注。

W0695.4.7.8

黄帝的臣下仓颉

实 例

汉族 黄帝欲征蚩尤时，迎日推策以封胡为将，以夫人费修之子为太子，用张若阳朋、力牧、容光、龙行、苍颉、容成、大挠、奢龙众臣以为羽翼，战蚩尤于涿鹿。

【流传】（无考）

【出处】［元］赵道一：《历世真仙体道通鉴后集》卷二“九天玄女”条。

汉族 仓颉在黄帝手下当官。

【流传】（无考）

【出处】

（a）吕鸿讲，吴林森、方范搜集整理：《仓颉造字》，载《民间文学》1983年4期。

（b）同（a），见姚宝瑄主编《中国各民族神话》（汉族），太原：山西出版传媒集团·书海出版社2014年版，第402~403页。

W0695.4.7.9

黄帝臣岐伯

实 例

汉族 黄帝时，虽封泰山，然风后、封臣、岐伯令黄帝封东泰山，禅凡山，合符，然后不死焉。

【流传】（无考）

【出处】［西汉］司马迁：《史记·封禅书》。

汉族 太古有岐伯、俞拊。黄帝臣。

【流传】（无考）

【出处】［东汉］班固等：《汉书·艺文志》。

W0695.4.7.9.1

岐伯尝百草制药方

【关联】［W0735.2］神农尝百草

实 例

汉族 岐伯，黄帝臣也。帝使岐伯尝味草木，典主医病，经方《本草》、《素问》之书咸出焉。

【流传】（无考）

【出处】［北宋］李昉、李穆、徐铉等：《太平御览》卷七二一引《帝王世纪》。

W0695. 4. 7. 9. 2

歧伯乘绛云之车，驾十二白鹿

实 例

汉族 歧伯乘绛云之车，驾十二白鹿，游于蓬莱之中。

【流传】（无考）

【出处】［北宋］李昉、李穆、徐铉等：《太平御览》卷八引《黄帝歧伯经》。

W0695. 5

黄帝的师傅（黄帝的老师）

实 例

（参见下级母题实例）

W0695. 5. 1

黄帝拜师广成子

实 例

汉族 黄帝闻听广成子的名字，急忙跪拜说："久闻道长大名，今日才得见面，受弟子一拜！"

【流传】河南省·（郑州市）·新密市

【出处】张造讲，高力升采录整理：《黄帝访广成子》，见张振犁编著，孟宪明、朱淑君统纂《中原神话通鉴》（第二卷），郑州：河南大学出版社 2017 年版，第 689～690 页。

W0695. 5. 1. 1

黄帝到崆峒山拜师广成子

实 例

汉族 黄帝曾到崆峒山（新郑西南具茨山西）拜见广成子，得到指点，先后访得了大隗、大鸿、常先、具茨、武定几员大将。

【流传】河南省·（郑州市）·新密市

【出处】李老四讲，高力升采录整理：《力牧台》，见张振犁编著，孟宪明、朱淑君统纂《中原神话通鉴》（第二卷），郑州：河南大学出版社 2017 年版，第 602 页。

W0695. 5. 1. 2

广成子在神仙洞向黄帝授道

实 例

汉族 广成子见黄帝求道心诚，就在神仙洞里，授道给黄帝。

【流传】河南省·（郑州市）·新密市［采录地点：浮戏山神仙洞］

【出处】慎之建（男，知识分子）讲：《轩辕黄帝骑黑龙升天》（1990. 11. 29），见张振犁编著，孟宪明、朱淑君统纂《中原神话通鉴》（第二卷），郑州：河南大学出版社 2017 年版，第 708 页。

W0695. 5. 1. 2. 1

黄帝在具茨山神仙洞跟广成子修道 3 年

实 例

汉族 黄帝在具茨山西麓的神仙洞跟广成子修道三年。

【流传】河南省·（郑州市）·新密市

【出处】慎广建讲，高力升、高帆采录整理：《黄帝炼仙丹》，见张振犁编著，孟宪明、朱淑君统纂《中原神话通鉴》（第二卷），郑州：河南大学出版社 2017 年版，第 677 页。

W0695.5.2

黄帝拜师华盖

实 例

（参见下级母题实例）

W0695.5.2.1

黄帝拜师华盖后制订历法

实 例

汉族 黄帝拜华盖为师，制订历法。

【流传】河南省·（郑州市）·登封市

【出处】耿直采录整理：《黄帝登嵩山拜华盖》，见张振犁编著，孟宪明、朱淑君统纂《中原神话通鉴》（第二卷），郑州：河南大学出版社 2017 年版，第 687 页。

W0695.5.3

黄帝拜神仙为师

实 例

（参见下级母题实例）

W0695.5.3.1

神仙收黄帝为门徒

实 例

汉族 黄帝与嫘祖到神仙洞求道，终于被神仙收为门徒。

【流传】河南省·（郑州市）·新密市

【出处】高力升、李高采录整理：《黄帝修德观问道的传说》，见张振犁编著，孟宪明、朱淑君统纂《中原神话通鉴》（第二卷），郑州：河南大学出版社 2017 年版，第 675 页。

W0695.5.4

西王母是黄帝的导师

实 例

（参见下级母题实例）

W0695.5.4.1

西王母授黄帝无为正真之道

实 例

汉族 西王母晚年复授黄帝以清静无为正真之道，其辞曰：“饮啄不止身不轻，思虑不止神不清，声色不止心不宁，心不宁则神不灵，神不灵则道不成。其要妙也，不在瞻星礼斗，苦己劳形，贵在湛然方寸无所营营，神仙之道，乃可长生。”

【流传】（无考）

【出处】［唐］杜光庭：《墉城集仙录》卷一“金母元君”条。

W0695.5.5

黄帝之师九天玄女

实 例

汉族 九天玄女者，黄帝之师、圣母

元君弟子也。

【流传】（无考）

【出处】［元］赵道一：《历世真仙体道通鉴后集》卷二“九天玄女”条。

W0695. 5. 6
黄帝的老师天老

实 例

（参见下级母题实例）

W0695. 5. 6. 1
黄帝为征蚩尤拜天老为师

实 例

汉族 黄帝欲征蚩尤，博求贤能，以为己助。得风台于海隅，得力牧于大泽，以大鸿为佐，天老为师。

【流传】（无考）

【出处】［元］赵道一：《历世真仙体道通鉴后集》卷二“九天玄女”条。

W0695. 5. 7
黄帝的老师容成公

【关联】

①［W0789. 6. 2. 2］老子的老师容成公

②［W0827a. 2. 0. 2］八仙是容成公、李耳、董仲舒、张道陵、庄君平、李八百、范长生、尔朱先生

实 例

汉族 容成公是老子之师，后又成为黄帝之师。

【流传】（无考）

【出处】［西汉］刘向：《列仙传》。

W0695. 5. 7. 1
容成公者自称黄帝师

实 例

汉族 容成公者自称黄帝师，见于周穆王，能善辅导之事。

【流传】（无考）

【出处】［西汉］刘向：《列仙传》卷上。

W0695. 5. 7. 2
容成公是黄帝的大臣，也是引导黄帝学习养生术的老师

实 例

汉族 容成公曾是黄帝的大臣，也是引导黄帝学习养生术的老师之一。

【流传】（无考）

【出处】《容成公》，见乌丙安主编《中国民间神谱》，沈阳：辽宁人民出版社 2007 年版，第 280 页。

W0695. 5a
黄帝的点化者

实 例

（参见下级母题实例）

W0695. 5a. 1
黄帝得到鹤发老人的点拨

实 例

（参见下级母题实例）

W0695.5a.1.1

黄帝在鹤发老人的点拨下得治国宝书

实 例

汉族 鹤发老人对黄帝说：“你若是真心实意，需要斋戒七日，然后，独个儿步行，到翠妫河边，就可以得到宝书一本，神图一张。”后来黄帝据此得《神芝图》。

【流传】 河南省·（郑州市）·新郑市

【出处】 蔡柏顺采录整理：《轩辕故里》，见张振犁编著，孟宪明、朱淑君统纂《中原神话通鉴》（第二卷），郑州：河南大学出版社 2017 年版，第 512～513 页。

W0695.5a.1.2

西王母为黄帝授兵符

实 例

汉族 （参见“W0759.5.3 西王母有兵符”母题实例）

W0695.5b

黄帝的恩人（黄帝的贵人）

实 例

（参见下级母题实例）

W0695.5b.1

黄帝被九天玄女所救

实 例

（参见下级母题实例）

W0695.5b.1.1

黄帝跌落悬崖后被九天玄女所救

实 例

汉族 轩辕黄帝到云崖宫讲武练兵时，足下一步踏空，滚进一个雪窟窿里，昏死过去，被九天玄女所救。

【流传】 河南省·（郑州市）·新密市

【出处】 高力升采录整理：《玄女救黄帝》，见张振犁编著，孟宪明、朱淑君统纂《中原神话通鉴》（第二卷），郑州：河南大学出版社 2017 年版，第 557 页。

W0695.6

黄帝的朋友

实 例

（实例待考）

W0695.7

黄帝的对手

实 例

（实例待考）

W0695.8

与黄帝的关系有关的其他母题

实 例

（参见下级母题实例）

W0695. 8. 1

炎黄为亲族

实 例

汉族 远古时代的原始社会末期，少典之子炎帝、黄帝是同父异母的兄弟。

【流传】河南省·（郑州市）·登封市

【出处】《炎黄二帝石》，见张振犁编著，孟宪明、朱淑君统纂《中原神话通鉴》（第二卷），郑州：河南大学出版社 2017 年版，第 503 页。

W0696

黄帝的名称（黄帝的姓氏，黄帝的名字）

实 例

（参见下级母题实例）

W0696. 0

黄帝名称的来历

实 例

（参见下级母题实例）

W0696. 0. 1

因黄帝出生的轩辕丘北边有黄水河，取名黄帝

实 例

汉族 有熊国的国君少典和他的妻子附宝正同部落的男女老少在具茨山下耕作时，轩辕星化作的一条黄龙从天而降，投胎到附宝腹中。第三年在轩辕丘生一男孩，因轩辕丘北边是黄水河，取名“黄帝”。

【流传】河南省·（郑州市）·新密市

【出处】刘文学采录整理：《三帝下凡》，见张振犁编著，孟宪明、朱淑君统纂《中原神话通鉴》（第二卷），郑州：河南大学出版社 2017 年版，第 486 页。

W0696. 0. 2

轩辕氏有土德之瑞故称黄帝

实 例

汉族 轩辕氏有土德之瑞，故被称为黄帝。

【流传】（无考）

【出处】《黄帝》，见乌丙安主编《中国民间神谱》，沈阳：辽宁人民出版社 2007 年版，第 53 页。

W0696. 0. 3

因为轩辕身上沾满黄泥被称为“黄帝”

实 例

汉族 轩辕和神农联合打败蚩尤后，要一起吃饭庆祝胜利，他们做了十几口特别大的鼎坯、上窑，轩辕和他部落的男人们，满头满脸满身都有黄泥，一个个变黄了。神农指着轩辕说：“你这轩辕，干脆叫黄帝好了。”

【流传】湖南省洞庭湖一带

【出处】刘子英整理：《黄帝和炎帝》，原

载卫民编《历代帝王故事》，见陶阳、钟秀编《中国神话》（中），北京：商务印书馆2008年版，第798~801页。

W0696.1

黄帝轩辕氏

【关联】［W1852.6.156］轩辕山

实 例

（参见下级母题实例）

W0696.1.1

黄帝号轩辕

实 例

汉族 “轩辕不可攀兮。”王逸注：“轩辕，黄帝号也；始作车服，天下号之为轩辕氏也。

【流传】（无考）

【出处】［战国］屈原：《楚辞·远游》王逸注。

W0696.1.1.1

黄帝生在轩辕丘，老人为他取名“轩辕”

实 例

汉族 黄帝出生在轩辕丘。一位老人说：“老天叫您生在这轩辕丘上，就起名‘轩辕’。以后大家就叫你姬轩辕。”

【流传】河南省·（郑州市）·新密市

【出处】刘文学采录整理：《三帝下凡》，见张振犁编著，孟宪明、朱淑君统纂《中原神话通鉴》（第二卷），郑州：河南大学出版社2017年版，第486页。

W0696.1.1.2

因黄帝发明轩辕被称为“轩辕黄帝”

实 例

汉族 “轩辕方”之名，是由于将用磁石做手臂的木人置于车轩后端，“轩”的前边有“辕”，此机械即为“轩辕方”。最初指南车形极简陋。后黄帝亦因此功而被尊为轩辕氏，即轩辕黄帝。

【流传】河南省·（郑州市）·新郑市·（七里阎村）

【出处】高梧林（70岁，私塾先生）讲，李新明采录整理：《轩辕方》［点评］，见张振犁编著，孟宪明、朱淑君统纂《中原神话通鉴》（第二卷），郑州：河南大学出版社2017年版，第564页。

W0696.1.1.3

轩辕星自来到人间后，人称“轩辕氏”

实 例

汉族 轩辕星自来到人间后，人称“轩辕氏”。

【流传】河南省·（郑州市）·新郑市

【出处】《八大酋长比武》，原载蔡柏顺《炎黄二帝研究》，华龄出版社1992

年版，见张振犁编著，孟宪明、朱淑君统纂《中原神话通鉴》（第二卷），郑州：河南大学出版社 2017 年版，第 586 页。

W0696. 1. 1. 4

人们为表达对黄帝的敬意，把有熊氏黄帝改称作轩辕黄帝

实　例

汉族 人们为了表达对黄帝的崇敬和爱戴，就把有熊氏黄帝，改称作轩辕黄帝。

【流传】河南省·（郑州市）·新郑市

【出处】高梧林（70 岁，农民）讲，李新明采录整理：《轩辕尊号》，见张振犁编著，孟宪明、朱淑君统纂《中原神话通鉴》（第二卷），郑州：河南大学出版社 2017 年版，第 586 页。

W0696. 1. 1. 5

黄帝造车故号轩辕氏

实　例

汉族 黄帝造车，故号轩辕氏。

【流传】（无考）

【出处】［北宋］李昉、李穆、徐铉等：《太平御览》卷七七二引《释名》。

W0696. 1. 2

轩辕

实　例

（参见下级母题实例）

W0696. 1. 2. 1

轩辕是夏部落的首领

实　例

汉族 黄河流域有两个最大的部落之一的夏部落的首领是轩辕，过着游牧生活。

【流传】（无考）

【出处】兰草搜集整理：《轩辕战蚩尤的故事》，见兰草编《轩辕黄帝传说故事》，西安：陕西旅游出版社 1986 年版，第 3 页

W0696. 1. 2. 2

轩辕是天帝后妃的居处

实　例

汉族 轩辕者，是天帝后妃的居处。

【流传】（无考）

【出处】《淮南子·天文训》，见［西汉］淮南王刘安及门客著，陈广忠译注《淮南子译注》，长春：吉林文史出版社 1990 年版，第 115 页。

W0696. 1. 2. 2a

轩辕是帝妃之舍

实　例

汉族 轩辕者，帝妃之舍也。

【流传】（无考）

【出处】［西汉］刘安及门客撰：《淮南子·天文训》。

W0696.1.2.3
轩辕的号是黄帝

实 例

汉族 轩辕统一各个部落会诸侯时，风后建议给轩辕起个“号”蚩尤说：“这有熊国有黄水，这里的土都是黄色，天子轩辕有土德，居天下之中。帝为大，为天，咱们尊他为黄帝吧！”

【流传】河南省·（郑州市）·新郑市

【出处】刘文学采录整理：《黄帝西泰山会诸侯》，见张振犁编著，孟宪明、朱淑君统纂《中原神话通鉴》（第二卷），郑州：河南大学出版社2017年版，第589~590页。

W0696.1.2.4
轩辕是主公天子（黄帝）的名字

实 例

汉族 轩辕只是主公天子（黄帝）的名字。

【流传】河南省·（郑州市）·新郑市

【出处】刘文学采录整理：《黄帝西泰山会诸侯》，见张振犁编著，孟宪明、朱淑君统纂《中原神话通鉴》（第二卷），郑州：河南大学出版社2017年版，第589页。

W0696.1.2.5
轩辕是人们心目中至高无上的尊号

实 例

汉族 黄帝的轩辕方改名为“指南车”。“轩辕”二字就成为人们心目中至高无上的尊号。

【流传】河南省·（郑州市）·新郑市

【出处】高梧林（70岁，农民）讲，李新明采录整理：《轩辕尊号》，见张振犁编著，孟宪明、朱淑君统纂《中原神话通鉴》（第二卷），郑州：河南大学出版社2017年版，第586页。

W0696.1.2.6
轩辕是黄帝之前古帝名

实 例

汉族 “昔者容成氏、大庭氏、柏皇氏、中央氏、栗陆氏、骊畜氏、轩辕氏、赫胥氏、尊卢氏、祝融氏、伏戏氏、神农氏，当是时也，民结绳而用之，甘其食，美其服，乐其俗，安其居，邻国相望，鸡狗之音相闻，民至老死不相往来。”陆德明释文引司马云：“此十二氏皆古帝王。”

【流传】（无考）

【出处】［战国］庄周：《庄子·胠箧》陆德明释文引司马云注。

W0696.1.2.7
轩辕是玄元的音变

实 例

汉族 天上的裂缝缝好了，漏洞也补好了。女娲和伏羲就在山洞里住下来。因为玄元就是黑龟，他们为了不忘乌龟老人救命的恩情，就把居住的山叫玄元山，居住的洞叫作玄元洞。后来，人们把“玄元”的音念转了，就成了轩辕山和轩辕洞。

【流传】河南省·（周口市）·沈丘县·刘庄店乡·耿庄

【出处】耿如林（善讲故事，不识字）讲，耿瑞采录，张振犁采录整理：《玄武、女娲、伏羲和黄帝》（1983.05），见张振犁编著《中原神话通鉴》（第一卷），郑州：河南大学出版社2017年版，第299页。

W0696.2

黄帝有熊氏

实 例

汉族 （参见“W0695.0.0.2 伏羲女娲婚生黄帝和炎帝”母题实例）

W0696.2.1

黄帝建国号“熊”

【关联】［W5905.1］国号的来历

实 例

汉族 （参见“W0697b.7b.1.1 黄帝建都新郑，国号为有熊”母题实例）

W0696.3

黄帝姓姬

实 例

汉族 黄帝有熊氏，姬姓也。

【流传】（无考）

【出处】《附宝》，见［晋］干宝著，李剑国辑校《新辑搜神记》卷一，北京：中华书局2007年版，第75页。

W0696.3.1

有熊氏部落首领姓姬

【关联】［W0697.3.1.3］黄帝是有熊氏部落的首领

实 例

汉族 有熊氏部落首领姓“姬”，称黄帝。

【流传】河南省·（三门峡市）·灵宝（灵宝市）

【出处】《黄帝的传说》，见白庚胜总主编《中国民间故事全书》（河南省灵宝卷），北京：知识产权出版社2009年版，第5页。

W0696.3.1.1

有熊国的君主姓姬，号轩辕

实 例

汉族 古代的时候，黄河流域有一个有熊国。有熊国的君主姓姬，号轩辕。

【流传】河南省·（郑州市）·巩义市

【出处】周得京采录整理：《洛出书》，《原载中原神话》，海燕出版社1988年版，见张振犁编著，孟宪明、朱淑君统纂《中原神话通鉴》（第二卷），郑州：河南大学出版社2017年版，第696页。

W0696.3.2

黄帝出生的轩辕丘前有条姬水河，故姓“姬”

实 例

汉族 黄帝出生的轩辕丘的前面，有一条姬水河。一位老人说：“就姓姬吧。”

【流传】 河南省·（郑州市）·新密市

【出处】 刘文学采录整理：《三帝下凡》，见张振犁编著，孟宪明、朱淑君统纂《中原神话通鉴》（第二卷），郑州：河南大学出版社2017年版，第486页。

W0696.3.3

黄帝长于姬水故姓“姬”

实 例

汉族 黄帝长于姬水（今陕西省岐山县岐水）生于轩辕之丘（今河南省郑州），因而姓姬。

【流传】（无考）

【出处】［南宋］郑樵：《通志·氏族略》。

W0696.4

黄帝姓公孙

实 例

汉族 ★轩辕氏，轩辕即黄帝也，姓公孙，或言姓姬。

【流传】（无考）

【出处】《风俗通义·佚文》引《通志·氏族略》卷四，见［东汉］应劭著，赵泓译注《风俗通义全译》，贵阳：贵州人民出版社1998年版，第514页。

W0696.5

黄帝又称“黄星”

实 例

（参见下级母题实例）

W0696.5.1

因轩辕星称“黄星”，故黄帝又称“黄星”

实 例

汉族 天上的轩辕星决心下凡拯救众生。在“戊己”这一天，新郑北门外有一个叫吴枢的妇女正要分娩，他便降生来到人间。“戊己”既表示中央，又是土德。这“土”是黄色，“黄”是土地生辉，农业的象征，因而轩辕星又称“黄星”，“黄帝”的名字就起源于此。

【流传】 河南省·（郑州市）·新郑市

【出处】 蔡柏顺采录整理：《轩辕故里》，见张振犁编著，孟宪明、朱淑君统纂《中原神话通鉴》（第二卷），郑州：河南大学出版社2017年版，第512页。

W0696.6

黄帝以龙为代称

【关联】［W0698.1.1］黄帝的代表动物是黄龙

实 例

（参见下级母题实例）

W0696.6.1

黄帝以龙为代称，是因为黄帝是轩辕星下凡，轩辕星像长龙

实 例

汉族 轩辕星下凡成为黄帝。轩辕星是由十七个小星星组成的，整个看去，有头有身，气魄宏伟，像条翻滚着的长龙，所以，黄帝以后的历代国君，都把“龙”作为自己的代称。

【流传】 河南省·（郑州市）·新郑市

【出处】 蔡柏顺采录整理：《轩辕故里》，见张振犁编著，孟宪明、朱淑君统纂《中原神话通鉴》（第二卷），郑州：河南大学出版社 2017 年版，第 512 页。

W0696.7

黄帝又称始祖爷

实 例

汉族 始祖爷黄帝被尊为天子。

【流传】 河南省·（郑州市）·新郑市

【出处】 袁玉生采录整理：《牛庄与马庄的故事》，见张振犁编著，孟宪明、朱淑君统纂《中原神话通鉴》（第二卷），郑州：河南大学出版社 2017 年版，第 634 页。

W0696.8

黄帝称太帝

实 例

（参见下级母题实例）

W0696.8.1

太帝

实 例

（参见下级母题实例）

W0696.8.1.1

太帝使素女鼓五十弦瑟

实 例

汉族 太帝使素女鼓五十弦瑟。

【流传】（无考）

【出处】［西汉］司马迁：《史记·封禅书》。

W0696.8.1.2

太帝居昆仑

实 例

汉族 昆仑之丘，或上倍之，是谓凉风之山，登之而不死；或上倍之，是谓悬圃，登之乃灵，能使风雨；或上倍之，乃维上天，登之乃神，是谓太帝之居。

【流传】（无考）

【出处】［西汉］淮南王刘安及门客：《淮南子·地形训》。

W0696.8.1.3

太帝即天帝

实　例

汉族 太帝，即天帝；谓黄帝。

【流传】（无考）

【出处】《太帝》，见袁珂《中国神话大词典》，北京：华夏出版社 2015 年版，第 51 页。

W0696.9

黄帝名号帝鸿

实　例

汉族 “帝鸿氏有不才子，天下之民谓之浑敦。”杜预注：“帝鸿，黄帝。”

【流传】（无考）

【出处】［春秋］左丘明：《左传·文公十八年》。

W0696.10

黄帝又作皇帝

实　例

汉族 “丑不若黄帝。”毕沅校曰：“黄帝在明刘如宠本作皇帝，黄、皇古通用。”

【流传】（无考）

【出处】［秦］吕不韦及门客：《吕氏春秋·贵公》毕沅注。

汉族 “是皇帝之所听荧也。”陆德明注：“皇帝，本又作黄帝。”

【流传】（无考）

【出处】［战国］庄周：《庄子·齐物论》陆德明注。

W0697

黄帝的身份

实　例

（参见下级母题实例）

W0697.1

黄帝是神

【关联】［W0255.8.2］黄帝主中央（黄帝是中央神）

实　例

（参见下级母题实例）

W0697.1.0

黄帝是天神

实　例

汉族 黄帝在中国古代既为天神，又是人王，被奉为华夏民族的始祖。

【流传】（无考）

【出处】《黄帝》，见乌丙安主编《中国民间神谱》，沈阳：辽宁人民出版社 2007 年版，第 53 页。

W0697.1.0.1

黄帝是化生阴阳的天神

实 例

汉族 黄帝，古天神也，始造人之时，化生阴阳。

【流传】（无考）

【出处】

（a）［西汉］淮南王刘安及门客：《淮南子·说林篇》高诱注。

（b）见袁珂《中国神话大词典》，北京：华夏出版社2015年版，第2页。

W0697.1.0.2

黄帝是天帝

【关联】［W0691.0.2］黄帝是天帝下凡

实 例

汉族 黄帝是统治宇宙的天帝。

【流传】（无考）

【出处】袁珂重述：《鲧偷取息壤平治洪水》，原载袁珂编译《中国神话故事》，见陶阳、钟秀编《中国神话》（上），北京：商务印书馆2008年版，第407～411页。

W0697.1.1

黄帝是神国之神

实 例

（参见下级母题实例）

W0697.1.1.1

黄帝是神国至高无上的主宰

实 例

汉族 黄帝是神国至高无上的主宰。

【流传】（无考）

【出处】《黄帝的行宫昆仑山》，见王德恒等《造神史话》，天津：百花文艺出版社2002年版，第23页。

W0697.1.2

黄帝是雷雨神

实 例

（参见下级母题实例）

W0697.1.2.1

黄帝是雷神

【关联】［W0305］雷神

实 例

汉族 皇帝者，皇天上帝之谓。黄帝最初之神职盖为雷神。

【流传】（无考）

【出处】《黄帝》，见袁珂《中国神话大词典》，北京：华夏出版社2015年版，第289页。

W0697.1.2.2

轩辕主雷雨之神

实 例

汉族 轩辕，主雷雨之神也。

【流传】（无考）

【出处】［汉］撰者不详，［日］安居香山等：《重修纬书集成·春秋合诚图》，日本东京：明德出版社1975年版。

汉族 轩辕，主雷雨之神也。

【流传】（无考）

【出处】《黄帝》袁珂注引《春秋合诚图》，见袁珂《中国神话大词典》，北京：华夏出版社2015年版，第289页。

W0697.1.2.3

黄帝是主雷电之神

实 例

汉族 黄帝被视为“主雷电之神”。

【流传】（无考）

【出处】《黄帝》，见乌丙安主编《中国民间神谱》，沈阳：辽宁人民出版社2007年版，第53页。

W0697.1.3

黄帝是太阳神

【关联】［W0271］太阳神（日神）

实 例

汉族 （实例待考）

W0697.1.4

黄帝是先蚕之神

【关联】［W0534.3.1］先蚕之神黄帝

实 例

汉族 黄帝为先蚕之神。

【流传】（无考）

【出处】《蚕神》，见王德恒等《造神史话》，天津：百花文艺出版社2002年版，第286页。

W0697.1.5

轩辕是山神

实 例

（参见下级母题实例）

W0697.1.5.1

轩辕是五岳神之一

实 例

汉族 颛顼、祝融、轩辕等为五岳之神。

【流传】（无考）

【出处】［东晋］葛洪：《枕中书》。

W0697.1.6

黄帝是造车之神

实 例

汉族 黄帝为造车之神。

【流传】（无考）

【出处】《车马神》，见乌丙安主编《中国民间神谱》，沈阳：辽宁人民出版社2007年版，第128页。

W0697.1.7

黄帝是灶神

实 例

汉族 黄帝为灶神。

【流传】（无考）

【出处】汪蘩：《事物会源》。

W0697.1.7.1

黄帝作灶，死为灶神

实 例

汉族 黄帝作灶，死为灶神。

【流传】（无考）

【出处】［北宋］李昉、李穆、徐铉等：《太平御览》卷一八六引《淮南子》（今本遗失此说）。

汉族 黄帝作灶，死为灶神。

【流传】（无考）

【出处】［西汉］淮南王刘安及门客：《淮南子》。

W0697.1.8

黄帝是弹花业神

实 例

汉族 黄帝曾造火食、毡冕，首倡以火烹制食物，以毡制帽，成为弹花业神。

【流传】（无考）

【出处】《弹花业神——黄帝》，见乌丙安主编《中国民间神谱》，沈阳：辽宁人民出版社2007年版，第191页。

W0697.1.9

黄帝是最高神

实 例

汉族 黄帝本来是中央的天帝，是神国的最高统治者。

【流传】（无考）

【出处】《颛顼隔断天地的通路》，原载袁珂编译《中国神话故事》，见陶阳、钟秀编《中国神话》（上），北京：商务印书馆2008年版，第195～198页。

W0697.2

黄帝是神仙（黄帝是仙）

实 例

（参见下级母题实例）

W0697.2.1

黄帝活到111岁那年九月成仙

【关联】［W0697c.2］黄帝活到111岁

实 例

汉族 黄帝活直到一百一十一岁那年九月，一条黄龙才驮他上了天宫，人们都说轩辕成仙了。

【流传】河南省·（郑州市）·新郑市

【出处】张永林采录整理：《黄帝的长寿秘方》，见张振犁编著，孟宪明、朱淑君统纂《中原神话通鉴》（第二卷），郑州：河南大学出版社2017年版，第 642 页。

W0697.2.2

黄帝修炼成仙

【关联】［W0804.5.3.2.1］黄帝吃仙丹成仙

实 例

汉族 黄帝与容成、浮丘三人食仙丹，飘然升举矣。

【流传】（无考）

【出处】《黄山的来历》，原载《中国地方风物传说选》（二），见袁珂《中国神话大词典》，北京：华夏出版社 2015 年版，第 389 页。

W0697.2.3

黄帝登仙

实 例

汉族 黄帝登仙，其臣左彻者，削木象黄帝，帅诸侯以朝之。七年不还，左彻乃立颛顼。左彻亦仙去也。

【流传】（无考）

【出处】［晋］张华：《博物志·史补》。

W0697.3

黄帝是首领（黄帝是帝王，黄帝是国君）

实 例

（参见下级母题实例）

W0697.3.1

黄帝是部落首领（黄帝是部落酋长）

实 例

汉族 由于轩辕氏才智过人，又处处为百姓着想，后来被推举为部落酋长。

【流传】河南省·（郑州市）·新郑市

【出处】《八大酋长比武》，原载蔡柏顺《炎黄二帝研究》，华龄出版社 1992 年版，见张振犁编著，孟宪明、朱淑君统纂《中原神话通鉴》（第二卷），郑州：河南大学出版社 2017 年版，第 586 页。

W0697.3.1.1

黄帝是夏部落的首领

实 例

汉族 （参见“W0697.3.1.2 轩辕是夏部落的首领”母题实例）

W0697.3.1.2

轩辕是夏部落的首领

实 例

汉族 黄河流域有两个最大的部落之一的夏部落的首领是轩辕，过着游牧生活。

【流传】（无考）

【出处】兰草搜集整理：《轩辕战蚩尤的

故事》，见兰草编《轩辕黄帝传说故事》，西安：陕西旅游出版社 1986 年版，第 3 页

W0697. 3. 1. 3

黄帝是有熊氏部落的首领

实 例

汉族 五六千年前，黄帝是有熊氏部落的首领。

【流传】河南省·（三门峡市）·灵宝（灵宝市）

【出处】《黄帝的传说》，见白庚胜总主编《中国民间故事全书》（河南省灵宝卷），北京：知识产权出版社 2009 年版，第 5 页。

W0697. 3. 1. 4

黄帝是华夏族的首领

实 例

汉族 华夏族的首领是黄帝。

【流传】河南省·开封市［采录地点：开封市延庆观］

【出处】曹文芳（男，48 岁，文化馆干部）讲，韩顺发采录：《仓颉造字（四）》（1979），见张振犁编著，孟宪明、朱淑君统纂《中原神话通鉴》（第二卷），郑州：河南大学出版社 2017 年版，第 658 页。

W0697. 3. 1. 5

伏羲女娲死后黄帝做黄土部落首领

实 例

汉族 女娲和伏羲都过世了。他们的部落黄土人就推举黄帝为玄元（轩辕）黄帝，说明他们都是玄元山上的人。

【流传】河南省·（周口市）·沈丘县·刘庄店乡·耿庄

【出处】耿如林（善讲故事，不识字）讲，耿瑞采录，张振犁采录整理：《玄武、女娲、伏羲和黄帝》（1983. 05），见张振犁编著《中原神话通鉴》（第一卷），郑州：河南大学出版社 2017 年版，第 300 页。

W0697. 3. 2

黄帝是部落联盟首领

实 例

（参见下级母题实例）

W0697. 3. 2. 1

黄帝战败蚩尤后成为部落联盟首领

实 例

汉族 黄帝战败蚩尤后，被推选为部落联盟的首领。

【流传】陕西省·（延安市）·黄陵县·南城塔

【出处】拴劳娘讲，兰草采录：《先蚕娘

娘嫘祖》，见中国民间文学集成全国编辑委员会编《中国民间故事集成》（陕西卷），北京：中国 ISBN 中心 1996 年版，第 16 页。

W0697.3.3

轩辕黄帝被尊为天子

实 例

汉族 轩辕黄帝被尊为天子后，正逢盛世，百业俱兴。

【流传】河南省·（郑州市）·新郑市

【出处】袁玉生采录整理：《牛庄与马庄的故事》，见张振犁编著，孟宪明、朱淑君统纂《中原神话通鉴》（第二卷），郑州：河南大学出版社 2017 年版，第 634 页。

W0697.3.4

黄帝是中央大帝

【关联】［W0697a.4］黄帝管理中央

实 例

（参见下级母题实例）

W0697.3.4.1

黄帝在有熊国做中央大帝

实 例

汉族 天上的三位星帝下凡分别成为炎帝族首领、黄帝和蚩尤。他们后来在黄河中游的涿鹿一带曾进行过长期的战争，后来黄帝制服了炎帝，打败了蚩尤，挥师南下，回到有熊国做了中央大帝。

【流传】河南省·（郑州市）·新密市

【出处】刘文学采录整理：《三帝下凡》，见张振犁编著，孟宪明、朱淑君统纂《中原神话通鉴》（第二卷），郑州：河南大学出版社 2017 年版，第 486 页。

W0697.3.4.2

黄帝战败蚩尤后做了中央大帝

实 例

汉族 远古时候，黄帝打败了蚩尤，在有熊国（今河南新郑）做了天子，成为中央大帝。

【流传】河南省·（郑州市）·新郑市

【出处】王金岭采录整理：《门神的传说》，见张振犁编著，孟宪明、朱淑君统纂《中原神话通鉴》（第二卷），郑州：河南大学出版社 2017 年版，第 645 页。

W0697.3.5

黄帝是明主

实 例

汉族 上七旗村的老乡们知道黄帝是个明主，都让儿女跟着他治理天下。

【流传】河北省·（张家口市）·涿鹿（涿鹿县）

【出处】李怀全采录整理：《黄帝避难上七旗》，原载涿鹿县志编纂委员会新编《涿鹿县志》，河北人民出版社 1994 年版，见张振犁编著，孟宪明、朱淑君统纂《中原神话通鉴》（第二卷），郑州：河南大学出版社 2017 年版，第 576 页。

W0697. 3. 6

黄帝是人王

实 例

（参见下级母题实例）

W0697. 3. 6. 1

玉皇大帝派天神轩辕星君治理人间

实 例

汉族 火星奉玉皇大帝之命来到人间教民种植五谷，饲养畜禽，百姓也都吃饱了饭。其他各个部落也都效法，垦荒种植，教百姓吃饱了饭。但是各个部落之间仍然是你争我夺，互相厮杀。玉皇大帝听了王后王母娘娘的建议，派天神轩辕星君到人间将他们统一管起来，教他们懂法规，知礼仪。

【流传】河南省·（郑州市）·新密市

【出处】刘文学采录整理：《三帝下凡》，见张振犁编著，孟宪明、朱淑君统纂《中原神话通鉴》（第二卷），郑州：河南大学出版社 2017 年版，第 485 页。

W0697. 3. 6a

黄帝是人皇

【关联】［W0434. 2. 3. 1. 4］黄帝轩辕氏为人皇氏

实 例

汉族 圣祖庙三皇殿内所祀“三皇”，即太昊伏羲为天皇氏，炎帝神农氏为地皇氏，黄帝轩辕氏为人皇氏。

【流传】山西省·孝义市

【出处】《三皇》，见乌丙安主编《中国民间神谱》，沈阳：辽宁人民出版社 2007 年版，第 50 页。

W0697. 3. 6b

黄帝是国君

实 例

（参见下级母题实例）

W0697. 3. 6b. 1

黄帝是有熊国国君

【关联】［W0697. 3. 1. 3］黄帝是有熊氏部落的首领

实 例

汉族 黄帝在昔为有熊之国君，佐神农之孙榆罔。

【流传】（无考）

【出处】［元］赵道一：《历世真仙体道通鉴后集》卷二“九天玄女”条。

W0697. 3. 7

黄帝在位时间（黄帝执政年限）

实 例

（参见下级母题实例）

W0697.3.7.1
黄帝在位100年

实 例

汉族 黄帝居代，总一百一十一年，在位一百年。

【流传】（无考）

【出处】［北宋］张君房：《云笈七签·轩辕本纪》。

W0697.4
黄帝是祖先

实 例

（参见下级母题实例）

W0697.4.1
黄帝是人祖

实 例

汉族 盘古叫他的二儿子“黄帝”司管九州，称为“人间之祖”。

【流传】河南省·（新乡市）·封丘县

【出处】王又凡（50多岁，教师）讲，王海燕采录：《花神》（1989.12.16），见张振犁编著《中原神话通鉴》（第一卷），郑州：河南大学出版社2017年版，第39~40页。

W0697.4.1.1
黄帝是人间之祖

实 例

汉族 盘古叫他的二儿子司管九州，为人间之祖，人称“黄帝”。

【流传】河南省·（新乡市）·封丘县

【出处】王又凡（50多岁，教师）讲，王海燕采录：《花神》（1989.12.16），见张振犁编著《中原神话通鉴》（第一卷），郑州：河南大学出版社2017年版，第39~40页。

W0697.4.2
黄帝是中华民族的祖先

实 例

汉族 黄帝战败蚩尤，建都新郑。北方一统天下，黄帝也成了中华民族的祖先。

【流传】河南省·济源市

【出处】胡佳作采录：《轩辕黄帝管中原》，见张振犁编著，孟宪明、朱淑君统纂《中原神话通鉴》（第二卷），郑州：河南大学出版社2017年版，第585页。

W0697.4.3
黄帝是成衣、弓箭、弹花等行业祖师

实 例

汉族 黄帝不仅被后世的成衣、弓箭、弹花等行业奉为祖师。

【流传】（无考）

【出处】《黄帝》，见乌丙安主编《中国民间神谱》，沈阳：辽宁人民出版社2007年版，第53页。

W0697.5

黄帝是人

实 例

（实例待考）

W0697.6

与黄帝的身份有关的其他母题

【关联】［W0255.8.2］黄帝主中央

实 例

（参见下级母题实例）

W0697.6.1

黄帝是媒人

实 例

（参见下级母题实例）

W0697.6.1.1

轩辕黄帝做月老

实 例

汉族 常伯和玄女成夫妻，还是轩辕黄帝做的月老。

【流传】河南省·（郑州市）·新郑市

【出处】王雅湘采录整理：《乌柏》，见张振犁编著，孟宪明、朱淑君统纂《中原神话通鉴》（第二卷），郑州：河南大学出版社 2017 年版，第 604 页。

W0697.6.2

黄帝是天上的星辰

实 例

（参见下级母题实例）

W0697.6.2.1

黄帝是轩辕星

实 例

（参见下级母题实例）

W0697.6.2.1.1

黄帝是天上主管雷雨的轩辕星下凡

【关联】［W0697a.2a］黄帝主管雷电

实 例

汉族 黄帝出生后，跪在少典、附宝二位老人面前，叫了声爹娘，讲了自己的身世。说他原来是天上的轩辕星，主管雷雨。

【流传】河南省·（郑州市）·新郑市

【出处】蔡英生（75 岁，教师）讲，蔡柏顺采录整理：《黄帝出世》，见张振犁编著，孟宪明、朱淑君统纂《中原神话通鉴》（第二卷），郑州：河南大学出版社 2017 年版，第 506 页。

W0697.6.3

黄帝是真龙天子

实 例

汉族 黄帝是“真龙天子”。

【流传】安徽省西部一带

【出处】李木匠讲，吕挺琳采录整理：《龙须草》（1989.11），见张振犁编著，孟宪明、朱淑君统纂《中原神话通鉴》（第二卷），郑州：河南大学出版社 2017 年版，第 710 页。

W0697.6.4

黄帝地位高

实　例

（参见下级母题实例）

W0697.6.4.1

黄帝在四帝中地位最高

【关联】［W0122.5b.1］中央的天帝黄帝做了宇宙的最高统治者

实　例

汉族　黄帝以雷神崛起而为中央天帝，乃又有黄帝胜四帝之说。

【流传】（无考）

【出处】《黄帝》，见袁珂《中国神话大词典》，北京：华夏出版社 2015 年版，第 289 页。

汉族　黄帝之初，养性爱民，不好战伐。而四帝各以方色称号，交共谋之，边城日惊，介胄不释。黄帝叹曰："夫君危于上，民安于下，主失于国，其臣再嫁。厥病之由，非养寇耶？今处民萌之上，而四盗亢衡，递震于师。"于是遂即营垒以灭四帝。

【流传】（无考）

【出处】［北宋］李昉、李穆、徐铉等：《太平御览》卷七九引《蒋子万机论》。

W0697a

黄帝的职能

实　例

（参见下级母题实例）

W0697a.1

黄帝主土

实　例

（参见下级母题实例）

W0697a.1.1

黄帝以土德称王

实　例

汉族　轩辕出自有熊之国。母曰昊枢，以戊己之日生，故以土德称王也。

【流传】（无考）

【出处】《轩辕黄帝》，见［东晋］王嘉撰，［梁］萧绮录，齐治平校注《拾遗记》卷一，北京：中华书局 1981 年版，第 8 页。

W0697a.2

黄帝主管下雨

【关联】［W0358.3.2］黄帝是主雷雨之神

实 例

汉族 轩辕黄帝主管下雨。

【流传】河南省·（郑州市）·新郑县（新郑市）·城关镇·南街

【出处】蔡英生讲，蔡柏顺采录：《黄帝下凡》，见中国民间文学集成全国编辑委员会编《中国民间故事集成》（河南卷），北京：中国ISBN中心2001年版，第30页。

W0697a. 2. 1

黄帝主管雷雨

实 例

汉族 （参见“W0697. 6. 2. 1. 1 黄帝是天上主管雷雨的轩辕星下凡”母题实例）

W0697a. 3

黄帝管人间

实 例

（参见下级母题实例）

W0697a. 3. 1

黄帝管地上的事

实 例

汉族 盘古开天辟地以后，叫他的二儿子管地上事，人称黄帝。

【流传】河南省·（南阳市）·社旗县

【出处】杨东来搜集整理：《天女散花》，见张振犁编著《中原神话通鉴》（第一卷），郑州：河南大学出版社2017年版，第37～38页。

W0697a. 3. 2

黄帝管九州事

实 例

（参见下级母题实例）

W0697a. 3. 2. 1

盘古让儿子黄帝管九州

实 例

汉族 盘古叫他的二儿子“黄帝”司管九州。

【流传】河南省·（新乡市）·封丘县

【出处】王又凡（50多岁，教师）讲，王海燕采录：《花神》（1989. 12. 16），见张振犁编著《中原神话通鉴》（第一卷），郑州：河南大学出版社2017年版，第39～40页。

W0697a. 4

黄帝管理中央

实 例

汉族 中央，土也，其帝黄帝。

【流传】（无考）

【出处】《淮南子·天文训》，见［西汉］刘安等著，陈广忠译注《淮南子译注》，长春：吉林文史出版社1990年版，第108页。

W0697a.4.1

玉皇大帝派轩辕黄帝到黄河两岸管理中原

实 例

汉族 很久以前，中原大地十分荒凉，到处洪水成灾，猛兽为患。人民无法生活下去，玉皇大帝便派轩辕黄帝到黄河两岸管理中原。

【流传】河南省·济源市

【出处】胡佳作采录：《轩辕黄帝管中原》，见张振犁编著，孟宪明、朱淑君统纂《中原神话通鉴》（第二卷），郑州：河南大学出版社 2017 年版，第 585 页。

W0697a.5

与黄帝的职能有关的其他母题

实 例

（参见下级母题实例）

W0697a.5.1

黄帝辞职

实 例

（参见下级母题实例）

W0697a.5.1.1

黄帝辞去帝位带着爱妃去修仙

【关联】［W0697b.2］黄帝修炼

实 例

汉族 黄帝辞去帝位，带着爱妃嫘祖娘娘同赴崆峒山拜见古神仙广成子，领授修仙之道。

【流传】河南省·（许昌市）·禹州市·浅井乡

【出处】田旺讲，田丰采采录：《散驾村》，见张振犁编著，孟宪明、朱淑君统纂《中原神话通鉴》（第二卷），郑州：河南大学出版社 2017 年版，第 691 页。

W0697a.5.1.2

黄帝与嫘祖到神仙洞求道成正果

实 例

汉族 黄帝与嫘祖到神仙洞求道，终于被神仙收为门徒，修成了正果。

【流传】河南省·（郑州市）·新密市

【出处】高力升、李高采录整理：《黄帝修德观问道的传说》，见张振犁编著，孟宪明、朱淑君统纂《中原神话通鉴》（第二卷），郑州：河南大学出版社 2017 年版，第 675 页。

W0697b

黄帝的能力（黄帝的事迹，黄帝的行为）

实 例

（参见下级母题实例）

W0697b. 1

黄帝是发明者

【关联】

①［W1461. 4. 3］黄帝造天梯

②［W6132. 2］黄帝做衣裳

③［W6788. 1］黄帝发明历法

实 例

（参见下级母题实例）

W0697b. 1. 1

轩辕创元女秘术

实 例

汉族 轩辕创元女秘术，风后演行。

【流传】（无考）

【出处】《奇门金章》，见刘永明主编《四库未收术数类古籍大全》（杂占集成之遁甲集成），黄山书社（无影印时间），第 153 页。

W0697b. 1. 2

黄帝下凡制衣裳

实 例

汉族 轩猿黄帝下凡制衣裳。

【流传】四川省·巴县（今重庆市·巴南区）·走马乡

【出处】谢治中讲，严小华采录：《轩辕制衣服》，见中国民间文学集成全国编辑委员会编《中国民间故事集成》（四川卷·上），北京：中国 ISBN 中心 1998 年版，第 60 页。

W0697b. 1. 3

黄帝发明建筑

实 例

汉族 黄帝又令筑城邑以居之，始改巢居穴处之弊。又重门击柝以待暴客，以取诸《豫》，备不虞也。

【流传】（无考）

【出处】［唐］佚名《轩辕黄帝传》。

W0697b. 1. 3. 1

黄帝筑城造五邑

实 例

汉族 黄帝筑城造五邑。

【流传】（无考）

【出处】［宋］张君房：《云笈七签》卷一百《轩辕本纪》。

W0697b. 1. 3. 2

黄帝造房屋

实 例

汉族 黄帝根据天书的启示，发明了人们居住的房屋，煮饭用的锅。

【流传】河南省·（郑州市）·巩义市

【出处】周得京采录整理：《洛出书》，《原载中原神话》，海燕出版社 1988 年版，见张振犁编著，孟宪明、朱淑君统纂《中原神话通鉴》（第二卷），郑州：河南大学出版社 2017 年版，第 697 页。

W0697b.1.4

黄帝研究历法

实 例

(参见下级母题实例)

W0697b.1.4.1

黄帝在力牧、风后等人帮助下制定了历法(黄历)

实 例

汉族 黄帝在力牧、风后等人的帮助下，还研究了历法、医学，制定了法令，使国家很快太平了。

【流传】河南省·(郑州市)·新郑市

【出处】蔡柏顺采录整理：《轩辕故里》，见张振犁编著，孟宪明、朱淑君统纂《中原神话通鉴》(第二卷)，郑州：河南大学出版社 2017 年版，第 513 页。

W0697b.1.5

黄帝发明饮食

实 例

(参见下级母题实例)

W0697b.1.5.1

黄帝教人如何吃粮食

实 例

汉族 轩辕黄帝发现有人便秘后，对大家说："谷子稷子不要带壳吃。谷子稷子去了壳就变成了黄米，黄米煮饭又香又好吃。"

【流传】河南省·(郑州市)·新郑市

【出处】白果老讲，陈瑞英采录整理：《木杵石臼的传说》，见张振犁编著，孟宪明、朱淑君统纂《中原神话通鉴》(第二卷)，郑州：河南大学出版社 2017 年版，第 625 页。

W0697b.1.6

黄帝发现磁石

实 例

(参见下级母题实例)

W0697b.1.6.1

黄帝发明磁石定位方向

实 例

汉族 黄帝为了认准方向，指挥作战，破雾进攻蚩尤，绞尽脑汁考察访问，终于发现一种自然磁石可以定位指向。

【流传】河南省·(郑州市)·新郑市·(七里阎村)

【出处】高梧林(70 岁，私塾先生)讲，李新明采录整理：《轩辕方》，见张振犁编著，孟宪明、朱淑君统纂《中原神话通鉴》(第二卷)，郑州：河南大学出版社 2017 年版，第 564 页。

W0697b. 1. 6. 1. 1

黄帝用磁石造“轩辕方”

实 例

汉族 黄帝为战胜蚩尤，研制了一个木头人，用磁石琢磨做成一只手臂，安装上去，机动灵活，五指始终指向南方，遂起名为“方”。为了带“方”随军作战定方向，又研制了一架车，在一个宽平的木板上，下边两旁装上能转动的圆轮，前头装上扶手，起名叫作“轩”。把木人固定在“轩”的后端。在“轩”的前边安上两根木杠，起名叫作“辕”，使“轩”可以推拉走动。黄帝就把这天下第一器械定名为“轩辕方”。

【流传】河南省·（郑州市）·新郑市·（七里阎村）

【出处】高梧林（70 岁，私塾先生）讲，李新明采录整理：《轩辕方》，见张振犁编著，孟宪明、朱淑君统纂《中原神话通鉴》（第二卷），郑州：河南大学出版社 2017 年版，第 564 页。

W0697b. 1. 7

黄帝发明制陶

实 例

汉族 黄帝发明了烧陶技术。

【流传】河南省·（郑州市）·新郑市

【出处】《陶正宁封》，原载马清福主编《秦汉神异》，辽宁大学出版社 1991 年版，见张振犁编著，孟宪明、朱淑君统纂《中原神话通鉴》（第二卷），郑州：河南大学出版社 2017 年版，第 631 页。

W0697b. 1. 7. 1

黄帝在陶寺发明制陶

实 例

汉族 （实例待考）

W0697b. 1. 8

黄帝发明名称

实 例

（参见下级母题实例）

W0697b. 1. 8. 1

黄帝为山川河流定名

实 例

汉族 黄帝建国于中原后，给山川河流定名。

【流传】河南省·（郑州市）·新郑市

【出处】蔡英生（75 岁，教师）讲，蔡柏顺采录整理：《黄帝治国》，见张振犁编著，孟宪明、朱淑君统纂《中原神话通鉴》（第二卷），郑州：河南大学出版社 2017 年版，第 593 页。

W0697b. 2

黄帝修炼

实 例

（参见下级母题实例）

W0697b. 2. 1

黄帝修炼地点

实 例

（参见下级母题实例）

W0697b. 2. 1. 1

黄帝在昆仑山上修炼

实 例

汉族 在昆仑山上修炼的黄帝听说百姓疾苦后后，马上赶来这儿解救。

【流传】河南省·（三门峡市）·灵宝县（灵宝市）

【出处】《娄底村的来历》，原载任化民、王谦编《荆山黄帝陵》，内部编印，1994年，见张振犁编著，孟宪明、朱淑君统纂《中原神话通鉴》（第二卷），郑州：河南大学出版社2017年版，第635页。

W0697b. 2. 1. 2

黄帝在神仙洞修炼

实 例

汉族 （实例待考）

W0697b. 2. 1. 3

黄帝在有熊国观寨村的修道观修炼

实 例

汉族 有熊国都以西四十多里的地方有个观寨村，村里有个修道观，修道观里塑有黄帝和嫘祖像。传说黄帝和嫘祖当年曾在这里修过道。

【流传】河南省·（郑州市）·新密市

【出处】高力升、李高采录整理：《黄帝修德观问道的传说》，见张振犁编著，孟宪明、朱淑君统纂《中原神话通鉴》（第二卷），郑州：河南大学出版社2017年版，第674页。

W0697b. 2. 2

黄帝炼丹

【关联】

① ［W0791. 3. 4］太上老君炼丹

② ［W6238. 3］炼丹治病

实 例

（参见下级母题实例）

W0697b. 2. 2. 0

黄帝在昆仑山炼丹

实 例

汉族 黄帝原来在昆仑山上炼仙丹。

【流传】河南省·（三门峡市）·灵宝市

【出处】贾同然、程建军采录，程建军

采录整理：《黄帝岭》，见张振犁编著，孟宪明、朱淑君统纂《中原神话通鉴》（第二卷），郑州：河南大学出版社 2017 年版，第 699 页。

W0697b. 2. 2. 1

黄帝在黄山炼丹

实　例

汉族 黄帝在黄山炼丹，炼了好些日子，他和当地老百姓处得很好，老百姓也都亲近他，尊敬他。

【流传】 安徽省西部一带

【出处】 李木匠讲，吕挺琳采录整理：《龙须草》（1989. 11），见张振犁编著，孟宪明、朱淑君统纂《中原神话通鉴》（第二卷），郑州：河南大学出版社 2017 年版，第 710 页。

W0697b. 2. 2. 2

黄帝在荆山炼丹

实　例

（参见下级母题实例）

W0697b. 2. 2. 2. 1

黄帝在荆山铸鼎炼仙丹为民治病

实　例

汉族 黄帝在荆山铸鼎炼仙丹为民治病。

【流传】 河南省·（三门峡市）·灵宝县（灵宝市）

【出处】 《娄底村的来历》，原载任化民、王谦编《荆山黄帝陵》，内部编印，1994 年，见张振犁编著，孟宪明、朱淑君统纂《中原神话通鉴》（第二卷），郑州：河南大学出版社 2017 年版，第 636 页。

W0697b. 2. 2. 3

黄帝炼仙丹

实　例

（参见下级母题实例）

W0697b. 2. 2. 3. 1

黄帝九九八十一天炼成炼仙丹

实　例

汉族 黄帝从袋中取出晶洁玉花，投入炉中，然后按照广成子的指教面对炼丹炉，将那丹田之气注入炉内。黄帝在炼丹炉旁，整整发功九九八十一天，终于炼成了仙丹。

【流传】 河南省·（郑州市）·新密市

【出处】 慎广建讲，高力升、高帆采录整理：《黄帝炼仙丹》，见张振犁编著，孟宪明、朱淑君统纂《中原神话通鉴》（第二卷），郑州：河南大学出版社 2017 年版，第 678 页。

W0697b. 2. 2. 3. 2

黄帝用铜 79 天造成炼丹炉，360 天炼出仙丹

实　例

汉族 黄帝有了铜，用了七七四十九

天时间造成了炼丹炉，然后经过三百六十天又炼出了仙丹。

【流传】河南省·（三门峡市）·灵宝市

【出处】贾同然、程建军采录，程建军采录整理：《黄帝岭》，见张振犁编著，孟宪明、朱淑君统纂《中原神话通鉴》（第二卷），郑州：河南大学出版社2017年版，第700页。

W0697b. 2. 2. 3. 3

黄帝360天为百姓炼成仙丹

实 例

汉族 黄帝经过三百六十天炼出了仙丹，然后把金光闪闪的仙丹散给老百姓。

【流传】中原一带

【出处】

(a) 贾同然、程建军搜集，程建军整理：《黄帝岭》，见张楚北编《中原神话》，郑州：海燕出版社1988年版。

(b) 贾同然、程建军搜集，程建军整理：《黄帝炼丹》，见姚宝瑄主编《中国各民族神话》（汉族），太原：山西出版传媒集团·书海出版社2014年版，第400～401页。

W0697b. 2. 3

黄帝练武

【关联】［W0697b. 7］黄帝本领高强

实 例

（参见下级母题实例）

W0697b. 2. 3. 1

黄帝在具茨山北石崖宫练武

实 例

汉族 很久以前，黄帝在具茨山北石崖宫一带练武。

【流传】河南省·（郑州市）·新密市

【出处】高力升采录整理：《黄鹿坡》，见张振犁编著，孟宪明、朱淑君统纂《中原神话通鉴》（第二卷），郑州：河南大学出版社2017年版，第719页。

W0697b. 2. 4

黄帝问道

实 例

（参见下级母题实例）

W0697b. 2. 4. 1

黄帝向宁封问道

【关联】［W0658a. 8. 28. 2］陶瓷业窑祖师神陶正宁封子

实 例

汉族 姓宁，名封，与黄帝同时。帝从之问龙跻飞行之道。

【流传】（无考）

【出处】

(a)《储福定命真君传记》。

(b)《丈人峰》，见袁珂《中国神话大词典》，北京：华夏出版社2015年版，第14页。

W0697b. 2. 4. 2

黄帝访道玉犬峰

实 例

汉族 汝州临汝县（今属河南省）广成坡之西垠，有小山曰崆峒，即黄帝访道地，广成子之所隐也。其颠洞穴如盎，将有大风雨则白犬自穴出，田夫以为候。亦名山曰玉犬峰。

【流传】（无考）

【出处】

（a）［明］董斯张：《广博物志》卷五引《三水小牍》。

（b）《玉犬峰》，见袁珂《中国神话大词典》，北京：华夏出版社 2015 年版，第 94 页。

W0697b. 3

黄帝组织会议

实 例

（参见下级母题实例）

W0697b. 3. 1

黄帝会诸侯

实 例

（参见下级母题实例）

W0697b. 3. 1. 1

黄帝三月三日赴西泰山会诸侯

实 例

汉族 黄帝按风后的建议，先是颁诏天下，后又斋戒三日，准备三月三日赴西泰山会诸侯。

【流传】河南省·（郑州市）·新郑市

【出处】刘文学采录整理：《黄帝西泰山会诸侯》，见张振犁编著，孟宪明、朱淑君统纂《中原神话通鉴》（第二卷），郑州：河南大学出版社 2017 年版，第 589 页。

W0697b. 3. 2

黄帝聚会前斋戒

实 例

汉族 （参见“W0697b. 3. 1. 1 黄帝三月三日赴西泰山会诸侯”母题实例）

W0697b. 4

黄帝治国理政

实 例

（参见下级母题实例）

W0697b. 4. 1

黄帝重农

实 例

（参见下级母题实例）

W0697b. 4. 1. 1

黄帝提倡垦荒耕耘，发展桑麻

实 例

汉族 黄帝十分重视对农业的开发，

经过多年的垦荒耕耘，开出的田地越来越多，谷物桑麻，应有尽有。

【流传】河南省·（郑州市）·新郑市、（新密市）

【出处】:《杀身祭天的传说》，原载蔡柏顺《炎黄二帝研究》，华龄出版社1992年版，见张振犁编著，孟宪明、朱淑君统纂《中原神话通鉴》（第二卷），郑州：河南大学出版社2017年版，第610页。

W0697b. 4. 1. 2

黄帝鼓励农桑

【关联】［W0697b. 5. 2］黄帝亲事农桑

实 例

汉族 黄帝叫全部落的百姓垦荒种地，发展畜牧。

【流传】河南省·（郑州市）·新密市

【出处】张造讲，高力升采录整理：《黄帝访广成子》，见张振犁编著，孟宪明、朱淑君统纂《中原神话通鉴》（第二卷），郑州：河南大学出版社2017年版，第689页。

W0697b. 4. 2

黄帝重文

实 例

（参见下级母题实例）

W0697b. 4. 2. 1

黄帝制文字定法律

实 例

汉族 黄帝获王母送的宝书《神芝图》后，更提倡以农业为根本，又请来学问家岐伯、史官仓颉和他们共同整理文字，制定法令。

【流传】河南省·（郑州市）·新郑市

【出处】蔡英生（75岁，教师）讲，蔡柏顺采录整理：《黄帝治国》，见张振犁编著，孟宪明、朱淑君统纂《中原神话通鉴》（第二卷），郑州：河南大学出版社2017年版，第594页。

W0697b. 4. 2. 2

黄帝推广文字

实 例

汉族 黄帝带仓颉一道，召集各部落酋长，把仓颉造出的文字传播开去。

【流传】河南省·（郑州市）·新郑市

【出处】《黄帝访仓颉的传说》，见张振犁编著，孟宪明、朱淑君统纂《中原神话通鉴》（第二卷），郑州：河南大学出版社2017年版，第651页。

W0697b. 4. 3

黄帝勤政爱民

实 例

（参见下级母题实例）

W0697b. 4. 3. 1

黄帝起早贪黑走遍天下

实 例

汉族 黄帝为了寻求富国之道，每天起早贪黑，走遍天下，进行察访，农夫女工，无所不问。由于长期奔波，费心操劳，他面黄肌瘦，口舌生疮，终于累病了，可是，还不肯休息。

【流传】河南省·（郑州市）·新郑市

【出处】蔡英生（75岁，教师）讲，蔡柏顺采录整理：《黄帝治国》，见张振犁编著，孟宪明、朱淑君统纂《中原神话通鉴》（第二卷），郑州：河南大学出版社2017年版，第593页。

W0697b. 4. 3. 2

黄帝爱民如子

实 例

汉族 人祖爷黄帝从老仓颉那里回来以后，总留心寻求治老仓颉病的药草和方法，每有所得，就送给老仓颉。

【流传】河南省·（郑州市）·新密市

【出处】袁玉生采录整理：《黄帝与节节草》，见张振犁编著，孟宪明、朱淑君统纂《中原神话通鉴》（第二卷），郑州：河南大学出版社2017年版，第643页。

W0697b. 4. 3. 3

黄帝心里装着老百姓

实 例

汉族 轩辕黄帝总是叫人敬叫人爱，就因为他心里总想着老百姓的事。

【流传】河南省·（郑州市）·新郑市

【出处】白果老讲，陈瑞英采录整理：《木杵石臼的传说》，见张振犁编著，孟宪明、朱淑君统纂《中原神话通鉴》（第二卷），郑州：河南大学出版社2017年版，第626页。

W0697b. 4. 4

黄帝封官

实 例

（参见下级母题实例）

W0697b. 4. 4. 1

黄帝建国后设职封官

实 例

汉族 轩辕黄帝统一个部落建立有熊帝国后，又设职封官。封风后为相，封太山稽为右太监、祝融为左太监；封力牧、常先、大鸿、刑天、应龙、玄女、女魃为将；封蚩尤管铸造，后土管农司，仓颉为右史官，沮涌为左史官；封羲和、尚仪为管天文气象的天官，伶伦、素女为乐官，宁封为陶正（管烧陶业），赤将为木正（管建筑业），马师皇为牧正（管畜牧），岐伯为医正（管臣药），嫘祖、嫫姆为蚕娘（管纺织业），风伯、雨师等也各有封赏。

【流传】河南省·（郑州市）·新郑市

【出处】刘文学采录整理：《黄帝西泰山

会诸侯》，见张振犁编著，孟宪明、朱淑君统纂《中原神话通鉴》（第二卷），郑州：河南大学出版社 2017 年版，第 592 页。

W0697b.4.4.2

黄帝封陶正、木正等官职

实 例

汉族 黄帝命宁封为陶正，赤将为木正，以利器用。命挥作盖弓，夷牟造矢，以备四方。

【流传】（无考）

【出处】［宋］罗泌：《路史》卷十四。

W0697b.4.4.3

黄帝封相、太监、将、司农、史官、天官、乐官等官职

实 例

汉族 （参见“W0697b.4.4.1 黄帝建国后设职封官”母题实例）

W0697b.4.5

黄帝分九州

【关联】

①［W0751.4.6］禹定九州

②［W0763.2c.6］颛顼划分九州

③［W5914］划分九州

实 例

（参见下级母题实例）

W0697b.4.5.1

黄帝分九州，下设师、都、邑、里、朋、邻、井等

实 例

汉族 黄帝在风后、力牧等大臣的辅佐下，把国家分为九州，州下设师、都、邑、里、朋、邻、井等，分派官员去进行管理。

【流传】 河南省·（郑州市）·新密市

【出处】 高力升采录整理：《来集与牛集》，见张振犁编著，孟宪明、朱淑君统纂《中原神话通鉴》（第二卷），郑州：河南大学出版社 2017 年版，第 632 页。

W0697b.4.6

黄帝从书中习得治国理政

实 例

（参见下级母题实例）

W0697b.4.6.1

黄帝得宝书《神芝图》始得治国之道

【关联】

①［W0693.7.2.1］黄帝得天书

②［W0693.7.2.2.1］王母娘娘送黄帝治世宝书

实 例

汉族 黄帝得宝书《神芝图》。图上画着一棵草，有九片叶子，闪闪发

光。这时，他才明白过来，这九片叶子，指的是九州；这红皮书，原来是治国之道。

【流传】河南省·（郑州市）·新郑市

【出处】蔡柏顺采录整理：《轩辕故里》，见张振犁编著，孟宪明、朱淑君统纂《中原神话通鉴》（第二卷），郑州：河南大学出版社 2017 年版，第 513 页。

W0697b. 4. 7

黄帝视察民情

实　例

（参见下级母题实例）

W0697b. 4. 7. 1

黄帝昆仑山察看灾情

实　例

汉族 黄帝得知以后，就从昆仑山上来到这里察看灾情。

【流传】中原一带

【出处】

(a) 贾同然、程建军搜集，程建军整理：《黄帝岭》，见张楚北编《中原神话》，郑州：海燕出版社 1988 年版。

(b) 贾同然、程建军搜集，程建军整理：《黄帝炼丹》，见姚宝瑄主编《中国各民族神话》（汉族），太原：山西出版传媒集团·书海出版社 2014 年版，第 400～401 页。

W0697b. 4. 8

黄帝治世 1520 年

实　例

汉族 炎帝传八世，五百二十岁；黄帝传十世，一千五百二十年；少昊传八世，五百岁；颛顼传二十世，三百五十岁；帝喾传十世，四百岁；尧治九十八年；重华（舜）治五十三年。

【流传】（无考）

【出处】［汉］撰者不详：《春秋命历序》。

汉族 神农五百四十年，黄帝一千五百二十年，少昊四百年，颛顼五百年，帝喾三百五十年，尧一百年，舜五十年。

【流传】（无考）

【出处】［汉］撰者不详：《易纬稽览图》

W0697b. 5

黄帝干实事

实　例

（参见下级母题实例）

W0697b. 5. 1

黄帝凿出黄河

实　例

（参见下级母题实例）

W0697b.5.1.1
黄帝为消除旱灾凿出黄河

实 例

汉族 轩辕黄帝看到大旱，心里非常焦急，就组织一些人，到远处运水，自己亲自沿河谷向上游考察寻找水源。最后凿石得泉，水流成河，河水奔流不息，再没有干过。每年三月初一，群众都到双泉潭集会庆祝，后世人又建了一座玉皇庙，成立了三月初一大会。为了纪念黄帝的功德，这条河起名叫黄帝河，后来，又演变成"黄水河"

【流传】河南省·（郑州市）·新郑市

【出处】贺根（72岁，农民）讲，白长岭采录，李新明采录整理：《黄水河的传说》，见张振犁编著，孟宪明、朱淑君统纂《中原神话通鉴》（第二卷），郑州：河南大学出版社2017年版，第623～624页。

W0697b.5.2
黄帝亲事农桑

实 例

汉族 始祖爷黄帝虽被尊为天子，从不坐享其成，仍然经常亲事农桑，外出狩猎，深入民间，体察民情。

【流传】河南省·（郑州市）·新郑市

【出处】袁玉生采录整理：《牛庄与马庄的故事》，见张振犁编著，孟宪明、朱淑君统纂《中原神话通鉴》（第二卷），郑州：河南大学出版社2017年版，第634页。

W0697b.5.2.1
轩辕黄帝在黄河上游率领子孙开荒造田

实 例

汉族 在很早的时候，轩辕黄帝在黄河上游一带率领子孙开荒造田。

【流传】河南省·（许昌市）·禹州市西北部

【出处】新才（56岁，农民，小学）讲，宋国栋采录：《娘娘蛋儿坡》，见张振犁编著，孟宪明、朱淑君统纂《中原神话通鉴》（第二卷），郑州：河南大学出版社2017年版，第692页。

W0697b.6
黄帝的争战

实 例

（参见下级母题实例）

W0697b.6.0
黄帝练兵

实 例

（参见下级母题实例）

W0697b.6.0.1
黄帝为父亲送终后开始练兵

实 例

汉族 黄帝为父亲少典送终之后，想找一块地方讲武练兵。

【流传】河南省·（南阳市）·新密市

【出处】高力升、高帆采录整理：《九龙朝凤》，见张振犁编著，孟宪明、朱淑君统纂《中原神话通鉴》（第二卷），郑州：河南大学出版社 2017 年版，第 518 页。

W0697b. 6. 0. 2

黄帝具茨山云崖宫讲武练兵

实 例

汉族 远古时候，轩辕黄帝常从有熊国都前往具茨山北的云崖宫讲武练兵。

【流传】河南省·（郑州市）·新密市

【出处】高力升采录整理：《玄女救黄帝》，见张振犁编著，孟宪明、朱淑君统纂《中原神话通鉴》（第二卷），郑州：河南大学出版社 2017 年版，第 556 页。

W0697b. 6. 1

黄帝讨伐炎帝

【关联】［W8806. 1］炎黄之争

实 例

汉族 黄帝下令讨伐炎帝。炎帝惨败后，又逃回到冀州阪泉去了。从此，中原的老百姓又过上了太平日子。

【流传】河南省·（郑州市）·新密市

【出处】张造讲，高力升采录整理：《黄帝访广成子》，见张振犁编著，孟宪明、朱淑君统纂《中原神话通鉴》（第二卷），郑州：河南大学出版社 2017 年版，第 690 页。

W0697b. 6. 2

黄帝讨伐蚩尤

【关联】［W8806. 2］炎黄战蚩尤

实 例

汉族 （参见“W0697b. 7b. 1. 2 黄帝战败蚩尤后建都有熊”母题实例）

W0697b. 6. 3

黄帝统一中原

实 例

汉族 轩辕带领百姓，开发中原，统一天下，建国有熊（新郑），他就是后人传说的轩辕黄帝。

【流传】河南省·（郑州市）·新郑市

【出处】蔡英生（75 岁，教师）讲，蔡柏顺采录整理：《黄帝出世》，见张振犁编著，孟宪明、朱淑君统纂《中原神话通鉴》（第二卷），郑州：河南大学出版社 2017 年版，第 507 页。

W0697b. 6. 4

黄帝斗妖

实 例

（参见下级母题实例）

W0697b.6.4.1

黄帝制服黑风怪

实　例

汉族　黄帝在玉皇大帝和黑风怪的搏斗中立过大功，救过玉皇大帝的性命。

【流传】河南省·（郑州市）·新郑市

【出处】蔡英生（75岁，教师）讲，蔡柏顺采录整理：《黄帝出世》，见张振犁编著，孟宪明、朱淑君统纂《中原神话通鉴》（第二卷），郑州：河南大学出版社2017年版，第506页。

W0697b.6.5

黄帝降龙

实　例

（参见下级母题实例）

W0697b.6.5.1

黄帝降九龙

实　例

汉族　有熊国都西北四十多里的地方，有个云岩宫。云岩宫前面，有一条小河，小河的源头有个不大不小的水潭，人称响水潭。传说，这里是黄帝降九龙的地方。

【流传】河南省·（南阳市）·新密市

【出处】高力升、高帆采录整理：《九龙朝凤》，见张振犁编著，孟宪明、朱淑君统纂《中原神话通鉴》（第二卷），郑州：河南大学出版社2017年版，第518页。

W0697b.6a

黄帝的迁徙

实　例

（参见下级母题实例）

W0697b.6a.1

黄帝从新郑轩辕丘迁居云岩宫

实　例

汉族　黄帝是从新郑轩辕丘迁居到云岩宫的。

【流传】河南省·（郑州市）·新密市

【出处】张造、王石磙（云岩宫园林工人）讲，高力升采录：《云岩宫》，见张振犁编著，孟宪明、朱淑君统纂《中原神话通鉴》（第二卷），郑州：河南大学出版社2017年版，第539页。

W0697b.7

黄帝本领高强

实　例

（参见下级母题实例）

W0697b.7.1

黄帝阵前威猛

实　例

（参见下级母题实例）

W0697b. 7. 1. 1

黄帝杀得蚩尤士兵尸横遍地

实 例

汉族 黄帝与风后都有超凡武艺，从二更杀到三更时分，只杀得蚩尤士兵尸横遍地，血流成河。

【流传】河南省·（郑州市）·新密市

【出处】高力升采录整理：《绵羊救驾》，见张振犁编著，孟宪明、朱淑君统纂《中原神话通鉴》（第二卷），郑州：河南大学出版社 2017 年版，第 571 页。

W0697b. 7. 2

黄帝会变化

实 例

（参见下级母题实例）

W0697b. 7. 2. 1

轩辕化黄龙

实 例

汉族 轩辕星听了太白金星的建议连连道谢，化作一条黄龙，由黄云扶绕，飞往人间。

【流传】河南省·（郑州市）·新密市

【出处】刘文学采录整理：《三帝下凡》，见张振犁编著，孟宪明、朱淑君统纂《中原神话通鉴》（第二卷），郑州：河南大学出版社 2017 年版，第 486 页。

W0697b. 7. 3

黄帝眼观四路，耳听八方

实 例

汉族 轩辕生着四张脸，八只眼睛，八个耳朵，能眼观四路，耳听八方，洞察一切。

【流传】河南省·（郑州市）·巩义市

【出处】周得京采录整理：《洛出书》，《原载中原神话》，海燕出版社 1988 年版，见张振犁编著，孟宪明、朱淑君统纂《中原神话通鉴》（第二卷），郑州：河南大学出版社 2017 年版，第 696 页。

W0697b. 7a

黄帝立功（黄帝救人）

实 例

（参见下级母题实例）

W0697b. 7a. 1

黄帝救过玉皇大帝的性命

实 例

汉族 （参见“W0697b. 6. 4. 1 黄帝制服黑风怪”母题实例）

W0697b. 7a. 2

黄帝救玄女

【关联】

① ［W0788］九天玄女（玄女）

② ［W0788. 4. 5］玄女报恩助黄帝

实 例

（参见下级母题实例）

W0697b.7a.2.1

黄帝斩恶豹救玄女

实 例

汉族 黄帝一箭射死恶豹，救了玄女。

【流传】河南省·（郑州市）·新郑市

【出处】赵林阁（清末秀才）讲，赵国鼎采录整理：《玄女庙》，见张振犁编著，孟宪明、朱淑君统纂《中原神话通鉴》（第二卷），郑州：河南大学出版社2017年版，第558页。

汉族 一只恶豹向小玄女扑来，眼看小玄女就要命丧豹口，黄帝一箭射死了恶豹，救下了小玄女的性命。

【流传】河南省·（郑州市）·新郑市

【出处】张永林采录整理：《玄女学飞刀》，见张振犁编著，孟宪明、朱淑君统纂《中原神话通鉴》（第二卷），郑州：河南大学出版社2017年版，第559页。

W0697b.7b

黄帝建国

实 例

（参见下级母题实例）

W0697b.7b.1

黄帝建有熊国

实 例

（参见下级母题实例）

W0697b.7b.1.1

黄帝建都新郑，国号为有熊

实 例

汉族 黄帝打败蚩尤以后，各个部落都很高兴，对他十分拥护，一致推选他为中原地区的部落联盟首领。从此，他就带领大家在中原一带定居下来，建都于新郑，国号为有熊。

【流传】河南省·（郑州市）·新郑市

【出处】蔡柏顺采录整理：《轩辕故里》，见张振犁编著，孟宪明、朱淑君统纂《中原神话通鉴》（第二卷），郑州：河南大学出版社2017年版，第512页。

W0697b.7b.1.2

黄帝战败蚩尤后建都有熊

实 例

汉族 黄帝战败蚩尤，平定中原以后，建都有熊。

【流传】河南省·（郑州市）·新密市

【出处】李富裕（男，62岁，退休文化干部）讲：《轩辕黄帝拜三皇》（1990.11.29），见张振犁编著，孟宪明、朱淑君统纂《中原神话通鉴》（第二卷），郑州：河南大学出版社2017年版，第683页。

W0697b. 7b. 2

黄帝建第一个王朝

实 例

（参见下级母题实例）

W0697b. 7b. 2. 1

黄帝打败炎帝、蚩尤后，在有熊国都西北的西泰山建中国第一个王朝

实 例

汉族 上古时候，黄帝先打败炎帝，后战胜蚩尤，在有熊国都（河南新郑）西北的西泰山，庆祝胜利，举行开国大典，登基做天子，建立中国历史上第一个王朝。

【流传】 河南省·（郑州市）·新郑市

【出处】 许聪敏采录整理：《黄帝斩刑天》，见张振犁编著，孟宪明、朱淑君统纂《中原神话通鉴》（第二卷），郑州：河南大学出版社 2017 年版，第 577 页。

W0697b. 7b. 3

黄帝建国于中原，定都于有熊

实 例

汉族 黄帝战败蚩尤之后，定都于有熊（河南新郑），建国于中原。

【流传】 河南省·（郑州市）·新郑市

【出处】 蔡英生（75 岁，教师）讲，蔡柏顺采录整理：《黄帝治国》，见张振犁编著，孟宪明、朱淑君统纂《中原神话通鉴》（第二卷），郑州：河南大学出版社 2017 年版，第 593 页。

W0697b. 7b. 4

黄帝建立神国秩序

实 例

汉族 中央大帝黄帝战败炎帝，炎帝逃到南方成为南方大帝。东方的天帝还是太昊伏羲。只有西方和北方，没有人照管。黄帝便命他的侄孙少昊做了西方的天帝，命他的曾孙颛顼做了北方的天帝。黄帝本人，居于天廷的正中，做中央天帝。神国的新秩序，就是这么建立起来的。

【流传】（无考）

【出处】 袁珂重述：《宇宙的最高统治者——黄帝》，原载袁珂《神话故事新编》，见陶阳、钟秀编《中国神话》（中），北京：商务印书馆 2008 年版，第 805～807 页。

W0697b. 8

黄帝升天

实 例

汉族 黄帝采首山铜，铸鼎于荆山下。鼎既成，有龙垂胡髯下迎黄帝。黄帝上骑，群臣后宫从上者七十余人，龙乃上去。余小臣不得上，乃悉持龙髯，龙髯拔。堕黄帝之弓。百姓仰望。黄帝既上天，乃抱其弓与胡髯号，故后世因名其

处曰鼎湖，其弓曰乌号。

【流传】（无考）

【出处】

(a)［西汉］司马迁：《史记·封禅书》。

(b)《鼎湖》，见袁珂《中国神话大词典》，北京：华夏出版社 2015 年版，第 315 页。

W0697b.8.1

天帝让黄帝升天

实 例

（参见下级母题实例）

W0697b.8.1.1

天帝知道黄帝炼丹为民治病，派黄龙把黄帝接到天上

实 例

汉族 天帝知道了黄帝炼丹为民治病的事，就派黄龙下凡来接黄帝到天上去。

【流传】河南省·（三门峡市）·灵宝市

【出处】贾同然、程建军采录，程建军采录整理：《黄帝岭》，见张振犁编著，孟宪明、朱淑君统纂《中原神话通鉴》（第二卷），郑州：河南大学出版社 2017 年版，第 700 页。

W0697b.8.1.2

用蚩尤肉祭祀玉皇大帝，玉皇大帝派大青龙把黄帝接到天上

实 例

汉族 黄帝打败了蚩尤以后，把蚩尤的肉用来祭祀玉皇大帝，玉皇大帝知道了，非常高兴，就派大青龙下凡接黄帝上天去享受长生之福。

【流传】河南省·（平顶山市）·郏县［采录地点：郏县·白届乡·贾坡村］

【出处】朱木正讲，贾建采录：《黄帝乘龙升天》（1985），见张振犁编著，孟宪明、朱淑君统纂《中原神话通鉴》（第二卷），郑州：河南大学出版社 2017 年版，第 707 页。

W0697b.8.2

黄帝升天为太一君

实 例

（参见下级母题实例）

W0697b.8.2.1

黄帝成仙后升天为太一君

实 例

汉族 黄帝居代，总一百一十一年，在位一百年。自上仙后，升天为太一君。其神为轩辕之宿，在南宫。

【流传】（无考）

【出处】［北宋］张君房：《云笈七签·轩辕本纪》。

W0697b.8.3

黄帝吃仙丹升天

实 例

（参见下级母题实例）

W0697b. 8. 3. 1

黄帝吃了炼的丹药飞升上天

实 例

汉族 黄帝把炼得的丹药吃了以后，便长生不老，并且就要飞升上天。

【流传】安徽省西部一带

【出处】李木匠讲，吕挺琳采录整理：《龙须草》（1989. 11），见张振犁编著，孟宪明、朱淑君统纂《中原神话通鉴》（第二卷），郑州：河南大学出版社 2017 年版，第 710 页。

W0697b. 9

黄帝让位

实 例

（参见下级母题实例）

W0697b. 9. 1

黄帝让位孙子颛顼

【关联】［W0763. 2. 4］颛顼让位

实 例

汉族 黄帝见孙子颛顼德威齐并，自己年高志衰，便让颛顼接替他的帝位，自己到昆仑养老去了。

【流传】河南省·（开封市）·杞县

【出处】李广平（35 岁，男，农民）讲，王怀聚采录整理：《古帝颛顼》，见张振犁编著，孟宪明、朱淑君统纂《中原神话通鉴》（第三卷），郑州：河南大学出版社 2017 年版，第 955 页。

W0697b. 10

与黄帝的能力或事迹有关的其他母题

实 例

（参见下级母题实例）

W0697b. 10. 1

黄帝兴于神农之后

实 例

汉族 轩辕之时，神农氏衰。

【流传】（无考）

【出处】［西汉］司马迁：《史记》。

W0697b. 10. 2

黄帝生阴阳

实 例

汉族 黄帝生阴阳，上骈生耳目，桑林生臂手。

【流传】（无考）

【出处】［西汉］淮南王刘安及门客：《淮南子·说林训》。

W0697c

黄帝的寿命与死亡

实 例

（参见下级母题实例）

W0697c.1

黄帝寿超百岁

实 例

（参见下级母题实例）

W0697c.1.1

黄帝老而不衰（黄帝越活越年轻）

实 例

（参见下级母题实例）

W0697c.1.1.1

黄帝一百岁生日后面无皱纹，白里透红，像个儿童

实 例

汉族 黄帝过了一百岁生日，面无皱纹，白里透红，像孩子一样。

【流传】河南省·（郑州市）·新郑市

【出处】张永林采录整理：《黄帝的长寿秘方》，见张振犁编著，孟宪明、朱淑君统纂《中原神话通鉴》（第二卷），郑州：河南大学出版社 2017 年版，第 642 页。

W0697c.2

黄帝寿命 111 岁

【关联】［W0697.2.1］黄帝活到 111 岁那年九月成仙

实 例

汉族 黄帝活了一百一十一岁。

【流传】河南省·（郑州市）·新郑市

【出处】蔡柏顺采录整理：《轩辕故里》，见张振犁编著，孟宪明、朱淑君统纂《中原神话通鉴》（第二卷），郑州：河南大学出版社 2017 年版，第 514 页。

汉族 轩辕黄帝活到一百一十一岁。

【流传】河南省·（郑州市）·新郑市

【出处】张永林采录整理：《黄帝的长寿秘方》，见张振犁编著，孟宪明、朱淑君统纂《中原神话通鉴》（第二卷），郑州：河南大学出版社 2017 年版，第 641 页。

W0697c.2.1

黄帝 111 岁时回天

实 例

汉族 黄帝活到一百一十一岁时，老黄龙带着王母和玉帝的聘帖来请他，说："王母和玉帝十分想念你，这次下凡，天下大治，功劳显赫，该回天宫了。"黄帝又把天下看了一遍，这才答应回去。

【流传】河南省·（郑州市）·新郑市

【出处】孙大离讲，蔡柏顺采录整理：《黄帝升天》，见张振犁编著，孟宪明、朱淑君统纂《中原神话通鉴》（第二卷），郑州：河南大学出版社 2017 年版，第 698 页。

W0697c. 3

黄帝寿命 110 岁

实 例

（参见下级母题实例）

W0697c. 3. 1

黄帝 110 岁那年 9 月 9 日归天

实 例

汉族 黄帝一百一十岁这年，在九月九日那一天，是黄帝功德圆满，九九归一归天日。

【流传】河南省·（郑州市）·新郑市

【出处】刘文学采录整理：《黄帝坟的传说》，见张振犁编著，孟宪明、朱淑君统纂《中原神话通鉴》（第二卷），郑州：河南大学出版社 2017 年版，第 714 页。

W0697c. 4

黄帝死于某年 8 月

实 例

（参见下级母题实例）

W0697c. 4. 1

黄帝铸鼎，八月既望，鼎成死焉

实 例

汉族 黄帝铸鼎。八月既望，鼎成死焉。

【流传】（无考）

【出处】［宋］罗泌：《路史·疏仡记》。

W0697c. 5

与黄帝的寿命与死亡有关的其他母题

实 例

（参见下级母题实例）

W0697c. 5. 1

黄帝葬桥山

实 例

汉族 轩辕自采首山之铜以铸鼎，虎豹百禽为之视火参炉。鼎成而轩辕疾崩，葬桥山。五百年后山崩，空室无尸，唯宝剑赤舄在耳，一旦又失所在也。

【流传】（无考）

【出处】

（a）［南朝·梁］陶弘景：《真诰·稽神枢第四》。

（b）《桥山》，见袁珂《中国神话大词典》，北京：华夏出版社 2015 年版，第 259 页。

汉族 黄帝葬桥山，山崩无尸，惟剑舄存。

【流传】（无考）

【出处】

（a）鲁迅：《古小说钩沈》辑《列异传》。

（b）《桥山》，见袁珂《中国神话大词典》，北京：华夏出版社 2015 年版，第 259 页。

W0697c. 5. 1. 1
黄帝死后葬上郡阳周之桥山

实　例

汉族 黄帝死后，葬上郡阳周之桥山。

【流传】（无考）

【出处】［宋］罗泌：《路史·疏仡记》。

W0697c. 5. 2
黄帝犯病

实　例

汉族 黄帝即位十有五年，喜天下戴己，养正命．娱耳目，供鼻口，焦然肌色皯黣，昏然五情爽惑。

【流传】（无考）

【出处】［战国］列御寇：《列子·黄帝》。

W0698
与黄帝有关的其他母题

【关联】［W8908. 1］黄帝炎帝之争

实　例

（参见下级母题实例）

W0698. 1
黄帝的标记

实　例

（参见下级母题实例）

W0698. 1. 1
黄帝的代表动物是黄龙

【关联】［W6290］动物图腾

实　例

汉族 中央，土也，其帝黄帝……其兽黄龙。

【流传】（无考）

【出处】《淮南子·天文训》，见［西汉］淮南王刘安及门客著，陈广忠译注《淮南子译注》，长春：吉林文史出版社 1990 年版，第 108 页。

W0698. 1. 2
黄帝的代表星宿

实　例

（参见下级母题实例）

W0698. 1. 2. 1
黄帝对应的星宿是轩辕星

实　例

汉族 人们都知道黄帝是上天真龙降生，所以又把天上一组如龙似蛟的星宿，叫作轩辕星。

【流传】河南省·（郑州市）·新郑市

【出处】高梧林（70 岁，农民）讲，李新明采录整理：《轩辕尊号》，见张振犁编著，孟宪明、朱淑君统纂《中原神话通鉴》（第二卷），郑州：河南大学出版社 2017 年版，第 586 页。

W0698. 1. 2. 1. 1
轩辕星君位于中宫

实　例

汉族 轩辕星君位于中宫，在天上掌管雷雨，有生化阴阳的本领。

【流传】河南省·（郑州市）·新密市

【出处】刘文学采录整理：《三帝下凡》，见张振犁编著，孟宪明、朱淑君统纂《中原神话通鉴》（第二卷），郑州：河南大学出版社 2017 年版，第 485 页。

W0698. 1. 2. 1. 2
轩辕星君在天上掌管雷雨

实　例

汉族 （参见“W0698. 1. 2. 1. 1 轩辕星君位于中宫”母题实例）

W0698. 1. 2. 1. 3
轩辕星君有生化阴阳的本领

实　例

汉族 （参见“W0698. 1. 2. 1. 1 轩辕星君位于中宫”母题实例）

W0698. 2
黄帝的遗迹（与黄帝有关的风物）

实　例

（参见下级母题实例）

W0698. 2. 1
黄帝庙

实　例

（参见下级母题实例）

W0698. 2. 1. 1
祖师庙

实　例

（参见下级母题实例）

W0698. 2. 1. 1. 1
为纪念黄帝建祖师庙

实　例

汉族 因为黄帝做的好事太多了，他死后，人们就把他当成神来敬，为了纪念他，就在他诞生的地方建起了祖师庙。

【流传】河南省·（郑州市）·新郑市

【出处】蔡柏顺采录整理：《轩辕故里》，见张振犁编著，孟宪明、朱淑君统纂《中原神话通鉴》（第二卷），郑州：河南大学出版社 2017 年版，第 514 页。

W0698. 2. 1. 2
轩辕庙

实　例

汉族 人们怀念轩辕黄帝肇造中华文明的功绩，就建了轩辕庙。

【流传】河南省·（郑州市）·新郑市

【出处】王雅湘采录整理：《乌柏》，见张振犁编著，孟宪明、朱淑君统纂《中原神话通鉴》（第二卷），郑州：河南大学出版社 2017 年版，第 604 页。

W0698.2.2

黄帝陵

实　例

（参见下级母题实例）

W0698.2.2.1

黄帝陵在河北平谷

实　例

汉族 河北平谷一带的老百姓就将当年黄帝给他们制作的那顶羊皮帽子埋在桥山，修了一座黄帝陵。

【流传】河南省·（郑州市）·新郑市

【出处】刘文学采录整理：《黄帝坟的传说》，见张振犁编著，孟宪明、朱淑君统纂《中原神话通鉴》（第二卷），郑州：河南大学出版社 2017 年版，第 715 页。

W0698.2.2.2

黄帝陵在陕北桥国

实　例

汉族 陕北桥国的老百姓将黄帝赠送给他们的那件衣服埋在了桥山，也修了一座黄帝陵。

【流传】河南省·（郑州市）·新郑市

【出处】刘文学采录整理：《黄帝坟的传说》，见张振犁编著，孟宪明、朱淑君统纂《中原神话通鉴》（第二卷），郑州：河南大学出版社 2017 年版，第 715 页。

W0698.2.2.2.1

黄帝陵在陕西黄陵县北桥山顶

实　例

汉族 黄帝陵位于陕西黄陵县北桥山顶上，号称“天下第一陵”。

【流传】（无考）

【出处】《黄帝》，见乌丙安主编《中国民间神谱》，沈阳：辽宁人民出版社 2007 年版，第 53 页。

W0698.2.2.3

黄帝陵在河南灵宝

实　例

汉族 河南灵宝县的老百姓将黄帝赠送给他们的那一双鞋埋在一个叫阳平镇的地方，也修了一座黄帝陵。

【流传】河南省·（郑州市）·新郑市

【出处】刘文学采录整理：《黄帝坟的传说》，见张振犁编著，孟宪明、朱淑君统纂《中原神话通鉴》（第二卷），郑州：河南大学出版社 2017 年版，第 715 页。

W0698. 2. 2. 4
黄帝陵即荆山铸鼎塬

实 例

汉族 黄帝在荆山铸鼎完成后，在铸鼎塬（黄帝陵）骑龙升天。

【流传】河南省·（三门峡市）·灵宝市［采录地点：灵宝市·西阎乡·达紫营］

【出处】王生民（男，57 岁，知识分子）讲，河南大学“中原神话调查组”采录，张振犁、程健君录音：《阕莲九孔》（1984. 12. 05），见张振犁编著，孟宪明、朱淑君统纂《中原神话通鉴》（第二卷），郑州：河南大学出版社 2017 年版，第 706 页。

W0698. 2. 2a
黄帝坟

实 例

（参见下级母题实例）

W0698. 2. 2a. 1
黄帝坟叫圆坟

实 例

汉族 云岩宫有三门，东边是轩辕门，西边是讲武门。有钟鼓楼，庙后有老道坟。有人说是轩辕黄帝坟，圆坟，不叫道士坟。实际上是黄帝坟最早，叫圆坟。

【流传】河南省·（郑州市）·新密市［采录地点：新密市·刘寨镇·养马庄］

【出处】周河（77 岁，私塾先生）讲，张振犁、程健君录音：《黄帝修城（一）》（1983. 12. 01），见张振犁编著，孟宪明、朱淑君统纂《中原神话通鉴》（第二卷），郑州：河南大学出版社 2017 年版，第 613 页。

W0698. 2. 3
黄帝岭

实 例

（参见下级母题实例）

W0698. 2. 3. 1
黄帝岭在灵宝县阳平乡北

实 例

汉族 灵宝县阳平乡北面不远，有一道大岭，当地人叫黄帝岭。

【流传】河南省·（三门峡市）·灵宝市

【出处】贾同然、程建军采录，程建军采录整理：《黄帝岭》，见张振犁编著，孟宪明、朱淑君统纂《中原神话通鉴》（第二卷），郑州：河南大学出版社 2017 年版，第 699 页。

W0698. 2. 4
轩辕丘（寿丘）

实 例

汉族 人们不忘黄帝的恩德，把具茨

山改名为“轩辕丘”（也称“寿丘”），并在轩辕丘上修一座庙，叫“祖师庙”。附宝感光受孕的地方有一块石头，人称“天心石”。

【流传】河南省·（郑州市）·新郑市

【出处】蔡英生（75岁，教师）讲，蔡柏顺采录整理：《黄帝出世》，见张振犁编著，孟宪明、朱淑君统纂《中原神话通鉴》（第二卷），郑州：河南大学出版社2017年版，第507页。

W0698.2.5

黄帝石像

实 例

汉族 嵩山少室山西边的当阳山巅，山石嶙峋，突出两大巨石，远望似两尊人像，坐西北，面东南。这两个石人像被称为炎黄二帝石像，前者为黄帝，后者为炎帝，据传是他们当年在此观阵时，山石感应而形成的。

【流传】河南省·（郑州市）·登封市

【出处】《炎黄二帝石》，见张振犁编著，孟宪明、朱淑君统纂《中原神话通鉴》（第二卷），郑州：河南大学出版社2017年版，第502~503页。

W0698.2.6

黄帝城

实 例

（参见下级母题实例）

W0698.2.6.1

黄帝城即新郑的郑韩故城

实 例

汉族 现在新郑的郑韩故城，过去当地人叫它“黄帝城”。

【流传】河南省·（郑州市）·新郑市

【出处】刘文学采录整理：《黄帝城（二）》，见张振犁编著，孟宪明、朱淑君统纂《中原神话通鉴》（第二卷），郑州：河南大学出版社2017年版，第619页。

W0698.2.6.2

黄帝城在轩辕丘的东段

实 例

汉族 自从轩辕黄帝决定把国都建在有熊之后，就亲自在轩辕丘上实地考察，决定把黄帝城筑在轩辕丘的东段。

【流传】河南省·（郑州市）·新郑市

【出处】薛文灿、赵国鼎讲，李新明采录整理：《黄帝城（一）》，见张振犁编著，孟宪明、朱淑君统纂《中原神话通鉴》（第二卷），郑州：河南大学出版社2017年版，第618页。

W0698.2.6.3

轩辕城

实 例

（参见下级母题实例）

W0698. 2. 6. 3. 1

轩辕城即涿鹿城

实 例

汉族 黄帝为战蚩尤，令力牧、常先组织当地部落连夜修建作战城堡——涿鹿城（又叫轩辕城）。

【流传】河南省·（郑州市）·新密市

【出处】刘文学采录整理：《风后八卦阵》，见张振犁编著，孟宪明、朱淑君统纂《中原神话通鉴》（第二卷），郑州：河南大学出版社 2017 年版，第 567 页。

W0698. 2. 7

黄帝岗

实 例

（参见下级母题实例）

W0698. 2. 7. 1

黄帝挖土形成的黄帝岗又称“黄台儿”

实 例

汉族 黄帝在东南边挖土的那个土台子，人们都叫它黄帝岗。当地人说话图省事，干脆叫它“黄台（儿）”。

【流传】河南省·（郑州市）·新密市

【出处】刘素洁采录整理：《黄帝修城（二）》，见张振犁编著，孟宪明、朱淑君统纂《中原神话通鉴》（第二卷），郑州：河南大学出版社 2017 年版，第 616 页。

W0699

简狄

实 例

（参见下级母题实例）

W0699. 1

简狄是神女

实 例

汉族 商之始也，有神女简狄。

【流传】（无考）

【出处】《殷汤》，见［东晋］王嘉撰，［梁］萧绮录，齐治平校注《拾遗记》卷二，中华书局 1981，第 40 页。

W0699. 2

简狄是有娀氏之女

实 例

汉族 帝喾次妃有娀氏之女，曰简狄，生契。

【流传】（无考）

【出处】［清］马骕：《绎史》卷八《高辛纪》。

W0699. 3

简狄是帝喾次妃

实 例

汉族 （参见“W0699. 2 简狄是有娀氏之女”母题实例）

Motif-index of China Mythology Characters Database

中国神话人物母题数据索引

（6-4）

王宪昭 | 著

中国社会科学出版社

6－4　基本母题检索

0.7　与民间信仰有关的神或神性人物【W0770～W0829】

‖0.7.1　民间信仰中常见的神或神性人物‖【W0770～W0784】

‖0.7.2 民间信仰中其他神或神性人物‖

【W0785～W0799】

‖0.7.3 仙人（神仙）‖

【W0800～W0829】

6 –4
【₩0700 ~ ₩0829】

W0700

精卫

实 例

（参见下级母题实例）

W0700.1

精卫的产生

实 例

（参见下级母题实例）

W0700.1.1

人死化为精卫

实 例

汉族 （参见“W0700.1.2 炎帝之女化为精卫”母题实例）

【流传】（无考）

【出处】

W0700.1.2

炎帝之女化为精卫

【关联】

①［W0746.4］炎帝的女儿

②［W9594.5］人死后化鸟

实 例

汉族 昔炎帝女溺死东海中，化为精卫。其名自呼。

【流传】（无考）

【出处】［南朝·梁］任昉：《述异记》卷上。

W0700.1.2.1

炎帝的少女女娃溺于东海化为精卫

实 例

汉族 炎帝之少女，名曰女娃。女娃游于东海，溺而不返，故为精卫。

【流传】（无考）

【出处】［战国至汉］撰者不详：《山海经·北次三经》。

W0700.1.2a

皇帝之女化为精卫

实 例

（参见下级母题实例）

W0700.1.2a.1

皇帝的女儿女娃溺于大海化为精卫

实 例

汉族 皇帝的女儿女娃被大海淹死后，变成了一只会说话的小鸟，叫的声音很像“精卫”二字，一天两天，她常年“精卫、精卫”地叫，好像是发誓要填平大海。

【流传】河南省·（商丘市）·宁陵县［采录地点：宁陵县·孔集·刘堂村］

【出处】张金陵（男，67岁，教师）讲，刘灿旺采录：《精卫填海》（1986.07），见张振犁编著，孟宪明、朱淑君统纂《中原神话通鉴》（第三卷），郑州：河南大学出版社 2017 年版，第 770 页。

W0700. 1. 3

女子感生精卫

实 例

（参见下级母题实例）

W0700. 1. 3. 1

渔妇梦鸟感生的女儿叫精卫

实 例

汉族 大海边住着一户人家，男的每天打鱼，女的每天在家织渔网。女人做了个梦，梦见天上有一个女人给她一个女儿。女儿出生时，有个小鸟在她院里“精卫、精卫”地叫了几声飞走了，男的听见了，就给小女也起名叫精卫。

【流传】 河南省·（南阳市）·方城县［采录地点：方城县·博望镇］

【出处】 李三讲，李林慧、李仁太采录：《填海》（1985. 10），见张振犁编著，孟宪明、朱淑君统纂《中原神话通鉴》（第三卷），郑州：河南大学出版社 2017 年版，第 771 页。

W0700. 2

精卫的特征（精卫的行为，精卫事迹）

实 例

（参见下级母题实例）

W0700. 2. 1

精卫的体征

实 例

（参见下级母题实例）

W0700. 2. 1. 1

精卫状如乌，文首白喙赤足

实 例

汉族 又北二百里，曰发鸠之山，其上多柘木，有鸟焉，其状如乌，文首白喙赤足，名曰精卫。

【流传】（无考）

【出处】［战国至汉］撰者不详：《山海经·北次三经》。

W0700. 2. 2

精卫矢志不移

实 例

（参见下级母题实例）

W0700. 2. 2. 1

精卫填海矢志不移

实 例

汉族 （参见“W0700. 1. 2a. 1 皇帝的女儿女娃溺于大海化为精卫”母题实例）

W0700. 2. 3

精卫填海

实 例

（参见下级母题实例）

W0700.2.3.1

精卫衔西山之木石填于东海

实 例

汉族 精卫常衔西山之木石，以堙于东海，漳水出焉，东流注于河。

【流传】（无考）

【出处】［战国至汉］撰者不详：《山海经·北次三经》。

W0700.2.3.2

精卫用嘴衔石块填海

实 例

汉族 精卫用嘴衔石块填海。

【流传】 河南省·（南阳市）·方城县［采录地点：方城县·博望镇］

【出处】 李三讲，李林慧、李仁太采录：《填海》（1985.10），见张振犁编著，孟宪明、朱淑君统纂《中原神话通鉴》（第三卷），郑州：河南大学出版社 2017 年版，第 771 页。

W0700.2.3.3

精卫在晋东南一带填海

实 例

汉族 精卫填海的地点是晋东南一带。

【流传】 上党一带（山西东南部古地名，主指古潞泽辽沁四州一带，曾包括山西省晋中榆社、左权、长治、晋城东部以及河北涉县等地）

【出处】 马书岐：《晋东南地区有关炎帝的传说与祭祀活动》，见马志生主编《上党炎帝》，太原：山西出版传媒集团·三晋出版社（原山西古籍出版社）2014 年版，第 85 页。

W0700.3

与精卫有关的其他母题

实 例

（参见下级母题实例）

W0700.3.1

精卫与海燕婚

实 例

汉族 精卫与海燕结合生子，一雌一雄。

【流传】（无考）

【出处】［南朝·梁］任昉：《述异记》卷上。

W0700.3.1.1

精卫与海燕婚，生雌状如精卫，生雄如海燕

实 例

汉族 昔炎帝女溺死东海中，化为精卫，每衔西山木石填东海，偶海燕而生子，生雌状如精卫，生雄如海燕。

【流传】（无考）

【出处】［南朝·梁］任昉：《述异记》卷上。

W0700. 3. 2
精卫传说

实 例

（参见下级母题实例）

W0700. 3. 2. 1
发鸠山精卫传说为附会

实 例

汉族 伞盖山西北三十里，曰发鸠山。山下有泉，泉上有庙，浊漳水之源也。庙有象，神女三人。女侍手擎白鸠。俗言："彰水欲涨，则白鸠先见。盖以精卫之事而傅会之也。"

【流传】（无考）

【出处】［清］吴任臣：《山海经广注》引《律学新说》。

W0700. 3. 3
精卫的名字

实 例

（参见下级母题实例）

W0700. 3. 3. 1
精卫一名鸟誓

实 例

汉族 昔炎帝女溺死东海中，化为精卫。今东海精卫誓水处。曾溺于此川，誓不饮其水。一名鸟誓，一名冤禽，又名志鸟，俗呼帝女雀。

【流传】（无考）

【出处】［南朝·梁］任昉：《述异记》卷上。

W0700. 3. 3. 2
精卫一名冤禽

实 例

汉族 （参见"W0700. 3. 3. 1 精卫一名鸟誓"母题实例）

W0700. 3. 3. 3
精卫又名志鸟

实 例

汉族 （参见"W0700. 3. 3. 1 精卫一名鸟誓"母题实例）

W0700. 3. 3. 4
精卫俗呼帝女雀

实 例

汉族 昔炎帝女溺死东海中，化为精卫。精卫偶海燕而生子，生雌状如精卫，生雄如海燕。今东海精卫誓水处，曾溺此川，誓不饮其水。一名鸟市，一名冤禽，又名志鸟，俗呼帝女雀。

【流传】（无考）

【出处】［南朝·梁］任昉：《述异记》卷上。

W0700. 3. 3. 5
精卫自呼其名

实 例

汉族（参见“W0700.1.2 炎帝之女化为精卫”母题实例）

W0700.3.3.6

精名曰云阳

实 例

汉族 山中大树能语者，非树语也，其精名曰云阳，以其名呼之则吉。

【流传】（无考）

【出处】［北宋］李昉、李穆、徐铉等：《太平御览》卷八八六引《抱朴子》。

W0700.3.4

精卫是扫晴娘（止雨神）

【关联】

①［W0304.6.1］扫晴娘

②［W0695.3.3.1.2.1a］女魃是扫晴娘（止雨神）

③［W0713.3d］女娲是扫晴娘（止雨神）

实 例

民族无考 精卫是主止雨天晴之神

【流传】（无考）

【出处】《扫晴娘》，见乌丙安主编《中国民间神谱》，沈阳：辽宁人民出版社2007年版，第132页。

W0701

夸父

实 例

（参见下级母题实例）

W0701.1

夸父的产生

实 例

（参见下级母题实例）

W0701.2

夸父的特征

实 例

（参见下级母题实例）

W0701.2.1

夸父身高万丈

实 例

汉族 夸父身高万丈。

【流传】山西省·（运城市）·临猗县·（北辛乡）·北马村

【出处】范智太讲，范学信采录：《黄帝战蚩尤》，见中国民间文学集成全国编辑委员会编《中国民间故事集成》（山西卷），北京：中国ISBN中心1999年版，第24页。

W0701.2.2

夸父胃口大

实 例

（参见下级母题实例）

W0701.2.2.1

夸父喝干河水

【关联】［W1897.15.2］水被喝干

实例

汉族 夸父与日逐走，入日；渴，欲得饮，饮于河、渭；河、渭不足，北饮大泽。未至，道渴而死。弃其杖，化为邓林。

【流传】（无考）

【出处】［战国至汉］撰者不详：《山海经·海外北经》

汉族 夸父不量力，欲追日影，逐之于隅谷之际。渴欲得饮，赴饮河、渭。河、渭不足，将走北饮大泽。未至，道渴而死。弃其杖，尸膏肉所浸，生邓林。邓林弥广数千里焉。

【流传】（无考）

【出处】［战国］列御寇：《列子·汤问》。

W0701. 2. 3

夸父力大无穷

实例

汉族 上古时候，夸父族的头人夸父身高无比，力大无穷，有不平凡的意志。

【流传】河南省·（三门峡市）·灵宝市

【出处】许顺湛、丹书采录，李庆红、张振犁采录整理：《夸父山和桃林塞》，见张振犁编著，孟宪明、朱淑君统纂《中原神话通鉴》（第三卷），郑州：河南大学出版社 2017 年版，第 783 页。

W0701. 2. 4

夸父有奇特外貌

实例

（参见下级母题实例）

W0701. 2. 4. 1

有鸟状如夸父

实例

汉族 梁渠之山有鸟，状如夸父，四翼一目，犬尾，名曰嚣，其音如鹊，食之已腹痛。

【流传】（无考）

【出处】［战国至汉］撰者不详：《山海经·北次二经》。

W0701. 2. 4. 2

有兽状如夸父

实例

汉族 犲山有兽，状如夸父而彘毛，其音如呼，见则天下大水。

【流传】（无考）

【出处】［战国至汉］撰者不详：《山海经·东山经》。

W0701. 3

夸父的身份

实例

（参见下级母题实例）

W0701.3.1

夸父是巨人（巨人夸父）

实 例

汉族 （参见“W0701.3.2 夸父是夸父族的首领”母题实例）

W0701.3.2

夸父是夸父族的首领

【关联】［W5325］部落首领

实 例

汉族 夸父是夸父族的头人，身高无比，力大无穷，有不平凡的意志。

【流传】河南省·（三门峡市）·灵县（灵宝市）

【出处】许顺湛、丹书记录，李庆红、张振犁整理：《夸父追日》，原载中国民间文艺研究会河南分会等编《河南民间故事集》，见陶阳、钟秀编《中国神话》（中），北京：商务印书馆2008年版，第657～658页。

汉族 上古时候，我国北方高高的成都载天山上，住着一个巨人族叫夸父族。这个部族的头人夸父。

【流传】河南省·（三门峡市）·灵宝市

【出处】许顺湛、丹书采录，李庆红、张振犁采录整理：《夸父山和桃林寨》，见张振犁编著，孟宪明、朱淑君统纂《中原神话通鉴》（第三卷），郑州：河南大学出版社2017年版，第783页。

W0701.3.2.1

炎帝族中的一个部落头领叫夸父

实 例

汉族 炎帝族中的一个部落头领夸父，率领族人逃到阌乡一带。

【流传】河南省·（三门峡市）·灵宝市［采录地点：灵宝县（原阌乡县）·西阎乡·达紫营］

【出处】王生民（男，42岁）讲，程健君录音：《夸父山》（1984.12.05），见张振犁编著，孟宪明、朱淑君统纂《中原神话通鉴》（第三卷），郑州：河南大学出版社2017年版，第782页。

W0701.3.3

炎帝族里有个部落头领叫夸父

实 例

汉族 炎帝族里有个部落头领，名叫夸父。

【流传】河南省·（三门峡市）·灵宝市·西阎乡

【出处】王生民讲，程健君采录：《夸父追日》，见中国民间文学集成全国编辑委员会编《中国民间故事集成》（河南卷），北京：中国ISBN中心2001年版，第39页。

W0701.4

夸父的行为（夸父的事迹）

实 例

（参见下级母题实例）

W0701.4.1

夸父逐日（夸父追日）

实 例

汉族 夸父追日，将走大泽，未至，死于此。

【流传】（无考）

【出处】

(a) ［战国至汉］撰者不详：《山海经·大荒北经》。

(b)《大泽》，见袁珂《中国神话大词典》，北京：华夏出版社 2015 年版，第 19 页。

W0701.4.1.1

夸父追日的原因

实 例

（参见下级母题实例）

W0701.4.1.1.1

夸父因太阳晒焦大地逐日

实 例

汉族 太阳晒焦大地，夸父要捉太阳。

【流传】 河南省·灵宝县

【出处】 许顺湛记录：《夸父和桃林》，见张楚北《中原神话》，郑州：海燕出版社 1988 年版，第 73 页。

W0701.4.1.1.2

夸父为消除旱灾逐日

【关联】［W8616］旱灾的消除

实 例

汉族 有一年，天大旱。夸父就立下雄心壮志，发誓要赶上太阳，把太阳捉住，让它听从人们的使唤。

【流传】 河南省·（三门峡市）·灵宝市

【出处】 许顺湛、丹书采录，李庆红、张振犁采录整理：《夸父山和桃林塞》，见张振犁编著，孟宪明、朱淑君统纂《中原神话通鉴》（第三卷），郑州：河南大学出版社 2017 年版，第 783 页。

W0701.4.1.1.3

夸父因没见过日入追日

实 例

汉族 春秋时候，有一个人叫夸父。这个人"见过日出，没见过日入"，他才追日的。

【流传】 河南省·（三门峡市）·灵宝市

【出处】 张景春（男 65 岁，农民，略文字）、孙金禄（男，75 岁，农民，不识字）讲，程健君录音：《夸父追日》（1984.12.07），见张振犁编著，孟宪明、朱淑君统纂《中原神话通鉴》（第三卷），郑州：河南大学出版社 2017 年版，第 779 页。

W0701.4.1.2
夸父追日的起点

实 例

（参见下级母题实例）

W0701.4.1.2.1
夸父从东海边开始追日

实 例

汉族 一天，太阳刚刚从海上升起，夸父就从东海边上迈开大步追赶它。夸父身高力大，一迈步，震得大地直摇晃。他一脚踏下去，就在浙江临海县的山上，留下一个长长的巨人脚印。

【流传】河南省·（三门峡市）·灵宝市

【出处】许顺湛、丹书采录，李庆红、张振犁采录整理：《夸父山和桃林塞》，见张振犁编著，孟宪明、朱淑君统纂《中原神话通鉴》（第三卷），郑州：河南大学出版社 2017 年版，第 783 页。

W0701.4.2
夸父的身体变大山

实 例

（参见下级母题实例）

W0701.4.2.1
夸父死后变成夸父山

实 例

汉族 夸父死后，他的身体变成了一座大山。这就是现在灵宝县西三十五里灵湖峪和池峪中间的夸父山。

【流传】河南省·（三门峡市）·灵宝市

【出处】许顺湛、丹书采录，李庆红、张振犁采录整理：《夸父山和桃林塞》，见张振犁编著，孟宪明、朱淑君统纂《中原神话通鉴》（第三卷），郑州：河南大学出版社 2017 年版，第 784 页。

W0701.4.3
夸父斗蛇

实 例

（参见下级母题实例）

W0701.4.3.1
夸父为本部族利益每天与毒蛇猛兽搏斗

实 例

汉族 上古时候，世界上很荒凉，毒蛇猛兽横行。夸父为了本部族的人们能活下去，每天跟毒蛇猛兽搏斗。

【流传】河南省·（三门峡市）·灵宝市

【出处】许顺湛、丹书采录，李庆红、张振犁采录整理：《夸父山和桃林塞》，见张振犁编著，孟宪明、朱淑君统纂《中原神话通鉴》（第三卷），郑州：河南大学出版社 2017 年版，第 783 页。

W0701.4a

夸父的生活

实 例

（参见下级母题实例）

W0701.4a.1

夸父的居所

实 例

（参见下级母题实例）

W0701.4a.1.1

夸父族住山上

实 例

汉族 （参见“W0701.4a.1.2 夸父居成都载天山”母题实例）

W0701.4a.1.2

夸父居成都载天山

实 例

汉族 上古时候，中国北方高高的成都载天山上，住着一个巨人族叫夸父族。这个部族的头人夸父，身高无比，力大无穷，有不平凡的意志。

【流传】 河南省

【出处】

(a) 许顺湛、丹书记录，李庆红、张极华整理：《夸父山和桃林塞》，见中国民间文艺研究会河南分会编《河南民间故事集》，中国民间文学出版社1985年版。

(b) 同（a），见姚宝瑄主编《中国各民族神话》（汉族），太原：山西出版传媒集团·书海出版社2014年版，第375~377页。

W0701.4a.2

夸父的物品

实 例

（参见下级母题实例）

W0701.4a.2.1

夸父操蛇

实 例

（参见下级母题实例）

W0701.4a.2.1.1

夸父耳挂黄蛇

实 例

汉族 夸父把捉到的凶恶的黄蛇绑在自己的两只耳朵上，抓在手里。

【流传】 河南省·（三门峡市）·灵宝市

【出处】 许顺湛、丹书采录，李庆红、张振犁采录整理：《夸父山和桃林塞》，见张振犁编著，孟宪明、朱淑君统纂《中原神话通鉴》（第三卷），郑州：河南大学出版社2017年版，第783页。

W0701.4a.2.2

夸父的手杖（夸父的杖）

实 例

（参见下级母题实例）

W0701.4a.2.2.1
夸父的杖化为邓林

实　例

汉族 夸父与日逐走，入日。渴欲得饮，饮于河、渭。河、渭不足，北饮大泽。未至，道渴而死，弃其杖，化为邓林。

【流传】（无考）

【出处】［战国至汉］撰者不详：《山海经·海外北经》。

W0701.5
夸父的死亡

实　例

（参见下级母题实例）

W0701.5.1
夸父渴死

实　例

汉族 夸父追日时口渴，猛喝黄河里的水，黄河水被他喝干了，又喝渭河里的水，也被他喝干了，还是不解渴。他又打算去山西雁门山一带，去喝大泽里的水。当他走到华山以东、灵宝以西不远的地方，身体再也支持不住，就倒下去死了。

【流传】河南省·（三门峡市）·灵宝市

【出处】许顺湛、丹书采录，李庆红、张振犁采录整理：《夸父山和桃林塞》，见张振犁编著，孟宪明、朱淑君统纂《中原神话通鉴》（第三卷），郑州：河南大学出版社 2017 年版，第 783 页。

W0701.5.1.1
年老的夸父渴死在阌乡

实　例

汉族 夸父领着族人向西逃到阌乡（灵宝市旧称）一带，遇上大旱，天气炎热，夸父年纪大，又找不到水，就渴死了。

【流传】河南省·（三门峡市）·灵宝市·西阌乡

【出处】王生民讲，程健君采录：《夸父追日》，见中国民间文学集成全国编辑委员会编《中国民间故事集成》（河南卷），北京：中国 ISBN 中心 2001 年版，第 39 页。

W0701.5.1.2
夸父喝干河、渭的水不足渴死

实　例

汉族 夸父与日逐走，入日。渴欲得饮，饮于河、渭。河、渭不足，北饮大泽。未至，道渴而死。

【流传】（无考）

【出处】［战国至汉］撰者不详：《山海经·海外北经》。

W0701.5.2

夸父气死

实 例

（参见下级母题实例）

W0701.5.2.1

夸父因追不上太阳气死

实 例

汉族 他因为追不上太阳了，气急而死。

【流传】河南省·（三门峡市）·灵宝市·阳平乡·夸父营村

【出处】张景春讲，河南大学中原神话调查组采录：《夸父追日》，见中国民间文学集成全国编辑委员会编《中国民间故事集成》（河南卷），北京：中国ISBN中心2001年版，第39页。

汉族 夸父追日不成，气死以后，埋葬的地方就叫夸父峪。这座山就叫夸父山。

【流传】河南省·（三门峡市）·灵宝市

【出处】张景春（男65岁，农民，略文字）、孙金禄（男，75岁，农民，不识字）讲，程健君录音：《夸父追日》（1984.12.07），见张振犁编著，孟宪明、朱淑君统纂《中原神话通鉴》（第三卷），郑州：河南大学出版社2017年版，第779页。

W0701.5.3

夸父累死

【关联】

① ［W0717.7.1.2］ 娲儿公主补天累死

② ［W0726.2.2］ 盘古累死

③ ［W0729g.3.4］ 盘瓠累死

实 例

汉族 （实例待考）

W0701.5.4

夸父被杀死

实 例

（参见下级母题实例）

W0701.5.4.1

夸父被应龙所杀

实 例

汉族 应龙杀蚩尤与夸父。

【流传】（无考）

【出处】［战国至汉］撰者不详：《山海经·大荒东经》。

汉族 应龙已杀蚩尤，又杀夸父。

【流传】（无考）

【出处】［战国至汉］撰者不详：《山海经·大荒北经》。

W0701.6

夸父的关系

实 例

（参见下级母题实例）

W0701.6.0

夸父的祖先

实 例

（参见下级母题实例）

W0701.6.0.1

夸父为炎帝的后代

实 例

汉族 夸父为炎帝的后裔。

【流传】（无考）

【出处】《夸父》，见乌丙安主编《中国民间神谱》，沈阳：辽宁人民出版社2007年版，第63页。

W0701.6.0.2

夸父为后土之孙

实 例

汉族 大荒之中，有山，名曰成都载天。有人珥两黄蛇，把两黄蛇，名曰夸父。后土生信，信生夸父。

【流传】（无考）

【出处】［战国至汉］撰者不详：《山海经·大荒北经》。

W0701.6.1

夸父的从属

实 例

（参见下级母题实例）

W0701.6.1.1

夸父是蚩尤的部将

实 例

汉族 蚩尤令夸父率军来到黄帝军营前叫阵。

【流传】河南省·（郑州市）·新密市

【出处】刘文学采录整理：《风后八卦阵》，见张振犁编著，孟宪明、朱淑君统纂《中原神话通鉴》（第二卷），郑州：河南大学出版社2017年版，第567页。

W0701.6.1.2

夸父的手下人身牛首

实 例

汉族 夸父等人带领的兵士个个长得人身牛首，四只眼睛，六只手，鬓发像剑，头上长着两只角，手里举着明晃晃的刀，向黄帝的部将常先、大鸿冲来。

【流传】河南省·（郑州市）·新密市

【出处】刘文学采录整理：《风后八卦阵》，见张振犁编著，孟宪明、朱淑君统纂《中原神话通鉴》（第二卷），郑州：河南大学出版社2017年版，第567页。

W0701.7

与夸父有关的其他母题

实 例

（参见下级母题实例）

W0701.7.1
夸父的名字

实 例

（参见下级母题实例）

W0701.7.1.1
夸父又称邓夸父

实 例

汉族 辰州东有三山，鼎足直上，各数千丈，古老传云，邓夸父与日竞走，至此煮饭，此三山者，夸父支鼎之石也。

【流传】（无考）

【出处】［唐］张鷟：《朝野佥载》卷五云。

W0701.7.2
夸父的遗迹

实 例

（参见下级母题实例）

W0701.7.2.1
夸父山

【关联】［W0701.4.2.1］夸父死后变成夸父山

实 例

（参见下级母题实例）

W0701.7.2.1.1
夸父山在桃林县

实 例

汉族 从前的灵宝县不是今天的这个名字，叫做桃林，又叫桃林县。桃林县西有座夸父山。

【流传】河南省·（三门峡市）·灵宝市

【出处】许顺湛、丹书采录，李庆红、张振犁采录整理：《夸父山和桃林塞》，见张振犁编著，孟宪明、朱淑君统纂《中原神话通鉴》（第三卷），郑州：河南大学出版社 2017 年版，第 783 页。

W0701.7.2.1.1.1
夸父山北有桃林

实 例

汉族 又西九十里，曰夸父之山，其木多棕楠，多竹箭，其兽多㸲牛、羬羊，其鸟多鷩，其阳多玉，其阴多铁。其北有林焉，名曰桃林，是广员三百里，其中多马。湖水出焉，而北流注于河，其中多珚玉。

【流传】（无考）

【出处】［战国至汉］撰者不详：《山海经·中山经》。

W0701.7.2.1.2
夸父山在阌乡县

实 例

汉族 夸父死后，被埋在阌乡县南二十五里的秦岭北山脚下。这就是后来的夸父山。

【流传】河南省·（三门峡市）·灵宝市［采录地点：灵宝县（原阌乡县）·西阎乡·达紫营］

【出处】王生民（男，42岁）讲，程健君录音：《夸父山》（1984.12.05），见张振犁编著，孟宪明、朱淑君统纂《中原神话通鉴》（第三卷），郑州：河南大学出版社2017年版，第782页。

W0701.7.2.1.3

夸父山在特定的方位

实 例

汉族 雒棠、武人在西北陬，蛖龙鱼在其南，有神二人连臂为帝候夜，在其西南方，三珠树在其东北方，有玉树在赤水之上。昆仑、华丘在其东南方，爰有遗玉，青马、视肉、杨桃、甘樝、甘华，百果所生。和丘在其东北陬，三桑、无枝在其西，夸父、耽耳在其北方。

【流传】（无考）

【出处】［西汉］淮南王刘安及门客：《淮南子·地形训》。

W0701.7.2.2

夸父营

实 例

（参见下级母题实例）

W0701.7.2.2.1

夸父营在夸父山下

实 例

汉族 夸父死了，他的后代子孙就居住在夸父山下，生儿育女，传业后世。夸父的子孙居住的村子，就是今天夸父山下的“夸父营”。

【流传】河南省·（三门峡市）·灵宝市

【出处】许顺湛、丹书采录，李庆红、张振犁采录整理：《夸父山和桃林塞》，见张振犁编著，孟宪明、朱淑君统纂《中原神话通鉴》（第三卷），郑州：河南大学出版社2017年版，第784页。

W0701.7.2.3

夸父峪

实 例

（参见下级母题实例）

W0701.7.2.3.1

埋葬的地方叫夸父峪

实 例

汉族 夸父追日不成，气死以后，埋葬的地方就叫夸父峪。

【流传】河南省·（三门峡市）·灵宝市

【出处】张景春（男65岁，农民，略文字）、孙金禄（男，75岁，农民，不识字）讲，程健君录音：《夸父追日》（1984. 12. 07），见张振犁编著，孟宪明、朱淑君统纂《中原神话通鉴》（第三卷），郑州：河南大学出版社2017年版，第779页。

W0701. 7. 2. 4

零陵县石上有夸父迹

实 例

汉族 零陵县石上有夸父迹。

【流传】（无考）

【出处】［北宋］李昉、李穆、徐铉等：《太平御览》卷三八八引《荆州记》。

W0701. 7. 2. 5

夸父振履堆

实 例

汉族 振履堆者，故老云夸父逐日，振履于此，故名之。

【流传】（无考）

【出处】［北宋］李昉、李穆、徐铉等：《太平御览》卷五六引《安定图经》。

W0701. 7. 2. 6

夸父覆釜山

实 例

（参见下级母题实例）

W0701. 7. 2. 6. 1

台州覆釜山

实 例

汉族 台州覆釜山，有巨迹，云是夸父逐日之所践。

【流传】（无考）

【出处】［北宋］李昉、李穆、徐铉等：《太平御览》卷四七引《郡国志》。

W0701a

夔

实 例

（参见下级母题实例）

W0701a. 1

夔的产生

实 例

（实例待考）

W0701a. 2

夔的特征（夔的身份，夔的能力）

实 例

（参见下级母题实例）

W0701a. 2. 1

夔一足

【关联】［W0080. 4. 1］独脚神

实 例

汉族 夔仅有一足。

【流传】（无考）

【出处】《风俗通义 · 正失第二》，见［东汉］应劭著，赵泓译注《风俗通义全译》，贵阳：贵州人民出版社

1998 年版，第 53 页。

W0701a.2.2

夔的皮能做鼓

实例

汉族 （参见“W0701a.3.2 夔兽居东海”母题实例）

W0701a.2.3

夔人面猴身能言

实例

汉族 夔一足，越人谓之山缲，人面猴身能言。

【流传】（无考）

【出处】［春秋］左丘明：《国语·鲁语下》［三国·吴］韦昭注。

W0701a.2.4

夔是怪兽

实例

（参见下级母题实例）

W0701a.2.4.1

怪兽夔像苍灰色的牛，一只蹄子，头上无角

实例

汉族 （参见“W0701a.3.2.1 怪兽夔居东海的流波山”母题实例）

W0701a.3

与夔有关的其他母题

【关联】［W0854.7.4.5.1］木石之怪曰夔

实例

（参见下级母题实例）

W0701a.3.1

夔能使音乐和谐

实例

汉族 夔仅有一足，能使音乐和谐。

【流传】（无考）

【出处】《风俗通义·正失第二》，见［东汉］应劭著，赵泓译注《风俗通义全译》，贵阳：贵州人民出版社 1998 年版，第 53 页。

W0701a.3.2

夔兽居东海

实例

汉族 炎、黄二帝联合战蚩尤时，在东海流波山上捉到一只野兽“夔”，剥下皮，做成一面鼓，用雷兽的骨头制成槌，擂鼓前进，声震五百里外。

【流传】河南省·（郑州市）·登封市

【出处】《炎黄二帝石》，见张振犁编著，孟宪明、朱淑君统纂《中原神话通鉴》（第二卷），郑州：河南大学出版社 2017 年版，第 503 页。

W0701a. 3. 2. 1
怪兽夔居东海的流波山

实 例

汉族 东海中七千里外有一座流波山，那山上住着一头怪兽，长得像牛一样，头上没有角，苍灰色的皮，只长着一只蹄子。当它进出海水的时候，伴随着大风大雨；它的眼睛好像太阳、月亮一样明亮，吼叫的声音就像打雷一样。这个怪物叫“夔”。

【流传】陕西省·（延安市）·黄陵县

【出处】郭诚整理：《黄帝战蚩尤》，原载黄陵县文化馆编《轩辕黄帝传说故事》，见陶阳、钟秀编《中国神话》（中），北京：商务印书馆 2008 年版，第 787 ~ 792 页。

W0702
螺女（白水素女，素女）

实 例

（参见下级母题实例）

W0702. 1
螺女的产生

实 例

（参见下级母题实例）

W0702. 1. 1
螺女生于大螺中

实 例

汉族 孤儿得一大螺，螺中出女子。

【流传】（无考）

【出处】《白水素女》，见［晋］干宝著，李剑国辑校《新辑搜神记》卷一，北京：中华书局 2007 年版，第 116 页。

W0702. 1. 1. 1
白水素女生于大螺中

实 例

汉族 书生谢端，为性介洁，不染声色。尝於海岸观涛，得一大螺，大如一石米斛。割之，中有美女，曰：“予天汉中白水素女。”

【流传】（晋安郡!）

【出处】［清］东轩主人：《述异记》。

W0702. 2
螺女的特征（螺女的身份）

实 例

（参见下级母题实例）

W0702. 2. 1
螺女是水神

【关联】［W0406. 1. 1d］水神螺女

实 例

汉族 螺女，水神。

【流传】（无考）

【出处】［宋］不题撰人：《锦绣万花谷》前集卷五引《坡诗注》。

W0702.2.2
素女是神女

实 例

汉族 晋谢端于邑下得一大螺。取归贮瓮中畜之。一日早出潜归，蓠外偷窥时，见一少女从瓮中出，问从何来，答曰："我天汉中白水素女。天帝哀卿少孤，恭慎自守，故使我权为守舍炊烹。"

【流传】（无考）

【出处】［晋］陶潜：《搜神后记》卷五。

W0702.3
与螺女有关的其他母题

实 例

（参见下级母题实例）

W0702.3.0
螺女的生活

实 例

（参见下级母题实例）

W0702.3.0.1
白水素女居天汉

实 例

汉族 女答曰："我天汉中白水素女也。天帝哀卿少孤，使我权为炊烹。卿无故相窥掩，吾形已见，不宜复留。虽然，尔后自当少差，留此壳以贮米谷，常可不乏。"

【流传】（无考）

【出处】［晋］陶潜：《搜神后记》卷五。

W0702.3.1
螺女的行为

实 例

（参见下级母题实例）

W0702.3.1.1
白水素女下凡

实 例

汉族 天帝派白水素女下凡帮助少孤且恭慎自守之人。

【流传】（无考）

【出处】《白水素女》，见［晋］干宝著，李剑国辑校《新辑搜神记》卷一，北京：中华书局2007年版，第117页。

W0702.3.1.1.1
白水素女受天帝之命下凡

实 例

汉族 单身汉渔夫谢端，在海中捕捞到一只大螺，带回家中后里面出来一个美女，自称是天上来的白水素女，天帝可怜他贫穷，所以派她做他的妻子。

【流传】（福州侯官！）

【出处】［西晋］束晳：《发蒙记》。

W0702. 3. 1. 2
白水素女助人

实 例

汉族 官人谢端于邑下得一大螺，如三升壶。以为异物，取以归，贮瓮中。后谢端以鸡鸣而出，平早潜归，于篱外窃视其家中，见一少女，从瓮中出，至灶下燃火，为穷书生谢安为炊。女不能还壳，曰：“我天汉中白水素女也。天帝哀卿少孤，恭慎自守，故使我权为守舍炊烹。”

【流传】（无考）

【出处】［晋］陶潜：《搜神后记》。

W0702. 3. 1. 2. 1
螺女下凡为独身男子做饭

实 例

汉族 谢端钓于江上，获巨螺，置之于家，每归则饮食盈桉。潜候之，有女子具馔于室，执而询之。女曰：“我乃螺女，水神，天帝悯君之孤，遣为具食，我亦当去。”

【流传】（无考）

【出处】［宋］撰者不详：《锦绣万花谷》前集卷五引《坡诗注》。

W0702. 3. 1. 3
白水素女回天

实 例

（参见下级母题实例）

W0702. 3. 1. 3. 1
白水素女因别人看到真形回天

实 例

汉族 白水素女从螺中出来，被官人谢端视得真形后，云“吾形已见，不宜复留。”天忽风雨，翕然而去。

【流传】（无考）

【出处】［晋］陶潜：《搜神后记》。

W0702. 3. 2
素女

实 例

（参见下级母题实例）

W0702. 3. 2. 1
素女是白龙

实 例

汉族 白龙潭里住着一条白龙，是天上王母娘娘身边的一个宫女，名叫素女，爱上了轩辕星，就是奉玉帝之命下凡到人间的那个轩辕黄帝，就化作一条小白龙到这具茨山南坡白龙潭附近一户姓王的人家投了胎。

【流传】河南省·（郑州市）·新郑市

【出处】刘文学采录整理：《白龙潭与黑龙潭》，见张振犁编著，孟宪明、朱淑君统纂《中原神话通鉴》（第二卷），郑州：河南大学出版社 2017 年版，第 728 页。

W0702.3.2.2

素女是王母娘娘的一个宫女

实 例

汉族 （参见“W0702.3.2.1 素女是白龙”母题实例）

W0702.3.2.3

素女嫁给黄帝的大臣大鸿

【关联】［W0695.4.3.1］应龙与素女是夫妻

实 例

汉族 轩辕黄帝的妹子素女嫁给了黄帝的大臣大鸿。

【流传】河南省·（郑州市）·新密市

【出处】李延军采录整理：《素女与大鸿》，原载《袖珍陕西名胜故事丛书·轩辕黄帝传说故事》，陕西人民美术出版社1986年版，见张振犁编著，孟宪明、朱淑君统纂《中原神话通鉴》（第二卷），郑州：河南大学出版社2017年版，第605页。

W0702.3.2.4

素女是轩辕黄帝的一个妹子

实 例

汉族 轩辕黄帝有个妹子，名叫素女。

【流传】河南省·（郑州市）·新密市

【出处】李延军采录整理：《素女与大鸿》，原载《袖珍陕西名胜故事丛书·轩辕黄帝传说故事》，陕西人民美术出版社1986年版，见张振犁编著，孟宪明、朱淑君统纂《中原神话通鉴》（第二卷），郑州：河南大学出版社2017年版，第605页。

W0702.3.2.5

素女是黄帝时期的舞者

实 例

汉族 黄帝建国举行开国大典时，素女带领几百人组成的舞蹈队，进入明堂前的中央。

【流传】河南省·（郑州市）·新郑市

【出处】刘文学采录整理：《黄帝西泰山会诸侯》，见张振犁编著，孟宪明、朱淑君统纂《中原神话通鉴》（第二卷），郑州：河南大学出版社2017年版，第592页。

W0702.3.2.6

素女化身仙鹤

实 例

汉族 应龙救了受伤的仙鹤。仙鹤抽打了几下翅膀，一眨眼变成一个美丽的姑娘，含情脉脉地说：“我叫素女，居住在荟萃山（在今河南新郑具茨山西端）上，听说你要去雷泽捉神兽，想来考试你！”

【流传】河南省·（郑州市）·新郑市

【出处】刘文学采录整理：《雷泽取兽骨》，见张振犁编著，孟宪明、朱淑君统纂《中原神话通鉴》（第二卷），郑州：河南大学出版社 2017 年版，第 549 页。

W0702. 3. 2. 7

素女弹琴

实 例

（参见下级母题实例）

W0702. 3. 2. 7. 1

素女播都广之琴

实 例

汉族 素女播都广之琴，温风冬飘，素雪夏寒，鸾鸟自鸣，凤鸟自舞，灵寿自花。

【流传】（无考）

【出处】［明］陶宗仪：《说郛》辑宋虞汝明《古琴疏》。

W0702. 3. 2. 8

素女鼓瑟

实 例

（参见下级母题实例）

W0702. 3. 2. 8. 1

黄帝使素女鼓瑟

实 例

汉族 庖牺氏作瑟，五十弦。黄帝使素女鼓瑟，哀不自胜，乃破为二十五弦。

【流传】（无考）

【出处】［先秦］史官修撰：《世本·作篇》（清秦嘉谟辑补本）。

W0702. 3. 2. 9

素女的居所

实 例

（参见下级母题实例）

W0702. 3. 2. 9. 1

素女居西南黑水之间都广之野

实 例

汉族 西南黑水之间，有都广之野，后稷葬焉。其城方三百里，盖天地之中，素女所出也。

【流传】（无考）

【出处】［战国至汉］撰者不详：《山海经·海内经》。

W0702. 3. 2. 9. 2

素女居青城天谷山（玉女洞）

实 例

汉族 素女在青城天谷山，今名玉女洞。

【流传】（无考）

【出处】

（a）［明］杨慎：《山海经补注》。

（b）《玉女洞》，见袁珂《中国神话大词典》，北京：华夏出版社 2015 年版，第 94 页。

W0702. 3. 3

洞庭螺女

实 例

（参见下级母题实例）

W0702.3.3.1

洞庭湖有72仙螺修炼为少女

实 例

汉族 远古之时，洞庭湖有七十二仙螺，修炼九千九百九十九年，皆化为俊美少女，胜似月宫嫦娥。

【流传】（无考）

【出处】袁珂改编：《七十二仙螺》，原名《潇湘的传说·七十二仙螺造君山》，见袁珂《中国神话大词典》，北京：华夏出版社2015年版，第372页。

W0703

嫘祖（螺祖）

【关联】［W0695.1.2］黄帝娶螺祖为妻

实 例

（参见下级母题实例）

W0703.1

嫘祖的产生

实 例

（参见下级母题实例）

W0703.1.1

树生嫘祖

实 例

（参见下级母题实例）

W0703.1.1.1

老夫妇从桑树上得嫘祖

实 例

汉族 老两口从桑树上得光肚娃娃螺祖。

【流传】河南省·（郑州市）·新郑县（新郑市）·郭店乡

【出处】张曹氏讲：《黄帝娶妻》，见中国民间文学集成全国编辑委员会编《中国民间故事集成》（河南卷），北京：中国ISBN中心2001年版，第31～32页。

汉族 已年过半百一对没有孩子老夫妻，一棵老桑树脖儿上放着一个光肚肚儿的胖娃娃，抱回家。娃娃是个小女孩儿，他们给她起名叫螺祖。

【流传】（无考）

【出处】张曹氏讲，张永林采录：《螺祖养蚕》，载《民间文学》1998年第8期。

W0703.1.2

黄帝娶桑树生嫘祖

【关联】［W0703.4.3］嫘祖是黄帝的正妃

实 例

汉族 黄帝娶桑树生出的螺祖。

【流传】河南省·（郑州市）·新郑县（新郑市）·郭店乡

【出处】张曹氏讲：《黄帝娶妻》，见中国民间文学集成全国编辑委员会编

《中国民间故事集成》（河南卷），北京：中国 ISBN 中心 2001 年版，第 31～32 页。

W0703.2

嫘祖的特征（嫘祖的身份）

实 例

（参见下级母题实例）

W0703.2.1

嫘祖的体征

实 例

（参见下级母题实例）

W0703.2.1.1

嫘祖很丑

【关联】［W0695.1.4］黄帝的妻子嫫母娘娘

实 例

（参见下级母题实例）

W0703.2.1.1.1

嫘祖体短，脸黑，嘴厚

实 例

汉族 嫘祖长得很丑，脸皮黑，嘴唇厚，个头也不高。

【流传】河南省·（郑州市）·新郑市

【出处】蔡英生（75 岁，教师）讲，蔡柏顺采录整理：《黄帝选妻》，见张振犁编著，孟宪明、朱淑君统纂《中原神话通鉴》（第二卷），郑州：河南大学出版社 2017 年版，第 510 页。

W0703.2.2

嫘祖是神

实 例

（参见下级母题实例）

W0703.2.2.1

嫘祖是蚕神

【关联】［W0443.9.5.1.2］蚕业神嫘祖

实 例

汉族 黄帝元妃西陵氏曰嫘祖，以其始蚕，故又祀先蚕。

【流传】（无考）

【出处】［宋］罗泌：《路史·后纪》卷五。

W0703.2.2.2

嫘祖是织布者的祖神

【关联】［W0658a.8.44.3］纺织行业之祖螺祖

实 例

汉族 人们一提嫘祖，就打心眼里敬佩她。为了不忘她养蚕、教人缫丝、纺纱、织锦的功绩，农家的织机房里都敬祖神，实际就是嫘祖。

【流传】河南省·（郑州市）·新郑市

【出处】蔡英生（75 岁，教师）讲，蔡柏顺采录整理：《黄帝选妻》，见张振犁编著，孟宪明、朱淑君统纂《中原神话通鉴》（第二卷），郑州：河南大学出版社 2017 年版，第 511 页。

W0703.2.2.3

嫘祖是祖神

实 例

汉族 帝周游行时，元妃嫘祖死于道，帝祭之以为祖神。

【流传】（无考）

【出处】［北宋］张君房：《云笈七签》卷一〇〇辑［唐］王瓘《轩辕本纪》。

汉族 帝周游行时，元妃嫘祖死于道，帝祭之以为祖神。

【流传】（无考）

【出处】［唐］王瓘：《轩辕本纪》。

W0703.2.2.3.1

黄帝封嫘祖为祖神

【关联】［W0646.3.2.3］黄帝元妃嫘祖死后，帝祭之以为祖神

实 例

汉族 黄帝在带着元妃嫘祖巡视天下时，嫘祖去世。黄帝为她举行了盛大的祭奠，封嫘祖为“祖神”。

【流传】（无考）

【出处】［唐］王瓘：《轩辕本纪》。

W0703.2.3

嫘祖聪明能干

实 例

汉族 黄帝的妻子嫘祖是个聪明能干的女人，她爱民如子，走遍黄河流域所有有人居住的地方。

【流传】河南省·（郑州市）·巩义市

【出处】石栏采录整理：《嫘祖访玉仙》，见张振犁编著，孟宪明、朱淑君统纂《中原神话通鉴》（第二卷），郑州：河南大学出版社 2017 年版，第 521 页。

W0703.3

嫘祖的能力（嫘祖的事迹）

实 例

（参见下级母题实例）

W0703.3.1

嫘祖养蚕

实 例

（参见下级母题实例）

W0703.3.1.1

嫘祖养的蚕大如瓮

实 例

汉族 嫘祖养的那些蚕结的茧，个个就像瓮那么大。

【流传】河南省·（郑州市）·新郑市

【出处】蔡英生（75 岁，教师）讲，蔡柏顺采录整理：《黄帝选妻》，见张振犁编著，孟宪明、朱淑君统纂《中原神话通鉴》（第二卷），郑州：河南大学出版社 2017 年版，第 511 页。

W0703. 3. 1. 2

螺祖发明养蚕

实 例

汉族 黄帝的妻子雷祖，就是发明养蚕的螺祖。

【流传】（无考）

【出处】《颛顼隔断天地的通路》，原载袁珂编译《中国神话故事》，见陶阳、钟秀编《中国神话》（上），北京：商务印书馆 2008 年版，第 195 ~ 198 页。

W0703. 3. 2

嫘祖制衣

【关联】［W0826. 6. 3. 1］玉仙告诉嫘祖纺织方法

实 例

汉族 黄帝的正妃嫘祖分管制作衣服。

【流传】陕西省·（延安市）·黄陵县·南城塔

【出处】拴劳娘讲，兰草采录：《先蚕娘娘嫘祖》，见中国民间文学集成全国编辑委员会编《中国民间故事集成》（陕西卷），北京：中国 ISBN 中心 1996 年版，第 16 页。

W0703. 3. 3

嫘祖娘娘教人养蚕织布

【关联】［W6125］人穿衣服的来历

实 例

汉族 黄帝妃嫘祖娘娘教民养蚕织布，使老百姓都穿上了舒适的衣服

【流传】河南省·（许昌市）·禹州市·浅井乡

【出处】田旺讲，田丰采采录：《散驾村》，见张振犁编著，孟宪明、朱淑君统纂《中原神话通鉴》（第二卷），郑州：河南大学出版社 2017 年版，第 691 页。

W0703. 3. 4

嫘祖会染色

实 例

（参见下级母题实例）

W0703. 3. 4. 1

嫘祖染出红、黄、蓝、黑、白、紫、绿七种颜色

实 例

汉族 黄帝让嫘祖做了六面又长又大的令旗，染成红、黄、蓝、黑、白、紫、绿七种颜色。

【流传】河南省·（郑州市）·新密市

【出处】高力升采录整理：《摩旗山》，见张振犁编著，孟宪明、朱淑君统纂《中原神话通鉴》（第二卷），郑州：河南大学出版社 2017 年版，第 569 页。

W0703. 3. 5

嫘祖会请蚕神

实 例

汉族 嫘祖把蚕神请到轩辕丘附近的桑山上，放到桑林中。

【流传】河南省·（郑州市）·荥阳市

【出处】王金岭采录整理：《蚕神献丝》，见张振犁编著，孟宪明、朱淑君统纂《中原神话通鉴》（第二卷），郑州：河南大学出版社 2017 年版，第 525 页。

W0703.4
嫘祖的关系

实 例

（参见下级母题实例）

W0703.4.1
嫘祖的父亲

实 例

（参见下级母题实例）

W0703.4.1.1
嫘祖的父亲是黄帝手下的一员大将

实 例

汉族 嫘祖的妈妈早年病亡，爹爹是黄帝手下的一员大将。

【流传】山西省·（运城市）·夏县·（尉郭乡）·西阴村

【出处】张永年讲，杨进升采录：《嫘祖养蚕》，见中国民间文学集成全国编辑委员会编《中国民间故事集成》（山西卷），北京：中国 ISBN 中心 1999 年版，第 21 页。

W0703.4.1.2
嫘祖是具茨山西陵氏之女

实 例

汉族 螺祖是具茨山西陵氏之女，从小就植桑养蚕，抽丝织锦，裁制衣裙。

【流传】河南省·（郑州市）·新郑市

【出处】时海霞采录整理：《鸳鸯石》，见张振犁编著，孟宪明、朱淑君统纂《中原神话通鉴》（第二卷），郑州：河南大学出版社 2017 年版，第 532 页。

W0703.4.1a
嫘祖的母亲

实 例

（参见下级母题实例）

W0703.4.1a.1
嫘祖拜西陵氏为母

实 例

汉族 王母娘娘的侍女嫘祖因犯天条被王母娘娘打下凡时，被扔到一个山旮旯里，差点被狼吃了。幸亏被捡干柴的西陵氏救了，就认她为母。

【流传】河南省·（郑州市）·新郑市

【出处】蔡英生（75 岁，教师）讲，蔡柏顺采录整理：《黄帝选妻》，见张振犁编著，孟宪明、朱淑君统纂《中原神话通鉴》（第二卷），郑州：河南大学出版社 2017 年版，第 511 页。

W0703.4.2

嫘祖是王母娘娘的侍女

【关联】［W0761.5］西王母的侍从

实 例

汉族 发明养蚕织布的嫘祖原是王母娘娘的侍女。

【流传】河南省·（郑州市）·新郑县（新郑市）·郭店乡·张辛庄

【出处】张曹氏讲，张永林采录：《黄帝娶妻》，见中国民间文学集成全国编辑委员会编《中国民间故事集成》（河南卷），北京：中国 ISBN 中心 2001 年版，第 31 页。

汉族 螺祖原是王母娘娘的侍女。

【流传】（无考）

【出处】张曹氏讲，张永林采录：《螺祖养蚕》，载《民间文学》1998 年第 8 期。

汉族 王母娘娘的侍女，名叫嫘祖，因为犯了天规，被打下凡来。

【流传】河南省·（郑州市）·新郑市

【出处】蔡英生（75 岁，教师）讲，蔡柏顺采录整理：《黄帝选妻》，见张振犁编著，孟宪明、朱淑君统纂《中原神话通鉴》（第二卷），郑州：河南大学出版社 2017 年版，第 510 页。

W0703.4.3

嫘祖是黄帝的正妃

【关联】［W0695.1.2］黄帝的妻子螺祖

实 例

汉族 黄帝娶于西陵之女，是为嫘祖，嫘祖为黄帝正妃。

【流传】（无考）

【出处】［西汉］司马迁：《史记·五帝本纪》。

汉族 黄帝指派他的正妃嫘祖分管制作衣服。

【流传】陕西省·（延安市）·黄陵县·南城塔

【出处】拴劳娘讲，兰草采录：《先蚕娘娘嫘祖》，见中国民间文学集成全国编辑委员会编《中国民间故事集成》（陕西卷），北京：中国 ISBN 中心 1996 年版，第 16 页。

W0703.4.3.1

黄帝娶正妃西陵氏于大梁

实 例

汉族 帝娶西陵氏于大梁，曰嫘祖为元妃。

【流传】（无考）

【出处】［北宋］张君房：《云笈七签·轩辕本纪》。

W0703.5

嫘祖的生活

实 例

（参见下级母题实例）

W0703.5.1 嫘祖的服饰

实 例

（实例待考）

W0703.5.2 嫘祖的饮食

实 例

（实例待考）

W0703.5.3 嫘祖的居所

实 例

（参见下级母题实例）

W0703.5.3.1 嫘祖故乡具茨山

实 例

汉族 嫘祖是具茨山西陵氏之女。

【流传】河南省·（郑州市）·新郑市

【出处】时海霞采录整理：《鸳鸯石》，见张振犁编著，孟宪明、朱淑君统纂《中原神话通鉴》（第二卷），郑州：河南大学出版社2017年版，第532页。

W0703.5.3.2 嫘祖居有熊国

实 例

汉族 有熊国中，嫘祖这一日心中烦躁，坐立不宁，晚上久久不能入睡，刚合上眼，只见夫君黄帝遍体鳞伤。

【流传】河南省黄帝故里一带（河南省·郑州市·新郑市）

【出处】刘文学采录整理：《三帝下凡》（点评），见张振犁编著，孟宪明、朱淑君统纂《中原神话通鉴》（第二卷），郑州：河南大学出版社2017年版，第501页。

W0703.5.4 嫘祖的出行

实 例

（参见下级母题实例）

W0703.5.4.1 嫘祖骑赤豹

实 例

汉族 第二年春暖花开，黄帝又坐着华盖车，嫘祖还是骑着那头赤豹，驾着一团红云向西北而去。

【流传】河南省·（郑州市）·新郑市

【出处】刘文学采录整理：《黄帝坟的传说》，见张振犁编著，孟宪明、朱淑君统纂《中原神话通鉴》（第二卷），郑州：河南大学出版社2017年版，第712页。

W0703. 5. 4. 2

黄帝带妻子嫘祖到浮戏山神仙洞向广成子求道

实 例

汉族 黄帝从黑龙潭带着妻子嫘祖，来到浮戏山神仙洞访问广成子求道。

【流传】河南省·（郑州市）·新密市

【出处】慎之建（男，知识分子）讲：《奶头山》（1990. 11. 29），见张振犁编著，孟宪明、朱淑君统纂《中原神话通鉴》（第二卷），郑州：河南大学出版社 2017 年版，第 709 页。

W0703. 5. 5

嫘祖的用品

实 例

（实例待考）

W0703. 6

与嫘祖有关的其他母题

实 例

（参见下级母题实例）

W0703. 6. 1

嫘祖的名字

实 例

（参见下级母题实例）

W0703. 6. 1. 1

嫘祖西陵氏

实 例

汉族 帝娶西陵氏于大梁，曰嫘祖为元妃。生二子玄嚣、昌意。时元妃西陵氏始养蚕为丝。

【流传】（无考）

【出处】［北宋］张君房：《云笈七签》卷一〇〇辑［唐］王瓘《轩辕本纪》。

W0703. 6. 1. 2

嫘祖娘娘

实 例

汉族 （参见“W0703. 3. 3 嫘祖娘娘教人养蚕织布”母题实例）

W0703. 6. 1. 3

嫘祖称蚕娘

实 例

汉族 黄帝的妻子嫘祖带领人们植桑养蚕，纺织丝帛，做衣服。人们把这些功德都记在嫘祖的名下，尊称她为“蚕娘”。

【流传】河南省·（郑州市）·荥阳市

【出处】王金岭采录整理：《蚕神献丝》，见张振犁编著，孟宪明、朱淑君统纂《中原神话通鉴》（第二卷），郑州：河南大学出版社 2017 年版，第 525 页。

W0703.6.1.4
嫘祖称先蚕（先蚕嫘祖）

实 例

（参见下级母题实例）

W0703.6.1.4.1
嫘祖始蚕故祀为先蚕

实 例

汉族 黄帝元妃西陵氏曰嫘祖，以其始蚕，故又祀先蚕。

【流传】（无考）

【出处】［宋］罗泌：《路史·后纪》卷五。

W0703.6.2
嫘祖的寿命与死亡

实 例

（参见下级母题实例）

W0703.6.2.1
嫘祖死后变成山

实 例

（参见下级母题实例）

W0703.6.2.1.1
嫘祖死后变成奶头山

实 例

汉族 嫘祖死后，就在神仙洞西边不远的地方变成了一座山。后来人们就把它叫“奶头山”。

【流传】河南省·（郑州市）·新密市

【出处】慎之建（男，知识分子）讲：《奶头山》（1990.11.29），见张振犁编著，孟宪明、朱淑君统纂《中原神话通鉴》（第二卷），郑州：河南大学出版社2017年版，第709页。

W0704
密洛陀

实 例

（参见下级母题实例）

W0704.1
密洛陀的产生

实 例

（参见下级母题实例）

W0704.1.1
风孕生密洛陀

实 例

（参见下级母题实例）

W0704.1.1.1
巨龙吹气形成的风生密洛陀

实 例

瑶族 巨龙吹了口气，变成了大风，大风吹呀吹的便怀了孕，生下了密洛陀。

【流传】广西壮族自治区·（河池市）·都安瑶族自治县江水河一带瑶

族地区

【出处】《密洛陀创世》，蓝田根据莎红整理的《密洛陀》和潘泉脉整理的《密洛陀》两部不同版本的长诗《密洛陀》改写，见姚宝瑄主编《中国各民族神话》（土家族、毛南族、侗族、瑶族），太原：山西出版传媒集团·书海出版社2014年版，第152页。

W0704.1.1.2 混沌的气流风团中生密洛陀

实 例

瑶族（布努）神母密洛陀从混沌的气流风团中诞生。

【流传】（无考）

【出处】《密洛陀》，见何颖《历史视野下的瑶族民间文学》，载《广西大学学报》2005年第5期。

W0704.1.2 雾中生密洛陀

【关联】［W0643.4.1］神风吹雾气散，出现祖先密洛陀

实 例

瑶族 神风吹，雾气散，出现了密洛陀。

【流传】广西壮族自治区·（河池市）·巴马县（巴马瑶族自治县）·东山乡

【出处】蒙老三讲，蒙灵记录翻译：《密洛陀》，见中国民间文学集成全国编辑委员会编《中国民间故事集成》（广西卷），北京：中国ISBN中心2001年版，第22页。

瑶族 神风吹，雾气散，出现祖神密洛陀。

【流传】广西壮族自治区·（河池市）·巴马县（巴马瑶族自治县）·东山乡·岸山村

【出处】蒙老三（70岁）讲，蒙灵记录翻译：《密洛陀》（1981），原载南宁师范学院编《广西少数民族与汉族民歌民间故事》，见陶阳、钟秀编《中国神话》（上），北京：商务印书馆2008年版，第106～109页。

W0704.1.3 密洛陀是铜鼓的女儿

实 例

瑶族 （参见“W0704.1.4 天地间的铜鼓生密洛陀”母题实例）

W0704.1.4 天地间的铜鼓生密洛陀

实 例

瑶族 天地间的铜鼓中有1女，即万物之母密洛陀。

【流传】广西壮族自治区·（河池市）·大化县（大化瑶族自治县）·七百岸乡

【出处】蓝阿勇讲，蒙冠雄采录翻译：《密洛陀》，见中国民间文学集成全国编辑委员会编《中国民间故事集成》（广西卷），北京：中国ISBN中心

2001 年版，第 11 页。

W0704.1.5

化生密洛陀

实 例

（参见下级母题实例）

W0704.1.5.1

密洛陀是水经过多次变化形成的

实 例

瑶族（布努） 晶莹水珠变成铁石龙，铁石龙变成大龙海龙，大龙海龙变成神仙师傅，神仙师傅变成大风，大风变成密洛陀。

【流传】广西壮族自治区·（河池市）·都安县（都安瑶族自治县）、巴马县（巴马瑶族自治县）、南丹县，（百色市）·田东县、平果县等地

【出处】蓝怀昌、蓝书京、蒙通顺搜集翻译整理：《密洛陀·后记》，北京：中国民间文艺出版社 1988 年版，第 552 页。

W0704.1.6

与密洛陀的产生有关的其他母题

实 例

（参见下级母题实例）

W0704.1.6.1

密洛陀的生日五月二十九

实 例

瑶族 密洛陀（万物之母，女始祖，女神）的生日是五月二十九。

【流传】广西壮族自治区·（河池市）·大化县（大化瑶族自治县）·七百弄乡

【出处】蓝阿勇（72 岁）讲，蒙冠雄采录翻译：《密洛陀》（1982），见中国民间文学集成全国编辑委员会编《中国民间故事集成》（广西卷），北京：中国 ISBN 中心 2001 年版，第 11 ~ 22 页。

W0704.2

密洛陀的特征

实 例

（实例待考）

W0704.3

密洛陀的身份

实 例

（参见下级母题实例）

W0704.3.1

密洛陀是万物之母

实 例

瑶族 密洛陀是万物之母。

【流传】广西壮族自治区·（河池市）·大化县（大化瑶族自治县）·七百弄乡

【出处】蓝阿勇讲，蒙冠雄采录翻译：《密洛陀》，见中国民间文学集成全国

编辑委员会编《中国民间故事集成》（广西卷），北京：中国 ISBN 中心 2001 年版，第 11 页。

W0704. 3. 2

密洛陀是多民族的母亲

【关联】［W5745］多民族同源

实 例

（参见下级母题实例）

W0704. 3. 2. 1

密洛陀繁衍汉、壮、苗胞各族兄弟民族

实 例

瑶族 汉、壮、苗胞各族兄弟姐妹都准备礼物，每年五月二十九给母亲密洛陀（万物之母，女始祖，女神）祝寿。

【流传】广西壮族自治区·（河池市）·大化县（大化瑶族自治县）·七百弄乡

【出处】蓝阿勇（72 岁）讲，蒙冠雄采录翻译：《密洛陀》（1982），见中国民间文学集成全国编辑委员会编《中国民间故事集成》（广西卷），北京：中国 ISBN 中心 2001 年版，第 11 ~ 22 页。

W0704. 4

密洛陀的事迹

实 例

（参见下级母题实例）

W0704. 4. 1

密洛陀造神

【关联】［W0014］神是创造产生的（造神）

实 例

瑶族 （实例待考）

W0704. 5

密洛陀的关系

实 例

（参见下级母题实例）

W0704. 6

与密洛陀有关的其他母题

【关联】

①［W0445. 1. 1. 1］始祖密洛陀的七女成为庄稼保护神

②［W0658. 4. 1. 5. 1］女始祖密洛陀染上霍乱病死去

③［W0658. 4. 5. 3. 1］女祖先密洛陀死后入地成龙

④［W1103. 9. 6. 2］女始祖密洛陀造天地

⑤［W1538. 1a. 1］始祖密洛陀是万物之母

实 例

（参见下级母题实例）

W0704a

莫一大王

实 例

壮族 莫一大王是壮族的民族英雄神。

【流传】广西壮族自治区·（南宁市）·武鸣县·两江乡·雷江片，马山县·古零乡·杨圩片

【出处】黄世杰搜集整理：*《多神信仰》(1990)，见吕大吉、何耀华总主编《中国各民族原始宗教资料集成》（土家族卷、瑶族卷、壮族卷、黎族卷），北京：中国社会科学出版社1998年版，第492页。

W0704a.1
莫一大王的产生

实 例

（参见下级母题实例）

W0704a.1.1
莫一大王是神牛的儿子

实 例

壮族 莫一是神牛的儿子。

【流传】（无考）

【出处】丘振声：《壮族图腾考》，南宁：广西教育出版社1996年版，第316页。

壮族 莫一大王是神牛的儿子。

【流传】广西壮族自治区·河池（河池市）

【出处】蓝鸿恩采录：《神牛的儿子莫一大王》，见张声震总主编，农冠品编注《壮族神话集成》，南宁：广西民族出版社2007年版，第426～428页。

壮族 神牛对遇到的孤儿说："你是牛的儿子，就叫莫一（'莫'，壮语'黄牛'的意思）吧！"

【流传】广西壮族自治区·（河池市）·南丹（南丹县）·河池（已撤销，今属河池市）、宜山（宜州市），（柳州市）·柳城（柳城县）等地

【出处】蓝鸿恩搜集整理：《莫一大王的故事》，见姚宝瑄主编《中国各民族神话》（仫佬族、壮族、京族），太原：山西出版传媒集团·书海出版社2014年版，第177页。

W0704a.1.2
莫一大王出生在特定地方

实 例

（参见下级母题实例）

W0704a.1.2.1
莫一大王是公华村人

实 例

壮族 莫一大王是公华村人。村头有他的陵墓。

【流传】广西壮族自治区·河池市

【出处】范宏贵：《壮族卷·绪论》，见吕大吉、何耀华总主编《中国各民族原始宗教资料集成》（土家族卷、瑶族卷、壮族卷、黎族卷），北京：中国社会科学出版社1998年版，第473页。

W0704a. 1. 2. 1. 1

莫一大王出生于广西河池市今河池镇公华村

实 例

壮族 莫一大王是出生于广西河池市今河池镇公华村的一位地方神。

【流传】广西壮族自治区·河池地区（河池市）

【出处】吴国富搜集整理：*《莫一大王》（1991），见吕大吉、何耀华总主编《中国各民族原始宗教资料集成》（土家族卷、瑶族卷、壮族卷、黎族卷），北京：中国社会科学出版社1998年版，第548页。

W0704a. 1. 2. 2

莫一大王是柳城县北乡洞独山村人

实 例

壮族 莫一大王叫莫龙恭，是该县北乡洞独山村人。

【流传】广西壮族自治区·柳州市·柳城县

【出处】范宏贵：《壮族卷·绪论》，见吕大吉、何耀华总主编《中国各民族原始宗教资料集成》（土家族卷、瑶族卷、壮族卷、黎族卷），北京：中国社会科学出版社1998年版，第473页。

W0704a. 1. 2. 3

莫一是红水河东岸九圩人

实 例

壮族 莫一是红水河东岸九圩人，神通广大。

【流传】广西壮族自治区红水河两岸

【出处】覃剑萍搜集整理：*《莫一大王》（1990），见吕大吉、何耀华总主编《中国各民族原始宗教资料集成》（土家族卷、瑶族卷、壮族卷、黎族卷），北京：中国社会科学出版社1998年版，第549页。

W0704a. 2

莫一大王的特征

实 例

（参见下级母题实例）

W0704a. 2. 1

莫一大王身材高大

实 例

壮族 莫一大王形象高大，身材魁梧，红脸，突眼珠，身穿盔甲，手持大刀，可以庇护人民的平安，造福于人。

【流传】广西壮族自治区·河池地区（河池市）

【出处】吴国富搜集整理：*《莫一大王》（1991），见吕大吉、何耀华总主编《中国各民族原始宗教资料集成》

（土家族卷、瑶族卷、壮族卷、黎族卷），北京：中国社会科学出版社1998年版，第548页。

W0704a.2.2
莫一大王有12个眼睛

实 例

壮族 莫一大王有12个眼睛。

【流传】广西壮族自治区、贵州省南部

【出处】蓝鸿恩：《莫一大王》附记，见张声震总主编，农冠品编注《壮族神话集成》，南宁：广西民族出版社2007年版，第436页。

W0704a.3
莫一大王的职能（莫一大王的能力，莫一大王的事迹）

【关联】［W0592.3.2］英雄莫一大王把山背到背上搬走

实 例

（参见下级母题实例）

W0704a.3.1
莫一大王降服12条大龙

实 例

壮族 莫一大王降服12条大龙。

【流传】广西壮族自治区·（河池市）·南丹县·拉易乡

【出处】莫家奶讲：《莫一大王和十二大龙》，见张声震总主编，农冠品编注《壮族神话集成》，南宁：广西民族出版社2007年版，第426～427页。

W0704a.3.2
莫一大王每月的初一、十五要上天告知人间情况

实 例

壮族 莫一大王（保护神）每月的初一、十五要上天告诉天上，这个屋里的人，大小谁好谁不好，心里平不平。

【流传】广西壮族自治区·（桂林市）·龙胜各族自治县·和平乡

【出处】范宏贵、陈维刚搜集整理：＊《莫一大王》（1990），见吕大吉、何耀华总主编《中国各民族原始宗教资料集成》（土家族卷、瑶族卷、壮族卷、黎族卷），北京：中国社会科学出版社1998年版，第546页。

W0704a.3.3
莫一大王主宰一切

实 例

（参见下级母题实例）

W0704a.3.3.1
主宰一切的大神莫一大王能消灾降福

实 例

壮族 莫一大王是主宰一切的大神，能消灾降福。

【流传】广西壮族自治区·（桂林

市）·龙胜各族自治县·和平乡·疗家寨（廖家寨）、侯家寨

【出处】范宏贵、陈维刚搜集整理：*《莫一大王》（1990），见吕大吉、何耀华总主编《中国各民族原始宗教资料集成》（土家族卷、瑶族卷、壮族卷、黎族卷），北京：中国社会科学出版社1998年版，第547页。

W0704a. 3. 4

莫一大王主宰生产生活人畜安康

实 例

壮族 莫一大王是总管生产、生活、人畜安康等一切的神祇。

【流传】广西壮族自治区·（桂林市）·龙胜各族自治县·和平乡·龙脊十三寨

【出处】范宏贵、陈维刚搜集整理：*《莫一大王》（1990），见吕大吉、何耀华总主编《中国各民族原始宗教资料集成》（土家族卷、瑶族卷、壮族卷、黎族卷），北京：中国社会科学出版社1998年版，第546页。

W0704a. 3. 5

莫一大王神通广大有求必应

实 例

壮族 莫一大王神通广大，有求必应。

【流传】广西壮族自治区·（桂林市）·龙胜各族自治县·和平乡·马海村·田寨

【出处】范宏贵、陈维刚搜集整理：*《莫一大王》（1990），见吕大吉、何耀华总主编《中国各民族原始宗教资料集成》（土家族卷、瑶族卷、壮族卷、黎族卷），北京：中国社会科学出版社1998年版，第545页。

W0704a. 3. 6

莫一大王会法术

实 例

壮族 皇帝的官兵围住莫一大王（英雄名，首领），莫一大王突然把包头的头帕解下来，向前一抖，变成了一条桥，搭到山头上，莫一大王骑着马过了桥，就跑到那山头去了。

【流传】广西壮族自治区·（河池市）·南丹（南丹县）·河池（已撤销，今属河池市）、宜山（宜州市），（柳州市）·柳城（柳城县）等地

【出处】蓝鸿恩搜集整理：《莫一大王的故事》，见姚宝瑄主编《中国各民族神话》（仫佬族、壮族、京族），太原：山西出版传媒集团·书海出版社2014年版，第180页。

W0704a. 4

莫一大王的身份

实 例

（参见下级母题实例）

W0704a.4.1

莫一大王是祖先

实 例

壮族 莫一大王是老祖宗，保佑山林、田地、人丁、牲畜、钱财。

【流传】广西壮族自治区·（桂林市）·龙胜各族自治县·和平乡·马海村·田寨

【出处】范宏贵、陈维刚搜集整理：＊《莫一大王》（1990），见吕大吉、何耀华总主编《中国各民族原始宗教资料集成》（土家族卷、瑶族卷、壮族卷、黎族卷），北京：中国社会科学出版社1998年版，第545页。

W0704a.4.2

莫一大王是英雄神

实 例

壮族 三界公爷神、莫一大王、白马姑娘、甘王、蓝陆等是民族英雄神。

【流传】广西壮族自治区·（南宁市）·武鸣县·两江乡·雷江片，马山县·古零乡·杨圩片

【出处】黄世杰搜集整理：＊《多神信仰》（1990），见吕大吉、何耀华总主编《中国各民族原始宗教资料集成》（土家族卷、瑶族卷、壮族卷、黎族卷），北京：中国社会科学出版社1998年版，第492页。

W0704a.4.3

莫一大王是猎神

实 例

壮族 “猎神庙”里立莫一大王神位，敬奉为壮家猎神。

【流传】广西壮族自治区红水河两岸

【出处】覃剑萍搜集整理：＊《莫一大王》（1990），见吕大吉、何耀华总主编《中国各民族原始宗教资料集成》（土家族卷、瑶族卷、壮族卷、黎族卷），北京：中国社会科学出版社1998年版，第548页。

W0704a.4.3.1

莫一死后立猎神庙

实 例

壮族 莫一死后，壮乡猎村立猎神庙，庙里书写“莫一大王之神位”，猎人祭供香火。

【流传】广西壮族自治区红水河两岸

【出处】覃剑萍搜集整理：＊《莫一大王》（1990），见吕大吉、何耀华总主编《中国各民族原始宗教资料集成》（土家族卷、瑶族卷、壮族卷、黎族卷），北京：中国社会科学出版社1998年版，第549页。

W0704a.4.4

莫一大王是村寨保护神

实 例

壮族 莫一大王是村寨保护神。

【流传】广西壮族自治区·（桂林

市）·龙胜各族自治县·和平乡·龙脊十三寨

【出处】范宏贵、陈维刚搜集整理：*《莫一大王》（1990），见吕大吉、何耀华总主编《中国各民族原始宗教资料集成》（土家族卷、瑶族卷、壮族卷、黎族卷），北京：中国社会科学出版社1998年版，第545页。

W0704a. 5

与莫一大王有关的其他母题

实 例

（参见下级母题实例）

W0704a. 5. 1

莫一大王的名字

实 例

（参见下级母题实例）

W0704a. 5. 1. 1

莫一大王叫莫龙恭

实 例

壮族 （参见“W0704a. 1. 2. 2 莫一大王是柳城县北乡洞独山村人”母题实例）

W0705

姆六甲[①]

【关联】［W5713～W5715］壮族

实 例

（参见下级母题实例）

W0705. 1

姆六甲的产生

实 例

（参见下级母题实例）

W0705. 1. 1

姆六甲源于某个地方

实 例

（参见下级母题实例）

W0705. 1. 1. 1

姆六甲从天上来

实 例

壮族 （参见“W0705. 1. 2. 1. 1 天上神仙婚生姆六甲”母题实例）

W0705. 1. 2

姆六甲是生育产生的

实 例

（参见下级母题实例）

W0705. 1. 2. 1

神生姆六甲

实 例

（参见下级母题实例）

① 姆六甲，在不同的神话版本中常被译成不同文字，如“姆洛甲”、“母勒甲”、“妹洛甲”等。

W0705.1.2.1.1 天上神仙婚生姆六甲

实 例

壮族 姆洛甲（女始祖）的父母亲是天界来的神仙。

【流传】广西壮族自治区·（百色市）·西林县·那佐乡·那来村

【出处】

(a) 黄公受讲，岑护双采录翻译：《巨人夫妻》，见中国民间文学集成全国编辑委员会编《中国民间故事集成》（广西卷），北京：中国ISBN中心2001年版，第55页。

(b) 同（a），见张声震总主编，农冠品编注《壮族神话集成》，南宁：广西民族出版社2007年版，第31页。

壮族 姆洛甲的父母亲是天界来的神仙。

【流传】

(a) 广西壮族自治区·（百色市）·西林县·那佐乡·那来村。

(b) 广西壮族自治区

【出处】

(a) 黄公受讲，岑护双采录翻译：《巨人夫妻》，见中国民间文学集成全国编辑委员会编《中国民间故事集成》（广西卷），北京：中国ISBN中心2001年版，第55~60页。

(b) 黄公受讲，岑护双采录翻译：《巨人夫妻——姆洛甲与布洛陀》，原载中国民间文学集成全国编辑委员会编《中国民间故事集成》（广西卷），北京：中国ISBN中心2001年版，见陶阳、钟秀编《中国神话》（中），北京：商务印书馆2008年版，第659~667页。

W0705.1.2.2 花生姆洛甲

【关联】［W0654.2.1.7］花生女始祖

实 例

壮族 一朵花里长出人的老祖宗，后世人叫她姆洛甲。

【流传】广西壮族自治区·（河池市）·大化县（大化瑶族自治县）·都阳镇

【出处】

(a) 覃奶讲，蓝鸿恩采录翻译：《姆洛甲出世》，见中国民间文学集成全国编辑委员会编《中国民间故事集成》（广西卷），北京：中国ISBN中心2001年版，第3页。

(b) 同（a），见张声震总主编，农冠品编注《壮族神话集成》，南宁：广西民族出版社2007年版，第21页。

W0705.1.2.2.1 中界的大地上长出的一朵花中生始祖姆六甲

实 例

壮族 中界的大地上长出的一朵花中生出的女人就是我们人类的始祖姆六甲。

【流传】（无考）

【出处】《姆六甲》，原载蓝鸿恩搜集整理《神弓宝剑》，中国民间文艺出版社 1985 年版，见吕大吉、何耀华总主编《中国各民族原始宗教资料集成》（土家族卷、瑶族卷、壮族卷、黎族卷），北京：中国社会科学出版社 1998 年版，第 603 页。

W0705. 1. 2. 3
渔夫和龙女鲤鱼姑娘婚生姆洛甲

实　例

壮族 渔夫和鲤鱼姑娘（龙女）回地上，结成夫妻，生了姆洛甲。

【流传】广西壮族自治区 ·（百色市）· 西林县 · 那佐乡 · 那来村

【出处】黄公受讲，岑护双采录翻译：《巨人夫妻》附记，见中国民间文学集成全国编辑委员会编《中国民间故事集成》（广西卷），北京：中国 ISBN 中心 2001 年版，第 55 页。

W0705. 1. 3
姆六甲是变化产生的

实　例

（参见下级母题实例）

W0705. 1. 3. 1
花中变出姆洛甲

实　例

壮族 （参见“W0705. 1. 3. 2 鲜花变成姆六甲”母题实例）

W0705. 1. 3. 2
鲜花变成姆六甲

【关联】［W0646. 6. 1］花变成女始祖

实　例

壮族 鲜花变成姆六甲。

【流传】（无考）

【出处】农冠品：《壮族神话谱系及其内涵述论》，见覃乃昌等编《壮学首届国际学术研讨会论文集》，南宁：广西民族出版社 2004 年版。

W0705. 1. 4
姆六甲是婚生的

实　例

（参见下级母题实例）

W0705. 1. 4. 1
人与龙女婚生姆六甲

实　例

壮族 驮娘江边一个渔夫，打到的鲤鱼变成姑娘。她是图额（龙）的女儿。鲤鱼姑娘与渔夫结成夫妻，生了姆洛甲（女始祖）。

【流传】

（a）广西壮族自治区 ·（百色市）· 西林县 · 那佐乡 · 那来村；

（b）广西壮族自治区

【出处】

（a）黄公受讲，岑护双采录翻译：《巨

人夫妻》，见中国民间文学集成全国编辑委员会编《中国民间故事集成》（广西卷），北京：中国 ISBN 中心 2001 年版，第 55～60 页。

（b）黄公受讲，岑护双采录翻译：《巨人夫妻——姆洛甲与布洛陀》，原载中国民间文学集成全国编辑委员会编《中国民间故事集成》（广西卷），北京：中国 ISBN 中心 2001 年版，见陶阳、钟秀编《中国神话》（中），北京：商务印书馆 2008 年版，第 659～667 页。

W0705.1.4.2

一对神仙夫妻生姆洛甲

实 例

壮族 一对神仙夫妻天降人间，生姆洛甲。

【流传】广西壮族自治区·（百色市）·西林县·那佐乡·那来村

【出处】

（a）黄公受讲，岑护双采录翻译：《巨人夫妻》，见中国民间文学集成全国编辑委员会编《中国民间故事集成》（广西卷），北京：中国 ISBN 中心 2001 年版，第 55 页。

（b）同（a），见张声震总主编，农冠品编注《壮族神话集成》，南宁：广西民族出版社 2007 年版，第 31 页。

W0705.1.5

姆六甲是感生的

实 例

（参见下级母题实例）

W0705.1.5.1

祖宜婆洗浴时感混沌洗身的汗水生 7 子，老六是姆洛甲

实 例

壮族 祖宜婆在水潭的下游洗身时感上游混沌洗身时的汗水，生 7 子，老六是姆洛甲。

【流传】（无考）

【出处】张声震主编：《壮族麽经布洛陀影印译注》，南宁：广西民族出版社 2004 年版，第 1970～1976 页。

W0705.1.6

与姆六甲的产生有关的其他母题

实 例

（参见下级母题实例）

W0705.1.6.0

姆六甲生日是二月初二

实 例

壮族 农历二月初二是花婆王姆六甲的圣诞期。

【流传】广西壮族自治区·（南宁市）·武鸣县（武鸣区）西北部，马山县东部

【出处】黄世杰搜集整理：＊《生育神与守护神》（1990），见吕大吉、何耀华总主编《中国各民族原始宗教资料集成》（土家族卷、瑶族卷、壮族卷、

黎族卷），北京：中国社会科学出版社 1998 年版，第 529 页。

W0705. 1. 6. 1
姆洛甲出生后 3 天会说话，7 天会走路

实 例

壮族 姆洛甲（女始祖）出生后，三天会说话，七天会走路。

【流传】广西壮族自治区·（百色市）·西林县·那佐乡·那来村

【出处】

（a）黄公受讲，岑护双采录翻译：《巨人夫妻》，见中国民间文学集成全国编辑委员会编《中国民间故事集成》（广西卷），北京：中国 ISBN 中心 2001 年版，第 55 页。

（b）同（a），见张声震总主编，农冠品编注《壮族神话集成》，南宁：广西民族出版社 2007 年版，第 31 页。

W0705. 2
姆六甲的特征

实 例

（参见下级母题实例）

W0705. 2. 1
姆洛甲是又高又壮的女神

实 例

壮族 姆洛甲是又高又壮的女神。

【流传】广西壮族自治区·（百色市）·田阳县

【出处】黄刹勇讲：《创世女神姆洛甲》，见张声震总主编，农冠品编注《壮族神话集成》，南宁：广西民族出版社 2007 年版，第 21 页。

W0705. 2. 2
姆六甲有巨大的生殖器

实 例

（参见下级母题实例）

W0705. 2. 2. 1
姆六甲阴器大如岩洞

实 例

壮族 姆六甲阴器大如岩洞，每风雨至，各种动物俱入庇其中。

【流传】（无考）

【出处】《姆六甲》，原载欧阳若修等著《壮族文学史》，见袁珂《中国神话大词典》，北京：华夏出版社 2015 年版，第 442 页。

W0705. 3
姆六甲的身份

实 例

（参见下级母题实例）

W0705. 3. 1
姆六甲是创世大神

【关联】

①［W1396. 3. 3. 2. 1］姆六甲修整天地

② ［W1992.1.1］姆六甲造生命

实 例

壮族 姆洛甲是创世大神。

【流传】广西壮族自治区·河池（河池市）

【出处】《姆洛甲》（河池古壮字抄本），见丘振声：《〈布洛陀〉与图腾崇拜》，见张声震总主编，农冠品编注《壮族神话集成》，南宁：广西民族出版社2007年版，第762页。

W0705.3.1.1

姆六甲是造天地万物的女神。

实 例

壮族 姆六甲为造天地、人类及万物之女神。

【流传】（无考）

【出处】《姆六甲》，原载欧阳若修等著《壮族文学史》，见袁珂《中国神话大词典》，北京：华夏出版社2015年版，第442页。

W0705.3.2

姆六甲是女始祖

【关联】［W0659.2.56.2］女始祖姆洛甲（女始祖姆六甲）

实 例

（参见下级母题实例）

W0705.3.2.1

姆洛甲是壮族祖婆

实 例

壮族 姆洛甲高大强壮、力大无穷，是壮族祖婆。

【流传】

（a）广西壮族自治区·（百色市）·西林县·那佐乡·那来村；

（b）广西壮族自治区

【出处】

（a）黄公受讲，岑护双采录翻译：《巨人夫妻》，见中国民间文学集成全国编辑委员会编《中国民间故事集成》（广西卷），北京：中国ISBN中心2001年版，第55～60页。

（b）黄公受讲，岑护双采录翻译：《巨人夫妻——姆洛甲与布洛陀》，原载中国民间文学集成全国编辑委员会编《中国民间故事集成》（广西卷），北京：中国ISBN中心2001年版，见陶阳、钟秀编《中国神话》（中），北京：商务印书馆2008年版，第659～667页。

W0705.3.3

姆六甲是生育神

【关联】［W0477.9.9a］生育神姆六甲

实 例

壮族 姆六甲被看作生育神。

【流传】（无考）

【出处】《姆六甲》，见《中国各民族宗教与神话大词典》编审委员会编《中国各民族宗教与神话大词典》，北京：学苑出版社1990年版，第784页。

W0705. 3. 4

姆六甲是生育神兼幼儿保护神

实 例

壮族 花王圣母姆六甲专管生儿育女的生育神，也是儿童们的守护神。

【流传】 广西壮族自治区·（南宁市）·武鸣县（武鸣区）西北部，马山县东部

【出处】 黄世杰搜集整理：*《生育神与守护神》（1990），见吕大吉、何耀华总主编《中国各民族原始宗教资料集成》（土家族卷、瑶族卷、壮族卷、黎族卷），北京：中国社会科学出版社 1998 年版，第 528 ~ 529 页。

W0705. 3. 5

姆六甲是智慧之母

实 例

壮族 姆六甲在壮族其他传说里还有一个名字，叫做姆洛师，意思就是智慧师父的母亲。

【流传】（无考）

【出处】《布洛陀与姆六甲·天地分家》注释，原载蓝鸿恩搜集整理《神弓宝剑》，中国民间文艺出版社 1985 年版，见吕大吉、何耀华总主编《中国各民族原始宗教资料集成》（土家族卷、瑶族卷、壮族卷、黎族卷），北京：中国社会科学出版社 1998 年版，第 603 页。

W0705. 3. 6

姆六甲是鸟

实 例

（参见下级母题实例）

W0705. 3. 6. 1

姆六甲意思是聪明不过六甲鸟

实 例

壮族 姆六甲的姆，乃是母亲之意，六甲是一种鸟名，这种鸟在壮族人民中常当作聪明的象征。所以谚语中有“聪明不过六甲鸟”之说。

【流传】（无考）

【出处】《布洛陀与姆六甲·天地分家》注释，原载蓝鸿恩搜集整理《神弓宝剑》，中国民间文艺出版社 1985 年版，见吕大吉、何耀华总主编《中国各民族原始宗教资料集成》（土家族卷、瑶族卷、壮族卷、黎族卷），北京：中国社会科学出版社 1998 年版，第 603 页。

W0705. 3. 7

姆六甲是地上的神人

实 例

壮族 始祖姆六甲和布洛陀是地上的神人。

【流传】

（a）广西壮族自治区·（百色市）·西林县·那佐乡·那来村；

(b) 广西壮族自治区

【出处】

(a) 黄公受讲，岑护双采录翻译：《巨人夫妻》，见中国民间文学集成全国编辑委员会编《中国民间故事集成》(广西卷)，北京：中国 ISBN 中心 2001 年版，第 55～60 页。

(b) 黄公受讲，岑护双采录翻译：《巨人夫妻——姆洛甲与布洛陀》，原载中国民间文学集成全国编辑委员会编《中国民间故事集成》(广西卷)，北京：中国 ISBN 中心 2001 年版，见陶阳、钟秀编《中国神话》(中)，北京：商务印书馆 2008 年版，第 659～667 页。

W0705.4

姆六甲的职能（姆六甲的能力，姆六甲的事迹）

实 例

(参见下级母题实例)

W0705.4.1

姆洛甲管花山

实 例

壮族 姆洛甲管花山。

【流传】广西壮族自治区·（百色市）·田阳县

【出处】黄刹勇讲：《创世女神姆洛甲》，见张声震总主编，农冠品编注《壮族神话集成》，南宁：广西民族出版社 2007 年版，第 21 页。

W0705.4.2

姆洛甲在地上管人

实 例

壮族 雷公的妹妹姆洛甲在地上管人。

【流传】广西壮族自治区·（河池市）·大化县（大化瑶族自治县）·羌圩乡

【出处】覃卜兵讲，覃承勤采录翻译：《姆洛甲造红水河》，见中国民间文学集成全国编辑委员会编《中国民间故事集成》(广西卷)，北京：中国 ISBN 中心 2001 年版，第 7 页。

W0705.4a

姆六甲的生活

实 例

(参见下级母题实例)

W0705.4a.1

姆六甲的居所

实 例

(参见下级母题实例)

W0705.4a.1.1

姆六甲住天上

实 例

壮族 花婆王姆六甲住在天上。

【流传】广西壮族自治区·（南宁市）·武鸣县（武鸣区）西北部，马

山县东部

【出处】黄世杰搜集整理：*《生育神与守护神》(1990)，见吕大吉、何耀华总主编《中国各民族原始宗教资料集成》(土家族卷、瑶族卷、壮族卷、黎族卷)，北京：中国社会科学出版社1998年版，第529页。

W0705. 5

姆六甲的关系

实 例

(参见下级母题实例)

W0705. 5. 1

姆六甲的父母

实 例

(参见下级母题实例)

W0705. 5. 1. 1

姆洛甲的父母是天界神仙

【关联】［W0705. 1. 2. 1. 1］天上神仙婚生姆六甲

实 例

壮族 姆洛甲（女始祖）的父母亲是天界来的神仙。

【流传】广西壮族自治区·（百色市）·西林县·那佐乡·那来村

【出处】

(a) 黄公受讲，岑护双采录翻译：《巨人夫妻》，见中国民间文学集成全国编辑委员会编《中国民间故事集成》(广西卷)，北京：中国ISBN中心2001年版，第55页。

(b) 同(a)，见张声震总主编，农冠品编注《壮族神话集成》，南宁：广西民族出版社2007年版，第31页。

W0705. 5. 2

姆六甲的丈夫

实 例

(参见下级母题实例)

W0705. 5. 2. 0

姆六甲没有丈夫

实 例

壮族 姆六甲无夫。

【流传】(无考)

【出处】《姆六甲》，原载欧阳若修等著《壮族文学史》，见袁珂《中国神话大词典》，北京：华夏出版社2015年版，第442页。

W0705. 5. 2. 1

姆洛甲的丈夫是布洛陀

实 例

壮族 姆六甲是祖公布洛陀的妻子。

【流传】广西壮族自治区·百色市·田阳县·坡洪镇·个强屯

【出处】农布秋明万历四十四年手抄本，农吉勤收藏，黄明标等搜集，黄明标等翻译：《喃洛陀造麽叭科》(1616)注释，见黄明标主编《壮族麽经布洛陀遗本影印译注》(上卷)，南宁：广西人民出版社 2016 年版，第 7 页。

壮族 姆洛甲与布洛陀结为夫妻。

【流传】广西壮族自治区·（河池市）·东兰县

【出处】覃剑萍搜集整理：*《始母姆洛甲司管生育》（1990），见吕大吉、何耀华总主编《中国各民族原始宗教资料集成》（土家族卷、瑶族卷、壮族卷、黎族卷），北京：中国社会科学出版社 1998 年版，第 527 页。

W0705.5.3
姆六甲的兄妹

实 例

（参见下级母题实例）

W0705.5.3.1
姆洛甲的哥哥雷公

【关联】［W0352］雷公的兄弟姊妹

实 例

壮族 姆洛甲和雷公是兄妹，兄妹俩一直不相往来，更说不上早晚相帮了。

【流传】广西壮族自治区·（河池市）·大化县（大化瑶族自治县）·羌圩乡

【出处】覃卜兵讲，覃承勤采录翻译：《姆洛甲造红水河》，见中国民间文学集成全国编辑委员会编《中国民间故事集成》（广西卷），北京：中国 ISBN 中心 2001 年版，第 7 页。

W0705.5.4
姆六甲的朋友

实 例

（实例待考）

W0705.6
与姆六甲有关的其他母题

【关联】

①［W0670.3.1］布洛陀与姆六甲是母子

②［W0670.3.2］布洛陀与姆六甲是夫妻

③［W1103.9.6.3］女始祖姆六甲造天地

实 例

（参见下级母题实例）

W0705.6.1
姆六甲的名字

实 例

（参见下级母题实例）

W0705.6.1.1
母勒甲

实 例

壮族 （实例待考）

W0705.6.1.2
姆洛甲

实 例

壮族 姆洛甲是创世大神。

【流传】广西壮族自治区·河池（河池市）

【出处】《姆洛甲》（河池古壮字抄本），见丘振声：《〈布洛陀〉与图腾崇拜》，见张声震总主编，农冠品编注《壮族神话集成》，南宁：广西民族出版社 2007 年版，第 762 页。

W0705. 6. 1. 3

姆六甲又称花婆

实 例

壮族 姆洛甲管花山，壮人又称她为“花婆”。

【流传】广西壮族自治区·（百色市）·田阳县

【出处】黄剎勇讲：《创世女神姆洛甲》，见张声震总主编，农冠品编注《壮族神话集成》，南宁：广西民族出版社 2007 年版，第 21 页。

W0705. 6. 1. 4

姆六甲又称花王圣母

实 例

壮族 姆洛甲管花山，壮人又称她为“花婆”、“花王圣母”等。

【流传】广西壮族自治区·（百色市）·田阳县

【出处】黄剎勇讲：《创世女神姆洛甲》，见张声震总主编，农冠品编注《壮族神话集成》，南宁：广西民族出版社 2007 年版，第 21 页。

W0705. 6. 1. 4. 1

姆六甲又称花婆王

实 例

壮族 姆六甲是花婆王，又叫花王，帝母，花王圣母。

【流传】广西壮族自治区·（南宁市）·武鸣县（武鸣区）西北部，马山县东部

【出处】黄世杰搜集整理：*《生育神与守护神》（1990），见吕大吉、何耀华总主编《中国各民族原始宗教资料集成》（土家族卷、瑶族卷、壮族卷、黎族卷），北京：中国社会科学出版社 1998 年版，第 528 页。

W0705. 6. 1. 4. 2

姆六甲又称花王

实 例

壮族 （参见“W0705. 6. 1. 4. 1 姆六甲又称花婆王”母题实例）

W0705. 6. 1. 4. 3

姆六甲又称帝母

实 例

壮族 （参见“W0705. 6. 1. 4. 1 姆六甲又称花婆王”母题实例）

W0705. 6. 1. 5

姆六甲又称床头婆

实 例

壮族 姆洛甲管花山，壮人又称她为“花婆”“花王圣母”“床头婆”等。

【流传】广西壮族自治区·（百色市）·田阳县

【出处】黄剎勇讲：《创世女神姆洛甲》，见张声震总主编，农冠品编注《壮族神话集成》，南宁：广西民族出版社2007年版，第21页。

W0705.6.1.6 姆六甲又称姆洛西

实 例

壮族 中界的大地上长出的一朵花，花中生出女始祖姆六甲。因为她有智慧，足以做聪明人的师父，所以又叫姆洛西。

【流传】（无考）

【出处】《姆六甲》，原载蓝鸿恩搜集整理《神弓宝剑》，中国民间文艺出版社1985年版，见吕大吉、何耀华总主编《中国各民族原始宗教资料集成》（土家族卷、瑶族卷、壮族卷、黎族卷），北京：中国社会科学出版社1998年版，第603页。

W0705.6.1.7 姆六甲又称姆洛师

实 例

壮族 （参见“W0705.3.5 姆六甲是智慧之母”母题实例）

W0705.6.1.8 姆六甲又作姆绿甲

实 例

姆六甲 花王圣母姆六甲，又有人译为姆绿甲、妹六甲。壮话叫“姆甫”“姆号早”。

【流传】广西壮族自治区·（南宁市）·武鸣县（武鸣区）西北部，马山县东部

【出处】黄世杰搜集整理：*《生育神与守护神》（1990），见吕大吉、何耀华总主编《中国各民族原始宗教资料集成》（土家族卷、瑶族卷、壮族卷、黎族卷），北京：中国社会科学出版社1998年版，第528页。

W0705.6.1.9 姆六甲又作妹六甲

实 例

壮族 （参见“W0705.6.1.8 姆六甲又作姆绿甲”母题实例）

W0705.6.1.10 姆六甲壮话叫“姆甫”“姆号早”

实 例

壮族 （参见“W0705.6.1.8 姆六甲又作姆绿甲”母题实例）

※ W0710

女娲[①]

实　例

（参见下级母题实例）

W0711

女娲的产生

实　例

（参见下级母题实例）

W0711.1

女娲自然存在或来源于某个地方

实　例

（参见下级母题实例）

W0711.1.1

女娲从天降

【关联】［W0713.2.2.1］女娲是天上飞来的女神

实　例

汉族 天上的女娲到人间。

【流传】四川省·巴县（今重庆市·巴南区）

【出处】《女娲创世》，见李子硕《民间故事集成》（重庆巴县），内部编印，1989年，第30页。

汉族 女娲是咋来的呢？是从天上掉下来的。

【流传】河南省·（周口市）·西华县［采录地点：思都岗龙泉寺］

【出处】张慎重（72岁，农民，私塾）讲，张振犁、程健君录音：《女娲补天（四）》（1983.11.03），见张振犁编著《中原神话通鉴》（第一卷），郑州：河南大学出版社2017年版，第130页。

汉族 天神女娲下凡来到人间。

【流传】河南省·（濮阳市）·濮阳县·文留镇［采录地点：濮阳县·柳屯镇·柳屯村］

【出处】张贵同（男，51岁，初中）讲，李青霞采录：《女娲造人（八）》（1990.03），见张振犁编著《中原神话通鉴》（第一卷），郑州：河南大学出版社2017年版，第177页。

W0711.1.1.1

女娲从天洞中来到人间

实　例

汉族 女娲从天的洞里飘下来。

【流传】浙江省·（金华市）·兰溪市·城关（兰江街道）

【出处】王阿英讲，蔡斌采录：《女娲补

① 女娲，在中国各民族神话中“女娲”并不是一个固定的神话人物，有的是文化英雄，有的是女娲是神，有的是半神半人，有的是人类祖先，有时是一般的人。女娲在少数民族神话中可能会有很多变异，如在毛南族神话中，繁衍人类的“古妹”与“女娲”被同化为一个人物，有时还称作生殖神“婆王”、“三尊圣母”、“圣母”、“万岁娘娘”等。总体而言，女娲叙事中表现出的“文化英雄”元素居多。鉴于综合比较的需要，将其列入“文化英雄”类母题。具体情形参见《中国神话人物母题实例与索引》。

天》，见中国民间文学集成全国编辑委员会编《中国民间故事集成》（浙江卷），北京：中国 ISBN 中心 1997 年版，第 16 页。

W0711.1.1.2

女娲是从天上掉下来的

实 例

汉族 女娲是从天上掉下来的。

【流传】河南省·（周口市）·西华县·聂堆乡

【出处】张慎重口述、陈连仲记录：《女娲和伏羲》，见陶阳、牟钟秀著《中国创世神话》，上海：上海人民出版社 2006 年版，第 159 页。

W0711.1.2

女娲下凡

【关联】［W0721.1.1.1.1］玉皇大帝派盘古女娲下凡

实 例

（参见下级母题实例）

W0711.1.2.1

女娲补天伤了元气下凡

实 例

汉族 女娲补天太累了，一直昏昏迷迷睡了五百年。自从女娲用尽平生力气去炼石补天，身体一直不能恢复元气。怕热，稍微热一点就觉得受不了。女娲只好离开了天宫，来到人间歇息儿。

【流传】河南省·（安阳市）·安阳县·磊口乡·清凉山村［采录地点：安阳县磊口乡目明学校］

【出处】赵金和（36 岁，中师）讲，牛化法采录：《清凉山的传说》（1987.04.07），见张振犁编著《中原神话通鉴》（第一卷），郑州：河南大学出版社 2017 年版，第 154 页。

W0711.1.2.2

天上的女娲娘娘跑到地上玩耍

实 例

汉族 天上的女娲娘娘跑到地下来耍。

【流传】四川省·巴县（今重庆市·巴南区）

【出处】钟丽碧讲，罗桂英记录，金祥度搜集整理：《女娲创世》（1988.04），见姚宝瑄主编《中国各民族神话》（汉族），太原：山西出版传媒集团·书海出版社 2014 年版，第 30～31 页。

W0711.1.2.3

娲儿公主被派到凡间

实 例

汉族 娲儿公主被下到凡间。

【流传】辽宁省·阜新市·细河区

【出处】吴振清讲，郝殿玺搜集整理：《人的来历》，原载阜新市细河区民间文学集成编委会编《细河区资料本》，见陶阳、钟秀编《中国神话》（上），北京：商务印书馆 2008 年版，第 324～326 页。

W0711.1.3

女娲从地中生（地生女娲）

实 例

汉族 女娲是从大地里生长出来的女神。

【流传】 河南省·（南阳市）·桐柏县

【出处】 《女娲造人》，见么书仪选注：《神话传说三百篇》，大连：大连出版社 1999 年版，第 8～9 页。

W0711.1.4

女娲自然存在（女娲自然产生）

实 例

（参见下级母题实例）

W0711.1.4.1

女娲天地开辟后自然出现

实 例

汉族 天地开辟以后，不知道在什么时候，出现了女娲。

【流传】 （a）四川·（凉山彝族自治州）·德昌县·热和乡·田村。

【出处】

（a）刘廷香讲，汤应照采录：《女娲造人》（1986），见中国民间文学集成全国编辑委员会编《中国民间故事集成》（四川卷·上），北京：中国 ISBN 中心 1998 年版，第 27 页。

（b）《女娲创造人类》，原载袁珂编译《中国神话故事》，见陶阳、钟秀编《中国神话》（上），北京：商务印书馆 2008 年版，第 317～319 页。

W0711.1.4.2

大神女娲不知从哪里掉下来的

实 例

汉族 以前，没有天地。不知从哪里掉下个大神女娲。

【流传】 浙江省·舟山市·（定海区）·干览乡（干览镇）·南岙村

【出处】 顾阿登讲，林胜强记录，周明搜集整理：《女娲补天》（1987.06.15），见姚宝瑄主编《中国各民族神话》（汉族），太原：山西出版传媒集团·书海出版社 2014 年版，第 57～58 页。

W0711.2

女娲是造出来的

【关联】 ［W0676.2.3］女娲造伏羲女娲

实 例

（参见下级母题实例）

W0711.2.1

一对兄妹造女娲

实 例

（参见下级母题实例）

W0711.2.1.1
一对兄妹用泥造女娲

实 例

汉族 大灾难后，仅存的胡玉人和胡玉姐兄妹未成亲，直接捏泥人。女娲是这些泥人中的一个。

【流传】河南省·（驻马店市）·正阳县

【出处】《玉人和玉姐》，见张振犁、程健君编《中原神话专题资料》，内部编印，第131~134页。

W0711.2.1.2
灾难后幸存的玉人、玉姐兄妹造女娲

实 例

汉族 灾难毁灭人类后，幸存的玉人、玉姐兄妹造的一个女孩，即"女娲"。

【流传】河南省·（驻马店市）·正阳县·袁寨乡·袁寨村

【出处】张昀讲，张振犁采录：《玉人和玉姐》，见中国民间文学集成全国编辑委员会编《中国民间故事集成》（河南卷），北京：中国ISBN中心2001年版，第11页。

W0711.2.1.2.1
玉人和玉姐兄妹俩捏泥人"女娲氏"

实 例

汉族 灾难后，幸存玉人和玉姐兄妹俩捏泥人"女娲氏"。

【流传】河南省·（驻马店市）·正阳县·（袁寨乡·袁寨村）

【出处】张昀的邻居老人讲，张昀采录，张振犁采录整理：《玉人和玉姐》（1981.05），见张振犁编著，孟宪明、朱淑君统纂《中原神话通鉴》（第二卷），郑州：河南大学出版社2017年版，第428页。

W0711.2.1.3
灾难后幸存的胡玉人、胡玉姐兄妹造女娲

实 例

汉族 大灾难后，仅存的胡玉人和胡玉姐兄妹捏泥人。女娲是这些泥人中的一个。

【流传】河南省·（驻马店市）·正阳县

【出处】《玉人和玉姐》，见张振犁、程健君编《中原神话专题资料》，内部编印，第131~134页。

W0711.3
女娲是生育产生的

实 例

（参见下级母题实例）

W0711.3.1
神性人物生女娲

【关联】［W0715.3.4］女娲是伏羲的

女儿

实 例

（参见下级母题实例）

W0711. 3. 2

首领生女娲

【关联】［W0715. 3. 5］女娲是首领的女儿

实 例

汉族 （参见“W0715. 3. 5. 1 女娲是中天镇首领的女儿”母题实例）

W0711. 3. 3

华胥生女娲

【关联】［W0689］华胥

实 例

（参见下级母题实例）

W0711. 3. 3. 1

华胥在窨洞外踏大脚印孕生伏羲和女娲

实 例

汉族 女娲之前一个女人华胥在窨洞外踏大脚印，怀孕生伏羲和女娲。

【流传】陕西省·（西安市）·蓝田县·华胥乡·上许村

【出处】许存义讲：《华胥图》，见中国民间文学集成全国编辑委员会编《中国民间故事集成》（陕西卷），北京：中国 ISBN 中心 1996 年版，1996，第 6 ~ 7 页。

W0711. 3. 3. 2

华胥生男子为伏羲，女子为女娲

实 例

汉族 华胥生男子为伏羲，女子为女娲。

【流传】（无考）

【出处】［清］梁玉绳：《汉书人表考》卷二引《春秋世谱》。

W0711. 3. 3. 3

华胥和狗婚生女娲

【关联】［W0676. 5. 4］华胥和狗婚生伏羲

实 例

汉族 华胥和狗配了夫妻，生女娲。

【流传】浙江省·湖州市·镇西乡·赵家坪（疑为赵家村）

【出处】冯雨轩讲，钟铭采录：《华胥补天》，见中国民间文学集成全国编辑委员会编《中国民间故事集成》（浙江卷），北京：中国 ISBN 中心 1997 年版，第 18 页。

W0711. 3. 4

王母娘娘生女娲

【关联】［W1543. 1. 3. 2］王母娘娘的九女造日月

实 例

汉族 （实例待考）

W0711.3.5

人生女娲

实 例

（实例待考）

W0711.3.6

天地婚生女娲

【关联】

① ［W2487.1］天地婚生人

② ［W5426.1］天地婚生民族祖先

③ ［W7532］天地婚

实 例

（参见下级母题实例）

W0711.3.6.1

天地结婚后地母生女娲

实 例

汉族 天地结婚后地母生女娲。

【流传】 湖南省·常德县（常德市）·（鼎城区）·灌溪乡（灌溪镇）

【出处】 唐万顺讲，唐孟元采录：《盘古开天辟地》，见中国民间文学集成全国编辑委员会编《中国民间故事集成》（湖南卷），北京：中国ISBN中心2002年版，第3页。

W0711.3.6.2

地生女娲

实 例

汉族 女娲地出。

【流传】（无考）

【出处】［晋］葛洪：《抱朴子·释滞》。

W0711.3.7

混沌生女娲

【关联】［W0721.3.1］混沌生盘古

实 例

汉族 混混沌沌像鸡蛋样的东西孕育出女娲。

【流传】 湖北省·（黄冈市）·浠水县·清泉镇·关山村

【出处】 廖康成讲，詹承宗采录：《天父地母》，见中国民间文学集成全国编辑委员会编《中国民间故事集成》（湖北卷），北京：中国ISBN中心1999年版，第6页。

W0711.3.8

花生女娲

【关联】［W0680.2.1.1］莲花生伏羲女娲

实 例

汉族 盘古开天地后，湖生两朵莲花，莲花中生伏羲和女娲。

【流传】 河南省

【出处】 郭云梦搜集：《莲生伏羲女娲》，见张楚北《中原神话》，郑州：海燕出版社1988年版，第12页。

汉族 花中生出伏羲女娲。

【流传】 中原一带

【出处】 郭云梦搜集：《莲生伏羲女娲》，原载张楚北编《中原神话》，见陶阳、钟秀编《中国神话》（上），北京：商务印书馆 2008 年版，第 359 页。

W0711. 3. 8a

洞生女娲

实 例

（参见下级母题实例）

W0711. 3. 8a. 1

天洞生女娲

实 例

汉族 盘古开了天地后，天空上有许多涡涡洞。从洞里飘下来一个女人"女娲"。

【流传】浙江省·（金华市）·兰溪市

【出处】王阿英讲，蔡斌搜集整理：《女娲补天空》，见姚宝瑄主编《中国各民族神话》（汉族），太原：山西出版传媒集团·书海出版社 2014 年版，第 44～45 页。

W0711. 3. 9

与生育女娲有关的其他母题

实 例

（参见下级母题实例）

W0711. 3. 9. 1

女娲娘娘降生

实 例

汉族 天地产生后，女娲娘娘降生。

【流传】河南省·（许昌市）·襄城县·山头店乡

【出处】陈明绍讲：《女娲捏人畜》，见中国民间文学集成全国编辑委员会编《中国民间故事集成》（河南卷），北京：中国 ISBN 中心 2001 年版，第 21 页。

W0711. 3. 9. 2

女娲的出生地

【关联】［W0717. 8. 5］女娲故里

实 例

（参见下级母题实例）

W0711. 3. 9. 2. 1

女娲生于承筐山

实 例

汉族 任城县（山东省济宁市任城区），古之任国，太皞之后，风姓也。承筐山在县东南七十里，云女娲生处。

【流传】（无考）

【出处】

（a）［宋］乐史：《太平寰宇记》卷十四。

（b）《承筐山》，见袁珂《中国神话大词典》，北京：华夏出版社 2015 年版，第 414 页。

W0711. 4

女娲是变化产生的

实 例

（参见下级母题实例）

W0711.4.1

蛇修炼为女娲

实 例

（参见下级母题实例）

W0711.4.1.1

海上的蛇族兄妹修炼，妹妹修炼成女娲

实 例

汉族 海上的蛇族兄妹修炼自身，修炼成人头人身的妹妹女娲。

【流传】广东省·湛江市·坡头区

【出处】林轩讲：《女娲与海龟》，见中国民间文学集成全国编辑委员会编《中国民间故事集成》（广东卷），北京：中国 ISBN 中心 2006 年版，第 4 页。

W0711.4.2

蛙变成女娲

实 例

（参见下级母题实例）

W0711.4.2.1

水池中出现的一只大蛙变成女娲

实 例

汉族 水池中出现了一个大蛙，即"女娲"看到池子边大脚印中的伏羲后，就变成伏羲的样子，因为他们同生在一个地方，就成了亲兄妹。

【流传】甘肃省·（平凉市）·静宁县·李店乡·店子村

【出处】李俊源讲，王知三搜集整理：《伏羲降生》，见静宁县民间文学三套集成编辑组编《中国民间故事集成甘肃卷·静宁民间故事》，内部编印，1989 年，第 9 页。

W0711.4.2.2

女娲的原形是蛙

实 例

汉族 太古时，一个没有名字的女子因为在水池边履大脚印生伏羲，含羞跳进水池欲死时，水池中出现了一个大蛙，即"女娲"。

【流传】甘肃省·（平凉市）·静宁县·李店乡·店子村

【出处】李俊源讲，王知三搜集整理：《伏羲降生》，见静宁县民间文学三套集成编辑组编《中国民间故事集成甘肃卷·静宁民间故事》，内部编印，1989 年，第 9 页。

W0711.5

与女娲的产生有关的其他母题

实 例

（参见下级母题实例）

W0711.5.1

女娲的生日

实 例

（参见下级母题实例）

W0711.5.1.1

女娲生日是正月初七

【关联】［W2013.5］正月初七产生人

实 例

汉族 女娲农历正月初七出生。

【流传】陕西省·（安康市）·平利县

【出处】毛海峰：《陕西平利县发现女娲碑》，载《解放日报》2004.09.10。

汉族 正月初七是人祖女娲的生日。

【流传】（无考）

【出处】王德恒等《造神史话》，天津：百花文艺出版社2002年版，第373页。

W0711.5.1.2

女娲生日是三月十五日

实 例

汉族 每年三月十五日是女娲神圣诞之日。

【流传】河南省·（开封市）·杞县

【出处】李少白（大学历史系讲师）讲，李国富采录整理：《杞人忧天（二）》，见张振犁编著《中原神话通鉴》（第一卷），郑州：河南大学出版社2017年版，第162页。

W0711.5.2

女娲产生在远古

实 例

（参见下级母题实例）

W0711.5.2.1

女娲娘娘出现在盘古开天时代

实 例

汉族 在盘古开天时，世上没有任何生灵。女娲娘娘心里产生了用泥造人的念头。她每天不停地用黄泥捏人。

【流传】河南省·（许昌市）·禹州市

【出处】王青山（农民，64岁，小学毕业）讲，王同全采录：《世上为啥有残疾人》，见张振犁编著，孟宪明、朱淑君统纂《中原神话通鉴》（第四卷），郑州：河南大学出版社2017年版，第1257页。

W0711.5.3

女娲与伏羲的先后

【关联】

①［W0680.2.1］伏羲女娲是双胞胎

②［W0680.2.2］伏羲女娲是兄妹（伏羲女娲兄妹）

③［W0680.3.1］伏羲女娲是姐弟

④［W0714.1.1］女娲变成伏羲的样子

⑤［W0715.3.4］女娲是伏羲的女儿

实 例

汉族 女皇氏媧蜗，云姓，一曰女布。太昊氏之女弟。蛇身牛首，宣发。出于承匡，生而神灵，亡景亡黯，少佐太昊，祷于神祇，而为女妇，正姓氏，职昏因，通行媒，以重万民之判，是曰神媒。

【流传】（无考）

【出处】［宋］罗泌：《路史·太昊纪》。

W0711.5.4

女娲与盘古的先后

【关联】

①［W0715.2.1］女娲是盘古的后代

②［W0725.2.1］盘古女娲是兄妹

③［W0725.2.3］盘古女娲是双胞胎

④［W0725.4.1］盘古的妻子女娲（盘古女娲是夫妻）

实　例

汉族 盘古开天地后，湖生两朵莲花。莲花中生伏羲和女娲，于是有了人类。

【流传】河南省

【出处】郭云梦搜集：《莲生伏羲女娲》，见张楚北《中原神话》，郑州：海燕出版社1988年版，第12页。

W0711.5.4.1

女娲比盘古早

实　例

毛南族（实例待考）

W0711.5.4.2

女娲比盘古晚

实　例

汉族 女娲是开天辟地的盘古的后代。

【流传】湖南省·（娄底市）·涟源市

【出处】邓龙生讲：《女娲补天》，见中国民间文学集成全国编辑委员会编《中国民间故事集成》（湖南卷），北京：中国ISBN中心2002年版，第21-22页。

W0711.5.4.3

盘古开天地后才有女娲

实　例

汉族 盘古开天地后，湖生两朵莲花。莲花中生伏羲和女娲，于是有了人类。

【流传】河南省

【出处】郭云梦搜集：《莲生伏羲女娲》，见张楚北《中原神话》，郑州：海燕出版社1988年版，第12页。

W0711.5.5

女娲与大禹同时代

实　例

汉族 以前，天上到处漏水，地下就到处发洪水。玉皇大帝只好派女娲去补天，派禹王去治水。

【流传】四川省·巴县（今重庆市·巴南区）

【出处】杜志榜讲，李子硕搜集整理：《巴子石的来历》（1988.05），见姚宝瑄主编《中国各民族神话》（汉族），太原：山西出版传媒集团·书海出版社2014年版，第47~51页。

W0712

女娲的特征

实　例

（参见下级母题实例）

W0712.1
女娲人头人身

实 例

汉族 （实例待考）

W0712.2
女娲人头蛇身

【关联】
①［W0632.1］人头蛇身之神
②［W0677.3］伏羲人头蛇身
③［W0722.2.1.5］盘古人头蛇身（盘古人首蛇身）

实 例

（参见下级母题实例）

W0712.2.1
女娲蛇身

实 例

汉族 女娲人头蛇身。

【流传】（无考）

【出处】［战国］屈原：《楚辞·九歌·云中君》［东汉］王逸注。

W0712.2.2
女娲是人头蛇身的天神

实 例

汉族 很久以前，有一个人头蛇身的天神，名叫女娲。

【流传】河南省·（濮阳市）·濮阳县·文留镇［采录地点：濮阳县·柳屯镇·柳屯村］

【出处】张贵同（男，51岁，初中）讲，李青霞采录：《女娲造人（八）》（1990.03），见张振犁编著《中原神话通鉴》（第一卷），郑州：河南大学出版社2017年版，第177页。

W0712.3
女娲人面蛇身

实 例

汉族 女娲，古神女而帝者，人面蛇身。

【流传】（无考）

【出处】［战国至汉］撰者不详：《山海经·大荒西经》。

W0712.3a
女娲牛首蛇身

实 例

（参见下级母题实例）

W0712.3a.1
女娲蛇身牛首

实 例

汉族 （参见“W0717.4.5.6 女皇氏炮娲，云姓”母题实例）

W0712.4
女娲是动物外形

【关联】［W0713.10.6.1］女娲娘娘是

人头蛇身的大爬虫

实 例

（参见下级母题实例）

W0712.4.1

女娲是蛙

【关联】［W0711.4.2］蛙变成女娲

实 例

汉族 （参见“W0711.4.2.1 水池中出现的一只大蛙变成女娲”、“W0711.4.2.2 女娲的原形是蛙”母题实例）

W0712.4.2

古时动物唯女娲能言能行

实 例

藏族 古时动物皆不能言，亦不能如人之行。唯女娲能言能行，以其无侣，甚感孤独。

【流传】（无考）

【出处】《女娲娘娘补天》，原载谷德明编《中国少数民族神话选》，见袁珂《中国神话大词典》，北京：华夏出版社2015年版，第407页。

W0712.5

女娲的其他体征

实 例

（参见下级母题实例）

W0712.5.1

女娲长得苗条标致

实 例

汉族 女娲虽说是个女孩，遇见啥事儿胆大而又有心计，并且长得苗条标致，心地善良。

【流传】河南省·（开封市）·杞县

【出处】李少白（大学历史系讲师）讲，李国富采录整理：《杞人忧天（二）》，见张振犁编著《中原神话通鉴》（第一卷），郑州：河南大学出版社2017年版，第162页。

W0712.5.2

女娲眉清目秀

实 例

汉族 伏羲氏的妻子女娲聪明俊秀，非常能干，什么活儿都会。

【流传】淮河流域

【出处】唐元海讲，茆文斗搜集整理：《女娲补天治水》，载《民间文学》1986年第6期。

汉族 中天镇镇首的三儿子气人和女儿女娲呢，眉清目秀，细皮白肉，端端正正，模样儿长得比天仙还美。

【流传】河南省·（开封市）·杞县

【出处】尹守礼（农民）讲，王怀聚采录整理：《杞人忧天（一）》，见张振犁编著《中原神话通鉴》（第一卷），郑州：河南大学出版社2017年版，第158页。

W0712. 5. 3

女娲残疾

实 例

(参见下级母题实例)

W0712. 5. 3. 1

女娲是瞎子

实 例

(参见下级母题实例)

W0712. 5. 3. 1. 1

女娲 99 岁时双目失明

实 例

汉族 女娲九十九岁那年，双目突然失明了。

【流传】河南省·（焦作市）·武陟县·阳城乡·郭下村

【出处】李待见（那农民，小学）讲，王广先采录整理：《四大怀药》，见张振犁编著《中原神话通鉴》（第一卷），郑州：河南大学出版社 2017 年版，第 196 页。

W0712. 5. 3. 2

女娲是跛脚

实 例

汉族 女娲娘娘补天剩下三块铁石。女娲把第三块被她踢到兜率宫门前时脚踢破了，很痛，走起路来一跛一跛的，就成了"跛脚嫂"。

【流传】浙江省·（丽水市）·青田县·东源镇、船寮镇

【出处】余碎笑讲，叶茂搜集整理：《三块补天石》（1987. 07. 15），见姚宝瑄主编《中国各民族神话》（汉族），太原：山西出版传媒集团·书海出版社 2014 年版，第 58 ~ 60 页。

W0712. 5. 4

女娲长着 4 条长腿

实 例

汉族 女娲娘娘是一个人头蛇身的大爬虫。爬虫行动慢，经常遇到袭击，女娲就长出四条长腿，跑得快，跳得高，行走如飞。

【流传】湖北省·（荆门市）·京山县

【出处】程正福讲，高式儒采录：《人是泥巴捏的》，原载《京山民间故事》，见陶阳、钟秀编《中国神话》（上），北京：商务印书馆 2008 年版，第 323 页。

W0712. 6

女娲的性格特征

实 例

(参见下级母题实例)

W0712. 6. 1

女娲心地善良

实 例

汉族 很古的时候，有个叫女娲的女

神，她心地很善良，理儿也评得很公正。

【流传】河南省·安阳市·安阳县·磊口乡·目明村

【出处】赵庆士（农民）讲，左兵采录：《女娲造人（四）》（原名《下雨时为啥起黑云》），见张振犁编著《中原神话通鉴》（第一卷），郑州：河南大学出版社2017年版，第169页。

W0712.6.1.1

女娲娘娘慈心肠

实 例

汉族 女娲娘娘是个慈心肠，她常常去山川森林看望她的子孙。

【流传】河南省·（周口市）·淮阳县·（王店乡·棠棣村）

【出处】李国争（63岁，农民）讲，杨复俊采录：《女娲娘娘》（1985.01.06），见张振犁编著《中原神话通鉴》（第一卷），郑州：河南大学出版社2017年版，第145页。

W0712.6.2

女娲胆大心细

实 例

汉族 （参见“W0712.5.1 女娲长得苗条标致”母题实例）

W0712.6.3

女娲有心计（女娲聪明）

实 例

汉族 女娲不仅长得聪明俊秀，而且也非常能干，什么活儿都会。有人说她是天上下凡的女神。

【流传】淮河一带

【出处】

（a）唐元梅讲：《女娲补天治水》，载《民间文学》1986年第6期。

（b）同（a），见姚宝瑄主编《中国各民族神话》（汉族），太原：山西出版传媒集团·书海出版社2014年版，第94~95页。

汉族 居住在杞国的一对老夫老妻，膝下有一双儿女。老大叫气人；老二是女孩，叫女娲。女娲虽说是个女孩，遇见啥事儿胆大而又有心计，并且长得苗条标致，心地善良。

【流传】河南省·（开封市）·杞县

【出处】李少白（大学历史系讲师）讲，李国富采录整理：《杞人忧天（二）》，见张振犁编著《中原神话通鉴》（第一卷），郑州：河南大学出版社2017年版，第162页。

W0712.6.4

女娲心灵手巧

实 例

汉族 （参见“W0713.8.4 女娲采桑织布”母题实例）

W0713

女娲的身份

实 例

（参见下级母题实例）

W0713. 0

女娲是神

实 例

汉族 天柱叫妖精撞断，把天也弄了个破洞。有个叫女娲的神去补天。

【流传】 河南省·（濮阳市）·范县

【出处】 董天备（56 岁，中专）讲，崔金钊采录：《女娲补天（八）》（1989. 11. 03），见张振犁编著《中原神话通鉴》（第一卷），郑州：河南大学出版社 2017 年版，第 137 页。

W0713. 0. 1

女娲因造人、补天和杀恶龙平息洪水被敬为神

实 例

汉族 大家感激女娲造人、补天和杀恶龙平息洪水，敬她为神。

【流传】 河南省·豫中一带（河南省中部地区）

【出处】 陶然玲讲：《女娲的传说》，见张振犁编著《中原神话通鉴》（第一卷），郑州：河南大学出版社 2017 年版，第 186 页。

W0713. 0. 2

女娲随金光上天成神

实 例

汉族 女娲随着金光上天成神了。

【流传】 河南省·（周口市）·淮阳县·城关

【出处】 张大娘（85 岁，农民，不识字）讲，杨复俊采录：《担经挑的来历》（1985. 03），见张振犁编著《中原神话通鉴》（第一卷），郑州：河南大学出版社 2017 年版，第 269 页。

W0713. 1

女娲是天神

【关联】［W0712. 2. 2］女娲是人头蛇身的天神

实 例

汉族 盘古开天辟地以后，地上因为没有人类，世界仍显得荒凉和寂寞。天神女娲来到了人间。

【流传】 河南省·（漯河市）·舞阳县·孟寨乡·周柴村

【出处】 周青会（50 岁，农民，小学）讲，周利平采录：《女娲造人（三）》（1989. 03. 04），见张振犁编著《中原神话通鉴》（第一卷），郑州：河南大学出版社 2017 年版，第 168 页。

W0713. 1. 1

女娲是女天帝

实 例

汉族 女娲是个女天帝。

【流传】 河南省·（南阳市）·桐柏县

【出处】《伏羲女娲兄妹结婚》，见么书仪选注《神话传说三百篇》，大连：大连出版社 1999 年版，第 16 ~ 19 页。

W0713.1.2

女娲是孤独的女天神

实 例

汉族 有一个天神，名叫女娲。有一天到大地上去玩，看见大地景色优美，却没有人、兽，她感到很孤独。

【流传】河南省·（南阳市）·西峡县·太平镇乡·回龙寺村

【出处】刘克旺（50岁，不识字）讲，王改芹采录，杨平采录整理：《女娲补天（七）》（1986.05），见张振犁编著《中原神话通鉴》（第一卷），郑州：河南大学出版社2017年版，第136页。

W0713.1.3

女娲是唯一能补天的天神

实 例

汉族 天神中只有女娲能够补天。

【流传】浙江省·（丽水市）·庆元县

【出处】赖善卿讲，兰志龙搜集整理：《补天穿》，见姚宝瑄主编《中国各民族神话》（汉族），太原：山西出版传媒集团·书海出版社2014年版，第52～53页。

W0713.2

女娲是女神

实 例

汉族 女娲，古神女而帝者。

【流传】（无考）

【出处】［战国至汉］撰者不详：《山海经·大荒西经》。

W0713.2.1

女娲是开天辟地的女神

【关联】［W1015］创世者（造物主）

实 例

汉族 大神女娲是个开天辟地的女神。

【流传】浙江省·舟山市·（定海区）·干览乡（干览镇）·南岙村

【出处】顾阿登讲，林胜强记录，周明搜集整理：《女娲补天》（1987.06.15），见姚宝瑄主编《中国各民族神话》（汉族），太原：山西出版传媒集团·书海出版社2014年版，第57～58页。

W0713.2.2

女娲是天上的女神

实 例

汉族 伏羲氏的妻子女娲是天上下凡的女神。

【流传】淮河流域

【出处】唐元海讲，茆文斗搜集整理：《女娲补天治水》，载《民间文学》1986年第6期。

W0713.2.2.1

女娲是天上飞来的女神

实 例

汉族 天上飞下来一个女神，叫女娲。

【流传】河南省·豫中一带（河南省中部）

【出处】王红果讲述，张松采录整理：《女娲造人（九）》，见张振犁编著《中原神话通鉴》（第一卷），郑州：河南大学出版社 2017 年版，第 178 页。

W0713. 2. 2. 2
女娲是天上下凡的女神

实 例

汉族 女娲是天上下凡的女神。

【流传】淮河流域一带

【出处】唐元梅讲：《女娲补天》，载《民间文学》1986 年第 6 期。

(b) 同 (a)，见姚宝瑄主编《中国各民族神话》（汉族），太原：山西出版传媒集团·书海出版社 2014 年版，第 45 ~46 页。

W0713. 2. 3
女娲修炼成女神

实 例

汉族 女娲为拯救人类，不畏艰难险阻，远上昆仑山上，采捡五色石子，修炉筑灶，熔炼七七四十九年，终于熔炼成了五色彩云和一柄阴阳斩妖除魔剑，而且自己也修炼成了一位法力无边的女神。

【流传】河南省·（开封市）·杞县

【出处】李少白（大学历史系讲师）讲，李国富采录整理：《杞人忧天（二）》，见张振犁编著《中原神话通鉴》（第一卷），郑州：河南大学出版社 2017 年版，第 162 页。

W0713. 2. 4
女娲是神通广大的女神

实 例

汉族 女娲是一个神通广大的女神。

【流传】（无考）

【出处】《女娲创造人类》，原载袁珂编译《中国神话故事》，见陶阳、钟秀编《中国神话》（上），北京：商务印书馆 2008 年版，第 317 ~319 页。

W0713. 2. 5
女娲是创世女神

实 例

汉族 创造万物的女神女娲，在天塌地陷后又开始补天。

【流传】浙江省·（温州市）·永嘉县

【出处】谢博讲，谢圣铎记录：《女娲补天》，见姚宝瑄主编《中国各民族神话》（汉族），太原：山西出版传媒集团·书海出版社 2014 年版，第 55 页。

W0713. 2a
女娲是神女

实 例

（参见下级母题实例）

W0713.2a.1
女娲是古神女

实 例

汉族 女娲，古神女而帝者，人面蛇身。

【流传】（无考）

【出处】

（a）［战国至汉］撰者不详：《山海经·大荒西经》郭璞注。

（b）同（a），见袁珂《中国神话大词典》，北京：华夏出版社2015年版，第2页。

W0713.2b
女娲是神人

实 例

（参见下级母题实例）

W0713.2b.1
神人女娲补天

实 例

汉族 我们头上的青天，是很古很古的时候一位名叫女娲的神人补的。

【流传】河南省·（济源市）王屋山一带

【出处】王生伟讲，河南大学中原神话调查组搜集整理：《天的西北角来的雨》，见姚宝瑄主编《中国各民族神话》（汉族），太原：山西出版传媒集团·书海出版社2014年版，第67～68页。

汉族 神人女娲在人间熔炼五色石补天，不知炼了多少年月，炼成了多少石汁，便开始补天了。

【流传】河南省·济源市·济源县·王屋乡

【出处】王生伟（30岁，小学教师）讲，河南大学“中原神话调查组”采录：《女娲补天（一）》（1986.06.28），见张振犁编著《中原神话通鉴》（第一卷），郑州：河南大学出版社2017年版，第122页。

W0713.3
女娲是婚姻神

【关联】［W0467］婚姻神

实 例

汉族 “以女娲载媒，是以后世有国，是祀为皋禖之神。”注引《风俗通》云：“女娲祷祠神，祈而为女媒，因置婚姻。”

【流传】（无考）

【出处】［南宋］罗泌：《路史·后纪二》并注。

汉族 天神女娲被后世的人们奉为婚姻之神。

【流传】河南省·（南阳市）·桐柏县

【出处】么书仪选注：《神话传说三百篇》，大连：大连出版社1999年版，第10～11页

W0713.3.1
女娲氏定婚姻

实　例

汉族 女娲氏本领非凡，她规定了结婚生孩子的制度，使人类一代一代传下来。

【流传】 江苏省·（淮安市）·涟水县·南集乡·禹庄村

【出处】 徐学尧讲，徐省生搜集整理：《世界的由来》（1983），见姚宝瑄主编《中国各民族神话》（汉族），太原：山西出版传媒集团·书海出版社2014年版，第24～28页。

W0713.3.1.1
女娲创造嫁娶之礼

实　例

民族无考 女娲创造了嫁娶之礼，教人以“造人”之法，所以后世又将其奉为婚姻之神。

【流传】（无考）

【出处】《女娲》，见乌丙安主编《中国民间神谱》，沈阳：辽宁人民出版社2007年版，第47页。

W0713.3.2
女娲做媒人（女娲是媒神）

【关联】

① ［W0717.4.5.8］女娲氏又称皇姆天媒

② ［W7560］媒人

实　例

汉族 女娲祷神祠，祈而为女媒，因置昏姻。

【流传】（无考）

【出处】［东汉］应劭撰：《风俗通义》。

汉族 皋禖古祀女娲。

【流传】（无考）

【出处】［南宋］罗泌：《路史·余论二》。

W0713.3.2.1
女娲娘娘是“神媒”

实　例

（参见下级母题实例）

W0713.3.2.1.1
女娲娘娘因让男女婚配生人被称为“神媒”

实　例

汉族 女娲娘娘发现人不断三三两两死去，为怕人绝种，女娲娘娘叫男人跟女人交配生儿育女。所以，后代子孙称女娲娘娘“神媒”。

【流传】 河南省·（周口市）·淮阳县·（王店乡·棠棣村）

【出处】 李国争（63岁，农民）讲，杨复俊采录：《女娲娘娘》（1985.01.06），见张振犁编著《中原神话通鉴》（第一卷），郑州：河南大学出版社2017年版，第145页。

W0713.3.3

女娲是劝婚者

【关联】［W7581］劝婚者

实 例

汉族 女娲劝灾难后只剩下伏羲兄妹结婚。

【流传】山西省·（阳泉市）·平定县·（锁簧镇）·东锁簧村

【出处】朱翠兰讲，冯富国采录：《兄妹神婚与东西磨山》，见中国民间文学集成全国编辑委员会编《中国民间故事集成》（山西卷），北京：中国ISBN中心1999年版，第12页。

W0713.3a

女娲是生育神

实 例

（参见下级母题实例）

W0713.3a.1

女娲是送子娘娘

【关联】

①［W0477.8.6］送子之神（送子神）

②［W0714.4.10］女娲送子

实 例

（参见下级母题实例）

W0713.3a.1.1

女娲因造人被奉为送子娘娘

实 例

汉族 女娲造了人，天下称女娲为送子娘娘，求女娲娘娘，就能得一子。

【流传】河南省·（周口市）·淮阳县

【出处】《子孙窑》，见张振犁编著《中原神话通鉴》（第一卷），郑州：河南大学出版社2017年版，第278页。

W0713.3a.1.2

女娲是送子娘娘老奶奶

实 例

汉族 伏羲的姐姐叫女娲，就是太昊陵西边奶奶庙里敬的那个送子娘娘老奶奶。

【流传】河南省·（周口市）·沈丘县·范营乡·董楼村

【出处】刘玉英（女，71岁，农民，不识字）讲，孔祥金采录：《姐弟成婚》（1987.09），见张振犁编著《中原神话通鉴》（第一卷），郑州：河南大学出版社2017年版，第329页。

W07313.3a.1

女娲是送子老奶奶

实 例

汉族 女娲让造出男女结婚生孩子。有些男女虽结了婚没生孩子，就向女娲要孩子，有的还偷孩子。这样一来，女娲真成了包送孩子的老奶奶了。人们便称她为人类的始祖。

【流传】河南省·（郑州市）·登封市

【出处】《嵩山奶奶庙》，见张振犁编著《中原神话通鉴》（第一卷），郑州：

河南大学出版社2017年版，第182页。

W0713.3b

女娲是中央神

【关联】［W0255.8.3.1］黄帝居中央，其神是女娲

实例

汉族 女娲祷祠神。

【流传】（无考）

【出处】［清］马骕：《绎史》卷三引《风俗通义》。

W0713.3c

女娲是保护神

实例

（参见下级母题实例）

W0713.3c.1

女娲是福国庇民的正神

实例

汉族 由于女娲拯救了天下人类和生灵，有功于天下，黎民百姓都尊称她是重整乾坤的伟大母亲，福国庇民之正神。

【流传】河南省·（开封市）·杞县

【出处】李少白（大学历史系讲师）讲，李国富采录整理：《杞人忧天（二）》，见张振犁编著《中原神话通鉴》（第一卷），郑州：河南大学出版社2017年版，第162页。

W0713.3c.2

女娲是地方保护神

实例

（参见下级母题实例）

W0713.3c.2.1

女娲护佑一方水土

实例

汉族 在过去兵荒马乱的年代，邻村不断被土匪打劫。思都岗有女娲保护着，没受过土匪的气。

【流传】河南省·（周口市）·西华县

【出处】张彭（农民，中学）讲，胡有典、毛积德、吴留昌搜集整理：《女娲练兵护王城》，见张振犁编著《中原神话通鉴》（第一卷），郑州：河南大学出版社2017年版，第204页。

W0713.3d

女娲是扫晴娘（止雨神）

【关联】［W0695.3.3.1.2.1a］女魃是扫晴娘（止雨神）

实例

民族无考 女娲是主止雨天晴之神

【流传】（无考）

【出处】《扫晴娘》，见乌丙安主编《中国民间神谱》，沈阳：辽宁人民出版社2007年版，第132页。

W0713.3e

女娲是开天辟地神

【关联】［W0713.2.1］女娲是开天辟地的女神

实 例

汉族 大神女娲是个开天辟地的女神。

【流传】浙江省·舟山市·（定海区）·干览乡（干览镇）·南岙村

【出处】顾阿登讲，林胜强记录，周明搜集整理：《女娲补天》（1987.06.15），见姚宝瑄主编《中国各民族神话》（汉族），太原：山西出版传媒集团·书海出版社2014年版，第57～58页。

W0713.4

女娲是地母

【关联】［W0717.4.5.10］天母女娲

实 例

汉族 女娲是混沌中孕育的地母。

【流传】湖北省·（黄冈市）·浠水县·清泉镇·关山村

【出处】廖康成讲，詹承宗采录：《天父地母》，见中国民间文学集成全国编辑委员会编《中国民间故事集成》（湖北卷），北京：中国ISBN中心1999年版，第6页。

W0713.5

女娲是仙

实 例

（参见下级母题实例）

W0713.5.1

女娲是地上的神仙

实 例

汉族 女娲娘娘是地上来的一个女神仙。

【流传】四川省·（凉山彝族自治州）·德昌县·热和乡·田村

【出处】刘廷香讲，汤应照采录：《女娲造人》，见中国民间文学集成全国编辑委员会编《中国民间故事集成》（四川卷），北京：中国ISBN中心1998年版，第27页。

W0713.5.2

女娲成仙

实 例

汉族 盘古的后代女娲在盘古死后，成了仙。

【流传】湖南省·（娄底市）·涟源市·太和乡（杨市镇）·太和村

【出处】邓龙生讲，姚永放采录：《女娲补天造人》，见中国民间文学集成全国编辑委员会编《中国民间故事集成》（湖南卷），北京：中国ISBN中心2002年版，第22页。

W0713. 5. 2. 1
女娲在人间成仙

实 例

汉族 女娲为盘古后代，在人间成仙。

【流传】湖南省·（娄底市）·涟源市

【出处】邓龙生讲：*《女娲补天》，见中国民间文学集成全国编辑委员会编《中国民间故事集成》（湖南卷），北京：中国 ISBN 中心 2002 年版，第 21－22 页。

W0713. 6
女娲是人皇

【关联】

① ［W0434. 2. 3. 1. 2］人皇奶奶女娲

② ［W0681. 5. 1］伏羲是人皇

③ ［W5860］国王（人皇）

实 例

（参见下级母题实例）

W0713. 6. 1
娲皇女娲

【关联】［W0717. 4. 3］女娲被称为“娲皇”

实 例

汉族 女娲被称为“娲皇”。

【流传】河南省·（三门峡市）·灵宝（灵宝市）

【出处】《娲皇封禅》，见白庚胜总主编《中国民间故事全书》（河南省灵宝卷），北京：知识产权出版社 2009 年版，第 4 页。

W0713. 6. 2
女娲被封为人皇

实 例

（参见下级母题实例）

W0713. 6. 2. 1
玉皇大帝把女娲封为人皇

【关联】［W0715. 3. 3］女娲是老天爷的女儿（女娲是玉皇大帝的女儿）

实 例

汉族 玉皇大帝把女娲封为人皇。

【流传】陕西省·（榆林市）·绥德县·辛店乡

【出处】马世厚讲：《女娲造就人世》，见中国民间文学集成全国编辑委员会编《中国民间故事集成》（陕西卷），北京：中国 ISBN 中心 1996 年版，1996，第 5～6 页。

W0713. 6. 3
女娲是三皇之一

【关联】［W0730a. 2. 3. 2］三皇是伏羲、女娲、神农（三皇伏羲、神农、女娲）

实 例

汉族 《本纪》以女娲氏功高而并三皇。

【流传】河南省·（三门峡市）·阌乡县（灵宝市）

【出处】［清］刘思恕、汪鼎臣：《阌乡县志》。

W0713.7

女娲是人祖（女娲是女始祖）

实 例

汉族 女娲一气儿捏了一大群女孩儿和一大群男孩儿。女娲成了人的祖先。

【流传】河南省·豫中一带（河南省中部）

【出处】王红果讲述，张松采录整理：《女娲造人（九）》，见张振犁编著《中原神话通鉴》（第一卷），郑州：河南大学出版社2017年版，第178页。

W0713.7.1

女娲被尊称为人祖奶

【关联】［W0717.4.5.5］女娲又称人祖奶奶

实 例

汉族 当地人尊称女娲为人祖奶。

【流传】河南省·（周口市）·西华县·逍遥镇·西街

【出处】刘炎讲，张振犁采录：《姊妹成婚》，见中国民间文学集成全国编辑委员会编《中国民间故事集成》（河南卷），北京：中国ISBN中心2001年版，第13页。

W0713.7.2

女娲是人祖婆婆

实 例

汉族 人祖婆婆女娲居住余家峡龙马洞。

【流传】甘肃省·天水市·北道区·中滩乡

【出处】雷兴旺讲，杨晓学采录：《伏羲女娲成婚》，见中国民间文学集成全国编辑委员会编《中国民间故事集成》（甘肃卷），北京：中国ISBN中心2001年版，第10页。

W0713.7.3

女娲是人根之祖

实 例

汉族 后辈儿孙都尊戴女娲为“人根之祖”。

【流传】河南省·（郑州市）·新密市·浮山村

【出处】张央（男，82岁，农民）、张仓（男，81岁，农民）讲，河南大学“中原神话调查组”采录：《虎为媒》（2001.04.14），见张振犁编著《中原神话通鉴》（第一卷），郑州：河南大学出版社2017年版，第296页。

W0713.7.4

女娲是人的妈妈

实 例

汉族 女娲整天啥事儿也不干了，光捏人，捏了好多好多，大家都叫她“妈妈”。

【流传】河南省·安阳市·安阳县·磊口乡·目明村

【出处】赵庆士（农民）讲，左兵采录：《女娲造人（四）》（原名《下雨时为啥起黑云》），见张振犁编著《中原神话通鉴》（第一卷），郑州：河南大学出版社 2017 年版，第 169 页。

W0713. 7. 5

女娲氏是人类始祖

实　例

汉族 女娲氏本领非凡，她炼石补天，捏泥造人，是人类再衍的始祖。

【流传】江苏省·（淮安市）·涟水县·南集乡·禹庄村

【出处】徐学尧讲，徐省生搜集整理：《世界的由来》（1983），见姚宝瑄主编《中国各民族神话》（汉族），太原：山西出版传媒集团·书海出版社 2014 年版，第 24～28 页。

W0713. 7a

女娲是特定行业的祖先（女娲是特定行业的祖师）

【关联】［W0658a. 8］特定职业者的祖先（行业祖师）

实　例

（参见下级母题实例）

W0713. 7a. 1

女娲是手工艺者的祖师

实　例

（参见下级母题实例）

W0713. 7a. 1. 1

捏面人、吹糖人等行业敬女娲为祖师

实　例

汉族 捏面人的、吹糖人的，都敬女娲为自己的祖师。

【流传】河南省·豫中一带（河南省中部地区）

【出处】陶然玲讲：《女娲的传说》，见张振犁编著《中原神话通鉴》（第一卷），郑州：河南大学出版社 2017 年版，第 186 页。

W0713. 7a. 2

女娲是雕刻业的祖师

实　例

汉族 女娲捏泥人，还有一种说法是别的人不知道的。雕刻艺人说，自己这一行的先人，刚被捏出来时，偷偷地捡了一截从女娲拿的草绳上掉下来的毛缨，后来化作了他们现在使用的木雕刀。所以，也可以用来雕塑出栩栩如生的泥人来。因此，他们就把女娲敬为自己行业的祖师了。

【流传】河南省·豫中一带（河南省中

部地区）

【出处】陶然玲讲：《女娲的传说》，见张振犁编著《中原神话通鉴》（第一卷），郑州：河南大学出版社 2017 年版，第 186 页。

W0713.8

女娲是制造者

【关联】

① ［W2065］女娲造人

② ［W1545.2a.1.2］女娲的双乳变成日月

实 例

（参见下级母题实例）

W0713.8.1

女娲造生灵

【关联】［W2065］女娲造人

实 例

（参见下级母题实例）

W0713.8.1.1

女娲造动物

实 例

汉族 女娲正月初一创造出鸡，初二创造狗，初三创造猪，初四创造羊，初五创造牛，初六创造马，初七这一天，女娲用黄土和水，仿照自己的样子造出了许多泥人。

【流传】（无考）

【出处】［北宋］李昉、李穆、徐铉等：《太平御览》。

W0713.8.2

女娲造箭

【关联】［W6970］弓箭的发明

实 例

（实例待考）

W0713.8.3

女娲造乐器

实 例

（参见下级母题实例）

W0713.8.3.1

女娲始作笙簧

实 例

汉族 “女娲作笙簧。”张澍注：“女娲，太昊氏之女弟。”

【流传】（无考）

【出处】［先秦］史官修撰：《世本·作篇》张澍注。

汉族 女娲氏，风姓，承庖羲制度，始作笙簧。

【流传】（无考）

【出处】［西晋］皇甫谧：《帝王世纪》。

W0713.8.4

女娲采桑织布

实 例

汉族 女娲生来手头巧，天天采桑织布，供养弟弟伏羲上学。

【流传】河南省·（周口市）·沈丘县·范营乡·董楼村

【出处】刘玉英（女，71岁，农民，不识字）讲，孔祥金采录：《姐弟成婚》（1987.09），见张振犁编著《中原神话通鉴》（第一卷），郑州：河南大学出版社2017年版，第329页。

W0713.9 女娲是特定人物的辅佐者

实　例

（参见下级母题实例）

W0713.9.1 女娲是伏羲的辅佐者

【关联】［W0680.6］与伏羲的关系有关的其他母题

实　例

汉族（参见“W0715.10.1.1 女娲辅佐伏羲治理天下”母题实例）

W0713.10 与女娲身份有关的其他母题

实　例

（参见下级母题实例）

W0713.10.1 女娲是祷祠神

实　例

汉族 女娲祷祠神。

【流传】（无考）

【出处】［清］马骕：《绎史》卷三引《风俗通义》。

W0713.10.2 女娲是菩萨

实　例

汉族（实例待考）

W0713.10.2.1 女娲是观音

实　例

（参见下级母题实例）

W0713.10.2.1.1 女娲是南海观音

实　例

汉族 嵩山地区有的把女娲与观音相混称，有的地方就把女娲变成南海观音了。

【流传】河南省·（郑州市）·登封市

【出处】《嵩山奶奶庙》［点评］，见张振犁编著《中原神话通鉴》（第一卷），郑州：河南大学出版社2017年版，第183页。

W0713.10.3 女娲是首领

实　例

（参见下级母题实例）

W0713.10.3.1

女娲是女仙头头

实 例

汉族 女仙头头，名叫女娲，有补天连缝的本领。

【流传】河南省·（三门峡市）·渑池县·南村乡

【出处】茹明采录：《二郎神担山填海》，见张振犁编著，孟宪明、朱淑君统纂《中原神话通鉴》（第三卷），郑州：河南大学出版社 2017 年版，第 927 页。

W0713.10.3.2

女娲是氏族首领

实 例

（参见下级母题实例）

W0713.10.3.2.1

女娲圣母是狩猎时期的氏族首领

实 例

汉族 古时候，人们群居一起，靠打猎为生。首领是女娲圣母。

【流传】河南省·新乡市［采录地点：新乡县·古固寨］

【出处】马如心（50 岁，农民）讲，马安中采录：《五谷的来历》（1986.08），见张振犁编著《中原神话通鉴》（第一卷），郑州：河南大学出版社 2017 年版，第 192 页。

W0713.10.3.3

女娲圣母是人类群居时的首领

实 例

汉族 早在人类群居的时候，首领是女娲圣母。

【流传】中原一带

【出处】

（a）杨东来记录整理：《五谷的来历》，见张楚北编《中原神话》，郑州：海燕出版社 1988 年版。

（b）同（a），见姚宝瑄主编《中国各民族神话》（汉族），太原：山西出版传媒集团·书海出版社 2014 年版，第 388～390 页。

W0713.10.4

女娲是古帝王

实 例

（参见下级母题实例）

W0713.10.4.1

女娲是古神女而帝者

实 例

汉族 女娲，古神女而帝者，人面蛇身，一日中七十变。

【流传】（无考）

【出处】

（a）［战国至汉］撰者不详：《山海经·大荒西经》郭璞注。

（b）同（a），见袁珂《中国神话大词

典》，北京：华夏出版社 2015 年版，第 2 页。

W0713. 10. 4. 2
女娲氏是女皇

实 例

汉族 女娲氏都于中皇之陂，是为女皇。

【流传】河南省·（三门峡市）·阌乡县（灵宝市）

【出处】［清］刘思恕、汪鼎臣：《阌乡县志》引《通鉴》。

W0713. 10. 5
女娲是裁决者

实 例

（参见下级母题实例）

W0713. 10. 5. 1
女娲是理老

实 例

汉族 很古的时候，神仙和鬼怪常常打得头破血流。有个叫女娲的女神，理儿评得很公正，一天到晚，总有神仙和鬼怪来找她评理儿。

【流传】河南省·安阳市·安阳县·磊口乡·目明村

【出处】赵庆士（农民）讲，左兵采录：《女娲造人（四）》（原名《下雨时为啥起黑云》），见张振犁编著《中原神话通鉴》（第一卷），郑州：河南大学出版社 2017 年版，第 169 页。

W0713. 10. 6
女娲是爬虫

实 例

（参见下级母题实例）

W0713. 10. 6. 1
女娲娘娘是人头蛇身的大爬虫

实 例

汉族 开天辟地后，地上长出的女娲娘娘是一个人头蛇身的大爬虫。

【流传】湖北·（荆门市）·京山县

【出处】程正福讲，高式儒采录：《人是泥巴捏的》，原载《京山民间故事》，见陶阳、钟秀编《中国神话》（上），北京：商务印书馆 2008 年版，第 323 页。

W0714
女娲的能力（女娲的职能，女娲的事迹）

实 例

（参见下级母题实例）

W0714. 1
女娲会变化（女娲变形）

实 例

（参见下级母题实例）

W0714.1.1
女娲变成伏羲

实 例

（参见下级母题实例）

W0714.1.1.1
女娲看到伏羲后变成伏羲的样子

实 例

汉族 水池中出现了一个大蛙，即"女娲"看到池子边大脚印中的伏羲后，就变成伏羲的样子。

【流传】甘肃省·（平凉市）·静宁县·李店乡·店子村

【出处】李俊源讲，王知三搜集整理：《伏羲降生》，见静宁县民间文学三套集成编辑组编《中国民间故事集成甘肃卷·静宁民间故事》，内部编印，1989年，第9页。

W0714.1.2
女娲一日七十变（女娲七十化）

实 例

汉族 "女娲有体，孰制匠之?"王逸注："传言女娲人头蛇身，一日七十化。"

【流传】（无考）

【出处】［战国］屈原：《楚辞·天问》，［东汉］王逸注。

汉族 女娲，古神女而帝者，人面蛇身，一日中七十变。

【流传】（无考）

【出处】［战国至汉］撰者不详：《山海经·大荒西经》。

汉族 黄帝生阴阳，上骈生耳目，桑林生臂手：此女娲所以七十化也。

【流传】（无考）

【出处】［西汉］淮南王刘安及门客：《淮南子·说林训》。

汉族 黄帝生阴阳，上骈生耳目，桑林生臂手，此女娲所以七十化也。

【流传】（无考）

【出处】袁珂：《中国神话大词典》引《淮南子·说林》，北京：华夏出版社2015年版，第2页。

汉族 女娲一天当中能够变化七十次。

【流传】（无考）

【出处】《女娲创造人类》，原载袁珂编译《中国神话故事》，见陶阳、钟秀编《中国神话》（上），北京：商务印书馆2008年版，第317～319页。

W0714.1.2.1
女娲一天中能变化七十几次

实 例

汉族 天神女娲，神通非常广大，据说一天当中就能变化七十几次。

【流传】河南省·濮阳市

【出处】田聚常采录：《女娲造人（六）》，见张振犁编著《中原神话通鉴》（第一卷），郑州：河南大学出版社 2017 年版，第 175 页。

W0714. 1. 3

女娲之肠化为神

实 例

（参见下级母题实例）

W0714. 1. 3. 1

女娲之肠化为 10 个神

实 例

汉族 有神十人，名曰女娲之肠。

【流传】（无考）

【出处】［战国至汉］撰者不详：《山海经·大荒西经》。

W0714. 1. 3. 2

女娲之肠

实 例

（参见下级母题实例）

W0714. 1. 3. 2. 1

女娲之肠即女娲之腹

实 例

汉族 《大荒西经》女娲之肠或作女娲之腹，亦其例。

【流传】（无考）

【出处】［战国至汉］撰者不详：《山海经·中次四经》郝懿行注。

W0714. 1. 4

女娲化身美女

实 例

（参见下级母题实例）

W0714. 1. 4. 1

女娲娘娘补天后变成漂亮的石矶娘娘

实 例

汉族 女娲娘娘补天后变成一个漂漂亮亮的妇人，即后来人们常说的石矶娘娘。

【流传】 湖南省·（娄底市）·涟源市·太和乡（杨市镇）·太和村

【出处】 邓龙生讲，姚永放采录：《女娲补天造人》，见中国民间文学集成全国编辑委员会编《中国民间故事集成》（湖南卷），北京：中国 ISBN 中心 2002 年版，第 22 页。

W0714. 2

女娲助人

【关联】［W1386. 2］女娲补天

实 例

（参见下级母题实例）

W0714. 2. 1

女娲救助人类

实 例

（参见下级母题实例）

W0714.2.1.1
女娲偷偷给人送粮米

实 例

汉族 女娲原名叫天女。天女在未补天前，住在一个山洞里，经常到人间，为人民分忧解难，利用自己的神力帮助群众，偷偷地送去米粮。

【流传】河南省·驻马店市（驻马店东部一带）

【出处】郭中（87岁，农民，私塾）讲，郭运民采录整理：《女娲名字的由来》（1989.09），见张振犁编著《中原神话通鉴》（第一卷），郑州：河南大学出版社2017年版，第143页。

W0714.2.2
女娲助战

实 例

（参见下级母题实例）

W0714.2.2.1
女娲向颛顼传授剑法

实 例

汉族 颛顼求助女娲降服黄水怪时，女娲深明大义，不顾违犯天规，偷去天王宝剑交给颛顼，并给他传授剑法。

【流传】河南省·（安阳市）·内黄县·（梁庄乡·三杨庄）

【出处】寇四妮（男，60岁，农民，小学）讲，张毅力采录：《二帝陵和硝河的传说》（1986.07.12），见张振犁编著，孟宪明、朱淑君统纂《中原神话通鉴》（第三卷），郑州：河南大学出版社2017年版，第948页。

W0714.3
女娲降妖除怪

实 例

（参见下级母题实例）

W0714.3.1
女娲斗龙

【关联】［W8880］斗龙

实 例

汉族 颛顼上天找女娲娘娘帮忙斗黄水怪。

【流传】河南省·（安阳市）·内黄县·梁庄乡·三杨庄

【出处】寇四妮讲，张毅力采录：《颛顼降水怪》，见中国民间文学集成全国编辑委员会编《中国民间故事集成》（河南卷），北京：中国ISBN中心2001年版，第40页。

W0714.3.1.1
女娲战怪龙

实 例

藏族 女娲先去制服怪龙，与怪龙恶战了三天三夜，最后打败了怪龙。

【流传】

(a) 云南省·(迪庆藏族自治州)·中甸县(香格里拉县)。

(b) 云南省·(迪庆藏族自治州)·中甸县(香格里拉县)·(尼西乡)·汤美村(汤满村)

【出处】

(a) 马祥龙采录,谷子等整理:《女娲娘娘》,见中国民间文学集成全国编辑委员会编《中国民间故事集成》(云南卷),北京:中国 ISBN 中心 2003 年版,第 67 页。

(b) 马祥龙记录:《女娲娘娘补天》,见谷德明编《中国少数民族神话》,北京:中国民间文艺出版社 1987 年版,第 699 页。

W0714. 3. 2

女娲斗妖

实 例

汉族 (参见“W0714. 3. 1 女娲斗龙”母题实例)

W0714. 4

与女娲事迹有关的其他母题

【关联】

① [W0680. 2. 0. 6] 女娲用泥捏出伏羲兄妹

② [W1104. 2] 女娲造天地

③ [W1545. 2a. 1. 2] 女娲的双乳变成日月

实 例

仡佬族 布什格布比密制天地时,天被绷破。女娲炼石补天,始弥缝之。

【流传】(无考)

【出处】袁珂改编:《布什格布比密制天地》(原名《制天地》),原载毛星主编《中国少数民族文学》(中册),见袁珂《中国神话大词典》,北京:华夏出版社 2015 年版,第 572 页。

W0714. 4. 1

女娲力气惊人

实 例

毛南族 (实例待考)

W0714. 4. 2

女娲开天辟地

实 例

汉族 女娲是个开天辟地的女神。

【流传】浙江省·舟山市·定海区·干览乡(干览镇)·南岙村

【出处】顾阿登讲,林胜强采录:《女娲造天地》,见中国民间文学集成全国编辑委员会编《中国民间故事集成》(浙江卷),北京:中国 ISBN 中心 1997 年版,第 17 页。

W0714. 4. 3

女娲上天(女娲回天)

【关联】[W0711. 1. 2] 女娲下凡

实 例

(参见下级母题实例)

W0714.4.3.1
女娲人日上天交差

实 例

汉族 女娲落凡七日，第七天是人日，女娲上天去交差。

【流传】山西省·（阳泉市）·平定县·（锁簧镇）·东锁簧村

【出处】朱翠兰讲，冯富国采录：《兄妹神婚与东西磨山》，见中国民间文学集成全国编辑委员会编《中国民间故事集成》（山西卷），北京：中国ISBN中心1999年版，第12页。

W0714.4.3.2
女娲补好天后回到天上

实 例

汉族 女娲补好天以后，就回天上去了。

【流传】河南省·安阳市

【出处】赵德崇讲：《女娲占地的传说》，见张振犁编著《中原神话通鉴》（第一卷），郑州：河南大学出版社2017年版，第207页。

W0714.4.4
女娲造箭

实 例

（参见下级母题实例）

W0714.4.4.1
女娲炼出一支神箭

实 例

汉族 女娲炼出一支神箭。

【流传】甘肃省·（天水市）·张家川（张家川回族自治县）·太阳乡·侯吴村

【出处】阎进存讲，杨根荣采录：《女娲射鹰补天》，见中国民间文学集成全国编辑委员会编《中国民间故事集成》（甘肃卷），北京：中国ISBN中心2001年版，第7页。

W0714.4.5
女娲福荫子孙

实 例

（参见下级母题实例）

W0714.4.5.1
女娲补天福荫子孙

【关联】［W1386.2］女娲补天

实 例

汉族 天神女娲为了挽救子孙，站在大地中央，四周一看，想了个补天的好办法。她在山上拣了好多五色石，炼成石浆，把天上的窟窿又补住了。

【流传】河南省·（南阳市）·南召县太山庙乡、留山一带

【出处】诸虎臣（男，73岁，农民，私塾）讲，乔明宪采录：《春夏秋冬的

来历》（1986.09），见张振犁编著，孟宪明、朱淑君统纂《中原神话通鉴》（第三卷），郑州：河南大学出版社 2017 年版，第 765 页。

W0714.4.6

女娲拯救人类

实 例

汉族 妹妹女娲见哥哥患得“忧天症”而死，再看看黎民百姓在水深火热中受煎熬，决心拯救人类。她不畏艰难险阻，远上昆仑山上，采捡五色石子，修炉筑灶，熔炼七七四十九年，终于熔炼成了五色彩云和一柄阴阳斩妖除魔剑，而且自己也修炼成了一位法力无边的女神，她用五色彩云以补苍天，用阴阳斩妖除魔剑，断鳌足以立四极，杀黑龙以济神州，积芦灰以止淫水，使天下重现光明。

【流传】河南省·（开封市）·杞县

【出处】李少白（大学历史系讲师）讲，李国富采录整理：《杞人忧天（二）》，见张振犁编著《中原神话通鉴》（第一卷），郑州：河南大学出版社 2017 年版，第 162 页。

W0714.4.6.1

女娲为补天献身

实 例

汉族 女娲娘娘补天，天被补严，万民得救了，女娲娘娘也累死了。

【流传】河南省·（驻马店市）·确山县［采录地点：盘龙镇］

【出处】杨永兴（85 岁，私塾，小学教师）讲，杨建军采录：《刮东北风为啥冷》（1987.03），见张振犁编著《中原神话通鉴》（第一卷），郑州：河南大学出版社 2017 年版，第 147～148 页。

W0714.4.7

女娲移山

实 例

（参见下级母题实例）

W0714.4.7.1

娲皇奶奶移山疏河

实 例

汉族 山挡住河水，娲皇奶奶左手推着山背，右手掀着山脚，就像掀碾磙似的要把大山掀翻过去。眼看看那大山欠着身子要跌过去了，这时候，河神正好从这儿走过。因怕大山跌倒，阻断了漳河，就赶紧上前把山扶住。

【流传】河南省·安阳市

【出处】陈水旺讲：《女娲移山的传说》，见张振犁编著《中原神话通鉴》（第一卷），郑州：河南大学出版社 2017 年版，第 205～206 页。

W0714.4.8

女娲显灵

实 例

（参见下级母题实例）

W0714.4.8.1

女娲显灵退匪类

实 例

汉族 土匪来攻时，人们在夜里看见思都岗城上灯笼一个挨一个。人们知道是女娲在思都岗显灵。

【流传】 河南省·（周口市）·西华县［采录地点：西华县思都岗龙泉寺内］

【出处】 张慎重（72岁，农民，私塾）讲，张振犁、程健君录音：《女娲显灵》（1983.11.03），见张振犁编著《中原神话通鉴》（第一卷），郑州：河南大学出版社2017年版，第204～205页。

W0714.4.8.2

女娲显灵退河水

实 例

汉族 黄水不淹女娲城，头天黄水还没底儿，第二天水就没有了。外边人都说是女娲显灵了。

【流传】 河南省·（周口市）·西华县

【出处】 张慎重（72岁，农民）讲，张振犁、程健君录音：《思都岗（女娲城）》（1983.11.03），见张振犁编著《中原神话通鉴》（第一卷），郑州：河南大学出版社2017年版，第202页。

W0714.4.9

女娲无所不知

实 例

（参见下级母题实例）

W0714.4.9.1

女娲明白天下事

实 例

汉族 女娲明白天下事。

【流传】 河南省·（周口市）·淮阳县

【出处】 《子孙窑》，见张振犁编著《中原神话通鉴》（第一卷），郑州：河南大学出版社2017年版，第278页。

W0714.4.10

女娲送子

实 例

（参见下级母题实例）

W0714.4.10.1

女娲为摸子孙窑的人送子

实 例

汉族 太昊陵显仁殿东北殿廊下，有一青石，青石上有一个窟窿窑儿，名叫子孙窑儿，你轻轻摸一下，女娲便知道了，明年一定送你个儿子。

【流传】 河南省·（周口市）·淮阳县

【出处】 《子孙窑》，见张振犁编著《中原神话通鉴》（第一卷），郑州：河南大学出版社2017年版，第278页。

W0714.4.11

女娲发明姓氏

【关联】 ［W6820］姓氏的产生

实 例

（参见下级母题实例）

W0714. 4. 11. 1

女娲正姓氏

实 例

汉族 （参见“W0717. 4. 5. 6 女皇氏炮蜗，云姓”母题实例）

W0714. 4. 12

女娲治世

实 例

（参见下级母题实例）

W0714. 4. 12. 1

女娲氏承庖羲制度

实 例

汉族 女娲氏，风姓，承庖羲制度，始作笙簧。

【流传】（无考）

【出处】［西晋］皇甫谧：《帝王世纪》。

W0714. 4. 13

女娲制定婚育制度

【关联】［W7001］婚姻的产生

实 例

汉族 女娲氏本领非凡，她规定了结婚生孩子的制度，使人类一代一代传下来。

【流传】江苏省·（淮安市）·涟水县·南集乡·禹庄村

【出处】徐学尧讲，徐省生搜集整理：《世界的由来》（1983），见姚宝瑄主编《中国各民族神话》（汉族），太原：山西出版传媒集团·书海出版社 2014 年版，第 24～28 页。

W0715

女娲的关系

实 例

（参见下级母题实例）

W0715. 1

女娲的族属

实 例

（参见下级母题实例）

W0715. 1. 1

女娲属于蛇族

【关联】［W5272. 10］蛇氏族

实 例

（参见下级母题实例）

W0715. 1. 1. 1

女娲原来属于海上的蛇族

实 例

汉族 女娲原来属于海上的蛇族。

【流传】广东省·湛江市·霞山区

【出处】林轩讲，林茂森采录：《女娲与海龟》，见中国民间文学集成全国编辑委员会编《中国民间故事集成》

（广东卷），北京：中国 ISBN 中心 2006 年版，第 4 页。

W0715.2

女娲的祖先

实 例

（参见下级母题实例）

W0715.2.1

女娲是盘古的后代

【关联】

① ［W0725］盘古的关系

② ［W0725.5.3.1］盘古的后代女娲

实 例

汉族 女娲是开天辟地的盘古的后代。

【流传】 湖南省·（娄底市）·涟源市

【出处】 邓龙生讲：《女娲补天》，见中国民间文学集成全国编辑委员会编《中国民间故事集成》（湖南卷），北京：中国 ISBN 中心 2002 年版，第 21－22 页。

W0715.3

女娲的父母[①]

【关联】［W0711.3.4］女娲是王母娘娘的女儿

实 例

（参见下级母题实例）

W0715.3.0

女娲没有父母

实 例

汉族 （实例待考）

W0715.3.1

女娲的父母是一对老夫妻

实 例

（参见下级母题实例）

W0715.3.1.1

女娲的父母是杞国的一对老夫老妻

实 例

汉族 居住在杞国的一对老夫老妻，膝下有一双儿女。老大是男孩，乳名叫气人，老二是女孩，取名叫女娲。

【流传】 河南省·（开封市）·杞县

【出处】 李少白（大学历史系讲师）讲，李国富采录整理：《杞人忧天（二）》，见张振犁编著《中原神话通鉴》（第一卷），郑州：河南大学出版

---

① 女娲的父母，该母题是一个难以简单界定整齐划一的问题。在不同的神话叙事中所出现的“女娲”身份差异很大，有的是创世女神形象，有的是文化英雄，比较常见的则是洪水、天灾等人类大灾难之后的幸存者和人类再生的繁衍者，因此，“女娲的父母”母题中的“父母”会表现出一些几乎找不出直接联系的多元性。具体情况参见《中国神话人物母题数据索引》。

社2017年版，第162页。

W0715.3.2

女娲的母亲是西王母

实 例

（参见下级母题实例）

W0715.3.2.1

女娲是王母娘娘最小的女儿

【关联】［W0711.3.4］王母娘娘生女娲

实 例

汉族 女娲是王母娘娘的最小的女儿。

【流传】 湖南省·（永州市）·冷水滩市（冷水滩区）

【出处】 胡惠青讲，李德位采录：《女娲造人》，见中国民间文学集成全国编辑委员会编《中国民间故事集成》（湖南卷），北京：中国ISBN中心2002年版，第22页。

W0715.3.3

女娲是老天爷的女儿（女娲是玉皇大帝的女儿）

实 例

汉族 女娲是老天爷的女儿。

【流传】 河北省·秦皇岛市·抚宁县·（留守营镇）·宋庄乡（宋庄村）

【出处】 孙本营讲：《女娲造人》，见秦皇岛市抚宁县三套集成办公室编《抚宁民间故事卷》第1集，内部编印，1987年，第18~19页。

W0715.3.3.1

老天爷的2儿1女是神农、伏羲和女娲

实 例

汉族 （参见“W0715.4.3.1 女娲的两个哥哥神农、伏羲”母题实例）

W0715.3.4

女娲是伏羲的女儿

【关联】

①［W0675］伏羲

②［W0713.9.1］女娲是伏羲的辅佐者

实 例

（参见下级母题实例）

W0715.3.4.1

女娲氏是伏羲帝的女儿

实 例

汉族 女娲氏是伏羲帝的女儿。

【流传】 山东省·济南市·（槐荫区）·经七路办事处

【出处】 宋汉南讲，刘恩芳采录：《女娲补天》，见中国民间文学集成全国编辑委员会编《中国民间故事集成》（山东卷），北京：中国ISBN中心2007年版，第4页。

W0715.3.4.2

女娲是伏羲帝的女儿

实　例

汉族 女娲是伏羲帝的女儿。

【流传】山东省·济南市

【出处】宋汉南讲：《女娲补天》，见中国民间文学集成全国编辑委员会编《中国民间故事集成》（山东卷），北京：中国 ISBN 中心 2007 年版，第 4～5 页。

W0715.3.5

女娲是首领的女儿

实　例

（参见下级母题实例）

W0715.3.5.1

女娲是中天镇首领的女儿

实　例

汉族 古时候，河南杞县叫中天镇，其首领有 4 个孩子，分别是共工、视融、气人、女娲。

【流传】河南省·（开封市）·杞县·柿园乡

【出处】尹守礼讲：《女娲炼石补天》，见中国民间文学集成全国编辑委员会编《中国民间故事集成》（河南卷），北京：中国 ISBN 中心 2001 年版，第 18 页。

汉族 以前天地的中心有个中天镇。镇首有个女儿叫女娲。

【流传】河南省·（开封市）·杞县

【出处】王怀聚讲，王宪明搜集整理：《杞人忧天》，见姚宝瑄主编《中国各民族神话》（汉族），太原：山西出版传媒集团·书海出版社 2014 年版，第 75～77 页。

汉族 中天镇镇首的女儿女娲炼五色石补住了天空。

【流传】河南省·（开封市）·杞县·邢口乡·何寨村［采录地点：杞县·苏木乡·苏木村］

【出处】何萍的外祖父讲，何萍采录整理：《杞人忧天的传说》（1986），见张振犁编著《中原神话通鉴》（第一卷），郑州：河南大学出版社 2017 年版，第 163 页。

W0715.3.6

女娲是管地者的女儿

实　例

汉族 （实例待考）

W0715.3.7

与女娲的父母有关的其他母题

实　例

（参见下级母题实例）

W0715.3.7.1

女娲的母亲华胥

【关联】［W0711.3.3］华胥生女娲

实 例

汉族 华胥生男子为伏羲，女子为女娲。

【流传】（无考）

【出处】［清］梁玉绳：《汉书人表考》卷二引《春秋世谱》。

W0715. 4

女娲的哥哥（女娲兄妹）

【关联】

①［W0680. 2. 1］伏羲女娲是双胞胎

②［W0680. 2. 2］伏羲女娲是兄妹（伏羲女娲兄妹）

实 例

（参见下级母题实例）

W0715. 4. 1

女娲盘古是兄妹

实 例

（参见下级母题实例）

W0715. 4. 1. 1

女娲是盘古的妹妹（女娲的哥哥盘古）

【关联】［W0725. 2. 1. 1］盘古的妹妹女娲

实 例

汉族 盘古女娲兄妹二人，女娲是妹妹。

【流传】湖南省·常德县（常德市）·（鼎城区）·灌溪乡（灌溪镇）·中兴桥村

【出处】唐万顺讲，唐孟元采录：《女娲补天造人》，见中国民间文学集成全国编辑委员会编《中国民间故事集成》（湖南卷），北京：中国 ISBN 中心 2002 年版，第 22 页。

W0715. 4. 2

女娲的哥哥是海龟

实 例

（参见下级母题实例）

W0715. 4. 2. 1

女娲支天砍断哥哥的手足后哥哥变成海龟

实 例

汉族 女娲为支天砍断哥哥的手足，哥哥变成大海里的乌龟。

【流传】广东省·湛江市·霞山区

【出处】林轩讲，林茂森采录：《女娲与海龟》，见中国民间文学集成全国编辑委员会编《中国民间故事集成》（广东卷），北京：中国 ISBN 中心 2006 年版，第 4 页。

W0715. 4. 3

神农、伏羲与女娲是兄妹

实 例

（参见下级母题实例）

W0715.4.3.1

女娲的两个哥哥神农、伏羲

实 例

汉族 老天爷有2男1女，两个哥哥是神农、伏羲，妹妹是女娲。

【流传】河北省·秦皇岛市·抚宁县·(留守营镇)·宋庄乡(宋庄村)

【出处】孙本营讲：《女娲造人》，见秦皇岛市抚宁县三套集成办公室编《抚宁民间故事卷》第1集，内部编印，1987年，第18~19页。

W0715.4.3.2

女娲是伏羲的妹妹

【关联】[W0680.2.2] 伏羲女娲是兄妹(伏羲女娲兄妹)

实 例

汉族 女娲，伏羲之妹，祷神祇，置婚姻，合夫妇也。

【流传】(无考)

【出处】[东汉] 应劭：《风俗通义·佚文》引《北山录注解·天地始》第一。

汉族 女娲，伏希(羲)之妹。

【流传】(无考)

【出处】[南宋] 罗泌：《路史·后纪二》引《风俗通》。

W0715.4.4

与女娲兄妹有关的其他母题

实 例

(参见下级母题实例)

W0715.4.4.1

伏羲、女娲、祝融与共工是四兄妹

实 例

汉族 女娲与共工、祝融、气人是四兄妹。

【流传】河南省·(开封市)·杞县·柿园乡·黑木村

【出处】尹守礼讲，王怀聚采录：《女娲炼石补天》，见中国民间文学集成全国编辑委员会编《中国民间故事集成》(河南卷)，北京：中国ISBN中心2001年版，第17页。

W0715.4.4.2

女娲与共工、祝融、气人是四兄妹

实 例

(参见下级母题实例)

W0715.4.4.2.1

女娲的大哥共工，二哥祝融，三哥气人

实 例

汉族 以前，中天镇人口稠密，每平方丈里就有十个人生活。那时候，人的个子矮得可怜，还没有半尺高。但中天镇镇首的几个孩子却与人家不一样，身高都超过三丈一，他的大儿子

叫共工，二儿子叫祝融，三儿子叫气人，闺女叫女娲。

【流传】河南省·（开封市）·杞县

【出处】尹守礼（农民）讲，王怀聚采录整理：《杞人忧天（一）》，见张振犁编著《中原神话通鉴》（第一卷），郑州：河南大学出版社 2017 年版，第 158 页。

W0715. 4. 4. 2a

女娲与共工、祝融、杞人四兄妹

实 例

汉族 以前天地的中心有个中天镇。镇首的大儿子叫共工，二儿子叫祝融，三儿叫杞人，另外还有个闺女叫女娲。

【流传】河南省·（开封市）·杞县

【出处】王怀聚讲，王宪明搜集整理：《杞人忧天》，见姚宝瑄主编《中国各民族神话》（汉族），太原：山西出版传媒集团·书海出版社 2014 年版，第 75 ~77 页。

W0715. 4. 4. 3

宇宙初开时，女娲兄妹成婚

实 例

汉族 宇宙初开时，女娲兄妹二人结为夫妻。

【流传】（无考）

【出处】［唐］李冗：《独异志》卷下。

W0715. 4. 4. 4

女娲的哥哥叫“气人”

实 例

汉族 居住在杞国的一对老夫老妻，膝下有一双儿女。老大是男孩，乳名叫气人，老二是女孩，取名叫女娲，气人虽然长得五大三粗，性情暴躁，但是他胆小好哭，遇见个不值当的事物都非常惧怕。

【流传】河南省·（开封市）·杞县

【出处】李少白（大学历史系讲师）讲，李国富采录整理：《杞人忧天（二）》，见张振犁编著《中原神话通鉴》（第一卷），郑州：河南大学出版社 2017 年版，第 162 页。

W0715. 4. 4. 5

女娲氏与天皇氏、地皇氏是三兄妹

实 例

汉族 天皇氏、地皇氏和女娲氏是三兄妹。

【流传】浙江省·舟山市·（定海区·岑港镇）·烟墩（烟墩村）、马目（马目村）一带

【出处】张友夫讲，于海辰、林海峰记录整理：《兄妹分天地》（1987. 05. 15），见姚宝瑄主编《中国各民族神话》（汉族），太原：山西出版传媒集团·书海出版社 2014 年版，第 38 ~39 页。

W0715.5

女娲的弟弟

实 例

（参见下级母题实例）

W0715.5.1

洪水后只剩下女娲和弟弟

实 例

汉族 洪水后，女娲和弟弟成婚。

【流传】 河南省·（信阳市）·信阳县·柳林乡

【出处】 丁广友讲：《姐弟成婚》，见中国民间文学集成全国编辑委员会编《中国民间故事集成》（河南卷），北京：中国ISBN中心2001年版，第15～16页。

W0715.5.2

女娲的弟弟伏羲

实 例

汉族 伏羲的姐姐叫女娲。

【流传】 河南省·（周口市）·沈丘县·范营乡·董楼村

【出处】 刘玉英（女，71岁，农民，不识字）讲，孔祥金采录：《姐弟成婚》（1987.09），见张振犁编著《中原神话通鉴》（第一卷），郑州：河南大学出版社2017年版，第329页。

W0715.5.3

女娲的弟弟太昊

实 例

（参见下级母题实例）

W0715.5.3.1

太昊是女娲氏的同母弟

实 例

汉族 女娲氏，弟太昊，同母弟，正婚姻，为神媒。

【流传】 河南省·（三门峡市）·阌乡县（灵宝市）

【出处】 ［清］刘思恕、汪鼎臣：《阌乡县志》引《通鉴》。

W0715.6

女娲的姐妹

实 例

（实例待考）

W0715.7

女娲的多个同胞

实 例

（实例待考）

W0715.8

女娲的丈夫

【关联】

①［W0682.1.1］伏羲女娲婚

②［W0716］女娲的婚姻

③［W0725. 4. 1］盘古的妻子女娲（盘古女娲是夫妻）

实 例

（参见下级母题实例）

W0715. 8. 1

女娲的丈夫盘古

实 例

汉族 补天的女娲与开天的盘古成亲。

【流传】浙江省·（金华市）·兰溪市·城关（兰江街道）

【出处】王阿英讲，蔡斌采录：《女娲补天》，见中国民间文学集成全国编辑委员会编《中国民间故事集成》（浙江卷），北京：中国 ISBN 中心 1997 年版，第 16 页。

W0715. 8. 2

女娲的丈夫伏羲

实 例

汉族 洪水后，伏羲女娲兄妹成婚繁衍人类。

【流传】河北省·邯郸（邯郸市）·涉县

【出处】《女娲治世》，见中国民间文学集成全国编辑委员会编《中国民间故事集成》（河北卷），北京：中国 ISBN 中心 2003 年版，第 24 页。

W0715. 8. 3

女娲的丈夫香山老祖

实 例

汉族 女娲和香山老祖兄妹成婚。

【流传】四川省

【出处】《女娲娘娘和香山老祖》，见杨利慧《女娲的神话及其信仰》，博士学位论文，北京师范大学，1993 年。

W0715. 8. 4

女娲的丈夫后羿

实 例

（参见下级母题实例）

W0715. 8. 4. 1

女娲与后羿是夫妻

实 例

汉族 女娲看着造出的成双成对的儿孙们，心里又高兴又羡慕，慢慢就起了凡心，她就和力神后羿结了婚，住到了安阳县西面的清凉山上。

【流传】河南省·安阳市·安阳县·磊口乡·目明村

【出处】赵庆士（农民）讲，左兵采录：《女娲造人（四）》（原名《下雨时为啥起黑云》），见张振犁编著《中原神话通鉴》（第一卷），郑州：河南大学出版社 2017 年版，第 170 页。

W0715.9

女娲的子女（女娲的后代，女娲的子孙）

【关联】

①［W0743.2］炎帝是女娲之女

②［W0791.1］太上老君是女娲的儿子

实 例

（参见下级母题实例）

W0715.9.1

女娲有稻、黍、麦、菽、麻5个儿子

实 例

汉族 女娲圣母有稻、黍、麦、菽、麻5个儿子。

【流传】河南省

【出处】杨东来搜集：《五谷的来历》，见张楚北《中原神话》，郑州：海燕出版社1988年版，第43页。

汉族 女娲圣母把她五个儿子给稷做侍从。女娲圣母给稷做侍从的五个儿子名叫稻、黍、麦、菽、麻。

【流传】中原一带

【出处】杨东来记录整理：《五谷的来历》，见姚宝瑄主编《中国各民族神话》（汉族），太原：山西出版传媒集团·书海出版社2014年版，第388～390页。

汉族 女娲让她的五个儿子名稻、黍、麦、菽、麻给寻找粮种的稷做侍从。

【流传】（无考）

【出处】

（a）田春元讲，杨东来搜集整理：《五谷的来历》，载《民间文学》1984年第7期。

（b）同（a），见陶阳、钟秀编《中国神话》（下），北京：商务印书馆2008年版，第1143～1145页。

W0715.9.1.1

女娲圣母的稻、黍、麦、菽、麻5个儿子是稷的侍从

实 例

汉族 女娲圣母让她的五个儿子给寻找粮种的稷做侍从。这五个儿子叫稻、黍、麦、菽、麻。

【流传】河南省·新乡市［采录地点：新乡县·古固寨］

【出处】马如心（50岁，农民）讲，马安中采录：《五谷的来历》（1986.08），见张振犁编著《中原神话通鉴》（第一卷），郑州：河南大学出版社2017年版，第192页。

W0715.9.2

女娲有稻、黍、麦、豆、麻5个儿子

实 例

汉族 女娲圣母的五个儿子名叫稻、黍、麦、豆、麻。

【流传】河南省·（濮阳市）·范县·

王楼乡

【出处】王惠如（60岁，中师）讲，崔金钊采录：《五谷的来历》（1990. 03. 15），见张振犁编著《中原神话通鉴》（第一卷），郑州：河南大学出版社2017年版，第193页。

W0715. 9. 2a
女娲的女儿宓妃

【关联】［W0680. 5. 3. 2］伏羲氏的女儿宓妃

实　例

汉族 女娲补罢天死了，她女儿宓妃很想她。

【流传】河南省·（周口市）·淮阳县·城关

【出处】张大娘（85岁，农民，不识字）讲，杨复俊采录：《担经挑的来历》（1985. 03），见张振犁编著《中原神话通鉴》（第一卷），郑州：河南大学出版社2017年版，第269页。

W0715. 9. 3
地上的人都是女娲的孩子

实　例

藏族 女娲让造的孩子们婚后各奔东西，不知过了多少年，大地上便到处都是人了。当他们见到女娲时，都亲热地叫她“妈妈”或“奶奶”。

【流传】云南省·迪庆藏族自治州

【出处】马龙祥、李子贤搜集整理：《女娲娘娘》，载《民间文学》1985年第4期。

W0715. 10
女娲的上司

实　例

（参见下级母题实例）

W0715. 10. 1
女娲听命伏羲

实　例

（参见下级母题实例）

W0715. 10. 1. 1
女娲辅佐伏羲治理天下

【关联】［W0680. 6. 2. 1］伏羲的辅佐女娲

实　例

汉族 女娲是辅佐伏羲治理天下的人。

【流传】河南省·（南阳市）·桐柏县

【出处】《伏羲女娲兄妹结婚》，见么书仪选注《神话传说三百篇》，大连：大连出版社1999年版，第16～19页。

W0715. 10. 2
女娲少佐太昊

实　例

汉族 （参见“W0717. 4. 5. 6　女皇氏媪蜗，云姓”母题实例）

W0715.11

女娲的师傅

实 例

（参见下级母题实例）

W0715.11.1

女娲是太昊氏之女弟

实 例

汉族 “女娲作笙簧。”张澍注：“女娲，太昊氏之女弟。”

【流传】（无考）

【出处】［先秦］史官修撰：《世本·作篇》张澍注。

汉族 女皇氏媧蜗，云姓，一曰女布。太昊氏之女弟。

【流传】（无考）

【出处】［宋］罗泌：《路史·太昊纪》。

W0715.12

女娲的从属

实 例

（参见下级母题实例）

W0715.12.1

女娲的助手

实 例

（参见下级母题实例）

W0715.12.2

女娲的手下

实 例

（参见下级母题实例）

W0715.12.2.1

神女是女娲的手下

实 例

汉族 女娲把人造好后，人也不吃不喝，闲居无事。一天，女娲对手下俩神女说如此如此这么去办。

【流传】河南省·（南阳市）·西峡县［采录地点：西峡县五里桥乡封店村］

【出处】刘道灵（男，80岁，汉族，初小毕业，工人）讲，刘银芳（男，24岁，汉族，高中毕业，农民）采录：《一日三餐的传说》（1986.04），见张振犁编著，孟宪明、朱淑君统纂《中原神话通鉴》（第四卷），郑州：河南大学出版社2017年版，第1282页。

W0715.12.3

女娲的臣下

实 例

（参见下级母题实例）

W0715.12.3.1

女娲臣娥陵氏

实 例

汉族 女娲氏命娥陵氏制都良管。

【流传】（无考）

【出处】［先秦］史官修撰：《世本·帝系篇》。

W0715. 13
与女娲的关系有关的其他母题

实 例

（参见下级母题实例）

W0715. 13. 1
女娲的继位者

实 例

（参见下级母题实例）

W0715. 13. 1. 1
大庭氏继位女娲氏

实 例

汉族 女娲氏没，大庭氏王有天下，五凤异色。

【流传】（无考）

【出处】［北宋］李昉、李穆、徐铉等：《太平御览》卷七八引《遁甲开山图》。

W0716
女娲的婚姻

实 例

（参见下级母题实例）

W0716. 1
女娲和哥哥婚

【关联】［W0682. 2. 1］伏羲女娲兄妹婚

实 例

（参见下级母题实例）

W0716. 1. 1
女娲与香山老祖兄妹婚

实 例

汉族 女娲和香山老祖兄妹成婚。

【流传】四川省

【出处】《女娲娘娘和香山老祖》，见杨利慧《女娲的神话及其信仰》，博士学位论文，北京师范大学，1993 年。

W0716. 2
女娲和弟弟成婚

实 例

汉族 （实例待考）

W0716. 3
女娲与盘古婚

【关联】［W0715. 11. 2］女娲与盘古的关系

实 例

汉族 女娲把天空补好，就和盘古成亲了。

【流传】浙江省·（金华市）·兰溪市

【出处】王阿英讲，蔡斌搜集整理：《女娲补天空》，见姚宝瑄主编《中国各民族神话》（汉族），太原：山西出版传媒集团·书海出版社 2014 年版，第 44～45 页。

W0716.3.1

女娲补好天与盘古婚

【关联】［W0725.4.1］盘古的妻子女娲（盘古女娲是夫妻）

实 例

汉族 女娲把天空补好，就和盘古成亲了。

【流传】浙江省·（金华市）·兰溪市

【出处】王阿英讲，蔡斌搜集整理：《女娲补天空》，见姚宝瑄主编《中国各民族神话》（汉族），太原：山西出版传媒集团·书海出版社 2014 年版，第 44～45 页。

W0716.4

与女娲的婚姻有关的其他母题

【关联】［W0682.1.1］伏羲女娲婚

实 例

（参见下级母题实例）

W0716.4.1

女娲伏义成婚

实 例

汉族 女娲伏义成婚。

【流传】河北省

【出处】《百家姓的传说》，杨利慧《女娲的神话及其信仰》，博士学位论文，北京师范大学，1993 年。

W0717

与女娲有关的其他母题

实 例

（参见下级母题实例）

W0717.1

女娲的饮食

实 例

（参见下级母题实例）

W0717.1.1

女娲饭量巨大

【关联】［W0656.4］祖先饭量巨大

实 例

（参见下级母题实例）

W0717.1.1.1

女娲吃十只老虎，百只小兔，三千条大活鱼

实 例

汉族 女娲补天后回到山洞里去，吃完了十只老虎，一百只小兔，三千条大活鱼。

【流传】湖南省·常德县（常德市）·（鼎城区）·灌溪乡（灌溪镇）·中兴桥村

【出处】唐万顺讲，唐孟元采录：《女娲补天造人》，见中国民间文学集成全国编辑委员会编《中国民间故事集成》（湖南卷），北京：中国 ISBN 中

心 2002 年版，第 22 页。

W0717. 2

女娲的居所

实 例

（参见下级母题实例）

W0717. 2. 1

女娲住天上

实 例

汉族 女娲住在天上。

【流传】河南省·（安阳市）·内黄县·梁庄乡·三杨庄

【出处】寇四妮讲，张毅力采录：《颛顼降水怪》，见中国民间文学集成全国编辑委员会编《中国民间故事集成》（河南卷），北京：中国 ISBN 中心 2001 年版，第 40 页。

W0717. 2. 1. 1

女娲娘娘住天上

实 例

汉族 女娲娘娘住在天上。

【流传】四川省·巴县（今重庆市·巴南区）·土主乡·伏善村

【出处】张文奎讲，李子硕采录：《女娲补天》，见中国民间文学集成全国编辑委员会编《中国民间故事集成》（四川卷·上），北京：中国 ISBN 中心 1998 年版，第 25 页。

汉族 颛顼上天找女娲娘娘。

【流传】河南省·（安阳市）·内黄县·梁庄乡·三杨庄

【出处】寇四妮讲，张毅力采录：《颛顼降水怪》，见中国民间文学集成全国编辑委员会编《中国民间故事集成》（河南卷），北京：中国 ISBN 中心 2001 年版，第 40 页。

W0717. 2. 2

女娲住昆仑山

【关联】

① ［W0678. 3. 1］伏羲居住昆仑山

② ［W0693. 3. 1］黄帝居住昆仑山

③ ［W0758. 4］西王母居住昆仑山

④ ［W0812. 5］群仙居住昆仑山

实 例

汉族 昔宇宙初开之时，只有娲兄妹二人在昆仑山。

【流传】（无考）

【出处】［唐］李元：《独异志》。

W0717. 2. 3

女娲住洞中

实 例

（参见下级母题实例）

W0717. 2. 3. 1

女娲住余家峡龙马洞

实 例

汉族 人祖婆婆女娲居住余家峡龙马洞。

【流传】甘肃省·天水市·北道区·中滩乡

【出处】雷兴旺讲，杨晓学采录：《伏羲女娲成婚》，见中国民间文学集成全国编辑委员会编《中国民间故事集成》（甘肃卷），北京：中国 ISBN 中心 2001 年版，第 10 页。

W0717.2.3.2

女娲未补天前住洞中

实例

汉族 女娲原名叫天女。天女在未补天前，住在一个山洞里。

【流传】河南省·驻马店市（驻马店东部一带）

【出处】郭中（87 岁，农民，私塾）讲，郭运民采录整理：《女娲名字的由来》（1989.09），见张振犁编著《中原神话通鉴》（第一卷），郑州：河南大学出版社 2017 年版，第 143 页。

W0717.2.3.3

女娲居天地之间的山洞中

实例

汉族 女娲分开天地后，不住天上，也不住地下，她在天和地当中找了一个山洞住下来，图个清静。

【流传】河南省·安阳市·安阳县·磊口乡·目明村

【出处】赵庆士（农民）讲，左兵采录：《女娲造人（四）》（原名《下雨时为啥起黑云》），见张振犁编著《中原神话通鉴》（第一卷），郑州：河南大学出版社 2017 年版，第 169 页。

W0717.2.4

女娲氏都于中皇之陂

实例

汉族 女娲氏都于中皇之陂。

【流传】河南省·（三门峡市）·阌乡县（灵宝市）

【出处】［清］刘思恕、汪鼎臣：《阌乡县志》引《通鉴》。

W0717.2.5

女娲居中原

实例

（参见下级母题实例）

W0717.2.5.1

女娲住中州平原上

实例

汉族 女娲补天伤了元气下凡。她住到东海，住到西山，住到天涯，住到海角儿，都觉得不如意，最后还是来到她炼五色彩石的中州平原上。

【流传】河南省·（安阳市）·安阳县·磊口乡·清凉山村［采录地点：安阳县磊口乡目明学校］

【出处】赵金和（36 岁，中师）讲，牛化法采录：《清凉山的传说》（1987.04.07），见张振犁编著《中原神话通鉴》（第一卷），郑州：河南大学出版社 2017 年版，第 155 页。

W0717.2.6

与女娲居所有关的其他母题

【关联】［W0717.8.5］女娲故里

实 例

（实例待考）

W0717.3

女娲的坐骑

实 例

（参见下级母题实例）

W0717.3.1

女娲骑凤凰

实 例

（参见下级母题实例）

W0717.3.1.1

女娲骑着一只凤凰从天空东边飞来

实 例

汉族 女娲骑着一只凤凰从天空东边飞来。

【流传】山西省·（吕梁市）·交城县·革村（疑为会立乡·白草庄村）

【出处】高钟璋讲，王真才采录：《女娲补天留冠山》，见中国民间文学集成全国编辑委员会编《中国民间故事集成》（山西卷），北京：中国 ISBN 中心 1999 年版，第 6 页。

W0717.3.2

女娲乘雷车

【关联】［W0347.5］雷车

实 例

（参见下级母题实例）

W0717.3.2.1

女娲雷车驾应龙

实 例

汉族 （女娲）乘雷车服驾应龙。

【流传】（无考）

【出处】［西汉］淮南王刘安及门客：《淮南子·览冥训》。

W0717.3a

女娲的出行

实 例

（参见下级母题实例）

W0717.3a.1

女娲脚踏彩云

实 例

汉族 一朵云彩从天上往下飘，彩云里站着一个美丽的女神，名叫女娲。

【流传】河南省·（南阳市）·南召县［采录地点：南召县·四棵树乡］

【出处】张廷玲采录：《女娲造人（二）》（1986.04.04），见张振犁编著《中原神话通鉴》（第一卷），郑州：河南大学出版社 2017 年版，第 166 页。

W0717.4

女娲的名字（女娲的名号，女娲名称）

【关联】［W6870］神或神性人物的命名

实 例

（参见下级母题实例）

W0717.4.1

盘古为女娲取名

实 例

（参见下级母题实例）

W0717.4.1.1

盘古给天降的女子取名女娲

实 例

汉族 从天的洞里飘下来一个女人，盘古给她取名字叫做女娲。

【流传】浙江省·（金华市）·兰溪市·城关（兰江街道）

【出处】王阿英讲，蔡斌采录：《女娲补天》，见中国民间文学集成全国编辑委员会编《中国民间故事集成》（浙江卷），北京：中国 ISBN 中心 1997 年版，第 16 页。

W0717.4.1.2

盘古给涡涡洞里出现的女子取名女娲

实 例

汉族 盘古开天辟地天空形成许多涡涡洞。从洞里飘下来一个女人。盘古给她取个名字，叫做女娲。

【流传】浙江省·（金华市）·兰溪市

【出处】王阿英讲，蔡斌搜集整理：《女娲补天空》，见姚宝瑄主编《中国各民族神话》（汉族），太原：山西出版传媒集团·书海出版社 2014 年版，第 44～45 页。

W0717.4.2

根据女娲的孕育情形取名

实 例

汉族 （实例待考）

W0717.4.3

女娲被称为娲皇（女娲被称为皇娲）

实 例

汉族 女娲被称为“娲皇”。

【流传】河南省·（三门峡市）·灵宝（灵宝市）

【出处】《娲皇封禅》，见白庚胜总主编《中国民间故事全书》（河南省灵宝卷），北京：知识产权出版社 2009 年版，第 4 页。

W0717.4.3.1

女娲因补天有功被尊为皇娲

实 例

汉族 因女娲炼石补天有功，后世尊

为皇娲。

【流传】河南省·（周口市）·西华县［采录地点：思都岗龙泉寺］

【出处】张慎重（72岁，农民，私塾）讲，张振犁、程健君录音：《女娲补天（四）》（1983. 11. 03），见张振犁编著《中原神话通鉴》（第一卷），郑州：河南大学出版社2017年版，第130页。

W0717. 4. 3a

娲皇圣母

【关联】［W0717. 4. 5. 9］女娲圣母

实 例

（参见下级母题实例）

W0717. 4. 3a. 1

玉皇大帝因女娲造人补天有功封她为娲皇圣母

实 例

汉族 玉皇大帝因觉她造人补天有功，就把她封为娲皇圣母。

【流传】河南省·安阳市

【出处】赵德崇讲：《女娲占地的传说》，见张振犁编著《中原神话通鉴》（第一卷），郑州：河南大学出版社2017年版，第207页。

W0717. 4. 4

女娲娘娘

实 例

（参见下级母题实例）

W0717. 4. 4. 1

女娲娘娘是石矶娘娘

实 例

汉族 女娲娘娘补天后变成一个漂漂亮亮的妇人，即后来人们常说的石矶娘娘。

【流传】湖南省·（娄底市）·涟源市·太和乡（杨市镇）·太和村

【出处】邓龙生讲，姚永放采录：《女娲补天造人》，见中国民间文学集成全国编辑委员会编《中国民间故事集成》（湖南卷），北京：中国ISBN中心2002年版，第22页。

W0717. 4. 4. 2

女娲用泥造人成活后被称为女娲娘娘

实 例

汉族 女娲用黄泥造的泥人成活后，都称女娲是“女娲娘娘”。

【流传】河南省·（濮阳市）·濮阳县·文留镇［采录地点：濮阳县·柳屯镇·柳屯村］

【出处】张贵同（男，51岁，初中）讲，李青霞采录：《女娲造人（八）》（1990. 03），见张振犁编著《中原神话通鉴》（第一卷），郑州：河南大学出版社2017年版，第177页。

W0717.4.4.3

人为记住女娲造人的功劳称她为女娲娘娘

实 例

汉族 后世的人为了记住女娲造人的功劳，就把女娲称为女娲娘娘。

【流传】河南省·（周口市）·淮阳县

【出处】朱俊宣、朱俊政等讲，朱明华采录：《女娲造人（七）》（1989.07），见张振犁编著《中原神话通鉴》（第一卷），郑州：河南大学出版社2017年版，第176页。

W0717.4.4.4

女娲补天穿有功，玉帝封她为娘娘

实 例

汉族 女娲补天穿有功，玉帝封她为娘娘，因此，后人都称她为女娲娘娘。

【流传】浙江省·（丽水市）·庆元县

【出处】赖善卿讲，兰志龙搜集整理：《补天穿》，见姚宝瑄主编《中国各民族神话》（汉族），太原：山西出版传媒集团·书海出版社2014年版，第52～53页。

W0717.4.5

与女娲的名字有关的其他母题

实 例

（参见下级母题实例）

W0717.4.5.1

因语音变化出现“女娲”的名字

实 例

（参见下级母题实例）

W0717.4.5.1.1

混沌漩涡中生的女子“涡”后来叫“女涡”，渐渐传成“女娲”

实 例

汉族 混混沌沌像鸡蛋样的东西孕育的一个女人像旋涡一样旋在里面的，就叫“涡”；后来的人叫她“女涡”，渐渐转成了“女娲”。

【流传】湖北省·（黄冈市）·浠水县·清泉镇·关山村

【出处】廖康成讲，詹承宗采录：《天父地母》，见中国民间文学集成全国编辑委员会编《中国民间故事集成》（湖北卷），北京：中国ISBN中心1999年版，第6页。

W0717.4.5.1.2

一对兄妹造的女孩取名“女货”，后来音转变成“女娲”

实 例

汉族 灾难毁灭人类后，幸存的玉人、玉姐兄妹造的一个女孩，取名

"女货"，后来人们把音念转了，叫成了"女娲"。

【流传】河南省·（驻马店市）·正阳县·袁寨乡·袁寨村

【出处】张昀讲，张振犁采录：《玉人和玉姐》，见中国民间文学集成全国编辑委员会编《中国民间故事集成》（河南卷），北京：中国 ISBN 中心 2001 年版，第 11 页。

汉族 灾难后，幸存玉人和玉姐兄妹俩捏泥人。为泥人取名字时，玉姐说她是个女的，就是个"女货"。玉人一听是个好名。玉姐就为泥人取名叫"女货"。后来，人们把字音念转了，就叫成了"女娲氏"。

【流传】河南省·（驻马店市）·正阳县·（袁寨乡·袁寨村）

【出处】张昀的邻居老人讲，张昀采录，张振犁采录整理：《玉人和玉姐》（1981.05），见张振犁编著，孟宪明、朱淑君统纂《中原神话通鉴》（第二卷），郑州：河南大学出版社 2017 年版，第 428 页。

W0717.4.5.1.3

女娲名字是"女洼"变来的

实 例

汉族 天女炼五色石补天时，挖出一个非常大的坑。当时人们想感恩天女，就从这片洼地给天女改名"女洼"。后来经过文人之手时，又改名女娲。

【流传】河南省·驻马店市（驻马店东部一带）

【出处】郭中（87 岁，农民，私塾）讲，郭运民采录整理：《女娲名字的由来》（1989.09），见张振犁编著《中原神话通鉴》（第一卷），郑州：河南大学出版社 2017 年版，第 143 页。

W0717.4.5.2

女娲原名叫天女

实 例

汉族 （参见"W0717.2.3.2 女娲未补天前住洞中"母题实例）

W0717.4.5.3

娲皇奶奶

实 例

汉族 （参见"W0714.4.7.1 娲皇奶奶移山疏河"母题实例）

W0717.4.5.4

女娲氏即风后

实 例

汉族 风后是女娲氏。

【流传】河南省·（郑州市）·新郑市

【出处】袁固（63 岁，高师）讲，河南大学"中原神话调查组"录音，张振犁、蔡柏顺、程健君采录：《风后岭》（1983.11.26），见张振犁编著《中原神话通鉴》（第一卷），郑州：河南大学出版社 2017 年版，第 142 页。

W0717.4.5.5

女娲又称人祖奶奶

【关联】［W0713.7.1］女娲被尊称为人祖奶

实 例

汉族 天塌地陷后，天下只剩下伏羲和女娲两条人根了。伏羲就是后世流传的“人祖爷”，女娲就是后世流传的“人祖姑娘”或“人祖奶奶”。

【流传】河南省·（周口市）·淮阳县

【出处】《人祖爷》，见张振犁编著《中原神话通鉴》（第一卷），郑州：河南大学出版社 2017 年版，第 215 页。

W0717.4.5.5a

女娲又称人祖娘娘

实 例

汉族 女娲娘娘在民间仍被尊为“人祖娘娘”“人祖奶奶”，尊为“神媒”供奉。

【流传】河南省·（周口市）·淮阳县·（王店乡·棠棣村）

【出处】李国争（63 岁，农民）讲，杨复俊采录：《女娲娘娘》（1985.01.06），见张振犁编著《中原神话通鉴》（第一卷），郑州：河南大学出版社 2017 年版，第 146 页。

W0717.4.5.5b

女娲被称为老奶奶

实 例

汉族 女娲让造出男女结婚，他们生的孩子都向女娲叫奶奶。有的孩子长大又生了孩子，就叫女娲为老奶奶。后来，人们为了表示尊敬，不直说她的名，只喊她老奶奶。

【流传】河南省·（郑州市）·登封市

【出处】《嵩山奶奶庙》，见张振犁编著《中原神话通鉴》（第一卷），郑州：河南大学出版社 2017 年版，第 182 页。

W0717.4.5.6

女皇氏炮蜗，云姓

实 例

汉族 女皇氏炮蜗，云姓，一曰女布。太昊氏之女弟。蛇身牛首，宣发。出于承匡，生而神灵，亡景亡黯，少佐太昊，祷于神祇，而为女妇，正姓氏，职昏因，通行媒，以重万民之判，是曰神媒。

【流传】（无考）

【出处】［宋］罗泌：《路史·太昊纪》。

W0717.4.5.6a

女娲氏风姓

实 例

汉族 （参见“W0714.4.12.1 女

娲氏承庖羲制度”母题实例）

W0717.4.5.7

女娲氏又称女希

实 例

汉族 女娲氏，一名娲，又曰女希，始媒。

【流传】河南省·（三门峡市）·阌乡县（灵宝市）

【出处】［清］刘思恕、汪鼎臣：《阌乡县志》引《通鉴》。

W0717.4.5.7a

女娲又称女布

实 例

汉族 （参见“W0717.4.5.6 女皇氏媪蜗，云姓”母题实例）

W0717.4.5.8

女娲氏又称皇姆天媒

【关联】［W0713.3.2］女娲做媒人（女娲是媒神）

实 例

汉族 女娲氏，一名娲，又曰女希，始媒。故祀为皋媒，称曰皇姆天媒。月令作高媒。

【流传】河南省·（三门峡市）·阌乡县（灵宝市）

【出处】［清］刘思恕、汪鼎臣：《阌乡县志》引《通鉴》。

W0717.4.5.9

女娲圣母

实 例

汉族 以前时候，首领是女娲，稷把他的寻找粮种的打算对女娲圣母汇报。

【流传】（无考）

【出处】

（a）田春元讲，杨东来搜集整理：《五谷的来历》，载《民间文学》1984年第7期。

（b）同（a），见陶阳、钟秀编《中国神话》（下），北京：商务印书馆2008年版，第1143～1145页。

汉族 古时候，人们群居一起，靠打猎为生。首领是女娲圣母。

【流传】河南省·新乡市［采录地点：新乡县·古固寨］

【出处】马如心（50岁，农民）讲，马安中采录：《五谷的来历》（1986.08），见张振犁编著《中原神话通鉴》（第一卷），郑州：河南大学出版社2017年版，第192页。

W0717.4.5.9.1

女娲被玉皇大帝封为圣母

实 例

汉族 玉皇大帝派李老君去查看女娲的补天情况。李老君回来后帮女娲说了些好话，玉皇大帝非常高兴，就封女娲做了圣母。

【流传】四川省·巴县（今重庆市·巴南区）

【出处】杜志榜讲，李子硕搜集整理：《巴子石的来历》（1988.05），见姚宝瑄主编《中国各民族神话》（汉族），太原：山西出版传媒集团·书海出版社 2014 年版，第 47～51 页。

W0717.4.5.10

天母女娲

实 例

汉族 共工撞倒不周山时，天母女娲正在大地中央为一群孩子拣五色石玩。

【流传】河南省·（洛阳市）·新安县·磁涧乡·孝水村

【出处】杨傍子（58 岁，识些字）讲，张建伟采录：《女娲补天（六）》（1989.10.25），见张振犁编著《中原神话通鉴》（第一卷），郑州：河南大学出版社 2017 年版，第 135 页。

W0717.4.5.11

女娲娘

实 例

汉族 （实例待考）

W0717.4.5.12

女娲老母

实 例

汉族 （实例待考）

W0717.4.5.13

娲儿公主

实 例

（参见下级母题实例）

W0717.4.5.13.1

女娲原来叫“娲儿公主”

实 例

汉族 人的祖先管造人的娲儿公主叫女娲娘娘，又称她是人的始祖。

【流传】辽宁省·阜新市·细河区

【出处】吴振清讲，郝殿玺搜集整理：《人的来历》，原载阜新市细河区民间文学集成编委会编《细河区资料本》，见陶阳、钟秀编《中国神话》（上），北京：商务印书馆 2008 年版，第 324～326 页。

W0717.5

女娲的用品（女娲的手持物）

实 例

（参见下级母题实例）

W0717.5.1

女娲手捧月亮

实 例

汉族 女娲手里捧着月亮。

【流传】河南省·（南阳市）·桐柏县

【出处】《伏羲女娲兄妹结婚》，见么书仪选注《神话传说三百篇》，大连：

大连出版社 1999 年版，第 16 ~ 19 页。

W0717.6
女娲的寿命

实 例

（参见下级母题实例）

W0717.6.1
女娲寿命 130 岁

实 例

汉族 女娲氏一百三十年殁。

【流传】河南省·（三门峡市）·阌乡县（灵宝市）

【出处】［清］刘思恕、汪鼎臣：《阌乡县志》引《通鉴》。

W0717.7
女娲的死亡

实 例

（参见下级母题实例）

W0717.7.1
女娲因补天死亡

实 例

汉族 伏羲女娲为消除洪水补天时，经过了三个寒来暑往，用了三个三百六十五天，眼看就要把漏天补严实了，站在高山上补天的女娲却累得倒下了。

【流传】河南省·（焦作市）沁阳县

【出处】张正朝、秦太明采录整理：《女娲补天（二）》，见张振犁编著《中原神话通鉴》（第一卷），郑州：河南大学出版社 2017 年版，第 126 页。

W0717.7.1.1
女娲补天时冻死

实 例

（参见下级母题实例）

W0717.7.1.1.1
女娲补天冻死在登封县清凉山太子沟

实 例

汉族 女娲在登封县清凉山太子沟补天时，因为天冷，女娲就冻结在那里了。

【流传】河南省·（周口市·淮阳县），（郑州市）·登封市［采录地点：淮阳太昊陵邹氏家］

【出处】邹氏（50 岁，斋公）讲，杨利慧采录：《太子沟女娲石像》（1993.04.22），见张振犁编著《中原神话通鉴》（第一卷），郑州：河南大学出版社 2017 年版，第 140 页。

W0717.7.1.2
娲儿公主补天累死

实 例

汉族 娲儿公主做人做遍了全世界，后来她又去补天，最后累死在中国。

【流传】辽宁省·阜新市·细河区

【出处】吴振清讲，郝殿玺搜集整理：《人的来历》，原载阜新市细河区民间文学集成编委会编《细河区资料本》，见陶阳、钟秀编《中国神话》（上），北京：商务印书馆 2008 年版，第 324～326 页。

W0717.7.2

女娲死后托生

实 例

（参见下级母题实例）

W0717.7.2.1

女娲死后变成狗

实 例

汉族 女娲补了天真的没死，她走错路进了恶狗庄，变成了黑狗。

【流传】河南省·（周口市）·淮阳县·城关

【出处】张大娘（85 岁，农民，不识字）讲，杨复俊采录：《担经挑的来历》（1985.03），见张振犁编著《中原神话通鉴》（第一卷），郑州：河南大学出版社 2017 年版，第 269 页。

W0717.8

女娲的遗迹（与女娲有关的风物）

实 例

（参见下级母题实例）

W0717.8.1

女娲庙

实 例

（参见下级母题实例）

W0717.8.1.1

女娲庙在承筐山

实 例

汉族 任城县（山东省济宁市任城区），古之任国，太皞之后，风姓也。承筐山在县东南七十里，云女娲生处，今山下有女娲庙。女娲陵在县东南三十九里。

【流传】（无考）

【出处】

（a）［宋］乐史：《太平寰宇记》卷十四。

（b）《承筐山》，见袁珂《中国神话大词典》，北京：华夏出版社 2015 年版，第 414 页。

W0717.8.2

娲皇宫

实 例

汉族 （实例待考）

W0717.8.3

女娲陵

实 例

（参见下级母题实例）

W0717.8.3.1

女娲陵在任城县（山东省济宁市任城区）

实 例

汉族 （参见“W0717.8.1.1 女娲庙在承筐山”母题实例）

W0717.8.4

女娲墓（女娲坟）

实 例

汉族 肃宗将至灵武一驿，黄昏，有妇人长大，携双鲤，咤于营门。已，止大树下。军人有逼视，见其臂上有鳞。忽天黑，失所在。及上即位，归京阙，虢州刺史王奇先奏女娲坟。

【流传】（无考）

【出处】［唐］段成式：《酉阳杂俎·忠志》。

W0717.8.4.1

女娲墓在黄河中

实 例

汉族 房州上庸界，有伏羲女娲庙，云是抟土为人民之所，古迹在焉。又华、陕界黄河中有小洲岛，云是女娲墓。

【流传】（无考）

【出处】［五代·蜀］杜光庭：《录异记》卷八。

W0717.8.4.2

女娲坟在华、陕界黄河中的小洲岛上

实 例

汉族 华、陕界黄河中有小洲岛，吉树数根，河水泛涨，终不能没，云是女娲墓。

【流传】（无考）

【出处】［五代·蜀］杜光庭：《录异记》卷八。

W0717.8.4.3

陈州翁婆墓（陈州伏羲女娲墓）

【关联】［W0683.4.2.1］陈州伏羲墓

实 例

汉族 （参见“W0683.4.2.1 陈州伏羲墓”母题实例）

W0717.8.5

女娲故里

【关联】

①［W0711.3.9.2］女娲的出生地

②［W0717.2］女娲的居所

实 例

（参见下级母题实例）

W0717.8.5.1

陕西平利县女娲故里

实 例

汉族 多处称女娲故里，如陕西平利县、河北省涉县、甘肃天水秦安、山西晋城泽州、河南周口西华等。

【流传】（无考）

【出处】《女娲》，见乌丙安主编《中国民间神谱》，沈阳：辽宁人民出版社2007年版，第47页。

W0717.8.5.2

河北涉县女娲故里

实 例

汉族 （参见“W0717.8.5.1 陕西平利县女娲故里”母题实例）

W0717.8.5.3

甘肃天水秦安女娲故里

实 例

汉族 （参见“W0717.8.5.1 陕西平利县女娲故里”母题实例）

W0717.8.5.4

山西晋城泽州女娲故里

实 例

汉族 （参见“W0717.8.5.1 陕西平利县女娲故里”母题实例）

W0717.8.5.5

河南周口西华女娲故里

实 例

汉族 （参见“W0717.8.5.1 陕西平利县女娲故里”母题实例）

W0717.8.5.6

山东济宁任城女娲故里

实 例

汉族 任城县（山东省济宁市任城区），古之任国，太皞之后，风姓也。承筐山在县东南七十里，云女娲生处。

【流传】（无考）

【出处】

（a）［宋］乐史：《太平寰宇记》卷十四。

（b）《承筐山》，见袁珂《中国神话大词典》，北京：华夏出版社2015年版，第414页。

W0717.8.6

女娲祠

实 例

汉族 水出北山，山上有女娲祠。庖羲之后，有帝女娲焉，与神农为三皇矣。

【流传】（无考）

【出处】［北魏］郦道元：《水经注·渭水》。

W0717.8.7

女娲山

实 例

汉族 人们把伏羲住的那架山，取名叫伏羲峰，把女娲住的那架山取名叫女娲山。

【流传】河南省·（焦作市）·沁阳县

【出处】张俊兴、秦太昌采录整理：《伏羲峰和女娲山》，见张振犁编著《中原神话通鉴》（第一卷），郑州：河南大学出版社2017年版，第305页。

※ W0720
盘古

实 例

（参见下级母题实例）

W0721
盘古的产生

实 例

（参见下级母题实例）

W0721.1
盘古来于某个地方或自然存在

实 例

（参见下级母题实例）

W0721.1.1
盘古从天上下凡（盘古源于天，天降盘古）

【关联】

①［W0723.2.5.2.1］盘古下凡后变成巨人

②［W0723.2.8.1］天降大圣盘古

③［W0723.3.7.2］盘古是天上到地上最早的人

④［W0728.1.0.1］盘古原来住天上

实 例

汉族 天人诞降大圣，曰浑敦氏，即盘古氏。

【流传】（无考）

【出处】［清］陈梦雷原编，蒋廷锡重编：《古今图书集成·岁功典》卷八十三引《补衍开辟》。

W0721.1.1.1
玉帝让盘古下凡

实 例

汉族 玉帝让盘古下凡，变成巨人。

【流传】广东省·（茂名市）·电白县·羊角镇

【出处】李德才讲：《盘古开天辟地》，见中国民间文学集成全国编辑委员会编《中国民间故事集成》（广东卷），北京：中国ISBN中心2006年版，第3页。

W0721.1.1.1.1
玉皇大帝派盘古女娲下凡

实 例

汉族 玉皇大帝派盘古、女娲二人下凡。

【流传】宁夏回族自治区·（固原市）·西吉县·平峰乡（平峰镇）

【出处】高贵良讲，杨登峰采录：《人间婚姻咋开始的》，见中国民间文学集成全国编辑委员会编《中国民间故事集成》（宁夏卷），北京：中国ISBN中心1999年版，第13页。

W0721.1.1.2

盘古被贬到人间

实 例

壮族 盘古原来住在天上，因为闹事，被玉帝贬下凡界。

【流传】广西壮族自治区·（南宁市）·隆安（隆安县）

【出处】《盘古开天辟地》，见张声震总主编，农冠品编注《壮族神话集成》，南宁：广西民族出版社 2007 年版，第 6 页。

W0721.1.2

盘古自然存在

实 例

汉族 （实例待考）

W0721.2

盘古是造出来的

实 例

（参见下级母题实例）

W0721.2.1

如来造盘古

实 例

侗族 如来神把蟠桃化为盘古。

【流传】（无考）

【出处】《开天辟地盘古氏》，原载秦廷锡编著《北侗民歌》，见《黎平县政协文史资料》第 3 集，内部编印，2008 年。

W0721.3

盘古是生育产生的

【关联】［W2130～W2299］生育产生人

实 例

（参见下级母题实例）

W0721.3.1

混沌生盘古

【关联】

①［W0711.3.7］混沌生女娲

②［W0721.3.9.0］混沌卵生盘古

实 例

汉族 像鸡蛋的混沌世界中孕育出大神盘古。

【流传】黑龙江省·（哈尔滨市）·通河县·通河镇

【出处】张建恒讲，张景义采录：《盘古开天辟地》，见中国民间文学集成全国编辑委员会编《中国民间故事集成》（黑龙江卷），北京：中国 ISBN 中心 2005 年版，第 3 页。

W0721.3.1.1

盘古在混沌中经历 1 万 8 千年产生

实 例

汉族 盘古生于混沌如鸡子的天地中，经万八千岁。

【流传】（无考）

【出处】［三国］徐整：《三五历记》，原书已佚，据《太平御览》引文。

W0721.3.2
天地生盘古

实 例

（参见下级母题实例）

W0721.3.2.1
像鸡蛋的天地中生盘古

实 例

汉族 像一粒鸡蛋的天地中生巨人盘古。

【流传】福建省·晋江县（今泉州市）

【出处】傅继扁讲：《盘古分天地》，见中国民间文学集成全国编辑委员会编《中国民间故事集成》（福建卷），北京：中国 ISBN 中心 1998 年版，第 3 页。

汉族 像鸡子一样的天地，孵出盘古。

【流传】浙江省·（金华市）·东阳县（东阳市）

【出处】张宣元讲：《盘古生开天》，载《民间文学》1986 年第 11 期。

W0721.3.2.1a
像大西瓜的天地中生盘古

实 例

汉族 天地合闭，像个大西瓜，合得团团圆圆的。合闭已久，若不得开，却得一个盘古氏。

【流传】（无考）

【出处】［明］周游：《开辟衍绎》。

W0721.3.2.2
混沌的天地生盘古

【关联】［W0721.3.9.0.4］混沌的天地卵生盘古

实 例

（参见下级母题实例）

W0721.3.2.2.1
像鸡蛋的混沌天地生盘古

实 例

汉族 天地浑沌如鸡子，盘古生其中。

【流传】（无考）

【出处】［三国］徐整：《三五历记》。

汉族 天地混沌如鸡子，盘古生其中。

【流传】（无考）

【出处】［北宋］李昉、李穆、徐铉等：《太平御览》卷二。

W0721.3.2.3
天生盘古

实 例

（实例待考）

W0721.3.2.4
地生盘古（地孕育盘古）

实 例

（参见下级母题实例）

W0721.3.2.4.1
地中央孕育盘古

实 例

汉族 盘古孕育在地中央。

【流传】 湖北省·神农架林区·盘水乡（松柏镇）·盘水村

【出处】 贺久恒讲，胡崇峻采录：《盘古杀雾神》，见中国民间文学集成全国编辑委员会编《中国民间故事集成》（湖北卷），北京：中国 ISBN 中心 1999 年版，第 4 页。

W0721.3.2.4.2
地心中生盘古

实 例

汉族 盘古从地心里钻出来。

【流传】 湖北省·神农架（神农架林区）·松柏镇·堂房村

【出处】 曹良坤讲，胡崇峻采录：《江沽养天育地》，见中国民间文学集成全国编辑委员会编《中国民间故事集成》（湖北卷），北京：中国 ISBN 中心 1999 年版，第 3 页。

W0721.3.3
世界生盘古

【关联】 ［W0721.3.9.4a］世界卵生盘古

实 例

（参见下级母题实例）

W0721.3.3.1
像鸡蛋和西瓜的世界生盘古

实 例

汉族 像鸡蛋和西瓜的世界生盘古。

【流传】 福建省·（泉州市）·永春县（古称桃源）·蓬壶乡（蓬壶镇）

【出处】 林烈火讲：*《盘古分天地》，见中国民间文学集成全国编辑委员会编《中国民间故事集成》（福建卷），北京：中国 ISBN 中心 1998 年版，第 4 页。

W0721.3.4
宇宙生盘古

实 例

（参见下级母题实例）

W0721.3.4.1
像蛋的混沌宇宙生盘古

实 例

汉族 像蛋的混沌宇宙破壳生出盘古。

【流传】 山西省·（运城市）·闻喜县

（旧称桐乡）·（桐城镇）·峪堡村

【出处】王有山讲：《盘古出世》，见中国民间文学集成全国编辑委员会编《中国民间故事集成》（山西卷），北京：中国 ISBN 中心 1999 年版，第 3 页。

汉族 以前，宇宙像一个混沌的大鸡蛋。盘古就生长在这个混沌当中，经过一万八千年，混沌有了晃动，盘古在晃动中惊醒。

【流传】河南省·登封市

【出处】《嵩山的来历》（据《述异记·盘古化物》整理），见张振犁编著《中原神话通鉴》（第一卷），郑州：河南大学出版社 2017 年版，第 12 页。

W0721. 3. 4. 2

像鸡蛋一样的宇宙中孕育出盘古

实 例

汉族 像一个大鸡蛋的宇宙中，久而久之里面孕育出一个巨人盘古。

【流传】河南省·新乡市

【出处】马如心（50 岁）讲，马安中采录整理：《盘古开天地》（1986. 08），见张振犁编著《中原神话通鉴》（第一卷），郑州：河南大学出版社 2017 年版，第 16 页。

W0721. 3. 5

土生盘古

实 例

汉族 土里生出个人形，盘作一堆，后人叫他盘人，即盘古。

【流传】陕西省·（宝鸡市）·宝鸡县（渭滨区）·马营镇·永清村

【出处】张世爱讲，李浡采录：《开天辟地》，见中国民间文学集成全国编辑委员会编《中国民间故事集成》（陕西卷），北京：中国 ISBN 中心 1996 年版，第 4 页。

W0721. 3. 5. 1

泥团中生盘古

实 例

（参见下级母题实例）

W0721. 3. 5. 1. 1

鸭子潜水取泥形成的泥团生盘古氏

【关联】［W1179. 4］潜水取土造地

实 例

汉族 大鹏金翅鸟让鸭子从水底给它衔来一口烂泥，放在鳌鱼的头上。开始的时候，这块泥团子里呢，生了一个人。这个人就叫盘古氏。

【流传】江苏省·（盐城市）·大丰县·三渣乡·西渣村

【出处】杨广顺讲，沈澄、丁晗搜集整理：《一把大斧分天地》（1986. 04），见姚宝瑄主编《中国各民族神话》（汉族），太原：山西出版传媒集团·书海出版社 2014 年版，第 22～23 页。

W0721.3.5a

山生盘古

【关联】［W0723b.4.5.1］盘古死后化山

实 例

（参见下级母题实例）

W0721.3.5a.1

昆仑山生盘古

实 例

（参见下级母题实例）

W0721.3.5a.1.1

昆仑山吐血水生盘古

实 例

汉族 最早的世界一片黑暗。有浪荡子吞露珠而死，尸分为五，因有五形。大地乃有实体。乃有海洋，乃见昆仑山吐血水而生盘古。

【流传】（湖北省·神农架林区）

【出处】张树艺、曹坤良唱：《黑暗传》，原载中国民间文艺研究会湖北分会编《神农架·黑暗传》序言，（多种版本汇编本），见袁珂《中国神话大词典》，北京：华夏出版社 2015 年版，第 393 页。

W0721.3.6

神或神性人物生盘古

实 例

（参见下级母题实例）

W0721.3.6.1

地母生盘古

【关联】［W0721.4b.1.2］天地婚后地母生盘古

实 例

（实例待考）

W0721.3.6.2

盘古是土地神的子孙

实 例

毛南族 （实例待考）

W0721.3.6a

人生盘古

实 例

（参见下级母题实例）

W0721.3.6a.1

云变成的女子感青草生盘古王

实 例

瑶族（八排）开天辟地后，天上的彩云结成一个人，这个人拾到青草怀孕，生盘古王。

【流传】（无考）

【出处】http://www.hysjw.net，2008.04.23。.

W0721.3.6a.2

1 对兄妹婚生盘古

实 例

（参见下级母题实例）

W0721. 3. 6a. 2. 1

洪水后幸存的 1 对兄妹婚生盘古

实 例

汉族 人类毁灭后幸存的两兄妹婚生的一个丑陋野怪一样的孩子，就是盘古。

【流传】 河南省 · 南阳市

【出处】 邱海观（农民），李明才采录整理：《盘古的传说》，见张振犁编著《中原神话通鉴》（第一卷），郑州：河南大学出版社 2017 年版，第 29 页。

W0721. 3. 7

云生盘古

实 例

（参见下级母题实例）

W0721. 3. 7. 1

五彩云生盘古

实 例

瑶族 五彩云生盘古。

【流传】（无考）

【出处】《盘古》，见中央民族学院少数民族文艺研究所编《中国民族民间文学》，北京：中央民族学院出版社 1987 年版，第 713 页。

W0721. 3. 8

气生盘古

【关联】［W0029. 3］气生神

实 例

（参见下级母题实例）

W0721. 3. 8. 1

气球中生盘古

【关联】［W0725. 4. 2. 0. 1］大气球生盘古爷盘古奶

实 例

汉族 天地鸿蒙时代，一个大气球里包着两个人和一头牛。这两个人一个是盘古爷，一个是盘古奶。

【流传】 河南省 ·（南阳市）· 桐柏县 · 二郎山乡 · 田口村，（驻马店市）· 泌阳县 · 盘古村（盘古乡）· 黑山沟组［采录地点：桐柏山盘古庙会］

【出处】 李新超（27 岁，初中）、李明松（59 岁，文盲）讲，马卉欣、殷润璞录音，马卉欣采录整理：《盘古不听老牛劝》（1989. 04. 08），见张振犁编著《中原神话通鉴》（第一卷），郑州：河南大学出版社 2017 年版，第 71 页。

W0721. 3. 8. 1. 1

宇宙气团的中心生育盘古

实 例

汉族 宇宙间有一个大气团在空中旋

转了许多年，中心形成了一个巨人盘古。

【流传】陕西省·（咸阳市）·三原县·独李乡

【出处】杜春梅讲，宋克明采录：《开天辟地》，见中国民间文学集成全国编辑委员会编《中国民间故事集成》（陕西卷），北京：中国 ISBN 中心 1996 年版，第 4 页。

W0721.3.8.2

元气生盘古

实 例

（参见下级母题实例）

W0721.3.8.2.1

混沌卵元气结成的精华生盘古

实 例

汉族 混沌卵中的两种元气各自结成精华，生出盘古和地母。

【流传】浙江省·（温州市）·苍南县·南宋乡

【出处】林道进讲，林子周采录：《天公地母开天地》，见中国民间文学集成全国编辑委员会编《中国民间故事集成》（浙江卷），北京：中国 ISBN 中心 1997 年版，第 19 页。

W0721.3.8.2.2

元气孕育的中和之气生盘古

实 例

汉族 天气蒙鸿，萌芽兹始，遂分天地，肇立乾坤，启阴感阳。分布元气，乃孕中和，是为人也。首生盘古。

【流传】（无考）

【出处】

（a）［三国·吴］徐整：《五运历年记》，见［清］马骕《绎史》卷一。

（b）［三国·吴］徐整：《五运历年记》，见［明］董斯张：《广博物志》卷九。

W0721.3.8.3

雾气生盘古

实 例

（参见下级母题实例）

W0721.3.8.3.1

混沌的一团雾气生盘古

实 例

汉族 混混沌沌的一团雾气，经过了一万八千年，团雾气里生出一个人来，名叫盘古。

【流传】江苏省·（淮安市）·涟水县·南集乡·禹庄村

【出处】徐学尧讲，徐省生搜集整理：《世界的由来》（1983），见姚宝瑄主编《中国各民族神话》（汉族），太原：山西出版传媒集团·书海出版社 2014 年版，第 24～28 页。

W0721. 3. 8. 3. 2

像鸡蛋的一团雾气生盘古

实 例

汉族 古时候，这个天地是合在一起的，像大鸡蛋样子，是一团雾气。后来在这团雾气里生出了一个人，名叫盘古。

【流传】 江苏省 · （淮安市） · 涟水（涟水县）各地

【出处】 徐学尧讲，徐省生搜集整理：《开天辟地和人的由来》（1986. 06），见姚宝瑄主编《中国各民族神话》（汉族），太原：山西出版传媒集团 · 书海出版社 2014 年版，第 20 ~ 22 页。

W0721. 3. 8. 4

气团生盘古

实 例

（参见下级母题实例）

W0721. 3. 8. 4. 1

世界最早产生的大气团生盘古

实 例

汉族 最早的是个大气团。气团里面慢慢变化，育成了一个像胎儿模样的东西，即盘古。

【流传】 浙江省 · （温州市） · 永嘉县各地

【出处】 陈仁讲，谢圣铎搜集整理：《盘古开天地》（1985），见姚宝瑄主编《中国各民族神话》（汉族），太原：山西出版传媒集团 · 书海出版社 2014 年版，第 13 ~ 14 页。

W0721. 3. 9

卵生盘古

【关联】［W0728. 1. 4］盘古住卵中

实 例

侗族 蛋中生出盘古。

【流传】 贵州省

【出处】 梁普安等讲，龙玉成采录：《古老和盘古》，见燕宝、张晓编《贵州神话传说》，贵阳：贵州人民出版社 1997 年版，第 3 页。

W0721. 3. 9. 0

混沌卵生盘古

【关联】

①［W0721. 3. 1］混沌生盘古

②［W0725. 6. 7. 1. 1. 1］混沌卵生巨人远古

实 例

汉族 天地浑沌如鸡子，盘古生在其中。

【流传】（无考）

【出处】

（a）［三国 · 吴］徐整：*《盘古》，见［唐］欧阳询《艺文类聚》卷一引。

（b）［三国 · 吴］徐整：*《盘古》，见［清］马骕《绎史》卷一引。

W0721.3.9.0.1
混沌的圆东西中炸出盘古

实 例

汉族 盘古是从浑浊的圆东西炸出。

【流传】浙江省·（杭州市）·淳安县·姜家镇·姜家村

【出处】姜引军讲：《盘古生团囡》，见中国民间文学集成全国编辑委员会编《中国民间故事集成》（浙江卷），北京：中国 ISBN 中心 1997 年版，第 38～39 页。

W0721.3.9.0.2
混沌聚成的卵生盘古

实 例

汉族 混沌聚成的大蛋生盘古。

【流传】福建省·（宁德市）·古田县·吉巷乡

【出处】程峰讲：＊《盘古分天地》，见中国民间文学集成全国编辑委员会编《中国民间故事集成》（福建卷），北京：中国 ISBN 中心 1998 年版，第 4～5 页。

W0721.3.9.0.3
混沌卵有灵气后生盘古

实 例

汉族 混沌转聚成大蛋，聚灵性在中心，生盘古。

【流传】福建省·（宁德市）·古田县·吉巷乡

【出处】程峰讲：＊《盘古分天地》，见中国民间文学集成全国编辑委员会编《中国民间故事集成》（福建卷），北京：中国 ISBN 中心 1998 年版，第 4～5 页。

W0721.3.9.0.4
混沌的天地卵生盘古

实 例

汉族 天地混沌如鸡子，盘古生其中。

【流传】（a）浙江省·（金华市）·东阳县（东阳市）

【出处】

（a）张宣元讲：《盘古生开天》，载《民间文学》1986 年第 11 期。

（b）［唐］欧阳询：《艺文类聚》（玉函本）。

W0721.3.9.0.5
混沌卵的胚胎变成盘古

实 例

汉族 以前的世界是混沌像大鸡蛋。大鸡蛋里的胚胎，慢慢变成一个人，他就是盘古。

【流传】河南省·（南阳市）·新野县

【出处】曹学典讲，曹宝泉采录：《盘古爷开天》，见张振犁编著《中原神话通鉴》（第一卷），郑州：河南大学出版社 2017 年版，第 34 页。

W0721. 3. 9. 0. 6

混沌卵生盘古真人

实 例

汉族 昔二仪未分，瞑涬鸿蒙，未有成形，天地日月未具，状如鸡子，混沌玄黄，已有盘古真人。

【流传】（无考）

【出处】［东晋］葛洪：《枕中书》。

W0721. 3. 9. 0. 7

混沌卵在阳气的作用下生盘古

实 例

汉族 在阳气作用下，混沌卵慢慢长大了，卵里头出一个盘古。

【流传】 河南省·（洛阳市）·栾川县·漫寺头（栾川乡漫子头村?）

【出处】 赵某某（74岁，7年私塾）讲，陈连山采录：《盘古初分》（1987. 02. 27），见张振犁编著《中原神话通鉴》（第一卷），郑州：河南大学出版社2017年版，第24页。

W0721. 3. 9. 1

龙蛋生盘古

【关联】［W0728. 3. 7. 5. 1］龙蛋生的1对兄妹俩都叫盘古

实 例

汉族 两个龙蛋生出的1对兄妹俩，他俩都叫盘古。

【流传】 河南省·（南阳市）·桐柏县·二郎山乡

【出处】 刘太举讲，马卉欣整理：《龙生盘古》，见http：//tongbai. 01ny. cn（桐柏网）2001. 01. 26。

W0721. 3. 9. 1. 1

9条龙孵龙蛋孵出盘古

实 例

汉族 九条龙轮流盘卧，孵两龙蛋，其中一个孵出盘古。

【流传】 河南省·（南阳市）·桐柏县·二郎山乡

【出处】 刘太举讲，马卉欣整理：《龙生盘古》，见http：//tongbai. 01ny. cn（桐柏网）2001. 01. 26。

W0721. 3. 9. 1. 2

大龙蛋孵9千年孵出盘古

实 例

汉族 九重天上的九条龙轮流盘卧孵两龙蛋。孵到八千年的时候，那个大一点的龙蛋裂纹了；孵到九千年的时候，那个大龙蛋裂开了口，生出一神人。他就是世上第一人——盘古大神。

【流传】 河南省·（南阳市·桐柏县·二郎山乡）

【出处】 刘太举、姚义亮讲述，马卉欣录音整理：《盘古出世》，原载马卉欣编著《盘古之神》，见陶阳、钟秀编《中国神话》（上），北京：商务印书馆2008年版，第11～12页。

汉族 九重天最高处住着的九条龙轮流孵俩龙蛋。孵到八千年的时候，大一点的龙蛋裂纹了；孵到九千年的时候，大龙蛋裂开了口，显露出两个小龙角，蛋壳里长出一神人，头生角，手执神斧。他就是世上第一人——盘古大神。

【流传】 河南省·（南阳市）·桐柏县·二郎山乡（再述地点：桐柏县朱庄乡）

【出处】 刘太举（29岁，初中）讲，姚义亮（66岁，私塾两年）再述，马卉欣录音整理：《龙生盘古》（1989.06），见张振犁编著《中原神话通鉴》（第一卷），郑州：河南大学出版社2017年版，第53页。

W0721.3.9.2

鸟卵生盘古

实　例

汉族 盘古在鸟蛋里孕生。

【流传】

（a）浙江省·（绍兴市）·绍兴县·樊江乡·后堡（今绍兴市·越城区·皋埠镇·后堡村）。

（b）浙江省·（金华市）·东阳县（东阳市）·青联乡·雅坑村

【出处】

（a）胡大阿珍讲，柳坚明采录：《盘古开天辟地》，见中国民间文学集成全国编辑委员会编《中国民间故事集成》（浙江卷），北京：中国ISBN中心1997年版，第15页。

（b）张宣元讲，周耀明采录：《盘古开天》，见中国民间文学集成全国编辑委员会编《中国民间故事集成》（浙江卷），北京：中国ISBN中心1997年版，第15页。

W0721.3.9.2.1

大鸟在天和地合缝处下的蛋生盘古

实　例

汉族 一只大鸟在天和地的合缝处，下了一个蛋，孕育成了盘古。

【流传】 浙江省·（绍兴市）·绍兴县·樊江乡·后堡（今绍兴市·越城区·皋埠镇·后堡村）

【出处】 胡大阿珍讲，柳坚明采录：《盘古开天辟地》，见中国民间文学集成全国编辑委员会编《中国民间故事集成》（浙江卷），北京：中国ISBN中心1997年版，第15页。

W0721.3.9.3

石卵生盘古

实　例

（参见下级母题实例）

W0721.3.9.3.1

混沌孕育的石卵生盘古

实　例

土族 混沌中孕育了石卵，石卵生盘古。

【流传】（无考）

【出处】《混沌周末歌》，见满都呼主编《中国阿尔泰语系诸民族神话故事》，北京：民族出版社 1997 年版，第 205 页。

土族 天生混沌，混沌生石卵，石卵中生出盘古仙。

【流传】（无考）

【出处】《混沌周末》，引自马光星《略论土族的神话史诗〈混沌周末〉》，见《中国少数民族学术讨论会》（下），中国少数民族文学学会印，1984 年。

W0721. 3. 9. 3. 2

混合无极生的石卵生盘古

实　例

土族 混合无极生石卵，石卵生盘古。

【流传】（无考）

【出处】《混沌周末》，原载马光星《略论土族的神话史诗〈混沌周末〉》，见《中国少数民族神话学术讨论会》（下），中国少数民族文学学会编印，1984 年。

W0721. 3. 9. 4

巨卵生盘古

实　例

汉族 巨蛋破壳，跳出一个顶天立地的盘古。

【流传】山西省·（运城市）·闻喜县（旧称桐乡）·（桐城镇）·峪堡村

【出处】王有山讲，王更元采录：《盘古出生》，见中国民间文学集成全国编辑委员会编《中国民间故事集成》（山西卷），北京：中国 ISBN 中心 1999 年版，第 3 页。

W0721. 3. 9. 4a

世界卵生盘古

【关联】［W0728. 3. 3. 5］盘古像盘龙鸡在世界卵中盘着，故名“盘古”。

实　例

汉族 世界卵里有清、有黄、有蛋壳。里头孵出了个鸡头、龙身的盘古。

【流传】河南省·（濮阳市）·濮阳县（五星乡）·西八里庄村

【出处】魏世敏（60 岁）讲，魏盼先采录：《盘古开天》（1990. 06），见张振犁编著《中原神话通鉴》（第一卷），郑州：河南大学出版社 2017 年版，第 14 页。

汉族 远古世界是个混沌卵，里面有一个人，是人类的老祖宗盘古。

【流传】河南省·（驻马店市）·新蔡县·裳村乡

【出处】刘义（76 岁，农民）讲，刘国富采录，龚国强采录整理：《盘古开天地的来历》（1987. 09. 05），见张振犁编著《中原神话通鉴》（第一卷），郑州：河南大学出版社 2017 年版，第 25 页。

W0721.3.9.4a.1

世界卵蛋黄中生盘古

实 例

汉族 古昔通天下唯似一大鸡卵。卵黄中孵出盘古。

【流传】（浙江省东部一带）

【出处】

(a) 《浙东神话》，载《民间文学》1986年第11期。

(b) 《盘古王开天》，见袁珂《中国神话大词典》，北京：华夏出版社2015年版，第390页。

W0721.3.9.5

天地生的卵生盘古

实 例

苗族 天地生蛋，蛋孕育盘古。

【流传】 贵州省·（黔东南苗族侗族自治州）·岑巩县

【出处】 武生整理：《盘古开天地》，见本县编委会编《中国民间文学集成贵州省岑巩县故事卷》，内部编印。

W0721.3.9.6

与卵生盘古有关的其他母题

实 例

（参见下级母题实例）

W0721.3.9.6.1

盘古啄破蛋壳而生

实 例

汉族 盘古在蛋里渐渐大起来，用嘴把蛋壳慢慢啄破，就生出来。

【流传】 浙江省·（绍兴市）·绍兴县·樊江乡·后堡（今绍兴市·越城区·皋埠镇·后堡村）

【出处】 胡大阿珍讲，柳坚明采录：《盘古开天辟地》，见中国民间文学集成全国编辑委员会编《中国民间故事集成》（浙江卷），北京：中国ISBN中心1997年版，第15页。

W0721.3.9.6.1a

盘古用脚蹬破蛋壳出生

实 例

汉族 盘古在混混沌沌的大鸡蛋中睡了一万八千年后，活动筋骨，脚腿一蹬，大鸡蛋就被蹬碎了。

【流传】 河南省·济源市·（城关）

【出处】 程玉林讲，缪华、胡佳作采录：《盘古寺》，见张振犁编著《中原神话通鉴》（第一卷），郑州：河南大学出版社2017年版，第3页。

W0721.3.9.6.2

开天的远古生的卵孵出盘古

实 例

汉族 远古开天失败，体内排出只大卵，孵成盘古。

【流传】浙江省·丽水（丽水市）

【出处】邹瑾讲述、唐宗龙采录：《远古和盘古》，见中国民间文学集成全国编辑委员会编《中国民间故事集成》（浙江卷），北京：中国 ISBN 中心 1997 年版，第 16 页。

W0721. 3. 9. 6. 2a

世界最早的巨人远古生的卵孵出盘古

实　例

汉族 世界上最早出现的巨人是远古。远古不能开辟天地，只好运用丹田气血，凝聚成一团血块。不久，就从体内排出一个大卵。远古排出大卵后，他就把大卵紧捂在胸腹，三日三，九日九，那大卵里竟孵化出一个巨人，这巨人就是盘古。

【流传】浙江省·丽水市

【出处】邹瑾讲，唐宗龙搜集整理：《远古和盘古》，见姚宝瑄主编《中国各民族神话》（汉族），太原：山西出版传媒集团·书海出版社 2014 年版，第 8 页。

W0721. 3. 9. 6. 3

鸡蛋生盘古

【关联】［W0721. 4. 6. 1］盘古在大鸡蛋中变成人

实　例

汉族 盘古没爹没娘，是从一个大鸡蛋里生出来的。

【流传】河南省·济源市·郊区

【出处】程玉林讲，缪华采录：《开天辟地》，见中国民间文学集成全国编辑委员会编《中国民间故事集成》（河南卷），北京：中国 ISBN 中心 2001 年版，第 3 页。

W0721. 3. 9. 6. 3. 1

鸡蛋黄里头孵出盘古

实　例

汉族 鸡子黄里头孵出个盘古。

【流传】浙江省·（金华市）·东阳县（东阳市）·青联乡·雅坑村

【出处】张宣元讲，周耀明采录：《盘古开天》，见中国民间文学集成全国编辑委员会编《中国民间故事集成》（浙江卷），北京：中国 ISBN 中心 1997 年版，第 15 页。

汉族 以前的世界像鸡蛋。大鸡子里头是鸡子黄，中间是鸡子清，外头包着个石硬古硬的鸡子壳。鸡子黄里头孵出个盘古。

【流传】浙江省·（金华市）·东阳县

【出处】

（a）张宣元讲，周耀明搜集整理：《盘古王开天》，载《民间文学》1986 年第 11 期。

（b）同（a），见姚宝瑄主编《中国各民族神话》（汉族），太原：山西出版传媒集团·书海出版社 2014 年版，第 6 ~7 页。

W0721.3.9.6.3.2

混沌的鸡蛋中生盘古

实 例

汉族 盘古没有爹，也没有娘。他是从一个混混沌沌的大鸡蛋里生出来的。

【流传】 河南省

【出处】 程玉林讲述，缪华、胡佳作搜集整理：《九重天的来历》，原载张振犁、程健君合编《中原神话专题资料》，见陶阳、钟秀编《中国神话》（上），北京：商务印书馆2008年版，第19~21页。

汉族 盘古没有爹，也没有娘。他是从一个混混沌沌的大鸡蛋里生出来的。

【流传】 河南省尾山一带

【出处】 程玉林讲，缪华、胡佳作搜集整理：《盘古寺》，原载张振犁、程健君编《中原神话专题资料》，见姚宝瑄主编《中国各民族神话》（汉族），太原：山西出版传媒集团·书海出版社2014年版，第4~6页。

W0721.3.9.6.3.3

黑暗混沌的鸡蛋中孵出盘古

实 例

汉族 人类的老祖宗盘古，这个巨大无比的巨人，就孕育在这黑暗混沌的大鸡蛋里。

【流传】（无考）

【出处】 袁珂译述：《盘古开天辟地》，原载袁珂编译《中国神话故事》，见陶阳、钟秀编《中国神话》（上），北京：商务印书馆2008年版，第7~8页。

W0721.3.9.6.3.4

混沌的大鸡蛋生盘古

实 例

汉族 盘古是从一个混混沌沌的大鸡蛋里生出来的。

【流传】 河南省·济源市·（城关）

【出处】 程玉林讲，缪华、胡佳作采录：《盘古寺》，见张振犁编著《中原神话通鉴》（第一卷），郑州：河南大学出版社2017年版，第3页。

W0721.3.9.6.3.5

像鸡蛋的宇宙卵生盘古

实 例

汉族 很早的时候，天地还没有分开，整个宇宙像一个大鸡蛋，盘古就睡在这个大鸡蛋里。

【流传】 河南省·（焦作市）·武陟县·阳城乡·南关村

【出处】 王百贞（1907年生）讲，王广先采录整理：《盘古开天辟地》，见张振犁编著《中原神话通鉴》（第一卷），郑州：河南大学出版社2017年版，第17~18页。

W0721. 3. 9. 6. 4
见风就长的蛋生盘古

实 例

苗族 见风就长的蛋中生盘古。

【流传】（无考）

【出处】袁玉芬（苗）讲：《盘古开天地》，见燕宝等：《贵州神话传说》，贵阳：贵州人民出版社 1997 年版，第 5 页。

W0721. 3. 9. 6. 5
石鼓中孕生盘古

实 例

汉族 无天无地时，只有个石鼓，里面团着盘古。

【流传】浙江省·（金华市）·兰溪（兰溪市）

【出处】王阿英讲述、蔡斌采录：《石鼓响，天地开》，见中国民间文学集成全国编辑委员会编《中国民间故事集成》（浙江卷），北京：中国 ISBN 中心 1997 年版，第 16 页。

W0721. 3. 9. 6. 6
黑色的卵生盘古

实 例

汉族 不知道过了几多时，几多日，宇宙中的黑乎乎的像鸡蛋卵似的东西生盘古。

【流传】河南省·汝州市薛庄乡·徐洼村

【出处】王欢进采录：《盘古创世》（1989. 10. 07），见张振犁编著《中原神话通鉴》（第一卷），郑州：河南大学出版社 2017 年版，第 23 页。

W0721. 3. 10
特定人物生的卵生盘古

实 例

（参见下级母题实例）

W0721. 3. 10. 1
修狃老公公生的修狃蛋生盘古

实 例

苗族 最初出现的修狃老公公（神性人物）生的修狃蛋，在那最初古时候，幸得有那乌云孵，来孵远古修狃蛋，翻去翻来孵抱着，孵呀抱呀太久了，蛋壳变成打火石，蛋中黑影蠕蠕动，生出一个高脚崽（盘古）。

【流传】原文无流传地，据文本及注释推测该神话流传于贵州省·黔东南苗族侗族自治州·凯里市、台江县等地。

【出处】张启庭、张荣光、张正玉、张启德演唱，张明搜集，燕宝整理译注：《创造宇宙·开天辟地》，见贵州省少数民族古籍整理出版规划小组办公室编，燕宝整理译注《苗族古歌》，贵阳：贵州民族出版社 1993 年版，第 17 ~ 19 页。

W0721.3.11

光生盘古

【关联】

①［W0029.5］光生神

②［W2215］光生人

实　例

（实例待考）

W0721.3.12

与生育盘古有关的其他母题

实　例

（参见下级母题实例）

W0721.3.12.1

孕生盘古用了1万8千年

实　例

侗族 盘古的出生是“混沌不分日月久，经过一万八千春”。

【流传】（无考）

【出处】秦廷锡编著：《北侗民歌》，见《黎平县政协文史资料》第3集，内部编印，2008年。

W0721.3.12.2

盘古是灵胎

实　例

汉族 盘古灵胎怀了一万八千年。

【流传】湖南省·（衡阳市）·衡山县

【出处】彭祥三讲，彭玉成采录：《盘古与衡山》，见中国民间文学集成全国编辑委员会编《中国民间故事集成》（湖南卷），北京：中国ISBN中心2002年版，第4页。

W0721.3.12.3

盘古出生用了49天

实　例

汉族 大鸡蛋的蛋黄孕育盘古。盘古在蛋中拳打脚踢、嘴啄肩拱地四处乱冲乱砸，一连闹了七七四十九日，把个鸡子壳砸了个稀烂，鸡子清和鸡子黄都流出来，盘古走出了蛋壳。

【流传】浙江省·（金华市）·东阳县

【出处】

（a）张宣元讲，周耀明搜集整理：《盘古王开天》，载《民间文学》1986年第11期。

（b）同（a），见姚宝瑄主编《中国各民族神话》（汉族），太原：山西出版传媒集团·书海出版社2014年版，第6～7页。

W0721.3.12.4

盘古再度转世

实　例

汉族 盘古开天以后，天又塌了几次。他东补西填，累死了。盘古再度转世。

【流传】河南省·（信阳市）·商城县·汪桥乡

【出处】曹元凯（66岁，农民）讲，朱大应采录：《撒雪补北天》

(1989. 08)，见张振犁编著《中原神话通鉴》(第一卷)，郑州：河南大学出版社 2017 年版，第 41 页。

W0721. 3. 12. 5

母亲怀孕盘古用了 2 个 13 年

实 例

汉族 盘古再度转世时，母亲整整怀了十三年，还没能把他生下来。又过了十三年，母亲急了，才出生。

【流传】河南省·（信阳市）·商城县·汪桥乡

【出处】曹元凯（66 岁，农民）讲，朱大应采录：《撒雪补北天》(1989. 08)，见张振犁编著《中原神话通鉴》(第一卷)，郑州：河南大学出版社 2017 年版，第 41 页。

W0721. 3. 12. 6

盘古从特殊的地方出生

实 例

(参见下级母题实例)

W0721. 3. 12. 6. 1

盘古从母亲的腋窝方出生

实 例

汉族 母亲生盘古时，盘古碰断了他娘三根肋巴骨，从胳肢窝里跳了出来。

【流传】河南省·（信阳市）·商城县·汪桥乡

【出处】曹元凯（66 岁，农民）讲，朱大应采录：《撒雪补北天》(1989. 08)，见张振犁编著《中原神话通鉴》(第一卷)，郑州：河南大学出版社 2017 年版，第 41 页。

W0721. 3. 12. 7

盘古出生时有异常现象

实 例

(参见下级母题实例)

W0721. 3. 12. 7. 1

盘古出生时天崩地裂

实 例

白族 天崩地裂后，盘古、盘生才又出来。

【流传】云南省·（大理白族自治州）·大理（大理市）、洱源（洱源县）、剑川（剑川县）等地

【出处】杨国政讲，杨亮才记录整理：《开天辟地》，原载《云南民间故事选》(不详)，见姚宝瑄主编《中国各民族神话》(白族、拉祜族、景颇族)，太原：山西出版传媒集团·书海出版社 2014 年版，第 5 页。

W0721. 4

盘古是变化产生的

实 例

(参见下级母题实例)

W0721.4.1

特定的人物化为盘古

实 例

（参见下级母题实例）

W0721.4.1.1

女性神性人物变成盘古

实 例

（参见下级母题实例）

W0721.4.1.1.1

江沽化为盘古

【关联】［W0725.6.6.1］张古和盘古

实 例

（参见下级母题实例）

W0721.4.1.1.1.1

江沽出世后吸气喝水变成盘古

实 例

汉族 江沽（又称江姑，女性神性人物）出世就吸气喝水，转化为盘古。

【流传】 湖北省·神农架（神农架林区）·松柏镇·堂房村

【出处】 曹良坤讲，胡崇峻采录：《江沽养天育地》，见中国民间文学集成全国编辑委员会编《中国民间故事集成》（湖北卷），北京：中国 ISBN 中心 1999 年版，第 3 页。

W0721.4.2

动物变成盘古

实 例

（参见下级母题实例）

W0721.4.2.1

猿变成盘古

【关联】［W0725.2.0.1］2 只猿变成盘古兄妹

实 例

汉族 两只猿变成了一对男女。这就是盘古兄妹。

【流传】 河南省·南阳（南阳市）

【出处】 丁严冰、马利达整理：《盘古：万代神话出南阳》（桐柏网）

W0721.4.3

植物变成盘古

实 例

（参见下级母题实例）

W0721.4.3.1

蟠桃变成盘古

【关联】［W0722.5.5.1］盘古的原形是蟠桃

实 例

侗族 盘古原是蟠桃成，昆多崩婆他化身。

【流传】（无考）

【出处】 秦廷锡：《开天辟地盘古氏》，

原载黎平县政协编：《社会主义新农村建设与文化遗产保护论文集》，见《黎平县政协文史资料》第 3 集，内部编印，2008 年。

W0721. 4. 4
自然物变成盘古

实 例

（实例待考）

W0721. 4. 4. 1
云变成盘古

实 例

瑶族 （实例待考）

W0721. 4. 5
其他特定物变成盘古

实 例

（实例待考）

W0721. 4. 6
与变化产生盘古有关的其他母题

实 例

（参见下级母题实例）

W0721. 4. 6. 1
盘古在大鸡蛋中变成人

实 例

汉族 盘古从大鸡蛋中变成人。

【流传】河南省 · 济源市

【出处】程玉林讲：《开天辟地》，见中国民间文学集成全国编辑委员会编《中国民间故事集成》（河南卷），北京：中国 ISBN 中心 2001 年版，第 3 ~4 页。

W0721. 4. 6. 2
盘古慢慢变成人形

实 例

（参见下级母题实例）

W0721. 4. 6. 2. 1
盘古经 1 万 2 千年变成人形

实 例

汉族 盘古到 1 万 2 千年时，慢慢化成人形。

【流传】湖北省 · 黄冈县（黄冈市）·（团风县）· 马庙（马庙镇）

【出处】周海山讲，徐再跃采录：《盘古斩蟒开天地》，见中国民间文学集成全国编辑委员会编《中国民间故事集成》（湖北卷），北京：中国 ISBN 中心 1999 年版，第 5 页。

W0721. 4a
盘古是化生的（化生盘古）

实 例

（参见下级母题实例）

W0721. 4a. 1
气的精华化为盘古

实 例

汉族 （实例待考）

W0721.4a.2

龙血与天精与地灵化生盘古

实 例

汉族 长成五龙形的山流出血水，血水聚天精和地灵，在水上结的胞胎长成盘古。

【流传】湖北省·神农架（神农架林区）

【出处】《黑暗传》，见陶阳、钟秀《中国创世神话》，上海：上海人民出版社1993年版，第49页。

W0721.4a.2.1

昆仑山五龙的血与天精与地灵化生盘古

【关联】［W0721.3.5a.1］昆仑山生盘古

实 例

汉族 昆仑山长成五龙形，嘴唇流血水，聚会天精与地灵，结个胞胎，长成盘古。

【流传】鄂西（湖北省西部地区）

【出处】刘守华：《鄂西古神话的新发现——神农架神话历史叙事歌〈黑暗传〉初评》，见中国少数民族文学学会编《神话新探》，贵阳：贵州人民出版社1986年版，第229页。

W0721.4a.3

龙的血化生盘古

【关联】［W2388.2］血化生人

实 例

（参见下级母题实例）

W0721.4a.3.1

龙吐的鲜血孕出盘古

实 例

汉族 龙吐的鲜血孕出盘古。

【流传】（无考）

【出处】高明强编《创世的神话和传说》，上海：上海三联书店1988年版，第4页。

W0721.4a.4

龙血和海水化生盘古

实 例

（参见下级母题实例）

W0721.4a.4.1

昆仑山五龙的血水和东海水孕出盘古

实 例

汉族 昆仑山五龙的血水和东海之水孕出盘古。

【流传】湖北省神农架林区一带

【出处】《黑暗传》，见陶阳、牟钟秀著《中国创世神话》，上海：上海人民出版社2006年版，第35页。

W0721. 4a. 5

与变化产生盘古有关的其他母题

【关联】［W0721. 3. 9. 0. 5］混沌卵的胚胎变成盘古

实 例

（实例待考）

W0721. 4b

盘古是婚生的（婚生盘古）

实 例

（参见下级母题实例）

W0721. 4b. 1

天地婚生盘古

实 例

汉族 （实例待考）

W0721. 4b. 1. 1

天地交合孕育盘古

实 例

汉族 天地交合，孕育了盘古。

【流传】浙江省·（衢州市）·江山（江山市）

【出处】吴土讲述、江都采录：《盘古开天辟地》，见中国民间文学集成全国编辑委员会编《中国民间故事集成》（浙江卷），北京：中国 ISBN 中心 1997 年版，第 16 页。

W0721. 4b. 1. 2

天地婚后地母生盘古

【关联】［W0721. 3. 6. 1］地母生盘古

实 例

汉族 天地结婚后地母生盘古。

【流传】湖南省·常德县（常德市）·（鼎城区）·灌溪乡（灌溪镇）

【出处】唐万顺讲，唐孟元采录：《盘古开天辟地》，见中国民间文学集成全国编辑委员会编《中国民间故事集成》（湖南卷），北京：中国 ISBN 中心 2002 年版，第 3 页。

W0721. 4c

盘古是感生的（感生盘古）

实 例

（参见下级母题实例）

W0721. 4c. 1

特定的人感生盘古

实 例

瑶族 （参见“W0721. 3. 6a. 1 云变成的女子感青草生盘古王”母题实例）

W0721. 5

与盘古产生有关的其他母题

实 例

（参见下级母题实例）

W0721.5.1

盘古产生的原因

实　例

（实例待考）

W0721.5.2

盘古产生的时间

实　例

（参见下级母题实例）

W0721.5.2.0

盘古产生在天地未分时

实　例

汉族 天地未分时，有个叫盘古的神人。

【流传】河南省·（南阳市）·桐柏县·二郎山乡·黄楝沟

【出处】刘国山讲，马卉欣采录：《开天辟地》，见中国民间文学集成全国编辑委员会编《中国民间故事集成》（河南卷），北京：中国 ISBN 中心 2001 年版，第 3 页。

汉族 很早以前天地没分时，天上有个叫盘古的大神。

【流传】河南省·（南阳市）·桐柏县·（安棚乡、固县镇、大河乡、二郎山乡、月河镇金桥村等地）；湖北省·随州市·随县·小林镇

【出处】姚义雨、郑昌寿、黄发美、陈鸣声、刘太举、胡安辰、方家义、曹衔玉等讲，马卉欣采录整理：《盘古开天》，见张振犁编著《中原神话通鉴》（第一卷），郑州：河南大学出版社 2017 年版，第 56 页。

W0721.5.2.1

盘古产生在混沌初开时

实　例

土家族 混沌初开时，盘古产生。

【流传】（无考）

【出处】《创世歌》，见长阳土家族网：http：//www.cy - tujia.com/list _ body.php? id = 172&news _ par _ id，2005.12.14。

W0721.5.2.1a

盘古产生在混沌之初

实　例

汉族 盘古氏，人祖也。生于混沌之初，鸿蒙未判之先。

【流传】（无考）

【出处】［明］谏议大夫左长史翰林检讨马政撰：《盘古碑记》（弘治十七年岁在甲子春正月丁丑）。

W0721.5.2.2

盘古产生在天地分开之后

实　例

侗族 天地分开后，地上没有万物。又过了好久，才生出了个盘古（人的始祖）。

【流传】贵州省·（黔东南苗族侗族自治州）·从江县·高增公社（高增乡）

【出处】梁普安等讲，龙玉成采录：《古老和盘古》见中国民间文学集成全国编辑委员会编《中国民间故事集成》（贵州卷），北京：中国 ISBN 中心 2003 年，第 4 页。

W0721. 5. 2. 3

盘古产生在远古

实 例

苗族 远古时，出了个巨人盘古。

【流传】湖南省苗族地区

【出处】龙王六演唱，龙炳文翻译：《开天立地》，苗地根据《楚风》刊登的《苗族古歌》的第一部分《开天日立》改写，见姚宝瑄主编《中国各民族神话》（布依族、仡佬族、苗族），太原：山西出版传媒集团·书海出版社 2014 年版，第 127 页。

W0721. 5. 2. 4

盘古产生在万年前

实 例

汉族 （实例待考）

W0721. 5. 2. 5

盘古产生在洪水后

实 例

瑶族 洪水退去之后，盘古皇从天上来到地面上。

【流传】云南省

【出处】《盘古皇》，见中国社会科学院云南少数民族文学研究所等编《云南少数民族文学资料》（第 3 辑），内部编印，1981 年，第 94 页。

W0721. 5. 2. 6

盘古产生在鸿君老祖之后

实 例

土家族 鸿君老祖还在先，后出盘古分天地。

【流传】（无考）

【出处】《创世歌》，见长阳土家族网：http：//www. cy - tujia. com/list _ body. php？id = 172&news_ par_ id = 6&news_ son_ id =41，2005. 12. 14。

W0721. 5. 2. 7

盘古产生在三皇之前

实 例

汉族 盘古之后，乃有三皇。

【流传】（无考）

【出处】

(a) ［三国·吴］徐整：《三五历记》，见［唐］欧阳询《艺文类聚》卷一引。

(b) 同 (a)，见［北宋］李昉、李穆、徐铉等：《太平御览》。

(c) 同 (a)，见［清］马骕《绎史》卷一。

汉族 首生盘古，垂死化身。身之诸虫，因风所感，化为黎甿；以其首黑，谓之黔首，亦曰黔黎。其下品者，名为苍头。今人自名称黑头虫也，或为裸虫，盖盘古之后，三皇之前，皆裸形焉。

【流传】（无考）

【出处】［宋］张澡：《元气论》。

汉族 史弁三皇，书冠五帝，古今上下知有三皇五帝，而不知有盘古氏，岂荒远在所略耶！

【流传】（无考）

【出处】［明］谏议大夫左长史翰林检讨马政撰：《盘古碑记》（弘治十七年岁在甲子春正月丁丑）。

W0721.5.2.8

盘古产生在扁鼓王开天之后

【关联】

①［W0725.1.1.1］盘古王的父亲扁古王

②［W0728.3.7.2］盘古是扁古

实 例

汉族 很久以前，扁鼓王刚刚开天，盘古王还没出世，天上还没星星，地上也没柴草，莫讲没有人种，便连王母娘娘在天庭，也还流着鼻涕。

【流传】浙江省·（丽水市）·缙云县一带

【出处】上官旭昌讲，上官新友搜集整理：《扁鼓王劈地》（1985），见姚宝瑄主编《中国各民族神话》（汉族），太原：山西出版传媒集团·书海出版社2014年版，第18～20页。

W0721.5.2.9

盘古之前有个远古

【关联】［W0725.6.7.1.2］远古又称扁古

实 例

汉族 盘古之前，有个远古。

【流传】浙江省·丽水（丽水市）

【出处】邹瑾讲述、唐宗龙采录：《远古和盘古》，见中国民间文学集成全国编辑委员会编《中国民间故事集成》（浙江卷），北京：中国ISBN中心1997年版，第16页。

W0721.5.2.10

盘古产生最早

【关联】［W0723.3.7］盘古是世上第一人

实 例

（参见下级母题实例）

W0721.5.2.10.1

世界上盘古氏最早产生

实 例

汉族 首出御世，曰盘古氏。

【流传】（无考）

【出处】［清］张玉书、陈廷敬等：《康熙字典》。

W0721. 5. 3

盘古的生日

【关联】［W1401. 1］盘古出世时天地相连

实 例

（参见下级母题实例）

W0721. 5. 3. 1

盘古生日是农历三月初三

实 例

汉族 农历三月初三，是盘古爷的诞辰。

【流传】河北省·（沧州市）·青县

【出处】《盘古诞辰与升天日》，见中国民间文学集成全国编辑委员会编《中国民间故事集成》（河北卷），北京：中国 ISBN 中心 2003 年版，第 3 页。

W0721. 5. 3. 2

盘古生日是农历十月十六日

实 例

南方民族 荆湖南以十月十六日为盘古生辰。有初地皇氏，初人皇氏。

【流传】（无考）

【出处】［清］陈梦雷原编，蒋廷锡重编：《古今图书集成·岁功典》卷八十三引《补衍开辟》。

瑶族 盘王生日为农历十月十六日，届时，瑶族要举行隆重的“祭盘王”活动，家家杀牲，酿酒，打粑粑，胜似过年，齐集盘王庙，举行祭祀。

【流传】（中国南方地区）

【出处】《盘瓠》，见乌丙安主编《中国民间神谱》，沈阳：辽宁人民出版社 2007 年版，第 65 页。

W0721. 5. 3. 2. 1

盘古氏生日是农历十月十六

实 例

汉族 今赣之会昌有盘古山，本盘固名。其湘乡有盘古保，而雩都有盘古祠，盘固之谓也。成都、淮安、京兆皆有庙祀。荆湖南北今以十月十六日为盘古氏生日。

【流传】（会昌）

【出处】［南宋］罗泌：《路史·前纪一》注。

汉族 天人诞降大圣。曰浑敦氏，即盘古氏，荆湖南以十月十六日为生辰。

【流传】（无考）

【出处】［明］周游：《开辟衍绎》附录《乩仙天地判说》。

W0721. 5. 4

盘古产生的地点

实 例

（参见下级母题实例）

W0721. 5. 4. 1

盘古来源于东方

实 例

苗族 那个盘古老公公，他从东方走过来，带来一把好斧子，来劈两块薄板儿。

【流传】原文无流传地，据文本及注释推测该神话流传于贵州省·黔东南苗族侗族自治州·凯里市、台江县等地。

【出处】张启庭、张荣光、张正玉、张启德演唱，张明搜集，燕宝整理译注：《创造宇宙·开天辟地》，见贵州省少数民族古籍整理出版规划小组办公室编，燕宝整理译注《苗族古歌》，贵阳：贵州民族出版社 1993 年版，第 27 ~ 28 页。

W0721.5.4.2

盘古出生在王屋山东面的山上

实 例

汉族 盘古出生在王屋山的东边的一座山上。

【流传】河南省·济源市·郊区

【出处】程玉林讲，缪华采录：《开天辟地》，见中国民间文学集成全国编辑委员会编《中国民间故事集成》（河南卷），北京：中国 ISBN 中心 2001 年版，第 3 页。

汉族 王屋山东边有座高山，是盘古出世的地方。

【流传】河南省

【出处】程玉林讲述，缪华、胡佳作搜集整理：《九重天的来历》，原载张振犁、程健君合编《中原神话专题资料》，见陶阳、钟秀编《中国神话》（上），北京：商务印书馆 2008 年版，第 19 ~ 21 页。

汉族 王屋山东边有座山，据说，这座高山就是盘古出世的地方。

【流传】河南省尾山一带

【出处】程玉林讲，缪华、胡佳作搜集整理：《盘古寺》，原载张振犁、程健君编《中原神话专题资料》，见姚宝瑄主编《中国各民族神话》（汉族），太原：山西出版传媒集团·书海出版社 2014 年版，第 4 ~ 6 页。

W0721.5.4.3

盘古出生在王屋山东边山腰的盘古寺上

实 例

汉族 王屋山东边半山腰有座“盘古寺”，是盘古出生的地方。

【流传】河南省·济源市·（城关）

【出处】程玉林讲，缪华、胡佳作采录：《盘古寺》，见张振犁编著《中原神话通鉴》（第一卷），郑州：河南大学出版社 2017 年版，第 3 页。

W0721.5.5

盘古产生的同源人物

实 例

（参见下级母题实例）

W0721.5.5.1

盘古与玉皇同时生出

实 例

瑶族 当初未能有天地，未有日月及乾坤，先有玉皇共盘古，我（盘古）共玉皇同出身，我俩不是爷娘养，五色浮云生我身。

【流传】（无考）

【出处】瑶族民歌，潘雁飞：《一个民族智慧而坚忍的心路历程——瑶族〈盘王歌〉的一种文化诠读方式》，载《零陵师范高等专科学校学报》2000年第2期。

W0721.5.5.2

盘古与九天女同时产生

实 例

瑶族 盘古和九天女原是两片紫云，相遇后变成1男1女，即是盘古和九天女。

【流传】广西壮族自治区·（百色市）·西林县

【出处】《盘古造天地》，见《中国各民族宗教与神话大词典》编审委员会编《中国各民族宗教与神话大词典》，北京：学苑出版社1990年版，第654页。

W0721.5.5.3

盘古与地母同时产生

实 例

汉族 混沌卵中的两种元气各自结成精华，生盘古和地母。

【流传】浙江省·（温州市）·苍南县·南宋乡

【出处】林道进讲，林子周采录：《天公地母开天地》，见中国民间文学集成全国编辑委员会编《中国民间故事集成》（浙江卷），北京：中国ISBN中心1997年版，第19页。

W0722

盘古的特征

实 例

（参见下级母题实例）

W0722.1

盘古的身高

实 例

（参见下级母题实例）

W0722.1.0

盘古身高8尺（盘古身高八尺）

实 例

汉族 混沌里住着阴阳两大族。其中，阳族首领盘古，龙头人身，高八尺，力大无穷。

【流传】浙江省·（宁波市）·宁海县·（西店镇）·紫江村

【出处】邬荣绍讲，邬为国搜集整理：《盘古开天辟地》（1987），见姚宝瑄主编《中国各民族神话》（汉族），太原：山西出版传媒集团·书海出版社 2014 年版，第 11 ~ 12 页。

W0722.1.1

盘古身高 1 丈 2 尺 5 寸（盘古身高一丈二尺五）

【关联】［W1332.8.5.1］盘古用头上长出的 4 个枝杈的长角支天不成功

实 例

汉族 盘古在天地浑沌中，天日高一丈，地日厚一丈，盘古亦长一丈，如此万八千年，然后天地开辟。

【流传】（无考）

【出处】［唐］释澄观：《大方广佛华严经随疏演义钞》卷四二引《三王历》。

土家族 混沌初开时，出现了盘古，浑身一丈二尺五。

【流传】（无考）

【出处】《创世歌》，见长阳土家族网：http://www.cy-tujia.com/list_body.php?id=172&news_par_id，2005.12.14。

W0722.1.2

盘古身高 1 丈 8 尺（盘古身高一丈八）

实 例

白族 盘古死时，身长足有一丈八尺。

【流传】 云南省·（大理白族自治州）·大理县（大理市）、洱源县、剑川县

【出处】 杨国政讲述，杨亮才记录：《盘古开天辟地》，原载李缵绪主编《白族神话传说集成》，见陶阳、钟秀编《中国神话》（上），北京：商务印书馆 2008 年版，第 13 ~ 18 页。

白族 盘古死时，身长足有一丈八尺。

【流传】 云南省·（大理白族自治州）·大理（大理市）、洱源（洱源县）、剑川（剑川县）等地

【出处】 杨国政讲，杨亮才记录整理：《开天辟地》，原载《云南民间故事选》（不详），见姚宝瑄主编《中国各民族神话》（白族、拉祜族、景颇族），太原：山西出版传媒集团·书海出版社 2014 年版，第 6 页。

W0722.1.3

盘古身高 3 丈 6 尺（盘古身高三丈六）

实 例

（参见下级母题实例）

W0722.1.3.1

盘古身高三丈六，腰围九抱粗，肚子赛蒸笼

实 例

侗族 盘古身高粗大三丈六，腰围九抱还要粗，肚比蒸笼还要大。

【流传】（无考）

【出处】《开天辟地盘古氏》，原载秦廷锡编著《北侗民歌》，见《黎平县政

协文史资料》第 3 集，内部编印，2008 年。

W0722. 1. 4

盘古身高 9 万里

实 例

汉族 盘古的身高 9 万里。

【流传】黑龙江省·（哈尔滨市）·通河县·通河镇

【出处】张建恒讲，张景义采录：《盘古开天辟地》，见中国民间文学集成全国编辑委员会编《中国民间故事集成》（黑龙江卷），北京：中国 ISBN 中心 2005 年版，第 3 页。

汉族 盘古的身子有九万里。

【流传】（无考）

【出处】袁珂译述：《盘古开天辟地》，原载袁珂编译《中国神话故事》，见陶阳、钟秀编《中国神话》（上），北京：商务印书馆 2008 年版，第 7 ~ 8 页。

汉族 盘古最后长了多高呢？据说是九万里，正好是天与地的距离。

【流传】河南省·新乡市

【出处】马如心（50 岁）讲，马安中采录整理：《盘古开天地》（1986. 08），见张振犁编著《中原神话通鉴》（第一卷），郑州：河南大学出版社 2017 年版，第 16 页。

汉族 盘古身高增加到九万里，把天顶得极高，把地踏得极厚。从此天地再也合不上了。

【流传】河南省·（驻马店市）·新蔡县·裳村乡

【出处】刘义（76 岁，农民）讲，刘国富采录，龚国强采录整理：《盘古开天地的来历》（1987. 09. 05），见张振犁编著《中原神话通鉴》（第一卷），郑州：河南大学出版社 2017 年版，第 25 页。

W0722. 1. 4. 1

盘古身长 9 万里，身宽 9 万里

实 例

汉族 盘古身长 9 万里，身宽也是 9 万里。

【流传】山东省·（济宁市）·梁山县·（韩垓镇）·开河东村

【出处】刘建山讲，樊兆阳采录：《盘古开天地》，见中国民间文学集成全国编辑委员会编《中国民间故事集成》（山东卷），北京：中国 ISBN 中心 2007 年版，第 3 页。

W0722. 1. 4. 2

盘古经 1 万 8 千年身高长到 9 万里

实 例

汉族 盘古在天地间，每天长高一丈，过了一万八千年，长成身高九万里的巨人，顶天立地，独一无二。

【流传】江苏省·（淮安市）·涟水县·南集乡·禹庄村

【出处】徐学尧讲，徐省生搜集整理：《世界的由来》（1983），见姚宝瑄主编《中国各民族神话》（汉族），太原：山西出版传媒集团·书海出版社2014年版，第24~28页。

W0722.1.4.2.1

盘古撑天经1万8千年身高长到9万里

实 例

汉族 盘古撑天时，过了一万八千年，盘古长成了一个高九万里的巨人。

【流传】河南省·济源市·（城关）

【出处】程玉林讲，缪华、胡佳作采录：《盘古寺》，见张振犁编著《中原神话通鉴》（第一卷），郑州：河南大学出版社2017年版，第3页。

W0722.1.4a

盘古身高几万里

实 例

汉族 盘古的身体有几万里长，站在天地中间。

【流传】浙江省·（温州市）·永嘉县各地

【出处】陈仁讲，谢圣铎搜集整理：《盘古开天地》（1985），见姚宝瑄主编《中国各民族神话》（汉族），太原：山西出版传媒集团·书海出版社2014年版，第13~14页。

W0722.1.5

盘古如天高

实 例

（参见下级母题实例）

W0722.1.5.1

盘古站着齐天高，躺下与地长

实 例

汉族 盘古站着齐天高，躺下地样长。

【流传】浙江省·湖州市·镇西乡·赵家坪（疑为赵家村）

【出处】冯雨轩讲，钟铭采录：《华胥补天》，见中国民间文学集成全国编辑委员会编《中国民间故事集成》（浙江卷），北京：中国ISBN中心1997年版，第18页。

W0722.1.6

盘古极长

实 例

汉族 天数极高，地数极深，盘古极长。

【流传】（无考）

【出处】

(a)［三国·吴］徐整：《三五历记》，见［唐］欧阳询《艺文类聚》卷一。

(b) 同(a)，见［北宋］李昉、李穆、徐铉等：《太平御览》。

(c) 同(a)，见［清］马骕《绎史》

卷一。

W0722. 2

盘古的外形（盘古的外貌，盘古的体征）

实 例

（参见下级母题实例）

W0722. 2. 1

盘古的奇特外形

实 例

（参见下级母题实例）

W0722. 2. 1. 0

盘古龙首人身

实 例

汉族 盘古龙首人身。

【流传】（无考）

【出处】［宋］罗泌：《路史》引《地理坤鉴》。

汉族 天人诞降大圣。曰浑敦氏，即盘古氏，初天皇氏也。龙首人身。

【流传】（无考）

【出处】［明］周游：《开辟衍绎》附录《乩仙天地判说》。

汉族 盘古龙首人身好威风。

【流传】（无考）

【出处】陶阳根据《黑暗传》资料重述：《盘古老祖是龙之子》，见陶阳、钟秀编《中国神话》（中），北京：商务印书馆 2008 年版，第 539 ~ 540 页。

W0722. 2. 1. 0a

盘古人首龙身

实 例

汉族 盘古龙身人首。

【流传】（无考）

【出处】［唐］释澄观：《大方广佛华严经随疏演义钞》卷四二引《三王历》。

W0722. 2. 1. 1

盘古龙头蛇身（盘古龙首蛇身）

实 例

汉族 盘古之君，龙首蛇身，嘘为风雨，吹为雷电，开目为昼，闭目为夜。

【流传】（无考）

【出处】［明］董斯张：《广博物志》卷九引《五运历年纪》。

汉族 盘古是个龙头蛇身的神。

【流传】四川省・巴县（今重庆市・巴南区）

【出处】《盘古王造天地》，见李子硕《民间故事集成》（重庆巴县），内部编印，1989 年，第 2 页。

W0722. 2. 1. 1. 1

盘古王龙头蛇身

实 例

汉族 盘古王生着龙的脑壳、蛇的身子。

【流传】四川省·巴县（今重庆市·巴南区）

【出处】王国珍讲，罗桂英采录：《盘古开天地》，见中国民间文学集成全国编辑委员会编《中国民间故事集成》（四川卷·上），北京：中国 ISBN 中心 1998 年版，第 22 页。

汉族 盘古王是个龙脑壳蛇身子的神。

【流传】四川省·巴县（今重庆市·巴南区）

【出处】王国珍讲，罗桂英记录，金祥度搜集整理：《盘古王造天地》（1988.01），见姚宝瑄主编《中国各民族神话》（汉族），太原：山西出版传媒集团·书海出版社 2014 年版，第 29～30 页。

W0722.2.1.1.2

盘古为顶天变成龙头蛇身

实 例

汉族 盘古新开辟出来的天地不稳定，天会晃荡，地会震动。盘古的头、身腰、肢腿都要适应天地的晃动不断地扭来曲去，盘古的模样慢慢地走形改相了，他的头变成长有两角八杈的“龙头”，那五大三粗的身躯，也成了能盘绕旋转的“蛇身”，就这样，盘古成了“龙头蛇身”的长相。

【流传】浙江省·（丽水市·莲都区·万象街道）·刘祠堂背

【出处】孙华仙讲，唐宗龙搜集整理：《盘古造化天地》（1963），见姚宝瑄主编《中国各民族神话》（汉族），太原：山西出版传媒集团·书海出版社 2014 年版，第 9～10 页。

W0722.2.1.2

盘古牛头马面龙身

实 例

汉族 盘古是牛头马面龙身子。

【流传】湖南省·（怀化市）·洪江市·贮木场

【出处】向培风讲，向艺采录：《盘古开天辟地》，见中国民间文学集成全国编辑委员会编《中国民间故事集成》（湖南卷），北京：中国 ISBN 中心 2002 年版，第 3 页。

W0722.2.1.3

盘古三头六臂两角

实 例

（参见下级母题实例）

W0722.2.1.3.1

盘古三头六臂

【关联】［W0073.3.1］神有三头六臂

实 例

汉族 盘古三头六臂两角。

【流传】浙江省·（金华市）·兰溪（兰溪市）

【出处】王阿英讲述、蔡斌采录：《石鼓响，天地开》，见中国民间文学集成全国编辑委员会编《中国民间故事集成》（浙江卷），北京：中国 ISBN 中心 1997 年版，第 16 页。

汉族 石鼓里困着的盘古从石鼓中出来。盘古有三头六臂，还有两只角。

【流传】（无考）

【出处】王阿英讲，蔡斌搜集整理：《盘古开天地》，见姚宝瑄主编《中国各民族神话》（汉族），太原：山西出版传媒集团·书海出版社 2014 年版，第 17～18 页。

W0722. 2. 1. 4

盘古龙头蛇尾

实 例

（参见下级母题实例）

W0722. 2. 1. 4. 1

盘古是龙头蛇尾的男子

实 例

汉族 盘古有龙的头，蛇的尾，是一个男子汉。

【流传】福建省·（泉州市）·永春县（古称桃源）·蓬壶乡

【出处】林烈火讲，林绥国采录：《盘古分天地》，见中国民间文学集成全国编辑委员会编《中国民间故事集成》（福建卷），北京：中国 ISBN 中心 2008 年版，第 3 页。

W0722. 2. 1. 5

盘古人头蛇身（盘古人首蛇身）

【关联】［W0632. 1］人头蛇身之神

实 例

汉族 盘古把上面的混沌顶高了，上面越顶越高，他的腰身变得又细又长，就成为人头蛇身的模样。

【流传】浙江省·（丽水市）·景宁县（景宁畲族自治县）·（鹤溪镇）一带

【出处】潘德超讲，沈毅搜集整理：《盘扁和盘古》，见姚宝瑄主编《中国各民族神话》（汉族），太原：山西出版传媒集团·书海出版社 2014 年版，第 10～11 页。

W0722. 2. 1. 6

盘古鸡头龙身

实 例

汉族 盘古长着鸡的头，龙的身。

【流传】浙江省·（金华市）·东阳县（东阳市）

【出处】张宣元讲述，周耀明搜集整理：《盘古王开天》，载《民间文学》1986 年第 11 期。

汉族 盘古长着鸡的头，龙的身。后来人们画的雷公像，都是人的身子，鸡的头。

【流传】浙江省·（金华市）·东阳县

【出处】张宣元讲，周耀明搜集整理：《盘古王开天》，见姚宝瑄主编《中国各民族神话》(汉族),太原:山西出版传媒集团·书海出版社 2014 年版,第 6 ~7 页。

汉族 世界卵里有清、有黄、有蛋壳。里头孵出了个鸡头、龙身的盘古。

【流传】河南省·(濮阳市)·濮阳县(五星乡)·西八里庄村

【出处】魏世敏(60 岁)讲,魏盼先采录:《盘古开天》(1990.06),见张振犁编著《中原神话通鉴》(第一卷),郑州:河南大学出版社 2017 年版,第 14 页。

W0722.2.1.6.1

盘古鸡头龙身如盘龙鸡

实　例

汉族 古昔通天下唯似一大鸡卵。卵黄中孵出盘古,鸡头而龙身,状如盘龙鸡,头盘而脚跍(跍,东阳方言“蹲”之意),故曰盘古。

【流传】(浙江省东部一带)

【出处】

(a)　《浙东神话》,载《民间文学》1986 年第 11 期。

(b)《盘古王开天》,见袁珂《中国神话大词典》,北京:华夏出版社 2015 年版,第 390 页。

W0722.2.1.7

盘古奇形怪状

实　例

汉族 不知道过了几多时,几多日,宇宙中的黑乎乎的像鸡蛋卵似的东西生成了一个奇形怪状的人(盘古)。

【流传】河南省·汝州市薛庄乡·徐洼村

【出处】王欢迸采录:《盘古创世》(1989.10.07),见张振犁编著《中原神话通鉴》(第一卷),郑州:河南大学出版社 2017 年版,第 23 页。

W0722.2.2

盘古动物的头人的身体

实　例

(参见下级母题实例)

W0722.2.2.1

盘古是狮头人身

【关联】[W0633.10] 狮头人身之神

实　例

(参见下级母题实例)

W0722.2.2.1.1

盘古王是狮头人身的巨人

实　例

汉族 盘古王是一个狮头人身的巨人。

【流传】四川省·(成都市)·崇庆县(崇州市)

【出处】吴道士讲,毛甫澄采录:《盘古开天地》,见中国民间文学集成全国编辑委员会编《中国民间故事集成》

（四川卷·上），北京：中国 ISBN 中心 1998 年版，第 22 页。

W0722. 2. 2. 2

盘古龙头人身

【关联】［W0633. 4］龙头人身之神

实例

汉族 混沌里住着阴阳两大族。其中，阳族首领盘古，龙头人身，高八尺，力大无穷。

【流传】浙江省·（宁波市）·宁海县·（西店镇）·紫江村

【出处】邬荣绍讲，邬为国搜集整理：《盘古开天辟地》（1987），见姚宝瑄主编《中国各民族神话》（汉族），太原：山西出版传媒集团·书海出版社 2014 年版，第 11～12 页。

W0722. 2. 2. 3

盘古虎头人身

实例

仡佬族 开天辟地的盘古王长得虎头人身，力大无穷。

【流传】贵州省·（六盘水市）·六枝特区·店子乡（新窑乡）·那义村·青桐林

【出处】程少先等讲，叶正乾采录：《盘古王和他的儿孙们》，见中国民间文学集成全国编辑委员会编《中国民间故事集成》（贵州卷），北京：中国 ISBN 中心 2003 年，第 62 页。

W0722. 2. 2. 4

盘古鸡头人身

【关联】［W0633. 2］鸡头人身之神

实例

汉族 盘古在鸡蛋中孕生时是鸡头，所以盘古的灵魂变成雷公后，雷公像都是人的身子鸡的头。

【流传】浙江省·（金华市）·东阳县（东阳市）·青联乡·雅坑村

【出处】张宣元讲，周耀明采录：《盘古开天》，见中国民间文学集成全国编辑委员会编《中国民间故事集成》（浙江卷），北京：中国 ISBN 中心 1997 年版，第 15 页。

W0722. 2. 3

盘古动物的头、动物的身体

实例

（参见下级母题实例）

W0722. 2. 3. 1

盘古龙头蛇身

实例

汉族 （参见“W0722. 2. 1. 1. 2 盘古为顶天变成龙头蛇身”母题实例）

W0722. 2. 3. 2

盘古牛头龙身

实例

汉族 （实例待考）

W0722.2.4 盘古的头

【关联】［W1545.2a.2.1］盘古的头变成日月

实 例

（参见下级母题实例）

W0722.2.4.1 盘古有多个头

实 例

（参见下级母题实例）

W0722.2.4.1.1 盘古 3 个头

【关联】［W0722.2.1.3］盘古三头六臂两角

实 例

汉族 石鼓里困着的盘古从石鼓中出来。盘古有三头六臂，还有两只角。

【流传】（无考）

【出处】王阿英讲，蔡斌搜集整理：《盘古开天地》，见姚宝瑄主编《中国各民族神话》（汉族），太原：山西出版传媒集团·书海出版社 2014 年版，第 17～18 页。

W0722.2.4.2 盘古头上生角

实 例

汉族 盘古头生角。

【流传】河南省·（南阳市）·桐柏县·二郎山乡

【出处】刘太举讲，马卉欣整理：《龙生盘古》，见 http://tongbai.01ny.cn（桐柏网）2001.01.26。

汉族 龙蛋壳里长出一神人，头生角，手执神斧。他就是世上第一人——盘古大神。

【流传】河南省·（南阳市）·桐柏县·二郎山乡（再述地点：桐柏县朱庄乡）

【出处】刘太举（29 岁，初中）讲，姚义亮（66 岁，私塾两年）再述，马卉欣录音整理：《龙生盘古》（1989.06），见张振犁编著《中原神话通鉴》（第一卷），郑州：河南大学出版社 2017 年版，第 53 页。

W0722.2.4.2.1 盘古头生双角（盘古头上长着两只角）

实 例

汉族 盘古头生双角。

【流传】河南省·南阳市

【出处】杨仁权整理：《南阳三月三祭盘古》，见 http://tongbai.01ny.cn（桐柏网），2001.01.26。

汉族 山周围的人们都能说出盘古庙以前盘古像样子：盘古爷个子有一丈多高，脸盘是四方的，眼睛又圆又大，头上长有两只角。

【流传】河南省·（南阳市）·桐柏县

【出处】马卉欣采录：《盘古庙习俗》，见张振犁编著《中原神话通鉴》（第一卷），郑州：河南大学出版社 2017 年版，第 62 页。

W0722. 2. 4. 2. 1. 1

盘古头上长着 2 个肉犄角

实 例

汉族 盘古脑袋顶上长着两个肉犄角。

【流传】河北省·（沧州市）·青县·（盘古乡）·大盘古村

【出处】王锡英讲，王汝芳采录：《盘古造人》，见中国民间文学集成全国编辑委员会编《中国民间故事集成》（河北卷），北京：中国 ISBN 中心 2003 年版，第 4 页。

W0722. 2. 4. 2. 1. 2

盘古头上长着 2 个长角能发光

实 例

汉族 盘古爷头上的两个长角，抵着谁，谁就活不成，就是抵不着你，角上的光气也能把人冲好远。

【流传】河南省·（南阳市）·桐柏县

【出处】陈鸣声讲，马卉欣采录整理：《盘古爷的俩娃儿》，见张振犁编著《中原神话通鉴》（第一卷），郑州：河南大学出版社 2017 年版，第 108 页。

W0722. 2. 4. 2. 2

盘古头生龙角

实 例

汉族 九重天上的九条龙轮流盘卧孵两龙蛋。孵到八千年的时候，那个大一点的龙蛋裂纹了；孵到九千年的时候，那个大龙蛋裂开了口，显露出两个小龙角。蛋壳里生出一盘古大神。

【流传】河南省·（南阳市·桐柏县·二郎山乡）

【出处】刘太举、姚义亮讲述，马卉欣录音整理：《盘古出世》，原载马卉欣编著《盘古之神》，见陶阳、钟秀编《中国神话》（上），北京：商务印书馆 2008 年版，第 11 ~ 12 页。

W0722. 2. 4. 2. 2. 1

盘古的头是两角八杈的“龙头”

实 例

汉族 盘古的头变成长有两角八杈的“龙头”。

【流传】浙江省·（丽水市·莲都区·万象街道）·刘祠堂背

【出处】孙华仙讲，唐宗龙搜集整理：《盘古造化天地》（1963），见姚宝瑄主编《中国各民族神话》（汉族），太原：山西出版传媒集团·书海出版社 2014 年版，第 9 ~ 10 页。

W0722.2.4.3
盘古头上的角的作用

实 例

（参见下级母题实例）

W0722.2.4.3.1
盘古头上的角是与兽搏斗的武器

实 例

汉族 盘古时代的人，头上长角有两个作用：一是人和野兽搏斗时，当辅助武器用。

【流传】河南省

【出处】《盘古像》，见张振犁编著《中原神话通鉴》（第一卷），郑州：河南大学出版社2017年版，第69页。

W0722.2.4.3.2
盘古头上的角可以作为死亡的信号

实 例

汉族 盘古时代的人，头上长角有两个作用：一是人和野兽搏斗时，当辅助武器用；二是对人发出死亡来临的信号。

【流传】河南省

【出处】《盘古像》，见张振犁编著《中原神话通鉴》（第一卷），郑州：河南大学出版社2017年版，第69页。

W0722.2.4.4
盘古头上的角的消失

实 例

（参见下级母题实例）

W0722.2.4.4.1
老天爷让天将截去盘古爷头上的长角

实 例

汉族 老天爷对天将下旨：把盘古爷头上的长角截一节，免得后代人怕他。

【流传】河南省·（南阳市）·桐柏县

【出处】陈鸣声讲，马卉欣采录整理：《盘古爷的俩娃儿》，见张振犁编著《中原神话通鉴》（第一卷），郑州：河南大学出版社2017年版，第109页。

W0722.2.5
盘古的脸

实 例

（参见下级母题实例）

W0722.2.5.1
盘古的脸是方的（盘古方脸）

实 例

汉族 山周围的人们都能说出盘古庙以前盘古像样子：盘古爷个子有一丈多高，脸盘是四方的。

【流传】河南省·（南阳市）·桐柏县

【出处】马卉欣采录：《盘古庙习俗》，见张振犁编著《中原神话通鉴》（第一卷），郑州：河南大学出版社 2017 年版，第 62 页。

W0722. 2. 6

盘古的眼睛

实 例

（参见下级母题实例）

W0722. 2. 6. 1

盘古的左眼和右眼

实 例

（实例待考）

W0722. 2. 6. 2

盘古的眼睛是日月

【关联】［W1545. 2. 8］盘古的眼睛变成日月

实 例

汉族 说盘古神无形，但他仍是有形的，那天上的日头和月亮，就是他的两只眼睛变的。

【流传】浙江省·（丽水市·莲都区·万象街道）·刘祠堂背

【出处】孙华仙讲，唐宗龙搜集整理：《盘古造化天地》（1963），见姚宝瑄主编《中国各民族神话》（汉族），太原：山西出版传媒集团·书海出版社 2014 年版，第 9～10 页。

W0722. 2. 6. 3

盘古的眼泪

实 例

（实例待考）

W0722. 2. 7

盘古的嘴巴

实 例

（实例待考）

W0722. 2. 8

盘古的耳朵

实 例

（参见下级母题实例）

W0722. 2. 8. 1

盘古死后耳朵变成神王

【关联】［W0723b. 4. 4］盘古的耳朵变神王

实 例

彝族 盘古死后，耳朵变成神王。

【流传】云南省·（楚雄彝族自治州）·楚雄（楚雄市）、南华（南华县）、双柏（双柏县）等

【出处】《查姆·鲁查姆》，见扬继中、芮增瑞、左玉堂编《楚雄彝族文学简史》，北京：中国民间文艺出版社 1986 年版，第 43～44 页。

W0722.2.9

盘古的鼻子

实 例

（实例待考）

W0722.2.10

盘古的须发

实 例

（实例待考）

W0722.2.11

盘古的心脏

【关联】［W0050.1.1］盘古的心脏变成神

实 例

（参见下级母题实例）

W0722.2.11.1

盘古的心飞升天外

实 例

汉族 盘古的心升起来飞到天外。

【流传】辽宁省·（沈阳市）·辽中县·于家坊子乡（于家房镇）·插拉村

【出处】任泰芳讲，李明采录：《双性人》，见中国民间文学集成全国编辑委员会编《中国民间故事集成》（辽宁卷），北京：中国 ISBN 中心 1994 年版，第 15 页。

W0722.2.12

盘古的四肢

实 例

（参见下级母题实例）

W0722.2.12.1

盘古四肢坚硬巨大

实 例

汉族 盘古的胳膊、脚又粗又大，像铁打的一样。

【流传】河南省·济源市·（城关）

【出处】程玉林讲，缪华、胡佳作采录：《盘古寺》，见张振犁编著《中原神话通鉴》（第一卷），郑州：河南大学出版社 2017 年版，第 3 页。

W0722.2.12.2

盘古的手

实 例

（实例待考）

W0722.2.12.3

盘古的脚

实 例

（实例待考）

W0722.2.13

盘古的尾巴

实 例

（参见下级母题实例）

W0722. 2. 13. 1

盘古蛇尾

【关联】［W0722. 2. 1. 4. 1］盘古是龙头蛇尾的男子

实 例

汉族 盘古有龙的头，蛇的尾，是一个男子汉。

【流传】福建省·（泉州市）·永春县（古称桃源）·蓬壶乡

【出处】林烈火讲，林绥国采录：《盘古分天地》，见中国民间文学集成全国编辑委员会编《中国民间故事集成》（福建卷），北京：中国ISBN中心2008年版，第3页。

W0722. 2. 14

盘古的肚子

实 例

（实例待考）

W0722. 2. 15

盘古的毛发

实 例

（参见下级母题实例）

W0722. 2. 15. 1

盘古浑身长毛

实 例

土族 盘古出世时顶天立地，浑身长毛。

【流传】（无考）

【出处】《混沌周末》，原载马光星《略论土族的神话史诗〈混沌周末〉》，见《中国少数民族神话学术讨论会》（下），中国少数民族文学学会编印，1984年。

W0722. 2. 15. 2

盘古的汗毛

实 例

（实例待考）

W0722. 2. 16

与盘古的外形有关的其他母题

实 例

（参见下级母题实例）

W0722. 2. 16. 1

盘古的身体像柱子

实 例

汉族 盘古的身子有九万里那么长，像一根长柱子似的，直挺挺地撑在天和地的当中。

【流传】（无考）

【出处】袁珂译述：《盘古开天辟地》，原载袁珂编译《中国神话故事》，见陶阳、钟秀编《中国神话》（上），北京：商务印书馆2008年版，第7～8页。

W0722.2.16.2

盘古无形

【关联】

① ［W0070.2］ 神是无形的（神无形，人看不见神）

② ［W0723.1.3.4］ 有形的开天辟地的盘古变化成无形的盘古神

实 例

汉族 盘古长角顶天，端坐在大地上，不吃不喝不动过了几百几千几万年。最后有形的开天辟地的盘古大力士，变化成了无形的盘古神。

【流传】 浙江省·（丽水市·莲都区·万象街道）·刘祠堂背

【出处】 孙华仙讲，唐宗龙搜集整理：《盘古造化天地》（1963），见姚宝瑄主编《中国各民族神话》（汉族），太原：山西出版传媒集团·书海出版社 2014 年版，第 9～10 页。

W0722.2.16.3

盘古有形又无形

【关联】 ［W0070.2.1］ 神有形又无形

实 例

汉族 说盘古神无形，但他仍是有形的，那天上的日头和月亮，就是他的两只眼睛变的。

【流传】 浙江省·（丽水市·莲都区·万象街道）·刘祠堂背

【出处】 孙华仙讲，唐宗龙搜集整理：《盘古造化天地》（1963），见姚宝瑄主编《中国各民族神话》（汉族），太原：山西出版传媒集团·书海出版社 2014 年版，第 9～10 页。

W0722.2.16.4

盘古很丑陋

实 例

汉族 人类毁灭后幸存的两兄妹婚生的一个丑陋野怪一样的孩子，就是盘古。

【流传】 河南省·南阳市

【出处】 邱海观（农民），李明才采录整理：《盘古的传说》，见张振犁编著《中原神话通鉴》（第一卷），郑州：河南大学出版社 2017 年版，第 29 页。

W0722.3

盘古的力量

实 例

（参见下级母题实例）

W0722.3.1

盘古力气巨大

实 例

汉族 石鼓里困着的盘古从石鼓中出来。盘古力气大得吓人。

【流传】 （无考）

【出处】 王阿英讲，蔡斌搜集整理：《盘古开天地》，见姚宝瑄主编《中国各民族神话》（汉族），太原：山西出版传媒集团·书海出版社 2014 年版，第 17～18 页。

W0722. 3. 1. 1
盘古力能托天

实例

侗族 有两个巨人，一个叫张古，一个叫盘古，两个力大能托天。

【流传】贵州省·（黔东南苗族侗族自治州）·三穗县·款场（款场乡）

【出处】杨引兰讲，周昌武采录：《开天辟地》，见中国民间文学集成全国编辑委员会编《中国民间故事集成》（贵州卷），北京：中国 ISBN 中心 2003 年，第 5 页。

W0722. 4
盘古的声音

实例

（参见下级母题实例）

W0722. 4. 1
盘古说话像打雷

【关联】［W0084. 2. 2］神的声音如雷

实例

侗族 有两个巨人，一个叫张古，一个叫盘古，两个说话像打雷。

【流传】贵州省·（黔东南苗族侗族自治州）·三穗县·款场（款场乡）

【出处】杨引兰讲，周昌武采录：《开天辟地》，见中国民间文学集成全国编辑委员会编《中国民间故事集成》（贵州卷），北京：中国 ISBN 中心 2003 年，第 5 页。

W0722. 4. 2
盘古的声音成为雷

实例

汉族 首生盘古，垂死化身，气成风云，声为雷霆。

【流传】（无考）

【出处】［清］马骕：《绎吏》卷一引《五运历年纪》。

W0722. 5
与盘古的特征有关的其他母题

实例

（参见下级母题实例）

W0722. 5. 0
盘古的性格

实例

（参见下级母题实例）

W0722. 5. 0. 1
盘古是个急性子

实例

汉族 盘古王是个急性子。他说："要再不听，谨防给它一板斧。"

【流传】四川省·（成都市）·灌县（今都江堰市）·胥家乡

【出处】卿上伦讲，兰字尧搜集整理：

《为啥有白天黑夜》（1987.06.28），见姚宝瑄主编《中国各民族神话》（汉族），太原：山西出版传媒集团·书海出版社2014年版，第73～74页。

W0722.5.0.2

盘古心眼好（盘古心地善良）

实 例

汉族 盘古心眼好，临死前心里还想着开天辟地后，要在天地间造日月山川人类万物。

【流传】 河南省·济源市·（城关）

【出处】 程玉林讲，缪华、胡佳作采录：《盘古寺》，见张振犁编著《中原神话通鉴》（第一卷），郑州：河南大学出版社2017年版，第3页。

W0722.5.0.3

盘古性格实在

实 例

汉族 盘古是个实在人，待结拜为兄妹的老天爷的三闺女比亲妹子还亲。

【流传】 河南省·（南阳市）·社旗县·饶良乡·崇子营村

【出处】 王庚有（28岁，高中）讲述，乔天义采录：《盘古开天辟地的传说》（1986.02），见张振犁编著《中原神话通鉴》（第一卷），郑州：河南大学出版社2017年版，第30页。

W0722.5.1

盘古是云

实 例

瑶族 （实例待考）

W0722.5.2

盘古最大

实 例

彝族 古时候，盘古最大。

【流传】 云南省·（楚雄彝族自治州）·楚雄（楚雄市）、南华（南华县）、双柏（双柏县）等

【出处】 《查姆·鲁查姆》，见扬继中、芮增瑞、左玉堂编《楚雄彝族文学简史》，北京：中国民间文艺出版社1986年版，第43～44页。

W0722.5.3

盘古的呼吸

实 例

（参见下级母题实例）

W0722.5.3.1

盘古的呼吸形成风云

实 例

汉族 首生盘古，垂死化身，气成风云。

【流传】（无考）

【出处】 ［清］马骕：《绎史》卷一引《五运历年纪》。

W0722. 5. 3. 2

盘古的呼吸形成风雨雷电

实 例

汉族 盘古之君，龙首蛇身，嘘为风雨，吹力雷电，开目为昼，闭目为夜。死后骨节为山林，体为江海，血为淮渎，毛发为草木。

【流传】（无考）

【出处】［明］董斯张：《广博物志》卷九引《五运历年纪》。

W0722. 5. 4

盘古身上的虫子

实 例

（参见下级母题实例）

W0722. 5. 4. 1

盘古身上诸虫化为人类

实 例

汉族 首生盘古，垂死化身。身之诸虫，因风所感，化为黎甿。

【流传】（无考）

【出处】［宋］张滉：《元气论》。

W0722. 5. 5

盘古的原形

实 例

（参见下级母题实例）

W0722. 5. 5. 1

盘古的原形是蟠桃

实 例

侗族 盘古死后被观音菩萨接到西天灵山会见如来大神，又重新变成蟠桃。

【流传】（无考）

【出处】秦廷锡：《开天辟地盘古氏》，原载黎平县政协编《社会主义新农村建设与文化遗产保护论文集》，见《黎平县政协文史资料》第 3 集，内部编印，2008 年。

W0722. 5. 6

盘古的灵魂

实 例

（参见下级母题实例）

W0722. 5. 6. 1

盘古的神魂统摄万物

【关联】

①［W0723. 4. 1. 1］盘古的神魂管辖一切神鬼

②［W0723. 4. 2］盘古是万物管理者

实 例

汉族 盘古的神魂管辖着天地万物。

【流传】福建省·（泉州市）·永春县（古称桃源）·蓬壶乡

【出处】林烈火讲，林绥国采录：《盘古分天地》，见中国民间文学集成全国编辑委员会编《中国民间故事集成》（福建卷），北京：中国 ISBN 中心 2008 年版，第 3 页。

W0722.5.6.2

盘古的灵魂借助石狮子照管子孙

实　例

汉族 盘古开天后，一个叫雷生的孩子，老是在上学路上的石狮子跟前玩。日子长了，石狮子成了气候儿。盘古的灵魂借助石狮子照管它的子孙。

【流传】河南省·（南阳市）·桐柏县·（固县乡·黄畈村）

【出处】黄发美（37 岁）、郑昌寿（65 岁）讲，马卉欣采录整理：《鹿鸭媒》（1980.02），见张振犁编著，孟宪明、朱淑君统纂《中原神话通鉴》（第二卷），郑州：河南大学出版社 2017 年版，第 398 页。

W0723

盘古的身份

实　例

（参见下级母题实例）

W0723.1

盘古是神

实　例

汉族 像鸡蛋的混沌世界中孕育出一位大神，名叫盘古。

【流传】黑龙江省·（哈尔滨市）·通河县·通河镇

【出处】张建恒讲，张景义采录：《盘古开天辟地》，见中国民间文学集成全国编辑委员会编《中国民间故事集成》（黑龙江卷），北京：中国 ISBN 中心 2005 年版，第 3 页。

W0723.1.0

盘古是开辟神

实　例

（参见下级母题实例）

W0723.1.0.1

盘古氏是开辟首君

实　例

畲族 盘古氏，为开辟首君。

【流传】（无考）

【出处】《盘古》，钟后根据畲族蓝国运、蓝国根《畲族古老神话传说及人物》改写，见姚宝瑄主编《中国各民族神话》（高山族、黎族、畲族），太原：山西出版传媒集团·书海出版社 2014 年版，第 84 页。

W0723.1.1

盘古是天父（天神）

【关联】［W0142.5.2.1］盘古和女娲是天父地母

实　例

汉族 混沌中生胚胎，胚胎中生天父（盘古）和地母（女娲）。

【流传】湖北省·（黄冈市）·浠水县·清泉镇

【出处】廖康成讲：《天父地母》，见中国民间文学集成全国编辑委员会编《中国民间故事集成》（湖北卷），北京：中国 ISBN 中心 1999 年版，第 6~7 页。

汉族 天地没分的时候，天上有个叫盘古的神。

【流传】河南省·（驻马店市）·泌阳（泌阳县）

【出处】《盘古开天地》，见 http://club.chinaren.com/bbs.2009.08.16。

W0723. 1. 1. 1

盘古是开天神

实 例

苗族 阿剖盘古是开天之神。

【流传】湖北省西部地区

【出处】过竹：《苗族神话研究》，南宁：广西人民出版社 1988 年版，第 225 页。

W0723. 1. 1. 2

盘古是天神

实 例

（参见下级母题实例）

W0723. 1. 1. 2. 1

盘古造人后升天成为天神

实 例

汉族 盘古捏下的人活了之后，就升到天上成了天神。

【流传】山西省·（运城市）·闻喜县（旧称桐乡）·（桐城镇）·峪堡村

【出处】王有山讲，王更元采录：《五谷之根》，见中国民间文学集成全国编辑委员会编《中国民间故事集成》（山西卷），北京：中国 ISBN 中心 1999 年版，第 20 页。

W0723. 1. 1. 3

盘古是天公

【关联】［W0142. 4. 3］天公地母即盘古和地母

实 例

汉族 盘古和地母开辟了这个天地，后来人们就把他俩称作“天公”和“地母”。

【流传】浙江省·（温州市）·苍南县·南宋乡

【出处】林道进讲，林子周采录：《天公地母开天地》，见中国民间文学集成全国编辑委员会编《中国民间故事集成》（浙江卷），北京：中国 ISBN 中心 1997 年版，第 19 页。

W0723. 1. 1a

盘古是地神

实 例

（参见下级母题实例）

W0723.1.1a.1 盘古是地神老地爷

实 例

汉族 天上有玉皇，地上有盘古，玉皇称天神——老天爷，盘古是地神——老地爷。

【流传】 河南省·（濮阳市）·范县

【出处】 崔金钊笔述，荆耕田采录整理：《黄河的故事》，见张振犁编著《中原神话通鉴》（第一卷），郑州：河南大学出版社2017年版，第20页。

W0723.1.2 盘古是神灵

实 例

汉族 神灵盘古用泥造人。

【流传】 福建省·（龙岩市）·上杭县·（临城镇）·北路村

【出处】 谢魏延讲：《盘古女娲成亲》，见中国民间文学集成全国编辑委员会编《中国民间故事集成》（福建卷），北京：中国ISBN中心1998年版，第5～6页。

W0723.1.2.1 盘古氏是每日变化的神灵

实 例

汉族 所谓盘古氏者，神灵，一日变，盖元混之初，陶融造化之主也。

【流传】（无考）

【出处】［清］陈梦雷原编，蒋廷锡重编：《古今图书集成·岁功典》卷八十三引《补衍开辟》。

W0723.1.3 与盘古是神有关的其他母题

【关联】［W0728.7］盘古神圣不可侵犯

实 例

汉族（实例待考）

W0723.1.3.1 盘兄古妹是两个神

实 例

毛南族 盘兄和古妹是两个神。

【流传】 广西壮族自治区·（河池市）·环江县（环江毛南族自治县）

【出处】 覃启仁讲，谭金田等翻译整理：《盘古的传说》，见曹廷伟编著《广西民间故事辞典》，南宁：广西教育出版社1993年版，第23页。

W0723.1.3.2 盘古王是开天辟地的玉书（神名）

实 例

仡佬族 开天辟地的玉书（神名）大家称他盘古王。

【流传】 贵州省·（六盘水市）·六枝特区·店子乡（新窑乡）·那义村·青桐林

【出处】 程少先等讲，叶正乾采录：《盘古王和他的儿孙们》见中国民间文学集成全国编辑委员会编《中国民间故事集成》（贵州卷），北京：中国 ISBN 中心 2003 年，第 62 页。

W0723. 1. 3. 3

盘古是天地间睡着的一个神

实 例

汉族 盘古是天地间睡着的一个了不起的神。

【流传】山东省·（济宁市）·梁山县·（韩垓镇）·开河东村

【出处】刘建山讲，樊兆阳采录：《盘古开天地》，见中国民间文学集成全国编辑委员会编《中国民间故事集成》（山东卷），北京：中国 ISBN 中心 2007 年版，第 3 页。

W0723. 1. 3. 4

有形的开天辟地的盘古变化成无形的盘古神

实 例

汉族 有形的开天辟地的盘古大力士，就变化成了无形的盘古神。

【流传】浙江省·（丽水市·莲都区·万象街道）·刘祠堂背

【出处】孙华仙讲，唐宗龙搜集整理：《盘古造化天地》（1963），见姚宝瑄主编《中国各民族神话》（汉族），太原：山西出版传媒集团·书海出版社 2014 年版，第 9～10 页。

W0723. 1. 3. 5

盘古是保护神

实 例

（参见下级母题实例）

W0723. 1. 3. 5. 1

盘古是盘古山的保护神

实 例

汉族 盘古大神是盘古山一带的保护神。

【流传】（河南省·驻马店市·泌阳县，南阳市·桐柏县）

【出处】秦道山讲，冯天佑采录：《盘古告状》［点评］，见张振犁编著《中原神话通鉴》（第一卷），郑州：河南大学出版社 2017 年版，第 77 页。

W0723. 1. 3. 6

盘古是始祖神（盘古是祖先神）

实 例

壮族 花婆王、布洛陀、布伯、伏依兄妹、盘古大帝等是人类始祖神。

【流传】广西壮族自治区·（南宁市）·武鸣县·两江乡·雷江片，马山县·古零乡·杨圩片

【出处】黄世杰搜集整理：*《多神信仰》（1990），见吕大吉、何耀华总主编《中国各民族原始宗教资料集成》（土家族卷、瑶族卷、壮族卷、黎族卷），北京：中国社会科学出版社

1998 年版，第 492 页。

W0723.2

盘古是神性人物

实 例

（参见下级母题实例）

W0723.2.1

盘古是祖先

【关联】［W0723.1.3.6］盘古是始祖神（盘古是祖先神）

实 例

（参见下级母题实例）

W0723.2.1.0

盘古是天地万物之祖

实 例

（参见下级母题实例）

W0723.2.1.0.1

盘古氏是天地万物之祖

实 例

汉族 盘古氏，天地万物之祖也。

【流传】（无考）

【出处】［南朝·梁］任昉：《述异记》。

W0723.2.1.1

盘古是万物之祖

实 例

汉族 盘古氏天地万物之祖始也。

【流传】（无考）

【出处】［中唐］不题撰人：《灌畦暇语》。

W0723.2.1.2

盘古是人的始祖（盘古是人祖）

实 例

布依族（实例待考）

侗族 天地分开后很久，生出人的始祖盘古。

【流传】贵州省·（黔东南苗族侗族自治州）·从江县·高增公社（高增乡）

【出处】梁普安等讲，龙玉成采录：《古老和盘古》见中国民间文学集成全国编辑委员会编《中国民间故事集成》（贵州卷），北京：中国 ISBN 中心 2003 年，第 4 页。

汉族 人祖盘古大神在山上居住。

【流传】河南省·南阳市

【出处】杨仁权整理：《南阳三月三祭盘古》，见 http：//tongbai.01ny.cn（桐柏网），2001.01.26。

W0723.2.1.2.1

盘古是人类的老祖宗

实 例

汉族 远古世界是个混沌卵，里面有一个人，是人类的老祖宗盘古。

【流传】河南省·（驻马店市）·新蔡县·裳村乡

【出处】刘义（76 岁，农民）讲，刘国富采录，龚国强采录整理：《盘古开天地的来历》（1987. 09. 05），见张振犁编著《中原神话通鉴》（第一卷），郑州：河南大学出版社 2017 年版，第 25 页。

W0723. 2. 1. 2. 2

盘古氏是人祖

实 例

汉族 盘古氏，人祖也。生于混沌之初，鸿蒙未判之先。

【流传】（无考）

【出处】［明］谏议大夫左长史翰林检讨马政撰：《盘古碑记》（弘治十七年岁在甲子春正月丁丑）。

W0723. 2. 1. 2. 3

盘古兄妹是人祖

实 例

汉族 盘古兄妹是人类的老祖先。

【流传】河南省·（南阳市）·桐柏县·固县镇·黄畈村

【出处】黄发美（农民）讲，马卉欣采录整理：《金线补天》，见张振犁编著《中原神话通鉴》（第一卷），郑州：河南大学出版社 2017 年版，第 54 页。

W0723. 2. 1. 2. 4

盘古爷是人根之祖

【关联】［W0725. 4. 2. 7］盘古爷、盘古奶是人类的老祖先

实 例

汉族 盘古爷是人根之祖。

【流传】河南省·（驻马店市）·泌阳县（采录地点：泌阳县盘古山北麓擂鼓台村）

【出处】石太秀（66 岁，稍识字，农民）讲，马卉欣、程健君、张振犁采录，河南大学“中原神话调查组”录音：《盘古兄妹婚（二）》（1984. 12. 22），见张振犁编著《中原神话通鉴》（第一卷），郑州：河南大学出版社 2017 年版，第 98 页。

W0723. 2. 2

盘古是神仙

实 例

土族 石卵中生出盘古仙。

【流传】（无考）

【出处】《混沌周末》，见马光星《略论土族的神话史诗〈混沌周末〉》，《中国少数民族学术讨论会》（下），中国少数民族文学学会印，1984 年。

W0723. 2. 2. 1

盘古死后成为神仙

实 例

侗族 盘古死后被观音菩萨接到西天灵山会见如来大神，又重新变成蟠桃，成为神仙。

【流传】（无考）

【出处】秦廷锡：《开天辟地盘古氏》，原载黎平县政协编：《社会主义新农村建设与文化遗产保护论文集》，见《黎平县政协文史资料》第3集，内部编印，2008年。

W0723.2.2.2

盘古是仙人

实 例

土家族 盘古是分开天地的仙人。

【流传】湖南省·吉首市

【出处】黄德裕讲，杨启良等采录：《盘古开天、女娲补天》，见中国民间文学集成全国编辑委员会编《中国民间故事集成》（湖南卷），北京：中国ISBN中心2002年版，第5页。

W0723.2.2.3

盘古1万8千岁时成仙

实 例

侗族 张古和盘古正满一万八千岁，鸡一叫他俩就要成仙。

【流传】贵州省·（黔东南苗族侗族自治州）·三穗县·款场（款场乡）

【出处】杨引兰讲，周昌武采录：《开天辟地》，见中国民间文学集成全国编辑委员会编《中国民间故事集成》（贵州卷），北京：中国ISBN中心2003年，第5页。

W0723.2.2.4

盘古盘生兄弟造天地后成仙

实 例

白族 盘古盘生兄弟造天地后，兄弟俩化为仙。

【流传】（无考）

【出处】《吃龙王·造天地·分节气》，见高明强编《创世的神话和传说》，上海：上海三联书店1988年版，第62页。

W0723.2.2.5

盘古白日升仙

实 例

汉族 盘古白日升仙，上昆仑，登太清。

【流传】（无考）

【出处】［北宋］张君房：《云笈七签》卷三。

W0723.2.3

盘古是宗教神

实 例

（参见下级母题实例）

W0723.2.3.1

盘古修炼成佛

【关联】［W0723c.1.2］盘古修炼功劳深

实 例

侗族 如来知他（盘古）功劳深，才叫观音变天神，转度盘古西方坐，如来目前佛修成。

【流传】（无考）

【出处】秦廷锡：《开天辟地盘古氏》，原载黎平县政协编：《社会主义新农村建设与文化遗产保护论文集》，见《黎平县政协文史资料》第 3 集，内部编印，2008 年。

W0723. 2. 3. 2

盘古是菩萨

实 例

（参见下级母题实例）

W0723. 2. 3. 2. 1

盘古和女娲成为菩萨

实 例

汉族 盘古女娲是地母生的双胞胎。

【流传】湖南省·常德县（常德市）·（鼎城区）·灌溪乡（灌溪镇）

【出处】唐万顺讲，唐孟元采录：《盘古开天辟地》，见中国民间文学集成全国编辑委员会编《中国民间故事集成》（湖南卷），北京：中国 ISBN 中心 2002 年版，第 3 页。

W0723. 2. 4

盘古是天地之精

实 例

（参见下级母题实例）

W0723. 2. 4. 1

盘古老人是天地之精

实 例

汉族 天地混沌时产生的盘古老人为天地之精。

【流传】（无考）

【出处】［晋］葛洪：《枕中书》。

W0723. 2. 4. 2

盘古真人是天地之精

实 例

汉族 昔二气未分，蜈涬鸿蒙，未有成形，天地日月未具，状如鸡子，混沌玄黄，已有盘古真人，天地之精。

【流传】（无考）

【出处】［宋］罗泌：《路史·前纪一》罗苹注。

W0723. 2. 5

盘古是巨人

实 例

侗族 盘古是一个巨人。

【流传】贵州省·（黔东南苗族侗族自治州）·三穗县·款场（款场乡）

【出处】杨引兰讲，周昌武采录：《开天辟地》，见中国民间文学集成全国编辑委员会编《中国民间故事集成》（贵州卷），北京：中国 ISBN 中心 2003 年，第 5 页。

汉族 盘古是个巨人。

【流传】山东省·（菏泽市）·东明县·东明集镇

【出处】任随菊讲，东明集镇文化站采录：《日月运行》，见中国民间文学集成全国编辑委员会编《中国民间故事集成》（山东卷），北京：中国ISBN中心2007年版，第3页。

汉族 像一个大鸡蛋的宇宙中，久而久之里面孕育出一个巨人盘古。

【流传】河南省·新乡市

【出处】马如心（50岁）讲，马安中采录整理：《盘古开天地》（1986.08），见张振犁编著《中原神话通鉴》（第一卷），郑州：河南大学出版社2017年版，第16页。

汉族 盘古在世界混沌卵中长成了一个巨人。

【流传】河南省·（驻马店市）·新蔡县·裳村乡

【出处】刘义（76岁，农民）讲，刘国富采录，龚国强采录整理：《盘古开天地的来历》（1987.09.05），见张振犁编著《中原神话通鉴》（第一卷），郑州：河南大学出版社2017年版，第25页。

苗族 远古时，巨人盘古开了天。

【流传】湖南省苗族地区

【出处】龙王六演唱，龙炳文翻译：《开天立地》，苗地根据《楚风》刊登的《苗族古歌》的第一部分《开天日立》改写，见姚宝瑄主编《中国各民族神话》（布依族、仡佬族、苗族），太原：山西出版传媒集团·书海出版社2014年版，第127页。

W0723.2.5.1
巨人盘古顶天立地

实 例

鄂伦春族 （实例待考）

汉族 盘古是顶天立地的巨人。

【流传】辽宁省·（沈阳市）·辽中县·于家坊子乡（于家房镇）·插拉村

【出处】任泰芳讲，李明采录：《双性人》，见中国民间文学集成全国编辑委员会编《中国民间故事集成》（辽宁卷），北京：中国ISBN中心1994年版，第15页。

汉族 盘古成为顶天立地的巨人。

【流传】福建省·晋江县（今泉州市）·鲤城（鲤城区）·（常泰街道）·大锦田村（锦田社区）

【出处】傅继扁讲，傅孙义采录：《盘古分天地》，见中国民间文学集成全国编辑委员会编《中国民间故事集成》（福建卷），北京：中国ISBN中心2008年版，第3页。

汉族 最初的天地不大。盘古伸开胳膊使劲一撑，就把天撑高一截子，他成了个顶天立地的巨人。

【流传】河南省·（南阳市）·新野县

【出处】曹学典讲，曹宝泉采录：《盘古爷开天》，见张振犁编著《中原神话通鉴》（第一卷），郑州：河南大学出版社 2017 年版，第 34 页。

W0723. 2. 5. 2

盘古变成巨人

实 例

（参见下级母题实例）

W0723. 2. 5. 2. 1

盘古下凡后变成巨人

【关联】［W0721. 1. 1］盘古从天上下凡

实 例

汉族 盘古来从天上到地下后变成个巨人。

【流传】 广东省·（茂名市）·电白县·羊角镇·柏屋村

【出处】 李德才讲，陈明心采录：《盘古开天辟地》，见中国民间文学集成全国编辑委员会编《中国民间故事集成》（广东卷），北京：中国 ISBN 中心 2006 年版，第 3 页。

W0723. 2. 5. 2. 2

盘古在天地间长成巨人

实 例

汉族 盘古在天地之间自由自在，变成了一个上拄天下拄地的巨人。

【流传】 江苏省·（淮安市）·涟水（涟水县）各地

【出处】 徐学尧讲，徐省生搜集整理：《开天辟地和人的由来》（1986. 06），见姚宝瑄主编《中国各民族神话》（汉族），太原：山西出版传媒集团·书海出版社 2014 年版，第 20 ~ 22 页。

W0723. 2. 5. 3

巨人盘古枕山卧海

实 例

汉族 盘古是个巨人，躺下来枕山卧海，站起来顶天立地。

【流传】 浙江省·（嘉兴市）·海宁县

【出处】 沈关勇等讲，郑伟成记录，王钱松整理：《日月平升》，载《民间文学》1983 年第 10 期。

汉族 盘古是个巨人，躺下来枕山卧海，站起来顶天立地。

【流传】 浙江省·海宁市·祝场、斜桥等乡及毗邻的海盐县部分农村

【出处】 沈关勇、汪彩贞讲，郑伟成、王钱松记录，王钱松整理：《日月平升》（1981），见姚宝瑄主编《中国各民族神话》（汉族），太原：山西出版传媒集团·书海出版社 2014 年版，第 191 ~ 192 页。

W0723. 2. 5. 4

盘古是高九万里的巨人

【关联】［W0722. 1. 4］盘古身高 9 万里

实 例

汉族 盘古蹬破孕育大鸡蛋（混沌）后，天和地裂开了一条缝，盘古的身子一天长一丈，天地也离开一丈。又过了一万八千年，盘古长成了一个高

九万里的巨人。

【流传】河南省尾山一带

【出处】程玉林讲，缪华、胡佳作搜集整理：《盘古寺》，原载张振犁、程健君编《中原神话专题资料》，见姚宝瑄主编《中国各民族神话》（汉族），太原：山西出版传媒集团·书海出版社 2014 年版，第 4～6 页。

W0723.2.6

盘古是神人

实　例

汉族 天地未分时，产生了一个神人叫盘古。

【流传】河南省·（南阳市）·桐柏县·二郎山乡·黄楝沟

【出处】刘国山讲，马卉欣采录：《开天辟地》，见中国民间文学集成全国编辑委员会编《中国民间故事集成》（河南卷），北京：中国 ISBN 中心 2001 年版，第 3 页。

W0723.2.7

盘古是精怪

实　例

（参见下级母题实例）

W0723.2.7.1

盘古是怪物

实　例

汉族 有一个叫盘古的大怪物。

【流传】甘肃省·（平凉市）·静宁县·本店乡·李店村

【出处】李进财讲，王知三采录：《盘古制世》，见中国民间文学集成全国编辑委员会编《中国民间故事集成》（湖北卷），北京：中国 ISBN 中心 1999 年版，第 3 页。

W0723.2.7.2

盘古是蚯蚓精

【关联】

① ［W0687.4.1］洪钧老祖是蚯蚓

② ［W1996.2.7.3］世界最早产生的是蚯蚓

实　例

汉族 盘古是个蚯蚓精（疑：这里讲述人把盘古与洪钧老祖混淆）。

【流传】吉林省·（通化市）·集安县·头道镇

【出处】于连才讲，黄绍文采录：《先有老子后有天》，见中国民间文学集成全国编辑委员会编《中国民间故事集成》（吉林卷），北京：中国文联出版公司 1992 年版，第 2 页。

W0723.2.8

盘古是圣人

实　例

（参见下级母题实例）

W0723.2.8.1

天降大圣盘古

【关联】［W0721.1.1］盘古从天上下凡

实 例

汉族 天人诞降大圣。曰浑敦氏，即盘古氏，初天皇氏也。……有初地皇氏，初人皇氏。

【流传】（无考）

【出处】［明］周游：《开辟衍绎》附录《乩仙天地判说》。

W0723. 2. 9

与盘古是神性人物有关的其他母题

实 例

（参见下级母题实例）

W0723. 3

盘古是人

【关联】［W2021. 3. 1］第一个男人是盘古

实 例

（参见下级母题实例）

W0723. 3. 1

盘古是华夏人氏

实 例

侗族 盘古本来是土生土长的华夏人氏。

【流传】（无考）

【出处】陆嘉玉：《试析秦廷锡侗族民歌中的古代神话传说故事》，见《黎平县政协文史资料》第 3 集，内部编印，2008 年。

W0723. 3. 2

盘古是最早的人

【关联】

①［W2021］世上出现的第一个人

②［W2021. 3］世上最早只有 1 个男人

实 例

汉族 元气蒙鸿，萌芽兹始，启阴感阳，分布元气，乃孕中和，是为人矣。首生盘古。

【流传】（无考）

【出处】［北宋］张君房：《云笈七签》卷五十六《诸家气法》。

汉族 洎乎元气蒙鸿，萌芽兹始，遂分天地，肇立乾坤，启阴感阳，分布元气，乃孕中和，是为人矣。首生盘古。

【流传】（无考）

【出处】［宋］张澡：《元气论》。

W0723. 3. 2. 1

盘古是世上第一人

实 例

汉族 天气蒙鸿，萌芽兹始，遂分天地，肇立乾坤，启阴感阳。分布元气，乃孕中和，是为人也。首生盘古。

【流传】（无考）

【出处】

（a）《五运历年记》，见［清］马骕《绎史》卷一。

（b）《五运历年记》，见［明］董斯张：

《广博物志》卷九。

汉族 龙蛋壳里长出一神人，头生角，手执神斧。他就是世上第一人——盘古大神。

【流传】河南省·（南阳市）·桐柏县·二郎山乡（再述地点：桐柏县朱庄乡）

【出处】刘太举（29岁，初中）讲，姚义亮（66岁，私塾两年）再述，马卉欣录音整理：《龙生盘古》（1989.06），见张振犁编著《中原神话通鉴》（第一卷），郑州：河南大学出版社2017年版，第53页。

W0723.3.2.2

盘古是地上最早出现的人

实　例

汉族 天地分开时只有两个人，在地上的那个人叫盘古，在天上的那个人叫张天时。

【流传】河南省·（南阳市）·桐柏县·二郎山乡

【出处】李敬平讲，李修平采录：《盘古爷上天了》，见张振犁编著《中原神话通鉴》（第一卷），郑州：河南大学出版社2017年版，第112页。

W0723.3.2.3

盘古是天上到地上最早的人

实　例

汉族 原来盘古也在天上住着，他看到地上一片荒凉，就下界到地上来，盘古是人世间最早的一个人。

【流传】河南省·（濮阳市）·范县

【出处】崔金钊笔述，荆耕田采录整理：《黄河的故事》，见张振犁编著《中原神话通鉴》（第一卷），郑州：河南大学出版社2017年版，第20页。

W0723.3.2.4

盘古兄妹是最早的人

实　例

汉族 远古时候，天底下只有盘古兄妹二人。

【流传】河南省·（驻马店市）·泌阳县

【出处】王礼卿（国家干部）讲，刘广启采录整理：《盘古兄妹繁衍子孙的传说》，见张振犁编著《中原神话通鉴》（第一卷），郑州：河南大学出版社2017年版，第93页。

W0723.3.3

盘古是劳动者

实　例

（参见下级母题实例）

W0723.3.3.1

盘古是砍柴人

实　例

白族 以前，盘古和盘生两兄弟每天都去砍柴。

【流传】云南省·（大理白族自治

州）·洱源县

【出处】杨国政讲，杨亮才记录整理：《天地起源》，见谷德明编《中国少数民族神话》，北京：中国民间文艺出版社 1987 年版，第 293 页。

白族 从前，有弟兄俩，一个叫盘古，一个叫盘生。他们每天都去山里砍柴。

【流传】云南省·（大理白族自治州）·大理（大理市）、洱源（洱源县）、剑川（剑川县）等地

【出处】杨国政讲，杨亮才记录整理：《开天辟地》，原载《云南民间故事选》（不详），见姚宝瑄主编《中国各民族神话》（白族、拉祜族、景颇族），太原：山西出版传媒集团·书海出版社 2014 年版，第 4 页。

W0723. 3. 3. 2

盘古是种地者（盘古是庄稼汉）

实 例

（参见下级母题实例）

W0723. 3. 3. 2. 1

盘古种地没有牲口

实 例

汉族 盘古开始种地时，没有牲口使唤。

【流传】河南省·（南阳市）·桐柏县·（洪仪河乡·仓层村）

【出处】刘中林（56 岁，农民）讲，周君立采录整理：《盘古的仨牲口》（1986. 08. 30），见张振犁编著《中原神话通鉴》（第一卷），郑州：河南大学出版社 2017 年版，第 89 页。

W0723. 3. 4

盘古是超人

实 例

侗族 如来神把蟠桃化为盘古。盘古成为又高又大力无双的超人。

【流传】（无考）

【出处】《开天辟地盘古氏》，原载秦廷锡编著《北侗民歌》，见《黎平县政协文史资料》第 3 集，内部编印，2008 年。

W0723. 3. 5

盘古是佣人

实 例

（参见下级母题实例）

W0723. 3. 5. 1

盘古是帝王的佣人

【关联】［W0725. 6. 1. 1］盘古是三皇五帝的下人

实 例

苗族 盘古手巧，给三皇五帝（最早的人的名字）当下人。

【流传】四川省·（凉山彝族自治州）·木里县（木里藏族自治县）·李子坪乡

【出处】陶乔讲，孟燕等采录：《人的起

源》，见中国民间文学集成全国编辑委员会编《中国民间故事集成》（四川卷·下），北京：中国 ISBN 中心 1998 年版，第 1322 页。

W0723.3.6

盘古是大力士

实 例

（参见下级母题实例）

W0723.3.6.1

盘古是五大三粗的大力士

实 例

汉族 开天辟地的盘古，原来是个五大三粗的大力士。

【流传】浙江省·（丽水市·莲都区·万象街道）·刘祠堂背

【出处】孙华仙讲，唐宗龙搜集整理：《盘古造化天地》（1963），见姚宝瑄主编《中国各民族神话》（汉族），太原：山西出版传媒集团·书海出版社 2014 年版，第 9～10 页。

W0723.3.7

盘古是读书郎

实 例

汉族 盘古从很小时候上学。

【流传】河南省·（驻马店市）·泌阳县（采录地点：泌阳县盘古山北麓擂鼓台村）

【出处】石太秀（66 岁，稍识字，农民）讲，马卉欣、程健君、张振犁采录，河南大学“中原神话调查组”录音：《盘古兄妹婚（二）》（1984.12.22），见张振犁编著《中原神话通鉴》（第一卷），郑州：河南大学出版社 2017 年版，第 97 页。

W0723.3.8

盘古是平常人

实 例

汉族 盘古爷、盘古奶在山上住着，也没得庄儿，也没得房子。

【流传】河南省·（南阳市）·桐柏县［采录地点：桐柏县月河乡郑庄］

【出处】曹衍玉（60 岁，农民）讲，马卉欣、程健君、张振犁采录：《盘古与野兽》（1984.12.19），见张振犁编著《中原神话通鉴》（第一卷），郑州：河南大学出版社 2017 年版，第 48 页。

W0723.3.8.1

盘古是凡间玩耍的小男孩

实 例

汉族 老天爷要把世上的人都毁了重开世界。派太白金星下凡找人种时，遇到一男一女两个小孩。男孩叫盘古，女孩儿说是她妈在路上拾的，没名儿。

【流传】河南省·（南阳市）·社旗县·苗店乡（苗店镇）·杜岗村

【出处】杜建堂（62 岁，农民）讲，肖

长山采录：《盘古爷和盘古奶的传说》(1985. 11)，见张振犁编著《中原神话通鉴》（第一卷），郑州：河南大学出版社 2017 年版，第 36 页。

W0723. 3. 9

盘古由神变成人

实 例

（参见下级母题实例）

W0723. 3. 9. 1

盘古的仙气被风吹掉后由神变成人

实 例

汉族 大神盘古和老天爷的三妮儿成了兄妹后，老天爷叫风婆刮了一阵大风，吹掉了他俩身上的仙气，忘掉了天上的一切，开始了人间生活。

【流传】 河南省·（南阳市）·桐柏县·（安棚乡、固县镇、大河乡、二郎山乡、月河镇金桥村等地）；湖北省·随州市·随县·小林镇

【出处】 姚义雨、郑昌寿、黄发美、陈鸣声、刘太举、胡安辰、方家义、曹衔玉等讲，马卉欣采录整理：《盘古开天》，见张振犁编著《中原神话通鉴》（第一卷），郑州：河南大学出版社 2017 年版，第 56 页。

W0723. 3a

盘古是动物

【关联】［W0723. 2. 7. 2］盘古是蚯蚓精

实 例

（参见下级母题实例）

W0723. 3a. 1

盘古是龙

【关联】［W0722. 2. 1. 4. 1］盘古是龙头蛇尾的男子

实 例

汉族 盘古有龙的头，蛇的尾，是一个男子汉。

【流传】 福建省·（泉州市）·永春县（古称桃源）·蓬壶乡

【出处】 林烈火讲，林绥国采录：《盘古分天地》，见中国民间文学集成全国编辑委员会编《中国民间故事集成》（福建卷），北京：中国 ISBN 中心 2008 年版，第 3 页。

W0723. 4

盘古是管理者

【关联】［W0723a］盘古的职能

实 例

（参见下级母题实例）

W0723. 4. 1

盘古管理鬼神

【关联】［W0432. 4］管理神的大神

实 例

（参见下级母题实例）

W0723.4.1.1
盘古的神魂管辖一切神鬼

实　例

汉族 盘古的神魂管辖一切神鬼。

【流传】福建省·（泉州市）·永春县（古称桃源）·蓬壶乡

【出处】林烈火讲，林绥国采录：《盘古分天地》，见中国民间文学集成全国编辑委员会编《中国民间故事集成》（福建卷），北京：中国ISBN中心2008年版，第3页。

W0723.4.2
盘古是天地万物管理者

实　例

汉族 盘古的神魂管辖着天地万物。

【流传】福建省·（泉州市）·永春县（古称桃源）·蓬壶乡

【出处】林烈火讲，林绥国采录：《盘古分天地》，见中国民间文学集成全国编辑委员会编《中国民间故事集成》（福建卷），北京：中国ISBN中心2008年版，第3页。

W0723.4.2.1
盘古管理天地

实　例

汉族 天上地下都由盘古王接管。

【流传】浙江省·（丽水市）·缙云县一带

【出处】上官旭昌讲，上官新友搜集整理：《扁鼓王劈地》（1985），见姚宝瑄主编《中国各民族神话》（汉族），太原：山西出版传媒集团·书海出版社2014年版，第18～20页。

W0723.4.2.2
盘古管理万物

【关联】

①［W0722.5.6.1］盘古的神魂统摄万物

②［W4626］自然秩序的建立

实　例

汉族 （参见“W0722.5.6.1 盘古的神魂统摄万物”母题实例）

W0723.4.3
盘古管理婚姻

【关联】［W0467］婚姻神

实　例

汉族 女娲觉得造人太麻烦，到盘古庙祈祷，请求把男女配对，人类开始自己繁衍后代。

【流传】河南省·（南阳市）·桐柏县

【出处】《女娲是婚姻之神》，见么书仪选注《神话传说三百篇》，大连：大连出版社1999年版。

W0723.4.4
盘古管理天仙、人和龙

实　例

布依族 古时候，传说天仙、凡人和龙都住在一个地方。盘古王一板斧劈开茫茫白雾，把仙人统统送上天庭，叫他们管好雷霹，不许乱吼乱叫。

【流传】贵州省·（黔南布依族苗族自治州）平塘县、罗甸县、惠水县三县交界地区

【出处】杨兴荣、杨再良讲，杨路塔记录整理：《日、月、星》，见姚宝瑄主编《中国各民族神话》（布依族、仡佬族、苗族），太原：山西出版传媒集团·书海出版社 2014 年版，第 76 页。

W0723. 4. 5

与盘古是管理者有关的其他母题

实 例

（参见下级母题实例）

W0723. 4. 5. 1

盘古治世 19999 年

实 例

汉族 自斯盘古，以道治世，万九千九百九十九载。

【流传】（无考）

【出处】［北宋］张君房：《云笈七签》卷三。

W0723. 5

与盘古的身份有关的其他母题

实 例

（参见下级母题实例）

W0723. 5. 1

盘古是造物者

【关联】［W1015］创世者（造物主）

实 例

汉族 盘古开天辟地后又造出了日月。

【流传】宁夏回族自治区·（石嘴山市）·惠农县（惠农区）·庙台乡

【出处】李生枝讲，艾天恩采录：《世上人为啥女人比男人少》，见中国民间文学集成全国编辑委员会编《中国民间故事集成》（宁夏卷），北京：中国 ISBN 中心 1999 年版，第 14 页。

W0723. 5. 2

盘古化身昆多崩婆

实 例

侗族 盘古的出生是“混沌不分日月久，经过一万八千春”。西牛贺洲派如来神来到南膳部洲，把蟠桃化为盘古：“盘古原是蟠桃成，昆多崩婆他化身。”

【流传】（无考）

【出处】秦廷锡编著：《北侗民歌》，见《黎平县政协文史资料》第 3 集，内部编印，2008 年。

W0723. 5. 3

盘古是帝王

【关联】［W0723. 3. 5. 1］盘古是帝王的佣人

实 例

汉族 盘古被民间敬奉为“盘古帝王”。

【流传】福建省·（泉州市）·永春县（古称桃源）·蓬壶乡

【出处】林烈火讲，林绥国采录：《盘古分天地》，见中国民间文学集成全国编辑委员会编《中国民间故事集成》（福建卷），北京：中国ISBN中心2008年版，第3页。

W0723.5.3.1

盘古皇

实 例

瑶族 洪水退后，盘古皇来到地面上。

【流传】云南省

【出处】《盘古皇》，见中国社会科学院云南少数民族文学研究所等编《云南少数民族文学资料》（第3辑），内部编印，1981年，第94页。

W0723.5.3.2

盘古王

【关联】［W0729g.4.5.4］盘瓠称盘古大王

实 例

（参见下级母题实例）

W0723.5.3.2.1

盘古氏被推举为盘古王

实 例

汉族 很久以前，混沌里面住着两个大族。阳族首领杀死了阴族首领邪魔氏。阳族就推举盘古氏为王，称他为“盘古王”。

【流传】浙江省·宁波市·宁海县·（西店镇）·紫江村

【出处】邬荣绍讲，邬为国记录：《盘古开天辟地》（1987.03），见罗杨总主编，戴余金本卷主编《中国民间故事丛书·浙江宁波·宁海卷》，北京：知识产权出版社2015年版，第3页。

W0723.5.3.2.2

盘古为中州之主

实 例

汉族 盘古生的八个儿子分别为八方之主，盘古为中州之主，共为九州。

【流传】河南省·（南阳市）·桐柏县

【出处】陈鸣声（40岁，文化干部）讲，马卉欣采录：《盘古生子》（1982），见张振犁编著《中原神话通鉴》（第一卷），郑州：河南大学出版社2017年版，第107页。

W0723.5.3.3

盘古君

实 例

汉族 盘古之君，龙首蛇身。

【流传】（无考）

【出处】［明］董斯张：《广博物志》卷九引《五运历年纪》。

W0723. 5. 3. 4

盘古大帝

实 例

壮族 花婆王、布洛陀、布伯、伏依兄妹、盘古大帝等在壮族中是人类始祖神。

【流传】广西壮族自治区·（南宁市）·武鸣县·两江乡·雷江片，马山县·古零乡·杨圩片

【出处】黄世杰搜集整理：*《多神信仰》（1990），见吕大吉、何耀华总主编《中国各民族原始宗教资料集成》（土家族卷、瑶族卷、壮族卷、黎族卷），北京：中国社会科学出版社1998年版，第492页。

W0723. 5. 3a

盘古是首领

实 例

（参见下级母题实例）

W0723. 5. 3a. 1

盘古是阳族首领

实 例

汉族 阳族首领盘古，龙头人身，高八尺，力大无穷。

【流传】浙江省·（宁波市）·宁海县·（西店镇）·紫江村

【出处】邬荣绍讲，邬为国搜集整理：《盘古开天辟地》（1987），见姚宝瑄主编《中国各民族神话》（汉族），太原：山西出版传媒集团·书海出版社2014年版，第11～12页。

汉族 很久以前，混沌里面住着两个大族。阴族首领是邪魔氏，阳族首领是盘古。盘古凿开邪魔氏的肚子，杀掉了邪魔氏。

【流传】浙江省·宁波市·宁海县·（西店镇）·紫江村

【出处】邬荣绍讲，邬为国记录：《盘古开天辟地》（1987. 03），见罗杨总主编，戴余金本卷主编《中国民间故事丛书·浙江宁波·宁海卷》，北京：知识产权出版社2015年版，第3页。

W0723. 5. 4

盘古是劝婚者

实 例

（参见下级母题实例）

W0723. 5. 4. 1

盘古劝伏羲女娲成婚

实 例

汉族 洪水后，盘古劝幸存的伏羲女娲兄妹成婚。

【流传】河北省·邯郸（邯郸市）·涉县

【出处】《女娲治世》，见中国民间文学集成全国编辑委员会编《中国民间故事集成》（河北卷），北京：中国ISBN中心2003年版，第24页。

W0723.5.5

盘古是命名者

【关联】［W0717.4.1］盘古为女娲取名

实 例

汉族 从天的洞里飘下来一个女人，盘古给她取名字叫做女娲。

【流传】浙江省·（金华市）·兰溪市·城关（兰江街道）

【出处】王阿英讲，蔡斌采录：《女娲补天》，见中国民间文学集成全国编辑委员会编《中国民间故事集成》（浙江卷），北京：中国ISBN中心1997年版，第16页。

W0723.5.6

盘古是发明者

实 例

（参见下级母题实例）

W0723.5.6.1

盘古氏发明卦画

实 例

汉族 一气未分道在天地，两仪既判，道在圣人，盘古氏以之，自是而有卦画，而有结绳，而有网罟人制，何者不自盘古氏肇邪？

【流传】（无考）

【出处】［明］谏议大夫左长史翰林检讨马政撰：《盘古碑记》（弘治十七年岁在甲子春正月丁丑）。

W0723.5.6.2

盘古氏发明结绳记事

实 例

汉族 （实例待考）

W0723.5.6.3

盘古氏发明结网

实 例

汉族 （实例待考）

W0723.5.6.4

盘古发明音乐

【关联】［W6901］音乐的产生

实 例

汉族 （实例待考）

W0723.5.6.5

盘古发明制衣

【关联】

①［W6127］神教人制衣

②［W6128.2］祖先教人制衣

实 例

汉族 河南桐柏山一带有盘古山、盘古庙以及“盘古出世，开辟天地，补天、战洪水、除猛兽，发明衣服”等神话。

【流传】河南省桐柏山一带

【出处】张振犁：《中原古典神话流变论考》，上海：上海文艺出版社1991年版，第 28 页。

W0723. 5. 6. 6

盘古发明文字

实 例

汉族 以前，男的见了女的，既不喊叫，又不比手势，只在地上画一个“申”（甲骨文写法）的符号。这个符号念“ruá”，就是人类的第一个字。造这个字的人就是盘古。

【流传】河南省·（南阳市）·桐柏县

【出处】陈鸣声（45 岁，文化人）讲，马卉欣采录：《盘古造字》（1985. 11），见张振犁编著《中原神话通鉴》（第一卷），郑州：河南大学出版社 2017 年版，第 91 页。

W0723. 5. 7

盘古的地位显赫

实 例

（参见下级母题实例）

W0723. 5. 7. 1

玉帝也要让盘古三分

实 例

汉族 玉帝也要让盘古三分。

【流传】河南省·（驻马店市）·泌阳县

【出处】秦道山讲，冯天佑采录：《盘古告状》，见张振犁编著《中原神话通鉴》（第一卷），郑州：河南大学出版社 2017 年版，第 77 页。

W0723. 5. 8

盘古是天地之主

实 例

汉族 天地浑沌，盘古生其中。一日九变，神于天，圣于地，主于天地。

【流传】（无考）

【出处】［唐］释澄观：《大方广佛华严经随疏演义钞》卷四二引《三王历》。

W0723. 5. 9

盘古是地上的主人

实 例

（参见下级母题实例）

W0723. 5. 9. 1

盘古兄妹与怪牛成为地上的三个主人

【关联】［W0725. 6. 3. 1. 1］盘古兄妹与怪牛是朋友

实 例

汉族 盘古兄妹持神斧战胜了恶魔，又与一怪牛结成了朋友，这三个生灵成了大地上的主人。

【流传】河南省·（南阳市）·桐柏县·二郎山乡（再述地点：桐柏县朱庄乡）

【出处】刘太举（29 岁，初中）讲，姚义亮（66 岁，私塾两年）再述，马卉欣录音整理：《龙生盘古》

(1989.06)，见张振犁编著《中原神话通鉴》（第一卷），郑州：河南大学出版社 2017 年版，第 53 页。

W0723a

盘古的职能

实例

（参见下级母题实例）

W0723a.1

盘古化育神灵

【关联】［W0237.4.1.1］古老和盘古生 12 地王

实例

（参见下级母题实例）

W0723a.1.1

盘古的灵魂变成雷神

【关联】［W0308.1.1］龙神变成雷神

实例

（参见下级母题实例）

W0723a.1.1.1

盘古死后灵魂变成雷公

【关联】［W0316.5.5.1］雷公鸡头人身源于前身盘古是鸡头

实例

汉族 盘古死后魂灵变雷公，后来画的雷公是人身鸡头。

【流传】浙江省·（金华市）·东阳县（东阳市）

【出处】张宣元讲：《盘古生开天》，载《民间文学》1986 年第 11 期。

汉族 盘古死后魂灵变成雷公。因为盘古在鸡蛋中孕生的是鸡头，所以后来的雷公像都是人的身子鸡的头。

【流传】浙江省·（金华市）·东阳县（东阳市）·青联乡·雅坑村

【出处】张宣元讲，周耀明采录：《盘古开天》，见中国民间文学集成全国编辑委员会编《中国民间故事集成》（浙江卷），北京：中国 ISBN 中心 1997 年版，第 15 页。

汉族 盘古死了以后，身子变成了昆仑山，魂变成了雷公。

【流传】河南省·（濮阳市）·濮阳县（五星乡）·西八里庄村

【出处】魏世敏（60 岁）讲，魏盼先采录：《盘古开天》（1990.06），见张振犁编著《中原神话通鉴》（第一卷），郑州：河南大学出版社 2017 年版，第 14 页。

W0723a.1.1.2

盘古的灵魂飞到天上变成雷公

实例

汉族 盘古死后，灵魂飞到天上，成了雷公。

【流传】浙江省·（绍兴市）·绍兴县·樊江乡·后堡（今绍兴市·越城区·皋埠镇·后堡村）

【出处】胡大阿珍讲，柳坚明采录：《盘古开天辟地》，见中国民间文学集成全国编辑委员会编《中国民间故事集成》（浙江卷），北京：中国 ISBN 中心 1997 年版，第 15 页。

W0723a. 2

盘古化育万物

实 例

（实例待考）

W0723a. 3

盘古管风雨

实 例

（参见下级母题实例）

W0723a. 3. 1

盘古管着龙降雨

【关联】

①［W0723. 3a. 1］盘古是龙

②［W3579. 2］龙能降雨

③［W4341. 2］龙王降雨

实 例

汉族 盘古爷和盘古奶对老天爷说："我们把九条龙分到天下九个地方去，哪里旱涝不均，我俩就到哪里去治它们!"

【流传】 二郎山乡·四里冲

【出处】 周化党（农民）讲，周化北采录：《盘古得私雨》，见张振犁编著《中原神话通鉴》（第一卷），郑州：河南大学出版社 2017 年版，第 78 页。

W0723a. 3. 2

盘古能降三场私雨

实 例

汉族 盘古爷至今还在关怀着山周围的后代，每年他要为这里的百姓降三场私雨。

【流传】 河南省·（驻马店市）·泌阳县

【出处】 王礼卿（国家干部）讲，刘广启采录整理：《盘古兄妹繁衍子孙的传说》，见张振犁编著《中原神话通鉴》（第一卷），郑州：河南大学出版社 2017 年版，第 93 页。

W0723a. 3. 2. 1

老天爷许给盘古能降三场私雨

实 例

汉族 张天始与龙王串通不下雨。天下一旱，盘古不愿意，就上天找老天爷告状。一告，老天爷准啦，许给盘古爷三场私雨。

【流传】 河南省·（南阳市）·桐柏县·二郎山乡·李沟村

【出处】 刘国山（59 岁，文盲）讲，马卉欣、殷润璞录音，马卉欣采录整理：《盘古爷抱太极图》（1989. 04. 08），见张振犁编著《中原神话通鉴》（第一卷），郑州：河南大学出版社 2017 年版，第 114 页。

W0723a. 3. 2. 2

玉帝许给盘古爷三场私雨

实 例

汉族 盘古爷来到灵霄宝殿，见到玉帝，状告老龙制造干旱。玉帝对盘古爷说："这样吧，除了那眼长流不息的泉归你外，再给你行三场私雨的权力。"

【流传】河南省·（驻马店市）·泌阳县

【出处】秦道山讲，冯天佑采录：《盘古告状》，见张振犁编著《中原神话通鉴》（第一卷），郑州：河南大学出版社 2017 年版，第 77 页。

W0723a. 3. 2. 3

老天爷许给盘古爷和盘古奶三场私雨

实 例

汉族 老天爷对盘古爷和盘古奶说："这里有两颗宝珠，你们二人吞下后就能入地上天，龙不下雨，一年我给你下三场私雨的权。"

【流传】河南省·（南阳市）·桐柏县·二郎山乡·四里冲

【出处】周化党（农民）讲，周化北采录：《盘古得私雨》，见张振犁编著《中原神话通鉴》（第一卷），郑州：河南大学出版社 2017 年版，第 78 页。

W0723b

盘古的能力

实 例

（参见下级母题实例）

W0723b. 1

盘古善创造

实 例

（参见下级母题实例）

W0723b. 1. 1

盘古王开辟三界

【关联】［W0723. 5. 1］盘古是造物者

实 例

布依族 盘古王开辟上、中、下三界之后，三界各选国王。其中，上界选雷公为王。

【流传】贵州省·（黔南布依族苗族自治州）平塘县、罗甸县、惠水县三县交界地区

【出处】杨兴荣、杨再良讲，杨路塔记录整理：《日、月、星》，见姚宝瑄主编《中国各民族神话》（布依族、仡佬族、苗族），太原：山西出版传媒集团·书海出版社 2014 年版，第 76 页。

W0723b. 2

盘古能辟土

实 例

（参见下级母题实例）

W0723b. 2. 1

盘古劈开东南西北中央戊己土

实　例

土家族 盘古手持一把开天劈地斧，劈开东南西北中央戊己土。

【流传】（无考）

【出处】《创世歌》，见长阳土家族网：http：//www. cy － tujia. com/list _ body. php？ id ＝ 172&news _ par _ id，2005. 12. 14。

W0723b. 3

盘古心灵手巧（盘古会制造）

实　例

（参见下级母题实例）

W0723b. 3. 1

盘古手脚灵巧

实　例

（参见下级母题实例）

W0723b. 3. 1. 1

盘古手脚灵巧会补天地

实　例

彝族 寻找补天地者时，听说是盘古的手最巧，听说是盘古的脚最灵。

【流传】云南省·楚雄彝族自治州

【出处】罗文荣演唱，李世忠翻译，蔷紫改写：《老人梅葛》，见姚宝瑄主编《中国各民族神话》（羌族、彝族），太原：山西出版传媒集团·书海出版社2014年版，第124页。

W0723b. 3. 2

盘古手巧

实　例

苗族 盘古是三皇五帝（最早的人的名字）的下人，手很巧。

【流传】四川省·（凉山彝族自治州）·木里县（木里藏族自治县）·李子坪乡

【出处】陶乔讲，孟燕等采录：《人的起源》，见中国民间文学集成全国编辑委员会编《中国民间故事集成》（四川卷·下），北京：中国ISBN中心1998年版，第1322页。

W0723b. 3. 2. 1

盘古兄妹雕刻石狮子

实　例

汉族 盘古兄妹做了一个又大又威风的石狮子，放在山顶上，这一带有了石狮子镇守，没有妖怪和野物打扰了，他俩的日子也好过了。

【流传】河南省·（南阳市）·桐柏县·（安棚乡、固县镇、大河乡、二郎山乡、月河镇金桥村等地）；（湖北省·随州市·随县·小林镇）

【出处】姚义雨、郑昌寿、黄发美、陈鸣声、刘太举、胡安辰、方家义、曹衔玉等讲，马卉欣采录整理：《盘古开天》，见张振犁编著《中原神话通鉴》（第一卷），郑州：河南大学出版社 2017 年版，第 57 页。

W0723b.4

盘古会变化（盘瓠会化生，盘古会变形）

【关联】

① ［W0308.1］盘古变为雷神

② ［W0723.1.2.1］盘古氏是每日变化的神灵

实 例

（参见下级母题实例）

W0723b.4.1

盘古见风就长

实 例

（参见下级母题实例）

W0723b.4.1.1

盘古吃掉孕育自己的蛋壳后见风就长

实 例

汉族 盘古把孕生自己的蛋壳全吃进肚里，于是见风就大。

【流传】浙江省·（绍兴市）·绍兴县·樊江乡·后堡（今绍兴市·越城区·皋埠镇·后堡村）

【出处】胡大阿珍讲，柳坚明采录：《盘古开天辟地》，见中国民间文学集成全国编辑委员会编《中国民间故事集成》（浙江卷），北京：中国 ISBN 中心 1997 年版，第 15 页。

W0723b.4.2

盘古一日九变

实 例

汉族 天人诞降大圣。曰浑敦氏，即盘古氏，初天皇氏也。龙首人身，神灵，一日九变氏。

【流传】（无考）

【出处】［明］周游：《开辟衍绎》附录《乩仙天地判说》。

汉族 所谓盘古氏者，神灵，一日九变，盖元混之初，陶融造化之主也。

【流传】（无考）

【出处】［清］陈梦雷原编，蒋廷锡重编：《古今图书集成·岁功典》卷八十三引《补衍开辟》。

W0723b.4.2.1

盘古在混沌卵中一日 9 变

实 例

汉族 天地浑沌如鸡子，盘古生在其中。一日九变，神于天，圣于地。

【流传】（无考）

【出处】

（a）［三国·吴］徐整：《三五历记》，见［唐］欧阳询《艺文类聚》卷一。

（b）同（a），见［北宋］李昉、李穆、徐铉等：《太平御览》。

（c）同（a），见［清］马骕《绎史》卷一。

W0723b. 4. 2. 2

盘古氏一日 9 变

实 例

汉族 所谓盘古氏者，神灵，一日九变，盖元混之初，陶融造化之主也。

【流传】（无考）

【出处】［清］陈梦雷原编，蒋廷锡重编：《古今图书集成·岁功典》卷八十三引《补衍开辟》。

W0723b. 4. 2a

盘古一日七十变

实 例

汉族 世俗相传为盘古一日七十化。

【流传】（无考）

【出处】［唐］释澄观：《大方广佛华严经随疏演义钞》卷四二引东吴韦昭《洞纪》。

W0723b. 4. 3

盘古日长 1 丈（盘古每天长一丈）

【关联】［W0729d. 1. 2. 1］盘皇每日长高 1 丈

实 例

汉族 盘古日长一丈，如此万八千岁，盘古极长。

【流传】（无考）

【出处】［三国］徐整：《三五历记》，见［北宋］李昉、李穆、徐铉等：《太平御览》。

汉族 天地浑沌如鸡子，盘古在其中，一日九变。天日高一丈，地日厚一丈，盘古日长一丈。

【流传】（无考）

【出处】

(a)［三国·吴］徐整：*《盘古》，见［唐］欧阳询《艺文类聚》卷一引。

(b)［三国·吴］徐整：*《盘古》，见［清］马骕《绎史》卷一引。

汉族 盘古天地开辟后，怕它再合上，就挺直腰杆站在当中顶着。他每天长高一丈，天地之间的距离也增加一丈。

【流传】河南省·（驻马店市）·新蔡县·裳村乡

【出处】刘义（76 岁，农民）讲，刘国富采录，龚国强采录整理：《盘古开天地的来历》（1987. 09. 05），见张振犁编著《中原神话通鉴》（第一卷），郑州：河南大学出版社 2017 年版，第 25 页。

W0723b. 4. 3. 1

盘古撑 1 次天就长 1 丈

实 例

汉族 盘古觉得天地太近，就头顶天，脚踏地，拼命撑开。撑一次，天就高一丈，地就厚一丈，盘古的身体也长一丈。

【流传】浙江省·（温州市）·永嘉县

各地

【出处】陈仁讲，谢圣铎搜集整理：《盘古开天地》（1985），见姚宝瑄主编《中国各民族神话》（汉族），太原：山西出版传媒集团·书海出版社 2014 年版，第 13～14 页。

W0723b. 4. 3. 1. 1

盘古撑天 1 天长 1 丈

实 例

汉族 盘古怕天地再合起来，就开始撑天。他站直了，身子一天长一丈，天地也一天离开一丈。

【流传】河南省·济源市·（城关）

【出处】程玉林讲，缪华、胡佳作采录：《盘古寺》，见张振犁编著《中原神话通鉴》（第一卷），郑州：河南大学出版社 2017 年版，第 3 页。

W0723b. 4. 3. 2

盘古随天地日长 1 丈

实 例

汉族 天地混沌如鸡子，盘古生其中。天日高一丈，地日厚一丈，盘古日长一丈，如此万八千岁，天去地九万里。

【流传】（无考）

【出处】

(a)［三国·吴］徐整：《三五历记》，见［唐］欧阳询《艺文类聚》卷一。

(b) 同 (a)，见［北宋］李昉、李穆、徐铉等：《太平御览》。

(c) 同 (a)，见［清］马骕《绎史》卷一。

W0723b. 4. 3. 2a

盘古随天地不断长高

实 例

汉族 盘古用利斧劈开混沌卵，产生两种气体。清而轻的升起来，变成了天；浑而重的沉下去，变成了地，天越升越高，地越沉越低，盘古在天地之间也越长越高大，简直像个顶天立地的大柱子。

【流传】河南省·登封市

【出处】《嵩山的来历》（据《述异记·盘古化物》整理），见张振犁编著《中原神话通鉴》（第一卷），郑州：河南大学出版社 2017 年版，第 12 页。

W0723b. 4. 4

盘古的耳朵变神王

实 例

彝族 （参见“W0722. 2. 8. 1 盘古死后耳朵变成神王”母题实例）

W0723b. 4. 5

与盘古的化生或变形有关的其他母题

实 例

（参见下级母题实例）

W0723b. 4. 5. 1
盘古死后化山

【关联】［W1850］昆仑山

实 例

汉族 盘古活到十万八千岁，死后身子变成了昆仑山。

【流传】浙江省·（金华市）·东阳县

【出处】

（a）张宣元讲，周耀明搜集整理：《盘古王开天》，载《民间文学》1986 年第 11 期。

（b）同（a），见姚宝瑄主编《中国各民族神话》（汉族），太原：山西出版传媒集团·书海出版社 2014 年版，第 6 ~7 页。

W0723b. 5
盘古力气大（盘古力大无穷）

实 例

汉族 盘古有神斧在手，又力大无穷，把九条龙全坐在屁股底下。

【流传】河南省·（南阳市）·桐柏县·（回龙乡）·黄楝沟村（黄楝岗村）［采录地点：桐柏县二郎山乡李沟村］

【出处】刘国山（51 岁，农民）讲，马卉欣采录：《盘古降龙》（1984. 11），见张振犁编著《中原神话通鉴》（第一卷），郑州：河南大学出版社 2017 年版，第 47 页。

W0723b. 5. 1
盘古担山

实 例

布依族 盘古王力大无穷，肩挑两山，日行万里，任什么事物都不能阻挡他。

【流传】贵州省·（黔南布依族苗族自治州）平塘县、罗甸县、惠水县三县交界地区

【出处】杨兴荣、杨再良讲，杨路塔记录整理：《日、月、星》，见姚宝瑄主编《中国各民族神话》（布依族、仡佬族、苗族），太原：山西出版传媒集团·书海出版社 2014 年版，第 76 页。

W0723b. 6
盘古善行走

实 例

（参见下级母题实例）

W0723b. 6. 1
盘古日行万里

实 例

布依族 盘古王力大无穷，肩挑两山，日行万里，任什么事物都不能阻挡他。

【流传】贵州省·（黔南布依族苗族自治州）·平塘（平塘县）、罗甸（罗甸县）、惠水（惠水县）三县交界

地区

【出处】杨兴荣、杨再良讲，杨路塔搜集整理：《日、月、星》，载《山茶》1987年第2期。

W0723b.7

盘古能来往天人之间

实 例

汉族 盘古可来往天人之间。在天国得到最高天神的支持，他是人祖，又是大神。

【流传】（河南省·驻马店市·泌阳县，南阳市·桐柏县）

【出处】秦道山讲，冯天佑采录：《盘古告状》［点评］，见张振犁编著《中原神话通鉴》（第一卷），郑州：河南大学出版社2017年版，第77页。

W0723b.8

盘古智勇双全

实 例

（参见下级母题实例）

W0723b.8.1

盘古靠智勇打败猛虎

实 例

汉族 一只虎拦着了一头小牛要吃掉。盘古上前隔开，猛虎与盘古斗起来。盘古力气很大，又有神斧，那只老虎败阵逃走了。

【流传】河南省·（南阳市）·桐柏县·（安棚乡、固县镇、大河乡、二郎山乡、月河镇金桥村等地）；（湖北省·随州市·随县·小林镇）

【出处】姚义雨、郑昌寿、黄发美、陈鸣声、刘太举、胡安辰、方家义、曹衔玉等讲，马卉欣采录整理：《盘古开天》，见张振犁编著《中原神话通鉴》（第一卷），郑州：河南大学出版社2017年版，第57页。

W0723b.9

盘古战无不胜

实 例

（参见下级母题实例）

W0723b.9.1

盘古兄妹战胜怪兽

实 例

汉族 盘古兄妹有神斧，又加上和怪牛结友，什么兽怪都不敢和他们斗。

【流传】河南省·（南阳市）·桐柏县·（南关）

【出处】王延平（工人）讲，马卉欣录音：《混沌世界》，见张振犁编著《中原神话通鉴》（第一卷），郑州：河南大学出版社2017年版，第43页。

W0723b.9.2

盘古靠头上的长角战无不胜

【关联】［W0722.2.4.2］盘古头上生角

实 例

汉族 盘古爷头上的两个长角，抵着

谁，谁就活不成，就是抵不着你，角上的光气也把人冲好远。

【流传】河南省·（南阳市）·桐柏县

【出处】陈鸣声讲，马卉欣采录整理：《盘古爷的俩娃儿》，见张振犁编著《中原神话通鉴》（第一卷），郑州：河南大学出版社 2017 年版，第 108 页。

W0723b. 10

盘古会巫术

实 例

（参见下级母题实例）

W0723b. 10. 1

盘古会招魂

实 例

汉族 盘古的儿子死了，盘古又把儿子的魂收回来，埋在八子山。

【流传】河南省·（南阳市）·桐柏县

【出处】陈鸣声（40 岁，文化干部）讲，马卉欣采录：《盘古生子》（1982），见张振犁编著《中原神话通鉴》（第一卷），郑州：河南大学出版社 2017 年版，第 107 页。

W0723c

盘古的事迹

实 例

汉族 盘古氏分开天地后，有些孤寂着急，就撒泡尿，圪蹴下和成泥，照着自己捏伴儿，造出人。

【流传】河南省·（三门峡市）·陕县（陕州区）·张茅乡·白土坡村

【出处】刘小锁（1929 年生，农民，小学）讲，刘邦项采录整理：《盘古氏造世界》，见张振犁编著《中原神话通鉴》（第一卷），郑州：河南大学出版社 2017 年版，第 22 页。

W0723c. 0

盘古开天地

实 例

朝鲜族 盘古开天地。

【流传】（无考）

【出处】巫歌《创世纪》，见《中国各民族宗教与神话大词典》编审委员会编《中国各民族宗教与神话大词典》，北京：学苑出版社 1990 年版，第 60 页。

汉族 盘古开出天地。

【流传】浙江省·（丽水市）·青田县·东源镇、船寮镇

【出处】余碎笑讲，叶茂搜集整理：《三块补天石》（1987. 07. 15），见姚宝瑄主编《中国各民族神话》（汉族），太原：山西出版传媒集团·书海出版社 2014 年版，第 58 ~ 60 页。

W0723c. 0. 1

盘古开天地耗尽精力

实 例

汉族 盘古开辟出来天地，为此而耗

尽了自己的全部精力。

【流传】河南省·新乡市

【出处】马如心（50岁）讲，马安中采录整理：《盘古开天地》（1986.08），见张振犁编著《中原神话通鉴》（第一卷），郑州：河南大学出版社2017年版，第16页。

W0723c.0.1.1

盘古开天辟地劳累过度伤了元气

实 例

汉族 盘古开天辟地劳累过度，伤了元气。

【流传】河南省·（郑州市）·新密市

【出处】冯胜利采录：《造物神种玉茭》，见张振犁编著，孟宪明、朱淑君统纂《中原神话通鉴》（第二卷），郑州：河南大学出版社2017年版，第637页。

W0723c.0.2

盘古斩蟒开天地

实 例

汉族 盘古斩蟒开天地。

【流传】湖北省·黄冈县（黄冈市）·（团风县）·马庙（马庙镇）

【出处】周海山讲，徐再跃采录：《盘古斩蟒开天地》，见中国民间文学集成全国编辑委员会编《中国民间故事集成》（湖北卷），北京：中国ISBN中心1999年版，第5页。

W0723c.0a

盘古补天

实 例

汉族 盘古开天以后，天又塌了几次。他东补西填，累死了。

【流传】河南省·（信阳市）·商城县·汪桥乡

【出处】曹元凯（66岁，农民）讲，朱大应采录：《撒雪补北天》（1989.08），见张振犁编著《中原神话通鉴》（第一卷），郑州：河南大学出版社2017年版，第41页。

W0723c.0a.1

盘古兄妹补天

实 例

汉族 天将报复盘古兄妹，趁玉皇大帝不在，约一道人撕破天河，用洪水淹没了世界。盘古兄妹只好去补天。

【流传】河南省·（南阳市）·桐柏县

【出处】黄发美（61岁，善讲故事），马卉欣转述，河南大学“中原神话调查组”录音，张振犁、程健君采录：《盘古兄妹婚（六）》（1984.12.22），见张振犁编著《中原神话通鉴》（第一卷），郑州：河南大学出版社2017年版，第103页。

W0723c.0b

盘古造物

【关联】

① [W0689. 1. 1] 盘古造华胥
② [W1505. 1] 盘古造万物
③ [W1543. 2. 1] 盘古造日月
④ [W1705. 1] 盘古造星星
⑤ [W1805. 1] 盘古造山
⑥ [W2063] 盘古造人
⑦ [W6738. 1] 盘古造字

实 例

(参见下级母题实例)

W0723c. 0b. 1
盘古氏造万物

实 例

汉族 昔盘古氏作，兹焉用宅。是以浊清判，三纪揭，澒洞开，明划日月。厥山既形余乃发，故尔上冠星精，下首地络。聚膏以为崇，渗泄以成川。

【流传】河南省

【出处】[明] 李梦阳:《大复山赋》。

W0723c. 1
盘古见特定人物 (盘古发现特定人物)

实 例

(参见下级母题实例)

W0723c. 1. 1
盘古发现伏羲

实 例

(参见下级母题实例)

W0723c. 1. 1. 1
盘古在昆仑山山洞中发现伏羲氏

【关联】[W0678. 3. 1. 1] 伏羲住昆仑山山洞

实 例

汉族 盘古在昆仑山山洞中，发现了伏羲氏。

【流传】湖北省·黄冈县 (黄冈市)·(团风县)·马庙 (马庙镇)

【出处】周海山讲，徐再跃采录:《盘古斩蟒开天地》，见中国民间文学集成全国编辑委员会编《中国民间故事集成》(湖北卷)，北京：中国 ISBN 中心 1999 年版，第 5 页。

W0723c. 1. 2
盘古遇洪钧老祖

实 例

(参见下级母题实例)

W0723c. 1. 2. 1
盘古在伏牛山遇洪钧老祖

【关联】[W0687. 7. 1. 1] 洪钧老祖居伏牛山

实 例

汉族 盘古在伏牛山遇见了洪钧老祖。

【流传】湖北省·黄冈县 (黄冈市)·(团风县)·马庙 (马庙镇)

【出处】周海山讲，徐再跃采录:《盘古

斩蟒开天地》，见中国民间文学集成全国编辑委员会编《中国民间故事集成》（湖北卷），北京：中国 ISBN 中心 1999 年版，第 5 页。

W0723c.1.3

盘古发现有巢氏

实 例

（参见下级母题实例）

W0723c.1.3.1

盘古在太乙山山洞找到有巢氏

【关联】［W0750.3.1］有巢氏居太乙山

实 例

汉族 盘古在太乙山山洞中，找出了有巢氏。

【流传】 湖北省·黄冈县（黄冈市）·（团风县）·马庙（马庙镇）

【出处】 周海山讲，徐再跃采录：《盘古斩蟒开天地》，见中国民间文学集成全国编辑委员会编《中国民间故事集成》（湖北卷），北京：中国 ISBN 中心 1999 年版，第 5 页。

W0723c.1.4

盘古拜见王母娘娘

实 例

（参见下级母题实例）

W0723c.1.4.1

盘古向王母娘娘求水

实 例

汉族 盘古来到天堂宝殿，求见王母娘娘，想借点银河水，灌大地。

【流传】 河南省·（濮阳市）·范县

【出处】 崔金钊笔述，荆耕田采录整理：《黄河的故事》，见张振犁编著《中原神话通鉴》（第一卷），郑州：河南大学出版社 2017 年版，第 20 页。

W0723c.1.5

盘古造访玉帝

实 例

汉族 盘古爷来到灵霄宝殿，见到玉帝。

【流传】 河南省·（驻马店市）·泌阳县

【出处】 秦道山讲，冯天佑采录：《盘古告状》，见张振犁编著《中原神话通鉴》（第一卷），郑州：河南大学出版社 2017 年版，第 77 页。

W0723c.2

盘古修炼功劳深

实 例

侗族 如来知他（盘古）功劳深，才叫观音变天神，转度盘古西方坐，如来目前佛修成。

【流传】（无考）

【出处】 秦廷锡编著：《北侗民歌》，见《黎平县政协文史资料》第 3 集，内部编印，2008 年。

W0723c. 2. 1

盘古与天女一起修炼

实 例

汉族 盘古原来叫“祖先”，与天女一起修炼。

【流传】河南省·（南阳市）·桐柏县

【出处】《盘古山》，见张振犁《中原古典神话流变论考》，上海：上海文艺出版社 1991 年版，第 34 ~ 35 页。

W0723c. 3

盘古拜佛祖

实 例

（参见下级母题实例）

W0723c. 3. 1

观音度化盘古拜佛祖

实 例

侗族 如来知他（盘古）功劳深，才叫观音变天神，转度盘古西方坐，如来目前佛修成。

【流传】（无考）

【出处】秦廷锡编著：《北侗民歌》，见《黎平县政协文史资料》第 3 集，内部编印，2008 年。

W0723c. 4

盘古为后代操劳奔波

实 例

（参见下级母题实例）

W0723c. 4. 1

盘古为后代走遍四面八方

实 例

汉族 盘古为了后代，到过南，到过北，到过西，到过东，四面八方全到过。

【流传】河南省·（南阳市）·桐柏县

【出处】卖艺盲人讲，马卉欣采录整理：《盘古死在大梁山》，见张振犁编著《中原神话通鉴》（第一卷），郑州：河南大学出版社 2017 年版，第 111 页。

W0723c. 5

盘古斗妖

实 例

（实例待考）

W0723d

盘古的经历

实 例

（参见下级母题实例）

W0723d. 1

盘古在混沌中经历 1 万 8 千年

【关联】

① ［W0726. 1. 2］ 盘古活了 1 万 8 千岁

② ［W0728. 0. 2. 2］ 盘古 1 万 8 千年长大

③ ［W0723d. 7. 1］ 盘古在卵中睡了 1

万8千年

实 例

汉族 盘古在混沌世界中经历了1万8千年。

【流传】福建省·（泉州市）·永春县（古称桃源）·蓬壶乡

【出处】林烈火讲，林绥国采录：《盘古分天地》，见中国民间文学集成全国编辑委员会编《中国民间故事集成》（福建卷），北京：中国ISBN中心2008年版，第3页。

W0723d.1.1

盘古在混沌中孕育1万8千年

【关联】

① ［W0036.2］神出生经过了长时间怀孕

② ［W0721.3.12.1］孕生盘古用了1万8千年

实 例

白族 菩萨救盘古盘生兄弟。

【流传】（无考）

【出处】《吃龙王·造天地·分节气》，见高明强编《创世的神话和传说》，上海：上海三联书店1988年版，第62页。

汉族 盘古盘曲在混混沌沌的大卵中慢慢变化长大，大约经过一万八千年光景，会活动了，越活动力气越大。

【流传】浙江省·（温州市）·永嘉县各地

【出处】陈仁讲，谢圣铎搜集整理：《盘古开天地》（1985），见姚宝瑄主编《中国各民族神话》（汉族），太原：山西出版传媒集团·书海出版社2014年版，第13～14页。

汉族 混混沌沌的一团雾气，经过了一万八千年，团雾气里生出一个人来，名叫盘古。

【流传】江苏省·（淮安市）·涟水县·南集乡·禹庄村

【出处】徐学尧讲，徐省生搜集整理：《世界的由来》（1983），见姚宝瑄主编《中国各民族神话》（汉族），太原：山西出版传媒集团·书海出版社2014年版，第24～28页。

W0723d.1.2

盘古在混沌的鸡蛋中孕育1万8千年

实 例

汉族 盘古在混混沌沌的大鸡蛋里孕育成人以后，睡了一万八千年。

【流传】河南省·济源市·（城关）

【出处】程玉林讲，缪华、胡佳作采录：《盘古寺》，见张振犁编著《中原神话通鉴》（第一卷），郑州：河南大学出版社2017年版，第3页。

W0723d.2

盘古经历磨难

实 例

（参见下级母题实例）

W0723d. 2. 1

盘古受威胁

实 例

（参见下级母题实例）

W0723d. 2. 1. 1

盘古兄妹受到妖魔威胁

实 例

汉族 老天爷放出怪妖怪兽，要它们吃掉盘古兄妹俩。

【流传】河南省·（南阳市·桐柏县·二郎山乡）

【出处】刘太举、姚义亮讲述，马卉欣录音整理：《盘古出世》，原载马卉欣编著《盘古之神》，见陶阳、钟秀编《中国神话》（上），北京：商务印书馆 2008 年版，第 11～12 页。

W0723d. 2. 2

盘古获救

实 例

（实例待考）

W0723d. 2. 2. 1

菩萨救盘古

实 例

白族 （实例待考）

W0723d. 3

盘古称王

实 例

（参见下级母题实例）

W0723d. 3. 1

盘古击败对手称王

【关联】［W0728. 3. 7. 0］盘古又称盘古王

实 例

汉族 阴族首领邪魔氏与阳族首领盘古争斗时，盘古抓住对手要害置之死地。阳族围拥着盘古，推他为王，从此称他为“盘古王”。

【流传】浙江省·（宁波市）·宁海县·（西店镇）·紫江村

【出处】邬荣绍讲，邬为国搜集整理：《盘古开天辟地》（1987），见姚宝瑄主编《中国各民族神话》（汉族），太原：山西出版传媒集团·书海出版社 2014 年版，第 11～12 页。

W0723d. 4

盘古巡视人间

实 例

（参见下级母题实例）

W0723d. 4. 1

盘古巡察人间善恶

实 例

傈僳族 盘古出门巡察人间，看见人们很懒，决定毁灭人类。

【流传】（无考）

【出处】禾青：《盘古造人》，见祝发清、左玉堂、尚仲豪编《傈僳族民间故事选》，上海：上海文艺出版社 1985 年版，第 7～11 页。

W0723d.4a

盘古天上遨游

实　例

汉族 大神盘古披着驾云衣，穿着登云鞋，走出南天门，在云彩里游玩。

【流传】河南省·（南阳市）·桐柏县·（安棚乡、固县镇、大河乡、二郎山乡、月河镇金桥村等地）；（湖北省·随州市·随县·小林镇）

【出处】姚义雨、郑昌寿、黄发美、陈鸣声、刘太举、胡安辰、方家义、曹衔玉等讲，马卉欣采录整理：《盘古开天》，见张振犁编著《中原神话通鉴》（第一卷），郑州：河南大学出版社 2017 年版，第 56 页。

W0723d.5

盘古端坐地上不吃不喝不动经过几百几千几万年

实　例

汉族 盘古长角顶天，端坐在大地上，不吃不喝不动过了几百几千几万年。

【流传】浙江省·（丽水市·莲都区·万象街道）·刘祠堂背

【出处】孙华仙讲，唐宗龙搜集整理：《盘古造化天地》（1963），见姚宝瑄主编《中国各民族神话》（汉族），太原：山西出版传媒集团·书海出版社 2014 年版，第 9～10 页。

W0723d.6

盘古在特定地方不知经历了多少年

实　例

（参见下级母题实例）

W0723d.6.1

盘古在石鼓中不知经历了多少年

【关联】［W4636.1］天地混沌时没有时间

实　例

汉族 世界最早是个石鼓。很大很大的盘古困在里面。他在石头鼓里也不晓得困了多少年，一直未困醒。

【流传】（无考）

【出处】王阿英讲，蔡斌搜集整理：《盘古开天地》，见姚宝瑄主编《中国各民族神话》（汉族），太原：山西出版传媒集团·书海出版社 2014 年版，第 17～18 页。

W0723d.7

盘古经历了睡眠期（盘古长睡）

【关联】

①［W0723.1.3.3］盘古是天地间睡着

的一个神

② ［W0728. 1. 4. 1］ 盘古睡在鸡蛋中

实 例

（参见下级母题实例）

W0723d. 7. 1

盘古在卵中睡了 1 万 8 千年

实 例

汉族 盘古在这个大鸡蛋里孕育成人以后，睡了一万八千年，才醒了过来。

【流传】 河南省尾山一带

【出处】 程玉林讲，缪华、胡佳作搜集整理：《盘古寺》，原载张振犁、程健君编《中原神话专题资料》，见姚宝瑄主编《中国各民族神话》（汉族），太原：山西出版传媒集团·书海出版社 2014 年版，第 4～6 页。

W0723d. 7. 2

盘古在混沌的世界卵中睡了 1 万 8 千年

实 例

汉族 盘古在世界混沌卵中呼噜呼噜地睡在里面，一下子睡了一万八千年。

【流传】 河南省·（驻马店市）·新蔡县·裳村乡

【出处】 刘义（76 岁，农民）讲，刘国富采录，龚国强采录整理：《盘古开天地的来历》（1987. 09. 05），见张振犁编著《中原神话通鉴》（第一卷），郑州：河南大学出版社 2017 年版，第 25 页。

W0723d. 7. 3

盘古在大鸡蛋中睡了几万年

实 例

汉族 盘古蜷曲在鸡蛋壳儿里沉睡了几万年才醒。

【流传】 河南省·（南阳市）·新野县

【出处】 曹学典讲，曹宝泉采录：《盘古爷开天》，见张振犁编著《中原神话通鉴》（第一卷），郑州：河南大学出版社 2017 年版，第 34 页。

W0723d. 8

盘古获特定物

实 例

（参见下级母题实例）

W0723d. 8. 1

盘古获得经书

【关联】 ［W6464］ 宗教教义（经书）

实 例

汉族 天王上启元始太上天尊授盘古《神宝三皇内经》。

【流传】（无考）

【出处】 ［北宋］ 张君房：《云笈七签》卷三。

W0723d. 8. 2

盘古获得太极图

【关联】 ［W9198. 1. 2］ 仿特定的图案造

八卦

实 例

（参见下级母题实例）

W0723d.8.2.1

老天爷赐盘古太极图

【关联】［W0751.5.5.9.2］大禹右手举太极图，左手托紫微正照方印

实 例

汉族 盘古的太极图是老天爷赐给他的。

【流传】河南省·（南阳市）·桐柏县·二郎山乡·李沟村

【出处】刘国山（59岁，文盲）讲，马卉欣、殷润璞录音，马卉欣采录整理：《盘古爷抱太极图》（1989.04.08），见张振犁编著《中原神话通鉴》（第一卷），郑州：河南大学出版社2017年版，第114页。

W0723d.9

盘古上学

【关联】［W0723.3.7］盘古是读书郎

实 例

（参见下级母题实例）

W0723d.9.1

盘古上学时姐姐在家做饭

实 例

汉族 有一家，姐弟两个。弟弟盘古上学，姐姐在家为盘古做饭。

【流传】河南省·（南阳市）·唐河县

【出处】申凤芝讲，张明理采录，马卉欣采录整理：《盘古兄妹婚（九）》（1986.07.14），见张振犁编著《中原神话通鉴》（第一卷），郑州：河南大学出版社2017年版，第105页。

W0723d.9.2

盘古年幼时上学

实 例

汉族 盘古从很小时候上学。

【流传】河南省·（驻马店市）·泌阳县（采录地点：泌阳县盘古山北麓擂鼓台村）

【出处】石太秀（66岁，稍识字，农民）讲，马卉欣、程健君、张振犁采录，河南大学“中原神话调查组”录音：《盘古兄妹婚（二）》（1984.12.22），见张振犁编著《中原神话通鉴》（第一卷），郑州：河南大学出版社2017年版，第97页。

W0723d.9.3

盘古兄妹俩上学

实 例

汉族 古时候，盘古兄妹俩上学。

【流传】河南省·（南阳市）·桐柏县·安棚乡

【出处】姚义雨（40岁，农民）讲，马卉欣转述，河南大学“中原神话调查组”录音，张振犁、程健君采录：《盘古兄妹婚（五）》（1984.12.22），

见张振犁编著《中原神话通鉴》（第一卷），郑州：河南大学出版社 2017 年版，第 101 页。

汉族 盘古兄妹上学，路上见一个石狮子。

【流传】河南省·（南阳市）·桐柏县（采录地点：桐柏县盘古山南麓黄楝沟）

【出处】马献占（65 岁，农民）讲，河南大学“中原神话调查组”录音，马卉欣、程健君、张振犁采录：《盘古兄妹婚（八）》（1984. 12. 21），见张振犁编著《中原神话通鉴》（第一卷），郑州：河南大学出版社 2017 年版，第 104 页。

W0723d. 9. 4

盘古爷和盘古奶上学姊妹俩上学

实 例

汉族 很早以前，盘古爷和盘古奶姊妹俩小时候一起上学。

【流传】河南省·（南阳市）·桐柏县（采录地点：桐柏县盘古山南麓黄楝沟）

【出处】刘太举（23 岁，初中）讲，马卉欣、程健君、张振犁采录，河南大学“中原神话调查组”录音：《盘古兄妹婚（四）》（1984. 12. 22），见张振犁编著《中原神话通鉴》（第一卷），郑州：河南大学出版社 2017 年版，第 100 页。

W0723d. 9. 4. 1

盘古爷和盘古奶上学姊妹俩到盘古山西的响水坡上学

实 例

汉族 在天塌地陷以前，年少时的盘古爷和盘古奶每天要到盘古山西的响水坡去上学。

【流传】河南省·（南阳市）·桐柏县·洪仪河乡·南棚村［采录地点：桐柏山三月三盘古庙会］

【出处】刘中林（59 岁，文盲）讲，马卉欣、殷润璞录音，马卉欣采录整理：《石龙救世》（1989. 04. 08），见张振犁编著《中原神话通鉴》（第一卷），郑州：河南大学出版社 2017 年版，第 74 页。

W0723d. 10

盘古受封

【关联】［W0728. 3. 6. 6. 2］盘古真人立功德被封元始虚皇道君

实 例

汉族 盘古真人因立功德，见召于天中。盘古乃稽首元始虚皇道君，请受《灵宝内经》三百七十五卷。

【流传】（无考）

【出处】［北宋］张君房：《云笈七签》卷三《天尊老君名号历劫经略》。

W0724

盘古的工具

实 例

（参见下级母题实例）

W0724.1

盘古的斧头和凿子

实 例

汉族 盘古手执斧凿以事开辟。

【流传】（无考）

【出处】

（a）［明］周游：《开辟衍绎通俗志传》第一回。

（b）《开辟衍绎通俗志传》，见袁珂《中国神话大词典》，北京：华夏出版社2015年版，第41页。

W0724.1.1

盘古获得1把斧头和1只凿子

实 例

汉族 盘古得到两样东西：一把斧头和一只凿子。

【流传】 福建省·（泉州市）·永春县（古称桃源）·蓬壶乡

【出处】 林烈火讲，林绥国采录：《盘古分天地》，见中国民间文学集成全国编辑委员会编《中国民间故事集成》（福建卷），北京：中国ISBN中心2008年版，第3页。

W0724.1.2

盘古造斧头和凿子

实 例

（参见下级母题实例）

W0724.1.2.1

盘古在混沌中造长凿和大斧

实 例

汉族 盘古住在混沌里，闷得要命，便造了一支长凿和一把大斧，想凿开混沌。

【流传】 浙江省·（宁波市）·宁海县·（西店镇）·紫江村

【出处】 邬荣绍讲，邬为国搜集整理：《盘古开天辟地》（1987），见姚宝瑄主编《中国各民族神话》（汉族），太原：山西出版传媒集团·书海出版社2014年版，第11～12页。

汉族 混沌里的盘古觉得很闷，就造了一只长凿和一把大斧，要凿开混沌。

【流传】 浙江省·宁波市·宁海县·（西店镇）·紫江村

【出处】 邬荣绍讲，邬为国记录：《盘古开天辟地》（1987.03），见罗杨总主编，戴余金本卷主编《中国民间故事丛书·浙江宁波·宁海卷》，北京：知识产权出版社2015年版，第3页。

W0724. 1. 3

盘古左手执凿，右手持斧

实 例

汉族 盘古将身一伸，天即渐高，地便坠下。而天地更有相连者，左手执凿，右手持斧，或用斧劈，或以凿开。

【流传】（无考）

【出处】［明末清初］徐道为：《历代神仙通鉴》卷一。

汉族 天地合闭已久，若不得开，却得一个盘古氏，左手执凿，右手执斧，犹如剖瓜相似，辟为两半。

【流传】（无考）

【出处】［明］周游：《开辟衍绎通俗志传》第一回。

W0724. 2

盘古的斧子

实 例

（参见下级母题实例）

W0724. 2. 0

盘古的斧子的产生

【关联】［W6089. 1］斧子的产生

实 例

（参见下级母题实例）

W0724. 2. 0. 1

盘古出生时身边有把斧子

实 例

（参见下级母题实例）

W0724. 2. 0. 1. 1

盘古出生时手持神斧

实 例

汉族 盘古出生时手持神斧。

【流传】河南省·（南阳市）·桐柏县·二郎山乡

【出处】刘太举讲，马卉欣整理：《龙生盘古》，见 http：//tongbai. 01ny. cn（桐柏网），2001. 01. 26。

汉族 盘古生出来时带着一把神斧。

【流传】湖南省·（衡阳市）·衡山县

【出处】彭祥三讲，彭玉成采录：《盘古与衡山》，见中国民间文学集成全国编辑委员会编《中国民间故事集成》（湖南卷），北京：中国 ISBN 中心 2002 年版，第 4 页。

W0724. 2. 0. 2

盘古用土末儿捏成斧子

实 例

汉族 盘古出现后，用身边的土末儿捏成个斧子。

【流传】陕西省·（宝鸡市）·宝鸡县（渭滨区）·马营镇·永清村

【出处】张世爱讲，李洊采录：《开天辟地》，见中国民间文学集成全国编辑委员会编《中国民间故事集成》（陕西卷），北京：中国 ISBN 中心 1996 年版，第 4 页。

W0724.2.0.3

盘古偶然获得斧子

实 例

汉族 盘古低头寻思时，忽然发现远处有一件闪闪发光的东西，走近一看，原来是一柄巨斧。

【流传】湖北省西北部地区

【出处】马卉欣整理：《盘古顶天》，见 http://tongbai.01ny.cn（桐柏网），2001.01.26。

W0724.2.0.4

盘古从世界卵的外面拿了把斧子

实 例

汉族 很久以前，世界好像个大鸡蛋，里头有清、有黄、有外壳。里面生出的鸡头龙身的盘古闷得实在受不了，猛地一站，把像鸡蛋一样的世界顶了个大窟窿，钻到外边拿了把斧子，劈开大鸡蛋，里边的清和黄都流出来了。

【流传】河南省·（濮阳市）·濮阳县（五星乡）·西八里庄村

【出处】魏世敏（60岁）讲，魏盼先采录：《盘古开天》（1990.06），见张振犁编著《中原神话通鉴》（第一卷），郑州：河南大学出版社2017年版，第14页。

W0724.2.0.5

盘古造出一把斧子

实 例

汉族 （盘古）见造成的天地相连，就造了一把大斧，天天砍这些连着天和地的地方。

【流传】河南省·汝州市薛庄乡·徐洼村

【出处】王欢迸采录：《盘古创世》（1989.10.07），见张振犁编著《中原神话通鉴》（第一卷），郑州：河南大学出版社2017年版，第23页。

W0724.2.1

盘古的神斧

【关联】

①［W0670.4.2.1］布洛陀的神斧

②［W0724.2.0.1.1］盘古出生时手持神斧

③［W0962］神斧

实 例

（参见下级母题实例）

W0724.2.1.1

盘古手持神斧

实 例

汉族 盘古头生角，手持神斧。

【流传】河南省·（南阳市）·桐柏县·二郎山乡

【出处】刘太举讲，马卉欣整理：《龙生盘古》，见 http://tongbai.01ny.cn（桐柏网），2001.01.26。

汉族 盘古开天辟地时，挥动神斧，天慢慢上升，地逐渐下降，混混沌沌的有了空间。

【流传】河南省·（南阳市）·镇平县

【出处】贺天祥讲，贺海成、姜典凯搜集整理：《天为什么是蓝的》，见姚宝瑄主编《中国各民族神话》（汉族），太原：山西出版传媒集团·书海出版社 2014 年版，第 66～67 页。

汉族 盘古有神斧在手。

【流传】河南省·（南阳市）·桐柏县·（回龙乡）·黄楝沟村（黄楝岗村?）［采录地点：桐柏县二郎山乡李沟村］

【出处】刘国山（51 岁，农民）讲，马卉欣采录：《盘古降龙》（1984. 11），见张振犁编著《中原神话通鉴》（第一卷），郑州：河南大学出版社 2017 年版，第 47 页。

W0724. 2. 1. 1. 1

盘古出生时手执神斧

实 例

汉族 龙蛋壳里长出一神人，头生角，手执神斧。他就是世上第一人——盘古大神。

【流传】河南省·（南阳市）·桐柏县·二郎山乡（再述地点：桐柏县朱庄乡）

【出处】刘太举（29 岁，初中）讲，姚义亮（66 岁，私塾两年）再述，马卉欣录音整理：《龙生盘古》（1989. 06），见张振犁编著《中原神话通鉴》（第一卷），郑州：河南大学出版社 2017 年版，第 53 页。

W0724. 2. 1. 2

盘古兄妹有神斧

实 例

汉族 盘古兄妹有神斧。

【流传】河南省·（南阳市）·桐柏县·（南关）

【出处】王延平（工人）讲，马卉欣录音：《混沌世界》，见张振犁编著《中原神话通鉴》（第一卷），郑州：河南大学出版社 2017 年版，第 43 页。

W0724. 2. 2

盘古的开天辟地斧

实 例

土家族 盘古手里拿着一把开天劈地斧。

【流传】（无考）

【出处】《创世歌》，见长阳土家族网：http：//www. cy － tujia. com/list _ body. php? id ＝ 172&news _ par _ id，2005. 12. 14。

W0724. 2. 2. 1

盘古的开天斧

【关联】［W6089. 2. 3］开天斧

实 例

汉族 （实例待考）

W0724.2.3

盘古的开山斧

实 例

汉族 盘古扛着开山目斧下界开天辟地。

【流传】甘肃省·（陇南市）·徽县·城关

【出处】杨世荣讲，田雪采录：《盘古王开天地》，见中国民间文学集成全国编辑委员会编《中国民间故事集成》（甘肃卷），北京：中国 ISBN 中心 2001 年版，第 4 页。

W0724.2.4

与盘古的斧子有关的其他母题

【关联】［W6089.1］斧子的产生

实 例

（参见下级母题实例）

W0724.2.4.1

盘古的板斧

实 例

布依族 为了挽救人间生命，繁衍子孙，盘古王想尽一切办法，经过九千九百九十九年的修炼，制造了一把开天辟地的大板斧。

【流传】贵州省·（黔南布依族苗族自治州）平塘县、罗甸县、惠水县三县交界地区

【出处】杨兴荣、杨再良讲，杨路塔记录整理：《日、月、星》，见姚宝瑄主编《中国各民族神话》（布依族、仡佬族、苗族），太原：山西出版传媒集团·书海出版社 2014 年版，第 76 页。

W0724.2.4.2

盘古的石斧

实 例

（参见下级母题实例）

W0724.2.4.2.1

盘古的斧头是几万斤的大石块

实 例

汉族 盘古的斧头是有几万斤重的大石块。

【流传】湖北省·神农架林区·盘水乡（松柏镇）·盘水村

【出处】贺久恒讲，胡崇峻采录：《盘古杀雾神》，见中国民间文学集成全国编辑委员会编《中国民间故事集成》（湖北卷），北京：中国 ISBN 中心 1999 年版，第 4 页。

W0724.2.4.3

盘古的大斧

实 例

汉族 大鹏金翅鸟让鸭子从水底给它衔来一口烂泥，泥团子里生了盘古氏。他手上拿了把大斧。

【流传】江苏省·（盐城市）·大丰

县·三渣乡·西渣村

【出处】杨广顺讲，沈澄、丁晗搜集整理：《一把大斧分天地》（1986. 04），见姚宝瑄主编《中国各民族神话》（汉族），太原：山西出版传媒集团·书海出版社 2014 年版，第 22～23 页。

W0724. 2. 4. 3. 1

盘古在宇宙卵中脚下有一把大斧

实　例

汉族　盘古睡在大鸡蛋一样的宇宙中。醒后什么也看不见，就抓起脚下的一把大斧，朝四周狠狠地劈了一下。

【流传】河南省·（焦作市）·武陟县·阳城乡·南关村

【出处】王百贞（1907 年生）讲，王广先采录整理：《盘古开天辟地》，见张振犁编著《中原神话通鉴》（第一卷），郑州：河南大学出版社 2017 年版，第 17～18 页。

W0724. 2. 4. 3. 2

盘古的大阔斧

实　例

汉族　后人画的盘古神像，手里都有一柄大阔斧，就是纪念他开天辟地。

【流传】浙江省·（温州市）·永嘉县各地

【出处】陈仁讲，谢圣铎搜集整理：《盘古开天地》（1985），见姚宝瑄主编《中国各民族神话》（汉族），太原：山西出版传媒集团·书海出版社 2014 年版，第 13～14 页。

W0724. 2. 4. 4

盘古的利斧

实　例

（参见下级母题实例）

W0724. 2. 4. 4. 1

盘古在混沌中摸到一把利斧

实　例

汉族　宇宙混沌卵生的盘古睁眼什么也看不清，就伸手乱挥乱摸，顺手摸到一把利斧，向混沌猛砍起来。

【流传】河南省·登封市

【出处】《嵩山的来历》（据《述异记·盘古化物》整理），见张振犁编著《中原神话通鉴》（第一卷），郑州：河南大学出版社 2017 年版，第 12 页。

W0724. 3

盘古的斧子和钻

实　例

（参见下级母题实例）

W0724. 3. 1

盘古的开天钻和辟地斧

实　例

（参见下级母题实例）

W0724.3.1.1

盘古左手拿开天钻，右手拿辟地斧

实 例

土族 盘古左手拿着开天钻，右手拿着辟地斧。

【流传】（无考）

【出处】《混沌周末》，原载马光星《略论土族的神话史诗〈混沌周末〉》，见《中国少数民族神话学术讨论会》（下），中国少数民族文学学会编印，1984 年。

W0724.4

盘古的锤子和钻

实 例

（参见下级母题实例）

W0724.4.1

盘古一手拿铁锤，一手拿钻子

实 例

彝族 盘古一只手拿着铁锤，另一只手拿了一把钻子。

【流传】 云南省·楚雄彝族自治州

【出处】 罗文荣演唱，李世忠翻译，蔷紫改写：《老人梅葛》，见姚宝瑄主编《中国各民族神话》（羌族、彝族），太原：山西出版传媒集团·书海出版社 2014 年版，第 124 页。

W0724.5

盘古的斧子和锤子

实 例

（参见下级母题实例）

W0724.5.1

盘古的斧和锤是父亲的四肢变成的

实 例

汉族 盘古的父亲远古生的大卵里孵化出一个巨人盘古。之后，远古消失，但他的手臂化成大斧，脚化成大锤。后来，盘古就是依靠大键和大斧这两件工具，不辞辛苦，终于开辟了天地。

【流传】 浙江省·丽水市

【出处】 邹瑾讲，唐宗龙搜集整理：《远古和盘古》，见姚宝瑄主编《中国各民族神话》（汉族），太原：山西出版传媒集团·书海出版社 2014 年版，第 8 页。

W0724.6

与盘古的工具有关的其他母题

【关联】

①［W1259.3.10］盘古王用板斧劈出平坝

②［W1295.4.1］盘古王用锤、凿开天地

实 例

（参见下级母题实例）

W0724. 6. 1
盘古的坐骑

实 例

（参见下级母题实例）

W0724. 6. 1. 1
盘古骑神马

实 例

傈僳族 盘古骑着一匹神马，边走边想，不知不觉来到一条沟边。

【流传】（无考）

【出处】 禾青：《盘古造人》，见祝发清、左玉堂、尚仲豪编《傈僳族民间故事选》，上海：上海文艺出版社1985年版，第7～11页。

W0725
盘古的关系

实 例

（参见下级母题实例）

W0725. 1
盘古的父母

实 例

（参见下级母题实例）

W0725. 0
盘古没有父母

实 例

汉族 乾坤昏暗似鸡蛋，迷迷蒙蒙几千层，盘古生在混沌中，无父无母自长成。

【流传】（无考）

【出处】 陶阳根据《黑暗传》资料重述：《盘古老祖是龙之子》，见陶阳、钟秀编《中国神话》（中），北京：商务印书馆2008年版，第539～540页。

W0725. 0. 1
盘古没爹没娘

实 例

汉族 盘古没爹没娘。

【流传】 河南省・济源市・郊区

【出处】 程玉林讲，缪华采录：《开天辟地》，见中国民间文学集成全国编辑委员会编《中国民间故事集成》（河南卷），北京：中国ISBN中心2001年版，第3页。

汉族 盘古没有爹娘。

【流传】 河南省・济源市・（城关）

【出处】 程玉林讲，缪华、胡佳作采录：《盘古寺》，见张振犁编著《中原神话通鉴》（第一卷），郑州：河南大学出版社2017年版，第3页。

W0725. 1. 1
盘古的父亲

【关联】［W1291. 2. 1］盘古的父亲扁鼓王背天踩地分开天地

实 例

（参见下级母题实例）

W0725.1.1.1

盘古王的父亲扁古王

实 例

汉族 盘古王是扁古王的儿子。

【流传】浙江省·（丽水市）·缙云县·舒洪镇·分水坑村

【出处】上官旭昌讲，上官新友采录：《扁古盘古造生灵》，见中国民间文学集成全国编辑委员会编《中国民间故事集成》（浙江卷），北京：中国ISBN中心1997年版，第48页。

W0725.1.1.2

盘古王的父亲扁鼓

【关联】［W0721.5.2.8］盘古产生在扁鼓王开天之后

实 例

汉族 开天辟地的扁鼓王老了不管事了，因为他的儿子盘古王长大了。

【流传】浙江省·（丽水市）·缙云县一带

【出处】上官旭昌讲，上官新友搜集整理：《扁鼓王劈地》（1985），见姚宝瑄主编《中国各民族神话》（汉族），太原：山西出版传媒集团·书海出版社2014年版，第18～20页。

W0725.1.2

盘古的母亲

实 例

（参见下级母题实例）

W0725.1.2.1

盘古的母亲是瘪古

实 例

土家族 瘪古是盘古的妈。

【流传】湖北省·（宜昌市）·长阳县（长阳土家族自治县）·都镇湾镇·杜家冲村

【出处】孙家香讲：《瘪古是盘古的妈》，见长阳土家族网：http://www.cy-tujia.com/list_body.php?id，2005.12.08。

W0725.1.2.2

盘古的母亲是开天圣母（盘古的母亲是目母安）

【关联】

①［W0729g.4.5.5.1.1.1］开天圣母生上古盘王、中古盘王、下古盘王

②［W1725.20.2］盘古的母亲目母婆甩裙上天形成星星

实 例

瑶族 目母安（开天圣母）生上古、中古、下古三个盘王。

【流传】广西壮族自治区·（桂林市）·全州县·东山乡

【出处】中国民间文学集成全国编辑委员会编《中国民间故事集成》（广西卷），北京：中国ISBN中心2001年版，第96页。

W0725. 2
盘古的兄妹（盘古兄妹）

【关联】

①［W1104. 1. 4］盘古兄妹开天辟地

②［W1386. 3. 1］盘古兄妹补天

实 例

（参见下级母题实例）

W0725. 2. 0
盘古兄妹的产生

实 例

（参见下级母题实例）

W0725. 2. 0. 1
2 只猿变成盘古兄妹

实 例

汉族 两只猿又变成 1 男 1 女两个人。这就是盘古兄妹二人。

【流传】河南省·南阳（南阳市）

【出处】丁严冰、马利达整理：《盘古：万代神话出南阳》（桐柏网）

W0725. 2. 1
盘古女娲是兄妹

【关联】

①［W0142. 5. 2. 1］盘古和女娲是天父地母

②［W0715］女娲的关系

实 例

（参见下级母题实例）

W0725. 2. 1. 1
盘古的妹妹女娲

【关联】［W0715. 4. 1. 1］女娲是盘古的妹妹

实 例

汉族 女娲是盘古的妹妹。

【流传】湖南省·常德县（常德市）·（鼎城区）·灌溪乡（灌溪镇）·中兴桥村

【出处】唐万顺讲，唐孟元采录：《女娲补天造人》，见中国民间文学集成全国编辑委员会编《中国民间故事集成》（湖南卷），北京：中国 ISBN 中心 2002 年版，第 22 页。

苗族 （实例待考）

W0725. 2. 2
盘兄古妹即伏羲女娲

实 例

毛南族 （实例待考）

W0725. 2. 3
盘古女娲是双胞胎

实 例

（实例待考）

W0725. 2. 4
盘古与天女是兄妹

实 例

（参见下级母题实例）

W0725.2.4.1
盘古的妹妹是天女

实 例

（参见下级母题实例）

W0725.2.4.1.1
盘古的妹妹三天女

实 例

汉族 老天爷的三妮儿下凡和盘古结为兄妹。

【流传】河南省·南阳市

【出处】杨仁权整理：《南阳三月三祭盘古》，见 http://tongbai.01ny.cn（桐柏网），2001.01.26。

W0725.2.4.1.1.1
盘古与老天爷的三妮结拜兄妹

实 例

汉族 盘古在地上遇到老天爷的三妮儿。三天女说："我父亲见你开天辟地太劳累，太孤单，叫我来认你当哥哥。"从这儿以后，盘古和老天爷的三妮儿成了兄妹。

【流传】河南省·（南阳市）·桐柏县·（安棚乡、固县镇、大河乡、二郎山乡、月河镇金桥村等地）；（湖北省·随州市·随县·小林镇）

【出处】姚义雨、郑昌寿、黄发美、陈鸣声、刘太举、胡安辰、方家义、曹衔玉等讲，马卉欣采录整理：《盘古开天》，见张振犁编著《中原神话通鉴》（第一卷），郑州：河南大学出版社 2017 年版，第 56 页。

W0725.2.4.1.1.2
玉皇大帝的三闺女奉命与盘古结拜兄妹

实 例

汉族 天上玉皇大帝的三闺女见到盘古说："我父亲见你开天辟地，每天太劳累，一个人又孤单，叫我来认你做哥。"

【流传】河南省桐柏山一带

【出处】马卉欣、梁燕搜集，马卉欣整理：《盘古山》，原载中国民间文艺研究会河南分会编：《河南民间故事集》，见姚宝瑄主编《中国各民族神话》（汉族），太原：山西出版传媒集团·书海出版社 2014 年版，第 95 ~ 100 页。

W0725.2.4.1.1.2a
老天爷的三闺女奉命与盘古结拜兄妹

实 例

汉族 老天爷见盘古开天辟地有功，就叫他的三闺女下凡给盘古做伴。三闺女下凡以后，认盘古当哥哥。

【流传】河南省·（南阳市）·社旗县·饶良乡·崇子营村

【出处】王庚有（28 岁，高中）讲述，

乔天义采录：《盘古开天辟地的传说》（1986. 02），见张振犁编著《中原神话通鉴》（第一卷），郑州：河南大学出版社 2017 年版，第 30 页。

W0725. 2. 4. 1. 1. 2b

玉皇大帝的三女儿见盘古孤单下凡与盘古结拜兄妹

实 例

汉族 玉皇大帝的三女儿见盘古开天辟地很辛苦，一个人很孤单，就下凡来到盘古山，做了盘古的妹妹，一块儿过日子。

【流传】 河南省·（南阳市）·桐柏县

【出处】 黄发美（61 岁，善讲故事），马卉欣转述，河南大学“中原神话调查组”录音，张振犁、程健君采录：《盘古兄妹婚（六）》（1984. 12. 22），见张振犁编著《中原神话通鉴》（第一卷），郑州：河南大学出版社 2017 年版，第 102 页。

W0725. 2. 4. 1. 1. 3

盘古的妹妹是玉皇大帝的三女儿

实 例

汉族 盘古的妹妹，原来是玉皇大帝的三女儿

【流传】 河南省·（南阳市）·桐柏县

【出处】 黄发美（61 岁，善讲故事），马卉欣转述，河南大学“中原神话调查组”录音，张振犁、程健君采录：《盘古兄妹婚（六）》（1984. 12. 22），见张振犁编著《中原神话通鉴》（第一卷），郑州：河南大学出版社 2017 年版，第 102 页。

W0725. 2. 5

与盘古兄妹有关的其他母题

【关联】

①［W1386. 6. 1］盘古的妹妹补天

②［W1725. 18. 1］盘古兄妹补天的针眼变成星星

实 例

（参见下级母题实例）

W0725. 2. 5. 1

盘和古是兄妹

实 例

毛南族 盘和古本是两兄妹。

【流传】（无考）

【出处】

（a）《盘和古》，见谷德明编《中国少数民族神话选》，西北民族学院研究所编印，1983 年。

（b）同（a），见姚宝瑄主编《中国各民族神话》（土家族、毛南族、侗族、瑶族），太原：山西出版传媒集团·书海出版社 2014 年版，第 54 页。

毛南族 盘与古为两兄妹。二人种葫芦，日浇水施肥，葫芦结实大如禾仓，后遇洪水，盘与古乃入葫芦避水。

【流传】（无考）

【出处】 袁珂改编：《盘与古》（原名

《盘和古》)，原载谷德明编《中国少数民族神话选》，见袁珂《中国神话大词典》，北京：华夏出版社 2015 年版，第 570 页。

W0725.2.5.1.1

盘是兄，古是妹

实 例

毛南族 盘是兄、古是妹。

【流传】(无考)

【出处】

(a)《盘古的传说》，原载蒙贵章讲，蒙国荣、韦志华、谭贻生记录翻译，蒙国荣整理《天皇到盘、古》附记，见杨光富《回、彝、水、仡佬、毛南、京六族故事选》，南宁：广西人民出版社 1988 年版。

(b) 同 (a)，见姚宝瑄主编《中国各民族神话》(土家族、毛南族、侗族、瑶族)，太原：山西出版传媒集团·书海出版社 2014 年版，第 53 页。

W0725.2.5.1.2

古是兄，盘是妹

实 例

毛南族 盘和古是同胞兄妹，古是亲哥，盘是亲妹。

【流传】广西壮族自治区·(河池市)·环江毛南族自治县·上南(上南乡)、中南(中南乡)、下南(下南乡)·上纳屯

【出处】

(a) 蒙贵章讲，蒙国荣、韦志华、谭贻生记录翻译，蒙国荣整理：《天皇到盘、古》(1984.07)，见杨光富《回、彝、水、仡佬、毛南、京六族故事选》，南宁：广西人民出版社 1988 年版。

(b) 同 (a)，见姚宝瑄主编《中国各民族神话》(土家族、毛南族、侗族、瑶族)，太原：山西出版传媒集团·书海出版社 2014 年版，第 52 页。

W0725.2.5.1.3

盘和古两兄妹不离分

实 例

毛南族 盘和古是兄妹俩，古不离盘，盘不离古。

【流传】

(a) 广西壮族自治区·(河池市)·环江县(环江毛南族自治县)·下南乡·下南村·松现屯。

(b) 广西壮族自治区·(河池市)·环江县(环江毛南族自治县)·上、中、下南地区(上南乡、中南乡、下南乡)

【出处】

(a) 覃启仁讲，蒋志雨采录翻译：《盘哥古妹》，见中国民间文学集成全国编辑委员会编《中国民间故事集成》(广西卷)，北京：中国 ISBN 中心 2001 年版，第 70 页。

(b) 谭金田等翻译整理：《盘兄和古妹》，见谷德明编《中国少数民族神话》，北京：中国民间文艺出版社

1987 年版，第 153 页。

W0725. 2. 5. 1. 4

盘兄即伏羲，古妹即女娲

实 例

毛南族 洪水后幸存盘兄和古妹，盘兄即伏羲，古妹即女娲。

【流传】广西壮族自治区·（河池市）·环江县（环江毛南族自治县）

【出处】覃启仁讲，谭金田等翻译整理：《盘古的传说》，见曹廷伟编著《广西民间故事辞典》，南宁：广西教育出版社 1993 年版，第 23 页。

W0725. 2. 5. 1. 5

盘和古是太白的儿女

实 例

壮族 太白（人间首领名）带着他的仔盘和女儿古想办法斗雷公。

【流传】（无考）

【出处】《盘和古》，原载陶立璠、李耀宗编《中国少数民族神话传说选》，四川民族出版社 1985 年版，见姚宝瑄主编《中国各民族神话》（仫佬族、壮族、京族），太原：山西出版传媒集团·书海出版社 2014 年版，第 131 页。

W0725. 2. 5. 2

盘古与盘古女结为兄妹

实 例

汉族 祖先在东山修炼，经过六千五百七十年，把一块大石头炼成了一扇磨盘。姑娘在西山，同样把一块大石头炼成了磨盘。他们滚磨时。祖先见到了姑娘，姑娘见到了祖先。经过几千年的修炼，他俩都忘掉了过去。祖先说："我是男的，你就叫我盘古人算了。"姑娘说："我是女的，干脆叫我盘古女算了。"二人同说："咱们结成兄妹吧！"

【流传】河南省·（南阳市）·桐柏县·平氏镇·平南村

【出处】王布英讲，马卉欣采录整理：《盘古修炼》（原名《盘古令》），见张振犁编著《中原神话通鉴》（第一卷），郑州：河南大学出版社 2017 年版，第 118 ~ 119 页。

W0725. 2. 5. 3

盘古和盘古妹即盘安和盘玉

实 例

汉族 盘安和盘玉，是盘古和盘古妹的异名。

【流传】河南省·（南阳市）·桐柏县·固县镇·黄畈村

【出处】黄发美（农民）讲，马卉欣采录整理：《金线补天》［点评］，见张振犁编著《中原神话通鉴》（第一卷），郑州：河南大学出版社 2017 年版，第 54 页。

W0725.3

盘古的兄弟姐妹

实 例

（参见下级母题实例）

W0725.3.1

盘古的兄弟

实 例

（参见下级母题实例）

W0725.3.1.1

盘古和盘生两兄弟

【关联】

①［W1505.5.1］盘古的弟弟盘生造万物

②［W1809.2.4］盘古的弟弟盘生缩地时的褶皱形成山

实 例

白族 从前，有弟兄俩，一个叫盘古，一个叫盘生。

【流传】云南省·（大理白族自治州）·大理（大理市）、洱源（洱源县）、剑川（剑川县）等地

【出处】杨国政讲，杨亮才记录整理：《开天辟地》，原载《云南民间故事选》（不详），见姚宝瑄主编《中国各民族神话》（白族、拉祜族、景颇族），太原：山西出版传媒集团·书海出版社 2014 年版，第 4 页。

W0725.3.1.1.1

盘古的弟弟盘生

【关联】［W0725.5.1］盘古的儿子盘生

实 例

白族 盘生是盘古的弟弟。

【流传】云南省

【出处】杨露枝讲：《土皇公公管四季》，见中国民间文学集成全国编辑委员会编《中国民间故事集成》（云南卷），北京：中国 ISBN 中心 2003 年版，第 286 页。

W0725.3.2

盘古的姐妹

实 例

（参见下级母题实例）

W0725.3.2.1

盘和古的姐妹

实 例

（实例待考）

W0725.3.2.2

盘古的姐姐

实 例

（参见下级母题实例）

W0725.3.2.2.1

盘古的姐姐古凤

实 例

汉族 盘古爷姓古，叫古瑞，他姐叫古凤。

【流传】河南省·（南阳市）·桐柏县·二郎山·李沟村·黄楝沟［采录地点：桐柏县盘古山三月三盘古神话说讲会］

【出处】刘国山（60岁，农民，小学）讲，马卉欣、殷润璞录音，马卉欣采录整理：《盘古姐弟造人七千》（1989. 04. 08），见张振犁编著《中原神话通鉴》（第一卷），郑州：河南大学出版社2017年版，第83页。

W0725. 3. 2. 3

盘古的妹妹

【关联】

① ［W0725. 2. 1. 1］盘古的妹妹女娲

② ［W0725. 2. 4. 1］盘古的妹妹是天女

实　例

（参见下级母题实例）

W0725. 3. 2. 3. 1

盘古的妹妹有智谋

实　例

汉族 盘古的妹妹有智谋，用葛条扭成绳，拴着一条一条的龙。

【流传】河南省·（南阳市）·桐柏县·（回龙乡）·黄楝沟村（黄楝岗村）［采录地点：桐柏县二郎山乡李沟村］

【出处】刘国山（51岁，农民）讲，马卉欣采录：《盘古降龙》（1984. 11），见张振犁编著《中原神话通鉴》（第一卷），郑州：河南大学出版社2017年版，第47页。

W0725. 4

盘古的妻子（盘古夫妻）

【关联】

① ［W0727］盘古的婚姻

② ［W1115. 1. 1］盘古的妻子的卵生天地

③ ［W1137. 2. 1］盘古夫妻和牛共同顶出天

实　例

（参见下级母题实例）

W0725. 4. 1

盘古的妻子女娲（盘古女娲是夫妻）

【关联】［W0790. 1. 5］菩萨是盘古女娲的后代

实　例

汉族 补天的女娲与开天的盘古成亲。

【流传】浙江省·（金华市）·兰溪市·城关（兰江街道）

【出处】王阿英讲，蔡斌采录：《女娲补天》，见中国民间文学集成全国编辑委员会编《中国民间故事集成》（浙江卷），北京：中国ISBN中心1997年版，第16页。

W0725.4.1.1

盘古与女娲生儿育女

实 例

汉族 盘古和女娲结婚，生儿育女。

【流传】宁夏回族自治区·（固原市）·西吉县·平峰乡（平峰镇）

【出处】高贵良讲：《人间婚姻咋开始的》，见中国民间文学集成全国编辑委员会编《中国民间故事集成》（宁夏卷），北京：中国 ISBN 中心 1999 年版，第 13～14 页。

W0725.4.2

盘古爷的妻子盘古奶（盘古爷和盘古奶）

【关联】

① ［W0727.4.1］盘古与姐姐婚后被奉为盘古爷和盘古奶

② ［W0728.3.7.7］盘古爷

实 例

汉族 盘古爷和盘古奶分开天地。

【流传】河南省·（南阳市）·桐柏县·二郎山乡·田口村

【出处】李新超讲，马卉欣整理：《盘古开天》，见 http://tongbai.01ny.cn（桐柏网）2001.01.26。

汉族 盘古爷和盘古奶成亲。

【流传】河南省·（南阳市）·桐柏县·（二郎山乡）

【出处】楚新余讲，马卉欣转述，河南大学“中原神话调查组”录音，张振犁、程健君采录：《盘古兄妹婚（七）》，见张振犁编著《中原神话通鉴》（第一卷），郑州：河南大学出版社 2017 年版，第 103 页。

W0725.4.2.0

盘古爷盘古奶的来历

实 例

（参见下级母题实例）

W0725.4.2.0.1

大气球生盘古爷盘古奶

实 例

汉族 天地鸿蒙时代，一个大气球里包着两个人和一头牛。这两个人一个是盘古爷，一个是盘古奶。

【流传】河南省·（南阳市）·桐柏县·二郎山乡·田口村，（驻马店市）·泌阳县·盘古村（盘古乡）·黑山沟组［采录地点：桐柏山盘古庙会］

【出处】李新超（27 岁，初中）、李明松（59 岁，文盲）讲，马卉欣、殷润璞录音，马卉欣采录整理：《盘古不听老牛劝》（1989.04.08），见张振犁编著《中原神话通鉴》（第一卷），郑州：河南大学出版社 2017 年版，第 71 页。

W0725.4.2.1

盘古奶与盘古爷分开

【关联】［W6188.2］男女分居

实 例

（参见下级母题实例）

W0725. 4. 2. 1. 1

盘古奶离开盘古山到西南居住

实 例

汉族 盘古爷和盘古奶见盘古山的人多得盛不下了，就开始分世界。西南末申坤，大地由老母掌管，盘古奶往西南去住。

【流传】河南省·（南阳市）·桐柏县·（洪仪河乡·清泉寺）

【出处】史海惠（68 岁，和尚）讲，马卉欣录音，马辉岐采录整理：《盘古分世界》（1990. 07. 13），见张振犁编著《中原神话通鉴》（第一卷），郑州：河南大学出版社 2017 年版，第 52 页。

W0725. 4. 2. 1. 2

盘古爷、盘古奶成亲后盘古奶往西南，盘古爷往西北

实 例

汉族 盘古爷和盘古奶见盘古山的人多得盛不下了，就开始分世界。盘古奶往西南方去了，盘古爷往西北方去了。

【流传】河南省·（南阳市）·桐柏县·（洪仪河乡·清泉寺）

【出处】史海惠（68 岁，和尚）讲，马卉欣录音，马辉岐采录整理：《盘古分世界》（1990. 07. 13），见张振犁编著《中原神话通鉴》（第一卷），郑州：河南大学出版社 2017 年版，第 52 页。

W0725. 4. 2. 2

以前只有盘古爷，没有盘古奶

实 例

汉族 以前，光有盘古爷，没有盘古奶。

【流传】河南河南省·（驻马店市）·泌阳县·陈庄乡·大磨村省·

【出处】李蓉芙（60 岁）讲，张振犁、程健君、马卉欣录音：《盘古山习俗》（1984. 12. 22），见张振犁编著《中原神话通鉴》（第一卷），郑州：河南大学出版社 2017 年版，第 61 页。

W0725. 4. 2. 3

天塌地陷后造人的一对姊妹被称为盘古爷、盘古奶

实 例

汉族 天塌地陷后，一对姊妹从石狮子肚里出来。他俩一结婚，就开始生育。由于他们从前做的泥巴人啥样都有，生的人也各种各样，于是人又多起来了。他们俩是人类的老祖先。人们叫他盘古爷、盘古奶。

【流传】河南省·（南阳市）·社旗县

【出处】赵成先（20 岁，大学生）讲：《盘古兄妹婚（三）》（1982. 05），见张振犁编著《中原神话通鉴》（第一卷），郑州：河南大学出版社 2017 年版，第 99 页。

W0725.4.2.4

盘古爷、盘古奶造人

实 例

汉族 盘古爷和盘古奶捏了好多泥巴人儿。

【流传】 河南省·（南阳市）·桐柏县

【出处】 陈鸣声讲，马卉欣采录整理：《盘古爷的俩娃儿》，见张振犁编著《中原神话通鉴》（第一卷），郑州：河南大学出版社 2017 年版，第 108 页。

汉族 天地鸿蒙时代，一个大气球里包着两个人盘古爷、盘古奶和一头牛。盘古爷和盘古奶觉得孤独，便捏了起来，盘古爷比着盘古奶的样子捏女的；盘古奶比着盘古爷的样子捏男的。

【流传】 河南省·（南阳市）·桐柏县·二郎山乡·田口村，（驻马店市）·泌阳县·盘古村（盘古乡）·黑山沟组［采录地点：桐柏山盘古庙会］

【出处】 李新超（27 岁，初中）、李明松（59 岁，文盲）讲，马卉欣、殷润璞录音，马卉欣采录整理：《盘古不听老牛劝》（1989.04.08），见张振犁编著《中原神话通鉴》（第一卷），郑州：河南大学出版社 2017 年版，第 71 页。

W0725.4.2.4.1

盘古爷、盘古奶成亲后用泥造人

实 例

汉族 盘古爷和盘古奶成亲以后，就捏了好多泥巴人。

【流传】 河南省·（南阳市）·桐柏县·二郎山乡·李沟村

【出处】 刘国山（59 岁，文盲）讲，马卉欣、殷润璞录音，马卉欣采录整理：《盘古爷抱太极图》（1989.04.08），见张振犁编著《中原神话通鉴》（第一卷），郑州：河南大学出版社 2017 年版，第 114 页。

W0725.4.2.5

盘古爷、盘古奶是姐弟

实 例

汉族 天塌地陷后一对姐弟只好成了亲，生儿育女，繁衍人类。这姊妹俩就是盘古爷和盘古奶奶。现在咱这儿有时还称两口子为姊妹俩

【流传】 河南省·（驻马店市）·确山县·石滚河乡·辛庄村（采集地点确山县盘龙镇）

【出处】 何宪荣（78 岁，农民，不识字）讲，杨建军采录：《盘古爷和盘奶奶的传说》（1987.03），见张振犁编著《中原神话通鉴》（第一卷），郑州：河南大学出版社 2017 年版，第 33 页。

W0725.4.2.5.1

盘古爷比盘古奶的年龄小

【关联】［W7102.2］结婚年龄男小女大

实 例

汉族 盘古爷小些，盘古奶比他大岁把儿。

【流传】 河南省·（南阳市）·桐柏县·洪仪河乡·南棚村［采录地点：桐柏山三月三盘古庙会］

【出处】 刘中林（59岁，文盲）讲，马卉欣、殷润璞录音，马卉欣采录整理：《石龙救世》（1989.04.08），见张振犁编著《中原神话通鉴》（第一卷），郑州：河南大学出版社2017年版，第74页。

W0725.4.2.6

盘古爷、盘古奶是同窗

【关联】［W0723d.9.4］盘古爷和盘古奶上学姊妹俩上学

实 例

汉族 在天塌地陷以前，年少时的盘古爷和盘古奶每天要到盘古山西的响水坡去上学。

【流传】 河南省·（南阳市）·桐柏县·洪仪河乡·南棚村［采录地点：桐柏山三月三盘古庙会］

【出处】 刘中林（59岁，文盲）讲，马卉欣、殷润璞录音，马卉欣采录整理：《石龙救世》（1989.04.08），见张振犁编著《中原神话通鉴》（第一卷），郑州：河南大学出版社2017年版，第74页。

W0725.4.2.7

盘古爷、盘古奶是人类的老祖先

实 例

汉族 人类的老祖先

【流传】 河南省·（南阳市）·社旗县

【出处】 赵成先（20岁，大学生）讲：《盘古兄妹婚（三）》（1982.05），见张振犁编著《中原神话通鉴》（第一卷），郑州：河南大学出版社2017年版，第99页。

W0725.4.3

盘古的妻子天女

实 例

汉族 盘古与天女成婚。

【流传】 河南省·（南阳市）·桐柏县

【出处】《盘古山》，见张振犁《中原古典神话流变论考》，上海：上海文艺出版社1991年版，第34-35页。

W0725.4.3.1

盘古的妻子是玉帝的三女儿

实 例

汉族 盘古与玉皇大帝的三女成婚。

【流传】（无考）

【出处】 马卉欣：《盘古山》，见《河南民间故事文集》，北京：中国民间文艺出版社1985年版，第8页。

W0725.4.4

盘古的姐姐妻子

【关联】

①［W0725.4.2.5］盘古爷、盘古奶是姐弟

②［W7350］姐弟婚

实 例

汉族 盘古和盘古姐姐弟成婚。

【流传】江西省·（吉安市）·万安县·潞田乡

【出处】郭隆士讲：*《伏羲和女娲》，见中国民间文学集成全国编辑委员会编《中国民间故事集成》（江西卷），北京：中国 ISBN 中心 2002 年版，第 10～11 页。

W0725.4.5

盘古的妻子太元圣母

实 例

（参见下级母题实例）

W0725.4.5.1

盘古真人与太元圣母通气结精

实 例

汉族 在二仪未分，天地日月未具时，已有盘古真人游于其中。后与太元圣母通气结精，生东王公与西王母。

【流传】（无考）

【出处】［晋］葛洪：《枕中书》。

W0725.4.5.2

元始君盘古与太元玉女通气结精

实 例

汉族 复经二劫，忽生太元玉女，在石涧积血之中，出而能言，人形具足，天姿绝妙，当游厚地之间，仰吸天气，号曰太元圣母，元始君（盘古）下游见之，乃与通气结精，招还上宫。

【流传】（无考）

【出处】［宋］罗泌：《路史·前纪一》罗苹注。

W0725.4.6

盘古的动物妻子

实 例

（参见下级母题实例）

W0725.4.6.1

盘古与猿是夫妻

【关联】

①［W0721.4.2.1］猿变成盘古

②［W0725.2.0.1］2 只猿变成盘古兄妹

实 例

汉族 盘古到了北方，和一个猿结了婚，从那时起，才开始了地球上真正的人类生活。

【流传】河南省·南阳市

【出处】邱海观（农民），李明才采录

整理：《盘古的传说》，见张振犁编著《中原神话通鉴》（第一卷），郑州：河南大学出版社 2017 年版，第 29 页。

W0725. 4. 6. 2
盘果王与鲶鱼结为夫妻

实 例

布依族 先祖盘果王与鲶鱼结为夫妻，生安王。

【流传】（无考）

【出处】《安王和祖王》，见贵州民间文艺研究会编《民间文学资料》第 41 集，内部编印，1986 年。

W0725. 4. 7
与盘古夫妻有关的其他母题

实 例

（参见下级母题实例）

W0725. 4. 7. 1
盘古氏夫妇始创阴阳

【关联】［W4755］阴阳的产生

实 例

汉族 吴楚间说，盘古氏夫妻，阴阳之始也。

【流传】（无考）

【出处】［南朝·梁］任昉：《述异记》卷上。

汉族 盘古氏夫妇，阴阳之始也，天地万物之祖业。

【流传】（无考）

【出处】［清］张玉书、陈廷敬等：《康熙字典》引任昉《述异记》。

W0725. 5
盘古的后代（盘古的子女）

【关联】

① ［W0715. 2. 1］女娲是盘古的后代

② ［W0725. 5. 3］伏羲兄妹是盘古的儿女

③ ［W1561. 7］太阳是盘古的孩子

实 例

（参见下级母题实例）

W0725. 5. 0
盘古的子女（盘古的儿女）

实 例

（参见下级母题实例）

W0725. 5. 0. 1
盘古有子女 10 人

实 例

（参见下级母题实例）

W0725. 5. 0. 1. 1
盘古兄妹婚生伏羲氏、神农氏、祝融氏等 10 人

实 例

汉族 盘古兄妹二人成亲三十载，生下男女十个人。其中，长子取名伏羲氏，姬仙女纪管中州。第二取名神农

氏，姬赵女纪管湖州。第四取名祝融氏，姬孙女纪管海州。

【流传】（无考）

【出处】陶阳根据《黑暗传》资料重述：《盘古老祖是龙之子》，见陶阳、钟秀编《中国神话》（中），北京：商务印书馆 2008 年版，第 539～540 页。

W0725.5.0.1a

盘古有 2 儿 1 女

实　例

汉族　盘古有两个儿子一个女儿。

【流传】河南省·（南阳市）·社旗县

【出处】杨东来搜集整理：《天女散花》，见张振犁编著《中原神话通鉴》（第一卷），郑州：河南大学出版社 2017 年版，第 37 页。

汉族　从前，有一个很伟大的人物——盘古，他有三个孩子，两儿一女。

【流传】河南省·驻马店市·汝南县

【出处】申汪让讲，张丽卿采录整理：《天女散花》，见张振犁编著《中原神话通鉴》（第一卷），郑州：河南大学出版社 2017 年版，第 39 页。

汉族　盘古有两个儿子，一个女儿。

【流传】河南省·（新乡市）·封丘县

【出处】王又凡（50 多岁，教师）讲，王海燕采录：《花神》（1989.12.16），见张振犁编著《中原神话通鉴》（第一卷），郑州：河南大学出版社 2017 年版，第 39 页。

W0725.5.0.1b

盘古有 4 儿 1 女

实　例

汉族　盘古有四个儿子，一个女儿。

【流传】河南省·（郑州市）·新密市

【出处】冯胜利采录：《造物神种玉茭》，见张振犁编著，孟宪明、朱淑君统纂《中原神话通鉴》（第二卷），郑州：河南大学出版社 2017 年版，第 636 页。

W0725.5.0.2

盘古的儿女伏羲女娲

【关联】［W0676.3.3.1］盘古生伏羲女娲

实　例

汉族　盘古的妻子生的 1 万个孩子中，最后一胎是伏羲女娲兄妹。

【流传】河南省·（焦作市）·武陟县·阳城乡·郭下村

【出处】李持见讲，王广先采录：《避难创世》，见中国民间文学集成全国编辑委员会编《中国民间故事集成》（河南卷），北京：中国 ISBN 中心 2001 年版，第 9 页。

汉族　盘古开天辟地以后，生了九千九百九十九胎孩子，最后一胎是双胞胎。先生的是男性，取名伏羲，后生的是女性，取名女娲。

【流传】河南省·（焦作市）·武陟

县·阳城乡·郭下村

【出处】李待见（女，42 岁，农民，小学）讲，王广先采录整理：《石狮子同伏羲和女娲》，见张振犁编著《中原神话通鉴》（第一卷），郑州：河南大学出版社 2017 年版，第 301 页。

W0725. 5. 0. 3

盘古的子女东王公、西王母、地皇

【关联】［W0147. 7. 2］盘古真人与太元圣母通气结精生东王公与西王母

实 例

汉族 在二仪未分，天地日月未具时，已有盘古真人游于其中。后与太元圣母通气结精，生东王公与西王母。后又生地皇。

【流传】（无考）

【出处】［晋］葛洪：《枕中书》。

W0725. 5. 0. 4

盘古生众多子女

实 例

（参见下级母题实例）

W0725. 5. 0. 4. 1

盘古生 9999 胎孩子

实 例

汉族 盘古开天辟地以后，生了九千九百九十九胎孩子。

【流传】河南省·（焦作市）·武陟县·阳城乡·郭下村

【出处】李待见（女，42 岁，农民，小学）讲，王广先采录整理：《石狮子同伏羲和女娲》，见张振犁编著《中原神话通鉴》（第一卷），郑州：河南大学出版社 2017 年版，第 301 页。

W0725. 5. 0. 4. 2

盘古爷姐弟生百对儿女

实 例

汉族 盘古爷姐弟两个成亲，到后来有儿女百双百对，先有名后有姓各自生存

【流传】河南省·（南阳市）·桐柏县

【出处】马卉欣采录：《盘古歌》，见张振犁编著《中原神话通鉴》（第一卷），郑州：河南大学出版社 2017 年版，第 73 页。

W0725. 5. 1

盘古的儿子

实 例

（参见下级母题实例）

W0725. 5. 1. 1

盘古的儿子盘生

实 例

汉族 盘古的儿子叫盘生。

【流传】湖北省·（荆州市）·洪湖市·郑道湖镇

【出处】蓝德财讲，龚达雄采录：《盘生

划地》，见中国民间文学集成全国编辑委员会编《中国民间故事集成》（湖北卷），北京：中国 ISBN 中心 1999 年版，第 7 页。

W0725.5.1.2

盘古的儿子伏羲

【关联】

① ［W0676.5.2］盘古兄妹婚生伏羲氏

② ［W0680.1.5］伏羲是大圣的儿子

③ ［W0680.1.6］伏羲是盘古儿子

④ ［W0723.2.8］盘古是圣人

实　例

（参见下级母题实例）

W0725.5.1.2.1

盘古的长子伏羲氏

实　例

汉族 盘古兄妹二人成亲三十载，生下男女十个人。其中，长子取名伏羲氏，姬仙女纪管中州。

【流传】（无考）

【出处】 陶阳根据《黑暗传》资料重述：《盘古老祖是龙之子》，见陶阳、钟秀编《中国神话》（中），北京：商务印书馆 2008 年版，第 539～540 页。

W0725.5.1.3

盘古的儿子神农

【关联】［W0735b.2.1］神农的父母盘古兄妹

实　例

（参见下级母题实例）

W0725.5.1.3.1

盘古的次子神农氏

实　例

汉族 盘古兄妹二人成亲三十载，生个子女。其中，第二个儿子取名神农氏，姬赵女纪管湖州。

【流传】（无考）

【出处】 陶阳根据《黑暗传》资料重述：《盘古老祖是龙之子》，见陶阳、钟秀编《中国神话》（中），北京：商务印书馆 2008 年版，第 539～540 页。

W0725.5.1.3a

盘古的儿子黄帝

【关联】［W0725.5.1.3.1a］盘古的次子黄帝

实　例

汉族（参见下级母题实例）

W0725.5.1.3a.1

盘古的次子黄帝

实　例

汉族 盘古的大儿子管天上事，人称玉帝；二儿子管地上事，人称黄帝。

【流传】 河南省·（南阳市）·社旗县

【出处】 杨东来搜集整理：《天女散花》，见张振犁编著《中原神话通鉴》（第一卷），郑州：河南大学出版社

2017 年版，第 37 ~ 38 页。

汉族 盘古二儿子管地上事，人称黄帝。

【流传】河南省·驻马店市·汝南县

【出处】申汪让讲，张丽卿采录整理：《天女散花》，见张振犁编著《中原神话通鉴》（第一卷），郑州：河南大学出版社 2017 年版，第 39 页。

W0725. 5. 1. 4

盘古的儿子祝融

实 例

（参见下级母题实例）

W0725. 5. 1. 4. 1

盘古的四子祝融氏

【关联】［W0767. 5. 2. 1］祝融氏的父母盘古兄妹

实 例

汉族 盘古兄妹二人成亲三十载，生下男女十个人。其中，第四个取名祝融氏，姬孙女纪管海州。

【流传】（无考）

【出处】陶阳根据《黑暗传》资料重述：《盘古老祖是龙之子》，见陶阳、钟秀编《中国神话》（中），北京：商务印书馆 2008 年版，第 539 ~ 540 页。

W0725. 5. 1. 5

盘古的儿子葛天氏

实 例

（参见下级母题实例）

W0725. 5. 1. 5. 1

盘古的五子葛天氏

实 例

汉族 盘古兄妹二人成亲三十载，生下男女十个人。其中，第五子取名葛天氏，姬李女纪管福州。

【流传】（无考）

【出处】陶阳根据《黑暗传》资料重述：《盘古老祖是龙之子》，见陶阳、钟秀编《中国神话》（中），北京：商务印书馆 2008 年版，第 539 ~ 540 页。

W0725. 5. 1. 6

盘古的儿子太上老君

【关联】［W0791. 7. 1. 1］太上老君的父亲盘古

实 例

汉族 盘古开天地的时候，他的儿子太上老君已经怀在娘肚里。

【流传】河南省·（南阳市）·镇平县

【出处】贺天祥讲，贺海成、姜典凯搜集整理：《天为什么是蓝的》，载《民间文学》1986 年第 1 期。

W0725. 5. 1. 7

盘古的儿子地皇

【关联】［W0237. 1. 3］盘古真人与太元圣母生地皇

实 例

汉族 在二仪未分，天地日月未具时，已有盘古真人游于其中。后与太元圣母通气结精，生东王公与西王母。后又生地皇。

【流传】（无考）

【出处】［晋］葛洪：《枕中书》。

W0725.5.1.7a
盘古的儿子

实　例

（参见下级母题实例）

W0725.5.1.7a.1
盘古的长子玉帝

【关联】［W0725.5.1.2.1a］盘古的大儿子玉帝

实　例

汉族 盘古的大儿子管天上事，人称玉帝。

【流传】河南省·驻马店市·汝南县

【出处】申汪让讲，张丽卿采录整理：《天女散花》，见张振犁编著《中原神话通鉴》（第一卷），郑州：河南大学出版社 2017 年版，第 39 页。

汉族 盘古开天辟地以后，叫他的大儿子管天上事，人称玉帝。

【流传】河南省·（南阳市）·社旗县

【出处】杨东来搜集整理：《天女散花》，见张振犁编著《中原神话通鉴》（第一卷），郑州：河南大学出版社 2017 年版，第 37～38 页。

W0725.5.1.8
盘古儿子的数量

实　例

（参见下级母题实例）

W0725.5.1.8.1
盘古有 8 个儿子

实　例

汉族 盘古生了八个儿子。

【流传】河南省·（南阳市）·桐柏县

【出处】陈鸣声（40 岁，文化干部）讲，马卉欣采录：《盘古生子》（1982），见张振犁编著《中原神话通鉴》（第一卷），郑州：河南大学出版社 2017 年版，第 107 页。

W0725.5.1.8.1.1
盘古的 8 个儿子为八方之主

实　例

汉族 盘古生了八个儿子，分为八方之主。

【流传】河南省·（南阳市）·桐柏县

【出处】陈鸣声（40 岁，文化干部）讲，马卉欣采录：《盘古生子》（1982），见张振犁编著《中原神话通鉴》（第一卷），郑州：河南大学出版社 2017 年版，第 107 页。

W0725. 5. 1. 8. 1. 2
盘古兄妹婚生 8 个儿子

实 例

(参见下级母题实例)

W0725. 5. 1. 8. 1. 2. 1
盘古兄妹婚生 8 个儿子命名为八个方向

实 例

汉族 盘古兄妹成亲后，先后生了八个儿子，取名东、西、南、北、东南、西南、东北、西北。

【流传】河南省·（南阳市）·桐柏县·（安棚乡、固县镇、大河乡、二郎山乡、月河镇金桥村等地）；（湖北省·随州市·随县·小林镇）

【出处】姚义雨、郑昌寿、黄发美、陈鸣声、刘太举、胡安辰、方家义、曹衔玉等讲，马卉欣采录整理：《盘古开天》，见张振犁编著《中原神话通鉴》（第一卷），郑州：河南大学出版社 2017 年版，第 58 页。

W0725. 5. 1. 9
盘古儿子的三皇

【关联】［W0730a. 2. 1. 1］三皇是盘古的儿子

实 例

汉族 盘古氏，生参三才而赞两仪，子三皇而孙五帝。

【流传】（无考）

【出处】［明］谏议大夫左长史翰林检讨马政撰：《盘古碑记》（弘治十七年岁在甲子春正月丁丑）。

W0725. 5. 1a
盘古的女儿

实 例

(参见下级母题实例)

W0725. 5. 1a. 1
盘古的女儿花神

实 例

汉族 盘古开天辟地以后，叫他的女儿管百花，人称花神。

【流传】河南省·（南阳市）·社旗县

【出处】杨东来搜集整理：《天女散花》，见张振犁编著《中原神话通鉴》（第一卷），郑州：河南大学出版社 2017 年版，第 37 ~ 38 页。

汉族 盘古的女儿管百花，人称花神。

【流传】河南省·驻马店市·汝南县

【出处】申汪让讲，张丽卿采录整理：《天女散花》，见张振犁编著《中原神话通鉴》（第一卷），郑州：河南大学出版社 2017 年版，第 39 页。

汉族 盘古叫他的女儿育出百花，给天地增美，人称“花神”。

【流传】河南省·（新乡市）·封丘县

【出处】王又凡（50 多岁，教师）讲，

王海燕采录：《花神》（1989.12.16），见张振犁编著《中原神话通鉴》（第一卷），郑州：河南大学出版社2017年版，第39～40页。

W0725.5.2

盘古的后裔有太庭氏、庖羲、神农、祝融、五龙氏

实　例

（参见下级母题实例）

W0725.5.2.1

盘古的后裔神农、祝融

【关联】

①［W0735b.1.1］神农是盘古的后裔

②［W0767.5.1.1］祝融是盘古的后代

实　例

汉族 元始盘古的后裔太庭氏、庖羲、神农、祝融、五龙氏，分别住在五岳之上。

【流传】（无考）

【出处】《道教的三清尊神》，见王德恒等《造神史话》，天津：百花文艺出版社2002年版，第73页。

W0725.5.3

盘古的儿女伏羲兄妹

【关联】［W0680.2］伏羲兄妹

实　例

汉族 （参见“W0725.5.0.2 盘古的儿女伏羲女娲”母题实例）

W0725.5.3.1

盘古的后代女娲

【关联】［W0715.2.1］女娲是盘古的后代

实　例

汉族 盘古的后代女娲在盘古死后，成了仙。

【流传】湖南省·（娄底市）·涟源市·太和乡（杨市镇）·太和村

【出处】邓龙生讲，姚永放采录：《女娲补天造人》，见中国民间文学集成全国编辑委员会编《中国民间故事集成》（湖南卷），北京：中国ISBN中心2002年版，第22页。

W0725.5.4

盘古的孙子

实　例

（参见下级母题实例）

W0725.5.4.1

盘古的五世孙是东岳神

【关联】［W0398.1.2.4］东岳神是盘古五世孙金虹氏

实　例

汉族 盘古的五世孙中，大哥金蝉氏，弟弟金虹氏，弟弟有功被分为东岳之神。

【流传】（无考）

【出处】《大地之神后土娘娘》，见王德

恒等《造神史话》，天津：百花文艺出版社 2002 年版，第 86 ~ 87 页。

W0725. 5. 4. 2

盘古的五世孙金蝉氏

实 例

汉族 盘古的五世孙中，大哥金蝉氏，弟弟金虹氏，弟弟有功被分为东岳之神。

【流传】（无考）

【出处】《大地之神后土娘娘》，见王德恒等《造神史话》，天津：百花文艺出版社 2002 年版，第 86 ~ 87 页。

W0725. 5. 4. 3

盘古的孙子五帝

实 例

汉族 盘古氏，生参三才而赞两仪，子三皇而孙五帝。

【流传】（无考）

【出处】［明］谏议大夫左长史翰林检讨马政撰：《盘古碑记》（弘治十七年岁在甲子春正月丁丑）。

W0725. 5. 5

与盘古的后代有关的其他母题

实 例

（参见下级母题实例）

W0725. 5. 5. 1

盘古的后代居五岳

【关联】［W0099. 4. 6. 1］太庭氏、庖羲、神农、祝融、五龙氏分别住五岳

实 例

汉族 元始盘古的后裔太庭氏、庖羲、神农、祝融、五龙氏，分别住在五岳之上。

【流传】（无考）

【出处】《道教的三清尊神》，见王德恒等《造神史话》，天津：百花文艺出版社 2002 年版，第 73 页。

W0725. 5. 5. 2

盘古的后代人王

实 例

侗族 古老和盘古又生出了人王九兄弟。

【流传】（无考）

【出处】吴良修讲：《古老和盘古》，王宪昭采集，2009. 08。

W0725. 5. 5. 3

今天的人类都是盘古后代

实 例

汉族 今天的人类，都是盘古的后代。

【流传】江苏省·（淮安市）·涟水县·南集乡·禹庄村

【出处】徐学尧讲，徐省生搜集整理：《世界的由来》（1983），见姚宝瑄主编《中国各民族神话》（汉族），太原：山西出版传媒集团·书海出版社 2014 年版，第 24 ~ 28 页。

W0725.5.5.4
盘古的后代遍及世界各地

实　例

汉族 今天的人类都是盘古的后代。到了离现在约有五十万年的时候，盘古的后代布满了世界各地，他们互相之间不认识了。

【流传】 江苏省·（淮安市）·涟水县·南集乡·禹庄村

【出处】 徐学尧讲，徐省生搜集整理：《世界的由来》（1983），见姚宝瑄主编《中国各民族神话》（汉族），太原：山西出版传媒集团·书海出版社2014年版，第24～28页。

W0725.5.5.5
盘古爷和盘古奶婚生很多后代

实　例

汉族 盘古爷和盘古奶成亲以后，有了好多好多的后代。

【流传】 河南省·（南阳市）·桐柏县·安棚乡

【出处】 姚义雨讲，马卉欣采录整理：《盘古奶跳水了》，见张振犁编著《中原神话通鉴》（第一卷），郑州：河南大学出版社2017年版，第109页。

W0725.6
与盘古的关系有关的其他母题

实　例

（参见下级母题实例）

W0725.6.1
盘古的上司

实　例

（参见下级母题实例）

W0725.6.1.1
盘古是三皇五帝的下人

【关联】

①［W0123.4.2］三皇

②［W0723.3.5］盘古是佣人

实　例

苗族 盘古手巧，给三皇五帝（最早的人的名字）当下人。

【流传】 四川省·（凉山彝族自治州）·木里县（木里藏族自治县）·李子坪乡

【出处】 陶乔讲，孟燕等采录：《人的起源》，见中国民间文学集成全国编辑委员会编《中国民间故事集成》（四川卷·下），北京：中国ISBN中心1998年版，第1322页。

W0725.6.2
盘古的从属

实　例

（参见下级母题实例）

W0725.6.3
盘古的朋友

实　例

（参见下级母题实例）

W0725. 6. 3. 1
盘古与牛是朋友

实 例

（参见下级母题实例）

W0725. 6. 3. 1. 1
盘古兄妹与怪牛是朋友

实 例

汉族 盘古兄妹有神斧，和怪牛结友。

【流传】 河南省·（南阳市）·桐柏县·（南关）

【出处】 王延平（工人）讲，马卉欣录音：《混沌世界》，见张振犁编著《中原神话通鉴》（第一卷），郑州：河南大学出版社2017年版，第43页。

汉族 盘古兄妹与怪牛结友。

【流传】 河南省·（南阳市）·桐柏县·南关

【出处】 王延平讲，马卉欣整理：《混沌世界》，见桐柏网2005. 10. 09。

汉族 盘古兄妹持神斧战胜了恶魔，又与一怪牛结成了朋友，这三个生灵成了大地上的主人。

【流传】 河南省

【出处】 刘太举、姚义亮讲述，马卉欣录音整理：《盘古出世》，原载马卉欣编著《盘古之神》，见陶阳、钟秀编《中国神话》（上），北京：商务印书馆2008年版，第11～12页。

W0725. 6. 3. 2
盘古和老天爷结为朋友

实 例

汉族 盘古为了后代，就守在天上，和老天爷结为朋友，保护天下的后代人。

【流传】 河南省·（南阳市）·桐柏县·二郎山乡

【出处】 李敬平讲，李修平采录：《盘古爷上天了》，见张振犁编著《中原神话通鉴》（第一卷），郑州：河南大学出版社2017年版，第113页。

W0725. 6. 4
盘古的对手

实 例

（参见下级母题实例）

W0725. 6. 4. 1
盘古的对手阴族

实 例

汉族 混沌里住着阴阳两大族。阴族首领邪魔氏，牛头狗身，红眼睛，绿头发，法术高强。阳族首领盘古，龙头人身，高八尺，力大无穷。

【流传】 浙江省·（宁波市）·宁海县·（西店镇）·紫江村

【出处】 邬荣绍讲，邬为国搜集整理：《盘古开天辟地》（1987），见姚宝瑄主编《中国各民族神话》（汉族），太原：山西出版传媒集团·书海出版社2014年版，第11~12页。

W0725.6.5

盘古的师傅

实　例

（参见下级母题实例）

W0725.6.5.1

盘古拜师释迦牟尼

实　例

侗族 盘古本是蟠桃化，名叫昆多崩婆那，跟着释迦牟尼坐，修成道果有佛法。

【流传】（无考）

【出处】 秦廷锡编著：《北侗民歌》，见《黎平县政协文史资料》第3集，内部编印，2008年。

W0725.6.6

与盘古同时出现的人物

实　例

（参见下级母题实例）

W0725.6.6.1

张古和盘古

实　例

侗族 张古和盘古正满一万八千岁，鸡一叫他俩就要成仙。

【流传】 贵州省·（黔东南苗族侗族自治州）·三穗县·款场（款场乡）

【出处】 杨引兰讲，周昌武采录：《开天辟地》，见中国民间文学集成全国编辑委员会编《中国民间故事集成》（贵州卷），北京：中国ISBN中心2003年，第5页。

W0725.6.7

早于盘古出现的人物

实　例

（参见下级母题实例）

W0725.6.7.1

远古

【关联】［W0721.3.9.6.2］开天的远古生的卵孵出盘古

实　例

（参见下级母题实例）

W0725.6.7.1.1

巨人远古

【关联】［W0667.1］特定名称的巨人

实　例

（参见下级母题实例）

W0725.6.7.1.1.1

混沌卵生巨人远古

实　例

汉族 混混沌沌像卵的天地中生出了个大巨人远古。

【流传】 浙江省·丽水市

【出处】邹瑾讲，唐宗龙搜集整理：《远古和盘古》，见姚宝瑄主编《中国各民族神话》（汉族），太原：山西出版传媒集团·书海出版社2014年版，第8页。

W0725. 6. 7. 1. 2 远古又称扁古

实 例

汉族 盘古之前，有个远古。远古又称扁古。

【流传】浙江省·丽水（丽水市）

【出处】邹瑾讲述、唐宗龙采录：《远古和盘古》，见中国民间文学集成全国编辑委员会编《中国民间故事集成》（浙江卷），北京：中国ISBN中心1997年版，第16页。

W0726 盘古的寿命与死亡

实 例

（参见下级母题实例）

W0726. 0 盘古不死

实 例

（参见下级母题实例）

W0726. 0. 1 盘古王是不死的祖先

【关联】［W0723. 2. 1］盘古是祖先

实 例

侗族 盘古王是不死的老祖先。

【流传】（无考）

【出处】《古老和盘古》，见燕宝、张晓编《贵州神话传说》，贵阳：贵州人民出版社1997年版，第3页。

侗族 人们把盘古叫做盘古王，认为他是不死的老祖先。

【流传】贵州省·（黔东南苗族侗族自治州）·从江县·高增公社（高增乡）

【出处】梁普安等讲，龙玉成采录：《古老和盘古》，见中国民间文学集成全国编辑委员会编《中国民间故事集成》（贵州卷），北京：中国ISBN中心2003年，第4页。

W0726. 1 盘古寿命很长

实 例

（参见下级母题实例）

W0726. 1. 1 盘古活了10万8千岁（盘古寿命十万八千岁）

【关联】［W0721. 3. 10］孕生盘古用了1万8千年

实 例

汉族 盘古活到十万八千岁。

【流传】浙江省·（金华市）·东阳县（东阳市）·青联乡·雅坑村

【出处】张宣元讲，周耀明采录：《盘古开天》，见中国民间文学集成全国编辑委员会编《中国民间故事集成》（浙江卷），北京：中国 ISBN 中心 1997 年版，第 15 页。

汉族 盘古活到十万八千岁。

【流传】浙江省·（金华市）·东阳县（东阳市）

【出处】张宣元讲述，周耀明搜集整理：《盘古王开天》，载《民间文学》1986 年第 11 期。

汉族 盘古活到十万八千岁，死了。

【流传】浙江省·（金华市）·东阳县

【出处】张宣元讲，周耀明搜集整理：《盘古王开天》，见姚宝瑄主编《中国各民族神话》（汉族），太原：山西出版传媒集团·书海出版社 2014 年版，第 6~7 页。

汉族 盘古生十万八千岁乃死。

【流传】（浙江省东部一带）

【出处】《盘古王开天》，见袁珂《中国神话大词典》，北京：华夏出版社 2015 年版，第 390 页。

汉族 盘古活了十万八千岁。

【流传】河南省·（濮阳市）·濮阳县（五星乡）·西八里庄村

【出处】魏世敏（60 岁）讲，魏盼先采录：《盘古开天》（1990.06），见张振犁编著《中原神话通鉴》（第一卷），郑州：河南大学出版社 2017 年版，第 14 页。

W0726.1.1a

盘古活了 8 万岁（盘古寿命八万岁）

实 例

汉族 盘古八万岁乃死。

【流传】（无考）

【出处】［唐］释澄观：《大方广佛华严经随疏演义钞》卷四二引东吴韦昭《洞纪》。

W0726.1.2

盘古活了 1 万 8 千岁（盘古寿命一万八千岁）

【关联】［W0723d.1］盘古在混沌中经历 1 万 8 千年

实 例

汉族 盘古一日九变，盘古日长一丈，如此万八千岁。

【流传】（无考）

【出处】［唐］欧阳询：《艺文类聚》（玉函本）。

汉族 盘古万八千岁。

【流传】（无考）

【出处】［宋］李昉等：《太平御览》卷二。

汉族 盘古活一万八千岁了。

【流传】河南省·（南阳市）·桐柏县

【出处】杨培义讲，马卉欣采录：《人活七十古来稀》，见张振犁编著《中原神话通鉴》（第一卷），郑州：河南大学出版社 2017 年版，第 79 页。

汉族 盘古活了1万8千岁。

【流传】浙江省·（绍兴市）·绍兴县·樊江乡·后堡（今绍兴市·越城区·皋埠镇·后堡村）

【出处】胡大阿珍讲，柳坚明采录：《盘古开天辟地》，见中国民间文学集成全国编辑委员会编《中国民间故事集成》（浙江卷），北京：中国ISBN中心1997年版，第15页。

W0726. 1. 2. 1

盘古兄妹的寿命最多1万8千岁

实 例

汉族 盘古兄妹一块儿来到山上，石狮子说起话来："天底下只有你们二人，最多能活一万八千岁。要是不结为夫妻，延续后代。"

【流传】河南省·（南阳市）·桐柏县·（安棚乡、固县镇、大河乡、二郎山乡、月河镇金桥村等地）；湖北省·随州市·随县·小林镇

【出处】姚义雨、郑昌寿、黄发美、陈鸣声、刘太举、胡安辰、方家义、曹衔玉等讲，马卉欣采录整理：《盘古开天》，见张振犁编著《中原神话通鉴》（第一卷），郑州：河南大学出版社2017年版，第57页。

W0726. 1. 3

盘古活了1万2千岁（盘古寿命一万二千岁）

实 例

汉族 盘古活了1万2千年。

【流传】湖北省·黄冈县（黄冈市）·（团风县）·马庙（马庙镇）

【出处】周海山讲，徐再跃采录：《盘古斩蟒开天地》，见中国民间文学集成全国编辑委员会编《中国民间故事集成》（湖北卷），北京：中国ISBN中心1999年版，第5页。

W0726. 1. 4

盘古氏寿命108岁

实 例

畲族 盘古氏始寿高一百零八岁。

【流传】（无考）

【出处】《盘古》，钟后根据畲族蓝国运、蓝国根《畲族古老神话传说及人物》改写，见姚宝瑄主编《中国各民族神话》（高山族、黎族、畲族），太原：山西出版传媒集团·书海出版社2014年版，第84页。

W0726. 2

盘古的死亡

实 例

（参见下级母题实例）

W0726. 2. 1

盘古被太阳晒死

实 例

（参见下级母题实例）

W0726.2.1.1

盘古被10个太阳晒死

实 例

汉族 10个太阳照射盘古，他实在熬不过死去。

【流传】四川省·（成都市）·崇庆县（崇州市）

【出处】吴道士讲，毛甫澄采录：《盘古开天地》，见中国民间文学集成全国编辑委员会编《中国民间故事集成》（四川卷·上），北京：中国ISBN中心1998年版，第22页。

汉族 盘古开了天地，就累死了。

【流传】河南省·（驻马店市）·汝南县·老君庙乡·王庄

【出处】丁李氏讲，丁国运采录：《女娲造人》，见中国民间文学集成全国编辑委员会编《中国民间故事集成》（河南卷），北京：中国ISBN中心2001年版，第19页。

W0726.2.2

盘古累死

实 例

（参见下级母题实例）

W0726.2.2.1

盘古开天辟地累死

【关联】［W0723c.0.1］盘古开天地耗尽精力

实 例

汉族 很久以前，盘古开天辟地活活累死。

【流传】中原一带

【出处】郭云梦搜集：《莲生伏羲女娲》，原载张梦北编《中原神话》，见陶阳、钟秀编《中国神话》（上），北京：商务印书馆2008年版，第359页。

汉族 盘古开天辟地，耗尽了心血，流尽了汗水，不久就累死了。

【流传】河南省·济源市·（城关）

【出处】程玉林讲，缪华、胡佳作采录：《盘古寺》，见张振犁编著《中原神话通鉴》（第一卷），郑州：河南大学出版社2017年版，第3页。

W0726.2.2.1.1

盘古开天辟地后累死

实 例

汉族 盘古开天辟地以后，就累死了。

【流传】河南省·（驻马店市）·汝南县·老君庙镇·杜庄村

【出处】丁李氏（71岁，女，文盲）讲，丁国运采录：《女娲造人（五）》（1987.05），见张振犁编著《中原神话通鉴》（第一卷），郑州：河南大学出版社2017年版，第173页。

W0726. 2. 2. 2

盘古顶天累死

实 例

汉族 盘古开辟天地后，怕天地再次合拢，便脚踏地、头顶天，天地每天长一丈，盘古也随着长，过了一万八千年，天高地厚了，盘古也倒下死了。

【流传】河南省·（南阳市）·镇平县

【出处】贺天祥讲，贺海成、姜典凯搜集整理：《天为什么是蓝的》，见姚宝瑄主编《中国各民族神话》（汉族），太原：山西出版传媒集团·书海出版社 2014 年版，第 66～67 页。

W0726. 2. 2. 2. 1

盘古支天 1 万 8 千年累死

实 例

汉族 盘古支天过了一万八千年，实在太累了，便躺下来休息，他一躺下便再也起不来了，静静地死去了。

【流传】河南省·登封市

【出处】《嵩山的来历》（据《述异记·盘古化物》整理），见张振犁编著《中原神话通鉴》（第一卷），郑州：河南大学出版社 2017 年版，第 12 页。

W0726. 2. 2. 3

盘古补天累死

实 例

汉族 盘古开天以后，天又塌了几次。他东补西填，累死了。

【流传】河南省·（信阳市）·商城县·汪桥乡

【出处】曹元凯（66 岁，农民）讲，朱大应采录：《撒雪补北天》（1989. 08），见张振犁编著《中原神话通鉴》（第一卷），郑州：河南大学出版社 2017 年版，第 41 页。

W0726. 2. 3

盘古被天压死

实 例

（参见下级母题实例）

W0726. 2. 3. 1

盘古被自己砍塌的天压成肉饼

实 例

汉族 盘古被他砍塌的天成了肉饼。

【流传】湖南省·常德县（常德市）·（鼎城区）·灌溪乡（灌溪镇）

【出处】唐万顺讲，唐孟元采录：《盘古开天辟地》，见中国民间文学集成全国编辑委员会编《中国民间故事集成》（湖南卷），北京：中国 ISBN 中心 2002 年版，第 3 页。

W0726. 2. 4

盘古死亡的其他原因

实 例

（参见下级母题实例）

W0726.2.4.1

盘古为改造世界而死

实 例

汉族 盘古支撑开的天地间，没有光和热，没有山和水，无法生长万物，盘古感到这样活着没有意思，他决定牺牲自己改变这个天地。于是仆地而死，化生万物。

【流传】江苏省·（淮安市）·涟水县·南集乡·禹庄村

【出处】徐学尧讲，徐省生搜集整理：《世界的由来》（1983），见姚宝瑄主编《中国各民族神话》（汉族），太原：山西出版传媒集团·书海出版社2014年版，第24～28页。

W0726.2.5

盘古死亡的时间

实 例

（参见下级母题实例）

W0726.2.5.1

盘古修成天地后死去

实 例

白族 天地修成以后，盘古、盘生就死去了。

【流传】

（a）云南省·（大理白族自治州）·大理（大理市）、洱源县等地。

（b）云南省·（大理白族自治州）·洱源县

【出处】

（a）杨国政讲，杨亮才采录：《开天辟地》，见中国民间文学集成全国编辑委员会编《中国民间故事集成》（云南卷），北京：中国ISBN中心2003年版，第9页。

（b）同（a），见谷德明编《中国少数民族神话》，北京：中国民间文艺出版社1987年版，第293页。

W0726.2.5.2

盘古六月初六死去

实 例

布依族 六月六是布依族祖先盘古谢世之日。

【流传】贵州省·（安顺市）·紫云县（紫云苗族布依族自治县）、（黔西南布依族苗族自治州）·贞丰（贞丰县）、（安顺市）·镇宁（镇宁布依族苗族自治县）县交界地带

【出处】《“六月六”节的来源》，转引自谷因：《祭祀大禹：布依族“六月六”节探源》，载《贵州民族学院学报》1996年第6期。

W0726.2.6

盘古死亡的地点

实 例

（参见下级母题实例）

W0726.2.6.1

盘古死于大梁山

实 例

汉族 盘古死在大梁山。他的灵魂向家乡飞来，不少人在梦中见到了祖先。

【流传】河南省·（南阳市）·桐柏县

【出处】卖艺盲人讲，马卉欣采录整理：《盘古死在大梁山》，见张振犁编著《中原神话通鉴》（第一卷），郑州：河南大学出版社 2017 年版，第 111 页。

W0726.2.7

与盘古死亡有关的其他母题

实 例

（参见下级母题实例）

W0726.2.7.1

盘古死而再生

【关联】［W0721.3.12.4］盘古再度转世

实 例

汉族 盘古开天以后，天又塌了几次。他东补西填，累死了。盘古再度转世。

【流传】河南省·（信阳市）·商城县·汪桥乡

【出处】曹元凯（66 岁，农民）讲，朱大应采录：《撒雪补北天》（1989.08），见张振犁编著《中原神话通鉴》（第一卷），郑州：河南大学出版社 2017 年版，第 41 页。

W0727

盘古的婚姻

实 例

（参见下级母题实例）

W0727.1

盘古与天女婚

实 例

汉族 （实例待考）

W0727.2

盘古与地母婚

实 例

汉族 天父（盘古）、地母（女娲）二人生了许多后代，上天的成了菩萨。

【流传】湖北省·（黄冈市）·浠水县·清泉镇

【出处】廖康成讲：《天父地母》，见中国民间文学集成全国编辑委员会编《中国民间故事集成》（湖北卷），北京：中国 ISBN 中心 1999 年版，第 6～7 页。

W0727.3

盘古兄妹婚

实 例

汉族 盘古兄妹二人成亲，过了 30 年后生伏羲。

【流传】（无考）

【出处】陶阳根据《黑暗传》资料重述：《盘古老祖是龙之子》，见陶阳、钟秀编《中国神话》（中），北京：商务印书馆 2008 年版，第 539 ~ 540 页。

汉族 盘古和他妹子成亲以后，没事儿就捏泥巴人玩。谁知道这些泥巴人都活了。

【流传】河南省·（南阳市）·社旗县·苗店乡（苗店镇）·杜岗村

【出处】杜建堂（62 岁，农民）讲，肖长山采录：《盘古爷和盘古奶的传说》（1985.11），见张振犁编著《中原神话通鉴》（第一卷），郑州：河南大学出版社 2017 年版，第 37 页。

W0727.3.1

盘和古兄妹婚

实　例

壮族 （实例待考）

W0727.4

盘古和姐姐婚

【关联】［W7350］姐弟婚

实　例

（参见下级母题实例）

W0727.4.1

盘古与姐姐婚后被奉为盘古爷和盘古奶

【关联】［W7360］男女对偶婚

实　例

汉族 灾难后，幸存的盘古和姐姐成婚繁衍后代。

【流传】河南省·（南阳市）·唐河县

【出处】申凤芝讲，张明理采录，马卉欣采录整理：《盘古兄妹婚（九）》（1986.07.14），见张振犁编著《中原神话通鉴》（第一卷），郑州：河南大学出版社 2017 年版，第 105 页。

W0727.5

盘古与美女婚

【关联】［W7266］人与神性人物婚

实　例

布依族 （实例待考）

W0727.6

盘古和龙女婚

实　例

布依族 （实例待考）

W0727.7

盘古与女娲婚

【关联】

①［W0716.3.1］女娲补好天与盘古婚

②［W0725.4.1］盘古的妻子女娲

实 例

汉族 女娲把天空补好，就和盘古成亲了。

【流传】浙江省·（金华市）·兰溪市

【出处】王阿英讲，蔡斌搜集整理：《女娲补天空》，见姚宝瑄主编《中国各民族神话》（汉族），太原：山西出版传媒集团·书海出版社 2014 年版，第 44 ~ 45 页。

W0727. 7. 1

盘古氏和女娲婚

实 例

汉族 盘古氏和女娲结成夫妻。

【流传】福建省·（龙岩市）·上杭县·（临城镇）·北路村

【出处】谢魏延讲，邱松林采录：《盘古女娲成亲》，见中国民间文学集成全国编辑委员会编《中国民间故事集成》（福建卷），北京：中国 ISBN 中心 2008 年版，第 5 页。

W0727. 7. 2

开天辟地的盘古与炼石补天的女娲结婚

实 例

汉族 开天辟地的盘古与炼石补天的女娲结婚繁衍人类。

【流传】宁夏回族自治区·（固原市）·西吉县·平峰乡（平峰镇）

【出处】高贵良讲，杨登峰采录：《人间婚姻咋开始的》，见中国民间文学集成全国编辑委员会编《中国民间故事集成》（宁夏卷），北京：中国 ISBN 中心 1999 年版，第 13 页。

W0727. 7. 2. 1

开天的盘古与补天的女娲婚

实 例

汉族 补天的女娲与开天的盘古成亲。

【流传】浙江省·（金华市）·兰溪市·城关（兰江街道）

【出处】王阿英讲，蔡斌采录：《女娲补天》，见中国民间文学集成全国编辑委员会编《中国民间故事集成》（浙江卷），北京：中国 ISBN 中心 1997 年版，第 16 页。

W0727. 8

与盘古的婚姻有关的其他母题

【关联】

① ［W0725. 4. 1］盘古的妻子女娲（盘古女娲是夫妻）

② ［W2412. 1］盘古兄妹结婚生人

③ ［W2412. 3］盘古女娲婚生人

④ ［W7240 ~ W7254］神性人物的婚姻

实 例

（参见下级母题实例）

W0727. 8. 1

盘古与玉帝的女儿婚

实 例

汉族 （实例待考）

W0727.8.2

盘古的疑似配偶

实 例

（参见下级母题实例）

W0727.8.2.1

古老和盘古生人王

实 例

侗族 古老和盘古生人王 9 兄弟。

【流传】（无考）

【出处】《古老和盘古》，见燕宝、张晓编《贵州神话传说》，贵阳：贵州人民出版社 1997 年版，第 3 页。

苗族 盘古向三皇五帝（最早的人的名字）要妻子，后来洪水冲来胡秋兄妹，三皇五帝把这个女子许配给盘古。盘古认为岁数悬殊，他不要。

【流传】四川省·（凉山彝族自治州）·木里县（木里藏族自治县）·李子坪乡

【出处】陶乔讲，孟燕等采录：《人的起源》，见中国民间文学集成全国编辑委员会编《中国民间故事集成》（四川卷·下），北京：中国 ISBN 中心 1998 年版，第 1322 页。

W0727.8.2.2

古老和盘古生天王 12 兄弟

实 例

侗族 古老和盘古生天王 12 兄弟。

【流传】（无考）

【出处】《古老和盘古》，见燕宝、张晓编《贵州神话传说》，贵阳：贵州人民出版社 1997 年版，第 3 页。

W0727.8.3

盘古拒婚

实 例

（参见下级母题实例）

W0727.8.3.1

盘古认为与胡秋的妹妹年龄悬殊拒婚

实 例

苗族 （参见“W0727.8.2.1 古老和盘古生人王”母题实例）

W0728

与盘古有关的其他母题

【关联】［W1104.1］盘古造天地（盘古开天辟地）

实 例

（参见下级母题实例）

W0728.0

盘古的成长

实 例

（参见下级母题实例）

W0728.0.1
天地养育盘古

实 例

汉族 盘古是天地养的。

【流传】浙江省·湖州市·镇西乡·赵家坪（疑为赵家村）

【出处】冯雨轩讲，钟铭采录：《华胥补天》，见中国民间文学集成全国编辑委员会编《中国民间故事集成》（浙江卷），北京：中国ISBN中心1997年版，第18页。

W0728.0.1.1
盘古在混沌的天地中生长

【关联】［W0721.3.2.2］混沌的天地生盘古

实 例

汉族 很久以前，天地是连在一起的，混沌一团。有个叫盘古的巨人，就生长在这里面，睡着一动不动。

【流传】河南省·（驻马店市）·汝南县

【出处】李建国（45岁，中专）讲，李超采录：《盘古开辟天地》（1987.06），见张振犁编著《中原神话通鉴》（第一卷），郑州：河南大学出版社2017年版，第26页。

W0728.0.2
盘古长大

实 例

（参见下级母题实例）

W0728.0.2.1
盘古吸收金银铜铁锡的元气后长大

实 例

汉族 盘古孕育在地中央，原来只有鸡蛋大小，吸收了金银铜铁锡的元气，渐渐地长大。

【流传】湖北省·神农架林区·盘水乡（松柏镇）·盘水村

【出处】贺久恒讲，胡崇峻采录：《盘古杀雾神》，见中国民间文学集成全国编辑委员会编《中国民间故事集成》（湖北卷），北京：中国ISBN中心1999年版，第4页。

W0728.0.2.2
盘古1万8千年长大

实 例

汉族 一团雾气里生出盘古，过了一万八千年，这个盘古长大了。

【流传】江苏省·（淮安市）·涟水（涟水县）各地

【出处】徐学尧讲，徐省生搜集整理：《开天辟地和人的由来》（1986.06），见姚宝瑄主编《中国各民族神话》（汉族），太原：山西出版传媒集团·书海出版社2014年版，第20~22页。

W0728.0.2.3

盘古在天地间越长越高

实 例

汉族 盘古劈开混沌卵中的天地后，站在天和地的中间，脚踩着地，手托着天，他的身子也慢慢地越长越高。

【流传】河南省·（驻马店市）·汝南县

【出处】李建国（45 岁，中专）讲，李超采录：《盘古开辟天地》（1987.06），见张振犁编著《中原神话通鉴》（第一卷），郑州：河南大学出版社 2017 年版，第 26 页。

W0728.0.3

盘古成长受到动物保护

实 例

（参见下级母题实例）

W0728.0.3.1

鸟和野兽保护着盘古兄妹

实 例

汉族 盘古兄妹在山上走哪儿住哪儿，鸟和野物（野兽）护着他俩。兄妹晚上靠着大树睡觉，鸟儿站满枝丫遮露水，野物卧在身边挡着风，堵着寒。盘古兄妹挨着野物睡，很暖和。

【流传】河南省·（南阳市）·桐柏县·（安棚乡、固县镇、大河乡、二郎山乡、月河镇金桥村等地）；（湖北省·随州市·随县·小林镇）

【出处】姚义雨、郑昌寿、黄发美、陈鸣声、刘太举、胡安辰、方家义、曹衍玉等讲，马卉欣采录整理：《盘古开天》，见张振犁编著《中原神话通鉴》（第一卷），郑州：河南大学出版社 2017 年版，第 57 页。

W0728.0.3.2

鸟和野兽保护着盘古爷和盘古奶

实 例

汉族 盘古爷、盘古奶在山上住着，没有房子，山上雀鸟给他遮住荫，遮住露水。狼虫虎豹卧那儿给他暖着。

【流传】河南省·（南阳市）·桐柏县［采录地点：桐柏县月河乡郑庄］

【出处】曹衍玉（60 岁，农民）讲，马卉欣、程健君、张振犁采录：《盘古与野兽》（1984.12.19），见张振犁编著《中原神话通鉴》（第一卷），郑州：河南大学出版社 2017 年版，第 48 页。

W0728.1

盘古的居所

实 例

（参见下级母题实例）

W0728.1.0

盘古居天上（盘古住天上）

实 例

（参见下级母题实例）

W0728. 1. 0. 1

盘古原来住天上

【关联】［W0721. 1. 1］盘古从天上下凡

实 例

汉族 天地没分的时候，盘古神住在天上。

【流传】河南省·（驻马店市）·泌阳（泌阳县）

【出处】《盘古开天地》，见 http://club.chinaren.com/bbs，2009. 08. 16。

汉族 原来盘古也在天上住着。

【流传】河南省·（濮阳市）·范县

【出处】崔金钊笔述，荆耕田采录整理：《黄河的故事》，见张振犁编著《中原神话通鉴》（第一卷），郑州：河南大学出版社 2017 年版，第 20 页。

壮族 盘古原来住在天上。

【流传】广西壮族自治区·（南宁市）·隆安（隆安县）

【出处】《盘古开天辟地》，见张声震总主编，农冠品编注《壮族神话集成》，南宁：广西民族出版社 2007 年版，第 6 页。

W0728. 1. 0. 2

盘古居太清

实 例

汉族 盘古白日升仙，上昆仑，登太清。

【流传】（无考）

【出处】［北宋］张君房：《云笈七签》卷三。

W0728. 1. 0. 3

盘古居大罗天

实 例

汉族 玄都玉京七宝山，在大罗天之上，上中下三宫，盘古真人、元始天尊、太元圣母之所治。

【流传】（无考）

【出处】［晋］葛洪：《枕中书》。

W0728. 1. 0. 4

盘古为了后代守在天上

实 例

汉族 盘古为了后代，就守在天上。

【流传】河南省·（南阳市）·桐柏县·二郎山乡

【出处】李敬平讲，李修平采录：《盘古爷上天了》，见张振犁编著《中原神话通鉴》（第一卷），郑州：河南大学出版社 2017 年版，第 113 页。

W0728. 1. 1

盘古居山上（盘古住山上）

【关联】［W1852. 6. 106］盘古山

实 例

汉族 人祖盘古大神在山上居住。

【流传】河南省·南阳市

【出处】杨仁权整理：《南阳三月三祭盘古》，见 http://tongbai.01ny.cn（桐柏网)，2001.01.26。

W0728.1.1.1
盘古住东方扶桑山

实 例

(参见下级母题实例)

W0728.1.1.1.1
盘古老住东方扶桑山岩洞中

实 例

白族 盘古老住在东方扶桑山的岩洞中住。

【流传】湖南省·(张家界市)·桑植县·马合口乡(马合口白族乡)·佳木峪村

【出处】谷兆庆讲，李康学等采录:《昂日星与公鸡》，见中国民间文学集成全国编辑委员会编《中国民间故事集成》(湖南卷)，北京:中国ISBN中心2002年版，第16页。

W0728.1.1.2
盘古住混沌山

【关联】[W0721.3.1] 混沌生盘古

实 例

汉族 盘古氏住在混沌山上。

【流传】湖北省·黄冈县(黄冈市)·(团风县)·马庙(马庙镇)

【出处】周海山讲，徐再跃采录:《盘古斩蟒开天地》，见中国民间文学集成全国编辑委员会编《中国民间故事集成》(湖北卷)，北京:中国ISBN中心1999年版，第5页。

W0728.1.1.3
盘古居七宝山

实 例

(参见下级母题实例)

W0728.1.1.3.1
盘古居大罗天玄都玉京七宝山

【关联】[W0728.1.0.3] 盘古居大罗天

实 例

汉族 玄都玉京七宝山，在大罗天之上，上中下三宫，盘古真人、元始天尊、太元圣母之所治。

【流传】(无考)

【出处】[晋] 葛洪:《枕中书》。

W0728.1.1.4
盘古兄妹住在盘古山顶

实 例

汉族 盘古兄妹住在盘古山顶，在山下种了许多五谷杂粮。

【流传】河南省·(驻马店市)·泌阳县

【出处】王礼卿(国家干部)讲，刘广启采录整理:《盘古兄妹繁衍子孙的传说》，见张振犁编著《中原神话通鉴》(第一卷)，郑州:河南大学出版社2017年版，第93页。

W0728. 1. 1. 5

盘古爷、盘古奶住在山上，没有房子

实 例

汉族 盘古爷、盘古奶在山上住着，也没得庄儿，也没得房子。

【流传】河南省·（南阳市）·桐柏县［采录地点：桐柏县月河乡郑庄］

【出处】曹衍玉（60岁，农民）讲，马卉欣、程健君、张振犁采录：《盘古与野兽》（1984. 12. 19），见张振犁编著《中原神话通鉴》（第一卷），郑州：河南大学出版社2017年版，第48页。

W0728. 1. 1. 6

盘古住玉京山

实 例

（参见下级母题实例）

W0728. 1. 1. 6. 1

盘古住天中心的玉京山

实 例

汉族 元始天王（盘古）在天中心之上，名曰玉京山。

【流传】（无考）

【出处】［宋］罗泌：《路史·前纪一》罗苹注。

W0728. 1. 2

盘古居地下

实 例

（实例待考）

W0728. 1. 3

盘古居水中

实 例

（实例待考）

W0728. 1. 4

盘古住卵中

实 例

（参见下级母题实例）

W0728. 1. 4. 1

盘古睡在鸡蛋中

【关联】［W0721. 3. 9. 6. 3］鸡蛋中生盘古

实 例

汉族 一个叫盘古的大怪物睡在鸡蛋里。

【流传】甘肃省·（平凉市）·静宁县·本店乡·李店村

【出处】李进财讲，王知三采录：《盘古制世》，见中国民间文学集成全国编辑委员会编《中国民间故事集成》（湖北卷），北京：中国ISBN中心1999年版，第3页。

W0728.1.4.2

盘古爷睡在像鸡蛋的天地中

实 例

汉族 早先，天地不分，像个大鸡蛋，盘古爷就睡在正中间。

【流传】河南省·（南阳市）·社旗县·饶良乡·崇子营村

【出处】王庚有（28岁，高中）讲述，乔天义采录：《盘古开天辟地的传说》（1986.02），见张振犁编著《中原神话通鉴》（第一卷），郑州：河南大学出版社2017年版，第30页。

W0728.1.4.3

盘古氏睡在蛋窠瓢里

实 例

汉族 盘古氏睡在蛋窠瓢里。

【流传】河南省·（三门峡市）·陕县（陕州区）·张茅乡·白土坡村

【出处】刘小锁（1929年生，农民，小学）讲，刘邦项采录整理：《盘古氏造世界》，见张振犁编著《中原神话通鉴》（第一卷），郑州：河南大学出版社2017年版，第22页。

W0728.1.5

盘古居云中

实 例

汉族 神人盘古在云彩里游玩。

【流传】河南省·（南阳市）·桐柏县·二郎山乡·黄楝沟

【出处】刘国山讲，马卉欣采录：《开天辟地》，见中国民间文学集成全国编辑委员会编《中国民间故事集成》（河南卷），北京：中国ISBN中心2001年版，第3页。

W0728.1.6

盘古其他特定的居所

实 例

（参见下级母题实例）

W0728.1.6.1

盘古居玄都

【关联】［W0728.1.1.3.1］盘古居大罗天玄都玉京七宝山

实 例

汉族 盘古真人居玄都玉京七宝山，该山在大罗天之上。

【流传】（无考）

【出处】［晋］葛洪：《枕中书》。

W0728.1.6.2

盘古居西北

实 例

汉族 盘古爷和盘古奶见盘古山的人多得盛不下了，就开始分世界。盘古爷也要挪了，西北戌亥乾，金地归老公，乾卦象天，坤卦象地。盘古奶在西南，盘古爷就往西北去了。

【流传】河南省·（南阳市）·桐柏

县·（洪仪河乡·清泉寺）

【出处】史海惠（68 岁，和尚）讲，马卉欣录音，马辉岐采录整理：《盘古分世界》（1990. 07. 13），见张振犁编著《中原神话通鉴》（第一卷），郑州：河南大学出版社 2017 年版，第 52 页。

W0728. 1. 7

与盘古的居所有关的其他母题

【关联】［W0725. 5. 5. 1］盘古的后代居五岳

实 例

（实例待考）

W0728. 2

盘古的服饰

实 例

（参见下级母题实例）

W0728. 2. 0

盘古不穿衣服

实 例

（参见下级母题实例）

W0728. 2. 0. 1

盘古兄妹不穿衣服

实 例

汉族 盘古兄妹开始生活，浑身没有一线衣服。

【流传】河南省·（南阳市）·桐柏县

【出处】方家义（71 岁，农民）讲，马卉欣采录：《盘古与无花果》（1980），见张振犁编著《中原神话通鉴》（第一卷），郑州：河南大学出版社 2017 年版，第 50 页。

W0728. 2. 1

盘古的头戴

实 例

（实例待考）

W0728. 2. 2

盘古的衣服

实 例

（参见下级母题实例）

W0728. 2. 2. 1

盘古身披驾云衣

实 例

汉族 神人盘古身披驾云衣。

【流传】河南省·（南阳市）·桐柏县·二郎山乡·黄楝沟

【出处】刘国山讲，马卉欣采录：《开天辟地》，见中国民间文学集成全国编辑委员会编《中国民间故事集成》（河南卷），北京：中国 ISBN 中心 2001 年版，第 3 页。

汉族 大神盘古披着驾云衣，穿着登云鞋，走出南天门，在云彩里游玩。

【流传】河南省·（南阳市）·桐柏县·（安棚乡、固县镇、大河乡、二

郎山乡、月河镇金桥村等地）；（湖北省·随州市·随县·小林镇）

【出处】姚义雨、郑昌寿、黄发美、陈鸣声、刘太举、胡安辰、方家义、曹衔玉等讲，马卉欣采录整理：《盘古开天》，见张振犁编著《中原神话通鉴》（第一卷），郑州：河南大学出版社 2017 年版，第 56 页。

W0728.2.2.2

盘古身披树叶

【关联】［W6133.1.1］树叶蔽体的来历

实 例

汉族 盘古爷、盘古奶开始时在山上住着，没衣裳，就披树叶儿。

【流传】河南省·（南阳市）·桐柏县［采录地点：桐柏县月河乡郑庄］

【出处】曹衍玉（60 岁，农民）讲，马卉欣、程健君、张振犁采录：《盘古与野兽》（1984.12.19），见张振犁编著《中原神话通鉴》（第一卷），郑州：河南大学出版社 2017 年版，第 48 页。

W0728.2.2.2.1

盘古身上是葛条缠树叶

实 例

汉族 盘古庙内正殿塑有盘古像。山周围的人们都能说出盘古爷的样子：盘古爷个子有一丈多高，脸盘是四方的，眼睛又圆又大，头上长有两只角，身上是葛条缠树叶。

【流传】河南省·（南阳市）·桐柏县

【出处】马卉欣采录：《盘古庙习俗》，见张振犁编著《中原神话通鉴》（第一卷），郑州：河南大学出版社 2017 年版，第 62 页。

W0728.2.2.3

盘古兽皮为衣

【关联】［W6133.4.1］兽皮为衣

实 例

汉族 盘古爷、盘古奶在山上住着，没衣裳，披树叶儿。把野兽拦着，就把它打死，把兽皮给他俩做衣裳，穿着暖和。

【流传】河南省·（南阳市）·桐柏县［采录地点：桐柏县月河乡郑庄］

【出处】曹衍玉（60 岁，农民）讲，马卉欣、程健君、张振犁采录：《盘古与野兽》（1984.12.19），见张振犁编著《中原神话通鉴》（第一卷），郑州：河南大学出版社 2017 年版，第 48 页。

W0728.2.3

盘古的鞋子

实 例

（参见下级母题实例）

W0728.2.3.1

盘古脚穿登云鞋

实 例

汉族 神人盘古身披驾云衣，脚穿登

云鞋。

【流传】河南省·（南阳市）·桐柏县·二郎山乡·黄楝沟

【出处】刘国山讲，马卉欣采录：《开天辟地》，见中国民间文学集成全国编辑委员会编《中国民间故事集成》（河南卷），北京：中国 ISBN 中心 2001 年版，第 3 页。

汉族 大神盘古披着驾云衣，穿着登云鞋。

【流传】河南省·（南阳市）·桐柏县·（安棚乡、固县镇、大河乡、二郎山乡、月河镇金桥村等地）；（湖北省·随州市·随县·小林镇）

【出处】姚义雨、郑昌寿、黄发美、陈鸣声、刘太举、胡安辰、方家义、曹衔玉等讲，马卉欣采录整理：《盘古开天》，见张振犁编著《中原神话通鉴》（第一卷），郑州：河南大学出版社 2017 年版，第 56 页。

W0728. 2. 3. 2

盘古脚穿云鞋

实　例

汉族 （参见“W0728. 2. 3. 1 盘古脚穿登云鞋”母题实例）

W0728. 2. 3. 3

盘古无鞋（盘古赤足）

实　例

汉族 盘古庙内正殿塑有盘古像。山周围的人们都能说出盘古爷的样子：盘古爷个子有一丈多高，脸盘是四方的，眼睛又圆又大，头上长有两只角，身上是葛条缠树叶，也没有鞋，打着赤脚。

【流传】河南省·（南阳市）·桐柏县

【出处】马卉欣采录：《盘古庙习俗》，见张振犁编著《中原神话通鉴》（第一卷），郑州：河南大学出版社 2017 年版，第 62 页。

W0728. 2. 4

盘古腰束葛条

【关联】［W0728. 2. 2. 2. 1］盘古身上是葛条缠树叶

实　例

汉族 盘古山上盘古庙里面有盘古的像，又大又胖，泥塑的，身穿葫叶，腰束葛条，光脚丫没鞋。

【流传】河南省·（南阳市）·桐柏县·（采录地点注：泌阳县陈庄乡大磨村）

【出处】席志有（70 岁，粗通文字）讲，河南大学“中原神话调查组”采访，张振犁、程健君、马卉欣录音：《盘古兄妹婚（一）》（1984. 12. 22），见张振犁编著《中原神话通鉴》（第一卷），郑州：河南大学出版社 2017 年版，第 96 页。

W0728. 2a

盘古的饮食（盘古的食物）

实　例

（参见下级母题实例）

W0728.2a.1

盘古不需饮食

实 例

汉族 盘古盘着长角顶天的身子，端坐在大地上，不吃不喝不动，这样过了几百几千几万年。

【流传】浙江省·（丽水市·莲都区·万象街道）·刘祠堂背

【出处】孙华仙讲，唐宗龙搜集整理：《盘古造化天地》（1963），见姚宝瑄主编《中国各民族神话》（汉族），太原：山西出版传媒集团·书海出版社2014年版，第9~10页。

W0728.2a.2

盘古吸天气，饮地泉

实 例

汉族 元始天王（盘古）在天中心之上，名曰玉京山，山中宫殿并金玉饰之，常仰吸天气，俯饮地泉。

【流传】（无考）

【出处】［宋］罗泌：《路史·前纪一》罗苹注。

W0728.3

盘古的名字的来历（盘古名称）

实 例

（参见下级母题实例）

W0728.3.1

盘古原来叫“祖先”

实 例

汉族 盘古原来叫“祖先”，与天女成婚，繁衍人类。

【流传】河南省·（南阳市）·桐柏县

【出处】《盘古山》，见张振犁：《中原古典神话流变论考》，上海：上海文艺出版社1991年版，第34~35页。

W0728.3.1.1

盘古名叫“祖先”是金童的名字

实 例

汉族 祖先（金童的名字）在东山修炼，经过六千五百七十年，把一块大石头炼成了一扇磨盘。姑娘在西山，也炼成了磨盘。他们滚磨时相见。他俩经过几千年的修炼都忘掉了过去。祖先说：“我是男的，你就叫我盘古人算了。”

【流传】河南省·（南阳市）·桐柏县·平氏镇·平南村

【出处】王布英讲，马卉欣采录整理：《盘古修炼》（原名《盘古令》），见张振犁编著《中原神话通鉴》（第一卷），郑州：河南大学出版社2017年版，第118~119页。

W0728. 3. 2

盘古叫“盘古”是因为出现最古

实例

（参见下级母题实例）

W0728. 3. 2. 1

盘古名称源于他出生时是盘着的最古的人

实例

汉族 土里生出个人形，盘作一堆，后人叫他盘人。盘人是世上最古老的人，人们叫他盘古。

【流传】陕西省·（宝鸡市）·宝鸡县（渭滨区）·马营镇·永清村

【出处】张世爱讲，李滓采录：《开天辟地》，见中国民间文学集成全国编辑委员会编《中国民间故事集成》（陕西卷），北京：中国 ISBN 中心 1996 年版，第 4 页。

W0728. 3. 2. 2

巨人出现最古，故名“盘古”

实例

汉族 巨人是世界上出现的最古的一个人，所以叫盘古。

【流传】陕西省·（咸阳市）·三原县·独李乡

【出处】杜春梅讲，宋克明采录：《开天辟地》，见中国民间文学集成全国编辑委员会编《中国民间故事集成》（陕西卷），北京：中国 ISBN 中心 1996 年版，第 4 页。

W0728. 3. 2. 3

因盘古年代久远取名盘古

实例

汉族 像一个大鸡蛋的宇宙中，久而久之里面孕育出一个巨人。他盘踞在里面呼呼地酣睡，一睡就是一万八千年，由于年代久远，后人就把他叫作盘古。

【流传】河南省·新乡市

【出处】马如心（50 岁）讲，马安中采录整理：《盘古开天地》（1986. 08），见张振犁编著《中原神话通鉴》（第一卷），郑州：河南大学出版社 2017 年版，第 16 页。

W0728. 3. 3

盘古孕生与“盘”或“古”有关，故名“盘古”

实例

（参见下级母题实例）

W0728. 3. 3. 1

盘古最早时像蛇盘在蛋黄里，故名“盘古”

实例

汉族 盘古最早时像蛇一样地盘在鸡蛋黄里，人们才把他叫盘古。

【流传】湖南省·（怀化市）·洪江市·贮木场

【出处】向培风讲，向艺采录：《盘古开天辟地》，见中国民间文学集成全国编辑委员会编《中国民间故事集成》（湖南卷），北京：中国ISBN中心2002年版，第3页。

W0728.3.3.1a

盘古最早时像蛇盘在混沌卵里，故名“盘古”

实 例

汉族 混沌卵里面生出的鸡头龙身的人。因为他在里边像蛇一样盘着，人们就给他起名叫盘古。

【流传】河南省·（濮阳市）·濮阳县（五星乡）·西八里庄村

【出处】魏世敏（60岁）讲，魏盼先采录：《盘古开天》（1990.06），见张振犁编著《中原神话通鉴》（第一卷），郑州：河南大学出版社2017年版，第14页。

W0728.3.3.2

盘古在鸟蛋里盘着孕生，故名“盘古”

【关联】［W0721.3.9.2］鸟卵生盘古

实 例

汉族 盘古在鸟蛋里孕生时，双手抱着，双腿屈着，像是盘住整个身骨，所以叫盘古。

【流传】

（a）浙江省·（绍兴市）·绍兴县·樊江乡·后堡（今绍兴市·越城区·皋埠镇·后堡村）。

（b）浙江省·（金华市）·东阳县（东阳市）·青联乡·雅坑村

【出处】

（a）胡大阿珍讲，柳坚明采录：《盘古开天辟地》，见中国民间文学集成全国编辑委员会编《中国民间故事集成》（浙江卷），北京：中国ISBN中心1997年版，第15页。

（b）张宣元讲，周耀明采录：《盘古开天》，见中国民间文学集成全国编辑委员会编《中国民间故事集成》（浙江卷），北京：中国ISBN中心1997年版，第15页。

W0728.3.3.3

最早盘着产生的人叫“盘”，因其很古，故名“盘古”

实 例

汉族 混混沌沌像鸡蛋样的东西孕育的一个男人是盘在胎体里面长大的，就叫“盘”，后来的人以为“盘”是很古时的事，就叫他“盘古”。“

【流传】湖北省·（黄冈市）·浠水县·清泉镇·关山村

【出处】廖康成讲，詹承宗采录：《天父地母》，见中国民间文学集成全国编辑委员会编《中国民间故事集成》（湖北卷），北京：中国ISBN中心1999年版，第6页。

W0728. 3. 3. 4

盘古最早盘在鼓里，故名“盘古”

实 例

汉族 世界最早是个石鼓。这个石鼓里困着一个很大很大的人，他在石头鼓里也不晓得困了多少年，一直未困醒。因为他是盘在鼓里困的，所以，叫做盘古。

【流传】（无考）

【出处】王阿英讲，蔡斌搜集整理：《盘古开天地》，见姚宝瑄主编《中国各民族神话》（汉族），太原：山西出版传媒集团·书海出版社 2014 年版，第 17～18 页。

W0728. 3. 3. 5

盘古像盘龙鸡在世界卵中盘着，故名“盘古”

实 例

汉族 最早的世界像个硕大的鸡子。盘古孕育其中。因为他的整个身子像只盘龙鸡在里头盘着，双脚蹲着，所以叫做盘古。

【流传】浙江省·（金华市）·东阳县（东阳市）

【出处】张宣元讲述，周耀明搜集整理：《盘古王开天》，载《民间文学》1986 年第 11 期。

W0728. 3. 3. 6

盘古孕育时头盘着脚跍着，故名“盘古”

实 例

汉族 以前的世界像大鸡蛋。蛋黄孕育盘古。盘古整个身子像只盘龙鸡在里头盘着，双脚跍着，所以叫做盘古。

【流传】浙江省·（金华市）·东阳县

【出处】

（a）张宣元讲，周耀明搜集整理：《盘古王开天》，载《民间文学》1986 年第 11 期。

（b）同（a），见姚宝瑄主编《中国各民族神话》（汉族），太原：山西出版传媒集团·书海出版社 2014 年版，第 6～7 页。

W0728. 3. 4

盘古的名称源于音变

实 例

（参见下级母题实例）

W0728. 3. 4. 1

盘古是“彭呼”音变形成的

实 例

汉族 天地间“嘭”地钻出了一个人，自称“彭呼”，后来人多话音杂，叫偏了，把“彭呼”叫成了“盘古”。

【流传】浙江省·（杭州市）·淳安县·姜家镇·姜家村

【出处】姜引军讲，姜曹诰采录：《盘古生团囡》，见中国民间文学集成全国编辑委员会编《中国民间故事集成》（浙江卷），北京：中国 ISBN 中心 1997 年版，第 38 页。

汉族 天地混沌中“彭”地炸出一个人，这个人自己给自己取了名字，叫“彭呼”，后来的人把这个音说成了“盘古”。

【流传】浙江省·（杭州市）·淳安县·姜家镇

【出处】姜引军讲，姜增浩记录整理：《天地分开是盘古》，见淳安县民间文学征集办公室编《中国民间文学集成浙江省·（杭州市）·淳安县故事、歌谣、谚语卷》，内部编印，1988 年，第 1 页。

汉族 混沌的天地卵中钻出了一个人来。他一钻出地面，“呼”的一下吸了一口气，就长成个五大三粗的高头大汉子，没有爹娘给他取名字，他就自称“彭呼”。或许是年代久远，也许是后来人多话音杂，叫偏了，把“彭呼”叫成了“盘古”。

【流传】（无考）

【出处】姜引军讲，姜曾诰搜集整理：《天地分开出盘古》，见姚宝瑄主编《中国各民族神话》（汉族），太原：山西出版传媒集团·书海出版社 2014 年版，第 15～16 页。

W0728.3.4.2 盘瓠音变成盘古

实 例

汉族、瑶族 每岁六月六日，乡间赛盘古会，男女聚数万人，神最著灵，民最敬信，盖缘于《汉书·西南夷》之槃瓠。问之猺民，犹能述之。然至今竟讹为盘古矣。

【流传】（广西贺县）

【出处】［清］颜嗣徽：《仿南游记》。

W0728.3.5 盘古出生与盘子有关，故名“盘古”

实 例

（参见下级母题实例）

W0728.3.5.1 “盘古王”名称源于生他的世界像盘子

实 例

汉族 “盘古王”的意思是，古世界像个盘子，他是盘子里出现的巨人。

【流传】四川省·（成都市）·崇庆县（崇州市）

【出处】吴道士讲，毛甫澄采录：《盘古开天地》，见中国民间文学集成全国编辑委员会编《中国民间故事集成》（四川卷·上），北京：中国 ISBN 中心 1998 年版，第 22 页。

W0728. 3. 5a

因盘古像“鼓”，叫做“盘鼓”

实 例

（参见下级母题实例）

W0728. 3. 5a. 1

盘扁被天地压的像鼓，故名“盘古”

【关联】［W0728. 3. 7. 2］盘古是扁古

实 例

汉族 天地混沌时，有个盘扁被压在天地之间。过了一万年，盘扁越养越大，壮得像只大球，只是上下还得压紧，压平了，粗看便像面大鼓。这时候，他便叫盘鼓。

【流传】浙江省·（丽水市）·景宁县（景宁畲族自治县）·（鹤溪镇）一带

【出处】潘德超讲，沈毅搜集整理：《盘扁和盘古》，见姚宝瑄主编《中国各民族神话》（汉族），太原：山西出版传媒集团·书海出版社 2014 年版，第 10 ~ 11 页。

W0728. 3. 6

盘古的称号（盘古的名号，盘古的宗教称谓，盘古的姓氏）

【关联】［W0723. 5. 2］盘古化身昆多崩婆

实 例

（参见下级母题实例）

W0728. 3. 6. 1

盘古号“元始天王”

【关联】［W0768. 17. 1. 1］玄武大帝是元始的化身

实 例

汉族 天地混沌时产生的盘古老人为天地之精，自号“元始天王”。

【流传】（无考）

【出处】［晋］葛洪：《枕中书》。

汉族 盘古白日升仙，天中授号，曰“元始天王”。

【流传】（无考）

【出处】［北宋］张君房：《云笈七签》卷三。

W0728. 3. 6. 1. 1

盘古自号“元始天王”

【关联】［W0728. 3. 6. 6. 3］盘古真人自号元始天王

实 例

汉族 昔二仪未分，瞑涬鸿蒙，未有成形，天地日月未具，状如鸡子，混沌玄黄，已有盘古真人，天地之精，自号元始天王，游乎其中。

【流传】（无考）

【出处】［东晋］葛洪：《枕中书》。

汉族 昔二气未分，蜈涬鸿蒙，未有成形，天地日月末具，状如鸡子，混沌玄黄，已有盘古真人，天地之精，自号元始天王，游乎其中。

【流传】（无考）

【出处】［宋］罗泌：《路史·前纪一》罗苹注。

W0728.3.6.1a

盘古称“元始君”

实 例

汉族 复经二劫，忽生太元玉女，在石涧积血之中，出而能言，人形具足，天姿绝妙，当游厚地之间，仰吸天气，号曰太元圣母，元始君（盘古）下游见之，乃与通气结精，招还上宫。

【流传】（无考）

【出处】［宋］罗泌：《路史·前纪一》罗苹注。

W0728.3.6.2

盘古被称为“鸿教主”

实 例

汉族 盘古被民间敬奉为“鸿教主”。

【流传】福建省·（泉州市）·永春县（古称桃源）·蓬壶乡

【出处】林烈火讲，林绥国采录：《盘古分天地》，见中国民间文学集成全国编辑委员会编《中国民间故事集成》（福建卷），北京：中国 ISBN 中心 2008 年版，第 3 页。

W0728.3.6.3

盘古又称盘古氏

实 例

畲族 盘古氏，寿高一百零八岁，又曰浑沌氏。

【流传】（无考）

【出处】《盘古》，钟后根据畲族蓝国运、蓝国根《畲族古老神话传说及人物》改写，见姚宝瑄主编《中国各民族神话》（高山族、黎族、畲族），太原：山西出版传媒集团·书海出版社 2014 年版，第 84 页。

W0728.3.6.3.1

盘古浑沌氏

【关联】

①［W0005］神源于混沌

②［W1057.1］混沌（混沌卵）

实 例

汉族 天人诞降大圣。曰浑敦氏。

【流传】（无考）

【出处】［明］周游：《开辟衍绎》附录《乩仙天地判说》。

W0728.3.6.3.2

盘古氏即浑敦氏

实 例

汉族 天人诞降大圣，曰浑敦氏，即盘古氏。

【流传】（无考）

【出处】［清］陈梦雷原编，蒋廷锡重编：《古今图书集成·岁功典》卷八十三引《补衍开辟》。

W0728.3.6.4

盘古氏即天皇氏

实 例

汉族 天人诞降大圣。曰浑敦氏，即盘古氏，初天皇氏也。

【流传】（无考）

【出处】［明］周游：《开辟衍绎》附录《乩仙天地判说》。

W0728.3.6.5

盘古爷姓古，叫古瑞

实 例

汉族 盘古爷姓古，叫古瑞。

【流传】河南省·（南阳市）·桐柏县·二郎山·李沟村·黄楝沟［采录地点：桐柏县盘古山三月三盘古神话说讲会］

【出处】刘国山（60岁，农民，小学）讲，马卉欣、殷润璞录音，马卉欣采录整理：《盘古姐弟造人七千》（1989.04.08），见张振犁编著《中原神话通鉴》（第一卷），郑州：河南大学出版社2017年版，第83页。

W0728.3.6.6

盘古真人

【关联】

①［W0147.7.2］盘古真人与太元圣母通气结精生东王公与西王母

②［W0237.1.3］盘古真人与太元圣母生地皇

③［W0721.3.9.0.6］混沌卵生盘古真人

④［W0723.2.4.2］盘古真人是天地之精

实 例

（参见下级母题实例）

W0728.3.6.6.1

盘古真人号盘古

实 例

汉族 神人氏出生，其状神异，若盘古真人，亦号盘古。

【流传】（无考）

【出处】［北宋］张君房：《云笈七签》卷三。

W0728.3.6.6.2

盘古真人立功德被封元始虚皇道君

实 例

汉族 盘古真人因立功德，见召于天中。盘古乃稽首元始虚皇道君，请受《灵宝内经》三百七十五卷。

【流传】（无考）

【出处】［北宋］张君房：《云笈七签》卷三《天尊老君名号历劫经略》。

W0728.3.6.6.3

盘古真人自号元始天王

实 例

汉族 昔二仪未分，溟涬鸿蒙，未有成形。天地日月未具，状如鸡子，混沌弦黄。已有盘古真人，天地之精，自号元始天王，游乎其中。

【流传】（无考）

【出处】［东晋］葛洪：《枕中书》。

W0728.3.7

与盘古名字有关的其他母题

【关联】

①［W0723.1.3.2］盘古是开天辟地的玉书（神名）

②［W0728.5.1］金童盘坐修炼自称“盘古人”

③［W0728.5.1.1］盘古即“盘人”

实 例

（参见下级母题实例）

W0728.3.7.0

盘古又称盘古王

【关联】［W0723d.3.1］盘古击败对手称王

实 例

侗族 人们把盘古叫做盘古王。

【流传】贵州省·（黔东南苗族侗族自治州）·从江县·高增公社（高增乡）

【出处】梁普安等讲，龙玉成采录：《古老和盘古》，见中国民间文学集成全国编辑委员会编《中国民间故事集成》（贵州卷），北京：中国ISBN中心2003年，第4页。

W0728.3.7.0.1

盘古大王

实 例

（参见下级母题实例）

W0728.3.7.0.1.1

盘古大王是盘瓠的尊称

【关联】［W0729g.4.5.4］盘瓠称盘古大王

实 例

畲族 “盘古大王”是畲族同胞对盘瓠的尊号。

【流传】广东省·（广州市）·增城（增城区），惠州市·博罗（博罗县）

【出处】李国俊、王华兵采录：《龙犬驸马》附记，见中国民间文学集成全国编辑委员会编《中国民间故事集成》（广东卷），北京：中国ISBN中心2006年版，第15页。

W0728.3.7.1

盘果王

【关联】

①［W0351.2.1］雷公的儿子盘果王

②［W0645.6.6.1］北斗星生祖先盘果王

③［W0645.6.8.1］风生祖先盘果王

④［W1104.1.1］盘果王开天辟地

⑤［W1541.3.1.1］盘果王分开天地后出现日月星辰

实 例

（参见下级母题实例）

W0728. 3. 7. 1. 1

盘果王的儿子安王和祖王

实 例

布依族 安王和祖王是盘果王的儿子。

【流传】贵州省

【出处】《安王和祖王》（又译作《岸王和梭王》《罕温和索温》等），见何积全、陈立浩主编《布依族文学史》，贵阳：贵州民族出版社 1992 年版，第 58 页。

W0728. 3. 7. 2

盘古是扁古

【关联】

①［W0721. 5. 2. 8］盘古产生在扁鼓王开天之后

②［W0725. 1. 1. 1］盘古王的父亲扁古王

实 例

汉族 （实例待考）

W0728. 3. 7. 3

盘古阿剖

实 例

苗族 阿剖盘古是开天之神。

【流传】湖北省西部地区

【出处】过竹：《苗族神话研究》，南宁：广西人民出版社 1988 年版，第 225 页。

W0728. 3. 7. 4

盘古彭呼

实 例

（参见下级母题实例）

W0728. 3. 7. 4. 1

盘古自己命名“彭呼”

实 例

汉族 天地相连间“嘭”地钻出了一个人，没有爹娘给他取名字，就自称“彭呼”（盘古）。

【流传】浙江省·（杭州市）·淳安县·姜家镇·姜家村

【出处】姜引军讲，姜曹诰采录：《盘古生团囡》，见中国民间文学集成全国编辑委员会编《中国民间故事集成》（浙江卷），北京：中国 ISBN 中心 1997 年版，第 38 页。

W0728. 3. 7. 5

盘古是一对兄妹的名字

实 例

（参见下级母题实例）

W0728. 3. 7. 5. 1

龙蛋生的 1 对兄妹俩都叫盘古

【关联】［W0721. 3. 9. 1］龙蛋生盘古

实 例

汉族 两个龙蛋生出的 1 对兄妹俩都叫盘古。

【流传】河南省·（南阳市）·桐柏县·二郎山乡

【出处】刘太举讲，马卉欣整理：《龙生盘古》，见 http://tongbai.01ny.cn（桐柏网），2001.01.26。

汉族 九重天最高处住着的九条龙轮流孵俩龙蛋。孵出一男一女，他俩都叫盘古。

【流传】河南省·（南阳市）·桐柏县·二郎山乡（再述地点：桐柏县朱庄乡）

【出处】刘太举（29 岁，初中）讲，姚义亮（66 岁，私塾两年）再述，马卉欣录音整理：《龙生盘古》（1989.06），见张振犁编著《中原神话通鉴》（第一卷），郑州：河南大学出版社 2017 年版，第 53 页。

W0728.3.7.6

盘神

实　例

毛南族 盘兄和古妹是两个神。

【流传】广西壮族自治区·（河池市）·环江县（环江毛南族自治县）

【出处】覃启仁讲，谭金田等翻译整理：《盘古的传说》，见曹廷伟编著《广西民间故事辞典》，南宁：广西教育出版社 1993 年版，第 23 页。

W0728.3.7.6.1

善神生的白蛋孵出盘神

实　例

纳西族 额玉额玛（最初的善神依古阿格变化出的第二代神）生下九对白蛋，其中，一对变为盘神（藏族之神）和禅神（白族之神）。

【流传】云南省·丽江（丽江市）

【出处】和芳（东巴）读经，和志武翻译整理：《崇邦统》（人类迁徙记）（1954），见吕大吉、何耀华总主编《中国各民族原始宗教资料集成》（纳西族卷、羌族卷、独龙族卷、傈僳族卷、怒族卷），北京：中国社会科学出版社 2000 年版，第 321 页。

W0728.3.7.6.2

盘神是藏族之神

实　例

纳西族 额玉额玛生下九对白蛋，其中，一对变为盘神（藏族之神）和禅神（白族之神）。

【流传】云南省·丽江（丽江市）

【出处】和芳（东巴）读经，和志武翻译整理：《崇邦统》（人类迁徙记）（1954），见吕大吉、何耀华总主编《中国各民族原始宗教资料集成》（纳西族卷、羌族卷、独龙族卷、傈僳族卷、怒族卷），北京：中国社会科学出版社 2000 年版，第 321 页。

W0728.3.7.7

盘古爷

实　例

汉族 （实例待考）

W0728. 3. 7. 8

盘古公公

实 例

（参见下级母题实例）

W0728. 3. 7. 8. 1

盘古老公公

实 例

苗族 那个盘古老公公，他从东方走过来。

【流传】 原文无流传地，据文本及注释推测该神话流传于贵州省·黔东南苗族侗族自治州·凯里市、台江县等地。

【出处】 张启庭、张荣光、张正玉、张启德演唱，张明搜集，燕宝整理译注：《创造宇宙·开天辟地》，见贵州省少数民族古籍整理出版规划小组办公室编，燕宝整理译注《苗族古歌》，贵阳：贵州民族出版社 1993 年版，第 27～28 页。

W0728. 3. 7. 9

盘古以前叫盘扁

【关联】 ［W0728. 3. 7. 2］盘古是扁古

实 例

汉族 盘古最早叫盘扁。因为天地未开时，一片混沌，盘古在天地中间压得扁扁的，只能像蛇那样盘在那里，所以后来有人说是盘扁开天。

【流传】 浙江省·（丽水市）·景宁县（景宁畲族自治县）·（鹤溪镇）一带

【出处】 潘德超讲，沈毅搜集整理：《盘扁和盘古》，见姚宝瑄主编《中国各民族神话》（汉族），太原：山西出版传媒集团·书海出版社 2014 年版，第 10～11 页。

W0728. 3. 7. 10

盘古即伏羲

实 例

（参见下级母题实例）

W0728. 3. 7. 10. 1

盘古氏夫妻即伏羲氏夫妻

【关联】 ［W0683. 2. 3］伏羲即盘兄

实 例

汉族 盘古氏夫妻，当是兄妹自相婚配而繁衍人类之伏羲氏夫妻。

【流传】（无考）

【出处】《盘古氏夫妻》，见袁珂《中国神话大词典》，北京：华夏出版社 2015 年版，第 299 页。

W0728. 3. 7. 11

盘古三郎

实 例

汉族 广都县有盘古三郎庙。

【流传】（广都县）

【出处】［五代］）杜光庭：《录异记》

卷四。

W0728.3.7.12

盘古作为姓氏

实　例

汉族 盘古氏夫妇，阴阳之始也，天地万物之祖业。今，南海中盘古国人，皆以盘古为姓。

【流传】（无考）

【出处】［清］张玉书、陈廷敬等：《康熙字典》引［南朝·梁］任昉《述异记》。

W0728.3.7.13

盘古作为地名

实　例

（参见下级母题实例）

W0728.3.7.13.1

取盘古做地名纪念盘古

实　例

汉族 大虹桥乡的北古一带，就是当年盘古抡大斧开天辟地的地方。人们为了纪念他，将这个地方取名盘古，只不过把盘字念串成了“北”字。

【流传】河南省·（焦作市）·武陟县·阳城乡·南关村

【出处】王百贞（1907 年生）讲，王广先采录整理：《盘古开天辟地》，见张振犁编著《中原神话通鉴》（第一卷），郑州：河南大学出版社 2017 年版，第 18 页。

W0728.3.7.14

盘老大

实　例

（参见下级母题实例）

W0728.3.7.14.1

盘老大取火种

实　例

苗族 天神是个小气鬼，不答应给盘老大火种。

【流传】四川省·（宜宾市）·筠连县

【出处】熊凤祥讲，刘宇仁采录：《盘老大偷天火》，见中国民间文学集成全国编辑委员会编《中国民间故事集成》（四川卷·下），北京：中国 ISBN 中心 1998 年版，第 1325 页。

W0728.3.7.15

盘颇

实　例

（参见下级母题实例）

W0728.3.7.15.1

天神盘颇有 7 对儿女

实　例

彝族（俚颇） 天神盘颇有九个儿子，盘颇有七个姑娘。

【流传】云南省·（楚雄彝族自治州）·大姚县·昙华山区（昙华乡）

【出处】

(a) 陆颇梭颇（毕摩）演唱，夏光辅、诺海阿苏翻译：《俚泼古歌》，见云南省社会科学院楚雄彝族文化研究所编《彝族民间文学》（第二辑），1985年。

(b) 陆颇梭颇（毕摩）演唱，夏光辅、诺海阿苏翻译，古梅改写：《赤梅葛——俚泼古歌》，见姚宝瑄主编《中国各民族神话》（羌族、彝族），太原：山西出版传媒集团·书海出版社2014年版，第95页。

W0728. 3. 7. 16

盘儿和古儿

实 例

汉族 世间有盘儿和古儿。

【流传】河北省·（秦皇岛市）·卢龙县·陈官屯（陈官屯镇）

【出处】夏本讲，王淑苓采录：《盘儿和古儿》，见中国民间文学集成全国编辑委员会编《中国民间故事集成》（河北卷），北京：中国ISBN中心2003年版，第24页。

W0728. 4

盘古的升天日

实 例

（参见下级母题实例）

W0728. 4. 1

盘古升天日是农历九月初九

【关联】［W0726. 2. 5］盘古六月初六死去

实 例

（参见下级母题实例）

W0728. 4. 1. 1

盘古爷农历九月初九升天

实 例

汉族 农历九月初九是盘古爷升天的日子。

【流传】河北省·（沧州市）·青县

【出处】《盘古诞辰与升天日》，见中国民间文学集成全国编辑委员会编《中国民间故事集成》（河北卷），北京：中国ISBN中心2003年版，第3页。

W0728. 5

盘古人

实 例

（参见下级母题实例）

W0728. 5. 1

金童盘坐修炼自称“盘古人”

实 例

汉族 金童盘坐在东山修炼，自称“盘古人”。

【流传】河南省·（南阳市）·桐柏县·平氏乡·平南村

【出处】王英布讲，马卉欣采录：《修炼成亲》，见中国民间文学集成全国编辑委员会编《中国民间故事集成》（河南卷），北京：中国ISBN中心

2001 年版，第 5 页。

W0728.5.1.1

盘古即“盘人”

实 例

汉族 土里生出个人形，盘作一堆，后人叫他盘人，即盘古。

【流传】陕西省·（宝鸡市）·宝鸡县（渭滨区）·马营镇·永清村

【出处】张世爱讲，李浡采录：《开天辟地》，见中国民间文学集成全国编辑委员会编《中国民间故事集成》（陕西卷），北京：中国 ISBN 中心 1996 年版，第 4 页。

W0728.6

盘古作为时间标志

【关联】［W0730a.2.7.1］三皇在盘古后产生

实 例

（参见下级母题实例）

W0728.6.1

盘古是时间起始的标志

实 例

（参见下级母题实例）

W0728.6.1.1

自从盘古开天地，三皇五帝到如今

实 例

汉族 盘古万八千岁，盘古极长，后乃有三皇。

【流传】（无考）

【出处】［唐］欧阳询：《艺文类聚》（玉函本）。

W0728.7

盘古神圣不可侵犯

实 例

汉族 天道净清，地德生成，人事安宁。戒之勿忘，忘者不祥。盘古之宗，不可动也，动者必凶。

【流传】（无考）

【出处】［战国末期］托名姜子牙：《六韬·大明》。

W0728.8

与盘古有关的风物

实 例

（参见下级母题实例）

W0728.8.1

与盘古有关的印记

实 例

（参见下级母题实例）

W0728.8.1.1

盘古的脚印

实 例

汉族 王居之侧，有一大山，侵云高耸。山顶，有人脚迹一个。入石，深二尺，长八尺余。云：人祖阿聃圣人，即盘古之足迹也。

【流传】（无考）

【出处】［明］马欢：《瀛涯胜览》。

W0728. 8. 1. 1. 1

西洋锡兰山有盘古的足迹

实　例

汉族 西洋锡兰山，高出云汉，其巅有巨人足迹，入石深二尺，广八尺，云是盘古皇帝开天落地之足迹。其国人多裸形，有穿衣者，皮肉必烂。

【流传】（无考）

【出处】［清］袁枚：《子不语》卷二二“盘古足迹”条。

W0728. 8. 2

与盘古有关的山

实　例

（参见下级母题实例）

W0728. 8. 2. 1

盘古山

实　例

（参见下级母题实例）

W0728. 8. 2. 1. 1

盘古山即大复山

实　例

汉族 大复山即桐柏县和泌阳县交界处之盘古山。

【流传】河南省

【出处】［明］李梦阳：《大复山赋》注释，见张振犁编著《中原神话通鉴》（第一卷），郑州：河南大学出版社2017年版，第59页。

W0728. 8. 3

与盘古有关的河

实　例

（参见下级母题实例）

W0728. 8. 4

与盘古有关的庙

实　例

（参见下级母题实例）

W0728. 8. 4. 1

盘古庙

实　例

汉族 （参见“W0728. 8. 5. 1 盘古墓”母题实例）

壮族 （实例待考）

W0728. 8. 4. 2

盘王庙

实　例

瑶族 （实例待考）

W0728.8.4.3

盘古三郎庙

实 例

汉族 广都县有盘古三郎庙。

【流传】（无考）

【出处】［五代］杜光庭：《录异记》卷四。

W0728.8.5

与盘古有关的其他遗迹

实 例

（参见下级母题实例）

W0728.8.5.1

盘古墓

实 例

汉族 今南海有盘古氏墓，亘三百余里，俗云，后人追葬盘古之魂也。桂林有盘古氏庙，今人祝祀。

【流传】（无考）

【出处】［清］东轩主人：《述异记》卷上

W0728.8.5.2

盘古村

实 例

汉族、壮族 目前国内有许多以盘古命名的村寨，如湖南省永州市祁阳县潘市镇盘古村、江西省会昌县筠门岭镇盘古村、河北省顺平县盘古村、广西壮族自治区象州县妙皇乡盘古村以及武宣县的盘古村、盘古屯、上盘古、下盘古、内盘古、外盘古村等，

【流传】 广西壮族自治区来宾市等

【出处】 王宪昭调研资料，2018 年。

W0728.8.5.3

盘古田

实 例

壮族 广西壮族自治区来宾市武宣县的桐岭镇和思灵乡的盘古村均建有盘古庙，盘古庙周围一般一块公共稻田，人们称之为“盘古田”。

【流传】 广西壮族自治区来宾市等

【出处】 王宪昭调研资料，2018 年。

W0728.8.5.4

盘古洞

实 例

壮族 广西壮族自治区来宾市武宣县的桐岭镇和思灵乡的盘古村均建有盘古庙，盘古庙周围的山上往往会有一个山洞，人们称之为“盘古洞”。盘古洞如果流水，人们则称之为“盘古泉”。

【流传】 广西壮族自治区来宾市等

【出处】 王宪昭调研资料，2018 年。

W0728.8.5.5

盘古泉

实 例

壮族 （参见“W0728.8.5.4 盘古

洞”母题实例）

W0728.9

与盘古有关的习俗

实 例

（实例待考）

W0728.10

盘古的画像

实 例

汉族 献帝兴平元年，陈留高眹为益州太守，更葺成都玉堂石室，东别创一石室，自为周公礼殿，其壁上图画盘古、李老等神及历代帝王之像。

【流传】（无考）

【出处】［宋］黄休复：《益州名画录》。

W0729

盘瓠（盘皇）[①]

实 例

（参见下级母题实例）

W0729a

盘瓠的产生

实 例

（参见下级母题实例）

W0729a.1

盘瓠产生的原因

实 例

（参见下级母题实例）

W0729a.1.1

天神派盘瓠下凡

实 例

苗族 高辛身边一个小小的侍臣盘瓠是天神派下来帮助高辛的。

【流传】 湖南省·湘西土家族苗族自治州·泸溪县·白沙镇·辛女村

【出处】 泸溪县旅游局导游小杨讲，杨泽经采集：*《盘瓠神话》（20150430），见杨利慧《当代中国的神话主义——以遗产旅游和电子媒介的考察为中心》，内部交流稿，2017年6月，第143页。

W0729a.2

盘瓠产生的方式

实 例

（参见下级母题实例）

---

① 盘瓠，也可以归为“祖先”，主要流传于南方一些民族神话中。该母题在神话叙事中是一个复杂的情况，一般在开始时以带有神性的犬出现，后来变为神性的人。在汉语译文上也有多种写法，如盘葫、槃瓠、盘皇、盘王等。这里需要说明的是，关于上述名称在特定的神话文本或语境中是不是一定指的是“盘瓠”，是一个非常复杂的问。由于讲述者、采集者或翻译者具体情况的不同，有些地区或民族讲述的“盘皇”、“盘王”可能指的是“盘古”或其他神性人物。在这种情况下，把这类名称列为“盘瓠”母题类型，只是为研究者提供一个关联性，具体所指或内涵，可通过更深入的研究断定结论。

W0729a. 2. 1

盘瓠源于特定的地方

实 例

（参见下级母题实例）

W0729a. 2. 1. 1

盘瓠从天而降

实 例

苗族 盘瓠是从天上降到人间的神犬。最早降落在沅江边上的辛女岩上。

【流传】湖南省·湘西土家族苗族自治州·泸溪县

【出处】侯自佳讲：*《泸溪盘瓠与辛女神话传说》，王宪昭采集，2018. 09. 25 – 2018. 10. 01。

W0729a. 2. 2

盘瓠是生育产生的（生盘瓠）

实 例

（参见下级母题实例）

W0729a. 2. 2. 1

卵生盘瓠

实 例

苗族 （参见“W0729a. 2. 2. 2. 1 泥巴先变成盘子后变成像鸡蛋的东西生盘瓠王”母题实例）

W0729a. 2. 2. 2

泥巴卵生盘瓠

实 例

（参见下级母题实例）

W0729a. 2. 2. 2. 1

泥巴先变成盘子后变成像鸡蛋的东西生盘瓠王

实 例

苗族 两块泥巴拢在一起，变成了一个像盘子那样的东西，后来，变成了一个像鸡蛋模样的东西，生盘瓠王。

【流传】四川省·（宜宾市）·筠连县

【出处】熊凤祥讲，刘宇仁采录：《盘瓠王造天地》，见中国民间文学集成全国编辑委员会编《中国民间故事集成》（四川卷·下），北京：中国ISBN中心1998年版，第1315页。

W0729a. 2. 2. 3

圣母生盘王

实 例

瑶族 （参见“W0729g. 4. 5. 5. 1. 1. 1 开天圣母生上古盘王、中古盘王、下古盘王”母题实例）

W0729a. 2. 3

盘瓠是变化产生的（变成盘瓠）

实 例

（参见下级母题实例）

W0729a. 2. 3. 1

虫子变成盘瓠

实 例

（参见下级母题实例）

W0729a. 2. 3. 1. 1

一个妇人耳朵里生的虫变成盘瓠

实 例

瑶族 （实例待考）

W0729a. 2. 3. 1. 1. 1

高辛氏王室中一个妇人耳朵里生的虫变成犬名盘瓠

实 例

南方古民族 高辛氏有老妇，居王室，得耳疾，挑之，得物，大如茧，妇人盛瓠中，复之以槃，俄顷化为犬，其文五色，因名槃瓠。

【流传】（无考）

【出处】［三国·魏］鱼豢撰：《魏略》，原文已佚，转引自《太平御览》卷七八五，四夷部六槃瓠、禀君。

南方古民族 高辛氏，有老妇人，居于王宫，得耳疾。历时，医为挑治，出顶虫，大如茧。妇人去后，置以瓠离，覆之以盘。俄尔顶虫乃化为犬，其文五色，因名盘瓠。遂畜之。

【流传】（无考）

【出处】［东晋］干宝：《搜神记》卷十四。

汉族 （参见“W0729c. 4. 1. 4 盘瓠是五色花纹的犬”母题实例）

W0729a. 2. 3. 1. 2

大耳婆左耳长的肉蛋生龙犬盘瓠

实 例

瑶族 大耳婆左耳长肉蛋，蛋成龙犬（盘瓠）。

【流传】 广西壮族自治区·（桂林市）·龙胜各族自治县

【出处】 盘成坤讲：《龙犬救主》，见中国民间文学集成全国编辑委员会编《中国民间故事集成》（广西卷），北京：中国 ISBN 中心 2001 年版，第 95 页。

W0729a. 2. 3. 1. 3

老妇耳中大茧化成的犬名槃瓠

实 例

瑶族 高辛氏时，老妇耳中大茧化为犬，名槃瓠。

【流传】（无考）

【出处】［南朝·宋］范晔：《后汉书·南蛮传》注引《魏略》。

W0729a. 2. 3. 1. 4

高辛王元后耳中的虫子变成龙犬盘瓠

实 例

汉族、古代南方民族（参见“W0729g. 4. 3. 1 高辛氏为龙犬赐名龙期，号称槃瓠”

母题实例）

W0729a.2.3.1.5

高辛氏侍女右鬓角上的小肉瘤化生盘葫

实 例

汉族 高辛氏部落里，有一个经常跟随高辛氏的侍女，她的右鬓角上，长了一个小肉瘤，越长越大，高辛氏就命人用刀来切开。生出一个小生灵，有眼有鼻子有嘴，一根尾巴，四腿俱全。浑身上下光溜溜的。高辛氏的女儿见它精小乖巧，视若珍宝，喂吃喂喝，还把它装在一个葫芦里，放在盘子上，精心喂养，起名叫盘葫。

【流传】河南省·南阳市

【出处】邱海观讲，范牧、李明才采录：《盘葫》（1984.05），见张振犁编著，孟宪明、朱淑君统纂《中原神话通鉴》（第三卷），郑州：河南大学出版社 2017 年版，第 960 页。

W0729a.2.4

盘瓠是生育产生的（生盘瓠）

实 例

（参见下级母题实例）

W0729a.2.4.1

有人家生一犬名盘瓠

实 例

古代南方民族（参见“W0729f.3.3.1.1 盘瓠与公主婚生田、雷、再、向、蒙、旻、叔孙氏 7 姓”母题实例）

W0729a.2.5

盘瓠是感生的（感生盘瓠）

实 例

（实例待考）

W0729a.2.6

盘瓠是卵生的（卵生盘瓠）

【关联】［W0729a.2.3.1.2］大耳婆左耳长的肉蛋生龙犬盘瓠

实 例

（参见下级母题实例）

W0729a.2.6.1

两个泥团经亿万年变成的鸡卵状物生盘瓠王

实 例

苗族 古昔有泥二团，忽聚而为盘状之物。此物能生长，历亿万年，渐又成为鸡卵状之物，而盘瓠王则昏眠其中。

【流传】（无考）

【出处】《盘瓠王造天地》，原载《三套集成四川宜宾地区卷·苗族民间故事分册》，见袁珂《中国神话大词典》，北京：华夏出版社 2015 年版，第 425 页。

W0729a. 2. 7

盘瓠产生的其他方式

实 例

（参见下级母题实例）

W0729a. 2. 7. 1

龙犬变成人以后封为盘瓠王

实 例

瑶族 龙犬变成人以后封为盘瓠王（盘王）。

【流传】贵州省·（黔南布依族苗族自治州）·三都水族自治县·巫不乡

【出处】盘顺荣（男，45 岁，瑶族，小学文化），杨有义（男，58 岁，汉族，三都县文化馆干部）采录：《平王与盘王》（1988），见中国民间文学集成全国编辑委员会编《中国国民间故事集成》（贵州卷），北京：中国 ISBN 中心，2003 年版，第 66 页。

瑶族 龙犬立功娶三公主，被封南京十宝殿盘瓠王

【流传】广西壮族自治区·（来宾市）·金秀瑶族自治县·六巷乡·上古陈村

【出处】盘日新（男，70 岁，瑶族，农民，不识字）、盘振松（男，55 岁，农民，不识字）讲，王矿新（男，汉族，44 岁，金秀县文化局干部，中学文化）、刘保元（男，瑶族，49 岁，中央民族学院教师，大学学历）采录翻译：《盘瓠王》（1979），见中国民间文学集成全国编辑委员会编《中国国民间故事集成》（广西卷），北京：中国 ISBN 中心，2001 年版，第 93 页。

W0729a. 3

与盘瓠产生有关的其他母题

实 例

（参见下级母题实例）

W0729a. 3. 1

盘瓠产生的时间

实 例

（参见下级母题实例）

W0729a. 3. 1. 1

盘瓠产生在高辛时期

实 例

南方民族 高辛氏有老妇人，耳中得一虫大如茧，置瓠中，复之以盘，俄倾化为犬，因名盘瓠。

【流传】（无考）

【出处】［晋］干宝：《搜神记》。

瑶族 （参见“W0729a. 2. 3. 1. 3 老妇耳中大茧化成的犬名槃瓠”母题实例）

W0729a. 3. 1. 1. 1

高辛时生的一只犬叫盘瓠

实 例

古代南方民族（参见“W0729f. 3. 3. 1. 1 盘瓠与公主婚生田、雷、再、向、蒙、旻、叔孙氏 7 姓”母题实例）

W0729a. 3. 1. 1. 2

盘瓠生生于帝喾高辛氏时代

实 例

汉族、苗族、瑶族等 帝喾高辛氏有一条神犬，即盘瓠，曾立奇功。

【流传】（中原及南方地区）

【出处】《帝喾》，见乌丙安主编《中国民间神谱》，沈阳：辽宁人民出版社 2007 年版，第 57 页。

W0729a. 3. 1. 2

槃瓠产生于上古时代

实 例

畲族 （参见“W0729g. 4. 5. 2. 1 高辛氏为龙犬赐名龙期，号称槃瓠”母题实例）

W0729a. 3. 1. 3

盘瓠生于四千年前

实 例

苗族 四千多年前，产生了盘瓠和辛女。

【流传】湖南省 · 湘西土家族苗族自治州 · 泸溪县 · 白沙镇 · 辛女村

【出处】向大爷讲，杨泽经采集：《盘瓠神话》（20150417），见杨利慧《当代中国的神话主义——以遗产旅游和电子媒介的考察为中心》，内部交流稿，2017 年 6 月，第 114 页。

W0729a. 3. 2

盘瓠产生的地点

实 例

（实例待考）

W0729b

盘瓠的特征

实 例

（参见下级母题实例）

W0729b. 1

盘瓠的体征

实 例

（参见下级母题实例）

W0729b. 1. 1

盘瓠身材高大

实 例

苗族 （实例待考）

W0729b. 1. 2

盘瓠龙犬毫光显现，遍身锦绣

实 例

汉族、古代南方民族（参见“W0729g. 4. 3. 1 高辛氏为龙犬赐名龙期，号称槃瓠”母题实例）

W0729b. 1. 3

槃瓠长着五彩毛

实 例

古民族·南蛮西南夷 昔高辛氏遭遇犬戎之将吴将军来犯时，时帝有畜狗揭榜应征，其毛五采，名曰槃瓠。

【流传】（无考）

【出处】

（a）《南蛮西南夷列传》第七十六，见［南朝·宋］范晔《后汉书》卷八十六，北京：中华书局 2007 年版，第 67 ~ 68 页。

（b）［东汉］应劭：《风俗通义》，上海：上海古籍出版社 1990 年版，第 22 ~ 24 页。

W0729b. 1. 4

槃瓠有五色花纹

实 例

汉族 高辛氏有老妇，居王室，得耳疾，挑之乃得物，大如茧。妇人盛瓠中，覆之以槃，俄顷化为犬，其文五色，因名槃瓠。

【流传】（无考）

【出处】［南朝·宋］范晔：《后汉书·南蛮传》李贤注引《魏略》。

W0729c

盘瓠的身份

实 例

（参见下级母题实例）

W0729c. 1

盘瓠是神

实 例

（参见下级母题实例）

W0729c. 1. 1

盘瓠是神犬

实 例

苗族 （参见“W0729a. 2. 1. 1 盘瓠从天而降”母题实例）

W0729c. 2

盘瓠是祖先

实 例

（参见下级母题实例）

W0729c. 2. 1

盘皇是祖先

实 例

苗族 （参见“W0729g. 4. 5. 6. 2 天地卵生盘皇”母题实例）

W0729c. 2. 1. 1

盘瓠王是盘、蓝、雷、钟四姓的祖先

实 例

畲族 （实例待考）

W0729c. 2. 1. 2
逢年过节祭祀盘皇盘皇

实 例

苗族 苗族人民都把盘皇视为祖先，逢年过节都要祭祀盘皇。

【流传】 海南省·（三亚市）·陵水县（陵水黎族自治县）·祖关镇（本号镇）·白水岭苗村

【出处】 邓文安讲，潘先樗采录：《盘皇造万物》，见中国民间文学集成全国编辑委员会编《中国民间故事集成》（海南卷），北京：中国 ISBN 中心 2002 年版，第 3 页。

W0729c. 3
盘瓠是人

实 例

南方古民族 高辛时，一犬名盘瓠，立功，娶公主，公主分娩 7 块肉，分 7 姓。

【流传】（无考）

【出处】［唐］樊绰：《蛮书》卷十，引王通明《广异记》。

W0729c. 4
盘瓠是动物

【关联】［W6290］动物图腾

实 例

（参见下级母题实例）

W0729c. 4. 1
盘瓠前身是特定动物

实 例

（参见下级母题实例）

W0729c. 4. 1. 1
盘瓠是犬（盘瓠是狗）

【关联】［W6299. 1］狗图腾

实 例

南方古民族 （实例待考）

W0729c. 4. 1. 2
盘瓠是像小牛一样的犬

实 例

古代南方民族（参见“W0729f. 3. 3. 1. 1 盘瓠与公主婚生田、雷、再、向、蒙、旻、叔孙氏 7 姓”母题实例）

W0729c. 4. 1. 3
帝辛有犬字曰盘瓠

实 例

苗族 （参见“W0729e. 2. 2. 1. 1 盘瓠咬下房王的头立功”母题实例）

W0729c. 4. 1. 4
盘瓠是五色花纹的犬

实 例

南方古民族（参见“W0729a. 2. 3. 1. 1. 1 高辛氏王室中一个老妇人耳朵里生的虫

变成的犬名盘瓠”母题实例）

汉族 高辛氏有老妇，居王室，得耳疾，挑之乃得物，大如茧。妇人盛瓠中，覆之以槃，俄顷化为犬，其文五色，因名槃瓠。

【流传】（无考）

【出处】［南朝·宋］范晔：《后汉书·南蛮传》李贤注引《魏略》。

W0729c. 4. 2

盘瓠是神性动物

实 例

（参见下级母题实例）

W0729c. 4. 2. 0

盘瓠是龙犬

实 例

（参见下级母题实例）

W0729c. 4. 2. 0. 1

盘瓠是平王皇帝养的龙犬

实 例

瑶族 平王皇帝养的龙犬（盘瓠）咬死敌方高王立战功。

【流传】广西壮族自治区大瑶山一带

【出处】《盘古的传说》，见中央民族学院少数民族文艺研究所编《中国民族民间文学》，北京：中央民族学院出版社1987年版，第716页。

W0729c. 4. 2. 1

盘瓠是神犬（盘葫是神性的狗）

【关联】［W0923.1］神狗盘瓠

实 例

苗族 外邦吴将军为了让高辛屈服，每年进贡和霸占高辛的小女儿辛女为妻，发起战事。高辛发榜说，谁能砍下吴将军的头就把小公主嫁给他。这时一只叫盘瓠的神犬站了出来。

【流传】湖南省·湘西土家族苗族自治州·泸溪县·白沙镇·辛女村

【出处】向大爷讲，杨泽经采集：《盘瓠神话》（2015.04.17），见杨利慧《当代中国的神话主义——以遗产旅游和电子媒介的考察为中心》，内部交流稿，2017年6月，第114页。

汉族、瑶族等 帝喾高辛氏有一条神犬，即盘瓠，曾立奇功。

【流传】中原及南方地区

【出处】《帝喾》，见乌丙安主编《中国民间神谱》，沈阳：辽宁人民出版社2007年版，第57页。

W0729c. 4. 2. 1. 1

盘瓠是人不像人，狗不像狗的神犬

实 例

苗族 外邦发起战事时，高辛发榜说，谁能砍下吴将军的头就把小公主嫁给他。这时一只叫盘瓠的神犬站了出来，盘瓠长的人不像人，狗不像狗。

【流传】湖南省·湘西土家族苗族自治州·泸溪县·白沙镇·辛女村

【出处】向大爷讲，杨泽经采集：《盘瓠神话》（2015.04.17），见杨利慧《当代中国的神话主义——以遗产旅游和电子媒介的考察为中心》，内部交流稿，2017年6月，第114页。

W0729c.4.2.1.2
盘瓠是帝喾高辛氏的神犬

实 例

汉族、苗族、瑶族等 帝喾高辛氏有一条神犬，即盘瓠，曾立奇功。

【流传】（中原及南方地区）

【出处】《帝喾》，见乌丙安主编《中国民间神谱》，沈阳：辽宁人民出版社2007年版，第57页。

W0729c.4.2.1a
盘瓠是仙狗

实 例

苗族 （参见“W0729g.2.4 盘瓠的妻子是辛女”母题实例）

W0729c.4.2.2
盘瓠是龙

实 例

（实例待考）

W0729c.4.2.3
盘瓠是东海苍龙

实 例

畲族 祖先盘瓠乃“东海苍龙出世”。

【流传】广东省·潮州市

【出处】《图腾画卷》，见李国俊、王华兵采录：《龙犬驸马》附记，见中国民间文学集成全国编辑委员会编《中国民间故事集成》（广东卷），北京：中国ISBN中心2006年版，第15页。

W0729c.4.2.4
盘瓠是麒麟

实 例

（参见下级母题实例）

W0729c.4.2.5
盘瓠是龙麟

实 例

（参见下级母题实例）

W0729c.5
盘皇是人类救星

实 例

瑶族 （实例待考）

W0729c.6
盘瓠有双重身份

实 例

（参见下级母题实例）

W0729c. 6. 1

盘王是祖先与人类救星

实 例

瑶族（八排）盘王兼祖先与人类救星。

【流传】广东省·（清远市）·连南（连南瑶族自治县）

【出处】《水淹天》，原载卓小清《试论瑶族洪水神话》，见戴庆夏主编《中国民族语言文学研究论集·文学专集》（3），北京：民族出版社2002年版。

W0729c. 7

盘瓠是驸马

实 例

（参见下级母题实例）

W0729c. 7. 1

盘瓠是高辛的女婿

实 例

苗族 苗人盘瓠之种也，帝喾高辛氏以盘瓠有歼溪蛮之功，封其地，妻以女，生六男六女而为诸苗。

【流传】（无考）

【出处】［清］陆次云：《峒溪纤志》，台湾广文书局1968年版，第98～99页。

畲族 畲族始祖盘瓠王有三男一女，分盘、蓝、雷、钟四姓人。

【流传】福建省·（宁德市）·柘荣县

【出处】蓝维积讲，肖孝正采录：《畲族姓氏与世居山脚的来历》，见中国民间文学集成全国编辑委员会编《中国民间故事集成》（福建卷），北京：中国ISBN中心2008年版，第21页。

W0729c. 8

盘瓠是臣子

实 例

（参见下级母题实例）

W0729c. 8. 1

盘瓠是高辛的侍臣

实 例

苗族 帝喾高辛受到犬戎国吴将军侵扰，张榜说以心爱的女儿辛女公主许配给取下敌将首级者，正愁无人站出来时，高辛身边一个小小的侍臣盘瓠站了出来。

【流传】湖南省·湘西土家族苗族自治州·泸溪县·白沙镇·辛女村

【出处】泸溪县旅游局导游小杨讲，杨泽经采集：*《盘瓠神话》（20150430），见杨利慧《当代中国的神话主义——以遗产旅游和电子媒介的考察为中心》，内部交流稿，2017年6月，第143页。

W0729d

盘瓠的能力

实 例

（参见下级母题实例）

W0729d.1
盘瓠会变化（盘瓠变形）

实 例

（参见下级母题实例）

W0729d.1.1
盘瓠变龙

实 例

（实例待考）

W0729d.1.2
盘瓠长高

实 例

（参见下级母题实例）

W0729d.1.2.1
盘皇每日长高1丈

【关联】［W0723b.4.3］盘古日长1丈

实 例

苗族 盘皇（祖先）神通广大，盘皇每日长高一丈，天便每日升高一丈。

【流传】海南省·（三亚市）·陵水县（陵水黎族自治县）·祖关镇（本号镇）·白水岭苗村

【出处】邓文安讲，潘先樗采录：《盘皇造万物》，见中国民间文学集成全国编辑委员会编《中国民间故事集成》（海南卷），北京：中国ISBN中心2002年版，第3页。

W0729d.2
盘瓠变形的原因

实 例

（参见下级母题实例）

W0729d.2.1
盘瓠变形是因为高辛嫁女嫌他不是人

实 例

畲族 （参见“W0729f.3.1.2.1 槃瓠与高辛王的公主婚生长男槃自能，次男蓝光辉，三男雷巨佑；女儿嫁钟智深”母题实例）

W0729d.3
盘瓠变形的时间

实 例

（参见下级母题实例）

W0729d.3.1
盘瓠出生时变形

实 例

（参见下级母题实例）

W0729d.3.1.1
虫在槃内变为槃瓠（犬）

实 例

南方古民族 高辛时有老妇，居王室，得耳疾。挑之，乃得物，大如茧。妇人盛瓠中，覆之以槃。俄顷化为犬，其文五色，因名：槃瓠。

【流传】（无考）

【出处】［三国·魏］鱼豢：《魏略》。

W0729d. 3. 2

盘瓠征战时变形

实　例

（实例待考）

W0729d. 3. 3

盘瓠婚前变形

实　例

（参见下级母题实例）

W0729d. 3. 3. 1

盘瓠为了与公主成婚婚前变人

实　例

畲族 （参见“W0729f. 3. 1. 2. 1 槃瓠与高辛王的公主婚生长男槃自能，次男蓝光辉，三男雷巨佑；女儿嫁钟智深”母题实例）

W0729d. 3. 4

盘瓠婚后变形

实　例

（参见下级母题实例）

W0729d. 3. 4. 1

盘瓠与公主成婚婚后变人

实　例

瑶族 龙犬盘瓠与公主婚后，在蒸笼里蒸七天七夜，因公主提前掀开蒸笼，他的全身已变成人，但头部和脚胫没有变成人。

【流传】广西壮族自治区·（来宾市）·金秀瑶族自治县·六巷乡·上古陈村

【出处】盘日新（男，70岁，瑶族，农民，不识字）、盘振松（男，55岁，农民，不识字）讲，王矿新（男，汉族，44岁，金秀县文化局干部，中学文化）、刘保元（男，瑶族，49岁，中央民族学院教师，大学学历）采录翻译：《盘瓠王》（1979），见中国民间文学集成全国编辑委员会编《中国民间故事集成》（广西卷），北京：中国ISBN中心，2001年版，第93页。

W0729d. 4

盘瓠变形的地点

实　例

（参见下级母题实例）

W0729d. 4. 1

盘瓠罩在金钟内变形

实　例

畲族 （参见“W0729f. 3. 1. 2. 1 槃瓠与高辛王的公主婚生长男槃自能，次男蓝光辉，三男雷巨佑；女儿嫁钟智深”母题实例）

W0729d. 5

盘瓠变形需要的时间

实 例

（参见下级母题实例）

W0729d. 5. 1

盘瓠变形需要七天七夜

实 例

畲族 （参见“W0729f. 3. 1. 2. 1 槃瓠与高辛王的公主婚生长男槃自能，次男蓝光辉，三男雷巨佑；女儿嫁钟智深”母题实例）

W0729d. 6

盘瓠变形的结果

实 例

（参见下级母题实例）

W0729d. 6. 1

盘瓠犬变人时不彻底

实 例

（参见下级母题实例）

W0729d. 6. 1. 1

盘瓠变人时犬头没变

实 例

畲族 盘瓠（犬）的身体变成人形而头没变。

【流传】（无考）

【出处】雷德明等述：《龙麒传说》，见石奕龙等主编《畲族：福建罗源县八井村调查》，昆明：云南大学出版社2005年版，第344～345页。

W0729d. 6. 2

盘瓠变形不彻底的原因

实 例

（参见下级母题实例）

W0729d. 6. 2. 1

公主担心盘瓠饿死提前观看造成全身人形，只留一头未变

实 例

畲族 （参见“W0729f. 3. 1. 2. 1 槃瓠与高辛王的公主婚生长男槃自能，次男蓝光辉，三男雷巨佑；女儿嫁钟智深”母题实例）

W0729d. 7

盘瓠能变成不同形象

【关联】［W9526. 4］神性人物变动物

实 例

（参见下级母题实例）

W0729d. 7. 1

盘瓠王上天变为凤凰，下地能变为麒麟，下水能变成龙王

实 例

畲族 盘瓠王上天能变为凤凰，下地能变为麒麟，下水能变成龙王。

【流传】浙江省

【出处】雷正发讲：《盘瓠王和三公主》，见王全吉等《浙江民俗故事》，杭州市：浙江文艺出版社 2009 年版，第 192 ~ 193 页。

W0729d. 7. 2
龙犬盘瓠白天为狗，晚上变美男子

实例

瑶族（勉）龙犬（盘瓠）白天为狗，晚上变美男子。

【流传】湘桂粤（湖南省、广西壮族自治区、广东省）等

【出处】《盘瓠神话》，见《中国各民族宗教与神话大词典》编审委员会编《中国各民族宗教与神话大词典》，北京：学苑出版社 1990 年版，第 654 页。

W0729e
盘瓠的事迹（盘瓠的经历）

实例

（参见下级母题实例）

W0729e. 0
盘瓠的成长

实例

（参见下级母题实例）

W0729e. 0. 1
盘瓠出生后被抛弃

实例

（参见下级母题实例）

W0729e. 0. 1. 1
盘瓠出生被抛弃后七日不死，禽兽乳之

实例

古代南方民族（参见“W0729f. 3. 3. 1. 1 盘瓠与公主婚生田、雷、再、向、蒙、旻、叔孙氏 7 姓”母题实例）

W0729e. 0. 2
如蚕之虫育于盘中变成龙犬槃瓠

实例

古代南方民族、汉族（参见“W0729g. 4. 3. 1 高辛氏为龙犬赐名龙期，号称槃瓠”母题实例）

W0729e. 1
盘瓠揭皇榜

实例

（参见下级母题实例）

W0729e. 1. 1
张皇榜原因

实例

（参见下级母题实例）

W0729e.1.1.1 犬戎来侵狗封氏高辛氏

实 例

汉族 （参见“W0729e.2.2.3 盘瓠衔回犬戎的头”母题实例）

W0729e.1.1.2 房王来犯高辛氏

实 例

南方古民族 （参见“W0729g.2.2.1 盘瓠与5个美女婚”母题实例）

W0729e.1.1.3 外邦吴将军来犯高辛

实 例

苗族 （参见“W0729e.1.3.2 皇榜承诺斩敌首者娶小公主”母题实例）

W0729e.1.1.4 犬戎吴将军来犯高辛氏

实 例

古民族·南蛮西南夷（参见“W0729b.1.3 槃瓠长着五彩毛”母题实例）

W0729e.1.1.5 犬戎入侵高辛国

实 例

畲族 （参见“W0729f.3.1.2.1 槃瓠与高辛王的公主婚生长男槃自能，次男蓝光辉，三男雷巨佑；女儿嫁钟智深”母题实例）

W0729e.1.2 张皇榜者

实 例

（参见下级母题实例）

W0729e.1.2.1 高辛张皇榜

实 例

汉族 （参见“W0729e.2.2.3 盘瓠衔回犬戎的头”母题实例）

苗族 （参见“W0729e.1.3.2 皇榜承诺斩敌首者娶小公主”母题实例）

W0729e.1.3 皇榜内容

实 例

（参见下级母题实例）

W0729e.1.3.1 皇榜承诺能讨犬戎者妻以美女，封三百户

实 例

汉族 （参见“W0729e.2.2.3 盘瓠衔回犬戎的头”母题实例）

W0729e. 1. 3. 2

皇榜承诺斩敌首者娶小公主

实 例

苗族 外邦发起战事时，高辛发榜说，谁能砍下吴将军的头就把小公主嫁给他。

【流传】湖南省·湘西土家族苗族自治州·泸溪县·白沙镇·辛女村

【出处】向大爷讲，杨泽经采集：《盘瓠神话》（20150417），见杨利慧《当代中国的神话主义——以遗产旅游和电子媒介的考察为中心》，内部交流稿，2017 年 6 月，第 114 页。

W0729e. 1. 3. 3

皇榜承诺取犬戎将吴将军头者赏黄金千镒，邑万家，妻以少女

实 例

南方古民族 昔高辛氏有犬戎之寇，帝患其侵暴，而征伐不克。乃访募天下，有能得犬戎将吴将军头者，购黄金千镒，邑万家，又妻以少女。时帝有畜狗，其毛五采，名曰槃瓠。

【流传】（无考）

【出处】［南朝·宋］范晔：《后汉书·南蛮传》。

W0729e. 1. 4

盘瓠揭榜情形

实 例

（实例待考）

W0729e. 2

盘瓠立功

【关联】［W3133. 6. 3］龙犬立功

实 例

（参见下级母题实例）

W0729e. 2. 0

盘瓠出征

实 例

（参见下级母题实例）

W0729e. 2. 0. 1

盘瓠出征前准备

实 例

苗族 （实例待考）

瑶族 出征前，高王封黄狗做三军大元帅，为它取名“盘瓠”。

【流传】湖南省·（永州市）·江永县·千家峒瑶族乡

【出处】蒋正（男，65 岁，农民，瑶族，不识字）讲，王金粲（瑶族，《永州日报》社记者）采录：《盘瓠》（1986），见中国民间文学集成全国编辑委员会编《中国国民间故事集成》（湖南卷），北京：中国 ISBN 中心，2002 年版，第 18 页。

W0729e.2.0.2

盘瓠出征前送行

实 例

瑶族 龙犬盘瓠出征前，评王举行国宴为它送行。

【流传】广西壮族自治区·（来宾市）·金秀瑶族自治县·六巷乡·上古陈村

【出处】盘日新（男，70岁，瑶族，农民，不识字）、盘振松（男，55岁，农民，不识字）讲，王矿新（男，汉族，44岁，金秀县文化局干部，中学文化）、刘保元（男，瑶族，49岁，中央民族学院教师，大学学历）采录翻译：《盘瓠王》（1979），见中国民间文学集成全国编辑委员会编《中国民间故事集成》（广西卷），北京：中国ISBN中心，2001年版，第93页。

W0729e.2.1

盘瓠攻击的对象（盘瓠的敌手）

实 例

（参见下级母题实例）

W0729e.2.1.1

盘瓠征战高王

实 例

瑶族 （参见“W0729c.4.2.0.1 盘瓠是平王皇帝养的龙犬”母题实例）

W0729e.2.1.2

盘瓠征战犬戎

实 例

汉族 （参见“W0729e.2.2.3 盘瓠衔回犬戎的头”母题实例）

W0729e.2.1.3

盘瓠杀戎王

实 例

南方古民族 昔盘瓠杀戎王，高辛以美女妻之。

【流传】（无考）

【出处】［战国至汉］撰者不详：《山海经·海内北经》［晋］郭璞注。

W0729e.2.1.4

盘瓠征战房王

实 例

南方古民族 （参见“W0729g.2.2.1 盘瓠与5个美女婚”母题实例）

W0729e.2.1.5

盘葫战胜犯高辛氏的小部落首领吴强

实 例

汉族 小部落首领叫吴强率兵犯高辛氏。高辛氏制服不了他。贴出悬赏皇榜时，高辛氏的狗盘葫应诏，取得胜利。

【流传】河南省·南阳市

【出处】邱海观讲，范牧、李明才采录：《盘葫》(1984. 05)，见张振犁编著，孟宪明、朱淑君统纂《中原神话通鉴》(第三卷)，郑州：河南大学出版社 2017 年版，第 961 页。

W0729e. 2. 2

盘瓠立功的方法（盘瓠的计谋）

实 例

（参见下级母题实例）

W0729e. 2. 2. 1

盘瓠咬下敌王的头颅

实 例

（参见下级母题实例）

W0729e. 2. 2. 1. 1

盘瓠咬下房王的头立功

实 例

汉族 昔高辛氏时，有房王作乱，忧国危亡，帝乃召募天下有得房氏首者，赐金千金，分赏美女。帝辛有犬字曰盘瓠，走投房王，咬王首而还。

【流传】(无考)

【出处】[晋] 干宝：《搜神记》卷三。

苗族 （实例待考）

W0729e. 2. 2. 1. 2

盘瓠咬下戎寇吴将军头

实 例

古代南方民族 （参见“W0729f. 3. 3. 1. 1 盘瓠与公主婚生田、雷、再、向、蒙、旻、叔孙氏 7 姓”母题实例）

W0729e. 2. 2. 2

盘瓠咬下敌王的睾丸

实 例

（实例待考）

W0729e. 2. 2. 3

盘瓠衔回犬戎的头

实 例

汉族 狗封氏者，高辛氏有美女，未嫁。犬戎为乱，帝曰：“有讨之者，妻以美女，封三百户。”帝之狗名槃护，三月而杀犬戎，以其首来。

【流传】(无考)

【出处】鲁迅：《古小说钩沉》辑《玄中记》。

W0729e. 2. 2. 4

盘瓠杀死恶龙

实 例

苗族 （参见“W0729g. 3. 3. 1 盘瓠战恶龙时命丧沅江”母题实例）

W0729e. 2. 3

盘瓠征战时间

实 例

（参见下级母题实例）

W0729e.2.3.1
盘瓠征战3个月获胜

实例

汉族 （参见“W0729e.2.2.3 盘瓠衔回犬戎的头”母题实例）

W0729e.2.3.2
盘瓠征战3天3夜

实例

苗族 （参见“W0729g.3.3.1 盘瓠战恶龙时命丧沅江”母题实例）

W0729e.3
盘瓠得胜回朝

实例

（实例待考）

W0729e.4
盘瓠受封

实例

（参见下级母题实例）

W0729e.4.1
盘瓠受封特定官职

实例

（参见下级母题实例）

W0729e.4.1.1
高辛氏封盘瓠为会稽侯

实例

汉族 昔高辛氏时，有房王作乱，扰国危亡，帝乃召募天下有得房氏首者，赐金千斤，分赏美女。群臣见房氏兵强马壮，难以获之。辛帝有犬字曰盘瓠，其毛五色，常随帝出入。其日忽失此犬，经三日以上，不知所在，帝甚怪之。其犬走投房王，房王见之大悦，谓左右曰：“辛氏其丧乎！犬犹弃主投吾，吾必兴也。”房氏乃大张宴会，为犬作乐。其夜房氏饮酒而卧，盘瓠咬王首而还。辛氏见犬衔房首，大悦，厚与肉糜饲之，竟不食。经一日，帝呼犬亦不起。帝曰：“如何不食，呼又不来，莫是恨朕不赏乎？今当依召募赏汝物，得否？”盘瓠闻帝此言，即起跳跃，帝乃封盘瓠为会稽侯，美女五人，食会稽郡一千户。后生三男三女。其男当生之时，虽似人形，犹有犬尾。其后子孙昌盛，号为犬戎之国。

【流传】（无考）

【出处】［晋］干宝：《搜神记》（《汉魏丛书》本）卷三。

W0729e.4.1.1.1
高辛帝封盘瓠会稽郡一千户

实例

南方古民族 高辛帝的五色犬盘瓠立战

功后，受封会稽郡一千户。

【流传】（无考）

【出处】［晋］干宝：《搜神记》卷三，见王文濡辑《说库》，扬州：广陵书社 2008 年版。

W0729e. 4. 1. 2

高辛帝封盘瓠为定边侯

实　例

古代南方民族（参见“W0729f. 3. 3. 1. 1 盘瓠与公主婚生田、雷、再、向、蒙、旻、叔孙氏 7 姓”母题实例）

W0729e. 4. 2

盘瓠受封特定地方

实　例

（参见下级母题实例）

W0729e. 4. 2. 1

盘瓠的封地是会稽东南海中三百里

实　例

南方古民族 盘瓠杀戎王，高辛氏以美女妻之。浮之会稽东南海中得三百里地封之，生男为狗，女为美人，是为狗封之民也。

【流传】（无考）

【出处】［战国至汉］撰者不详：《山海经·海内北经》［晋］郭璞注。

W0729e. 4. 2. 2

盘瓠与辛女婚后封地泸溪

实　例

苗族 盘瓠与高辛的女儿辛女结婚后，到泸溪生活，使用黄牛耕地。

【流传】湖南省·湘西土家族苗族自治州·泸溪县·白沙镇·辛女村

【出处】章大爷讲，杨泽经采集：《椎牛祭》（2015. 04. 27），见杨利慧《当代中国的神话主义——以遗产旅游和电子媒介的考察为中心》，内部交流稿，2017 年 6 月，第 120 页。

W0729e. 5

盘瓠被免赋税

实　例

（实例待考）

W0729e. 6

盘瓠婚后外迁

实　例

（参见下级母题实例）

W0729e. 6. 1

盘瓠婚后携妻迁往封地

实　例

畲族 （实例待考）

W0729e.6.2 槃瓠婚后携妻迁往山中居住

实例

畲族 （参见“W0729f.3.1.2.1 槃瓠与高辛王的公主婚生长男槃自能，次男蓝光辉，三男雷巨佑；女儿嫁钟智深”母题实例）

W0729e.7 与盘瓠事迹有关的其他母题

实例

（参见下级母题实例）

W0729e.7.1 盘瓠开天辟地

实例

苗族 盘瓠开天辟地。

【流传】湖南省·湘西土家族苗族自治州·泸溪县·白沙镇·辛女村

【出处】向大娘讲，杨泽经采集：*《盘瓠神话》（20150722），见杨利慧《当代中国的神话主义——以遗产旅游和电子媒介的考察为中心》，内部交流稿，2017年6月，第129页。

W0729f 盘瓠的关系

实例

（参见下级母题实例）

W0729f.1 盘瓠的父母

实例

（参见下级母题实例）

W0729f.1.1 三个盘王的母亲是目母婆

实例

（参见下级母题实例）

W0729f.1.1.1 上古、中古、下古三盘王的母亲是目母婆

实例

瑶族 上古、中古、下古三盘王的母亲目母婆。

【流传】广西壮族自治区·（桂林市）·全州县·东山瑶族乡

【出处】

(a) 盘振松、盘日新讲，王矿新、刘保元采录翻译：《盘瓠王》（1979）附记，见中国民间文学集成全国编辑委员会编《中国民间故事集成》（广西卷），北京：中国ISBN中心2001年版，第93页。

(b) 同（a），见陶阳、钟秀编《中国神话》（中），北京：商务印书馆2008年版，第541～546页。

W0729f. 1. 2

盘王的母亲是开天圣母

实 例

瑶族 上古、中古、下古三盘王的母亲目母婆（又名开天圣母）。

【流传】 广西壮族自治区·（桂林市）·全州县·东山瑶族乡

【出处】

(a) 盘振松、盘日新讲，王矿新、刘保元采录翻译：《盘瓠王》（1979）附记，见中国民间文学集成全国编辑委员会编《中国民间故事集成》（广西卷），北京：中国 ISBN 中心 2001 年版，第 93 页。

(b) 同（a），见陶阳、钟秀编《中国神话》（中），北京：商务印书馆 2008 年版，第 541～546 页。

W0729f. 2

盘瓠的兄弟姐妹

实 例

（实例待考）

W0729f. 3

盘瓠的后代

实 例

（参见下级母题实例）

W0729f. 3. 1

盘瓠有 3 男 1 女

实 例

（参见下级母题实例）

W0729f. 3. 1. 1

盘瓠王有 3 男 1 女

实 例

畲族 畲族始祖盘瓠王有三男一女。

【流传】 福建省·（宁德市）·柘荣县

【出处】 蓝维积讲，肖孝正采录：《畲族姓氏与世居山脚的来历》，见中国民间文学集成全国编辑委员会编《中国民间故事集成》（福建卷），北京：中国 ISBN 中心 2008 年版，第 21 页。

W0729f. 3. 1. 2

槃瓠与公主婚生 3 男 1 女

实 例

（参见下级母题实例）

W0729f. 3. 1. 2. 1

槃瓠与高辛王的公主婚生长男槃自能，次男蓝光辉，三男雷巨佑；女儿嫁钟智深

实 例

畲族 上古的时代，犬戎入侵高辛国。国家异常危急，高辛氏就下诏求贤，谓能斩犬戎将军的头来献的，必把公主嫁给他。龙期便挺身而往敌国，衔了犬戎将军的头来报命，欲求高辛践他的前言。高辛王嫌其不类，颇有难色。龙期急作人声曰："你将

我放在金钟内，七天七夜，就可变成人。”到了第六天，公主怕他饿死，打开金钟一看，则全身变成人形，只留一头未变。于是槃瓠着上大衣，公主戴了犬头冠，两相结婚了。槃瓠挈妻人山居住，生三男一女，长姓槃，名叫自能；次姓蓝，名叫光辉；三姓雷，名叫巨佑；女婿姓钟，名叫智深。

【流传】（无考）

【出处】沈作乾：《畲民调查记》，载见《东方杂志》二十一卷七号。

W0729f. 3. 2

盘瓠有 3 男 3 女

实 例

（参见下级母题实例）

W0729f. 3. 2. 1

盘瓠与美女婚生 3 男 3 女

实 例

汉族 盘瓠与美女 5 人，生 3 男 3 女。

【流传】（无考）

【出处】［晋］干宝：《搜神记》。

W0729f. 3. 2. 2

盘瓠与美女婚生 3 男 6 女

实 例

南方古民族 高辛帝的五色犬盘瓠立战功后，高辛赐 5 个美女，婚后生三男六女。

【流传】（无考）

【出处】［晋］干宝：《搜神记》卷三，见王文濡辑《说库》，扬州：广陵书社 2008 年版。

W0729f. 3. 2a

盘瓠有 3 个儿子

实 例

苗族 仙狗盘瓠与辛女（高辛的女儿）婚后生了 3 个儿子。

【流传】湖南省·湘西土家族苗族自治州·泸溪县·白沙镇·辛女村

【出处】向大娘讲，杨泽经采集：*《盘瓠神话》（20150722），见杨利慧《当代中国的神话主义——以遗产旅游和电子媒介的考察为中心》，内部交流稿，2017 年 6 月，第 129 页。

W0729f. 3. 2b

盘瓠的 4 个儿子

实 例

（参见下级母题实例）

W0729f. 3. 2b. 1

盘瓠与高辛小公主婚生大儿子托天，二儿子按地，三儿子擒龙，四儿子伏虎

实 例

苗族 人不像人，狗不像狗的神犬盘瓠立战功后，按皇榜与高辛的小公主结婚。他们生了几个小孩，大儿子叫

托天，二儿子叫按地，三儿子叫擒龙，四儿子叫伏虎。

【流传】湖南省·湘西土家族苗族自治州·泸溪县·白沙镇·辛女村

【出处】向大爷讲，杨泽经采集：《盘瓠神话》(20150417)，见杨利慧《当代中国的神话主义——以遗产旅游和电子媒介的考察为中心》，内部交流稿，2017年6月，第115页。

W0729f. 3. 2c
盘瓠有6男6女

实 例

(参见下级母题实例)

W0729f. 3. 2c. 1
盘瓠与高辛氏的小女儿婚生6男6女

实 例

南方古民族 (参见“W0729f. 3. 6 赤髀横裙盘瓠子孙”母题实例)

W0729f. 3. 2d
盘瓠有8个女

实 例

(参见下级母题实例)

W0729f. 3. 2d. 1
盘葫和高辛氏的女儿婚生8个子女

实 例

汉族 盘葫和高辛氏的女儿一共生了八个子女。

【流传】河南省·南阳市

【出处】邱海观讲，范牧、李明才采录：《盘葫》(1984. 05)，见张振犁编著，孟宪明、朱淑君统纂《中原神话通鉴》(第三卷)，郑州：河南大学出版社2017年版，第961页。

W0729f. 3. 3
盘瓠繁衍7姓

实 例

(参见下级母题实例)

W0729f. 3. 3. 1
盘瓠与公主婚生7姓

实 例

南方古民族 (参见“W0729g. 2. 1. 1 盘瓠与高辛帝的公主婚”母题实例)

W0729f. 3. 3. 1. 1
盘瓠与公主婚生田、雷、再(冉)、向、蒙、旻、叔孙氏7姓

实 例

古代南方民族 高辛时，人家生一犬，初如小特。主怪之，弃于道下，七日不死，禽兽乳之。其形继日而大，主人复收之。当初弃道上之时，以盘盛叶覆之，因以为瑞，遂献于帝，以盘瓠为名也。后立功，啮得戎寇吴将军

头，帝妻以公主，封盘瓠为定边侯。公主分娩七块肉，割之有七男。长大各认一姓，今巴东姓田、雷、再、向、蒙、旻、叔孙氏也。

【流传】（无考）

【出处】［唐］樊绰：《蛮书》卷十引王通明《广异记》。

W0729f. 3. 4

盘瓠繁衍犬戎国

实　例

（参见下级母题实例）

W0729f. 3. 4. 1

盘瓠与美女 5 人婚生 3 男 3 女繁衍犬戎之国

实　例

汉族　（参见“W0729e. 4. 1. 1 高辛氏封盘瓠为会稽侯”母题实例）

W0729f. 3. 4. 2

盘瓠与美女 5 人婚生 3 男 6 女繁衍犬戎之国

实　例

（参见下级母题实例）

W0729f. 3. 4. 2. 1

盘瓠与美女 5 人婚生 3 男 6 女繁衍的犬戎之国衍生土蕃

实　例

南方古民族　高辛帝的五色犬盘瓠与高辛赐 5 个美女婚生三男六女。其后子孙昌盛，号为犬戎之国。只今土蕃，乃盘瓠之胤也。

【流传】（无考）

【出处】［晋］干宝：《搜神记》卷三，见王文濡辑《说库》，扬州：广陵书社 2008 年版。

W0729f. 3. 4. 3

盘瓠娶高辛美女受封会稽东南海中三百里繁衍狗封国

【关联】［W0729e. 4. 2. 1］盘瓠的封地是会稽东南海中三百里

实　例

南方古民族　（参见“W0729e. 4. 2. 1 盘瓠的封地是会稽东南海中三百里”母题实例）

W0729f. 3. 5

盘瓠的后代有犬形

实　例

（参见下级母题实例）

W0729f. 3. 5. 1

盘瓠与美女婚生的男孩有犬尾

实　例

汉族　（参见“W0729f. 3. 2. 1 盘瓠与美女婚生 3 男 3 女”母题实例）

W0729f. 3. 5. 2

盘瓠与美女婚生男为狗，女为美人

实 例

南方古民族 盘瓠杀戎王，高辛氏以美女妻之。浮之会稽东南海中得三百里地封之，生男为狗，女为美人。

【流传】（无考）

【出处】［战国至汉］撰者不详：《山海经·海内北经第十二》［晋］郭璞注。

W0729f. 3. 6

赤髀横裙盘瓠子孙

实 例

南方古民族 高辛氏的少女与盘瓠（犬名）婚后生六男六女，他们自相配偶为夫妇，繁衍的后代号为蛮夷，发展为今梁汉巴蜀武陵长沙庐江郡夷。他们用糁杂鱼肉叩槽而号，以祭盘瓠，其俗至今，故世称赤髀横裙盘瓠子孙。

【流传】（无考）

【出处】［东晋］干宝：《搜神记》卷十四。

W0729f. 3. 7

盘瓠的后代号蛮夷

实 例

（参见下级母题实例）

W0729f. 3. 7. 1

盘瓠的后代蛮夷发展梁汉巴蜀武陵长沙庐江郡夷

实 例

南方古民族 （参见“W0729f. 3. 6 赤髀横裙盘瓠子孙”母题实例）

W0729f. 3. 7. 2

盘瓠的后代武陵郡夷

实 例

汉族 辰水，又东经沅陵县西，有武溪，源出武山，与酉阳分山。水源石上有盘瓠迹犹存矣，今武陵郡夷，即盘瓠之种落也。其狗皮毛，嫡世孙宝录之。

【流传】（无考）

【出处】［北魏］郦道元：《水经注·沅水》。

W0729f. 3. 8

朗州、楚黔中郡是盘瓠的后代

实 例

南方古民族 今朗州、楚黔中郡，其故城在辰州西廿里，皆盘瓠后也。

【流传】（无考）

【出处】［西汉］司马迁：《史记》卷六十九“苏秦传”，［唐］张守节《史记正义》注。

W0729f.4

盘瓠的上司

【关联】［W0729c.8.1］盘瓠是高辛的侍臣

实例

苗族 （参见“W0729c.8.1 盘瓠是高辛的侍臣”母题实例）

W0729f.4.1

盘瓠是帝辛的犬

【关联】［W0729c.4.2.1.2］盘瓠是帝喾高辛氏的神犬

实例

苗族 （参见“W0729e.2.2.1.1 盘瓠咬下房王的头立功”母题实例）

南方古民族 昔高辛氏犬戎为乱，帝言曰，有讨之妻以美女，封三百户。帝之狗名盘瓠。

【流传】（无考）

【出处】［东晋］郭璞：《玄中记》。

W0729f.4.1.1

盘瓠是高辛帝的五色犬

实例

南方古民族 昔高辛帝有犬，字曰盘瓠，其毛五色。

【流传】（无考）

【出处】［晋］干宝：《搜神记》卷三，见王文濡辑《说库》，扬州：广陵书社2008年版。

W0729f.5

盘瓠的从属

实例

（实例待考）

W0729f.6

盘瓠的朋友

实例

（实例待考）

W0729g

与盘瓠有关的其他母题

【关联】

①［W1322.4］盘瓠双手撑天

②［W1572.2.5.2］盘瓠的左眼变太阳

实例

（参见下级母题实例）

W0729g.1

盘瓠的工具

实例

（实例待考）

W0729g.2

盘瓠的婚姻

实例

（参见下级母题实例）

W0729g. 2. 1
盘瓠与公主婚

实 例

（参见下级母题实例）

W0729g. 2. 1. 1
盘瓠与高辛帝的公主婚

实 例

南方古民族 （参见“W0729f. 3. 3. 1. 1 盘瓠与公主婚生田、雷、再、向、蒙、旻、叔孙氏 7 姓”母题实例）

W0729g. 2. 1. 2
盘瓠与三公主婚

实 例

瑶族 盘瓠取来敌首领平王的头颅，高王给盘瓠封赏，把三公主许配盘瓠。

【流传】湖南省·（永州市）·江永县·千家峒瑶族乡

【出处】蒋正（男，65 岁，农民，瑶族，不识字）讲，王金粲（瑶族，《永州日报》社记者）采录：《盘瓠》（1986），见中国民间文学集成全国编辑委员会编《中国国民间故事集成》（湖南卷），北京：中国 ISBN 中心，2002 年版，第 18 页。

瑶族 盘瓠取下敌首领紫王的头颅，平王择吉日为三公主与龙犬（封盘王）完婚。

【流传】贵州省·（黔南布依族苗族自治州）·三都水族自治县·巫不乡

【出处】盘顺荣（男，45 岁，瑶族，小学文化），杨有义（男，58 岁，汉族，三都县文化馆干部）采录：《平王与盘王》（1988），见中国民间文学集成全国编辑委员会编《中国国民间故事集成》（贵州卷），北京：中国 ISBN 中心，2003 年版，第 66 页。

W0729g. 2. 1. 3
盘瓠与高辛帝氏的少女婚

实 例

南方古民族 （参见“W0729f. 3. 6 赤髀横裙盘瓠子孙”母题实例）

W0729g. 2. 1. 4
盘葫和高辛氏的女儿婚

实 例

汉族 盘葫和高辛氏的女儿在长满古树和竹藤的大山里住下以后，一共生了八个子女。

【流传】河南省·南阳市

【出处】邱海观讲，范牧、李明才采录：《盘葫》（1984. 05），见张振犁编著，孟宪明、朱淑君统纂《中原神话通鉴》（第三卷），郑州：河南大学出版社 2017 年版，第 961 页。

W0729g. 2. 2

盘瓠与美女婚

【关联】［W0729f. 3. 2. 1］盘瓠与美女婚生 3 男 3 女

实 例

（参见下级母题实例）

W0729g. 2. 2. 1

盘瓠与 5 个美女婚

实 例

南方古民族 高辛帝的五色犬盘瓠取来来犯者房王的首级。帝乃按招募榜所说，封盘瓠为会稽侯，美女五人户。

【流传】（无考）

【出处】［晋］干宝：《搜神记》卷三，见王文濡辑《说库》，扬州：广陵书社 2008 年版。

W0729g. 2. 3

叫盘葫的狗与高辛氏女结婚

实 例

汉族 一个叫盘葫的狗，立功后与高辛氏女结婚，生儿女。

【流传】河南省·（南阳市）·南阳县（1994 年撤销，与原县级南阳市以人民路为界重组为宛城、卧龙二区）

【出处】邱海观讲：《盘葫》，载《民间文学》1896 年第 1 期。

W0729g. 2. 4

盘瓠的妻子是辛女

【关联】［W0768. 1. 6. 3. 2. 2］辛女

实 例

苗族 盘瓠与高辛的女儿辛女结婚。

【流传】湖南省·湘西土家族苗族自治州·泸溪县·白沙镇·辛女村

【出处】章大爷讲，杨泽经采集：《椎牛祭》（20150427），见杨利慧《当代中国的神话主义——以遗产旅游和电子媒介的考察为中心》，内部交流稿，2017 年 6 月，第 120 页。

苗族 盘瓠是个仙狗，他与辛女（高辛的女儿）配成双。

【流传】湖南省·湘西土家族苗族自治州·泸溪县·白沙镇·辛女村

【出处】向大娘讲，杨泽经采集：*《盘瓠神话》（20150722），见杨利慧《当代中国的神话主义——以遗产旅游和电子媒介的考察为中心》，内部交流稿，2017 年 6 月，第 129 页。

W0729g. 2. 5

盘瓠的妻子婆王

实 例

瑶族 （实例待考）

W0729g. 3

盘瓠的寿命与死亡

实 例

（参见下级母题实例）

W0729g. 3. 1

盘皇的寿命

实 例

（参见下级母题实例）

W0729g. 3. 1. 1

盘皇活了 560 岁

实 例

苗族 盘皇（祖先）一直活了五百六十岁。

【流传】 海南省·（三亚市）·陵水县（陵水黎族自治县）·祖关镇（本号镇）·白水岭苗村

【出处】 邓文安讲，潘先樗采录：《盘皇造万物》，见中国民间文学集成全国编辑委员会编《中国民间故事集成》（海南卷），北京：中国 ISBN 中心 2002 年版，第 3 页。

W0729g. 3. 2

盘瓠被羊抵死

实 例

畲族 （实例待考）

W0729g. 3. 3

盘瓠战死

实 例

（参见下级母题实例）

W0729g. 3. 3. 1

盘瓠战恶龙时命丧沅江

实 例

苗族 盘瓠为保护百姓，血战三天三夜杀死恶龙，自己也命丧沅江。

【流传】 湖南省·湘西土家族苗族自治州·泸溪县·白沙镇·辛女村

【出处】 泸溪县旅游局提供导游词底本，杨泽经采集：＊《盘瓠神话》，见杨利慧《当代中国的神话主义——以遗产旅游和电子媒介的考察为中心》，内部交流稿，2017 年 6 月，第 142 页。

W0729g. 3. 4

盘瓠累死

实 例

（参见下级母题实例）

W0729g. 3. 4. 1

盘瓠王双手撑天累死

实 例

苗族 盘瓠王双手撑天不知经历若千万年，王实倦甚，遂长眠不醒。

【流传】（无考）

【出处】《盘瓠王造天地》，原载《三套集成四川宜宾地区卷·苗族民间故事分册》，见袁珂《中国神话大词典》，北京：华夏出版社 2015 年版，第 425 页。

W0729g. 3. 5
盘瓠被猎杀

实 例

（参见下级母题实例）

W0729g. 3. 5. 1
盘瓠打猎时被儿子猎杀（误杀）

实 例

（参见下级母题实例）

W0729g. 4
盘瓠名称（盘瓠名字的来历）

实 例

（参见下级母题实例）

W0729g. 4. 1
盘瓠名称源于出生时的器物

实 例

（参见下级母题实例）

W0729g. 4. 1. 1
因盘瓠的出生与盘子有关故称盘瓠

实 例

（参见下级母题实例）

W0729g. 4. 1. 1. 1
老妇人耳中的虫置瓠中和盘中后化为犬，因名盘瓠

实 例

南方民族、瑶族 高辛氏有老妇人，耳中得一虫大如茧，置瓠中，复之以盘，俄倾化为犬，因名盘瓠。

【流传】（无考）

【出处】［晋］干宝：《搜神记》。

W0729g. 4. 1. 1. 2
因放在槃中故名槃瓠

实 例

汉族 高辛氏有老归，居王室，得耳疾，挑之乃得物，大如茧。妇人盛瓠中，覆之以槃，俄顷化为犬，其文五色，因名槃瓠。

【流传】（无考）

【出处】［南朝·宋］范晔：《后汉书·南蛮传》李贤注引《魏略》。

W0729g. 4. 1. 1. 3
犬出生后被弃道上，以盘盛叶覆之，遂以盘瓠为名

实 例

南方古民族 （参见“W0729f. 3. 3. 1. 1 盘瓠与公主婚生田、雷、再、向、蒙、旻、叔孙氏 7 姓”母题实例）

W0729g. 4. 2
盘瓠名称源于出生时的形状

实 例

（实例待考）

W0729g. 4. 3
盘瓠名称源于赐名

实 例

（参见下级母题实例）

W0729g. 4. 3. 1
高辛氏为龙犬赐名龙期，号称槃瓠

实 例

南方古民族、汉族 在上古的时代，高辛王元后耳痛，三年后从耳中取出一虫，形象如蚕，育于盘中。忽而变了一只龙犬，毫光显现，遍身锦绣。高辛氏见之大喜，赐名龙期，号称槃瓠。

【流传】（无考）

【出处】 沈作乾：《畲民调查记》，载《东方》1924 年第 21 卷 7 号。

畲族 在上古的时代，高辛王元后耳痛，三年后从耳中取出一虫，形象如蚕，育于盘中，忽而变了一只龙犬，毫光显见，遍身锦绣。高辛氏见之大喜，赐名龙期，号称槃瓠。

【流传】（无考）

【出处】 沈作乾：《畲民调查记》，载见《东方杂志》1924 年第 21 卷 7 号。

W0729g. 4. 4
盘瓠名称来源的其他原因

实 例

（实例待考）

W0729g. 4. 5
盘瓠的不同称呼

实 例

（参见下级母题实例）

W0729g. 4. 5. 1
盘瓠称龙犬

【关联】［W0729c. 4］盘瓠是龙犬

实 例

（参见下级母题实例）

W0729g. 4. 5. 1. 1
盘瓠是东海苍龙出世，故尊称“龙狗”

实 例

畲族 祖先盘瓠乃“东海苍龙出世”，故尊称为“龙狗”。

【流传】 广东省 · 潮州市

【出处】《图腾画卷》，见李国俊、王华兵采录：《龙犬驸马》附记，见中国民间文学集成全国编辑委员会编《中国民间故事集成》（广东卷），北京：中国 ISBN 中心 2006 年版，第 15 页。

W0729g. 4. 5. 2
盘瓠称龙期

实 例

（参见下级母题实例）

W0729g.4.5.2.1

高辛氏为龙犬赐名龙期，号称槃瓠

实　例

畲族　在上古的时代，高辛王元后耳痛，三年后从耳中取出一虫，形象如蚕，育于盘中。忽而变了一只龙犬，毫光显现，遍身锦绣。高辛氏见之大喜，赐名龙期，号称槃瓠。

【流传】（无考）

【出处】 沈作乾：《畲民调查记》，载《东方》1924年第21卷7号。

W0729g.4.5.3

盘瓠称龙麒

实　例

（实例待考）

W0729g.4.5.4

盘瓠称盘古大王

【关联】［W0723.5.3.2］盘古王

实　例

（参见下级母题实例）

W0729g.4.5.4.1

盘瓠尊称盘古大王

【关联】［W0728.3.7.0.1.1］盘古大王是盘瓠的尊称

实　例

畲族　“盘古大王”是畲族同胞对盘瓠的尊号。

【流传】 广东省·（广州市）·增城（增城区），惠州市·博罗（博罗县）

【出处】 李国俊、王华兵采录：《龙犬驸马》附记，见中国民间文学集成全国编辑委员会编《中国民间故事集成》（广东卷），北京：中国ISBN中心2006年版，第15页。

W0729g.4.5.5

盘瓠称盘王（盘王即盘瓠王）

实　例

瑶族　对于盘王，不同瑶族地区或支系又有两种不同说法。其中，一种认为盘瓠王（多数地区多数支系信奉）。

【流传】 不同瑶族地区

【出处】

（a）盘振松、盘日新讲，王矿新、刘保元采录翻译：《盘瓠王》（1979）附记，见中国民间文学集成全国编辑委员会编《中国民间故事集成》（广西卷），北京：中国ISBN中心2001年版，第93页。

（b）同（a），见陶阳、钟秀编《中国神话》（中），北京：商务印书馆2008年版，第541～546页。

W0729g.4.5.5.1

3个盘王

实　例

（参见下级母题实例）

W0729g. 4. 5. 5. 1. 1 上古盘王、中古盘王、下古盘王三兄弟

实 例

瑶族 对于盘王，不同瑶族地区或支系又有两种不同说法。一为盘瓠王（多数地区多数支系信奉）。另一为盘古王，又有单一的盘古王，和上古盘王、中古盘王、下古盘王三兄弟。

【流传】不同瑶族地区

【出处】

（a）盘振松、盘日新讲，王矿新、刘保元采录翻译：《盘瓠王》（1979）附记，见中国民间文学集成全国编辑委员会编《中国民间故事集成》（广西卷），北京：中国 ISBN 中心 2001 年版，第 93 页。

（b）同（a），见陶阳、钟秀编《中国神话》（中），北京：商务印书馆 2008 年版，第 541～546 页。

W0729g. 4. 5. 5. 1. 1. 1 开天圣母生上古盘王、中古盘王、下古盘王

【关联】［W0725. 1. 2. 2］盘古的母亲是开天圣母（盘古的母亲是目母安）

实 例

瑶族 目母安（开天圣母）生上古、中古、下古三个盘王。

【流传】广西壮族自治区·（桂林市）·全州县·东山乡

【出处】中国民间文学集成全国编辑委员会编《中国民间故事集成》（广西卷），北京：中国 ISBN 中心 2001 年版，第 96 页。

瑶族 目母安（开天圣母）生上古、中古、下古三个盘王。

【流传】广西壮族自治区·（桂林市）·全州县·东山乡

【出处】中国民间文学集成全国编辑委员会编《中国民间故事集成》（广西卷），北京：中国 ISBN 中心 2001 年版，第 96 页。

W0729g. 4. 5. 6 盘瓠称盘皇

实 例

（参见下级母题实例）

W0729g. 4. 5. 6. 1 混沌卵生盘皇

实 例

苗族 像大蛋的混沌炸开跳出巨人盘皇。

【流传】海南省·（三亚市）·陵水县（陵水黎族自治县）·祖关镇（本号镇）

【出处】邓文安讲：《盘皇造万物》，见中国民间文学集成全国编辑委员会编《中国民间故事集成》（海南卷），北京：中国 ISBN 中心 2002 年版，第 3 页。

W0729g.4.5.6.2

天地卵生盘皇

实　例

苗族 盘皇（祖先）从天地大蛋里跳出。

【流传】海南省·（三亚市）·陵水县（陵水黎族自治县）·祖关镇（本号镇）·白水岭苗村

【出处】邓文安讲，潘先樗采录：《盘皇造万物》，见中国民间文学集成全国编辑委员会编《中国民间故事集成》（海南卷），北京：中国 ISBN 中心 2002 年版，第 3 页。

W0729g.4.5.7

盘瓠称忠勇王

实　例

畲族 （实例待考）

W0729g.4.5.8

盘瓠王

实　例

畲族 畲族始祖盘瓠王。

【流传】福建省·（宁德市）·柘荣县

【出处】蓝维积讲，肖孝正采录：《畲族姓氏与世居山脚的来历》，见中国民间文学集成全国编辑委员会编《中国民间故事集成》（福建卷），北京：中国 ISBN 中心 2008 年版，第 21 页。

W0729g.4.5.8.1

盘瓠王俗称狗王

实　例

瑶族 龙犬变成人后，评王封他为南京十宝殿盘瓠王，俗称狗王。

【流传】（a）广西壮族自治区·（来宾市）·金秀县（金秀瑶族自治县）·六巷乡·古陈村

【出处】

（a）盘振松、盘日新讲，王矿新、刘保元采录翻译：《盘瓠王》（1979），见中国民间文学集成全国编辑委员会编《中国民间故事集成》（广西卷），北京：中国 ISBN 中心 2001 年版，第 93 页。

（b）同（a），见陶阳、钟秀编《中国神话》（中），北京：商务印书馆 2008 年版，第 541～546 页。

W0729g.4.5.9a

槃瓠即伏羲

【关联】［W0683.2.4a］伏羲即槃瓠

实　例

汉族 伏羲一名，古无定书，或作伏戏、庖牺、宓羲、虙牺，同声俱可相假。伏羲与槃瓠为双声。伏羲、庖牺、盘古、槃瓠，声训可通，殆属一词。无问汉苗，俱自承为盘古之后，两者神话，盖同出于一源也。

【流传】（无考）

【出处】常任侠：《沙坪坝出土之石棺画

象研究》，载《说文月刊》1941 年第 2 卷第 10、11 期合刊。

W0729g. 4. 5. 10

盘瓠公公

实 例

（参见下级母题实例）

W0729g. 4. 5. 10. 1

盘瓠和妻子辛女被称为盘瓠公公、辛女娘娘

实 例

苗族 人们盘瓠和他的妻子辛女，称盘瓠为公公，辛女为娘娘。

【流传】湖南省·湘西土家族苗族自治州·泸溪县·白沙镇·辛女村

【出处】泸溪县旅游局提供导游词底本，杨泽经采集：*《盘瓠神话》，见杨利慧《当代中国的神话主义——以遗产旅游和电子媒介的考察为中心》，内部交流稿，2017 年 6 月，第 142 页。

W0729g. 4. 6

盘瓠的不同写法

实 例

（参见下级母题实例）

W0729g. 4. 6. 1

盘护

实 例

（参见下级母题实例）

W0729g. 4. 6. 1. 1

龙犬盘护

实 例

瑶族（过山瑶） 龙犬盘护征战番王有功，最后被封盘王。

【流传】（无考）

【出处】盘日新等讲，王矿新等整理：《盘王的传说》，见刘江华编《中国神话故事》（天、地、人物卷），北京：中国世界语出版社 1999 年版，第 101～103 页。

W0729g. 4. 6. 1. 2

盘大护

实 例

畲族 “盘大护”是畲族同胞对盘瓠的尊号。

【流传】广东省·（广州市）·增城（增城区），惠州市·博罗（博罗县）

【出处】李国俊、王华兵采录：《龙犬驸马》附记，见中国民间文学集成全国编辑委员会编《中国民间故事集成》（广东卷），北京：中国 ISBN 中心 2006 年版，第 15 页。

W0729g. 4. 6. 1. 3

盘大附

实 例

畲族 “盘大驸”是畲族同胞对盘瓠

的尊号。

【流传】广东省·（广州市）·增城（增城区），惠州市·博罗（博罗县）

【出处】李国俊、王华兵采录：《龙犬驸马》附记，见中国民间文学集成全国编辑委员会编《中国民间故事集成》（广东卷），北京：中国 ISBN 中心 2006 年版，第 15 页。

W0729g. 4. 6. 2
槃瓠

实　例

瑶族（参见“W0729a. 2. 3. 1. 3 老妇耳中大茧化成的犬名槃瓠”母题实例）

W0729g. 4. 7
祭盘瓠

实　例

（参见下级母题实例）

W0729g. 4. 7. 1
祭盘瓠用糁杂鱼肉叩槽而号

实　例

南方古民族（参见“W0729f. 3. 6 赤髀横裙盘瓠子孙”母题实例）

W0729g. 4. 8
盘瓠像

实　例

（参见下级母题实例）

W0729g. 4. 8. 1
盘瓠石像似狗形

实　例

汉族武山高可万仞，山半有盘瓠石室，可容数万人。中有石床，盘瓠行迹。今按山窟前有石羊石兽，古迹奇异尤多。望石窟大如三间屋，遥见一石，仍似狗形，蛮俗相传，云是盘瓠象也。

【流传】（武陵）

【出处】［清］王谟：《汉唐地理书钞》辑黄闵：《武陵记》。

W0729g. 4. 8. 2
盘瓠像使人生育

实　例

南方古民族“山高可万仞。山半有槃瓠石室，可容数万人。中有石床，槃瓠行迹。”今案：山窟前有石羊、石兽，古迹奇异尤多。望石窟大如三闲屋，遥见一石仍似狗形，蛮俗相传，云是槃瓠像也。于是女解去衣裳，为仆鉴之结，著独力之衣。仆鉴，独力，皆未详。流俗本或有改“鉴”字为“坚”者，妄穿凿也。结音髻。帝悲思之，遣使寻求，辄遇风雨震晦，使者不得进。经三年，生子一十二人，六男六女。槃瓠死后，因自相夫妻。织绩木皮，染以草实，好五色衣服，制裁皆有尾形。

【流传】（武陵一带）

【出处】［南齐］黄闵：《武陵记》。

W0729g. 4. 9
盘瓠之迹

实 例

（参见下级母题实例）

W0729g. 4. 9. 1
武溪有盘瓠遗迹

实 例

汉族 （参见“W0729f. 3. 7. 2 盘瓠的后代武陵郡夷”母题实例）

W0729g. 4. 9. 2
盘瓠石室

实 例

（参见下级母题实例）

W0729g. 4. 9. 2. 1
武山有盘瓠石室

实 例

汉族 武山高可万仞，山半有盘瓠石室，可容数万人。中有石床，盘瓠行迹。

【流传】（武陵）

【出处】［清］王谟：《汉唐地理书钞》辑黄闵《武陵记》。

W0729g. 4. 9. 3
盘瓠庙

【关联】［W0728. 8. 4. 2］盘王庙

实 例

苗族 湖南省麻阳苗族自治县县城城郊锦水河南岸漫水村有盘瓠庙，建于明永乐二年，庙内有“本祭盘瓠大王位”“本祭四官大王位”等石碑。

【流传】湖南省·麻阳苗族自治县

【出处】王宪昭调研资料，2015. 07. 21。

瑶族 （实例待考）

W0729g. 4. 9. 4
盘王殿

实 例

（实例待考）

W0730
少昊（少皞）

实 例

（参见下级母题实例）

W0730. 1
少昊的产生

实 例

（参见下级母题实例）

W0730. 1. 1
婚生少昊

实 例

（参见下级母题实例）

W0730.1.1.1

皇娥与白帝子生少昊

【关联】［W0257.5.2］白帝

实例

汉族 皇娥依瑟而清歌，白帝子答歌。及皇娥生少昊，号曰穷桑氏。

【流传】（无考）

【出处】［东晋］王嘉：《拾遗记》卷一。

W0730.1.1.1.1

皇娥与白帝之子神童生少昊

实例

汉族 皇娥与神童（白帝之子）游而生少昊。

【流传】（无考）

【出处】《少昊》，见［东晋］王嘉撰，［梁］萧绮录，齐治平校注《拾遗记》卷一，北京：中华书局1981年版，第12页。

W0730.1.1.2

太白之精与皇娥生子少昊氏

实例

汉族 太白之精光临人间，降落在西海之滨，遇见皇娥，两人一见钟情。不久，皇娥有了身孕，生下一子，即少昊氏。

【流传】（无考）

【出处】《少昊》，见乌丙安主编《中国民间神谱》，沈阳：辽宁人民出版社2007年版，第55页。

W0730.1.2

感生少昊

实例

（参见下级母题实例）

W0730.1.2.1

女节梦感如虹大星生少昊

【关联】［W0730.4.1.4］少昊是金星的儿子

实例

汉族 女节梦接大星，意感而生白帝朱宣（少昊氏）。

【流传】（无考）

【出处】《春秋纬元命苞》，见［清］马国翰《玉函山房辑佚书》。

W0730.1.3

与少昊的产生有关的其他母题

实例

（参见下级母题实例）

W0730.1.3.1

少昊生于穷桑（山东曲阜）

实例

汉族 少昊姓己名挚，生于穷桑（今山东曲阜北）。

【流传】（无考）

【出处】《少昊》，见乌丙安主编《中国民间神谱》，沈阳：辽宁人民出版社

2007 年版，第 55 页。

W0730. 1. 3. 2
少昊生于稚华渚

实 例

汉族 少皞生于稚华之渚。渚一旦化为山泽，郁郁葱葱焉。

【流传】（无考）

【出处】［清］马国翰：《玉函山房辑佚书》辑《田棣子》。

W0730. 2
少昊的特征

实 例

（实例待考）

W0730. 3
少昊的职能（少昊的身份）

【关联】［W0252. 2］少昊主西方

实 例

（参见下级母题实例）

W0730. 3. 1
少昊管理西方

实 例

汉族 西方，金也，其帝少昊，其佐蓐收。

【流传】（无考）

【出处】《淮南子·天文训》，见［汉］刘安等著，陈广忠译注《淮南子译注》，长春：吉林文史出版社 1990 年版，第 108 页。

W0730. 3. 1. 1
少昊是西方天帝

实 例

汉族 何谓五星？即东、南、中、西、北五个方位之星。其中，西方，金也，其帝少昊。

【流传】（无考）

【出处】［西汉］刘安及门客撰：《淮南子·天文训》。

W0730. 3. 2
少昊是帝王

实 例

（参见下级母题实例）

W0730. 3. 2. 1
少皞代黄帝而有天下

实 例

汉族 青阳即少皋（皞），黄帝之子，代黄帝而有天下。

【流传】（无考）

【出处】［汉］宋衷注，［清］秦嘉谟等辑：《世本八种》。

W0730. 3. 2. 2
少昊建都曲阜

实 例

汉族 （参见“W0730. 5. 0 少昊名挚，字青阳，姬姓”母题实例）

W0730.3.2.3
帝少皞西皇

实 例

汉族 “诏西皇使涉予。”王逸注：“西皇，帝少皞也。”

【流传】（无考）

【出处】［战国］屈原：《楚辞·离骚》［东汉］王逸注。

W0730.3.2.4
少昊以金德王

实 例

汉族 少昊以金德王，能继太昊（伏羲）之德，因此称为少昊或小昊。

【流传】（无考）

【出处】《少昊》，见乌丙安主编《中国民间神谱》，沈阳：辽宁人民出版社2007年版，第55页。

W0730.3.3
少昊是首领

实 例

（参见下级母题实例）

W0730.3.3.1
少昊是东夷部落的首领

实 例

汉族等 少昊氏乃是东夷部落的首领。

【流传】（无考）

【出处】《少昊》，见乌丙安主编《中国民间神谱》，沈阳：辽宁人民出版社2007年版，第55页。

W0730.3.4
少皞为鸟师

实 例

汉族 少皞挚之立也，凤鸟适至，故纪于鸟，为鸟师而鸟名。

【流传】（无考）

【出处】［春秋］左丘明：《左传·昭公十七年》。

W0730.3.5
少昊是燕子

实 例

（参见下级母题实例）

W0730.3.5.1
少昊是燕子的化身

实 例

汉族 少昊亦燕即玄鸟之化身。故少昊建国，乃“为鸟师而鸟名”

【流传】（无考）

【出处】［春秋］左丘明：《左传·昭公十七年》袁珂注，见袁珂《中国神话大词典》，北京：华夏出版社2015年版，第221页。

W0730.3a
少昊的能力（少昊的事迹）

实 例

（参见下级母题实例）

W0730. 3a. 1

少昊设工正、农正

实 例

汉族 （实例待考）

W0730. 3a. 2

少昊做渔网

【关联】［W6024］用网捕鱼的产生

实 例

汉族 （实例待考）

W0730. 3a. 3

少皞以鸟纪事

实 例

汉族 （参见“W0730. 3. 4 少皞为鸟师”母题实例）

W0730. 3a. 3. 1

少皞用鸟命名官职

实 例

汉族 我高祖少皞挚之立也，凤鸟适至，故纪于鸟，为鸟师而鸟名。凤鸟氏，历正也；玄鸟氏，司分者也；伯赵氏，司至者也；青鸟氏、司启者也；丹鸟氏，司闭者也。祝鸠氏，司徒也；鴡鸠氏，司马也；鸤鸠氏，司空也；爽鸠氏，司寇也；鹘鸠氏、司事也；五鸠，鸠民者也。五雉的五工正、利器用、正度量、夷民者也。九扈，为九农正、扈民无淫者也。

【流传】（无考）

【出处】［春秋］左丘明：《左传·昭公十七年》

W0730. 3a. 4

少昊主司反景

实 例

汉族 长留之山，其神白帝少昊居之，实为员神磈氏之宫，是神也，主司反景。”郝懿行云：“员神，盖即少昊也”

【流传】（无考）

【出处】［战国至汉］撰者不详：《山海经·西次三经》郝懿行注。

W0730. 3a. 5

少昊懂鸟兽语

【关联】［W2921. 1］懂鸟语龙音的人

实 例

汉族 少昊氏能听百鸟之语，辨百兽之音，能与各种禽兽自由对话。

【流传】（无考）

【出处】《少昊》，见乌丙安主编《中国民间神谱》，沈阳：辽宁人民出版社 2007 年版，第 55 页。

W0730. 3b

少昊的生活

实 例

（参见下级母题实例）

W0730.3b.1

少昊的居所

实 例

（参见下级母题实例）

W0730.3b.1.1

少昊邑于穷桑

实 例

汉族 少昊金天氏邑于穷桑。日五色，互照穷桑。

【流传】（无考）

【出处】［春秋战国］尸佼：《尸子》（清汪继培辑本）卷下云。

汉族 少昊帝，名挚，字青阳，姬姓也。母曰女节，黄帝时有大星如虹，下流华渚，女节梦接意感，生少昊，是为玄嚣。邑于穷桑，以登帝位，都曲阜，故或谓之穷桑帝。地在鲁城北。

【流传】（无考）

【出处】［晋］皇甫谧：《帝王世纪》。

W0730.3b.1.2

白帝少昊居长留之山

实 例

汉族 长留之山，其神白帝少昊居之。

【流传】（无考）

【出处】［战国至汉］撰者不详：《山海经·西次三经》。

汉族 又西二百里，曰长留之山，其神白帝少昊居之。其兽皆文尾，其鸟皆文首。是多文玉石。实惟员神磈氏之宫。是神也，主司反景。

【流传】（无考）

【出处】［战国至汉］撰者不详：《山海经·西山经》。

W0730.4

少昊的关系

实 例

（参见下级母题实例）

W0730.4.1

少昊的父母

实 例

（参见下级母题实例）

W0730.4.1.1

少昊的父亲神童，母亲皇娥

实 例

汉族 皇娥与神童（白帝之子）游而生少昊。

【流传】（无考）

【出处】《少昊》，见［东晋］王嘉撰，［梁］萧绮录，齐治平校注《拾遗记》卷一，北京：中华书局1981年版，第12页。

W0730. 4. 1. 2

少皞的父亲黄帝（少昊是黄帝之子）

实 例

汉族 少昊，黄帝之子。

【流传】（无考）

【出处】［先秦］史官修撰：《世本·帝系篇》。

W0730. 4. 1. 2a

少昊的父亲是太白金星

实 例

汉族 五帝之一。少昊是中国古代神话中的西方天神。他的父亲是太白金星，他的母亲是天山的仙女皇娥。少昊，己姓，一说嬴姓，名挚，号金天氏，又号青阳氏，又称“朱帝”“白帝”“西皇”“穷桑氏”“空桑氏”，在位 84 年，寿百岁崩，其后代郯子国尊为高祖。

【流传】（无考）

【出处】http：//www. baike. com/wik。

W0730. 4. 1. 3

少昊的母亲女节

实 例

汉族 黄帝时，大星如虹，下流华渚。女节梦接，意感而生白帝朱宣。（宋均注：“朱宣，少昊氏。”）

【流传】（无考）

【出处】［清］马国翰：《玉函山房辑佚书》辑《春秋纬元命苞》。

汉族 （参见“W0730. 5. 0 少昊名挚，字青阳，姬姓”母题实例）

W0730. 4. 1. 4

少昊的母亲皇娥

实 例

汉族 少昊以金德王。母曰皇娥，处璇宫而夜织，或乘桴木而昼游，经历穷桑沧茫之浦。

【流传】（无考）

【出处】［东晋］王嘉：《拾遗记》卷一。

W0730. 4. 1. 5

少昊是金星的儿子

实 例

汉族 西方天帝少昊是金星的儿子。

【流传】（无考）

【出处】《西方天帝少昊》，见王德恒等《造神史话》，天津：百花文艺出版社 2002 年版，第 38 页。

W0730. 4. 1a

少昊的叔父

实 例

（参见下级母题实例）

W0730. 4. 1a. 1

少皞有四叔

实 例

（参见下级母题实例）

W0730.4.1a.1.1

少皞有四叔，曰重，曰该，曰脩，曰熙

实 例

汉族 少皞既有四叔，曰重，曰该，曰脩，曰熙，实能金木及水。

【流传】（无考）

【出处】［春秋］左丘明：《左传·昭公二十九年》。

W0730.4.2

少昊的子女

实 例

（参见下级母题实例）

W0730.4.2.1

少昊的儿子

实 例

（参见下级母题实例）

W0730.4.2.1.1

少皞氏的儿子蓐收

【关联】［W0730.4.4.2］少昊的佐臣蓐收

实 例

汉族 少皞氏有子该，为蓐收。

【流传】（无考）

【出处】［春秋］左丘明：《国语·晋语二》韦昭注。

W0730.4.2.1.2

少皞氏的儿子该

实 例

（参见下级母题实例）

W0730.4.2.1.2.1

少皞氏的儿子该为金官

实 例

汉族 “孟秋之月，日在翼毕中。其日庚辛，其帝少皞，其神蓐收。”郑玄注：“蓐收，少皞氏之子，曰该，为金官。”

【流传】（无考）

【出处】［春秋战国］孔子弟子等作，［西汉］戴圣编：《礼记·月令》郑玄注。

W0730.4.2.1.3

少昊的儿子倍伐

实 例

汉族 有缗渊。少昊生倍伐，倍伐降赴缗渊。

【流传】（无考）

【出处】［战国至汉］撰者不详：《山海经·大荒南经》。

W0730.4.2.1.4

少昊的儿子般

实 例

（参见下级母题实例）

W0730. 4. 2. 1. 4. 1
少皞的儿子般始为弓矢

【关联】［W6971］弓箭发明者

实 例

汉族 少皞生般，般是始为弓矢。

【流传】（无考）

【出处】［战国至汉］撰者不详：《山海经·海内经》。

W0730. 4. 2. 2
少昊的女儿

实 例

（参见下级母题实例）

W0730. 4. 2. 2. 1
少昊的女儿丽瑶

实 例

汉族 怪物将女子放在床上，颛顼一眼看见，那女子不是别人，正是少昊女儿丽瑶。

【流传】河南省·（开封市）·杞县

【出处】李广平（35 岁，男，农民）讲，王怀聚采录整理：《古帝颛顼》，见张振犁编著，孟宪明、朱淑君统纂《中原神话通鉴》（第三卷），郑州：河南大学出版社 2017 年版，第 954 页。

W0730. 4. 3
少昊抚养颛顼

实 例

（参见下级母题实例）

W0730. 4. 3. 1
少昊孺帝颛顼

实 例

汉族 东海之外大壑，少昊之国，少昊孺帝颛顼，弃其琴瑟。有甘山者，生甘渊，甘水出焉。

【流传】（无考）

【出处】［战国至汉］撰者不详：《山海经·大荒东经》。

W0730. 4. 4
少昊的从属

实 例

（参见下级母题实例）

W0730. 4. 4. 1
少昊的佐臣混沌氏

实 例

汉族 混沌氏，少昊之良佐。

【流传】（无考）

【出处】［清］卢文弨：《群书拾补》辑《风俗通逸文》。

W0730. 4. 4. 2
少昊的佐臣蓐收

实 例

汉族 何谓五星？即东、南、中、西、北五个方位之星。其中，西方，金也，其帝少昊，其佐蓐收，执矩而治秋。

【流传】（无考）

【出处】［汉］淮南王刘安及门客撰：《淮南子·天文训》。

W0730.5
少昊的姓氏名号（少昊的名称）

实　例

（参见下级母题实例）

W0730.5.0
少昊名挚，字青阳，姬姓

实　例

汉族　少昊帝，名挚，字青阳，姬姓也。母曰女节，黄帝时有大星如虹，下流华渚，女节梦接意感，生少昊，是为玄嚣。邑于穷桑，以登帝位，都曲阜，故或谓之穷桑帝。地在鲁城北。

【流传】（无考）

【出处】［晋］皇甫谧：《帝王世纪》。

W0730.5.0.1
少昊姓己名挚（少昊名质）

实　例

汉族　少昊姓己名挚（或作质），字青阳，乃黄帝之子。

【流传】（无考）

【出处】《少昊》，见乌丙安主编《中国民间神谱》，沈阳：辽宁人民出版社2007年版，第55页。

W0730.5.0.2
少昊名契（少昊名挚）

实　例

汉族　“少昊，黄帝之子，名契。”宋衷注：“少昊名挚。”

【流传】（无考）

【出处】［先秦］史官修撰：《世本·帝系篇》宋衷注。

W0730.5.0.2.1
少昊和契是一个人

实　例

汉族　少昊和契是一个人。少昊名挚，与契同音

【流传】（无考）

【出处】郭沫若：《中国古代社会研究》，北京：商务印书馆2011年版。

W0730.5.1
少昊号曰穷桑氏（少昊又称穷桑）

实　例

汉族　少昊，或作少皞，又称青阳氏、金天氏、穷桑氏。

【流传】（无考）

【出处】《少昊》，见乌丙安主编《中国民间神谱》，沈阳：辽宁人民出版社2007年版，第55页。

W0730. 5. 1. 1
皇娥在穷桑会白帝之子生少昊，故号曰穷桑氏

实 例

汉族 皇娥因在穷桑之地会白帝之子而生少昊，故少昊号曰穷桑氏。

【流传】（无考）

【出处】《少昊》，见［东晋］王嘉撰，［梁］萧绮录，齐治平校注《拾遗记》卷一，北京：中华书局 1981 年版，第 13 页。

W0730. 5. 1. 2
少昊谓穷桑帝

【关联】［W0730. 3b. 1. 1］少昊邑于穷桑

实 例

汉族 （参见“W0730. 5. 0 少昊名挚，字青阳，姬姓”母题实例）

W0730. 5. 2
少昊凤凰氏

实 例

（参见下级母题实例）

W0730. 5. 2. 1
少昊有五凤集于庭，因曰凤凰氏

实 例

汉族 少昊号曰穷桑氏，后有五凤集于庭，因曰凤凰氏。

【流传】（无考）

【出处】《少昊》，见［东晋］王嘉撰，［梁］萧绮录，齐治平校注《拾遗记》卷一，北京：中华书局 1981 年版，第 13 页。

W0730. 5. 3
少昊氏

实 例

（参见下级母题实例）

W0730. 5. 3. 1
少昊氏白帝朱宣

实 例

汉族 女节梦接大星，意感而生白帝朱宣（少昊氏）。

【流传】（无考）

【出处】《春秋纬元命苞》，见［清］马国翰《玉函山房辑佚书》。

W0730. 5. 4
少昊即玄嚣

实 例

汉族 （参见“W0730. 5. 0 少昊名挚，字青阳，姬姓”母题实例）

W0730. 5. 4. 1
玄嚣

实 例

（参见下级母题实例）

W0730.5.4.1.1 黄帝与方雷氏生玄嚣

【关联】［W0695.3.2.3］黄帝与嫘祖婚生二子玄嚣、昌意

实 例

汉族 （参见“W0695.1.6.1 黄帝的四妃方雷氏、嫘祖、彤鱼氏、嫫母”母题实例）

W0730.5.4.1.2 玄嚣即青阳

【关联】［W0730.5.9］少昊称青阳氏

实 例

汉族 （参见“W0695.1.6.1 黄帝的四妃方雷氏、嫘祖、彤鱼氏、嫫母”母题实例）

W0730.5.4.1.3 玄嚣继黄帝父位后号青阳氏称少昊

实 例

汉族 玄嚣继黄帝而立，号青阳氏，称为少昊。

【流传】河南省·（郑州市）·新郑市

【出处】《玄嚣执法的传说》，原载蔡柏顺《炎黄二帝研究》，华龄出版社1992年版，见张振犁编著，孟宪明、朱淑君统纂《中原神话通鉴》（第二卷），郑州：河南大学出版社2017年版，第597页。

W0730.5.5 少昊又称白帝

实 例

汉族 少昊（约公元前2422年—约公元前2322年），己姓，名挚（挚）。三皇五帝之一，中国神话中的五方上帝之一，又称白帝，又作少皞、少皓、少颢、玄嚣，史称青阳氏、金天氏、穷桑、云阳氏或朱宣，一说其为玄嚣，是黄帝长子。少昊是远古时代华夏部落联盟首领，同时也是早期东夷族的首领，定都穷桑（今山东省曲阜市）。他被后人尊为五帝之一，也是华夏共祖之一，在神话中被尊为西方上帝。

【流传】（无考）

【出处】《少昊》，https：//baike.baidu.com/item

W0730.5.6 少昊又作少皞

实 例

汉族 （参见“W0730.5.5 少昊又称白帝”母题实例）

W0730.5.7 少昊又作少皓

实 例

汉族 （参见“W0730.5.5 少昊又称白帝”母题实例）

W0730. 5. 8

少昊又称少颢

实 例

汉族 （参见“W0730. 5. 5 少昊又称白帝”母题实例）

W0730. 5. 9

少昊称青阳氏

实 例

汉族 少昊，或作少皞，又称青阳氏。

【流传】（无考）

【出处】《少昊》，见乌丙安主编《中国民间神谱》，沈阳：辽宁人民出版社 2007 年版，第 55 页。

汉族 （参见“W0730. 5. 5 少昊又称白帝”母题实例）

W0730. 5. 10

少昊又称金天氏

实 例

汉族 少昊金天氏邑于穷桑，日五色，互照穷桑。

【流传】（无考）

【出处】［春秋战国］尸佼著，［清］孙星衍辑本：《尸子》卷上。

汉族 （参见“W0730. 5. 5 少昊又称白帝”母题实例）

W0730. 5. 10. 1

金天氏少皞

实 例

汉族 黄帝之子，金天氏少皞。

【流传】（无考）

【出处】［先秦］史官修撰：《世本》（《世》《世系》《世纪》《世牒》《牒记》《谱牒》）。

W0730. 5. 10. 2

少昊号金天氏

实 例

汉族 皇娥依瑟而清歌，白帝子答歌。及皇娥生少昊，号曰穷桑氏，一号金天氏。

【流传】（无考）

【出处】［东晋］王嘉：《拾遗记》卷一。

W0730. 5. 10. 2. 1

少昊王以金德，号曰金天氏

实 例

汉族 少昊，黄帝之子，名契，字青阳。黄帝殁，契立，王以金德，号曰金天氏。

【流传】（无考）

【出处】［先秦］史官修撰：《世本·帝系篇》。

W0730.5.11

少昊又称云阳氏

实　例

汉族（参见“W0730.5.5 少昊又称白帝”母题实例）

W0730.5.12

少昊又称朱宣

实　例

汉族（参见“W0730.5.5 少昊又称白帝”母题实例）

W0730.5.12.1

朱宣少昊氏

实　例

汉族“黄帝时，大星如虹，下流华渚，女节梦接，意感而生白帝朱宣。”宋均注：“朱宣，少昊氏。”

【流传】（无考）

【出处】［清］马国翰：《玉函山房辑佚书》辑《春秋纬元命苞》宋均注。

W0730.5.13

少昊又称员神

实　例

汉族长留之山，其神白帝少昊居之，实为员神魄氏之宫，是神也，主司反景。”郝懿行云：“员神，盖即少昊也。”

【流传】（无考）

【出处】［战国至汉］撰者不详：《山海经·西次三经》郝懿行注。

W0730.5.13.1

员神魄氏

实　例

汉族（参见“W0730.5.13　少昊又称员神”母题实例）

W0730.5.14

少昊又称小昊

实　例

汉族（参见“W0730.3.2.4 少昊以金德王”母题实例）

W0730.6

与少昊有关的其他母题

实　例

（参见下级母题实例）

W0730.6.1

少昊属秋季

实　例

汉族（实例待考）

W0730.6.2

少昊国

实　例

（参见下级母题实例）

W0730. 6. 2. 1

东海之外大壑有少昊之国

实 例

汉族 东海之外大壑，少昊之国，少昊孺帝颛顼，弃其琴瑟。有甘山者，生甘渊，甘水出焉。

【流传】（无考）

【出处】［战国至汉］撰者不详：《山海经·大荒东经》。

W0730. 6. 3

少昊在世时间

实 例

（参见下级母题实例）

W0730. 6. 3. 1

少昊传 8 世

实 例

汉族 少昊传 8 世，历 500 年。

【流传】（无考）

【出处】［汉］撰者不详：《春秋命历序》。

W0730. 6. 3. 2

少昊历 500 年

实 例

汉族 （参见“W0730. 6. 3. 1 少昊传 8 世”母题实例）

W0730. 6. 3. 3

少昊治世 400 年

实 例

汉族 少昊治世 400 年。

【流传】（无考）

【出处】［汉］撰者不详：《易纬稽览图》。

W0730a

三皇五帝

实 例

（参见下级母题实例）

W0730a. 1

三皇五帝的产生

实 例

（实例待考）

W0730a. 2

三皇

【关联】

①［W0204］天帝（天王、天皇、天君）

②［W0237］地王（地皇）

③［W0681. 1. 2］伏羲是天皇

④［W0713. 6］女娲是人皇

⑤［W0734. 3］神农是地皇

⑥［W1401. 3］三皇治世时天地相连

⑦［W5860］国王（人皇）

实 例

（参见下级母题实例）

W0730a. 2. 1

三皇的产生

实 例

（参见下级母题实例）

W0730a. 2. 1. 1

三皇是盘古的儿子

实 例

汉族 盘古氏，生参三才而赞两仪，子三皇而孙五帝。

【流传】（无考）

【出处】［明］谏议大夫左长史翰林检讨马政撰：《盘古碑记》（弘治十七年岁在甲子春正月丁丑）。

W0730a. 2. 1. 2

玉皇大帝封三皇

【关联】［W0730a. 2. 3. 2. 1］玉皇大帝把伏羲、神农和女娲封为天皇、地皇和人皇

实 例

汉族 最初，玉皇大帝把伏羲、神农和女娲封为天皇、地皇和人皇。

【流传】陕西省·（榆林市）·绥德县·辛店乡

【出处】马世厚讲：《女娲造就人世》，见中国民间文学集成全国编辑委员会编《中国民间故事集成》（陕西卷），北京：中国 ISBN 中心 1996 年版，1996，第 5～6 页。

W0730a. 2. 1. 2a

最早时只有三皇，没有玉皇大帝

实 例

汉族 很早以前，天地之间只有“三皇”——天皇、地皇、人皇，没有玉皇大帝。

【流传】山东·（泰安市）·宁阳（宁阳县）；辽宁省·沈阳市·（苏家屯区·红菱堡镇·宋大台村）

【出处】赵连才讲，赵凤芹记录整理：《玉皇大帝的传说》，见姚宝瑄主编《中国各民族神话》（汉族），太原：山西出版传媒集团·书海出版社 2014 年版，第 339～344 页。

W0730a. 2. 1. 3

天皇生地皇，地皇生人皇

实 例

汉族 元始天王与太元玉女通气结精，生天皇西王母，天皇生地皇，地皇生人皇。

【流传】（无考）

【出处】［晋］葛洪：《枕中书》。

W0730a. 2. 2

三皇的特征

实 例

（参见下级母题实例）

W0730a. 2. 2. 1

三皇身披葫叶

实 例

汉族 云岩宫山门东边有三皇庙。三间房。天皇、地皇、人皇，身披葫叶。

【流传】河南省·（郑州市）·新密市［采录地点：新密市·刘寨镇·养马庄］

【出处】周河（77 岁，私塾先生）讲，张振犁、程健君录音：《黄帝修城（一）》（1983. 12. 01），见张振犁编著，孟宪明、朱淑君统纂《中原神话通鉴》（第二卷），郑州：河南大学出版社 2017 年版，第 613 页。

W0730a. 2. 3

三皇的身份

实 例

（参见下级母题实例）

W0730a. 2. 3. 1

三皇是天皇、地皇和人皇

实 例

汉族 天皇、地皇、人皇，兄弟九人，分为九州长天下也。

【流传】（无考）

【出处】［北宋］李昉、李穆、徐铉等：《太平御览》卷七八引《春秋纬》。

汉族 三皇是天皇、地皇、人皇。

【流传】河南省·豫中一带（河南省中部地区）

【出处】陶然玲讲：《女娲的传说》，见张振犁编著《中原神话通鉴》（第一卷），郑州：河南大学出版社 2017 年版，第 185 页。

W0730a. 2. 3. 1a

三皇是天皇氏、地皇氏和人皇氏

实 例

汉族 天人诞降大圣。曰浑敦氏，即盘古氏，初天皇氏也。……有初地皇氏，初人皇氏。

【流传】（无考）

【出处】［明］周游：《开辟衍绎》附录《乱仙天地判说》。

W0730a. 2. 3. 1b

三皇是天皇、地皇、泰皇

实 例

汉族 古有天皇，有地皇，有泰皇。

【流传】（无考）

【出处】［西汉］司马迁：《史记·秦始皇本纪》。

W0730a. 2. 3. 2

三皇是伏羲、女娲、神农（三皇伏羲、神农、女娲）

【关联】［W0730a. 2. 7. 6. 1］后三皇伏羲、女娲、神农

实 例

汉族 三皇者何谓也，伏羲、女娲、神农是也。

【流传】（无考）

【出处】［东汉］班固等：《白虎通义》。

汉族 以伏羲、神农、女娲为三皇。

【流传】（无考）

【出处】［三国·魏］宋均注，［清］马国翰辑：《春秋纬运斗枢》。

汉族 伏羲、女娲、神农为三皇。

【流传】（无考）

【出处】［唐］司马贞：《史记·补三皇本纪》。

汉族 三皇是天皇、地皇、人皇，也有说是伏羲、女娲、神农的。

【流传】河南省·豫中一带（河南省中部地区）

【出处】陶然玲讲：《女娲的传说》，见张振犁编著《中原神话通鉴》（第一卷），郑州：河南大学出版社 2017 年版，第 185 页。

W0730a. 2. 3. 2. 1

玉皇大帝把伏羲、神农和女娲封为天皇、地皇和人皇

实　例

汉族 最初，玉皇大帝把伏羲、神农和女娲封为天皇、地皇和人皇。

【流传】陕西省·（榆林市）·绥德县·辛店乡

【出处】马世厚讲：《女娲造就人世》，见中国民间文学集成全国编辑委员会编《中国民间故事集成》（陕西卷），北京：中国 ISBN 中心 1996 年版，1996，第 5～6 页。

汉族 三皇殿里敬的是天皇伏羲、地皇神农、人皇女娲。

【流传】河南省·（郑州市）·新密市

【出处】李富裕（男，62 岁，退休文化干部）讲：《轩辕黄帝拜三皇》（1990. 11. 29），见张振犁编著，孟宪明、朱淑君统纂《中原神话通鉴》（第二卷），郑州：河南大学出版社 2017 年版，第 684 页。

W0730a. 2. 3. 3

三皇是燧人、伏羲、神农（三皇伏羲、神农、燧人）

实　例

汉族 以伏羲、神农、燧人为三皇

【流传】（无考）

【出处】［汉］班固等：《白虎通》。

汉族 燧人、伏羲、神农为三皇

【流传】（无考）

【出处】［清］陈寿祺：《尚书大传》。

W0730a. 2. 3. 4

三皇伏羲、神农、祝融

实　例

汉族 以伏羲、神农、燧人或伏羲、神农、祝融为三皇。

【流传】（无考）

【出处】［东汉］班固等：《白虎通》。

W0730a. 2. 3. 5
三皇伏羲、神农、黄帝

实 例

汉族 以伏羲、神农、黄帝为三皇

【流传】（无考）

【出处】［晋］皇甫谧：《帝王世纪》

W0730a. 2. 3. 6
三皇是圣祖

实 例

汉族 三皇庙，亦称圣祖庙。

【流传】山西省·孝义市

【出处】《三皇》，见乌丙安主编《中国民间神谱》，沈阳：辽宁人民出版社2007年版，第50页。

W0730a. 2. 3. 7
三皇是人祖（三皇是人的始祖）

实 例

汉族 三皇都是人的始祖，应该敬。

【流传】河南省·豫中一带（河南省中部地区）

【出处】陶然玲讲：《女娲的传说》，见张振犁编著《中原神话通鉴》（第一卷），郑州：河南大学出版社2017年版，第185页。

汉族 三皇，相传是盘古开天地后出现的人祖。

【流传】（无考）

【出处】《三皇》，见乌丙安主编《中国民间神谱》，沈阳：辽宁人民出版社2007年版，第50页。

W0730a. 2. 4
三皇的职能（三皇的行为）

实 例

（参见下级母题实例）

W0730a. 2. 4. 1
三皇各治3万6千年

实 例

汉族 元始君下游见之，乃与通气结精，招还上宫。元始君经一劫，乃一施太元母，生天皇十三头。后生地皇，地皇十一头。地皇生人皇九头，各治三万六千岁。

【流传】（无考）

【出处】［东晋］葛洪：《枕中书》。

W0730a. 2. 4. 2
人皇继地皇之位

实 例

汉族 地皇之后，人皇继位。在闲暇之余或在获胜之后，他也和属下常常作乐。

【流传】

（a）河南省·（南阳市）·方城县·广店乡［采录地点：南召县留山镇关坡村］；

（b）河南省·（南阳市）·南召县

【出处】

(a) 王国祥（男，65岁，民间艺人，不识字）讲，吕春合采录：《三皇与三弦》（1987. 10），见张振犁编著《中原神话通鉴》（第一卷），郑州：河南大学出版社2017年版，第224页。

(b) 王国祥讲，李继锋采录：《三弦与三皇》（1989. 08），见张振犁编著《中原神话通鉴》（第一卷），郑州：河南大学出版社2017年版，第226页。

W0730a. 2. 4. 3

地皇继天皇之位

实 例

汉族 天皇之后，地皇继位。

【流传】

(a) 河南省·（南阳市）·方城县·广店乡［采录地点：南召县留山镇关坡村］

(b) 河南省·（南阳市）·南召县

【出处】

(a) 王国祥（男，65岁，民间艺人，不识字）讲，吕春合采录：《三皇与三弦》（1987. 10），见张振犁编著《中原神话通鉴》（第一卷），郑州：河南大学出版社2017年版，第224页。

(b) 王国祥讲，李继锋采录：《三弦与三皇》（1989. 08），见张振犁编著《中原神话通鉴》（第一卷），郑州：河南大学出版社2017年版，第226页。

W0730a. 2. 4. 4

三皇微服私访

实 例

汉族 “三皇”装扮成一般行人的模样，开始寻访能担任天帝的人。

【流传】 山东·（泰安市）·宁阳（宁阳县）；辽宁省·沈阳市·（苏家屯区·红菱堡镇·宋大台村）

【出处】 赵连才讲，赵凤芹记录整理：《玉皇大帝的传说》，见姚宝瑄主编《中国各民族神话》（汉族），太原：山西出版传媒集团·书海出版社2014年版，第339～344页。

W0730a. 2. 5

三皇的生活

实 例

（实例待考）

W0730a. 2. 6

三皇的关系

实 例

（参见下级母题实例）

W0730a. 2. 6. 1

三皇的亲族

实 例

（参见下级母题实例）

W0730a. 2. 6. 1. 1

三皇是炎黄二帝的先祖

实 例

汉族 三皇殿里敬的是天皇伏羲、地皇神农、人皇女娲。三皇是炎黄二帝的先祖。

【流传】 河南省·（郑州市）·新密市

【出处】 李富裕（男，62 岁，退休文化干部）讲：《轩辕黄帝拜三皇》（1990. 11. 29），见张振犁编著，孟宪明、朱淑君统纂《中原神话通鉴》（第二卷），郑州：河南大学出版社 2017 年版，第 684 页。

W0730a. 2. 6. 2

三皇的上司

实 例

（实例待考）

W0730a. 2. 6. 3

三皇的从属

【关联】 ［W0725. 6. 1. 1］盘古是三皇五帝的下人

实 例

（实例待考）

W0730a. 2. 6. 4

三皇中泰皇地位最高

实 例

汉族 古有天皇，有地皇，有泰皇；泰皇最贵。

【流传】（无考）

【出处】 ［西汉］司马迁：《史记·秦始皇本纪》。

W0730a. 2. 6. 5

伏羲居三皇之首

实 例

汉族 伏羲氏之王天下也，定鼎中州，冠三皇而首出，作都陈国，肇五帝以开先膺。

【流传】（陈州府）

【出处】《陈州府志》。

W0730a. 2. 7

与三皇有关的其他母题

【关联】 ［W0434. 2］人王（人皇）

实 例

（参见下级母题实例）

W0730a. 2. 7. 1

三皇在盘古后产生

【关联】 ［W0728. 6］盘古作为时间标志

实 例

汉族 天地混沌如鸡子，盘古生其中。万八千岁，天地开辟，后乃有三皇。

【流传】（无考）

【出处】

（a）［三国·吴］徐整：《三五历记》，见［唐］欧阳询《艺文类聚》卷一。

(b) 同 (a)，见［北宋］李昉、李穆、徐铉等：《太平御览》。

(c) 同 (a)，见［清］马骕《绎史》卷一。

汉族 自从盘古开天地，三皇五帝到如今。

【流传】河南省·新乡市

【出处】马如心（50岁）讲，马安中采录整理：《盘古开天地》（1986.08），见张振犁编著《中原神话通鉴》（第一卷），郑州：河南大学出版社2017年版，第16页。

W0730a.2.7.2 盘古1万8千岁时乃有三皇

实 例

汉族 天数极高，地数极深，盘古极长。后乃有三皇。

【流传】（无考）

【出处】［三国·吴］徐整：《三五历记》，见［唐］欧阳询《艺文类聚》卷一。

W0730a.2.7.3 祭祀三皇

实 例

纳西族 东巴先各吸一口供祭在天、地、人皇三棵树前的三罐酒。

【流传】四川省·（凉山彝族自治州）·木里县（木里藏族自治县）

【出处】刘龙初调查整理：《祭天》，见四川省编辑组《四川省纳西族社会历史调查》，成都：四川省社会科学院出版社1987年版，第121～125页。

W0730a.2.7.3.1 农历三月三、六月六、九月九祭“三皇”

实 例

（参见下级母题实例）

W0730a.2.7.3.1.1 黄帝下令每年农历三月三、六月六、九月九朝拜“三皇祖”

实 例

汉族 黄帝下令每年农历三月三、六月六、九月九为朝拜“三皇祖”的盛日。

【流传】河南省·（郑州市）·新密市·（平陌镇·龙泉村）

【出处】魏洪基（58岁，农民，小学）讲，高力升采录整理：《黄帝拜三皇》，见张振犁编著，孟宪明、朱淑君统纂《中原神话通鉴》（第二卷），郑州：河南大学出版社2017年版，第687页。

W0730a.2.7.4 初三皇君

实 例

汉族 《洞神》既有初三皇君，中三皇君，而以伏羲、女娲、神农为后三皇。

【流传】（无考）

【出处】［宋］罗泌：《路史》罗苹注。

W0730a. 2. 7. 5

中三皇君

实 例

汉族 （参见“W0730a. 2. 7. 4 初三皇君”母题实例）

W0730a. 2. 7. 6

后三皇

实 例

（参见下级母题实例）

W0730a. 2. 7. 6. 1

后三皇伏羲、女娲、神农

【关联】［W0730a. 2. 3. 2］三皇是伏羲、女娲、神农（三皇伏羲、神农、女娲）

实 例

汉族 （参见“W0730a. 2. 7. 4 初三皇君”母题实例）

W0730a. 2. 7. 7

三皇遗迹

实 例

（参见下级母题实例）

W0730a. 2. 7. 7. 1

三皇庙

实 例

（参见下级母题实例）

W0730a. 2. 7. 7. 1. 1

三皇庙又称神农轩辕三皇殿

实 例

彝族（撒尼）“三皇庙”祀伏羲、神农和黄帝，故又称“神农轩辕三皇殿”。

【流传】云南省·昆明市·东郊（经济技术开发区）·阿拉乡·三瓦村

【出处】张福整理：《云南彝族撒尼支宗教祭司张琼遗稿》，见吕大吉、何耀华总主编《中国各民族原始宗教资料集成》（彝族卷、白族卷、基诺族卷），北京：中国社会科学出版社1996年版，第327页。

W0730a. 3

五帝

实 例

（参见下级母题实例）

W0730a. 3. 1

五帝的产生

实 例

（参见下级母题实例）

W0730a. 3. 1. 1

五帝是三皇的儿子

实 例

汉族 盘古氏，生参三才而赞两仪，子三皇而孙五帝。

【流传】（无考）

【出处】［明］谏议大夫左长史翰林检讨马政撰：《盘古碑记》（弘治十七年岁在甲子春正月丁丑）。

W0730a.3.1.2 五帝是盘古的孙子

【关联】

①［W0725.5.4.3］盘古的孙子五帝

②［W0730a.2.1.1］三皇是盘古的儿子

实 例

汉族 盘古氏，生参三才而赞两仪，子三皇而孙五帝。

【流传】（无考）

【出处】［明］谏议大夫左长史翰林检讨马政撰：《盘古碑记》（弘治十七年岁在甲子春正月丁丑）。

W0730a.3.1.3 五帝产生在三皇之后

实 例

汉族 三皇以后，人类又出现了五位具有神奇本领的首领，人们称为五帝。他们教会了人们许多改进衣食住行的办法。

【流传】江苏省·（淮安市）·涟水县·南集乡·禹庄村

【出处】徐学尧讲，徐省生搜集整理：《世界的由来》（1983），见姚宝瑄主编《中国各民族神话》（汉族），太原：山西出版传媒集团·书海出版社2014年版，第24～28页。

W0730a.3.2 五帝的特征

实 例

（实例待考）

W0730a.3.3 五帝的身份

实 例

（参见下级母题实例）

W0730a.3.3.1 五帝即五方之天帝

实 例

汉族 五帝，谓五方之天帝，即“五方神”。

【流传】（无考）

【出处】《五帝》，见袁珂《中国神话大词典》，北京：华夏出版社2015年版，第59页。

W0730a.3.4 五帝的职能

实 例

（实例待考）

W0730a.3.5 五帝的关系

实 例

（参见下级母题实例）

W0730a. 3. 5. 1

五帝佐太一

【关联】[W0204. 11b. 2. 2] 天帝的辅佐是五帝

实 例

汉族 天神贵者太一，太一佐曰五帝。

【流传】（无考）

【出处】[西汉] 司马迁：《史记·封禅书》。

W0730a. 3. 6

五帝的名称

实 例

（参见下级母题实例）

W0730a. 3. 6. 1

青红白黑黄五帝

实 例

汉族 诸侯相伐，干戈相寻，各据方色，自称五行之号，太皞之后，自为青帝。榆冈神农之后，自号赤帝。共工之族自号白帝，葛天氏之后自号黑帝。帝起有熊之墟，自号黄帝。

【流传】（无考）

【出处】[元] 赵道一：《历世真仙体道通鉴后集》卷二“九天玄女”条。

W0730a. 3. 6. 2

五帝又称五方神

实 例

汉族 五帝，谓五方之天帝，即“五方神”。

【流传】（无考）

【出处】《五帝》，见袁珂《中国神话大词典》，北京：华夏出版社 2015 年版，第 59 页。

W0730a. 3. 6. 2. 1

五帝是东方青帝、南方赤帝、中央黄帝、西方白帝、北方黑帝

实 例

汉族 “祀五帝。”贾公彦疏：“五帝者，东方青帝灵威仰，南方赤帝赤熛怒，中央黄帝含枢纽，西方白帝白招拒，北方黑帝汁光纪。”

【流传】（无考）

【出处】[先秦] 托名周公旦：《周礼·天官·大宰》[唐] 贾公彦疏。

W0730a. 3. 6. 2. 1. 1

赤帝

实 例

（参见下级母题实例）

W0730a. 3. 6. 2. 1. 1. 1

赤帝是神农之后

实 例

汉族 诸侯相伐，干戈相寻，各据方色，自称五行之号，太皞之后，自为青帝。榆冈神农之后，自号赤帝。共工之族自号白帝，葛天氏之后自号黑帝。帝起有熊之墟，自号黄帝。

【流传】（无考）

【出处】［元］赵道一：《历世真仙体道通鉴后集》卷二“九天玄女”条。

W0730a. 3. 6. 2. 2

五帝中东方为太皞，南方为炎帝，西方为少昊，北方为颛顼，中央为黄帝

实　例

汉族 “令五帝以析中兮。”王逸注：“五帝，谓五方神也。东方为太皞，南方为炎帝，西方为少昊，北方为颛顼，中央为黄帝。”

【流传】（无考）

【出处】［战国］屈原：《九章·惜诵》［东汉］王逸注。

W0730a. 3. 6. 3

五帝指轩辕与四帝四佐

实　例

汉族 “轩辕不可攀援兮，吾将从王乔而娱戏……吾将过乎句芒，历太皓以右转兮……遇蓐收乎西皇……指炎神而直驰兮，吾将往乎南疑……祝融戒而还衡兮……从颛顼乎增冰，历玄冥以邪径兮……”此言四帝四佐，合轩辕适成“五帝”。

【流传】（无考）

【出处】［战国］屈原：《楚辞·远游》袁珂注，见袁珂《中国神话大词典》，北京：华夏出版社 2015 年版，第 59 页。

W0730a. 3. 7

与五帝有关的其他母题

实　例

（实例待考）

W0730a. 4

与三皇五帝有关的其他母题

实　例

（实例待考）

W0730b

萨天巴（萨岁）

实　例

（参见下级母题实例）

W0730b. 1

萨天巴的产生

实　例

（参见下级母题实例）

W0730b. 1. 1

凡女死后化为萨岁

实　例

（参见下级母题实例）

W0730b. 1. 1. 1

一个叫婢奔的女子死后化作神女萨岁

实 例

侗族 一个叫婢奔的女子死后化作神女，成了侗乡人民的保护神、英雄神——“萨岁”。

【流传】贵州省·（黔东南苗族侗族自治州）·黎平县·龙额镇·龙额村

【出处】潘琼阁讲：《萨岁的来历》，王宪昭采集，2008. 09. 12。

W0730b. 2

萨天巴的特征

实 例

（参见下级母题实例）

W0730b. 2. 1

萨天巴四手四脚，两个眼睛中有千个眼珠

实 例

侗族 女神萨天巴有四手四脚，两个眼睛中有千个眼珠。

【流传】（无考）

【出处】《开天辟地》，见杨保愿《嘎茫莽道时嘉》（《侗族远祖歌》），北京：中国民间文艺出版社 1986 年版，第 6 ~ 7 页。

W0730b. 3

萨天巴的身份（萨岁的职能）

【关联】

① ［W0425. 3. 1］创世女神萨天巴

② ［W0440. 1. 1］护寨女神萨岁

实 例

（参见下级母题实例）

W0730b. 3. 1

萨天巴是女性祖先神祖母神

【关联】［W0645. 3. 2. 1］女祖神萨天巴的卵孵出人类始祖松恩

实 例

（参见下级母题实例）

W0730b. 3. 1. 1

萨天巴是众女神的始祖母

【关联】［W0058. 6. 1. 1］众女神有共同的始祖母萨天巴

实 例

侗族 萨天巴是众女神的始祖母。

【流传】（无考）

【出处】杨保愿：《嘎茫莽道时嘉·序言》（《侗族远祖歌》），北京：中国民间文艺出版社 1986 年版，第 1 页。

W0730b. 3. 1. 2

萨天巴是祖神王

实 例

侗族 风雨之神“风曼”跪在萨天巴

（女祖神，创世神）的脚下奏道："圣明的祖神王，我们神族无一相同，长的貌相各有各的模样，就请按你的想法去造人吧。"

【流传】广西壮族自治区·（柳州市）·三江（三江侗族自治县），（桂林市）·龙胜（龙胜各族自治县）

【出处】杨卜林喜、杨卜松林、杨明世讲，杨国仁、涛声搜集整理，蔷紫改写：《创世女神萨天巴》，过伟改写自侗族创世史诗《嘎茫莽道时嘉——远祖歌》（未出版稿），见姚宝瑄主编《中国各民族神话》（土家族、毛南族、侗族、瑶族），太原：山西出版传媒集团·书海出版社 2014 年版，第 90 页。

W0730b. 3. 2

萨天巴是女神

实 例

侗族 （参见"W0730b. 1. 1. 1 一个叫婢奔的女子死后化作神女萨岁"母题实例）

W0730b. 3. 3

萨岁是英雄神

实 例

侗族 侗乡人民的保护神、英雄神——"萨岁"。

【流传】贵州省·（黔东南苗族侗族自治州）·黎平县·龙额镇·龙额村

【出处】潘琼阁讲：《萨岁的来历》，王宪昭采集，2008. 09. 12。

W0730b. 4

萨天巴的关系

实 例

（参见下级母题实例）

W0730b. 4. 1

女始祖萨天巴的身边有 72 路诸神

实 例

侗族 女始祖萨天巴的身边有 72 路诸神。

【流传】（无考）

【出处】《开天辟地》，见杨保愿《嘎茫莽道时嘉》（《侗族远祖歌》），北京：中国民间文艺出版社 1986 年版，第 21 页。

W0730b. 5

与萨天巴有关的其他母题

实 例

（实例待考）

※ W0731

神农

实 例

（参见下级母题实例）

W0732

神农的产生

实 例

（参见下级母题实例）

W0732.1

神农源于特定的地方

【关联】［W0735.6.7］神农下凡

实 例

（实例待考）

W0732.2

神农是造出来的

实 例

（实例待考）

W0732.3

神农是生育产生的（生神农）

实 例

（参见下级母题实例）

W0732.3.1

神农是投胎到人间的神

【关联】［W9376］神与神性人物投胎

实 例

汉族 神农投胎到人间。

【流传】四川省·巴县（今重庆市·南岸区）·广阳镇

【出处】杨学模讲，杜志榜采录：《神农找谷子》，见中国民间文学集成全国编辑委员会编《中国民间故事集成》（四川卷·上），北京：中国ISBN中心1998年版，第67页。

W0732.3.2

洞生神农

实 例

（参见下级母题实例）

W0732.3.2.1

隋郡北界厉乡村的重山洞穴中生神农

实 例

汉族 隋郡北界有厉乡村，村南有重山。山下有一穴，父老相传云，神农所生。村西有两重堑，内有周围一顷二十亩地。中有九井，神农既育，九井自穿。又云，汲一井则众井水动。即以此为神农社，常年祀之。

【流传】（湖北省·荆州）

【出处】［清］王谟：《汉唐地理书钞》辑盛弘之《荆州记》。

W0732.4

神农是变化产生的

实 例

（参见下级母题实例）

W0732.4.1

龙变成神农

实 例

（参见下级母题实例）

W0732.4.1.1

白龙变成神农

实　例

汉族 农老头儿是白龙变的，大家喊他神龙，传久了就叫成“神农”。

【流传】四川省·巴县（今重庆市·巴南区）·羊鹿乡（双河口镇）·塘垮村

【出处】熊祥君讲，罗桂英采录：《神农传药》，见中国民间文学集成全国编辑委员会编《中国民间故事集成》（四川卷·上），北京：中国ISBN中心1998年版，第75页。

W0732.5

神农是婚生的（婚生神农）

实　例

（参见下级母题实例）

W0732.5.1

盘古兄妹生神农氏

实　例

汉族 盘古兄妹二人成亲三十载，生下男女十个人。其中，第二个儿子取名神农氏。

【流传】（无考）

【出处】陶阳根据《黑暗传》资料重述：《盘古老祖是龙之子》，见陶阳、钟秀编《中国神话》（中），北京：商务印书馆2008年版，第539～540页。

W0732.6

神农是感生的（感生神农）

实　例

（参见下级母题实例）

W0732.6.1

女子感龙生神农

实　例

（参见下级母题实例）

W0732.6.1.1

感神龙首生神农

实　例

（参见下级母题实例）

W0732.6.1.1.1

少典妃感神龙首生炎帝神农

实　例

汉族 少典妃感神龙首而生炎帝神农。

【流传】（无考）

【出处】［晋］皇甫谧：《帝王世纪》。

W0732.6.1.1.2

少典妃安登游华阳时，有神龙首感之于常羊，生神农

【关联】［W0765.6.1］刑天葬常羊山

实　例

汉族 少典妃安登游于华阳，有神龙首感之于常羊，生神农。

【流传】（无考）

【出处】［清］马国翰：《玉函山房辑佚书》辑《春秋纬元命苞》。

汉族 少典妃安登游于华阳，有神龙首感之于常羊，生神农。

【流传】（无考）

【出处】《常羊山》，见袁珂《中国神话大词典》，北京：华夏出版社 2015 年版，第 295 页。

W0732. 6. 2

女子感龙的神光生神农

实 例

（参见下级母题实例）

W0732. 6. 2. 1

一位姑娘的目光相接应龙的神光孕生炎帝神农

实 例

汉族 一位姑娘见空中一道红光中一条应龙飞腾而来，两道神光与她的目光相接，腹中孕育了炎帝神农。

【流传】上党一带（山西东南部古地名，主指古潞泽辽沁四州一带，曾包括山西省晋中榆社、左权、长治、晋城东部以及河北涉县等地）

【出处】张恩来：《少年炎帝》，见马志生主编《上党炎帝》，太原：山西出版传媒集团·三晋出版社（原山西古籍出版社）2014 年版，第 3 页。

W0732. 7

与神农的产生有关的其他母题

实 例

（参见下级母题实例）

W0732. 7. 1

神农的生日（神农氏的生日）

实 例

（参见下级母题实例）

W0732. 7. 1. 1

神农生日是三月初三

实 例

壮族 农历三月初三为神农过生日之俗，是日，乡民必杀牲祭祀，一是纪念神农发明农业，二是祈求农事丰收。

【流传】（广西壮族自治区）

【出处】《神农》，见乌丙安主编《中国民间神谱》，沈阳：辽宁人民出版社 2007 年版，第 54 页。

W0732. 7. 1. 2

神农生日是四月廿八

实 例

汉族 农历四月廿八是药祖神农氏的生日。

【流传】江苏省·太仓市·双凤乡·西街

【出处】钱绍伟讲，毛林浓采录：《药王

神农氏》，见中国民间文学集成全国编辑委员会编《中国民间故事集成》（江苏卷），北京：中国 ISBN 中心 1998 年版，第 7 页。

W0732.7.2

神农生活于太古

实 例

汉族 太古时候，哪一种药走哪一经，治啥病，神农的肚里也没个底儿。

【流传】河南省·（焦作市）·沁阳县

【出处】梁实（60 岁，老中医）讲，李成林、谷良喜采录：《神农十二经脉》，见张振犁编著，孟宪明、朱淑君统纂《中原神话通鉴》（第二卷），郑州：河南大学出版社 2017 年版，第 473～474 页。

W0732.7.2.1

炎帝神农氏诞生在 5200 年前

实 例

汉族 炎帝神农氏诞生在 5200 年前。

【流传】上党一带（山西东南部古地名，主指古潞泽辽沁四州一带，曾包括山西省晋中榆社、左权、长治、晋城东部以及河北涉县等地）

【出处】张恩来：《少年炎帝》，见马志生主编《上党炎帝》，太原：山西出版传媒集团·三晋出版社（原山西古籍出版社）2014 年版，第 7 页。

W0732.7.3

神农的出生地

实 例

（参见下级母题实例）

W0732.7.3.1

神农生于厉乡山

实 例

汉族 厉乡山，神农生此。

【流传】（无考）

【出处】

（a）［宋］罗泌《路史·后纪二》注。

（b）同（a），见袁珂《中国神话大词典》，北京：华夏出版社 2015 年版，第 8 页。

W0732.7.3.2

神农生于九圣泉边

实 例

汉族 今宝鸡县城南有一村，名姜城堡。堡东里许有大庙名神农庙，庙前有泉曰九圣泉，俗传为神农皇帝洗三处。

【流传】（陕西省·宝鸡市）

【出处】

（a）徐旭生：《中国古史的传说时代》。

（b）同（a），见袁珂《中国神话大词典》，北京：华夏出版社 2015 年版，第 12 页。

W0732.7.3.3

神农生于九井

实 例

汉族 （溹水）西径厉乡南，水南有重山，即烈山也。山下有一穴，父老相传，云是神农所生处也。

【流传】（无考）

【出处】

(a) ［北魏］郦道元：《水经注·溹水》。

(b) 同(a)，见袁珂《中国神话大词典》，北京：华夏出版社2015年版，第8页。

W0732.7.3.4

神农生于陕西宝鸡礤峪

实 例

汉族 陕西宝鸡礤峪，为神农所生。

【流传】陕西省·宝鸡市

【出处】［清·乾隆］邓梦琴修：《宝鸡县志》。

W0733

神农的特征

实 例

（参见下级母题实例）

W0733.1

神农身体通透（神农身体透明）

【关联】［W0744.1］炎帝身体透明

实 例

汉族 神农氏的五脏六腑能看得清清楚楚。

【流传】江苏省·太仓市·双凤乡·西街

【出处】钱绍伟讲，毛林浓采录：《药王神农氏》，见中国民间文学集成全国编辑委员会编《中国民间故事集成》（江苏卷），北京：中国ISBN中心1998年版，第7页。

W0733.1.1

神农能看清自己的心肝肠肺

实 例

汉族 神农生下来后能看清自己的心肝肠肺。

【流传】四川省·（宜宾市）·高县·白庙乡·瓦屋村

【出处】左湘权讲，王进龙采录：《神农尝百草》，见中国民间文学集成全国编辑委员会编《中国民间故事集成》（四川卷·上），北京：中国ISBN中心1998年版，第75页。

W0733.1.2

神农氏肚皮是透明的

实 例

汉族 神农氏肚皮是透明的，能看得见自己肚子里的肠子。

【流传】河北省·（张家口市）·涿鹿县·（保岱镇）·保岱村

【出处】郭龙讲，杨云采录：《神农死在百草地》，见中国民间文学集成全国编辑委员会编《中国民间故事集成》（河北卷），北京：中国 ISBN 中心 2003 年版，第 20 页。

W0733.1.3 神农是水晶肚

实 例

汉族 神农生而奇，腹为水晶肚，肝脏肠肺悉见。

【流传】（无考）

【出处】袁珂改编：《神农尝百草》（原名《尝百草》），原载陶阳、钟秀编《中国神话》，见袁珂《中国神话大词典》，北京：华夏出版社 2015 年版，第 388 页。

W0733.1.3.1 神农的水晶肚子光亮透明，肝脏肠肺都能够看得一清二楚

实 例

汉族 神农一生下来，是个水晶肚子，光亮透明，肝脏肠肺都能够看得一清二楚。

【流传】浙江省

【出处】陈玮君记录：《尝百草》，载《民间文学》1979 年第 9 期。

汉族 神农一生下来，就是个水晶肚子，光亮透明。肝脏肠肺，全都看得一清二楚。

【流传】（无考）

【出处】陈玮君记录：《茶与断肠草》，见姚宝瑄主编《中国各民族神话》（汉族），太原：山西出版传媒集团·书海出版社 2014 年版，第 396 ~ 398 页。

汉族 神农一生下来是个水晶肚子，光亮透明，肝脏肠肺都能够看得一清二楚。

【流传】浙江省

【出处】陈玮君记录：《神农尝百草》，原载《陈玮君故事集》，见陶阳、钟秀编《中国神话》（中），北京：商务印书馆 2008 年版，第 768 ~ 769 页。

W0733.1.4 神农玲珑玉体

实 例

汉族 后世传言神农乃玲珑玉体，能见其肺肝五脏，此实事也。若非玲珑玉体，尝药一日遇十二毒，何以解之？但传炎帝尝诸药，中毒者能解，至尝百足虫入腹，一足成一虫，遂致千变万化，炎帝不能解其毒而致死，万无是理。此讹传耳。

【流传】（无考）

【出处】［明］周游：《开辟衍绎》第十八回王子承“释疑”。

W0733.2 神农牛头

实 例

（参见下级母题实例）

W0733. 2. 1

神农氏牛头无角

实　例

汉族 神农氏长个牛脑壳，独独没有角。

【流传】四川省·（成都市）·都江堰（都江堰市）·玉堂镇

【出处】孙雨光讲，王纯五采录：《神农吃茶》，见中国民间文学集成全国编辑委员会编《中国民间故事集成》（四川卷·上），北京：中国ISBN中心1998年版，第69页。

W0733. 2. 2

神农人身牛首

实　例

汉族 炎帝神农氏人身牛首。

【流传】（无考）

【出处】［汉］司马迁：《史记·补三皇本纪》。

W0733. 2. 3

神农牛头人身，龙颜大唇，手持一株药草

实　例

彝族（撒尼） 神农牛头人身，龙颜大唇，手中持一株药草。

【流传】云南省·昆明市·东郊（经济技术开发区）·阿拉乡·三瓦村

【出处】张福整理：《云南彝族撒尼支宗教祭司张琼遗稿》，见吕大吉、何耀华总主编《中国各民族原始宗教资料集成》（彝族卷、白族卷、基诺族卷），北京：中国社会科学出版社1996年版，第328页。

W0733. 3

神农头上长角

【关联】

① ［W0073. 8］神头上长角

② ［W0485. 8］药神头上长角

③ ［W0838. 4. 11］妖魔头上长角

实　例

（参见下级母题实例）

W0733. 3. 1

神农头上长肉角

实　例

（参见下级母题实例）

W0733. 3. 1. 1

神农中间凹的头上长着两只大肉角

实　例

汉族 神农头上两边凸起，当中凹落，好像生出两只大肉角。

【流传】浙江省·（温州市）·永嘉县（永嘉市）·罗溪（罗溪乡）·龙头村

【出处】金家训讲，金学益采录：《神农置五谷》，见中国民间文学集成全国编辑委员会编《中国民间故事集成》

（浙江卷），北京：中国 ISBN 中心 1997 年版，第 50 页。

W0733.3.2

神农氏头顶长带眼的犄角

实　例

（参见下级母题实例）

W0733.3.2.1

神农氏头顶上带眼的犄角一直通到肚子里

实　例

汉族 神农氏头顶上还长着个带眼的犄角，犄角一直通到肚子里。

【流传】河北省·（张家口市）·涿鹿县·（保岱镇）·保岱村

【出处】郭龙讲，杨云采录：《神农死在百草地》，见中国民间文学集成全国编辑委员会编《中国民间故事集成》（河北卷），北京：中国 ISBN 中心 2003 年版，第 20 页。

W0733.4

神农身体像龙

【关联】［W0732.3］龙变神农

实　例

汉族 神农氏身体像龙。

【流传】四川省·（成都市）·都江堰（都江堰市）·玉堂镇

【出处】孙雨光讲，王纯五采录：《神农吃茶》，见中国民间文学集成全国编辑委员会编《中国民间故事集成》（四川卷·上），北京：中国 ISBN 中心 1998 年版，第 69 页。

W0733.5

神农身材高大

实　例

汉族 神农长得又高又大。

【流传】河南省·（周口市）·淮阳县·白楼乡·施庄

【出处】施道连讲，杨复俊采录：《神农种五谷》，见中国民间文学集成全国编辑委员会编《中国民间故事集成》（河南卷），北京：中国 ISBN 中心 2001 年版，第 29 页。

汉族 有个名叫神农的人，长得又高又大。

【流传】河南省·（周口市）·淮阳县·（白楼乡·施庄）

【出处】施道连（男，43 岁，教师）讲，杨复俊采录：《神农种五谷》（1986.04），见张振犁编著，孟宪明、朱淑君统纂《中原神话通鉴》（第二卷），郑州：河南大学出版社 2017 年版，第 452 页。

W0733.5.1

神农氏个子比一般人高

实　例

汉族 神农氏个子长得比一般人高。

【流传】河北省·（张家口市）·涿鹿县·（保岱镇）·保岱村

【出处】郭龙讲，杨云采录：《神农死在百草地》，见中国民间文学集成全国编辑委员会编《中国民间故事集成》（河北卷），北京：中国 ISBN 中心 2003 年版，第 20 页。

W0733.6

神农红脸

实例

（参见下级母题实例）

W0733.6.1

神农是红脸老人

实例

布依族 天上神农大帝是一个红脸老人。

【流传】（无考）

【出处】李世民、王大岩、黄老当讲，立浩、汛河搜集整理：《要水龙的来历》，见姚宝瑄主编《中国各民族神话》（布依族、仡佬族、苗族），太原：山西出版传媒集团·书海出版社 2014 年版，第 81 页。

W0733.7

神农氏力大无穷

实例

（参见下级母题实例）

W0733.7.1

神农氏能手拔大树

实例

汉族 神农氏出世了。他力大无穷，老粗的树，一伸手就拔出来了。

【流传】豫中一带（河南省中部地区）

【出处】张智杰讲：《神农降牛》，见张振犁编著，孟宪明、朱淑君统纂《中原神话通鉴》（第二卷），郑州：河南大学出版社 2017 年版，第 459 页。

W0733.8

神农的性情

实例

（参见下级母题实例）

W0733.8.1

神农舍己为人

实例

汉族 （实例待考）

W0733.8.2

神农大公无私

实例

（实例待考）

W0734

神农的身份

【关联】［W0485.9.1.1］神农是医药的祖师爷（药神、药仙）

实例

（参见下级母题实例）

W0734.1

神农是神

【关联】［W0485.9.1］药神神农

实 例

（参见下级母题实例）

W0734.1.1

神农是土地神

实 例

（参见下级母题实例）

W0734.1.1.1

神农是主管作物的土神

实 例

汉族 土神称曰神农者，以其主于稼穑。

【流传】（无考）

【出处】［春秋战国］孔子弟子等作，［西汉］戴圣编：《礼记·月令》注。

W0734.1.2

神农是农神

【关联】

①［W0462］农神

②［W0734.6.2］神农氏是农业的老祖宗

实 例

（参见下级母题实例）

W0734.1.2.1

神农是农业的始祖神

实 例

汉族 神农是中国农业的始祖神。

【流传】（无考）

【出处】《神农》，见乌丙安主编《中国民间神谱》，沈阳：辽宁人民出版社2007年版，第54页。

W0734.1.3

神农是灶神

【关联】

①［W0744a.1.2］炎帝神农氏是灶神

②［W0767.3.1.4］祝融是灶神

实 例

汉族 炎帝，神农，以火德王天下，死托祀于灶神。

【流传】（无考）

【出处】［西汉］淮南王刘安及门客：《淮南子·氾论训》高诱注。

W0734.2

神农是神性人物

实 例

（参见下级母题实例）

W0734.2.1

神农不是凡人

实 例

汉族 神农不是凡人，他能上天面见南海观音。

【流传】河南省·（周口市）·淮阳县

【出处】梁加秀（男，73 岁，农民）讲，张华采录：《龙虫、虎虫、凤凰虫》（1988. 03. 10），见张振犁编著，孟宪明、朱淑君统纂《中原神话通鉴》（第二卷），郑州：河南大学出版社 2017 年版，第 448 页。

W0734. 2. 1. 1

神农能见到神

实 例

汉族 （参见“W0735c. 3. 1　神农爷见老天爷”母题实例）

W0734. 2. 2

神农是药王菩萨

实 例

汉族 神农为了拯救人们尝百草，最后因吞食断肠草死去。人们没有忘记他，都称他为“药王菩萨”，好多地方都盖上“药王庙”祭祀他。

【流传】浙江省

【出处】陈玮君记录：《神农尝百草》，原载《陈玮君故事集》，见陶阳、钟秀编《中国神话》（中），北京：商务印书馆 2008 年版，第 768～769 页。

汉族 后人不忘神农牺牲一己、拯救世人之德，称之为“药王菩萨”，且在多处建“药王庙”以祀之。

【流传】（无考）

【出处】袁珂改编：《神农尝百草》（原名《尝百草》），原载陶阳、钟秀编《中国神话》，见袁珂《中国神话大词典》，北京：华夏出版社 2015 年版，第 388 页。

W0734. 2. 2. 1

神农因采药救人而死被称为药王菩萨

实 例

汉族 神农为了拯救人们而牺牲了自己。人们也没忘记他，都称他为“药王菩萨”。

【流传】（无考）

【出处】

（a）陈玮君记录：《茶与断肠草》，载《民间文学》1983 年第 4 期。

（b）同（a），见姚宝瑄主编《中国各民族神话》（汉族），太原：山西出版传媒集团·书海出版社 2014 年版，第 396～398 页。

W0734. 2. 3

神农是始祖

实 例

汉族 始祖神农尝百草，教人农耕。

【流传】上党一带（山西东南部古地名，主指古潞泽辽沁四州一带，曾包括山西省晋中榆社、左权、长治、晋城东部以及河北涉县等地）

【出处】黎方：《黎都公园凸现羊头岭》，见马志生主编《上党炎帝》，太原：山西出版传媒集团·三晋出版社（原山西古籍出版社）2014 年版，第 11 页。

W0734.3

神农是地皇

实 例

（参见下级母题实例）

W0734.3.1

玉皇大帝封神农为地皇

实 例

汉族 玉皇大帝把神农封为地皇。

【流传】 陕西省·（榆林市）·绥德县·辛店乡

【出处】 马世厚讲：《女娲造就人世》，见中国民间文学集成全国编辑委员会编《中国民间故事集成》（陕西卷），北京：中国 ISBN 中心 1996 年版，1996，第 5~6 页。

W0734.4

神农是帝王（神农是首领）

【关联】［W0255.8.1］神农伏羲二帝在中央

实 例

（参见下级母题实例）

W0734.4.1

神农皇帝

实 例

土家族 神农皇帝置下千般药材，五谷杂粮。

【流传】（无考）

【出处】《创世歌》，见长阳土家族网：http：//www.cy - tujia.com/list _ body.php? id = 172&news _ par _ id，2005.12.14。

W0734.4.1.1

神农皇帝和老百姓也差不多

实 例

土家族 造五谷杂粮的神农皇帝，说他是皇帝，其实和老百姓也差不多。

【流传】（无考）

【出处】

（a）彭承松讲，彭勃整理：《神农老娘挤奶浆》，见归秀文编《土家族民间故事选》，上海：上海文艺出版社 1989 年版。

（b）同（a），见姚宝瑄主编《中国各民族神话》（土家族、毛南族、侗族、瑶族），太原：山西出版传媒集团·书海出版社 2014 年版，第 29 页。

W0734.4.2

神农到人间为王

实 例

汉族 神农到人间为王。

【流传】 四川省·巴县（今重庆市·南岸区）·广阳镇

【出处】 杨学模讲，杜志榜采录：《神农找谷子》，见中国民间文学集成全国编辑委员会编《中国民间故事集成》（四川卷·上），北京：中国 ISBN 中心 1998 年版，第 67 页。

W0734. 4. 3

神农是远古苗众的帝王

实 例

苗族 神农是远古苗众的帝王。

【流传】湖南省·（湘西土家族苗族自治州）·花垣县

【出处】麻文顺唱，石宗仁搜集整理：《物种的来源》，见苗青主编《东部民间文学作品选》，贵阳：贵州民族出版社 2003 年版，第 114 页。

W0734. 4. 4

神农是众神仙的统帅

实 例

汉族 为惩罚人间浪费粮食，玉帝准奏，派神农领着百神众仙来到人间，所见世上五谷，不管高低，要全部捋光。

【流传】河南省

【出处】郇永德（男，汉族，农民）讲，李国富（36 岁，大专毕业，干部）采录整理：《狗吃屎的故事》，见张振犁编著，孟宪明、朱淑君统纂《中原神话通鉴》（第四卷），郑州：河南大学出版社 2017 年版，第 1318 页。

W0734. 4. 5

神农号田主大帝

实 例

白族 五方五谷之神各有神号，其中有神农田主大帝。

【流传】云南省·（大理白族自治州·洱源县）·邓川州（邓川镇）

【出处】［明］艾自修纂，王云校勘：《（隆武）重修邓川州志》卷 12，洱源县志办公室翻印，1986 年。

W0734. 5

神农是牛郎

实 例

汉族 （实例待考）

W0734. 6

神农是祖师

【关联】［W0658a. 8. 29. 1］碾磨、面粉业等行业将神农奉为祖师

实 例

（参见下级母题实例）

W0734. 6. 1

神农氏是中药的祖师

【关联】

①［W0485. 9. 1］药神神农

②［W0735. 5. 1］神农传给人间药

实 例

汉族 神农氏是中药的祖师。

【流传】江苏省·太仓市·双凤乡·西街

【出处】钱绍伟讲，毛林浓采录：《药王神农氏》，见中国民间文学集成全国

编辑委员会编《中国民间故事集成》（江苏卷），北京：中国 ISBN 中心 1998 年版，第 7 页。

W0734.6.1.1

神农氏是中医的祖师爷

实 例

汉族 神农氏是中医的祖师爷。

【流传】 河北省·（张家口市）·涿鹿县·（保岱镇）·保岱村

【出处】 郭龙讲，杨云采录：《神农死在百草地》，见中国民间文学集成全国编辑委员会编《中国民间故事集成》（河北卷），北京：中国 ISBN 中心 2003 年版，第 20 页。

W0734.6.1.2

神农是药王爷

实 例

汉族 神农是伏羲的第三代孙儿，人称“药王爷”。

【流传】 河南省·（周口市）·淮阳县

【出处】 梁加秀（男，73 岁，农民，文盲）讲，张华采录：《神农鞭药》（1986.08.26），见张振犁编著，孟宪明、朱淑君统纂《中原神话通鉴》（第二卷），郑州：河南大学出版社 2017 年版，第 471 页。

W0734.6.2

神农氏是农业的老祖宗

实 例

汉族 神农氏是农业的老祖宗。

【流传】 河北省·（张家口市）·涿鹿县·（保岱镇）·保岱村

【出处】 郭龙讲，杨云采录：《神农死在百草地》，见中国民间文学集成全国编辑委员会编《中国民间故事集成》（河北卷），北京：中国 ISBN 中心 2003 年版，第 20 页。

W0734.6.3

神农是种田人的祖师爷

实 例

汉族 神农就是农业上的神，是咱种田人的祖师爷。

【流传】 豫中一带（河南省中部地区）

【出处】 张智杰讲：《神农降牛》，见张振犁编著，孟宪明、朱淑君统纂《中原神话通鉴》（第二卷），郑州：河南大学出版社 2017 年版，第 459 页。

W0734.7

神农是仙

实 例

（参见下级母题实例）

W0734.7.1

神农是药仙

实 例

（参见下级母题实例）

W0734. 7. 1. 1

神农尝百草治百病被称为药仙

实 例

汉族 神农尝百草治百病，老百姓称他为药仙。

【流传】四川省·（成都市）·大邑县·上安乡·迴龙五队

【出处】鲁良云讲，寇天采录：《药仙神农》，见中国民间文学集成全国编辑委员会编《中国民间故事集成》（四川卷），北京：中国 ISBN 中心 1998 年版，第 78 页。

W0734. 7. 2

神农是农业方面的神仙

【关联】［W0734. 2］神农是农神

实 例

（参见下级母题实例）

W0734. 7. 2. 1

神农因教农桑被尊为农业方面的神仙

实 例

汉族 人们感激神农帮助他们掌握了种田的本领，就尊神农为农业上的神仙了。

【流传】豫中一带（河南省中部地区）

【出处】张智杰讲：《神农降牛》，见张振犁编著，孟宪明、朱淑君统纂《中原神话通鉴》（第二卷），郑州：河南大学出版社 2017 年版，第 459 页。

W0734. 7. 3

神农是草仙

实 例

（参见下级母题实例）

W0734. 7. 3. 1

天帝派草仙神农氏下凡为人治病

实 例

汉族 （参见“W0735. 6. 7. 1 神农氏下凡”母题实例）

W0734. 8

神农是人

实 例

（参见下级母题实例）

W0734. 8. 1

神农是会做谷、粟的人

实 例

苗族 神农是会做谷、粟的人。

【流传】湖南省·（湘西土家族苗族自治州）·花垣县

【出处】麻文顺唱，石宗仁搜集整理：《物种的来源》，见苗青主编《东部民间文学作品选》，贵阳：贵州民族出版社 2003 年版，第 114 页。

W0735

神农的能力（神农的职能，神农的事迹）

【关联】

①［W3611.1］神农造花草树木

②［W3753.3］神农找到茶

实 例

（参见下级母题实例）

W0735.1

神农是会做庄稼的人

实 例

苗族（实例待考）

W0735.1.1

神农教稼穑（神农教人种庄稼）

【关联】［W0734.6.3］神农是种田人的祖师爷

实 例

汉族 有一个名叫石年的人，见一道金光闪烁在蓝天上，有一只周身通红的鸟向他飞来，丢下嘴里衔的东西，后来种出稻、黍（黄米）、稷（高粱）、麦、菽（豆），即五谷。石年教人们种五谷的法子，天下人学会了种五谷，再也不愁吃了。人们不忘石年的恩德，尊石年为“神农”。

【流传】河南省·（周口市）·淮阳县

【出处】施道连讲，杨复俊采录：《五谷台》（1984.04.20），见张振犁编著，孟宪明、朱淑君统纂《中原神话通鉴》（第二卷），郑州：河南大学出版社 2017 年版，第 453～454 页。

W0735.1.2

先穑神农

实 例

白族 先穑神农也，司穑后稷也。

【流传】云南省·（大理白族自治州）·大理（大理市）

【出处】［清］傅天祥、黄元治：《（康熙）大理府志》卷十七，铅印本 1940。

W0735.1.3

神农氏发明九井相通的灌溉法

实 例

汉族 神农氏发明了九井相通的灌溉方法。

【流传】上党一带（山西东南部古地名，主指古潞泽辽沁四州一带，曾包括山西省晋中榆社、左权、长治、晋城东部以及河北涉县等地）

【出处】张恩来：《少年炎帝》，见马志生主编《上党炎帝》，太原：山西出版传媒集团·三晋出版社（原山西古籍出版社）2014 年版，第 9 页。

W0735.1.4

神农氏发明放火烧山开田火种法

实 例

汉族 神农氏发明了放火烧山，把草木灰作肥料，开垦荒地种庄稼的方法。

【流传】上党一带（山西东南部古地名，主指古潞泽辽沁四州一带，曾包括山西省晋中榆社、左权、长治、晋城东部以及河北涉县等地）

【出处】张恩来：《少年炎帝》，见马志生主编《上党炎帝》，太原：山西出版传媒集团·三晋出版社（原山西古籍出版社）2014 年版，第 9 页。

W0735. 2

神农尝百草

【关联】

①［W0733. 8. 1］神农爱人

②［W0735. 6. 1. 2］神农为给人消灾祛病尝百草

③［W0745. 1］炎帝尝百草

实　例

汉族 神农长着水晶肚子。他把看到的东西都尝一遍，看看它们在肚子里面是怎么变化的。好吃的就放在身子左边的袋子里，给人吃；不好吃的就放在身子右边的袋子里，做药用。

【流传】浙江省

【出处】陈玮君记录：《神农尝百草》，原载《陈玮君故事集》，见陶阳、钟秀编《中国神话》（中），北京：商务印书馆 2008 年版，第 768 ~769 页。

汉族 神农爷经常四处为人们采药，尝百草。

【流传】河南省·（南阳市）·桐柏县

【出处】王德堂讲，马卉欣采录整理：《神农爷与桐柏山》，见张振犁编著，孟宪明、朱淑君统纂《中原神话通鉴》（第二卷），郑州：河南大学出版社 2017 年版，第 483 页。

W0735. 2. 1

神农受天神指点尝百草找到治病的药

实　例

羌族 神农受天神指点尝百草找到治病的药。

【流传】四川省·（阿坝藏族羌族自治州）·汶川（汶川县）

【出处】刘光元讲，罗世泽搜集：《阿巴补摩》，见中华民族故事大系编委会编《中华民族故事大系》第 11 卷（达斡尔族、仫佬族、羌族），上海：上海文艺出版社 1995 年版，第 691 页。

W0735. 2. 2

神农听信民间智慧尝百草

实　例

汉族 以前，人们闹病。有人告诉神农“很多草木各有温凉毒热之性，何不选草入药对症治疗？”神农氏说那要一样一样亲自尝尝。于是遍山采集草木，或花或果，或茎或根，统统品尝。

【流传】河南省·（郑州市）·登封市

【出处】耿直采录：《神农尝百草》，见

张振犁编著，孟宪明、朱淑君统纂《中原神话通鉴》（第二卷），郑州：河南大学出版社2017年版，第467～468页。

W0735.2.3
神农尝百草前举行仪式

实　例

（参见下级母题实例）

W0735.2.3.1
神农尝百草前拜告天地

实　例

汉族 不到一年时间，各小部落的守土官员将各地的草木的叶根花果枝皮全采集交进宫中。神农氏对身边的妻子和各位头头说："排上香花灯烛，我要拜告天地，亲尝百草，为民疗疾。"

【流传】河南省·（郑州市）·登封市

【出处】耿直采录：《神农尝百草》，见张振犁编著，孟宪明、朱淑君统纂《中原神话通鉴》（第二卷），郑州：河南大学出版社2017年版，第467～468页。

W0735.2.4
神农尝百草辨药性

【关联】［W0735.6.4.2］神农辨经脉

实　例

（参见下级母题实例）

W0735.2.4.1
神农通过小鸟辨草药

实　例

汉族 神农托着女儿生的通身透明的花蕊鸟，来到太行山百草洼，采摘各种草根、树皮、果实、种子，捕捉各种飞禽走兽、鱼鳖小虫，挖刨各色石头矿物，一样一样喂小鸟，一样一样亲口尝，观察它们在身子里各走哪一经，各是啥子性，各治啥样病。可哪一味药，都只在这十二经脉里打圈圈，超不出。

【流传】河南省·（焦作市）·沁阳县

【出处】都平君、周存旺采录整理：《神农和花蕊鸟》，见张振犁编著，孟宪明、朱淑君统纂《中原神话通鉴》（第二卷），郑州：河南大学出版社2017年版，第473页。

W0735.2.5
神农在特定地方尝百草

实　例

（参见下级母题实例）

W0735.2.5.1
神农在神农架尝百草

实　例

汉族 神农架位于鄂西北，与川、陕交界，是神农氏尝百草、寻药材之所。

【流传】（无考）

【出处】袁珂改编：《神农架》（原名《神农架田歌的特点及其长期流传的原因》），原载《民间文学论坛》1983年第2期，见袁珂《中国神话大词典》，北京：华夏出版社2015年版，第387～388页。

W0735. 2. 5. 2

神农炎帝在羊台山尝百草

实 例

汉族 神农炎帝尝百草、兴农耕的地方在山西长子县、长治县、高平县三县交界的羊台山上。

【流传】上党一带（山西东南部古地名，主指古潞泽辽沁四州一带，曾包括山西省晋中榆社、左权、长治、晋城东部以及河北涉县等地）

【出处】冀光明：《炎帝庙纪事二章》，见马志生主编《上党炎帝》，太原：山西出版传媒集团·三晋出版社（原山西古籍出版社）2014年版，第22页。

W0735. 2. 5. 3

神农山西长治县城额羊头岭尝百草

实 例

汉族 山西长治县城西侧的额羊头岭，是始祖神农尝百草、教农耕的地方。

【流传】上党一带（山西东南部古地名，主指古潞泽辽沁四州一带，曾包括山西省晋中榆社、左权、长治、晋城东部以及河北涉县等地）

【出处】黎方：《黎都公园凸现羊头岭》，见马志生主编《上党炎帝》，太原：山西出版传媒集团·三晋出版社（原山西古籍出版社）2014年版，第11页。

W0735. 2. 6

神农尝百草的方法

实 例

（参见下级母题实例）

W0735. 2. 6. 1

神农氏以赭鞭鞭草木尝百草，始有医药

实 例

汉族 神农氏以赭鞭鞭草木，尝百草，始有医药。

【流传】（无考）

【出处】［汉］司马迁：《史记·补三皇本纪》。

汉族 神农以赭鞭鞭百草，尽知其平毒寒温之性，臭味所主，以播百谷。

【流传】（无考）

【出处】［晋］干宝：《搜神记》卷一。

W0735. 2a

神农尝百谷

实 例

（参见下级母题实例）

W0735.2a.1

神农尝百谷于百谷山

实 例

汉族 百谷山与太行山、王屋山皆边，昔神农尝百谷于此。

【流传】（无考）

【出处】［北宋］乐史：《太平寰宇记》。

汉族 百谷山，在郡东北十三里，神农尝百谷于此。立庙祀之。【注：百谷山，又称柏谷山，北珏山，俗称老顶山】

【流传】 山西省·长治市·长治县

【出处】［清］《（顺治）潞安府志》卷一·长治县。

汉族 百谷山在县东南二十里，亦亦神农尝谷得名。

【流传】 山西省·长治市·襄垣县

【出处】［清］《（顺治）潞安府志》卷一·襄垣县。

W0735.3

神农善射

【关联】［W2924.10］善射的人

实 例

（参见下级母题实例）

W0735.3.1

神农箭法很好

实 例

汉族 神农长得又高又大，箭法很好。

【流传】 河南省·（周口市）·淮阳县·白楼乡·施庄

【出处】 施道连讲，杨复俊采录：《神农种五谷》，见中国民间文学集成全国编辑委员会编《中国民间故事集成》（河南卷），北京：中国 ISBN 中心 2001 年版，第 29 页。

汉族 古时候，有个名叫神农的人，他长得又高又大，箭法很好。

【流传】 河南省·（周口市）·淮阳县·（白楼乡·施庄）

【出处】 施道连（男，43 岁，教师）讲杨复俊采录：《神农种五谷》（1986.04），见张振犁编著，孟宪明、朱淑君统纂《中原神话通鉴》（第二卷），郑州：河南大学出版社 2017 年版，第 452 页。

W0735.4

神农斩龙

【关联】［W8893.1］屠龙

实 例

（参见下级母题实例）

W0735.4.1

神农氏斗龙王

实 例

汉族 正在山上采药的神农氏看见黑龙王来势凶猛，便施动法术，和它斗了起来。大战了七七四十九个回合，

只杀得天昏地暗，地动山摇。终于黑龙王败走太行，钻进了黑龙洞

【流传】河南省·（新乡市）·辉县

【出处】冯云宵采录：《神农采药到百泉》，见张振犁编著，孟宪明、朱淑君统纂《中原神话通鉴》（第二卷），郑州：河南大学出版社 2017 年版，第 469 页。

W0735. 5

神农安置药材和作物

实 例

土家族 神农皇帝置下千般药材，五谷杂粮。

【流传】（无考）

【出处】《创世歌》，见长阳土家族网：http：//www. cy - tujia. com/list _ body. php? id = 172&news _ par _ id，2005. 12. 14。

W0735. 5. 1

神农传给人间药

实 例

汉族 神龙变的老头传给人间药，后来流传时说成“神农”。

【流传】四川省·巴县（今重庆市·巴南区）·鱼洞镇（鱼洞街道）

【出处】《神农传药》，见李子硕《民间故事集成》（重庆巴县），内部编印，1989 年，第 50 页。

W0735. 5. 2

神农分五谷

实 例

汉族 盘古开天地，神农分五谷，天下风调雨顺，万物生长。

【流传】河南省

【出处】郇永德（男，汉族，农民）讲，李国富（36 岁，大专毕业，干部）采录整理：《狗吃屎的故事》，见张振犁编著，孟宪明、朱淑君统纂《中原神话通鉴》（第四卷），郑州：河南大学出版社 2017 年版，第 1318 页。

W0735. 6

与神农事迹有关的其他母题（与神农能力有关的其他母题）

实 例

（参见下级母题实例）

W0735. 6. 1

神农舍己为人

实 例

（参见下级母题实例）

W0735. 6. 1. 1

神农为找药一日而遇七十毒

实 例

汉族 当此之时，（神农）一日而遇

七十毒。

【流传】（无考）

【出处】《淮南子·修务训》，见［西汉］刘安等著，陈广忠译注《淮南子译注》，长春：吉林文史出版社 1990 年版，第 910 页。

W0735.6.1.2

神农为给人消灾祛病尝百草

【关联】［W0735.2］神农尝百草

实 例

汉族 太古时候，人们没啥吃，只能捋草籽、摘树叶、采野果、猎鸟兽，吃不好中了毒，就被毒死了。神农为这事很发愁，决心尝百草，定药性，为大家消灾祛病。

【流传】河南省·（焦作市）·沁阳县

【出处】都平君、周存旺采录整理：《神农和花蕊鸟》，见张振犁编著，孟宪明、朱淑君统纂《中原神话通鉴》（第二卷），郑州：河南大学出版社 2017 年版，第 472 页。

W0735.6.1.3

神农放弃安逸生活为人找药材

实 例

汉族 在上古时代，关心人民疾苦的神农氏，看到勤劳的人民患病后，缺医少药，坐等死亡，心急如焚，下决心找到医治各种疾病的药材，为民解除病痛。于是他放弃了舒适安逸的宫廷生活，背上药袋上了山。

【流传】河南省·（新乡市）·辉县

【出处】冯云宵采录：《神农采药到百泉》，见张振犁编著，孟宪明、朱淑君统纂《中原神话通鉴》（第二卷），郑州：河南大学出版社 2017 年版，第 469 页。

W0735.6.2

神农氏会法术

实 例

（参见下级母题实例）

W0735.6.2.1

神农能将珍珠化为乌有

实 例

汉族 神农氏利用法术让地下迸发出来的颗颗珍珠一出水面就化为乌有，只能看到串串珍珠从地下涌出，而不能得到珍珠。

【流传】河南省·（新乡市）·辉县

【出处】冯云宵采录：《神农采药到百泉》，见张振犁编著，孟宪明、朱淑君统纂《中原神话通鉴》（第二卷），郑州：河南大学出版社 2017 年版，第 469 页。

W0735.6.2.2

神农以杖画地成涧

实 例

汉族 神农涧在卫辉府温县，神农采药至此，以杖画地，遂成涧。

【流传】（无考）

【出处】［明］陈仁锡：《潜确居类书》卷三一。

W0735.6.2.3

神农用法术把荒地变良田

实 例

汉族 神农用法术，把荒地变成了长满黄棒的黄地。

【流传】河南省·（周口市）·淮阳县［采录地点：淮阳县·临蔡（临蔡镇）］

【出处】陈王氏（女，67岁，农民）讲，陈云峰采录：《黄花菜》，见张振犁编著，孟宪明、朱淑君统纂《中原神话通鉴》（第二卷），郑州：河南大学出版社2017年版，第479页。

W0735.6.3

神农会命名

实 例

（参见下级母题实例）

W0735.6.3.1

神农为山命名

实 例

（参见下级母题实例）

W0735.6.3.1.1

神农命名桐柏山

实 例

汉族 桐柏山是谁起的名呢？有人说是神农爷起的。

【流传】河南省·（南阳市）·桐柏县

【出处】王德堂讲，马卉欣采录整理：《神农爷与桐柏山》，见张振犁编著，孟宪明、朱淑君统纂《中原神话通鉴》（第二卷），郑州：河南大学出版社2017年版，第483页。

W0735.6.4

神农会看病

实 例

（参见下级母题实例）

W0735.6.4.1

神农会看病是因为观音给了他宝瓶和神鞭

实 例

汉族 （参见“W0735a.2.3 神农的鞭子是观音给的”母题实例）

【流传】河南省·（周口市）·淮阳县

【出处】梁加秀（男，73岁，农民，文盲）讲，张华采录：《神农鞭药》（1986.08.26），见张振犁编著，孟宪明、朱淑君统纂《中原神话通鉴》（第二卷），郑州：河南大学出版社2017年版，第471页。

W0735.6.4.2

神农辨经脉

实 例

（参见下级母题实例）

W0735.6.4.2.1 神农通过透明小鸟发现人的12经脉

实 例

汉族 神农把十二味药抓来，熬一味，就给女儿生的透明小鸟喂一次，看这味药到小鸟肚里往哪走，还亲口尝一尝，体会这味药在人体里的反应。十二味药喂完了，发现人身手足一共有三阴三阳十二经脉。

【流传】河南省·（焦作市）·沁阳县

【出处】梁实（60岁，老中医）讲，李成林、谷良喜采录：《神农十二经脉》，见张振犁编著，孟宪明、朱淑君统纂《中原神话通鉴》（第二卷），郑州：河南大学出版社2017年版，第474页。

W0735.6.5 神农访民情

实 例

（参见下级母题实例）

W0735.6.5.1 神农查看民间疫情

实 例

汉族 温县一带流行瘟疫，一天，神农走访路过这里，发现四处没人烟，田地荒芜，就勒马停步，和同伙们一齐察访情由。

【流传】河南省·（焦作市）·温县

【出处】张振怀讲，石平君采录：《神农涧》，见张振犁编著，孟宪明、朱淑君统纂《中原神话通鉴》（第二卷），郑州：河南大学出版社2017年版，第463页。

W0735.6.6 神农会变形

实 例

（参见下级母题实例）

W0735.6.6.1 神农化作一股白气

【关联】［W0735.6.2］神农氏会法术

实 例

汉族 老者见神农治好瘟病，身爽病除，急忙跪地向神农磕头，转眼间神农化作一股白气不见了。

【流传】河南省·（焦作市）·温县

【出处】张振怀讲，石平君采录：《神农涧》，见张振犁编著，孟宪明、朱淑君统纂《中原神话通鉴》（第二卷），郑州：河南大学出版社2017年版，第463页。

W0735.6.7 神农下凡

实 例

（参见下级母题实例）

W0735.6.7.1
神农氏下凡

实例

畲族 一年发了瘟病，人差一点就绝种了。天帝就派草仙神农氏下凡，替人寻找草药治病。

【流传】 福建省·（宁德市）·柘荣（柘荣县）

【出处】 吴庆波讲，吴红妹采录：《神农氏与羊仙》，原载《中国民间故事集成·福建卷·闽东畲族故事》，宁德地区民间文学集成编委会1990年编印，见《福建省少数民族古籍丛书》编委会编《畲族卷·民间故事》，福州：海峡出版发行集团·海峡书局2013年版，第35页。

W0735.6.8
神农建都

实例

（参见下级母题实例）

W0735.6.8.1
炎帝神农在山西长治建黎都耆国

实例

汉族 5000年前，炎帝神农在山西长治建黎都耆国。

【流传】 山西省·长治市

【出处】 张平：《炎帝文化的典藏巨著》，见马志生主编《上党炎帝》，太原：山西出版传媒集团·三晋出版社（原山西古籍出版社）2014年版，第55页。

W0735.6.9
神农建房

实例

（参见下级母题实例）

W0735.6.9.1
神农教化人在平原上见建房屋

实例

汉族 在神农的教化下，人们渐渐学会了在平原地带盖起简陋的房屋。这些房屋大都是原形，下面用木柱支撑，上面覆盖草毡。

【流传】 上党一带（山西东南部古地名，主指古潞泽辽沁四州一带，曾包括山西省晋中榆社、左权、长治、晋城东部以及河北涉县等地）

【出处】 张恩来：《少年炎帝》，见马志生主编《上党炎帝》，太原：山西出版传媒集团·三晋出版社（原山西古籍出版社）2014年版，第10页。

W0735a
神农的工具

实例

（参见下级母题实例）

W0735a.1

神农的坐骑

实 例

（参见下级母题实例）

W0735a.1.1

神农乘红云

实 例

布依族 天上神农大帝乘着一朵红云来到人间，教给祖先制服妖怪的办法。

【流传】（无考）

【出处】李世民、王大岩、黄老当讲，立浩、汛河搜集整理：《要水龙的来历》，见姚宝瑄主编《中国各民族神话》（布依族、仡佬族、苗族），太原：山西出版传媒集团·书海出版社2014年版，第81页。

W0735a.1.2

皇神农驾六龙

实 例

汉族 有神人名石耳，仓色大眉，戴玉理，驾六龙，出地辅，号皇神农。始立地形，甄度四海，东西九十万里，南北八十一万里。

【流传】（无考）

【出处】［北宋］李昉、李穆、徐铉等：《太平御览》卷七八引《春秋命历序》。

W0735a.2

神农的鞭子

实 例

（参见下级母题实例）

W0735a.2.1

神农的赭鞭

【关联】［W0735.2.6.1］神农氏以赭鞭鞭草木尝百草，始有医药

实 例

汉族 神农以赭鞭鞭百草。

【流传】（无考）

【出处】［晋］干宝：《搜神记》卷一。

W0735a.2.1.1

神农的赭鞭是神鞭

实 例

汉族 神农在尝百草在最紧张时，忘了休息，忘了吃饭，曾用一种叫“赭鞭”的神鞭，来鞭打各种各样的药草，一鞭下去，它们的各种性质，有毒无毒，或寒或热就都呈露出来，也都一一记录在案。

【流传】河南省·（郑州市）·登封市

【出处】耿直采录：《神农尝百草》，见张振犁编著，孟宪明、朱淑君统纂《中原神话通鉴》（第二卷），郑州：河南大学出版社2017年版，第467～468页。

W0735a. 2. 2

神农的神鞭

实 例

（参见下级母题实例）

W0735a. 2. 2. 1

神农的神鞭能戳地出水

实 例

汉族 庄稼种下去后，天大旱，庄稼苗都快干死了。人们去找神农。神农拿着神鞭的把儿在地上一连戳了几个洞。一会儿，洞里就往外涌出了清清的泉水。

【流传】豫中一带（河南省中部地区）

【出处】张智杰讲：《神农降牛》，见张振犁编著，孟宪明、朱淑君统纂《中原神话通鉴》（第二卷），郑州：河南大学出版社 2017 年版，第 459 页。

W0735a. 2. 3

神农的鞭子是观音给的

【关联】［W0735. 6. 4. 1］神农会看病是因为观音给了他宝瓶和神鞭

实 例

汉族 观音把自己的宝瓶和手中的鞭子交给神农，说："你把瓶里的水喝了，就会看百样病。地上没有药，你只管用这把鞭在山上、水里、地上打，打一鞭就会长出所需用的药来。"

【流传】河南省·（周口市）·淮阳县

【出处】梁加秀（男，73 岁，农民，文盲）讲，张华采录：《神农鞭药》（1986. 08. 26），见张振犁编著，孟宪明、朱淑君统纂《中原神话通鉴》（第二卷），郑州：河南大学出版社 2017 年版，第 471 页。

W0735a. 3

神农的宝剑

实 例

（参见下级母题实例）

W0735a. 3. 1

神农的宝剑能划出深涧

实 例

汉族 神农随手抽出宝剑，狠狠地在地上划了一刀，突然响了一声巨雷，地面出现了一道深涧，涧底淙淙流水，雾气从涧底冲天而上。

【流传】河南省·（焦作市）·温县

【出处】张振怀讲，石平君采录：《神农涧》，见张振犁编著，孟宪明、朱淑君统纂《中原神话通鉴》（第二卷），郑州：河南大学出版社 2017 年版，第 463 页。

W0735b

神农的关系

【关联】［W0746. 2］炎帝被称为"神农"

实 例

（参见下级母题实例）

W0735b. 1

神农的祖辈（神农是特定人物的后代）

实 例

（参见下级母题实例）

W0735b. 1. 1

神农是盘古的后裔

【关联】［W0725. 5. 2. 1］盘古的后裔神农、祝融

实 例

汉族 元始盘古的后裔太庭氏、庖羲、神农、祝融、五龙氏，分别住在五岳之上。

【流传】（无考）

【出处】《道教的三清尊神》，见王德恒等《造神史话》，天津：百花文艺出版社2002年版，第73页。

W0735b. 1. 2

神农是人火的后裔

实 例

苗族 神农（苗语，会做谷、粟的人）是人火的后裔。

【流传】湖南省·（湘西土家族苗族自治州）·花垣县

【出处】麻文顺唱，石宗仁搜集整理：《物种的来源》，见苗青主编《东部民间文学作品选》，贵阳：贵州民族出版社2003年版，第114页。

W0735b. 1. 3

神农是伏羲的第三代孙儿

实 例

汉族 神农是伏羲的第三代孙儿。

【流传】河南省·（周口市）·淮阳县

【出处】梁加秀（男，73岁，农民，文盲）讲，张华采录：《神农鞭药》（1986. 08. 26），见张振犁编著，孟宪明、朱淑君统纂《中原神话通鉴》（第二卷），郑州：河南大学出版社2017年版，第471页。

W0735b. 2

神农的父母

实 例

（参见下级母题实例）

W0735b. 2. 1

神农的父母盘古兄妹

实 例

汉族 盘古兄妹二人成亲三十载，生个子女。其中，第二个儿子取名神农氏，姬赵女纪管湖州。

【流传】（无考）

【出处】陶阳根据《黑暗传》资料重述：《盘古老祖是龙之子》，见陶阳、钟秀编《中国神话》（中），北京：商务印书馆2008年版，第539～540页。

W0735b. 2. 1. 1
神农是盘古的儿子

实 例

汉族 盘古兄妹二人成亲三十载，生下男女十个人。其中，老二取名神农氏，姬赵女纪管湖州。

【流传】（无考）

【出处】 陶阳根据《黑暗传》资料重述：《盘古老祖是龙之子》，见陶阳、钟秀编《中国神话》（中），北京：商务印书馆 2008 年版，第 539 ~ 540 页。

W0735b. 2. 2
神农的父亲是老天爷

实 例

（参见下级母题实例）

W0735b. 2. 2. 1
神农、伏羲是老天爷的儿子

实 例

汉族 神农、伏羲是老天爷的儿子。

【流传】 河北省 · 秦皇岛市 · 抚宁县 · （留守营镇） · 宋庄乡（宋庄村）

【出处】 孙本营讲：《女娲造人》，见秦皇岛市抚宁县三套集成办公室编《抚宁民间故事卷》第 1 集，内部编印，1987 年，第 18 ~ 19 页。

W0735b. 2. 3
神农的母亲

实 例

（参见下级母题实例）

W0735b. 2. 3. 1
神农 60 多岁的老娘洒奶浆润五谷

实 例

土家族 神农造出的五谷没有水分，粗粗糙糙不能食用。他的六十多岁的老娘将奶浆洒到五谷上，从此变成了又糯又香，吃来有味的粮食。

【流传】（无考）

【出处】

（a）彭承松讲，彭勃整理：《神农老娘挤奶浆》，见归秀文编《土家族民间故事选》，上海：上海文艺出版社 1989 年版。

（b）同（a），见姚宝瑄主编《中国各民族神话》（土家族、毛南族、侗族、瑶族），太原：山西出版传媒集团 · 书海出版社 2014 年版，第 29 ~ 30 页。

W0735b. 2. 3. 2
神农的母亲安登（神农的母亲女登）

实 例

（参见下级母题实例）

W0735b.2.3.2.1

神农的母亲安登是少典妃

实　例

汉族 少典妃安登游于华阳，有神龙首感之于常羊，生神农。

【流传】（无考）

【出处】［清］马国翰：《玉函山房辑佚书》辑《春秋纬元命苞》。

W0735b.3

神农的兄弟

实　例

（参见下级母题实例）

W0735b.3.1

神农、伏羲是兄弟

实　例

汉族 （参见“W0735b.2.2.1 神农、伏羲是老天爷的儿子”母题实例）

W0735b.3.2

神农与太庭氏、庖羲、祝融、五龙氏是兄弟

实　例

汉族 （参见“W0735b.1.1　神农是盘古的后裔”母题实例）

W0735b.4

神农的妻子

实　例

（参见下级母题实例）

W0735b.4.1

神农氏姬赵女

实　例

汉族 盘古兄妹婚生的第二个儿子取名神农氏，姬赵女纪管湖州。

【流传】（无考）

【出处】陶阳根据《黑暗传》资料重述：《盘古老祖是龙之子》，见陶阳、钟秀编《中国神话》（中），北京：商务印书馆 2008 年版，第 539 ~ 540 页。

W0735b.4.2

农神的妻子衣神是夫妻

实　例

汉族 （实例待考）

W0735b.4.3

农神的妻子长毛姑娘

实　例

汉族 神农氏与救活自己性命的长毛姑娘一来二去相爱了，生了一个遍身长红毛的孩子。

【流传】河南省·（南阳市）·社旗县

【出处】杨东来采录整理：《九子长明灯》，见张振犁编著，孟宪明、朱淑君统纂《中原神话通鉴》（第二卷），郑州：河南大学出版社 2017 年版，第 480 页。

W0735b. 5

神农的子女

实 例

（参见下级母题实例）

W0735b. 5. 1

神农有很多子女

实 例

（实例待考）

W0735b. 5. 2

神农的儿子

实 例

（参见下级母题实例）

W0735b. 5. 2. 1

神农有 9 个儿子

实 例

汉族 神农氏原来有八个儿子，连与长毛姑娘生的毛孩子一共九个儿子。

【流传】河南省·（南阳市）·社旗县

【出处】杨东来采录整理：《九子长明灯》，见张振犁编著，孟宪明、朱淑君统纂《中原神话通鉴》（第二卷），郑州：河南大学出版社 2017 年版，第 480 页。

W0735b. 5. 3

神农的女儿

实 例

（参见下级母题实例）

W0735b. 5. 3. 1

神农的女儿黄花

实 例

汉族 神农有个女儿，名叫黄花。

【流传】河南省·（周口市）·淮阳县［采录地点：淮阳县·临蔡（临蔡镇）］

【出处】陈王氏（女，67 岁，农民）讲，陈云峰采录：《黄花菜》，见张振犁编著，孟宪明、朱淑君统纂《中原神话通鉴》（第二卷），郑州：河南大学出版社 2017 年版，第 479 页。

W0735b. 5. 3. 2

神农的女儿花蕊

实 例

汉族 太古时候，神农的女儿花蕊病了，浑身难受，腹胀如鼓，可服了好多药，总也不见效。

【流传】河南省·（焦作市）·沁阳县

【出处】梁实（60 岁，老中医）讲，李成林、谷良喜采录：《神农十二经脉》，见张振犁编著，孟宪明、朱淑君统纂《中原神话通鉴》（第二卷），郑州：河南大学出版社 2017 年版，第 473～474 页。

W0735b. 5. 3. 2. 1

神农的女儿花蕊公主

实 例

汉族 神农的女儿花蕊公主病了，茶不思，饭不想，浑身难受，腹胀如鼓，咋调治也不轻，神农很作难。

【流传】河南省·（焦作市）·沁阳县

【出处】郗平君、周存旺采录整理：《神农和花蕊鸟》，见张振犁编著，孟宪明、朱淑君统纂《中原神话通鉴》（第二卷），郑州：河南大学出版社 2017 年版，第 472 页。

W0735b. 5. 3. 3 神农的女儿伽价公主

实 例

（参见下级母题实例）

W0735b. 5. 3. 3. 1 伽价公主是神农 7 个女儿中最美的一个

实 例

苗族 伽价公主是神农七个女儿中最美的一个，鸟见翅儿软，兽见腿无力；比花花褪色，赛月月无光。

【流传】贵州省·（铜仁市）·松桃（苗族自治县）、湖南·湘西（土家族苗族自治州）

【出处】龙炳文搜集，燕宝整理：《神母狗父》，原载燕宝编：《苗族民间故事选》，见陶阳、钟秀编《中国神话》（中），北京：商务印书馆 2008 年版，第 553～556 页。

W0735b. 5. 4 农神的长红毛的孩子

实 例

（参见下级母题实例）

W0735b. 5. 4. 1 农神与长毛姑娘婚生长红毛的孩子

实 例

汉族 （参见“W0735b. 4. 3 农神的妻子长毛姑娘”母题实例）

W0735b. 6 神农的后代

【关联】［W0730a. 3. 6. 2. 1. 1. 1］赤帝是神农之后

实 例

（参见下级母题实例）

W0735b. 6. 1 神农之孙榆冈

实 例

汉族 黄帝在昔为有熊之国君，佐神农之孙榆冈。

【流传】（无考）

【出处】［元］赵道一：《历世真仙体道通鉴后集》卷二“九天玄女”条。

W0735b. 7

神农的朋友

实 例

（实例待考）

W0735b. 8

神农的对手

实 例

（实例待考）

W0735b. 9

神农的上司

实 例

（参见下级母题实例）

W0735b. 9. 1

在神农玉皇大帝那里听差

实 例

汉族 以前，神农氏在玉皇大帝那里听差。

【流传】河南省·（濮阳市）·范县［采录地点：范县王楼乡赵菜园村］

【出处】崔金甲（男，65岁，汉族，不识字，范县人，农民）讲，崔金钊（大专毕业，干部）采录：《锄头的传说》（1990. 02. 10），见张振犁编著，孟宪明、朱淑君统纂《中原神话通鉴》（第四卷），郑州：河南大学出版社 2017 年版，第 1279 页。

W0735b. 9. 1. 1

神农就职于玉帝灵霄殿

实 例

汉族 神农奉玉帝圣旨，出了灵霄殿，足踏五色神云，降落人间，察看世俗黎民百姓是否丰衣足食。

【流传】河南省

【出处】郇永德（男，汉族，农民）讲，李国富（36岁，大专毕业，干部）采录整理：《狗吃屎的故事》，见张振犁编著，孟宪明、朱淑君统纂《中原神话通鉴》（第四卷），郑州：河南大学出版社 2017 年版，第 1318 页。

W0735b. 10

神农的从属

实 例

（实例待考）

W0735b. 11

神农的同乡

实 例

（参见下级母题实例）

W0735b. 11. 1

神农与老子同乡

实 例

汉族 厉乡山，神农生此，老子亦生于此。

【流传】(无考)

【出处】

(a) [宋] 罗泌《路史·后纪二》注。

(b) 同 (a),见袁珂《中国神话大词典》,北京:华夏出版社 2015 年版,第 8 页。

W0735b. 12

神农的老师

实 例

(参见下级母题实例)

W0735b. 12. 1

雨师赤松子服水玉以教神农

【关联】[W0768. 1. 6. 7] 帝喾的老师赤松子

实 例

汉族 赤松子者,神农时雨师也。服水玉以教神农,能入火自烧。往往至昆仑山上,常止西王母石室中,随风雨上下。

【流传】(无考)

【出处】[西汉] 刘向:《列仙传》卷上。

W0735c

神农的生活

实 例

(参见下级母题实例)

W0735c. 1

神农的饮食

【关联】[W0735b. 1. 1] 神农是盘古的后裔

实 例

(实例待考)

W0735c. 2

神农的服饰

实 例

(参见下级母题实例)

W0735c. 2. 1

皇神农戴玉理

实 例

汉族 (参见“W0737. 2. 8. 1 皇神农名石耳”母题实例)

W0735c. 3

神农的出行

实 例

(参见下级母题实例)

W0735c. 3. 1

神农爷见老天爷

实 例

汉族 很早以前,有个人名叫神农,这个人可不是凡人,他能上天去见南海观音,还能见天帝,天帝也就是咱常说的老天爷。

【流传】河南省·(周口市)·淮阳县·刘振屯乡 [采录地点:淮阳县刘振屯乡讲述人家里]

【出处】梁加秀(男,73 岁,农民,不

识字）讲，张华（业余作者）采录：《天帝赐麦子》（1986），见张振犁编著，孟宪明、朱淑君统纂《中原神话通鉴》（第四卷），郑州：河南大学出版社 2017 年版，第 1248 页。

汉族 神农爷对老天爷说：“老天爷呀，地上只有树和庄稼，就没有别的东西了。人们想求您赐给点啥东西，把大地变成绿绿的。”

【流传】河南省·（南阳市）·桐柏县

【出处】栗文伟讲，马卉欣采录整理：《老牛植草》，见张振犁编著，孟宪明、朱淑君统纂《中原神话通鉴》（第四卷），郑州：河南大学出版社 2017 年版，第 1296 页。

W0735c. 3. 2

神农见南海观音

实 例

汉族 神农上天去见南海观音，他把人害病的事儿说说。

【流传】河南省·（周口市）·淮阳县·刘振屯乡［采录地点：淮阳县刘振屯乡讲述人家里］

【出处】梁加秀（男，73 岁，农民，不识字）讲，张华（业余作者）采录：《天帝赐麦子》（1986），见张振犁编著，孟宪明、朱淑君统纂《中原神话通鉴》（第四卷），郑州：河南大学出版社 2017 年版，第 1248 页。

W0735c. 4

神农的成长地

实 例

（参见下级母题实例）

W0735c. 4. 1

神农氏在屯留度过童年

实 例

汉族 奇儿神农氏在屯留度过了他的童年。

【流传】山西省·长治市·屯留县

【出处】张恩来：《少年炎帝》，见马志生主编《上党炎帝》，太原：山西出版传媒集团·三晋出版社（原山西古籍出版社）2014 年版，第 7 页。

W0736

神农的寿命与死亡

实 例

（参见下级母题实例）

W0736. 1

神农的死亡

实 例

（参见下级母题实例）

W0736. 1. 1

神农中毒而死

实 例

（参见下级母题实例）

W0736.1.1.1

神农尝断肠草后中毒而死

实 例

汉族 神农尝断肠草，中毒而死。

【流传】四川省·（宜宾市）·高县·白庙乡·瓦屋村

【出处】左湘权讲，王进龙采录：《神农尝百草》，见中国民间文学集成全国编辑委员会编《中国民间故事集成》（四川卷），北京：中国 ISBN 中心 1998 年版，第 75 页。

W0736.1.1.2

神农氏吞试信石（砒霜）中毒而死

实 例

汉族 神农氏因为吞试信石（砒霜），中毒而死。

【流传】江苏省·太仓市·双凤乡·西街

【出处】钱绍伟讲，毛林浓采录：《药王神农氏》，见中国民间文学集成全国编辑委员会编《中国民间故事集成》（江苏卷），北京：中国 ISBN 中心 1998 年版，第 7 页。

W0736.1.2

神农被虫咬而死

实 例

（参见下级母题实例）

W0736.1.2.1

神农氏被百步虫咬死

实 例

汉族 "百步虫"咬死了神农氏。

【流传】河北省·（张家口市）·涿鹿县·（保岱镇）·保岱村

【出处】郭龙讲，杨云采录：《神农死在百草地》，见中国民间文学集成全国编辑委员会编《中国民间故事集成》（河北卷），北京：中国 ISBN 中心 2003 年版，第 20 页。

W0737

与神农有关的其他母题

【关联】［W1246.4.16.2］神农窟（神农穴）

实 例

（参见下级母题实例）

W0737.1

神农的居所

实 例

（参见下级母题实例）

W0737.1.1

神农住天上

实 例

（参见下级母题实例）

W0737. 1. 1. 1

神农大帝居天上

实 例

布依族 天上神农大帝是一个红脸老人。

【流传】（无考）

【出处】李世民、王大岩、黄老当讲，立浩、汛河搜集整理：《要水龙的来历》，见姚宝瑄主编《中国各民族神话》（布依族、仡佬族、苗族），太原：山西出版传媒集团·书海出版社2014年版，第81页。

W0737. 1. 2

神农住山上

实 例

（参见下级母题实例）

W0737. 1. 2. 1

神农居天马山

实 例

汉族 天马山的神农氏下了山。

【流传】湖北省·黄冈县（黄冈市）·（团风县）·马庙（马庙镇）

【出处】周海山讲，徐再跃采录：《盘古斩蟒开天地》，见中国民间文学集成全国编辑委员会编《中国民间故事集成》（湖北卷），北京：中国ISBN中心1999年版，第5页。

W0737. 1. 2. 2

神农爷住在桐柏山南麓

实 例

汉族 神农爷住在桐柏山南麓。

【流传】河南省·（南阳市）·桐柏县

【出处】王德堂讲，马卉欣采录整理：《神农爷与桐柏山》，见张振犁编著，孟宪明、朱淑君统纂《中原神话通鉴》（第二卷），郑州：河南大学出版社2017年版，第483页。

W0737. 1. 3

神农住洞中

实 例

（参见下级母题实例）

W0737. 1. 3. 1

神农住岩洞

实 例

土家族 神农皇帝和老百姓一样住岩洞、披兽皮、围树叶、打赤脚、吃野果，不同的是他要为大家办事。

【流传】（无考）

【出处】

(a) 彭承松讲，彭勃整理：《神农老娘挤奶浆》，见归秀文编《土家族民间故事选》，上海：上海文艺出版社1989年版。

(b) 同（a），见姚宝瑄主编《中国各民族神话》（土家族、毛南族、侗族、瑶族），太原：山西出版传媒集团·书海出版社2014年版，第29页。

W0737.1.3.2

神农在发鸠山筑洞而居

实 例

汉族 奇儿神农氏从盘秀山走出来后，首先到了长子县的发鸠山。在发鸠山筑洞而居。

【流传】上党一带（山西东南部古地名，主指古潞泽辽沁四州一带，曾包括山西省晋中榆社、左权、长治、晋城东部以及河北涉县等地）

【出处】张恩来：《少年炎帝》，见马志生主编《上党炎帝》，太原：山西出版传媒集团·三晋出版社（原山西古籍出版社）2014年版，第7页。

W0737.1.4

神农氏是张茅黎山人

实 例

汉族 神农氏是张茅黎山人。

【流传】河南省·（平顶山）·郏县

【出处】杨存治讲，杨军茂、刘邦项采录整理：《神农氏尝百草》，见张振犁编著，孟宪明、朱淑君统纂《中原神话通鉴》（第二卷），郑州：河南大学出版社2017年版，第464页。

W0737.1.5

神农居淮阳

实 例

汉族 南边陈丘（今河南淮阳）神农部落渐衰。

【流传】河南省·（郑州市）·新密市

【出处】刘文学采录整理：《三帝下凡》，见张振犁编著，孟宪明、朱淑君统纂《中原神话通鉴》（第二卷），郑州：河南大学出版社2017年版，第485页。

W0737.2

神农名字的来历（神农的名称）

实 例

（参见下级母题实例）

W0737.2.0

神农号神农氏

实 例

（参见下级母题实例）

W0737.2.0.1

神农因播百谷故号神农氏

实 例

汉族 神农以赭鞭鞭百草，尽知其平毒寒温之性，臭味所主，以播百谷，故天下号神农氏。

【流传】（无考）

【出处】［晋］干宝：《搜神记》卷一。

W0737.2.0.2

神农又称神农氏

实 例

汉族 （实例待考）

W0737. 2. 1
“神龙”流传中说成“神农”

实 例

汉族 神龙变的老头传给人间药，后来流传时说成“神农”。

【流传】四川省·巴县（今重庆市·巴南区）·鱼洞镇（鱼洞街道）

【出处】《神农传药》，见李子硕《民间故事集成》（重庆巴县），内部编印，1989 年，第 50 页。

W0737. 2. 1. 1
神农是白龙变的，故称神龙，传久了就叫成“神农”

实 例

汉族 （参见“W0732. 4. 1. 1 白龙变成神农”母题实例）

W0737. 2. 2

【关联】［W0746. 1. 1. 1］炎帝神农氏姜姓

实 例

（参见下级母题实例）

W0737. 2. 2. 1
神农氏因降生在绛河源故姓姜

实 例

汉族 因神农氏降生在绛河源，就让他姓姜（姜与绛同音的缘故）。

【流传】上党一带（山西东南部古地名，主指古潞泽辽沁四州一带，曾包括山西省晋中榆社、左权、长治、晋城东部以及河北涉县等地）

【出处】张恩来：《少年炎帝》，见马志生主编《上党炎帝》，太原：山西出版传媒集团·三晋出版社（原山西古籍出版社）2014 年版，第 5 页。

W0737. 2. 3
神农即炎帝（神农称炎帝）

实 例

（参见下级母题实例）

W0737. 2. 3. 1
因为神农身体变红被称为炎帝

实 例

汉族 轩辕和神农联合打败蚩尤后，要一起吃饭庆祝胜利，他们做了十几口特别大的鼎坯，鼎坯上窑生火了，神农和他部落的男人们，满头满脸满身都被烟熏火烤，一个个变红了。轩辕指着神农说：“你干脆叫炎帝吧！”

【流传】湖南省洞庭湖一带

【出处】刘子英整理：《黄帝和炎帝》，原载卫民编《历代帝王故事》，见陶阳、钟秀编《中国神话》（中），北京：商务印书馆 2008 年版，第 798 ~ 801 页。

W0737.2.4

稷被称为神农氏（女青年人稷称为神农氏）

实 例

汉族 女青年人稷被称为神农氏。

【流传】河南省

【出处】杨东来搜集：《五谷的来历》，见张楚北《中原神话》，郑州：海燕出版社1988年版，第43页。

W0737.2.4.1

稷后带领稻、黍、麦、菽、麻五位随从寻找到粮种，被称为神农氏

实 例

汉族 稷后带领稻、黍、麦、菽、麻五位随从寻找到粮种，并教会人们播种。稷死后，人们怀念他，不忘他开创农业的功绩，称他为神农氏。

【流传】河南省·新乡市［采录地点：新乡县·古固寨］

【出处】马如心（50岁，农民）讲，马安中采录：《五谷的来历》（1986.08），见张振犁编著《中原神话通鉴》（第一卷），郑州：河南大学出版社2017年版，第193页。

W0737.2.4.2

稷因发现五谷被称为神农氏

实 例

汉族 稷死后人们怀念他，为了不忘他尝百草分五谷开创农业的功绩，称他为神农氏。

【流传】中原一带

【出处】

（a）杨东来记录整理：《五谷的来历》，见张楚北编《中原神话》，郑州：海燕出版社1988年版。

（b）同（a），见姚宝瑄主编《中国各民族神话》（汉族），太原：山西出版传媒集团·书海出版社2014年版，第388～390页。

汉族 稷发现五谷，他死后人们怀念他，为了不忘他尝百草，分五谷，开创农业的功绩，称他为神农氏。

【流传】（无考）

【出处】

（a）田春元讲，杨东来搜集整理：《五谷的来历》，载《民间文学》1984年第7期。

（b）同（a），见陶阳、钟秀编《中国神话》（下），北京：商务印书馆2008年版，第1143～1145页。

W0737.2.5

神农原名石年

实 例

（参见下级母题实例）

W0737.2.5.1

人们尊称教人种五谷的石年为“神农”

【关联】［W0735.1.1］神农教稼穑（神

农教人种庄稼）

实　例

汉族 ［参见“W0735.1.1 神农教稼穑（神农教人种庄稼）”母题实例］

W0737.2.6

神农爷

实　例

汉族 神农爷住在桐柏山南麓。

【流传】河南省·（南阳市）·桐柏县

【出处】王德堂讲，马卉欣采录整理：《神农爷与桐柏山》，见张振犁编著，孟宪明、朱淑君统纂《中原神话通鉴》（第二卷），郑州：河南大学出版社 2017 年版，第 483 页。

W0737.2.7

神农烈山氏

【关联】［W0746.1.4.1］炎帝神农氏起烈山，故称烈山氏

实　例

汉族 （漻水）西径厉乡南，水南有重山，即烈山也。山下有一穴，父老相传，云是神农所生处也，故《礼》谓之烈山氏。

【流传】（无考）

【出处】

（a）［北魏］郦道元：《水经注·漻水》。

（b）同（a），见袁珂《中国神话大词典》，北京：华夏出版社 2015 年版，第 8 页。

W0737.2.8

皇神农

实　例

（参见下级母题实例）

W0737.2.8.1

皇神农名石耳

实　例

汉族 有神人名石耳，仓色大眉，戴玉理，驾六龙，出地辅，号皇神农。始立地形，甄度四海，东西九十万里，南北八十一万里。

【流传】（无考）

【出处】［北宋］李昉、李穆、徐铉等：《太平御览》卷七八引《春秋命历序》。

W0737.2.9

神农氏又称伊耆氏

实　例

（参见下级母题实例）

W0737.2.9.1

炎帝神农氏又称伊耆氏

实　例

汉族 炎帝神农氏，其初国伊，又国耆。合而称之，又称伊耆氏。

【流传】（无考）

【出处】［春秋战国］晋国魏国史官编

撰：《竹书纪年》。

W0737.2a

神农婆

实 例

（参见下级母题实例）

W0737.2a.1

神农婆为人间降白面

实 例

满族 神农婆为人间降下白面，她降临到人间，扮成一个要饭的老太太，走进一个村子。她要看看她给人间的白面，是怎么个吃用法。

【流传】辽宁省·（鞍山市）·岫岩县（岫岩满族自治县）

【出处】李成明讲，张其卓、董明搜集整理：《神农婆与百谷仙姑》，原载中国民间文艺研究会辽宁分会编《满族三老人故事集》，见陶阳、钟秀编《中国神话》（下），北京：商务印书馆2008年版，第1160～1163页。

W0737.3

神农的遗迹（与神农有关的风物）

实 例

（参见下级母题实例）

W0737.3.1

神农庙

实 例

（参见下级母题实例）

W0737.3.1.1

药王庙

实 例

（参见下级母题实例）

W0737.3.1.1.1

药王庙祭药王菩萨神农

【关联】［W0734.2.2］神农是药王菩萨

实 例

汉族 神农尝百草，为了拯救人们而牺牲了自己。人们也没忘记他，都称他为“药王菩萨”，好多地方都盖上“药王庙”祭祀他。

【流传】浙江省

【出处】陈玮君记录：《尝百草》，载《民间文学》1979年第9期。

汉族 神农长有水晶肚腹，能看见腹内的肺肝肠胃。神农为了给百姓治病，尝遍百草时，吃掉断肠草，来不及取茶解毒，肠寸断而死。百姓因此称神农为“药王菩萨”，建药王庙以祀之。

【流传】（无考）

【出处】

（a）《断肠草》，见袁珂《中国神话大词典》，北京：华夏出版社2015年版，第302页。

（b）《浙江药材传说·茶与断肠草》，载《民间文学》1979年第9期。

W0737.3.1.2

山西百谷山有3座神农庙（柏谷山有3座神农庙）

实 例

汉族 百谷山上有三座神农庙。一个在山腰的滴谷寺村，一个在山西的麓关村，一个在山南的麓柏后村。（注：百谷山，又称柏谷山、北珏山，俗称老顶山）

【流传】 上党一带（山西东南部古地名，主指古潞泽辽沁四州一带，曾包括山西省晋中榆社、左权、长治、晋城东部以及河北涉县等地）

【出处】 杜修勇：《炎帝神农文化在上党》，见马志生主编《上党炎帝》，太原：山西出版传媒集团·三晋出版社（原山西古籍出版社）2014年版，第105页。

W0737.3.1.3

山西长子县北郭漏斗台神农庙

实 例

汉族 山西省长治市长子县北郭外有座漏斗台，台上有一座建于金大定四年时期的神农庙。

【流传】 山西省·长治市·长子县

【出处】 马书岐：《晋东南地区有关炎帝的传说与祭祀活动》，见马志生主编《上党炎帝》，太原：山西出版传媒集团·三晋出版社（原山西古籍出版社）2014年版，第94页。

W0737.3.2

神农像

实 例

（参见下级母题实例）

W0737.3.2.1

神农像左手托鸟的来历

实 例

汉族 神农通过小鸟花蕊鸟辨药性，识草药。有一次，花蕊鸟误食了金冠虫，被毒死了。神农为了纪念这只小鸟，选上好木料照样雕刻了一只花蕊鸟，托在自己的左手脖上，让它终日陪伴自己。人们在小北顶为神农修庙塑像时，在他的左手脖上就放着一只通身透明的小鸟。

【流传】 河南省·（焦作市）·沁阳县

【出处】 都平君、周存旺采录整理：《神农和花蕊鸟》，见张振犁编著，孟宪明、朱淑君统纂《中原神话通鉴》（第二卷），郑州：河南大学出版社2017年版，第473页。

汉族 神农来到太行山，捉全冠虫喂能辨药性的透明小鸟，结果小鸟被毒死了。神农为了纪念这只鸟，就给它起名叫花蕊鸟，还挑选上等好木头，照样雕刻了一只，托在自己左手脖上，走哪带哪。直到现在，人们塑的神农像，还是左手脖托着那只神鸟。

【流传】 河南省·（焦作市）·沁阳县

【出处】 梁实（60岁，老中医）讲，李成林、谷良喜采录：《神农十二经脉》，见张振犁编著，孟宪明、朱淑君统纂《中原神话通鉴》（第二卷），郑州：河南大学出版社 2017 年版，第 474 页。

W0737.3.3

神农台（神农五谷台）

实　例

汉族 人们把神农教天下种五谷的那个高台，叫作神农五谷台。

【流传】河南省·（周口市）·淮阳县

【出处】施道连讲，杨复俊采录：《五谷台》（1984.04.20），见张振犁编著，孟宪明、朱淑君统纂《中原神话通鉴》（第二卷），郑州：河南大学出版社 2017 年版，第 454 页。

W0737.3.3.1

后人把神农种五谷的土岗叫神农台

实　例

汉族 神农把神鸟送的五谷分给大家，叫人们分头去种。从那儿以后，人们就不愁吃的了。后辈人为了不忘神农的功德，把神农原先种五谷那个土岗叫神农台，也叫五谷台，还在那儿修了庙。

【流传】河南省·（周口市）·淮阳县·（白楼乡·施庄）

【出处】施道连（男，43 岁，教师）讲杨复俊采录：《神农种五谷》（1986.04），见张振犁编著，孟宪明、朱淑君统纂《中原神话通鉴》（第二卷），郑州：河南大学出版社 2017 年版，第 452 页。

W0737.3.4

神农涧

实　例

汉族 神农宝剑划出一道深涧，把患病的人都治好了。人们念念不忘神农，就把这个地方起名叫“神农涧”。

【流传】河南省·（焦作市）·温县

【出处】张振怀讲，石平君采录：《神农涧》，见张振犁编著，孟宪明、朱淑君统纂《中原神话通鉴》（第二卷），郑州：河南大学出版社 2017 年版，第 463 页。

W0737.3.4.1

神农涧在温县

实　例

汉族 （参见“W0735.6.2.2 神农以杖画地成涧”母题实例）

W0737.3.5

神农洞

实　例

（参见下级母题实例）

W0737. 3. 5. 1
神农洞在历山

实例

汉族 历山有神农碑，殷店还有神农洞。

【流传】河南省·（南阳市）·桐柏县

【出处】王德堂讲，马卉欣采录整理：《神农爷与桐柏山》，见张振犁编著，孟宪明、朱淑君统纂《中原神话通鉴》（第二卷），郑州：河南大学出版社 2017 年版，第 483 页。

W0737. 3. 6
神农泉

实例

汉族 神农泉下地名井子坪，有田可种，相传神农得嘉谷于此，始教播种，谓之五谷畦焉。

【流传】（无考）

【出处】［明］朱载堉：《羊头山新记》。

W0737. 3. 7
神农故居

实例

（参见下级母题实例）

W0737. 3. 7. 1
神农城

实例

（参见下级母题实例）

W0737. 3. 7. 1. 1
神农城在羊头山

实例

汉族 神农城在羊头山，山下有神农泉，即神农得嘉谷之所。

【流传】（无考）

【出处】［唐］李吉甫撰：《元和郡县志》卷十五引《后魏风土记》。

W0737. 3. 7. 2
神农乡

实例

（参见下级母题实例）

W0737. 3. 7. 2. 1
山西高平市团池乡原名神农乡

实例

汉族 羊头山下高平市的团池乡，在宋代称为“神农乡”，2000 年改名为神农镇。

【流传】上党一带（山西东南部古地名，主指古潞泽辽沁四州一带，曾包括山西省晋中榆社、左权、长治、晋城东部以及河北涉县等地）

【出处】马书岐：《晋东南地区有关炎帝的传说与祭祀活动》，见马志生主编《上党炎帝》，太原：山西出版传媒集团·三晋出版社（原山西古籍出版社）2014 年版，第 94 页。

W0737.3.8

神农本草经

实 例

（参见下级母题实例）

W0737.3.8.1

《神农本草经》记载365种中药

实 例

汉族 《神农本草经》中记载了中药名称365种。

【流传】上党一带（山西东南部古地名，主指古潞泽辽沁四州一带，曾包括山西省晋中榆社、左权、长治、晋城东部以及河北涉县等地）

【出处】杜修勇：《炎帝神农文化在上党》，见马志生主编《上党炎帝》，太原：山西出版传媒集团·三晋出版社（原山西古籍出版社）2014年版，第109页。

W0737.3.9

祭神农

实 例

汉族 （实例待考）

W0737a

少典

实 例

（参见下级母题实例）

W0737a.1

少典的产生

实 例

（实例待考）

W0737a.2

少典的特征（少典的身份）

实 例

（参见下级母题实例）

W0737a.2.1

少典是国君

实 例

汉族 神农氏时，神农的舅舅有个儿子叫少典，为现在河南新郑一带的国君，他有个老婆名叫附宝。

【流传】河南省·（郑州市）·新密市

【出处】郭城采录整理：《黄帝降生》，见张振犁编著，孟宪明、朱淑君统纂《中原神话通鉴》（第二卷），郑州：河南大学出版社2017年版，第515页。

W0737a.2.1.1

少典是有熊部落国君

实 例

汉族 火星天神下凡教人种五谷时，正好见到有熊部落国君少典正陪伴身怀六甲的妻子有娇氏女登游华阳。

【流传】河南省·（郑州市）·新密市

【出处】刘文学采录整理：《三帝下凡》，见张振犁编著，孟宪明、朱淑君统纂《中原神话通鉴》（第二卷），郑州：河南大学出版社 2017 年版，第 484 页。

W0737a. 3
少典的关系

实 例

（参见下级母题实例）

W0737a. 3. 1
少典的祖辈

实 例

（实例待考）

W0737a. 3. 2
少典的父母

实 例

（参见下级母题实例）

W0737a. 3. 2. 1
少典是神农的舅舅的儿子

实 例

汉族 神农氏时，神农的舅舅有个儿子叫少典。

【流传】河南省·（郑州市）·新密市

【出处】郭城采录整理：《黄帝降生》，见张振犁编著，孟宪明、朱淑君统纂《中原神话通鉴》（第二卷），郑州：河南大学出版社 2017 年版，第 515 页。

W0737a. 3. 3
少典的妻子

实 例

（参见下级母题实例）

W0737a. 3. 3. 1
少典的妻子附宝

实 例

汉族 有熊国的国君少典和他的妻子附宝同部落的男女老少在具茨山下用耒耜和铫两种生产工具耕田种谷。

【流传】河南省·（郑州市）·新密市

【出处】刘文学采录整理：《三帝下凡》，见张振犁编著，孟宪明、朱淑君统纂《中原神话通鉴》（第二卷），郑州：河南大学出版社 2017 年版，第 486 页。

W0737a. 3. 3. 2
少典的妻子有娇氏女登

实 例

汉族 火星天神下凡教人种五谷时，正好见到有熊部落国君少典正陪伴身怀六甲的妻子有娇氏女登游华阳。

【流传】河南省·（郑州市）·新密市

【出处】刘文学采录整理：《三帝下凡》，见张振犁编著，孟宪明、朱淑君统纂《中原神话通鉴》（第二卷），郑州：河南大学出版社 2017 年版，第 484 页。

W0737a.3.4

少典的子女

实　例

（参见下级母题实例）

W0737a.3.4.1

少典的儿子黄帝

【关联】［W0695.0.3］黄帝的父亲少典，母亲有娇氏

实　例

汉族 黄帝者，少典之子。姓公孙，名曰轩辕。生而神灵。弱而能言。幼而徇齐，长而敦敏，成而聪明。

【流传】（无考）

【出处】［西汉］司马迁：《史记·五帝本纪》。

汉族 黄帝者，少典之子，曰轩辕，生而神灵。

【流传】（无考）

【出处】［三国·魏］王肃：《孔子家语》。

汉族 少典之子黄帝居新郑一带。

【流传】河南省·（郑州市）·登封市

【出处】《炎黄二帝石》，见张振犁编著，孟宪明、朱淑君统纂《中原神话通鉴》（第二卷），郑州：河南大学出版社 2017 年版，第 503 页。

W0737a.3.4.2

少典的儿子榆罔

实　例

汉族 火星天神下凡教人种五谷时，正好见到有熊部落国君少典正陪伴身怀六甲的妻子有娇氏女登游华阳，于是投胎为少典的儿子。遂为孩子起名叫榆罔。

【流传】河南省·（郑州市）·新密市

【出处】刘文学采录整理：《三帝下凡》，见张振犁编著，孟宪明、朱淑君统纂《中原神话通鉴》（第二卷），郑州：河南大学出版社 2017 年版，第 485 页。

W0737a.4

与少典有关的其他母题

实　例

（参见下级母题实例）

W0737a.4.1

少典姓公孙

实　例

汉族 现在的新郑县城北有座小土山，叫具茨山。山下有一条河，叫姬水河。靠近河边的一个小山洞里，住着一对无儿无女的老夫妇。男的姓公孙，叫少典；女的叫附宝。

【流传】河南省·（郑州市）·新郑市

【出处】蔡英生（75 岁，教师）讲，蔡

柏顺采录整理：《黄帝出世》，见张振犁编著，孟宪明、朱淑君统纂《中原神话通鉴》（第二卷），郑州：河南大学出版社 2017 年版，第 506 页。

W0738

燧人氏

实 例

（参见下级母题实例）

W0738. 1

燧人氏的产生

实 例

（参见下级母题实例）

W0738. 1. 1

山洞生燧人氏

实 例

汉族 泰山的燧人氏也从山洞中出来。

【流传】 湖北省·黄冈县（黄冈市）·（团风县）·马庙（马庙镇）

【出处】 周海山讲，徐再跃采录：《盘古斩蟒开天地》，见中国民间文学集成全国编辑委员会编《中国民间故事集成》（湖北卷），北京：中国 ISBN 中心 1999 年版，第 5 页。

W0738. 2

燧人氏的特征（燧人氏的身份）

【关联】 ［W0658a. 8. 42. 2］糕点业祖师神燧人氏

实 例

（参见下级母题实例）

W0738. 2. 1

燧人氏属阳

实 例

汉族 遂人为遂皇，以火纪，火，太阳也。阳尊，故托遂皇于天。

【流传】（无考）

【出处】［汉］伏胜：《尚书大传》。

W0738. 2. 1. 1

燧皇以火纪

实 例

汉族 （参见“W0738. 2. 1 燧人氏属阳”母题实例）

W0738. 2. 2

燧人氏是皇帝

实 例

汉族 燧人氏是皇帝。

【流传】 河南省·（商丘市）·商丘县（1997 年撤销，大部分划入睢阳区，部分划入梁园区）·城关·北街

【出处】 陈萧讲，刘秀森采录：《燧人氏击石取火》，见中国民间文学集成全国编辑委员会编《中国民间故事集成》（河南卷），北京：中国 ISBN 中心 2001 年版，第 27 页。

W0738.2.2.1

燧人氏是人间的帝王

实　例

汉族 太阳公主对找火的燧人氏说："你是人间的帝王，太阳宫里的东西随你挑，你要什么，我就给你什么。"

【流传】河南省·（焦作市）·武陟县

【出处】张长河采录整理：《有巢氏造屋》，见张振犁编著，孟宪明、朱淑君统纂《中原神话通鉴》（第二卷），郑州：河南大学出版社2017年版，第444页。

W0738.2.2.2

燧人氏曾是商丘一带的皇帝

实　例

汉族 很古的时候，商丘这地方是一片山林，燧人氏当了皇帝之后就住在这里。

【流传】河南省·商丘县（商丘市）

【出处】刘初立、陈肃讲，刘秀森搜集整理：《燧人氏击石取火》，原载张振犁、程健君编《中原神话专题资料》，见陶阳、钟秀编《中国神话》（下），北京：商务印书馆2008年版，第1111～1112页。

W0738.2.3

燧人氏是圣人

实　例

（参见下级母题实例）

W0738.2.3.1

燧人氏是上古圣人

实　例

汉族 上古之世，民食果蓏蚌蛤，腥臊恶臭而伤害腹胃，民多疾病。有圣人作，钻燧取火以化腥臊，而民说之，使王天下，号之曰燧人氏。

【流传】（无考）

【出处】［战国］韩非子：《韩非子·五蠹》。

W0738.2.4

燧人氏是火神（火神燧人氏）

实　例

（参见下级母题实例）

W0738.2.4.1

燧人氏发明钻木取火被奉为火神

实　例

汉族 供奉发明钻木取火的燧人氏。

【流传】（无考）

【出处】《火神》，见乌丙安主编《中国民间神谱》，沈阳：辽宁人民出版社2007年版，第15页。

W0738.3

燧人氏的能力（燧人氏的职能）

实　例

（参见下级母题实例）

W0738. 3. 1

燧人氏发明火

实 例

（参见下级母题实例）

W0738. 3. 1. 1

燧人氏钻燧取火

实 例

汉族 （参见“W0738. 2. 3. 1 燧人氏是上古圣人”母题实例）

W0738. 3. 1. 2

燧人初作燧火

实 例

汉族 古者茹毛饮血，燧人初作燧火，人始燔炙。

【流传】（无考）

【出处】 ［魏晋］谯周：《古史考》辑本。

W0738. 3. 1. 3

燧人察五木以为火

实 例

汉族 燧人上观星辰、下察五木以为火。

【流传】（无考）

【出处】 ［春秋战国］尸佼：《尸子》卷上。

W0738. 3. 2

燧人氏观天象

实 例

（参见下级母题实例）

W0738. 3. 2. 1

燧人上观辰星

实 例

汉族 燧人上观辰星，下察五木以为火。

【流传】（无考）

【出处】 ［北宋］李昉、李穆、徐铉等：《太平御览》卷八六三一辑《尸子》。

W0738. 4

燧人氏的生活

实 例

（参见下级母题实例）

W0738. 4. 1

燧人氏的服饰

实 例

（实例待考）

W0738. 4. 2

燧人氏的饮食

实 例

（实例待考）

W0738.4.3 燧人氏的居所

实 例

（参见下级母题实例）

W0738.4.3.1 燧人氏居泰山

实 例

汉族 （实例待考）

W0738.4.3.2 燧人氏居商丘

实 例

汉族 燧人氏当皇帝时，住在商丘。

【流传】河南省·（商丘市）·商丘县（1997 年撤销，大部分划入睢阳区，部分划入梁园区）·城关·北街

【出处】陈萧讲，刘秀森采录：《燧人氏击石取火》，见中国民间文学集成全国编辑委员会编《中国民间故事集成》（河南卷），北京：中国 ISBN 中心 2001 年版，第 27 页。

汉族 很古很古的时候，商丘这地方是一片山林，燧人氏就住在这里。领人们四处打猎。

【流传】河南省·（焦作市）·武陟县

【出处】张长河采录整理：《有巢氏造屋》，见张振犁编著，孟宪明、朱淑君统纂《中原神话通鉴》（第二卷），郑州：河南大学出版社 2017 年版，第 444 页。

W0738.4.3.3 燧人氏居遂明国

实 例

汉族 申弥国去都万里。有遂明国，不识四时昼夜。其人不死，厌世则升天。国有火树，名燧木，屈盘万顷，云雾出于中间。折枝相钻，则火出矣。后世圣人变腥臊之味，游日月之外，以食救万物，乃至南垂。目此树表，有鸟若鸮，以口啄树，粲然火出。圣人感焉，因取小枝以钻火，号燧人氏。

【流传】（无考）

【出处】［北宋］李昉、李穆、徐铉等：《太平御览》卷八六九引《王子年拾遗记》。

W0738.4.4 燧人氏的出行

实 例

（实例待考）

W0738.5 燧人氏的关系

实 例

（实例待考）

W0738.6 燧人氏的名称

实 例

（参见下级母题实例）

W0738. 6. 1

燧人又称遂皇

实 例

汉族 遂人为遂皇。

【流传】（无考）

【出处】［汉］伏胜：《尚书大传》。

W0738. 6. 2

燧人因遂天之意，故为燧人

实 例

汉族 燧人始钻木取火，炮生为熟，令人无腹疾，有异于禽兽，遂天之意，故为燧人。

【流传】（无考）

【出处】［北宋］李昉、李穆、徐铉等：《太平御览》卷七八引《礼含文嘉》。

W0738. 6. 3

因取小枝以钻火号燧人氏

实 例

汉族 （参见“W0738. 4. 3. 3 燧人氏居遂明国”母题实例）

W0738. 7

与燧人氏有关的其他母题

【关联】

①［W6933. 2］燧人氏发明火

②［W6942. 5］燧人氏取火

实 例

（参见下级母题实例）

W0738. 7. 1

燧人氏的寿命

实 例

（参见下级母题实例）

W0738. 7. 1. 1

燧人氏的寿命 100 多岁

实 例

汉族 燧人氏活了一百多岁。

【流传】 河南省·商丘县（商丘市）

【出处】 刘初立、陈肃讲，刘秀森搜集整理：《燧人氏击石取火》，原载张振犁、程健君编《中原神话专题资料》，见陶阳、钟秀编《中国神话》（下），北京：商务印书馆 2008 年版，第 1111～1112 页。

汉族 燧人氏活了一百多岁。

【流传】 河南省·（商丘市）·商丘县（1997 年撤销，大部分划入睢阳区，部分划入梁园区）·城关·北街

【出处】 陈萧讲，刘秀森采录：《燧人氏击石取火》，见中国民间文学集成全国编辑委员会编《中国民间故事集成》（河南卷），北京：中国 ISBN 中心 2001 年版，第 27 页。

汉族 燧人氏击石取火为人们造了福，百姓都敬仰他。传说他活了一百多岁。

【流传】 河南省·（焦作市）·武陟县

【出处】张长河采录整理：《有巢氏造屋》，见张振犁编著，孟宪明、朱淑君统纂《中原神话通鉴》（第二卷），郑州：河南大学出版社 2017 年版，第 445 页。

W0738.7.2

燧人氏的遗迹

实 例

（参见下级母题实例）

W0738.7.2.1

燧人氏的坟墓在商丘

实 例

汉族 河南商丘县城南三里，有一个两丈来高的大坟冢，这个高大的坟冢就是历史上有名的燧人氏的坟墓。

【流传】河南省·（焦作市）·武陟县

【出处】张长河采录整理：《有巢氏造屋》，见张振犁编著，孟宪明、朱淑君统纂《中原神话通鉴》（第二卷），郑州：河南大学出版社 2017 年版，第 444 页。

W0739

舜

实 例

（参见下级母题实例）

W0739.1

舜的产生

实 例

（参见下级母题实例）

W0739.1.1

舜从天降

实 例

（参见下级母题实例）

W0739.1.1.1

舜是天神下凡

实 例

汉族 （实例待考）

W0739.1.1.2

舜被贬下凡

实 例

（参见下级母题实例）

W0739.1.1.2.1

舜因射死天帝 9 个太阳儿子被贬下凡

实 例

汉族 舜射死天帝的 9 个太阳儿子，被天帝赶出了天界。

【流传】四川省·成都市·东城区

【出处】李芝讲，张光荣采录：《舜射九日》，见中国民间文学集成全国编辑委员会编《中国民间故事集成》（四川卷·上），北京：中国 ISBN 中心 1998 年版，第 90 页。

W0739. 1. 2

感生舜

实 例

（参见下级母题实例）

W0739. 1. 2. 1

女子见大虹生舜

实 例

（参见下级母题实例）

W0739. 1. 2. 1. 1

握登见大虹生舜

实 例

汉族 母曰握登，见大虹意感而生舜于姚墟。

【流传】（无考）

【出处】［战国］不题撰人：《竹书纪年·帝舜有虞氏》。

汉族 舜母握登见大虹意感而生舜。

【流传】（无考）

【出处】［梁］沈约：《宋书·符瑞志》。

W0739. 1. 2. 1. 2

五英感彩虹生舜

实 例

汉族 一户姓虞的人家，户主名叫虞成，娶了个老婆叫五英。五英上山砍柴时遇见一条大彩虹从半空中向她扑来，遂孕生舜。

【流传】河南省·（南阳市）·桐柏县［采录地点：桐柏县·水帘洞］

【出处】释妙祥讲，刘剑、柳丹采录：《虞舜出世》（1986.01），见张振犁编著，孟宪明、朱淑君统纂《中原神话通鉴》（第三卷），郑州：河南大学出版社2017年版，第998～999页。

W0739. 1. 2. 2

女子吃苹果生舜

实 例

汉族 古时候，有姑嫂俩从半坡上下来洗衣裳，高处流下来一个苹果。小姑吃后怀孕。后生的娃子就是舜。

【流传】河南省·（洛阳市）·栾川县［采录地点：漫寺头赵某某诊所］

【出处】赵某某（74岁，曾上过7年私塾，后习中医）讲，陈连山采录：《娃娃潭》，见张振犁编著，孟宪明、朱淑君统纂《中原神话通鉴》（第三卷），郑州：河南大学出版社2017年版，第1000页。

W0739. 1. 3

舜是特定动物的化身

实 例

（参见下级母题实例）

W0739. 1. 3. 1

舜是凤凰的化身

实 例

汉族 舜是凤凰的化身。

【流传】（无考）

【出处】陈勤建：《中国鸟崇拜》，北京：学苑出版社 2003 年版，第 98 页。

W0739.1.4

与舜产生有关的其他母题

实 例

（参见下级母题实例）

W0739.1.4.1

舜的母亲怀胎 9 年

实 例

汉族 五英上山砍柴，见一条大彩虹从半空中向她扑来，就怀了孕，一直怀了九年。一声响雷，五英大叫一声倒在地，后来生的一个小男孩起名叫“舜”。

【流传】河南省·（南阳市）·桐柏县［采录地点：桐柏县·水帘洞］

【出处】释妙祥讲，刘剑、柳丹采录：《虞舜出世》（1986.01），见张振犁编著，孟宪明、朱淑君统纂《中原神话通鉴》（第三卷），郑州：河南大学出版社 2017 年版，第 998～999 页。

W0739.1.4.2

舜从母亲的背中出生

实 例

汉族 虞成的老婆感彩虹怀了孕，一直怀了九年。一声响雷，五英大叫一声倒在地，背上炸开一个大口子，生舜。

【流传】河南省·（南阳市）·桐柏县［采录地点：桐柏县·水帘洞］

【出处】释妙祥讲，刘剑、柳丹采录：《虞舜出世》（1986.01），见张振犁编著，孟宪明、朱淑君统纂《中原神话通鉴》（第三卷），郑州：河南大学出版社 2017 年版，第 998～999 页。

W0739.1.4.3

舜的出生地是牛岭

实 例

汉族 舜就出生在这坨儿的软岭，其实是牛岭，后来人叫转了，成了软岭。

【流传】河南省·（洛阳市）·栾川县［采录地点：漫寺头赵某某诊所］

【出处】赵某某（74 岁，曾上过 7 年私塾，后习中医）讲，陈连山采录：《娃娃潭》，见张振犁编著，孟宪明、朱淑君统纂《中原神话通鉴》（第三卷），郑州：河南大学出版社 2017 年版，第 1000 页。

W0739.1.4.4

舜生于姚墟

实 例

汉族 瞽叟妻曰握登，见大虹，意感而生舜于姚墟。

【流传】（无考）

【出处】［西汉］司马迁：《史记·五帝

本纪》张守节正义。

W0739. 1. 4. 5

舜生于诸冯

实 例

汉族 舜生于诸冯，迁于负夏，卒于鸣条，东夷之人也。

【流传】（无考）

【出处】［战国］孟轲：《孟子·离娄下》。

W0739. 1. 4. 5. 1

诸冯在曹县西北五十里

实 例

汉族 诸冯，在曹县西北五十里，相传舜生之地。今按其地与姚虚相去不远，恐或然也。

【流传】（曹县）

【出处】［明］方远宜、陆釴等纂修：《嘉靖山东通志》卷二十二《古迹》，见《天一阁藏明代方志选刊续编》第52册，上海：上海书店出版社1961年版，第36页。

W0739. 2

舜的特征

【关联】［W0459. 6. 3. 1］陶业祖师和保护神是舜

实 例

（参见下级母题实例）

W0739. 2. 1

舜的体征

实 例

（参见下级母题实例）

W0739. 2. 1. 1

舜两只眼里都有2个瞳仁（舜重瞳，舜两眸子）

实 例

汉族 舜两眸子，是谓重瞳。

【流传】（无考）

【出处】［春秋战国］尸佼：《尸子》卷下。

汉族 舜二瞳子，是谓重明，作事成法，出言成章。

【流传】（无考）

【出处】［西汉］淮南王刘安及门客：《淮南子·修务训》。

汉族 舜两眸子，是谓重明。

【流传】（无考）

【出处】［北宋］李昉、李穆、徐铉等：《太平御览·帝舜有虞氏》。

汉族 舜出生后，和别的孩子长得不一样，两只眼里都有俩瞳仁。

【流传】河南省·（南阳市）·桐柏县［采录地点：桐柏县·水帘洞］

【出处】释妙祥讲，刘剑、柳丹采录：《虞舜出世》（1986. 01），见张振犁编著，孟宪明、朱淑君统纂《中原神话通鉴》（第三卷），郑州：河南大学出版社 2017 年版，第 998 ~999 页。

W0739.2.1.2

舜外表端庄

实 例

汉族 （实例待考）

W0739.2.1.3

舜面颔无毛

实 例

汉族 舜身六尺有奇，面颔无毛，亦圣也。

【流传】（无考）

【出处】［时代不详］托名孔鲋：《孔丛子·居卫》。

W0739.2.1.4

舜皮肤黑

实 例

汉族 神农憔悴，尧瘦癯，舜黴黑，禹胼胝。

【流传】（无考）

【出处】［西汉］淮南王刘安及门客：《淮南子·修务训》。

W0739.2.2

舜的性情

实 例

（参见下级母题实例）

W0739.2.2.1

舜性情宽厚

实 例

汉族 玉溪老人看见舜王盟誓，而且从言行举止上看，舜王不像个心胸狭窄的人，才下决心把鲧的儿子文命推荐给他。

【流传】河南省·（郑州市）·登封市

【出处】《玉溪垂钓》，见张振犁编著，孟宪明、朱淑君统纂《中原神话通鉴》（第四卷），郑州：河南大学出版社 2017 年版，第 1132 页。

W0739.2.2.1.1

舜忠厚老实，宽宏大量

实 例

汉族 人们看舜忠厚老实，宽宏大量，就推选他做了皇帝。舜当了皇帝。

【流传】河南省·（洛阳市）·偃师县（偃师市）

【出处】刘伯欣的母亲讲，刘伯欣采录：《种麻籽》（1981），见张振犁编著，孟宪明、朱淑君统纂《中原神话通鉴》（第三卷），郑州：河南大学出版社 2017 年版，第 1004 页。

W0739.2.2.1.2

舜仁者善心（舜仁慈）

实 例

汉族 舜，传说中的远古帝王，五帝之一，姓姚，名重华，号有虞氏，史称虞舜。相传他的父亲瞽叟及继母、异母弟象，多次想害死他：让舜修补谷仓仓顶时，从谷仓下纵火，舜手持两个斗笠跳下逃脱；让舜掘井时，瞽叟与象却下土填井，舜掘地道逃脱。事后舜毫不嫉恨，仍对父亲恭顺，对弟弟慈爱。

【流传】 辽宁省·（锦州市）·北镇市·常兴店镇

【出处】 《青岩寺》，见 http://www.lvshan.com。

汉族 尧王来到舜犁地的地方，见舜使的一头黄牛和一头黑牛，屁股上都绑个簸箕。问其故，舜说鞭打牛身上牛会疼的，哪个牛走得慢了，照簸箕上打一下，它就知道是打它的，就会紧走几步撵上去。尧王听罢暗暗称赞。

【流传】 河南省·南阳市

【出处】 杜加典讲，张楚北采录：《尧王访贤（二）》（1982. 02），见张振犁编著，孟宪明、朱淑君统纂《中原神话通鉴》（第三卷），郑州：河南大学出版社 2017 年版，第 987 页。

W0739. 2. 2. 2

舜很孝顺

实 例

汉族 唐尧时，有个青年叫大舜，勤快憨厚，对父母十分孝顺。后娘百般虐待大舜，舜还是很孝顺。

【流传】（无考）

【出处】 王上清讲，王孟晓记录：《大舜耕田》，原载陶阳编《中国民间故事大观》，见陶阳、钟秀编《中国神话》（中），北京：商务印书馆 2008 年版，第 826～827 页。

汉族 后娘处处苛刻舜，舜对后娘没有一点儿怨恨，一早一晚还问安。

【流传】 河南省·（南阳市）·桐柏县［采录地点：桐柏县·水帘洞］

【出处】 释妙祥讲，刘剑、柳丹采录：《效舜》（1986. 01），见张振犁编著，孟宪明、朱淑君统纂《中原神话通鉴》（第三卷），郑州：河南大学出版社 2017 年版，第 1001 页。

W0739. 2. 2. 2. 1

舜严遵母命

实 例

汉族 尧王来到舜犁地的地方，见舜横着犁。原来舜知道这样犁地又慢又费劲，但母亲整天想法害他，怕不照着办会惹出祸来，就只好遵从。

【流传】 河南省·南阳市

【出处】 杜加典讲，张楚北采录：《尧王访贤（二）》（1982. 02），见张振犁编著，孟宪明、朱淑君统纂《中原神话通鉴》（第三卷），郑州：河南大学出版社 2017 年版，第 987 页。

W0739.2.2.2.2

舜20岁始以孝闻

实 例

汉族 舜能和谐，大杖则避，小杖则受，年二十始以孝闻。尧以二女娥皇、女英妻之。

【流传】（无考）

【出处】［晋］皇甫谧：《帝王世纪·帝舜有虞氏》。

W0739.2.2.2.3

舜下井为母捞金簪

实 例

汉族 舜下井为母捞金簪。

【流传】 河南省·（濮阳市）·范县［采录地点：范县·王楼乡］

【出处】 崔金甲（男，65岁，农民，不识字）讲，崔金钊采录：《尧王访贤（一）》（1989.10.22），见张振犁编著，孟宪明、朱淑君统纂《中原神话通鉴》（第三卷），郑州：河南大学出版社2017年版，第986页。

W0739.2.2.3

舜处事公道

实 例

汉族 尧王民间巡访来到历山，看见舜正在犁地。尧王见舜掌的那个里首牛很好，就满口夸奖。舜急忙轻声对尧王说："你夸里首牛好，外首牛听见生气了，会能好好地拉犁吗？"尧王一听大喜，暗暗佩服大舜处世公道。

【流传】 河南省·（洛阳市）·宜阳县

【出处】 王上清（50岁，农民）讲，王孟晓采录：《大舜耕田》（1986.08），见张振犁编著，孟宪明、朱淑君统纂《中原神话通鉴》（第三卷），郑州：河南大学出版社2017年版，第1005页。

W0739.2.2.3a

舜公正圣明

实 例

汉族 舜帝在九嶷山公正圣明，执法如山。

【流传】（无考）

【出处】 李美清讲，杨鹏搜集整理：《舜帝审案》，原载陶阳编《中国民间故事大观》，见陶阳、钟秀编《中国神话》（中），北京：商务印书馆2008年版，第822~823页。

汉族 尧王来到历山，看见舜正在犁地。尧王见舜掌的那个里首牛很好就满口夸奖。舜急忙轻声对尧王说；"你夸里首牛好，外首牛听见生气了，能再好好地拉犁吗？"尧王暗暗佩服大舜处世公道。

【流传】（无考）

【出处】 王上清讲，王孟晓记录：《大舜耕田》，原载陶阳编《中国民间故事大观》，见陶阳、钟秀编《中国神话》

（中），北京：商务印书馆 2008 年版，第 826～827 页。

W0739.2.2.4 大舜勤快憨厚

实 例

汉族 唐尧那时候，有个青年叫大舜，勤快憨厚，对父母十分孝顺。

【流传】河南省·（洛阳市）·宜阳县

【出处】王上清（50 岁，农民）讲，王孟晓采录：《大舜耕田》（1986.08），见张振犁编著，孟宪明、朱淑君统纂《中原神话通鉴》（第三卷），郑州：河南大学出版社 2017 年版，第 1004 页。

W0739.2.2.5 舜有贤德

实 例

汉族 尧王暗暗称赞舜的贤德。把舜带进王宫，把自己的两个女儿娥皇、女英许配给舜为妃，又把江山让给了舜。

【流传】河南省·南阳市

【出处】杜加典讲，张楚北采录：《尧王访贤（二）》（1982.02），见张振犁编著，孟宪明、朱淑君统纂《中原神话通鉴》（第三卷），郑州：河南大学出版社 2017 年版，第 988 页。

W0739.2.2.6 舜偏心小老婆

实 例

（参见下级母题实例）

W0739.2.2.6.1 舜尤爱次妃女英，欲立以为后而无其由

【关联】［W0739.4.4.1.2］舜喜欢女英

实 例

汉族 舜为帝时，曾娶二妃，一曰娥皇，一曰女英；舜尤爱女英，欲立以为后而无其由。

【流传】（河南省）

【出处】袁珂改编：《娥皇与女英》（原名《骡子为什么不下驹》），原载河南师大中文系编《河南民间故事》，见袁珂《中国神话大词典》，北京：华夏出版社 2015 年版，第 389 页。

W0739.2.3 帝舜短

实 例

（参见下级母题实例）

W0739.2.3.1 帝尧长，帝舜短

实 例

汉族 帝尧长，帝舜短。文王长，周公短。

【流传】（无考）

【出处】［战国］荀况：《荀子·非相》。

W0739.3

舜的职能（舜的身份，舜的能力、舜的事迹）

【关联】

①［W1978.1.2.3］舜掘地成井

②［W8989.1.1］舜临死逃脱

实 例

（参见下级母题实例）

W0739.3.1

舜是帝王

实 例

（参见下级母题实例）

W0739.3.1.1

尧举舜为天子

实 例

汉族 舜牧羊于黄河，遇尧，举为天子。

【流传】（无考）

【出处】［清］马国翰：《玉函山房辑佚书·公孙宏书》。

W0739.3.1.2

舜在位六十年

实 例

汉族 尧王死后，大舜做了皇帝。舜在位六十年，全国人能安居乐业，太平无事。

【流传】河南省·（洛阳市）·宜阳县

【出处】王上清（50岁，农民）讲，王孟晓采录：《大舜耕田》（1986.08），见张振犁编著，孟宪明、朱淑君统纂《中原神话通鉴》（第三卷），郑州：河南大学出版社2017年版，第1005页。

W0739.3.1.3

舜让位给禹

实 例

汉族 舜王到了晚年，主动把王位让给了禹王，天下百姓赞不绝口。

【流传】河南省·（南阳市）·方城县·（清河乡·老庄村）

【出处】郭延华（男，30岁，农民）讲，郭国祥采录整理：《舜王庙（二）》（1985.09.04），见张振犁编著，孟宪明、朱淑君统纂《中原神话通鉴》（第三卷），郑州：河南大学出版社2017年版，第1012页。

W0739.3.1.4

虞舜是人主

实 例

汉族 人主虞舜让部族的一个首领——鲧，带领三千壮士前去治水，解救黎民百姓。

【流传】河南省·（信阳市）·淮滨县、息县

【出处】易志（男，69岁，市民）讲，

曹金铸采录整理：《淮汝交流》(1990)，见张振犁编著，孟宪明、朱淑君统纂《中原神话通鉴》（第四卷），郑州：河南大学出版社 2017 年版，第 1113 页。

W0739. 3. 1. 5

虞舜是天帝

实 例

（参见下级母题实例）

W0739. 3. 1. 5. 1

尧去世后，舜做了天帝

实 例

汉族 尧去世后，舜做了天帝。

【流传】河南省·（郑州市）·登封市

【出处】《禹都阳城》，见张振犁编著，孟宪明、朱淑君统纂《中原神话通鉴》（第四卷），郑州：河南大学出版社 2017 年版，第 1038 页。

W0739. 3. 1. 6

舜是五帝之一

【关联】［W0730a. 3］ 五帝

实 例

汉族 舜，传说中的远古帝王，五帝之一。

【流传】辽宁省·（锦州市）·北镇市·常兴店镇

【出处】《青岩寺》，见 http://www.lvshan.com。

W0739. 3. 1. 7

舜是皇帝

实 例

（参见下级母题实例）

W0739. 3. 1. 7. 1

大舜是古时候一个好皇帝

实 例

汉族 大舜是古时候的一个好皇帝。

【流传】四川省·成都（成都市）

【出处】李茂生讲，陈钧整理：《害不死的大舜》，载《民间文学》1964 年第 3 期。

W0739. 3. 1a

舜是酋长

实 例

（参见下级母题实例）

W0739. 3. 1a. 1

虞舜是妫水氏族的酋长

实 例

汉族 妫水氏族（今山西虞乡一带）有个酋长，叫做虞舜，这个人很能干，他带领人们开发田园，发展得很快。

【流传】（无考）

【出处】申双鱼搜集整理：《尧王举贤》，原载陶阳编《中国民间故事大观》，见陶阳、钟秀编《中国神话》

（中），北京：商务印书馆 2008 年版，第 811 ~812 页。

W0739.3.2

舜对农业有贡献

实 例

（参见下级母题实例）

W0739.3.2.1

舜取谷种

【关联】［W3959.1］舜取粮种

实 例

（参见下级母题实例）

W0739.3.2.1.1

舜从天上盗谷种

实 例

汉族 舜从天上偷来稻谷种子。

【流传】浙江省·金华（金华市）·（武义县）·后树乡·黄泥坑村

【出处】张舍囡讲：*《虞舜耕田》，见《浙江省民间文学集成·金华市故事卷》，杭州：浙江文艺出版社 1989 年版，第 31 页。

W0739.3.2.2

舜王教老百姓种庄稼

实 例

汉族 舜王在位期间，亲自烧荒开地，教老百姓种庄稼，饲养牲畜，老百姓对他都很敬仰。

【流传】河南省·（南阳市）·方城县·（清河乡·老庄村）

【出处】郭延华（男，30 岁，农民）讲，郭国祥采录整理：《舜王庙（二）》（1985.09.04），见张振犁编著，孟宪明、朱淑君统纂《中原神话通鉴》（第三卷），郑州：河南大学出版社 2017 年版，第 1012 页。

W0739.3.3

舜能显灵

实 例

（参见下级母题实例）

W0739.3.3.1

舜王爷显灵

实 例

汉族 有一天晚上，舜王爷显灵，一夜之间便把庙搬到了邙山上。

【流传】河南省·（洛阳市）·偃师县（偃师市）

【出处】寇文贤（60 岁，女，农民，不识字）讲，刘伯欣采录：《舜王庙（一）》（1981.02），见张振犁编著，孟宪明、朱淑君统纂《中原神话通鉴》（第三卷），郑州：河南大学出版社 2017 年版，第 1012 页。

W0739.3.4

舜善弹琴

实 例

（参见下级母题实例）

W0739. 3. 4. 1

尧令女儿娥皇、女英跟舜学弹琴

实 例

汉族 舜弹琴弹得最好，尧便令娥皇、女英跟着舜学。后来，尧就把两个女儿嫁给舜做妻子。

【流传】 河南省·（南阳市）·南阳县（宛城区、卧龙区）

【出处】 邱海观（男，72岁，农民）讲，范牧采录整理：《瑶琴》，见张振犁编著，孟宪明、朱淑君统纂《中原神话通鉴》（第三卷），郑州：河南大学出版社2017年版，第992页。

W0739. 3. 5

舜耕田

【关联】［W0739. 3. 2］舜对农业有贡献

实 例

（参见下级母题实例）

W0739. 3. 5. 1

舜耕潼关

实 例

汉族 潼关去蒲坂城六十，城中有舜庙，城外有舜宅并及二妃坛，南去城二十，舜所耕也。

【流传】（无考）

【出处】［南宋］罗泌：《路史》注引《西征记》。

W0739. 3. 5. 2

舜耕泰山脚下

实 例

汉族 舜被后母赶出家门，有家回不去，四处流浪。他走到泰山脚下，就到村里给长老打了个招呼，住下来开荒种地。

【流传】 河南省桐柏山一带

【出处】 释妙祥讲，刘剑、柳丹记录整理：《箫》，原载马卉欣主编《中国民间故事集成》（河南桐柏县卷第一分册“神话·传说”），见陶阳、钟秀编《中国神话》（下），北京：商务印书馆2008年版，第1275～1277页。

汉族 舜被逐出家门，走到泰山脚下，见这里风景好，就到村里给长老打了个招呼，住下来开荒种地。

【流传】 河南省·（南阳市）·桐柏县桐柏山一带

【出处】 释妙祥（男，60岁，和尚）讲，刘剑、柳丹采录整理：《箫》（1985. 11. 16），见张振犁编著，孟宪明、朱淑君统纂《中原神话通鉴》（第三卷），郑州：河南大学出版社2017年版，第1008页。

W0739. 3. 5. 3

舜耕历山

实 例

汉族 舜听了继母的话，就把牛赶到历山脚下，自己搭了个小草棚，开始干活了。

【流传】河南省·（洛阳市）·宜阳县

【出处】王上清（50岁，农民）讲，王孟晓采录：《大舜耕田》（1986.08），见张振犁编著，孟宪明、朱淑君统纂《中原神话通鉴》（第三卷），郑州：河南大学出版社2017年版，第1004页。

W0739.3.5.3.1

舜耕历山之阳

实 例

汉族 舜耕于历山之阳，耕者让畔；渔于雷泽，渔者让渊；陶于河滨，陶者器不麻。

【流传】（无考）

【出处】［晋］皇甫谧：《帝王世纪·帝舜有虞氏》。

W0739.3.5.3.2

舜使象耕于历山

实 例

汉族 《二十四孝图说》所绘舜耕于历山图像，其使用牲畜，乃长鼻大耳之巨象，《楚辞·天问》所谓“舜服厥弟”者，实舜服野象。舜以象耕，当即舜服野象之结果。

【流传】（无考）

【出处】《舜耕历山》，见袁珂《中国神话大词典》，北京：华夏出版社2015年版，第321页。

W0739.3.5.3.3

舜耕余姚历山

实 例

汉族 历山在县北四十里，有象田舜井，石床诸迹，山崖石壁镌“耕隐”二字，石嵌空横覆如床，可坐数人，相传为帝舜耕时避雨处。

【流传】（余姚县）

【出处】［清］不题撰人：《康熙余姚县志》。

W0739.3.5.3.4

舜耕晋东南历山

实 例

汉族 舜耕历山的地点是晋东南一带。

【流传】上党一带（山西东南部古地名，主指古潞泽辽沁四州一带，曾包括山西省晋中榆社、左权、长治、晋城东部以及河北涉县等地）

【出处】马书岐：《晋东南地区有关炎帝的传说与祭祀活动》，见马志生主编《上党炎帝》，太原：山西出版传媒集团·三晋出版社（原山西古籍出版社）2014年版，第85页。

W0739.3.5.3.5

舜耕济南历山

实 例

汉族 （实例待考）

W0739. 3. 5a

舜种茶

实 例

（参见下级母题实例）

W0739. 3. 5a. 1

舜骊山种茶

实 例

汉族 尧王微服来骊山私访，见舜正在种茶

【流传】河南省·（濮阳市）·范县［采录地点：范县·王楼乡］

【出处】崔金钊采录：《尧王喝茶》（1989. 11. 04），见张振犁编著，孟宪明、朱淑君统纂《中原神话通鉴》（第三卷），郑州：河南大学出版社 2017 年版，第 989 页。

W0739. 3. 6

舜访贤

【关联】［W0747. 4. 2］尧招贤（尧访贤）

实 例

（参见下级母题实例）

W0739. 3. 6. 1

舜为治水访贤

实 例

汉族 舜王和他的大臣们为治水到玉溪村前去访贤。

【流传】河南省·（郑州市）·登封市

【出处】《舜王访贤》，见张振犁编著，孟宪明、朱淑君统纂《中原神话通鉴》（第四卷），郑州：河南大学出版社 2017 年版，第 1130 页。

W0739. 3. 7

舜得道多助

实 例

汉族 大舜身患重病，累倒在地。他想着死去的母亲，有气无力地哭着。这哭声传开了，野猪听了来帮他拱地，小鸟听了来帮他啄草。

【流传】河南省·（洛阳市）·宜阳县

【出处】王上清（50 岁，农民）讲，王孟晓采录：《大舜耕田》（1986. 08），见张振犁编著，孟宪明、朱淑君统纂《中原神话通鉴》（第三卷），郑州：河南大学出版社 2017 年版，第 1005 页。

W0739. 3. 8

舜作事成法，出言成章

实 例

汉族 舜二瞳子，是谓重明，作事成法，出言成章。

【流传】（无考）

【出处】［西汉］淮南王刘安及门客：《淮南子·修务训》。

W0739.3.9

舜大难不死

实 例

（参见下级母题实例）

W0739.3.9.1

舜经历后母多次谋害不死

实 例

汉族 大舜是古时候的一个好皇帝。他在登位以前几次受害，可是每次都没有害死他。

【流传】四川省·成都（成都市）

【出处】李茂生讲，陈钧整理：《害不死的大舜》，载《民间文学》1964 年第 3 期。

W0739.4

舜的关系

实 例

（参见下级母题实例）

W0739.4.0

舜的父母（舜的祖先）

实 例

（参见下级母题实例）

W0739.4.0.1

舜的父母虞成和五英

实 例

汉族 上古的时候，山西有个小村里住着一户姓虞的人家，户主名叫虞成。虞成忠厚老实，娶了个老婆叫五英。五英上山砍柴。刚要下山，见一条大彩虹从半空中向她扑来，就怀了孕，一直怀了九年。一声响雷，五英大叫一声倒在地，背上炸开一个大口子，一个小男孩从里面掉下来。起名叫"舜"。

【流传】河南省·（南阳市）·桐柏县［采录地点：桐柏县·水帘洞］

【出处】释妙祥讲，刘剑、柳丹采录：《虞舜出世》（1986.01），见张振犁编著，孟宪明、朱淑君统纂《中原神话通鉴》（第三卷），郑州：河南大学出版社 2017 年版，第 998～999 页。

W0739.4.0.2

舜是伏羲女娲的后代

实 例

汉族 伏羲和女娲一代代生下黄帝、尧、舜、大禹，子子孙孙繁衍下去。

【流传】河南省·洛阳市·（洛龙区）·龙门（龙门镇）［采录地点：洛阳南郊夜叉磨村］

【出处】吕娅娜采录，张振犁重写：《龙的传人》（1999.03.03），见张振犁编著《中原神话通鉴》（第一卷），郑州：河南大学出版社 2017 年版，第 292 页。

W0739. 4. 1

舜的父亲

实 例

（参见下级母题实例）

W0739. 4. 1. 1

舜的父亲是瞎子

实 例

汉族 （参加“W0739. 4. 1. 2 舜的父亲偏听偏信”母题实例）

W0739. 4. 1. 2

舜的父亲偏听偏信

实 例

汉族 舜的父亲虞成刚开始还疼爱舜，后来眼睛病瞎以后，加上后娘常常在虞成面前说舜的坏话，慢慢地虞成对舜也不好了。

【流传】河南省·（南阳市）·桐柏县［采录地点：桐柏县·水帘洞］

【出处】释妙祥讲，刘剑、柳丹采录：《效舜》（1986. 01），见张振犁编著，孟宪明、朱淑君统纂《中原神话通鉴》（第三卷），郑州：河南大学出版社 2017 年版，第 1002 页。

W0739. 4. 1. 3

舜的父亲叫瞽叟

实 例

汉族 虞舜者，名曰重华，重华父曰瞽叟。

【流传】（无考）

【出处】［西汉］司马迁：《史记·五帝本纪》。

汉族 历山脚下，住着一个名叫瞽叟的老汉，他有个儿子名叫舜。

【流传】河南省·南阳市

【出处】杜加典讲，张楚北采录：《尧王访贤（二）》（1982. 02），见张振犁编著，孟宪明、朱淑君统纂《中原神话通鉴》（第三卷），郑州：河南大学出版社 2017 年版，第 987 页。

W0739. 4. 1a

舜的岳父

实 例

（参见下级母题实例）

W0739. 4. 1a. 1

尧招舜为女婿

实 例

汉族 尧回朝后，跟皇后一商量，就把舜招为婿，让娥皇、女英跟舜结为夫妇了。

【流传】河南省·（洛阳市）·宜阳县

【出处】王上清（50 岁，农民）讲，王孟晓采录：《大舜耕田》（1986. 08），见张振犁编著，孟宪明、朱淑君统纂《中原神话通鉴》（第三卷），郑州：河南大学出版社 2017 年版，第 1005 页。

W0739.4.2

舜的母亲

实 例

（参见下级母题实例）

W0739.4.2.1

舜的生母

实 例

汉族 一个女子吃苹果感生舜。被逐出家门，娘要饭养活舜。舜长大以后，在沟里种地。后来朝里知道了，就来请他。他一见人就跑。顺伊河一直跑到滦川，又种地。人家硬撵来，让他走了，去保朝廷。

【流传】 河南省·（洛阳市）·栾川县［采录地点：漫寺头赵某某诊所］

【出处】 赵某某（74岁，曾上过7年私塾，后习中医）讲，陈连山采录：《娃娃潭》，见张振犁编著，孟宪明、朱淑君统纂《中原神话通鉴》（第三卷），郑州：河南大学出版社2017年版，第1001页。

W0739.4.2.1.0

舜的生母握登

实 例

汉族 舜母曰握登，早终。

【流传】（无考）

【出处】［南朝·梁］萧绎：《金楼子》卷一。

W0739.4.2.1.0.1

握登圣母庙

实 例

汉族 握登山在县西南四十里，有握登圣母庙。

【流传】（会稽）

【出处】［清］不题撰人：《（乾隆）浙江通志》引《嘉泰会稽志》。

W0739.4.2.1.1

舜的乞丐母亲

实 例

汉族 （参见“W0739.4.2.1 舜的生母”母题实例）

W0739.4.2.1.2

舜出生不久生母死去

实 例

汉族 舜生下不多长时，他的亲妈五英就病死了。

【流传】 河南省·（南阳市）·桐柏县［采录地点：桐柏县·水帘洞］

【出处】 释妙祥讲，刘剑、柳丹采录：《效舜》（1986.01），见张振犁编著，孟宪明、朱淑君统纂《中原神话通鉴》（第三卷），郑州：河南大学出版社2017年版，第1001页。

W0739. 4. 2. 1. 3
舜 20 岁时生母死去

实 例

汉族 大舜二十岁时，母亲去世，父亲又娶了个后妻，生个儿子名叫象。

【流传】河南省·（洛阳市）·宜阳县

【出处】王上清（50 岁，农民）讲，王孟晓采录：《大舜耕田》（1986. 08），见张振犁编著，孟宪明、朱淑君统纂《中原神话通鉴》（第三卷），郑州：河南大学出版社 2017 年版，第 1004 页。

W0739. 4. 2. 2
舜的后母

实 例

汉族 舜的父亲虞成见儿子无人抚养，就给舜娶了个后娘。

【流传】河南省·（南阳市）·桐柏县［采录地点：桐柏县·水帘洞］

【出处】释妙祥讲，刘剑、柳丹采录：《效舜》（1986. 01），见张振犁编著，孟宪明、朱淑君统纂《中原神话通鉴》（第三卷），郑州：河南大学出版社 2017 年版，第 1001 页。

W0739. 4. 2. 2. 1
舜被后娘逐出家门

实 例

汉族 上古时候，舜刚刚长大成人，就被黑心的后娘赶了出来。舜有家回不去，四处流浪。

【流传】河南省·（南阳市）·桐柏县桐柏山一带

【出处】释妙祥（男，60 岁，和尚）讲，刘剑、柳丹采录整理：《箫》（1985. 11. 16），见张振犁编著，孟宪明、朱淑君统纂《中原神话通鉴》（第三卷），郑州：河南大学出版社 2017 年版，第 1008 页。

W0739. 4. 3
舜的弟弟

实 例

（参见下级母题实例）

W0739. 4. 3. 1
舜的弟弟叫象

实 例

（参见下级母题实例）

W0739. 4. 3. 1. 1
象是舜的同父异母弟弟

实 例

汉族 舜母曰握登，早终，瞽叟更娶生象。

【流传】（无考）

【出处】［南朝·梁］萧绎：《金楼子》卷一。

汉族 舜小的时候，亲娘就早早下世了。父亲续了个后娘。后娘生下个弟弟，起名叫象。

【流传】河南省·（洛阳市）·偃师县（偃师市）

【出处】刘伯欣的母亲讲，刘伯欣采录：《种麻籽》（1981），见张振犁编著，孟宪明、朱淑君统纂《中原神话通鉴》（第三卷），郑州：河南大学出版社 2017 年版，第 1003 页。

W0739.4.3.1.2
舜的弟弟象奉为鼻亭神

实 例

汉族 鼻亭神在营道县北六十里。故老传云：舜葬九疑，象来至此，后人立祠，名为鼻亭神。

【流传】（营道县）

【出处】［西汉］司马迁：《史记·五帝本纪》张守节正义引《括地志》。

汉族 鼻亭神，象祠也。不知何自始立，因而勿除，完而恒新，相传且千岁。

【流传】（道州）

【出处】［唐］柳宗元：《柳河东集·道州毁鼻亭神记》。

W0739.4.3.1.3
舜的弟弟象名有鼻

实 例

（参见下级母题实例）

W0739.4.3.1.3.1
有鼻封在零陵

实 例

汉族 有鼻，在零陵，今鼻亭是也。

【流传】（零陵）

【出处】［东汉］班固等：《汉书·武五子传》［唐］颜师古注。

W0739.4.3.1.3.2
有鼻封泉陵县鼻墟

实 例

汉族 泉陵县北部东五里有鼻墟，象所封也

【流传】（泉陵县）

【出处】［西汉］司马迁：《史记·五帝本纪》张守节正义引《王隐晋书》。

W0739.4.3.1.3.3
鼻天子城

实 例

汉族 谓始兴有鼻天子冢、鼻天子城，昔人不明为何人，乃象冢也。

【流传】（无考）

【出处】［南宋］罗泌：《路史·发挥五·辨帝舜冢》注引《幽明录》。

W0739.4.3.1.3.4
鼻天子冢（象冢）

实 例

汉族 （参见“W0739.4.3.1.3.3 鼻天子城”母题实例）

W0739.4.3.2
舜的弟弟敖

实 例

汉族 颛顼产穷蝉，穷蝉产敬康，敬康产句芒，句芒产蟜牛，蟜牛产瞽叟，瞽叟产重华，是为帝舜，及产象，敖。

【流传】（无考）

【出处】［汉］戴德：《大戴礼记·帝系》

W0739.4.4
舜的妻子（舜的妃子）

【关联】［W1972.9.21.1］舜的妻子的泪珠化为珍珠泉

实 例

（参见下级母题实例）

W0739.4.4.1
舜有娥皇和女英两个妃子

【关联】［W0747.5.4.1］尧王的2个女儿娥皇、女英

实 例

汉族 舜当了皇帝以后，娶了两个妃子：一个叫娥皇，一个叫女英。

【流传】河南省·（洛阳市）·偃师县（偃师市）

【出处】刘伯欣的母亲讲，刘伯欣采录：《骡子为什么不会下驹》（1981），见张振犁编著，孟宪明、朱淑君统纂《中原神话通鉴》（第三卷），郑州：河南大学出版社2017年版，第1006页。

W0739.4.4.1.1
舜当皇帝后娶娥皇和女英二妃

实 例

汉族 舜当了皇帝以后，娶了娥皇和女英两个妃子。

【流传】河南省·（洛阳市）·偃师县·邙山区

【出处】寇文贤讲，刘伯欣采录：《舜王封娘娘》，见中国民间文学集成全国编辑委员会编《中国民间故事集成》（河南卷），北京：中国ISBN中心2001年版，第48页。

汉族 舜为帝时，曾娶二妃，一曰娥皇，一曰女英。

【流传】（河南省）

【出处】袁珂改编：《娥皇与女英》（原名《骡子为什么不下驹》），原载河南师大中文系编《河南民间故事》，见袁珂《中国神话大词典》，北京：华夏出版社2015年版，第389页。

W0739.4.4.1.1.1
娥皇为后，女英为妃

实 例

汉族 尧试之百方，每事常谋于二女。舜既嗣位，升为天子，娥皇为

后，女英为妃。

【流传】（无考）

【出处】［西汉］刘向：《列女传·有虞二妃》。

W0739.4.4.1.1.1a
舜的正妃娥皇，夫人女英

实 例

汉族 尧之长女娥皇为舜正妃，故曰君；其二女女英自宜降为夫人。

【流传】（无考）

【出处】［唐］韩愈：《黄陵庙碑》。

W0739.4.4.1.1.2
舜的二妃中娥皇为长，女英为次

实 例

汉族 有虞二妃者，帝尧之二女也。长娥皇，次女英。

【流传】（无考）

【出处】［西汉］刘向：《列女传·有虞二妃》。

W0739.4.4.1.1.3
舜妃娥皇和女英二妃死后为湘君

实 例

汉族 天下称二妃聪明贞仁。舜陟方，死于苍梧，号曰重华。二妃死于江湘之间，俗谓之湘君。

【流传】（无考）

【出处】［西汉］刘向：《列女传·有虞二妃》。

W0739.4.4.1.1.4
娥皇和女英二妃溺于湘江，神游洞庭之渊

实 例

汉族 大舜之陟方也，二妃从征，溺于湘江，神游洞庭之渊，出入潇湘之浦。

【流传】（无考）

【出处】［北魏］郦道元：《水经注·湘水》。

W0739.4.4.1.2
舜喜欢女英

实 例

汉族 舜为帝时，曾娶二妃，一曰娥皇，一曰女英；舜尤爱女英。

【流传】（河南省）

【出处】袁珂改编：《娥皇与女英》（原名《骡子为什么不下驹》），原载河南师大中文系编《河南民间故事》，见袁珂《中国神话大词典》，北京：华夏出版社2015年版，第389页。

汉族 舜当皇帝后娶了两个妃子娥皇、女英。舜特别喜欢女英，想把她立为娘娘，可是又找不到正当的理由。

【流传】河南省·（洛阳市）·偃师县（偃师市）

【出处】刘伯欣的母亲讲，刘伯欣采录：《骡子为什么不会下驹》（1981），见张振犁编著，孟宪明、朱淑君统纂

《中原神话通鉴》（第三卷），郑州：河南大学出版社 2017 年版，第 1006 页。

W0739.4.4.2

尧嫁女娥皇和女英与舜

实 例

（参见下级母题实例）

W0739.4.4.2.1

尧因舜贤，嫁女娥皇和女英与舜

实 例

汉族 昔舜耕于历山，尧知其贤而有才，遂以娥皇、女英二女妻之，未久且禅以王位。

【流传】（无考）

【出处】

（a）《珍珠泉》，原载《中国地方风物传说选》（二）。

（b）同（a），见袁珂《中国神话大词典》，北京：华夏出版社 2015 年版，第 384 页。

W0739.4.4.3

舜的妻子嫦娥

【关联】［W0671］嫦娥

实 例

汉族 嫦娥是舜的妻子。

【流传】 四川省·成都市·东城区

【出处】 李芝讲，张光荣采录：《舜射九日》，见中国民间文学集成全国编辑委员会编《中国民间故事集成》（四川卷·上），北京：中国 ISBN 中心 1998 年版，第 90 页。

W0739.4.4.4

舜王与舜王奶

实 例

汉族 舜王与舜王奶有六个闺女。

【流传】 河南省·（南阳市）·方城县·（清河乡·老庄村）

【出处】 郭延华（男，30 岁，农民）讲，郭国祥采录整理：《舜王庙（二）》（1985.09.04），见张振犁编著，孟宪明、朱淑君统纂《中原神话通鉴》（第三卷），郑州：河南大学出版社 2017 年版，第 1012 ~ 1013 页。

W0739.4.4.5

舜的妻子登比氏

实 例

汉族 舜妻登比氏生宵明、烛光，处河大泽。

【流传】（无考）

【出处】

（a）［战国至汉］撰者不详：《山海经·海内北经》。

（b）《大泽》，见袁珂《中国神话大词典》，北京：华夏出版社 2015 年版，第 19 页。

W0739.4.4.6

舜的妻子登北氏

实 例

汉族 舜妻登比氏生宵明、烛光，处河大泽，二女之灵能照此所方百里。一曰登北氏。

【流传】（无考）

【出处】［战国至汉］撰者不详：《山海经·海内北经》。

W0739.4.4.7

舜的妻子女匽氏

实 例

（参见下级母题实例）

W0739.4.4.7.1

帝舜娶帝尧之子女匽氏

实 例

汉族 帝舜娶于帝尧之子，谓之女匽氏。

【流传】（无考）

【出处】［汉］戴德：《大戴礼记·帝系》。

W0739.4.5

舜的子女

实 例

（参见下级母题实例）

W0739.4.5.1

舜的儿子

实 例

（参见下级母题实例）

W0739.4.5.1.1

舜的儿子商均

实 例

（参见下级母题实例）

W0739.4.5.1.1.1

舜与女英生子商均

实 例

汉族 舜妃娥皇、女英。娥皇无子，女英生商均。

【流传】（无考）

【出处】［南朝·宋］裴骃：《史记集解·五帝本纪》引《帝王世纪》。

W0739.4.5.1.1.2

女英生义钧

实 例

（参见下级母题实例）

W0739.4.5.1.1.2.1

义钧封于商称商均

实 例

汉族 女英生义钧，义钧封于商，是为商均。

【流传】（无考）

【出处】［宋］罗泌：《路史·后纪十一》。

W0739. 4. 5. 2

舜的女儿

实 例

（参见下级母题实例）

W0739. 4. 5. 2. 1

舜有 6 个女儿

实 例

汉族 （参见“W0739. 4. 4. 4 舜王与舜王奶”母题实例）

W0739. 4. 5. 2. 2

舜的女儿宵明、烛光

实 例

（参见下级母题实例）

W0739. 4. 5. 2. 2. 1

舜妻登比氏生宵明、烛光

实 例

汉族 （参见“W0739. 4. 4. 5 舜的妻子登比氏”母题实例）

W0739. 4. 5. 2. 2. 2

宵明是女神

实 例

汉族 宵明，女神名，舜妻登比氏之女。

【流传】（无考）

【出处】《宵明》，见袁珂《中国神话大词典》，北京：华夏出版社 2015 年版，第 274 页。

W0739. 4. 5a

舜的后代

实 例

（参见下级母题实例）

W0739. 4. 5a. 1

舜的后代摇民

【关联】［W5701］瑶族的产生

实 例

汉族 河伯念有易，有易潜出，为国于兽，方食之，名曰摇民。帝舜生戏，戏生摇民。

【流传】（无考）

【出处】［战国至汉］撰者不详：《山海经·大荒东经》。

W0739. 4. 6

舜的从属

实 例

（参见下级母题实例）

W0739. 4. 6. 1

舜王的四岳大臣

实 例

汉族 舜王就命四岳大臣保护尧王迁

都太原，又命六司大臣在浮丘山上设坛祭祀。

【流传】河南省·（郑州市）·登封市

【出处】《舜王访贤》，见张振犁编著，孟宪明、朱淑君统纂《中原神话通鉴》（第四卷），郑州：河南大学出版社2017年版，第1129页。

W0739.4.6.2

舜王的大司理皋陶

实 例

汉族 大司理皋陶对舜说："明辨是非，秉公以律，是臣的本分，要治洪水，请圣上另选贤人！"

【流传】河南省·（郑州市）·登封市

【出处】《舜王访贤》，见张振犁编著，孟宪明、朱淑君统纂《中原神话通鉴》（第四卷），郑州：河南大学出版社2017年版，第1129页。

W0739.4.6.3

舜王的大司农周弁

实 例

汉族 大司农周弁对舜说："臣只会耕种五谷，饲养六畜，改做司空，我胜任不了。"

【流传】河南省·（郑州市）·登封市

【出处】《舜王访贤》，见张振犁编著，孟宪明、朱淑君统纂《中原神话通鉴》（第四卷），郑州：河南大学出版社2017年版，第1129页。

W0739.4.6.4

契是舜的辅佐

【关联】［W0768.1.6.3.1.2.1］帝喾有后稷、契、帝尧、帝挚4个儿子

实 例

汉族 契因"长而佐禹治水有功"，被舜任为司徒，掌管教化。

【流传】（无考）

【出处】《契》，见乌丙安主编《中国民间神谱》，沈阳：辽宁人民出版社2007年版，第62页。

W0739.4.6.4.1

舜王的大司徒殷契

实 例

汉族 大司徒殷契对舜说："臣为司徒，只能教民以礼，对于洪水，我是无能为力。"

【流传】河南省·（郑州市）·登封市

【出处】《舜王访贤》，见张振犁编著，孟宪明、朱淑君统纂《中原神话通鉴》（第四卷），郑州：河南大学出版社2017年版，第1129页。

W0739.4.6.5

舜的大臣鲧

实 例

汉族 帝王叫舜，舜叫大臣鲧带领人们治水。

【流传】河南省·（南阳市）·社旗县

【出处】姜书华采录整理：《春风第一枝》，见张振犁编著，孟宪明、朱淑君统纂《中原神话通鉴》（第四卷），郑州：河南大学出版社 2017 年版，第 1034 页。

W0739. 4. 6. 6

舜臣伯翳（舜臣伯益）

实 例

汉族 “嬴，伯翳之后也；伯翳能议百物，以佐舜者也。”韦昭注：“伯翳，舜虞官，少皞之后，伯益也。”

【流传】（无考）

【出处】［春秋］左丘明：《国语·郑语》韦昭注。

W0739. 4. 7

舜的上司

实 例

（参见下级母题实例）

W0739. 4. 7. 1

舜听差尧王（舜辅佐尧）

实 例

汉族 当尧之时，天下犹未平，洪水横流，泛滥于天下。草木畅茂，禽兽繁殖，五谷不登，禽兽逼人，兽蹄鸟迹之道，交于中国。尧独忧之，举舜而敷治焉。

【流传】（无考）

【出处】［战国］孟轲：《孟子·滕文公上》。

W0739. 5

舜的生活

实 例

（参见下级母题实例）

W0739. 5. 1

舜的成长

实 例

（参见下级母题实例）

W0739. 5. 1. 1

舜的成长历经磨难

实 例

汉族 舜颛顼的六世孙（颛顼—穷蝉—敬康—句望—桥牛—瞽叟—重华），自五世祖穷蝉起都是平民。帝舜从小受父亲瞽叟、后母和后母所生之子象的迫害，屡经磨难，仍和善待孝敬父母，爱护异母弟弟象，深得百姓赞誉。

【流传】（无考）

【出处】《舜》，见 https：//www. baidu. com。

W0739. 5. 2

舜的服饰

实 例

（实例待考）

W0739.5.2.1
舜衣着简朴

实　例

汉族（实例待考）

W0739.5.3
舜的饮食

实　例

（实例待考）

W0739.5.3.1
舜忍饥挨饿

实　例

汉族（实例待考）

W0739.5.4
舜的居所

实　例

（参见下级母题实例）

W0739.5.4.1
舜居蒲山

实　例

汉族舜出来很长时间没有回去，尧不放心，便命鲧来找他。鲧费了千辛万苦，终于找到蒲山，找到了舜。

【流传】河南省·（信阳市）·息县（豫南一带）

【出处】金美臣（男，83岁，老艺人）讲，李中民采录整理：《蒲息千秋》（1985.05），见张振犁编著，孟宪明、朱淑君统纂《中原神话通鉴》（第三卷），郑州：河南大学出版社2017年版，第1010页。

W0739.5.4.2
舜居住历山脚下

【关联】［W0739.3.5.3］舜耕历山

实　例

汉族舜居住历山脚下。

【流传】河南省·南阳市

【出处】杜加典讲，张楚北采录：《尧王访贤（二）》（1982.02），见张振犁编著，孟宪明、朱淑君统纂《中原神话通鉴》（第三卷），郑州：河南大学出版社2017年版，第987页。

W0739.5.4.3
舜骊山脚下人氏

实　例

汉族舜，骊山脚下人氏。

【流传】河南省·（濮阳市）·范县［采录地点：范县·王楼乡］

【出处】崔金甲（男，65岁，农民，不识字）讲，崔金钊采录：《尧王访贤（一）》（1989.10.22），见张振犁编著，孟宪明、朱淑君统纂《中原神话通鉴》（第三卷），郑州：河南大学出版社2017年版，第986页。

W0739.5.4.4

舜居诸城

实 例

（参见下级母题实例）

W0739.5.4.4.1

诸城以舜为冠

实 例

汉族 （诸城）县人物以舜为冠，古迹以诸冯为首。

【流传】（诸城）

【出处】［清］宫懋让、李文藻修纂：《（乾隆）诸城县志·古迹考第五》台湾成文出版社 1966 年版，第 287 页。

W0739.5.4.5

舜是东夷人

实 例

汉族 舜生于诸冯，迁于负夏，卒于鸣条，东夷之人也。

【流传】（无考）

【出处】［战国］孟轲：《孟子·离娄下》。

W0739.5.4.6

舜是余姚县人

【关联】［W0739.1.4.4］舜生于姚墟

实 例

汉族 舜出生历代邑考诸冯人（今浙江绍兴府余姚县），则直以县冯村为古墟矣。”

【流传】（浙江）

【出处】［唐］不题撰人：《元和郡县志》卷二。

W0739.5.5

舜的出行

实 例

（参见下级母题实例）

W0739.5.5.1

舜驾五龙

实 例

汉族 （舜）驾五龙。

【流传】（无考）

【出处】［宋］罗泌：《路史·后纪十一》。

W0739.5.6

舜的工具（舜的用品）

实 例

（参见下级母题实例）

W0739.5.6.1

舜为斗妖造伞

实 例

汉族 大禹为了斗水怪，想了个办法，让民工齐心协力，打造了一种武器。这武器的形状就像一把“大伞”，“伞”把有石滚那么粗，“伞”的一头安上几十个丈把长的钢刀，能张能合；“伞”把坠着一根几十里长的大铁索链。

【流传】河南省·商丘市

【出处】陈舜肃（女，74岁，退休教师）讲，刘秀森采录整理：《大禹斗水怪》，见张振犁编著，孟宪明、朱淑君统纂《中原神话通鉴》（第四卷），郑州：河南大学出版社2017年版，第1143页。

W0739.6

舜的名称（舜的名号）

实 例

（参见下级母题实例）

W0739.6.1

舜王爷（舜王）

实 例

汉族 （参见“W0739.3.3.1 舜王爷显灵”母题实例）

W0739.6.1.1

“虞舜”成为舜王

实 例

汉族 尧王把帝位让给“虞舜”。人们叫他舜王。从此，开河渠，种五谷，人们过着丰衣足食的生活，都称舜为贤王。

【流传】河南省·（濮阳市）·范县［采录地点：范县·王楼乡］

【出处】崔金甲（男，65岁，农民，不识字）讲，崔金钊采录：《尧王访贤（一）》（1989.10.22），见张振犁编著，孟宪明、朱淑君统纂《中原神话通鉴》（第三卷），郑州：河南大学出版社2017年版，第987页。

W0739.6.2

舜名字的来历

实 例

（参见下级母题实例）

W0739.6.2.1

舜出生时父母看到舜草遂取名“舜”

实 例

汉族 舜出生后，两个手心儿呢，有深深的字纹，像个“华”字。虞成和五英商量着给孩子起个名字，抬头一看，周围地上长满了叫“舜”的香草，就给孩子起名叫“舜”。他手上的纹儿像个华字，在家排行又是老二，就叫他“仲华”。

【流传】河南省·（南阳市）·桐柏县［采录地点：桐柏县·水帘洞］

【出处】释妙祥讲，刘剑、柳丹采录：《虞舜出世》（1986.01），见张振犁编著，孟宪明、朱淑君统纂《中原神话通鉴》（第三卷），郑州：河南大学出版社2017年版，第998～999页。

W0739. 6. 3

舜又称“仲华”

实 例

（参见下级母题实例）

W0739. 6. 3. 1

舜因排行老二，手掌中有个“华”字，遂得名“仲华”

实 例

汉族 （参见“W0739. 6. 2. 1 舜出生时父母看到舜草遂取名‘舜’”母题实例）

W0739. 6. 4

舜称“息壤先人”

实 例

汉族 舜为开拓息壤立了大功，后人尊称他是“息壤先人”。

【流传】 河南省·（信阳市）·息县（豫南一带）

【出处】 金美臣（男，83 岁，老艺人）讲，李中民采录整理：《蒲息千秋》（1985. 05），见张振犁编著，孟宪明、朱淑君统纂《中原神话通鉴》（第三卷），郑州：河南大学出版社 2017 年版，第 1010 页。

W0739. 6. 5

大舜

实 例

汉族 （参见“W0739. 2. 2. 4 大舜勤快憨厚”母题实例）

W0739. 6. 5. 1

特舜

实 例

壮族 （实例待考）

W0739. 6. 6

舜即帝俊

实 例

汉族 “帝俊生中容。”郭璞注：“俊，亦舜字假借音也。”

【流传】（无考）

【出处】［战国至汉］撰者不详：《山海经·大荒东经》［晋］郭璞注。

W0739. 6. 7

舜名重华（舜名重明）

实 例

汉族 “济沅湘以南征兮，就重华而陈词。”王逸注：“重华，舜名也。

【流传】（无考）

【出处】［战国］屈原：《楚辞·离骚》［东汉］王逸注。

汉族 虞舜者，名曰重华。

【流传】（无考）

【出处】［西汉］司马迁：《史记·五帝本纪》。

W0739.6.8

舜的姓氏

实 例

（参见下级母题实例）

W0739.6.8.1

舜姓姚

实 例

汉族 姚，虞帝生于姚墟，子孙以姚为氏。

【流传】（无考）

【出处】［唐］林宝修撰：《元和姓纂》。

汉族 姚姓，虞舜生于姚墟，因以为姓。

【流传】（无考）

【出处】［北宋］宋祁、欧阳修、范镇、吕夏卿等：《新唐书·宰相世系》。

汉族 记载："女生为姓，故姓之字多从女。虞舜生于姚，故因生地为姓，后世有以姚为氏。"

【流传】（无考）

【出处】［北宋］邵思：《姓解》。

W0739.6.8.2

舜姓妫

实 例

汉族 虞有两姓，曰姚曰妫。因姚墟之生而姓姚，因妫水之居而姓妫。故姚恢改姓为妫，而妫皓又改姓为姚，知姚与妫可通。

【流传】（无考）

【出处】［宋］邓名世：《古今姓氏书辩证》。

W0739.7

与舜有关的其他母题

实 例

（参见下级母题实例）

W0739.7.1

舜的生日

实 例

（实例待考）

W0739.7.2

舜的寿命与死亡

实 例

（参见下级母题实例）

W0739.7.2.1

舜死于苍梧（舜葬苍梧）

实 例

汉族 舜陟方，死于苍梧，号曰重华。

【流传】（无考）

【出处】［西汉］刘向：《列女传·有虞二妃》。

W0739. 7. 2. 1. 1

舜与叔均葬赤水之东苍梧之野

实 例

汉族 赤水之东，有苍梧之野，舜与叔均之所葬也。爰有文贝、离俞、鹓久、鹰贾、委维、熊、罴、象、虎、豹、狼、视肉。

【流传】（无考）

【出处】［战国至汉］撰者不详：《山海经·大荒南经》。

W0739. 7. 2. 1. 2

舜葬苍梧之阳

实 例

汉族 苍梧之山，帝舜葬于阳，帝丹朱葬于阴。

【流传】（无考）

【出处】［战国至汉］撰者不详：《山海经·海内南经》。

W0739. 7. 2. 2

舜葬在九疑山

实 例

（参见下级母题实例）

W0739. 7. 2. 2. 1

舜葬在九疑山女英峰

实 例

汉族 九疑山有九峰。其中第六峰曰女英峰，舜墓在此峰下。

【流传】（无考）

【出处】

（a）［宋］李昉：《太平御览》卷四一引《郡国志》。

（b）《九嶷山》，见袁珂《中国神话大词典》，北京：华夏出版社 2015 年版，第 12 页。

W0739. 7. 2. 2. 2

舜葬在长沙零陵界九嶷山

实 例

汉族 南方苍梧之丘，苍梧之渊，其中有九嶷山，舜之所葬，在长沙零陵界中。

【流传】（长沙零陵）

【出处】［战国至汉］撰者不详：《山海经·海内经》。

W0739. 7. 2. 3

舜葬于岳山

实 例

（参见下级母题实例）

W0739. 7. 2. 3. 1

帝尧、帝喾、帝舜葬于岳山

实 例

汉族 帝尧、帝喾、帝舜葬于岳山。爰有朱木，赤枝，青华，玄实。

【流传】（无考）

【出处】［战国至汉］撰者不详：《山海经·大荒南经》。

W0739.7.3
舜的遗迹（与舜有关的风物）

【关联】
① ［W1852.6.125］舜哥山（舜王山）
② ［W1978.5.1.8］舜井（舜泉）

实 例

（参见下级母题实例）

W0739.7.3.1
舜王庙

实 例

汉族 舜王住过的地方叫舜王庙。

【流传】河南省·（南阳市）·方城县·（清河乡·老庄村）

【出处】郭延华（男，30岁，农民）讲，郭国祥采录整理：《舜王庙（二）》（1985.09.04），见张振犁编著，孟宪明、朱淑君统纂《中原神话通鉴》（第三卷），郑州：河南大学出版社2017年版，第1013页。

W0739.7.3.1.1
舜王庙在邙山岭上

实 例

汉族 偃师县境内的邙山岭上，有一座舜王庙。

【流传】河南省·（洛阳市）·偃师县（偃师市）

【出处】：《舜王庙（一）》，见张振犁编著，孟宪明、朱淑君统纂《中原神话通鉴》（第三卷），郑州：河南大学出版社2017年版，第1011页。

W0739.7.3.2
舜祠

实 例

汉族 舜所都或云蒲坂，或云平阳及潘，今城中有舜庙。按潘在妫之怀戎，西北三里亦有历山，上有舜祠。

【流传】（无考）

【出处】［南宋］罗泌：《路史》注。

W0739.7.3.3
舜泉坊

实 例

汉族 践天子之位，都于蒲（今河东县蒲津关，所谓蒲坂，《汉志》之蒲阪县，本曰蒲，或曰蒲阴。今河中有舜泉坊，二井相通，祥符祠分阴临观，赐名广孝泉。

【流传】（无考）

【出处】［南宋］罗泌：《路史》注。

W0739.7.3.4
舜江

实 例

（参见下级母题实例）

W0739.7.3.4.1
舜江即姚江

实 例

汉族 今余姚、上虞两县，皆以舜得名，其水之经过余姚者曰姚江，亦曰舜江，其水之经过上虞者曰百官江。余姚有历山，上虞有握登山，舜母之名也。

【流传】（无考）

【出处】［明末清初］黄宗羲：《孟子师说·舜生于诸冯章》。

W0739. 7. 4

祭祀舜

实 例

（参见下级母题实例）

W0739. 7. 4. 1

腊月三十祭舜

实 例

（参见下级母题实例）

W0739. 7. 4. 1. 1

腊月三十蒲山祭舜

实 例

汉族 每年腊月三十这天，当地百姓成群结队上蒲山朝拜舜，形成了一种风俗。

【流传】河南省·（信阳市）·息县（豫南一带）

【出处】金美臣（男，83 岁，老艺人）讲，李中民采录整理：《蒲息千秋》（1985. 05），见张振犁编著，孟宪明、朱淑君统纂《中原神话通鉴》（第三卷），郑州：河南大学出版社 2017 年版，第 1010 页。

W0740

太皞[1]

【关联】［W0380. 3］太皞为司春之神

实 例

（参见下级母题实例）

W0740. 1

太皞的产生

实 例

（参见下级母题实例）

W0740. 1. 1

华胥生太皞

实 例

汉族 （实例待考）

W0740. 2

太皞的身份

【关联】［W0380. 3］太皞为司春之神

实 例

（参见下级母题实例）

① 太皞，在不同的叙事中又作“太皓”、“太昊”，有研究者认为“太皞”即“伏羲”。

W0740.2.1

太皞是天帝

实　例

（参见下级母题实例）

W0740.2.1.1

太皞是东方天帝

实　例

汉族 东方，木也，其帝太皞，其佐句芒。

【流传】（无考）

【出处】《淮南子·天文训》，见［西汉］刘安等著，陈广忠译注《淮南子译注》，长春：吉林文史出版社1990年版，第108页。

W0740.2.2

太皞是东方神

【关联】［W0251.8.1］东方神句芒

实　例

（参见下级母题实例）

W0740.2.2.1

太皞管东方

实　例

汉族 五帝谓五方神也。东方为太皞，南方为炎帝，西方为少皞，北方为颛顼，中央为黄帝。

【流传】（无考）

【出处】［汉］扬雄：《法言义疏》。

汉族 太皞即是伏羲氏，秦汉阴阳家用五帝配四时五方，认为伏羲氏以木德王天下之号，死后，祀于东方，所以为木德之帝，为司春之神。

【流传】（无考）

【出处】［秦］吕不韦及门客撰，王晓明译注：《吕氏春秋通诠》，南昌：江西人民出版社2010年版。

W0740.2.3

太皞是首领

实　例

（实例待考）

W0740.2.3.1

太皞东夷部族的祖先和首领

实　例

汉族 （实例待考）

W0740.2.4

太皞是人祖

实　例

汉族 人祖太皞与女皇合为夫妇，言天下后世之人皆所自出。

【流传】（无考）

【出处】［清］陈梦雷原编，蒋廷锡重编：《古今图书集成·山川典》卷二六。

W0740. 3
太皞的关系

【关联】［W0251. 8. 1. 2a］句芒是太皞伏羲氏的佐神

实 例

（参见下级母题实例）

W0740. 3. 1
太皞的父母

实 例

（实例待考）

W0740. 3. 2
太皞的妻子

实 例

（参见下级母题实例）

W0740. 3. 2. 1
人祖太皞与女皇合为夫妇

实 例

汉族 （参见“W0740. 2. 4 太皞是人祖”母题实例）

W0740. 4
与太皞有关的其他母题

实 例

（参见下级母题实例）

W0740. 4. 1
太皞的名称

实 例

（参见下级母题实例）

W0740. 4. 1. 1
太皞风姓

实 例

汉族 （参见“W0740. 4. 1. 2 太皞伏羲氏风姓”母题实例）

W0740. 4. 1. 2
太皞伏羲氏风姓

实 例

汉族 太皞伏羲氏，风姓。

【流传】（无考）

【出处】［西汉］司马迁：《史记·三皇本纪》，［唐］司马贞补。

W0740. 4. 1. 3
太皞即太昊

实 例

汉族 据《山水图经》，峄山之西南为凫山，太皞之祠在焉。太皞即太昊，今土人皆呼人祖庙。

【流传】（无考）

【出处】［清］陈梦雷原编，蒋廷锡重编：《古今图书集成·山川典》卷二六。

W0741

太昊

实 例

（参见下级母题实例）

W0741.1

太昊的产生

实 例

（实例待考）

W0741.2

太昊的特征（太昊的身份）

实 例

（参见下级母题实例）

W0741.2.1

太昊是祖先

实 例

（参见下级母题实例）

W0741.2.1.1

太昊与女皇婚生后人

【关联】［W0741.4.2.1］太昊的妻子是女皇

实 例

汉族 太昊、女皇合为夫妇，生后世之人。

【流传】（无考）

【出处】［清］陈梦雷原编，蒋廷锡重编：《古今图书集成·山川典》卷二六。

W0741.2.2

太昊是造人者

实 例

（参见下级母题实例）

W0741.2.2.1

最早造人的兄妹称太昊

实 例

汉族 天塌地陷后，幸存的一对兄妹用泥造人。后辈人称他俩为人祖“太昊”。

【流传】河南省·（周口市）·西华县

【出处】高有鹏采录整理：《太昊》（1983.03.19），见张振犁编著《中原神话通鉴》（第一卷），郑州：河南大学出版社2017年版，第334页。

W0741.2.3

太昊是女娲兄妹

实 例

汉族 哥哥太昊和妹妹女娲都长成人了。

【流传】河南省·（周口市）·西华县

【出处】张朋（男，39岁，农民，中学）讲，郭延文采录整理：《女娲兄妹结婚的传说》，见张振犁编著《中原神话通鉴》（第一卷），郑州：河南大学出版社2017年版，第332页。

W0741. 2. 4

太昊是帝王

实 例

（参见下级母题实例）

W0741. 2. 4. 1

太皞伏羲氏是东方木德之帝

实 例

汉族 “东方之极，自碣石山，过朝鲜，贯大人之国，东至日出之次，榑木之地，青土树木之野，太皞、句芒之所司者万二千里。”高诱注：“太皞，伏羲氏，东方木德之帝也；句芒，木神。

【流传】（无考）

【出处】［西汉］淮南王刘安及门客：《淮南子·时则》高诱注。

W0741. 3

太昊的能力（太昊的事迹）

实 例

（参见下级母题实例）

W0741. 3. 1

太昊是发明者

实 例

（参见下级母题实例）

W0741. 3. 1. 1

太昊发明母织网

实 例

（参见下级母题实例）

W0741. 3. 1. 1. 1

太昊做鱼网

实 例

汉族 太昊始结网。

【流传】（无考）

【出处】［晋］葛洪：《抱朴子·对俗篇》。

W0741. 4

太昊的关系

实 例

（参见下级母题实例）

W0741. 4. 1

太昊的父母

实 例

（实例待考）

W0741. 4. 2

太昊的妻子

实 例

（实例待考）

W0741. 4. 2. 1

太昊的妻子是女皇

实 例

汉族 （实例待考）

W0741.4.3

太昊的子女

实 例

（实例待考）

W0741.4.4

太昊的朋友

实 例

（实例待考）

W0741.5

与太昊有关的其他母题

实 例

（参见下级母题实例）

W0741.5.1

太昊的名字（太昊的名号）

【关联】［W0740.4.1.3］太皞即太昊

实 例

（参见下级母题实例）

W0741.5.1.1

太昊伏羲氏（太昊即伏羲）

【关联】［W0740.4.1.2］太皞伏羲氏风姓

实 例

汉族 太昊伏羲氏。

【流传】（无考）

【出处】［先秦］史官修撰：《世本·帝系篇》。

W0741.5.1.2

太昊庖牺氏

实 例

汉族 太昊庖牺氏，风姓。

【流传】（无考）

【出处】［唐］司马贞：《三皇本纪》。

W0741.5.1.3

太昊又称大昊

实 例

汉族 伏羲即太昊伏羲。太昊与伏羲连称始此。然古书中太昊亦作大昊、大皞、太皞；伏羲亦作宓牺、庖牺、炮牺。

【流传】（无考）

【出处】《伏羲》，见袁珂《中国神话大词典》，北京：华夏出版社 2015 年版，第 134 页。

❊ W0742

炎帝[①]

实 例

（参见下级母题实例）

① 炎帝，又号称连山氏、烈山氏等，被神话的历史人物。

W0743

炎帝的产生

实 例

（参见下级母题实例）

W0743.1

炎帝天降

实 例

（参见下级母题实例）

W0743.1.1

炎帝神农氏从天而降

实 例

汉族 炎帝神农氏是从天上降下来的。

【流传】湖南省·（衡阳市）·衡山（衡山县）

【出处】姜培元讲，彭玉成采录：《五谷的来历》，见中国民间文学集成全国编辑委员会编《中国民间故事集成》（湖南卷），北京：中国 ISBN 中心 2002 年版，第 42 页。

W0743.2

炎帝是生育产生的

实 例

（参见下级母题实例）

W0743.2.1

炎帝是女娲之女

【关联】［W0710］女娲

实 例

汉族 （实例待考）

W0743.3

炎帝是感生的（感生炎帝）

实 例

（参见下级母题实例）

W0743.3.1

炎帝为感龙所生

实 例

（参见下级母题实例）

W0743.3.1.1

少典感神龙生炎帝

实 例

汉族 少典感神龙而生炎帝。

【流传】（无考）

【出处】［唐］司马贞：《史记·补三皇本纪》。

W0743.3.1.2

少典妃女登感神龙生炎帝

实 例

汉族 女登，为少典妃，感神龙而生炎帝。

【流传】（无考）

【出处】［唐］司马贞：《史记·补三皇本纪》。

W0743.3.1.3

神龙附少女之身生炎帝

实 例

汉族 神龙附少女之身，绛河源炎帝诞生。

【流传】上党一带（山西东南部古地名，主指古潞泽辽沁四州一带，曾包括山西省晋中榆社、左权、长治、晋城东部以及河北涉县等地）

【出处】张恩来：《少年炎帝》，见马志生主编《上党炎帝》，太原：山西出版传媒集团·三晋出版社（原山西古籍出版社）2014年版，第3页。

W0743.4

炎帝是婚生的

实 例

（实例待考）

W0743.5

与炎帝的产生有关的其他母题

实 例

（参见下级母题实例）

W0743.5.0

炎帝的生日

实 例

（参见下级母题实例）

W0743.5.0.1

炎帝的生日四月初八

【关联】［W0746.5.1］每年四月初八祭祀炎帝

实 例

汉族 一位姑娘感红光中的龙孕生炎帝神农，在四月初八，炎帝降生。

【流传】上党一带（山西东南部古地名，主指古潞泽辽沁四州一带，曾包括山西省晋中榆社、左权、长治、晋城东部以及河北涉县等地）

【出处】张恩来：《少年炎帝》，见马志生主编《上党炎帝》，太原：山西出版传媒集团·三晋出版社（原山西古籍出版社）2014年版，第3～5页。

W0743.5.1

炎帝生于上古时代

实 例

汉族 上古时代，世界上出现了一个大神炎帝。

【流传】河南省·（郑州市）·登封市

【出处】耿直采录：《神农尝百草》，见张振犁编著，孟宪明、朱淑君统纂《中原神话通鉴》（第二卷），郑州：河南大学出版社2017年版，第467页。

W0743. 5. 2

炎帝出生三天能说话

实 例

汉族 炎帝又称赤帝、烈山氏，相传其少而聪颖，三天能说话，五天能走路，三年知稼穑之事。

【流传】（无考）

【出处】［晋］皇甫谧：《帝王世纪》。

W0744

炎帝的特征

实 例

（参见下级母题实例）

W0744. 1

炎帝有奇特的体征

实 例

（参见下级母题实例）

W0744. 1. 1

炎帝身体透明

【关联】［W0733. 1］神农身体通透（透明）

实 例

（参见下级母题实例）

W0744. 1. 1. 1

炎帝的肚子像透明水晶能看到五脏六腑

【关联】［W0485. 2. 5. 1］医病之神纳丹威虎里从外面能看到五脏六腑

实 例

汉族 炎帝的肚子像透明的水晶，从外面能看到里边的五脏六腑。

【流传】 山西省·（长治市）·潞城县

【出处】 王来虎讲，申双鱼采录：《神农种谷》，见中国民间文学集成全国编辑委员会编《中国民间故事集成》（山西卷），北京：中国ISBN中心1999年版，第19页。

W0744. 1. 1. 2

炎帝天庭饱满，头生两角，相貌奇特

实 例

汉族 炎帝降生后，天庭饱满，头生两角，相貌奇特。

【流传】 上党一带（山西东南部古地名，主指古潞泽辽沁四州一带，曾包括山西省晋中榆社、左权、长治、晋城东部以及河北涉县等地）

【出处】 张恩来：《少年炎帝》，见马志生主编《上党炎帝》，太原：山西出版传媒集团·三晋出版社（原山西古籍出版社）2014年版，第5页。

W0744. 2

炎帝人身牛首

【关联】［W0733. 3. 2］神农人身牛首

实 例

汉族 炎帝母曰任姒，有蟜氏女登之

女，名女登，为少典正妃。游于华山之阳，有神农首感女登于常羊，生炎帝，人身牛首，长于姜水，因以氏焉。

【流传】（无考）

【出处】［晋］皇甫谧：《帝王世纪》。

W0744.2.1

炎帝神农氏人身牛首

实 例

汉族 炎帝神农氏人身牛首。

【流传】（无考）

【出处】［唐］司马贞：《史记·补三皇本纪》。

W0744.3

炎帝是女性

【关联】［W0745b.1.1］炎帝是女娲之女

实 例

汉族 （参见“W0745b.1.1）炎帝是女娲之女”母题实例）

W0744a

炎帝的身份

实 例

（参见下级母题实例）

W0744a.1

炎帝是神

【关联】［W0493.6.1b］灶神炎帝神农

实 例

（参见下级母题实例）

W0744a.1.1

炎帝是火神（火神炎帝）

实 例

汉族 炎帝为火神。

【流传】（无考）

【出处】《火神》，见乌丙安主编《中国民间神谱》，沈阳：辽宁人民出版社2007年版，第15页。

W0744a.1.2

炎帝神农氏是灶神

【关联】

① ［W0767.3.1.4］祝融是灶神

② ［W0734.1.3］神农是灶神

实 例

（参见下级母题实例）

W0744a.1.2.1

炎帝于火，死而为灶

实 例

汉族 炎帝作火，而死为灶。

【流传】（无考）

【出处】［西汉］淮南王刘安及门客：《淮南子·氾论训》。

W0744a.1.2.2

炎帝作火，死而为灶

实 例

汉族 “炎帝作火，死而为灶。”高诱注曰：“炎帝、神农，以火德于天下，死祭祖于灶神。”

【流传】（无考）

【出处】［西汉］淮南王刘安及门客：《淮南子·氾论训》［东汉］高诱注。

W0744a. 1. 3

炎帝是大神

实 例

汉族 （参见“W0743. 5. 1 炎帝生于上古时代”母题实例）

W0744a. 1. 4

炎帝是太阳神

实 例

汉族 羿射日后剩下一个太阳很懒惰。天神帝俊就派太阳神炎帝带上玉鸡和“若木”神鞭，去调教太阳儿子。

【流传】（无考）

【出处】陶阳根据《山海经》《淮南子》《楚辞》重述：《太阳神》，见陶阳、钟秀编《中国神话》（中），北京：商务印书馆2008年版，第718～720页。

白族 苍山沧浪峰上的人们年年丰收，安居乐业。传说就是太阳神炎帝显圣以后带来的幸福。

【流传】云南省·大理州（大理白族自治州）

【出处】杨惠讲，杨宪典记录：《太阳神本主》，见姚宝瑄主编《中国各民族神话》（白族、拉祜族、景颇族），太原：山西出版传媒集团·书海出版社2014年版，第40页。

W0744a. 1. 5

炎帝是时令神

实 例

汉族 “孟夏之月，其帝炎帝，其神祝融。”

【流传】（无考）

【出处】［春秋战国］孔子弟子等作，［西汉］戴圣编：《礼记·月令》。

W0744a. 1. 6

炎帝是村寨神

【关联】［W0782. 2. 1. 2］炎帝是本主

实 例

白族 （实例待考）

W0744a. 1. 7

炎帝是南方神

实 例

（参见下级母题实例）

W0744a. 1. 7. 1

炎帝战败后逃到南方成为南方神

实 例

汉族 黄帝统率着神兵神将与同胞哥哥炎帝的军队在逐鹿之野打了一仗。

有些优柔寡断，近于怯懦的炎帝呢，却遭到了失败，他于是只好退避到南方去，做了南方的天帝。

【流传】（无考）

【出处】袁珂重述：《宇宙的最高统治者——黄帝》，原载袁珂《神话故事新编》，见陶阳、钟秀编《中国神话》（中），北京：商务印书馆 2008 年版，第 805 ~ 807 页。

W0744a.2

炎帝是太阳

实 例

汉族 炎帝者，太阳也。

【流传】（无考）

【出处】［东汉］班固等：《白虎通·五行》。

W0744a.3

炎帝是天帝

实 例

（参见下级母题实例）

W0744a.3.1

天帝炎帝管南方

实 例

汉族 南方，火也，其帝炎帝，其兽朱鸟。

【流传】（无考）

【出处】《淮南子·天文训》，见［西汉］刘安等著，陈广忠译注《淮南子译注》，长春：吉林文史出版社 1990 年版，第 108 页。

W0744a.4

炎帝是地皇

实 例

（参见下级母题实例）

W0744a.4.1

地皇氏炎帝神农氏

实 例

汉族 圣祖庙三皇殿内所祀“三皇”，即太昊伏羲——天皇氏，炎帝神农氏——地皇氏。

【流传】山西省·孝义市

【出处】《三皇》，见乌丙安主编《中国民间神谱》，沈阳：辽宁人民出版社 2007 年版，第 50 页。

W0744a.5

炎帝是神仙

实 例

（参见下级母题实例）

W0744a.5.1

炎帝神农氏是神仙

实 例

汉族 炎帝神农氏是一个神仙。

【流传】湖南省·（衡阳市）·衡山（衡山县）

【出处】姜培元讲，彭玉成采录：《五谷

的来历》，见中国民间文学集成全国编辑委员会编《中国民间故事集成》（湖南卷），北京：中国 ISBN 中心 2002 年版，第 42 页。

W0744a. 6

炎帝是首领

实 例

（参见下级母题实例）

W0744a. 6. 1

炎帝带部族离开有熊氏部落到南方游牧

实 例

汉族 炎帝带一些亲近部族离开有熊氏部落，到南方游牧。

【流传】（无考）

【出处】郭大山讲，张永林采录：《炎黄和睦草》，载《民间文学》1991 年第 8 期。

W0744a. 6. 2

炎帝是上古姜姓部落的首领

实 例

汉族 炎帝是生活在上古时代姜姓部落的首领。

【流传】上党一带（山西东南部古地名，主指古潞泽辽沁四州一带，曾包括山西省晋中榆社、左权、长治、晋城东部以及河北涉县等地）

【出处】周志清：《寻访炎帝神农的足迹》，见马志生主编《上党炎帝》，太原：山西出版传媒集团 · 三晋出版社（原山西古籍出版社）2014 年版，第 1 页。

W0744a. 7

炎帝是人

实 例

（参见下级母题实例）

W0744a. 7. 1

炎帝是天生的奇人

实 例

汉族 炎帝是天生的奇人。

【流传】上党一带（山西东南部古地名，主指古潞泽辽沁四州一带，曾包括山西省晋中榆社、左权、长治、晋城东部以及河北涉县等地）

【出处】张恩来：《少年炎帝》，见马志生主编《上党炎帝》，太原：山西出版传媒集团 · 三晋出版社（原山西古籍出版社）2014 年版，第 5 页。

W0745

炎帝的能力（炎帝的职能，炎帝的事迹）

【关联】

① ［W0253. 3］ 炎帝主南方

② ［W8806. 2］ 炎黄战蚩尤

实 例

（参见下级母题实例）

W0745.1

炎帝尝百草

【关联】［W0735.2］神农尝百草

实 例

（参见下级母题实例）

W0745.1.1

炎帝在太行山尝百草

实 例

汉族 炎帝到太行山的一座山上，尝百草。

【流传】山西省·（长治市）·潞城县

【出处】王来虎讲，申双鱼采录：《神农种谷》，见中国民间文学集成全国编辑委员会编《中国民间故事集成》（山西卷），北京：中国ISBN中心1999年版，第19页。

W0745.1a

炎帝最早发明使用针灸

实 例

汉族 炎帝最早发明使用针灸。主要做法是用砭石刺病灶疗毒。

【流传】上党一带（山西东南部古地名，主指古潞泽辽沁四州一带，曾包括山西省晋中榆社、左权、长治、晋城东部以及河北涉县等地）

【出处】杜修勇：《炎帝神农文化在上党》，见马志生主编《上党炎帝》，太原：山西出版传媒集团·三晋出版社（原山西古籍出版社）2014年版，第108页。

W0745.2

炎帝发明祭祀

实 例

汉族 （实例待考）

W0745.3

炎帝主南方

实 例

汉族 炎帝，少典之子，号为神农，南方之火德。

【流传】（无考）

【出处】［西汉］淮南王刘安及门客：《淮南子·时则训》。

汉族 何谓五星？即东、南、中、西、北五个方位之星。其中，南方，火也，其帝炎帝。

【流传】（无考）

【出处】［西汉］淮南王刘安及门客：《淮南子·天文训》。

W0745.3.1

赤帝司南方之极万二千里

实 例

汉族 南方之极，自北户孙之外，贯颛顼之国，南至委火炎风之野。赤帝、祝融之所司者万二千里。

【流传】（无考）

【出处】［西汉］淮南王刘安及门客：

《淮南子·时则训》高诱注。

W0745. 4

炎帝能拯救太阳

实 例

白族 阿光翻山越岭找太阳时，走累了，睡倒在一棵树下，梦见一个白胡子的老人对他说："太阳正受难哩！只有找到你们的老祖炎帝，才有办法救出太阳。"

【流传】云南省·大理州（大理白族自治州）

【出处】杨惠讲，杨宪典记录：《太阳神本主》，见姚宝瑄主编《中国各民族神话》（白族、拉祜族、景颇族），太原：山西出版传媒集团·书海出版社2014年版，第39页。

W0745. 4. 1

炎帝能使太阳发光

实 例

汉族 上古时代，出现的一个大神炎帝，能使太阳发出足够的光和热来，使世界上避免了寒冷。

【流传】河南省·（郑州市）·登封市

【出处】耿直采录：《神农尝百草》，见张振犁编著，孟宪明、朱淑君统纂《中原神话通鉴》（第二卷），郑州：河南大学出版社2017年版，第467页。

W0745. 5

炎帝能使万物生长

实 例

汉族 上古时代，世界上出现了一个大神。他能使太阳发出足够的光和热来，使世界上避免了寒冷，使人类和各种生物生长，大家感激他的功德，称他为炎帝。

【流传】河南省·（郑州市）·登封市

【出处】耿直采录：《神农尝百草》，见张振犁编著，孟宪明、朱淑君统纂《中原神话通鉴》（第二卷），郑州：河南大学出版社2017年版，第467页。

W0745. 6

炎帝发现作物

实 例

（参见下级母题实例）

W0745. 6. 1

炎帝神农氏羊头山得到嘉禾

实 例

汉族 羊头山又名首阳山。炎帝神农氏在这里得到嘉禾。

【流传】上党一带（山西东南部古地名，主指古潞泽辽沁四州一带，曾包括山西省晋中榆社、左权、长治、晋城东部以及河北涉县等地）

【出处】杜修勇：《炎帝神农文化在上

党》，见马志生主编《上党炎帝》，太原：山西出版传媒集团·三晋出版社（原山西古籍出版社）2014 年版，第 107 页。

W0745.6.2

炎帝神农氏羊头山谷关得到嘉谷

实 例

汉族 神农城在羊头山，其下有神农泉，山有古城遗址，北有谷关，即神农得嘉谷处。

【流传】（无考）

【出处】［北魏］撰者不详：《风土记》。

W0745.6.3

神农炎帝赐人珍珠小米

实 例

汉族 神农炎帝赐给人珍珠小米。

【流传】上党一带（山西东南部古地名，主指古潞泽辽沁四州一带，曾包括山西省晋中榆社、左权、长治、晋城东部以及河北涉县等地）

【出处】张恩来：《少年炎帝》，见马志生主编《上党炎帝》，太原：山西出版传媒集团·三晋出版社（原山西古籍出版社）2014 年版，第 6 页。

W0745.7

炎帝建国

实 例

（参见下级母题实例）

W0745.7.1

炎帝在上党黎岭村一带建耆国

实 例

汉族 炎帝曾在上党地区即今天的长治县黎岭村一带建耆国。

【流传】上党一带（山西东南部古地名，主指古潞泽辽沁四州一带，曾包括山西省晋中榆社、左权、长治、晋城东部以及河北涉县等地）

【出处】张恩来：《少年炎帝》，见马志生主编《上党炎帝》，太原：山西出版传媒集团·三晋出版社（原山西古籍出版社）2014 年版，第 10 页。

W0745.8

炎帝建都

实 例

（参见下级母题实例）

W0745.8.1

炎帝建都山东曲阜

实 例

汉族 炎帝最早居住在姜水。炎帝第一次大迁徙后，建都于山东曲阜。

【流传】上党一带（山西东南部古地名，主指古潞泽辽沁四州一带，曾包括山西省晋中榆社、左权、长治、晋城东部以及河北涉县等地）

【出处】郭安廷：《民间盛祭话炎帝》，见马志生主编《上党炎帝》，太原：

山西出版传媒集团·三晋出版社（原山西古籍出版社）2014 年版，第 50 页。

W0745a

炎帝的生活（炎帝的经历）

实 例

（参见下级母题实例）

W0745a. 1

炎帝的服饰

实 例

（实例待考）

W0745a. 2

炎帝的食物

实 例

（参见下级母题实例）

W0745a. 2. 1

炎帝出生后饭量特大

实 例

（参见下级母题实例）

W0745a. 2. 1. 1

炎帝出生后比平常的婴儿要多吃 3 倍的奶

实 例

汉族 炎帝出生后，饭量特别大，比平常的婴儿要多吃三倍的奶。

【流传】上党一带（山西东南部古地名，主指古潞泽辽沁四州一带，曾包括山西省晋中榆社、左权、长治、晋城东部以及河北涉县等地）

【出处】张恩来：《少年炎帝》，见马志生主编《上党炎帝》，太原：山西出版传媒集团·三晋出版社（原山西古籍出版社）2014 年版，第 5 页。

W0745a. 3

炎帝的居所

实 例

（参见下级母题实例）

W0745a. 3. 1

炎帝居黄河一带

实 例

汉族 （实例待考）

W0745a. 3. 2

炎帝居山东

实 例

汉族 山东一带生活着的氏族首领叫炎帝。炎帝看到中原地区洪水归道，林丰草茂，野味又多，是个生活的好地方，就带领部落群西进中原。

【流传】河南省·（郑州市）·新郑市·（七里阎村）

【出处】高梧林（70 岁，私塾先生）讲，李新明采录整理：《轩辕方》，见张振犁编著，孟宪明、朱淑君统纂《中原神话通鉴》（第二卷），郑州：

河南大学出版社 2017 年版，第 563 页。

W0745a. 3. 3

炎帝居淮阳

实 例

汉族 远古时代的原始社会末期，少典之子炎帝帝居淮阳一带。

【流传】河南省·（郑州市）·登封市

【出处】《炎黄二帝石》，见张振犁编著，孟宪明、朱淑君统纂《中原神话通鉴》（第二卷），郑州：河南大学出版社 2017 年版，第 503 页。

W0745a. 3. 4

炎帝居南方

【关联】［W0746. 1. 5. 1］赤帝即南方火德之帝

实 例

汉族 何谓五星？即东、南、中、西、北五个方位之星。其中，南方，火也，其帝炎帝，其佐朱明，执衡而治夏。

【流传】（无考）

【出处】［西汉］淮南王刘安及门客撰：《淮南子·天文训》。

W0745a. 3. 5

炎帝居东方

实 例

白族 炎帝住在东方一座高山上的金殿里。

【流传】云南省·大理州（大理白族自治州）

【出处】杨惠讲，杨宪典记录：《太阳神本主》，见姚宝瑄主编《中国各民族神话》（白族、拉祜族、景颇族），太原：山西出版传媒集团·书海出版社 2014 年版，第 39 页。

W0745a. 3. 5. 1

炎帝住东方山上

实 例

白族 怪物吞吃太阳后，阿光（人名）去找太阳。途中梦见一个白胡子老人对他说："你要找到太阳，只有找到你们的老祖炎帝，才有办法救出太阳，但炎帝住在东方一座高山上的金殿里。"

【流传】云南省·大理州（大理白族自治州）

【出处】杨惠讲，杨宪典记录：《太阳神本主》，原载李缵绪主编《白族神话传说集成》，见陶阳、钟秀编《中国神话》（中），北京：商务印书馆 2008 年版，第 699～701 页。

W0745a. 3. 6

炎帝最早居住在姜水

实 例

汉族 炎帝最早居住在姜水。

【流传】上党一带（山西东南部古地名，主指古潞泽辽沁四州一带，曾包括山

西省晋中榆社、左权、长治、晋城东部以及河北涉县等地）

【出处】郭安廷：《民间盛祭话炎帝》，见马志生主编《上党炎帝》，太原：山西出版传媒集团·三晋出版社（原山西古籍出版社）2014 年版，第 50 页。

W0745a. 4

炎帝的出行

实例

（参见下级母题实例）

W0745a. 4. 1

炎帝乘五色鸟

实例

汉族 炎帝乘五色鸟。

【流传】陕西省·宝鸡市

【出处】夏国祥讲，高随民采录：《炎帝抱太阳》，见中国民间文学集成全国编辑委员会编《中国民间故事集成》（陕西卷），北京：中国 ISBN 中心 1996 年版，第 17 页。

W0745a. 5

炎帝的工具

实例

（参见下级母题实例）

W0745a. 5. 1

炎帝的石斧

实例

汉族 炎黄之战中，炎帝使用石斧，黄帝使用降龙杵。二人战到二十多个回合不分胜负。

【流传】河南省黄帝故里一带（河南省·郑州市·新郑市）

【出处】刘文学采录整理：《三帝下凡》（点评），见张振犁编著，孟宪明、朱淑君统纂《中原神话通鉴》（第二卷），郑州：河南大学出版社 2017 年版，第 501 页。

W0745a. 5. 2

炎帝手持弓箭

实例

白族 炎帝身穿青色的上衣、白色的长裙，左手拿着一条发光的神枝，右手挽着一张巨大的弯弓，弓弦上插着一支锐利无比的长箭。

【流传】云南省·大理州（大理白族自治州）

【出处】杨惠讲，杨宪典记录：《太阳神本主》，原载李缵绪主编《白族神话传说集成》，见陶阳、钟秀编《中国神话》（中），北京：商务印书馆 2008 年版，第 699～701 页。

W0745a. 6

炎帝的成长

实例

（参见下级母题实例）

W0745a. 6. 1

炎帝神农氏长于姜水

实　例

汉族 炎帝神农氏，长于姜水，始教天下耕种五谷而食之，以省杀性。

【流传】（无考）

【出处】［晋］皇甫谧：《帝王世纪》。

汉族 炎帝人身牛首，长于姜水，因以为姓。

【流传】（无考）

【出处】［唐］司马贞：《史记·补三皇本纪》。

W0745a. 6. 2

炎帝年幼时神鹰为他遮日，神鹿为他哺乳

实　例

汉族 炎帝降生后，当母亲抱着他走出草棚时，成群的神鹰从山岩上飞来，为他遮挡太阳。当母乳不足时，神鹿就从树林里跑来，为他哺乳。

【流传】上党一带（山西东南部古地名，主指古潞泽辽沁四州一带，曾包括山西省晋中榆社、左权、长治、晋城东部以及河北涉县等地）

【出处】张恩来：《少年炎帝》，见马志生主编《上党炎帝》，太原：山西出版传媒集团·三晋出版社（原山西古籍出版社）2014 年版，第 5 页。

W0745b

炎帝的关系

实　例

（参见下级母题实例）

W0745b. 1

炎帝的父母

实　例

（参见下级母题实例）

W0745b. 1. 0

炎帝与黄帝的父母是伏羲女娲兄妹

【关联】

① ［W0680. 2. 2］伏羲女娲是兄妹（伏羲女娲兄妹）

② ［W0680. 4a. 1］伏羲的妻子女娲（伏羲女娲是夫妻）

实　例

汉族 天塌地陷，世上只剩下伏羲和女娲兄妹两个人。他们婚后只生了两个孩子，一个叫黄帝，即有熊，一个叫炎帝，即神农。

【流传】河南省·（焦作市）·武陟县·北郭乡·李后庄村

【出处】秦秀花（女，71 岁，农民）讲，王广先采录整理：《人从哪里来》，见张振犁编著《中原神话通鉴》（第一卷），郑州：河南大学出版社 2017 年版，第 303 页。

W0745b. 1. 1

炎帝的父亲

实 例

（参见下级母题实例）

W0745b. 1. 1. 1

炎帝的父亲少典

实 例

汉族 炎、黄二帝的父亲是少典。

【流传】（无考）

【出处】郭大山讲，张永林采录：《炎黄和睦草》，载《民间文学》1991 年第 8 期。

汉族 远古时代的原始社会末期，少典之子炎帝、黄帝是同父异母的兄弟。

【流传】河南省·（郑州市）·登封市

【出处】《炎黄二帝石》，见张振犁编著，孟宪明、朱淑君统纂《中原神话通鉴》（第二卷），郑州：河南大学出版社 2017 年版，第 503 页。

W0745b. 1. 2

炎帝的母亲

实 例

（参见下级母题实例）

W0745b. 1. 2. 1

炎帝是女娲之女

实 例

汉族 炎帝神农氏，有娲氏之女。

【流传】（无考）

【出处】［唐］司马贞：《史记·补三皇本纪》。

W0745b. 1. 2. 2

炎帝的母亲女登

实 例

汉族 炎帝神农氏，姜姓，母曰女登，为少典妃。

【流传】（无考）

【出处】［唐］司马贞：《史记·补三皇本纪》。

W0745b. 1. 2. 3

炎帝的母亲任姒

实 例

（参见下级母题实例）

W0745b. 1. 2. 3. 1

炎帝的母亲任姒，有跻氏女登之女，名女登

实 例

汉族 炎帝神农氏，姜姓也。母曰任姒，有蟜氏女登之女，名女登，为少典正妃。

【流传】（无考）

【出处】［晋］皇甫谧：《帝王世纪》。

W0745b. 2
炎帝的兄弟

实　例

（参见下级母题实例）

W0745b. 2. 1
炎黄是兄弟

实　例

（参见下级母题实例）

W0745b. 2. 1. 1
少典先娶有蟜氏生炎帝，后娶附宝生黄帝

实　例

汉族 少典先娶炎帝母家有蟜氏之女，后娶附宝，附宝生黄帝。

【流传】（无考）

【出处】《附宝》，见［晋］干宝著，李剑国辑校《新辑搜神记》卷一，北京：中华书局2007年版，第75页。

W0745b. 2. 1. 2
炎帝与黄帝是异父同母兄弟

实　例

汉族 炎帝者，黄帝同母异父兄弟也，各有天下之半，黄帝行道而炎帝不听，故战于琢鹿之野，血流漂杵。

【流传】（无考）

【出处】［清］马骕：《绎史》卷五引《新书》。

W0745b. 2. 1. 2a
炎帝与黄帝是同父异母兄弟

实　例

汉族 炎、黄二帝是同父异母弟兄。兄弟手足，和睦相亲。

【流传】（无考）

【出处】郭大山讲，张永林采录：《炎黄和睦草》，载《民间文学》1991年第8期。

W0745b. 2. 1. 3
炎帝与黄帝是亲兄弟

实　例

汉族 （参见“W0745b. 1. 0　炎帝与黄帝的父母是伏羲女娲兄妹”母题实例）

W0745b. 3
炎帝的妻子

实　例

（参见下级母题实例）

W0745b. 3. 1
炎帝的妻子听訞

实　例

汉族 炎帝之妻，赤水之子听訞生炎居，炎居生节并，节并生戏器，戏器生祝融。

【流传】（无考）

【出处】［战国至汉］撰者不详：《山海

经·海内经》。

W0745b. 4

炎帝的子女

实 例

（参见下级母题实例）

W0745b. 4. 1

炎帝的儿子

实 例

（参见下级母题实例）

W0745b. 4. 1. 1

炎帝的儿子炎居

实 例

汉族 炎帝之妻，赤水之子听訞生炎居。

【流传】（无考）

【出处】［战国至汉］撰者不详：《山海经·海内经》。

W0745b. 4. 2

炎帝的女儿

实 例

（参见下级母题实例）

W0745b. 4. 2. 1

炎帝的小女儿精卫

实 例

（参见下级母题实例）

W0745b. 4. 2. 1. 1

精卫化鸟

【关联】

①［W0700. 1. 2］炎帝之女化为精卫

②［W0916. 4. 2］冤魂化为鸟

实 例

汉族 精卫找恶龙报仇时，用大斧砍掉了恶龙的头。但精卫用力过猛，掉下竹排，淹死海中，变作一个鸟，人们把它叫做精卫鸟。

【流传】河南省·（南阳市）·方城县［采录地点：方城县·博望镇］

【出处】李三讲，李林慧、李仁太采录：《填海》（1985. 10），见张振犁编著，孟宪明、朱淑君统纂《中原神话通鉴》（第三卷），郑州：河南大学出版社 2017 年版，第 771 页。

W0745b. 4. 2. 2

炎帝的少女女娃

【关联】［W0700. 1. 2. 1］炎帝的少女女娃溺于东海化为精卫

实 例

汉族 发鸠之山，其上多柘木。有鸟焉，其状如乌，文首，白喙，赤足，名曰精卫，其名自詨。是炎帝之少女名曰女娃。女娃游于东海，溺而不返，故为精卫。常衔西山之木石，以堙于东海。

【流传】（无考）

【出处】［战国至汉］撰者不详：《山海

经·北次三经》。

汉族 女娃是太阳神炎帝的小女儿

【流传】（无考）

【出处】佚名整理：《精卫填海》，见姚宝瑄主编《中国各民族神话》（汉族），太原：山西出版传媒集团·书海出版社2014年版，第398页。

W0745b.4.2.2.1
炎帝的女儿女娃死后成为漳水之神

实　例

汉族 炎帝的女儿女娃死后，成为漳水之神。

【流传】上党一带（山西东南部古地名，主指古潞泽辽沁四州一带，曾包括山西省晋中榆社、左权、长治、晋城东部以及河北涉县等地）

【出处】马书岐：《晋东南地区有关炎帝的传说与祭祀活动》，见马志生主编《上党炎帝》，太原：山西出版传媒集团·三晋出版社（原山西古籍出版社）2014年版，第89页。

W0745b.4.2.2a
皇帝的女儿女娃

实　例

汉族 古时候，有个皇帝的女儿叫女娃。

【流传】河南省·（商丘市）·宁陵县［采录地点：宁陵县·孔集·刘堂村］

【出处】张金陵（男，67岁，教师）讲，刘灿旺采录：《精卫填海》（1986.07），见张振犁编著，孟宪明、朱淑君统纂《中原神话通鉴》（第三卷），郑州：河南大学出版社2017年版，第770页。

W0745b.4.2.3
炎帝的女儿瑶姬

实　例

汉族 “妾巫山之女也。”李善注曰：“赤帝女曰瑶姬。”

【流传】（无考）

【出处】［梁］萧统：《文选》辑宋玉《高唐赋》李善注引《襄阳耆旧传》。

W0745b.4.2.4
炎帝少女成仙

实　例

汉族 赤松子者，神农时雨师也。服水玉以教神农，能入火自烧。往往至昆仑山上，常止西王母石室中，随风雨上下。炎帝少女追之，亦得仙俱去。

【流传】（无考）

【出处】［西汉］刘向：《列仙传》卷上。

W0745b.4.2.4.1
南方赤帝女学道得仙

【关联】［W0598.1.3］文化英雄学艺结果

实　例

汉族 南方赤帝女学道得仙，居南阳愕山桑树上。正月一日衔柴作巢，至十五日成。或作白鹊，或女人。赤帝见之悲恸，诱之不得，以火焚之，女即升天。因名帝女桑。今人至十五日焚鹊巢作灰汁，浴蚕子招丝，象此也。

【流传】（无考）

【出处】［北宋］李昉、李穆、徐铉等：《太平御览》卷九二一引《广异记》。

W0745b. 4. 2. 4. 1. 1

南方赤帝女学道得仙后居南阳愕山桑树上

实 例

汉族 （参见“W0745b. 4. 2. 4. 1 南方赤帝女学道得仙”母题实例）

W0745b. 4. 3

炎帝的子孙

实 例

（实例待考）

W0745b. 4. 4

炎帝有 81 个孩子

实 例

汉族 炎帝有九九八十一个孩子。

【流传】河南省·（郑州市）·新密市

【出处】张造讲，高力升采录：《黄帝战蚩尤》，见张振犁编著，孟宪明、朱淑君统纂《中原神话通鉴》（第二卷），郑州：河南大学出版社 2017 年版，第 535 页。

W0745b. 4. 5

炎帝的孙子

实 例

（参见下级母题实例）

W0745b. 4. 5. 1

炎帝之孙灵恝

实 例

（参见下级母题实例）

W0745b. 4. 5. 1. 1

灵恝生互人，能上下于天

实 例

汉族 有互人之国。炎帝之孙，名曰灵恝，灵恝生互人，是能上下于天。

【流传】（无考）

【出处】［战国至汉］撰者不详：《山海经·大荒西经》。

W0745b. 4. 5. 2

炎帝之孙伯陵

实 例

（参见下级母题实例）

W0745b. 4. 5. 2. 1

伯陵同吴权之妻阿女缘妇，缘妇孕生鼓、延、殳

实 例

汉族 炎帝之孙伯陵，伯陵同吴权之妻阿女缘妇，缘妇孕三年，是生鼓、延、殳。殳始为侯，鼓、延是始为钟，为乐风。

【流传】（无考）

【出处】［战国至汉］撰者不详：《山海经·海内经》。

W0745b.4.5.2.2

炎帝的孙子伯陵被吴刚杀死

实　例

汉族 吴刚杀死太阳神炎帝的孙子伯陵。

【流传】（无考）

【出处】《广寒宫的传说》，见 http：//baike.baidu.com/link？ur。

W0745b.5

炎帝的朋友

实　例

（参见下级母题实例）

W0745b.5.1

炎帝与黄帝

实　例

（实例待考）

W0745b.6

炎帝的对手

实　例

（参见下级母题实例）

W0745b.6.1

炎帝与黄帝是对手

【关联】［W8806.1］炎黄之争

实　例

（实例待考）

W0745b.7

炎帝的臣属

实　例

（参见下级母题实例）

W0745b.7.1

炎帝的部将祝融、刑天

实　例

汉族 炎帝因昨日取胜，心中很是高兴，早早就令祝融、刑天到黄帝营前叫阵，不然就杀进营去。黄帝只得出阵相迎。

【流传】河南省黄帝故里一带（河南省·郑州市·新郑市）

【出处】刘文学采录整理：《三帝下凡》（点评），见张振犁编著，孟宪明、朱淑君统纂《中原神话通鉴》（第二卷），郑州：河南大学出版社 2017 年版，第 501 页。

W0745b.7.2

炎帝有良将数十人

实　例

汉族 炎帝手下良将不下数十人。

【流传】河南省·（郑州市）·新密市

【出处】张造讲，高力升采录整理：《黄帝访广成子》，见张振犁编著，孟宪明、朱淑君统纂《中原神话通鉴》（第二卷），郑州：河南大学出版社2017年版，第690页。

W0745b. 7. 3

朱明佐炎帝

实 例

汉族 何谓五星？即东、南、中、西、北五个方位之星。其中，南方，火也，其帝炎帝，其佐朱明，执衡而治夏。

【流传】（无考）

【出处】［西汉］淮南王刘安及门客撰：《淮南子·天文训》。

W0745c

炎帝的寿命与死亡

实 例

（参见下级母题实例）

W0745c. 1

炎帝的寿命

实 例

（实例待考）

W0745c. 2

炎帝的死亡

实 例

（参见下级母题实例）

W0745c. 2. 1

炎帝被虫咬而死

【关联】［W0736. 1. 2］神农被虫咬而死

实 例

（参见下级母题实例）

W0745c. 2. 1. 1

炎帝食百足虫死亡

实 例

汉族 炎帝把百足虫吞到肚里，被夺去了生命。

【流传】山西省·（长治市）·潞城县

【出处】王来虎讲，申双鱼采录：《神农种谷》，见中国民间文学集成全国编辑委员会编《中国民间故事集成》（山西卷），北京：中国ISBN中心1999年版，第19页。

W0745c. 2. 2

炎帝死于羊头山

实 例

汉族 炎帝最后死于羊头山，故羊头山下的庄里村有炎帝陵。

【流传】上党一带（山西东南部古地名，主指古潞泽辽沁四州一带，曾包括山西省晋中榆社、左权、长治、晋城东部以及河北涉县等地）

【出处】马书岐：《晋东南地区有关炎帝的传说与祭祀活动》，见马志生主编

《上党炎帝》，太原：山西出版传媒集团·三晋出版社（原山西古籍出版社）2014年版，第88页。

W0745c.3

炎帝的丧葬

实 例

（参见下级母题实例）

W0745c.3.1

炎帝安葬卧龙湾

实 例

汉族 炎帝死后，在临近的一条山沟装殓安葬，于是这个沟就取名“卧龙湾”。所装殓的那个小村就叫“装殓村”，后来取谐音就成了“庄里村”

【流传】上党一带（山西东南部古地名，主指古潞泽辽沁四州一带，曾包括山西省晋中榆社、左权、长治、晋城东部以及河北涉县等地）

【出处】马书岐：《晋东南地区有关炎帝的传说与祭祀活动》，见马志生主编《上党炎帝》，太原：山西出版传媒集团·三晋出版社（原山西古籍出版社）2014年版，第88页。

W0746

与炎帝有关的其他母题

【关联】［W0695.2.1］黄帝炎帝是亲兄弟

实 例

（参见下级母题实例）

W0746.1

炎帝的名字（炎帝的姓氏、炎帝的名号）

实 例

（参见下级母题实例）

W0746.1.1

炎帝姓姜

实 例

汉族 炎帝神农氏，姜姓。

【流传】（无考）

【出处】［唐］司马贞：《史记·补三皇本纪》。

W0746.1.1.1

炎帝神农氏姜姓

实 例

汉族 炎帝神农氏，姜姓。

【流传】（无考）

【出处】［唐］司马贞：《史记·补三皇本纪》。

W0746.1.1.2

炎帝姓姜，名炎帝

实 例

汉族 古时候，有一部落首领姓姜，名炎帝，他勤劳勇敢，心地善良。

【流传】河南省·（焦作市）·温县

【出处】张振怀讲，石平君采录：《神农涧》，见张振犁编著，孟宪明、朱淑君统纂《中原神话通鉴》（第二卷），郑州：河南大学出版社 2017 年版，第 463 页。

W0746. 1. 1. 3

炎帝长于姜水，因以为姓

【关联】［W0745a. 6. 1］炎帝神农氏长于姜水

实 例

汉族 炎帝人身牛首，长于姜水，因以为姓。

【流传】（无考）

【出处】［唐］司马贞：《史记・补三皇本纪》。

W0746. 1. 2

炎帝又称神农

【关联】［W0731］神农

实 例

汉族 "炎帝神农氏。"宋衷注："炎帝即神农氏，炎帝身号，神农代号也。"

【流传】（无考）

【出处】［先秦］史官修撰：《世本・帝系篇》（清张澍稡集补注本）宋衷注。

汉族 炎帝教人种五谷，人们称他为"神农"。

【流传】

(a) 山西省・（长治市）・潞城县。

(b) 山西省・（晋城市）・高平县（高平市）・永乐村

【出处】

(a) 王来虎讲，申双鱼采录：《神农种谷》，见中国民间文学集成全国编辑委员会编《中国民间故事集成》（山西卷），北京：中国 ISBN 中心 1999 年版，第 19 页。

(b) 张龙虎讲，程理唐采录：《神农种谷》，见中国民间文学集成全国编辑委员会编《中国民间故事集成》（山西卷），北京：中国 ISBN 中心 1999 年版，第 18 页。

W0746. 1. 2. 1

炎帝号神农

实 例

汉族 炎帝，少典之子，号为神农。

【流传】（无考）

【出处】［西汉］淮南王刘安及门客：《淮南子・时则训》。

汉族 "南方之极，自北户孙之外，贯颛顼之国，南至委火炎风之野。赤帝、祝融之所司者万二千里。"高诱注："赤帝、炎帝，少典之子，号为神农，南方火德之帝也。"

【流传】（无考）

【出处】［西汉］淮南王刘安及门客：《淮南子・时则训》高诱注。

W0746. 1. 3

炎帝神农氏

实 例

汉族 炎帝神农氏。

【流传】（无考）

【出处】［先秦］史官修撰：《世本·帝系篇》。

汉族 炎帝神农氏，姜姓，母曰女登，有蜗氏之女，为少典妃，感神龙而生炎帝，人身牛首。长于姜水，因以为姓。火德王，故曰炎帝。

【流传】（无考）

【出处】［唐］司马贞：《史记·补三皇本纪》。

汉族等 炎帝是中华民族公认的人文始祖之一，亦称神农氏，是传说中的古帝。

【流传】（无考）

【出处】《炎帝》，见乌丙安主编《中国民间神谱》，沈阳：辽宁人民出版社2007年版，第52页。

W0746.1.3.1

炎帝因种五谷被称为神农氏

实 例

汉族 炎帝把采集来的野果播撒在开垦的土地上，让它们生根、发芽、开花、结果，收获更多的果实，这便有了黍、稷、麻、麦、豆五谷。人们称他为神农，历史上叫神农氏。

【流传】河南省·（郑州市）·登封市

【出处】耿直采录：《神农尝百草》，见张振犁编著，孟宪明、朱淑君统纂《中原神话通鉴》（第二卷），郑州：河南大学出版社2017年版，第467～468页。

W0746.1.4

炎帝又称烈山氏

实 例

汉族 炎帝又称赤帝、烈山氏。

【流传】（无考）

【出处】［晋］皇甫谧：《帝王世纪》。

W0746.1.4.1

炎帝神农氏起烈山，故称烈山氏

实 例

汉族 炎帝神农氏，姜姓也，人身牛首，有圣德。继无怀之后，本起烈山，或称烈山氏。

【流传】（无考）

【出处】徐宗元辑：《帝王世纪辑存·自皇古至五帝第一》。

W0746.1.5

炎帝又称赤帝

【关联】［W0767.3.6.1］祝融是赤帝

实 例

（参见下级母题实例）

W0746.1.5.1

赤帝即南方火德之帝

实 例

汉族 “南方之极，自北户孙之外，贯颛顼之国，南至委火炎风之野，赤帝、祝融之所司者万二千里。”高诱注：“赤帝，炎帝，少典之子，号为神农，南方火德之帝也。

【流传】（无考）

【出处】［西汉］淮南王刘安及门客：《淮南子·时则》高诱注。

W0746. 1. 6

炎帝别号朱襄氏

实 例

（参见下级母题实例）

W0746. 1. 6. 1

朱襄氏，吉天子

实 例

汉族 “昔朱襄氏之治天下也，多风而阳气畜积，万物散解，果实不成。故士达作为五弦瑟，以来阴气，以定群生。”高诱注：“朱襄氏，吉天子，炎帝之别号。”

【流传】（无考）

【出处】［秦］吕不韦及门客：《吕氏春秋·古乐》高诱注。

W0746. 1. 7

炎帝又称先医

实 例

（参见下级母题实例）

W0746. 1. 7. 1

炎帝因尝百草开创医疗的先河，故称先医

实 例

汉族 炎帝尝百草，宣医疗疾，救夭伤人命，开创了医疗的先河，因此人们称他为“先医”。

【流传】上党一带（山西东南部古地名，主指古潞泽辽沁四州一带，曾包括山西省晋中榆社、左权、长治、晋城东部以及河北涉县等地）

【出处】周志清：《寻访炎帝神农的足迹》，见马志生主编《上党炎帝》，太原：山西出版传媒集团·三晋出版社（原山西古籍出版社）2014 年版，第 1 页。

W0746. 1. 8

炎帝又称农皇

实 例

（参见下级母题实例）

W0746. 1. 8. 1

炎帝因发明耕播农业被称为农皇

实 例

汉族 炎帝得五谷，教人稼穑，发明了耕播农业，因此人们称他为“农皇”“神农”。

【流传】上党一带（山西东南部古地名，主指古潞泽辽沁四州一带，曾包括山西省晋中榆社、左权、长治、晋城东部以及河北涉县等地）

【出处】周志清：《寻访炎帝神农的足迹》，见马志生主编《上党炎帝》，太原：山西出版传媒集团·三晋出版社（原山西古籍出版社）2014 年版，第

1 页。

W0746.1.9

炎帝又称火师

实 例

（参见下级母题实例）

W0746.1.9.1

炎帝因把火用于生产和生活被称为火师

实 例

汉族 炎帝把火用于生产和生活，人们称他为“火师”。

【流传】上党一带（山西东南部古地名，主指古潞泽辽沁四州一带，曾包括山西省晋中榆社、左权、长治、晋城东部以及河北涉县等地）

【出处】周志清：《寻访炎帝神农的足迹》，见马志生主编《上党炎帝》，太原：山西出版传媒集团·三晋出版社（原山西古籍出版社）2014 年版，第 1 页。

W0746.2

炎帝的代表动物是朱鸟

实 例

汉族 南方，火也，其帝炎帝……其兽朱鸟。

【流传】（无考）

【出处】《淮南子·天文训》，见［西汉］刘安等著，陈广忠译注《淮南子译注》，长春：吉林文史出版社 1990 年版，第 108 页。

W0746.3

炎帝属夏季

实 例

汉族 （实例待考）

W0746.4

炎帝的遗迹

实 例

（参见下级母题实例）

W0746.4.1

炎帝庙

实 例

（参见下级母题实例）

W0746.4.1.1

炎帝三庙

实 例

汉族 在山西羊头山下的高平境内，换马村的炎帝庙被称为炎帝上庙，下台村的炎帝庙被称为炎帝中庙，东关村的炎帝庙称炎帝下庙。

【流传】上党一带（山西东南部古地名，主指古潞泽辽沁四州一带，曾包括山西省晋中榆社、左权、长治、晋城东部以及河北涉县等地）

【出处】马书岐：《晋东南地区有关炎帝的传说与祭祀活动》，见马志生主编

《上党炎帝》，太原：山西出版传媒集团·三晋出版社（原山西古籍出版社）2014年版，第92页。

W0746. 4. 1. 1. 1
炎帝上庙

实 例

汉族 （参见“W0746. 4. 1. 1 炎帝三庙”母题实例）

W0746. 4. 1. 1. 2
炎帝中庙

实 例

汉族 （参见“W0746. 4. 1. 1 炎帝三庙”母题实例）

W0746. 4. 1. 1. 3
炎帝下庙

实 例

汉族 （参见“W0746. 4. 1. 1 炎帝三庙”母题实例）

W0746. 4. 1. 2
炎帝庙称“五谷庙”

实 例

汉族 山西长治市高平县庄里村炎帝陵，俗称“皇坟”。陵后有庙，称“五谷庙”。

【流传】山西省·长治市·高平县

【出处】梁晋高：《上党炎帝文化遗址——高平》，见马志生主编《上党炎帝》，太原：山西出版传媒集团·三晋出版社（原山西古籍出版社）2014年版，第45页。

W0746. 4. 1. 3
色头村炎庙

实 例

汉族 色头村炎庙，坐北朝南，神台上没有塑像，只有木制的神农炎帝的牌位。

【流传】上党一带（山西东南部古地名，主指古潞泽辽沁四州一带，曾包括山西省晋中榆社、左权、长治、晋城东部以及河北涉县等地）

【出处】冀光明：《炎帝庙散记》，见马志生主编《上党炎帝》，太原：山西出版传媒集团·三晋出版社（原山西古籍出版社）2014年版，第24页。

W0746. 4. 2
炎帝陵

实 例

（参见下级母题实例）

W0746. 4. 2. 1
炎帝陵在山西高平县庄里村

实 例

汉族 山西长治市高平县庄里村炎帝陵。

【流传】山西省·长治市·高平县

【出处】马书岐：《晋东南地区有关炎帝的传说与祭祀活动》，见马志生主编《上党炎帝》，太原：山西出版传媒集团·三晋出版社（原山西古籍出版社）2014 年版，第 96 页。

W0746.4.2.2

炎帝陵在高平县换马镇

实 例

汉族 上古炎帝陵，相传在高平县北四十里换马镇。

【流传】山西省·长治市·高平县

【出处】［清］《（雍正）山西通志》卷一七三“高平县”。

W0746.4.2.3

炎帝陵在羊台山上

实 例

汉族 炎帝陵在山西长子县、长治县、高平县三县交界的羊台山上。

【流传】上党一带（山西东南部古地名，主指古潞泽辽沁四州一带，曾包括山西省晋中榆社、左权、长治、晋城东部以及河北涉县等地）

【出处】张来恩：《炎帝诞生地的争议与新证》，见马志生主编《上党炎帝》，太原：山西出版传媒集团·三晋出版社（原山西古籍出版社）2014 年版，第 36 页。

W0746.4.2.4

炎帝陵称“皇坟”

实 例

汉族 （参见“W0746.4.1.2 炎帝庙称‘五谷庙’”母题实例）

W0746.4.3

炎帝故里

实 例

（参见下级母题实例）

W0746.4.3.1

炎帝故里在山西长治县黎都

实 例

汉族 山西长治市长治县黎都是炎帝故里。

【流传】山西省·长治市·长治县·黎都

【出处】冯树勋：《五谷之神——炎帝》，见马志生主编《上党炎帝》，太原：山西出版传媒集团·三晋出版社（原山西古籍出版社）2014 年版，第 135 页。

W0746.4.4

炎帝的行宫

实 例

（参见下级母题实例）

W0746. 4. 4. 1

炎帝的行宫在山西长治高平县故关村

实 例

汉族 山西长治市高平县故关村村有炎帝的行宫。

【流传】山西省・长治市・高平县

【出处】梁晋高：《上党炎帝文化遗址——高平》，见马志生主编《上党炎帝》，太原：山西出版传媒集团・三晋出版社（原山西古籍出版社）2014 年版，第 46 页。

W0746. 5

祭祀炎帝（祭炎帝）

实 例

（参见下级母题实例）

W0746. 5. 1

每年四月初八祭祀炎帝

【关联】［W0743. 5. 0. 1］炎帝的生日四月初八

实 例

汉族 山西长治市高平县庄里村，每年四月初八要举行五谷庙庙会，祈求五谷丰登。

【流传】山西省・长治市・高平县

【出处】马书岐：《晋东南地区有关炎帝的传说与祭祀活动》，见马志生主编《上党炎帝》，太原：山西出版传媒集团・三晋出版社（原山西古籍出版社）2014 年版，第 96 页。

W0746. 5. 2

腊月二十三祭炎帝

【关联】［W0466. 10. 3. 1］敬火神时间腊月二十三日

实 例

（参见下级母题实例）

W0746. 5. 2. 1

腊月二十三过小年祭灶神即祭祀先帝炎帝

实 例

汉族 腊月二十三过小年祭灶神，实际上祭祀的是先帝炎帝。

【流传】上党一带（山西东南部古地名，主指古潞泽辽沁四州一带，曾包括山西省晋中榆社、左权、长治、晋城东部以及河北涉县等地）

【出处】郭安廷：《民间盛祭话炎帝》，见马志生主编《上党炎帝》，太原：山西出版传媒集团・三晋出版社（原山西古籍出版社）2014 年版，第 52 页。

W0746. 6

炎帝米

实 例

（参见下级母题实例）

W0746.6.1

屯留炎帝米

实 例

汉族 屯留的珍珠黄小米，俗称“炎帝米”。

【流传】上党一带（山西东南部古地名，主指古潞泽辽沁四州一带，曾包括山西省晋中榆社、左权、长治、晋城东部以及河北涉县等地）

【出处】张来恩：《炎帝诞生地的争议与新证》，见马志生主编《上党炎帝》，太原：山西出版传媒集团·三晋出版社（原山西古籍出版社）2014 年版，第 37 页。

W0747

尧[①]

实 例

（参见下级母题实例）

W0747.1

尧的产生

实 例

（参见下级母题实例）

W0747.1.1

尧是生育产生的

实 例

（参见下级母题实例）

W0747.1.1.1

女子与龙交生尧

实 例

汉族 （参见“W0747.1.1.2.1 庆都与赤龙交合生尧”母题实例）

W0747.1.1.2

女子与赤龙交生尧

实 例

（参见下级母题实例）

W0747.1.1.2.1

庆都与赤龙交合生尧

实 例

汉族 尧母庆都与赤龙交合，生尧。

【流传】（无考）

【出处】

（a）［晋］皇甫谧：《帝王世纪》。

（b）［南朝·梁］沈约：《宋书·符瑞志》。

W0747.1.1.3

帝喾与庆都婚生尧

实 例

汉族 帝喾卜其四妃之子，皆有天下。上妃有邰氏之女，曰姜嫄，而生

---

① 尧，名放勋，是陶唐氏的邦君，故又称唐尧，被神话的历史人物。

后稷；次妃有娀氏之女，曰简狄，而生契；次妃陈锋氏之女，曰庆都，生帝尧。

【流传】（无考）

【出处】［先秦］史官修撰：《世本·帝系篇》。

W0747.1.1.4

天阳精生尧

实 例

汉族 尧乃天之阳精所生所成人，人化故然也。

【流传】（无考）

【出处】佚名：《易纬·坤灵图》。

W0747.1.2

尧是感生的

实 例

（参见下级母题实例）

W0747.1.2.1

女子感生尧

实 例

（参见下级母题实例）

W0747.1.2.2

女子感龙生尧

实 例

（参见下级母题实例）

W0747.1.2.2.1

庆都感赤龙的阴风孕生尧

实 例

汉族 庆都（人名），观河，遇赤龙，晻然阴风，感而有孕，十四月而生尧。

【流传】（无考）

【出处】《庆都》，见［晋］干宝著，李剑国辑校《新辑搜神记》卷一，北京：中华书局2007年版，第77页。

W0747.1.3

与尧的产生有关的其他母题

实 例

（参见下级母题实例）

W0747.1.3.1

尧出现在大禹3600年后

实 例

汉族 大禹，女娲十九代孙，寿三百六十岁，入九嶷山仙飞去。后三千六百岁，尧理天下，洪水既甚，人民垫溺。

【流传】（无考）

【出处】［清］马骕：《绎史》卷十一注引《遁甲开山图》。

W0747.2

尧的特征

实 例

（参见下级母题实例）

W0747.2.1
尧的体征

实 例

（参见下级母题实例）

W0747.2.1.1
尧是半人半凤

【关联】［W0747.3.4.1.1］尧王白天是人主管天下，夜里是凤到天上会神仙

实 例

汉族 尧王的形象是半人半凤。

【流传】 河南省·（郑州市）·荥阳县（荥阳市）·王村乡·蒋头村

【出处】 赵衍生讲，赵子谋采录：《尧王立法》，见中国民间文学集成全国编辑委员会编《中国民间故事集成》（河南卷），北京：中国 ISBN 中心 2001 年版，第 44 页。

W0747.2.1.2
尧王白发白须白眉

实 例

汉族 人们看到尧王白发白须白眉有一百多岁。

【流传】 河南省·（郑州市）·登封市

【出处】 《尧王访许由》，见张振犁编著，孟宪明、朱淑君统纂《中原神话通鉴》（第三卷），郑州：河南大学出版社 2017 年版，第 979 页。

W0747.2.1.3
尧八彩眉

实 例

汉族 若夫尧眉八彩。

【流传】（无考）

【出处】 ［西汉］淮南王刘安及门客：《淮南子·修务训》。

W0747.2.2
尧的性情

实 例

（实例待考）

W0747.3
尧的身份

实 例

（参见下级母题实例）

W0747.3.1
尧是神

实 例

（实例待考）

W0747.3.2
尧是首领

实 例

（参见下级母题实例）

W0747. 3. 2. 1

尧是酋长

实 例

（参见下级母题实例）

W0747. 3. 2. 1. 1

唐尧是平阳一带的部落酋长

实 例

汉族 早在五千多年以前，平阳（今山西临汾）内居住着一个有名的大部落，这个部落的酋长叫唐尧，就是后来人们所说的尧王。

【流传】（无考）

【出处】 申双鱼搜集整理：《尧王举贤》，原载陶阳编《中国民间故事大观》，见陶阳、钟秀编《中国神话》（中），北京：商务印书馆 2008 年版，第 811～812 页。

W0747. 3. 3

尧是君主

实 例

（参见下级母题实例）

W0747. 3. 3. 1

尧是明君

【关联】［W5896. 2］ 明君

实 例

汉族 尧王是个明君，上知天文，下知地理。

【流传】 河南省·（焦作市）·沁阳市·西向乡（西向镇）·捏掌村

【出处】 李元怀讲，尚立飞采录者：《尧王找水》，见中国民间文学集成全国编辑委员会编《中国民间故事集成》（河南卷），北京：中国 ISBN 中心 2001 年版，第 44 页。

W0747. 3. 3. 2

尧是万民之主

实 例

汉族 尧是万民之主。

【流传】 淮河流域

【出处】 常山讲：《鲧王治水》，原载茆文斗搜集整理《河蚌姑娘》，见姚宝瑄主编《中国各民族神话》（汉族），太原：山西出版传媒集团·书海出版社 2014 年版，第 100～106 页。

W0747. 3. 3. 3

尧是圣主

实 例

汉族 以前，老百姓的首领叫帝尧，他是一个能够关心人民疾苦的圣主。

【流传】 江苏省·常州市

【出处】 汤庚和讲，韦中权记录：《后羿的弓弦》（1980. 12. 29），见姚宝瑄主编《中国各民族神话》（汉族），太原：山西出版传媒集团·书海出版社 2014 年版，第 142～145 页。

W0747.3.4

尧是双面人

实 例

（参见下级母题实例）

W0747.3.4.1

尧白天与晚上有两重身份

实 例

（参见下级母题实例）

W0747.3.4.1.1

尧王白天是人主管天下，夜里是凤到天上会神仙

实 例

汉族 尧王白天是人主管天下，夜里是凤飞到天上和神仙聊天。

【流传】 河南省·（郑州市）·荥阳县（荥阳市）·王村乡·蒋头村

【出处】 赵衍生讲，赵子谋采录：《尧王立法》，见中国民间文学集成全国编辑委员会编《中国民间故事集成》（河南卷），北京：中国 ISBN 中心 2001 年版，第 44 页。

W0747.3.5

与尧的身份有关的其他母题

实 例

（实例待考）

W0747.4

尧的能力（尧的事迹、尧的行为）

实 例

（参见下级母题实例）

W0747.4.1

尧王上知天文下知地理

实 例

汉族 尧是明君，上知天文下知地理

【流传】 河南省·（焦作市）·沁阳市·西向乡（西向镇）·捏掌村

【出处】 李元怀讲，尚立飞采录者：《尧王找水》，见中国民间文学集成全国编辑委员会编《中国民间故事集成》（河南卷），北京：中国 ISBN 中心 2001 年版，第 44 页。

汉族 远古时候，尧王懂天文地理，又体贴民情。

【流传】 河南省·（焦作市）·沁阳县·（西向镇·捏掌村）

【出处】 李元怀（72 岁，农民）讲，尚立飞、李燕采录：《尧王池》，见张振犁编著，孟宪明、朱淑君统纂《中原神话通鉴》（第三卷），郑州：河南大学出版社 2017 年版，第 991 页。

W0747.4.2

尧招贤（尧访贤）

【关联】［W0739.3.6］舜访贤

实 例

汉族 尧王想让位给许由，曾到石坡窑口三次拜见许由。这石坡窑口便留下了三过尧的美名。

【流传】河南省·（郑州市）·登封市

【出处】《尧王访许由》，见张振犁编著，孟宪明、朱淑君统纂《中原神话通鉴》（第三卷），郑州：河南大学出版社2017年版，第980页。

汉族 几千年前，唐尧时候，他将招贤选才列为朝阁头等大事。有一年，朝臣们向尧推荐，说中岳嵩山下阳城地方有个贤人，姓许名由，此人熟农耕、识天文、知地理，兵法也略知一二。

【流传】河南省·（郑州市）·登封市

【出处】王鸿钧采录整理：《尧访许由和巢父》，见张振犁编著，孟宪明、朱淑君统纂《中原神话通鉴》（第三卷），郑州：河南大学出版社2017年版，第983~984页。

W0747.4.2.1

尧王因儿子不屑访贤

实 例

汉族 尧王评介儿子丹朱说："他有力量，驱猛兽，开垦荒田，种庄稼还有些办法，但他光顾吃喝玩乐，不关心民间疾苦，怎能执掌江山呢？我要寻访一个有能耐的人当帝王。"

【流传】河南省·（濮阳市）·范县［采录地点：范县·王楼乡］

【出处】崔金甲（男，65岁，农民，不识字）讲，崔金钊采录：《尧王访贤（一）》（1989.10.22），见张振犁编著，孟宪明、朱淑君统纂《中原神话通鉴》（第三卷），郑州：河南大学出版社2017年版，第986页。

W0747.4.2.2

尧改扮成普通人访贤

实 例

汉族 尧王去访贤，改扮成普通百姓，独自一人到各处察访，走过了山山水水，察过了大小部落。

【流传】河南省·（濮阳市）·范县［采录地点：范县·王楼乡］

【出处】崔金甲（男，65岁，农民，不识字）讲，崔金钊采录：《尧王访贤（一）》（1989.10.22），见张振犁编著，孟宪明、朱淑君统纂《中原神话通鉴》（第三卷），郑州：河南大学出版社2017年版，第986页。

W0747.4.3

尧王英明

实 例

汉族 尧王英明，单珠虽说是他的独生儿子，但他早知道单珠为人很坏。单珠的阴谋诡计咋能瞒过他的眼。

【流传】河南省·（濮阳市）·范县

【出处】冯传增采录，张中增采录整理：《尧除单珠》，见张振犁编著，孟宪明、朱淑君统纂《中原神话通鉴》

（第三卷），郑州：河南大学出版社2017年版，第974页。

W0747.4.4
尧王亲民

实例

汉族 尧王爱民，经常到各地察问民情。

【流传】河南省·（焦作市）·沁阳县

【出处】尚立非采录整理：《捏掌见泉》，见张振犁编著，孟宪明、朱淑君统纂《中原神话通鉴》（第三卷），郑州：河南大学出版社2017年版，第990页。

W0747.4.4.1
尧亲自看羿练兵

实例

汉族 帝尧带领文武百官去教场看羿练兵。

【流传】河南省·（南阳市）·桐柏县［采录地点：桐柏县·西十里村］

【出处】释海良讲，刘剑采录：《师徒比武》（1985.07），见张振犁编著，孟宪明、朱淑君统纂《中原神话通鉴》（第三卷），郑州：河南大学出版社2017年版，第849页。

W0747.4.4.2
尧视察民情

实例

汉族 尧王爱民，经常到各地考察民情。

【流传】中原一带

【出处】

（a）尚立非记录整理：《捏掌见泉》，见张楚北编《中原神话》，郑州：海燕出版社1988年版。

（b）同（a），见姚宝瑄主编《中国各民族神话》（汉族），太原：山西出版传媒集团·书海出版社2014年版，第377～378页。

W0747.4.5
尧善治国理政

实例

汉族 尧建国于唐，建都平阳（今山西临汾西南），曾设官掌管时令，制定历法，改进农耕，烧制陶器，掌管教育，掌管军政事宜，把国家治理得很好。

【流传】河南省·（郑州市）·登封市

【出处】《尧王访许由》，见张振犁编著，孟宪明、朱淑君统纂《中原神话通鉴》（第三卷），郑州：河南大学出版社2017年版，第978页。

W0747.4.6
尧王嫁女

实例

（参见下级母题实例）

W0747. 4. 6. 1

尧王嫁女前考察人品

【关联】[W0739. 4. 4. 2] 尧嫁女娥皇和女英与舜

实 例

汉族 (实例待考)

W0747. 4. 6. 2

尧把2个女儿嫁给舜

实 例

汉族 尧选拔贤明的舜，继承了帝位，还把自己的两个女儿，娥皇和女英给舜做了妻子。

【流传】河南省·(南阳市)·淅川县(丹江两岸)

【出处】习警文(商人，上过私塾)讲，习诏采录整理：《丹江的传说》，见张振犁编著，孟宪明、朱淑君统纂《中原神话通鉴》(第三卷)，郑州：河南大学出版社2017年版，第995页。

W0747. 4. 7

尧王让位(尧的禅让)

【关联】[W5952. 2] 禅让

实 例

汉族 尧王老的时候，力不从心了，想把天下大事让给能干的贤人。

【流传】河南省·南阳市

【出处】杜加典讲，张楚北采录：《尧王访贤(二)》(1982. 02)，见张振犁编著，孟宪明、朱淑君统纂《中原神话通鉴》(第三卷)，郑州：河南大学出版社2017年版，第987页。

W0747. 4. 7. 1

尧王让位舜

实 例

汉族 尧王把江山让给了舜。

【流传】河南省·(南阳市)·南阳县(1994年撤销，与原县级南阳市以人民路为界重组为宛城、卧龙二区)·(卧龙区)·青华街(青华镇)

【出处】杜家典讲，张楚北采录：《尧王访贤》，见中国民间文学集成全国编辑委员会编《中国民间故事集成》(河南卷)，北京：中国ISBN中心2001年版，第46页。

W0747. 4. 7. 2

尧王想让许由

实 例

汉族 尧王老了，眼看儿子不行正道，就一心想把帝位让给许由

【流传】河南省·(濮阳市)·范县

【出处】冯传增采录，张中增采录整理：《尧除单珠》，见张振犁编著，孟宪明、朱淑君统纂《中原神话通鉴》(第三卷)，郑州：河南大学出版社2017年版，第974页。

W0747.4.8

尧大义灭亲

实 例

（参见下级母题实例）

W0747.4.8.1

尧除掉为害百姓的儿子

实 例

汉族 尧王为了普天下黎民百姓能安居乐业，不受苦受难，尧王毅然大义灭亲，除掉不办人事的儿子丹朱。

【流传】 河南省·（濮阳市）·范县［采录地点：范县·龙庄乡］

【出处】 冯跃东（男，45岁，农民，初中）采录：《尧王惩子》（1990.02），见张振犁编著，孟宪明、朱淑君统纂《中原神话通鉴》（第三卷），郑州：河南大学出版社2017年版，第977页。

W0747.4.9

尧射日

实 例

（参见下级母题实例）

W0747.4.9.1

尧上射十日

实 例

汉族 烛十日。尧时十日并出，万物焦枯。尧上射十日，以故不并一日见也。

【流传】（无考）

【出处】［东汉］王充：《论衡·说日》引《淮南书》。

W0747.5

尧的关系

实 例

（参见下级母题实例）

W0747.5.1

尧的父母

实 例

（参见下级母题实例）

W0747.5.1.1

尧的父亲

实 例

（参见下级母题实例）

W0747.5.1.1.1

尧的父亲帝喾

实 例

汉族 尧是父系氏族社会后期部落联盟领袖，又称陶唐氏，名放勋，史称唐尧，其父即帝喾。

【流传】（无考）

【出处】《尧》，见乌丙安主编《中国民间神谱》，沈阳：辽宁人民出版社2007年版，第59页。

W0747. 5. 1. 1. 1. 1
尧是高辛王最小的儿子

实 例

汉族 尧是高辛王最小的一个儿子。

【流传】（无考）

【出处】袁珂重述：《射日奔月》，原载袁珂《神异篇》，见陶阳、钟秀编《中国神话》（上），北京：商务印书馆2008年版，第279～288页。

W0747. 5. 1. 1. 1. 2
帝喾产放勋帝尧

实 例

汉族 帝喾产放勋，是为帝尧。

【流传】（无考）

【出处】［汉］戴德：《大戴礼记·帝系》。

W0747. 5. 1. 2
尧的母亲

实 例

（参见下级母题实例）

W0747. 5. 1. 2. 1
尧的母亲庆都

实 例

汉族 帝尧陶唐氏，祁姓也。母曰庆都，孕十四月而生尧于丹陵。

【流传】（无考）

【出处】［北宋］李昉、李穆、徐铉等：《太平御览》卷八十引《帝王世纪》。

W0747. 5. 1. 2. 2
尧的母亲会染布

实 例

汉族 尧时有老母，以蓝染为业。

【流传】（无考）

【出处】

(a)［汉］王烈：《蟠桃记》。

(b)《太姥山》，见袁珂《中国神话大词典》，北京：华夏出版社2015年版，第52页。

W0747. 5. 1. 2. 3
尧的母亲成仙

实 例

汉族 尧时有老母，以蓝染为业，后得九转丹砂法，乘九色龙而仙。

【流传】（无考）

【出处】

(a)［汉］王烈：《蟠桃记》。

(b)《太姥山》，见袁珂《中国神话大词典》，北京：华夏出版社2015年版，第52页。

W0747. 5. 2
尧的妻子

实 例

（参见下级母题实例）

W0747.5.2.1
尧的妻子尧娘

实　例

汉族 尧王八十多了，想让位。他媳妇尧娘说：“咱的江山，还得叫咱儿子丹朱来继承你的王位。”

【流传】 河南省·（濮阳市）·范县［采录地点：范县·王楼乡］

【出处】 崔金甲（男，65岁，农民，不识字）讲，崔金钊采录：《尧王访贤（一）》（1989.10.22），见张振犁编著，孟宪明、朱淑君统纂《中原神话通鉴》（第三卷），郑州：河南大学出版社2017年版，第986页。

W0747.5.2.2
尧有四妃

实　例

汉族 中山夫人庙，在县西五十步。夫人即尧之四妃也。

【流传】（濮州雷泽县）

【出处】［宋］乐史：《太平寰宇记》卷十四。

W0747.5.2.2.1
尧之四妃中山夫人

实　例

汉族 咸阳城西二里有尧陵。陵东域西五十余步，中山夫人祠，尧妃也。

【流传】（无考）

【出处】［北魏］郦道元：《水经注·瓠子河》。

W0747.5.2.3
尧的妻子女皇

实　例

（参见下级母题实例）

W0747.5.2.3.1
尧取散宜氏之子，谓之女皇

实　例

汉族 尧取散宜氏之子，谓之女皇。

【流传】（无考）

【出处】［先秦］史官修撰：《世本·帝系篇》。

汉族 帝尧娶于散宜氏之子，谓之女皇氏。

【流传】（无考）

【出处】［汉］戴德：《大戴礼记·帝系》。

W0747.5.3
尧的儿子

实　例

（参见下级母题实例）

W0747.5.3.0
尧没有儿子

实　例

汉族 尧王老了，跟前没有儿子，临终时，把大臣、皇后等人叫到跟前说："我死后，要让舜继承王位，你们一定要顺乎民意。"

【流传】河南省·（洛阳市）·宜阳县

【出处】王上清（50岁，农民）讲，王孟晓采录：《大舜耕田》（1986.08），见张振犁编著，孟宪明、朱淑君统纂《中原神话通鉴》（第三卷），郑州：河南大学出版社2017年版，第1005页。

W0747. 5. 3. 1

尧有9子

实 例

（参见下级母题实例）

W0747. 5. 3. 1. 1

尧王有9个儿子全是废物

【关联】［W0747. 4. 7. 1］尧王让位舜

实 例

汉族 尧王爷岁数大了，他看到九个儿子都不成器，当不得大事，就带着他的两个女儿娥皇和女英出来访贤。

【流传】四川省·成都（成都市）

【出处】李茂生讲，陈钧整理：《害不死的大舜》，载《民间文学》1964年第3期。

汉族 尧王有9个儿子，没有一个能治理天下。

【流传】河南省·（南阳市）·南阳县（1994年撤销，与原县级南阳市以人民路为界重组为宛城、卧龙二区）·（卧龙区）·青华街（青华镇）

【出处】杜家典讲，张楚北采录：《尧王访贤》，见中国民间文学集成全国编辑委员会编《中国民间故事集成》（河南卷），北京：中国ISBN中心2001年版，第46页。

汉族 尧王老的时候，力不从心了，想把天下大事让给能干的贤人。他有九个儿子，看看没有一个能治理天下。

【流传】河南省·南阳市

【出处】杜加典讲，张楚北采录：《尧王访贤（二）》（1982.02），见张振犁编著，孟宪明、朱淑君统纂《中原神话通鉴》（第三卷），郑州：河南大学出版社2017年版，第987页。

W0747. 5. 3. 2

尧的独眼儿子

实 例

汉族 ［参见"W0747. 5. 3. 3. 1 尧王的儿子单珠（丹珠、丹朱）"母题实例］

W0747. 5. 3. 3

尧王的儿子麻

实 例

（参见下级母题实例）

W0747. 5. 3. 3. 0

尧王只有一个儿子麻

实 例

汉族 尧王只有一个儿子，叫麻。

【流传】中原一带

【出处】

(a) 冯传海记录，张中增整理：《尧除“单珠”》，见张楚北编《中原神话》，郑州：海燕出版社1988年版。

(b) 同(a)，见姚宝瑄主编《中国各民族神话》（汉族），太原：山西出版传媒集团·书海出版社2014年版，第419～420页。

汉族 尧王只有一个儿子，叫麻。因为他瞎了一只眼睛，人们都叫他“单珠”。后来人们才叫他“丹珠”（也叫丹朱）。

【流传】（河南省）

【出处】冯传增记录，张中海整理：《尧除丹珠》，原载河南师大中文系编《河南民间故事》，见陶阳、钟秀编《中国神话》（中），北京：商务印书馆2008年版，第818～819页。

W0747.5.3.3.1

尧王的儿子单珠（丹珠、丹朱）

实 例

汉族 尧王的儿子叫麻，因为他瞎了一只眼，都叫他“单珠”。

【流传】河南省·（濮阳市）·范县·辛店乡·丹徐庄

【出处】郭自山讲，冯传增采录：《尧王单珠》，见中国民间文学集成全国编辑委员会编《中国民间故事集成》（河南卷），北京：中国ISBN中心2001年版，第45页。

汉族 尧辟位凡二十八年而崩。百姓悲哀，如丧父母。三年，四方莫举乐，以思尧。尧知子丹朱之不肖，不足以授天下，于是乃权授舜。

【流传】（无考）

【出处】［汉］司马迁：《史记·五帝本纪》。

汉族 尧子不肖，舜使居丹渊为诸侯，故号曰丹朱。

【流传】（无考）

【出处】［周］托名伏生传（疑为后人伪作）：《尚书·逸篇》。

汉族 尧王有个儿子叫丹朱。

【流传】河南省·（濮阳市）·范县［采录地点：范县·龙庄乡］

【出处】冯跃东（男，45岁，农民，初中）采录：《尧王惩子》（1990.02），见张振犁编著，孟宪明、朱淑君统纂《中原神话通鉴》（第三卷），郑州：河南大学出版社2017年版，第976页。

汉族 尧子不肖，舜使居丹渊，为诸侯，故号曰丹朱。

【流传】（无考）

【出处】［北宋］李昉、李穆、徐铉等：《太平御览》卷六三“地部二十八·丹水”引《尚书》逸篇。

W0747.5.3.3.1.0

尧与女皇生丹朱

实 例

汉族 尧取散宜氏之子，谓之女皇，女皇生丹朱。

【流传】（无考）

【出处】［先秦］史官修撰：《世本·帝系篇》。

W0747.5.3.3.1.1

尧王的儿子麻因独眼，又称“单珠”

实 例

汉族 尧王只有一个儿子，叫麻。他瞎了一只眼，人们都叫他“单珠”。

【流传】河南省·（濮阳市）·范县

【出处】冯传增采录，张中增采录整理：《尧除单珠》，见张振犁编著，孟宪明、朱淑君统纂《中原神话通鉴》（第三卷），郑州：河南大学出版社2017年版，第974页。

W0747.5.3.3.1.2

单珠性情暴躁，心狠手毒

实 例

汉族 单珠和他的父亲尧王不一样，他性情暴躁，心狠手毒。

【流传】河南省·（濮阳市）·范县

【出处】冯传增采录，张中增采录整理：《尧除单珠》，见张振犁编著，孟宪明、朱淑君统纂《中原神话通鉴》（第三卷），郑州：河南大学出版社2017年版，第974页。

W0747.5.3.3.1.2a

丹朱是“二半调子”

实 例

汉族 尧王的儿子丹朱，人性情暴烈、执拗，而且愚不可训，是一个典型的“二半调子”。

【流传】河南省·（濮阳市）·范县［采录地点：范县·龙庄乡］

【出处】冯跃东（男，45岁，农民，初中）采录：《尧王惩子》（1990.02），见张振犁编著，孟宪明、朱淑君统纂《中原神话通鉴》（第三卷），郑州：河南大学出版社2017年版，第976页。

W0747.5.3.3.1.2b

丹朱游手好闲

实 例

汉族 无若丹朱傲，惟漫游是好，傲虐是作，罔昼夜頟頟。罔水行舟，朋淫于家，用殄厥世。

【流传】（无考）

【出处】［周］托名伏生传（疑为后人伪作）：《尚书·虞书·益稷》。

W0747.5.3.3.1.2c

丹珠横行霸道

实 例

汉族 尧的大儿子丹珠傲世好胜，横行霸道，常常和他的狐群狗党吃喝嫖赌，无恶不作。

【流传】河南省·（南阳市）·淅川县（丹江两岸）

【出处】习警文（商人，上过私塾）讲，习诏采录整理：《丹江的传说》，见张振犁编著，孟宪明、朱淑君统纂《中原神话通鉴》（第三卷），郑州：河南大学出版社2017年版，第995页。

W0747.5.3.3.1.2d

丹朱是个坏孩子（丹朱是不屑子）

实　例

汉族　尧知子丹朱之不肖，不足以授天下，于是乃权授舜。

【流传】（无考）

【出处】［西汉］司马迁：《史记·五帝本纪》。

汉族　无若丹朱傲，惟慢游是好，傲虐是作，罔昼夜頟頟，罔水行舟，朋淫于家，用殄厥世。

【流传】（无考）

【出处】［周］托名伏生传（疑为后人伪作）：《尚书·虞书·益稷》。

汉族　尧子不肖，舜使居丹渊为诸侯，故号曰丹朱。

【流传】（无考）

【出处】［北宋］李昉、李穆、徐铉等：《太平御览》卷六三引《尚书逸篇》。

W0747.5.3.3.1.2e

丹朱开明

实　例

汉族　（尧）嗣子丹朱开明

【流传】（无考）

【出处】［西汉］司马迁：《史记·五帝本纪》。

W0747.5.3.3.1.3

尧让丹珠做诸侯

实　例

汉族　尧把帝位让给舜。他又怕大儿子丹珠胡闹，就把丹珠送到河南西南的边界地方当诸侯去了。

【流传】河南省·（南阳市）·淅川县

【出处】李顺翔采录：《丹江的来历》（1981.05），见张振犁编著，孟宪明、朱淑君统纂《中原神话通鉴》（第三卷），郑州：河南大学出版社2017年版，第993页。

W0747.5.3.3.1.4

单珠是尧王的独生子

实　例

汉族　（参见“W0747.5.3.3.1.1尧王的儿子麻因独眼，又称“单珠””母题实例）

W0747. 5. 3. 3. 1. 5

丹珠是尧王的大儿子

实 例

汉族 丹珠是尧的大儿子，从小娇生惯养、脾气暴躁。

【流传】河南省·（南阳市）·淅川县

【出处】李顺翔采录：《丹江的来历》（1981. 05），见张振犁编著，孟宪明、朱淑君统纂《中原神话通鉴》（第三卷），郑州：河南大学出版社 2017 年版，第 993 页。

汉族 （参见“W0747. 5. 3. 3. 1. 3 尧让丹珠做诸侯”母题实例）

W0747. 5. 3. 3. 1. 5. 1

尧的大儿子被认为是掌上明珠取名丹珠

实 例

汉族 尧的大儿子被认为是掌上明珠，起名儿叫丹珠。

【流传】河南省·（南阳市）·淅川县（丹江两岸）

【出处】习警文（商人，上过私塾）讲，习诏采录整理：《丹江的传说》，见张振犁编著，孟宪明、朱淑君统纂《中原神话通鉴》（第三卷），郑州：河南大学出版社 2017 年版，第 995 页。

W0747. 5. 3. 3. 1. 6

尧把不学无术的大儿子丹珠废为百姓

实 例

汉族 尧把不学无术的大儿子丹珠废为老百姓，贬到离帝都远远的黑河边儿去“劳动改造”。

【流传】河南省·（南阳市）·淅川县（丹江两岸）

【出处】习警文（商人，上过私塾）讲，习诏采录整理：《丹江的传说》，见张振犁编著，孟宪明、朱淑君统纂《中原神话通鉴》（第三卷），郑州：河南大学出版社 2017 年版，第 995 页。

W0747. 5. 3. 3. 1. 6. 1

丹朱被流放

实 例

汉族 后稷放帝朱于丹水。

【流传】（无考）

【出处】［战国至汉］撰者不详：《山海经·海外南经》注引《竹书纪年》。

W0747. 5. 3. 3. 1. 7

丹珠斗黑蟒精

实 例

汉族 丹珠跳下象背，顺势跃上浪头，挥剑与黑蟒精搏斗。他们在水中翻上翻下，大战几百个回合。

【流传】河南省·（南阳市）·淅川县（丹江两岸）

【出处】习警文（商人，上过私塾）讲，习诏采录整理：《丹江的传说》，见张振犁编著，孟宪明、朱淑君统纂《中原神话通鉴》（第三卷），郑州：河南大学出版社2017年版，第996页。

W0747.5.3.3.1.8

丹珠墓

实　例

汉族 人们为了纪念丹珠，就把“黑河”改名丹江，把埋葬丹珠的地方称为王子巷，那座墓就叫丹珠墓。

【流传】河南省·（南阳市）·淅川县（丹江两岸）

【出处】习警文（商人，上过私塾）讲，习诏采录整理：《丹江的传说》，见张振犁编著，孟宪明、朱淑君统纂《中原神话通鉴》（第三卷），郑州：河南大学出版社2017年版，第996页。

W0747.5.3.3.1.8.1

丹珠墓旁的象山

实　例

汉族 丹珠（尧的儿子）的那头白象不愿离开主人，紧紧守卫在丹珠的墓旁。后来，它化为一座象山。

【流传】河南省·（南阳市）·淅川县（丹江两岸）

【出处】习警文（商人，上过私塾）讲，习诏采录整理：《丹江的传说》，见张振犁编著，孟宪明、朱淑君统纂《中原神话通鉴》（第三卷），郑州：河南大学出版社2017年版，第996页。

W0747.5.3.3.1.9

尧子名麻讹为丹珠

实　例

汉族 尧有子名麻，以目眇，人皆呼之“单珠”，后乃讹为“丹珠”“丹朱”。

【流传】（无考）

【出处】袁珂改编：《丹珠堌堆》（原名《尧除丹朱》），原载河南师大中文系编《河南民间故事》，见袁珂《中国神话大词典》，北京：华夏出版社2015年版，第377页。

W0747.5.3.3.1.10

丹朱善棋

实　例

汉族 尧造围棋，丹朱善之。

【流传】（无考）

【出处】［先秦］史官修撰：《世本·作篇》。

W0747.5.3.3.1.11

与丹朱有关的其他母题

【关联】［W0443b.2.1］齿神名丹朱

实　例

（参见下级母题实例）

W0747.5.3a
尧有10子

实 例

汉族 在上古时期，尧王居住在平阳（今临汾）。他有十个儿子。

【流传】山西·临汾县（临汾市）

【出处】焦道行、王宏搜集整理：《尧王访贤》，载《山西民间文学》1982年第3期。

W0747.5.4
尧的女儿

实 例

（参见下级母题实例）

W0747.5.4.1
尧王有娥皇、女英2个女儿（唐尧有娥皇、女英2个女儿）

实 例

汉族 尧王把自己的两个女儿娥皇、女英许配给舜为妃。

【流传】河南省·（南阳市）·南阳县（1994年撤销，与原县级南阳市以人民路为界重组为宛城、卧龙二区）·（卧龙区）·青华街（青华镇）

【出处】杜家典讲，张楚北采录：《尧王访贤》，见中国民间文学集成全国编辑委员会编《中国民间故事集成》（河南卷），北京：中国ISBN中心2001年版，第46页。

汉族 “帝子降兮北渚。”王逸注：“帝子，谓尧女也；降，下也。言尧二女娥皇、女英随舜不反，没于湘水之渚，因为湘夫人。

【流传】（无考）

【出处】［战国］屈原：《楚辞·九歌·湘夫人》王逸注。

汉族 唐尧有两个女儿，名叫娥皇和女英。

【流传】河南省·（南阳市）·南阳县（宛城区、卧龙区）

【出处】邱海观（男，72岁，农民）讲，范牧采录整理：《瑶琴》，见张振犁编著，孟宪明、朱淑君统纂《中原神话通鉴》（第三卷），郑州：河南大学出版社2017年版，第992页。

W0747.5.4.1.1
尧长女娥皇，次女英

实 例

汉族 有虞二妃，帝尧二女也，长娥皇，次女英。

【流传】（无考）

【出处】［西汉］刘向：《列女传·有虞二妃》。

W0747.5.4.1.2
娥皇

实 例

（参见下级母题实例）

W0747.5.4.1.3
女英

实 例

（参见下级母题实例）

W0747.5.4.1.3.1
女英又称湘夫人

实 例

汉族 湘夫人，神名。谓尧女、舜妻女英。

【流传】（无考）

【出处】《湘夫人》，见袁珂《中国神话大词典》，北京：华夏出版社2015年版，第324页。

W0747.5.4.1.4
娥皇女英即湘君

实 例

汉族 舜陟方，死于苍梧。二妃死于湘、江之间，俗谓之湘君。

【流传】（无考）

【出处】［西汉］刘向：《列女传·有虞二妃》。

汉族 始皇浮江，至湘山祠。逢大风，几不得渡。上问博士曰："湘君何神？"博士对曰："闻之，尧女，舜之妻，而葬此。"

【流传】（无考）

【出处】［西汉］司马迁：《史记·秦始皇本纪》。

W0747.5.4.1.5
娥英庙

实 例

（参见下级母题实例）

W0747.5.4.1.5.1
舜妃娥英庙在泺源

实 例

汉族 泺源亦谓娥英水，以泉上有舜妃娥英庙故也。俗人但知吕仙祠矣。

【流传】（无考）

【出处】［北魏］郦道元：《水经注·洛水》。

W0747.5.4.1.6
娥皇女英祠

实 例

（参见下级母题实例）

W0747.5.4.1.6.1
娥皇女英祠在趵突泉

实 例

汉族 娥皇女英祠，在趵突泉，今废。曾子固诗："层城齐鲁衣冠会，况有娥英诧世人。"

【流传】（山东省·济南市）

【出处】［清］王士祯：《香祖笔记》卷九。

W0747. 5. 4. 1. 6. 2

娥皇女英祠在蒲津

实 例

汉族 蒲津有舜祠，又有娥皇女英祠。

【流传】（蒲津）

【出处】［北宋］李昉、扈蒙、李穆等：《太平广记》卷三一十“卢嗣宗”条引《宣室志》。

W0747. 5. 5

尧的子女

实 例

（参见下级母题实例）

W0747. 5. 5. 1

尧帝有 9 个儿子 2 个女儿

实 例

汉族 很早的时候，尧帝治理天下，他有九个儿子，两个女儿。

【流传】河南省·（南阳市）·淅川县（丹江两岸）

【出处】习警文（商人，上过私塾）讲，习诏采录整理：《丹江的传说》，见张振犁编著，孟宪明、朱淑君统纂《中原神话通鉴》（第三卷），郑州：河南大学出版社 2017 年版，第 995 页。

W0747. 5. 6

尧的上司

实 例

（实例待考）

W0747. 5. 7

尧的从属

实 例

（参见下级母题实例）

W0747. 5. 7. 1

尧的臣属皋陶

实 例

汉族 当尧之时，皋陶为士。

【流传】（无考）

【出处】［北宋］苏轼：《省试刑赏忠厚之至论》。

汉族 当尧之时，皋陶为大理。

【流传】（无考）

【出处】［西汉］刘向：《说苑·君道》。

W0747. 5. 7. 2

稷为尧使

实 例

汉族 稷为尧使，西见王母。拜请百福，赐我善子。引船牵头，虽物无忧。王母善祷，祸不成灾。

【流传】（无考）

【出处】［汉］焦延寿：《易林》卷一。

W0747.6
尧的生活

实 例

（参见下级母题实例）

W0747.6.1
尧生活简朴

实 例

汉族 （实例待考）

W0747.6.2
尧的居所

实 例

（参见下级母题实例）

W0747.6.2.1
尧居黄河沿岸

实 例

汉族 尧的时候，各部落的人集居在山西一带的黄河沿岸。

【流传】 河南省·（信阳市）·息县（豫南一带）

【出处】 金美臣（男，83岁，老艺人）讲，李中民采录整理：《蒲息千秋》（1985.05），见张振犁编著，孟宪明、朱淑君统纂《中原神话通鉴》（第三卷），郑州：河南大学出版社2017年版，第1009页。

W0747.6.3
尧的坐骑

实 例

（参见下级母题实例）

W0747.6.3.1
尧骑白龙马

实 例

汉族 帝尧骑着一匹白龙马。

【流传】 江苏省·常州市

【出处】 汤庚和讲，韦中权记录：《后羿的弓弦》（1980.12.29），见姚宝瑄主编《中国各民族神话》（汉族），太原：山西出版传媒集团·书海出版社2014年版，第142～145页。

W0747.7
与尧有关的其他母题

实 例

（参见下级母题实例）

W0747.7.1
尧的名字

实 例

（参见下级母题实例）

W0747.7.1.1
帝尧放勋

【关联】 ［W0747.5.1.1.1.2］帝喾产放勋帝尧

实例

汉族 黄帝活了一百一十一岁，有两个孩子继承了他的王位，一个叫昌意，一个叫玄嚣。昌意生颛顼，玄嚣生娇极，娇极生帝喾，帝喾生放勋，放勋就是帝尧。

【流传】河南省·（郑州市）·新郑市

【出处】蔡柏顺采录整理：《轩辕故里》，见张振犁编著，孟宪明、朱淑君统纂《中原神话通鉴》（第二卷），郑州：河南大学出版社 2017 年版，第 514 页。

W0747. 7. 1. 2

唐尧

实例

汉族 ［参见“W0747. 5. 4. 1 尧王有娥皇、女英 2 个女儿（唐尧有娥皇、女英 2 个女儿）”母题实例］

W0747. 7. 1. 2. 1

尧称陶唐氏

实例

汉族 上古时候，中原一带有很多部落。各个部落联盟的首领是尧，人称陶唐氏，名放勋，就是历史上说的唐尧。

【流传】河南省·（郑州市）·登封市

【出处】《尧王访许由》，见张振犁编著，孟宪明、朱淑君统纂《中原神话通鉴》（第三卷），郑州：河南大学出版社 2017 年版，第 978 页。

汉族 帝尧者，放勋。其仁如天，其知如神。帝喾次子，初封于陶，又封于唐，故有天下之号为陶唐氏。

【流传】（无考）

【出处】［西汉］司马迁：《史记·五帝本纪》。

W0747. 7. 1. 3

尧王

实例

汉族 （参见“W0747. 5. 4. 1 尧王有娥皇、女英 2 个女儿（唐尧有娥皇、女英 2 个女儿）”母题实例）

W0747. 7. 1. 4

尧帝

实例

汉族 （参见“W0747. 5. 5. 1 尧帝有 9 个儿子 2 个女儿”母题实例）

W0747. 7. 2

尧的寿命

实例

（实例待考）

W0747. 7. 3

尧的死亡

实例

（参见下级母题实例）

W0747.7.3.1

尧葬于阳

实 例

汉族 狄山，帝尧葬于阳，帝喾葬于阴。爰有熊、罴、文虎。

【流传】（无考）

【出处】［战国至汉］撰者不详：《山海经·海外南经》。

W0747.7.3.2

尧葬于岳山

实 例

汉族 帝尧、帝喾、帝舜葬于岳山。

【流传】（无考）

【出处】《狄山》，见袁珂《中国神话大词典》，北京：华夏出版社 2015 年版，第 167 页。

汉族 帝尧、帝喾、帝舜葬于岳山。

【流传】（无考）

【出处】［战国至汉］撰者不详：《山海经·大荒南经》。

W0747.7.3.3

尧葬于狄山

实 例

汉族 狄山，帝尧葬于阳，帝喾葬于阴。爰有熊、罴、文虎、雄、豹、离朱、视肉。吁咽、文王皆葬其所。一曰汤山。

【流传】（无考）

【出处】《狄山》，见袁珂《中国神话大词典》，北京：华夏出版社 2015 年版，第 167 页。

W0747.7.3.3.1

尧葬于狄山之阳

实 例

汉族 狄山，帝尧葬于阳，帝喾葬于阴。

【流传】（无考）

【出处】［战国至汉］撰者不详：《山海经·海外南经》。

W0747.7.4

尧的遗迹（与尧有关的风物）

【关联】

① ［W1852.6.160］尧山

② ［W1978.5.1.12］尧井

实 例

（参见下级母题实例）

W0747.7.4.1

尧王池

实 例

汉族 后人为了纪念尧王的功德，把那个大池起名“尧王池”，池下边的河起名“尧河”。

【流传】河南省·（焦作市）·沁阳县

【出处】尚立非采录整理：《捏掌见泉》，见张振犁编著，孟宪明、朱淑君统纂《中原神话通鉴》（第三卷），郑州：河南大学出版社 2017 年版，第 990 页。

W0747. 7. 4. 1. 1
尧王池是尧河发源地

实 例

汉族 后人为纪念尧王功德，便将这个村起名叫“捏掌”，把尧王亲手挖的池叫“尧王池”。这池也就是闻名的尧河发源地。

【流传】河南省·（焦作市）·沁阳县·（西向镇·捏掌村）

【出处】李元怀（72 岁，农民）讲，尚立飞、李燕采录：《尧王池》，见张振犁编著，孟宪明、朱淑君统纂《中原神话通鉴》（第三卷），郑州：河南大学出版社 2017 年版，第 991 页。

W0747. 7. 4. 2
尧庙

实 例

汉族 尧池水出城西北三十里太行山麓，捏泉村泉畔有尧庙。庙前处处有水，掬手可饮。旧县志古迹图即以尧池水为小沁水。

【流传】（河内县）

【出处】［清］袁通修，方履籛等纂：《（道光）河内县志》。

W0747. 7. 4. 3
尧山

实 例

（参见下级母题实例）

W0747. 7. 4. 3. 1
尧山在广固城西七里

实 例

汉族 尧山，在广固城西七里。尧巡狩所登，遂以为名。山顶立祠，祠边有柏树，枯而复生，不知几代树也。又石上有尧迹，于今犹存。

【流传】山东省潍坊市青州市一带

【出处】［北宋］李昉、李穆、徐铉等：《太平御览》卷五三七引《三齐略记》。

W0747. 7. 4. 4
帝尧台

实 例

（参见下级母题实例）

W0747. 7. 4. 4. 1
帝尧台在昆仑东北

实 例

汉族 帝尧台、帝喾台、帝丹朱台、帝舜台，各二台，台四方，在昆仑东北。

【流传】（无考）

【出处】

（a）［战国至汉］撰者不详：《山海经·海内北经》。

（b）《众帝之台》，见袁珂《中国神话大词典》，北京：华夏出版社 2015 年版，第131页。

W0748

瑶姬

实 例

（参见下级母题实例）

W0748.1

瑶姬的产生

实 例

（实例待考）

W0748.2

瑶姬的特征（瑶姬的身份）

实 例

（参见下级母题实例）

W0748.2.1

瑶姬是仙子

实 例

汉族 瑶姬仙子住在巫山最高最高的望霞峰。

【流传】（无考）

【出处】

（a）来层林记录搜集整理：《鞭击五龙》，载《民间文学》1981年第2期。

（b）来层林记录搜集整理：《天然嫂鞭击五龙》，见姚宝瑄主编《中国各民族神话》（汉族），太原：山西出版传媒集团·书海出版社2014年版，第378～386页。

W0748.2.2

瑶姬是神

实 例

（参见下级母题实例）

W0748.2.2.1

瑶姬佐禹治水有功被立庙敬为正神

实 例

汉族 由于瑶姬佐禹治水的功德，当地百姓为她树碑立庙，敬为“正神”。

【流传】四川省

【出处】朱奉天讲，唐探峰采录：《神女瑶姬的传说》，见陶阳、钟秀编《中国神话》（上），北京：商务印书馆2008年版，第438～441页。

W0748.2.3

瑶姬是神女

实 例

汉族 瑶姬是神女。

【流传】（无考）

【出处】《神女峰》，见《中国地方风物传说》（一），北京：中国民间文艺出版社1982年版，第266页。

W0748.2.4

瑶姬是禹的助手

实 例

（参见下级母题实例）

W0748. 2. 4. 1

瑶姬助禹驱鬼神

实 例

傣族、汉族 瑶姬助禹驱鬼神。

【流传】（无考）

【出处】《镛城记》，见［南宋］范成大《吴船录》卷下。

W0748. 2. 5

瑶姬是天女

实 例

汉族 瑶姬等十二天女见巫峡航道复杂，过往船只常触礁，于是毅然留巫山。

【流传】（四川省）

【出处】袁珂改编：《神女导航》（原名《长江三峡》），原载《四川史地丛书》，见袁珂《中国神话大词典》，北京：华夏出版社 2015 年版，第 387 页。

W0748. 3

瑶姬的能力（瑶姬的事迹）

实 例

（参见下级母题实例）

W0748. 3. 1

瑶姬有仙术

【关联】［W0828. 2a. 1. 1］神女瑶姬在瑶池仙宫学会仙术

实 例

（参见下级母题实例）

W0748. 3. 1. 1

瑶姬向文武两个天师学会仙术

实 例

汉族 瑶姬从小就喜文爱武，西王母就专门请了文武两个天师教她读天书，练仙术。

【流传】四川省

【出处】朱奉天讲，唐探峰采录：《神女瑶姬的传说》，见陶阳、钟秀编《中国神话》（上），北京：商务印书馆 2008 年版，第 438 ~ 441 页。

W0748. 3. 2

瑶姬会变化（瑶姬会变化之术）

实 例

汉族 瑶姬为受教于三元仙君，得神仙变化之术，王母封之为云华上宫夫人，使理仙童玉女事。

【流传】（三峡）

【出处】袁珂改编：《神女峰》，原载田海燕《三峡民间故事》，见袁珂《中国神话大词典》，北京：华夏出版社 2015 年版，第 387 页。

W0748. 3. 2. 1

瑶姬化龙

实 例

（参见下级母题实例）

W0748.3.2.1.1
瑶姬化游龙舞于巫山顶峰

实　例

汉族 神女瑶姬化作一条游龙，旋舞在巫山顶峰。

【流传】（无考）

【出处】《神女峰》，见《中国地方风物传说》（一），北京：中国民间文艺出版社 1982 年版，第 266 页。

W0748.3.2.2
瑶姬化云

实　例

汉族 瑶姬天帝女，精彩化朝云。

【流传】（无考）

【出处】［唐］李白：《感兴八首》。

W0748.3.3
瑶姬为民除害

实　例

（参见下级母题实例）

W0748.3.3.1
瑶姬为民除蛟龙

实　例

汉族 瑶姬（神女）看见十二条蛟龙为非作歹，为害人民，就施出仙术镇服了蛟龙。

【流传】（无考）

【出处】《神女峰》，见《中国地方风物传说》（一），北京：中国民间文艺出版社 1982 年版，第 266 页。

W0748.3.3.2
瑶姬除孽龙

实　例

汉族 古时候西王母的小女儿瑶姬，腾云来巫山上空，看到一群孽龙在空中殴斗，骚扰百姓。她便停下来，击毙孽龙，为民除害。

【流传】（四川省）

【出处】袁珂改编：《神女导航》，原载《长江万里行》，见袁珂《中国神话大词典》，北京：华夏出版社 2015 年版，第 387 页。

W0748.4
瑶姬的经历

实　例

（参见下级母题实例）

W0748.4.1
瑶姬学艺

实　例

（参见下级母题实例）

W0748.4.1.1
瑶姬到紫青阙习仙术

实　例

汉族 瑶姬到紫青阙跟三元仙君学习

仙术。

【流传】（无考）

【出处】《神女峰》，见《中国地方风物传说》（一），北京：中国民间文艺出版社 1982 年版，第 266 页。

W0748. 5

瑶姬的生活

实 例

（参见下级母题实例）

W0748. 5. 1

瑶姬的居所

实 例

（参见下级母题实例）

W0748. 5. 1. 1

瑶姬仙子居巫山最高的望霞峰

实 例

汉族 瑶姬仙子住在巫山最高最高的望霞峰。

【流传】（无考）

【出处】

（a）来层林记录搜集整理：《鞭击五龙》，载《民间文学》1981 年第 2 期。

（b）来层林记录搜集整理：《天然嫂鞭击五龙》，见姚宝瑄主编《中国各民族神话》（汉族），太原：山西出版传媒集团·书海出版社 2014 年版，第 378～386 页。

W0748. 5. 2

瑶姬未行而亡

实 例

汉族 我帝之季女也，名曰瑶姬，未行而亡，封巫山之台，精魂依草，寔为茎芝，媚而服焉，则与梦期，所谓巫山之女，高唐之姬。

【流传】（无考）

【出处】［北宋］李昉、李穆、徐铉等：《太平御览》卷三九九引《襄阳耆旧记》。

W07485. 6

瑶姬的关系

实 例

（参见下级母题实例）

W0748. 6. 1

瑶姬的父母

实 例

（参见下级母题实例）

W0748. 6. 1. 1

瑶姬是西王母之女

【关联】［W0755］西王母

实 例

汉族 瑶姬，西王母之女。

【流传】（无考）

【出处】《镛城记》，见［宋］范成大《吴船录》卷下。

汉族 云华夫人：云华夫人者，王母第二十三女，太真王夫人之妹也，名瑶姬练神飞化之道。

【流传】（无考）

【出处】［五代·蜀］杜光庭：《墉城集仙录》卷三。

W0748.6.1.1.1

瑶姬是西王母的第23个女儿

实 例

汉族 西王母生了第二十三个女儿，名叫瑶姬。

【流传】（无考）

【出处】《神女峰》，见《中国地方风物传说》（一），北京：中国民间文艺出版社1982年版，第266页。

汉族 西王母的第二十三个女儿瑶姬生得最聪明、最善良、最好看。

【流传】四川省

【出处】朱奉天讲，唐探峰采录：《神女瑶姬的传说》，见陶阳、钟秀编《中国神话》（上），北京：商务印书馆2008年版，第438～441页。

汉族 瑶姬为西王母第二十三女。

【流传】（三峡）

【出处】袁珂改编：《神女峰》，原载田海燕《三峡民间故事》，见袁珂《中国神话大词典》，北京：华夏出版社2015年版，第387页。

W0748.6.1.1.2

瑶姬是西王母的小女儿

实 例

汉族 古时候西王母的小女儿瑶姬，腾云到巫山上空。

【流传】（四川省）

【出处】袁珂改编：《神女导航》，原载《长江万里行》，见袁珂《中国神话大词典》，北京：华夏出版社2015年版，第387页。

W0748.6.1.2

瑶姬是天帝之女

实 例

汉族 瑶姬天帝女，精彩化朝云；宛转入宵梦，无心向楚君。

【流传】（无考）

【出处】［唐］李白：《感兴八首》。

W0748.6.1.2.1

瑶姬是天帝之季女

实 例

汉族 郭景纯曰：丹山在丹阳，属巴。丹山西即巫山者也。有帝女居焉。宋玉所谓天帝之季女，名曰瑶姬，未行而亡，封于巫山之阳，精魂为草。

【流传】（无考）

【出处】［北魏］郦道元：《水经注·江水二》。

W0748.6.1.3

瑶姬赤帝女（瑶姬炎帝女）

实 例

汉族 赤帝女曰瑶姬。

【流传】（无考）

【出处】［战国］宋玉：《高唐赋》，见［梁］萧统编《文选》注引《襄阳耆旧传》。

W0748.6.1.4

瑶姬是女娲的女儿

实 例

汉族 神女瑶姬是女娲娘娘的女儿。

【流传】四川省（今重庆市）·巫山县·培石乡

【出处】谭成玉讲：《神女的传说》，转引自陶阳、钟秀编：《中国神话》（上），北京：商务印书馆2008年版，第441页。

W0748.6.2

瑶姬的姐妹

实 例

（实例待考）

W0748.6.3

瑶姬的师傅

实 例

（参见下级母题实例）

W0748.6.3.1

瑶姬的师傅三元仙君

实 例

汉族 瑶姬到紫青阙跟三元仙君学习仙术。

【流传】（无考）

【出处】《神女峰》，见《中国地方风物传说》（一），北京：中国民间文艺出版社1982年版，第266页。

W0748.7

与瑶姬有关的其他母题

实 例

（参见下级母题实例）

W0748.7.1

瑶姬的名称（瑶姬的名号）

实 例

（参见下级母题实例）

W0748.7.1.1

瑶姬称云华夫人

实 例

汉族 瑶姬，西王母之女，称云华夫人。

【流传】（无考）

【出处】《镛城记》，见［宋］范成大《吴船录》卷下。

汉族 云华夫人，名瑶姬。受徊风混合万景练神飞化之道。

【流传】（无考）

【出处】［五代·蜀］杜光庭：《墉城集仙录》卷三。

W0748.7.1.2

瑶姬又称巫山之女

实 例

汉族 赤帝女曰瑶姬，未行而卒，葬于巫山之阳，故曰巫山之女。

【流传】（无考）

【出处】［战国］宋玉：《高唐赋》，见［梁］萧统编《文选》注引《襄阳耆旧传》。

W0749

羿（后羿）

实 例

（参见下级母题实例）

W0749.1

后羿的产生

实 例

（参见下级母题实例）

W0749.1.1

后羿源于特定的地方

实 例

（参见下级母题实例）

W0749.1.1.1

后羿从天上下凡

实 例

汉族 后羿从天上来到人间。

【流传】湖北省·仙桃市·毛咀镇

【出处】刘小元讲述，别道林采录：《绊根草与马齿苋》，见中国民间文学集成全国编辑委员会编《中国民间故事集成》（湖北卷），北京：中国ISBN中心1999年版，第20页。

回族 天神后羿来到凡间。

【流传】河北省·（沧州市）·孟村县·（辛店镇）·何吕店村

【出处】吴玉方讲，吴玉水采录：《嫦娥和后羿》，见中国民间文学集成全国编辑委员会编《中国民间故事集成》（河北卷），北京：中国ISBN中心2003年版，第25页。

W0749.1.1.2

后羿得罪众仙被玉帝贬下凡

实 例

汉族 后羿得罪众仙，玉帝把他弄下凡。

【流传】甘肃省·天水市·北道区·马跑泉镇

【出处】张文奎讲，陈朝友采录：《后羿之死》，见中国民间文学集成全国编辑委员会编《中国民间故事集成》（四川卷·上），北京：中国ISBN中心1998年版，第87页。

W0749. 1. 1. 3

后羿是天将下凡

实 例

汉族 后羿是天将下凡，力大无穷，又很会射箭。

【流传】四川省·巴县（重庆·巴南区）·五布乡

【出处】王庭光讲，梁昌明记录，金祥度整理：《嫦娥奔月》（1987. 10），见姚宝瑄主编《中国各民族神话》（汉族），太原：山西出版传媒集团·书海出版社 2014 年版，第 245～246 页。

W0749. 1. 2

婚生后羿

实 例

（参见下级母题实例）

W0749. 1. 2. 1

天尊造的一对兄妹婚生后羿

实 例

汉族 射日的羿是原始天尊造的一对兄妹结为夫妻后生的儿子。

【流传】宁夏·中宁县·恩和乡·秦庄村

【出处】杨生荣讲，宋福采录：《原始天尊造人》，见中国民间文学集成全国编辑委员会编《中国民间故事集成》（宁夏卷），北京：中国 ISBN 中心 1999 年版，第 6 页。

W0749. 2

后羿的特征（后羿的身份，羿的身份）

实 例

（参见下级母题实例）

W0749. 2. 1

后羿是神

实 例

（参见下级母题实例）

W0749. 2. 1. 0

羿是天神

实 例

汉族 有一个天神叫羿，射杀了九个太阳。

【流传】河南省

【出处】林小群、杨文彪讲，李延平整理：《第十个太阳》，原载张振犁、程健君编《中原神话专题资料》，见陶阳、钟秀编《中国神话》（上），北京：商务印书馆 2008 年版，第 243～244 页。

汉族 羿，又称后羿、夷羿。羿本为天神。

【流传】（无考）

【出处】《羿》，见乌丙安主编《中国民间神谱》，沈阳：辽宁人民出版社 2007 年版，第 63 页。

汉族 “羿”是一个擅长射箭的

天神。

【流传】（无考）

【出处】袁珂重述：《射日奔月》，原载袁珂《神异篇》，见陶阳、钟秀编《中国神话》（上），北京：商务印书馆2008年版，第279~288页。

W0749.2.1.1

后羿是天神（羿本为天神）

实 例

回族 天神后羿来到凡间。

【流传】河北省·（沧州市）·孟村县·（辛店镇）·何吕店村

【出处】吴玉方讲，吴玉水采录：《嫦娥和后羿》，见中国民间文学集成全国编辑委员会编《中国民间故事集成》（河北卷），北京：中国ISBN中心2003年版，第25页。

W0749.2.1.2

后羿是天上的大将

实 例

汉族 天上有个大将叫后羿，箭法超群，百发百中，他专门守护在天宫外边儿，不让怪物打扰神的安歇。

【流传】河南省·（南阳市）·桐柏县

【出处】邓鹏讲：《嫦娥下凡》，见张振犁编著，孟宪明、朱淑君统纂《中原神话通鉴》（第三卷），郑州：河南大学出版社2017年版，第872页。

汉族 天上有个大将叫后弈，箭法超群，百发百中。

【流传】河南省·（南阳市）·桐柏县

【出处】邓鹏讲：《嫦娥下凡》，见姚宝瑄主编《中国各民族神话》（汉族），太原：山西出版传媒集团·书海出版社2014年版，第246~248页。

W0749.2.1.3

后羿是山神

实 例

汉族 三峻山，俗传以为羿射九乌之所，遂以山神为后羿。夫射乌已近误矣。羿，尧射官也。乃遂以为有穷之后羿，岂不更谬哉！今制止称三峻之神，可破千古之惑。

【流传】（无考）

【出处】［清］陈梦雷原编，蒋廷锡重编：《古今图书集成·方舆汇编·职方典》第三三六卷。

W0749.2.1.4

羿是统辖天下万鬼的宗布神

实 例

汉族 人们为了纪念射日的羿，奉他做了宗布神。宗布神的职司是统辖天下万鬼，教邪恶的鬼不敢害人，有点像上古时候的神荼、郁垒和后世民间传说的钟馗。

【流传】（无考）

【出处】袁珂重述：《射日奔月》，原载袁珂《神异篇》，见陶阳、钟秀编《中国神话》（上），北京：商务印书馆2008年版，第279~288页。

W0749. 2. 2

后羿是仙人

【关联】［W0804. 6. 4. 1］后羿射因射日成仙

实 例

汉族 天上的12个太阳晒得大地火辣辣的。百姓们到处求神拜佛时，有位叫后羿的仙人来对百姓说："不用到处求了，叫我来处置它们。"

【流传】河南省·（鹤壁市）·浚县

【出处】邢朝军（男，28岁）讲，张俊生采录整理：《马齿菜》（1998. 12），见张振犁编著，孟宪明、朱淑君统纂《中原神话通鉴》（第三卷），郑州：河南大学出版社2017年版，第858页。

W0749. 2. 3

后羿是首领

实 例

（参见下级母题实例）

W0749. 2. 3. 1

后羿是有穷氏部落首领

实 例

汉族 后羿是夏代有穷氏部落首领，善射。

【流传】四川省·巴县（今重庆市·巴南区）·土主乡·伏善村

【出处】张文奎讲，李子硕采录：《星星的来历》，见中国民间文学集成全国编辑委员会编《中国民间故事集成》（四川卷·上），北京：中国ISBN中心1998年版，第33页。

W0749. 2. 3. 2

后羿是汤山一带的部落首领

实 例

汉族 有个部落住在汤山这块，首领叫后羿，射箭的本事吓人，是条好汉。

【流传】江苏省·南京市

【出处】吴玉门讲，赵慕明记录：《后羿射金乌》，见姚宝瑄主编《中国各民族神话》（汉族），太原：山西出版传媒集团·书海出版社2014年版，第138～139页。

W0749. 2. 3. 3

后羿是南方大理的部落首领

实 例

汉族 很久以前，南方大理有一部落，酋长叫后羿。

【流传】江苏省·常州市郊区

【出处】王福明讲，陆华珍记录：《嫦娥的故事》（1988. 05），见姚宝瑄主编《中国各民族神话》（汉族），太原：山西出版传媒集团·书海出版社2014年版，第240～241页。

W0749.2.4
后羿是皇帝（后羿是国君）

实　例

汉族　古时候，有个国君后羿，娶了个美貌的妻子，名唤嫦娥。

【流传】河南省·（郑州市）·登封市

【出处】辛毅采录整理：《赏月》，见张振犁编著，孟宪明、朱淑君统纂《中原神话通鉴》（第三卷），郑州：河南大学出版社2017年版，第891页。

W0749.2.4.1
玉帝封后羿为有穷国皇帝

实　例

汉族　玉帝封后羿为有穷国的皇帝。

【流传】四川省·巴县（今重庆市·巴南区）·土主乡·伏善村

【出处】张文奎讲，陈朝友采录：《后羿之死》，见中国民间文学集成全国编辑委员会编《中国民间故事集成》（四川卷），北京：中国ISBN中心1998年版，第87页。

W0749.2.4.2
后羿是有穷国国王

实　例

汉族　人间有个“有穷国”，国王是嫦娥的丈夫后羿，嫦娥不见后，他整日愁眉苦脸，闷闷不乐，饭菜不香，茶水没味儿，还派人四处探听嫦娥的消息。

【流传】河南省·（南阳市）·桐柏县·（鸿仪河乡）

【出处】王子鉴（男，42岁）讲，薛远增采录整理：《彩虹》，见张振犁编著，孟宪明、朱淑君统纂《中原神话通鉴》（第三卷），郑州：河南大学出版社2017年版，第897页。

W0749.2.4.3.1
后羿是夏代有穷国国王

实　例

汉族　后羿是夏代有穷国君主，善射。

【流传】四川省·巴县（重庆·巴南区）·鱼洞镇

【出处】张文奎讲，李子硕记录整理：《太阳和星星的来历》（1988.04），见姚宝瑄主编《中国各民族神话》（汉族），太原：山西出版传媒集团·书海出版社2014年版，第207~209页。

W0749.2.5
后羿是魔王

实　例

（参见下级母题实例）

W0749.2.5.1
后羿变成吃人魔王

实　例

汉族　后羿成了吃人的魔王。

【流传】四川省·巴县（今重庆市·巴南区）·土主乡·伏善村

【出处】张文奎讲，陈朝友采录：《后羿之死》，见中国民间文学集成全国编辑委员会编《中国民间故事集成》（四川卷·上），北京：中国 ISBN 中心 1998 年版，第 87 页。

W0749. 2. 6

羿是箭王

【关联】

①［W0749. 3. 0］羿善射

②［W0749. 3. 1］后羿射特定物

实　例

汉族 上古的时候，有两个最出名的“箭王”。一个叫羿，一个叫逄蒙。

【流传】河南省·（南阳市）·桐柏县［采录地点：桐柏县·西十里村］

【出处】释海良讲，刘剑采录：《师徒比武》（1985. 07），见张振犁编著，孟宪明、朱淑君统纂《中原神话通鉴》（第三卷），郑州：河南大学出版社 2017 年版，第 848 ~ 849 页。

W0749. 2. 6. 1

后羿是神箭手

实　例

汉族 神箭手后羿射死九个太阳有功，普天下老百姓都感谢他为民除害的大恩大德，为他的健康烧香祷告。

【流传】豫南一带（河南省·南阳市·桐柏县·毛集镇·田木湾村）

【出处】王王氏（94 岁，农民）讲，甘心田采录整理：《天狗吞月》（1986. 12），见张振犁编著，孟宪明、朱淑君统纂《中原神话通鉴》（第四卷），郑州：河南大学出版社 2017 年版，第 1216 页。

汉族 神箭手后羿射死了九个太阳。

【流传】豫、鄂交界处一带·河南省·（南阳市）·桐柏县

【出处】王氏讲，甘心田记录整理：《天狗吞月》，原载马卉欣主编《中国民间故事集成·神话传说》（河南桐柏县卷第一分册），见陶阳、钟秀编《中国神话》（上），北京：商务印书馆 2008 年版，第 269 ~ 271 页。

汉族 古时候有一个神箭手叫后羿。

【流传】江苏省·（淮安市）·淮阴市（淮阴区）

【出处】徐省生讲，徐素芳记录集整理：《后羿射日与嫦娥奔月》（1988. 05. 20），见姚宝瑄主编《中国各民族神话》（汉族），太原：山西出版传媒集团·书海出版社 2014 年版，第 139 ~ 140 页。

汉族 神箭手后羿射死了九个太阳。

【流传】豫鄂边（河南省湖北省交界处）一带

【出处】王氏讲，甘心田记录整理：《天狗吞月》，见姚宝瑄主编《中国各民族神话》（汉族），太原：山西出版传媒集团·书海出版社 2014 年版，第 230 ~ 232 页。

W0749.2.6.1a

羿是神箭手

实 例

汉族 羿是一个神箭手。

【流传】河南省·洛阳市

【出处】刘东山讲，顾丰年记录整理：《嫦娥种牡丹》，见姚宝瑄主编《中国各民族神话》(汉族)，太原：山西出版传媒集团·书海出版社 2014 年版，第 237～240 页。

W0749.2.6.2

后羿百发百中

实 例

汉族 羿的两只胳膊有倒海翻江的力气，还有百发百中的本领。

【流传】河南省·（南阳市）·桐柏县·（鸿仪河乡）

【出处】王子鉴（男，42 岁）讲，薛远增采录整理：《彩虹》，见张振犁编著，孟宪明、朱淑君统纂《中原神话通鉴》(第三卷)，郑州：河南大学出版社 2017 年版，第 898 页。

W0749.2.6.2.1

后羿是百发百中的年轻人

实 例

汉族 世上有个射箭百发百中的年轻人，叫后羿。

【流传】河南省

【出处】申法海搜集整理：《河伯授图》，原载中国民间文艺研究会河南分会等编《河南民间故事集》，见陶阳、钟秀编《中国神话》(上)，北京：商务印书馆 2008 年版，第 419～420 页。

W0749.2.6.3

羿多发多中

实 例

汉族 羿，古之善射者也。调和其弓矢而坚守之。其操弓也，审其高下，有必中之道，故能多发而多中。

【流传】(无考)

【出处】[春秋] 管仲：《管子·形势解》。

W0749.2.7

后羿是人（后羿是英雄）

实 例

回族 后羿是人不是神。

【流传】河北省·（承德市）·平泉县·杨树岭镇

【出处】吴玉方讲，吴玉水采录：《嫦娥和后羿》附记，见中国民间文学集成全国编辑委员会编《中国民间故事集成》(河北卷)，北京：中国 ISBN 中心 2003 年版，第 25 页。

W0749.2.7.1

后羿是夷族勇士

实 例

汉族 尧的时候，十日并出。首领尧召集手下的人出主意，最后决定请夷族勇士后羿用弓箭把太阳射下来。

【流传】江苏省·常州市

【出处】汤庚和讲，韦中权记录：《后羿的弓弦》（1980. 12. 29），见姚宝瑄主编《中国各民族神话》（汉族），太原：山西出版传媒集团·书海出版社2014年版，第142~145页。

W0749. 2. 7. 2

后羿是武士

实　例

汉族 上古时候，有个武士后羿，射落天上九个太阳。

【流传】湖南省洞庭湖一带

【出处】金春华、吴竹溪记录整理：《嫦娥奔月》，见姚宝瑄主编《中国各民族神话》（汉族），太原：山西出版传媒集团·书海出版社2014年版，第244~245页。

W0749. 2. 7a

后羿是守护者

实　例

（参见下级母题实例）

W0749. 2. 7a. 1

后羿是天宫守护者

实　例

汉族 天将后羿专门守护在天宫外边儿，不让怪物打扰神的安歇。

【流传】河南省·（南阳市）·桐柏县

【出处】邓鹏讲：《嫦娥下凡》，见姚宝瑄主编《中国各民族神话》（汉族），太原：山西出版传媒集团·书海出版社2014年版，第246~248页。

W0749. 2. 8

后羿倔强

实　例

（参见下级母题实例）

W0749. 2. 8. 1

后羿是个强脖子

实　例

汉族 后羿是个强脖子，一看十个太阳还不回家，就骑上神马，搭上弓，瞄准那个太阳就是一箭。

【流传】河南省·（南阳市）·桐柏县

【出处】邓鹏讲：《嫦娥下凡》，见张振犁编著，孟宪明、朱淑君统纂《中原神话通鉴》（第三卷），郑州：河南大学出版社2017年版，第872页。

W0749. 2. 9

后羿腰圆胳膊粗，力大无比

实　例

汉族 有一个叫后羿的人，膀大腰圆，力大无穷。他不光力气大，射箭也射得很准。

【流传】河南省·（焦作市）·温县·（杨磊乡·东城外村）

【出处】刘林其（72岁，农民）讲，刘建中采录：《后羿射日（一）》，见张振犁编著，孟宪明、朱淑君统纂《中原神话通鉴》（第三卷），郑州：河南大学出版社2017年版，第863页。

汉族 有一个叫后羿的人，腰圆胳膊粗，力大无比。后羿不光是力大，还是个射箭的神手。

【流传】河南省·（南阳市）·西峡县

【出处】马富贵讲，刘志伟采录，张振犁、王定翔采录整理：《后羿登月》，见张振犁编著，孟宪明、朱淑君统纂《中原神话通鉴》（第三卷），郑州：河南大学出版社2017年版，第865页。

W0749.2.10

羿很正直

实 例

汉族 羿很正直，神通很大，拉弓射箭，百发百中。

【流传】河南省·（周口市）·项城市

【出处】王宏玲（女，24岁，教师，中专）讲，苏国苏采录，孔祥谦采录整理：《羿射九日》，见张振犁编著，孟宪明、朱淑君统纂《中原神话通鉴》（第三卷），郑州：河南大学出版社2017年版，第854页。

W0749.2.11

后羿忠厚善良

实 例

汉族 后羿为人忠厚善良。

【流传】豫鄂边（河南省湖北省交界处）一带

【出处】王氏讲，甘心田记录整理：《天狗吞月》，见姚宝瑄主编《中国各民族神话》（汉族），太原：山西出版传媒集团·书海出版社2014年版，第230～232页。

汉族 后羿为人忠厚善良。

【流传】豫、鄂交界处一带·河南省·（南阳市）·桐柏县

【出处】王氏讲，甘心田记录整理：《天狗吞月》，原载马卉欣主编《中国民间故事集成·神话传说》（河南桐柏县卷第一分册），见陶阳、钟秀编《中国神话》（上），北京：商务印书馆2008年版，第269～271页。

W0749.2.12

后羿凶残

实 例

汉族 后羿长得又凶又丑。

【流传】辽宁省·沈阳市东北一带

【出处】李凤春讲，张相承、王辉记录整理：《嫦娥奔月》，见姚宝瑄主编《中国各民族神话》（汉族），太原：山西出版传媒集团·书海出版社2014年版，第242～244页。

W0749.2.13

与羿的特征（身份）有关的其他母题

实 例

（参见下级母题实例）

W0749. 2. 13. 1

羿不是后羿

实 例

汉族 羿不是后羿，后羿曾为帝。“羿”有“射者”的意思。

【流传】浙江省

【出处】陈伟君记录整理：《奔月》（注释），见姚宝瑄主编《中国各民族神话》（汉族），太原：山西出版传媒集团·书海出版社 2014 年版，第 251 ~ 262 页。

W0749. 3

后羿的能力（羿职能，后羿的事迹）

实 例

（参见下级母题实例）

W0749. 3. 0

羿善射

实 例

汉族 帝羿有穷氏，未闻其先何姓，帝喾以上，世掌射正。至喾，赐以彤弓素矢，封之于鉏，为帝司射，历虞、夏。羿学射于吉甫，其臂长，故以善射闻。

【流传】（无考）

【出处】［西汉］司马迁：《史记·卷二·夏本纪第二》张守节正义引《帝王世纪》。

W0749. 3. 1

后羿射特定物

实 例

（参见下级母题实例）

W0749. 3. 1. 1

后羿射日

【关联】［W9715］射日者（射月者）

实 例

汉族 天上 10 个太阳一起出现。人们就找到了神箭手后羿，请求他把 10 个太阳射掉。

【流传】河南省·南阳市［采录地点：南阳县·新店乡·贾庄村·人边庄］

【出处】潘富荣（71 岁）讲，李风云采录：《后羿射日（二）》（1989. 12），见张振犁编著，孟宪明、朱淑君统纂《中原神话通鉴》（第三卷），郑州：河南大学出版社 2017 年版，第 864 页。

W0749. 3. 1. 1. 1

后羿为拯救生灵射日

实 例

汉族 有穷氏后羿为拯救生灵去射日。

【流传】山西省·（阳泉市）·平定县·张庄（张庄镇）

【出处】冯富国讲，尹荣富采集：《小蒂

蒂救太阳》，见中国民间文学集成全国编辑委员会编《中国民间故事集成》（山西卷），北京：中国ISBN中心1999年版，第31页。

W0749.3.1.2 后羿射天狼

实　例

汉族 后羿射天狼。

【流传】辽宁省·海城市·南台镇·后柳村

【出处】罗兴朗讲：《眼泪流成河》，见本市编《辽宁省民间文学集成·鞍山市卷》，内部编印，1988年，第23～24页。

W0749.3.1.3 羿斩九婴射河伯

实　例

汉族 是故虽有羿之知，而无所用之。高诱注："羿，尧时羿也，善射，能一日落九乌，缴大风，杀窫窳，斩九婴，射河伯，故曰知也。"

【流传】（无考）

【出处】［西汉］淮南王刘安及门客：《淮南子·俶真训》高诱注。

W0749.3.1.3.1 后羿射死河伯

实　例

汉族 世上有个射箭百发百中的年轻人，叫后羿。他见河伯身为黄河水神，治理不了黄河，只是东奔西跑，不知道在干什么，便想把河伯射死。

【流传】河南省·新乡市

【出处】申法海采录整理：《河伯授图》，见张振犁编著，孟宪明、朱淑君统纂《中原神话通鉴》（第四卷），郑州：河南大学出版社2017年版，第1074页。

W0749.3.1.4 后羿射巨兽

实　例

（参见下级母题实例）

W0749.3.1.4.1 后羿按照伏羲的指点追射吃人的巨兽

实　例

汉族 后羿按照伏羲的指点，越崇山，跨峻岭，四处追射吞噬活人的巨兽。

【流传】河南省·（郑州市）·巩义市（巩县洛河沿岸地区）

【出处】丁永鉴、赵现民采录整理：《嫦娥奔月（二）》，见张振犁编著，孟宪明、朱淑君统纂《中原神话通鉴》（第三卷），郑州：河南大学出版社2017年版，第877页。

W0749. 3. 2
后羿守护天宫

实 例

汉族 天上有个大将叫后羿，专门守护在天宫外边儿，不让怪物打扰神的安歇。

【流传】河南省·（南阳市）·桐柏县

【出处】邓鹏讲：《嫦娥下凡》，见张振犁编著，孟宪明、朱淑君统纂《中原神话通鉴》（第三卷），郑州：河南大学出版社2017年版，第872页。

W0749. 3. 3
羿担当特定官职

实 例

（参见下级母题实例）

W0749. 3. 3. 1
羿是帝喾的司射

实 例

汉族 帝羿有穷氏，未闻其先何姓。帝喾以上，世掌射正。至喾，赐以彤弓素矢，封之于鉏，为帝司射，历虞、夏。

【流传】（无考）

【出处】［西汉］司马迁：《史记·夏本纪》张守节正义引《帝王世纪》。

W0749. 3. 4
羿管理太阳

实 例

汉族 神箭手羿的妻子嫦娥，身随到下界管理太阳的羿下凡。

【流传】河南省·洛阳市

【出处】刘东山讲，顾丰年记录整理：《嫦娥种牡丹》，见姚宝瑄主编《中国各民族神话》（汉族），太原：山西出版传媒集团·书海出版社2014年版，第237～240页。

W0749. 4
后羿的关系

实 例

（参见下级母题实例）

W0749. 4. 0
后羿的父母

实 例

（参见下级母题实例）

W0749. 4. 0. 1
后羿是东王父的小儿子

实 例

汉族 殿前闪出一人。这人身躯凛凛，相貌堂堂，一双虎目似寒星，两条剑眉如刷漆。胸脯横阔，有万夫难敌之威风；意气轩昂，有千丈凌云之壮志；心雄胆大，似撼天狮子下云端；骨健筋强，如摇地貔貅临座上。东王父一看，不是别人，正是自己的少子后羿。

【流传】河南省·南阳市

【出处】邱海观（70岁，农民）讲，李明才采录整理：《后羿追日》，见张振犁编著，孟宪明、朱淑君统纂《中原神话通鉴》（第三卷），郑州：河南大学出版社2017年版，第867页。

W0749.4.1
后羿的妻子

【关联】［W0715.8.4.1］女娲与后羿是夫妻

实 例

（参见下级母题实例）

W0749.4.1.1
后羿的妻子嫦娥

【关联】

①［W0603.2.3.1］后羿关键时刻救了嫦娥

②［W0671］嫦娥

实 例

汉族 很早的时候，地上有一对夫妻，男的叫后羿，是位力大无穷的勇士，女的叫嫦娥，是位美貌的贤良女子。

【流传】河南省·安阳市

【出处】胡阅（50岁，农民）讲，翟宏为采录：《中秋节的由来》，见张振犁编著，孟宪明、朱淑君统纂《中原神话通鉴》（第三卷），郑州：河南大学出版社2017年版，第880页。

汉族 嫦娥和后羿是结发夫妻。

【流传】豫、鄂交界处一带·河南省·（南阳市）·桐柏县

【出处】王氏讲，甘心田记录整理：《天狗吞月》，原载马卉欣主编《中国民间故事集成·神话传说》（河南桐柏县卷第一分册），见陶阳、钟秀编《中国神话》（上），北京：商务印书馆2008年版，第269～271页。

W0749.4.1.1.1
后羿与妻子嫦娥很恩爱

实 例

汉族 后羿射日名传天下，人人尊敬。后来，他娶了个妻子叫嫦娥，这嫦娥温柔贤惠，非常美丽，夫妻二人相亲相爱，日子很美满。

【流传】河南省·（南阳市）·社旗县

【出处】章林采录整理：《中秋节祭月》，见张振犁编著，孟宪明、朱淑君统纂《中原神话通鉴》（第三卷），郑州：河南大学出版社2017年版，第884页。

W0749.4.1.1.2
后羿被贬人间后与嫦娥结为夫妻

实 例

汉族 后羿被贬到人间，与嫦娥结为夫妻。

【流传】河南省·（南阳市）·南召县·（太山庙乡·朱沙铺村）

【出处】褚虎臣（男，78岁，农民，读过四年私塾）讲，张春平采录：《八月十五敬月亮》（1098.06），见张振

犁编著，孟宪明、朱淑君统纂《中原神话通鉴》（第三卷），郑州：河南大学出版社 2017 年版，第 886 页。

W0749. 4. 1. 1. 3
王母娘娘劝老天爷让嫦娥下凡配了后羿

实 例

汉族 王母娘娘劝说老天爷，让嫦娥下凡配了后羿，成了夫妻。

【流传】河南省·（南阳市）·桐柏县

【出处】邓鹏讲：《嫦娥下凡》，见张振犁编著，孟宪明、朱淑君统纂《中原神话通鉴》（第三卷），郑州：河南大学出版社 2017 年版，第 873 页。

W0749. 4. 1. 2
羿的妻子嫦娥

实 例

汉族 羿娶了个妻子嫦娥，二人相亲相爱，生活美满幸福。

【流传】河南省·（南阳市）·社旗县

【出处】赵光华（男，干部）讲，徐东采录整理：《中秋节的来历》，见张振犁编著，孟宪明、朱淑君统纂《中原神话通鉴》（第三卷），郑州：河南大学出版社 2017 年版，第 882 页。

W0749. 4. 1. 3
后羿的妻子宓妃

实 例

汉族 河伯的妻子宓妃把自己的不幸遭遇讲给后羿听。后羿正缺一个能给自己缝缝洗洗的女人，他当即表示要娶宓妃为妻。

【流传】河南省·（郑州市）·巩义市（巩县洛河沿岸地区）

【出处】丁永鉴、赵现民采录整理：《嫦娥奔月（二）》，见张振犁编著，孟宪明、朱淑君统纂《中原神话通鉴》（第三卷），郑州：河南大学出版社 2017 年版，第 878 页。

W0749. 4. 1a
后羿的梦中情人

实 例

（参见下级母题实例）

W0749. 4. 1a. 1
羿梦与雒水神宓妃交接

实 例

汉族 “帝降夷羿，革孽夏民，胡射夫河伯而妻彼雒嫔?”王逸注：“雒嫔，水神，谓宓妃也。羿又梦与雒水神宓妃交接也。”

【流传】（无考）

【出处】［战国］屈原：《楚辞·天问》［东汉］王逸注。

W0749. 4. 2
羿的徒弟

实 例

（参见下级母题实例）

W0749.4.2.1

羿的徒弟逄蒙

实 例

汉族 逄蒙学射于羿。

【流传】（无考）

【出处】［战国］孟轲：《孟子·离娄下》。

汉族 羿射日出了名，有不少人慕名赶来拜师学艺。有个叫逄蒙的人，也做了羿的徒弟。

【流传】河南省·（南阳市）·社旗县

【出处】赵光华（男，干部）讲，徐东采录整理：《中秋节的来历》，见张振犁编著，孟宪明、朱淑君统纂《中原神话通鉴》（第三卷），郑州：河南大学出版社 2017 年版，第 882 页。

汉族 上古的时候，有两个最出名的“箭王”。一个叫羿，一个叫逄蒙。羿是逄蒙的师父。

【流传】河南省·（南阳市）·桐柏县［采录地点：桐柏县·西十里村］

【出处】释海良讲，刘剑采录：《师徒比武》（1985.07），见张振犁编著，孟宪明、朱淑君统纂《中原神话通鉴》（第三卷），郑州：河南大学出版社 2017 年版，第 848～849 页。

汉族 羿的箭法高，百姓们个个夸好。有好些小伙子都向羿学得一手好箭法。一个叫逄蒙的小伙子学得最好，羿就叫他为徒弟，教他学箭法，还教他学管事。

【流传】河南省·（南阳市）·桐柏县

【出处】孙建英讲，马卉欣采录：《羿喉中箭》（1986.12），见张振犁编著，孟宪明、朱淑君统纂《中原神话通鉴》（第三卷），郑州：河南大学出版社 2017 年版，第 850 页。

W0749.4.2.1.1

逄蒙原来是甘绳的徒弟

实 例

汉族 逄蒙原来是“神射”甘绳的徒弟。

【流传】河南省·（南阳市）·桐柏县［采录地点：桐柏县·西十里村］

【出处】释海良讲，刘剑采录：《师徒比武》（1985.07），见张振犁编著，孟宪明、朱淑君统纂《中原神话通鉴》（第三卷），郑州：河南大学出版社 2017 年版，第 849 页。

W0749.4.2a

羿的老师

实 例

（参见下级母题实例）

W0749.4.2a.1

羿的老师吉甫

实 例

汉族 羿学射于吉甫，其臂长，故以善射闻。

【流传】（无考）
【出处】［西汉］司马迁：《史记·夏本纪》张守节正义引《帝王世纪》。

W0749.4.3
后羿的伙伴

实 例

（参见下级母题实例）

W0749.4.3.1
后羿的猎狗黑耳

实 例

汉族 一天晚上，后羿带着他的猎狗黑耳，在深山里围猎豹子。
【流传】豫南一带（河南省·南阳市·桐柏县·毛集镇·田木湾村）
【出处】王王氏（94岁，农民）讲，甘心田采录整理：《天狗吞月》（1986.12），见张振犁编著，孟宪明、朱淑君统纂《中原神话通鉴》（第四卷），郑州：河南大学出版社2017年版，第1216页。

W0749.4.4
羿的上司

实 例

（参见下级母题实例）

W0749.4.4.1
羿是尧的部下（后羿是尧的手下）

实 例

汉族 尧之时修蛇为民害，尧乃使羿断修蛇于洞庭。
【流传】（无考）
【出处】［西汉］淮南王刘安及门客：《淮南子·本经训》。

汉族 后羿是尧手下的将，神勇无比。
【流传】浙江省·（温州市）·洞头县·洞头乡·后垅村
【出处】吴艺讲，叶永福记录：《嫦娥吞仙丹》（1987.05.30），见姚宝瑄主编《中国各民族神话》（汉族），太原：山西出版传媒集团·书海出版社2014年版，第240~241页。

W0749.4.4.2
羿受命于帝俊

【关联】［W0768.1.7.1.5.1］帝俊

实 例

汉族 羿领了帝俊的旨命，便带着他的妻子嫦娥，辞别天廷下凡。
【流传】（无考）
【出处】袁珂重述：《射日奔月》，原载袁珂《神异篇》，见陶阳、钟秀编《中国神话》（上），北京：商务印书馆2008年版，第279~288页。

W0749.5
后羿的生活

实 例

（参见下级母题实例）

W0749.5.1

后羿的居所

实 例

（参见下级母题实例）

W0749.5.1.1

后羿住天上

实 例

（参见下级母题实例）

W0749.5.1.1.1

后羿射日后回到天宫

实 例

汉族 后羿射日后回到天宫。

【流传】甘肃省·天水市·北道区·马跑泉镇

【出处】张文奎讲，陈朝友采录：《后羿之死》，见中国民间文学集成全国编辑委员会编《中国民间故事集成》（四川卷·上），北京：中国 ISBN 中心 1998 年版，第 87 页。

W0749.5.2

后羿的工具（后羿的物品）

实 例

（参见下级母题实例）

W0749.5.2.1

羿的神弓

实 例

汉族 羿背着神弓，带十支神箭，出了天宫向东去找，到天东边一看，十个日头跑到南天去了。

【流传】河南省·（周口市）·项城市

【出处】王宏玲（女，24 岁，教师，中专）讲，苏国苏采录，孔祥谦采录整理：《羿射九日》，见张振犁编著，孟宪明、朱淑君统纂《中原神话通鉴》（第三卷），郑州：河南大学出版社 2017 年版，第 854 页。

W0749.5.2.1a

羿的万斤宝弓

实 例

汉族 天上的 10 个太阳，晒得大地冒烟。有个英雄叫羿，力大无穷，能开万斤宝弓，能射巨蛇猛兽。他同情受难百姓，就弯宝弓，搭神箭，一气儿射下九个太阳。

【流传】河南省·（南阳市）·社旗县

【出处】赵光华（男，干部）讲，徐东采录整理：《中秋节的来历》，见张振犁编著，孟宪明、朱淑君统纂《中原神话通鉴》（第三卷），郑州：河南大学出版社 2017 年版，第 882 页。

W0749.5.2.1b

帝俊赐羿彤弓素矰

实 例

汉族 帝俊赐羿彤弓素矰，以扶下国。

【流传】（无考）

【出处】［战国至汉］撰者不详：《山海经·海内经》。

W0749. 5. 2. 2

后羿左手拿提山锤，右手戴按日掌

实 例

汉族 后羿射日时，头戴冲天冠，上镶无光珠；身穿抱金衫，胸披耀日镜；腰挂斩日剑，脚蹬追日鞋；左手拿提山锤，右手戴按日掌，还背上雕宝弓和射日箭。披挂一毕，准备停当，辞别父母，直奔中岳而去。

【流传】河南省·南阳市

【出处】邱海观（70岁，农民）讲，李明才采录整理：《后羿追日》，见张振犁编著，孟宪明、朱淑君统纂《中原神话通鉴》（第三卷），郑州：河南大学出版社2017年版，第868～869页。

W0749. 5. 2. 3

后羿的长生不老药

实 例

汉族 后羿到了王母娘娘那里，向王母娘娘要了一包长生不老药。

【流传】河南省·（南阳市）·南召县·（太山庙乡·朱沙铺村）

【出处】褚虎臣（男，78岁，农民，读过四年私塾）讲，张春平采录：《八月十五敬月亮》（1980. 06），见张振犁编著，孟宪明、朱淑君统纂《中原神话通鉴》（第三卷），郑州：河南大学出版社2017年版，第886页。

W0749. 5. 2. 3a

后羿的不死药（羿的仙药）

实 例

汉族 后羿从西王母那里求得长生不老药。

【流传】河南省·（郑州市）·登封市

【出处】辛毅采录整理：《赏月》，见张振犁编著，孟宪明、朱淑君统纂《中原神话通鉴》（第三卷），郑州：河南大学出版社2017年版，第891页。

W0749. 5. 2. 3a. 1

老道士给羿成仙的不死药

实 例

汉族 有个老道士很佩服羿的神力，赞赏羿为民造福的功劳，赠羿一包不死药，说吃了可以成仙升天。

【流传】河南省·（南阳市）·社旗县

【出处】赵光华（男，干部）讲，徐东采录整理：《中秋节的来历》，见张振犁编著，孟宪明、朱淑君统纂《中原神话通鉴》（第三卷），郑州：河南大学出版社2017年版，第882页。

W0749. 5. 2. 4

羿的坐骑

实 例

（参见下级母题实例）

W0749.5.2.4.1

羿骑神马

实　例

汉族　羿骑的是神马。

【流传】浙江省·（温州市）·洞头县·洞头乡·后垅村

【出处】吴艺讲，叶永福记录：《嫦娥吞仙丹》（1987.05.30），见姚宝瑄主编《中国各民族神话》（汉族），太原：山西出版传媒集团·书海出版社2014年版，第240~241页。

W0749.5.3

羿生活在尧时

实　例

汉族　（参见“W0749.3.1.3 羿斩九婴射河伯”母题实例）

W0749.5.4

羿经历虞、夏两朝

实　例

汉族　（参见“W0749.3.3.1 羿是帝喾的司射”母题实例）

W0749.5.5

后羿迁徙

实　例

（参见下级母题实例）

W0749.5.5.1

后羿从有夏迁到穷石

实　例

汉族　昔有夏之方衰也，后羿自鉏迁于穷石，因夏民以代夏政。恃其射也，不修民事而淫于原兽。

【流传】（无考）

【出处】［春秋］左丘明：《左传·襄公四年》。

W0749.6

与后羿有关的其他母题

实　例

（参见下级母题实例）

W0749.6.1

后羿的名称

实　例

（参见下级母题实例）

W0749.6.1.0

羿又称后羿

实　例

汉族　羿，又称后羿、夷羿。

【流传】（无考）

【出处】《羿》，见乌丙安主编《中国民间神谱》，沈阳：辽宁人民出版社2007年版，第63页。

W0749. 6. 1. 1
有穷氏后羿

实 例

汉族 有穷氏后羿射日。

【流传】山西省·（阳泉市）·平定县·张庄（张庄镇）

【出处】冯富国讲，尹荣富采集：《小蒂蒂救太阳》，见中国民间文学集成全国编辑委员会编《中国民间故事集成》（山西卷），北京：中国 ISBN 中心 1999 年版，第 31 页。

W0749. 6. 1. 1. 1
帝羿有穷氏

实 例

汉族 帝羿有穷氏，未闻其先何姓。帝喾以上，世掌射正。至喾，赐以彤弓素矢，封之于鉏，为帝司射，历虞、夏。

【流传】（无考）

【出处】［西汉］司马迁：《史记·夏本纪》张守节正义引《帝王世纪》。

W0749. 6. 1. 2
“羿”字的来历

实 例

（参见下级母题实例）

W0749. 6. 1. 2. 1
称射死妖怪与恶龙的英雄为“羿”

实 例

汉族 人们为了纪念这位带翅膀的英雄射死妖怪与恶龙，把“羽”字放到“廾”字的上面，称他为“羿”。“羿”是天下第一个大英雄。

【流传】河南省·（南阳市）·桐柏县·（城关镇）

【出处】李长春（39 岁）讲，刘剑采录整理：《前羿和后羿》（1982. 03. 10），见张振犁编著，孟宪明、朱淑君统纂《中原神话通鉴》（第三卷），郑州：河南大学出版社 2017 年版，第 848 页。

W0749. 6. 1. 3
“前羿”与“后羿”

实 例

（参见下级母题实例）

W0749. 6. 1. 3. 1
射怪的英雄叫“前羿”，射太阳的英雄为“后羿”

实 例

汉族 开始时，出现了射妖怪与恶龙的大英雄，人们称他为“羿”。后来，世上又出现了一位用神箭射太阳的勇士。人们也称他为“羿”。为了区别这两位英雄，就把射怪的英雄叫“前羿”，叫射太阳的英雄为“后羿”。

【流传】 河南省·（南阳市）·桐柏县·（城关镇）

【出处】 李长春（39岁）讲，刘剑采录整理：《前羿和后羿》（1982.03.10），见张振犁编著，孟宪明、朱淑君统纂《中原神话通鉴》（第三卷），郑州：河南大学出版社2017年版，第848页。

W0749.6.1.4

羿又称夷羿

实　例

汉族 帝降夷羿，革孽夏民。

【流传】（无考）

【出处】［战国］屈原：《楚辞·天问》。

汉族 寒浞，伯明氏之谗子弟也。伯明后寒弃之，夷羿收之。

【流传】（无考）

【出处】［春秋］左丘明：《左传·襄公四年》。

汉族 羿，又称后羿、夷羿。

【流传】（无考）

【出处】《羿》，见乌丙安主编《中国民间神谱》，沈阳：辽宁人民出版社2007年版，第63页。

W0749.6.1.4.1

夷羿有穷氏

实　例

汉族 夷羿有穷氏，五岁得法于山中，传楚狐父之道。

【流传】（无考）

【出处】［南宋］罗泌：《路史·后纪十三·夷羿传》。

W0749.6.1.5

仁羿

实　例

汉族 “赤水之际，非仁羿莫能上冈之岩。”郭璞注：“言非仁人及有才艺如羿者。”

【流传】（无考）

【出处】［战国至汉］撰者不详：《山海经·海内西经》郭璞注。

W0749.6.2

后羿下凡

实　例

（参见下级母题实例）

W0749.6.2.1

羿被贬下人间

实　例

（参见下级母题实例）

W0749.6.2.1.1

因射日羿和妻子嫦娥被贬下人间

实　例

汉族 因为羿射下天帝的9个儿子（太阳），羿和妻子嫦娥被贬下人间。

【流传】（无考）

【出处】《嫦娥奔月》，见王德恒等《造神史话》，天津：百花文艺出版社2002年版，第62页。

W0749. 6. 2. 1. 2

后羿杀死太阳公子被玉帝贬下凡

实　例

汉族 神箭手后羿射下了九个太阳。太阳本是玉帝的儿子。后羿杀死了太阳公子，便犯了天条，被玉帝赶下了天。

【流传】河南省·（南阳市）·南召县·（太山庙乡·朱沙铺村）

【出处】褚虎臣（男，78岁，农民，读过四年私塾）讲，张春平采录：《八月十五敬月亮》（1098. 06），见张振犁编著，孟宪明、朱淑君统纂《中原神话通鉴》（第三卷），郑州：河南大学出版社2017年版，第886页。

W0749. 6. 2. 1. 3

后羿因为射杀天帝的9个太阳儿子被贬下凡

实　例

汉族 后羿因为射杀了天帝的九个太阳儿子，深为天帝记恨，从此他被贬到地上，永远不能上天了。

【流传】河南省·（濮阳市）·濮阳县

【出处】袁珩（58岁，小学教师）讲，郭晋光采录：《仙女变成了癞蛤蟆》（1989. 12. 11），见张振犁编著，孟宪明、朱淑君统纂《中原神话通鉴》（第三卷），郑州：河南大学出版社2017年版，第895页。

W0749. 6. 2. 1. 4

后羿射日后累得无力回天

实　例

汉族 后羿射日后累得没有回天的力了，再加上老天爷也不叫他回天宫了。

【流传】河南省·（南阳市）·桐柏县

【出处】邓鹏讲：《嫦娥下凡》，见张振犁编著，孟宪明、朱淑君统纂《中原神话通鉴》（第三卷），郑州：河南大学出版社2017年版，第872页。

W0749. 6. 3

后羿上天

实　例

（参见下级母题实例）

W0749. 6. 3. 1

后羿被嫦娥带到天上

实　例

汉族 嫦娥看见后羿长得结实，就爱上了他，把他带到天上了，他们结成两口。

【流传】河南省·（焦作市）·温县·（杨磊乡·东城外村）

【出处】刘林其（72岁，农民）讲，刘建中采录：《后羿射日（一）》，见张振犁编著，孟宪明、朱淑君统纂《中原神话通鉴》（第三卷），郑州：河南大学出版社2017年版，第863页。

W0749.6.3.1.1

嫦娥把射日的后羿带上月宫

实 例

汉族 嫦娥把射日的后羿带上了月宫，和他结成了恩爱夫妻。后来，后羿才改名叫吴刚了。

【流传】河南省·（南阳市）·西峡县

【出处】马富贵讲，刘志伟采录，张振犁、王定翔采录整理：《后羿登月》，见张振犁编著，孟宪明、朱淑君统纂《中原神话通鉴》（第三卷），郑州：河南大学出版社2017年版，第865页。

W0749.6.3.2

后羿被召回天

实 例

（参见下级母题实例）

W0749.6.3.2.1

后羿被老天爷召回天

实 例

汉族 一次大雨过后，老天爷去南天门散步，看见了空中的彩虹，知道是羿变蜍吐虹。老天爷念起羿从前的长处，就令一天神速速召羿上天。

【流传】河南省·（南阳市）·桐柏县·（鸿仪河乡）

【出处】王子鉴（男，42岁）讲，薛远增采录整理：《彩虹》续篇，见张振犁编著，孟宪明、朱淑君统纂《中原神话通鉴》（第三卷），郑州：河南大学出版社2017年版，第898页。

W0749.6.4

羿的变形

实 例

（参见下级母题实例）

W0749.6.4.1

羿被二郎神变成癞蛤蟆

实 例

汉族 二郎神按照玉帝的吩咐，神眼一闪，三道白光射在羿的身上，羿头昏眼花、浑身无力，瘫在地上，羿变成了一只又大又丑的癞蛤蟆！

【流传】河南省·（南阳市）·桐柏县·（鸿仪河乡）

【出处】王子鉴（男，42岁）讲，薛远增采录整理：《彩虹》，见张振犁编著，孟宪明、朱淑君统纂《中原神话通鉴》（第三卷），郑州：河南大学出版社2017年版，第898页。

W0749.6.4.2

羿变蜍吐虹

实 例

汉族 一次大雨过后，老天爷去南天门散步，看见了空中的彩虹，知道是羿变蜍吐虹。

【流传】河南省·（南阳市）·桐柏县·（鸿仪河乡）

【出处】王子鉴（男，42岁）讲，薛远增采录整理：《彩虹》续篇，见张振犁编著，孟宪明、朱淑君统纂《中原神话通鉴》（第三卷），郑州：河南大学出版社2017年版，第898页。

W0750

有巢氏

实 例

（参见下级母题实例）

W0750. 1

有巢氏的产生

实 例

（参见下级母题实例）

W0750. 1. 1

圣人教上古穴居者巢居号大巢氏

实 例

汉族 上古穴处，有圣人教之巢居，号大巢氏。

【流传】（无考）

【出处】［北宋］李昉、李穆、徐铉等：《太平御览》卷七八引《项峻始学篇》。

W0750. 2

有巢氏的特征（有巢氏的能力，有巢氏的身份）

实 例

（参见下级母题实例）

W0750. 2. 0

有巢氏大力大脑瓜灵

实 例

汉族 古时候，出个铁人（方言，指有本领的人）有巢氏，他不但个儿大力大，而且脑瓜儿灵。

【流传】河南省·（郑州市）·荥阳市·（王村乡·蒋头村）

【出处】赵衍生（男，64岁，干部，大专）讲，赵子谋采录：《有巢氏打鹰追虎》（1976. 09），见张振犁编著，孟宪明、朱淑君统纂《中原神话通鉴》（第二卷），郑州：河南大学出版社2017年版，第442页。

W0750. 2. 1

有巢氏会建房

实 例

（参见下级母题实例）

W0750. 2. 1. 1

有巢氏教人巢居

【关联】［W6205. 3］有巢氏发明造屋

实 例

汉族 （参见“W0750.2.2 有巢氏构木为巢”母题实例）

W0750.2.2

有巢氏构木为巢

实 例

汉族 上古之世，人民少而禽兽众，人民不胜禽兽虫蛇。有圣人作，构木为巢，以避群害，而民悦之，使王天下，号之曰有巢氏。

【流传】（无考）

【出处】［战国］韩非子：《韩非子·五蠹》。

W0750.2.2.1

大巢氏作楼木而巢

实 例

汉族 太古之民，穴居而野处。搏生而咀华，与物相友。人无蚧物之心，而物亦无伤人之意。逮乎后世，人氓机智，而物始为敌。爪牙角毒既不足以胜禽兽。有圣者作楼木而巢，教之巢居才避之。号大巢氏。

【流传】（无考）

【出处】［宋］罗泌：《路史》卷五。

W0750.2.3

有巢氏是圣人

实 例

汉族 （参见“W0750.2.2 有巢氏构木为巢”母题实例）

W0750.3

有巢氏的生活

实 例

（参见下级母题实例）

W0750.3.1

有巢氏居太乙山

实 例

（参见下级母题实例）

W0750.3.1.1

有巢氏居太乙山山洞中

实 例

汉族 盘古在太乙山山洞中，找出了有巢氏。

【流传】湖北省·黄冈县（黄冈市）·（团风县）·马庙（马庙镇）

【出处】周海山讲，徐再跃采录：《盘古斩蟒开天地》，见中国民间文学集成全国编辑委员会编《中国民间故事集成》（湖北卷），北京：中国ISBN中心1999年版，第5页。

W0750.3.2

有巢氏居嵩高山下

实 例

汉族 许由向尧荐贤说：“巢父姓樊名仲甫，号巢父。他居住在嵩高山下。此人久居深山，酷爱学习，对理政建朝很有研究，办事深有远见，说话理正意深，对耕耘牧渔之事，了如指掌。要治国安邦，还是请天子去聘请他吧！”

【流传】河南省·（郑州市）·登封市

【出处】王鸿钧采录整理：《尧访许由和巢父》，见张振犁编著，孟宪明、朱淑君统纂《中原神话通鉴》（第三卷），郑州：河南大学出版社 2017 年版，第 984 页。

W0750. 3. 3

巢氏治琅邪石楼山山南

实 例

汉族 石楼山在琅邪，昔有巢氏治此山南。

【流传】（无考）

【出处】［北宋］李昉、李穆、徐铉等：《太平御览》卷七八引《遁甲开山图》。

W0750. 4

有巢氏的关系

实 例

（参见下级母题实例）

W0750. 4. 1

有巢氏与许由是朋友

实 例

汉族 许由与邻村的巢父成了好朋友。许由问：“为何你叫巢父呢？”巢父说：“我冬天住窑洞，很少出来；夏天在树上架木为巢，以防野兽伤害。这样，很多人便叫我巢父了。”

【流传】河南省·（郑州市）·登封市

【出处】《尧王访许由》，见张振犁编著，孟宪明、朱淑君统纂《中原神话通鉴》（第三卷），郑州：河南大学出版社 2017 年版，第 979 页。

W0750. 4. 2

有巢氏与后稷是朋友

实 例

汉族 有巢氏还有个老相识，会种五谷，叫做“后稷”。

【流传】（无考）

【出处】蔡英生讲，蔡柏顺采录：《轩辕访贤》，载《民间文学》1991 年第 8 期。

W0750. 4a

有巢氏的寿命与死亡

实 例

（参见下级母题实例）

W0750. 4a. 1

有巢氏因专国主断灭亡

实 例

汉族 昔有巢既有臣而贵任，专国主断，已而夺之。臣怒而生变，有巢以亡。

【流传】（无考）

【出处】［晋］张华：《博物志·杂说

上》。

W0750.5

与有巢氏有关的其他母题

【关联】［W0723c.1.3］盘古发现有巢氏

实 例

（参见下级母题实例）

W0750.5.1

有巢氏的名称

实 例

（参见下级母题实例）

W0750.5.1.1

有巢氏又称巢父

实 例

汉族 （阳城）县南对箕山，山上有许由冢，尧所封也。故太史公曰："余登箕山，其上有许由墓焉。"山下有牵牛墟，侧颍水有犊泉，是巢父还牛处也。

【流传】（无考）

【出处】［北魏］郦道元：《水经注·颍水》。

W0750.5.1.1.1

巢父姓樊名仲甫

实 例

汉族 （参见"W0750.3.2 有巢氏居嵩高山下"母题实例）

W0750.5.1.2

大巢氏

实 例

汉族 （参见"W0750.2.2.1 大巢氏作楼木而巢"母题实例）

W0751

禹（大禹）

实 例

（参见下级母题实例）

W0751.1

大禹的产生

实 例

（参见下级母题实例）

W0751.1.0

神生禹

实 例

（参见下级母题实例）

W0751.1.0.1

鲧亭圣母生禹

实 例

汉族 （参见"W0751.1.4.1 鲧与妻子鲧亭婚生禹"母题实例）

W0751. 1. 1

鲧生禹

实 例

（参见下级母题实例）

W0751. 1. 1. 1

鲧复生禹

实 例

汉族 鲧复（腹）生禹。

【流传】（无考）

【出处】［战国至汉］撰者不详：《山海经·海内经》。

汉族 不任汩鸿，师何以尚之？佥曰："何忧，何不课而行之？"鸱龟曳衔，鲧何听焉？顺欲成功，帝何刑焉？永遏在羽山，夫何三年不腐？伯鲧腹禹，夫何以变化？

【流传】（无考）

【出处】［战国］屈原：《楚辞·天问》。

W0751. 1. 1. 2

鲧死后 3 年剖腹生禹

【关联】［W0751. 3. 3. 1］禹是鲧死后剖腹而生的黄龙

实 例

汉族 鲧死，其尸三年不腐，用吴刀将其腹剖开，生黄龙，即大禹。

【流传】（无考）

【出处】［战国至汉］撰者不详：《山海经·海内经》。

W0751. 1. 1. 3

用吴刀剖开鲧的肚子生禹

实 例

汉族 鲧殛死，三岁不腐，剖之以吴刀，是用出禹。

【流传】（无考）

【出处】［清］严可均：《全上古三代秦汉三国六朝文·全上古三代文》辑《归藏·启筮》

汉族 鲧死了，眼却不闭，尸体三年也不腐烂。有人用吴刀剖开他的肚子，肚子里却生出一个壮壮实实的禹来。

【流传】河南省·（郑州市）·登封市

【出处】根据《淮南子》《山海经》《孟子》《尚书》《登封县志》整理：《鲧禹治水》，见张振犁编著，孟宪明、朱淑君统纂《中原神话通鉴》（第四卷），郑州：河南大学出版社 2017 年版，第 1111 页。

W0751. 1. 1. 3. 1

天将用吴刀剖开鲧的肚子生禹

实 例

汉族 天将来到羽山，见鲧的尸体像没死的人一样，就举起吴刀向鲧的肚子猛砍。一声巨响，鲧的肚子生出禹。

【流传】淮河流域

【出处】常山讲：《鲧王治水》，原载茆文斗搜集整理《河蚌姑娘》，见姚宝瑄主编《中国各民族神话》（汉族），太原：山西出版传媒集团·书海出版社 2014 年版，第 100～106 页。

W0751.1.1.3a

用柴刀剖开鲧的肚子生禹

实 例

（参见下级母题实例）

W0751.1.1.3a.1

牧童天将用柴刀剖开鲧的肚子生禹

实 例

汉族 一个叫豹胆的牧童抽出柴刀剖开鲧的尸体，生出禹。

【流传】（无考）

【出处】钟伟今搜集整理：《禹的诞生》，载《山海经》1981 年第 4 期。

W0751.1.1.4

鲧死后尸首 3 年不化，自己开膛生出大禹

实 例

汉族 鲧死后尸首三年不化，后来自己开膛生出个大禹来。

【流传】河南省·（南阳市）·南阳县（宛城区、卧龙区）

【出处】徐清法讲，党铁九采录整理：《鲧禹父子与龟驮碑》，见张振犁编著，孟宪明、朱淑君统纂《中原神话通鉴》（第四卷），郑州：河南大学出版社 2017 年版，第 1107 页。

W0751.1.1.5

鲧显形的大黄龙肚里飞出一条小龙，就是禹王

实 例

汉族 鲧显形大黄龙，虽然被天将杀死了，身体却好好的，跟活的一样。过了三年，突然大吼一声，从黄龙肚里飞出一条小龙，这就是禹王。

【流传】山东省·（济宁市）·鱼台县［采录地点：鱼台县·罗屯乡·后张村］

【出处】张林相（男，77 岁，农民）讲，张运武采录整理：《滚土堆》（1989.07.25），见张振犁编著，孟宪明、朱淑君统纂《中原神话通鉴》（第四卷），郑州：河南大学出版社 2017 年版，第 1080 页。

W0751.1.2

感生禹

实 例

（参见下级母题实例）

W0751.1.2.1

感月精生禹

实 例

（参见下级母题实例）

W0751. 1. 2. 1. 1

女狄含水中月精生夏禹

实 例

（参见下级母题实例）

W0751. 1. 2. 1. 1. 1

女狄食石纽山下像鸡蛋的月精生禹

实 例

汉族 女狄暮汲石纽山下泉，水中得月精，如鸡子，爱而含之，不觉而吞，遂有娠，十四月，生夏禹。

【流传】（无考）

【出处】［北宋］李昉、李穆、徐铉等：《太平御览》卷四引《遁甲开山图荣氏解》。

W0751. 1. 2. 1. 2

禹母获月精石如薏苡吞之生禹

实 例

汉族 夏后氏生而母化为石，此事之异，闻者说见《世纪》。盖原禹母获月精石如薏苡吞之，而生禹也。

【流传】（无考）·

【出处】［南宋］罗泌：《路史·余论九》。

W0751. 1. 2. 2

感石生禹

实 例

汉族 禹母修已感石而生禹，折胸而出。

【流传】（无考）

【出处】［西汉］淮南王刘安及门客：《淮南子·修务训》高诱注。

W0751. 1. 2. 2. 1

修已感石生禹

实 例

汉族 禹母吞珠孕禹，坼胸而生于县之涂山。

【流传】（无考）

【出处】

（a）［清］王谟：《汉唐地理书钞》辑《扬雄蜀王本纪》。

（b）《刳儿坪》，见袁珂《中国神话大词典》，北京：华夏出版社 2015 年版，第 185 页。

W0751. 1. 2. 3

感珠生禹

实 例

汉族 禹母修已，吞神珠如薏苡，胸坼生禹。

【流传】（无考）

【出处】［先秦］史官修撰：《世本·帝系篇》，［清］张澍稡集补注本。

W0751. 1. 2. 3. 1

修已吞神珠如薏苡，胸坼生禹

实 例

汉族 禹母修己，吞神珠如薏苡，胸坼生禹。

【流传】（无考）

【出处】［先秦］史官修撰：《世本·帝系》。

W0751.1.2.4

感卵生禹

实 例

（参见下级母题实例）

W0751.1.2.4.1

女狄感卵生禹

实 例

汉族 女狄暮汲石纽山下泉，水中得月精，如鸡子，爱而含之，不觉而吞，遂有娠，十四月，生夏禹。

【流传】（无考）

【出处】《太平御览》卷四引《遁甲开山图荣氏解》。

W0751.1.2.4.2

女狄感水生禹

实 例

（参见下级母题实例）

W0751.1.2.4.2.1

女狄感大禹乃化生于石纽山泉生大禹

实 例

汉族 尧理天下，洪水既甚，大禹乃化生于石纽山泉。女狄暮汲水，得石子如珠，爱而吞之，有娠，十四月生子。

【流传】（无考）

【出处】［清］马骕：《绎史》卷十一注引《遁甲开山图》。

W0751.1.2.5

感薏仁生禹

实 例

（参见下级母题实例）

W0751.1.2.5.1

莘氏之女女嬉在砥山吃薏苡生高密

实 例

汉族 禹父娶于有莘氏之女女嬉。女嬉年壮未孳，嬉于砥山，得薏苡而吞之，意若为人所感，因而妊孕，剖胁而产高密。

【流传】（无考）

【出处】［汉］赵晔：《吴越春秋·越王无余外传》。

W0751.1.3

化生禹

实 例

（参见下级母题实例）

W0751.1.3.1

鲧生的龙变成大禹

【关联】［W0751.1］鲧生禹

实 例

汉族 （实例待考）

W0751. 1. 3. 2

鲧尸体中飞出的一条虬龙变化为大禹

实 例

汉族 鲧的尸体里飞出的一条虬龙变化为大禹。

【流传】（无考）

【出处】《治水英雄鲧》，见王德恒等《造神史话》，天津：百花文艺出版社 2002 年版，第 50 页。

W0751. 1. 3. 3

鲧的妻子生的鱼变化成禹

实 例

汉族 鲧妻生子似鱼，因名曰鱼。鱼生极速，一日三变，变则愈似人而身巨，胜似防风，因更名曰大禹。

【流传】（无考）

【出处】袁珂改编：《大禹诛防风》，原载《民间文学》1986 年第 11 期，见袁珂《中国神话大词典》，北京：华夏出版社 2015 年版，第 374 页。

W0751. 1. 4

婚生禹

实 例

（参见下级母题实例）

W0751. 1. 4. 1

鲧与妻子鲧亭婚生禹

实 例

汉族 鲧与妻子鲧亭圣母生禹。

【流传】陕西省·（宝鸡市）·千阳县·上店乡·上店村

【出处】张来祥讲，武向阳采录：《天下江水向东流》，见中国民间文学集成全国编辑委员会编《中国民间故事集成》（陕西卷），北京：中国 ISBN 中心 1996 年版，第 18 页。

W0751. 1. 4. 2

鲧与妻子有莘氏女婚生禹

实 例

汉族 鲧纳有莘氏女，获若后于石纽，服媚之而遂孕，生禹。

【流传】（无考）

【出处】［南宋］罗泌：《路史·后纪》。

汉族 鲧娶有莘氏之女，谓之女志，是生高密。

【流传】（无考）

【出处】［先秦］史官修撰：《世本·帝系篇》。

W0751. 1. 4. 3

鲧与猪婆龙婚生禹

实 例

汉族 鲧与猪婆龙变成的少女结为夫妻，生子曰大禹。

【流传】（江苏省·宜兴市）

【出处】袁珂改编：《猪娘治水》（原名《猪婆龙》），原载江苏省文化局编《陶都宜兴的传说》，见袁珂《中国神话大词典》，北京：华夏出版社 2015 年版，第 391 页。

W0751.1.5
与禹的产生有关的其他母题

实　例

（参见下级母题实例）

W0751.1.5.1
禹的出生地

实　例

（参见下级母题实例）

W0751.1.5.1.1
禹生于石纽

实　例

汉族 鲧纳有莘氏女，获若后于石纽，服媚之而遂孕，六月六日生禹于棘道之石纽乡。

【流传】（无考）

【出处】［宋］罗泌：《路史·后纪》。

汉族 县有石纽乡，禹所生也。

【流传】（广柔县）

【出处】［北魏］郦道元：《水经注·若水》。

W0751.1.5.1.1.1
禹生于汶山广柔县石纽

实　例

汉族 禹本汶山郡广柔县人，生于石纽，其地名痢儿畔。

【流传】（广柔县）

【出处】［清］严可均：《全上古三代秦汉三国六朝文·全汉文》辑《蜀王本记》。

汉族 禹本汶山广柔县人也，生于石纽，其地名刳儿坪。

【流传】（无考）

【出处】

（a）［西晋］陈寿：《三国志·蜀书·秦宓传》注引《谯周蜀本纪》。

（b）《刳儿坪》，见袁珂《中国神话大词典》，北京：华夏出版社 2015 年版，第 185 页。

汉族 禹本汶山广柔县人也，生于石纽，其地名痢儿畔。

【流传】（无考）

【出处】

（a）［清］王谟：《汉唐地理书钞》辑《扬雄蜀王本纪》。

（b）《刳儿坪》，见袁珂《中国神话大词典》，北京：华夏出版社 2015 年版，第 185 页。

W0751.1.5.1.2
禹生于县涂山

实　例

汉族 禹母吞珠孕禹，坼副而生于县涂山。娶妻生子，名启。于今涂山有禹庙，亦为其母立庙。

【流传】（无考）

【出处】［清］严可均：《全上古三代秦汉三国六朝文·全汉文》辑《蜀王本记》。

W0751. 1. 5. 2

原神下雨王借尸转世为夏禹王

实 例

汉族 嵩山南面有一道山清水秀的山沟名叫水纽屯。夏禹王的原神下雨王就是在这里借尸转世的。

【流传】河南省·（郑州市）·登封市

【出处】《下雨王借尸转世》，见张振犁编著，孟宪明、朱淑君统纂《中原神话通鉴》（第四卷），郑州：河南大学出版社 2017 年版，第 1123 页。

W0751. 1. 5. 3

禹的母亲剖胁生禹

实 例

汉族 鲧纳有莘氏，胸臆坼而生禹，石上皆有血浅（溅）之迹。

【流传】（无考）

【出处】《刳儿坪》，见袁珂《中国神话大词典》，北京：华夏出版社 2015 年版，第 185 页。

汉族 鲧的妻子女嬉于砥山得薏苡而吞之，意若为人所感，因而妊孕，剖胁而产高密。

【流传】（无考）

【出处】［东汉］赵晔：《吴越春秋》。

W0751. 1. 5. 4

禹生于石

实 例

汉族 禹生于石。

【流传】（无考）

【出处】［西汉］淮南王刘安及门客：《淮南子·人间训》。

W0751. 1. 5. 5

夏禹在母腹中怀孕 14 个月

实 例

汉族 女狄娠十四月，生夏禹。

【流传】（无考）

【出处】［北宋］李昉、李穆、徐铉等：《太平御览》卷四引《遁甲开山图荣氏解》。

W0751. 1. 5. 6

禹骑虬龙出生

实 例

汉族 鲧的肚子被天将用吴刀剖开，里面射出万道金光，接着蹿出一条虬龙，龙背上还骑着一个孩子，这便是禹。

【流传】淮河流域

【出处】常山讲述：《鲧王治水》，原载茆文斗搜集整理《河蚌姑娘》，见陶阳、钟秀编《中国神话》（上），北京：商务印书馆 2008 年版，第 412 ~ 418 页。

W0751.1.5.7

大禹出生有异兆

实 例

（参见下级母题实例）

W0751.1.5.7.1

大禹出生时万道金光

实 例

汉族 天将来到羽山，见鲧的尸体栩栩如生，像没死的人一样，就举起吴刀向鲧的肚子猛砍。一声巨响，鲧的肚子被剖开了，里面射出万道金光，接着蹿出一条虬龙，龙背上还骑着一个孩子，这便是禹。

【流传】淮河流域

【出处】常山讲：《鲧王治水》，原载茆文斗搜集整理《河蚌姑娘》，见姚宝瑄主编《中国各民族神话》（汉族），太原：山西出版传媒集团·书海出版社 2014 年版，第 100 ~ 106 页。

W0751.1.5.7.2

大禹出生时天上出现 7 条彩虹

实 例

汉族 天上同时出现了七条彩虹，诸神一齐来祝贺治水大帝禹的诞生。

【流传】（无考）

【出处】钟伟今搜集整理：《禹的诞生》，载《山海经》1981 年第 4 期。

W0751.2

大禹的特征

实 例

（参见下级母题实例）

W0751.2.1

大禹的体征

实 例

（参见下级母题实例）

W0751.2.1.1

禹身材高大

实 例

汉族 鲧的儿子大禹王个子比防风（巨人名）还大。

【流传】浙江省·（金华市）·东阳县（东阳市）

【出处】张永茂讲，周耀明整理：《王鲧和防风》，载《民间文学》1986 年第 11 期。

W0751.2.1.1.1

大禹身高八九尺，虎鼻，熊腰，并齿，鸟嘴，耳有三洞

实 例

汉族 禹从鲧的尸体中生出，一站起来，就是个魁梧的大汉，身高八九尺，虎鼻，熊腰，并齿，鸟嘴，耳有

三洞，人称大禹。

【流传】河南省·（郑州市）·登封市

【出处】根据《淮南子》《山海经》《孟子》《尚书》《登封县志》整理：《鲧禹治水》，见张振犁编著，孟宪明、朱淑君统纂《中原神话通鉴》（第四卷），郑州：河南大学出版社2017年版，第1111页。

W0751.2.1.2

大禹的脚有毛病（大禹跛足）

【关联】［W0751.9.3］禹步

实例

（参见下级母题实例）

W0751.2.1.2.1

大禹治水脚落下毛病

实例

汉族 “巫步多禹。”李轨注：“禹治水土，涉山川，病足，故行跛也……而俗巫多效禹步。”

【流传】（无考）

【出处】［汉］扬雄：《法言·重黎》李轨注。

W0751.2.1.3

大禹横眉圆眼，紫红脸膛，赤着钢铁一般的臂膀

实例

汉族 恶龙正得意时，只见中间闪出一条大汉，个子高大无比，怒发冲冠，横眉圆眼，紫红脸膛，赤着钢铁一般的臂膀，腰间一条锁链寒光闪闪，这就是禹。

【流传】河南省·商丘市

【出处】崔玉德（农民）讲，刘秀森采录整理：《大禹骨链锁恶龙》，见张振犁编著，孟宪明、朱淑君统纂《中原神话通鉴》（第四卷），郑州：河南大学出版社2017年版，第1145页。

W0751.2.1.4

禹耳三漏

实例

汉族 禹耳三漏，是谓大通，兴利除害，疏河决江。

【流传】（无考）

【出处】［西汉］淮南王刘安及门客：《淮南子·修务训》。

汉族 禹耳三漏，是谓大通，兴利除害，决河疏江。

【流传】（无考）

【出处】［东汉］班固等：《白虎通·德论·圣人》。

W0751.2.2

大禹执法严明

实例

汉族 大禹治水时，外甥庚辰因为贪睡，使颍河蛟龙从他的把守处逃走了。大禹按刑律要斩杀庚辰。

【流传】河南省·（郑州市）·登封市

【出处】《焦山斩甥》，见张振犁编著，

孟宪明、朱淑君统纂《中原神话通鉴》（第四卷），郑州：河南大学出版社2017年版，第1142页。

W0751.2.3

大禹无私

实 例

汉族 有人说禹王自私，把王位传给了他的儿子。其实不然，有星星草为证，至今人们还称北斗星为勺星。

【流传】河南省·（南阳市）·社旗县

【出处】陶一农采录整理：《星星草》，见张振犁编著，孟宪明、朱淑君统纂《中原神话通鉴》（第四卷），郑州：河南大学出版社2017年版，第1109页。

W0751.2.4

大禹敬业

实 例

汉族 涂山女变成石头，生下了启以后，夏禹仍住在登封告城，白天外出治水，夜晚回家照管孩子。

【流传】河南省·（郑州市）·登封市

【出处】耿柄伦采录，张存义采录整理：《石门沟》，见张振犁编著，孟宪明、朱淑君统纂《中原神话通鉴》（第四卷），郑州：河南大学出版社2017年版，第1037页。

W0751.2.4.1

大禹三过家门而不入

实 例

汉族 大禹是个大公无私的人，人们相传，他为治理泛滥的洪水，曾“三过家门而不入”。

【流传】河南省·（许昌市）·禹州市［采录地点：禹州市·褚河乡·徐庄］

【出处】徐红娟之祖母（78岁）讲，徐红娟采录：《启母石的传说》（1089.12），见张振犁编著，孟宪明、朱淑君统纂《中原神话通鉴》（第四卷），郑州：河南大学出版社2017年版，第1094页。

W0751.2.4.2

大禹治水7年过家门而不入

实 例

汉族 禹伤父功不成，循江溯河，尽济甄淮，乃劳身焦思以行七年，闻乐不听，过门不入，冠挂不顾，履遗不蹑。功未及成，愁然沉思。

【流传】（无考）

【出处】［东汉］赵晔：《吴越春秋》。

W0751.2.5

大禹大义灭亲

实 例

（参见下级母题实例）

W0751. 2. 5. 1

大禹惩罚懒惰的外甥

实 例

汉族 禹王抽剑，冲着只爱玩不愿意治水的外甥庚辰说：“那你永远住这里当淮神吧！”把剑刺向了庚辰。禹王利剑一拔，一股金黄色的光气向太白顶方向飘去。

【流传】 河南省·（南阳市）·桐柏县·（鸿仪河乡·固庙村）

【出处】 吴生相（男，71岁，农民）讲，马奔欣采录整理：《大禹斩将》，见张振犁编著，孟宪明、朱淑君统纂《中原神话通鉴》（第四卷），郑州：河南大学出版社2017年版，第1170页。

W0751. 3

大禹的身份

实 例

（参见下级母题实例）

W0751. 3. 1

大禹是神（大禹神）

实 例

汉族 县有石纽乡，禹所生也。今夷人共营之，地方百里，不敢居牧。有罪逃野，捕之者不逼。能藏三年，不为人得，则共原之，言大禹神所佑之也。

【流传】（广柔县）

【出处】［北魏］郦道元：《水经注·若水》。

W0751. 3. 1. 1

大禹是龙神

实 例

羌族 大禹是龙神。

【流传】 四川省·（绵阳市）·北川（北川县）

【出处】 杨万兵讲，王羽中搜集：《大禹和端阳节》，见中华民族故事大系编委会编《中华民族故事大系》第11卷（达斡尔族、仫佬族、羌族），上海：上海文艺出版社1995年版，第722页。

W0751. 3. 1. 2

大禹死后成神

实 例

汉族 大禹引治水有功，在世为主，死后成神。

【流传】 河南省·（郑州市）·登封市（中岳嵩山一带）

【出处】 韩成良讲，韩有治采录整理：《挪宫》，见张振犁编著，孟宪明、朱淑君统纂《中原神话通鉴》（第四卷），郑州：河南大学出版社2017年版，第1043页。

W0751.3.1.2.1

禹死后成为社神

【关联】［W0474］社神

实 例

汉族 禹劳天下而死为社。

【流传】（无考）

【出处】［西汉］淮南王刘安及门客：《淮南子·氾论训》。

W0751.3.1.3

禹是水神

实 例

汉族等 大禹有治水之功，遂成为后世许多地方的船工、渔民供奉的水神，被尊为“水仙尊王”。

【流传】（无考）

【出处】《禹》，见乌丙安主编《中国民间神谱》，沈阳：辽宁人民出版社2007年版，第61页。

W0751.3.2

禹是星宿

实 例

（参见下级母题实例）

W0751.3.2.1

禹王是猪婆龙星

实 例

汉族 禹王是猪婆龙星。

【流传】江苏省·（镇江市）·句容县·郭庄乡·东岗村

【出处】戴朝德讲，吴宁恒采录：《禹王治水》，见中国民间文学集成全国编辑委员会编《中国民间故事集成》（江苏卷），北京：中国ISBN中心1998年版，第8页。

W0751.3.3

禹是龙

实 例

（参见下级母题实例）

W0751.3.3.1

禹是黄龙

实 例

（参见下级母题实例）

W0751.3.3.1.1

禹是鲧死后剖腹而生的黄龙

实 例

汉族 鲧死，其尸三年不腐，用吴刀将其腹剖开，生黄龙，即大禹。

【流传】（无考）

【出处】［战国至汉］撰者不详：《山海经·海内经》。

W0751.3.3.2

禹是虬龙

实 例

汉族 鲧的尸体中生出的虬龙就是鲧的儿子禹。

【流传】（无考）

【出处】袁珂重述：《鲧偷取息壤平治洪水》，原载袁珂编译《中国神话故事》，见陶阳、钟秀编《中国神话》（上），北京：商务印书馆 2008 年版，第 407 ~411 页。

W0751. 3. 4

禹是皇帝

实 例

毛南族 （实例待考）

W0751. 3. 4. 1

禹是昏君

实 例

汉族 夏禹王治水成功后，召集天下各路诸侯，在会稽山开庆功大会。禹王耳朵里，这几天塞满了奉承话，烦扬声，对防风迟到格外恼火，盛怒之下，下令杀掉防风氏，杀一儆百，显显自己的威势。

【流传】（无考）

【出处】唐君山讲，钟伟今、俞武龙采录：《防风之死》，原载钟伟今等编《防风氏资料汇编》，见陶阳、钟秀编《中国神话》（上），北京：商务印书馆 2008 年版，第 449 ~450 页。

W0751. 3. 5

大禹原是天上管下雨的王

实 例

汉族 大禹原是天上管下雨的王。

【流传】河南省 · （郑州市） · 登封县（登封市） · 城关乡 · 韩村

【出处】韩大学讲，韩有治采录：《大禹转世》，见中国民间文学集成全国编辑委员会编《中国民间故事集成》（河南卷），北京：中国 ISBN 中心 2001 年版，第 49 页。

W0751. 3. 6

大禹是部落首领

实 例

汉族 人主虞舜把不能治水的鲧召了回来，又派另一个部族首领——禹去治水。

【流传】河南省 · （信阳市） · 淮滨县、息县

【出处】易志（男，69 岁，市民）讲，曹金铸采录整理：《淮汝交流》（1990），见张振犁编著，孟宪明、朱淑君统纂《中原神话通鉴》（第四卷），郑州：河南大学出版社 2017 年版，第 1113 页。

W0751. 3. 7

大禹是王

实 例

（参见下级母题实例）

W0751. 3. 7. 1

禹治水成功被百姓推为王

实 例

汉族 百姓见禹治水成功，便推禹为王。

【流传】河南省·商丘市

【出处】崔玉德（农民）讲，刘秀森采录整理：《大禹骨链锁恶龙》，见张振犁编著，孟宪明、朱淑君统纂《中原神话通鉴》（第四卷），郑州：河南大学出版社2017年版，第1146页。

W0751.3.7.2

夏禹王原是天上管行云布雨的下雨王

实 例

汉族 夏禹王的原神是天上管行云布雨的下雨王。

【流传】河南省·（郑州市）·登封市

【出处】《下雨王下凡》，见张振犁编著，孟宪明、朱淑君统纂《中原神话通鉴》（第四卷），郑州：河南大学出版社2017年版，第1121页。

W0751.3.8

大禹是治水能手

实 例

汉族 大禹是个治水能手。

【流传】河南省·（南阳市）·桐柏县

【出处】郑普如（教师）讲，郑大芝采录：《大禹治水》（1984.03.25），见张振犁编著，孟宪明、朱淑君统纂《中原神话通鉴》（第四卷），郑州：河南大学出版社2017年版，第1157页。

W0751.3.9

禹是祖先

【关联】［W0658a.8.1.13.1］禹是景泰蓝制造业奉为祖师

实 例

汉族 夏后氏禘黄帝而祖颛顼，郊鲧而宗禹。

【流传】（无考）

【出处】［春秋］左丘明：《国语·鲁语上》。

W0751.3.10

禹是巫师

实 例

汉族 禹步者，盖是夏禹所为术，召役神灵之行，步。昔大禹治水，届南海之滨，见鸟禁咒，能令大石翻动。此鸟禁时，常作是步。禹遂模写其行，令之入术。自兹以还，无术不验。因禹制作，故曰禹步。

【流传】（无考）

【出处】［东晋］不题撰人：《洞神八帝元变经·禹步致灵》第四。

W0751.3.11

大禹是仙

实 例

（参见下级母题实例）

W0751. 3. 11. 1

大禹九嶷山成仙

实 例

汉族 古有大禹，女娲十九代孙，寿三百六十岁，入九嶷山仙飞去。

【流传】（无考）

【出处】［清］马骕：《绎史》卷十一注引《遁甲开山图》。

W0751. 3. 12

大禹是一般人

实 例

（参见下级母题实例）

W0751. 3. 12. 1

大禹是渔民

实 例

汉族 女娲看随她补天的渔民一个个聪明能干，熟悉水性，不怕风高浪险，补天完成后离船时带走几个去陆上，后来治水的大禹就是那深知水性的渔民的后代。

【流传】辽宁省·大连市沿海渔民中

【出处】刘则亭讲，邵秀荣搜集整理：《女娲补天》，见姚宝瑄主编《中国各民族神话》（汉族），太原：山西出版传媒集团·书海出版社 2014 年版，第 55～57 页。

W0751. 4

大禹的职能（大禹的能力，大禹的事迹）

【关联】

① ［W0058. 1. 3. 4］大禹封神

② ［W0497. 7. 9. 2. 1］大禹王尊封开河放水的大汉为“巨灵皇帝”即“巨灵神”

③ ［W1839. 13. 2. 1］大禹凿出三门峡

④ ［W1852. 4. 0. 1］禹王爷担石造 9 节长白山

⑤ ［W1852. 6. 35. 1］大禹造砥柱山

⑥ ［W1915. 3. 3］大禹造河

⑦ ［W4976. 1. 5］大禹治水

实 例

（参见下级母题实例）

W0751. 4. 1

禹会化身（禹会变形，禹的变形）

实 例

（参见下级母题实例）

W0751. 4. 1. 1

禹化为熊

实 例

汉族 大禹治水化熊，一只手掌化为五指岭。

【流传】河南省嵩山北部

【出处】甄秉浩：《五指岭》，见张楚北《中原神话》，郑州：海燕出版社

1988 年版，第 166 页。

汉族 夏禹理水导河既毕，复来巫山治被塞之江流。然率由旧章既乏显效，化熊开山亦久无功，方坐山顶，望洪水叹息。

【流传】（三峡）

【出处】 袁珂改编：《神女峰》，原载田海燕《三峡民间故事》，见袁珂《中国神话大词典》，北京：华夏出版社 2015 年版，第 387 页。

汉族 有一次他的妻子来看大禹，不防大禹正变作一只熊在那拱河泥哩，当时可吓死了。

【流传】 河南省·（南阳市）·南阳县（宛城区、卧龙区）

【出处】 徐清法讲，党铁九采录整理：《鲧禹父子与龟驮碑》，见张振犁编著，孟宪明、朱淑君统纂《中原神话通鉴》（第四卷），郑州：河南大学出版社 2017 年版，第 1107 页。

汉族 大禹化身为熊用左手推倒阻挡水道的半个山头，让从龙门过来的水东流。

【流传】 河南省嵩山北部

【出处】 陈连山整理：《五指岭》，见姚宝瑄主编《中国各民族神话》（汉族），太原：山西出版传媒集团·书海出版社 2014 年版，第 347 页。

W0751.4.1.1.1

大禹化为黑熊

实 例

汉族 大禹的化身是黑熊。

【流传】 河南省嵩山一带

【出处】 甄秉浩：《涂山姚代姐育婴》，见张楚北《中原神话》，郑州：海燕出版社 1988 年版，第 164 页。

汉族 大禹治水时，为了很快开通河道，在凿山时，就变成一只巨大的黑熊。这样一来，不论翻山越岭，掘土运石，引水导洪，都非常雄健、有力。

【流传】 河南省

【出处】 宫熙讲，冯辉等记录整理：《启母石》，原载河南师大中文系编《河南民间故事》，见陶阳、钟秀编《中国神话》（上），北京：商务印书馆 2008 年版，第 442～444 页。

汉族 大禹为了很快开通河道，在凿山时，就变成一只巨大的黑熊。

【流传】 河南省·（郑州市）·登封市

【出处】 宫熙讲，冯辉、胡汉卿采录，冯辉采录整理：《启母石》，见张振犁编著，孟宪明、朱淑君统纂《中原神话通鉴》（第四卷），郑州：河南大学出版社 2017 年版，第 1022 页。

W0751.4.1.1.1.1

大禹为开山治水化为黑熊

实 例

（参见下级母题实例）

W0751.4.1.1.1.2

大禹为打通轩辕关化为黑熊

实 例

汉族 禹治鸿水，通轩辕山，化为熊。

【流传】（无考）

【出处】［东汉］班固：《汉书·武帝纪》颜师古注引［西汉］淮南王刘安及门客《淮南子》。

汉族 禹娶涂山，治鸿水，通轩辕山化为熊。

【流传】（无考）

【出处】［清］马骕：《绎史》卷十二引《随巢子》。

汉族 大禹为了把轩辕关打通，就变成一只大黑熊。

【流传】河南省·（郑州市）·登封县（登封市）

【出处】宫熙讲，冯辉采录：《石开得子》，见中国民间文学集成全国编辑委员会编《中国民间故事集成》（河南卷），北京：中国ISBN中心2001年版，第52页。

W0751.4.1.2

禹化为怪兽

实 例

汉族 夏禹的化身为长鼻头怪兽拱山开河。

【流传】浙江省·（绍兴市）·嵊县（嵊州市）·浦口镇

【出处】丁方正讲，张继舜采录：《禹余粮》，见中国民间文学集成全国编辑委员会编《中国民间故事集成》（浙江卷），北京：中国ISBN中心1997年版，第67页。

W0751.4.1.3

禹化为猪

实 例

（参见下级母题实例）

W0751.4.1.3.1

禹化为黑猪

实 例

汉族 大禹把山开开以后，就变个黑猪在前边拱河，湖水顺着河往东流。

【流传】河南省·三门峡市［采录地点：三门峡市·湖滨区·高庙乡·大安村］

【出处】王双师（男，48岁，农民，上过几年小学）讲，河南大学中原神话调查组采录，程健君、张振犁录音整理：《大禹导黄河》（1985.04.21），见张振犁编著，孟宪明、朱淑君统纂《中原神话通鉴》（第四卷），郑州：河南大学出版社2017年版，第1058页。

W0751.4.1.4

大禹变成慈眉善目的白胡子老汉

实 例

汉族　大禹驾起一片祥云，飘落在桐柏山主峰上，变成一位慈眉善目的白胡子老汉，手摇一柄拂尘，来到村子里。

【流传】河南省·（南阳市）·桐柏县

【出处】甘思志采录整理：《禹王锁蛟》，见张振犁编著，孟宪明、朱淑君统纂《中原神话通鉴》（第四卷），郑州：河南大学出版社2017年版，第1160～1161页。

W0751.4.1.5
禹变穿山甲

实　例

汉族　大禹治水时，为打通坚硬的山石，摇身一变，变成了一只穿山甲。

【流传】四川省

【出处】朱奉天讲，唐探峰采录：《神女瑶姬的传说》，见陶阳、钟秀编《中国神话》（上），北京：商务印书馆2008年版，第438～441页。

W0751.4.2
大禹生而不凡

实　例

（参见下级母题实例）

W0751.4.2.1
大禹生下3天会说话

【关联】［W0589.2.2］文化英雄生下3天说话

实　例

羌族　大禹生下3天会说话。

【流传】四川省·（阿坝藏族羌族自治州）·汶川（汶川县）

【出处】张旭刚搜集：《大禹王》，见中华民族故事大系编委会编《中华民族故事大系》第11卷（达斡尔族、仫佬族、羌族），上海：上海文艺出版社1995年版，第715页。

W0751.4.2.2
大禹有神力

实　例

汉族　禹王有他爹鲧的神力，继续治水，挖通了黄河，洪水也就平了。

【流传】山东省·（济宁市）·鱼台县［采录地点：鱼台县·罗屯乡·后张村］

【出处】张林相（男，77岁，农民）讲，张运武采录整理：《滚土堆》（1989.07.25），见张振犁编著，孟宪明、朱淑君统纂《中原神话通鉴》（第四卷），郑州：河南大学出版社2017年版，第1080页。

W0751.4.2.3
大禹有法力

实　例

汉族　古时候的禹王最会治水，他的法力大，所以一路上的妖魔鬼怪都降服了。

【流传】山东省·（济宁市）·鱼台县［采录地点：鱼台县·罗屯乡·后张

村]

【出处】张林相（男，77 岁，农民）讲，张运武采录整理：《滚土堆》（1989. 07. 25），见张振犁编著，孟宪明、朱淑君统纂《中原神话通鉴》（第四卷），郑州：河南大学出版社 2017 年版，第 1080 页。

汉族 大禹在治水时，大施法力，捉住了这条蛟龙。

【流传】河南省·（许昌市）·禹州市

【出处】《禹王锁蛟井》，见张振犁编著，孟宪明、朱淑君统纂《中原神话通鉴》（第四卷），郑州：河南大学出版社 2017 年版，第 1094 页。

W0751. 4. 3

大禹开山造河

【关联】[W1919. 4. 2] 大禹开山成河

实 例

羌族 大禹开山造河。

【流传】四川省·（绵阳市）·北川（北川县）

【出处】杨万兵讲，王羽中搜集：《大禹和端阳节》，见中华民族故事大系编委会编《中华民族故事大系》第 11 卷（达斡尔族、仫佬族、羌族），上海：上海文艺出版社 1995 年版，第 722 页。

W0751. 4. 3. 1

禹平水土

实 例

汉族 禹平水土，主名山川。

【流传】（无考）

【出处】[战国] 墨子及弟子：《墨子·尚贤中》。

W0751. 4. 3. 2

禹王开山

实 例

汉族 禹王治水前，这里没有几道门。禹王治水到这儿以后，把山开开了。过去这里都是湖。土里头的龙骨一架一架的。

【流传】河南省·三门峡市 [采录地点：三门峡·史家滩]

【出处】张小根（男，62 岁，农民，不识字）讲，张振犁、杨帆、程健君采录：《禹王开三门》（1985. 04. 22），见张振犁编著，孟宪明、朱淑君统纂《中原神话通鉴》（第四卷），郑州：河南大学出版社 2017 年版，第 ~ 页。

W0751. 4. 3. 3

禹王开三门（禹王开三门峡）

实 例

汉族 有一个横崖头，水流不出去，聚成一个大湖。禹王治水时凿开了。这是石山，水才从这儿下去。这就是禹开三门。

【流传】河南省·三门峡市·（湖滨区·高庙乡·大安村）

【出处】王海堂（男，65 岁，农民，识字）讲，张振犁、杨帆、程健君采录：《禹王治水》（1985.04.22），见张振犁编著，孟宪明、朱淑君统纂《中原神话通鉴》（第四卷），郑州：河南大学出版社 2017 年版，第 1052 页。

汉族 大禹在三门峡开辟，这是真事。

【流传】河南省·三门峡市·（湖滨区·高庙乡·大安村）

【出处】王海亭（男，62 岁，农民，识字）讲讲，张振犁、杨帆、程健君采录：《禹王开三门》（1985.04.21），见张振犁编著，孟宪明、朱淑君统纂《中原神话通鉴》（第四卷），郑州：河南大学出版社 2017 年版，第 1053 页。

W0751.4.3.4

禹疏三江五湖

实 例

汉族 舜乃使禹疏三江五湖，辟伊阙，导廛涧，平通沟陆，流注东海。鸿水漏，九州干，万民皆宁其性。

【流传】（无考）

【出处】［西汉］淮南王刘安及其门客：《淮南子·本经训》。

W0751.4.3.5

禹治洪水 13 年

【关联】［W4976.1.5］大禹治水

实 例

汉族 禹的朋友伯益，劝禹用疏浚的办法去治水，一连治了十三年，开出九条河道，终于治水成功。

【流传】河南省·（郑州市）·登封市

【出处】甄秉洁采录整理：《太室山与少室山》，见张振犁编著，孟宪明、朱淑君统纂《中原神话通鉴》（第四卷），郑州：河南大学出版社 2017 年版，第 1118 页。

汉族 《夏书》曰禹抑洪水十三年，过家不入门。陆行载车，水行载舟，泥行蹈毳，山行即桥，以别九州。随山浚川，任土作贡。

【流传】（无考）

【出处】［西汉］司马迁：《史记·河渠书》。

W0751.4.3.6

禹造山河

实 例

汉族 禹敷土随山刊木，奠高山大川。

【流传】（无考）

【出处】［周］托名伏生传（疑为后人伪作）：《尚书·禹贡》。

W0751.4.3.7

大禹造黄河

实 例

汉族 大禹来到中原，看清了地势，决定用疏导的办法来治理洪水。他跑到西边的青海高原上，逢山开山，逢塬开壕，开出了一条长长的河道，这就是黄河。

【流传】河南省·三门峡市

【出处】《神脚掌》，见张振犁编著，孟宪明、朱淑君统纂《中原神话通鉴》（第四卷），郑州：河南大学出版社2017年版，第1066页。

汉族 大禹治水，就从西到东挖个大沟，就是有名的大黄河。

【流传】河南省·（安阳市）·滑县

【出处】阎泉峰（男，51岁，中专毕业，滑县上官镇人）采录整理：《大禹治水》，见张振犁编著，孟宪明、朱淑君统纂《中原神话通鉴》（第四卷），郑州：河南大学出版社2017年版，第1085页。

W0751. 4. 3. 8

大禹开理河（澧河）

实　例

汉族 大禹开这条河开得有理，这一带的人们称这条河为理河。后人在写《水经注》一书时，把“理河”写为“澧河”。

【流传】河南省·（南阳市）·桐柏县［采录地点：桐柏县·西十里村］

【出处】释海良讲，刘剑采录：《禹王分水》（1981），见张振犁编著，孟宪明、朱淑君统纂《中原神话通鉴》（第四卷），郑州：河南大学出版社2017年版，第1173页。

W0751. 4. 3. 9

大禹开淮河

实　例

（参见下级母题实例）

W0751. 4. 3. 9. 1

大禹赶蛟开淮河

实　例

汉族 老头牵蛟龙走过的地方，成了一条大河，后人称“淮河”。这个白胡子老头是谁呢？有人说是禹王爷，有人说是太白金星。

【流传】河南省·（南阳市）·桐柏县［采录地点：登牌坊洞淮河发源口的路上］

【出处】周登付（男，21岁，不识字）讲，蔡长敏采录整理：《金茶叶》（1986. 06. 09），见张振犁编著，孟宪明、朱淑君统纂《中原神话通鉴》（第四卷），郑州：河南大学出版社2017年版，第1160页。

W0751. 4. 3. 9. 2

大禹驾云走过的地方，变成淮河

实　例

汉族 大禹驾云走过的地方，就变成了现在的淮河。

【流传】河南省·（南阳市）·桐柏县

【出处】甘思志采录整理：《禹王锁蛟》，见张振犁编著，孟宪明、朱淑君统纂《中原神话通鉴》（第四卷），郑州：河南大学出版社 2017 年版，第 1161 页。

W0751.4.3.10 大禹治水开白河和唐河

实 例

汉族 大禹带着治水大军在南阳盆地掘了两条排水沟，一条叫白沟，一条叫唐沟（就是现在的白河和唐河）。

【流传】 河南省·（南阳市）·唐河县

【出处】 李明谦讲，张果夫采录：《大禹导长江》（1983.03），见张振犁编著，孟宪明、朱淑君统纂《中原神话通鉴》（第四卷），郑州：河南大学出版社 2017 年版，第 1174 页。

W0751.4.3.11 大禹治水时流汗形成汗沟

实 例

汉族 大禹治水在开通河道时，因浑身是汗坐在石头上歇息，天长日久，汗水把石头冲出了一条深沟。后人就把这条石沟叫作汗沟。

【流传】 河南省·（许昌市）·禹州市西北部

【出处】 王全胜（60 岁，农民，不识字）讲，王根林采录：《诸侯山治水》，见张振犁编著，孟宪明、朱淑君统纂《中原神话通鉴》（第四卷），郑州：河南大学出版社 2017 年版，第 1099 页。

W0751.4.4 禹命名山川

实 例

汉族 禹平水土。

【流传】（无考）

【出处】［战国］墨子及弟子：《墨子·尚贤中》。

汉族 禹平水土，主名山川。

【流传】（无考）

【出处】［周］托名伏生传（疑为后人伪作）：《尚书·吕刑》。

汉族 禹乃以息土填洪水，以为名山。

【流传】（无考）

【出处】［西汉］淮南王刘安及其门客：《淮南子·地形训》。

W0751.4.5 禹降妖除魔

实 例

汉族 有个叫大禹的人，带领兵将来平妖治水。

【流传】 河南省·（南阳市）·桐柏县

【出处】 郑昌寿讲，马卉欣采录：《玉井龙渊》（1979.10），见张振犁编著，孟宪明、朱淑君统纂《中原神话通鉴》（第四卷），郑州：河南大学出版社 2017 年版，第 1166 页。

W0751.4.5.1

大禹锁蛟（大禹斗蛟，大禹降蛟）

实 例

汉族 禹气治水时，亲自带领一百多个壮士，驾着木排下水，去降服蛟龙。

【流传】河南省·（信阳市）·淮滨县、息县

【出处】易志（男，69岁，市民）讲，曹金铸采录整理：《淮汝交流》（1990），见张振犁编著，孟宪明、朱淑君统纂《中原神话通鉴》（第四卷），郑州：河南大学出版社2017年版，第1114页。

汉族 大禹领着人们来到“坏河”口上，用铁链一头拴着“坏蛟”的脖子，把“坏蛟”投到井里去，一头缠在井边的石柱上。

【流传】河南省·（南阳市）·桐柏县

【出处】袁相如（男，53岁，职工）讲，谢明超采录，陈胜采录整理：《桐柏山、淮河、大禹》，见张振犁编著，孟宪明、朱淑君统纂《中原神话通鉴》（第四卷），郑州：河南大学出版社2017年版，第1150页。

汉族 二郎神斩杀雄蛟后，雌蛟也没逃多远，它刚逃到颍川地界（今禹县境内）就碰上了夏禹王，当即被禹王捉获，锁在禹州城内古钧台附近一眼井内。

【流传】河南省·（郑州市）·新密市·岳村、来集、城关镇等

【出处】王天边讲，李改玲采录整理：《二郎斩蛟》，见张振犁编著，孟宪明、朱淑君统纂《中原神话通鉴》（第三卷），郑州：河南大学出版社2017年版，第930页。

W0751.4.5.1.1

禹王用法术锁蛟

实 例

汉族 老蛟龙本想仗着自己的本事，会会禹王，被禹王一眼就看出来了。那蛟龙变的老太太喝的面片是禹王使动法术做的，面片儿就是铁链子。蛟龙被锁住。

【流传】河南省·（南阳市）·方城县·城关镇［采录地点：方城县·城关镇·柳河村］

【出处】杜炳先（男，56岁，职工）讲，胡兴华采录整理：《禹王锁蛟龙》（1983.11.02），见张振犁编著，孟宪明、朱淑君统纂《中原神话通鉴》（第四卷），郑州：河南大学出版社2017年版，第1116页。

W0751.4.5.1.2

大禹把蛟锁在八角琉璃井

【关联】［W0751.9.4.2］禹王锁蛟井

实 例

汉族 大禹命人打制了一条铁链，把蛟龙锁住，投到了附近城中的一口井

中。这个井就是现在禹州城内的八角琉璃井。

【流传】河南省·（许昌市）·禹州市

【出处】刘刚讲，刘增杰采录：《禹王锁蛟（三）》，见张振犁编著，孟宪明、朱淑君统纂《中原神话通鉴》（第四卷），郑州：河南大学出版社 2017 年版，第 1092 页。

W0751.4.5.1.3

大禹把蛟锁在东海龙宫

实例

汉族 大禹牵着蛟到了东海，就把蛟锁在龙宫里，拔剑剁掉蛟的一截尾巴。

【流传】河南省·（南阳市）·桐柏县

【出处】甘思志采录整理：《禹王锁蛟》，见张振犁编著，孟宪明、朱淑君统纂《中原神话通鉴》（第四卷），郑州：河南大学出版社 2017 年版，第 1161 页。

W0751.4.5.1.4

大禹把颍河蛟龙锁在枯井

实例

汉族 大禹把颍河蛟龙锁在勺河西岸的一个枯井中。从此，颍河蛟龙再也不能出来起洪作乱了。

【流传】河南省·（郑州市）·登封市

【出处】《焦山斩甥》，见张振犁编著，孟宪明、朱淑君统纂《中原神话通鉴》（第四卷），郑州：河南大学出版社 2017 年版，第 1142 页。

W0751.4.5.1.5

大禹把蛟锁在深不见底的井里

实例

汉族 大禹治水时，捉住打乱的蛟。大禹怕蛟跑了，又把蛟转移到新镇西枋城一眼深不见底的井里，井口上盖了一块青石板，永不让它出来为患。至今西枋城还有锁蛟井的遗迹。

【流传】河南省·（鹤壁市）·浚县·新镇一带

【出处】越永昌（男，58 岁，浚县地名办干部）讲，邢清玉采录整理：《大禹锁蛟》（1989.10），见张振犁编著，孟宪明、朱淑君统纂《中原神话通鉴》（第四卷），郑州：河南大学出版社 2017 年版，第 1082 页。

W0751.4.5.1.6

大禹火烧蛟龙

实例

汉族 发洪水的颍河蛟龙听说大禹回来了，躲在蛟龙宫中不出来跟大禹照面。大禹决定用火烧颍河蛟龙。

【流传】河南省·（郑州市）·登封市

【出处】《火烧蛟河》，见张振犁编著，孟宪明、朱淑君统纂《中原神话通鉴》（第四卷），郑州：河南大学出版社 2017 年版，第 1140 页。

W0751. 4. 5. 2

大禹制服水灵兽

实 例

汉族 大禹治水时，审时度势，因势利导，劈山开河，疏导洪水，水灵兽只得乖乖地让他牵着鼻子走。

【流传】河南省 · 开封市

【出处】《大禹魂》，见张振犁编著，孟宪明、朱淑君统纂《中原神话通鉴》（第四卷），郑州：河南大学出版社 2017 年版，第 1047 页。

W0751. 4. 5. 3

禹王锁水妖

实 例

汉族 禹王、淮渎和祖师驾祥云来到桐柏山，经过几个回合，拿住了刘自起。给这个水妖戴上金铐和铁链子，压在了一口井里，还专门在井上盖一间小屋。这口井就叫玉井龙渊，小房子叫淮井亭。

【流传】河南省 · （南阳市） · 桐柏县 · （鸿仪河乡 · 仓房村）

【出处】刘中林（男，56 岁，农民）讲，周君立采录整理：《金镯锁蛟》（1985. 08. 10），见张振犁编著，孟宪明、朱淑君统纂《中原神话通鉴》（第四卷），郑州：河南大学出版社 2017 年版，第 1165 页。

W0751. 4. 5. 4

大禹擒水精

实 例

汉族 大禹王和水精大战了七十七天，直杀得天昏地暗，日月无光。大禹王终于擒着水精，将它镇在桐柏山下，淮源的地方。

【流传】河南省 · （南阳市） · 桐柏县（桐柏山区）

【出处】李屏堂（男，58 岁）讲，赵赋采录：《桐柏禹王》（1987），见张振犁编著，孟宪明、朱淑君统纂《中原神话通鉴》（第四卷），郑州：河南大学出版社 2017 年版，第 1156 页。

W0751. 4. 5. 4a

大禹除湖妖

实 例

汉族 三门峡一带的大湖中妖怪很多，危害众生。大禹知道后，很快来到三门峡，举起大斧，在三门峡山上砍了三下，劈开了三道门，就是鬼门、神门、人门，一大湖水被分成三股，顺着三道门放走了。

【流传】河南省 · 三门峡市

【出处】薛子奇、王新章讲，戴征贤采录整理：《通天柱与巡河大王》，见张振犁编著，孟宪明、朱淑君统纂《中原神话通鉴》（第四卷），郑州：河南大学出版社 2017 年版，第 1070 页。

W0751.4.5.5

大禹斗龙

【关联】［W8880］斗龙

实 例

汉族 大禹拔出利剑，“扑通”一声跳进水里和老龙搏斗起来。老龙嘴里喷着水，张牙舞爪地向大禹扑过来。大禹举起宝剑，用力向老龙的心窝里刺去。老龙急忙向水底一沉，躲过了大禹的宝剑。

【流传】河南省·三门峡市

【出处】《开三门》，见张振犁编著，孟宪明、朱淑君统纂《中原神话通鉴》（第四卷），郑州：河南大学出版社2017年版，第1055页。

W0751.4.5.5.1

禹王锁恶龙

实 例

汉族 禹把恶龙撺到井中后，左手托起一块大石，压在井上。锁链被石头死死地压住，恶龙再想挣脱锁链跑出来就万难了。后来，这块石头被人誉为“镇蛟石”。

【流传】河南省·商丘市

【出处】崔玉德（农民）讲，刘秀森采录整理：《大禹骨链锁恶龙》，见张振犁编著，孟宪明、朱淑君统纂《中原神话通鉴》（第四卷），郑州：河南大学出版社2017年版，第1146页。

汉族 大禹捉住恶龙，怕恶龙跑了，就用铁柱子把恶龙钉在淮井里。恶龙问啥时候再放它出来，大禹说：“啥时候铁树开花了，你再出来。”

【流传】河南省·（南阳市）·桐柏县

【出处】郑普如（教师）讲，郑大芝采录：《大禹治水》（1984.03.25），见张振犁编著，孟宪明、朱淑君统纂《中原神话通鉴》（第四卷），郑州：河南大学出版社2017年版，第1157页。

W0751.4.5.6

大禹慧眼识妖

实 例

汉族 一天，擦黑的时候，一个一脸横肉的汉子闯进了大禹的饭铺。大禹搭眼一看，就知道这家伙是蛟龙变的。

【流传】河南省·（许昌市）·禹州市·城关

【出处】张西坦（农民，62岁，不识字）讲，张康民采录：《大禹捉蛟》，见张振犁编著，孟宪明、朱淑君统纂《中原神话通鉴》（第四卷），郑州：河南大学出版社2017年版，第1093页。

汉族 老蛟龙本想仗着自己的本事，会会禹王，和禹王较量一番，谁知禹王一眼就看出来了。

【流传】河南省·（南阳市）·方城县·城关镇［采录地点：方城县·城关镇·柳河村］

【出处】杜炳先（男，56 岁，职工）讲，胡兴华采录整理：《禹王锁蛟龙》（1983. 11. 02），见张振犁编著，孟宪明、朱淑君统纂《中原神话通鉴》（第四卷），郑州：河南大学出版社 2017 年版，第 1116 页。

W0751. 4. 5a

禹除猛兽

实 例

（参见下级母题实例）

W0751. 4. 5a. 1

禹杀死伺机出没侵食人畜的猛兽

实 例

汉族 大禹终于治住了洪水，并杀死了一些伺机出没侵食人畜的猛兽。

【流传】河南省·（许昌市）·禹州市

【出处】刘刚讲，刘增杰采录：《禹王锁蛟（三）》，见张振犁编著，孟宪明、朱淑君统纂《中原神话通鉴》（第四卷），郑州：河南大学出版社 2017 年版，第 1091 页。

W0751. 4. 5b

禹诛防风

实 例

汉族 禹诛防风氏，防风神见禹，怒射之。

【流传】（无考）

【出处】［唐］欧阳询：《艺文类聚》卷九六引《括地图》页。

W0751. 4. 6

禹定九州

【关联】［W5914］划分九州

实 例

（参见下级母题实例）

W0751. 4. 6. 1

禹布土以定九州

实 例

汉族 洪水滔天，鲧窃帝之息壤，以堙洪水，不待帝命。帝令祝融杀鲧于羽郊，鲧腹生禹。帝乃命禹卒布土以定九州。

【流传】（无考）

【出处】［战国至汉］撰者不详：《山海经·海内经》

W0751. 4. 7

禹铸九鼎

实 例

汉族 禹收九牧之金，铸九鼎，皆尝亨觞上帝鬼神。

【流传】（无考）

【出处】［西汉］司马迁：《史记·封禅书》。

W0751. 4. 8

大禹造物

实 例

（参见下级母题实例）

W0751.4.8.1

大禹造桥

实 例

汉族 三门峡谷造大桥，大禹老君美名传。

【流传】河南省·三门峡市

【出处】《米汤沟》，见张振犁编著，孟宪明、朱淑君统纂《中原神话通鉴》（第四卷），郑州：河南大学出版社2017年版，第1060页。

W0751.4.8.2

大禹造船

实 例

（参见下级母题实例）

W0751.4.8.2.1

大禹造石船

实 例

汉族 夏禹山上扎下大营，开采五色巨石，运用五昧真火，炼成一只石船。夏禹乘坐这只石船，遍游龙门山南这一处汪洋。

【流传】河南省·（洛阳市）·伊川县

【出处】诸书智采录整理：《夏宝》，见张振犁编著，孟宪明、朱淑君统纂《中原神话通鉴》（第四卷），郑州：河南大学出版社2017年版，第1106页。

W0751.4.9

大禹显圣

实 例

（参见下级母题实例）

W0751.4.9.1

大禹显圣身高30丈

实 例

汉族 大禹显圣，坐在庙的房后坡，脚插在河里洗，身子足有三十丈长。

【流传】河南省·（南阳市）·桐柏县·鸿化河乡·固庙村

【出处】吴生相（男，71岁，农民）讲，马卉欣采录整理：《大禹显圣与二月十九起会》，见张振犁编著，孟宪明、朱淑君统纂《中原神话通鉴》（第四卷），郑州：河南大学出版社2017年版，第1178页。

W0751.4.10

大禹能上天

实 例

（参见下级母题实例）

W0751.4.10.1

大禹上天关雨门

实 例

汉族 有个叫大禹的，特别有本事，谁也没他能。大禹乐意给大家办事，就先到天上关了下雨的门。雨停了，可地上的水很深，没处流。

【流传】河南省·（安阳市）·滑县

【出处】阎泉峰（男，51 岁，中专毕业，滑县上官镇人）采录整理：《大禹治水》，见张振犁编著，孟宪明、朱淑君统纂《中原神话通鉴》（第四卷），郑州：河南大学出版社 2017 年版，第 1085 页。

W0751. 4. 11
大禹召开会议

实 例

（参见下级母题实例）

W0751. 4. 11. 1
禹会稽山会群神

实 例

汉族 禹到南方去以后，走到过去曾会群神的会稽山。

【流传】河南省·（郑州市·登封市

【出处】《箕山的来历》，见张振犁编著，孟宪明、朱淑君统纂《中原神话通鉴》（第四卷），郑州：河南大学出版社 2017 年版，第 1040 页。

W0751. 4. 11. 2
禹召集众神开奖惩会

实 例

汉族 昔禹致群神于会稽之山，防风氏后至。禹杀而戮之，其骨节专车。

【流传】（无考）

【出处】

（a）《国语·鲁语下》。

（b）《会稽山》，见袁珂《中国神话大词典》，北京：华夏出版社 2015 年版，第 131 页。

W0751. 4. 12
大禹与酒有缘

实 例

（参见下级母题实例）

W0751. 4. 12. 1
大禹是第一个喝酒喝醉的人

实 例

汉族 第一个喝酒喝醉的人，是大禹；第一个禁造酒和第一个批准造酒的人，也是大禹。

【流传】浙江省

【出处】虞金寿、施美生讲，蔡水儿搜集整理：《大禹和水西》，载《山海经》1981 年第 4 期。

W0751. 4. 12. 2
大禹是第一个批准造酒的人

【关联】［W6155. 2］酒的制造

实 例

汉族 （参见“W0751. 4. 12. 1 大禹是第一个喝酒喝醉的人”母题实例）

W0751. 5
大禹的生活

实 例

（参见下级母题实例）

W0751.5.1 禹的服饰

实 例

（参见下级母题实例）

W0751.5.1.1 渠搜之人献夏禹五色珍裘

实 例

汉族 渠搜之人服夏禹德，献其珍裘，毛出五彩，光耀五色。

【流传】（无考）

【出处】［清］孙诒让：《墨子间诂》辑《田俅子佚文》。

W0751.5.1.2 渠搜之人献夏禹白裘

实 例

汉族 王者以身率先人，恶衣服而致美乎黻冕，则献白裘。禹时渠搜民乘白马来献。

【流传】（无考）

【出处】［唐］瞿昙悉达：《开元占经》卷一一四引《瑞应图》。

W0751.5.2 禹的饮食

实 例

（参见下级母题实例）

W0751.5.2.1 仙女给大禹送饭

实 例

汉族 汝阳县城以北约二十里与伊川葛寨乡的交界处有个“仙人石村”。村西有块一间屋子大小的石头，上面密密麻麻地印着三寸来长的脚印。当地人说，那是给大禹送饭的仙女留下的。

【流传】 河南省·（洛阳市）·汝阳县

【出处】 郭引强采录整理：《仙人石》，见张振犁编著，孟宪明、朱淑君统纂《中原神话通鉴》（第四卷），郑州：河南大学出版社 2017 年版，第 1104 页。

W0751.5.2.2 妻子涂山氏给大禹送饭

实 例

汉族 大禹治水时妻子涂山氏为他送饭。

【流传】 河南省·（郑州市）·登封市，（洛阳市）·偃师县（偃师市）

【出处】 偃师县采风组采录整理：《启母还阳》，见张振犁编著，孟宪明、朱淑君统纂《中原神话通鉴》（第四卷），郑州：河南大学出版社 2017 年版，第 1033 页。

W0751.5.3

禹的居所

【关联】［W0751.1.5.1.1］禹生于石纽

实 例

（参见下级母题实例）

W0751.5.3.1

大禹是禹州人

实 例

汉族 古代那个治洪水的大禹是我们的老乡——禹州市人。

【流传】河南省·（许昌市）·禹州市［采录地点：禹州市·褚河乡·徐庄］

【出处】徐红娟的祖母（78岁）讲，徐红娟采录：《启母石的传说》（1089.12），见张振犁编著，孟宪明、朱淑君统纂《中原神话通鉴》（第四卷），郑州：河南大学出版社2017年版，第1094页。

W0751.5.3.2

大禹居石纽

实 例

汉族 禹本汶山广柔县人也，生于石纽，其地名痢儿畔。

【流传】（无考）

【出处】

（a）［清］王谟：《汉唐地理书钞》辑《扬雄蜀王本纪》。

（b）《刳儿坪》，见袁珂《中国神话大词典》，北京：华夏出版社2015年版，第185页。

W0751.5.3.3

禹家在西羌

实 例

汉族 禹家于西羌，地曰石纽，石纽在蜀西川也。

【流传】（无考）

【出处】［东汉］赵晔：《吴越春秋·越王无余外传》。

W0751.5.3.4

大禹入阳明洞天

实 例

汉族 禹戮防风氏于会稽，锁淮涡之神无支祇于龟山，皆其力也。禹后入阳明洞天，为紫庭真人。

【流传】（无考）

【出处】［元］赵道一：《历世真仙体道通鉴后集》卷二“云华夫人”条。

W0751.5.3.5

禹都安邑

实 例

汉族 安邑，禹都也。

【流传】（无考）

【出处】［北魏］郦道元：《水经注·涑水》。

W0751.5.4

禹的出行（禹的坐骑）

实 例

（参见下级母题实例）

W0751.5.4.1

大禹坐着麒麟舟

实 例

汉族 大禹是从冀州过来的，坐着麒麟舟，带着治水大军。

【流传】河南省·（南阳市）·唐河县

【出处】李明谦讲，张果夫采录：《大禹导长江》（1983.03），见张振犁编著，孟宪明、朱淑君统纂《中原神话通鉴》（第四卷），郑州：河南大学出版社2017年版，第1174页。

W0751.5.4.1a

大禹乘赶龙轻舟

实 例

汉族 大禹治水时，从桐柏山西边儿进山，到了唐河东边的山里。水浪大，船进不了山，禹就把赶龙轻舟停了下来。

【流传】河南省·（南阳市）·桐柏县

【出处】顾光荣（男，38岁）讲，顾天才采录，马奔欣采录整理：《禹舟铁环》，见张振犁编著，孟宪明、朱淑君统纂《中原神话通鉴》（第四卷），郑州：河南大学出版社2017年版，第1154页。

W0751.5.4.2

大禹驾着神龙

实 例

汉族 大禹驾着神龙，把黄河一直打通到东海。

【流传】山东省·（济宁市）·鱼台县［采录地点：鱼台县·罗屯乡·后张村］

【出处】张林相（男，77岁，农民）讲，张运武采录整理：《滚土堆》（1989.07.25），见张振犁编著，孟宪明、朱淑君统纂《中原神话通鉴》（第四卷），郑州：河南大学出版社2017年版，第1080页。

W0751.5.4.3

大禹骑马

实 例

汉族 为了制服洪水，大禹骑马来到黄河岸边。

【流传】河南省·三门峡市

【出处】巴牧采录，王家骏、陈志海采录整理：《马蹄窝（一）》，见张振犁编著，孟宪明、朱淑君统纂《中原神话通鉴》（第四卷），郑州：河南大学出版社2017年版，第1063页。

W0751.5.4.3.1

大禹骑神马

【关联】

①［W0724. 6. 1. 1］盘古骑神马
②［W0749. 5. 2. 4. 1］羿骑神马

实 例

（参见下级母题实例）

W0751. 5. 4. 3. 1. 1 大禹骑神马飞菟

实 例

汉族 一匹日行三万里的神马“飞菟”，受了禹的德行感召，也自己来到禹的宫廷，甘愿做他的坐骑。

【流传】河南省·（郑州市）·登封市

【出处】《禹都阳城》，见张振犁编著，孟宪明、朱淑君统纂《中原神话通鉴》（第四卷），郑州：河南大学出版社 2017 年版，第 1038 页。

W0751. 5. 4. 3. 1. 2 大禹骑神马跌蹄

实 例

汉族 有一匹会说话的叫“跌蹄”的神马，也自动来做禹的坐骑。

【流传】河南省·（郑州市）·登封市

【出处】《禹都阳城》，见张振犁编著，孟宪明、朱淑君统纂《中原神话通鉴》（第四卷），郑州：河南大学出版社 2017 年版，第 1038 页。

W0751. 5. 4. 3. 1. 3 大禹的神马帮大禹渡难关

实 例

汉族 大禹骑的马是一匹神马。它力气大，跑得快，能翻山，会涉水，大禹靠它渡过了许多难关。

【流传】河南省·三门峡市［采录地点：三门峡市·湖滨区·高庙乡·大安村］

【出处】王海堂（男，65 岁，农民）讲，程健君、杨帆、张振犁录音：《马蹄窝（二）》（1985. 04. 21），见张振犁编著，孟宪明、朱淑君统纂《中原神话通鉴》（第四卷），郑州：河南大学出版社 2017 年版，第 1064 页。

W0751. 5. 4. 3a 禹的坐骑是玄龟

实 例

汉族 玄龟驮着大禹上了一座高山。

【流传】（无考）

【出处】虞金寿讲，宗一搜集整理：《蛮龙归正》，载《山海经》1981 年第 4 期。

W0751. 5. 4. 4 大禹南巡

实 例

汉族 禹把都城迁到阳翟（河南禹县），叫最信任的大臣伯益坐镇国都，管理国事，自己去南方各地巡视去了。

【流传】河南省·郑州市·登封市

【出处】《箕山的来历》，见张振犁编

著，孟宪明、朱淑君统纂《中原神话通鉴》（第四卷），郑州：河南大学出版社 2017 年版，第 1040 页。

W0751.5.4.5

大禹陪玉皇爷游桐柏山

实　例

汉族 圣禹陪玉皇爷来到桐柏山。

【流传】河南省·（南阳市）·桐柏县·城关镇

【出处】彭新友讲，彭云采录，马卉欣采录整理：《淮渎抢地》，见张振犁编著，孟宪明、朱淑君统纂《中原神话通鉴》（第四卷），郑州：河南大学出版社 2017 年版，第 1175 页。

W0751.5.4.6

大禹驾祥云

实　例

汉族 大禹驾起一片祥云，飘落在桐柏山主峰上。

【流传】河南省·（南阳市）·桐柏县

【出处】甘思志采录整理：《禹王锁蛟》，见张振犁编著，孟宪明、朱淑君统纂《中原神话通鉴》（第四卷），郑州：河南大学出版社 2017 年版，第 1160～1161 页。

W0751.5.4.6a

禹乘云驾雾

实　例

汉族 禹王乘云驾雾，来到天宫。

【流传】淮河流域

【出处】唐元海、王玉佩讲，茆文斗搜集整理：《禹王锁蛟》，载《民间文学》1986 年第 6 期。

W0751.5.4.7

大禹见伏羲

实　例

汉族 昔伯禹随山浚川，起自积石，凿龙门，至一空穴。禹乃昼夜并行，计可三十余里，魑魅莫逢，穴亦积广。乃至一室里，有人身如蛇鳞（即伏羲），坐于石上，禹与言焉。说日月初明之时，又言今之世，洪波冠天起而天火灼，土石皆焦，谓尧汤之世是也。

【流传】（无考）

【出处】

（a）《北堂书钞》卷一五八引《王子年拾遗记》。

（b）《禹凿龙门》，见袁珂《中国神话大词典》，北京：华夏出版社 2015 年版，第 239 页。

W0751.5.5

禹的工具（禹的武器）

实　例

（参见下级母题实例）

W0751.5.5.1

禹的铲

实　例

（参见下级母题实例）

W0751. 5. 5. 1. 1

禹的神铲

实 例

汉族 水精刚一出洞，正看见大禹王手握神铲站在洞口，不禁大惊。

【流传】河南省·（南阳市）·桐柏县（桐柏山区）

【出处】李屏堂（男，58岁）讲，赵赋采录：《桐柏禹王》（1987），见张振犁编著，孟宪明、朱淑君统纂《中原神话通鉴》（第四卷），郑州：河南大学出版社2017年版，第1156页。

W0751. 5. 5. 2

大禹的神牛

实 例

汉族 大禹在洛阳一带治水时，喂有一头神牛。这神牛身高力大，既可负重，又可坐骑。

【流传】河南省·（洛阳市）·偃师县（偃师市）

【出处】杨聚全采录，康仙舟采录整理：《水牛沟》，见张振犁编著，孟宪明、朱淑君统纂《中原神话通鉴》（第四卷），郑州：河南大学出版社2017年版，第1103页。

W0751. 5. 5. 2. 1

大禹的神牛会腾云驾雾

实 例

汉族 大禹的神牛在陆上能疾驰，水上能奔腾，遇到急事，它还会腾云驾雾，“日行千里，夜走八百”。

【流传】河南省·（洛阳市）·偃师县（偃师市）

【出处】杨聚全采录，康仙舟采录整理：《水牛沟》，见张振犁编著，孟宪明、朱淑君统纂《中原神话通鉴》（第四卷），郑州：河南大学出版社2017年版，第1103页。

W0751. 5. 5. 3

大禹的玉简

实 例

（参见下级母题实例）

W0751. 5. 5. 3. 1

蛇身人面神授大禹的玉简

实 例

汉族 蛇身人面神曰：“华胥生圣子，是汝耶？”答曰：“华胥是九河神女，以生余也。”乃探玉简授禹，长一尺二寸，以合十二时之数，使量度天地。

【流传】（无考）

【出处】［东晋］王嘉：《拾遗记》卷二。

W0751. 5. 5. 4

大禹的定海神针

【关联】［W4975. 2. 4］定海神针

实 例

汉族 夏禹王派他的外甥庚辰，手拿他治水用的“定海神针”，去和水妖交战。

【流传】河南省·（南阳市）·桐柏县

【出处】熊自谦（男，50岁，太阳城茶场职工）讲，孙建英采录整理：《铁链锁蛟》，见张振犁编著，孟宪明、朱淑君统纂《中原神话通鉴》（第四卷），郑州：河南大学出版社2017年版，第1163页。

W0751.5.5.5 大禹的铜锤和金针

实 例

汉族 大禹命尹凡带一万民工打头阵，又把铜锤和金针交给了尹凡。

【流传】河南省·（南阳市）·桐柏县

【出处】袁相如（男，53岁，职工）讲，谢明超采录，陈胜采录整理：《桐柏山、淮河、大禹》，见张振犁编著，孟宪明、朱淑君统纂《中原神话通鉴》（第四卷），郑州：河南大学出版社2017年版，第1150页。

W0751.5.5.6 大禹的斧子

实 例

（参见下级母题实例）

W0751.5.5.6.1 大禹的神斧

实 例

汉族 禹王手提神斧来到山前，对准荆涂山的五、六两个山头之间猛劈一斧，只听得山崩地裂般的一声轰鸣，刹时间山石飞溅，尘土冲天，荆涂山被劈为两片，洪水自山峡内急流向下，泄入东海。

【流传】淮河流域

【出处】唐元海、王玉佩讲，茆文斗搜集整理：《禹王锁蛟》，载《民间文学》1986年第6期。

W0751.5.5.6.1.1 大禹的神斧能劈山开水路

实 例

汉族 大禹掂起他的神斧劈山开水路。

【流传】河南省·三门峡市

【出处】《神脚掌》，见张振犁编著，孟宪明、朱淑君统纂《中原神话通鉴》（第四卷），郑州：河南大学出版社2017年版，第1066页。

W0751.5.5.6.2 大禹的平妖斧

实 例

汉族 天皇赐给大禹平妖斧一把

【流传】河南省·洛阳市

【出处】白眉采录整理：《邙山的传说》，见张振犁编著，孟宪明、朱淑君统纂《中原神话通鉴》（第四卷），郑州：河南大学出版社2017年版，第1071页。

W0751. 5. 5. 6. 3

大禹的开山斧

【关联】［W0724. 2. 3］盘古的开山斧

实 例

汉族 大禹使出全身力气，抡起开山大斧，向龙门山砍去。

【流传】河南省·（洛阳市）·伊川县

【出处】诸书智采录整理：《夏宝》，见张振犁编著，孟宪明、朱淑君统纂《中原神话通鉴》（第四卷），郑州：河南大学出版社 2017 年版，第 1106 页。

汉族 大禹的开山斧重二百多斤

【流传】河南省·郑州市·登封市

【出处】耿柄伦采录，张存义采录整理：《石门沟》，见张振犁编著，孟宪明、朱淑君统纂《中原神话通鉴》（第四卷），郑州：河南大学出版社 2017 年版，第 1037 页。

W0751. 5. 5. 6. 4

大禹的砍柴斧

实 例

（参见下级母题实例）

W0751. 5. 5. 6. 4. 1

大禹从神人那里得到砍柴斧

实 例

汉族 老汉化作一阵清风不见了，地下留下一柄砍柴的斧子。

【流传】河南省·（许昌市）·禹州市·鸿畅乡

【出处】贾德林（农民，48 岁，识字）讲，贾国中采录《打开龙门口》，见张振犁编著，孟宪明、朱淑君统纂《中原神话通鉴》（第四卷），郑州：河南大学出版社 2017 年版，第 1096 页。

W0751. 5. 5. 6. 5

大禹的斧子会变大

实 例

汉族 大禹治水时，站在船上稳如泰山，从耳孔中拔出小斧，一捋，有一丈多长，当作篙竿，划着宝船向峰高浪险处游去。

【流传】河南省·洛阳市

【出处】白眉采录整理：《邙山的传说》，见张振犁编著，孟宪明、朱淑君统纂《中原神话通鉴》（第四卷），郑州：河南大学出版社 2017 年版，第 1071 页。

W0751. 5. 5. 7

大禹的剑

实 例

（参见下级母题实例）

W0751. 5. 5. 7. 1

大禹的金剑

实 例

汉族 禹王一气，从腰里抽出金剑，轻轻一拍，金剑变得又宽又长。禹王把剑往洪水上一放，变成了大桥，这就是现在的“金桥”。

【流传】河南省·（南阳市）·桐柏县［采录地点：桐柏县·西十里村］

【出处】释海良讲，刘剑采录：《禹王分水》（1981），见张振犁编著，孟宪明、朱淑君统纂《中原神话通鉴》（第四卷），郑州：河南大学出版社2017年版，第1172页。

W0751.5.5.7.2 大禹的降龙宝剑

实 例

汉族 蛟龙刘自起害怕禹王的降龙宝剑，乖乖地被压在龟山下一口井里了。

【流传】河南省·（南阳市）·桐柏县·（鸿仪河乡·仓房村）

【出处】刘中林（男，56岁，农民）讲，周君立采录整理：《金镯锁蛟》（1985.08.10），见张振犁编著，孟宪明、朱淑君统纂《中原神话通鉴》（第四卷），郑州：河南大学出版社2017年版，第1165页。

汉族 无支祁一见大禹的降龙宝剑，急忙逃走。

【流传】河南省·（南阳市）·桐柏县

【出处】郑昌寿讲，马卉欣采录：《玉井龙渊》（1979.10），见张振犁编著，孟宪明、朱淑君统纂《中原神话通鉴》（第四卷），郑州：河南大学出版社2017年版，第1167页。

W0751.5.5.7.3 大禹的宝剑是条虬龙

实 例

汉族 大禹手中的宝剑原来是条虬龙。

【流传】河南省·三门峡市

【出处】薛子奇、王新章讲，戴征贤采录整理：《通天柱与巡河大王》，见张振犁编著，孟宪明、朱淑君统纂《中原神话通鉴》（第四卷），郑州：河南大学出版社2017年版，第1070页。

W0751.5.5.7.4 大禹的宝剑会变形

实 例

汉族 大禹手中的宝剑一出手，刹那之间剑柄化作一头雄狮，怒吼一声，从天而降，张着大口蹲在鬼门河口的一边；那个虬龙的剑体，化成了一根巨大的苍柱，在天上转了几圈，轰隆一声，倒插在鬼门河下口。

【流传】河南省·三门峡市

【出处】薛子奇、王新章讲，戴征贤采录整理：《通天柱与巡河大王》，见张振犁编著，孟宪明、朱淑君统纂《中原神话通鉴》（第四卷），郑州：河南大学出版社2017年版，第1070页。

W0751. 5. 5. 7. 5

大禹的划水剑

实 例

汉族 大禹是个有本事的人，他有两件宝物：一把划水剑和一柄开山斧。剑划到哪里，水就流到哪里；斧子劈到哪里，哪里就开出河道。

【流传】河南省·三门峡市

【出处】《开三门》，见张振犁编著，孟宪明、朱淑君统纂《中原神话通鉴》（第四卷），郑州：河南大学出版社 2017 年版，第 1055 页。

W0751. 5. 5. 8

大禹的石砭

实 例

（参见下级母题实例）

W0751. 5. 5. 8. 1

大禹的石砭是降妖杵

实 例

汉族 古时候，禹王治水，用神奇的石砭凿开龙门山，消除了水患，然后云游四海去了。这个石砭不光是劈山凿崖的好工具，还是威力无比的降妖杵。

【流传】河南省·洛阳市

【出处】邓沛云（女，76 岁）讲，姜弘采录整理：《石砭降妖》，见张振犁编著，孟宪明、朱淑君统纂《中原神话通鉴》（第四卷），郑州：河南大学出版社 2017 年版，第 1101 页。

W0751. 5. 5. 9

大禹的法宝（大禹的宝物）

实 例

（参见下级母题实例）

W0751. 5. 5. 9. 1

大禹的法宝绿茶叶

实 例

（参见下级母题实例）

W0751. 5. 5. 9. 1. 1

大禹的绿茶叶变成金链子

实 例

汉族 绿茶叶是大禹降服蛟的法宝，蛟一吞下绿茶叶，每一片绿茶叶都变成了一节金链子。

【流传】河南省·（南阳市）·桐柏县

【出处】甘思志采录整理：《禹王锁蛟》，见张振犁编著，孟宪明、朱淑君统纂《中原神话通鉴》（第四卷），郑州：河南大学出版社 2017 年版，第 1161 页。

W0751. 5. 5. 9. 2

大禹右手举太极图，左手托紫微正照方印

实 例

汉族 大禹的坐骑是巫支祈，其右手

举太极图，左手托“紫微正照”方印，背景为华表和“花开富贵”宝瓶。

【流传】（广东省）

【出处】《景泰蓝业神——大禹》，见乌丙安主编《中国民间神谱》，沈阳：辽宁人民出版社2007年版，第216页。

W0751.5.5.9.3

大禹有划水剑与开山斧2个宝物

实 例

汉族 （参见“W0751.5.5.7.5 大禹的划水剑”母题实例）

W0751.5.5.9.4

大禹的宝物骨链

实 例

（参见下级母题实例）

W0751.5.5.9.4.1

大禹的骨链能带来无穷力量

实 例

汉族 鲧临死前从腰里掏出一条骨链给了儿子禹说：“九年里，我治水行走天下，每见有百姓的骨骸，都要拣起一个骨节，从不忘洪水之仇。我把这些骨节串成了骨链，现在交付于你。你把它带在腰间，不忘民众的冤仇，它会给你无穷的力量。”

【流传】河南省·商丘市

【出处】崔玉德（农民）讲，刘秀森采录整理：《大禹骨链锁恶龙》，见张振犁编著，孟宪明、朱淑君统纂《中原神话通鉴》（第四卷），郑州：河南大学出版社2017年版，第1145页。

W0751.5.5.9.5

大禹的宝物元硅

实 例

汉族 大禹有二宝：划水剑与开山斧。剑划何所，水流何方；斧劈何处，河开何地。

【流传】（无考）

【出处】袁珂改编：《大禹开三门》，见袁珂《中国神话大词典》，北京：华夏出版社2015年版，第374页。

W0751.5.5.9.5.1

舜奖励大禹黑色宝贝玉石“元硅”

实 例

汉族 舜为了表彰大禹治水有功，赏赐给禹一块上方下圆的黑色宝贝玉石“元硅”，作为奖励。

【流传】河南省·（郑州市）·登封市

【出处】《禹都阳城》，见张振犁编著，孟宪明、朱淑君统纂《中原神话通鉴》（第四卷），郑州：河南大学出版社2017年版，第1038页。

W0751. 5. 5. 10

大禹的鞭

实 例

（参见下级母题实例）

W0751. 5. 5. 10. 1

大禹的鞭能开水道

实 例

汉族 禹王想引黄河东流，就拿鞭"嘛"一划，要让水从紫微宫峡谷流过去。

【流传】河南省·济源市

【出处】黄习瑞（60 岁，农民，不识字）讲，张振犁、程健君、胡佳作采录：《禹王导黄河》，见张振犁编著，孟宪明、朱淑君统纂《中原神话通鉴》（第四卷），郑州：河南大学出版社 2017 年版，第 1074 页。

W0751. 6

大禹的关系

实 例

（参见下级母题实例）

W0751. 6. 0

禹的祖辈

实 例

（参见下级母题实例）

W0751. 6. 0. 1

禹是黄帝的后代

实 例

汉族 舜、禹、启都是黄帝的后代子孙。

【流传】河南省·（郑州市）·新郑市

【出处】蔡柏顺采录整理：《轩辕故里》，见张振犁编著，孟宪明、朱淑君统纂《中原神话通鉴》（第二卷），郑州：河南大学出版社 2017 年版，第 514 页。

W0751. 6. 0. 2

禹是颛顼之后

实 例

汉族 禹父鲧者，帝颛顼之后。

【流传】（无考）

【出处】［东汉］赵晔：《吴越春秋·越王无余外传》。

W0751. 6. 0. 3

禹是伏羲女娲的后代

实 例

汉族 伏羲和女娲一代代又生下了黄帝、尧、舜、大禹，子子孙孙繁衍下去。

【流传】河南省·洛阳市·（洛龙区）·龙门（龙门镇）［采录地点：洛阳南郊夜叉磨村］

【出处】吕娅娜采录，张振犁重写：《龙

的传人》(1999.03.03),见张振犁编著《中原神话通鉴》(第一卷),郑州:河南大学出版社 2017 年版,第 292 页。

W0751.6.0.4

大禹是女娲 19 代孙

实 例

汉族 古有大禹,女娲十九代孙。

【流传】(无考)

【出处】[清] 马骕:《绎史》卷十一注引《遁甲开山图》。

W0751.6.1

禹的父母

实 例

(参见下级母题实例)

W0751.6.1.1

禹的父亲鲧

实 例

汉族 禹父鲧者,帝颛顼之后。

【流传】(无考)

【出处】[东汉] 赵晔:《吴越春秋·越王无余外传》。

汉族 虞舜为君后,鲧的儿子大禹要求继承父亲的遗志去治水。

【流传】河南省·(郑州市)·登封市

【出处】甄秉浩采录整理:《涂山姚代姐育婴》,见张振犁编著,孟宪明、朱淑君统纂《中原神话通鉴》(第四卷),郑州:河南大学出版社 2017 年版,第 1026 页。

W0751.6.1.1.1

禹的父亲叫石滚

实 例

汉族 石累降生在安徽蚌埠,父亲叫石滚,他叫石禹。他是长子,人们叫他大禹。舜帝派他父亲治洪水,大禹也跟着去了。

【流传】河南省·(南阳市)·桐柏县

【出处】袁相如(男,53 岁,职工)讲,谢明超采录,陈胜采录整理:《桐柏山、淮河、大禹》,见张振犁编著,孟宪明、朱淑君统纂《中原神话通鉴》(第四卷),郑州:河南大学出版社 2017 年版,第 1150 页。

W0751.6.1.1.2

夏禹王的父亲崇伯鲧

实 例

汉族 夏禹王的父亲崇伯鲧盗土治水。

【流传】河南省·(郑州市)·登封市

【出处】《盗土治水》,见张振犁编著,孟宪明、朱淑君统纂《中原神话通鉴》(第四卷),郑州:河南大学出版社 2017 年版,第 1120 页。

W0751.6.1.1.3

禹父化仆累、蒲卢

实 例

汉族 又东十里，曰青要之山，实惟帝之密都。北望河曲，是多驾鸟。南望掸渚，禹父之所化，是多仆累、蒲卢。

【流传】（无考）

【出处】［战国至汉］撰者不详：《山海经·中次三经》。

W0751. 6. 1. 1a

禹的父亲化为埤渚

实 例

汉族 《左传》言鲧化黄熊，入于羽渊，而又云在此（南望埤渚，禹父之所化），世之随姓而附会以为古迹，类似此也。

【流传】（无考）

【出处】

(a) ［战国至汉］撰者不详：《山海经·中次三经》郭璞注引汪绂语。

(b)《墠渚》，见袁珂《中国神话大词典》，北京：华夏出版社 2015 年版，第 346 页。

W0751. 6. 1. 2

禹的母亲

实 例

（参见下级母题实例）

W0751. 6. 1. 2. 1

禹的母亲鲧亭圣母

实 例

汉族 禹的母亲鲧亭圣母（当地群众传说圣母是鲧的妻子）。

【流传】陕西省·（宝鸡市）·千阳县·上店乡·上店村

【出处】张来祥讲，武向阳采录：《天下江水向东流》，见中国民间文学集成全国编辑委员会编《中国民间故事集成》（陕西卷），北京：中国 ISBN 中心 1996 年版，第 18 页。

W0751. 6. 1. 2. 2

禹的母亲修己

实 例

汉族 禹母修己，吞神珠如薏苡，胸坼生禹。

【流传】（无考）

【出处】［先秦］史官修撰：《世本·帝系》。

W0751. 6. 1. 2. 3

禹的母亲有莘氏女

【关联】

① ［W0686. 6. 1. 3］鲧的妻子有莘氏之女女嬉

② ［W0751. 1. 4. 2］鲧与妻子有莘氏女婚生禹

实 例

汉族 鲧娶有莘氏女，谓之女志，是生高密。云：高密，禹所封国。

【流传】（无考）

【出处】［先秦］史官修撰：《世本·帝系》。

W0751.6.1.2.4

禹的母亲女志

实　例

汉族　（参见“W0751.6.1.2.3 禹的母亲有莘氏女”母题实例）

W0751.6.1.2.5

禹的母亲女嬉

实　例

汉族　禹父鲧者，帝颛顼之后，娶于有莘氏之女，名曰女嬉。

【流传】（无考）

【出处】［汉］赵晔：《吴越春秋·越王无余外传》。

W0751.6.1.2.6

禹的母亲女嫱

实　例

汉族　修己，禹母名。即“女狄”“女志”、“女嫱”。

【流传】（无考）

【出处】《修己》，见袁珂《中国神话大词典》，北京：华夏出版社 2015 年版，第 233～234 页。

W0751.6.1.2.7

禹的母亲女狄

实　例

汉族　“女狄”亦作“女志”、“女嬉”、“修己”等。

【流传】（无考）

【出处】［北宋］李昉、李穆、徐铉等：《太平御览》卷四引《遁甲开山图荣氏解》。

W0751.6.1.2.8

大禹的母亲原型是猪婆龙

【关联】

①［W0751.1.4.3］鲧与猪婆龙婚生禹

②［W0751.3.2.1］禹王是猪婆龙星

实　例

汉族　大禹治水时，他的母亲猪娘每次至工地，见众工掘河辛苦，亦阴于夜间，化为猪婆龙原形，助众工掘河，每掘必既深且远。

【流传】（江苏省·宜兴市）

【出处】袁珂改编：《猪娘治水》（原名《猪婆龙》），原载江苏省文化局编《陶都宜兴的传说》，见袁珂《中国神话大词典》，北京：华夏出版社 2015 年版，第 391 页。

W0751.6.2

禹的妻子

实　例

（参见下级母题实例）

W0751.6.2.1

禹的妻子涂山氏（禹娶涂山）

【关联】［W1852.6.137］涂山

实　例

汉族 人们为了感谢禹王治水的恩情，把一位最贤德、最美貌的姑娘名叫涂山氏的嫁给了他，大禹愉快地接受了此桩婚事。

【流传】淮河流域

【出处】唐元海、王玉佩讲，茆文斗搜集整理：《禹王锁蛟》，载《民间文学》1986 年第 6 期。

汉族 禹娶涂山，治鸿水，通轩辕山，化为熊。

【流传】（无考）

【出处】

（a）［清］马骕：《绎史》卷十二引《随巢子》。

（b）《轩辕山》，见袁珂《中国神话大词典》，北京：华夏出版社 2015 年版，第 360 页。

汉族 禹娶涂山，辛、壬、癸、甲，惟荒度土功。

【流传】（无考）

【出处】［周］托名伏生传（疑为后人伪作）：《尚书·益稷》。

汉族 大禹治水时为打通轘辕关，化作黑熊，害得妻子涂山氏化为石头，一命归天。

【流传】河南省·（郑州市）·登封市，（洛阳市）·偃师县（偃师市）

【出处】偃师县采风组采录整理：《启母还阳》，见张振犁编著，孟宪明、朱淑君统纂《中原神话通鉴》（第四卷），郑州：河南大学出版社 2017 年版，第 1033 页。

W0751.6.2.1.1

禹的妻子涂山氏化为石

实 例

汉族 大禹的妻子涂山氏变成岩石了。

【流传】河南省·（郑州市）·登封市

【出处】宫熙讲，冯辉、胡汉卿采录，冯辉采录整理：《启母石》，见张振犁编著，孟宪明、朱淑君统纂《中原神话通鉴》（第四卷），郑州：河南大学出版社 2017 年版，第 1023 页。

W0751.6.2.1.2

禹的妻子涂山氏还阳

实 例

汉族 中岳大帝知道治水有功的禹王思念贤妻，可怜的启儿思念母亲，他十分同情，便启奏玉皇大帝让涂山氏还阳，使其全家团聚。

【流传】河南省·（郑州市）·登封市，（洛阳市）·偃师县（偃师市）

【出处】偃师县采风组采录整理：《启母还阳》，见张振犁编著，孟宪明、朱淑君统纂《中原神话通鉴》（第四卷），郑州：河南大学出版社 2017 年版，第 1033 页。

W0751.6.2.1.3

大禹和涂山氏在台桑结婚

实 例

汉族 大禹和涂山氏在台桑结婚。

【流传】（无考）

【出处】李香耕等讲，钟伟今搜集整理：《三过家门》，载《民间文学》1981年第4期。

W0751.6.2.1a 禹的妻子涂山氏女

实 例

汉族 安邑，禹都也。禹娶涂山氏女，思恋本国，筑台以望之。今城南门，台基犹存。

【流传】（无考）

【出处】［北魏］郦道元：《水经注·涑水》。

汉族 禹娶涂山氏女，不以私害公，自辛至甲四日，复往治水。故江淮之俗，以辛壬癸甲为嫁娶日也。

【流传】（无考）

【出处】［北魏］郦道元：《水经注·淮水》引《吕氏春秋》。

W0751.6.2.2 大禹的妻子女娇

实 例

汉族 大禹的妻子女娇变成的巨石从北方破裂，生出一个启。

【流传】河南省·（郑州市）·登封市

【出处】根据《淮南子》《山海经》《孟子》《尚书》《登封县志》整理：《鲧禹治水》，见张振犁编著，孟宪明、朱淑君统纂《中原神话通鉴》（第四卷），郑州：河南大学出版社2017年版，第1112页。

W0751.6.2.2.1 大禹与女娇在山洞简单结婚

实 例

汉族 涂山女叫女娇，很仰慕禹的品质，愿意嫁给禹。大禹、女娇便来到山洞，举行了简单的婚礼。

【流传】河南省·（郑州市）·登封市

【出处】根据《淮南子》《山海经》《孟子》《尚书》《登封县志》整理：《鲧禹治水》，见张振犁编著，孟宪明、朱淑君统纂《中原神话通鉴》（第四卷），郑州：河南大学出版社2017年版，第1111页。

W0751.6.2.2.2 禹娶涂山谓之女娇

实 例

汉族 禹三十未娶，行到涂山，恐时之暮，失其制度。乃辞云："吾娶也，必有应矣。"乃有九尾白狐造于禹。禹曰："白者，吾之服也；其九尾者，王者之证也。涂山之歌曰：绥绥白狐，九尾庬庬。我家嘉夷，来宾为王。成家成室，我造彼昌。天人之际，于兹则行。明矣哉！"禹因娶涂山，谓之女娇。

【流传】（无考）

【出处】［汉］赵晔：《吴越春秋·越王

无余外传》。

W0751. 6. 2. 2. 3

禹娶涂山氏之子谓之女娇氏

实 例

汉族 禹娶于涂山氏之子，谓之女娇（嬌）氏，产启。

【流传】（无考）

【出处】［汉］戴德：《大戴礼记 · 帝系》。

W0751. 6. 2. 3

大禹的妻子涂山娇

实 例

汉族 大禹治水到了涂山，人们看大禹三十多岁还没有娶媳妇，就把一个最好的姑娘涂山娇嫁给了他。

【流传】河南省 · （郑州市） · 登封市

【出处】甄秉浩采录整理：《太室山与少室山》，见张振犁编著，孟宪明、朱淑君统纂《中原神话通鉴》（第四卷），郑州：河南大学出版社 2017 年版，第 1118 页。

W0751. 6. 2. 3. 1

涂山人把涂山娇嫁给治水的大禹

实 例

汉族 大禹治水到涂山，人们看大禹三十多岁还没有娶媳妇，就把一个最好的姑娘涂山娇嫁给了他。

【流传】河南省 · （郑州市） · 登封市

【出处】甄秉浩采录整理：《涂山姚代姐育婴》，见张振犁编著，孟宪明、朱淑君统纂《中原神话通鉴》（第四卷），郑州：河南大学出版社 2017 年版，第 1026 页。

W0751. 6. 2. 3. 2

大禹的妻子涂山娇经常埋怨大禹不回家

实 例

汉族 大禹回乡根治水害。因为情况紧急，路过自己家大门口没有回家。他的妻子涂山娇知道后很不高兴，就在婆婆的面前埋怨。

【流传】河南省 · （郑州市） · 登封市

【出处】《照爷石》，见张振犁编著，孟宪明、朱淑君统纂《中原神话通鉴》（第四卷），郑州：河南大学出版社 2017 年版，第 1139 页。

W0751. 6. 2. 3a

大禹的妻子涂山姚

实 例

汉族 涂山姚很想从山倒处看到丈夫大禹，但是除了洪水之外，唯有那五个手指在竖着。

【流传】河南省 · （郑州市） · 登封市登封市与新密、荥阳、偃师、巩义交界五指岭一带

【出处】甄秉浩采录整理：《五指岭》，见张振犁编著，孟宪明、朱淑君统纂《中原神话通鉴》（第四卷），郑州：河南大学出版社 2017 年版，第

1030 页。

W0751.6.2.3a.1

涂山娇死后，妹妹涂山姚嫁给姐夫大禹

实 例

汉族 涂山姚见大禹为民治水的决心坚如铁石，十分爱慕，便继她姐姐嫁给了大禹。

【流传】河南省·（郑州市）·登封市

【出处】甄秉浩采录整理：《涂山姚代姐育婴》，见张振犁编著，孟宪明、朱淑君统纂《中原神话通鉴》（第四卷），郑州：河南大学出版社 2017 年版，第 1027 页。

W0751.6.2.4

大禹的妻子是涂山的一位姑娘

实 例

汉族 禹率领人们察找水路的时候，在涂山遇到了一位姑娘。两情相悦就成亲了。

【流传】河南省·（南阳市）·社旗县

【出处】姜书华采录整理：《春风第一枝》，见张振犁编著，孟宪明、朱淑君统纂《中原神话通鉴》（第四卷），郑州：河南大学出版社 2017 年版，第 1034 页。

W0751.6.2.5

舜赐给大禹妻子

实 例

（参见下级母题实例）

W0751.6.2.5.1

舜为安慰禹失去涂山氏女娇，赏赐给他一个叫“圣姑”的神女

实 例

汉族 舜为了安慰禹失去涂山氏女娇的寂寞，赏赐给他一个叫“圣姑”的神女。

【流传】河南省·（郑州市）·登封市

【出处】《禹都阳城》，见张振犁编著，孟宪明、朱淑君统纂《中原神话通鉴》（第四卷），郑州：河南大学出版社 2017 年版，第 1038 页。

W0751.6.2.6

大禹的妻子自私自利

实 例

汉族 大禹的妻子是一个自私自利的人，她见大禹整日不回家，心中十分不满。

【流传】河南省·（许昌市）·禹州市［采录地点：禹州市·褚河乡·徐庄］

【出处】徐红娟之祖母（78 岁）讲，徐红娟采录：《启母石的传说》（1089.12），见张振犁编著，孟宪明、朱淑君统纂《中原神话通鉴》（第四卷），郑州：河南大学出版社 2017 年版，第 1094 页。

W0751. 6. 2a

禹的恋人

实 例

（参见下级母题实例）

W0751. 6. 2a. 1

大禹的恋人涂山氏之女

实 例

汉族 禹行功，见涂山氏之女，禹未之遇，而巡省南土。

【流传】（无考）

【出处】［秦］吕不韦及门客：《吕氏春秋·音初》。

W0751. 6. 3

禹的子女

实 例

（参见下级母题实例）

W0751. 6. 3. 1

启（夏启，禹的儿子启）

实 例

（参见下级母题实例）

W0751. 6. 3. 1. 1

启的产生

实 例

（参见下级母题实例）

W0751. 6. 3. 1. 1. 1

禹的妻子涂山氏生启

实 例

汉族 （参见“W0751. 6. 3. 1. 2. 1. 1 禹的妻子涂山氏化石后石开生启”母题实例）

W0751. 6. 3. 1. 2

石生启

实 例

（参见下级母题实例）

W0751. 6. 3. 1. 2. 1

禹的妻子化石后石开生启

实 例

汉族 启母化为石而生启。

【流传】（无考）

【出处】

(a) ［西汉］淮南王刘安及门客：《淮南子》。

(b)《汉书》注引应劭。

汉族 禹治鸿水，通轩辕山，化为熊。谓涂山氏曰：“欲饷，闻鼓声乃来。”禹跳石，误中鼓。涂山氏往，见禹方作熊，惭而去。至嵩高山下，化为石。禹曰：“归我子！”石破北方而启生。

【流传】（无考）

【出处】［东汉］班固等：《汉书·武帝纪》颜师古注引［西汉］淮南王刘安

及门客《淮南子》。

汉族 大禹的妻子变成的顽石裂开后，从石头里蹦出一个天真活泼的小孩来，这便是禹的儿子——启。

【流传】河南省·（许昌市）·禹州市［采录地点：禹州市·褚河乡·徐庄］

【出处】徐红娟之祖母（78岁）讲，徐红娟采录：《启母石的传说》（1089.12），见张振犁编著，孟宪明、朱淑君统纂《中原神话通鉴》（第四卷），郑州：河南大学出版社2017年版，第1094页。

W0751.6.3.1.2.1.1

禹的妻子涂山氏化石后石开生启

实　例

汉族 启，夏禹子也。其母涂山氏女也。禹治鸿水，通轘辕山，化为熊，谓涂山氏曰："欲饷，闻鼓声乃来。"禹跳石，误中鼓。涂山氏往，见禹方作熊，惭而去，至嵩高山下化为石，方生启。禹曰："归我子。"石破北方而启生。

【流传】（无考）

【出处】［东汉］班固等：《汉书·武帝纪》颜师古注。

汉族 禹娶涂山，治鸿水，通轘辕山，化为熊。涂山氏见之，惭而去。至嵩高山下，化为石。禹曰："归我子！"石破北方而生启。

【流传】（无考）

【出处】［清］马骕：《绎史》卷十二引《随巢子》。

W0751.6.3.2

启的特征（启的能力）

实　例

（参见下级母题实例）

W0751.6.3.2.1

启自小聪明懂事

实　例

汉族 启自小聪明懂事，他知道父亲治水是为了拯救黎民百姓，所以父亲把他留在家里，他从不哭闹。他两岁会跑步喊爹，四岁会读书写字，六岁会爬山攀崖，七岁学会了开山治水的各种技术，每天跟着父亲走东闯西治理水患。

【流传】河南省·（郑州市·登封市

【出处】耿柄伦采录，张存义采录整理：《石门沟》，见张振犁编著，孟宪明、朱淑君统纂《中原神话通鉴》（第四卷），郑州：河南大学出版社2017年版，第1037页。

W0751.6.3.2.2

启作歌舞

实　例

汉族 大乐之野，夏后启于此儛《九代》。一曰大遗之野。

【流传】（无考）

【出处】

(a) ［战国至汉］撰者不详：《山海经·海外西经》。
(b)《大乐野》，见袁珂《中国神话大词典》，北京：华夏出版社 2015 年版，第 21 页。

W0751.6.3.3
启的生活

实 例

（参见下级母题实例）

W0751.6.3.3.1
启乘两龙（夏后启乘两龙）

实 例

汉族 大运山高三百仞，在灭蒙鸟北。大乐之野，夏后启于此舞《九代》，乘两龙，云盖三层，左手操翳，右手操环，佩玉璜。在大运山北。一曰大遗之野。

【流传】（无考）

【出处】［战国至汉］撰者不详：《山海经·海外西经》。

汉族 西南海之外，赤水之南，流沙之西，有人珥两青蛇，乘两龙，名曰夏后开。

【流传】（无考）

【出处】［战国至汉］撰者不详：《山海经·大荒西经》。

W0751.6.3.3.1.1
启乘两龙，郭支为驭

实 例

汉族 禹乘二龙，郭支为驭。

【流传】（无考）

【出处】［清］马骕：《绎史》卷十一引《抱朴子》。

W0751.6.3.3.1a
启乘飞龙

实 例

汉族 昔夏后启上乘飞龙，以登于天，皋陶占之，曰："吉。"

【流传】（无考）

【出处】［北宋］李昉、李穆、徐铉等：《太平御览》卷九二九引《归藏·郑母经》。

W0751.6.3.3.1b
启乘跻车

实 例

汉族 昔禹治洪水既毕，乃乘蹻（跻）车度弱水而到钟山，祠上帝于北阿，归大功于九天。

【流传】（无考）

【出处】［汉］东方朔：《十洲记》。

W0751.6.3.3.2
启由姨母涂山姚养大

实 例

汉族 启因为大禹忙着整治洪水，没时间和机会教育他，由涂山氏之妹涂山姚带领他长大，把他娇惯得只会吃喝玩乐，什么道理也不懂，心中更没有老百姓。所以，禹不把帝位给他。

【流传】河南省·（郑州市）·登封市

【出处】《箕山的来历》，见张振犁编著，孟宪明、朱淑君统纂《中原神话通鉴》（第四卷），郑州：河南大学出版社2017年版，第1040页。

W0751.6.3.4

启的关系

实 例

（参见下级母题实例）

W0751.6.3.4.1

启的父母

实 例

（参见下级母题实例）

W0751.6.3.4.1.1

启母化为石

实 例

汉族 禹通轘辕，涂山欲饷，闻鼓乃来。禹跳石误中鼓，涂山忽至，见禹为熊，惭而去。至嵩山下，化为石，禹曰："归我子！"石破北方而生启。

【流传】（无考）

【出处】［南宋］罗泌：《路史·余论九》引《淮南子》。

汉族 元封元年，汉武帝幸缑氏，制曰："朕用事华山，至中岳见夏后启母石。"伏云："启母化为石，启生其中。"地在嵩北，有少室姨神庙。登封北十二里，云启母之姨，而偃师西二十五里，复有启母小姨行庙。

【流传】（无考）

【出处】［南宋］罗泌：《路史·余论九》。

W0751.6.3.4.1.1.1

启母石

实 例

汉族 大禹的妻子女娇变成的巨石从北方破裂，生出一个启来。后人称这巨石叫启母石。

【流传】河南省·（郑州市）·登封市

【出处】根据《淮南子》《山海经》《孟子》《尚书》《登封县志》整理：《鲧禹治水》，见张振犁编著，孟宪明、朱淑君统纂《中原神话通鉴》（第四卷），郑州：河南大学出版社2017年版，第1112页。

汉族 《淮南子·修务》云："禹生于石。"注谓："修己感石坼胸而生。"故说者以为夏后生而母复为石。今登封东北十里有庙，庙有一石，号启母石。启母历代崇祀。亦以为之启母。

【流传】（无考）

【出处】［南宋］罗泌：《路史·余论九》。

W0751.6.3.4.1.1.1.1

启母石在登封市嵩山脚下

实 例

汉族 在登封市嵩山脚下矗立着一块

巨大的石头，像一尊雕像站立在那儿，叫“启母石”。

【流传】河南省·（郑州市）·登封市

【出处】宫熙讲，冯辉、胡汉卿采录，冯辉采录整理：《启母石》，见张振犁编著，孟宪明、朱淑君统纂《中原神话通鉴》（第四卷），郑州：河南大学出版社2017年版，第1022页。

W0751. 6. 3. 4. 1. 1. 1. 2 启母在嵩高山下化为石

实 例

汉族 禹娶涂山，治鸿水，通轩辕山化为熊。涂山氏见之，惭而去，至嵩高山下化为石。禹曰：“归我子！”石破北方而生启。

【流传】（无考）

【出处】［清］马骕：《绎史》卷十二引《随巢子》。

W0751. 6. 3. 4. 1. 1. 1. 3 大禹的妻子变成的顽石即启母石

实 例

汉族 大禹的妻子变成的顽石裂开，生出大禹的儿子启。这块石头也被人称作“启母石”。

【流传】河南省·（许昌市）·禹州市［采录地点：禹州市·褚河乡·徐庄］

【出处】徐红娟之祖母（78岁）讲，徐红娟采录：《启母石的传说》（1089.12），见张振犁编著，孟宪明、朱淑君统纂《中原神话通鉴》（第四卷），郑州：河南大学出版社2017年版，第1094页。

W0751. 6. 3. 4. 1. 2 启母庙

实 例

汉族 人们为了纪念大禹的妻子涂山娇，在启母石前建了启母殿和启母庙。

【流传】河南省·（郑州市）·登封市

【出处】甄秉洁采录整理：《太室山与少室山》，见张振犁编著，孟宪明、朱淑君统纂《中原神话通鉴》（第四卷），郑州：河南大学出版社2017年版，第1118页。

W0751. 6. 3. 4. 1. 2. 1 启母庙又称开母祠

实 例

汉族 启母庙南有石阙，亦称开母祠。

【流传】（嵩高山）

【出处】［北魏］卢元明：《嵩高山记》。

W0751. 6. 3. 4. 1. 2a 启母殿

实 例

汉族 人们为了纪念涂山娇、涂山姚姐妹，在太室山下建了太室殿和太室祠，在少室山下建了少室殿和少姨庙，还在启母石前建了启母殿和启母庙。

【流传】河南省·（郑州市）·登封市

【出处】甄秉浩采录整理：《涂山姚代姐育婴》，见张振犁编著，孟宪明、朱淑君统纂《中原神话通鉴》（第四卷），郑州：河南大学出版社 2017 年版，第 1027 页。

W0751.6.3.4.2 启的姨娘涂山姚

实 例

汉族 嵩高少室之施也，其神为妇人像者，则故老相传，云启母涂山之妹也。则其传说由来已久。

【流传】（无考）

【出处】［东汉］班固等：《汉书·地理志》。

汉族 大禹打开轘辕关后，要去开凿龙门口。动身时，启的姨娘涂山姚抱着启儿送出门外。

【流传】河南省·（郑州市）·登封市登封市与新密、荥阳、偃师、巩义交界五指岭一带

【出处】甄秉浩采录整理：《五指岭》，见张振犁编著，孟宪明、朱淑君统纂《中原神话通鉴》（第四卷），郑州：河南大学出版社 2017 年版，第 1029 页。

W0751.6.3.4.2.1 少室姨神庙（少姨庙）

实 例

汉族 少姨庙，在少室山东。相传为启母涂山氏之妹，有汉安帝时石阙，当与启母庙同时并建者。庸高宗敕令重修。

【流传】（无考）

【出处】［清］景日昣：《说嵩》卷二十。

W0751.6.3.5 与启有关的其他母题

实 例

（参见下级母题实例）

W0751.6.3.5.1 启的名字

实 例

（参见下级母题实例）

W0751.6.3.5.1.1 启因开石而生，父亲禹为他取名“启”

实 例

汉族 大禹的妻子涂山氏变成岩石。大禹对着这块岩石要儿子时，这块巨大的岩石裂开了，跳出了一个男孩。大禹急忙把儿子抱了起来。后来，这孩子长大了，大禹就给他起名字叫“启”。

【流传】河南省·（郑州市）·登封市

【出处】宫熙讲，冯辉、胡汉卿采录，冯辉采录整理：《启母石》，见张振犁

编著，孟宪明、朱淑君统纂《中原神话通鉴》（第四卷），郑州：河南大学出版社 2017 年版，第 1023 页。

W0751. 6. 3. 5. 1. 2

夏后启

实 例

（参见下级母题实例）

W0751. 6. 3. 5. 1. 2. 1

夏后启舞《九代》

实 例

汉族 大乐之野，夏后启于此儛《九代》（乐舞名）。

【流传】（无考）

【出处】［战国至汉］撰者不详：《山海经·海外西经》。

W0751. 6. 4

禹的其他亲属

实 例

（参见下级母题实例）

W0751. 6. 4. 1

大禹的外甥庚辰

【关联】［W0405. 4b. 1］淮渎神庚辰

实 例

汉族 淮涡水神名无支祁。禹授之章律，不能制；授之乌木由，不能制；授之庚辰，能制。鸱脾桓木魅水灵山妖石怪，奔号聚绕以数千载。庚辰以战逐去，颈锁大索，鼻穿金铃，徙淮阴之龟山之足下，俾淮水永安流注海也。庚辰之后，皆图此形者，免淮涛风雨之难。

【流传】（无考）

【出处】［宋］李昉、扈蒙、李穆、徐铉、赵邻几、王克贞、宋白、吕文仲等：《太平广记》卷四百六十七。

汉族 人们敬捉拿水妖的大禹的外甥庚辰为“淮涡水神”，并修“淮渎庙”于淮河边上。

【流传】 河南省·（南阳市）·桐柏县

【出处】 熊自谦（男，50 岁，太阳城茶场职工）讲，孙建英采录整理：《铁链锁蛟》，见张振犁编著，孟宪明、朱淑君统纂《中原神话通鉴》（第四卷），郑州：河南大学出版社 2017 年版，第 1164 页。

汉族 大禹的外甥庚辰帮大禹治水。

【流传】 河南省·（郑州市）·登封市（豫西一带）

【出处】 崔文秀讲，韩有治采录整理：《崇伯点化》，见张振犁编著，孟宪明、朱淑君统纂《中原神话通鉴》（第四卷），郑州：河南大学出版社 2017 年版，第 1018 页。

W0751. 6. 4. 1. 1

大禹的外甥庚辰是太阳神的后代

实 例

汉族 太阳神的后代庚辰，在桐柏山水帘洞前的一座山上练习散热发光的本领。

【流传】河南省·（南阳市）·桐柏县·（鸿仪河乡·固庙村）

【出处】吴生相（男，71岁，农民）讲，马奔欣采录整理：《大禹斩将》，见张振犁编著，孟宪明、朱淑君统纂《中原神话通鉴》（第四卷），郑州：河南大学出版社2017年版，第1169页。

W0751.6.4.1.2

大禹的外甥庚辰私心大

实　例

汉族 大禹对玉皇说："我这个外甥，干也能干，就是私心太大，哪儿有好地方他都想占住。"

【流传】河南省·（南阳市）·桐柏县·城关镇

【出处】彭新友讲，彭云采录，马卉欣采录整理：《淮渎抢地》，见张振犁编著，孟宪明、朱淑君统纂《中原神话通鉴》（第四卷），郑州：河南大学出版社2017年版，第1176页。

W0751.6.4.1.3

大禹的外甥庚辰随禹王降妖治水

实　例

汉族 大禹的外甥庚辰回答："我是太阳神的后代，随禹王降妖治水的大将庚辰！"

【流传】河南省·（南阳市）·桐柏县

【出处】郑昌寿讲，马卉欣采录：《玉井龙渊》（1979.10），见张振犁编著，孟宪明、朱淑君统纂《中原神话通鉴》（第四卷），郑州：河南大学出版社2017年版，第1167页。

W0751.6.4.1.3.1

大禹的外甥庚辰战水怪

实　例

汉族 大禹要对付水中怪物，就让外甥庚辰出战。

【流传】河南省·（南阳市）·桐柏县

【出处】郑昌寿讲，马卉欣采录：《玉井龙渊》（1979.10），见张振犁编著，孟宪明、朱淑君统纂《中原神话通鉴》（第四卷），郑州：河南大学出版社2017年版，第1167页。

W0751.6.5

禹的上司

实　例

（参见下级母题实例）

W0751.6.5.1

大禹是玉皇大帝的属臣

实　例

汉族 以前，天上到处漏水，地下就到处发洪水。玉皇大帝只好派女娲去补天，派禹王去治水。

【流传】四川省·巴县（今重庆市·巴南区）

【出处】杜志榜讲，李子硕搜集整理：

《巴子石的来历》(1988. 05), 见姚宝瑄主编《中国各民族神话》(汉族), 太原: 山西出版传媒集团·书海出版社 2014 年版, 第 47 ~51 页。

汉族 古时候, 中原大地洪水泛滥。玉帝就派大禹下来治理洪水。

【流传】河南省·三门峡市

【出处】《神脚掌》, 见张振犁编著, 孟宪明、朱淑君统纂《中原神话通鉴》(第四卷), 郑州: 河南大学出版社 2017 年版, 第 1066 页。

汉族 玉皇大帝派禹王、淮渎和祖师爷下凡捉妖治水。

【流传】河南省·(南阳市)·桐柏县·(鸿仪河乡·仓房村)

【出处】刘中林(男, 56 岁, 农民)讲, 周君立采录整理:《金镯锁蛟》(1985. 08. 10), 见张振犁编著, 孟宪明、朱淑君统纂《中原神话通鉴》(第四卷), 郑州: 河南大学出版社 2017 年版, 第 1165 页。

W0751. 6. 5. 2

大禹是上帝的属臣

实 例

汉族 远古的时候, 洪水泛滥, 淹没了良田、庄园和人口。大禹王被上帝派来治水。

【流传】河南省·(南阳市)·桐柏县(桐柏山区)

【出处】李屏堂(男, 58 岁)讲, 赵赋采录:《桐柏禹王》(1987), 见张振犁编著, 孟宪明、朱淑君统纂《中原神话通鉴》(第四卷), 郑州: 河南大学出版社 2017 年版, 第 1156 页。

W0751. 6. 5. 3

大禹是尧的属臣

实 例

(参见下级母题实例)

W0751. 6. 5. 3. 1

大禹是尧的司空

实 例

汉族 当尧之时, 舜为司徒, 为司马, 禹为司空, 后稷为田畴, 夔为乐正。

【流传】(无考)

【出处】[西汉] 刘向:《说苑·君道》。

W0751. 6. 5. 4

大禹是舜的属臣

实 例

汉族 很久以前, 天下洪水泛滥成灾。舜帝命大禹治理洪水。

【流传】河南省·(郑州市)·新郑市

【出处】李合义(47 岁, 工人)讲, 王雅湘采录整理:《龙王村与鸿雁河》, 见张振犁编著, 孟宪明、朱淑君统纂《中原神话通鉴》(第四卷), 郑州: 河南大学出版社 2017 年版, 第 1046 页。

汉族 那个时候是舜王坐天下, 他看到老百姓受难，心里不好受，就派大禹去治水。

【流传】河南省·三门峡市

【出处】《开三门》，见张振犁编著，孟宪明、朱淑君统纂《中原神话通鉴》（第四卷），郑州：河南大学出版社2017年版，第1055页。

汉族 人主虞舜派部族首领禹去治水。

【流传】河南省·（信阳市）·淮滨县、息县

【出处】易志（男，69岁，市民）讲，曹金铸采录整理：《淮汝交流》（1990），见张振犁编著，孟宪明、朱淑君统纂《中原神话通鉴》（第四卷），郑州：河南大学出版社2017年版，第1113页。

W0751.6.6

禹的从属

实例

（参见下级母题实例）

W0751.6.6.1

大禹手下的大力士童律

实例

汉族 大禹手下的大力士童律对大禹说："伏牛山有对石柱，顶天高，我去搬来当个定锚桩。"

【流传】河南省·（南阳市）·唐河县

【出处】李明谦讲，张果夫采录：《大禹导长江》（1983.03），见张振犁编著，孟宪明、朱淑君统纂《中原神话通鉴》（第四卷），郑州：河南大学出版社2017年版，第1174页。

W0751.6.6.1a

大禹的大将童律

实例

汉族 大禹决心除掉作恶的蛟，就命身边的大将童律去到大洞，堵上石土，以免大水随便外流。

【流传】河南省·（南阳市）·桐柏县

【出处】郑昌寿讲，马卉欣采录：《玉井龙渊》（1979.10），见张振犁编著，孟宪明、朱淑君统纂《中原神话通鉴》（第四卷），郑州：河南大学出版社2017年版，第1167页。

W0751.6.6.2

大禹手下大将乌木久

实例

汉族 大禹派手下大将乌木久去捉水妖，从太白顶往东，一直追到玉皇顶山下。

【流传】河南省·（南阳市）·桐柏县

【出处】郑昌寿讲，马卉欣采录：《玉井龙渊》（1979.10），见张振犁编著，孟宪明、朱淑君统纂《中原神话通鉴》（第四卷），郑州：河南大学出版社2017年版，第1167页。

W0751. 6. 6. 3

夏禹王带着众神治水

实 例

汉族 上古时候，夏禹王带着众神治水。

【流传】河南省·（南阳市）·新野县·（新甸铺镇·白湾村）

【出处】聂守道（男，60岁，农民，不识字）讲，翟建豪采录整理：《龙头桥的来历》（1986.03），见张振犁编著，孟宪明、朱淑君统纂《中原神话通鉴》（第四卷），郑州：河南大学出版社2017年版，第1108页。

W0751. 6. 6. 3. 1

大禹指挥群众、鬼神治水

实 例

汉族 禹王治水时，他指挥群众、鬼神，把砥柱山破成几段，凿开了三个缺口，河水从这里急涌而过，合成一股流下。

【流传】河南省·三门峡市（陕县·大营乡·五原村）

【出处】王卷群（47岁，中学教师）讲，许明星采录：《三门峡的传说》，见张振犁编著，孟宪明、朱淑君统纂《中原神话通鉴》（第四卷），郑州：河南大学出版社2017年版，第1057页。

W0751. 6. 6. 4

夏禹王带着伯益治水

实 例

汉族 文命（禹）请求舜王说：“请圣上批准大司理皋陶的儿子伯益同我一道去治水。”

【流传】河南省·（郑州市）·登封市

【出处】《负黍厅对》，见张振犁编著，孟宪明、朱淑君统纂《中原神话通鉴》（第四卷），郑州：河南大学出版社2017年版，第1136页。

W0751. 6. 6. 4. 1

伯益是助禹治水的功臣

实 例

汉族 伯益是助禹治水的一个功臣。

【流传】河南省·（郑州市）·登封市

【出处】《箕山的来历》，见张振犁编著，孟宪明、朱淑君统纂《中原神话通鉴》（第四卷），郑州：河南大学出版社2017年版，第1040页。

W0751. 6. 7

禹的助手

实 例

（参见下级母题实例）

W0751. 6. 7. 1

神牛是禹的助手

实 例

汉族 大禹的神牛通人性，懂人语，是大禹的得力助手。

【流传】河南省·（洛阳市）·偃师县（偃师市）

【出处】杨聚全采录，康仙舟采录整理：《水牛沟》，见张振犁编著，孟宪明、朱淑君统纂《中原神话通鉴》（第四卷），郑州：河南大学出版社2017年版，第1103页。

W0751.6.7.2

青龙是大禹的助手

实 例

汉族 上古时候，夏禹王带着众神治水，经常派一条青龙运石头。

【流传】河南省·（南阳市）·新野县·（新甸铺镇·白湾村）

【出处】聂守道（男，60岁，农民，不识字）讲，翟建豪采录整理：《龙头桥的来历》（1986.03），见张振犁编著，孟宪明、朱淑君统纂《中原神话通鉴》（第四卷），郑州：河南大学出版社2017年版，第1108页。

W0751.6.7.3

应龙是大禹的助手

实 例

汉族 大禹忘我治水的行动感动了天地，有个有翅能飞的应龙便来帮他治水。

【流传】河南省·（郑州市）·登封市

【出处】根据《淮南子》《山海经》《孟子》《尚书》《登封县志》整理：《鲧禹治水》，见张振犁编著，孟宪明、朱淑君统纂《中原神话通鉴》（第四卷），郑州：河南大学出版社2017年版，第1112页。

W0751.6.7.4

七仙女是大禹的助手

实 例

汉族 七仙女得知人间舜帝已派大禹在治理洪水时，就商量着要帮大禹的忙。

【流传】河南省·（洛阳市）·汝阳县

【出处】郭引强采录整理：《仙人石》，见张振犁编著，孟宪明、朱淑君统纂《中原神话通鉴》（第四卷），郑州：河南大学出版社2017年版，第1104页。

W0751.6.7a

禹的帮助者

实 例

（参见下级母题实例）

W0751.6.7a.1

鸿雁是大禹的帮助者

实 例

汉族 大禹率领百姓，挖道，排淤泥，白天黑夜与洪水搏斗。当时，有对鸿雁，经常跟着大禹，展开翅膀，遮盖着大禹的船，不让雨淋住大禹。

【流传】河南省·（郑州市）·新郑市

【出处】李合义（47 岁，工人）讲，王雅湘采录整理：《龙王村与鸿雁河》，见张振犁编著，孟宪明、朱淑君统纂《中原神话通鉴》（第四卷），郑州：河南大学出版社 2017 年版，第 1046 页。

W0751. 6. 7a. 2

四大金刚是大禹治水的帮助者

【关联】［W0794. 1. 1］四大金刚

实　例

汉族 大禹治水时，托塔天王、四大金刚、八洞神仙前来相助。

【流传】江苏省·张家港市

【出处】赵忠良、乐予搜集整理：《大禹治水遇神仙》，见陈世海《张家港曲艺丛书：张家港故事选集》，南京：江苏凤凰文艺出版社 2016 年版，第 3 页。

W0751. 6. 8

禹的朋友

实　例

（参见下级母题实例）

W0751. 6. 8. 1

大禹的朋友伯益

实　例

汉族 禹治水时，他的朋友伯益，劝禹用疏浚的办法去治水。

【流传】河南省·（郑州市）·登封市

【出处】甄秉浩采录整理：《涂山姚代姐育婴》，见张振犁编著，孟宪明、朱淑君统纂《中原神话通鉴》（第四卷），郑州：河南大学出版社 2017 年版，第 1026 页。

W0751. 6. 8. 1. 1

伯益是颛顼帝的曾孙

实　例

汉族 伯益是助禹治水的一个功臣。他是颛顼帝的曾孙，是玄鸟燕子的后代，叫大费，也叫伯益，或柏翳，东夷族嬴氏的祖先。

【流传】河南省·（郑州市）·登封市

【出处】《箕山的来历》，见张振犁编著，孟宪明、朱淑君统纂《中原神话通鉴》（第四卷），郑州：河南大学出版社 2017 年版，第 1040 页。

W0751. 6. 8. 1. 2

伯益懂鸟兽的性情和语言

实　例

汉族 伯益懂得很多鸟兽的性情和语言，善于畜牧和狩猎。

【流传】河南省·（郑州市）·登封市

【出处】《箕山的来历》，见张振犁编著，孟宪明、朱淑君统纂《中原神话通鉴》（第四卷），郑州：河南大学出版社 2017 年版，第 1040 页。

W0751.6.9

禹的师傅（禹的老师）

实 例

（参见下级母题实例）

W0751.6.9.1

大禹的老师玉溪老人

实 例

汉族 大禹的老师玉溪老人听说大禹正在蛟河斗蛟治水，不顾年老体弱，同妻子一道，赶到蛟河参战。

【流传】 河南省·（郑州市）·登封市

【出处】 《火烧蛟河》，见张振犁编著，孟宪明、朱淑君统纂《中原神话通鉴》（第四卷），郑州：河南大学出版社2017年版，第1140页。

W0751.6.9.2

大禹的师傅巫山神女

实 例

汉族 巫山神女教禹以万物变化之理，并命侍女容华，出红玉箱，取黄绫宝卷以授禹，谓是驱使虎豹、制伏蛟龙之书。

【流传】 （三峡）

【出处】 袁珂改编：《神女峰》，原载田海燕《三峡民间故事》，见袁珂《中国神话大词典》，北京：华夏出版社2015年版，第387页。

W0751.7

大禹的寿命

实 例

（参见下级母题实例）

W0751.7.1

大禹寿360岁

实 例

汉族 古有大禹，寿三百六十岁。

【流传】 （无考）

【出处】 ［清］马骕：《绎史》卷十一注引《遁甲开山图》。

W0751.8

大禹的死亡

【关联】 ［W0751.3.1.2］大禹死后成神

实 例

（参见下级母题实例）

W0751.8.1

禹葬茅山

实 例

（参见下级母题实例）

W0751.8.1.1

茅山禹墓又称千人坛

实 例

汉族 禹葬茅山，有聚土平坛，人工所作，故谓之千人坛。

【流传】浙江省·绍兴市

【出处】鲁迅：《会稽郡故书杂集》辑《孔灵符会稽记》。

W0751. 8. 2

禹葬会稽山

【关联】［W0751. 9. 4. 8. 1］会稽山禹陵

实　例

汉族　禹葬会稽（山名，今浙江省绍兴县东南），鸟为之耘。

【流传】（无考）

【出处】

（a）［清］孙诒让：《墨子间诂》辑《墨子佚文》。

（b）《会稽山》，见袁珂《中国神话大词典》，北京：华夏出版社2015年版，第131页。

汉族　昔大禹崩于会稽（山名，今浙江省绍兴县东南），因而葬之。

【流传】（无考）

【出处】

（a）［北魏］郦道元：《水经注·浙江水》。

（b）《会稽山》，见袁珂《中国神话大词典》，北京：华夏出版社2015年版，第131页。

W0751. 9

与大禹有关的其他母题

实　例

（参见下级母题实例）

W0751. 9. 1

大禹的名称（禹的名字，禹的名号）

实　例

（参见下级母题实例）

W0751. 9. 1. 1

禹称崇禹

实　例

汉族　夏后所居曰嵩山，夏都阳城，即嵩山所在，古无“嵩”山，但以崇字为之，故《国语》称鲧为崇伯鲧。《周书》称禹为崇禹。

【流传】（无考）

【出处】［清末民初］章炳麟：《神权时代居山说》。

W0751. 9. 1. 2

禹王

实　例

汉族　禹王治水，劈开挡水的山。

【流传】河南省·三门峡市［采录地点：三门峡·史家滩］

【出处】张小根（男，62岁，农民，不识字）讲，张振犁、杨帆、程健君采录：《禹王开三门》（1985. 04. 22），见张振犁编著，孟宪明、朱淑君统纂《中原神话通鉴》（第四卷），郑州：河南大学出版社2017年版，第1053页。

W0751.9.1.2.1

禹王爷

实 例

汉族 老头牵蛟龙走过的地方后来变成了一条大河，这就是后人所说的“淮河”。这个白胡子老头就是禹王爷，也有人说是太白金星。

【流传】 河南省·（南阳市）·桐柏县［采录地点：登牌坊洞淮河发源口的路上］

【出处】 周登付（男，21岁，不识字）讲，蔡长敏采录整理：《金茶叶》（1986.06.09），见张振犁编著，孟宪明、朱淑君统纂《中原神话通鉴》（第四卷），郑州：河南大学出版社2017年版，第1160页。

W0751.9.1.3

文命

实 例

（参见下级母题实例）

W0751.9.1.3.1

治水英雄文命被尊称“大禹”

实 例

汉族 到了尧的时候，天下洪水又泛滥了。治水英雄文命，把水治住了。他的功劳比禹还大，人们就尊称他为“大禹”。

【流传】 河南省·（南阳市）·桐柏县

【出处】 释海良讲，柳丹采录整理：《禹》，见张振犁编著，孟宪明、朱淑君统纂《中原神话通鉴》（第四卷），郑州：河南大学出版社2017年版，第1148页。

W0751.9.1.3.2

文命治水有功，尧尊称他为“大禹”

实 例

汉族 帝尧的治水官叫个文命。他治水有功，尧就尊称他为“大禹”。

【流传】 河南省·（南阳市）·桐柏县

【出处】 释海良讲，柳丹采录整理：《禹》，见张振犁编著，孟宪明、朱淑君统纂《中原神话通鉴》（第四卷），郑州：河南大学出版社2017年版，第1147页。

W0751.9.1.3.3

夏禹名曰文命（禹名文命）

实 例

汉族等 禹有一说其名文命。

【流传】（无考）

【出处】《禹》，见乌丙安主编《中国民间神谱》，沈阳：辽宁人民出版社2007年版，第61页。

汉族 夏禹，名曰文命。

【流传】（无考）

【出处】［西汉］司马迁：《史记·夏本纪》。

W0751.9.1.4

夏禹

实 例

（参见下级母题实例）

W0751.9.1.4a

夏禹王

实 例

（参见下级母题实例）

W0751.9.1.4a.1

下雨王成为夏朝的开国帝后谐音改意为“夏禹王”

【关联】［W0751.1.5.2］原神下雨王借尸转世为夏禹王

实 例

汉族 玉皇大帝对下雨王说：“只要你按期治服洪水，我就叫你在凡间做一朝开国帝王。”下雨王下到凡间以后历尽艰难，用十三年时间治服洪水，锁住了蛟龙。这时候舜王年纪大了，看到自己的儿子不成器，就把天下让给了下雨王。下雨王成为夏朝的开国帝王，谐音改意为“夏禹王”。

【流传】河南省·（郑州市）·登封市

【出处】《下雨王下凡》，见张振犁编著，孟宪明、朱淑君统纂《中原神话通鉴》（第四卷），郑州：河南大学出版社2017年版，第1122页。

W0751.9.1.4a.2

禹自称“夏禹王”

实 例

汉族 大禹治水有功，从舜禅接了王位，建立夏朝，自称“夏禹王”。

【流传】（无考）

【出处】何紫垣讲，莫高采录：《防风三难大禹》，原载钟伟今等编《防风氏资料汇编》，见陶阳、钟秀编《中国神话》（上），北京：商务印书馆2008年版，第447～478页。

W0751.9.1.5

夏伯禹

实 例

汉族 夏伯禹出来负黍城，正往前走的时候，他的外甥庚辰迎面走来。

【流传】河南省·（郑州市）·登封市

【出处】《大禹治洪水过家门》，见张振犁编著，孟宪明、朱淑君统纂《中原神话通鉴》（第四卷），郑州：河南大学出版社2017年版，第1136页。

W0751.9.1.5.1

舜做了天帝封禹为“夏伯”

实 例

汉族 舜做了天帝，为了表彰治水有功的禹，封他为“夏伯”，还把帝位让给了他。

【流传】河南省·（郑州市）·登封市

【出处】《禹都阳城》，见张振犁编著，孟宪明、朱淑君统纂《中原神话通鉴》（第四卷），郑州：河南大学出版社 2017 年版，第 1038 页。

W0751.9.1.5.2

舜王封崇伯鲧的儿子文命为夏伯禹

实 例

汉族 崇伯鲧的儿子文命，在负黍厅就治理洪水问题，同舜王进行了详细的提对，舜王封文命为夏伯禹，派他带领伯益、颍龙治理洪水。

【流传】河南省·（郑州市）·登封市

【出处】《大禹治洪水过家门》，见张振犁编著，孟宪明、朱淑君统纂《中原神话通鉴》（第四卷），郑州：河南大学出版社 2017 年版，第 1136 页。

W0751.9.1.6

圣禹

实 例

汉族 圣禹陪玉皇爷来到桐柏山。太阳神的后代、圣禹的外甥庚辰迎了上来。

【流传】河南省·（南阳市）·桐柏县·城关镇

【出处】彭新友讲，彭云采录，马卉欣采录整理：《淮渎抢地》，见张振犁编著，孟宪明、朱淑君统纂《中原神话通鉴》（第四卷），郑州：河南大学出版社 2017 年版，第 1175 页。

W0751.9.1.7

雨神名字叫“雨”，是地上的一条虫，于是写成“禹”

实 例

汉族 雨神下凡带领人们治好洪水，人们过上了安宁的生活。老天爷见雨神改恶行善了，就又把他召上了天。为了纪念这个雨的功德，人们在许多名山古城修建了雨庙，常年烟火不断。因为雨神说他名叫雨，是地上的一条虫，人们就把他的名字写成“禹”。

【流传】河南省·（南阳市）·桐柏县

【出处】释海良讲，柳丹采录整理：《禹》，见张振犁编著，孟宪明、朱淑君统纂《中原神话通鉴》（第四卷），郑州：河南大学出版社 2017 年版，第 1148 页。

W0751.9.1.8

“石禹”被人称为“大禹”

实 例

汉族 （参见“W0751.6.1.1.1 禹的父亲叫石滚”母题实例）

W0751.9.1.9

禹称“高密”

实 例

汉族 颛顼生鲧，鲧生高密，是为禹。

【流传】（无考）

【出处】［先秦］史官修撰：《世本·帝系篇》。

汉族 鲧娶于有莘氏之女，名曰女嬉。年壮未孳，嬉于砥山得薏苡而吞之，意若为人所感，因而妊孕，剖胁而产高密。

【流传】（无考）

【出处】［东汉］赵晔：《吴越春秋》。

W0751.9.1.9.1

高密是禹的封国

实 例

汉族 鲧娶有莘氏女，谓之女志，是生高密。云：高密，禹所封国。

【流传】（无考）

【出处】［先秦］史官修撰：《世本·帝系》。

W0751.9.1.9.2

禹封地高密

实 例

汉族 “鲧娶有莘氏之女，谓之女志，是生高密。”宋衷注：“高密，禹所封国。

【流传】（无考）

【出处】［先秦］史官修撰：《世本·帝系篇》宋衷注。

W0751.9.1.10

禹又称戎禹

实 例

汉族等 禹是中古代夏后氏部落领袖，姒姓，亦称大禹、下禹、戎禹。

【流传】（无考）

【出处】《禹》，见乌丙安主编《中国民间神谱》，沈阳：辽宁人民出版社2007年版，第61页。

W0751.9.1.11

禹又称下禹

实 例

汉族 （参见“W0751.9.1.10 禹又称戎禹”母题实例）

W0751.9.1.12

禹又称紫庭真人

实 例

汉族 禹戮防风氏于会稽，锁淮涡之神无支祇于龟山，皆其力也。禹后入阳明洞天，为紫庭真人。

【流传】（无考）

【出处】［元］赵道一：《历世真仙体道通鉴后集》卷二“云华夫人”条。

W0751.9.1.13

尧赐感禹而生的男子号“禹”

实 例

汉族 尧理天下，洪水既甚，大禹乃化生于石纽山泉。女狄暮汲水，得石子如珠，爱而吞之，有娠，十四月生子。及长，能知泉源，代父鲧理洪水。尧帝知其功，如古大禹知水源，乃赐号禹。

【流传】（无考）

【出处】［清］马骕：《绎史》卷十一注引《遁甲开山图》。

W0751.9.2

禹的生日

实例

（参见下级母题实例）

W0751.9.2.1

禹的生日是六月初六

【关联】［W0726.2.5］盘古六月初六死去

实例

汉族 鲧纳有莘氏女，获若后于石纽，服媚之而遂孕，六月六日生禹于棘道之石纽乡。

【流传】（无考）

【出处】［南宋］罗泌：《路史·后纪》。

W0751.9.3

禹步

实例

（参见下级母题实例）

W0751.9.3.1

前腿拖着后腿一步步地走称为“禹步”

实例

汉族 大禹治水积劳成疾，生了偏枯之病，脸上又黑又瘦，嘴尖颈细。走路时，左脚迈不过右脚，右脚越不过左脚，只能前腿拖着后腿一步步地走，人称为“禹步”。

【流传】河南省·（郑州市）·登封市

【出处】根据《淮南子》《山海经》《孟子》《尚书》《登封县志》整理：《鲧禹治水》，见张振犁编著，孟宪明、朱淑君统纂《中原神话通鉴》（第四卷），郑州：河南大学出版社2017年版，第1112页。

W0751.9.3.2

禹步是夏禹所为术

实例

汉族 （参见“W0751.3.10 禹是巫师”母题实例）

W0751.9.4

大禹的遗迹（与禹有关的风物）

【关联】

①［W1246.4.13］禹洞（禹穴）

②［W1979.3.9.2］禹迹溪

实例

（参见下级母题实例）

W0751.9.4.1

禹王庙

实例

汉族 禹王治水有功了，后来给他盖个庙。

【流传】河南省·三门峡市［采录地点：三门峡·史家滩］

【出处】张百河（男，81岁，农民，识字）讲，张振犁、杨帆、程健君采录：《禹王治水》（1985. 04. 22），见张振犁编著，孟宪明、朱淑君统纂《中原神话通鉴》（第四卷），郑州：河南大学出版社2017年版，第1052页。

汉族 在蛟龙出山的地方修座禹王庙，表示对禹王爷的纪念。

【流传】河南省·（南阳市）·桐柏县［采录地点：登牌坊洞淮河发源口的路上］

【出处】周登付（男，21岁，不识字）讲，蔡长敏采录整理：《金茶叶》（1986. 06. 09），见张振犁编著，孟宪明、朱淑君统纂《中原神话通鉴》（第四卷），郑州：河南大学出版社2017年版，第1160页。

W0751. 9. 4. 1. 1

禹王庙可保行船平安

实　例

汉族 三门峡的上游有个禹王庙，从前“放溜”过三峡的艄公们都先要在这里歇脚，给禹王烧香许愿，放鞭炮，饱吃饱喝一顿，然后才驾着木船直向三门峡，是否能够侥幸渡过三门，或者在岩头上碰个稀烂，全在眨眨眼的工夫。

【流传】河南省·三门峡市（陕县·大营乡·五原村）

【出处】王卷群（47岁，中学教师）讲，许明星采录：《三门峡的传说》，见张振犁编著，孟宪明、朱淑君统纂《中原神话通鉴》（第四卷），郑州：河南大学出版社2017年版，第1057页。

汉族 在黄河两岸建了禹王庙，求大禹保佑过往船只和船工的平安。

【流传】河南省·三门峡市

【出处】《中流砥柱》，见张振犁编著，孟宪明、朱淑君统纂《中原神话通鉴》（第四卷），郑州：河南大学出版社2017年版，第1067页。

W0751. 9. 4. 1. 2

禹王庙东有太室祠，西有少室庙，中间是启母宫

实　例

汉族 夏禹夏王，死了以后，人们为他修盖了很多庙宇。在中岳嵩山，从东到西不到二十里以内，东修太室祠，西修少室庙，中间盖了启母宫。

【流传】河南省·（郑州市）·登封市（中岳嵩山一带）

【出处】韩成良讲，韩有治采录整理：《挪宫》，见张振犁编著，孟宪明、朱淑君统纂《中原神话通鉴》（第四卷），郑州：河南大学出版社2017年版，第1043页。

W0751.9.4.1.3

禹王庙每年二月十九起庙会

实　例

汉族　淮源镇的百姓马上开了个大牲口行，加修了禹王庙，又定于每年的二月十九起会，给禹王爷请戏看。

【流传】河南省·（南阳市）·桐柏县·鸿化河乡·固庙村

【出处】吴生相（男，71岁，农民）讲，马卉欣采录整理：《大禹显圣与二月十九起会》，见张振犁编著，孟宪明、朱淑君统纂《中原神话通鉴》（第四卷），郑州：河南大学出版社2017年版，第1178页。

W0751.9.4.1a

禹祠

实　例

（参见下级母题实例）

W0751.9.4.1a.1

涂山台禹祠

实　例

汉族　涂山台，涂山氏思本国，筑以望之，基犹在夏城南安邑，俗名青台，上有禹祠。

【流传】（无考）

【出处】［清］张澍：《十三州志》。

W0751.9.4.2

禹王锁蛟井

实　例

汉族　大禹把锁住的蛟龙压在一口八角井内，这个井就叫“禹王锁蛟井”。

【流传】河南省·（许昌市）·禹州市

【出处】朱超凡（66岁，教师）讲，王同全采录：《禹王锁蛟（二）》，见张振犁编著，孟宪明、朱淑君统纂《中原神话通鉴》（第四卷），郑州：河南大学出版社2017年版，第1089页。

汉族　河南省桐柏县西三十里有个淮源镇，淮源镇西头有座“禹王庙”。“禹王庙”往北走百步来远，有一座六根红木柱子撑起来的小亭子。亭子底下有一口四方口的深井，靠着井的旁边立着一根三四把粗的大理石柱子。柱子上头，有个鸭蛋粗的眼儿，眼儿里穿着一条几十斤重的铁锁链，锁链的另一头耷拉在井里，石柱上边刻着五个巴掌大的字：“禹王锁蛟处”。

【流传】河南省·（南阳市）·桐柏县

【出处】熊自谦（男，50岁，太阳城茶场职工）讲，孙建英采录整理：《铁链锁蛟》，见张振犁编著，孟宪明、朱淑君统纂《中原神话通鉴》（第四卷），郑州：河南大学出版社2017年版，第1163页。

W0751. 9. 4. 3

禹王锁蛟处

实 例

（参见下级母题实例）

W0751. 9. 4. 3. 1

禹王锁蛟处在禹州

实 例

汉族 在河南省禹州市北关有一名胜叫“禹王锁蛟处”。

【流传】 河南省·（许昌市）·禹州市·火龙乡

【出处】 朱玉洁之祖母（83岁）讲，朱玉洁采录整理：《禹王锁蛟（一）》（1989. 12），见张振犁编著，孟宪明、朱淑君统纂《中原神话通鉴》（第四卷），郑州：河南大学出版社 2017 年版，第 1087 页。

W0751. 9. 4. 4

大禹镇妖处

实 例

汉族 如今去淮源，便可见有一石碑，上书“大禹镇妖之地”几个隶书字迹。

【流传】 河南省·（南阳市）·桐柏县（桐柏山区）

【出处】 李屏堂（男，58岁）讲，赵赋采录：《桐柏禹王》（1987），见张振犁编著，孟宪明、朱淑君统纂《中原神话通鉴》（第四卷），郑州：河南大学出版社 2017 年版，第 1156 页。

W0751. 9. 4. 5

大禹系舟处

实 例

汉族 大禹在石柱山的“大禹系舟处”和治水大将们商讨了治水的方法。

【流传】 河南省·（南阳市）·桐柏县

【出处】 顾光荣（男，38岁）讲，顾天才采录，马奔欣采录整理：《禹舟铁环》，见张振犁编著，孟宪明、朱淑君统纂《中原神话通鉴》（第四卷），郑州：河南大学出版社 2017 年版，第 1154 页。

W0751. 9. 4. 6

大禹之城

实 例

（参见下级母题实例）

W0751. 9. 4. 6. 1

邙山船城

实 例

汉族 大禹乘船在太行山到邙山一带治水，那只大船后来竟与土地连在一起，扒不动，撬不起。大禹无法只好留下了。后来，禹的子孙就在这条大船上建立了城，取名船城。

【流传】 河南省·（焦作市）·武陟

县·（阳城乡·南关）

【出处】王北贞（男，70岁，农民）讲，王光先采录整理：《船城》（1085.07），见张振犁编著，孟宪明、朱淑君统纂《中原神话通鉴》（第四卷），郑州：河南大学出版社2017年版，第1078页。

W0751.9.4.7

禹都阳城

实 例

汉族 禹在阳城山下即天子位，故有禹都阳城。

【流传】河南省·（郑州市）·登封市

【出处】《禹都阳城》，见张振犁编著，孟宪明、朱淑君统纂《中原神话通鉴》（第四卷），郑州：河南大学出版社2017年版，第1038页。

W0751.9.4.8

禹陵（禹王陵，禹冢）

【关联】［W0751.8.1.1］茅山禹墓又称千人坛

实 例

（参见下级母题实例）

W0751.9.4.8.1

会稽山禹陵

实 例

汉族 禹南巡时死去，当时由于路远，天气炎热，又有动乱，尸首没有运回，便埋在了会稽山上。现在浙江绍兴的会稽山还有禹陵的遗迹。

【流传】河南省·（郑州市）·登封市

【出处】《箕山的来历》，见张振犁编著，孟宪明、朱淑君统纂《中原神话通鉴》（第四卷），郑州：河南大学出版社2017年版，第1040页。

W0751.9.4.8.2

会稽郡山阴县南有禹冢

实 例

汉族 会稽之山，四方。今在会稽郡山阴县南，上有禹冢及井。

【流传】（无考）

【出处】

（a）［战国至汉］撰者不详：《山海经·南次二经》郭璞注。

（b）《会稽山》，见袁珂《中国神话大词典》，北京：华夏出版社2015年版，第131页。

W0751.9.4.8.3

鸟为大禹打理坟墓

实 例

汉族 禹葬会稽（山名，今浙江省绍兴县东南），鸟为之耘。

【流传】（无考）

【出处】

（a）［清］孙诒让：《墨子间诂》辑《墨子佚文》。

（b）《会稽山》，见袁珂《中国神话大词典》，北京：华夏出版社2015年版，版，第 131 页。

W0751. 9. 4. 9

砥柱峰

实 例

（参见下级母题实例）

W0751. 9. 4. 9. 1

震慑黄水淫威的砥柱峰是大禹留下的神物

实 例

汉族 人们一直把屹立中流的通天柱——砥柱峰和那鬼门河口上的狮子头石岛，奉为震慑黄水淫威的大禹留下的神物。

【流传】 河南省 · 三门峡市

【出处】 薛子奇、王新章讲，戴征贤采录整理：《通天柱与巡河大王》，见张振犁编著，孟宪明、朱淑君统纂《中原神话通鉴》（第四卷），郑州：河南大学出版社 2017 年版，第 1070 页。

W0751. 9. 4. 10

神脚掌

实 例

（参见下级母题实例）

W0751. 9. 4. 10. 1

三门峡南岸的神脚掌是大禹留下的

实 例

汉族 在三门峡南岸，离地面六尺高的山壁上，有一只脚趾头向上的大脚印。这是大禹治水时留下的脚印，当地群众称它为“神脚掌”。

【流传】 河南省 · 三门峡市

【出处】《神脚掌》，见张振犁编著，孟宪明、朱淑君统纂《中原神话通鉴》（第四卷），郑州：河南大学出版社 2017 年版，第 1065 ~ 1066 页。

W0751. 9. 4. 11

马蹄窝（马蹄印）

实 例

汉族 这边的河岸上，有两个后马蹄印，人们说这是大禹（也有说是老君）过河，治水跑急啦留下的古迹。

【流传】 河南省 · 三门峡市［采录地点：三门峡市 · 湖滨区 · 高庙乡 · 大安村］

【出处】 王海堂（男，65 岁，农民）讲，程健君、杨帆、张振犁录音：《马蹄窝（二）》（1985. 04. 21），见张振犁编著，孟宪明、朱淑君统纂《中原神话通鉴》（第四卷），郑州：河南大学出版社 2017 年版，第 1064 页。

W0751. 9. 4. 11. 1

鬼门岛南面的马蹄窝是大禹骑马留下的

实 例

汉族 在鬼门岛南面临水的地方，有两个磨盘大的圆坑，形状很像马蹄，叫作“马蹄窝”。这是大禹骑着马过三门时留下的马蹄印。

【流传】河南省·三门峡市［采录地点：三门峡市·湖滨区·高庙乡·大安村］

【出处】王海堂（男，65岁，农民）讲，程健君、杨帆、张振犁录音：《马蹄窝（二）》（1985.04.21），见张振犁编著，孟宪明、朱淑君统纂《中原神话通鉴》（第四卷），郑州：河南大学出版社2017年版，第1064页。

W0751.9.4.12

山上料礓石

实　例

（参见下级母题实例）

W0751.9.4.12.1

山上料礓石是大禹洒的面汤疙瘩形成的

实　例

汉族 大禹造桥时，给他老婆说：“你听见我打鼓了，你再给我送饭，没听见鼓声以前，不要来送饭。”结果，来个飞虫撞到鼓上响了，老婆就把饭送来了。大禹一看，这事被她给败了。所以这个桥就只好桥脚朝上，没能翻过来。大禹当时把饭罐子一撂，气坏了：“你算把我的计划打乱了。”当时，饭汤罐子被扔了，山上边的料礓石洒得满坡，据说就是大禹洒的面汤疙瘩变的遗迹。

【流传】河南省·三门峡市［采录地点：三门峡市·湖滨区·高庙乡·大安村］

【出处】王海亭（男，62岁，农民，识字）讲，程健君录音，张振犁、杨帆、程健君采录：《大禹造桥》（1985.04.21），见张振犁编著，孟宪明、朱淑君统纂《中原神话通鉴》（第四卷），郑州：河南大学出版社2017年版，第1059页。

W0751.9.4.12a

仙人石

实　例

汉族 大仙女给大禹送饭时站过的那块石头，因为上边留有仙女的脚印，人们就叫它“仙人石”。

【流传】河南省·（洛阳市）·汝阳县

【出处】郭引强采录整理：《仙人石》，见张振犁编著，孟宪明、朱淑君统纂《中原神话通鉴》（第四卷），郑州：河南大学出版社2017年版，第1105页。

W0751.9.4.13

禹王台

实　例

（参见下级母题实例）

W0751. 9. 4. 13. 1

开封南郊有禹王台

实 例

汉族 开封南郊有一片宽阔的高地，曾是古代治水英雄大禹与水妖河怪血战的地方，俗称禹王台。

【流传】 河南省 · 开封市

【出处】《大禹魂》，见张振犁编著，孟宪明、朱淑君统纂《中原神话通鉴》（第四卷），郑州：河南大学出版社2017年版，第1047页。

W0752

羲和

【关联】［W0752. 4. 3］羲和为太阳驾车

实 例

（参见下级母题实例）

W0752. 1

羲和的产生

实 例

（实例待考）

W0752. 2

羲和的特征（羲和的身份，羲和的职能）

实 例

（参见下级母题实例）

W0752. 2. 1

羲和是神

实 例

（参见下级母题实例）

W0752. 2. 1. 1

羲和是太阳神

【关联】［W0278. 1. 1］太阳神羲和

实 例

（实例待考）

W0752. 2. 1. 2

太阳女神羲居东南海外

实 例

汉族 东南海外，天帝封太阳女神羲和为羲和之国女王。

【流传】（无考）

【出处】 陶阳根据《山海经》《淮南子》《楚辞》重述：《太阳神》，见陶阳、钟秀编《中国神话》（中），北京：商务印书馆2008年版，第718～720页。

W0752. 2. 2

羲和是车夫

实 例

（参见下级母题实例）

W0752. 2. 2. 1

羲和为太阳驾车

【关联】［W0276. 2. 1］太阳车

实 例

（参见下级母题实例）

W0752.2.2.2

羲和为日御

实 例

汉族 “吾令羲和弭节兮。”洪兴祖补注云：“日乘车驾以六龙，羲和御之。”

【流传】（无考）

【出处】［战国］屈原：《楚辞·离骚》洪兴祖注。

W0752.2.3

羲和主日月

实 例

汉族 羲和盖天地始生，主日月者也。

【流传】（无考）

【出处】［战国至汉］撰者不详：《山海经·大荒南经》郭璞注。

汉族 空桑之苍苍，八极之既张，乃有夫羲和，是主日月，职出入，以为晦明。

【流传】（无考）

【出处】［商］撰者不详：《归藏·启筮》（秦简）。

W0752.2.4

羲和是特定的官员

实 例

（参见下级母题实例）

W0752.2.4.1

羲和是掌管天文历法之官

实 例

汉族 羲和因沉湎于美酒，昏迷天象，未能预报日食。

【流传】（无考）

【出处】［周］托名伏生传（疑为后人伪作）：《尚书·胤征》。

W0752.2.5

羲和授人时

实 例

汉族 乃命羲和，钦若昊天，历象日月星辰，敬授人时。

【流传】（无考）

【出处】［周］托名伏生传（疑为后人伪作）：《尚书·尧典》。

W0752.3

羲和的关系

实 例

（参见下级母题实例）

W0752.3.1

羲和是太阳的母亲（羲和的儿子是太阳）

【关联】［W1561］神或神性人物生太阳

实 例

汉族 东南海之外，甘水之间，有羲

和之国。羲和者，帝俊之妻，生十日

【流传】（无考）

【出处】

（a）［战国至汉］撰者不详：《山海经·大荒南经》。

（b）《甘渊》，见袁珂《中国神话大词典》，北京：华夏出版社 2015 年版，第 89 页。

W0752. 3. 2

羲和是帝俊的妻子

【关联】［W1588. 4. 1］帝俊之妻生月亮

实 例

汉族 东南海之外，甘水之间，有羲和之国。羲和者，帝俊之妻。

【流传】（无考）

【出处】

（a）［战国至汉］撰者不详：《山海经·大荒南经》。

（b）《甘渊》，见袁珂《中国神话大词典》，北京：华夏出版社 2015 年版，第 89 页。

W0752. 4

与羲和有关的其他母题

【关联】［W1561. 3. 1］女神羲和生太阳

实 例

（参见下级母题实例）

W0752. 4. 1

羲和制定时历

【关联】［W4635］时间的产生

实 例

（参见下级母题实例）

W0752. 4. 1. 1

羲和占日

实 例

汉族 黄帝回到有熊国都，立刻安排制订历法的事，让羲和占日，让常羲占月，让臾区占星气，让大挠作甲子，以干支记日。

【流传】河南省·（郑州市）·登封市

【出处】耿直采录整理：《黄帝登嵩山拜华盖》，见张振犁编著，孟宪明、朱淑君统纂《中原神话通鉴》（第二卷），郑州：河南大学出版社 2017 年版，第 688 页。

W0752. 4. 2

羲和居羲和国

实 例

（参见下级母题实例）

W0752. 4. 2. 1

羲和之国有女子叫羲和

实 例

汉族 东南海之外，甘水之间，有羲和之国。有女子曰羲和，帝俊之妻，生十日，方浴日于甘渊。

【流传】（无考）

【出处】［战国至汉］撰者不详：《山海经·大荒南经》。

※ W0755

西王母[1]

实　例

（参见下级母题实例）

W0756

西王母的产生

实　例

（参见下级母题实例）

W0756.1

西王母为天帝之女

实　例

汉族 （实例待考）

W0756.2

天地之精与太元玉女通气结精生西王母

实　例

汉族 天地之精与太元玉女通气结精，生天皇西王母。

【流传】（无考）

【出处】［东晋］葛洪：《枕中书》。

W0756.3

元始祖尊和太元圣母生西王母

【关联】［W0728.3.6.1a］盘古称“元始君”

实　例

（参见下级母题实例）

W0756.3.1

元始天王与太元玉女通气结精生天皇西王母

【关联】［W0204.13.2.1］元始天王与太元圣母婚生扶桑大帝东王公

实　例

汉族 元始天王居天中心之上，仰吸天气，俯饮地泉。又经数劫，与太元玉女通气结精，生天皇西王母。

【流传】（无考）

【出处】［东晋］葛洪：《枕中书》。

W0756.4

西王母是盘古真人与太元圣母所生

【关联】［W0147.7.2］盘古真人与太元圣母通气结精生东王公与西王母

实　例

汉族 在二仪未分，天地日月未具时，已有盘古真人游于其中。后与太元圣母通气结精，生东王公与西王母。

【流传】（无考）

[1] 西王母，在不同的神话中有不同的称谓，如王母、王母娘娘、金母、西姥、瑶池金母、瑶池圣母等等。参见（a）《女仙领袖西王母》，见王德恒等《造神史话》，百花文艺出版社2002年版，第92页；（b）金麦田《中国古代神话故事全集》，京华出版社2004年版，第376页。西王母名称的所指有时非常复杂灵活，在此仅选取一般说法作为母题编目，极个别例证式母题使用其他名称。具体差异需根据《中国神话人物母题数据索引》核对原文出处加以甄别。

【出处】［晋］葛洪：《枕中书》。

W0756. 5

特定的女子成为王母娘娘

实 例

（参见下级母题实例）

W0756. 5. 1

玉皇大帝娶度成神的秃妮儿成为王母娘娘

实 例

汉族 玉皇大帝度秃妮儿成神。那求亲的小伙子就是玉皇大帝，秃妮儿成了玉皇大帝的妻子，就是我们所说的王母娘娘。

【流传】河南省·（郑州市）·登封市

【出处】王宏玲讲，苏国安采录，孔祥谦采录整理：《王母娘娘》，见张振犁编著，孟宪明、朱淑君统纂《中原神话通鉴》（第三卷），郑州：河南大学出版社 2017 年版，第 738 页。

W0756. 5. 2

凡人张玉皇当上了天帝后，他的妻子王氏到天宫成为王母娘娘

实 例

汉族 凡人张玉皇当上了天帝，成了现在的老天爷。他的妻子王氏随他到天宫后，称王母娘娘。

【流传】山东·（泰安市）·宁阳（宁阳县）；辽宁省·沈阳市·（苏家屯区·红菱堡镇·宋大台村）

【出处】赵连才讲，赵凤芹记录整理：《玉皇大帝的传说》，见姚宝瑄主编《中国各民族神话》（汉族），太原：山西出版传媒集团·书海出版社 2014 年版，第 339～344 页。

W0756. 6

与西王母的产生有关的其他母题

实 例

（参见下级母题实例）

W0756. 6. 1

西王母的生日（王母娘娘的生日）

实 例

（参见下级母题实例）

W0756. 6. 1. 1

西王母生日三月三日

实 例

汉族 西王母的生日是农历三月初三。

【流传】（无考）

【出处】王德恒等：《造神史话》，天津：百花文艺出版社 2002 年版，第 378 页。

汉族 三月三日为王母娘娘圣诞日，届时王母娘娘要举行蟠桃会，宴请各路神仙。

【流传】（无考）

【出处】《西王母》，见乌丙安主编《中国民间神谱》，沈阳：辽宁人民出版社2007年版，第258页。

W0756.6.1.2

王母娘娘生日三月初三

实 例

汉族 三月三是王母娘娘的生日，所有的群仙都要到王母池聚会，给王母娘娘做寿。

【流传】（山东省·泰安市一带）

【出处】张建新讲，吴绵采录：《吕洞宾给王母娘娘拜寿》，原载陶阳等编《泰山故事大观》，见陶阳、钟秀编《中国神话》（中），北京：商务印书馆2008年版，第738～740页。

汉族 三月初三，王母娘娘要大办蟠桃盛会，庆祝寿筵。

【流传】四川省·成都市

【出处】张承业搜集整理：《天门石》，见姚宝瑄主编《中国各民族神话》（汉族），太原：山西出版传媒集团·书海出版社2014年版，第82～84页。

汉族 每年三月初三是王母娘娘寿诞。

【流传】（无考）

【出处】《麻姑》，见乌丙安主编《中国民间神谱》，沈阳：辽宁人民出版社2007年版，第155页。

W0756.6.2

西王母的出生地

实 例

（参见下级母题实例）

W0756.6.2.1

西王母生于西方

实 例

汉族 又以西华至妙之气，化而生金母焉，金母生于神洲伊川，厥姓缑氏，生而飞翔，以主阴灵之气，理于西方，亦号王母。

【流传】（无考）

【出处】［唐］杜光庭：《墉城集仙录》卷一“金母元君”条。

W0756.6.2.2

西王母生于神洲伊川

实 例

汉族 金母生于神洲伊川，厥姓缑氏，生而飞翔，以主阴灵之气，理于西方，亦号王母。

【流传】（无考）

【出处】［元］赵道一：《历世真仙体道通鉴后集》卷一“金母元君”条。

W0757

西王母的特征

实 例

（参见下级母题实例）

W0757.1

西王母外表像人

实 例

汉族 西王母其状如人。

【流传】（无考）

【出处】 ［战国至汉］撰者不详：《山海经·西山经》

W0757.2

西王母像动物

实 例

（参见下级母题实例）

W0757.2.1

西王母虎齿豹尾

【关联】［W0630］半神半人

实 例

汉族 西海之南，流沙之滨，赤水之后，黑水之前，有大山，曰昆仑之丘。有神，人面虎身，文尾，皆白处之。其下有弱水之渊环之，其外有炎火之山，投物辄然。有人戴胜，虎齿，豹尾，穴处，名曰西王母。

【流传】（无考）

【出处】［战国至汉］撰者不详：《山海经·大荒西经》。

W0757.3

西王母蓬发戴胜

实 例

汉族 西王母其状如人，豹尾虎齿而善啸，蓬发戴胜，是司天之厉及五残。

【流传】（无考）

【出处】［战国至汉］撰者不详：《山海经·西次三经》。

W0757.4

西王母善啸

实 例

汉族 （参见“W0757.3 西王母蓬发戴胜”母题实例）

W0757.5

王母娘娘爱旅游

实 例

汉族 很久以前，王母娘娘下凡游玩。

【流传】 河南省·（郑州市）·新密市·刘寨乡云岩宫方圆二十里

【出处】 贾建采录：《王母娘娘洞的传说》，见张振犁编著，孟宪明、朱淑君统纂《中原神话通鉴》（第三卷），郑州：河南大学出版社 2017 年版，第 746 页。

汉族 王母娘娘是个好游山玩水的人。她听说王屋山是人间仙境，就想去逛逛。

【流传】 河南省·济源市

【出处】 段庆川、程月英讲，缪华等采录整理：《王母洞》，见张振犁编著，孟宪明、朱淑君统纂《中原神话通鉴》（第三卷），郑州：河南大学出版社 2017 年版，第 741 页。

W0757.5.1

王母娘娘天庭待腻了到人间游玩

实 例

汉族 王母娘娘在天庭中待腻了，便腾云驾雾降临人间，欣赏着大自然美丽的景色。

【流传】河南省·（信阳市）·罗山县·械杆一带

【出处】王林（教师）讲，张志伟采录：《麦叶的尖为啥是弯的》（1989.10.01），见张振犁编著，孟宪明、朱淑君统纂《中原神话通鉴》（第三卷），郑州：河南大学出版社 2017 年版，第 751 页。

W0757.5.2

王母娘娘率仙女五百及雷公电母游王屋山

实 例

汉族 王母娘娘素喜游山玩水，乃率仙女五百及雷公电母往游此山（王屋山）。

【流传】（无考）

【出处】《王母洞》，原载《河南民间故事集》，见袁珂《中国神话大词典》，北京：华夏出版社 2015 年版，第 376 页。

W0757.6

王母娘娘是个秃妮

实 例

汉族 玉皇大帝度秃妮儿成神。后来秃妮儿成了玉皇大帝的妻子王母娘娘。

【流传】河南省·（郑州市）·登封市

【出处】王宏玲讲，苏国安采录，孔祥谦采录整理：《王母娘娘》，见张振犁编著，孟宪明、朱淑君统纂《中原神话通鉴》（第三卷），郑州：河南大学出版社 2017 年版，第 738 页。

W0757.7

与西王母的特征有关的其他母题

实 例

（参见下级母题实例）

W0757.7.1

西王母的真形

实 例

（参见下级母题实例）

W0757.7.1.1

蓬发戴胜虎齿善啸非王母真形

实 例

汉族 “王母蓬发戴胜虎齿善啸者。”此乃王母之使，金方白虎之神，非王母之真形也。

【流传】（无考）

【出处】［唐］杜光庭：《墉城集仙录》卷一“金母元君”条。

W0758

西王母的居所

实 例

（参见下级母题实例）

W0758. 1

西王母穴居

【关联】［W1246. 4. 9. 1］西王母石室

实 例

汉族 西王母“戴胜而穴处”。

【流传】（无考）

【出处】［西汉］司马迁：《史记·相司马相如列传》，北京：中华书局 1972 年版，第 3060 页。

W0758. 1. 1

西王母穴居昆仑之丘

实 例

汉族 西海之南，流沙之滨，赤水之后，黑水之前，有大山名曰昆仑之丘。有神，人面虎身有文，有尾皆白，处之。其下有弱水之渊环之，其外有炎火之山，投物辄然。有人戴胜，虎齿有豹尾，穴处，名曰西王母，此山万物尽有。

【流传】（无考）

【出处】［战国至汉］撰者不详：《山海经·大荒西经》。

W0758. 1. 2

西王母穴居石城金台

实 例

汉族 神人西王母者，石城金台而穴居，坐于少广之山。

【流传】（无考）

【出处】［清］陈梦雷原编，蒋廷锡重编：《古今图书集成》引《鸿苞轩辕黄帝纪》。

W0758. 2

西王母居天上

实 例

（参见下级母题实例）

W0758. 2. 1

王母娘娘住天庭

实 例

汉族 很久以前，扁鼓王刚刚开天时，天上还没星星，地上也没柴草，莫讲没有人种，便连王母娘娘在天庭，也还流着鼻涕。

【流传】浙江省·（丽水市）·缙云县一带

【出处】上官旭昌讲，上官新友搜集整理：《扁鼓王劈地》（1985），见姚宝瑄主编《中国各民族神话》（汉族），太原：山西出版传媒集团·书海出版社 2014 年版，第 18～20 页。

W0758.2.2

西王母住西天

实例

汉族 天上王母从西天归来，顺路拿下嫁牛郎的织女服罪。

【流传】河南省·（南阳市）·桐柏县

【出处】黄发美讲，黄正明记录，薛远增整理：《牵牛星和织女星》，原载马卉欣主编：《中国民间故事集成》（河南桐柏县卷第一分册），见陶阳、钟秀编《中国神话》（上），北京：商务印书馆2008年版，第232～235页。

汉族 轩辕与蚩尤打了七十一仗，胜少败多。郁闷时梦见一个金甲神人前来请他。他随金甲神人来到西天王母的住所。

【流传】陕西省·（延安市）·黄陵县

【出处】郭诚整理：《黄帝战蚩尤》，原载黄陵县文化馆编《轩辕黄帝传说故事》，见陶阳、钟秀编《中国神话》（中），北京：商务印书馆2008年版，第787～792页。

W0758.2.3

西天王母娘娘

实例

汉族 西天王母娘娘那里有长生药。

【流传】浙江省

【出处】陈伟君记录整理：《奔月》，见姚宝瑄主编《中国各民族神话》（汉族），太原：山西出版传媒集团·书海出版社2014年版，第251～262页。

W0758.3

西王母居瑶池

实例

汉族 古时候，在西天瑶池仙宫里住着西王母。

【流传】四川省

【出处】朱奉天讲，唐探峰采录：《神女瑶姬的传说》，见陶阳、钟秀编《中国神话》（上），北京：商务印书馆2008年版，第438～441页。

W0758.3.1

王母瑶池宴

【关联】［W0982］神的宴会

实例

汉族 昔东海老龙赴王母瑶池宴还，醉酒，卧于还珠洞。

【流传】（广西壮族自治区·桂林市漓江一带？）

【出处】袁珂改编：《还珠洞》，原载《中国地方风物传说选》，见袁珂《中国神话大词典》，北京：华夏出版社2015年版，第380页。

W0758.3a

王母娘娘居王母池

实例

汉族 王母池里住着王母娘娘。

【流传】（山东省·泰安市一带）

【出处】张建新讲，吴绵采录：《吕洞宾给王母娘娘拜寿》，原载陶阳等编《泰山故事大观》，见陶阳、钟秀编《中国神话》（中），北京：商务印书馆2008年版，第738~740页。

W0758.4

西王母居昆仑山

【关联】

① ［W0678.3.1］伏羲居住昆仑山

② ［W0693.3.1］黄帝居昆仑山

③ ［W0717.2.2］女娲居住昆仑山

④ ［W0758.1.1］西王母穴居昆仑之丘

⑤ ［W0812.5］群仙居住昆仑山

实例

汉族 后羿为到天宫折桂树，就先到昆仑山找王母娘娘要来神药升腾灵丹。

【流传】江苏省·（淮安市）·淮阴市（淮阴区）

【出处】徐省生讲，徐素芳记录集整理：《后羿射日与嫦娥奔月》（1988.05.20），见姚宝瑄主编《中国各民族神话》（汉族），太原：山西出版传媒集团·书海出版社2014年版，第139~140页。

汉族 神人西王母，住在昆仑山，她有一种药，吃了能够长生不死。

【流传】河南省·（濮阳市）·濮阳县

【出处】袁珩（58岁，小学教师）讲，郭晋光采录：《仙女变成了癞蛤蟆》（1989.12.11），见张振犁编著，孟宪明、朱淑君统纂《中原神话通鉴》（第三卷），郑州：河南大学出版社2017年版，第895页。

W0758.4.1

西王母居昆仑山顶

实例

汉族 天黑后，羿捉住了一条飞龙，骑着一直飞到西方昆仑山顶，找着了王母娘娘，讨长生不老药。

【流传】浙江省

【出处】陈伟君记录整理：《奔月》，见姚宝瑄主编《中国各民族神话》（汉族），太原：山西出版传媒集团·书海出版社2014年版，第251~262页。

W0758.5

西王母居玉山

实例

汉族 西王母居玉山。

【流传】（无考）

【出处】《玉山》，见袁珂《中国神话大词典》，北京：华夏出版社2015年版，第93页。

汉族 玉山，是西王母所居也。

【流传】（无考）

【出处】［战国至汉］撰者不详：《山海经·西次三经》。

W0758.5.1

西王母居群玉之山

实 例

汉族 “天子北征东还，乃循黑水。癸巳，至于群玉之山。”注曰：“即《山海经·西次三经》玉山，西王母所居者。”

【流传】（无考）

【出处】

（a）［战国］撰者不详：《穆天子传》卷二，郭璞注。

（b）《群玉山》，见袁珂《中国神话大词典》，北京：华夏出版社2015年版，第335页。

W0758.5a

西王母居龟山

实 例

（参见下级母题实例）

W0758.5a.1

金母元君西王母所居宫阙，在龟山之春山

实 例

汉族 西王母所居宫阙，在龟山之春山。昆仑玄圃，阆风之苑，有金城千重，玉楼十二，琼华之阙，光碧之堂，九层玄台，紫翠丹房，左带瑶池，右环翠水。其山之下，弱水九重，洪涛万丈，非飚车羽轮不可到也。

【流传】（无考）

【出处】［唐］杜光庭：《墉城集仙录》卷一“金母元君”条。

汉族 西海之南，流沙之滨，赤水之后，黑水之前，有大山，曰昆仑之丘。有神，人面虎身，文尾，皆白处之。其下有弱水之渊环之，其外有炎火之山，投物辄然。有人戴胜，虎齿，豹尾，穴处，名曰西王母。

【流传】（无考）

【出处】［战国至汉］撰者不详：《山海经·大荒西经》。

汉族 （金母元君西王母）所居宫阙，在龟山之春山，昆仑玄圃阆风之苑，有金城千重，玉楼十二，琼华之阙，光碧之堂，九层玄台，紫翠丹房。左带瑶池，右环翠水。其山之下，弱水九重，洪涛万丈，非飚车羽轮不可到也。

【流传】（无考）

【出处】［元］赵道一：《历世真仙体道通鉴后集》卷一“金母元君”条。

W0758.5a.1.1

金母元君号西王母

实 例

汉族 金母元君者，九灵太妙龟山金母也。一号太灵九光龟台金母，一号曰西王母，乃西华之至妙洞阴之极尊。

【流传】（无考）

【出处】［元］赵道一：《历世真仙体道通鉴后集》卷一“金母元君”条。

W0758. 5a. 1. 2
金母

实 例

（参见下级母题实例）

W0758. 5a. 1. 2. 1
土公生金母

实 例

汉族 在昔道气凝寂，湛体无为，将欲启迪玄功，生化万物，先以東华至真之气化而生木公焉。木公生于碧海之上，苍灵之墟，以生阳和之气，理于東方，亦号曰土公焉。

【流传】（无考）

【出处】［元］赵道一：《历世真仙体道通鉴后集》卷一“金母元君”条。

W0758. 5a. 1. 2. 2
妙气化生金母

实 例

汉族 西华至妙之气化而生金母焉。

【流传】（无考）

【出处】［元］赵道一：《历世真仙体道通鉴后集》卷一“金母元君”条。

W0758. 6
西王母住玉京

实 例

汉族 （实例待考）

W0758. 7
西王母居龙月城

实 例

汉族 西王母居龙月城。城中产黄中李。

【流传】（无考）

【出处】［唐］冯贽：《云仙杂记》卷八。

W0758. 8
西王母居玉阙天

实 例

（参见下级母题实例）

W0758. 8. 1
西王母的玉阙天，绿台承霄，青琳之字，朱紫之房，连琳彩帐

实 例

汉族 西王母的玉阙天，绿台承霄，青琳之字，朱紫之房，连琳彩帐，明月四朗，戴华胜佩灵章，左侍仙女，右侍羽童，宝盖踏映，羽旆荫庭，轩砌之下，殖以白环之树，丹刚之林，空青万条，瑶干千寻，无风而神籁自韵，琅然皆奏八会之音也。

【流传】（无考）

【出处】［唐］杜光庭：《墉城集仙录》卷一“金母元君”条。

W0758.9

王母娘娘的宫殿

实　例

（参见下级母题实例）

W0758.9.1

王母娘娘有万劫不变的宝石宫殿

实　例

蒙古族　有万劫不变的宝石宫殿，有铜浇铁铸的四扇大门，九层天的大帝啊，尊贵的后：王母娘娘。

【流传】（内蒙古自治区·通辽市）

【出处】李青（甘珠尔扎布，萨满）讲：《*宝木勒祈祷辞》，原载白翠英、邢源、福宝琳、王笑《科尔沁博艺术初探》，哲里木盟文化处编印，内部资料，1986年，见吕大吉、何耀华总主编《中国各民族原始宗教资料集成》（鄂伦春族卷、鄂温克族卷、赫哲族卷、达斡尔族卷、锡伯族卷、满族卷、蒙古族卷、藏族卷），北京：中国社会科学出版社1999年版，第667页。

W0758.10

西王母的其他居所

实　例

（参见下级母题实例）

W0759

西王母的生活（西王母的工具，西王母的用品，王母娘娘的财物）

实　例

（参见下级母题实例）

W0759.1

西王母的服饰

实　例

（参见下级母题实例）

W0759.1.1

西王母戴胜

实　例

汉族　西王母“戴胜而穴处”。

【流传】（无考）

【出处】［西汉］司马迁：《史记·司马相如列传》，北京：中华书局1972年版，第3060页。

W0759.2

西王母的食物

实　例

（参见下级母题实例）

W0759.2.1

西王母吃水果

实　例

（参见下级母题实例）

W0759. 2. 1. 1

大鹙供西王母吃的果品

实 例

汉族 大鹙供西王母吃的果品。

【流传】四川省·（德阳市）·绵竹县（绵竹市）

【出处】赵厚军讲，李惠新采录：《神农尝百草》，见中国民间文学集成全国编辑委员会编《中国民间故事集成》（四川卷·上），北京：中国 ISBN 中心 1998 年版，第 75 页。

W0759. 2. 2

西王母的餐饮精妙绝伦

实 例

（参见下级母题实例）

W0759. 2. 2. 1

王母自设天厨，真妙非常，帝不能名

实 例

汉族 王母自设天厨，真妙非常，帝不能名。

【流传】（无考）

【出处】［明清］托名汉班固或晋葛洪：《汉武帝内传》。

W0759. 3

西王母的出行

实 例

（参见下级母题实例）

W0759. 3. 1

西王母的坐骑

实 例

（参见下级母题实例）

W0759. 3. 1. 1

西王母乘凤辇

实 例

汉族 西王母乘凤之辇。

【流传】（无考）

【出处】《周穆王》，见［东晋］王嘉撰，［梁］萧绮录，齐治平校注：《拾遗记》卷三，北京：中华书局 1981 年版，第 65 页。

W0759. 3. 1. 2

王母娘娘坐龙辇

实 例

汉族 王母娘娘最疼两个小女儿，便命哪吒赶着龙辇，到凡间一游。

【流传】河南省·济源市

【出处】赵桂梅采录：《王母泉》，见张振犁编著，孟宪明、朱淑君统纂《中原神话通鉴》（第三卷），郑州：河南大学出版社 2017 年版，第 747 页。

W0759.3.2

王母娘娘游蟠桃园

实 例

汉族 王母娘娘到蟠桃园游玩，见牛不停地劳作，累得满身大汗，就下令让牛停下来休息。

【流传】河南省·（驻马店市·平舆县·高杨店乡）［采录地点：高杨店乡］

【出处】柳世荣（男，62岁，汉族，文盲，高杨店乡柳王庄农民）讲，柳红伟（男，16岁，汉族，高杨店联中学生）采录：《牛蹄子为什么两瓣》（1987.10），见张振犁编著，孟宪明、朱淑君统纂《中原神话通鉴》（第四卷），郑州：河南大学出版社2017年版，第1302页。

W0759.3.3

王母娘娘驾祥云

实 例

汉族 王母娘娘在仙女陪伴下，驾起万朵祥云，落在山头。

【流传】豫、鄂交界处一带·河南省·（南阳市）·桐柏县

【出处】王氏讲，甘心田记录整理：《天狗吞月》，原载马卉欣主编《中国民间故事集成·神话传说》（河南桐柏县卷第一分册），见陶阳、钟秀编《中国神话》（上），北京：商务印书馆2008年版，第269～271页。

汉族 王母娘娘在仙女陪伴下，驾起万朵祥云，落在山头看天下的事情。

【流传】豫鄂边（河南省、湖北省交界处）一带

【出处】王氏讲，甘心田记录整理：《天狗吞月》，见姚宝瑄主编《中国各民族神话》（汉族），太原：山西出版传媒集团·书海出版社2014年版，第230～232页。

W0759.4

西王母的用品

实 例

（参见下级母题实例）

W0759.4.1

西王母的神簪

实 例

（参见下级母题实例）

W0759.4.1.1

西王母的神簪化为天池北岸的榆树

实 例

维吾尔族 西王母的神簪化为天池北岸的榆树。

【流传】（无考）

【出处】＊《神簪化树》，http：//www.xjx.cn。

W0759. 5

西王母的宝贝物件

实 例

（参见下级母题实例）

W0759. 5. 0

西王母有药

实 例

汉族 丈夫民。殷帝太戊，使王英采药于西王母。

【流传】（无考）

【出处】鲁迅：《古小说钩沉》辑《玄中记》。

W0759. 5. 1

西王母的不死药

实 例

汉族 羿请不死之药于西王母，姮娥窃以奔月。

【流传】（无考）

【出处】［西汉］淮南王刘安及门客：《淮南子·览冥训》。

汉族 “赤水之际，非仁羿莫能上冈之岩。”郭璞注：“言非仁人及有才艺如羿者，不能得登此冈岭巉岩也。羿尝请药西王母，亦言其得道也。”

【流传】（无考）

【出处】［战国至汉］撰者不详：《山海经·海内西经》郭璞注。

W0759. 5. 2

王母娘娘的灵芝草

实 例

汉族 王母娘娘有可以使人成仙的灵芝草。

【流传】四川省·（德阳市）·绵竹县（绵竹市）·马尾乡

【出处】黄永青讲，王仲齐采录：《后羿射日》，见中国民间文学集成全国编辑委员会编《中国民间故事集成》（四川卷·上），北京：中国 ISBN 中心 1998 年版，第 85 页。

W0759. 5. 3

西王母有兵符

实 例

汉族 昔黄帝讨蚩尤之暴，威所未禁，而蚩尤幻化多方，徵风召雨，吹烟喷雾，师众大迷，帝归息太山之阿，昏然忧寐，王母遣使披玄狐之裘，以符授帝曰：“太一在前，得之者胜，战则克矣。”符广三寸，长一尺，青莹如玉，丹血为文。

【流传】（无考）

【出处】［唐］杜光庭：《墉城集仙录》卷一“金母元君”条。

W0759. 5. 4

西王母的九色鸟

【关联】［W3328. 5. 3］七色鸟

实 例

汉族 轩渠国多九色鸟，青口，绿颈，紫翼，红膺，丹足，绀顶，碧身，缃背，元尾，亦名锦凤。其青多红少，谓之绣鸾。常从弱水西来，或云西王母之禽也。

【流传】（无考）

【出处】［清］陈梦雷原编，蒋廷锡重编：《古今图书集成·禽虫典》卷六引《海录碎事》。

W0759.5.5

西王母的白玉琯

实 例

（参见下级母题实例）

W0759.5.5.1

西王母献白玉琯给舜

实 例

汉族 舜之时，西王母来献白玉琯。

【流传】（无考）

【出处】［宋］李昉、扈蒙、李穆、徐铉等：《太平广记》卷二百三引《风俗通》。

W0759.6

王母娘娘的桃园

实 例

汉族 王母娘娘的桃园有天兵天将把守着。

【流传】河南省·（南阳市）·西峡县［采录地点：西峡县五里桥乡前营村］

【出处】张清合（男，92岁，汉族，文盲，西峡县五里桥乡前营村农民）讲，万子东（男，53岁，汉族，高中毕业，西峡县五里桥乡前营村农民）采录，谢起超（男，40岁，汉族，高中毕业，西峡县文化馆干部）采录整理：《猪马牛羊牲畜的来历》（1985.06），见张振犁编著，孟宪明、朱淑君统纂《中原神话通鉴》（第四卷），郑州：河南大学出版社2017年版，第1303页。

W0760

西王母的身份（西王母的职能）

【关联】［W0762.3.4］西王母是地名

实 例

（参见下级母题实例）

W0760.1

西王母是神

【关联】［W0475.3.3］寿神西王母

实 例

（参见下级母题实例）

W0760.1.1

西王母是善神

实 例

汉族 西王母是盘古之女，三界内外十方女子登仙得道者，都是西王母的属下。具有掌握宇宙的无上权力。许多地方祠祀的西王母，左右有六位夫人，有两送子者、两催生者、两治瘟疹者，为仁慈、至尊的神明。

【流传】（无考）

【出处】［南宋］罗泌：《路史》。

W0760. 1. 2

西王母是掌管刑罚的女神

【关联】［W0488］刑罚神

实 例

汉族 西王母司天之厉及五残。

【流传】（无考）

【出处】［战国至汉］撰者不详：《山海经·西山经》

W0760. 1. 3

西王母是掌管灾疫的女神

实 例

汉族 （实例待考）

W0760. 1a

西王母是神人

实 例

汉族 昆仑山上住着一个神人，名叫西王母，她那里藏有不死药，人吃了就可以长生不死。

【流传】（无考）

【出处】袁珂重述：《射日奔月》，原载袁珂《神异篇》，见陶阳、钟秀编《中国神话》（上），北京：商务印书馆 2008 年版，第 279～288 页。

汉族 于时有神人西王母者，太阴之精，天帝之女也。人身虎首豹尾，蓬头戴胜，颢然白首，善啸。石城金台而穴居，坐于少广之山。

【流传】（无考）

【出处】［清］陈梦雷原编，蒋廷锡重编：《古今图书集成》引《鸿苞轩辕黄帝纪》。

W0760. 2

西王母是天皇

【关联】［W0204］天帝（天王，天皇，天君）

实 例

汉族 元始天王与太元玉女通气结精，生天皇西王母。

【流传】（无考）

【出处】［东晋］葛洪：《枕中书》。

W0760. 3

西王母是仙

实 例

（参见下级母题实例）

W0760. 3. 1

西王母是女仙之首

实 例

汉族 金母元君者，九灵太妙龟山金母也。一号太灵九光龟台金母，一号曰西王母，乃西华之至妙，洞阴之极尊。在昔道气凝寂，湛体无为，将欲启迪玄功，生化万物，先以东华至真之气，化而生木公焉，木公生于碧海之上，苍灵之墟，以生阳和之气，理于东方，亦号曰王公焉。又以西华至妙之气，化而生金母焉，金母生于神洲伊川，厥姓缑氏，生而飞翔，以主阴灵之气，理于西方，亦号王母，皆挺质大无毓神玄奥于西方，渺莽之中，分大道醇精之气，结气成形，与东王木公共理二气，而养育天地，陶钧万物矣。体柔顺之本为极阴之元，位配西方，母养群品，天上天下三界内外十方女子之登仙得道者，咸所隶焉。

【流传】（无考）

【出处】［唐］杜光庭：《墉城集仙录》。

W0760.4

西王母是祖先

实 例

汉族 （实例待考）

W0760.5

西王母是一方之主

实 例

（参见下级母题实例）

W0760.5.1

西王母治昆仑西北隅

实 例

汉族 西王母姓杨，讳回，治昆仑西北隅。

【流传】（无考）

【出处】《诺皋记上》，见［唐］段成式《酉阳杂俎》前集卷十四。

W0760.5.2

西王母主西方

【关联】［W0252］西方神

实 例

汉族 金母元君西王母，体柔顺之本，为极阴之元，位配西方，母养群品。天上天下，三界十方，女子之登仙得道者，咸所隶焉。

【流传】（无考）

【出处】［元］赵道一：《历世真仙体道通鉴后集》卷一“金母元君”条。

W0760.6

西王母是人

实 例

（实例待考）

W0760.7

西王母是首领

实 例

（参见下级母题实例）

W0760.7.1

西王母是氏族首领

实 例

汉族 （实例待考）

W0760. 7. 2

西王母是万天统治者

实 例

（参见下级母题实例）

W0760. 7. 2. 1

元始天王授西王母以万天之统

实 例

汉族 元始天王授西王母以万天之统，龟山九光，使制召万灵，统括真圣，监盟证信，总诸天之羽仪，天尊上圣朝宴之会，考校之所，王母皆临映焉，上清宝经，三洞玉书，凡所授度，咸所关与也。

【流传】（无考）

【出处】［唐］杜光庭：《墉城集仙录》卷一“金母元君”条。

W0760. 7. 3

西王母是女仙是首

实 例

（参见下级母题实例）

W0760. 7. 3. 1

西王母统领天上天下三界十方女子之登仙得道者

实 例

汉族 西王母，体柔顺之本为极阴之元，位配西方，母养群品，天上天下三界十方女子之登仙得道者，咸所隶焉。

【流传】（无考）

【出处】［唐］杜光庭：《墉城集仙录》卷一“金母元君”条。

W0760. 8

西王母是管理者

【关联】［W0760a. 1］王母掌管雨

实 例

（参见下级母题实例）

W0760. 8. 1

西王母管天空

实 例

蒙古族 西王母掌管着整个天空。

【流传】（无考）

【出处】姚宝瑄、巴音巴图翻译，阿·太白搜集整理：《博格达山的传说》，见姚宝瑄主编《中国各民族神话》（达斡尔族、鄂伦春族、鄂温克族、蒙古族），太原：山西出版传媒集团·书海出版社 2014 年版，第 165 页。

W0760. 8. 2

西王母主长寿

实 例

汉族 西王母又成了掌管不死之药的神仙，成为长寿的象征。

【流传】（无考）

【出处】《西王母》，见乌丙安主编《中

国民间神谱》，沈阳：辽宁人民出版社 2007 年版，第 258 页。

W0760.9

西王母是太阴之精（西王母是月精）

实 例

汉族 （参见“W0760.1a 西王母是神人”母题实例）

W0760.10

与西王母的身份有关的其他母题

【关联】［W0695.5.4］西王母是黄帝的导师

实 例

（参见下级母题实例）

W0760.10.1

王母娘娘司送子

实 例

汉族 王母娘娘，观音菩萨等兼职送子的职能。

【流传】（无考）

【出处】《子孙娘娘》，见乌丙安主编《中国民间神谱》，沈阳：辽宁人民出版社 2007 年版，第 96 页。

W0760.10.2

王母娘娘是玉帝的助手

实 例

汉族 天上的王母娘娘协助玉皇大帝治理天上天下的大事

【流传】 江苏省·常州市

【出处】 汤庚和讲，韦中权记录：《后羿的弓弦》（1980.12.29），见姚宝瑄主编《中国各民族神话》（汉族），太原：山西出版传媒集团·书海出版社 2014 年版，第 142～145 页。

W0760a

西王母的能力（西王母的事迹，王母娘娘的行为）

实 例

（参见下级母题实例）

W0760a.1

王母掌管雨

【关联】［W4365］雨的管理

实 例

（参见下级母题实例）

W0760a.1.1

天宫里的王母掌管雨权

实 例

汉族 天宫里的王母掌管雨权。

【流传】 甘肃省·（庆阳市）·正宁（正宁县）一带

【出处】 刘杨讲，黄鹏搜集整理：《山沟的传说》，见曹焕荣主编《中国民间故事集成·甘肃卷正宁县资料本》，内部编印，1989 年，第 3 页。

W0760a. 1. 2

西王母降雨灭火挽救百姓

实 例

汉族 张祥登城向西王母庙方向祈求，希望西王母降雨灭火，挽救全城的百姓。旋即西王母庙上腾起黑云，不久降下一场大雨，井陉百姓得救。

【流传】（无考）

【出处】［唐］魏徵：《隋书·张季珣传》。

W0760a. 2

西王母掌管刑罚

实 例

汉族 西王母最初表现为执掌瘟疫、刑罚的半人半兽形象。

【流传】（无考）

【出处】《西王母》，见乌丙安主编《中国民间神谱》，沈阳：辽宁人民出版社 2007 年版，第 258 页。

W0760a. 3

西王母掌管灾疫

实 例

汉族 （实例待考）

W0760a. 4

西王母会巫术（西王母会法术）

【关联】［W9150～W9174］巫术

实 例

（参见下级母题实例）

W0760a. 4. 1

王母娘娘把头发变成绳索

实 例

汉族 王母娘娘从头上篦脱根头发，变成一根绳索。

【流传】浙江省·（嘉兴市）·平湖县（平湖市）·林埭镇·高丰村

【出处】李雅云讲，姚会权采录：《麻鸟盗谷种》，见中国民间文学集成全国编辑委员会编《中国民间故事集成》（浙江卷），北京：中国 ISBN 中心 1997 年版，第 54 页。

W0760a. 4. 2

王母娘娘吹仙气

实 例

汉族 王母娘娘冲着风后岭方向打起哈欠，吹起仙气来。

【流传】（无考）

【出处】

（a）杨周氏、杨秀华讲：《黄帝造车轮》，载《民间文学》1991 年第 8 期。

（b）同（a），见姚宝瑄主编《中国各民族神话》（汉族），太原：山西出版传媒集团·书海出版社 2014 年版，第 399～400 页。

汉族 王母娘娘朝牛郎的脖子吹了口仙气。

【流传】河南省·（周口市）·扶沟

县·汴岗乡

【出处】耿四军（30岁，农民，不识字）讲，曹鸿鸣采录整理：《牛郎偷吃蟠桃》，见张振犁编著，孟宪明、朱淑君统纂《中原神话通鉴》（第三卷），郑州：河南大学出版社2017年版，第816页。

W0760a. 4. 3

王母娘娘画地为牢

实 例

汉族 王母无奈，拔下头上的金簪，照那素绢四圈一划，忽然现出一个圆圈。从此，香稻丸就只能生长在这块见方不到十里的土地上了。

【流传】河南省·（信阳市）·息县

【出处】邵志怡（男，69岁，市民，清末秀才）讲，曹金铸采录整理：《香稻丸》（1962），见张振犁编著，孟宪明、朱淑君统纂《中原神话通鉴》（第三卷），郑州：河南大学出版社2017年版，第760页。

W0760a. 5

王母善祷

实 例

（参见下级母题实例）

W0760a. 5. 1

王母善祷，祸不成灾

实 例

汉族 王母善祷，祸不成灾。

【流传】（无考）

【出处】［汉］焦延寿：《易林》卷一。

W0760a. 6

王母私访

实 例

（参见下级母题实例）

W0760a. 6. 1

王母娘娘私访人间良心

实 例

汉族 王母娘娘变成要饭老婆观察人间良心。

【流传】河北省·张家口市

【出处】《百家姓的来历》，见中国民间文学集成全国编辑委员会编《中国民间故事集成》（河北卷），北京：中国ISBN中心2003年版，第24页。

W0760a. 6. 2

王母化身讨饭婆到人间观察凡人的善恶

实 例

汉族 王母变成个讨饭的婆婆来到人间，要试试凡人的善恶。

【流传】河南省·（驻马店市）·正阳县·慎水乡·韦老庄

【出处】代星讲，代胜利采录：《姊妹成婚》，见中国民间文学集成全国编辑委员会编《中国民间故事集成》（河南卷），北京：中国ISBN中心2001

年版，第 14 页。

汉族 王母娘娘化装成一位讨饭老婆儿，来到人间观察人的善恶。

【流传】河南省·新乡市

【出处】杜汉三（男，70 岁，高中毕业，农民）讲：《下雪的故事》，见张振犁编著，孟宪明、朱淑君统纂《中原神话通鉴》（第四卷），郑州：河南大学出版社 2017 年版，第 1349 页。

W0760a. 6. 2a

王母娘娘化身讨饭婆到人间观察凡人是否浪费粮食

实 例

汉族 老天爷知道人间浪费粮食，就派王母娘娘下来私访。王母娘娘打扮个要饭老婆儿来到凡间。

【流传】河南省·（鹤壁市）·淇县

【出处】张树标（男，农民）讲，张贺勋采录整理：《麦子为哈只长一个穗》（1978. 05），见张振犁编著，孟宪明、朱淑君统纂《中原神话通鉴》（第三卷），郑州：河南大学出版社 2017 年版，第 748 页。

W0760a. 6. 3

老天爷派王母娘娘到凡间巡察

实 例

汉族 老天爷为了了解人间民情，特派王母娘娘来到凡间巡察。

【流传】河南省·新乡市

【出处】杜汉三（男，70 岁，高中毕业，农民）讲：《下雪的故事》，见张振犁编著，孟宪明、朱淑君统纂《中原神话通鉴》（第四卷），郑州：河南大学出版社 2017 年版，第 1349 页。

W0760a. 6. 4

王母娘娘奉玉皇大帝的命令下凡视察民情

实 例

汉族 王母娘娘奉玉皇大帝的命令，变成老太太下凡来视察民情。

【流传】河南省豫中一带

【出处】田大女讲，姚建新采录：《麦子为什么只长一穗》，见张振犁编著，孟宪明、朱淑君统纂《中原神话通鉴》（第三卷），郑州：河南大学出版社 2017 年版，第 750 页。

W0760a. 7

西王母助黄帝战蚩尤

实 例

汉族 黄帝为战蚩尤犯愁时，梦中见到西王母手持三道神符对他说："明日正午时分，你分别在蚩尤营寨的东北、西南、正南三个方向，堆放三堆松枝，选三个道行深厚的女子，背上分别贴上这三道神符，投入松枝之上，自焚其身，蚩尤的妖雾必为神火所破。"

【流传】河南省·（郑州市）·新郑市、（新密市）

【出处】王流舟采录整理：《黄帝三女

家》，见张振犁编著，孟宪明、朱淑君统纂《中原神话通鉴》（第二卷），郑州：河南大学出版社 2017 年版，第 530～531 页。

W0760a.8

王母娘娘下凡（王母下凡）

实 例

（参见下级母题实例）

W0760a.8.1

王母娘娘下凡访后羿

实 例

汉族 后羿射日的事情感动了天堂里的王母娘娘，她要下凡看看是咋回事。

【流传】豫南一带（河南省·南阳市·桐柏县·毛集镇·田木湾村）

【出处】王王氏（94 岁，农民）讲，甘心田采录整理：《天狗吞月》（1986.12），见张振犁编著，孟宪明、朱淑君统纂《中原神话通鉴》（第四卷），郑州：河南大学出版社 2017 年版，第 1216 页。

W0760a.8.2

王母下凡试凡人的善恶

实 例

汉族 王母告辞了玉皇，来到人间，变成一个叫花婆婆，要试试凡人的善恶。

【流传】河南省·（驻马店市）·正阳县

【出处】代星（男，56 岁，农民，私塾）讲，代胜利采录整理《伏羲和女娲（一）》（1987.09），见张振犁编著《中原神话通鉴》（第一卷），郑州：河南大学出版社 2017 年版，第 315 页。

W0760a.8.3

王母娘娘下凡看天下的事

实 例

汉族 天堂里的王母娘娘，她要下凡看看天下的事情。

【流传】豫鄂边（河南省湖北省交界处）一带

【出处】王氏讲，甘心田记录整理：《天狗吞月》，见姚宝瑄主编《中国各民族神话》（汉族），太原：山西出版传媒集团·书海出版社 2014 年版，第 230～232 页。

W0760a.9

王母娘娘拆散牛郎织女

实 例

汉族 牛郎看见一个老婆儿正拉着七仙女在天上飞。原来那个老婆是王母娘娘变的，她下尘世找七仙女回天上。

【流传】河南省·开封市

【出处】王斌（65 岁，工人）讲，李楠采录：《牛郎织女（一）》，见张振犁编著，孟宪明、朱淑君统纂《中原神话通鉴》（第三卷），郑州：河南大学出版社 2017 年版，第 785 页。

W0760a. 10

王母娘娘点化人

实　例

（参见下级母题实例）

W0760a. 10. 1

王母娘娘点化祖师修正果

实　例

汉族 很早以前，祖师在风后岭修行将成正果。王母娘娘为了点化他，化成美貌少女，对祖师进行考验。

【流传】河南省·（郑州市）·新郑市

【出处】许治业讲，张爱民采录整理：《梳妆台与舍身岩》，见张振犁编著，孟宪明、朱淑君统纂《中原神话通鉴》（第三卷），郑州：河南大学出版社 2017 年版，第 762 页。

W0760a. 10. 2

王母娘娘点化轩辕帝的大太子真武

实　例

汉族 王母娘娘化身老妪点化轩辕帝的大太子真武。

【流传】河南省·（郑州市）·新郑市

【出处】许治业讲，张爱民采录整理：《王母娘娘磨绣针》，见张振犁编著，孟宪明、朱淑君统纂《中原神话通鉴》（第三卷），郑州：河南大学出版社 2017 年版，第 745 页。

W0760a. 11

西王母谈恋爱

实　例

（参见下级母题实例）

W0760a. 11. 1

西王母与东王公幽会

实　例

汉族 昆仑之山，天柱之下有回屋，方百丈，仙人九府治之。上有大鸟，名曰希有，南向，张左翼覆东王公，右翼覆西王母。背上小处无翼一万九千里。西王母岁登翼上，会东王公也。

【流传】（无考）

【出处】

（a）［西汉］东方朔：《神异经·中荒经》。

（b）《希有》，见袁珂《中国神话大词典》，北京：华夏出版社 2015 年版，第 166 页。

W0760a. 12

西王母见汉武帝

实　例

（参见下级母题实例）

W0760a.12.1
西王母七月七日见汉武帝

【关联】［W6619］七夕节（七月七）

实　例

汉族 王母遣使谓帝曰："七月七日我当暂来。"

【流传】（无考）

【出处】［魏晋之后］托名东汉班固：《汉武故事》。

W0760a.13
王母娘娘会治病

实　例

（参见下级母题实例）

W0760a.13.1
王母娘娘治好了吓昏的老天爷

实　例

汉族 王母娘娘在天上打了个喷嚏，知道老天爷在下边有难，眨眼工夫到了这里，治好了吓昏的老天爷。

【流传】河南省·（南阳市）·桐柏县·（洪仪河乡·仓层村）

【出处】刘中林（56岁，农民）讲，周君立采录整理：《盘古的仨牲口》（1986.08.30），见张振犁编著《中原神话通鉴》（第一卷），郑州：河南大学出版社2017年版，第90页。

W0760a.14
王母庇护一方水土

实　例

（参见下级母题实例）

W0760a.14.1
王母庇护第二十九重天到三十二重天

实　例

汉族 第二十九重天到三十二重天受王母庇护，王母保佑其间无灾无难。

【流传】（无考）

【出处】《三清》，见乌丙安主编《中国民间神谱》，沈阳：辽宁人民出版社2007年版，第245页。

W0761
西王母的关系

实　例

（参见下级母题实例）

W0761.0
西王母的父母

实　例

（参见下级母题实例）

W0761.0.1
西王母的父母是盘古真人和太元圣母

【关联】［W0147.7.2］盘古真人与太元

圣母通气结精生东王公与西王母。

实 例

汉族 在二仪未分，天地日月未具时，已有盘古真人游于其中。后与太元圣母通气结精，生东王公与西王母。后又生地皇。

【流传】（无考）

【出处】［东晋］葛洪：《枕中书》。

W0761. 0. 2

西王母是元始天尊与太元圣母的女儿

实 例

汉族 西王母是元始天尊与太元圣母的女儿。

【流传】（无考）

【出处】［东晋］葛洪：《枕中书》。

W0761. 0. 3

西王母是元始天王与太元圣母的女儿

实 例

汉族 元始天王与太元圣母结为夫妻，生九光元女，号“太真西王母”。

【流传】（无考）

【出处】《道教的三清尊神》，见王德恒等《造神史话》，天津：百花文艺出版社 2002 年版，第 72 页。

W0761. 0. 4

西王母是天帝之女

实 例

汉族 于时有神人西王母者，太阴之精，天帝之女也。

【流传】（无考）

【出处】［清］陈梦雷原编，蒋廷锡重编：《古今图书集成》引《鸿苞轩辕黄帝纪》。

W0761. 1

王母夫妻

实 例

（参见下级母题实例）

W0761. 1. 1

西王母和东王公是夫妻

【关联】［W0141］对偶神（夫妻神）

实 例

汉族 西王母和东王公是夫妻。

【流传】（无考）

【出处】《神女峰》，见《中国地方风物传说》（一），北京：中国民间文艺出版社 1982 年版，第 266 页。

W0761. 1. 2

王母娘娘是玉皇大帝的妻子

实 例

汉族 王母娘娘是玉皇大帝的堂客（妻子）。

【流传】四川省·巴县（今重庆·巴南区）

【出处】魏显德讲，李子硕、罗桂英记录，李子硕整理：《启明星和张大姐》

(1988)，见姚宝瑄主编《中国各民族神话》（汉族），太原：山西出版传媒集团·书海出版社 2014 年版，第 322～325 页。

汉族 玉皇大帝度秃妮儿成神。后来秃妮儿成了玉皇大帝的妻子。

【流传】河南省·（郑州市）·登封市

【出处】王宏玲讲，苏国安采录，孔祥谦采录整理：《王母娘娘》，见张振犁编著，孟宪明、朱淑君统纂《中原神话通鉴》（第三卷），郑州：河南大学出版社 2017 年版，第 738 页。

W0761.1.3

西王母是玉皇大帝的妻子

实 例

汉族 西王母是玉皇大帝的妻子。

【流传】（无考）

【出处】《西王母》，见乌丙安主编《中国民间神谱》，沈阳：辽宁人民出版社 2007 年版，第 259 页。

W0761.1.4

王母娘娘是天神之王的妻子

实 例

（参见下级母题实例）

W0761.1.4.1

王母娘娘是汗·腾格里的妻子

实 例

蒙古族 天女下凡生子后被召回天上。所有腾格里之首领汗·霍尔穆兹达听到腾格里们议论说："汗·腾格里的女儿到了凡界，并携子而来。"这个仙女正是汗·腾格里与王母娘娘所生，而不是其他腾格里的女儿。

【流传】内蒙古自治区·哲里木盟（通辽市）·达尔罕旗（科尔沁左翼中旗）

【出处】扎拉干巴雅尔讲，苏鲁格译：《＊宝木勒的传说》，见吕大吉、何耀华总主编《中国各民族原始宗教资料集成》（鄂伦春族卷、鄂温克族卷、赫哲族卷、达斡尔族卷、锡伯族卷、满族卷、蒙古族卷、藏族卷），北京：中国社会科学出版社 1999 年版，第 657 页。

W0761.2

王母的兄弟姐妹

实 例

（参见下级母题实例）

W0761.2.1

王母娘娘是伏羲的妹妹

【关联】［W0768.6.1］骊山老母是伏羲的妹妹

实 例

汉族 王母娘娘是伏羲的妹妹。

【流传】宁夏回族自治区·（中卫市）·中宁县·新堡乡·聂湾村

【出处】杨发兴讲，宋福采录：《骊山老母补天 王母娘娘补地》，见中国民间文学集成全国编辑委员会编《中国民间故事集成》（宁夏卷），北京：中国 ISBN 中心 1999 年版，第 3 页。

W0761. 2. 2

骊山老母和王母娘娘是姐妹俩

【关联】［W0768. 6. 2］骊山老母是王母娘娘的妹妹

实 例

汉族 骊山老母和王母娘娘是姐妹俩。

【流传】宁夏回族自治区·（中卫市）·中宁县·新堡乡·聂弯村

【出处】杨发兴讲，宋福采录：《骊山老母补天　王母娘娘补地》，见中国民间文学集成全国编辑委员会编《中国民间故事集成》（宁夏卷），北京：中国 ISBN 中心 1999 年版，第 3 页。

汉族 骊山老母和王母娘娘是姐妹俩。

【流传】（a）宁夏·（中卫市）·中宁县·新堡乡·聂弯村

【出处】

（a）杨发兴讲，宋福采录：《骊山老母补天，王母娘娘补地》（1986），见中国民间文学集成全国编辑委员会编《中国民间故事集成》（宁夏卷），北京：中国 ISBN 中心 1999 年版，第 3 页。

（b）同（a），见陶阳、钟秀编《中国神话》（上），北京：商务印书馆 2008 年版，第 404～406 页。

W0761. 3

西王母的子女

【关联】［W0748. 1］瑶姬是西王母之女

实 例

（参见下级母题实例）

W0761. 3. 1

西王母是天帝的母亲

实 例

蒙古族 原来的西王母不叫西王母，她是天帝的母亲，名字叫德金巴乌，后来东方的人叫她西王母。

【流传】（无考）

【出处】姚宝瑄、巴音巴图翻译，阿·太白搜集整理：《博格达山的传说》，见姚宝瑄主编《中国各民族神话》（达斡尔族、鄂伦春族、鄂温克族、蒙古族），太原：山西出版传媒集团·书海出版社 2014 年版，第 165 页。

W0761. 3. 2

西王母有 1 子 7 女

实 例

蒙古族 西王母有一个儿子、七个女儿。

【流传】（无考）

【出处】姚宝瑄、巴音巴图翻译，阿·太白搜集整理：《博格达山的传说》，见姚宝瑄主编《中国各民族神话》

（达斡尔族、鄂伦春族、鄂温克族、蒙古族），太原：山西出版传媒集团·书海出版社 2014 年版，第 165 页。

W0761.3.2.1 王母娘娘生了 7 个女儿

【关联】［W0826.5.3］七仙女（7 个仙女）

实 例

汉族 王母娘娘生了七个女儿，可玉帝想得到一个金童，好继承自己的帝位。

【流传】河南省·（南阳市）·西峡县［采录地点：西峡县·阳城乡·竹园村］

【出处】杨春喜（男，49 岁，农民）讲，张金法采录，杨平采录整理：《盆地的来历》（1986.05），见张振犁编著，孟宪明、朱淑君统纂《中原神话通鉴》（第三卷），郑州：河南大学出版社 2017 年版，第 385 页。

W0761.3.3 王母娘娘儿子玉帝

实 例

汉族 天宫里正在举行蟠桃会，玉帝在为他的母亲王母娘娘庆寿，喝得有点醉意。

【流传】河南省·（安阳市）·林州市

【出处】赵文昌采录整理：《天上下白面》，见张振犁编著，孟宪明、朱淑君统纂《中原神话通鉴》（第四卷），郑州：河南大学出版社 2017 年版，第 1350 页。

W0761.3.4 王母娘娘的 2 个女儿

实 例

（参见下级母题实例）

W0761.3.4.1 王母娘娘有太阳和月亮 2 个女儿

实 例

汉族 太阳和月亮是王母娘娘的两个女儿的名字。

【流传】河南省·（新乡市）·延津县

【出处】范胜举采录整理：《太阳和月亮的传说》，见张振犁编著，孟宪明、朱淑君统纂《中原神话通鉴》（第四卷），郑州：河南大学出版社 2017 年版，第 1200 页。

W0761.3.4a 西王母有很多女儿

实 例

汉族 西王母有蛮多女儿，个个都生得美貌无比。

【流传】四川省

【出处】朱奉天讲，唐探峰采录：《神女瑶姬的传说》，见陶阳、钟秀编《中国神话》（上），北京：商务印书馆

2008 年版，第 438 ~441 页。

W0761.3.5

西王母的女儿南极王夫人

实 例

（参见下级母题实例）

W0761.3.5.1

南极王夫人是王母第 4 女

实 例

汉族 南极王夫人，西王母第四女也。一云第三女，名林，字容真，一号紫元夫人，或日南极元君。理太丹宫，受书为金阙圣君，上保司命。汉平帝时，降于阳洛山石室之中，授清虚王君太上宝文等经三十卷。夫人着锦被青羽裙，左佩虎书，右带挥灵，可年十六七，形貌真正，天姿奄霭。乘羽宝车，驾以九龙，女骑九千。居渤阳舟海长离山中，主教当为真人者。

【流传】（无考）

【出处】［元］赵道一：《历世真仙体道通鉴后集》卷二“南极王夫人”条。

W0761.3.6

西王母的女儿右英王夫人

实 例

（参见下级母题实例）

W0761.3.6.1

右英王夫人是王母第 13 女

实 例

汉族 右英王夫人，西王母第十三女，名媚兰，字申林，《总仙奇纪》云中林。治沧浪山，受书为云林夫人。晋哀帝兴宁三年七月降句曲山，《真诰》云：沧浪云林右英夫人。

【流传】（无考）

【出处】［元］赵道一：《历世真仙体道通鉴后集》卷二“右英王夫人”条。

W0761.3.7

西王母的女儿紫微王夫人

实 例

（参见下级母题实例）

W0761.3.7.1

紫微王夫人名清娥，是王母第 20 女

实 例

汉族 紫微王夫人，名清娥，字愈音，《真诰》云愈意，王母第二十女也。昔降授宝神经与清灵裴真人，行之得道。晋哀帝兴宁三年乙丑六月，与九华安妃、二十三真人、十五女仙降句曲，授道于真人杨羲也。夫人镇羽野玄陇，主教当成真人者也。

【流传】（无考）

【出处】［元］赵道一：《历世真仙体道

通鉴后集》卷二“紫微王夫人”条。

W0761.3.8
西王母的女儿太真王夫人

实 例

（参见下级母题实例）

W0761.3.8.1
太真王夫人是王母的小女

实 例

汉族 太真王夫人，王母之小女也。衣服奇丽，姿容绝世，年可十六七。

【流传】（无考）

【出处】［元］赵道一：《历世真仙体道通鉴后集》卷二“太真王夫人”条。

W0761.3.8.2
太真夫人名婉，字罗敷

实 例

汉族 太真夫人名婉，字罗敷，传说是西王母的小女儿。因嫁于玄都太真王，因而称为太真夫人。

【流传】（无考）

【出处】《太真夫人》，见乌丙安主编《中国民间神谱》，沈阳：辽宁人民出版社 2007 年版，第 262 页。

W0761.3.8.3
罗敷因嫁于玄都太真王，称为太真夫人

实 例

汉族 （参见“W0761.3.8.2 太真夫人名婉，字罗敷”母题实例）

W0761.3.9
王母娘娘有 2 个儿子

实 例

（参见下级母题实例）

W0761.3.9.1
王母娘娘的大儿子亲生，二儿子是拾来的

实 例

汉族 很久以前，天上的王母娘娘有两个儿子，大儿子是她亲生的，二儿子是她拾来的。

【流传】江苏省·（南京市）·江浦县

【出处】段清兰讲，王红记录：《王母娘娘的两个儿子》（1987.12），见姚宝瑄主编《中国各民族神话》（汉族），太原：山西出版传媒集团·书海出版社 2014 年版，第 291 页。

W0761.4
西王母的后代

实 例

（参见下级母题实例）

W0761.4.1
王母娘娘的外孙

实 例

（参见下级母题实例）

W0761.4.1.1
王母娘娘的第五外孙女韩俭

实 例

汉族 王母娘娘的第五外孙女叫韩俭，在天宫住。

【流传】河南省·（周口市）·项城县

【出处】陈杰（男，47岁，汉族，初中毕业，傅集乡汽车站工人）讲，姜学成（男，29岁，汉族，高中毕业，傅集乡文化站专干）采录，苏国安采录整理：《眼耳口鼻的由来》，见张振犁编著，孟宪明、朱淑君统纂《中原神话通鉴》（第四卷），郑州：河南大学出版社2017年版，第1263页。

W0761.5
西王母的侍从

实 例

（参见下级母题实例）

W0761.5.1
鹙鸟是西王母的侍从

实 例

汉族 大鹙供西王母吃的果品和喝的水。

【流传】四川省·（德阳市）·绵竹县（绵竹市）

【出处】赵厚军讲，李惠新采录：《神农尝百草》，见中国民间文学集成全国编辑委员会编《中国民间故事集成》（四川卷·上），北京：中国ISBN中心1998年版，第75页。

W0761.5.2
三青鸟为西王母取食

【关联】［W0759.2］西王母的食物

实 例

汉族 西王母梯几而戴胜，其南有三青鸟，为西王母取食。

【流传】（无考）

【出处】［战国至汉］撰者不详：《山海经·海内北经》。

W0761.5.2.1
三青鸟居三危山

实 例

汉族 三青鸟主为西王母取食者，别自栖息于三危之山。

【流传】（无考）

【出处】［战国至汉］撰者不详：《山海经·西次三经》郭璞注。

汉族 大禹治水时西方到过三危山，那是西王母三青鸟居住的地方

【流传】河南省·（郑州市）·登封市

【出处】《禹都阳城》，见张振犁编著，孟宪明、朱淑君统纂《中原神话通鉴》（第四卷），郑州：河南大学出版社2017年版，第1038页。

W0761.5.3
青鸟是西王母的守门者

实 例

汉族 青鸟专门管山里的鸟兽，为西王母看守家门。

【流传】四川省·（德阳市）·绵竹县（绵竹市）

【出处】赵厚军讲，李惠新采录：《神农尝百草》，见中国民间文学集成全国编辑委员会编《中国民间故事集成》（四川卷·上），北京：中国ISBN中心1998年版，第75页。

W0761.5.4

虎为西王母使者

实 例

（参见下级母题实例）

W0761.5.4.1

白虎神是西王母使者

【关联】［W0502.4.1］白虎神

实 例

汉族 白虎之神，西王母使者。

【流传】（无考）

【出处】［清］陈梦雷原编，蒋廷锡重编：《古今图书集成·神异典》卷二百七十。

W0761.5.5

王母娘娘有仙女陪伴

实 例

汉族 王母娘娘在仙女陪伴下，驾起万朵祥云，落在山头。

【流传】豫南一带（河南省·南阳市·桐柏县·毛集镇·田木湾村）

【出处】王王氏（94岁，农民）讲，甘心田采录整理：《天狗吞月》（1986.12），见张振犁编著，孟宪明、朱淑君统纂《中原神话通鉴》（第四卷），郑州：河南大学出版社2017年版，第1216页。

W0761.5.6

西王母手下有3千仙女

实 例

普米族 西王母手下有3千仙女。

【流传】云南省·（丽江市）·宁蒗（宁蒗彝族自治县）；四川省·（凉山彝族自治州）·木里县（木里藏族自治县），盐源（盐源县），左所（左所区）等地

【出处】曹正初讲，章虹宇整理：《石头阿祖和石头子孙》，见中华民族故事大系编委会编《中华民族故事大系》第14卷（普米族、塔吉克族、怒族、俄罗斯族、鄂温克族），上海：上海文艺出版社1995年版，第41页。

普米族 纳可玛（西王母）女神手下，有三千个仙女，专干织云锦的活计。

【流传】云南省·（丽江市）·宁蒗（宁蒗彝族自治县）；四川省·（凉山彝族自治州）·木里（木里藏族自治县）

【出处】曹正初讲，章虹宇搜集整理：《石头阿祖和石头子孙》，载《山茶》1986年第5期。

W0761. 5. 6. 1

王母娘娘有个侍女叫昙花

【关联】［W0702. 3. 2. 2］素女是王母娘娘的一个宫女

实 例

汉族 天上王母娘娘身边有个最美丽的侍女叫昙花。这昙花的脸儿，比那牡丹、芍药还娇艳，这昙花走过去，比那茉莉花儿还芳香。

【流传】河南省·（南阳市）·社旗县

【出处】徐东采录整理：《昙花一现》，见张振犁编著，孟宪明、朱淑君统纂《中原神话通鉴》（第三卷），郑州：河南大学出版社 2017 年版，第 753 页。

W0761. 5. 7

西王母的侍女周董双成

实 例

汉族 周董双成，西王母之侍女，世传其故宅即临湖秒庭观。双成炼丹宅中，丹成得道，自吹玉笙，驾鹤升仙。

【流传】（浙江!）

【出处】［清］陈梦雷原编，蒋廷锡重编：《古今图书集成·神异典》卷二二六引《浙江通志》。

W0761. 5. 8

西王母的使者是鸟

实 例

汉族 齐郡函山有鸟，足青，嘴赤黄，素冀，绛颡，名王母使者。昔汉武登此山，得玉函，长五寸。帝下山，玉函忽化为白鸟飞去。世传山上有王母药函，常令鸟守之。

【流传】（无考）

【出处】［唐］段成式：《酉阳杂俎·羽篇》。

W0761. 5. 8. 1

西王母的使者三足乌

【关联】［W1796. 3］三足乌

实 例

汉族 吾乃今目睹西王母，曤然白首、戴胜而穴处兮，亦幸有三足乌为之使。

【流传】（无考）

【出处】［西汉］司马相如：《大人赋》。

W0761. 6

西王母的上司

实 例

（参见下级母题实例）

W0761. 6. 1

王母娘娘听命于玉皇大帝

【关联】［W0760. 10. 2］王母娘娘是玉帝的助手

实 例

汉族 （实例待考）

W0761.6.2

西王母上属九天君

实 例

汉族 老子云：万民皆付西王母，唯王、圣人、真人、仙人，道人之命，上属九天君耳。

【流传】（无考）

【出处】［西晋］张华：《博物志·杂说上》。

W0761.7

西王母的弟子

实 例

（参见下级母题实例）

W0761.7.1

西王母的弟子云霄、琼霄、碧霄三姊妹娘娘神

【关联】［W0068a.1.3］西王母的弟子成为娘娘神

实 例

达斡尔族 达斡尔族中原已有名为“温沁巫西·娘娘”的娘娘神，是本民族所固有的神；后来传入的娘娘神，传说是西王母的弟子云霄、琼霄、碧霄三姊妹。

【流传】（内蒙古自治区、黑龙江省等地）

【出处】满都尔图：《达斡尔族卷·绪论》，见吕大吉、何耀华总主编《中国各民族原始宗教资料集成》（鄂伦春族卷、鄂温克族卷、赫哲族卷、达斡尔族卷、锡伯族卷、满族卷、蒙古族卷、藏族卷），北京：中国社会科学出版社1999年版，第289页。

锡伯族 娘娘神为西王母的弟子云霄、琼霄和碧霄，她们被当作治疗儿童天花的痘疹娘娘。

【流传】（新疆维吾尔自治区·伊犁哈萨克自治州·察布查尔锡伯自治县）

【出处】

(a) 贺灵、佟克力：《锡伯族史》，乌鲁木齐：新疆人民出版社1993年版第471页。

(b)《其他信仰》，见吕大吉、何耀华总主编《中国各民族原始宗教资料集成》（鄂伦春族卷、鄂温克族卷、赫哲族卷、达斡尔族卷、锡伯族卷、满族卷、蒙古族卷、藏族卷），北京：中国社会科学出版社1999年版，第461~462页。

W0762

与西王母有关的其他母题

【关联】

① ［W0951.2.2］西王母有不死药

② ［W1544.1.6］王母娘娘生日月

实 例

（参见下级母题实例）

W0762.1

王母娘娘

实 例

（参见下级母题实例）

W0762. 1. 1

王母娘娘就是西王母

实 例

汉族 王母娘娘又称太华西真万炁祖母元君、九灵太妙龟山金母、太灵九光龟台金母、瑶池金母、金母元君、西王母、西灵圣母、金母、王母、西姥等，全称为“上圣白玉龟台九灵太真无极圣母瑶池大圣西王金母上清灵元君 统御群仙大天尊”。

【流传】（无考）

【出处】《西王母》，见 https：//baike. baidu. com。

W0762. 2

西王母的寿命与死亡

实 例

（实例待考）

W0762. 3

西王母的名字（西王母的名号）

实 例

（参见下级母题实例）

W0762. 3. 1

王母娘娘姓杨名婉玲

实 例

汉族 王母娘娘姓杨名婉玲，住昆仑山上，得道成仙。

【流传】浙江省・杭州市

【出处】《西王母和她的蟠桃仙子》，见 http：//blog. readnovel. com/article/htm/tid_ 172268. html，2006. 07. 16。

W0762. 3. 2

王母娘娘叫王凤仙

实 例

（参见下级母题实例）

W0762. 3. 2. 1

王母娘娘王凤仙是玉皇大帝的妻子

实 例

汉族 玉皇大帝娶王凤仙（王母娘娘）。

【流传】重庆市・巴南区

【出处】魏显德讲：《玉皇张大帝的来历》，见刘魁立主编《玉皇大帝的传说》，北京：中国社会出版社 2008 年版，第 1 ~6 页。

W0762. 3. 3

西王母姓杨讳回

实 例

汉族 西王母姓杨，讳回。

【流传】（无考）

【出处】《诺皋记上》，见［唐］段成式《酉阳杂俎》前集卷十四。

W0762.3.4

西王母是地名

实 例

（参见下级母题实例）

W0762.3.4.1

西王母是荒野之名

实 例

（参见下级母题实例）

W0762.3.4.1.1

觚竹、北户、日下、西王母谓四荒

实 例

汉族 觚竹、北户、西王母、日下谓之四荒。

【流传】（无考）

【出处】［战国之后］撰者不详：《尔雅·释地》。

汉族 觚竹、北户、西王母、日下，谓之四荒。

【流传】（无考）

【出处】《北户》，见袁珂《中国神话大词典》，北京：华夏出版社2015年版，第102页。

W0762.3.5

九光元女号太真西王母

实 例

汉族 元始天王与太元圣母结为夫妻，生九光元女，号“太真西王母”。

【流传】（无考）

【出处】《道教的三清尊神》，见王德恒等《造神史话》，天津：百花文艺出版社2002年版，第72页。

W0762.3.6

西王母又称金母

实 例

汉族 西王母，又称金母、西姥、王母娘娘、瑶池金母等。

【流传】（无考）

【出处】

（a）《女仙领袖西王母》，见王德恒等《造神史话》，天津：百花文艺出版社2002年版，第92页。

（b）金麦田：《中国古代神话故事全集》，北京：京华出版社2004年版，第376页。

汉族 昔汉初有四五小儿路上画地戏。一儿歌曰：“著青裙，入天门；揖金母，拜木公。”人莫知之。唯张子房知之，乃往拜之。子房曰：“此乃东王公之玉童也。所谓金母者，西王母也；木公者，东王公也：仙人拜王公，揖王母。”

【流传】（无考）

【出处】［南朝·梁］陶弘景：《真诰·甄命授》。

W0762.3.6.1

西王母又称瑶池金母

实 例

汉族 西王母，又称为瑶池金母，民间俗称王母娘娘。

【流传】（无考）

【出处】《西王母》，见乌丙安主编《中国民间神谱》，沈阳：辽宁人民出版社2007年版，第258页。

W0762.3.6.2

金母元君即九灵太妙龟山金母，又号太灵九光龟台金母或西王母

实 例

汉族 金母元君者，九灵太妙龟山金母也。一号太灵九光龟台金母，一号曰西王母，乃西华之至妙，洞阴之极尊。

【流传】（无考）

【出处】［唐］杜光庭：《墉城集仙录》卷一“金母元君”条。

W0762.3.7

西王母又称西姥

实 例

汉族 （参见“W0762.3.6 西王母又称金母”母题实例）

W0762.3.8

西王母又称王母娘娘

实 例

汉族 （参见“W0762.3.6 西王母又称金母”母题实例）

W0762.3.9

西王母德金巴乌

实 例

蒙古族 原来的西王母不叫西王母，她是天帝的母亲，名字叫德金巴乌，后来东方的人叫她西王母。

【流传】（无考）

【出处】姚宝瑄、巴音巴图翻译，阿·太白搜集整理：《博格达山的传说》，见姚宝瑄主编《中国各民族神话》（达斡尔族、鄂伦春族、鄂温克族、蒙古族），太原：山西出版传媒集团·书海出版社2014年版，第165页。

W0762.3.10

西王母纳可玛

实 例

普米族 纳可玛（西王母）女神手下仙女三千。

【流传】云南省·（丽江市）·宁蒗（宁蒗彝族自治县）；四川省·（凉山彝族自治州）·木里（木里藏族自治县）

【出处】曹匹初讲，章虹宇搜集整理：《石头阿祖和石头子孙》，载《山茶》1986年第5期。

W0762.4

西王母的宴会（王母娘娘的宴会）

实 例

（参见下级母题实例）

W0762.4.1

王母娘娘宴会200年举办一次

实 例

汉族 带翅膀的鸟都秘密去参加王母娘娘二百年举办一次的宴会。

【流传】河南省·（周口市）·西华县颍河流域

【出处】张三（男，45岁，不识字，农民）讲，杨华伟采录整理：《龟盖为什么四十五块》，见张振犁编著，孟宪明、朱淑君统纂《中原神话通鉴》（第四卷），郑州：河南大学出版社2017年版，第1327页。

W0762.4.2

王母娘娘蟠桃会

【关联】［W1792.2］天上的蟠桃园

实 例

满族 三个仙女趁王母娘娘开蟠桃会，天兵天将们把守不严，下凡看望自己生的孩子。

【流传】辽宁省·（鞍山市）·岫岩县（岫岩满族自治县）

【出处】李成明讲，张其卓、董明搜集整理：《天鹅仙女》，原载张其卓、董明编《满族三老人故事集》，见陶阳、钟秀编《中国神话》（中），北京：商务印书馆2008年版，第590～594页。

汉族 在一次蟠桃会上，王母娘娘特意做了几顿天谷香饭，招待韩湘子、吕洞宾等诸位仙人。

【流传】河南省·信阳市

【出处】司马诚讲，冯天佑采录整理：《盗回天谷香人间》，见张振犁编著，孟宪明、朱淑君统纂《中原神话通鉴》（第三卷），郑州：河南大学出版社2017年版，第754页。

W0762.4.2.1

王母娘娘每年都召集九天大仙相聚蟠桃会

实 例

汉族 王母娘娘每年都要召集九天大仙相会，赠赐蟠桃，同享天庭美味。

【流传】河南省·（南阳市）·社旗县

【出处】杨东来采录整理：《桃花》，见张振犁编著，孟宪明、朱淑君统纂《中原神话通鉴》（第三卷），郑州：河南大学出版社2017年版，第761页。

W0762. 4. 2. 2

王母娘娘蟠桃会每年三月三举行

实 例

汉族 每年三月三日，各路神仙都要朝拜王母娘娘，这就是所谓的蟠桃大会。

【流传】河南省·（信阳市）·息县

【出处】邵志怡（男，69 岁，市民，清末秀才）讲，曹金铸采录整理：《香稻丸》（1962），见张振犁编著，孟宪明、朱淑君统纂《中原神话通鉴》（第三卷），郑州：河南大学出版社 2017 年版，第 757 页。

W0762. 5

西王母的遗迹

实 例

（参见下级母题实例）

W0762. 5. 1

王母洞

实 例

（参见下级母题实例）

W0762. 5. 1. 1

王母洞在王屋山五斗峰

实 例

汉族 王屋山的五斗峰上，有个大石洞。洞通着天上，王母娘娘在里边住过，所以，人们叫它“王母洞”。

【流传】河南省·济源市

【出处】段庆川、程月英讲，缪华等采录整理：《王母洞》，见张振犁编著，孟宪明、朱淑君统纂《中原神话通鉴》（第三卷），郑州：河南大学出版社 2017 年版，第 741 页。

W0762. 5. 1. 2

王母娘娘洞

实 例

汉族 云岩宫南边湖中，有一个小岛，岛上有一个洞，叫王母娘娘洞。

【流传】河南省·（郑州市）·新密市·刘寨乡云岩宫方圆二十里

【出处】贾建采录：《王母娘娘洞的传说》，见张振犁编著，孟宪明、朱淑君统纂《中原神话通鉴》（第三卷），郑州：河南大学出版社 2017 年版，第 746 页。

W0762. 5. 2

王母娘娘庙

实 例

（参见下级母题实例）

W0762. 5. 2. 1

风后在岭东建王母娘娘庙

实 例

汉族 风后从黄帝的《神芝图》中得知，那磨针老太婆是王母娘娘所变，是特意来开导他的。为了纪念王母娘娘，便在岭东见到她的地方，建了一座庙，叫做王母娘娘庙。

【流传】河南省·（郑州市）·新郑市

【出处】蔡英生（75岁，教师）讲，蔡柏顺采录整理：《风后岭》，见张振犁编著，孟宪明、朱淑君统纂《中原神话通鉴》（第二卷），郑州：河南大学出版社2017年版，第600页。

W0762.5.3

“王母泉”村

实　例

汉族 全村人齐声感谢王母娘娘的恩惠，便请一位老石匠，给王母娘娘立了一块高大的石碑。石碑正中是王母娘娘的石像，两边是她的两个女儿，并把这个无名的小村取名为“王母泉”。

【流传】河南省·济源市

【出处】赵桂梅采录：《王母泉》，见张振犁编著，孟宪明、朱淑君统纂《中原神话通鉴》（第三卷），郑州：河南大学出版社2017年版，第747页。

W0762.6

巧遇西王母

实　例

汉族 穆王十七年，西巡狩，见西王母。

【流传】（无考）

【出处】［西汉］司马迁：《史记·周本纪》。

W0763

颛顼

实　例

（参见下级母题实例）

W0763.1

颛顼的产生

实　例

（参见下级母题实例）

W0763.1.1

感生颛顼

【关联】［W2230］感生人

实　例

（参见下级母题实例）

W0763.1.1.1

女子感光生颛顼

实　例

（参见下级母题实例）

W0763.1.1.1.1

女枢感瑶光生颛顼

实　例

汉族 女枢感瑶光，生颛顼。

【流传】（无考）

【出处】［清］马骕《绎史》卷七注，引《诗纬含神雾》。

W0763. 1. 1. 2

女枢于若水感生颛顼

实　例

汉族 帝颛高阳氏，黄帝之孙，昌意之子，姬姓也。母曰嫘仆，蜀山氏女，为昌意正妃，谓之女枢。金天氏之末，瑶光之星贯月如虹，感女枢幽房之宫，生颛顼于若水。昌意虽黄帝之嫡，以德劣，不足绍承大位，降居若水为侯。及颛顼生，十年而佐少昊，二十年而登帝位。

【流传】（无考）

【出处】（晋）皇甫谧：《帝王世纪》。

W0763. 1. 2

婚生颛顼

实　例

（参见下级母题实例）

W0763. 1. 2. 1

昌意与嫘仆婚生颛顼

实　例

汉族 帝颛高阳氏，黄帝之孙，昌意之子，姬姓也。母曰嫘仆，蜀山氏女，为昌意正妃，谓之女枢。

【流传】（无考）

【出处】（晋）皇甫谧：《帝王世纪》。

W0763. 1. 2. 2

昌意娶蜀山女生颛顼

实　例

（参见下级母题实例）

W0763. 1. 2. 2. 1

黄帝长子昌意娶蜀山女生颛顼

实　例

汉族 黄帝长子昌意，德劣不足诏承大位，降居若水，为诸侯焉。娶蜀山女，生颛顼于若水之野。

【流传】（无考）

【出处】［北魏］郦道元：《水经注·若水》。

W0763. 1. 3

与颛顼的产生有关的其他母题

实　例

（参见下级母题实例）

W0763. 1. 3. 1

颛顼的生日

实　例

（参见下级母题实例）

W0763. 1. 3. 1. 1

颛顼生日农历三月十八

实　例

汉族 每年农历三月十八颛顼生日。

【流传】（河南省·内黄县）

【出处】《颛顼》，见乌丙安主编《中国民间神谱》，沈阳：辽宁人民出版社2007年版，第56页。

W0763.1.3.2

颛顼的出生地

实　例

（参见下级母题实例）

W0763.1.3.2.1

颛顼生于若水

【关联】［W0763.4.2.2.1.1.1］昌意降居若水

实　例

汉族　颛顼生于若水。

【流传】（河南省·濮阳市）

【出处】《颛顼》，见乌丙安主编《中国民间神谱》，沈阳：辽宁人民出版社2007年版，第56页。

汉族　金天氏之末，女枢生颛顼于若水。

【流传】（无考）

【出处】［北宋］李昉、李穆、徐铉等：《太平御览》卷七九引《帝王世纪》。

汉族　帝颛顼生自若水，实处空桑。

【流传】（无考）

【出处】［秦］吕不韦及门客：《吕氏春秋·古乐》。

汉族　黄帝长子昌意，德劣不足绍承大位，降居若水，为诸侯焉。娶蜀山女，生颛顼于若水之野。

【流传】（无考）

【出处】［北魏］郦道元：《水经注·若水》。

W0763.1.3.3

颛顼与少昊同代

实　例

汉族　颛顼和少昊几乎同时。

【流传】（无考）

【出处】《颛顼隔断天地的通路》，原载袁珂编译《中国神话故事》，见陶阳、钟秀编《中国神话》（上），北京：商务印书馆2008年版，第195～198页。

W0763.2

颛顼的特征

实　例

（参见下级母题实例）

W0763.2.1

颛顼仁慈

实　例

汉族　（实例待考）

W0763.2.2

颛顼有谋略

实　例

汉族　颛顼静渊以有谋，疏通而知事。

【流传】（无考）

【出处】［西汉］司马迁：《史记·五帝本纪》

W0763. 2. 3
颛顼凶残

实 例

汉族 颛顼特地放下许多凶恶的动物残害世间。

【流传】（无考）

【出处】《共工怒触不周山》，原载袁珂编译《中国神话故事》，见陶阳、钟秀编《中国神话》（中），北京：商务印书馆2008年版，第721～723页。

W0763. 2a
颛顼的身份（颛顼的职能）

实 例

（参见下级母题实例）

W0763. 2a. 1
颛顼是帝王（颛顼是统治者）

实 例

（参见下级母题实例）

W0763. 2a. 1. 1
颛顼是古代的帝王

实 例

汉族 颛顼是一个古代的帝王。

【流传】河南省·（安阳市）·内黄县·梁庄乡·三杨庄

【出处】寇四妮讲，张毅力采录：《颛顼降水怪》，见中国民间文学集成全国编辑委员会编《中国民间故事集成》（河南卷），北京：中国ISBN中心2001年版，第40页。

W0763. 2a. 1. 2
颛顼是五帝之一

【关联】［W0730a. 3］五帝

实 例

汉族 颛顼属于五帝之一。

【流传】（无考）

【出处】［西汉］司马迁：《史记·五帝本纪》。

W0763. 2a. 1. 3
颛顼是北方之帝

实 例

汉族 何谓五星？即东、南、中、西、北五个方位之星。其中，北方，水也，其帝颛顼。

【流传】（无考）

【出处】［西汉］淮南王刘安及门客：《淮南子·天文训》。

汉族 颛顼是作为北方天帝而正式出现的一个大神。

【流传】（无考）

【出处】《颛顼隔断天地的通路》，原载袁珂编译《中国神话故事》，见陶阳、钟秀编《中国神话》（上），北京：商务印书馆2008年版，第195～198页。

W0763.2a.1.4
颛顼是北方大帝

实 例

汉族 颛顼是五帝中的北方大帝。

【流传】（无考）

【出处】《颛顼》，见乌丙安主编《中国民间神谱》，沈阳：辽宁人民出版社2007年版，第56页。

W0763.2a.1.4.1
颛顼主北方

实 例

汉族 （实例待考）

W0763.2a.1.5
颛顼是疫神帝

实 例

汉族 因为天神颛顼的许多鬼儿子在世间降灾作怪，他的属神禺强从北海迁到南海时，也从风中散播大量的瘟疫病菌给世间，让人们遭殃吃苦。因而人们便把颛顼叫做“疫神帝颛顼”。

【流传】（无考）

【出处】《颛顼隔断天地的通路》，原载袁珂编译《中国神话故事》，见陶阳、钟秀编《中国神话》（上），北京：商务印书馆2008年版，第195～198页。

汉族 疫神帝颛顼有三子，生而亡去为鬼。

【流传】（无考）

【出处】［东汉］蔡邕：《独断》。

W0763.2a.2
颛顼是天帝

实 例

（参见下级母题实例）

W0763.2a.2.1
颛顼是北方天帝

实 例

汉族 （实例待考）

W0763.2a.2.2
颛顼任高阳天帝

实 例

汉族 黄帝召回颛顼赴任高阳天帝，降妖灭灾，扭转乾坤。

【流传】河南省·（开封市）·杞县

【出处】李广平（35岁，男，农民）讲，王怀聚采录整理：《古帝颛顼》，见张振犁编著，孟宪明、朱淑君统纂《中原神话通鉴》（第三卷），郑州：河南大学出版社2017年版，第954页。

W0763.2a.2.2.1
颛顼20岁在高阳称天帝

【关联】［W0204.5.5.1］黄帝让侄孙少昊做西方的天帝，命曾孙颛顼做北方的天帝

实 例

汉族 上古黄帝的孙子颛顼，二十岁在（杞县）高阳称天帝。

【流传】河南省·（开封市）·杞县

【出处】李广平（35岁，男，农民）讲，王怀聚采录整理：《古帝颛顼》，见张振犁编著，孟宪明、朱淑君统纂《中原神话通鉴》（第三卷），郑州：河南大学出版社2017年版，第954页。

W0763. 2a. 3

颛顼是神

实 例

（参见下级母题实例）

W0763. 2a. 3. 1

颛顼是北方神

【关联】［W0254. 8. 1］北方神颛顼

实 例

汉族 （参见“W0763. 2a. 2. 2. 1 颛顼20岁在高阳称天帝”母题实例）

W0763. 2a. 3. 2

颛顼是五岳之神

【关联】［W0767. 3. 1. 6］祝融是五岳之神

实 例

汉族 颛顼为五岳之神。

【流传】（无考）

【出处】［东晋］葛洪：《枕中书》。

W0763. 2a. 3. 3

颛顼是太阳神

实 例

（实例待考）

W0763. 2a. 3. 4

颛顼是水神

实 例

（实例待考）

W0763. 2a. 4

颛顼是统治者

实 例

（参见下级母题实例）

W0763. 2a. 4. 1

颛顼是宇宙统治者

实 例

汉族 颛顼统治宇宙时期，最没有道理可讲的。

【流传】（无考）

【出处】《共工怒触不周山》，原载袁珂编译《中国神话故事》，见陶阳、钟秀编《中国神话》（中），北京：商务印书馆2008年版，第721～723页。

W0763. 2a. 4. 2

颛顼统治疆域广大

实 例

汉族 北至于幽陵，南至于交址，西至于流沙，东至于蟠木，动静之物，大小之神，日月所照，莫不砥属颛顼。

【流传】（无考）

【出处】［西汉］司马迁：《史记·五帝本纪》。

W0763.2a.4.3

颛顼是北方统治者

实　例

（参见下级母题实例）

W0763.2a.4.3.1

颛顼司北方万二千里

实　例

汉族 北方之极，颛顼、元冥（元冥又叫玄冥，是管北方的水正官）之所司者万二千里。

【流传】（无考）

【出处】［西汉］淮南王刘安及门客：《淮南子·时则训》。

W0763.2a.5

颛顼是首领

实　例

（参见下级母题实例）

W0763.2a.5.1

颛顼是部落首领

实　例

汉族 （实例待考）

W0763.2a.6

颛顼是福星

实　例

（参见下级母题实例）

W0763.2a.6.1

颛顼能免灾消难被称为福星

实　例

汉族 颛顼为了人间免受灾难，不断派神巡视除疾降福。人们仍把颛顼颂为福星。

【流传】河南省·（开封市）·杞县

【出处】李广平（35岁，男，农民）讲，王怀聚采录整理：《古帝颛顼》，见张振犁编著，孟宪明、朱淑君统纂《中原神话通鉴》（第三卷），郑州：河南大学出版社2017年版，第955页。

W0763.2a.7

颛顼是祖先

实　例

（参见下级母题实例）

W0763.2a.7.1

颛顼是华族祖先

实　例

（参见下级母题实例）

W0763. 2a. 7. 1. 1

黄帝、颛顼、帝喾三人为华族祖先

实　例

汉族　汉以前人相信轩辕黄帝、颛顼、帝喾三人为华族祖先。

【流传】（无考）

【出处】范文澜：《中国通史简编》，北京：商务印书馆 2010 年版。

W0763. 2a. 8

与颛顼的身份或职能有关的其他母题

实　例

（参见下级母题实例）

W0763. 2a. 8. 1

颛顼继位

实　例

（参见下级母题实例）

W0763. 2a. 8. 1. 1

颛顼继位太昊

实　例

汉族　颛顼继少昊之后主政。

【流传】（无考）

【出处】［春秋］左丘明：《国语·楚语》。

W0763. 2a. 8. 1. 2

颛顼 20 岁继位

实　例

汉族　（参见“W0763. 4. 7. 1. 1 颛顼 10 岁时辅佐少昊”母题实例）

W0763. 2a. 8. 2

颛顼在位 78 年

实　例

汉族　颛顼在位七十八年。

【流传】（无考）

【出处】［南朝·宋］裴骃：《史记集解》引皇甫谧语。

W0763. 2a. 8. 3

颛顼让位

实　例

（参见下级母题实例）

W0763. 2a. 8. 3. 1

颛顼让位给高辛氏

【关联】［W0763. 2. 1. 5］颛顼继位少昊

实　例

汉族　姬俊被颛顼封为“高辛氏”。颛顼见高辛氏的确才高智广，能给人民办好事，就把自己的皇位让给了他。

【流传】河南省·商丘市

【出处】李振明、黄炳良讲，刘秀森采录整理：《帝喾登天辩理》，见张振犁编著，孟宪明、朱淑君统纂《中原神话通鉴》（第三卷），郑州：河南大学出版社 2017 年版，第 957 页。

W0763.2b

颛顼的能力

实 例

（参见下级母题实例）

W0763.2b.1

颛顼会变形

实 例

（参见下级母题实例）

W0763.2b.1.1

颛顼能化作青烟

实 例

汉族 颛顼透过烟雾，发现怪物腋下夹着一个女子。颛顼立即化成一股青烟，尾追进洞。

【流传】 河南省·（开封市）·杞县

【出处】 李广平（35 岁，男，农民）讲，王怀聚采录整理：《古帝颛顼》，见张振犁编著，孟宪明、朱淑君统纂《中原神话通鉴》（第三卷），郑州：河南大学出版社 2017 年版，第 954 页。

W0763.2b.1.2

颛顼摇身变成一个鹤发童颜的老头

实 例

汉族 颛顼根据天帝的指令，摇身变成一个鹤发童颜的老头儿，慢慢走向画卦台。

【流传】 河南省·（周口市）·淮阳县

【出处】 一算卦先生讲，杨复俊采录：《八卦柏》，见张振犁编著《中原神话通鉴》（第一卷），郑州：河南大学出版社 2017 年版，第 241 页。

W0763.2b.2

颛顼万能

实 例

（参见下级母题实例）

W0763.2b.2.1

颛顼耳听千里洞察天地

实 例

汉族 颛顼生在高阳，一落地，就会说话，三天就会跑，满月就会腾云驾雾，一竖耳朵就能听千里动静，一睁眼能看清天地间发生的大事。

【流传】 河南省·（开封市）·杞县

【出处】 李广平（35 岁，男，农民）讲，王怀聚采录整理：《古帝颛顼》，见张振犁编著，孟宪明、朱淑君统纂《中原神话通鉴》（第三卷），郑州：河南大学出版社 2017 年版，第 954 页。

W0763.2c

颛顼的事迹

实 例

（参见下级母题实例）

W0763. 2c. 1

颛顼斗妖

实 例

（参见下级母题实例）

W0763. 2c. 1. 1

颛顼口吐溶金珠斗妖

实 例

汉族 颛顼放出妖瓶，收住怪物，那怪物忙喷出烈焰，颛顼立即往瓶里吐灭火浆，怪物化作一丝金光飞出，颛顼一张嘴吐出溶金珠，一眨眼，那怪物化为灰烬。

【流传】河南省·（开封市）·杞县

【出处】李广平（35岁，男，农民）讲，王怀聚采录整理：《古帝颛顼》，见张振犁编著，孟宪明、朱淑君统纂《中原神话通鉴》（第三卷），郑州：河南大学出版社2017年版，第954页。

W0763. 2c. 1. 2

颛顼斗黄水怪

实 例

汉族 颛顼决心降服黄水怪时，黄水怪神通广大，他俩打了九九八十一天不分胜负。

【流传】河南省·（安阳市）·内黄县·（梁庄乡·三杨庄）

【出处】寇四妮（男，60岁，农民，小学）讲，张毅力采录：《二帝陵和硝河的传说》（1986. 07. 12），见张振犁编著，孟宪明、朱淑君统纂《中原神话通鉴》（第三卷），郑州：河南大学出版社2017年版，第948页。

W0763. 2c. 2

颛顼为民造福

实 例

（参见下级母题实例）

W0763. 2c. 2. 1

颛顼氏治太恒山

实 例

汉族 颛顼氏为黑帝，治太恒山。

【流传】（无考）

【出处】［东晋］葛洪：《枕中书》。

W0763. 2c. 3

颛顼建国（颛顼建都）

实 例

（参见下级母题实例）

W0763. 2c. 3. 1

颛顼都穷桑

实 例

汉族 （参见“W0763. 2c. 3. 2. 1 颛顼始都穷桑，后徙商丘”母题实例）

【流传】（无考）

【出处】（待考）

W0763.2c.3.2

颛顼都商丘

实 例

（参见下级母题实例）

W0763.2c.3.2.1

颛顼始都穷桑，后徙商丘

【关联】［W0763.3.3.2.1］颛顼自穷桑徙邑商丘

实 例

汉族 颛顼始都穷桑，后徙商丘。

【流传】（无考）

【出处】［西晋］皇甫谧：《帝王世纪》。

W0763.2c.3.3

颛顼建都帝丘

实 例

（参见下级母题实例）

W0763.2c.3.3.1

北方天帝颛顼建都帝丘

实 例

汉族 颛顼被命名为北方天帝，坐地高阳，建都帝丘。

【流传】河南省·（开封市）·杞县

【出处】李广平（35岁，男，农民）讲，王怀聚采录整理：《古帝颛顼》，见张振犁编著，孟宪明、朱淑君统纂《中原神话通鉴》（第三卷），郑州：河南大学出版社2017年版，第954～955页。

W0763.2c.3.3.1.1

颛顼之墟卫为帝丘

实 例

汉族 颛顼居帝丘，称高阳氏；卫，颛顼之墟也，故为帝丘。

【流传】（无考）

【出处】［春秋］左丘明：《左传》昭公十七年。

W0763.2c.4

颛顼造城

实 例

（参见下级母题实例）

W0763.2c.4.1

颛顼造鄚城

实 例

汉族 莫以地为氏，颛顼造鄚城，后去邑为莫。鄚城在今任丘西北（即莫州）。

【流传】（无考）

【出处】［清］陈廷炜：《姓氏考略》。

W0763.2c.5

颛顼创造文化

实 例

（参见下级母题实例）

W0763. 2c. 5. 1

颛顼制作音乐

【关联】［W6901］音乐的产生

实　例

（参见下级母题实例）

W0763. 2c. 5. 1. 1

颛顼令作《承云》

实　例

汉族　帝颛顼生自若水，实处空桑，乃登为帝。惟天之合，正风乃行，其音若熙熙凄凄锵锵。帝颛顼好其音，乃令飞龙作，效八风之音，命之曰承云，以祭上帝。乃令鱓先为乐倡。鱓乃偃寝，以其尾鼓其腹，其音英英。

【流传】（无考）

【出处】［秦］吕不韦及门客：《吕氏春秋·古乐》。

W0763. 2c. 5. 2

颛顼制历法

实　例

汉族　《颛顼历》完成于秦献公十九年（前366年）。该历以夏正十月为岁首，闰置于九月之后，以该年正月初一日刚好立春为节气的计算起点。

【流传】（无考）

【出处】（待考）

W0763. 2c. 5. 3

颛顼制义

实　例

汉族　颛顼，黄帝之孙，昌意之子也，曰高阳。洪渊以有谋，疏通而知事；养材以任地，履时以象天，依鬼神以制义；治气以教民，絜诚以祭祀。乘龙而至四海：北至于幽陵，南至于交趾，西济于流沙，东至于蟠木，动静之物，大小之神，日月所照，莫不祇励。

【流传】（无考）

【出处】［汉］戴德：《大戴礼记·五帝德》。

W0763. 2c. 5. 4

颛顼治气教民

实　例

汉族　（参见“W0763. 2c. 5. 3 颛顼制义”母题实例）

W0763. 2c. 5. 5

颛顼制祭祀

实　例

汉族　（参见“W0763. 2c. 5. 3 颛顼制义”母题实例）

W0763. 2c. 5. 5. 1

颛顼令绝地天通

【关联】［W1415］绝地天通

实　例

汉族 黄帝的曾孙颛顼令重、黎绝地天通。

【流传】（无考）

【出处】《颛顼隔断天地的通路》，原载袁珂编译《中国神话故事》，见陶阳、钟秀编《中国神话》（上），北京：商务印书馆 2008 年版，第 195 ~ 198 页。

W0763. 2c. 6

颛顼划分九州

实　例

汉族 中国九州的建置区划，创制于颛顼。

【流传】（无考）

【出处】［清］弘历：《乾隆御批纲鉴》。

W0763. 3

颛顼的生活

实　例

（参见下级母题实例）

W0763. 3. 0

颛顼的成长

实　例

（参见下级母题实例）

W0763. 3. 0. 1

少昊抚养颛顼

【关联】

①［W0730］少昊（少皞）

②［W0763. 4. 2a. 1］颛顼的叔父少昊

实　例

（参见下级母题实例）

W0763. 3. 0. 1. 1

少昊抚育颛顼于东海

实　例

汉族 少昊孺（育）颛顼于东海。

【流传】（无考）

【出处】［战国至汉］撰者不详：《山海经·大荒东经》

W0763. 3. 1

颛顼的服饰

实　例

（实例待考）

W0763. 3. 2

颛顼的饮食

实　例

（实例待考）

W0763. 3. 3

颛顼的居所

实　例

（参见下级母题实例）

W0763. 3. 3. 1

颛顼居帝丘

实　例

汉族 颛顼生于若水，居于帝丘（今河南省濮阳市东南）。

【流传】河南省·濮阳市

【出处】《颛顼》，见乌丙安主编《中国民间神谱》，沈阳：辽宁人民出版社2007年版，第56页。

W0763. 3. 3. 1. 1

颛顼居帝丘卫

实 例

汉族 卫，颛顼之墟也，故为帝丘。

【流传】（无考）

【出处】［春秋］左丘明：《左传》昭公十七年。

W0763. 3. 3. 2

颛顼邑商丘

实 例

（参见下级母题实例）

W0763. 3. 3. 2. 1

颛顼自穷桑徙邑商丘

实 例

汉族 颛顼始自穷桑，而徙邑商丘。

【流传】（无考）

【出处】［唐］房玄龄等：《晋书》卷十四《地理志上》。

W0763. 3. 3. 3

颛顼的封地

实 例

（参见下级母题实例）

W0763. 3. 3. 3. 1

颛顼封高阳城

实 例

汉族 高阳城在县西二十五里。颛顼高阳氏佐少昊有功，封于此。

【流传】（无考）

【出处】［清］顾祖禹：《读史方舆纪要》卷四十七“河南二·开封府”。

W0763. 3. 3. 4

颛顼居空桑

实 例

汉族 帝颛顼生自若水，实处空桑，乃登为帝。

【流传】（无考）

【出处】［秦］吕不韦及门客：《吕氏春秋·古乐》。

W0763. 3. 4

颛顼的出行

实 例

（参见下级母题实例）

W0763. 3. 4. 1

颛顼乘龙至四海

实 例

汉族 颛顼乘龙而至四海。

【流传】（无考）

【出处】［西汉］戴德：《大戴礼记·五

帝德》。

W0763.3.5

颛顼的用品

实 例

（参见下级母题实例）

W0763.3.5.1

颛顼的玉珠

实 例

汉族 （实例待考）

W0763.3.5.2

颛顼的天王剑

实 例

汉族 颛顼用天王宝剑打败了黄水怪。为了给人间造福，他用天王剑把大沙岗变成了一座山；取名付禺山，又用剑在山旁划一道河，取名硝河。

【流传】河南省·安阳市·内黄县

【出处】枣乡内黄网。http：//www.neihuang.gov.cn/sitegroup，20171211。

W0763.4

颛顼的关系

【关联】

① ［W0483.4.1］颛顼的儿子死后变瘟神

② ［W0493.3.1］灶神是颛顼的儿子

③ ［W0767.1.1］祝融是颛顼之孙

实 例

（参见下级母题实例）

W0763.4.1

颛顼的祖先

实 例

（参见下级母题实例）

W0763.4.1.0

颛顼是黄帝后代

实 例

汉族 黄帝妻雷祖，生昌意，昌意降处若水，生韩流，韩流擢首谨耳，人面豕喙，麟身渠股豚止，取淖子曰阿女，生帝颛顼。

【流传】（无考）

【出处】［战国至汉］撰者不详：《山海经·海内经》。

W0763.4.1.1

颛顼是黄帝之孙（颛顼的祖父黄帝）

【关联】［W0690］黄帝

实 例

汉族 黄帝生昌意，昌意生韩流，韩流生颛顼。

【流传】（无考）

【出处】［战国至汉］撰者不详：《山海经·海内经》。

汉族 帝颛顼高阳氏，黄帝之孙。

【流传】（无考）

【出处】［北宋］李昉、李穆、徐铉等：《太平御览》卷七九引《帝王世纪》。

汉族 颛顼为黄帝之孙，昌意之子。

【流传】（无考）

【出处】《颛顼》，见乌丙安主编《中国民间神谱》，沈阳：辽宁人民出版社2007年版，第56页。

汉族 帝颛顼高阳者，黄帝之孙而昌意之子也。

【流传】（无考）

【出处】［西汉］司马迁：《史记·五帝本纪》。

汉族 黄帝产昌意，昌意产高阳，是为帝颛顼。

【流传】（无考）

【出处】［西汉］戴德：《大戴礼记·帝系》。

汉族 颛顼是上古黄帝的孙子。

【流传】河南省·（开封市）·杞县

【出处】李广平（35岁，男，农民）讲，王怀聚采录整理：《古帝颛顼》，见张振犁编著，孟宪明、朱淑君统纂《中原神话通鉴》（第三卷），郑州：河南大学出版社2017年版，第954页。

W0763. 4. 1. 1a

颛顼是黄帝的曾孙

【关联】

①［W0686. 6. 0. 4］鲧是黄帝的曾孙

②［W0768. 1. 6. 0. 1］喾是黄帝的曾孙（帝喾高辛是黄帝的曾孙）

实 例

汉族 颛顼，是黄帝的曾孙。

【流传】（无考）

【出处】《颛顼隔断天地的通路》，原载袁珂编译《中国神话故事》，见陶阳、钟秀编《中国神话》（上），北京：商务印书馆2008年版，第195～198页。

汉族 黄帝的孙子韩流娶淖子氏的女儿阿女做妻子，就生了颛顼。

【流传】（无考）

【出处】《颛顼隔断天地的通路》，原载袁珂编译《中国神话故事》，见陶阳、钟秀编《中国神话》（上），北京：商务印书馆2008年版，第195～198页。

W0763. 4. 1. 2

颛顼的祖父昌意

实 例

汉族 黄帝妻雷祖，生昌意；昌意降处若水，生韩流；韩流取淖子曰阿女，生帝颛顼。

【流传】（无考）

【出处】［战国至汉］撰者不详：《山海经·海内经》。

W0763. 4. 1. 2. 1

昌意生韩流，韩流取淖子曰阿女生帝颛顼

实 例

汉族 昌意降处若水，生韩流。韩流取淖子曰阿女，生帝颛顼。

【流传】（无考）

【出处】［战国至汉］撰者不详：《山海经·海内经》。

W0763.4.2
颛顼的父母

实 例

（参见下级母题实例）

W0763.4.2.1
颛顼的父母是昌意和女枢

实 例

汉族 昌意正妃女枢感瑶光之星，生颛顼。

【流传】（无考）

【出处】《女枢》，见［晋］干宝著，李剑国辑校《新辑搜神记》卷一，北京：中华书局2007年版，第76页。

W0763.4.2.2
颛顼的父亲

实 例

（参见下级母题实例）

W0763.4.2.2.1
颛顼的父亲昌意

【关联】［W0763.4.1.2］颛顼的祖父昌意

实 例

汉族 黄帝娶于西陵氏之子，谓之累祖，产青阳及昌意，昌意生颛顼。

【流传】（无考）

【出处】［先秦］史官修撰：《世本·帝系篇》。

汉族 帝颛顼高阳氏，黄帝之孙，昌意之子，姬姓也。

【流传】（无考）

【出处】［北宋］李昉、李穆、徐铉等：《太平御览》卷七九引《帝王世纪》。

W0763.4.2.2.1.1
黄帝与妃嫘祖生昌意

实 例

汉族 （参见“W0695.1.6.1 黄帝的四妃方雷氏、嫘祖、彤鱼氏、嫫母”母题实例）

W0763.4.2.2.1.1.1
昌意降居若水

实 例

汉族 黄帝居轩辕之邱，娶于西陵氏之子，谓之嫘祖，氏产青阳及昌意。青阳降居泜水，昌意降居若水。

【流传】（无考）

【出处】［西汉］戴德：《大戴礼记·帝系》。

W0763.4.2.2.1.2
颛顼的父亲韩流

实 例

汉族 颛顼之父为韩流。

【流传】（无考）

【出处】［战国至汉］撰者不详：《山海经 海内经》。

W0763. 4. 2. 3

颛顼的母亲

实 例

（参见下级母题实例）

W0763. 4. 2. 3. 1

颛顼的母亲景仆

实 例

汉族 颛顼，黄帝之孙，昌意之子，姬姓也。母曰景仆，蜀山氏女，为昌意正妃，谓之女枢。金天氏之末，瑶光之星贯月如虹，感女枢幽房之宫，生颛顼于苦水。

【流传】（无考）

【出处】［唐］徐坚：《初学记》卷九引《帝王世纪》。

W0763. 4. 2. 3. 2

颛顼的母亲昌仆（昌濮）

【关联】［W0763. 4. 3. 5］颛顼的正妃昌仆

实 例

汉族 颛顼母浊山氏之子，名昌仆。

【流传】（无考）

【出处】［先秦］史官修撰：《世本·帝系篇》。

汉族 昌意娶于蜀山氏，蜀山氏之子谓之昌濮，产颛顼。

【流传】（无考）

【出处】［西汉］戴德：《大戴礼记·帝系》。

W0763. 4. 2. 3. 2. 1

颛顼的母亲昌仆位蜀山氏之女（浊山氏之子名昌仆）

实 例

汉族 黄帝居轩辕之丘，而娶于西陵之女，是为嫘祖。嫘祖为黄帝正妃，生二子，其后皆有天下：其一曰玄嚣，是为青阳，青阳降居江水；其二曰昌意，降居若水。昌意娶蜀山氏女，曰昌仆，生高阳，高阳有圣德焉。

【流传】（无考）

【出处】［西汉］司马迁：《史记·五帝本纪》。

W0763. 4. 2. 3. 3

颛顼的母亲女枢

【关联】［W0763. 4. 3. 6］颛顼的正妃女枢

实 例

汉族 瑶光如蜺，贯月正白，感女枢，生颛顼。

【流传】（无考）

【出处】［清］马骕：《绎史》卷七注引《诗纬含神雾》。

W0763.4.2.3.3.1 帝颛顼之母蜀山氏之女枢

实 例

汉族 帝颛顼之母曰景仆，蜀山氏女，为昌意正妃，谓之女枢。

【流传】（无考）

【出处】［北宋］李昉、李穆、徐铉等：《太平御览》卷七九引《帝王世纪》。

W0763.4.2a 颛顼的叔父

实 例

（参见下级母题实例）

W0763.4.2a.1 颛顼的叔父少昊

实 例

汉族 西方天帝少昊，是颛项的叔父。

【流传】河南省·（开封市）·杞县

【出处】李广平（35岁，男，农民）讲，王怀聚采录整理：《古帝颛顼》，见张振犁编著，孟宪明、朱淑君统纂《中原神话通鉴》（第三卷），郑州：河南大学出版社2017年版，第954页。

W0763.4.2a.1.1 颛项帮叔父少昊治理国政

实 例

汉族 当少昊在东方海外建立鸟的王国的时候，居住在北方的幼小的颛项曾一度到那里去游玩，并曾帮助他的叔父治理国政。

【流传】（无考）

【出处】《颛项隔断天地的通路》，原载袁珂编译《中国神话故事》，见陶阳、钟秀编《中国神话》（上），北京：商务印书馆2008年版，第195～198页。

W0763.4.3 颛项的妻子

实 例

（参见下级母题实例）

W0763.4.3.1 颛项妻子女禄（娽）

实 例

汉族 颛项娶于滕坟氏，谓之女禄，产老童。

【流传】（无考）

【出处】［先秦］史官修撰：《世本·帝系篇》（清秦嘉谟辑补本）。

汉族 娽，颛项之妻名。

【流传】（无考）

【出处】［三国·魏］张揖：《埤苍》。

W0763.4.3.1.1 娽

实 例

（参见下级母题实例）

W0763.4.3.1.1.1
滕奔氏之子曰娽

实 例

汉族 颛项娶滕奔氏之女曰娽。

【流传】（无考）

【出处】［南宋］罗泌：《路史·后纪》。

汉族 颛项娶于滕氏，滕氏奔之子谓之女禄。是生老童。生伯称、卷章、季禺三人。

【流传】（无考）

【出处】［西汉］戴德：《大戴礼记·帝系》。

W0763.4.3.2
颛项娶于滕氏

实 例

汉族 颛项娶于滕氏，滕氏奔之子谓之女禄，产老童。

【流传】（无考）

【出处】［周代］佚名：《世本·帝系》。

W0763.4.3.3
颛项的妻子滕奔氏

实 例

（参见下级母题实例）

W0763.4.3.3.1
滕奔氏

实 例

（参见下级母题实例）

W0763.4.3.3.1.1
滕奔即胜濆

实 例

汉族 颛项娶滕奔氏之女曰娽，滕奔，即胜濆。

【流传】（无考）

【出处】［南宋］罗泌：《路史·后纪》。

W0763.4.3.3.1.1.1
颛项的妃子胜濆氏（胜奔）

实 例

汉族 颛项娶滕濆氏。

【流传】（无考）

【出处】［西汉］戴德：《大戴礼记·帝系》。

W0763.4.3.4
颛项的妻子邹屠氏

实 例

汉族 颛项取邹屠氏。邹屠氏有女，履龟不践，帝内之，是生禹祖。

【流传】（无考）

【出处】［南宋］罗泌：《路史》。

W0763.4.3.4a
颛项的妃子邹屠氏

实 例

（参见下级母题实例）

W0763.4.3.5
颛顼的正妃昌仆

实 例

汉族 昌意的正妃昌仆。

【流传】（无考）

【出处】［汉］戴德：《大戴礼记·帝系》。

W0763.4.3.6
颛顼的正妃女枢

实 例

汉族 昌意的正妃昌仆，又名女枢。

【流传】（无考）

【出处】［西汉］戴德：《大戴礼记·帝系》。

W0763.4.4
颛顼的儿子

【关联】［W0451a.1.2.1］颛顼的儿子成为穷神

实 例

（参见下级母题实例）

W0763.4.4.1
颛顼有3个儿子

实 例

（参见下级母题实例）

W0763.4.4.1.1
颛顼的3个儿子死后分别变成疟鬼、魍魉鬼和小儿鬼

实 例

汉族 颛顼有三子，一子死后居江水，为疟鬼；一子死后居若水，为魍魉鬼；一子死后居宫室，善惊人小儿，为小儿鬼。

【流传】（无考）

【出处】［东晋］干宝著，钱振民校点：《搜神记》卷十六，长沙：岳麓书社1997年版，第128页。

汉族 天神颛顼有三个儿子，生下不久都死掉了，其中，一个成为疟鬼，一个住在若水，变做魍魉，还有一个变做小儿鬼。

【流传】（无考）

【出处】《颛顼隔断天地的通路》，原载袁珂编译《中国神话故事》，见陶阳、钟秀编《中国神话》（上），北京：商务印书馆2008年版，第195~198页。

W0763.4.4.1.2
颛顼的3个儿子死后变成瘟神

实 例

汉族 颛顼的3个儿子死后变成瘟神。

【流传】（无考）

【出处】《瘟神》，见王德恒等《造神史话》，天津：百花文艺出版社2002年

版，第312页。

W0763.4.4.1a

颛顼有6个儿子

实 例

汉族 颛项生六子：鲧曾、古蜀王、称、魍魉、穷蝉、梼杌。

【流传】（无考）

【出处】（待考）

W0763.4.4.1b

颛顼有8个儿子

实 例

（参见下级母题实例）

W0763.4.4.1b.1

高阳氏有苍舒、隤敳、梼戭、大临、龙降、庭坚、仲容、叔达才子8人

实 例

汉族 昔高阳氏有才子八人，苍舒、隤敳、梼戭、大临、龙降、庭坚、仲容、叔达，齐圣广渊，明允笃诚，天下之民谓之八恺。

【流传】（无考）

【出处】［春秋］左丘明：《左传·文公十八年》。

W0763.4.4.1c

颛顼有24个儿子

【关联】［W0695.3.2.4］黄帝有25个儿子

实 例

（参见下级母题实例）

W0763.4.4.1c.1

颛顼有老童、伯服、中骗、骧头、淑士、三面、季禺、魑魅（东夷）、虐鬼、小儿鬼、穷鬼、梼杌、穷蝉、苗民、苍舒、隤敳、梼戭、大临、龙降、庭坚、仲容、叔达、鲧、（称）等儿子

实 例

汉族 颛项有传世之子二十四人，名曰：老童、伯服、中骗、骧头、淑士、三面、季禺、魑魅（东夷）、虐鬼、小儿鬼、穷鬼、梼杌、穷蝉、苗民、苍舒、敳颓、梼戭、大临、龙降、庭坚、仲容、叔达、鲧、（称）等。

【流传】（无考）

【出处】［春秋］左丘明：《左传》、［西汉］司马迁：《史记》等。

W0763.4.4.2

颛顼的儿子老童

实 例

汉族 颛项生老童，老童生祝融。

【流传】（无考）

【出处】［战国至汉］撰者不详：《山海经·大荒西经》。

W0763.4.4.3
颛顼氏的儿子梼杌

实 例

汉族 颛顼娶于滕氏，滕氏奔之子谓之女禄，产老童。

【流传】（无考）

【出处】［周］佚名：《世本·帝系》。

W0763.4.4.3.1
颛顼氏的不才子梼杌

实 例

汉族 颛顼氏有不才子，不可教训，不知话言，天下之民，谓之梼杌。

【流传】（无考）

【出处】［春秋］左丘明：《左传·文公十八年》。

W0763.4.4.3.1.1
梼杌形如老虎，浑身长毛

实 例

汉族 天神颛顼的儿子“梼杌”，形状像老虎而比老虎大得多，遍身长着长毛，有两尺多长，人的脸，老虎的足，猪的嘴巴，从牙齿到尾巴共长一丈八尺。

【流传】（无考）

【出处】《颛顼隔断天地的通路》，原载袁珂编译《中国神话故事》，见陶阳、钟秀编《中国神话》（上），北京：商务印书馆2008年版，第195～198页。

W0763.4.4.3.1.2
梼杌人脸，虎足，猪嘴巴

实 例

汉族 （参见“W0763.4.4.3.1.1 梼杌形如老虎，浑身长毛”母题实例）

W0763.4.4.3.1.3
梼杌从牙齿到尾巴长一丈八尺

实 例

汉族 （参见“W0763.4.4.3.1.1 梼杌形如老虎，浑身长毛”母题实例）

W0763.4.4.4
颛顼的儿子瘦约

【关联】［W0899.7.1.1］颛顼的儿子瘦约死后变成穷鬼

实 例

汉族 高阳氏子瘦约，好衣弊食糜，正月晦日巷死，世作糜，弃破衣，是日祀于巷，曰送穷鬼。

【流传】（无考）

【出处】［明］陈耀文：《天中记》卷四引《岁时记》。

W0763.4.4.5
颛顼的儿子穷蝉

【关联】［W0493.6.1d.1］灶神穷蝉是

颛顼的儿子

实 例

汉族 帝颛顼生子曰穷蝉。

【流传】（无考）

【出处】［西汉］司马迁：《史记·五帝本纪》。

汉族 颛顼产穷蝉。

【流传】（无考）

【出处】［西汉］戴德：《大戴礼记·帝系篇》。

W0763. 4. 4. 5. 1

穷蝉是颛顼庶子

实 例

汉族 颛顼封其庶子穷蝉于姑幕。

【流传】（无考）

【出处】《泗志钩沉》。

W0763. 4. 4. 6

颛顼的儿子鲧

【关联】［W0686］鲧

实 例

汉族 夏禹，名曰文命。禹之父曰鲧，鲧之父曰颛顼，颛顼之父曰昌意，昌意之父曰黄帝。禹者，黄帝之玄孙而帝颛顼之孙也。

【流传】（无考）

【出处】［西汉］司马迁：《史记·夏本纪》。

W0763. 4. 4. 7

颛顼氏的儿子黎（犁）

【关联】

⑧［W0763. 4. 4b. 2. 1. 1］黎

②［W0767. 7. 1. 2b］祝融原名黎

实 例

（参见下级母题实例）

W0763. 4. 4. 7. 1

颛顼氏的黎是灶神祝融

【关联】［W0493. 5. 1］灶神祝融

实 例

汉族 颛顼氏有子曰黎，为祝融，祀以为灶神。

【流传】（无考）

【出处】［明］徐即登：《周礼说》。

W0763. 4. 4. 7. 2

颛顼氏的儿子犁即祝融

实 例

汉族 颛顼氏有子曰犁，为祝融。

【流传】（无考）

【出处】［春秋］左丘明：《左传》昭公二十九年

W0763. 4. 4. 8

颛顼的儿子服

实 例

（参见下级母题实例）

W0763.4.4.8.1

服在东海外自立颛顼国

实 例

汉族 颛顼有子为服，服至东海外，自立颛顼国。

【流传】（无考）

【出处】［战国至汉］撰者不详：《山海经·大荒东经》。

W0763.4.4.9

颛顼的儿子称

实 例

汉族 高阳者，黄帝之孙，昌意之子也。高阳生称。

【流传】（无考）

【出处】［西汉］司马迁：《史记·楚世家》。

W0763.4.4.10

颛顼的儿子大业

实 例

汉族 帝颛顼高阳之裔。颛顼生大业。大业生女莘。

【流传】（无考）

【出处】［唐］林宝：《元和姓纂》。

W0763.4.4a

颛顼的女儿（颛顼的裔女）

实 例

（参见下级母题实例）

W0763.4.4a.1

颛顼的女儿九头鸟

实 例

汉族 颛顼有一个女儿叫九头鸟，她昼伏夜出。披上羽毛她能在天空飞翔，不披羽毛她能化身为女人。

【流传】（无考）

【出处】（待考）

W0763.4.4a.2

颛顼之裔女女修

实 例

汉族 女修，颛顼之裔女，吞鳦子而生大业。其父不著。而秦、赵以母族而祖颛顼，非生人之义也。

【流传】（无考）

【出处】［西汉］司马迁：《史记·秦本纪》［唐］司马贞索隐。

W0763.4.4a.3

颛顼的苗裔孙女修

实 例

汉族 秦之先，帝颛顼之苗裔，孙曰女修。女修织，玄鸟陨卵，女修吞之，生子大业。

【流传】（无考）

【出处】［西汉］司马迁：《史记·秦本纪》。

W0763. 4. 4b

颛顼的孙子

实 例

（参见下级母题实例）

W0763. 4. 4b. 1

颛顼的孙子祝融

实 例

（参见下级母题实例）

W0763. 4. 4b. 1. 1

颛顼生老童，老童生祝融

实 例

汉族 颛顼生老童，老童生祝融，祝融生太子长琴。

【流传】（无考）

【出处】［战国至汉］撰者不详：《山海经·大荒西经》。

W0763. 4. 4b. 2

颛顼的孙子重、黎

【关联】

① ［W0763. 4. 4c. 1］ 颛 顼 的 曾 孙重、黎

② ［W1416. 7. 1］重、黎二神绝地天通

实 例

汉族 颛顼让孙子大神重和大神黎去把天和地的通路阻隔断，叫人不能上天，神也不能下地。

【流传】（无考）

【出处】《颛顼隔断天地的通路》，原载袁珂编译《中国神话故事》，见陶阳、钟秀编《中国神话》（上），北京：商务印书馆 2008 年版，第 195 ~ 198 页。

汉族 颛顼生老童，老童生重及黎。帝令重献上天，令黎邛下地。

【流传】（无考）

【出处】［战国至汉］撰者不详：《山海经·大荒西经》。

W0763. 4. 4b. 2. 1

颛顼生老童，老童生重、黎

实 例

汉族 颛顼生老童，老童生重及黎，帝令重献上天，令黎邛下地。

【流传】（无考）

【出处】［战国至汉］撰者不详：《山海经·大荒西经》。

W0763. 4. 4b. 2. 1. 1

黎

【关联】

① ［W0659. 2. 35. 2. 3］姜央的二姐夫“黎”

② ［W0767. 7. 1. 2b］祝融原名黎

实 例

（参见下级母题实例）

W0763. 4. 4b. 2. 1. 1. 1

黎生儿子噎

实 例

（参见下级母题实例）

W0763.4.4b.2.1.1.1.1
噎人脸无臂，两只脚反转架在头顶

实　例

汉族 大神黎生儿子“噎”。“噎”长着一张人样的脸，没有手臂，两只脚反转过来架在头顶上。

【流传】（无考）

【出处】《颛顼隔断天地的通路》，原载袁珂编译《中国神话故事》，见陶阳、钟秀编《中国神话》（上），北京：商务印书馆2008年版，第195～198页。

W0763.4.4b.3
颛顼的孙子吴回

实　例

汉族 颛顼娶于滕氏，产老童。老童娶于竭水氏，竭水氏之子谓之高緺，氏产重黎及吴回。

【流传】（无考）

【出处】［西汉］戴德：《大戴礼记·帝系》。

W0763.4.4b.4
颛顼的孙子大禹

实　例

汉族 颛项产鲧，鲧产文命，是为禹。

【流传】（无考）

【出处】［西汉］戴德：《大戴礼记·帝系》。

W0763.4.4b.4.1
禹之父曰鲧，鲧之父曰颛顼

实　例

汉族 夏禹，名曰文命。禹之父曰鲧，鲧之父曰颛顼，颛顼之父曰昌意，昌意之父曰黄帝。禹者，黄帝之玄孙而帝颛顼之孙也。

【流传】（无考）

【出处】［西汉］司马迁：《史记·夏本纪》。

W0763.4.4c
颛顼的数世孙

实　例

（参见下级母题实例）

W0763.4.4c.1
颛顼的曾孙重、黎

实　例

（参见下级母题实例）

W0763.4.4c.1.1
高阳生称，称生卷章，卷章生重、黎

实　例

汉族 高阳者，黄帝之孙，昌意之子也。高阳生称，称生卷章，卷章生

重黎。

【流传】（无考）

【出处】［西汉］司马迁：《史记·楚世家》

W0763. 4. 4c. 2
颛顼的曾孙句芒

实 例

汉族 颛顼产穷蝉，穷蝉产敬康，敬康产句芒。

【流传】（无考）

【出处】［西汉］戴德：《大戴礼记·帝系》。

W0763. 4. 4c. 3
颛顼的曾孙陆终

实 例

（参见下级母题实例）

W0763. 4. 4c. 3. 1
颛顼的孙子吴回氏产陆终

实 例

汉族 颛顼娶于滕坟氏，谓之女禄，产老童。老童娶于根水氏，谓之骄福，生重黎及吴回。吴回氏产陆终。

【流传】（无考）

【出处】［先秦］史官修撰：《世本·帝系篇》（清秦嘉谟辑补本）。

汉族 颛顼之孙吴回氏产陆终。

【流传】（无考）

【出处】［西汉］戴德：《大戴礼记·帝系》。

W0763. 4. 4c. 4
颛顼的曾孙皋陶（咎陶、咎繇、嬴繇）

实 例

（参见下级母题实例）

W0763. 4. 4c. 4. 1
高阳氏产大业，大业生女华，女华生皋陶

实 例

汉族 高阳氏，产大业，大业生女华，女华生皋陶（皋陶又作咎陶、咎繇、嬴繇），字庭坚，为尧大理，因官命族为李氏。

【流传】（无考）

【出处】［宋］郑樵：《通志·氏族略》。

W0763. 4. 4c. 4. 1. 1
皋陶作刑

实 例

汉族 奚仲作车，仓颉作书，后稷作稼，皋陶作刑。

【流传】（无考）

【出处】［秦］吕不韦及门客：《吕氏春秋·君守篇》。

W0763. 4. 4c. 4. 1. 2
皋陶号庭坚

实 例

汉族 皋陶为士师，号曰庭坚。

【流传】（无考）

【出处】［春秋］孔丘及门生：《论语》郑玄注。

W0763.4.4c.4.1.3

皋陶墓在六安城东

实 例

汉族 今六安城东有皋陶墓。

【流传】（无考）

【出处】［秦］吕不韦及门客，王晓明注释：《吕氏春秋通诠·审分览·君守》，南昌：江西人民出版社2010年版。

W0763.4.4c.5

颛顼的6世孙虞舜

【关联】［W0739.4.0］舜的父母（舜的祖先）

实 例

汉族 螺祖为黄帝正妃，生玄嚣、昌意二子。虞舜者，名曰重华。重华父曰瞽叟，瞽叟父曰桥牛，桥牛父曰句望，句望父曰敬康，敬康父曰穷蝉，穷蝉父曰帝颛顼，颛顼父曰昌意。

【流传】（无考）

【出处】［西汉］司马迁：《史记·五帝本纪》。

W0763.4.5

颛顼的其他后代

【关联】［W0751.6.0.2］禹是颛顼之后

实 例

（参见下级母题实例）

W0763.4.5.1

颛顼的后裔是特定的国

实 例

（参见下级母题实例）

W0763.4.5.1.1

颛顼后裔叔歜国

实 例

汉族 有叔歜国，颛顼之子，黍食，使四鸟：虎、豹、熊、罴。

【流传】（无考）

【出处】［战国至汉］撰者不详：《山海经·大荒北经》。

W0763.4.5.1.2

颛顼后裔季禺国

实 例

汉族 又有成山，甘水穷焉。有季禺之国，颛顼之子，食黍。

【流传】（无考）

【出处】［战国至汉］撰者不详：《山海经·大荒南经》。

W0763.4.5.1.3

颛顼的后裔夏国、楚国

实 例

汉族 夏国、楚国是颛顼他的子孙。

【流传】（无考）

【出处】［西汉］司马迁：《史记·五帝本纪》。

W0763. 4. 5. 2

颛顼的后代苗裔

实 例

汉族 （参见“W0763. 4. 5. 3 帝高阳之苗裔”母题实例）

W0763. 4. 5. 3

帝高阳之苗裔

实 例

汉族 帝高阳之苗裔，朕皇考曰伯庸。

【流传】（无考）

【出处】［战国］屈原：《离骚》。

W0763. 4. 6

颛顼的从属

实 例

（参见下级母题实例）

W0763. 4. 6. 1

颛顼的辅佐玄冥

实 例

汉族 何谓五星？即东、南、中、西、北五个方位之星。其中，北方，水也，其帝颛顼，其佐玄冥。

【流传】（无考）

【出处】［西汉］淮南王刘安及门客：《淮南子·天文训》。

W0763. 4. 6. 1. 1

颛顼的辅佐玄冥是水神

实 例

汉族 颛顼赴任北方天帝前，先察访灾情，派辅佐水神玄冥，分工众神严管所有江河湖海，并在黄河上游截流，以防妖魔借机捣乱。

【流传】河南省·（开封市）·杞县

【出处】李广平（35 岁，男，农民）讲，王怀聚采录整理：《古帝颛顼》，见张振犁编著，孟宪明、朱淑君统纂《中原神话通鉴》（第三卷），郑州：河南大学出版社 2017 年版，第 954 ~ 955 页。

W0763. 4. 6. 2

帝喾佐颛顼

实 例

汉族 帝喾年十五岁，佐颛顼有功，封为诸侯，邑于高辛。

【流传】（无考）

【出处】［先秦］史官修撰：《世本·帝系篇》。

W0763. 4. 7

颛顼的上司

实 例

（参见下级母题实例）

W0763.4.7.1
颛顼到西天辅佐少昊

【关联】［W0763.4.2a.1］颛顼的叔父少昊

实 例

汉族 黄帝想试试孙子颛顼的神威，就下旨派颛顼到西天去辅佐少昊。

【流传】河南省·（开封市）·杞县

【出处】李广平（35 岁，男，农民）讲，王怀聚采录整理：《古帝颛顼》，见张振犁编著，孟宪明、朱淑君统纂《中原神话通鉴》（第三卷），郑州：河南大学出版社 2017 年版，第 954 页。

W0763.4.7.1.1
颛顼 10 岁时辅佐少昊

实 例

汉族 颛顼，上古帝王，系黄帝之孙。十岁时佐少昊，二十岁即帝位，初国于高阳，故号高阳氏。高阳古城（今旧城村），周围九里，为颛顼所建。

【流传】（无考）

【出处】河北省高阳县政协编：《高阳历代名人录》，河北省高阳县政协内部编印，2003 年。

W0763.4.8
颛顼的朋友

实 例

（参见下级母题实例）

W0763.4.8.1
颛顼求助于女娲

实 例

汉族 颛顼无法降服黄水怪时，就上天求女娲神相助。

【流传】河南省·（安阳市）·内黄县·（梁庄乡·三杨庄）

【出处】寇四妮（男，60 岁，农民，小学）讲，张毅力采录：《二帝陵和硝河的传说》（1986.07.12），见张振犁编著，孟宪明、朱淑君统纂《中原神话通鉴》（第三卷），郑州：河南大学出版社 2017 年版，第 948 页。

W0763.4.9
颛顼的敌人

实 例

（参见下级母题实例）

W0763.4.9.1
共工氏与颛顼为敌

实 例

汉族 共工氏与颛顼争为帝，怒而触不周之山，折天柱，绝地维，故天倾西北，日月星辰就焉；地不满东南，故百川水潦归焉。

【流传】（无考）

【出处】［春秋战国］列御寇：《列子·汤问》。

汉族 昔者共工与颛顼争为帝，怒而触不周之山，天柱折，地维绝。

【流传】（无考）

【出处】［西汉］刘安及其门客：《淮南子·天文训》。

汉族 共工之王，水处什工与颛顼之战。

【流传】（无考）

【出处】［战国］管仲：《管子·揆度》。

W0763. 4. 10

颛顼的老师

实 例

（参见下级母题实例）

W0763. 4. 10. 1

颛顼的老师伯夷父

实 例

汉族 "伯夷父生西岳，西岳生先龙，先龙是始生氐羌，氐羌乞姓。"郭璞注："俏夷父颛顼师，今成羌其苗裔也。"

【流传】（无考）

【出处】［战国至汉］撰者不详：《山海经·海内经》郭璞注。

W0763. 4. 10. 2

颛顼师老彭

实 例

汉族 颛顼师老彭

【流传】（无考）

【出处】［东汉］王符：《赞学》。

W0763. 4. 10. 3

颛顼师渌图

实 例

汉族 颛顼师渌图。

【流传】（无考）

【出处】［南宋］罗泌：《路史》。

W0763. 4a

颛顼的寿命

实 例

（参见下级母题实例）

W0763. 4a. 1

颛顼寿命 98 岁

实 例

汉族 颛顼在位七十八年，年九十八。

【流传】（无考）

【出处】［南朝·宋］裴骃：《史记集解》引皇甫谧语。

W0763. 4b

颛顼的死亡

实 例

（参见下级母题实例）

W0763. 4b. 1

颛顼的葬地

实 例

（参见下级母题实例）

W0763.4b.1.1

颛顼葬务隅山

实 例

汉族 务隅之山，帝颛顼葬于阳，九嫔葬于阴。

【流传】（无考）

【出处】

（a）［战国至汉］撰者不详：《山海经·海外北经》。

（b）《务隅山》，见袁珂《中国神话大词典》，北京：华夏出版社2015年版，第105页。

W0763.4b.1.2

颛顼葬附禺之山（鲋鱼之山）

实 例

（参见下级母题实例）

W0763.4b.1.2.1

帝颛顼与九嫔葬附禺之山

实 例

汉族 东北海之外，大荒之中，河水之间，附禺之山，帝颛顼与九嫔葬焉。

【流传】（无考）

【出处】［战国至汉］撰者不详：《山海经·大荒北经》。

W0763.4b.1.2.1.1

颛顼葬于务隅之山阳，九嫔葬于阴

实 例

汉族 务隅之山，帝颛顼葬于阳，九嫔葬于阴。

【流传】（无考）

【出处】［战国至汉］撰者不详：《山海经·海外北经》。

汉族 鲋鱼之山，帝颛顼葬于阳，九嫔葬于阴，四蛇卫之。

【流传】（无考）

【出处】［战国至汉］撰者不详：《山海经·海内东经》。

W0763.4b.2

颛顼死而复生

实 例

（参见下级母题实例）

W0763.4b.2.1

颛顼死后化鱼妇

实 例

汉族 有鱼偏枯，名曰鱼妇。颛顼死即复苏。风道北来，天及大水泉，蛇乃化为鱼，是为鱼妇。

【流传】（无考）

【出处】［战国至汉］撰者不详：《山海经·大荒西经》。

W0763. 5

与颛顼有关的其他母题

【关联】［W0254. 2］颛顼主北方

实 例

（参见下级母题实例）

W0763. 5. 1

颛顼的名字

实 例

（参见下级母题实例）

W0763. 5. 1. 1

颛顼是国名

实 例

汉族 有国曰颛顼。生伯服，食黍。

【流传】（无考）

【出处】［战国至汉］撰者不详：《山海经·大荒南经》。

W0763. 5. 1. 2

帝颛高阳氏（颛顼高阳氏）

实 例

汉族 颛顼居帝丘，称高阳氏。

【流传】（无考）

【出处】［春秋］左丘明：《左传》昭公十七年。

汉族 螺祖为黄帝正妃，生二子。其后皆有天下，其一曰玄嚣，是为青阳，降居江水；其二曰昌意，降居若水。昌意娶蜀山氏女，曰昌仆，生高阳。黄帝崩，葬桥山。其孙昌意之子高阳立，是为帝颛顼也。

【流传】（无考）

【出处】［西汉］司马迁：《史记·五帝本纪》。

汉族 帝颛高阳氏，黄帝之孙，昌意之子，姬姓也。

【流传】（无考）

【出处】［西汉］司马迁：《史记·帝王世纪》。

W0763. 5. 1. 2a

颛顼号高阳氏

实 例

汉族 颛顼，又称帝颛顼，号高阳氏。

【流传】（无考）

【出处】《颛顼》，见乌丙安主编《中国民间神谱》，沈阳：辽宁人民出版社2007年版，第56页。

W0763. 5. 1. 2b

颛顼身号高阳

实 例

汉族 “帝高阳之亩裔兮。”王逸注：“高阳，颛顼有天下之号也。”

【流传】（无考）

【出处】［战国］屈原：《楚辞·离骚》王逸注。

汉族 黑帝颛顼，身号高阳。

【流传】（无考）

【出处】［东汉］王符：《潜夫论·五德志》。

W0763.5.1.3

颛顼又称黑帝

实 例

汉族 黑帝颛顼，身号高阳。

【流传】（无考）

【出处】［汉］王符：《潜夫论·五德志》。

W0763.5.1.4

颛顼姓姬

实 例

汉族 帝颛顼高阳氏，黄帝之孙，昌意之子，姬姓也。

【流传】（无考）

【出处】［北宋］李昉、李穆、徐铉等：《太平御览》卷七九引《帝王世纪》。

W0763.5.1.5

颛顼号共工

【关联】［W0685］共工

实 例

汉族 黑帝颛顼，身号高阳，世号共工，以水纪。

【流传】（无考）

【出处】［东汉］王符：《潜夫论·五德志》。

W0763.5.1.6

颛顼又称高王爷

实 例

汉族 颛顼在内黄县群众心中的位置很高的，被尊称为“高王爷”。传说颛顼生前惩治黄水怪，死后仍可退水救民。相传有一天，高王爷显灵变成一位白发苍苍的老人，坐在高王庙的台阶上闭目养神。不久。天降大雨，洪水滚滚而来，田毁庄淹。洪水流到白发老人的面前不再向前流了，从水中钻出了两个非人非兽的怪物。白发老人一挥手，怪物乖乖地沉下水去，随后，洪水慢慢地退走了。高王庙一带避免了一场洪水灾害。

【流传】河南省·安阳市·内黄县

【出处】枣乡内黄网。http://www.neihuang.gov.cn/sitegroup20171211

W0763.5.1.7

颛顼又名乾荒

实 例

汉族 昌意生一子：颛顼，又名乾荒。

【流传】（无考）

【出处】（待考）

W0763.5.2

颛顼的属性

实 例

（参见下级母题实例）

W0763. 5. 2. 1
颛顼属冬季

实 例

汉族 （实例待考）

W0763. 5. 3
颛顼部落

实 例

（参见下级母题实例）

W0763. 5. 3. 1
颛顼部落共传 20 世

实 例

汉族 颛顼部落共传 20 世，350 年。

【流传】（无考）

【出处】［汉］佚名：《春秋纬·命历序》。

W0763. 5. 3. 2
颛顼部落存世 350 年

实 例

汉族 （参见"W0763. 5. 3. 1 颛顼部落共传 20 世"母题实例）

W0763. 5. 3. 3
颛顼部落存世 500 年

实 例

汉族 颛顼部落存世 500 年。

【流传】（无考）

【出处】［西汉］撰者不详：《易纬·稽览图》。

W0763. 5. 4
颛顼的标志

实 例

（参见下级母题实例）

W0763. 5. 4. 1
黑帝颛顼以水纪

实 例

汉族 黑帝颛顼，身号高阳，世号共工，以水纪。

【流传】（无考）

【出处】［东汉］王符：《潜夫论·五德志》。

W0763. 5. 4. 2
颛顼的星座

实 例

（参见下级母题实例）

W0763. 5. 4. 2. 1
颛顼天帝的星座是虔宿星

实 例

汉族 人们认为天上的星星是掌管天地的天帝。我们今天看到的虔宿星，就是颛顼天帝的星座。

【流传】河南省·（开封市）·杞县

【出处】李广平（35 岁，男，农民）

讲，王怀聚采录整理：《古帝颛顼》，见张振犁编著，孟宪明、朱淑君统纂《中原神话通鉴》（第三卷），郑州：河南大学出版社 2017 年版，第 955 ~ 956 页。

W0763.5.5
颛顼的遗迹

实 例

（参见下级母题实例）

W0763.5.5.1
颛顼墓（颛顼陵）

实 例

（参见下级母题实例）

W0763.5.5.1.1
高阳氏陵在开州（濮阳）

实 例

汉族 帝颛顼高阳氏陵有二：一在开州（即濮阳），一在东郡城西北二十里。在东郡者有庙，民间称“聊古庙”是也。

【流传】（无考）

【出处】［明］李贤、彭时等：《大明一统志》。

W0763.5.5.1.2
颛顼、帝喾二帝陵

实 例

（参见下级母题实例）

W0763.5.5.1.2.1
颛顼、帝喾二帝陵在滑县

实 例

汉族 颛顼、帝喾二帝陵在滑县东北七十里土山村，陵前有庙，庙为唐太和四年立，宋乾德六年修，金大定七年析开州境归于滑县。

【流传】（无考）

【出处】［清］孙灏：《河南通志》。

W0763.5.5.1.2.2
二帝陵又称高王庙

实 例

汉族 上古时期“三皇五帝”中的第二帝颛顼和第三帝帝喾的陵寝，俗称高王庙、二帝陵。

【流传】（无考）

【出处】枣乡内黄网。http://www.neihuang.gov.cn/sitegroup，20171211。

W0763.5.5.1.3
颛顼、帝喾二帝陵在河南内黄县

实 例

汉族 颛顼、帝喾二帝陵位于河南内黄县城南 30 公里的梁庄镇三杨庄土山之阳，人称“二帝陵”。颛顼陵居东，帝喾陵居西，两陵相距 60 米。颛顼陵南北长 66 米，东西宽 53 米，高约 26 米。

【流传】河南省·安阳市·内黄县

【出处】枣乡内黄网：http：//www. neihuang. gov. cn，20171211。

W0763. 5. 5. 2

颛顼庙

实 例

（参见下级母题实例）

W0763. 5. 5. 2. 1

颛顼庙又称聊古庙

实 例

汉族 ［参见“W0763. 5. 5. 1. 1 高阳氏陵在开州（濮阳）”母题实例］

W0764

金童玉女

实 例

汉族 （实例待考）

W0764. 1

金童玉女的产生

实 例

（参见下级母题实例）

W0764. 1. 1

金童玉女从天上来

实 例

（参见下级母题实例）

W0764. 1. 1. 1

金童玉女因相爱被玉帝贬下凡

实 例

汉族 天上金童、玉女，因相爱被玉帝贬下凡间变为石龟，称为“二龟压蛋儿石”。

【流传】河南省·（郑州市）·登封（登封市）·（唐庄乡）·磨沟村

【出处】丁广友讲，张楚北采录：《姊妹成婚》附记，见中国民间文学集成全国编辑委员会编《中国民间故事集成》（河南卷），北京：中国ISBN中心2001年版，第15页。

W0764. 2

金童玉女的特征

实 例

（实例待考）

W0764. 3

金童玉女的身份

实 例

（参见下级母题实例）

W0764. 3. 1

金童、玉女是小神

实 例

（参见下级母题实例）

W0764.3.1.1

金童、玉女是真武大帝的侍童小神

实 例

汉族 金童、玉女是真武大帝的侍童小神。

【流传】（无考）

【出处】［宋］撰者人不详：《元始天尊说真武本传妙经》（《真武本传妙经》）。

W0764.3.2

金童玉女是天帝的侍者

实 例

汉族 （实例待考）

W0764.4

金童玉女的生活

实 例

（参见下级母题实例）

W0764.4.1

金童玉女的居所

实 例

（参见下级母题实例）

W0764.4.1.1

金童玉女居天上

实 例

汉族 离天宫不远的地方，有一棵大树。树下有座漂亮的房子，房子两头，一头住着一个人，男的叫祖先，女的叫姑娘，是天上的金童玉女。

【流传】河南省·（南阳市）·桐柏县·平氏镇·平南村

【出处】王布英讲，马卉欣采录整理：《盘古修炼》（原名《盘古令》），见张振犁编著《中原神话通鉴》（第一卷），郑州：河南大学出版社 2017 年版，第 117 页。

W0764.5

与金童玉女有关的其他母题

【关联】［W1386.9.2.2］金童玉女帮助补天

实 例

（参见下级母题实例）

W0764.5.1

金童

实 例

（参见下级母题实例）

W0764.5.1.1

金童恩纳摩

实 例

仡佬族 头领见对河族胞生活犹苦，思于河上架桥以援之。已择搭桥之地五处，乃与众人开山撬石，伐木运材，力作方酣。天帝感其诚，乃遣恩纳摩

（金童）与略依下凡助之。

【流传】贵州省·织金县、间河县一带

【出处】袁珂改编：《天仙桥》（原名《搭桥》），原载毛星主编《中国少数民族文学》（中册），见袁珂《中国神话大词典》，北京：华夏出版社2015年版，第571页。

W0764.5.1.1.1
金童恩纳摩与土地神下棋

【关联】［W0809.1.2］仙人下棋

实 例

仡佬族 天帝遣恩纳摩（金童）与略依下凡帮助人造桥。恩纳摩至凡间，以为为时尚早，乃邀土地神下棋。

【流传】贵州省·织金县、间河县一带

【出处】袁珂改编：《天仙桥》（原名《搭桥》），原载毛星主编《中国少数民族文学》（中册），见袁珂《中国神话大词典》，北京：华夏出版社2015年版，第571页。

W0764.5.2
玉女

【关联】［W1972.9.19］玉女泉

实 例

（参见下级母题实例）

W0764.5.2.1
玉女居金堂

实 例

汉族 洞庭山浮于水上，其下有金堂数百间，玉女居之。

【流传】（无考）

【出处】［东晋］王嘉：《拾遗记》卷十。

W0764.5.2.2
玉女与天帝玩投壶

实 例

汉族 玉女与天帝投壶，天为之笑，今电光是也。

【流传】（无考）

【出处】［唐］虞世南：《北堂书钞》卷一五二引《神异经》。

W0764.5.2.3
玉女载太华

实 例

汉族 载太华之玉女兮。

【流传】（无考）

【出处】［东汉］张衡：《思玄赋》。

W0764.5.2.4
玉女在天上绣龙袍

实 例

汉族 从前，有个叫罗衣的人上天去耍，看见玉女在绣龙袍。

【流传】四川省·巴县（重庆·巴南区）·长生桥镇

【出处】李淑惠讲，张启炳记录，金祥度整理：《天狗吃月》（1986.04），见姚宝瑄主编《中国各民族神话》（汉族），太原：山西出版传媒集团·书海出版社2014年版，第233～234页。

W0764.5.3
金童与玉女斗法

实 例

（参见下级母题实例）

W0764.5.3.1
金童挑逗玉女

实 例

汉族 金童挑逗玉女。

【流传】（无考）

【出处】《真武本传妙经》。

W0764.5.4
金童玉女砍柴炼丹

实 例

汉族 金童拿一把斧子，玉女拿弓把剑，他俩成天砍柴，供天宫炼丹用。

【流传】河南省·（南阳市）·桐柏县·平氏乡·平南村

【出处】王英布讲，马卉欣采录：《修炼成亲》，见中国民间文学集成全国编辑委员会编《中国民间故事集成》（河南卷），北京：中国ISBN中心2001年版，第5页。

W0764.5.5
金童玉女变形

实 例

（参见下级母题实例）

W0764.5.5.1
金童玉女化为石龟

实 例

汉族 两个石龟是天上玉皇大帝的金童玉女，因他俩相爱，被玉皇大帝贬下凡间受罪。又因他俩泄露天机，玉皇大帝降旨一道，使金童玉女永为石龟。

【流传】河南省·（郑州市）·登封市

【出处】崔文秀讲，韩有治采录：《磨沟》，见张振犁编著，孟宪明、朱淑君统纂《中原神话通鉴》（第二卷），郑州：河南大学出版社2017年版，第376页。

W0764.5.6
特定名称的金童玉女（金童玉女的名字）

实 例

（参见下级母题实例）

W0764.5.6.1
银男和金女

实 例

彝族 人神俄惹结志派了银男和金女来到大地上造人类。

【流传】（四川省·凉山彝族自治州）

【出处】

（a）冯元蔚译：《勒俄特依》，成都：

四川民族出版社 1986 年版。

（b）冯元蔚译，蔷紫改写：《勒俄特依》，见姚宝瑄主编《中国各民族神话》（羌族、彝族），太原：山西出版传媒集团・书海出版社 2014 年版，第 155 页。

W0764. 5. 6. 2
桃花玉女和献桃金童

实 例

汉族 寿星老头把那五月鲜桃摘下装进他的锦花囊袋，领着桃花玉女和献桃金童走村串院给家家户户送寿桃，送寿桃一毕，便回天庭赴那蟠桃盛会。

【流传】 河南省・（南阳市）・社旗县

【出处】 杨东来采录整理：《桃花》，见张振犁编著，孟宪明、朱淑君统纂《中原神话通鉴》（第三卷），郑州：河南大学出版社 2017 年版，第 762 页。

W0764. 5. 6. 3
金童叫祖先，玉女叫姑娘

实 例

汉族 （参见“W0764. 4. 1. 1 金童玉女居天上”母题实例）

W0764. 5. 7
玉童玉女

实 例

（参见下级母题实例）

W0764. 5. 7. 1
九府玉童玉女

实 例

（参见下级母题实例）

W0764. 5. 7. 1. 1
九府玉童玉女男女名曰玉人

实 例

汉族 九府玉童玉女，与天地同休息。男女无为匹配，而仙道自成。张茂先曰，言不为夫妻也。男女名曰玉人。

【流传】（无考）

【出处】［西汉］东方朔：《神异经・中荒经》。

W0764. 5. 7. 2
玉女

实 例

（参见下级母题实例）

W0764. 5. 7. 2. 0
混沌生玉女

实 例

汉族 昔二仪未分，瞑涬鸿蒙，未有成形。混沌玄黄，已有盘古真人，天地之精，自号元始天王，游乎其中。复经四劫，二仪始分，相去三万六千里。复经二劫，忽生太元玉女，号曰太元圣母。

【流传】（无考）

【出处】［东晋］葛洪：《枕中书》。

W0764.5.7.2.1

玉女是王母娘娘身边专织天上五彩云锦的仙女

实　例

白族 玉女是王母娘娘身边专织天上五彩云锦的仙女。

【流传】云南省·（大理白族自治州）·大理市

【出处】李天祥记录：《大理石与玉带云》，见姚宝瑄主编《中国各民族神话》（白族、拉祜族、景颇族），太原：山西出版传媒集团·书海出版社2014年版，第63页。

W0764.5.7.2.2

玉女仙姑

实　例

白族 一只领略过苍山洱海风光的凤凰，有一次飞到天宫去，把这里的绮丽景色讲给玉女仙姑听。

【流传】云南省·（大理白族自治州）·大理市

【出处】李天祥记录：《大理石与玉带云》，见姚宝瑄主编《中国各民族神话》（白族、拉祜族、景颇族），太原：山西出版传媒集团·书海出版社2014年版，第63页。

W0764.5.7.2.3

玉女下凡

实　例

汉族 汉武帝在甘泉宫，有玉女降，常与帝围棋相娱。女风姿端正，帝密悦，乃欲逼之。女因唾帝面而去，遂病疮经年。

【流传】（无考）

【出处】鲁迅：《古小说钩沉》辑《幽明录》。

W0764.5.7.2.4

玉女驾彩云

实　例

白族 凤凰在前引路，玉女驾着彩云，轻飘飘地向苍山飞来。

【流传】云南省·（大理白族自治州）·大理市

【出处】李天祥记录：《大理石与玉带云》，见姚宝瑄主编《中国各民族神话》（白族、拉祜族、景颇族），太原：山西出版传媒集团·书海出版社2014年版，第63页。

W0764.5.7.2.5

玉女乘石马

实　例

汉族 （华山）东峰左襟下为玉女峰。昔有人见玉女乘石马入峰间。

【流传】（无考）

【出处】

(a)［清］李云圃辑:《华岳志》卷一。

(b)《玉女峰》,见袁珂《中国神话大词典》,北京:华夏出版社 2015 年版,第 94 页。

W0764. 5. 7. 2. 6

明星玉女

实 例

(参见下级母题实例)

W0764. 5. 7. 2. 6. 1

明星玉女居华山

实 例

汉族 明星玉女者,居华山,服玉浆,白日升天。山顶石龟,其广数亩,高三仞,其侧有梯磴,远皆见。玉女祠前有五石臼,号曰玉女洗头盆,其中水色,碧绿澄澈,雨不加溢,旱不减耗。祠内有玉石马一匹焉。

【流传】(无考)

【出处】［北宋］李昉、扈蒙、李穆、徐铉等:《太平广记》卷五九“明星玉女”条引《集仙录》。

汉族 明星玉女者,居华山,服玉浆,白日升天。

【流传】(无考)

【出处】［元］赵道一:《历世真仙体道通鉴后集》卷二“明星玉女”条。

W0764. 5. 7. 2. 7

太元玉女

实 例

(参见下级母题实例)

W0764. 5. 7. 2. 7. 1

太元玉女号曰太元圣母

实 例

汉族 昔二仪未分,瞑涬鸿蒙,未有成形。混沌玄黄,已有盘古真人,天地之精,自号元始天王,游乎其中。复经四劫,二仪始分,相去三万六千里。复经二劫,忽生太元玉女,号曰太元圣母。

【流传】(无考)

【出处】［东晋］葛洪:《枕中书》。

汉族 复经二劫,忽生太元玉女,在石涧积血之中,出而能言,人形具足,天姿绝妙,当游厚地之间,仰吸天气,号曰太元圣母。

【流传】(无考)

【出处】［南宋］罗泌:《路史·前纪一》罗苹注。

W0764. 5. 8

仙童玉女

实 例

(参见下级母题实例)

W0764.5.8.1
瑶姬管教仙童玉女

实 例

汉族 西王母让女儿瑶姬管教仙童玉女。

【流传】四川省

【出处】朱奉天讲，唐探峰采录：《神女瑶姬的传说》，见陶阳、钟秀编《中国神话》（上），北京：商务印书馆2008年版，第438～441页。

W0765
刑天

实 例

（参见下级母题实例）

W0765.1
刑天的产生

实 例

（实例待考）

W0765.2
刑天的特征

实 例

（参见下级母题实例）

W0765.2.1
刑天身高一丈，赤发红颜

实 例

汉族 刑天身高一丈，赤发红颜，鬃毛如剑，怒目圆睁。

【流传】河南省·（郑州市）·新郑市

【出处】许聪敏采录整理：《黄帝斩刑天》，见张振犁编著，孟宪明、朱淑君统纂《中原神话通鉴》（第二卷），郑州：河南大学出版社2017年版，第578页。

W0765.2.2
刑天以乳为目

实 例

汉族 刑天与帝争神，帝断其首，乃以乳为目，以脐为口，操干戚以舞。

【流传】（无考）

【出处】［战国至汉］撰者不详：《山海经·海内西经》。

汉族 刑天的头被黄帝砍下后，便将两个奶头变作双眼。

【流传】河南省·（郑州市）·新郑市

【出处】许聪敏采录整理：《黄帝斩刑天》，见张振犁编著，孟宪明、朱淑君统纂《中原神话通鉴》（第二卷），郑州：河南大学出版社2017年版，第578页。

W0765.2.3
刑天肥短无头

实 例

汉族 （参见“W0765.7.1 刑天氏”母题实例）

W0765. 2. 4
刑天以脐作口

实 例

汉族 （参见“W0765. 2. 2 刑天以乳为目”、“W0765. 7. 1 刑天氏”母题实例）

W0765. 3
刑天的身份

【关联】［W0494. 6. 1］战神刑天

实 例

（参见下级母题实例）

W0765. 3. 1
刑天是炎帝旧臣

【关联】［W0745b. 7. 1］炎帝的部将祝融、刑天

实 例

汉族 刑天是太阳神炎帝的臣子。

【流传】（无考）

【出处】袁珂重述：《刑天》，原载袁珂《神话故事新编》，见陶阳、钟秀编《中国神话》（中），北京：商务印书馆 2008 年版，第 795 ~796 页。

汉族 刑天作为炎帝旧臣，被黄帝封于有熊国都南的刑山。

【流传】河南省·（郑州市）·新郑市

【出处】许聪敏采录整理：《黄帝斩刑天》，见张振犁编著，孟宪明、朱淑君统纂《中原神话通鉴》（第二卷），郑州：河南大学出版社 2017 年版，第 577 页。

W0765. 3. 2
刑天是乐工

实 例

汉族 乃命邢天作《扶犂》之乐，制《丰年》之咏。

【流传】（无考）

【出处】［南宋］罗泌：《路史·后纪三·炎帝上》。

汉族 刑天原是一名乐工，曾为炎帝作过一曲《扶犁》的乐曲，还创作过一首名为《丰年》的诗歌，歌颂当年炎帝时的农耕生活和丰收的喜悦。

【流传】河南省·（郑州市）·新郑市

【出处】许聪敏采录整理：《黄帝斩刑天》，见张振犁编著，孟宪明、朱淑君统纂《中原神话通鉴》（第二卷），郑州：河南大学出版社 2017 年版，第 577 页。

W0765. 4
刑天的能力（刑天的事迹）

实 例

（参见下级母题实例）

W0765. 4. 1
刑天争帝

实 例

汉族 （参见“W0765. 4. 3. 1 刑天操

干戚与帝争神”母题实例）

W0765.4.1.1

刑天与帝争神

实 例

汉族 刑天与天帝争神，帝断其首，葬之常羊之山。乃刑天以乳为目，以脐为口，操干戚以舞。

【流传】（无考）

【出处】［战国至汉］撰者不详：《山海经·海外西经》。

W0765.4.2

刑天造反

实 例

汉族 黄帝建立中国历史上第一个王朝，登基时，有一个叫刑天的人造反了。

【流传】 河南省·（郑州市）·新郑市

【出处】 许聪敏采录整理：《黄帝斩刑天》，见张振犁编著，孟宪明、朱淑君统纂《中原神话通鉴》（第二卷），郑州：河南大学出版社 2017 年版，第 577 页。

W0765.4.3

刑天舞干戚

实 例

（参见下级母题实例）

W0765.4.3.1

刑天操干戚与帝争神

实 例

汉族 刑天与帝争神，帝断其首，乃以乳为目，以脐为口，操干戚以舞。

【流传】（无考）

【出处】［战国至汉］撰者不详：《山海经·海内西经》。

W0765.4.4

刑天生命不息战斗不止

实 例

汉族 刑天的头被黄帝砍下后，便将两个奶头变作双眼，将肚脐变作口，继续挥舞板斧、盾牌与黄帝战斗，并且声声叫骂不止。

【流传】 河南省·（郑州市）·新郑市

【出处】 许聪敏采录整理：《黄帝斩刑天》，见张振犁编著，孟宪明、朱淑君统纂《中原神话通鉴》（第二卷），郑州：河南大学出版社 2017 年版，第 578 页。

W0765.5

刑天的生活

实 例

（参见下级母题实例）

W0765.5.1

刑天的居所

实 例

（参见下级母题实例）

W0765.5.1.1

刑天氏居特定的岛上

实 例

汉族 （参见“W0765.7.1 刑天氏”母题实例）

W0765.5.2

刑天的工具

实 例

（参见下级母题实例）

W0765.5.2.1

刑天的板斧

实 例

汉族 刑天与黄帝争帝位时，一手举着大板斧，一手握盾牌，又蹦又叫，往山上闯。

【流传】 河南省·（郑州市）·新郑市

【出处】 许聪敏采录整理：《黄帝斩刑天》，见张振犁编著，孟宪明、朱淑君统纂《中原神话通鉴》（第二卷），郑州：河南大学出版社 2017 年版，第 578 页。

W0765.6

刑天的死亡

实 例

（参见下级母题实例）

W0765.6.1

刑天葬常羊山

实 例

汉族 刑天与帝争神，帝断其首，葬之常羊之山。

【流传】（无考）

【出处】［战国至汉］撰者不详：《山海经·海外西经》。

汉族 黄帝很敬佩刑天的忠勇刚烈，就命人将他葬在轩辕丘附近的常羊山，而刑天居住的地方刑山，因为被黄帝宝剑砍断而改称陉山。

【流传】 河南省·（郑州市）·新郑市

【出处】 许聪敏采录整理：《黄帝斩刑天》，见张振犁编著，孟宪明、朱淑君统纂《中原神话通鉴》（第二卷），郑州：河南大学出版社 2017 年版，第 578 页。

W0765.7

与刑天有关的其他母题

实 例

（参见下级母题实例）

W0765.7.1

刑天氏

实 例

汉族 至一岛，男女千人，皆肥短无头，以两乳作眼，闪闪欲动；以脐作口，取食物至前，吸而啖之，声啾啾不可辨。识者曰，此《山海经》所载刑天氏也。

【流传】（无考）

【出处】［清］袁枚：《续子不语》卷一“刑天国”。

W0766

织女

实 例

汉族 维天有汉，监亦有光。跂彼织女，终日七襄。虽则七襄，不成报章。睆彼牵牛，不以服箱。

【流传】（无考）

【出处】《诗·小雅·大东》。

W0766.1

织女的产生

实 例

（实例待考）

W0766.2

织女的特征

实 例

（参见下级母题实例）

W0766.2.1

织女很美

实 例

（参见下级母题实例）

W0766.2.1.1

织女脸像桃花瓣，眉月如墨染，手指像笋尖

实 例

布依族 第七层天上的织女七姐妹，一张张脸就像一朵朵粉红的桃花瓣；一弯弯眉月，就像墨染过的一般黑，一般亮晶晶；长长的手指，就像一根根又鲜又嫩的竹笋尖尖。

【流传】（无考）

【出处】岭老荣唱，岭玉清翻译整理，古梅改写：《漫游十二层天和十二层海》，见姚宝瑄主编《中国各民族神话》（布依族、仡佬族、苗族），太原：山西出版传媒集团·书海出版社2014年版，第27～28页。

W0766.3

织女的身份

【关联】［W0658a.8.44.1］纺织业祖师神织女

实 例

（参见下级母题实例）

W0766. 3. 1

织女是仙女

实 例

（参见下级母题实例）

W0766. 3. 1. 1

织女是七仙女

实 例

汉族 七仙女即织女。

【流传】四川省·巴县（今重庆市·巴南区）·走马乡

【出处】谢治中讲，严小华采录：《轩辕制衣服》，见中国民间文学集成全国编辑委员会编《中国民间故事集成》（四川卷·上），北京：中国 ISBN 中心 1998 年版，第 60 页。

W0766. 3. 1. 2

织女星是天上年轻漂亮的仙女

实 例

汉族 织女星在天上算得上是个年轻漂亮的仙女。

【流传】四川省·巴县（今重庆市·巴南区）·鱼洞镇

【出处】张文奎讲，李子硕记录整理：《天河的来历》（1988. 04），见姚宝瑄主编《中国各民族神话》（汉族），太原：山西出版传媒集团·书海出版社 2014 年版，第 77～81 页。

W0766. 3. 2

织女是仙姑

实 例

（参见下级母题实例）

W0766. 3. 2. 1

织女是天上的仙姑

实 例

汉族 天上有个仙姑叫织女。

【流传】河南省·（南阳市）·桐柏县·（鸿仪河乡·仓房村）

【出处】周贤有讲，周君立采录整理：《天河》（1985. 05. 01），见张振犁编著，孟宪明、朱淑君统纂《中原神话通鉴》（第三卷），郑州：河南大学出版社 2017 年版，第 828 页。

W0766. 3. 3

织女是仙子

实 例

（参见下级母题实例）

W0766. 3. 3. 1

织女是七仙子

实 例

汉族 黄牛对牛郎说：“今天中午正好玉帝的女儿都到这湖里洗澡，咱俩偷偷到岸边拿一件翠绿色的衣裙，就是七仙子织女的衣服。”

【流传】河南省中部地区

【出处】蔡玉花（71岁，农民）讲，李新明采录整理：《牛郎织女的故事》，见张振犁编著，孟宪明、朱淑君统纂《中原神话通鉴》（第三卷），郑州：河南大学出版社2017年版，第833页。

W0766.3.4
织女是侍女

实 例

（参见下级母题实例）

W0766.3.4.1
织女是王母娘娘的仆女

实 例

汉族 织女是王母娘娘的仆女。

【流传】河南省·（南阳市）·桐柏县

【出处】黄发美、黄正明讲，薛远增整理：《牵牛星和织女星》，见姚宝瑄主编《中国各民族神话》（汉族），太原：山西出版传媒集团·书海出版社2014年版，第312～315页。

W0766.4
织女的职能（职能的能力、织女的事迹）

实 例

（参见下级母题实例）

W0766.4.1
织女会织布

实 例

（参见下级母题实例）

W0766.4.1.1
织女织绫罗

实 例

布依族 第七层天里住着织绫罗的七姊妹，她们正忙着织绫罗。

【流传】（无考）

【出处】岭老荣唱，岭玉清翻译整理，古梅改写：《漫游十二层天和十二层海》，见姚宝瑄主编《中国各民族神话》（布依族、仡佬族、苗族），太原：山西出版传媒集团·书海出版社2014年版，第27页。

W0766.4.1.2
织女一夜间织成3百匹绢

实 例

汉族 织女在一夜间织成三百匹绢，替丈夫董永还了债，赎了身。

【流传】（无考）

【出处】耿瑞、刘珊整理：《大石磙庄的来历——董永与织女的遗迹》，见陶阳、钟秀编《中国神话》（中），北京：商务印书馆2008年版，第1014～1015页。

W0766.4.2
织女会变形

实 例

（参见下级母题实例）

W0766. 4. 2. 1

织女变成神鹰

实 例

仡佬族 织女变化成为神鹰。

【流传】（无考）

【出处】高兴文讲：《阿力和达勒》，见刘魁立主编《玉皇大帝的传说》，北京：中国社会出版社 2008 年版，第 109 页。

仡佬族 织女复变神鹰往人间

【流传】（无考）

【出处】袁珂改编：《阿力与达勒》，原载谷德明编《中国少数民族神话选》，见袁珂《中国神话大词典》，北京：华夏出版社 2015 年版，第 572 页。

W0766. 4. 2. 1. 1

织女接玉皇旨令变成一只神鹰

实 例

仡佬族 织女接玉皇的旨令后，变成一只神鹰。

【流传】（无考）

【出处】高兴文讲，刘文澜搜集，张德昌等整理：《阿力和达勒》，见谷德明编《中国少数民族神话》，北京：中国民间文艺出版社 1987 年版，第 664 页。

W0766. 4. 3

织女心灵手巧

实 例

汉族 牛郎的媳妇是仙女，是一位心灵手巧的织女。

【流传】河南省·（商丘市）·永城县北、芒场山一带［采录地点：永城县·顺和乡·大李庄］

【出处】李德明（农民，小学）讲，高永才采录：《牛郎织女（十）》（1089. 07. 10），见张振犁编著，孟宪明、朱淑君统纂《中原神话通鉴》（第三卷），郑州：河南大学出版社 2017 年版，第 808 页。

W0766. 4. 4

织女献天衣

【关联】［W1798. 3］天衣

实 例

（参见下级母题实例）

W0766. 4. 4. 1

织女织的天衣金彩绚烂

实 例

汉族 末有织女来谒，献天衣一袭，金彩绚烂，光映一室。王意其伪，索观之，果无缝之衣。

【流传】（无考）

【出处】［清］蒲松龄：《聊斋志异》卷十三“翠仙”。

W0766. 4. 5

织女专给老天爷绣衣裳

实 例

汉族 织女是王母娘的仆女，专给老天爷织绣衣裳。

【流传】河南省·（南阳市）·桐柏县

【出处】黄发美讲，黄正明记录，薛远增整理：《牵牛星和织女星》，原载马卉欣主编：《中国民间故事集成》（河南桐柏县卷第一分册），见陶阳、钟秀编《中国神话》（上），北京：商务印书馆2008年版，第232～235页。

汉族 织女是王母娘娘的仆女，专给老天爷绣衣裳。

【流传】河南省·（南阳市）·桐柏县

【出处】黄发美、黄正明讲，薛远增整理：《牵牛星和织女星》，见姚宝瑄主编《中国各民族神话》（汉族），太原：山西出版传媒集团·书海出版社2014年版，第312～315页。

W0766.4.6

织女管纺纱织布

实 例

（参见下级母题实例）

W0766.4.6.1

织女星在天上管纺纱织布

实 例

汉族 织女星在天上算得上是个年轻漂亮的仙女，她在天上管纺纱织布。

【流传】四川省·巴县（今重庆市·巴南区）·鱼洞镇

【出处】张文奎讲，李子硕记录整理：《天河的来历》（1988.04），见姚宝瑄主编《中国各民族神话》（汉族），太原：山西出版传媒集团·书海出版社2014年版，第77～81页。

W0766.4a

织女的生活

实 例

（参见下级母题实例）

W0766.4a.1

织女的服饰

实 例

（参见下级母题实例）

W0766.4a.1.1

织女穿玄霄之衣

实 例

汉族 郭翰尝遇织女降其室，衣玄霄之衣，霜罗之被，戴翘凤金冠，蹑琼文九章之履，张霜雾丹谷之帱，施九晶玉华之蕈，转会风之扇，有同心龙枕。

【流传】（无考）

【出处】［元］赵道一：《历世真仙体道通鉴后集》卷二“织女”条。

W0766.4a.2

织女的饮食

实 例

（实例待考）

W0766. 4a. 3

织女的居所

实 例

（参见下级母题实例）

W0766. 4a. 3. 1

织女住第七层天

实 例

布依族 织绫罗的织女七姊妹住在第七层天。

【流传】（无考）

【出处】岭老荣唱，岭玉清翻译整理，古梅改写：《漫游十二层天和十二层海》，见姚宝瑄主编《中国各民族神话》（布依族、仡佬族、苗族），太原：山西出版传媒集团·书海出版社2014年版，第27页。

W0766. 4a. 3. 2

织女居天河

实 例

汉族 有人乘槎去天河，去十余日，奄至一处，有城郭状，屋舍甚严，遥望宫中多织妇。见一丈夫，牵牛渚次饮之。牵牛人乃惊问曰："何由至此？"此人具说来意，并问此是何处。答曰："'君还至蜀郡，访严君平则知之。'竟不上岸，因还如期。后至蜀问君平，曰：'某年月有客星犯牵牛宿。'计年月，正是此人到天河时也。"

【流传】（无考）

【出处】

(a)［西晋］张华：《博物志·杂说》。

(b)《天河》，见袁珂《中国神话大词典》，北京：华夏出版社2015年版，第55页。

W0766. 4a. 3. 3

织女住天河之东

实 例

汉族 天河之东有织女，天帝之子也。年年机杼劳役，织成云锦天衣。

【流传】（无考）

【出处】［明］冯应京：《月令广义·七月令》引《小说》。

W0766. 4a. 4

织女的出行

实 例

（参见下级母题实例）

W0766. 4a. 4. 1

织女下凡

实 例

（参见下级母题实例）

W0766. 4a. 4. 1. 1

织女穿羽衣下凡

实 例

汉族 （实例待考）

W0766.4a.4.1.2

织女下凡救助人类

实 例

仡佬族 古昔有仡佬族人，一家十口，于人间受尽苦难，玉帝降旨，令织女接之上天避难。

【流传】（无考）

【出处】 袁珂改编：《阿力与达勒》，原载谷德明编《中国少数民族神话选》，见袁珂《中国神话大词典》，北京：华夏出版社2015年版，第572页。

W0766.4a.4.1.3

织女化为神鹰下凡

实 例

仡佬族 织女化为神鹰，飞至人间。

【流传】（无考）

【出处】 袁珂改编：《阿力与达勒》，原载谷德明编《中国少数民族神话选》，见袁珂《中国神话大词典》，北京：华夏出版社2015年版，第572页。

W0766.4a.4.2

织女回天

【关联】［W7096］妻子的离去

实 例

（参见下级母题实例）

W0766.4a.4.2.1

织女被捉回天上

实 例

汉族 （参见“W0766.5.2.5.1.1 天兵天降将织女捉回天上”母题实例）

W0766.4a.4.2.2

织女找到被藏的衣服回天

实 例

汉族 牛郎织女成婚。老黄牛对牛郎说：“你偷的织女的那件衣裳，要放在后边的那个干井里，用石头压住，千万不要叫织女知道，她知道了，找到了她的衣裳，她会天上的。”

【流传】 河南省·（郑州市）·中牟县、尉氏、新郑交界一带［采录地点：中牟县·冯堂乡·蒿家村］

【出处】 冯冉氏（女，66岁，农民，不识字）讲，冯长顺采录整理：《牛郎和织女》（1989.11.05），见张振犁编著，孟宪明、朱淑君统纂《中原神话通鉴》（第三卷），郑州：河南大学出版社2017年版，第814页。

W0766.4a.5

织女洗浴

实 例

（参见下级母题实例）

W0766. 4a. 5. 1

织女下凡洗浴

实 例

（参见下级母题实例）

W0766. 4a. 5. 1. 1

织女下凡裸体洗浴

实 例

汉族 织女下凡后，见山上有座天池，池头的水清清亮亮，绿油油的，又没得人，就脱个光条条下水洗了起来。

【流传】四川省·巴县（今重庆市·巴南区）·鱼洞镇

【出处】张文奎讲，李子硕记录整理：《天河的来历》（1988. 04），见姚宝瑄主编《中国各民族神话》（汉族），太原：山西出版传媒集团·书海出版社 2014 年版，第 77 ~ 81 页。

W0766. 5

织女的关系

实 例

（参见下级母题实例）

W0766. 5. 0

织女的祖辈

实 例

（参见下级母题实例）

W0766. 5. 0. 1

织女是王母娘娘的外孙女

实 例

汉族 王母娘娘的外孙女织女，私自下凡同牛郎结婚。

【流传】河南省·（南阳市）·镇平县［采录地点：镇平县·王岗乡·姑坡村］

【出处】马宗芳讲，刘筱芬采录：《井星为啥有缺口》（1986. 10），见张振犁编著，孟宪明、朱淑君统纂《中原神话通鉴》（第三卷），郑州：河南大学出版社 2017 年版，第 840 页。

W0766. 5. 1

织女的父母

实 例

（参见下级母题实例）

W0766. 5. 1. 1

织女是王母娘娘的女儿

实 例

汉族 王母娘娘听到七女儿下凡嫁给牛郎，非常恼怒，下令让关兵天将把织女抓回了天庭。

【流传】河南省·（洛阳市）·嵩县［采录地点：嵩县·邓岭村］

【出处】邓运安（86 岁）讲，邓某采录整理：《牛郎织女（五）》（1989. 08. 19），见张振犁编著，孟宪明、朱淑君统纂《中原神话通鉴》（第三卷），郑州：河南大学出版社 2017 年版，第 793 页。

W0766.5.1.2

织女是天帝的女儿（织女是天帝之子）

实 例

汉族等 天河之东有织女，天帝之子也。

【流传】（无考）

【出处】［明］冯应京：《月令广义·七月令》引［南朝·梁］殷芸《小说》。

W0766.5.1.2.1

织女是天帝的九姑娘

实 例

汉族 牛郎小意和天帝的九姑娘成了亲。九姑娘说，她整天在天上织布，大家都叫她“织女”。

【流传】 河南省·（平顶山市）·鲁山县

【出处】 徐鸿欣讲：《牛郎织女（七）》，见张振犁编著，孟宪明、朱淑君统纂《中原神话通鉴》（第三卷），郑州：河南大学出版社 2017 年版，第 799 页。

W0766.5.1.2.2

织女是天帝最小的女儿

实 例

汉族 织女是天帝最小的妞儿。

【流传】 河南省·（郑州市）·中牟县、尉氏、新郑交界一带［采录地点：中牟县·冯堂乡·蒿家村］

【出处】 冯冉氏（女，66 岁，农民，不识字）讲，冯长顺采录整理：《牛郎和织女》（1989.11.05），见张振犁编著，孟宪明、朱淑君统纂《中原神话通鉴》（第三卷），郑州：河南大学出版社 2017 年版，第 815 页。

W0766.5.1.3

织女是玉皇大帝和王母娘娘的小女儿

实 例

汉族 玉皇大帝和王母娘娘最喜欢的小女儿织女。

【流传】 河南省·（南阳市）·桐柏县

【出处】 杨子杰、刘大奶讲，杨主泽采录整理：《牛郎医生》，见张振犁编著，孟宪明、朱淑君统纂《中原神话通鉴》（第三卷），郑州：河南大学出版社 2017 年版，第 842 页。

W0766.5.1.4

织女是玉皇大帝的孙女

实 例

汉族 天上玉皇大帝的孙女织女不顾天条戒律与人间的牛郎结为夫妻。

【流传】（无考）

【出处】《织女》，见乌丙安主编《中国民间神谱》，沈阳：辽宁人民出版社 2007 年版，第 7 页。

W0766. 5. 1. 5

织女是天帝孙女

实 例

（参见下级母题实例）

W0766. 5. 1. 5. 1

织女是天帝孙女，王母娘娘外孙女

实 例

汉族 民间传云，织女为天帝孙女，王母娘娘外孙女，于织纴之暇，常与诸仙女于银河澡浴。

【流传】（无考）

【出处】《牛郎织女》，见袁珂《中国神话大词典》，北京：华夏出版社 2015 年版，第 66 页。

W0766. 5. 2

牛郎织女（牛女）

【关联】

①［W1752. 11. 1］牛郎织女变成牛郎星和织女星

②［W1719. 6. 8］牛郎织女的 2 个孩子在天上变成星星

实 例

汉族 （实例待考）

W0766. 5. 2. 1

牛郎织女的身份

实 例

（参见下级母题实例）

W0766. 5. 2. 1. 1

农神（牛郎）与衣神（织女）是夫妻

实 例

汉族 （实例待考）

W0766. 5. 2. 1. 2

织女星与牵牛星

实 例

汉族 维天有汉，监亦有光。歧彼织女，终日七襄。虽则七襄，不成报章。睆彼牵牛，不以服箱。

【流传】（无考）

【出处】《诗经·小雅·大东》。

W0766. 5. 2. 1. 2. 1

牵牛、织女在夕日相会

实 例

汉族 七月七日为七夕。相传是夕为牵牛、织女二星相会日。

【流传】（无考）

【出处】《七夕》，见袁珂《中国神话大词典》，北京：华夏出版社 2015 年版，第 2 页。

W0766. 5. 2. 1. 2. 2

牛郎织女一年相会一次

实 例

汉族 天河之东有织女，天帝之子也。年年机杼劳役，织成云锦天衣，容貌不暇整。帝怜其独处，许嫁河西牵牛郎，嫁后遂废织纴。天帝怒，责令归河东，但使一年一度相会。

【流传】（无考）

【出处】［明］冯应京撰，戴任续撰：《月令广义·七月令》引［南朝·梁］殷芸《小说》。

W0766.5.2.1.3

牛郎织女是牵牛星与河汉女

实　例

汉族 迢迢牵牛星，皎皎河汉女，纤纤擢素手，札札弄机杼。终日不成章，泣涕零如雨。河汉清且浅，相去复几许。盈盈一水间，脉脉不得语。

【流传】（无考）

【出处】［南朝］枚乘、傅毅、曹植、王粲等《古诗十九首》。

汉族 迢迢牵牛星，皎皎河汉女。纤纤擢素手，札札弄机杼。终日不成章，泣涕零如雨。河汉清且浅，相去复几许。盈盈一水间，脉脉不得语。

【流传】（无考）

【出处】［明］冯惟讷撰：《古诗纪》卷二十《古诗十九首》。

W0766.5.2.1.4

牛郎与织女星婚

实　例

汉族 织女星下凡配了牛郎，生了一儿一女。

【流传】河南省·（南阳市）·桐柏县·（鸿仪河乡）

【出处】王子鉴讲，柳丹采录整理：《淮水浸月》，见张振犁编著，孟宪明、朱淑君统纂《中原神话通鉴》（第三卷），郑州：河南大学出版社2017年版，第845页。

W0766.5.2.1.5

织女嫁河西牵牛郎

实　例

汉族 织女遂嫁河西牵牛郎。

【流传】（无考）

【出处】《月令广义·七月令》引六朝梁殷芸《小说》。

W0766.5.2.2

牛郎织女婚姻的产生

实　例

汉族 ☆牛郎原在天上看牛，因与织女一起在蟠桃园偷吃蟠桃，被玉皇贬到凡间。

【流传】福建省·（宁德市）·霞浦县·城关（松城街道及松港街道）

【出处】王庆国讲，郑东夫采录：《农神和衣神》，见中国民间文学集成全国编辑委员会编《中国民间故事集成》（福建卷），北京：中国ISBN中心2008年版，第14页。

W0766.5.2.2.1

牛郎织女的媒人是老牛

实 例

汉族 鲁山县境内的露峰山西南有个孙义村，该村千余名孙姓村民一直以来把牛郎孙守义作为自己的祖先敬奉，村里多年来流传着古戏《天河记》中说，牛郎白天放牛，夜宿露峰山山洞，后经老牛指点，放牛郎巧盗下凡到莲花潭洗澡的仙女的红衣，两人得以成亲，生育一双儿女。后人们将孙守义住的这个村叫孙义村。

【流传】河南省·平顶山市·鲁山县·辛集乡·孙义村

【出处】《牛郎织女》，见 https：//baike. baidu. com。

W0766.5.2.2.2

牛郎因偷织女的衣裳成婚

实 例

（参见下级母题实例）

W0766.5.2.2.2.1

牛郎因偷最小的织女的衣裳成婚

实 例

汉族 （实例待考）

W0766.5.2.2.3

织女下凡主动与牛郎成婚

实 例

汉族 昆山县东三十六里，地名黄姑。古老相传云：尝有织女牵牛星，降于此地。织女以金篦划河，河水涌溢，牵牛因不得渡。

【流传】（昆山县）

【出处】［宋］龚明之：《中吴纪闻》卷四“黄姑织女”条。

汉族 天上的织女下凡主动为牛郎做饭，成为牛郎的妻子。

【流传】河南省·（商丘市）·永城县北、芒场山一带［采录地点：永城县·顺和乡·大李庄］

【出处】李德明（农民，小学）讲，高永才采录：《牛郎织女（十）》（1089. 07. 10），见张振犁编著，孟宪明、朱淑君统纂《中原神话通鉴》（第三卷），郑州：河南大学出版社 2017 年版，第 808 页。

W0766.5.2.3

牛郎织女婚姻的情形

实 例

（参见下级母题实例）

W0766.5.2.3.1

牛郎织女经考验成婚

实 例

（实例待考）

W0766.5.2.3.2

牛郎织女闪婚

实 例

（实例待考）

W0766.5.2.3.3

牛郎头天回家，织女第二天就赶来成婚

实 例

汉族 牛郎头天回家，第二天织女就赶来了，要和他结成夫妻。

【流传】河南省·（南阳市）·桐柏县

【出处】杨子杰、刘大奶讲，杨主泽采录整理：《牛郎医生》，见张振犁编著，孟宪明、朱淑君统纂《中原神话通鉴》（第三卷），郑州：河南大学出版社2017年版，第842页。

W0766.5.2.3.4

牛郎织女婚姻美满

实 例

（参见下级母题实例）

W0766.5.2.3.4.1

牛郎织女婚后男耕女织很和谐

实 例

汉族 牛郎和织女生活得很美满，牛郎担水种田，织女纺织做饭。

【流传】河南省·（许昌市）·襄城县

【出处】闫氏讲，方化采录整理：《牛郎织女（四）》（1986.12），见张振犁编著，孟宪明、朱淑君统纂《中原神话通鉴》（第三卷），郑州：河南大学出版社2017年版，第791页。

汉族 牛郎织女婚后，男耕女织，处得特别好，有了一男一女两个小孩儿了。

【流传】河南省·（南阳市）·桐柏县·（鸿仪河乡·仓房村）

【出处】周贤有讲，周君立采录整理：《天河》（1985.05.01），见张振犁编著，孟宪明、朱淑君统纂《中原神话通鉴》（第三卷），郑州：河南大学出版社2017年版，第828页。

W0766.5.2.3.4.2

牛郎织女婚后相亲相爱若干年

实 例

汉族 牛郎织女相亲相爱，过了几年，生了一男一女。

【流传】河南省·（焦作市）·博爱县、济源市、沁阳县、温县、修武县、太行山南麓、武陟等地［采录地点：焦作市·博爱县·高庙乡·大中里村］

【出处】薛富贵（男，82岁，农民，小学）讲，薛国新采录：《牛郎织女神话》（1988.12.05），见张振犁编著，孟宪明、朱淑君统纂《中原神话通鉴》（第三卷），郑州：河南大学出版社2017年版，第817页。

W0766.5.2.3.5

织女婚后想着逃走

实 例

汉族 （实例待考）

W0766.5.2.4 牛郎织女的子女

实 例

（参见下级母题实例）

W0766.5.2.4.1 牛郎织女有1对儿女

实 例

汉族 牛郎和织女婚后生一双儿女。

【流传】河南省·（许昌市）·襄城县

【出处】闫氏讲，方化采录整理：《牛郎织女（四）》（1986.12），见张振犁编著，孟宪明、朱淑君统纂《中原神话通鉴》（第三卷），郑州：河南大学出版社2017年版，第791页。

汉族 牛郎和织女在一起甜甜蜜蜜地生活了两年，生了一双可爱的儿女。

【流传】河南省·（洛阳市）·嵩县［采录地点：嵩县·邓岭村］

【出处】邓运安（86岁）讲，邓某采录整理：《牛郎织女（五）》（1989.08.19），见张振犁编著，孟宪明、朱淑君统纂《中原神话通鉴》（第三卷），郑州：河南大学出版社2017年版，第793页。

W0766.5.2.4.1.0 牛郎织女有1对双胞胎儿女

实 例

汉族 牛郎织女成婚过了一年，有了双胞胎孩子，一男一女。

【流传】河南省·（郑州市）·中牟县、尉氏、新郑交界一带［采录地点：中牟县·冯堂乡·蒿家村］

【出处】冯冉氏（女，66岁，农民，不识字）讲，冯长顺采录整理：《牛郎和织女》（1989.11.05），见张振犁编著，孟宪明、朱淑君统纂《中原神话通鉴》（第三卷），郑州：河南大学出版社2017年版，第814页。

W0766.5.2.4.1.1 牛郎织女婚生金哥玉妹

实 例

汉族 第二年的七月七，织女一胎生了一男一女两个孩儿，男的起名叫金哥，女的起名叫玉妹，小日子过得十分舒坦，姑娘小伙们谁见了谁眼气。

【流传】河南省·（南阳市）·社旗县［采录地点：社旗县·桥头乡·杨庄村］

【出处】杨东来采录：《七巧节的传说》（1982.02），见张振犁编著，孟宪明、朱淑君统纂《中原神话通鉴》（第三卷），郑州：河南大学出版社2017年版，第820页。

W0766.5.2.4.1.1.1 牛郎织女婚后3年生双胞胎金哥和玉妹

实 例

汉族 牛郎与织女成了家。第三年的

七月七，织女一胎生了一男一女，男的起名叫金哥，女的起名玉妹。

【流传】河南省·（南阳市）·社旗县

【出处】《七夕会》（牛郎织女与南阳丝绸），见张振犁编著，孟宪明、朱淑君统纂《中原神话通鉴》（第三卷），郑州：河南大学出版社 2017 年版，第 823 页。

W0766.5.2.4.1.2 牛郎织女婚生牛小郎和牛织女

实 例

汉族 牛郎与玉皇大帝和王母娘娘最喜欢的小女儿织女成婚后，织女生了个双胞胎，一儿一女，儿叫牛小郎，女叫牛织女。

【流传】河南省·（南阳市）·桐柏县

【出处】杨子杰、刘大奶讲，杨主泽采录整理：《牛郎医生》，见张振犁编著，孟宪明、朱淑君统纂《中原神话通鉴》（第三卷），郑州：河南大学出版社 2017 年版，第 842 页。

W0766.5.2.4.2 牛郎织女有 2 个儿子

实 例

汉族 牛郎与织女成婚。年复一年，织女已生了两个儿子，老黄牛也死了。

【流传】河南省·（南阳市）·唐河县

【出处】吴清芝讲，冯沅君采录：《牛郎织女的来历》，原载《冯沅君文集》，见张振犁编著，孟宪明、朱淑君统纂《中原神话通鉴》（第三卷），郑州：河南大学出版社 2017 年版，第 836 页。

W0766.5.2.5 牛郎织女的结局

实 例

（参见下级母题实例）

W0766.5.2.5.1 牛郎织女被棒打鸳鸯（牛郎织女婚姻被拆散）

【关联】［W0760a.9］王母娘娘拆散牛郎织女

实 例

（参见下级母题实例）

W0766.5.2.5.1.1 天兵天降将织女捉回天上

实 例

汉族 牛郎又在地里干活，他突然看到天兵天降将织女带走了。

【流传】河南省·（焦作市）·博爱县、济源市、沁阳县、温县、修武县、太行山南麓、武陟等地［采录地点：焦作市·博爱县·高庙乡·大中里村］

【出处】薛富贵（男，82 岁，农民，小学）讲，薛国新采录：《牛郎织女神话》（1988.12.05），见张振犁编著，孟宪明、朱淑君统纂《中原神话通鉴》（第三卷），郑州：河南大学出版社 2017 年版，第 817 页。

W0766. 5. 2. 5. 1. 2

牛郎织女隔天河相望

实 例

（参见下级母题实例）

W0766. 5. 2. 5. 1. 2. 1

牛郎织女隔着王母娘娘划出的天河相望

实 例

汉族 （实例待考）

W0766. 5. 2. 5. 1. 2. 2

牛郎织女夫妻之间隔了一条万里天河

实 例

汉族 牛郎织女夫妻被拆散，两个人之间隔了一条万里天河。

【流传】浙江省·宁波市·宁海县·城关

【出处】叶丙标讲，叶柱记录：《喜鹊搭桥》（1987. 02），见罗杨总主编，戴余金本卷主编《中国民间故事丛书·浙江宁波·宁海卷》，北京：知识产权出版社 2015 年版，第 13 页。

W0766. 5. 2. 5. 1. 3

电母拆散牛郎织女婚姻

实 例

汉族 牛郎织女婚后过上幸福生活。电母按老天爷的吩咐，下凡间拉着织女就走，一气儿到了南天门。

【流传】河南省·（南阳市）·桐柏县·（鸿仪河乡·仓房村）

【出处】周贤有讲，周君立采录整理：《天河》（1985. 05. 01），见张振犁编著，孟宪明、朱淑君统纂《中原神话通鉴》（第三卷），郑州：河南大学出版社 2017 年版，第 829 页。

W0766. 5. 2. 5. 2

牛郎织女七夕相会

【关联】［W0766. 5. 2. 1. 2. 1］牵牛、织女在夕日相会

实 例

（参见下级母题实例）

W0766. 5. 2. 5. 2. 1

玉皇大帝规定牛郎织女七夕相会

实 例

汉族 天河之东有织女，天帝之子也，年年织杼劳役，织成云锦天衣。天帝哀其独处，许配河西牵牛郎。嫁后遂废织纴，天帝怒，责令归河东，唯每年七月七日夜渡河一会。

【流传】（无考）

【出处】［南北朝·梁］宗懔：《荆楚岁时记》。

W0766. 5. 2. 5. 2. 2

天帝规定牛郎织女七夕相会

实 例

汉族 天河之东有织女，天帝之子也。年年机杼劳役，织成云锦天衣，容貌不暇整理。天帝怜其独处，许嫁河西牵牛郎，嫁后遂废织纴。天帝怒焉，责令归河东，许其一年一度相会。

【流传】（无考）

【出处】［明］陈耀文：《天中记》卷二引《星》。

W0766.5.2.5.2.3

王母娘娘规定牛郎织女七夕相会

实 例

汉族 （实例待考）

W0766.5.2.5.2.4

牛郎织女七夕通过鹊桥相会

实 例

汉族 （实例待考）

W0766.5.2.5.2.5

牛郎带着 2 个孩子与织女七夕相会

实 例

汉族 牛郎及两个孩子的哭声惊动了玉帝，就叫每年七月七他与织女相聚一次。

【流传】河南省·（南阳市）·唐河县［采录地点：唐河县城郊外］

【出处】张蔚之外祖母黄氏讲，张蔚采录：《牛郎织女（八）》（1984），见张振犁编著，孟宪明、朱淑君统纂《中原神话通鉴》（第三卷），郑州：河南大学出版社 2017 年版，第 804 页。

W0766.5.2.5.2.5.1

牛郎披牛皮带着 2 个孩子上天与织女七夕相会

实 例

汉族 牛郎看到妻子七仙女被王母娘娘带上天，想起了牛对他说的话，就用扁担一头挑一个孩子，又披上牛皮。牛郎一披上牛皮，就飞起来了。

【流传】河南省·开封市

【出处】王斌（65 岁，工人）讲，李楠采录：《牛郎织女（一）》，见张振犁编著，孟宪明、朱淑君统纂《中原神话通鉴》（第三卷），郑州：河南大学出版社 2017 年版，第 786 页。

W0766.5.2.6

与牛郎织女有关的其他母题

实 例

（参见下级母题实例）

W0766.5.2.6.1

因偷吃蟠桃玉皇把牛郎织女贬到凡间

实 例

汉族 ☆牛郎原在天上看牛，因与织女一起在蟠桃园偷吃蟠桃，被玉皇贬到凡间。

【流传】福建省·（宁德市）·霞浦县·城关（松城街道及松港街道）

【出处】王庆国讲，郑东夫采录：《农神和衣神》，见中国民间文学集成全国编辑委员会编《中国民间故事集成》（福建卷），北京：中国 ISBN 中心 2008 年版，第 14 页。

W0766. 5. 2. 6. 2 牛郎织女的遗迹

实 例

（参见下级母题实例）

W0766. 5. 2. 6. 2. 1 牛郎会织女相会处

实 例

（参见下级母题实例）

W0766. 5. 2. 6. 2. 1. 1 九女潭是牛郎会织女相会处

实 例

汉族 九女潭，县东北十八里。传牛郎会织女处。

【流传】河南省·（平顶山市）·鲁山县

【出处】［清］撰者不详：《鲁山县志》（康熙三十三年）。

W0766. 5. 2. 6. 2. 2 牛郎会的故乡

实 例

汉族 （实例待考）

W0766. 5. 2. 6. 2. 2. 1 牛郎会的故乡西安

实 例

汉族 织女、牵牛已被传为两位神人，昆明池畔的牛郎织女石刻像也被当地群众尊称为“石爷神”“石婆神”。唐德宗贞元十四年（798），修织女庙设案供奉，千百年来香火一直很盛。

【流传】陕西省·西安市

【出处】《牛郎织女》，见 https://baike.baidu.com。

W0766. 5. 2. 6. 2. 2. 2 牛郎会的故乡鲁山

实 例

汉族 牛郎洞，在瑞云观下半山，面南，内立牛郎神。九女（传织女为玉帝之九女）潭，在县东北十八里鲁山之下，潭上有九女、龙王庙。

【流传】河南省·平顶山市·鲁山县

【出处】［明］《（嘉靖）鲁山县志》

汉族 鲁山的牛市十分有名。一年一度的七夕庙会，会址原就在牛郎故里孙义村（现移至乡政府所在地辛集街），这既是鲁山夏季最热闹的一次大会，也是牛郎织女传说起源于鲁山的最好佐证。

【流传】河南省·平顶山市·鲁山县

【出处】《牛郎织女》，见 https://baike.baidu.com。

W0766.5.2.6.2.2.3 牛郎会的故乡沂源

【关联】

实例

汉族 志云唐人过谷，闻洞内札札机声，以故织女名。

【流传】山东省·淄博市·沂源县

【出处】《沂源县燕崖乡大贤山石碑·织女洞重楼记》，［明］万历七年（1579）。

汉族 山东省沂源县燕崖乡拥有始建于唐代的织女洞和牛郎庙。二者隔沂河东西相对

【流传】山东省·（淄博市）·沂源县

【出处】《牛郎织女》，见 https://baike.baidu.com。

W0766.5.2.6.2.2.4 牛郎会的故乡和顺

实例

汉族 山西省晋中地区的和顺县是牛郎织女浪漫爱情故事发生、发展的重要地域，有牛郎洞、金牛洞、喜鹊山、南天门、天河池等与故事主人翁相对应的地名。

【流传】山西省·（晋中市）·和顺县

【出处】《牛郎织女》，见 https://baike.baidu.com。

W0766.5.2.6.2.2.5 牛郎会的故乡郧西

实例

汉族 “郧西”二字意味天上织女星落在郧西，织女与牛郎相亲相爱。郧西县城东南边的石门湾山上有尊貌似女像的山石被称作“石婆婆”，在西北部的华盖山上也有座似男人像的山峰被称作“石公公”。

【流传】湖北省·（十堰市）·郧西县

【出处】《牛郎织女》，见 https://baike.baidu.com。

W0766.5.2.6.2.2.6 牛郎会的故乡南阳

实例

汉族 南阳市城南 20 里的宛城区溧河乡，有一个叫牛郎庄的自然村，该村人说，传说中的牛郎就是他们村的人，是一个叫孙如意的年轻人。在牛郎庄发掘出了“神牛冢”石碑，随后村中修建了牛郎织女像，一到七月初七这里就香火旺盛。

【流传】河南省·南阳市

【出处】《牛郎织女》，见 https://baike.baidu.com。

W0766.5.2.6.2.2.7 牛郎会的故乡太仓

实例

汉族 太仓南郊的六国码头南面，刘家港旁边有一条黄姑塘，河边有一个黄姑村。古时候传说，这里是牛郎织女的降生地。北宋以前，村上有一座黄姑庙，庙里供奉着牛郎和织女的神像。

【流传】江苏省·（苏州市）·太仓市

【出处】《牛郎织女》，见 https://baike.baidu.com。

W0766.5.2.6.2.3 牛郎织女像

实 例

汉族 汉武帝元狩三年，汉武帝为讨伐西南诸国，在长安斗门沣河东岸开凿昆明池，训练水军，并在池畔东西两侧分别立牛郎、织女石像，隔河相望。

【流传】（陕西省·西安市）

【出处】［东汉］班固等：《汉书·武帝纪》。

W0766.5.3 织女的丈夫

实 例

（参见下级母题实例）

W0766.5.3.1 织女的丈夫牛郎

实 例

汉族等 天河之东有织女，天帝之子也。帝怜其独处，许嫁河西牵牛郎，嫁后遂废织纴。天帝怒，责令归河东，但使一年一度相会。

【流传】（无考）

【出处】［明］冯应京：《月令广义·七月令》引［南朝·梁］殷芸《小说》。

W0766.5.3.2 织女的丈夫憨二

实 例

（参见下级母题实例）

W0766.5.3.2.1 织女娘娘与憨二成婚

实 例

汉族 憨二抢了天上仙女的衣裳。被抢了衣裳的仙子就是织女娘娘，她怎么要衣裳也没给她。后来，老牛说：“咱回去吧。”他们回去成婚了。

【流传】河南省·（开封市）·杞县［采录地点：杞县·湖岗］

【出处】顾学兰（女，68岁，农民，不识字）讲，方明昌采录整理：《憨二》（1987.07.12），见张振犁编著，孟宪明、朱淑君统纂《中原神话通鉴》（第三卷），郑州：河南大学出版社2017年版，第812页。

W0766.5.3.3 织女的丈夫河鼓

实 例

汉族 涉秋七日，首无故皆髡。相传以为是日河鼓与织女会于汉东，役乌鹊为梁以渡。故毛皆脱去。

【流传】（无考）

【出处】［宋］罗愿：《尔雅翼》卷十三。

W0766.5.4

织女的兄弟姐妹

实 例

（参见下级母题实例）

W0766.5.4.1

织女七姊妹

实 例

布依族 第七层天里住着织绫罗的七姊妹。

【流传】（无考）

【出处】岭老荣唱，岭玉清翻译整理，古梅改写：《漫游十二层天和十二层海》，见姚宝瑄主编《中国各民族神话》（布依族、仡佬族、苗族），太原：山西出版传媒集团·书海出版社2014年版，第27页。

W0766.5.4.2

织女的妹妹小二姐

实 例

汉族 织女的妹妹小二姐性情刚烈，麦秸火性儿——一燃就着，在天上是位出名的辣姑娘。

【流传】河南省·（南阳市）·镇平县［采录地点：镇平县·王岗乡·姑坡村］

【出处】马宗芳讲，刘筱芬采录：《井星为啥有缺口》（1986.10），见张振犁编著，孟宪明、朱淑君统纂《中原神话通鉴》（第三卷），郑州：河南大学出版社2017年版，第840页。

W0766.5.5

织女的上司

实 例

（参见下级母题实例）

W0766.5.5.1

玉皇的大女儿张大姐管织女

实 例

汉族 七仙女（织女）归玉皇的大女儿张大姐管理。

【流传】四川省·巴县（今重庆市·巴南区）·走马乡

【出处】谢治中讲，严小华采录：《轩辕制衣服》，见中国民间文学集成全国编辑委员会编《中国民间故事集成》（四川卷·上），北京：中国ISBN中心1998年版，第60页。

W0766.5.5.2

织女是王母娘娘的仆女

实 例

汉族 织女是王母娘娘的仆女，专给

老天爷织绣衣裳。

【流传】河南省·（南阳市）·桐柏县·（固县镇·黄畈村）

【出处】黄发美讲，黄正明采录，薛远增采录整理：《牵牛星和织女星》，见张振犁编著，孟宪明、朱淑君统纂《中原神话通鉴》（第三卷），郑州：河南大学出版社2017年版，第826页。

W0766. 6
与织女有关的其他母题

【关联】［W0459. 5. 3. 1］衣神织女

实　例

（参见下级母题实例）

W0766. 6. 0
织女的名称

实　例

（参见下级母题实例）

W0766. 6. 0. 1
织女星

实　例

（参见下级母题实例）

W0766. 6. 0. 1. 1
织女三星在河北天纪东

实　例

汉族　“婺女，其北织女。织女，天女孙也。”正义：“织女三星，在河北天纪东，天女也，主果蓏丝帛珍宝。”

【流传】（无考）

【出处】［西汉］司马迁：《史记·天宫书》正义。

W0766. 6. 0. 2
毛衣女

实　例

汉族　姑获鸟夜飞昼藏，盖鬼神类。衣毛为飞鸟，脱毛为女人。一名天帝少女，一名夜行游女。一名隐飞。鸟无子，喜取人子养之，以为子。今时小儿之衣不欲夜露者，为此物爱以血点其衣为志，即取小儿也。故世人名为鬼鸟，荆州为多。

【流传】（无考）

【出处】鲁迅：《古小说钩沈》辑《玄中记》。

W0766. 6. 0. 2. 1
毛衣女下凡与新豫男子成婚

实　例

汉族　豫章新豫县男子，见田中有六七女，皆衣毛衣，不知是鸟。匍匐往，得一女所解毛衣，取藏之，即往就诸鸟。诸鸟各飞云，一鸟独不得去，男子取以为妇。生三女。其母后使女问父，知衣在积稻下，得之，衣而飞去。后复以迎三女，女亦得飞去。

【流传】（无考）

【出处】［东晋］干宝：《搜神记》卷十四。

W0766.6.0.2.2

毛衣女与人间男子婚生3女后带女回天

实 例

汉族 （参见“W0766.6.0.2.1 毛衣女下凡与新豫男子成婚”母题实例）

W0766.6.1

牛郎

【关联】

① ［W1725.20.5］牛郎掷掉的饭碗变成星星

② ［W1784.5b］牛郎用金簪划出天河

实 例

汉族 沿流欲共牛郎语，只待灵槎送上天。

【流传】（无考）

【出处】［唐］胡曾：《黄河》。

W0766.6.1.0

牛郎的产生

实 例

（参见下级母题实例）

W0766.6.1.0.1

牵牛星变成牛郎

实 例

汉族 王母娘娘得知牵牛星和天牛星偷进蟠桃园，晓得不是好事，跟玉帝一说，就把他俩打下凡间，牵牛星变成牛郎，天牛星变成一头牛。

【流传】四川省·巴县（今重庆市·巴南区）·鱼洞镇

【出处】张文奎讲，李子硕记录整理：《天河的来历》（1988.04），见姚宝瑄主编《中国各民族神话》（汉族），太原：山西出版传媒集团·书海出版社2014年版，第77～81页。

W0766.6.1.1

牛郎的特征（牛郎的身份）

实 例

（参见下级母题实例）

W0766.6.1.1.1

牛郎憨厚

实 例

汉族 牛郎憨厚，干活实受，不挑吃不挑穿，成天早出晚归。

【流传】河南省·（郑州市）·中牟县、尉氏、新郑交界一带［采录地点：中牟县·冯堂乡·蒿家村］

【出处】冯冉氏（女，66岁，农民，不识字）讲，冯长顺采录整理：《牛郎和织女》（1989.11.05），见张振犁编著，孟宪明、朱淑君统纂《中原神话通鉴》（第三卷），郑州：河南大学出版社2017年版，第814页。

W0766.6.1.1.1.1

牛郎是傻小子

实 例

汉族 牛郎是个傻子，他成天牵着老黄牛放牛。

【流传】河南省·（周口市）·沈丘县［采录地点：沈丘县·新集乡·乔庄］

【出处】乔振帮（87岁，农民）讲，张振犁、程健君录音：《牛郎织女（三）》（1983.12.13），见张振犁编著，孟宪明、朱淑君统纂《中原神话通鉴》（第三卷），郑州：河南大学出版社2017年版，第790页。

W0766.6.1.1.2 牛郎勤劳善良

实 例

（参见下级母题实例）

W0766.6.1.1.2.1 牛郎宁可自己饿，也要喂饱牛

实 例

汉族 牛郎从小就跟着哥嫂放牛，取名牛郎。他的嫂子总是不让牛郎吃饱穿暖。牛郎任凭挨饿，找野果吃，也要把牛放得饱饱的。

【流传】河南省·（南阳市）·桐柏县·（固县镇·黄畈村）

【出处】黄发美讲，黄正明采录，薛远增采录整理：《牵牛星和织女星》，见张振犁编著，孟宪明、朱淑君统纂《中原神话通鉴》（第三卷），郑州：河南大学出版社2017年版，第825页。

W0766.6.1.1.3 牛郎是医生

实 例

汉族 古时候，淮河岸边，住着一个姓牛的牛医，老牛医六十得子，孩子刚十二岁，老两口双双归天。这孩子也成了牛医，大伙儿也叫他牛郎。

【流传】河南省·（南阳市）·桐柏县

【出处】杨子杰、刘大奶讲，杨主泽采录整理：《牛郎医生》，见张振犁编著，孟宪明、朱淑君统纂《中原神话通鉴》（第三卷），郑州：河南大学出版社2017年版，第842页。

W0766.6.1.1.4 牛郎是神

【关联】［W0462.4.1.1］农神牛郎

实 例

（参见下级母题实例）

W0766.6.1.1.4.1 牛郎神

实 例

汉族 牛郎峒，在瑞云观下，半山面南，内立牛郎神。

【流传】河南省·（平顶山市）·鲁山县

【出处】［清］撰者不详：《鲁山县志》（康熙三十三年）。

W0766.6.1.1.5
牛郎是放牛娃

实　例

汉族 放牛娃儿牛郎在家排行老小，爹、娘死得早，上面只有一个性情怯弱的哥哥和又恶又狠的嫂子。

【流传】河南省·（南阳市）·邓州市［采录地点：邓州市·罗庄·马岗村］

【出处】闻林青（78岁，农民）讲，闻达采录整理：《银河的来历》（1989），见张振犁编著，孟宪明、朱淑君统纂《中原神话通鉴》（第三卷），郑州：河南大学出版社2017年版，第838页。

W0766.6.1.2
牛郎的妻子

【关联】［W0462.4.1.1.2］农神牛郎的妻子是织女

实　例

（参见下级母题实例）

W0766.6.1.2.1
牛郎的妻子是天女

实　例

（参见下级母题实例）

W0766.6.1.2.1.1
牛郎的妻子是天上树林神塔比甲蒲的三女儿

实　例

羌族 天上树林神塔比甲蒲的三女私自下凡并嫁放牛郎，犯了天规，被阿爸关在地牢。

【流传】四川省·（阿坝藏族羌族自治州）·汶川县·雁门乡·月里村

【出处】赵帮龙讲，李冀祖采录：*《放牛郎与天女》，见中国民间文学集成全国编辑委员会编《中国民间故事集成》（四川卷·下），北京：中国ISBN中心1998年版，第1115页。

W0766.6.1.2.1.2
牛郎与天帝的九女儿婚

实　例

汉族 牛郎按老牛的嘱咐，拿走洗澡的天帝的九姑娘衣服，对九天女说："衣裳我给你放起来了。你要衣裳我答应，可你要先答应嫁给我做媳妇。"九姑娘无奈，只好红着脸点了点头。

【流传】河南省·（平顶山市）·鲁山县

【出处】徐鸿欣讲：《牛郎织女（七）》，见张振犁编著，孟宪明、朱淑君统纂《中原神话通鉴》（第三卷），郑州：河南大学出版社2017年版，第799页。

W0766.6.1.2.2
牛郎的妻子是仙女

实　例

（参见下级母题实例）

W0766. 6. 1. 2. 2. 1

牛郎与七仙女成婚

实 例

汉族 七仙女与牛郎成了亲。二人相亲相爱，男的耕地，女的织布，转眼间过了几年，他们有了一双儿女。

【流传】河南省·（平顶山市）·鲁山县

【出处】孙庆生讲，赵国锋采录整理：《牛郎织女（六）》，见张振犁编著，孟宪明、朱淑君统纂《中原神话通鉴》（第三卷），郑州：河南大学出版社 2017 年版，第 794 页。

W0766. 6. 1. 2. 2. 1. 1

牛郎因偷最小的七仙女的衣裳成婚

实 例

汉族 牛郎到河边，看到有七个仙女在河里洗澡，又见树上挂好几件衣裳，就拣最好看的衣裳跑回家。七仙女找不着衣裳被留在人间。牛对七仙女说："你的衣裳在我们这里。你也别回天上了，嫁给牛郎吧。牛郎人可好，就是没钱娶不起媳妇。"七仙女看牛郎很老实，就点头同意了。

【流传】河南省·开封市

【出处】王斌（65 岁，工人）讲，李楠采录：《牛郎织女（一）》，见张振犁编著，孟宪明、朱淑君统纂《中原神话通鉴》（第三卷），郑州：河南大学出版社 2017 年版，第 785 页。

W0766. 6. 1. 2. 3

牛郎的妻子是特定的女子

实 例

（参见下级母题实例）

W0766. 6. 1. 2. 3. 1

牛郎的妻子张七姐

实 例

汉族 傻子牛郎分家时分得的牛对他说："今儿晌午你到河里去，天河里七个闺女在那里洗澡。张七姐在那儿等着你。"他一去，七个闺女跑六个，就剩张七姐。他把裤子给她携跑了。张七姐光着肚儿说："你把裤子撂给我，我跟你去。"

【流传】河南省·（周口市）·沈丘县［采录地点：沈丘县·新集乡·乔庄］

【出处】乔振帮（87 岁，农民）讲，张振犁、程健君录音：《牛郎织女（三）》（1983. 12. 13），见张振犁编著，孟宪明、朱淑君统纂《中原神话通鉴》（第三卷），郑州：河南大学出版社 2017 年版，第 790 页。

W0766. 6. 1. 3

牛郎的亲属

实 例

（参见下级母题实例）

W0766.6.1.3.1 牛郎是孤儿

实例

（参见下级母题实例）

W0766.6.1.3.1.1 牛郎七岁时父母双亡

实例

汉族 从前，内乡城东二十里的灌张铺有兄弟俩，老二七岁时爹妈都死了，老大成了家。老二和老牛黑夜白起在一堆儿，伴着它长大了，人们就叫他牛二（牛郎）。

【流传】河南省·（南阳市）·内乡县·庙岗一带

【出处】郑英贤（86岁，农民）讲，罗荣显采录：《牛二九女的传说》（1988.02），见张振犁编著，孟宪明、朱淑君统纂《中原神话通鉴》（第三卷），郑州：河南大学出版社2017年版，第837页。

W0766.6.1.3.2 牛郎的哥嫂

实例

汉族 在村里住着弟兄俩，弟弟整天放牛，跟随哥嫂生活在一起，他就是牛郎。

【流传】河南省·（信阳市）·固始县

【出处】常卓讲，陈力采录整理：《牛郎织女（九）》（1986），见张振犁编著，孟宪明、朱淑君统纂《中原神话通鉴》（第三卷），郑州：河南大学出版社2017年版，第806页。

W0766.6.1.3.2.1 牛郎有个哥哥

实例

（参见下级母题实例）

W0766.6.1.3.2.1.1 牛郎与哥哥兄弟俩相依为命

实例

汉族 牛郎从小就死了父母，跟他哥哥一起过活。

【流传】河南省·（焦作市）·博爱县、济源市、沁阳县、温县、修武县、太行山南麓、武陟等地［采录地点：焦作市·博爱县·高庙乡·大中里村］

【出处】薛富贵（男，82岁，农民，小学）讲，薛国新采录：《牛郎织女神话》（1988.12.05），见张振犁编著，孟宪明、朱淑君统纂《中原神话通鉴》（第三卷），郑州：河南大学出版社2017年版，第817页。

W0766.6.1.3.2.2 牛郎的哥嫂良心不好

实例

（参见下级母题实例）

W0766. 6. 1. 3. 2. 2. 1 哥嫂虐待牛郎

实 例

汉族 牛郎很小就失去了父母，跟哥嫂一起过日子，他家里很穷，哥嫂也对他很不好。

【流传】河南省·（许昌市）·襄城县

【出处】闫氏讲，方化采录整理：《牛郎织女（四）》（1986. 12），见张振犁编著，孟宪明、朱淑君统纂《中原神话通鉴》（第三卷），郑州：河南大学出版社 2017 年版，第 791 页。

汉族 牛郎从小没了父母，跟着哥嫂生活，嫂嫂待他很不好。

【流传】河南省·（平顶山市）·鲁山县

【出处】孙庆生讲，赵国锋采录整理：《牛郎织女（六）》，见张振犁编著，孟宪明、朱淑君统纂《中原神话通鉴》（第三卷），郑州：河南大学出版社 2017 年版，第 794 页。

W0766. 6. 1. 3. 2. 3 牛郎的哥哥老实嫂嫂贤惠

实 例

汉族 很久以前，有一家兄弟俩，父母相继去世，哥哥心地善良，老实能干；嫂子王氏也很贤惠。当时，弟弟才九岁，干不了啥农活，就天天牵着家里那头大黄牛，在西山一边放牧，村里人见面都叫他“牛郎”。

【流传】河南省中部地区

【出处】蔡玉花（71 岁，农民）讲，李新明采录整理：《牛郎织女的故事》，见张振犁编著，孟宪明、朱淑君统纂《中原神话通鉴》（第三卷），郑州：河南大学出版社 2017 年版，第 832 页。

W0766. 6. 1. 3. 2. 4 牛郎与哥嫂分家

实 例

（参见下级母题实例）

W0766. 6. 1. 3. 2. 4. 1 嫂子为独占财产让牛郎分家

实 例

汉族 （实例待考）

W0766. 6. 1. 4 牛郎的名字

实 例

（参见下级母题实例）

W0766. 6. 1. 4. 1 牛郎无形无名

实 例

汉族 牛郎，谁也不知道他的真名叫啥，年龄大概有十七八岁，他爹和他娘都早死了，死时他还很小，也没有分到家具，跟他哥、嫂一块生活。

【流传】河南省·（洛阳市）·嵩县

［采录地点：嵩县·邓岭村］

【出处】邓运安（86岁）讲，邓某采录整理：《牛郎织女（五）》（1989.08.19），见张振犁编著，孟宪明、朱淑君统纂《中原神话通鉴》（第三卷），郑州：河南大学出版社2017年版，第792页。

W0766.6.1.4.2

牛郎姓孙，叫小意

实　例

汉族 牛郎姓孙，叫小意。如今鲁山西南脚下起的孙庄，就是牛郎的故乡。

【流传】河南省·（平顶山市）·鲁山县

【出处】徐鸿欣讲：《牛郎织女（七）》，见张振犁编著，孟宪明、朱淑君统纂《中原神话通鉴》（第三卷），郑州：河南大学出版社2017年版，第797页。

W0766.6.1.4.3

牛郎名叫孙如意

实　例

汉族 很早的时候，南阳城西有一片桑林，桑林里有一个村庄，村中有一个叫如意的孩子，聪明、勤劳、忠厚。小如意待老黄牛很亲，白天去放牧，夜里睡在它身边，人们都叫他牛郎。

【流传】河南省·（南阳市）·社旗县

【出处】《七夕会》（牛郎织女与南阳丝绸），见张振犁编著，孟宪明、朱淑君统纂《中原神话通鉴》（第三卷），郑州：河南大学出版社2017年版，第822页。

W0766.6.1.4.3.1

牛郎名叫如意

实　例

汉族 很早的时候，南阳城北有个小庄，庄上有个叫如意的孩子。如意成天跟着老黄牛，人们就叫他牛郎。

【流传】河南省·（南阳市）·社旗县［采录地点：社旗县·桥头乡·杨庄村］

【出处】杨东来采录：《七巧节的传说》（1982.02），见张振犁编著，孟宪明、朱淑君统纂《中原神话通鉴》（第三卷），郑州：河南大学出版社2017年版，第819~820页。

W0766.6.1.4.4

男孩因放牛被称为牛郎

实　例

汉族 芒杨山脚下来了兄弟俩人，搭起一间小茅屋，弟弟十几岁，谁也不知道他叫什么名字，因为他天天放牛，人们都叫他牛郎。

【流传】河南省·（商丘市）·永城县北、芒场山一带［采录地点：永城县·顺和乡·大李庄］

【出处】李德明（农民，小学）讲，高

永才采录：《牛郎织女（十）》（1089. 07. 10），见张振犁编著，孟宪明、朱淑君统纂《中原神话通鉴》（第三卷），郑州：河南大学出版社2017年版，第807页。

汉族 原先，有弟兄俩在一块儿过，老大娶了媳妇，老二天天放牛，人家都叫他牛郎。

【流传】河南省·（郑州市）·中牟县、尉氏、新郑交界一带［采录地点：中牟县·冯堂乡·蒿家村］

【出处】冯冉氏（女，66岁，农民，不识字）讲，冯长顺采录整理：《牛郎和织女》（1989. 11. 05），见张振犁编著，孟宪明、朱淑君统纂《中原神话通鉴》（第三卷），郑州：河南大学出版社2017年版，第813页。

汉族 有一家三口人，哥嫂和弟弟，父母去世早，弟弟没有姓名，整天放祖上留下的黄牛，村里人都叫他牛郎。

【流传】河南省·（南阳市）·唐河县［采录地点：唐河县城郊外］

【出处】张蔚之外祖母黄氏讲，张蔚采录：《牛郎织女（八）》（1984），见张振犁编著，孟宪明、朱淑君统纂《中原神话通鉴》（第三卷），郑州：河南大学出版社2017年版，第804页。

W0766. 6. 1. 4. 5

牛郎名叫牛二

实 例

汉族 （参见“W0766. 6. 1. 3. 1. 1 牛郎七岁时父母双亡”母题实例）

W0766. 6. 1. 4. 6

牛郎名叫印

实 例

汉族 牛郎名印，年代不可考，是个父母早亡的孤儿，靠着兄嫂过活。

【流传】河南省·（南阳市）·唐河县

【出处】吴清芝讲，冯沅君采录：《牛郎织女的来历》，原载《冯沅君文集》，见张振犁编著，孟宪明、朱淑君统纂《中原神话通鉴》（第三卷），郑州：河南大学出版社2017年版，第835页。

W0766. 6. 1. 4. 7

牛郎姓王

实 例

汉族 牛郎姓王，娘儿俩过日子。

【流传】湖北省·丹江口市

【出处】冯明文讲：《牛郎星和织女星》，见姚宝瑄主编《中国各民族神话》（汉族），太原：山西出版传媒集团·书海出版社2014年版，第309～311页。

W0766. 6. 1. 5

牛郎的朋友

实 例

（参见下级母题实例）

W0766.6.1.5.1

牛郎与修剪力士仙人是朋友

实 例

汉族 牛郎与蟠桃园内的修剪力士仙人很要好。

【流传】河南省·（周口市）·扶沟县·汴岗乡

【出处】耿四军（30岁，农民，不识字）讲，曹鸿鸣采录整理：《牛郎偷吃蟠桃》，见张振犁编著，孟宪明、朱淑君统纂《中原神话通鉴》（第三卷），郑州：河南大学出版社2017年版，第816页。

W0766.6.1.6

牛郎的伙伴

实 例

（参见下级母题实例）

W0766.6.1.6.1

牛郎的大黄牛

实 例

汉族 与牛郎相依为命的大黄牛原来是天上的一条龙，因为触犯了天律被贬下人间，成了一头黄牛。

【流传】河南省·（许昌市）·襄城县

【出处】闫氏讲，方化采录整理：《牛郎织女（四）》（1986.12），见张振犁编著，孟宪明、朱淑君统纂《中原神话通鉴》（第三卷），郑州：河南大学出版社2017年版，第791页。

W0766.6.1.6.2

牛郎的老牛

实 例

（参见下级母题实例）

W0766.6.1.6.2.1

世上只有老牛对牛郎好

实 例

汉族 牛郎一开始跟着她的嫂子和哥哥一起过，他嫂子多嫌他，待他很不好，只想药死他独占财产，只有一头老牛待他最好。

【流传】河南省·（开封市）·杞县·裴村店乡·六台岗村

【出处】孟广芝（50岁，不识字）讲，贺威采录：《牛郎与织女》（1989.10），见张振犁编著，孟宪明、朱淑君统纂《中原神话通鉴》（第三卷），郑州：河南大学出版社2017年版，第809页。

W0766.6.1.7

与牛郎有关的其他母题

实 例

（参见下级母题实例）

W0766.6.1.7.1

牛郎被贬下凡

实 例

（参见下级母题实例）

W0766.6.1.7.1.1

牛郎勾引仙女被贬下凡

实 例

汉族 牛郎便被判了“勾引仙女，偷吃蟠桃”罪，贬下了人间。

【流传】河南省·（周口市）·扶沟县·汴岗乡

【出处】耿四军（30 岁，农民，不识字）讲，曹鸿鸣采录整理：《牛郎偷吃蟠桃》，见张振犁编著，孟宪明、朱淑君统纂《中原神话通鉴》（第三卷），郑州：河南大学出版社 2017 年版，第 816 页。

W0766.6.2

与织女有关的风物

实 例

（参见下级母题实例）

W0766.6.2.1

织女洞

实 例

汉族 （实例待考）

W0767

祝融

实 例

（参见下级母题实例）

W0767.1

祝融的产生

实 例

（参见下级母题实例）

W0767.1.1

祝融是生育产生的

实 例

（参见下级母题实例）

W0767.1.1.1

老童生祝融

实 例

汉族 颛顼生老童，老童生祝融，祝融生太子长琴。

【流传】（无考）

【出处】［战国至汉］撰者不详：《山海经·大荒西经》。

W0767.1.1.2

戏器生祝融

实 例

汉族 炎帝之妻，生炎居，炎居生节并，节并生戏器，戏器生祝融。

【流传】（无考）

【出处】［战国至汉］撰者不详：《山海经·海内经》。

W0767.1.1.3

盘古兄妹生祝融氏

实 例

汉族 盘古兄妹二人成亲三十载，生下男女十个人。其中，第四个儿子取名祝融氏。

【流传】（无考）

【出处】陶阳根据《黑暗传》资料重述：《盘古老祖是龙之子》，见陶阳、钟秀编《中国神话》（中），北京：商务印书馆 2008 年版，第 539 ~ 540 页。

W0767.1.2

祝融是婚生的

实 例

（参见下级母题实例）

W0767.1.2.1

华胥与狗婚生祝融

【关联】［W7422］人与犬婚（人犬婚）

实 例

汉族 华胥和狗配了夫妻，生祝融。

【流传】浙江省·湖州市·镇西乡·赵家坪（疑为赵家村）

【出处】冯雨轩讲，钟铭采录：《华胥补天》，见中国民间文学集成全国编辑委员会编《中国民间故事集成》（浙江卷），北京：中国 ISBN 中心 1997 年版，第 18 页。

W0767.2

祝融的特征

实 例

（参见下级母题实例）

W0767.2.1

祝融人面兽身（祝融兽身人面）

【关联】

①［W0070.4.2］神人面兽身

②［W0253.8.1.1］南方神祝融兽身人面

实 例

汉族 南方祝融，兽身人面。

【流传】（无考）

【出处】［战国至汉］撰者不详：《山海经·海外南经》。

汉族 天帝知道鲧盗息壤，就派了人面兽身的火神祝融去处死鲧。

【流传】河南省·（郑州市）·登封市

【出处】根据《淮南子》《山海经》《孟子》《尚书》《登封县志》整理：《鲧禹治水》，见张振犁编著，孟宪明、朱淑君统纂《中原神话通鉴》（第四卷），郑州：河南大学出版社 2017 年版，第 1111 页。

W0767.2.2

祝融性情暴烈有野心

实 例

（参见下级母题实例）

W0767. 2. 2. 1

祝融想独霸天下

实 例

汉族 火神祝融性情暴烈，残酷无情，也是个想独霸天地的野心家。

【流传】 河南省·（南阳市）·南召县太山庙乡、留山一带

【出处】 诸虎臣（男，73 岁，农民，私塾）讲，乔明宪采录：《春夏秋冬的来历》（1986. 09），见张振犁编著，孟宪明、朱淑君统纂《中原神话通鉴》（第三卷），郑州：河南大学出版社 2017 年版，第 765 页。

W0767. 3

祝融的身份（祝融的能力、祝融的事迹）

实 例

（参见下级母题实例）

W0767. 3. 1

祝融是神

实 例

（参见下级母题实例）

W0767. 3. 1. 1

祝融是火神

【关联】

① ［W0443. 9. 1. 5. 1］与火相关的行业的保护神祝融

② ［W0466］火神

实 例

汉族 有一次，水神共工和火神祝融居功争名，发生大战。

【流传】 浙江省·（温州市）·永嘉县

【出处】 谢博讲，谢圣铎记录：《女娲补天》，见姚宝瑄主编《中国各民族神话》（汉族），太原：山西出版传媒集团·书海出版社 2014 年版，第 55 页。

汉族 祝融是住在昆仑山上光明宫的火神。

【流传】 安徽省淮河一带

【出处】 唐元海讲，茆文斗搜集整理：《祝融胜共工》，载《民间文学》1986 年第 6 期。

汉族 祝融是管火的火神。

【流传】 中原一带

【出处】 雷文杰搜集：《共工和祝融》，原载张楚北编《中原神话》，见陶阳、钟秀编《中国神话》（上），北京：商务印书馆 2008 年版，第 389 ~ 390 页。

汉族 老辈人传说，祝融是火神。

【流传】 河南省·（洛阳市）·新安县·磁涧乡·孝水村

【出处】 杨傍子（58 岁，识些字）讲，张建伟采录：《女娲补天（六）》（1989. 10. 25），见张振犁编著《中原神话通鉴》（第一卷），郑州：河南大学出版社 2017 年版，第 135 页。

汉族 祝融是中国原始社会末期最著名氏族领袖之一。名重黎，黄帝后裔高阳氏的玄孙。帝喾高辛氏时，任火正（官名），受封于有熊氏故墟（今河南新郑一代），葬衡阳市南岳区祝融峰。他以火施教，为民造福。帝喾命名曰：祝融，后世尊为火神。

【流传】河南省·（郑州市）·新郑

【出处】新郑县地方史志编纂委员会编，刘文学主编：《新郑县志》，西安：陕西人民出版社1992年版。

W0767.3.1.1.1

祝融死为火官之神

实　例

汉族 （参见“W0767.3.2.1.1 高辛帝的火正祝融”母题实例）

W0767.3.1.1.2

祝融是管火的火神

实　例

汉族 共工是管水的水神，祝融是管火的火神。

【流传】河南省·（周口市）·太康县·朱口镇

【出处】雷丕显（男，72岁，农民）讲，雷文杰采录整理：《共工和祝融》（1986），见张振犁编著，孟宪明、朱淑君统纂《中原神话通鉴》（第三卷），郑州：河南大学出版社2017年版，第764页。

W0767.3.1.1.3

祝融因会喷火焰称为火神

实　例

汉族 中天镇镇首的二儿子祝融一急躁，嘴里、鼻孔里直喷火焰。所以，大家叫他“火神”。

【流传】河南省·（开封市）·杞县

【出处】尹守礼（农民）讲，王怀聚采录整理：《杞人忧天（一）》，见张振犁编著《中原神话通鉴》（第一卷），郑州：河南大学出版社2017年版，第158页。

W0767.3.1.2

祝融是夏神

【关联】

①［W0381］夏神

②［W0381.1.1］火神祝融是夏神

实　例

汉族 宣皇帝讳懿，字仲达，河内温县孝敬里人，姓司马氏。其先出自帝高阳之子重黎，为夏官祝融，历唐、虞、夏、商，世序其职。及周，以夏官为司马。其后程柏休父，周宣王时，以世官克平徐方，赐以官族，因而为氏。

【流传】（无考）

【出处】［唐］房玄龄等：《晋书·帝纪》。

W0767. 3. 1. 3

祝融是主管南方之神

【关联】

① ［W0253］南方神

② ［W0253. 8. 1］南方神祝融

实 例

汉族 黄帝得祝融而辩于南方。

【流传】（无考）

【出处】［春秋］管仲：《管子·五行》。

W0767. 3. 1. 3. 1

祝融管理南方之极 1 万 2 千里

实 例

汉族 南方之极，祝融之所司者万二千里。

【流传】（无考）

【出处】［西汉］淮南王刘安及门客：《淮南子·时则训》。

W0767. 3. 1. 4

祝融是灶神

【关联】［W0734. 1. 3］神农是灶神

实 例

汉族 颛顼氏有子曰黎，为祝融，祀以为灶神。

【流传】（无考）

【出处】［春秋战国］孔子弟子等作，［西汉］戴圣编：《礼记·礼器》孔颖达注疏。

汉族 灶神，古《周礼》说，颛顼有子曰犁，为祝融，祀以为灶神。

【流传】（无考）

【出处】［清］俞正燮：《癸巳存稿》卷十三“灶神”条引《许慎异义》。

汉族 火神祝融为灶神。

【流传】（无考）

【出处】［东汉］许慎：《五经异议》。

W0767. 3. 1. 4. 1

颛顼的“黎”担任祝融被当做灶神

实 例

汉族 （参见“W0767. 5. 2. 3 祝融是颛顼的儿子”母题实例）

W0767. 3. 1. 5

祝融是个既无知又高傲的神

实 例

汉族 祝融是个既无知又高傲的神，要剖尸看看崇伯鲧的胆到底有多大。

【流传】河南省·（郑州市）·登封市

【出处】《盗土治水》，见张振犁编著，孟宪明、朱淑君统纂《中原神话通鉴》（第四卷），郑州：河南大学出版社 2017 年版，第 1121 页。

W0767. 3. 1. 6

祝融是五岳之神

实 例

汉族 祝融为五岳之神。

【流传】（无考）

【出处】［东晋］葛洪：《枕中书》。

W0767.3.1.7
祝融是天神

实 例

汉族 天上原有两大天神，一个叫共工，一个叫祝融。

【流传】中原一带

【出处】雷文杰搜集：《共工和祝融》，原载张楚北编《中原神话》，见陶阳、钟秀编《中国神话》（上），北京：商务印书馆 2008 年版，第 389 ~ 390 页。

W0767.3.2
祝融是管火的官（祝融管火）

实 例

（参见下级母题实例）

W0767.3.2.1
祝融是火正（官名）

实 例

汉族 木正曰句芒，火正曰祝融。

【流传】（无考）

【出处】［春秋］左丘明：《左传·昭公二十九年》。

W0767.3.2.1.1
高辛帝的火正祝融

实 例

汉族 夫黎为高辛帝火正，故命之曰“祝融”（管火的官职名）。

【流传】（无考）

【出处】［春秋］左丘明：《国语·郑语》。

W0767.3.2.1.1.1
高辛帝的火正夫黎叫祝融

实 例

汉族 祝融，颛顼氏后，老童之子，为高辛氏火正，死为火官之神。

【流传】（无考）

【出处】［秦］吕不韦及门客：《吕氏春秋·四月》注。

W0767.3.2.1.2
黄帝时的火正官名叫祝融

实 例

汉族 黄帝时，有个火正官名叫祝融。

【流传】湖南省·衡阳市

【出处】康佩仁讲，李正南采录：《祝融与火》，见中国民间文学集成全国编辑委员会编《中国民间故事集成》（湖南卷），北京：中国 ISBN 中心 2002 年版，第 43 页。

W0767.3.2.1.2.1
黄帝封发明火的祝融为火正

实 例

汉族 祝融因发明击石取火，被黄帝封为“火正”（官职）。

【流传】河南省·（郑州市）·新密市东北

【出处】张永林采录整理：《火神寨的传说》，见张振犁编著，孟宪明、朱淑君统纂《中原神话通鉴》（第三卷），郑州：河南大学出版社 2017 年版，第 769 页。

W0767. 3. 2. 2

祝融是火官的称谓

实 例

汉族 祝融氏，以火施化，号赤帝，故后世火官因以为谓。

【流传】（无考）

【出处】［南宋］罗泌：《路史·前纪》卷八。

W0767. 3. 2. 3

祝融管理火种

实 例

汉族 祝融是负责管理火种的。

【流传】河南省·（郑州市）·新密市东北

【出处】张永林采录整理：《火神寨的传说》，见张振犁编著，孟宪明、朱淑君统纂《中原神话通鉴》（第三卷），郑州：河南大学出版社 2017 年版，第 769 页。

W0767. 3. 2. 4

天命融隆火于夏城

实 例

汉族 成汤伐夏时，天命融隆火于夏城之间，西北之隅。

【流传】（无考）

【出处】［春秋末战国初］墨翟：《墨子·非攻下》。

W0767. 3. 3

祝融发明火

【关联】

①［W0767. 7. 1. 2. 2］祝融称为赤帝是因为他发明了火

②［W4585］火的产生

③［W6910 ~ W6969］火的获取

实 例

汉族 火是祝融发明的。

【流传】（无考）

【出处】兰草搜集整理：《祝融击火》，见兰草编《轩辕黄帝传说故事》，西安：陕西旅游出版社 1986 年版，第 67 页。

W0767. 3. 3. 1

祝融发明击石取火

实 例

汉族 祝融发明了用石头取火。

【流传】（无考）

【出处】

(a)《八百蛟龙护南岳》，载《民间文学》1982 年第 7 期。

(b) 同 (a)，见姚宝瑄主编《中国各民族神话》（汉族），太原：山西出版传媒集团·书海出版社 2014 年版，第372~375页。

汉族 祝融发明了“击石取火”以后，人们不必再为保存火种发愁了，这就大大方便了人类的生产生活。

【流传】河南省·（郑州市）·新密市东北

【出处】张永林采录整理：《火神寨的传说》，见张振犁编著，孟宪明、朱淑君统纂《中原神话通鉴》（第三卷），郑州：河南大学出版社2017年版，第769页。

W0767.3.4

祝融主宰南方

【关联】［W0767.3.1.3］祝融是主管南方之神

实 例

（参见下级母题实例）

W0767.3.4.1

祝融治南方

实 例

汉族 祝融治南方。

【流传】（无考）

【出处】［汉］袁康：《越绝书·计倪内经》。

W0767.3.4.2

祝融是南方一个部落的首领

实 例

汉族 远古时候，南方有个部落首领叫祝融。

【流传】（无考）

【出处】

(a)《八百蛟龙护南岳》，载《民间文学》1982年第7期。

(b) 同（a），见姚宝瑄主编《中国各民族神话》（汉族），太原：山西出版传媒集团·书海出版社2014年版，第372~375页。

W0767.3.5

祝融管太阳

实 例

（参见下级母题实例）

W0767.3.5.1

南火（祝融）让12个太阳轮流升天

实 例

苗族 管太阳的南火（祝融），叫十二个太阳一天出来一个。

【流传】湖南省苗族地区

【出处】龙王六演唱，龙炳文翻译：《开天立地》，苗地根据《楚风》刊登的《苗族古歌》的第一部分《开天日立》改写，见姚宝瑄主编《中国各民族神话》（布依族、仡佬族、苗族），太原：山西出版传媒集团·书海出版社2014年版，第128页。

W0767. 3. 6

祝融是帝王

实 例

（参见下级母题实例）

W0767. 3. 6. 1

祝融是赤帝

实 例

汉族 祝融是传说中的赤帝。

【流传】（无考）

【出处】《鞭炮业神——祝融、无敌火炮将军》，见乌丙安主编《中国民间神谱》，沈阳：辽宁人民出版社 2007 年版，第 224 页。

W0767. 3. 7

与祝融的职能等有关的其他母题

【关联】

① ［W0658a. 8. 1. 3. 1］ 鞭炮业的祖师祝融

② ［W1175. 19. 8］ 祝融辟地

实 例

（参见下级母题实例）

W0767. 3. 7. 1

祝融会喷火

实 例

汉族 天地的中心有个中天镇，镇首的老二祝融，脑瓜子一丈多长，脸红得像团火，嘴一张，能往外吐火，人们叫他“火神”。

【流传】河南省·（开封市）·杞县

【出处】王怀聚讲，王宪明搜集整理：《杞人忧天》，见姚宝瑄主编《中国各民族神话》（汉族），太原：山西出版传媒集团·书海出版社 2014 年版，第 75～77 页。

汉族 中天镇镇首的二儿子祝融长得也很出奇，大脑瓜足有一丈八尺多长，火红火红的脸膛，一对比筛子还大的眼睛，鼻子像座小土丘，嘴大得像个圆券门。他一急躁，嘴里、鼻孔里直喷火焰。所以，大家叫他“火神”

【流传】河南省·（开封市）·杞县

【出处】尹守礼（农民）讲，王怀聚采录整理：《杞人忧天（一）》，见张振犁编著《中原神话通鉴》（第一卷），郑州：河南大学出版社 2017 年版，第 158 页。

W0767. 4

祝融的生活

实 例

（参见下级母题实例）

W0767. 4. 1

祝融的服饰

实 例

（实例待考）

W0767.4.2
祝融的饮食

实 例

（实例待考）

W0767.4.3
祝融的居所

实 例

（参见下级母题实例）

W0767.4.3.1
祝融居南方

实 例

汉族 南方祝融，兽身人面，乘两龙。

【流传】（无考）

【出处】［战国至汉］撰者不详：《山海经·海外南经》。

汉族 南方之极，北户孙之外，贯颛顼之国，南至委火炎风之野，赤帝、祝融之所司者万二千里。

【流传】（无考）

【出处】［西汉］淮南王刘安及门客：《淮南子·时则训》。

W0767.4.3.1.1
祝融居南方之极

实 例

汉族 （参见“W0767.3.1.3.1 祝融管理南方之极1万2千里”母题实例）

W0767.4.3.2
祝融住南岳衡山

实 例

汉族 祝融被黄帝封为正火官后，住在南岳衡山。

【流传】（无考）

【出处】

（a）《八百蛟龙护南岳》，载《民间文学》1982年第7期。

（b）同（a），见姚宝瑄主编《中国各民族神话》（汉族），太原：山西出版传媒集团·书海出版社2014年版，第372～375页。

W0767.4.3.2.1
祝融曾住南岳衡山的最高峰（祝融峰）

实 例

汉族 南岳衡山的最高峰就叫祝融峰，峰顶上有一座火神殿，就是当年祝融住过的地方。

【流传】河南省豫中一带

【出处】郭立峰讲：《火神祝融的传说》，见张振犁编著，孟宪明、朱淑君统纂《中原神话通鉴》（第三卷），郑州：河南大学出版社2017年版，第768页。

W0767.4.3.3

祝融住在天柱山下

实 例

汉族 祝融住在天柱山下。

【流传】中原一带

【出处】雷文杰搜集：《共工和祝融》，原载张楚北编《中原神话》，见陶阳、钟秀编《中国神话》（上），北京：商务印书馆2008年版，第389~390页。

汉族 天柱山是顶天的一根柱子，祝融就住在天柱山下。

【流传】河南省·（周口市）·太康县·朱口镇

【出处】雷丕显（男，72岁，农民）讲，雷文杰采录整理：《共工和祝融》（1986），见张振犁编著，孟宪明、朱淑君统纂《中原神话通鉴》（第三卷），郑州：河南大学出版社2017年版，第764页。

W0767.4.3.4

祝融住昆仑山

实 例

（参见下级母题实例）

W0767.4.3.4.1

祝融住昆仑山上的光明宫

实 例

汉族 昆仑山顶有一个光明宫，光明宫里住着火神名叫祝融。

【流传】（无考）

【出处】

（a）茆文斗搜集整理：《祝融胜共工》，原载《民间文学》1986年第6期。

（b）同（a），见姚宝瑄主编《中国各民族神话》（汉族），太原：山西出版传媒集团·书海出版社2014年版，第418~419页。

W0767.4.4

祝融的出行

实 例

汉族 祝融骑着火龙。

【流传】浙江省·湖州市·镇西乡·赵家坪（疑为赵家村）

【出处】冯雨轩讲，钟铭采录：《华胥补天》，见中国民间文学集成全国编辑委员会编《中国民间故事集成》（浙江卷），北京：中国ISBN中心1997年版，第18页。

W0767.4.4.1

祝融的坐骑

实 例

（参见下级母题实例）

W0767.4.4.1.1

祝融骑火龙

实 例

（参见下级母题实例）

W0767.4.4.1.1.1

火神祝融驾一条火龙迎战水神共工

实 例

汉族 火神祝融驾着一条火龙出来迎战水神共工。

【流传】安徽省淮河一带

【出处】唐元海讲，茆文斗搜集整理：《祝融胜共工》，载《民间文学》1986 年第 6 期。

W0767.4.4.1.2

祝融乘两龙

实 例

汉族 南方祝融，兽身人面，乘两龙。

【流传】（无考）

【出处】［战国至汉］撰者不详：《山海经·海外南经》。

W0767.4.4.1.3

祝融乘驾两条火龙

实 例

汉族 火神祝融乘驾两条火龙，飞到羽山上空，去处死盗息壤的鲧。

【流传】河南省·（郑州市）·登封市

【出处】根据《淮南子》《山海经》《孟子》《尚书》《登封县志》整理：《鲧禹治水》，见张振犁编著，孟宪明、朱淑君统纂《中原神话通鉴》（第四卷），郑州：河南大学出版社 2017 年版，第 1111 页。

W0767.4.5

祝融的用具

实 例

（实例待考）

W0767.5

祝融的关系

实 例

（参见下级母题实例）

W0767.5.1

祝融是特定人物的后代

实 例

（参见下级母题实例）

W0767.5.1.1

祝融是盘古的后代

【关联】［W0725.5.2.1］盘古的后裔神农、祝融

实 例

（参见下级母题实例）

W0767.5.1.2

祝融是颛顼之孙

【关联】

①［W0763］颛顼

②［W0767.5.2.3］祝融是颛顼的儿子

实 例

汉族 颛顼生老童，老童生祝融。

【流传】（无考）

【出处】［战国至汉］撰者不详：《山海经·大荒西经》。

汉族 祝融氏是颛顼帝的子孙。

【流传】宁夏·（中卫市）·中宁县·新堡乡·聂弯村

【出处】

(a) 杨发兴讲，宋福采录：《骊山老母补天，王母娘娘补地》(1986)，见中国民间文学集成全国编辑委员会编《中国民间故事集成》(宁夏卷)，北京：中国 ISBN 中心 1999 年版，第 3 页。

(b) 同 (a)，见陶阳、钟秀编《中国神话》（上），北京：商务印书馆 2008 年版，第 404～406 页。

W0767. 5. 1. 2. 1

颛顼生老童，老童生祝融

实 例

汉族 颛顼生老童，老童生祝融。

【流传】（无考）

【出处】［战国至汉］撰者不详：《山海经·大荒西经》。

W0767. 5. 1. 3

祝融是炎帝之后

实 例

（参见下级母题实例）

W0767. 5. 1. 3. 1

炎帝之妻，生炎居，炎居生节并，节并生戏器，戏器生祝融

实 例

汉族 炎帝之妻，赤水之子听訞生炎居，炎居生节并，节并生戏器，戏器生祝融，祝融降处江水，生共工。

【流传】（无考）

【出处】［战国至汉］撰者不详：《山海经·海内经》。

W0767. 5. 2

祝融的父母

实 例

（参见下级母题实例）

W0767. 5. 2. 1

祝融氏的父母盘古兄妹

实 例

汉族 盘古兄妹二人成亲三十载，生下男女十个人。其中，第四个取名祝融氏，姬孙女纪管海州。

【流传】（无考）

【出处】陶阳根据《黑暗传》资料重述：《盘古老祖是龙之子》，见陶阳、钟秀编《中国神话》（中），北京：商务印书馆 2008 年版，第 539～540 页。

W0767.5.2.2

祝融的父亲老童

实 例

汉族 （参见“W0767.3.2.1.1 高辛帝的火正祝融”母题实例）

W0767.5.2.3

祝融的父亲颛顼

【关联】［W0767.5.1.2］祝融是颛顼之孙

实 例

汉族 颛顼有个儿子叫“黎”，担任祝融，被当做灶神祭祀。

【流传】（无考）

【出处】《风俗通义·祀典第八》引《周礼》，见［东汉］应劭著，赵泓译注《风俗通义全译》，贵阳：贵州人民出版社1998年版，第311页。

汉族 灶神，古《周礼》说，颛顼有子曰犁，为祝融，祀以为灶神。

【流传】（无考）

【出处】［清］俞正燮：《癸巳存稿》卷十三“灶神”条引《许慎异义》。

W0767.5.2.4

祝融的父亲是氏族酋长

实 例

汉族 一个氏族酋长的儿子叫黎。他发现了石头取火的方法，大家为他取名“祝融”。

【流传】湖南省·衡阳市

【出处】康佩仁讲，李正南采录：《祝融与火》，见中国民间文学集成全国编辑委员会编《中国民间故事集成》（湖南卷），北京：中国ISBN中心2002年版，第43页。

W0767.5.2.5

祝融的父亲是中天镇镇首

实 例

汉族 中天镇镇首的二儿子祝融。

【流传】河南省·（开封市）·杞县

【出处】尹守礼（农民）讲，王怀聚采录整理：《杞人忧天（一）》，见张振犁编著《中原神话通鉴》（第一卷），郑州：河南大学出版社2017年版，第158页。

W0767.5.3

祝融的兄弟姐妹

实 例

（参见下级母题实例）

W0767.5.3.1

祝融的兄弟

实 例

（实例待考）

W0767.5.3.2

祝融的姐妹

实 例

（参见下级母题实例）

W0767. 5. 3. 2. 1

祝融的妹妹

【关联】［W1386. 6. 2］祝融的妹妹补天

实 例

汉族 （实例待考）

W0767. 5. 4

祝融的妻子

实 例

（参见下级母题实例）

W0767. 5. 4. 1

祝融氏姬孙女

实 例

汉族 盘古兄妹二人成亲生的第四个儿子取名祝融氏，姬孙女纪管海州。

【流传】（无考）

【出处】陶阳根据《黑暗传》资料重述：《盘古老祖是龙之子》，见陶阳、钟秀编《中国神话》（中），北京：商务印书馆 2008 年版，第 539 ~ 540 页。

W0767. 5. 5

祝融的子女（祝融的后代）

实 例

（参见下级母题实例）

W0767. 5. 5. 1

祝融的儿子太子长琴

实 例

汉族 颛顼生老童，老童生祝融，祝融生太子长琴，是处榣山，始作乐风。

【流传】（无考）

【出处】［战国至汉］撰者不详：《山海经·大荒西经》。

W0767. 5. 5. 2

祝融的儿子共工

实 例

汉族 祝融降处于江水，生共工。共工生术器，术器首方颠，是复土穰，以处江水。共工生后土，后土生噎鸣，噎鸣生岁十有二。

【流传】（无考）

【出处】［战国至汉］撰者不详：《山海经·海内经》。

W0767. 5. 5. 3

祝融的孙子后土

实 例

（参见下级母题实例）

W0767. 5. 5. 3. 1

祝融生共工，共工生后土

实 例

汉族 祝融降处于江水，生共工。共

工生后土，后土生噎鸣，噎鸣生岁十有二。

【流传】（无考）

【出处】［战国至汉］撰者不详：《山海经·海内经》。

W0767.5.6

祝融的上司

实　例

（参见下级母题实例）

W0767.5.6.1

祝融是尧的臣属

实　例

汉族　鲧窃帝之息壤以湮洪水，不待帝命，帝令祝融杀鲧于羽郊。

【流传】（无考）

【出处】［战国至汉］撰者不详：《山海经·海内经》。

W0767.5.7

祝融的从属

实　例

（参见下级母题实例）

W0767.5.7.1

祝融的辅佐者仆程

实　例

汉族　祝融治南方，仆程佐之，使主火。

【流传】（无考）

【出处】［汉］袁康：《越绝书·计倪内经》。

W0767.6

祝融的寿命与死亡

实　例

（实例待考）

W0767.7

与祝融有关的其他母题

【关联】

①［W0493.5.1］灶神祝融

②［W0685.1］共工是祝融之子

实　例

（参见下级母题实例）

W0767.7.1

祝融的名字

实　例

（参见下级母题实例）

W0767.7.1.1

祝融是官职名

【关联】［W0767.3.1］祝融是火正（官名）

实　例

汉族　（实例待考）

W0767.7.1.2

祝融称为赤帝

实　例

（参见下级母题实例）

W0767. 7. 1. 2. 1
祝融氏以火施化，号赤帝

实 例

汉族 （参见“W0767. 3. 2. 2 祝融是火官的称谓”母题实例）

W0767. 7. 1. 2. 2
祝融称为赤帝是因为他发明了火

实 例

汉族 因为火是祝融发明的，所以后人把祝融称为“赤帝”。

【流传】（无考）

【出处】 兰草搜集整理：《祝融击火》，见兰草编《轩辕黄帝传说故事》，西安：陕西旅游出版社 1986 年版，第 67 页。

W0767. 7. 1. 2. 2. 1
黎击石取火，人们给他取名叫祝融

实 例

汉族 （参见“W0767. 7. 1. 2b 祝融原名黎”母题实例）

W0767. 7. 1. 2a
祝融即吴回

【关联】［W0466. 10. 1. 1g］火神吴回

实 例

（参见下级母题实例）

W0767. 7. 1. 2a. 1
吴回即回禄

【关联】［W0466. 10. 1. 1h］火神回禄

实 例

汉族 “禳火于玄冥、回禄。”孔颖达疏：“楚之先，吴回为祝融，或云回禄即吴回也。”

【流传】（无考）

【出处】［春秋］左丘明：《左传·昭公十八年》孔颖达疏。

W0767. 7. 1. 2a. 2
吴回是祝融的弟弟

实 例

汉族 “有人名吴回，奇左，是无右臂。”郭璞注：“吴回，祝融弟，亦火正也。”

【流传】（无考）

【出处】［战国至汉］撰者不详：《山海经·大荒西经》郭璞注。

W0767. 7. 1. 2b
祝融原名黎

实 例

汉族 因为黎（一个氏族酋长的儿子）发现了石头取火的方法，大家给他取个大名，叫做祝融。

【流传】 湖南省·衡阳市

【出处】 康佩仁讲，李正南采录：《祝融与火》，见中国民间文学集成全国编辑委员会编《中国民间故事集成》（湖南卷），北京：中国 ISBN 中心 2002 年版，第 43 页。

W0767.7.1.2b.1

祝融称为黎祖

实 例

汉族 鞭炮是火神爷祝融传授下来的。因此，大家都敬火神祝融为祖师爷，有人又称他黎祖。

【流传】 河南省豫中一带

【出处】 郭立峰讲：《火神祝融的传说》，见张振犁编著，孟宪明、朱淑君统纂《中原神话通鉴》（第三卷），郑州：河南大学出版社 2017 年版，第 767～768 页。

W0767.7.1.2b.2

祝融是重黎的名号

实 例

汉族 “颛顼生老童，老童生祝融。”郭璞注：“即重黎也，高辛氏火正，号曰祝融也。”

【流传】（无考）

【出处】［战国至汉］撰者不详：《山海经·大荒西经》郭璞注。

W0767.7.1.3

祝融叫南火

实 例

汉族 祝融吴回为高辛帝火正，死为火神，托祀于灶。

【流传】（无考）

【出处】 ［西汉］淮南王刘安及门客：《淮南子·时则训》。

苗族 远古时，出了个南火，他就是管火的祝融，是他立了大地。

【流传】 湖南省苗族地区

【出处】 龙王六演唱，龙炳文翻译：《开天立地》，苗地根据《楚风》刊登的《苗族古歌》的第一部分《开天日立》改写，见姚宝瑄主编《中国各民族神话》（布依族、仡佬族、苗族），太原：山西出版传媒集团·书海出版社 2014 年版，第 127 页。

W0767.7.1.4

黄帝为火正官取名祝融

实 例

汉族 黄帝知道了黎祖的本事，就把他请去当了火正官，专门管火。黄帝看他为人正派，很器重他，就给他起了个名字，叫“祝融”。

【流传】 河南省豫中一带

【出处】 郭立峰讲：《火神祝融的传说》，见张振犁编著，孟宪明、朱淑君统纂《中原神话通鉴》（第三卷），郑州：河南大学出版社 2017 年版，第 766 页。

W0767.7.2

与祝融有关的风物

【关联】［W1844.4.6］祝融峰

实 例

（参见下级母题实例）

W0767. 7. 2. 1

祝融庙在新密市火神寨

实 例

汉族 新密市东北的火神寨有一座庙，供奉的是火神祝融的圣像。

【流传】河南省·（郑州市）·新密市东北

【出处】张永林采录整理：《火神寨的传说》，见张振犁编著，孟宪明、朱淑君统纂《中原神话通鉴》（第三卷），郑州：河南大学出版社 2017 年版，第 768 页。

W0768

其他神性人物

实 例

（参见下级母题实例）

W0768. 1

高辛（帝喾，高辛帝，高辛氏）

实 例

（参见下级母题实例）

W0768. 1. 1

高辛的产生（帝喾的产生）

实 例

（参见下级母题实例）

W0768. 1. 1. 1

帝喾出生神异

实 例

汉族 帝喾生而神异。

【流传】（无考）

【出处】［唐］徐坚：《初学记》卷九引《帝王世纪》。

W0768. 1. 1. 2

高辛生于凤凰山

实 例

畲族 凤凰山产一男，名高辛。

【流传】（无考）

【出处】袁珂改编：《高辛与龙王》，原载谷德明编《中国少数民族神话选》，见袁珂《中国神话大词典》，北京：华夏出版社 2015 年版，第 522 页。

W0768. 1. 2

高辛的特征（帝喾的特征）

实 例

（参见下级母题实例）

W0768. 1. 2. 1

高辛是巨人

实 例

畲族 巨人高辛做日月。

【流传】（无考）

【出处】《高辛》，见高明强编《创世的神话和传说》，上海：上海三联书店

1988年版，第132页。

W0768.1.2.2
高辛氏十分聪明

实　例

汉族 高辛氏原来姓姬名俊。姬俊从小就十分聪明，遇事很有办法。

【流传】河南省·商丘市

【出处】李振明、黄炳良讲，刘秀森采录整理：《帝喾登天辩理》，见张振犁编著，孟宪明、朱淑君统纂《中原神话通鉴》（第三卷），郑州：河南大学出版社2017年版，第957页。

W0768.1.3
高辛的身份（帝喾的身份）

实　例

（参见下级母题实例）

W0768.1.3.1
高辛是神

实　例

（参见下级母题实例）

W0768.1.3.1.1
高辛是日月神

实　例

汉族 高辛为日月之天神，后逐渐演化为下方人王。

【流传】（无考）

【出处】《帝喾》，见乌丙安主编《中国民间神谱》，沈阳：辽宁人民出版社2007年版，第57页。

W0768.1.3.2
帝喾是帝王

实　例

（参见下级母题实例）

W0768.1.3.2.1
高辛王是昏君

实　例

瑶族 （实例待考）

W0768.1.3.3
帝喾被封诸侯

实　例

（参见下级母题实例）

W0768.1.3.3.1
帝喾年十五岁佐颛顼有功封为诸侯

实　例

汉族 帝喾年十五岁，佐颛顼有功，封为诸侯，邑于高辛。

【流传】（无考）

【出处】［清］马骕：《绎史》卷八《高辛纪》。

W0768.1.4
高辛的能力（帝喾的事迹）

【关联】［W1583.6.5］高辛造月亮

实 例

（参见下级母题实例）

W0768. 1. 4. 1
高辛氏与玉皇大帝辩理

实 例

汉族 高辛氏姬俊所主政的地方长闹水灾。高辛氏睡不着觉，便跑到天上去跟玉皇大帝辩理

【流传】河南省·商丘市

【出处】李振明、黄炳良讲，刘秀森采录整理：《帝喾登天辩理》，见张振犁编著，孟宪明、朱淑君统纂《中原神话通鉴》（第三卷），郑州：河南大学出版社 2017 年版，第 957 页。

W0768. 1. 4. 2
高辛迅速成长

实 例

（参见下级母题实例）

W0768. 1. 4. 2. 1
高辛见风就长一天长成人

实 例

畲族 风吹一天，他完完全全长成大人啦，比一般大人还高出一个头。

【流传】福建省·福安（福安市），（宁德市）·霞浦（霞浦县）；浙江省畲族地区

【出处】

（a）陈玮君记录：《高辛与龙王》，见蒋风等编：《畲族民间故事选》，上海：上海文艺出版社 1983 年版。

（b）陈玮君记录：《高辛造万物》，见姚宝瑄主编《中国各民族神话》（高山族、黎族、畲族），太原：山西出版传媒集团·书海出版社 2014 年版，第 87 页。

W0768. 1. 5
高辛的生活（帝喾的生活）

实 例

（参见下级母题实例）

W0768. 1. 5. 1
帝喾邑于高辛

实 例

汉族 （参见“W0768. 1. 3. 3. 1 帝喾年十五岁佐颛顼有功封为诸侯”母题实例）

W0768. 1. 5. 1a
高辛氏住在天河边

实 例

汉族 远古时代，帝王高辛氏，住在天河边。

【流传】浙江省·（温州市）·永嘉县·瓯北各地

【出处】金学益讲，金崇柳记录整理：《参商二星》（1985. 05），见姚宝瑄主编《中国各民族神话》（汉族），太原：山西出版传媒集团·书海出版社

2014 年版，第 305 页。

W0768.1.5.1b

高辛氏住天宫

实 例

畲族 天宫高辛皇帝的三女儿心地善良，派儿子为人类送火。

【流传】（无考）

【出处】

(a) 唐宗龙记录：《夺火记》，见谷德明编《中国少数民族神话》，北京：中国民间文艺出版社 1987 年版，第 224～229 页。

(b) 同（a），见姚宝瑄主编《中国各民族神话》（高山族、黎族、畲族），太原：山西出版传媒集团·书海出版社 2014 年版，第 128 页。

W0768.1.5.2

颛顼把辛地封给姬俊

【关联】［W0768.1.7.1］高辛氏姬俊

实 例

汉族 颛顼看姬俊很有能耐，就把他封在辛这个地方掌管一切。

【流传】 河南省·商丘市

【出处】 李振明、黄炳良讲，刘秀森采录整理：《帝喾登天辩理》，见张振犁编著，孟宪明、朱淑君统纂《中原神话通鉴》（第三卷），郑州：河南大学出版社 2017 年版，第 957 页。

W0768.1.5.3

帝喾乘龙马

实 例

（参见下级母题实例）

W0768.1.5.3.1

帝喾春夏乘龙，秋冬乘马

实 例

汉族 帝喾春夏乘龙，秋冬乘马。

【流传】（无考）

【出处】［西汉］戴德：《大戴礼记·五帝德》。

W0768.1.6

高辛的关系（帝喾的关系）

【关联】

① ［W1719.6.4］高辛王的两个儿子变成参商二星

② ［W1752.7a.1.1］高辛的小儿子变成商星

实 例

（参见下级母题实例）

W0768.1.6.0

喾的祖辈

实 例

（参见下级母题实例）

W0768. 1. 6. 0. 1

喾是黄帝的曾孙（帝喾高辛是黄帝的曾孙）

实 例

汉族 喾，黄帝之曾孙。

【流传】（无考）

【出处】［先秦］史官修撰：《世本·帝系篇》。

汉族 帝喾高辛者，黄帝之曾孙也。高辛父曰蟜极，蟜极父曰玄嚣，玄嚣父曰黄帝。自玄嚣与蟜极皆不得在位，至高辛即帝位，高辛于颛顼为族子。

【流传】（无考）

【出处】［西汉］司马迁：《史记·五帝本纪》。

汉族 喾，黄帝之曾孙。

【流传】（无考）

【出处】［清］马骕：《绎史》卷八《高辛纪》。

W0768. 1. 6. 0. 2

帝喾的祖父玄嚣（元嚣）

实 例

汉族 少典产轩辕，是为黄帝。黄帝产元嚣，元嚣产蟜极，蟜极产高辛，是为帝喾。

【流传】（无考）

【出处】［西汉］戴德：《大戴礼记·帝系》。

W0768. 1. 6. 1

高辛的父母

实 例

（参见下级母题实例）

W0768. 1. 6. 1. 1

帝喾的父亲蟜（蟜）极

实 例

汉族 ［参见“W0768. 1. 6. 0. 2 帝喾的祖父玄嚣（元嚣）”母题实例］

W0768. 1. 6. 2

高辛的妻子

实 例

（参见下级母题实例）

W0768. 1. 6. 2. 1

帝喾的一个妻子是月亮女神常羲

【关联】［W0284. 1. 1a. 1］月亮女神常羲是帝喾的妻子

实 例

汉族 帝喾的一个妻子是月亮女神常羲。

【流传】（无考）

【出处】《高辛帝喾》，见金麦田《中国古代神话故事全集》，北京：京华出版社 2004 年版，第 43 ~ 44 页。

W0768.1.6.2a

帝喾有四妃

实 例

（参见下级母题实例）

W0768.1.6.2a.1

帝喾有元妃姜嫄、次妃简狄、庆都和常仪

实 例

汉族 帝喾卜其四妃之子，皆有天下。上妃有邰氏之女，曰姜嫄，而生后稷；次妃有娀氏之女，曰简狄，而生契；次妃陈锋氏之女，曰庆都，生帝尧；下妃娵訾氏之女，曰常仪，生挚。

【流传】（无考）

【出处】［先秦］史官修撰：《世本·帝系篇》。

汉族 帝喾卜其四妃之子，皆有天下。元妃有邰氏之女，曰姜嫄，生后稷。次妃有娀氏之女，曰简狄，生契。次妃陈酆氏之女曰庆都，生帝尧。次妃陬訾氏之女曰常仪，生帝挚。

【流传】（无考）

【出处】［清］马骕：《绎史》卷八《高辛纪》。

W0768.1.6.2a.1.1

姜嫄

实 例

（参见下级母题实例）

W0768.1.6.2a.1.1.1

姜嫄是有邰氏之女

实 例

汉族 周后稷，名弃。其母有邰氏女，曰姜原。姜原为帝喾元妃。

【流传】（无考）

【出处】［西汉］司马迁：《史记·周本纪》。

W0768.1.6.2a.1.1.2

龙盘山有姜嫄所履迹

实 例

汉族 齐有龙盘山，上有大脚，姜嫄所履迹。

【流传】（无考）

【出处】

（a）［北宋］李昉、李穆、徐铉等：《太平御览》卷三八八引《述征记》。

（b）《龙盘山》，见袁珂《中国神话大词典》，北京：华夏出版社2015年版，第99页。

W0768.1.6.2a.1.2

庆都

实 例

（参见下级母题实例）

W0768.1.6.2a.1.2.1

庆都是陈酆氏之女

实 例

汉族 （参见“W0768. 1. 6. 2a. 1 帝喾有元妃姜嫄、次妃简狄、庆都和常仪”母题实例）

W0768. 1. 6. 2a. 1. 2. 2
庆都生帝尧

【关联】［W0747. 1. 1. 2. 1］庆都与赤龙交合生尧

实 例

汉族 （参见“W0768. 1. 6. 2a. 1 帝喾有元妃姜嫄、次妃简狄、庆都和常仪”母题实例）

W0768. 1. 6. 2a. 1. 3
常仪

实 例

（参见下级母题实例）

W0768. 1. 6. 2a. 1. 3. 1
常仪是陬訾氏之女

实 例

汉族 （参见“W0768. 1. 6. 2a. 1 帝喾有元妃姜嫄、次妃简狄、庆都和常仪”母题实例）

W0768. 1. 6. 2a. 1. 3. 1a
帝喾高辛氏娶諏訾氏女

实 例

汉族 帝喾高辛氏娶于諏氏女，女生而发与足齐，坠地能言，乃纳于帝。

【流传】（无考）

【出处】［北宋］李昉、李穆、徐铉等：《太平御览》卷三七三引《王子年拾遗记》。

汉族 帝喾高辛者，黄帝之曾孙也。高辛父曰蟜极，蟜极父曰玄嚣，玄嚣父曰黄帝。自玄嚣与蟜极皆不得在位，至高辛即帝位。高辛于颛顼为族子。高辛生而神灵，自言其名。普施利物，不于其身。聪以知远，明以察微。帝喾娶陈锋氏女，生放勋。娶娵訾氏女，生挚。帝喾崩，而挚代立。帝挚立，不善（崩），而弟放勋立，是为帝尧。

【流传】（无考）

【出处】［西汉］司马迁：《史记·五帝本纪》。

W0768. 1. 6. 2a. 1. 3. 2
帝喾的妻子常仪

【关联】［W0671. 8. 1. 4］嫦娥又称常仪

实 例

汉族 “帝喾娶娵訾氏女，生挚。”司马贞索隐引皇甫谧云：“女名常仪也。”

【流传】（无考）

【出处】［西汉］司马迁：《史记·五帝本纪》［唐］司马贞索隐引皇甫谧语。

W0768. 1. 6. 2a. 1. 3. 3
帝喾妃常仪

实 例

汉族 帝喾卜其四妃之子，皆有天下。下妃娵訾氏之女，曰常仪，生挚。

【流传】（无考）

【出处】［先秦］史官修撰：《世本·帝系篇》。

W0768.1.6.2a.2

帝喾四妃是姜原、简狄、陈隆氏、陬訾氏

实　例

汉族 帝喾卜其四妃之子，而皆有天下。上妃有邰氏之女也，曰姜原，氏产后稷；次妃有娀氏之女也，曰简狄，氏产契；次妃曰陈隆氏，产帝尧；次妃陬訾氏，产帝挚。

【流传】（无考）

【出处】［西汉］戴德：《大戴礼记·帝系》。

W0768.1.6.2b

帝喾之妃邹屠氏之女

实　例

汉族 帝喾之妃，邹屠氏之女也。轩辕去蚩尤之凶，迁其民善者于邹屠之地，迁其民恶者于有北之乡。其先以地命族，后分为邹氏、屠氏。女行不践地，常履风云。游于伊、洛，帝乃期焉，纳以为妃。

【流传】（无考）

【出处】［晋］王嘉：《拾遗记》卷一。

W0768.1.6.2c

帝喾有4妻4子

实　例

汉族 帝喾有四妻四子：姜生弃（即后稷），是周族的祖先；简狄生契，是商族的祖先；庆都生帝尧；常仪生挚。

【流传】（无考）

【出处】《帝喾》，见乌丙安主编《中国民间神谱》，沈阳：辽宁人民出版社2007年版，第57页。

W0768.1.6.3

高辛的子女

实　例

（参见下级母题实例）

W0768.1.6.3.1

高辛的儿子

实　例

（参见下级母题实例）

W0768.1.6.3.1.1

高辛氏有2个儿子

实　例

（参见下级母题实例）

W0768.1.6.3.1.1.1

高辛氏有阏伯、实沈2个儿子

【关联】［W0466.10.1.1b.1］阏伯

实 例

汉族 昔高辛氏有二子：伯曰阏伯，季曰实沈，居于旷林，不相能也。日寻干戈，以相征讨。后帝不臧，迁阏伯于商丘，主辰。商人是因，故辰为商星。迁实沈于大夏，主参。唐人是因，以服事夏、商。

【流传】（无考）

【出处】［春秋］左丘明：《左传·昭公元年》。

汉族 高辛氏养了两个儿子，长子叫阏伯，次子叫实沉。

【流传】浙江省·（温州市）·永嘉县·瓯北各地

【出处】金学益讲，金崇柳记录整理：《参商二星》（1985. 05），见姚宝瑄主编《中国各民族神话》（汉族），太原：山西出版传媒集团·书海出版社 2014 年版，第 305 页。

W0768. 1. 6. 3. 1. 2
高辛氏有 4 个儿子

实 例

（参见下级母题实例）

W0768. 1. 6. 3. 1. 2. 1
帝喾有后稷、契、帝尧、帝挚 4 个儿子

实 例

汉族 （参见“W0768. 1. 6. 2a. 1 帝喾有元妃姜嫄、次妃简狄、庆都和常仪”母题实例）

W0768. 1. 6. 3. 1. 3
帝喾有 8 个神子

实 例

汉族 帝喾之妃，邹屠氏之女也，常梦吞日，则生一子，凡经八梦，则生八子，世谓为八神。

【流传】（无考）

【出处】［东晋］王嘉：《拾遗记》卷一。

W0768. 1. 6. 3. 2
高辛的女儿（帝喾的女儿）

【关联】［W0452a. 1. 1. 1］帝喾与常仪生厕神紫姑（厕神紫姑是帝喾的女儿）

实 例

南方古代民族 高辛氏有老妇，居王室，得耳疾，挑之，乃得物大如茧。妇人盛瓠中，覆之以槃，俄顷化为犬，其文五色，因名槃瓠。下令之后，槃瓠遂衔人头造阙下，群臣怪而诊之，乃吴将军首也。诊，候视也。帝大喜，而计槃瓠不可妻之以女，又无封爵之道，议欲有报而未知所宜。女闻之，以为帝皇下令，不可违信，因请行。帝不得已，乃以女配槃瓠。

【流传】（无考）

【出处】［三国·魏］鱼豢：《魏略》。

南方古代民族 昔高辛氏有犬戎之寇，高辛，帝喾。帝患其侵暴，而征伐不克。乃访募天下，有能得犬戎之将吴

将军头者，购黄金千镒，邑万家，又妻以少女。

【流传】（无考）

【出处】［南朝·宋］范晔：《后汉书》卷八十六之“南蛮西南夷列传”第七十六。

W0768.1.6.3.2.1 高辛王的3个女儿

实例

瑶族 高王（高辛王）和平王争天下，打了好几年仗。双方人马差不多，一直难分高低。高王有3个女儿，他接受臣子的主意，出榜招贤，说哪个替主上杀死了平王，就把三公主许给他做老婆。

【流传】 湖南省·（永州市）·江永县·千家洞瑶族乡

【出处】蒋正（男，65岁，农民，不识字）讲，王金粲采录：《盘瓠》（1986），见中国民间文学集成全国编辑委员会编《中国民间故事集成》（湖南卷），北京：中国ISBN中心2002年版，第18页。

W0768.1.6.3.2.2 辛女

实例

苗族 在湖南省湘西土家族苗族自治州泸溪县，广泛流传着盘瓠与辛女神话传说。目前沿沅江一带可以看到辛女庙、辛女祠、辛女宫、辛女岩、辛女箱子岩、辛女溪等留存有盘瓠辛女神话的遗迹。并且有叶辛题字村名的辛女村以及由红岩村改名的辛女新村等。

【流传】湖南省·湘西土家族苗族自治州·泸溪县

【出处】侯自佳、侯自鹏、向家发等讲：*《泸溪盘瓠与辛女神话传说》，王宪昭采集，2018.09.25–2018.10.01。

W0768.1.6.3.2.2.1 辛女庙

实例

苗族 （参见“W0768.1.6.3.2.2 辛女”母题实例）

W0768.1.6.3.2.2.2 辛女祠

实例

苗族 （参见“W0768.1.6.3.2.2 辛女”母题实例）

W0768.1.6.3.2.2.3 辛女宫

实例

苗族 （参见“W0768.1.6.3.2.2 辛女”母题实例）

W0768.1.6.3.2.2.4 辛女岩

实例

苗族 （参见“W0768. 1. 6. 3. 2. 2 辛女”母题实例）

W0768. 1. 6. 3. 2. 2. 4. 1
高辛氏女化为辛女岩

实　例

汉族、苗族、土家族 辛女岩在辰州府芦溪县大江之左。奇峰绝壁，高峻插天，有石屹立知人。相传高辛氏（即帝喾）女于此化为石。隔江对峙一岩，有机一乘，船一只，悬于岩孔，乃其遗迹也。

【流传】（无考）

【出处】

(a)《潜确类书》卷二六。

(b)《辛女岩》，见袁珂《中国神话大词典》，北京：华夏出版社 2015 年版，第 172 页。

W0768. 1. 6. 3. 2. 2. 5
辛女箱子岩

实　例

苗族 （参见“W0768. 1. 6. 3. 2. 2 辛女”母题实例）

W0768. 1. 6. 3. 2. 2. 6
辛女溪

实　例

苗族 （参见“W0768. 1. 6. 3. 2. 2 辛女”母题实例）

W0768. 1. 6. 3. 2. 2. 7
辛女村

实　例

苗族 （参见“W0768. 1. 6. 3. 2. 2 辛女”母题实例）

W0768. 1. 6. 3. 2. 2. 8
外邦吴将军霸占高辛的小女儿辛女为妻

实　例

苗族 外邦吴将军为了让高辛屈服，每年进贡，霸占高辛的小女儿辛女为妻，发起战事。

【流传】湖南省·湘西土家族苗族自治州·泸溪县·白沙镇·辛女村

【出处】向大爷讲，杨泽经采集：《盘瓠神话》（20150417），见杨利慧《当代中国的神话主义——以遗产旅游和电子媒介的考察为中心》，内部交流稿，2017 年 6 月，第 114 页。

W0768. 1. 6. 4
高辛的后代

实　例

（参见下级母题实例）

W0768. 1. 6. 4. 1
帝喾高辛氏的曾孙相土

实　例

汉族 商丘这地方，古时候叫商国。

帝喾高辛氏的曾孙相土被封在商国这个地方。相土是个很有才能的人。

【流传】河南省·商丘市

【出处】王伟、郭久理讲，刘春正、刘秀森采录整理：《商人的来历》，见张振犁编著，孟宪明、朱淑君统纂《中原神话通鉴》（第三卷），郑州：河南大学出版社2017年版，第959页。

W0768.1.6.4.2

高辛帝的外甥

实 例

（参见下级母题实例）

W0768.1.6.4.2.1

高辛帝的外甥盘龙、篮虎、雷豹和钟熊

实 例

畲族 天宫高辛皇帝的三女儿有四个儿子：盘龙、篮虎、雷豹和钟熊。

【流传】（无考）

【出处】

（a）唐宗龙记录：《夺火记》，见谷德明编《中国少数民族神话》，北京：中国民间文艺出版社1987年版，第224～229页。

（b）同（a），见姚宝瑄主编《中国各民族神话》（高山族、黎族、畲族），太原：山西出版传媒集团·书海出版社2014年版，第128页。

W0768.1.6.5

高辛的从属

实 例

（实例待考）

W0768.1.6.6

高辛的敌手

实 例

（参见下级母题实例）

W0768.1.6.6.1

高辛氏敌人是犬戎

实 例

古民族·南蛮西南夷 昔高辛氏有犬戎之寇，帝患其侵暴，而征伐不克。乃访募天下，有能得犬戎之将吴将军头者，购黄金千镒，邑万家，又妻以少女。

【流传】（无考）

【出处】

（a）《南蛮西南夷列传》第七十六，见［南朝·宋］范晔《后汉书》卷八十六，北京：中华书局2007年版，第67～68页。

（b）［东汉］应劭：《风俗通义》，上海：上海古籍出版社1990年版，第22～24页。

W0768.1.6.7

帝喾的老师赤松子

【关联】［W0735b.12.1］雨师赤松子服

水玉以教神农

实 例

汉族 帝喾学乎赤松子。

【流传】（无考）

【出处】［汉］韩婴：《韩诗外传》五。

W0768. 1. 7
高辛的名称（高辛的名号）

实 例

（参见下级母题实例）

W0768. 1. 7. 1
高辛氏姬俊

实 例

（参见下级母题实例）

W0768. 1. 7. 1. 1
高辛氏姬俊所主政的地方叫“辛”，被称为“高辛”

实 例

汉族 高辛氏姬俊所主政的叫“辛”的地方长闹水灾。高辛氏就到天上理论。玉皇大帝辩不过他，便派天神下来，一下子把辛这个地方的地势抬高到了水面以上。从此，“辛”便被称为“高辛”。

【流传】河南省·商丘市

【出处】李振明、黄炳良讲，刘秀森采录整理：《帝喾登天辩理》，见张振犁编著，孟宪明、朱淑君统纂《中原神话通鉴》（第三卷），郑州：河南大学出版社 2017 年版，第 957 页。

W0768. 1. 7. 1. 1. 1
高辛是帝喾的封地

实 例

汉族 帝喾年十五岁，佐颛顼有功，封为诸侯，邑于高辛。

【流传】（无考）

【出处】［先秦］史官修撰：《世本·帝系篇》。

W0768. 1. 7. 1. 2
高辛氏姓姬名俊

实 例

汉族 高辛氏原来并不叫高辛氏，他姓姬名俊。

【流传】河南省·商丘市

【出处】李振明、黄炳良讲，刘秀森采录整理：《帝喾登天辩理》，见张振犁编著，孟宪明、朱淑君统纂《中原神话通鉴》（第三卷），郑州：河南大学出版社 2017 年版，第 957 页。

W0768. 1. 7. 1. 3
帝喾自言名曰夋

实 例

汉族 帝喾生而神异，自言其名曰夋。

【流传】（无考）

【出处】［唐］徐坚：《初学记》卷九引《帝王世纪》。

W0768.1.7.1.4

帝喾即帝俊

【关联】［W0739.6.6］舜即帝俊

实 例

汉族 帝喾下妃娵訾氏之女，曰常仪，是生帝挚。羲、仪声近，常羲即常仪，帝俊亦即帝喾。

【流传】（无考）

【出处】《常羲》袁珂注引《世本》，见袁珂《中国神话大词典》，北京：华夏出版社2015年版，第295页。

W0768.1.7.1.5

帝俊演变为帝喾

实 例

汉族 后稷乃天帝子。帝俊历史化而为帝喾。

【流传】（无考）

【出处】《后稷》，见袁珂《中国神话大词典》，北京：华夏出版社2015年版，第135页。

W0768.1.7.1.5.1

帝俊

【关联】［W0251.9.1.3］东方天帝帝俊

实 例

（参见下级母题实例）

W0768.1.7.1.5.1.1

帝俊一头三身

【关联】［W5936.1］三身国

实 例

汉族 （参见“W0768.1.7.1.5.1.2 帝俊妻娥皇”母题实例）

W0768.1.7.1.5.1.2

帝俊妻娥皇

实 例

汉族 有人三身，帝俊妻娥皇，生此三身之国。

【流传】（无考）

【出处】［战国至汉］撰者不详：《山海经·大荒南经》。

W0768.1.7.1.5.1.3

帝俊的儿子

实 例

（参见下级母题实例）

W0768.1.7.1.5.1.3.1

帝俊生三身

实 例

汉族 帝俊生三身，三身生义均，义均是始为巧倕，是始作下民百巧。

【流传】（无考）

【出处】《［战国至汉］撰者不详：山海经·海内经》。

W0768.1.7.1.5.1.3.2

帝俊生晏龙

实 例

汉族 帝俊生晏龙，晏龙是为琴瑟。

【流传】（无考）

【出处】［战国至汉］撰者不详：《山海经·海内经》。

汉族 帝俊生晏龙，晏龙生司幽。

【流传】（无考）

【出处】［战国至汉］撰者不详：《山海经·大荒东经》。

W0768. 1. 7. 1. 5. 1. 3. 3

帝俊有8子

实 例

汉族 帝俊有子八人，是始为歌舞。

【流传】（无考）

【出处】［战国至汉］撰者不详：《山海经·海内经》。

W0768. 1. 7. 1. 5. 1. 4

帝俊的孙子

实 例

（参见下级母题实例）

W0768. 1. 7. 1. 5. 1. 4. 1

帝俊的孙子义均

实 例

汉族 （参见“W0768. 1. 7. 1. 5. 1. 3. 1 帝俊生三身”母题实例）

【流传】（无考）

【出处】［战国至汉］撰者不详：《山海经·海内经》。

W0768. 1. 7. 1. 5. 1. 4. 2

帝俊的孙子司幽

实 例

汉族 （参见“W0768. 1. 7. 1. 5. 1. 3. 2 帝俊生晏龙”母题实例）

W0768. 1. 7. 1. 5. 1. 5

帝俊的后裔

实 例

（参见下级母题实例）

W0768. 1. 7. 1. 5. 1. 5. 1

帝俊的后裔季釐国

实 例

汉族 有襄山。又有重阴之山。有人食兽，曰季釐。帝俊生季釐，故曰季釐之国。

【流传】（无考）

【出处】［战国至汉］撰者不详：《山海经·大荒南经》。

W0768. 1. 7. 2

高辛氏号称帝喾

实 例

（参见下级母题实例）

W0768. 1. 7. 2. 1

高辛氏代替颛顼做天子后号称帝喾王

实 例

汉族　高辛氏代替颛顼做了天子，号称帝喾王。

【流传】河南省·商丘市

【出处】李振明、黄炳良讲，刘秀森采录整理：《帝喾登天辩理》，见张振犁编著，孟宪明、朱淑君统纂《中原神话通鉴》（第三卷），郑州：河南大学出版社2017年版，第957页。

W0768.1.7.2.2

帝喾号高辛氏

实　例

汉族　“帝喾，高辛氏。”宋衷曰：“高辛，地名，因以为号，喾其名也。”

【流传】（无考）

【出处】［先秦］史官修撰：《世本·帝系篇》。

W0768.1.8

与高辛有关的其他母题

实　例

（参见下级母题实例）

W0768.1.8.1

高辛遗迹

实　例

（参见下级母题实例）

W0768.1.8.1.1

帝喾王高辛氏墓

实　例

（参见下级母题实例）

W0768.1.8.1.1.1

帝喾王高辛氏墓在河南商丘高辛集

实　例

汉族　河南商丘古城南高辛集西北约一里处，有一个高大的陵墓，这就是帝喾王高辛氏墓。

【流传】河南省·商丘市

【出处】李振明、黄炳良讲，刘秀森采录整理：《帝喾登天辩理》，见张振犁编著，孟宪明、朱淑君统纂《中原神话通鉴》（第三卷），郑州：河南大学出版社2017年版，第957页。

W0768.1.8.1.1a

帝喾葬于岳山

实　例

汉族　帝尧、帝喾、帝舜葬于岳山。爰有朱木，赤枝，青华，玄实。

【流传】（无考）

【出处】［战国至汉］撰者不详：《山海经·大荒南经》。

W0768. 1. 8. 1. 1b

帝喾葬狄山之阴

实 例

汉族 狄山，帝尧葬于阳，帝喾葬于阴。

【流传】（无考）

【出处】［战国至汉］撰者不详：《山海经·海内南经》。

W0768. 1. 8. 1. 1. 2

二帝陵

实 例

（参见下级母题实例）

W0768. 1. 8. 1. 1. 2. 1

二帝陵即帝喾与颛顼的陵墓

实 例

汉族 一个帝王叫帝喾，死后与颛顼埋在这里，这里就叫二帝陵了。

【流传】河南省·（安阳市）·内黄县·（梁庄乡·三杨庄）

【出处】寇四妮（男，60 岁，农民，小学）讲，张毅力采录：《二帝陵和硝河的传说》（1986. 07. 12），见张振犁编著，孟宪明、朱淑君统纂《中原神话通鉴》（第三卷），郑州：河南大学出版社 2017 年版，第 948 页。

W0768. 1. 8. 1. 2

高辛集

实 例

汉族 河南商丘古城南四十五里，有一个以帝喾王高辛氏的名字命名的小集镇——高辛集。

【流传】河南省·商丘市

【出处】李振明、黄炳良讲，刘秀森采录整理：《帝喾登天辩理》，见张振犁编著，孟宪明、朱淑君统纂《中原神话通鉴》（第三卷），郑州：河南大学出版社 2017 年版，第 957 页。

W0768. 1. 8. 1. 3

帝喾台

实 例

汉族 帝尧台、帝喾台、帝丹朱台、帝舜台，各二台，台四方，在昆仑东北。

【流传】（无考）

【出处】

（a）［战国至汉］撰者不详：《山海经·海内北经》。

（b）《众帝之台》，见袁珂《中国神话大词典》，北京：华夏出版社 2015 年版，第 131 页。

W0768. 2

天师

实 例

（参见下级母题实例）

W0768.2.1
天师的产生

实 例

（参见下级母题实例）

W0768.2.1.1
神造出天师

实 例

满族 神用一段一段的智慧树枝，做骨架，加上神土和仙泉水，造出一位大神，掌管天上智慧，被封为“天师”。

【流传】黑龙江省·牡丹江市·（西安区）·温春乡（温春镇）

【出处】梅崇阿讲，傅英仁采录：《人的尾巴》，见中国民间文学集成全国编辑委员会编《中国民间故事集成》（黑龙江卷），北京：中国 ISBN 中心 2005 年版，第 23 页。

W0768.2.2
天师的特征

实 例

（参见下级母题实例）

W0768.2.2.1
天师会变形

实 例

瑶族 （参见“W0768.2.4.1.1 张天师变七星鱼”母题实例）

W0768.2.3
天师的身份

实 例

（参见下级母题实例）

W0768.2.3.1
天师是特定的神

实 例

（参见下级母题实例）

W0768.2.3.1.1
天师是掌管天上智慧的大神

实 例

满族 神造出一位大神，掌管天上智慧，被封为“天师”。就是地上看天空那一颗最亮的星星，满族人管它叫智慧星。

【流传】黑龙江省·牡丹江市·（西安区）·温春乡（温春镇）

【出处】梅崇阿讲，傅英仁采录：《人的尾巴》，见中国民间文学集成全国编辑委员会编《中国民间故事集成》（黑龙江卷），北京：中国 ISBN 中心 2005 年版，第 23 页。

W0768.2.4
特定名称的天师

实 例

（参见下级母题实例）

W0768. 2. 4. 1

张天师

【关联】

①［W0556. 2. 1. 3］大小板凳老神是张天师的徒弟

②［W0673. 1. 2］杨二郎是张天师的外甥

实 例

（参见下级母题实例）

W0768. 2. 4. 1. 1

张天师变七星鱼

实 例

瑶族 张天师变七星鱼。

【流传】（无考）

【出处】中国各民族宗教与神话大词典编审委员会编《中国各民族宗教与神话大词典》，北京：学苑出版社 1990 年版，第 632 页。

W0768. 2. 4. 1. 2

张天师是伏羲兄妹的父亲

实 例

瑶族 过去有家穷人，只生兄妹俩，哥哥名叫伏羲，兄妹很小就死了娘，只好跟着爹爹张天师度日。

【流传】（无考）

【出处】

（a）盘国金搜集：《伏羲兄妹》，载《山茶》1982 年第 1 期。

（b）同（a），见姚宝瑄主编《中国各民族神话》（土家族、毛南族、侗族、瑶族），太原：山西出版传媒集团·书海出版社 2014 年版，第 184 页。

W0768. 2. 4. 1. 3

张天师爱贤求才

实 例

汉族 李员外的善念感动了张天师。张天师爱贤求才，知人善用，就派龟蛇二将去请李员外，让他来到府中一叙。

【流传】河南省·（信阳市）·息县

【出处】李龙泉（男，57 岁，临河乡农民）讲，张涛采录整理：《淮河的来历（二）》（1987），见张振犁编著，孟宪明、朱淑君统纂《中原神话通鉴》（第四卷），郑州：河南大学出版社 2017 年版，第 1360 页。

W0768. 2. 4. 1. 4

张天师的龟蛇二将

实 例

汉族 一条秃尾黑龙生性倔强，脾气暴躁，经常出来残害生灵。张天师带领龟蛇二将平魔降妖时把他收服，一直拘役身旁。

【流传】河南省·（信阳市）·息县

【出处】李龙泉（男，57 岁，临河乡农民）讲，张涛采录整理：《淮河的来历（二）》（1987），见张振犁编著，孟宪明、朱淑君统纂《中原神话通鉴》（第四卷），郑州：河南大学出版社 2017 年版，第 1361 页。

W0768.2.4.1.5
张天师黑脸

实　例

（参见下级母题实例）

W0768.2.4.1.5.1
张天师的脸黑是盘古用锅底染的

实　例

汉族　盘古爷抱着太极图，对着张天始的脸狠绕起来，把张天始的脸也绕黑了，黑得像锅底。

【流传】河南省·（南阳市）·桐柏县·二郎山乡·李沟村

【出处】刘国山（59 岁，文盲）讲，马卉欣、殷润璞录音，马卉欣采录整理：《盘古爷抱太极图》（1989.04.08），见张振犁编著《中原神话通鉴》（第一卷），郑州：河南大学出版社 2017 年版，第 114 页。

W0768.2.4.1.5a
张天师擅长用符水治病

实　例

汉族　张天师擅长用符水治病，治理蜀地八部鬼神、六天魔王。

【流传】（无考）

【出处】［明］王世贞：《列仙全传》。

W0768.2.4.1.5b
张天师本名张陵，字辅汉，号天师，道教尊称其为张道陵

实　例

汉族　张天师本名张陵，字辅汉，号天师，道教尊称其为张道陵，道教四大天师之一。

【流传】（无考）

【出处】《张天师》，见乌丙安主编《中国民间神谱》，沈阳：辽宁人民出版社 2007 年版，第 273 页。

W0768.2.4.1.5b.1
女子梦北斗魁星授与蘅薇香草生张道陵

实　例

汉族　女子梦见北斗魁星授与蘅薇香草而怀孕，生下张道陵。

【流传】（无考）

【出处】《张天师》，见乌丙安主编《中国民间神谱》，沈阳：辽宁人民出版社 2007 年版，第 273 页。

W0768.2.4.1.5c
张天师生日五月初五

实　例

汉族　五月初五为张天师诞辰日。

【流传】（无考）

【出处】《张天师》，见乌丙安主编《中国民间神谱》，沈阳：辽宁人民出版

社 2007 年版，第 273 页。

W0768. 2. 4. 1. 5d
张天师其他名号

实 例

（参见下级母题实例）

W0768. 2. 4. 1. 5d. 1
张天师名号三天扶教辅元大法师

实 例

汉族 张天师其他名号有“三天扶教辅元大法师”“三天扶教辅元大法师正一静应显佑真君”“正一冲元神化静应显佑真君” “降魔护道天尊” “高明大帝” “正一真人” “祖天师” 等。

【流传】（无考）

【出处】《张天师》，见乌丙安主编《中国民间神谱》，沈阳：辽宁人民出版社 2007 年版，第 273 页。

W0768. 2. 4. 1. 5d. 2
张天师名号三天扶教辅元大法师正一静应显佑真君

实 例

汉族 （参见“W0768. 2. 4. 1. 5d. 1 张天师名号三天扶教辅元大法师”母题实例）

W0768. 2. 4. 1. 5d. 3
张天师名号正一冲元神化静应显佑真君

实 例

汉族 （参见“W0768. 2. 4. 1. 5d. 1 张天师名号三天扶教辅元大法师”母题实例）

W0768. 2. 4. 1. 5d. 4
张天师名号降魔护道天尊

实 例

汉族 （参见“W0768. 2. 4. 1. 5d. 1 张天师名号三天扶教辅元大法师”母题实例）

W0768. 2. 4. 1. 5d. 5
张天师名号高明大帝

实 例

汉族 （参见“W0768. 2. 4. 1. 5d. 1 张天师名号三天扶教辅元大法师”母题实例）

W0768. 2. 4. 1. 5d. 6
张天师名号正一真人

实 例

汉族 （参见“W0768. 2. 4. 1. 5d. 1 张天师名号三天扶教辅元大法师”母题实例）

W0768.2.4.1.5d.7
张天师名号祖天师

实 例

汉族 （参见“W0768.2.4.1.5d.1 张天师名号三天扶教辅元大法师”母题实例）

W0768.2.4.1.6
张天始

实 例

（参见下级母题实例）

W0768.2.4.1.6.1
张天始是老天爷的义子

实 例

汉族 天底下有个叫张天始的人，是老天爷的义子。

【流传】河南省·（南阳市）·桐柏县·二郎山乡·李沟村

【出处】刘国山（59岁，文盲）讲，马卉欣、殷润璞录音，马卉欣采录整理：《盘古爷抱太极图》（1989.04.08），见张振犁编著《中原神话通鉴》（第一卷），郑州：河南大学出版社2017年版，第114页。

W0768.2.4.1.7
张天时

实 例

（参见下级母题实例）

W0768.2.4.1.7.1
张天时造起天兵天将后改名张天师

实 例

汉族 张天时访了天下，回到天上，按照打听来的盘古造人法，在天宫造起神，造起天兵天将。张天时的名字，改成了天师。

【流传】河南省·（南阳市）·桐柏县·二郎山乡

【出处】李敬平讲，李修平采录：《盘古爷上天了》，见张振犁编著《中原神话通鉴》（第一卷），郑州：河南大学出版社2017年版，第112页。

W0768.2.4.2
大隗天师

实 例

汉族 那脱下衣袍的樵夫，正是大隗天师，这“神色图”正是他指教的色彩调配法。

【流传】河南省·（郑州市）·新密市

【出处】王耀斌采录整理：《黄姑仙岛的传说》，见张振犁编著，孟宪明、朱淑君统纂《中原神话通鉴》（第二卷），郑州：河南大学出版社2017年版，第672页。

W0768.2.4.3
许天师

实 例

（参见下级母题实例）

W0768. 2. 4. 3. 1
许天师即晋代道士许逊

实 例

汉族 许天师即晋代道士许逊，字敬之，南昌人，又称为“神功妙济真君”“许真君”。

【流传】（无考）

【出处】《许天师》，见乌丙安主编《中国民间神谱》，沈阳：辽宁人民出版社2007年版，第274页。

W0768. 2. 4. 3. 2
许天师又称许真君

实 例

汉族 （参见“W0768. 2. 4. 3. 1 许天师即晋代道士许逊”母题实例）

W0768. 2. 4. 3. 3
许天师又称神功妙济真君

实 例

汉族 （参见“W0768. 2. 4. 3. 1 许天师即晋代道士许逊”母题实例）

W0768. 2. 5
四大天师

实 例

（参见下级母题实例）

W0768. 2. 5. 1
四大天师许逊、张道陵、萨守坚、葛玄

【关联】［W0768. 2. 4. 1. 5b］张天师本名张陵，字辅汉，号天师，道教尊称其为张道陵

实 例

汉族 许逊与张道陵、萨守坚、葛玄尊称为四大天师。

【流传】（无考）

【出处】《许天师》，见乌丙安主编《中国民间神谱》，沈阳：辽宁人民出版社2007年版，第274页。

W0768. 2. 5. 2
许逊天师

实 例

（参见下级母题实例）

W0768. 2. 5. 2. 1
许逊得道于吴猛

实 例

汉族 吴猛升仙去时，语其子云：“吾去后，东南方有人，姓许名逊，应来吊汝，汝当看重之，可以真符授也。”至时，逊果来吊，其子以父命将真符传逊，奉修真感有愈于猛。

【流传】（无考）

【出处】［宋］张君房：《云笈七笺》卷一百六《许逊真人传》。

W0768.2.5.2.2
许逊得道于兰公

实 例

汉族 兰公系孔子故乡兖州曲阜县人，因“精专孝行”，斗中真人特降授“孝悌之教”“至道秘旨”，并预示晋代有真仙许逊，当传此“孝道之宗”，为“众仙之长”。

【流传】（无考）

【出处】［唐］胡慧超：《十二真君传》。

W0768.2.5.2.3
许逊得道于谌母

实 例

汉族 谌母密修道法，积数十年。吴猛、许逊自高阳南游，诣母，请传所得之道，因盟而授之。孝道之法，遂行江表。

【流传】（无考）

【出处】［唐］杜光庭：《墉城集仙录》。

W0768.2.5.3
葛玄天师（葛天师）

实 例

（参见下级母题实例）

W0768.2.5.3.1
葛天师能把口中吐出的饭粒变成蜜蜂

实 例

汉族 葛天师能将口中吐出的饭粒变成蜜蜂，能指挥蛤蟆、燕雀、昆虫翩翩起舞，能画符箓为民祈雨。

【流传】（无考）

【出处】《葛天师》，见乌丙安主编《中国民间神谱》，沈阳：辽宁人民出版社2007年版，第276页。

W0768.2.5.3.2
葛天师能画符箓为民祈雨

实 例

汉族 （参见“W0768.2.5.3.1 葛天师能把口中吐出的饭粒变成蜜蜂”母题实例）

W0768.2.5.3.3
葛天师的名称

实 例

（参见下级母题实例）

W0768.2.5.3.3.1
葛天师又称葛仙公

实 例

汉族 葛天师本名葛玄，又称“葛仙公”“冲应真人”“冲应孚真君”“太极左仙公字孝先”。

【流传】（无考）

【出处】《葛天师》，见乌丙安主编《中国民间神谱》，沈阳：辽宁人民出版社2007年版，第276页。

W0768. 2. 5. 3. 3. 2

葛天师又称冲应真人

实　例

汉族 （参见“W0768. 2. 5. 3. 3. 1 葛天师又称葛仙公”母题实例）

W0768. 2. 5. 3. 3. 3

葛天师又称冲应孚真君

实　例

汉族 （参见“W0768. 2. 5. 3. 3. 1 葛天师又称葛仙公”母题实例）

W0768. 2. 5. 3. 3. 4

葛天师又称太极左仙公字孝先

实　例

汉族 （参见“W0768. 2. 5. 3. 3. 1 葛天师又称葛仙公”母题实例）

W0768. 2. 5. 4

萨守坚天师（萨天师）

实　例

（参见下级母题实例）

W0768. 2. 5. 4. 1

萨守坚学法

实　例

汉族 所谓崇恩真君、隆恩真君者，道家相传以崇恩真君姓萨名坚，西蜀人，宋徽宗时尝从王侍宸、林灵素学法有验。而隆恩真君，则玉枢火府天将王灵官也，又尝从萨真君传符法。

【流传】（无考）

【出处】［明］官修《明孝宗实录》卷十三。

W0768. 2. 5. 4. 2

萨天师的门徒王灵官（王善）

实　例

汉族 亦言明清以来道教所奉王灵官名善，曾从萨守坚受符法。

【流传】（无考）

【出处】［清］董含：《莼乡随笔》卷二“萨真人条”。

W0768. 2. 5. 4. 2. 1

王善

实　例

（参见下级母题实例）

W0768. 2. 5. 4. 2. 1. 1

王善又称雷霆都天豁落三五火车纠罚灵官铁面雷公王元帅

实　例

汉族 王善为“雷霆都天豁落三五火车纠罚灵官铁面雷公王元帅”“都天豁落猛吏赤心忠良制鬼缚神火雷霹雳灵官王元帅”“都天豁落猛吏赤心忠良制鬼缚神火雷霹雳灵官王元帅”。

【流传】（无考）

【出处】撰者不详：《南极火雷灵官王元

帅秘传》。

W0768.2.5.4.2.1.2 王善又称都天豁落猛吏赤心忠良制鬼缚神火雷霹雳灵官王元帅

实 例

汉族 （参见“W0768.2.5.4.2.1.1 王善又称雷霆都天豁落三五火车纠罚灵官铁面雷公王元帅”母题实例）

W0768.2.5.4.2.1.3 王善又称都天豁落猛吏赤心忠良制鬼缚神火雷霹雳灵官王元帅

实 例

汉族 （参见“W0768.2.5.4.2.1.1 王善又称雷霆都天豁落三五火车纠罚灵官铁面雷公王元帅”母题实例）

W0768.2.5.4.2.2 王灵官

实 例

（参见下级母题实例）

W0768.2.5.4.2.2.1 王灵官为道教的护法神将

实 例

汉族 王灵官为道教的护法神将，又名“隆恩真君”“玉枢火府天将”“豁落灵官”，俗称为王灵官。

【流传】（无考）

【出处】《王灵官》，见乌丙安主编《中国民间神谱》，沈阳：辽宁人民出版社2007年版，第288页。

W0768.2.5.4.2.2.2 王灵官又名隆恩真君

实 例

汉族 （参见“W0768.2.5.4.2.2.1 王灵官为道教的护法神将”母题实例）

W0768.2.5.4.2.2.3 王灵官又名玉枢火府天将

实 例

汉族 （参见“W0768.2.5.4.2.2.1 王灵官为道教的护法神将”母题实例）

汉族 国朝永乐间，杭州道士周思得居京师，以王灵官法降体附神。所谓灵官者，为玉枢火府天将，在宋徽宗时先从天师张继先及林灵素等传道法。又从师蜀人萨真君讳守坚者学符术。

【流传】（无考）

【出处】［明］沈德符：《万历野获编补遗》卷四《萨王二真君之始》。

W0768.2.5.4.2.2.4 王灵官又名豁落灵官

实 例

汉族 （参见“W0768.2.5.4.2.2.1 王灵官为道教的护法神将”母题实例）

W0768. 2. 5. 4. 3
萨天师的名称

实 例

（参见下级母题实例）

W0768. 2. 5. 4. 3. 1
萨守坚号全阳子

实 例

汉族 萨天师为四大天师之一，又名“萨真人”、“崇恩真君”、“天枢领位真人”。传说萨天师为宋代道士萨守坚，号全阳子。

【流传】（无考）

【出处】《萨天师》，见乌丙安主编《中国民间神谱》，沈阳：辽宁人民出版社 2007 年版，第 274 页。

W0768. 2. 5. 4. 3. 2
萨天师又称萨真人

实 例

汉族 （参见“W0768. 2. 5. 4. 3. 1 萨守坚号全阳子”母题实例）

W0768. 2. 5. 4. 3. 3
萨天师又称崇恩真君

实 例

汉族 （参见“W0768. 2. 5. 4. 3. 1 萨守坚号全阳子”母题实例）

W0768. 2. 5. 4. 3. 4
萨天师又称天枢领位真人

实 例

汉族 （参见“W0768. 2. 5. 4. 3. 1 萨守坚号全阳子”母题实例）

W0768. 2. 5. 4. 3. 5
萨天师又称祖师西河上宰汾阳救苦萨真人

实 例

汉族 萨守坚为“祖师西河上宰汾阳救苦萨真人”、“祖师神霄通灵西河上宰萨真人”、“祖师汾阳散吏救苦真人”。

【流传】（无考）

【出处】撰者不详：《雷霆三五火车灵官王元帅秘法》。

W0768. 2. 5. 4. 3. 6
萨天师又称祖师神霄通灵西河上宰萨真人

实 例

汉族 （参见“W0768. 2. 5. 4. 3. 5 萨天师又称祖师西河上宰汾阳救苦萨真人”母题实例）

W0768. 2. 5. 4. 3. 7
萨天师又称祖师汾阳散吏救苦真人

实 例

汉族 （参见“W0768.2.5.4.3.5 萨天师又称祖师西河上宰汾阳救苦萨真人”母题实例）

W0768.2.6
与天师有关的其他母题

实 例

（实例待考）

W0768.3
善财童子（送财童子）

【关联】［W0451］财神（财神爷、财富神，司财富之神）

实 例

（参见下级母题实例）

W0768.3.1
菩萨让善财童子到人间体察民情

实 例

汉族 好心的菩萨让善财童子到人间体察民情。

【流传】 吉林省·（白山市）·长白县（长白朝鲜族自治县）

【出处】 薛桂英搜集整理：《雪的由来》，见长白朝鲜族自治县文化馆编：《1980－1985民间故事卷·天地仙境》，内部编印1986年，第245页。

W0768.3.2
善财童子又称“金童”

实 例

民族无考 善财，又作“善才”，也称“善财童子”。善财童子看管金库，能视天下众生所求而及时开库施济，因此又称其为“金童”。

【流传】（无考）

【出处】《善财》，见乌丙安主编《中国民间神谱》，沈阳：辽宁人民出版社2007年版，第339页。

W0768.4
社婆婆和庙公公

【关联】［W0474.8.3］社婆婆

实 例

苗族 （实例待考）

W0768.5
神人

【关联】［W1103.10.6］神人造天地

实 例

白族、彝族 （实例待考）

W0768.5.1
神人的产生

实 例

（参见下级母题实例）

W0768.5.1.0
自然出现神人

实 例

（参见下级母题实例）

W0768. 5. 1. 0. 1
世界混沌时出现 4 个神人

实 例

彝族 宇宙混沌时，最早出现了 4 个神人：八哥、典尼、支格阿鲁（支格阿鲁：又译为支格阿龙、尼支呷洛、支戛阿鲁等。在彝族神话中有不同的出生形式，有的神话说是自然存在，有的神话说是其母亲感神鹰而生等；他的文化身份也说法各异，如文化英雄、巨人、神人等）和结支戛鲁。

【流传】（无考）

【出处】马海鸟黎讲，谷德明整理：《开天辟地》，见谷德明编《中国少数民族神话》，北京：中国民间文艺出版社 1987 年版，第 290～293 页。

W0768. 5. 1. 1
地生神人

实 例

（参见下级母题实例）

W0768. 5. 1. 1. 1
3 位神人从地下到地上

实 例

朝鲜族 三位神人从地下到地上来。

【流传】（无考）

【出处】

（a）辛敬默译：《三姓穴神话》，见《朝鲜古典文学选集（1）—古代传说传记选》，北京：民族出版社 1988 年版。

（b）《高丽史》卷五十七。

朝鲜族 太初无人物，三神人从地耸出。

【流传】（无考）

【出处】《耽罗始祖神话》，见《高丽史·地理志》《东文选·星主高氏家传》。

W0768. 5. 1. 1. 2
地孕生神人

实 例

（参见下级母题实例）

W0768. 5. 1. 1. 2. 1
地怀孕 9999 年生一对神人

实 例

哈尼族 地怀孕怀了九千九百九十九年，就要生了，一阵剧痛，便先生下一对神人。

【流传】云南省·（西双版纳傣族自治州）·勐海县

【出处】朗特讲，古梅搜集整理：《天怀孕，地怀孕》，见姚宝瑄主编《中国各民族神话》（哈尼族、傣族），太原：山西出版传媒集团·书海出版社 2014 年版，第 16 页。

W0768. 5. 1. 2
石窟生神人

实 例

朝鲜族 古时有神人，化生于平安道价川县妙香山檀木下石窟中，名曰檀君。

【流传】（无考）

【出处】《八域志》。

W0768.5.1.2a 石与竹生神人

实　例

高山族 远古之时，自岩石与山竹间忽诞生二神人。

【流传】（无考）

【出处】袁珂改编：《石男与竹女》（原名《血缘婚姻的改变》），原载《高山族神话传说》，见袁珂《中国神话大词典》，北京：华夏出版社 2015 年版，第 524 页。

W0768.5.1.3 女子感生神人

实　例

苗族 缟莎（女子名）感梦生一个男孩后，长大后老虎乖乖围着他转，妈妈问他时，回答："我是睹朗睹师（当地苗语，即神人）则福老。"

【流传】云南省·（昭通市）·昭通、彝良县、（曲靖市）·宣威（宣威市），（昆明市）·寻甸（寻甸回族彝族自治县）；贵州省·（毕节市）·威宁（威宁彝族回族苗族自治县）

【出处】

（a）杨秀、杨芝、张新民、王友清讲，陆兴凤、张绍祥记录整理，里晴、景山校正：《则福老》，见杨光汉主编《云南苗族民间故事集成》，北京：中国民间文艺出版社 1988 年版。

（b）同（a），见姚宝瑄主编《中国各民族神话》（布依族、仡佬族、苗族），太原：山西出版传媒集团·书海出版社 2014 年版，第 295～296 页。

W0768.5.1.3.1 昊天圣母吞龙卵生神人

实　例

汉族 洪水中又有黄龙与黑龙搏斗，后得昊天圣母来助黄龙战胜黑龙，黄龙因产卵相谢。昊天圣母吞龙卵，旋孕生三神人：一主天，一主地，一主冥府。

【流传】（湖北省·神农架林区）

【出处】张树艺、曹坤良唱：《黑暗传》，原载中国民间文艺研究会湖北分会编《神农架·黑暗传》序言，（多种版本汇编本），见袁珂《中国神话大词典》，北京：华夏出版社 2015 年版，第 394 页。

W0768.5.1.4 人大病后变成神人

【关联】［W9146.1］萨满的产生

实　例

苗族 则福老（人名，女子感生的人）回到天边大箐阿妈家，病倒了，迷迷糊糊睡了十三天。则福老战胜了魔鬼，终于成了能通阴阳、能治百病的巫师的始祖和法力无边的神人。

【流传】云南省·（昭通市）·昭通、彝良县、（曲靖市）·宣威（宣威市），（昆明市）·寻甸（寻甸回族彝族自治县）；贵州省·（毕节市）·威宁（威宁彝族回族苗族自治县）

【出处】

（a）杨秀、杨芝、张新民、王友清讲，陆兴凤、张绍祥记录整理，里晴、景山校正：《则福老》，见杨光汉主编《云南苗族民间故事集成》，北京：中国民间文艺出版社1988年版。

（b）同（a），见姚宝瑄主编《中国各民族神话》（布依族、仡佬族、苗族），太原：山西出版传媒集团·书海出版社2014年版，第298页。

W0768. 5. 1. 5

卵生神人

实　例

（参见下级母题实例）

W0768. 5. 1. 5. 1

33个宝石蛋孵出8个神人

实　例

傣族 天神混散用了一万年的时间造的33个宝石蛋孵出8个神人。

【流传】云南省

【出处】《变扎贡帕》，见刘毓庆《“女娲补天”与生殖崇拜》，载《文艺研究》1998年第6期。

W0768. 5. 1. 5a

化生神人

实　例

（参见下级母题实例）

W0768. 5. 1. 5a. 1

女娲的一条肠子化生出10个神人

实　例

汉族 女娲的一条肠子化生出十个神人。

【流传】（无考）

【出处】《女娲补天》，原载袁珂编译《中国神话故事》，见陶阳、钟秀编《中国神话》（上），北京：商务印书馆2008年版，第391～393页。

W0768. 5. 1. 6

与神人的产生有关的其他母题

实　例

（参见下级母题实例）

W0768. 5. 1. 6. 1

神人生而能言

实　例

哈尼族 地孕生一男一女两个神人，他们生下来就会说话。

【流传】云南省·（西双版纳傣族自治

州）·勐海县

【出处】朗特讲，古梅搜集整理：《天怀孕，地怀孕》，见姚宝瑄主编《中国各民族神话》（哈尼族、傣族），太原：山西出版传媒集团·书海出版社2014年版，第16页。

W0768.5.1.6.2
人修炼成神人

实 例

（参见下级母题实例）

W0768.5.1.6.2.1
则福老求师漫游多年成为神人

实 例

苗族 则福老（人名）求师漫游，三年过去了，他已会念咒驱鬼祭神，还没有成神；已会救治疑难病人，还没有成灵。后来回到天边大箐阿妈家，病倒了，迷迷糊糊睡了十三天。则福老战胜了魔鬼，终于成了能通阴阳，能治百病，巫师的始祖和法力无边的神人。

【流传】云南省

【出处】杨秀、杨芝、张新民、王友清讲，张绍祥、陆兴凤记录翻译：《则福老》，原载《云南苗族民间故事集成》，见陶阳、钟秀编《中国神话》（下），北京：商务印书馆2008年版，第1428～1435页。

W0768.5.2
神人的特征

实 例

（参见下级母题实例）

W0768.5.2.1
神人人身狼首

实 例

西北地区古代民族 延陀（人名）将灭，有丐食于其部者，延客帐下，妻视客，人而狼首。

【流传】（无考）

【出处】

（a）《回鹘传》，见《新唐书》卷二一七（下）。

（b）《狼神主征战胜败》，见满都呼主编《中国阿尔泰语系诸民族神话故事》，北京：民族出版社1997年版，第12页。

W0768.5.2.2
神人不露相

实 例

汉族 二郎担山时，日头长起来了。常言说："神人不露相。"二郎的灵魂脱窍而出飞向天宫，把一具尸体留在了河东。

【流传】河南省·（鹤壁市）·浚县

【出处】吕子英（男，60岁，学校校长）讲，邢清玉采录整理：《大伾山与浮丘山的传说》（1988. 10），见张振犁编著，孟宪明、朱淑君统纂《中原神话通鉴》（第三卷），郑州：河南大学出版社 2017 年版，第 931 页。

W0768. 5. 2. 3

神人有多个生命

实 例

（参见下级母题实例）

W0768. 5. 2. 3. 1

神人有 9 次生命

实 例

哈尼族 德摩诗琵是最早担任贝玛职务的神人，神通广大，白天管阳，夜间管阴，九死九生。

【流传】云南省·（红河哈尼族彝族自治州）·元阳（元阳县）、红河（红河县）

【出处】麻蒲成、略赫牛、白觉木讲，史军超搜集整理：《德摩诗琵杀龙》注释（1985），原载云南省民间文学集成办公室编《哈尼族神话传说集成》，中国民间文艺出版社 1990 年版，见姚宝瑄主编《中国各民族神话》（哈尼族、傣族），太原：山西出版传媒集团·书海出版社 2014 年版，第 180 页。

W0768. 5. 2. 4

神人善良（和善的神人）

实 例

土家族 （参见“W0768. 5. 4. 2 神人张古老和李古老”母题实例）

W0768. 5. 3

神人的能力

实 例

（参见下级母题实例）

W0768. 5. 3. 1

神人法力无边

实 例

苗族 神人亡冼太（女）和公达公（男）吐了 3 泡口水，一泡造成人神。

【流传】贵州省·（黔东南苗族侗族自治州）·黄平县（原名旧州）·红梅乡

【出处】龙文秀唱，李德祥搜集整理：《开天辟地》，见贵州省民间文学工作组编《民间文学资料》第六集（苗族古理歌）中国民间文艺研究会贵州分会编印，内部编印，1959 年。

苗族 神人则福老很神，法力无边，会医千样病，能治千样怪，会变百样物，专救天下的穷苦人。

【流传】云南省·（昭通市）·昭通、彝良县、（曲靖市）·宣威（宣威市），（昆明市）·寻甸（寻甸回族彝族自治县）；贵州省·（毕节市）·威宁（威宁彝族回族苗族自治县）

【出处】

（a）杨秀、杨芝、张新民、王友清讲，

陆兴凤、张绍祥记录整理，里晴、景山校正：《则福老》，见杨光汉主编《云南苗族民间故事集成》，北京：中国民间文艺出版社1988年版。

（b）同（a），见姚宝瑄主编《中国各民族神话》（布依族、仡佬族、苗族），太原：山西出版传媒集团·书海出版社2014年版，第299页。

W0768.5.3.1.1
神人能驱石下海

实 例

汉族 始皇作石桥，欲过海观日出处。时有神人，能驱石下海，石去不速，神人辄鞭之，皆流血，至今悉赤。阳城山上石，皆起立东倾，如相随状，至今犹尔。

【流传】（无考）

【出处】 鲁迅：《古小说钩沉》辑《小说》。

W0768.5.3.2
神人能治病降妖

实 例

苗族 缟莎（女子名）感梦生一个男孩是神人，能治病，能杀妖，老虎也害怕他。

【流传】 云南省·（昭通市）·昭通、彝良县、（曲靖市）·宣威（宣威市），（昆明市）·寻甸（寻甸回族彝族自治县）；贵州省·（毕节市）·威宁（威宁彝族回族苗族自治县）

【出处】

（a）杨秀、杨芝、张新民、王友清讲，陆兴凤、张绍祥记录整理，里晴、景山校正：《则福老》，见杨光汉主编《云南苗族民间故事集成》，北京：中国民间文艺出版社1988年版。

（b）同（a），见姚宝瑄主编《中国各民族神话》（布依族、仡佬族、苗族），太原：山西出版传媒集团·书海出版社2014年版，第296页。

苗族 美丽勤劳健壮的姑娘缟莎在睡梦中感生一子，是睹朗睹师（当地苗语，即神人）则福老，能治病，能杀妖。

【流传】 云南省

【出处】 杨秀、杨芝、张新民、王友清讲，张绍祥、陆兴凤记录翻译：《则福老》，原载《云南苗族民间故事集成》，见陶阳、钟秀编《中国神话》（下），北京：商务印书馆2008年版，第1428～1435页。

W0768.5.3.3
神人会飞

实 例

汉族 住在归墟的五座神山上的人都是仙人和神人，从早到晚，在山与山之间飞相往来，简直数也数不清。

【流传】 河南省

【出处】 赵承采录整理：《龙伯钓鳌》，见张振犁编著，孟宪明、朱淑君统纂

《中原神话通鉴》（第四卷），郑州：河南大学出版社 2017 年版，第 1244 页。

W0768. 5. 3a

神人的生活

实 例

（参见下级母题实例）

W0768. 5. 3a. 1

神人的饮食

实 例

（参见下级母题实例）

W0768. 5. 3a. 1. 1

神人吸风饮露

实 例

汉族 藐姑射之山，有神人居焉，肌肤若冰雪，淖约如处子，不食五谷，吸风饮露。

【流传】（无考）

【出处】［战国］庄周：《庄子·逍遥游》。

W0768. 5. 3a. 1. 2

神人食人肉

实 例

蒙古族 宝木勒神（人神）恶狼当坐骑，赤蛇是长鞭，灰狼当坐骑，人肉摆筵宴。

【流传】（无考）

【出处】乌兰杰：《蒙古族古代音乐舞踏初探》，呼和浩特：内蒙古人民出版社 1985 年版，第 108 ~ 110 页。

W0768. 5. 3a. 2

神人的居所

实 例

（参见下级母题实例）

W0768. 5. 3a. 2. 1

神人居特定的山上

实 例

（参见下级母题实例）

W0768. 5. 3a. 2. 1. 1

神人居藐姑射之山

实 例

汉族 藐姑射之山，有神人居焉，肌肤若冰雪，淖约如处子，不食五谷，吸级引露，乘云气，御飞龙，而游乎四海之外。其神凝，使物不疵疠而年谷熟。

【流传】（无考）

【出处】［战国］庄周：《庄子·逍遥游》。

汉族 藐姑射之山，有神人居焉。

【流传】（无考）

【出处】《藐姑射山》，见袁珂《中国神话大词典》，北京：华夏出版社 2015 年版，第 360 页。

W0768.5.3a.3
神人的坐骑

实 例

（参见下级母题实例）

W0768.5.3a.3.1
神人骑恶狼

实 例

蒙古族 （参见“W0768.5.3a.1.2 神人食人肉”母题实例）

W0768.5.3a.3.2
神人乘龟

实 例

汉族 有谢廪者，行田归路中，忽遇云雾，雾中有一人乘龟而行。廪知神人，拜请求随去。

【流传】（安成县）

【出处】［唐］徐坚：《初学记》卷二引《王烈之安成记》。

W0768.5.3a.4
神人的用品

实 例

（参见下级母题实例）

W0768.5.3a.4.1
神人赤蛇当鞭

实 例

蒙古族 （参见“W0768.5.3a.1.2 神人食人肉”母题实例）

W0768.5.3b
神人的关系

实 例

（参见下级母题实例）

W0768.5.3b.1
神人父子

实 例

哈尼族 造地的九个神人是九个父子，他们就是迷沙、机比、阿龙、达俄、姐玛、艾波、艾威、祖鲁和来及。

【流传】（无考）

【出处】《杀牛龙，造天地》，根据张牛朗、杨批斗、李书周等演唱，杨保生、李家顺等翻译，杨笛、郭纯礼等整理《十二奴局》和《奥色密色》翻译稿改写，见姚宝瑄主编《中国各民族神话》（哈尼族、傣族），太原：山西出版传媒集团·书海出版社2014年版，第10页。

W0768.5.4
特定名称的神人

实 例

（参见下级母题实例）

W0768. 5. 4. 1
神人亡洗太（女）和公达公（男）

实 例

苗族 神人亡洗太（女）和公达公（男）吐了 3 泡口水，一泡造成人神。

【流传】贵州省·（黔东南苗族侗族自治州）·黄平县（原名旧州）·红梅乡

【出处】龙文秀唱，李德祥搜集整理：《开天辟地》，见贵州省民间文学工作组编《民间文学资料》第六集（苗族古理歌）中国民间文艺研究会贵州分会编印，内部编印，1959 年。

W0768. 5. 4. 1a
神人则福老

实 例

苗族 （参见“W0768. 5. 3. 1 神人法力无边”母题实例）

W0768. 5. 4. 1b
神人立栋哈

实 例

（参见下级母题实例）

W0768. 5. 4. 1b. 1
神人立栋哈力能劈山

实 例

苗族 劈坡好汉立栋哈（神人名），劈破岩坡成九块，破成这样七大片，岩坡崩垮坪地上。

【流传】原文无流传地，据文本及注释推测该神话流传于贵州省·黔东南苗族侗族自治州·凯里市、台江县等地。

【出处】姜洪魁演唱，杨忠诚搜集，燕宝整理译注：《沿河西迁》，见贵州省少数民族古籍整理出版规划小组办公室编，燕宝整理译注《苗族古歌》，贵阳：贵州民族出版社 1993 年版，第 718 页。

W0768. 5. 4. 2
神人张古老和李古老

实 例

土家族 制天地的神人张古老和李古老都法力无边，又很和善。

【流传】湖南省土家族居住地区

【出处】《张古老制天，李古老制地》，苗风根据《中国少数民族文学》（湖南人民出版社 1983 年版）改写，见姚宝瑄主编《中国各民族神话》（土家族、毛南族、侗族、瑶族），太原：山西出版传媒集团·书海出版社 2014 年版，第 4 页。

土家族 张古老、李古老俱道法无边而性情和善之神人。

【流传】（无考）

【出处】《张古老与李古老》（原名《张古老制天李古老制地》），原载毛星主编《中国少数民族文学》（中册），见袁珂《中国神话大词典》，北京：华夏出版社 2015 年版，第 488 页。

W0768.5.4.3

神人武定

实　例

（参见下级母题实例）

W0768.5.4.3.1

神人武定善识水性

实　例

汉族 黄帝和风后就让善识水性的武定前往水中捉拿恶龙。武定本是东海边云梦泽畔打鱼出身的神人，不但善识水性，而且武艺高超。

【流传】 河南省·（南阳市）·新密市

【出处】 高力升、高帆采录整理：《九龙朝凤》，见张振犁编著，孟宪明、朱淑君统纂《中原神话通鉴》（第二卷），郑州：河南大学出版社 2017 年版，第 519 页。

W0768.5.4.3a

神人天吴

实　例

汉族 有神人，八首人面，虎身十尾，名曰天吴。

【流传】（无考）

【出处】［战国至汉］撰者不详：《山海经·大荒东经》。

W0768.5.4.3b

三神人

实　例

（参见下级母题实例）

W0768.5.4.3b.1

三神人一主天，一主地，一主冥府

实　例

汉族 （参见“W0768.5.1.3.1 昊天圣母吞龙卵生神人”母题实例）

W0768.5.4.3c

大行伯

实　例

（参见下级母题实例）

W0768.5.4.3c.1

大行伯拿戈

实　例

汉族 有人曰大行伯，把戈。

【流传】（无考）

【出处】［战国至汉］撰者不详：《山海经·海内北经》。

汉族 成都扬子山二号墓出土之西王母画像砖（见重庆市博物馆藏《四川汉画像砖选集》图版三九），左侧一人，执棨戟而立，疑即此经所记“把戈”之大行伯也。

【流传】（四川省·成都市）

【出处】《大行伯》，见袁珂《中国神话大词典》，北京：华夏出版社 2015 年版，第 21 页。

W0768.5.4.3d

神人二八

实 例

（参见下级母题实例）

W0768.5.4.3d.1

神人二八连臂

实 例

汉族 “有神人二八，连臂，为帝司夜于此野。在羽民东。其为人小颊赤肩，尽十六人。”郭璞注：“昼隐夜见。”杨慎补注：“南中夷方或有之，夜行逢之，土人谓之夜游神，亦不怪也。”郝懿行笺疏：“薛综注《文选·东京赋》云：‘野仲、游光恶鬼也，兄弟八人，常在人间作怪害。’案野种、游光二人，兄弟各八人，正得十六人，疑即此也。”

【流传】（无考）

【出处】

（a）［战国至汉］撰者不详：《山海经·海内北经》郭璞注。

（b）《二八神》，见袁珂《中国神话大词典》，北京：华夏出版社 2015 年版，第 4 页。

W0768.5.4.3e

金甲神人

实 例

（参见下级母题实例）

W0768.5.4.3e.1

金甲神人助黄帝战蚩尤

实 例

汉族 轩辕与蚩尤打了七十一仗，胜少败多。郁闷时梦见一个金甲神人前来请他。

【流传】陕西省·（延安市）·黄陵县

【出处】郭诚整理：《黄帝战蚩尤》，原载黄陵县文化馆编《轩辕黄帝传说故事》，见陶阳、钟秀编《中国神话》（中），北京：商务印书馆 2008 年版，第 787～792 页。

W0768.5.4.4

德摩诗琵

实 例

（参见下级母题实例）

W0768.5.4.4.1

德摩诗琵是最早担任贝玛职务的神人

实 例

哈尼族 （参见“W0768.5.4.4.2 神人德摩诗琵管理阴阳”母题实例）

W0768.5.4.4.2

神人德摩诗琵管理阴阳

实 例

哈尼族 德摩诗琵是最早担任贝玛职务的神人，神通广大，白天管阳，夜间管阴。

【流传】 云南省·（红河哈尼族彝族自治州）·元阳（元阳县）、红河（红河县）

【出处】 麻蒲成、略赫牛、白觉木讲，史军超搜集整理：《德摩诗琵杀龙》注释（1985），原载云南省民间文学集成办公室编《哈尼族神话传说集成》，中国民间文艺出版社1990年版，见姚宝瑄主编《中国各民族神话》（哈尼族、傣族），太原：山西出版传媒集团·书海出版社2014年版，第180页。

W0768.5.5

与神人有关的其他母题

实 例

（参见下级母题实例）

W0768.5.5.1

神童

实 例

（参见下级母题实例）

W0768.5.5.1.1

看守蟠桃园的神童

实 例

汉族 很久以前，有一对神童看守蟠桃园。这两个神童一男一女，像似孪生兄妹。

【流传】 河南省

【出处】 许金山（男，农民）讲，张静采录整理：《男人为何有咽喉》，见张振犁编著，孟宪明、朱淑君统纂《中原神话通鉴》（第四卷），郑州：河南大学出版社2017年版，第1269页。

W0768.5.5.2

神武士

实 例

（参见下级母题实例）

W0768.5.5.2.1

神武士神穿盔带甲手持矛

实 例

藏族 库拉卡日山神是一位全身着白的男神，戴着头盔和水晶做成的铠甲，铠甲有些部位还裹着丝衣。右手执上面缚有丝织旗帜的短矛，左手握一个狼的脑盖骨，坐骑是一匹能飞翔的，眼如玛瑙的白马。

【流传】（无考）

【出处】 ［奥地利］内贝斯基著，谢继胜译：《西藏的鬼怪和神灵——比较宗教学研究》，原载《国外藏学研究译文集》第 3 集，西藏人民出版社 1987 年版，见吕大吉、何耀华总主编《中国各民族原始宗教资料集成》（鄂伦春族卷、鄂温克族卷、赫哲族卷、达斡尔族卷、锡伯族卷、满族卷、蒙古族卷、藏族卷），北京：中国社会科学出版社 1999 年版，第 790 页。

W0768. 6

骊山老母

【关联】［W1852. 6. 2］骊山

实 例

（参见下级母题实例）

W0768. 6. 1

骊山老母是伏羲的妹妹

实 例

汉族 骊山老母是伏羲的妹妹。

【流传】宁夏回族自治区·（中卫市）·中宁县·新堡乡·聂弯村

【出处】杨发兴讲，宋福采录：《骊山老母补天　王母娘娘补地》，见中国民间文学集成全国编辑委员会编《中国民间故事集成》（宁夏卷），北京：中国 ISBN 中心 1999 年版，第 3 页。

W0768. 6. 2

骊山老母是王母娘娘的妹妹

【关联】［W0761］西王母的关系

实 例

汉族 （参见“W0761. 2. 2 骊山老母和王母娘娘是姐妹俩”母题实例）

W0768. 6. 3

骊山老母名称的来历

实 例

（参见下级母题实例）

W0768. 6. 3. 1

有个女神的女儿补天时化为骊山，她被称为骊山老母

【关联】［W1388. 4. 1. 1］骊山老母补天的地方是骊山

实 例

汉族 有个女神补好了天，补好了地，因为她的女儿补天时化为骊山，人们就称她为“骊山老母”。

【流传】陕西省·（西安市）·临潼县（临潼区）·谭家乡·刘家村

【出处】穆相全讲，丁耀祖等采录：《骊山老母》，见中国民间文学集成全国编辑委员会编《中国民间故事集成》（陕西卷），北京：中国 ISBN 中心 1996 年版，第 7 页。

W0768. 6a

黎母

实 例

（参见下级母题实例）

W0768. 6a. 1

黎母的产生

实 例

（参见下级母题实例）

W0768.6a.1.1

蛇卵生黎母

实 例

（参见下级母题实例）

W0768.6a.1.1.1

雷公用蛇卵孵出女神黎母

实 例

黎族 雷公用蛇卵孵出女神“黎母”。

【流传】 海南省

【出处】

(a)［清］《古今图书集成职方典》卷1392《琼州府》。

(b)《黎母山》，见孙正国《中华先祖英雄故事》，重庆：重庆出版社2002年版，第202页。

黎族 雷公把蛇卵放黎山中，蛇卵生黎母。

【流传】 海南省·琼中县（琼中黎族苗族自治县）五指山一带

【出处】 王克福讲：《黎母的神话》，见中国民间文学集成全国编辑委员会编《中国民间故事集成》（海南卷），北京：中国ISBN中心2002年版，第5～6页。

W0768.6a.2

黎母的特征

实 例

（实例待考）

W0768.6a.3

与黎母有关的其他母题

【关联】［W1852.6.76］黎母山

实 例

（实例待考）

W0768.7

廪君

【关联】［W0680.5.1］廪君是伏羲的后代

实 例

（参见下级母题实例）

W0768.7.1

廪君的产生

实 例

（参见下级母题实例）

W0768.7.1.1

廪君出生在巫师之家

【关联】［W0645.7.3.1.1］始祖廪君出生在长阳武落钟离山的一个巫师之家

实 例

土家族 （参见“W0645.7.3.1.1 始祖廪君出生在长阳武落钟离山的一个巫师之家”母题实例）

W0768. 7. 2

廪君的特征

实 例

（实例待考）

W0768. 7. 3

廪君的身份

实 例

（参见下级母题实例）

W0768. 7. 3. 1

廪君是白虎神

【关联】［W0502. 4. 1］白虎神

实 例

（参见下级母题实例）

W0768. 7. 3. 1. 1

向王廪君是白虎神

实 例

土家族 向王为古之廪君，廪君本是白虎神。

【流传】 湖北省·（宜昌市）·长阳（长阳土家族自治县）·贺家坪（贺家坪镇）

【出处】《土家故事中的老虎形象》，见 http://www. cy－tujia. com，2005. 12. 14。

土家族 白帝天王是远祖廪君死后化身的白虎神。

【流传】 贵州省梵净山一带

【出处】 章海荣：《梵净山神》，贵阳：贵州人民出版社 1997 年版，第 121 页。

W0768. 7. 3. 1. 1. 1

廪君死后化身白虎

实 例

南蛮 廪君死，魂魄世为白虎，巴氏以虎饮人血，遂以人祠焉。

【流传】（无考）

【出处】［南朝·宋］范晔：《后汉书·南蛮传》。

W0768. 7. 3. 2

廪君是王（廪君是君）

实 例

（参见下级母题实例）

W0768. 7. 3. 2. 1

务相通过比赛为王称为廪君

实 例

汉族 （参见“W0768. 7. 6. 1. 1 廪君名曰务相，姓巴氏”母题实例）

W0768. 7. 4

廪君的关系

实 例

（参见下级母题实例）

W0768.7.4.0

廪君的祖先

实 例

（参见下级母题实例）

W0768.7.4.0.1

廪君的祖先出于巫蜒

实 例

汉族 廪君之先，故出巫蜒。

【流传】（无考）

【出处】［汉］宋衷注，［清］秦嘉谟等辑：《世本·氏姓篇》。

W0768.7.4.1

廪君的妻子

实 例

（参见下级母题实例）

W0768.7.4.1.1

德济娘娘（盐水女神）是廪君的妻子

实 例

土家族 （实例待考）

W0768.7.4.2

廪君是伏羲的后代

【关联】［W0680.5.1］伏羲的后代廪君

实 例

土家族 东方天帝伏羲氏的后裔“务相”在武落钟离山部族纷争中获胜，成为首领，被尊称为“廪君”。

【流传】（无考）

【出处】《率民走出穴居野处的廪君》，见王德恒等《造神史话》，天津：百花文艺出版社 2002 年版，第 17～18 页。

W0768.7.5

廪君的生活

实 例

（参见下级母题实例）

W0768.7.5.1

巴氏以虎饮人血

实 例

古代南方民族 廪君死，魂魄世为白虎，巴氏以虎饮人血，遂以人祠焉。

【流传】（无考）

【出处】［南朝·宋］范晔：《后汉书·南蛮传》。

W0768.7.6

与廪君有关的其他母题

实 例

（参见下级母题实例）

W0768.7.6.1

廪君的名称（廪君的名号）

实 例

（参见下级母题实例）

W0768. 7. 6. 1. 1

廪君名曰务相，姓巴氏

【关联】［W0680. 5. 1. 1］伏羲氏的后裔“务相”被尊称为“廪君”

实 例

汉族 廪君之先，故出巫诞。巴郡南郡蛮，本有五姓：巴氏、樊氏、瞫氏、相氏、郑氏，皆出于五落钟离山。其山有赤黑二穴，巴氏之子生于赤穴，四姓之子皆生黑穴。未有君长，俱事鬼神。廪君名曰务相，姓巴氏，与樊氏、瞫氏、相氏、郑氏凡五姓，俱出皆争神。乃共掷剑于石，约能中者，奉以为君。巴氏子务相，乃独中之。众皆叹。又各令乘土船，雕文画之，而浮水中，约能浮者，当以为君。余姓悉沉，惟务相独浮，因共立之，是为廪君。

【流传】（无考）

【出处】［汉］宋衷注，［清］秦嘉谟等辑：《世本·氏姓篇》。

W0768. 8

花仙婆

实 例

（参见下级母题实例）

W0768. 8. 1

生育神花仙婆

实 例

布依族 管生崽的是花仙婆。

【流传】贵州省·（安顺市）·镇宁县（镇宁布依族苗族自治县）·扁担山（扁担山镇）

【出处】韦泽周讲，韦兴标采录：《大乌》，见中国民间文学集成全国编辑委员会编《中国民间故事集成》（贵州卷），北京：中国 ISBN 中心 2003 年，第 68 页。

W0768. 8. 2

花仙婆劝婚

实 例

（参见下级母题实例）

W0768. 8. 2. 1

花仙婆变龟劝婚

实 例

壮族 洪水后，花仙婆化为一只金龟劝兄妹结婚。

【流传】广西壮族自治区·来宾（来宾市）

【出处】韦瑞禧讲：《卜伯与雷王》，见张声震总主编，农冠品编注《壮族神话集成》，南宁：广西民族出版社 2007 年版，第 262 页。

W0768. 9

彭祖

实 例

（参见下级母题实例）

W0768.9.1
彭祖的产生

实 例

（参见下级母题实例）

W0768.9.1.1
比彭祖还老的人

实 例

（参见下级母题实例）

W0768.9.1.1.1
老寿星雷姆比彭祖还老

实 例

壮族 壮族的老寿星是雷姆，比彭祖还老。

【流传】 广西壮族自治区·（防城港市）·上思县·在妙乡

【出处】 李文龙讲：《雷姆和彭祖》，见张声震总主编，农冠品编注《壮族神话集成》，南宁：广西民族出版社2007年版，第386页。

W0768.9.1.2
陆终娶于鬼方氏之妹生彭祖

实 例

汉族 颛顼娶于滕坟氏，谓之女禄，产老童。老童娶于根水氏，谓之骄福，生重黎及吴回。吴回氏产陆终。陆终娶于鬼方氏之妹，谓之女隤，是生六子，孕三年，启其左胁，三人出焉；破其右胁，三人出焉。其一曰樊，是为昆吾；二曰惠连，是为参胡；三曰鑑锂，是为彭祖。

【流传】（无考）

【出处】［先秦］史官修撰：《世本·帝系篇》（清秦嘉谟辑补本）。

W0768.9.2
彭祖的特征（彭祖的身份）

实 例

（参见下级母题实例）

W0768.9.2.1
彭祖长寿

【关联】［W0475.3.4］寿神彭祖

实 例

（参见下级母题实例）

W0768.9.2.1.1
彭祖活了800岁

实 例

汉族 古时候有个名叫彭祖的老寿星，活了整整八百岁。

【流传】 河南省·濮阳市［采录地点：濮阳县］

【出处】 施国银（男，60岁，汉族，不识字，濮阳县农民）讲，王其连（大专毕业，瞨阳市劳动局干部）采录：《不到黄河心不死》（1986.04.13），见张振犁编著，孟宪明、朱淑君统纂《中原神话通鉴》（第四卷），郑州：河南大学出版社2017年版，第

1371 页。

W0768. 9. 2. 1. 2
彭祖活了 777 岁

实 例

汉族 武夷山者，篯铿炼丹之所也。铿进雉羹于尧，尧封于彭城，故谓之彭祖，年七百七十七岁而卒。铿有子二人，其一曰武，其二曰夷，因以名山。

【流传】（无考）

【出处】

（a）［明］陈耀文《天中记》卷七引《列山传》。

（b）《武夷山》，见袁珂《中国神话大词典》，北京：华夏出版社 2015 年版，第 188 页。

W0768. 9. 2. 1. 3
彭祖 800 多岁青春不老

实 例

汉族 彭祖有养生之道，他历经尧、舜、夏、商诸朝，至商末时已经八百余岁，但颜面依然青春不老。

【流传】（无考）

【出处】《彭祖》，见乌丙安主编《中国民间神谱》，沈阳：辽宁人民出版社 2007 年版，第 155 页。

W0768. 9. 2. 2
彭祖是长寿仙人

实 例

汉族 彭祖是长寿仙人。

【流传】（无考）

【出处】《彭祖》，见乌丙安主编《中国民间神谱》，沈阳：辽宁人民出版社 2007 年版，第 155 页。

W0768. 9. 2. 3
彭祖是殷大夫

实 例

汉族 彭祖者，殷大夫也，姓篯名铿，帝颛顼之孙，陆终氏之中子。历夏至殷末，八百余岁，常食桂芝，善导引行气。

【流传】（无考）

【出处】［西汉］刘向：《列仙传》卷上。

W0768. 9. 3
彭祖的关系

实 例

（参见下级母题实例）

W0768. 9. 3. 0
彭祖的父亲陆终氏

实 例

汉族 （参见“W0768. 9. 3. 0a 彭祖是颛顼的后代”、“W0768. 9. 4. 2 彭祖姓篯名铿”母题实例）

W0768.9.3.0a

彭祖是颛顼的后代

实 例

汉族 颛顼之孙陆终氏娶于鬼方氏，鬼方氏之妹谓之女隤，氏产六子；孕而不粥，三年，启其左胁，六人出焉。其一曰樊，是为昆吾；其二曰惠连，是为参胡；其三曰篯，是为彭祖；其四曰莱言，是为云郐人；其五曰安，是为曹姓；其六曰季连，是为芈姓。

【流传】（无考）

【出处】［汉］戴德：《大戴礼记·帝系》。

W0768.9.3.1

彭祖是阎王的舅父

实 例

汉族 彭祖是阎王的舅父，把阎王从小抚养长大。

【流传】河南省·濮阳市［采录地点：濮阳县］

【出处】施国银（男，60岁，汉族，不识字，濮阳县农民）讲，王其连（大专毕业，濮阳市劳动局干部）采录：《不到黄河心不死》（1986.04.13），见张振犁编著，孟宪明、朱淑君统纂《中原神话通鉴》（第四卷），郑州：河南大学出版社2017年版，第1371页。

W0768.9.3.2

彭祖是颛顼后代

实 例

（参见下级母题实例）

W0768.9.3.2.1

彭祖是颛顼之孙

实 例

汉族 （参见“W0768.9.2.1.3 彭祖800多岁青春不老”母题实例）

W0768.9.3.2.2

彭祖是颛顼玄孙

实 例

汉族 彭祖姓钱名铿，本是颛顼的玄孙，其母为女颛，曾有孕三年，却总不生产。后剖开其左、右两边的腋窝，先后生下六个儿子，彭祖即是其一。

【流传】（无考）

【出处】《彭祖》，见乌丙安主编《中国民间神谱》，沈阳：辽宁人民出版社2007年版，第155页。

W0768.9.3.3

彭祖的兄长昆吾、参胡

实 例

汉族 （参见“W0768.9.3.0a 彭祖是颛顼的后代”母题实例）

W0768. 9. 4
彭祖的名称

实 例

（参见下级母题实例）

W0768. 9. 4. 1
彭祖名铿锂

实 例

汉族 （参见“W0768. 9. 1. 2 陆终娶于鬼方氏之妹生彭祖”母题实例）

W0768. 9. 4. 2
彭祖姓篯名铿

实 例

汉族 彭祖者，殷大夫也，姓篯名铿，帝颛顼之孙，陆终氏之中子。历夏至殷末，八百余岁，常食桂芝，善导引行气。

【流传】（无考）

【出处】 ［西汉］刘向：《列仙传》卷上。

W0768. 9. 5
与彭祖有关的其他母题

实 例

（参见下级母题实例）

W0768. 9. 5. 1
彭祖善导引行气

实 例

汉族 （参见“W0768. 9. 4. 2 彭祖姓篯名铿”母题实例）

W0768. 10
布伯

【关联】［W1741. 2. 1. 1］布伯的心飞到天上变成启明星

实 例

壮族 （实例待考）

W0768. 10. 1
布伯的产生

实 例

（实例待考）

W0768. 10. 2
布伯的特征

实 例

（实例待考）

W0768. 10. 3
布伯的身份

实 例

（参见下级母题实例）

W0768. 10. 3. 1
布伯是神

【关联】［W0494. 6. 5］战神布伯

实 例

壮族 布伯是壮族民间信仰中仅次于

姆洛甲、布洛陀的大神。

【流传】广西壮族自治区·（南宁市）·马山县·加芳乡（加方乡）

【出处】韦公讲，蓝鸿恩采录翻译：《布伯斗雷王》，见中国民间文学集成全国编辑委员会编《中国民间故事集成》（广西卷），北京：中国ISBN中心2001年版，第49页。

W0768.10.3.2

布伯是英雄

实　例

壮族 布伯是壮族传说中的英雄。

【流传】（无考）

【出处】蓝鸿恩整理：《人和神物分家》，见姚宝瑄主编《中国各民族神话》（仫佬族、壮族、京族），太原：山西出版传媒集团·书海出版社2014年版，第115～116页。

W0768.10.3.3

布伯是首领

实　例

壮族 地下住着人类。人里面有个头领，名叫布伯。布伯是一条好汉，不但能耕田种地，还会放牧打猎。

【流传】广西壮族自治区红水河流域各县

【出处】

（a）《布伯的故事》，载《民间文学》1979年第10期。

（b）同（a），（王松选定），见姚宝瑄主编《中国各民族神话》（仫佬族、壮族、京族），太原：山西出版传媒集团·书海出版社2014年版，第102页。

W0768.10.4

布伯的关系

实　例

（参见下级母题实例）

W0768.10.4.1

伏依兄妹是布伯的儿女

【关联】［W0659.2.56.1a］伏依兄妹是始祖神

实　例

壮族 布伯（人的首领）捉雷王时，叫他的儿女伏依兄妹拿扁担在棚下等着

【流传】广西壮族自治区红水河流域各县

【出处】

（a）《布伯的故事》，载《民间文学》1979年第10期。

（b）同（a），（王松选定），见姚宝瑄主编《中国各民族神话》（仫佬族、壮族、京族），太原：山西出版传媒集团·书海出版社2014年版，第107页。

W0768.10.5

与布伯有关的其他母题

实　例

（实例待考）

W0768. 11

檀君（坛君）

实 例

（参见下级母题实例）

W0768. 11. 1

檀君的产生

实 例

（参见下级母题实例）

W0768. 11. 1. 1

天帝庶子桓雄与熊女结婚生檀君

实 例

朝鲜族 天帝庶子桓雄与熊女结婚生檀君王俭。

【流传】（无考）

【出处】 金净伊译：《檀君神话》，见《朝鲜古典文学选集（1）——古代传说传记选》，北京：民族出版社 1988 年版。

W0768. 11. 2

檀君的特征（檀君的身份）

实 例

（参见下级母题实例）

W0768. 11. 2. 1

檀君是神人

实 例

朝鲜族 古时有神人，化生于平安道价川县妙香山檀木下石窟中，名曰檀君。

【流传】（无考）

【出处】《八域志》。

W0768. 11. 2. 2

檀君是朝鲜族的祖上神

实 例

朝鲜族 檀君是朝鲜族的祖上神。

【流传】（无考）

【出处】 崔羲秀：《朝鲜族与瑶族文化比较》，载《延边大学学报》1998 年第 4 期。

W0768. 11. 3

与檀君有关的其他母题

实 例

（参见下级母题实例）

W0768. 11. 3. 1

檀君王俭

实 例

朝鲜族 天帝庶子桓雄与熊女结婚生檀君王俭。

【流传】（无考）

【出处】 金净伊译：《檀君神话》，见《朝鲜古典文学选集（1）——古代传说传记选》，北京：民族出版社 1988 年版。

W0768.11.3.2

檀君化为山神（坛君化为山神）

实 例

朝鲜族 坛君后来化为山神。

【流传】（无考）

【出处】 李政文翻译，谷德明整理：《坛君神话》，见谷德明编《中国少数民族神话》，北京：中国民间文艺出版社 1987 年版，第 19 页。

朝鲜族 天帝庶子桓雄与熊女结婚生檀君王俭，檀君后来成了山神。

【流传】（无考）

【出处】 金净伊译：《檀君神话》，见《朝鲜古典文学选集（1）—古代传说传记选》，北京：民族出版社 1988 年版。

W0768.11.3.3

檀君成为阿斯达的山神

实 例

朝鲜族 天帝的小儿子桓雄下凡到太白山，其子檀君成为阿斯达的山神。

【流传】（无考）

【出处】《山神》，见《中国各民族宗教与神话大词典》编审委员会编《中国各民族宗教与神话大词典》，北京：学苑出版社 1990 年版，第 58 页。

W0768.12

萨满神

实 例

（参见下级母题实例）

W0768.12.1

萨满神的产生

实 例

（参见下级母题实例）

W0768.12.1.1

青蛙生萨满的鬼神

实 例

鄂温克族 青蛙产生了萨满的鬼神。

【流传】（无考）

【出处】《论鄂温克族萨满教的特点》，见吕光天《北方民族原始社会形态研究》，银川：宁夏人民出版社 1981 年版，第 288 页。

W0768.12.2

萨满神的特征

实 例

（参见下级母题实例）

W0768.12.2.1

萨满神是白发苍苍的老人

实 例

鄂温克族 迎着初升的太阳，牛山虎山的“哈达”（石峰）下，是我第一代萨满的“尚德”（萨满的墓地），隐见白发苍苍的老人，撒上醇香的美酒。

【流传】内蒙古自治区·（呼伦贝尔市）·鄂温克族自治旗·（红花尔基街）·红花尔基村

【出处】莫德格唱述，满都尔图、多古尔巴图、阿山采录，额尔和木西勒翻译，满都尔图整理：《请神》（1991.08.27），见吕大吉、何耀华总主编《中国各民族原始宗教资料集成》（鄂伦春族卷、鄂温克族卷、赫哲族卷、达斡尔族卷、锡伯族卷、满族卷、蒙古族卷、藏族卷），北京：中国社会科学出版社1999年版，第152页。

W0768.12.2.2

萨满神是恶神

实 例

达斡尔族 达斡尔人把所供的神佛总称为“沙热·巴尔肯”（就是黄教的神），认为这些神佛都是保佑人们的，而不像“哈热·巴尔肯”（黑教的神，即萨满教的神）作祟惹灾。

【流传】内蒙古自治区·呼伦贝尔市·海拉尔地区（海拉尔市）

【出处】

（a）珠荣嘎、满都尔图主编：《达斡尔族社会历史调查》，呼和浩特：内蒙古人民出版社1985年出版，第257页。

（b）《藏传佛教的影响》，见吕大吉、何耀华总主编《中国各民族原始宗教资料集成》（鄂伦春族卷、鄂温克族卷、赫哲族卷、达斡尔族卷、锡伯族卷、满族卷、蒙古族卷、藏族卷），北京：中国社会科学出版社1999年版，第361页。

W0768.12.3

与萨满神有关的其他母题

【关联】

①［W0124.5.2］萨满教神统诸神按职位、等级自上而下可分为腾格里、哈特、死去的萨满的魂灵等

②［W0443.1.5.2］本族萨满的神灵被视作阖族守护神

③［W0497.8.11.2］苏木妈妈是萨满神、护宅神、药神、烹饪神

④［W0541.7.1.1］树萨满毛都耶德根

⑤［W9146］萨满

实 例

（参见下级母题实例）

W0768.12.3.1

萨满神有狐仙相助

实 例

满族 （实例待考）

W0768.12.3.2

萨满神灵居树上

实 例

达斡尔族 萨满有十二个“杜瓦兰”

（树木），是神灵栖息之所。

【流传】内蒙古自治区、黑龙江省等地

【出处】

（a）奥登挂：《达斡尔族古代的萨满教信仰》，《北方民族》1991 年第 2 期，第 112 页。

（b）《“杜瓦兰”——神灵栖息之所》见吕大吉、何耀华总主编《中国各民族原始宗教资料集成》（鄂伦春族卷、鄂温克族卷、赫哲族卷、达斡尔族卷、锡伯族卷、满族卷、蒙古族卷、藏族卷），北京：中国社会科学出版社 1999 年版，第 328 页。

W0768. 12. 3. 3

萨满神即黑教的神

实　例

达斡尔族（参见“W0768. 12. 2. 2 萨满神是恶神”母题实例）

W0768. 12. 3. 4

萨满的神灵有自然神、动植物神和祖先神三类

实　例

锡伯族 萨满的神灵有自然神、动植物神和祖先神三类。

【流传】新疆维吾尔自治区·伊犁哈萨克自治州·察布查尔锡伯自治县

【出处】吴景石、额尔根扎布、灵梅、九娘、菊花等讲，贺灵采录整理：《萨满的神灵》，见吕大吉、何耀华总主编《中国各民族原始宗教资料集成》（鄂伦春族卷、鄂温克族卷、赫哲族卷、达斡尔族卷、锡伯族卷、满族卷、蒙古族卷、藏族卷），北京：中国社会科学出版社 1999 年版，第 409 页。

W0768. 13

阴间判官

实　例

汉族（实例待考）

纳西族（实例待考）

W0768. 14

契

实　例

（参见下级母题实例）

W0768. 14. 1

契的产生

实　例

（参见下级母题实例）

W0768. 14. 1. 1

帝喾与其次妃简狄生契

【关联】［W0768. 1. 6. 3. 1. 2. 1］帝喾有后稷、契、帝尧、帝挚 4 个儿子

实　例

汉族 帝喾卜其四妃之子，皆有天下。上妃有邰氏之女，曰姜嫄，而生后稷；次妃有娀氏之女，曰简狄，而

生契。

【流传】（无考）

【出处】［先秦］史官修撰：《世本·帝系篇》。

W0768.14.1.1.1 简狄吞卵而生契

实 例

汉族 殷契母曰简狄，有娀氏之女，为帝喾次妃。三人行浴，见玄鸟堕其卵，简狄取吞之，因孕生契。

【流传】（无考）

【出处】［西汉］司马迁：《史记·殷本纪》。

汉族 汤之先为契，无父而生契，母与姊妹浴于元邱水，有燕衔卵堕之，契母得故含之，误吞之，即生契。契生而贤，尧立为司徒，姓之曰子氏。子者，兹兹益大也，诗人美而颂之曰，殷社芒芒，天命玄鸟，降而生商，商质殷号也。

【流传】（无考）

【出处】［西汉］褚少孙：《补史记诗传》。

汉族 契母简狄者，有娀氏之长也，当尧之时，与其娣浴于玄丘之水。有玄鸟衔卵过坠之，五色甚好，简狄与其妹娣竞往取之，简狄得而含之，误而吞之，遂生契焉。简狄性好人事之治，上知天文，乐于施惠，及契长而教之理，顺以序。契之性聪明而仁，能育其教，卒致其名，尧使为司徒，封于亳。及尧崩，舜即位，乃敕之曰："契，百姓不亲，五品不逊，汝作司徒而敬，敷五教在宽，其后世世居亳。"至汤兴为天子，君子谓简狄仁而有礼。

【流传】（无考）

【出处】［西汉］刘向：《列女传》。

W0768.14.2 契的特征（契的身份，契的职能）

【关联】［W0739.4.6.4］契是舜的辅佐

实 例

汉族 高辛氏有二子，大儿子阏伯（契），二儿子叫实沈。兄弟二人住在旷野整天打架，互相征伐。帝喾只好把契迁于商丘，让他管理东方的大火星；迁实沈于大夏，去管理参星。

【流传】（无考）

【出处】［春秋］左丘明：《左传·昭公元年》。

汉族 契长佐禹有功。帝舜乃封于商，赐姓子姓。契兴于唐、虞、大禹之际。

【流传】（无考）

【出处】［西汉］司马迁：《史记·殷本纪》。

W0768.14.3 与契有关的其他母题

实 例

（参见下级母题实例）

W0768.14.3.1

契是少昊的曾孙

实 例

汉族 少昊是商族的始祖，少昊有子名蟜极，蟜极有子名帝喾，帝喾与其次妃简狄有子名契。一说简狄吞卵而生契。契即为商的始祖。

【流传】（无考）

【出处】http：//www.baike.com/wik。

W0768.15

东王公

【关联】

① ［W0143.2］东王公和西王母

② ［W0204.13.2］天皇号“扶桑大帝东王公”

实 例

（参见下级母题实例）

W0768.15.1

东王公的产生

实 例

（参见下级母题实例）

W0768.15.1.1

元始天尊和太元圣母生东王公

实 例

汉族 东王公为元始天尊和太元圣母所生。

【流传】（无考）

【出处】［晋］葛洪：《枕中书》。

W0768.15.1.2

东华至真之气化生木公

实 例

汉族 在昔道气凝寂，湛体无为，将欲启迪玄功，生化万物，先以东华至真之气，化而生木公焉，木公生于碧海之上，苍灵之墟，以生阳和之气，理于东方，亦号曰王公焉。

【流传】（无考）

【出处】［唐］杜光庭：《墉城集仙录》卷一“金母元君”条。

W0768.15.1.3

东王公生日二月初六

实 例

汉族 农历的二月初六为东王公的诞辰日。

【流传】（无考）

【出处】《东王公》，见乌丙安主编《中国民间神谱》，沈阳：辽宁人民出版社2007年版，第257页。

W0768.15.2

东王公的特征（东王公的身份，东王公的职能）

实 例

（参见下级母题实例）

W0768. 15. 2. 1

东王公是青阳之元气

实 例

汉族 木公，亦云东王父，亦云东王公，盖青阳之元气，百物之先也。

【流传】（无考）

【出处】［宋］李昉、扈蒙、李穆、徐铉等：《太平广记》卷一“木公”条引《仙传拾遗》。

W0768. 15. 2. 2

东王公是福神

【关联】［W0457］福神

实 例

汉族 东王公具有赐福、长寿、家族平安、后代兴旺的神职。

【流传】（无考）

【出处】《东王公》，见乌丙安主编《中国民间神谱》，沈阳：辽宁人民出版社 2007 年版，第 257 页。

W0768. 15. 2. 3

东王公人形鸟面而虎尾

实 例

汉族 东荒山中有大石室，东王公居焉。长一丈，头发皓白，人形鸟面而虎尾，载一黑熊，左右顾望。

【流传】（无考）

【出处】［西汉］东方朔：《神异经·东荒经》。

W0768. 15. 2. 4

东王父主管日月星斗

实 例

汉族 天上 9 个太阳并出，人们热得实在熬不下去，就不约而同，纷纷去天宫中东王父那里告状。东王父是主管日月星斗的，听了苦诉，勃然大怒，下令捉拿九颗太阳治罪。

【流传】河南省·南阳市

【出处】邱海观（70 岁，农民）讲，李明才采录整理：《后羿追日》，见张振犁编著，孟宪明、朱淑君统纂《中原神话通鉴》（第三卷），郑州：河南大学出版社 2017 年版，第 867 页。

W0768. 15. 2. 5

东王公是鬼神世界的总管

实 例

汉族 东王公是鬼神世界的总管。

【流传】（无考）

【出处】《东王公》，见乌丙安主编《中国民间神谱》，沈阳：辽宁人民出版社 2007 年版，第 257 页。

W0768. 15. 3

东王公名号（东王公名称）

实 例

（参见下级母题实例）

W0768. 15. 3. 1
东王公的父母盘古真人和太元圣母

实 例

汉族 在二仪未分，天地日月未具时，已有盘古真人游于其中。后与太元圣母通气结精，生东王公与西王母。

【流传】（无考）

【出处】［晋］葛洪：《枕中书》。

W0768. 15. 3. 2
东王公又称东王父

实 例

汉族 东王公，又称东王父、木公、东华帝君、青童君等。

【流传】（无考）

【出处】《男仙领袖东王公》，见王德恒等《造神史话》，天津：百花文艺出版社 2002 年版，第 89 页。

W0768. 15. 3. 3
东王公又称木公

实 例

汉族 东王公，又称木公。

【流传】（无考）

【出处】《男仙领袖东王公》，见王德恒等《造神史话》，天津：百花文艺出版社 2002 年版，第 89 页。

W0768. 15. 3. 3. 1
木公又称东王父

实 例

汉族 木公，亦云东王父，亦云东王公。

【流传】（无考）

【出处】［宋］李昉、扈蒙、李穆、徐铉等：《太平广记》卷一“木公”条引《仙传拾遗》。

W0768. 15. 3. 4
东王公又称东华帝君

实 例

汉族 东王公，又称东华帝君。

【流传】（无考）

【出处】《男仙领袖东王公》，见王德恒等《造神史话》，天津：百花文艺出版社 2002 年版，第 89 页。

W0768. 15. 3. 5
东王公又称青童君

实 例

汉族 东王公，又称青童君。

【流传】（无考）

【出处】《男仙领袖东王公》，见王德恒等《造神史话》，天津：百花文艺出版社 2002 年版，第 89 页。

W0768. 15. 3. 6

东王公又称东方诸

实 例

汉族 东王公，又称为“木公”“东华帝君”“青童君”“东方诸”“青提帝君”“东华紫府少阳帝君”等。

【流传】（无考）

【出处】《东王公》，见乌丙安主编《中国民间神谱》，沈阳：辽宁人民出版社 2007 年版，第 257 页。

W0768. 15. 3. 7

东王公又称青提帝君

实 例

汉族 （参见“W0768. 15. 3. 6 东王公又称东方诸”母题实例）

W0768. 15. 3. 8

东王公又称东华紫府少阳帝君

实 例

汉族 （参见“W0768. 15. 3. 6 东王公又称东方诸”母题实例）

W0768. 15. 3. 9

东王公又称扶桑大帝

实 例

汉族 东王公为元始天尊和太元圣母所生，并称之为扶桑大帝。

【流传】（无考）

【出处】［东晋］葛洪：《枕中书》。

W0768. 15. 3. 10

东王公又称东皇公

实 例

汉族 东皇公即《神异经》所写东王公；若如所叙，则东王公、西王母配偶神之祭远在春秋战国之交即有之矣。

【流传】（无考）

【出处】《东皇公》，见袁珂《中国神话大词典》，北京：华夏出版社 2015 年版，第 89 页。

汉族 越王曰：“善。”乃行第一术。立东郊以祭阳，名曰东皇公；立西郊以祭阴，名曰西王母。

【流传】（无考）

【出处】［东汉］赵晔：《吴越春秋·勾践阴谋外传》。

W0768. 15. 4

东王公的关系

实 例

（参见下级母题实例）

W0768. 15. 4. 1

东王公的父母

实 例

（实例待考）

W0768. 15. 4. 2

东王公的妻子

实 例

（实例待考）

W0768.15.4.3

东王公的子女

实 例

（实例待考）

W0768.15.5

东王公的生活

实 例

（参见下级母题实例）

W0768.15.5.1

东王公居东荒山

实 例

汉族 东王公居东荒山的大石室中，人形鸟面虎尾。

【流传】（无考）

【出处】［西汉］东方朔：《神异经·东荒经》。

W0768.15.5.2

东王公居蓬莱仙岛

实 例

汉族 东王公住在东方大海蓬莱仙岛。

【流传】（无考）

【出处】《东王公》，见乌丙安主编《中国民间神谱》，沈阳：辽宁人民出版社2007年版，第257页。

W0768.15.5.3

东王公居扶桑

实 例

汉族 扶桑在碧海之中，地方万里，上有太帝宫，太真东王父所治处。

【流传】（无考）

【出处】［汉末魏晋］托名东方朔：《十洲记》。

W0768.15.5.4

太真东王父居东海太帝宫

实 例

汉族 扶桑，在东海之东岸，上有太帝宫，太真东王父所治处。

【流传】（无考）

【出处】［汉末魏晋］托名东方朔：《十洲记》。

W0768.15.5.5

东王公有巨鸟荫护

实 例

汉族 昆仑之山，有铜柱焉，其高人天，所谓天柱也。下有回屋，方百丈，仙人九府治之。上有大鸟，名曰希有，南向，张左翼覆东王公，右翼覆西王母。

【流传】（无考）

【出处】［西汉］东方朔：《神异经·中荒经》。

W0768. 15. 6

与东王公有关的其他母题

实 例

（参见下级母题实例）

W0768. 15. 6. 1

祭东皇公于东郊

实 例

汉族 越王立东郊以祭阳，名曰东皇公。

【流传】（无考）

【出处】［汉］赵晔：《吴越春秋·勾践阴谋外传》。

W0768. 16

后土[①]

【关联】

①［W0206. 1］天公是玉皇大帝和妻子后土

②［W0238. 1］地母是玉皇大帝的妻子后土

③［W0695. 3. 2］后土辅佐黄帝

实 例

（参见下级母题实例）

W0768. 16. 1

后土的产生

实 例

（参见下级母题实例）

W0768. 16. 1. 1

后土是炎帝后代

实 例

汉族 炎帝之妻，赤水之子听訞，生炎居，炎居生节并，节并生戏器，戏器生祝融，祝融降处于江水，生共工，共工生后土。

【流传】（无考）

【出处】［战国至汉］撰者不详：《山海经·海内经》。

W0768. 16. 1. 2

共工生后土

实 例

汉族 共工生后土。

【流传】（无考）

【出处】［战国至汉］撰者不详：《山海经·海内经》。

W0768. 16. 1. 3

后土生日农历三月十八

实 例

汉族 农历三月十八日后土娘娘诞辰

① 后土，关于“后土”的说法不尽一致，常常称之为“后土娘娘”，有大地之母、主管土地的职能。有的说社神即“后土”，是共工的女儿；有的说盘古之后第三位诞生的大神叫做后土，有的说禹死后托祀于后土之神。

之日。

【流传】（无考）

【出处】《后土》，见乌丙安主编《中国民间神谱》，沈阳：辽宁人民出版社2007年版，第77页。

W0768.16.2
后土的特征

实　例

（实例待考）

W0768.16.3
后土的身份（后土的职能，后土的能力）

实　例

（参见下级母题实例）

W0768.16.3.1
后土娘娘是土地神

【关联】［W0433.2.1］后土主宰大地

实　例

（参见下级母题实例）

W0768.16.3.1.1
后土是中央的土地神

实　例

汉族　中央土，其帝黄帝，其神后土。

【流传】（无考）

【出处】［春秋战国］孔子弟子等作，［西汉］戴圣编：《礼记·月令》。

W0768.16.3.1.2
后土管土地

实　例

汉族　后土，总司土地的大神。

【流传】（无考）

【出处】《后土》，见乌丙安主编《中国民间神谱》，沈阳：辽宁人民出版社2007年版，第77页。

W0768.16.3.2
后土娘娘是司鬼魂之神

实　例

汉族　（参见“W0768.16.3.3 后土娘娘是土地神，又是司鬼魂之神”母题实例）

W0768.16.3.3
后土娘娘是土地神，又是司鬼魂之神

【关联】［W0497.8］身兼多职的神

实　例

汉族　后土娘娘除了当土地神外，又是司鬼魂之神。

【流传】（无考）

【出处】《大地之神后土娘娘》，见王德恒等《造神史话》，天津：百花文艺出版社2002年版，第86～87页。

W0768. 16. 3. 4
后土是社神

实 例

汉族 共工氏之伯九有也，其子曰后土，能平九土，故祀以为社。

【流传】（无考）

【出处】［春秋］左丘明：《国语·鲁语上》。

汉族 共工氏有子曰句龙，为后土。后土为社。

【流传】（无考）

【出处】［春秋］左丘明：《左传·昭公二十九年》。

W0768. 16. 3. 5
后土是黄帝的辅佐

实 例

汉族 中央土，其日戊己，其帝黄帝，其神后土。

【流传】（无考）

【出处】［春秋战国］孔子弟子等作，［西汉］戴圣编：《礼记·月令》。

汉族 何谓五星？即东、南、中、西、北五个方位之星。其中，中央，土也，其帝黄帝，其佐后土。

【流传】（无考）

【出处】［西汉］淮南王刘安及门客：《淮南子·天文训》。

W0768. 16. 3. 5. 1
后土为黄帝记事

实 例

汉族 黄帝叫后土画记白泽神兽所讲的各种鬼怪。

【流传】河南省·（郑州市）·新郑市

【出处】王金岭采录整理：《门神的传说》，见张振犁编著，孟宪明、朱淑君统纂《中原神话通鉴》（第二卷），郑州：河南大学出版社 2017 年版，第 646 页。

W0768. 16. 3. 6
后土是神鬼国国王

实 例

汉族 黄帝封后土为神鬼国国王。

【流传】河南省·（郑州市）·新郑市

【出处】王金岭采录整理：《门神的传说》，见张振犁编著，孟宪明、朱淑君统纂《中原神话通鉴》（第二卷），郑州：河南大学出版社 2017 年版，第 646 页。

W0768. 16. 3. 7
后土主阴间（后土主幽州）

实 例

汉族 “魂兮归来，君无下此幽都些。”王逸注：“幽都，地下后土所治也。地下幽冥，故称幽都。

【流传】（无考）

【出处】［战国］屈原：《楚辞·招魂》王逸注。

汉族 后土主幽州（即阴间）。

【流传】（无考）

【出处】《后土》，见乌丙安主编《中国民间神谱》，沈阳：辽宁人民出版社2007年版，第77页。

W0768.16.3.8

后土主墓地

实 例

汉族 后土又有守墓的职能。

【流传】（无考）

【出处】《后土》，见乌丙安主编《中国民间神谱》，沈阳：辽宁人民出版社2007年版，第77页。

W0768.16.3.9

后土执绳而制四方

实 例

汉族 中央土地，其帝皇帝。其佐后土，执绳而制四方。

【流传】（无考）

【出处】［西汉］淮南王刘安及门客：《淮南子·天文训》。

W0768.16.3.10

黄帝后土共管一方

实 例

汉族 中央之极，自昆仑东绝两恒山，日月之所道，江汉之所出，众民之野，五谷之所宜，龙门河济相贯，以息壤堙洪水之州。东至于碣石，黄帝、后土之所司者万二千里。

【流传】（无考）

【出处】［西汉］淮南王刘安及门客：《淮南子·时则训》。

W0768.16.4

后土的关系

【关联】［W0147.10.3］皇天后土

实 例

（参见下级母题实例）

W0768.16.4.1

后土是共工之子

实 例

汉族 共工氏之霸九州也，其子曰后土，能千九州，故祀以为社。

【流传】（无考）

【出处】［春秋战国］孔子弟子等作，［西汉］戴圣编：《礼记·祭法》。

W0768.16.4.2

后土的侯伯土伯

实 例

汉族 土伯，后土之侯伯也。言地有土伯，执卫门户，其身九屈。

【流传】（无考）

【出处】［战国］屈原：《楚辞·招魂》［东汉］王逸注。

W0768.16.5

后土的名字

实 例

（参见下级母题实例）

W0768.16.5.1

后土是句龙

【关联】［W0685.5.4.1.3］共工的儿子句龙

实 例

汉族 共工氏有子曰句龙，为后土。

【流传】（无考）

【出处】［春秋］左丘明：《左传·昭公二十九年》。

W0768.16.5.2

后土是官名

实 例

（参见下级母题实例）

W0768.16.5.2.1

后土是五行之官中的土正

实 例

汉族 故有五行之官，是谓五官，其中土正曰后土。

【流传】（无考）

【出处】［春秋］左丘明：《左传·昭公二十九年》

W0768.16.5.3

后土娘娘

实 例

（参见下级母题实例）

W0768.16.5.3.1

后土娘娘又称地母娘娘

实 例

汉族 "后土娘娘"称为"地母至尊"或"地母娘娘"。

【流传】台湾

【出处】《后土》，见乌丙安主编《中国民间神谱》，沈阳：辽宁人民出版社2007年版，第77页。

W0768.16.6

与后土有关的其他母题

实 例

（参见下级母题实例）

W0768.16.6.1

后土之兽趹蹄

实 例

汉族 趹蹄者，后土之兽，自能言语；王者仁孝于国则来，禹治水而至。

【流传】（无考）

【出处】［南朝·梁］沈约：《宋书·符瑞志》。

W0768.17

玄武

【关联】

① ［W0254.3］玄武是北方神

② ［W0686.3.2］鲧是玄武大帝

实　例

（参见下级母题实例）

W0768.17.1

玄武大帝

实　例

（参见下级母题实例）

W0768.17.1.1

玄武大帝是元始的化身

【关联】［W0728.3.6.1］盘古号“元始天王”

实　例

汉族　玄武大帝是元始的化身。

【流传】（无考）

【出处】《玄武大帝》，见王德恒等《造神史话》，天津：百花文艺出版社 2002 年版，第 98 页。

W0768.17.1.2

玄武大帝又称荡魔天尊

实　例

汉族　玄武大帝，又称荡魔天尊。

【流传】（无考）

【出处】《玄武大帝》，见王德恒等《造神史话》，天津：百花文艺出版社 2002 年版，第 97 页。

W0768.17.1.3

玄武大帝又称真武大帝

实　例

汉族　玄武大帝，又称荡魔天尊、真武大帝，由禹的父亲鲧变化而来。

【流传】（无考）

【出处】《玄武大帝》，见王德恒等《造神史话》，天津：百花文艺出版社 2002 年版，第 97 页。

W0768.17.1.3.1

真武大帝

实　例

（参见下级母题实例）

W0768.17.1.3.1.1

真武大帝是太上老君的化身

实　例

汉族　玄天上帝又称真武大帝，道教认为其乃太上老君第八十二次变化之身。

【流传】（无考）

【出处】《描金业神——玄天上帝》，见乌丙安主编《中国民间神谱》，沈阳：辽宁人民出版社 2007 年版，第 207 页。

W0768. 17. 1. 3. 1a
真武祖师

实 例

（参见下级母题实例）

W0768. 17. 1. 3. 1a. 1
真武祖师大将军虎头人身

实 例

壮族 真武祖师大将军，头是猛虎身是人，不吃人间茶和食，专吞邪鬼过光阴，一年四季游天下，专驱妖魔不正神。

【流传】广西壮族自治区·（南宁市）·武鸣县（武鸣区）西北部，马山县东部

【出处】黄世杰搜集整理：*《求子送花仪式》（1990），见吕大吉、何耀华总主编《中国各民族原始宗教资料集成》（土家族卷、瑶族卷、壮族卷、黎族卷），北京：中国社会科学出版社 1998 年版，第 529 页。

W0768. 17. 1. 3. 1b
真武大将军

实 例

（参见下级母题实例）

W0768. 17. 1. 3. 1b. 1
真武大将军是祖师神

实 例

壮族 三元祖师唐道扬、葛定应、周护王、妹毛法度、阴阳师父、真武大将军等是祖师神。

【流传】广西壮族自治区·（南宁市）·武鸣县·两江乡·雷江片，马山县·古零乡·杨圩片

【出处】黄世杰搜集整理：*《多神信仰》（1990），见吕大吉、何耀华总主编《中国各民族原始宗教资料集成》（土家族卷、瑶族卷、壮族卷、黎族卷），北京：中国社会科学出版社 1998 年版，第 492 页。

W0768. 17. 2
72 个玄武

实 例

汉族 太上老君左有十二青龙，右有三十六白虎，前有二十四朱雀，后有七十二玄武。

【流传】（无考）

【出处】［东晋］葛洪：《抱朴子·杂应》引《仙经》。

W0768. 18
斗姆

实 例

（参见下级母题实例）

W0768. 18. 1
斗姆是北斗七星的母亲

【关联】［W1733. 1］斗姆生北斗星

实 例

汉族 斗姆是道教所供奉之女神，是北斗诸星之母。
【流传】（无考）
【出处】《斗姆》，见乌丙安主编《中国民间神谱》，沈阳：辽宁人民出版社2007年版，第4页。

W0768.18.2
斗姆四面
【关联】［W0692.1］黄帝四面

实 例

汉族 （参见“W0768.18.3.1 斗姆额生3目”母题实例）

W0768.18.3
斗姆三只眼

实 例

（参见下级母题实例）

W0768.18.3.1
斗姆额生3目

实 例

汉族 北斗七星的母亲斗姆额生三目，肩生一头，四面有脸，八臂。
【流传】（无考）
【出处】《本命真君北斗星君》，见王德恒等《造神史话》，天津：百花文艺出版社2002年版，第104页。

W0768.18.4
斗姆的名称（斗姆的名号）

实 例

（参见下级母题实例）

W0768.18.4.1
斗姆又作斗姥

实 例

汉族 斗姆，又作斗姥。
【流传】（无考）
【出处】《斗姆》，见乌丙安主编《中国民间神谱》，沈阳：辽宁人民出版社2007年版，第4页。

W0768.18.4.2
斗姆即紫光夫人

实 例

汉族 御国王妃紫光夫人一胎生九子，长子为天皇大帝，次子为紫微大帝，七幼子则为北斗七星，紫光夫人遂被称为斗姆。
【流传】（无考）
【出处】《斗姆》，见乌丙安主编《中国民间神谱》，沈阳：辽宁人民出版社2007年版，第4页。

W0768.18.4.3
斗姆又称先天斗姆大圣元君

实 例

汉族 道教尊其为“先天斗姆大圣元

君”。

【流传】（无考）

【出处】《斗姆》，见乌丙安主编《中国民间神谱》，沈阳：辽宁人民出版社2007年版，第4页。

W0768. 18. 5
拜斗姆消灾免难健康长寿

实 例

汉族 祭拜斗姆可消灾免难健康，长寿。

【流传】（无考）

【出处】《斗姆》，见乌丙安主编《中国民间神谱》，沈阳：辽宁人民出版社2007年版，第4页。

W0768. 19
烛龙

实 例

（参见下级母题实例）

W0768. 19. 1
烛龙的产生

实 例

（参见下级母题实例）

W0768. 19. 2
烛龙的特征（烛龙的身份）

实 例

（参见下级母题实例）

W0768. 19. 2. 1
烛龙人面蛇身

实 例

汉族 西北海之外，赤水之北，有章尾山。有神，人面蛇身而赤，直目正乘。其瞑乃晦，其视乃明。不食，不寝，不息，风雨是谒。是烛九阴，是谓烛龙。

【流传】（无考）

【出处】［战国至汉］撰者不详：《山海经·大荒北经》。

W0768. 19. 2. 2
烛龙人面龙身

实 例

汉族 烛龙在雁门北，蔽于委羽之山，不见日。其神人面龙身而无足。

【流传】（无考）

【出处】［西汉］淮南王刘安及门客：《淮南子·地形训》。

W0768. 19. 2. 3
烛龙是钟山山神

实 例

汉族 钟山的山神烛龙，有一个人脸龙身的儿子名叫“鼓”。

【流传】（无考）

【出处】袁珂重述：《宇宙的最高统治者——黄帝》，原载袁珂《神话故事新编》，见陶阳、钟秀编《中国神话》

（中），北京：商务印书馆 2008 年版，第 805 ~807 页。

W0768.19.2.4

烛龙是神龙

【关联】［W0926.1］ 神龙

实 例

（参见下级母题实例）

W0768.19.2.4.1

神龙烛龙一千多里长

实 例

汉族 羽山的南面是雁门有一条神龙，叫做“烛龙”，人的脸，龙的身子，全身从头到尾，一共有千多里长。

【流传】（无考）

【出处】袁珂重述：《鲧偷取息壤平治洪水》，原载袁珂编译《中国神话故事》，见陶阳、钟秀编《中国神话》（上），北京：商务印书馆 2008 年版，第 407 ~411 页。

W0768.19.3

烛龙的关系

实 例

（参见下级母题实例）

W0768.19.3.1

烛龙的儿子鼓

实 例

（参见下级母题实例）

W0768.19.3.1.1

烛龙的儿子鼓人脸龙身

实 例

汉族 （参见“W0768.19.2.3 烛龙是钟山山神”母题实例）

W0768.19.4

烛龙的名称

实 例

（参见下级母题实例）

W0768.19.4.1

烛龙又称烛阴

实 例

汉族 “钟山之神名曰烛阴”，郭璞注：“烛阴，烛龙也。是烛九阴。”

【流传】（无考）

【出处】［战国至汉］撰者不详：《山海经·海外北经》郭璞注。

W0768.19.4.1.1

烛阴

实 例

（参见下级母题实例）

W0768.19.4.1.1.1

烛阴身长千里

实 例

汉族 钟山之神，名曰烛阴，不饮，不食，不息，息为风。身长千里，在无膂之东。

【流传】（无考）

【出处】［战国至汉］撰者不详：《山海经·海外北经》。

W0768. 19. 4. 1. 1. 2 烛阴人面蛇身

实　例

汉族 钟山之神，名曰烛阴，不饮，不食，不息，息为风。身长千里，在无膂之东。其为物，人面，蛇身，赤色，居钟山下。

【流传】（无考）

【出处】［战国至汉］撰者不详：《山海经·海外北经》。

W0768. 19. 4. 1. 1. 3 烛阴红色

实　例

汉族 （参见“W0768. 19. 4. 1. 1. 2 烛阴人面蛇身”母题实例）

W0768. 19. 4. 1. 1. 4 烛阴不饮，不食，不息

实　例

汉族 （参见“W0768. 19. 4. 1. 1. 1 烛阴身长千里”母题实例）

W0768. 19. 4. 1. 1. 5 烛阴居钟山下

【关联】［W0398. 1. 7. 5. 1］钟山之神烛阴

实　例

汉族 （参见“W0768. 19. 4. 1. 1. 2 烛阴人面蛇身”母题实例）

W0768. 19. 4. 1. 1. 6 烛阴视为昼，瞑为夜

【关联】［W4012］昼夜的产生

实　例

汉族 钟山之神，名曰烛阴，视为昼，瞑为夜。

【流传】（无考）

【出处】［战国至汉］撰者不详：《山海经·海外北经》。

W0768. 19. 5 与烛龙有关的其他母题

实　例

（实例待考）

W0768. 20 鲁班（鲁般）

【关联】［W6206. 3］鲁班造房子

实　例

毛南族 （实例待考）

W0768.20.1

鲁班的产生

实 例

（参见下级母题实例）

W0768.20.1.1

生育鲁班

实 例

（参见下级母题实例）

W0768.20.1.1.1

鲁班生日农历六月十三日

实 例

汉族 农历六月十三日为鲁班诞日。

【流传】（无考）

【出处】《木瓦石匠业——鲁班》，见乌丙安主编《中国民间神谱》，沈阳：辽宁人民出版社 2007 年版，第 206 页。

W0768.20.2

鲁班的特征（鲁班的身份）

实 例

（参见下级母题实例）

W0768.20.2.1

鲁班是匠神

实 例

瑶族 密洛陀论功行赏，封架桥铺路的洛班炯公为匠神。他就是鲁班。

【流传】（无考）

【出处】《密洛陀神谱》，蓝田根据农学冠等撰写的《瑶族神话传说中的人物》编写，见姚宝瑄主编《中国各民族神话》（土家族、毛南族、侗族、瑶族），太原：山西出版传媒集团·书海出版社 2014 年版，第 148 页。

W0768.20.2.2

鲁班是木工（鲁班是木匠）

实 例

仫佬族（疑为“仡佬族”） 鲁班是有名的木匠师傅，老祖公嗲赫亨打铁时就请鲁班给他做风箱。

【流传】贵州省·（毕节市）·黔西（黔西县）、大方（大方县）、织金（织金县）

【出处】杨素芝、苏永清、罗光荣、杨锡九、王仁书、张朝虎、平顺洲讲，罗懿群、李道、龙兴广、唐文新、潘定智、马峰玉搜集：《嗲赫亨》，原载《民间文学资料》第 49 集，见姚宝瑄主编《中国各民族神话》（仫佬族、壮族、京族），太原：山西出版传媒集团·书海出版社 2014 年版，第 31 页。

W0768.20.2.2.1

鲁班是尧时的木工

实 例

汉族 尧王让手下的普安负责造房。

普安接旨，就在天下到处查访能工巧匠，在几百人中，选中了两个人，一个叫鲁班，一个叫张佐。张佐是泥工，垒墙、盖屋，件件活计都行，手艺高超；而鲁班呢，是个木工，家具、门窗，也样样精通。

【流传】河南省·南阳市

【出处】王庆文采录整理：《造屋的传说》，见张振犁编著，孟宪明、朱淑君统纂《中原神话通鉴》（第四卷），郑州：河南大学出版社 2017 年版，第 1283 页。

W0768. 20. 2. 3

鲁班是木匠始祖

实 例

壮族 凡以手工业技术为业的人都各自信奉自己行业的鼻祖，如木匠信奉鲁班。

【流传】（无考）

【出处】凌树东搜集整理：＊《坐荆刺》（1989），见吕大吉、何耀华总主编《中国各民族原始宗教资料集成》（土家族卷、瑶族卷、壮族卷、黎族卷），北京：中国社会科学出版社 1998 年版，第 568 页。

W0768. 20. 3

鲁班的能力（鲁班的事迹，鲁班的经历）

实 例

（参见下级母题实例）

W0768. 20. 3. 1

鲁般会巫术

实 例

汉族 鲁般者，肃州敦煌人，莫详年代，巧侔造化。于凉州造浮图，作木鸢，每击楔三下，乘之以归。无何，其妻有妊，父母诘之，妻具说其故。父后伺得鸢，击楔十余下，乘之，遂至吴会。吴人以为妖，遂杀之。般又为木鸢乘之，遂获父尸。怨吴人杀其父，于肃州城南，作一木仙人，举手指东南，吴地大旱三年。卜曰："般所为也。"赍物具千数谢之。般为断一手，其日吴中大雨。

【流传】（肃州敦煌）

【出处】［唐］段成式：《酉阳杂俎·贬误》引《朝野佥载》。

W0768. 20. 3. 2

鲁般善造化

实 例

汉族 （参见"W0768. 20. 3. 1 鲁般会巫术"母题实例）

W0768. 20. 3. 2. 1

鲁班巧做车马

实 例

汉族 世传言曰，鲁班巧，亡其母也。言巧工为母作木车马，木人御者，机关备具，载母其上，一驱不还，遂失其母。

【流传】（无考）

【出处】［东汉］王充：《论衡·儒增》。

W0768.20.3.2.2

鲁班造会飞的木鸢

实 例

汉族 鲁般、墨子，以木为鸢而飞之，三日不集。

【流传】（无考）

【出处】［西汉］淮南王刘安及门客：《淮南子·齐俗训》。

W0768.20.3.2.3

鲁班造会飞的木鹤

实 例

汉族 天姥山（今浙江省新昌县东）南峰，昔鲁班刻木为鹤，一飞七百里。后放于北山西峰上，汉武帝使人往取，遂飞上南峰。往往天将雨，则翼翅摇动，若将奋飞。

【流传】（无考）

【出处】

(a)［清］东轩主人：《述异记》卷下。

(b)《天姥山》，见袁珂《中国神话大词典》，北京：华夏出版社 2015 年版，第 57 页。

W0768.20.3.3

鲁班遇神

实 例

汉族 旧有忖留神像。此神尝与鲁班语，班令其人出。忖留曰："我貌很丑，卿善图物容，我不能出。"班于是拱手与言，曰："出头见我。"忖留乃出首。班于是以脚画地。忖留觉之，便还没水。故置其像于水，惟背以上立水上。

【流传】（无考）

【出处】［北魏］郦道元：《水经注·渭水》。

W0768.20.4

鲁班的工具

实 例

（参见下级母题实例）

W0768.20.4.1

鲁班有一把青钢神斧

实 例

汉族 鲁班有青钢神斧一把，砍石如剁泥。

【流传】河南省·（郑州市）·登封市（中岳嵩山一带）

【出处】韩成良讲，韩有治采录整理：《挪宫》，见张振犁编著，孟宪明、朱淑君统纂《中原神话通鉴》（第四卷），郑州：河南大学出版社 2017 年版，第 1044 页。

W0768.20.5

与鲁班有关的其他母题

【关联】［W0658a.8.41.1］工匠行业祖师神鲁班

实 例

（参见下级母题实例）

W0768. 20. 5. 1
玉皇大帝让鲁班下凡

实 例

汉族 太白金星在灵霄宝殿领来了圣旨，连夜召来了鲁班和杨戬，命他二人急速下凡。

【流传】河南省·（郑州市）·登封市（中岳嵩山一带）

【出处】韩成良讲，韩有治采录整理：《挪宫》，见张振犁编著，孟宪明、朱淑君统纂《中原神话通鉴》（第四卷），郑州：河南大学出版社 2017 年版，第 1043 页。

W0768. 20. 5. 2
鲁班的妻子云氏

【关联】［W0443. 9. 1. 2. 1］制伞业祖师鲁班妻云氏

实 例

汉族 制伞业的祖师为鲁班妻云氏。

【流传】（无考）

【出处】《制伞业神——鲁班妻》，见乌丙安主编《中国民间神谱》，沈阳：辽宁人民出版社 2007 年版，第 227 页。

W0768. 20. 5. 3
鲁班屋

实 例

汉族 宋时宜阳乡一夕忽有神人造厘三十六间，壁瓦皆具，不测其为何氏居焉。至今乡人呼为鲁班屋。

【流传】（零陵县）

【出处】［清］陈梦雷原编，蒋廷锡重编：《古今图书集成·职方典》卷一二八四引《零陵县志》。

W0768. 20. 5. 4
鲁班住鲁家湾

实 例

汉族 鲁班的家乡是山东一个叫“鲁家湾”的村庄。

【流传】（无考）

【出处】

（a）甄茂枢搜集整理：《木鸟》，载《民间文学》1980 年 5 期。

（b）同（a），见姚宝瑄主编《中国各民族神话》（汉族），太原：山西出版传媒集团·书海出版社 2014 年版，第 408～411 页。

W0768. 21
姜子牙

实 例

（参见下级母题实例）

W0768. 21. 1
姜子牙的产生

实 例

（参见下级母题实例）

W0768.21.2

姜子牙的特征（姜子牙的身份，姜子牙的行为，姜子牙的事迹）

实 例

（参见下级母题实例）

W0768.21.2.1

姜子牙钓鱼

实 例

汉族 （实例待考）

W0768.21.2.2

姜太公是仙人

实 例

汉族 姜太公胸有谋略，颇懂占卜预言之术，又服灵芝仙草修道，而成为世人仰慕的仙人。

【流传】（无考）

【出处】《姜太公》，见乌丙安主编《中国民间神谱》，沈阳：辽宁人民出版社2007年版，第93页。

W0768.21.2.2.1

姜子牙吃支撑大地的鳌鱼成了神仙

实 例

汉族 支撑大地的鳌鱼（大乌龟）游到渭河来玩，被姜子牙钓到拿回去吃了，姜子牙就成了神仙。

【流传】湖北省·（荆门市）·京山县一带

【出处】冯家才讲，冯本林搜集整理：《鳌鱼和地震》，原载中国民间文艺研究会湖北分会编《湖北民间故事传说集》，见姚宝瑄主编《中国各民族神话》（汉族），太原：山西出版传媒集团·书海出版社2014年版，第44～45页。

汉族 姜子牙捉住一条支撑大地的鳌鱼，拿回去吃了，就成了神仙。

【流传】湖北省·（荆门市）·京山县

【出处】冯家才讲，冯本林搜集整理：《鳌鱼和地震》，原载湖北省群众艺术馆等编《民间故事传说集》，见陶阳、钟秀编《中国神话》（上），北京：商务印书馆2008年版，第205页。

W0768.21.2.3

姜太公骑瑞兽

实 例

汉族 姜太公之身骑瑞兽，肩擂一发号施令的杏黄旗，手持八卦多宝鞭

【流传】（无考）

【出处】《姜太公》，见乌丙安主编《中国民间神谱》，沈阳：辽宁人民出版社2007年版，第93页。

W0768.21.2.4

姜太公封神

实 例

汉族 （实例待考）

W0768. 21. 2. 5

姜太公封官

实 例

（参见下级母题实例）

W0768. 21. 2. 5. 1

姜太公封一位英雄为七里英王

实 例

仫佬族 稼（人名）死以后，姜太公知道了，觉得他是仫佬族的一位英雄，便把他封为“七里（古时仫佬族地方的一个管辖区）英王”

【流传】广西壮族自治区·（河池市）·罗城县（罗城仫佬族自治县）·仫佬族山乡（仫佬山乡）

【出处】吴禧干、吴志禧、吴开庭、包启宽、覃建珍、曹祖国、潘常成讲，包玉堂、吴开庭、曾凡才、吴盛枝搜集整理：《稼》（又名《吴平大王》、《木洛大王》、《七里英王》、《石览王》），原载包玉堂等编《仫佬族民间故事选》，上海文艺出版社 1988 年版，见姚宝瑄主编《中国各民族神话》（仫佬族、壮族、京族），太原：山西出版传媒集团·书海出版社 2014 年版，第 69～70 页。

W0768. 21. 2. 6

姜子牙下凡

实 例

汉族 元始天尊的徒弟姜子牙下凡。

【流传】湖北省·（荆门市）·京山县一带

【出处】冯家才讲，冯本林搜集整理：《鳌鱼和地震》，原载中国民间文艺研究会湖北分会编《湖北民间故事传说集》，见姚宝瑄主编《中国各民族神话》（汉族），太原：山西出版传媒集团·书海出版社 2014 年版，第 44～45 页。

W0768. 21. 3

姜子牙的关系

实 例

（参见下级母题实例）

W0768. 21. 3. 1

姜子牙的妹妹姜子岚

实 例

汉族 有一对同胞兄妹，哥哥姜子牙，妹妹姜子岚，兄妹俩在一起上学。

【流传】河南省·（濮阳市）·清丰县［采录地点：瓦屋头乡张林子村］

【出处】张文方（男，55 岁，农民，初中毕业）讲，曹建芳（学生）采录，刘希功采录整理：《人身上为啥有泥》（1988. 04. 17），见张振犁编著，孟宪明、朱淑君统纂《中原神话通鉴》（第四卷），郑州：河南大学出版社 2017 年版，第 1267 页。

W0768.21.3.2
姜子牙是元始天尊的徒弟

实例

汉族（参见“W0768.21.2.6 姜子牙下凡”母题实例）

W0768.21.4
姜子牙的名字

实例

（参见下级母题实例）

W0768.21.4.1
姜太公

实例

汉族（参见“W0768.21.2.2 姜太公是仙人”母题实例）

W0768.21.5
与姜子牙有关的其他母题

实例

（参见下级母题实例）

W0768.21.5.1
还天愿敬姜子牙

实例

羌族 羌人信奉姜子牙，供于中门左侧（出门左边），还天愿敬姜子牙。

【流传】四川省·（阿坝藏族羌族自治州）·理县·桃坪乡·增头寨

【出处】

(a) 杨茂山（释比，64岁）唱，周巴翻译，钱安靖整理：《上坛经》(1983.10) 说明文字，见钱安靖《羌族和羌语支各居民集团宗教习俗调查报告》，四川大学宗教研究所油印本，1987年12月。

(b) 同 (a)，见吕大吉、何耀华总主编《中国各民族原始宗教资料集成》（纳西族卷、羌族卷、独龙族卷、傈僳族卷、怒族卷），北京：中国社会科学出版社2000年版，第528页。

W0768.22
鬼谷子

实例

（参见下级母题实例）

W0768.22.1
鬼谷子的产生

实例

（参见下级母题实例）

W0768.22.1.1
女子吃谷叶孕生鬼谷子

实例

汉族 一个女子劳动时在一座坟上发现一株谷子，便掐叶子噙到嘴里，从此便怀孕了。她逃到洛阳桥时，肚疼得厉害，她只好钻进桥眼里，生下一个男孩，取名鬼谷子。

【流传】河南省·洛阳市

【出处】郭进山（男，76 岁，不识字）讲，周新彬采录整理：《女人的心为什么是水做的》，见张振犁编著，孟宪明、朱淑君统纂《中原神话通鉴》（第四卷），郑州：河南大学出版社 2017 年版，第 1275 页。

W0768. 22. 2

鬼谷子的特征（鬼谷子的行为，鬼谷子的事迹）

实　例

（实例待考）

W0768. 22. 3

鬼谷子的名字

实　例

（参见下级母题实例）

W0768. 22. 3. 1

女子吃谷叶生的男孩取名鬼谷子

实　例

汉族 （参见“W0768. 22. 1. 1 女子吃谷叶孕生鬼谷子”母题实例）

W0768. 22. 4

与鬼谷子有关的其他母题

实　例

（实例待考）

W0768. 23

九隆

实　例

（参见下级母题实例）

W0768. 23. 1

九隆的产生

实　例

（参见下级母题实例）

W0768. 23. 1. 1

女子感龙生九隆

实　例

白族 一个女子沙壹会鸟语，识龙音。经常骑在木头上捞鱼。有一天她掉进水里，忽然见下游有一段黄木头逆水漂来，她立即抓住木头骑上去。那木头在她胯下一起一伏地浮动着，不用手划，就把她驮到岸边。从此以后，她每次骑着木头捕鱼，那段黄木头也成了她唯一的伙伴。白天一起打鱼，晚上有时还恍惚觉得有个男人与她同穴共枕，过了一个月，她隐隐地感到怀了身孕。后来生 10 个儿子，最小的儿子叫“九隆”。

【流传】（云南省）

【出处】

（a）《九隆神话》，见云南省民间文学集成办公室编《白族神话传说集成》，北京：中国民间文艺出版社 1986 年版，第 66～68 页。

(b) 同（a），见吕大吉主编《中国各民族原始宗教资料集成》（彝族卷、白族卷、基诺族卷），北京：中国社科出版社1996年版，第523～525页。

西南古代民族 哀牢夷者，其先有妇人名沙壹，居于哀牢山，尝捕鱼水中，触沈木若有感，因怀妊。十月，产子男十人。后沈木化为龙，出水上。沙壹忽闻龙语曰："若为我生子，今悉何在?"九子见龙惊走，独小子不能去，背龙而坐，龙因舐之。其母鸟语，谓背为九，谓坐为隆，因名子九隆。及后长大，诸兄以九隆能为父所舐而黠，遂共推以为王。后哀牢山下有一夫一妇，复生十女子。九隆弟兄皆娶以为妻，后渐滋长。

【流传】（无考）

【出处】［南朝·宋］范晔：《后汉书·西南夷传》。

W0768.23.1.2

九隆为青龙所变

实　例

傣族 九兄弟中的九隆的头，传云乃佛爷经典所变，故无发；其身，传云是九条青龙所变，故力大。

【流传】（云南省）

【出处】袁珂改编：《九隆王》，原载《中国少数民族神话选》，见袁珂《中国神话大词典》，北京：华夏出版社2015年版，第496页。

W0768.23.1.3

木化九隆

实　例

汉族 竹浮三节，肇兴外域之源；木化九隆，颇为中国之患。

【流传】（无考）

【出处】［唐］骆宾王：《又破设蒙俭露布》。

W0768.23.2

九隆的特征

实　例

（实例待考）

W0768.23.3

与九隆有关的其他母题

实　例

（参见下级母题实例）

W0768.23.3.1

九隆有9个儿子

实　例

白族 （实例待考）

0.7　与民间信仰有关的神[①]或神性人物【W0770～W0829】

0.7.1　民间信仰中常见的神或神性人物【W0770～W0784】

✿ W0770

宗教人物

【汤普森】 V200

【关联】［W6455］宗教神职人员

实　例

（参见下级母题实例）

❊ W0771

宗教神

【汤普森】 V201

实　例

（参见下级母题实例）

W0772

宗教神（人物）的产生

实　例

（参见下级母题实例）

W0772.1

宗教神（人物）天降

实　例

纳西族（实例待考）

W0772.1.1

宗教人物是天界战神

【关联】［W0494］战神

实　例

纳西族（参见“W0774.3.0 丁巴什罗原是一位天界战神”母题实例）

---

① 与民间信仰有关的神：现代民间信仰中的神有时会出现在宗教经典文献中，如大家常说的《圣经》神话。但真正的宗教信仰者并不认为关于这些神的叙事是神话，而是事实存在的事件，在宗教中这些神一般是神圣的形象。本编目只是为了便于研究者深入比较研究，把民间神话或少量传说的宗教神列出，由于宗教神的来源复杂和相互交叉，只从宗教神的外在表象上进行梳理，不再做进一步探究。本母题编目中的民间信仰性质的神在排列上不分先后。这些类型由于宗教的交叉或神的互用，目前对于学术界对一些神的名称也没有明确的归类，从存在或居住的地点看有的在天上，有的在凡间，这样与其他神的名称母题可能存在互见或只显示一处的情况。

W0772.2

神或神性人物婚生宗教神（人物）

实　例

纳西族　（实例待考）

W0772.3

感生宗教神（人物）

实　例

（实例待考）

W0772.3.1

感龙生宗教人物

实　例

汉族　（实例待考）

W0772.4

与宗教神（人物）产生有关的其他母题

实　例

（实例待考）

W0773

碧霞元君

实　例

（参见下级母题实例）

W0773.1

碧霞元君的产生

实　例

（参见下级母题实例）

W0773.1.1

神生碧霞元君

【关联】［W0773.4.1］碧霞元君是东岳大帝之女

实　例

（参见下级母题实例）

W0773.1.2

人生碧霞元君

【关联】［W0773.4.2］碧霞元君是泰山石敢当之女

实　例

汉族　很古，石敢当这个人住徂徕山，他的三姑娘本事最大，即碧霞元君。

【流传】山东省·（泰安市）泰山一带

【出处】张广平讲：《泰山女神碧霞元君的来历》，见陶阳、徐纪民等《泰山民间故事大观》，北京：文化艺术出版社1984年版，第10页。

W0773.1.3

碧霞元君的生日

实　例

（参见下级母题实例）

W0773. 1. 3. 1 碧霞元君生日三月十五日

实 例

汉族 农历三月十五日是碧霞元君的神诞日。

【流传】（无考）

【出处】《碧霞元君》，见乌丙安主编《中国民间神谱》，沈阳：辽宁人民出版社 2007 年版，第 260 页。

W0773. 1. 3. 2 碧霞元君生日四月十八

实 例

汉族 农历四月十八日是碧霞元君的神诞日。

【流传】（无考）

【出处】《碧霞元君》，见乌丙安主编《中国民间神谱》，沈阳：辽宁人民出版社 2007 年版，第 260 页。

W0773. 2 碧霞元君的特征

实 例

（参见下级母题实例）

W0773. 2. 1 碧霞元君本事大

实 例

汉族 很古，石敢当这个人住徂徕山，他有 3 个女儿，数三姑娘碧霞元君本事最大。

【流传】山东省·（泰安市）泰山一带

【出处】张广平讲：《泰山女神碧霞元君的来历》，见陶阳、徐纪民等《泰山民间故事大观》，北京：文化艺术出版社 1984 年版，第 10 页。

W0773. 3 碧霞元君的身份（碧霞元君的职能）

实 例

（参见下级母题实例）

W0773. 3. 1 碧霞元君是天仙玉女

【关联】［W0826］仙女

实 例

汉族 （参见“W0773. 3. 3 碧霞元君是泰山奶奶”母题实例）

汉族 泰山玉女者，天仙神女也。黄帝时始见，汉明帝时再见焉。

【流传】（无考）

【出处】［明］王之纲：《玉女传》。

W0773. 3. 2 碧霞元君是泰山君主

【关联】［W1851. 1］泰山（东岳）

实 例

汉族 碧霞元君是泰山石敢当的三女儿，成为泰山君主。

【流传】山东省·泰安（泰安市）

【出处】《碧霞元君的来历》，见陶阳等编《泰山故事大观》，北京：文化艺术出版社 1984 年版，第 10 页。

W0773.3.2.1 碧霞元君是泰山神

实　例

汉族 （实例待考）

W0773.3.3 碧霞元君是泰山奶奶

【关联】［W0398.1.2］泰山神

实　例

汉族 碧霞元君，又称为“东岳泰山天仙玉女碧霞元君”，民间俗称“泰山老母”“泰山老奶奶”“泰山娘娘”。

【流传】（无考）

【出处】《碧霞元君》，见乌丙安主编《中国民间神谱》，沈阳：辽宁人民出版社 2007 年版，第 260 页。

W0773.3.3.1 泰山奶奶是万能女神

【关联】［W0497.3］万能神

实　例

（实例待考）

W0773.3.4 碧霞元君是泰山神

实　例

（参见下级母题实例）

W0773.3.4.1 观音菩萨点化石敢当的三女儿做了泰山神碧霞元君

实　例

汉族 观音菩萨化作老太太点化石敢当的三女儿，做了泰山神碧霞元君。

【流传】山东省·泰安（泰安市）

【出处】《碧霞元君的来历》，见陶阳等编《泰山故事大观》，北京：文化艺术出版社 1984 年版，第 10 页。

W0773.3.5 碧霞元君是华山玉女

实　例

汉族 碧霞元君为华山玉女。

【流传】（无考）

【出处】《碧霞元君》，见乌丙安主编《中国民间神谱》，沈阳：辽宁人民出版社 2007 年版，第 260 页。

W0773.3.6 碧霞元君是得道的女子

实　例

汉族 碧霞元君为黄帝遣七女迎西昆真人，其中一女修而得道。

【流传】（无考）

【出处】《碧霞元君》，见乌丙安主编《中国民间神谱》，沈阳：辽宁人民出版社 2007 年版，第 260 页。

W0773.3.6.1
碧霞元君是成仙的凡女

实 例

汉族 碧霞元君为民间凡女得仙。

【流传】（无考）

【出处】《碧霞元君》，见乌丙安主编《中国民间神谱》，沈阳：辽宁人民出版社2007年版，第260页。

W0773.3.7
碧霞元君是送子观音

实 例

汉族 碧霞元君为“送子观音”。

【流传】（中国南方地区）

【出处】《碧霞元君》，见乌丙安主编《中国民间神谱》，沈阳：辽宁人民出版社2007年版，第260页。

W0773.3.8
碧霞元君统岳府之神兵

实 例

汉族 碧霞行满十方，功周亿劫，位证天仙之号，统岳府之神兵，掌人间之善恶，寻声赴感，护国安民。

【流传】（无考）

【出处】撰者不详：《碧霞元君护国庇民普济保生妙经》，［清·嘉庆］刻本。

W0773.3.9
碧霞元君是黄帝七女之一

实 例

汉族 （碧霞）元君者，黄帝七女之一也。

【流传】（无考）

【出处】［明］谢肇淛：《登岱记》。

W0773.4
碧霞元君的关系

实 例

（参见下级母题实例）

W0773.4.1
碧霞元君是东岳大帝之女

实 例

汉族 碧霞元君为东岳大帝的女儿。

【流传】（无考）

【出处】《碧霞元君》，见乌丙安主编《中国民间神谱》，沈阳：辽宁人民出版社2007年版，第260页。

W0773.4.2
碧霞元君是泰山石敢当之女

实 例

汉族 碧霞元君传为泰山石敢当之女。

【流传】（无考）

【出处】《碧霞元君》，见袁珂《中国神话大词典》，北京：华夏出版社2015

年版，第 337 页。

W0773.4.2.1
碧霞元君是泰山石敢当的三女儿

实 例

汉族 很古，石敢当这个人住徂徕山，生 3 女，三姑娘本事最大为泰山君主，即碧霞元君。

【流传】山东省·（泰安市）泰山一带

【出处】张广平讲：《泰山女神碧霞元君的来历》，见陶阳、徐纪民等《泰山民间故事大观》，北京：文化艺术出版社 1984 年版，第 10 页。

W0773.4.3
碧霞元君是泰山之女

实 例

汉族 泰山顶碧霞元君，宋真宗所封，世人多以为泰山之女，后之文人知其说之不经，而撰为黄帝遣玉女之事以附会之；不知当日所以褒封，固真以为泰山之女也。今考封号虽自宋时，而泰山女之说则晋时已有之。

【流传】（无考）

【出处】［清］顾炎武：《日知录》卷二十五。

W0773.5
与碧霞元君有关的其他母题

实 例

（参见下级母题实例）

W0773.5.1
碧霞元君的居所

实 例

（参见下级母题实例）

W0773.5.1.1
碧霞元君老家徂徕山

实 例

汉族 很古，石敢当这个人住徂徕山，生 3 女，三姑娘本事最大为泰山君主，即碧霞元君。

【流传】山东省·（泰安市）泰山一带

【出处】张广平讲：《泰山女神碧霞元君的来历》，见陶阳、徐纪民等《泰山民间故事大观》，北京：文化艺术出版社 1984 年版，第 10 页。

W0773.5.1.2
碧霞之宫

实 例

（参见下级母题实例）

W0773.5.1.2.1
碧霞之宫在岱岳之上

实 例

汉族 碧霞之宫，相传为黄帝时遣七女云冠羽衣，于岱岳之上以迎西昆真人，而玉女其一有道术者。

【流传】（无考）

【出处】［明］文翔凤：《登泰山记》。

W0773. 5. 2
碧霞元君受封

实 例

（参见下级母题实例）

W0773. 5. 2. 1
玉皇大帝把泰山封给碧霞元君

实 例

汉族 玉皇大帝把泰山封给了石敢当的三女儿，即为碧霞元君。

【流传】山东省·泰安（泰安市）

【出处】《碧霞元君的来历》，见陶阳等编《泰山故事大观》，北京：文化艺术出版社 1984 年版，第 10 页。

W0773. 5. 3
元君

【关联】［W0758. 5a. 1］金母元君西王母所居宫阙，在龟山之春山

实 例

（参见下级母题实例）

W0773. 5. 3. 1
李母元君

实 例

汉族 李母本元君也，日精入口，吞而有孕，三色气绕身，五行兽卫形，如此七十二年，而生。

【流传】（无考）

【出处】［唐］段成式：《酉阳杂俎·玉格》。

W0774
东巴神（东巴教主，丁巴什罗）

实 例

（参见下级母题实例）

W0774. 1
东巴神的产生

实 例

（参见下级母题实例）

W0774. 1. 1
东巴神原来是天神

实 例

（参见下级母题实例）

W0774. 1. 1. 1
东巴神从天而降

实 例

纳西族 （实例待考）

W0774. 1. 1. 2
天界战神丁巴什罗

【关联】［W0494］战神

实 例

纳西族 丁巴什罗是东巴教教主，也是战神。

【流传】（无考）

【出处】《什罗飒》，见吕大吉、何耀华

总主编《中国各民族原始宗教资料集成》（纳西族卷、羌族卷、独龙族卷、傈僳族卷、怒族卷），北京：中国社会科学出版社2000年版，第342页。

W0774.1.2
婚生东巴教主（婚生丁巴什罗）

实 例

（参见下级母题实例）

W0774.1.2.1
天女与人祖婚生东巴教主

实 例

（参见下级母题实例）

W0774.1.2.1.1
天女第七代沙饶里字今姆与阿普第九代今补拖格匹配生东巴教教主丁巴什罗

实 例

纳西族 天女第七代沙饶里字今姆与阿普第九代今补拖格匹配，今姆怀了丁巴什罗（东巴教教主）。

【流传】（无考）

【出处】赵银棠讲，杨士光整理：《丁巴什罗》，载《山茶》1982年第3期。

纳西族 天女第七代沙饶里字今姆与阿普第九代今补拖格结婚后不久，今姆怀了丁巴什罗（东巴教教主）。

【流传】（a）云南省·（丽江市）·丽江县（原丽江纳西族自治县，今归属为丽江市古城区和玉龙纳西族自治县）

【出处】

（a）赵银棠讲，杨润光采录：《丁巴什罗》，见中国民间文学集成全国编辑委员会编《中国民间故事集成》（云南卷），北京：中国ISBN中心2003年版，第370页。

（b）赵银棠讲，杨士光整理：《丁巴什罗》，载《山茶》1982年第3期。

（c）同（b），见谷德明编《中国少数民族神话》，北京：中国民间文艺出版社1987年版，第431页。

W0774.1.3
卵化生东巴神

实 例

纳西族 （实例待考）

W0774.1.4
东巴神的特殊出生

【关联】［W2594］特殊的出生

实 例

（参见下级母题实例）

W0774.1.4.1
丁巴什罗从母亲的腋窝出生

实 例

纳西族 丁巴什罗（东巴教教主）从母亲的夹肢窝里生出来。

【流传】（a）云南省·（丽江市）·丽

江县（原丽江纳西族自治县，今归属为丽江市古城区和玉龙纳西族自治县）

【出处】

（a）赵银棠讲，杨润光采录：《丁巴什罗》，见中国民间文学集成全国编辑委员会编《中国民间故事集成》（云南卷），北京：中国 ISBN 中心 2003 年版，第 370 页。

（b）赵银棠讲，杨士光整理：《丁巴什罗》，载《山茶》1982 年第 3 期。

（c）同（b），见谷德明编《中国少数民族神话》，北京：中国民间文艺出版社 1987 年版，第 431 页。

W0774. 1. 4. 1. 1
东巴祖神丁巴什罗从母亲左腋窝生出

实　例

纳西族 东巴祖神丁巴什罗从母亲左腋窝生出来。

【流传】（无考）

【出处】《丁巴什罗》，见云南省民族事务委员会编《纳西族文化大观》，昆明：云南民族出版社 1999 年版，第 334 页。

W0774. 1. 4. 1. 2
东巴教主丁巴什罗认为人道不干净从母亲左腋窝生出

实　例

纳西族 东巴教主丁巴什罗认为“人类生的道路不干净”，从母亲的左腋降生。

【流传】云南省·丽江（丽江市）

【出处】赵银棠讲，杨士光整理：《丁巴什罗》，载《山茶》1982 年第 3 期。

W0774. 1. 5
与东巴神产生有关的其他母题

实　例

（参见下级母题实例）

W0774. 1. 5. 1
东巴神与龙同时产生

实　例

纳西族 丁巴什罗与龙王同时出生。

【流传】云南省·丽江（丽江市）

【出处】和正才讲：《普称乌璐》，见《东巴经文资料》（1963—1964），中国社科院图书馆单册复印云南丽江县文化馆资料合订本，内部编印，第 1 页。

W0774. 1. 5. 2
东巴神出生有异兆

实　例

（参见下级母题实例）

W0774. 1. 5. 2. 1
丁巴什罗的生出威震魔鬼

实　例

纳西族 丁巴什罗（东巴教教主）生出

后，所有天下的魔鬼都来看什罗，结果魔鬼们都流着眼泪散去。

【流传】(a) 云南省·(丽江市)·丽江县（原丽江纳西族自治县，今归属为丽江市古城区和玉龙纳西族自治县）

【出处】

(a) 赵银棠讲，杨润光采录：《丁巴什罗》，见中国民间文学集成全国编辑委员会编《中国民间故事集成》(云南卷)，北京：中国 ISBN 中心 2003 年版，第 370 页。

(b) 赵银棠讲，杨士光整理：《丁巴什罗》，载《山茶》1982 年第 3 期。

(c) 同 (b)，见谷德明编《中国少数民族神话》，北京：中国民间文艺出版社 1987 年版，第 431 页。

纳西族 丁巴什罗（东巴教教主）出生后两晨复三天，降生的消息传开了，天下所有的魔鬼都来看什罗。魔鬼们看过了什罗后很恐惧，都流着眼泪散去。

【流传】云南省·丽江地区（丽江市）

【出处】赵银棠讲，杨士光整理：《丁巴什罗》，载《山茶》1982 年第 3 期。

W0774.2

东巴神的特征

实　例

（参见下级母题实例）

W0774.2.1

丁巴什罗不会死

实　例

（参见下级母题实例）

W0774.2.1.1

丁巴什罗煮不死

实　例

纳西族 女魔固松麻把什罗（东巴教教主）放在大铜锅里煮，煮了三天三夜，以为煮烂了，打开锅盖来看，岂知什罗满不在乎地坐在锅里。

【流传】云南省·丽江地区（丽江市）

【出处】赵银棠讲，杨士光整理：《丁巴什罗》，载《山茶》1982 年第 3 期。

W0774.3

东巴神的身份（东巴神的职能、东巴神的能力）

实　例

（参见下级母题实例）

W0774.3.0

丁巴什罗原是一位天界战神

实　例

纳西族 十世单传的圣祖丁巴什罗原是一位天界战神。

【流传】（无考）

【出处】杨正文记录整理，年恒、更嘎等讲：《东（丁）巴什罗法事一览》，载《中甸县志通讯》1989 年第 2 期。

W0774. 3. 1 东巴祖神丁巴什罗

实 例

纳西族 东巴祖神丁巴什罗。

【流传】（无考）

【出处】《丁巴什罗》，见云南省民族事务委员会编《纳西族文化大观》，昆明：云南民族出版社 1999 年版，第 334 页。

W0774. 3. 2 丁巴什罗拯救人类

实 例

纳西族 丁巴什罗为救人类从天而降。

【流传】云南省 · 丽江（丽江市）

【出处】和正才讲：《拯救什罗祖师经》，见《东巴经文资料》（1963－1964），中国社科院图书馆单册复印云南丽江县文化馆资料合订本，内部编印，第 1 页。

W0774. 3. 2. 1 丁巴什罗率众降魔后被奉为东巴教教主

实 例

纳西族 丁巴什罗率众把普天下的魔鬼大都杀完，从此，人们把丁巴什罗奉为东巴教的教主。

【流传】（a）云南省 · （丽江市） · 丽江县（原丽江纳西族自治县，今归属为丽江市古城区和玉龙纳西族自治县）

【出处】

（a）赵银棠讲，杨润光采录：《丁巴什罗》，见中国民间文学集成全国编辑委员会编《中国民间故事集成》（云南卷），北京：中国 ISBN 中心 2003 年版，第 370 页。

（b）赵银棠讲，杨士光整理：《丁巴什罗》，载《山茶》1982 年第 3 期。

（c）同（b），见谷德明编《中国少数民族神话》，北京：中国民间文艺出版社 1987 年版，第 431 页。

W0774. 3. 2. 2 丁巴什罗下凡降妖

实 例

纳西族 女魔固松麻在人间到处扰乱，大家推举老瓦老沙苴和韩英精褒排前往天宫，请丁巴什罗（东巴教教主）下凡降妖。

【流传】（a）云南省 · （丽江市） · 丽江县（原丽江纳西族自治县，今归属为丽江市古城区和玉龙纳西族自治县）

【出处】

（a）赵银棠讲，杨润光采录：《丁巴什罗》，见中国民间文学集成全国编辑委员会编《中国民间故事集成》（云南卷），北京：中国 ISBN 中心 2003 年版，第 370 页。

（b）赵银棠讲，杨士光整理：《丁巴什

罗》，载《山茶》1982年第3期。

(c) 同(b)，见谷德明编《中国少数民族神话》，北京：中国民间文艺出版社1987年版，第431页。

W0774.3.2.2.1

到天国请丁巴什罗下凡降妖除魔

实 例

纳西族 地上魔鬼猖獗。能干的老吾老萨哥骑上老大飞马；精灵的白金蝙蝠呀，骑上凤凰白骥，到天国的十八层顶上，去请丁巴什罗下凡降妖。

【流传】（无考）

【出处】《什罗飒》，见吕大吉、何耀华总主编《中国各民族原始宗教资料集成》（纳西族卷、羌族卷、独龙族卷、傈僳族卷、怒族卷），北京：中国社会科学出版社2000年版，第342页。

W0774.3.3

东巴神有非凡的本领

实 例

（参见下级母题实例）

W0774.3.3.1

丁巴什罗煮不死

实 例

纳西族 女魔固松麻把丁巴什罗（东巴教教主）放在大铜锅里煮，煮了三天三夜，打开锅盖后，什罗满不在乎地坐在锅里。

【流传】(a) 云南省·（丽江市）·丽江县（原丽江纳西族自治县，今归属为丽江市古城区和玉龙纳西族自治县）

【出处】

(a) 赵银棠讲，杨润光采录：《丁巴什罗》，见中国民间文学集成全国编辑委员会编《中国民间故事集成》（云南卷），北京：中国ISBN中心2003年版，第370页。

(b) 赵银棠讲，杨士光整理：《丁巴什罗》，载《山茶》1982年第3期。

(c) 同(b)，见谷德明编《中国少数民族神话》，北京：中国民间文艺出版社1987年版，第431页。

W0774.3.3.2

丁巴什罗乘烟气飞升

实 例

纳西族 丁巴什罗（东巴教教主）乘着烟气上升，升到十八层天上去了。

【流传】(a) 云南省·（丽江市）·丽江县（原丽江纳西族自治县，今归属为丽江市古城区和玉龙纳西族自治县）

【出处】

(a) 赵银棠讲，杨润光采录：《丁巴什罗》，见中国民间文学集成全国编辑委员会编《中国民间故事集成》（云南卷），北京：中国ISBN中心2003年版，第370页。

(b) 赵银棠讲，杨士光整理：《丁巴什

罗》，载《山茶》1982 年第 3 期。

(c) 同 (b)，见谷德明编《中国少数民族神话》，北京：中国民间文艺出版社 1987 年版，第 431 页。

W0774.4

东巴神的生活

实 例

（参见下级母题实例）

W0774.4.1

东巴神的服饰

实 例

（参见下级母题实例）

W0774.4.1.1

东巴的花衣和裤子

实 例

（参见下级母题实例）

W0774.4.1.1.1

喇嘛送给丁巴什罗花衣和裤子

实 例

纳西族 喇嘛佩服丁巴什罗（东巴教教主）的神通，剪下各人的衣服袖子，脱下各人的裤子，一齐献给了什罗。从此，东巴有了花衣和裤子，而喇嘛却没有了裤子，衣服也没有了袖子。

【流传】(a) 云南省·(丽江市)·丽江县（原丽江纳西族自治县，今归属为丽江市古城区和玉龙纳西族自治县）

【出处】

(a) 赵银棠讲，杨润光采录：《丁巴什罗》，见中国民间文学集成全国编辑委员会编《中国民间故事集成》（云南卷），北京：中国 ISBN 中心 2003 年版，第 370 页。

(b) 赵银棠讲，杨士光整理：《丁巴什罗》，载《山茶》1982 年第 3 期。

(c) 同 (b)，见谷德明编《中国少数民族神话》，北京：中国民间文艺出版社 1987 年版，第 431 页。

W0774.4.2

东巴神的居所

实 例

（参见下级母题实例）

W0774.4.2.1

东巴教始祖丁巴什罗住 18 层天

实 例

纳西族 东巴教教主丁巴什罗住在十八层天上。

【流传】(a) 云南省·(丽江市)·丽江县（原丽江纳西族自治县，今归属为丽江市古城区和玉龙纳西族自治县）

【出处】

(a) 赵银棠讲，杨润光采录：《丁巴什罗》，见中国民间文学集成全国编辑委员会编《中国民间故事集成》（云南卷），北京：中国 ISBN 中心 2003

年版，第 370 页。

(b) 赵银棠讲，杨士光整理：《丁巴什罗》，载《山茶》1982 年第 3 期。

(c) 同 (b)，见谷德明编《中国少数民族神话》，北京：中国民间文艺出版社 1987 年版，第 431 页。

纳西族 丁巴什罗（东巴教始祖）住在 18 层天上。

【流传】云南省

【出处】《人与龙》，见中国社会科学院云南少数民族文学研究所等编《云南少数民族文学资料》（第 2 辑），内部编印，1981 年，第 33 页。

W0774.4.2.2

丁巴什罗住天宫

实 例

纳西族 老瓦老沙苴和韩英精褒排前往天宫，请东巴教教主丁巴什罗下凡降妖。

【流传】(a) 云南省·（丽江市）·丽江县（原丽江纳西族自治县，今归属为丽江市古城区和玉龙纳西族自治县）

【出处】

(a) 赵银棠讲，杨润光采录：《丁巴什罗》，见中国民间文学集成全国编辑委员会编《中国民间故事集成》（云南卷），北京：中国 ISBN 中心 2003 年版，第 370 页。

(b) 赵银棠讲，杨士光整理：《丁巴什罗》，载《山茶》1982 年第 3 期。

(c) 同 (b)，见谷德明编《中国少数民族神话》，北京：中国民间文艺出版社 1987 年版，第 431 页。

W0774.4.3

东巴神的坐骑

实 例

（参见下级母题实例）

W0774.4.3.1

丁巴什罗骑乳白色神马

实 例

纳西族 丁巴什罗骑着乳白色的神马，用天国的牦牛犏牛驮经，黄象白象驮法器，带领生翅的护法神三百六十个，生爪的护法神三百六十个，生角的护法神三百六十个，东巴徒弟三百六十个，天兵天将千千万万，右手摇着黄金板铃，左手敲着法鼓，浩浩荡荡地下凡来了。

【流传】云南省·丽江地区（丽江市）

【出处】赵银棠讲，杨士光整理：《丁巴什罗》，载《山茶》1982 年第 3 期。

W0774.4.3.2

丁巴什罗骑海螺白神鹏鸟

实 例

纳西族 大神丁巴什罗（东巴教教主）骑上螺白神鹏鸟，从天上神国十八层里头起程，下凡来到住人辽阔大地上。

【流传】云南省·丽江（丽江市）

【出处】和芳（东巴）读经，和志武翻译整理：《休曲苏埃》（1962），见吕大吉、何耀华总主编《中国各民族原始宗教资料集成》（纳西族卷、羌族卷、独龙族卷、傈僳族卷、怒族卷），北京：中国社会科学出版社 2000 年版。

W0774. 4. 4

东巴神的武器

实 例

（参见下级母题实例）

W0774. 4. 4. 1

丁巴什罗用黄象白象驮法器

实 例

纳西族 （参见“W0774. 4. 3. 1 丁巴什罗骑乳白色神马”母题实例）

W0774. 4. 4. 2

丁巴什罗右手摇着黄金板铃，左手敲着法鼓

实 例

纳西族 （参见“W0774. 4. 3. 1 丁巴什罗骑乳白色神马”母题实例）

W0774. 5

东巴神的关系

实 例

（参见下级母题实例）

W0774. 5. 1

东巴神的亲属

实 例

（参见下级母题实例）

W0774. 5. 1. 1

丁巴什罗的父母

实 例

（实例待考）

W0774. 5. 1. 2

丁巴什罗的舅舅

实 例

（参见下级母题实例）

W0774. 5. 1. 2. 1

丁巴什罗的舅舅是神族

实 例

纳西族 丁巴什罗（东巴教教主）的舅舅是神族。

【流传】（a）云南省·（丽江市）·丽江县（原丽江纳西族自治县，今归属为丽江市古城区和玉龙纳西族自治县）

【出处】

（a）赵银棠讲，杨润光采录：《丁巴什罗》，见中国民间文学集成全国编辑委员会编《中国民间故事集成》（云南卷），北京：中国 ISBN 中心 2003 年版，第 370 页。

(b) 赵银棠讲，杨士光整理：《丁巴什罗》，载《山茶》1982 年第 3 期。
(c) 同 (b)，见谷德明编《中国少数民族神话》，北京：中国民间文艺出版社 1987 年版，第 431 页。

W0774.5.1.3
丁巴什罗的妻子

实 例

(参见下级母题实例)

W0774.5.1.3.1
丁巴什罗的妻子女魔固松麻

实 例

纳西族 丁巴什罗（东巴教教主）和女魔固松麻结婚。

【流传】 (a) 云南省·（丽江市）·丽江县（原丽江纳西族自治县，今归属为丽江市古城区和玉龙纳西族自治县）

【出处】

(a) 赵银棠讲，杨润光采录：《丁巴什罗》，见中国民间文学集成全国编辑委员会编《中国民间故事集成》（云南卷），北京：中国 ISBN 中心 2003 年版，第 370 页。
(b) 赵银棠讲，杨士光整理：《丁巴什罗》，载《山茶》1982 年第 3 期。
(c) 同 (b)，见谷德明编《中国少数民族神话》，北京：中国民间文艺出版社 1987 年版，第 431 页。

W0774.5.1.3.2
丁巴什罗有 99 个美貌的妻子

实 例

纳西族 丁巴什罗（东巴教教主）在十八层天上，娶了 99 个美貌的妻子。

【流传】 (a) 云南省·（丽江市）·丽江县（原丽江纳西族自治县，今归属为丽江市古城区和玉龙纳西族自治县）

【出处】

(a) 赵银棠讲，杨润光采录：《丁巴什罗》，见中国民间文学集成全国编辑委员会编《中国民间故事集成》（云南卷），北京：中国 ISBN 中心 2003 年版，第 370 页。
(b) 赵银棠讲，杨士光整理：《丁巴什罗》，载《山茶》1982 年第 3 期。
(c) 同 (b)，见谷德明编《中国少数民族神话》，北京：中国民间文艺出版社 1987 年版，第 431 页。

W0774.5.2
东巴神的师傅

实 例

(实例待考)

W0774.5.2.1
东巴神的师傅是天神

实 例

(实例待考)

W0774. 5. 3

东巴神的徒弟

实 例

（参见下级母题实例）

W0774. 5. 3. 1

丁巴什罗有徒弟 360 个

实 例

纳西族 丁巴什罗（东巴教教主）带领着东巴徒弟 360 个。

【流传】（a）云南省·（丽江市）·丽江县（原丽江纳西族自治县，今归属为丽江市古城区和玉龙纳西族自治县）

【出处】

（a）赵银棠讲，杨润光采录：《丁巴什罗》，见中国民间文学集成全国编辑委员会编《中国民间故事集成》（云南卷），北京：中国 ISBN 中心 2003 年版，第 370 页。

（b）赵银棠讲，杨士光整理：《丁巴什罗》，载《山茶》1982 年第 3 期。

（c）同（b），见谷德明编《中国少数民族神话》，北京：中国民间文艺出版社 1987 年版，第 431 页。

W0774. 5. 4

东巴神的部下

实 例

（参见下级母题实例）

W0774. 5. 4. 1

丁巴什罗的护法神

【关联】［W0441. 1. 3. 1］东巴教教主丁巴什罗有生翅的护法神 360 个

实 例

纳西族 （参见“W0774. 4. 3. 1 丁巴什罗骑乳白色神马”母题实例）

W0774. 5. 4. 2

丁巴什罗有千万天兵天将

实 例

纳西族 （参见“W0774. 4. 3. 1 丁巴什罗骑乳白色神马”母题实例）

W0774. 5. 4. 3

丁巴什罗率领神鹏、金狮、银牦及弟子 360 人

实 例

纳西族 丁巴什罗（东巴教教主，战神）率领神鹏、金狮、银牦三尊和东巴弟子三百六十人下凡降妖魔。

【流传】（无考）

【出处】《什罗飒》，见吕大吉、何耀华总主编《中国各民族原始宗教资料集成》（纳西族卷、羌族卷、独龙族卷、傈僳族卷、怒族卷），北京：中国社会科学出版社 2000 年版，第 342 页。

W0774.6
与东巴神有关的其他母题

实 例

（实例待考）

W0775
妈祖[①]

实 例

（参见下级母题实例）

W0775.1
妈祖的产生

实 例

（参见下级母题实例）

W0775.1.1
女子梦吞圣物生妈祖

实 例

汉族 （实例待考）

W0775.1.2
凡女死后成为妈祖

实 例

汉族 （参见“W0775.1.3 女子林默升化为女神妈祖”母题实例）

W0775.1.3
女子林默升化为女神妈祖

实 例

汉族 凡间女子林默升化为女神（妈祖）。

【流传】（无考）

【出处】［清］魏禧：《魏叔子文集》卷十六《扬州天妃宫碑记》引《兴化志》。

W0775.1.4
妈祖来于特定地方

实 例

（参见下级母题实例）

W0775.1.4.1
妈祖神从福建省渡海而来

实 例

汉族 妈祖神是从唐朝福建省渡海而来的。往古，唐朝南海有浦名甫田者，渔家林氏生一女有灵异，岁十余即称自己是海神之化身，应入海保佑人海航船。

【流传】（无考）

【出处】［日］本崛田善卫：《鬼无鬼岛》第一章。

---

① 妈祖，福建方言为“奶奶”、“娘娘”之意。“妈祖”又称“天妃娘娘”、“天妃”，有历史人物原型，后被神化成为女神，常出现在后世神话中。

W0775.1.5

与妈祖的产生有关的其他母题

实 例

（参见下级母题实例）

W0775.1.5.1

妈祖生日农历三月二十三日

实 例

汉族等 妈祖生日为农历三月二十三日，届时，沿海渔家都要为其举行隆重的祭祀。

【流传】（无考）

【出处】《海神》，见乌丙安主编《中国民间神谱》，沈阳：辽宁人民出版社2007年版，第22页。

W0775.2

妈祖的特征

实 例

（实例待考）

W0775.3

妈祖的身份

实 例

（参见下级母题实例）

W0775.3.1

妈祖是女海神

实 例

汉族 （参见"W0775.3.3.1.1 南海女神灵惠夫人妈祖护海有功加封天妃神号"母题实例）

W0775.3.2

妈祖是航海神

实 例

（实例待考）

W0775.3.3

妈祖是天妃和女海神

【关联】［W0497.8］身兼多职的神

实 例

汉族 （实例待考）

W0775.3.3.1

妈祖加封天妃

实 例

（参见下级母题实例）

W0775.3.3.1.1

南海女神灵惠夫人妈祖护海有功加封天妃神号

实 例

汉族 南海女神灵惠夫人（妈祖）护海运有奇应，加封天妃神号。

【流传】（无考）

【出处】［元］宋濂、王祎：《元史·祭祀志五》。

W0775.3.4

妈祖是水神

实 例

（参见下级母题实例）

W0775.3.4.1

天妃妈祖是水神

实 例

汉族 天妃宫，在孩儿巷北，以祀水神，洪武初建，名号不见经史。

【流传】（无考）

【出处】［明］田汝成：《西湖游览志》卷二一。

W0775.3.5

妈祖是保护神

实 例

（参见下级母题实例）

W0775.3.5.1

妈祖是水上保护神

实 例

汉族等 妈祖由水上保护神，逐渐成为生产、生活保护神。

【流传】（无考）

【出处】《海神》，见乌丙安主编《中国民间神谱》，沈阳：辽宁人民出版社2007年版，第22页。

W0775.3.5.2

妈祖是生产生活保护神

实 例

汉族等（参见“W0775.3.5.1 妈祖是水上保护神”母题实例）

W0775.3.5.3

妈祖是保赤之神

实 例

（参见下级母题实例）

W0775.3.5.3.1

妈祖是保佑孩子平安之神

实 例

汉族等 妈祖视为保赤之神（即保佑孩子平安之神），城乡女性民众对其尤为崇信。

【流传】（无考）

【出处】《海神》，见乌丙安主编《中国民间神谱》，沈阳：辽宁人民出版社2007年版，第22页。

W0775.4

妈祖的职能（妈祖的能力，妈祖的事迹）

实 例

（参见下级母题实例）

W0775.4.1

妈祖海上救难行善

实 例

汉族 林默升化为女神（妈祖），常在海上救难行善。

【流传】（无考）

【出处】［清］魏禧：《魏叔子文集》卷十六《扬州天妃宫碑记》引《兴化志》。

W0775.4.2

妈祖管渔业

实 例

汉族等 妈祖是沿海及一些内河地区水运业、渔业供奉的主管水上安危之女神。

【流传】（无考）

【出处】《海神》，见乌丙安主编《中国民间神谱》，沈阳：辽宁人民出版社2007年版，第22页。

W0775.4.3

妈祖能言人休咎

实 例

汉族等 湄州神女林氏，生而神异，能言人休咎，死庙食焉。

【流传】（无考）

【出处】［宋］李俊甫：《莆阳比事》。

W0775.5

妈祖的关系

实 例

（参见下级母题实例）

W0775.5.1

妈祖的父亲林愿

实 例

（参见下级母题实例）

W0775.5.1.1

妈祖的父亲林愿是宋代福建莆田县都巡检

实 例

汉族等 （参见“W0775.7.1.9 妈祖本名林默”母题实例）

W0775.5.1.2

妈祖是五代时闽王统军兵马使林愿第六女

实 例

汉族 （参见“W0775.7.1.10 妈祖又称龙女”母题实例）

W0775.6

妈祖的生活

实 例

（参见下级母题实例）

W0775.6.1
妈祖常穿朱衣

实　例

汉族（参见“W0775.7.1.10 妈祖又称龙女”母题实例）

W0775.6.2
妈祖出现在海上

实　例

汉族（参见“W0775.7.1.10 妈祖又称龙女”母题实例）

W0775.7
与妈祖有关的其他母题

实　例

（参见下级母题实例）

W0775.7.1
妈祖的名称

实　例

（参见下级母题实例）

W0775.7.1.1
土人呼神为妈祖

实　例

台湾土人 台湾往来，神迹尤著。土人呼神为妈祖。

【流传】（无考）

【出处】《陔余丛考》，见马书田：《道教诸神》，北京：燕山出版社 2006 年版，第 71 页。

W0775.7.1.2
妈祖又称天后（天后妈祖）

实　例

汉族等 妈祖又称天后、海神娘娘、天妃娘娘、圣二妈、天上圣母，湄州圣母、护海女神等。

【流传】（无考）

【出处】《海神》，见乌丙安主编《中国民间神谱》，沈阳：辽宁人民出版社 2007 年版，第 22 页。

W0775.7.1.3
妈祖又称海神娘娘

实　例

汉族等（参见“W0775.7.1.2 妈祖又称天后，天后妈祖”母题实例）

W0775.7.1.4
妈祖又称天妃娘娘

实　例

汉族等（参见“W0775.7.1.2 妈祖又称天后，天后妈祖”母题实例）

W0775.7.1.5
妈祖又称圣二妈

实　例

汉族等（参见“W0775.7.1.2 妈祖又

称天后，天后妈祖”母题实例）

W0775. 7. 1. 6

妈祖又称天上

实 例

汉族等 （参见“W0775. 7. 1. 2 妈祖又称天后，天后妈祖”母题实例）

W0775. 7. 1. 7

妈祖又称湄州圣母

实 例

汉族等 （参见“W0775. 7. 1. 2 妈祖又称天后，天后妈祖”母题实例）

W0775. 7. 1. 8

妈祖又称护海女神

实 例

汉族等 （参见“W0775. 7. 1. 2 妈祖又称天后，天后妈祖”母题实例）

W0775. 7. 1. 9

妈祖本名林默

【关联】［W0775. 1. 3］女子林默升化为女神妈祖

实 例

汉族等 妈祖原为福建莆田县湄州屿人，本名林默，生于北宋建隆元年，卒于宋太宗雍熙四年，其父林愿乃福建莆田县都巡检。

【流传】（无考）

【出处】《海神》，见乌丙安主编《中国民间神谱》，沈阳：辽宁人民出版社 2007 年版，第 22 页。

W0775. 7. 1. 10

妈祖又称龙女

实 例

汉族 神（妈祖神）为五代时闽王统军兵马使林愿第六女，能乘席渡海，云游岛屿，人呼龙女。宋雍熙四年，升化湄州，后常衣朱衣飞翻海上，土人祠之。宣和中，特赐顺济庙号。绍兴时，以郊典封灵惠夫人，淳熙朝易爵以妃。

【流传】（无考）

【出处】［清］翟灏：《通俗编》（无不宜斋本）卷十九“天妃”条引《潜说友临安志》。

W0775. 7. 1. 11

妈祖封灵惠夫人

实 例

汉族 （参见“W0775. 7. 1. 10 妈祖又称龙女”母题实例）

W0775. 7. 1. 12

妈祖封号变化

实 例

汉族 宋朝时，宣和五年（1123），宋徽宗赐“顺济庙额”；绍兴二十六年（1156），宋高宗封“灵惠夫人”；

绍兴三十年（1160），宋高宗加封“灵惠昭应夫人”；乾道二年（1166），宋孝宗封“灵惠昭应崇福夫人”；淳熙十二年（1185），宋孝宗封“灵慈昭应崇福善利夫人”；绍熙三年（1192），宋光宗诏封“灵惠妃”；庆元四年（1198），宋宁宗封“慈惠夫人”；嘉定元年（1208），宋宁宗封“显卫”；嘉定十年（1217），宋宁宗封“灵惠助顺显卫英烈妃”；嘉熙三年（1239），宋理宗封“灵惠助顺嘉应英烈妃”；宝祐二年（1254），宋理宗封“灵惠助顺嘉应英烈协正妃”；宝祐四年（1256），宋理宗封“灵惠协正嘉应慈济妃”；开庆元年（1259），宋理宗封“显济妃”；景定三年（1262），宋理宗封“灵惠显济嘉应善庆妃”。元朝时，至元十五年（1278），元世祖封“护国明著灵惠协正善庆显济天妃”；至元十八年（1281），元世祖封“护国明著天妃”；至元二十六年（1289），元世祖封“护国显佑明著天妃”；大德三年（1299），元成宗封曰“辅圣庇民明著天妃”；延祐元年（1314），元仁宗加封“护国庇民广济明著天妃”；天历二年（1329），元文宗封“护国庇民广济福惠明著天妃”；至正十四年（1354），元惠宗（元顺帝）封“辅国护圣庇民广济福惠明著天妃”。明朝时，洪武五年（1372），明太祖封“昭孝纯正孚济感应圣妃”；永乐七年（1409），明成祖封“护国庇民妙灵昭应弘仁普济天妃”。清朝时，康熙二十三年（1684），清圣祖封“护国庇民妙灵昭应仁慈天后”；乾隆二年（1737），清高宗封“妙灵昭应宏仁普济福佑群生天后”；嘉庆五年（1814），清仁宗封“护国庇民妙灵昭应弘仁普济福佑群生诚感咸孚显神赞顺垂慈笃祐天后”；道光十九年（1839），清宣宗封“护国庇民妙灵昭应弘仁普济福佑群生诚感咸孚显神赞顺垂慈笃祜安澜利运泽覃海宇天后”；咸丰七年（1857），清文宗封“护国庇民妙灵昭应弘仁普济福佑群生诚感咸孚显神赞顺垂慈笃祜安澜利运泽覃海宇恬波宣惠道流衍庆靖洋锡祉恩周德溥卫漕保泰振武绥疆天后之神”。

【流传】（无考）

【出处】《妈祖》，见 https：//baike. baidu. com/item。

W0775.7.1.3

妈祖是女性崇拜的神灵

实 例

汉族等 妈祖是保佑孩子平安之神。城乡女性民众对其尤为崇信。

【流传】（无考）

【出处】《海神》，见乌丙安主编《中国民间神谱》，沈阳：辽宁人民出版社 2007 年版，第 22 页。

W0775.7.1.4

妈祖遗迹

实 例

(参见下级母题实例)

W0775. 7. 1. 4. 1

妈祖庙

实 例

(参见下级母题实例)

W0775. 7. 1. 4. 1. 1

妈祖庙号顺济

实 例

汉族 神(妈祖神)为五代时闽王统军兵马使林愿第六女,能乘席渡海,云游岛屿,人呼龙女。宋雍熙四年,升化湄州,后常衣朱衣飞翻海上,土人祠之。宣和中,特赐顺济庙号。

【流传】(无考)

【出处】[清]瞿灏:《通俗编》(无不宜斋本)卷十九“天妃”条引《潜说友临安志》。

W0776

太白金星[①]

实 例

(参见下级母题实例)

W0776. 1

太白金星的产生

实 例

(参见下级母题实例)

W0776. 1. 1

太白金星是白帝之子

实 例

汉族 太白者,西方金之精,白帝之子

【流传】(无考)

【出处】[西汉]司马迁:《史记·天官书》[唐]张守节《正义》引《天官占》。

W0776. 2

太白金星的特征

实 例

(参见下级母题实例)

W0776. 2. 1

太白金星形如女人

实 例

汉族 太白金星,形如女人。

【流传】(无考)

【出处】[唐]金俱吒:《七曜禳灾决》。

W0776. 2. 2

太白金星是白胡子老头

实 例

---

① 太白金星:又称“太白星”、“太白”、“启明星”等,后来被人神话以后常出现在神话中,称“白帝子”或“太白金星”。在道教神话中也经常出现。

土家族 太白金星下凡时变成一个白胡子老头，穿着一件黄布大袖子衣服，搬着褡裢子和一把伞，边咳嗽、边喘气。

【流传】 湖南省·（湘西土家族苗族自治州）·永顺（永顺县）、古丈（古丈县）、保靖（保靖县）、龙山（龙山县）沿酉水一带土家族聚居区

【出处】

(a) 田德华、向廷龙（巫师）、田光南讲，彭勃、彭继宽、田德风记录，彭勃整理：《齐天大水》(1962.05)，见谷德明编《中国少数民族神话》，北京：中国民间文艺出版社1987年版。

(b) 同（a），见姚宝瑄主编《中国各民族神话》（土家族、毛南族、侗族、瑶族），太原：山西出版传媒集团·书海出版社2014年版，第15页。

W0776.2.3

太白星是慈善的老人

实 例

布依族 天上的太白星是个慈善的老人。

【流传】 贵州省·（黔西南布依族苗族自治州）·望谟县、册亨县、安龙县一带

【出处】

(a) 韦朝路、覃玉竹讲，汛河搜集整理：《铜鼓的来历》，见贵州省民族事务委员会编《民间文学资料》第四十四集（布依族神话传说故事寓言童话），内部资料，1980年编印。

(b) 同（a），见姚宝瑄主编《中国各民族神话》（布依族、仡佬族、苗族），太原：山西出版传媒集团·书海出版社2014年版，第94页。

W0776.2.4

太白金星有恻隐之心

实 例

畲族 太白金星看到一个看风水的人找水的终点很辛苦，不忍心让他再漂流下去，就想先试一试他的孝心。

【流传】 福建省·（宁德市）·福安（福安市）

【出处】 蓝寿生讲，蓝兴发采录：《水流到哪里才会尽》，原载《闽东畲族文化全书》，北京：民族出版社2009年版，见《福建省少数民族古籍丛书》编委会编《畲族卷·民间故事》，福州：海峡出版发行集团·海峡书局2013年版，第32页。

W0776.3

太白金星的身份（太白金星的职能）

【关联】 ［W0790a.3.1.2.1］观音佛和太白金星是两位佛祖

实 例

（参见下级母题实例）

W0776.3.1

太白金星主杀伐

实 例

汉族 太白经天，乃天下革，民更王。

【流传】（无考）

【出处】［东汉］班固等：《汉书·天文志》。

W0776. 3. 2

太白金星是媒人

实 例

（实例待考）

W0776. 3. 2. 1

太白金星做玉帝婚姻的媒人

实 例

汉族 （实例待考）

W0776. 3. 3

太白金星是玉皇大帝的侍从

实 例

（参见下级母题实例）

W0776. 3. 3. 1

太白金星向玉皇大帝禀报事情

实 例

汉族 太白金星禀报玉皇大帝：“人间如今敬我们连个面花也没有，一律用野菜、麸子当供品。”

【流传】河南省·（南阳市）·西峡县［采录地点：西峡县军马河乡军马河村］

【出处】李运忠（男，67岁，汉族，文盲，西峡县军马河乡军马河村农民）讲，董留申（男，25岁，汉族，高中毕业，西峡县军马河乡军马河村农民）采录，谢起超（男，40岁，汉族，高中毕业，西峡县城关镇县文化馆干部）采录整理：《小麦顶头穗的来历》（1986. 04. 04），见张振犁编著，孟宪明、朱淑君统纂《中原神话通鉴》（第四卷），郑州：河南大学出版社2017年版，第1336页。

W0776. 3. 4

太白金星是玉帝的密探

实 例

汉族 玉皇大帝派女娲到地下造人之后，还不放心，就派太白金星随后去打探。

【流传】河南省·（驻马店市）·遂平县

【出处】李耀东的祖母讲，李耀东采录：《女娲造人（一）》（1988. 02），见张振犁编著《中原神话通鉴》（第一卷），郑州：河南大学出版社2017年版，第164页。

W0776. 3. 5

太白是西方金之精

实 例

汉族 太白者，西方金之精，白帝之子。

【流传】（无考）

【出处】［西汉］司马迁：《史记》［唐］

张守节《正义》引《天官占》。

W0776.4 太白金星的能力（太白金星的行为）

实 例

（参见下级母题实例）

W0776.4.1 太白金星君驾彩云

实 例

（参见下级母题实例）

W0776.4.1.1 太白星君出行杵着打杵驾着一朵彩云

实 例

布依族 天上太白星君杵着打杵驾着一朵彩云。

【流传】（无考）

【出处】 班琅王等讲，汛河记录整理：《洪水滔天》，见谷德明编《中国少数民族神话》，北京：中国民间文艺出版社1987年版，第614页。

布依族 天上太白星君杵着打杵驾着一朵彩云来到人间。

【流传】（a）整个布依族地区

【出处】

（a）班琅王、王鲁文、刘阿季讲，汛河记录整理：《洪水滔天》（1955），见陶立璠等编《中国少数民族神话汇编·洪水篇》，中央民族学院少数民族古籍整理出版规划领导小组办公室印（内部资料），第133～139页。

（b）同（a），汛河搜集整理：《布依族民间故事集》，北京：中国民间文艺出版社1982年版。

（c）同（a），见姚宝瑄主编《中国各民族神话》（布依族、仡佬族、苗族），太原：山西出版传媒集团·书海出版社2014年版，第69页。

W0776.4.2 太白金星下凡（太白金星查访人间）

实 例

布依族 天上的太白星驾着一朵彩云下凡来。

【流传】 贵州省·（黔西南布依族苗族自治州）·望谟县、册亨县、安龙县一带

【出处】

（a）韦朝路、覃玉竹讲，汛河搜集整理：《铜鼓的来历》，见贵州省民族事务委员会编《民间文学资料》第四十四集（布依族神话传说故事寓言童话），内部资料，1980年编印。

（b）同（a），见姚宝瑄主编《中国各民族神话》（布依族、仡佬族、苗族），太原：山西出版传媒集团·书海出版社2014年版，第94页。

苗族 天上的太白金星出来到人间巡察。

【流传】贵州省

【出处】高吉平讲，陈明铠采录：《汉苗彝的来历》，原载《贵州神话传说》，见陶阳、钟秀编《中国神话》（上），北京：商务印书馆 2008 年版，第 529～530 页。

W0776.4.2.1

玉皇大帝派太白金星到人间察访

实　例

汉族 玉皇大帝派太白金星到人间察访。

【流传】山东省·淄博市·临淄区

【出处】徐玉兰讲，倪渊采录：《四季由来》，见中国民间文学集成全国编辑委员会编《中国民间故事集成》（山东卷），北京：中国 ISBN 中心 2007 年版，第 11 页。

汉族 玉皇大帝派太白金星察访民情。

【流传】浙江省·（丽水市）·缙云县·（槐花街）

【出处】潘奶儿讲，蔡杏芳记录：《天狗食月试人心》（1987.08），见姚宝瑄主编《中国各民族神话》（汉族），太原：山西出版传媒集团·书海出版社 2014 年版，第 225～226 页。

W0776.4.2.2

灾难前太白金星下凡寻人种

实　例

汉族 老天爷要把世上的人都毁了重开世界。派太白金星下凡，在普天底下访那十八辈子积福行善人家生的小孩，留下一男一女人种，别的一个也不留。

【流传】河南省·（南阳市）·社旗县·苗店乡（苗店镇）·杜岗村

【出处】杜建堂（62 岁，农民）讲，肖长山采录：《盘古爷和盘古奶的传说》（1985.11），见张振犁编著《中原神话通鉴》（第一卷），郑州：河南大学出版社 2017 年版，第 35～36 页。

W0776.4.3

太白金星的变形

实　例

（参见下级母题实例）

W0776.4.3.1

太白神下凡助人时变成一只大黑蜂

实　例

彝族 太白神下凡帮助无依无靠的笃慕（祖先名）时，变成一只大黑蜂，飞到一截木头上。

【流传】贵州省西部、云南省东北部、四川省西南部彝族地区

【出处】阿危·热默讲，阿乍·莴芝整理：《人祖的由来》，见姚宝瑄主编《中国各民族神话》（羌族、彝族），太原：山西出版传媒集团·书海出版社 2014 年版，第 187 页。

W0776.5

太白金星关系

实 例

（参见下级母题实例）

W0776.5.1

太白金星的父母

实 例

（参见下级母题实例）

W0776.5.1.1

太白是白帝之子

实 例

汉族 太白者，西方金之精，白帝之子，上公、大将军之象也。

【流传】（无考）

【出处】［西汉］司马迁：《史记·天官书》［唐］张守节《正义》引《天官占》。

W0776.6

与太白金星有关的其他母题

【关联】

①［W1419.2］太白金星毁掉通天塔

②［W1745.1］人变太白金星

③［W7586.2］太白金星劝婚

实 例

（参见下级母题实例）

W0776.6.1

太白金星的名称

实 例

（参见下级母题实例）

W0776.6.1.1

太白

实 例

（参见下级母题实例）

W0776.6.1.1.1

太白是头人

实 例

壮族 人类中有一个正直而有本领的头人，名字叫作太白。

【流传】（无考）

【出处】《盘和古》，原载陶立璠、李耀宗编《中国少数民族神话传说选》，四川民族出版社1985年版，见姚宝瑄主编《中国各民族神话》（仫佬族、壮族、京族），太原：山西出版传媒集团·书海出版社2014年版，第130页。

W0776.6.1.2

太白老腾格里

实 例

（参见下级母题实例）

W0776.6.1.2.1

太白老腾格里周游普天

实 例

蒙古族 周游普天的太白老腾格里，是汉文化进入蒙古的产物，本称“太白金星”。

【流传】（无考）

【出处】额尔德木图：《蒙古英雄史诗与孛额唱词中的“腾格里”》，载《内蒙古社会科学》（汉文版）1995 年第 5 期。

※ W0777

玉皇大帝[①]

实 例

彝族 （实例待考）

W0778

玉皇大帝的产生

实 例

（参见下级母题实例）

W0778.0

没有玉皇大帝

实 例

（参见下级母题实例）

W0778.0.1

很早以前天上没有老天爷

实 例

汉族 很早很早以前，天上还没有老天爷。

【流传】河南省·（南阳市）·西峡县·回车乡·黑虎庙村［采录地点：西峡县回车乡黑虎庙村］

【出处】张华昌（男，55 岁，汉族，不识字，农民）讲，谢起超，男（40 岁，汉族，高中毕业，县文化馆干部）采录整理：《老天爷的来历》（1986.05），见张振犁编著，孟宪明、朱淑君统纂《中原神话通鉴》（第四卷），郑州：河南大学出版社 2017 年版，第 1254 页。

W0778.1

玉皇大帝自然存在

实 例

仫佬族 自然出现玉皇大帝。

【流传】广西壮族自治区·（河池市）·罗城县（罗城仫佬族自治县）·东门（东门镇）、四把（四把乡）

【出处】包启宽、潘代球讲，包玉堂等搜集整理：《伏羲兄妹的传说》，见《仫佬族民间故事》，桂林：漓江出版社 1982 年版。

W0778.2

玉皇大帝源于特定地方

实 例

汉族 （实例待考）

W0778.3

玉皇大帝是造出来的

实 例

① 玉皇大帝，又称“玉皇上帝”、“玉皇”、“玉帝”等，有的地方也称之为“老天爷”、“天爷爷”等。道教、佛教等神话中也会出现这个母题，因其在民间带有更多的不确定性，故列入民间宗教之中。

（参见下级母题实例）

W0778.3.1
人造玉皇大帝

实　例

（参见下级母题实例）

W0778.3.1.1
1对兄妹造玉皇大帝

实　例

（参见下级母题实例）

W0778.3.1.1.1
灾后幸存的玉人、玉姐兄妹造的1个男孩就是玉皇大帝

实　例

汉族 灾难毁灭人类后，幸存的玉人、玉姐兄妹造的一个男孩，就是玉皇大帝。

【流传】河南省·（驻马店市）·正阳县·袁寨乡·袁寨村

【出处】张昀讲，张振犁采录：《玉人和玉姐》，见中国民间文学集成全国编辑委员会编《中国民间故事集成》（河南卷），北京：中国ISBN中心2001年版，第11页。

汉族 灾难后，幸存玉人和玉姐兄妹俩捏泥人。玉皇大帝就是没被玉人扫进水池的泥人。

【流传】河南省·（驻马店市）·正阳县·（袁寨乡·袁寨村）

【出处】张昀的邻居老人讲，张昀采录，张振犁采录整理：《玉人和玉姐》（1981.05），见张振犁编著，孟宪明、朱淑君统纂《中原神话通鉴》（第二卷），郑州：河南大学出版社2017年版，第428页。

W0778.4
玉皇大帝是生育产生的

实　例

（参见下级母题实例）

W0778.4.1
花生玉皇大帝

实　例

（参见下级母题实例）

W0778.4.1.1
王后感生的莲花中生玉皇大帝

实　例

汉族 一个国王的王后洗浴时有感而孕，生莲花9苞，花苞生9子。大儿子和二儿子成为玉皇大帝和紫薇北极大帝。

【流传】（无考）

【出处】《本命真君北斗星君》，见王德恒等《造神史话》，天津：百花文艺出版社2002年版，第103页。

汉族 正月初九，皇后生下一子。后来选入天庭，当上了玉皇大帝。

【流传】河南省·（信阳市）·息县

【出处】涂玉生（男，63岁，农民）讲，戴金瑛采录整理：《玉皇大帝的来历》（1984），见张振犁编著，孟宪明、朱淑君统纂《中原神话通鉴》（第四卷），郑州：河南大学出版社2017年版，第1241页。

W0778. 5

玉皇大帝是变化产生的

实 例

（参见下级母题实例）

W0778. 5. 1

人变成玉帝

实 例

（参见下级母题实例）

W0778. 5. 1. 1

好人上天后成为玉皇大帝

实 例

汉族 （实例待考）

W0778. 5. 1. 2

地上的皇帝升天成为玉皇大帝

实 例

锡伯族 地上的皇帝升天做了天上的玉皇大帝。

【流传】（无考）

【出处】何玉芳等讲，吴玉森等整理：《千手千眼佛的传说》，见满都呼主编《中国阿尔泰语系诸民族神话故事》，北京：民族出版社1997年版，第289页。

W0778. 5. 1. 3

人修炼成为玉皇大帝

实 例

（参见下级母题实例）

W0778. 5. 1. 3. 1

光严妙乐国的太子经过亿劫苦修成为玉帝

实 例

汉族 光严妙乐国的太子治国有方，经过亿劫苦修，成为玉帝。

【流传】（无考）

【出处】《玉皇经》，见王德恒等《造神史话》，天津：百花文艺出版社2002年版，第84页。

W0778. 5. 1. 3. 2

人间王子修炼成仙后上天成为玉皇大帝

实 例

汉族 正月初九，皇后生下一子。不料，王子长大以后，舍弃王位，到山中学道修真去了。他得道成仙，被太上老君选入天庭，当上了玉皇大帝。

【流传】河南省·（信阳市）·息县

【出处】涂玉生（男，63岁，农民）讲，戴金瑛采录整理：《玉皇大帝的来历》（1984. 00），见张振犁编著，孟宪明、朱淑君统纂《中原神话通鉴》（第四卷），郑州：河南大学出版社 2017 年版，第 1241 页。

W0778.5.1.4

地上叫张玉皇的人升天成为老天爷

实 例

汉族 （参见“W0781.3.1.1.1 天老爷叫张玉皇”母题实例）

W0778.5.2

气化为玉皇大帝

实 例

（参见下级母题实例）

W0778.5.2.1

三清祖气化生玉皇大帝

实 例

汉族 玉皇大帝为三清祖气所化。

【流传】（无考）

【出处】《道藏》（第 34 册），北京：文物出版社 1988 年版，第 632 页。

W0778.5.3

动物变成玉皇大帝

实 例

（参见下级母题实例）

W0778.5.3.1

老龙变成老天爷

实 例

汉族 老龙孵两个龙蛋。第二个龙蛋孵出的第二个人是一个身材细条的女子，喊他“父王”。老龙得到了这个声音，也变成了人，这就是以后的老天爷。世上最厉害的是老天爷。

【流传】 河南省·（南阳市）·桐柏县·二郎山乡（再述地点：桐柏县朱庄乡）

【出处】 刘太举（29 岁，初中）讲，姚义亮（66 岁，私塾两年）再述，马卉欣录音整理：《龙生盘古》（1989.06），见张振犁编著《中原神话通鉴》（第一卷），郑州：河南大学出版社 2017 年版，第 53 页。

W0778.6

玉皇大帝是婚生的

实 例

（实例待考）

W0778.7

玉皇大帝是感生的（感生玉皇大帝）

实 例

汉族 （实例待考）

W0778.7.1

女子感梦生玉皇大帝

实 例

（参见下级母题实例）

W0778. 7. 1. 1

国王的妻子梦太上道君送婴儿生玉皇

实 例

汉族 国王的妻子梦太上道君送婴儿，随生玉皇。

【流传】（无考）

【出处】 撰者不详：《高上玉皇本行集经》卷上。

W0778. 7. 2

女子洗浴时感生玉皇大帝

实 例

（参见下级母题实例）

W0778. 7. 2. 1

国王王后洗浴时感生的莲花生 9 子，大儿子是玉皇大帝

实 例

汉族 一个国王的王后洗浴时有感而孕，生莲花 9 苞，花苞生 9 子。大儿子就是玉皇大帝。

【流传】（无考）

【出处】《本命真君北斗星君》，见王德恒等《造神史话》，天津：百花文艺出版社 2002 年版，第 103 页。

W0778. 8

与玉皇大帝产生有关的其他母题

实 例

（参见下级母题实例）

W0778. 8. 1

玉皇与盘古同时产生

【关联】［W0721. 5］与盘古产生有关的其他母题

实 例

瑶族 （实例待考）

W0778. 8. 2

玉皇大帝是挑选出来的

实 例

（参见下级母题实例）

W0778. 8. 2. 1

太上老君选人间修炼的王子上天做了玉皇大帝

实 例

汉族 一个王子舍弃王位，到山中学道修真，得道成仙，被太上老君选入天庭，当上了玉皇大帝。

【流传】 河南省·（信阳市）·息县

【出处】 涂玉生（男，63 岁，农民）讲，戴金瑛采录整理：《玉皇大帝的来历》（1984），见张振犁编著，孟宪明、朱淑君统纂《中原神话通鉴》（第四卷），郑州：河南大学出版社 2017 年版，第 1241 页。

W0778. 8. 3

寻找老天爷

【关联】［W9930］寻找

实 例

（参见下级母题实例）

W0778.8.3.1

太白金星下凡寻找“老天爷”人选

实 例

汉族 盘古开天地，有了天、地，谁来当老天爷管天管地呢？那个时候，天上已有了一班大臣，其中有太白金星了，太上老君了，如来佛了，等等。他们商量怎样找这样的一个人来，于是，就推举太白金星下凡来到人间找“老天爷”。

【流传】河南省·（南阳市）·西峡县·回车乡·黑虎庙村［采录地点：西峡县回车乡黑虎庙村］

【出处】张华昌（男，55岁，汉族，不识字，农民）讲，谢起超，男（40岁，汉族，高中毕业，县文化馆干部）采录整理：《老天爷的来历》（1986.05），见张振犁编著，孟宪明、朱淑君统纂《中原神话通鉴》（第四卷），郑州：河南大学出版社2017年版，第1254页。

W0779

玉皇大帝的特征

实 例

（参见下级母题实例）

W0779.1

玉皇大帝的体征

实 例

（参见下级母题实例）

W0779.1.1

玉皇大帝金身玉影

实 例

汉族 灾难后，幸存玉人和玉姐兄妹俩捏泥人。玉皇大帝就是没被玉人扫进水池的泥人，让如来佛拾去放在一盆仙水里铸成金身玉影的人。

【流传】河南省·（驻马店市）·正阳县·（袁寨乡·袁寨村）

【出处】张昀的邻居老人讲，张昀采录，张振犁采录整理：《玉人和玉姐》（1981.05），见张振犁编著，孟宪明、朱淑君统纂《中原神话通鉴》（第二卷），郑州：河南大学出版社2017年版，第428页。

W0779.2

玉皇大帝的性格

实 例

（参见下级母题实例）

W0779.2.1

玉皇大帝开明

实 例

（实例待考）

W0779. 2. 1. 1

玉皇大帝知错就改

实 例

（实例待考）

W0779. 2. 2

玉皇大帝昏庸

【关联】［W0779a. 1. 2］玉帝是恶神

实 例

（参见下级母题实例）

W0779. 2. 2. 1

玉皇大帝陷害贤良

实 例

汉族 （实例待考）

W0779. 2. 2. 2

玉皇大帝和稀泥（玉皇大帝推诿责任）

实 例

汉族 金加吉鱼到天宫找玉皇大帝处理水族之争时，玉皇大帝皱了皱眉头推卸说："这是你们水族之间的事，我不好管！"

【流传】辽宁省·大连市

【出处】邓世礼、邓永槐讲，王德露、高和保记录整理：《星海》，见姚宝瑄主编《中国各民族神话》（汉族），太原：山西出版传媒集团·书海出版社 2014 年版，第 318～322 页。

W0779. 2. 2. 3

玉皇大帝仇视人类

实 例

汉族 玉皇大帝听说人间有了火，再次动了怒。他派了精通火功的太上老君，去灭人间的火种。

【流传】河南省豫西南一带

【出处】贺海成搜集，姜典凯整理：《打石取火和锄头的来历》，原载《民间文学》1986 年第 1 期。

W0779. 2. 3

玉皇大帝小肚鸡肠

实 例

（参见下级母题实例）

W0779. 2. 3. 1

玉皇大帝嫉妒人间的事物

实 例

纳西族 玉皇大帝嫉妒人间的事物。

【流传】（无考）

【出处】节录刘超《丽江散记》：《火把节的由来》，见中华民族故事大系编委会编《中华民族故事大系》第 9 卷（水族、东乡族、纳西族），上海：上海文艺出版社 1995 年版，第 928 页。

W0779. 2. 3. 2

玉皇大帝不能容忍人间胜过天宫

实 例

白族 玉皇大帝越看越忌妒。他不能容忍人间胜过天宫。回到宫里，叫瘟癀昊天大帝送来一瓶瘟药，派身边侍者把它撒到人间去。

【流传】（无考）

【出处】阿唐波讲，陆家瑞整理：《大黑天神》，原载李子贤编《云南少数民族神话选》，见陶阳、钟秀编《中国神话》（中），北京：商务印书馆2008年版，第761～762页。

W0779.2.4 玉皇大帝有善心

实 例

（参见下级母题实例）

W0779.2.4.1 玉皇大帝可怜人间派出日月

实 例

汉族 地上有了人，人们整天摸黑干活。玉皇大帝看人们怪可怜，就叫日头跟月亮出来从天上往地下给人们照明。

【流传】河南省·（南阳市）·西峡县［采录地点：西峡县·米坪乡·子母村］

【出处】周发茹（男，48岁，汉族，初小毕业，西峡县米坪乡子母村农民）讲，赵明亮（男，25岁，汉族，高中毕业，西峡县米坪乡子母村农民）采录，杨平（女，28岁，汉族，高中毕业，西峡县文化馆职工）采录整理：《日头和月亮（二）》（1986.04），见张振犁编著，孟宪明、朱淑君统纂《中原神话通鉴》（第四卷），郑州：河南大学出版社2017年版，第1199～1200页。

W0779.2.4.2 老天爷慈祥

实 例

汉族 慈祥的老天爷顺应着人们的心意，让他的两个女儿太阳和月亮站在高处给人们做伴。

【流传】河南省·留庄乡·韦庄村（不详）

【出处】刘伍（女，70岁，汉族，不识字，农民）讲，王查山采录：《太阳、月亮和星星》（1988.11），见张振犁编著，孟宪明、朱淑君统纂《中原神话通鉴》（第四卷），郑州：河南大学出版社2017年版，第1214页。

W0779.2.4.3 老天爷慈悲

实 例

汉族 老天爷很心疼人间，就叫天神们夏天从天上下雨，冬天下面，春天下油，秋天下水，人们过上了好日子。

【流传】河南省

【出处】林李氏讲，李成好、林智慧采录：《狗求五谷》，见张振犁编著，孟宪明、朱淑君统纂《中原神话通鉴》

（第四卷），郑州：河南大学出版社 2017 年版，第 1319 页。

W0779. 2. 5

玉皇大帝只收礼不办事

实 例

汉族 玉皇大帝只知享受人间香火，却不愿替人民办事。

【流传】 河南省·（洛阳市）·汝阳县

【出处】 郭引强采录整理：《仙人石》，见张振犁编著，孟宪明、朱淑君统纂《中原神话通鉴》（第四卷），郑州：河南大学出版社 2017 年版，第 1104 页。

W0779. 2. 6

玉皇大帝威严端庄

实 例

汉族 灵霄宝殿，神仙济济。玉帝威严地端坐在上。

【流传】 河南省·（开封市）·开封县（祥符区）

【出处】 刘继龙（男，35 岁，工人，初中）讲，文戈采录整理：《吴刚的传说》，见张振犁编著，孟宪明、朱淑君统纂《中原神话通鉴》（第三卷），郑州：河南大学出版社 2017 年版，第 903 页。

W0779a

玉皇大帝的身份

实 例

（参见下级母题实例）

W0779a. 1

玉皇大帝是神

实 例

（参见下级母题实例）

W0779a. 1. 1

玉皇大帝是最高神

【关联】 ［W0122. 6. 1. 1］最高神玉皇大帝

实 例

羌族 最高主宰是天神，有的译为“玉皇大帝”，把它视为最纯洁、最有权威的神。

【流传】 四川省·（阿坝藏族羌族自治州）·理县·龙溪沟（今汶川县龙溪乡）

【出处】 西南民族学院研究室编：《羌（尔玛）族情况》，1954 年，见吕大吉、何耀华总主编《中国各民族原始宗教资料集成》（纳西族卷、羌族卷、独龙族卷、傈僳族卷、怒族卷），北京：中国社会科学出版社 2000 年版，第 470 页。

W0779a. 1. 1. 1

玉皇大帝是众神之王

实 例

汉族 （实例待考）

W0779a.1.1.2

玉皇大帝是主管天庭的无上至尊

实 例

白族 玉皇大帝是主管天庭的“无上至尊”。

【流传】云南省·（大理白族自治州）·鹤庆县

【出处】张海福等调查整理：《鹤庆白族祭天活动》（1989），见吕大吉、何耀华总主编《中国各民族原始宗教资料集成》（彝族卷、白族卷、基诺族卷），北京：中国社会科学出版社1996年版，第461页。

W0779a.1.2

玉帝是恶神

实 例

（参见下级母题实例）

W0779a.1.2.1

玉帝仇视人间的好生活

实 例

汉族 玉帝知道人间将要五谷丰登时大怒。

【流传】江西省·宜春市

【出处】张文才讲，陈典森等采录：《北斗星》，见中国民间文学集成全国编辑委员会编《中国民间故事集成》（江西卷），北京：中国ISBN中心2002年版，第4页。

W0779a.1.3

玉皇大帝是天地全神

实 例

汉族 玉皇大帝是天地全神，他住在天上。

【流传】河南省·（南阳市）·南召县［采录地点：南召县板山坪乡］

【出处】马长富讲，铁天培采录：《青蛙的舌头为啥短》（1985.06），见张振犁编著，孟宪明、朱淑君统纂《中原神话通鉴》（第四卷），郑州：河南大学出版社2017年版，第1325页。

W0779a.2

玉皇大帝是世界的管理者

【关联】［W0779b］玉皇大帝的职能

实 例

（参见下级母题实例）

W0779a.2.1

玉皇大帝管三界

实 例

（参见下级母题实例）

W0779a.2.1.1

玉皇大帝总管三界的一切祸福

实 例

汉族 玉皇大帝总管三界的一切祸福

【流传】河南省·（信阳市）·息县

【出处】涂玉生（男，63岁，农民）

讲，戴金瑛采录整理：《玉皇大帝的来历》（1984. 00），见张振犁编著，孟宪明、朱淑君统纂《中原神话通鉴》（第四卷），郑州：河南大学出版社 2017 年版，第 1241 页。

W0779a. 2. 2

玉皇大帝管天上和人间

实 例

（参见下级母题实例）

W0779a. 2. 2. 1

玉皇大帝是天地的最高统治者

实 例

汉族 人间也归天宫管理，最高统治者自然是那位玉皇大帝。

【流传】河南省・郑州市

【出处】黄琳的姥姥（80 岁，河南郑州人）讲，黄琳采录整理：《神牛下凡的故事》（1988. 04），见张振犁编著，孟宪明、朱淑君统纂《中原神话通鉴》（第四卷），郑州：河南大学出版社 2017 年版，第 1290 页。

W0779a. 3

玉帝是创世者

实 例

（参见下级母题实例）

W0779a. 3. 1

玉帝使世界有了万物

实 例

彝族 玉帝使世界有了万物。

【流传】（无考）

【出处】《开天辟地》，见谷德明编《中国少数民族神话》，北京：中国民间文艺出版社 1987 年版，第 290 页。

W0779a. 4

玉皇大帝是仙

实 例

（参见下级母题实例）

W0779a. 5

玉皇大帝是人

实 例

（参见下级母题实例）

W0779a. 5. 1

老龙变成的人后来成为老天爷

实 例

汉族 老龙变成了人，这就是以后的老天爷。

【流传】河南省・（南阳市）・桐柏县・二郎山乡

【出处】刘太举讲，马卉欣整理：《龙生盘古》，见 http://tongbai.01ny.cn（桐柏网），2001. 01. 26。

W0779a. 6

玉皇大帝是龙

实 例

（参见下级母题实例）

W0779a.6.1
老天爷是龙

实 例

汉族 老龙变成了人，这就是以后的老天爷。

【流传】河南省·（南阳市）·桐柏县·二郎山乡

【出处】刘太举讲，马卉欣整理：《龙生盘古》，见 http://tongbai.01ny.cn（桐柏网），2001.01.26。

W0779a.7
玉皇大帝是神王

实 例

（参见下级母题实例）

W0779a.7.1
玉皇大帝是万神之主

实 例

汉族等 “玉皇”“玉帝”或称“玉皇大帝”，其位置是宇宙的最高神灵，成为万神之主。

【流传】（无考）

【出处】《玉皇大帝》，见乌丙安主编《中国民间神谱》，沈阳：辽宁人民出版社2007年版，第243页。

W0779a.8
与玉皇大帝的身份有关的其他母题

实 例

（实例待考）

W0779b
玉皇大帝的职能

实 例

（参见下级母题实例）

W0779b.1
玉皇大帝是政权建立者

实 例

（实例待考）

W0779b.1.1
玉皇大帝建立三界最高政权

实 例

汉族 （实例待考）

W0779b.2
玉皇大帝管神

实 例

（参见下级母题实例）

W0779b.2.1
玉皇大帝管理天、地、人三界神灵

实 例

汉族 （实例待考）

W0779b. 2. 1. 1

玉皇大帝管日月星辰和地球

实 例

汉族 日月星辰和地球由玉皇大帝管着。

【流传】陕西省·（汉中市）·南郑县（南郑区）·协税镇、周家坪镇

【出处】何章讲，李小曼搜集整理：《人的出世》，见南郑县民间故事集成编委会编《中国民间故事集成陕西卷·南郑县故事集成》，内部编印，1988年，第3页。

W0779b. 2. 2

玉帝管天神

【关联】［W0123. 4. 1］神（仙）的管理者

实 例

（参见下级母题实例）

W0779b. 2. 2. 1

玉帝管众天神

实 例

瑶族 天上的玉帝管理着众天神。

【流传】广东省·（清远市）·连南县（连南瑶族自治县）·（三排镇）·油岭村

【出处】

(a) 唐丁乔二公讲，广西少数民族社会历史调查组搜集：《水仙姑》，见曹廷伟编著《广西民间故事辞典》，南宁：广西教育出版社1993年版，第14页。

(b) 唐丁乔二公讲，少数民族社会历史调查组搜集，廖国柱整理：《开天辟地》，见谷德明编《中国少数民族神话》，北京：中国民间文艺出版社1987年版，第126页。

W0779b. 2. 2. 2

玉皇大帝管雷公电母

实 例

纳西族 （实例待考）

W0779b. 2. 3

玉皇大帝管地神

实 例

（实例待考）

W0779b. 2. 4

玉皇大帝向阎王传指令

【关联】［W0242. 7. 5］阎王的从属

实 例

蒙古族 汗霍尔木斯塔（玉皇大帝）向阎王传指令。

【流传】内蒙古自治区·哲里木盟（今通辽市）·科左中旗（科尔沁左翼中旗）·摇里木都公社（腰林毛都镇）·西塔林爱里（西塔林艾勒）

【出处】乌力青讲，阿奇记录整理：《保牧乐》，见谷德明编《中国少数民族

神话》，北京：中国民间文艺出版社 1987 年版，第 44～49 页。

W0779b.3

玉皇大帝管物

实 例

（参见下级母题实例）

W0779b.3.1

老天爷管日月

实 例

汉族 天上有一位老人，名叫月亮，向老天爷请示，自愿发出光辉，给人们照明。

【流传】 河南省·（洛阳市）·栾川县·（陶湾乡·张盘村）

【出处】 张云荣（女，53 岁，初中毕业，农民）讲，杜金娥采录：《太阳和月亮（三）》，见张振犁编著，孟宪明、朱淑君统纂《中原神话通鉴》（第四卷），郑州：河南大学出版社 2017 年版，第 1191 页。

W0779b.4

玉皇大帝管天上

实 例

汉族 盘古的大儿子管天上事，人称玉帝。

【流传】 河南省·驻马店市·汝南县

【出处】 申汪让讲，张丽卿采录整理：《天女散花》，见张振犁编著《中原神话通鉴》（第一卷），郑州：河南大学出版社 2017 年版，第 39 页。

毛南族 （实例待考）

W0779b.4.1

玉皇管仙天

实 例

彝族 （实例待考）

W0779b.4.2

玉帝管九霄

实 例

汉族 盘古的大儿子司管九霄，为万神之尊，人称“玉帝”。

【流传】 河南省·（新乡市）·封丘县

【出处】 王又凡（50 多岁，教师）讲，王海燕采录：《花神》（1989.12.16），见张振犁编著《中原神话通鉴》（第一卷），郑州：河南大学出版社 2017 年版，第 39～40 页。

W0779b.5

玉皇大帝管人

实 例

（实例待考）

W0779b.6

玉皇大帝管事

实 例

（参见下级母题实例）

W0779b. 6. 1

玉帝管天上的事

实 例

汉族 盘古的大儿子管天上事，人称玉帝。

【流传】河南省·驻马店市·汝南县

【出处】申汪让讲，张丽卿采录整理：《天女散花》，见张振犁编著《中原神话通鉴》（第一卷），郑州：河南大学出版社2017年版，第39页。

W0779b. 6. 1. 1

玉帝司管九霄

实 例

汉族 盘古开天辟地后，叫他的大儿子“玉帝”司管九霄。

【流传】河南省·（郑州市）·新密市

【出处】冯胜利采录：《造物神种玉茭》，见张振犁编著，孟宪明、朱淑君统纂《中原神话通鉴》（第二卷），郑州：河南大学出版社2017年版，第636~637页。

W0779b. 6. 2

玉皇大帝管雨

实 例

（参见下级母题实例）

W0779b. 6. 2. 1

老天爷下雨满足各类人的需要

实 例

汉族 百姓、走路的客官、船上的纤夫，在对待老天爷是不是要下雨问题上，各人的要求不同，老天爷作难了。愁得茶饭不香，睡觉不安。

【流传】河南省

【出处】王远（男，70岁，农民不识字）讲，王洪志（男，44岁，文化站专干）采录整理：《天奶奶替天爷解难》，见张振犁编著，孟宪明、朱淑君统纂《中原神话通鉴》（第四卷），郑州：河南大学出版社2017年版，第1242页。

W0779b. 6. 3

玉皇大帝管一切事情

实 例

（参见下级母题实例）

W0779b. 6. 3. 1

玉皇大帝总管天上、地下、空间三界，四方、四维、上下十方，胎生、卵生、湿生、化生四生，天、人、魔、地狱、畜生、饿鬼六道，以及一切阴阳祸福

实 例

汉族等 玉皇大帝总管天上、地下、空间三界，四方、四维、上下十方，胎生、卵生、湿生、化生四生，天、人、魔、地狱、畜生、饿鬼六道，以及一切阴阳祸福。

【流传】（无考）

【出处】《玉皇大帝》，见乌丙安主编《中国民间神谱》，沈阳：辽宁人民出版社2007年版，第243页。

W0779b.7 玉皇大帝的其他职能

实 例

（参见下级母题实例）

W0779b.7.1 老天爷惩恶

实 例

汉族 响雷是老天爷在惩罚人间的作恶人。谁要在世上作了恶，老天爷就叫响雷击他。

【流传】河南省·（鹤壁市）·淇县·桥盟乡

【出处】何桂花（女，57岁，汉族，农民）讲，郭灿星（男，29岁，汉族，干部）采录，郭灿星采录整理：《为啥先闪电后响雷》（1987.03），见张振犁编著，孟宪明、朱淑君统纂《中原神话通鉴》（第四卷），郑州：河南大学出版社2017年版，第1228页。

W0779b.7.2 玉皇大帝主宰万物，保护人畜

实 例

羌族 “玉皇大帝”是主宰万物，保护人畜的神。

【流传】四川省·（阿坝藏族羌族自治州）·理县·龙溪沟（今汶川县龙溪乡）

【出处】西南民族学院研究室编：《羌（尔玛）族情况》，1954年，见吕大吉、何耀华总主编《中国各民族原始宗教资料集成》（纳西族卷、羌族卷、独龙族卷、傈僳族卷、怒族卷），北京：中国社会科学出版社2000年版，第470页。

W0779b.8 与玉皇大帝的职能有关的其他母题

实 例

（参见下级母题实例）

W0779b.8.1 玉皇大帝没有权威（玉皇大帝职位不高）

实 例

（参见下级母题实例）

W0779b.8.1.1 玉皇大帝言不服众

实 例

土家族 被人间五兄弟捉住的雷公逃脱回到天上向玉帝诉冤。玉帝为给雷公报仇，把造天的张古老叫出来说：“张古老，你给雷公报仇，把天翻下去吧。”张古老边咳嗽边说：“我老了，只造得天，没本事把天翻下去

了，你叫别人去翻吧。”

【流传】湖南省·（湘西土家族苗族自治州）·永顺（永顺县）、古丈（古丈县）、保靖（保靖县）、龙山（龙山县）沿酉水一带土家族聚居区

【出处】

(a) 田德华、向廷龙（巫师）、田光南讲，彭勃、彭继宽、田德风记录，彭勃整理：《齐天大水》（1962. 05），见谷德明编《中国少数民族神话》，北京：中国民间文艺出版社1987年版。

(b) 同（a），见姚宝瑄主编《中国各民族神话》（土家族、毛南族、侗族、瑶族），太原：山西出版传媒集团·书海出版社2014年版，第13页。

W0779b. 8. 1. 2

玉皇大帝位列三清之下

实　例

汉族 玉皇大帝与北极大帝、天皇大帝、土皇地祇并称“四御”，总管天神，位列三清之下。

【流传】（无考）

【出处】《玉皇大帝》，见乌丙安主编《中国民间神谱》，沈阳：辽宁人民出版社2007年版，第243页。

W0779b. 8. 2

玉皇大帝金口玉言

【关联】［W0242. 2. 1］阎罗王说话金口玉言

实　例

汉族 玉皇大帝金口玉言，说出去的话不能再收回了。

【流传】河南省［采录地点：马乡镇马乡集］

【出处】张贤（女，52岁，汉族，不识字，农民）讲，张凤琴（女，15岁，汉族，马乡联中学生）采录：《神牛下凡》（1987. 06. 14），见张振犁编著，孟宪明、朱淑君统纂《中原神话通鉴》（第四卷），郑州：河南大学出版社2017年版，第1293页。

W0779b. 8. 3

玉皇大帝传谕旨

实　例

汉族 玉皇大帝恩赐万物生长，保佑人间太平，没想到人间的百姓竟福中忘德，一回到天宫，盛怒之下，传出一道御旨：麦子统统不再生长麦穗。

【流传】河南省·（信阳市）·淮滨县

【出处】李健、赵玉明、邓建臣采录整理：《麦子为啥单穗头》（1989. 11），见张振犁编著，孟宪明、朱淑君统纂《中原神话通鉴》（第四卷），郑州：河南大学出版社2017年版，第1332页。

W0779b. 8. 4

老天爷不如老天奶奶地位高

实　例

汉族 老天奶奶与老天爷换角色后，觉得什么事都难于处理，老天爷听

了，笑了笑说："这有什么难！"随手批道："下雨只下庄稼地，砖瓦场上晒干坯，果树开花蜂蝶去，开船送他顺河风！"老天奶笑了："还是你有办法，刀头肉还是你吃吧！"

【流传】河南省

【出处】周秀英（女，80岁，家庭妇女，不识字）讲，牛凤桐采录：《好天难当》（1988.12），见张振犁编著，孟宪明、朱淑君统纂《中原神话通鉴》（第四卷），郑州：河南大学出版社2017年版，第1246～1247页。

W0779b. 8. 5

玉帝是万神之尊

实 例

汉族 盘古的大儿子司管九霄，为万神之尊，人称"玉帝"。

【流传】河南省·（新乡市）·封丘县

【出处】王又凡（50多岁，教师）讲，王海燕采录：《花神》（1989.12.16），见张振犁编著《中原神话通鉴》（第一卷），郑州：河南大学出版社2017年版，第39～40页。

W0779c

玉皇大帝能力（玉帝的事迹，玉皇大帝的行为）

实 例

（参见下级母题实例）

W0779c. 0

玉皇大帝能创世

【关联】［W0779a. 3］玉帝是创世者

实 例

（参见下级母题实例）

W0779c. 1

玉皇大帝绝地天通

【关联】［W1479. 2］玉皇大帝收回天梯

实 例

（实例待考）

W0779c. 2

玉皇大帝巡察凡间事情（玉帝私访）

实 例

（参见下级母题实例）

W0779c. 2. 1

玉皇大帝巡视民情

实 例

（参见下级母题实例）

W0779c. 2. 1. 1

老天爷变成老乞婆到人间体察民情

实 例

汉族 老天爷幻化成一个白发苍苍的老乞婆到人间体察民情。

【流传】天津市·河东区

【出处】高振环讲，王维刚采录：《黄狗替人求粮》，见中国民间文学集成全国编辑委员会编《中国民间故事集成》（天津卷），北京：中国 ISBN 中心 2004 年版，第 8 页。

W0779c. 2. 1. 2

玉皇大帝扮成讨饭的老头考察人间

实 例

汉族 玉皇大帝知道人间不珍惜粮食后，他就装扮成一个讨饭的白胡子老头，到人间来看看人们究竟是如何糟蹋粮食的。

【流传】河南省·（三门峡市）·义马市

【出处】任景超讲，古长友采录整理：《麦穗的传说》，见张振犁编著，孟宪明、朱淑君统纂《中原神话通鉴》（第四卷），郑州：河南大学出版社 2017 年版，第 1342 页。

汉族 玉皇大帝变成一个要饭的老头，到人间察访。

【流传】河南省·［采录地点：马乡镇联中］

【出处】李世深（男，47 岁，汉族，中专毕业，教师）讲，李凤奇（男，35 岁，汉族，中专毕业，马乡镇联中教师）采录：《原来下面不下雪》（1987. 05），见张振犁编著，孟宪明、朱淑君统纂《中原神话通鉴》（第四卷），郑州：河南大学出版社 2017 年版，第 1348 页。

W0779c. 2. 1. 3

玉皇大帝派天神视察人间

实 例

汉族 玉皇大帝派了一位天神下来巡视。

【流传】河南省·（驻马店市·遂平县·和兴乡）

【出处】楚贵民（男，48 岁，汉族，大专毕业，和兴乡中学教师）讲，樊怀军（男，16 岁，汉族，和兴乡初中学校学生）采录：《为什么麦子只有一个穗》（1988. 05），见张振犁编著，孟宪明、朱淑君统纂《中原神话通鉴》（第四卷），郑州：河南大学出版社 2017 年版，第 1343 页。

W0779c. 2. 1. 4

玉皇大帝派动物视察人间

实 例

（参见下级母题实例）

W0779c. 2. 1. 4. 1

玉皇大帝派狗视察人间

实 例

汉族 玉帝想知道人间的生活究竟是个啥样，就派黄狗变成一个要饭的老婆儿，挨门挨户讨要。

【流传】河南省·（南阳市）·桐柏县

【出处】李建霞采录整理：《小麦和稻谷

为啥只有一个头》，见张振犁编著，孟宪明、朱淑君统纂《中原神话通鉴》（第四卷），郑州：河南大学出版社 2017 年版，第 1341 页。

W0779c.2.2

玉皇大帝查人间户籍

实 例

仡佬族 一日玉帝查人间户籍，发觉自仡佬族上天后，人间即少此一族，甚以为憾。

【流传】（无考）

【出处】袁珂改编：《阿力与达勒》，原载谷德明编《中国少数民族神话选》，见袁珂《中国神话大词典》，北京：华夏出版社 2015 年版，第 572 页。

W0779c.3

玉皇大帝能决定天气

实 例

（参见下级母题实例）

W0779c.3.1

玉皇大帝可以请雷公、电母和龙王给人间下雨

实 例

纳西族 玉皇大帝可以请雷公、电母和龙王给人间下几场透雨。

【流传】（无考）

【出处】周汝诚讲，王恩宁等记录，牛相奎等整理：《靴顶力士》，见谷德明编《中国少数民族神话》，北京：中国民间文艺出版社 1987 年版，第 419 页。

W0779c.4

玉皇大帝能决定万物命运

实 例

（实例待考）

W0779c.5

玉皇大帝能预知事情

实 例

（参见下级母题实例）

W0779c.5.1

玉皇大帝能掐会算

实 例

（参见下级母题实例）

W0779c.5.1.1

玉皇大帝能感知人间妖魔作怪

实 例

汉族 玉皇大帝在天上猛觉得身上发麻，心里发痒。他掐指一算，知道桐柏山一小蛟得了人的元气，成妖作怪，携水闹事儿，百姓淹死的没数儿。

【流传】河南省·（南阳市）·桐柏县·（鸿仪河乡·仓房村）

【出处】刘中林（男，56 岁，农民）讲，周君立采录整理：《金镯锁蛟》

(1985. 08. 10)，见张振犁编著，孟宪明、朱淑君统纂《中原神话通鉴》(第四卷)，郑州：河南大学出版社2017年版，第1165页。

W0779c. 5. 2
老天爷能掐会算

实 例

(参见下级母题实例)

W0779c. 5. 2. 1
老天爷算出织女偷偷下凡三天

实 例

汉族 老天爷在天上一连打了三个喷嚏，掐指一算，知道织女偷偷下凡三天了就命电母拿她回去。

【流传】河南省·(南阳市)·桐柏县·(鸿仪河乡·仓房村)

【出处】周贤有讲，周君立采录整理：《天河》(1985. 05. 01)，见张振犁编著，孟宪明、朱淑君统纂《中原神话通鉴》(第三卷)，郑州：河南大学出版社2017年版，第828页。

W0779c. 6
与玉皇大帝能力有关的其他母题

实 例

(参见下级母题实例)

W0779c. 6. 1
玉皇大帝能力有限

实 例

(参见下级母题实例)

W0779c. 6. 1. 1
玉皇大帝没有能力制服太阳和月亮

实 例

纳西族 玉皇大帝可以请雷公、电母和龙王给人间下几场透雨，但没有能力制服太阳和月亮。

【流传】(无考)

【出处】周汝诚讲，王恩宁等记录，牛相奎等整理：《靴顶力士》，见谷德明编《中国少数民族神话》，北京：中国民间文艺出版社1987年版，第419页。

W0779c. 6. 2
玉皇大帝乘风驾云

实 例

汉族 玉皇爷要下凡亲自看看禹治水的功绩，乘风驾云，下到了凡间。

【流传】河南省·(南阳市)·桐柏县·城关镇

【出处】彭新友讲，彭云采录，马卉欣采录整理：《淮渎抢地》，见张振犁编著，孟宪明、朱淑君统纂《中原神话通鉴》(第四卷)，郑州：河南大学出版社2017年版，第1175页。

W0779c. 6. 3
玉皇大帝会变形

实 例

（参见下级母题实例）

W0779c. 6. 3. 1

玉皇大帝化为凡人察访人间

【关联】［W0779c. 2］玉皇大帝巡察凡间事情

实　例

汉族 玉皇大帝化为凡人来到人间察访。

【流传】河南省·（南阳市）·唐河县［采录地点：唐河县马振扶乡小河村］

【出处】倪张氏讲，张康采录：《五谷为啥不是从根到梢都结籽》（1984. 08），见张振犁编著，孟宪明、朱淑君统纂《中原神话通鉴》（第四卷），郑州：河南大学出版社 2017 年版，第 1333 页。

W0779c. 6. 3. 2

玉皇大帝化作乞丐

实　例

汉族 玉皇大帝化作一个衣衫褴褛的叫花子来到人间。

【流传】河南省·（信阳市）·淮滨县

【出处】李健、赵玉明、邓建臣采录整理：《麦子为啥单穗头》（1989. 11），见张振犁编著，孟宪明、朱淑君统纂《中原神话通鉴》（第四卷），郑州：河南大学出版社 2017 年版，第 1332 页。

W0779c. 6. 3. 3

玉皇大帝化龙

【关联】［W0779d. 4. 2. 2］玉帝化龙下凡

实　例

汉族 （参见“W0779d. 4. 2. 2 玉帝化龙下凡”母题实例）

W0779c. 6. 4

玉皇大帝与妻子换角色

实　例

（参见下级母题实例）

W0779c. 6. 4. 1

老天奶和老天爷换角色比能耐

实　例

汉族 老天奶和老天爷开玩笑说：“我看你这官儿怪自在哩，整天闲着没事，还三天两头吃供享，四行八业都向你许愿，什么好吃的都让你吃了！要不，我让给你当几天，咋样？”老天奶说：“中，当几天就当几天，看能把我咋着？”老天爷出门玩了，要老天奶在家当家儿。

【流传】河南省

【出处】周秀英（女，80 岁，家庭妇女，不识字）讲，牛凤桐采录：《好天难当》（1988. 12），见张振犁编著，孟宪明、朱淑君统纂《中原神话通鉴》（第四卷），郑州：河南大学出版社社 2017 年版，第 1246 页。

W0779c. 6. 5

老天爷会仙术

实 例

（参见下级母题实例）

W0779c. 6. 5. 1

老天爷用仙术惩罚懒汉

实 例

汉族 老天爷见懒汉竟随意用他的锄草法，非常生气，就用仙术，狠狠地罚了他一顿。

【流传】河南省［采录地点：胡庙乡吴楼村］

【出处】吴文龙讲，范成林（男，26 岁，汉族，高中毕业，县文化馆职工）采录：《锄头的来历》（1988. 11），见张振犁编著，孟宪明、朱淑君统纂《中原神话通鉴》（第四卷），郑州：河南大学出版社 2017 年版，第 1279 页。

W0779d

玉皇大帝的生活

实 例

（参见下级母题实例）

W0779d. 1

玉皇大帝的服饰

实 例

（实例待考）

W0779d. 2

玉皇大帝的饮食

实 例

（参见下级母题实例）

W0779d. 2. 1

玉皇大帝的专用食物

实 例

（参见下级母题实例）

W0779d. 2. 1. 1

玉皇大帝的特供蟠桃

实 例

汉族 蟠桃是专门供玉皇大帝和王母娘娘吃的，吃了它能延年益寿，别的神鬼是吃不到的。

【流传】河南省

【出处】许金山（男，农民）讲，张静采录整理：《男人为何有咽喉》，见张振犁编著，孟宪明、朱淑君统纂《中原神话通鉴》（第四卷），郑州：河南大学出版社 2017 年版，第 1269 页。

W0779d. 2. 2

玉米是玉皇大帝的粮食

实 例

毛南族 （实例待考）

W0779d.3

玉皇大帝的居所

实 例

（参见下级母题实例）

W0779d.3.0

玉皇大帝居天宫（玉皇大帝居天上）

实 例

白族 猴子跑到檀香树下玩耍，用一些檀香树枝叶烧起一堆火，香气与烟雾一起冉冉升上天空，飘入天庭，惊动了天神和玉皇大帝。

【流传】云南省·（大理白族自治州）·洱源县·西山·五加大村

【出处】赵寅松调查整理：《洱源白族尊山石动植物为本主》（1988），见吕大吉、何耀华总主编《中国各民族原始宗教资料集成》（彝族卷、白族卷、基诺族卷），北京：中国社会科学出版社1996年版，第561页。

汉族 玉皇大帝住在天宫里。

【流传】江苏省·（苏州市）·吴江县·同里镇

【出处】金恩官讲，徐文初记录整理：《扁担星》（1987.09.07），见姚宝瑄主编《中国各民族神话》（汉族），太原：山西出版传媒集团·书海出版社2014年版，第295~296页。

汉族 在天宫里的玉皇大帝和众神仙享受不到人间的香火，很不是滋味。

【流传】河南省·（驻马店市）·遂平县

【出处】李耀东的祖母讲，李耀东采录：《女娲造人（一）》（1988.02），见张振犁编著《中原神话通鉴》（第一卷），郑州：河南大学出版社2017年版，第164页。

W0779d.3.0.1

玉帝住天宫

实 例

汉族 大圣孙悟空语佛祖云："常言道：'皇帝轮流做，明年到我家。'只教他搬出去，将天宫让与我，便罢了。"

【流传】（无考）

【出处】

(a)［明］吴承恩：《西游记》第七回。

(b)《天宫》，见袁珂《中国神话大词典》，北京：华夏出版社2015年版，第55页。

W0779d.3.1

玉皇大帝住玉清宫

实 例

（参见下级母题实例）

W0779d.3.1.1

玉皇大帝居于太微玉清宫

实 例

汉族等 玉皇大帝居于太微玉清宫。

【流传】（无考）

【出处】《玉皇大帝》，见乌丙安主编《中国民间神谱》，沈阳：辽宁人民出版社 2007 年版，第 243 页。

W0779d. 3. 2

玉皇大帝住玉皇殿

实 例

（参见下级母题实例）

W0779d. 3. 2. 1

玉皇殿是禁地

实 例

土家族 孙猴子齐天高的马桑树爬上天，闯进了禁地玉皇殿，被巡天卫士抓住。

【流传】重庆市·酉阳土家族苗族自治县·老寨（老寨乡）一带

【出处】

(a)《马桑树的变迁和百家姓的由来》，见刘长贵、彭林绪搜集整理《土家族民间故事》，重庆：重庆出版社 1986 年版。

(b) 同（a），见姚宝瑄主编《中国各民族神话》（土家族、毛南族、侗族、瑶族），太原：山西出版传媒集团·书海出版社 2014 年版，第 21 页。

W0779d. 3. 2. 2

玉皇大帝的凌霄殿

实 例

汉族 轩辕黄帝在天坛山上设坛祭天，烧檀香木的香气随风一直飘到玉皇大帝的凌霄殿。

【流传】河南省·济源市

【出处】段庆川、程月英讲，缪华等采录整理：《王母洞》，见张振犁编著，孟宪明、朱淑君统纂《中原神话通鉴》（第三卷），郑州：河南大学出版社 2017 年版，第 741 页。

W0779d. 3. 2. 3

玉帝居灵霄宝殿

【关联】［W0787. 6. 4. 1］释迦牟尼居灵霄宝殿

实 例

汉族 盘古爷来到灵霄宝殿，见到玉帝。

【流传】河南省·（驻马店市）·泌阳县

【出处】秦道山讲，冯天佑采录：《盘古告状》，见张振犁编著《中原神话通鉴》（第一卷），郑州：河南大学出版社 2017 年版，第 77 页。

W0779d. 3. 2. 3. 1

玉皇大帝登上灵霄宝殿早朝

实 例

汉族 玉皇大帝早朝，登上灵霄宝殿。

【流传】甘肃省·（天水市）·麦积山一带

【出处】田恒江搜集整理：《人间天宫》，载《民间文学》1983 年第

5 期。

W0779d.3.3

玉皇大帝的行宫

实　例

（参见下级母题实例）

W0779d.3.3.1

玉皇大帝在人间的行宫天爷洞

实　例

汉族　洧水河上游有一个天爷洞，那里是玉皇大帝在人间的行宫。

【流传】河南省·（郑州市）·新密市·（平陌镇·龙泉村）

【出处】魏洪基（58 岁，农民，小学）讲，高力升采录整理：《黄帝拜三皇》，见张振犁编著，孟宪明、朱淑君统纂《中原神话通鉴》（第二卷），郑州：河南大学出版社 2017 年版，第 685 页。

W0779d.3.4

玉皇大帝坐龙庭

实　例

汉族　玉皇大帝早早地就端坐龙庭，等天上各路神仙到齐后，就开始训话。

【流传】河南省·（郑州市）·新密市

【出处】刘文学采录整理：《三帝下凡》，见张振犁编著，孟宪明、朱淑君统纂《中原神话通鉴》（第二卷），郑州：河南大学出版社 2017 年版，第 484 页。

W0779d.3.5

玉皇大帝位居三清之下众天神之上

实　例

汉族　“三清”是道教信奉的最高尊神，其次是玉皇大帝，然后才是众天神。

【流传】（无考）

【出处】《三清》，见乌丙安主编《中国民间神谱》，沈阳：辽宁人民出版社 2007 年版，第 245 页。

W0779d.4

玉皇大帝的出行

【关联】［W0779c.6.2］玉皇大帝乘风驾云

实　例

（参见下级母题实例）

W0779d.4.1

玉皇大帝出游

实　例

（参见下级母题实例）

W0779d.4.1.1

玉皇大帝携王母娘娘出游

实　例

汉族　玉皇大帝借出游的机会，带着

王母娘娘，来到风后岭，想会会黄帝的大儿子轩武。

【流传】河南省·（郑州市）·新密市

【出处】史丙辰讲，张宝锁采录整理：《玉皇大帝强占修道洞》，见张振犁编著，孟宪明、朱淑君统纂《中原神话通鉴》（第二卷），郑州：河南大学出版社 2017 年版，第 680 页。

W0779d. 4. 1. 2

老天爷带天宫星将到昆仑山游玩

实 例

汉族 老天爷领着天宫星将到昆仑山游玩。

【流传】河南省·（南阳市）·桐柏县

【出处】释海良讲，柳丹采录整理：《禹》，见张振犁编著，孟宪明、朱淑君统纂《中原神话通鉴》（第四卷），郑州：河南大学出版社 2017 年版，第 1147 页。

W0779d. 4. 2

玉皇大帝下凡

【关联】［W0779c. 2］玉皇大帝巡察凡间事情

实 例

（参见下级母题实例）

W0779d. 4. 2. 1

玉皇大帝下凡察访民意

实 例

汉族 天上的玉皇大帝长时间收不到人间烟火，很不高兴，决定到人间察访民意。

【流传】河南省·（信阳市）·淮滨县

【出处】李健、赵玉明、邓建臣采录整理：《麦子为啥单穗头》（1989. 11），见张振犁编著，孟宪明、朱淑君统纂《中原神话通鉴》（第四卷），郑州：河南大学出版社 2017 年版，第 1332 页。

W0779d. 4. 2. 2

玉帝化龙下凡

实 例

汉族 晚上，玉帝看凡间人脚已定，就悄悄带上太白星、紫微星、南极星、太微星、金川星和文昌星等化作八条龙下凡。

【流传】河南省·（郑州市）·新郑市

【出处】刘文学采录整理：《黄帝城（二）》，见张振犁编著，孟宪明、朱淑君统纂《中原神话通鉴》（第二卷），郑州：河南大学出版社 2017 年版，第 620 页。

W0779d. 4. 2. 3

玉皇大帝腊月二十五下凡

实 例

汉族等 每年的腊月二十五，玉皇要下凡界，巡察各方情况，并依据众生道俗的良莠惩恶扬善。

【流传】（无考）

【出处】《玉皇大帝》，见乌丙安主编

《中国民间神谱》，沈阳：辽宁人民出版社 2007 年版，第 243 页。

W0779d. 4. 3

玉皇大帝拜佛

实 例

（参见下级母题实例）

W0779d. 4. 3. 1

老天爷去西天拜访如来佛

【关联】［W0780. 5a. 1］玉皇大帝是如来的随从

实 例

汉族 不知哪年哪月哪日，老天爷去西天拜访如来佛。

【流传】 河南省·（安阳市）·内黄县［采录地点：内黄文化馆］

【出处】 刘静轩（男，70 岁，中专毕业，干部，濮阳市人）讲，高双春（男，高中毕业）采录：《雨水为什么不均》（1984），见张振犁编著，孟宪明、朱淑君统纂《中原神话通鉴》（第四卷），郑州：河南大学出版社 2017 年版，第 1229 页。

W0779d. 4. 4

玉皇大帝出行有雷公电母开道

实 例

汉族 （实例待考）

W0779d. 4. 5

玉皇大帝回天

实 例

（参见下级母题实例）

W0779d. 4. 5. 1

玉皇大帝在诞生日回天

【关联】［W0781. 1. 1］玉皇大帝生日是农历正月初九

实 例

汉族等 正月初九是玉皇大帝诞生之日。各路神仙隆重庆贺玉皇大帝返回天宫。这一天也称为“送驾日”。

【流传】（无考）

【出处】 《玉皇大帝》，见乌丙安主编《中国民间神谱》，沈阳：辽宁人民出版社 2007 年版，第 243 页。

W0779d. 5

玉皇大帝的用品

实 例

（参见下级母题实例）

W0779d. 5. 1

玉皇大帝的车

实 例

（实例待考）

W0779d. 5. 1. 1

玉皇大帝的龙辇

实 例

汉族 （实例待考）

W0779d. 5. 2

玉皇大帝的马

实 例

（参见下级母题实例）

W0779d. 5. 2. 1

玉皇大帝的天马

实 例

汉族 玉皇大帝的天马帮黄帝采密岵山上的玉花。

【流传】河南省·（郑州市）·新密市

【出处】慎广建讲，高力升、高帆采录整理：《黄帝炼仙丹》，见张振犁编著，孟宪明、朱淑君统纂《中原神话通鉴》（第二卷），郑州：河南大学出版社2017年版，第677页。

W0779d. 5. 3

玉帝的元宝

实 例

布依族 古时天上无太阳月亮，全靠玉帝之红白元宝照明，红照白昼，白照黑夜。

【流传】（无考）

【出处】《当万与蓉莲》，原载田兵等编《布依族文学史》，见袁珂《中国神话大词典》，北京：华夏出版社2015年版，第449页。

W0779d. 6

与玉皇大帝的生活有关的其他母题

实 例

（参见下级母题实例）

W0779d. 6. 1

玉皇大帝早朝

实 例

（参见下级母题实例）

W0779d. 6. 1. 1

玉皇大帝在灵霄宝殿早朝

【关联】［W0779d. 3. 2. 2］玉皇大帝的凌霄殿

实 例

汉族 有一天，玉皇大帝在灵霄宝殿早朝，文武大臣三呼完毕。

【流传】河南省·（南阳市）·西峡县［采录地点：西峡县军马河乡军马河村］

【出处】李运忠（男，67岁，汉族，文盲，西峡县军马河乡军马河村农民）讲，董留申（男，25岁，汉族，高中毕业，西峡县军马河乡军马河村农民）采录，谢起超（男，40岁，汉族，高中毕业，西峡县城关镇县文化馆干部）采录整理：《小麦顶头穗的来历》（1986.04.04），见张振犁编著，孟宪明、朱淑君统纂《中原神话通鉴》（第四卷），郑州：河南大学出版社2017年版，第1336页。

W0779d.6.1.2

玉皇大帝在灵霄宝殿议事

实　例

汉族 玉皇大帝登上灵霄宝殿，召集文臣武将议事。

【流传】河南省·（郑州市）·登封市（嵩山一带）

【出处】王庚申讲，王电杰采录整理：《牛头山》，见张振犁编著，孟宪明、朱淑君统纂《中原神话通鉴》（第四卷），郑州：河南大学出版社2017年版，第1036页。

汉族 玉皇大帝在灵霄宝殿和群神议论大事。

【流传】河南省·（郑州市）·登封市（中岳嵩山一带）

【出处】韩成良讲，韩有治采录整理：《挪宫》，见张振犁编著，孟宪明、朱淑君统纂《中原神话通鉴》（第四卷），郑州：河南大学出版社2017年版，第1043页。

W0779d.6.2

玉皇大帝过生日

【关联】［W0781.1］玉皇大帝的生日（玉帝的生日）

实　例

（参见下级母题实例）

W0779d.6.2.1

玉皇大帝过生日时万物祝寿

实　例

汉族 玉皇大帝过生日，地上的飞禽走兽都派代表带着礼物到天宫去祝寿，人也派了个代表。

【流传】河南省·（周口市）·项城县［采录地点：项城县王明口中学］

【出处】王宏玲（女，24岁，中专毕业，项城县王明口中学教师）讲，苏国安（项城县贾岭乡文化站专干）、孔祥谦（项城县文化馆干部）采录：《人身上为啥没毛》（1987.07），见张振犁编著，孟宪明、朱淑君统纂《中原神话通鉴》（第四卷），郑州：河南大学出版社2017年版，第1266页。

W0779d.6.3

玉皇大帝会见宾客

实　例

（参见下级母题实例）

W0779d.6.3.1

玉皇大帝在天门接见众神

实　例

汉族 狗对着南天门，吠了三声，果然天门大开，现出玉皇大帝等一班众神。

【流传】河南省·（周口市）·沈丘县

【出处】晏凤亮讲，耿瑞采录整理：《小麦为什么只长一个穗》，见张振犁编著，孟宪明、朱淑君统纂《中原神话通鉴》（第四卷），郑州：河南大学出版社 2017 年版，第 1345 页。

W0779d. 6. 4

玉皇大帝的财产

实 例

（参见下级母题实例）

W0779d. 6. 4. 1

玉帝的田地（御田）

实 例

汉族 神羊来到玉帝的御田里，身穿铠甲的武士手持明晃晃、闪亮亮的兵器，守护严密，不可近身。

【流传】河南省·（南阳市）·西峡县［采录地点：西峡县太平镇乡东坪村］

【出处】王字间讲，姚平、谢起超采录：《羊盗五谷种》（1985），见张振犁编著，孟宪明、朱淑君统纂《中原神话通鉴》（第四卷），郑州：河南大学出版社 2017 年版，第 1316 页。

W0779d. 6. 5

玉皇大帝的酒宴

实 例

汉族 各路神仙给玉皇大帝拜寿。酒席宴上，轩辕向玉帝提出，应该开开天戒，让众位神仙看看人间的景致。

【流传】河南省·（郑州市）·新郑市

【出处】蔡英生（75 岁，教师）讲，蔡柏顺采录整理：《黄帝出世》，见张振犁编著，孟宪明、朱淑君统纂《中原神话通鉴》（第二卷），郑州：河南大学出版社 2017 年版，第 506 页。

W0779d. 6. 6

玉帝寻欢作乐

实 例

布依族 玉帝终日但顾寻欢作乐。

【流传】（无考）

【出处】《当万与蓉莲》，原载田兵等编《布依族文学史》，见袁珂《中国神话大词典》，北京：华夏出版社 2015 年版，第 449 页。

W0780

玉皇大帝的关系

【关联】［W1561. 6］太阳是玉帝的孩子

实 例

（参见下级母题实例）

W0780. 0

玉皇大帝的父母

实 例

（参见下级母题实例）

W0780. 0. 1

玉帝是盘古的大儿子

实 例

汉族 盘古的大儿子管天上事，人称玉帝。

【流传】河南省·驻马店市·汝南县

【出处】申汪让讲，张丽卿采录整理：《天女散花》，见张振犁编著《中原神话通鉴》（第一卷），郑州：河南大学出版社2017年版，第39页。

汉族 盘古开天辟地后，叫他的大儿子司管九霄，为万神之尊，人称“玉帝”。

【流传】河南省·（新乡市）·封丘县

【出处】王又凡（50多岁，教师）讲，王海燕采录：《花神》（1989.12.16），见张振犁编著《中原神话通鉴》（第一卷），郑州：河南大学出版社2017年版，第39~40页。

汉族 盘古有4子1女。盘古开天辟地后，叫他的大儿子司管九霄，为万神之尊，人称“玉帝”。

【流传】河南省·（郑州市）·新密市

【出处】冯胜利采录：《造物神种玉茭》，见张振犁编著，孟宪明、朱淑君统纂《中原神话通鉴》（第二卷），郑州：河南大学出版社2017年版，第636~637页。

W0780.0.2

玉皇大帝父母是玉人和玉姐兄妹

实　例

汉族 灾难后，幸存玉人和玉姐兄妹俩捏泥人。其中就有儿子玉皇大帝。

【流传】河南省·（驻马店市）·正阳县·（袁寨乡·袁寨村）

【出处】张昫的邻居老人讲，张昫采录，张振犁采录整理：《玉人和玉姐》（1981.05），见张振犁编著，孟宪明、朱淑君统纂《中原神话通鉴》（第二卷），郑州：河南大学出版社2017年版，第428页。

W0780.1

玉皇大帝的妻子

【关联】

① ［W0238.1］地母是玉皇大帝的妻子后土

② ［W0761.2］王母娘娘是玉皇大帝的妻子

实　例

（参见下级母题实例）

W0780.1.1

玉皇大帝有72个妻子

【关联】［W7960］一夫多妻

实　例

汉族 玉皇大帝有72个妻子。

【流传】重庆市·巴南区

【出处】魏显德讲：《玉皇张大帝的来历》，见刘魁立主编《玉皇大帝的传说》，北京：中国社会出版社2008年版，第1~6页。

W0780.1.2

玉皇大帝的妻子王母娘娘

实　例

汉族 玉帝和王母娘娘云游中天。

【流传】（无考）

【出处】杨周氏讲，侯松平采录：《黄帝造车轮》，载《民间文学》1998 年第 8 期。

汉族 部落间为抢食物争斗不休，惊动了天上的玉皇大帝。他对王母娘娘说："王后，这人间为了夺食终日互相厮杀，造成人员大批伤亡，还有谁给咱进供品、烧香火呢？这可如何是好？"

【流传】河南省·（郑州市）·新密市

【出处】刘文学采录整理：《三帝下凡》，见张振犁编著，孟宪明、朱淑君统纂《中原神话通鉴》（第二卷），郑州：河南大学出版社 2017 年版，第 484 页。

W0780. 1. 2. 1

玉皇大帝的妻子王母娘娘叫王凤仙

【关联】［W0762. 3. 2. 1］王母娘娘王凤仙是玉皇大帝的妻子

实　例

汉族 （参见"W0762. 3. 2. 1 王母娘娘王凤仙是玉皇大帝的妻子"母题实例）

W0780. 1. 2. 2

玉帝的伴侣王母娘娘

实　例

汉族 玉帝和王母娘娘云游中天时，远远看见黄帝一个人闷坐在风后岭的山坡上。

【流传】河南省·（郑州市）·新郑市·（观音寺镇·苏张村）

【出处】杨周氏讲，侯松平采录整理：《黄帝造车轮》，见张振犁编著，孟宪明、朱淑君统纂《中原神话通鉴》（第二卷），郑州：河南大学出版社 2017 年版，第 627 页。

W0780. 1. 2. 3

玉皇大帝和王母娘娘端坐在天宫龙椅上

实　例

汉族 黄帝祭天时，只见玉皇大帝和王母娘娘端坐天宫龙椅上，朝轩辕黄帝微笑。

【流传】河南省·（郑州市）·新密市

【出处】袁玉生采录整理：《黄帝祈天》，见张振犁编著，孟宪明、朱淑君统纂《中原神话通鉴》（第二卷），郑州：河南大学出版社 2017 年版，第 694 页。

W0780. 1. 3

玉皇大帝的妻子风婆

实　例

（参见下级母题实例）

W0780.1.3.1
老风婆缠着老天爷做了他的第二个妻子

实 例

汉族 老风婆闪动着秋波缠着老天爷不放。老天爷无奈，只好娶了老风婆做了他的第二个妻子。

【流传】河南省

【出处】冯来兰讲，凡孟曾采录整理：《阴天刮风不下雨的传说》，见张振犁编著，孟宪明、朱淑君统纂《中原神话通鉴》（第四卷），郑州：河南大学出版社 2017 年版，第 1233 页。

W0780.2
玉皇大帝的儿女（玉皇大帝的子女）

实 例

（参见下级母题实例）

W0780.2.1
玉皇大帝子女的身份

实 例

（参见下级母题实例）

W0780.2.1.1
玉皇大帝的儿女是神

实 例

汉族 （实例待考）

W0780.2.1.2
玉皇大帝的儿女是特定物

实 例

（参见下级母题实例）

W0780.2.1.2.1
玉皇大帝的儿女是日月

【关联】

①［W1544.1.6.1］日月是玉帝的儿女

②［W1680.1.1］太阳是玉皇大帝和王母娘娘的儿子

实 例

（参见“W0780.2.2.1.1 老天爷有 10 个太阳儿和 10 个月亮女儿”母题实例）

W0780.2.2
玉皇大帝子女众多

实 例

（参见下级母题实例）

W0780.2.2.1
老天爷有 10 儿 10 女

实 例

（参见下级母题实例）

W0780.2.2.1.1
老天爷有 10 个太阳儿和 10 个月亮女儿

实 例

汉族 老天爷有十个儿子，十个女

儿。十个儿子都是太阳神，十个女儿都是月亮神。

【流传】河南省·（南阳市）·桐柏县·（鸿仪河乡）

【出处】王子鉴讲，柳丹采录整理：《淮水浸月》，见张振犁编著，孟宪明、朱淑君统纂《中原神话通鉴》（第三卷），郑州：河南大学出版社 2017 年版，第 845 页。

W0780. 2. 3

玉皇大帝的儿子

实　例

汉族 玉帝正在凌霄宝殿事，一个玉女高兴地跑来禀告玉帝说，娘娘生了一个太子。

【流传】河南省·（南阳市）·西峡县［采录地点：西峡县·阳城乡·竹园村］

【出处】杨春喜（男，49 岁，农民）讲，张金法采录，杨平采录整理：《盆地的来历》（1986. 05），见张振犁编著，孟宪明、朱淑君统纂《中原神话通鉴》（第三卷），郑州：河南大学出版社 2017 年版，第 385 页。

W0780. 2. 3. 0

玉皇大帝有 2 个儿子

实　例

（参见下级母题实例）

W0780. 2. 3. 0. 1

老天爷有日神和月神 2 个儿子

实　例

汉族 老天爷有两个儿子：老大日神，红脸膛、脾气火爆；老二月神，白脸，生性调皮，平日里结交了好多的小星神做朋友。

【流传】河南省·（洛阳市）·嵩县［采录地点：嵩县·仟谷乡·王庄］

【出处】史五友讲，郭红欣采录：《日月两兄弟分工》（1980. 08. 23），见张振犁编著，孟宪明、朱淑君统纂《中原神话通鉴》（第四卷），郑州：河南大学出版社 2017 年版，第 1202 ~ 1203 页。

W0780. 2. 3. 0a

玉皇大帝有 4 个儿子

实　例

（参见下级母题实例）

W0780. 2. 3. 0a. 1

老天爷有青天、白天、昏天和黄天 4 个儿子

实　例

汉族 老天爷有四个儿子。长子起名叫青天，次子名叫白天，三子叫昏天，四子叫黄天。

【流传】河南省

【出处】《老天爷分家》，见张振犁编

著，孟宪明、朱淑君统纂《中原神话通鉴》（第四卷），郑州：河南大学出版社 2017 年版，第 1248 页。

W0780.2.3.0b

玉皇大帝有 5 个儿子

实 例

（参见下级母题实例）

W0780.2.3.0b.1

老天爷第 5 个儿子叫苍天

实 例

汉族 老天爷刚把一年三百六十天平分给四个儿子，不料，恰巧在这个节骨眼儿上老天奶奶又生了一子，起名苍天。

【流传】河南省

【出处】《老天爷分家》，见张振犁编著，孟宪明、朱淑君统纂《中原神话通鉴》（第四卷），郑州：河南大学出版社 2017 年版，第 1248 页。

W0780.2.3.1

玉皇大帝有 7 个儿子

实 例

（实例待考）

W0780.2.3.2

玉皇大帝有 9 个儿子

实 例

（参见下级母题实例）

W0780.2.3.2.1

玉皇大帝有 9 个太阳儿子

实 例

汉族 很早以前，天上有九个太阳，它们是弟兄九个，都是玉皇大帝的孩子。

【流传】河南省·（鹤壁市）·淇县·（阁南村）

【出处】郭老愚（男，93 岁，农民）讲，于德伦采录整理：《太阳为啥不晒马齿菜》（1997.05），见张振犁编著，孟宪明、朱淑君统纂《中原神话通鉴》（第三卷），郑州：河南大学出版社 2017 年版，第 860 页。

W0780.2.3.2a

老天爷有 9 个儿子

实 例

汉族 老天爷有九个儿子。

【流传】天津市·河东区

【出处】高振环讲，王维刚采录：《人为嘛穿上了衣裳》，见中国民间文学集成全国编辑委员会编《中国民间故事集成》（天津卷），北京：中国 ISBN 中心 2004 年版，第 7 页。

W0780.2.3.3

玉皇大帝有 10 个儿子

实 例

（参见下级母题实例）

W0780. 2. 3. 3. 1

玉皇大帝有 10 个太阳儿子

实 例

汉族 天上的十个日头，就是老天爷张玉帝的十个儿子。他们十个轮流坐庄，一替一个出来。

【流传】 河南省·（周口市）·淮阳县

【出处】 李庆福（男，55 岁，农民）讲，张田生采录：《马齿菜救日》，见张振犁编著，孟宪明、朱淑君统纂《中原神话通鉴》（第三卷），郑州：河南大学出版社 2017 年版，第 861 页。

汉族 很久以前天上有十个太阳，大地热得像着了火。神箭手后羿射下了九个，为人民解除了痛苦。那太阳本是玉帝的十个儿子。

【流传】 河南省·（南阳市）·南召县·（太山庙乡·朱沙铺村）

【出处】 褚虎臣（男，78 岁，农民，读过四年私塾）讲，张春平采录：《八月十五敬月亮》（1980. 06），见张振犁编著，孟宪明、朱淑君统纂《中原神话通鉴》（第三卷），郑州：河南大学出版社 2017 年版，第 886 页。

汉族 远古时候，天上有十个太阳。这十个太阳，是玉皇大帝的十个儿子。

【流传】 河南省·（南阳市）·南召县

【出处】 翟传林（男，30 岁，教师，高中）讲，乔明宪采录整理：《二郎船》，见张振犁编著，孟宪明、朱淑君统纂《中原神话通鉴》（第三卷），郑州：河南大学出版社 2017 年版，第 941 页。

W0780. 2. 3. 4

玉皇大帝有 12 个儿子

实 例

（参见下级母题实例）

W0780. 2. 3. 4. 1

玉皇大帝有 12 个太阳儿子

实 例

汉族 很早很早以前，天上共有十二个太阳，他们都是玉皇大帝的儿子。

【流传】 河南省·（驻马店市）·正阳县

【出处】 艾连香（女，30 岁，工人，小学毕业）讲，艾守斌采录整理：《十二个太阳》（1987. 10），见张振犁编著，孟宪明、朱淑君统纂《中原神话通鉴》（第三卷），郑州：河南大学出版社 2017 年版，第 869 页。

W0780. 2. 3. 4. 1. 1

老天爷的 12 个太阳儿子是太阳神的弟子

实 例

汉族 天上的 12 个太阳是太阳神的弟子，又是老天爷的儿子。

【流传】 河南省·（南阳市）·桐柏县

【出处】李振有、李爱波讲，马卉欣采录：《二郎担山撵太阳（三）》(1980)，见张振犁编著，孟宪明、朱淑君统纂《中原神话通鉴》（第三卷），郑州：河南大学出版社 2017 年版，第 923 页。

W0780.2.3.5 玉皇大帝有 500 个儿子

实 例

汉族 玉皇大帝的 72 个妻子生 500 个儿子和 7 个女儿。

【流传】重庆市 · 巴南区

【出处】魏显德讲：《玉皇张大帝的来历》，见刘魁立主编《玉皇大帝的传说》，北京：中国社会出版社 2008 年版，第 1 ~ 6 页。

W0780.2.4 玉皇大帝的女儿

实 例

（参见下级母题实例）

W0780.2.4.0 玉皇大帝有 2 个女儿

实 例

（参见下级母题实例）

W0780.2.4.0.1 老天爷有太阳和月亮 2 个女儿

【关联】［W1600.4］太阳和月亮都为女

实 例

汉族 太阳和月亮是老天爷的两个女儿。

【流传】河南省 · 留庄乡韦庄村（不详）

【出处】刘伍（女，70 岁，汉族，不识字，农民）讲，王查山采录：《太阳、月亮和星星》（1988.11），见张振犁编著，孟宪明、朱淑君统纂《中原神话通鉴》（第四卷），郑州：河南大学出版社 2017 年版，第 1214 页。

W0780.2.4.1 玉皇大帝有 7 个女儿

实 例

汉族 玉皇大帝的七个女儿久慕人间男婚女爱的生活，经常背着父亲，到南天门外观赏人间美景。

【流传】河南省 ·（洛阳市）· 汝阳县

【出处】郭引强采录整理：《仙人石》，见张振犁编著，孟宪明、朱淑君统纂《中原神话通鉴》（第四卷），郑州：河南大学出版社 2017 年版，第 1104 页。

W0780.2.4.1.1 玉皇大帝与王母娘娘生养 7 个姑娘

实 例

汉族 王母娘娘与玉皇大帝生养七个姑娘。

【流传】四川省·巴县（今重庆·巴南区）

【出处】魏显德讲，李子硕、罗桂英记录，李子硕整理：《启明星和张大姐》(1988)，见姚宝瑄主编《中国各民族神话》（汉族），太原：山西出版传媒集团·书海出版社 2014 年版，第 322~325 页。

W0780. 2. 4. 2

玉皇大帝有 9 个女儿

实 例

（参见下级母题实例）

W0780. 2. 4. 2. 1

玉皇大帝与王母娘娘生 9 个女儿

实 例

汉族 玉皇大帝娶王母娘娘，婚后生 9 个女儿。

【流传】河北省·（石家庄市）·藁城县（藁城市）·（常安镇）·耿村

【出处】张才才讲：《王母娘娘寻玉皇》，见刘魁立主编《玉皇大帝的传说》，北京：中国社会出版社 2008 年版，第 11~12 页。

W0780. 2. 4. 3

玉皇大帝的三女儿

【关联】［W0725. 2. 4. 1. 1. 2］玉皇大帝的三闺女奉命与盘古结拜兄妹

实 例

汉族 天上玉皇大帝的三闺女下凡找到盘古，认盘古做了哥哥。

【流传】河南省桐柏山一带

【出处】马卉欣、梁燕搜集，马卉欣整理：《盘古山》，原载中国民间文艺研究会河南分会编：《河南民间故事集》，见姚宝瑄主编《中国各民族神话》（汉族），太原：山西出版传媒集团·书海出版社 2014 年版，第 95~100 页。

W0780. 2. 4. 3. 1

玉皇大帝的三女儿“三仙圣女”

实 例

汉族 玉皇大帝知道三个女儿不再升天，封三个公主为“三仙圣女”。

【流传】河南省·（郑州市）·登封市（嵩山一带）

【出处】王庚申讲，王电杰采录整理：《牛头山》，见张振犁编著，孟宪明、朱淑君统纂《中原神话通鉴》（第四卷），郑州：河南大学出版社 2017 年版，第 1036 页。

W0780. 2. 4. 3. 2

玉皇大帝的三女儿锦衣公主

实 例

汉族 玉帝的三女儿锦衣公主化身梅花鹿帮助黄帝。

【流传】河南省·（郑州市）·新密市

【出处】高力升采录整理：《黄鹿坡》，见张振犁编著，孟宪明、朱淑君统纂

《中原神话通鉴》（第二卷），郑州：河南大学出版社 2017 年版，第 720 页。

W0780.2.4.4

玉皇大帝的10个闺女

实　例

汉族 天上出现的十个日头是玉皇大帝的十个闺女。

【流传】河南省·（周口市）·项城市

【出处】王宏玲（女，24 岁，教师，中专）讲，苏国苏采录，孔祥谦采录整理：《羿射九日》，见张振犁编著，孟宪明、朱淑君统纂《中原神话通鉴》（第三卷），郑州：河南大学出版社 2017 年版，第 853 页。

W0780.2.4.4.1

玉皇大帝的10个太阳女儿

实　例

汉族 玉皇大帝有十个闺女，一个比一个长得齐整，白生生的脸，长得可好看，就是天上的十个太阳。

【流传】河南省·周口市［采录地点：周口市文明路讲述人家中］

【出处】郭焕明（女，77 岁，初中）讲，郭岫岩（文化馆干部）采录：《太阳公主》（1989.03），见张振犁编著，孟宪明、朱淑君统纂《中原神话通鉴》（第四卷），郑州：河南大学出版社 2017 年版，第 1206 页。

W0780.2.4.5

玉皇大帝的女儿太阳姑娘

实　例

汉族 人们生长在一个不分白天黑夜的世界上，常常吃不好，睡不好。日妹很气愤，就向父皇玉帝提出，让她白天单独出来行走，给人间以足够的温暖与光明。几次三番地请求，父王拗不过日妹，只好答应了她的要求。

【流传】河南省·（驻马店市·平舆县·高杨店镇）

【出处】王好美（女，41 岁，汉族，文盲，高杨店村委安李庄农民）讲，李雨顺采录：《月嫂和日妹》（1987.10），见张振犁编著，孟宪明、朱淑君统纂《中原神话通鉴》（第四卷），郑州：河南大学出版社 2017 年版，第 1198 页。

W0780.2.4.6

玉皇的大女儿雷姐

实　例

汉族 玉皇的大女儿雷姐去花园采花回来，路过天牢门口，听到天牢里有熊的哭声。

【流传】河南省·（焦作市）·武陟县·阳城乡·郭下村

【出处】李待见（男，农民，小学）讲，王广先采录整理：《四大怀药》，见张振犁编著《中原神话通鉴》（第一卷），郑州：河南大学出版社 2017

年版，第 197 页。

W0780. 2. 4. 6. 1

玉皇的大女儿雷姐踏云下凡

实 例

汉族 玉皇的大女儿雷姐，决心救出关在天牢中的凡人有熊。她砸开了锁和镣铐，领着有熊翻过后墙，伸手抓住一片白云，拉有熊站在上面，怀揣着那把菊花飞下凡尘了。

【流传】 河南省·（焦作市）·武陟县·阳城乡·郭下村

【出处】 李待见（男，农民，小学）讲，王广先采录整理：《四大怀药》，见张振犁编著《中原神话通鉴》（第一卷），郑州：河南大学出版社 2017 年版，第 198 页。

W0780. 2. 4. 7

玉皇大帝的小女儿

实 例

（参见下级母题实例）

W0780. 2. 4. 7. 1

玉皇大帝的小女儿小翠儿很俊

实 例

满族 以前天上的玉皇大帝有个小女儿，长得很俊，名叫小翠儿。

【流传】 辽宁省·（鞍山市）·岫岩满族自治县·牧牛乡一带

【出处】 洪希山、孙洪运讲，崔勇搜集整理：《太阳、月亮和星星的传说》，见姚宝瑄主编《中国各民族神话》（满族、赫哲族、朝鲜族），太原：山西出版传媒集团·书海出版社 2014 年版，第 62～63 页。

W0780. 2. 4. 8

玉皇大帝的女儿貌丑

实 例

白族 玉皇大帝的女儿生得十分丑陋。

【流传】 云南·大理（大理白族自治州）

【出处】 赵乙简：《大理白族取乳名习俗》，见吕大吉、何耀华总主编《中国各民族原始宗教资料集成》（彝族卷、白族卷、基诺族卷），北京：中国社会科学出版社 1996 年版，第 722 页。

W0780. 2. 4a

玉皇大帝的女婿（玉皇大帝的驸马）

实 例

（参见下级母题实例）

W0780. 2. 4a. 1

玉皇大帝的驸马牛王

【关联】

① ［W0509］ 牛神

② ［W0790d. 5］ 牛王菩萨

实 例

汉族 为给人民除害，玉皇大帝派驸马牛王下凡，治服洪水中的蛟龙。

【流传】 河南省·（郑州市）·登封市（嵩山一带）

【出处】 王庚申讲，王电杰采录整理：《牛头山》，见张振犁编著，孟宪明、朱淑君统纂《中原神话通鉴》（第四卷），郑州：河南大学出版社 2017 年版，第 1035 页。

W0780.2.5

玉皇大帝的众多子女

实 例

（参见下级母题实例）

W0780.2.5.1

玉皇大帝的 72 个妻子生 500 个儿子和 7 个女儿

实 例

汉族 玉皇大帝的 72 个妻子生 500 个儿子和 7 个女儿。

【流传】 重庆市·巴南区

【出处】 魏显德讲：《玉皇张大帝的来历》，见刘魁立主编《玉皇大帝的传说》，北京：中国社会出版社 2008 年版，第 1～6 页。

W0780.2.6

玉皇大帝的干儿干女

实 例

（参见下级母题实例）

W0780.2.6.1

玉皇大帝认皎阳和洁月为干儿子和干女儿

实 例

汉族 起初皎阳大仙和洁月大仙都勤劳守规，为人间送去光明。玉帝大喜，一次在灵霄宝殿宴会上，让皎阳、洁月坐在自己身边，并当着众神认皎阳和洁月为干儿子和干女儿。

【流传】 河南省·（周口市·项城市）·官会乡（官会镇）·于庄村

【出处】 于书章（男，43 岁，汉族，初中，农民）讲，王金亮（男，38 岁，汉族，初中，官会乡文化站专职干部）采录，苏国安采录整理：《皎阳与洁月》，见张振犁编著，孟宪明、朱淑君统纂《中原神话通鉴》（第四卷），郑州：河南大学出版社 2017 年版，第 1209 页。

W0780.2a

玉皇大帝的侄子（玉皇大帝的外甥）

【关联】 ［W1679.1］太阳是玉帝的侄子

实 例

（参见下级母题实例）

W0780.2a.1

玉皇大帝的外甥杨二郎

【关联】 ［W0673.7.2.1］杨二郎是老天爷的外甥

实 例

汉族 杨二郎是老天爷的外甥。

【流传】

（a）黑龙江省·黑河市

（b）山东省·（菏泽市）·郓城县·杨庄集乡·袁屯村

【出处】

（a）贾长有讲，贾永先采录：《二郎担山赶太阳》，见中国民间文学集成全国编辑委员会编《中国民间故事集成》（黑龙江卷），北京：中国 ISBN 中心 2005 年版，第 25 页。

（b）刘秀英讲，潘永修采录：《二郎担山撵太阳》，见中国民间文学集成全国编辑委员会编《中国民间故事集成》（山东卷），北京：中国 ISBN 中心 2007 年版，第 8 页。

W0780. 2a. 2

玉皇大帝的外甥老阳儿

实 例

汉族 老阳儿是玉皇大帝的外甥。

【流传】河南省·（安阳市）·林州市·（任村乡）

【出处】苏清林采录整理：《华山后头的老阳儿多着哩》，见张振犁编著，孟宪明、朱淑君统纂《中原神话通鉴》（第三卷），郑州：河南大学出版社 2017 年版，第 933 页。

W0780. 2b

玉皇大帝的孙辈

实 例

（参见下级母题实例）

W0780. 2b. 1

玉皇大帝的孙女七仙女

【关联】［W0826. 5. 3. 1］七仙女是玉皇大帝的孙女

实 例

汉族 七仙女是玉皇大帝的孙女。

【流传】浙江省

【出处】张松林采录：《六月时节过小年》，见王全吉等《浙江民俗故事》，杭州：浙江文艺出版社 2009 年版，第 22 页。

W0780. 3

玉皇大帝的兄弟

实 例

（参见下级母题实例）

W0780. 3. 1

玉皇玉帝是兄弟

实 例

（参见下级母题实例）

W0780.3.1.1

玉皇、玉帝兄弟分别掌管天地人间

实 例

苗族 玉皇、玉帝兄弟俩掌管天地人间。

【流传】贵州省·（毕节市）·黔西（黔西县）

【出处】过竹：《苗族神话研究》，南宁：广西人民出版社1988年版，第225页。

W0780.3.2

玉皇大帝和紫薇北极大帝是兄弟

实 例

汉族 （参见“W0778.2.1 王后感生的莲花中生玉皇大帝”母题实例）

【流传】（无考）

【出处】《本命真君北斗星君》，见王德恒等《造神史话》，天津：百花文艺出版社2002年版，第103页。

W0780.3.3

玉皇与阎王是兄弟

【关联】

① ［W0242］ 阎王

② ［W0242.7.2.1］ 阎王有九兄弟

实 例

（参见下级母题实例）

W0780.3.3.1

玉皇与阎王是亲哥儿俩

实 例

汉族 玉皇与阎王是亲哥儿俩。

【流传】河北省·秦皇岛市·抚宁县·（留守营镇）·宋庄乡（宋庄村）

【出处】孙本营讲：《玉皇和阎王》，见本县集成办编《抚宁民间故事卷》第1集，内部编印，1987年，第26页。

W0780.3.4

玉皇张大帝与张果老结拜兄弟

实 例

汉族 玉皇张大帝与张果老是结拜兄弟

【流传】四川省·巴县（重庆·巴南区）·走马乡·工农村

【出处】魏显德讲，严小华记录，李子硕整理：《月亮和云是哪个生的》，见姚宝瑄主编《中国各民族神话》（汉族），太原：山西出版传媒集团·书海出版社2014年版，第210~212页。

W0780.3a

玉皇大帝的姐妹

实 例

（参见下级母题实例）

W0780. 3a. 1

玉帝的花神妹妹

实 例

汉族 玉帝送给应花神妹妹一百名仙女。

【流传】

（a）河南省·（南阳市）·社旗县

（b）河南省·驻马店市·汝南县

（c）河南省·（新乡市）·封丘县

【出处】

（a）杨东来搜集整理：《天女散花》，见张振犁编著《中原神话通鉴》（第一卷），郑州：河南大学出版社 2017 年版，第 38 页。

（b）申汪让讲，张丽卿采录整理：《天女散花》，同上，第 39 页。

（c）王又凡（50 多岁，教师）讲，王海燕采录：《花神》（1989. 12. 16），同上，第 40 页。

W0780. 4

玉皇大帝的侍者

实 例

白族 （实例待考）

W0780. 4. 1

老天爷的两个佣人金童、玉女

实 例

汉族 老天爷有两个佣人，男的叫金童，女的叫玉女。

【流传】 河南省·（南阳市）·桐柏县·平氏乡·平南村

【出处】 王英布讲，马卉欣采录：《修炼成亲》，见中国民间文学集成全国编辑委员会编《中国民间故事集成》（河南卷），北京：中国 ISBN 中心 2001 年版，第 5 页。

W0780. 5

玉皇大帝的从属

实 例

纳西族 （实例待考）

W0780. 5. 1

玉皇大帝的属臣雷公

【关联】

①［W0303d. 4. 1］雨神是玉皇大帝的属臣

②［W0353a. 1］雷神是玉皇大帝的手下

③［W0779b. 2. 2. 2］玉皇大帝管雷公电母

实 例

（参见下级母题实例）

W0780. 5. 1. 1

玉皇大帝派雷公下凡巡察

实 例

瑶族 玉皇大帝派雷公下凡巡察。

【流传】（无考）

【出处】

（a）盘国金搜集：《伏羲兄妹》，载《山茶》1982年第1期。
（b）同（a），见姚宝瑄主编《中国各民族神话》（土家族、毛南族、侗族、瑶族），太原：山西出版传媒集团·书海出版社2014年版，第184页。

W0780.5.2
玉皇大帝的四大镇殿将军

实 例

汉族 玉皇大帝吩咐四大镇殿将军，把玉册仙官推出南天门斩首。

【流传】河南省·信阳市

【出处】吴炳良讲，张楚北、张书中采录整理：《月牙石》，见张振犁编著，孟宪明、朱淑君统纂《中原神话通鉴》（第三卷），郑州：河南大学出版社2017年版，第909页。

W0780.5.2a
玉皇大帝的苍龙大将

实 例

（参见下级母题实例）

W0780.5.2a.1
玉皇大帝派苍龙大将下凡体察民情

实 例

汉族 一日，玉帝召见群臣，命苍龙大将到人间体察民情，观察民风。

【流传】河南省·（安阳市）·林州市

【出处】赵文昌采录整理：《天上下白面》，见张振犁编著，孟宪明、朱淑君统纂《中原神话通鉴》（第四卷），郑州：河南大学出版社2017年版，第1350页。

W0780.5.2b
玉皇大帝的天兵天将

实 例

（参见下级母题实例）

W0780.5.2b.1
老天爷派天兵天将惩罚人类浪费粮食

实 例

汉族 人间浪费粮食。老天爷决心惩罚天下人，下令把所有农作物的穗都捋去。天兵天将就雷厉风行地干起来了。

【流传】河南省（流传地区：大张庄一带）

【出处】张成青（女，76岁，大张庄农民）讲，张成凤采录整理：《植物浑身长穗的传说》（1985.08），见张振犁编著，孟宪明、朱淑君统纂《中原神话通鉴》（第四卷），郑州：河南大学出版社2017年版，第1334页。

W0780.5.2b.1.1
玉皇大帝的天兵

实 例

汉族 南天门失火，老天爷亲自传旨命天兵挑天河水，才灭了这场大火。

【流传】河南省·（周口市）·太康县·朱口镇

【出处】雷丕显（男，72岁，农民）讲，雷文杰采录整理：《共工和祝融》（1986），见张振犁编著，孟宪明、朱淑君统纂《中原神话通鉴》（第三卷），郑州：河南大学出版社2017年版，第764页。

W0780. 5. 3

玉皇大帝的部下裴曾老祖

实 例

（参见下级母题实例）

W0780. 5. 3. 1

裴曾老祖掌管万物造化记事簿

实 例

汉族 玉帝召来各路神仙商量降服怪物的办法。裴曾老祖打开万物造化记事簿，上面写着：怪物是天马和西海三公主交配私生的。

【流传】河南省·（南阳市）·桐柏县

【出处】袁相如（男，53岁，职工）讲，谢明超采录，陈胜采录整理：《桐柏山、淮河、大禹》，见张振犁编著，孟宪明、朱淑君统纂《中原神话通鉴》（第四卷），郑州：河南大学出版社2017年版，第1150页。

W0780. 5. 4

玉帝的属臣夸娥氏

实 例

汉族 玉帝看到许多人不爱惜粮食，随地糟蹋，有的还用白馍擦屁股，很生气。召来夸娥氏让他去把多余的五谷收回。

【流传】河南省·（南阳市）·唐河县［采录地点：唐河县马振扶乡小河村］

【出处】倪张氏讲，张康采录：《五谷为啥不是从根到梢都结籽》（1984. 08），见张振犁编著，孟宪明、朱淑君统纂《中原神话通鉴》（第四卷），郑州：河南大学出版社2017年版，第1334页。

W0780. 5. 5

玉帝的传令官

实 例

（参见下级母题实例）

W0780. 5. 5. 1

玉帝的传令官是一头老牛

【关联】［W3219. 9. 2］牛错传话被惩罚为人耕地

实 例

汉族 玉帝很想关心一下地上人们的生活，就对老牛说：“牛呀，出去传我的话，要人们一天一顿饭三打扮。”老牛心底最诚实，听到玉帝传旨，急忙来到人间。

【流传】河南省·南阳市

【出处】李建霞采录整理：《牛为啥没上牙》，见张振犁编著，孟宪明、朱淑君统纂《中原神话通鉴》（第四卷），郑州：河南大学出版社 2017 年版，第 1295 页。

W0780.5.5.2

玉帝的传令官金牛大仙

实　例

汉族 牛原来是天上的金牛大仙，负责传递玉帝的旨意。

【流传】河南省·（驻马店市）·遂平县西部山区一带

【出处】崔蕊的祖母讲，崔蕊（女，16 岁，汉族，花庄乡初中学校学生）采录：《牛为什么吃草》（1988），见张振犁编著，孟宪明、朱淑君统纂《中原神话通鉴》（第四卷），郑州：河南大学出版社 2017 年版，第 1296 页。

W0780.5a

玉皇大帝的上司

实　例

（参见下级母题实例）

W0780.5a.1

玉皇大帝是如来的随从

实　例

汉族 灾难后，幸存玉人和玉姐兄妹俩捏泥人。一天，和尚如来佛来拜见玉人和玉姐兄妹。如来佛身后面还跟着一个五官端正的少年，正是玉皇大帝。

【流传】河南省·（驻马店市）·正阳县·（袁寨乡·袁寨村）

【出处】张昀的邻居老人讲，张昀采录，张振犁采录整理：《玉人和玉姐》（1981.05），见张振犁编著，孟宪明、朱淑君统纂《中原神话通鉴》（第二卷），郑州：河南大学出版社 2017 年版，第 428 页。

W0780.6

玉皇大帝的辅佐

【关联】［W0237.3.4.1.1］地皇是替玉皇大帝掌管人间各种灵性生辰寿日、生老病死轮回的星官

实　例

（参见下级母题实例）

W0780.6.1

玉皇大帝有众神辅佐

实　例

（参见下级母题实例）

W0780.6.1.1

玉皇大帝有日月星等众神辅佐

实　例

汉族 （参见“W0779b.2.1.1 玉皇大帝管日月星辰和地球”母题实例）

W0780. 6. 1. 2

三光神、雷王、风伯、雨师、闪电小娘辅佐玉皇大帝

实 例

毛南族 （实例待考）

W0780. 7

玉皇大帝的师傅

实 例

（参见下级母题实例）

W0780. 7. 1

玉帝的恩师如来佛

【关联】［W0787. 6. 5. 2］ 如来佛是玉帝的老师

实 例

汉族 如来佛是玉皇大帝的恩师，最高佛爷。

【流传】 河南省·（驻马店市）·正阳县·袁寨乡·袁寨村

【出处】 张昀讲，张振犁采录：《玉人和玉姐》，见中国民间文学集成全国编辑委员会编《中国民间故事集成》（河南卷），北京：中国 ISBN 中心 2001 年版，第 11 页。

W0780. 8

玉皇大帝的使者

实 例

（参见下级母题实例）

W0780. 8. 1

龙是玉皇大帝的使者

【关联】［W0171. 1］ 动物是神的使者

实 例

彝族 （实例待考）

W0780. 8. 2

玉皇大帝的信使

实 例

（参见下级母题实例）

W0780. 8. 2. 1

乌鸦是玉皇大帝的信使

实 例

蒙古族 两只大乌鸦是汗霍尔木斯塔（玉皇大帝）为着了解人间琐事而派下来的信使。

【流传】 内蒙古自治区·哲里木盟（今通辽市）·科左中旗（科尔沁左翼中旗）·摇里木都公社（腰林毛都镇）·西塔林爱里（西塔林艾勒）

【出处】 乌力青讲，阿奇记录整理：《保牧乐》，见谷德明编《中国少数民族神话》，北京：中国民间文艺出版社 1987 年版，第 44 ~ 49 页。

W0781

与玉皇大帝有关的其他母题

【关联】［W1542. 6］ 玉帝派来日月

实 例

（参见下级母题实例）

W0781.1

玉皇大帝的生日（玉帝的生日）

实 例

（参见下级母题实例）

W0781.1.1

玉皇大帝生日是农历正月初九

实 例

汉族 神明降诞，以义起者也。玉帝生于正月初九日者，阳数始于一，而极于九，原始要终也。

【流传】（无考）

【出处】［明］王逵：《蠡海集》。

汉族 正月初一日，天神地祇朝三清玉帝；初九日，玉皇大帝圣诞。

【流传】（无考）

【出处】［明］黄道周：《月令明义》。

民族无考 远古之时，有个光严妙乐国，国王为净德王，王后称宝月光，老而无嗣。王后感梦太上道君抱一婴儿入怀中，醒而有孕。怀孕十二个月，乃于丙午年正月初九诞下太子。太子自幼聪慧，长大则辅助国王，勤政爱民，行善救贫。国王驾崩后子郤禅位大臣，遁入深山修道。功成经历八百劫，牺牲己身以超度众生，终于修成真道，飞升九天之上，得万方诸圣拥戴，成为统御三界的玉皇大帝。

【流传】（无考）

【出处】撰者不详：《高上玉皇本行集经》。

汉族 正月初九是玉皇大帝的生日。

【流传】（无考）

【出处】王德恒等《造神史话》，天津：百花文艺出版社2002年版，第374页。

汉族等 每年的正月初九为玉皇圣诞日，俗称“玉皇会”。

【流传】（无考）

【出处】《玉皇大帝》，见乌丙安主编《中国民间神谱》，沈阳：辽宁人民出版社2007年版，第243页。

汉族 因为玉皇大帝是农历正月初九生，所以，人间每到这一天都敬奉老天爷，说是正月初九是老天爷过生。

【流传】河南省·（信阳市）·息县

【出处】涂玉生（男，63岁，农民）讲，戴金瑛采录整理：《玉皇大帝的来历》（1984.00），见张振犁编著，孟宪明、朱淑君统纂《中原神话通鉴》（第四卷），郑州：河南大学出版社2017年版，第1241页。

W0781.1.2

老天爷生日是每年的正月初九

实 例

（参见下级母题实例）

W0781.1.2.1
每年的正月初九天爷生日举行暑伏庙会

实 例

汉族 每年的正月初九天爷生日、暑伏会时的庙会，人山人海，十分热闹，人们都要来敬天拜祖。

【流传】河南省·（郑州市）·新密市

【出处】李富裕（男，62岁，退休文化干部）讲：《轩辕黄帝拜三皇》（1990.11.29），见张振犁编著，孟宪明、朱淑君统纂《中原神话通鉴》（第二卷），郑州：河南大学出版社2017年版，第684页。

W0781.2
玉皇大帝的寿命

实 例

（参见下级母题实例）

W0781.2.1
玉皇大帝不死

实 例

（实例待考）

W0781.3
玉皇大帝的名字（玉皇大帝的名号）

实 例

（参见下级母题实例）

W0781.3.1
特定名称的玉皇大帝

实 例

（参见下级母题实例）

W0781.3.1.1
玉帝姓张

实 例

汉族 玉皇大帝姓张。

【流传】四川省·巴县（今重庆市·巴南区）·走马乡

【出处】谢治中讲，严小华采录：《轩辕制衣服》，见中国民间文学集成全国编辑委员会编《中国民间故事集成》（四川卷·上），北京：中国ISBN中心1998年版，第60页。

W0781.3.1.1.1
天老爷叫张玉皇

实 例

汉族 从地上选了一个叫张玉皇的人到天上做了天老爷。

【流传】辽宁省·（大连市）·庄河县（庄河市）·光明乡（光明山镇）

【出处】尚乔氏讲：《雨蛙的由来》，见庄河县文化馆编《庄河民间传说》（2），内部编印，1983年，第114～118页。

W0781.3.1.1.1.1
凡人张玉皇当上天帝

实 例

汉族 人间一个叫张玉皇的老实人弄丢了三皇考验他的10个人头，需要赔偿时，他砍下妻女的10个人头偿还。三皇就让他带着妻女到天宫做了天帝。

【流传】 山东·（泰安市）·宁阳（宁阳县）；辽宁省·沈阳市·（苏家屯区·红菱堡镇·宋大台村）

【出处】 赵连才讲，赵凤芹记录整理：《玉皇大帝的传说》，见姚宝瑄主编《中国各民族神话》（汉族），太原：山西出版传媒集团·书海出版社2014年版，第339～344页。

W0781.3.1.1.1.1.1
凡人张玉皇当上天帝后称玉皇大帝

实 例

汉族 凡人张玉皇当上了天帝，成了现在的老天爷。因为他的名字叫张玉皇，所以人们称他“玉皇大帝”。

【流传】 山东·（泰安市）·宁阳（宁阳县）；辽宁省·沈阳市·（苏家屯区·红菱堡镇·宋大台村）

【出处】 赵连才讲，赵凤芹记录整理：《玉皇大帝的传说》，见姚宝瑄主编《中国各民族神话》（汉族），太原：山西出版传媒集团·书海出版社2014年版，第339～344页。

W0781.3.1.1.1a
老天爷张玉帝

实 例

汉族 天上的十个日头，就是老天爷张玉帝的十个儿子。他们十人轮流坐庄，一替一个出来。

【流传】 河南省·（周口市）·淮阳县

【出处】 李庆福（男，55岁，农民）讲，张田生采录：《马齿菜救日》，见张振犁编著，孟宪明、朱淑君统纂《中原神话通鉴》（第三卷），郑州：河南大学出版社2017年版，第861页。

W0781.3.1.1.1b
玉皇张大帝

实 例

汉族 玉皇张大帝与张果老是结拜兄弟

【流传】 四川省·巴县（重庆·巴南区）·走马乡·工农村

【出处】 魏显德讲，严小华记录，李子硕整理：《月亮和云是哪个生的》，见姚宝瑄主编《中国各民族神话》（汉族），太原：山西出版传媒集团·书海出版社2014年版，第210～212页。

W0781.3.1.1.2
玉皇大帝张天社

实 例

汉族 太白金星见人间的张天社豪爽讲义气，就请他上天去做玉皇大帝。

【流传】河南省·（南阳市）·西峡县·回车乡·黑虎庙村［采录地点：西峡县回车乡黑虎庙村］

【出处】张华昌（男，55 岁，汉族，不识字，农民）讲，谢起超，男（40 岁，汉族，高中毕业，县文化馆干部）采录整理：《老天爷的来历》（1986. 05），见张振犁编著，孟宪明、朱淑君统纂《中原神话通鉴》（第四卷），郑州：河南大学出版社 2017 年版，第 1254 页。

W0781. 3. 1. 2

玉皇大帝汗霍尔木斯塔

实例

蒙古族 阎王听命于汗霍尔木斯塔（玉皇大帝）。

【流传】内蒙古自治区·哲里木盟（今通辽市）·科左中旗（科尔沁左翼中旗）·摇里木都公社（腰林毛都镇）·西塔林爱里（西塔林艾勒）

【出处】乌力青讲，阿奇记录整理：《保牧乐》，见谷德明编《中国少数民族神话》，北京：中国民间文艺出版社 1987 年版，第 44 ~49 页。

W0781. 3. 2

玉皇大帝又称玉皇帝

实例

蒙古族 胡日穆斯塔腾格里即为玉皇帝、玉皇、上帝。

【流传】（无考）

【出处】斯琴朝克图：《蒙古语根词典》，呼和浩特：内蒙古人民出版社 1988 年版，第 1146 页。

W0781. 3. 3

玉皇大帝又称玉皇

实例

蒙古族 （参见“W0781. 3. 2 玉皇大帝又称玉皇帝”母题实例）

W0781. 3. 3. 1

玉皇称天神“老天爷”

实例

汉族 天上有玉皇，地上有盘古，玉皇称天神——老天爷，盘古是地神——老地爷。

【流传】河南省·（濮阳市）·范县

【出处】崔金钊笔述，荆耕田采录整理：《黄河的故事》，见张振犁编著《中原神话通鉴》（第一卷），郑州：河南大学出版社 2017 年版，第 20 页。

W0781. 3. 4

玉皇大帝又称上帝

实例

蒙古族 （参见“W0781. 3. 2 玉皇大帝又称玉皇帝”母题实例）

W0781.3.5

玉皇大帝又称玉皇上帝

实　例

汉族　玉皇大帝又称玉皇上帝、玉帝、玉皇。

【流传】（无考）

【出处】《玉皇大帝》，见王德恒等《造神史话》，天津：百花文艺出版社 2002 年版，第 73 页。

W0781.3.6

玉皇大帝俗称老天爷

实　例

汉族　从前，息县城东关外有座天爷庙，庙里有个神仙叫玉皇大帝，俗称老天爷。

【流传】河南省·（信阳市）·息县

【出处】涂玉生（男，63 岁，农民）讲，戴金瑛采录整理：《玉皇大帝的来历》（1984），见张振犁编著，孟宪明、朱淑君统纂《中原神话通鉴》（第四卷），郑州：河南大学出版社 2017 年版，第 1241 页。

W0781.3.6a

玉皇大帝又称天王

实　例

羌族　玉皇大帝为汉化的称谓，羌人称天神或天王。

【流传】四川省·（阿坝藏族羌族自治州）·理番县（理县）·佳山寨一带（今桃坪乡）

【出处】教育部蒙藏教育司编：《川西调查记·羌人之部》，1943 年，见吕大吉、何耀华总主编《中国各民族原始宗教资料集成》（纳西族卷、羌族卷、独龙族卷、傈僳族卷、怒族卷），北京：中国社会科学出版社 2000 年版，第 465 页。

W0781.3.7

玉皇大帝的道教全称是“昊天金阙无上至尊自然妙有弥罗至真玉皇上帝”

实　例

汉族等　玉皇大帝的道教全称是“昊天金阙无上至尊自然妙有弥罗至真玉皇上帝”。

【流传】（无考）

【出处】《玉皇大帝》，见乌丙安主编《中国民间神谱》，沈阳：辽宁人民出版社 2007 年版，第 243 页。

W0781.3.8

玉皇大帝的道教全称是“弦穹高上玉皇大帝”

实　例

汉族等　玉皇大帝的道教全称是“昊天金阙无上至尊自然妙有弥罗至真玉皇上帝”，或者“弦穹高上玉皇大帝”。

【流传】（无考）

【出处】《玉皇大帝》，见乌丙安主编

《中国民间神谱》，沈阳：辽宁人民出版社2007年版，第243页。

W0781.3.9
玉帝称“万界”

实 例

黎族 黎族称玉帝为“万界”。

【流传】海南省·（三亚市）·乐东县（乐东黎族自治县）

【出处】龙敏记录整理：《兄弟星座》，见姚宝瑄主编《中国各民族神话》（高山族、黎族、畲族），太原：山西出版传媒集团·书海出版社2014年版，第60页。

W0781.4
玉皇大帝的遗迹（与玉皇大帝有关的风物）

实 例

（参见下级母题实例）

W0781.4.1
玉皇顶

实 例

汉族 大禹治水到桐柏，桐柏是块宝地。东边的玉皇顶上，只要有云彩，就会下雨。

【流传】河南省·（南阳市）·桐柏县

【出处】郑普如（教师）讲，郑大芝采录：《大禹治水》（1984.03.25），见张振犁编著，孟宪明、朱淑君统纂《中原神话通鉴》（第四卷），郑州：河南大学出版社2017年版，第1157页。

汉族 桐柏山的东大顶变成了玉皇顶，有玉后庙在。

【流传】河南省·（南阳市）·桐柏县·城关镇

【出处】彭新友讲，彭云采录，马卉欣采录整理：《淮渎抢地》，见张振犁编著，孟宪明、朱淑君统纂《中原神话通鉴》（第四卷），郑州：河南大学出版社2017年版，第1176页。

W0781.4.2
天爷庙

实 例

汉族 从前，息县城东关外有座天爷庙，供奉着玉皇大帝。

【流传】河南省·（信阳市）·息县

【出处】涂玉生（男，63岁，农民）讲，戴金瑛采录整理：《玉皇大帝的来历》（1984），见张振犁编著，孟宪明、朱淑君统纂《中原神话通鉴》（第四卷），郑州：河南大学出版社2017年版，第1241页。

W0781.4.3
天爷洞

实 例

（参见下级母题实例）

W0781.4.3.1

黄帝在天爷洞拜天祭地

实 例

汉族 在龙泉村南面的崖壁上，有排溶洞群，人称“天爷洞”。传说这里是黄帝拜天祭地的地方。

【流传】河南省·（郑州市）·新密市·（平陌镇·龙泉村）

【出处】魏洪基（58岁，农民，小学）讲，高力升采录整理：《黄帝拜三皇》，见张振犁编著，孟宪明、朱淑君统纂《中原神话通鉴》（第二卷），郑州：河南大学出版社2017年版，第685页。

W0782

其他特定的地方神或民间宗教神

实 例

（参见下级母题实例）

W0782.1

水母娘娘（水母）

实 例

汉族 玄武步兮水母，与吾期兮南荣。

【流传】（无考）

【出处】［汉］王褒：《楚辞·九怀·思忠》。

W0782.1.1

水母娘娘的产生

实 例

（参见下级母题实例）

W0782.1.1.1

凡人成为水母娘娘

实 例

（参见下级母题实例）

W0782.1.1.1.1

民间女子春英成为水母娘娘

实 例

汉族 民间女子春英成为水母娘娘。

【流传】山西省·（太原市）晋祠一带

【出处】屈育德：《神话·传说·民俗》，北京：中国文联出版社1988年版，第114页。

W0782.1.2

水母娘娘的特征（水母娘娘的身份，水母娘娘的职能）

【关联】［W0464.4.1］船业、船运业保护神水母娘娘

实 例

（参见下级母题实例）

W0782.1.2.1

水母娘娘是淮水神

【关联】［W0405.4］淮水神

实 例

汉族 水母娘娘是淮水神。

【流传】（无考）

【出处】《船运业神——水母娘娘》，见乌丙安主编《中国民间神谱》，沈阳：辽宁人民出版社 2007 年版，第 180 页。

W0782. 1. 2. 2 水母娘娘是一柳姓女子

实 例

汉族 水母娘娘原为一柳姓女子，曾嫁到山西晋祠村做童养媳。

【流传】（山西省）

【出处】《船运业神——水母娘娘》，见乌丙安主编《中国民间神谱》，沈阳：辽宁人民出版社 2007 年版，第 180 页。

W0782. 1. 2. 3 水母娘娘能控制水

实 例

汉族 晋祠圣母又称“水母娘娘。俗传太原晋祠圣母姓柳既，金胜村人，姑性严，汲水甚难。道遇白衣乘马，欲水饮玛，柳不吝与之。乘马者授之以鞭，令置之瓮底，曰：“抽鞭则水自生。”柳归母家，其姑误抽鞭，水遂奔流不可止。急呼柳至，坐于瓮上，水乃安流。今圣母之座即瓮口也。

【流传】（无考）

【出处】

（a）［清］陈梦雷原编，蒋廷锡重编：《古今图书集成·职方典》卷三〇六。

（b）《晋祠圣母》，见袁珂《中国神话大词典》，北京：华夏出版社 2015 年版，第 257 页。

W0782. 1. 2. 3. 1 水母娘娘挑水欲将神州东南悉化泽国

实 例

汉族 水母娘娘挑水一担行道上，欲将神州东南悉化泽国。

【流传】（江苏省·淮安市·盱眙县）

【出处】《水母洞》，见袁珂《中国神话大词典》，北京：华夏出版社 2015 年版，第 85 页。

W0782. 1. 3 与水母娘娘有关的其他母题

【关联】

① ［W0068a. 5. 16. 2. 2］晋祠圣母又称水母娘娘

② ［W0658a. 8. 1. 26. 1］水业祖师神水母娘娘

实 例

（参见下级母题实例）

W0782. 1. 3. 1 大圣锁水母

实 例

汉族 泗州塔下，相传泗州大圣锁水母处。

【流传】（无考）

【出处】［明］陶宗仪：《南村辍耕录》卷二九。

W0782.1.3.2

大禹锁水母

实　例

汉族 禹锁无支祈，“而释氏乃以为泗州僧伽之所降水母者”。

【流传】（无考）

【出处】［宋］罗泌：《路史·余论九》“无支祁”条。

W0782.2

本主神（本主，本主的产生）

实　例

（参见下级母题实例）

W0782.2.0

神或神性人物作为本主

实　例

（参见下级母题实例）

W0782.2.0.1

地母作为本主

实　例

白族 有的地方把地母作为本主供奉。

【流传】云南省·（大理白族自治州）·鹤庆县

【出处】张海福调查整理：《鹤庆白族祭地活动》（1989），见吕大吉、何耀华总主编《中国各民族原始宗教资料集成》（彝族卷、白族卷、基诺族卷），北京：中国社会科学出版社1996年版，第466页。

W0782.2.0.2

玉帝的侍者奉为本主

实　例

白族 玉帝的侍者按玉帝的旨意到人间撒瘟药时，决定牺牲自己，拯救万方生灵，便把瘟药全喝到自己肚里去了太上老君把这事托梦给狮河人，上河村的百姓十分感动，把侍者奉为本主。

【流传】（无考）

【出处】阿唐波讲，陆家瑞整理：《大黑天神》，原载李子贤编《云南少数民族神话选》，见陶阳、钟秀编《中国神话》（中），北京：商务印书馆2008年版，第761～762页。

W0782.2.0.3

药神本主

实　例

（参见下级母题实例）

W0782.2.0.3.1

药神本主孟优

实　例

白族 大理海东本主庙塑的一尊神，圣号孟优，是《三国演义》中《七擒孟获》中的孟获的二弟。孟优治病，真是药到病除，治一个好一个。后人为了纪念他的功德，奉他为药神本主。

【流传】（云南省·大理白族自治州）

【出处】

（a）张闻敏讲，杨锡兰搜集整理：《药神孟优——海东本主故事》，见大理白族自治州文化局编《白族民间故事选》，上海：上海文艺出版社1984年版。

（b）同（a），见姚宝瑄主编《中国各民族神话》（白族、拉祜族、景颇族），太原：山西出版传媒集团·书海出版社2014年版，第115～117页。

W0782.2.0.4

大黑天神本主

实 例

白族 天神为救人类吞吃了玉帝让他散发的瘟疫符章，全脸发黑而死。湾桥的人为他建祠塑像，奉为本主，因为他脸黑，就称他为“大黑天神”。

【流传】 云南省·（大理白族自治州）·大理市

【出处】 黑明星讲，马泽斌记录：《大黑天神》，原载李缵绪主编《白族神话传说集成》，中国民间文艺出版社1986年版，见姚宝瑄主编《中国各民族神话》（白族、拉祜族、景颇族），太原：山西出版传媒集团·书海出版社2014年版，第143页。

W0782.2.0.5

始祖作为本主（祖先立为本主）

实 例

（参见下级母题实例）

W0782.2.0.5.1

鹤庆县西山10个村各将两位人类始祖或10双儿女中的1对立为本主

实 例

白族 鹤庆县西山十个村寨都有本主庙。本主庙中供奉的本主神像，就是两位人类始祖或十双儿女中的一对。

【流传】 云南省·（大理白族自治州）·鹤庆县西山（不详）

【出处】 李剑飞讲，李缵绪、章虹宇记录：《人类和万物的起源》（又名《劳谷与劳泰》《古干古洛创世记》）附记，原载李缵绪主编《白族神话传说集成》，中国民间文艺出版社1986年版，见姚宝瑄主编《中国各民族神话》（白族、拉祜族、景颇族），太原：山西出版传媒集团·书海出版社2014年版，第29页。

W0782.2.0.6

动物神本主

实 例

（参见下级母题实例）

W0782.2.0.6.1
凤凰神女本主

实 例

白族 老人把梦中见到的事讲给了村民们。从此，这个村子的人就把凤凰神女尊为本主，给她建了庙，并把村子取名为“凤阳邑”。

【流传】云南省·（大理白族自治州）·大理市·七里桥区（七里桥镇）

【出处】李洲、王应庞讲，姜祥搜集整理：《凤凰女神——七里桥区庄窑、大井盘村本主》，原载大理市文化局编《白族本主神话》，中国民间文艺出版社1988年版，见姚宝瑄主编《中国各民族神话》（白族、拉祜族、景颇族），太原：山西出版传媒集团·书海出版社2014年版，第113页。

W0782.2.0.7
日神作为本主

实 例

（参见下级母题实例）

W0782.2.0.7.1
日神本主能驱除云雾保丰收

实 例

白族 沧浪峰多云雾，禾稼往往不能成熟。赖此村本主——日神驱除云雾，方能丰收。

【流传】云南省·（大理白族自治州）·喜洲镇（云沧乡）·阁洞螃村

【出处】徐嘉瑞：《大理古代文化史稿》，北京：中华书局1978年版，第202页。

W0782.2.1
帝王本主神

实 例

（参见下级母题实例）

W0782.2.1.1
本主细奴逻

实 例

白族 本主神包括帝王，如细奴逻、皮逻阁、凤伽异、蒙世隆等。

【流传】（无考）

【出处】大理市文化局编：《白族本主神话》前言，北京：中国民间文艺出版社1988年版。

W0782.2.1.2
炎帝是本主

实 例

白族 太阳神炎帝显圣以后带来的幸福，本地人盖了一座本主庙，奉太阳神为本主。

【流传】云南省·大理州（大理白族自治州）

【出处】杨惠讲，杨宪典记录：《太阳神

本主》，原载李缵绪主编《白族神话传说集成》，见陶阳、钟秀编《中国神话》（中），北京：商务印书馆 2008 年版，第 699～701 页。

W0782. 2. 1. 3
沙漠景帝本主

实　例

白族 沙漠国国王把国都建好后，把居住在山上的山民迁移入城，教他们种五谷，植桃李，操兵练武，扩大了沙漠国的地盘。他死后，鲁川和鸡足山的人们为了感激他，封他为沙漠景帝，作为鲁川和鸡足山民村的本主。

【流传】云南省·（大理白族自治州）·宾川县

【出处】董德珍讲，王富记录：《沙漠大王》，见姚宝瑄主编《中国各民族神话》（白族、拉祜族、景颇族），太原：山西出版传媒集团·书海出版社 2014 年版，第 93 页。

W0782. 2. 2
清平官本主神（好官立为本主）

实　例

（参见下级母题实例）

W0782. 2. 2. 1
本主杜光庭

实　例

白族 本主神包括帝王，如细奴逻、皮逻阁、凤伽异、蒙世隆等；清平官，如段宗榜、段奕琮、郑回、杜光庭等。

【流传】（无考）

【出处】大理市文化局编：《白族本主神话》前言，北京：中国民间文艺出版社 1988 年版。

W0782. 2. 3
古代将领本主神

实　例

（参见下级母题实例）

W0782. 2. 3. 1
本主李父子

实　例

白族 本主神包括帝王，如细奴逻、皮逻阁、凤伽异、蒙世隆等；清平官本主，如段宗榜、段奕琮、郑回、杜光庭等；古代将领，如李父子、张公健、傅友德等。

【流传】（无考）

【出处】大理市文化局编：《白族本主神话》前言，北京：中国民间文艺出版社 1988 年版。

W0782. 2. 4
古代英雄志士本主神（英雄立为本主）

实　例

（参见下级母题实例）

W0782.2.4.1
本主段赤诚

实 例

白族 本主神包括帝王，如细奴逻、皮逻阁、凤伽异、蒙世隆等；清平官，如段宗榜、段奕琮、郑回、杜光庭等；古代将领，如李父子、张公健、傅友德等；英雄志士，如段赤诚、杜朝选、三星太子等。

【流传】（无考）

【出处】大理市文化局编：《白族本主神话》前言，北京：中国民间文艺出版社1988年版。

白族 段赤城（人名）与恶蟒同归于尽。人们盛殓了舍身除害的勇士段赤城。在山坝里举行了庄严的葬仪，把段赤城葬在羊皮村后马耳峰下的小岗上，立他为本主。

【流传】（云南省·大理白族自治州）

【出处】丁炳森整理：《段赤城》（1963），见姚宝瑄主编《中国各民族神话》（白族、拉祜族、景颇族），太原：山西出版传媒集团·书海出版社2014年版，第145～146页。

W0782.2.4.2
尊其他民族英雄为本主

实 例

（参见下级母题实例）

W0782.2.4.2.1
彝族英雄奉为本主

实 例

白族 白族村里的人尊敬和佩服彝族英雄的神力，尊他为本主。

【流传】云南省·（大理白族自治州）·祥云县·（禾甸镇·黄联村民委员会）·段家营村

【出处】田怀清调查整理：《祥云白族尊彝族英雄为本主》（1989），见吕大吉、何耀华总主编《中国各民族原始宗教资料集成》（彝族卷、白族卷、基诺族卷），北京：中国社会科学出版社1996年版，第582页。

W0782.2.4.3
战胜妖魔的段宗堂死后立为本主

实 例

白族 在观音的帮助下战胜妖魔的段宗堂（人名）死后，人们为了感激他，就奉他为本主。

【流传】云南省·大理（大理白族自治州·喜州区·庆洞村）

【出处】杨宗元、段圭讲，许天侠、周百里搜集整理：《爱民皇帝段宗堂——喜州区庆洞村神都本主》，原载大理市文化局编《白族本主神话》，中国民间文艺出版社1988年版，见姚宝瑄主编《中国各民族神话》（白族、拉祜族、景颇族），太原：山西出版传媒集团·书海出版社2014年版，第142页。

W0782.2.5

古代烈妇本主神

实 例

（参见下级母题实例）

W0782.2.5.1

本主白洁圣妃

实 例

白族 本主神包括帝王，如细奴逻、皮逻阁、凤伽异、蒙世隆等；清平官，如段宗榜、段奕琮、郑回、杜光庭等；古代将领，如李父子、张公健、傅友德等；英雄志士，如段赤诚、杜朝选、三星太子等；还有烈妇，如白洁圣妃、阿南夫人等。

【流传】（无考）

【出处】大理市文化局编：《白族本主神话》前言，北京：中国民间文艺出版社1988年版。

W0782.2.6

自然物本主神

实 例

（参见下级母题实例）

W0782.2.6.1

石头作为本主

实 例

（参见下级母题实例）

W0782.2.6.1.1

大黑岩奉为本主

实 例

白族 大家在大黑岩的保佑下，日子过得不错，于是就把大黑岩奉为本主，称为黑岩景帝。

【流传】云南省·（大理白族自治州）·剑川县·象图乡·核桃树村

【出处】张文调查整理：《剑川象图以黑石岩为本主》（1985），见吕大吉、何耀华总主编《中国各民族原始宗教资料集成》（彝族卷、白族卷、基诺族卷），北京：中国社会科学出版社1996年版，第559页。

W0782.2.6.1.1.1

老人梦黑石把黑石奉为本主

实 例

白族 有一天，村中年岁最大的一个老人做了个梦，梦中一块像人一样的黑石头对他说："我就是你们村的本主，你们要赶快把我接回去，给我盖庙子，把我供起来，这样我才能保佑你们人畜平安，不然我就降下大灾大难给你们。"第二天，老人让全村男人都去找，果然在一个大箐里找到了这块大石头。大家恭恭敬敬地把石头抬回来，盖了庙，供它为本主，称之为"黑岩赫威本主"。

【流传】云南省·（大理白族自治州）·云龙县·（白石镇·大石壁等村）

【出处】张云公讲，谢道辛记录：《白岩天子》（1984.11）附记，见姚宝瑄主编《中国各民族神话》（白族、拉祜族、景颇族），太原：山西出版传媒集团·书海出版社2014年版，第98页。

W0782.2.6.1.2
白石缝为本主

实　例

白族 有一位老人把自家的几只羊赶到山上避瘟疫时，梦到枕头边还坐着一位白胡子老倌对他说："我就是你枕头边的这块石头，是专管羊的神。你看我的羊长得多肥，羊群发得多旺。如果你们把我接回去做你们村的本主，羊才会无病无灾，羊群才能发旺，不然我就要叫你们的羊全都死光。"村子的人照此话做后，果然见效，就称它为"白岩天子"。

【流传】云南省·（大理白族自治州）·云龙县·（白石镇·开子地村）

【出处】张云公讲，谢道辛记录：《白岩天子》（1984.11），见姚宝瑄主编《中国各民族神话》（白族、拉祜族、景颇族），太原：山西出版传媒集团·书海出版社2014年版，第98页。

W0782.2.6.1.3
奇特的石头作为本主

实　例

（参见下级母题实例）

W0782.2.6.1.3.1
会长的方形红沙石奉为本主

实　例

白族 有个九十九岁的老奶奶捡到的一块会长的方形红沙石，由南妹、西妹两村盖起了一座庙宇，把石块尊为"红沙石大王"，作为全村本主。

【流传】云南省·（大理白族自治州）·剑川县

【出处】赵春贵讲，瑞鸿、瑞林、乐夫记录：《红沙石大王》（1981.07），见姚宝瑄主编《中国各民族神话》（白族、拉祜族、景颇族），太原：山西出版传媒集团·书海出版社2014年版，第88页。

W0782.2.7
其他特定本主神

实　例

（参见下级母题实例）

W0782.2.7.1
能人死后奉为本主

实　例

白族 百姓十分敬佩段仁（人名）的聪明才智，死后尊奉他为本主。

【流传】云南省·（昆明市）·（寻甸回族彝族自治县）·凤仪乡（凤合镇）·下庄村

【出处】邹汝为调查整理：《凤仪下庄村以水神龙王之子为本主》（1988），见吕大吉、何耀华总主编《中国各民族原始宗教资料集成》（彝族卷、白族卷、基诺族卷），北京：中国社会科学出版社 1996 年版，第 564 页。

W0782. 2. 7. 2

寻找太阳的人奉为本主

实 例

白族 寻找太阳的阿光（人名）死后，村民又在太阳神旁边加上了他的塑像，也尊他为本主。

【流传】云南省·（大理白族自治州）·喜洲镇·阁洞螃村

【出处】《太阳神——喜洲区阁洞螃村本主》，见大理市文化局编《白族本主神话》，北京：中国民间文艺出版社 1988 年版，第 1 ~ 2 页。

W0782. 2. 7. 3

好人奉为本主

实 例

白族 董千总是一个领兵官，明嘉靖年间，率兵到宾川打仗，战争平息以后，被委派在江股村一带驻守，与江股村的白族一道披荆斩棘，开荒种地，做了大量好事，被尊为本主。

【流传】云南省·（大理白族自治州）·宾川县·（鸡足山镇）·江股村

【出处】田怀清调查整理：《宾川江股村白族尊为民做好事的人物为本主》（1988），见吕大吉、何耀华总主编《中国各民族原始宗教资料集成》（彝族卷、白族卷、基诺族卷），北京：中国社会科学出版社 1996 年版，第 579 ~ 580 页。

白族 大旱时，尹千总（相当于一位姓尹的村官）为村民解决了水源，秧苗一天天重新转绿，气温又高，水稻获得了丰收，被尊为该村本主。

【流传】云南省·（大理白族自治州）·宾川县·（鸡足山镇）·江股村

【出处】田怀清调查整理：《宾川江股村白族尊为民做好事的人物为本主》（1988），见吕大吉、何耀华总主编《中国各民族原始宗教资料集成》（彝族卷、白族卷、基诺族卷），北京：中国社会科学出版社 1996 年版，第 580 页。

W0782. 2. 7. 4

有功的人奉为本主

实 例

白族 有两人生前为当地百姓立过功，死后就成了两个地方的本主。

【流传】云南省·（大理白族自治州）·河源县（疑为洱源县）

【出处】马品芳讲，李永禾记录：《本主的耳朵为什么被拧掉》，见姚宝瑄主编《中国各民族神话》（白族、拉祜族、景颇族），太原：山西出版传媒集团·书海出版社 2014 年版，第 81 页。

白族 一名无名无姓的人从征服役，眼见死亡益众，不惜跋山涉水，采药求方。他采药时尝饮花椒，因过量中毒，麻醉致命。因他为减轻人们痛苦而死，被封为村寨的本主。

【流传】云南省·（大理白族自治州）·洱源县·邓川镇·中所一带

【出处】赵寅松调查整理：《洱源白族尊有功于民的人为本主》（1988），见吕大吉、何耀华总主编《中国各民族原始宗教资料集成》（彝族卷、白族卷、基诺族卷），北京：中国社会科学出版社 1996 年版，第 581 页。

W0782.2.7.4.1

治水有功者奉为本主

实 例

白族 一名无名无姓的白发老人劝说五村五营开挖田地，疏通河流，被尊为村寨的本主。

【流传】云南省·（大理白族自治州）·洱源县·三营乡·太平村一带

【出处】赵寅松调查整理：《洱源白族尊有功于民的人为本主》（1988），见吕大吉、何耀华总主编《中国各民族原始宗教资料集成》（彝族卷、白族卷、基诺族卷），北京：中国社会科学出版社 1996 年版，第 581 页。

W0782.2.7.4.1a

为村寨引水者奉为本主

实 例

白族 江股村的白子白女们为了纪念宝石大王和尹千祖为人们引来水，就立了本主庙，为他们塑了金身。

【流传】（云南省·大理白族自治州·宾川县）

【出处】杨作东讲，尹国春记录：《宝石大王》，见姚宝瑄主编《中国各民族神话》（白族、拉祜族、景颇族），太原：山西出版传媒集团·书海出版社 2014 年版，第 92 页。

W0782.2.7.4.2

降妖除魔者奉为本主

实 例

白族 段公之子为大建旁村人民除魔去害，被供奉为本主。

【流传】云南省·（大理白族自治州）·洱源县·双廊乡

【出处】赵寅松调查整理：《洱源白族尊有功于民的人为本主》（1988），见吕大吉、何耀华总主编《中国各民族原始宗教资料集成》（彝族卷、白族卷、基诺族卷），北京：中国社会科学出版社 1996 年版，第 582 页。

W0782.2.7.4.3
解除旱灾、蝗灾的赤子三爷被甸中村尊为本主

实 例

白族 为表彰赤子三爷解除旱灾、蝗灾的恩德，甸中村把赤子三爷尊为本主。

【流传】（无考）

【出处】李缵绪整理：《赤子三爷神》，见姚宝瑄主编《中国各民族神话》（白族、拉祜族、景颇族），太原：山西出版传媒集团・书海出版社2014年版，第108页。

W0782.2.7.4.4
赶跑猴子有功的三兄弟分别被立为3个小岛的本主

实 例

白族 三兄弟合力把金梭岛上的猴子赶走了，人们过上了太平日子。后来，人们为了纪念海岛三兄弟的功绩，便把老大张石哥封为金梭岛本主，尊号叫三星太子；老二封为赤文岛本主，尊号叫掌朝太子；老三封为玉儿岛本主，尊号叫掌兵太子。

【流传】云南省・（大理白族自治州）・大理市

【出处】

(a) 张毕信讲，姜祥、黄成斌记录：《三星太子》，见李缵绪主编《白族神话传说集成》，北京：中国民间文艺出版社1986年版。

(b) 同(a)，见姚宝瑄主编《中国各民族神话》（白族、拉祜族、景颇族），太原：山西出版传媒集团・书海130～131页。

W0782.2.7.4.5
为民除害的阿杰尔被山羊村立为本主

实 例

白族 人们为了纪念阿杰尔为民除害的功绩，在山羊村立了一座本主庙，将他奉为本主，过年过节都要拿佳肴果品祭奠他。

【流传】（云南省・大理白族自治州）

【出处】许天侠、王艳钧搜集整理：《阿杰尔除妖——山羊村本主故事》，原载大理白族自治州文化局编《白族民间故事选》，上海文艺出版社1984年版，见姚宝瑄主编《中国各民族神话》（白族、拉祜族、景颇族），太原：山西出版传媒集团・书海出版社2014年版，第129页。

W0782.2.7.5
牧羊人奉为本主

实 例

（参见下级母题实例）

W0782.2.7.5.1
牧羊人奉为灵山老爷本主

实 例

白族　灵山老爷本主是当地的牧羊人。

【流传】云南省·（大理白族自治州）·鹤庆县

【出处】张海福等调查整理：《鹤庆白族尊山水石为本主》（1990），见吕大吉、何耀华总主编《中国各民族原始宗教资料集成》（彝族卷、白族卷、基诺族卷），北京：中国社会科学出版社1996年版，第560页。

W0782.2.7.6

本主的儿子被封为本主

实　例

白族　苍山下十六村本主总管星王有三个儿子，大儿子和二儿子都被封为本主。

【流传】（无考）

【出处】李缵绪整理：《赤子三爷神》，见姚宝瑄主编《中国各民族神话》（白族、拉祜族、景颇族），太原：山西出版传媒集团·书海出版社2014年版，第108页。

W0782.2.7.6.1

本主的儿子到一定年龄被封为本主

实　例

白族　苍山下十六村本主总管星王有三个儿子，大儿子和二儿子都被封为本主，三儿子赤子三爷因才十来岁，没有受封。

【流传】（无考）

【出处】李缵绪整理：《赤子三爷神》，见姚宝瑄主编《中国各民族神话》（白族、拉祜族、景颇族），太原：山西出版传媒集团·书海出版社2014年版，第108页。

W0782.2.7.7

寻找太阳的阿光死后奉为本主

实　例

白族　寻找太阳的阿光死后，村人又在本主旁边立了他的塑像，把他也封为本主。

【流传】云南省·大理州（大理白族自治州）

【出处】杨惠讲，杨宪典记录：《太阳神本主》，见姚宝瑄主编《中国各民族神话》（白族、拉祜族、景颇族），太原：山西出版传媒集团·书海出版社2014年版，第40页。

W0782.2.7.8

感生的男孩成为本主

实　例

白族　姑娘睡梦中梦见龙潭里漂出一位秀气的龙太子，龙太子提出要与她婚配，两人一见钟情，和睦相处，决定即日成家。从此以后，便怀了孕，生下了本主子月宾。

【流传】云南省·（大理白族自治州）·祥云县·（禾甸镇·黄联村民委员会）·段家营村

【出处】田怀清调查整理：《祥云白族尊彝族英雄为本主》（1989），见吕大吉、何耀华总主编《中国各民族原始宗教资料集成》（彝族卷、白族卷、基诺族卷），北京：中国社会科学出版社1996年版，第582页。

W0782. 2. 8

本主的身份（本主的职能）

实 例

（参见下级母题实例）

W0782. 2. 8. 1

本主是村寨和人的保护神

实 例

白族 本主是村寨的保护神，人的保护神，它保佑村寨的一切。

【流传】云南省

【出处】吕大吉、何耀华总主编：《中国各民族原始宗教资料集成》（彝族卷、白族卷、基诺族卷），北京：中国社会科学出版社1996年版，第400页。

W0782. 2. 8. 1. 1

本主神是村落保护神

实 例

白族 “本主神”，是村落保护神。

【流传】（无考）

【出处】《白族本主》，见乌丙安主编《中国民间神谱》，沈阳：辽宁人民出版社2007年版，第80页。

W0782. 2. 8. 2

本主神是人神之间的中间人

实 例

白族 本主神是人神之间的中间人。

【流传】云南省·（大理白族自治州）·云龙县石门等乡

【出处】谢道辛调查整理：《云龙白族的招魂、讨魂和赎魂》（1990），见吕大吉、何耀华总主编《中国各民族原始宗教资料集成》（彝族卷、白族卷、基诺族卷），北京：中国社会科学出版社1996年版，第435页。

W0782. 2. 8. 3

本主神是人到阴间的代理者

实 例

白族 本主神是人到阴间的代理者。

【流传】云南省·（大理白族自治州）·云龙县石门等乡

【出处】谢道辛调查整理：《云龙白族的招魂、讨魂和赎魂》（1990），见吕大吉、何耀华总主编《中国各民族原始宗教资料集成》（彝族卷、白族卷、基诺族卷），北京：中国社会科学出版社1996年版，第435页。

W0782. 2. 8. 4

本主是黄龙的儿子

实 例

白族 本主段仁，原籍大理“扎奴

枯”（白语）人，是小黄龙的儿子。

【流传】云南省·（昆明市）·（寻甸回族彝族自治县）·凤仪乡（凤合镇）·下庄村

【出处】邹汝为调查整理：《凤仪下庄村以水神龙王之子为本主》（1988），见吕大吉、何耀华总主编《中国各民族原始宗教资料集成》（彝族卷、白族卷、基诺族卷），北京：中国社会科学出版社1996年版，第564页。

W0782.2.8.5

本主是祖先

实　例

白族 本主神为白族祖先，白子国的首领张仁果。

【流传】云南省·（大理白族自治州）·弥渡县·（寅街镇）·大庄营村

【出处】田怀清调查整理：《弥渡白族尊早期的首领为本主》（1989），见吕大吉、何耀华总主编《中国各民族原始宗教资料集成》（彝族卷、白族卷、基诺族卷），北京：中国社会科学出版社1996年版，第568页。

W0782.2.8.5.1

村内某一姓的老祖宗供为本主

实　例

白族 本主庙中，把村里某一姓的老祖宗供为本主，全村人共同祭祀。

【流传】云南省·（大理白族自治州）·宾川县·（鸡足山镇）·江股村

【出处】田怀清调查整理：《宾川白族以祖先为本主》（1988），见吕大吉、何耀华总主编《中国各民族原始宗教资料集成》（彝族卷、白族卷、基诺族卷），北京：中国社会科学出版社1996年版，第572页。

W0782.2.8.6

本主是玉皇大帝的侍者

【关联】［W0782.2.0.2］玉帝的侍者奉为本主

实　例

白族 剑川狮河村分上河、下河两个寨子。本主大黑天神，传说原是玉皇大帝身边的侍者。

【流传】（无考）

【出处】阿唐波讲，陆家瑞整理：《大黑天神》，原载李子贤编《云南少数民族神话选》，见陶阳、钟秀编《中国神话》（中），北京：商务印书馆2008年版，第761～762页。

W0782.2.8.7

本主分大小

实　例

（参见下级母题实例）

W0782.2.8.7.1

村内小本主陪在大本主旁边

实　例

白族 被迎接来的大本主一般供在本村的本主庙下殿。这时，本村的小本主也必须抬出来在旁边作陪。

【流传】云南省·（大理白族自治州）·鹤庆县

【出处】张海福等调查整理：《鹤庆白族迎祭本主仪式》（1990），见吕大吉、何耀华总主编《中国各民族原始宗教资料集成》（彝族卷、白族卷、基诺族卷），北京：中国社会科学出版社1996年版，第586页。

W0782. 2. 8. 8

兼职本主

实　例

（参见下级母题实例）

W0782. 2. 8. 8. 1

大黑天神在寺为伽兰，在庙为本主

实　例

白族 大黑天神原是印度佛教的护法神，称为伽兰，很多佛寺里都有他的塑像。白族说他“在寺为伽兰，在庙为本主”。

【流传】云南省·（大理白族自治州）·大理市

【出处】黑明星讲，马泽斌记录：《大黑天神》注释，原载李缵绪主编《白族神话传说集成》，中国民间文艺出版社1986年版，见姚宝瑄主编《中国各民族神话》（白族、拉祜族、景颇族），太原：山西出版传媒集团·书海出版社2014年版，第142页。

W0782. 2. 8a

本主的能力（本主的事迹）

实　例

（参见下级母题实例）

W0782. 2. 8a. 1

本主助人

实　例

（参见下级母题实例）

W0782. 2. 8a. 1. 1

凤凰本主教人植树栽花、挖沟引水

实　例

白族 凤凰神女当了本主后，据说她常常化作一个绝色美人，身穿白族妇女的衣裳，来到村里教人们植树栽花、挖沟引水。

【流传】云南省·（大理白族自治州）·大理市·七里桥区（七里桥镇）

【出处】李洲、王应庞讲，姜祥搜集整理：《凤凰女神——七里桥区庄窑、大井盘村本主》，原载大理市文化局编《白族本主神话》，中国民间文艺出版社1988年版，见姚宝瑄主编《中国各民族神话》（白族、拉祜族、景颇族），太原：山西出版传媒集团·书海出版社2014年版，第113～

114 页。

W0782.2.8a.2

本主能降雨

实 例

白族 马久邑的本主向东海神老爷祈雨时，东海神老爷说："我是小神，上不得天庭，无权降雨。我知道上阳溪本主能降雨。"

【流传】 云南省·（大理白族自治州）·大理市

【出处】

(a) 李子祥讲，李发高整理：《中央本主段宗榜——湾桥区上阳溪本主》，见大理市文化局编《白族本主神话》，北京：中国民间文艺出版社 1988 年版。

(b) 同（a），见姚宝瑄主编《中国各民族神话》（白族、拉祜族、景颇族），太原：山西出版传媒集团·书海出版社 2014 年版，第 152 页。

W0782.2.8a.3

本主带来好年景

实 例

白族 两村立了"红沙石大王"本主以后，百姓的日子一年比一年好，真是一年三熟，四季安乐，五谷丰登，六畜兴旺。

【流传】 云南省·（大理白族自治州）·剑川县

【出处】 赵春贵讲，瑞鸿、瑞林、乐夫记录：《红沙石大王》（1981.07），见姚宝瑄主编《中国各民族神话》（白族、拉祜族、景颇族），太原：山西出版传媒集团·书海出版社 2014 年版，第 88 页。

W0782.2.8a.4

本主能制服冰雹神

实 例

白族 周城本主曾经制服过冰雹神。

【流传】 云南省·（大理白族自治州）·大理市·喜洲镇

【出处】 王承权等调查整理：《大理白族祭风雨雹神》（1988），见吕大吉、何耀华总主编《中国各民族原始宗教资料集成》（彝族卷、白族卷、基诺族卷），北京：中国社会科学出版社 1996 年版，第 518 页。

W0782.2.8b

本主的生活

实 例

（参见下级母题实例）

W0782.2.8b.1

本主过生日

实 例

（参见下级母题实例）

W0782.2.8b.1.1

牛街本主正月二十三生日

实 例

白族 正月二十三日，是牛街本主的生日。

【流传】云南省·（大理白族自治州）·河源县（疑为洱源县）

【出处】马品芳讲，李永禾记录：《本主的耳朵为什么被拧掉》，见姚宝瑄主编《中国各民族神话》（白族、拉祜族、景颇族），太原：山西出版传媒集团·书海出版社 2014 年版，第 81 页。

W0782. 2. 8b. 2

本主到外村小居

实 例

白族 上阳溪的本主段宗榜在马久邑住了一个月仍未返回，上阳溪百姓思念不已，便在六月初六那天，又一齐出动去接。人们穿上新装，吹着唢呐，耍着狮子，唱着白族曲子，去马久邑迎接。马久邑的人不好再留段宗榜，便和上阳溪人约定：每年五月五日，马久邑接他去住一个月，六月初六由上阳溪接回。从此，上阳溪和马久邑一年一度接送本主，都要举行盛会，两个村子的友好往来，也一直延续到现在。

【流传】云南省·（大理白族自治州）·大理市

【出处】

(a) 李子祥讲，李发高整理：《中央本主段宗榜——湾桥区上阳溪本主》，见大理市文化局编《白族本主神话》，北京：中国民间文艺出版社 1988 年版。

(b) 同 (a)，见姚宝瑄主编《中国各民族神话》（白族、拉祜族、景颇族），太原：山西出版传媒集团·书海出版社 2014 年版，第 153 ~ 154 页。

W0782. 2. 9

本主的名称

实 例

（参见下级母题实例）

W0782. 2. 9. 1

本主又称武增（本主又称武增尼，本主又称增尼）

实 例

白族 本主有很多称谓，有“武增”“武增尼”“增尼”“本任尼”“老谷”“老太”“东坡”“吾白害”等。

【流传】（无考）

【出处】《白族本主》，见乌丙安主编《中国民间神谱》，沈阳：辽宁人民出版社 2007 年版，第 80 页。

W0782. 2. 9. 2

本主又称本任尼

实 例

白族 ［参见“W0782. 2. 9. 1 本主又称武增（本主又称武增尼，本主又称增尼）”母题实例］

W0782.2.9.3

本主又称老谷

实 例

白族 ［参见“W0782.2.9.1 本主又称武增（本主又称武增尼，本主又称增尼）”母题实例］

W0782.2.9.4

本主又称老太

实 例

白族 ［参见“W0782.2.9.1 本主又称武增（本主又称武增尼，本主又称增尼）”母题实例］

W0782.2.9.5

本主又称东坡

实 例

白族 ［参见“W0782.2.9.1 本主又称武增（本主又称武增尼，本主又称增尼）”母题实例］

W0782.2.9.6

本主又称吾白害

实 例

白族 ［参见“W0782.2.9.1 本主又称武增（本主又称武增尼，本主又称增尼）”母题实例］

W0782.2.10

与本主有关的其他母题

【关联】［W0982.0d.2］本主赴宴

实 例

（参见下级母题实例）

W0782.2.10.1

白族的共同本主

实 例

怒族 人信奉本主。

【流传】云南省·（怒江傈僳族自治州）·兰坪（兰坪白族普米族自治县）

【出处】李绍恩：《兰坪县怒族情况介绍》，原载怒江傈僳族自治州地方志办公室编《怒江方志通讯》，1988年第4期，见吕大吉、何耀华总主编《中国各民族原始宗教资料集成》（纳西族卷、羌族卷、独龙族卷、傈僳族卷、怒族卷），北京：中国社会科学出版社2000年版，第850页。

W0782.2.10.1.1

只想祖先劳泰、劳谷（男始祖）及10双儿女尊奉为本境之主

实 例

白族 白族的后代儿孙，忘不了自己的祖先，便把劳泰（女始祖）、劳谷（男始祖）和他们的10双儿女尊奉为本主——本境之主。

【流传】云南省·（大理白族自治州）·鹤庆（鹤庆县），丽江（丽江市）及（丽江市）·永胜（永胜县）

【出处】李剑飞讲，李缵绪、章虹宇记录：《人类和万物的起源》（又名《劳谷与劳泰》《古干古洛创世记》），原载李缵绪主编《白族神话传说集成》，中国民间文艺出版社 1986 年版，见姚宝瑄主编《中国各民族神话》（白族、拉祜族、景颇族），太原：山西出版传媒集团·书海出版社 2014 年版，第 28 页。

W0782. 2. 10. 2

本主当成鬼祭祀

实 例

白族 把本主当成鬼来祭祀。

【流传】云南省·（怒江傈僳族自治州）·兰坪县（兰坪白族普米族自治县）·石登乡·拉竹河村

【出处】刘龙初调查整理：《兰坪维西那马人由鬼魂崇拜演变的本主》（1988），见吕大吉、何耀华总主编《中国各民族原始宗教资料集成》（彝族卷、白族卷、基诺族卷），北京：中国社会科学出版社 1996 年版，第 568 页。

W0782. 2. 10. 3

从外村偷来本主

实 例

（参见下级母题实例）

W0782. 2. 10. 3. 1

从外村偷回红沙石作为本主

实 例

白族 “红沙石大王”本主为南门村、西门村带来好运气，山那边的一个村子的几个小伙子认为去把红沙石偷回来供起，日子也一定会好起来。于是连夜翻过山，悄悄地杠走了这块红沙石本主。

【流传】云南省·（大理白族自治州）·剑川县

【出处】赵春贵讲，瑞鸿、瑞林、乐夫记录：《红沙石大王》（1981. 07），见姚宝瑄主编《中国各民族神话》（白族、拉祜族、景颇族），太原：山西出版传媒集团·书海出版社 2014 年版，第 88 页。

W0782. 2. 10. 4

本主的迁徙

实 例

（参见下级母题实例）

W0782. 2. 10. 4. 1

凤凰本主嫌村子乌烟瘴气迁到其他村子

实 例

白族 凤凰山建起了七十多个烧砖瓦的窑子，山上白天黑夜浓烟冲天，把整个村子弄得乌烟瘴气。凤凰本主很不高兴，便离开了凤阳邑，到大井盘村去了。

【流传】云南省·（大理白族自治州）·大理市·七里桥区（七里桥镇）

【出处】李洲、王应庞讲，姜祥搜集整理：《凤凰女神——七里桥区庄窑、大井盘村本主》，原载大理市文化局编《白族本主神话》，中国民间文艺出版社1988年版，见姚宝瑄主编《中国各民族神话》（白族、拉祜族、景颇族），太原：山西出版传媒集团·书海出版社2014年版，第114页。

W0782.3

萨满教神

【关联】

①［W0768.12］萨满神

②［W9146］萨满

实　例

（参见下级母题实例）

W0782.3.1

专门为萨满服务的神

实　例

鄂伦春族 萨满每一年或二年要祭祀一次诸神，每次请来几位神，就在挡士（用木制的四楞棒）上刻几个豁口，当作对神的登记，登记过的神，就永久不会离开这个萨满，而且会专门为他服务。

【流传】（内蒙古自治区·呼伦贝尔市·鄂伦春自治旗·小二沟·南屯）

【出处】

（a）内蒙古自治区编委会：《鄂伦春族社会历史调查》（第一集），呼和浩特：内蒙古人民出版社1984年版，第54页。

（b）《“斯文”是萨满神灵的总称》，见吕大吉、何耀华总主编《中国各民族原始宗教资料集成》（鄂伦春族卷、鄂温克族卷、赫哲族卷、达斡尔族卷、锡伯族卷、满族卷、蒙古族卷、藏族卷），北京：中国社会科学出版社1999年版，第40页。

W0782.3.1.1

爱米神是为初级萨满服务的神

实　例

赫哲族 爱米神、波布克爱米和苏罗每基爱米（爱米神为萨满通神时所使用的神灵，普通人称为“色翁”）为只有普通神术的初领神萨满所用。

【流传】（无考）

【出处】孟慧英：《赫哲族卷·绪论》，见吕大吉、何耀华总主编《中国各民族原始宗教资料集成》（鄂伦春族卷、鄂温克族卷、赫哲族卷、达斡尔族卷、锡伯族卷、满族卷、蒙古族卷、藏族卷），北京：中国社会科学出版社1999年版，第194页。

W0782. 3. 1. 2

布克春、萨日卡和额其和是专职辅助萨满抵抗鬼怪的神

实　例

赫哲族 “布克春”“萨日卡”和“额其和”是专职辅助萨满抵抗鬼怪的神。

【流传】（无考）

【出处】孟慧英：《赫哲族卷·绪论》，见吕大吉、何耀华总主编《中国各民族原始宗教资料集成》（鄂伦春族卷、鄂温克族卷、赫哲族卷、达斡尔族卷、锡伯族卷、满族卷、蒙古族卷、藏族卷），北京：中国社会科学出版社1999年版，第194页。

W0782. 4

关公（关帝，关羽，关云长）

实　例

（参见下级母题实例）

W0782. 4. 1

关公的产生

实　例

（参见下级母题实例）

W0782. 4. 1. 1

关公生于民间

实　例

（参见下级母题实例）

W0782. 4. 1. 1. 1

关帝生于山西运城县解州西关

实　例

汉族 关帝的出生地是山西运城县解州西关。

【流传】（山西省）

【出处】《关圣帝君》，见乌丙安主编《中国民间神谱》，沈阳：辽宁人民出版社2007年版，第94页。

W0782. 4. 2

关公的特征

【关联】［W0451. 6. 2. 1. 2］关公讲信重义

实　例

（实例待考）

W0782. 4. 3

关公的身份

【关联】

①［W0443. 9. 2. 1. 1］商贾保护神关公

②［W0451. 6. 2. 1］武财神关公（武财神关羽）

③［W0451. 6. 4. 3］西路武财神关公

实　例

（参见下级母题实例）

W0782. 4. 3. 1

关羽是武神

【关联】［W0494. 7. 2. 1］武神关羽

实 例

达斡尔族 清代，达斡尔族成年男子均有服兵役的义务，认为关羽是武神，能够保佑和帮助他们打胜仗。

【流传】（内蒙古自治区、黑龙江省等地）

【出处】

（a）珠荣嘎、满都尔图主编：《达斡尔族社会历史调查》，呼和浩特：内蒙古人民出版社 1985 年出版，第 257～258 页。

（b）《道教的影响》，见吕大吉、何耀华总主编《中国各民族原始宗教资料集成》（鄂伦春族卷、鄂温克族卷、赫哲族卷、达斡尔族卷、锡伯族卷、满族卷、蒙古族卷、藏族卷），北京：中国社会科学出版社 1999 年版，第 361～362 页。

W0782.4.3.2

关羽是伏魔大帝

实 例

满族 伏魔（即关羽，明代封关羽为伏魔大帝）呵护我朝，灵异极多，国初称为“关玛法”。

【流传】（无考）

【出处】

（a）杨英杰：《满族祭祀风俗源流考述》，载《辽宁师范大学学报》1988 年第 1 期；

（b）《关玛法的传说》，见吕大吉、何耀华总主编《中国各民族原始宗教资料集成》（鄂伦春族卷、鄂温克族卷、赫哲族卷、达斡尔族卷、锡伯族卷、满族卷、蒙古族卷、藏族卷），北京：中国社会科学出版社 1999 年版，第 571 页。

W0782.4.3.2.1

关公是三界伏魔大帝

实 例

汉族 明神宗加封关公为“三界伏魔大帝”“协天护国忠义帝”“神威远镇天尊关圣帝君”

【流传】（无考）

【出处】《关圣帝君》，见乌丙安主编《中国民间神谱》，沈阳：辽宁人民出版社 2007 年版，第 94 页。

W0782.4.3.3

关羽因护佑帝王被封为神

实 例

满族 康熙帝有关羽在暗中保驾。关羽忠义昭昭，所以永享供奉、祭祀。

【流传】（无考）

【出处】

（a）杨英杰：《满族祭祀风俗源流考述》，载《辽宁师范大学学报》1988 年第 1 期；

（b）《关玛法的传说》，见吕大吉、何耀华总主编《中国各民族原始宗教资料集成》（鄂伦春族卷、鄂温克族卷、赫哲族卷、达斡尔族卷、锡伯族卷、满族卷、蒙古族卷、藏族卷），北京：

中国社会科学出版社 1999 年版，第 571 页。

W0782. 4. 3. 4

关羽是伽蓝菩萨

实 例

汉族 关羽在佛教中是伽蓝菩萨，在道教中是武财神，在儒教中是武圣人。他集三教于一身，具有司命禄、佑科举、招财进宝、巡察冥司、诛伐叛道、驱邪避恶等法力。

【流传】辽宁省·（锦州市）·北镇市·常兴店镇

【出处】《青岩寺》，见 http：//www. lvshan. com。

W0782. 4. 3. 5

关帝驸马神

实 例

满族 宁古塔有七庙，其中奉祭的有关帝驸马神，有观音、龙王、火神，有三官庙，有土地祠。

【流传】（黑龙江省·牡丹江市·宁安市）

【出处】《柳边纪略》，见吕大吉、何耀华总主编《中国各民族原始宗教资料集成》（鄂伦春族卷、鄂温克族卷、赫哲族卷、达斡尔族卷、锡伯族卷、满族卷、蒙古族卷、藏族卷），北京：中国社会科学出版社 1999 年版，第 571 页。

W0782. 4. 4

关公的能力（关公的事迹）

实 例

（参见下级母题实例）

W0782. 4. 4. 1

关公显圣（关公显灵）

实 例

藏族 福康安为大将军率军进藏，征讨廓尔喀人，关公显灵。

【流传】西藏自治区·拉萨（拉萨市）一带

【出处】何宗英整理：《拉萨的关帝庙》，见 BBS 水木清华站：http：//www. smth. edu. cn，2006. 07. 20。

W0782. 4. 4. 1. 1

关神显圣

实 例

满族 本朝未入关之先，以翻译《三国演义》为兵略，故其崇拜关羽。其后有托为关神显灵卫驾之说，屡加封号，庙祀遂遍天下。

【流传】（无考）

【出处】王嵩儒：《掌固零拾》卷一，彝宝斋印书局本，第 9 ~ 10 页。

W0782. 4. 4. 2

关帝主治病祛灾，驱邪避恶

实 例

汉族 关帝具有治病祛灾，驱邪避恶、诛罚叛逆、佑护科举、招财进宝、庇护商贾等功能与神力。

【流传】（无考）

【出处】《关圣帝君》，见乌丙安主编《中国民间神谱》，沈阳：辽宁人民出版社2007年版，第94页。

W0782.4.5

关公的称号（关公的名称）

实 例

（参见下级母题实例）

W0782.4.5.1

忠义神武灵佑仁勇威显护国保民精诚绥靖翊赞宣德关圣大帝

实 例

汉族 清顺治帝御封关羽为“忠义神武灵佑仁勇威显护国保民精诚绥靖翊赞宣德关圣大帝”

【流传】（无考）

【出处】《关圣帝君》，见乌丙安主编《中国民间神谱》，沈阳：辽宁人民出版社2007年版，第94页。

W0782.4.6

与关公有关的其他母题

实 例

（参见下级母题实例）

W0782.4.6.1

关帝传到其他民族

实 例

壮族 太上老君、关帝、通天圣帝、城隍等是壮族从别的民族传进本地壮族的外来神。

【流传】广西壮族自治区·（南宁市）·武鸣县·两江乡·雷江片，马山县·古零乡·杨圩片

【出处】黄世杰搜集整理：*《多神信仰》（1990），见吕大吉、何耀华总主编《中国各民族原始宗教资料集成》（土家族卷、瑶族卷、壮族卷、黎族卷），北京：中国社会科学出版社1998年版，第493页。

W0782.4.6.2

屋顶的白石代表关老爷

实 例

羌族 屋顶上凡五尊神，用五块白石代表。分别是天神、地神、山神（立地之神）、山神娘娘和关老爷。

【流传】四川省·（阿坝藏族羌族自治州）·汶川县·雁门乡·萝卜寨

【出处】胡鉴民：《羌族的信仰与习为》，原载《边疆研究论丛》1941年，见吕大吉、何耀华总主编《中国各民族原始宗教资料集成》（纳西族卷、羌族卷、独龙族卷、傈僳族卷、怒族卷），北京：中国社会科学出版社2000年版，第468页。

W0782. 5
空行母

实 例

（参见下级母题实例）

W0782. 5. 1
空行母的产生

实 例

（实例待考）

W0782. 5. 2
空行母的职能（空行母的能力）

实 例

（参见下级母题实例）

W0782. 5. 2. 1
空行母拐杖开河

实 例

门巴族 （参见“W0782. 5. 4. 1 空行母吉巴萨布”母题实例）

W0782. 5. 3
空行母的类型

实 例

（实例待考）

W0782. 5. 4
特定名称的空行母

实 例

（参见下级母题实例）

W0782. 5. 4. 1
空行母吉巴萨布

实 例

门巴族 空行母吉巴萨布让来到那嘎湖，用她的拐杖挑出了一条深沟。

【流传】西藏自治区·（山南地区）·错那县·勒布区（麻麻门巴族乡）·麻妈村（麻玛村）

【出处】其美多杰讲，于乃昌整理：《那嘎湖》，见《门巴族民间故事》：http：//www. tibet - web. com/old/minjian/ync/gushi/mulu. htm，2003. 10. 02。

W0782. 6
地藏王

实 例

（参见下级母题实例）

W0782. 6. 1
地藏王住在地府

实 例

汉族 地藏王住在地府。

【流传】浙江省·（温州市）·泰顺县·章坑乡

【出处】杨立生讲，杨立成采录：《地震的由来》，见中国民间文学集成全国编辑委员会编《中国民间故事集成》（浙江卷），北京：中国 ISBN 中心

1997 年版，第 25 页。

W0782.7

绿鸭道人

【关联】［W1179.4.4.1］绿鸭道士淘沙造大地

实 例

（参见下级母题实例）

W0782.7.1

绿鸭道人在天上飞行

实 例

汉族 洪水时，绿鸭道人使劲在天上飞。

【流传】江苏省·（盐城市）·阜宁县·古河乡（古河镇）·古河村

【出处】张俊之讲，孙友光采录：《绿鸭淘沙造大地》，见中国民间文学集成全国编辑委员会编《中国民间故事集成》（江苏卷），北京：中国 ISBN 中心 1998 年版，第 13 页。

W0783

与民间宗教神有关的其他母题

【关联】［W9146］萨满

实 例

（参见下级母题实例）

W0783.1

民间宗教神（人物）的事迹

实 例

（参见下级母题实例）

W0783.1.1

苯教祖师

实 例

珞巴族 （实例待考）

门巴族 （实例待考）

普米族 （实例待考）

W0783.1.1.1

苯教祖师辛饶弥倭

实 例

藏族 辛饶弥倭是藏族原始宗教苯波教的祖师。

【流传】西藏自治区

【出处】谢后方翻译：《马是怎样和野马分开的》注释，见中国民间文学集成全国编辑委员会编《中国民间故事集成》（西藏卷），北京：中国 ISBN 中心 2001 年版，第 10 页。

W0783.2

民间宗教神的灵验

实 例

（实例待考）

0.7.2 民间信仰中其他神或神性人物[①]

【W0785～W0799】

W0785

道教神[②]

实 例

（参见下级母题实例）

W0785.1

道教神的产生

实 例

（参见下级母题实例）

W07851.1.1

天帝的子女为道教神

【关联】［W0204］天帝（天王、天皇、天君）

实 例

（实例待考）

W0785.1.2

气化生道教神

实 例

汉族 混茫之气，变化为真人，与时翱翔，有名无体。

【流传】（无考）

【出处】［魏晋］撰者不详：《太上经》。

W0785.1.3

特定人物成为道教神

实 例

（实例待考）

W0785.1.4

与道教神产生有关的其他母题

实 例

（参见下级母题实例）

W0785.1.4.1

三位大祖通天教祖、原始天祖、太乙真人

实 例

汉族 最早时，世上有三位大祖：通天教祖、原始天祖、太乙真人。

【流传】江苏省·（镇江市）·丹阳市·云林乡（云林镇）·伦地村

【出处】徐书明讲，康新民采录：《绿鸭淘沙造大地》，见中国民间文学集成全国编辑委员会编《中国民间故事集成》（江苏卷），北京：中国 ISBN 中

① 宗教中的神或神性人物，目前道教、佛教、基督教等宗教教义中都保留了相当数量的神话叙事元素，因为一些神在不同的神话中多有交叉糅合，此处不再标出具体的宗教属性。

② 道教神系的形成与发展非常复杂，南朝时陶弘景作《真灵位业图》，首次编排了道教神仙体系，但由于道家的许多神被不同教派和民众所信奉，故其中的名称、关系与位次相当混乱。特别是中国少数民族神话中出现的道教神灵也大多地方化，在此只能择其较为典型的母题列叙其中。

心 1998 年版，第 13 页。

W0785.2

道教神的特征

实 例

（实例待考）

W0785.3

与道教神有关的其他母题

实 例

（实例待考）

W0786

儒家信奉的神

实 例

（参见下级母题实例）

W0786.1

孔子（孔子神）

实 例

彝族 （实例待考）

W0786.1.1

孔子的产生

实 例

（参见下级母题实例）

W0786.1.1.1

孔子生于空桑

实 例

汉族 女陵山在曲阜县南二十八里，征在生孔子空桑之地，今名空窦，在鲁南山之空窦中。

【流传】（山东省·济宁市·曲阜市）

【出处】［西汉］司马迁：《史记·孔子世家》正义引《括地志》。

W0786.1.2

孔子的特征

实 例

民族 仲尼生而具四十九表：反首，洼面，月角，日准，河目，海口，牛唇，昌颜，均赜，辅喉，骈齿、龙形，龟脊，虎掌，骈胁，参膺，圩项，山脐，林背，翼臂，窐头，隆鼻，阜陕，堤眉，地足，谷窍，雷声，泽腹，面如蒙倛，两目方相也，手垂过膝，眉有十二彩，目有二十四理，立如凤峙，坐如龙蹲，手握天文，足履度字，望之如仆，就之如升，修上趋下，末偻后耳，视若营四海，耳垂珠庭，其颈似尧，其颡似舜，其肩类子产，自腰以下不及禹三寸，胸有文曰“制作定世符”，身长九尺六寸，腰六十围。

【流传】（无考）

【出处】［金］孔元措：《孔氏祖庭广记》。

W0786.1.2.1

孔子身材高大

实 例

（参见下级母题实例）

W0786. 1. 2. 1. 1
孔子长 9 尺 6 寸

实 例

汉族 孔子，长九尺六寸，时谓长人。

【流传】（无考）

【出处】［南宋］罗泌：《路史·后纪十》。

W0786. 1. 2. 2
孔子七漏（孔子七陋，孔子七露）

实 例

汉族 孔子生而首上圩顶，（成年后）长九尺有六寸，人皆谓之“长人”而异之。

【流传】（无考）

【出处】［西汉］司马迁：《史记·孔子世家》。

汉族 孔子颡似尧，其项类皋陶，其肩类子产。然腰以下不及禹三寸。（随着汉代孔子逐渐被神化，其形像之描述越来越奇特。）

【流传】（无考）

【出处】［西汉］司马迁：《史记·孔子世家》引郑人言。

汉族 孔子河目而隆颡，黄帝之形貌也；修肱而龟背，长九尺有六寸，成汤之容体也。

【流传】（无考）

【出处】［战国］孔鲋：《孔丛子》引苌弘言。

汉族 孔子长十尺、大九围；坐如蹲龙，立如牵牛；就之如昂，望之如斗。

【流传】（无考）

【出处】［汉］撰者不详：《春秋纬·演孔图》。

汉族 孔子牛唇、虎掌、龟背、海口。

【流传】（无考）

【出处】［汉］撰者不详:《孝经纬·钩命》。

W0786. 1. 2. 3
孔子圩顶

实 例

汉族 （孔子）生而首上圩顶，故因名曰丘。

【流传】（无考）

【出处】［西汉］司马迁：《史记·孔子世家》

W0786. 1. 2. 4
孔子牛唇，虎掌，龟背，海口

实 例

汉族 ［参见“W0786. 1. 2. 2 孔子七漏（孔子七陋，孔子七露）”母题实例］

W0786. 1. 3
孔子的能力（孔子的事迹）

实 例

（参见下级母题实例）

W0786. 1. 3. 1
孔子会看风水

实 例

汉族 陈王立即请来了孔老夫子，给人祖看风水宝地。

【流传】河南省·（周口市）·淮阳县·葛店乡·戴集南村

【出处】张六老（农民）讲，李振声、徐其广采录：《人祖坟的传说》（1986.02.15），见张振犁编著《中原神话通鉴》（第一卷），郑州：河南大学出版社2017年版，第254页。

汉族 两千年以前，陈国国王请孔子给人祖爷伏羲看风水宝地。

【流传】河南省·（周口市）·淮阳县·葛店乡·戴集南村［采录地点：淮阳县葛店乡文化站］

【出处】张六老（男，78岁，不识字）讲，李振声采录：《人祖伏羲坟》（1985.02），见张振犁编著《中原神话通鉴》（第一卷），郑州：河南大学出版社2017年版，第255页。

W0786.1.4
孔子的关系

实　例

（参见下级母题实例）

W0786.1.4.1
孔子师项橐

实　例

汉族 项橐生七岁，而为孔子师。

【流传】（无考）

【出处】［西汉］刘向：《战国策·秦策五》。

W0786.1.5
与孔子有关的其他母题

【关联】［W0497.7.33a.1］碑站拓表业神孔子

实　例

（实例待考）

W0786.1.5.1
孟子神

实　例

（实例待考）

W0786.1.5.1.1
孟子神是人神

实　例

彝族 （实例待考）

W0787
佛（佛祖）[①]

实　例

（参见下级母题实例）

---

① 佛祖，宗教神话中关于“佛祖”一般认为是佛教的创始人佛祖释迦牟尼，有的又称之为“如来佛”、“法身佛”。

W0787. 1
佛的产生

实 例

（参见下级母题实例）

W0787. 1. 1
佛源于特定地方

实 例

（实例待考）

W0787. 1. 1. 1
佛从天降

实 例

汉族 （实例待考）

W0787. 1. 2
生育产生佛

实 例

（参见下级母题实例）

W0787. 1. 2. 1
天地相合生佛祖

实 例

土家族 天地相合生佛祖。

【流传】（无考）

【出处】《创世歌》，见长阳土家族网：http：//www. cy - tujia. com/list _ body. php? id = 172&news _ par _ id，2005. 12. 14。

W0787. 1. 2. 2
山生佛

实 例

（参见下级母题实例）

W0787. 1. 2. 2. 1
山生石佛

实 例

汉族 阳曲北乡近山村落，农者闻山语云："我要出去！"如是者数日。一人答："出来罢！"忽山崩一角，若削成然，露石佛，自首至膝，端立无欹。村民聚观如堵。知向云"我要出去"者，即此佛也。

【流传】（无考）

【出处】

(a) ［明］李中馥：《原李耳载》。

(b) 《万佛崖》，见袁珂《中国神话大词典》，北京：华夏出版社 2015 年版，第 13 页。

W0787. 1. 2. 3
牛生佛祖

实 例

傣族 5 只乌鸦生 5 个神蛋。第二个神蛋落到野牛国，野牛生下第二代佛祖，名叫"古拉贡"（西双版纳叫"嘎纳八鸾相"）。

【流传】云南省

【出处】《五个神蛋的故事》，见才旦旺

堆搜集，蔷紫整理《神蛋创世纪》注释，见姚宝瑄主编《中国各民族神话》（门巴族、珞巴族、怒族、藏族），太原：山西出版传媒集团·书海出版社2014年版，第74页。

W0787.1.3

卵生佛（卵生佛祖）

实　例

藏族 5个树桠上有5只雌鸟生5个不同颜色的蛋。打开黄色黄金蛋，出来智慧本尊佛，不同僧尼三千八。

【流传】西藏自治区·日喀则（日喀则市）·谢通门县

【出处】《五棵树上五雌鸟》，见中国民间文学集成全国编辑委员会、中国歌谣集成西藏卷编辑委员会编《中国歌谣集·西藏卷》，中国ISBN中心1995年版，第73页。

W0787.1.3.1

神蛋生佛祖

实　例

（参见下级母题实例）

W0787.1.3.1.1

树生的神蛋两千五百年孵出佛祖

实　例

傣族 树生的最后一个神蛋被吹到勐巴纳西国王的花园里，等两千五百年以后才会裂开，生出佛祖。

【流传】（无考）

【出处】龚玉贤等讲，方峰群翻译：《阿銮的由来》，见谷德明编《中国少数民族神话》，北京：中国民间文艺出版社1987年版，第351页。

W0787.1.3.1.2

神鸦的神蛋生佛祖

实　例

傣族 神鸦生的第一神蛋飘至鸡王国，由野母鸡孵出，取名“爪嘎珊”，云即第一佛祖。

【流传】（云南省）

【出处】袁珂改编：《五神蛋》（原名《五个神蛋的故事》），原载毛星主编《中国少数民族文学》（下册），见袁珂《中国神话大词典》，北京：华夏出版社2015年版，第499页。

傣族 5只乌鸦生5个神蛋。第一个神蛋落到鸡的王国，变成第一个佛祖爪嘎珊（西双版纳叫“召嗄滴嗄”）。

【流传】云南省

【出处】《五个神蛋的故事》，见才旦旺堆搜集，蔷紫整理《神蛋创世纪》注释，见姚宝瑄主编《中国各民族神话》（门巴族、珞巴族、怒族、藏族），太原：山西出版传媒集团·书海出版社2014年版，第74页。

W0787.1.3.2

白鸡的白蛋孵出佛

实　例

纳西族 恩余恩曼（原形为白鸡）用天上的三朵白云作被，用地下的三丛青草作巢，生下9对白蛋，有些白蛋孵化为佛。

【流传】（a）云南省·（丽江市）·丽江县（原丽江纳西族自治县，今归属为丽江市古城区和玉龙纳西族自治县）

【出处】

（a）和芳讲，和志武采录：《人类迁徙记》，见中国民间文学集成全国编辑委员会编《中国民间故事集成》（云南卷），北京：中国ISBN中心2003年版，第49页。

（b）和志武翻译整理：《人类迁徙记》，见谷德明编《中国少数民族神话》，北京：中国民间文艺出版社1987年版，第395页。

纳西族 依古阿格（神名）的卵生的白鸡恩余恩曼长得白生生的。它用天上的三朵白云做被，用地下的三丛青草做巢，于是生下九对白蛋。白蛋孵化为神和佛。

【流传】（云南省·丽江市）

【出处】和志武翻译整理：《人类迁徙记》，原载中共丽江地委宣传部编《纳西族民间故事选》，见陶阳、钟秀编《中国神话》（中），北京：商务印书馆2008年版，第856~876页。

W0787.1.3.3

不同的卵生不同的佛祖

实 例

傣族 树洞里有五颗神蛋，第1个神蛋由鸡孵出第1个佛祖。第2个神蛋投胎到牛肚子，生第2个佛祖；第3个神蛋由龙孵出第3个佛祖；第4个神蛋，滚到江河里，跳出1个少年；最后1个神蛋是最后的佛祖出世。

【流传】云南省

【出处】《阿銮的由来》，见谷德明编《中国少数民族神话》，北京：中国民间文艺出版社1987年版，第351页。

W0787.1.3.4

乌鸦生的金蛋生佛祖

实 例

傣族 高山上一棵最大的树的洞里住着五只乌鸦，各自生了个金蛋。五个神蛋落到了不同的地方生出五个佛祖。

【流传】（无考）

【出处】岩峰、王松搜集整理：《五个神蛋》，见姚宝瑄主编《中国各民族神话》（哈尼族、傣族），太原：山西出版传媒集团·书海出版社2014年版，第353~354页。

W0787.1.3.5

与卵生佛有关的其他母题

实 例

（参见下级母题实例）

W0787.1.3.5.1
龙孵出佛祖

实例

傣族 5只乌鸦生5个神蛋。第三个神蛋落到龙的王国，龙孵出了第三代佛祖，取名“嗄撒巴”（西双版纳叫“达玛吾星哈”）。

【流传】云南省

【出处】《五个神蛋的故事》，见才旦旺堆搜集，蔷紫整理《神蛋创世纪》注释，见姚宝瑄主编《中国各民族神话》（门巴族、珞巴族、怒族、藏族），太原：山西出版传媒集团·书海出版社2014年版，第74页。

W0787.1.4
人成为佛

【关联】

① ［W0787.7.3.1］皇帝的小女儿三皇姑成为千手千眼佛

② ［W0789.3.3］老子成佛

实例

汉族 （参见“W0790a.11.1 千手观音”母题实例）

锡伯族 千手千眼佛，原来是一个皇上的小女儿，人称三皇姑。

【流传】（无考）

【出处】何玉芳等讲，吴玉森等集整理：《千手千眼佛的传说》，见满都呼主编《中国阿尔泰语系诸民族神话故事》，北京：民族出版社1997年版，第289页。

W0787.1.4.1
人修行成为佛

实例

（参见下级母题实例）

W0787.1.4.1.1
人修行到一定时间立地成佛

实例

傣族 召苏楠修行了五百四十九世，活到一万年，他以为自己已成正果，正在森林里打坐，要立地成佛。

【流传】云南省·德宏地区（德宏傣族景颇族自治州）

【出处】

（a）多永相搜集整理：《谷神布岑塔》，见李子贤编《云南少数民族神话选》，云南人民出版社1990年版。

（b）同（a），见姚宝瑄主编《中国各民族神话》（哈尼族、傣族），太原：山西出版传媒集团·书海出版社2014年版，第347页。

W0787.1.4.2
佛祖是王子出身

实例

傣族 召苏楠（佛祖师爷）是王子出身。

【流传】云南省·德宏地区（德宏傣族景颇族自治州）

【出处】

（a）多永相搜集整理：《谷神布岑塔》，见李子贤编《云南少数民族神话选》，云南人民出版社1990年版。

（b）同（a），见姚宝瑄主编《中国各民族神话》（哈尼族、傣族），太原：山西出版传媒集团·书海出版社2014年版，第352页。

W0787.1.5

与佛的产生有关的其他母题

【关联】

①［W0721.2.1］如来造盘古

②［W1620.3a］太阳是佛

实例

（参见下级母题实例）

W0787.1.5.1

佛的特殊出生

实例

汉族（实例待考）

W0787.1.5.2

神、佛同源

实例

纳西族 恩余恩曼（原形为白鸡）生下9对白蛋，白蛋孵化为神和佛。

【流传】（a）云南省·（丽江市）·丽江县（原丽江纳西族自治县，今归属为丽江市古城区和玉龙纳西族自治县）

【出处】

（a）和芳讲，和志武采录：《人类迁徙记》，见中国民间文学集成全国编辑委员会编《中国民间故事集成》（云南卷），北京：中国ISBN中心2003年版，第49页。

（b）和志武翻译整理：《人类迁徙记》，见谷德明编《中国少数民族神话》，北京：中国民间文艺出版社1987年版，第395页。

W0787.1.5.3

神蛋生的古德玛修行五百五十代成为佛祖

实例

傣族 神蛋生的古德玛要修行五百五十代，才能成为佛祖。

【流传】云南省·西双版纳（西双版纳傣族自治州）

【出处】龚玉贤等讲，方峰群翻译：《阿銮的由来》，见谷德明编《中国少数民族神话》，北京：中国民间文艺出版社1987年版，第351页。

W0787.1.5.4

佛祖修炼成佛

实例

（参见下级母题实例）

W0787.1.5.4.1

佛祖到人间修行550代才成佛

实例

傣族　5只乌鸦生5个神蛋。第四个蛋生的第四代佛祖来到人间修行五百五十代才成佛。

【流传】云南省

【出处】《五个神蛋的故事》，见才旦旺堆搜集，蔷紫整理《神蛋创世纪》注释，见姚宝瑄主编《中国各民族神话》（门巴族、珞巴族、怒族、藏族），太原：山西出版传媒集团·书海出版社2014年版，第74页。

W0787.2
佛的特征（佛的身份）

实　例

（参见下级母题实例）

W0787.2.1
佛三身一体

实　例

（参见下级母题实例）

W0787.2.1.1
三身佛

实　例

民族无考　因一佛具“法身、报身、应身”三身之功德性能，所以三身即一佛。

【流传】（无考）

【出处】《三身佛》，见乌丙安主编《中国民间神谱》，沈阳：辽宁人民出版社2007年版，第306页。

W0787.2.1.2
佛法身、报身、应身三身合一

实　例

民族无考　（参见“W0787.2.1.1 三身佛”母题实例）

W0787.2.2
佛端庄慈祥

实　例

（实例待考）

W0787.2.3
佛不杀生

实　例

蒙古族　世界的主人释迦牟尼把土撒在水面上造出地。这时有只巨龟紧紧抱住这块逐渐膨胀的黄土不放。但是释迦牟尼是佛，不能杀生。

【流传】（无考）

【出处】陈岗龙、乌日古木勒：《蒙古民间文学》，银川：宁夏人民出版社2008年版，第40页。

W0787.2.4
佛有慧眼

实　例

傣族　召苏楠（佛祖师爷）有举世无双的慧眼。

【流传】云南省·德宏地区（德宏傣族景颇族自治州）

【出处】

(a) 多永相搜集整理:《谷神布岑塔》,见李子贤编《云南少数民族神话选》,云南人民出版社 1990 年版。

(b) 同 (a),见姚宝瑄主编《中国各民族神话》(哈尼族、傣族),太原:山西出版传媒集团·书海出版社 2014 年版,第 350 页。

W0787. 2. 5

佛祖的地位低于谷魂奶奶

实 例

傣族 雅欢毫(谷魂奶奶)地上的人和一切动物都离不开我。我比一切天神地祇都要伟大,所以不能给佛祖弯腰下跪。如果折下腰来,人类就要挨饿。

【流传】(云南省)

【出处】

(a) 崔亚兰整理:《谷魂奶奶》,见傅光宇编《傣族民间故事选》,上海:上海文艺出版社 1985 年版。

(b) 同 (a),见姚宝瑄主编《中国各民族神话》(哈尼族、傣族),太原:山西出版传媒集团·书海出版社 2014 年版,第 346 页。

W0787. 2. 6

佛祖的排序

实 例

(参见下级母题实例)

W0787. 2. 6. 1

第四代佛祖果达玛

实 例

傣族 5 只乌鸦生 5 个神蛋。第四个神蛋落到人间,被一个洗衣女拾起,蛋里走出一个英俊的少年,他就是第四代佛祖“果达玛”。

【流传】云南省

【出处】《五个神蛋的故事》,见才旦旺堆搜集,蔷紫整理《神蛋创世纪》注释,见姚宝瑄主编《中国各民族神话》(门巴族、珞巴族、怒族、藏族),太原:山西出版传媒集团·书海出版社 2014 年版,第 74 页。

W0787. 3

佛的生活

实 例

(参见下级母题实例)

W0787. 3. 1

佛的服饰

实 例

(实例待考)

W0787. 3. 2

佛的饮食

实 例

(参见下级母题实例)

W0787.3.2.1

人成佛后长期不食

实 例

傣族 召苏楠修行后要立地成佛时，坐在毕钵罗树（菩提）下，未进食已四十九天，骨瘦如柴，青筋道道，气息奄奄。

【流传】云南省·德宏地区（德宏傣族景颇族自治州）

【出处】

（a）多永相搜集整理：《谷神布岑塔》，见李子贤编《云南少数民族神话选》，云南人民出版社1990年版。

（b）同（a），见姚宝瑄主编《中国各民族神话》（哈尼族、傣族），太原：山西出版传媒集团·书海出版社2014年版，第347～348页。

W0787.3.3

佛的居所

实 例

（参见下级母题实例）

W0787.3.3.1

佛祖选净土而居

实 例

藏族 很早以前，在佛陀还未来到人世前，他就看中了西藏这块地方，认为这里是佛之“净土”。

【流传】西藏自治区·拉萨市

【出处】桑杰讲，强巴班宗翻译：《藏族的起源》，见中国民间文学集成全国编辑委员会编《中国民间故事集成》（西藏卷），北京：中国ISBN中心2001年版，第3页。

W0787.3.3.2

如来住在西天（佛祖住西天）

实 例

满族 海伦姑娘请佛祖如来补天，走到了西天，见到了如来佛。

【流传】辽宁省·（鞍山市）·岫岩县（岫岩满族自治县）

【出处】李成明讲，张其卓、董明搜集整理：《海伦格格补天》，原载张其卓、董明整理《满族三老人故事集》，见陶阳、钟秀编《中国神话》（上），北京：商务印书馆2008年版，第394～395页。

满族 海伦格格到西天去请佛祖来补天。

【流传】辽宁省·（鞍山市）·岫岩（岫岩满族自治县）

【出处】李成明讲，张其卓、董明整理：《海伦格格补天》（原标题《满族三个老人故事集》，原载《中国神话》），见姚宝瑄主编《中国各民族神话》（满族、赫哲族、朝鲜族），太原：山西出版传媒集团·书海出版社2014年版，第17～19页。

W0787.3.4

佛的出行（佛的坐骑）

实 例

（参见下级母题实例）

W0787.3.4.1

佛祖骑龙驹

实 例

蒙古族 骑龙驹者是佛祖，攀毒蛇者是大黑天（在蒙古族民间宗教或萨满神词中，“天”与“腾格里”常常通用，此处可以看作是泛指诸神）。

【流传】（内蒙古自治区·科尔沁地区）

【出处】《蒙古族卷·绪论》，见吕大吉、何耀华总主编《中国各民族原始宗教资料集成》（鄂伦春族卷、鄂温克族卷、赫哲族卷、达斡尔族卷、锡伯族卷、满族卷、蒙古族卷、藏族卷），北京：中国社会科学出版社1999年版，第590页。

W0787.3.5

佛的用品

实 例

（实例待考）

W0787.3.6

佛经历多世

实 例

傣族 召苏楠（佛祖师爷）垂下慧眼，回顾了过去五百四十九世的经历。

【流传】云南省·德宏地区（德宏傣族景颇族自治州）

【出处】

（a）多永相搜集整理：《谷神布岑塔》，见李子贤编《云南少数民族神话选》，云南人民出版社1990年版。

（b）同（a），见姚宝瑄主编《中国各民族神话》（哈尼族、傣族），太原：山西出版传媒集团·书海出版社2014年版，第350页。

W0787.4

佛的职能（佛的能力，佛的行为，佛的事迹）

实 例

（参见下级母题实例）

W0787.4.1

佛祖为众天神之长

【关联】［W0974.4.1］天神听命于佛祖

实 例

傣族 （实例待考）

W0787.4.2

佛保佑风调雨顺

实 例

（参见下级母题实例）

W0787.4.2.1

佛祖保佑一方水土风调雨顺

实 例

傣族 佛祖保佑勐巴纳西风调雨顺。

【流传】 云南省·（普洱市）·景谷县（景谷傣族彝族自治县）·永平乡

【出处】 陶老五讲，米自民采录：《谷魂》，见中国民间文学集成全国编辑委员会编《中国民间故事集成》（云南卷），北京：中国 ISBN 中心 2003 年版，第 312 页。

W0787.4.2a

佛祖能救苦救难

【关联】 ［W0787.6.3.4］释迦牟尼救众生（如来佛救众生）

实 例

满族 有一对兄妹要为人们寻找光明，他们听说西天有位佛祖，能救苦救难，兄妹俩就奔西天去了。

【流传】 辽宁省·（鞍山市）·岫岩满族自治县·岫岩镇一带

【出处】 李成明讲，张其卓、董明记录整理：《太阳和月亮的来历》（1983），见姚宝瑄主编《中国各民族神话》（满族、赫哲族、朝鲜族），太原：山西出版传媒集团·书海出版社 2014 年版，第 63～65 页。

W0787.4.3

佛会变形（佛的化身）

实 例

（参见下级母题实例）

W0787.4.3.1

佛变动物

实 例

（参见下级母题实例）

W0787.4.3.1.1

佛祖阿銮变金铃羊

实 例

傣族 佛祖阿銮变金铃羊。

【流传】 云南省·德宏州（德宏傣族景颇族自治州）·盈江县·盏西镇

【出处】 屈永仙讲：《金铃羊与阿銮》，王宪昭搜集，2010.01。

W0787.4.4

成佛升天

实 例

门巴族 （实例待考）

W0787.4.4a

佛会飞

实 例

傣族 召苏楠（佛祖师爷）化作一道闪电般地飞往南天。

【流传】云南省·德宏地区（德宏傣族景颇族自治州）

【出处】

（a）多永相搜集整理：《谷神布岑塔》，见李子贤编《云南少数民族神话选》，云南人民出版社1990年版。

（b）同（a），见姚宝瑄主编《中国各民族神话》（哈尼族、傣族），太原：山西出版传媒集团·书海出版社2014年版，第350页。

W0787.4.5

佛祖下凡

【关联】［W0787.6.6.1.1］牟伽陀是佛祖下凡

实 例

白族 （参见“W0787.6.6.1.1 牟伽陀是佛祖下凡”母题实例）

W0787.4.6

佛舍身救生灵

实 例

（参见下级母题实例）

W0787.4.6.1

佛祖割肉食鹰

实 例

汉族 佛祖尸毗割下腿的块肉喂快要饿死的鹫鹰。

【流传】陕西省·延安市·宝塔区

【出处】李得才讲：*《肤施的来历》，王宪昭采集于2010.06.25。

W0787.4.7

佛祖给动物分配肢体特征

实 例

佤族 大蛇张开嘴吐出一摊东西。老佛祖就把所有的动物叫来，把大蛇吐出来的东西拿了分给它们。其中，人分得了指甲，牛分得了蹄子和角，虎豹分得了爪子，螃蟹分得了夹子。

【流传】云南省·（临沧市）·沧源佤族自治县

【出处】张老大讲，郭思九记录：《大蛇吐东西》，原载云南省民间文学集成编辑办公室编《佤族民间故事集成》，云南民族出版社1990年版，见姚宝瑄主编《中国各民族神话》（佤族、阿昌族、纳西族、普米族、德昂族），太原：山西出版传媒集团·书海出版社2014年版，第36～37页。

W0787.4.8

佛会念咒语

实 例

（参见下级母题实例）

W0787.4.8.1

佛通过念咒语变形

【关联】［W9175］咒语

实 例

傣族 召苏楠（佛祖师爷）拿出绝

招，口念咒语，倏地变成巨人。

【流传】云南省·德宏地区（德宏傣族景颇族自治州）

【出处】

(a) 多永相搜集整理：《谷神布岑塔》，见李子贤编《云南少数民族神话选》，云南人民出版社 1990 年版。

(b) 同 (a)，见姚宝瑄主编《中国各民族神话》（哈尼族、傣族），太原：山西出版传媒集团·书海出版社 2014 年版，第 352 页。

W0787.4.8a

佛祖传经

实 例

傣族 帕召（傣语，佛祖）在神山上传经。

【流传】云南省

【出处】李向春整理：《向帕召讨文字》，载《山茶》1987 年第 5 期。

W0787.4.9

与佛的职能有关的其他母题

实 例

（参见下级母题实例）

W0787.4.9.1

佛祖并非万能

实 例

（参见下级母题实例）

W0787.4.9.1.1

佛祖不能生粮

实 例

傣族 佛祖虽然万能，但在人们饥饿时却拿不出一粒粮食。

【流传】（云南省）

【出处】

(a) 崔亚兰整理：《谷魂奶奶》，见傅光宇编《傣族民间故事选》，上海：上海文艺出版社 1985 年版。

(b) 同 (a)，见姚宝瑄主编《中国各民族神话》（哈尼族、傣族），太原：山西出版传媒集团·书海出版社 2014 年版，第 347 页。

W0787.5

佛的关系

【关联】［W0780.5a.1］玉皇大帝是如来的随从

实 例

（参见下级母题实例）

W0787.5.1

佛祖的长幼

实 例

（参见下级母题实例）

W0787.5.1.1

第一个佛祖（第一代佛祖）

实 例

傣族 高山上一棵最大的树的洞里五只乌鸦各自生了个金蛋。一个落到鸡的王国，野鸡孵出神蛋，取名“召戛滴戛”，这是第一个佛祖。

【流传】（无考）

【出处】 岩峰、王松搜集整理：《五个神蛋》，见姚宝瑄主编《中国各民族神话》（哈尼族、傣族），太原：山西出版传媒集团·书海出版社2014年版，第353~354页。

W0787.5.1.2

第二个佛祖（第二代佛祖）

实 例

（参见下级母题实例）

W0787.5.1.2.1

第二个佛祖戛沙八窝相

实 例

傣族 高山上一棵最大的树的洞里五只乌鸦各自生了个金蛋。第二个金蛋被吹落到野牛王国，投胎于母牛，取名为“戛沙八窝相”，这是第二个佛祖。

【流传】（无考）

【出处】 岩峰、王松搜集整理：《五个神蛋》，见姚宝瑄主编《中国各民族神话》（哈尼族、傣族），太原：山西出版传媒集团·书海出版社2014年版，第353~354页。

W0787.5.1.3

第三个佛祖（第三代佛祖）

实 例

（参见下级母题实例）

W0787.5.1.3.1

第三个佛祖戛撒把

实 例

傣族 高山上一棵最大的树的洞里五只乌鸦各自生了个金蛋。第三个吹落到龙的王国，取名为“戛撒把”，这是第三个佛祖。

【流传】（无考）

【出处】 岩峰、王松搜集整理：《五个神蛋》，见姚宝瑄主编《中国各民族神话》（哈尼族、傣族），太原：山西出版传媒集团·书海出版社2014年版，第353~354页。

W0787.5.1.3.1.1

第三个佛祖戛撒把生在龙国

实 例

傣族 （参见“W0787.5.1.3.1 第三个佛祖戛撒把”母题实例）

W0787.5.1.4

第四个佛祖（第四代佛祖）

【关联】［W0787.6.3.5］释迦牟尼是第四代佛祖

实 例

傣族 （参见“W0787.6.3.5 释迦牟尼是第四代佛祖”母题实例）

W0787.5.1.5
第五个佛祖（第五代佛祖）

实 例

（参见下级母题实例）

W0787.5.1.5.1
第五代佛祖召可力未地亚

实 例

傣族 高山上一棵最大的树的洞里五只乌鸦各自生了个金蛋。第五个被吹到勐巴纳西国王花园里，要等两千五百年以后会出世。天神已给他取名为“召可力未地亚”，他一出生，世界就将进入“极乐世界”。

【流传】（无考）

【出处】岩峰、王松搜集整理：《五个神蛋》，见姚宝瑄主编《中国各民族神话》（哈尼族、傣族），太原：山西出版传媒集团·书海出版社 2014 年版，第 353～354 页。

W0787.5.1.5.2
第五代佛祖是极乐世界佛祖

实 例

傣族 （参见“W0787.5.1.5.1 第五代佛祖召可力未地亚”母题实例）

W0787.5.2
佛与神的关系

实 例

（参见下级母题实例）

W0787.5.2.1
不拜佛的神

实 例

傣族 在佛祖面前，谁都要下跪，只有谷魂奶奶是昂首、直腰站着的。

【流传】（云南省）

【出处】

(a) 崔亚兰整理：《谷魂奶奶》，见傅光宇编《傣族民间故事选》，上海：上海文艺出版社 1985 年版。

(b) 同（a），见姚宝瑄主编《中国各民族神话》（哈尼族、傣族），太原：山西出版传媒集团·书海出版社 2014 年版，第 347 页。

W0787.5.3
佛的上司

实 例

（参见下级母题实例）

W0787.5.3.1
佛听从天神

实 例

蒙古族 世界的主人释迦牟尼把土撒在水面上造出地。这时有只巨龟紧紧抱住这块逐渐膨胀的黄土不放。但是释迦牟尼是佛，不能杀生，后来经霍尔穆斯塔天神的同意，释迦穆尼射才一支箭杀死了巨龟。

【流传】（无考）

【出处】陈岗龙、乌日古木勒：《蒙古民间文学》，银川：宁夏人民出版社2008年版，第40页。

W0787.5.4

佛的朋友

实 例

（实例待考）

W0787.5.5

佛的敌人

实 例

（参见下级母题实例）

W0787.5.5.1

第六代天神帝娃达是佛祖的死对头

实 例

傣族 第六代天神帝娃达极不守规矩，被神王赶下天层，百亿年周游在人世间。后来佛祖诞生后，他成为佛祖的死对头。

【流传】云南省·西双版纳傣族地区（西双版纳傣族自治州）

【出处】《巴塔麻嘎捧尚罗》注释，王松据岩温炳翻译《巴塔麻晏》（开天辟地）改写，见姚宝瑄主编《中国各民族神话》（哈尼族、傣族），太原：山西出版传媒集团·书海出版社2014年版，第290页。

W0787.5.6

佛祖师爷

实 例

（参见下级母题实例）

W0787.5.6.1

佛祖师爷召苏楠

实 例

傣族 召苏楠（佛祖师爷）用举世无双的慧眼细察每个角落。

【流传】云南省·德宏地区（德宏傣族景颇族自治州）

【出处】

（a）多永相搜集整理：《谷神布岑塔》，见李子贤编《云南少数民族神话选》，云南人民出版社1990年版。

（b）同（a），见姚宝瑄主编《中国各民族神话》（哈尼族、傣族），太原：山西出版传媒集团·书海出版社2014年版，第350页。

W0787.6

释迦牟尼[①]

实 例

① 释迦牟尼，又称释迦摩尼、释迦牟尼佛、如来佛、释尊等。

（参见下级母题实例）

W0787.6.1

释迦牟尼的产生

实 例

（参见下级母题实例）

W0787.6.1.1

生育释迦牟尼

实 例

（参见下级母题实例）

W0787.6.1.1.1

释迦牟尼从摩耶夫人右肋入胎，右肋出生

实 例

汉族 释迦牟尼从摩耶夫人的右肋入胎，从右肋出生。

【流传】（无考）

【出处】《如来佛》，见王德恒等《造神史话》，天津：百花文艺出版社2002年版，第323页。

W0787.6.1.2

释迦牟尼通过小动作比弥勒佛早降人间

实 例

门巴族 释迦牟尼通过小动作获得比加白贡布（弥勒佛）早降人间的机会。

【流传】西藏自治区·（林芝市）·墨脱县·东布村（东布街）

【出处】伊西平措讲，于乃昌等整理：《释迦牟尼和加白贡市》，见《门巴族民间故事》：http：//www.tibet-web.com/old/minjian/ync/gushi/mulu.htm，2003.10.02。

W0787.6.1.3

释迦牟尼生日农历四月初八

实 例

民族无考 农历四月初八日（即“佛诞日”）为“浴佛节”。

【流传】（无考）

【出处】《释迦牟尼佛》，见乌丙安主编《中国民间神谱》，沈阳：辽宁人民出版社2007年版，第298页。

W0787.6.2

释迦牟尼的特征

实 例

（参见下级母题实例）

W0787.6.2.1

释迦牟尼头上的海螺

实 例

（参见下级母题实例）

W0787.6.2.1.1

释迦牟尼头上的海螺是他水底斗魔王寻找点雨棒时留下的

实 例

畲族 释迦牟尼头上的海螺，是他在

水底斗魔王寻找点雨棒时留下的。

【流传】福建省·（宁德市）·周宁（周宁县）

【出处】蓝徐企讲，陈风禧、祝文秋采录：《火与水》，原载《中国民间故事集成·福建卷·闽东畲族故事》，宁德地区民间文学集成编委会1990年编印，见《福建省少数民族古籍丛书》编委会编《畲族卷·民间故事》，福州：海峡出版发行集团·海峡书局2013年版，第25页。

W0787.6.3

释迦牟尼的身份（释迦牟尼的职能，释迦牟尼的能力）

实 例

（参见下级母题实例）

W0787.6.3.1

释迦牟尼是宇宙之主

实 例

蒙古族 （参见“W0787.6.3.3 释迦牟尼是世界的主人”母题实例）

W0787.6.3.2

如来佛是最高佛爷

实 例

汉族 如来佛是玉皇大帝的恩师，最高佛爷。

【流传】河南省·（驻马店市）·正阳县·袁寨乡·袁寨村

【出处】张昀讲，张振犁采录：《玉人和玉姐》，见中国民间文学集成全国编辑委员会编《中国民间故事集成》（河南卷），北京：中国ISBN中心2001年版，第11页。

汉族 如来佛是玉皇大帝的恩师，最高佛爷。

【流传】河南省·（驻马店市）·正阳县·（袁寨乡·袁寨村）

【出处】张昀的邻居老人讲，张昀采录，张振犁采录整理：《玉人和玉姐》（1981.05），见张振犁编著，孟宪明、朱淑君统纂《中原神话通鉴》（第二卷），郑州：河南大学出版社2017年版，第428页。

W0787.6.3.3

释迦牟尼是世界的主人

实 例

蒙古族 天神霍尔穆斯塔将一把黄土交给世界的主人释迦牟尼，让他撒在水上创造世界。

【流传】（无考）

【出处】陈岗龙、乌日古木勒：《蒙古民间文学》，银川：宁夏人民出版社2008年版，第40页。

W0787.6.3.4

释迦牟尼救众生（如来佛救众生）

实 例

满族 如来佛睡醒后，看到人世间真

是太苦了，有的饿死了，有的被砸伤，有的得了瘫痪病。决定帮助海伦格格把天补好。

【流传】辽宁省·（鞍山市）·岫岩（岫岩满族自治县）

【出处】李成明讲，张其卓、董明整理：《海伦格格补天》（原标题《满族三个老人故事集》，原载《中国神话》），见姚宝瑄主编《中国各民族神话》（满族、赫哲族、朝鲜族），太原：山西出版传媒集团·书海出版社2014年版，第17～19页。

畲族 释迦牟尼看到魔王制造大雨形成水灾，人们无家可归，就去学法术治水。

【流传】福建省·（宁德市）·周宁（周宁县）

【出处】蓝徐企讲，陈风禧、祝文秋采录：《火与水》，原载《中国民间故事集成·福建卷·闽东畲族故事》，宁德地区民间文学集成编委会1990年编印，见《福建省少数民族古籍丛书》编委会编《畲族卷·民间故事》，福州：海峡出版发行集团·海峡书局2013年版，第24页。

W0787.6.3.5

释迦牟尼是第四代佛祖

实　例

傣族 高山上一棵最大的树的洞里五只乌鸦各自生了个金蛋。第四个被吹落到人间的一条河里，一个洗衣女拾起后从中出来一个英俊少年，名字叫“吉达玛”，这是第四代佛祖，即现在佛教的始祖释迦牟尼。

【流传】（无考）

【出处】岩峰、王松搜集整理：《五个神蛋》，见姚宝瑄主编《中国各民族神话》（哈尼族、傣族），太原：山西出版传媒集团·书海出版社2014年版，第353～354页。

W0787.6.4

释迦牟尼的生活（释迦牟尼的经历）

实　例

（参见下级母题实例）

W0787.6.4.1

释迦牟尼居灵霄宝殿

实　例

汉族 （实例待考）

W0787.6.4.2

释迦牟尼生于西方的村子

实　例

畲族 魔鬼放火烧天下时，西方有个村子，有个叫释迦牟尼的后生逃了出来。

【流传】福建省·（宁德市）·周宁（周宁县）

【出处】蓝徐企讲，陈风禧、祝文秋采录：《火与水》，原载《中国民间故事集成·福建卷·闽东畲族故事》，宁德地区民间文学集成编委会1990年编印，见《福建省少数民族古籍丛书》编委会编《畲族卷·民间故事》，福州：海峡出版发行集团·海峡书局2013年版，第23页。

W0787.6.4.3

释迦牟尼学法术

实　例

（参见下级母题实例）

W0787.6.4.3.1

释迦牟尼向仙公学法术

实　例

畲族　仙公告诉想学习法术治水的释迦牟尼说："水灾是魔王的点雨棒点出来的，那点雨棒是一个宝物。点一下就下大雨，点两下谁就退去，点三下就不灵了。"

【流传】 福建省·（宁德市）·周宁（周宁县）

【出处】 蓝徐企讲，陈风禧、祝文秋采录：《火与水》，原载《中国民间故事集成·福建卷·闽东畲族故事》，宁德地区民间文学集成编委会1990年编印，见《福建省少数民族古籍丛书》编委会编《畲族卷·民间故事》，福州：海峡出版发行集团·海峡书局2013年版，第24页。

W0787.6.5

释迦牟尼的关系

实　例

（参见下级母题实例）

W0787.6.5.0

释迦牟尼的父母

实　例

（参见下级母题实例）

W0787.6.5.0.1

释迦牟尼的父亲净饭王，母亲摩耶夫人

实　例

汉族等　释迦牟尼的父亲净饭王是释迦族的首长之一；母亲是摩耶夫人，她欲返回故乡天臂城待产，在蓝毗尼园产下佛陀。

【流传】（多个地区）

【出处】《释迦牟尼（佛陀）》条，见百度百科 https：//baike.baidu.com/item。

W0787.6.5.1

如来佛的兄弟

实　例

（参见下级母题实例）

W0787.6.5.1.1

如来佛是老仙翁的兄弟

实　例

汉族 如来佛是老仙翁的兄弟。

【流传】河南省·（驻马店市）·正阳县·（袁寨乡·袁寨村）

【出处】张昀的邻居老人讲，张昀采录，张振犁采录整理：《玉人和玉姐》（1981.05），见张振犁编著，孟宪明、朱淑君统纂《中原神话通鉴》（第二卷），郑州：河南大学出版社2017年版，第428页。

W0787.6.5.2

如来佛的弟子（释迦牟尼的徒弟）

实　例

（参见下级母题实例）

W0787.6.5.2.1

如来佛是玉帝的老师

【关联】［W0780.7.1］玉帝的恩师如来佛

实　例

汉族 如来佛是玉皇大帝的恩师，最高佛爷。

【流传】河南省·（驻马店市）·正阳县·袁寨乡·袁寨村

【出处】张昀讲，张振犁采录：《玉人和玉姐》，见中国民间文学集成全国编辑委员会编《中国民间故事集成》（河南卷），北京：中国ISBN中心2001年版，第11页。

W0787.6.5.2.2

释迦牟尼的门徒盘古

【关联】［W0725.6.5.1］盘古拜师释迦牟尼

实　例

侗族 盘古本是蟠桃化，名叫昆多崩婆那，跟着释迦牟尼坐，修成道果有佛法。

【流传】（无考）

【出处】秦廷锡编著：《北侗民歌》，见《黎平县政协文史资料》第3集，内部编印，2008年。

W0787.6.5.2.3

如来佛祖招日月为弟子

实　例

汉族 太阳和月亮原来是两个精气。它俩都有三千年的道行，仍然闭门不出，日夜修行，盼望早日成为天神。如来佛祖见它俩心诚意坚，便招到天上收为弟子。

【流传】河南省·（周口市·项城市）·官会乡（官会镇）·于庄村

【出处】于书章（男，43岁，汉族，初中，农民）讲，王金亮（男，38岁，汉族，初中，官会乡文化站专职干部）采录，苏国安采录整理：《皎阳与洁月》，见张振犁编著，孟宪明、朱淑君统纂《中原神话通鉴》（第四卷），郑州：河南大学出版社2017年版，第1209页。

W0787.6.5.3
释迦牟尼的使者

实 例

汉族 （实例待考）

W0787.6.5.4
释迦牟尼的老师

实 例

（参见下级母题实例）

W0787.6.5.4.1
燃灯佛是释迦牟尼的老师

实 例

民族无考 燃灯佛是释迦牟尼的老师，释迦牟尼成佛就是由他授记的。

【流传】（无考）

【出处】《燃灯佛》，见乌丙安主编《中国民间神谱》，沈阳：辽宁人民出版社2007年版，第302页。

W0787.6.6
释迦牟尼的名称

实 例

（参见下级母题实例）

W0787.6.6.0
释迦牟尼姓乔答摩，名悉达多

实 例

民族无考 释迦牟尼，习称“如来佛”，姓乔答摩，名悉达多。释迦为其种族名，牟尼意为仁、忍、寂，释迦牟尼意译为能仁、能寂等，是世人对他的尊称。

【流传】（无考）

【出处】《释迦牟尼佛》，见乌丙安主编《中国民间神谱》，沈阳：辽宁人民出版社2007年版，第298页。

W0787.6.6.1
佛祖牟伽陀

实 例

（参见下级母题实例）

W0787.6.6.1.1
牟伽陀是佛祖下凡

实 例

白族 牟伽陀是佛祖下凡。

【流传】云南省·大理（大理白族自治州）

【出处】《牟伽陀开辟鹤庆》，见张锡禄《白族民间故事》，昆明：云南出版集团2007年版，第15页。

W0787.6.6.2
释迦牟尼又称如来佛

实 例

民族无考 释迦牟尼，习称“如来佛”。

【流传】（无考）

【出处】《释迦牟尼佛》，见乌丙安主编《中国民间神谱》，沈阳：辽宁人民出版社版社 2007 年版，第 298 页。

W0787.6.6.3

释迦牟尼又称释尊

实 例

汉族 释迦牟尼，又称如来佛、释尊等。

【流传】（无考）

【出处】《如来佛》，见王德恒等《造神史话》，天津：百花文艺出版社 2002 年版，第 323 页。

W0787.6.6.4

释迦牟尼的族姓是乔达摩

实 例

汉族等 乔达摩（Gotama；Gautama）又译“瞿昙”，义为“纯淑”“地最胜”。传统上认为这是他的族姓。也有认为是其母族姓。

【流传】（多个地区）

【出处】《释迦牟尼（佛陀）》条，见百度百科 https://baike.baidu.com/item。

W0787.6.6.5

释迦牟尼又称佛陀

实 例

汉族等 释迦牟尼的父亲净饭王是释迦族的首长之一；母亲是摩耶夫人，她欲返回故乡天臂城待产，在蓝毗尼园产下佛陀。

【流传】（多个地区）

【出处】《释迦牟尼（佛陀）》条，见百度百科 https://baike.baidu.com/item

W0787.6.6

与释迦牟尼有关的其他母题

实 例

（实例待考）

W0787.7

其他特定名称的佛

实 例

（参见下级母题实例）

W0787.7.1

佛的命名

实 例

（参见下级母题实例）

W0787.7.1.1

天神为佛祖取名

实 例

傣族 5 只乌鸦生 5 个神蛋。第五个神蛋落到佛塔的塔尖上，四千五百年之后才裂开生第五个佛祖，当时正是世界圆寂日，天神给他取名为“帕召阿力亚米待”（西双版纳叫“阿纳咩傣”）。

【流传】云南省

【出处】《五个神蛋的故事》，见才旦旺堆搜集，蔷紫整理《神蛋创世纪》注释，见姚宝瑄主编《中国各民族神话》（门巴族、珞巴族、怒族、藏族），太原：山西出版传媒集团·书海出版社 2014 年版，第 74 页。

W0787. 7. 2

弥勒佛（弥勒）

【关联】［W1435. 2. 2］弥勒佛乘坐太阳光飞升

实 例

（参见下级母题实例）

W0787. 7. 2. 1

弥勒佛是管理来世的神（弥勒佛是未来佛）

实 例

汉族 愿当来世，与一切众生，同弥勒上生，随慈氏下降。生生劫劫，与慈氏俱；永离生死流，终成无上道。

【流传】（无考）

【出处】［唐］白居易：《画弥勒上生帧记》。

藏族 （实例待考）

W0787. 7. 2. 2

弥勒能左右个人生活

实 例

朝鲜族 弥勒不仅是神圣的形象，而且是能够左右个人生活并具有神秘威力的东西。

【流传】（无考）

【出处】［俄］什库尔金搜集：《弥勒》，见张兴权《解放前俄罗斯人在滨海边区搜集的朝鲜神话故事》，阿尔泰学·神话学国际学术讨论会论文，2004，北京。

W0787. 7. 2. 3

弥勒送子

实 例

汉族 主司送子的神祇也有男性神，如送子张仙、送子弥勒等。

【流传】（无考）

【出处】《子孙娘娘》，见乌丙安主编《中国民间神谱》，沈阳：辽宁人民出版社 2007 年版，第 96 页。

W0787. 7. 2. 4

弥勒佛受教于释迦牟尼

实 例

民族无考 弥勒佛蒙释迦牟尼授记，将继承释迦而在人间成佛，所以称其未来佛。

【流传】（无考）

【出处】《弥勒佛》，见乌丙安主编《中国民间神谱》，沈阳：辽宁人民出版社 2007 年版，第 300 页。

W0787. 7. 3

千手千眼佛

实 例

锡伯族 千手千眼佛是皇帝的小女儿。

【流传】（无考）

【出处】何玉芳等讲，吴玉森等整理：《千手千眼佛的传说》，见中华民族故事大系编委会编《中华民族故事大系》第13卷（仡佬族、锡伯族、阿昌族），上海：上海文艺出版社1995年版，第491页。

W0787.7.3.1
皇帝的小女儿三皇姑成为千手千眼佛

实 例

锡伯族 三皇姑为解除百姓灾难砍去一只手，挖去一只眼睛，如来佛度化三皇姑为千手千眼佛。

【流传】（无考）

【出处】何玉芳等讲，吴玉森等集整理：《千手千眼佛的传说》，见满都呼主编《中国阿尔泰语系诸民族神话故事》，北京：民族出版社1997年版，第289页。

W0787.7.4
神佛

实 例

（参见下级母题实例）

W0787.7.4.1
神佛总称为沙热·巴尔肯

实 例

达斡尔族 达斡尔人所供的神佛总称为“沙热·巴尔肯”（即黄教的神），与萨满神“哈热·巴尔肯”不同。

【流传】内蒙古自治区·（呼伦贝尔市）·海拉尔地区（海拉尔区）

【出处】《达斡尔族社会历史调查》，呼和浩特：内蒙古人民出版社1985年版，第257页。

W0787.7.5
未来佛

实 例

（实例待考）

W0787.7.6
三世佛（纵三世佛）

实 例

（参见下级母题实例）

W0787.7.6.0
地母生三世诸佛

实 例

彝族 三世诸佛从母（指地母）出，离母何处去安身？

【流传】云南省·（大理白族自治州）·巍山县（巍山彝族回族自治县）·五印乡·岩子脚（岩子脚村）、紫马鹿村

【出处】王丽珠搜集：《无上虚空地母养生保命真经》，见吕大吉、何耀华总主编《中国各民族原始宗教资料集成》（彝族卷、白族卷、基诺族卷），北京：中国社会科学出版社1996年版，第63~64页。

W0787.7.6.1
释迦佛、燃灯佛和弥托佛

实 例

锡伯族 喇嘛教寺院“太平寺”的中殿内正中供奉着三世佛（释迦佛、燃灯佛和弥托佛）；西供龙王；东供财宝大王；东西墙上挂有纸绘十八罗汉图。

【流传】（无考）

【出处】

（a）贺灵、佟克力著《锡伯族史》，乌鲁木齐：新疆人民出版社 1993 年版第 464～471 页。

（b）《寺庙及祭祀活动》，见吕大吉、何耀华总主编《中国各民族原始宗教资料集成》（鄂伦春族卷、鄂温克族卷、赫哲族卷、达斡尔族卷、锡伯族卷、满族卷、蒙古族卷、藏族卷），北京：中国社会科学出版社 1999 年版，第 460 页。

W0787.7.6.2
纵三世佛指过去佛燃灯古佛、现在佛释迦牟尼佛、未来佛弥勒佛

实 例

汉族 过去佛燃灯古佛，现在佛释迦牟尼佛，未来佛弥勒佛。

【流传】 辽宁省·（锦州市）·北镇市·常兴店镇

【出处】 《青岩寺》，见 http://www.lvshan.com。

民族无考 纵三世佛指过去佛燃灯古佛、现在佛释迦牟尼佛、未来佛弥勒佛。

【流传】（无考）

【出处】《三世佛》，见乌丙安主编《中国民间神谱》，沈阳：辽宁人民出版社 2007 年版，第 305 页。

W0787.7.6a
横三世佛

实 例

（参见下级母题实例）

W0787.7.6a.1
横三世佛指药师佛、释迦牟尼佛、阿弥陀佛

实 例

民族无考 药师佛与释迦牟尼佛、阿弥陀佛并称为“横三世佛”。

【流传】（无考）

【出处】《药师佛》，见乌丙安主编《中国民间神谱》，沈阳：辽宁人民出版社 2007 年版，第 304 页。

W0787.7.7
佛师

实 例

（参见下级母题实例）

W0787.7.7.1

佛师保鲁恨巴格西

实　例

鄂温克族　古昔有佛师保鲁恨巴格西者，日以泥土造人及万物。

【流传】（无考）

【出处】袁珂改编：《神龟撑天》，原载毛星主编《中国少数民族文学》（中册），见袁珂《中国神话大词典》，北京：华夏出版社 2015 年版，第 581 页。

W0787.7.8

佛祖启德玛

实　例

傣族　男子半路上遇见了佛祖启德玛。

【流传】云南省·西双版纳（西双版纳傣族自治州）·（勐海县）

【出处】《阳光和风成婚生英叭》，原文本为叭补答讲，刀昌德记录《开天辟地的故事》，见姚宝瑄主编《中国各民族神话》（哈尼族、傣族），太原：山西出版传媒集团·书海出版社 2014 年版，第 237 页。

W0787.7.9

药师佛

实　例

民族无考　药师佛全称为药师琉璃光如来，亦称药师琉璃光王佛、大医王佛、十二愿王、医王善逝或消灾延寿药师佛等。

【流传】（无考）

【出处】《药师佛》，见乌丙安主编《中国民间神谱》，沈阳：辽宁人民出版社 2007 年版，第 304 页。

W0787.7.10

燃灯佛

【关联】［W0787.6.5.4.1］燃灯佛是释迦牟尼的老师

实　例

（参见下级母题实例）

W0787.7.10.1

燃灯佛又称锭光佛

实　例

民族无考　燃灯佛又译作“锭光佛”、“定光如来”或称“燃灯古佛”。

【流传】（无考）

【出处】《燃灯佛》，见乌丙安主编《中国民间神谱》，沈阳：辽宁人民出版社 2007 年版，第 302 页。

W0787.7.10.2

燃灯佛又称定光如来

实　例

民族无考　（参见“W0787.7.10.1 燃灯佛又称锭光佛”母题实例）

W0787. 7. 10. 3

燃灯佛又称燃灯古佛

实 例

民族无考 （参见“W0787. 7. 10. 1 燃灯佛又称锭光佛”母题实例）

W0787. 7. 10. 4

过去世庄严劫一千佛称燃灯诸佛

实 例

民族无考 过去世庄严劫一千佛，称燃灯诸佛。

【流传】（无考）

【出处】《燃灯佛》，见乌丙安主编《中国民间神谱》，沈阳：辽宁人民出版社 2007 年版，第 302 页。

W0787. 7. 11

阿弥陀佛（接引佛）

实 例

（参见下级母题实例）

W0787. 7. 11. 1

阿弥陀佛是西方极乐世界教主

实 例

民族无考 汉传佛教净土宗独尊阿弥陀佛为西方极乐世界教主。

【流传】（无考）

【出处】《阿弥陀佛》，见乌丙安主编《中国民间神谱》，沈阳：辽宁人民出版社 2007 年版，第 299 页。

W0787. 7. 11. 2

接引佛阿弥陀佛接引众生往生极乐净土

实 例

民族无考 阿弥陀佛接引众生往生极乐净土，故亦称“接引佛”，并与其胁侍观世音、大势至菩萨合称为“西方三圣”或“弥陀三尊”。

【流传】（无考）

【出处】《阿弥陀佛》，见乌丙安主编《中国民间神谱》，沈阳：辽宁人民出版社 2007 年版，第 298 页。

W0787. 7. 11. 3

阿弥陀佛是密乘五智如来之一的西方佛

实 例

民族无考 阿弥陀佛为密乘五智如来之一的西方佛，表第六识所转妙观察智，称为“甘露王佛”。

【流传】（无考）

【出处】《阿弥陀佛》，见乌丙安主编《中国民间神谱》，沈阳：辽宁人民出版社 2007 年版，第 298 页。

W0787. 7. 11. 4

阿弥陀佛以观世音和大势至菩萨为辅弼

实 例

民族无考 阿弥陀佛以观世音、大势至

二菩萨为辅弼。

【流传】（无考）

【出处】《阿弥陀佛》，见乌丙安主编《中国民间神谱》，沈阳：辽宁人民出版社2007年版，第298页。

W0787.7.11.5

阿弥陀佛意为“无量寿佛”或“无量光佛”

实 例

民族无考 阿弥陀佛意为“无量寿佛”或“无量光佛”，乃是西方极乐世界的教主。

【流传】（无考）

【出处】《阿弥陀佛》，见乌丙安主编《中国民间神谱》，沈阳：辽宁人民出版社2007年版，第298页。

W0787.7.12

欢喜佛

实 例

（参见下级母题实例）

W0787.7.12.1

欢喜佛又称欢喜天、欢喜金刚

实 例

民族无考 “欢喜佛”，也称“欢喜天”“欢喜金刚”。

【流传】（无考）

【出处】《欢喜佛》，见乌丙安主编《中国民间神谱》，沈阳：辽宁人民出版社2007年版，第307页。

W0787.7.13

阿閦佛

实 例

（参见下级母题实例）

W0787.7.13.1

阿閦佛主持东方净土

实 例

民族无考 阿閦佛密号不动金刚，是初期大乘经典中主持东方净土的佛陀。

【流传】（无考）

【出处】《阿閦佛》，见乌丙安主编《中国民间神谱》，沈阳：辽宁人民出版社2007年版，第305页。

W0787.7.13.2

阿閦佛密号不动金刚

实 例

民族无考 （参见“W0787.7.13.1 阿閦佛主持东方净土”母题实例）

W0787.7.14

斗战胜佛

实 例

（参见下级母题实例）

W0787.7.14.1

孙悟空

实 例

汉族 东胜神洲傲来国的海边花果山上的一块大石头，自天地开始便吸收日月光华，里面蹦出来个灵胎，见风化为一个石猴，在水帘洞当上了美猴王。访道学仙，遇菩提祖师收为门徒，赐名孙悟空。最后被如来奉为斗战胜佛。

【流传】（无考）

【出处】［明］吴承恩：《西游记》。

W0787.7.14.2

石头感生孙悟空

实 例

汉族 如来佛在女娲补天剩下的一块石头上吐了一口痰。过了五百年，这口痰忽然得了精气，裂开后就跳出一只石猴。这石猴就是孙悟空。

【流传】浙江省·（丽水市）·青田县·东源镇、船寮镇

【出处】余碎笑讲，叶茂搜集整理：《三块补天石》（1987.07.15），见姚宝瑄主编《中国各民族神话》（汉族），太原：山西出版传媒集团·书海出版社 2014 年版，第 58～60 页。

W0787.7.14.3

陨石变成孙悟空

实 例

汉族（客家人）一块陨石变成孙悟空。

【流传】台湾·桃竹苗地区

【出处】游日光整理：《天穿日》，原载金荣华主编：《台湾桃竹苗地区民间故事》，见陶阳、钟秀编《中国神话》（下），北京：商务印书馆 2008 年版，第 1475 页。

W0787.7.14.4

孙悟空完成任务后死亡

实 例

羌族 孙悟空一个筋斗把端公始祖锡勒从遥远的取经途中送到家里。孙悟空不久就死了。

【流传】四川省·（阿坝藏族羌族自治州）·汶川县·雁门乡·萝卜寨

【出处】

(a) 张宗南：《萝卜寨羌民的端公》，载《边疆服务》第 1 卷第 2 期，1943 年 6 月。

(b) 同（a），见吕大吉、何耀华总主编《中国各民族原始宗教资料集成》（纳西族卷、羌族卷、独龙族卷、傈僳族卷、怒族卷），北京：中国社会科学出版社 2000 年版，第 589 页。

W0787.7.15

西天佛祖

实 例

（参见下级母题实例）

W0787.7.15.1

西天佛祖的大鹏金翅鸟

实 例

汉族 西天佛祖打发大鹏金翅鸟绕空

飞三转。

【流传】江苏省·（盐城市）·大丰县·三渣乡·西渣村

【出处】杨广顺讲，沈澄、丁晗搜集整理：《一把大斧分天地》（1986.04），见姚宝瑄主编《中国各民族神话》（汉族），太原：山西出版传媒集团·书海出版社 2014 年版，第 22～23 页。

W0787.8

与佛有关的其他母题

【关联】

① ［W0209.2］天神与佛祖合一

② ［W1104.3］佛祖造天地

实　例

（参见下级母题实例）

W0787.8.1

佛的合体

【关联】［W0209.2］天神与佛祖合一

实　例

（参见下级母题实例）

W0787.8.1.1

龙与佛合二为一

实　例

傣族 龙与佛合二为一。

【流传】（无考）

【出处】《龙佛交辉》，见刀国栋著《傣族历史文化漫谭》，北京：民族出版社 1992 年版，第 21～25 页。

W0787.8.2

成佛升天

实　例

（参见下级母题实例）

W0787.8.2.1

高僧成佛升天

实　例

门巴族 米拉日巴（人名，藏传佛教噶举派创始人玛尔巴高徒）和仁穷巴（人名，米拉日巴的高徒）一直在一起，后来升天。

【流传】西藏自治区·（林芝市）·墨脱县·（德兴乡）·德兴村

【出处】江措讲，于乃昌等整理：《吉嘎鲁巴转世成佛》，见《门巴族民间故事》：http://www.tibet-web.com/old/minjian/ync/gushi/mulu.htm，2003.10.02。

W0787.8.3

佛像

实　例

赫哲族 “布尔坎”（佛）是在布上画的，都是骑着马的画像，有五、七、九、十二个人不等。“布尔坎”也是供在庙里。

【流传】（黑龙江省）

【出处】

（a）《民族问题五种丛书》黑龙江省编辑组：《赫哲族社会历史调查》，牡丹江：黑龙江朝鲜民族出版社 1987 年版，第 177 页。

(b)《弗力兰的职责（一）》，见吕大吉、何耀华总主编《中国各民族原始宗教资料集成》（鄂伦春族卷、鄂温克族卷、赫哲族卷、达斡尔族卷、锡伯族卷、满族卷、蒙古族卷、藏族卷），北京：中国社会科学出版社 1999 年版，第 244 页。

W0787.8.3a

石佛

实 例

（参见下级母题实例）

W0787.8.3a.1

飞来石佛（飞来佛）

实 例

汉族 兴国大乘寺，有石佛，俗相传为飞来佛。

【流传】（无考）

【出处】

(a)《碣石剩谈》。

(b)《飞来峰》，见袁珂《中国神话大词典》，北京：华夏出版社 2015 年版，第 34 页。

W0787.8.4

佛祖阿銮

实 例

傣族 佛祖阿銮变金铃羊。

【流传】云南省·德宏州（德宏傣族景颇族自治州）·盈江县·盏西镇

【出处】屈永仙讲：《金铃羊与阿銮》，王宪昭搜集，2010.01

W0787.8.5

佛子

实 例

（参见下级母题实例）

W0787.8.5.1

壮胞所谓的佛子与佛教没有关系

实 例

壮族 村寨路口或三岔路口，常见到大树下供奉石块，石块有大有小，有些地方还为石块盖了小庙。这些石块形状多显三角形，像一个人坐在那里，石块上贴着红纸条。壮胞们称它为佛子。但它与佛教却没有丝毫关系。

【流传】广东省·（清远市）·连山县（连山壮族瑶族自治县）

【出处】陈摩人搜集整理：*《拜佛子》(1990)，见吕大吉、何耀华总主编《中国各民族原始宗教资料集成》（土家族卷、瑶族卷、壮族卷、黎族卷），北京：中国社会科学出版社 1998 年版，第 527 页。

W0787.8.5.2

牧牛郎佛子化为石头后立庙供奉为佛子

实 例

壮族 牧牛郎佛子化为石头后，人们立庙供奉佛子。

【流传】 广东省·（清远市）·连山县（连山壮族瑶族自治县）

【出处】 陈摩人搜集整理：*《拜佛子》（1990），见吕大吉、何耀华总主编《中国各民族原始宗教资料集成》（土家族卷、瑶族卷、壮族卷、黎族卷），北京：中国社会科学出版社1998年版，第527页。

W0787.8.6

5个佛祖

实　例

（参见下级母题实例）

W0787.8.6.1

乌鸦生的5个金蛋生5个佛祖

实　例

傣族 高山上一棵最大的树的洞里住着五只乌鸦，各自生了个金蛋。五个神蛋落到了不同的地方生出五个佛祖。

【流传】（无考）

【出处】 岩峰、王松搜集整理：《五个神蛋》，见姚宝瑄主编《中国各民族神话》（哈尼族、傣族），太原：山西出版传媒集团·书海出版社2014年版，第353～354页。

W0787.8.7

五大明王（五大尊，五忿怒，五部忿怒）

实　例

（参见下级母题实例）

W0787.8.7.1

五大明王即不动明王、降三世明王、军荼利明王、大威德明王与金刚夜叉明王

实　例

民族无考 五大明王又作五大尊、五忿怒、五部忿怒，即不动明王、降三世明王、军荼利明王、大威德明王与金刚夜叉明王。

【流传】（无考）

【出处】 《五大明王》，见乌丙安主编《中国民间神谱》，沈阳：辽宁人民出版社2007年版，第323页。

W0787.8.8

西方三圣（弥陀三尊）

实　例

（参见下级母题实例）

W0787.8.8.1

阿弥陀佛与其胁侍观世音、大势至菩萨合称“西方三圣”或“弥陀三尊”

实　例

多民族 阿弥陀佛与其胁侍观世音、大势至菩萨合称为“西方三圣”或“弥陀三尊”。

【流传】（无考）

【出处】《阿弥陀佛》，见乌丙安主编《中国民间神谱》，沈阳：辽宁人民出版社 2007 年版，第 298 页。

W0787. 8. 9
弘法者

实 例

（参见下级母题实例）

W0787. 8. 9. 1
目连

实 例

（参见下级母题实例）

W0787. 8. 9. 1. 1
目连是佛陀重要的助手

实 例

民族无考 目连积极辅助佛陀弘法度生，是佛陀一生弘法的重要助手。

【流传】（无考）

【出处】《目连》，见乌丙安主编《中国民间神谱》，沈阳：辽宁人民出版社 2007 年版，第 325 页。

W0787. 8. 9. 1. 2
目连救母

实 例

（参见下级母题实例）

W0787. 8. 9. 1. 2. 1
目连劈山救母

实 例

汉族 目连的母亲因不修善，被打入阴曹地府，受尽苦刑的惩处。目连为了救母亲而出家修行，得了神通，最终劈山救母。

【流传】（无考）

【出处】［唐］撰者不详：《大目干连冥间救母变文》《大目犍连变文》或《大目连缘起》《大目连变文》等。

W0787. 8. 9. 1. 2. 2
目连救母出地狱

实 例

民族无考 目连曾以神通力量，得知其生母因生前造大恶业堕入地狱，救母出地狱。

【流传】（无考）

【出处】《目连》，见乌丙安主编《中国民间神谱》，沈阳：辽宁人民出版社 2007 年版，第 325 页。

W0787. 8. 10
尊者

实 例

（参见下级母题实例）

W0787.8.10.1
罗睺罗尊者

实　例

（参见下级母题实例）

W0787.8.10.1.1
罗睺罗尊者是佛陀的亲生儿子

实　例

民族无考 罗睺罗尊者又译为“罗云”，意译“覆障”、“障月”、“执月”等。罗睺罗是佛陀的亲生儿子。其母名耶输陀罗。

【流传】（无考）

【出处】《罗睺罗》，见乌丙安主编《中国民间神谱》，沈阳：辽宁人民出版社2007年版，第325页。

W0787.8.11
金刚力士（坚固力士，哼哈二将）

实　例

（参见下级母题实例）

W0787.8.11.1
金刚力士长30丈

实　例

汉族 天立四极，有金刚力士兵，长三十丈。

【流传】（无考）

【出处】［汉］撰人不详：《河图玉版》（已佚）。

W0787.8.11.2
金刚力士腊日逐疫

实　例

汉族 十二月八日为腊日。村人并击细腰鼓，戴胡头，及作金刚力士以逐疫。

【流传】（无考）

【出处】［南朝·梁］宗懔：《荆楚岁时记》。

W0787.8.12
金刚亥母（光明天女）

实　例

（参见下级母题实例）

W0787.8.12.1
金刚亥母是胜乐金刚的明妃

实　例

民族无考 金刚亥母又称“光明天女”，是胜乐金刚的明妃。

【流传】（无考）

【出处】《金刚亥母》，见乌丙安主编《中国民间神谱》，沈阳：辽宁人民出版社2007年版，第309页。

W0787.8.13
护法（护法天神）

实　例

（参见下级母题实例）

W0787. 8. 13. 1

大黑天

实 例

民族无考 大黑天，本是婆罗门教神湿婆的变身，后为佛教密宗吸收为护法天神。

【流传】（无考）

【出处】《大黑天》，见乌丙安主编《中国民间神谱》，沈阳：辽宁人民出版社 2007 年版，第 336 页。

W0787. 8. 14

度母

实 例

（参见下级母题实例）

W0787. 8. 14. 1

度母为观音化身

实 例

藏族 度母为观音化身，有救苦救难、济度众生的功德，故称此名。

【流传】（无考）

【出处】《度母》，见乌丙安主编《中国民间神谱》，沈阳：辽宁人民出版社 2007 年版，第 311 页。

W0787. 8. 14. 2

度母有二十一相

实 例

藏族 度母有二十一相，其中主要者为“五本尊”：圣救度佛母、白度母、黄度母、红度母、黑度母。

【流传】（无考）

【出处】《度母》，见乌丙安主编《中国民间神谱》，沈阳：辽宁人民出版社 2007 年版，第 311 页。

W0787. 8. 14. 3

度母五本尊

实 例

（参见下级母题实例）

W0787. 8. 14. 3. 1

五本尊即圣救度佛母、白度母、黄度母、红度母、黑度母

实 例

藏族 （参见“W0787. 8. 14. 2 度母有二十一相”母题实例）

W0787. 8. 14. 4

度母救苦救难、济度众生

实 例

藏族 （参见“W0787. 8. 14. 1 度母为观音化身”母题实例）

W0787. 8. 14. 5

度母的名称

实 例

（参见下级母题实例）

W0787.8.14.5.1

度母全称圣救度佛母

实 例

藏族 度母全称“圣救度佛母”，亦称“至尊救度母”，略称“救度母”，梵文名“多罗”，密教所奉佛母之一。

【流传】（无考）

【出处】《度母》，见乌丙安主编《中国民间神谱》，沈阳：辽宁人民出版社2007年版，第311页。

W0787.8.14.5.2

度母又称至尊救度母

实 例

藏族 （参见“W0787.8.14.5.1 度母全称圣救度佛母”母题实例）

W0787.8.14.5.3

度母简称救度母

实 例

藏族 （参见“W0787.8.14.5.1 度母全称圣救度佛母”母题实例）

W0787.8.14.5.4

度母梵文名多罗

实 例

藏族 （参见“W0787.8.14.5.1 度母全称圣救度佛母”母题实例）

W0787.8.15

大梵天

实 例

（参见下级母题实例）

W0787.8.15.1

大梵天既是创造神也是毁灭之神

实 例

民族无考 大梵天既是创造神，同时也是毁灭之神。

【流传】（无考）

【出处】《大梵天》，见乌丙安主编《中国民间神谱》，沈阳：辽宁人民出版社2007年版，第330页。

W0787.8.16

佛的代表

实 例

（参见下级母题实例）

W0787.8.16.1

特定的神是佛的代表

实 例

（参见下级母题实例）

W0787.8.16.1.1

最高天神英叭的后代叭英是佛教的代表

实 例

傣族（水傣） 最高天神英叭的后代叭英

是佛教的代表，不仅所有神佛都归他管理。如由佛主之魂转化投到人间的召朗玛，就是他指派的。

【流传】（云南省·西双版纳傣族自治州）

【出处】王松整理：《傣族——西双版纳的神谱》，见姚宝瑄主编《中国各民族神话》（哈尼族、傣族），太原：山西出版传媒集团·书海出版社 2014 年版，第 229 页。

W0788

九天玄女（玄女）[1]

实 例

汉族 （实例待考）

W0788.1

九天玄女的产生

实 例

（参见下级母题实例）

W0788.1.1

玄女是山民的女儿

实 例

（参见下级母题实例）

W0788.1.1.1

玄女是玄梦山山民玄成的女儿

实 例

汉族 玄女本是玄梦山山民玄成的女儿，三岁上就死了亲娘，家中只剩下父女俩相依为命。

【流传】河南省·（郑州市）·新郑市

【出处】张永林采录整理：《玄女学飞刀》，见张振犁编著，孟宪明、朱淑君统纂《中原神话通鉴》（第二卷），郑州：河南大学出版社 2017 年版，第 559 页。

W0788.1.2

玄女是玄鸟国一个老妇人的女儿

实 例

汉族 黄帝和力牧为战胜蚩尤，骑了马匹向东海寻找夔牛皮做战鼓。途经玄鸟国时，玄鸟国的老妇人让女儿玄女一同前往帮助黄帝一臂之力。

【流传】河南省·（郑州市）·新郑市

【出处】刘文学采录整理：《东海捉夔牛》，见张振犁编著，孟宪明、朱淑君统纂《中原神话通鉴》（第二卷），郑州：河南大学出版社 2017 年版，第 552 页。

W0788.2

玄女的特征（九天玄女的特征）

实 例

（参见下级母题实例）

① 九天玄女（玄女）：又叫“九天女”、“九天娘娘”、“元女”等，原本是中国古代神话中的女神，后为道教所信奉。

W0788.2.1

九天玄女人首鸟形

实 例

汉族 九天玄女，人首鸟形。

【流传】（无考）

【出处】《黄帝问玄女兵法》，见马书田《道教诸神》，北京：北京燕山出版社2006年版，第61页。

W0788.2.1.1

九天玄女人头鸟身

实 例

汉族 蚩尤变幻多方，征风召雨，吹烟喷雾，黄帝师众大迷。帝归息太山之阿，昏然忧寝。王母乃命一妇人，人首鸟身，谓帝曰："我九天玄女也。"

【流传】（无考）

【出处】［明］董斯张：《广博物志》卷九引《玄女法》。

汉族 黄帝见一妇人，人首鸟形，黄帝稽首再拜，尤不敢起。妇人曰："吾玄女也。"

【流传】（无考）

【出处】［清］严可均：《全上古三代秦汉三国六朝文·全上古三代文》卷十六辑《黄帝问玄女兵法》。

汉族 黄帝与蚩尤争战时，黄帝连打败仗，就到会合天下鬼神的泰山上去躺卧起来想办法。这时，一个自称"玄女"的鸟身人头的妇人前来见他。

【流传】（无考）

【出处】《黄帝擒杀蚩尤》，原载袁珂编译《中国神话故事》，见陶阳、钟秀编《中国神话》（中），北京：商务印书馆2008年版，第793～794页。

汉族 黄帝打不过蚩尤，就来到西太山（今河南新郑西北）行宫，突然有一人头鸟身的女子从天空飞来，落在黄帝跟前。那女子说："我是天上的九天玄女，知你有难，特来帮你，只是不知你想叫我怎样帮你。"

【流传】河南省·（郑州市）·新郑市

【出处】刘文学采录整理：《指南车破雾》，见张振犁编著，孟宪明、朱淑君统纂《中原神话通鉴》（第二卷），郑州：河南大学出版社2017年版，第562页。

W0788.2.2

玄女是美女

实 例

（参见下级母题实例）

W0788.2.2.1

玄女身段苗条，头发乌黑，面似桃花

实 例

汉族 玄女身段苗条，头发乌黑，面似桃花，两眼如星，身着素衣的女子，像一只仙鹤落在客厅。

【流传】河南省·（郑州市）·新郑市

【出处】刘文学采录整理：《东海捉夔牛》，见张振犁编著，孟宪明、朱淑君统纂《中原神话通鉴》（第二卷），郑州：河南大学出版社 2017 年版，第 552 页。

W0788. 2. 3

玄女善弹

实　例

汉族　玄女从袋中取出琴来，坐在一块石头上就拨了起来。那琴声十分悠扬，弹着，弹着，飞来的鸟儿在空中歌唱，跑来的禽兽在地上跳舞，海中的鱼虾也游过来。不一会儿，远处的庞然大物夔牛，成百上千地游了过来。

【流传】河南省·（郑州市）·新郑市

【出处】刘文学采录整理：《东海捉夔牛》，见张振犁编著，孟宪明、朱淑君统纂《中原神话通鉴》（第二卷），郑州：河南大学出版社 2017 年版，第 553 页。

W0788. 3

九天玄女的身份

实　例

（参见下级母题实例）

W0788. 3. 1

九天玄女是黄帝之师

【关联】［W0695. 5. 5］黄帝之师九天玄女

实　例

汉族　九天玄女者，黄帝之师。

【流传】（无考）

【出处】［宋］张君房：《云笈七签》。

W0788. 3. 1a

玄女是黄帝的部下

实　例

汉族　涿鹿大战中，黄帝的部下玄女使出飞刀，刺瞎了蚩尤的双眼，为战胜蚩尤、统一华夏出了大力。

【流传】河南省·（郑州市）·新郑市

【出处】王雅湘采录整理：《鸟柏》，见张振犁编著，孟宪明、朱淑君统纂《中原神话通鉴》（第二卷），郑州：河南大学出版社 2017 年版，第 604 页。

W0788. 3. 2

九天玄女是圣母元君的弟子

实　例

汉族　九天玄女者，黄帝之师，圣母元君弟子也。

【流传】（无考）

【出处】［宋］张君房：《云笈七签》。

W0788. 3. 3

九天玄女是西天王母大徒弟

实　例

汉族　轩辕黄帝到云崖宫讲武练兵时，足下一步踏空，滚进一个雪窟窿里，昏死过去。醒来后发现一个少女伺候旁边。少女笑着说："我是西天王母的大徒弟，名叫玄女，人称九天玄女的就是我。昨晚我师父做了一个梦，梦见有贵人有难在此，特差遣我前来相救。"

【流传】河南省·（郑州市）·新密市

【出处】高力升采录整理：《玄女救黄帝》，见张振犁编著，孟宪明、朱淑君统纂《中原神话通鉴》（第二卷），郑州：河南大学出版社 2017 年版，第 557 页。

W0788.3.4

九天玄女司送子

【关联】［W0068a.5.13］子孙娘娘（送子娘娘）

实 例

汉族 九天玄女、碧霞元君、七星娘娘等兼职送子的职能。

【流传】（无考）

【出处】《子孙娘娘》，见乌丙安主编《中国民间神谱》，沈阳：辽宁人民出版社 2007 年版，第 96 页。

W0788.3.5

玄女是女仙

实 例

（参见下级母题实例）

W0788.3.5.1

玄女是天上得道的女仙

实 例

汉族 黄帝与蚩尤争战时，黄帝连打败仗，就到会合天下鬼神的泰山上去躺卧起来想办法。这时，一个自称"玄女"的鸟身人头的妇人前来见他，说她是天上得道的女仙，特地来教他兵法的。

【流传】（无考）

【出处】《黄帝擒杀蚩尤》，原载袁珂编译《中国神话故事》，见陶阳、钟秀编《中国神话》（中），北京：商务印书馆 2008 年版，第 793～794 页。

W0788.4

九天玄女的行为（九天玄女的事迹）

【关联】［W0695.5b.1］黄帝被九天玄女所救

实 例

（参见下级母题实例）

W0788.4.1

玄女授兵书

实 例

汉族 九天玄女者，黄帝之师圣母元君弟子也。九天为干金之象，性刚好动。九天之方，可以扬兵布阵。有《九天玄女治心消孽真经》等经书传世，以教化世人。

【流传】（无考）

【出处】［北宋］张君房：《云笈七签》。

W0788. 4. 2

玄女向仙姑学艺

实 例

汉族 仙姑拿出一粒药丸叫玄女吃下，又给她一把宝剑，让她跟着两个女孩儿学习攀援飞腾。

【流传】河南省·（郑州市）·新郑市

【出处】张永林采录整理：《玄女学飞刀》，见张振犁编著，孟宪明、朱淑君统纂《中原神话通鉴》（第二卷），郑州：河南大学出版社 2017 年版，第 560 页。

W0788. 4. 3

玄女飞刀刺蚩尤

实 例

汉族 玄女跟随轩辕氏出征大战蚩尤，在紧急关头用飞刀刺瞎了蚩尤的双眼，立了大功。

【流传】河南省·（郑州市）·新郑市

【出处】赵林阁（清末秀才）讲，赵国鼎采录整理：《玄女庙》，见张振犁编著，孟宪明、朱淑君统纂《中原神话通鉴》（第二卷），郑州：河南大学出版社 2017 年版，第 559 页。

W0788. 4. 4

玄女拨琴助战

实 例

汉族 玄女助阵黄帝战蚩尤时，当即用力拨动琴弦。只听那琴声铮铮几声响，如翻江倒海，万马奔腾。霎时间，从东方黑压压地铺天而来一群雄鹰。雄鹰听那琴声变化，飞往战场。

【流传】河南省·（郑州市）·新郑市

【出处】刘文学采录整理：《夔鼓败蚩尤》，见张振犁编著，孟宪明、朱淑君统纂《中原神话通鉴》（第二卷），郑州：河南大学出版社 2017 年版，第 555 页。

W0788. 4. 5

玄女报恩助黄帝

实 例

汉族 玄女见了轩辕氏，便朗声说：“恩人十年前救了我的命，你走后，父母二老，教我苦练‘飞崖走壁’‘攀树沿枝’‘袖珍神刀’的技艺，三般武艺学齐。我父听说恩人您召集训练兵马，讨伐蚩尤，为民除害，特命我报名从军，报答您的洪恩！”

【流传】河南省·（郑州市）·新郑市

【出处】赵林阁（清末秀才）讲，赵国鼎采录整理：《玄女庙》，见张振犁编著，孟宪明、朱淑君统纂《中原神话通鉴》（第二卷），郑州：河南大学出版社 2017 年版，第 558 页。

W0788. 4. 5. 1

玄女帮助黄帝战蚩尤

实 例

汉族 九天玄女告诉黄帝：“不久北

方有蚩尤将进犯中原，你有大难一劫。为了战胜蚩尤，师父西天王母让我协助你在具茨山下设四十五里军马营和供军马营所需之草料场。助你战胜蚩尤，安定中原，统一天下。”

【流传】河南省·（郑州市）·新密市

【出处】高力升采录整理：《玄女救黄帝》，见张振犁编著，孟宪明、朱淑君统纂《中原神话通鉴》（第二卷），郑州：河南大学出版社 2017 年版，第 557 页。

W0788.5

玄女的生活

实 例

（参见下级母题实例）

W0788.5.1

玄女的出行

实 例

（参见下级母题实例）

W0788.5.1.1

玄女乘丹凤

实 例

汉族 黄帝欲征蚩尤时，大雾冥冥昼晦，玄女降焉。乘丹凤，御景云，服九色彩翠之衣，集于帝前，帝再拜受命。

【流传】（无考）

【出处】［元］赵道一：《历世真仙体道通鉴后集》卷二“九天玄女”条。

W0788.5.2

玄女的工具

实 例

（参见下级母题实例）

W0788.5.2.1

玄女的玉兔马

实 例

汉族 玄女骑着一匹玉兔马，一路上晓行夜宿，赶回有熊国。

【流传】河南省·（郑州市）·新郑市

【出处】刘文学采录整理：《东海捉夔牛》，见张振犁编著，孟宪明、朱淑君统纂《中原神话通鉴》（第二卷），郑州：河南大学出版社 2017 年版，第 553 页。

W0788.5.2.2

玄女的飞刀

实 例

汉族 （参见“W0788.3.1a 玄女是黄帝的部下”母题实例）

W0788.6

玄女的关系

实 例

（参见下级母题实例）

W0788.6.1

玄女的父母

实 例

（参见下级母题实例）

W0788.6.1.1

玄女的父亲玄武

实 例

汉族 （参见“W0788.1.1.1 玄女是玄梦山山民玄成的女儿”母题实例）

W0788.6.2

玄女的丈夫

实 例

（参见下级母题实例）

W0788.6.2.1

玄女是黄帝的大将常伯的妻子

实 例

汉族 轩辕黄帝的大将常伯拥玄女入怀，夫妻二人融成一体。

【流传】河南省·（郑州市）·新郑市

【出处】王雅湘采录整理：《乌柏》，见张振犁编著，孟宪明、朱淑君统纂《中原神话通鉴》（第二卷），郑州：河南大学出版社2017年版，第604页。

W0788.6.3

玄女的合作者

实 例

（参见下级母题实例）

W0788.6.3.1

黄帝求助于玄女

实 例

汉族 黄帝与蚩尤九战九不胜。黄帝归于太山，三日三夜，天雾冥。有一妇人，人首鸟形，黄帝稽首再拜，伏不敢起。妇人曰：“吾玄女也。”

【流传】（无考）

【出处】［清］严可均：《全上古三代秦汉三国六朝文·全上古三代文》卷十六辑《黄帝问玄女兵法》。

W0788.7

与玄女有关的其他母题

实 例

（参见下级母题实例）

W0788.7.1

玄女的名字（玄女的名号）

实 例

（参见下级母题实例）

W0788.7.1.1

玄女又称元女

实 例

汉族 玄女 亦称“元女”、“九天玄女”。

【流传】（无考）

【出处】《玄女》，见袁珂《中国神话大词典》，北京：华夏出版社2015年版，第113页。

W0788.7.1.2

玄女又称九天玄女

实 例

汉族 （参见“W0788.7.1.1 玄女又称元女”母题实例）

W0788.7.2

玄女的遗迹

实 例

（参见下级母题实例）

W0788.7.2.1

玄女庙

实 例

汉族 新郑县西南二十五里处，有一小山名为自然山。自然山下有轩辕饮马泉和玄女庙遗址。

【流传】 河南省·（郑州市）·新郑市

【出处】 赵林阁（清末秀才）讲，赵国鼎采录整理：《玄女庙》，见张振犁编著，孟宪明、朱淑君统纂《中原神话通鉴》（第二卷），郑州：河南大学出版社2017年版，第558页。

汉族 自然山黄帝饮马泉有一座玄女庙，这是后世人为纪念玄女而建的。

【流传】 河南省·（郑州市）·新郑市

【出处】 张永林采录整理：《玄女学飞刀》，见张振犁编著，孟宪明、朱淑君统纂《中原神话通鉴》（第二卷），郑州：河南大学出版社2017年版，第559页。

W0789

老子①

实 例

（参见下级母题实例）

W0789.1

老子的产生

实 例

（参见下级母题实例）

W0789.1.1

感生老子

实 例

（参见下级母题实例）

W0789.1.1.1

女子感大流星生老子

实 例

汉族 老子之母感大流星而有娠，生老子。

【流传】（无考）

【出处】［晋］葛洪：《神仙传》。

① 老子，神话人物，是历史人物的神话化，是作为神话形象出现的神性人物，可以认为是非真正意义上的历史人物。

W0789. 1. 1. 2

元妙玉女吞入太阳之精生老子

实 例

汉族 元妙玉女吞入太阳之精怀孕，历时八十一年后从左腋下生下老子。

【流传】（无考）

【出处】［北宋］张君房：《云笈七签》，天禧三年（1019）。

汉族 弦妙玉女下凡变身为尹氏姑娘，嫁给了仙人李灵飞。太阳之精下凡，寄托在尹氏胎内。尹氏怀胎八十一载后，与殷武丁王九年二月二十五日，在李树下生下太上老君。

【流传】（无考）

【出处】［元］赵道一：《历代真仙体道通鉴》。

W0789. 1. 2

老子在母腹中多年

实 例

（参见下级母题实例）

W0789. 1. 2. 1

老子在母腹中 72 年

实 例

汉族 老子者，母怀之七十二年乃生。生时剖母腋而出，生而白首，故谓之老子。生而能言，指李树曰："以此为我姓。"

【流传】（无考）

【出处】［东晋］葛洪：《神仙传》卷一。

W0789. 1. 2. 2

老子在母腹中 81 年

实 例

汉族 左扶青龙，右据白虎，前导朱雀，后从玄武。头荫紫云，足履莲花，项负双景，五明耀日。身有圆象，洞照九天。兼前仙相，光色奇妍。总八十一，谓之好也。

【流传】（无考）

【出处】［元］赵道一：《历世真仙体道通鉴后集》卷一"无上元君"条。

W0789. 1. 3

老子生日农历二月十五日

实 例

汉族 每年农历二月十五日是老子诞生之日，又称为道教节，每逢此时各名山大庙都设坛庆贺。

【流传】（无考）

【出处】《老子》，见乌丙安主编《中国民间神谱》，沈阳：辽宁人民出版社 2007 年版，第 247 页。

W0789. 1. 4

老子从母亲左腋出生

实 例

（参见下级母题实例）

W0789.1.4.1

老子的母亲在陈国涡水李树下剖左腋生老子

实 例

汉族 太上老君李氏，名耳，字伯阳；其母曾见日精下落如流星，飞入口中，因有娠，七十二岁而生；常有五色云气绕其形，五行之兽卫其堂，于陈国涡水李树下剖左腋而生。

【流传】（无考）

【出处】［唐］徐坚：《初学记》卷二三引《老子内传》。

W0789.1.5

老子产生早于天地

实 例

汉族 道家之原，出于老子。其自言也，先天地生，以资万类。

【流传】（无考）

【出处】［北齐］魏收：《魏书》卷一百一十四《释老志》。

W0789.1.6

老子生于无形之先

实 例

汉族 老子者，道也。乃生于无形之先，起于太初之前，行于太素之元，浮游六虚，出入幽冥，观混合之未别，窥清浊之未分。

【流传】（无考）

【出处】［东汉］王阜：《老子圣母埤》。

W0789.2

老子的特征

实 例

（参见下级母题实例）

W0789.2.1

老子生而不凡

实 例

（参见下级母题实例）

W0789.2.1.1

老子生而能言

实 例

汉族 老子生而能言。

【流传】（无考）

【出处】［晋］葛洪：《神仙传》。

W0789.2.2

老子有72相

实 例

汉族 老君降生九日，身有九变，皆天冠天衣，自然被体。仍有七十二相，八十一好。

【流传】（无考）

【出处】［元］赵道一：《历世真仙体道通鉴后集》卷一“无上元君”条。

W0789. 2. 3

老子相貌奇特

实 例

（参见下级母题实例）

W0789. 2. 3. 1

老子头圆如天，面光象日伏晨起，皓发如鹤，长七尺余，眉如北斗，其色翠绿。虎髭龙髯

实 例

汉族 老子七十二相者，头圆如天，面光象日伏晨起。玉枕穹隆，皓发如鹤，长七尺余。眉如北斗，其色翠绿。虎髭龙髯，素结如丝。耳有垂珠，中有三门，高平于顶，厚而且坚。河目日光，方瞳绿筋，鼻有双柱，准骨隆隆。口方如海，唇赤如丹。气有紫色，其香若兰。齿如编贝，其坚若银。数有六八，上下均平。舌长且广，形如锦纹。其音如玉，其响如金。观高而起，颐方若矩。日角月渊，金容玉姿。龙颜肃肃，凤视闲闲。额有兑象，三午上达。天庭平坦，金匮充盈。颊有白痣，颐有玉丸。项有三约，鹤素昂昂。垂臂过膝，手握十纹。其指纤长，各有策文。爪有玉甲，身有绿毛。胸有偃骨，背有河魁。脐深逾寸，腹软如绵。心有锦纹，腹有玄志。眼有轮文，足蹈二五。指有乾坤，身长丈二。遍体芳香，面方而泽。上下三停，体如金刚。貌若琉璃，行如虎步，动若龙趋。此其相也。

【流传】（无考）

【出处】［元］赵道一：《历世真仙体道通鉴后集》卷一“无上元君”条。

W0789. 2. 3. 2

老君耳长七尺

【关联】［W0078. 1. 1］神的两耳垂肩

实 例

汉族 老君耳长七尺，在母腹中八十一年，剖左胁而生，及生须发皓白。

【流传】（无考）

【出处】［唐］李冗：《独异志》卷上。

W0789. 2. 4

老子全身刻有八卦

实 例

汉族 老君身长九尺，黄皮肤，高鼻梁，口如鸟嘴，眉长五寸，耳长七寸，额上有三根筋，全身刻有八卦。

【流传】（无考）

【出处】［晋］葛洪：《抱朴子》。

W0789. 3

老子的身份

【关联】［W0792. 3. 3］真人老聃

实 例

（参见下级母题实例）

W0789.3.1

老子为万仙之宗

实 例

汉族 （参见“W0789.3.2 老子为神王之宗”母题实例）

W0789.3.2

老子为神王之宗

实 例

汉族 道家之原，出于老子。其自言也，先天地生，以资万类。上处玉京，为神王之宗；下在紫微，为飞仙之主。

【流传】（无考）

【出处】［北齐］魏收：《魏书》卷一百一十四《释老志》

W0789.3.3

老子成佛

实 例

（参见下级母题实例）

W0789.3.3.1

老子化胡

实 例

汉族 老子化胡（佛）。

【流传】（无考）

【出处】［南朝·宋］范晔：《后汉书·襄楷传》。

W0789.3.4

老子化摩尼

实 例

汉族 老子化摩尼。

【流传】（无考）

【出处】［西晋之后］王浮（相传）：《老子化胡经》（《化胡经》）。

W0789.3.4.1

老子是天地之父母

实 例

汉族 老君生于无始之时，是天地之父母、万道之先、元气之主等。

【流传】（无考）

【出处】《老子》，见乌丙安主编《中国民间神谱》，沈阳：辽宁人民出版社2007年版，第247页。

W0789.3.5

老子是帝王之师

实 例

汉族 自三皇五帝以来，老子改换名号成为历代皇帝的老师，传授八卦、取火、制陶、百谷、百药等。

【流传】（无考）

【出处】《老子》，见乌丙安主编《中国民间神谱》，沈阳：辽宁人民出版社2007年版，第247页。

W0789. 3. 6

老子是神仙

实 例

（参见下级母题实例）

W0789. 3. 6. 1

老子是天上太清宫的神仙

实 例

彝族（撒尼）太上老君（即老子）是天上“太清宫”的神仙。

【流传】云南省·昆明（昆明市）·尾依初村（不详）

【出处】撒尼支宗教祭司张琼讲，张福记录：《撒尼人的土主崇拜》，见吕大吉、何耀华总主编《中国各民族原始宗教资料集成》（彝族卷、白族卷、基诺族卷），北京：中国社会科学出版社1996年版，第78页。

W0789. 4

老子的职能（老子的能力，老子的事迹）

实 例

（参见下级母题实例）

W0789. 4. 1

老子传授八卦

实 例

汉族 自三皇五帝以来，老子改传授八卦、取火、制陶、百谷、百药等。

【流传】（无考）

【出处】《老子》，见乌丙安主编《中国民间神谱》，沈阳：辽宁人民出版社2007年版，第247页。

W0789. 5

老子的生活

【关联】

①［W0735b. 11. 1］神农与老子同乡

②［W1134. 5］老子造天

实 例

（参见下级母题实例）

W0789. 5. 1

老子经历3个混沌

实 例

汉族 老子经历了三个混沌。

【流传】吉林省·（通化市）·集安县·头道镇

【出处】于连才讲，黄绍文采录：《先有老子后有天》，见中国民间文学集成全国编辑委员会编《中国民间故事集成》（吉林卷），北京：中国文联出版公司1992年版，第2页。

W0789. 5. 2

老子有紫气围绕

实 例

汉族 老子西游，关令尹喜望见其有紫气浮关，而老子果乘青牛而过。

【流传】（无考）

【出处】鲁迅：《古小说钩沉》辑《列异传》。

W0789.5.3 老子的坐骑

实 例

（参见下级母题实例）

W0789.5.3.1 老子乘日精驾九龙

实 例

汉族 灵飞本皋陶之后，至商时父子相承，得修生之道。父庆宾，年百岁余，常有少容。周游五岳诸山，一日一云龙下迎，白日升天。灵飞感父升天之事，精修大道，亦百有余日。当老君未诞而升天，至商十有八世，王阳甲践祚之十七年庚申之岁，老君自大清境分神化气，乘日精，驾九龙，化为五色流珠下降。

【流传】（无考）

【出处】［元］赵道一：《历世真仙体道通鉴后集》卷一“无上元君”条。

W0789.5.3.2 老子乘青牛（太上老君骑着青牛）

【关联】［W0109.7］神的坐骑是牛

实 例

汉族 老子西游，乘青牛而过。

【流传】（无考）

【出处】鲁迅：《古小说钩沉》辑《列异传》。

彝族（撒尼） 太上老君（即老子）骑着青牛。

【流传】云南省·昆明（昆明市）·尾依初村（不详）

【出处】撒尼支宗教祭司张琼讲，张福记录：《撒尼人的土主崇拜》，见吕大吉、何耀华总主编《中国各民族原始宗教资料集成》（彝族卷、白族卷、基诺族卷），北京：中国社会科学出版社1996年版，第79页。

W0789.5.3.3 老子乘青羊

实 例

汉族 老子乘青羊降，其地有台存。

【流传】（无考）

【出处】［明］曹学佺：《蜀中名胜记》卷二引《古今集纪》。

W0789.5.3.4 老子乘白鹿

实 例

汉族 老君以神仙之道必假修炼，欲垂法以劝来世，故存真抱一，炼丹服气，然后乘空凌虚，出有入无，随意所适，人莫能测。一日乘白鹿复履庭桧而升天。

【流传】（无考）

【出处】［元］赵道一：《历世真仙体道通鉴后集》卷一“太一元君”条。

W0789. 5. 3. 5

老子的居所

实 例

（参见下级母题实例）

W0789. 5. 3. 5. 1

老子上处玉京

实 例

汉族 老子上处玉京，为神王之宗；下在紫微，为飞仙之主。

【流传】（无考）

【出处】［北齐］魏收：《魏书》卷一百一十四《释老志》。

W0789. 5. 3. 5. 2

老子下在紫微

实 例

汉族 （参见“W0789. 5. 3. 5. 1 老子上处玉京”母题实例）

W0789. 6

老子的关系

实 例

（参见下级母题实例）

W0789. 6. 1

老子的父母

【关联】［W0789. 1. 1. 2］元妙玉女吞入太阳之精生老子

实 例

（参见下级母题实例）

W0789. 6. 1. 1

老子的母亲无上元君

实 例

汉族 老子居于陈国苦县濑乡曲仁里涡水之阴即今亳州卫真县也。圣母既诞育道身，将返天阙。复元君之位，欲示世人以师资传授之道。

【流传】（无考）

【出处】［元］赵道一：《历世真仙体道通鉴后集》卷一“无上元君”条。

W0789. 6. 1. 1. 1

无上元君

实 例

（参见下级母题实例）

W0789. 6. 1. 1. 1. 1

玄妙玉女即无上元君

实 例

汉族 老君虽历代应现，而未有诞生之迹，将欲和光同尘以立世教，乃先命玄妙玉女降为天水尹氏之女，名益寿，适仙人李灵飞。玄妙玉女，即无上元君也。

【流传】（无考）

【出处】［元］赵道一：《历世真仙体道通鉴后集》卷一“无上元君”条。

W0789.6.2

老子的师傅

实　例

（参见下级母题实例）

W0789.6.2.1

老子的师傅太一元君

实　例

汉族 老君乃远游山泽，求炼神丹。行经劳山，果遇太一元君，乘五色斑麟，侍官数十人。老君从之问道，元君曰：道之要，在乎还丹金液耳。遂具授秘诀。

【流传】（无考）

【出处】［元］赵道一：《历世真仙体道通鉴后集》卷一“太一元君”条。

W0789.6.2.2

老子的老师容成公

实　例

汉族 容成公是老子之师。

【流传】（无考）

【出处】［西汉］刘向：《列仙传》。

W0789.6.3

老子的徒弟

实　例

（参见下级母题实例）

W0789.6.3.1

老子在撒尼人的老爷山收神童阿呗为徒

实　例

彝族（撒尼） 太上老君（即老子）在撒尼人的老爷山收了神童阿呗作小徒弟。

【流传】 云南省·昆明（昆明市）·尾依初村（不详）

【出处】 撒尼支宗教祭司张琼讲，张福记录：《撒尼人的土主崇拜》，见吕大吉、何耀华总主编《中国各民族原始宗教资料集成》（彝族卷、白族卷、基诺族卷），北京：中国社会科学出版社1996年版，第78页。

W0789.6.3.2

老子从不同的地方招了5个弟子

实　例

彝族（撒尼） 太上老君（即老子）有五个弟子，分别从不同的地方招来。

【流传】 云南省·昆明（昆明市）·尾依初村（不详）

【出处】 撒尼支宗教祭司张琼讲，张福记录：《撒尼人的土主崇拜》，见吕大吉、何耀华总主编《中国各民族原始宗教资料集成》（彝族卷、白族卷、基诺族卷），北京：中国社会科学出版社1996年版，第78页。

W0789. 7

老子的名称

实 例

（参见下级母题实例）

W0789. 7. 1

老子名称的来历

实 例

（参见下级母题实例）

W0789. 7. 1. 1

老子生而皓首故号为老，古人称师为子

实 例

汉族 左扶青龙，右据白虎，前导朱雀，后从玄武。头荫紫云，足履莲花，项负双景，五明耀日。身有圆象，洞照九天。兼前仙相，光色奇妍。总八十一，谓之好也。寄胎八十一年，极太阳九九之数。生而皓首，故号为老。古人称师为子，又子者男子之通称，故号老子。

【流传】（无考）

【出处】［元］赵道一：《历世真仙体道通鉴后集》卷一“无上元君”条。

W0789. 7. 2

老子的封号

实 例

（参见下级母题实例）

W0789. 7. 2. 1

老子受封太上弦元皇帝

实 例

汉族 唐太宗一开始加封老子为太上弦元皇帝，后来又追加为大圣祖玄元皇帝、圣祖大道玄元皇帝、大圣祖高上大道金阙玄元天皇大帝。在诸多封号的基础上，宋真宗又继续加封老子为太上老君混元上德皇帝。

【流传】（无考）

【出处】《老子》，见乌丙安主编《中国民间神谱》，沈阳：辽宁人民出版社2007年版，第247页。

W0789. 7. 2. 2

老子受封大圣祖玄元皇帝

实 例

汉族 （参见“W0789. 7. 2. 1 老子受封太上弦元皇帝”母题实例）

W0789. 7. 2. 3

老子受封圣祖大道玄元皇帝

实 例

汉族 （参见“W0789. 7. 2. 1 老子受封太上弦元皇帝”母题实例）

W0789. 7. 2. 4

老子受封大圣祖高上大道金阙玄元天皇大帝

实 例

汉族 （参见“W0789.7.2.1 老子受封太上弦元皇帝”母题实例）

W0789.7.2.5
老子受封太上老君混元上德皇帝

实 例

汉族 （参见“W0789.7.2.1 老子受封太上弦元皇帝”母题实例）

W0789.8
与老子有关的其他母题

【关联】

① ［W0735b.11.1］ 神农与老子同乡

② ［W1134.5］ 老子造天

实 例

（参见下级母题实例）

W0789.8.1
老子的弟子得道升天

实 例

彝族 当年老子出函谷关，诸弟子皆各得道升天，各有职位。

【流传】云南省·昆明（昆明市）

【出处】江应梁：《西南边疆民族论丛》，珠海：（私立）珠海大学出版社 1948 年版，第 20～24 页。

W0790
菩萨

实 例

（参见下级母题实例）

W0790.1
菩萨的产生

实 例

（参见下级母题实例）

W0790.1.1
神造菩萨

实 例

（参见下级母题实例）

W0790.1.1.1
开天辟地的大神造菩萨

实 例

苗族 开天辟地的大神纳罗引勾造了菩萨。

【流传】广西壮族自治区·融水（融水苗族自治县）·大年（大年乡）、拱洞（拱洞乡）等地

【出处】杨达香讲，梁彬搜集整理：《创世大神和神子神孙》，见曹廷伟编著《广西民间故事辞典》，南宁：广西教育出版社 1993 年版，第 22 页。

W0790.1.2
巨人造菩萨

实 例

（参见下级母题实例）

W0790. 1. 2. 1

巨人用泥造菩萨

实 例

苗族 混沌中出现巨人纳罗引勾，巨人捏了菩萨。

【流传】广西壮族自治区·（柳州市）·融水县（融水苗族自治县）·滚贝乡

【出处】杨达香讲：《纳罗引勾开天辟地造人》，见中国民间文学集成全国编辑委员会编《中国民间故事集成》（广西卷），北京：中国 ISBN 中心 2001 年版，第 24～30 页。

苗族 纳罗引勾（半人半兽的巨人）造人时，烧的生的泥人做了菩萨。

【流传】广西壮族自治区·（柳州市）·融水苗族自治县

【出处】

（a）杨达香讲，梁彬搜集整理：《创世纪》（二、捏人捏兽，栽果撒谷），见梁彬、王天若编《苗族民间故事选》，南宁：广西人民出版社 1986 年版。

（b）同（a），见姚宝瑄主编《中国各民族神话》（布依族、仡佬族、苗族），太原：山西出版传媒集团·书海出版社 2014 年版，第 175 页。

W0790. 1. 3

人上天后变成菩萨

实 例

汉族 （参见“W0790. 1. 3a. 1 孝子黄长云死后被封为菩萨”母题实例）

W0790. 1. 3a

人被封为菩萨

实 例

（参见下级母题实例）

W0790. 1. 3a. 1

孝子黄长云死后被封为菩萨

实 例

汉族 孝子黄长云死后，游魂来到地府门前。崔判官又把他引到阴天子那儿。阴天子召见他说：“你在阳世孝敬母亲，感动了天地，封你为报恩菩萨，去掌管恩德簿，报答那些赤子吧！”

【流传】四川省

【出处】杨正喜讲，高应平记录：《报恩殿》，原载中国民间文学集成全国编辑委员会编《中国民间故事集成》（四川卷·下），北京：中国 ISBN 中心 1998 年版，见陶阳、钟秀编《中国神话》（下），北京：商务印书馆 2008 年版，第 1320～1322 页。

W0790. 1. 4

盘古女娲成为菩萨

实 例

（实例待考）

W0790.1.5

菩萨是盘古女娲的后代

【关联】［W0725.4.1］盘古的妻子女娲（盘古女娲是夫妻）

实 例

汉族 天父（盘古）、地母（女娲）二人生了许多后代，上天的成了菩萨。

【流传】湖北省·（黄冈市）·浠水县·清泉镇

【出处】廖康成讲：《天父地母》，见中国民间文学集成全国编辑委员会编《中国民间故事集成》（湖北卷），北京：中国ISBN中心1999年版，第6~7页。

W0790.1.6

天生菩萨

实 例

（参见下级母题实例）

W0790.1.6.1

山石大开现天生菩萨像数千

实 例

汉族 康熙五十年，肃州合黎山顶，忽有人呼曰："开不？开不开？"如是数日，无人敢答。一日有牧童过，闻之，戏应声曰："开！"顷刻春然，风雷怒号，山石大开，中现一崖，有天生菩萨像数千，须眉宛然，至今人呼为万佛崖。

【流传】（无考）

【出处】

(a)［清］袁枚：《子不语》卷十六。

(b)《万佛崖》，见袁珂《中国神话大词典》，北京：华夏出版社2015年版，第13页。

W0790.1.7

与菩萨的产生有关的其他母题

实 例

（参见下级母题实例）

W0790.1.7.1

菩萨是外来神

实 例

壮族 菩萨在壮语中泛指一般的外来神。

【流传】广西壮族自治区·（百色市）·靖西县（靖西市）

【出处】凌树东搜集整理：*《广西靖西县壮族诸神表》（1991），见吕大吉、何耀华总主编《中国各民族原始宗教资料集成》（土家族卷、瑶族卷、壮族卷、黎族卷），北京：中国社会科学出版社1998年版，第495页。

W0790.2

菩萨的特征（菩萨的身份）

实 例

（参见下级母题实例）

W0790. 2. 1

菩萨善良

实 例

（实例待考）

W0790. 2. 2

菩萨有智慧

实 例

汉族 （实例待考）

W0790. 2. 3

菩萨是天神

实 例

羌族 在东门外（今汶川县龙溪乡境内）、龙溪寨和木尚寨（今汶川县克枯乡境内）以外的地方的羌民不认为，“阿爸子”（Abba Chli）或“阿爸士”（Abba Sei）这一“父亲”的称谓凡指“神”，而是专指汉庙中的菩萨，这种称呼的前两个音节 Ma bei. Mu bya 或 Mbya，是“天”的意思；Sei 或 Chli 是“神”的意思，合起来则为“天神”。

【流传】四川省·（阿坝藏族羌族自治州）·汶川县·龙溪乡·龙溪寨

【出处】

（a）［美］格莱汉撰，钱谦译：《羌族习俗》，载《宗教学研究》1988 年第 1 期。

（b）同（a），*《龙溪乡龙溪寨的白石崇拜》，见吕大吉、何耀华总主编《中国各民族原始宗教资料集成》（纳西族卷、羌族卷、独龙族卷、傈僳族卷、怒族卷），北京：中国社会科学出版社 2000 年版，第 472 页。

W0790. 3

菩萨的生活（菩萨的行为）

实 例

（参见下级母题实例）

W0790. 3. 1

菩萨不娶不嫁

实 例

苗族 菩萨不娶不嫁，孤寡一生。

【流传】广西壮族自治区·（柳州市）·融水苗族自治县

【出处】

（a）杨达香讲，梁彬搜集整理：《创世纪》（二、捏人捏兽，栽果撒谷），见梁彬、王天若编《苗族民间故事选》，南宁：广西人民出版社 1986 年版。

（b）同（a），见姚宝瑄主编《中国各民族神话》（布依族、仡佬族、苗族），太原：山西出版传媒集团·书海出版社 2014 年版，第 175 页。

W0790. 3. 2

菩萨偷米

实 例

门巴族 菩萨偷米。

【流传】西藏自治区·（林芝市）·墨脱县

【出处】冀文正等整理：《菩萨偷米》，见中华民族故事大系编委会编《中华民族故事大系》第16卷（赫哲族、门巴族、珞巴族、基诺族），上海：上海文艺出版社1995年版，第347页。

W0790.3.3

菩萨的服饰

实 例

（参见下级母题实例）

W0790.3.3.1

菩萨戴龙头花

实 例

彝族 二月龙头花，是菩萨戴的花，不是新娘戴的花。

【流传】云南省·楚雄彝族自治州·姚安县、大姚县等彝族地区

【出处】《婚事和恋歌·说亲》，见云南省民族民间文学楚雄调查队整理编写《梅葛》，昆明：云南人民出版社2009年版，第147页。

W0790.3.4

菩萨的饮食

实 例

（实例待考）

W0790.3.5

菩萨的居所

实 例

（实例待考）

W0790.3.6

菩萨的出行

实 例

（参见下级母题实例）

W0790.3.6.1

菩萨的现身

实 例

汉族 （实例待考）

W0790.4

与菩萨有关的其他母题

实 例

（参见下级母题实例）

W0790.4.1

泥菩萨

实 例

汉族 （实例待考）

W0790.4.2

菩萨的死亡

实 例

（实例待考）

W0790. 4. 2. 1

菩萨每年换一次衣裳表示死亡一次

实 例

彝族 （实例待考）

W0790a

观音（观音菩萨，观世音，观音老母，观音神）

实 例

（参见下级母题实例）

W0790a. 1

观音的产生

实 例

（参见下级母题实例）

W0790a. 1. 1

观音源于特定地方

实 例

（参见下级母题实例）

W0790a. 1. 1. 1

观音神是外来神

实 例

壮族 观音神系外来神系，是被壮族信仰所接受的神。

【流传】广西壮族自治区·（百色市）·靖西县（靖西市）

【出处】凌树东搜集整理：*《广西靖西县壮族诸神表》（1991），见吕大吉、何耀华总主编《中国各民族原始宗教资料集成》（土家族卷、瑶族卷、壮族卷、黎族卷），北京：中国社会科学出版社1998年版，第495页。

W0790a. 1. 2

生育观音

实 例

（实例待考）

W0790a. 1. 3

特定人物成为观音

实 例

（实例待考）

W0790a. 1. 3. 1

人修炼成为观音菩萨

实 例

汉族 （实例待考）

W0790a. 1. 4

与观音的产生有关的其他母题

实 例

（参见下级母题实例）

W0790a. 1. 4. 1

观音的生日

实 例

（参见下级母题实例）

W0790a. 1. 4. 1. 1

观音菩萨的生日是农历二月十九

实 例

民族无考 观音菩萨于二月十九日降生，六月十九日成道，九月十九日涅槃。

【流传】（无考）

【出处】《观世音菩萨》，见乌丙安主编《中国民间神谱》，沈阳：辽宁人民出版社 2007 年版，第 312 页。

W0790a. 1. 4. 1. 2

观音菩萨的生日是农历二月二十九

实 例

汉族 观音菩萨的生日是农历二月二十九。

【流传】（无考）

【出处】王德恒等：《造神史话》，天津：百花文艺出版社 2002 年版，第 379 页。

W0790a. 2

观音的特征

实 例

（参见下级母题实例）

W0790a. 2. 1

观音是性别

实 例

（参见下级母题实例）

W0790a. 2. 1. 1

观音时男时女

实 例

汉族 （实例待考）

W0790a. 2. 1. 2

观音是男的

实 例

（实例待考）

W0790a. 2. 1. 3

观音是女的

实 例

（实例待考）

W0790a. 2. 2

观音的体征

实 例

（参见下级母题实例）

W0790a. 2. 3

观音的性格

实 例

（参见下级母题实例）

W0790a. 2. 3. 1

观音菩萨大慈大悲

实 例

汉族 观音心底慈善，人们都尊敬她，称她观音菩萨，

【流传】河南省·（周口市）·淮阳县

【出处】梁加秀（男，73岁，农民，文盲）讲，张华采录：《神农鞭药》（1986.08.26），见张振犁编著，孟宪明、朱淑君统纂《中原神话通鉴》（第二卷），郑州：河南大学出版社2017年版，第471页。

W0790a. 3

观音的身份

【关联】

①［W0658a. 8. 21. 2］京西影戏业尊观音为祖师

②［W0658a. 8. 38. 2］玉器行工匠及商人祖师白衣观音

实 例

（参见下级母题实例）

W0790a. 3. 1

观音是佛

实 例

（参见下级母题实例）

W0790a. 3. 1. 1

观音是送子之佛

实 例

汉族 观音是送子之佛。

【流传】福建省·（福州市·仓山区·盖山镇）·义序村

【出处】林耀华：《义序的宗族研究》（1934），北京：生活·读书·新知三联书店2000年版，第108～109页。

W0790a. 3. 1. 2

观音是佛祖

实 例

（参见下级母题实例）

W0790a. 3. 1. 2. 1

观音佛和太白金星是两位佛祖

实 例

汉族 观音佛听了人间祈求，马上奔向天门，恰好碰着太白金星正在摇头叹气。这两位佛祖一同来到玉帝面前奏本。

【流传】浙江省·（丽水市）·缙云县·（槐花街）

【出处】潘奶儿讲，蔡杏芳记录：《天狗食月试人心》（1987.08），见姚宝瑄主编《中国各民族神话》（汉族），太原：山西出版传媒集团·书海出版社2014年版，第225～226页。

W0790a. 3. 2

观音是神

实 例

（参见下级母题实例）

W0790a. 3. 2. 1

观音是天上的一位正神

实 例

汉族 观音是天上的一位正神。

【流传】河南省·（周口市）·淮阳县

【出处】梁加秀（男，73岁，农民，文盲）讲，张华采录：《神农鞭药》（1986.08.26），见张振犁编著，孟宪明、朱淑君统纂《中原神话通鉴》（第二卷），郑州：河南大学出版社2017年版，第471页。

W0790a.4 观音的居所

实 例

（参见下级母题实例）

W0790a.4.1 观音居南海普陀山

实 例

汉族 南海海深幽绝处，碧绀嵯峨连水府，号名七宝洛迦山（今普陀山），自在观音于彼住。

【流传】（无考）

【出处】［唐］王勃：《观音大士赞》。

W0790a.5 观音的职能

实 例

（参见下级母题实例）

W0790a.5.1 观音点化俗人

实 例

汉族 （实例待考）

W0790a.5.2 观音普度众生

实 例

汉族 （实例待考）

W0790a.5.3 观音送子

【关联】

①［W0398.1.2.5］泰山娘娘被称为“送子娘娘”

②［W0790a.3.1.1］观音是送子之佛

实 例

（参见下级母题实例）

W0790a.5.3.1 观音菩萨司送子

实 例

汉族 九天玄女、碧霞元君、七星娘娘、王母娘娘，观音菩萨等兼职送子的职能。

【流传】（无考）

【出处】《子孙娘娘》，见乌丙安主编《中国民间神谱》，沈阳：辽宁人民出版社2007年版，第96页。

W0790a.5.3.2 观音娘娘送子

实 例

羌族 妇女相信观音娘娘能送子给她。

【流传】四川省·（阿坝藏族羌族自治州）·茂县·土门一带

【出处】西南民族学院研究室编：《羌（尔玛）族情况》，1954 年，见吕大吉、何耀华总主编《中国各民族原始宗教资料集成》（纳西族卷、羌族卷、独龙族卷、傈僳族卷、怒族卷），北京：中国社会科学出版社 2000 年版，第 587 页。

W0790a. 5. 4

观音管各种植物

实　例

汉族 观音心底慈善，人们都尊敬她，称她观音菩萨，她还管百草、百树、百花、五谷。

【流传】河南省·（周口市）·淮阳县

【出处】梁加秀（男，73 岁，农民，文盲）讲，张华采录：《神农鞭药》（1986. 08. 26），见张振犁编著，孟宪明、朱淑君统纂《中原神话通鉴》（第二卷），郑州：河南大学出版社 2017 年版，第 471 页。

W0790a. 6

观音的能力

实　例

（参见下级母题实例）

W0790a. 6. 1

观音收服妖魔

实　例

白族 （参见“W0790a. 6. 6 观音显圣”母题实例）

W0790a. 6. 2

观音的变形

【关联】［W9526］神性人物的变形

实　例

（参见下级母题实例）

W0790a. 6. 2. 1

观音变天神

实　例

侗族 如来知他（盘古）功劳深，才叫观音变天神，转度盘古西方坐，如来目前佛修成。

【流传】（无考）

【出处】秦廷锡编著：《北侗民歌》，见《黎平县政协文史资料》第 3 集，内部编印，2008 年。

W0790a. 6. 2. 2

观音变老人

实　例

白族 观音菩萨变作一个老人，从苍山的五台峰下来。

【流传】云南省·（大理白族自治州）·大理市

【出处】杨国宪采录：《开辟大理的故事》，见中国民间文学集成全国编辑委员会编《中国民间故事集成》（云南卷），北京：中国 ISBN 中心 2003 年版，第 216 页。

W0790a.6.2.2.1 观音化身老太婆

实 例

白族 老太婆说完话，足下突然飘起白云，转眼间，变为一尊慈眉善目的观音大师，白云越起越高，慢慢地望不见了。

【流传】云南省·（大理白族自治州）·鹤庆县

【出处】庄根富记录：《赞陀倔多 开辟鹤庆》，见姚宝瑄主编《中国各民族神话》（白族、拉祜族、景颇族），太原：山西出版传媒集团·书海出版社 2014 年版，第 102 页。

W0790a.6.2.2.2 观音化身老人探访人间

实 例

白族 一千多年前，来了观音菩萨。他变作一个老人，从苍山的五台峰下来，到各村各寨去探访。

【流传】（云南省·大理白族自治州·大理市）

【出处】杨国宪记录：《开辟大理的传说》，见姚宝瑄主编《中国各民族神话》（白族、拉祜族、景颇族），太原：山西出版传媒集团·书海出版社 2014 年版，第 61 页。

W0790a.6.2.3 观音幻化为和尚

实 例

白族 观音幻化为一和尚来化缘。

【流传】（无考）

【出处】《白王的传说》，见 BBS 水木清华站：http://www.smth.edu.cn，2002.09.25。

W0790a.6.2.3a 观音化身僧人

实 例

白族 观音菩萨变作一个楚僧，把袈裟一铺，竟把苍山洱海的整个地面都铺没了。

【流传】（云南省·大理白族自治州·大理市）

【出处】杨国宪记录：《开辟大理的传说》，见姚宝瑄主编《中国各民族神话》（白族、拉祜族、景颇族），太原：山西出版传媒集团·书海出版社 2014 年版，第 61 页。

W0790a.6.2.4 观音的化身怙主

实 例

藏族 ☆宗喀巴殿内右侧的一尊怙主，藏语称“公保”，是观音菩萨的化身。

【流传】青海省·西宁（西宁市）

【出处】青海省社会科学院塔尔寺藏族历史文献研究所：《塔尔寺概况》，西宁：青海人民出版社 1987 年版，第 54 页。

W0790a. 6. 3

观音会魔法

实 例

（参见下级母题实例）

W0790a. 6. 3. 1

观音负石阻兵

实 例

白族 观音能负石阻兵。

【流传】云南省·大理（大理白族自治州）

【出处】《负石阻兵》，见文学博客网：http：//blog. readnovel. com/article/htm/tid_ 172268. html，2006. 07. 16。

W0790a. 6. 4

菩萨盗物

实 例

门巴族 （实例待考）

W0790a. 6. 5

观音使大海变平坝

实 例

白族 （实例待考）

W0790a. 6. 6

观音显圣

实 例

白族 段宗堂（人名）想斗妖时，救助一个衣衫褴褛、脸似黄蜡的老妈妈，一眨眼，老妈妈变成一位全身素白的女神，她左手拿着一个白玉净水瓶，右手握着一根碧翠杨柳枝，目光慈善，神态庄重，默默地凝视着段宗堂微笑。原来是观音显圣。

【流传】云南省·大理（大理白族自治州·喜州区·庆洞村）

【出处】杨宗元、段圭讲，许天侠、周百里搜集整理：《爱民皇帝段宗堂——喜州区庆洞村神都本主》，原载大理市文化局编《白族本主神话》，中国民间文艺出版社 1988 年版，见姚宝瑄主编《中国各民族神话》（白族、拉祜族、景颇族），太原：山西出版传媒集团·书海出版社 2014 年版，第 138 页。

W0790a. 6. 6. 1

观音显金身

实 例

白族 观音菩萨变作一个楚僧用袈裟盖地的办法收回被罗刹占领的土地，占尽了上下两关的地面。罗刹立刻反悔。观音就做起法术，叫五百青兵、天龙八部在云端里现出金身。

【流传】（云南省·大理白族自治州·大

理市）

【出处】杨国宪记录：《开辟大理的传说》，见姚宝瑄主编《中国各民族神话》（白族、拉祜族、景颇族），太原：山西出版传媒集团·书海出版社2014年版，第61~62页。

W0790a.7

观音的事迹

【关联】［W1138.2a.1］观音用牛皮造天

实　例

（参见下级母题实例）

W0790a.7.1

观音暗中救人

实　例

（实例待考）

W0790a.7.2

观音私访

实　例

（参见下级母题实例）

W0790a.7.2.1

天帝派观音老母下界私访

实　例

汉族 天神就派观音老母下界私访。

【流传】河北省·（邢台市）·隆尧县·（魏家庄镇）·东庄头村

【出处】孟淑珍讲，宋孟寅采录：《小麦为啥只秀一穗》，见中国民间文学集成全国编辑委员会编《中国民间故事集成》（河北卷），北京：中国ISBN中心2003年版，第18页。

W0790a.7.3

观音有求必应

实　例

汉族（实例待考）

W0790a.7.4

观音老母为百姓消灾免难

实　例

白族 姑娘是观音老母显化的，她把树扛入江中，是要为百姓消灾免难。

【流传】云南省·（大理白族自治州）·云龙县

【出处】阿国讲，张绍良记录：《梭罗塘》，见姚宝瑄主编《中国各民族神话》（白族、拉祜族、景颇族），太原：山西出版传媒集团·书海出版社2014年版，第68页。

W0790a.8

观音的生活

实　例

（参见下级母题实例）

W0790a.8.1

观音的服饰

实　例

（实例待考）

W0790a. 8. 2
观音的饮食

实 例

（实例待考）

W0790a. 8. 3
观音的出行

实 例

（实例待考）

W0790a. 8. 4
观音的坐骑

实 例

（参见下级母题实例）

W0790a. 8. 4. 1
观音骑花鹿

实 例

汉族 观音身骑花鹿，一手拿着鞭，另一只手拿个宝瓶。

【流传】河南省·（周口市）·淮阳县

【出处】梁加秀（男，73岁，农民，文盲）讲，张华采录：《神农鞭药》（1986. 08. 26），见张振犁编著，孟宪明、朱淑君统纂《中原神话通鉴》（第二卷），郑州：河南大学出版社2017年版，第471页。

W0790a. 8. 4. 2
观音腾云驾雾

实 例

汉族 观音腾云驾雾来到洛阳，化成一个老人。

【流传】浙江省·宁波市·宁海县·麻山乡·慕胡山村

【出处】麻承树讲，麻承照记录：《观音拔发变蛇精》（1985. 07），见罗杨总主编，戴余金本卷主编《中国民间故事丛书·浙江宁波·宁海卷》，北京：知识产权出版社2015年版，第14页。

W0790a. 8. 4. 3
观音乘五色祥云

实 例

白族 段宗堂（人名）抬头一看，只见一朵五色祥云飘然而降，上面站着观音。

【流传】云南省·大理（大理白族自治州·喜州区·庆洞村）

【出处】杨宗元、段圭讲，许天侠、周百里搜集整理：《爱民皇帝段宗堂——喜州区庆洞村神都本主》，原载大理市文化局编《白族本主神话》，中国民间文艺出版社1988年版，见姚宝瑄主编《中国各民族神话》（白族、拉祜族、景颇族），太原：山西出版传媒集团·书海出版社2014年版，第141页。

W0790a.8.4.4

观音坐莲花

实 例

汉族 （实例待考）

W0790a.8.5

观音的工具

实 例

（参见下级母题实例）

W0790a.8.5.1

观音的净水瓶

实 例

白族 （参见“W0790a.8.5.4 观音的杨柳枝”母题实例）

汉族 （实例待考）

W0790a.8.5.2

观音手拿一个宝瓶

实 例

汉族 （参见“W0790a.8.4.1 观音骑花鹿”母题实例）

W0790a.8.5.3

观音执鞭

实 例

汉族 （参见“W0790a.8.4.1 观音骑花鹿”母题实例）

W0790a.8.5.4

观音的杨柳枝

实 例

白族 段宗堂（人名）斗妖时，还想问观音什么，刚一张嘴，观音却不见了。再瞧自己的手中，竟然现出了观音的那两件宝物——净水瓶和杨柳枝。

【流传】 云南省·大理（大理白族自治州·喜州区·庆洞村）

【出处】 杨宗元、段圭讲，许天侠、周百里搜集整理：《爱民皇帝段宗堂——喜州区庆洞村神都本主》，原载大理市文化局编《白族本主神话》，中国民间文艺出版社 1988 年版，见姚宝瑄主编《中国各民族神话》（白族、拉祜族、景颇族），太原：山西出版传媒集团·书海出版社 2014 年版，第 139 页。

W0790a.9

观音的关系

实 例

（参见下级母题实例）

W0790a.9.1

观音的父母

实 例

（参见下级母题实例）

W0790a. 9. 1. 1

观音的父亲是庙中王

实 例

白族 观音的父亲是庙中王。

【流传】云南省·（大理白族自治州）·洱源县

【出处】杨国政讲，杨亮才记录整理：《天地起源》，见谷德明编《中国少数民族神话》，北京：中国民间文艺出版社 1987 年版，第 293 页。

W0790a. 9. 1. 2

观音的父亲是妙中王

实 例

白族 （实例待考）

W0790a. 9. 1. 3

观音的父亲是妙庄王

实 例

白族 妙庄王是观音之父。

【流传】云南省·（大理白族自治州）·大理（大理市）、洱源（洱源县）、剑川（剑川县）等地

【出处】杨国政讲，杨亮才记录整理：《开天辟地》注释，原载《云南民间故事选》（不详），见姚宝瑄主编《中国各民族神话》（白族、拉祜族、景颇族），太原：山西出版传媒集团·书海出版社 2014 年版，第 4 页。

白族 妙庄王是佛教神话中的兴民国的国王，观音之父。

【流传】云南省·（大理白族自治州）·大理县（大理市）、洱源县、剑川县

【出处】杨国政讲述，杨亮才记录：《盘古开天辟地》，原载李缵绪主编《白族神话传说集成》，见陶阳、钟秀编《中国神话》（上），北京：商务印书馆 2008 年版，第 13 ~ 18 页。

W0790a. 9. 1. 4

观音的父亲是算命先生

实 例

白族 庙中王（观音父亲）是一个算命先生。

【流传】云南省·（大理白族自治州）·洱源县

【出处】杨国政讲，杨亮才记录整理：《天地起源》，见谷德明编《中国少数民族神话》，北京：中国民间文艺出版社 1987 年版，第 293 页。

W0790a. 9. 2

观音的子女

实 例

（参见下级母题实例）

W0790a. 9. 2. 1

观音多子

实 例

哈尼族 （始祖）到第九代，出现神能

的安追，安追有个叫唐盘的姐姐，是多子的观音，是人鬼的阿妈。

【流传】云南省·西双版纳（西双版纳傣族自治州）

【出处】《天地人鬼》，见李勇《西双版纳哈尼族歌谣》，昆明：云南少年儿童出版社 1989 年版。

W0790a.10

观音的从属

实 例

（参见下级母题实例）

W0790a.10.1

仙女是观音菩萨的侍女

实 例

白族 到人间湖中洗浴的一群仙女是观音菩萨身边的伺女。

【流传】（无考）

【出处】《白鹅天子和蛤蟆神》，见文学博客网：http：//blog.readnovel.com/article/htm/tid_ 172268.html，2006.07.16。

W0790a.11

不同类型的观音

实 例

（参见下级母题实例）

W0790a.11.1

千手观音

【关联】［W0787.7.3.1］皇帝的小女儿三皇姑成为千手千眼佛

实 例

汉族 妙庄王有三女，长妙音，次妙缘，三妙善，妙善即观音大士。王令赘婿不从，逐之御花园，居之白雀寺，苦以搬运，极所不堪，旁役鬼力代之。王怒，命焚白雀寺，寺僧俱毁于焰，大士无恙如初。命斩之，刀三折；命缢以白练，忽黑风遮天，一白虎背之去。至尸多林，青衣童侍立，遂历地府，过奈河桥，救诸苦难。还魂再至尸多林，遇一耆硕，指香山修行。后，庄王病急，剜目断臂救之，尔时道成。空中现千手眼，故曰：南无大慈大悲救苦救难灵广大感观世音菩萨。

【流传】 （无考）

【出处】 ［东晋］干宝：《搜神记》二十卷。

锡伯族 三皇姑为解除百姓灾难砍去一只手，挖去一只眼睛，如来佛度化三皇姑为千手千眼佛。

【流传】（无考）

【出处】何玉芳等讲，吴玉森等集整理：《千手千眼佛的传说》，见满都呼主编《中国阿尔泰语系诸民族神话故事》，北京：民族出版社 1997 年版，第 289 页。

民族无考 观世音菩萨在过去无量劫，听千光王静住如来讲经时，为利益一切众生，发誓言“若我当来堪能利益安乐一切众生者，令我即时身千手千眼具足”，发誓愿已，应时身千手千眼悉皆具足。

【流传】（无考）

【出处】撰者不详，［唐］伽梵达摩译：《千手千眼观世音菩萨广大圆满无碍大悲心陀罗尼经》。

W0790a. 11. 2
南海观音

实 例

汉族 三公主悔恨万分，复返南海，向观音请罪。

【流传】（无考）

【出处】

(a)《桂林山水的传说》，载《民间文学》1980年第2期。

(b)《老人山》，见袁珂《中国神话大词典》，北京：华夏出版社2015年版，第379页。

W0790a. 11. 2. 1
玉帝派南海观音菩萨下凡私访人是否敬神

实 例

汉族 玉皇大帝派南海观音菩萨下凡私访人是否敬神。

【流传】江苏省·（连云港市）·灌南县·三口乡·三口街

【出处】戴芝莲讲，彭尧钦采录：《冬天为什么下雪》，见中国民间文学集成全国编辑委员会编《中国民间故事集成》（江苏卷），北京：中国ISBN中心1998年版，第22页。

W0790a. 11. 2. 2
南海观音乘云梯下凡

实 例

汉族 天空出现一个奇妙的彩环，彩环刷地展开，变成一个银光闪闪的梯子，从天上直垂下来，梯子的上头，坐着南海观音。

【流传】河南省·（新乡市）·封丘县

【出处】师咸卿采录整理：《太阳和月亮（六）》，见张振犁编著，孟宪明、朱淑君统纂《中原神话通鉴》（第四卷），郑州：河南大学出版社2017年版，第1195页。

W0790a. 11. 2. 2a
南海观音脚踏浮莲

实 例

汉族 南海观音脚踏浮莲、手执杨柳枝。

【流传】海南省·南沙群岛、西沙群岛

【出处】叶春生、许和达记录整理：《北斗星的传说》，见姚宝瑄主编《中国各民族神话》（汉族），太原：山西出版传媒集团·书海出版社2014年版，第328～332页。

W0790a. 11. 2. 3
南海观音的杨柳枝

实 例

汉族 （参见“W0803.10.2.1 南海观音变把除恶七兄弟的灵魂变成仙”母题实例）

W0790a.11.2.4 南海观音本领高强

实 例

汉族 女娲补天剩下的铁石竖在南天门。三十三天神仙吃王母娘娘的寿酒时，要通过推倒南天门的铁石柱比谁的本领最好。四大金刚推不动，八仙推不动。南海观音只用手指一弹，铁石柱就轰的一声倒了。

【流传】 浙江省·（丽水市）·青田县·东源镇、船寮镇

【出处】 余碎笑讲，叶茂搜集整理：《三块补天石》（1987.07.15），见姚宝瑄主编《中国各民族神话》（汉族），太原：山西出版传媒集团·书海出版社2014年版，第58~60页。

W0790a.11.3 观音大士

实 例

汉族 妙庄王做了恶，身上长了500个大脓疮，大夫说非要亲骨肉的一只眼一只手作药，才能医好。他的修行的三公主妙善至善至孝，挖了一只眼，砍了一只手给父王作药。妙庄王服药后，全身脓疮消失，身体康复。妙善公主就成了千手千眼观世音菩萨，为成千上万的善男信女所崇敬，被尊为观音大士

【流传】（无考）

【出处】［元］管道升：《观音大士传》。

W0790a.11.4 多子观音

实 例

（参见下级母题实例）

W0790a.11.4.1 多子观音唐盘

实 例

（参见下级母题实例）

W0790a.11.4.1.1 多子观音唐盘是人鬼妈妈

实 例

哈尼族 （始祖）到第九代，出现神能的安追，安追有个叫唐盘的姐姐，是多子的观音，是人鬼的阿妈。

【流传】 云南省·西双版纳（西双版纳傣族自治州）

【出处】《天地人鬼》，见李勇《西双版纳哈尼族歌谣》，昆明：云南少年儿童出版社1989年版。

W0790a.11.5 自在观音

实 例

（参见下级母题实例）

W0790a. 11. 5. 1

自在观音是歪脖老母

实 例

汉族 歪脖老母为自在观音，世界上所有的自在观音没有歪脖的，只有青岩寺这一尊。

【流传】辽宁省·（锦州市）·北镇市·常兴店镇

【出处】《青岩寺》，见 http：//www.lvshan.com。

W0790a. 12

与观音有关的其他母题

实 例

（参见下级母题实例）

W0790a. 12. 0

观音的称谓（观音名称）

实 例

（参见下级母题实例）

W0790a. 12. 0. 1

观音菩萨

实 例

（实例待考）

W0790a. 12. 0. 2

观世音

实 例

（实例待考）

W0790a. 12. 0. 3

观音老母

实 例

白族 人过度打猎，猎神只好跑到观音老母家去请求保护动物。

【流传】云南省·（大理白族自治州）·云龙县

【出处】李月繁讲，杨松泉等采录：《狩猎神》，见中国民间文学集成全国编辑委员会编《中国民间故事集成》（云南卷），北京：中国 ISBN 中心 2003 年版，第 315 页。

W0790a. 12. 0. 3. 1

观音老母踏五色祥云，左边金童，右边玉女

实 例

白族 观音老母站在一朵五色祥云，左边是金童，右边是玉女。

【流传】云南省·（大理白族自治州）·大理市

【出处】大理市文化局编：《制服孽龙罗刹》，见《龙神话传说》，昆明：云南人民出版社 1985 年版，第 40～44 页。

W0790a. 12. 1

观音菩萨的转世（观音转世）

实 例

（参见下级母题实例）

W0790a.12.1.1

观音菩萨转世为猕猴

【关联】［W9350］转世（托生、转生）

实 例

藏族 喜马拉雅山以前被洪水包围。忽有一人登山巅大呼，以神斧劈开高山，使洪水倾泻而下后，此人变为猕猴，相传此猴乃观音菩萨转世。

【流传】（无考）

【出处】＊《人之由来》，原载谷德明编《中国少数民族神话选》（原名《人的由来》），见袁珂《中国神话大词典》，北京：华夏出版社 2015 年版，第 407 页。

W0790a.12.2

观世音菩萨得道（观音成道）

实 例

（参见下级母题实例）

W0790a.12.2.1

观世音菩萨的得道日是六月十九

实 例

民族无考 观音菩萨于二月十九日降生，六月十九日成道，九月十九日涅槃。

【流传】（无考）

【出处】《观世音菩萨》，见乌丙安主编《中国民间神谱》，沈阳：辽宁人民出版社 2007 年版，第 312 页。

W0790a.12.3

观世音菩萨出家

实 例

（参见下级母题实例）

W0790a.12.3.1

观世音菩萨的出家日是九月十九

实 例

汉族 （参见“W0790a.1.4.1.1 观音菩萨的生日是农历二月十九”母题实例）

W0790a.12.4

观音涅槃

实 例

（参见下级母题实例）

W0790a.12.4.1

观音九月十九日涅槃

实 例

民族无考 （参见“W0790a.12.2.1 观世音菩萨的得道日是六月十九”母题实例）

W0790b

文殊菩萨

实 例

（参见下级母题实例）

W0790b. 1
文殊菩萨的产生

实 例

（参见下级母题实例）

W0790b. 1. 1
文殊菩萨是如来“法王”之子

实 例

民族无考 文殊菩萨是众菩萨之首，被认为是如来“法王”之子。

【流传】（无考）

【出处】《文殊菩萨》，见乌丙安主编《中国民间神谱》，沈阳：辽宁人民出版社 2007 年版，第 317 页。

W0790b. 1. 2
文殊菩萨生人六月十四

实 例

民族无考 文殊诞日为六月十四日。

【流传】（无考）

【出处】《文殊菩萨》，见乌丙安主编《中国民间神谱》，沈阳：辽宁人民出版社 2007 年版，第 317 页。

W0790b. 2
文殊菩萨的特征（文殊菩萨的身份，文殊菩萨的职能，文殊菩萨的事迹）

实 例

（参见下级母题实例）

W0790b. 2. 1
文殊菩萨是众菩萨之首

实 例

民族无考 文殊菩萨是众菩萨之首。

【流传】（无考）

【出处】《文殊菩萨》，见乌丙安主编《中国民间神谱》，沈阳：辽宁人民出版社 2007 年版，第 317 页。

W0790b. 2. 2
文殊菩萨专司智慧

实 例

民族无考 大乘佛教中，文殊菩萨专司智慧。

【流传】（无考）

【出处】《文殊菩萨》，见乌丙安主编《中国民间神谱》，沈阳：辽宁人民出版社 2007 年版，第 317 页。

W0790b. 2. 3
佑护读书升学

实 例

民族无考 在当代，文殊菩萨又被我国民众赋予了佑护读书升学的神职功能。

【流传】（无考）

【出处】《文殊菩萨》，见乌丙安主编《中国民间神谱》，沈阳：辽宁人民出版社 2007 年版，第 317 页。

W0790b.3

文殊菩萨的关系

实 例

（参见下级母题实例）

W0790b.3.1

文殊菩萨的父母

实 例

（实例待考）

W0790b.3.2

文殊菩萨的兄弟

实 例

（参见下级母题实例）

W0790b.3.2.1

文殊和普贤是结拜的异姓兄弟

实 例

汉族 （实例待考）

W0790b.4

文殊菩萨的名称

实 例

（参见下级母题实例）

W0790b.4.1

文殊全称文殊师利

实 例

民族无考 文殊全称文殊师利、满殊尸利或曼殊室利，意思是“妙德”、“妙吉祥”等。

【流传】（无考）

【出处】《文殊菩萨》，见乌丙安主编《中国民间神谱》，沈阳：辽宁人民出版社2007年版，第317页。

W0790b.4.2

文殊全称满殊尸利

实 例

民族无考 （参见“W0790b.4.1 文殊全称文殊师利”母题实例）

W0790b.4.3

文殊全称曼殊室利

实 例

民族无考 （参见“W0790b.4.1 文殊全称文殊师利”母题实例）

W0790b.4

与文殊菩萨有关的其他母题

实 例

（实例待考）

W0790c

普贤菩萨

实 例

（参见下级母题实例）

W0790c. 1

普贤菩萨的产生

实 例

（实例待考）

W0790c. 2

普贤菩萨的特征（普贤菩萨的身份，普贤菩萨的职能，普贤菩萨的事迹）

实 例

（参见下级母题实例）

W0790c. 2. 1

普贤主司一切三昧

实 例

民族无考 普贤主司一切三昧（正定），文殊菩萨主司一切般若（智慧）。

【流传】（无考）

【出处】《普贤菩萨》，见乌丙安主编《中国民间神谱》，沈阳：辽宁人民出版社2007年版，第320页。

W0790c. 3

普贤菩萨的关系

实 例

（实例待考）

W0790c. 4

与普贤菩萨有关的其他母题

实 例

（实例待考）

W0790d

其他特定名称的菩萨（其他类型的菩萨）

实 例

（参见下级母题实例）

W0790d. 1

天上的菩萨

实 例

汉族 （实例待考）

W0790d. 2

土地菩萨

【关联】［W0236］土地神

实 例

土家族 （实例待考）

W0790d. 3

地藏菩萨（地藏王菩萨，地藏王）

【关联】

①［W0658a. 8. 8. 2］阴阳占卜业者祖师地藏王菩萨

②［W0658a. 8. 30a. 1］风水业者祖师藏王菩萨

实 例

（参见下级母题实例）

W0790d.3.1
念诵地藏菩萨名号能得到无量功德的救济

实 例

民族无考 众生只要念诵地藏菩萨名号，礼拜供奉其像，就能得到无量功德的救济。

【流传】（无考）

【出处】《地藏菩萨》，见乌丙安主编《中国民间神谱》，沈阳：辽宁人民出版社2007年版，第321页。

W0790d.4
马王菩萨

实 例

（参见下级母题实例）

W0790d.4.1
马王菩萨究扎士

实 例

羌族 羌人家中仿汉俗，堂屋设神龛，供红纸书写的神，除“天地国亲师”外，还有其他七尊神如家神（“基兮士”）、马王菩萨（“究扎士”）等。

【流传】四川省·（阿坝藏族羌族自治州）·汶川县·绵池乡·簇头、沟头寨

【出处】

（a）钱安靖：《羌族宗教习俗调查资料》，见羌族社会历史调查四川省编写组编《羌族社会历史调查》，成都：四川省社会科学院出版社1985年版。

（b）同（a），见吕大吉、何耀华总主编《中国各民族原始宗教资料集成》（纳西族卷、羌族卷、独龙族卷、傈僳族卷、怒族卷），北京：中国社会科学出版社2000年版，第593～594页。

W0790d.5
牛王菩萨

实 例

（参见下级母题实例）

W0790d.5.1
牛王菩萨八扎士

实 例

羌族 羌人家中仿汉俗，堂屋设神龛，供红纸书写的神，除“天地国亲师”外，还有其他七尊神如家神（“基兮士”）、牛王菩萨（“八扎士”）等。

【流传】四川省·（阿坝藏族羌族自治州）·汶川县·绵池乡·簇头、沟头寨

【出处】

（a）钱安靖：《羌族宗教习俗调查资料》，见羌族社会历史调查四川省编写组编《羌族社会历史调查》，成都：四川省社会科学院出版社1985年版。

（b）同（a），见吕大吉、何耀华总主编《中国各民族原始宗教资料集成》（纳西

族卷、羌族卷、独龙族卷、傈僳族卷、怒族卷)，北京：中国社会科学出版社2000年版，第593~594页。

W0791

太上老君[①]

【关联】［W0789］老子

实 例

壮族 太上老君、关帝、通天圣帝、城隍等是壮族从别的民族传进本地壮族的外来神。

【流传】广西壮族自治区·（南宁市）·武鸣县·两江乡·雷江片，马山县·古零乡·杨圩片

【出处】黄世杰搜集整理：＊《多神信仰》（1990），见吕大吉、何耀华总主编《中国各民族原始宗教资料集成》（土家族卷、瑶族卷、壮族卷、黎族卷），北京：中国社会科学出版社1998年版，第493页。

W0791.1

太上老君的产生

实 例

（参见下级母题实例）

W0791.1.1

女娲生太上老君

实 例

（参见下级母题实例）

W0791.1.1.1

女娲怀孕1千年生太上老君

实 例

汉族 女娲怀着的太上老君一千多年才出生。

【流传】河北省·秦皇岛市·抚宁县·（留守营镇）·宋庄乡（宋庄村）

【出处】孙本营讲：《女娲造人》，见本县集成办编《抚宁民间故事卷》第1集，内部编印，1987年，第18~19页。

W0791.1.2

太上老君是特定人物的化身

实 例

（实例待考）

W0791.1.2.1

太上老君是老子的化身

【关联】［W0789］老子

实 例

汉族 （实例待考）

① 太上老君，又称元始天尊，唐朝又称之为“玄元皇帝“。本为历史人物，即老子，姓李名耳，春秋末年人，道家创始人，后进入神话之中。

W0791.1.3
婚生太白金星

实 例

汉族 （实例待考）

W0791.1.4
与太上老君产生有关的其他母题

实 例

（参见下级母题实例）

W0791.1.4.1
太上老君在娘胎中怀 80 年

实 例

汉族 太上老君在娘肚里怀了八十年，胡子长白了。

【流传】河南省·（濮阳市）·范县·王楼乡

【出处】崔金甲（65 岁，男，汉族，初小毕业，农民）讲，崔金钊（男，60 岁，大专毕业，王楼乡教育组干部）采录：《天为哈是蓝的》（1990.03.14），见张振犁编著，孟宪明、朱淑君统纂《中原神话通鉴》（第四卷），郑州：河南大学出版社 2017 年版，第 1231 页。

W0791.1.4.2
太上老君在娘胎中会说话

实 例

汉族 太上老君要等天长严了，再出世。没出世，看不到外界的事情，他却会说话，嘴上还长出了胡子。

【流传】河南省·（濮阳市）·范县·王楼乡

【出处】崔金甲（65 岁，男，汉族，初小毕业，农民）讲，崔金钊（男，60 岁，大专毕业，王楼乡教育组干部）采录：《天为哈是蓝的》（1990.03.14），见张振犁编著，孟宪明、朱淑君统纂《中原神话通鉴》（第四卷），郑州：河南大学出版社 2017 年版，第 1231 页。

W0791.1.4.3
太上老君从娘的三根肋骨中出生

实 例

汉族 太上老君听说天已长严，就咬断娘的三根肋骨呱呱出世了。

【流传】河南省·（濮阳市）·范县·王楼乡

【出处】崔金甲（65 岁，男，汉族，初小毕业，农民）讲，崔金钊（男，60 岁，大专毕业，王楼乡教育组干部）采录：《天为哈是蓝的》（1990.03.14），见张振犁编著，孟宪明、朱淑君统纂《中原神话通鉴》（第四卷），郑州：河南大学出版社 2017 年版，第 1231 页。

W0791.1.4.3.1
太上老君咬断娘的三根肋巴骨出世

实 例

汉族 太上老君听说天已长严，就咬断娘的三根肋巴骨呱呱出世了。

【流传】河南省·（南阳市）·镇平县

【出处】贺天祥讲，贺海成、姜典凯搜集整理：《天为什么是蓝的》，载《民间文学》1986 年第 1 期。

W0791. 1. 4. 4
太上老君生不逢时

实 例

汉族 太上老君还没下生时，正赶上一场天地演变。

【流传】河南省·（濮阳市）·范县·王楼乡

【出处】崔金甲（65 岁，男，汉族，初小毕业，农民）讲，崔金钊（男，60 岁，大专毕业，王楼乡教育组干部）采录：《天为哈是蓝的》（1990. 03. 14），见张振犁编著，孟宪明、朱淑君统纂《中原神话通鉴》（第四卷），郑州：河南大学出版社 2017 年版，第 1231 页。

W0791. 1. 4. 5
太上老君有特定的化身

实 例

（参见下级母题实例）

W0791. 1. 4. 5. 1
太上老君的化身真武大帝

实 例

汉族 真武大帝是太上老君第八十二次变化之身，托生于大罗境上无欲天宫，净乐国王善胜皇后之子。皇后梦而吞日，觉而怀孕，经一十四月及四百余辰，降诞于王宫。后既长成，遂舍家辞父母，入武当山修道，历四十二年功成果满，白日升天。玉皇有诏，封为太玄，镇于北方。

【流传】（无考）

【出处】［宋］陈伀集疏：《太上说玄天大圣真武本传神咒妙经》。

W0791. 2
太上老君的特征（太上老君的身份）

实 例

（参见下级母题实例）

W0791. 2. 1
太上老君是大道之主宰

实 例

汉族 太上老君者，大道之主宰，万教之宗元，出乎太无之先，起乎无极之源，经历天地，不可称载，终乎无终，穷乎无穷者也。其随方设教，历劫为师，隐显有无，罔得而测。然垂世立教，应现之迹，昭昭然若日月。

【流传】（无考）

【出处】［南宋］谢守灏：《混元圣纪》。

W0791.2.2

太上老君是个老好人

实 例

汉族 太上老君虽是个体谅民间疾苦的神老头，可又不能违抗玉帝，只得硬着头皮从命，去灭人间的火种。

【流传】河南省豫西南一带

【出处】贺海成搜集，姜典凯整理：《打石取火和锄头的来历》，原载《民间文学》1986年第1期。

W0791.3

太上老君居所

实 例

（参见下级母题实例）

W0791.3.1

太上老君居紫微宫

【关联】［W0204.11a.3.3.2］太一居紫微宫

实 例

汉族 太上老君常居紫微宫。

【流传】（无考）

【出处】［清］李少微：《元始无量度人上品妙经注》引尹氏《玄中记》。

W0791.3.1.1

太上老君常居紫微宫

实 例

汉族 太上老君常居紫微宫。

【流传】（无考）

【出处】［唐末五代］杜光庭《太上老君说常清静经注》引《尹氏玄中记》。

W0791.3.2

太上老君定居险山奇峰

实 例

汉族 太上老君发现这一带险山奇峰，流泉飞瀑，如此引人入胜，就想在这儿安下身来。

【流传】河南省·（三门峡市）·卢氏县、（洛阳市）·栾川县

【出处】任珍珠讲，牛爱民采录整理：《伏牛山的传说》，见张振犁编著，孟宪明、朱淑君统纂《中原神话通鉴》（第四卷），郑州：河南大学出版社2017年版，第1364页。

W0791.4

太上老君的身份

【关联】［W0768.17.1.3.1.1］真武大帝是太上老君的化身

实 例

（参见下级母题实例）

W0791.4.0

太上老君是元始天尊

实 例

（参见下级母题实例）

W0791.4.0.1
元始天尊[①]

【关联】［W0761.0.2］西王母是元始天尊与太元圣母的女儿

实 例

汉族 谨稽首上启，虚无自然。元始天尊、太上道君、太上老君，三清众圣。

【流传】（无考）

【出处】［清］俞樾：《茶香室丛钞》卷十四“三清”条引唐扬钜《翰林院学士旧规道门青词例》。

W0791.4.0.1.0
太元生元始天尊

实 例

汉族 元始天王见到圣女太元，化成青光投入其口中，圣女太元怀孕12年后生元始天尊。

【流传】（无考）

【出处】《元始天尊》，见乌丙安主编《中国民间神谱》，沈阳：辽宁人民出版社2007年版，第246页。

W0791.4.0.1.0.1
元始天尊生于太元之先

实 例

汉族 道经者，云有元始天尊，生于太元之先，禀自然之气，冲虚凝远，莫知其极。

【流传】（无考）

【出处】《隋书》卷三十五《经籍志》四。

W0791.4.0.1.1
元始天尊是道教的最高神

实 例

汉族 元始天尊是道教的最高神，民间多在正月初一或冬至日祭祀。

【流传】（无考）

【出处】《元始天尊》，见乌丙安主编《中国民间神谱》，沈阳：辽宁人民出版社2007年版，第246页。

W0791.4.0.1.2
元始天尊生日正月初一

实 例

汉族 元始天尊诞生于正月初一。

【流传】（无考）

【出处】《元始天尊》，见乌丙安主编《中国民间神谱》，沈阳：辽宁人民出版社2007年版，第246页。

---

① 元始天尊，是道教最高神三清之一，全称“青玄祖炁玉清元始天尊妙无上帝”，又名“玉清紫虚高妙太上元皇大道君”。在一些记载中又有“中玉清元始天尊”、“上清灵宝天尊”、“太清道德天尊”的说法，一般认为是“三号虽殊，本同为一”。另外还有“三清元始天尊，灵宝天尊，道德天尊”之说。有观点认为，“道”是太上老君的称号，太上老君（道）的化身是“三清天尊”。

W0791.4.0.1.3

元始天尊居三十五天之上

实 例

汉族 玉清境，元始天尊位，在三十五天之上也。此即上清境，太上大道君位，在三十四天之上也。太清境太极目，即太上老君位，在三十三之上也。

【流传】（无考）

【出处】［始于东晋］多朝代撰者编撰：《道藏·太平部·三洞珠囊》卷七引自《老君圣迹》。

W0791.4.0.2

元始太上天尊

实 例

汉族 天王上启元始太上天尊授盘古《神宝三皇内经》。

【流传】（无考）

【出处】［北宋］张君房：《云笈七签》卷三。

W0791.4.0.3

元始天尊居玉清天

实 例

汉族 元始天尊居住在玉清天。

【流传】（无考）

【出处】《三清》，见乌丙安主编《中国民间神谱》，沈阳：辽宁人民出版社2007年版，第245页。

W0791.4.0.4

元始天尊是三清天尊之一

实 例

（参见下级母题实例）

W0791.4.0.4.1

三清天尊

实 例

（参见下级母题实例）

W0791.4.0.4.1.1

三清天尊指元始天尊、灵宝天尊、道德天尊

实 例

汉族 元始天尊居住在玉清天，灵宝天尊居住在上清天，道德天尊则居住在太清天，统称为“三清天尊”。

【流传】（无考）

【出处】《三清》，见乌丙安主编《中国民间神谱》，沈阳：辽宁人民出版社2007年版，第245页。

W0791.4.0.4.1.1.1

灵宝天尊

实 例

（参见下级母题实例）

W0791.4.0.4.1.1.1.1

灵宝天尊是大道的化身

实 例

汉族 清微天玉清境，混洞太无元，其气始青，真道升圣境，天宝尊（元始天尊）治之；禹余天上清境，其气元黄，仙道升真境，灵宝尊治之；大赤天太清境，其气玄白，人道升仙境，道德天尊居之。

【流传】（无考）

【出处】［北宋］张君房：《云笈七签》卷三《道教三洞宗元》。

W0791.4.0.4.1.1.1.2 灵宝天尊是三洞经“洞玄”教主

实 例

汉族 天宝君说十二部经，为洞真教主；灵宝君说十二部经，为洞玄教主；神宝君说十二部经，为洞神教主。三洞合成三十六部尊经。三洞经又各有垂教的对象，以合乎学道修道的品级。开始人道修学之人，始入仙阶，登无累境，故初教以洞神神宝经。其次智渐精胜，既进中境，故中教以洞玄灵宝经。最后即登上境，智用无滞，故上教以洞真天宝经。其目的都是通过经教文化，诱俗修仙，从凡证道。

【流传】（无考）

【出处】［宋］张君房：《云笈七签》卷三《道教三洞宗元》。

W0791.4.0.4.1.1.1.3 灵宝天尊能36变、72化

实 例

汉族 灵宝天尊以灵宝之法，随世度人。自元始开光，至于赤明元年，经九千九百亿万劫，度人有如尘沙之众，不可胜量。凡遇有缘好学之人，请问疑难，灵宝天尊即不吝教诲。天尊有三十六变、七十二化，人欲见之，随感而应，千万处可分身即到。

【流传】（无考）

【出处】［宋］撰者不详：《太上洞玄灵宝五显灵观华光本行妙经》（《洞玄本行经》）。

W0791.4.0.4.1.1.1.4 灵宝天尊传洞玄经

实 例

汉族 洞玄经万劫一出，今封一通于劳盛山。昔黄帝于峨嵋山诣天真皇人，请灵宝五芽之经。于青城山诣宁封真君，受灵宝龙跻之经。又九天真王降于牧德之台，授帝喾灵宝天文。帝行之得道，遂封秘之于钟山。又夏禹于阳明洞天感太上，命绣衣使者降授灵宝五符以理水，檄召万神。后得道为太极紫庭真人。演出大、小劫经，中山神咒，八威召龙等经。今行于世矣。

【流传】（无考）

【出处】［南北朝之前］撰者不详：《四极盟科》。

W0791.4.0.5 元始天尊的助手星天道主

实 例

彝族（撒尼）（道教）星天道主是元始天尊的助手，能降伏人间妖魔鬼怪，也称其为阴阳上帝。

【流传】云南省·昆明（昆明市）·官渡区

【出处】邓立木、赵永勤：《官渡区阿拉乡彝族宗教调查》，见吕大吉、何耀华总主编《中国各民族原始宗教资料集成》（彝族卷、白族卷、基诺族卷），北京：中国社会科学出版社1996年版，第126页。

W0791.4.1

太上老君是道教祖师爷

【关联】［W0175.1.5.1.1.1］寿星昆仑学道为元始天尊为师

实 例

汉族 未有天地时，那时无天无地，无阴无阳，无日无月，无晶无光，无东无西，无南无北，无前无后，无园无方，百亿变化，浩浩荡荡，无形无象，自然空玄。穷之难极，无量无边，唯吾老君，犹处空玄寂寥之处、玄虚之中，视之不见，听之不闻。若言有，不见其形，若言无，万物从而生。而后，八表之外，渐渐始分，下成微妙以为世界，而有“洪元”。“洪元”既判，而有“混元”。“混元”一治万劫，至于“百成”。百万亦八十一万年，而有“太初”。太上老君从空虚而下，口吐《开天经》，以教“太初”。

【流传】（无考）

【出处】［魏晋南北朝］撰者不详：《太上老君开天经》。

W0791.4.2

太上老君是神

实 例

（参见下级母题实例）

W0791.4.2.1

太上老君是体谅民间疾苦的神老头

实 例

汉族 太上老君是个体谅民间疾苦的神老头。

【流传】河南省·（南阳市）·镇平县［采录地点：镇平县贺庄村］

【出处】贺海成讲，姜典凯采录：《打石取火和锄头的来历》（1986.03），见张振犁编著，孟宪明、朱淑君统纂《中原神话通鉴》（第四卷），郑州：河南大学出版社2017年版，第1277页。

W0791.4.2.2

炉神太上老君

实 例

汉族 炉神本是道教三大尊神之一的太清道德天尊，又称太上老君，俗称老君。

【流传】（无考）

【出处】《金银铜铁锡业神——太上老

君》，见乌丙安主编《中国民间神谱》，沈阳：辽宁人民出版社 2007 年版，第 211 页。

W0791. 4. 2. 3

太上老君是天神

实 例

彝族（撒尼）（道教）天神即太上老君，是西波教最高神。

【流传】云南省·昆明（昆明市）·官渡区

【出处】邓立木、赵永勤：《官渡区阿拉乡彝族宗教调查》，见吕大吉、何耀华总主编《中国各民族原始宗教资料集成》（彝族卷、白族卷、基诺族卷），北京：中国社会科学出版社 1996 年版，第 125 页。

W0791. 4. 2. 4

太上老君是西波教最高神

实 例

彝族（撒尼）（参见“W0791. 4. 2. 3 太上老君是天神”母题实例）

W0791. 4. 3

太上老君是谋士

实 例

（参见下级母题实例）

W0791. 4. 3. 1

太白金星是玉帝的谋士

实 例

汉族太白金星是玉帝的谋士。

【流传】河南省·（开封市）·开封县（祥符区）

【出处】刘继龙（男，35 岁，工人，初中）讲，文戈采录整理：《吴刚的传说》，见张振犁编著，孟宪明、朱淑君统纂《中原神话通鉴》（第三卷），郑州：河南大学出版社 2017 年版，第 903 页。

W0791. 4. 3. 1. 1

太白金星专门解决玉帝的难题

实 例

汉族玉帝为难，只好把难题交给了太白金星来处理。

【流传】河南省·（驻马店市·平舆县·高杨店镇）

【出处】王好美（女，41 岁，汉族，文盲，高杨店村委安李庄农民）讲，李雨顺采录：《月嫂和日妹》（1987. 10），见张振犁编著，孟宪明、朱淑君统纂《中原神话通鉴》（第四卷），郑州：河南大学出版社 2017 年版，第 1198 页。

W0791. 4. 4

太上老君是军师

实 例

（参见下级母题实例）

W0791.4.4.1

太白金星是玉帝的军师

实　例

汉族 玉皇大帝的军师太白金星在太白顶观战。

【流传】河南省·（南阳市）·桐柏县

【出处】袁相如（男，53岁，职工）讲，谢明超采录，陈胜采录整理：《桐柏山、淮河、大禹》，见张振犁编著，孟宪明、朱淑君统纂《中原神话通鉴》（第四卷），郑州：河南大学出版社2017年版，第1149页。

W0791.4.5

太上老君是师傅

实　例

（参见下级母题实例）

W0791.4.5.1

太白金星是火星天神的先师

实　例

汉族 火星天神手拉太白金星，称之为“先师”。

【流传】河南省·（郑州市）·新密市

【出处】刘文学采录整理：《三帝下凡》，见张振犁编著，孟宪明、朱淑君统纂《中原神话通鉴》（第二卷），郑州：河南大学出版社2017年版，第484页。

W0791.5

太上老君的职能（太上老君的能力，太上老君的事迹）

【关联】［W1986.4.2］煤是老君埋下的

实　例

（参见下级母题实例）

W0791.5.1

太上老君炼丹

【关联】

①［W0953.1.1.2］太上老君有起死回生药

②［W1852.1.3.1］因黄帝炼丹的黟山改名黄山

③［W6238.3］炼丹治病

实　例

汉族 老君以神仙之道必假修炼，欲垂法以劝来世，故存真抱一，炼丹服气，然后乘空凌虚，出有入无，随意所适，人莫能测。

【流传】（无考）

【出处】［元］赵道一：《历世真仙体道通鉴后集》卷一“太一元君”条。

W0791.5.2

太上老君送子

实　例

汉族 皇后见到太上老君抱一婴儿来到皇宫，说是给她送子来了。她一摸肚子，真的怀孕了。

【流传】河南省·（信阳市）·息县

【出处】涂玉生（男，63 岁，农民）讲，戴金瑛采录整理：《玉皇大帝的来历》（1984. 00），见张振犁编著，孟宪明、朱淑君统纂《中原神话通鉴》（第四卷），郑州：河南大学出版社 2017 年版，第 1241 页。

W0791. 5. 3

太上老君补天

【关联】［W1386］补天者

实 例

（参见下级母题实例）

W0791. 5. 3. 1

太上老君用冰补西北天

实 例

汉族 太上老君生下来到世上，一看天还没有长严，天的西北角还有一个大窟窿，他就挖了一块冰给补上。

【流传】河南省·（濮阳市）·范县·王楼乡

【出处】崔金甲（65 岁，男，汉族，初小毕业，农民）讲，崔金钊（男，60 岁，大专毕业，王楼乡教育组干部）采录：《天为哈是蓝的》（1990. 03. 14），见张振犁编著，孟宪明、朱淑君统纂《中原神话通鉴》（第四卷），郑州：河南大学出版社 2017 年版，第 1231 页。

W0791. 5. 4

太上老君下凡

实 例

（参见下级母题实例）

W0791. 5. 4. 1

玉皇大帝派太白金星下凡私访

实 例

汉族 玉皇大帝派太白金星下来私访。

【流传】河南省·（周口市）·项城县［采录地点：青台镇朱庄村］

【出处】丁喜陆讲，李廷坡（男，34 岁，青台乡文化站专干）采录：《喉疙瘩和胡须》（1986. 03），见张振犁编著，孟宪明、朱淑君统纂《中原神话通鉴》（第四卷），郑州：河南大学出版社 2017 年版，第 1268 页。

汉族 人用蒸馍打狗扔鸡，随便糟蹋米面。天上的神知道了，玉帝就派太白金星下凡私访。

【流传】河南省·（嵩县潭头马瑶村）

【出处】李群（女，41 岁，小学毕业，嵩县潭头马瑶村农民）讲，尚广宗（男，28 岁，初中毕业，嵩县潭头马瑶村农民）采录：《人吃狗食》，见张振犁编著，孟宪明、朱淑君统纂《中原神话通鉴》（第四卷），郑州：河南大学出版社 2017 年版，第 1320 页。

W0791.5.4.2

玉皇大帝派太白金星下凡贴皇榜

实 例

汉族 玉帝就叫太白金星到下界张贴皇榜。

【流传】河南省·（南阳市）·南召县［采录地点：南召县板山坪乡］

【出处】马长富讲，铁天培采录：《青蛙的舌头为啥短》（1985.06），见张振犁编著，孟宪明、朱淑君统纂《中原神话通鉴》（第四卷），郑州：河南大学出版社2017年版，第1325页。

W0791.5.4.3

玉皇大帝派太白金星下凡制裁浪费者

实 例

汉族 玉皇大帝知道了人糟蹋粮食的事情，很生气，就派太白金星把麦穗从根到梢捋掉收回来。

【流传】河南省

【出处】刘俊锋、刘俊杰采录：《狗与麦子》，见张振犁编著，孟宪明、朱淑君统纂《中原神话通鉴》（第四卷），郑州：河南大学出版社2017年版，第1338页。

W0791.5.4.4

太白金星踏着云朵下凡

实 例

汉族 太白金星下朝以后，踏着云朵，驾着清风来到人间。摇身一变，化作要饭老头来到了陈家庄。

【流传】河南省·（南阳市）·西峡县［采录地点：西峡县军马河乡军马河村］

【出处】李运忠（男，67岁，汉族，文盲，西峡县军马河乡军马河村农民）讲，董留申（男，25岁，汉族，高中毕业，西峡县军马河乡军马河村农民）采录，谢起超（男，40岁，汉族，高中毕业，西峡县城关镇县文化馆干部）采录整理：《小麦顶头穗的来历》（1986.04.04），见张振犁编著，孟宪明、朱淑君统纂《中原神话通鉴》（第四卷），郑州：河南大学出版社2017年版，第1336页。

W0791.5.4.5

太白金星化作乞丐下凡

实 例

汉族 太白金星下凡后，摇身变为一个要饭的老头，要饭到一家富户门前。

【流传】河南省·（南阳市）·西峡县·回车乡·黑虎庙村［采录地点：西峡县回车乡黑虎庙村］

【出处】张华昌（男，55岁，汉族，不识字，农民）讲，谢起超，男（40岁，汉族，高中毕业，县文化馆干部）采录整理：《老天爷的来历》（1986.05），见张振犁编著，孟宪明、朱淑君统纂《中原神话通鉴》（第四卷），郑州：河南大学出版社 2017 年版，第 1254 页。

汉族 太白金星下凡私访时，变成个讨饭吃的，弯腰驼背沿街乞讨。

【流传】河南省·（嵩县潭头马瑶村）

【出处】李群（女，41 岁，小学毕业，嵩县潭头马瑶村农民）讲，尚广宗（男，28 岁，初中毕业，嵩县潭头马瑶村农民）采录：《人吃狗食》，见张振犁编著，孟宪明、朱淑君统纂《中原神话通鉴》（第四卷），郑州：河南大学出版社 2017 年版，第 1320 页。

W0791.5.4a 太上老君云游西南地区

实例

彝族（撒尼） 有一年，太上老君来西南地区云游。

【流传】云南省·昆明（昆明市）·尾依初村（不详）

【出处】撒尼支宗教祭司张琼讲，张福记录：《撒尼人的土主崇拜》，见吕大吉、何耀华总主编《中国各民族原始宗教资料集成》（彝族卷、白族卷、基诺族卷），北京：中国社会科学出版社 1996 年版，第 76～77 页。

W0791.5.5 太上老君发明火

【关联】［W4585］火的产生

实例

汉族 太上老君不但没煞灭人间火种，还点化了人们生火和制作锄头的方法，玉帝为此将他打入天牢。后世人们根据“老君蓝衫五尺三”的说法，安锄把时都用五尺三寸长的木棍。

【流传】河南省·（南阳市）·镇平县［采录地点：镇平县贺庄村］

【出处】贺海成讲，姜典凯采录：《打石取火和锄头的来历》（1986.03），见张振犁编著，孟宪明、朱淑君统纂《中原神话通鉴》（第四卷），郑州：河南大学出版社 2017 年版，第 1278 页。

W0791.5.6 太上老君造锄

【关联】［W6085.2］特定的人造锄

实例

汉族 （参见“W0791.5.5 太上老君发明火”母题实例）

W0791.5.7 太上老君会变化

实例

（参见下级母题实例）

W0791.5.7.1 老君 81 变化

实例

汉族 老君八十一化，第一化，起无始。第二化，显真身。第三化，尊宗室。第四化，历劫运。第五化，开天地。第六化，隐玄灵。第七化，授玉图。第八化，变真文。第九化，垂经教。第十化，传五公。第十一化，赞元阳。第十二化，置陶冶。第十三化，教稼穑。第十四化，始器用。第十五化，住崆峒。第十六化，为帝师。第十七化，授隐文。第十八化，诞圣日。第十九化，为柱史。第二十化，弃周爵。第二十一化，过函关。第二十二化，试徐甲。第二十三化，训尹喜。第二十四化，升太微。第二十五化，会青羊。第二十六化，游诸天。第二十七化，人厕宾。第二十八化，化王子。第二十九化，第三十化，说金光。第三十一化，起青莲。第三十二化，捧神龙。第三十三化，演剑戟。第三十四化，说浮屠。第三十五化，劫大山。第三十六化，降外道。第三十七化，藏日月。第三十八化，游于阗。第三十九化，留神钵。第四十化，化诸国。第四十一化，到太上。第四十二化，入摩竭。第四十三化，舍卫国。第四十四化，第四十五化，弘释教。第四十六化，授贞经。第四十七化，叹犹龙。第四十八化，扬圣德。第四十九化，改四真。第五十化，教卫生。第五十一化，训阳子。第五十二化，天地教。第五十三化，敕沈羲。第五十四化，释道德。第五十五化，授道像。第五十六化，游琅琊。第五十七化，校薄书。第五十八化，传正一。第五十九化，说丹经。第六十化，教飞升。第六十一化，授三洞。第六十二化，拯民灾。第六十三化，授神丹。第六十四化，封寇谦。第六十五化，建安化。第六十六化，毗摩城。第六十七化，光醮坛。第六十八化，黄天原。第六十九化，新兴寺。第七十化，彰灵宝。第七十一化，应帝梦。第七十二化，传丹诀。第七十三化，观朝元。第七十四化，颁流霞。第七十五化，刻三泉。第七十六化，云龙岩。第七十七化，居玉堂。第七十八化，明崖壁。第七十九化，殄庞勋。第八十化，传古砖。第八十一化，起相光。

【流传】（无考）

【出处】《太上老君》，参见 https：//baike. baidu. com。

W0791.6

太上老君的工具

实　例

（参见下级母题实例）

W0791.6.1

太上老君的坐骑

实　例

（参见下级母题实例）

W0791.6.1.1

太上老君的坐骑是一匹青牛

实　例

汉族 老子西游，乘青牛而过。

【流传】（无考）

【出处】鲁迅：《古小说钩沉》辑《列异传》。

W0791. 6. 1. 2
太上老君骑金牛

实 例

汉族 太上老君平常总是骑着金牛来来往往。

【流传】河南省·（三门峡市）·灵宝县（灵宝市）

【出处】张治国采录：《金牛与伏牛山》，见张振犁编著，孟宪明、朱淑君统纂《中原神话通鉴》（第四卷），郑州：河南大学出版社 2017 年版，第 1298 页。

W0791. 6. 2
太上老君驾祥云

实 例

汉族 太上老君驾祥云来到伏牛山下的一个小村庄。

【流传】河南省豫西南一带

【出处】贺海成搜集，姜典凯整理：《打石取火和锄头的来历》，原载《民间文学》1986 年第 1 期。

W0791. 7
太上老君的关系

实 例

（参见下级母题实例）

W0791. 7. 1
太上老君的父母

实 例

（参见下级母题实例）

W0791. 7. 1. 1
太上老君的父亲盘古

【关联】［W0725. 5. 1. 6］盘古的儿子太上老君

实 例

汉族 盘古开天地的时候，他的儿子太上老君已经怀在娘肚里。

【流传】河南省·（南阳市）·镇平县

【出处】贺天祥讲，贺海成、姜典凯搜集整理：《天为什么是蓝的》，载《民间文学》1986 年第 1 期。

汉族 盘古开天地的时候，他的儿子太上老君已经怀在娘肚里。

【流传】河南省·（南阳市）·镇平县

【出处】贺天祥讲，贺海成、姜典凯搜集整理：《天为什么是蓝的》，见姚宝瑄主编《中国各民族神话》（汉族），太原：山西出版传媒集团·书海出版社 2014 年版，第 66 ~67 页。

W0791. 7. 1. 2
太上老君是女娲的儿子

【关联】［W0791. 1. 1］女娲生太上老君

实 例

（参见下级母题实例）

W0791.7.2
太上老君的子女

实　例

（实例待考）

W0791.7.3
太上老君的上司

实　例

（实例待考）

W0791.7.4
太上老君的从属（太上老君的侍从）

实　例

（参见下级母题实例）

W0791.7.4.1
太上老君的众多侍从

实　例

汉族　（参见“W0791.7.4.2 太上老君左有 12 青龙，右有 36 白虎，前有二 24 朱雀，后有 72 玄武”母题实例）

W0791.7.4.2
太上老君左有 12 青龙，右有 36 白虎，前有 24 朱雀，后有 72 玄武

实　例

汉族　太上老君左有十二青龙，右有三十六白虎，前有二十四朱雀，后有七十二玄武。

【流传】（无考）

【出处】［晋］葛洪：《抱朴子·杂应》引《仙经》。

W0791.7.4.3
太上老君的手下通天教主

实　例

（参见下级母题实例）

W0791.7.4.3.1
通天教主主管天上一切日常事务

实　例

彝族（撒尼）（道教）通天教主主管天上一切“日常”事务，归太上老君管辖。

【流传】云南省·昆明（昆明市）·官渡区

【出处】邓立木、赵永勤：《官渡区阿拉乡彝族宗教调查》，见吕大吉、何耀华总主编《中国各民族原始宗教资料集成》（彝族卷、白族卷、基诺族卷），北京：中国社会科学出版社 1996 年版，第 125 页。

W0791.8
与太上老君有关的其他母题

【关联】

①［W0953.1.1.2］太上老君有起死回生药

②［W1387.7.5］太上老君用冰块补天
③［W1543.2.3］太上老君造日月

实 例

（参见下级母题实例）

W0791.8.1 太上老君的名称

实 例

（参见下级母题实例）

W0791.8.1.1 太上老君又称太一

实 例

汉族 （实例待考）

W0791.8.1.2 太上老君号天皇大帝

实 例

汉族 太上老君常居紫微宫，一号天皇大帝。

【流传】（无考）

【出处】［清］李少微《元始无量度人上品妙经注》引尹氏《玄中记》。

W0791.8.1.3 太上老君号太乙天尊

实 例

汉族 太上老君常居紫微宫，一号天皇大帝，一号太乙天尊。

【流传】（无考）

【出处】［清］李少微《元始无量度人上品妙经注》引尹氏《玄中记》。

W0791.8.1.4 太上老君号金阙圣君

实 例

汉族 上清金阙后圣帝君李诸弘元。一讳玄水，字子光，一字山渊，盖地皇之胄，玄帝时人。上和七年岁在丙子三月直合日，始育于北国天刚山下李氏之家，母先梦玄云日月缠其形，乃感而怀焉，浴之亦有群龙吐水于盥器中。

【流传】（无考）

【出处】［东晋］撰者不详：《上清后圣道君列纪》。

汉族 当生之时，三日出于东方九龙吐水，以浴真性，因李谷而姓，名玄元，字子光，乃高上之胄，玉皇之胤，位为长生大主，太平正真太一君金阙后圣九玄帝君。

【流传】（无考）

【出处】［唐］杜光庭：《道德真经广圣义》。

汉族 太上老君或号天皇大帝，或曰太一救苦天尊，或号金阙圣君。

【流传】（无考）

【出处】［唐末五代］杜光庭《太上老君说常清静经注》引［东晋］尹氏《玄中记》。

汉族 老子者，名重耳，字伯阳。或

云上三皇时为玄中大法师，下三皇时为金阙帝君，伏羲时为郁华子，神农时为九灵老子，祝融时为广寿子，黄帝时为广成子，颛顼时为赤精子，帝喾时为录图子，尧时为务成子，舜时为尹寿子，夏禹时为真行子，殷汤时为锡则子，文王时为文邑先生，一云守藏史。

【流传】（无考）

【出处】［北宋］李昉、扈蒙、李穆、徐铉等：《太平广记》引《神仙传》。

汉族 太上老君常居紫微宫，一号天皇大帝，一号太乙天尊，一号金阙圣君。

【流传】（无考）

【出处】［清］李少微《元始无量度人上品妙经注》引尹氏《玄中记》。

W0791.8.1.5

太上老君号无穷

实 例

汉族 太上老君随方设化，应号无穷

【流传】（无考）

【出处】［唐末五代］杜光庭《太上老君说常清静经注》引《尹氏玄中记》。

W0791.8.1.6

太上老君又称太清道德天尊

实 例

汉族 太上老君，即为三清中的“太清道德天尊”，名列道教至高神第三位，民间也称为“老子”，或者“太上真君”。

【流传】（无考）

【出处】《老子》，见乌丙安主编《中国民间神谱》，沈阳：辽宁人民出版社2007年版，第247页。

W0791.8.2

太白李金星

实 例

汉族 太白李金星入天经阁翻阅天书，发现少了一卷，三追两查，吴刚的秘密弄破。

【流传】河南省·（开封市）·开封县（祥符区）

【出处】刘继龙（男，35岁，工人，初中）讲，文戈采录整理：《吴刚的传说》，见张振犁编著，孟宪明、朱淑君统纂《中原神话通鉴》（第三卷），郑州：河南大学出版社2017年版，第903页。

W0791.8.2.1

太白金星李长庚

实 例

汉族 玉皇大帝为大禹赐匾，交给太白金星李长庚去办。

【流传】河南省·（郑州市）·登封市（中岳嵩山一带）

【出处】韩成良讲，韩有治采录整理：《挪宫》，见张振犁编著，孟宪明、朱淑君统纂《中原神话通鉴》（第四卷），郑州：河南大学出版社2017年

版，第 1043 页。

W0791. 8. 3

太上老君的生日

实 例

（参见下级母题实例）

W0791. 8. 3. 1

立秋是老君生日

实 例

汉族 "立秋" 是老君生日。

【流传】河南省豫西南一带

【出处】贺海成搜集，姜典凯整理：《打石取火和锄头的来历》，原载《民间文学》1986 年第 1 期。

汉族 中原一带传说立秋是老君生日，人们便在这天停止劳作，挂起锄钩休息，以示对老君的纪念。

【流传】河南省·（南阳市）·镇平县［采录地点：镇平县贺庄村］

【出处】贺海成讲，姜典凯采录：《打石取火和锄头的来历》（1986. 03），见张振犁编著，孟宪明、朱淑君统纂《中原神话通鉴》（第四卷），郑州：河南大学出版社 2017 年版，第 1278 页。

W0791. 8. 4

老君

实 例

（参见下级母题实例）

W0791. 8. 4. 1

老君托生梼桑太常玉帝天宫

实 例

汉族 老君至开冥贤劫之时，托生梼桑太常玉帝天宫，以法授梼桑大帝，号曰无极太上大道君，亦号曰最上至真正一真人，亦号曰无上虚皇元始天尊。

【流传】（无考）

【出处】［北宋］张君房：《云笈七签》卷三《天尊老君名号历劫经略》。

W0791. 8. 4. 2

老君号曰无极太上大道君

实 例

汉族 （参见 "W0791. 8. 4. 1 老君托生梼桑太常玉帝天宫" 母题实例）

W0791. 8. 4. 3

老君号曰无极太上大道君

实 例

汉族 （参见 "W0791. 8. 4. 1 老君托生梼桑太常玉帝天宫" 母题实例）

W0791. 8. 4. 4

老君号曰无上虚皇元始天尊

实 例

汉族 （参见 "W0791. 8. 4. 1 老君托生梼桑太常玉帝天宫" 母题实例）

W0791a

太元圣母

【关联】［W0068a.5.16］圣母娘娘（圣母）

实　例

（参见下级母题实例）

W0791a.1

太元圣母的产生

实　例

（实例待考）

W0791a.2

太元圣母的特征

实　例

（实例待考）

W0791a.3

与太元圣母有关的其他母题

实　例

（参见下级母题实例）

W0791a.3.1

太元圣母的关系

实　例

（参见下级母题实例）

W0791a.3.1.1

太元圣母的丈夫盘古真人

【关联】［W0237.1.3.1］盘古真人与太元圣母生地皇

实　例

汉族 在二仪未分，天地日月未具时，已有盘古真人游于其中。后与太元圣母通气结精。

【流传】（无考）

【出处】［晋］葛洪：《枕中书》。

W0791a.3.1.2

太元圣母的儿女东王公和与西王母

实　例

汉族 盘古真人与太元圣母通气结精，生东王公与西王母。

【流传】（无考）

【出处】［晋］葛洪：《枕中书》。

W0791a.3.2

太元圣母称谓（太元圣母名称）

实　例

（参见下级母题实例）

W0791a.3.2.1

太元圣母号太元圣母

实　例

汉族 复经二劫，忽生太元玉女，在石涧积血之中，出而能言，人形具足，天姿绝妙，当游厚地之间，仰吸天气，号曰太元圣母。

【流传】（无考）

【出处】［宋］罗泌：《路史·前纪一》

罗苹注。

W0791a. 3. 3
圣母感龙生子

实 例

汉族 圣母吞黄龙产的怀孕，生下定光、幽冥、娑婆三个儿子。

【流传】湖北省·（襄阳市）·保康县·百峰乡

【出处】《黑暗传·彭本》，见张春香《文化奇胎〈黑暗传〉》，载《广西民族学院学报》2003年第3期。

W0792
真人①

实 例

（参见下级母题实例）

W0792. 1
真人的产生

实 例

（参见下级母题实例）

W0792. 1. 1
真人在混沌中产生

实 例

（参见下级母题实例）

W0792. 1. 1. 1
真人未始分于太一

实 例

汉族 真人者，未始分于太一者也。

【流传】（无考）

【出处】《淮南子·诠言训》，见［西汉］淮南王刘安及门客著，陈广忠译注《淮南子译注》，长春：吉林文史出版社1990年版，第669页。

W0792. 1. 2
混沌之气化生真人

实 例

汉族 混沌之气，变化为真人，与时翱翔，有名无体。

【流传】（无考）

【出处】［魏晋］撰者不详：《太上经》。

W0792. 2
真人的特征（真人的能力）

实 例

（参见下级母题实例）

---

① 真人，从意思上讲主要指古代道家所说的洞悉宇宙和人生本原，真真正正觉醒，觉悟的人，亦泛称成仙之人。《庄子·大宗师》中曾解释为“古之真人，其寝不梦，其觉无忧，其食不甘，其息深深。古之真人，不知说生，不知恶死，其出不欣，其入不距；翛然而往，翛然而来而已矣”。在不同记载中，“真人”常用作称号，如关尹子、文子、列子、庄子在唐代皆封为真人，鬼谷子、张三丰、王重阳、安期生等称作是得道的真人。本编目只选取一些代表性的被称为真人的神话或传说人物，不再一一列举。

W0792.2.1
真人游于灭亡之野

实 例

汉族 若夫真人，则动溶于至虚，而游于灭亡之野，骑蜚廉而从敦圄，驰于方外，休乎宇内，烛十日而使风雨，臣雷公，役夸父，妾宓妃，妻织女，天地之间，何足以留其志。

【流传】（无考）

【出处】［西汉］淮南王刘安及门客：《淮南子·俶真训》。

W0792.3
特定名称的真人

【关联】［W0827.1］仙人（仙子，仙童）

实 例

（参见下级母题实例）

W0792.3.1
太乙真人

实 例

汉族 （实例待考）

W0792.3.2
真人关尹

实 例

汉族 关尹、老聃乎，古之博大真人哉。

【流传】（无考）

【出处】［战国］庄周：《庄子·天下》。

W0792.3.3
真人老聃

【关联】［W0789］老子

实 例

汉族 （参见“W0792.3.2 真人关尹”母题实例）

W0792.3.4
妙应真人

实 例

（参见下级母题实例）

W0792.3.4.1
李八百号妙应真人

实 例

汉族 李八百，号“紫阳真君”“妙应真人”。传说是因其在世上活了八百岁，或日行八百里而得名。

【流传】（无考）

【出处】《李八百》，见乌丙安主编《中国民间神谱》，沈阳：辽宁人民出版社2007年版，第286页。

W0792.3.4.2
李八百号紫阳真君

实 例

汉族 （参见“W0792.3.4.1 李八百号妙应真人”母题实例）

W0792.3.4.3

李八百寿命八百岁

实 例

汉族 （参见“W0792.3.4.1 李八百号妙应真人”母题实例）

W0792.3.4.4

李八百日行八百里

实 例

汉族 （参见“W0792.3.4.1 李八百号妙应真人”母题实例）

W0792.3.5

广宁真人

实 例

（参见下级母题实例）

W0792.3.5.1

广宁真人郝大通

实 例

汉族 郝大通本名郝升，又名“广宁通玄太古真人”“广宁全道太古真人”“广宁通玄妙极太古真君”，俗称“广宁真人”。

【流传】（无考）

【出处】《郝大通》，见乌丙安主编《中国民间神谱》，沈阳：辽宁人民出版社2007年版，第293页。

W0792.3.5.2

郝大通本名郝升

实 例

汉族 （参见“W0792.3.5.1 广宁真人郝大通”母题实例）

W0792.3.5.3

郝大通又名广宁通玄太古真人太古真君

实 例

汉族 （参见“W0792.3.5.1 广宁真人郝大通”母题实例）

W0792.3.5.4

郝大通又名广宁全道太古真人

实 例

汉族 （参见“W0792.3.5.1 广宁真人郝大通”母题实例）

W0792.3.5.5

郝大通又名广宁通玄妙极太古真君

实 例

汉族 （参见“W0792.3.5.1 广宁真人郝大通”母题实例）

W0792.4

与真人有关的其他母题

实 例

（实例待考）

W0793

真主

实 例

（参见下级母题实例）

W0793.1

真主的产生

实 例

（参见下级母题实例）

W0793.1.1

真主自然存在

实 例

（参见下级母题实例）

W0793.1.1.1

开天辟地时世上只有真主安拉

实 例

回族 开天辟地的时候，世上什么也没有，只有真主安拉。

【流传】黑龙江省·（牡丹江市）·绥芬河市

【出处】杨明岱讲，周爱民采录：《阿丹人祖》，见中国民间文学集成全国编辑委员会编《中国民间故事集成》（黑龙江卷），北京：中国 ISBN 中心 2005 年版，第 20 页。

W0793.2

真主的特征

实 例

（参见下级母题实例）

W0793.2.1

真主没有具体形象

实 例

（参见下级母题实例）

W0793.2.1.1

安拉没有形象，没有影子，没有妻子，没有儿女，不吃饭，也不喝水

实 例

回族 安拉没有形象，没有影子，没有妻子，没有儿女，不吃饭，也不喝水。

【流传】黑龙江省·（牡丹江市）·绥芬河市

【出处】杨明岱讲，周爱民采录：《阿丹人祖》，见中国民间文学集成全国编辑委员会编《中国民间故事集成》（黑龙江卷），北京：中国 ISBN 中心 2005 年版，第 20 页。

W0793.3

真主的职能（真主的能力）

实 例

（参见下级母题实例）

W0793. 3. 1

真主是创世主

实 例

撒拉族 真主是创世主。

【流传】（无考）

【出处】大漠等整理：《天、地、人的诞生》，见中华民族故事大系编委会编《中华民族故事大系》第 12 卷（布朗族、撒拉族、毛南族），上海：上海文艺出版社 1995 年版，第 261 页。

W0793. 3. 2

真主是统治者

实 例

（参见下级母题实例）

W0793. 3. 2. 1

真主统治宇宙

实 例

维吾尔族 真主统治着整个宇宙。

【流传】新疆维吾尔自治区

【出处】《女天神创造人类》，见满都呼主编《中国阿尔泰语系诸民族神话故事》，北京：民族出版社 1997 年版，第 31 页。

维吾尔族 真主统治着整个宇宙。

【流传】新疆维吾尔自治区・伊犁州（伊犁哈萨克自治州），新疆南疆一带

【出处】阿不都拉搜集翻译，姚宝瑄整理：《女天神创造亚当》，见姚宝瑄主编《中国各民族神话》（乌孜别克族、哈萨克族、柯尔克孜族、俄罗斯族、维吾尔族、塔吉克族、塔塔尔族、锡伯族），太原：山西出版传媒集团・书海出版社 2014 年版，第 223 页。

W0793. 3. 3

真主掌握报应日

实 例

保安族 真主是报应日的掌握者。

【流传】甘肃省・临夏回族自治州・积石山（积石山保安族东乡族撒拉族自治县）・大河家公社（大河家镇）、刘集柳沟公社（刘集乡、柳沟乡）

【出处】马少青搜集整理：《阿舅和外甥》，见满都呼主编《中国阿尔泰语系诸民族神话故事》，北京：民族出版社 1997 年版，第 233～235 页。

W0793. 3. 4

真主惩罚罪恶

实 例

（参见下级母题实例）

W0793. 3. 4. 1

真主把不恭的天仙变成魔鬼

实 例

撒拉族 真主把不恭的天仙变魔鬼。

【流传】（无考）

【出处】大漠等整理：《天、地、人的诞生》，见中华民族故事大系编委会编

《中华民族故事大系》第12卷（布朗族、撒拉族、毛南族），上海：上海文艺出版社1995年版，第262页。

W0793.3.5

真主先觉先知

实 例

（参见下级母题实例）

W0793.3.5.1

真主知道大地何时洪水漫天

实 例

回族 神圣的真主是先觉先知的，大地上洪水漫天之前，他就知道了。

【流传】 云南省·（玉溪市）·新平县（新平彝族傣族自治县）

【出处】 李增荣讲，马云祥等采录：《洪水漫天》，见中国民间文学集成全国编辑委员会编《中国民间故事集成》（云南卷），北京：中国ISBN中心2003年版，第210页。

W0793.3.6

真主带来和平

实 例

维吾尔族 人受妖魔诱惑变坏。直到穆哈默德出世，有了真主，信仰真主，互敬互爱，人与人之间没有了嫉妒、仇恨和战争，才消除了由妖魔鬼怪制造的矛盾。

【流传】 新疆维吾尔自治区·伊犁州（伊犁哈萨克自治州）·察布查尔县（察布查尔锡伯自治县）

【出处】 牙库布讲，阿不都拉搜集翻译，姚宝瑄整理：《女天神创世》，见姚宝瑄主编《中国各民族神话》（乌孜别克族、哈萨克族、柯尔克孜族、俄罗斯族、维吾尔族、塔吉克族、塔塔尔族、锡伯族），太原：山西出版传媒集团·书海出版社2014年版，第228页。

W0793.4

真主的关系

实 例

（参见下级母题实例）

W0793.4.1

真主的使者

实 例

（参见下级母题实例）

W0793.4.1.1

真主的使者白日乙里

实 例

回族 真主的使者白日乙里。

【流传】 青海省·黄南州（黄南藏族自治州）·同仁县·隆务镇·民主街

【出处】 周尚杰（保安族，该文本注明他讲的是回族神话）讲，赵清阳采录：《阿丹的诞生》，见中国民间文学集成全国编辑委员会编《中国民间故事集成》（青海卷），北京：中国ISBN中心2007年版，第11页。

W0793. 4. 2
真主的助手

实 例

（参见下级母题实例）

W0793. 4. 2. 1
天使是真主的助手

实 例

（参见下级母题实例）

W0793. 4. 2. 1. 1
真主有很多天使

实 例

回族 真主手下有很多天使。

【流传】宁夏回族自治区

【出处】马广德：《回族开头文化览胜》，银川：宁夏人民出版社 2009 年版，第 48 页。

W0793. 4. 2. 2
天神是真主的助手

实 例

（参见下级母题实例）

W0793. 4. 2. 2. 1
女天神是真主的助手和参谋

实 例

维吾尔族 自从有了真主，女天神就当了真主的助手和参谋。

【流传】新疆维吾尔自治区

【出处】《女天神创造人类》，见满都呼主编《中国阿尔泰语系诸民族神话故事》，北京：民族出版社 1997 年版，第 31 页。

维吾尔族 有了真主之后，女天神就给真主当了秘书和参谋，帮助真主统治整个宇宙。

【流传】新疆维吾尔自治区·伊犁州（伊犁哈萨克自治州），新疆南疆一带

【出处】阿不都拉搜集翻译，姚宝瑄整理：《女天神创造亚当》，见姚宝瑄主编《中国各民族神话》（乌孜别克族、哈萨克族、柯尔克孜族、俄罗斯族、维吾尔族、塔吉克族、塔塔尔族、锡伯族），太原：山西出版传媒集团·书海出版社 2014 年版，第 223 页。

W0793. 4. 3
真主的差役

实 例

（参见下级母题实例）

W0793. 4. 3. 1
四天仙是真主的差役

实 例

回族 真主有四个差役，也叫四天仙，他们也都是来无踪去无影的。

【流传】黑龙江省·（牡丹江市）·绥芬河市

【出处】杨明岱讲，周爱民采录：《阿丹人祖》，见中国民间文学集成全国编辑委员会编《中国民间故事集成》

（黑龙江卷），北京：中国 ISBN 中心 2005 年版，第 20 页。

W0793.4.3.2

白蟒是真主的差役

实 例

回族 （实例待考）

W0793.5

与真主有关的其他母题

【关联】

① ［W0644.2.1］真主造人的祖先

② ［W0872.2］真主给人灵魂

③ ［W1021.3］真主是创世者

④ ［W1104.4］真主造天地

⑤ ［W1501.2］真主降万物

实 例

（参见下级母题实例）

W0793.5.1

真主的名称

实 例

（实例待考）

W0793.5.2

真主的居所

实 例

（参见下级母题实例）

W0793.5.2.1

真主长驻地上

实 例

塔吉克族 （实例待考）

W0794

其他一些常见的宗教神（人物）

【汤普森】V290

实 例

（参见下级母题实例）

W0794.1

金刚

实 例

（参见下级母题实例）

W0794.1.1

四大金刚

【关联】［W0204.12.0.1］四大天王俗称四大金刚

实 例

（参见下级母题实例）

W0794.1.1.1

四大金刚居第一重天

实 例

汉族、藏族 四大天王俗称“四大金刚”。四大天王为二十诸天中的四位天神，位于第一重天，第一重天又叫四天王天。根据佛教经典，须弥山腹有一山，名犍陀罗山，山有四山头，各住一山各护一天下（四大部洲，即东胜神洲、南赡部洲、西牛贺洲、北俱芦洲），故又称护世四天王，是六欲天之第一。他们的神像通常分列在净土宗禅宗佛寺的第一重殿两侧，因此又称天王殿。

【流传】（无考）

【出处】 百度百科：https：//baike. baidu. com/item。

W0794. 1. 1. 2

四大金刚神像通常分列在净土宗禅宗佛寺的第一重殿（天王殿）两侧

实　例

汉族 （参见“W0794. 1. 1. 1 四大金刚居第一重天”母题实例）

W0794. 1. 1. 3

东方持国天王

实　例

汉族、藏族 东方持国天王：“持国”意为慈悲为怀，保护众生，护持国土，故名持国天王。住须弥山白银埵，身为白色，穿甲胄，手持琵琶或阮琴。弦乐器松紧要适中，太紧则易断，太松则声不响，表行中道之法，同时也是主乐神，表明他要用音乐来使众生皈依佛教。他负责守护东胜神洲，以乾闼婆、紧那罗、富单那、毗舍阇等为持国天王的部众，是“二十诸天”中的第四天王。

【流传】（无考）

【出处】 百度百科：https：//baike. baidu. com/item。

W0794. 1. 1. 3. 1

东方持国天王多罗吒，住须弥山黄金埵，守护东胜神州

实　例

民族无考 四大天王中的东方持国天王多罗吒，住须弥山黄金埵，守护东胜神州。

【流传】（无考）

【出处】《四大天王》，见乌丙安主编《中国民间神谱》，沈阳：辽宁人民出版社2007年版，第331页。

W0794. 1. 1. 4

西方广目天王

实　例

汉族 西方广目天王：“广目”意为能以净天眼随时观察世界，护持人民，故名广目天王。住须弥山水晶埵，身为红色，穿甲胄，手缠一条龙或是蛇，有两义：其一，表世间多变之意；其二，龙神的首领。另一手上拿着宝珠，表内心不变之意。他负责守护西牛贺洲，以龙王等为广目天王的部众，是“十诸天”中的第六天王。

【流传】（无考）

【出处】 百度百科：https：//baike. baidu. com/item。

W0794.1.1.4.1

西方广目天王留博叉，住须弥山白云埵，守护西牛贺洲

实 例

民族无考 四大天王中的西方广目天王留博叉，住须弥山白云埵，守护西牛贺洲。

【流传】（无考）

【出处】 《四大天王》，见乌丙安主编《中国民间神谱》，沈阳：辽宁人民出版社2007年版，第331页。

W0794.1.1.5

南方增长天王

实 例

汉族 南方增长天王："增长"意为能传令众生，增长善根，护持佛法，故名增长天王。住须弥山琉璃埵，身为青色，穿甲胄，手握宝剑。宝剑象征智慧，慧剑斩烦恼；同时保护佛法，不受侵犯。他负责守护南赡部洲，以鸠盘荼、薜荔多等为增长天王的部众，是"二十诸天"中的第五天王。

【流传】（无考）

【出处】 百度百科：https：//baike.baidu.com/item。

W0794.1.1.5.1

南方增长天王毗琉璃，住须弥山琉璃埵，守护南赡部洲

实 例

民族无考 四大天王中的南方增长天王毗琉璃，住须弥山琉璃埵，守护南赡部洲。

【流传】（无考）

【出处】 《四大天王》，见乌丙安主编《中国民间神谱》，沈阳：辽宁人民出版社2007年版，第331页。

W0794.1.1.6

北方多闻天王（毗沙门）

实 例

汉族 北方多闻天王：又名毗沙门，"多闻"意为颇精通佛法，以福、德闻于四方。住须弥山黄金埵，身为绿色，穿甲胄，左手卧银鼠，右持宝伞（或作宝幡），有两义：其一，伞盖代表要保护自己的内心不受外面环境染污；其二，用以遮蔽世间，避免魔神危害，以护持人民财富。又名施财天，是古印度的财神。他负责守护北俱芦洲，以夜叉与罗刹为多闻天王的部众，是"二十诸天"中的第三天王。

【流传】（无考）

【出处】 百度百科：https：//baike.baidu.com/item

W0794.1.1.6.1

北方多闻天王毗沙门，住须弥山水晶埵，守护北俱卢洲

实 例

民族无考 四大天王中的北方多闻天王毗

沙门，住须弥山水晶埵，守护北俱卢洲。

【流传】（无考）

【出处】《四大天王》，见乌丙安主编《中国民间神谱》，沈阳：辽宁人民出版社 2007 年版，第 331 页。

W0794. 1. 1. 7

四大天王辅弼西方教典，立地水火风之相，护国安民，掌风调雨顺之权

【关联】［W0204. 12. 0. 3］四大天王又称“风调雨顺”

实 例

汉族 四大天王，辅弼西方教典，立地水火风之相，护国安民，掌风调雨顺之权。

【流传】（无考）

【出处】［明］许仲琳：《封神演义》第九十九回。

W0794. 1. 1. 8

寺门四大金刚各执一物，执剑者风也，执琵琶者调也，执伞者雨也，执蛇者顺也

实 例

汉族 凡寺门金刚，各执一物，俗谓风调雨顺。执剑者风也，执琵琶者调也，执伞者雨也，执蛇者顺也。

【流传】（无考）

【出处】［清］姚福均：《铸鼎余闻》卷四引王业《在阁知新录》。

W0794. 1. 2

金刚女

实 例

（参见下级母题实例）

W0794. 1. 2. 1

金刚女的圣体是特定的山

实 例

门巴族 墨脱是金刚女圣多吉帕姆仰卧的圣体。

【流传】西藏自治区·（林芝市）·墨脱县·东布村（东布街）

【出处】白玛仁青讲，于乃昌等整理：《六户门巴来到墨脱》，见《门巴族民间故事》：http://www.tibet-web.com/old/minjian/ync/gushi/mulu.htm，2003. 10. 02。

W0794. 1. 3

八大金刚（八大金刚明王）

实 例

（参见下级母题实例）

W0794. 1. 3. 1

八大金刚能驱使飞禽走兽

实 例

羌族 八大金刚被斗安珠和木姐珠的忠诚爱情所感动，决心帮他们完成难题考验。于是驱动飞禽走兽来到九沟

火地，很快就把九斗九升九合油菜籽均匀地撒播完了。

【流传】四川省·（阿坝藏族羌族自治州）·茂汶县（茂汶羌族自治县，今归属茂县）

【出处】

（a）袁祯祺讲，向世茂、郑文泽搜集整理：《斗安珠和木姐珠》，载《民间文学》1984年第4期。

（b）同（a），见陶阳、钟秀编《中国神话》（中），北京：商务印书馆2008年版，第877～885页。

W0794.1.3.2

八大金刚明王即不动明王、降三世明王、军荼利明王、大威德明王、金刚夜叉明王、秽迹金刚明王、无能胜金刚明王和马头明王

实　例

民族无考 八大金刚亦称八大金刚明王，即不动明王、降三世明王、军荼利明王、大威德明王与金刚夜叉明王这五大明王之外，再加上秽迹金刚明王、无能胜金刚明王和马头明王，即成“八大明王”

【流传】（无考）

【出处】《八大金刚》，见乌丙安主编《中国民间神谱》，沈阳：辽宁人民出版社2007年版，第324页。

W0794.1.4

胜乐金刚

实　例

（参见下级母题实例）

W0794.1.4.1

胜乐金刚四头、三眼

实　例

民族无考 胜乐金刚的造像通常为四头、三眼，左边头为白色，依次是黄色、红色和蓝色（表示息灾、怀爱、增益、降伏四种事业和功德）。

【流传】（无考）

【出处】《胜乐金刚》，见乌丙安主编《中国民间神谱》，沈阳：辽宁人民出版社2007年版，第308页。

W0794.1.5

密集金刚（集密金刚，密聚金刚）

实　例

（参见下级母题实例）

W0794.1.5.1

密集金刚是宗喀巴大师的守护神

实　例

民族无考 密集金刚又称“集密金刚”或“密聚金刚”，也是格鲁派创始人宗喀巴大师的守护神。

【流传】（无考）

【出处】《密集金刚》，见乌丙安主编《中国民间神谱》，沈阳：辽宁人民出版社 2007 年版，第 310 页。

W0794. 2

罗汉

实 例

（参见下级母题实例）

W0794. 2. 1

罗汉的产生

实 例

（参见下级母题实例）

W0794. 2. 1. 1

玉皇大帝封改恶从善的人为罗汉

实 例

土族 玉皇大帝封改恶从善的人为罗汉。

【流传】青海省·（海东市）·互助县（互助土族自治县）

【出处】星全城整理：《十八罗汉的由来》，见中华民族故事大系编委会编《中华民族故事大系》第 10 卷（景颇族、柯尔克孜族、土族），上海：上海文艺出版社 1995 年版，第 648 页。

W0794. 2. 2

罗汉的特征

实 例

（实例待考）

W0794. 2. 3

罗汉的数量

实 例

（参见下级母题实例）

W0794. 2. 3. 1

十八罗汉

【关联】［W0658a. 8. 43. 1］十八罗汉为土匪行祖师。

实 例

（实例待考）

W0794. 2. 3. 2

108 罗汉

实 例

（实例待考）

W0794. 2. 3. 3

五百罗汉

实 例

（参见下级母题实例）

W0794. 2. 3. 3. 1

五百罗汉最初显现于天台山

实 例

汉族 五百罗汉最初显现于天台山，那是东晋时代的事。到了五代，吴越王钱氏造五百铜罗汉于天台山方广寺，显德元年（954）道潜禅师得吴越钱忠懿王的允许，迁雷峰塔下的十六大士像于净慈寺，创建五百罗汉堂。

【流传】（无考）

【出处】白化文：《中国的罗汉》，载《文史知识》1984年第7期。

W0794.2.3.3.2

如来每月十五对五百罗汉说戒

实 例

汉族 如来将五百罗汉常以月十五日于中说戒。

【流传】（无考）

【出处】［唐］释道世：《法苑珠林》卷七十三“宿障部”引《兴起行经》。

W0794.2.4

与罗汉有关的其他母题

实 例

（实例待考）

W0794.3

耶稣

实 例

（实例待考）

W0794.4

圣母玛利亚

【汤普森】V250

【关联】

实 例

拉祜族 （实例待考）

W0794.5

宗教苯波教的祖师

实 例

藏族 辛饶弥倭是藏族原始宗教苯波教的祖师。

【流传】西藏自治区

【出处】谢后方翻译：《马是怎样和野马分开的》注释，见中国民间文学集成全国编辑委员会编《中国民间故事集成》（西藏卷），北京：中国ISBN中心2001年版，第10页。

W0794.6

无极老祖

实 例

（参见下级母题实例）

W0794.6.1

无极老祖是从天上降下一个神仙

【关联】［W0058.3.5］无极老祖出现最早

实 例

汉族 无极老祖是从天上降下一个神仙。

【流传】四川省·（德阳市）·绵竹县（绵竹市）·遵道乡（遵道镇）

【出处】叶青云讲，王仲齐采录：《无极老祖造人》，见中国民间文学集成全国编辑委员会编《中国民间故事集成》（四川卷·上），北京：中国 ISBN 中心 1998 年版，第 27 页。

W0794. 7

太岁（太岁神）

实 例

壮族 很早以前，还有太岁神。

【流传】广西壮族自治区·百色市·田阳县·坡洪镇·陇升村·个强屯

【出处】农吉勤收藏，黄明标等搜集，黄明标等翻译：《造万样》，见黄明标主编《壮族麽经布洛陀遗本影印译注》（上卷），南宁：广西人民出版社 2016 年版，第 91 页。

W0794. 7. 1

太岁生日七月十九日

实 例

汉族 七月十九日为值年太岁星君的诞生日。

【流传】（无考）

【出处】《太岁》，见乌丙安主编《中国民间神谱》，沈阳：辽宁人民出版社 2007 年版，第 256 页。

W0794. 7. 2

岁神为值年之神（太岁是值岁神）

实 例

汉族 岁神为值年之神，也称其为“值年太岁”，民间俗称“岁君”，他能够掌握一年的祸福。

【流传】（无考）

【出处】《太岁》，见乌丙安主编《中国民间神谱》，沈阳：辽宁人民出版社 2007 年版，第 256 页。

W0794. 7. 3

太岁是凶神

实 例

汉族 太岁也称“岁神”“岁星”“顺星”，民间将其视为凶神。

【流传】（无考）

【出处】《太岁》，见乌丙安主编《中国民间神谱》，沈阳：辽宁人民出版社 2007 年版，第 256 页。

W0794. 7. 3. 1

太岁所在之辰不可犯

实 例

汉族 太岁所在之辰，必不可犯。

【流传】（无考）

【出处】［先秦至汉］不题撰人：《黄帝内经》。

W0794. 7. 3a

太岁是一肉物

实 例

汉族 晁良正性刚不怖鬼，每年常掘太岁地。后又掘，忽见一肉物，良正打之三百，送于河。

【流传】（无考）

【出处】［南宋］曾慥：《类说》卷八引《广异记》。

W0794.7.3b

太岁是人君之象

实　例

汉族 太岁，人君之象，率领诸神，统正方位，斡运时序，总岁成功。若国家巡狩省方、出师略地、营造宫阙、开拓封疆，不可向之。

【流传】（无考）

【出处】［清］允禄、梅瑴成、何国栋等：《协纪辨方书》卷三引《神枢经》。

W0794.7.4

太岁的部下日游神

实　例

汉族 太岁部下日值众星名讳：日游神温良。

【流传】（无考）

【出处】［明］许仲琳：《封神演义》第九十九回。

W0794.7.5

六甲太岁神与六乙太岁神

实　例

汉族 六丁六甲本为司掌天干地支的神祇，其神十二位，在后期等同于六十太岁将军里的六甲太岁神与六乙太岁神。

【流传】（无考）

【出处】高中正：《〈梁书〉“兔头”发微——兼论南北朝时方术与兵学的关系》，载《中国史研究》2016年第4期。

W0794.8

六丁六甲

实　例

（参见下级母题实例）

W0794.8.0

六丁六甲名称取自干支纪年法

实　例

汉族 六丁六甲为六丁神与六甲神十二位神祇的合称，其名称取自干支纪年法。

【流传】（无考）

【出处】《六丁六甲》，见乌丙安主编《中国民间神谱》，沈阳：辽宁人民出版社2007年版，第253页。

W0794.8.1

六丁六甲隶属于玄武

实　例

汉族 六丁六甲隶属于玄武，即紫微北极大帝。

【流传】（无考）

【出处】《六丁六甲》，见乌丙安主编《中国民间神谱》，沈阳：辽宁人民出版社2007年版，第253页。

汉族 元始命玉皇上帝阵诏，喝玄武披发跣足，金甲玄袍，皂纛玄旗，统

领丁甲

【流传】（无考）

【出处】［明］罗懋登重修：《搜神记》。

W0794. 8. 2

六丁六甲的身份（六丁六甲的职能）

实 例

（参见下级母题实例）

W0794. 8. 2. 1

六丁六甲为道教护法

实 例

汉族 六丁六甲与二十八宿、四值功曹、三十六天罡、七十二地煞等同为道教护法。

【流传】（无考）

【出处】《六丁六甲》，见乌丙安主编《中国民间神谱》，沈阳：辽宁人民出版社 2007 年版，第 253 页。

W0794. 8. 2. 2

六丁六甲行风雷、治妖魔

实 例

汉族 六丁六甲的职能是行风雷、治妖魔，道士作法时以符箓召请他们驱禳鬼怪。

【流传】（无考）

【出处】《六丁六甲》，见乌丙安主编《中国民间神谱》，沈阳：辽宁人民出版社 2007 年版，第 253 页。

W0794. 8. 2. 3

六丁六甲听命道士驱禳鬼怪

实 例

汉族 （参见“W0794. 8. 2. 2 六丁六甲行风雷、治妖魔”母题实例）

W0794. 8. 3

六丁

实 例

（参见下级母题实例）

W0794. 8. 3. 1

6 位丁神是丁卯、丁巳、丁未、丁酉、丁亥、丁丑

实 例

汉族 汉代已有对六丁六甲的祭祀。丁神六位：丁卯、丁巳、丁未、丁酉、丁亥、丁丑；甲神六位为：甲子、甲戌、甲申、甲午、甲辰、甲寅。

【流传】（无考）

【出处】［汉］撰者不详：《献帝起居注》。

W0794. 8. 3. 2

六丁神为丁丑神赵子玉、丁亥神张文通、丁酉神臧文公、丁未神石叔通、丁卯神司马卿、丁巳神崔玉卿

实 例

汉族 六丁即丁卯神将司马卿、丁丑

神将赵子玉、丁亥神将张文通、丁酉神将藏文公、丁未神将石叔通、丁卯神司马卿、丁巳神将崔巨卿。

【流传】（无考）

【出处】撰者不详：《老君六甲符图》。

汉族 六丁神为丁丑神赵子玉、丁亥神张文通、丁酉神藏文公、丁未神石叔通、丁卯神司马卿、丁巳神催玉卿。

【流传】（无考）

【出处】［明］王圻、王思义：《三才图会》。

W0794.8.3.2a

丁卯神名文伯字仁高，丁丑神名文公字仁贤（贵），丁亥神名仁（文）通字仁和，丁酉神名文卿字仁修，丁未神名升通字仁恭，丁巳神名庭卿字仁敬

实　例

汉族 丁卯神名文伯字仁高，丁丑神名文公字仁贤（贵），丁亥神名仁（文）通字仁和，丁酉神名文卿字仁修，丁未神名升通字仁恭，丁巳神名庭卿字仁敬。

【流传】（无考）

【出处】撰者不详：《上清六甲祈祷秘法》

W0794.8.3.3

六丁属阴，是女性

实　例

汉族 六丁属阴，为女性，分别为丁卯、丁巳、丁未、丁酉、丁亥、丁丑。

【流传】（无考）

【出处】《六丁六甲》，见乌丙安主编《中国民间神谱》，沈阳：辽宁人民出版社2007年版，第253页。

W0794.8.3.4

六丁能长能短，能有能无

实　例

汉族 六丁“能长能短，能有能无”。

【流传】（无考）

【出处】《灵宝六丁秘法·后序》，见周秦以下道家子书及六朝以来道教经典《道藏》（文物出版社、上海书店、天津古籍出版社1988年影印版）。

W0794.8.3.5

六丁与人关系密切

实　例

汉族 丁丑延我寿、丁亥拘我魂、丁酉制我魄、丁未却我灾、丁巳度我危、丁卯度我厄；甲子护我身、甲戌保我形、甲申固我命、甲午守我魂、甲辰镇我灵、甲寅育我真。

【流传】（无考）

【出处】［南宋］王契真编：《上清灵宝大法》卷二。

W0794. 8. 3. 6

六丁辟邪

实 例

民族 若辟除恶神者，书六甲、六丁等持行，并呼甲寅，神鬼皆散走。

【流传】（无考）

【出处】［北宋］张君房：《云笈七签》卷十四。

W0794. 8. 4

六甲

实 例

（参见下级母题实例）

W0794. 8. 4. 1

6 位甲神是甲子、甲戌、甲申、甲午、甲辰、甲寅

实 例

汉族 （参见“W0794. 8. 4. 2 六甲神为甲子神王文卿、甲戌神展子江、甲申神扈文长、甲午神伟玉卿、甲辰神孟非卿、甲寅神明文章”母题实例）

W0794. 8. 4. 2

六甲神为甲子神王文卿、甲戌神展子江、甲申神扈文长、甲午神伟玉卿、甲辰神孟非卿、甲寅神明文章

实 例

汉族 六甲神为甲子神王文卿、甲戌神展子江、甲申神扈文长、甲午神卫玉卿、甲辰神孟非卿、甲寅神明文章。

【流传】（无考）

【出处】撰者不详：《老君六甲符图》。

汉族 六甲神为甲子神王文卿、甲戌神展子江、甲申神扈文长、甲午神伟玉卿，甲辰神孟非卿、甲寅神明文章。

【流传】（无考）

【出处】［明］王圻、王思义：《三才图会》。

W0794. 8. 4. 3

六甲属阳，是男性

实 例

汉族 六甲属阳，为男性，分别为甲子、甲戌、甲申、甲午、甲辰、甲寅。

【流传】（无考）

【出处】《六丁六甲》，见乌丙安主编《中国民间神谱》，沈阳：辽宁人民出版社 2007 年版，第 253 页。

W0794. 9

晏公神

实 例

（参见下级母题实例）

W0794.9.1

晏公神的产生

实 例

（参见下级母题实例）

W0794.9.1.1

晏公神十月初三日生辰

实 例

汉族 晏公神者，亦江西人。言神十月初三日生辰。

【流传】（无考）

【出处】［清］李调元：《新搜神记·神考》。

W0794.9.2

晏公神的特征

实 例

（参见下级母题实例）

W0794.9.2.1

晏公神浓眉虬髯，面如黑漆

实 例

汉族 公姓晏，名戌仔，江西临江府清江镇人也。浓眉虬髯，面如黑漆。平生疾恶如探汤，人少有不善，必曰："晏公得无知乎？"其为人敬惮如此。

【流传】（无考）

【出处】［明］撰者不详：《三教源流搜神大全》，［清］叶德辉本卷七。

W0794.9.2.2

晏公神嫉恶如仇

实 例

汉族 （参见"W0794.9.2.1 晏公神浓眉虬髯，面如黑漆"母题实例）

W0794.9.3

与晏公神有关的其他母题

实 例

（参见下级母题实例）

W0794.9.3.1

晏公庙

实 例

汉族 常州城中白云渡口有晏公庙，莫知所始。及阅《七修类稿》，乃知明太祖所封也。

【流传】（常州）

【出处】［清］赵翼：《陔余丛考》卷三五。

W0794.10

济公

实 例

（参见下级母题实例）

W0794.10.1

济公的产生

实 例

（参见下级母题实例）

W0794. 10. 1. 1

济公是降龙罗汉转世

实 例

汉族 济公实有其人，乃是南宋僧人，原名李心远，台州（今浙江省临海）人，出家后法名道济。他在杭州灵隐寺出家，后移净慈寺。据说他不守戒律，嗜好酒肉特别是狗肉蘸大蒜，举止如痴如狂，被称为“济颠僧”他后来被神化，认为是降龙罗汉转世，被尊称为“济公”。

【流传】（台州）

【出处】白化文：《中国的罗汉》，载《文史知识》1984 年第 7 期。

W0794. 10. 2

济公的特征

实 例

（参见下级母题实例）

W0794. 10. 2. 1

济公举止癫狂

实 例

汉族 （参见“W0794. 10. 1. 1 济公是降龙罗汉转世”母题实例）

W0794. 10. 3

济公的名称

实 例

（参见下级母题实例）

W0794. 10. 3. 1

济公是南宋僧人，原名李心远

实 例

汉族 （参见“W0794. 10. 1. 1 济公是降龙罗汉转世”母题实例）

W0794. 10. 3. 2

济公法名道济

实 例

汉族 （参见“W0794. 10. 1. 1 济公是降龙罗汉转世”母题实例）

W0794. 10. 3. 3

济公又称济颠僧

实 例

汉族 （参见“W0794. 10. 1. 1 济公是降龙罗汉转世”母题实例）

W0794. 10. 4

与济公有关的其他母题

实 例

（参见下级母题实例）

W0794. 10. 4. 1

济公实有其人

实 例

汉族 （参见“W0794. 10. 1. 1 济公是降龙罗汉转世”母题实例）

W0794.11

罗刹

实 例

（参见下级母题实例）

W0794.11.1

罗刹的产生

实 例

（实例待考）

W0794.11.2

罗刹的特征

实 例

（参见下级母题实例）

W0794.11.2.1

罗刹鬼一人多高，浑身黑毛，似牛非马，獠牙很长

实 例

珞巴族 罗刹鬼有一人多高，浑身黑毛，似牛非马，獠牙很长。

【流传】西藏自治区·林芝市·墨脱县·达木珞巴民族乡（讲述地点：墨脱县·达木珞巴民族乡·卡布村）

【出处】安布讲：《宝石》（1956.08），见冀文正《珞巴族民间故事》，成都：四川民族出版社 2011 年版，第 145 页。

W0794.11.2.1a

罗刹头似雕、身如龙，长着一对大翅膀

实 例

白族 有一年，海子里忽然出现了一个叫罗刹的怪物，它头似雕、身如龙，还长着一对大翅膀，既能飞天入海，又能在陆地上行走。

【流传】云南省·大理（大理白族自治州·喜州区·庆洞村）

【出处】杨宗元、段圭讲，许天侠、周百里搜集整理：《爱民皇帝段宗堂——喜州区庆洞村神都本主》，原载大理市文化局编《白族本主神话》，中国民间文艺出版社 1988 年版，见姚宝瑄主编《中国各民族神话》（白族、拉祜族、景颇族），太原：山西出版传媒集团·书海出版社 2014 年版，第 137 页。

W0794.11.2.2

罗刹鬼害人

实 例

珞巴族 老妇领着六个女儿上山采集草药，被凶恶的罗刹鬼带到罗刹鬼住地。

【流传】西藏自治区·林芝市·墨脱县·达木珞巴民族乡、格当乡、旁辛乡（讲述地点：墨脱县·达木珞巴民族乡·达木村）

【出处】顿加、米米洛桑讲：《七姐妹星

的来历》（1968. 07），见冀文正《珞巴族民间故事》，成都：四川民族出版社 2011 年版，第 77 页。

W0794. 11. 2. 3

罗刹是恶鬼

实　例

汉族 罗刹，此云恶鬼也，食人血肉，或飞空，或地行，捷疾可畏。

【流传】（无考）

【出处】［唐］慧琳：《一切经音义》卷二五。

W0794. 11. 3

罗刹的名称

实　例

（参见下级母题实例）

W0794. 11. 3. 1

罗刹女

实　例

藏族 古时候，一只猕猴受观音指点到一处狭小的山洞修行。一只被疾病缠身的罗刹女到此处多次表示其情欲，与猕猴同睡一张床了。从此便有了人类的繁衍。

【流传】西藏自治区·（拉萨市）·林周县

【出处】益西索巴讲，大丹增翻译：《猕猴与罗刹女》（1991. 10），见中国民间文学集成全国编辑委员会编《中国民间故事集成》（西藏卷），北京：中国 ISBN 中心 2001 年版，第 4 页。

W0794. 11. 3. 2

罗刹王

实　例

（参见下级母题实例）

W0794. 11. 3. 2. 1

罗刹王是九头龙

实　例

珞巴族 罗刹王是九头龙，凶恶残忍，无恶不作。

【流传】西藏自治区·林芝市·墨脱县·达木珞巴民族乡、墨脱乡、德兴乡（讲述地点：墨脱县·墨脱乡·墨脱村、杭久村）

【出处】桑杰绕登、吉如讲：《刀如普巴》（1959. 08，1989. 08），见冀文正《珞巴族民间故事》，成都：四川民族出版社 2011 年版，第 52 页。

W0794. 11. 3. 2. 2

罗刹王全身是眼

实　例

珞巴族 罗刹王酣睡在金床上，长有九个头，全身是眼，活像一个火团。

【流传】西藏自治区·林芝市·墨脱县·达木珞巴民族乡、墨脱乡、德兴乡（讲述地点：墨脱县·墨脱乡·墨脱村、杭久村）

【出处】桑杰绕登、吉如讲：《刀如普巴》（1959.08，1989.08），见冀文正《珞巴族民间故事》，成都：四川民族出版社2011年版，第52页。

W0794.11.3.2.3
罗刹王住最大的岩洞

实 例

珞巴族 大力士来到罗刹鬼住地，发现岩洞很多，最大的岩洞是罗刹王的住所。

【流传】西藏自治区·林芝市·墨脱县·旁辛乡、达木珞巴民族乡、加拉萨乡（讲述地点：墨脱县·达木珞巴民族乡·达木村）

【出处】吉如、扎西、保红讲：《大力士当国王》（1997.06），见冀文正《珞巴族民间故事》，成都：四川民族出版社2011年版，第119～120页。

W0794.11.3.3
罗刹鬼

实 例

（参见下级母题实例）

W0794.11.3.3.1
罗刹鬼最怕火和荆棘

实 例

珞巴族 达西和达东兄弟俩知道罗刹鬼最怕火和荆棘，就准备了一大堆木柴和五捆带长刺的荆条。

【流传】西藏自治区·林芝市·墨脱县·墨脱乡、达木珞巴民族乡（讲述地点：墨脱县·达木珞巴民族乡·达木村）

【出处】顿加、江措、嘎琼讲：《猎人兄弟灭罗刹鬼》（1954.10），见冀文正《珞巴族民间故事》，成都：四川民族出版社2011年版，第143页。

W0794.11.4
罗刹的生活

实 例

（参见下级母题实例）

W0794.11.4.1
罗刹鬼居山沟

实 例

珞巴族 从前，从珞渝地区去波密，要步行十几天时间，其中要经过罗刹鬼活动猖獗的嘎龙山沟。

【流传】西藏自治区·林芝市·墨脱县·墨脱乡、达木珞巴民族乡（讲述地点：墨脱县·达木珞巴民族乡·达木村）

【出处】顿加、江措、嘎琼讲：《猎人兄弟灭罗刹鬼》（1954.10），见冀文正《珞巴族民间故事》，成都：四川民族出版社2011年版，第143页。

W0794.11.4.2
罗刹食人血肉

【关联】［W0794.12.3.1］夜叉吃人

（夜叉吸吮人的血肉）

实 例

汉族 （参见“W0794. 11. 2. 3 罗刹是恶鬼”母题实例）

W0794. 11. 4. 3 罗刹鬼吃人

实 例

珞巴族 一天，罗刹鬼吃光了十三户人家，要不了多长时间，这个百户大村，人就会被吃光。

【流传】西藏自治区·林芝市·墨脱县·达木珞巴民族乡、墨脱乡、德兴乡（讲述地点：墨脱县·墨脱乡墨脱村、杭久村）

【出处】桑杰绕登、吉如讲：《刀如普巴》（1959. 08，1989. 08），见冀文正《珞巴族民间故事》，成都：四川民族出版社 2011 年版，第 46 页。

W0794. 11. 4. 4 怪物罗刹爱吃人眼

实 例

白族 怪物罗刹和他的儿子把大理坝子霸占了。罗刹很暴虐，最喜欢吃人的眼睛，就像我们吃螺蛳一样，一次要吃几十双人的眼睛。

【流传】（云南省·大理白族自治州·大理市）

【出处】杨国宪记录：《开辟大理的传说》，见姚宝瑄主编《中国各民族神话》（白族、拉祜族、景颇族），太原：山西出版传媒集团·书海出版社 2014 年版，第 61 页。

W0794. 11. 5 罗刹的死亡

实 例

（参见下级母题实例）

W0794. 11. 5. 1 猴子杀死罗刹鬼

实 例

珞巴族 猴子将罗刹鬼杀死后，罗刹鬼绝了种。所以，现在世上看不到罗刹鬼了。

【流传】西藏自治区·林芝市·墨脱县·达木珞巴民族乡、墨脱乡、甘登乡（讲述地点：墨脱县·达木珞巴民族乡·达木村）

【出处】扎西、扎西巴、扎西拉达讲：《藤子的来历》（1997. 06），见冀文正《珞巴族民间故事》，成都：四川民族出版社 2011 年版，第 24 页。

W0794. 11. 5. 2 罗刹鬼绝种

实 例

珞巴族 （参见“W0794. 11. 5. 1 猴子杀死罗刹鬼”母题实例）

W0794.11.6

与罗刹有关的其他母题

【关联】［W0087.2.2.1.1］红面罗刹与“穆”主拉巴婚生的卵孵出赞神七兄弟

实 例

（参见下级母题实例）

W0794.12

夜叉

实 例

民族无考 并徐大威力诸天：龙、夜叉、乾闼婆、阿修罗、迦楼罗、紧那罗、摩睺罗伽等悉来会坐。

【流传】（无考）

【出处】［古印度］维摩诘：《维摩诘经·佛国品》。

W0794.12.1

夜叉的产生

实 例

（实例待考）

W0794.12.2

夜叉的特征

实 例

（参见下级母题实例）

W0794.12.2.1

夜叉赤发蝟奋，金牙锋铄，臂曲瘿木，甲拏兽瓜

实 例

汉族 （参见“W0794.12.2.2 夜叉吐火噀血”母题实例）

W0794.12.2.2

夜叉吐火噀血

实 例

汉族 马燧见一物长丈余，乃夜叉也。赤发蝟奋，金牙锋铄，臂曲瘿木，甲拏兽瓜，衣豹皮裤，携短兵直入室来。吐火噀血，跳掷哮吼，铁石消铄。燧之惴慄，殆丧魄忘情矣。

【流传】（无考）

【出处】［唐］谷神子（郑还古）：《博异志》“马侍中”条。

W0794.12.2.3

夜叉身材硕大

实 例

汉族 广东有徐姓经商者，尝出海经商，遇风，飘行月余，舟没于不知名何地，船上一干人不知去向。徐登岸后躲在草丛中，有人声作鸟语，呼啸而过。忽一状如夜叉者突入草丛，见徐色喜，乃上前负徐而去，藏徐于某洞中。盖夜叉硕大而壮，徐奈何不得，遂听之。

【流传】（无考）

【出处】《夜叉》，见［清］蒲松龄：《聊斋志异》。

W0794. 12. 2. 4

夜叉喜黑暗

实　例

汉族　夜叉是鬼界独有的鬼怪生物，长期生长在阴间，经常在空中飞行，吸吮人的血肉，对黑暗环境很强的适应力。

【流传】（无考）

【出处】［唐］薛用弱：《博异记》（《古异记》）。

W0794. 12. 2. 5

夜叉的头发冒绿色的火焰

实　例

汉族　［参见“W0794. 12. 4. 2 地夜叉（地行夜叉）”母题实例］

W0794. 12. 3

夜叉的生活

实　例

（参见下级母题实例）

W0794. 12. 3. 1

夜叉吃人（夜叉吸吮人的血肉）

实　例

汉族　尝逢饿夜叉，百姓不可活。

【流传】（无考）

【出处】［唐］张鷟：《朝野佥载》卷二。

民族无考　地行夜叉吸血吃人，令人骇怕。

【流传】（无考）

【出处】［唐］实叉难陀：《大方广佛华严经》。

W0794. 12. 3. 2

夜叉居天上空中地下

实　例

民族无考　夜叉神者。好大布施。或先损害。后加饶益。随功胜负。故在天上空中地下。

【流传】（无考）

【出处】《舍利弗问经》。

W0794. 12. 4

夜叉的名称

实　例

（参见下级母题实例）

W0794. 12. 4. 1

飞天夜叉（空行夜叉）

实　例

汉族　章仇兼琼镇日，佛寺设大会百戏在庭。有十岁童儿舞于竿杪。忽有物状如雕鹗，掠之而去。众皆大骇，因而罢乐。后数日，其父母见在高塔之上，梯而取之。则神如痴，久之方语。云：“见如壁画飞天夜叉者，将入塔中，日饲果实饮馔之味，亦不知其所自。”旬日，方精神如初。

【流传】（无考）

【出处】［唐］李绰：《尚书故实》。

汉族 郭大乘月以行，中路马惊，鞭策不肯进。左顾瓜田中，一物高丈余，形如蝙蝠，头如驴，两翅如席，一爪踞地，一爪握瓜食之，目光灿然。郭丧胆，回马急驰，数十步间反顾，犹未去。他日，入神祠，见壁画飞天夜叉，盖其物也。

【流传】（无考）

【出处】［宋］洪迈：《夷坚甲志》卷十九“飞天夜叉”条。

W0794.12.4.1.1

空行夜叉长两个翅膀

实 例

民族无考 空行夜叉长两个翅膀，能在空中飞行，千变万化，有时现红色，有时现蓝色，有时现黄色。

【流传】（无考）

【出处】［唐］实叉难陀：《大方广佛华严经》。

W0794.12.4.2

地夜叉（地行夜叉）

实 例

民族无考 地行夜叉，更令人骇怕。他的头发冒绿色的火焰，高达数丈，像蜡烛一样燃烧。

【流传】（无考）

【出处】［唐］实叉难陀：《大方广佛华严经》。

W0794.12.4.3

母夜叉

实 例

汉族 （实例待考）

W0794.12.4.4

海夜叉

实 例

汉族 海之有夜叉，犹山之有山魈，非鬼非魅，乃自一种类，介乎人物之间者也。

【流传】（无考）

【出处】［清］纪昀：《阅微草堂笔记》。

W0794.12.4.5

夜叉鬼

实 例

民族无考 多瞋佷戾、嗜好酒肉之人而行布施，堕地夜叉鬼中，常得种种欢乐、音乐、饮食。

【流传】（无考）

【出处】［古印度］龙树菩萨（约三世纪）撰：《大智度论》。

W0794.12.4.6

牛头夜叉

实 例

汉族 老牛对牛郎说："牛郎，你侍候我这些年，把我看做亲兄弟。我你说实话，我是天宫牛头夜叉，因犯罪降下凡来。时间到了，我要回天宫了。"

【流传】湖北省·丹江口市

【出处】冯明文讲：《牛郎星和织女星》，见姚宝瑄主编《中国各民族神话》（汉族），太原：山西出版传媒集团·书海出版社 2014 年版，第 309 ~ 311 页。

W0794. 12. 4. 6. 1

牛头夜叉是玉皇大帝的手下

实 例

汉族 玉帝为惩罚人类浪费粮食，派牛头夜叉将麦粒和谷粒全部捋掉。

【流传】湖北省

【出处】王定范、孟国民讲，王永武搜集整理：《老牛下凡》，原载中国民间文艺研究会湖北分会编《湖北民间故事传说集》，见姚宝瑄主编《中国各民族神话》（汉族），太原：山西出版传媒集团·书海出版社 2014 年版，第 84 ~ 85 页。

W0794. 12. 5

与夜叉有关的其他母题

实 例

（参见下级母题实例）

W0794. 12. 5. 1

夜叉的上司

实 例

汉族 （实例待考）

0. 7. 3 仙人[①]（神仙）【W0800 ~ W0829】

✿ W0800

仙人（神仙）

【汤普森】F200

实 例

（参见下级母题实例）

❊ W0801

仙的产生（神仙的产生）

【汤普森】F251

实 例

（参见下级母题实例）

① 仙人，仙作为一种母题类型常常有不同的名称，诸如"神仙"、"仙子"、"小精灵"等，在中国神话中的"仙"与道教联系密切。为表述的统一，此类母题全部用"仙"代称。具体情形参见《中国神话人物母题数据索引》。

W0801a

仙源于特定的地方

实 例

（参见下级母题实例）

W0801a.1

神仙天降

实 例

（参见下级母题实例）

W0801a.1.1

天地混沌时，东南西北四方降下4个神仙孩儿

实 例

彝族 天地混沌时，东南西北四方降生了四个神仙孩儿。

【流传】四川省·（凉山彝族自治州）·雷波县

【出处】

（a）保木和铁讲，：芦芙阿梅译，白芝采录：《开天辟地》，见中国民间文学集成全国编辑委员会编《中国民间故事集成》（四川卷），北京：中国ISBN中心1998年版，第749页。

（b）《开天辟地》，见陶立璠、赵桂芳等编《中国少数民族神话汇编》（开天辟地篇），中央民族学院少数民族古籍整理出版规划领导小组办公室印（未署出版时间），第85~95页。

W0801b

仙是造出来的（造神仙）

实 例

（实例待考）

W0802

仙是生育产生的

实 例

（参见下级母题实例）

W0802.1

神生仙

实 例

（实例待考）

W0802.1.1

天神生仙

【关联】［W0826.6.5.1］仙婆牙线是天神的女儿

实 例

水族 （实例待考）

W0802.2

人生仙

实 例

（实例待考）

W0802. 3

动物生仙

实 例

（实例待考）

W0802. 4

植物生仙

实 例

（参见下级母题实例）

W0802. 4. 1

树生仙

实 例

（参见下级母题实例）

W0802. 4. 1. 1

树感神生仙

实 例

彝族 树生的仙对更资天神说："我们的母亲杉和松是你母亲抓起来的后天的浊气，我们的母亲是因为你在树上玩耍，才生我们的。"

【流传】云南省·（楚雄彝族自治州）·永仁县

【出处】

（a）曲木阿石等讲，罗有能整理：《更资天神》，见云南省楚雄州文教局、云南省楚雄州民委会编《楚雄民间文学资料》，内部资料，1979 年。

（b）同（a），见姚宝瑄主编《中国各民族神话》（羌族、彝族），太原：山西出版传媒集团·书海出版社 2014 年版，第 179 页。

W0803

特定人物成为仙（特定物成仙）

实 例

（参见下级母题实例）

W0803. 0

神变成仙

实 例

（参见下级母题实例）

W0803. 0. 1

五圣原为民间妖邪之神，后来成为道教驱邪的神仙

实 例

汉族 五圣原为民间妖邪之神，后成为道教驱邪的神仙。

【流传】（无考）

【出处】《五圣》，见乌丙安主编《中国民间神谱》，沈阳：辽宁人民出版社 2007 年版，第 283 页。

W0803. 1

祖先的肢体变仙

实 例

彝族 天神"更"的母亲蒲依割掉一半肺生出的仙女吾司木。

【流传】云南省·（楚雄彝族自治

州）·永仁县

【出处】

(a) 曲木阿石等讲，罗有能整理：《更资天神》，见云南省楚雄州文教局、云南省楚雄州民委会编《楚雄民间文学资料》，内部资料，1979年。

(b) 同（a），见姚宝瑄主编《中国各民族神话》（羌族、彝族），太原：山西出版传媒集团·书海出版社2014年版，第181页。

W0803.2

有道之人成仙（有德之人成仙）

【关联】［W0804.12.3.1］修道成仙

实 例

汉族 （实例待考）

W0803.3

有才之人成仙

实 例

（实例待考）

W0803.4

好人成仙

实 例

布依族 （实例待考）

W0803.5

六官变仙

实 例

毛南族 （实例待考）

W0803.6

凡女成仙

实 例

汉族 （实例待考）

W0803.7

动物成仙（动物仙）

实 例

（参见下级母题实例）

W0803.7.1

动物食特定物成仙

实 例

（实例待考）

W0803.7.1.1

鸡犬喝仙水成仙

实 例

汉族 （实例待考）

W0803.7.2

动物修炼成仙

实 例

（参见下级母题实例）

W0803.7.2.1

蛇修炼成仙

实 例

汉族 传说南宋年间，绍兴地区有一千年修炼的蛇化作美丽女子叫白素贞（今称白娘子），及其侍女青青（又称小青、青蛇、青鱼）在杭州西湖与药店之王主管许宣（又名许仙）邂逅，同舟避雨，一见钟情，白蛇逐生欲念，欲与书生缠绵，乃嫁与他。遂结为夫妻。

【流传】（无考）

【出处】［明］冯梦龙：《警世通言》。

W0803. 7. 3

鸟仙（仙鸟）

实 例

汉族 李卫公游嵩山，见鹤呻吟曰："我鸟仙，为樵者伤脚，得人血则愈。"

【流传】（无考）

【出处】［清］陈梦雷原编，蒋廷锡重编：《古今图书集成·禽虫典》卷九引《逸史》。

W0803. 8

植物成仙

【关联】［W0827. 1. 3］百花仙子（花仙）

实 例

（参见下级母题实例）

W0803. 8. 1

植物修炼成仙

实 例

（参见下级母题实例）

W0803. 8. 1. 1

千年松根变茯苓后修行成仙童

实 例

汉族 一个是千年松根变茯苓，万年修行成仙童。

【流传】河南省·（南阳市）·西峡县［采录地点：西峡县五里桥乡前营村］

【出处】张清合（男，92 岁，汉族，文盲，西峡县五里桥乡前营村农民）讲，万子东（男，53 岁，汉族，高中毕业，西峡县五里桥乡前营村农民）采录，谢起超（男，40 岁，汉族，高中毕业，西峡县文化馆干部）采录整理：《猪马牛羊牲畜的来历》（1985. 06），见张振犁编著，孟宪明、朱淑君统纂《中原神话通鉴》（第四卷），郑州：河南大学出版社 2017 年版，第 1305 页。

W0803. 8. 2

仙树

实 例

（参见下级母题实例）

W0803. 8. 2. 1

连山有仙树

实 例

汉族 连山有仙树，人行山中，饥渴者辄得之，可饱，不得持去。平居时亦不得见。

【流传】(无考)

【出处】[北宋]李昉、李穆、徐铉等:《太平御览》卷九六一引《西河旧事》。

W0803.8.2.2

仙树玉桂

实 例

毛南族 雷公把地上的仙树玉桂抢到了天上。

【流传】广西壮族自治区·(河池市)·环江县(环江毛南族自治县)

【出处】覃启仁等讲述,谭金田、蒋志雨翻译整理:《盘古的传说》,原载袁凤辰等编:《毛南族、京族民间故事选》,见陶阳、钟秀编《中国神话》(上),北京:商务印书馆2008年版,第22~28页。

W0803.9

无生命物成仙

实 例

(参见下级母题实例)

W0803.9.1

仙水

【关联】[W1897.1]神奇的水(奇特的水)

实 例

汉族 约定喝仙水的这一天到了,地上所有的东西都向天王指定的地点赶去。

【流传】河南省

【出处】孔贤义讲,马振华采录整理:《天神的哑水》,见张振犁编著,孟宪明、朱淑君统纂《中原神话通鉴》(第四卷),郑州:河南大学出版社2017年版,第1258页。

W0803.9.1.1

雨后土坑中的积水成为仙水

实 例

彝族 病情严重时,毕摩帕就上山寻找"仙水",仙水,就是雨后土坑中的积水,让病人当药饮。

【流传】云南省·昆明(昆明市)·东郊(经济技术开发区)·阿拉乡

【出处】邓立木、赵永勤:《官渡区阿拉乡彝族宗教调查》,见吕大吉、何耀华总主编《中国各民族原始宗教资料集成》(彝族卷、白族卷、基诺族卷),北京:中国社会科学出版社1996年版,第248页。

W0803.10

灵魂变成仙

实 例

(参见下级母题实例)

W0803.10.1

升天的亡灵变成仙

【关联】[W0875.5.3]游魂变成鬼(人

间游荡的人的亡灵变成鬼）

实 例

藏族 人死后，灵魂作为一个精神实体，存在“天堂”和人间。有的在人间流荡，变鬼害人，有的则升天成仙。

【流传】（四川省·凉山彝族自治州·冕宁县·联合乡）

【出处】伍呷：《川西南藏族的宗教调查》（油印件），四川省民族研究所印，见吕大吉、何耀华总主编《中国各民族原始宗教资料集成》（鄂伦春族卷、鄂温克族卷、赫哲族卷、达斡尔族卷、锡伯族卷、满族卷、蒙古族卷、藏族卷），北京：中国社会科学出版社 1999 年版，第 812 页。

W0803. 10. 2

英雄的灵魂变成仙

实 例

（参见下级母题实例）

W0803. 10. 2. 1

南海观音变把除恶七兄弟的灵魂变成仙

实 例

汉族 南海观音知道七兄弟为除恶魔变成珊瑚礁，就用杨柳枝蘸着法水，洒在珊瑚樵上。这七兄弟的灵魂便都成了仙。

【流传】海南省·南沙群岛、西沙群岛

【出处】叶春生、许和达记录整理：《北斗星的传说》，见姚宝瑄主编《中国各民族神话》（汉族），太原：山西出版传媒集团·书海出版社 2014 年版，第 328 ~ 332 页。

W0804

成仙的方法

【关联】［W046. 2］人不食而死变神（仙）

实 例

（参见下级母题实例）

W0804. 0

自然成仙

实 例

（参见下级母题实例）

W0804. 0. 1

有功者自然成仙

实 例

（参见下级母题实例）

W0804. 0. 1. 1

盘古盘生兄弟造天地后化为仙

实 例

白族 盘古盘生兄弟造天地后，兄弟俩化为仙。

【流传】（无考）

【出处】《吃龙王·造天地·分节气》，见高明强编《创世的神话和传说》，上海：上海三联书店 1988 年版，第

62页。

W0804.0.1.2

一个后生斗败残暴好色的国王后升天成仙

实 例

布依族 后生六六和月亮公主夫妻斗败了残暴好色的国王后升天成仙去。

【流传】贵州省·黔南（黔南布依族苗族自治州）·平塘县

【出处】《天王石》，转引自谷因：《祭祀大禹：布依族“六月六”节探源》，载《贵州民族学院学报》1996年第6期。

W0804.1

人食灵芝成仙

实 例

（参见下级母题实例）

W0804.1.1

人食仙芝成仙

实 例

汉族 （参见“W0804.1.2 青年人吃灵芝草成仙”母题实例）

W0804.1.2

青年人吃灵芝草成仙

实 例

汉族 青年拔了棵灵芝草，刚吃下肚，顿觉身轻如燕，飘飘忽忽回到过风洞，便成了仙。

【流传】河南省·（三门峡市）·卢氏县、（洛阳市）·栾川县

【出处】任珍珠讲，牛爱民采录整理：《伏牛山的传说》，见张振犁编著，孟宪明、朱淑君统纂《中原神话通鉴》（第四卷），郑州：河南大学出版社2017年版，第1363页。

W0804.1.3

人食肉芝成仙

实 例

（参见下级母题实例）

W0804.1.3.1

肉芝是小人

实 例

汉族 行山中见小人乘车马，长七八寸者，肉芝也，捉取服之，即仙矣。

【流传】（无考）

【出处】［晋］葛洪：《抱朴子·仙药》。

W0804.1.3.2

肉芝为七八寸小人，乘车马，食之成仙

实 例

汉族 （参见“W0804.1.3.1 肉芝是小人”母题实例）

W0804. 1. 4

人食五芝成仙

实 例

（参见下级母题实例）

W0804. 1. 4. 1

句曲山五芝

实 例

汉族 句曲山五芝，求之者投金镮二双于石间，勿顾念，必得矣。其中，第一芝名龙仙，食之为太极仙。

【流传】（无考）

【出处】［唐］段成式：《酉阳杂俎·玉梅》。

W0804. 1. 4. 2

五芝第一芝名龙仙，食之为太极仙

实 例

汉族 （参见“W0804. 1. 4. 1 句曲山五芝”母题实例）

W0804. 2

人食精物成仙（吃特定物精华成仙）

实 例

（参见下级母题实例）

W0804. 2. 1

人吃月华成仙

【关联】［W1698. 5］月华

实 例

汉族 谁吃了月华，谁就能成仙上天。

【流传】 浙江省·（宁波市）·宁海县·麻山乡（今麻山乡与桑洲镇合并为桑洲镇）

【出处】 麻云彩讲，麻承照采录：《吴刚砍娑婆树》，见中国民间文学集成全国编辑委员会编《中国民间故事集成》（浙江卷），北京：中国 ISBN 中心 1997 年版，第 31 页。

W0804. 2. 1. 1

八月十五吃月华成仙

实 例

汉族 在八月十五这天，月宫中的吴刚放下斧头去追天狗时，才有一眼眼树屑掉下地来，不再生回去。这树屑脱落天，就是月华。谁吃了月华，谁就能成仙上天。

【流传】 浙江省·（宁波市）·宁海县·麻山乡·长田头村

【出处】 麻彩云讲，麻承照记录整理：《吴刚砍娑婆树》（1986. 12），见姚宝瑄主编《中国各民族神话》（汉族），太原：山西出版传媒集团·书海出版社 2014 年版，第 265 ~ 277 页。

W0804.2.2
人食黄精成仙

实 例

（参见下级母题实例）

W0804.2.2.1
徐仙吃成精的黄狗成仙

实 例

汉族 袁州萍乡县兴教寺后有徐仙亭。古老相传，初有徐君居此地，每见一黄犬往来，颇异之。访其它，无能知者。遂诱而烹食之，盖黄精也，因是仙去。

【流传】（袁州萍乡县）

【出处】［宋］王象之：《舆地纪胜》卷二八引《夷坚志》。

W0804.3
人食人参成仙

实 例

赫哲族 （实例待考）

W0804.3.1
人吃人参精成为神仙

实 例

锡伯族 吃人参精成神仙。

【流传】（无考）

【出处】吴扎拉·文龄翻译：《人参故事》，见中华民族故事大系编委会编《中华民族故事大系》第13卷（仡佬族、锡伯族、阿昌族），上海：上海文艺出版社1995年版，第444页。

W0804.4
吃特定动物的肉成仙

实 例

（参见下级母题实例）

W0804.4.1
吃牛肉成仙

实 例

（参见下级母题实例）

W0804.4.1.1
牛郎吃老牛的肉脱凡成仙

实 例

汉族 老黄牛对牛郎说：“你把我的皮剥剥，做双靴穿上就会腾云驾雾；我的肉吃了能脱凡成仙。”

【流传】河南省·（南阳市）·社旗县［采录地点：社旗县·桥头乡·杨庄村］

【出处】杨东来采录：《七巧节的传说》（1982.02），见张振犁编著，孟宪明、朱淑君统纂《中原神话通鉴》（第三卷），郑州：河南大学出版社2017年版，第820页。

W0804.5
吃其他特定物成仙

实 例

（参见下级母题实例）

W0804.5.1

食特定植物成仙

实 例

（参见下级母题实例）

W0804.5.1.1

人食骞树叶成仙

实 例

汉族 月中树名骞树，一名药王。凡有八树，得食其叶者为玉仙。玉仙之身，洞彻如水精琉璃焉。

【流传】（无考）

【出处】［明］的陈仁锡：《潜确类书》卷一“月中骞树”条引《云笈七签》。

W0804.5.1.2

人食甘柤成仙

实 例

汉族 （实例待考）

W0804.5.1.3

人吃桃成仙

实 例

（参见下级母题实例）

W0804.5.1.3.1

人吃特定地方的桃李成仙

实 例

汉族 武陵源在吴中，俗呼为桃李源。源上有石洞，洞中有乳水。世传秦末丧乱，吴中人于此避难，食桃李实者皆得仙。

【流传】（无考）

【出处】

(a)［清］东轩主人：《述异记》卷上。

(b)《武陵源》，见袁珂《中国神话大词典》，北京：华夏出版社2015年版，第188页。

W0804.5.1.3.2

人吃仙桃成仙

实 例

汉族 灵台山（今四川省江油市），一名天柱山。汉末张道陵在此学道，使弟子王长、赵升投身绝壑以取仙桃。长等七试已讫，九丹遂成，随陵白日升天。

【流传】（无考）

【出处】

(a)［清］王谟：《汉唐地理书钞》辑《周地图记》。

(b)《灵台山》，见袁珂《中国神话大词典》，北京：华夏出版社2015年版，第178页。

汉族 灵台山天柱崖下有一桃树，高五丈，外皮似桃，内皮似松，道陵与王长、赵升试法于此。

【流传】（无考）

【出处】

(a)［宋］乐史：《太平寰宇记》卷八

三引《郡国志》。

(b) 引自 (a), 见袁珂《中国神话大词典》, 北京: 华夏出版社 2015 年版, 第 178 页。

W0804.5.1.3.3

何仙姑吃桃成仙

实 例

汉族 吕洞宾赐给何仙姑一只桃, 并说食之可成仙。

【流传】(无考)

【出处】《何仙姑》, 见乌丙安主编《中国民间神谱》, 沈阳: 辽宁人民出版社 2007 年版, 第 268 页。

W0804.5.1.4

热吃特定的枣、梨成仙

实 例

汉族 北方有七尺之枣, 南方有三尺之梨, 凡人不得见, 或见而食之, 即为地仙。

【流传】(无考)

【出处】［南朝·梁］任昉:《述异记》卷上。

W0804.5.1.4.1

吃安期生的大枣成仙

实 例

汉族 安期生有大枣, 煮三日才熟。大枣香飘十里, 可以让死者生还, 病者康复, 健康者食用后可以成仙。

【流传】(无考)

【出处】撰者不详:《贾氏说林》。

W0804.5.2

人吃长生果成仙

【关联】［W0952.7.1］长生果

实 例

(参见下级母题实例)

W0804.5.2.1

长生果是天上神仙的圣果

实 例

汉族 天帝听说伏羲来摘长生果, 非常恼火, 怒喝: "大胆伏羲! 长生果本是天上神仙的圣果, 怎么能叫人吃呢? 凡人吃了圣果, 不也变成了神仙!"

【流传】河南省·(周口市)·淮阳县·城关

【出处】刘王氏 (82 岁, 农民, 不识字) 讲, 杨复俊采录: 《天地分》(1985.08), 见张振犁编著《中原神话通鉴》(第一卷), 郑州: 河南大学出版社 2017 年版, 第 282 页。

W0804.5.3

吃药成仙

【关联】

① ［W0805.1.3］服药后特定时间成仙

② ［W0815.3.1.1.2］鸡犬得仙药升天

③ ［W0827.2.1.1］人服半剂药成为地仙

④［W0827. 15. 1］服金液者身色紫金，立生羽翼，升天为仙官

⑤［W0970. 8. 4. 5. 1］神仙之药（仙药，能成仙之药）

实 例

（参见下级母题实例）

W0804. 5. 3. 1

吃王母娘娘的灵药能成仙

实 例

汉族 （参见“W0970. 8. 4. 5. 1. 1 太上灵药、上帝奇物、地下阴生、重云妙草是仙药”、“W0970. 8. 4. 5. 1. 2 仙药九丹金液、紫华虹英、太清九转、五云之浆、玄霜绛雪、腾跃三黄、东瀛白香、玄洲飞生、八石千芝、威喜九光、西流石胆、东沧青钱、高丘余粮、积石琼田、太虚还丹、盛以金兰、长光绛草、云童飞干”母题实例）

W0804. 5. 3. 1a

吃王母娘娘特定数量的药成仙

实 例

汉族 王母娘娘把后羿喊到跟儿，令红衣仙女捧出一个光彩夺目的匣子，取出灵药两粒，人参精一根，嘱咐后羿回家用人参汤煮熟吞服，可以成仙。

【流传】 豫南一带（河南省 · 南阳市 · 桐柏县 · 毛集镇 · 田木湾村）

【出处】 王王氏（94 岁，农民）讲，甘心田采录整理：《天狗吞月》（1986. 12），见张振犁编著，孟宪明、朱淑君统纂《中原神话通鉴》（第四卷），郑州：河南大学出版社 2017 年版，第 1216 页。

W0804. 5. 3. 1a. 1

吃王母娘娘的长生不老药，一包长生不老，两包成仙

实 例

汉族 王母娘娘给羿（英雄名）两包长生不老药，让他用杵臼捣碎再分开，并吩咐说，如果羿和妻子嫦娥两人吃了，都会长生不老，青春永驻；如果两包药给一个人吃了，就能成仙，飞升上天。

【流传】 浙江省

【出处】 陈伟君记录整理：《奔月》，见姚宝瑄主编《中国各民族神话》（汉族），太原：山西出版传媒集团 · 书海出版社 2014 年版，第 251 ~ 262 页。

W0804. 5. 3. 2

吃仙丹成仙

实 例

（参见下级母题实例）

W0804. 5. 3. 2. 1

黄帝吃仙丹成仙

实 例

汉族 黄帝与容成、浮丘三人食仙

丹，飘然升举矣。

【流传】（无考）

【出处】《黄山的来历》，原载《中国地方风物传说选》（二），见袁珂《中国神话大词典》，北京：华夏出版社2015年版，第389页。

W0804.5.3.3

吃仙药成仙

实　例

（参见下级母题实例）

W0804.5.3.3.1

吃1粒仙药长生不老，吃2粒可成仙人

实　例

汉族 有个叫无常的人为后羿寻得仙药二粒，吃一粒可以长生不老，吃二粒可成仙人。

【流传】江苏省·常州市郊区

【出处】王福明讲，陆华珍记录：《嫦娥的故事》（1988.05），见姚宝瑄主编《中国各民族神话》（汉族），太原：山西出版传媒集团·书海出版社2014年版，第240～241页。

W0804.5.4

饮酒成仙

【关联】［W0815.3.1.1.1］鸡犬得酒升天

实　例

（参见下级母题实例）

W0804.5.4.1

道士坐酒瓮中，三日方出，须发皆黑，颜如童子，遂成仙

实　例

汉族 王老者村居慕道，有老道士造之，留月余。忽遍身疮疡，谓王老曰：“得酒数斛，浸之即愈。”遂为置酒满瓮。道士坐瓮中，三日方出，须发皆黑，颜如童子。谓王老曰：“能饮此酒，可以仙去。”

【流传】（无考）

【出处】［宋］曾慥：《类说》卷三引《续仙传》。

W0804.5.5

饮升仙水成仙

实　例

（参见下级母题实例）

W0804.5.5.1

升仙水

实　例

（参见下级母题实例）

W0804.5.5.1.1

得饮升仙水可身体香净而升仙

实　例

汉族 西域苟夷国山上有石骆驼，腹下出水。以金铁及手承取，即便对过；唯瓠芦盛之者，则得饮之，令人

身体香净而升仙。

【流传】（无考）

【出处】［南朝·宋］刘敬叔：《异苑》卷二。

W0804. 5. 5. 1. 2

升仙水不能以金铁及手承取

实 例

汉族 （参见“W0804. 5. 5. 1. 1 得饮升仙水可身体香净而升仙”母题实例）

W0804. 5. 5. 1. 3

升仙水只能用瓠芦盛

实 例

汉族 （参见“W0804. 5. 5. 1. 1 得饮升仙水可身体香净而升仙”母题实例）

W0804. 5. 6

食玉成仙

实 例

（参见下级母题实例）

W0804. 5. 6. 1

食玉膏成仙

实 例

（参见下级母题实例）

W0804. 5. 6. 1. 1

食白玉膏成仙

实 例

汉族 此山（少室之山）巅亦有白玉膏，得服之，即得仙道，世人不能上也。

【流传】（无考）

【出处】

（a）［战国至汉］撰者不详：《山海经·中次七经》［晋］郭璞注。

（b）《少室山》，见袁珂《中国神话大词典》，北京：华夏出版社 2015 年版，第 65 页。

汉族 《河图玉版》曰：“少室山，其上有白玉膏，一服即仙矣。”

【流传】（无考）

【出处】

（a）［战国至汉］撰者不详：《山海经·西次三经》［晋］郭璞注。

（b）《玉膏》，见袁珂《中国神话大词典》，北京：华夏出版社 2015 年版，第 94 页。

W0804. 5. 6. 2

食玉浆成仙

实 例

（参见下级母题实例）

W0804. 5. 6. 2. 1

食明星玉女的玉浆成仙

实 例

汉族 太华之山，上有明星玉女，持玉浆，得上服之，即成仙；道险僻不通。

【流传】（无考）

【出处】

(a) ［战国至汉］撰者不详：《山海经·西山经》［晋］郭璞注。

(b)《太华山》，见袁珂《中国神话大词典》，北京：华夏出版社 2015 年版，第 52 页。

W0804.5a

吃多种物成仙

实　例

（参见下级母题实例）

W0804.5a.1

食灵药和人参成仙

实　例

（参见下级母题实例）

W0804.5a.1.1

王母娘娘告诉后羿，服用人参汤煮的灵药可以成仙

实　例

汉族 王母娘娘把令红衣仙女捧出一个光彩夺目的匣儿，取出灵药两粒，人参精一根交给后羿说："回家用人参汤煮熟吞服，可以成仙。"

【流传】豫鄂边（河南省湖北省交界处）一带

【出处】王氏讲，甘心田记录整理：《天狗吞月》，见姚宝瑄主编《中国各民族神话》（汉族），太原：山西出版传媒集团·书海出版社 2014 年版，第 230～232 页。

汉族 因后羿射日有功，王母娘娘令红衣仙女捧出一个光彩夺目的匣儿，取出灵药两粒，人参精一根，嘱咐后羿说："回家用人参汤煮熟吞服，可以成仙。"

【流传】豫、鄂交界处一带·河南省·（南阳市）·桐柏县

【出处】王氏讲，甘心田记录整理：《天狗吞月》，原载马卉欣主编《中国民间故事集成·神话传说》（河南桐柏县卷第一分册），见陶阳、钟秀编《中国神话》（上），北京：商务印书馆 2008 年版，第 269～271 页。

W0804.6

积功德成仙（因功成仙，人做善事成仙）

【关联】［W1444.2.5.5］因有功升天

实　例

（参见下级母题实例）

W0804.6.1

功德圆满就能化为神仙飞上天

实　例

佤族 造物之神告诉"安木拐"（女祖先，人类的圣祖母），如果功德圆满永垂不朽，就能化为神仙飞上天。

【流传】云南省·（普洱市）·西盟佤族自治县、澜沧拉祜族自治县等地

【出处】毕登程、隋嘎编著：《司岗里——佤族创世史诗》，昆明：云南出版集团公司·云南人民出版社 2009 年版，第 23 页。

W0804. 6. 2
降妖除害者被奉为仙

实 例

（参见下级母题实例）

W0804. 6. 2. 1
柯阿汗除妖魔被称为恩都力柯阿汗仙

实 例

鄂伦春族 柯阿汗（英雄名）替鄂伦春人除了老蟒猊（妖魔），人们不忘记柯阿汗的功劳，就称柯阿汗为恩都力柯阿汗仙。

【流传】内蒙古自治区·（呼伦贝尔市）·鄂伦春族自治旗

【出处】

（a）葛德宏讲，隋书金记录整理：《猎人柯阿汗》，见隋书金编《鄂伦春族民间故事选》，上海：上海文艺出版社 1988 年版。

（b）同（a），见姚宝瑄主编《中国各民族神话》（达斡尔族、鄂伦春族、鄂温克族、蒙古族），太原：山西出版传媒集团·书海出版社 2014 年版，第 84 ~90 页。

W0804. 6. 3
救助一定的动物成仙

实 例

（参见下级母题实例）

W0804. 6. 3. 1
牛郎救牛成仙

实 例

汉族 观音菩萨下凡，碰到牛郎，掐指一算，牛郎再救一条牛，玉皇大帝就能封他成仙。

【流传】河南省·（南阳市）·桐柏县

【出处】杨子杰、刘大奶讲，杨主泽采录整理：《牛郎医生》，见张振犁编著，孟宪明、朱淑君统纂《中原神话通鉴》（第三卷），郑州：河南大学出版社 2017 年版，第 842 页。

W0804. 6. 4
因拯救百姓成仙

实 例

（参见下级母题实例）

W0804. 6. 4. 1
后羿因射日成仙

实 例

汉族 神箭手后羿射死了九个太阳，除了大害，普天下老百姓都感激他。于是王母娘娘送给他灵药让他成仙。

【流传】豫鄂边（河南省湖北省交界

处）一带

【出处】王氏讲，甘心田记录整理：《天狗吞月》，见姚宝瑄主编《中国各民族神话》（汉族），太原：山西出版传媒集团·书海出版社 2014 年版，第 230～232 页。

W0804.7

借助特定物成仙

实 例

（参见下级母题实例）

W0804.7.1

骑虎升天成仙

实 例

毛南族（实例待考）

W0804.7.2

乘龙成仙

实 例

（参见下级母题实例）

W0804.7.2.1

尧时有老母得九转丹砂法，乘九色龙而仙

实 例

汉族 尧时有老母，以蓝染为业，后得九转丹砂法，乘九色龙而仙。

【流传】（无考）

【出处】

（a）王烈：《蟠桃记》。

（b）《太姥山》，见袁珂《中国神话大词典》，北京：华夏出版社 2015 年版，第 52 页。

W0804.7.3

乘凤飞升

实 例

（参见下级母题实例）

W0804.7.3.1

蔡女仙乘凤飞升

实 例

汉族 蔡女仙者，襄阳人也。幼而巧慧，善刺绣，邻里称之。忽有老父诣其门，请绣凤、眼，毕功之日，自当指点。既而绣成，五彩光焕。老父观之，指示安眼。俄而功毕，双凤腾跃飞舞。邀父与仙女各乘一凤，升天而去。

【流传】（无考）

【出处】［北宋］李昉、扈蒙、李穆等：《太平广记》卷六二“蔡女仙”条引《仙传拾遗》。

W0804.8

人被封为仙

实 例

（参见下级母题实例）

W0804.8.1

仙人封仙

实 例

（参见下级母题实例）

W0804. 8. 1. 1

放牛郎“三界”被仙人封仙

实 例

毛南族 放牛郎“三界”（人名）爬到一个通天峒的峒口，遇到八个下棋的仙人。仙人分仙桃给他吃，封他为九仙，邀他一起回仙山。

【流传】广西壮族自治区·（河池市）·环江毛南族自治县

【出处】《三界公的故事》，原载毛星：《中国少数民族文学》，湖南人民出版社1983年版；陈平据《中国各民族宗教与神话大词典》改写，见姚宝瑄主编《中国各民族神话》（土家族、毛南族、侗族、瑶族），太原：山西出版传媒集团·书海出版社2014年版，第64页。

W0804. 8. 2

天神封仙

【关联】［W0058. 1. 3. 0］天神封神

实 例

（参见下级母题实例）

W0804. 8. 2. 1

天神更资把4个女的封为四仙

实 例

彝族 天神更资把树生的四个男的封为四神，把四个女的封为四仙，把他们派去掌管宇宙八方。

【流传】云南省·（楚雄彝族自治州）·永仁县

【出处】

（a）曲木阿石等讲，罗有能整理：《更资天神》，见云南省楚雄州文教局、云南省楚雄州民委会编《楚雄民间文学资料》，内部资料，1979年。

（b）同（a），见姚宝瑄主编《中国各民族神话》（羌族、彝族），太原：山西出版传媒集团·书海出版社2014年版，第179页。

W0804. 8. 3

玉皇大帝封仙

实 例

（参见下级母题实例）

W0804. 8. 3. 1

玉皇大帝封人间小伙达伙到天上为仙

实 例

仫佬族 玉皇大帝封达伙（人名）到天上做了磨坊仙子，并把天升高起来，以防避地上的臭气熏天。

【流传】广西壮族自治区·（河池市）·罗城仫佬族地区（罗城仫佬族自治县）

【出处】龙华新讲，龙殿宝搜集整理：《天是怎样升高起来的》，见姚宝瑄主编《中国各民族神话》（仫佬族、壮族、京族），太原：山西出版传媒集团·书海出版社 2014 年版，第 6 页。

W0804.9
到特定地方成仙

实 例

（参见下级母题实例）

W0804.9.1
人死后到十二层天成仙

实 例

布依族 天上的太白星托梦给布杰（布依族祖先之一）说："凡间的老人死了，要想上十二层天去成仙，就要到天上去向天神讨一面铜鼓，天神听到铜鼓声，才晓得凡间死了人，就会差仙人下凡来把死者接引上十二层天去。"

【流传】贵州省·（黔西南布依族苗族自治州）·望谟县、册亨县、安龙县一带

【出处】

（a）韦朝路、覃玉竹讲，汛河搜集整理：《铜鼓的来历》，见贵州省民族事务委员会编《民间文学资料》第四十四集（布依族神话传说故事寓言童话），内部资料，1980 年编印。

（b）同（a），见姚宝瑄主编《中国各民族神话》（布依族、仡佬族、苗族），太原：山西出版传媒集团·书海出版社 2014 年版，第 94～95 页。

W0804.9.2
特定地方洗浴成仙

实 例

（参见下级母题实例）

W0804.9.2.1
乐道好事者在仙谷中洗沐，以求飞仙

实 例

汉族 天门郡有幽山峻谷，谷在上，人有从下经过者，忽然踊林表，状如飞仙，遂绝迹。年中如此甚数，遂名此处为仙谷。有乐道好事者，入此谷中洗沐，以求飞仙，往往得去。

【流传】（无考）

【出处】

（a）［西晋］张华：《博物志·杂说》。

（b）《天门郡仙谷》，见袁珂《中国神话大词典》，北京：华夏出版社 2015 年版，第 58 页。

W0804.10
点化成仙（度人成仙）

实 例

（参见下级母题实例）

W0804.10.1
祖师经点化成仙

实 例

汉族 祖师经点化，过了梳妆台，向

前一迈步，便坠入了万丈深渊，后成仙。

【流传】河南省·（郑州市）·新郑市

【出处】许治业讲，张爱民采录整理：《梳妆台与舍身岩》，见张振犁编著，孟宪明、朱淑君统纂《中原神话通鉴》（第三卷），郑州：河南大学出版社2017年版，第763页。

W0804. 10. 2

成仙者度人成仙

实 例

（参见下级母题实例）

W0804. 10. 2. 1

铁拐得道，度钟离权成仙，权度吕洞宾成仙

实 例

汉族 传言铁拐得道，度钟离权，权度吕洞宾，二人又共度韩湘、曹友，张果、蓝采和、何仙姑则别成道，是为八仙。

【流传】（无考）

【出处】鲁迅：《中国小说史略》之“明之神魔小说（上）”引《四游记》。

W0804. 11

做特定事情成仙

实 例

（参见下级母题实例）

W0804. 11. 1

钻石得仙升天

实 例

（参见下级母题实例）

W0804. 11. 1. 1

傅氏积四十七年，钻尽石穿遂得仙升天

实 例

汉族 傅先生人焦山七年，老君与之木钻，使穿一石，爆五尺，云穿此便当得道。其人昼夜钻之，积四十七年，钻尽石穿，遂得仙升天。

【流传】（无考）

【出处】［宋］不题撰人：《锦绣万花谷前集》卷三〇引《真诰》。

W0804. 11. 2

诵经成仙

实 例

（参见下级母题实例）

W0804. 11. 2. 1

在特定地方诵经成仙

实 例

白族 老年妇人往往活到七八十岁，便把家里的事安顿好，然后向乡里亲邻一一辞别，洗过澡，换上新衣，戴上金玉首饰，带着木鱼、银磬、跪垫，相约结伴，高高兴兴地到苍山马

耳峰山脚去虔诚祈祷、诵经。念到太阳落了山，夜幕降临，晚风呼呼地吹起来，就是飞升成仙的时候到了。诵经的老奶奶一个接一个向西飞去。

【流传】（云南省·大理白族自治州）

【出处】丁炳森整理：《段赤城》（1963），见姚宝瑄主编《中国各民族神话》（白族、拉祜族、景颇族），太原：山西出版传媒集团·书海出版社2014年版，第143～144页。

W0804.12

人修炼成仙（修仙）

【关联】

① ［W0778.5.1.3.2］人间王子修炼成仙后上天成为玉皇大帝

② ［W0778.8.2.1］太上老君选人间修炼的王子上天做了玉皇大帝

③ ［W0790a.1.3.1］人修炼成为观音菩萨

④ ［W0803.7.2.1］蛇修炼成仙

⑤ ［W0803.8.1.1］千年松根变茯苓后修行成仙童

⑥ ［W0827.4.1.1］狐狸修炼成仙

⑦ ［W0827e.1］百仙在仙人洞内修炼

⑧ ［W0954.1.1.1.1.1］太上老君修炼仙丹

实 例

汉族 （参见“W0804.12.3.1 修道成仙”母题实例）

W0804.12.1

通过特定时间的修炼成仙

实 例

（参见下级母题实例）

W0804.12.1.1

修仙要经历几十年

【关联】［W0805.1.2.1］葛仙翁学道数十年，白日登仙

实 例

汉族 （参见“W0805.1.2.1 葛仙翁学道数十年，白日登仙”母题实例）

W0804.12.2

通过特定地点的修炼成仙

实 例

（实例待考）

W0804.12.3

通过修特定内容成仙

实 例

（参见下级母题实例）

W0804.12.3.1

修道成仙

实 例

汉族 苏仙公者，桂阳人也，汉文帝时得道。后有白鹤来止郡城东北楼上。人或挟弹弹之，鹤以爪攫楼板，

似漆书，云：“城郭是，人民非，三百甲子一来归；吾是苏君，弹何为！”至今修道之人，焚香礼于仙公之故第也。

【流传】（无考）

【出处】

（a）［晋］葛洪：《神仙传》卷九。

（b）同（a），见袁珂《中国神话大词典》，北京：华夏出版社2015年版，第2页。

W0804.12.4

通过特定人物指导的修炼成仙

实　例

（实例待考）

W0804.12.5

修仙不成功

实　例

（参见下级母题实例）

W0804.12.5.1

凡念未消修炼不成功

实　例

毛南族 三界（人名）虽随仙人行，然一路惦记牛群，心神不安。仙人见三界凡念未消，乃令其重返人间。

【流传】（无考）

【出处】袁珂改编：《三界公爷》（原名《三界公爷养菜牛》），原载毛星主编《中国少数民族文学》（中册），见袁珂《中国神话大词典》，北京：华夏出版社2015年版，第570页。

W0804.13

与修仙方法有关的其他母题

实　例

（参见下级母题实例）

W0804.13.1

隐居成仙

实　例

（参见下级母题实例）

W0804.13.1.1

庄子隐于抱犊山中得道成仙

实　例

汉族 庄子隐于抱犊山中，后得道成仙。

【流传】（无考）

【出处】《庄子》，见乌丙安主编《中国民间神谱》，沈阳：辽宁人民出版社2007年版，第296页。

W0805

与仙的产生有关的其他母题

实　例

（参见下级母题实例）

W0805.1

仙产生的时间

实　例

（参见下级母题实例）

W0805.1.1

天地未分前生仙子

实 例

彝族 天地未分前，诞生四仙子。

【流传】四川省·凉山地区（凉山彝族自治州）

【出处】冯元蔚译：《勒俄特依》，成都：四川民族出版社1986年版，第9页。

W0805.1.2

人白日成仙

实 例

（参见下级母题实例）

W0805.1.2.1

葛仙翁学道数十年，白日登仙

实 例

汉族 葛仙翁于女儿山凭白桐木几，学道数十年，白日登仙。

【流传】（无考）

【出处】

(a) 鲁迅：《会稽郡故书杂集》辑虞预《会稽典录》卷下“女儿山”条。

(b)《女儿山》，见袁珂《中国神话大词典》，北京：华夏出版社2015年版，第36页。

W0805.1.3

服药后特定时间成仙

实 例

（参见下级母题实例）

W0805.1.3.1

服九丹之人，或三年，或二年，或一年或半年，或百日六十日、三十日、三日，成仙

实 例

汉族 服九丹之人，或三年，或二年，或一年或半年，或百日六十日、三十日、三日，乃有仙官云龙来迎。

【流传】（无考）

【出处】［元］赵道一：《历世真仙体道通鉴后集》卷一“无上元君”条。

W0805.2

成仙的时机

实 例

（参见下级母题实例）

W0805.2.1

成仙的特定时辰

实 例

布依族 （实例待考）

W0805.2.1.1

鸡叫时成仙

实 例

（参见下级母题实例）

W0805. 2. 1. 1. 1

张古和盘古正满一万八千岁时，鸡一叫他俩成仙

实 例

侗族 张古和盘古正满一万八千岁，鸡一叫他俩就要成仙。

【流传】贵州省·（黔东南苗族侗族自治州）·三穗县·款场（款场乡）

【出处】杨引兰讲，周昌武采录：《开天辟地》见中国民间文学集成全国编辑委员会编《中国民间故事集成》（贵州卷），北京：中国 ISBN 中心 2003 年，第 5 页。

W0805. 3

成仙的条件

实 例

（参见下级母题实例）

W0805. 3. 1

只有仙胎才能成仙

实 例

汉族 （实例待考）

W0805. 3. 2

雨中成仙

实 例

（参见下级母题实例）

W0805. 3. 2. 1

大雨时，子英乘鱼升腾而去

实 例

汉族 大雨，子英上其鱼背，升腾而去。

【流传】（无考）

【出处】［西汉］刘向：《列仙传》卷下。

W0805. 4

成仙的方式

实 例

（参见下级母题实例）

W0805. 4. 1

成仙时，凡体留在人间，仙体升上天宫

实 例

汉族 祖师经点化，过了梳妆台，向前一迈步，便坠入了万丈深渊，凡体留在了人间，仙体化为轻烟，随王母升了天宫。

【流传】河南省·（郑州市）·新郑市

【出处】许治业讲，张爱民采录整理：《梳妆台与舍身岩》，见张振犁编著，孟宪明、朱淑君统纂《中原神话通鉴》（第三卷），郑州：河南大学出版社 2017 年版，第 763 页。

W0805.5
成仙的地点

实 例

（参见下级母题实例）

W0805.5.1
到山中成仙

实 例

（参见下级母题实例）

W0805.5.1.1
麻姑逃入山中得仙

【关联】［W0806.0.2.3］女仙麻姑

实 例

汉族 （参见“W0806.0.2.3.3 麻姑是麻秋之女”母题实例）

W0805.5.1.2
茅盈的曾祖父在华山得道成仙

实 例

汉族 茅盈的曾祖父在华山得道成仙，乘龙而去。

【流传】（无考）

【出处】［西汉］司马迁：《史记·秦始皇本纪》集解引《太原真人茅盈内纪》。

W0805.6
选仙场

实 例

（参见下级母题实例）

W0805.6.1
南山选仙场在峭崖之下

实 例

汉族 南山中有选仙场，在峭崖之下，其绝顶有洞穴，相传为神仙之窟宅。每年中元日，拔一人上升。至曰有五色祥云自洞门降下，众推道德最高者乘之上升。次年有道高者获选，忽中表问有一比丘怀雄黄一斤来赠之，云道中最重此药。道者遂怀之以升。后旬余，众觉山岩臭秽，有猎人自岩旁攀援造其洞，始见有大蟒蛇腐烂其间。盖五色云者，蟒所吐毒气以吸无知道士充其腹也。

【流传】（无考）

【出处】《选仙场》，见袁珂《中国神话大词典》，引《旧小说·丙集·玉堂闲话》“选仙场”条北京：华夏出版社2015年版，第266页。

W0806
仙的体征

【汤普森】F232

实 例

（参见下级母题实例）

W0806.0
仙的性别

实 例

（参见下级母题实例）

W0806. 0. 1

男仙

实 例

（参见下级母题实例）

W0806. 0. 1. 1

和尚即男仙（和尚修仙为神仙）

实 例

苗族 最初古时期，天地间什么都没有。只生出些和尚（苗族认为和尚是修仙者，“和尚”即“神仙”）们，他们一批老公公，连续不断跟着生。

【流传】 原文无流传地，据文本及注释推测该神话流传于贵州省·黔东南苗族侗族自治州·凯里市、台江县等地。

【出处】 张启庭、张荣光、张正玉、张启德演唱，张明搜集，燕宝整理译注：《创造宇宙·开天辟地》，见贵州省少数民族古籍整理出版规划小组办公室编，燕宝整理译注《苗族古歌》，贵阳：贵州民族出版社 1993 年版，第 5 页。

W0806. 0. 2

女仙

【关联】［W0826］仙女

实 例

（参见下级母题实例）

W0806. 0. 2. 1

放荡不羁的女仙

实 例

土家族 土王的女儿地仙，不但每天游手好闲，还赤身裸体钻进山野岩洞里玩耍。

【流传】（无考）

【出处】《土王的公主》，见姚宝瑄主编《中国各民族神话》（土家族、毛南族、侗族、瑶族），太原：山西出版传媒集团·书海出版社 2014 年版，第 27 页。

W0806. 0. 2. 2

女仙河北王母

实 例

汉族 女仙河北王母，盖有道者，莫知其年纪，惟见重白和一人。和字仲理，魏朝仙人也。和每拜王母，常坐而止之。语诸人言：阿和是吾邻家儿，吾少所长者。晋武之末，和别去，云：“被昆仑召。”遂去，不知所之。惠帝元康二年，相识人见和在华阴山中，乘虎从王母，四五人颜色更少。

【流传】（无考）

【出处】［元］赵道一：《历世真仙体道通鉴后集》卷二“河北王母”条。

W0806.0.2.3

女仙麻姑（麻姑）

【关联】［W0805.5.1.1］麻姑逃入山中竟得仙

实 例

（参见下级母题实例）

W0806.0.2.3.1

麻姑是王方平之妹

实 例

汉族 麻姑乃王方平之妹，修道得仙，年可十八许，于顶中作髻，余发散垂至腰。其衣有文章，光彩耀日，世所无有也按道书云：老君历观无极世界，三灾九厄，十芒八难，示以禳除之法。中有遣北方黑骑、天官兵马、仓老麻姑、五亿万骑等语。

【流传】（无考）

【出处】［元］赵道一：《历世真仙体道通鉴后集》卷二“麻姑”条。

W0806.0.2.3.2

仓老麻姑

实 例

汉族 （参见“W0806.0.2.3.1 麻姑是王方平之妹”母题实例）

W0806.0.2.3.3

麻姑是麻秋之女

实 例

汉族 麻姑，麻秋之女也。秋为人猛悍，筑城严酷，督责工人，昼夜不止，惟鸡鸣乃息。姑有息民之心，假作鸡鸣，群鸡相效而啼，众工役得以少息。父知，欲抵之，麻姑逃入山中，竟得仙而去。

【流传】（无考）

【出处】［清］褚人获：《坚瓠秘集》卷三引《一统志》。

W0806.0.2.3.4

神仙麻姑降东阳蔡径家，手爪长4寸

实 例

汉族 神仙麻姑降东阳蔡径家，手爪长四寸。

【流传】（无考）

【出处】鲁迅：《古小说钩沉》辑《列异传》。

W0806.0.2.3.5

麻姑献寿

【关联】［W0475.3.2］寿神麻姑

实 例

（参见下级母题实例）

W0806.0.2.3.5.1

麻姑为王母娘娘祝寿礼献美酒

实 例

汉族 每年三月初三王母娘娘寿诞之时，麻姑都用灵芝酿制美酒，作为寿

礼献给王母娘娘。

【流传】（无考）

【出处】《麻姑》，见乌丙安主编《中国民间神谱》，沈阳：辽宁人民出版社2007年版，第155页。

W0806. 0. 2. 3. 6
麻姑青春永驻

实 例

汉族 麻姑修道期间曾三次亲见东海变成桑田，蓬莱之水比过去下降一半，而其外貌仍然停留在十八九岁模样。

【流传】（无考）

【出处】《麻姑》，见乌丙安主编《中国民间神谱》，沈阳：辽宁人民出版社2007年版，第155页。

W0806. 0. 2. 4
女仙王子登

实 例

（参见下级母题实例）

W0806. 0. 2. 4. 1
玉女王子登是王母身边的女仙

实 例

汉族 帝闲居承华殿，忽见一女子，著青衣，美丽非常。帝愕然，问之，女对曰："我镛宫玉女王子登也，乃为王母所使，从昆仑山来。"

【流传】（无考）

【出处】［明清］托名汉班固或晋葛洪：《汉武帝内传》。

W0806. 0. 2. 5
女仙上元夫人

实 例

（参见下级母题实例）

W0806. 0. 2. 5. 1
上元夫人是三天上元之官

实 例

汉族 上元夫人是三天上元之官，统领十万玉女名箓者也。

【流传】（无考）

【出处】［明清］托名汉班固或晋葛洪：《汉武帝内传》。

W0806. 0. 2. 5. 2
上元夫人统领十万玉女

实 例

汉族 （参见"W0806. 0. 2. 5. 1 上元夫人是三天上元之官"母题实例）

W0806. 0. 2. 5. 3
上元夫人嵯峨三角髻，余发散垂腰

实 例

汉族 上元谁夫人？偏得王母娇；嵯峨三角髻，余发散垂腰。

【流传】（无考）

【出处】［唐］李白：《上元夫人》。

W0806.1

仙的外貌

【汤普森】F230

实 例

（参见下级母题实例）

W0806.1.1

仙有动物的外形

【汤普森】F234.1

实 例

（实例待考）

W0806.1.2

仙子是年轻女子的模样

【汤普森】F234.2.5

【关联】

实 例

土家族 （实例待考）

W0806.1.3

仙子鸟形

【汤普森】F234.1.15

实 例

（实例待考）

W0806.1.4

仙的外貌丑陋（貌丑的仙）

实 例

（参见下级母题实例）

W0806.1.4.1

仙人马自然貌丑，齇鼻、秃鬓、大口，饮酒石余，醉眠，即以拳人口

实 例

汉族 仙人马自然貌丑，齇鼻、秃鬓、大口，饮酒石余，醉眠，即以拳人口。

【流传】（无考）

【出处】［清］俞樾：《茶香室续钞》卷十八引［五代］于逖《闻奇录》。

W0806a

仙的性情

实 例

（参见下级母题实例）

W0806a.1

仙癫狂

实 例

（实例待考）

W0806a.2

仙嗜睡

实 例

汉族 张果老这个人瞌睡特别多，随时都在屋里睡大觉。

【流传】四川省·巴县（重庆·巴南区）·走马乡·工农村

【出处】魏显德讲，严小华记录，李子

硕整理：《月亮和云是哪个生的》，见姚宝瑄主编《中国各民族神话》（汉族），太原：山西出版传媒集团·书海出版社2014年版，第210~212页。

W0806a. 2. 1

睡仙

实 例

（参见下级母题实例）

W0806a. 2. 1. 1

睡仙陈抟

实 例

汉族 陈抟，字图南，号扶摇子，又称“白云先生”“希夷先生”，俗称其为“睡仙”。

【流传】（无考）

【出处】《陈抟》，见乌丙安主编《中国民间神谱》，沈阳：辽宁人民出版社2007年版，第294页。

W0806a. 2. 2

仙人一觉千百年

实 例

（参见下级母题实例）

W0806a. 2. 2. 1

张果老小睡8百年，大睡1千年

实 例

汉族 张果老的瞌睡硬是大，他小睡到八百年，大睡要一千年。

【流传】四川省·巴县（重庆·巴南区）·走马乡·工农村

【出处】魏显德讲，严小华记录，李子硕整理：《月亮和云是哪个生的》，见姚宝瑄主编《中国各民族神话》（汉族），太原：山西出版传媒集团·书海出版社2014年版，第210~212页。

W0806a. 2. 2. 1. 1

张果老在娑罗树下小睡8百年，大睡1千年

实 例

汉族 张果老在娑罗树下瞌睡起来。他小睡到八百年，大睡要一千年。

【流传】四川省·巴县（重庆·巴南区）·走马乡·工农村

【出处】魏显德讲，严小华记录，李子硕整理：《月亮和云是哪个生的》，见姚宝瑄主编《中国各民族神话》（汉族），太原：山西出版传媒集团·书海出版社2014年版，第210~212页。

W0806a. 2. 2. 2

灰牛大仙每三万六千年要休息1千年

实 例

汉族 灰牛大仙每过三万六千年要休息一千年。

【流传】（无考）

【出处】

（a）孙长生讲，钟伟今搜集整理：《白龙和灰牛》，载《民间文学》1980年

5期。

(b) 孙长生讲，钟伟今搜集整理：《天虫》，见姚宝瑄主编《中国各民族神话》(汉族)，太原：山西出版传媒集团·书海出版社2014年版，第352~356页。

W0806a.3

仙悠闲

实 例

(参见下级母题实例)

W0806a.3.1

仙人整日无事可做

实 例

汉族 (参见“W0812.2.2 仙人住在月亮上”母题实例)

W0806a.4

仙爱娱乐

实 例

(参见下级母题实例)

W0806a.4.1

仙人下棋

实 例

汉族 五华顶右壁下有个山洞，洞中灰鳖、黄鳖、道姑三位仙人围着一方石桌论道下棋。

【流传】 江苏省·(徐州市)·新沂市

【出处】 胡凯讲，胡凯整理：《二郎扁担》(1987.12.27)，见姚宝瑄主编《中国各民族神话》(汉族)，太原：山西出版传媒集团·书海出版社2014年版，第117~119页。

W0806a.5

仙爱饮酒

实 例

(参见下级母题实例)

W0806a.5.1

仙人在月亮上饮酒

实 例

汉族 (参见“W0812.2.2 仙人住在月亮上”母题实例)

W0807

与仙的特征有关的其他母题(仙的其他特征)

【汤普森】 ①F250；②F259

实 例

(参见下级母题实例)

W0807.1

仙有凡人特征

【汤普森】 F254

实 例

土家族 土王的女儿地仙每天游手好闲，还赤身裸体钻进山野岩洞里玩耍。

【流传】 (无考)

【出处】《土王的公主》，见姚宝瑄主编《中国各民族神话》（土家族、毛南族、侗族、瑶族），太原：山西出版传媒集团·书海出版社 2014 年版，第 27 页。

W0807. 2

仙的缺陷

【汤普森】F255

实 例

（实例待考）

※ W0808

仙的生活（仙人的生活）

实 例

（参见下级母题实例）

W0809

仙的行为（仙人的行为）

【汤普森】F260

实 例

（参见下级母题实例）

W0809. 1

仙能让人变形

实 例

（参见下级母题实例）

W0809. 1. 1

仙用特定手段让人变形

实 例

（参见下级母题实例）

W0809. 1. 1. 1

仙用仙火把人变成岩石

实 例

布依族 后生达若与仙女成家生子。三仙妹的爹盛怒掷出天火，将达若、三仙妹和孩子变为三座岩峰。

【流传】贵州省·（黔南布依族苗族自治州）·都匀县（都匀市）·新城区

【出处】杨泽英讲，祖岱年搜集整理：《天池仙女》，见贵州省社会科学院文学研究所等编《布依族民间故事》，贵阳：贵州人民出版社 1982 年版，第 247～250 页。

W0809. 1. 2

仙人下棋

实 例

毛南族 放牛郎“三界”（人名）爬到一个通天峒的峒口，见峒里银光闪耀，有八个仙人在双双下棋，正下得入迷。

【流传】（广西壮族自治区·河池市）·环江毛南族自治县）

【出处】《三界公的故事》，原载毛星：《中国少数民族文学》，湖南人民出版社 1983 年版；陈平据《中国各民族宗教与神话大词典》改写，见姚宝瑄主编《中国各民族神话》（土家族、毛南族、侗族、瑶族），太原：山西出版传媒集团·书海出版社 2014 年版，第 64 页。

W0809.1.3

神仙故作邋遢相

实 例

汉族 宋时，杭城以腊月祀万回哥哥，其像蓬头笑面，身著绿衣，左手擎鼓，右手执棒，云是和合之神，祀之可使人万里外亦能回来，故曰万回。今其祀绝矣。

【流传】（无考）

【出处】［明］田汝成：《西湖游览志馀》卷二三。

W0809.1.4

仙人炼药

实 例

汉族 仙人告诉黄帝，用松脂炼药丸可治病。松树越老，树脂越少，树脂越少，药效越好。

【流传】河南省·（郑州市）·新郑市

【出处】张永林采录整理：《黄帝的长寿秘方》，见张振犁编著，孟宪明、朱淑君统纂《中原神话通鉴》（第二卷），郑州：河南大学出版社 2017 年版，第 641～642 页。

W0809.1.5

仙人耕作

实 例

（参见下级母题实例）

W0809.1.5.1

仙人种灵芝

【关联】［W3820］灵芝

实 例

汉族 方丈洲，仙家数十万，耕田种芝草，课计顷亩，如种稻状。

【流传】（无考）

【出处】

（a）［西汉］东方朔撰：《海内十洲记》。

（b）《方丈》，见袁珂《中国神话大词典》，北京：华夏出版社 2015 年版，第 79 页。

W0810

仙的服饰（仙人的服饰）

【汤普森】F236

【关联】［W0970.8.4.1］神仙的服饰

实 例

（参见下级母题实例）

W0810.1

不同的仙人衣服不同

实 例

（参见下级母题实例）

W0810.1.1

仙人衣服颜色各异

实 例

汉族 周夷王时，南海有五仙人衣各

一色。

【流传】（无考）

【出处】

(a)［清］屈大均：《广东新语》卷五。

(b)《五羊石》，见袁珂《中国神话大词典》，北京：华夏出版社 2015 年版，第 59～60 页。

W0810.2
仙人服饰超俗

实　例

（参见下级母题实例）

W0810.2.1
仙人衣裳华丽

实　例

（参见下级母题实例）

W0810.2.1.1
女仙杜兰香黄麟羽被

实　例

汉族 湘江渔父于洞庭之岸得三岁女子，怜之，养十余岁，天姿奇伟非常。忽有青童自空而降，携女升天。女谓其父曰："我女仙杜兰香也。"是时不还家，其后于洞庭忽出降张硕家。硕乃修道之士，兰香初降时，授玉简、玉唾盂、红火浣布，以为登真之信。又一夕，命侍女资黄麟羽被之服以授于硕，曰："此上仙之服也。"

【流传】（无考）

【出处】［元］赵道一：《历世真仙体道通鉴后集》卷二"杜兰香"条。

W0810.3
特定仙人的服饰

实　例

（参见下级母题实例）

W0810.3.1
仙人斯阿尼比惹耳坠大黄珊瑚珠子，身穿绣满花纹的短褂，下穿天蓝色大脚裤

实　例

彝族 仙人斯阿尼比惹耳坠大黄珊瑚珠子，身穿绣满花纹的短褂，下穿天蓝色大脚裤。

【流传】四川省·凉山彝族自治州·越西县

【出处】

(a) 阿都木苏讲，康继明整理：《阿衣措拔》，载《山茶》1986 年第 3 期。

(b) 同 (a)，见姚宝瑄主编《中国各民族神话》（羌族、彝族），太原：山西出版传媒集团·书海出版社 2014 年版，第 327 页。

W0810.3.2
特定仙人衣着随意

实　例

（参见下级母题实例）

W0810.3.2.1
扶桑大仙上身光着，下身围着一块破兽皮

实 例

汉族 扶桑山洞里坐着两个白胡子老头（扶桑大仙），上身光着，下身围着一块破兽皮。

【流传】 山东省·（青岛市）·崂山（崂山区）

【出处】 宋宗科讲，徐其仁搜集整理：《西荫氏找桑蚕》，原载青岛市艺术馆、崂山县文化馆编《崂山民间故事集》第3集，见陶阳、钟秀编《中国神话》（下），北京：商务印书馆2008年版，第1212～1215页。

W0810.4
仙衣

实 例

（参见下级母题实例）

W0810.4.1
仙衣无缝线痕

实 例

汉族 冯三界者，尝往北山采香，遇八仙对弈，分得仙衣一袭，无缝线痕。

【流传】（无考）

【出处】

（a）［清］陈梦雷原编，蒋廷锡重编：《古今图书集成·职方典》卷一四四引《浔州府志》。

（b）引自同（a），见袁珂《中国神话大词典》，北京：华夏出版社2015年版，第112页。

W0811
仙的饮食（仙的食物，仙人的食物）

【汤普森】 F243

实 例

（参见下级母题实例）

W0811.1
仙人食玉

实 例

（参见下级母题实例）

W0811.1.1
仙食蓬莱山上的细石

实 例

汉族 蓬莱山上有细石如金玉，仙者服之。

【流传】（无考）

【出处】《蓬莱山》，见［晋］王嘉撰，［梁］萧绮录，齐治平校注《拾遗记》卷一，北京：中华书局1981年版，第223页。

W0811.2
仙以土为食

实 例

（参见下级母题实例）

W0811.2.1

神仙洞的土是天仙王生产的食物

实 例

门巴族 神仙洞的土，是天仙王生产的粮食、青稞酒和酥油茶。

【流传】西藏自治区

【出处】肖龙辉搜集整理：《多雄拉山的传说》，见《门巴族民间故事》：http://www.tibet－web.com/old/minjian/ync/gushi/mulu.htm，2003.10.02。

W0811.3

仙不食烟火

实 例

回族 （实例待考）

怒族 有个仙人不吃、不老、不死。

【流传】（云南省）

【出处】

(a)《天地来源》(1958)，见中国作家协会昆明分会民间文学工作部编《云南民族文学资料》第十九集，中国作家协会编印，1963年。

(b)《仙人造天地》(1958)，见姚宝瑄主编《中国各民族神话》（门巴族、珞巴族、怒族、藏族），太原：山西出版传媒集团·书海出版社2014年版，第54页。

彝族 （实例待考）

W0811.4

仙人吃仙桃

实 例

毛南族 直到日落西山，仙人们对弈结束，分吃仙桃作晚餐。

【流传】（广西壮族自治区·河池市）·环江毛南族自治县

【出处】《三界公的故事》，原载毛星：《中国少数民族文学》，湖南人民出版社1983年版；陈平据《中国各民族宗教与神话大词典》改写，见姚宝瑄主编《中国各民族神话》（土家族、毛南族、侗族、瑶族），太原：山西出版传媒集团·书海出版社2014年版，第64页。

W0811.5

仙人食扶桑

实 例

汉族 扶桑在碧海之中，地方万里，上有太帝宫，太真东王父所治处。地多林木，叶皆如桑。又有椹树，长数千丈，大二千余围。树两两同根偶生，更相依倚，是以名为扶桑。仙人食其椹，一体皆作金光色，飞翔空立。

【流传】（无考）

【出处】［汉末魏晋］托名东方朔：《十洲记》。

W0811.6

仙人吃特定动物的肉

实 例

（参见下级母题实例）

W0811.6.1

希有喙赤，仙人甘之

实 例

汉族 希有喙赤，目黄如金，其肉苦咸，仙人甘之。

【流传】（无考）

【出处】［北宋］李昉、李穆、徐铉等：《太平御览》卷九二七引《神异经》。

W0811.7

仙食云母

实 例

（参见下级母题实例）

W0811.7.1

何仙姑食云母

实 例

汉族 广州会仙观记云：何仙姑居此食云母，唐中宗景龙中白日升仙。至玄宗天宝九载，都虚观会乡人斋，有五色云起于麻姑坛，众皆见之。有仙子缥缈而出，道士蔡天一识其为何仙姑也。

【流传】（无考）

【出处】［元］赵道一：《历世真仙体道通鉴后集》卷二“何仙姑”条。

W0812

仙的居所（仙人的居所）

【汤普森】 F220

实 例

（参见下级母题实例）

W0812.1

仙人住在天堂

实 例

回族 仙人们住在天堂上。

【流传】 青海省·黄南州（黄南藏族自治州）·同仁县··隆务镇·民主街

【出处】 周尚杰（保安族，该文本注明他讲的是回族神话）讲，赵清阳采录：《阿丹的诞生》，见中国民间文学集成全国编辑委员会编《中国民间故事集成》（青海卷），北京：中国 ISBN 中心 2007 年版，第 11 页。

W0812.2

仙人住在天上

实 例

鄂温克族 （实例待考）

满族 （参见“W0826.4.3.1.1 天上住着 3 个美貌仙女”母题实例）

柯尔克孜族 （实例待考）

毛南族 （实例待考）

W0812.2.1

盘古王把仙人送到天上居住

实 例

布依族 古时候，传说天仙、凡人和龙都住在一个地方。盘古王一板斧劈开茫茫白雾，把仙人统统送上天庭，叫他们管好雷霹，不许乱吼乱叫。

【流传】贵州省·（黔南布依族苗族自治州）平塘县、罗甸县、惠水县三县交界地区

【出处】杨兴荣、杨再良讲，杨路塔记录整理：《日、月、星》，见姚宝瑄主编《中国各民族神话》（布依族、仡佬族、苗族），太原：山西出版传媒集团·书海出版社2014年版，第76页。

布依族 盘古王举起手中的大板斧，猛劈三下，其中一斧劈开茫茫白雾，把仙人统统送上天庭。

【流传】贵州省·（黔南布依族苗族自治州）·平塘（平塘县）、罗甸（罗甸县）、惠水（惠水县）三县交界地区

【出处】杨兴荣、杨再良讲，杨路塔搜集整理：《日、月、星》，载《山茶》1987年第2期。

W0812.2.2

仙人住在月亮上

实 例

汉族 月亮里住的一些仙人，整日无事可做。他们下棋，喝酒，唱歌，逍遥自在。

【流传】江苏省·（苏州市）·吴江县

【出处】陆阿妹讲，王瑞林、石敏记录：《吴刚与月中桂》（1983.07.30），见姚宝瑄主编《中国各民族神话》（汉族），太原：山西出版传媒集团·书海出版社2014年版，第273~274页。

W0812.3

仙的房屋

【汤普森】F221

实 例

（实例待考）

W0812.4

仙的城堡

【汤普森】F222

实 例

（参见下级母题实例）

W0812.4.1

仙宫

实 例

（参见下级母题实例）

W0812.4.1.1

百花仙宫

实 例

汉族 王母娘娘派九女到百花仙宫一看：宫门紧闭，不见百花仙子。

【流传】河南省·（信阳市）·息县

【出处】邵志怡（男，69岁，市民，清末秀才）讲，曹金铸采录整理：《香稻丸》（1962），见张振犁编著，孟宪明、朱淑君统纂《中原神话通鉴》（第三卷），郑州：河南大学出版社2017年版，第759页。

W0812.4.1.2

玄洲有太玄仙官宫室

实 例

汉族 玄洲，在北海之中，戌亥之地，方七千二百里，去两岸三十六万里，上有大玄都，对天西北门，上多太玄仙官宫室，宫室各异，饶金芝玉带，乃是三天君下治之处，甚肃肃也。

【流传】（无考）

【出处】

（a）［西汉］东方朔：《十洲记》（《海内十洲记》）。

（b）《玄洲》，见袁珂《中国神话大词典》，北京：华夏出版社2015年版，第114页。

W0812.5

仙人居山上

实 例

（参见下级母题实例）

W0812.5.1

仙住昆仑山

实 例

（参见下级母题实例）

W0812.5.1.1

群仙居昆仑山第九层

实 例

汉族 群仙在昆仑山第九层上耕作。

【流传】（无考）

【出处】《昆仑山》，见［东晋］王嘉撰，［梁］萧绮录，齐治平校注《拾遗记》卷一，北京：中华书局1981年版，第221页。

W0812.5.2

仙住在小山上

【汤普森】F214

实 例

（实例待考）

W0812.5.3

仙人居神山

实 例

汉族 齐人徐市等上书，言海中有三神山，名曰蓬莱、方丈、瀛洲，仙人居之。

【流传】（无考）

【出处】

（a）［西汉］司马迁：《史记·秦始皇本纪》。

（b）《三神山》，见袁珂《中国神话大词典》，北京：华夏出版社2015年版，第17页。

汉族 岱舆、员峤、方壶、瀛洲、蓬莱为五神山。所居之人皆仙圣之种，一日一夕飞相往来者不可数焉。

【流传】（无考）

【出处】

（a）［战国］列御寇：《列子·汤问》。

（b）《五神山》，见袁珂《中国神话大词典》，北京：华夏出版社 2015 年版，第 61 页。

W0812.5.4 仙人居龙山

实 例

汉族 易县（今属河北省）西南三十里，有龙山，石上往往有仙人及龙迹。

【流传】（无考）

【出处】

（a）［北宋］李昉、李穆、徐铉等：《太平御览》卷四五引《隋图经》。

（b）《龙山》，见袁珂《中国神话大词典》，北京：华夏出版社 2015 年版，第 95 页。

W0812.5.5 仙人居高山

实 例

（参见下级母题实例）

W0812.5.5.1 仙人居百丈山仙洞

实 例

汉族 尧时洪水，此山（百丈山）潜而不没，其高在水面犹百丈。上有王仙洞，昔仙人王太伯尝居之。里人有见洞口曝盐数十袋者，即之，不复见，始信为神仙窟宅。山下两石相峙，名秦皇石，又名双峰。

【流传】（无考）

【出处】

（a）［明］陈仁锡：《潜确类书》卷二十引《吴兴地志》。

（b）《百丈山》，见袁珂《中国神话大词典》，北京：华夏出版社 2015 年版，第 121 页。

W0812.6 仙人居岛上

实 例

（参见下级母题实例）

W0812.6.1 仙人居沧海岛

实 例

（参见下级母题实例）

W0812.6.1.1 仙人所居沧海岛在北海中，地方三千里，去岸二十一万里

实 例

汉族 沧海岛在北海中，地方三千里，去岸二十一万里，海四面绕岛，

各广二千里，水皆苍色，仙人谓之沧海也。岛上俱是大山，积石至多，石象八石，石脑、石桂、英流丹黄子、石胆之辈百余种，皆生于岛石，服之神仙长生。岛中有紫石宫室，九老仙都所治，仙官数万人居焉。

【流传】（无考）

【出处】

（a）［西汉］东方朔：《十洲记》（《海内十洲记》）。

（b）《沧海岛》，见袁珂《中国神话大词典》，北京：华夏出版社 2015 年版，第 174 页。

W0812.7

仙住在空中（天上）

【汤普森】F215.1

【关联】［W098］神住天上

实 例

鄂温克族（实例待考）

柯尔克孜族（实例待考）

W0812.8

仙住在森林

【汤普森】F216

实 例

（实例待考）

W0812.9

仙住洞中

实 例

汉族 巨石潜山怪，深篁隐洞仙。

【流传】（无考）

【出处】［唐］宋之问：《下桂江龙目滩》。

汉族 绣佛传灯珠错落，洞仙争奕漏深沉。

【流传】（无考）

【出处】［清］吴伟业：《橘灯》。

W0812.9.1

仙住特定的岩洞

实 例

（参见下级母题实例）

W0812.9.1.1

天仙王住多雄拉山的大洞穴中

实 例

门巴族 多雄拉山上的一个大洞穴，是天仙王居住的地方。

【流传】西藏自治区

【出处】肖龙辉搜集整理：《多雄拉山的传说》，见《门巴族民间故事》：http://www.tibet - web.com/old/minjian/ync/gushi/mulu.htm，2003.10.02。

W0812.10

仙住水中

实 例

哈萨克族（实例待考）

汉族 白鹭双飞导我前，自疑身是水中仙。

【流传】（无考）

【出处】［宋］陆游：《泛湖》。

W0812. 11

与仙的居住所有关的其他母题

【关联】

① ［W0970. 8. 4. 3］ 神仙的居所

② ［W1074. 9］ 仙界

③ ［W1265. 6. 7］ 仙岛

④ ［W1852. 6. 107. 2］ 蓬莱山是仙人居所

实 例

（参见下级母题实例）

W0812. 11. 1

三清是最高仙界

实 例

（参见下级母题实例）

W0812. 11. 1. 1

三清

实 例

（参见下级母题实例）

W0812. 11. 1. 1. 1

三清即玉清、上清、太清

实 例

汉族 三清者，玉清、上清、太清也。

【流传】（无考）

【出处】《太上苍元上录经》。

W0812. 11. 1. 1. 1. 1

第 33 重天太清天，第 34 重天上清天，第 35 重天玉清天

实 例

汉族 第三十三重天是太清天，第三十四重天是上清天，第三十五重天为玉清天，为道教神仙居住的最高仙界。

【流传】（无考）

【出处】《三清》，见乌丙安主编《中国民间神谱》，沈阳：辽宁人民出版社 2007 年版，第 245 页。

W0812. 11. 1. 1. 2

三清即太清、乙清、上清

实 例

彝族（撒尼）（道教） “三清”即太清、乙清、上清。

【流传】云南省·昆明（昆明市）·官渡区

【出处】邓立木、赵永勤：《官渡区阿拉乡彝族宗教调查》，见吕大吉、何耀华总主编《中国各民族原始宗教资料集成》（彝族卷、白族卷、基诺族卷），北京：中国社会科学出版社 1996 年版，第 126 页。

W0812.11.2

三清天

实 例

（参见下级母题实例）

W0812.11.2.1

大罗生玄元始三燕化为三清天

实 例

汉族 三天最上号日大罗，是道境极地，妙气本一，唯此大罗生玄元始三燕，化为三清天也。一日清微天玉清境，始气所成；二日禹余天上清境，元气所成；三日大赤天太清境，玄气所成。

【流传】（无考）

【出处】［东晋或南北朝］撰者不详：《太真科》。

W0812.11.2.2

三清天一日清微天玉清境，二日禹余天上清境，三日大赤天太清境

实 例

汉族 （参见“W0812.11.2.1 大罗生玄元始三燕化为三清天”母题实例）

W0813

仙的出行（仙人的出行）

实 例

（参见下级母题实例）

W0813.1

仙人行天

【汤普森】F282

实 例

（实例待考）

W0813.2

仙人造访人间

【汤普森】F393

【关联】

实 例

汉族 （实例待考）

W0813.3

仙的出行工具

【汤普森】F242

【关联】

实 例

京族 （实例待考）

W0813.3.1

仙驾云出行

实 例

汉族 仙女靠裙子起风驾云出行。

【流传】河南省·（南阳市）·桐柏县

【出处】黄发美讲，黄正明记录，薛远增整理：《牵牛星和织女星》，原载马卉欣主编：《中国民间故事集成》（河南桐柏县卷第一分册），见陶阳、钟

秀编《中国神话》（上），北京：商务印书馆 2008 年版，第 232 ~ 235 页。

W0813. 3. 2

仙骑动物出行

实 例

（参见下级母题实例）

W0813. 3. 2. 1

仙人骑羊

实 例

汉族 周夷王时，南海有五仙人衣各一色，所骑羊亦各一色，来集楚庭。

【流传】（无考）

【出处】

（a）［清］屈大均：《广东新语》卷五。

（b）《五羊石》，见袁珂《中国神话大词典》，北京：华夏出版社 2015 年版，第 59 ~ 60 页。

W0813. 3. 3

仙人乘龙

实 例

（参见下级母题实例）

W0813. 3. 3. 1

仙人乘龙升天

实 例

（参见下级母题实例）

W0813. 3. 3. 1. 1

仙人萧史乘龙升天

实 例

汉族 萧史，不知得道年代，貌如二十许人。弄玉乘凤、萧史乘龙，升天而去。

【流传】（无考）

【出处】［北宋］李昉、扈蒙、李穆等：《太平广记》卷四引《神仙传拾遗》。

W0813. 4

仙人下凡

实 例

（参见下级母题实例）

W0813. 4. 1

仙人下凡在光中从天而降

实 例

京族 仙人下凡在光中从天而降。

【流传】 广西壮族自治区・防城（防城港市）・（东兴市・江平镇）・京族三岛（万尾、巫头、山心三岛）

【出处】 陈琦芳整理：《三岛的来历》，见中华民族故事大系编委会编《中华民族故事大系》第 15 卷（德昂族、保安族、裕固族、京族、塔塔尔族、独龙族、鄂伦春族），上海：上海文艺出版社 1995 年版，第 319 页。

W0813.5

与仙的出行有关的其他母题

【关联】［W1074.9.5］仙带人去仙界

实 例

（实例待考）

W0814

仙的所有物

【汤普森】F240

实 例

（实例待考）

W0814.1

仙的珠宝

【汤普森】F244

【关联】［W9686］宝珠

实 例

（实例待考）

❊W0815

仙的身份（仙人的身份，仙的职能）

【关联】［W0970.8.2］神仙的特征（神仙的职能，神仙的能力）

实 例

（参见下级母题实例）

W0815.0

仙是神

【汤普森】F251.1.2

实 例

（实例待考）

W0815.1

仙人是先知

【关联】［W0970.8.2.3］神仙预知一切事情

实 例

藏族 仙人系先知。

【流传】（无考）

【出处】王尧、陈践：《吐蕃的占卜研究》，原载四川民族出版社1989年版《敦煌吐蕃文书论文集》，见吕大吉、何耀华总主编《中国各民族原始宗教资料集成》（鄂伦春族卷、鄂温克族卷、赫哲族卷、达斡尔族卷、锡伯族卷、满族卷、蒙古族卷、藏族卷），北京：中国社会科学出版社1999年版，第899页。

W0815.1.1

仙能洞察人的思想

【汤普森】F256

实 例

（实例待考）

W0815.2

仙人是指点迷津者

实 例

汉族 （实例待考）

W0815. 2. 1
仙人为人排忧解难

实 例

汉族 （实例待考）

W0815. 3
仙人为身边事物带来恩泽

实 例

（参见下级母题实例）

W0815. 3. 1
仙人能使鸡犬升天

实 例

汉族 淮南王刘安坐反而死，天下并闻，当时并见，儒书尚有言其得道仙去，鸡犬升天者。

【流传】（无考）

【出处】［东汉］王充：《论衡·道虚》。

汉族 招会天下有道之人，倾一国之尊，下道术之士，是以道术之士并会淮南，奇方异术，莫不争出。王遂得道，举家升天，畜产皆仙，犬吠于天上，鸡鸣于云中。

【流传】（无考）

【出处】［东汉］王充：《论衡·道虚》。

汉族 八公（八个仙人）涂药在器，鸡犬舐之者，俱得上升。

【流传】（无考）

【出处】

(a) ［北魏］郦道元：《水经注·淝水》。

(b) 同 (a)，见袁珂《中国神话大词典》，北京：华夏出版社 2015 年版，第 7 页。

W0815. 3. 1. 1
鸡犬升天（鸡犬升仙）

实 例

（参见下级母题实例）

W0815. 3. 1. 1. 1
鸡犬得酒升天

实 例

汉族 王老者村居慕道，有老道士造之，留月余。忽遍身疮疡，谓王老曰："得酒数斛，浸之即愈。"遂为置酒满瓮。道士坐瓮中，三日方出，须发皆黑，颜如童子。谓王老曰："能饮此酒，可以仙去。"时方打麦，王老全家饮之，须臾皆醉。忽风动云蒸，一时轻举，舍屋鸡犬皆去，空中犹闻打麦声。

【流传】（无考）

【出处】［南宋］曾慥：《类说》卷三引《续仙传》。

W0815. 3. 1. 1. 2
鸡犬得仙药升天

实 例

汉族 淮南王白日升天时，把剩余的仙药器置于中庭。鸡犬啄之，尽得升天，结果鸡鸣天上，犬吠云中。

【流传】（无考）

【出处】［东晋］葛洪：《神仙传》卷四。

W0815.4

仙人身份的变化

实 例

（参见下级母题实例）

W0815.4.1

仙人被贬

实 例

（参见下级母题实例）

W0815.4.1.1

仙人被贬为凡人

实 例

汉族 太和末，有书生文箫往观，睹一姝甚妙。其词曰：“若能相伴陟天坛，应得文箫驾彩鸾；自有绣襦并甲帐，琼台不怕霜雪寒。”生意其神仙，植足不去。姝亦相盼。歌罢，独秉烛穿大松径将尽，陟山扣石，冒险而升。生蹑其踪。姝曰：“莫是文箫耶？”相引至绝顶坦然之地。后忽风雨，裂帷覆机。俄有仙童持天判曰：“吴彩鸾，以私欲泄天机，谪为民妻一纪。”姝乃与生下山，归钟陵为夫妇。

【流传】（无考）

【出处】［元］林坤：《诚斋杂记》卷上。

W0815.5

仙分九品（仙分九等）

实 例

（参见下级母题实例）

W0815.5.1

升天之仙有九品，第一上仙，号九天真王；第二次仙，号三天真皇；第三号太上真人；第四号飞天真人；第五号灵仙；第六号真人；第七号灵人；第八号飞仙；第九号仙人

【关联】［W0827.12.1］飞仙即羽人

实 例

汉族 世之升天之仙，凡有九品，第一上仙，号九天真王。第二次仙，号三天真皇。第三号太上真人，第四号飞天真人，第五号灵仙，第六号真人，第七号灵人，第八号飞仙，第九号仙人。凡此品次，不可差越。

【流传】（无考）

【出处】［元］赵道一：《历世真仙体道通鉴后集》卷一“金母元君”条。

汉族 世之升天之仙，凡有九品，第一上仙，号九天真王；第二次仙，号三天真皇；第三号太上真人；第四号飞天真人；第五号灵仙；第六号真

人；第七号灵人；第八号飞仙；第九号仙人。凡此品次，不可差越，然其升天之时，先拜木公，后谒金母，受事既讫，方得升九天，入三清，拜太上，觐奉元始天尊耳。

【流传】（无考）

【出处】［唐］杜光庭：《墉城集仙录》卷一“金母元君”条。

W0816

仙有非凡的能力（仙人的能力）

【汤普森】F253

实　例

（参见下级母题实例）

W0816.1

仙会法术（仙能得道）

实　例

（参见下级母题实例）

W0816.1.1

仙会飞行术

实　例

（参见下级母题实例）

W0816.1.1.1

仙人宁封擅长龙虫乔飞行之术

实　例

汉族 仙人宁封修炼得道，擅长龙虫乔飞行之术。

【流传】河南省·（郑州市）·新郑市

【出处】《陶正宁封》，原载马清福主编《秦汉神异》，辽宁大学出版社1991年版，见张振犁编著，孟宪明、朱淑君统纂《中原神话通鉴》（第二卷），郑州：河南大学出版社2017年版，第631页。

W0816.2

仙人耳朵灵

实　例

（参见下级母题实例）

W0816.2.1

仙人是顺风耳

实　例

（参见下级母题实例）

W0816.2.1.1

仙人张道陵能飞行遥听

实　例

汉族 张道陵隐于鹤鸣山，得丹书，能飞行遥听。

【流传】（无考）

【出处】［明］王世贞：《列仙全传》卷三。

W0816.3

仙有感必应

实　例

汉族 洵尝于天圣庚午重九日至玉局观无碍子卦肆中，见一画像，笔法清奇，乃云张仙也，有感必应。

【流传】（无考）

【出处】［北宋］苏洵：《苏老泉先生全集》卷十五《题张仙画像》。

W0817

仙能长生

实 例

汉族 仙，长生仙。

【流传】（无考）

【出处】［东汉］许慎：《说文》八。

W0817.1

仙人长生不老

实 例

（参见下级母题实例）

W0817.2

仙人返老还童

实 例

汉族 八公（八个仙人）咸变成童，王（刘安）甚敬之。

【流传】（无考）

【出处】

（a）［北魏］郦道元：《水经注·淝水》。

（b）同（a），见袁珂《中国神话大词典》，北京：华夏出版社 2015 年版，第 7 页。

W0817a

仙的死亡（仙人的寿命与死亡）

实 例

（参见下级母题实例）

W0817a.0

仙不会死亡

实 例

（参见下级母题实例）

W0817a.0.1

仙人不吃不老不死

实 例

怒族 有个仙人，他不吃、不老、不死。

【流传】（云南省）

【出处】

（a）《天地来源》（1958），见中国作家协会昆明分会民间文学工作部编《云南民族文学资料》第十九集，中国作家协会编印，1963 年。

（b）《仙人造天地》（1958），见姚宝瑄主编《中国各民族神话》（门巴族、珞巴族、怒族、藏族），太原：山西出版传媒集团·书海出版社 2014 年版，第 54 页。

W0817a.1

仙人羽化

实 例

汉族 仙人冯三界端坐而冯远则灰化矣，遂信为仙。表闻，敕封游天得道三界真人。比回至苍梧江口，遂羽化。

【流传】（无考）

【出处】

（a）［清］陈梦雷原编，蒋廷锡重编：《古今图书集成·职方典》卷一四四引《浔州府志》。

（b）冯三界，见袁珂《中国神话大词典》，北京：华夏出版社 2015 年版，第 112 页。

W0817a. 2

仙老而不死

实 例

汉族 老而不死曰仙；仙，迁也，迁人山也，故其制字人旁作山也。

【流传】（无考）

【出处】［东汉］刘熙：《释名·释长幼》。

W0817a. 3

仙的尸解（尸解仙）

实 例

（参见下级母题实例）

W0817a. 3. 1

下士先死后蜕，谓尸解仙

实 例

汉族 上士举形昇虚，谓之天仙；中士避于名山，谓之地仙；下士先死后蜕，谓之尸解仙。

【流传】（无考）

【出处】［东晋］葛洪：《抱朴子·沧仙》。

W0817a. 4

仙被外力致死

实 例

（参见下级母题实例）

W0817a. 4. 1

仙人被晒死

实 例

（参见下级母题实例）

W0817a. 4. 1. 1

杨二郎的仙体母亲被太阳晒化

实 例

汉族 十二个太阳并出时，杨二郎的母亲虽说是仙体，但道行不够，一袋烟的工夫就被太阳晒化了，连一点儿肉星油星都没剩。

【流传】辽宁省·（丹东市）·东沟县（东港市），（大连市）·庄河县（庄河市）一带

【出处】王锦函讲，王荷清记录整理：《杨二郎填海追太阳》，见姚宝瑄主编《中国各民族神话》（汉族），太原：山西出版传媒集团·书海出版社 2014 年版，第 123～130 页。

W0818

仙能上天（仙人升天，仙人飞升）

【关联】［W0813.3.3.1］仙人乘龙升天

实 例

汉族 仙人或升天，或住地，要俱于长生，倥留各从其所好耳。服还丹金液之法，若且欲留在世间者，但服其半，欲求升天，便尽服之。

【流传】（无考）

【出处】［东晋］葛洪：《抱朴子·对俗篇》。

W0818.1

仙人得道升天

【关联】［W0789.8.1］老子的弟子得道升天

实 例

汉族 （参见“W0789.8.1 老子的弟子得道升天”母题实例）

W0818.2

仙人能白日上天

实 例

汉族 有八公，皆须眉皓素，诣门希见刘安。八公并能炼金化丹，出入无间。乃与安登山，薶金于地，白日升天。

【流传】（无考）

【出处】

(a)［北魏］郦道元：《水经注·淝水》。

(b) 同 (a)，见袁珂《中国神话大词典》，北京：华夏出版社 2015 年版，第 7 页。

W0819

仙人会飞

实 例

（参见下级母题实例）

W0819.1

仙人靠翅膀飞翔

实 例

（参见下级母题实例）

W0819.1.1

仙人体生毛，臂变为翼，行于云

实 例

汉族 图仙人之形，体生毛，臂变为翼，行于云。

【流传】（无考）

【出处】［东汉］王充：《论衡·无形》。

W0819.2

仙人快乐飞翔

实 例

（参见下级母题实例）

W0819. 2. 1

蔡邕成仙后飞去飞来甚快乐

实 例

汉族 汉王瑗遇鬼物，言蔡邕作仙人，飞去飞来，甚快乐也。

【流传】（无考）

【出处】鲁迅：《古小说钩沉》引［梁］殷芸《小说》。

W0820

仙能变形（仙人变形，仙会变化）

【关联】［W9526. 7. 1］仙的变形

实 例

（参见下级母题实例）

W0820. 1

仙能变成动物

实 例

（参见下级母题实例）

W0820. 1. 1

仙人化鹤

实 例

（参见下级母题实例）

W0820. 1. 1. 1

仙人丁令威化鹤

实 例

汉族 丁令威（仙人名）化鹤。

【流传】（无考）

【出处】《丁令威》，见袁珂《中国神话大词典》，北京：华夏出版社 2015 年版，第 2 页。

W0820. 2

仙会化为金光

实 例

（参见下级母题实例）

W0820. 2. 1

仙人化道金光飘去

实 例

水族 白发老人（仙人）化道金光飘去了。

【流传】贵州省·（黔南布依族苗族自治州）·三都（三都水族自治县）、荔波（荔波县）、都匀（都匀市）、独山（独山县）；广西壮族自治区·（河池市）·南丹县

【出处】王英、莫妹、蒙蕊、韦新建讲，潘朝霖、王品魁搜集整理：《人类起源》，原载《水族民间故事选》，见陶阳、钟秀编《中国神话》（上），北京：商务印书馆 2008 年版，第 350 ~ 356 页。

W0821

仙能预言

【关联】［W9251］预言者

实 例

（实例待考）

W0821.1

仙预言婴儿的出生

【汤普森】F315

实 例

（实例待考）

W0822

仙帮助人

【关联】［W9987］帮助者

实 例

（参见下级母题实例）

W0822.1

仙人治病

【汤普森】F344

【关联】［W8657］瘟疫（疾病）的消除

实 例

门巴族 地仙们专门收集稀世药材为百姓治病。

【流传】西藏自治区

【出处】肖龙辉搜集整理：《多雄拉山的传说》，见《门巴族民间故事》：http://www.tibet - web.com/old/minjian/ync/gushi/mulu.htm，2003.10.02。

W0822.2

仙救人脱危

实 例

鄂伦春族 （实例待考）

W0822.3

仙人点化人

【汤普森】F345

实 例

（参见下级母题实例）

W0822.3.1

仙让人梦想成真

【汤普森】F341

实 例

汉族 （实例待考）

W0823

与仙的能力或事迹有关的其他母题

【关联】

① ［W0827a.6.3.2］仙人八公能炼金化丹，出入无间

② ［W1168.21.1.2.7］仙人把守南天门

③ ［W2691.2］仙收养人的后代

④ ［W6901.3］神仙造音乐

⑤ ［W8648.4］仙制造疾病

⑥ ［W9427.1］神仙报恩

⑦ ［W9466.1］神仙复仇

实 例

（参见下级母题实例）

W0823. 1

仙管着婴儿的出生

【汤普森】F312

实 例

（实例待考）

W0823. 2

破坏性的仙（恶仙）

【汤普森】F360

实 例

（实例待考）

W0823. 3

仙人行窃

【汤普森】F365

【关联】［W9950］偷盗

实 例

（实例待考）

W0823. 4

仙有十通

实 例

（参见下级母题实例）

W0823. 4. 1

仙善知他心智神通

实 例

汉族 仙得十通。所谓十通者，其一，善知他心智神通。以得他心智通故，知其三千大千世界众生心无差异，如一世界。乃至百千亿那由他世界，所有众生心，悉能分辨了知。其二，无碍清净天眼智神通。以得无碍清净天眼智神通故，所谓十方一切世界无穷众生，逝世此生彼，善趣恶趣，福相罪相，悉皆明见。第三，宿住随念智神通。以得宿住随念智神通故，从前不可说、不可说微尘数劫住宿之事，所谓某处生，如是名，如是姓，如是种族，饮食苦乐，从无始来，于诸有中，展转循环受生，皆悉了知。第四，知尽未来际劫智神通。以得悉尽未来际智神通故，了知将来际不可说、不可说微尘数劫之中事。第五，无碍清净天耳智神通。以得无碍天耳智神通故，于诸一切领土，所有声音，欲闻不闻，随便自由。第六，无体性智神通。以得无体性智神通故，能不动本际而往诣十方一切刹土，好处群生。第七，善分离一切众生言音智神通。以得言音智通故，了知不可说、不可说刹海微尘数世界中，所有众生种种言辞，悉能分别懂得。第八，诞生无量色身智神通。以得色身智神通故，能示现无量无边妙色身，云令所化者亲热开悟，能起种种神通，作度惹事业。第九，一切法智神通。以得法智通故，善能演说无碍法门，兴布法云，降注法雨，以众妙音，开示悟入，使获清净摆脱。第十，入所有法灭尽智神通。以得灭尽智通故，能住三昧正定，而普现色身，譬如光影，普现一切，而于三昧，寂然不动

【流传】（无考）

【出处】《神仙》，百度百科 https://baike.baidu.com/item。

W0823.4.2

仙无碍清净天眼智神通

实 例

汉族 （参见“W0823.4.1 仙善知他心智神通”母题实例）

W0823.4.3

仙宿住随念智神通

实 例

汉族 （参见“W0823.4.1 仙善知他心智神通”母题实例）

W0823.4.4

仙知尽未来际劫智神通

实 例

汉族 （参见“W0823.4.1 仙善知他心智神通”母题实例）

W0823.4.5

仙无碍清净天耳智神通

实 例

汉族 （参见“W0823.4.1 仙善知他心智神通”母题实例）

W0823.4.6

仙无碍清净天耳智神通

实 例

汉族 （参见“W0823.4.1 仙善知他心智神通”母题实例）

W0823.4.7

仙善分离一切众生言音智神通

实 例

汉族 （参见“W0823.4.1 仙善知他心智神通”母题实例）

W0823.4.8

仙诞生无量色身智神通

实 例

汉族 （参见“W0823.4.1 仙善知他心智神通”母题实例）

W0823.4.9

仙一切法智神通

实 例

汉族 （参见“W0823.4.1 仙善知他心智神通”母题实例）

W0823.4.10

仙入所有法灭尽智神通

实 例

汉族 （参见“W0823.4.1 仙善知他

心智神通”母题实例）

W0823.5

仙百无一用（无能的仙人）

实　例

（参见下级母题实例）

W0823.5.1

仙面对事情无能为力

实　例

汉族 月亮上的桂树疯长，眼看月亮就要被桂树撑破。住在月亮上的仙人们感到十分恐慌，急忙各显神通，想法对付，但法术使完，毫无用处，桂树还是不断往上长。

【流传】江苏省·（苏州市）·吴江县

【出处】陆阿妹讲，王瑞林、石敏记录：《吴刚与月中桂》（1983.07.30），见姚宝瑄主编《中国各民族神话》（汉族），太原：山西出版传媒集团·书海出版社2014年版，第273～274页。

W0824

仙的关系

实　例

（参见下级母题实例）

W0824.1

仙的亲属

实　例

（实例待考）

W0824.2

仙的上司

实　例

（参见下级母题实例）

W0824.2.1

仙臣服于神

实　例

彝族 树生的四对兄妹对天神之母的蒲依（其形体是“气”）生的“更”（即“更资”，天神名）说：“我们很想和你玩耍，与你做伴，但你是气生的神，我们是树生的仙，仙只能做神的属民，不能做神的朋友，只能听神的使唤，不能做神的玩伴。”

【流传】云南省·（楚雄彝族自治州）·永仁县

【出处】

（a）曲木阿石等讲，罗有能整理：《更资天神》，见云南省楚雄州文教局、云南省楚雄州民委会编《楚雄民间文学资料》，内部资料，1979年。

（b）同（a），见姚宝瑄主编《中国各民族神话》（羌族、彝族），太原：山西出版传媒集团·书海出版社2014年版，第179页。

W0824.2.1.1

仙臣服于天神

实　例

（参见下级母题实例）

W0824.2.1.1.1

仙臣服于天神是因为天神是仙的长辈

实 例

彝族 树生的仙对更资天神说：“你的父亲是先天的浊气精；你的母亲是浊气和清气的精，所以你将是天地万物的主宰；而我们的母亲杉和松是你母亲抓起来的后天的浊气，我们的母亲是因为你在树上玩耍，才生我们的，所以我们不能和你平起平坐。”

【流传】云南省·（楚雄彝族自治州）·永仁县

【出处】

(a) 曲木阿石等讲，罗有能整理：《更资天神》，见云南省楚雄州文教局、云南省楚雄州民委会编《楚雄民间文学资料》，内部资料，1979 年。

(b) 同 (a)，见姚宝瑄主编《中国各民族神话》（羌族、彝族），太原：山西出版传媒集团·书海出版社 2014 年版，第 179 页。

W0824.3

仙的从属

实 例

（实例待考）

W0825

天仙

实 例

门巴族 （实例待考）

W0825.1

天仙的产生

实 例

（参见下级母题实例）

W0825.1.1

真主造天仙

实 例

（参见下级母题实例）

W0825.1.1.1

天地混沌时真主造天仙

实 例

回族 很久以前，天地混浊，万物不生，真主只造化了天仙。

【流传】宁夏回族自治区·（中卫市）·海原县·海城镇·周台村

【出处】田富珍讲王红久采录者：《人祖阿丹和好娃》，见中国民间文学集成全国编辑委员会编《中国民间故事集成》（宁夏卷），北京：中国 ISBN 中心 1999 年版，第 7 页。

W0825.1.1.2

真主用火造天仙

实 例

回族 真主用火造化了众天仙。

【流传】宁夏回族自治区·（中卫市）·海源县（海原县）·海城镇

【出处】田富珍讲，王红久采录：《易卜利斯》，见中国民间文学集成全国编辑委员会编《中国民间故事集成》（宁夏卷），北京：中国 ISBN 中心 1999 年版，第 12 页。

W0825. 2

天仙的特征（天仙的身份，天仙的职能，天仙的能力）

实 例

（参见下级母题实例）

W0825. 2. 1

天仙不能饮食

实 例

回族 （实例待考）

W0825. 2. 2

上士举形昇虚谓之天仙

实 例

汉族 上士举形昇虚，谓之天仙。

【流传】（无考）

【出处】［晋］葛洪：《抱朴子·沧仙》。

W0825. 2. 3

天仙会飞

实 例

（参见下级母题实例）

W0825. 2. 3. 1

天仙飞行云中

实 例

汉族 飞行云中，神化轻举，以为天仙，亦云飞仙。

【流传】（无考）

【出处】［北宋］李昉、李穆、徐铉等：《太平御览》卷六六二引《天仙品》。

W0825. 2. 4

天仙不能久居人间

实 例

高山族 （参见“W0825. 5. 4. 2 天仙依勒克”母题实例）

W0825. 3

天仙的数量

实 例

（参见下级母题实例）

W0825. 3. 1

四大天仙

实 例

回族 （实例待考）

W0825. 3. 2

八大天仙

实 例

（参见下级母题实例）

W0825.3.2.1

八大天仙是哲布勒伊来、米卡伊来、伊斯拉菲来，阿兹拉伊来、盟克尔、乃克尔，雷祖瓦尼和马力克

实 例

回族 真主造化了哲布勒伊来、米卡伊来、伊斯拉菲来，阿兹拉伊来、盟克尔、乃克尔，雷祖瓦尼和马力克八大天仙。

【流传】宁夏回族自治区·（中卫市）·海原县·海城镇·周台村

【出处】田富珍讲王红久采录者：《人祖阿丹和好娃》，见中国民间文学集成全国编辑委员会编《中国民间故事集成》（宁夏卷），北京：中国 ISBN 中心 1999 年版，第 7 页。

W0825.4

天仙的关系

实 例

（参见下级母题实例）

W0825.4.1

天仙地仙像兄弟

【关联】［W0827.2.3.3］地仙王与天仙王亲如兄弟

实 例

门巴族 地仙王与天仙王双方亲热得像兄弟一般。

【流传】西藏自治区

【出处】肖龙辉搜集整理：《多雄拉山的传说》，见《门巴族民间故事》：http：//www. tibet - web. com/old/min-jian/ync/gushi/mulu. htm，2003. 10. 02。

W0825.5

与天仙有关的其他母题

【关联】［W7267］人与天女婚

实 例

（参见下级母题实例）

W0825.5.1

天仙独自留在九重天

实 例

哈萨克族 （实例待考）

W0825.5.2

天仙王

【关联】［W0812.9.1.1］天仙王住多雄拉山的大洞穴中

实 例

门巴族 （参见“W0977.2.1 天仙王山洞中的金银库”母题实例）

W0825.5.3

天仙即飞仙

【关联】［W0827.12.1］飞仙即羽人（羽人即飞仙）

实 例

汉族 飞行云中，神化轻举，以为天仙，亦云飞仙。

【流传】（无考）

【出处】［北宋］李昉、李穆、徐铉等：《太平御览》卷六六二引《天仙品》。

W0825. 5. 4

特定名称的天仙（天仙的名字）

实 例

（参见下级母题实例）

W0825. 5. 4. 1

天仙罗阿麻

实 例

彝族 天上有个天仙叫罗阿麻。

【流传】云南省·楚雄彝族自治州

【出处】《门米间扎节》，古梅根据《楚雄民间文学资料》改写，见姚宝瑄主编《中国各民族神话》（羌族、彝族），太原：山西出版传媒集团·书海出版社 2014 年版，第 83 页。

W0825. 5. 4. 2

天仙依勒克

实 例

高山族 依勒克毕竟是天上的神仙，日子久了，不能总是待在人间。

【流传】（无考）

【出处】

（a）汪梅田搜集整理：《彩虹的传说》，见陈国强编《高山族民间故事选》，福州：福建人民出版社 1980 年版。

（b）同（a），见姚宝瑄主编《中国各民族神话》（高山族、黎族、畲族），太原：山西出版传媒集团·书海出版社 2014 年版，第 43 页。

W0826

仙女

【汤普森】≈F302

实 例

（参见下级母题实例）

W0826. 1

仙女的产生

实 例

（参见下级母题实例）

W0826. 1. 1

仙女源于特定的地方

实 例

（实例待考）

W0826. 1. 2

神生仙女（神性人物生仙女）

实 例

（参见下级母题实例）

W0826. 1. 2. 1

仙女是神的女儿

实 例

彝族 “更”（天神“更资”）的母

亲蒲依割掉一半肺生出的女孩（仙女）名叫吾司木。

【流传】云南省·（楚雄彝族自治州）·永仁县

【出处】

(a) 曲木阿石等讲，罗有能整理：《更资天神》，见云南省楚雄州文教局、云南省楚雄州民委会编《楚雄民间文学资料》，内部资料，1979年。

(b) 同(a)，见姚宝瑄主编《中国各民族神话》（羌族、彝族），太原：山西出版传媒集团·书海出版社2014年版，第181页。

W0826.1.2.2

仙女是妖的女儿

实　例

汉族 仙女的母亲本来是妖怪，还没有修炼成仙，见到凡人仍要吃的。

【流传】浙江省·杭州市

【出处】黄欢讲，潘观涌整理：《月树人》，见姚宝瑄主编《中国各民族神话》（汉族），太原：山西出版传媒集团·书海出版社2014年版，第285～288页。

W0826.1.3

动物生仙女

实　例

（参见下级母题实例）

W0826.1.3.1

仙女是鸟王的女儿

实　例

景颇族 仙女是鸟王的女儿。

【流传】（无考）

【出处】桑仁等整理：《启明星的由来》，见中华民族故事大系编委会编《中华民族故事大系》第10卷（景颇族、柯尔克孜族、土族），上海：上海文艺出版社1995年版，第91页。

W0826.1.4

神造仙女

实　例

（参见下级母题实例）

W0826.1.4.1

天神用泥造仙女

实　例

珞巴族 一对慈悲的天神奥尼和桑达老两口法术高强，利用河泥捏了许多泥人，最后都变成了仙女和童男。

【流传】西藏自治区·林芝市·墨脱县·背崩乡、甘登乡、墨脱乡（讲述地点：墨脱县·墨脱乡·布姆村）

【出处】朗措、仁增讲：《天神造人》(1957.07)，见冀文正《珞巴族民间故事》，成都：四川民族出版社2011年版，第12页。

W0826. 1. 5
卵化生仙女

实 例

（参见下级母题实例）

W0826. 1. 5. 1
天神阿布卡恩都里额头上的红瘤化生仙女

实 例

满族 天神阿布卡恩都里的额头上生有一颗红瘤，名叫“其其旦”。由于它长在天地间最有神力的大神头上，逐渐地具有了神的智慧，又不断吸收天空中太阳、月亮及众星的精华。久而久之，“其其旦”化为一位美艳动人的仙女。

【流传】（无考）

【出处】谷颖重述：《盗火女神——拖亚拉哈》，见陶阳、钟秀编《中国神话》（中），北京：商务印书馆 2008 年版，第 757 ~760 页。

W0826. 2
仙女的特征

实 例

（参见下级母题实例）

W0826. 2. 1
仙女长着翅膀

实 例

瑶族 （实例待考）

壮族 仙女长着翅膀。

【流传】广西壮族自治区·（崇左市）·龙州（龙州县）

【出处】农秀琛整理：《勇敢的阿刀》，见中华民族故事大系编委会编《中华民族故事大系》第 3 卷（彝族、壮族、布依族），上海：上海文艺出版社 1995 年版，第 400 页。

W0826. 2. 1. 1
七仙女是黑蓝色的翅膀

实 例

蒙古族 七仙女全都变成白天鹅飞来，只有七仙女是黑蓝色的翅膀，鼻子里有七个蜜蜂进进出出。

【流传】（无考）

【出处】哈扎搜集，巴音巴图、姚宝瑄记录整理：《郭拉斯青和七仙女》，见姚宝瑄主编《中国各民族神话》（达斡尔族、鄂伦春族、鄂温克族、蒙古族），太原：山西出版传媒集团·书海出版社 2014 年版，第 225 页。

W0826. 2. 1. 2
仙女长着一对金翅膀

实 例

汉族 仙女们每人都有一对金翅膀。

【流传】浙江省·杭州市

【出处】黄欢讲，潘观涌整理：《月树人》，见姚宝瑄主编《中国各民族神话》（汉族），太原：山西出版传媒集团·书海出版社2014年版，第285～288页。

W0826.2.1.3

仙女的翅膀受伤

实 例

哈萨克族 仙女正要飞走时，女妖没等她飞出屋门，一刀砍断了她的一只翅膀。

【流传】（新疆维吾尔自治区）

【出处】

(a) 师忠孝翻译：《飞汗的儿子》，见银帆编《哈萨克族民间故事选》，上海：上海文艺出版社1986年版。

(b)《江德巴特尔》，见姚宝瑄主编《中国各民族神话》（乌孜别克族、哈萨克族、柯尔克孜族、俄罗斯族、维吾尔族、塔吉克族、塔塔尔族、锡伯族），太原：山西出版传媒集团·书海出版社2014年版，第99页。

W0826.2.1.4

仙女金翅金鳞

实 例

朝鲜族 湛蓝湛蓝的空中，冷丁架起了美丽的母基改（彩虹），身穿彩衣彩裙，金翅金鳞的七个仙女，飘飘悠悠地落到了大池边上。

【流传】（辽宁省·沈阳市郊区）

【出处】 金德顺讲，裴永镇整理：《牧童和仙女》，原载《金德顺故事集》，见陶阳、钟秀编《中国神话》（中），北京：商务印书馆2008年版，第920～930页。

W0826.2.2

仙女貌美

实 例

（参见下级母题实例）

W0826.2.2.1

仙女的脸庞像红牡丹，苗条的身腰像白桦树

实 例

鄂伦春族 三个仙女圆圆的脸庞个个都像红牡丹，苗条的身腰个个像白桦树，蓬松的黑发文雅地遮裹着她们的容颜，晶莹如镜的池水把她们衬托得更加光彩照人。

【流传】（中国东北部地区）

【出处】

(a) 猜株姗讲，巴图宝音记录整理：《三女神》，见谷德明编《中国少数民族神话选》，西北民族学院研究所1983年编印，内部发行。

(b) 同(a)，见姚宝瑄主编《中国各民族神话》（达斡尔族、鄂伦春族、鄂温克族、蒙古族），太原：山西出版传媒集团·书海出版社2014年版，第38～42页。

W0826. 2. 2. 2

仙女美如画

实 例

汉族 天上织绸缎的仙女长得像用笔画的一般。

【流传】湖北省·丹江口市

【出处】冯明文讲:《牛郎星和织女星》,见姚宝瑄主编《中国各民族神话》(汉族),太原:山西出版传媒集团·书海出版社 2014 年版,第 309 ~ 311 页。

W0826. 2. 3

仙女是黄种人

实 例

汉族 很古的时候,天上下来两个人,创造了世界。他俩捏面人在锅里蒸了起来。第三锅面人颜色不黑也不白,黄澄澄的,和仙女一个色,这就是黄种人。

【流传】河南省·(南阳市)·桐柏县

【出处】朱学恒讲,马卉欣采录整理:《蒸面人》,见张振犁编著,孟宪明、朱淑君统纂《中原神话通鉴》(第二卷),郑州:河南大学出版社 2017 年版,第 434 页。

W0826. 2. 4

仙女心地善良

实 例

塔吉克族 守卫"冰山之父"峰顶神界之苑的是一位善良而仁慈的仙女。

【流传】(新疆维吾尔自治区)

【出处】西仁·库尔班、段石羽搜集整理:《仙女的泪水》,见姚宝瑄主编《中国各民族神话》(乌孜别克族、哈萨克族、柯尔克孜族、俄罗斯族、维吾尔族、塔吉克族、塔塔尔族、锡伯族),太原:山西出版传媒集团·书海出版社 2014 年版,第 277 页。

W0826. 2. 4. 1

仙女同情凡间穷苦人

实 例

满族 看管天火的"其其旦"仙女看到人们在没有火的世界里,生活的无比艰辛。善良的心就像被刀割一样疼痛,再也无法忍受天神的自私行为给人间带来的痛苦,决定把天火盗走,将其永远留在人间。

【流传】(无考)

【出处】谷颖重述:《盗火女神——拖亚拉哈》,见陶阳、钟秀编《中国神话》(中),北京:商务印书馆 2008 年版,第 757 ~ 760 页。

水族 天上有个管火种的仙女"阿晅"在天宫花园向下观看人间,见到水族人茹毛饮血,尽吃生食,心里很难过,就去找几个姊妹商量,想把天上的火种偷给凡间,几个姊妹都支持阿晅的想法,乐意帮助阿晅把火种带下凡间。

【流传】（贵州省·黔南布依族苗族自治州·三都水族自治县）

【出处】蒙健康、潘有圣讲，蔡中运搜集整理：《阿晅送火种》，原载《水族民间故事选》，见陶阳、钟秀编《中国神话》（中），北京：商务印书馆2008年版，第942～948页。

W0826.2.5

仙女浑身通透

实 例

（参见下级母题实例）

W0826.2.5.1

仙女昌容，隔肉见骨

实 例

汉族 殷时有仙女，名昌容，隔肉见骨。

【流传】（无考）

【出处】［北宋］李昉、李穆、徐铉等：《太平御览》卷三七五引《帝王世纪》。

W0826.2a

仙女的身份

实 例

（参见下级母题实例）

W0826.2a.1

仙女是守护者

实 例

（参见下级母题实例）

W0826.2a.1.1

守卫着特定的山的仙女

实 例

塔吉克族 一位善良而仁慈的仙女守卫“冰山之父”峰顶的神界之苑。

【流传】（新疆维吾尔自治区）

【出处】西仁·库尔班、段石羽搜集整理：《仙女的泪水》，见姚宝瑄主编《中国各民族神话》（乌孜别克族、哈萨克族、柯尔克孜族、俄罗斯族、维吾尔族、塔吉克族、塔塔尔族、锡伯族），太原：山西出版传媒集团·书海出版社2014年版，第277页。

W0826.2a.2

仙女是神

实 例

（参见下级母题实例）

W0826.2a.2.1

仙女死后灵魂变成娘娘神（女神）

实 例

鄂伦春族 三仙女嫁到凡间还用仙丹救活了不少临危的猎人，死后，她们的灵魂就变成了娘娘神，即女神。

【流传】内蒙古自治区·（呼伦贝尔市）·鄂伦春自治旗·托扎敏公社（托扎敏镇）

【出处】猜株姗讲，巴图宝音翻译整理：《三女神》，见谷德明编《中国少数民族神话》，北京：中国民间文艺出版社 1987 年版，第 64 ~68 页。

W0826. 2a. 3

仙女是织女

【关联】［W0764. 5. 7. 2. 1］玉女是王母娘娘身边专织天上五彩云锦的仙女

实 例

白族 玉女是王母娘娘身边专织天上五彩云锦的仙女。

【流传】云南省·（大理白族自治州）·大理市

【出处】李天祥记录：《大理石与玉带云》，见姚宝瑄主编《中国各民族神话》（白族、拉祜族、景颇族），太原：山西出版传媒集团·书海出版社 2014 年版，第 63 页。

W0826. 2a. 4

仙女是天女

实 例

汉族 天帝最小的女儿，也就是最小的仙女，偷偷地离开了天宫，驾着祥云，翩翩地下界了，落在了长白山上。

【流传】辽宁省·（丹东市）·宽甸县（宽甸满族自治县）

【出处】李大爷讲，曾层、佟畴记录整理：《日月峰》，见姚宝瑄主编《中国各民族神话》（汉族），太原：山西出版传媒集团·书海出版社 2014 年版，第 181 ~183 页。

W0826. 3

仙女的本领（仙女的职能）

【关联】

①［W1175. 10］仙女造地

②［W1469. 3. 1］仙女撒种子长出天梯

③［W1804. 9. 1］仙女造山

④［W1978. 1. 2. 1］仙女造水井

实 例

（参见下级母题实例）

W0826. 3. 1

仙女会变化

实 例

（参见下级母题实例）

W0826. 3. 1. 1

仙女变白鸽

实 例

普米族 白鸽是天上的仙女，仙女变成白鸽。

【流传】（无考）

【出处】杨玉发讲，王震亚等整理：《白鸽姑娘》，见编写组《兰坪白族普米族自治县民间文学选集》，内部编印，1988 年，第 40 页。

W0826. 3. 1. 2

仙女变成小白雀

实 例

鄂伦春族 仙女们变成了几只小白雀。

【流传】(无考)

【出处】《白衣仙女》，见张凤铸等编《鄂伦春民间故事选》，呼和浩特：内蒙古人民出版社1980年版，第69页。

鄂伦春族 在天池里洗澡的仙姑们摇身一变，化作几只小白雀，轻轻飞下山来，落在一棵大树上。

【流传】(中国东北部地区)

【出处】

(a) 莫金泣孟玉讲，隋书金整理：《白衣仙姑》，见《鄂伦春民间故事选》，上海：上海文艺出版社1983年版。

(b) 同(a)，见姚宝瑄主编《中国各民族神话》(达斡尔族、鄂伦春族、鄂温克族、蒙古族)，太原：山西出版传媒集团·书海出版社2014年版，第102~107页。

W0826.3.1.3

仙女会千万种变化

实 例

塔吉克族 仙女会千万种变化，时而变作鬼怪，时而化为飞禽，时而又变作猛兽。

【流传】(无考)

【出处】《花神话》，见《中国各民族宗教与神话大词典》编审委员会编《中国各民族宗教与神话大词典》，北京：学苑出版社1990年版，第568页。

W0826.3.1.3.1

仙女会变化为鬼怪、飞禽、猛兽

实 例

塔吉克族 看守天上花园的仙女有着非凡的神通，会千万种变化，时而变作鬼怪，时而化为飞禽，时而又变作猛兽。

【流传】(新疆维吾尔自治区)

【出处】西仁·库尔班、段石羽搜集整理：《花神》，见姚宝瑄主编《中国各民族神话》(乌孜别克族、哈萨克族、柯尔克孜族、俄罗斯族、维吾尔族、塔吉克族、塔塔尔族、锡伯族)，太原：山西出版传媒集团·书海出版社2014年版，第277~278页。

W0826.3.2

仙女上天(仙女回天)

【关联】[W0826.4a.1] 仙女下凡

实 例

(参见下级母题实例)

W0826.3.2.1

仙女失去羽衣无法回天

实 例

达斡尔族 代尼乌音(仙女)的羽衣被烧掉后，没办法再飞回天上去

【流传】(无考)

【出处】巴达荣嘎讲：《代尼乌音和莫日根》，见萨音塔娜编《达斡尔民间故

事选》，呼和浩特：内蒙古人民出版社 1987 年版。

羌族（实例待考）

W0826. 3. 2. 2

仙女怀孕不能升天

实 例

满族 仙女佛库伦感而成孕，腹重不能升天。

【流传】（无考）

【出处】

（a）《天女佛库伦生满洲始祖》，见满都呼主编《中国阿尔泰语系诸民族神话故事》，北京：民族出版社 1997 年版，第 263 页。

（b）［日］今西春秋翻译：《满和蒙和对译满洲实录》，东京水刀书房发行，1992 年。

W0826. 3. 2. 3

仙女穿衣回天

实 例

畲族 仙女们在湖里洗完澡，一个一个飞到桂花树上穿好衣裳升上天去了。

【流传】（无考）

【出处】

（a）唐宗龙记录：《夺火记》，见谷德明编《中国少数民族神话》，北京：中国民间文艺出版社 1987 年版，第 224～229 页。

（b）同（a），见姚宝瑄主编《中国各民族神话》（高山族、黎族、畲族），太原：山西出版传媒集团·书海出版社 2014 年版，第 131 页。

W0826. 3. 2. 4

仙女被抓回天上

实 例

彝族 玉皇大帝查知小仙女私逃人间，就把她收回去了。

【流传】云南省·楚雄（楚雄彝族自治州）

【出处】李光富、李学忠讲，唐楚臣、甘振林搜集整理：《北斗七星》，载《山茶》1980 年第 1 期。

W0826. 3. 3

仙女的化身

实 例

（参见下级母题实例）

W0826. 3. 3. 1

白鸽是天上的仙女

实 例

普米族（参见“W0826. 3. 1. 1 仙女变白鸽”母题实例）

W0826. 3. 3. 2

仙女化成的山

实 例

普米族 仙女化成的山与司雨神吉西尼结婚。

【流传】云南省

【出处】《石头阿祖和石头子孙》，见《中国各民族宗教与神话大词典》编审委员会编《中国各民族宗教与神话大词典》，北京：学苑出版社 1990 年版，第 520 页。

W0826.3.3.3

仙女化成天鹅

实　例

彝族 仙女化成了天鹅在空中盘旋。

【流传】云南省·楚雄（楚雄彝族自治州）

【出处】李光富、李学忠讲，唐楚臣、甘振林搜集整理：《北斗七星》，载《山茶》1980 年第 1 期。

W0826.3.4

善射的仙女

实　例

满族 （实例待考）

W0826.3.5

仙女有手艺

实　例

满族 （实例待考）

W0826.3.6

仙女司火种

实　例

（参见下级母题实例）

W0826.3.6.1

司火种的仙女阿晅

实　例

水族 天上有司火种之仙女，名阿晅，见水族人生食而怜之，往商于诸仙女，拟窃火种送于凡间，令民得熟食。

【流传】（贵州省·黔南州）

【出处】袁珂改编：《阿晅送火种》，原载黔南文学艺术研究室编《水族民间故事》，见袁珂《中国神话大词典》，北京：华夏出版社 2015 年版，第 540 页。

W0826.4

仙女的生活

实　例

（参见下级母题实例）

W0826.4.1

仙女的服饰

实　例

（参见下级母题实例）

W0826.4.1.1

仙女的羽衣

实　例

达斡尔族 仙女有美丽的羽衣。

【流传】内蒙古自治区·（呼伦贝尔市）·莫力达瓦（莫力达瓦达斡尔族

自治旗）

【出处】鄂忠良讲，孟志东整理：《姐弟俩》，见中华民族故事大系编委会编《中华民族故事大系》第11卷（达斡尔族、仫佬族、羌族），上海：上海文艺出版社1995年版，第140页。

W0826.4.2
仙女的食物

实　例

（实例待考）

W0826.4.3
仙女的居所

实　例

（参见下级母题实例）

W0826.4.3.1
仙女住天上

实　例

水族 九个仙女住在天上。

【流传】贵州省·（黔南布依族苗族自治州）·三都（三都水族自治县）、荔波（荔波县）一带

【出处】蒙健康讲，蔡中运整理：《九仙的故事》，见中华民族故事大系编委会编《中华民族故事大系》第9卷（水族、东乡族、纳西族），上海：上海文艺出版社1995年版，第16页。

W0826.4.3.1.1
天上住着3个美貌仙女

实　例

满族 天上住着三个美貌的仙女。

【流传】辽宁省·（鞍山市）·岫岩县（岫岩满族自治县）

【出处】李成明讲，张其卓、董明搜集整理：《天鹅仙女》，原载张其卓、董明编《满族三老人故事集》，见陶阳、钟秀编《中国神话》（中），北京：商务印书馆2008年版，第590～594页。

W0826.4.3.2
仙女居月宫

实　例

汉族 罗公远八月十五夜侍明皇于宫中玩月。公远曰：“陛下莫要月宫中看否？”帝唯之。乃以拄杖向空掷之，化为大桥，桥道如银。与明皇升桥，行若十数里，精光夺目，寒气侵人，遂至大城。公远曰：“此月宫也。”见仙女数百，皆素练霓衣，舞于广庭。

【流传】（无考）

【出处】

（a）［北宋］张君房：《云笈七签》卷一一三《神仙感遇传》“罗公远”条。

（b）《唐明皇游月宫》，见袁珂《中国神话大词典》，北京：华夏出版社2015年版，第273页。

汉族 罗公远引明皇游月宫，掷一竹枝于空中，为大桥，色如金。行十数里，至一大城阙。罗曰："此乃月宫也。"仙女数百，素衣飘然，舞于广庭中。

【流传】（无考）

【出处】

（a）［北宋］苏轼：《渔樵闲话录》上篇引《逸史》。

（b）《月宫》，见袁珂《中国神话大词典》，北京：华夏出版社 2015 年版，第 71 页。

W0826.4.3.3

仙女住天宫

实 例

汉族 住在天宫的七个仙女偷偷下凡到人间玩耍。

【流传】浙江省·杭州市

【出处】黄欢讲，潘观涌整理：《月树人》，见姚宝瑄主编《中国各民族神话》（汉族），太原：山西出版传媒集团·书海出版社 2014 年版，第 285～288 页。

W0826.4.3.3.1

仙女住天宫瑶池

实 例

汉族 天宫中的仙女瑶姬带着身边的十一个侍女，瞒着母亲西王母，悄悄儿跑出了瑶池，到凡间游玩。

【流传】四川省

【出处】朱奉天讲，唐探峰采录：《神女瑶姬的传说》，见陶阳、钟秀编《中国神话》（上），北京：商务印书馆 2008 年版，第 438～441 页。

W0826.4.4

仙女的出行（仙女的坐骑）

实 例

（参见下级母题实例）

W0826.4.4.1

仙女穿凤凰衣后飞翔

实 例

水族 仙女穿凤凰衣后飞向天。

【流传】贵州省·（黔东南苗族侗族自治州）·榕江（榕江县）

【出处】石国玉讲，杨路塔整理：《九仙与铜鼓》，见中华民族故事大系编委会编《中华民族故事大系》第 9 卷（水族、东乡族、纳西族），上海：上海文艺出版社 1995 年版，第 94 页。

W0826.4.4.1a

仙女靠裙子飞行

实 例

汉族 仙女离开了裙子，就不能起风驾云。

【流传】河南省·（南阳市）·桐柏县

【出处】黄发美讲，黄正明记录，薛远增整理：《牵牛星和织女星》，原载马卉欣主编：《中国民间故事集成》（河南桐柏县卷第一分册），见陶阳、钟秀编《中国神话》（上），北京：商务印书馆2008年版，第232～235页。

W0826. 4. 4. 2
仙女靠羽衣飞行

实 例

达斡尔族 仙女失羽衣后不能回天。

【流传】内蒙古自治区·（呼伦贝尔市）·莫力达瓦（莫力达瓦达斡尔族自治旗）

【出处】鄂忠良讲，孟志东整理：《姐弟俩》，见中华民族故事大系编委会编《中华民族故事大系》第11卷（达斡尔族、仫佬族、羌族），上海：上海文艺出版社1995年版，第141页。

达斡尔族 代尼乌音（仙女）的羽衣被烧掉后，没办法再飞回天上去

【流传】（无考）

【出处】巴达荣嘎讲：《代尼乌音和莫日根》，见萨音塔娜编《达斡尔民间故事选》，呼和浩特：内蒙古人民出版社1987年版。

W0826. 4. 4. 3
仙女凭青纱飞翔

实 例

鄂伦春族 三位仙女驾着青纱回龙宫。

【流传】（无考）

【出处】

（a）内蒙古自治区编委会：《鄂伦春族社会历史调查》（第一集），呼和浩特：内蒙古人民出版社1984年版，第163页。

（b）《娘娘神的传说》，见吕大吉、何耀华总主编《中国各民族原始宗教资料集成》（鄂伦春族卷、鄂温克族卷、赫哲族卷、达斡尔族卷、锡伯族卷、满族卷、蒙古族卷、藏族卷），北京：中国社会科学出版社1999年版，第28～29页。

W0826. 4. 4. 4
仙女乘宝车

实 例

乌孜别克族 仙女坐着一辆黄色的宝车，由女卫士们簇拥着出现在王子面前。

【流传】（新疆维吾尔自治区）

【出处】

（a）阿吉尼、少·塔西甫拉提讲，泰来提·纳斯尔整理，马和苏德翻译：《金翅膀的夜莺》，见张新泰、马雄福编《金翅膀的夜莺》（乌孜别克族、满族），乌鲁木齐：新疆人民出版社2012年版。

（b）同（a），见姚宝瑄主编《中国各民族神话》（乌孜别克族、哈萨克族、柯尔克孜族、俄罗斯族、维吾尔族、塔吉克族、塔塔尔族、锡伯族），太原：山西出版传媒集团·书海出版社2014年版，第15页。

W0826.4.4.5

仙女脚踩白云

实 例

水族 天上管火种的仙女阿晅脚踩白云，徐徐下降到九阡（水族居住的地方）。

【流传】（贵州省·黔南布依族苗族自治州·三都水族自治县）

【出处】蒙健康、潘有圣讲，蔡中运搜集整理：《阿晅送火种》，原载《水族民间故事选》，见陶阳、钟秀编《中国神话》（中），北京：商务印书馆2008年版，第942～948页。

W0826.4a

仙女的行为

实 例

（参见下级母题实例）

W0826.4a.1

仙女下凡

【关联】［W0224］天女下凡

实 例

（参见下级母题实例）

W0826.4a.1.1

仙女为送火种下凡

实 例

水族 九个仙女中四姐阿晅是管火种，为了给人间带去火种，下凡与后生阿宝结成夫妻。

【流传】贵州省·（黔南布依族苗族自治州）·三都县

【出处】蒙健康讲，蔡中运采录：《阿晅送火种》见中国民间文学集成全国编辑委员会编《中国民间故事集成》（贵州卷），北京：中国ISBN中心2003年，第59页。

W0826.4a.1.2

仙女因寂寞下凡

实 例

蒙古族 七仙女在天上待得寂寞了，就变成七只洁白的天鹅下凡游玩。

【流传】（无考）

【出处】姚宝瑄、巴音巴图翻译，阿·太白搜集整理：《博格达山的传说》，见姚宝瑄主编《中国各民族神话》（达斡尔族、鄂伦春族、鄂温克族、蒙古族），太原：山西出版传媒集团·书海出版社2014年版，第165页。

W0826.4a.1.3

仙姑为解闷下凡

实 例

汉族 天上有个仙姑叫织女，想到人间散散心、解解闷，就偷偷儿下凡去了。

【流传】河南省·（南阳市）·桐柏县·（鸿仪河乡·仓房村）

【出处】周贤有讲，周君立采录整理：

《天河》（1985. 05. 01），见张振犁编著，孟宪明、朱淑君统纂《中原神话通鉴》（第三卷），郑州：河南大学出版社 2017 年版，第 828 页。

W0826. 4a. 1. 4

仙女犯天规被贬下凡

实 例

汉族 蟠桃仙女摘桃送别文曲星的事被王母看在眼里，说她触犯天规，打下凡世。

【流传】河南省·（郑州市）·新郑市

【出处】王耀斌采录整理：《仓颉四只眼》，见张振犁编著，孟宪明、朱淑君统纂《中原神话通鉴》（第二卷），郑州：河南大学出版社 2017 年版，第 663 页。

W0826. 4a. 1. 5

仙女下凡游玩

实 例

高山族 天宫仙女闻台岛风景扰美，偷来赏玩。

【流传】（台湾嘉义县）

【出处】袁珂改编：《阿里山》，原载陶阳、钟秀编《中国神话》，见袁珂《中国神话大词典》，北京：华夏出版社 2015 年版，第 526 页。

W0826. 4a. 1. 5. 1

仙女为游天池下凡

实 例

满族 天上的三个仙女都玩够了天上的宫殿和彩云，听说地上果勒敏珊延阿林山（满语，长白山）上有个天池，就到那个地方去玩。

【流传】辽宁省·（鞍山市）·岫岩县（岫岩满族自治县）

【出处】李成明讲，张其卓、董明搜集整理：《天鹅仙女》，原载张其卓、董明编《满族三老人故事集》，见陶阳、钟秀编《中国神话》（中），北京：商务印书馆 2008 年版，第 590 ~ 594 页。

W0826. 4a. 1. 5a

仙女为了爱情下凡

【关联】［W0826. 4a. 5］仙女嫁人间

实 例

彝族 天上有六个仙女中最小的仙女，因爱上人间的善良男子，下到了凡间。

【流传】云南省·楚雄（楚雄彝族自治州）

【出处】李光富、李学忠讲，唐楚臣、甘振林搜集整理：《北斗七星》，载《山茶》1980 年第 1 期。

W0826. 4a. 1. 5b

仙女为助人下凡

实 例

乌孜别克族 仙女特意下凡帮助王子获得神马和美丽的公主，然后让王子回家乡解救全城百姓。

【流传】（新疆维吾尔自治区）

【出处】

（a）阿吉尼、少·塔西甫拉提讲，泰来提·纳斯尔整理，马和苏德翻译：《金翅膀的夜莺》，见张新泰、马雄福编《金翅膀的夜莺》（乌孜别克族、满族），乌鲁木齐：新疆人民出版社2012年版。

（b）同（a），见姚宝瑄主编《中国各民族神话》（乌孜别克族、哈萨克族、柯尔克孜族、俄罗斯族、维吾尔族、塔吉克族、塔塔尔族、锡伯族），太原：山西出版传媒集团·书海出版社2014年版，第14页。

W0826.4a.1.5c

仙女为寻找自由下凡

【关联】［W0826.6.1.7.1］云姑仙女羡慕人间的自由逃到人间

实 例

汉族 （参见“W0826.6.1.7.1 云姑仙女羡慕人间的自由逃到人间”母题实例）

W0826.4a.1.6

仙女下凡后变形

实 例

彝族 天上有六个仙女，她们拨开云雾，看到了一个饥渴难耐的撵山匠自己忍着饥渴救助一个老奶奶很受感动。小妹悄悄爱上了这个善良的撵山匠，她下到了凡间，变成一朵灵芝菌生在路边。

【流传】云南省·楚雄彝族自治州

【出处】李光富、李学忠讲，唐楚臣、甘振林记录整理：《北斗七星》，见姚宝瑄主编《中国各民族神话》（羌族、彝族），太原：山西出版传媒集团·书海出版社2014年版，第258页。

W0826.4a.1.7

仙女变天鹅下凡

实 例

彝族 撵山匠与仙女成婚一年后，仙女生下个儿子拉普。拉普因没娘被同伴嘲笑。拉普去问老师，老师翻开天书知道他是仙女的儿子，就告诉他：某月某日，有六只天鹅在天上的天池里洗澡，第六只就是你妈妈。

【流传】云南省·楚雄彝族自治州

【出处】李光富、李学忠讲，唐楚臣、甘振林记录整理：《北斗七星》，见姚宝瑄主编《中国各民族神话》（羌族、彝族），太原：山西出版传媒集团·书海出版社2014年版，第259页。

W0826.4a.1.8

仙女通过天洞下凡

实 例

汉族 张四姐七仙姑等都是从女娲补天造成的洞洞中偷下凡间的。

【流传】四川省·巴县（今重庆市·巴南区）

【出处】杜志榜讲，李子硕搜集整理：

《巴子石的来历》(1988. 05),见姚宝瑄主编《中国各民族神话》(汉族),太原:山西出版传媒集团·书海出版社 2014 年版,第 47 ~51 页。

W0826. 4a. 1. 9

仙女踏彩虹下凡

实 例

朝鲜族 天上有七个美丽的仙女,她们每逢金日(星期五),踏着五彩的母基改(彩虹),下到长白山天池来洗澡。

【流传】(辽宁省·沈阳市郊区)

【出处】 金德顺讲,裴永镇整理:《牧童和仙女》,原载《金德顺故事集》,见陶阳、钟秀编《中国神话》(中),北京:商务印书馆 2008 年版,第 920 ~930 页。

W0826. 4a. 1. 10

仙女七月七下凡

实 例

汉族 七仙女中的七妹妹在凡间生下了个孩子,王母娘娘把七妹拖回天上去。七妹无法,只好偷偷在每年的“七月七”那天下凡一次。

【流传】 福建省·(宁德市)·周宁县·浦源乡、纯池乡

【出处】 邱端素讲,李晓云记录整理:《七仙女和北斗星》(1987. 09. 01),见姚宝瑄主编《中国各民族神话》(汉族),太原:山西出版传媒集团·书海出版社 2014 年版,第 334 ~335 页。

W0826. 4a. 2

仙女洗浴

【关联】

①[W0224a. 2] 天女沐浴(天女洗浴)

②[W1976. 5. 3. 2] 浴仙池

实 例

(参见下级母题实例)

W0826. 4a. 2. 1

七仙女下凡洗澡

【关联】

①[W0826. 5. 3] 七仙女

②[W0826. 5. 3. 6a] 七仙女下凡游乐

实 例

鄂伦春族 七个仙女下凡洗澡。

【流传】 内蒙古自治区

【出处】 莫希那讲,王朝阳整理:《小伙子与太阳姑娘》,见中华民族故事大系编委会编《中华民族故事大系》第 15 卷(德昂族、保安族、裕固族、京族、塔塔尔族、独龙族、鄂伦春族),上海:上海文艺出版社 1995 年版,第 718 页。

W0826. 4a. 2. 1. 1

每月初八、十五、三十三天七仙女下凡洗澡

实 例

蒙古族 每个月的初八、十五、三十这

三天，七个仙女都要带五百个侍女来人间洗澡。

【流传】（无考）

【出处】哈扎搜集，巴音巴图、姚宝瑄记录整理：《郭拉斯青和七仙女》，见姚宝瑄主编《中国各民族神话》（达斡尔族、鄂伦春族、鄂温克族、蒙古族），太原：山西出版传媒集团·书海出版社2014年版，第225页。

W0826.4a.2.1.2

仙女在六月十五日洗浴

实例

汉族 王母寻镜至此（即后来的镜泊湖），爱其幽丽，遂置而不问，以为群仙浴池，每年六月十五，常率众女仙至此沐浴。

【流传】（黑龙江省·牡丹江市）

【出处】

(a)《镜泊湖》，载《民间文学》1980年第9期。

(b) 同(a)，见袁珂《中国神话大词典》，北京：华夏出版社2015年版，第395页。

W0826.4a.2.1.3

仙女七月十五日洗浴

实例

汉族 有一年七月十五，七个仙女到天池洗澡，被一个猎人发现了。

【流传】东北长白山一带

【出处】佟畴、曾层搜集整理：《天池》，见姚宝瑄主编《中国各民族神话》（汉族），太原：山西出版传媒集团·书海出版社2014年版，第348~352页。

W0826.4a.2.1.4

仙女每逢金日（星期五）下凡洗浴

实例

朝鲜族（参见“W0826.4a.1.9 仙女踏彩虹下凡”母题实例）

W0826.4a.2.1.5

三个仙女除夕时辰到大河源头洗浴

实例

纳西族 三个仙女在大年三十晚的除夕时辰，会到大河的源头来洗澡。

【流传】云南省·（丽江市）·丽江县（古城区、玉龙纳西族自治县）

【出处】木丽春采集整理：《除夕夜洗浴的俗礼》，见木丽春编著《纳西族民间故事集》，昆明：云南人民出版社2007年版，第26页。

W0826.4a.2.2

三仙女下凡洗浴

实例

满族 天降三仙女浴于泊，长名恩库伦，次名正库伦，三名佛库伦。

【流传】（无考）

【出处】

(a)《天女佛库伦生满洲始祖》，见满都呼主编《中国阿尔泰语系诸民族神话故事》，北京：民族出版社 1997 年版，第 263 页。

(b)［日］今西春秋翻译：《满和蒙和对译满洲实录》，东京水刀书房发行，1992 年。

W0826. 4a. 2. 2. 1

仙女下凡到坑塘里洗澡

实 例

汉族 天上的仙女下凡到坑塘里洗澡。

【流传】河南省·（郑州市）·中牟县、尉氏、新郑交界一带［采录地点：中牟县·冯堂乡·蒿家村］

【出处】冯冉氏（女，66 岁，农民，不识字）讲，冯长顺采录整理：《牛郎和织女》（1989. 11. 05），见张振犁编著，孟宪明、朱淑君统纂《中原神话通鉴》（第三卷），郑州：河南大学出版社 2017 年版，第 814 页。

W0826. 4a. 2. 3

仙姑在天池洗浴

实 例

鄂伦春族 在天池里洗澡的仙姑们听到基才其（人名）阵阵悲哀的哭声，心神不安。

【流传】（中国东北部地区）

【出处】

(a) 莫金泣孟玉讲，隋书金整理：《白衣仙姑》，见《鄂伦春民间故事选》，上海：上海文艺出版社 1983 年版。

(b) 同（a），见姚宝瑄主编《中国各民族神话》（达斡尔族、鄂伦春族、鄂温克族、蒙古族），太原：山西出版传媒集团·书海出版社 2014 年版，第 102 ~ 107 页。

W0826. 4a. 2. 4

三个仙女分别在三星池洗浴

实 例

鄂伦春族 三个仙女分别在三星池的三个池子里洗澡，圆圆的脸庞个个都像红牡丹，苗条的身腰个个像白桦树，蓬松的黑发文雅地遮裹着她们的容颜，晶莹如镜的池水把她们衬托得更加光彩照人。

【流传】（中国东北部地区）

【出处】

(a) 旃株姗讲，巴图宝音记录整理：《三女神》，见谷德明编《中国少数民族神话选》，西北民族学院研究所 1983 年编印，内部发行。

(b) 同（a），见姚宝瑄主编《中国各民族神话》（达斡尔族、鄂伦春族、鄂温克族、蒙古族），太原：山西出版传媒集团·书海出版社 2014 年版，第 38 ~ 42 页。

W0826. 4a. 2. 5

仙女在玉池里洗澡

实 例

汉族 夜里，牛郎钻在茶豆架下向天上望，只见一群仙女在玉池里洗澡。

【流传】河南省·（南阳市）·社旗县

【出处】《七夕会》（牛郎织女与南阳丝绸），见张振犁编著，孟宪明、朱淑君统纂《中原神话通鉴》（第三卷），郑州：河南大学出版社 2017 年版，第 822 页。

W0826.4a.2.6

仙女在天上的大坑中洗浴

实 例

（参见下级母题实例）

W0826.4a.2.6.1

七仙女在天上的大坑中洗浴

实 例

汉族 老牛告诉牛郎说："天上有个大坑，每天晚上王母娘娘的七个仙女都在那里洗澡，等她们下去洗时，你拿起一套衣服就走，她就是你将来的老婆。"

【流传】河南省·（南阳市）·邓州市［采录地点：邓州市·罗庄·马岗村］

【出处】闻林青（78 岁，农民）讲，闻达采录整理：《银河的来历》（1989），见张振犁编著，孟宪明、朱淑君统纂《中原神话通鉴》（第三卷），郑州：河南大学出版社 2017 年版，第 839 页。

W0826.4a.2.6.2

9 个仙女在天上的大坑中洗浴

实 例

汉族 老牛就把憨二渡到天上。这时候，九个仙女都在个大坑里洗澡哩。

【流传】河南省·（开封市）·杞县［采录地点：杞县·湖岗］

【出处】顾学兰（女，68 岁，农民，不识字）讲，方明昌采录整理：《憨二》（1987.07.12），见张振犁编著，孟宪明、朱淑君统纂《中原神话通鉴》（第三卷），郑州：河南大学出版社 2017 年版，第 811 页。

W0826.4a.2.7

仙女在温泉洗澡

实 例

（参见下级母题实例）

W0826.4a.2.7.1

七个仙女在温泉洗澡

实 例

汉族 山哥道家打扮，带些干粮上路了。他走了九九八十一天，来到了天山温泉。果真看见有七个仙女在温泉洗澡。

【流传】河南省·信阳市

【出处】司马诚讲，冯天佑采录整理：《盗回天谷香人间》，见张振犁编著，孟宪明、朱淑君统纂《中原神话通鉴》（第三卷），郑州：河南大学出版社 2017 年版，第 755 页。

W0826. 4a. 2. 8

仙女下凡到潭中洗澡

实 例

（参见下级母题实例）

W0826. 4a. 2. 8. 1

七个仙女下凡到后潭洗澡

实 例

汉族 七个仙女下凡到后潭去洗澡。

【流传】 河南省·（南阳市）·唐河县［采录地点：唐河县城郊外］

【出处】 张蔚之外祖母黄氏讲，张蔚采录：《牛郎织女（八）》（1984），见张振犁编著，孟宪明、朱淑君统纂《中原神话通鉴》（第三卷），郑州：河南大学出版社 2017 年版，第 804 页。

W0826. 4a. 2. 9

仙女在小河里洗澡

实 例

（参见下级母题实例）

W0826. 4a. 2. 9. 1

七个仙女在小河里洗澡

实 例

汉族 七位仙女在小河里洗澡。

【流传】 河南省·（许昌市）·襄城县

【出处】 闫氏讲，方化采录整理：《牛郎织女（四）》（1986. 12），见张振犁编著，孟宪明、朱淑君统纂《中原神话通鉴》（第三卷），郑州：河南大学出版社 2017 年版，第 791 页。

W0826. 4a. 2a

仙女游乐

实 例

（参见下级母题实例）

W0826. 4a. 2a. 1

仙女到天池游玩

实 例

朝鲜族 天宫里虽好，可是待长了也使人腻歪。七个仙女在天宫里憋屈了一冬了，这会儿钻进了凉哇哇的天池里，玩得那个痛快劲儿就不用说了。

【流传】（辽宁省·沈阳市郊区）

【出处】 金德顺讲，裴永镇整理：《牧童和仙女》，原载《金德顺故事集》，见陶阳、钟秀编《中国神话》（中），北京：商务印书馆 2008 年版，第 920 ~ 930 页。

W0826. 4a. 3

仙女助人

实 例

（参见下级母题实例）

W0826.4a.3.1 仙女救放牛郎

实 例

白族 放牛郎阿琰落入湖中，被仙女所救。

【流传】（无考）

【出处】《白鹅天子和蛤蟆神》，见文学博客网：http：//blog.readnovel.com/article/htm/tid_ 172268.html，2006.07.16。

W0826.4a.3.2 仙女为猎人收拾房子做饭

实 例

达斡尔族 莫日根（打猎能手）哥俩外出打猎时，代尼乌音（仙女）飞到他们家里，帮收拾屋子，做饭菜。

【流传】（无考）

【出处】巴达荣嘎讲：《代尼乌音和莫日根》，见萨音塔娜编《达斡尔民间故事选》，呼和浩特：内蒙古人民出版社1987年版。

W0826.4a.3.2a 仙女为猎人三兄弟偷偷做饭

实 例

土族 天上的仙女，看到三兄弟天天打猎很辛苦，就下来偷偷给他们做饭。

【流传】（无考）

【出处】

(a) 王殿、许可权、李桂兰、王漠搜集整理：《黑马张三哥》，见中国少数民族文学学会编《中国少数民族民间故事选》（下），北京：中国民间文艺出版社1982年版。

(b) 同（a），见姚宝瑄主编《中国各民族神话》（土族、东乡族、回族、保安族、裕固族、撒拉族），太原：山西出版传媒集团·书海出版社2014年版，第9页。

W0826.4a.3.3 仙女给人做鞋袜及裹肚等

实 例

汉族 仙女洞中住仙女，常为涪江纤夫作鞋，只须留布洞中，鞋便作成。

【流传】重庆市·潼南县（潼南区）大佛寺

【出处】《仙女洞》，见袁珂《中国神话大词典》，北京：华夏出版社2015年版，第107页。

汉族 仙女洞的仙女能与人作鞋袜及裹肚等。

【流传】四川省·巴中县（巴中市），（成都市）·郫县

【出处】《仙女洞》，见袁珂《中国神话大词典》，北京：华夏出版社2015年版，第107页。

W0826. 4a. 3. 4

仙女借给人物品

实 例

汉族 望丛祠仙女可出借婚丧所需家具与人，只须用后还原，有需便借，皆拯人所急、泽惠于民。

【流传】四川省·巴中县（巴中市），（成都市）·郫县

【出处】《仙女洞》，见袁珂《中国神话大词典》，北京：华夏出版社 2015 年版，第 107 页。

W0826. 4a. 4

仙女播种星星

实 例

汉族 远古时候，牛住在天上，犁云耕雾，让仙女播种星星。

【流传】河南省

【出处】张雨红讲，许培福采录整理：《牛和五谷》（1989. 12. 27），见张振犁编著，孟宪明、朱淑君统纂《中原神话通鉴》（第四卷），郑州：河南大学出版社 2017 年版，第 1294 页。

W0826. 4a. 5

仙女嫁人间

实 例

（实例待考）

W0826. 4a. 5. 1

仙女下凡与人间男子成婚

实 例

汉族 （实例待考）

W0826. 4a. 6

仙女离开人间

实 例

（参见下级母题实例）

W0826. 4a. 6. 1

仙女得到衣裳后离开人间

实 例

汉族 （参见“W0826. 4a. 6. 3. 1 仙女离开人间带走 3 个女儿”母题实例）

W0826. 4a. 6. 2

仙女被捉回天上

实 例

汉族 （实例待考）

W0826. 4a. 6. 3

仙女离开人间带走孩子

实 例

（参见下级母题实例）

W0826. 4a. 6. 3. 1

仙女离开人间带走 3 个女儿

实 例

汉族 豫章新喻县男子，见田中有六七女，皆衣毛衣，不知是鸟。匍匐往得其一女所解毛衣，取藏之，即往就诸鸟。诸鸟各飞去，一鸟独不得去。男子取以为妇。生三女。其母后使女问父，知衣在积稻下，得之，衣而飞去，后复以迎三女，女亦得飞去。

【流传】（江西省·新余市）

【出处】［晋］干宝：《搜神记》。

W0826.4a.6.3.2

仙女离开人间带走1双儿女

实 例

汉族 （实例待考）

W0826.5

仙女的数量

实 例

（参见下级母题实例）

W0826.5.1

三仙女（3个仙女）

实 例

（参见下级母题实例）

W0826.5.1.1

天上的三仙女

【关联】［W0826.4.3.1.1］天上住着3个美貌仙女

实 例

鄂伦春族 天上有三仙女。

【流传】 内蒙古自治区

【出处】 内蒙古东北少数民族社会历史调查组搜集，秋浦整理：《三仙女额胡娘娘》，见中华民族故事大系编委会编《中华民族故事大系》第15卷（德昂族、保安族、裕固族、京族、塔塔尔族、独龙族、鄂伦春族），上海：上海文艺出版社1995年版，第716页。

鄂伦春族 三星池乃三小池组成，清澈明亮，远望如三星，三仙女常来分别浴于此池。

【流传】（无考）

【出处】 袁珂改编：《三女神》，原载谷德明《中国少数民族神话选》，见袁珂《中国神话大词典》，北京：华夏出版社2015年版，592第页。

W0826.5.1.2

三仙女佛库伦

实 例

满族 三仙女佛库伦变成一只雪白的天鹅，从天上飞到长白山天池。

【流传】 辽宁省·（鞍山市）·岫岩县（岫岩满族自治县）·城南蓝旗堡子

【出处】 李成明讲，张其卓采录：《布库里雍顺》，见中国民间文学集成全国编辑委员会编《中国民间故事集成》（辽宁卷），北京：中国ISBN中心1994年版，第12页。

W0826. 5. 1. 3

三仙女掌管人间疾病

实 例

鄂伦春族 三仙女掌管人间疾病。

【流传】内蒙古自治区

【出处】内蒙古东北少数民族社会历史调查组搜集，秋浦整理：《三仙女额胡娘娘》，见中华民族故事大系编委会编《中华民族故事大系》第 15 卷（德昂族、保安族、裕固族、京族、塔塔尔族、独龙族、鄂伦春族），上海：上海文艺出版社 1995 年版，第 716 页。

W0826. 5. 1. 4

三个仙女是三姊妹

实 例

仫佬族（疑为“仡佬族”） 阿仰到天上找到天神哲格老人，也找到了三个仙女。一问，才晓得三个仙女是三姊妹。

【流传】（贵州省）

【出处】赵去周（“去”疑为“云”或“银”）讲，李道、罗懿群搜集整理：《阿仰兄妹制人烟》，见姚宝瑄主编《中国各民族神话》（仫佬族、壮族、京族），太原：山西出版传媒集团 · 书海出版社 2014 年版，第 16 页。

W0826. 5. 1. 5

三仙女是同胞姐妹

实 例

满族 很久以前，天上住着三个美貌的仙女，她们是同胞姐妹。

【流传】辽宁省 ·（鞍山市）· 岫岩县（岫岩满族自治县）

【出处】李成明讲，张其卓、董明搜集整理：《天鹅仙女》，原载张其卓、董明编《满族三老人故事集》，见陶阳、钟秀编《中国神话》（中），北京：商务印书馆 2008 年版，第 590 ~ 594 页。

W0826. 5. 2

五仙女（5 个仙女）

实 例

达斡尔族 以前，有 5 个仙女。

【流传】（无考）

【出处】孟志东整理：《金光闪闪的儿子》，见中华民族故事大系编委会编《中华民族故事大系》第 11 卷（达斡尔族、仫佬族、羌族），上海：上海文艺出版社 1995 年版，第 90 页。

W0826. 5. 2a

六仙女（6 个仙女）

实 例

蒙古族 六个仙女长得比侍女们漂亮得多。

【流传】（无考）

【出处】哈扎搜集，巴音巴图、姚宝瑄记录整理：《郭拉斯青和七仙女》，见姚宝瑄主编《中国各民族神话》（达斡尔族、鄂伦春族、鄂温克族、蒙古族），太原：山西出版传媒集团・书海出版社 2014 年版，第 226 页。

W0826.5.2a.1

天上有 6 个仙女

实 例

彝族 天上有六个仙女。

【流传】云南省・楚雄（楚雄彝族自治州）

【出处】李光富、李学忠讲，唐楚臣、甘振林搜集整理：《北斗七星》，载《山茶》1980 年第 1 期。

W0826.5.3

七仙女（7 个仙女）

【关联】

① ［W0766.3.1.1］织女是七仙女

② ［W0826.4a.2.1］七仙女下凡洗澡

③ ［W1734.8.2］七仙女变成北斗七星

实 例

鄂伦春族 （参见“W0826.4a.2.1 七仙女下凡洗澡”母题实例）

汉族 天宫的 7 个仙女偷偷下凡到人间玩耍。

【流传】浙江省・杭州市

【出处】黄欢讲，潘观涌整理：《月树人》，见姚宝瑄主编《中国各民族神话》（汉族），太原：山西出版传媒集团・书海出版社 2014 年版，第 285 ~ 288 页。

W0826.5.3.1

七仙女是玉皇大帝的孙女

【关联】［W0780.2b.1］玉皇大帝的孙女七仙女

实 例

汉族 七仙女是玉皇大帝的孙女。

【流传】浙江省

【出处】张松林采录：《六月时节过小年》，见王全吉等《浙江民俗故事》，杭州：浙江文艺出版社 2009 年版，第 22 页。

W0826.5.3.1a

七仙女是天帝的女儿

实 例

蒙古族 天上的天帝有七个美丽无比的仙女。

【流传】（无考）

【出处】哈扎搜集，巴音巴图、姚宝瑄记录整理：《郭拉斯青和七仙女》，见姚宝瑄主编《中国各民族神话》（达斡尔族、鄂伦春族、鄂温克族、蒙古族），太原：山西出版传媒集团・书海出版社 2014 年版，第 224 页。

W0826.5.3.1b

人间女子成为七仙女

实 例

满族 日吉纳（满语，杜鹃花）姑娘降伏了火魔之后，又飞上了天庭，向天帝谢恩去了。天帝被她所感动，便和王母商量，收她做了女儿。那时王母已有六个女儿，日吉纳便成了七仙女。

【流传】吉林省

【出处】

（a）佟畴、曾层搜集整理：《日吉纳姑娘》，见乌丙安、李文刚等编《满族民间故事选》，上海：上海文艺出版社 1983 年版。

（b）同（a），见姚宝瑄主编《中国各民族神话》（满族、赫哲族、朝鲜族），太原：山西出版传媒集团·书海出版社 2014 年版，第 91～95 页。

W0826. 5. 3. 1b. 1

女子飞到天上成为七仙女

实 例

汉族 制服火魔的日吉纳（人名）姑娘完成任务后飞到天上。当时王母已有六个女儿，日吉纳便成了七仙女。

【流传】东北长白山一带

【出处】佟畴、曾层搜集整理：《天池》，见姚宝瑄主编《中国各民族神话》（汉族），太原：山西出版传媒集团·书海出版社 2014 年版，第 348～352 页。

W0826. 5. 3. 2

七仙女是杼神

实 例

汉族 ☆绸乡在七月七日要请杼神，即玉皇大帝的孙女七仙女。

【流传】浙江省

【出处】张松林采录：《六月时节过小年》，见王全吉等《浙江民俗故事》，杭州：浙江文艺出版社 2009 年版，第 22～23 页。

W0826. 5. 3. 3

七仙女住天上

实 例

俄罗斯族 以前，天上有七位仙女。

【流传】（无考）

【出处】瓦·古巴诺娃讲，留霞翻译，王国春整理：《睡美人》，见中华民族故事大系编委会编《中华民族故事大系》第 14 卷（普米族、塔吉克族、怒族、俄罗斯族、鄂温克族），上海：上海文艺出版社 1995 年版，第 767 页。

黎族 天上有七仙女。

【流传】（无考）

【出处】苏海鸥整理：《阿德哥和七仙妹》，见中华民族故事大系编委会编《中华民族故事大系》第 7 卷（黎族、傈僳族、佤族），上海：上海文艺出版社 1995 年版，第 67 页。

W0826. 5. 3. 4

上界仙女家的七姐妹

实 例

蒙古族 上界的仙女家有七个姐妹。

【流传】四川省与云南省交界处的泸沽湖一带

【出处】

(a) 扎西玛、何杜基讲，李述唐搜集整理：《鲁俄俄》，载中国民间文艺家协会《民间文学》1987年第7期。

(b) 同(a)，见姚宝瑄主编《中国各民族神话》(达斡尔族、鄂伦春族、鄂温克族、蒙古族)，太原：山西出版传媒集团·书海出版社2014年版，第141页。

W0826.5.3.5

七仙女有五百侍女

实 例

蒙古族 七仙女有五百个侍女跟随她们。

【流传】(无考)

【出处】哈扎搜集，巴音巴图、姚宝瑄记录整理：《郭拉斯青和七仙女》，见姚宝瑄主编《中国各民族神话》(达斡尔族、鄂伦春族、鄂温克族、蒙古族)，太原：山西出版传媒集团·书海出版社2014年版，第224页。

W0826.5.3.6

七仙女变成天鹅下凡

实 例

蒙古族 七仙女变成七只洁白的天鹅，从天上飞下来，穿过彩霞云层，来到人间。

【流传】(无考)

【出处】姚宝瑄、巴音巴图翻译，阿·太白搜集整理：《博格达山的传说》，见姚宝瑄主编《中国各民族神话》(达斡尔族、鄂伦春族、鄂温克族、蒙古族)，太原：山西出版传媒集团·书海出版社2014年版，第165页。

W0826.5.3.6a

七仙女下凡游乐

【关联】［W0826.4a.2.1］七仙女下凡洗澡

实 例

汉族 七仙女常常瞒着王母娘娘，下凡寻凡间人作乐。

【流传】福建省·(宁德市)·周宁县·浦源乡、纯池乡

【出处】邱端素讲，李晓云记录整理：《七仙女和北斗星》(1987.09.01)，见姚宝瑄主编《中国各民族神话》(汉族)，太原：山西出版传媒集团·书海出版社2014年版，第334~335页。

W0826.5.3.7

七仙女归玉皇的大女儿张大姐管理

实 例

汉族 七仙女(织女)归玉皇的大女儿张大姐管理。

【流传】四川省·巴县(今重庆市·巴南区)·走马乡

【出处】谢治中讲，严小华采录：《轩辕制衣服》，见中国民间文学集成全国编辑委员会编《中国民间故事集成》（四川卷·上），北京：中国 ISBN 中心 1998 年版，第 60 页。

W0826. 5. 3. 8

七仙女玛尼

实 例

（参见下级母题实例）

W0826. 5. 3. 8. 1

七仙女玛尼比六个姐姐更美丽

实 例

蒙古族 七仙女玛尼长得比她的六个姐姐还要美丽。

【流传】（无考）

【出处】哈扎搜集，巴音巴图、姚宝瑄记录整理：《郭拉斯青和七仙女》，见姚宝瑄主编《中国各民族神话》（达斡尔族、鄂伦春族、鄂温克族、蒙古族），太原：山西出版传媒集团·书海出版社 2014 年版，第 226 页。

W0826. 5. 3. 9

七仙女的婚姻

实 例

（参见下级母题实例）

W0826. 5. 3. 9. 1

七仙女中的老三与人婚

实 例

汉族 七仙女中的三妹看农民小伙憨厚老实，又无家小，就在他家住下了。以后，两人结成了夫妻。

【流传】浙江省·杭州市

【出处】黄欢讲，潘观涌整理：《月树人》，见姚宝瑄主编《中国各民族神话》（汉族），太原：山西出版传媒集团·书海出版社 2014 年版，第 285 ~ 288 页。

W0826. 5. 3. 9. 2

七仙女中的老小与人婚

实 例

汉族 （实例待考）

W0826. 5. 3. 10

七仙女的特征

实 例

（参见下级母题实例）

W0826. 5. 3. 10. 1

七个仙女中七仙女最贤惠漂亮

实 例

朝鲜族 在七个仙女中，要数那七仙女最贤惠漂亮。

【流传】（辽宁省·沈阳市郊区）

【出处】金德顺讲，裴永镇整理：《牧童和仙女》，原载《金德顺故事集》，见陶阳、钟秀编《中国神话》（中），北京：商务印书馆 2008 年版，第 920 ~930 页。

W0826.5.3.11

七仙女的生活

实 例

（参见下级母题实例）

W0826.5.3.11.1

七个仙女姐妹形影不离

实 例

汉族 很早以前，天上有七个仙女姐妹关系很好，总是同排走，同排坐。

【流传】福建省·（宁德市）·周宁县·浦源乡、纯池乡

【出处】邱端素讲，李晓云记录整理：《七仙女和北斗星》（1987.09.01），见姚宝瑄主编《中国各民族神话》（汉族），太原：山西出版传媒集团·书海出版社2014年版，第334～335页。

W0826.5.4

九仙女

实 例

蒙古族 （实例待考）

W0826.5.4.1

天上的九仙女

实 例

水族 天上有九个仙女，职能各不相同。

【流传】贵州省·（黔南布依族苗族自治州）·三都县

【出处】蒙健康讲，蔡中运采录：《阿晅送火种》，见中国民间文学集成全国编辑委员会编《中国民间故事集成》（贵州卷），北京：中国ISBN中心2003年，第59页。

水族 天上有9个仙女。

【流传】贵州省·（黔南布依族苗族自治州）·三都（三都水族自治县）、荔波（荔波县）一带

【出处】蒙健康讲，蔡中运整理：《九仙的故事》，见中华民族故事大系编委会编《中华民族故事大系》第9卷（水族、东乡族、纳西族），上海：上海文艺出版社1995年版，第14页。

W0826.5.5

其他数量的仙女

实 例

（参见下级母题实例）

W0826.5.5.1

十仙女

实 例

汉族 （实例待考）

W0826.5.5.2

百名仙女

实 例

（参见下级母题实例）

W0826.5.5.2.1

玉帝送花神妹妹百名仙女

实 例

汉族 玉帝答应花神妹妹的请求，立即送出一百名仙女。

【流传】

（a）河南省·（南阳市）·社旗县

（b）河南省·驻马店市·汝南县

（c）河南省·（新乡市）·封丘县

【出处】

（a）杨东来搜集整理：《天女散花》，见张振犁编著《中原神话通鉴》（第一卷），郑州：河南大学出版社2017年版，第38页。

（b）申汪让讲，张丽卿采录整理：《天女散花》，同上，第39页。

（c）王又凡（50多岁，教师）讲，王海燕采录：《花神》（1989.12.16），同上，第40页。

W0826.5a

仙女的关系

实 例

（参见下级母题实例）

W0826.5a.1

仙女的姐妹

实 例

（参见下级母题实例）

W0826.5a.1.1

仙女与女神是姐妹

实 例

（参见下级母题实例）

W0826.5a.1.1.1

赤衣仙女、白衣仙女与女神喜利妈妈是亲姐妹

实 例

锡伯族 赤衣仙女、白衣仙女是女神喜利妈妈的亲姐妹。

【流传】辽宁省·沈阳市·于洪区

【出处】何钧佑口述，沈阳市于洪区文化馆采录整理：《何钧佑锡伯族长篇故事》（上），沈阳：辽宁人民出版社2009年版，第68页。

W0826.6

与仙女有关的其他母题

【关联】［W7273］人与仙女婚

实 例

（参见下级母题实例）

W0826.6.1

特定名称的仙女

实 例

（参见下级母题实例）

W0826.6.1.1

红云黄云天仙女底诗底妮吾司木

实 例

彝族 “更”（天神“更资”）的母亲蒲依割掉一半肺生出的女孩（仙女）名叫吾司木。因为她长大后喜欢穿红艳艳的衣裙，飘在天上，像一团黄灿灿彩莹莹的云团，所以人们都叫她底诗底妮吾司木（即红云黄云天仙女）。

【流传】 云南省·（楚雄彝族自治州）·永仁县

【出处】

（a）曲木阿石等讲，罗有能整理：《更资天神》，见云南省楚雄州文教局、云南省楚雄州民委会编《楚雄民间文学资料》，内部资料，1979年。

（b）同（a），见姚宝瑄主编《中国各民族神话》（羌族、彝族），太原：山西出版传媒集团·书海出版社2014年版，第181页。

W0826.6.1.2

仙女代尼乌音

实 例

达斡尔族 代尼乌音（仙女）的羽衣被烧掉后，没办法再飞回天上去

【流传】（无考）

【出处】 巴达荣嘎讲：《代尼乌音和莫日根》，见萨音塔娜编《达斡尔民间故事选》，呼和浩特：内蒙古人民出版社1987年版。

W0826.6.1.3

太阳仙女

实 例

汉族 一天，天宫里的仙女太阳出宫散心，听见了人们的叹息，勾动了她的下凡之心。

【流传】 河南省·（焦作市·武陟县·阳城乡·郭下村）

【出处】 王泥秋（28岁，高中，农民）讲，王广先采录整理：《白天和黑夜》，见张振犁编著，孟宪明、朱淑君统纂《中原神话通鉴》（第四卷），郑州：河南大学出版社2017年版，第1219页。

W0826.6.1.4

蟠桃仙女

实 例

汉族 蟠桃仙女摘桃送别文曲星的事被王母看在眼里，说她触犯天规。

【流传】 河南省·（郑州市）·新郑市

【出处】 王耀斌采录整理：《仓颉四只眼》，见张振犁编著，孟宪明、朱淑君统纂《中原神话通鉴》（第二卷），郑州：河南大学出版社2017年版，第663页。

W0826.6.1.5

天真仙女

实 例

汉族 长洲，在南海辰巳之地，地方各五千里，去岸二十五万里，上饶山川，及多大树，树乃有二千围者。有紫府宫，天真仙女，游于此地。

【流传】（无考）

【出处】

(a)［汉］东方朔撰：《海内十洲记》。

(b)《长洲》，见袁珂《中国神话大词典》，北京：华夏出版社 2015 年版，第 76 页。

W0826. 6. 1. 6

仙女阿晅

实 例

（参见下级母题实例）

W0826. 6. 1. 6. 1

天上的仙女阿晅管火种

实 例

水族 天上有个管火种的仙女，名叫“阿晅”，长得十分美丽，温柔多情。

【流传】（贵州省·黔南布依族苗族自治州·三都水族自治县）

【出处】蒙健康、潘有圣讲，蔡中运搜集整理：《阿晅送火种》，原载《水族民间故事选》，见陶阳、钟秀编《中国神话》（中），北京：商务印书馆 2008 年版，第 942 ~948 页。

W0826. 6. 1. 7

云姑仙女

实 例

（参见下级母题实例）

W0826. 6. 1. 7. 1

云姑仙女羡慕人间的自由逃到人间

实 例

汉族 古时候，天上有一个云姑仙女与太阳神相爱。他们厌恶天宫的单调生活，羡慕人间的自由，就准备逃到人间。

【流传】江苏省·（淮安市）·淮阴市（淮阴区）

【出处】李生玉讲，李德举记录整理：《太阳和向日葵》（1983），见姚宝瑄主编《中国各民族神话》（汉族），太原：山西出版传媒集团·书海出版社 2014 年版，第 157 ~158 页。

W0826. 6. 2

仙女多情

实 例

汉族 （参见“W0826. 6. 1. 4 蟠桃仙女”母题实例）

W0826. 6. 3

玉仙

实 例

（参见下级母题实例）

W0826.6.3.0
食月中褰树叶者为玉仙

实 例

汉族 月中树名褰树，一名药王。凡有八树，得食其叶者为玉仙。玉仙之身，洞彻如水精琉璃焉。

【流传】（无考）

【出处】［明］陈仁锡：《潜确类书》卷一“月中骞树”条引《云笈七签》。

W0826.6.3.1
玉仙告诉嫘祖纺织方法

实 例

汉族 嫘祖沿着石壁上的小路来到洞口，只见一个十六七岁的山村小姑玉仙，穿着当时谁也没有见识过的衣裳，正坐在一架木制的纺车前纺丝。玉仙告诉嫘祖纺织方法。

【流传】河南省·（郑州市）·巩义市

【出处】石栏采录整理：《嫘祖访玉仙》，见张振犁编著，孟宪明、朱淑君统纂《中原神话通鉴》（第二卷），郑州：河南大学出版社 2017 年版，第 522 页。

W0826.6.3.2
玉仙三姐妹

【关联】［W0045.6.1.2］玉仙三姐妹协助嫘祖织布做衣被奉为神

实 例

汉族 玉仙三姐妹协助嫘祖织布做衣。

【流传】河南省·（郑州市）·巩义市

【出处】石栏采录整理：《嫘祖访玉仙》，见张振犁编著，孟宪明、朱淑君统纂《中原神话通鉴》（第二卷），郑州：河南大学出版社 2017 年版，第 522 页。

W0826.6.3.3
玉仙之身洞彻如水精琉璃

实 例

汉族 （参见“W0826.6.3.0 食月中褰树叶者为玉仙”母题实例）

W0826.6.4
金仙

【关联】［W0827.1.23.2］广成子是“十二金仙”之一

实 例

汉族 （实例待考）

W0826.6.5
仙婆

实 例

（参见下级母题实例）

W0826.6.5.1
仙婆牙线是天神的女儿

实 例

水族 天上有一位牙线（仙婆），是天神的第九个女儿。

【流传】贵州省·（黔东南苗族侗族自治州）·榕江县·平永乡

【出处】潘开雄等讲，杨路塔采录：《十二个仙蛋》见中国民间文学集成全国编辑委员会编《中国民间故事集成》（贵州卷），北京：中国 ISBN 中心 2003 年，第 10 页。

W0826.6.5.2

仙婆牙线被贬下凡

实 例

水族 天神的第九个女儿牙线（仙婆），触犯了天规，天神恼怒，被惩罚降到大地上来。

【流传】贵州省·（黔东南苗族侗族自治州）·榕江县·平永乡

【出处】潘开雄等讲，杨路塔采录：《十二个仙蛋》见中国民间文学集成全国编辑委员会编《中国民间故事集成》（贵州卷），北京：中国 ISBN 中心 2003 年，第 10 页。

W0826.6.6

仙姑娘（仙姑）

实 例

汉族 仙姑是一个年轻的少女，她代替了太阳公公原先的职务。因怕羞，每当早上值班放热的时候，就用一根银针插在自己头上，来掩护自己。

【流传】河南省·（南阳市）·西峡县［采录地点：西峡县·蛇尾乡·石槽村］

【出处】乔思忠（男，40 岁，汉族，初中毕业，西峡县蛇尾乡石槽村农民）采录，谢起超（男，40 岁，汉族，高中毕业，西峡县文化馆干部）采录整理：《太阳姑娘》（1986.03.25），见张振犁编著，孟宪明、朱淑君统纂《中原神话通鉴》（第四卷），郑州：河南大学出版社 2017 年版，第 1201 页。

W0826.6.6.1

仙姑变成白雀救猎人

实 例

鄂伦春族 仙姑变作白雀拯救猎人。

【流传】（无考）

【出处】《白衣仙姑》，原载马名超、崔焱《鄂伦春族宗教与神话》，见《中国各民族宗教与神话大词典》编审委员会编《中国各民族宗教与神话大词典》，北京：学苑出版社 1993 年版。

W0826.6.6.2

白衣仙姑

实 例

（参见下级母题实例）

W0826.6.6.2.1

白衣仙姑救死扶伤

实 例

鄂伦春族 在鄂伦春族中，流传着白衣仙姑救死扶生的故事。

【流传】（中国东北部地区）

【出处】

(a) 莫金泣孟玉讲，隋书金整理：《白衣仙姑》，见《鄂伦春民间故事选》，上海：上海文艺出版社 1983 年版。

(b) 同 (a)，见姚宝瑄主编《中国各民族神话》（达斡尔族、鄂伦春族、鄂温克族、蒙古族），太原：山西出版传媒集团·书海出版社 2014 年版，第 102~107 页。

W0826.6.6.3

三仙姑

实 例

汉族 三霄娘娘又称感应随世三仙姑，是云霄、琼霄、碧霄的合称，也是神话产传说中的三位女神。这三位仙女在碣石山上的碧霞宫里修行，她们采天地灵气，集日月精华，不仅练就了一身好武艺，还练成了三件宝贝，一件是金蛟剪，一件是混元金斗，一件是缚龙索。

【流传】（无考）

【出处】《三霄娘娘》，参见 https://baike.baidu.com。

W0826.6.6.4

稻谷仙姑

实 例

（参见下级母题实例）

W0826.6.6.4.1

稻谷仙姑是天神的小女儿

实 例

哈尼族 稻谷仙姑是天神的小女儿。

【流传】云南省·（红河哈尼族彝族自治州）·元阳县

【出处】朱小和讲，李永万翻译，红芒、芳芳整理：《英雄玛麦》，原载云南省民间文学集成办公室编《哈尼族神话传说集成》，中国民间文艺出版社 1990 年版，见姚宝瑄主编《中国各民族神话》（哈尼族、傣族），太原：山西出版传媒集团·书海出版社 2014 年版，第 196 页。

W0826.6.6.4.2

稻谷仙姑嗜酒

实 例

哈尼族 稻谷仙姑是天神的十二个姑娘当中酒量最大的一个。碰上她心情愉快的时候，更是要喝个痛快。

【流传】云南省·（红河哈尼族彝族自治州）·元阳县

【出处】朱小和讲，李永万翻译，红芒、芳芳整理：《英雄玛麦》，原载云南省民间文学集成办公室编《哈尼族神话传说集成》，中国民间文艺出版社 1990 年版，见姚宝瑄主编《中国各民族神话》（哈尼族、傣族），太原：山西出版传媒集团·书海出版社 2014 年版，第 197 页。

W0826. 6. 6. 5

百谷仙姑

实 例

（参见下级母题实例）

W0826. 6. 6. 5. 1

百谷仙姑巡视人间

实 例

满族 百谷仙姑扮作一个老大嫂降到人间来看一看人们如何对待粮食。

【流传】辽宁省·（鞍山市）·岫岩县（岫岩满族自治县）

【出处】李成明讲，张其卓、董明搜集整理：《神农婆与百谷仙姑》，原载中国民间文艺研究会辽宁分会编《满族三老人故事集》，见陶阳、钟秀编《中国神话》（下），北京：商务印书馆2008年版，第1160～1163页。

W0826. 6. 7

天仙女

实 例

（参见下级母题实例）

W0826. 6. 7. 1

天仙女盗药

实 例

壮族 天仙女盗药被变为青蛙。

【流传】云南省·（文山壮族苗族自治州）·砚山（砚山县）、文山（文山市）、富宁（富宁县）

【出处】林安在讲，刘德荣整理：《三七的传说》，见中华民族故事大系编委会编《中华民族故事大系》第3卷（彝族、壮族、布依族），上海：上海文艺出版社1995年版，第447页。

W0826. 6. 7a

彩女

实 例

（参见下级母题实例）

W0826. 6. 7a. 1

天上的彩女偷偷下凡

实 例

汉族 天宫里那些神兵、天将、彩女、云童，听说峨眉山上风光秀丽，就时常经过天门石，偷偷跑到峨眉山来游玩。

【流传】四川省·成都市

【出处】张承业搜集整理：《天门石》，见姚宝瑄主编《中国各民族神话》（汉族），太原：山西出版传媒集团·书海出版社2014年版，第82～84页。

W0826. 6. 8

仙女湖

实 例

（实例待考）

W0826.6.8.1

新余仙女湖

实 例

汉族 （实例待考）

W0826.6.9

仙女洞

实 例

（实例待考）

W0827

其他特定的仙（特定名称的仙）

实 例

（参见下级母题实例）

W0827.1

仙人（仙子，仙童）

【汤普森】 F482

【关联】

①［W0671.8.2.5］吴刚列入仙班（仙人吴刚）

②［W0768.3］善财童子

实 例

（参见下级母题实例）

W0827.1.0

仙子的产生

实 例

（参见下级母题实例）

W0827.1.0.1

宇宙四方产生4位仙子

实 例

彝族 天地还未分开前，宇宙的四方诞生了四位仙子。东方诞生了儒惹古达，西方诞生了署惹尔达，北方诞生了司惹低尼，南方诞生了阿俄署布。

【流传】（无考）

【出处】 伍精忠整理：《大地是怎样形成的》，见姚宝瑄主编《中国各民族神话》（羌族、彝族），太原：山西出版传媒集团·书海出版社2014年版，第277页。

W0827.1.0a

仙子的特征

实 例

（实例待考）

W0827.1.0b

仙子的身份

实 例

（参见下级母题实例）

W0827.1.0b.1

地下的地人是“仙子”

实 例

彝族 天上的“天人”是神，地下的地人是“仙子”

【流传】（无考）

【出处】《天门地门论》，原载王松编写《影与变创世纪》附记，见姚宝瑄主编《中国各民族神话》（羌族、彝族），太原：山西出版传媒集团·书海出版社2014年版，第130页。

W0827. 1. 0c

仙子的生活

实 例

（实例待考）

W0827. 1. 1

蟠桃仙子

实 例

（参见下级母题实例）

W0827. 1. 1. 1

特定的人是西王母的蟠桃仙子的化身

实 例

汉族 董双成就是传说中的西王母的蟠桃仙子。

【流传】浙江省·杭州市

【出处】《西王母和她的蟠桃仙子》，见 http：//blog. readnovel. com/article/htm/tid_ 172268. html，2006. 07. 16。

W0827. 1. 2

云仙子

实 例

（参见下级母题实例）

W0827. 1. 2. 1

云仙子是风神、雨神的女儿

实 例

畲族 云仙子是风神、雨神的女儿。

【流传】（无考）

【出处】唐宗龙记录：《夺火记》，见谷德明编《中国少数民族神话》，北京：中国民间文艺出版社1987年版，第224页。

畲族 云仙子是风神、雨神的女儿。

【流传】浙江省·丽水（丽水市）

【出处】唐宗龙等整理：《火神和烟神的传说》，见中华民族故事大系编委会编《中华民族故事大系》第8卷（畲族、高山族、拉祜族），上海：上海文艺出版社1995年版，第44页。

畲族 云仙子是风神、雨神的女儿，是个极聪明的仙子。

【流传】（无考）

【出处】

（a）唐宗龙记录：《夺火记》，见谷德明编《中国少数民族神话》，北京：中国民间文艺出版社1987年版，第224～229页。

（b）同（a），见姚宝瑄主编《中国各民族神话》（高山族、黎族、畲族），太原：山西出版传媒集团·书海出版社2014年版，第131页。

W0827.1.2.2
云仙子斗魔王

实 例

畲族 云仙子阴化一缕青烟，绕于魔王眼前。魔王渐模糊不辨物。

【流传】（无考）

【出处】袁珂改编：《雷豹夺火》（原名《夺火记》），原载谷德明编《中国少数民族神话选》，见袁珂《中国神话大词典》，北京：华夏出版社 2015 年版，第 522 页。

W0827.1.3
百花仙子（花仙）

【关联】

①［W0542.1］花神

②［W1978.1.2.2］百花仙子造井

实 例

（参见下级母题实例）

W0827.1.3.1
百花仙子貌美

实 例

汉族 百花仙子十分美貌，鸭蛋形的脸上长着一双伶俐的眼睛，一见面就给人一种温顺、善良的感觉。

【流传】河南省·（信阳市）·息县

【出处】邵志怡（男，69 岁，市民，清末秀才）讲，曹金铸采录整理：《香稻丸》（1962），见张振犁编著，孟宪明、朱淑君统纂《中原神话通鉴》（第三卷），郑州：河南大学出版社 2017 年版，第 757 页。

W0827.1.3.2
百花仙子能解人间苦中苦

实 例

汉族 百花仙子拂去彩云，降落人间，化一美女，抛弃天庭甜上甜，来解人间苦中苦。

【流传】河南省·（信阳市）·息县

【出处】邵志怡（男，69 岁，市民，清末秀才）讲，曹金铸采录整理：《香稻丸》（1962），见张振犁编著，孟宪明、朱淑君统纂《中原神话通鉴》（第三卷），郑州：河南大学出版社 2017 年版，第 757 页。

W0827.1.3.3
百花仙子受命于花神

实 例

汉族 玉帝答应花神妹妹的请求，立即送出一百名仙女，说：“我封你们为百花仙子，受花神管。”

【流传】河南省·（南阳市）·社旗县

【出处】杨东来搜集整理：《天女散花》，见张振犁编著《中原神话通鉴》（第一卷），郑州：河南大学出版社 2017 年版，第 38 页。

W0827. 1. 3. 4

百花仙子驾彩云

实 例

汉族 百花仙子驾着彩云来到这片荒芜的沙坡上，顿起怜悯之心，决心抛弃天庭甜上甜，来解人间苦中苦。

【流传】（河南省·信阳市·息县）

【出处】

（a）曹金涛搜集整理：《香稻丸》，原载《民间文学》1980 年 3 期。

（b）同（a），见姚宝瑄主编《中国各民族神话》（汉族），太原：山西出版传媒集团·书海出版社 2014 年版，第 357～364 页。

W0827. 1. 3a

牡丹仙子

实 例

（参见下级母题实例）

W0827. 1. 3a. 0

鲜花化为牡丹仙子

实 例

（参见下级母题实例）

W0827. 1. 3a. 0. 1

百花仙子的鲜花化为牡丹仙子

实 例

汉族 百花仙子将手中的素绢摆了三摆，顿时百朵鲜花从四周飘飘而来，一到跟前，瞬即化为百名美女，这便是牡丹仙子，月季仙子，菊花仙子，桂花仙子，芍药仙子，茉莉仙子，玫瑰仙子等。

【流传】（河南省·信阳市·息县）

【出处】

（a）曹金涛搜集整理：《香稻丸》，原载《民间文学》1980 年 3 期。

（b）同（a），见姚宝瑄主编《中国各民族神话》（汉族），太原：山西出版传媒集团·书海出版社 2014 年版，第 357～364 页。

W0827. 1. 3a. 1

采牡丹的仙子是牡丹仙子

实 例

汉族 玉帝对一百名仙女说：“你们可随意采花，采牡丹的是牡丹仙子。”

【流传】

（a）河南省·（南阳市）·社旗县

（b）河南省·（新乡市）·封丘县

【出处】

（a）杨东来搜集整理：《天女散花》，见张振犁编著《中原神话通鉴》（第一卷），郑州：河南大学出版社 2017 年版，第 38 页。

（b）王又凡（50 多岁，教师）讲，王海燕采录：《花神》（1989. 12. 16），同上，第 40 页。

W0827. 1. 3a. 2

牡丹仙子看守广寒宫的白牡丹

实 例

汉族 天帝命牡丹仙子到广寒宫看管白牡丹。

【流传】河南省·洛阳市

【出处】刘东山讲，顾丰年记录整理：《嫦娥种牡丹》，见姚宝瑄主编《中国各民族神话》（汉族），太原：山西出版传媒集团·书海出版社2014年版，第237~240页。

W0827.1.3b
荷花仙子

实　例

（参见下级母题实例）

W0827.1.3b.1
采荷花的仙子是荷花仙子

实　例

汉族 玉帝对一百名仙女说："你们可随意采花，采牡丹的是牡丹仙子，采荷花的是荷花仙子。把你们采来的花撒向人间。"

【流传】

（a）河南省·（南阳市）·社旗县

（b）河南省·（新乡市）·封丘县

【出处】

（a）杨东来搜集整理：《天女散花》，见张振犁编著《中原神话通鉴》（第一卷），郑州：河南大学出版社2017年版，第38页。

（b）王又凡（50多岁，教师）讲，王海燕采录：《花神》（1989.12.16），同上，第40页。

W0827.1.3c
菊花仙

实　例

汉族 （参见"W0827.1.3e.1 牡丹、荷花、菊花和梅花四位花仙"母题实例）

W0827.1.3d
梅花仙

实　例

汉族 （参见"W0827.1.3e.1 牡丹、荷花、菊花和梅花四位花仙"母题实例）

W0827.1.3e
四大花仙

实　例

（参见下级母题实例）

W0827.1.3e.1
牡丹、荷花、菊花和梅花四位花仙

实　例

汉族 花神有四位花仙分别指牡丹、荷花、菊花和梅花，象征四季之花，常开不败。

【流传】（无考）

【出处】《花神》，见乌丙安主编《中国民间神谱》，沈阳：辽宁人民出版社2007年版，第34页。

W0827.1.4

磨坊仙子

【关联】［W1307.6.3］磨坊仙子把天升高

实 例

（参见下级母题实例）

W0827.1.4.1

磨坊仙子叫达伙

实 例

仫佬族 磨坊仙子叫达伙（人名）把箩筐里的谷子撮到磨盘上，对神磨轻轻吹了一口仙气，神磨就飞快地转动起来。眨眼间，就磨出了很多白米。

【流传】广西壮族自治区·（河池市）·罗城仫佬族地区（罗城仫佬族自治县）

【出处】龙华新讲，龙殿宝搜集整理：《天是怎样升高起来的》，见姚宝瑄主编《中国各民族神话》（仫佬族、壮族、京族），太原：山西出版传媒集团·书海出版社 2014 年版，第 5 页。

W0827.1.4.2

磨坊仙子把天升高

实 例

仡佬族（应为仫佬族） 玉皇大帝派达伙（人名，地上的人）到天上做磨坊仙子，并把天升高起来，以防避地上的臭气熏天。

【流传】广西壮族自治区·（河池市）·罗城县（罗城仫佬族自治县）

【出处】龙华新讲，龙殿保搜集整理：《天是怎样升高起来的》，原载包玉堂等编《仡佬族民间故事》（“仡佬族”应为“仫佬族”），见陶阳、钟秀编《中国神话》（上），北京：商务印书馆 2008 年版，第 188～190 页。

W0827.1.5

四仙子

实 例

（参见下级母题实例）

W0827.1.5.1

天地未分前生四仙子

实 例

彝族 天地未分前，诞生四仙子。

【流传】四川省·凉山地区（凉山彝族自治州）

【出处】冯元尉译：《勒俄特依》，成都：四川民族出版社 1986 年版，第 9 页。

W0827.1.6

桂月仙子

实 例

汉族 大力二郎遇到天上王母娘娘派下来的，在望花楼看花园的桂月仙子。

【流传】河南省·（南阳市）·南召县

【出处】翟传林（男，30 岁，教师，高中）讲，乔明宪采录整理：《二郎船》，见张振犁编著，孟宪明、朱淑君统纂《中原神话通鉴》（第三卷），郑州：河南大学出版社 2017 年版，第 942 页。

W0827.1.7

仙人赤松子

【关联】［W0304.3.3.1］雨师赤松子

实 例

（参见下级母题实例）

W0827.1.7.1

仙人赤松子死后封宁封子

实 例

汉族 赤松子者，黄帝时人也。世传为黄帝陶正。有人过之，为其掌火，能出五色烟，久则以教封子。封子积火自烧，而随烟气上下，视其灰烬，犹有其骨。时人共葬之宁北山中，故谓之宁封子焉。

【流传】（无考）

【出处】［西汉］刘向：《列仙传》卷上。

W0827.1.7.1.1

仙人宁封隐居青城山

实 例

汉族 黄帝时，发明制陶的宁封原是隐居在蜀地青城山中的仙人。

【流传】河南省·（郑州市）·新郑市

【出处】《陶正宁封》，原载马清福主编《秦汉神异》，辽宁大学出版社 1991 年版，见张振犁编著，孟宪明、朱淑君统纂《中原神话通鉴》（第二卷），郑州：河南大学出版社 2017 年版，第 631 页。

W0827.1.7.2

赤诵子是上谷人

实 例

汉族 赤诵子，上谷人，病疠入山，导引轻举。

【流传】（无考）

【出处】［西汉］淮南王刘安及门客：《淮南子·齐俗训》高诱注。

W0827.1.7.2.1

赤诵子吐故纳新，上通云天

实 例

汉族 今夫王乔、赤诵子，吹呕呼吸，吐故纳新，遗形去智，抱素返真，以游玄眇，上通云天。导引轻举假上也。

【流传】（无考）

【出处】［西汉］淮南王刘安及门客：《淮南子·齐俗训》。

W0827.1.7.3

赤松子与火共舞

实 例

汉族 神仙赤松子能够跳入火中自焚，能够随风雨上下，还可以常到昆仑山上西王母的石室中。

【流传】（无考）

【出处】《赤松子》，见乌丙安主编《中国民间神谱》，沈阳：辽宁人民出版社2007年版，第277页。

W0827.1.7.4

赤松子的名号

实例

（参见下级母题实例）

W0827.1.7.4.1

赤松子又名赤诵子

实例

汉族 赤松子，又名“赤诵子”，号“左圣南极南岳真人”、“左仙太虚真人”。

【流传】（无考）

【出处】《赤松子》，见乌丙安主编《中国民间神谱》，沈阳：辽宁人民出版社2007年版，第277页。

W0827.1.7.4.2

赤松子号左圣南极南岳真人

实例

汉族 （参见“W0827.1.7.4.1 赤松子又名赤诵子”母题实例）

W0827.1.7.4.3

赤松子号左仙太虚真人

实例

汉族 （参见“W0827.1.7.4.1 赤松子又名赤诵子”母题实例）

W0827.1.8

鹿鸭仙人

实例

（参见下级母题实例）

W0827.1.8.1

鹿鸭仙人平地走路像鹿，在水里像鸭子

实例

汉族 天塌地陷时，雷花和雷生姐弟遇到的怪鸭子是鹿鸭仙人。他在平地走路像鹿，在水里又像鸭子，经过了好几次天塌地陷。

【流传】河南省·（南阳市）·桐柏县·（固县乡·黄畈村）

【出处】黄发美（37岁）、郑昌寿（65岁）讲，马卉欣采录整理：《鹿鸭媒》（1980.02），见张振犁编著，孟宪明、朱淑君统纂《中原神话通鉴》（第二卷），郑州：河南大学出版社2017年版，第398页。

W0827.1.8.2
鹿鸭仙人住九天

实 例

汉族 鹿鸭仙人住九天上，每回天塌地陷以后，都来成全好事，搭救生灵。

【流传】河南省·（南阳市）·桐柏县·（固县乡·黄畈村）

【出处】黄发美（37岁）、郑昌寿（65岁）讲，马卉欣采录整理：《鹿鸭媒》（1980.02），见张振犁编著，孟宪明、朱淑君统纂《中原神话通鉴》（第二卷），郑州：河南大学出版社2017年版，第398页。

W0827.1.9
皎阳大仙

实 例

（参见下级母题实例）

W0827.1.9.1
黄狼精被玉皇大帝封为皎阳大仙

实 例

汉族 经过如来佛祖一番点化，黄狼精被玉皇大帝封为皎阳大仙。

【流传】河南省·（周口市·项城市）·官会乡（官会镇）·于庄村

【出处】于书章（男，43岁，汉族，初中，农民）讲，王金亮（男，38岁，汉族，初中，官会乡文化站专职干部）采录，苏国安采录整理：《皎阳与洁月》，见张振犁编著，孟宪明、朱淑君统纂《中原神话通鉴》（第四卷），郑州：河南大学出版社2017年版，第1209页。

W0827.1.10
洁月大仙

实 例

（参见下级母题实例）

W0827.1.10.1
白兔精被玉皇大帝封为洁月大仙

实 例

汉族 经过如来佛祖一番点化，白兔精被封为洁月大仙。

【流传】河南省·（周口市·项城市）·官会乡（官会镇）·于庄村

【出处】于书章（男，43岁，汉族，初中，农民）讲，王金亮（男，38岁，汉族，初中，官会乡文化站专职干部）采录，苏国安采录整理：《皎阳与洁月》，见张振犁编著，孟宪明、朱淑君统纂《中原神话通鉴》（第四卷），郑州：河南大学出版社2017年版，第1209页。

W0827.1.11
护山大仙

实 例

（参见下级母题实例）

W0827.1.11.1

护山大仙是山神爷的助手

实 例

汉族 帮助黄帝战蚩尤的两位神人是摩旗山山神爷的两个护山大仙，是千年修炼成人形的一对大绵羊，掌管摩旗山下金磨房里那对金马驹、银马驹，专为上天玉皇大帝磨金豆子。

【流传】 河南省·（郑州市）·新密市

【出处】 高力升采录整理：《绵羊救驾》，见张振犁编著，孟宪明、朱淑君统纂《中原神话通鉴》（第二卷），郑州：河南大学出版社 2017 年版，第 572 页。

W0827.1.12

仙童

实 例

（参见下级母题实例）

W0827.1.12.1

华盖童子

实 例

汉族 王母娘娘让华盖童子送给黄帝治世宝书时，华盖童子化作一位鹤发童颜的老人。

【流传】 河南省·（郑州市）·新郑市

【出处】 蔡柏顺采录整理：《轩辕故里》，见张振犁编著，孟宪明、朱淑君统纂《中原神话通鉴》（第二卷），郑州：河南大学出版社 2017 年版，第 513 页。

W0827.1.12.2

童男童女

实 例

汉族 很多年以前，天上有对男女，男的叫童男，女的叫童女。

【流传】 河南省·（漯河市）·舞阳县［采录地点：舞阳县·保和乡·卸店村］

【出处】 张玉明（男，21 岁，农民，高中）讲：《造人》（1986.02.16），见张振犁编著，孟宪明、朱淑君统纂《中原神话通鉴》（第二卷），郑州：河南大学出版社 2017 年版，第 405 页。

W0827.1.13

婴姆（谌母）

实 例

（参见下级母题实例）

W0827.1.13.1

谌母修仙成道鹤发童颜

实 例

汉族 谌母鹤发童颜，俗称其为“婴姆”，修仙成道。

【流传】（无考）

【出处】《谌母》，见乌丙安主编《中国民间神谱》，沈阳：辽宁人民出版社

2007年版，第261页。

W0827.1.14
耕娘仙子

实 例

（参见下级母题实例）

W0827.1.14.1
耕娘仙子种出满天彩霞

【关联】［W4470］霞的产生

实 例

彝族 百灵鸟告诉人们，山上本来有粮食，听说人要上山，天公把粮食收上天，叫银河岸上的耕娘仙子耕种，耕娘仙子很能干，种出满天彩霞。

【流传】（云南省·昆明市）

【出处】飞崇义讲，灌玉搜集整理：《阿朵变的云雀》，原载昆明市民间文学集成办编《昆明民间故事》，见姚宝瑄主编《中国各民族神话》（羌族、彝族），太原：山西出版传媒集团·书海出版社2014年版，第303～304页。

W0827.1.15
仙人刘海蟾

实 例

（参见下级母题实例）

W0827.1.15.0
刘海蟾得正阳子真传成仙

实 例

汉族 刘海蟾遇到正阳子传授其秘诀，得道后成仙。

【流传】（无考）

【出处】《刘海蟾》，见乌丙安主编《中国民间神谱》，沈阳：辽宁人民出版社2007年版，第291页。

W0827.1.15.1
海蟾姓刘名嘉

实 例

汉族 海蟾姓刘名嘉，勃海人，十六登平科，仕金，五十至相位。朝退，有二异人坐道旁，延人谈修真之术。入终南山学道而仙。今画蓬头跣足嘻笑之人，持三足蟾弄之，曰此刘海戏蟾图也，直以刘海为名，举世无有知其名者。

【流传】（无考）

【出处】［清］褚人获：《坚瓠五集》卷一。

W0827.1.15.2
海蟾子姓刘名昭远

实 例

汉族 海蟾子姓刘名昭远，华山陈抟馆之道院，与种放往来。

【流传】（无考）

【出处】［宋］李石：《续博物志》卷二。

W0827. 1. 15. 3

刘玄英号海蟾子

实 例

汉族 刘玄英，号海蟾子。有道人来谒，索鸡卵十枚，金钱十文，累十卵于钱若浮图之状。海蟾感悟人居荣禄之场乃忧患之地，遂遁迹终南山下，丹成，尸解，化为鹤，飞冲天。

【流传】（无考）

【出处】［明］托名王世贞：《列仙全传》卷七。

W0827. 1. 15. 4

刘海戏蟾

实 例

汉族 （参见“W0827. 1. 15. 1 海蟾姓刘名嘉”母题实例）

W0827. 1. 16

仙人赤将子舆

实 例

（参见下级母题实例）

W0827. 1. 16. 1

赤将子舆是黄帝时人

实 例

汉族 赤将子舆者，黄帝时人，不食五谷而啖百草花。至尧时为木工，能随风雨上下。时时于市中卖缴，亦谓之缴父云。

【流传】（无考）

【出处】［西汉］刘向：《列仙传》卷上。

W0827. 1. 17

仙人安期生

实 例

（参见下级母题实例）

W0827. 1. 17. 1

安期先生是千岁翁

实 例

汉族 安期先生者，琅琊阜乡人也，卖药于东海边，时人皆言千岁翁。

【流传】（无考）

【出处】［西汉］刘向：《列仙传》卷上。

W0827. 1. 17. 2

安期生有长生不死之药

【关联】［W0804. 5. 1. 4. 1］吃安期生的大枣成仙

实 例

汉族 安期生有长生不死之药。

【流传】（无考）

【出处】《安期生》，见乌丙安主编《中国民间神谱》，沈阳：辽宁人民出版社 2007 年版，第 282 页。

W0827.1.17.3
安期生是琅琊阜乡人

实 例

汉族 安期生为琅琊阜乡（今山东诸城境内）人，曾卖药于东海边，当时人们称其为千岁翁，封号为“北极真人”。

【流传】（无考）

【出处】《安期生》，见乌丙安主编《中国民间神谱》，沈阳：辽宁人民出版社2007年版，第282页。

W0827.1.17.4
安期生又称千岁翁

实 例

汉族 （参见“W0827.1.17.3 安期生是琅琊阜乡人”母题实例）

W0827.1.17.5
安期生封号北极真人

实 例

汉族 （参见“W0827.1.17.3 安期生是琅琊阜乡人”母题实例）

【出处】（待考）

W0827.1.18
仙人丁令威

【关联】［W0820.1.1.1］仙人丁令威化鹤

实 例

（参见下级母题实例）

W0827.1.18.1
丁令威学道于灵虚山

实 例

汉族 丁令威，本辽东人，学道于灵虚山，后化鹤归辽，集城门华表柱。时有少年举弓欲射之，鹤乃飞，徘徊空中而言曰：“有鸟有鸟丁令威，去家千年今始归，城郭知故人民非，何不学仙——冢累累！”遂高上冲天。

【流传】（无考）

【出处】

（a）［晋］陶潜：《搜神后记》卷一。

（b）《丁令威》，见袁珂《中国神话大词典》，北京：华夏出版社2015年版，第2页。

W0827.1.19
仙人宋无忌（宋毋忌）

【关联】［W0493.6.1g］灶神宋无忌

实 例

（参见下级母题实例）

W0827.1.19.1
月中仙人宋无忌

实 例

汉族 月中仙人宋无忌。

【流传】（无考）

【出处】撰者不详：《老子戒经》。

W0827.1.19.2

始皇时，燕人宋毋忌为方仙道，形解销化

实 例

汉族 始皇时，宋毋忌、正伯侨、充尚、羡门高最后皆燕人，为方仙道，形解销化，依于鬼神之事。

【流传】（无考）

【出处】［西汉］司马迁：《史记·封禅书》。

W0827.1.20

仙人冯三界

实 例

（参见下级母题实例）

W0827.1.20.1

冯三界遇八仙对弈

实 例

汉族 贵县（今属于广西壮族自治区桂平县西南）东茔村昔传有冯三界者，尝往北山采香，遇八仙对弈，分得仙衣一袭，无缝线痕；及回，则子孙易世矣，闻之官，赴省勘问，将三界与仆冯远覆洪钟内，绕以薪，焚之。及肩，惟三界端坐而冯远则灰化矣，遂信为仙。表闻，敕封游天得道三界真人。比回至苍梧江口，遂羽化。

【流传】（无考）

【出处】

（a）［清］陈梦雷原编，蒋廷锡重编：《古今图书集成·职方典》卷一四四引《浔州府志》。

（b）引自（a），见袁珂《中国神话大词典》，北京：华夏出版社2015年版，第112页。

W0827.1.21

仙人华佗

实 例

（参见下级母题实例）

W0827.1.21.1

华佗游学徐土，兼通数经，晓养性之术，时人以为仙

实 例

汉族 华佗游学徐土，兼通数经，晓养性之术，年且百岁，而犹有壮容，时人以为仙。

【流传】（无考）

【出处】［南朝·宋］范晔：《后汉书·华佗传》。

W0827.1.22

仙人卫叔卿

实 例

（参见下级母题实例）

W0827.1.22.1

卫叔卿乘云车，驾白鹿

实 例

汉族 中山卫叔卿，尝乘云车，驾白鹿，从天而下。

【流传】（无考）

【出处】［东晋］葛洪：《神仙传》卷八。

W0827.1.23

仙人广成子

实 例

（参见下级母题实例）

W0827.1.23.0

广成子是太上老君在黄帝时期的化身

实 例

汉族 广成子是太上老君在黄帝时期的化身。

【流传】（无考）

【出处】《广成子》，见乌丙安主编《中国民间神谱》，沈阳：辽宁人民出版社2007年版，第279页。

W0827.1.23.1

广成子是黄帝的师傅

【关联】［W0695.5.1.2.1］黄帝在具茨山神仙洞跟广成子修道3年

实 例

汉族 广成子为黄帝师。

【流传】（无考）

【出处】［清］王谟：《汉唐地理书钞》辑《九州要记》。

W0827.1.23.1.1

广成子教黄帝佩雄黄

实 例

汉族 昔圆丘多大蛇，又生好药。黄帝将登焉，广成子教之佩雄黄，而众蛇皆去。

【流传】（无考）

【出处】［晋］葛洪：《抱朴子·登涉》。

W0827.1.23.1.2

古之仙人广成子居崆峒之山的石室

实 例

汉族 广成子者，古之仙人也，居崆峒之山，石室之中。黄帝闻而造焉。

【流传】（无考）

【出处】［晋］葛洪：《神仙传》卷一。

W0827.1.23.2

广成子是“十二金仙”之一

实 例

汉族 广成子，“十二金仙”之一。

【流传】（无考）

【出处】《广成子》，见乌丙安主编《中国民间神谱》，沈阳：辽宁人民出版社2007年版，第279页。

W0827.1.24

仙人张良

【关联】［W0849.4.1.1］太白金星赐颜

氏女八豆生张良等八妖精

实 例

（参见下级母题实例）

W0827. 1. 24. 1

张良又名太玄童子

实 例

汉族 张良又名“太玄童子”“凌虚真人”。

【流传】（无考）

【出处】《张良》，见乌丙安主编《中国民间神谱》，沈阳：辽宁人民出版社2007年版，第289页。

W0827. 1. 24. 2

张良又名凌虚真人

实 例

汉族 （参见“W0827. 1. 24. 1. 1 张良又名太玄童子”母题实例）

W0827. 1. 24. 3

黄石公授张良《太公兵法》

实 例

汉族 黄石公将《太公兵法》一编传授给张良。

【流传】（无考）

【出处】《黄石公》，见乌丙安主编《中国民间神谱》，沈阳：辽宁人民出版社2007年版，第281页。

W0827. 1. 25

仙人王乔（仙人王子乔）

实 例

（参见下级母题实例）

W0827. 1. 25. 1

王子乔原为周灵王的太子

实 例

汉族 王子乔，周灵王的太子，字子晋，号“右弼真人”、“元弼真君”、“元应真人”、“善利广济真人”，俗称“仙人王乔”。

【流传】（无考）

【出处】《王子乔》，见乌丙安主编《中国民间神谱》，沈阳：辽宁人民出版社2007年版，第285页。

W0827. 1. 25. 2

王子乔号右弼真人

实 例

汉族 （参见“W0827. 1. 25. 1 王子乔原为周灵王的太子”母题实例）

W0827. 1. 25. 3

王子乔号元弼真君

实 例

汉族 （参见“W0827. 1. 25. 1 王子乔原为周灵王的太子”母题实例）

W0827.1.25.4

王子乔号元应真人

实 例

汉族 （参见“W0827.1.25.1 王子乔原为周灵王的太子”母题实例）

W0827.1.25.5

王子乔号善利广济真人

实 例

汉族 （参见“W0827.1.25.1 王子乔原为周灵王的太子”母题实例）

W0827.1.26

仙人王重阳

实 例

（参见下级母题实例）

W0827.1.26.1

王重阳号重阳子

实 例

汉族 王重阳入道后号为重阳子，又称为“重阳全真开化真君”。

【流传】（无考）

【出处】《王重阳》，见乌丙安主编《中国民间神谱》，沈阳：辽宁人民出版社2007年版，第292页。

W0827.1.26.2

王重阳又称重阳全真开化真君

实 例

汉族 （参见“W0827.1.26.1 王重阳号重阳子”母题实例）

W0827.1.27

三茅真君

实 例

（参见下级母题实例）

W0827.1.27.1

三茅真君是道教茅山派的祖师

实 例

汉族 三茅真君为汉朝茅盈、茅固、茅衷三兄弟，是道教茅山派的祖师。

【流传】（无考）

【出处】《三茅真君》，见乌丙安主编《中国民间神谱》，沈阳：辽宁人民出版社2007年版，第284页。

W0827.1.27.2

三茅真君是茅盈、茅固、茅衷三兄弟

实 例

汉族 （参见“W0827.1.27.1 三茅真君是道教茅山派的祖师”母题实例）

W0827.1.28

仙人丁令威

实 例

（参见下级母题实例）

W0827.1.28.1

丁令威学道于灵墟山

实 例

汉族 丁令威曾学道于灵墟山，成仙以后化为仙鹤飞回到故乡。

【流传】（无考）

【出处】《丁令威》，见乌丙安主编《中国民间神谱》，沈阳：辽宁人民出版社2007年版，第287页。

W0827.1.28.2

丁令威仙化为仙鹤

实 例

汉族 （参见“W0827.1.28.1 丁令威学道于灵墟山”母题实例）

W0827.1.29

仙人白玉蟾

实 例

（参见下级母题实例）

W0827.1.29.1

白玉蟾原名葛长庚

实 例

汉族 白玉蟾原名葛长庚，又称为“琼琯紫虚真人”、“紫清真人”，俗称“紫清先生”。

【流传】（无考）

【出处】《白玉蟾》，见乌丙安主编《中国民间神谱》，沈阳：辽宁人民出版社2007年版，第290页。

W0827.1.29.2

葛长庚又称琼琯紫虚真人

实 例

汉族 （参见“W0827.1.29.1 白玉蟾原名葛长庚”母题实例）

W0827.1.29.3

葛长庚又称紫清真人

实 例

汉族 （参见“W0827.1.29.1 白玉蟾原名葛长庚”母题实例）

W0827.1.29.4

葛长庚又称紫清先生

实 例

汉族 （参见“W0827.1.29.1 白玉蟾原名葛长庚”母题实例）

W0827.1.30

仙人麻衣子

实 例

（参见下级母题实例）

W0827.1.30.1

麻衣子修道坐化成仙

实 例

汉族 麻衣子修道已成，天帝命令十二龙化为少年协助麻衣子降雨。麻衣子坐化成仙，成仙时一百零一岁。

【流传】（无考）

【出处】《麻衣子》，见乌丙安主编《中国民间神谱》，沈阳：辽宁人民出版社2007年版，第278页。

W0827.1.30.2

麻衣子101岁时成仙

实 例

汉族 （参见“W0827.1.30.1 麻衣子修道坐化成仙”母题实例）

W0827.1.31

大仙费长房

实 例

（参见下级母题实例）

W0827.1.31.1

大仙费长房居东南山中

实 例

汉族 东南山中住着一个名叫费长房的大仙。

【流传】河南省

【出处】栗长松搜集整理：《重阳登高（关于九月九的传说）》，原载程健君等编《河南民俗传说之古故事》，见陶阳、钟秀编《中国神话》（下），北京：商务印书馆2008年版，第1502～1504页。

W0827.1.32

九仙子

实 例

（参见下级母题实例）

W0827.1.32.1

九仙子开创山河

实 例

彝族 九仙子开创地上的山河。

【流传】（无考）

【出处】《勒俄特衣》，见吕大吉、何耀华总主编《中国各民族原始宗教资料集成》（彝族卷、白族卷、基诺族卷），北京：中国社会科学出版社1996年版，第51页。

W0827.2

地仙

【关联】

① ［W0713.5.1］女娲是地上的神仙

② ［W0825.4.1］天仙地仙像兄弟

③ ［W0828.6.3］地仙王

实 例

汉族 是以上士先营长生之事，长生定可以任意。若未升玄去世，可且地仙人间。

【流传】（无考）

【出处】［东晋］葛洪：《抱朴子·勤求》。

W0827. 2. 1

地仙的产生

实 例

（参见下级母题实例）

W0827. 2. 1. 1

人服半剂药成为地仙

实 例

汉族 马鸣生受《太阳丹经》三卷归，入山合药服之，不乐升天，但服半剂为地仙。

【流传】（无考）

【出处】 ［东晋］葛洪：《神仙传》卷二。

W0827. 2. 2

地仙的特征

实 例

（参见下级母题实例）

W0827. 2. 2. 1

地仙会飞翔

实 例

水族 一个名叫旺虽的地仙头，戴山一般大的铜斗笠，身披湿树根织的蓑衣，向天上飞去。

【流传】 贵州省·（黔南布依族苗族自治州）·三都县（三都水族自治县）·恒丰乡

【出处】 韦金荣讲，祖岱年采录：《旺虽射日》，见中国民间文学集成全国编辑委员会编《中国民间故事集成》（贵州卷），北京：中国 ISBN 中心 2003 年，第 26 页。

W0827. 2. 2. 2

地仙身高万丈

实 例

水族 （参见“W0827. 2. 3. 1 地仙旺虽”母题实例）

W0827. 2. 2. 3

中士避于名山，谓之地仙

实 例

汉族 上士举形昇虚，谓之天仙；中士避于名山，谓之地仙。

【流传】（无考）

【出处】 ［东晋］葛洪：《抱朴子·沧仙》。

W0827. 2. 2. 3a

地仙身高百丈，腰粗十围，臂如巨杉，指赛楠竹

实 例

水族 地仙旺虽，身高百丈，腰粗十围，臂如巨杉，指赛楠竹。

【流传】（贵州省·黔南州）

【出处】 袁珂改编：《都柳江》（原名《都柳江的传说》），原载黔南文学艺术研究室编《水族民间故事》，见袁珂《中国神话大词典》，北京：华夏

出版社 2015 年版，第 542 页。

W0827.2.3
与地仙有关的其他母题

实 例

（参见下级母题实例）

W0827.2.3.1
地仙旺虽

实 例

水族 人间住着一个名叫旺虽的地仙，身高万丈，腰粗力大，最有本事。

【流传】贵州省·（黔南布依族苗族自治州）·三都县（三都水族自治县）·恒丰乡

【出处】韦金荣讲，祖岱年采录：《旺虽射日》，见中国民间文学集成全国编辑委员会编《中国民间故事集成》（贵州卷），北京：中国 ISBN 中心 2003 年，第 26 页。

W0827.2.3.2
地仙居森林中

实 例

门巴族 地仙们在林海深处扎下根来，专门收集稀世药材，为百姓治病。

【流传】西藏自治区

【出处】肖龙辉搜集整理：《多雄拉山的传说》，见《门巴族民间故事》：http://www.tibet - web.com/old/minjian/ync/gushi/mulu.htm，2003.10.02。

W0827.2.3.3
地仙王与天仙王亲如兄弟

实 例

门巴族 地仙王与天仙王双方亲热得像兄弟一般。

【流传】西藏自治区

【出处】肖龙辉搜集整理：《多雄拉山的传说》，见《门巴族民间故事》：http://www.tibet - web.com/old/minjian/ync/gushi/mulu.htm，2003.10.02。

W0827.2.3.4
土王有个公主叫地仙

实 例

土家族 土王有个公主，长得漂亮妖艳，名字叫地仙。

【流传】（无考）

【出处】《土王的公主》，见姚宝瑄主编《中国各民族神话》（土家族、毛南族、侗族、瑶族），太原：山西出版传媒集团·书海出版社 2014 年版，第 27 页。

W0827.2.3.5
地仙射日

实 例

水族 一个名叫旺虽的地仙，可以飞到天上射太阳。

【流传】贵州省·（黔南布依族苗族自

治州）·三都县（三都水族自治县）·恒丰乡

【出处】韦金荣讲，祖岱年采录：《旺虽射日》，见中国民间文学集成全国编辑委员会编《中国民间故事集成》（贵州卷），北京：中国 ISBN 中心 2003 年，第 26 页。

W0827.3

歌仙

【汤普森】F262.3

【关联】［W6904］歌

实 例

（参见下级母题实例）

W0827.3.1

感特定物生歌仙

实 例

（参见下级母题实例）

W0827.3.1.1

女子感黄莺生歌仙刘三姐

实 例

壮族 感黄莺生歌仙。

【流传】（无考）

【出处】肖甘牛整理：《刘三姐》，见中华民族故事大系编委会编《中华民族故事大系》第 3 卷（彝族、壮族、布依族），上海：上海文艺出版社 1995 年版，第 568 页。

W0827.3.2

歌仙刘三姐

实 例

（参见下级母题实例）

W0827.3.2.1

歌仙刘三姐经连山去各地传歌

实 例

壮族 歌仙刘三姐经连山去各地传歌，在壮峒的一处三岔路口与穿着红领衫的牧牛郎佛子相遇，刘三姐用歌问路，佛子以歌相答，双方有了感情。

【流传】广东省·（清远市）·连山县（连山壮族瑶族自治县）

【出处】陈摩人搜集整理：*《拜佛子》（1990），见吕大吉、何耀华总主编《中国各民族原始宗教资料集成》（土家族卷、瑶族卷、壮族卷、黎族卷），北京：中国社会科学出版社 1998 年版，第 527 页。

W0827.4

狐仙

【关联】［W0844.9］狐狸精

实 例

（参见下级母题实例）

W0827.4.1

狐仙的产生

实 例

（参见下级母题实例）

W0827.4.1.1
狐狸修炼成仙

实 例

达斡尔族 “敖雷·巴尔背”（汉译为“山神”，又说“狐仙”）由狐狸和鼬鼠（黄鼠狼）成精的。

【流传】黑龙江省·布特哈旗（今内蒙古自治区·呼伦贝尔市·扎兰屯市）

【出处】

（a）珠荣嘎、额尔登泰、满都尔图、包鹤亭调查编著：《达斡尔族情况——达斡尔族调查材料之一》，全国人民代表大会民族委员会办公室1957年编印，第38页。

（b）《“敖雷·巴尔背”祭仪之一（布特哈地区）》，见吕大吉、何耀华总主编《中国各民族原始宗教资料集成》（鄂伦春族卷、鄂温克族卷、赫哲族卷、达斡尔族卷、锡伯族卷、满族卷、蒙古族卷、藏族卷），北京：中国社会科学出版社1999年版，第353页。

汉族 （实例待考）

W0827.4.2
狐仙的特征

实 例

（实例待考）

W0827.4.3
与狐仙有关的其他母题

实 例

（参见下级母题实例）

W0827.4.3.0
狐仙的名称

实 例

（参见下级母题实例）

W0827.4.3.0.1
狐仙又称大仙家（狐大仙）

实 例

达斡尔族 当地汉人称狐狸精敖雷·巴尔肯叫“大仙家”。

【流传】黑龙江省·黑龙江省黑河市·爱辉地区（爱辉区）

【出处】

（a）珠荣嘎、额尔登泰、满都尔图调查编著：《爱辉县西岗子乡友谊社达斡尔族情况——达斡尔族调查材料之三》，内蒙古少数民族社会历史调查组1959年编印，第105页。

（b）《“敖雷·巴尔肯”祭仪之三（爱辉地区）》，见吕大吉、何耀华总主编《中国各民族原始宗教资料集成》（鄂伦春族卷、鄂温克族卷、赫哲族卷、达斡尔族卷、锡伯族卷、满族卷、蒙古族卷、藏族卷），北京：中国社会科学出版社1999年版，第353页。

W0827.4.3.1
狐仙助人

实 例

（实例待考）

W0827.4.3.2
狐仙帮助萨满神

实 例

满族 萨满神在下界有狐仙有相助。

【流传】黑龙江省（原书稿标注为辽宁省）·（哈尔滨市）·双城（双城区）·希勤乡（希勤满族乡）·希叶村（希业村）

【出处】马亚川讲：《狐仙的来历》，见马亚川遗稿，黄任远等整理《女真萨满神话》，哈尔滨：黑龙江人民出版社2006年版，第23～24页。

W0827.4.3.3
狐仙保护人类

实 例

满族 北天上的狐狸女星与天神阿布凯恩都里私通，生下一公一母两个北狐，让玉兔将他俩送到下界。这一公一母两个狐仙经过多年，繁殖许多子女，遍布各地，都遵照阿布凯恩都里的旨意，保护人类。

【流传】黑龙江省（原书稿标注为辽宁省）·（哈尔滨市）·双城（双城区）·希勤乡（希勤满族乡）·希叶村（希业村）

【出处】马亚川讲：《狐仙的来历》，见马亚川遗稿，黄任远等整理《女真萨满神话》，哈尔滨：黑龙江人民出版社2006年版，第23～24页。

W0827.5
牛仙

实 例

汉族 （实例待考）

W0827.5a
羊仙

实 例

（参见下级母题实例）

W0827.5a.1
石羊大仙

实 例

（参见下级母题实例）

W0827.5a.1.1
石羊为黄帝救驾为尊为石羊大仙

实 例

汉族 有熊国都西北的云岩宫附近有个村庄叫石羊庄。村外有两只坐北朝南的大石羊。石羊身躯高大，犄角高耸，双目有神，老百姓叫这俩石羊为“石羊大仙”，初一、十五有不少人为它烧香摆供。据说，当年黄帝战蚩尤时，这两只石羊救过驾，因此受到人们尊敬。

【流传】河南省·（郑州市）·新密市

【出处】高力升采录整理：《绵羊救驾》，见张振犁编著，孟宪明、朱淑君统纂《中原神话通鉴》（第二卷），郑州：河南大学出版社2017年版，第571页。

W0827.6

陆鸭道人

实 例

（参见下级母题实例）

W0827.6.1

陆鸭道人是神仙

实 例

汉族 陆鸭道人是神仙。

【流传】江苏省·镇江（镇江市）

【出处】袁天桃讲：《绿鸭淘沙造大地》，见中国民间文学集成全国编辑委员会编《中国民间故事集成》（江苏卷），北京：中国ISBN中心1998年版，第13页。

W0827.7

仙鹤

实 例

汉族 王母娘娘让仙鹤吃了谷子，后再也不能说话了。

【流传】四川省·巫山县（今属重庆市）·石碑乡·青石村

【出处】王祖贵讲，唐探峰采录：《神女与仙鹤》，见中国民间文学集成全国编辑委员会编《中国民间故事集成》（四川卷·上），北京：中国ISBN中心1998年版，第42页。

W0827.7.1

仙鹤是灵魂的坐骑

实 例

鄂温克族 有的萨满还把仙鹤当作萨满灵魂的乘骑工具。

【流传】（无考）

【出处】《萨满的使者》，原载孟和《萨满教》（初稿），第12页，见吕大吉、何耀华总主编《中国各民族原始宗教资料集成》（鄂伦春族卷、鄂温克族卷、赫哲族卷、达斡尔族卷、锡伯族卷、满族卷、蒙古族卷、藏族卷），北京：中国社会科学出版社1999年版，第104～105页。

W0827.7.2

白鹤仙翁

实 例

（参见下级母题实例）

W0827.7.2.1

白鹤仙翁有宝葫芦

实 例

汉族 白鹤仙翁拿着他的宝葫芦，东山跑到西山，总算把马收进了宝葫芦。

【流传】河南省·（南阳市）·西峡县［采录地点：西峡县五里桥乡前营村］

【出处】张清合（男，92岁，汉族，文盲，西峡县五里桥乡前营村农民）讲，万子东（男，53岁，汉族，高中毕业，西峡县五里桥乡前营村农民）采录，谢起超（男，40岁，汉族，高中毕业，西峡县文化馆干部）采录整理：《猪马牛羊牲畜的来历》（1985.06），见张振犁编著，孟宪明、朱淑君统纂《中原神话通鉴》（第四卷），郑州：河南大学出版社2017年版，第1305页。

W0827.8

鹰仙

实 例

（参见下级母题实例）

W0827.8.1

鹰鸽大仙

实 例

汉族 天塌地陷时，鹰鸽大仙奉天命变作人体来搭救赵乾、赵坤兄妹俩。

【流传】河南省·（开封市）·杞县

【出处】芦长仁（民间医生，私塾）讲，文俊采录整理：《乾坤造世》，见张振犁编著，孟宪明、朱淑君统纂《中原神话通鉴》（第二卷），郑州：河南大学出版社2017年版，第377页。

W0827.9

鹿仙（仙鹿）

实 例

（参见下级母题实例）

W0827.9.1

珍珠鹿仙子

实 例

裕固族 玛尔建（女子名）生的儿子长大后成为珍珠鹿仙子。

【流传】（无考）

【出处】袁珂改编：《珍珠鹿仙子》（原名《珍珠鹿的故事》），原载毛星主编《中国少数民族文学》（上册），见袁珂《中国神话大词典》，北京：华夏出版社2015年版，第585页。

W0827.9.1.1

鹿圣母抚育珍珠鹿仙子

实 例

裕固族 玛尔建（女子名）生一子，不久即殇，葬之于海滨。不意经海风吹，子更苏。在鹿圣母之抚育下，年长十八，名曰珍珠鹿仙子。

【流传】（无考）

【出处】袁珂改编：《珍珠鹿仙子》（原名《珍珠鹿的故事》），原载毛星主编《中国少数民族文学》（上册），见袁珂《中国神话大词典》，北京：华夏出版社2015年版，第585页。

W0827.9.2

仙鹿寿千岁

实 例

汉族 此仙鹿也，寿将千岁

【流传】（无考）

【出处】［唐］张读：《宣室志》卷八。

W0827.10

四灵大仙

实 例

汉族 四灵大仙过去，只见福、禄、寿、财、喜五位星君，同著木公、老君、彭祖、张仙、月老、刘海蟾、和合二仙，也远远而来。

【流传】（无考）

【出处】［清］李汝珍：《镜花缘》第一回。

W0827.11

大罗仙

实 例

（参见下级母题实例）

W0827.11.1

哪吒

实 例

（参见下级母题实例）

W0827.11.1.0

哪吒是佛教之神

实 例

汉族 哪吒，又作那吒，原是佛教之神。

【流传】（无考）

【出处】《哪吒》，见乌丙安主编《中国民间神谱》，沈阳：辽宁人民出版社2007年版，第336页。

W0827.11.1.1

那吒是玉皇驾下大罗仙

实 例

汉族 那吒本是玉皇驾下大罗仙，身长六丈，首带金轮，三头九眼八臂，口吐青云，足踏盘石，手持法律，大噉一声，云降雨从，乾坤烁动。因世间多魔王，玉帝命降凡，以故托胎于托塔天王李靖之素知夫人。

【流传】（无考）

【出处】［明］撰者不详：《三教源流搜神大全》，［清］叶德辉本卷七。

W0827.11.1.2

那吒长六丈，首带金轮，三头九眼八臂，口吐青云，足踏盘石，手持法律

实 例

汉族 （参见“W0827.11.1.1 那吒是玉皇驾下大罗仙”母题实例）

W0827. 11. 1. 3

毗沙门天王之子那吒太子

实 例

汉族 宣律常夜后行道。临阶坠堕，忽觉有人捧承其足。顾视之，乃少年也。宣遽问之，少年曰："某非常人，即毗沙门天王之子那吒太子也。以护法之故，拥护和尚时已久矣。"

【流传】（无考）

【出处】［唐］郑棨：《开天传信记》。

W0827. 11. 1. 3a

哪吒是毗沙门天王的三太子

实 例

汉族 哪吒，又作那吒，原是佛教之神，为毗沙门天王之第三太子，在道教神仙成为托塔李天王李靖之子。

【流传】（无考）

【出处】《哪吒》，见乌丙安主编《中国民间神谱》，沈阳：辽宁人民出版社 2007 年版，第 336 页。

W0827. 11. 1. 3b

哪吒是托塔李天王李靖之子

实 例

汉族 （参见"W0827. 11. 1. 3a 哪吒是毗沙门天王的三太子"母题实例）

W0827. 11. 1. 4

哪吒闹海

实 例

汉族 原来天王生此子时，他左掌上有个"那"字，右掌上有个"吒"字，故名"那吒"。这太子三朝儿就下海净身闯祸，踏倒水晶宫，捉住蛟龙，要抽斤为绦子。天王知道，恐生后患，欲杀之。

【流传】（无考）

【出处】［明］吴承恩：《西游记》第八十三回。

W0827. 11. 1. 5

哪吒剔骨还肉给父母

实 例

汉族 那吒太子，析肉还母、析骨还父，然后现本身，运大神力，为父母说法。

【流传】（无考）

【出处】 ［宋］普济：《五灯会元》卷二。

W0827. 11. 1. 6

哪吒被绦带行业祖师

实 例

汉族 哪吒被绦带行业及绒线类行业奉为祖师。

【流传】（无考）

【出处】《绦带、绒线业神——哪吒》，

见乌丙安主编《中国民间神谱》，沈阳：辽宁人民出版社 2007 年版，第 190 页。

W0827.11.1.7

哪吒又作那吒

实 例

汉族 （参见“W0827.11.1.0 哪吒是佛教之神”母题实例）

W0827.12

飞仙

实 例

汉族 天门郡有幽山峻谷，而其士人有从下经过者，忽然踊池林表，状如飞仙。

【流传】（无考）

【出处】［西晋］张华：《博物志·杂说下》。

W0827.12.1

飞仙即羽人（羽人即飞仙）

【关联】［W0825.5.3］天仙即飞仙

实 例

汉族 飞仙，即羽人。

【流传】（无考）

【出处】《飞仙》，见袁珂《中国神话大词典》，北京：华夏出版社 2015 年版，第 33 页。

W0827.12.2

飞仙飞行云中，神化轻举

实 例

汉族 飞行云中，神化轻举，以为天仙，亦云飞仙。

【流传】（无考）

【出处】［北宋］李昉、李穆、徐铉等：《太平御览》卷六六二引《天仙品》。

W0827.13

水仙

实 例

汉族 郝姑字女君，本太原人。魏青龙年中，与邻女十人，于沤洟泄水边挑蔬，忽有三青衣童子，至女君前云：“东海公娶女君为妇。”言讫，敷茵褥于水上，行坐往来，有若陆地。其青衣童子便在侍侧，沿流而下。邻女走告之，家人往看，莫能得也。女君遥语云：“幸得为水仙，愿勿忧怖。”仍言每至四月，送刀鱼为信。

【流传】（无考）

【出处】［宋］李昉、扈蒙、李穆、徐铉等：《太平广记》“郝姑”条引《莫州图经》。

W0827.13.1

水仙的产生

实 例

（参见下级母题实例）

W0827. 13. 1. 1

得黄帝玄珠之要者成为水仙

实 例

汉族 洛川宓妃，宓牺氏之女也，得道为水仙；震蒙氏女者，亦曰奇相氏，得黄帝玄珠之要而为水仙

【流传】（无考）

【出处】［唐］杜光庭：《墉城集仙录》卷五。

W0827. 13. 2

水仙的特征

实 例

（实例待考）

W0827. 13. 3

特定名称的水仙（水仙的名称）

实 例

（参见下级母题实例）

W0827. 13. 3. 1

北海水仙

实 例

汉族 昔有蜀士韦昉窦岩，夜泊涪陵江。忽遇龙女，遣骑迎人宫。后昉以状元及第，十年后知简州。龙女复遣书相迎，敕命昉充北海水仙。

【流传】（四川省）

【出处】［宋］王象之：《舆地纪胜》卷一七四。

W0827. 13. 3. 2

水仙洛川宓妃

【关联】

①［W0405. 5a. 1］洛水神宓妃

②［W0406. 1. 1f］水神宓妃

实 例

汉族 洛川宓妃，宓牺氏之女也，得道为水仙。

【流传】（无考）

【出处】［唐］杜光庭：《墉城集仙录》卷五。

W0827. 13. 3. 3

水仙屈原

实 例

汉族 屈原以忠见斥，隐于沅湘，披蓁茹草，混同禽兽，不交世务，采柏叶以合桂膏，用养心神；王逼逐，乃赴清冷之水。楚人思慕，谓之水仙。

【流传】（无考）

【出处】［东晋］王嘉：《拾遗记》卷十。

W0827. 13. 3. 4

水仙伍子胥

实 例

汉族 伍子胥，威凌万物，归神大海，盖水仙。

【流传】（无考）

【出处】［汉］袁康：《越绝书》。

W0827.13.4

与水仙有关的其他母题

实 例

（实例待考）

W0827.14

太极仙

实 例

汉族 （参见“W0804.1.4.1 句曲山五芝”母题实例）

W0827.14.1

太极仙诚实忠义

实 例

汉族 太极是个诚实忠义的仙，心地非常好。

【流传】辽宁省·阜新市·细河区

【出处】吴振清讲，郝殿玺搜集整理：《人的来历》，原载阜新市细河区民间文学集成编委会编《细河区资料本》，见陶阳、钟秀编《中国神话》（上），北京：商务印书馆 2008 年版，第 324～326 页。

W0827.14.2

太极仙下凡

实 例

汉族 太极（仙名）和无极（仙名）追上被贬下凡的娲儿公主，一起来到大地上。

【流传】辽宁省·阜新市·细河区

【出处】吴振清讲，郝殿玺搜集整理：《人的来历》，原载阜新市细河区民间文学集成编委会编《细河区资料本》，见陶阳、钟秀编《中国神话》（上），北京：商务印书馆 2008 年版，第 324～326 页。

W0827.14a

无极仙

实 例

（参见下级母题实例）

W0827.14a.1

无极仙口是心非

实 例

汉族 无极却是个口是心非的仙，奸诈得很。

【流传】辽宁省·阜新市·细河区

【出处】吴振清讲，郝殿玺搜集整理：《人的来历》，原载阜新市细河区民间文学集成编委会编《细河区资料本》，见陶阳、钟秀编《中国神话》（上），北京：商务印书馆 2008 年版，第 324～326 页。

W0827.15

仙官

实 例

（参见下级母题实例）

W0827. 15. 1

服金液者身色紫金，立生羽翼，升天为仙官

实 例

汉族 服九丹之人，或三年，或二年，或一年或半年，或百日六十日、三十日、三日，乃有仙官云龙来迎。惟服金液者，入口则身色紫金，立生羽翼，升天为仙官矣。

【流传】（无考）

【出处】［元］赵道一：《历世真仙体道通鉴后集》卷一“无上元君”条。

W0827. 16

五圣

【关联】［W0805. 0. 1］五圣原为民间妖邪之神，后来成为道教驱邪的神仙

实 例

（参见下级母题实例）

W0827. 16. 1

五圣是东岳泰山神的五个儿子

实 例

汉族 五圣是东岳泰山神的五个儿子。

【流传】（无考）

【出处】《五圣》，见乌丙安主编《中国民间神谱》，沈阳：辽宁人民出版社2007年版，第283页。

W0827. 16. 2

五圣的名称

实 例

（参见下级母题实例）

W0827. 16. 2. 1

五圣又称五显

实 例

汉族 五圣又称“五显”、“五通”、“五郎神”、“安乐神”、“木下三郎”、“木客”、“独脚五通”、“花果五郎”、“护界五郎”等。

【流传】（无考）

【出处】《五圣》，见乌丙安主编《中国民间神谱》，沈阳：辽宁人民出版社2007年版，第283页。

W0827. 16. 2. 2

五圣又称五通

实 例

汉族 （参见“W0827. 16. 2. 1 五圣又称五显”母题实例）

W0827. 16. 2. 3

五圣又称独脚五通

实 例

汉族 （参见“W0827. 16. 2. 1 五圣又称五显”母题实例）

W0827.16.2.4

五圣又称五郎神

实 例

汉族 （参见“W0827.16.2.1 五圣又称五显”母题实例）

W0827.16.2.5

五圣又称花果五郎

实 例

汉族 （参见“W0827.16.2.1 五圣又称五显”母题实例）

W0827.16.2.6

五圣又称护界五郎

实 例

汉族 （参见“W0827.16.2.1 五圣又称五显”母题实例）

W0827.16.2.7

五圣又称木客

实 例

汉族 （参见“W0827.16.2.1 五圣又称五显”母题实例）

W0827.16.2.8

五圣又称木下三郎

实 例

汉族 （参见“W0827.16.2.1 五圣又称五显”母题实例）

W0827.16.2.9

五圣又称安乐神

实 例

汉族 （参见“W0827.16.2.1 五圣又称五显”母题实例）

W0827.17

野仙

实 例

（参见下级母题实例）

W0827.17.1

野仙类似妖怪、精灵

实 例

羌族 （参见“W0827.17.2 妇女触犯野仙会生畸形儿”母题实例）

W0827.17.2

妇女触犯野仙会生畸形儿

实 例

羌族 野仙类似妖怪、精灵，如妇女触犯它，往往生畸形儿或不成人形的肉块。

【流传】四川省·（阿坝藏族羌族自治州）·理县·桃坪乡·增头寨

【出处】

(a) 杨茂山（释比，64岁）唱，周巴翻译，钱安靖整理：《中坛经》(1983.10) 说明文字，见钱安靖《羌族和羌语支各居民集团宗教习俗调查报告》，四川大学宗教研究所油印本，1987 年 12 月。

（b）同（a），见吕大吉、何耀华总主编《中国各民族原始宗教资料集成》（纳西族卷、羌族卷、独龙族卷、傈僳族卷、怒族卷），北京：中国社会科学出版社 2000 年版，第 528 页。

W0827a

八仙

实 例

汉族 天河上有九根桃李树。五根甜来四根酸，酸的拿来供佛祖，甜的拿来散八仙。

【流传】四川省·巴县（今重庆·巴南区）

【出处】魏显德讲，李子硕、罗桂英记录，李子硕整理：《启明星和张大姐》（1988），见姚宝瑄主编《中国各民族神话》（汉族），太原：山西出版传媒集团·书海出版社 2014 年版，第 322～325 页。

W0827a. 1

八仙的来历

实 例

（实例待考）

W0827a. 2

八仙人物

实 例

（参见下级母题实例）

W0827a. 2. 0

八仙即李铁拐、钟离权、张果老、何仙姑、蓝采和、吕洞宾、韩湘子和曹国舅

实 例

汉族 八仙即李铁拐、钟离权、张果老、何仙姑、蓝采和、吕洞宾、韩湘子和曹国舅。

【流传】（无考）

【出处】［明］吴元泰：《八仙出处东游记》。

W0827a. 2. 0. 1

八仙是张果老、汉钟离、曹国舅、蓝采和、铁拐李、韩湘子、徐神翁、吕洞宾

实 例

汉族 张果老、汉钟离、曹国舅、蓝采和、铁拐李、韩湘子、徐神翁、吕洞宾为八仙。

【流传】（无考）

【出处】［明］朱有燉：《八仙庆寿》（杂剧）。

W0827a. 2. 0. 2

八仙是容成公、李耳、董仲舒、张道陵、庄君平、李八百、范长生、尔朱先生

实 例

汉族 容成公、李耳、董仲舒、张道陵、庄君平、李八百、范长生、尔朱先生为蜀之八仙。

【流传】(无考)

【出处】[晋] 谯秀:《蜀记》。

W0827a. 2. 0. 3

八仙是汉钟离、吕洞宾、李铁拐、风僧寿、蓝采和、元壶子、曹国舅、韩湘子

实 例

汉族 明人《西洋记》中说，八仙一是汉钟离，二是吕洞宾，三是李铁拐，四是风僧寿，五是蓝采和，六是元壶子，七是曹国舅，八是韩湘子。

【流传】(无考)

【出处】[清] 俞樾:《茶香室丛钞》卷十四。

W0827a. 2. 1

铁拐李（李铁拐）

实 例

(参见下级母题实例)

W0827a. 2. 1. 1

铁拐李名李玄

实 例

汉族 李铁拐原名李玄、李洪水、乳名拐儿，因常拄一根铁拐，民间俗称“铁拐李”、“瘸拐李”。

【流传】(无考)

【出处】《李铁怪》，见乌丙安主编《中国民间神谱》，沈阳：辽宁人民出版社 2007 年版，第 265 页。

W0827a. 2. 1. 1a

李铁拐名李凝阳

实 例

汉族 李铁拐为李凝阳。

【流传】(无考)

【出处】《李铁怪》，见乌丙安主编《中国民间神谱》，沈阳：辽宁人民出版社 2007 年版，第 265 页。

W0827a. 2. 1. 1b

拐仙姓李

实 例

汉族 (参见“W0827a. 2. 1. 6 西王母点化铁拐李升仙”母题实例)

W0827a. 2. 1. 1c

李铁拐名洪水，小字拐儿，又名铁拐

实 例

汉族 李铁拐或云隋时峡人，名洪水，小字拐儿，又名铁拐，常行丐于市，人皆贱之。

【流传】(无考)

【出处】[清] 陈梦雷原编，蒋廷锡重编:《古今图书集成·神异典》卷二四。

W0827a. 2. 1. 2
铁拐李下凡

实 例

（参见下级母题实例）

W0827a. 2. 1. 2. 1
天皇让铁拐李下凡

实 例

畲族 天皇就下旨把这两个阴阳神砍成4片，抛到凡间后变成不同的人。天皇看到他们不会讲话，就让铁拐李下凡教他们讲话。

【流传】福建省·（宁德市）·福鼎（福鼎市）

【出处】李圣回讲，蓝清盛采录：《人·肤色·语言》，原载《中国民间故事集成·福建卷·闽东畲族故事》，宁德地区民间文学集成编委会1990年编印，见《福建省少数民族古籍丛书》编委会编《畲族卷·民间故事》，福州：海峡出版发行集团·海峡书局2013年版，第21页。

W0827a. 2. 1. 2a
铁拐李住天上

实 例

苗族 铁拐李最聪明，他从天上跑下来，骑来一匹大灰马。

【流传】原文无流传地，据文本及注释推测该神话流传于贵州省·黔东南苗族侗族自治州·凯里市、台江县等地。

【出处】潘正昌唱，张海平搜集：《浩劫复生·洪水滔天》，见贵州省少数民族古籍整理出版规划小组办公室编，燕宝整理译注《苗族古歌》，贵阳：贵州民族出版社1993年版，第522页。

W0827a. 2. 1. 3
李铁拐是东华教主

实 例

汉族 李铁拐化名为李孔目，腿有残疾。后得到西王母的点化，并授予铁拐，成为东华教主。

【流传】（无考）

【出处】［清］黄伯禄：《集书诠真》引《通考全书》。

W0827a. 2. 1. 4
李铁拐是吕洞宾的徒弟

实 例

汉族 李铁拐是吕洞宾的徒弟，名叫李岳。李铁拐常背一葫芦，行医治病，后被玉皇大帝封为上仙。

【流传】（无考）

【出处】《李铁怪》，见乌丙安主编《中国民间神谱》，沈阳：辽宁人民出版社2007年版，第265页。

W0827a.2.1.5

李铁拐是老子的徒弟

实 例

汉族 李铁拐师从老子宛丘修行而得道的神仙。

【流传】（无考）

【出处】《李铁怪》，见乌丙安主编《中国民间神谱》，沈阳：辽宁人民出版社2007年版，第265页。

W0827a.2.1.6

西王母点化铁拐李升仙

实 例

汉族 拐仙姓李，有足疾，西王母点化升仙，封东华教主，授以铁杖一根。

【流传】（无考）

【出处】［明］彭大翼：《山堂肆考》。

W0827a.2.1.7

铁拐李有足疾

实 例

汉族 （参见“W0827a.2.1.6 西王母点化铁拐李升仙”母题实例）

W0827a.2.1.8

铁拐李的拐杖

实 例

（参见下级母题实例）

W0827a.2.1.8.1

王母娘娘赐铁拐李拐杖

实 例

汉族 （参见“W0827a.2.1.6 西王母点化铁拐李升仙”母题实例）

W0827a.2.1.8.2

铁拐李的铁杖能掷空化龙

实 例

汉族 李铁拐以铁杖掷空，化为龙，乘龙而去。

【流传】（无考）

【出处】［清］陈梦雷原编，蒋廷锡重编：《古今图书集成·神异典》卷二四。

W0827a.2.1.9

铁拐李能魂魄离体

实 例

汉族 铁拐姓李，质本魁梧，早岁闻道，修真岩穴。时李老君与宛丘先生尝降山斋，诲以道教。一日，李将赴老君之约于华山，属其徒曰：“吾魄在此，倘游魂七日而不返，若方可化吾魄也。”徒以母病迅归，六日化之。李至七日果阳，失魄无依，乃附以饿莩之尸而起，故其形破恶耳。

【流传】（无考）

【出处】［清］褚人获：《坚瓠秘集》卷二引《仙纵》。

W0827a. 2. 2
汉钟离

实 例

（参见下级母题实例）

W0827a. 2. 2. 1
钟离权是上古黄神氏转世托生

实 例

汉族 钟离权为上古黄神氏转世托生，出生时天生一副福相。

【流传】（无考）

【出处】《钟离权》，见乌丙安主编《中国民间神谱》，沈阳：辽宁人民出版社2007年版，第266页。

W0827a. 2. 2. 2
汉钟离即钟离权

实 例

汉族 （实例待考）

W0827a. 2. 2. 3
钟离权又名正阳开悟传道真君

实 例

汉族 钟离权为道教八仙之一，又名“正阳开悟传道真君”、“正阳开悟传道垂教帝君”，字云房，号正阳子，陕西咸阳人氏。

【流传】（无考）

【出处】《钟离权》，见乌丙安主编《中国民间神谱》，沈阳：辽宁人民出版社2007年版，第266页。

W0827a. 2. 2. 4
钟离权又名正阳开悟传道垂教帝君

实 例

汉族 （参见“W0827a. 2. 2. 3 钟离权又名正阳开悟传道真君”母题实例）

W0827a. 2. 2. 5
钟离权字云房，号正阳子

实 例

汉族 （参见“W0827a. 2. 2. 3 钟离权又名正阳开悟传道真君”母题实例）

W0827a. 2. 2. 6
钟离权是陕西咸阳人氏

实 例

汉族 （参见“W0827a. 2. 2. 3 钟离权又名正阳开悟传道真君”母题实例）

W0827a. 2. 3
张果老

实 例

（参见下级母题实例）

W0827a.2.3.1
张果老张果

实 例

（实例待考）

W0827a.2.3.2
张果老是玉皇张大帝的结拜兄弟

实 例

汉族 玉皇张大帝有个结拜的兄弟，名叫张果老。

【流传】 四川省·巴县（重庆·巴南区）·走马乡·工农村

【出处】 魏显德讲，严小华记录，李子硕整理：《月亮和云是哪个生的》，见姚宝瑄主编《中国各民族神话》（汉族），太原：山西出版传媒集团·书海出版社2014年版，第210~212页。

W0827a.2.3.3
张果老无所不知

实 例

汉族 玄宗朝有张果老先生者，不知岁数，出于刑州，帝迎于内，礼敬甚，问无不知者。一旦有道士叶静能，亦多知解。

【流传】（无考）

【出处】［唐］李亢：《独异志》卷下。

W0827a.2.3.4
张果老倒骑驴

实 例

汉族 张果老闻之，急倒骑驴来见水母，请饮驴以水，以纾畜牲长途跋涉之困。

【流传】（江苏省·淮安市·盱眙县）

【出处】《水母洞》，见袁珂《中国神话大词典》，北京：华夏出版社2015年版，第85页。

W0827a.2.3.4.1
张果老的神驴

实 例

汉族 （参见“W0922a.2.1.1 神驴喝干河水”母题实例）

W0827a.2.3.5
张果老的法术

实 例

（参见下级母题实例）

W0827a.2.3.5.1
张果老炼骨同蝉蜕

实 例

汉族 张果老“炼骨同蝉蜕”。

【流传】（无考）

【出处】《张果老》，见乌丙安主编《中国民间神谱》，沈阳：辽宁人民出版社2007年版，第267页。

W0827a. 2. 3. 6
张果隐居在恒州中条山

实 例

汉族 张果隐居在恒州中条山，往来于汾晋之间，因长寿被尊称为张果老。

【流传】（无考）

【出处】［北宋］宋祁、欧阳修、范镇、吕夏卿等：《新唐书·方技传》。

W0827a. 2. 3. 7
与张果老有关的其他母题

【关联】［W0806a. 2. 2. 1］张果老小睡8百年，大睡1千年

实 例

（实例待考）

W0827a. 2. 4
吕洞宾

【关联】

①［W0658a. 8. 1. 6. 1］制墨业和烟铺祖师吕洞宾

②［W0804. 10. 2. 1］铁拐得道，度钟离权成仙，权度吕洞宾成仙

实 例

（参见下级母题实例）

W0827a. 2. 4. 1
吕洞宾吕岩

实 例

（参见下级母题实例）

W0827a. 2. 4. 1. 1
吕岩字洞宾

实 例

汉族 唐末人士吕岩字洞宾，号“妙通真人”、“纯阳演政警化孚佑帝君”，道教尊其为“吕祖”、“纯阳祖师”，后世俗称“吕纯阳”。

【流传】（无考）

【出处】《吕洞宾》，见乌丙安主编《中国民间神谱》，沈阳：辽宁人民出版社2007年版，第270页。

W0827a. 2. 4. 2
吕洞宾贪图酒、色、财、气

实 例

汉族 吕洞宾贪图酒、色、财、气。

【流传】（山东省·泰安市一带）

【出处】张建新讲，吴绵采录：《吕洞宾给王母娘娘拜寿》，原载陶阳等编《泰山故事大观》，见陶阳、钟秀编《中国神话》（中），北京：商务印书馆2008年版，第738～740页。

W0827a. 2. 4. 3
狗咬吕洞宾

实 例

（实例待考）

W0827a. 2. 4. 4
吕洞宾斩蛟

实 例

汉族 吕岩，字洞宾，唐蒲州人。两举进士不第，见云房先生，求度世术。云房携洞宾至鹤岭，传以上清秘诀。洞宾既得道，试灵剑，除蛟害，隐显变化四百余年。

【流传】（无考）

【出处】［明］托名王世贞：《列仙全传》卷六。

W0827a. 2. 4. 5
吕洞宾饮水处

实 例

汉族 仙人井在无为州城北。昔吕洞宾过此取饮，今石栏上有跪膝痕。

【流传】（无考）

【出处】

（a）［明］陈仁锡：《潜确类书》卷三三。

（b）《仙人井》，见袁珂《中国神话大词典》，北京：华夏出版社 2015 年版，第 107 页。

W0827a. 2. 4. 6
钟离权在庐山度吕洞宾成道

实 例

汉族 钟离权在庐山时遇到吕洞宾，并度其成道。

【流传】（无考）

【出处】《钟离权》，见乌丙安主编《中国民间神谱》，沈阳：辽宁人民出版社 2007 年版，第 266 页。

W0827a. 2. 4. 7
吕洞宾的名号

实 例

（参见下级母题实例）

W0827a. 2. 4. 7. 1
吕洞宾号妙通真人

实 例

汉族 （参见“W0827a. 2. 4. 1. 1 吕岩字洞宾”母题实例）

W0827a. 2. 4. 7. 2
吕洞宾又称纯阳演政警化孚佑帝君

实 例

汉族 （参见“W0827a. 2. 4. 1. 1 吕岩字洞宾”母题实例）

W0827a. 2. 4. 7. 3
吕洞宾又称吕祖

实 例

汉族 （参见“W0827a. 2. 4. 1. 1 吕岩字洞宾”母题实例）

W0827a. 2. 4. 7. 4

吕洞宾又称纯阳祖师

实 例

汉族 （参见“W0827a. 2. 4. 1. 1 吕岩字洞宾”母题实例）

W0827a. 2. 4. 7. 5

吕洞宾又称吕纯阳

实 例

汉族 （参见“W0827a. 2. 4. 1. 1 吕岩字洞宾”母题实例）

W0827a. 2. 4. 8

吕洞宾生日四月十四

实 例

汉族 农历四月十四是吕祖诞辰之日。

【流传】（无考）

【出处】《吕洞宾》，见乌丙安主编《中国民间神谱》，沈阳：辽宁人民出版社2007年版，第270页。

W0827a. 2. 5

何仙姑

【关联】

①［W0804. 5. 1. 3. 3］何仙姑吃桃成仙

②［W0811. 7. 1］何仙姑食云母

实 例

（参见下级母题实例）

W0827a. 2. 5. 0

何仙姑广州增城县何泰之女

实 例

汉族 何仙姑，广州增城县何泰之女也。唐天后时，住云母溪。

【流传】（无考）

【出处】［元］赵道一：《历世真仙体道通鉴后集》卷二“何仙姑”条。

汉族 何仙姑，广州增城县何泰之女也。唐天后时，住云母溪，年十四五。一夕，梦神人教食云母粉，可轻身不死。因饵之，誓不嫁，常往来山顶，其行如飞。每朝去暮回，持山果归贻其母，后遂辟谷。天后遣使召赴阙，中路失之。中宗景龙中，白日升仙。

【流传】（无考）

【出处】［清］俞樾：《茶香室续钞》卷十八引明陈楗《罗浮志》。

W0827a. 2. 5. 1

何仙姑何琼

实 例

（实例待考）

W0827a. 2. 5. 2

何仙姑又称麻姑

实 例

汉族 （参见“W0811. 7. 1 何仙姑食云母”母题实例）

W0827a.2.5.3
五色云起于麻姑坛

实 例

汉族 （参见“W0811.7.1 何仙姑食云母”母题实例）

W0827a.2.5.4
何仙姑能知人祸福

实 例

汉族 何仙姑能占卜休咎、预知祸福。

【流传】（无考）

【出处】《何仙姑》，见乌丙安主编《中国民间神谱》，沈阳：辽宁人民出版社2007年版，第268页。

汉族 永州有何氏女，幼遇异人，与桃食之，遂不饥无漏。自是能逆知人祸福，乡人神之，为构楼以居，世谓之何仙姑。

【流传】（无考）

【出处】［宋］魏泰：《东轩笔录》卷十四。

W0827a.2.5.4.1
麻姑相

实 例

汉族 （实例待考）

W0827a.2.5.5
何仙姑住云母溪

实 例

汉族 （参见“W0827a.2.5.0 何仙姑广州增城县何泰之女”母题实例）

W0827a.2.5.6
何仙姑食云母粉成不死之仙

实 例

汉族 何仙姑年十四五，一夕梦神人教食云母粉，可得轻身不死。因饵之，誓不嫁。常往来山顶，其行如飞。每朝去，暮则持山果归，遗其母。后遂辟谷，语言异常。天后遣使召赴阙，中路失之。

【流传】（无考）

【出处】［元］赵道一：《历世真仙体道通鉴后集》卷二“何仙姑”条。

W0827a.2.5.7
何仙姑生日三月初七

实 例

汉族 何仙姑生于唐武后某年的农历三月初七。

【流传】（无考）

【出处】［明末清初］徐道：《历代神仙通鉴》。

汉族 何仙姑诞辰农历三月初七。

【流传】（无考）

【出处】《何仙姑》，见乌丙安主编《中

国民间神谱》，沈阳：辽宁人民出版社2007年版，第268页。

W0827a. 2. 5. 8

何仙姑头上长有6根钢发

实 例

汉族 何仙姑出生时头上长有六根钢发，资质聪慧，与众不同。

【流传】（无考）

【出处】［明末清初］徐道：《历代神仙通鉴》。

W0827a. 2. 6

蓝采和

实 例

（参见下级母题实例）

W0827a. 2. 6. 1

蓝采和许坚

实 例

（实例待考）

W0827a. 2. 6. 2

蓝采和是赤脚大仙转世

实 例

汉族 蓝采和为赤脚大仙转世。

【流传】（无考）

【出处】《蓝采和》，见乌丙安主编《中国民间神谱》，沈阳：辽宁人民出版社2007年版，第269页。

W0827a. 2. 6. 3

蓝采和衣着邋遢

实 例

汉族 蓝采和，不知何许人也，常衣破蓝衫，一脚著靴；一脚跣行，夏则衫内加絮，冬则卧于雪中，气出如蒸。每行歌于城市乞索，持大拍板，长三尺余。

【流传】（无考）

【出处】［五代·南唐］沈汾：《续仙传》。

W0827a. 2. 6. 4

蓝采和手持3尺大拍板

实 例

汉族 （参见“W0827a. 2. 6. 3 蓝采和衣着邋遢”母题实例）

W0827a. 2. 7

韩湘子

实 例

（参见下级母题实例）

W0827a. 2. 7. 1

韩湘子为汉丞相安抚的女儿灵灵转世

实 例

汉族 韩湘子为汉丞相安抚的女儿灵灵转世。

【流传】（无考）

【出处】［明］杨尔：《韩湘子全传》（《韩湘子》）。

W0827a.2.7.2

韩湘子施法除鳄

实 例

汉族 潮州有鳄鱼出没，祸患百姓，韩湘子施法相助，百姓终得安宁。

【流传】（无考）

【出处】《韩湘子》，见乌丙安主编《中国民间神谱》，沈阳：辽宁人民出版社2007年版，第271页。

W0827a.2.8

曹国舅

实 例

（参见下级母题实例）

W0827a.2.8.1

曹国舅曹景休

实 例

汉族 曹国舅，宋曹太后之弟也；因其弟每不法杀人，后罔逃国宪，舅深以为耻。遂隐迹山岩，精思慕道，得遇钟离、纯阳，遂引入仙班。

【流传】（无考）

【出处】［明］托名王世贞：《列仙全传》卷七。

W0827a.2.8.2

曹国舅是宋曹太后之弟

实 例

汉族 （参见“W0827a.2.8.2 曹国舅是宋曹太后之弟”母题实例）

W0827a.2.8.3

钟离、纯阳引曹国舅入仙班

实 例

汉族 钟离、纯阳两位神仙将秘术传授给曹国舅，度化其成仙。

【流传】（无考）

【出处】《曹国舅》，见乌丙安主编《中国民间神谱》，沈阳：辽宁人民出版社2007年版，第272页。

W0827a.2.8.4

两位神仙将秘术传授给曹国舅

实 例

汉族 （参见“W0827a.2.8.3 钟离、纯阳引曹国舅入仙班”母题实例）

W0827a.3

八仙的能力（八仙的行为，八仙的事迹）

实 例

（参见下级母题实例）

W0827a. 3. 1
八仙闹海（八仙过海）

实 例

（参见下级母题实例）

W0827a. 3. 1. 1
八仙过海各显神通

实 例

汉族 八仙过海时，吕洞宾倡议，谓不得乘云而过。于是，铁拐李投杖水中自立其上，乘风逐浪而渡；韩湘子以花篮投水中而渡；蓝采和以拍板投水而渡；吕洞宾以箫管投水中而渡。其余张果老、曹国舅、汉钟离、何仙姑等亦各以纸驴、玉板、鼓、竹罩投水中而渡。终俱得渡海。是谓“八仙过海，各显神通”。

【流传】（无考）

【出处】［明］吴元泰：《东游记传》（《上洞八仙传》《八仙出处东游记》）。

W0827a. 3. 1. 2
八仙火烧东洋

实 例

汉族 八仙一日俱赴蟠桃，归途各履宝物渡海，有龙子爱蓝采和所踏玉版，摄而夺之，遂大战。八仙火烧东洋，龙王败绩，请天兵来助，后得观音和解。

【流传】（无考）

【出处】鲁迅《中国小说史略》之“明之神魔小说（上）”引《四游记》。

W0827a. 3. 2
八仙闹龙宫

实 例

（参见下级母题实例）

W0827a. 3. 2. 1
八仙闹东海龙宫得胜而归

实 例

汉族 东海龙王的太子抢走了蓝采和的玉板，八仙大闹龙宫，得胜而归。

【流传】（无考）

【出处】《八仙》，见乌丙安主编《中国民间神谱》，沈阳：辽宁人民出版社2007年版，第264页。

W0827a. 3. 2. 2
八仙闹海龙宫取宝

实 例

汉族 八仙闹海时，他们一直打到龙宫里去，从龙宫里拿了不少东西。

【流传】（山东省·泰安市一带）

【出处】张建新讲，吴绵采录：《吕洞宾给王母娘娘拜寿》，原载陶阳等编《泰山故事大观》，见陶阳、钟秀编《中国神话》（中），北京：商务印书馆2008年版，第738～740页。

W0827a. 3. 3

八仙在泰山修仙

实 例

汉族 很古以前，吕洞宾、铁拐李等八人来到泰山上居住修仙。

【流传】（山东省·泰安一带）

【出处】程金富讲，张屯岭采录：《白氏郎的故事——泰山众神的由来》，原载陶阳编《泰山民间故事大观》，见陶阳、钟秀编《中国神话》（中），北京：商务印书馆2008年版，第747~752页。

W0827a. 4

八仙的生活

实 例

（参见下级母题实例）

W0827a. 4. 1

八仙的饮食

实 例

（实例待考）

W0827a. 4. 2

八仙的出行

实 例

（参见下级母题实例）

W0827a. 4. 2. 1

八仙除夕到元宵节降临人间

实 例

汉族 每逢除夕到元宵节期间，八仙就会降临人间，度人成道，预测未来。

【流传】（无考）

【出处】《八仙》，见乌丙安主编《中国民间神谱》，沈阳：辽宁人民出版社2007年版，第264页。

W0827a. 5

八仙的类型

实 例

（参见下级母题实例）

W0827a. 5. 1

上八仙、中八仙和下八仙

实 例

汉族 三月三是王母娘娘的生日宴会上，上八仙、下八仙、中八仙和所有的仙都来了。

【流传】（山东省·泰安市一带）

【出处】张建新讲，吴绵采录：《吕洞宾给王母娘娘拜寿》，原载陶阳等编《泰山故事大观》，见陶阳、钟秀编《中国神话》（中），北京：商务印书馆2008年版，第738~740页。

W0827a. 5. 1. 1

上八洞仙是天官赐福星、禄黑、寿星、张仙、东方朔、陈搏、彭祖、骊山母

实 例

汉族 上八洞，是天官赐福星、禄黑、寿星、张仙、东方朔、陈搏、彭祖、骊山母，共为八仙。

【流传】（无考）

【出处】［清、民国］撰者不详：《何仙姑宝卷》上卷。

W0827a. 5. 1. 2

中洞八仙汉钟离、吕洞宾、张果老、铁拐李、韩湘子、曹国舅、兰采和、何仙姑

实 例

汉族 汉钟离、吕洞宾、张果老、铁拐李、韩湘子、曹国舅、兰采和、何仙姑为中洞八仙。

【流传】（无考）

【出处】［清、民国］撰者不详：《何仙姑宝卷》上卷。

W0827a. 5. 1. 3

下洞八仙广成仙祖、鬼谷子、孙膑、刘海、和合二仙、李八百、麻姑女

实 例

汉族 下八洞，是广成仙祖、鬼谷子、孙膑、刘海、和合二仙、李八百、麻姑女，共为八仙。

【流传】（无考）

【出处】［清、民国］撰者不详：《何仙姑宝卷》上卷。

W0827a. 5. 2

八仙有上八仙、下八仙、饮中八仙以及蜀中八仙等

实 例

汉族 八仙有上八仙、下八仙、饮中八仙，以及蜀中八仙等。

【流传】（无考）

【出处】《八仙》，见乌丙安主编《中国民间神谱》，沈阳：辽宁人民出版社2007年版，第264页。

W0827a. 5. 3

明八仙、暗八仙

实 例

（参见下级母题实例）

W0827a. 5. 3. 1

暗八仙分别指葫芦、掌扇、花篮、道情筒、莲花拂尘（或宝剑）、苗子和尺板等八物

实 例

汉族 暗八仙分别指葫芦、掌扇、花篮、道情简、莲花拂尘（或宝剑）、

苗子和尺板等八种物品。

【流传】（无考）

【出处】《八仙》，见乌丙安主编《中国民间神谱》，沈阳：辽宁人民出版社2007年版，第264页。

W0827a.6
与八仙有关的其他母题

实例

（参见下级母题实例）

W0827a.6.1
八仙桌

实例

（参见下级母题实例）

W0827a.6.1.1
家中供奉八仙的长桌称“八仙桌”

实例

锡伯族 在家庭中供奉“八仙”时，供一长桌，称“八仙桌”或“条桌”，桌前悬挂有八仙画像。

【流传】（无考）

【出处】

（a）贺灵、佟克力著《锡伯族史》，乌鲁木齐：新疆人民出版社1993年版第471页。

（b）《其他信仰》，见吕大吉、何耀华总主编《中国各民族原始宗教资料集成》（鄂伦春族卷、鄂温克族卷、赫哲族卷、达斡尔族卷、锡伯族卷、满族卷、蒙古族卷、藏族卷），北京：中国社会科学出版社1999年版，第461～462页。

W0827a.6.2
8个仙人

实例

（参见下级母题实例）

W0827a.6.2.1
8个仙人在通天峒生活

实例

毛南族 通天峒里银光闪耀，有八个仙人在双双下棋，正下得入迷。

【流传】（广西壮族自治区·河池市·环江毛南族自治县）

【出处】《三界公的故事》，原载毛星：《中国少数民族文学》，湖南人民出版社1983年版；陈平据《中国各民族宗教与神话大词典》改写，见姚宝瑄主编《中国各民族神话》（土家族、毛南族、侗族、瑶族），太原：山西出版传媒集团·书海出版社2014年版，第64页。

W0827a.6.3
仙人八公

实例

（参见下级母题实例）

W0827a. 6. 3. 1

仙人八公指苏飞、李尚、左吴、田由、雷被、毛被、伍被、晋昌八人

实 例

汉族 （参见“W0827a. 6. 3. 2 仙人八公能炼金化丹，出入无间”母题实例）

W0827a. 6. 3. 2

仙人八公能炼金化丹，出入无间

实 例

汉族 苏飞、李尚、左吴、田由、雷被、毛被、伍被、晋昌八人，皆须眉皓素，能炼金化丹，出入无间，且能蘸金于地，白日升天。

【流传】（无考）

【出处】

(a) ［北魏］郦道元：《水经注·淝水》。

(b) 同 (a)，见袁珂《中国神话大词典》，北京：华夏出版社 2015 年版，第 7 页。

W0827a. 6. 4

八洞神仙

实 例

汉族 大禹治水时，托塔天王、四大金刚、八洞神仙前来相助。

【流传】江苏省·张家港市

【出处】赵忠良、乐予搜集整理：《大禹治水遇神仙》，见陈世海《张家港曲艺丛书：张家港故事选集》，南京：江苏凤凰文艺出版社 2016 年版，第 3 页。

W0827b

两个特定名称的仙

实 例

（参见下级母题实例）

W0827b. 1

和合二仙

实 例

（参见下级母题实例）

W0827b. 1. 1

和合二仙是寒山、拾得

实 例

汉族 寒山、拾得二人同居北方某远村，虽是异姓却亲如弟兄。二人同时喜欢一个女子，寒山结婚时方知原委，于是离家到江南苏州何山枫桥寺削发为僧，苦心修行。拾得也离开心爱的女子寻找寒山。相见时，折一盛开荷花前往。寒山见拾得来到，也急忙盛斋饭出迎。二人喜极，相向而舞。遂俱为僧，开山立庙曰寒山寺。因此称他们为“和合二仙”。

【流传】（无考）

【出处】《“和合二仙”传友情》，载《民间文学》1979 年第 8 期。

W0827b. 1. 2

和合二仙又称和合二圣

实 例

汉族 和合二仙又称和合二圣，寒山和拾得两位神僧后来成为民间喜神。

【流传】（无考）

【出处】《和合二仙》，见乌丙安主编《中国民间神谱》，沈阳：辽宁人民出版社 2007 年版，第 160 页。

W0827b. 1. 3

和合二仙是民间喜神

【关联】

① ［W0457. 3. 0. 3］福神和合二仙

② ［W0486. 3］特定名称的喜神

实 例

汉族 （参见“W0827b. 1. 2 和合二仙又称和合二圣”母题实例）

W0827b. 1. 4

雍正十一年封天台寒山大士为和圣，拾得大士为合圣

实 例

汉族 今和合以二神并祀，而万回仅一人，不可以当之。国朝雍正十一年封天台寒山大士为和圣，拾得大士为合圣。

【流传】（无考）

【出处】［清］翟灏：《通俗编》（无不宜斋本）卷十九“和合二圣”条。

W0827b. 1. 5

万回哥哥像蓬头笑面，身著绿衣，左手擎鼓，右手执棒，云是和合之神

【关联】［W0486. 3. 5. 1］团圆与喜庆之神万回哥哥

实 例

汉族 宋时，杭城以腊月祀万回哥哥，其像蓬头笑面，身著绿衣，左手擎鼓，右手执棒，云是和合之神，祀之可使人在万里外亦能回来，故曰万回。

【流传】（无考）

【出处】［明］田汝成：《西湖游览志余》第二三卷。

W0827c

三仙（三位大仙）

实 例

（参见下级母题实例）

W0827c. 1

三位大仙分别住在宇宙的玉清、上清和太清

实 例

汉族 宇宙一分为三，分别叫玉清、上清和太清，分别由三位大仙居住。

【流传】（无考）

【出处】［法］禄是遒著，王定安译：《中国民间崇拜：中国众神》，上海：

上海科学技术文献出版社 2009 年版，第 6 页。

W0827d

九仙

实　例

（参见下级母题实例）

W0827d.1

汉河氏兄弟九人炼丹成仙

实　例

汉族 （汉河氏兄弟）九人炼丹于湖九鲤湖（在兴化府仙游县东北万山中）上，丹成以食鲤。鲤变而朱，其旁有翅，昂首喷沫，便招风雨，湖水为溢。一日，鲤数跃欲飞，九人各乘其一上升。

【流传】（无考）

【出处】

（a）［明］陈仁锡：《潜确类书》卷三二。

（b）《九鲤湖》，见袁珂《中国神话大词典》，北京：华夏出版社 2015 年版，第 12 页。

W0827d.2

九仙乘鲤鱼升天

实　例

汉族 （参见“W0827d.1 汉河氏兄弟九人炼丹成仙”母题实例）

W0827e

百仙

实　例

（参见下级母题实例）

W0827e.1

百仙在仙人洞内修炼

实　例

汉族 仙人洞内修炼百仙，惟以胡三太爷、胡三太奶为尊。察人间善恶，系百姓祸福，保家宅平安。胡三太爷、胡三太奶系东北之仙长，仁厚慈善，道行高深，解灾灭难，化险为夷。仗义疏财，有求必应，是为保家之仙。

【流传】 辽宁省·（锦州市）·北镇市·常兴店镇

【出处】《青岩寺》，见 http://www.lvshan.com。

W0827e.2

百仙以胡三太爷、胡三太奶为尊

实　例

汉族 （参见“W0827e.1 百仙在仙人洞内修炼”母题实例）

W0827f

其他数量的仙

实　例

（参见下级母题实例）

W0827f.1

五仙

【关联】［W0546.8.1.1］五仙城（广州）的五仙是五谷之神

实 例

汉族 （参见“W0546.8.1.1 五仙城（广州）的五仙是五谷之神”母题实例）

W0828

与仙有关的其他母题

【关联】

①［W6908.4］仙舞的来历

②［W7240］仙与仙之间的婚姻

实 例

（参见下级母题实例）

W0828.1

半仙（半个神仙，半人半仙）

实 例

（参见下级母题实例）

W0828.1.1

守人祖坟者成半仙

实 例

汉族 一个老婆儿专门伺候人祖奶奶的坟墓，乡下人管她饭，管她穿，送的饭、衣裳。老婆也成了半仙之体了。

【流传】河南省·（周口市）·沈丘县［采录地点：沈丘县乔庄］

【出处】乔振帮（87岁，农民，不识字）讲，张振犁、程健君录音：《人祖爷（六）》（1983.11.13），见张振犁编著《中原神话通鉴》（第一卷），郑州：河南大学出版社2017年版，第346页。

W0828.1.2

吃特定物成为半仙

实 例

（参见下级母题实例）

W0828.1.2.1

人吃红果成了半个神仙

实 例

壮族 山神对三界（人名）说：“山背后有一棵红果树，只要找着它的果子吃下，你就成了半个神仙，有力量搬开这块大石头了。”

【流传】（无考）

【出处】韦丁诗等讲，广西壮族文学史编辑室搜集，林仲添整理：《神医三界》，原载蓝鸿恩编：《壮族民间故事选》，上海文艺出版社1984年版，见姚宝瑄主编《中国各民族神话》（仫佬族、壮族、京族），太原：山西出版传媒集团·书海出版社2014年版，第161页。

W0828.1.3

特定人物是半人半仙

实 例

（参见下级母题实例）

W0828.1.3.1

造秤的祖师爷“千人平”半人半仙

实 例

汉族 造秤的祖师爷叫“千人平”，他半人半仙，上知天文日月星，下通地理雷雨风。

【流传】（无考）

【出处】

(a) 郑百坤讲，冯灵恩记录整理：《秤的来历》，载《人民文学》1986年第4期。

(b) 郑百坤讲，冯灵恩记录整理：《千人平造神秤》，见姚宝瑄主编《中国各民族神话》（汉族），太原：山西出版传媒集团·书海出版社2014年版，第371~372页。

W0828.1.4

半仙上知天文日月星，下通地理雷雨风

实 例

汉族 （参见“W0828.1.3.1 造秤的祖师爷‘千人平’半人半仙”母题实例）

W0828.2

仙气

实 例

（参见下级母题实例）

W0828.2.1

念经拜佛得仙气

实 例

汉族 （实例待考）

W0828.2.2

特定人物会吹仙气

【关联】 [W0760a.4.2] 王母娘娘吹仙气

实 例

（参见下级母题实例）

W0828.2.2.1

人参姑娘吹仙气

实 例

汉族 人参变成的姑娘让小伙闭上眼，朝小伙吹口气，小伙就飞回原来的地方。

【流传】 吉林省·（白山市）·靖宇县

【出处】 季源搜集整理：《公主参》，见靖宇县文化馆编《靖宇县民间故事资料》（第一集），内部编印，1984年，第42页。

W0828.2.2.1.1

人参姑娘

【关联】[W0542.3] 人参神

实 例

满族 （实例待考）

W0828.2.3

通过到特定地方增长仙气

实 例

（参见下级母题实例）

W0828.2.3.1

通过到月宫增长仙气

实 例

汉族 按王母娘娘的吩咐，仙女在凡间生的儿子为了增长仙气要到月宫去晒谷。

【流传】浙江省·杭州市

【出处】黄欢讲，潘观涌整理：《月树人》，见姚宝瑄主编《中国各民族神话》（汉族），太原：山西出版传媒集团·书海出版社2014年版，第285～288页。

W0828.2a

仙术

【关联】[W0779c.6.5] 老天爷会仙术

实 例

（参见下级母题实例）

W0828.2a.1

学习仙术

【关联】[W0748.3.1.1] 瑶姬向文武两个天师学会仙术

实 例

（参见下级母题实例）

W0828.2a.1.1

神女瑶姬在瑶池仙宫学会仙术

实 例

汉族 神女瑶姬在瑶池仙宫学会了变化无穷的仙术。

【流传】四川省

【出处】朱奉天讲，唐探峰采录：《神女瑶姬的传说》，见陶阳、钟秀编《中国神话》（上），北京：商务印书馆2008年版，第438～441页。

W0829.3

仙送礼物

【汤普森】F340

实 例

（参见下级母题实例）

W0828.3.1

仙人赏钱

【汤普森】F342

实 例

（实例待考）

W0828. 3. 2

仙人赠马

【汤普森】F343. 9. 1

实 例

（实例待考）

W0828. 3. 3

仙人送子

【汤普森】F343. 13

实 例

（实例待考）

W0828. 3. 4

凡人不识仙人礼

【汤普森】F348. 5

实 例

（实例待考）

W0828. 4

仙力的失去

【汤普森】F383

【关联】［W9118］魔力的丧失

实 例

（参见下级母题实例）

W0828. 4. 1

仙家被神收走仙力

实 例

汉族 一位仙家被可恶的天神收走了仙力，所以拱到海里就没有出来。

【流传】河南省豫东北

【出处】《猪拱河的传说》，见张振犁编著，孟宪明、朱淑君统纂《中原神话通鉴》（第四卷），郑州：河南大学出版社 2017 年版，第 1372 页。

W0828. 5

仙人的离去

【汤普森】F388

实 例

（实例待考）

W0828. 6

仙界之王（仙王）

【汤普森】F252. 1

实 例

（参见下级母题实例）

W0828. 6. 1

仙大王

实 例

（参见下级母题实例）

W0828. 6. 1. 1

仙大王掌管雨水

实 例

水族 仙大王掌管雨水。

【流传】（无考）

【出处】韦免低等讲，潘朝霖搜集整理：《月亮山》，见谷德明编《中国少数民族神话》，北京：中国民间文艺出版社 1987 年版，第654～663 页。

W0828.6.2

天仙王

实 例

门巴族 地仙王与天仙王双方亲热得像兄弟一般。

【流传】西藏自治区

【出处】肖龙辉搜集整理：《多雄拉山的传说》，见《门巴族民间故事》：http://www.tibet-web.com/old/minjian/ync/gushi/mulu.htm，2003.10.02。

W0828.6.3

地仙王

【关联】［W0827.2］地仙

实 例

门巴族 （参见“W0828.6.2 天仙王”母题实例）

W0828.6.4

仙王旺羡

实 例

（参见下级母题实例）

W0828.6.4.1

仙王旺羡住天上

实 例

水族 仙王旺羡住在天上。

【流传】贵州省·（黔南布依族苗族自治州）·三都县（三都水族自治县）·恒丰乡

【出处】韦金荣讲，祖岱年采录：《旺虽射日》见中国民间文学集成全国编辑委员会编《中国民间故事集成》（贵州卷），北京：中国 ISBN 中心 2003 年，第 26 页。

W0828.7

造访仙境

【汤普森】F370

【关联】

① ［W0813.2］仙人造访人间

② ［W1792.4b］人间天宫

实 例

（参见下级母题实例）

W0828.7.1

凡人脱俗去仙界

【汤普森】F373

实 例

（实例待考）

W0828.7.2

仙境

实 例

（参见下级母题实例）

W0828.7.2.1

白马岗是莲花盛开的仙境

实 例

珞巴族 白马岗这个地方，是莲花盛

开、万紫千红的仙境。

【流传】西藏自治区·林芝市·墨脱县·背崩乡、墨脱乡（讲述地点：墨脱县·墨脱乡·墨脱村）

【出处】普布刀杰、果亚、朱嘎、白嘎、拉吾次仁讲：《布裙湖的传说》（1957.07），见冀文正《珞巴族民间故事》，成都：四川民族出版社2011年版，第61页。

W0828.8

仙的宴会

【汤普森】F263

【关联】［W0983］神的聚会（仙的聚会）

实　例

汉族 “重阳集清氛，下辇降玄宴。”李善注：“玄，犹圣也。”

【流传】（无考）

【出处】［南朝·梁］萧统编：《文选·江淹〈杂体诗·效颜延之“侍宴”〉》李善注。

W0828.8a

仙聚会地点

【汤普森】F217

实　例

（参见下级母题实例）

W0828.9

仙的遗迹（仙迹，与仙有关的风物）

实　例

（参见下级母题实例）

W0828.9.1

赵州渡石桥有张果老的驴迹

实　例

汉族 六十里至赵州，渡石桥。桥从空架起，工极坚致，有张果老驴迹。

【流传】（无考）

【出处】［宋］周煇：《北辕录》。

Motif-index of China Mythology Characters Database

中国神话人物母题数据索引

（6—5）

王宪昭 | 著

中国社会科学出版社

6－5　基本母题检索

0.8　妖魔与怪物

【W0830～W0919】

‖0.8.1　妖魔‖

【W0830～W0854】

‖ **0.8.2 怪人、怪物** ‖
【W0855～W0869】

‖ **0.8.3 灵魂（鬼）** ‖
【W0870～W0919】

0.9 神或神性人物的其他母题 【W0920～W0999】

‖0.9.1 神物‖ 【W0920～W0969】

‖0.9.2　与神或神性人物有关的其他母题‖

【W0970～W0999】

6－5
【W0830～W0999】

0.8　妖魔与怪物[①]
【W0830～W0919】

0.8.1　妖魔
【W0830～W0854】

✿ W0830
妖魔（妖精、魔鬼、魔怪）

【汤普森】①G300；②G303

实　例

（参见下级母题实例）

❊ W0831
妖魔的产生（魔鬼的产生）

【汤普森】①A51；②A2831；③≈G303.1

实　例

（参见下级母题实例）

W0831.1
以前没有妖魔

实　例

维吾尔族 很早以前，妖魔鬼怪一个也没有。

【流传】新疆维吾尔自治区·伊犁州（伊犁哈萨克自治州）·察布查尔县（察布查尔锡伯自治县）

【出处】牙库布讲，阿不都拉搜集翻译，姚宝瑄整理：《女天神创世》，见姚宝瑄主编《中国各民族神话》（乌孜别克族、哈萨克族、柯尔克孜族、俄罗斯族、维吾尔族、塔吉克族、塔塔尔族、锡伯族），太原：山西出版传媒集团·书海出版社2014年版，第225页。

W0831.2
妖魔产生的原因

实　例

（参见下级母题实例）

W0831.2.1
天神为惩罚人类制造妖魔

实　例

（参见下级母题实例）

W0831.2.2
违背禁忌产生妖魔

实　例

（参见下级母题实例）

---

① 妖魔与怪物，“妖魔”与“怪物”是两个具有交叉性质的概念，“妖魔”有时又可称为“妖怪”、“魔鬼”。在有些神话文本中“妖魔”与“怪物”的区别并不明显，甚至许多接受者对此也认为没有严格区分的必要，但在汉语表述语境中，二者又的确具有差异性，如有人认为“妖魔”是叙述中那些形状奇怪可怕、有妖术、能害人的精灵；“怪物”既可以指奇形怪状的妖魔，也可以泛指奇异的东西等。在此编码中列出的有关“妖魔”与“怪物”的条目，仅从研究与表述的需要出发。具体情况参见《中国神话人物母题数据索引》。

W0831. 2. 2. 1

抛弃的不到天数的神造物变成妖魔

实 例

纳西族 洪水后，地上没有了人类。阳神老公公做下九对木人和木马，送给了丽恩（幸存的祖先），嘱咐他“不到九天九夜不能看”。崇仁丽恩不满九天看了一下，结果没能成活。阳神老公公砍掉木人和木马：一架扔到老林中，老林从此有山妖；一架甩入山溪中，山溪从此有水怪。

【流传】 云南省·丽江（丽江市）

【出处】 和芳（东巴）读经，和志武翻译整理：《崇邦统》（人类迁徙记）（1954），见吕大吉、何耀华总主编《中国各民族原始宗教资料集成》（纳西族卷、羌族卷、独龙族卷、傈僳族卷、怒族卷），北京：中国社会科学出版社 2000 年版，第 324 页。

W0832

妖魔来于某个地方或自然存在

【关联】 ［W8672. 14. 1］世界末日时妖魔四起

实 例

（参见下级母题实例）

W0832. 1

天生妖魔

实 例

傈僳族 天生妖魔。

【流传】 （无考）

【出处】 胡导生讲，张祖武整理：《木必扒的传说》，见中华民族故事大系编委会编《中华民族故事大系》第 7 卷（黎族、傈僳族、佤族），上海：上海文艺出版社 1995 年版，第 530 页。

W0832. 2

黑暗处生妖魔

实 例

壮族 阴黑的地方生妖魔。

【流传】 广西壮族自治区·（百色市）·隆林（隆林各族自治县）

【出处】 杨业荣等整理：《铜鼓的传说》，见中华民族故事大系编委会编《中华民族故事大系》第 3 卷（彝族、壮族、布依族），上海：上海文艺出版社 1995 年版，第 422 页。

W0832. 2. 1

日月星照不到的阴黑旮旯角落生出了妖魔鬼怪

实 例

壮族 天地距离变远后，山岭上下的一些旮旯角落，太阳、月亮和星星都照不到。这样长年阴黑的旮旯角落，生出了毒虫恶兽和妖魔鬼怪。

【流传】广西壮族自治区·（百色市）·西林县

【出处】岑永钦、黎显春讲，岑隆业、杨荣杰、金稼民整理：《铜鼓的来历》，原载选自蓝鸿恩编《壮族民间故事选》，见陶阳、钟秀编《中国神话》（下），北京：商务印书馆2008年版，第1271～1274页。

W0832.3

妖魔来源于特定动物的尸体

实 例

哈尼族 （实例待考）

W0832.4

特定的人物带来魔鬼

实 例

（参见下级母题实例）

W0832.4.1

黑光里生出一个黑人门瓦那保带来邪恶和魔鬼

实 例

藏族 从黑光里衍生出一个黑人门瓦那保，带来了邪恶、魔鬼、雷电等。

【流传】（无考）

【出处】魏强：《藏族宗教文学的文化学价值》，载《民族文学研究》1995年第4期。

W0832.5

妖魔源于山中

实 例

（参见下级母题实例）

W0832.5.1

蟒猊从白嘎拉山来

实 例

鄂伦春族 从白嘎拉山那边过来了一只吃人的蟒猊（妖魔），跑到素克苏元（老太太名）家里兴妖作孽。

【流传】（中国东北部地区）

【出处】

(a) 莫金泣孟玉讲，隋书金整理：《白衣仙姑》，见《鄂伦春民间故事选》，上海：上海文艺出版社1983年版。

(b) 同(a)，见姚宝瑄主编《中国各民族神话》（达斡尔族、鄂伦春族、鄂温克族、蒙古族），太原：山西出版传媒集团·书海出版社2014年版，第102～107页。

W0832.5.2

蟒猊从外兴安岭来

实 例

鄂伦春族 从外兴安岭那边来了一群吃人蟒猊（妖魔），霸占了美丽富饶的山洞。

【流传】内蒙古自治区·（呼伦贝尔

市）·鄂伦春族自治旗

【出处】

(a) 葛德宏讲，隋书金记录整理：《猎人柯阿汗》，见隋书金编《鄂伦春族民间故事选》，上海：上海文艺出版社1988年版。

(b) 同（a），见姚宝瑄主编《中国各民族神话》（达斡尔族、鄂伦春族、鄂温克族、蒙古族），太原：山西出版传媒集团·书海出版社2014年版，第84～90页。

W0832.6

老天爷放出怪妖怪兽

实　例

汉族 老天爷放出怪妖怪兽，要它们吃掉盘古兄妹俩。

【流传】河南省·（南阳市·桐柏县·二郎山乡）

【出处】刘太举、姚义亮讲述，马卉欣录音整理：《盘古出世》，原载马卉欣编著《盘古之神》，见陶阳、钟秀编《中国神话》（上），北京：商务印书馆2008年版，第11～12页。

W0833

妖魔是造出来的

【汤普森】F402.5

实　例

（参见下级母题实例）

W0833.1

神造妖魔

实　例

（参见下级母题实例）

W0833.1.1

天神的弟子造妖魔

实　例

满族 天神阿布卡恩都里的二弟子叫耶路里私自跑到地上国，造了一群专门残害人类的恶魔。

【流传】（无考）

【出处】傅英仁、余金讲述整理：《耶路里》，见姚宝瑄主编《中国各民族神话》（满族、赫哲族、朝鲜族），太原：山西出版传媒集团·书海出版社2014年版，第86～88页。

W0833.2

神性人物造妖魔

实　例

满族 （实例待考）

W0833.3

妖魔造其他妖魔

【汤普森】G303.1.4

实　例

（实例待考）

W0833.4

人造妖魔

实 例

（实例待考）

W0833.5

与造妖魔有关的其他母题

实 例

（实例待考）

W0833.5.1

妖怪是用火和光做成的

实 例

哈萨克族 （实例待考）

W0834

妖魔是生育产生的

【汤普森】T550

实 例

（参见下级母题实例）

W0834.0

神或神性人物生妖魔

实 例

（参见下级母题实例）

W0834.0.1

妖与怪婚生妖

实 例

彝族 最初的时候，只有一个妖，只有一个怪。妖和怪结合，产生了后代。

【流传】（贵州省彝族地区）

【出处】《索恒哲》，见王富慧（珠尼阿依）译著，贵州省民族古籍整理办公室编《彝族神话史诗选》，北京：民族出版社2013年版，第84页。

W0834.0.2

妖怪生妖怪

实 例

彝族 洪水之后，世上只剩下一个妖、一个怪，可是后来又各生出十二个。它们各据守一方，肆意作践人类，人们受够了。

【流传】云南省·（大理白族自治州）·鹤庆县

【出处】《米恒哲降妖》，王四代根据王子尧翻译，康健、王冶新等整理《彝族古歌》（贵州人民出版社1989年版）改写，见姚宝瑄主编《中国各民族神话》（羌族、彝族），太原：山西出版传媒集团·书海出版社2014年版，第363页。

W0834.1

人生妖魔

【汤普森】T556

【关联】［W2600］人生怪胎

实 例

（参见下级母题实例）

W0834. 1. 1

特定的女子生妖

【关联】［W0849. 4. 1. 1］太白金星赐颜氏女八豆生张良等八妖精

实 例

苗族 （参见“W0834. 1. 2 人感生妖”母题实例）

W0834. 1. 2

人感生妖

【关联】［W0572. 4］人感生文化英雄

实 例

苗族 太白金星赐颜氏女八豆，生张良等八妖精。

【流传】湖南省·湘西（湘西土家族苗族自治州）

【出处】《摊公摊母歌》，见马昌仪编《中国神话学文论选萃》（上编），北京：中国广播电视出版社 1994 年版，第 376～377 页。

W0834. 2

动物生妖魔

实 例

（参见下级母题实例）

W0834. 2. 1

特定动物生妖魔

实 例

（参见下级母题实例）

W0834. 2. 1. 1

鱼生妖魔

实 例

哈尼族 大鱼的白哩（传说中的鱼肚中的器官，类似千层肚一样的东西）有百十层，一层装着一样物种。二层挑开看，一股黄烟冒出来，跑到寨子间的岔路上去了，那是妖魔的种子。从此，人间有兴妖作怪的事了。

【流传】云南省·（红河哈尼族彝族自治州）·红河县

【出处】张平础讲，李期博记录翻译：《杀鱼取种》，原载云南省民间文学集成办公室编《哈尼族神话传说集成》，中国民间文艺出版社 1990 年版，见姚宝瑄主编《中国各民族神话》（哈尼族、傣族），太原：山西出版传媒集团·书海出版社 2014 年版，第 156 页。

W0834. 2. 2

动物婚生怪物

【汤普森】B634

实 例

（实例待考）

W0834. 3

植物生妖魔

实 例

（参见下级母题实例）

W0834.3.1

瓜中生魔鬼

实 例

傈僳族 天神种出一个又圆又大的独瓜。他举起金拐棍，向瓜的头部猛击一棍，那瓜立刻冒出两股火烟，火烟又变化，变出两个魔鬼来。天神挥起金棒使劲打去，把两个魔鬼打死了。

【流传】（无考）

【出处】

（a）《开天辟地》，载《山茶》1983 年第 3 期。

（b）同（a），见姚宝瑄主编《中国各民族神话》（水族、布朗族、独龙族、基诺族、傈僳族），太原：山西出版传媒集团·书海出版社 2014 年版，第 182 页。

W0834.4

无生命物生妖魔

实 例

（实例待考）

W0834.5

卵生妖魔

实 例

纳西族 一对蛋孵出了嘟魔和臻魔。

【流传】 云南省·丽江（丽江市）

【出处】 和芳讲：《崇搬图》，见《东巴经文资料》（1963－1964），中国社科院图书馆单册复印云南丽江县文化馆资料合订本，内部编印，第 10 页。

W0834.6

特定地点生妖魔

实 例

（参见下级母题实例）

W0834.6.1

阴暗处生妖魔

实 例

壮族 因没有日月星的照射，长年阴黑的旮旯角落就生出了毒虫恶兽和妖魔鬼怪。

【流传】（无考）

【出处】 岭隆业、杨荣杰、金稼民搜集、整理：《铜鼓的来历》，原载蓝鸿恩编：《壮族民间故事选》，上海文艺出版社 1984 年版，见姚宝瑄主编《中国各民族神话》（仫佬族、壮族、京族），太原：山西出版传媒集团·书海出版社 2014 年版，第 150 页。

W0834.7

与生育妖魔有关的其他母题

实 例

（实例待考）

W0835

妖魔是变化产生的

实 例

（参见下级母题实例）

W0835.1

神变成魔鬼

【汤普森】≈G303.1.1

【关联】［W0067.1.2.1］女神有了男性生殖器后变成恶魔

实 例

满族 敖钦女神有了男性生殖器后，变成无往不胜的九头恶魔耶鲁里大神。

【流传】黑龙江省·（黑河市）·瑷珲（四季屯今划归孙吴县）·四季屯（四季镇）

【出处】白蒙古讲：《天宫大战》（四腓凌），转引自王宏刚：《满洲萨满教创世神话中的人本主义曙光》，载《西北民族研究》2007年第4期。

W0835.2

恶神的肢体化成魔鬼

实 例

（参见下级母题实例）

W0835.2.1

恶天神被善天神打败后粉碎的肢体化成很多魔鬼

实 例

蒙古族（布里亚特）阿泰·乌兰·腾格里恶天神被以汗·霍尔母斯塔·腾格里为首的西方善天神打败，粉碎的肢体在下界化成很多魔鬼，成为人间的灾祸。

【流传】（无考）

【出处】《阿拜·格斯尔》（蒙古文）之第一章，转引自那木吉拉《中国阿尔泰语系诸民族神话比较研究》，北京：学习出版社2010年版，第38页。

W0835.3

仙变成魔鬼

实 例

（实例待考）

W0835.3.1

真主把不恭的天仙变魔鬼

实 例

撒拉族 （实例待考）

W0835.4

人变成魔鬼

【汤普森】G303.1.3.1

实 例

（参见下级母题实例）

W0835.4.1

人死后变成妖魔

实 例

（参见下级母题实例）

W0835.4.1.1

人死得冤枉变成妖精

实 例

鄂温克族 （参见“W0835.9.1.1 人的冤魂变成妖精”母题实例）

W0835.4.1.2

恶人死后变成妖魔

实 例

羌族 不孝之子弥木伊死后成邪魔，闯村串寨作祸祟。

【流传】四川省·（阿坝藏族羌族自治州）·汶川县·雁门乡·小寨子

【出处】

(a) 袁真（释比，80岁）唱，汪有伦翻译，钱安靖整理：《中下坛经》（1983.11~1984.12），见钱安靖《羌族和羌语支各居民集团宗教习俗调查报告》，四川大学宗教研究所油印本，1987年12月。

(b) 同（a），见吕大吉、何耀华总主编《中国各民族原始宗教资料集成》（纳西族卷、羌族卷、独龙族卷、傈僳族卷、怒族卷），北京：中国社会科学出版社2000年版，第523页。

W0835.4.1.3

凶死者变成妖

实 例

羌族 凡患恶病如寒凉病、吐血（肺痨）、或产妇难产致死，落水、跌岩和遭岩石打死，以及第一胎生下死掉，或十五六岁少年夭折者，都认为是煞气大，会成妖成怪，为害于人。

【流传】（无考）

【出处】西南民族学院研究室编：《羌（尔玛）族情况》，1954年，见吕大吉、何耀华总主编《中国各民族原始宗教资料集成》（纳西族卷、羌族卷、独龙族卷、傈僳族卷、怒族卷），北京：中国社会科学出版社2000年版，第461页。

W0835.4.2

女人国的女人是妖魔

实 例

撒拉族 女人国的女人全是妖魔变的。

【流传】（无考）

【出处】毛草讲，大漠记录：《哈三的经历》，见满都呼主编《中国阿尔泰语系诸民族神话故事》，北京：民族出版社1997年版，第103页。

W0835.4.3

人死后穿带毛的衣服变成魔鬼

实 例

鄂伦春族 为死者穿寿衣时，如果没有绸、布料，就穿上皮衣服，也必须是退了毛的。因为如果给死者穿上带毛的衣服，就会变成魔鬼。

【流传】（无考）

【出处】

（a）韩有峰：《鄂伦春族风俗志》，北京：中央民族大学出版社 1991 年版，第 95 页。

（b）《守灵》，见吕大吉、何耀华总主编《中国各民族原始宗教资料集成》（鄂伦春族卷、鄂温克族卷、赫哲族卷、达斡尔族卷、锡伯族卷、满族卷、蒙古族卷、藏族卷），北京：中国社会科学出版社 1999 年版，第 66 页。

W0835.4.4

男女人祖黑夜生育的孩子是魔鬼

实 例

哈尼族 天降的陨石生的第一个男子阿托拉扬和天神降下的金葫芦生的第一个女人阿嘎拉优结婚生许多娃娃。最后一个娃娃出世时黑夜已来临，她生了一群魔鬼。

【流传】 云南省·（普洱市）·孟连县（孟连傣族拉祜族佤族自治县）

【出处】 李格、王富帮讲，张犁翻译，李灿伟、莫非搜集整理：《天、地、人和万物的起源》，原载云南省民间文学集成办公室编《哈尼族神话传说集成》，中国民间文艺出版社 1990 年版，见姚宝瑄主编《中国各民族神话》（哈尼族、傣族），太原：山西出版传媒集团·书海出版社 2014 年版，第 61 页。

W0835.4.5

首领被打败后变成妖怪

实 例

壮族 雷将陆盟被布伯（人间首领名）打败后变成个游荡的妖怪，靠人们向野外撒些残羹剩饭过日子。

【流传】 广西壮族自治区红水河流域各县

【出处】 蓝鸿恩搜集整理：《布伯的故事》，原载蓝鸿恩编《壮族民间故事选》，见陶阳、钟秀编《中国神话》（上），北京：商务印书馆 2008 年版，第 498 ~ 508 页。

W0835.4.6

特定的人被视为妖魔

实 例

（参见下级母题实例）

W0835.4.6.1

戈基人被视为邪魔鬼怪

实 例

羌族 羌语称羌人为“日拉堵拘”，称戈基人为“嘎日都”。羌戈历史上曾发生大战。释比（巫师）作法演唱时，将戈基人作为邪魔鬼怪赶走。

【流传】 四川省·（阿坝藏族羌族自治州）·理县·桃坪乡·增头寨

【出处】

（a）杨茂山（释比，64 岁）唱，周巴翻译，钱安靖整理：《下坛经》（1983.10）说明文字，见钱安靖《羌族和羌语支各居民集团宗教习俗调查报告》，四川大学宗教研究所油印本，1987 年 12 月。

(b) 同 (a)，见吕大吉、何耀华总主编《中国各民族原始宗教资料集成》(纳西族卷、羌族卷、独龙族卷、傈僳族卷、怒族卷)，北京：中国社会科学出版社2000年版，第529页。

W0835.4a

祖先变成妖

实 例

彝族 武朱一（祖先名）乃只，只朱化成妖，岩穴里面居。

【流传】 贵州省·（毕节市·黔西县）·水西（水西街道）

【出处】

(a) *《人化为动物》，见吕大吉、何耀华总主编《中国各民族原始宗教资料集成》(彝族卷、白族卷、基诺族卷)，北京：中国社会科学出版社1996年版，第22页。

(b) 同 (a)，见陶云逵《大寨里彝之宗族与图腾制》，载《边疆人文》，第6卷第4期。

W0835.5

动物变成妖魔

实 例

满族 耶路哩（大魔鬼，魔王）率领的五妖，是由五个动物变成的妖怪。

【流传】 黑龙江省·（牡丹江市）·宁古塔（宁安县）；吉林省·长白山地区（长白山一带）

【出处】

(a) 傅英仁讲述，张爱云记录整理：《天宫神魔大战》，见傅英仁讲述，张爱云记录整理《满族萨满神话》，哈尔滨：黑龙江人民出版社2006年版。

(b) 同 (a)，见陶阳、钟秀编《中国神话》（上），北京：商务印书馆2008年版，第155~180页。

W0835.5.1

年老的动物变成妖怪

实 例

(参见下级母题实例)

W0835.5.1.1

年老龟蛙变成妖怪

实 例

鄂温克族 “玛罗”（一种具体的动物神）是由年久的龟蛙变成的妖怪。

【流传】 (内蒙古自治区·呼伦贝尔市·鄂温克族自治旗·辉索木)

【出处】

(a) 《鄂温克族自治旗辉索木调查报告》，见内蒙古自治区编辑组《鄂温克族社会历史调查》，呼和浩特：内蒙古人民出版社1986年版，第489页。

(b) 《“玛罗”神》，见吕大吉、何耀华总主编《中国各民族原始宗教资料集成》(鄂伦春族卷、鄂温克族卷、赫哲族卷、达斡尔族卷、锡伯族卷、满族卷、蒙古族卷、藏族卷)，北京：中国社会科学出版社1999年版，第

114 页。

W0835.5.2

公鸡变成妖精

【关联】[W0515.1.2.1] 一只3岁的公鸡变成刻安其神

实 例

鄂温克族 “刻安其”神原是一只三岁公鸡，被人捆绑投入井里，过三年后，这公鸡变成了妖精。

【流传】(内蒙古自治区·呼伦贝尔市·鄂温克族自治旗·辉索木)

【出处】

(a)《鄂温克族自治旗辉索木调查报告》，见内蒙古自治区编辑组《鄂温克族社会历史调查》，呼和浩特：内蒙古人民出版社1986年版，第489页。

(b)《“刻安其”神》，见吕大吉、何耀华总主编《中国各民族原始宗教资料集成》(鄂伦春族卷、鄂温克族卷、赫哲族卷、达斡尔族卷、锡伯族卷、满族卷、蒙古族卷、藏族卷)，北京：中国社会科学出版社1999年版，第114页。

W0835.5.3

昆虫变成妖魔

实 例

(参见下级母题实例)

W0835.5.3.1

女天神吐出的昆虫变成妖魔

实 例

维吾尔族 女天神在吐人和昆虫的时候，只照顾到人却没有给昆虫吃的。昆虫怀恨在心，就变成了妖魔鬼怪。

【流传】新疆维吾尔自治区·伊犁州(伊犁哈萨克自治州)·察布查尔县(察布查尔锡伯自治县)

【出处】牙库布讲，阿不都拉搜集翻译，姚宝瑄整理：《女天神创世》，见姚宝瑄主编《中国各民族神话》(乌孜别克族、哈萨克族、柯尔克孜族、俄罗斯族、维吾尔族、塔吉克族、塔塔尔族、锡伯族)，太原：山西出版传媒集团·书海出版社2014年版，第227页。

W0835.6

动物的特殊器官变成妖魔

实 例

(实例待考)

W0835.6.1

动物的心变成妖魔

实 例

(实例待考)

W0835.7

植物变成妖魔

实 例

（参见下级母题实例）

W0835.7.1
草变成魔鬼

实 例

达斡尔族 草变成了巨魔。

【流传】内蒙古自治区·（呼伦贝尔市）·莫力达瓦旗（莫力达瓦达斡尔族自治旗）

【出处】孟志东搜集，呼思乐整理：《哈热勒岱莫日根》，见中华民族故事大系编委会编《中华民族故事大系》第11卷（达斡尔族、仫佬族、羌族），上海：上海文艺出版社1995年版，第79页。

W0835.8
无生命物变成妖魔（自然物变成妖魔）

实 例

（参见下级母题实例）

W0835.8.1
烟变成妖魔

实 例

（参见下级母题实例）

W0835.8.1.1
鱼肚中冒出的黄烟变成人间的妖怪

实 例

哈尼族 洪水后，人们杀的鱼的“白哩”（鱼肚中的器官）有百十层，第二层出现的一股黄烟跑到岔路上，成为人间的妖怪。

【流传】云南省·（红河哈尼族彝族自治州）·红河县

【出处】赵呼础讲，李期博采录：《杀鱼取种》，见中国民间文学集成全国编辑委员会编《中国民间故事集成》（云南卷），北京：中国ISBN中心2003年版，第173页。

W0835.8.2
乌云变成妖魔

实 例

（参见下级母题实例）

W0835.8.2.1
魔洞里飘出的一朵乌云变成妖魔

实 例

彝族 魔洞里突然飘出了一朵乌云，乌云越变越大，渐渐变成面目狰狞的魔王。

【流传】四川省·凉山彝族自治州·越西县

【出处】

（a）阿都木苏讲，康继明整理：《阿衣措拔》，载《山茶》1986年第3期。

（b）同（a），见姚宝瑄主编《中国各民族神话》（羌族、彝族），太原：山西出版传媒集团·书海出版社2014年版，第333页。

W0835. 8. 3

风变成魔鬼

实 例

羌族 河坝里突然吹来一股无名恶风，吸进嘴里变魔鬼。

【流传】四川省·（阿坝藏族羌族自治州）·汶川县·绵池乡

【出处】钱安靖：《羌族宗教习俗调查四则》，载《宗教学研究》1987 年第 3 期。

W0835. 9

与变化产生妖魔有关的其他母题

实 例

（参见下级母题实例）

W0835. 9. 1

冤魂变成妖魔

实 例

（参见下级母题实例）

W0835. 9. 1. 1

人的冤魂变成妖精

实 例

鄂温克族 村里有一个人死得冤枉，死后变成了妖精。

【流传】（无考）

【出处】

(a) 顺格布讲，朝克记录整理《“敖包”的由来》，载《黑龙江民间文学》第六集，内部资料，1983 年，第 81～83 页。

(b)《“敖包”的由来》，见吕大吉、何耀华总主编《中国各民族原始宗教资料集成》（鄂伦春族卷、鄂温克族卷、赫哲族卷、达斡尔族卷、锡伯族卷、满族卷、蒙古族卷、藏族卷），北京：中国社会科学出版社 1999 年版，第 97 页。

W0835. 9. 2

精灵变成妖魔

实 例

满族 妖精没经历过形成人身的过程，直接由精灵变成了妖魔。

【流传】黑龙江省·（牡丹江市）·宁古塔（宁安县）；吉林省·长白山地区（长白山一带）

【出处】

(a) 傅英仁讲述，张爱云记录整理：《天宫神魔大战》，见傅英仁讲述，张爱云记录整理《满族萨满神话》，哈尔滨：黑龙江人民出版社 2006 年版。

(b) 同 (a)，见陶阳、钟秀编《中国神话》（上），北京：商务印书馆 2008 年版，第 155～180 页。

W0836

与妖魔的产生有关的其他母题

实 例

（参见下级母题实例）

W0836.1

妖魔产生的时间

实 例

（参见下级母题实例）

W0836.1.1

魔鬼产生比人早

实 例

鄂温克族 “哈拉给”（即“魔鬼”）是有人类之前就有的。

【流传】（内蒙古自治区·呼伦贝尔市·额尔古纳市）

【出处】

(a)《额尔古纳旗使用驯鹿鄂温克人的调查报告》，见内蒙古自治区编辑组《鄂温克族社会历史调查》，呼和浩特：内蒙古人民出版社 1986 年版，第 238 页。

(b)《神与鬼》，见吕大吉、何耀华总主编《中国各民族原始宗教资料集成》（鄂伦春族卷、鄂温克族卷、赫哲族卷、达斡尔族卷、锡伯族卷、满族卷、蒙古族卷、藏族卷），北京：中国社会科学出版社 1999 年版，第 109 页。

W0836.1.2

魔鬼和神最早产生

实 例

鄂温克族（使鹿部）没有人类以前就存在神和“拉哈给”（魔鬼）。

【流传】内蒙古自治区·呼伦贝尔市·额尔古纳旗（额尔古纳市）

【出处】《神与鬼》，见吕大吉、何耀华主编《中国各民族原始宗教资料集成》（鄂伦春族卷、鄂温克族卷、赫哲族卷、达斡尔族卷、锡伯族卷、满族卷、蒙古族卷、藏族卷），北京：中国社会科学出版社 1999 年版，第 109 页。

W0836.1.3

魔鬼与造物主同时产生

实 例

景颇族 与造物主能贯娃同时应运而生的还有一个凶恶的魔鬼高佐洛雷。

【流传】（云南省·德宏傣族景颇族自治州）

【出处】岳志明、杨国治翻译整理：《驾驭太阳的母亲》，见姚宝瑄主编《中国各民族神话》（白族、拉祜族、景颇族），太原：山西出版传媒集团·书海出版社 2014 年版，第 205 页。

W0836.1.4

魔鬼产生比人早

实 例

傣族 西双版纳昔无人居住之时，但有魔鬼。

【流传】（云南省·西双版纳）

【出处】袁珂改编：《金鹿》（原名《西双版纳傣族传说》），原载毛星主编

《中国少数民族文学》（下册），见袁珂《中国神话大词典》，北京：华夏出版社 2015 年版，第 503 页。

W0836.2

妖魔出生的征兆

【关联】［W9236］坏的征兆

实　例

（实例待考）

※W0837

妖魔的特征（魔鬼的特征，妖怪的特征）

【汤普森】①A1074；②G630

实　例

（参见下级母题实例）

W0838

妖魔的体征（魔鬼的体征）

【汤普森】①A107；②≈G302.3；③G303.4；④G366

实　例

（参见下级母题实例）

W0838.0

男女合体的魔鬼（雌雄合同的妖魔，男女双体的鬼灵）

实　例

珞巴族 珞巴族的鬼灵谱系中，全是“男女双体连胎”，他们是天父地母婚后生育的子女，每一对主宰鬼灵，既是同胞姐弟（或兄妹），又是夫妻。如博嘎尔部落的鬼灵谱系，兽鬼东钦——东英，怪树鬼特凌——日让，蛇鬼金永——金娜，魔鬼巴那——玛萘等等。

【流传】西藏自治区

【出处】于乃昌：《珞巴族神话与生殖崇拜》，见 http://www.tibet-web.com，2003.10.06。

W0838.0.1

魔鬼“巴那—玛萘”是“男女双体连胎”

实　例

珞巴族 珞巴族的鬼灵谱系中魔鬼“巴那—玛萘”是“男女双体连胎”。

【流传】西藏自治区

【出处】于乃昌：《珞巴族神话与生殖崇拜》，见 http://www.tibet-web.com，2003.10.06。

W0838.0a

妖魔分男女（妖魔分公母）

实　例

（参见下级母题实例）

W0838.0a.1

天地之间有妖精须分公母

实　例

（参见下级母题实例）

W0838.0a.1.1

妖精精公名叫质陆比，精母名叫质陆米亚

实　例

羌族 天地之间有妖精，妖精亦须分公母。精公名叫质陆比，质陆米亚是精母。

【流传】四川省·（阿坝藏族羌族自治州）·汶川县·雁门乡·小寨子

【出处】

(a) 袁真（释比，80 岁）唱，汪有伦翻译，钱安靖整理：《中下坛经》(1983.11～1984.12)，见钱安靖《羌族和羌语支各居民集团宗教习俗调查报告》，四川大学宗教研究所油印本，1987 年 12 月。

(b) 同（a），见吕大吉、何耀华总主编《中国各民族原始宗教资料集成》（纳西族卷、羌族卷、独龙族卷、傈僳族卷、怒族卷），北京：中国社会科学出版社 2000 年版，第 522 页。

W0838.1

男妖（男魔）

实　例

（参见下级母题实例）

W0838.1.1

妖怪大部分是男的

实　例

满族 妖怪大部分是男的，不善良。

【流传】（无考）

【出处】穆晔骏讲，孟慧英整理：《恰喀拉人是怎么来的》，原载中国民间文艺研究会黑龙江分会编《黑龙江民间文学》第 7 集，内部资料，1983 年，见姚宝瑄主编《中国各民族神话》（满族、赫哲族、朝鲜族），太原：山西出版传媒集团·书海出版社 2014 年版，第 19～20 页。

满族 妖怪大部分是男的，不善良。

【流传】（黑龙江省·哈尔滨市·双城区）

【出处】穆晔骏讲，孟慧英搜集整理：《恰喀拉人是怎么来的》，原载《黑龙江民间文学》第 19 集，见陶阳、钟秀编《中国神话》（上），北京：商务印书馆 2008 年版，第 320 页。

W0838.2

女妖（女魔、母魔）

【关联】［W0847.3.1］吸血女魔

实　例

（参见下级母题实例）

W0838.2.1

女妖的产生

实　例

（参见下级母题实例）

W0838.2.1.1

骷髅变成女魔

实　例

门巴族 骷髅变成女魔。

【流传】西藏自治区·（林芝市）·墨脱县

【出处】穷多吉讲，陈景源等整理：《隅南热巴的故事》，见中华民族故事大系编委会编《中华民族故事大系》第16卷（赫哲族、门巴族、珞巴族、基诺族），上海：上海文艺出版社1995年版，第345页。

W0838. 2. 2

女妖的特征

实　例

（参见下级母题实例）

W0838. 2. 2. 1

女妖的头

实　例

（参见下级母题实例）

W0838. 2. 2. 1. 1

多头女妖

实　例

（参见下级母题实例）

W0838. 2. 2. 1. 1. 1

3头女妖魔（三头女妖，3头妖婆）

实　例

裕固族 三头老太婆（蟒古斯，一种妖精）骑母狗。

【流传】（无考）

【出处】郭西功等讲，钟进文搜集翻译：《树大石二马三哥》，见满都呼主编《中国阿尔泰语系诸民族神话故事》，北京：民族出版社1997年版，第128页。

裕固族 有一个3头女妖魔。

【流传】（无考）

【出处】郭怀玉讲，钟福祖整理：《除妖的年轻人》，见中华民族故事大系编委会编《中华民族故事大系》第15卷（德昂族、保安族、裕固族、京族、塔塔尔族、独龙族、鄂伦春族），上海：上海文艺出版社1995年版，第187页。

裕固族 女妖精显了本相，长着三个头，龇牙咧嘴。

【流传】（ab）甘肃省·（张掖市）·肃南裕固族自治县

【出处】

（a）郭怀五讲，钟福祖整理：《火种》，见谷德明编《中国少数民族神话》，北京：中国民间文艺出版社1987年版，第724～727页。

（b）郭怀五讲，钟福祖整理：《火种的故事》，载《甘肃文艺》1997年第7期。

（c）同（a），见陶阳、钟秀编《中国神话》（下），北京：商务印书馆2008年版，第1117～1119页。

W0838.2.2.2

女妖的脸

实 例

（实例待考）

W0838.2.2.3

女妖的相貌

实 例

（参见下级母题实例）

W0838.2.2.3.1

女妖面貌奇特

实 例

（参见下级母题实例）

W0838.2.2.3.1.1

母魔艾母·哈日·蟒嘎特害身躯庞大奇形怪状

实 例

蒙古族 母魔艾母·哈日·蟒嘎特害是一个身躯庞大而奇形怪状的老太婆。上眼皮耷拉在鼻子子上，下眼皮耷拉在腮帮子上，上嘴唇耷拉在下巴颏儿上，下嘴唇耷拉在胸脯上，肚皮耷拉在膝盖上，样子丑陋而可怕。

【流传】内蒙古自治区

【出处】

（a）布拉托夫整理：《阿勒坦·沙盖父子战多头恶魔》，见郝苏民、薛守邦译编：《布里亚特蒙古民间故事集》，北京：中国民间文艺出版社 1984 年版。

（b）同（a），见姚宝瑄主编《中国各民族神话》（达斡尔族、鄂伦春族、鄂温克族、蒙古族），太原：山西出版传媒集团·书海出版社 2014 年版，第 194 页。

W0838.2.2.3.1.2

女妖魔红头发像钢丝，獠牙交错，浑身长毛，乳房甩肩

实 例

藏族 女妖魔红头发像钢丝，獠牙上下交错，浑身长着长毛，两个乳房甩在肩上。

【流传】西藏自治区

【出处】李朝群翻译整理：《花牦牛救青年》，原载《西藏民间故事选》，见陶阳、钟秀编《中国神话》（下），北京：商务印书馆 2008 年版，第 1371～1375 页。

W0838.2.2.3.1.3

老女妖头发如乱麻，胸前吊巨乳

实 例

纳西族 老女妖披着乱麻一样的长头发，胸前吊着簸箕大的奶子，领着一群小妖怪来了。

【流传】云南省·（丽江市）·丽江县（古城区、玉龙纳西族自治县）

【出处】木丽春采集整理：《镇妖成亲的

故事》，见木丽春编著《纳西族民间故事集》，昆明：云南人民出版社2007年版，第页。

W0838.2.2.3.2

丑陋的女妖

实 例

（参见下级母题实例）

W0838.2.2.3.2.1

女妖长着一张乌鸦嘴，头上两只角，脚板乌黑

实 例

哈萨克族 女妖生着一张乌鸦嘴，头上长着两只角，底下是一双乌黑乌黑的脚板，要多难看有多难看。

【流传】（新疆维吾尔自治区）

【出处】

（a）师忠孝翻译：《飞汗的儿子》，见银帆编《哈萨克族民间故事选》，上海：上海文艺出版社1986年版。

（b）《江德巴特尔》，见姚宝瑄主编《中国各民族神话》（乌孜别克族、哈萨克族、柯尔克孜族、俄罗斯族、维吾尔族、塔吉克族、塔塔尔族、锡伯族），太原：山西出版传媒集团·书海出版社2014年版，第97页。

W0838.2.2.3.3

独眼女妖

实 例

柯尔克孜族 独眼女妖见自己的孩子被达尼格尔（英雄名）一刀砍死，吓得肝胆破碎。

【流传】（新疆维吾尔自治区）

【出处】 玛沙托克托逊讲，《玛纳斯》工作组搜集，张运隆整理，朱玛拉依翻译：《达尼格尔神游地府》，见姚宝瑄主编《中国各民族神话》（乌孜别克族、哈萨克族、柯尔克孜族、俄罗斯族、维吾尔族、塔吉克族、塔塔尔族、锡伯族），太原：山西出版传媒集团·书海出版社2014年版，第200页。

W0838.2.2.3.4

女妖的其他体征

实 例

（实例待考）

W0838.2.2.3.5

女妖的性格

实 例

（参见下级母题实例）

W0838.2.2.3.5.1

女妖贪婪

实 例

门巴族 有一个妖女也看中了斯木这块地方，就跑到这里来，仰天躺卧在这里，整天兴妖作怪，要赶走在这里幸福地生活着的人们。

【流传】 西藏自治区·（山南市）·错那县·勒布区（贡日门巴族乡）·斯

木村

【出处】

(a) 江白洛准讲:《镇压妖女》,见谷德明编《中国少数民族神话选》,西北民族学院研究所编印,内部资料,1983 年。

(b) 同(a),见姚宝瑄主编《中国各民族神话》(门巴族、珞巴族、怒族、藏族),太原:山西出版传媒集团·书海出版社 2014 年版,第 12 ~ 13 页。

W0838.2.3

女妖的生活

实 例

(参见下级母题实例)

W0838.2.3.1

女妖吃人(吃人女妖)

实 例

门巴族 从前,有一个吃人的女妖。

【流传】西藏自治区·(山南市)·门隅(门隅地区以达旺西边的静东山为界,西边是达巴、邦钦、勒布,叫西门隅。东门隅有尼玛措三地、洬、绛达、僧格宗、牛玛董、章玛水域、绒囊等)

【出处】乌金群僧讲,刘芳贤等整理,丹增旺姆翻译:《马桑尔辛格列智杀女妖》,见中华民族故事大系编委会编《中华民族故事大系》第 16 卷(赫哲族、门巴族、珞巴族、基诺族),上海:上海文艺出版社 1995 年版,第 301 页。

W0838.2.3.2

女妖骑母狗

实 例

裕固族 三头老太婆(蟒古斯,一种妖精)骑母狗。

【流传】(无考)

【出处】郭西功等讲,钟进文搜集翻译:《树大石二马三哥》,见满都呼主编《中国阿尔泰语系诸民族神话故事》,北京:民族出版社 1997 年版,第 128 页。

W0838.2.3.3

妖婆骑白狗

实 例

裕固族 妖婆骑白狗。

【流传】(无考)

【出处】白斯坦等讲,才让丹珍整理:《贵伊斯貂尔》,见中华民族故事大系编委会编《中华民族故事大系》第 15 卷(德昂族、保安族、裕固族、京族、塔塔尔族、独龙族、鄂伦春族),上海:上海文艺出版社 1995 年版,第 161 页。

W0838.2.3.4

妖婆骑羊

实 例

塔吉克族 老妖婆骑着一只山羊来到了姑娘家门口。

【流传】（新疆维吾尔自治区）

【出处】 艾布力·艾山汗、西仁·库尔班搜集，夏羿、朱华翻译整理：《梧桐树》，见姚宝瑄主编《中国各民族神话》（乌孜别克族、哈萨克族、柯尔克孜族、俄罗斯族、维吾尔族、塔吉克族、塔塔尔族、锡伯族），太原：山西出版传媒集团·书海出版社2014年版，第287页。

W0838.2.4

与女妖有关的其他母题

【关联】［W0835.4.2］女人国的女人是妖魔

实 例

（参见下级母题实例）

W0838.2.4.1

妖婆

【关联】［W0863.2.1］变婆

实 例

（参见下级母题实例）

W0838.2.4.1.1

会念毒咒的妖婆

实 例

彝族 （实例待考）

W0838.2.4.1.2

吃人的妖婆

实 例

（参见下级母题实例）

W0838.2.4.1.2.1

妖婆吃光全寨人

实 例

苗族 神人则福老来到一个寨子，全寨静悄悄的，空无一人。他知道是妖婆把全寨人吃光了。

【流传】 云南省·（昭通市）·昭通、彝良县、（曲靖市）·宣威（宣威市），（昆明市）·寻甸（寻甸回族彝族自治县）；贵州省·（毕节市）·威宁（威宁彝族回族苗族自治县）

【出处】

（a）杨秀、杨芝、张新民、王友清讲，陆兴凤、张绍祥记录整理，里晴、景山校正：《则福老》，见杨光汉主编《云南苗族民间故事集成》，北京：中国民间文艺出版社1988年版。

（b）同（a），见姚宝瑄主编《中国各民族神话》（布依族、仡佬族、苗族），太原：山西出版传媒集团·书海出版社2014年版，第300页。

W0838.2.4.1.2.2

吃人的妖婆巴唐独眼、独腿、独臂

实 例

珞巴族 老牧人曲琼·米琼加措带领3个儿子造佛塔时，白天盖，晚上垮，盖了二十天，垮了二十天。米吉占卜说："是地下那个独眼、独腿、独臂叫'巴唐'的妖婆在捣乱，她丧尽天良，不但吃人、吃鬼、吃神，连她自己的爹妈都进了她的腹中。"

【流传】西藏自治区·林芝市·墨脱县·达木珞巴民族乡、甘登乡（讲述地点：墨脱县·达木珞巴民族乡·达木村）

【出处】工觉、旺扎、扎西巴讲：《神秘的南峰》（1997.02），见冀文正《珞巴族民间故事》，成都：四川民族出版社2011年版，第57页。

W0838.2.4.1.3

烧火的女妖精

实 例

白族（勒墨）一个烧火的女妖精变作一只白母鸡从厨房的阴沟洞里钻出去，躲到大树林里。

【流传】云南省·（怒江傈僳族自治州）·碧江县四区二村（不详）

【出处】阿普介爹讲，普六介翻译，周天纵记录：《光壁杀妖》（1961.09），见姚宝瑄主编《中国各民族神话》（白族、拉祜族、景颇族），太原：山西出版传媒集团·书海出版社2014年版，第148页。

W0838.2.4.1.4

妖婆扮两姐妹之母

实 例

普米族 有恶妖婆，食却两姐妹之母，复假扮其母，骗开家门，入室与姐妹共卧。

【流传】（无考）

【出处】袁珂改编：《月中花红树》（原名《月亮上的花红树》），原载毛星主编《中国少数民族文》（下册），见袁珂《中国神话大词典》，北京：华夏出版社2015年版，第575页。

W0838.2.4.1.5

妖婆变形

实 例

（参见下级母题实例）

W0838.2.4.1.5.1

妖婆变美女

实 例

哈萨克族 肯得克依（英雄名）刚跟着遇到的姑娘进入她的毡房，刚才还是那样妩媚的姑娘立即现了原形，变成一个凶恶丑陋的妖婆。

【流传】（新疆维吾尔自治区）

【出处】哈巴斯讲：《骑黑骏马的肯得克

依勇士》，见姚宝瑄主编《中国各民族神话》（乌孜别克族、哈萨克族、柯尔克孜族、俄罗斯族、维吾尔族、塔吉克族、塔塔尔族、锡伯族），太原：山西出版传媒集团·书海出版社2014年版，第120～121页。

W0838. 2. 4. 1. 6
女妖的关系

实 例

（参见下级母题实例）

W0838. 2. 4. 1. 6. 1
女妖的丈夫

实 例

汉族 （实例待考）

W0838. 2. 4. 1. 6. 2
女妖的儿子

实 例

（参见下级母题实例）

W0838. 2. 4. 1. 6. 2. 1
女妖的儿子都是摔跤能手

实 例

柯尔克孜族 女妖有四十个儿子和二百名卫士，守护着地府。女妖的四十个儿子都是摔跤能手，一个足以战胜十万个人间的“人类”。

【流传】（新疆维吾尔自治区）

【出处】玛沙托克托逊讲，《玛纳斯》工作组搜集，张运隆整理，朱玛拉依翻译：《达尼格尔神游地府》，见姚宝瑄主编《中国各民族神话》（乌孜别克族、哈萨克族、柯尔克孜族、俄罗斯族、维吾尔族、塔吉克族、塔塔尔族、锡伯族），太原：山西出版传媒集团·书海出版社2014年版，第198～199页。

W0838. 2a
与妖魔性别有关的其他母题

实 例

（参见下级母题实例）

W0838. 2a. 1
妖魔多为男性

实 例

（参见下级母题实例）

W0838. 2a. 1. 1
妖怪大部分是不善良的男性

实 例

满族 妖怪大部分是男的，不善良。

【流传】黑龙江省·（哈尔滨市）·阿城市（阿城区）

【出处】穆尔察·晔骏讲，孟慧英采录：《恰喀拉人是怎么来的》，见中国民间文学集成全国编辑委员会编《中国民间故事集成》（黑龙江卷），北京：中国ISBN中心2005年版，第20页。

W0838.3

妖魔的奇特外形

【汤普森】G360

实 例

（参见下级母题实例）

W0838.3.1

体型巨大的妖魔（巨魔）

【汤普森】G100

【关联】

实 例

哈萨克族 霸占草原所有牲畜的巨人是一个可恶的魔鬼。

【流传】（新疆维吾尔自治区）

【出处】《德里达西勇斩巨人魔鬼头》，见姚宝瑄主编《中国各民族神话》（乌孜别克族、哈萨克族、柯尔克孜族、俄罗斯族、维吾尔族、塔吉克族、塔塔尔族、锡伯族），太原：山西出版传媒集团·书海出版社2014年版，第104页。

W0838.3.1.1

妖魔有大山般的身躯

实 例

鄂伦春族 满盖有大山般的身躯，力大无比。

【流传】（无考）

【出处】《喜勒特根》，见田青《"满盖"的意象与鄂伦春民间故事的文化氛围》，载《民族文学研究》2005年第2期。

W0838.3.2

妖魔面目可怕

【关联】［W0838.4.1］妖魔青面獠牙（魔鬼青面獠牙）

实 例

鄂伦春族 散布天花病的魔鬼披头散发，青面獠牙，浑身流脓淌血，麻癞癞的。

【流传】（中国东北部地区）

【出处】

（a）张凤铸、蔡伯文记录整理：《阿勒塔涅斩魔记》，见张凤铸、蔡伯文编《鄂伦春民间文学选》，呼和浩特：内蒙古人民出版社1980年版。

（b）同（a），见姚宝瑄主编《中国各民族神话》（达斡尔族、鄂伦春族、鄂温克族、蒙古族），太原：山西出版传媒集团·书海出版社2014年版，第107～113页。

W0838.3.3

人形妖魔（怪物）

【汤普森】①A1072.1②G303.3.1

实 例

（参见下级母题实例）

W0838.3.3.1

妖魔是老妇人模样

【汤普森】G302.3.3

实 例

（参见下级母题实例）

W0838. 3. 4

妖魔有动物的外表

实 例

（参见下级母题实例）

W0838. 3. 4. 1

猴面妖

实 例

锡伯族 阿坷敦（人名）刚在石屋中藏好，一群妖怪闯了进来。其中一个猴面妖身高八尺，身穿紧身衣裤，披黑色斗篷，看来是妖首。

【流传】内蒙古自治区、中国东北地区

【出处】吴长春整理：《阿坷敦的传说》，见姚宝瑄主编《中国各民族神话》（乌孜别克族、哈萨克族、柯尔克孜族、俄罗斯族、维吾尔族、塔吉克族、塔塔尔族、锡伯族），太原：山西出版传媒集团·书海出版社 2014 年版，第 316 页。

W0838. 3. 5

妖怪像合体的动物

【汤普森】① ≈ G126；② G302. 3. 2；③G303. 3. 3

实 例

（参见下级母题实例）

W0838. 3. 5. 1

老蟒猊脑袋长得像罕达犴的头，手像老雕的爪子

实 例

鄂伦春族 老蟒猊（妖魔）非人非兽，个头能有两丈多高，脑袋长得像“罕达犴”（动物名）头似的，眼珠子像铃铛似的，嘴有血盆那么大，浑身上下都是毛，手像老雕的爪子。

【流传】黑龙江省·（大兴安岭地区）·呼玛县·（十八站）

【出处】

（a）孟古古善讲，潭玉昆、李宝玉口译，隋书金记录整理：《吴达内的故事》，见隋书金编《鄂伦春民间故事选》，上海：上海文艺出版社 1988 年版。

（b）同（a），见姚宝瑄主编《中国各民族神话》（达斡尔族、鄂伦春族、鄂温克族、蒙古族），太原：山西出版传媒集团·书海出版社 2014 年版，第 47 ~48 页。

W0838. 3. 5. 2

妖魔牛头狗身

实 例

汉族 混沌里住着阴阳两大族。阴族首领邪魔氏，牛头狗身，红眼睛，绿头发，法术高强。阳族首领盘古，龙头人身，高八尺，力大无穷。

【流传】浙江省·（宁波市）·宁海

县·（西店镇）·紫江村

【出处】邬荣绍讲，邬为国搜集整理：《盘古开天辟地》（1987），见姚宝瑄主编《中国各民族神话》（汉族），太原：山西出版传媒集团·书海出版社2014年版，第11～12页。

W0838.3.5.3

妖怪头似龙，身似马

实　例

汉族　图河里出现了一个妖怪。它头似龙，身似马，满身的鬃毛卷成无数个旋涡。

【流传】河南省·洛阳（洛阳市）

【出处】张作贞讲，褚书智搜集整理：《龙马负图》，原载林野等编《中州名胜传说》，见陶阳、钟秀编《中国神话》（下），北京：商务印书馆2008年版，第1179～1181页。

W0838.3.5.3a

妖怪龙头马身

实　例

汉族　图河里出现了一个妖怪，头似龙、身似马，满身的鬃毛卷成无数个旋涡。

【流传】中原一带

【出处】

（a）张作贞讲，褚书智记录整理：《龙马负图》，见张楚北编《中原神话》，郑州：海燕出版社1988年版。

（b）张作贞讲，褚书智记录整理：《伏羲画卦》，见姚宝瑄主编《中国各民族神话》（汉族），太原：山西出版传媒集团·书海出版社2014年版，第393～395页。

W0838.3.6

蛇形妖魔（怪物）

【汤普森】A1072.3

实　例

（实例待考）

W0838.3.7

妖魔像虹

【汤普森】G306

实　例

（实例待考）

W0838.3.8

恶魔披鳞长角，有脚有翅，獠牙三尺，眼若铜铃，口似血盆，头如人面，身尾似蛇，脚如鹰爪

实　例

蒙古族　（实例待考）

W0838.3.9

魔怪像老虎，头上两只角，两眼像手电，口像血盆，獠牙三尺长

实　例

汉族 在洧水河上游、荟翠山一带，不知从哪里窜来一头魔怪。样子很像老虎，但头上却长着两只角；两眼像手电筒，口像血盆，獠牙有二三尺长。它在树林里窜一圈，树林里能刮起一阵大风；站在荟翠山上吼一声，能使满山石头往下滚。

【流传】河南省·（郑州市）·新密市

【出处】韩殿臣讲，高帆采录整理：《黄帝平魔的传说》，见张振犁编著，孟宪明、朱淑君统纂《中原神话通鉴》（第二卷），郑州：河南大学出版社2017年版，第579页。

W0838. 3. 10

妖魔七头八臂

实 例

（参见下级母题实例）

W0838. 3. 10. 1

湖魔七头八臂，铁手铜甲

实 例

东乡族 湖底有魔，七头八臂，铁手铜甲，年享民祀，欲犹未足，见拉妩貌美，思娶以为妻。

【流传】（无考）

【出处】袁珂改编：《赤孜拉妩》（原名《赤孜拉妩的传说》），原载郝苏民等编《东乡族民间故事集》，见袁珂《中国神话大词典》，北京：华夏出版社2015年版，第543页。

W0838. 3. 11

妖精人面虎身长双翅

实 例

白族 山上出了一只人面虎身、腋长双翅的妖精。

【流传】云南省·（大理白族自治州）·剑川（剑川县）

【出处】李恩发讲，李绍尼整理：《“五百天”神》，原载陶立璠、李耀宗《中国少数民族神话传说选》，四川民族出版社1985年版，见姚宝瑄主编《中国各民族神话》（白族、拉祜族、景颇族），太原：山西出版传媒集团·书海出版社2014年版，第120页。

W0838. 3. 12

只有一半肢体的妖魔

实 例

珞巴族 （参见“W0838. 2. 4. 1. 2. 2 吃人的妖婆巴唐独眼、独腿、独臂”母题实例）

W0838. 4

妖魔的头部特征

【汤普森】G361

实 例

（参见下级母题实例）

W0838.4.1

妖魔青面獠牙（魔鬼青面獠牙）

实 例

白族（实例待考）

鄂温克族（实例待考）

景颇族 与造物主能贯娃同时应运而生的还有一个凶恶的魔鬼高佐洛雷青面獠牙、狰狞可怖、身背长刀。

【流传】（云南省·德宏傣族景颇族自治州）

【出处】 岳志明、杨国治翻译整理：《驾驭太阳的母亲》，见姚宝瑄主编《中国各民族神话》（白族、拉祜族、景颇族），太原：山西出版传媒集团·书海出版社2014年版，第206页。

W0838.4.1.1

吃人的妖魔青面獠牙

【汤普森】 ≈G88

实 例

（实例待考）

W0838.4.1.2

妖精龇牙咧嘴

实 例

裕固族 妖精生三头，俱龇牙咧嘴。

【流传】（无考）

【出处】 袁珂改编：《火种》，原载谷德明编《中国少数民族神话选》，见袁珂《中国神话大词典》，北京：华夏出版社2015年版，第585页。

W0838.4.2

3头妖魔（三个头的魔鬼，三头妖）

【关联】［W0838.2.2.1.1.1］3头女妖魔（三头女妖，3头妖婆）

实 例

鄂温克族 三个头的魔鬼。

【流传】（无考）

【出处】 温德讲，吕绍华整理：《犍牛的故事》，见中华民族故事大系编委会编《中华民族故事大系》第14卷（普米族、塔吉克族、怒族、俄罗斯族、鄂温克族），上海：上海文艺出版社1995年版，第967页。

裕固族 从前，有一个3头女妖魔。

【流传】（无考）

【出处】 郭怀玉讲，钟福祖整理：《除妖的年轻人》，见中华民族故事大系编委会编《中华民族故事大系》第15卷（德昂族、保安族、裕固族、京族、塔塔尔族、独龙族、鄂伦春族），上海：上海文艺出版社1995年版，第187页。

裕固族 三头妖在黑风中手持利剑扑向屋顶。

【流传】（甘肃省）

【出处】

（a）白斯坦、郭应贵等讲，才让丹珍整理：《贵伊斯貂尔》，见郝苏民编《东乡族保安族裕固族民间故事选》，上海：上海文艺出版社 1987 年版。

(b) 白斯坦、郭应贵等讲，才让丹珍整理：《猎人除妖》，见姚宝瑄主编《中国各民族神话》（土族、东乡族、回族、保安族、裕固族、撒拉族），太原：山西出版传媒集团·书海出版社 2014 年版，第 97 页。

裕固族 丈夫遂不出门，挟弓矢上房藏屋顶，决心除此三头恶妖。

【流传】（无考）

【出处】袁珂改编：《珍珠鹿仙子》（原名《珍珠鹿的故事》），原载毛星主编《中国少数民族文学》（上册），见袁珂《中国神话大词典》，北京：华夏出版社 2015 年版，第 585 页。

W0838. 4. 2. 1 三头妖精专门吸食人血

实 例

裕固族 三头妖精专门吸食人的血液。

【流传】(ab) 甘肃省·（张掖市）·肃南县（肃南裕固族自治县）

【出处】

(a) 郭怀五讲，钟福祖整理：《火种》，见谷德明编《中国少数民族神话》，北京：中国民间文艺出版社 1987 年版，第 724 页。

(b) 郭怀五讲，钟福祖整理：《火种的故事》，载《甘肃文艺》1979 年第 7 期。

(c) 钟福祖翻译整理，钟进文辑：《三头妖与勇敢的青年》，见满都呼主编《中国阿尔泰语系诸民族神话故事》，北京：民族出版社 1997 年版，第 118 页。

W0838. 4. 2. 2 三头妖骑着白狗

实 例

裕固族 三头妖骑着白狗而来。

【流传】（甘肃省）

【出处】

(a) 白斯坦、郭应贵等讲，才让丹珍整理：《贵伊斯貂尔》，见郝苏民编《东乡族保安族裕固族民间故事选》，上海：上海文艺出版社 1987 年版。

(b) 白斯坦、郭应贵等讲，才让丹珍整理：《猎人除妖》，见姚宝瑄主编《中国各民族神话》（土族、东乡族、回族、保安族、裕固族、撒拉族），太原：山西出版传媒集团·书海出版社 2014 年版，第 97 页。

W0838. 4. 3 7 头妖魔（七头妖魔）

【关联】［W0847. 3. 4］吸血的七头妖魔

实 例

（参见下级母题实例）

W0838. 4. 3. 1 妖怪 7 个头

实 例

东乡族 7 个头的妖怪。

【流传】（无考）

【出处】自祥整理：《赤孜和拉妩滩的传说》，见中华民族故事大系编委会编《中华民族故事大系》第9卷（水族、东乡族、纳西族），上海：上海文艺出版社1995年版，第388页。

W0838.4.3.2

七头妖魔的化身是一个老婆婆

实 例

维吾尔族 七头妖魔的化身为一个老婆婆。

【流传】（新疆维吾尔自治区）

【出处】柯培林整理：《轻·吐米日英雄》，见姚宝瑄主编《中国各民族神话》（乌孜别克族、哈萨克族、柯尔克孜族、俄罗斯族、维吾尔族、塔吉克族、塔塔尔族、锡伯族），太原：山西出版传媒集团·书海出版社2014年版，第255页。

W0838.4.3.3

七头巨魔

实 例

哈萨克族 魔鬼摇晃着像七座大山一样的七个脑袋向肯得克依（英雄名）扑过来。

【流传】（新疆维吾尔自治区）

【出处】哈巴斯讲：《骑黑骏马的肯得克依勇士》，见姚宝瑄主编《中国各民族神话》（乌孜别克族、哈萨克族、柯尔克孜族、俄罗斯族、维吾尔族、塔吉克族、塔塔尔族、锡伯族），太原：山西出版传媒集团·书海出版社2014年版，第119页。

W0838.4.4

9头妖魔（九头妖魔）

【关联】

①［W0684.4.2.1］格萨尔降服九头妖魔

②［W0847.3.3］九头妖魔婆蟒斯罕尔专门吸人的血

实 例

满族 （实例待考）

撒拉族 弯背老人乃专吸人血之莽斯罕尔（莽斯罕尔，撒拉语谓九头妖魔）混迹人群。

【流传】（无考）

【出处】袁珂改编：《麻斯陆诛九头怪》（原名《阿腾其根·麻斯陆》），原载毛星主编《中国少数民族文学》（上册），见袁珂《中国神话大词典》，北京：华夏出版社2015年版，第569页。

藏族 一天，乌玛神女在神湖中洗澡，有一个九头妖魔也来到湖中凑热闹。

【流传】（西藏自治区）

【出处】阎振中搜集整理：《河流、湖泊、温泉的传说》，原载《西藏民间故事》第3集，西藏人民出版社1987年版，见吕大吉、何耀华总主编《中国各民族原始宗教资料集成》（鄂伦春族卷、鄂温克族卷、赫哲族卷、达斡尔族卷、锡伯族卷、满族卷、蒙古族卷、藏族卷），北京：中国社会科学出版社 1999 年版，第 951 页。

W0838. 4. 4. 1
9 头妖魔蟒古斯

实 例

土族 蟒古斯是一个九头妖魔。

【流传】青海省·（海东市）·互助县（互助土族自治县），（西宁市）·大通（大通回族土族自治县）

【出处】吉然索讲，李克郁等整理：《智除蟒古斯》，见中华民族故事大系编委会编《中华民族故事大系》第 10 卷（景颇族、柯尔克孜族、土族），上海：上海文艺出版社 1995 年版，第 706 页。

W0838. 4. 4. 2
9 头妖怪

实 例

鄂伦春族 在那不升大阳的地方，雅戈呀，九头妖怪称霸王，雅戈呀。

【流传】黑龙江省·黑河地区（黑河市）

【出处】孟淑珍调查整理：《请神歌》，见吕大吉、何耀华总主编《中国各民族原始宗教资料集成》（鄂伦春族卷、鄂温克族卷、赫哲族卷、达斡尔族卷、锡伯族卷、满族卷、蒙古族卷、藏族卷），北京：中国社会科学出版社 1999 年版，第 57 ~58 页。

土族 从前，有个九头妖怪，害得人们无法生活。

【流传】（无考）

【出处】

（a）王殿、许可权、李桂兰、王漠搜集整理：《黑马张三哥》，见中国少数民族文学学会编《中国少数民族民间故事选》（下），北京：中国民间文艺出版社 1982 年版。

（b）同（a），见姚宝瑄主编《中国各民族神话》（土族、东乡族、回族、保安族、裕固族、撒拉族），太原：山西出版传媒集团·书海出版社 2014 年版，第 6 页。

W0838. 4. 4. 3
9 头魔王

实 例

鄂伦春族 在那不升大阳的地方，雅戈呀，九头妖怪称霸王，雅戈呀。

【流传】黑龙江省·黑河地区（黑河市）

【出处】孟淑珍调查整理：《请神歌》，见吕大吉、何耀华总主编《中国各民族原始宗教资料集成》（鄂伦春族卷、鄂温克族卷、赫哲族卷、达斡尔族卷、锡伯族卷、满族卷、蒙古族卷、藏族卷），北京：中国社会科学出版社 1999 年版，第 57 ~58 页。

W0838.4.4.4

9 头妖魔的头砍掉后复生

实 例

（参见下级母题实例）

W0838.4.4.4.1

9 头妖魔的头砍掉装在宝袋里不能复生

实 例

鄂伦春族 九头妖魔的头砍掉装在宝袋里，就不能复生了。

【流传】内蒙古自治区

【出处】赞竹梅讲，武景山翻译，金勋等搜集，金勋等整理：《七兄弟和卡让花》，见中华民族故事大系编委会编《中华民族故事大系》第 15 卷（德昂族、保安族、裕固族、京族、塔塔尔族、独龙族、鄂伦春族），上海：上海文艺出版社 1995 年版，第 879 页。

W0838.4.4.5

9 头恶魔

实 例

（参见下级母题实例）

W0838.4.4.5.1

9 头恶魔名叫果打古工

实 例

纳西族 人间出现一恶魔，名果打古工，亦九头，使遍山遍寨俱布恶魔，再无人群居住地。

【流传】（无考）

【出处】袁珂改编：《都支格孔》，原载毛星主编《中国少数民族文学》（下册），见袁珂《中国神话大词典》，北京：华夏出版社 2015 年版，第 548 页。

W0838.4.4.5.2

九头恶魔神耶鲁里

实 例

满族 九头恶魔神耶鲁里具有百技百能、神力超凡。

【流传】（无考）

【出处】《奥朵西》，见姚宝瑄主编《中国各民族神话》（满族、赫哲族、朝鲜族）之《〈天宫大战〉的其他版本》，太原：山西出版传媒集团 · 书海出版社 2014 年版，第 38 ~ 39 页。

W0838.4.5

很多头妖魔（魔王）

【关联】［W0843］魔王

实 例

（参见下级母题实例）

W0838.4.5.1

10 头魔王

实 例

傣族 勐兰嘎国国王的妻子生下了十

头魔王的母亲古皮提拉。

【流传】（无考）

【出处】刀兴平等翻译、整理：《兰嘎西贺》，云南人民 1981。

W0838. 4. 5. 2

12 头魔王

实 例

蒙古族 （实例待考）

W0838. 4. 5. 3

75 个头的恶魔

实 例

蒙古族 一个骑着黄膘马、长着七十五颗脑袋的恶魔向神箭手阿勒坦·沙盖迎面跑来。

【流传】内蒙古自治区

【出处】

（a）布拉托夫整理：《阿勒坦·沙盖父子战多头恶魔》，见郝苏民、薛守邦译编：《布里亚特蒙古民间故事集》，北京：中国民间文艺出版社 1984 年版。

（b）同（a），见姚宝瑄主编《中国各民族神话》（达斡尔族、鄂伦春族、鄂温克族、蒙古族），太原：山西出版传媒集团·书海出版社 2014 年版，第 191 页。

W0838. 4. 5. 4

妖魔的每个头各不相同

实 例

蒙古族 九头魔王疯狂地在天上干坏事，他一个脑袋向大地喷火，一个脑袋向人间放毒，一个脑袋啃嚼东西，一个脑袋吸食动物的血，一个脑袋诅咒，一个脑袋专门吃人，一个脑袋进行捣乱，一个脑袋行骗，一个脑袋进行暗算。

【流传】内蒙古自治区·（松原市）·前郭尔罗斯（前郭尔罗斯蒙古族自治县）·乌兰敖都（乌兰敖都乡）

【出处】白音特古斯讲，苏赫巴鲁搜集整理：《日蚀和月蚀的由来》，原载陶立潘、李耀宗编《中国少数民族神话传说选》，见陶阳、钟秀编《中国神话》（上），北京：商务印书馆 2008 年版，第 254 ~ 255 页。

W0838. 4. 6

妖魔有多张脸

实 例

（实例待考）

W0838. 4. 6. 1

妖魔有 10 张脸

实 例

瑶族 （实例待考）

W0838. 4. 7

妖魔的眼睛

实 例

（参见下级母题实例）

W0838.4.7.1

独眼的妖魔

【汤普森】G121.1.1

【关联】

①［W0838.2.2.3.3］独眼女妖

②［W0838.2.4.1.2.2］吃人的妖婆巴唐独眼、独腿、独臂

实 例

珞巴族 地下住着一个独眼、独腿、独臂叫“巴唐”的妖婆

【流传】西藏自治区·林芝市·墨脱县·达木珞巴民族乡、甘登乡（讲述地点：墨脱县·达木珞巴民族乡·达木村）

【出处】工觉、旺扎、扎西巴讲：《神秘的南峰》（1997.02），见冀文正《珞巴族民间故事》，成都：四川民族出版社2011年版，第57页。

W0838.4.7.2

多只眼睛的妖魔

实 例

（参见下级母题实例）

W0838.4.7.2.1

满盖头上长着百眼

实 例

达斡尔族 满盖头上长着百眼，闪烁着蓝光，仿佛碧天里的星星。

【流传】（无考）

【出处】《喜勒特根》，见田青《“满盖”的意象与鄂伦春民间故事的文化氛围》，载《民族文学研究》2005年第2期。

W0838.4.7.2.2

四眼妖怪

实 例

白族 妖怪又高又大，生有四眼，面目狰狞，正撕开一只肥猪吃着。

【流传】（云南省·大理白族自治州）

【出处】许天侠、王艳钧搜集整理：《阿杰尔除妖——山羊村本主故事》，原载大理白族自治州文化局编《白族民间故事选》，上海文艺出版社1984年版，见姚宝瑄主编《中国各民族神话》（白族、拉祜族、景颇族），太原：山西出版传媒集团·书海出版社2014年版，第128页。

W0838.4.7.3

绿眼妖魔

实 例

鄂伦春族 满盖（妖魔）躯体庞大，两眼闪着凶恶的绿光，身上长着黑白两种颜色的长毛。

【流传】（中国东北部地区）

【出处】

（a）张凤铸、蔡伯文记录整理：《喜勒特很报仇记》，见张凤铸、蔡伯文编《鄂伦春民间文学选》，呼和浩特：内蒙古人民出版社1980年版。

(b) 同 (a)，见姚宝瑄主编《中国各民族神话》(达斡尔族、鄂伦春族、鄂温克族、蒙古族)，太原：山西出版传媒集团·书海出版社 2014 年版，第 92 页。

W0838.4.7.4

妖魔的眼珠子像铃铛

实 例

鄂伦春族 (参见“W0838.3.5.1 老蟒猊脑袋长得像罕达犴的头，手像老雕的爪子”母题实例)

W0838.4.7.5

妖魔火眼金睛

实 例

哈尼族 (豪尼) 寿碑熬厄 (魔鬼) 放出成千上万个徒子徒孙，个个金睛火眼。

【流传】云南省·(普洱市)·墨江县 (墨江哈尼族自治县)

【出处】王定均等讲，明红、蓝珊整理：《豪尼人的祖先》，载《山茶》1986 年第 3 期。

W0838.4.8

妖魔的头发

实 例

(实例待考)

W0838.4.9

妖魔的鼻子

【汤普森】G362

实 例

(参见下级母题实例)

W0838.4.9.1

妖魔嗅觉灵敏

实 例

(参见下级母题实例)

W0838.4.9.1.1

妖怪能闻出人味

【关联】[W0889.6.1] 鬼能闻出人味

实 例

锡伯族 阿坷敦 (人名) 刚在石屋中藏好，一群妖怪闯了进来。狼面妖突然跳起，连喊：“有股生人味儿!”群妖一听，也都跳起：“是有生人味儿! 找找人藏在哪里?”

【流传】内蒙古自治区、中国东北地区

【出处】吴长春整理：《阿坷敦的传说》，见姚宝瑄主编《中国各民族神话》(乌孜别克族、哈萨克族、柯尔克孜族、俄罗斯族、维吾尔族、塔吉克族、塔塔尔族、锡伯族)，太原：山西出版传媒集团·书海出版社 2014 年版，第 316 页。

W0838.4.10

妖魔的嘴

【汤普森】G363

实 例

（实例待考）

W0838.4.11

妖魔头上长角

实 例

朝鲜族 （实例待考）

W0838.4.12

与妖魔头部特征有关的其他母题

实 例

（参见下级母题实例）

W0838.4.12.1

魔鬼黄头发、红鼻子、蓝眼睛

实 例

鄂伦春族 祖先在大小兴安岭居住时，从外兴安岭窜进来一群魔鬼，黄头发、红鼻子、蓝眼睛。

【流传】黑龙江省

【出处】莫希那讲：《鄂伦春民族起源的传说》，见满都呼主编《中国阿尔泰语系诸民族神话故事》，北京：民族出版社1997年版，第314页。

W0838.4.12.1a

妖魔红眼绿发

实 例

汉族 阴族首领邪魔氏，红眼睛，绿头发，法术高强。

【流传】浙江省·（宁波市）·宁海县·（西店镇）·紫江村

【出处】邬荣绍讲，邬为国搜集整理：《盘古开天辟地》（1987），见姚宝瑄主编《中国各民族神话》（汉族），太原：山西出版传媒集团·书海出版社2014年版，第11～12页。

W0838.4.12.2

妖魔巨大的耳朵

实 例

（参见下级母题实例）

W0838.4.12.2.1

妖魔耳能容山

实 例

满族 女天神阿布卡赫赫让大侍女喜鹊用叫声赶恶魔耶鲁里离开时，耶鲁里用几座山塞住了耳朵。

【流传】（无考）

【出处】富育光、孟慧英、王宏刚整理：《奥都妈妈》，见姚宝瑄主编《中国各民族神话》（满族、赫哲族、朝鲜族），太原：山西出版传媒集团·书海出版社2014年版，第73～74页。

W0838.5

妖魔的其他外部特征

【汤普森】G369

实 例

（参见下级母题实例）

W0838.5.1

妖魔的四肢

实 例

（参见下级母题实例）

W0838.5.1.1

独脚妖魔

实 例

普米族 从前，出现了一个独脚妖魔。

【流传】云南省·（丽江市）·宁蒗（宁蒗彝族自治县）

【出处】贺兴泽等整理：《帕米查列》，见中华民族故事大系编委会编《中华民族故事大系》第14卷（普米族、塔吉克族、怒族、俄罗斯族、鄂温克族），上海：上海文艺出版社1995年版，第15页。

W0838.5.1.2

妖魔长着铁爪

实 例

东乡族 淖尔东乡语，丰收节里的毛速木恶魑（东乡语，妖怪的意思），长得七头八丫杈，铁手铜指甲。

【流传】（无考）

【出处】

（a）自祥搜集整理：《赤孜拉妩的传说》，见郝苏民、马自祥编《东乡族民间故事集》，北京：中国民间文艺出版社1981年版

（b）自祥搜集整理：《赤孜拉妩》，见姚宝瑄主编《中国各民族神话》（土族、东乡族、回族、保安族、裕固族、撒拉族），太原：山西出版传媒集团·书海出版社2014年版，第19页。

W0838.5.2

妖魔无形

实 例

（参见下级母题实例）

W0838.5.2.1

人看不到妖魔

实 例

壮族 妖魔鬼怪看得见人，人看不见它们。

【流传】（无考）

【出处】岭隆业、杨荣杰、金稼民搜集、整理：《铜鼓的来历》，原载蓝鸿恩编：《壮族民间故事选》，上海文艺出版社1984年版，见姚宝瑄主编《中国各民族神话》（仫佬族、壮族、京族），太原：山西出版传媒集团·书海出版社2014年版，第150页。

W0838. 5. 3

魔鬼的形体只飘浮在浓雾间

实　例

汉族　三角魔鬼的形体只飘浮在浓雾之间。

【流传】海南省·南沙群岛、西沙群岛

【出处】叶春生、许和达记录整理：《北斗星的传说》，见姚宝瑄主编《中国各民族神话》（汉族），太原：山西出版传媒集团·书海出版社 2014 年版，第 328 ~ 332 页。

W0838. 6

与妖魔体征有关的其他母题

实　例

（参见下级母题实例）

W0838. 6. 1

妖魔的心脏

实　例

珞巴族　（实例待考）

W0838. 6. 1. 1

妖魔有特殊的心脏

实　例

（参见下级母题实例）

W0838. 6. 1. 1. 1

乌鸦是妖魔的心脏

实　例

鄂伦春族　松树上的三只乌鸦是百眼怪的心脏。

【流传】（中国东北部地区）

【出处】

(a) 张凤铸、蔡伯文记录整理：《喜勒特很报仇记》，见张凤铸、蔡伯文编《鄂伦春民间文学选》，呼和浩特：内蒙古人民出版社 1980 年版。

(b) 同 (a)，见姚宝瑄主编《中国各民族神话》（达斡尔族、鄂伦春族、鄂温克族、蒙古族），太原：山西出版传媒集团·书海出版社 2014 年版，第 100 页。

W0838. 6. 1. 2

妖魔的心存放在某个地方

实　例

鄂伦春族　魔城南边有三棵松树，中间一棵的顶上有个鸟窝，窝里中的三只乌鸦就是百眼怪的心脏。

【流传】（中国东北部地区）

【出处】

(a) 张凤铸、蔡伯文记录整理：《喜勒特很报仇记》，见张凤铸、蔡伯文编《鄂伦春民间文学选》，呼和浩特：内蒙古人民出版社 1980 年版。

(b) 同 (a)，见姚宝瑄主编《中国各民族神话》（达斡尔族、鄂伦春族、鄂温克族、蒙古族），太原：山西出版传媒集团·书海出版社 2014 年版，第 100 页。

W0838. 6. 1. 2. 1
恶魔的心藏在毒水池里

实 例

汉族 恶魔有一颗冷酷的心，藏在这座魔心宫的圆形的毒水池里。

【流传】海南省·南沙群岛、西沙群岛

【出处】叶春生、许和达记录整理：《北斗星的传说》，见姚宝瑄主编《中国各民族神话》（汉族），太原：山西出版传媒集团·书海出版社 2014 年版，第 328 ~ 332 页。

W0838. 6. 1. 3
妖魔的心脏不死

实 例

鄂伦春族 （实例待考）

W0838. 6. 1. 3. 1
妖魔有 3 个不死的心脏

实 例

（参见下级母题实例）

W0838. 6. 1. 3. 1. 1
满盖的 3 个不死的心脏放在 3 棵树上

实 例

达斡尔族 满盖有三个不死的心脏，被置于三棵大树上，由三只乌鸦日夜看守。

【流传】（无考）

【出处】《白嘎拉山的故事》，见田青《"满盖"的意象与鄂伦春民间故事的文化氛围》，载《民族文学研究》2005 年第 2 期。

W0838. 6. 2
妖魔的血

实 例

（参见下级母题实例）

W0838. 6. 2. 1
魔鬼的血是黑的

实 例

达斡尔族 魔鬼的血是黑的。

【流传】内蒙古自治区·（呼伦贝尔市）·莫力达瓦（莫力达瓦达斡尔族自治旗）

【出处】孟全海讲，孟志东整理：《昂格尔莫日根》，见中华民族故事大系编委会编《中华民族故事大系》第 11 卷（达斡尔族、仫佬族、羌族），上海：上海文艺出版社 1995 年版，第 18 页。

W0838. 6. 3
妖魔的呼吸（妖魔的肺活量）

实 例

（参见下级母题实例）

W0838. 6. 3. 1
妖魔吹气能飞沙走石

实 例

彝族 魔王猛吸一口气吹过来，顿时飞沙走石，黑雾弥漫，不辨方向。

【流传】四川省·凉山彝族自治州·越西县

【出处】

(a) 阿都木苏讲，康继明整理：《阿衣措披》，载《山茶》1986年第3期。

(b) 同(a)，见姚宝瑄主编《中国各民族神话》（羌族、彝族），太原：山西出版传媒集团·书海出版社2014年版，第331~332页。

W0838.6.4

妖魔的排泄物

实 例

（实例待考）

W0838.6.4.1

妖魔靠放屁害人

实 例

汉族 （实例待考）

W0838.6.5

妖魔有特定的标记（妖魔的印记）

实 例

（参见下级母题实例）

W0838.6.5.1

妖魔头上有一撮白毛是不能隐藏的标记

实 例

维吾尔族 魔王千变万化，但只要看到人或鬼的头上有一撮白毛，就知道是它变的。

【流传】新疆维吾尔自治区

【出处】

(a) 《艾里·库尔班》，见满都呼主编《中国阿尔泰语系诸民族神话故事》，北京：民族出版社1997年版，第43页。

(b) 《英雄艾里·库尔班》，见张越、姚宝瑄编《新疆民族神话故事选》，乌鲁木齐：新疆人民出版社1989年版。

W0838.6.5.2

魔王胸前有个黑点

实 例

普米族 山神告诉洪水后幸存者射妖魔时说："魔王胸有黑点，若见大树翻滚相斗，即我与魔王战也；视树身有黑点者射之。"

【流传】（无考）

【出处】袁珂改编：《普米族三弟兄》（原名《洪水滔天》），原载谷德明编《中国少数民族神话选》，见袁珂《中国神话大词典》，北京：华夏出版社2015年版，第576页。

W0838.6.6

妖魔的声音

实 例

（参见下级母题实例）

W0838. 6. 6. 1

妖魔喘气无声

实 例

哈尼族 （实例待考）

W0838. 6. 6. 2

妖魔的声音威力很大

实 例

（参见下级母题实例）

W0838. 6. 6. 2. 1

妖魔的叫声造成飞沙走石

实 例

彝族 妖魔怪叫一声，立刻天昏地暗，砂飞石滚。

【流传】（云南省·昆明市）

【出处】尼苏共诺搜集，野夫文字校正：《阿青和阿龙》，原名《青龙山》，原王四代选自昆明市官渡区民间文学集成办公室编《云南民间文学集成·逮水卷》，1988 年，见姚宝瑄主编《中国各民族神话》（羌族、彝族），太原：山西出版传媒集团·书海出版社 2014 年版，第 319 页。

W0838. 6. 7

妖魔没有脚印

实 例

哈尼族 （实例待考）

W0838. 6. 8

人可以看到魔鬼

实 例

维吾尔族 （实例待考）

W0838. 6. 8. 1

诚实的人可以看见女魔的真面目

实 例

门巴族 百姓们都是诚实的人，对女魔的真面目当然是看得见的。

【流传】西藏自治区·（林芝市）·墨脱县

【出处】穷多吉讲，陈景源搜集整理：《隅南热巴的故事》，载《民间文学》1983 年第 8 期。

W0838. 6. 9

妖魔作息有特殊规律

实 例

（参见下级母题实例）

W0838. 6. 9. 1

妖精三日一小睡，七日一大睡

实 例

京族 蛤蚧精三日一小睡，鸣三声；七日一大睡，鸣七声；适浴罢鸣三声小睡去。

【流传】（无考）

【出处】袁珂改编：《蛤蚧精》（原名《猎人诛妖》），原载苏润光编《京族民间故事选》，见袁珂《中国神话大词典》，北京：华夏出版社 2015 年版，第 588 页。

W0838a

妖魔的性格特征（魔鬼的性格特征，妖魔的性情）

实 例

（参见下级母题实例）

W0838a.1

魔鬼的嫉妒

实 例

（参见下级母题实例）

W0838a.1.1

魔鬼嫉妒别人的幸福生活

实 例

哈萨克族 魔鬼见到人祖和夏娃蒙受上帝的恩典，在天堂里可以随便吃水果，过着幸福的生活，心里很不是滋味，就起了坏心，要把他们引上歧路。

【流传】（无考）

【出处】依曼阿力·萨萨诺甫讲，阿里木别克·加玛力搜集，安蕾、毕桪译：《人类是怎样在大地上繁衍开来的》，见满都呼主编《中国阿尔泰语系诸民族神话故事》，北京：民族出版社 1997 年版，第 66 页。

W0838a.2

妖魔诡计多端（妖魔很狡猾）

实 例

（参见下级母题实例）

W0838a.2.1

满盖长着 9 颗脑袋诡计多端

实 例

鄂伦春族 满盖长着 9 颗脑袋，且诡计多端。

【流传】（无考）

【出处】《七兄弟和卡让花》，见田青《“满盖”的意象与鄂伦春民间故事的文化氛围》，载《民族文学研究》2005 年第 2 期。

W0838a.2.2

妖魔通过计谋骗取宝物

实 例

（参见下级母题实例）

W0838a.2.2.1

妖魔变少女从敌手中骗得宝物

实 例

彝族 阿衣措披（人名）斗恶魔途中偶遇一个少女。二人诉说爱慕之情后，阿衣措披把斗妖的荷包递给少女。姑娘接过荷包一下子变了模样，美丽的姑娘不见了，站在阿衣措披面前的是一个牙齿像尖刀、手臂粗又长、头比铁锅大、眼睛似铜铃的魔王。

【流传】四川省·凉山彝族自治州·越西县

【出处】

(a) 阿都木苏讲，康继明整理：《阿衣措披》，载《山茶》1986年第3期。

(b) 同（a），见姚宝瑄主编《中国各民族神话》（羌族、彝族），太原：山西出版传媒集团·书海出版社 2014年版，第329～331页。

W0838a. 3

妖魔贪生怕死

实 例

（参见下级母题实例）

W0838a. 3. 1

妖魔将死哀号如羊

实 例

蒙古族 七十五颗头的恶魔奋儿奋·煞拉明白它的末日到来了，吓得不住哀号，声音就像小山羊羔的咩咩细叫。

【流传】内蒙古自治区

【出处】

(a) 布拉托夫整理：《阿勒坦·沙盖父子战多头恶魔》，见郝苏民、薛守邦译编：《布里亚特蒙古民间故事集》，北京：中国民间文艺出版社 1984年版。

(b) 同（a），见姚宝瑄主编《中国各民族神话》（达斡尔族、鄂伦春族、鄂温克族、蒙古族），太原：山西出版传媒集团·书海出版社 2014年版，第193页。

W0838a. 4

妖魔无恶不作

实 例

（参见下级母题实例）

W0838a. 4. 1

妖魔强奸妇女，掠夺牛羊

实 例

蒙古族 （参见“W0847. 8. 5a 恶魔沙尔腾巴”母题实例）

【流传】（无考）

【出处】阿·太白搜集翻译，姚宝瑄、巴音巴图整理：《赤脚巨人》，见姚宝瑄主编《中国各民族神话》（达斡尔族、鄂伦春族、鄂温克族、蒙古族），太原：山西出版传媒集团·书海出版社 2014年版，第214页。

W0838a. 4. 2

妖魔侵扰村寨，为非作歹

实 例

白族 很古的时候，苍山上出了个妖魔，常常侵扰村寨，为非作歹，无恶不作。

【流传】（云南省·大理白族自治州）

【出处】许天侠、王艳钧搜集整理：《阿杰尔除妖——山羊村本主故事》，原载大理白族自治州文化局编《白族民间故事选》，上海文艺出版社 1984 年版，见姚宝瑄主编《中国各民族神话》（白族、拉祜族、景颇族），太原：山西出版传媒集团 · 书海出版社 2014 年版，第 127 页。

W0838a. 4. 3 魔鬼专门做坏事

实 例

（参见下级母题实例）

W0838a. 4. 3. 1 魔鬼专门干放水、放火和害人的勾当

实 例

畲族 魔鬼专门做坏事，放水、放火和害人。

【流传】福建省 · （宁德市） · 周宁（周宁县）

【出处】蓝徐企讲，陈风禧、祝文秋采录：《火与水》，原载《中国民间故事集成 · 福建卷 · 闽东畲族故事》，宁德地区民间文学集成编委会 1990 年编印，见《福建省少数民族古籍丛书》编委会编《畲族卷 · 民间故事》，福州：海峡出版发行集团 · 海峡书局 2013 年版，第 23 页。

W0838a. 4. 4 妖魔为什么害人

实 例

满族 因为妖精没经历过形成人身的过程，直接由精灵变成了妖魔，所以，更是只知与人为害。

【流传】黑龙江省 · （牡丹江市） · 宁古塔（宁安县）；吉林省 · 长白山地区（长白山一带）

【出处】

（a）傅英仁讲述，张爱云记录整理：《天宫神魔大战》，见傅英仁讲述，张爱云记录整理《满族萨满神话》，哈尔滨：黑龙江人民出版社 2006 年版。

（b）同（a），见陶阳、钟秀编《中国神话》（上），北京：商务印书馆 2008 年版，第 155 ~ 180 页。

W0838a. 5 妖魔生性难改

实 例

（参见下级母题实例）

W0838a. 5. 1 妖怪改不了凶恶的性格

实 例

汉族 那黄水怪一见放了自己，立即又换了一副面孔，把说过的话抛了个一干二净。它刚从山下钻出来，见天兵天将一走，就又凶恶地挟带着暴风雨和洪水。

【流传】河南省 · （新乡市） · 封丘县 · 司庄、陈桥一带 ［采录地点：封丘县司庄］

【出处】刘振山（男，64 岁，不识字，

封丘县司庄乡农民）讲，郭顺昌（男，30岁，大专毕业，封丘县文化馆干部）采录整理：《邙山和黄河的传说》（1984. 05），见张振犁编著，孟宪明、朱淑君统纂《中原神话通鉴》（第四卷），郑州：河南大学出版社2017年版，第1356页。

W0838a. 6

妖魔贪色

实 例

（参见下级母题实例）

W0838a. 6. 1

怪魔黑沙看到美貌的白龙姑娘后垂涎三尺

实 例

哈尼族 住在高山森林中的怪魔黑沙来到红河边上，看到正在洗澡的白龙姑娘。白龙姑娘洁净的身躯、美丽的容貌，让它垂涎三尺。

【流传】（云南省）

【出处】 李勒沙、赵官禄讲，李勒沙、赵官禄搜集整理：《云海的传说》，见姚宝瑄主编《中国各民族神话》（哈尼族、傣族），太原：山西出版传媒集团·书海出版社2014年版，第108页。

W0838a. 7

魔鬼好吃懒做还偷吃

实 例

哈尼族 以前，始祖生人与魔鬼。魔鬼好吃懒做，人白天下地劳动种庄稼，让魔鬼守家，魔鬼趁人不在，把家里的鸡鸭都偷吃光。夜晚，人在家休息，让魔鬼去守地，魔鬼又把瓜果和粮食都吃光。

【流传】 云南省·（普洱市）·孟连县（孟连傣族拉祜族佤族自治县）

【出处】 李格、王富帮讲，张犁翻译，李灿伟、莫非搜集整理：《天、地、人和万物的起源》，原载云南省民间文学集成办公室编《哈尼族神话传说集成》，中国民间文艺出版社1990年版，见姚宝瑄主编《中国各民族神话》（哈尼族、傣族），太原：山西出版传媒集团·书海出版社2014年版，第61页。

W0838a. 8

妖魔有特殊嗜好（妖魔的爱好）

实 例

（参见下级母题实例）

W0838a. 8. 1

妖精爱花

实 例

（参见下级母题实例）

W0838a. 8. 1. 1

介乎鬼神之间一个妖精里依最爱花

实 例

羌族 “里依”（介乎鬼神之间的妖精）最爱花，人间一年十二月都有花开，它一年都在人间观花。

【流传】四川省·（阿坝藏族羌族自治州）·汶川县·绵池乡·沟头寨

【出处】

(a) 王治国（释比，64 岁）唱，汪有伦翻译，钱安靖整理：《下坛经》(1983.11～1984.11) 注释，见钱安靖《羌族和羌语支各居民集团宗教习俗调查报告》，四川大学宗教研究所油印本，1987 年 12 月。

(b) 同 (a)，见吕大吉、何耀华总主编《中国各民族原始宗教资料集成》（纳西族卷、羌族卷、独龙族卷、傈僳族卷、怒族卷），北京：中国社会科学出版社 2000 年版，第 546 页。

W0838a.8.2

妖魔冷酷无情

实 例

（参见下级母题实例）

W0838a.8.2.1

人进贡雪妖无济于事

实 例

裕固族 人们为了避免冻灾，给雪妖烧过很多香，磕过很多头，但雪妖一点也不动心。

【流传】（甘肃省祁连山一带）

【出处】

(a) 乔维森、野枫记录整理：《莫拉》，见《少数民族文学作品选》编辑委员会编《中国少数民族文学作品选》（第二分册），上海：上海文艺出版社 1981 年版。

(b) 同 (a)，见姚宝瑄主编《中国各民族神话》（土族、东乡族、回族、保安族、裕固族、撒拉族），太原：山西出版传媒集团·书海出版社 2014 年版，第 90 页。

W0838a.8.3

魔鬼喜欢玩耍

实 例

（参见下级母题实例）

W0838a.8.3.1

魔鬼跳绳索

实 例

珞巴族 魔鬼给波伦布有一条吊索，是魔鬼们玩耍的东西。他们邀请阿巴达尼（文化祖先名）去跳吊索。

【流传】（西藏自治区·林芝市·米林县）

【出处】东娘、达农讲，于乃昌整理：《阿巴达尼遇难》，见姚宝瑄主编《中国各民族神话》（门巴族、珞巴族、怒族、藏族），太原：山西出版传媒集团·书海出版社 2014 年版，第 37 页。

W0838a. 8. 4

魔鬼喜欢黑夜

实 例

畲族 喜欢黑夜的魔鬼恨透了带来白天的阳鸟。

【流传】浙江省·丽水市·（莲都区）·龙江乡（水阁街道）·松坑圩村

【出处】蓝樟根讲，唐宗龙记录：《阳兆鸟》，见姚宝瑄主编《中国各民族神话》（高山族、黎族、畲族），太原：山西出版传媒集团·书海出版社 2014 年版，第 106 页。

W0838b

与妖魔的特征有关的其他母题

实 例

（参见下级母题实例）

W0838b. 1

妖魔的身份（妖魔的性质）

实 例

（参见下级母题实例）

W0838b. 1. 1

妖魔是恶神

实 例

锡伯族 邪恶之神，锡伯族称“厄合恩杜里”，包括作祟于人类的一切妖魔鬼怪。

【流传】（无考）

【出处】

(a) 佟克力：《锡伯族历史与文化》，乌鲁木齐：新疆人民出版社 1989 年版，第 183 页。

(b)《邪恶神》，见吕大吉、何耀华总主编《中国各民族原始宗教资料集成》（鄂伦春族卷、鄂温克族卷、赫哲族卷、达斡尔族卷、锡伯族卷、满族卷、蒙古族卷、藏族卷），北京：中国社会科学出版社 1999 年版，第 401 页。

W0839

妖魔的生活（魔鬼的生活）

实 例

（参见下级母题实例）

W0839. 1

妖魔的服饰

实 例

（参见下级母题实例）

W0839. 2

妖魔的食物（魔鬼的饮食）

【关联】

①［W0663. 3. 1］巨人是吃人恶魔

②［W0847. 3］吸血妖魔

实 例

（参见下级母题实例）

W0839. 2. 1

妖魔吃人畜

实 例

蒙古族 蒙古人靠放牧牛羊生活，妖魔鬼怪靠吃人吃牲畜生活。一个冬天，妖魔鬼怪集中它们的全部力量来到草原，要把蒙古人和他们的牲畜全部吃掉。

【流传】新疆维吾尔自治区·伊犁哈萨克自治州

【出处】阿不都拉搜集翻译，姚宝瑄整理：《长翅膀的神马》，见姚宝瑄主编《中国各民族神话》（达斡尔族、鄂伦春族、鄂温克族、蒙古族），太原：山西出版传媒集团·书海出版社2014年版，第219页。

土族 吃人畜的妖魔。

【流传】青海省·（海东市）·互助县（互助土族自治县）；甘肃省·（武威市）·天祝（天祝藏族自治县）

【出处】王殿整理：《格萨尔》，见中华民族故事大系编委会编《中华民族故事大系》第10卷（景颇族、柯尔克孜族、土族），上海：上海文艺出版社1995年版，第683页。

W0839. 2. 1. 1

魔鬼专吃特定动物

实 例

（参见下级母题实例）

W0839. 2. 1. 1. 1

魔鬼只吃满周岁的猪羊

实 例

羌族 魔鬼只收满周岁的猪羊，不满周岁的是敬神解秽猪羊，魔鬼不收。公鸡八个月开始叫明，不叫明的公鸡是敬神解秽公鸡，魔鬼也不收。

【流传】四川省·（阿坝藏族羌族自治州）·理县·蒲溪乡·奎寨

【出处】

(a) 钱安靖：《羌族和羌语支各居民集团宗教习俗调查报告》，四川大学宗教学研究所油印本，1987年12月。

(b) 同(a)，见吕大吉、何耀华总主编《中国各民族原始宗教资料集成》（纳西族卷、羌族卷、独龙族卷、傈僳族卷、怒族卷），北京：中国社会科学出版社2000年版，第593页。

W0839. 2. 2

妖魔吃人

【关联】[W0839. 5. 1] 吃人的妖魔

实 例

京族 （实例待考）

W0839. 2. 2. 1

魔鬼吃人的灵魂

实 例

鄂伦春族 魔鬼几十几百地吃好人的灵魂。

【流传】（中国东北部地区）

【出处】

（a）张凤铸、蔡伯文记录整理：《阿勒塔涅斩魔记》，见张凤铸、蔡伯文编《鄂伦春民间文学选》，呼和浩特：内蒙古人民出版社 1980 年版。

（b）同（a），见姚宝瑄主编《中国各民族神话》（达斡尔族、鄂伦春族、鄂温克族、蒙古族），太原：山西出版传媒集团·书海出版社 2014 年版，第 107 ~ 113 页。

W0839. 2. 2. 2

妖精每天吃一对童男童女

实　例

白族 一个会变化的妖精，要村民每天送一对童男童女吃掉。

【流传】（无考）

【出处】《弦子三郎》，见《白族民间故事》，昆明：云南人民出版社 1982 年版，第 447 页。

W0839. 2. 2. 3

妖魔蟒斯哈尔以人肉为食

实　例

撒拉族 蟒斯哈尔（妖魔）以人肉为食。

【流传】（无考）

【出处】韩文霞讲，马文才记录：《铁匠和蟒斯哈尔》，见满都呼主编《中国阿尔泰语系诸民族神话故事》，北京：民族出版社 1997 年版，第 111 页。

W0839. 2. 2. 4

蟒猊不吃野兽光吃人

实　例

鄂伦春族 蟒猊（妖魔）吃人都红了眼，不吃野兽光吃人了。抓住人就先喝血，再吃肉，最后连骨头都嚼碎入肚。

【流传】内蒙古自治区·（呼伦贝尔市）·鄂伦春族自治旗

【出处】

（a）葛德宏讲，隋书金记录整理：《猎人柯阿汗》，见隋书金编《鄂伦春族民间故事选》，上海：上海文艺出版社 1988 年版。

（b）同（a），见姚宝瑄主编《中国各民族神话》（达斡尔族、鄂伦春族、鄂温克族、蒙古族），太原：山西出版传媒集团·书海出版社 2014 年版，第 84 ~ 90 页。

W0839. 2. 2. 5

妖魔吃人不吐骨头

实　例

鄂伦春族 （参见“W0839. 2. 2. 4 蟒猊不吃野兽光吃人”母题实例）

W0839. 2. 2. 6

妖魔吃人的规矩

实　例

（参见下级母题实例）

W0839.2.2.6.1
妖魔吃人论资排辈

实 例

羌族 犊疫（妖魔）王看到女子感应脚印而生的娃娃长大了，就想吃他。就对娃娃的妈妈说："我们今天要吃你的儿子了。这是规矩。全寨子里有人都排交（方言，意即排完了，排遍了）了，今天该轮到你的儿子了。"

【流传】四川省·（阿坝藏族羌族自治州）·松潘县·镇平乡·双泉下村

【出处】王河民讲，吴文光、王康、龚剑雄采录：《人神和"犊疫"王》，原载西南民族学院编印《羌族民间文学资料》，见姚宝瑄主编《中国各民族神话》（羌族、彝族），太原：山西出版传媒集团·书海出版社 2014 年版，第 38 页。

W0839.2.2.7
妖魔死人活人通吃

实 例

白族（勒墨）妖精不仅吃活人，连死了的人也要煮了吃。

【流传】云南省·（怒江傈僳族自治州）·碧江县四区二村（不详）

【出处】阿普介爹讲，普六介翻译，周天纵记录：《光壁杀妖》（1961.09），见姚宝瑄主编《中国各民族神话》（白族、拉祜族、景颇族），太原：山西出版传媒集团·书海出版社 2014 年版，第 147 页。

W0839.2.2.8
一对吃人的魔鬼夫妻

实 例

傣族 一对魔鬼夫妻到处吃人，白骨堆满了大地，鲜血染红了树叶。

【流传】（无考）

【出处】岩峰、王松搜集整理：《召底米》，原载《中国各民族宗教与神话大词典》编审委员会编《中国各民族宗教与神话大词典》，学苑出版社 1990 年版，见姚宝瑄主编《中国各民族神话》（哈尼族、傣族），太原：山西出版传媒集团·书海出版社 2014 年版，第 366 页。

W0839.2.3
妖魔同类相食

【汤普森】G312

【关联】［W8917.2］人食人

实 例

（实例待考）

W0839.2.4
妖魔食量巨大

实 例

（参见下级母题实例）

W0839.2.4.1
妖魔能喝去半条江的水

实 例

布依族 有个妖怪吃水特别凶，一顿可以把盘江河喝去一半。

【流传】（无考）

【出处】李世民、王大岩、黄老当讲，立浩、汛河搜集整理：《耍水龙的来历》，见姚宝瑄主编《中国各民族神话》（布依族、仡佬族、苗族），太原：山西出版传媒集团·书海出版社2014年版，第81页。

W0839. 2. 4. 2

妖魔吸干海水

实 例

蒙古族 妖魔吸干海水。

【流传】（无考）

【出处】哈扎搜集，巴音巴图、姚宝瑄记录整理：《郭拉斯青和七仙女》，见姚宝瑄主编《中国各民族神话》（达斡尔族、鄂伦春族、鄂温克族、蒙古族），太原：山西出版传媒集团·书海出版社2014年版，第224页。

W0839. 2. 5

妖魔吃火

【关联】［W0846. 5. 1. 1］火魔吃火

实 例

满族 有一个专门吃火的妖魔，它走到哪里就会把哪里的火吃掉。

【流传】吉林省

【出处】

（a）佟畴、曾层搜集整理：《日吉纳姑娘》，见乌丙安、李文刚等编《满族民间故事选》，上海：上海文艺出版社1983年版。

（b）同（a），见姚宝瑄主编《中国各民族神话》（满族、赫哲族、朝鲜族），太原：山西出版传媒集团·书海出版社2014年版，第91～95页。

W0839. 3

妖魔的居所（魔鬼的居所，妖怪的居所）

【汤普森】F402. 6

【关联】

①［W0843. 4. 3］魔王的居所

②［W1096. 5］魔鬼的世界（魔界）

实 例

（参见下级母题实例）

W0839. 3. 1

妖魔住天上

实 例

鄂伦春族 （实例待考）

蒙古族 （实例待考）

W0839. 3. 2

魔王住在天边

实 例

畲族 北方天边住着一个魔王。

【流传】（无考）

【出处】袁珂改编：《雷豹夺火》（原名《夺火记》），原载谷德明编《中国少数民族神话选》，见袁珂《中国神话大词典》，北京：华夏出版社 2015 年版，第 522 页。

W0839.3.3
魔鬼进入天堂

实 例

回族 （实例待考）

W0839.3.3.1
蛇把魔鬼带进天堂

实 例

撒拉族 恶魔乙比利斯已变化成一股风，藏进了蛇的嘴里进入天堂。

【流传】（无考）

【出处】 大漠、马英生搜集整理：《犯禁落尘》，见满都呼主编《中国阿尔泰语系诸民族神话故事》，北京：民族出版社 1997 年版，第 97 页。

W0839.3.4
妖魔被逐出天堂（魔鬼被逐出天堂）

【汤普森】 G303.8

实 例

哈萨克族 （实例待考）

W0839.3.5
妖魔的宫殿（魔鬼的宫殿、魔宫）

实 例

畲族 雷豹乃将魔王锁入魔宫，令其永不能逃出为非作歹。

【流传】（无考）

【出处】 袁珂改编：《雷豹夺火》（原名《夺火记》），原载谷德明编《中国少数民族神话选》，见袁珂《中国神话大词典》，北京：华夏出版社 2015 年版，第 522 页。

W0839.3.5.1
魔宫的产生

实 例

（参见下级母题实例）

W0839.3.5.1.1
魔鬼用尸骨造魔宫

实 例

鄂伦春族 魔鬼吃掉人的灵魂后，把他们的脑袋拧下来堆成一座山，还在山上盖了一座宫殿，宫殿是用人的白骨建成的。

【流传】（中国东北部地区）

【出处】

(a) 张凤铸、蔡伯文记录整理：《阿勒塔涅斩魔记》，见张凤铸、蔡伯文编《鄂伦春民间文学选》，呼和浩特：内蒙古人民出版社 1980 年版。

(b) 同 (a)，见姚宝瑄主编《中国各民族神话》（达斡尔族、鄂伦春族、鄂温克族、蒙古族），太原：山西出版传媒集团·书海出版社 2014 年版，第 107～113 页。

W0839. 3. 5. 2

魔宫的特征

实 例

（实例待考）

W0839. 3. 5. 3

魔宫的位置

实 例

（参见下级母题实例）

W0839. 3. 5. 3. 1

魔王的王宫在井底

实 例

维吾尔族 在井的底部有河有树，有集市，有街道，是魔王的王宫。

【流传】 新疆维吾尔自治区

【出处】

（a）《艾里·库尔班》，见满都呼主编《中国阿尔泰语系诸民族神话故事》，北京：民族出版社 1997 年版，第 43 页。

（b）《英雄艾里·库尔班》，见张越、姚宝瑄编《新疆民族神话故事选》，乌鲁木齐：新疆人民出版社 1989 年版。

W0839. 3. 5. 4

妖魔宫殿的守护者

实 例

（参见下级母题实例）

W0839. 3. 5. 4. 1

魔王的王宫有两条长蛇守门

实 例

维吾尔族 魔王的王宫有两条长蛇守在门口。

【流传】 新疆维吾尔自治区

【出处】

（a）《艾里·库尔班》，见满都呼主编《中国阿尔泰语系诸民族神话故事》，北京：民族出版社 1997 年版，第 43 页。

（b）《英雄艾里·库尔班》，见张越、姚宝瑄编《新疆民族神话故事选》，乌鲁木齐：新疆人民出版社 1989 年版。

W0839. 3. 5. 4. 2

魔宫有飞龙飞虎守门

实 例

畲族 魔宫的第一道门有飞龙守着。第二道门有飞虎守着。

【流传】（无考）

【出处】

（a）唐宗龙记录：《夺火记》，见谷德明编《中国少数民族神话》，北京：中国民间文艺出版社 1987 年版，第 224 ~229 页。

（b）同（a），见姚宝瑄主编《中国各民族神话》（高山族、黎族、畲族），太原：山西出版传媒集团·书海出版社 2014 年版，第 131 页。

畲族 魔王把世上的火统统收到魔宫里锁起来，魔宫门口派上飞龙、飞虎守护着。

【流传】（无考）

【出处】

（a）唐宗龙记录：《夺火记》，见谷德明编《中国少数民族神话》，北京：中国民间文艺出版社1987年版，第224～229页。

（b）同（a），见姚宝瑄主编《中国各民族神话》（高山族、黎族、畲族），太原：山西出版传媒集团·书海出版社2014年版，第128页。

畲族 魔宫第一门，有飞龙守之。

【流传】（无考）

【出处】袁珂改编：《雷豹夺火》（原名《夺火记》），原载谷德明编《中国少数民族神话选》，见袁珂《中国神话大词典》，北京：华夏出版社2015年版，第522页。

W0839.3.5.5
与魔宫有关的其他母题

实 例

（实例待考）

W0839.3.6
妖魔的城堡（魔城）

【汤普森】F402.3

实 例

（参见下级母题实例）

W0839.3.6.1
青色耀眼的魔城

实 例

鄂伦春族 魔城住着满盖的部落，这座淡青色的耀眼夺目的城市，满盖统治着这个大城市。

【流传】（中国东北部地区）

【出处】

（a）张凤铸、蔡伯文记录整理：《喜勒特很报仇记》，见张凤铸、蔡伯文编《鄂伦春民间文学选》，呼和浩特：内蒙古人民出版社1980年版。

（b）同（a），见姚宝瑄主编《中国各民族神话》（达斡尔族、鄂伦春族、鄂温克族、蒙古族），太原：山西出版传媒集团·书海出版社2014年版，第91页。

W0839.3.6.2
魔城的居民

实 例

（参见下级母题实例）

W0839.3.6.2.1
魔城里住着满盖血统的人和抓去服苦役的人

实 例

鄂伦春族 魔城里居住的大部分是满盖血统的人，也有一部分是由人间抓去服苦役的人。

【流传】（中国东北部地区）

【出处】

（a）张凤铸、蔡伯文记录整理：《喜勒特很报仇记》，见张凤铸、蔡伯文编《鄂伦春民间文学选》，呼和浩特：内蒙古人民出版社 1980 年版。

（b）同（a），见姚宝瑄主编《中国各民族神话》（达斡尔族、鄂伦春族、鄂温克族、蒙古族），太原：山西出版传媒集团·书海出版社 2014 年版，第 91 页。

W0839. 3. 7

妖魔居树上

【关联】［W0854. 2. 2. 2］鹰爪树是树精的居所

实 例

（实例待考）

W0839. 3. 8

妖魔住山中（妖魔住石中，妖魔居山上）

实 例

蒙古族 草原上居住着蒙古人，山里居住着妖魔鬼怪。

【流传】新疆维吾尔自治区·伊犁哈萨克自治州

【出处】阿不都拉搜集翻译，姚宝瑄整理：《长翅膀的神马》，见姚宝瑄主编《中国各民族神话》（达斡尔族、鄂伦春族、鄂温克族、蒙古族），太原：山西出版传媒集团·书海出版社 2014 年版，第 219 页。

W0839. 3. 8. 1

妖魔住火石上

实 例

布依族 很古老的时候，在西方的火石上，藏有一个妖怪。

【流传】（无考）

【出处】李世民、王大岩、黄老当讲，立浩、汛河搜集整理：《要水龙的来历》，见姚宝瑄主编《中国各民族神话》（布依族、仡佬族、苗族），太原：山西出版传媒集团·书海出版社 2014 年版，第 81 页。

W0839. 3. 8. 2

妖精居耸入云霄的高山

实 例

羌族 耸入云霄的高山有“妖精”。

【流传】四川省·（阿坝藏族羌族自治州）·汶川县·绵池乡·沟头寨

【出处】

（a）王治国（释比，64 岁）唱，汪有伦翻译，钱安靖整理：《下坛经》（1983. 11 ~ 1984. 11）注释，见钱安靖《羌族和羌语支各居民集团宗教习俗调查报告》，四川大学宗教研究所油印本，1987 年 12 月。

（b）同（a），见吕大吉、何耀华总主编《中国各民族原始宗教资料集成》（纳西族卷、羌族卷、独龙族卷、傈僳族卷、怒族卷），北京：中国社会科学出版社 2000 年版，第 546 页。

W0839.3.9

妖魔居水中

【汤普森】G639

【关联】［W0846.2］水妖（水魔、水怪、水精）

实 例

（实例待考）

W0839.3.10

魔鬼住洞中

实 例

（参见下级母题实例）

W0839.3.10.1

魔鬼怕雷击住山洞

实 例

鄂温克族（使鹿部） 因为神用雷击魔鬼，魔鬼经常住在山洞里。

【流传】内蒙古自治区·呼伦贝尔市·额尔古纳旗（额尔古纳市）

【出处】《神与鬼》，见吕大吉、何耀华主编《中国各民族原始宗教资料集成》（鄂伦春族卷、鄂温克族卷、赫哲族卷、达斡尔族卷、锡伯族卷、满族卷、蒙古族卷、藏族卷），北京：中国社会科学出版社 1999 年版，第 109 页。

W0839.3.10.2

魔鬼怕雷击住石洞

实 例

鄂温克族 神用雷来打击“哈拉给”（即“魔鬼”），“哈拉给”最怕雷，故“哈拉给”经常住在石头洞里，而雷对石洞是不起作用的。

【流传】（内蒙古自治区·呼伦贝尔市·额尔古纳市）

【出处】

（a）《额尔古纳旗使用驯鹿鄂温克人的调查报告》，见内蒙古自治区编辑组《鄂温克族社会历史调查》，呼和浩特：内蒙古人民出版社 1986 年版，第 238 页。

（b）《神与鬼》，见吕大吉、何耀华总主编《中国各民族原始宗教资料集成》（鄂伦春族卷、鄂温克族卷、赫哲族卷、达斡尔族卷、锡伯族卷、满族卷、蒙古族卷、藏族卷），北京：中国社会科学出版社 1999 年版，第 109 页。

W0839.3.10.3

恶魔住天生洞

实 例

彝族 他腊坝子南端的天生洞里有个可恶的妖魔，常出洞来伤害百姓。

【流传】（云南省·昆明市）

【出处】尼苏共诺搜集，野夫文字校正：《阿青和阿龙》，原名《青龙山》，原王四代选自昆明市官渡区民间文学集成办公室编《云南民间文学集成·逮水卷》，1988 年，见姚宝瑄主编《中国各民族神话》（羌族、彝族），太原：山西出版传媒集团·书海出版社 2014 年版，第 327 页。

W0839. 3. 10. 4

妖怪住峭壁岩洞

实　例

彝族 悬崖峭壁上有一个阴森森的岩洞，就是妖怪住的地方。这悬崖飞鸟难上，猴子难攀。

【流传】（云南省·玉溪市·新平彝族傣族自治县）

【出处】 李友祥讲，吴成贵搜集整理：《百鸟山》，见姚宝瑄主编《中国各民族神话》（羌族、彝族），太原：山西出版传媒集团·书海出版社 2014 年版，第 266 页。

W0839. 3. 10. 4. 1

妖怪住雪山半腰的一个山洞里

实　例

维吾尔族 雪山半腰的一个山洞里住着一个狰狞可怕的妖怪。

【流传】 新疆维吾尔自治区·伊犁州（伊犁哈萨克自治州）·察布查尔县（察布查尔锡伯自治县）

【出处】

(a) 牙库布讲，阿布都拉搜集翻译，姚宝瑄整理：《神树母亲》，载《民间文学》1985 年第 9 期。

(b) 同（a），见姚宝瑄主编《中国各民族神话》（乌孜别克族、哈萨克族、柯尔克孜族、俄罗斯族、维吾尔族、塔吉克族、塔塔尔族、锡伯族），太原：山西出版传媒集团·书海出版社 2014 年版，第 238 页。

W0839. 3. 11

魔鬼住地狱（魔鬼住阴间）

【关联】［W1079］下界（地狱、阴间的产生）

实　例

珞巴族 （实例待考）

纳西族 （参见“W0843. 4. 1. 4. 3 地狱中的女魔王”母题实例）

W0839. 3. 11. 1

魔鬼住世界的下层的阴间

实　例

达斡尔族 世界的下层是死神聚集的地方，也是散布一切疾病灾难的魔鬼聚集的所在，这就是“伊热木汗”所在的阴间。

【流传】（内蒙古自治区、黑龙江省等地）

【出处】

(a) 塔娜：《达斡尔族的神话和萨满教》，见《达斡尔族研究》第二辑，内蒙古达斡尔历史语言文字学会 1987 年编印。

(b)《阴间世界及追魂（二）》，见吕大

吉、何耀华总主编《中国各民族原始宗教资料集成》（鄂伦春族卷、鄂温克族卷、赫哲族卷、达斡尔族卷、锡伯族卷、满族卷、蒙古族卷、藏族卷），北京：中国社会科学出版社1999年版，第299页。

W0839.3.11.2

恶魔住三界下界的地狱

实 例

赫哲族 三界的下界是地狱，恶魔居住。

【流传】（无考）

【出处】吕大吉、何耀华主编，本册主编满都尔图等：《中国各民族原始宗教资料集成》（鄂伦春族卷、鄂温克族卷、赫哲族卷、达斡尔族卷、锡伯族卷、满族卷、蒙古族卷、藏族卷），北京：中国社会科学出版社1999年版，第199页。

W0839.3.12

妖魔的领地

实 例

鄂伦春族 （实例待考）

W0839.3.13

魔鬼住宇宙的下三层

实 例

（参见下级母题实例）

W0839.3.13.1

神与魔鬼住在宇宙的下三层

实 例

满族 宇宙高天分为九层，下三层为地神与魔鬼所居。

【流传】（无考）

【出处】富育光：《满族灵禽崇拜祭俗与神话探考》，见《富育光民俗文化论集》，长春：吉林大学出版社2005年版。

W0839.3.14

魔鬼的其他居所

实 例

（参见下级母题实例）

W0839.3.14.1

魔鬼住烂泥塘

实 例

哈尼族 魔鬼们见人聪明又有本事，抢不了人的任何东西，只得死死守住岩石的烂泥塘栖身。

【流传】云南省·（普洱市）·孟连县（孟连傣族拉祜族佤族自治县）

【出处】李格、王富帮讲，张犁翻译，李灿伟、莫非搜集整理：《天、地、人和万物的起源》，原载云南省民间文学集成办公室编《哈尼族神话传说集成》，中国民间文艺出版社1990年版，见姚宝瑄主编《中国各民族神话》（哈尼族、傣族），太原：山西出版传媒集团·书海出版社 2014 年版，第 61 ~62 页。

W0839. 3. 15
与妖魔居所有关的其他母题

实　例

（参见下级母题实例）

W0839. 3. 15. 1
妖魔有各自的领地

实　例

鄂伦春族 妖魔都有各自的领地。

【流传】 内蒙古自治区·（呼伦贝尔市）·鄂伦春自治旗

【出处】 刘思平整理：《神射手》，见中华民族故事大系编委会编《中华民族故事大系》第 15 卷（德昂族、保安族、裕固族、京族、塔塔尔族、独龙族、鄂伦春族），上海：上海文艺出版社 1995 年版，第 982 页。

W0839. 3. 15. 2
魔鬼藏身特定的容器中

实　例

（实例待考）

W0839. 4
妖魔的出行

【汤普森】 G303. 7

实　例

（参见下级母题实例）

W0839. 4. 1
妖魔骑着奇怪的动物

【关联】［W0838. 2. 3. 2］女妖骑母狗

实　例

（参见下级母题实例）

W0839. 4. 1. 1
妖魔骑奇特的马

实　例

（参见下级母题实例）

W0839. 4. 1. 1. 1
妖魔骑着黄膘马

实　例

蒙古族 有一个骑着黄膘马的恶魔。

【流传】 内蒙古自治区

【出处】

（a）布拉托夫整理：《阿勒坦·沙盖父子战多头恶魔》，见郝苏民、薛守邦译编：《布里亚特蒙古民间故事集》，北京：中国民间文艺出版社 1984 年版。

（b）同（a），见姚宝瑄主编《中国各民族神话》（达斡尔族、鄂伦春族、鄂温克族、蒙古族），太原：山西出版传媒集团·书海出版社 2014 年版，第 191 页。

W0839.4.1.2

妖魔变成的老奶奶骑大白狗

【关联】［W0838.4.2.2］三头妖骑着白狗

实 例

裕固族 妖魔变成的老奶奶洗完学后，骑上大白狗走了。

【流传】（甘肃省）

【出处】

（a）白斯坦、郭应贵等讲，才让丹珍整理：《贵伊斯貂尔》，见郝苏民编《东乡族保安族裕固族民间故事选》，上海：上海文艺出版社1987年版。

（b）白斯坦、郭应贵等讲，才让丹珍整理：《猎人除妖》，见姚宝瑄主编《中国各民族神话》（土族、东乡族、回族、保安族、裕固族、撒拉族），太原：山西出版传媒集团·书海出版社2014年版，第97页。

W0839.4.2

妖魔在雷雨中出现

实 例

朝鲜族 （实例待考）

W0839.4.3

魔鬼潜入特定地点

实 例

（参见下级母题实例）

W0839.4.3.1

魔鬼偷偷进入天堂

实 例

回族 魔鬼艾比利斯（b为“易卜利斯”）想引诱阿丹圣人夫妇吃禁果，向一条大蛇求情，请蛇把他带进天堂（b为“伊甸园”）。

【流传】

（a）青海省·黄南州（黄南藏族自治州）·同仁县·隆务镇·民主街。

（b）黑龙江省·（牡丹江市）·绥芬河市

【出处】

（a）周尚杰（保安族，该文本注明他讲的是回族神话）讲，赵清阳采录：《阿丹的诞生》，见中国民间文学集成全国编辑委员会编《中国民间故事集成》（青海卷），北京：中国ISBN中心2007年版，第11页。

（b）杨明岱讲，周爱民采录：《阿丹人祖》，见中国民间文学集成全国编辑委员会编《中国民间故事集成》（黑龙江卷），北京：中国ISBN中心2005年版，第20页。

W0839.4.3.2

魔鬼在蛇的帮助下进入天堂

实 例

撒拉族 蛇把魔鬼带进天堂。

【流传】（无考）

【出处】大漠等整理：《天、地、人的诞

生》，见中华民族故事大系编委会编《中华民族故事大系》第 12 卷（布朗族、撒拉族、毛南族），上海：上海文艺出版社 1995 年版，第 263 页。

W0839. 4. 4

妖魔出现时的情形（妖魔出现的征兆）

实 例

（参见下级母题实例）

W0839. 4. 4. 1

妖魔出现时飞沙走石

实 例

蒙古族 蛇妖到来时，天昏地暗，飞沙走石。

【流传】内蒙古自治区 · 赤峰市 · 巴林右旗

【出处】胡尔查翻译，甘珠尔扎布搜集整理：《山的儿子》，见姚宝瑄主编《中国各民族神话》（达斡尔族、鄂伦春族、鄂温克族、蒙古族），太原：山西出版传媒集团 · 书海出版社 2014 年版，第 203 页。

W0839. 4. 4. 2

妖魔出现时伴随着雷雨

实 例

蒙古族 一阵滚雷响过，蛇妖出现了。它翻卷着二十丈长、磨盘般粗的黑斑蛇身，得意忘形地兴风作浪。

【流传】云南省 ·（玉溪市）· 通海县

【出处】

（a）赵寅生、杨进书搜集，赵生整理：《避石珠》，见李子贤编：《云南少数民族神话选》，昆明：云南人民出版社 1990 年版。

（b）同（a），见姚宝瑄主编《中国各民族神话》（达斡尔族、鄂伦春族、鄂温克族、蒙古族），太原：山西出版传媒集团 · 书海出版社 2014 年版，第 211 页。

W0839. 4. 4. 3

风是妖魔出现的征兆

实 例

塔吉克族 妖魔出现之前，先刮一股猩红的风，再下一阵猩红的雨，随后出现两只赤狼，接着来的就是妖魔。

【流传】（新疆维吾尔自治区）

【出处】艾布力 · 艾山汗、西仁 · 库尔班搜集，夏羿、朱华翻译整理：《玉枝金花》，见姚宝瑄主编《中国各民族神话》（乌孜别克族、哈萨克族、柯尔克孜族、俄罗斯族、维吾尔族、塔吉克族、塔塔尔族、锡伯族），太原：山西出版传媒集团 · 书海出版社 2014 年版，第 292 页。

裕固族 天上刮起了一阵强烈的黑风。接着，三头妖照样骑着白狗又来了。

【流传】（甘肃省）

【出处】

（a）白斯坦、郭应贵等讲，才让丹珍整

理：《贵伊斯貂尔》，见郝苏民编《东乡族保安族裕固族民间故事选》，上海：上海文艺出版社 1987 年版。

(b) 白斯坦、郭应贵等讲，才让丹珍整理：《猎人除妖》，见姚宝瑄主编《中国各民族神话》（土族、东乡族、回族、保安族、裕固族、撒拉族），太原：山西出版传媒集团·书海出版社 2014 年版，第 97 页。

W0839.4.4.4

白雾是雪妖出现的征兆

实　例

裕固族 人们看见祁连山下冰洞里冒出茫茫白雾的时候，就知道雪妖要发脾气了。

【流传】（甘肃省祁连山一带）

【出处】

(a) 乔维森、野枫记录整理：《莫拉》，见《少数民族文学作品选》编辑委员会编《中国少数民族文学作品选》（第二分册），上海：上海文艺出版社 1981 年版。

(b) 同 (a)，见姚宝瑄主编《中国各民族神话》（土族、东乡族、回族、保安族、裕固族、撒拉族），太原：山西出版传媒集团·书海出版社 2014 年版，第 90 页。

W0839.4.4.5

妖魔出现时先有雾

实　例

塔吉克族 白魔归来前，先起一阵白雾，又下一场白雨，紧随一股白色旋风，白魔就会出现。

【流传】（新疆维吾尔自治区）

【出处】 艾布力·艾山汗、西仁·库尔班搜集，夏羿、朱华翻译整理：《玉枝金花》，见姚宝瑄主编《中国各民族神话》（乌孜别克族、哈萨克族、柯尔克孜族、俄罗斯族、维吾尔族、塔吉克族、塔塔尔族、锡伯族），太原：山西出版传媒集团·书海出版社 2014 年版，第 293 页。

W0839.4.4.6

妖魔出现时先有巨响

实　例

塔吉克族 轰隆隆一阵巨响之后，妖魔从潭中伸出了四十个硕大的头。

【流传】（新疆维吾尔自治区）

【出处】 艾布力·艾山汗、西仁·库尔班搜集，夏羿、朱华翻译整理：《玉枝金花》，见姚宝瑄主编《中国各民族神话》（乌孜别克族、哈萨克族、柯尔克孜族、俄罗斯族、维吾尔族、塔吉克族、塔塔尔族、锡伯族），太原：山西出版传媒集团·书海出版社 2014 年版，第 296 页。

W0839.4.5

妖魔特定时间出行

实　例

（参见下级母题实例）

W0839. 4. 5. 1

妖魔天黑以后出来作恶

实 例

布依族 旱精经常在天黑以后出来作恶，把所有的河水吸枯、水井喝干。

【流传】贵州省·（黔西南布依族苗族自治州）·望谟县、册亨县、安龙县一带

【出处】

（a）韦习弄、罗华林、岑尕搜集：《捉旱精》，见谷德明编《中国少数民族神话选》，西北民族学院研究所 1983 年编印，内部资料。

（b）同（a），见姚宝瑄主编《中国各民族神话》（布依族、仡佬族、苗族），太原：山西出版传媒集团·书海出版社 2014 年版，第 83 页。

W0839. 4. 5. 2

妖魔夜间害人

实 例

壮族 毒虫恶兽和妖魔鬼怪，白天不敢动，一到夜晚就猖狂起来，四处乱窜，时常撞进村寨伤害人畜。

【流传】（无考）

【出处】岭隆业、杨荣杰、金稼民搜集、整理：《铜鼓的来历》，原载蓝鸿恩编：《壮族民间故事选》，上海文艺出版社 1984 年版，见姚宝瑄主编《中国各民族神话》（仫佬族、壮族、京族），太原：山西出版传媒集团·书海出版社 2014 年版，第 150 页。

W0839. 4. 5. 3

妖魔昼伏夜出

实 例

汉族 所有的妖魔鬼怪，都趁着黑暗，来到人间行凶作恶。

【流传】浙江省·杭州市·拱墅区

【出处】陶金海讲，周樟林记录，申屠奇整理：《寻太阳》，见姚宝瑄主编《中国各民族神话》（汉族），太原：山西出版传媒集团·书海出版社 2014 年版，第 163～170 页。

维吾尔族 妖魔大部分都是黑夜出来吓人、吃人、吃牲畜，害得人们不得安宁。

【流传】新疆维吾尔自治区·伊犁州（伊犁哈萨克自治州）·察布查尔县（察布查尔锡伯自治县）

【出处】牙库布讲，阿不都拉搜集翻译，姚宝瑄整理：《女天神创世》，见姚宝瑄主编《中国各民族神话》（乌孜别克族、哈萨克族、柯尔克孜族、俄罗斯族、维吾尔族、塔吉克族、塔塔尔族、锡伯族），太原：山西出版传媒集团·书海出版社 2014 年版，第 227 页。

W0839. 4. 5. 3. 1

妖魔白天睡觉，晚上猖狂

实 例

壮族 毒虫恶兽和妖魔鬼怪，白天不

大敢动，一到夜晚就猖狂得不得了，四处乱窜，时常闯进村寨伤害人畜。

【流传】广西壮族自治区·（百色市）·西林县

【出处】岑永钦、黎显春讲，岑隆业、杨荣杰、金稼民整理：《铜鼓的来历》，原载选自蓝鸿恩编《壮族民间故事选》，见陶阳、钟秀编《中国神话》（下），北京：商务印书馆2008年版，第1271～1274页。

W0839.5

与妖魔的生活有关的其他母题

实 例

（参见下级母题实例）

W0839.5.1

妖魔的工具（妖魔的用品，妖魔的武器，鬼的用具）

实 例

（参见下级母题实例）

W0839.5.1.1

妖魔的宝物

实 例

黎族 偷到妖魔宝物后打胜妖魔。

【流传】海南省·琼中县（琼中黎族苗族自治县），（三亚市）·崖县，保亭（保亭黎族苗族自治县），乐东县（乐东黎族自治县）

【出处】吴启彦整理：《勇敢的帕托》，见中华民族故事大系编委会编《中华民族故事大系》第7卷（黎族、傈僳族、佤族），上海：上海文艺出版社1995年版，第39页。

W0839.5.1.2

妖魔的武器有限

实 例

（参见下级母题实例）

W0839.5.1.2.1

妖魔只有3把斧子

实 例

鄂温克族 魔鬼只有三把斧子，三把斧子分别被狐狸、熊、老虎骗走后，再也吐不出来斧子了。

【流传】黑龙江省·（黑河市）·逊克县·（新鄂乡）·新鄂村

【出处】《宝马斗魔鬼》，见姚宝瑄主编《中国各民族神话》（达斡尔族、鄂伦春族、鄂温克族、蒙古族），太原：山西出版传媒集团·书海出版社2014年版，第129页。

W0839.5.1.3

妖魔的麻绳

实 例

纳西族 一个名叫司命麻左固松麻的女魔头戴一口八耳铜锅，手里拿着九丛棘刺和九根麻绳。

【流传】（a）云南省·（丽江市）·丽江县（原丽江纳西族自治县，今归属

为丽江市古城区和玉龙纳西族自治县）

【出处】

（a）赵银棠讲，杨润光采录：《丁巴什罗》，见中国民间文学集成全国编辑委员会编《中国民间故事集成》（云南卷），北京：中国 ISBN 中心 2003 年版，第 370 页。

（b）赵银棠讲，杨士光整理：《丁巴什罗》，载《山茶》1982 年第 3 期。

（c）同（b），见谷德明编《中国少数民族神话》，北京：中国民间文艺出版社 1987 年版，第 431 页。

W0839. 5. 1. 4

鬼怪的号角

实 例

汉族 桃都山山峰的大桃树上站着一只金鸡。金鸡看见东方露出一束亮光，就张开翅膀伸长脖子鸣啼起来。金鸡一叫，只见天上的神仙，地上的鬼怪急急慌忙，纷纷来到桃都山这棵大桃树下。

【流传】河南省·（郑州市）·新郑市

【出处】王金岭采录整理：《门神的传说》，见张振犁编著，孟宪明、朱淑君统纂《中原神话通鉴》（第二卷），郑州：河南大学出版社 2017 年版，第 646 页。

W0839. 5. 2

魔鬼的娱乐

实 例

（参见下级母题实例）

W0839. 5. 2. 1

魔鬼在吊索上玩耍

实 例

珞巴族 魔鬼给波伦布有一条吊索，是魔鬼们玩耍的东西。

【流传】（西藏自治区·林芝市·米林县）

【出处】东娘、达农讲，于乃昌整理：《阿巴达尼遇难》，见姚宝瑄主编《中国各民族神话》（门巴族、珞巴族、怒族、藏族），太原：山西出版传媒集团·书海出版社 2014 年版，第 37 页。

W0840

妖魔的能力（魔鬼的能力，妖魔的本领、妖魔的行为）

【关联】［W1694. 2. 3］妖魔放出假太阳

实 例

（参见下级母题实例）

W0840. 1

妖魔会魔法（妖魔会变形，妖怪变形，魔鬼善变）

【汤普森】G303. 3. 5

实 例

白族（勒墨）碧江勒墨人的老祖宗名叫拿雄从外地搬来的时候，碧江还是一片荒山老林，到处都是妖精。妖精凶恶得很，会变，会吃人。

【流传】云南省·（怒江傈僳族自治州）·碧江县四区二村（不详）

【出处】阿普介爹讲，普六介翻译，周天纵记录：《光壁杀妖》（1961.09），见姚宝瑄主编《中国各民族神话》（白族、拉祜族、景颇族），太原：山西出版传媒集团·书海出版社 2014 年版，第 146 页。

W0840.1.0

妖魔会妖术

实 例

汉族 魔王古考鳖钻入黄水，弄起妖术来。顷刻间巨浪滔天，急流滚滚。

【流传】河南省·（开封市）·杞县

【出处】李广平（35 岁，男，农民）讲，王怀聚采录整理：《古帝颛顼》，见张振犁编著，孟宪明、朱淑君统纂《中原神话通鉴》（第三卷），郑州：河南大学出版社 2017 年版，第 955 页。

W0840.1.0.1

魔怪施法使取火者变为石人

实 例

哈尼族 魔怪能施法，使取火者变为石人。

【流传】（云南省）

【出处】袁珂改编：《阿扎寻火》（原名《阿扎》），原载谷德明编《中国少数民族神话选》，见袁珂《中国神话大词典》，北京：华夏出版社 2015 年版，第 492 页。

W0840.1.0.2

妖魔把鸡变成牛

实 例

壮族 妖进门角全是鸡，进干栏全变水牛。

【流传】广西壮族自治区·百色市·田阳县·坡洪镇·个强屯

【出处】农布秋明万历四十四年手抄本，农吉勤收藏，黄明标等搜集，黄明标等翻译：《喃洛陀造麽叭科》（1616），见黄明标主编《壮族麽经布洛陀遗本影印译注》（上卷），南宁：广西人民出版社 2016 年版，第 61 页。

W0840.1.0.3

妖魔会呼风唤雨

【关联】

①［W0844.4.2.1］蛇妖呼风唤雨

②［W0906.3.1.4］山鬼呼风唤雨

③［W0906.4.2.4］水鬼能呼风唤雨

实 例

维吾尔族 妖魔鬼怪的魔法很厉害，一会儿刮风，一会儿下雨，还会下大雪冻死许多牲畜。

【流传】新疆维吾尔自治区·伊犁州（伊犁哈萨克自治州）·察布查尔县（察布查尔锡伯自治县）

【出处】牙库布讲，阿不都拉搜集翻译，

姚宝瑄整理：《女天神创世》，见姚宝瑄主编《中国各民族神话》（乌孜别克族、哈萨克族、柯尔克孜族、俄罗斯族、维吾尔族、塔吉克族、塔塔尔族、锡伯族），太原：山西出版传媒集团·书海出版社2014年版，第227页。

W0840. 1. 1
魔鬼变人形

实 例

（参见下级母题实例）

W0840. 1. 1. 1
魔鬼变白胡子老头行骗

实 例

回族 魔鬼变白胡子老头骗阿丹、好娃吃麦果。

【流传】宁夏回族自治区·银川（银川市）

【出处】《人是怎样来的》，见马乐群等《银川民间故事》（上），内部编印，1988年，第2～3页。

W0840. 1. 1. 1a
妖怪变成白胡子老人

实 例

维吾尔族 妖怪就变成白胡子老人的模样来到树下，想抓到藏在树中的姑娘。

【流传】新疆维吾尔自治区·伊犁州（伊犁哈萨克自治州）·察布查尔县（察布查尔锡伯自治县）

【出处】

（a）牙库布讲，阿布都拉搜集翻译，姚宝瑄整理：《神树母亲》，载《民间文学》1985年第9期。

（b）同（a），见姚宝瑄主编《中国各民族神话》（乌孜别克族、哈萨克族、柯尔克孜族、俄罗斯族、维吾尔族、塔吉克族、塔塔尔族、锡伯族），太原：山西出版传媒集团·书海出版社2014年版，第241～242页。

W0840. 1. 1. 2
妖魔化身为少女

实 例

鄂温克族 一年夏天的夜晚，出现的赶着两套马车来的少女是妖精。

【流传】（无考）

【出处】

（a）顺格布讲，朝克记录整理《“敖包”的由来》，载《黑龙江民间文学》第六集，内部资料，1983年，第81～83页。

（b）《“敖包”的由来》，见吕大吉、何耀华总主编《中国各民族原始宗教资料集成》（鄂伦春族卷、鄂温克族卷、赫哲族卷、达斡尔族卷、锡伯族卷、满族卷、蒙古族卷、藏族卷），北京：中国社会科学出版社1999年版，第97页。

W0840.1.1.2.1
7 个小蟒猊变成 7 个姑娘

实 例

鄂伦春族 七个小蟒猊（妖魔）变成了七个姑娘。

【流传】黑龙江省·（大兴安岭地区）·呼玛县·（十八站）

【出处】

(a) 孟古古善讲，潭玉昆、李宝玉口译，隋书金记录整理：《吴达内的故事》，见隋书金编《鄂伦春民间故事选》，上海：上海文艺出版社 1988 年版。

(b) 同（a），见姚宝瑄主编《中国各民族神话》（达斡尔族、鄂伦春族、鄂温克族、蒙古族），太原：山西出版传媒集团·书海出版社 2014 年版，第 64 页。

W0840.1.1.3
妖魔变美男子

实 例

东乡族 妖怪把拉妩（女子名）擒来之后，自己摇身一变，变成了一个身穿绫罗绸缎的俊俏公子。

【流传】（无考）

【出处】

(a) 自祥搜集整理：《赤孜拉妩的传说》，见郝苏民、马自祥编《东乡族民间故事集》，北京：中国民间文艺出版社 1981 年版

(b) 自祥搜集整理：《赤孜拉妩》，见姚宝瑄主编《中国各民族神话》（土族、东乡族、回族、保安族、裕固族、撒拉族），太原：山西出版传媒集团·书海出版社 2014 年版，第 21 页。

W0840.1.1.4
妖魔变形为受害者的母亲

实 例

普米族 昔有恶妖婆，食却两姐妹之母，复假扮其母，骗开家门，入室与姐妹共卧。

【流传】（无考）

【出处】袁珂改编：《月中花红树》（原名《月亮上的花红树》），原载毛星主编《中国少数民族文学》（下册），见袁珂《中国神话大词典》，北京：华夏出版社 2015 年版，第 575 页。

W0840.1.2
魔鬼变蛇

【关联】［W9526.4.4］恶魔变动物

实 例

（参见下级母题实例）

W0840.1.2.1
魔鬼艾比利斯进天堂后变成一条蛇

实 例

回族 魔鬼艾比利斯一进天堂就变成

了一条蛇。

【流传】青海省·黄南州（黄南藏族自治州）·同仁县··隆务镇·民主街

【出处】周尚杰（保安族，该文本注明他讲的是回族神话）讲，赵清阳采录：《阿丹的诞生》，见中国民间文学集成全国编辑委员会编《中国民间故事集成》（青海卷），北京：中国ISBN中心2007年版，第11页。

W0840. 1. 3

魔鬼变风

实 例

（参见下级母题实例）

W0840. 1. 3. 1

妖魔变黑旋风

实 例

撒拉族 妖魔变成了一股黑旋风。

【流传】（无考）

【出处】毛草讲，大漠记录：《哈三的经历》，见满都呼主编《中国阿尔泰语系诸民族神话故事》，北京：民族出版社1997年版，第103页。

W0840. 1. 4

妖魔变其他诸物

实 例

（参见下级母题实例）

W0840. 1. 4. 1

魔怪变巨树

实 例

哈尼族 （实例待考）

W0840. 1. 4. 2

犊疫变花牛

实 例

羌族 小伙刺死的花牛当场倒在地上死了，死后又变成一个人的样子。小伙晓得，这条花牛是个犊疫（妖魔）。

【流传】四川省·（阿坝藏族羌族自治州）·松潘县·镇平乡·双泉下村

【出处】王河民讲，吴文光、王康、龚剑雄采录：《人神和“犊疫”王》，原载西南民族学院编印《羌族民间文学资料》，见姚宝瑄主编《中国各民族神话》（羌族、彝族），太原：山西出版传媒集团·书海出版社2014年版，第38页。

W0840. 1. 4. 3

妖怪变成鹰、蜂、虎等动物

实 例

彝族 吃人的妖怪牙齿是黄的，大嘴血淋淋。一会变成虎，一会变成熊，一下变成鹰，一下又变成蜂。

【流传】云南省·（大理白族自治州）·鹤庆县

【出处】《米恒哲降妖》，王四代根据王

子尧翻译，康健、王治新等整理《彝族古歌》（贵州人民出版社1989年版）改写，见姚宝瑄主编《中国各民族神话》（羌族、彝族），太原：山西出版传媒集团·书海出版社2014年版，第364页。

彝族 吃人的妖怪善变化，一下变成鹰，一下变成蜂，一下变成虎，一下变成熊，变化真无穷。

【流传】（贵州省彝族地区）

【出处】《索恒哲》，见王富慧（珠尼阿依）译著，贵州省民族古籍整理办公室编《彝族神话史诗选》，北京：民族出版社2013年版，第100页。

W0840.1.4.4

魔鬼寿碑熬厄化身怪鱼

实　例

哈尼族（豪尼） 寿碑熬厄（魔鬼）身子一抖，变成一只浑身上下长满眼睛的草席子样大的怪鱼。

【流传】云南省·（普洱市）·墨江县（墨江哈尼族自治县）

【出处】王定均等讲，明红、蓝珊整理：《豪尼人的祖先》，载《山茶》1986年第3期。

W0840.1.5

妖魔变形为异性

实　例

（参见下级母题实例）

W0840.1.5.1

女妖怪见到女人，就变成男人

实　例

满族 古时候，妖怪见到女人，就变成个男人，等女人过来，就将女人吞进肚里。

【流传】黑龙江省（原书稿标注为辽宁省）·（哈尔滨市）·双城（双城区）·希勤乡（希勤满族乡）·希叶村（希业村）

【出处】马亚川讲：《温地痕和捅门水》，见马亚川遗稿，黄任远等整理《女真萨满神话》，哈尔滨：黑龙江人民出版社2006年版，第3~4页。

W0840.1.6

妖魔多次变形

实　例

怒族 妖魔会多次变形。

【流传】（无考）

【出处】邓四言讲，叶世富等整理：《雪山丫口的女妖》，见中华民族故事大系编委会编《中华民族故事大系》第14卷（普米族、塔吉克族、怒族、俄罗斯族、鄂温克族），上海：上海文艺出版社1995年版，第563页。

W0840.1.7

妖魔的化身

实　例

（参见下级母题实例）

W0840. 1. 7. 1

妖魔化身为特定动物

实 例

藏族 妖魔的化身是一头雄壮的黑牦牛。

【流传】（青海省·果洛藏族自治州）

【出处】 凡夫整理：《年保页什则神山的传说》，原载果洛州群艺馆编《果洛民间故事选》，内部资料，见吕大吉、何耀华总主编《中国各民族原始宗教资料集成》（鄂伦春族卷、鄂温克族卷、赫哲族卷、达斡尔族卷、锡伯族卷、满族卷、蒙古族卷、藏族卷），北京：中国社会科学出版社 1999 年版，第 945 页。

W0840. 2

妖魔吐纳特定的物

实 例

（参见下级母题实例）

W0840. 2. 1

妖魔会吐火（魔鬼喷火）

【汤普森】 G125

【关联】［W0134. 2］神能喷火

实 例

撒拉族 魔鬼大吼一声，口里喷着烈火，直向苏里曼（人名）扑过来。

【流传】（无考）

【出处】 马有才搜集整理：《苏里曼和瓦利雅》，见姚宝瑄主编《中国各民族神话》（土族、东乡族、回族、保安族、裕固族、撒拉族），太原：山西出版传媒集团·书海出版社 2014 年版，第 127 页。

W0840. 2. 1. 1

魔鬼寿碑熬厄从嘴里喷出一股大火

实 例

哈尼族（豪尼） 寿碑熬厄（哈尼语，魔鬼）见分身术不能战胜对手，立即从嘴里喷出一股大火。霎时，漫山遍野烟雾腾腾，熏得少卯优卯（豪尼人的始祖名）和白马睁不开眼。

【流传】 云南省·（普洱市）·墨江县（墨江哈尼族自治县）

【出处】

（a）王定均等讲，明江、蓝珊搜集整理：《豪尼人的祖先》，载《山茶》1986 年第 3 期。

（b）同（a），见姚宝瑄主编《中国各民族神话》（哈尼族、傣族），太原：山西出版传媒集团·书海出版社 2014 年版，第 22 页。

W0840. 2. 2

妖魔呼出无色的云

实 例

哈尼族 （实例待考）

W0840.3
妖魔能兴风作浪

实 例

（参见下级母题实例）

W0840.3.1
妖魔兴风作浪

【关联】［W0844.0.1］妖龙兴风作浪

实 例

东乡族 妖龙兴风作浪。

【流传】（无考）

【出处】马如基整理：《勒退夫智斩妖龙》，见中华民族故事大系编委会编《中华民族故事大系》第9卷（水族、东乡族、纳西族），上海：上海文艺出版社1995年版，第393页。

W0840.3.2
魔鬼吐出旋风

实 例

（参见下级母题实例）

W0840.3.2.1
魔鬼勒钦思普口吐一股白旋风和黑旋风

实 例

纳西族 勒钦思普（魔鬼）从他的魔嘴里吐出一股白旋风和黑旋风。

【流传】云南省·（丽江市）·丽江县（原丽江纳西族自治县，今归属为丽江市古城区和玉龙纳西族自治县）

【出处】东巴阿倮讲，和即仁采录：《崇人抛鼎寻不死药》，见中国民间文学集成全国编辑委员会编《中国民间故事集成》（云南卷），北京：中国ISBN中心2003年版，第322页。

W0840.3.3
妖魔喷吐黑风恶水

实 例

满族 耶鲁里（恶魔）喷吐黑风恶水。只见寰宇动晃，天石颓塌，地陷涌泉。

【流传】（无考）

【出处】《歌神》，原载富希陆搜集整理《天宫大战·陆腓凌》（1939），见吕大吉、何耀华总主编《中国各民族原始宗教资料集成》（鄂伦春族卷、鄂温克族卷、赫哲族卷、达斡尔族卷、锡伯族卷、满族卷、蒙古族卷、藏族卷），北京：中国社会科学出版社1999年版，第487页。

W0840.3.4
魔鬼喷云吐雾

实 例

汉族 三角魔鬼嫉妒渔民过着好日子，就施展魔法，从三角嘴中喷出一团团的浓雾。浓雾把整个南海笼罩了。这浓雾整天整夜不散，遮天蔽日。

【流传】海南省·南沙群岛、西沙群岛

【出处】叶春生、许和达记录整理：《北斗星的传说》，见姚宝瑄主编《中国各民族神话》（汉族），太原：山西出版传媒集团·书海出版社 2014 年版，第 328 ~ 332 页。

W0840. 4

妖魔魔力的失去（魔鬼魔力的失去）

【汤普森】G303. 16

实 例

（参见下级母题实例）

W0840. 4. 1

妖魔在鸡叫时魔力消失

【汤普森】G636

【关联】［W0199. 3. 3. 1］天神必须鸡叫前返回天上

实 例

（实例待考）

W0840. 4. 2

妖魔涉水魔力消失

【汤普森】G638

实 例

（实例待考）

W0840. 4. 3

捉住妖魔的灵魂就会失去力量

实 例

维吾尔族 只有先捉住妖魔的灵魂，才会失去力量。

【流传】新疆维吾尔自治区

【出处】

（a）《艾里·库尔班》，见满都呼主编《中国阿尔泰语系诸民族神话故事》，北京：民族出版社 1997 年版，第 43 页。

（b）《英雄艾里·库尔班》，见张越、姚宝瑄编《新疆民族神话故事选》，乌鲁木齐：新疆人民出版社 1989 年版。

W0840. 5

妖魔的劣迹

【汤普森】G346

实 例

（参见下级母题实例）

W0839. 5. 1

吃人的妖魔

【汤普森】G10

【关联】

① ［W0838. 2. 3. 1］女妖吃人（吃人女妖）

② ［W0838. 4. 1. 1］吃人的妖魔青面獠牙

实 例

撒拉族、土家族 （实例待考）

W0839. 5. 1. 1

吃小孩的妖魔

实 例

京族 吃小孩的妖魔专门吃食小孩。

【流传】广西壮族自治区·防城（防城港市）·（东兴市·江平镇）·潢尾岛

【出处】苏锡权讲，苏世强搜集，符达升整理：《蟾蜍将军》，见中华民族故事大系编委会编《中华民族故事大系》第15卷（德昂族、保安族、裕固族、京族、塔塔尔族、独龙族、鄂伦春族），上海：上海文艺出版社1995年版，第350页。

彝族 风神米恒哲抬头一看，只见那些妖怪有的啃着人头，有的吃着人腿，还有一个大老妖，倒提着一个小孩咧嘴大笑，小孩还在哀哭着。

【流传】云南省·（大理白族自治州）·鹤庆县

【出处】《米恒哲降妖》，王四代根据王子尧翻译，康健、王冶新等整理《彝族古歌》（贵州人民出版社1989年版）改写，见姚宝瑄主编《中国各民族神话》（羌族、彝族），太原：山西出版传媒集团·书海出版社2014年版，第364页。

W0839.5.1.1.1

吃死孩的妖魔

实　例

（参见下级母题实例）

W0839.5.1.1.1.1

妖魔玛虎贝色专吃死孩子

实　例

满族 玛虎贝色（妖名）专门吃死孩子。

【流传】黑龙江省·（牡丹江市）·宁古塔（宁安县）；吉林省·长白山地区（长白山一带）

【出处】

（a）傅英仁讲述，张爱云记录整理：《天宫神魔大战》，见傅英仁讲述，张爱云记录整理《满族萨满神话》，哈尔滨：黑龙江人民出版社2006年版。

（b）同（a），见陶阳、钟秀编《中国神话》（上），北京：商务印书馆2008年版，第155～180页。

W0839.5.1.2

吃人的恶魔甲家、甲你

实　例

苗族 甲家、甲你是恶魔，甲家把九岭的妇女吃得只剩一岭。甲你把九岭的男子吃得只剩一岭。

【流传】贵州省东北地区

【出处】过竹：《苗族神话研究》，南宁：广西人民出版社1988年版，第225页。

W0839.5.1.3

专吃男孩的妖魔

实　例

羌族 从前，有一个山寨，寨子里有一个“犊疫”（妖魔）王。他手下有一大批“犊疫”，他们今天吃这个，明天吃那个，把寨子里的男娃娃都要吃完了。

【流传】四川省·（阿坝藏族羌族自治州）·松潘县·镇平乡·双泉下村

【出处】王河民讲，吴文光、王康、龚剑雄采录：《人神和“犊疫”王》，原载西南民族学院编印《羌族民间文学资料》，见姚宝瑄主编《中国各民族神话》（羌族、彝族），太原：山西出版传媒集团·书海出版社 2014 年版，第 37 页。

W0839. 5. 1. 4

妖怪用舌头吸食人

实 例

彝族 森林边的一块大石板下住着塔布阿玛怪，它常把长舌头伸在石板上面，吸食来往的人。

【流传】（无考）

【出处】吉木吉哈讲，沈伍己口译，萧崇素记录：《支格阿龙寻找天界》，见姚宝瑄主编《中国各民族神话》（羌族、彝族），太原：山西出版传媒集团·书海出版社 2014 年版，第 283 页。

W0839. 5. 2

吃人的动物妖魔

【汤普森】G350

实 例

蒙古族 （实例待考）

W0840. 5. 3

魔鬼骗人

实 例

（参见下级母题实例）

W0840. 5. 3. 1

魔鬼骗人祖吃禁果

实 例

回族 （参见“W0839. 4. 3. 1 魔鬼偷偷进入天堂”母题实例）

W0840. 5. 4

妖魔的生产

实 例

（参见下级母题实例）

W0840. 5. 4. 1

魔鬼生出会产生坏事的蛋

实 例

回族 （实例待考）

W0840. 5. 4. 2

鬼的种植物

实 例

（参见下级母题实例）

W0840.5.4.2.1 鬼种出有毒的树

实例

怒族 昔阿铁与妻伊娃住丽江，门前有一大树，黑果累累。人云树为鬼所栽，果不能食。阿铁夫妇不信，竟食之，其妻遂死。

【流传】（无考）

【出处】袁珂改编：《阿铁》（原名《祖先阿铁》），原载毛星主编《中国少数民族文学》（下册），见袁珂《中国神话大词典》，北京：华夏出版社2015年版，第579页。

W0840.5.5 妖魔掠人

【汤普森】G440

【关联】［W0838a.4.1］妖魔强奸妇女，掠夺牛羊

实例

京族 （实例待考）

W0840.5.6 妖怪糟蹋妇女

【关联】［W0854.4.2.1］精怪糟蹋妇女

实例

东乡族 大蟒精一旦看见年轻貌美的女子，就会抓去糟蹋。

【流传】（无考）

【出处】马自祥搜集整理：《璐妇人斩蟒》，见满都呼主编《中国阿尔泰语系诸民族神话故事》，北京：民族出版社1997年版，第188页。

鄂伦春族 满盖会直立行走、会讲话、善乔装、糟蹋妇女。

【流传】（无考）

【出处】《寻找猎场》，见田青《“满盖”的意象与鄂伦春民间故事的文化氛围》，载《民族文学研究》2005年第2期。

W0840.5.7 妖魔善于伪装

实例

鄂伦春族 满盖（妖魔）会直立行走、会讲话、善乔装。

【流传】（无考）

【出处】《寻找猎场》，见田青《“满盖”的意象与鄂伦春民间故事的文化氛围》，载《民族文学研究》2005年第2期。

W0840.5.8 妖魔杀人的方法（魔鬼杀人的方法）

【汤普森】G303.20

实例

（实例待考）

W0840.5.9 妖魔的其他劣迹

实例

（参见下级母题实例）

W0840. 5. 9. 1

妖魔制造灾难

【关联】［W8278］妖魔制造洪水

实 例

鄂伦春族 满盖攻击鄂伦春人，水淹“仙人柱”（鄂伦春人的住处）。

【流传】（无考）

【出处】《七兄弟和卡让花》，见田青《“满盖”的意象与鄂伦春民间故事的文化氛围》，载《民族文学研究》2005年第2期。

W0840. 5. 9. 2

妖怪吓唬小孩

实 例

傣族 米戈登是专门吓唬小孩的妖怪。

【流传】云南省·德宏州（德宏傣族景颇族自治州）·盈江县·盏西镇

【出处】屈永仙讲：《米戈登》（《妖怪婆婆》），王宪昭搜集，2010. 01

W0840. 6

与妖魔的本领或行为有关的其他母题

实 例

（参见下级母题实例）

W0840. 6. 1

上帝给予魔鬼特定的本领

实 例

哈萨克族 魔鬼向上帝提出“能随意变化，能在纤纤小路，甚至在皮与肉之间行走”的请求，左磨右泡之后，上帝答应了。

【流传】（无考）

【出处】波勒泰·比达克买提等搜集，安蕾、毕桪译：《上帝用泥土造人》，见满都呼主编《中国阿尔泰语系诸民族神话故事》，北京：民族出版社1997年版，第67页。

W0840. 6. 2

妖魔能再生（妖魔死而复活）

实 例

鄂伦春族 喜勒特很（人名）拉弓射中了满盖（妖魔），可是这个怪物又活转过来。

【流传】（中国东北部地区）

【出处】

（a）张凤铸、蔡伯文记录整理：《喜勒特很报仇记》，见张凤铸、蔡伯文编《鄂伦春民间文学选》，呼和浩特：内蒙古人民出版社1980年版。

（b）同（a），见姚宝瑄主编《中国各民族神话》（达斡尔族、鄂伦春族、鄂温克族、蒙古族），太原：山西出版传媒集团·书海出版社2014年版，第93～94页。

W0840.6.2.1

魔王的头砍后能再生

实 例

蒙古族 长着七十五颗脑袋的奔儿奔·煞拉恶魔被神箭手射掉中间的头，他一把抓起被箭射落的脑袋，按在自己的脖子上。用大拇指在头的四周摁了摁，头又重新长上了；再用食指一摸，头完全长好了。

【流传】内蒙古自治区

【出处】

(a) 布拉托夫整理：《阿勒坦·沙盖父子战多头恶魔》，见郝苏民、薛守邦译编：《布里亚特蒙古民间故事集》，北京：中国民间文艺出版社1984年版。

(b) 同（a），见姚宝瑄主编《中国各民族神话》（达斡尔族、鄂伦春族、鄂温克族、蒙古族），太原：山西出版传媒集团·书海出版社2014年版，第192页。

塔吉克族 长着40个头的妖魔常把四十个头依次拔掉再长上。

【流传】（新疆维吾尔自治区）

【出处】艾布力·艾山汗、西仁·库尔班搜集，夏羿、朱华翻译整理：《玉枝金花》，见姚宝瑄主编《中国各民族神话》（乌孜别克族、哈萨克族、柯尔克孜族、俄罗斯族、维吾尔族、塔吉克族、塔塔尔族、锡伯族），太原：山西出版传媒集团·书海出版社2014年版，第296页。

W0840.6.3

魔鬼的分身术

实 例

（参见下级母题实例）

W0840.6.3.1

魔鬼手一摇变出成百上千个魔鬼

实 例

哈尼族（豪尼） 寿碑熬厄（哈尼语，魔鬼）手一摇，变出成百上千个寿碑熬厄。

【流传】云南省·（普洱市）·墨江县（墨江哈尼族自治县）

【出处】

(a) 王定均等讲，明江、蓝珊搜集整理：《豪尼人的祖先》，载《山茶》1986年第3期。

(b) 同（a），见姚宝瑄主编《中国各民族神话》（哈尼族、傣族），太原：山西出版传媒集团·书海出版社2014年版，第22页。

W0840.6.4

妖魔会说人话

实 例

鄂伦春族 满盖会直立行走、会讲话。

【流传】（无考）

【出处】《寻找猎场》，见田青《“满盖”的意象与鄂伦春民间故事的文化氛围》，载《民族文学研究》2005 年第 2 期。

W0840. 6. 4. 1

花言巧语的妖魔

实 例

京族 花言巧语的妖魔。

【流传】 广西壮族自治区·防城（防城港市）·（东兴市·江平镇）·山心岛

【出处】 刘振金讲，苏维光等搜集，龙旦城整理：《后悔的海娇》，见中华民族故事大系编委会编《中华民族故事大系》第 15 卷（德昂族、保安族、裕固族、京族、塔塔尔族、独龙族、鄂伦春族），上海：上海文艺出版社 1995 年版，第 353 页。

W0840. 6. 5

妖怪找魔王求救兵

实 例

侗族 妖怪走投无路时，只好跪在魔王面前求救。

【流传】 （ab）广西壮族自治区·龙胜平等、龙平一带

【出处】

（a）奈勾讲，华谋搜集整理：《救月亮》，见谷德明编《中国少数民族神话》，北京：中国民间文艺出版社 1987 年版，第 631 页。

（b）同（a），见《侗族民间故事选》，上海：上海文艺出版社 1982 年版，第 11 页。

（c）《救月亮》，见《侗族文学史》编写组编《侗族文学史》，贵阳：贵州民族出版社 1988 年版，第 59 页。

W0840. 6. 6

妖魔能抵抗特定的招数

实 例

（参见下级母题实例）

W0840. 6. 6. 1

妖魔能完成数次见招拆招

实 例

满族 阿布卡赫赫（女天神）一见到耶鲁里（恶魔）就头发胀，让侍女把他赶走。大侍女喜鹊用叫声赶走他，耶鲁里用几座山塞住了耳朵；二侍女用刺猬针上太阳光刺他九头双眼，耶鲁里用白雾作眼帘。

【流传】 黑龙江省·（黑河市）·孙吴县

【出处】 关锁之的父亲讲，富希陆搜集：《女战神奥朵西玛玛》（1939），见吕大吉、何耀华总主编《中国各民族原始宗教资料集成》（鄂伦春族卷、鄂温克族卷、赫哲族卷、达斡尔族卷、锡伯族卷、满族卷、蒙古族卷、藏族卷），北京：中国社会科学出版社 1999 年版，第 484 页。

W0840.6.6.2
妖魔刀枪不入

实 例

东乡族 赤孜（男子名）使劲向水怪连射九箭，可是都被水怪的铁手铜指甲挡了回来。

【流传】（无考）

【出处】

（a）自祥搜集整理：《赤孜拉妩的传说》，见郝苏民、马自祥编《东乡族民间故事集》，北京：中国民间文艺出版社1981年版

（b）自祥搜集整理：《赤孜拉妩》，见姚宝瑄主编《中国各民族神话》（土族、东乡族、回族、保安族、裕固族、撒拉族），太原：山西出版传媒集团·书海出版社2014年版，第20页。

W0840.6.7
妖魔没有特定的能力

实 例

（参见下级母题实例）

W0840.6.7.1
妖魔不会爬树（魔鬼不会爬树）

实 例

珞巴族 在很久以前森林里有对夫妇，丈夫名叫弗夫阿，妻子名叫弗穆阿。弗夫阿把妻子送到树上，剥掉树皮，使乌佑（鬼、精灵等）无法爬上去抓弗穆阿。然后，弗夫阿就回去找木梳。

【流传】西藏自治区·下珞渝（又写作“下珞瑜”，泛指永木河、锡约尔河、巴恰西仁河流域）

【出处】维·埃尔温搜集：《弗夫阿》，见中华民族故事大系编委会编《中华民族故事大系》第16卷（赫哲族、门巴族、珞巴族、基诺族），上海：上海文艺出版社1995年版，第511～512页。

W0840.6.8
妖怪有特定的行动规则

实 例

彝族 塔布阿玛怪被英雄支格阿龙制服后告诉支格阿龙：“我们妖怪一共有三个：其中塔布阿布是男怪，他张口吃人每三个月在一个方向。龙月、蛇月、马月在东南方（鲁地火），羊月、猴月、鸡月在西南方（由西果），狗月、猪月、鼠月在西北方（克地火），牛月、虎月、兔月在东北方（纽黑果）。”

【流传】（无考）

【出处】吉木吉哈讲，沈伍己口译，萧崇素记录：《支格阿龙寻找天界》，见姚宝瑄主编《中国各民族神话》（羌族、彝族），太原：山西出版传媒集团·书海出版社2014年版，第284页。

W0840.6.9

群妖乱舞

实 例

（参见下级母题实例）

W0840.6.9.1

地府中群妖乱舞

实 例

柯尔克孜族 地府中几十个与独角妖一样高大的浑身长毛的魔鬼身后还跟着黑压压的一群大卫兵，有的一只脚，有的半个脸，有的两个脑袋，有的三只眼睛，这些奇形怪状的妖魔哇哇乱叫，挥舞着各式各样的武器一齐杀向达尼格尔（英雄名）。

【流传】（新疆维吾尔自治区）

【出处】 玛沙托克托逊讲，《玛纳斯》工作组搜集，张运隆整理，朱玛拉依翻译：《达尼格尔神游地府》，见姚宝瑄主编《中国各民族神话》（乌孜别克族、哈萨克族、柯尔克孜族、俄罗斯族、维吾尔族、塔吉克族、塔塔尔族、锡伯族），太原：山西出版传媒集团·书海出版社 2014 年版，第 199 页。

W0840.6.10

魔鬼善跑

实 例

（参见下级母题实例）

W0840.6.10.1

魔鬼一步一百里

实 例

藏族 魔鬼一步一百里。

【流传】（无考）

【出处】 次仁德吉讲，耿予方记录翻译：《神马平妖》，载《民间文学》1984 年第 1 期。

（b）同（a），见姚宝瑄主编《中国各民族神话》（门巴族、珞巴族、怒族、藏族），太原：山西出版传媒集团·书海出版社 2014 年版，第 130 页。

✻ W0841

多种妖魔

【关联】［W0849］妖魔的数量

实 例

汉族 （实例待考）

满族 （实例待考）

W0842

恶魔

【汤普森】 G302

实 例

（参见下级母题实例）

W0842.1

恶魔的产生

【汤普森】 ≈G302.1

实 例

（参见下级母题实例）

W0842.1.1

神变成恶魔

实 例

（参见下级母题实例）

W0842.1.1.1

女神变成恶魔

实 例

满族 敏慧无比的九头敖钦女神冲出天门，成为神威齐天的耶鲁里（恶魔）。

【流传】黑龙江省·（黑河市·孙吴县·沿江满族达斡尔族乡）·四季屯

【出处】白蒙元（萨满）讲，吴纪贤、富希陆记录：《都凯女神》（1939），见吕大吉、何耀华总主编《中国各民族原始宗教资料集成》（鄂伦春族卷、鄂温克族卷、赫哲族卷、达斡尔族卷、锡伯族卷、满族卷、蒙古族卷、藏族卷），北京：中国社会科学出版社1999年版，第484页。

W0842.1.1.1.1

女神有了男性生殖器后变成恶魔

实 例

满族 敖钦女神有了男性生殖器后，变成无往不胜的九头恶魔耶鲁里大神。

【流传】黑龙江省·（黑河市）·瑷珲（四季屯今划归孙吴县）·四季屯（四季镇）

【出处】白蒙古讲：《天宫大战》（四腓凌），转引自王宏刚《满洲萨满教创世神话中的人本主义曙光》，载《西北民族研究》2007年第4期。

W0842.1.2

人变成恶魔

实 例

（实例待考）

W0842.1.3

特定物变成恶魔

实 例

（参见下级母题实例）

W0842.1.3.1

头发变成恶魔

实 例

满族 耶鲁里（满语，恶魔）是讷玛玛（满语，意为地母）桦皮篓里放着的黑头发，借着风神西斯林吹上了天空，黑发将宇宙覆盖成黑暗。

【流传】（无考）

【出处】《天母与恶魔相斗》，原载富育光搜集摘录《天宫大战》，见吕大吉、何耀华总主编《中国各民族原始宗教资料集成》（鄂伦春族卷、鄂温克族卷、赫哲族卷、达斡尔族卷、锡伯族卷、满族卷、蒙古族卷、藏族卷），北京：中国社会科学出版社 1999 年版，第 482 页。

W0842. 1. 4

特定人物造恶魔

实 例

（参见下级母题实例）

W0842. 1. 4. 1

天神阿布卡恩都里的二弟子耶路里造恶魔

实 例

满族 天神阿布卡恩都里的二弟子叫耶路里私自跑下天来，在地上国造了一群恶魔兴风作怪，专门残害人类。

【流传】（无考）

【出处】傅英仁、余金讲述整理：《耶路里》，见姚宝瑄主编《中国各民族神话》（满族、赫哲族、朝鲜族），太原：山西出版传媒集团·书海出版社 2014 年版，第 86～88 页。

W0842. 2

恶魔的特征（恶魔的能力）

实 例

（参见下级母题实例）

W0842. 2. 0

恶魔的外貌

实 例

（参见下级母题实例）

W0842. 2. 0. 1

恶魔像个大皮囊

实 例

柯尔克孜族 恶魔身体像个大皮囊，两条腿好像木头墩子。

【流传】（新疆维吾尔自治区）

【出处】

（a）葛世钦翻译整理：《德坎巴依降恶魔》，见祁连休、刘世华《中国民间故事选》（第一集），北京：中国少年儿童出版社 1981 年版。

（b）同（a），见姚宝瑄主编《中国各民族神话》（乌孜别克族、哈萨克族、柯尔克孜族、俄罗斯族、维吾尔族、塔吉克族、塔塔尔族、锡伯族），太原：山西出版传媒集团·书海出版社 2014 年版，第 208 页。

W0842. 2. 1

恶魔仇视光明

实 例

哈萨克族 巨型恶魔——黑暗，对大地上光明、美好的生活十分憎恶。

【流传】（新疆维吾尔自治区）

【出处】

（a）尼哈迈提·蒙加尼整理，校仲彝记录整理：《迦萨甘创世》，见张越、姚宝瑄编《新疆民族神话故事选》，乌鲁木齐：新疆人民出版社 1989 年版。

（b）同（a），见姚宝瑄主编《中国各民族神话》（乌孜别克族、哈萨克族、柯尔克孜族、俄罗斯族、维吾尔族、塔吉克族、塔塔尔族、锡伯族），太原：山西出版传媒集团·书海出版社2014年版，第23页。

W0842.2.2
巨型恶魔

实 例

哈萨克族 巨型恶魔黑暗，对大地上光明、美好的生活十分憎恶。

【流传】（a）新疆维吾尔自治区

【出处】

（a）《造物主创世》，见满都呼主编《中国阿尔泰语系诸民族神话故事》，北京：民族出版社1997年版，第63页。

（b）尼合迈德·蒙加尼搜集，校仲彝翻译整理：《迦萨甘创世》，见谷德明编《中国少数民族神话》，北京：中国民间文艺出版社1987年版，第727页。

W0842.2.3
恶魔变形

实 例

（参见下级母题实例）

W0842.2.3.1
恶魔变成土画眉逃走

实 例

彝族 恶魔亨斗不过支戛阿鲁变做个土画眉飞了。

【流传】 贵州省·（毕节市）·威宁彝族回族苗族自治县·龙场区·长海乡·岩脚

【出处】 阿洛阿伟讲，王子国翻译，王继超采录：《支戛阿鲁》见中国民间文学集成全国编辑委员会编《中国民间故事集成》（贵州卷），北京：中国ISBN中心2003年，第75页。

W0842.2.3.2
恶魔化成一股风

实 例

撒拉族 恶魔乙比利斯已变化成一股风，藏进了蛇的嘴里进入天堂。

【流传】（无考）

【出处】 大漠、马英生搜集整理：《犯禁落尘》，见满都呼主编《中国阿尔泰语系诸民族神话故事》，北京：民族出版社1997年版，第97页。

W0842.2.4
恶魔专门与正义作对

实 例

彝族 阿龙突（阿龙突也叫作鲁突之阿尔，是撒尼民间传说中的英雄）给人间送来了智慧和光明；恶魔阿古刹却要给人间带来愚昧与死亡。

【流传】（云南省·昆明市）

【出处】 鲁岚、罗彦记录整理：《阿果斗恶魔》，原名《剑峰池》，原载昆明市民间文学集成办公室编《昆明民间故事》，内部资料，1987年，见姚宝瑄主编《中国各民族神话》（羌族、彝族），太原：山西出版传媒集团·书海出版社2014年版，第322～323页。

W0842. 2. 5

恶魔怯懦

实 例

（参见下级母题实例）

W0842. 2. 5. 1

恶魔怕见英雄

实 例

柯尔克孜族 德坎巴依（英雄名）横眉瞪眼地朝恶魔威逼了过去时，从来什么也不怕的恶魔被德坎巴依凶猛的样子吓得要死，开始求情了。

【流传】（新疆维吾尔自治区）

【出处】

（a）葛世钦翻译整理：《德坎巴依降恶魔》，见祁连休、刘世华《中国民间故事选》（第一集），北京：中国少年儿童出版社1981年版。

（b）同（a），见姚宝瑄主编《中国各民族神话》（乌孜别克族、哈萨克族、柯尔克孜族、俄罗斯族、维吾尔族、塔吉克族、塔塔尔族、锡伯族），太原：山西出版传媒集团·书海出版社2014年版，第208～209页。

W0842. 2. 6

恶魔有一技之长

实 例

（参见下级母题实例）

W0842. 2. 6. 1

恶魔有好眼力

实 例

（参见下级母题实例）

W0842. 2. 6. 1. 1

恶魔能在黑夜中找到白冰

实 例

满族 耶鲁里凭着恶魔的眼力，在暗夜中找到了白冰。

【流传】黑龙江省·黑河地区（黑河市）·孙吴县·（沿江满族达斡尔族乡）·四季屯（四季屯村）

【出处】吴纪贤、富希陆讲：《天宫大战——黑水女真人传世神话》（1939，选自富育光、郭淑云整理的手稿），见姚宝瑄主编《中国各民族神话》（满族、赫哲族、朝鲜族），太原：山西出版传媒集团·书海出版社2014年版，第27页。

W0842. 2. 6. 1. 2

恶魔耶鲁里有九双眼睛的视力

实 例

满族 聪明狡黠的恶魔耶鲁里有九个头的智慧、九双眼睛的视力，又有二女神的神力。

【流传】黑龙江省·黑河地区（黑河市）·孙吴县·（沿江满族达斡尔族乡）·四季屯（四季屯村）

【出处】吴纪贤、富希陆讲：《天宫大战——黑水女真人传世神话》（1939，选自富育光、郭淑云整理的手稿），见姚宝瑄主编《中国各民族神话》（满族、赫哲族、朝鲜族），太原：山西出版传媒集团·书海出版社 2014 年版，第 28 页。

W0842.2.7
恶魔能上天入地

实 例

满族 九头恶魔耶鲁里大神性淫暴烈，能化气升天、化光入日、凭角入地。

【流传】黑龙江省·黑河地区（黑河市）·孙吴县·（沿江满族达斡尔族乡）·四季屯（四季屯村）

【出处】吴纪贤、富希陆讲：《天宫大战——黑水女真人传世神话》（1939，选自富育光、郭淑云整理的手稿），见姚宝瑄主编《中国各民族神话》（满族、赫哲族、朝鲜族），太原：山西出版传媒集团·书海出版社 2014 年版，第 24 页。

W0842.2.8
恶魔禀性难移

实 例

满族 天生性慈的天神阿布卡赫赫捉住恶魔耶鲁里后又放了他。耶鲁里不仅继续伤害生灵，而且还打起阿布卡赫赫的主意。

【流传】（无考）

【出处】《奥朵西》，见姚宝瑄主编《中国各民族神话》（满族、赫哲族、朝鲜族）之《〈天宫大战〉的其他版本》，太原：山西出版传媒集团·书海出版社 2014 年版，第 38～39 页。

W0842.3
与恶魔有关的其他母题

【关联】

①［W0851.2.1］恶魔的致命弱点

②［W8672.14］世界末日时恶魔挣脱牢笼

实 例

（参见下级母题实例）

W0842.3.1
恶魔的类型

实 例

（参见下级母题实例）

W0842.3.1.1
吃人恶魔

实 例

苗族 （实例待考）

W0842.3.1.1.1
恶魔商朱喝人血、吃人肉

实 例

侗族 在昏天黑地里，恶魔商朱撑开肚皮喝人血、吃人肉。

【流传】广西壮族自治区·（柳州市）·三江侗族自治县·（丹洲镇）·板必（板必村）

【出处】黄大奶讲，鼓声、卜朗整理：《兄妹救太阳》，见姚宝瑄主编《中国各民族神话》（土家族、毛南族、侗族、瑶族），太原：山西出版传媒集团·书海出版社 2014 年版，第 123 页。

W0842. 3. 2

特定名称的恶魔

实 例

（参见下级母题实例）

W0842. 3. 2. 1

恶魔耶鲁里

实 例

满族 恶魔耶鲁里居住与藏身在下界。

【流传】（无考）

【出处】

（a）富育光：《萨满教与神话》，沈阳：辽宁大学出版社 1990 年版，第 26 页。

（b）《九天三界说》，见吕大吉、何耀华总主编《中国各民族原始宗教资料集成》（鄂伦春族卷、鄂温克族卷、赫哲族卷、达斡尔族卷、锡伯族卷、满族卷、蒙古族卷、藏族卷），北京：中国社会科学出版社 1999 年版，第 477 页。

W0842. 3. 2. 2

恶魔高佐洛雷

实 例

景颇族 与能贯娃（造物主、创世神）同时出生的还有一个凶恶的魔鬼高佐洛雷。

【流传】云南省

【出处】岳志明、杨国治翻译整理：《驾驭太阳的母亲》，见谷德明编《中国少数民族神话》，北京：中国民间文艺出版社 1987 年版，第 468 页。

W0842. 3. 2. 3

恶魔商朱

实 例

（参见下级母题实例）

W0842. 3. 2. 3. 1

恶魔商朱喝人血，吃人肉

实 例

侗族 在昏天黑地里，凶狠的恶魔商朱撑开肚皮喝人血，吃人肉。

【流传】广西壮族自治区·（柳州市）·三江县（三江侗族自治县）·（丹洲镇）·板必村

【出处】黄大奶讲，鼓声、卜朗整理：《救太阳》，原载广西民间文学研究会编《侗族文学资料》（第二集），见陶阳、钟秀编《中国神话》（上），北京：商务印书馆 2008 年版，第

262～264 页。

W0842.3.3
恶魔的生活

实 例

（参见下级母题实例）

W0842.3.3.1
恶魔的服饰

实 例

（实例待考）

W0842.3.3.2
恶魔的食物

实 例

（参见下级母题实例）

W0842.3.3.2.1
恶魔吃人

【关联】［W0839.5.1.2］吃人的恶魔甲家、甲你

实 例

柯尔克孜族 一个三角洲上的树荫下有四十个土灶，四十个灶上架着四十口锅，四十口锅都滚开着，里边正煮着人头。旁边有四十个恶魔，正朝着锅这边一个接一个地拖着松树枝。

【流传】（新疆维吾尔自治区）

【出处】

（a）葛世钦翻译整理：《德坎巴依降恶魔》，见祁连休、刘世华《中国民间故事选》（第一集），北京：中国少年儿童出版社1981年版。

（b）同（a），见姚宝瑄主编《中国各民族神话》（乌孜别克族、哈萨克族、柯尔克孜族、俄罗斯族、维吾尔族、塔吉克族、塔塔尔族、锡伯族），太原：山西出版传媒集团·书海出版社2014年版，第209页。

W0842.3.3.3
恶魔的居所

实 例

（参见下级母题实例）

W0842.3.3.3.1
恶魔居下界

实 例

满族 自然宇宙的下界亦分三层，恶魔耶鲁里居住与藏身在下界。

【流传】（无考）

【出处】

（a）富育光：《萨满教与神话》，沈阳：辽宁大学出版社1990年版，第26页。

（b）《九天三界说》，见吕大吉、何耀华总主编《中国各民族原始宗教资料集成》（鄂伦春族卷、鄂温克族卷、赫哲族卷、达斡尔族卷、锡伯族卷、满族卷、蒙古族卷、藏族卷），北京：中国社会科学出版社1999年版，第477页。

W0842. 3. 4

恶魔的死亡

实 例

（实例待考）

W0843

魔王

【汤普森】F402. 2. 1

【关联】［W0830］妖魔

实 例

（参见下级母题实例）

W0843. 1

魔王的产生

实 例

（参见下级母题实例）

W0843. 1. 1

神或神性人物变魔王

实 例

门巴族 （实例待考）

W0843. 1. 1. 1

天神下凡变魔王

实 例

（参见下级母题实例）

W0843. 1. 1. 1. 1

天神阿泰·乌兰被打下界变成凶恶的魔王

实 例

蒙古族 被格斯尔·博格多打落下界的天神阿泰·乌兰神到了地上世界后变成凶恶的魔王。

【流传】（无考）

【出处】陈岗龙译：《天神之战》，见满都呼主编《中国阿尔泰语系诸民族神话故事》，北京：民族出版社 1997 年版，第 150～156 页。

W0843. 1. 2

生育出魔王

实 例

（实例待考）

W0843. 1. 3

与魔王产生有关的其他母题

实 例

（参见下级母题实例）

W0843. 1. 3. 1

魔王产生时天地不宁

实 例

蒙古族 （实例待考）

W0843.1.3.2
不知哪里钻出来一个残暴丑恶的老魔王

实 例

鄂伦春族 不知从哪里钻出来一个又残暴又丑恶的老魔王，把深山中所有的野兽都霸占成自己的财产。

【流传】（中国东北部地区）

【出处】

（a）巴图宝音记录整理：《伦吉善和阿依吉伦》，见谷德明编《中国少数民族神话选》，西北民族学院研究所1983年编印，内部发行。

（b）同（a），见姚宝瑄主编《中国各民族神话》（达斡尔族、鄂伦春族、鄂温克族、蒙古族），太原：山西出版传媒集团·书海出版社2014年版，第33～38页。

W0843.2
魔王的特征

实 例

（参见下级母题实例）

W0843.2.1
魔王青面獠牙

【关联】［W0838.4.1］妖魔青面獠牙（魔鬼青面獠牙）

实 例

蒙古族 （实例待考）

W0843.2.2
魔王凶恶

实 例

（参见下级母题实例）

W0843.2.2.1
凶恶的魔王

实 例

珞巴族 凶恶的魔王想杀害寻找太阳的人，就暗地跟踪他，图谋在他寻找太阳的路上把他吃掉。

【流传】西藏自治区·林芝市·墨脱县·达木珞巴民族乡、加拉萨乡、甘登乡（讲述地点：墨脱县·达木珞巴民族乡·格林村）

【出处】牛布讲：《寻找太阳的人》（1956.08），见冀文正《珞巴族民间故事》，成都：四川民族出版社2011年版，第42页。

W0843.2.2.2
吃人饮血的魔王

实 例

景颇族 不知从什么地方来了一个吃人饮血的魔王，它吃了一个小孩就长睡，一觉醒来，又要吃小孩。

【流传】（云南省）

【出处】

（a）桑仁搜集整理：《目脑的传说》，见鸥鹃渤编《景颇族民间故事》，昆明：云南人民出版社1983年版。

（b）桑仁搜集整理：《从太阳国学来的穆脑》，见姚宝瑄主编《中国各民族神话》（白族、拉祜族、景颇族），太原：山西出版传媒集团·书海出版社2014年版，第235页。

W0843. 2. 3
魔王的多个头

实　例

（参见下级母题实例）

W0843. 2. 3. 1
9头魔王

实　例

蒙古族 嘎拉珠魔王的头砍掉了，因他偷喝了九十九回天河水，故它虽然头被砍掉了，却又长出了九个脑袋，这样就成了九头魔王。

【流传】 吉林省·（松原市）·前郭尔罗斯蒙古族自治县·乌兰敖都（乌兰敖都乡）

【出处】 白音特古斯讲，苏赫巴鲁整理：《日食和月食的由来》，见姚宝瑄主编《中国各民族神话》（达斡尔族、鄂伦春族、鄂温克族、蒙古族），太原：山西出版传媒集团·书海出版社2014年版，第151页。

W0843. 2. 3. 1. 1
九头魔王的九个脑袋干着不同的坏事

实　例

蒙古族 九头魔王疯狂地在天上干坏事，他一个脑袋向大地喷火，一个脑袋向人间放毒，一个脑袋啃嚼东西，一个脑袋吸食动物的血，一个脑袋诅咒，一个脑袋专门吃人，一个脑袋捣乱，一个脑袋行骗，一个脑袋暗算。

【流传】 吉林省·（松原市）·前郭尔罗斯蒙古族自治县·乌兰敖都（乌兰敖都乡）

【出处】 白音特古斯讲，苏赫巴鲁整理：《日食和月食的由来》，见姚宝瑄主编《中国各民族神话》（达斡尔族、鄂伦春族、鄂温克族、蒙古族），太原：山西出版传媒集团·书海出版社2014年版，第151页。

W0843. 2. 3. 1. 2
九头魔王嘎拉珠

实　例

蒙古族 因嘎拉珠魔王偷喝了九十九回天河水获得长生不老的本领，虽然头被砍掉了，却又长出了九个脑袋。这样就成了九头魔王。

【流传】 内蒙古自治区·（松原市）·前郭尔罗斯（前郭尔罗斯蒙古族自治县）·乌兰敖都（乌兰敖都乡）

【出处】 白音特古斯讲，苏赫巴鲁搜集整理：《日蚀和月蚀的由来》，原载陶立潘、李耀宗编《中国少数民族神话传说选》，见陶阳、钟秀编《中国神话》（上），北京：商务印书馆2008年版，第254～255页。

W0843.2.3.2

10 头魔王

实 例

（参见下级母题实例）

W0843.2.3.2.1

十头魔王的母亲古皮提拉

实 例

傣族 勐兰嘎国的国王求子，生下了十头魔王的母亲古皮提拉。

【流传】（无考）

【出处】 刀兴平等翻译、整理：《兰嘎西贺》，云南人民1981。

W0843.2.4

魔王有3个灵魂

实 例

蒙古族 （实例待考）

W0843.2.5

魔王有特定动物的体征

实 例

（参见下级母题实例）

W0843.2.5.1

魔王是九头龙

实 例

珞巴族 （实例待考）

W0843.2.5.2

魔王长着尖角

实 例

鄂伦春族 阿依吉伦（女子名）从昏迷中醒来，只见一个长尖角的魔王张着血盆似的大嘴，露着锋利的獠牙，对着她笑。

【流传】（中国东北部地区）

【出处】

（a）巴图宝音记录整理：《伦吉善和阿依吉伦》，见谷德明编《中国少数民族神话选》，西北民族学院研究所1983年编印，内部发行。

（b）同（a），见姚宝瑄主编《中国各民族神话》（达斡尔族、鄂伦春族、鄂温克族、蒙古族），太原：山西出版传媒集团·书海出版社2014年版，第33～38页。

W0843.2.6

魔王嗜血

实 例

（参见下级母题实例）

W0843.2.6.1

吸血魔王

【关联】 ［W0853.7.2.1］专吃人血的妖精

实 例

维吾尔族 从前，有一个吸血魔王。

【流传】（无考）

【出处】沙比托夫、乌受尔·穆罕默德讲，刘肖芜整理：《英雄艾里·库尔班》，见中华民族故事大系编委会编《中华民族故事大系》第2卷（藏族、维吾尔族、苗族），上海：上海文艺出版社1995年版，第557页。

W0843. 2. 7

魔王害红眼病

实 例

（参见下级母题实例）

W0843. 2. 7. 1

魔王见不得人间过好日子

实 例

保安族 南山有个魔王，心里非常嫉妒村子里的三家人同甘共苦，互帮互助。

【流传】（无考）

【出处】

(a) 乔维森、野枫记录整理：《三邻舍》，见《少数民族文学作品选》编辑委员会编《中国少数民族文学作品选》（第二分册），上海：上海文艺出版社1981年版。

(b) 同(a)，见姚宝瑄主编《中国各民族神话》（土族、东乡族、回族、保安族、裕固族、撒拉族），太原：山西出版传媒集团·书海出版社2014年版，第72页。

保安族 南山有魔王，嫉黄河岸边大河家住的三户人家和谐，常思害之。

【流传】（无考）

【出处】袁珂改编：《三兄弟》（原名《人与魔王》），原载，见袁珂《中国神话大词典》，北京：华夏出版社2015年版，第583页。

W0843. 3

魔王的能力（魔王的本领，魔王的行为）

实 例

（参见下级母题实例）

W0843. 3. 1

魔王喷云吐雾

实 例

土家族 半人半虎的虎儿娃揭了皇榜，独自去魔王的洞里讨要被掠的三公主时，魔王吐出雾气，连大树也被连根拔起。

【流传】湖南省土家族居住地区

【出处】彭迪搜集整理：《虎儿娃》，见姚宝瑄主编《中国各民族神话》（土家族、毛南族、侗族、瑶族），太原：山西出版传媒集团·书海出版社2014年版，第6页。

W0843. 3. 2

魔王掀起狂风

实 例

蒙古族 （实例待考）

W0843.3.3

魔王力气巨大

实 例

（参见下级母题实例）

W0843.3.3.1

魔王能背起一座山

实 例

纳西族 魔王王毒苴巴漏负着一座黑山前来向东巴教教主丁巴什罗挑战。

【流传】（a）云南省·（丽江市）·丽江县（原丽江纳西族自治县，今归属为丽江市古城区和玉龙纳西族自治县）

【出处】

（a）赵银棠讲，杨润光采录：《丁巴什罗》，见中国民间文学集成全国编辑委员会编《中国民间故事集成》（云南卷），北京：中国 ISBN 中心 2003 年版，第 370 页。

（b）赵银棠讲，杨士光整理：《丁巴什罗》，载《山茶》1982 年第 3 期。

（c）同（b），见谷德明编《中国少数民族神话》，北京：中国民间文艺出版社 1987 年版，第 431 页。

W0843.3.4

魔王变形

实 例

（参见下级母题实例）

W0843.3.4.1

恶魔多变

实 例

（实例待考）

W0843.3.4.2

魔王有个不会变化的标记

实 例

（参见下级母题实例）

W0843.3.4.2.1

魔王变形时头上有撮白毛不会变

实 例

维吾尔族 魔王千变万化，有时变人，有时变鬼，有时变成美丽的姑娘，只要看到头上有撮白毛，那就知道是它变的。

【流传】 新疆维吾尔自治区

【出处】

（a）《艾里·库尔班》，见满都呼主编《中国阿尔泰语系诸民族神话故事》，北京：民族出版社 1997 年版，第 43 页。

（b）《英雄艾里·库尔班》，见张越、姚宝瑄编《新疆民族神话故事选》，乌鲁木齐：新疆人民出版社 1989 年版。

W0843.3.5

魔王的头砍后能再生

实 例

（参见下级母题实例）

W0843. 3. 5. 1

魔王的头砍掉后会马上生出一个更大的头

实 例

柯尔克孜族 魔王的头砍掉后，就会马上又长出一个更大的头来。

【流传】（新疆维吾尔自治区）

【出处】卡坦司马依勒讲，《玛纳斯》工作组搜集，张运隆整理翻译：《英雄交奥达尔的故事》，见姚宝瑄主编《中国各民族神话》（乌孜别克族、哈萨克族、柯尔克孜族、俄罗斯族、维吾尔族、塔吉克族、塔塔尔族、锡伯族），太原：山西出版传媒集团·书海出版社 2014 年版，第 471 页。

W0843. 3. 6

魔王掠美女

实 例

傣族 魔王常出外掠金银财货及奴隶美女等。已虏六妻，又掠来第七妇。

【流传】（云南省）

【出处】袁珂改编：《泼水节》，原载《中国民间故事选》，见袁珂《中国神话大词典》，北京：华夏出版社 2015 年版，第 504 页。

W0843. 3. 7

魔王不怕水火

实 例

傣族 昔有魔王，水淹不死，火烧不亡，号箭刀矛悉不能伤，以此作恶多端，猖狂异常。

【流传】（云南省）

【出处】袁珂改编：《泼水节》，原载《中国民间故事选》，见袁珂《中国神话大词典》，北京：华夏出版社 2015 年版，第 504 页。

W0843. 3. 8

魔王破坏世界（乱世魔王）

实 例

畲族 魔鬼管世界，不会做好，只会败坏。

【流传】福建省·（宁德市）·周宁（周宁县）

【出处】蓝徐企讲，陈风禧、祝文秋采录：《火与水》，原载《中国民间故事集成·福建卷·闽东畲族故事》，宁德地区民间文学集成编委会 1990 年编印，见《福建省少数民族古籍丛书》编委会编《畲族卷·民间故事》，福州：海峡出版发行集团·海峡书局 2013 年版，第 23 页。

W0843. 3. 8. 1

降灾降难的魔王尼瓦帝

实 例

傈僳族 降灾降难的魔王尼瓦帝。

【流传】（无考）

【出处】刘辉豪等：《天、地、人的由来》，见祝发清、左玉堂、尚仲豪编

《傈僳族民间故事选》，上海：上海文艺出版社 1985 年版，第 1 ~3 页。

W0843.3.9

魔王刀枪不入

实 例

柯尔克孜族 魔王力大无穷，诡计多端，而且浑身上下刀剑不入。

【流传】（新疆维吾尔自治区）

【出处】 卡坦司马依勒讲，《玛纳斯》工作组搜集，张运隆整理翻译：《英雄交奥达尔的故事》，见姚宝瑄主编《中国各民族神话》（乌孜别克族、哈萨克族、柯尔克孜族、俄罗斯族、维吾尔族、塔吉克族、塔塔尔族、锡伯族），太原：山西出版传媒集团·书海出版社 2014 年版，第 173 页。

W0843.4

与魔王有关的其他母题

【关联】

① ［W0466.3.3］ 火神是魔王

② ［W0839.3.2］ 魔王住在天边

实 例

（参见下级母题实例）

W0843.4.1

特定名称的魔王

实 例

（参见下级母题实例）

W0843.4.1.1

魔王毒苴巴漏

实 例

纳西族 一个叫毒苴巴漏的魔王负着一座黑山前来向丁巴什罗（东巴教教主）挑战。

【流传】（a）云南省·（丽江市）·丽江县（原丽江纳西族自治县，今归属为丽江市古城区和玉龙纳西族自治县）

【出处】

（a）赵银棠讲，杨润光采录：《丁巴什罗》，见中国民间文学集成全国编辑委员会编《中国民间故事集成》（云南卷），北京：中国 ISBN 中心 2003 年版，第 370 页。

（b）赵银棠讲，杨士光整理：《丁巴什罗》，载《山茶》1982 年第 3 期。

（c）同（b），见谷德明编《中国少数民族神话》，北京：中国民间文艺出版社 1987 年版，第 431 页。

W0843.4.1.2

魔王拉麦

实 例

门巴族 须弥山不远有一座高山，山上有个拉麦神，是神，也是魔王。

【流传】 西藏自治区·墨脱县

【出处】 益西平措讲，冀文正采录：《创世说》，见中国民间文学集成全国编辑委员会编《中国民间故事集成》

（西藏卷），北京：中国 ISBN 中心 2001 年版，第 4 页。

W0843. 4. 1. 3

魔王嘎拉珠

实 例

蒙古族 天上住着一个魔王，名叫嘎拉珠。

【流传】（a）吉林省·（松原市）·前郭县（前郭尔罗斯蒙古族自治县）·乌兰敖都乡

【出处】

（a）白音特古斯讲，苏赫巴鲁搜集整理：《日蚀和月蚀》，见中国民间文学集成全国编辑委员会编《中国民间故事集成》（吉林卷），北京：中国文联出版公司 1992 年版，第 9 页。

（b）《日食和月食的传说》，见满都呼主编《中国阿尔泰语系诸民族神话故事》，北京：民族出版社 1997 年版，第 166 页。

（c）《日食和月食的传说》，载《民间文学》1980 年第 11 期。

W0843. 4. 1. 4

女魔王（女魔头）

实 例

（参见下级母题实例）

W0843. 4. 1. 4. 1

女魔头司命麻左固松麻

实 例

纳西族 一个名叫司命麻左固松麻的女魔头戴一口八耳铜锅，手里拿着九丛棘刺和九根麻绳。

【流传】（a）云南省·（丽江市）·丽江县（原丽江纳西族自治县，今归属为丽江市古城区和玉龙纳西族自治县）

【出处】

（a）赵银棠讲，杨润光采录：《丁巴什罗》，见中国民间文学集成全国编辑委员会编《中国民间故事集成》（云南卷），北京：中国 ISBN 中心 2003 年版，第 370 页。

（b）赵银棠讲，杨士光整理：《丁巴什罗》，载《山茶》1982 年第 3 期。

（c）同（b），见谷德明编《中国少数民族神话》，北京：中国民间文艺出版社 1987 年版，第 431 页。

W0843. 4. 1. 4. 2

黑骨魔王

实 例

纳西族 （参见“W0913. 1. 4. 1. 5. 2 鬼王英古丁那”母题实例）

W0843. 4. 1. 4. 3

地狱中的女魔王

实 例

纳西族 丁巴什罗下凡来到尼窝（地狱）国，在那里见到女魔王星命没登空思玛。

【流传】（无考）

【出处】《什罗飒》，见吕大吉、何耀华总主编《中国各民族原始宗教资料集成》（纳西族卷、羌族卷、独龙族卷、傈僳族卷、怒族卷），北京：中国社会科学出版社 2000 年版，第 343 页。

W0843.4.1.5

魔王古考鳌

实 例

（参见下级母题实例）

W0843.4.1.5.1

精怪头领古考鳌一万八千多岁

实 例

汉族 一些狂妄自尊的精怪的领头是古考鳌，它年已一万八千多岁。它这一生一世中，不知道毁灭过几回世界，别说世俗凡人，就是东海龙王也怕他几分。

【流传】河南省·（开封市）·杞县

【出处】李广平（35 岁，男，农民）讲，王怀聚采录整理：《古帝颛顼》，见张振犁编著，孟宪明、朱淑君统纂《中原神话通鉴》（第三卷），郑州：河南大学出版社 2017 年版，第 955 页。

W0843.4.2

魔王的服饰与饮食

实 例

（参见下级母题实例）

W0843.4.2.1

魔王饭量巨大

实 例

柯尔克孜族 魔王的食量很大，一次要吃六十匹公马、六十桶面做成的馕。

【流传】（新疆维吾尔自治区）

【出处】卡坦司马依勒讲，《玛纳斯》工作组搜集，张运隆整理翻译：《英雄交奥达尔的故事》，见姚宝瑄主编《中国各民族神话》（乌孜别克族、哈萨克族、柯尔克孜族、俄罗斯族、维吾尔族、塔吉克族、塔塔尔族、锡伯族），太原：山西出版传媒集团·书海出版社 2014 年版，第 173 页。

W0843.4.3

魔王的居所

【关联】［W0839.3］妖魔的居所（魔鬼的居所，妖怪的居所）

实 例

（参见下级母题实例）

W0843.4.3.1

魔王的灵魂藏在特定的盒子里

实 例

维吾尔族 （实例待考）

W0843.4.3.2

魔王住天上

实 例

蒙古族 天地刚刚分开的时候，天上就住着一个魔王，名叫嘎拉珠。

【流传】吉林省·（松原市）·前郭尔罗斯蒙古族自治县·乌兰敖都（乌兰敖都乡）

【出处】白音特古斯讲，苏赫巴鲁整理：《日食和月食的由来》，见姚宝瑄主编《中国各民族神话》（达斡尔族、鄂伦春族、鄂温克族、蒙古族），太原：山西出版传媒集团·书海出版社 2014 年版，第 150 页。

蒙古族 天上住着一个魔王，名叫嘎拉珠。

【流传】（a）吉林省·（松原市）·前郭县（前郭尔罗斯蒙古族自治县）·乌兰敖都乡

【出处】

（a）白音特古斯讲，苏赫巴鲁搜集整理：《日蚀和月蚀》，见中国民间文学集成全国编辑委员会编《中国民间故事集成》（吉林卷），北京：中国文联出版公司 1992 年版，第 9 页。

（b）《日食和月食的传说》，见满都呼主编《中国阿尔泰语系诸民族神话故事》，北京：民族出版社 1997 年版，第 166 页。

（c）《日食和月食的传说》，载《民间文学》1980 年第 11 期。

W0843. 4. 3. 2. 1

魔王住北方的天角

实　例

畲族 很早以前，北方的天角边住着个魔王。

【流传】（无考）

【出处】唐宗龙记录：《夺火记》，见谷德明编《中国少数民族神话》，北京：中国民间文艺出版社 1987 年版，第 224 页。

畲族 很早以前，北方的天角边住着个魔王。

【流传】（无考）

【出处】

（a）唐宗龙记录：《夺火记》，见谷德明编《中国少数民族神话》，北京：中国民间文艺出版社 1987 年版，第 224 ~229 页。

（b）同（a），见姚宝瑄主编《中国各民族神话》（高山族、黎族、畲族），太原：山西出版传媒集团·书海出版社 2014 年版，第 127 页。

W0843. 4. 3. 2. 2

天上的魔王嘎拉珠

实　例

蒙古族 天上就住着一个魔王，名叫嘎拉珠。

【流传】内蒙古自治区·（松原市）·前郭尔罗斯（前郭尔罗斯蒙古族自治县）·乌兰敖都（乌兰敖都乡）

【出处】白音特古斯讲，苏赫巴鲁搜集整理：《日蚀和月蚀的由来》，原载陶立潘、李耀宗编《中国少数民族神话传说选》，见陶阳、钟秀编《中国神话》（上），北京：商务印书馆 2008 年版，第 254～255 页。

W0843.4.3.3
魔王居水中

实 例

（参见下级母题实例）

W0843.4.3.3.1
魔王住水底王宫

实 例

畲族 魔王住在水底的王宫里。

【流传】福建省·（宁德市）·周宁（周宁县）

【出处】蓝徐企讲，陈凤禧、祝文秋采录：《火与水》，原载《中国民间故事集成·福建卷·闽东畲族故事》，宁德地区民间文学集成编委会 1990 年编印，见《福建省少数民族古籍丛书》编委会编《畲族卷·民间故事》，福州：海峡出版发行集团·海峡书局 2013 年版，第 24 页。

W0843.4.3.3.2
居住东海底下的魔王

实 例

汉族 东海底下有个魔王，魔王领着许多小妖，把太阳一抢去了。

【流传】浙江省·杭州市·拱墅区

【出处】陶金海讲，周樟林记录，申屠奇整理：《寻太阳》，见姚宝瑄主编《中国各民族神话》（汉族），太原：山西出版传媒集团·书海出版社 2014 年版，第 163～170 页。

W0843.4.3a
魔王的工具（魔王的武器）

实 例

（参见下级母题实例）

W0843.4.3a.1
魔王手中托山

实 例

纳西族 毒鬼魔主狠巴辣利手端一座大黑山，前来阻堵什罗（即丁巴什罗，东巴教教主，战神）的道路。

【流传】（无考）

【出处】《什罗飒》，见吕大吉、何耀华总主编《中国各民族原始宗教资料集成》（纳西族卷、羌族卷、独龙族卷、傈僳族卷、怒族卷），北京：中国社会科学出版社 2000 年版，第 342～343 页。

W0843.4.4
魔王的命根（魔王的命门，魔王的致命弱点）

【关联】［W0088.4.2］神的命根（神的命门）

实 例

（参见下级母题实例）

W0843. 4. 4. 1

魔王胸前护心镜中的黄蜂是命根

实 例

普米族 魔王胸前的护心镜中有只黄蜂，即魔王的命根。

【流传】 云南省·（丽江市）·宁蒗（宁蒗彝族自治县）；四川省·（凉山彝族自治州）·木里县（木里藏族自治县）

【出处】 由和品初等演唱，殷海涛等记录整理：《支萨·甲布》，见熊胜祥主编《普米族歌谣集成》，北京：中国民间文艺出版社 1990 年版，第 369 页。

W0843. 4. 4. 2

魔王的命根是一棵特定的树

实 例

普米族 魔王的致命要害是，砍倒神树魔王就会得病。

【流传】 云南省·（丽江市）·宁蒗（宁蒗彝族自治县）；四川省·（凉山彝族自治州）·木里县（木里藏族自治县）

【出处】 由和品初等演唱，殷海涛等记录整理：《支萨·甲布》，见熊胜祥主编《普米族歌谣集成》，北京：中国民间文艺出版社 1990 年版，第 369 页。

W0843. 4. 4. 3

魔王的命根是装着他的灵魂的碗

实 例

藏族 在魔国国王鲁赞的仓库里，有一装满癞子血的人头碗，把这个碗打翻了，他的命根子海才能干。

【流传】（无考）

【出处】 王沂暖译：《格萨尔王传·降伏妖魔之部》，甘肃人民出版社 1980 年版，见吕大吉、何耀华总主编《中国各民族原始宗教资料集成》（鄂伦春族卷、鄂温克族卷、赫哲族卷、达斡尔族卷、锡伯族卷、满族卷、蒙古族卷、藏族卷），北京：中国社会科学出版社 1999 年版，第 811 页。

W0843. 4. 4. 4

魔王的命根是一块红宝石

实 例

哈萨克族 伊尼勒河的魔王有七颗红宝石，不是它的命根子，成天含在嘴里。

【流传】（新疆维吾尔自治区）

【出处】 扎哈依·沙比尔拜讲：《乌热勒的故事》，见姚宝瑄主编《中国各民族神话》（乌孜别克族、哈萨克族、柯尔克孜族、俄罗斯族、维吾尔族、塔吉克族、塔塔尔族、锡伯族），太原：山西出版传媒集团·书海出版社 2014 年版，第 132 页。

W0843.4.5

魔王的惧怕物

实 例

（参见下级母题实例）

W0843.4.5.1

魔王怕火

【关联】

① ［W0843.3.7］魔王不怕水火

② ［W0851.1.2］妖魔怕火（魔鬼怕火，鬼怕火，灵魂怕火，怪物怕火）

实 例

畲族 北方的天角边住着的一个魔王，一见火就打喷嚏和流眼泪。

【流传】（无考）

【出处】 唐宗龙记录：《夺火记》，见谷德明编《中国少数民族神话》，北京：中国民间文艺出版社1987年版，第224页。

畲族 北方天边住魔王，见火则喷嚏流泪，因之最恨火，乃聚世上之火锁于魔宫，令飞龙、飞虎守之。

【流传】（无考）

【出处】 袁珂改编：《雷豹夺火》（原名《夺火记》），原载谷德明编《中国少数民族神话选》，见袁珂《中国神话大词典》，北京：华夏出版社2015年版，第522页。

W0843.4.6

魔王的关系

实 例

（参见下级母题实例）

W0843.4.6.1

魔王的随从

实 例

（参见下级母题实例）

W0843.4.6.1.1

女魔头率领360个鬼卒

实 例

纳西族 一个名叫司命麻左固松麻的女魔头率领360个鬼卒。

【流传】（a）云南省·（丽江市）·丽江县（原丽江纳西族自治县，今归属为丽江市古城区和玉龙纳西族自治县）

【出处】

（a）赵银棠讲，杨润光采录：《丁巴什罗》，见中国民间文学集成全国编辑委员会编《中国民间故事集成》（云南卷），北京：中国ISBN中心2003年版，第370页。

（b）赵银棠讲，杨士光整理：《丁巴什罗》，载《山茶》1982年第3期。

（c）同（b），见谷德明编《中国少数民族神话》，北京：中国民间文艺出版社1987年版，第431页。

W0843. 4. 6. 1. 2

女魔王率领 360 个黑鬼

实 例

纳西族 有个名叫星命没登空思玛的女魔王，九条麻绳缠腰间，九把弯刀握在手，九个皮袋挂肩头，八支提耳铜锅戴头上，领着三百六十个黑鬼，杀吃人类做孽恶。

【流传】（无考）

【出处】《什罗飒》，见吕大吉、何耀华总主编《中国各民族原始宗教资料集成》（纳西族卷、羌族卷、独龙族卷、傈僳族卷、怒族卷），北京：中国社会科学出版社 2000 年版，第 341 ~ 342 页。

W0843. 4. 6. 2

魔王的帮凶

实 例

纳西族 （实例待考）

W0843. 4. 6. 2. 1

妖怪听命于魔王

实 例

侗族 （实例待考）

W0843. 4. 6. 2. 2

鹰、犬是魔王的帮凶

实 例

柯尔克孜族 魔王的手上经常架着一只凶猛的猎鹰，身旁跟着一只高大的猎犬。

【流传】（新疆维吾尔自治区）

【出处】卡坦司马依勒讲，《玛纳斯》工作组搜集，张运隆整理翻译：《英雄交奥达尔的故事》，见姚宝瑄主编《中国各民族神话》（乌孜别克族、哈萨克族、柯尔克孜族、俄罗斯族、维吾尔族、塔吉克族、塔塔尔族、锡伯族），太原：山西出版传媒集团·书海出版社 2014 年版，第 173 页。

W0843. 4. 7

魔王的死亡

实 例

（参见下级母题实例）

W0843. 4. 7. 1

特定的武器才能杀死魔王

实 例

（参见下级母题实例）

W0843. 4. 7. 1. 1

魔王只有身上的纯金的匕首才能杀死

实 例

柯尔克孜族 魔王浑身上下刀剑不入。只有他身上的一把纯金的匕首才能杀死他。

【流传】（新疆维吾尔自治区）

【出处】卡坦司马依勒讲，《玛纳斯》工作组搜集，张运隆整理翻译：《英雄交奥达尔的故事》，见姚宝瑄主编《中国各民族神话》（乌孜别克族、哈萨克族、柯尔克孜族、俄罗斯族、维吾尔族、塔吉克族、塔塔尔族、锡伯族），太原：山西出版传媒集团·书海出版社2014年版，第173页。

W0843.4.7.2

魔王被饿死

实　例

傈僳族 洪荒之世的第三个时代名为waë－hsë－mei－ja，魔王waë－hsë－mei治世。因人民不能供其食用，被饿死。

【流传】碧罗雪山（云南省·怒江傈僳族自治州·贡山独龙族怒族自治县与云南省·迪庆藏族自治州·德钦县交界一带）

【出处】《巫师的由来》，原载陶云逵《碧罗雪山之傈僳族》，见国立中央研究院《历史语言研究所集刊》第17本，商务印书馆民国三十七年（1948），第403～404页。

W0843.4.7.3

魔王死有余孽

实　例

（参见下级母题实例）

W0843.4.7.3.1

魔王死后的肢体仍然为害

实　例

满族 （实例待考）

W0843.4.7.3.1.1

魔王死后肠子能缠死树木

实　例

柯尔克孜族 交奥达尔（英雄名）杀死魔王后，把他的肠子绑在三棵粗大的山杨树上，结果山杨树被自动紧缩的肠子勒成两截。交奥达尔把他的苦胆汁倒进水里，水立即沸腾起来，一会儿就被烧干了。

【流传】（新疆维吾尔自治区）

【出处】卡坦司马依勒讲，《玛纳斯》工作组搜集，张运隆整理翻译：《英雄交奥达尔的故事》，见姚宝瑄主编《中国各民族神话》（乌孜别克族、哈萨克族、柯尔克孜族、俄罗斯族、维吾尔族、塔吉克族、塔塔尔族、锡伯族），太原：山西出版传媒集团·书海出版社2014年版，第176页。

W0844

动物类妖魔（动物类精怪）

实　例

（参见下级母题实例）

W0844.0

龙妖（妖龙，龙精）

实 例

（参见下级母题实例）

W0844.0.1

龙妖兴风作浪

【关联】［W0840.3.1］妖魔兴风作浪

实 例

东乡族 妖龙兴风作浪。

【流传】（无考）

【出处】马如基整理：《勒退夫智斩妖龙》，见中华民族故事大系编委会编《中华民族故事大系》第9卷（水族、东乡族、纳西族），上海：上海文艺出版社1995年版，第393页。

汉族 世上刚有人烟的时候，龙妖魔怪很多，到处兴风作浪、祸害百姓。

【流传】河南省·（南阳市）·桐柏县

【出处】释海良讲，柳丹采录整理：《禹》，见张振犁编著，孟宪明、朱淑君统纂《中原神话通鉴》（第四卷），郑州：河南大学出版社2017年版，第1147页。

W0844.0.2

妖龙嘴吐黑水

实 例

蒙古族 波浪里出现一条凶猛的妖龙，嘴里吐着黑水，翻花搅浪地径朝大船扑过来。

【流传】（无考）

【出处】

（a）赛野搜集整理：《乌恩射太阳》，见谷德明编《中国少数民族神话选》，西北民族学院研究所1983年编印，内部发行。

（b）赛野搜集整理：《乌恩战妖龙》，见姚宝瑄主编《中国各民族神话》（达斡尔族、鄂伦春族、鄂温克族、蒙古族），太原：山西出版传媒集团·书海出版社2014年版，第186页。

W0844.0.3

九头妖龙

实 例

藏族 一条九头妖龙张牙舞爪地蹿进庙来，十八只龙眼射出十八道绿幽幽的凶光，张开血盆大嘴伸向惧怕得发抖的公主。

【流传】（无考）

【出处】额旺降措讲：《石头山》，原载程圣民编《康西藏族民间故事选》，见陶阳、钟秀编《中国神话》（下），北京：商务印书馆2008年版，第1439～1449页。

W0844.0.4

天宫生龙精

实 例

彝族 龙精，生在天宫里，游荡于

地上

【流传】贵州省·（毕节市）·赫章县

【出处】罗正清翻译，黄建明摘录：《神系根源》，见吕大吉、何耀华总主编《中国各民族原始宗教资料集成》（彝族卷、白族卷、基诺族卷），北京：中国社会科学出版社1996年版，第279～280页。

W0844.0.5

龙精居深谷

实例

彝族 龙精能蓬蓬，盘在深谷里。

【流传】贵州省·（毕节市）·赫章县

【出处】罗正清翻译，黄建明摘录：《神系根源》，见吕大吉、何耀华总主编《中国各民族原始宗教资料集成》（彝族卷、白族卷、基诺族卷），北京：中国社会科学出版社1996年版，第279～280页。

W0844.1

狼妖（狼精）

【汤普森】G352.1

实例

（参见下级母题实例）

W0844.1.1

狼精占山为王

实例

满族 狼精领着一群恶狼占山为王。

【流传】黑龙江省·牡丹江市·（阳明区）·铁岭河（铁岭河镇）

【出处】郭鹤令讲，傅英仁采录：《他拉伊罕妈妈》，见中国民间文学集成全国编辑委员会编《中国民间故事集成》（黑龙江卷），北京：中国ISBN中心2005年版，第50～52页。

W0844.1.2

老狼精变身老太婆

实例

汉族 老狼精变成一个满头白发，衣衫破烂，拄着拐棍的老太婆，试图骗吃小孩。

【流传】河南省

【出处】魏敏搜集整理：《狗头帽》，原载《河南民俗传说故事》，见陶阳、钟秀编《中国神话》（下），北京：商务印书馆2008年版，第1493～1495页。

W0844.2

牛魔（牛妖、牛怪、牛精）

【汤普森】F401.3.2

实例

（参见下级母题实例）

W0844.2.1

牛魔王

【关联】［W0476.5.1.1］牛魔王是六畜神

实例

壮族 牛魔王是六畜之神。

【流传】（无考）

【出处】梁庭望：《越族神话与希腊神话神祇之比较》，载《中央民族学院学报》1989 年增刊。

W0844. 2. 1. 1
神农识破牛魔王

实 例

汉族 地里跑来一个头上长着犄角的怪物，在地里乱盘腾，见庄稼就咬，就吃。人们求救神农。神农跑来一看，原来是牛魔王偷偷下界跑到地上来了。

【流传】豫中一带（河南省中部地区）

【出处】张智杰讲：《神农降牛》，见张振犁编著，孟宪明、朱淑君统纂《中原神话通鉴》（第二卷），郑州：河南大学出版社 2017 年版，第 459 页。

W0844. 2. 2
黑牛精

实 例

（参见下级母题实例）

W0844. 2. 2. 1
嫦娥养的大黑牛成了黑牛精

实 例

汉族 嫦娥养的大黑牛在山中长生不死，千年以后有了神通，能变小变大，成了“黑牛精”。

【流传】河南省·许昌市

【出处】史友仁讲，张楚北采录整理：《伏牛山》（1982），见张振犁编著，孟宪明、朱淑君统纂《中原神话通鉴》（第三卷），郑州：河南大学出版社 2017 年版，第 888 页。

W0844. 3
鸟妖

【汤普森】G353

【关联】［W0850. 2. 4. 1. 1. 1］鸟妖射不死

实 例

（参见下级母题实例）

W0844. 3. 1
妖鹏

实 例

（参见下级母题实例）

W0844. 3. 1. 1
妖鹏生吃活人和野兽

实 例

满族 恶魔妖鹏占了人们的房子，生吃活人，生吃野兽，把一个好端端的地面祸害得鸟兽绝迹，百草不生。

【流传】（无考）

【出处】《多龙格格》，原载孟慧英著《满族民间文化论集》，长春：吉林人民出版社 1990 年版，见姚宝瑄主编《中国各民族神话》（满族、赫哲族、朝鲜族），太原：山西出版传媒集团·书海出版社2014年版，第99～100页。

W0844.3.1.2

妖鹏飞沙走石

实 例

满族 恶魔妖鹏两翅一扇飞沙走石，谁也近不了身。

【流传】（无考）

【出处】《多龙格格》，原载孟慧英著《满族民间文化论集》，长春：吉林人民出版社1990年版，见姚宝瑄主编《中国各民族神话》（满族、赫哲族、朝鲜族），太原：山西出版传媒集团·书海出版社2014年版，第99～100页。

W0844.3a

蚯蚓精

【关联】［W0723.2.7.2］盘古是蚯蚓精

实 例

汉族 最早产生的盘古，据说是个蚯蚓精。

【流传】吉林省·（通化市）·集安市

【出处】于连才讲：《先有老子后有天》，见中国民间文学集成全国编辑委员会编《中国民间故事集成》（吉林卷），北京：中国文联出版公司1992年版，第2页。

W0844.4

蛇妖（蛇精，蛇精灵）

【汤普森】G354

【关联】

①［W0530］蛇神

②［W0838.3.6］蛇形妖魔（怪物）

③［W1652.1.4］12个太阳中的软太阳是蛇妖

实 例

（参见下级母题实例）

W0844.4.1

蛇妖的产生

实 例

（参见下级母题实例）

W0844.4.1.1

竹生灵蛇

实 例

高山族（排湾） 竹子裂开出现灵蛇。

【流传】排湾Asudas社

【出处】许世珍：《台湾高山族的始祖创生传说》，载《民族学研究所集刊》1955年第2期。

W0844.4.2

蛇妖的特征

实 例

（参见下级母题实例）

W0844.4.2.1

蛇妖呼风唤雨

实 例

蒙古族 蛇妖就兴妖作怪，它呼风唤雨，推波助澜，使得浑浊喧嚣、放纵不羁的山洪裹挟着无数巨石泥沙滚滚而下。

【流传】云南省·（玉溪市）·通海县

【出处】

（a）赵寅生、杨进书搜集，赵生整理：《避石珠》，见李子贤编：《云南少数民族神话选》，昆明：云南人民出版社1990年版。

（b）同（a），见姚宝瑄主编《中国各民族神话》（达斡尔族、鄂伦春族、鄂温克族、蒙古族），太原：山西出版传媒集团·书海出版社2014年版，第209页。

W0844.4.3

与蛇妖有关的其他母题

实 例

（参见下级母题实例）

W0844.4.3.1

蛇妖作怪

实 例

汉族 尧把大儿子丹珠到黑河去做诸侯。黑河河水常常暴涨，加上蛇妖作怪，百姓的生命田产屡遭祸害。

【流传】河南省·（南阳市）·淅川县（丹江两岸）

【出处】习警文（商人，上过私塾）讲，习诏采录整理：《丹江的传说》，见张振犁编著，孟宪明、朱淑君统纂《中原神话通鉴》（第三卷），郑州：河南大学出版社2017年版，第996页。

W0844.4.3.2

白米和药材“古朝卢”为供品投泉水中可治愈蛇精灵的病

实 例

纳西族（摩梭） 白米和一种叫“古朝卢”的药材被作为供品投于泉水中，此药用以治愈蛇精灵的病。

【流传】云南省·丽江县（丽江市）·（玉龙纳西族自治县）·塔城乡·依陇行政村·巴甸村

【出处】［美籍奥地利人］约瑟夫·洛克调查整理：《献给中国西藏边疆的萨满》，杨福泉译，见吕大吉、何耀华总主编《中国各民族原始宗教资料集成》（纳西族卷、羌族卷、独龙族卷、傈僳族卷、怒族卷），北京：中国社会科学出版社2000年版，第198页。

W0844.5

蟒精（蟒妖）

【关联】［W0529］蟒神（神蟒）

实 例

侗族 （实例待考）

W0844.5.0

蟒精的产生

实 例

（参见下级母题实例）

W0844.5.0.1

天宫生蟒精

实 例

彝族 蟒精，生在天宫里，游荡于地上

【流传】贵州省·（毕节市）·赫章县

【出处】罗正清翻译，黄建明摘录：《神系根源》，见吕大吉、何耀华总主编《中国各民族原始宗教资料集成》（彝族卷、白族卷、基诺族卷），北京：中国社会科学出版社 1996 年版，第 279～280 页。

W0844.5.0.2

长绳变化成蟒精

实 例

彝族 三双六条绳，寻其结头处，系在铜柱上，拴在铁柱上，慢慢起变化，长绳变蟒精，变成白蟒神。

【流传】贵州省·（毕节市）·赫章县

【出处】罗正清翻译，黄建明摘录：《神系根源》，见吕大吉、何耀华总主编《中国各民族原始宗教资料集成》（彝族卷、白族卷、基诺族卷），北京：中国社会科学出版社 1996 年版，第 279～280 页。

W0844.5.1

蟒精的特征（蟒精的行为）

实 例

（参见下级母题实例）

W0844.5.1.1

蟒精伤人

实 例

东乡族 很久以前，在考勒地方东边的康特黑大山上出了一条大蟒精，经常伤害生灵，抢占民女。

【流传】（无考）

【出处】马自祥搜集整理：《璐妇人斩蟒》，见满都呼主编《中国阿尔泰语系诸民族神话故事》，北京：民族出版社 1997 年版，第 188 页。

W0844.5.1.2

蟒精抢占民女

实 例

东乡族 （参见“W0844.5.1 蟒精伤人”母题实例）

W0844.5.2

蟒精的宝物

实 例

（参见下级母题实例）

W0844.5.2.1

蟒魔王头上的宝帽

实 例

蒙古族 蟒魔王头上有一顶宝帽。

【流传】内蒙古自治区·赤峰市·巴林右旗

【出处】胡尔查翻译，甘珠尔扎布搜集整理：《山的儿子》，见姚宝瑄主编《中国各民族神话》（达斡尔族、鄂伦春族、鄂温克族、蒙古族），太原：山西出版传媒集团·书海出版社 2014 年版，第 202 页。

W0844. 5. 3

蟒精的食物

实 例

（实例待考）

W0844. 5. 4

蟒精的居所

实 例

（参见下级母题实例）

W0844. 5. 4. 1

蟒精在太乙池内兴妖作怪

实 例

汉族 一天，大禹治水来到王屋山天坛峰下，发现这里有一条蟒精在太乙池内兴妖作怪。

【流传】河南省·济源市

【出处】胡佳作（55 岁，新乡地区群艺馆职工）采录：《大禹导洸水》，见张振犁编著，孟宪明、朱淑君统纂《中原神话通鉴》（第四卷），郑州：河南大学出版社 2017 年版，第 1075 页。

W0844. 5. 4. 2

蟒精居山林

实 例

彝族 蟒精尼举举，居于山林中。

【流传】贵州省·（毕节市）·赫章县

【出处】罗正清翻译，黄建明摘录：《神系根源》，见吕大吉、何耀华总主编《中国各民族原始宗教资料集成》（彝族卷、白族卷、基诺族卷），北京：中国社会科学出版社 1996 年版，第 279～280 页。

W0844. 5. 5

特定名称的蟒精

实 例

（参见下级母题实例）

W0844. 5. 5. 1

黑蟒精

实 例

（参见下级母题实例）

W0844. 5. 5. 1. 1

黑蟒精每年六月六兴风作浪

实 例

汉族 黑蟒精每年六月六要到淅川城兴风作浪，吞食人畜。

【流传】河南省·（南阳市）·淅川县（丹江两岸）

【出处】习警文（商人，上过私塾）

讲，习诏采录整理：《丹江的传说》，见张振犁编著，孟宪明、朱淑君统纂《中原神话通鉴》（第三卷），郑州：河南大学出版社 2017 年版，第 996 页。

W0844.5.5.2
蟒精尼举举

实 例

彝族 蟒精尼举举。

【流传】贵州省·（毕节市）·赫章县

【出处】罗正清翻译，黄建明摘录：《神系根源》，见吕大吉、何耀华总主编《中国各民族原始宗教资料集成》（彝族卷、白族卷、基诺族卷），北京：中国社会科学出版社 1996 年版，第 279～280 页。

W0844.5.6
与蟒精有关的其他母题

实 例

（实例待考）

W0844.6
螃蟹精

实 例

黎族 洪水幸存者向风神求救，风神刮起一场大的扫土风，才把那只作恶兴灾的大螃蟹精扫到大海里。

【流传】海南省·（三亚市）·乐东县（乐东黎族自治县）·抱由公社（抱由镇）·保定村

【出处】符亚时讲，王越采录：《黎族支系的来源》，见中国民间文学集成全国编辑委员会编《中国民间故事集成》（海南卷），北京：中国 ISBN 中心 2002 年版，第 6 页。

黎族 从前有个螃蟹精。

【流传】海南省五指山区

【出处】马文光等讲，陈葆真等搜集，陈葆真等整理：《螃蟹精》，见中华民族故事大系编委会编《中华民族故事大系》第 7 卷（黎族、傈僳族、佤族），上海：上海文艺出版社 1995 年版，第 7 页。

W0844.6.1
螃蟹精的产生

实 例

（参见下级母题实例）

W0844.6.1.1
骷髅山生蟹精

实 例

京族 骷髅山出蟹精，每年中秋需食一人，否则掀动大海，毁坏船只。

【流传】（无考）

【出处】袁珂改编：《石生与阮通》（原名《独弦琴的声音》），原载星主编《中国少数民族文学》（中册），见袁珂《中国神话大词典》，北京：华夏出版社 2015 年版，第 587 页。

W0844. 6. 2

螃蟹精的特征

实 例

（参见下级母题实例）

W0844. 6. 2. 1

螃蟹精兴风作浪

实 例

黎族 远古时候，有一个螃蟹精，好吃人肉，经常兴风作浪。

【流传】 海南省五指山区

【出处】 马文光等讲，陈葆真等记录，陈葆真等整理：《螃蟹精》，见谷德明编《中国少数民族神话》，北京：中国民间文艺出版社 1987 年版，第 193 页。

W0844. 6. 2. 2

螃蟹精喜食人肉

实 例

黎族 远古时，有螃蟹精，喜食人肉，常掠食儿童。每出洞，便鼓狂风，毁庄稼。

【流传】（海南省）

【出处】 袁珂改编：《螃蟹精》（原载毛星主编《中国少数民族文学》（中册），见袁珂《中国神话大词典》，北京：华夏出版社 2015 年版，第 511 页。

W0844. 6. 3

与螃蟹精有关的其他母题

【关联】［W0299. 2. 4. 1］风神制服螃蟹精

实 例

（参见下级母题实例）

W0844. 7

蚂蚁精

实 例

布朗族（实例待考）

W0844. 8

蜘蛛精

实 例

达斡尔族（实例待考）

W0844. 8. 1

蜘蛛精的产生

实 例

（实例待考）

W0844. 8. 2

蜘蛛精的特征（蜘蛛精的能力，蜘蛛精的身份）

实 例

（参见下级母题实例）

W0844.8.2.1 蜘蛛精会织网

实 例

（参见下级母题实例）

W0844.8.2.1.1 蜘蛛精织出粘人大网

实 例

蒙古族 乌恩（英雄名）跌落蜘蛛网中，一个黑亮斗大的蜘蛛精直向他爬来。乌恩被蜘蛛网粘住了，想动也动弹不得。

【流传】（无考）

【出处】

（a）赛野搜集整理：《乌恩射太阳》，见谷德明编《中国少数民族神话选》，西北民族学院研究所1983年编印，内部发行。

（b）赛野搜集整理：《乌恩战妖龙》，见姚宝瑄主编《中国各民族神话》（达斡尔族、鄂伦春族、鄂温克族、蒙古族），太原：山西出版传媒集团·书海出版社2014年版，第181~182页。

W0844.8.2.2 蜘蛛精是天上守库房者

实 例

傣族 有蜘蛛精，乃天上守库房者，恨不得修炼为人，迁怒于天王，欲报复之。

【流传】（云南省）

【出处】 袁珂改编：《帕压贡玛》，原载傅光宇等编《傣族民间故事选》，见袁珂《中国神话大词典》，北京：华夏出版社2015年版，第503页。

W0844.8.3 与蜘蛛精有关的其他母题

实 例

（参见下级母题实例）

W0844.8.3.1 蜘蛛精不怕雷击

实 例

鄂伦春族 蜘蛛精用麻绳粗的蜘蛛网把龙缠住，雷怎样击，也击不死它。

【流传】（无考）

【出处】

（a）内蒙古自治区编委会：《鄂伦春族社会历史调查》（第一集），呼和浩特：内蒙古人民出版社1984年版，第51页。

（b）《龙的传说》，见吕大吉、何耀华总主编《中国各民族原始宗教资料集成》（鄂伦春族卷、鄂温克族卷、赫哲族卷、达斡尔族卷、锡伯族卷、满族卷、蒙古族卷、藏族卷），北京：中国社会科学出版社1999年版，第22~23页。

W0844.9

狐狸精

【关联】［W0827.4］狐仙

实 例

（参见下级母题实例）

W0844.9.1

狐狸精的产生

实 例

（参见下级母题实例）

W0844.9.1.1

狐狸精生于特定的山

实 例

（参见下级母题实例）

W0844.9.1.1.1

狐狸精生于昆仑山

实 例

鄂温克族 “敖雷巴日肯”（狐狸精）根源于五台山，出自昆仑山。

【流传】（内蒙古自治区·呼伦贝尔市·鄂温克族自治旗·辉索木）

【出处】

（a）《鄂温克族自治旗辉索木调查报告》，见内蒙古自治区编辑组《鄂温克族社会历史调查》，呼和浩特：内蒙古人民出版社 1986 年版，第 489 页。

（b）《敖雷巴日肯》，见吕大吉、何耀华总主编《中国各民族原始宗教资料集成》（鄂伦春族卷、鄂温克族卷、赫哲族卷、达斡尔族卷、锡伯族卷、满族卷、蒙古族卷、藏族卷），北京：中国社会科学出版社 1999 年版，第 114 页。

W0844.9.1.2

长生的狐狸成为狐狸精

实 例

达斡尔族 长生的狐狸和鼬鼠能够成精并作祟加害于人。

【流传】（内蒙古自治区·呼伦贝尔市·陈巴尔虎旗）

【出处】

（a）满都尔图：《达斡尔鄂温克蒙古（陈巴尔虎）鄂伦春族萨满教调查》，中国社会科学院民族研究所民族学研究室 1992 年，内部资料，第 9 页。

（b）《狐狸和鼬鼠》，见吕大吉、何耀华总主编《中国各民族原始宗教资料集成》（鄂伦春族卷、鄂温克族卷、赫哲族卷、达斡尔族卷、锡伯族卷、满族卷、蒙古族卷、藏族卷），北京：中国社会科学出版社 1999 年版，第 298 页。

W0844.9.2

狐狸精的特征

实 例

（参见下级母题实例）

W0844.9.2.1
千年黑万年白的狐狸精

实 例

（参见下级母题实例）

W0844.9.2.1.1
千年黑万年白的狐狸精敖雷巴日肯

实 例

鄂温克族 “敖雷巴日肯”根源于五台山，出自昆仑山，是千年黑万年白的狐狸精。

【流传】（内蒙古自治区·呼伦贝尔市·鄂温克族自治旗·辉索木）

【出处】

(a)《鄂温克族自治旗辉索木调查报告》，见内蒙古自治区编辑组《鄂温克族社会历史调查》，呼和浩特：内蒙古人民出版社1986年版，第489页。

(b)《敖雷巴日肯》，见吕大吉、何耀华总主编《中国各民族原始宗教资料集成》（鄂伦春族卷、鄂温克族卷、赫哲族卷、达斡尔族卷、锡伯族卷、满族卷、蒙古族卷、藏族卷），北京：中国社会科学出版社1999年版，第114页。

W0844.9.2.2
花尾臭狐精

实 例

土家族 天堂山虽是名胜仙境，也藏着两个妖精：其中一个就是花尾臭狐精。

【流传】（湖南省·湘西土家族苗族自治州·保靖县）

【出处】 罗轶整理：《铁塔娶龙女》（原名为《撒珠湖》），见姚宝瑄主编《中国各民族神话》（土家族、毛南族、侗族、瑶族），太原：山西出版传媒集团·书海出版社2014年版，第32页。

W0844.9.2.3
九尾狐狸精

实 例

彝族（撒尼）（参见“W0844.9.3.3 九尾狐狸精制造瘟疫”母题实例）

W0844.9.3
狐狸精的能力

实 例

（参见下级母题实例）

W0844.9.3.1
狐狸精变形为女人

实 例

土家族 一只五尺多长的花尾臭狐变成一个尖嘴猴肋、长腰短腿的妇人。

【流传】（湖南省·湘西土家族苗族自治州·保靖县）

【出处】 罗轶整理：《铁塔娶龙女》（原

名为《撒珠湖》)，见姚宝瑄主编《中国各民族神话》(土家族、毛南族、侗族、瑶族)，太原：山西出版传媒集团·书海出版社 2014 年版，第 33 页。

W0844.9.3.2
狐狸精附体

实 例

达斡尔族 欧克（又称“奇彦其”，是特定动物神灵附体的人）的神灵是成精的狐狸或黄鼠狼。

【流传】 黑龙江省·齐齐哈尔市市郊

【出处】

(a) 珠荣嘎、满都尔图、绍道、赵映东、吴永章调查编著：《齐齐哈尔市郊达斡尔族情况——达斡尔族调查材料之五》，内蒙古少数民族社会调查组 1958 年编印，第 77 页。

(b)《欧克》，见吕大吉、何耀华总主编《中国各民族原始宗教资料集成》(鄂伦春族卷、鄂温克族卷、赫哲族卷、达斡尔族卷、锡伯族卷、满族卷、蒙古族卷、藏族卷)，北京：中国社会科学出版社 1999 年版，第 360 页。

W0844.9.3.3
九尾狐狸精制造瘟疫

实 例

彝族（撒尼） 一个九尾狐狸精制造了滇池一带的瘟疫。

【流传】 云南省·昆明（昆明市）·尾依初村（不详）

【出处】 撒尼支宗教祭司张琼讲，张福记录：《撒尼人的土主崇拜》，见吕大吉、何耀华总主编《中国各民族原始宗教资料集成》(彝族卷、白族卷、基诺族卷)，北京：中国社会科学出版社 1996 年版，第 80 页。

W0844.9.4
狐狸精的生活（狐狸精的行为）

实 例

（参见下级母题实例）

W0844.9.4.1
狐狸精兴妖作怪

实 例

锡伯族 仙家、狐家都是狐狸，但仙家是保护人，对人是有益的；而狐家则是兴妖作怪、危害人的。

【流传】（新疆维吾尔自治区·伊犁哈萨克自治州·察布查尔锡伯自治县·金泉镇）

【出处】

(a) 夏之乾、满都尔图：《金泉村锡伯族萨满教及文化习俗调查》，见《民族文化习俗及萨满教调查报告》，北京：民族出版社 1993 年版，第 183～184 页。

(b)《跳神治病（一）》，见吕大吉、何耀华总主编《中国各民族原始宗教资料集成》(鄂伦春族卷、鄂温克族卷、赫哲族卷、达斡尔族卷、锡伯族卷、满族卷、蒙古族卷、藏族卷)，北京：中国社会科学出版社 1999 年版，第 410 页。

W0844.9.4.2

狐精想吃龙女

实 例

土家族 臭狐精想吃掉龙女五姐妹；黄鼠狼想吃鹤首翁的七个胖孙孙。

【流传】(湖南省·湘西土家族苗族自治州·保靖县)

【出处】罗轶整理：《铁塔娶龙女》(原名为《撒珠湖》)，见姚宝瑄主编《中国各民族神话》(土家族、毛南族、侗族、瑶族)，太原：山西出版传媒集团·书海出版社 2014 年版，第 32 页。

W0844.9.5

特定名称的狐狸精

实 例

(参见下级母题实例)

W0844.9.5.1

狐狸精敖雷·巴尔肯

实 例

达斡尔族 敖雷·巴尔肯(当地汉人叫"大仙家")，是成精的狐狸。

【流传】黑龙江省·黑龙江省黑河市·爱辉地区(爱辉区)

【出处】

(a)珠荣嘎、额尔登泰、满都尔图调查编著：《爱辉县西岗子乡友谊社达斡尔族情况——达斡尔族调查材料之三》，内蒙古少数民族社会历史调查组 1959 年编印，第 105 页。

(b)《"敖雷·巴尔肯"祭仪之三(爱辉地区)》，见吕大吉、何耀华总主编《中国各民族原始宗教资料集成》(鄂伦春族卷、鄂温克族卷、赫哲族卷、达斡尔族卷、锡伯族卷、满族卷、蒙古族卷、藏族卷)，北京：中国社会科学出版社 1999 年版，第 353 页。

W0844.9.6

与狐狸精有关的其他母题

实 例

(实例待考)

W0844.10

其他动物类妖魔(其他动物精怪)

实 例

(参见下级母题实例)

W0844.10.1

猿精(猴精)

实 例

(参见下级母题实例)

W0844. 10. 1. 1

白猿成精

实 例

汉族 白猿成精，有善避箭、能变人等神奇本领。

【流传】（无考）

【出处】 萧兵：《中国文化的精英》，上海：上海文艺出版社 1989 年版，第 788～797 页。

W0844. 10. 2

蛤蟆精

实 例

回族 （实例待考）

W0844. 10. 2. 1

蛤蟆精的产生

实 例

（参见下级母题实例）

W0844. 10. 2. 1. 1

蛤蟆精不知来于何处

实 例

汉族 不知从哪儿来了个蛤蟆精，霸占了这一阙口。蛤蟆精兴风作浪，无恶不作，害得百姓叫苦连天，无法度日。

【流传】 河南省·洛阳市

【出处】 邓沛云（女，76 岁）讲，姜弘采录整理：《石砭降妖》，见张振犁编著，孟宪明、朱淑君统纂《中原神话通鉴》（第四卷），郑州：河南大学出版社 2017 年版，第 1101 页。

W0844. 10. 2. 1. 2

女娲造人扔掉的一块泥巴变成蛤蟆精

实 例

汉族 女娲造人时，把手里一块泥巴扔进了长江。不知过了多少年，那块泥巴变成一个蛤蟆精。

【流传】 河南省·（南阳市）·社旗县［采录地点：社旗县城郊乡柳营村］

【出处】 张海亮采录整理：《青蛙是怎样改恶从善的》（1986. 03），见张振犁编著，孟宪明、朱淑君统纂《中原神话通鉴》（第四卷），郑州：河南大学出版社 2017 年版，第 1323 页。

W0844. 10. 2. 2

蛤蟆精的特征

实 例

（实例待考）

W0844. 10. 2. 3

蛤蟆精的行为

实 例

（参见下级母题实例）

W0844. 10. 2. 3. 1

蛤蟆精糟蹋庄稼

实 例

汉族 蛤蟆精带着它的儿孙们去糟蹋庄稼。

【流传】河南省·（南阳市）·社旗县［采录地点：社旗县城郊乡柳营村］

【出处】张海亮采录整理：《青蛙是怎样改恶从善的》（1986.03），见张振犁编著，孟宪明、朱淑君统纂《中原神话通鉴》（第四卷），郑州：河南大学出版社 2017 年版，第 1323 页。

W0844.10.2.3.2 蛤蟆精制造冰雹

实 例

白族 癞蛤蟆精肚呈白色，冰雹藏在肚子里，嘴巴一张就下冰雹。

【流传】云南省·（大理白族自治州）·鹤庆县·辛屯乡

【出处】詹承绪调查整理：《鹤庆白族祭蛤蟆精》（1988），见吕大吉、何耀华总主编《中国各民族原始宗教资料集成》（彝族卷、白族卷、基诺族卷），北京：中国社会科学出版社 1996 年版，第 521 页。

W0844.10.2.4 与蛤蟆精有关的其他母题

实 例

（参见下级母题实例）

W0844.10.2.4.1 蛤蟆精嘎波

实 例

苗族 雷公坪像一根通天柱直插进天空里。山头上宽敞敞、平坦坦，长着一个嘎波（蛤蟆精）。

【流传】贵州省·（黔东南苗族侗族自治州）·雷山（雷山县）·西江地区（西江镇）

【出处】

（a）杨正光、侯昌德讲，杨正光、侯昌德搜集整理：《雷公坪》，载《南风》1981 年第 1 期。

（b）同（a），见姚宝瑄主编《中国各民族神话》（布依族、仡佬族、苗族），太原：山西出版传媒集团·书海出版社 2014 年版，第 135 页。

W0844.10.2a 蛤蚧精

实 例

（参见下级母题实例）

W0844.10.2a.1 蛤蚧精劫持女子

实 例

京族 ☆蛤蚧精抢路过的姑娘为妻。

【流传】广西壮族自治区·防城（防城港市）·（东兴市·江平镇）·万尾岛（万尾村）

【出处】杜玉斌讲，谢乃善搜集：《猎人诛妖》，见袁凤辰、苏维光等编《毛南族、京族民间故事选》，上海文艺 1987 年版，第 388 页。

（b）同（a），见苏润光等编《京族民

间故事选》，北京：中国民间文艺出版社 1984 年版，第 8 页。

W0844. 10. 2a. 2

蛤蚧精有特定的生活习惯

实 例

京族 蛤蚧精三日一小睡，鸣三声；七日一大睡，鸣七声；适浴罢鸣三声小睡去。

【流传】（无考）

【出处】袁珂改编：《蛤蚧精》（原名《猎人诛妖》），原载苏润光编《京族民间故事选》，见袁珂《中国神话大词典》，北京：华夏出版社 2015 年版，第 588 页。

W0844. 10. 2a. 3

蛤蚧精身体壮硕

实 例

京族 尾岛东头有大山，山高林密，人迹罕至。中有大石洞，住蛤蚧甚多，最大者重三四百斤，为蛤蚧精。

【流传】（无考）

【出处】袁珂改编：《蛤蚧精》（原名《猎人诛妖》），原载苏润光编《京族民间故事选》，见袁珂《中国神话大词典》，北京：华夏出版社 2015 年版，第 588 页。

W0844. 10. 2a. 3. 1

蛤蚧精重三四百斤

实 例

京族 尾岛东头有大山，山高林密，人迹罕至。中有大石洞，住蛤蚧甚多，最大者重三四百斤，为蛤蚧精。

【流传】（无考）

【出处】袁珂改编：《蛤蚧精》（原名《猎人诛妖》），原载苏润光编《京族民间故事选》，见袁珂《中国神话大词典》，北京：华夏出版社 2015 年版，第 588 页。

W0844. 10. 2a. 4

蛤蚧精住石洞中

实 例

京族 万尾岛东头有座大山，过去是山高林密，人迹罕至。山上有个大石洞，洞里住着很多蛤蚧，最大的一条足有三四百斤重，是个蛤蚧精。

【流传】（无考）

【出处】杜玉斌讲，谢乃善搜集整理：《猎人诛妖》，见姚宝瑄主编《中国各民族神话》（仫佬族、壮族、京族），太原：山西出版传媒集团・书海出版社 2014 年版，第 200 页。

京族 尾岛东头有大山，山高林密，人迹罕至。中有大石洞，住蛤蚧甚多，最大者重三四百斤，为蛤蚧精。

【流传】（无考）

【出处】袁珂改编：《蛤蚧精》（原名《猎人诛妖》），原载苏润光编《京族民间故事选》，见袁珂《中国神话大词典》，北京：华夏出版社 2015 年版，第 588 页。

W0844.10.2a.5
蛤蚧精脱皮

实 例

京族 有两个姑娘从洞里抬出一件大花衣到水塘里洗。猎人发现这衣服是蛤蚧精的皮，鳞斑点点，花花绿绿的。

【流传】（无考）

【出处】杜玉斌讲，谢乃善搜集整理：《猎人诛妖》，见姚宝瑄主编《中国各民族神话》（仫佬族、壮族、京族），太原：山西出版传媒集团·书海出版社2014年版，第200页。

W0844.10.2a.6
蛤蚧精有独特的生活习惯

实 例

（参见下级母题实例）

W0844.10.2a.6.1
蛤蚧精三天睡一小觉，叫三声；七天睡一大觉，叫七声

实 例

京族 蛤蚧精三天睡一小觉，叫三声；七天睡一大觉，叫七声。

【流传】（无考）

【出处】杜玉斌讲，谢乃善搜集整理：《猎人诛妖》，见姚宝瑄主编《中国各民族神话》（仫佬族、壮族、京族），太原：山西出版传媒集团·书海出版社2014年版，第200页。

W0844.10.3
老鼠精

实 例

达斡尔族 （实例待考）

W0844.10.3.1
老鼠精怕狸猫

实 例

汉族 那妖怪一见狸猫，吓得浑身哆嗦，眨眼间缩成了一只小老鼠。人们这才猛然醒悟：原来这怪物是只老鼠精！

【流传】河南省

【出处】刘丙元（83岁，农民）讲，刘金州采录整理：《人活六十不活埋》，见张振犁编著，孟宪明、朱淑君统纂《中原神话通鉴》（第四卷），郑州：河南大学出版社2017年版，第1272页。

W0844.10.4
猪精

实 例

汉族 （实例待考）

W0844.10.4.1
母猪精

实 例

（参见下级母题实例）

W0844.10.4.1.1

母猪精听到鸡叫声就会现出原形逃回阴间

实 例

纳西族 母猪精听到鸡叫声，就会现出原形逃回到阴间去。

【流传】云南省·（丽江市）·丽江县（古城区、玉龙纳西族自治县）

【出处】木丽春采集整理：《张知大爷智斗母猪精》，见木丽春编著《纳西族民间故事集》，昆明：云南人民出版社2007年版，第161页。

W0844.10.4.1.2

母猪精不会看天，只会看地

实 例

纳西族 母猪精不会看天，只会看地。

【流传】云南省·（丽江市）·丽江县（古城区、玉龙纳西族自治县）

【出处】木丽春采集整理：《亨美月亮姑娘》，见木丽春编著《纳西族民间故事集》，昆明：云南人民出版社2007年版，第149页。

W0844.10.4.1.3

母猪精鬼布美尸出

实 例

纳西族 仁美（精灵名）变成了两种妖魔，其中，一为母猪精鬼（布美尸出）。

【流传】云南省·（丽江市）·丽江县（古城区、玉龙纳西族自治县）

【出处】木丽春采集整理：《阿仁仁磋的来由》，见木丽春编著《纳西族民间故事集》，昆明：云南人民出版社2007年版，第234页。

W0844.10.5

黄鼠狼精

实 例

土家族 天堂山上藏着两个妖精：一个是花尾臭狐精，一个是黄鼠狼精。

【流传】（湖南省·湘西土家族苗族自治州·保靖县）

【出处】罗轶整理：《铁塔娶龙女》（原名为《撒珠湖》），见姚宝瑄主编《中国各民族神话》（土家族、毛南族、侗族、瑶族），太原：山西出版传媒集团·书海出版社2014年版，第32页。

W0844.10.6

龟精（王八精，乌龟精）

【关联】［W0963.1.1］神弓用王八精爪子做扳机

实 例

壮族 （参见“W0963.1.1 神弓用王八精爪子做扳机”母题实例）

W0844.10.6.1

乌龟经久成精

实 例

汉族 人祖爷上学的路旁有一座碑，碑底下压个龟，时间长了，乌龟成精了。

【流传】河南省·（周口市）·西华县［采录地点：西华县逍遥镇］

【出处】刘炎（60岁，农民）讲，河南大学"中原神话调查组"采录，张振犁、程健君录音整理：《人祖爷（一）》（1983.11.04），见张振犁编著《中原神话通鉴》（第一卷），郑州：河南大学出版社2017年版，第338页。

W0844.10.6.2

乌龟精是龙族使者

实 例

汉族 有一天，龙族两兄妹，带着随从乌龟精，偷偷地来到地上玩。

【流传】四川省·（南充市）·西充县

【出处】张世英讲，张吉德、张武德采录：《伏羲兄妹造人》，见陶阳、钟秀编《中国神话》（上），北京：商务印书馆2008年版，第509～512页。

W0844.10.7

猴妖（妖猴）

实 例

（参见下级母题实例）

W0844.10.7.1

大妖猴性情凶恶，神通广大

实 例

白族 猴子中有个大妖猴，个子跟人一般高大，性情凶恶，神通广大，能千变万化。

【流传】云南省·（大理白族自治州）·大理市

【出处】

（a）张毕信讲，姜祥、黄成斌记录：《三星太子》，见李缵绪主编《白族神话传说集成》，北京：中国民间文艺出版社1986年版。

（b）同（a），见姚宝瑄主编《中国各民族神话》（白族、拉祜族、景颇族），太原：山西出版传媒集团·书海130页。

W0844.10.8

蝙蝠精

实 例

（参见下级母题实例）

W0844.10.8.1

蝙蝠精吸食婴儿的精血

实 例

彝族（撒尼） 蝙蝠精飞到小儿头上，用嘴挨着他的囟门，不断地吸食婴儿的精血。

【流传】云南省·昆明（昆明市）·尾依初村（不详）

【出处】撒尼支宗教祭司张琼讲，张福记录：《撒尼人的土主崇拜》，见吕大吉、何耀华总主编《中国各民族原始宗教资料集成》（彝族卷、白族卷、基诺族卷），北京：中国社会科学出版社1996年版，第80页。

W0844. 10. 9

鸡精

【关联】

① ［W0515］鸡神

② ［W0854. 6. 1. 1］鸡精夜盲

实 例

（参见下级母题实例）

W0844. 10. 9. 1

野鸡精

实 例

（参见下级母题实例）

W0844. 10. 9. 1. 1

野鸡精常变成猛虎

实 例

苗族 野鸡精经常变成猛虎，咬死耕牛；变成恶狼，叼走小孩。

【流传】贵州省·黔东南苗族侗族自治州凯里、麻江、雷山、丹寨四县交界地区

【出处】《凯里舟溪芦笙节的传说》，载http://www.gzfolk.cn/forum/portal.php（贵州民族文化艺术网）。

W0844. 10. 10

鹰精

实 例

（参见下级母题实例）

W0844. 10. 10. 0

老鹰五百年成精

实 例

达斡尔族 狐狸精住的山洞的松树上坐着一只五百年成精的老鹰守着洞口。

【流传】（无考）

【出处】那音太讲，娜日斯录音整理：《德莫日根和简色楞萨满》，原载《达斡尔民间故事百篇》，见陶阳、钟秀编《中国神话》（下），北京：商务印书馆2008年版，第1352～1364页。

W0844. 10. 10. 1

老鹰精

实 例

（参见下级母题实例）

W0844. 10. 10. 1. 1

老鹰精会法术

实 例

黎族 从前有一只老鹰精，法术很大，非常残暴。

【流传】海南省·崖县（今三亚市），琼中（琼中黎族苗族自治县），（三亚市）·保亭县（保亭黎族苗族自治县）、乐东（乐东黎族自治县）等地

【出处】

（a）吴启彦整理：《勇敢的帕拖》，见广东民族学院中文系编《黎族民间故

事选》，上海：上海文艺出版社 1983 年版。

(b) 同 (a)，见姚宝瑄主编《中国各民族神话》(高山族、黎族、畲族)，太原：山西出版传媒集团·书海出版社 2014 年版，第 75 页。

W0844.10.11

虎妖（虎精，虎鬼，老虎鬼）

实 例

(参见下级母题实例)

W0844.10.11.1

磨石变成虎精

实 例

瑶族（布努）密洛陀（万物之母，女始祖，女神）造人时，拿磨石放在瓦缸中。过了 270 个昼夜，磨石变成了虎精。

【流传】广西壮族自治区·（河池市）·都安县（都安瑶族自治县）、巴马县（巴马瑶族自治县）、南丹县，（百色市）·田东县、平果县等地

【出处】桑布郎等传，蒙凤标（83 岁）、罗仁祥（73 岁）等唱：《密洛陀》(1983)，见蓝怀昌、蓝书京、蒙通顺搜集翻译整理《密洛陀》，北京：中国民间文艺出版社 1988 年版，第 231 页。

W0844.10.11.1a

造人剩下的泥块变虎精

实 例

瑶族（布努）起初，密洛陀（万物之母，女始祖，女神）试造人类时，人类没造成，生出了石头，生出了泥块。泥块变虎精，石块变熊精。

【流传】广西壮族自治区·（河池市）·都安县（都安瑶族自治县）、巴马县（巴马瑶族自治县）、南丹县，（百色市）·田东县、平果县等地

【出处】桑布郎等传，蒙凤标（83 岁）、罗仁祥（73 岁）等唱：《密洛陀》(1983)，见蓝怀昌、蓝书京、蒙通顺搜集翻译整理《密洛陀》，北京：中国民间文艺出版社 1988 年版，第 336 页。

W0844.10.11.2

白虎精

【关联】［W0907.1.4.6.1.2］亡魂变成野鬼或白虎精回家作祟

实 例

傈僳族人死后有三个亡魂，其中亡魂需供在家堂中，若对它侍奉不周也会外出游荡，变成野鬼或白虎精之类，回家来作祟。

【流传】云南省·（楚雄彝族自治州）·武定县、元谋县

【出处】张桥贵调查整理：《傈僳人有三个亡魂说》(1988)，见吕大吉、何耀

华总主编《中国各民族原始宗教资料集成》（纳西族卷、羌族卷、独龙族卷、傈僳族卷、怒族卷），北京：中国社会科学出版社 2000 年版，第 722 ~723 页。

W0844. 10. 11. 3

黑虎精

实 例

（参见下级母题实例）

W0844. 10. 11. 3. 1

黑虎精居黑虎林

实 例

裕固族 黑虎林里有个黑虎精。黑虎精见有生人从它林边过，便大吼一声扑过去。

【流传】（无考）

【出处】乔维森、野枫整理：《莫拉》，原载《神话传说故事选》，见陶阳、钟秀编《中国神话》（中），北京：商务印书馆 2008 年版，第 779 ~ 784 页。

裕固族 黑虎林里有个黑虎精。

【流传】（甘肃省祁连山一带）

【出处】

（a）乔维森、野枫记录整理：《莫拉》，见《少数民族文学作品选》编辑委员会编《中国少数民族文学作品选》（第二分册），上海：上海文艺出版社 1981 年版。

（b）同（a），见姚宝瑄主编《中国各民族神话》（土族、东乡族、回族、保安族、裕固族、撒拉族），太原：山西出版传媒集团·书海出版社 2014 年版，第 91 页。

W0844. 10. 11. 4

老虎鬼又称酿鬼

实 例

（参见下级母题实例）

W0844. 10. 11. 4. 1

大象的脐带变成酿鬼

实 例

苗族 酿鬼，又称老虎鬼，专门整人害病吃人家公鸡。酿鬼原来是大象的脐带变成的。

【流传】原文无流传地，据文本及注释推测该神话流传于贵州省·黔东南苗族侗族自治州·凯里市、台江县等地。

【出处】耇富演唱，苗丁搜集，燕宝整理译注：《枫木生人·十二个蛋》注释，见贵州省少数民族古籍整理出版规划小组办公室编，燕宝整理译注《苗族古歌》，贵阳：贵州民族出版社 1993 年版，第 504 页。

W0845

植物类妖魔（植物类精怪）

实 例

（实例待考）

W0846

与自然物有关的妖魔（与自然物有关的精怪）

实 例

（参见下级母题实例）

W0846.1

风魔

【关联】

① ［W0292］风神

② ［W0867.1］风怪

实 例

仡佬族 （实例待考）

W0846.1.1

风魔的芭蕉扇

实 例

布依族 风魔用巨大的芭蕉扇把祖先树上的房子毁坏。

【流传】贵州省·（黔西南布依族苗族自治州）·望谟（望谟县）、册亨（册亨县）、安龙（安龙县）

【出处】韦习弄等讲：《治风魔》，见汛河搜集整理《布依族民间故事集》，北京：中国民间文艺出版社1982年版，第33页。

W0846.1.1.1

风魔用芭蕉扇扇风

实 例

布依族 风魔拿着一把力大无比的芭蕉扇，高兴时就东扇西扇地玩耍，把祖先们刚搭好的房屋，“呼呼”几下就扇飞了。

【流传】（贵州省·黔西南布依族苗族自治州）

【出处】韦习弄、岑尕、班德广讲，立浩、汛河搜集整理：《治风魔》，见姚宝瑄主编《中国各民族神话》（布依族、仡佬族、苗族），太原：山西出版传媒集团·书海出版社2014年版，第89页。

W0846.1.2

风魔欺负人类的祖先

实 例

布依族 很古老的时候，有个风魔也真凶恶，经常出来欺负我们的祖先。

【流传】（贵州省·黔西南布依族苗族自治州）

【出处】韦习弄、岑尕、班德广讲，立浩、汛河搜集整理：《治风魔》，见姚宝瑄主编《中国各民族神话》（布依族、仡佬族、苗族），太原：山西出版传媒集团·书海出版社2014年版，第89页。

W0846.1.3

风魔涅龙也崩

实 例

（参见下级母题实例）

W0846. 1. 3. 1

风魔涅龙也崩吹气能刮倒大树

实 例

珞巴族 风魔涅龙也崩吹了一口气，顿时狂风大作，刮倒了一棵大树。

【流传】 珞巴族博嘎尔部落［搜集地点为西藏自治区·林芝市·米林县·纳玉区（南伊乡）］

【出处】 东娘、达牛讲，于乃昌整理：《阿巴达尼娶天女》（1986. 08），见姚宝瑄主编《中国各民族神话》（门巴族、珞巴族、怒族、藏族），太原：山西出版传媒集团·书海出版社 2014 年版，第 34 页。

W0846. 2

水妖（水魔、水怪、水精）

【汤普森】 ①≈B68；②G308. 2

【关联】 ［W0846. 2］水妖（水魔、水怪、水精）

实 例

汉族 两个水妖早已厌烦了水底的生活，想到天空上炫耀炫耀自己。

【流传】 江苏省·（徐州市）·新沂市骆马湖一带

【出处】 朱斯民讲，王永记录整理：《启明星的传说》，见姚宝瑄主编《中国各民族神话》（汉族），太原：山西出版传媒集团·书海出版社 2014 年版，第 300 ~ 302 页。

W0846. 2. 1

水妖的产生

实 例

（参见下级母题实例）

W0846. 2. 1. 0

水怪自然产生

实 例

白族 板古（男祖先名）领着子孙们上山打猎，下河摸鱼的好日子没过多久，山上出了妖精，水里出了水怪。

【流传】 云南省·（大理白族自治州）·剑川（剑川县）

【出处】 李恩发讲，李绍尼整理：《“五百天”神》，原载陶立璠、李耀宗《中国少数民族神话传说选》，四川民族出版社 1985 年版，见姚宝瑄主编《中国各民族神话》（白族、拉祜族、景颇族），太原：山西出版传媒集团·书海出版社 2014 年版，第 119 ~ 120 页。

W0846. 2. 1. 1

乌龙是水妖

实 例

毛南族 大禹皇帝带领百姓只顾治水，没顾得根除祸根，让二九一十八条水妖——九条乌龙、九头白熊逃上了天庭。

【流传】 广西壮族自治区·（河池

市）·环江毛南族自治县·下南乡·下南、波川

【出处】谭履宜讲，谭金田、蒋志雨整理：《格射日月》（1963、1980），见姚宝瑄主编《中国各民族神话》（土家族、毛南族、侗族、瑶族），太原：山西出版传媒集团·书海出版社 2014 年版，第 57 页。

W0846.2.1.2

蛟龙变成水妖

实　例

汉族 水妖原来是一条大蛟龙变的，名字叫无支祁，自称淮涡水神，就住在淮源水中。

【流传】河南省·（南阳市）·桐柏县

【出处】熊自谦（男，50 岁，太阳城茶场职工）讲，孙建英采录整理：《铁链锁蛟》，见张振犁编著，孟宪明、朱淑君统纂《中原神话通鉴》（第四卷），郑州：河南大学出版社 2017 年版，第 1163 页。

W0846.2.1.3

丢的特定物变成水怪

实　例

（参见下级母题实例）

W0846.2.1.3.1

阳神老公公砍掉的木人和木马变成水怪

实　例

纳西族 阳神老公公砍掉做的没有成活的木人和木马，一架甩入山溪中，山溪从此有水怪。

【流传】（云南省）

【出处】和芳、和志新编译：《崇邦统——人类迁徙记》，见姚宝瑄主编《中国各民族神话》（佤族、阿昌族、纳西族、普米族、德昂族），太原：山西出版传媒集团·书海出版社 2014 年版，第 147 页。

W0846.2.1.4

溺亡者变成水精

实　例

（参见下级母题实例）

W0846.2.1.4.1

水精乌肯·爱钦是溺死者之幽灵

实　例

蒙古族（布里亚特） 水精乌肯·爱钦（水王）系溺死者之幽灵。

【流传】（无考）

【出处】［波］尼斡拉滋著，金启孮译：《西伯利亚各民族之萨满教》，中国社会科学院民族研究所《萨满教研究》编写组 1978 年印，见吕大吉、何耀华总主编《中国各民族原始宗教资料集成》（鄂伦春族卷、鄂温克族卷、赫哲族卷、达斡尔族卷、锡伯族卷、满族卷、蒙古族卷、藏族卷），北京：中国社会科学出版社 1999 年版，第 623 页。

W0846.2.2
水妖的特征

实 例

（参见下级母题实例）

W0846.2.2.1
水妖铁手铜指

实 例

东乡族 （参见“W0838.5.1.2 妖魔长着铁爪”母题实例）

W0846.2.2.2
水怪5丈多长

实 例

蒙古族 一个很深的大湖里有一个五丈多长的水怪。

【流传】 内蒙古自治区·赤峰市·巴林右旗

【出处】 胡尔查翻译，甘珠尔扎布搜集整理：《山的儿子》，见姚宝瑄主编《中国各民族神话》（达斡尔族、鄂伦春族、鄂温克族、蒙古族），太原：山西出版传媒集团·书海出版社2014年版，第200页。

W0846.2.2.3
水怪人不人，猴不猴

实 例

汉族 淮河源头有个水怪，人不人，猴不猴，经常乘下雨的时候出来为非作歹。

【流传】 河南省·（南阳市）·桐柏县［采录地点：桐柏县·盘龙镇］

【出处】 杨永兴讲，杨建军采录：《大禹治水和淮河水怪》（1987.03），见张振犁编著，孟宪明、朱淑君统纂《中原神话通鉴》（第四卷），郑州：河南大学出版社2017年版，第1171页。

W0846.2.2.3.1
水怪形状像猿猴，缩鼻高额，青躯白首，金目雪牙

实 例

汉族 淮涡水怪形若猿猴，缩鼻高额，青躯白首，金目雪牙，颈脖子一伸有十来丈长，力气比九头象的力气还大，并且能窜会跳，走起来比飞还快。

【流传】 淮河流域

【出处】 唐元海、王玉佩讲，茆文斗搜集整理：《禹王锁蛟》，载《民间文学》1986年第6期。

汉族 在淮水和涡水之间，躲藏着一个叫无支祁的水怪。这个水怪善于言语应对，形状像猿猴，额头高，鼻梁低，白脑袋，青身子，牙齿雪亮，眼睛闪耀出金光，力量大过九只象，颈脖子伸出来有百尺长。

【流传】（无考）

【出处】《禹擒水怪无支祁》，原载袁珂编译《中国神话故事》，见陶阳、钟秀编《中国神话》（上），北京：商

务印书馆2008年版，第428~430页。

W0846.2.2.4

水怪像水象、水猪、水牛、鲸鱼

实 例

汉族 舜时发生洪水，害人的还有水怪。水怪多得很，有水象、水猪、水牛，还有像鲸鱼那么大的怪物。

【流传】 河南省·商丘市

【出处】 陈舜肃（女，74岁，退休教师）讲，刘秀森采录整理：《大禹斗水怪》，见张振犁编著，孟宪明、朱淑君统纂《中原神话通鉴》（第四卷），郑州：河南大学出版社2017年版，第1143页。

W0846.2.2.5

水怪体形巨大

实 例

汉族 远古的时候，遍地出现了可大可大的水怪。

【流传】 河南省·（南阳市）·桐柏县·（城关镇）

【出处】 李长春（39岁）讲，刘剑采录整理：《前羿和后羿》（1982.03.10），见张振犁编著，孟宪明、朱淑君统纂《中原神话通鉴》（第三卷），郑州：河南大学出版社2017年版，第847页。

W0846.2.2.6

水精活动有规律

【关联】［W0846.2.3.2.1］水精每逢天气暖和或炎热时就出来作恶

实 例

汉族 水精有个习惯，每逢天气暖和或炎热时候，便走出水精洞，出来猖狂暴虐。

【流传】 河南省·（南阳市）·桐柏县（桐柏山区）

【出处】 李屏堂（男，58岁）讲，赵赋采录：《桐柏禹王》（1987），见张振犁编著，孟宪明、朱淑君统纂《中原神话通鉴》（第四卷），郑州：河南大学出版社2017年版，第1156页。

W0846.2.2.7

水妖形如长蛇

【关联】［W0402.3.1.2］水神蛇身

实 例

彝族 水妖，形如长蛇，花背、黄腹、红嘴，时常发出“呜呜”之声，能把人拖入或诱入深渊溺死，吸食人血。

【流传】（无考）

【出处】 岭光电译：《呗耄献祖经》，见何耀华《彝族的自然崇拜及其特点》，载《思想战线》1982年第6期。

W0846. 2. 3

水妖的行为

实 例

（参见下级母题实例）

W0846. 2. 3. 1

水妖兴风作浪（水怪兴风作浪）

实 例

汉族 很古的时候，三门峡是一片汪洋大湖。水里的妖怪很多，常常兴风作浪，闹得大水四溢，百川横流。

【流传】 河南省・三门峡市

【出处】 薛子奇、王新章讲，戴征贤采录整理：《通天柱与巡河大王》，见张振犁编著，孟宪明、朱淑君统纂《中原神话通鉴》（第四卷），郑州：河南大学出版社 2017 年版，第 1069 页。

土族 （参见“W0846. 2. 5. 2 水魔勒瓦扎”母题实例）

W0846. 2. 3. 2

水精害人

实 例

蒙古族（布里亚特） 水精能给人危害。

【流传】（无考）

【出处】 《蒙古族神灵观念和神灵系统》，见吕大吉、何耀华主编《中国各民族原始宗教资料集成》（鄂伦春族卷、鄂温克族卷、赫哲族卷、达斡尔族卷、锡伯族卷、满族卷、蒙古族卷、藏族卷），北京：中国社会科学出版社 1999 年版，第 623 页。

W0846. 2. 3. 2. 1

水精每逢天气暖和或炎热时就出来作恶

实 例

汉族 （参见“W0846. 2. 2. 6 水精活动有规律”母题实例）

W0846. 2. 3. 3

水妖阻挠大禹治水

实 例

汉族 夏禹王治水来到桐柏淮河的发源地以后，发现有水妖作怪，使治水工程无法进行下去。

【流传】 河南省・（南阳市）・桐柏县

【出处】 熊自谦（男，50 岁，太阳城茶场职工）讲，孙建英采录整理：《铁链锁蛟》，见张振犁编著，孟宪明、朱淑君统纂《中原神话通鉴》（第四卷），郑州：河南大学出版社 2017 年版，第 1163 页。

W0846. 2. 4

水妖的居所

【关联】 ［W0868. 3. 2. 2］怪物生活在水中

实 例

（参见下级母题实例）

W0846.2.4.1
水魔住河中

实 例

（参见下级母题实例）

W0846.2.4.1.1
水魔住黄河中

实 例

撒拉族 水魔住黄河中。

【流传】青海省·（海东市）·循化（循化撒拉族自治县）

【出处】麦燕讲，大漠整理：《喀散和亥比》，见中华民族故事大系编委会编《中华民族故事大系》第12卷（布朗族、撒拉族、毛南族），上海：上海文艺出版社1995年版，第350页。

W0846.2.4.2
水怪住湖中

实 例

蒙古族 （参见“W0846.2.2.2 水怪5丈多长”母题实例）

W0846.2.4.2.1
太湖中的水怪

实 例

汉族 昔年太湖中有水怪，能兴风浪，作雷雨，专以人为食。致令沿岸渔民，不敢入湖捕鱼，行船客商，只得绕道。

【流传】（太湖一带）

【出处】袁珂改编：《石公山》（原名《石公石婆》），原载《中国地方风物传说选》（二），见袁珂《中国神话大词典》，北京：华夏出版社2015年版，第377页。

W0846.2.5
特定名称的水妖

实 例

（参见下级母题实例）

W0846.2.5.1
水精（水王）乌肯·爱钦

实 例

蒙古族（布里亚特） 水精（水王）乌肯·爱钦是溺死者的幽灵。

【流传】（无考）

【出处】《蒙古族神灵观念和神灵系统》，见吕大吉、何耀华主编《中国各民族原始宗教资料集成》（鄂伦春族卷、鄂温克族卷、赫哲族卷、达斡尔族卷、锡伯族卷、满族卷、蒙古族卷、藏族卷），北京：中国社会科学出版社1999年版，第623页。

W0846.2.5.2
水魔勒瓦扎

实 例

土族 海洋中有一个水魔，名叫勒瓦扎。它经常兴风作浪，震得须弥山摇摇晃晃，不得安宁。

【流传】

（a）青海省·（海东市）·互助县（互助土族自治县）·东山乡。

（b）青海省·（海东市）·互助县（互助土族自治县）

【出处】

（a）才旦讲，李永丛采录：《镇服水魔勒瓦札》，见中国民间文学集成全国编辑委员会编《中国民间故事集成》（青海卷），北京：中国 ISBN 中心 2007 年版，第 4 页。

（b）才丹讲，李永丛记录整理：《仙人警告勒瓦扎》，见满都呼主编《中国阿尔泰语系诸民族神话故事》，北京：民族出版社 1997 年版，第 213 页。

W0846. 2. 5. 3

黄水怪

实 例

汉族 黄水怪偷偷地跑了回来，恼恨地一口把硝河里的水喝了个干。

【流传】河南省·（安阳市）·内黄县·（梁庄乡·三杨庄）

【出处】寇四妮（男，60 岁，农民，小学）讲，张毅力采录：《二帝陵和硝河的传说》（1986. 07. 12），见张振犁编著，孟宪明、朱淑君统纂《中原神话通鉴》（第三卷），郑州：河南大学出版社 2017 年版，第 948 页。

W0846. 2. 5. 3. 1

黄水怪口吐黄水造成洪灾

实 例

汉族 大约在四千多年前，这一带住着一个恶魔叫黄水怪，它经常兴风作浪，口吐黄水，淹没农田，冲毁房屋，给百姓带来深重的灾难。

【流传】河南省·（安阳市）·内黄县·（梁庄乡·三杨庄）

【出处】寇四妮（男，60 岁，农民，小学）讲，张毅力采录：《二帝陵和硝河的传说》（1986. 07. 12），见张振犁编著，孟宪明、朱淑君统纂《中原神话通鉴》（第三卷），郑州：河南大学出版社 2017 年版，第 948 页。

W0846. 2. 5. 3. 2

黄水怪夏天出现

实 例

汉族 有一年夏天，不知从哪里跑过来一条长长的大黄水怪。

【流传】河南省·（新乡市）·封丘县·司庄、陈桥一带［采录地点：封丘县司庄］

【出处】刘振山（男，64 岁，不识字，封丘县司庄乡农民）讲，郭顺昌（男，30 岁，大专毕业，封丘县文化馆干部）采录整理：《邙山和黄河的传说》（1984. 05），见张振犁编著，孟宪明、朱淑君统纂《中原神话通鉴》（第四卷），郑州：河南大学出版社 2017 年版，第 1355 页。

W0846.2.5.4

水灵兽

【关联】［W0751.4.5.2］大禹制服水灵兽

实 例

（参见下级母题实例）

W0846.2.5.4.1

水灵兽作恶多端

实 例

汉族 土德星君找到水德星君，诉说水灵兽在人间作恶多端，请他严加管教。

【流传】河南省·开封市

【出处】《大禹魂》，见张振犁编著，孟宪明、朱淑君统纂《中原神话通鉴》（第四卷），郑州：河南大学出版社 2017 年版，第 1048 页。

W0846.2.5.4.2

黄河里的水灵兽

实 例

汉族 黄河里的水灵兽勃然大怒，施展道行，驱动洪水，杀气腾腾向人们冲来。

【流传】河南省·开封市

【出处】《大禹魂》，见张振犁编著，孟宪明、朱淑君统纂《中原神话通鉴》（第四卷），郑州：河南大学出版社 2017 年版，第 1047 页。

W0846.2.5.5

水妖叫无支祁（水怪叫无支祁）

实 例

汉族 禹理水，三至桐柏山，惊风走雷，石号木鸣，五伯拥川，天老肃兵，功不能兴。禹怒，召集百灵，授命夔龙、桐柏等山君长稽首请命。禹因囚鸿蒙氏、章商氏、兜卢氏、犁娄氏，乃获淮涡水神，名无支祁。

【流传】（无考）

【出处】［宋］李昉、扈蒙、李穆、徐铉等：《太平广记》卷四六七“李汤”条引《戎幕闲谈》。

汉族 水妖原来是一条大蛟龙变的，名字叫无支祁。

【流传】河南省·（南阳市）·桐柏县

【出处】熊自谦（男，50 岁，太阳城茶场职工）讲，孙建英采录整理：《铁链锁蛟》，见张振犁编著，孟宪明、朱淑君统纂《中原神话通鉴》（第四卷），郑州：河南大学出版社 2017 年版，第 1163 页。

汉族 水怪说：“我叫无支祁，是淮涡水神。”

【流传】河南省·（南阳市）·桐柏县

【出处】郑昌寿讲，马卉欣采录：《玉井龙渊》（1979.10），见张振犁编著，孟宪明、朱淑君统纂《中原神话通鉴》（第四卷），郑州：河南大学出版社 2017 年版，第 1167 页。

W0846. 2. 5. 5. 1

水怪无支祁眼冒蓝光

实 例

汉族 水怪无支祁眼睛一睁，闪出两道蓝光；大嘴一咧，露出三尺钢牙，又把五尺长带刺的舌，伸向大禹。

【流传】 河南省·（南阳市）·桐柏县

【出处】 郑昌寿讲，马卉欣采录：《玉井龙渊》（1979. 10），见张振犁编著，孟宪明、朱淑君统纂《中原神话通鉴》（第四卷），郑州：河南大学出版社 2017 年版，第 1167 页。

W0846. 2. 5. 5. 2

水怪无支祁长舌带刺

实 例

汉族 （参见“W0846. 2. 5. 5. 1 水怪无支祁眼冒蓝光”母题实例）

W0846. 2. 5. 5. 3

水兽无支祁被大禹锁在军山之下

实 例

汉族 水兽好为害，禹锁于军山之下，其名曰无支奇。

【流传】（无考）

【出处】［唐］李肇：《唐国史补》。

W0846. 2. 5. 6

水精蚩尾

实 例

（参见下级母题实例）

W0846. 2. 5. 6. 1

蚩尾置之堂殿能避火灾

实 例

汉族 蚩者，海兽也。汉武帝作柏梁殿，有上疏者云：“蚩尾，水之精，能避火灾，可置之堂殿。”今人多作鸱字，见其吻捆鸱鸢，遂呼之为鸱吻。

【流传】（无考）

【出处】［唐］苏鹗：《苏氏演义》卷上。

W0846. 2. 5. 7

水怪龙罔象

实 例

汉族 季桓子穿井，获如土缶，其中有羊焉，使问之仲尼，对曰：“以丘所闻，羊也。木石之怪，曰夔蝄蜽；水之怪，曰龙罔象。”

【流传】（无考）

【出处】［春秋］左丘明：《国语·鲁语下》。

W0846. 2. 5. 8

水怪毛速木

实 例

东乡族 在深不见底的淖尔（东乡语，湖泊）里，有一个十分可怕的毛速木恶魑（东乡语，妖怪的意思）。

【流传】（无考）

【出处】

（a）自祥搜集整理：《赤孜拉妩的传说》，见郝苏民、马自祥编《东乡族民间故事集》，北京：中国民间文艺出版社 1981 年版

（b）自祥搜集整理：《赤孜拉妩》，见姚宝瑄主编《中国各民族神话》（土族、东乡族、回族、保安族、裕固族、撒拉族），太原：山西出版传媒集团·书海出版社 2014 年版，第 19 页。

W0846.2.6

与水妖有关的其他母题

【关联】［W0400］水神

实　例

（参见下级母题实例）

W0846.2.6.1

水怪分享祭献

实　例

（实例待考）

W0846.2.6.2

水妖的数量

实　例

（参见下级母题实例）

W0846.2.6.2.1

水妖有 18 条

实　例

毛南族 禹皇帝只顾治水，没顾得根除祸根，让二九一十八条水妖——九头乌龙，九头白熊逃上天庭。

【流传】广西壮族自治区·（河池市）·环江县（环江毛南族自治县）·下南公社（下南乡）·波川大队（波川村）

【出处】谭履宜讲，蒋志雨等整理：《格射日月》，见谷德明编《中国少数民族神话》，北京：中国民间文艺出版社 1987 年版，第 160 页。

W0846.2.6.2.2

水妖数量众多

实　例

汉族 ［参见“W0846.2.3.1 水妖兴风作浪（水怪兴风作浪）”母题实例］

W0846.2.6.3

水妖叫水精

实　例

汉族 以前，淮河连年灾祸。其中便有一水妖叫水精的，制造洪水。

【流传】河南省·（南阳市）·桐柏县（桐柏山区）

【出处】李屏堂（男，58 岁）讲，赵赋采录：《桐柏禹王》（1987），见张振犁编著，孟宪明、朱淑君统纂《中原神话通鉴》（第四卷），郑州：河南大学出版社 2017 年版，第 1156 页。

W0846. 2. 6. 4
涸泽中的精怪

实 例

（参见下级母题实例）

W0846. 2. 6. 4. 1
涸泽中的精怪庆忌

实 例

汉族 涸泽数百岁，谷之不徙、水之不绝者，生庆忌。庆忌者，其状若人，其长四寸，衣黄衣，冠黄冠，戴黄盖，乘小马，好急驰。以其名呼之，可使千里外一日反报。此涸泽之精也。

【流传】（无考）

【出处】［春秋］管仲：《管子·水地》。

汉族 西湖昭庆寺后，有庆忌塔，土耸峻壁，下临深渊，每月明风雨之夜，光怪百出。传言吴庆忌葬此。然石骨巉露，恐非容棺之区。余思水石之精名庆忌，涸泽之精，亦名庆忌。昭庆后所谓庆忌者，得毋怖其精魅，故设塔以镇之耶？况吴将不应葬越地也。

【流传】（无考）

【出处】［明］陈继儒：《偃曝余谈》卷上。

W0846. 3
河妖

实 例

（实例待考）

W0846. 3. 1
宝塔镇河妖

实 例

汉族 （实例待考）

W0846. 3a
湖妖

实 例

（参见下级母题实例）

W0846. 3a. 1
特定湖中的湖妖

实 例

（参见下级母题实例）

W0846. 3a. 1. 1
淖尔湖湖妖毛速木恶魑

实 例

东乡族 在这深不见底的淖尔湖里，有一个毛速木恶魑（东乡语，妖怪），它长得七头八丫叉，铁手铜指甲。

【流传】（无考）

【出处】自祥搜集整理：《赤孜和拉妩滩的传说》，见满都呼主编《中国阿尔泰语系诸民族神话故事》，北京：民族出版社 1997 年版，第 194 页。

W0846.3b

蛟怪

实 例

（参见下级母题实例）

W0846.3b.1

蛟怪制造洪水

实 例

汉族 很久以前，密县岳村乡壶瓶咀上游数十里是个大湖。有一年湖内突然来了一对蛟怪。它们来到这里以后，经常兴风作浪，淹没良田，还经常到岸边伤畜害人，闹得民不聊生。

【流传】河南省·（郑州市）·新密市·岳村、来集、城关镇等

【出处】王天边讲，李改玲采录整理：《二郎斩蛟》，见张振犁编著，孟宪明、朱淑君统纂《中原神话通鉴》（第三卷），郑州：河南大学出版社 2017 年版，第 930 页。

W0846.3b.2

蛟怪被制服

【关联】

① [W0751.4.5.1] 大禹锁蛟（大禹斗蛟，大禹降蛟）

② [W8951.1] 斗蛟

实 例

汉族 大禹在治水时，大施法力，捉住了兴风作浪的蛟龙。

【流传】河南省·（许昌市）·禹州市

【出处】《禹王锁蛟井》，见张振犁编著，孟宪明、朱淑君统纂《中原神话通鉴》（第四卷），郑州：河南大学出版社 2017 年版，第 1094 页。

汉族 禹气治水时带领壮士降服蛟龙。

【流传】河南省·（信阳市）·淮滨县、息县

【出处】易志（男，69 岁，市民）讲，曹金铸采录整理：《淮汝交流》（1990），见张振犁编著，孟宪明、朱淑君统纂《中原神话通鉴》（第四卷），郑州：河南大学出版社 2017 年版，第 1114 页。

W0846.4

雪妖

实 例

（参见下级母题实例）

W0846.4.1

雪妖的产生

实 例

（实例待考）

W0846.4.2

雪妖的特征

实 例

（参见下级母题实例）

W0846. 4. 2. 1
雪妖害人

实 例

裕固族 昔裕固族所居地，山下有一水洞，洞藏雪妖，常兴风作浪，予草原以无穷灾害。

【流传】（无考）

【出处】袁珂改编：《莫拉》，原载毛星主编《中国少数民族文学》（上册），见袁珂《中国神话大词典》，北京：华夏出版社 2015 年版，第 586 页。

W0846. 4. 3
雪妖的生活

实 例

（参见下级母题实例）

W0846. 4. 3. 1
雪妖住冰洞中

实 例

（参见下级母题实例）

W0846. 4. 3. 1. 1
雪妖住祁连山山下冰洞中

实 例

裕固族 祁连山山下有个大冰洞，冰洞里还住着一个大雪妖。

【流传】（无考）

【出处】

（a）乔维森等整理：《莫拉》，见谷德明编《中国少数民族神话》，北京：中国民间文艺出版社 1987 年版，第 719 页。

（b）乔维森等整理，钟进文辑：《莫拉》，见满都呼主编《中国阿尔泰语系诸民族神话故事》，北京：民族出版社 1997 年版，第 124 页。

裕固族 祁连山下有个大冰洞，冰洞里还住着一个大雪妖。它常常兴妖作怪，给草原带来了不少灾害。

【流传】（无考）

【出处】乔维森、野枫整理：《莫拉》，原载《神话传说故事选》，见陶阳、钟秀编《中国神话》（中），北京：商务印书馆 2008 年版，第 779 ~ 784 页。

裕固族 祁连山下有个大冰洞，冰洞里住着雪妖。

【流传】（甘肃省祁连山一带）

【出处】

（a）乔维森、野枫记录整理：《莫拉》，见《少数民族文学作品选》编辑委员会编《中国少数民族文学作品选》（第二分册），上海：上海文艺出版社 1981 年版。

（b）同（a），见姚宝瑄主编《中国各民族神话》（土族、东乡族、回族、保安族、裕固族、撒拉族），太原：山西出版传媒集团 · 书海出版社 2014 年版，第 89 页。

W0846.4.3.2

雪妖住水洞中

实 例

裕固族 昔裕固族所居地，山下有一水洞，洞藏雪妖，常兴风作浪，予草原以无穷灾害。

【流传】（无考）

【出处】 袁珂改编：《莫拉》，原载毛星主编《中国少数民族文学》（上册），见袁珂《中国神话大词典》，北京：华夏出版社2015年版，第586页。

W0846.4.4

与雪妖有关的其他母题

【关联】［W0839.4.4.4］白雾是雪妖出现的征兆

实 例

（参见下级母题实例）

W0846.5

与自然物有关的其他妖魔

实 例

（参见下级母题实例）

W0846.5.1

火魔

【关联】［W0851.2.9.2］降服火魔必须冻住他的心

实 例

（参见下级母题实例）

W0846.5.1.1

火魔吃火

【关联】［W0839.2.5］妖魔吃火

实 例

汉族 有一个专门吃火的妖魔，它走到哪里，就把哪里的火吃掉。

【流传】 东北长白山一带

【出处】 佟畴、曾层搜集整理：《天池》，见姚宝瑄主编《中国各民族神话》（汉族），太原：山西出版传媒集团·书海出版社2014年版，第348~352页。

W0846.5.1.2

火魔怕冰冷的东西

实 例

汉族 人们联合起来，用雪球冰块打火魔，因为它最怕这些冰冷的东西。

【流传】 东北长白山一带

【出处】 佟畴、曾层搜集整理：《天池》，见姚宝瑄主编《中国各民族神话》（汉族），太原：山西出版传媒集团·书海出版社2014年版，第348~352页。

W0846.5.1.3

火魔怕冰

实 例

满族 百姓们联合起来，用雪球、冰块打它，因为吞吃电火、野火和人间烟火的火魔，因为它最怕这些冰冷的东西。

【流传】吉林省

【出处】

(a) 佟畴、曾层搜集整理：《日吉纳姑娘》，见乌丙安、李文刚等编《满族民间故事选》，上海：上海文艺出版社 1983 年版。

(b) 同 (a)，见姚宝瑄主编《中国各民族神话》（满族、赫哲族、朝鲜族），太原：山西出版传媒集团·书海出版社 2014 年版，第 91～95 页。

W0846. 5. 2

旱精

实 例

（参见下级母题实例）

W0846. 5. 2. 1

旱精能喝干一条河

实 例

布依族 旱精喝起水来，肚子更是无底坑，一气能把一条小河的水喝干。

【流传】贵州省·（黔西南布依族苗族自治州）·望谟县、册亨县、安龙县一带

【出处】

(a) 韦习弄、罗华林、岑尕搜集：《捉旱精》，见谷德明编《中国少数民族神话选》，西北民族学院研究所 1983 年编印，内部资料。

(b) 同 (a)，见姚宝瑄主编《中国各民族神话》（布依族、仡佬族、苗族），太原：山西出版传媒集团·书海出版社 2014 年版，第 83 页。

W0846. 5. 2. 2

旱精能吸干水塘的水

实 例

布依族 旱精常年住在火焰山上，浑身上下都能像柴灰吸尿一样吸水，只要它的身子一挨着水，不管多大的水塘，一下子就能吸干。

【流传】贵州省·（黔西南布依族苗族自治州）·望谟县、册亨县、安龙县一带

【出处】

(a) 韦习弄、罗华林、岑尕搜集：《捉旱精》，见谷德明编《中国少数民族神话选》，西北民族学院研究所 1983 年编印，内部资料。

(b) 同 (a)，见姚宝瑄主编《中国各民族神话》（布依族、仡佬族、苗族），太原：山西出版传媒集团·书海出版社 2014 年版，第 83 页。

W0846. 5. 2. 3

旱精住西方

实 例

布依族 很久以前，西方有个旱精，经常出来作祟，吸干井水和沟水，叫人们种不上庄稼，吃不上五谷。

【流传】贵州省·（黔西南布依族苗族自治州）·望谟县、册亨县、安龙县

一带

【出处】韦习弄、罗华林、岑尕讲，罗汛河搜集整理：《锁孽龙》（1956），见姚宝瑄主编《中国各民族神话》（布依族、仡佬族、苗族），太原：山西出版传媒集团·书海出版社2014年版，第86页。

W0846.5.2.4

旱精住火焰山

实 例

布依族 很早以前，离我们这里很远很远的西方，有座高高的火焰山，山上有个万恶的旱精。

【流传】贵州省·（黔西南布依族苗族自治州）·望谟县、册亨县、安龙县一带

【出处】

（a）韦习弄、罗华林、岑尕搜集：《捉旱精》，见谷德明编《中国少数民族神话选》，西北民族学院研究所1983年编印，内部资料。

（b）同（a），见姚宝瑄主编《中国各民族神话》（布依族、仡佬族、苗族），太原：山西出版传媒集团·书海出版社2014年版，第83页。

W0846.5.2.5

旱精与黄龙是结拜兄弟

实 例

布依族 旱精有个老庚（同年生的异姓人结拜为兄弟称为“老庚”）黄龙，凶得很。

【流传】贵州省·（黔西南布依族苗族自治州）·望谟县、册亨县、安龙县一带

【出处】韦习弄、罗华林、岑尕讲，罗汛河搜集整理：《锁孽龙》（1956），见姚宝瑄主编《中国各民族神话》（布依族、仡佬族、苗族），太原：山西出版传媒集团·书海出版社2014年版，第86页。

W0846.5.3

旱魔

【关联】

①［W0463］旱神

②［W1554.9.1］旱魔造太阳

实 例

（参见下级母题实例）

W0846.5.3.1

旱魔吞噬整个草原

实 例

蒙古族 旱魔吞噬着整个草原。

【流传】内蒙古自治区·赤峰市北部山区

【出处】蒙古族老大娘讲，赛野记录整理：《金鹰》，见姚宝瑄主编《中国各民族神话》（达斡尔族、鄂伦春族、鄂温克族、蒙古族），太原：山西出版传媒集团·书海出版社2014年版，第174页。

W0847
其他特定的妖魔

实 例

（参见下级母题实例）

W0847.1
老妖

实 例

彝族 风神米恒哲消灭了林中的妖怪，马上飞身跃上神马，直追老妖。

【流传】云南省·（大理白族自治州）·鹤庆县

【出处】《米恒哲降妖》，王四代根据王子尧翻译，康健、王冶新等整理《彝族古歌》（贵州人民出版社 1989 年版）改写，见姚宝瑄主编《中国各民族神话》（羌族、彝族），太原：山西出版传媒集团·书海出版社 2014 年版，第 364 页。

W0847.1.1
千年老妖

【汤普森】G631.1

实 例

（参见下级母题实例）

W0847.1.1.1
老妖需用木棍撑起眼皮

实 例

蒙古族 母魔听见有人进来，就用爪子抬起眼皮，用几根木棍支撑住。

【流传】内蒙古自治区

【出处】

（a）布拉托夫整理：《阿勒坦·沙盖父子战多头恶魔》，见郝苏民、薛守邦译编：《布里亚特蒙古民间故事集》，北京：中国民间文艺出版社 1984 年版。

（b）同（a），见姚宝瑄主编《中国各民族神话》（达斡尔族、鄂伦春族、鄂温克族、蒙古族），太原：山西出版传媒集团·书海出版社 2014 年版，第 194 页。

W0847.1.2
杀不死的老妖

实 例

（参见下级母题实例）

W0847.1.2.1
老妖能用唾液自疗

实 例

彝族 老妖变成一只巨蟒。风神米恒哲用箭射、用刀斩，但那蟒用唾液一敷，伤即刻就好，斩不断、射不死。

【流传】云南省·（大理白族自治州）·鹤庆县

【出处】《米恒哲降妖》，王四代根据王子尧翻译，康健、王冶新等整理《彝族古歌》（贵州人民出版社 1989 年版）改写，见姚宝瑄主编《中国各民族神话》（羌族、彝族），太原：山西出版传媒集团·书海出版社 2014 年版，第 365 页。

W0847.2

专门吓唬小孩的女妖

【关联】[W0838.2] 女妖（女魔）

实 例

傣族 （实例待考）

W0847.3

吸血妖魔

【关联】[W0907.5] 吸血鬼

实 例

撒拉族 （实例待考）

W0847.3.1

吸血女魔

【关联】[W0838.2] 女妖（女魔）

实 例

门巴族 小王国的结波（意为国王）与女魔结婚，被吸血。

【流传】西藏自治区·（林芝市）·墨脱县

【出处】穷多吉讲，陈景源搜集整理：《隅南热巴的故事》，载《民间文学》1983 年第 8 期。

W0847.3.1.1

吸血妖魔化身老奶奶

实 例

裕固族 妖魔变成的老奶奶从自己头发里拔出一根锋利的骨针，在媳妇的身上扎了三针。她三个头上的三张嘴都对住三个针眼猛吸起媳妇的鲜血，吸得媳妇一点不省人事了。

【流传】（甘肃省）

【出处】

(a) 白斯坦、郭应贵等讲，才让丹珍整理：《贵伊斯貂尔》，见郝苏民编《东乡族保安族裕固族民间故事选》，上海：上海文艺出版社 1987 年版。

(b) 白斯坦、郭应贵等讲，才让丹珍整理：《猎人除妖》，见姚宝瑄主编《中国各民族神话》（土族、东乡族、回族、保安族、裕固族、撒拉族），太原：山西出版传媒集团·书海出版社 2014 年版，第 97 页。

W0847.3.2

嗜血女妖

实 例

裕固族 从前，有一个吸血女妖。

【流传】（无考）

【出处】白斯坦等讲，才让丹珍整理：《贵伊斯貂尔》，见中华民族故事大系编委会编《中华民族故事大系》第 15 卷（德昂族、保安族、裕固族、京族、塔塔尔族、独龙族、鄂伦春族），上海：上海文艺出版社 1995 年版，第 161 页。

W0847.3.2.1

嗜血七头女妖

实 例

维吾尔族 七头女妖变老太婆吸食女子的血。

【流传】（无考）

【出处】

（a）《轻·铁木尔》，见满都呼主编《中国阿尔泰语系诸民族神话故事》，北京：民族出版社 1997 年版，第 51 页；

（b）赵永红译：《轻·铁木尔》，见《维吾尔族民间故事（2）》，乌鲁木齐：新疆人民出版社 1982 年版。

W0847.3.3

九头吸血妖怪

实 例

土族 从前，有个九头妖怪，吸人血，吃人肉。

【流传】（无考）

【出处】

（a）王殿、许可权、李桂兰、王漠搜集整理：《黑马张三哥》，见中国少数民族文学学会编《中国少数民族民间故事选》（下），北京：中国民间文艺出版社 1982 年版。

（b）同（a），见姚宝瑄主编《中国各民族神话》（土族、东乡族、回族、保安族、裕固族、撒拉族），太原：山西出版传媒集团·书海出版社 2014 年版，第 6 页。

W0847.3.3.1

九头妖魔婆蟒斯罕尔专门吸人的血

实 例

撒拉族 吃人婆蟒斯罕尔（九头妖魔）专门吸人的血。

【流传】（无考）

【出处】马草牙讲，马秀兰记录：《阿腾其根马生宝》，见满都呼主编《中国阿尔泰语系诸民族神话故事》，北京：民族出版社 1997 年版，第 106 页。

W0847.3.4

吸血的七头妖魔

实 例

（参见下级母题实例）

W0847.3.4.1

七头妖魔用铁钳扎透人的脚心吸血

实 例

维吾尔族 七头妖魔先把买合土木苏拉（女子名）锅里的肉吃得一光二净，接着把她五花大绑地吊在房梁上，用铁钳扎透姑娘的脚心，吮吸姑娘鲜红的血。

【流传】（新疆维吾尔自治区）

【出处】柯培林整理：《轻·吐米日英雄》，见姚宝瑄主编《中国各民族神话》（乌孜别克族、哈萨克族、柯尔克孜族、俄罗斯族、维吾尔族、塔吉克族、塔塔尔族、锡伯族），太原：山西出版传媒集团·书海出版社 2014 年版，第 257 页。

W0847.3.5

专门吃人肉、喝人血的妖精

实　例

裕固族 妖精专门靠吃人肉、喝人血生活。

【流传】（ab）甘肃省·（张掖市）·肃南裕固族自治县

【出处】

（a）郭怀五讲，钟福祖整理：《火种》，见谷德明编《中国少数民族神话》，北京：中国民间文艺出版社 1987 年版，第 724～727 页。

（b）郭怀五讲，钟福祖整理：《火种的故事》，载《甘肃文艺》1997 年第 7 期。

（c）同（a），见陶阳、钟秀编《中国神话》（下），北京：商务印书馆 2008 年版，第 1117～1119 页。

W0847.4

梦中恶魔

【汤普森】F471

实　例

（实例待考）

W0847.5

帮助人的妖魔

【汤普森】G303.22

实　例

（实例待考）

W0847.6

愚蠢的妖魔

【汤普森】①G303.13；②G501

实　例

（实例待考）

W0847.7

嫉妒的妖魔

实　例

（参见下级母题实例）

W0847.7.1

魔鬼嫉妒人类的美好生活

实　例

哈萨克族 （实例待考）

W0847.8

特定名称的妖魔（妖魔名称，魔鬼名称）

实　例

（参见下级母题实例）

W0847.8.1

莽古斯

实 例

（参见下级母题实例）

W0847.8.1.1

22 个头的蟒古斯

实 例

蒙古族 乌拉巴特尔王爷的儿子当德巴特尔与二十二个脑袋的蟒古斯比赛马。

【流传】内蒙古自治区·（巴彦淖尔市）·乌拉特中旗

【出处】

(a) 额尔登达来讲，巴彦尔翻译，赵永晖、陈代明搜集整理：《英雄当德巴特尔》，载《民间文学》1984 年第 11 期。

(b) 同 (a)，见姚宝瑄主编《中国各民族神话》（达斡尔族、鄂伦春族、鄂温克族、蒙古族），太原：山西出版传媒集团·书海出版社 2014 年版，第 171 页。

W0847.8.1.2

莽古斯掠夺财物

实 例

蒙古族 十二个脑袋的蟒古斯赶了马群，掳走了英雄的父母，烧掉了蒙古包。

【流传】内蒙古自治区·（巴彦淖尔市）·乌拉特中旗

【出处】

(a) 额尔登达来讲，巴彦尔翻译，赵永晖、陈代明搜集整理：《英雄当德巴特尔》，载《民间文学》1984 年第 11 期。

(b) 同 (a)，见姚宝瑄主编《中国各民族神话》（达斡尔族、鄂伦春族、鄂温克族、蒙古族），太原：山西出版传媒集团·书海出版社 2014 年版，第 172 页。

W0847.8.2

满盖

【关联】［W0838.6.3.1.1］满盖的 3 个不死的心脏放在 3 棵树上

实 例

达斡尔族 妖魔满盖有三个不死的心脏。

【流传】（无考）

【出处】《白嘎拉山的故事》，见田青《“满盖”的意象与鄂伦春民间故事的文化氛围》，载《民族文学研究》2005 年第 2 期。

W0847.8.3

蟒猊

实 例

鄂伦春族 柯阿汗（英雄名）替鄂伦春人除了老蟒猊（妖魔）。

【流传】内蒙古自治区·（呼伦贝尔

市）·鄂伦春族自治旗

【出处】

（a）葛德宏讲，隋书金记录整理：《猎人柯阿汗》，见隋书金编《鄂伦春族民间故事选》，上海：上海文艺出版社1988年版。

（b）同（a），见姚宝瑄主编《中国各民族神话》（达斡尔族、鄂伦春族、鄂温克族、蒙古族），太原：山西出版传媒集团·书海出版社2014年版，第84～90页。

W0847.8.4

犊疫

实 例

羌族 从前，有一个山寨，寨子里有一个"犊疫"（妖魔）王。

【流传】四川省·（阿坝藏族羌族自治州）·松潘县·镇平乡·双泉下村

【出处】王河民讲，吴文光、王康、龚剑雄采录：《人神和"犊疫"王》，原载西南民族学院编印《羌族民间文学资料》，见姚宝瑄主编《中国各民族神话》（羌族、彝族），太原：山西出版传媒集团·书海出版社2014年版，第37页。

W0847.8.5

恶魔奔儿奔·煞拉

实 例

蒙古族 长着七十五颗脑袋的恶魔奔儿奔·煞拉。

【流传】内蒙古自治区

【出处】

（a）布拉托夫整理：《阿勒坦·沙盖父子战多头恶魔》，见郝苏民、薛守邦译编：《布里亚特蒙古民间故事集》，北京：中国民间文艺出版社1984年版。

（b）同（a），见姚宝瑄主编《中国各民族神话》（达斡尔族、鄂伦春族、鄂温克族、蒙古族），太原：山西出版传媒集团·书海出版社2014年版，第192页。

W0847.8.5a

恶魔沙尔腾巴

实 例

蒙古族 夭乌麦勒根汗国的东面，有一个凶恶的妖怪，叫沙尔腾巴。它残害人民，强奸妇女，掠夺牛羊，无恶不作。

【流传】（无考）

【出处】阿·太白搜集翻译，姚宝瑄、巴音巴图整理：《赤脚巨人》，见姚宝瑄主编《中国各民族神话》（达斡尔族、鄂伦春族、鄂温克族、蒙古族），太原：山西出版传媒集团·书海出版社2014年版，第214页。

W0847.8.6

恶魔商朱

实 例

侗族 地底下有个吃人的恶魔，名叫

商朱。

【流传】广西壮族自治区·（柳州市）·三江侗族自治县·（丹洲镇）·板必（板必村）

【出处】黄大奶讲，鼓声、卜朗整理：《兄妹救太阳》，见姚宝瑄主编《中国各民族神话》（土家族、毛南族、侗族、瑶族），太原：山西出版传媒集团·书海出版社 2014 年版，第 123 页。

W0847. 9

与特定的妖魔有关的其他母题

实 例

（参见下级母题实例）

W0847. 9. 1

病魔

实 例

（参见下级母题实例）

W0847. 9. 1. 1

天降病魔

实 例

藏族 病魔是从天上降下来的。

【流传】西藏自治区

【出处】谢后方翻译：《马是怎样和野马分开的》，见中国民间文学集成全国编辑委员会编《中国民间故事集成》（西藏卷），北京：中国 ISBN 中心 2001 年版，第 10 页。

W0847. 9. 2

四妖

实 例

（参见下级母题实例）

W0847. 9. 2. 1

四妖即毒龙、恶虎、刁马、臭鼋

实 例

汉族 远古之时，无锡锡山、太湖一带有四妖为害。四妖即毒龙、恶虎、刁马、臭鼋。

【流传】（无考）

【出处】袁珂改编：《大阿福》，原载江苏省民间文学工作者协会苏州市分会编《太湖传说故事》，见袁珂《中国神话大词典》，北京：华夏出版社 2015 年版，第 373 页。

W0848

妖魔的关系（魔鬼的关系，魔鬼的亲属）

实 例

（参见下级母题实例）

W0848. 0

妖魔的亲属（魔鬼的亲属）

【汤普森】G303. 11

实 例

（参见下级母题实例）

W0848.1

妖魔的父母（魔鬼的父母）

实 例

（参见下级母题实例）

W0848.1.1

妖魔的父亲（魔鬼的父亲）

实 例

（实例待考）

W0848.1.2

妖魔的母亲（魔鬼的母亲）

【汤普森】G303.11.3

实 例

（实例待考）

W0848.2

妖魔的妻子（魔鬼的妻子）

【汤普森】G303.11.1

实 例

（参见下级母题实例）

W0848.2.1

一对专门残害生灵的魔鬼夫妻

实 例

傣族 在古老的年代，布满了湖泊河流的弟密牙（今西双版纳勐遮的古称）地方，有两个凶残的魔鬼，是专门残害生灵的夫妻。

【流传】（无考）

【出处】岩峰、王松搜集整理：《召底米》，原载《中国各民族宗教与神话大词典》编审委员会编《中国各民族宗教与神话大词典》，学苑出版社1990年版，见姚宝瑄主编《中国各民族神话》（哈尼族、傣族），太原：山西出版传媒集团·书海出版社2014年版，第366页。

W0848.3

妖魔的孩子（魔鬼的孩子）

实 例

（参见下级母题实例）

W0848.3.1

妖魔的儿子（魔鬼的儿子）

【汤普森】G303.11.2

实 例

（实例待考）

W0848.3.2

妖魔的女儿（魔鬼的女儿）

【汤普森】G303.11.5

实 例

（参见下级母题实例）

W0848.3.2.1

蟒古斯之女儿玛拉斯姑娘腾格里骑七只豕

实 例

蒙古族 骑七只豕的玛拉斯姑娘腾格

里，又称玛拉斯姑娘腾格里，俗称蟒古斯之女儿。

【流传】（无考）

【出处】额尔德木图：《蒙古英雄史诗与孛额唱词中的“腾格里”》，载《内蒙古社会科学》（汉文版）1995年第5期。

W0848.4

妖魔的上司（魔鬼的上司）

实 例

（参见下级母题实例）

W0848.4.1

神管辖妖魔

实 例

（参见下级母题实例）

W0848.4.1.1

山神统辖妖魔

实 例

藏族 阿尼玛卿雪山神统辖高原东北的所有山神和妖魔鬼怪，保护着人们的安全。

【流传】西藏自治区

【出处】贡乔泽登讲：《阿尼玛卿大山神》，见姚宝瑄主编《中国各民族神话》（门巴族、珞巴族、怒族、藏族），太原：山西出版传媒集团·书海出版社2014年版，第96页。

W0848.5

妖魔的从属（魔鬼的从属）

实 例

（参见下级母题实例）

W0848.5.1

动物作为魔鬼的从属

实 例

（参见下级母题实例）

W0848.5.1.1

魔鬼耶鲁哩手下有99条火龙

实 例

满族 地下魔鬼耶鲁哩手下共有九九八十一条火龙。

【流传】黑龙江省·牡丹江市·（阳明区）·铁岭河（铁岭河镇）

【出处】郭鹤令讲，傅英仁采录：《突忽烈玛发》，见中国民间文学集成全国编辑委员会编《中国民间故事集成》（黑龙江卷），北京：中国ISBN中心2005年版，第74～75页。

W0848.6

妖魔的朋友（魔鬼的朋友）

实 例

（实例待考）

W0848.7

妖魔的帮凶（魔鬼的帮凶）

实 例

满族 （实例待考）

纳西族 （实例待考）

W0848.8

妖魔的敌人

实 例

（参见下级母题实例）

W0848.8.1

魔鬼与人为敌

实 例

汉族 魔鬼是不准许渔民过好日子的。

【流传】 海南省·南沙群岛、西沙群岛

【出处】 叶春生、许和达记录整理：《北斗星的传说》，见姚宝瑄主编《中国各民族神话》（汉族），太原：山西出版传媒集团·书海出版社2014年版，第328~332页。

W0848.9

与妖魔的关系有关的其他母题

实 例

（实例待考）

W0849

妖魔的数量（魔鬼的数量，妖魔的类型）

实 例

（参见下级母题实例）

W0849.1

72个妖魔

实 例

壮族 远古有72妖作乱。

【流传】 （无考）

【出处】 张声震主编：《壮族麽经布洛陀影印译注》，南宁：广西民族出版社2004年版，第238页。

W0849.2

72地煞（七十二地煞）

【关联】 ［W0126］恶神（凶神）

实 例

汉族 三十六天罡临化地，七十二地煞闹中原。

【流传】 （无考）

【出处】 ［明］施耐庵：《水浒传》第七十回。

汉族 七十二地煞星名：地魁星、地煞星、地勇星、地杰星、地雄星、地威星、地英星、地奇星、地猛星、地文星、地正星、地辟星、地阖星、地强星、地暗星、地轴星、地会星、地佐星、地佑星、地灵星、地兽星、地

微星、地慧星、地暴星、地然星、地猖星、地狂星、地飞星、地走星、地巧星、地明星、地进星、地退星、地满星、地遂星、地周星、地隐星、地异星、地理星、地俊星、地乐星、地捷星、地速星、地镇星、地稽星、地魔星、地妖星、地幽星、地伏星、地僻星、地空星、地孤星、地全星、地短星、地角星、地囚星、地藏星、地平星、地损星、地奴星、地察星、地恶星、地丑星、地数星、地阴星、地刑星、地壮星、地劣星、地健星、地耗星、地贼星、地狗星。

【流传】（无考）

【出处】《七十二地煞》，见 https：//baike. baidu. com/item。

W0849.2.1

72 地煞的产生

实　例

（参见下级母题实例）

W0849.2.1.1

观音给的净水瓶点出七十二地煞

实　例

白族 段宗堂（人名）打开观音给的净水瓶，用杨柳枝蘸了净水，朝地上洒了三下。水刚落地，地上就站出七十二地煞。

【流传】云南省·大理（大理白族自治州·喜州区·庆洞村）

【出处】杨宗元、段圭讲，许天侠、周百里搜集整理：《爱民皇帝段宗堂——喜州区庆洞村神都本主》，原载大理市文化局编《白族本主神话》，中国民间文艺出版社 1988 年版，见姚宝瑄主编《中国各民族神话》（白族、拉祜族、景颇族），太原：山西出版传媒集团·书海出版社 2014 年版，第 140 页。

W0849.2.2

72 地煞的特征

实　例

（参见下级母题实例）

W0849.2.2.1

72 地煞头戴金盔，身披错甲，左手擎旗，右手执剑

实　例

白族 七十二地煞全是头戴金盔，身披错甲，左手擎旗，右手执剑，冲向罗刹，挥剑就杀。

【流传】云南省·大理（大理白族自治州·喜州区·庆洞村）

【出处】杨宗元、段圭讲，许天侠、周百里搜集整理：《爱民皇帝段宗堂——喜州区庆洞村神都本主》，原载大理市文化局编《白族本主神话》，中国民间文艺出版社 1988 年版，见姚宝瑄主编《中国各民族神话》（白族、拉祜族、景颇族），太原：山西出版传媒集团·书海出版社 2014 年版，第 140 页。

W0849.2.3
与地煞有关的其他母题

实 例

（实例待考）

W0849.3
360 个妖魔

实 例

壮族 （实例待考）

W0849.3.1
毒鬼有 360 个

实 例

纳西族 （参见“W0902.4.1.11b 毒鬼的父亲占敦务务知”母题实例）

W0849.4
与魔鬼数量有关的其他母题

实 例

（参见下级母题实例）

W0849.4.1
8 个妖精

实 例

（参见下级母题实例）

W0849.4.1.1
太白金星赐颜氏女八豆生张良等八妖精

实 例

苗族 太白金星赐颜氏女八豆，生张良等八妖精。

【流传】湖南省·湘西（湘西土家族苗族自治州）

【出处】《摊公摊母歌》，见马昌仪编《中国神话学文论选萃》（上编），北京：中国广播电视出版社 1994 年版，第 376～377 页。

W0849.4.2
五妖

实 例

（参见下级母题实例）

W0849.4.2.1
五妖指山妖、水妖、火妖、土妖、树妖

实 例

满族 五妖，是耶路哩（大魔鬼，魔王）从各地召集来的妖精，其中有山妖、水妖、火妖、土妖、树妖。

【流传】黑龙江省·（牡丹江市）·宁古塔（宁安县）；吉林省·长白山地区（长白山一带）

【出处】

(a) 傅英仁讲述，张爱云记录整理：《天宫神魔大战》，见傅英仁讲述，张爱云记录整理《满族萨满神话》，哈尔滨：黑龙江人民出版社 2006 年版。

(b) 同（a），见陶阳、钟秀编《中国神话》（上），北京：商务印书馆 2008 年版，第 155～180 页。

W0849. 4. 3

不同颜色的妖魔

实 例

（参见下级母题实例）

W0849. 4. 3. 1

红色妖魔

【关联】［W0914. 3. 5. 1］大红鬼（红鬼）

实 例

塔吉克族 一座红色的山崖上的一个红色的洞中住着一个红魔。

【流传】（新疆维吾尔自治区）

【出处】 艾布力·艾山汗、西仁·库尔班搜集，夏羿、朱华翻译整理：《玉枝金花》，见姚宝瑄主编《中国各民族神话》（乌孜别克族、哈萨克族、柯尔克孜族、俄罗斯族、维吾尔族、塔吉克族、塔塔尔族、锡伯族），太原：山西出版传媒集团·书海出版社2014年版，第292页。

W0849. 4. 3. 2

黑色妖魔

实 例

塔吉克族 一座黑色峭壁的一个黑森森的魔窟中住着一个凶恶的黑魔。

【流传】（新疆维吾尔自治区）

【出处】 艾布力·艾山汗、西仁·库尔班搜集，夏羿、朱华翻译整理：《玉枝金花》，见姚宝瑄主编《中国各民族神话》（乌孜别克族、哈萨克族、柯尔克孜族、俄罗斯族、维吾尔族、塔吉克族、塔塔尔族、锡伯族），太原：山西出版传媒集团·书海出版社2014年版，第293～294页。

W0849. 4. 3. 3

白色妖魔

实 例

塔吉克族 一座白色的山崖上的一个银白色的洞中住着一个白魔。

【流传】（新疆维吾尔自治区）

【出处】 艾布力·艾山汗、西仁·库尔班搜集，夏羿、朱华翻译整理：《玉枝金花》，见姚宝瑄主编《中国各民族神话》（乌孜别克族、哈萨克族、柯尔克孜族、俄罗斯族、维吾尔族、塔吉克族、塔塔尔族、锡伯族），太原：山西出版传媒集团·书海出版社2014年版，第293页。

W0850

妖魔的寿命与死亡（魔鬼的寿命与死亡）

实 例

（参见下级母题实例）

W0850. 1

妖魔的寿命（魔鬼的寿命）

实 例

（实例待考）

W0850.2
妖魔的死亡（魔鬼的死亡）

实 例

（参见下级母题实例）

W0850.2.1
妖魔死亡原因

实 例

（参见下级母题实例）

W0850.2.1.1
英雄除妖

实 例

蒙古族 （实例待考）

W0850.2.1.2
妖魔被洪水毁灭

实 例

哈尼族 洪水滔天后，动植物都没有了，妖魔鬼怪种也绝了。

【流传】云南省·（红河哈尼族彝族自治州）·红河县

【出处】张平础讲，李期博记录翻译：《杀鱼取种》，原载云南省民间文学集成办公室编《哈尼族神话传说集成》，中国民间文艺出版社1990年版，见姚宝瑄主编《中国各民族神话》（哈尼族、傣族），太原：山西出版传媒集团·书海出版社2014年版，第152页。

W0850.2.2
妖魔死亡情形

实 例

（参见下级母题实例）

W0850.2.2.1
多头妖魔被砍去所有的头后死亡

实 例

土族 兄弟三人一人一刀，把九头妖怪的头砍完了，九头妖怪才断了气。

【流传】（无考）

【出处】

（a）王殿、许可权、李桂兰、王漠搜集整理：《黑马张三哥》，见中国少数民族文学学会编《中国少数民族民间故事选》（下），北京：中国民间文艺出版社1982年版。

（b）同（a），见姚宝瑄主编《中国各民族神话》（土族、东乡族、回族、保安族、裕固族、撒拉族），太原：山西出版传媒集团·书海出版社2014年版，第11～12页。

W0850.2.3
妖魔死后的化身

实 例

（参见下级母题实例）

W0850.2.3.1
妖魔死后身体化为害虫

【关联】［W3490］蚊子

实　例

满族 （实例待考）

W0850. 2. 3. 2

妖魔死后体内飞出特定动物

实　例

（参见下级母题实例）

W0850. 2. 3. 2. 1

妖魔死后体内飞出鸟

实　例

鄂伦春族 吴达内（英雄名）撵上一宝刀就把罕达犴的肚子给割开了，只见妖魔变成的罕达犴（动物名）死后从肚子里飞出一个飞龙鸟（鸟名）一眨眼就飞得没影了。

【流传】黑龙江省·（大兴安岭地区）·呼玛县·（十八站）

【出处】

(a) 孟古古善讲，潭玉昆、李宝玉口译，隋书金记录整理：《吴达内的故事》，见隋书金编《鄂伦春民间故事选》，上海：上海文艺出版社 1988 年版。

(b) 同（a），见姚宝瑄主编《中国各民族神话》（达斡尔族、鄂伦春族、鄂温克族、蒙古族），太原：山西出版传媒集团·书海出版社 2014 年版，第 79 页。

W0850. 2. 4

与妖魔死亡有关的其他母题

实　例

（参见下级母题实例）

W0850. 2. 4. 1

妖魔不死

实　例

（参见下级母题实例）

W0850. 2. 4. 1. 1

杀不死的妖魔

实　例

（参见下级母题实例）

W0850. 2. 4. 1. 1. 1

鸟妖射不死

实　例

满族 多硬的弓、多厉害的箭也射不死恶魔妖鹏。

【流传】（无考）

【出处】《多龙格格》，原载孟慧英著《满族民间文化论集》，长春：吉林人民出版社 1990 年版，见姚宝瑄主编《中国各民族神话》（满族、赫哲族、朝鲜族），太原：山西出版传媒集团·书海出版社 2014 年版，第 99 ~ 100 页。

W0850.3
与妖魔的生死有关的其他母题

实 例

（实例待考）

W0851
妖魔的克星（魔鬼的克星）

【关联】［W0916.7］鬼魂的惧怕物

实 例

（参见下级母题实例）

W0851.1
妖魔畏惧的东西（魔鬼的惧怕物，妖魔的惧怕物）

实 例

（参见下级母题实例）

W0851.1.0
魔鬼怕神

实 例

（参见下级母题实例）

W0851.1.0.1
制造黑暗的恶魔怕创世主迦萨甘

实 例

哈萨克族 制造黑暗的恶魔十分害怕创世主迦萨甘。

【流传】（新疆维吾尔自治区）

【出处】

（a）尼哈迈提·蒙加尼整理，校仲彝记录整理：《迦萨甘创世》，见张越、姚宝瑄编《新疆民族神话故事选》，乌鲁木齐：新疆人民出版社1989年版。

（b）同（a），见姚宝瑄主编《中国各民族神话》（乌孜别克族、哈萨克族、柯尔克孜族、俄罗斯族、维吾尔族、塔吉克族、塔塔尔族、锡伯族），太原：山西出版传媒集团·书海出版社2014年版，第24页。

W0851.1.0.2
所有鬼和魔怕优玛天将

实 例

纳西族 优玛天将全身抖三下，所有鬼和魔，怕得发了抖。

【流传】 云南省·（迪庆藏族自治州）·中甸县（香格里拉县）·三坝乡（三坝纳西族乡）·白地（白地村）一带

【出处】 和牛恒（东巴）读经，和志武翻译整理：《东埃术埃》（1962），见吕大吉、何耀华总主编《中国各民族原始宗教资料集成》（纳西族卷、羌族卷、独龙族卷、傈僳族卷、怒族卷），北京：中国社会科学出版社2000年版，第356页。

W0851.1.0a
魔鬼怕人类祖先

实 例

（参见下级母题实例）

W0851. 1. 0a. 1

妖魔都害怕人祖阿巴达尼脑后的两只眼

实 例

珞巴族 妖魔们都害怕阿巴达尼（文化祖先名），因为他脑后有两只眼睛是用来对付妖魔的。

【流传】（西藏自治区·林芝市·米林县）

【出处】东娘、达农讲，于乃昌整理：《阿巴达尼遇难》，见姚宝瑄主编《中国各民族神话》（门巴族、珞巴族、怒族、藏族），太原：山西出版传媒集团·书海出版社 2014 年版，第 36 页。

W0851. 1. 1

妖魔害怕光明

【关联】［W0851. 2. 1. 1］恶魔的致命弱点怕光

实 例

苗族 （实例待考）

W0851. 1. 1. 1

妖魔怕太阳

实 例

侗族 地底下有个吃人的恶魔，名叫商朱。他最怕见太阳。因为太阳光射到他身上，他就一步也走不动了，什么东西也看不见了。

【流传】广西壮族自治区·（柳州市）·三江侗族自治县·（丹洲镇）·板必（板必村）

【出处】黄大奶讲，鼓声、卜朗整理：《兄妹救太阳》，见姚宝瑄主编《中国各民族神话》（土家族、毛南族、侗族、瑶族），太原：山西出版传媒集团·书海出版社 2014 年版，第 123 页。

侗族 地底下有个吃人的恶魔，名叫商朱。他最怕见太阳，因为太阳光射到他身上，他就一步也走不动了，什么东西也看不见了。

【流传】广西壮族自治区·（柳州市）·三江县（三江侗族自治县）·（丹洲镇）·板必村

【出处】黄大奶讲，鼓声、卜朗整理：《救太阳》，原载广西民间文学研究会编《侗族文学资料》（第二集），见陶阳、钟秀编《中国神话》（上），北京：商务印书馆 2008 年版，第 262 ~ 264 页。

汉族 妖魔鬼怪最怕太阳。

【流传】浙江省·杭州市·拱墅区

【出处】陶金海讲，周樟林记录，申屠奇整理：《寻太阳》，见姚宝瑄主编《中国各民族神话》（汉族），太原：山西出版传媒集团·书海出版社 2014 年版，第 163 ~ 170 页。

W0851. 1. 1. 2

妖魔怕月亮

实 例

维吾尔族 妖怪在没有月亮的时候，可以横行霸道，一见月亮只好逃命。

【流传】 新疆维吾尔自治区·伊犁州（伊犁哈萨克自治州）·察布查尔县（察布查尔锡伯自治县）

【出处】

(a) 牙库布讲，阿布都拉搜集翻译，姚宝瑄整理：《神树母亲》，载《民间文学》1985年第9期。

(b) 同（a），见姚宝瑄主编《中国各民族神话》（乌孜别克族、哈萨克族、柯尔克孜族、俄罗斯族、维吾尔族、塔吉克族、塔塔尔族、锡伯族），太原：山西出版传媒集团·书海出版社2014年版，第242页。

W0851.1.2

妖魔怕火（魔鬼怕火，鬼怕火，灵魂怕火，怪物怕火）

【关联】 ［W0843.2.2］魔王怕火

实　例

鄂温克族 出远门的人回来进屋，要在门外点火踩过，以防跟进来妖魔。

【流传】（无考）

【出处】 汪丽珍整理：《日常生活》，见吕大吉、何耀华总主编《中国各民族原始宗教资料集成》（鄂伦春族卷、鄂温克族卷、赫哲族卷、达斡尔族卷、锡伯族卷、满族卷、蒙古族卷、藏族卷），北京：中国社会科学出版社1999年版，第169页。

珞巴族 魔鬼怕火。

【流传】 西藏自治区·尼米金

【出处】 达大讲，李坚尚等整理，达嘎翻译：《不怕鬼的格若和戈若》，见中华民族故事大系编委会编《中华民族故事大系》第16卷（赫哲族、门巴族、珞巴族、基诺族），上海：上海文艺出版社1995年版，第665页。

珞巴族 妹妹知道妖怪怕火，就点燃一把干竹子，在屋里到处摇晃，照得屋里通明，妖怪只好从仓达（灶膛上边烘烤粮食和湿柴的木架）逃到手推小石磨的石洞里。

【流传】 西藏自治区·林芝市·墨脱县·德兴乡、达木珞巴民族乡（讲述地点：墨脱县·达木珞巴民族乡·达木村）

【出处】 保红讲：《妹妹治妖》（1997.01），见冀文正《珞巴族民间故事》，成都：四川民族出版社2011年版，第122页。

纳西族 高原放牧者点柏枝火把，正在烧鬼怪；草原放牦者点着火把，正在烧鬼怪；苹坑居的放猪娘，点麦秆火把正在烧鬼怪；糠堆旁的放鸡娘点篙秆火把正在烧鬼怪。吓得鬼怪无路可逃。

【流传】（无考）

【出处】《什罗飒》，见吕大吉、何耀华总主编《中国各民族原始宗教资料集成》（纳西族卷、羌族卷、独龙族卷、傈僳族卷、怒族卷），北京：中国社会科学出版社2000年版，第344页。

羌族 释比治病时，将置于火塘石三脚锅桩上的大锅用柴火烧红后，退去柴火，铲一铲灰于锅底，在一张纸上喷水一口，将纸放在锅底的灰上，释比击鼓念下坛经，跳上一张凳子，用一只脚从锅中踏过，再跃上另一张凳子，如是者三。病人也如是三次，此即所谓过红锅。羌人认为魔鬼怕火，更怕烧红的红锅，这样做可以使魔鬼与病人脱离。

【流传】四川省·（阿坝藏族羌族自治州）·理县·蒲溪乡·奎寨

【出处】

（a）钱安靖：《羌族和羌语支各居民集团宗教习俗调查报告》，四川大学宗教学研究所油印本，1987 年 12 月。

（b）同（a），见吕大吉、何耀华总主编《中国各民族原始宗教资料集成》（纳西族卷、羌族卷、独龙族卷、傈僳族卷、怒族卷），北京：中国社会科学出版社 2000 年版，第 592 页。

羌族 寻出病根用火烧，病鬼一炬化灰烬，从此主家病根除，九年九载不生病。

【流传】四川省·（阿坝藏族羌族自治州）·汶川县·雁门乡·小寨子

【出处】

（a）袁真（释比，80 岁）唱，汪有伦翻译，钱安靖整理：《中下坛经》（1983. 11 ~ 1984. 12），见钱安靖《羌族和羌语支各居民集团宗教习俗调查报告》，四川大学宗教研究所油印本，1987 年 12 月。

（b）同（a），见吕大吉、何耀华总主编《中国各民族原始宗教资料集成》（纳西族卷、羌族卷、独龙族卷、傈僳族卷、怒族卷），北京：中国社会科学出版社 2000 年版，第 523 页。

W0851. 1. 2. 1

怪物怕火烧

实　例

傈僳族 用火能烧死怪物。怪物很害怕火烧。

【流传】云南省·（怒江傈僳族自治州）·碧江（碧江县 1986 年撤销县制，归入福贡县等）、福贡（福贡县）

【出处】云南大学民族民间文学怒江调查队搜集，左玉堂整理：《木必的故事》，见中华民族故事大系编委会编《中华民族故事大系》第 7 卷（黎族、傈僳族、佤族），上海：上海文艺出版社 1995 年版，第 527 页。

W0851. 1. 2. 2

母猪用火斗胜专布鬼

实　例

珞巴族 专布鬼见到母猪旁边有个小女孩，它想抓来吃，母猪用火与专布鬼斗，保护了小女孩。专布鬼没有办法，只好去追赶逃走了的妈妈。

【流传】 西藏自治区·上珞渝（泛指古称的白马岗即今林芝市墨脱县、马尼岗、梅楚卡一带）

【出处】呷穷、安布讲，刘芳贤、庞艳

瑞搜集整理，李向阳翻译：《母猪、种子和人的祖先》，见中华民族故事大系编委会编《中华民族故事大系》第16卷（赫哲族、门巴族、珞巴族、基诺族），上海：上海文艺出版社1995年版，第546~547页。

W0851.1.2.3
灵魂怕火

实 例

鄂伦春族 有的地方在吊棺葬后有过火仪式的习俗，即发现棺材落地，就将其亲属集中在这里，通常由死者的儿子或外甥动手抬骨，装在木盒或桦皮盒内，驮在马背上，然后让马从火堆上窜过，再将尸骨葬入地下。据说过火之后死者的灵魂会永远离开这里，其亲人也就不再惦念了。

【流传】（无考）

【出处】

（a）韩有峰：《鄂伦春族风俗志》，北京：中央民族大学出版社1991年版，第99页。

（b）《风葬》，见吕大吉、何耀华总主编《中国各民族原始宗教资料集成》（鄂伦春族卷、鄂温克族卷、赫哲族卷、达斡尔族卷、锡伯族卷、满族卷、蒙古族卷、藏族卷），北京：中国社会科学出版社1999年版，第68页。

W0851.1.2.4
鬼怕火灰

实 例

壮族 鬼最怕火灰。

【流传】 广西壮族自治区·崇左市·扶绥县

【出处】 范宏贵搜集整理：*《人死变鬼》（1991），见吕大吉、何耀华总主编《中国各民族原始宗教资料集成》（土家族卷、瑶族卷、壮族卷、黎族卷），北京：中国社会科学出版社1998年版，第490页。

W0851.1.2.5
妖魔见火就流泪

实 例

畲族 魔王一见火就打喷嚏和流眼泪。所以有火它就不能兴风作浪做坏事了。

【流传】（无考）

【出处】

（a）唐宗龙记录：《夺火记》，见谷德明编《中国少数民族神话》，北京：中国民间文艺出版社1987年版，第224~229页。

（b）同（a），见姚宝瑄主编《中国各民族神话》（高山族、黎族、畲族），太原：山西出版传媒集团·书海出版社2014年版，第127页。

W0851. 1. 3

妖魔怕烟（魔鬼怕烟）

实 例

（参见下级母题实例）

W0851. 1. 3. 1

熏烟可以防止鬼

实 例

珞巴族 东尼汉依走时，嘱咐两个孩子说："三天后，你们的爸爸一定回来。我走后，你们要不断烧鸡爪谷壳熏烟，防止宁崩乌佑（鬼、精灵）进来害你们。"

【流传】 西藏自治区·（林芝市）·米林（米林县）

【出处】达让讲，李坚尚、裴富珍搜集整理，高前翻译：《宁崩乌佑与东金、东英》，见中华民族故事大系编委会编《中华民族故事大系》第16卷（赫哲族、门巴族、珞巴族、基诺族），上海：上海文艺出版社1995年版，第659页。

W0851. 1. 4

妖魔怕烫（魔鬼怕烫）

实 例

（参见下级母题实例）

W0851. 1. 4. 1

鬼被烧红的石头烫死

实 例

珞巴族 达尼是个巫师，告诉达洛找一个石头放进火塘里烧，可以把鬼烫死。

【流传】西藏自治区·珞瑜地区（包括上珞瑜，泛指古称的白马岗即今林芝市墨脱县、马尼岗、梅楚卡一带，下珞瑜则泛指永木河、锡约尔河、巴恰西仁河流域）

【出处】尼莫·嘎布都讲，刘芳贤、庞艳瑞搜集整理，泽旺仁钦翻译：《达尼、达洛和达基》，见中华民族故事大系编委会编《中华民族故事大系》第16卷（赫哲族、门巴族、珞巴族、基诺族），上海：上海文艺出版社1995年版，第701~706页。

W0851. 1. 5

妖魔怕水

实 例

壮族 妖魔怕水。

【流传】广西壮族自治区红水河流域

【出处】蓝鸿恩整理：《姐弟逗耶》，见中华民族故事大系编委会编《中华民族故事大系》第3卷（彝族、壮族、布依族），上海：上海文艺出版社1995年版，第414页。

W0851. 1. 6

妖魔怕狗

实 例

哈尼族 哥哥杰罗送妹妹杰姒出嫁时，告诉她说要从祖产中分一只黑狗，狗不但会带来福气，鬼也害怕听见它的叫声。

【流传】云南省·（红河哈尼族彝族自治州）·元阳（元阳县）、红河（红河县）、绿春（绿春县）、金平（金平苗族瑶族傣族自治县）

【出处】朱小和等讲，史军超、卢朝贵搜集整理：《遮天树王》，杨知勇选自云南省民间文学集成办公室编《哈尼族神话传说集成》，中国民间文艺出版社，1990 年，见姚宝瑄主编《中国各民族神话》（哈尼族、傣族），太原：山西出版传媒集团·书海出版社 2014 年版，第 126 页。

W0851.1.6.1

妖精害怕猎狗

实 例

普米族 妖精害怕猎狗。

【流传】云南省·（怒江傈僳族自治州）·兰坪（兰坪白族普米族自治县）

【出处】熊瑞祥讲，昂栋整理：《狗为什么咬月亮》，见中华民族故事大系编委会编《中华民族故事大系》第 14 卷（普米族、塔吉克族、怒族、俄罗斯族、鄂温克族），上海：上海文艺出版社 1995 年版，第 229 页。

W0851.1.7

妖魔怕宝物

实 例

（实例待考）

W0851.1.8

妖魔怕宗教人物

实 例

纳西族 （实例待考）

W0851.1.8a

妖魔怕人类

实 例

（参见下级母题实例）

W0851.1.8a.1

独眼妖魔怕人类的智慧

实 例

柯尔克孜族 恶魔中的独眼王对群魔说：“人类是很有智慧的，我听说他们虽然身体很小，智谋、办法却是很多。大家要多注意！”

【流传】（新疆维吾尔自治区）

【出处】

（a）葛世钦翻译整理：《德坎巴依降恶魔》，见祁连休、刘世华《中国民间故事选》（第一集），北京：中国少年儿童出版社 1981 年版。

（b）同（a），见姚宝瑄主编《中国各民族神话》（乌孜别克族、哈萨克族、柯尔克孜族、俄罗斯族、维吾尔族、塔吉克族、塔塔尔族、锡伯族），太原：山西出版传媒集团·书海出版社 2014 年版，第 210 页。

W0851. 1. 9

妖魔怕酒

实 例

彝族 （实例待考）

W0851. 1. 10

妖魔怕神

实 例

满族 大神走过的地方，妖魔惊遁，坦途光明，善来恶避，四方安宁。

【流传】吉林省·（长春市）·九台县（九台市）·莽卡满族乡

【出处】萨满杨世昌讲唱，富育光、王宏刚记录：《尼玛察氏野神祭》，见吕大吉、何耀华总主编《中国各民族原始宗教资料集成》（鄂伦春族卷、鄂温克族卷、赫哲族卷、达斡尔族卷、锡伯族卷、满族卷、蒙古族卷、藏族卷），北京：中国社会科学出版社 1999 年版，第 529 页。

W0851. 1. 10. 1

妖魔怕雷神

实 例

鄂伦春族 （实例待考）

鄂温克族 神“哈拉给”（即“魔鬼”）最怕雷。

【流传】（内蒙古自治区·呼伦贝尔市·额尔古纳市）

【出处】

(a)《额尔古纳旗使用驯鹿鄂温克人的调查报告》，见内蒙古自治区编辑组《鄂温克族社会历史调查》，呼和浩特：内蒙古人民出版社 1986 年版，第 238 页。

(b)《神与鬼》，见吕大吉、何耀华总主编《中国各民族原始宗教资料集成》（鄂伦春族卷、鄂温克族卷、赫哲族卷、达斡尔族卷、锡伯族卷、满族卷、蒙古族卷、藏族卷），北京：中国社会科学出版社 1999 年版，第 109 页。

W0851. 1. 10. 1. 1

魔鬼怕雷（魔鬼怕雷电）

实 例

鄂温克族 雷电是除恶之神，若有妖魔鬼怪危害人间，神界就派雷电神除掉之。魔鬼最怕雷电。

【流传】（内蒙古自治区·呼伦贝尔市·根河市·敖鲁古雅地区）使用驯鹿鄂温克人

【出处】纽拉（女萨满，1907 年生）讲，孟和、玛尼采录整理：《敖鲁古雅鄂温克萨满的神衣》，见吕大吉、何耀华总主编《中国各民族原始宗教资料集成》（鄂伦春族卷、鄂温克族卷、赫哲族卷、达斡尔族卷、锡伯族卷、满族卷、蒙古族卷、藏族卷），北京：中国社会科学出版社 1999 年版，第 138 ~ 139 页。

W0851.1.10.2

魔鬼与妖怪最怕熊神

实 例

藏族（白马）因鬼怪最惧怕黑熊，故跳神时化装成“熊神”，相信其能驱鬼。

【流传】（四川省）

【出处】四川省民委民族识别调查组：《白马藏人调查资料辑录》，原载四川省民族研究所编印《白马藏人族属问题讨论集》（一），1980年，见吕大吉、何耀华总主编《中国各民族原始宗教资料集成》（鄂伦春族卷、鄂温克族卷、赫哲族卷、达斡尔族卷、锡伯族卷、满族卷、蒙古族卷、藏族卷），北京：中国社会科学出版社1999年版，第968页。

藏族（白马）“魔古”（即魔鬼与妖怪）最怕熊神，故化装居黑熊神人以制服之。

【流传】（无考）

【出处】王家佑：《白马藏人的宗教信仰》，载《西藏研究》1982年第2期。

W0851.1.11

妖魔怕特定的武器

实 例

（参见下级母题实例）

W0851.1.11.1

妖婆怕毒箭

实 例

珞巴族天底下谁都制服不了独眼、独腿、独臂叫“巴唐”的妖婆。她唯一惧怕的东西是毒箭。

【流传】西藏自治区·林芝市·墨脱县·达木珞巴民族乡、甘登乡（讲述地点：墨脱县·达木珞巴民族乡·达木村）

【出处】工觉、旺扎、扎西巴讲：《神秘的南峰》（1997.02），见冀文正《珞巴族民间故事》，成都：四川民族出版社2011年版，第57页。

W0851.1.12

妖魔怕云雾

实 例

满族阿布卡赫赫（女天神）一见到耶鲁里（恶魔）就头脑发胀，让侍女把他赶走。三侍女奥朵西便将七彩云马赶进了耶鲁里的眼睛里，耶鲁里疼得九头十八只眼睛都变成了黑雾虫噬，被赶跑了。

【流传】黑龙江省·（黑河市）·孙吴县

【出处】关锁之的父亲讲，富希陆搜集：《女战神奥朵西玛玛》（1939），见吕大吉、何耀华总主编《中国各民族原始宗教资料集成》（鄂伦春族卷、鄂温克族卷、赫哲族卷、达斡尔族卷、锡伯族卷、满族卷、蒙古族卷、藏族卷），北京：中国社会科学出版社1999年版，第484页。

W0851. 1. 13

妖魔怕镜子

【关联】

① ［W6279. 1. 1］照妖镜

② ［W8860. 1］用照妖镜降妖

实　例

汉族 隋汾阴侯生，天下奇士也。王度尝以师礼事之。临终，赠度以古镜，曰："持此则百邪远人。"

【流传】（无考）

【出处】［唐］王度：《古镜记》。

W0851. 1. 14

魔鬼怕白石

【关联】［W6428. 6］白石崇拜

实　例

（参见下级母题实例）

W0851. 1. 14. 1

在房顶、门窗放置白石，晚上魔鬼就不敢进屋

实　例

藏族（嘉绒） 在房顶、门窗放置白石，是避邪驱魔。嘉绒人认为这些地方有了白石，晚上魔鬼就不敢进屋。

【流传】（无考）

【出处】 侯光、蒋永志：《嘉绒藏区的信仰民俗》，载刊《巴蜀风》1990年第3期。

W0851. 1. 15

妖魔怕特定植物

实　例

（参见下级母题实例）

W0851. 1. 15. 1

魔鬼害怕黄泡刺

实　例

哈尼族 拦寨门的黄泡刺掉了之后，成群的魔鬼也从很远的地方回到寨子里吃人害人。

【流传】 云南省·（红河哈尼族彝族自治州）·红河（红河县）、绿春（绿春县）、元阳（元阳县），（玉溪市）·元江（元江哈尼族彝族傣族自治县），（普洱市）·墨江县（墨江哈尼族自治县）等

【出处】 鲁然讲，黄世荣搜集整理：《三个神蛋》，原载云南省民间文学集成办公室编《哈尼族神话传说集成》，中国民间文艺出版社1990年版，见姚宝瑄主编《中国各民族神话》（哈尼族、傣族），太原：山西出版传媒集团·书海出版社2014年版，第173页。

W0851. 1. 15. 2

瘟魔怕茱萸叶

实　例

汉族 茱萸叶子每人分了一片，随身

带上瘟魔不敢近身。

【流传】河南省

【出处】栗长松搜集整理：《重阳登高（关于九月九的传说）》，原载程健君等编《河南民俗传说之古故事》，见陶阳、钟秀编《中国神话》（下），北京：商务印书馆 2008 年版，第 1502～1504 页。

W0851.1.16

鬼怕特定的声音

实 例

（参见下级母题实例）

W0851.1.16.1

鬼怕龙的声音

实 例

藏族（白马） 跳神治病时，跳神者吹“龙角号”（这种号用长 50 公分之整木雕成龙形），号声仿“龙吟”，以驱鬼怪。

【流传】（无考）

【出处】王家佑：《白马藏人的宗教信仰》，载《西藏研究》1982 年第 2 期。

W0851.1.17

妖魔怕特定旗帜

实 例

（参见下级母题实例）

W0851.1.17.1

妖魔怕五色旗

实 例

羌族 五色旗子门上插，邪魔妖怪永不回。

【流传】四川省·（阿坝藏族羌族自治州）·汶川县·雁门乡·小寨子

【出处】

（a）袁真（释比，80 岁）唱，汪有伦翻译，钱安靖整理：《中下坛经》（1983.11～1984.12），见钱安靖《羌族和羌语支各居民集团宗教习俗调查报告》，四川大学宗教研究所油印本，1987 年 12 月。

（b）同（a），见吕大吉、何耀华总主编《中国各民族原始宗教资料集成》（纳西族卷、羌族卷、独龙族卷、傈僳族卷、怒族卷），北京：中国社会科学出版社 2000 年版，第 525 页。

W0851.1.18

魔鬼怕铁器

实 例

（参见下级母题实例）

W0851.1.18.1

魔鬼特怕铁器怕烧红的铧头

实 例

羌族 释比为人治病时，将犁地铁铧头丢入火塘里烧，待铧头烧红后，绕火塘一周示众并验证。释比用舌舔和用脚踩铧头，再用踩铧头的脚踩病人患处，或以铧头接触病人患处口羌人认为魔鬼怕火和铁器，更怕烧红的铧头，通过做穿铧头法事使病魔脱离病体。

【流传】四川省·（阿坝藏族羌族自治州）·理县·蒲溪乡·奎寨

【出处】

（a）钱安靖：《羌族和羌语支各居民集团宗教习俗调查报告》，四川大学宗教学研究所油印本，1987 年 12 月。

（b）同（a），见吕大吉、何耀华总主编《中国各民族原始宗教资料集成》（纳西族卷、羌族卷、独龙族卷、傈僳族卷、怒族卷），北京：中国社会科学出版社 2000 年版，第 591 页。

羌族 羌人认为魔鬼怕火和铁器，更怕烧红的铧头，通过做穿铧头的法事，可使病魔脱体。

【流传】（无考）

【出处】《穿铧头》，见吕大吉、何耀华总主编《中国各民族原始宗教资料集成》（纳西族卷、羌族卷、独龙族卷、傈僳族卷、怒族卷），北京：中国社会科学出版社 2000 年版，第 511 页。

W0851.1.18.2

魔鬼怕烧红的铁链

实 例

羌族 释比为重病人治病时，须作法表演耍链子，将铁链丢入火塘，待链子烧红后，释比敏捷地要玩挥舞链子示众，再将链子在自己脖子上拴三圈，再将链子在病人脖子上绕三圈。羌人认为魔鬼怕烧红的铁链，故作此法事使病魔脱病体。

【流传】四川省·（阿坝藏族羌族自治州）·理县·蒲溪乡·奎寨

【出处】

（a）钱安靖：《羌族和羌语支各居民集团宗教习俗调查报告》，四川大学宗教学研究所油印本，1987 年 12 月。

（b）同（a），见吕大吉、何耀华总主编《中国各民族原始宗教资料集成》（纳西族卷、羌族卷、独龙族卷、傈僳族卷、怒族卷），北京：中国社会科学出版社 2000 年版，第 592 页。

W0851.2

妖魔的命门（魔鬼的命门、妖魔的命根，魔鬼的软肋）

【关联】

① ［W0843.4.4］魔王的命根（魔王的命门，魔王的致命弱点）

② ［W1997.4］生命的根本（命根）

实 例

（参见下级母题实例）

W0851.2.1

恶魔的致命弱点

【关联】［W0842］恶魔

实 例

（参见下级母题实例）

W0851.2.1.1

恶魔的致命弱点怕光

实 例

侗族 一个名叫商朱的吃人恶魔，最怕见太阳，太阳光射到他身上，他就一步也走不动了。

【流传】（ab）广西壮族自治区·（柳州市）·三江县（三江侗族自治县）·（丹洲镇）·板必村

【出处】

（a）黄大奶讲，鼓声等整理：《救太阳》，见谷德明编《中国少数民族神话》，北京：中国民间文艺出版社1987年版，第628页。

（b）同（a），见《侗族民间故事选》，上海：上海文艺出版社1982年版，第8页。

（c）《救太阳》，见《侗族文学史》编写组编《侗族文学史》，贵阳：贵州民族出版社1988年版，第58页。

W0851.2.2

妖魔的软肋是喉咙（鬼的软肋是喉咙）

实 例

（参见下级母题实例）

W0851.2.2.1

射鬼的喉咙将鬼杀死

实 例

独龙族 朋（人名）趁“布兰”（鬼）张开大嘴时，一箭射进它的喉咙，“布兰”方死。

【流传】云南省

【出处】肖色顶等讲，孟国才等翻译，李子贤整理：《人与布兰争斗》，见谷德明编《中国少数民族神话》，北京：中国民间文艺出版社1987年版，第534页。

独龙族 如果射鬼的喉咙，就会将鬼杀死。

【流传】云南省·（怒江傈僳族自治州）·贡山（贡山独龙族怒族自治县）

【出处】孔美金等讲，李子贤整理：《巧射鬼王》，见中华民族故事大系编委会编《中华民族故事大系》第15卷（德昂族、保安族、裕固族、京族、塔塔尔族、独龙族、鄂伦春族），上海：上海文艺出版社1995年版，第635页。

W0851.2.2a

魔鬼的命根是心

实 例

汉族 （参见“W0853.1.2 三角魔鬼”母题实例）

W0851.2.3

魔鬼的命门是特定的树

实 例

普米族 （参见“W0843.4.4.2 魔王的命根是一棵特定的树”母题实例）

W0851. 2. 4

魔鬼的命门是特定的动物

实 例

普米族 （参见“W0843. 4. 4. 1 魔王胸前护心镜中的黄蜂是命根”母题实例）

W0851. 2. 4. 1

恶魔切巴拉让的命根子是一头野牦牛

实 例

藏族 恶魔切巴拉让的命根子就是一头野牦牛。

【流传】（无考）

【出处】 丹珠昂奔：《藏族神灵论》，中国社会科学出版社1990年版，见吕大吉、何耀华总主编《中国各民族原始宗教资料集成》（鄂伦春族卷、鄂温克族卷、赫哲族卷、达斡尔族卷、锡伯族卷、满族卷、蒙古族卷、藏族卷），北京：中国社会科学出版社1999年版，第980页。

W0851. 2. 5

妖魔的命门是头上的印记

实 例

彝族 妖的头上的印记是命门。

【流传】 四川省·凉山（凉山彝族自治州）

【出处】 中央民族学院民语系整理，李德君翻译：《小伙子和妖婆》，见中华民族故事大系编委会编《中华民族故事大系》第3卷（彝族、壮族、布依族），上海：上海文艺出版社1995年版，第145页。

W0851. 2. 6

妖魔的命门是特定的痣

实 例

（参见下级母题实例）

W0851. 2. 6. 1

铜爪妖的命根是胸膛上一颗黑痣

实 例

哈萨克族 铜爪妖的命根子在胸膛上那颗黑痣。

【流传】（无考）

【出处】

(a) 毕桪译：《阿勒申·阿克蔑尔干》，见满都呼主编《中国阿尔泰语系诸民族神话故事》，北京：民族出版社1997年版，第71页。

(b) 同（a），载《遗产》1992年第2期。

W0851. 2. 6. 2

妖魔有颗头的舌头上的痣是命根

实 例

塔吉克族 吃人妖魔长着四十个头，其中最中间一个头的舌头上，有一颗黑症，是它的致命点。只有割掉那带黑痣的舌头，就能杀死它。

【流传】（新疆维吾尔自治区）

【出处】艾布力·艾山汗、西仁·库尔班搜集，夏羿、朱华翻译整理：《玉枝金花》，见姚宝瑄主编《中国各民族神话》（乌孜别克族、哈萨克族、柯尔克孜族、俄罗斯族、维吾尔族、塔吉克族、塔塔尔族、锡伯族），太原：山西出版传媒集团·书海出版社 2014 年版，第 296 页。

W0851.2.7
妖魔的命门是特定的装饰物

实　例

（参见下级母题实例）

W0851.2.7.1
魔怪拔下头上的一根金鸡毛就死亡

实　例

哈尼族　（参见“W0851.2.8.2 魔怪头顶上的那根金鸡毛是它的魂，拿走后会使它动弹不得”母题实例）

W0851.2.8
妖魔的命根子是灵魂

实　例

（参见下级母题实例）

W0851.2.8.1
老蟒猊的灵魂不被抓住就不会死

实　例

鄂伦春族　老蟒猊知道，只要它的命根子——灵魂不被抓住，就是杀了砍了，还照样还能活。

【流传】黑龙江省·（大兴安岭地区）·呼玛县·（十八站）

【出处】

（a）孟古古善讲，潭玉昆、李宝玉口译，隋书金记录整理：《吴达内的故事》，见隋书金编《鄂伦春民间故事选》，上海：上海文艺出版社 1988 年版。

（b）同（a），见姚宝瑄主编《中国各民族神话》（达斡尔族、鄂伦春族、鄂温克族、蒙古族），太原：山西出版传媒集团·书海出版社 2014 年版，第 49 页。

W0851.2.8.2
魔怪头顶上的那根金鸡毛是它的魂，拿走后会使它动弹不得

实　例

哈尼族　如果拔掉魔怪头顶上的那根金鸡毛，就像拿了它的魂，就会使它动弹不得，甚至死亡。

【流传】云南省·（红河哈尼族彝族自治州）·红河县

【出处】陈阿波讲，李荣光搜集整理：《阿扎》，原载云南省民间文学集成办公室编《哈尼族神话传说集成》，中国民间文艺出版社 1990 年版，见姚宝瑄主编《中国各民族神话》（哈尼

族、傣族），太原：山西出版传媒集团·书海出版社 2014 年版，第 191 页。

W0851.2.9

妖魔的命根是心

实 例

（参见下级母题实例）

W0851.2.9.1

妖魔放在特定地方的心脏是命根

实 例

鄂伦春族 魔城南边有三棵松树，中间一棵的顶上有个鸟窝，窝里的三只乌鸦就是百眼怪的心脏，只有杀掉这三只乌鸦就能使满盖死亡。

【流传】（中国东北部地区）

【出处】

（a）张凤铸、蔡伯文记录整理：《喜勒特很报仇记》，见张凤铸、蔡伯文编《鄂伦春民间文学选》，呼和浩特：内蒙古人民出版社 1980 年版。

（b）同（a），见姚宝瑄主编《中国各民族神话》（达斡尔族、鄂伦春族、鄂温克族、蒙古族），太原：山西出版传媒集团·书海出版社 2014 年版，第 100 页。

W0851.2.9.2

降服火魔必须冻住他的心

实 例

满族 天帝告诉日吉纳（满语，杜鹃花）姑娘说，你只有把火魔的心冻僵了，才能把它降伏。

【流传】吉林省

【出处】

（a）佟畴、曾层搜集整理：《日吉纳姑娘》，见乌丙安、李文刚等编《满族民间故事选》，上海：上海文艺出版社 1983 年版。

（b）同（a），见姚宝瑄主编《中国各民族神话》（满族、赫哲族、朝鲜族），太原：山西出版传媒集团·书海出版社 2014 年版，第 91～95 页。

W0851.2.10

胸前白毛是精怪的死穴

实 例

水族 衣衫褴褛乞食老人曰："小妹，无以为报，以此竹筒赠汝，套之于手。如遇尼变（狼外婆之类），令其捏此竹筒，俟其笑死之后，可抽手出筒，以针刺入其胸前白毛处，尼变即真死矣。"

【流传】（贵州省）

【出处】袁珂改编：《防尼变》（原名《戴手镯的来历》），原载黔南文学艺术研究室编《水族民间故事》，见袁珂《中国神话大词典》，北京：华夏出版社 2015 年版，第 539 页。

W0851.2.11

妖魔存在视力缺陷

实 例

（参见下级母题实例）

W0851.2.11.1

妖魔只能看到特定的地方

实 例

纳西族 母猪精不会看天，只会看地。这样，她看不到桃树上躲藏的亨美。

【流传】 云南省·（丽江市）·丽江县（古城区、玉龙纳西族自治县）

【出处】 木丽春采集整理：《亨美月亮姑娘》，见木丽春编著《纳西族民间故事集》，昆明：云南人民出版社2007年版，第149页。

W0852

妖魔的下场（魔鬼的下场）

【关联】

① ［W8868］妖魔被捉后的逃脱

② ［W9635.2.1］魔鬼被骗

实 例

（参见下级母题实例）

W0852.1

魔鬼最后下地狱

【汤普森】 A317

实 例

（参见下级母题实例）

W0852.2

妖魔被关在地下

【汤普森】 A1071

【关联】 ［W8974］关押

实 例

（参见下级母题实例）

W0852.2.1

妖魔被骗到地下关起来

【汤普森】 A1071.1

实 例

（参见下级母题实例）

W0852.3

妖魔被收到天上

实 例

（参见下级母题实例）

W0852.3.1

玉皇大帝把一些妖魔鬼怪收到天宫

实 例

汉族 玉皇大帝把一些妖魔鬼怪都收到天宫里去了。

【流传】 河南省·（驻马店市）·正阳县·（袁寨乡·袁寨村）

【出处】 张昀的邻居老人讲，张昀采录，张振犁采录整理：《玉人和玉姐》（1981.05），见张振犁编著，孟宪明、朱淑君统纂《中原神话通鉴》（第二卷），郑州：河南大学出版社2017年版，第428页。

W0853

与妖魔有关的其他母题

【关联】

①［W7247］妖魔（魔鬼）的婚姻

②［W8842］妖魔相互残杀

实 例

（参见下级母题实例）

W0853.1

魔鬼名称的来历（特定名称的魔鬼）

实 例

（参见下级母题实例）

W0853.1.1

上帝取了“魔鬼”的名字

实 例

哈萨克族 “努尔赛吾列”（用光造的智者）不听从上帝的命令，上帝立即废了“努尔赛吾列”这个名号，重新给起了个名字，叫作“魔鬼”。

【流传】（无考）

【出处】波勒泰·比达克买提等搜集，安蕾、毕椁译：《上帝用泥土造人》，见满都呼主编《中国阿尔泰语系诸民族神话故事》，北京：民族出版社1997年版，第67页。

W0853.1.2

三角魔鬼

实 例

汉族 三角魔鬼有一颗冷酷的心，冷酷的心藏在海底的一座宫殿里。这颗冷酷的心就是它的命根子。

【流传】海南省·南沙群岛、西沙群岛

【出处】叶春生、许和达记录整理：《北斗星的传说》，见姚宝瑄主编《中国各民族神话》（汉族），太原：山西出版传媒集团·书海出版社2014年版，第328～332页。

W0853.1.3

魔鬼尼拍木尼

实 例

傈僳族 傈僳族把神鬼分成若干种类，如魔鬼（尼拍木尼）。

【流传】（无考）

【出处】《傈僳族简史》编写组：《傈僳族简史》，昆明：云南人民出版社1983年版，第126页。

W0853.2

妖魔的世界

【汤普森】①A696；②≈G302.2.1

实 例

（实例待考）

W0853.3

妖魔特定的工具

实 例

纳西族 （实例待考）

W0853.4
妖气

实 例

（参见下级母题实例）

W0853.4.1
妖气腥臭难闻，沾身就烂

实 例

满族 由五个动物变成的五个妖怪向守护天宫北门的纳丹岱挥（天神名）喷妖气。妖气一喷，腥臭难闻，对着一般的凡人沾到身上就烂。

【流传】黑龙江省·（牡丹江市）·宁古塔（宁安县）；吉林省·长白山地区（长白山一带）

【出处】

(a) 傅英仁讲述，张爱云记录整理：《天宫神魔大战》，见傅英仁讲述，张爱云记录整理《满族萨满神话》，哈尔滨：黑龙江人民出版社 2006 年版。

(b) 同（a），见陶阳、钟秀编《中国神话》（上），北京：商务印书馆 2008 年版，第 155～180 页。

W0853.5
妖风

实 例

（参见下级母题实例）

W0853.5.1
妖风是黑旋风

实 例

汉族 （实例待考）

撒拉族 妖魔变成了一股黑旋风。

【流传】（无考）

【出处】毛草讲，大漠记录：《哈三的经历》，见满都呼主编《中国阿尔泰语系诸民族神话故事》，北京：民族出版社 1997 年版，第 103 页。

W0853.6
妖魔的笑声

实 例

（参见下级母题实例）

W0853.6.1
妖魔的笑声害人

实 例

（参见下级母题实例）

W0853.6.1.1
妖魔笑声传到哪里，哪里就有哭声

实 例

侗族 凶狠的恶魔商朱从地底下钻了出来，吃吃地怪笑着。他的笑声传到哪里，哪里就有一片哭声。

【流传】广西壮族自治区·（柳州

市）·三江县（三江侗族自治县）·（丹洲镇）·板必村

【出处】黄大奶讲，鼓声、卜朗整理：《救太阳》，原载广西民间文学研究会编《侗族文学资料》（第二集），见陶阳、钟秀编《中国神话》（上），北京：商务印书馆 2008 年版，第 262～264 页。

W0853.7

妖精

实 例

（参见下级母题实例）

W0853.7.1

介于鬼神之间的妖精

实 例

（参见下级母题实例）

W0853.7.1.1

妖精里依

实 例

（参见下级母题实例）

W0853.7.1.1.1

里依非鬼非神

实 例

羌族 簸箕状的虹，羌人就称为“里依”。“里依”非鬼非神，是介乎鬼神之间的妖精。

【流传】四川省·（阿坝藏族羌族自治州）·汶川县·绵池乡·沟头寨

【出处】

（a）王治国（释比，64 岁）唱，汪有伦翻译，钱安靖整理：《下坛经》（1983.11～1984.11）注释，见钱安靖《羌族和羌语支各居民集团宗教习俗调查报告》，四川大学宗教研究所油印本，1987 年 12 月。

（b）同（a），见吕大吉、何耀华总主编《中国各民族原始宗教资料集成》（纳西族卷、羌族卷、独龙族卷、傈僳族卷、怒族卷），北京：中国社会科学出版社 2000 年版，第 546 页。

W0853.7.2

特定嗜好的妖精

实 例

（参见下级母题实例）

W0853.7.2.1

专吃人血的妖精

【关联】

①［W0839.5.1］吃人的妖魔

②［W0843.2.6.1］吸血魔王

③［W0847.3.4］吸血的七头妖魔

④［W0847.3.5］专门吃人肉、喝人血的妖精

⑤［W0907.5］吸血鬼

实 例

白族（那马） 从前有个妖精，专吃人血，有天晚上将俩姐妹中的姐姐吃掉了。

【流传】云南省·（怒江傈僳族自治州）·兰坪县（兰坪白族普米族自治县）·营盘镇·恩琪（恩琪村）、新华（新华村）等村

【出处】刘龙初调查整理：《兰坪维西那马人崇拜白石》（1988），见吕大吉、何耀华总主编《中国各民族原始宗教资料集成》（彝族卷、白族卷、基诺族卷），北京：中国社会科学出版社1996年版，第487页。

W0854

精怪

【关联】［W0870］灵魂（鬼）

实　例

（参见下级母题实例）

W0854.0

精怪的产生

实　例

（参见下级母题实例）

W0854.0a

人成为精怪

实　例

（参见下级母题实例）

W0854.0a.1

人吃小儿心后成精

实　例

赫哲族 玛夫卡猞翁（熊神）又附在叫黑斤的萨满身上，让他变妖魔专吃小孩的心，已吃了九十八，如果吃到一百整，就能成精。

【流传】（黑龙江省）

【出处】

（a）《希尔达鲁英日根》，载黑龙江省民间文艺研究会编：《黑龙江民间文学》第20辑，第58～59页。

（b）《梦示》，见吕大吉、何耀华总主编《中国各民族原始宗教资料集成》（鄂伦春族卷、鄂温克族卷、赫哲族卷、达斡尔族卷、锡伯族卷、满族卷、蒙古族卷、藏族卷），北京：中国社会科学出版社1999年版，第274～275页。

W0854.1

动物成精

实　例

（参见下级母题实例）

W0854.1.1

动物成精的方法

实　例

（参见下级母题实例）

W0854.1.1.1

野物老后变成精

实　例

哈尼族 以前，野物不会死，很老后就成精。

【流传】云南省·（红河哈尼族彝族自

治州）·元阳县·黄草岭区（黄草岭乡）·树皮寨

【出处】

（a）杨批斗讲，史军超采录：《年月树》，见中国民间文学集成全国编辑委员会编《中国民间故事集成》（云南卷），北京：中国 ISBN 中心 2003 年版，第 289 页。

（b）同（a）《哈尼族神话传说集成》，北京：中国民间文艺出版社 1990 年版。

W0854. 1. 1. 1. 2

动物得仙气成精

实　例

（参见下级母题实例）

W0854. 1. 1. 1. 2. 1

猪得仙气成精

实　例

汉族 （实例待考）

W0854. 1. 1. 1. 3

动物修炼成精

实　例

汉族 北方民间有胡、黄、白、柳“四大门”信仰，所谓“四大门”即指狐狸（胡门）、黄鼠狼（黄门）、刺猬（白门）和蛇（柳门）。民间俗信这几种动物能修炼成精，作福作祟于人。

【流传】（中国北方地区）

【出处】《狐仙》，见乌丙安主编《中国民间神谱》，沈阳：辽宁人民出版社 2007 年版，第 37 页。

W0854. 1. 2

成精动物的条件

实　例

（实例待考）

W0854. 1. 3

特定名称的动物精怪

实　例

（参见下级母题实例）

W0854. 1. 3. 1

夜猫精

实　例

（参见下级母题实例）

W0854. 1. 3. 1. 1

夜猫精变成高大的鹰嘴铁人

实　例

彝族 世上出现了一只怨恨太阳的夜猫精，它变成一个无比高大的鹰嘴铁人，飞到一座最高的山头上。

【流传】（无考）

【出处】《三女镇夜猫精》，王四代根据此誉阿立讲，摩依翻译，上元、邹志诚整理《三女找太阳》（谷德明编《中国少数民族神话选》，西北民族学院研究所 1983 年内部资料）改写，见姚宝瑄主编《中国各民族神话》（羌族、彝族），太原：山西出版传媒集团·书海出版社 2014 年版，第 361 页。

W0854.1.3.1.2
夜猫精怕火

实 例

彝族 三个聪明的姑娘燃起了火把，人们也跟着点燃火把，害怕火光的夜猫精就这样被火烧死了。

【流传】（无考）

【出处】《三女镇夜猫精》，王四代根据此誉阿立讲，摩依翻译，上元、邹志诚整理《三女找太阳》（谷德明编《中国少数民族神话选》，西北民族学院研究所 1983 年内部资料）改写，见姚宝瑄主编《中国各民族神话》（羌族、彝族），太原：山西出版传媒集团·书海出版社 2014 年版，第 361 页。

W0854.1.4
与动物成精有关的其他母题

实 例

（参见下级母题实例）

W0854.1.4.1
成精动物“四大门”

实 例

（参见下级母题实例）

W0854.1.4.1.1
“四大门”即狐狸（胡门）、黄鼠狼（黄门）、刺猬（白门）和蛇（柳门）

实 例

汉族 （参见“W0854.1.1.1.3 动物修炼成精”母题实例）

W0854.2
植物成精

实 例

（参见下级母题实例）

W0854.2.1
植物老后变成精

实 例

（参见下级母题实例）

W0854.2.2
树精（木精）

【关联】

①［W0058.3.2.2］世界最早只有树精夫妻（树精灵）

②［W0541］树神（森林神）

实 例

京族 从前，山中有树精。

【流传】 广西壮族自治区·防城（防城港市）·（东兴市·江平镇）·京族三岛（万尾、巫头、山心三岛）

【出处】 苏锡权搜集，陈麒整理：《鹰爪树》，见中华民族故事大系编委会编《中华民族故事大系》第15卷（德昂族、保安族、裕固族、京族、塔塔尔族、独龙族、鄂伦春族），上海：上海文艺出版社1995年版，第338页。

W0854. 2. 2. 1

树大成精

实 例

布依族 树大成精。

【流传】贵州省·贵阳市

【出处】王周全讲，汛河整理：《茨藜》，见中华民族故事大系编委会编《中华民族故事大系》第3卷（彝族、壮族、布依族），上海：上海文艺出版社1995年版，第868页。

黎族 大树会变成妖精。

【流传】海南省·（三亚市）·保亭县（保亭黎族苗族自治县）

【出处】张应勇：《关于保亭黎族“树灵崇拜”的调查》，见吕大吉、何耀华主编，本册主编李绍明等《中国各民族原始宗教资料集成》（土家族卷、瑶族卷、壮族卷、黎族卷），北京：中国社会科学出版社1998年版，第674页。

W0854. 2. 2. 1a

树老成精

实 例

（参见下级母题实例）

W0854. 2. 2. 1a. 1

几棵几百年的大树变成妖精

实 例

白族 几棵生长几百年的大树，已经变成妖精。

【流传】云南省·（大理白族自治州）·大理市·海东乡·海岛村

【出处】王承权调查整理：《大理白旗神树祭祀》（1988），见吕大吉、何耀华总主编《中国各民族原始宗教资料集成》（彝族卷、白族卷、基诺族卷），北京：中国社会科学出版社1996年版，第509页。

W0854. 2. 2. 1b

树修炼成精

实 例

（参见下级母题实例）

W0854. 2. 2. 1b. 1

大杉树修炼成一位女子骚扰男人

实 例

白族 松桂乡长头村有棵大杉树，就修炼成一位女子，经常在夜幕前后纠缠过往男人。

【流传】云南省·（大理白族自治州）·鹤庆县·松桂乡·长头村

【出处】王承权等调查整理：《鹤庆白族祭树神树精》（1988），见吕大吉、何耀华总主编《中国各民族原始宗教资料集成》（彝族卷、白族卷、基诺族卷），北京：中国社会科学出版社 1996 年版，第 511 页。

W0854.2.2.2

鹰爪树是树精的居所

实 例

京族 鹰爪树是树精的居所。

【流传】广西壮族自治区·防城（防城港市）·（东兴市·江平镇）·京族三岛（万尾、巫头、山心三岛）

【出处】苏锡权搜集，陈麒整理：《鹰爪树》，见中华民族故事大系编委会编《中华民族故事大系》第 15 卷（德昂族、保安族、裕固族、京族、塔塔尔族、独龙族、鄂伦春族），上海：上海文艺出版社 1995 年版，第 339 页。

W0854.2.2.3

古木精

实 例

（参见下级母题实例）

W0854.2.2.3.1

古木精白鹤老松

实 例

汉族 白鹤老松，古木精也。

【流传】（无考）

【出处】［明］陶宗仪：《说郛》（百二十卷本）卷六二宋范致明《岳阳风土记》。

W0854.2.2.4

树精毕方

实 例

（参见下级母题实例）

W0854.2.2.4.1

毕方状如鸟，青色，赤脚，一足，不食五谷

实 例

汉族 “木生毕方。”高诱注：“毕方，木之精也，状如鸟，青色，赤脚，一足，不食五谷。”

【流传】（无考）

【出处】［西汉］淮南王刘安及门客：《淮南子·氾论训》高诱注。

W0854.2.2.5

木精名游光

实 例

汉族 木精为游光。

【流传】（无考）

【出处】［唐］释道世：《法苑珠林》卷十一引《王子》。

W0854.2.2.6

木精名彭侯

实 例

汉族 木之精名彭侯。

【流传】（无考）

【出处】［东晋］干宝：《搜神记》卷十

八引《白泽图》。

W0854. 2. 2. 7

千岁树精为青羊

实 例

汉族 千岁树精为青羊，万岁树精为青牛，多出游人间。

【流传】（无考）

【出处】［北宋］李昉、李穆、徐铉等：《太平御览》卷八八六引《玄中记》。

W0854. 2. 2. 7a

千年木精为青牛

实 例

汉族 千年木精为青牛。

【流传】（无考）

【出处】［清］东轩主人：《述异记》。

W0854. 2. 2. 8

万岁树精为青牛（万年木精是青牛）

实 例

汉族 汉桓帝时，出游河上，见一青牛从河中出，直走荡桓帝边，人皆惊走。太尉何公时为殿中将军，为人勇力，走往逆之。牛见公往，乃反走还河。未至河，公及牛，乃以手拔牛左足脱，以右手持斧斫牛头而杀之。此青牛是万年木精也。

【流传】（无考）

【出处】鲁迅：《古小说钩沉》辑《玄中记》。

W0854. 2. 2. 9

树精怕唾液

实 例

壮族 为砍伐建房木料入山以后，在动刀或用斧之前，人们要用唾液吐到刀柄或斧把上，目的是预防进山之后，刀柄或斧把被山精树怪附上，使用时不听人的使唤，吐上自己的唾液，精怪就会离去，或者会听从人的使唤，这样做工才能顺利。

【流传】广西壮族自治区·（百色市）·靖西县（靖西市）

【出处】凌树东搜集整理：*《祭山神》（1990），见吕大吉、何耀华总主编《中国各民族原始宗教资料集成》（土家族卷、瑶族卷、壮族卷、黎族卷），北京：中国社会科学出版社1998年版，第512页。

W0854. 2. 2. 10

树精怕狗血

【关联】［W0912. 2. 3. 3］用狗血鸡血驱妖

实 例

白族 用狗血等污秽物涂其枝干以镇树精。

【流传】云南省·（大理白族自治州）·鹤庆县·松桂乡·长头村

【出处】王承权等调查整理：《鹤庆白族祭树神树精》（1988），见吕大吉、何耀华总主编《中国各民族原始宗教资料集成》（彝族卷、白族卷、基诺族卷），北京：中国社会科学出版社1996年版，第511页。

W0854.3

与精怪的产生有关的其他母题

实 例

（参见下级母题实例）

W0854.3.1

光变成怪

【关联】

①［W0055.4］光变成神

②［W0861.2.2］光变成怪物

实 例

（参见下级母题实例）

W0854.3.1.1

赤白光变成怪

实 例

汉族 赤白光变为怪。

【流传】（无考）

【出处】《风俗通义·神怪第九》，见［东汉］应劭著，赵泓译注《风俗通义全译》，贵阳：贵州人民出版社1998年版，第369页。

W0854.3.2

卵生精怪

实 例

（参见下级母题实例）

W0854.3.2.1

精窝生的精蛋生精血，精血变成精怪

实 例

羌族 箭茅山顶做精窝，精窝之中生精蛋，精蛋慢慢生精血，不久精血变精怪。

【流传】四川省·（阿坝藏族羌族自治州）·汶川县·雁门乡·小寨子

【出处】

（a）袁真（释比，80岁）唱，汪有伦翻译，钱安靖整理：《中下坛经》（1983.11～1984.12），见钱安靖《羌族和羌语支各居民集团宗教习俗调查报告》，四川大学宗教研究所油印本，1987年12月。

（b）同（a），见吕大吉、何耀华总主编《中国各民族原始宗教资料集成》（纳西族卷、羌族卷、独龙族卷、傈僳族卷、怒族卷），北京：中国社会科学出版社2000年版，第522～523页。

W0854.4

精怪的特征

实 例

（参见下级母题实例）

W0854.4.1

精怪青面獠牙

实 例

（实例待考）

W0854.4.2

精怪生性凶残

实 例

（参见下级母题实例）

W0854.4.2.1

精怪糟蹋妇女

实 例

东乡族 大蟒精看见年轻貌美的女子，就抓去糟蹋。

【流传】（无考）

【出处】 马自祥搜集整理：《璐妇人斩蟒》，见满都呼主编《中国阿尔泰语系诸民族神话故事》，北京：民族出版社 1997 年版，第 188 页。

W0854.5

精怪的能力

实 例

（参见下级母题实例）

W0854.5.1

精怪会变形

【关联】［W1725.7］山川之精变成星星

实 例

（参见下级母题实例）

W0854.5.1.1

精怪变成小伙勾引人间姑娘

实 例

哈尼族 以前，野物不会死，很老后就成精。成精后常常变成小伙子勾引世上的姑娘。

【流传】 云南省·（红河哈尼族彝族自治州）·元阳县·黄草岭区（黄草岭乡）·树皮寨

【出处】

（a）杨批斗讲，史军超采录：《年月树》，见中国民间文学集成全国编辑委员会编《中国民间故事集成》（云南卷），北京：中国 ISBN 中心 2003 年版，第 289 页。

（b）同（a）《哈尼族神话传说集成》，北京：中国民间文艺出版社 1990 年版。

W0854.5.1.2

精怪抖身变成人

实 例

汉族 两个精怪鬼鬼祟祟地爬出水面，一抖浑身的水珠，变成了一个公子和一个书童。

【流传】 河南省·（郑州市）·新郑市

【出处】 张永林采录整理：《白龙潭与黑龙潭》，见张振犁编著，孟宪明、朱淑君统纂《中原神话通鉴》（第二卷），郑州：河南大学出版社 2017 年版，第 729 页。

W0854.6

精怪的缺点

实 例

（参见下级母题实例）

W0854.6.1

特定时辰是精怪的缺点

实 例

（参见下级母题实例）

W0854.6.1.1

鸡精夜盲

实 例

汉族 野鸡精很凶残，但它是雀目眼，夜里看不见东西。

【流传】江苏省·连云港市

【出处】姚祥麟搜集整理：《智杀野鸡精》，见江苏人民出版社编《连云港民间传说》，南京：江苏人民出版社1981年版，第151页。

W0854.7

与精怪有关的其他母题

实 例

（参见下级母题实例）

W0854.7.1

精怪会附人体

实 例

（参见下级母题实例）

W0854.7.1.1

成精的狐狸、野雉、兔子、貉子及獾子附于人体

实 例

达斡尔族 成精的狐狸、野雉、兔子、貉子及獾子等动物会找到一个人（主要是男人）作为它的“额金”（主人），这个人就是“奇彦其”。他能给病人扎针、占卜；但奇彦其数量很少。

【流传】（原黑龙江省布特哈旗，今为内蒙古自治区呼伦贝尔市扎兰屯市）

【出处】

（a）珠荣嘎、额尔登泰、满都尔图、包鹤亭调查编著：《达斡尔族情况——达斡尔族调查材料之一》，全国人民代表大会民族委员会办公室1957年编印，第41页。

（b）《奇彦其（布特哈地区）》，见吕大吉、何耀华总主编《中国各民族原始宗教资料集成》（鄂伦春族卷、鄂温克族卷、赫哲族卷、达斡尔族卷、锡伯族卷、满族卷、蒙古族卷、藏族卷），北京：中国社会科学出版社1999年版，第360页。

W0854.7.2

精怪的数量

实 例

（参见下级母题实例）

W0854. 7. 2. 1

360 怪

实 例

壮族 远古有 360 怪。

【流传】(无考)

【出处】张声震主编:《壮族麽经布洛陀影印译注》,南宁:广西民族出版社 2004 年版,第 238 页。

W0854. 7. 3

鬼怪

实 例

(参见下级母题实例)

W0854. 7. 3. 1

恶神派鬼怪到人间

实 例

纳西族 恶神派鬼怪到人间。

【流传】(无考)

【出处】杨世光整理:《口弦的故事》,见中华民族故事大系编委会编《中华民族故事大系》第 9 卷(水族、东乡族、纳西族),上海:上海文艺出版社 1995 年版,第 947 页。

W0854. 7. 3. 2

神变成鬼怪

实 例

(参见下级母题实例)

W0854. 7. 3. 2. 1

神吃血会变成怪

【关联】[W6520] 饮食禁忌

实 例

赫哲族 新萨满授神仪式结束后,三年之内,家中不许杀生。因恐爱米神(保护和辅助萨满的神)见血嘴馋,吃血即变为血怪。

【流传】(松花江下游地区依兰县至抚远市一带)

【出处】

(a) 凌纯声:《松花江下游的赫哲族》,(原 1934 年南京刊印本),北京:民族出版社 2012 年版,第 129 ~ 130 页。

(b)《领神》,见吕大吉、何耀华总主编《中国各民族原始宗教资料集成》(鄂伦春族卷、鄂温克族卷、赫哲族卷、达斡尔族卷、锡伯族卷、满族卷、蒙古族卷、藏族卷),北京:中国社会科学出版社 1999 年版,第 224 页。

W0854. 7. 3. 3

人死后有的变成鬼怪

实 例

藏族(尔苏) 人死后有的变成鬼怪到人间作恶。

【流传】四川省·(凉山彝族自治州)·甘洛县·(蓼坪乡·清水村)

【出处】王德和:《甘洛县尔苏藏族的丧葬习俗调查研究》,载《西南民族大学学报》2010年第9期。

W0854.7.3.4

鬼怪欺骗人类走上邪路

实 例

柯尔克孜族 鬼怪欺骗人类走上邪路。

【流传】新疆维吾尔自治区

【出处】毛星主编《中国少数民族文学》（上），长沙：湖南人民出版社1983年版，第316页。

W0854.7.4

特定名称的精怪

实 例

（参见下级母题实例）

W0854.7.4.1

赤虾子

实 例

（参见下级母题实例）

W0854.7.4.1.1

赤虾子是蓬莱仙女遗类

实 例

汉族 陈仁娇，香山陈氏女子，自少绝粒，修炼成仙，身轻能从诸仙飞遊四方，尝降广东进士黄洞家。今吾邑惟寿星圹山水，幽胜甲一邑。有物曰赤蝦子者，如婴儿而绝小，自树杪相牵挂而下，笑呼之声，亦如婴儿，甫至地而灭，人谓蓬莱仙女遗类。

【流传】（无考）

【出处】［清］俞樾：《茶香室续钞》卷十九“陈仁娇”条引明黄瑜《双槐岁钞》。

W0854.7.4.2

玉精

实 例

（参见下级母题实例）

W0854.7.4.2.1

玉之精委然

实 例

汉族 玉之精名曰委然，如美女，衣青衣，见之以桃戈刺之，而呼其名，则可得也。夜行见女戴烛入石，石中有玉也。

【流传】（无考）

【出处】［唐］欧阳询：《艺文类聚》卷八三引《白泽图》。

W0854.7.4.3

羊精

【关联】［W0512.2］羊神

实 例

汉族 汉齐人梁文好道，其家有神祠，建室三四间，座上施皂帐，常在其中。积数十年。后因祀事，帐中忽有人语，自呼“高山君”。大能饮食，治病有验。文奉事甚肃，积数年，得进其帐中。神醉，文乃乞得奉见颜色。谓文曰："授手来。"文纳手，得持其颐，髯须甚长。文渐绕手，卒然引之，而闻作羊声。座中惊起，助文引之，乃袁公路家羊也。失之七八年，不知所在。杀之，乃绝。

【流传】（无考）

【出处】［晋］干宝：《搜神记》卷十八。

W0854. 7. 4. 4

蜈蚣精

【关联】［W0533］蜈蚣神（蜈蚣精）

实　例

（参见下级母题实例）

W0854. 7. 4. 4. 1

吃人的蜈蚣精

实　例

京族 广西防城白龙尾半岛海边有一蜈蚣精，作浪翻船，吞吃渔民。

【流传】（无考）

【出处】韦坚平搜集整理：《镇海大王》，见姚宝瑄主编《中国各民族神话》（仫佬族、壮族、京族），太原：山西出版传媒集团·书海出版社 2014 年版，第 198 页。

W0854. 7. 4. 5

木石之怪

实　例

（参见下级母题实例）

W0854. 7. 4. 5. 1

木石之怪曰夔

实　例

汉族 木石之怪，曰夔、蝄蜽。

【流传】（无考）

【出处】［春秋］左丘明：《国语·鲁语下》。

W0854. 7. 4. 6

水木之精

实　例

（参见下级母题实例）

W0854. 7. 4. 6. 1

水木之精藻兼

实　例

汉族 汉武帝与群臣宴于未央，梁上见一老翁，长八九寸，面见颓皱，须发皓白，仰头视屋，俯指帝脚，忽然不见。帝骇愕不知何等。召方朔以告。朔曰："其名为藻兼，水木之精也。夏巢幽林，冬潜深河，陛下顷日频兴造宫室，斩伐其居，故来诉耳。"

【流传】（无考）

【出处】鲁迅：《古小说钩沉》辑《幽明录》。

W0854. 7. 5

精怪的辨识（鬼怪的辨别）

实　例

（参见下级母题实例）

W0854.7.5.1

通过特定物辨识精怪

实　例

（参见下级母题实例）

W0854.7.5.1.1

能辨析鬼怪的陶罐

实　例

珞巴族 珞巴族的祖先达尼有个小陶罐，可以从中看到鬼怪，并分辨好坏。

【流传】西藏自治区·林芝市·墨脱县·达木珞巴民族乡、墨脱乡、甘登乡（讲述地点：墨脱县·达木珞巴民族乡·米日村）

【出处】牛布讲：《杀鸡占卜的由来》附录（1956.11），见冀文正《珞巴族民间故事》，成都：四川民族出版社2011年版，第29页。

0.8.2　怪人、怪物
【W0855 ~ W0869】

❊W0855

怪人

实　例

（参见下级母题实例）

W0856

怪人的产生

实　例

（参见下级母题实例）

W0856.1

生育怪人

【关联】［W2600］人生怪胎

实　例

（实例待考）

W0856.1.1

天地形成之后生怪人

实　例

侗族　（实例待考）

W0856.2

人变成怪人

实　例

（参见下级母题实例）

W0856.2.1

兄弟打猎时哥哥变成一半黑脸一半绿脸的怪人

实　例

独龙族 独龙江地方有兄弟两人去山里打猎，哥哥变成一个一半是黑脸一半是绿脸的怪人。

【流传】（无考）

【出处】蔡家麒：《独龙族社会历史综合考察报告》，载中国西南民族研究学会、云南省民族研究所编印《民族调查研究》（专刊）1983年第1期。

W0857

怪人的特征

【关联】［W2827］长着特殊眼睛的人

实　例

（参见下级母题实例）

W0857.1

形体怪异的人

【关联】

①［W2607］生动物特征的人

②［W2801］人早期的体征

实　例

（参见下级母题实例）

W0857.1.1

红眼睛绿眉毛的人

实　例

仡佬族 红眼睛绿眉毛的人。

【流传】贵州省·（六盘水市）·六枝（六枝特区）

【出处】王丛惠讲，刘成学整理：《打铁仡佬的传说》，见中华民族故事大系编委会编《中华民族故事大系》第13卷（仡佬族、锡伯族、阿昌族），上海：上海文艺出版社1995年版，第111页。

W0857.2

头与身体能分开的人

实　例

汉族 玉子姓章、名震，南郡人，少即好道，能分形为千百人；刘政，沛人，高才博物，学无不览，能以一人分作百人，百人作千人，千人作万人。

【流传】（无考）

【出处】［东晋］葛洪：《神仙传》。

W0857.3

怪人有动物习性

实　例

（参见下级母题实例）

W0857.3.1

鲛人水居如鱼

实　例

汉族 南海之外，有鲛人，水居如鱼，不废织绩，其眼泣，则能出珠。

【流传】（无考）

【出处】［东晋］干宝：《搜神记》卷十二。

汉族 南海水有鲛人，水居如鱼，不废织绩，其眼能泣珠。

【流传】（无考）

【出处】［西晋］张华：《博物志》。

W0857.4
怪人兼具人和动物的体征

【关联】［W0862.2］怪物是半人半兽

实　例

（参见下级母题实例）

W0857.4.1
人熊合体的怪人

【关联】［W0865.2.1］人熊

实　例

达斡尔族 猎人与母熊婚后生的小熊一半像人，一半像熊。

【流传】 内蒙古自治区·（呼伦贝尔市）·莫力达瓦旗（莫力达瓦达斡尔族自治旗）·腾克（腾克镇）

【出处】［英］卡罗琳·汉弗蕾著，朝戈金译：《一则关于熊和男孩变为男人的达斡尔神话》，载《民族文学研究》1994年第4期。

W0858
与怪人有关的其他母题

实　例

（参见下级母题实例）

W0858.1
会变化的怪人

【关联】［W9526］神性人物的变形

实　例

（实例待考）

W0858.2
天神认为地上的人是怪人

实　例

哈尼族（实例待考）

W0858.3
特定名称的怪人

实　例

（参见下级母题实例）

W0858.3.1
怪人星郎

实　例

侗族 天地形成以后，又生了一个怪人，名叫星郎。

【流传】

（a）贵州省·（黔东南苗族侗族自治州）·从江县·高增乡

（b）贵州省·（黔东南苗族侗族自治州）·从江县、黎平县等

【出处】

（a）梁普安等讲，龙玉成采录：《物种的起源》见中国民间文学集成全国编辑委员会编《中国民间故事集成》（贵州卷），北京：中国ISBN中心2003年，第31页。

（b）同（a），见燕宝、张晓编《神话传说》，贵阳：贵州人民出版社1997年版，第71页。

※ W0860

怪物

【汤普森】G301

【关联】

① ［W0830］妖魔

② ［W0855］怪人

实 例

（参见下级母题实例）

W0861

怪物的产生

实 例

（参见下级母题实例）

W0861. 0

怪物来源于特定地方

实 例

（参见下级母题实例）

W0861. 0. 1

天降怪物

实 例

（参见下级母题实例）

W0861. 0. 1. 1

下雨时天降一个大怪物

实 例

满族 天降大雨时，“咕咚”一声，一个大怪物从天上掉进泡子里，像鱼不是鱼，肚底下还长着腿儿。

【流传】黑龙江省·（哈尔滨市）·双城（双城区）一带

【出处】

（a）赵焕讲，王宏刚、马亚川、程迅整理：《女真族传说》（1982），见乌丙安、李文刚等编《满族民间故事选》，上海：上海文艺出版社 1983 年版。

（b）同（a），见姚宝瑄主编《中国各民族神话》（满族、赫哲族、朝鲜族），太原：山西出版传媒集团·书海出版社 2014 年版，第 40～43 页。

W0861. 0. 2

鸟带来怪物

实 例

羌族 天上飞鸟飞进来，带来鬼怪作祸祟。此怪不是家中怪，乃是外面野鬼怪。

【流传】四川省·（阿坝藏族羌族自治州）·汶川县·雁门乡·小寨子

【出处】

（a）袁真（释比，80 岁）唱，汪有伦翻译，钱安靖整理：《中下坛经》（1983. 11～1984. 12），见钱安靖《羌族和羌语支各居民集团宗教习俗调查报告》，四川大学宗教研究所油印本，1987 年 12 月。

（b）同（a），见吕大吉、何耀华总主编《中国各民族原始宗教资料集成》（纳西族卷、羌族卷、独龙族卷、傈僳族卷、怒族卷），北京：中国社会科学出版社 2000 年版，第 524 页。

W0861.1

怪物是生育产生的（生怪物）

【关联】［W2600］人生怪胎

实 例

（参见下级母题实例）

W0861.1.0

神生怪物

实 例

（实例待考）

W0861.1.0.1

神生不知名的怪物

实 例

哈尼族 （实例待考）

W0861.1.0a

妖魔生怪物

实 例

（参见下级母题实例）

W0861.1.0a.1

黑色母魔生许多怪物

实 例

蒙古族 黑色母魔——艾母·哈日·蟒嘎特害生出许多怪物。

【流传】内蒙古自治区

【出处】

（a）布拉托夫整理：《阿勒坦·沙盖父子战多头恶魔》，见郝苏民、薛守邦译编：《布里亚特蒙古民间故事集》，北京：中国民间文艺出版社 1984 年版。

（b）同（a），见姚宝瑄主编《中国各民族神话》（达斡尔族、鄂伦春族、鄂温克族、蒙古族），太原：山西出版传媒集团·书海出版社 2014 年版，第 193 页。

W0861.1.1

地生怪物

实 例

（参见下级母题实例）

W0861.1.1.1

地生怪物大狄

实 例

汉族 地上出了个叫做“大狄”的怪物。

【流传】浙江省·（杭州市）·临安县（临安市）·青山镇

【出处】印国珍讲，印振武采录：《天柱撑天》，见中国民间文学集成全国编辑委员会编《中国民间故事集成》（浙江卷），北京：中国 ISBN 中心 1997 年版，第 22 页。

W0861.1.2

婚生怪物

实 例

（参见下级母题实例）

W0861. 1. 2. 1

东海龙王的二公主与雄蛇交配生怪物“蛇龙”

实 例

满族 原来的苏滨水地方，东海龙王的二公主因为愿意听雄蛇的歌声，与它交配，生一怪物“蛇龙”。

【流传】黑龙江省（原书稿标注为辽宁省）·（哈尔滨市）·双城（双城区）·希勤乡（希勤满族乡）·希叶村（希业村）

【出处】马亚川讲：《龙蛇精》，见马亚川遗稿，黄任远等整理《女真萨满神话》，哈尔滨：黑龙江人民出版社2006年版，第57~64页。

W0861. 1. 2. 2

龙女与天马婚生怪物

实 例

汉族 龙女与天马偷偷成婚。三千年后，三公主生了一个奇怪的蛋。蛋生一个怪物：三棱头，蝎子尾巴，四个龙爪，两个翅膀。它能钻山入地，能腾云驾雾，还能在水里游。

【流传】河南省·（南阳市）·桐柏县

【出处】袁相如（男，53岁，职工）讲，谢明超采录，陈胜采录整理：《桐柏山、淮河、大禹》，见张振犁编著，孟宪明、朱淑君统纂《中原神话通鉴》（第四卷），郑州：河南大学出版社2017年版，第1149页。

W0861. 1. 2. 2. 1

天马和西海三公主交配生怪物

实 例

汉族 天马和西海三公主交配私生怪物。

【流传】河南省·（南阳市）·桐柏县

【出处】袁相如（男，53岁，职工）讲，谢明超采录，陈胜采录整理：《桐柏山、淮河、大禹》，见张振犁编著，孟宪明、朱淑君统纂《中原神话通鉴》（第四卷），郑州：河南大学出版社2017年版，第1150页。

W0861. 1. 3

动物生怪物

实 例

（参见下级母题实例）

W0861. 1. 3. 1

鱼生怪物

实 例

哈尼族 大鱼的白哩（传说中的鱼肚中的器官，类似千层肚一样的东西）有百十层，一层装着一样物种。一层挑开后，一股气体冲出来，跑到寨边树丛里去了。那是一个怪物体，从此，世间有了怪物的身影。

【流传】云南省·（红河哈尼族彝族自治州）·红河县

【出处】张平础讲，李期博记录翻译：

《杀鱼取种》，原载云南省民间文学集成办公室编《哈尼族神话传说集成》，中国民间文艺出版社 1990 年版，见姚宝瑄主编《中国各民族神话》（哈尼族、傣族），太原：山西出版传媒集团·书海出版社 2014 年版，第 156 页。

W0861.1.3.2

狗生七崽是怪物

实　例

羌族 狗生七崽是“怪物”，这种小狗无人愿意喂养。

【流传】 四川省·（阿坝藏族羌族自治州）·汶川县·绵池乡·沟头寨

【出处】

(a) 王治国（释比，64 岁）唱，汪有伦翻译，钱安靖整理：《下坛经》(1983.11～1984.11）注释，见钱安靖《羌族和羌语支各居民集团宗教习俗调查报告》，四川大学宗教研究所油印本，1987 年 12 月。

(b) 同（a），见吕大吉、何耀华总主编《中国各民族原始宗教资料集成》（纳西族卷、羌族卷、独龙族卷、傈僳族卷、怒族卷），北京：中国社会科学出版社 2000 年版，第 545 页。

W0861.1.4

植物生怪物

实　例

（参见下级母题实例）

W0861.1.4.1

葫芦生怪物

实　例

（参见下级母题实例）

W0861.1.4.1.1

卵生的葫芦生怪物

实　例

（参见下级母题实例）

W0861.1.4.1.1.1

动物婚生的卵孵出的葫芦生怪物

实　例

傣族 天上的老母牛与鹞鹰下凡后婚生 3 个蛋。鹞鹰孵卵只孵出一个葫芦。鹞鹰啄烂葫芦后走出一对又一对怪物。

【流传】 云南省·德宏（德宏傣族景颇族自治州）

【出处】 晓汉讲，斯尼整理：《神牛生蛋造人类》，见姚宝瑄主编《中国各民族神话》（哈尼族、傣族），太原：山西出版传媒集团·书海出版社 2014 年版，第 249 页。

W0861.1.5

与生怪物有关的其他母题

实　例

（参见下级母题实例）

W0861. 1. 5. 1

射死的白鹿心窝中生出怪物

实 例

纳西族 崇人抛鼎（人名）射死的白鹿的心窝里突然出现了一个指头大的小怪物（神仙）。

【流传】 云南省·（丽江市）·丽江县（原丽江纳西族自治县，今归属为丽江市古城区和玉龙纳西族自治县）

【出处】 东巴阿偎讲，和即仁采录：《崇人抛鼎寻不死药》，见中国民间文学集成全国编辑委员会编《中国民间故事集成》（云南卷），北京：中国 ISBN 中心 2003 年版，第 322 页。

W0861. 2

怪物是变化产生的（变怪物）

实 例

（参见下级母题实例）

W0861. 2. 1

特定人物变为怪物

实 例

（参见下级母题实例）

W0861. 2. 1. 1

神变成怪物

实 例

汉族 黄帝可怜那个无辜被杀的天神猰貐，让他复活。结果猰貐跑到昆仑山脚下，跳进弱水的深渊中变做了龙头虎爪的吃人怪物。

【流传】（无考）

【出处】 袁珂重述：《宇宙的最高统治者——黄帝》，原载袁珂《神话故事新编》，见陶阳、钟秀编《中国神话》（中），北京：商务印书馆 2008 年版，第 805 ~807 页。

W0861. 2. 2

光变成怪物

【关联】［W0854. 3. 1. 1］赤白光变成怪

实 例

汉族 赤白光变为怪。

【流传】（无考）

【出处】 《风俗通义·神怪第九》，见［东汉］应劭著，赵泓译注《风俗通义全译》，贵阳：贵州人民出版社 1998 年版，第 369 页。

W0861. 2. 3

气体变成怪物

实 例

（参见下级母题实例）

W0861. 2. 3. 1

鱼肚中第一层气体变成怪物

实 例

哈尼族 洪水后，人们杀的鱼的“白哩”（鱼肚中的器官）有百十层，第一层出现的一股气体跑到寨边树丛里，成为人间的怪物。

【流传】云南省·（红河哈尼族彝族自治州）·红河县

【出处】赵呼础讲，李期博采录：《杀鱼取种》，见中国民间文学集成全国编辑委员会编《中国民间故事集成》（云南卷），北京：中国 ISBN 中心 2003 年版，第 173 页。

W0861.3

与怪物的产生有关的其他母题

【关联】

① ［W9371.1］神转世为怪物

② ［W1996.5.2］世界最早是怪物

实 例

（参见下级母题实例）

W0861.3.1

怪物突然出现

实 例

哈尼族 （实例待考）

W0861.3.2

怪物从特定地方出现

实 例

（参见下级母题实例）

W0861.3.2.1

西王母瑶池旁出来一个怪物

实 例

汉族 西王母瑶池旁，出来一个十分凶恶的怪物，这怪物一走动，狂风大作，飞沙走石，天地昏暗，它还不断地吃人，糟蹋凡间妇女，闹得地上人不得安生，天上神惶恐不安。

【流传】河南省·（开封市）·杞县

【出处】李广平（35 岁，男，农民）讲，王怀聚采录整理：《古帝颛顼》，见张振犁编著，孟宪明、朱淑君统纂《中原神话通鉴》（第三卷），郑州：河南大学出版社 2017 年版，第 954 页。

W0861.3.2.2

山中的岩洞、怪石、山崖、大树、老树、老藤，村前村后的水泉、深潭、田头地角等地方生怪物

实 例

壮族 山中的岩洞、怪石、山崖、大树、老树、老藤，村前村后的水泉，深潭，一些田头地角和发生过人们所不能解释的事情的地方，经常会出现一些奇怪的动物。

【流传】广西壮族自治区·百色市·靖西市

【出处】凌树东搜集整理：*《神怪栖止——禁地》（1989），见吕大吉、何耀华总主编《中国各民族原始宗教资料集成》（土家族卷、瑶族卷、壮族卷、黎族卷），北京：中国社会科学出版社 1998 年版，第 491 页。

W0862

怪物的特征

实 例

（参见下级母题实例）

W0862. 0

怪物的性别

实 例

（参见下级母题实例）

W0862. 0. 1

怪物分公母

实 例

羌族 家中发生不正常现象，便认为出了“怪物”。怪公进屋作怪事，怪母进屋作邪事。外面怪物来家内，野外邪魔扰家庭。

【流传】四川省·（阿坝藏族羌族自治州）·汶川县·雁门乡·小寨子

【出处】

(a) 袁真（释比，80 岁）唱，汪有伦翻译，钱安靖整理：《中下坛经》(1983. 11 ~ 1984. 12) 及注释，见钱安靖《羌族和羌语支各居民集团宗教习俗调查报告》，四川大学宗教研究所油印本，1987 年 12 月。

(b) 同 (a)，见吕大吉、何耀华总主编《中国各民族原始宗教资料集成》（纳西族卷、羌族卷、独龙族卷、傈僳族卷、怒族卷），北京：中国社会科学出版社 2000 年版，第 524 页。

W0862. 0. 1. 1

女怪

实 例

朝鲜族 扶余国国王金蛙王用铁网往天池底下一捞，捞上来一个怪物，是一个长嘴唇、披头散发的女人，她屁股底下绑着一块千斤巨石。

【流传】长白山等地

【出处】金德顺讲，裴永镇记录整理：《东明王的传说》，原载《金德顺故事集》，见陶阳、钟秀编《中国神话》（中），北京：商务印书馆 2008 年版，第 886 ~ 897 页。

W0862. 1

巨大的怪物

实 例

苗族 （实例待考）

W0862. 1. 1

怪物两人多高，头像狮子

实 例

珞巴族 勒布爷爷捕猎时，看见一个怪物向石板处走了过来。他有两人多高，头像狮子但有两只弯角，身像老虎但毛短发光，蹄子有人头那么大，两只眼睛像两颗宝石一样闪闪发光，吼声能把山震裂，行走脚下起狂风。

【流传】西藏自治区·林芝市·墨脱县·达木珞巴民族乡、旁辛乡、甘登

乡、墨脱乡（讲述地点：墨脱县·达木珞巴民族乡·卡布村）

【出处】安布、牛布、达西讲：《勒布爷爷》（1956.08），见冀文正《珞巴族民间故事》，成都：四川民族出版社2011年版，第39页。

W0862.2

怪物是半人半兽

【关联】

① ［W0070.3.1］半人半兽的神

② ［W0662.6.1］巨人半人半兽

③ ［W0857.4］怪人兼具人和动物的体征

实 例

（参见下级母题实例）

W0862.2.1

半人半兽的怪物“奢比”

实 例

汉族 “奢比”是半人半兽的怪物

【流传】（无考）

【出处】［战国至汉］撰者不详：《山海经·大荒东经》。

W0862.2.2

怪物人身龙头

实 例

（参见下级母题实例）

W0862.2.2.1

人身龙头的怪物制造风雨

实 例

汉族 人身龙头的怪物，常在山下一个大池子里游玩，每进出池水，一定就会起狂风，下大雨。

【流传】（无考）

【出处】《共工怒触不周山》，原载袁珂编译《中国神话故事》，见陶阳、钟秀编《中国神话》（中），北京：商务印书馆2008年版，第721～723页。

W0862.2.3

怪物人形兽躯

实 例

（参见下级母题实例）

W0862.2.3.1

人形兽躯的怪物“凿齿”

实 例

汉族 羿诛除了号称“凿齿”的人形兽躯的怪物。

【流传】（无考）

【出处】袁珂重述：《射日奔月》，原载袁珂《神异篇》，见陶阳、钟秀编《中国神话》（上），北京：商务印书馆2008年版，第279～288页。

W0862. 3

怪物有多个头

实 例

（参见下级母题实例）

W0862. 3. 1

3 头怪物

实 例

（实例待考）

W0862. 3. 2

6 头怪物

实 例

（实例待考）

W0862. 3. 3

9 头怪物

【关联】［W0865. 4. 1］9 头怪鸟

实 例

（参见下级母题实例）

W0862. 3. 3. 1

九婴

实 例

（参见下级母题实例）

W0862. 3. 3. 1. 1

九婴是水火之怪

实 例

汉族 “尧之时，九婴为民害，尧乃使羿杀九婴于凶水之上。”高诱注：“九婴，水火之怪，为人害。”

【流传】（无考）

【出处】［西汉］淮南王刘安及门客：《淮南子·本经训》高诱注。

W0862. 3. 3. 1. 1. 1

九婴是 9 个头的水火之怪

实 例

汉族 九婴是有 9 个脑袋的水火之怪。

【流传】（无考）

【出处】《淮南子·本经训》，见［汉］刘安等著，陈广忠译注：《淮南子译注》注释，吉林文史 1990，第 352 页。

汉族 九婴是一个生着九个脑袋、能喷水也能吐火的水火之怪。

【流传】（无考）

【出处】袁珂重述：《射日奔月》，原载袁珂《神异篇》，见陶阳、钟秀编《中国神话》（上），北京：商务印书馆 2008 年版，第 279 ~ 288 页。

W0862. 3. 3. 1. 2

九婴的叫声像婴儿哭啼

实 例

汉族 一个叫“九婴”的妖怪。这个妖怪有九个头，叫起来像婴儿哭一样。

【流传】 河南省·（南阳市）·桐柏县·（城关镇）

【出处】 李长春（39岁）讲，刘剑采录整理：《前羿和后羿》（1982.03.10），见张振犁编著，孟宪明、朱淑君统纂《中原神话通鉴》（第三卷），郑州：河南大学出版社2017年版，第847页。

W0862.3.3.1.3

九婴的叫声像麻醉剂

实 例

汉族 人们只要一听见妖怪九婴的叫声，就腰软腿酸，头晕眼花，挪都挪不动步，成了妖怪的食儿。

【流传】 河南省·（南阳市）·桐柏县·（城关镇）

【出处】 李长春（39岁）讲，刘剑采录整理：《前羿和后羿》（1982.03.10），见张振犁编著，孟宪明、朱淑君统纂《中原神话通鉴》（第三卷），郑州：河南大学出版社2017年版，第847页。

W0862.3.4

怪物有四五个头

实 例

（参见下级母题实例）

W0862.3.4.1

怪物“干古龙”有四五个头，呈白、绿、红和粉红诸色

实 例

傈僳族 武定、元谋地区有些人家被认为世代都养着“干古龙”怪物，它有四至五个头，呈白、绿、红和粉红诸色。

【流传】 云南省·（楚雄彝族自治州）·武定县、元谋地区（元谋县）

【出处】 张桥贵调查整理：《武定、元谋地区祭“干古龙”》（1989），见吕大吉、何耀华总主编《中国各民族原始宗教资料集成》（纳西族卷、羌族卷、独龙族卷、傈僳族卷、怒族卷），北京：中国社会科学出版社2000年版，第741页。

W0862.3.5

40个头的怪物

实 例

塔吉克族 一个深水潭里有一个长着四十个头的怪物。

【流传】（新疆维吾尔自治区）

【出处】 艾布力·艾山汗、西仁·库尔班搜集，夏羿、朱华翻译整理：《玉枝金花》，见姚宝瑄主编《中国各民族神话》（乌孜别克族、哈萨克族、柯尔克孜族、俄罗斯族、维吾尔族、塔吉克族、塔塔尔族、锡伯族），太原：山西出版传媒集团·书海出版社2014年版，第295页。

W0862.3a

怪物长着动物的头

实 例

（参见下级母题实例）

W0862. 3a. 1

鸡头怪

实 例

（参见下级母题实例）

W0862. 3a. 1. 1

女鸡头怪（女米雅）

实 例

羌族 男米雅是牛头鬼，女米雅为鸡头怪。它们行踪谁知道，造成祸祟人不察。

【流传】四川省·（阿坝藏族羌族自治州）·汶川县·雁门乡·小寨子

【出处】

(a) 袁真（释比，80岁）唱，汪有伦翻译，钱安靖整理：《中下坛经》(1983. 11～1984. 12)，见钱安靖《羌族和羌语支各居民集团宗教习俗调查报告》，四川大学宗教研究所油印本，1987年12月。

(b) 同（a），见吕大吉、何耀华总主编《中国各民族原始宗教资料集成》（纳西族卷、羌族卷、独龙族卷、傈僳族卷、怒族卷），北京：中国社会科学出版社2000年版，第525～526页。

W0862. 4

怪物奇怪的四肢

实 例

（实例待考）

W0862. 5

与怪物特征有关的其他母题

实 例

（参见下级母题实例）

W0862. 5. 1

怪物的嗜好

实 例

（参见下级母题实例）

W0862. 5. 1. 1

怪物喜欢吃人的眼睛

实 例

白族 一个名叫罗刹的怪物喜欢吃人的眼睛，使这里的人半数成了瞎子。

【流传】云南省·（大理白族自治州）·大理市

【出处】杨国宪采录：《开辟大理的故事》，见中国民间文学集成全国编辑委员会编《中国民间故事集成》（云南卷），北京：中国ISBN中心2003年版，第216页。

白族 罗刹生（怪物名）性凶残，不仅常在海子里兴风作浪，掀翻渔船，吞噬渔民，而且最喜欢吃人眼珠。

【流传】云南省·大理（大理白族自治州·喜州区·庆洞村）

【出处】杨宗元、段圭讲，许天侠、周百里搜集整理：《爱民皇帝段宗堂——喜州区庆洞村神都本主》，原载大理市文化局编《白族本主神话》，中国民间文艺出版社 1988 年版，见姚宝瑄主编《中国各民族神话》（白族、拉祜族、景颇族），太原：山西出版传媒集团·书海出版社 2014 年版，第 137 页。

W0862.5.2

怪物的形体罕见

实 例

汉族 北国使臣打开木箱，露出一个世上罕见的怪物。那怪物长长的尾巴，小小的耳，豆大的眼睛，尖尖的嘴儿，灰灰的毛，细细的腿，不时地发出“叽叽叽，叽叽叽”的叫声。满朝文武，你瞧瞧我，我看看你，没有一个人识得贡品为何物。

【流传】河南省

【出处】刘丙元（83 岁，农民）讲，刘金州采录整理：《人活六十不活埋》，见张振犁编著，孟宪明、朱淑君统纂《中原神话通鉴》（第四卷），郑州：河南大学出版社 2017 年版，第 1271 页。

W0862.5.3

怪物龙头人身

实 例

（参见下级母题实例）

W0862.5.3.1

洛河里有个龙头人身的怪物

实 例

汉族 洛河里有个龙头人身的怪物。

【流传】河南省·（郑州市）·巩义市

【出处】孙宪周讲，石栏采录整理：《洛神宓妃》，见张振犁编著《中原神话通鉴》（第一卷），郑州：河南大学出版社 2017 年版，第 252 页。

W0862.5.4

怪物长着大眼

实 例

壮族（沙人）寨子里出了一个吃人的怪物，手指有芭蕉果那么粗，眼睛有鸡蛋那么大。

【流传】云南省

【出处】沙骥整理：《艾撒和艾苏》，原载谷德明等编《中国少数民族神话选》，西北民族学院 1983 年编印，见姚宝瑄主编《中国各民族神话》（仫佬族、壮族、京族），太原：山西出版传媒集团·书海出版社 2014 年版，第 174 页。

W0862.5.5

怪物浑身长毛

实 例

壮族（沙人）寨子里出了一个吃人的怪物，遍身长毛，头发乱蓬蓬的直拖到屁股。

【流传】云南省

【出处】沙骥整理：《艾撒和艾苏》，原载谷德明等编《中国少数民族神话选》，西北民族学院 1983 年编印，见姚宝瑄主编《中国各民族神话》（仫佬族、壮族、京族），太原：山西出版传媒集团·书海出版社 2014 年版，第 174 页。

W0862. 5. 6

怪物为多种动物复合体

实　例

（参见下级母题实例）

W0862. 5. 6. 1

怪物形状为马嘴牛蹄长角叉

实　例

羌族　“米那”（精怪）的形状为马嘴牛蹄长角叉。

【流传】四川省·（阿坝藏族羌族自治州）·汶川县·雁门乡·小寨子

【出处】

（a）袁真（释比，80 岁）唱，汪有伦翻译，钱安靖整理：《中下坛经》（1983. 11 ~ 1984. 12）说明文字，见钱安靖《羌族和羌语支各居民集团宗教习俗调查报告》，四川大学宗教研究所油印本，1987 年 12 月。

（b）同（a），见吕大吉、何耀华总主编《中国各民族原始宗教资料集成》（纳西族卷、羌族卷、独龙族卷、傈僳族卷、怒族卷），北京：中国社会科学出版社 2000 年版，第 526 页。

W0863

怪物的能力（怪物的本领）

【关联】［W1545. 2. 5］怪物的眼睛变成日月

实　例

（参见下级母题实例）

W0863. 1

怪物作怪

实　例

（参见下级母题实例）

W0863. 1. 1

怪物作怪的手段

实　例

（参见下级母题实例）

W0863. 1. 1. 1

怪物专吃人的眼睛

【关联】［W0839. 5. 1］吃人的妖魔

实　例

白族　（参见“W0862. 5. 1. 1 怪物喜欢吃人的眼睛”母题实例）

W0863. 1. 1. 2

妖物作怪时刮风打雷

实　例

汉族 妖物作怪时，会刮大风，打大雷，石头啸叫，树木哀号。

【流传】（无考）

【出处】《禹擒水怪无支祁》，原载袁珂编译《中国神话故事》，见陶阳、钟秀编《中国神话》（上），北京：商务印书馆2008年版，第428~430页。

W0863.2

怪物会变形

实 例

（参见下级母题实例）

W0863.2.1

变婆

【关联】［W0838.2.2］妖婆

实 例

侗族、苗族、土家族、壮族等 变婆，又称“老变婆”“牙变婆”。贵州境内以及邻近的广西桂北融水县的土家族、苗族、侗族等少数民族传说中的一种妖魔。变婆大多是由死去的年轻女性变化成。其生前有着某些特征，例如瞳孔能发绿光、手骨残缺。死后三日或五日（另有七日之说），“揭棺破土而出，形体依然，颜色不类，心尚知觉，惟哑不言，呼叫有声，腥秽之气随风飘荡，闻臭欲呕，毛骨悚然”。

【流传】贵州省；广西壮族自治区

【出处】《变婆》，见https://baike.baidu.com/item。

W0863.2.1.1

老变婆吃人肉

实 例

彝族 老变婆专门跟人学吃人肉。

【流传】贵州省·（毕节市）·威宁（威宁彝族回族苗族自治县）

【出处】代娥沟兔汝讲，燕宝整理：《陆楚尕阿鲁收拾老变婆》，见中华民族故事大系编委会编《中华民族故事大系》第3卷（彝族、壮族、布依族），上海：上海文艺出版社1995年版，第133页。

W0863.2.1.2

变婆是一个叫阿公拙的老妖怪

实 例

纳西族 很古的时候，人间有一种叫阿公拙的老妖怪，老妖怪往往装扮成老太婆，变着法儿吃人。

【流传】云南省·（丽江市）·丽江县（古城区、玉龙纳西族自治县）

【出处】木丽春采集整理：《镇妖成亲的故事》，见木丽春编著《纳西族民间故事集》，昆明：云南人民出版社2007年版，第152页。

W0863.2.2

怪物变狗豕虫蛇

实 例

汉族 蛊有怪物，其妖形变化，或为狗豕，或为虫蛇。

【流传】（无考）

【出处】《犬蛊》，见［晋］干宝著，李剑国辑校《新辑搜神记》卷一，北京：中华书局 2007 年版，第 282 页。

W0863. 3

怪物会自己复原

实　例

（参见下级母题实例）

W0863. 3. 1

怪物被咬掉的肉复原

实　例

壮族　怪物被九尾狗咬去一口后，肉又会长出来。

【流传】（无考）

【出处】《艾撒和艾苏》，见张声震总主编，农冠品编注《壮族神话集成》，南宁：广西民族出版社 2007 年版，第 510 页。

W0863. 4

怪物能上天下水

实　例

白族　怪物罗刹既能飞天入海，又能在陆地上行走。

【流传】云南省·大理（大理白族自治州·喜州区·庆洞村）

【出处】杨宗元、段圭讲，许天侠、周百里搜集整理：《爱民皇帝段宗堂——喜州区庆洞村神都本主》，原载大理市文化局编《白族本主神话》，中国民间文艺出版社 1988 年版，见姚宝瑄主编《中国各民族神话》（白族、拉祜族、景颇族），太原：山西出版传媒集团·书海出版社 2014 年版，第 137 页。

W0864

怪物的关系

实　例

（参见下级母题实例）

W0864. 1

怪物的亲属

实　例

（实例待考）

W0864. 2

怪物的朋友

实　例

（实例待考）

W0864. 3

怪物的敌人（怪物的对手）

实　例

（参见下级母题实例）

W0864. 3. 1

怪物与人为敌

实　例

哈尼族 森林里面有一种俄罗罗玛（怪物），专门和人捣乱，杀死人类。

【流传】云南省·（红河哈尼族彝族自治州）·元阳县

【出处】卢朝贵讲，史军超采录：《太阳和月亮》，见中国民间文学集成全国编辑委员会编《中国民间故事集成》（云南卷），北京：中国 ISBN 中心 2003 年版，第 117 页。

W0864.4

怪物的上司

实 例

（参见下级母题实例）

W0864.4.1

怪物是魔鬼的手下

实 例

汉族 七个怪物是三角魔鬼的卫士。

【流传】海南省·南沙群岛、西沙群岛

【出处】叶春生、许和达记录整理：《北斗星的传说》，见姚宝瑄主编《中国各民族神话》（汉族），太原：山西出版传媒集团·书海出版社 2014 年版，第 328～332 页。

W0865

动物怪物

实 例

（参见下级母题实例）

W0865.1

怪兽

实 例

（参见下级母题实例）

W0865.1.1

怪兽的产生

实 例

（参见下级母题实例）

W0865.1.1.1

老天爷放出怪兽

实 例

汉族 盘古兄妹刚见面不久，老天爷就放来怪妖怪兽，要吃掉他兄妹俩。

【流传】河南省·（南阳市）·桐柏县·二郎山乡（再述地点：桐柏县朱庄乡）

【出处】刘太举（29 岁，初中）讲，姚义亮（66 岁，私塾两年）再述，马卉欣录音整理：《龙生盘古》（1989.06），见张振犁编著《中原神话通鉴》（第一卷），郑州：河南大学出版社 2017 年版，第 53 页。

W0865.1.2

怪兽的特征

实 例

（参见下级母题实例）

W0865. 1. 2. 1
独角怪兽

实 例

（参见下级母题实例）

W0865. 1. 2. 1. 1
食人的独角怪兽有 9 层皮

实 例

普米族 食人的独角怪兽有 9 层皮，有 9 双脚和 9 双手，一步能跳 9 丈远。

【流传】云南省·（丽江市）·宁蒗（宁蒗彝族自治县）；四川省·（凉山彝族自治州）·木里县（木里藏族自治县）

【出处】由和品初等演唱，殷海涛等记录整理：《支萨·甲布》，见熊胜祥主编《普米族歌谣集成》，北京：中国民间文艺出版社 1990 年版，第 369 页。

W0865. 1. 2. 2
能辨药味药性的琉璃兽似犬非犬、似虎非虎

实 例

白族 能辨药味药性的琉璃兽似犬非犬、似虎非虎。

【流传】（无考）

【出处】《药王爷和琉璃兽》，见 BBS 水木清华站：http：//www. smth. edu. cn 2006. 07. 21。

W0865. 1. 2. 3
怪兽全身是眼

实 例

珞巴族 从天上落下一头如小山般大的野兽，全身是眼，眼里冒火，火光刺人，活像一团火球。

【流传】西藏自治区·林芝市·墨脱县·墨脱乡、甘登乡、旁辛乡（讲述地点：墨脱县·墨脱乡·墨脱村）

【出处】桑杰绕登、江措讲：《祭灶神》（1996. 09），见冀文正《珞巴族民间故事》，成都：四川民族出版社 2011 年版，第 74 页。

W0865. 1. 2. 4
怪兽的魂不死

实 例

佤族 克兰克来（佤族传说中一种有点像恐龙的怪兽）的魂是永远不死的。

【流传】云南省·（普洱市）·西盟佤族自治县、澜沧拉祜族自治县等地

【出处】毕登程、隋嘎编著：《司岗里——佤族创世史诗》，昆明：云南出版集团公司·云南人民出版社 2009 年版，第 87 页。

W0865. 1. 2. 5
怪兽怪头怪脑

实 例

汉族 后羿要去打一只怪头怪脑的野兽回来和灵芝草一起炖着吃。

【流传】四川省·巴县（重庆·巴南区）·五布乡

【出处】王庭光讲，梁昌明记录，金祥度整理：《嫦娥奔月》（1987.10），见姚宝瑄主编《中国各民族神话》（汉族），太原：山西出版传媒集团·书海出版社2014年版，第245～246页。

W0865.1.3

与怪兽有关的其他母题

【关联】［W0701a.2.4］夔是怪兽

实 例

（参见下级母题实例）

W0865.1.3.1

中州大海中的怪兽

实 例

汉族 禹王没有治水以前，洛阳一带是汪洋一片，成为浩瀚的中州大海。这个海里还有些巨龙怪兽，时常兴风作浪，使洪水毁坏良田，毁灭人畜，为害很大。

【流传】河南省·洛阳市

【出处】白眉采录整理：《邙山的传说》，见张振犁编著，孟宪明、朱淑君统纂《中原神话通鉴》（第四卷），郑州：河南大学出版社2017年版，第1071页。

W0865.1.3.2

怪兽䖪蛭

实 例

（参见下级母题实例）

W0865.1.3.2.1

䖪蛭如彘有角

实 例

汉族 昆吾之山，其上多赤铜，有兽焉，其状如彘而有角，其音如号，名曰䖪蛭，食之不眯。

【流传】（无考）

【出处】［战国至汉］撰者不详：《山海经·中次二经》。

W0865.1.3.2.2

䖪蛭九头九尾

实 例

汉族 凫丽之山，有兽焉，其状如狐，而九尾九首虎爪，名曰䖪蛭，其音如婴儿，是食人。

【流传】（无考）

【出处】［战国至汉］撰者不详：《山海经·东次二经》。

W0865.1.3.3

混沌兽

【关联】［W1057.1］混沌（混沌卵）

实 例

（参见下级母题实例）

W0865. 1. 3. 3. 1

昆仑西有混沌兽

实 例

汉族 昆仑西有兽焉，其状如犬，长毛，四足，似罴而无爪，有目而不见，行不开，有两耳而不闻。有腹而无五脏，有肠直而不旋，食物径过。人有德行而往抵触之，人有凶德而往依凭之。天使其然。名曰浑沌。《史记·五帝本纪》：昔帝鸿氏有不才子，掩义隐贼，好行凶慝，天下谓之浑沌。

【流传】（无考）

【出处】［汉］东方朔：《神异经·西荒经》。

W0865. 1. 3. 3. 2

混沌兽如犬，长毛，四足，似罴而无爪，有目而不见

实 例

汉族 （参见“W0865. 1. 3. 3. 1 昆仑西有混沌兽”母题实例）

W0865. 1. 3. 4

怪兽克兰克来

实 例

（参见下级母题实例）

W0865. 1. 3. 4. 1

克兰克来状如恐龙

实 例

佤族 “克兰克来”是佤族传说中一种有点像恐龙的怪兽。“克来”有“丧事、做丧的、送鬼的、死不复生的”等含义。

【流传】云南省·（普洱市）·西盟佤族自治县、澜沧拉祜族自治县等地

【出处】毕登程、隋嘎编著：《司岗里——佤族创世史诗》，昆明：云南出版集团公司·云南人民出版社 2009 年版，第 84 页。

W0865. 2

熊怪（熊妖，熊精）

【关联】［W0511］熊神

实 例

（参见下级母题实例）

W0865. 2. 0

熊精的产生

实 例

（参见下级母题实例）

W0865. 2. 0. 1

石头泥块变成熊精

实 例

瑶族（布努） 密洛陀（万物之母，女始祖，女神）生的 12 对男女相婚配，生

石头泥块，石头泥块变成虎精和熊精。

【流传】广西壮族自治区·（河池市）·都安县（都安瑶族自治县）、巴马县（巴马瑶族自治县）、南丹县，（百色市）·田东县、平果县等地

【出处】桑布郎等传，蒙凤标（83岁）、罗仁祥（73岁）等唱：《密洛陀》（1983），见蓝怀昌、蓝书京、蒙通顺搜集翻译整理《密洛陀》，北京：中国民间文艺出版社1988年版，第303页。

W0865.2.0a

熊精的特征（熊精的职能）

实　例

（参见下级母题实例）

W0865.2.0a.1

熊精为黄帝驮着指南人

实　例

汉族 黄帝和蚩尤交战，黄帝的驮着指南人的熊精被敌方乱石打死。

【流传】（无考）

【出处】

（a）杨周氏、杨秀华讲：《黄帝造车轮》，载《民间文学》1991年第8期。

（b）同（a），见姚宝瑄主编《中国各民族神话》（汉族），太原：山西出版传媒集团·书海出版社2014年版，第399~400页。

W0865.2.0b

熊精的生活

实　例

（参见下级母题实例）

W0865.2.0b.1

熊精骑公鸡

实　例

瑶族（布努） 熊精骑只公鸡下到了山坡，熊精骑只公鸡来到柚子林，。熊精的鸡被杀死后，又骑来一只大山猪，山猪扬起的两根外牙像两把刀。

【流传】广西壮族自治区·（河池市）·都安县（都安瑶族自治县）、巴马县（巴马瑶族自治县）、南丹县，（百色市）·田东县、平果县等地

【出处】桑布郎等传，蒙凤标（83岁）、罗仁祥（73岁）等唱：《密洛陀》（1983），见蓝怀昌、蓝书京、蒙通顺搜集翻译整理《密洛陀》，北京：中国民间文艺出版社1988年版，第338~340页。

W0865.2.1

人熊

【关联】［W0862.2］怪物是半人半兽

实　例

壮族 通过酒杀死人熊。

【流传】广西壮族自治区·（崇左市）·天等（天等县）

【出处】冯成璋讲，刘止平整理：《蜜蜂做媒的故事》，见中华民族故事大系编委会编《中华民族故事大系》第3卷（彝族、壮族、布依族），上海：上海文艺出版社1995年版，第509页。

W0865. 2. 1. 1
人熊婆婆

实 例

瑶族 （实例待考）

W0865. 2. 2
九头妖熊

实 例

（参见下级母题实例）

W0865. 2. 2. 1
九头妖熊是浑身冰冷的九个冰精

实 例

毛南族 九头妖熊原来是九个冰精，浑身冰冷。

【流传】广西壮族自治区·（河池市）·环江毛南族自治县·下南乡·下南、波川

【出处】谭履宜讲，谭金田、蒋志雨整理：《格射日月》（1963、1980），见姚宝瑄主编《中国各民族神话》（土家族、毛南族、侗族、瑶族），太原：山西出版传媒集团·书海出版社2014年版，第57页。

W0865. 2. 3
吃小孩的熊精

【关联】［W0839. 5. 1. 1］吃小孩的妖魔

实 例

瑶族（布努）熊精吃小孩，又把人类害。熊精象人熊，凶狠又鬼怪。它带有神弩，它拿有神箭。白天去抓人，晚上住洞里。

【流传】广西壮族自治区·（河池市）·都安县（都安瑶族自治县）、巴马县（巴马瑶族自治县）、南丹县，（百色市）·田东县、平果县等地

【出处】桑布郎等传，蒙凤标（83岁）、罗仁祥（73岁）等唱：《密洛陀》（1983），见蓝怀昌、蓝书京、蒙通顺搜集翻译整理《密洛陀》，北京：中国民间文艺出版社1988年版，第336～337页。

W0865. 3
狼外婆

【关联】

①［W0838. 2. 2］妖婆

②［W0844. 1. 2］老狼精变身老太婆

实 例

汉族 （实例待考）

W0865. 3. 1
狼外婆尼变

实 例

水族 “尼变”者，水族语狼外婆、熊家婆之意也。

【流传】（贵州省）

【出处】袁珂改编：《防尼变》（原名《戴手镯的来历》），原载黔南文学艺术研究室编《水族民间故事》，见袁珂《中国神话大词典》，北京：华夏出版社2015年版，第539页。

W0865.4

怪鸟

【关联】［W1694.2.2］怪鸟的金蛋变成假太阳

实 例

（参见下级母题实例）

W0865.4.1

9头怪鸟

【关联】［W0862.3.3］9头怪物

实 例

鄂伦春族 以前有一只九头怪鸟。

【流传】黑龙江省

【出处】吴吉瑞讲，葛长海整理：《孟坤保救母》，见中华民族故事大系编委会编《中华民族故事大系》第15卷（德昂族、保安族、裕固族、京族、塔塔尔族、独龙族、鄂伦春族），上海：上海文艺出版社1995年版，第807页。

W0866

植物怪物

实 例

（实例待考）

W0867

自然物怪物（器物怪物）

实 例

（参见下级母题实例）

W0867.1

风怪

【关联】［W0846.1］风魔

实 例

仡佬族 风怪为害，阿利（人名）带领大家去捉风（风怪）。

【流传】贵州省·（毕节市）·黔西县·羊耳公社（沙井乡）·松河大队（松河村）

【出处】赵银周等讲，李道等采录：《阿利捉风》见中国民间文学集成全国编辑委员会编《中国民间故事集成》（贵州卷），北京：中国ISBN中心2003年，第77页。

W0867.1.1

风怪阿万

实 例

（参见下级母题实例）

W0867. 1. 1. 1

风怪阿万有 9 兄弟

实 例

仡佬族 风怪阿万有九兄弟。

【流传】贵州省·（毕节市）·黔西县·羊耳公社（沙井乡）·松河大队（松河村）

【出处】赵银周等讲，李道等采录：《阿利捉风》，见中国民间文学集成全国编辑委员会编《中国民间故事集成》（贵州卷），北京：中国 ISBN 中心 2003 年，第 77 页。

仫佬族 风怪阿万家里一共有九兄弟。

【流传】（无考）

【出处】赵银周、赵青云、赵永昌讲，李道、赵德富、王文高、杨发明、马峰玉、唐文新、罗懿群搜集：《阿利捉风》，原载《民间文学资料》第 49 集，见姚宝瑄主编《中国各民族神话》（仫佬族、壮族、京族），太原：山西出版传媒集团·书海出版社 2014 年版，第 32 页。

W0867. 1. 1. 2

风怪阿万无故乱刮风

实 例

仫佬族 很古的时候，有个风怪叫阿万，它无凭无故乱刮风，只要它一刮起风来，吹泥巴，泥巴飞。

【流传】（无考）

【出处】赵银周、赵青云、赵永昌讲，李道、赵德富、王文高、杨发明、马峰玉、唐文新、罗懿群搜集：《阿利捉风》，原载《民间文学资料》第 49 集，见姚宝瑄主编《中国各民族神话》（仫佬族、壮族、京族），太原：山西出版传媒集团·书海出版社 2014 年版，第 32 页。

W0867. 1. 2

风怪兴风

实 例

仡佬族 风怪兴风，致令天昏地暗，岩崩石垮，树倒泥飞，民不聊生。

【流传】（无考）

【出处】袁珂改编：《阿利捕风》，原载毛星主编《中国少数民族文学》（中册），见袁珂《中国神话大词典》，北京：华夏出版社 2015 年版，第 573 页。

W0867. 1. 3

狗咬风怪

实 例

仡佬族 阿利本领高强，先放狗往追风怪，狗见风怪而啮之。

【流传】（无考）

【出处】袁珂改编：《阿利捕风》（原名《十二段经·阿利捉风》），原载毛星主编《中国少数民族文学》（中册），见袁珂《中国神话大词典》，北京：华夏出版社 2015 年版，第 573 页。

W0867.2

海怪

【汤普森】①B877.1；②G308

实 例

（实例待考）

W0867.3

石怪（怪石）

实 例

（参见下级母题实例）

W0867.3.1

怪石袭人

实 例

彝族 苞惹夫妇刚上山，就见几个青面獠牙，手提大刀，挥舞着刺龙锤的怪石，震天动地地大声怪叫着朝苞惹夫妇冲来。

【流传】（云南省·红河哈尼族彝族自治州·建水县）

【出处】老保舍、白沙会、白阿扎讲，常得新搜集，张绍碧校对：《红皮箱》，原载昆明市官渡区民间文学集成办公室编《云南民间文学集成·建水卷》内部资料，1988年，见姚宝瑄主编《中国各民族神话》（羌族、彝族），太原：山西出版传媒集团·书海出版社2014年版，第309页。

W0867.4

木怪

实 例

汉族 巴賨之境，地多岩崖，水怪木怪，无所不有。民居溪壑，以弋猎为生涯。嵌空之所，有一洞穴，居人不能测其所往。猎师纵犬于此，则多呼之不回，瞪目摇尾，瞻其崖穴。

【流传】（无考）

【出处】

(a) ［北宋］李昉、扈蒙、李穆等：《太平广记》卷四五八“狗仙山”条引《玉堂闲话》。

(b)《狗仙山》，见袁珂《中国神话大词典》，北京：华夏出版社2015年版，第200页。

W0867.5

火怪

实 例

（参见下级母题实例）

W0867.5.1

火之怪宋毋忌

【关联】

①［W0493.6.1g］灶神宋无忌

②［W0827.1.19］仙人宋无忌（宋毋忌）

实 例

汉族 火之怪为宋毋忌。

【流传】（无考）

【出处】［晋］张华：《博物志》。

W0868

与怪物有关的其他母题

实 例

（参见下级母题实例）

W0868.0

特定名称的怪物（怪物的名字）

实 例

（参见下级母题实例）

W0868.0.1

雷泽神兽

实 例

（参见下级母题实例）

W0868.0.1.1

雷泽神兽是水中的怪物

实 例

汉族 雷泽神兽是生活在水中的怪物，平时一下大雨就兴风作浪，淹没四周的村庄、良田。

【流传】河南省·（郑州市）·新郑市

【出处】刘文学采录整理：《雷泽取兽骨》，见张振犁编著，孟宪明、朱淑君统纂《中原神话通鉴》（第二卷），郑州：河南大学出版社 2017 年版，第 549 页。

W0868.0.2

怪物屠龙

实 例

（参见下级母题实例）

W0868.0.2.1

怪物屠龙看守天宫

实 例

汉族 黄帝一个人坐在宫中想心事，昏昏入睡时，突然有一个身子像狗，头脸像人，披着长发，两只耳朵上挂着两条蛇当耳环的怪物来到黄帝面前。黄帝说：“你不是屠龙吗？不在天宫看守门户，到这里干什么？”

【流传】河南省·（郑州市）·新密市

【出处】刘素洁采录整理：《黄帝修城（二）》，见张振犁编著，孟宪明、朱淑君统纂《中原神话通鉴》（第二卷），郑州：河南大学出版社 2017 年版，第 614 页。

W0868.0.3

怪物罗刹生

实 例

白族 罗刹生（怪物名）性凶残。

【流传】云南省·大理（大理白族自治州·喜州区·庆洞村）

【出处】杨宗元、段圭讲，许天侠、周百里搜集整理：《爱民皇帝段宗堂——喜州区庆洞村神都本主》，原载大理市文化局编《白族本主神话》，中国民间文艺出版社 1988 年版，见姚宝瑄主编《中国各民族神话》（白族、拉祜族、景颇族），太原：山西出版传媒集团·书海出版社 2014 年版，第 137 页。

W0868.0.4

怪物称“都义”

实 例

壮族 怪物生于岩洞、怪石、山崖、大树、老树等特定地方。壮话称怪物为“都义”或“都召”。

【流传】广西壮族自治区·百色市·靖西市

【出处】凌树东搜集整理：*《神怪栖止——禁地》(1989)，见吕大吉、何耀华总主编《中国各民族原始宗教资料集成》（土家族卷、瑶族卷、壮族卷、黎族卷），北京：中国社会科学出版社 1998 年版，第 491 页。

W0868.0.5

怪物称“都召”

实 例

壮族 （参见“W0868.0.4 怪物称“都义”母题实例）

W0868.0.6

怪物肯库

实 例

珞巴族 混沌初开时，有个叫做肯库的怪物。

【流传】

(a) 西藏自治区·下珞渝（泛指永木河、锡约尔河、巴恰西仁河流域）

(b) 西藏自治区·下珞渝（又写作“下珞瑜”）·阿帕塔尼部落日如村

【出处】

(a) B·K·舒克拉搜集：《肯库》，见中华民族故事大系编委会编《中华民族故事大系》第 16 卷（赫哲族、门巴族、珞巴族、基诺族），上海：上海文艺出版社 1995 年版，第 394 页。

(b) 同 (a)，见李坚尚、刘芳贤编《珞巴族门巴族民间故事选》，上海：上海文艺出版社 1993 年版，第 8 页。

W0868.0.7

怪物名叫魑魅、魍魉

【关联】［W0907.14.4］魍魉鬼（罔两、蝄蜽）

实 例

汉族 轩辕黄帝战蚩尤时，蚩尤从山林中驱赶来一群怪物，名叫魑魅、魍魉，向轩辕的兵扑来。魑魅长着人的脸、野兽的身子，叫起来凄惨怕人；魍魉个子矮小，红眼睛，散头发，红皮肤，人一见它，就会被它迷住吃掉。

【流传】陕西省·（延安市）·黄陵县

【出处】郭诚整理：《黄帝战蚩尤》，原载黄陵县文化馆编《轩辕黄帝传说故事》，见陶阳、钟秀编《中国神话》（中），北京：商务印书馆 2008 年版，第 787 ~ 792 页。

W0868. 1
怪物的成长

实 例

（参见下级母题实例）

W0868. 1. 1
怪物被抛弃后得到父亲魂灵的抚育

实 例

满族 怪物被抛弃后，得到它的父亲雄蛇魂灵的抚育。

【流传】黑龙江省（原书稿标注为辽宁省·岫岩县）·（哈尔滨市）·双城（双城区）·希勤乡（希勤满族乡）·希叶村（希业村）

【出处】马亚川遗稿：《龙蛇精》，见黄任远等整理《女真萨满神话》，哈尔滨：黑龙江人民出版社 2006 年版，第 57 ~ 64 页。

W0868. 2
怪物的种类（怪物的类型）

实 例

（参见下级母题实例）

W0868. 2. 1
怪物有 11520 种

实 例

汉族 白泽兽告诉黄帝："东泰山深谷密林中有魑魅魍魉，丸山之中有山精水怪，这梁山上有人魂神魄，这雷泽之中有神兽……"那白泽神兽一气讲了一万一千五百二十种怪物。

【流传】河南省·（郑州市）·新郑市

【出处】王金岭采录整理：《门神的传说》，见张振犁编著，孟宪明、朱淑君统纂《中原神话通鉴》（第二卷），郑州：河南大学出版社 2017 年版，第 645 页。

W0868. 2. 2
土中怪物

【关联】［W0846. 2］水妖（水魔、水怪、水精）

实 例

（参见下级母题实例）

W0868. 2. 2. 1
土中怪物羵羊

实 例

汉族 季桓子穿井，获如土缶，其中有羊焉，使问之仲尼，对曰："以丘所闻，羊也。木石之怪，曰夔蝄蜽；水之怪，曰龙罔象；土之怪，曰羵羊。"

【流传】（无考）

【出处】［春秋］左丘明：《国语·鲁语下》。

W0868.3
怪物的生活

实 例

（参见下级母题实例）

W0868.3.1
怪物的饮食

实 例

（参见下级母题实例）

W0868.3.1.1
怪物吃人

实 例

塔吉克族 怪物每天要百姓们给它供奉四十头牛和一位姑娘作为食物，如若哪天缺了供奉，它就兴风作浪，祸害全城百姓。

【流传】（新疆维吾尔自治区）

【出处】艾布力·艾山汗、西仁·库尔班搜集，夏羿、朱华翻译整理：《玉枝金花》，见姚宝瑄主编《中国各民族神话》（乌孜别克族、哈萨克族、柯尔克孜族、俄罗斯族、维吾尔族、塔吉克族、塔塔尔族、锡伯族），太原：山西出版传媒集团·书海出版社2014年版，第295页。

W0868.3.1.1.1
怪物吃人需晚上

实 例

壮族（沙人）寨子里出了一个吃人的怪物，早上出来抓住人就拉着人的手望着太阳笑，太阳下山才吃，天黑才回洞。

【流传】云南省

【出处】沙骥整理：《艾撒和艾苏》，原载谷德明等编《中国少数民族神话选》，西北民族学院1983年编印，见姚宝瑄主编《中国各民族神话》（仫佬族、壮族、京族），太原：山西出版传媒集团·书海出版社2014年版，第174页。

W0868.3.1.1.2
怪物吃人的心肝

实 例

傈僳族 有种叫“干古龙”的怪物，晚上从主人家中飞出来时像是灰色蛾，飞到别人家里去吃娃娃的心肝，吃饱飞回来时变为红色。

【流传】云南省·（楚雄彝族自治州）·武定县、元谋地区（元谋县）

【出处】张桥贵调查整理：《武定、元谋地区祭“干古龙”》（1989），见吕大吉、何耀华总主编《中国各民族原始宗教资料集成》（纳西族卷、羌族卷、独龙族卷、傈僳族卷、怒族卷），北京：中国社会科学出版社2000年版，第741页。

W0868.3.2
怪物的居所

实 例

（参见下级母题实例）

W0868. 3. 2. 1
怪物住坛罐中

实 例

羌族 男米雅是牛头鬼，女米雅为鸡头怪。它们喜藏坛罐内，装菜就造苦和酸。

【流传】四川省·（阿坝藏族羌族自治州）·汶川县·雁门乡·小寨子

【出处】

（a）袁真（释比，80 岁）唱，汪有伦翻译，钱安靖整理：《中下坛经》（1983. 11 ~ 1984. 12），见钱安靖《羌族和羌语支各居民集团宗教习俗调查报告》，四川大学宗教研究所油印本，1987 年 12 月。

（b）同（a），见吕大吉、何耀华总主编《中国各民族原始宗教资料集成》（纳西族卷、羌族卷、独龙族卷、傈僳族卷、怒族卷），北京：中国社会科学出版社 2000 年版，第 526 页。

W0868. 3. 2. 2
怪物生活在水中

【关联】［W0846. 2］水妖（水魔、水怪、水精）

实 例

汉族 西山下陷形成两个深渊。渊中常有怪物出没，到远近村庄伤害牛马。

【流传】江苏省·（徐州市）·新沂市

【出处】胡凯讲，胡凯整理：《二郎扁担》（1987. 12. 27），见姚宝瑄主编《中国各民族神话》（汉族），太原：山西出版传媒集团·书海出版社 2014 年版，第 117 ~ 119 页。

W0868. 3. 3
怪物的出行

实 例

（参见下级母题实例）

W0868. 3. 3. 1
怪物出没的时间

实 例

（参见下级母题实例）

W0868. 4
怪物的弱点（怪物的命门）

【关联】

①［W0088. 4. 2］神的命根（神的命门）

②［W0843. 4. 4］魔王的命根（魔王的命门，魔王的致命弱点）

③［W0851. 2］妖魔的命门（魔鬼的命门，妖魔的命根，魔鬼的软肋）

④［W1997. 4］生命的根本（命根）

实 例

（参见下级母题实例）

W0868. 5
怪物的惧怕物

实 例

汉族 （实例待考）

W0868.5.1
怪物怕酒

实 例

壮族 人熊怕酒，能被酒杀死。

【流传】广西壮族自治区·（崇左市）·天等（天等县）

【出处】冯成璋讲，刘止平整理：《蜜蜂做媒的故事》，见中华民族故事大系编委会编《中华民族故事大系》第3卷（彝族、壮族、布依族），上海：上海文艺出版社1995年版，第509页。

W0868.5.2
怪物怕粪便

实 例

（参见下级母题实例）

W0868.5.2.1
武器上抹上狗屎或鸡屎，就能杀死怪物

实 例

壮族（沙人）怪物被剑砍不死。只有在剑上抹上狗屎，擦上鸡屎，才能杀死。

【流传】云南省

【出处】沙骥整理：《艾撒和艾苏》，原载谷德明等编《中国少数民族神话选》，西北民族学院1983年编印，见姚宝瑄主编《中国各民族神话》（仫佬族、壮族、京族），太原：山西出版传媒集团·书海出版社2014年版，第175～176页。

W0868.6
怪物被制服

实 例

（实例待考）

W0868.7
怪物的死亡

实 例

（参见下级母题实例）

W0868.7.1
火烧死怪物

实 例

傈僳族 用火烧死怪物。

【流传】云南省·（怒江傈僳族自治州）·碧江（碧江县1986年撤销县制，归入福贡县等）、福贡（福贡县）

【出处】云南大学民族民间文学怒江调查队搜集，左玉堂整理：《木必的故事》，见中华民族故事大系编委会编《中华民族故事大系》第7卷（黎族、傈僳族、佤族），上海：上海文艺出版社1995年版，第527页。

0. 8. 3 灵魂（鬼）①
【W0870～W0919】

✿ W0870 灵魂（鬼，鬼魂，魂灵）

【汤普森】①E700；②F400；③V202

实 例

（参见下级母题实例）

❊ W0871 灵魂的产生（鬼的产生，鬼怪的产生）

【汤普森】F413

实 例

（参见下级母题实例）

W0871. 1 以前没有鬼

实 例

彝族 从前是没有鬼的。

【流传】（无考）

【出处】巴莫阿依：《凉山彝族的“晓补”反咒仪式》，载《世界宗教研究》1989 年第 3 期。

W0871. 2 人最早没有灵魂

实 例

维吾尔族 女天神造出来的泥人没有灵魂，不会说话，不会走路。

【流传】新疆维吾尔自治区·伊犁州（伊犁哈萨克自治州）、新疆南疆一带

【出处】阿不都拉搜集翻译，姚宝瑄整理：《女天神创造亚当》，见姚宝瑄主编《中国各民族神话》（乌孜别克族、哈萨克族、柯尔克孜族、俄罗斯族、维吾尔族、塔吉克族、塔塔尔族、锡伯族），太原：山西出版传

① 灵魂（鬼），“灵魂”或“鬼”是神话叙事中极不稳定的一个词语，在不同的民族或不同神话文本中对“灵魂”的应用很不一致，有的神话把“灵魂”称作“鬼”、“鬼魂”，有的神话“灵魂”、“鬼”、“神”可以相互替代，其中此处的“鬼”与“神与神性人物”母题中所列举的“妖魔”中的“魔鬼”具有本质的区别。如独龙族称“鬼”“精灵”为“布兰”，认为“鬼”无所不在，随处皆有，但这些“鬼”又并非指灵魂，而是某种自然力的化身，相当于“神”；景颇语中，“精灵”、“鬼”、“神”统称为“纳”等。有时，在神话叙事中的“灵魂”，又有许多细微差别，如蒙古族的“翁衮”和“苏尼斯”皆指灵魂，但“苏尼斯”与“翁衮”的具体含意不同，“苏尼斯”是无形的、纯精神的，“翁衮”是有形体的物质实体。只有人或动物才有“苏尼斯”，但任何人、动物、植物和部分自然物都有“翁衮”［参见《蒙古族卷·绪论》，载吕大吉、何耀华总主编《中国各民族原始宗教资料集成》（鄂伦春族卷、鄂温克族卷、赫哲族卷、达斡尔族卷、锡伯族卷、满族卷、蒙古族卷、藏族卷），北京：中国社会科学出版社 1999 年版，第 584 页］。总的来看，大多数神话中所使用的“灵魂（鬼）”与宗教具有复杂的关联。因此，此类“灵魂”母题考虑到上述问题的难于规范性，除个别母题之外，一律用“灵魂”作为描述母题。在该类母题的选择范围上也只选取其中一种有分析价值的成分，列为母题。具体情况参见《中国神话人物母题数据索引》。

媒集团·书海出版社 2014 年版，第 223～224 页。

W0872

灵魂是给予的（赋予灵魂）

实 例

（参见下级母题实例）

W0872.1

天神赐予人类灵魂

实 例

哈萨克族 扎纳（灵魂）是天神赐予人类的。

【流传】（无考）

【出处】黄中祥：《传承方式与演唱传统——哈萨克族民间演唱艺人调查研究》，北京：民族出版社 2009 年版，第 276 页。

W0872.2

灵魂是真主给的（真主给人灵魂）

实 例

回族 胡达（真主）让天仙拿一些泥捏一些泥人，真主给他们灵魂。

【流传】宁夏回族自治区·（固原市）·西吉县·田坪乡

【出处】马金刚讲，马宏武采录：*《真主造人》，见中国民间文学集成全国编辑委员会编《中国民间故事集成》（宁夏卷），北京：中国 ISBN 中心 1999 年版，第 9 页。

维吾尔族 真主创造亚当的躯体之后，还要给他灵魂。

【流传】（无考）

【出处】艾则孜罕讲，凯赛尔·库尔班译：《人与灵魂》，见满都呼主编《中国阿尔泰语系诸民族神话故事》，北京：民族出版社 1997 年版，第 37 页。

W0872.3

阎王爷赠送灵魂

实 例

鄂伦春族 （实例待考）

W0872.3.1

灵魂的传送者

实 例

（参见下级母题实例）

W0872.3.1.1

神仙色翁帮助往地狱送灵魂

实 例

赫哲族 色翁（神仙）帮助往波纽（地狱）中送灵魂。

【流传】（无考）

【出处】喻权中：《死亡的超越与转化——赫哲－那乃族初始萨满神话考疑》，载《黑龙江民族丛刊》1998 年第 3 期。

W0872.4

祖先赐人灵魂

实 例

（参见下级母题实例）

W0872.4.1

女祖先造人时赐人灵魂

实 例

侗族 萨天巴（蜘蛛，女祖神，创世神）决定造人时说，要赐予他们灵魂和思想，让人去治理世间万物。

【流传】广西壮族自治区·（柳州市）·三江（三江侗族自治县），（桂林市）·龙胜（龙胜各族自治县）

【出处】杨卜林喜、杨卜松林、杨明世讲，杨国仁、涛声搜集整理，蔷紫改写：《创世女神萨天巴》，过伟改写自侗族创世史诗《嘎茫莽道时嘉——远祖歌》（未出版稿），见姚宝瑄主编《中国各民族神话》（土家族、毛南族、侗族、瑶族），太原：山西出版传媒集团·书海出版社2014年版，第90页。

W0872.5

其他特定人物给予灵魂

实 例

（参见下级母题实例）

W0872.5.1

萨满赋予婴儿灵魂

实 例

鄂温克族 在太阳出来的地方，有一老太婆，孩子们的灵魂便是她赐给的。没有孩子的可求她赐给孩子。

【流传】（内蒙古自治区·呼伦贝尔市·鄂温克族自治旗·辉索木）

【出处】

（a）《鄂温克族自治旗辉索木调查报告》，见内蒙古自治区编辑组：《鄂温克族社会历史调查》，呼和浩特：内蒙古人民出版社1986年版，第492页。

（b）《为族众求子女》，见吕大吉、何耀华总主编《中国各民族原始宗教资料集成》（鄂伦春族卷、鄂温克族卷、赫哲族卷、达斡尔族卷、锡伯族卷、满族卷、蒙古族卷、藏族卷），北京：中国社会科学出版社1999年版，第129页。

W0872.5.2

北斗星给人灵魂

实 例

鄂温克族 北斗星给人灵魂。

【流传】内蒙古自治区·（呼伦贝尔市）·阿荣旗·查巴奇乡（查巴奇鄂温克族乡）

【出处】

（a）《阿荣旗查巴奇乡鄂温克族调查报

告》，见内蒙古自治区编辑组：《鄂温克族社会历史调查》，呼和浩特：内蒙古人民出版社 1986 年版，第 113 页。

（b）《生命的来源》，见吕大吉、何耀华总主编《中国各民族原始宗教资料集成》（鄂伦春族卷、鄂温克族卷、赫哲族卷、达斡尔族卷、锡伯族卷、满族卷、蒙古族卷、藏族卷），北京：中国社会科学出版社 1999 年版，第 107 页。

W0872.5.3

造人者赐灵魂

实　例

基诺族 丕嫫（造人母亲）能在女子孕期最后三个月把灵魂赐给胎儿并使其降生。

【流传】云南省

【出处】吕大吉、何耀华总主编：《中国各民族原始宗教资料集成》（彝族卷、白族卷、基诺族卷），北京：中国社会科学出版社 1996 年版，第 797 页。

W0872.5.4

创世主赐灵魂

实　例

哈萨克族 万能的创世主迦萨甘给世间的万物赋予了灵魂。

【流传】（新疆维吾尔自治区）

【出处】尼哈迈提·蒙加尼搜集，校仲彝翻译整理：《神与灵魂》，见姚宝瑄主编《中国各民族神话》（乌孜别克族、哈萨克族、柯尔克孜族、俄罗斯族、维吾尔族、塔吉克族、塔塔尔族、锡伯族），太原：山西出版传媒集团·书海出版社 2014 年版，第 31～32 页。

W0873

灵魂是创造产生的（造灵魂，造鬼）

【汤普森】E703

实　例

（参见下级母题实例）

W0873.1

神造灵魂

实　例

（参见下级母题实例）

W0873.1.1

神首先造化的是灵魂

实　例

哈萨克族 神首先造化的是灵魂。

【流传】（无考）

【出处】黄中祥：《传承方式与演唱传统——哈萨克族民间演唱艺人调查研究》，北京：民族出版社 2009 年版，第 277 页。

W0873.2

神性人物造灵魂

实 例

（参见下级母题实例）

W0873.2.1

天神的弟子造鬼怪

实 例

满族 阿不凯恩都哩的二弟子耶鲁哩偷了神土和神水，造了一些妖魔鬼怪。

【流传】黑龙江省·（牡丹江市）·宁安县·宁安镇

【出处】关振川讲，傅英仁采录：《阿不凯恩都哩创世》，见中国民间文学集成全国编辑委员会编《中国民间故事集成》（黑龙江卷），北京：中国ISBN中心2005年版，第17页。

W0873.2.2

鬼总头目之一木佩朋定灵魂

实 例

独龙族 “卜郎”（地上的鬼）的“卜拉”（灵魂）是天上最高层的众鬼总头目之一“木佩朋”定的。

【流传】云南省·（怒江傈僳族自治州）·贡山县（贡山独龙族怒族自治县）·独龙江公社（独龙江乡）·巴坡村、先久当村

【出处】蔡家麒调查整理：《地上的鬼：“卜郎”》（1982），见吕大吉、何耀华总主编《中国各民族原始宗教资料集成》（纳西族卷、羌族卷、独龙族卷、傈僳族卷、怒族卷），北京：中国社会科学出版社2000年版，第619页。

W0873.2.3

始祖姜央造鬼

实 例

苗族 最初古时期，姜央（半神半人，文化英雄）是个聪明人，他来造鬼和造人。

【流传】原文无流传地，据文本及注释推测该神话流传于贵州省·黔东南苗族侗族自治州·凯里市、台江县等地。

【出处】张启庭、张荣光、张正玉、张启德演唱，张明搜集，燕宝整理译注：《创造宇宙·开天辟地》，见贵州省少数民族古籍整理出版规划小组办公室编，燕宝整理译注《苗族古歌》，贵阳：贵州民族出版社1993年版，第6页。

W0874

灵魂是生育产生的（生育灵魂）

实 例

（参见下级母题实例）

W0874.1
灵魂从动物中生出（鬼从动物中生出）

实 例

（参见下级母题实例）

W0874.2
灵魂从植物中生出（鬼从植物中生出）

实 例

（参见下级母题实例）

W0874.2.1
树生灵魂

实 例

（参见下级母题实例）

W0874.2.1.1
生命树生灵魂

【关联】［W3798.1］生命树

实 例

哈萨克族 造物主在大地中心栽一棵生命树，生命树结出灵魂。

【流传】（无考）

【出处】《造物主创世》，见中国民俗网 www.chinesefolklore.com，2007.06.02。

哈萨克族 生命树长大了，结出了茂密的"灵魂"。

【流传】（a）新疆维吾尔自治区

【出处】

（a）《造物主创世》，见满都呼主编《中国阿尔泰语系诸民族神话故事》，北京：民族出版社1997年版，第63页。

（b）尼合迈德·蒙加尼搜集，校仲彝翻译整理：《迦萨甘创世》，见谷德明编《中国少数民族神话》，北京：中国民间文艺出版社1987年版，第727页。

哈萨克族 "生命树"长大了，结出了茂密的"灵魂"。

【流传】（新疆维吾尔自治区）

【出处】

（a）尼哈迈提·蒙加尼整理，校仲彝记录整理：《迦萨甘创世》，见张越、姚宝瑄编《新疆民族神话故事选》，乌鲁木齐：新疆人民出版社1989年版。

（b）同（a），见姚宝瑄主编《中国各民族神话》（乌孜别克族、哈萨克族、柯尔克孜族、俄罗斯族、维吾尔族、塔吉克族、塔塔尔族、锡伯族），太原：山西出版传媒集团·书海出版社2014年版，第23页。

W0874.2.1.1.1
创世者种的生命树能培植出灵魂

实 例

哈萨克族 创世主迦萨甘在大地的中心栽了一棵"生命树"。生命树长大了，结出了茂密的“灵魂”。

【流传】新疆维吾尔自治区

【出处】尼合迈德·蒙加尼搜集，校仲彝翻译整理：《迦萨甘创世》，载《新疆民族文学》1982 年第 2 期。

哈萨克族 迦萨甘种有生命树，树上茂密之叶即为培植出之灵魂。

【流传】（无考）

【出处】袁珂改编：《生命树》（原名《神与灵魂》），原载谷德明编《中国少数民族神话选》，见袁珂《中国神话大词典》，北京：华夏出版社 2015 年版，第 495 页。

W0874. 2. 2

瓜生鬼

实 例

傈僳族 瓜内生出来五个人，三个白的，一个黑的，一个生翅膀的。其中，有翅膀的那一个，在开瓜时一怕，飞跑到山崖上，变成鬼，世上有鬼，自此始。

【流传】碧罗雪山（云南省·怒江傈僳族自治州·贡山独龙族怒族自治县与云南省·迪庆藏族自治州·德钦县交界一带）

【出处】*《鬼的由来》，原载陶云逵《碧罗雪山之傈僳族》，见国立中央研究院《历史语言研究所集刊》第 17 本，商务印书馆 1948 年版，第 402～403 页。

W0874. 2. 2. 1

南瓜生鬼

实 例

傈僳族 天管师种出许多大南瓜，其中一个大南瓜里面出现两个鬼。

【流传】四川省·（凉山彝族自治州）·德昌县

【出处】谷万才讲，李文华等翻译采录：《人类的起源》，见中国民间文学集成全国编辑委员会编《中国民间故事集成》（四川卷·下），北京：中国 ISBN 中心 1998 年版，第 1432 页。

W0874. 3

灵魂从无生命物中生出（鬼从无生命物中生出）

实 例

（参见下级母题实例）

W0874. 3. 1

光中生灵魂

实 例

（参见下级母题实例）

W0874. 3. 2

白光生魂

【关联】［W0125. 1. 2］白光中产生善神

实 例

哈尼族 白光中生出魂。

【流传】云南省·（西双版纳傣族自治州）·勐腊县

【出处】李万福讲：《天与地》，载《山茶》1986年第6期。

W0874.4

神或神性人物生鬼

实 例

（参见下级母题实例）

W0874.4.1

神生鬼

实 例

汉族 （实例待考）

W0874.4.2

祖先生鬼

实 例

哈尼族 第三代先祖窝觉生下的后代名叫觉涅（哈尼语，“鬼”的意思），这是一个身上长满长毛的怪物，头不是人头是鬼头，脸不是人脸是鬼脸，所以名字叫“觉涅”。

【流传】云南省·（红河哈尼族彝族自治州）·元阳（元阳县）、红河（红河县）、金平（金平苗族瑶族傣族自治县），（采集于元阳县·胜村乡·全福庄）

【出处】卢朝贵讲，史军超搜集整理：《神和人的家谱》，原载云南省民间文学集成办公室编《哈尼族神话传说集成》，中国民间文艺出版社1990年版，见姚宝瑄主编《中国各民族神话》（哈尼族、傣族），太原：山西出版传媒集团·书海出版社2014年版，第43页。

W0874.4.3

怪物生鬼

实 例

（参见下级母题实例）

W0874.4.3.1

怪物肯库生下一个像泥球的鬼

实 例

珞巴族 混沌初开时，有个叫做肯库的怪物生下一个像泥球那样的乌佑（珞巴语，鬼、精灵，也可指神、神灵）。

【流传】

(a) 西藏自治区·下珞渝（泛指永木河、锡约尔河、巴恰西仁河流域）。

(b) 西藏自治区·下珞渝（又写作“下珞瑜”）·阿帕塔尼部落日如村

【出处】

(a) B·K·舒克拉搜集：《肯库》，见中华民族故事大系编委会编《中华民族故事大系》第16卷（赫哲族、门巴族、珞巴族、基诺族），上海：上海文艺出版社1995年版，第394页。

(b) 同（a），见李坚尚、刘芳贤编

《珞巴族门巴族民间故事选》，上海：上海文艺出版社1993年版，第8页。

W0874.5 与生育产生灵魂有关的其他母题

实 例

（参见下级母题实例）

W0874.5.1 卵生鬼

实 例

（参见下级母题实例）

W0874.5.1.1 黑鸡的黑蛋生鬼

实 例

纳西族 负金安南（黑鸡）生9对黑蛋。黑蛋孵化出鬼。

【流传】（a）云南省·（丽江市）·丽江县（原丽江纳西族自治县，今归属为丽江市古城区和玉龙纳西族自治县）

【出处】

（a）和芳讲，和志武采录：《人类迁徙记》，见中国民间文学集成全国编辑委员会编《中国民间故事集成》（云南卷），北京：中国ISBN中心2003年版，第49页。

（b）和志武翻译整理：《人类迁徙记》，见谷德明编《中国少数民族神话》，北京：中国民间文艺出版社1987年版，第395页。

纳西族 依古丁纳（神名）一变化，生出一只黑蛋。黑蛋变化生出一只黑鸡负金安南长得黑黝黝的，非常难看。它也生下九对黑蛋。黑蛋孵化为鬼。

【流传】（云南省·丽江市）

【出处】和志武翻译整理：《人类迁徙记》，原载中共丽江地委宣传部编《纳西族民间故事选》，见陶阳、钟秀编《中国神话》（中），北京：商务印书馆2008年版，第856～876页。

W0874.5.1.2 恶神生的蛋生鬼怪

实 例

纳西族 恶神依古顶那做变化出的黑蛋生的黑鸡生出9对黑蛋。其中，一对变为鬼和怪。

【流传】（云南省）

【出处】和芳、和志新编译：《崇邦统——人类迁徙记》，见姚宝瑄主编《中国各民族神话》（佤族、阿昌族、纳西族、普米族、德昂族），太原：山西出版传媒集团·书海出版社2014年版，第139页。

W0874.5.2 鬼婚生鬼

实 例

（参见下级母题实例）

W0874.5.2.1

一对天鬼生下了主宰各种事物的天鬼和地鬼、水鬼

实 例

景颇族 娃袤能退腊和能星农锐木占一对天鬼生下了主宰各种事物的天鬼和地鬼、水鬼。

【流传】（无考）

【出处】斋瓦贡退干唱，李向前、木然瑶都搜集整理，木子改写：《穆脑斋瓦——宁冠瓦》，见姚宝瑄主编《中国各民族神话》（白族、拉祜族、景颇族），太原：山西出版传媒集团·书海出版社2014年版，第225页。

W0875

灵魂是变形产生的（变灵魂）

【关联】［W0906.4.1］人成为水鬼

实 例

（参见下级母题实例）

W0875.0

神变成鬼

【关联】［W0854.7.3.2］神变成鬼怪

实 例

（参见下级母题实例）

W0875.0.1

特定的神变成鬼

实 例

（参见下级母题实例）

W0875.0.1.1

苏皋的神变鬼后害人

实 例

彝族 神有时也变鬼，如苏皋的神变鬼之后即专门祸害生人。

【流传】四川省·（凉山彝族自治州）大凉山一带

【出处】白荻：《倮罗的宗教和他们的巫师》，载《京沪周刊》1947年第1卷第21期。

W0875.1

人变成鬼

实 例

（参见下级母题实例）

W0875.1.1

人死后变成鬼

实 例

哈尼族 以前的人经常互相打架，被打死的人变成鬼后又害人、吃人。

【流传】云南省·（红河哈尼族彝族自治州）·红河（红河县）、绿春（绿春县）、元阳（元阳县），（玉溪市）·元江（元江哈尼族彝族傣族自治县），（普洱市）·墨江县（墨江哈尼族自治县）等

【出处】鲁然讲，黄世荣搜集整理：《三个神蛋》，原载云南省民间文学

集成办公室编《哈尼族神话传说集成》，中国民间文艺出版社 1990 年版，见姚宝瑄主编《中国各民族神话》（哈尼族、傣族），太原：山西出版传媒集团·书海出版社 2014 年版，第 170 页。

汉族 有人死而为鬼者。

【流传】（无考）

【出处】［战国］墨子及弟子：《墨子·明鬼》。

汉族 人死为鬼。

【流传】（无考）

【出处】《淮南子·地形训》，见［汉］刘安等著，陈广忠译注《淮南子译注》，长春：吉林文史出版社 1990 年版，第 192 页。

傈僳族 傈僳族认为人死后之鬼，颇像汉人的鬼、精、妖等的有恶化的人形。

【流传】碧罗雪山（云南省·怒江傈僳族自治州·贡山独龙族怒族自治县与云南省·迪庆藏族自治州·德钦县交界一带）

【出处】陶云逵：《碧罗雪山之傈僳族》，见国立中央研究院《历史语言研究所集刊》第 17 本，商务印书馆 1948 年版，第 393 ~ 394 页。

W0875. 1. 1. 1

人去世 10 天之内会变成厉鬼

实 例

佤族 老人去世十天之内，阿佤说老人变成了斯加（厉鬼）。

【流传】云南省·（普洱市）·西盟佤族自治县、澜沧拉祜族自治县等地

【出处】毕登程、隋嘎编著：《司岗里——佤族创世史诗》，昆明：云南出版集团公司·云南人民出版社 2009 年版，第 154 页。

W0875. 1. 1. 2

恶人死后变成鬼

实 例

鄂温克族 “伯勒布和”（即“鬼”）是坏人死后的转化成的。

【流传】（内蒙古自治区·呼伦贝尔市·额尔古纳市）

【出处】

(a)《额尔古纳旗使用驯鹿鄂温克人的调查报告》，见内蒙古自治区编辑组《鄂温克族社会历史调查》，呼和浩特：内蒙古人民出版社 1986 年版，第 238 页。

(b)《神与鬼》，见吕大吉、何耀华总主编《中国各民族原始宗教资料集成》（鄂伦春族卷、鄂温克族卷、赫哲族卷、达斡尔族卷、锡伯族卷、满族卷、蒙古族卷、藏族卷），北京：中国社会科学出版社 1999 年版，第 109 页。

W0875. 1. 1. 3

难产而死的妇女变成鬼

实 例

鄂温克族 因难产而死去的妇女多会变成鬼，而且还能害死人。

【流传】（内蒙古自治区·呼伦贝尔市·阿荣旗·查巴奇鄂温克族乡）

【出处】

(a)《阿荣旗查巴奇乡鄂温克族调查报告》，见内蒙古自治区编辑组《鄂温克族社会历史调查》，呼和浩特：内蒙古人民出版社 1986 年版，第 113 页。

(b)《祭神治病》，见吕大吉、何耀华总主编《中国各民族原始宗教资料集成》（鄂伦春族卷、鄂温克族卷、赫哲族卷、达斡尔族卷、锡伯族卷、满族卷、蒙古族卷、藏族卷），北京：中国社会科学出版社 1999 年版，第 129 页。

W0875.1.1.4

被打死的人变成鬼

实 例

哈尼族 先祖莫元时代，被打死的人变成鬼后又害人吃人。

【流传】

(a) 云南省·（红河哈尼族彝族自治州）·红河县

(b) 云南省·（红河哈尼族彝族自治州）·红河（红河县）、绿春（绿春县）、元阳县，（玉溪市）·元江（元江哈尼族彝族傣族自治县），（普洱市）·墨江县（墨江哈尼族自治县）等

【出处】

(a) 鲁然讲，黄世荣采录：《三个神蛋》，见中国民间文学集成全国编辑委员会编《中国民间故事集成》（云南卷），北京：中国 ISBN 中心 2003 年版，第 237 页。

(b) 同 (a)，见《哈尼族神话传说集成》，北京：中国民间文艺出版社 1990 年版。

W0875.1.1.4a

凶死者变成鬼

实 例

羌族 凶死夭亡的人，则被列为鬼邪。

【流传】（无考）

【出处】曾文琼、陈泛舟：《羌族原始宗教考略》，载《世界宗教研究》1981 年第 2 期。

W0875.1.1.4b

非正常死亡的人变成鬼

【关联】

① ［W0046.0a］非正常死亡的人变成神

② ［W0899.3.10.2］非正常死亡的人的亡魂不能归家转世，变成到处游荡的鬼

实 例

傈僳族 凡属非正常死亡者，认为都会变成鬼来加害人畜。

【流传】云南省·（楚雄彝族自治州）·武定县、元谋地区（元谋县）

【出处】张桥贵调查整理：《武定、元谋地区的祭鬼》（1988），见吕大吉、何耀华总主编《中国各民族原始宗教资料集成》（纳西族卷、羌族卷、独龙族卷、傈僳族卷、怒族卷），北京：中国社会科学出版社 2000 年版，第 741 页。

W0875. 1. 1. 5

人死若不送魂归祖源处就变成鬼

实 例

彝族 人死若不送魂归祖源处就变成鬼。

【流传】贵州省·毕节地区（毕节市）·龙场区（七星关区）·（大屯彝族乡）·三官寨

【出处】于绵绣：《彝族的近祖崇拜》，载《世界宗教研究》1983 年第 2 期。

W0875. 1. 1. 6

百岁以上老人会变鬼

【关联】［W0044. 11］老人变成神

实 例

彝族 百岁以上老人会变鬼害人。

【流传】四川省·（凉山彝族自治州）大、小凉山一带

【出处】何耀华：《试论彝族的祖先崇拜》，载《贵州民族研究》1983 年第 4 期。

W0875. 1. 1. 7

外来人死后变成鬼

实 例

白族 凡非命死者和外来的死者，死后都是鬼。

【流传】云南省·（大理白族自治州）

【出处】王承权等调查整理：《大理白族的鬼魂观念和鬼的种类》（1988），见吕大吉、何耀华总主编《中国各民族原始宗教资料集成》（彝族卷、白族卷、基诺族卷），北京：中国社会科学出版社 1996 年版，第 408 页。

W0875. 1. 1. 8

士兵战死后变成鬼（阴兵）

实 例

白族 士兵战死后成为“阴兵”，变成了鬼。

【流传】云南省·（大理白族自治州）·鹤庆县·云鹤镇、辛屯乡

【出处】王承权等调查整理：《鹤庆白族的鬼魂观念》，见吕大吉、何耀华总主编《中国各民族原始宗教资料集成》（彝族卷、白族卷、基诺族卷），北京：中国社会科学出版社 1996 年版，第 403 页。

W0875. 1. 1a

人死不会变成鬼

实 例

独龙族 鬼不是亡人所变，同人的亡魂没有联系。

【流传】（无考）

【出处】吕大吉、何耀华总主编：《中国各民族原始宗教资料集成》（纳西族卷、羌族卷、独龙族卷、傈僳族卷、怒族卷），北京：中国社会科学出版社2000年版，第611页。

W0875.1.2

特定出生的人变成鬼

实　例

（实例待考）

W0875.1.3

人吃特定的东西变鬼

实　例

（参见下级母题实例）

W0875.1.3.1

人吃鬼后变成鬼

实　例

（参见下级母题实例）

W0875.1.3.1.1

人吃女子变成的山羊后变成鬼

实　例

彝族 三个牧人吃了女子紫孜妮楂变成的山羊都变成到处害人的鬼。

【流传】四川省·（凉山彝族自治州）·美姑县

【出处】《紫孜妮楂》，巴莫曲布嫫：《彝族鬼灵信仰田野调查手记》，http://www.ihchina.cn/inc/detail.jsp?info_id=2421。

彝族 四家人各自将所得鬼变成的山羊煮熟吃掉，结果全部死绝，都变成了鬼。

【流传】四川省·凉山（凉山彝族自治州）·昭觉（昭觉县）

【出处】胡庆钧：《凉山彝族奴隶制社会形态》，北京：中国社会科学出版社1985年版，第400页

W0875.1.4

人受惩罚变成鬼

实　例

（实例待考）

W0875.1.5

人死后不绑住双腿会变成鬼

实　例

鄂伦春族 人死埋葬时，要用绳子把死者的两条腿绑在一起，据说不绑就会变成鬼。

【流传】（无考）

【出处】

(a) 韩有峰：《鄂伦春族风俗志》，北京：中央民族大学出版社1991年版，第95页。

(b)《守灵》，见吕大吉、何耀华总主编《中国各民族原始宗教资料集成》（鄂伦春族卷、鄂温克族卷、赫哲族

卷、达斡尔族卷、锡伯族卷、满族卷、蒙古族卷、藏族卷），北京：中国社会科学出版社 1999 年版，第 66 页。

W0875. 1. 6

与人变成鬼有关的其他母题

【关联】［W0906. 4. 1. 1］人淹死后变成水鬼

实 例

（参见下级母题实例）

W0875. 1. 6. 1

特定时辰死的人变成鬼

实 例

彝族 一个人死的时辰不利，就可以变成鬼。

【流传】四川省·凉山一带（凉山彝族自治州一带）

【出处】胡庆钧：《凉山彝族奴隶制社会形态》，北京：中国社会科学出版社 1985 年版，第 392 页。

W0875. 1. 6. 2

变鬼者妇女居多

实 例

白族 宾川州瘴气甚浓，四五月间，鸡足道绝人行。更有变鬼者，妇女居多。

【流传】云南省·（大理白族自治州）·宾川州（宾川县）

【出处】［清］陈鼎著：《滇游记》，见《小方壶斋舆地丛钞》第 7 帙，上海著易堂印行。

W0875. 1. 6. 3

人变成多个鬼

实 例

基诺族 全村人的舅舅阿得死后成了与大青树鬼、空心树鬼、坍方鬼、水鬼有关的鬼。人们有病时便照舅舅阿得所说的方法去祭献。

【流传】云南省·（西双版纳傣族自治州·景洪市）·基诺山巴卡寨

【出处】不勒杰等讲，杜玉亭调查整理：《大青树鬼和坍方鬼的来历》（1979），见吕大吉、何耀华总主编《中国各民族原始宗教资料集成》（彝族卷、白族卷、基诺族卷），北京：中国社会科学出版社 1996 年版，第 943 页。

W0875. 2

动物变成鬼

实 例

（参见下级母题实例）

W0875. 2. 1

动物老后成精

实 例

哈尼族 以前，野物不会死，但是在很老后就会成精。

【流传】云南省·（红河哈尼族彝族自治州）·元阳县·黄草岭区（黄草岭乡）·树皮寨

【出处】

(a) 杨批斗讲，史军超采录：《年月树》，见中国民间文学集成全国编辑委员会编《中国民间故事集成》(云南卷)，北京：中国 ISBN 中心 2003 年版，第 289 页。

(b) 同 (a)《哈尼族神话传说集成》，北京：中国民间文艺出版社 1990 年版。

W0875.2.2

动物死后变成鬼

实　例

壮族 所有死亡的人或动植物都变成了鬼。

【流传】广西壮族自治区·（南宁市）·武鸣县·两江乡·雷江片，马山县·古零乡·杨圩片

【出处】黄世杰搜集整理：*《社会鬼与自然界鬼》(1990)，见吕大吉、何耀华总主编《中国各民族原始宗教资料集成》(土家族卷、瑶族卷、壮族卷、黎族卷)，北京：中国社会科学出版社 1998 年版，第 488 页。

W0875.3

植物变成鬼

实　例

(参见下级母题实例)

W0875.3.1

树变成鬼

【关联】［W0905.2.1.1］枯死的树变成鬼

实　例

鄂伦春族 山上枯死的大树，经过多年就会变成鬼，因此不敢动它。

【流传】(无考)

【出处】

(a) 内蒙古自治区编委会：《鄂伦春族社会历史调查》(第一集)，呼和浩特：内蒙古人民出版社 1984 年版，第 52 页。

(b)《树崇拜》，见吕大吉、何耀华总主编《中国各民族原始宗教资料集成》(鄂伦春族卷、鄂温克族卷、赫哲族卷、达斡尔族卷、锡伯族卷、满族卷、蒙古族卷、藏族卷)，北京：中国社会科学出版社 1999 年版，第 18 页。

W0875.3.2

植物死后的灵魂变成鬼

实　例

壮族 鬼是“死亡”的人或动植物的灵魂活现的东西。

【流传】广西壮族自治区·（南宁市）·武鸣县·两江乡·雷江片，马山县·古零乡·杨圩片

【出处】黄世杰搜集整理：*《多神信仰》(1990)，见吕大吉、何耀华总

主编《中国各民族原始宗教资料集成》（土家族卷、瑶族卷、壮族卷、黎族卷），北京：中国社会科学出版社1998年版，第493页。

W0875.4

气变成灵魂

【关联】［W2114］造人经吹气后成活

实 例

（参见下级母题实例）

W0875.4.1

天气为魂

实 例

汉族 天气为魂。

【流传】（无考）

【出处】《淮南子·主术训》，见［西汉］刘安等著，陈广忠译注《淮南子译注》，长春：吉林文史出版社1990年版，第374页。

W0875.4.2

地气为魄

实 例

汉族 地气为魄。

【流传】（无考）

【出处】《淮南子·主术训》，见［汉］刘安等著，陈广忠译注《淮南子译注》，长春：吉林文史出版社1990年版，第374页。

W0875.5

灵魂变成鬼

【关联】

①［W0057.2］灵魂变成神

②［W0889.10］鬼是游离在人的身体之外的灵魂

实 例

彝族 人的血肉是人间的，只有等肉体腐烂，将骨骼埋葬，死者的灵魂才能进入鬼魂世界。

【流传】云南省·（大理白族自治州）·宾川县·太和乡·白羊村

【出处】吕大吉、何耀华总主编：《中国各民族原始宗教资料集成》（彝族卷、白族卷、基诺族卷），北京：中国社会科学出版社1996年版，第18页。

W0875.5.1

人死后3个灵魂中被送到阴间的变成鬼

实 例

赫哲族 人有三个灵魂。人死以后，“生命的灵魂”会永久消灭。而“思想的灵魂”不灭，它继续存在，在家看灵，在外守坟。至周年时萨满送之入阴间〔buɲu〕，否则为鬼〔puɯk‘u〕，在天堂、人间、地狱的神鬼间，变成一个新鬼。

【流传】（松花江下游地区依兰县至抚远市一带）

【出处】
（a）凌纯声：《松花江下游的赫哲族》，（原1934年南京刊印本），北京：民族出版社2012年版，第114~115页。
（b）《人的三个灵魂》，见吕大吉、何耀华总主编《中国各民族原始宗教资料集成》（鄂伦春族卷、鄂温克族卷、赫哲族卷、达斡尔族卷、锡伯族卷、满族卷、蒙古族卷、藏族卷），北京：中国社会科学出版社1999年版，第198~199页。

W0875.5.2
人死后灵魂变成鬼或神

【关联】［W0888.2.1］人死灵魂不死

实　例

彝族 人有三个灵魂，死后变成的鬼，掌管着人们的生老病死和吉凶祸福。
【流传】（无考）
【出处】吕大吉、何耀华总主编：《中国各民族原始宗教资料集成》（彝族卷、白族卷、基诺族卷），北京：中国社会科学出版社1996年版，第30页。

壮族 人死亡后，他的灵魂则转入彼岸世界去，转化为神或者鬼，重新生活。
【流传】（无考）
【出处】黄世杰搜集整理：＊《万物有灵》（1990），见吕大吉、何耀华总主编《中国各民族原始宗教资料集成》（土家族卷、瑶族卷、壮族卷、黎族卷），北京：中国社会科学出版社1998年版，第485页。

壮族 人死后，要把三个灵魂分别送到不同的地方去：一个送到坟地，成为守坟神，一个留在家里的中堂神龛上当家先神，一个被送到花婆王的庭院花园里，且附在她所种的神花朵上，成为鬼。
【流传】（无考）
【出处】黄世杰搜集整理：＊《万物有灵》（1990），见吕大吉、何耀华总主编《中国各民族原始宗教资料集成》（土家族卷、瑶族卷、壮族卷、黎族卷），北京：中国社会科学出版社1998年版，第485~486页。

壮族 人死后，其灵魂不死而活现为鬼。
【流传】广西壮族自治区·（南宁市）·武鸣县（武鸣区）西北部，马山县东部
【出处】黄世杰搜集整理：＊《鬼与神的区别》（1990），见吕大吉、何耀华总主编《中国各民族原始宗教资料集成》（土家族卷、瑶族卷、壮族卷、黎族卷），北京：中国社会科学出版社1998年版，第491页。

W0875.5.2.1
魂到阴间后可变神变鬼，其中不好的亡魂变成鬼

实　例

彝族 魂到阴间时，可变神变鬼。不好的人即变成鬼。

【流传】 四川省·（凉山彝族自治州）·雷波（雷波县）小凉山一带

【出处】 徐益棠：《雷波小凉山之罗民》，台湾：金陵大学中国文化研究所印行 1944 年版，第 71 ~ 72 页。

W0875. 5. 2. 2

人死后 3 个灵魂变成鬼

实　例

彝族 人死后的三个灵魂变成的鬼都会害人或降福。

【流传】 四川省·凉山（凉山彝族自治州）一带

【出处】 吕大吉、何耀华总主编：《中国各民族原始宗教资料集成》（彝族卷、白族卷、基诺族卷），北京：中国社会科学出版社 1996 年版，第 109 页。

W0875. 5. 3

游魂变成鬼（人间游荡的人的亡灵变成鬼）

【关联】 ［W0916. 2. 1］游魂

实　例

藏族 人死后，灵魂作为一个精神实体，存在“天堂”和人间。有的在人间流荡，变鬼害人。

【流传】（四川省·凉山彝族自治州·冕宁县·联合乡）

【出处】 伍呷：《川西南藏族的宗教调查》（油印件），四川省民族研究所印，见吕大吉、何耀华总主编《中国各民族原始宗教资料集成》（鄂伦春族卷、鄂温克族卷、赫哲族卷、达斡尔族卷、锡伯族卷、满族卷、蒙古族卷、藏族卷），北京：中国社会科学出版社 1999 年版，第 812 页。

藏族 一个人死后，只是灵魂离开了身体，这种游离存在的灵魂，即可成神，也可成鬼。

【流传】（无考）

【出处】《藏族卷·绪论》，见吕大吉、何耀华总主编《中国各民族原始宗教资料集成》（鄂伦春族卷、鄂温克族卷、赫哲族卷、达斡尔族卷、锡伯族卷、满族卷、蒙古族卷、藏族卷），北京：中国社会科学出版社 1999 年版，第 778 页。

W0875. 5. 4

万物的灵魂化为鬼

【关联】 ［W0916. 1］万物有灵（万物有魂）

实　例

壮族 当日月、山川、星辰、峡谷、岩石、河流、树林、风雷、虫鱼、鸟兽、牲畜甚至门坎、木凳、桥梁等的形体不存在时，其灵魂也就转化为鬼。

【流传】 广西壮族自治区·（南宁市）·武鸣县·两江乡·雷江片，

马山县·古零乡·杨圩片

【出处】黄世杰搜集整理：*《社会鬼与自然界鬼》（1990），见吕大吉、何耀华总主编《中国各民族原始宗教资料集成》（土家族卷、瑶族卷、壮族卷、黎族卷），北京：中国社会科学出版社1998年版，第489页。

W0875.6

脐带变成鬼怪

实 例

（参见下级母题实例）

W0875.6.1

老虎出生时的脐带变成鬼怪

实 例

苗族 （蝴蝶生的12个卵孵出人和动物，出生时要割脐带）老虎脐带变鬼怪，踩踏人家的田土，别人要敬一只鸭，要供一头大肥猪。

【流传】原文无流传地，据文本及注释推测该神话流传于贵州省·黔东南苗族侗族自治州·凯里市、台江县等地。

【出处】耇富演唱，苗丁搜集，燕宝整理译注：《枫木生人·十二个蛋》，见贵州省少数民族古籍整理出版规划小组办公室编，燕宝整理译注《苗族古歌》，贵阳：贵州民族出版社1993年版，第501页。

W0876

与灵魂的产生有关的其他母题（与鬼的产生有关的其他母题）

【关联】［W0658a.2.2］鬼的祖先

实 例

（参见下级母题实例）

W0876.1

灵魂产生的条件

实 例

（参见下级母题实例）

W0876.1.1

人到12岁以后才有魂魄

实 例

白族 每个人到12岁以后才有魂魄。

【流传】湖南省·（张家界市）·桑植县

【出处】詹承绪：《桑植白族的生活习俗和宗教信仰》，见《南方民族的文化习俗》，昆明：云南人民出版社1991年版，第181页。

W0876.2

灵魂产生的时间（鬼产生的时间）

实 例

（参见下级母题实例）

W0876.2.1

天地形成时最早出现几个鬼

实 例

景颇族 天地形成不久的时候，世上没有人类，只有几个神鬼在游荡。

【流传】（无考）

【出处】

（a）殷江腊讲，永生译，东耳等整理：《人类始祖》，载《山茶》1982年第6期。

（b）同（a），见谷德明编《中国少数民族神话》，北京：中国民间文艺出版社1987年版，第458页。

W0876.3

灵魂产生的地点

实 例

（参见下级母题实例）

W0876.3.1

灵魂先在天上产生

实 例

独龙族 凡是地上出生的人，其“卜拉”先在天上出生，然后层层下达，地上才会生出这个人。

【流传】云南省·（怒江傈僳族自治州）·贡山（贡山独龙族怒族自治县）·独龙江公社（独龙江乡）·熊当村

【出处】蔡家麒：《独龙族社会历史综合考察报告》，原载中国西南民族研究学会等编《民族调查研究》专刊第1集，1983年，见吕大吉、何耀华总主编《中国各民族原始宗教资料集成》（纳西族卷、羌族卷、独龙族卷、傈僳族卷、怒族卷），北京：中国社会科学出版社2000年版，第648页。

W0876.4

地下的人是鬼

实 例

（参见下级母题实例）

W0876.4.1

因地下的人又小又坏被称为鬼

实 例

鄂温克族 地下的人，个儿非常小，像猴一样，心非常坏，无恶不作，故可称为鬼。

【流传】（内蒙古自治区·呼伦贝尔市·额尔古纳旗）使用驯鹿鄂温克人

【出处】

（a）《额尔古纳旗使用驯鹿鄂温克人的调查报告》，见内蒙古自治区编辑组《鄂温克族社会历史调查》，呼和浩特：内蒙古人民出版社1986年版，第238页。

（b）《天地神鬼》，见吕大吉、何耀华总主编《中国各民族原始宗教资料集成》（鄂伦春族卷、鄂温克族卷、赫哲族卷、达斡尔族卷、锡伯族卷、满族卷、蒙古族卷、藏族卷），北京：中国社会科学出版社 1999 年版，第 93 页。

W0876.5

鬼源于特定的人

实 例

（参见下级母题实例）

W0876.5.1

鬼源于一个叫之子宜乍的美女

实 例

彝族 从前是没有鬼的，鬼来源于一个叫之子宜乍的美女。

【流传】（无考）

【出处】巴莫阿依：《凉山彝族的“晓补”反咒仪式》，载《世界宗教研究》1989 年第 3 期。

W0876.5.2

特定的人的灵魂是鬼

实 例

傈僳族 “扣扒”（即“杀魂者”，会谋害人致死的巫术的人）的灵魂和一般人不同，他的灵魂是鹰鬼。

【流传】云南省·（怒江傈僳族自治州）·（原碧江县五区）·（泸水县·洛本卓白族乡）·色德乡（色德行政村）·德一登村

【出处】田家祺等：《碧江县五区色德乡德一登村傈僳族社会经济调查》，见云南省编辑委员会编《傈僳族社会历史调查》，昆明：云南人民出版社 1981 年版，第 76 页。

W0876.6

神能分化出许多灵魂

实 例

（参见下级母题实例）

W0876.6.1

四只神鹰把自己的灵魂分成 36 份

实 例

满族 四方大神（四只神鹰），可以把自己的灵魂分成三十六份，同时附在多位萨满身上。

【流传】黑龙江省·（牡丹江市）·宁古塔（宁安县）；吉林省·长白山地区（长白山一带）

【出处】

（a）傅英仁讲述，张爱云记录整理：《天宫神魔大战》，见傅英仁讲述，张爱云记录整理《满族萨满神话》，哈尔滨：黑龙江人民出版社 2006 年版。

（b）同（a），见陶阳、钟秀编《中国神话》（上），北京：商务印书馆 2008 年版，第 155～180 页。

W0876. 7

因错误产生鬼

实 例

（参见下级母题实例）

W0876. 7. 1

人行为失误产生崩鬼

实 例

纳西族 崩鬼是人自己行为过错所导致的一种鬼。

【流传】四川省·（凉山彝族自治州）·木里（藏族自治县）·俄亚乡·俄亚大村

【出处】英丹茨理（78岁）讲，和力民调查整理：《四川木里俄亚乡祭崩鬼的仪式》（1988），见吕大吉、何耀华总主编：《中国各民族原始宗教资料集成》（纳西族卷、羌族卷、独龙族卷、傈僳族卷、怒族卷），北京：中国社会科学出版社2000年版，第155页。

※W0877

灵魂的特征（鬼魂的特征，鬼的特征）

实 例

（参见下级母题实例）

W0878

男灵（男鬼）

实 例

（实例待考）

W0879

女灵（女鬼）

实 例

（参见下级母题实例）

W0879. 1

女鬼的产生

实 例

（参见下级母题实例）

W0879. 1. 1

神的女儿变成女鬼

实 例

（参见下级母题实例）

W0879. 1. 1. 1

山神的女儿山姑娘变成女鬼

实 例

苗族 山姑娘（山神的女儿）就地一滚，变成一个两眼深凹、黑脸、头发长到裙子脚、两腮满布筛子样洞洞眼眼的女鬼。

【流传】（无考）

【出处】张树民、张树清、张绍祥记录翻译：《山神女》，见姚宝瑄主编《中国各民族神话》（布依族、仡佬族、苗族），太原：山西出版传媒集团·书海出版社2014年版，第282页。

苗族 山神的女儿就地一滚，变成一个两眼深凹，黑脸，头发长到裙子脚，两肥满布筛子样洞洞眼眼的女鬼。

【流传】云南省

【出处】张树清、张树民讲，张绍祥记录翻译：《山神女》，原载《云南苗族民间故事集成》，见陶阳、钟秀编《中国神话》（下），北京：商务印书馆2008年版，第1406～1411页。

W0879.2

女鬼的特征

实 例

（参见下级母题实例）

W0879.2.1

女鬼披头散发

实 例

白族 （参见“W0885.6 鬼全身长毛”母题实例）

汉族 （实例待考）

W0879.3

特定名称的女鬼

实 例

（参见下级母题实例）

W0879.3.1

绝房鬼

实 例

（参见下级母题实例）

W0879.3.1.1

孕妇死后变成绝房鬼

实 例

壮族 绝房鬼是女鬼，妇女怀孕而死或因房事猝死后，其冤魂变化而成。

【流传】广西壮族自治区·（南宁市）·武鸣县（武鸣区）西北部，马山县东部

【出处】黄世杰搜集整理：*《生育神与守护神》（1990），见吕大吉、何耀华总主编《中国各民族原始宗教资料集成》（土家族卷、瑶族卷、壮族卷、黎族卷），北京：中国社会科学出版社1998年版，第529页。

W0879.3.2

长舌妇鬼（口舌鬼）

【关联】［W0085.10］神爱搬弄是非（神长着长舌头）

实 例

（参见下级母题实例）

W0879.3.2.1

口舌鬼“祟”

实 例

白族 祟是一披发敞怀、长伸舌头的妇女，称之“口舌”鬼。

【流传】云南省·（大理白族自治

州）·鹤庆县

【出处】章虹宇：《关于鹤庆白族“甲马”》，载《山茶》1992年第6期。

W0879.3.3

妇人鬼

实 例

（参见下级母题实例）

W0879.3.3.1

妇人鬼尼柏木尼

实 例

傈僳族 各种物体和各种现象，都被认为是有灵的，但鬼和神的观念尚未分明，统称为“尼”（精灵）。如“尼柏木尼”（妇人鬼）

【流传】云南省·怒江（傈僳族自治州）

【出处】杨建和：《怒江傈僳族的宗教信仰》，见宋恩常编《中国少数民族宗教初编》，昆明：云南人民出版社1985年版，第219页。

W0879.4

与女鬼有关的其他母题

实 例

（参见下级母题实例）

W0879.4.1

鬼女

实 例

（参见下级母题实例）

W0879.4.1.1

祭司鬼女

实 例

基诺族 祭司鬼女住在祭司鬼寨。

【流传】云南省·（西双版纳傣族自治州·景洪市）·基诺山（基诺山基诺族乡）·戛里果箐

【出处】不拉塞等讲，杜玉亭调查整理：《祭司产生的过程》（1980），见吕大吉、何耀华总主编《中国各民族原始宗教资料集成》（彝族卷、白族卷、基诺族卷），北京：中国社会科学出版社1996年版，第951页。

W0879a

雌性鬼

实 例

（参见下级母题实例）

W0879a.1

豹鬼虎鬼都是雌性鬼

实 例

纳西族 豹鬼虎鬼都是雌性鬼，只有妇女才有这种鬼。

【流传】云南省·丽江（丽江市）

【出处】严汝娴、宋兆麟：《永宁纳西族的母系制》，昆明：云南人民出版社1984年版，第133页。

❊ W0880
灵魂的体征（鬼的体征、鬼魂的外形）

【汤普森】F401

实 例

（参见下级母题实例）

W0881
灵魂无形（鬼魂无形，鬼无形）

实 例

蒙古族（布里亚特） 灵魂是无形的。对于大多数人来说，看不见的幽灵。

【流传】（无考）

【出处】［苏联］И. А. 曼日格耶夫著，宋长宏译，佟德富校：《布里亚特萨满教和前萨满教辞典》（俄文版），莫斯科：科学出版社 1978 年版，第 23 页，见吕大吉、何耀华总主编《中国各民族原始宗教资料集成》（鄂伦春族卷、鄂温克族卷、赫哲族卷、达斡尔族卷、锡伯族卷、满族卷、蒙古族卷、藏族卷），北京：中国社会科学出版社 1999 年版，第 619 页。

W0881.1
灵魂为什么看不到（鬼魂为什么看不到）

【汤普森】A2862

实 例

（参见下级母题实例）

W0881.1.1
人为什么看不见鬼

【关联】［W0838.5.2.1］人看不到妖魔

实 例

珞巴族 （实例待考）

W0881.1.1.1
人看不到鬼是因为鬼生活在暗处

实 例

壮族 人眼轻易不会见到鬼而鬼却可以时时见到人，因为鬼生活在暗处，人生活在明处。

【流传】广西壮族自治区·（南宁市）·武鸣县·两江乡·雷江片，马山县·古零乡·杨圩片

【出处】黄世杰搜集整理：*《社会鬼与自然界鬼》（1990），见吕大吉、何耀华总主编《中国各民族原始宗教资料集成》（土家族卷、瑶族卷、壮族卷、黎族卷），北京：中国社会科学出版社 1998 年版，第 489 页。

W0881.1a
鬼能看到人，人却看不到鬼

实 例

独龙族 一般人看不见鬼，鬼却能看见人。

【流传】云南省·（怒江傈僳族自治

州）·贡山县（贡山独龙族怒族自治县）·独龙江公社（独龙江乡）·巴坡村、先久当村

【出处】蔡家麒调查整理：《地上的鬼："卜郎"》（1982），见吕大吉、何耀华总主编《中国各民族原始宗教资料集成》（纳西族卷、羌族卷、独龙族卷、傈僳族卷、怒族卷），北京：中国社会科学出版社2000年版，第619页。

壮族（参见"W0881. 1. 1. 1 人看不到鬼是因为鬼生活在暗处"母题实例）

W0881. 1a. 1

山石树泉之灵是看不见，但觉得着

实　例

傈僳族 山石树泉之灵与人死后之鬼有形不同，不具有任何形象，它是看不见，但是觉得着的。

【流传】碧罗雪山（云南省·怒江傈僳族自治州·贡山独龙族怒族自治县与云南省·迪庆藏族自治州·德钦县交界一带）

【出处】陶云逵：《碧罗雪山之傈僳族》，见国立中央研究院《历史语言研究所集刊》第17本，商务印书馆1948年版，第393～394页。

W0881. 2

魂是气

实　例

（参见下级母题实例）

W0881. 2. 1

魂是黄褐色雾气或灰黑色雾气

实　例

满族 魂亦属于一种气态物质，又称魂气。颜色多为黄褐色雾气或灰黑色雾气，形状变幻莫测，有时像椭圆形气状依附某处，有时像水珠流溢滚动在叶草、湿润器物上。

【流传】（无考）

【出处】

（a）富育光：《萨满教与神话》，沈阳：辽宁大学出版社1990年版，第17～18页。

（b）《魂即气》，见吕大吉、何耀华总主编《中国各民族原始宗教资料集成》（鄂伦春族卷、鄂温克族卷、赫哲族卷、达斡尔族卷、锡伯族卷、满族卷、蒙古族卷、藏族卷），北京：中国社会科学出版社1999年版，第477页。

W0881. 3

灵魂有声无形

实　例

赫哲族 人死时，在日落日出的时候可

以看见灵魂：第一个相离不远甚清楚；第二个稍模糊；第三个更远微。在出魂之日，只能闻灵魂之声，不能见其形。

【流传】（松花江下游地区依兰县至抚远市一带）

【出处】

(a) 凌纯声：《松花江下游的赫哲族》，（原 1934 年南京刊印本），北京：民族出版社 2012 年版，第 115 页。

(b) 孟慧英：《赫哲族卷·绪论》，见吕大吉、何耀华总主编《中国各民族原始宗教资料集成》（鄂伦春族卷、鄂温克族卷、赫哲族卷、达斡尔族卷、锡伯族卷、满族卷、蒙古族卷、藏族卷），北京：中国社会科学出版社 1999 年版，第 193 页。

W0881.4

灵魂肉眼看不见

实 例

锡伯族 灵魂是肉眼看不见的。

【流传】（无考）

【出处】灵梅讲，贺灵调查整理：《灵魂不死》，见吕大吉、何耀华总主编《中国各民族原始宗教资料集成》（鄂伦春族卷、鄂温克族卷、赫哲族卷、达斡尔族卷、锡伯族卷、满族卷、蒙古族卷、藏族卷），北京：中国社会科学出版社 1999 年版，第 390 页。

W0881.5

灵魂像风

实 例

（参见下级母题实例）

W0881.5.1

人的灵魂像风四处游荡飘动

实 例

藏族 人的灵魂像风一样四处游荡飘动，但它又有特定的寄附物。

【流传】（无考）

【出处】林继富：《生命的归宿——藏族灵魂观念试析》，载《邦锦花》1990 年第 3 期。

W0881.6

无身鬼

实 例

白族 （参见“W0885.6 鬼全身长毛”母题实例）

W0881a

灵魂有时无形有时无形

实 例

赫哲族 万物有灵，灵魂或有形，或无形，无形者常以气、声显示它们的存在。

【流传】（无考）

【出处】孟慧英：《赫哲族卷·绪论》，见吕大吉、何耀华总主编《中国各民族原始宗教资料集成》（鄂伦春族卷、鄂温克族卷、赫哲族卷、达斡尔族卷、锡伯族卷、满族卷、蒙古族卷、藏族卷），北京：中国社会科学出版社 1999 年版，第 193 页。

W0881a. 1

灵魂有时无形能出墙钻洞，有时则有身体

实 例

蒙古族（布里亚特） 灵魂在一种场合，是没有身体的，能穿过锁孔走进屋里或隐蔽在动物的鼻孔内；而在另一种场合，则被认为是有身体的。

【流传】（无考）

【出处】［苏联］И. А. 曼日格耶夫著，宋长宏译，佟德富校：《布里亚特萨满教和前萨满教辞典》（俄文版），莫斯科：科学出版社 1978 年版，第 23 页，见吕大吉、何耀华总主编《中国各民族原始宗教资料集成》（鄂伦春族卷、鄂温克族卷、赫哲族卷、达斡尔族卷、锡伯族卷、满族卷、蒙古族卷、藏族卷），北京：中国社会科学出版社 1999 年版，第 619 页。

W0881b

灵魂有形无重量无声

实 例

蒙古族（布里亚特） 人死后灵魂离开身体。死灵虽步行于树枝之上，枝亦不折，足下所踏之枯叶，亦无音响，但可见其行动。

【流传】（无考）

【出处】［波］尼斡拉滋著，金启孮译：《西伯利亚各民族之萨满教》，中国社会科学院民族研究所《萨满教研究》编写组 1978 年印，见吕大吉、何耀华总主编《中国各民族原始宗教资料集成》（鄂伦春族卷、鄂温克族卷、赫哲族卷、达斡尔族卷、锡伯族卷、满族卷、蒙古族卷、藏族卷），北京：中国社会科学出版社 1999 年版，第 619 页。

W0882

灵魂有人的形体（鬼魂有人的形体，鬼有人的形体，灵魂人形）

【汤普森】 E425

【关联】［W0070. 3］神是人形

实 例

（参见下级母题实例）

W0882. 1

魂状如小人

实 例

满族 魂有时状如小人形，在地上飞驰。

【流传】（无考）

【出处】

（a）富育光：《萨满教与神话》，沈阳：辽宁大学出版社 1990 年版，第 17～18 页。

（b）《魂即气》，见吕大吉、何耀华总主编《中国各民族原始宗教资料集成》（鄂伦春族卷、鄂温克族卷、赫哲族卷、达斡尔族卷、锡伯族卷、满族卷、蒙古族卷、藏族卷），北京：中国社会科学出版社 1999 年版，第 477 页。

W0882.1.1
人的灵魂比人体小

实　例

锡伯族 人的灵魂比人体小。

【流传】（无考）

【出处】 灵梅讲，贺灵调查整理：《灵魂不死》，见吕大吉、何耀华总主编《中国各民族原始宗教资料集成》（鄂伦春族卷、鄂温克族卷、赫哲族卷、达斡尔族卷、锡伯族卷、满族卷、蒙古族卷、藏族卷），北京：中国社会科学出版社 1999 年版，第 390 页。

W0882.2
灵魂形状似人形

实　例

赫哲族 赫哲人认为，灵魂的形状似人形。

【流传】（无考）

【出处】 孟慧英：《赫哲族卷·绪论》，见吕大吉、何耀华总主编《中国各民族原始宗教资料集成》（鄂伦春族卷、鄂温克族卷、赫哲族卷、达斡尔族卷、锡伯族卷、满族卷、蒙古族卷、藏族卷），北京：中国社会科学出版社 1999 年版，第 193 页。

W0882.3
人的身影是灵魂

实　例

（参见下级母题实例）

W0882.3.1
7 至 15 岁的人有 3 个身影，即是三个灵魂

实　例

鄂伦春族 七至十五岁的人的灵魂逐渐牢固些。晚上，明月当空时，大人可让孩子看自己的身影，如有三个身影，即是三个灵魂。

【流传】 黑龙江省·大兴安岭地区

【出处】 孟秀春调查整理：《灵魂观》，见吕大吉、何耀华总主编《中国各民族原始宗教资料集成》（鄂伦春族卷、鄂温克族卷、赫哲族卷、达斡尔族卷、锡伯族卷、满族卷、蒙古族卷、藏族卷），北京：中国社会科学出版社 1999 年版，第 24 页。

W0882.4
鬼有人形而无实体

实　例

壮族 所有的鬼都只有人形而无实体。人眼轻易不会见到鬼。

【流传】 广西壮族自治区·（南宁

市）·武鸣县·两江乡·雷江片，马山县·古零乡·杨圩片

【出处】黄世杰搜集整理：＊《社会鬼与自然界鬼》（1990），见吕大吉、何耀华总主编《中国各民族原始宗教资料集成》（土家族卷、瑶族卷、壮族卷、黎族卷），北京：中国社会科学出版社 1998 年版，第 489 页。

W0882.5

鬼与人的面貌相同

【关联】［W0899.8］灵魂的生活与人相同（鬼的生活与人相似）

实 例

独龙族 “求卜郎”（又译“几卜郎”，鬼）跟人一样，披着独龙毯，挎着扁箩箩，挂着砍刀，还戴有一顶黑毛线织成的帽子，帽顶上有一个绒球球。

【流传】云南省·（怒江傈僳族自治州）·贡山（贡山独龙族怒族自治县）·独龙江公社（独龙江乡）·龙元村

【出处】蔡家麒：《独龙族社会历史综合考察报告》，原载中国西南民族研究学会等编《民族调查研究》专刊第 1 集，1983 年，见吕大吉、何耀华总主编《中国各民族原始宗教资料集成》（纳西族卷、羌族卷、独龙族卷、傈僳族卷、怒族卷），北京：中国社会科学出版社 2000 年版，第 641 页。

W0882.6

特定的鬼是人形

实 例

（参见下级母题实例）

W0882.6.1

木雄出木是女人相貌，头发像汉人姑娘的长辫子盘在头上

实 例

独龙族 木雄出木（鬼名）长的是个女人相貌，头发像汉人姑娘的长辫子盘在头上，穿的是很好看的白色衣裙，一直拖齐脚背，有时也穿天兰色的裙子。

【流传】云南省·（怒江傈僳族自治州）·贡山（贡山独龙族怒族自治县）·独龙江公社（独龙江乡）·熊当村

【出处】蔡家麒：《独龙族社会历史综合考察报告》，原载中国西南民族研究学会等编《民族调查研究》专刊第 1 集，1983 年，见吕大吉、何耀华总主编《中国各民族原始宗教资料集成》（纳西族卷、羌族卷、独龙族卷、傈僳族卷、怒族卷），北京：中国社会科学出版社 2000 年版，第 647 页。

W0883

灵魂有动物形体（鬼魂有动物形体，鬼有动物形体）

【汤普森】 ①E423；②E730；③F401.3

实 例

（参见下级母题实例）

W0883.1

灵魂像狗（鬼魂像狗）

【汤普森】 E731.1

实 例

（实例待考）

W0883.2

灵魂像猫（鬼魂像猫）

【汤普森】 E731.2

实 例

（实例待考）

W0883.3

灵魂像鸟（鬼魂像鸟）

【汤普森】 ①E732；②F401.3.7

【关联】 ［W0885.9］灵魂长有翅膀

实 例

达斡尔族 （实例待考）

哈萨克族 灵魂的形状像鸟。

【流传】（a）新疆维吾尔自治区

【出处】

（a）《造物主创世》，见满都呼主编《中国阿尔泰语系诸民族神话故事》，北京：民族出版社1997年版，第63页。

（b）尼合迈德·蒙加尼搜集，校仲彝翻译整理：《迦萨甘创世》，见谷德明编《中国少数民族神话》，北京：中国民间文艺出版社1987年版，第727页。

W0883.3.1

小孩的灵魂像小雀

【关联】 ［W0887.2.1.1］小儿死后魂变为雀

实 例

鄂温克族 小孩的灵魂形象，是用木头制成的小雀，并有犴皮做的衣服。

【流传】（内蒙古自治区·呼伦贝尔市·额尔古纳旗）使用驯鹿鄂温克人

【出处】

（a）《额尔古纳旗使用驯鹿鄂温克人的调查报告》，见内蒙古自治区编辑组《鄂温克族社会历史调查》，呼和浩特：内蒙古人民出版社1986年版，第235～236页。

（b）《为婴儿追魂》，见吕大吉、何耀华总主编《中国各民族原始宗教资料集成》（鄂伦春族卷、鄂温克族卷、赫哲族卷、达斡尔族卷、锡伯族卷、满族卷、蒙古族卷、藏族卷），北京：中国社会科学出版社1999年版，第130页。

W0883. 3. 2

魂鸟

实 例

（参见下级母题实例）

W0883. 3. 2. 1

魂鸟有大魂鸟和小魂鸟之分

实 例

满族 萨满过阴追魂，为小儿招魂时，要祈请魂鸟。有大魂鸟和小魂鸟之分。其中的大魂鸟，如长尾鸟，夫妻双双，生死不离，一鸟亡，另一只也将不久于世。因而。被敬为领魂鸟。小魂鸟包括山雀、家雀、麻雀、斑雀等

【流传】（无考）

【出处】郭淑云：《满族鸟崇拜文化探源》（拟刊稿），见吕大吉、何耀华总主编《中国各民族原始宗教资料集成》（鄂伦春族卷、鄂温克族卷、赫哲族卷、达斡尔族卷、锡伯族卷、满族卷、蒙古族卷、藏族卷），北京：中国社会科学出版社 1999 年版，第 481 页。

W0883. 3. 3

灵魂像鸟能飞

实 例

哈萨克族 灵魂的形状像鸟儿，有翅可以飞。

【流传】（a）新疆维吾尔自治区

【出处】

（a）《造物主创世》，见满都呼主编《中国阿尔泰语系诸民族神话故事》，北京：民族出版社 1997 年版，第 63 页。

（b）尼合迈德·蒙加尼搜集，校仲彝翻译整理：《迦萨甘创世》，见谷德明编《中国少数民族神话》，北京：中国民间文艺出版社 1987 年版，第 727 页。

哈萨克族 灵魂的形状像鸟儿，有翅可以飞。

【流传】（新疆维吾尔自治区）

【出处】

（a）尼哈迈提·蒙加尼整理，校仲彝记录整理：《迦萨甘创世》，见张越、姚宝瑄编《新疆民族神话故事选》，乌鲁木齐：新疆人民出版社 1989 年版。

（b）同（a），见姚宝瑄主编《中国各民族神话》（乌孜别克族、哈萨克族、柯尔克孜族、俄罗斯族、维吾尔族、塔吉克族、塔塔尔族、锡伯族），太原：山西出版传媒集团·书海出版社 2014 年版，第 23 页。

哈萨克族 灵魂的形状像鸟儿，有翅可以飞。

【流传】新疆维吾尔自治区

【出处】尼合迈德·蒙加尼搜集，校仲彝翻译整理：《迦萨甘创世》，载《新疆民族文学》1982 年第 2 期。

W0883.4
灵魂像昆虫（鬼魂像昆虫）

【汤普森】E734

【关联】［W0903.2.3.1］祖先的灵魂是蜜蜂

实 例

纳西族 纳西族认为遇到的耳边飞鸣的蜜蜂，是祖先的灵魂，不能伤害。

【流传】云南省·云南省·（丽江市）·丽江县（原丽江纳西族自治县，今归属为丽江市古城区和玉龙纳西族自治县），（迪庆藏族自治州）·中甸县（香格里拉县）金沙江边

【出处】和正才讲，木丽春采录：《四个部族的由来》，见中国民间文学集成全国编辑委员会编《中国民间故事集成》（云南卷），北京：中国ISBN中心2003年版，第245页。

W0883.4.1
灵魂像蝴蝶（鬼魂像蝴蝶）

实 例

独龙族 人的亡魂最终要变成蝴蝶。蝴蝶一旦死了，对于人的灵魂来讲，就再也没有什么了，永远不复存在。人的先后两个灵魂最终是要消亡的。

【流传】

（a）云南省·（怒江傈僳族自治州）·贡山县（贡山独龙族怒族自治县）·独龙江公社（独龙江乡）

（b）云南省

【出处】

（a）蔡家麒调查整理：《亡魂的世界“阿细默里”》（1982），见吕大吉、何耀华总主编《中国各民族原始宗教资料集成》（纳西族卷、羌族卷、独龙族卷、傈僳族卷、怒族卷），北京：中国社会科学出版社2000年版，第618页。

（b）洪俊：《独龙族的原始习俗与文化》，见云南省编辑组编《云南少数民族社会历史调查资料汇编》（一），昆明：云南人民出版社1986年版，第215页。

西北地区古代民族（实例待考）

W0883.4.2
灵魂是蜜蜂的样子

实 例

蒙古族（布里亚特） 某夜，见与其同卧之友人鼻孔中，爬出一蜜蜂，在所居之帐幕中飞绕移时，落一水缸沿边。忽一失足落于水中，尽力扎挣，始脱于险，于是又飞入友人鼻孔中。醒后，问其友人，则其友人梦中所经历者，与此蜜蜂相同。因此布里亚特民间认为，如见有蜜蜂飞入帐幕，绝不敢枉加伤害。

【流传】（无考）

【出处】［波］尼斡拉滋著，金启孮译：《西伯利亚各民族之萨满教》，中国社会科学院民族研究所《萨满教研究》编写组1978年印，见吕大吉、何耀

华总主编《中国各民族原始宗教资料集成》（鄂伦春族卷、鄂温克族卷、赫哲族卷、达斡尔族卷、锡伯族卷、满族卷、蒙古族卷、藏族卷），北京：中国社会科学出版社 1999 年版，第 620 页。

纳西族 纳西族认为遇到的耳边飞鸣的蜜蜂，是祖先的灵魂，不能伤害。

【流传】云南省·云南省·（丽江市）·丽江县（原丽江纳西族自治县，今归属为丽江市古城区和玉龙纳西族自治县），（迪庆藏族自治州）·中甸县（香格里拉县）金沙江边

【出处】和正才讲，木丽春采录：《四个部族的由来》，见中国民间文学集成全国编辑委员会编《中国民间故事集成》（云南卷），北京：中国 ISBN 中心 2003 年版，第 245 页。

W0883.5

灵魂像神话动物

实 例

（实例待考）

W0883.6

与灵魂有动物形体有关的其他母题（与鬼魂有动物形体有关的其他母题）

实 例

（参见下级母题实例）

W0883.6.1

鬼像猴子

实 例

独龙族 鬼同猴子一般，浑身有毛。

【流传】云南省·（怒江傈僳族自治州）·贡山县（贡山独龙族怒族自治县）·独龙江公社（独龙江乡）·巴坡村、先久当村

【出处】蔡家麒调查整理：《地上的鬼："卜郎"》（1982），见吕大吉、何耀华总主编《中国各民族原始宗教资料集成》（纳西族卷、羌族卷、独龙族卷、傈僳族卷、怒族卷），北京：中国社会科学出版社 2000 年版，第 619 页。

W0883.6.1.1

鬼的原形是一个白猴子

实 例

珞巴族 天大亮了，格若、戈若兄弟两人走到砍死乌佑（鬼、精灵等的称呼）的地方一看，原来是一个白猴子躺在那里。

【流传】西藏自治区·尼米金（林芝市·米林县）

【出处】达大讲，李坚尚、裴富珍搜集整理，达嘎翻译：《不怕鬼的格若和戈若》，见中华民族故事大系编委会编《中华民族故事大系》第 16 卷（赫哲族、门巴族、珞巴族、基诺族），上海：上海文艺出版社 1995 年

版，第 664 页。

W0883.6.2

鬼像人牛（像人牛的鬼）

实　例

珞巴族 有个叫塞迪波特的乌佑（珞巴语，鬼、精灵，也可指神、神灵），长得像人。

【流传】西藏自治区·下珞渝·民荣部落波隆村

【出处】维·埃尔温搜集：《塞迪波特的心脏》，见李坚尚、刘芳贤编《珞巴族门巴族民间故事选》，上海：上海文艺出版社 1993 年版，第 39 页。

W0883.6.3

痢疾病的鬼长得像猪

实　例

独龙族 痢疾病的鬼长得像猪一样，一抖动身子，病魔如同猪毛和羊毛一样地飞进人的身体，人就拉痢疾屙血。

【流传】云南省·（怒江傈僳族自治州）·贡山（贡山独龙族怒族自治县）·独龙江公社（独龙江乡）·熊当村

【出处】蔡家麒：《独龙族社会历史综合考察报告》，原载中国西南民族研究学会等编《民族调查研究》专刊第 1 集，1983 年，见吕大吉、何耀华总主编《中国各民族原始宗教资料集成》（纳西族卷、羌族卷、独龙族卷、傈僳族卷、怒族卷），北京：中国社会科学出版社 2000 年版，第 647 页。

W0883.6.4

鬼长着动物的头

实　例

（参见下级母题实例）

W0883.6.4.0

东方鬼的面偶做成生鸡头，南方鬼生狼头，西方鬼生鹿头，北方鬼生猪头。

实　例

纳西族 东方鬼的面偶做成生鸡头，南方鬼生狼头，西方鬼生鹿头，北方鬼生猪头。

【流传】云南省·丽江（丽江市）

【出处】和开祥（68 岁）讲，王世英调查整理：《祭东巴祖师神“丁巴什罗”仪式》（1989），见吕大吉、何耀华总主编《中国各民族原始宗教资料集成》（纳西族卷、羌族卷、独龙族卷、傈僳族卷、怒族卷），北京：中国社会科学出版社 2000 年版，第 209 页。

W0883.6.4.1

长着狗头的鬼

实　例

纳西族 祭东巴祖师神“丁巴什罗”时，制作鬼面偶有，尼威地狱里生鸡头的鬼、依道地狱里生狗头的鬼、许左地狱里生绵羊头的鬼、生猪头的鬼王、劳玛义地狱里生蛇头的鬼，大地上生牛头的鬼。

【流传】云南省·丽江（丽江市）

【出处】和开祥（68 岁）讲，王世英调查整理：《祭东巴祖师神“丁巴什罗”仪式》（1989），见吕大吉、何耀华总主编《中国各民族原始宗教资料集成》（纳西族卷、羌族卷、独龙族卷、傈僳族卷、怒族卷），北京：中国社会科学出版社 2000 年版，第 209 页。

W0883. 6. 4. 2

长着绵羊头的鬼

实 例

纳西族 （参见“W0883. 6. 4. 1 长着狗头的鬼”母题实例）

W0883. 6. 4. 3

长着蛇头的鬼

实 例

纳西族 （参见“W0883. 6. 4. 1 长着狗头的鬼”母题实例）

W0883. 6. 4. 4

长着牛头的鬼

实 例

纳西族 （参见“W0883. 6. 4. 1 长着狗头的鬼”母题实例）

W0884

灵魂像其他物体（鬼魂像其他物体，鬼像其他物体）

【汤普森】≈E426

实 例

（参见下级母题实例）

W0884. 1

灵魂像星星（鬼魂像星星）

【汤普森】E741. 1

实 例

（实例待考）

W0884. 2

灵魂像光（鬼魂像光，鬼像光）

【汤普森】E742

实 例

（实例待考）

W0884. 3

灵魂像影子（鬼魂像影子，鬼像影子）

【汤普森】E743

实 例

（参见下级母题实例）

W0884. 3. 1

人的灵魂与影子有关

实 例

怒族 人的灵魂为“腊拢”，它同人

的影子有密切的关系。

【流传】云南省·怒江州（怒江傈僳族自治州）·兰坪县（兰坪白族普米族自治县）

【出处】何叔涛调查整理：《灵魂与影子》（1988），见吕大吉、何耀华总主编《中国各民族原始宗教资料集成》（纳西族卷、羌族卷、独龙族卷、傈僳族卷、怒族卷），北京：中国社会科学出版社2000年版，第844页。

W0884.3.2

灵魂是人的影子（人的影子即鬼）

【关联】

①［W0898.11.1］月夜看见灯下的影子就是碰到鬼

②［W0914.1.8］人有几个影子就有几个灵魂

实　例

白族 人的“影子”即鬼。

【流传】贵州省·（毕节市）·威宁（威宁彝族回族苗族自治县）、赫章（赫章县）

【出处】李平凡：《威宁赫章白族社会历史调查报告》，见贵州省民族研究所编：《贵州民族调查》之四，内部编印1986，第567页。

怒族 人投向四周的阴影就是他的灵魂，灵魂总是伴随着人的身体状况而活动。

【流传】（无考）

【出处】吕大吉、何耀华总主编：《中国各民族原始宗教资料集成》（纳西族卷、羌族卷、独龙族卷、傈僳族卷、怒族卷），北京：中国社会科学出版社2000年版，第838页。

W0884.4

灵魂像云（鬼魂像云）

【汤普森】E744.2

实　例

（实例待考）

W0884.5

灵魂像旋风（鬼魂像旋风）

【汤普森】E744.3

实　例

（实例待考）

W0884.6

灵魂像蛋（鬼魂像蛋）

实　例

（参见下级母题实例）

W0884.6.1

妖魔的灵魂是鸡蛋

实　例

鄂伦春族 妖魔的灵魂是鸡蛋。

【流传】黑龙江省

【出处】孟廷杰讲，莫贵文翻译，白杉整理：《打鱼人和姐妹俩》，见中华民族故事大系编委会编《中华民族故事大系》第15卷（德昂族、保安族、裕固族、京族、塔塔尔族、独龙族、鄂伦春族），上海：上海文艺出版社1995年版，第876页。

W0884.7

灵魂像毛发（鬼魂像毛发）

实 例

（参见下级母题实例）

W0884.7.1

灵魂是一根马尾

实 例

达斡尔族 灵魂是一根马尾。

【流传】内蒙古自治区·（呼伦贝尔市）·莫力达瓦（莫力达瓦达斡尔族自治旗）

【出处】巴勒格迪讲，孟志东整理：《德洪莫日根》，见中华民族故事大系编委会编《中华民族故事大系》第11卷（达斡尔族、仫佬族、羌族），上海：上海文艺出版社1995年版，第10页。

W0884.8

魂的形状像生前所穿的衣服

实 例

彝族 魂之形状，与生前所穿之衣服无异。

【流传】四川省·（凉山彝族自治州）·雷波（雷波县）小凉山一带

【出处】徐益棠：《雷波小凉山之罗民》，台湾：金陵大学中国文化研究所印行1944年版，第71～72页。

W0884.9

灵魂像珍珠

实 例

满族 大柳树对阿布凯赫赫（第一代天神，天母）说："我身上这些树叶上的珍珠似的东西就是上劫后的灵魂。"

【流传】黑龙江省·（牡丹江市）·宁古塔（宁安县）；吉林省·长白山地区（长白山一带）

【出处】傅英人（疑"人"为"仁"）讲述，张爱云整理：《阿布凯赫赫创造天地人》，原载《满族萨满神话》，见陶阳、钟秀编《中国神话》（上），北京：商务印书馆2008年版，第140～154页。

W0884.10

灵魂是梦见的样子

实 例

怒族 亡魂是有形的，它们每常念及家人而同活人相聚在梦中。

【流传】（无考）

【出处】吕大吉、何耀华总主编：《中国各民族原始宗教资料集成》（纳西族卷、羌族卷、独龙族卷、傈僳族卷、怒族卷），北京：中国社会科学出版社2000年版，第839页。

W0885

与灵魂体征有关的其他母题（与鬼的外形有关的其他母题）

【关联】［W3697.1］植物是人的灵魂

实　例

（参见下级母题实例）

W0885.1

灵魂呈现出不同形状（鬼魂呈现出不同形状）

【汤普森】E721.5

实　例

（实例待考）

W0885.2

灵魂很丑（鬼魂很丑，丑鬼，鬼面目恐怖）

【汤普森】E424

实　例

（参见下级母题实例）

W0885.2.1

鬼披头散发、指甲长、眼睛发红

实　例

白族　（参见“W0885.6 鬼全身长毛”母题实例）

W0885.3

鬼有独特的面目

实　例

（参见下级母题实例）

W0885.3.1

鬼浑身长着嘴和眼睛

实　例

彝族 鬼的周身都长着嘴和眼睛

【流传】（无考）

【出处】巴莫阿依：《凉山彝族的“晓补”反咒仪式》，载《世界宗教研究》1989年第3期。

W0885.3.2

鬼长着锋利的牙齿

实　例

独龙族 众鬼的总头目“木佩朋”嘴里长着一颗利如砍刀般的巨齿，它成批地嚼食人畜的“卜拉”（灵魂），犹如嚼吞饭粒，是一切恶鬼的元勋。

【流传】（无考）

【出处】吕大吉、何耀华总主编：《中国各民族原始宗教资料集成》（纳西族卷、羌族卷、独龙族卷、傈僳族卷、怒族卷），北京：中国社会科学出版社2000年版，第612页。

W0885. 3. 3
鬼脑后长有眼睛

实 例

独龙族 鬼像小小的人一样，它们的后脑长有眼睛，经常监视着人间。

【流传】云南省·（怒江傈僳族自治州）·贡山（贡山独龙族怒族自治县）·独龙江公社（独龙江乡）·龙元村

【出处】蔡家麒：《独龙族社会历史综合考察报告》，原载中国西南民族研究学会等编《民族调查研究》专刊第1集，1983年，见吕大吉、何耀华总主编《中国各民族原始宗教资料集成》（纳西族卷、羌族卷、独龙族卷、傈僳族卷、怒族卷），北京：中国社会科学出版社2000年版，第650页。

W0885. 3. 4
“糟”鬼4张嘴、8只眼和8只耳朵

实 例

纳西族（摩梭）“糟”是个有4张嘴、8只眼和8只耳朵的鬼，居住在山中。

【流传】云南省·丽江县（丽江市）·（玉龙纳西族自治县）·塔城乡·依陇行政村·巴甸村

【出处】［美籍奥地利人］约瑟夫·洛克调查整理：《献给中国西藏边疆的萨满》，杨福泉译，见吕大吉、何耀华总主编《中国各民族原始宗教资料集成》（纳西族卷、羌族卷、独龙族卷、傈僳族卷、怒族卷），北京：中国社会科学出版社2000年版，第197页。

W0885. 4
巨灵

实 例

鄂伦春族 （实例待考）

W0885. 4. 1
巨灵赑屃

实 例

汉族 缀以二华，巨灵赑屃，高掌远跖，以流河曲。

【流传】（无考）

【出处】［东汉］张衡：《西京赋》，见［南朝·梁］萧统编《文选》。

W0885. 5
灵魂像心

实 例

（参见下级母题实例）

W0885. 5. 1
人被魔鬼偷去的灵魂像人心在地上一张一合

实 例

鄂伦春族 阿勒塔浬（人名）被魔鬼偷去的灵魂像人的心一样，在地上一张一合。

【流传】（中国东北部地区）

【出处】

(a) 张凤铸、蔡伯文记录整理：《阿勒塔涅斩魔记》，见张凤铸、蔡伯文编《鄂伦春民间文学选》，呼和浩特：内蒙古人民出版社1980年版。

(b) 同（a），见姚宝瑄主编《中国各民族神话》（达斡尔族、鄂伦春族、鄂温克族、蒙古族），太原：山西出版传媒集团·书海出版社2014年版，第107～113页。

W0885.6

鬼全身长毛

实 例

白族 鬼的形象有：一是披头散发、指甲长、眼睛发红的鬼；二是赤身鬼；三是无头鬼；四是无身鬼；五是无四肢鬼；六是全身有毛的鬼。

【流传】贵州省·（毕节市）·威宁（威宁彝族回族苗族自治县）、赫章（赫章县）

【出处】李平凡：《威宁赫章白族社会历史调查报告》，见贵州省民族研究所编：《贵州民族调查》之四，内部编印1986，第567页。

W0885.6.1

鬼长着锋利的阴毛

实 例

珞巴族 鬼的锋利的阴毛。

【流传】西藏自治区·（林芝市）·米林（米林县）

【出处】亚萨木讲，李坚尚等整理，常胜翻译：《阿巴达尼和亚洛比列》，见中华民族故事大系编委会编《中华民族故事大系》第16卷（赫哲族、门巴族、珞巴族、基诺族），上海：上海文艺出版社1995年版，第767页。

W0885.7

灵魂发光

实 例

（参见下级母题实例）

W0885.7.1

舜的二女之灵能照方圆百里

实 例

汉族 舜妻登比氏生宵明、烛光。二女之灵能照此所方百里。

【流传】（无考）

【出处】

(a) ［战国至汉］撰者不详：《山海经·海内北经》。

(b) 《大泽》，见袁珂《中国神话大词典》，北京：华夏出版社2015年版，第19页。

W0885.8

鬼的体征不断变化

实 例

（参见下级母题实例）

W0885. 8. 1

鬼第一年漂亮，第二年变丑，第三年变成一副活骷髅

实 例

彝族 鬼第一年漂亮，第二年逐渐变丑，第三年就变得不像人，到晚上干脆原形毕露，变成了一副活骷髅。

【流传】 四川省·凉山（凉山彝族自治州）·昭觉（昭觉县）

【出处】 胡庆钧：《凉山彝族奴隶制社会形态》，北京：中国社会科学出版社1985年版，第400页

W0885. 9

灵魂长有翅膀

实 例

满族 安车骨（神人名）说："我只带出来有翅膀会飞的灵魂，所以我只能制造会飞的，别的我不会做。"

【流传】 黑龙江省·（牡丹江市）·宁古塔（宁安县）；吉林省·长白山地区（长白山一带）

【出处】 傅英人（疑"人"为"仁"）讲述，张爱云整理：《阿布凯赫赫创造天地人》，原载《满族萨满神话》，见陶阳、钟秀编《中国神话》（上），北京：商务印书馆2008年版，第140~154页。

W0886

灵魂可以自由出入身体（灵魂的游走）

【汤普森】 E720

实 例

（参见下级母题实例）

W0886. 1

灵魂漫游

【汤普森】 E721

实 例

（参见下级母题实例）

W0886. 1. 0

人的灵魂可以离开身体

实 例

（参见下级母题实例）

W0886. 1. 0. 1

人的灵魂可以暂时离开身体

实 例

藏族 人的灵魂可以暂时离开人体。

【流传】（无考）

【出处】 林继富：《生命的归宿——藏族灵魂观念试析》，载《邦锦花》1990年第3期。

W0886. 1. 0. 2

灵魂可以与肉体分离

实 例

怒族（若柔人） 人的魂魄会离开人体独立存在。人活着的时候，魂魄会丢失，会离开肉体从事某种活动。

【流传】 云南省

【出处】

（a）龚友德等：《“若柔”人的原始宗教》，原载中国哲学史学会云南分会编《云南少数民族哲学思想史论文选集》第二集，1984年版，第225页。

（b）同（a），见吕大吉、何耀华总主编《中国各民族原始宗教资料集成》（纳西族卷、羌族卷、独龙族卷、傈僳族卷、怒族卷），北京：中国社会科学出版社2000年版，第844页。

藏族 忌讳把死者放在床上，或者用其他物品垫尸体，一般是把死者的尸体放在屋内的一角，下面用土坯来做垫。人们认为人在死了之后，其灵魂和尸体不是一起走脱的。

【流传】（无考）

【出处】 李双剑、周润年：《藏族禁忌试析》，载《中央民族学院学报》1985年第2期。

W0886.1.0.3

人的灵魂离开身体后比在人身上更有力量

实　例

藏族 人既具有肉体也具有灵魂（有人称这种灵魂为自身神），这种灵魂可以离身，而且比在人身上更有力量。

【流传】（无考）

【出处】《藏族卷·绪论》，见吕大吉、何耀华总主编《中国各民族原始宗教资料集成》（鄂伦春族卷、鄂温克族卷、赫哲族卷、达斡尔族卷、锡伯族卷、满族卷、蒙古族卷、藏族卷），北京：中国社会科学出版社1999年版，第777页。

藏族 人的灵魂可以离身，而且比在原体上更有力量。

【流传】（无考）

【出处】 刘立千：《从“格萨尔史诗”看古代高原的部落社会》，原载《格萨尔论文选集》，四川省格萨尔办公室编印，1990年，见吕大吉、何耀华总主编《中国各民族原始宗教资料集成》（鄂伦春族卷、鄂温克族卷、赫哲族卷、达斡尔族卷、锡伯族卷、满族卷、蒙古族卷、藏族卷），北京：中国社会科学出版社1999年版，第810页。

W0886.1.1

特定人物的灵魂可以离开身体

【关联】［W0887.2.3.1］祖先达尼的灵魂离开肉体变成猴子

实　例

（参见下级母题实例）

W0886.1.1.1

萨满的灵魂可以到处游荡

实　例

赫哲族 何山（萨满名）睡觉后，他的灵魂出去到处游荡。

【流传】（黑龙江省）

【出处】

（a）《民族问题五种丛书》黑龙江省编辑组：《赫哲族社会历史调查》，牡丹江：黑龙江朝鲜民族出版社 1987 年版，第 176 页。

（b）《萨满神灵斗法（一）》，见吕大吉、何耀华总主编《中国各民族原始宗教资料集成》（鄂伦春族卷、鄂温克族卷、赫哲族卷、达斡尔族卷、锡伯族卷、满族卷、蒙古族卷、藏族卷），北京：中国社会科学出版社 1999 年版，第 272 页。

W0886.1.2 小孩得重病时灵魂离开身体

实 例

鄂温克族 当小孩得重病时，鄂温克人认为其灵魂已离开小孩身，去另一世界。

【流传】（内蒙古自治区·呼伦贝尔市·额尔古纳旗）使用驯鹿鄂温克人

【出处】

（a）《额尔古纳旗使用驯鹿鄂温克人的调查报告》，见内蒙古自治区编辑组《鄂温克族社会历史调查》，呼和浩特：内蒙古人民出版社 1986 年版，第 235～236 页。

（b）《为婴儿追魂》，见吕大吉、何耀华总主编《中国各民族原始宗教资料集成》（鄂伦春族卷、鄂温克族卷、赫哲族卷、达斡尔族卷、锡伯族卷、满族卷、蒙古族卷、藏族卷），北京：中国社会科学出版社 1999 年版，第 130 页。

W0886.2 人睡后灵魂漫游

【汤普森】E721.1

实 例

（参见下级母题实例）

W0886.2.1 人睡眠时灵魂离开身体会见其他灵魂

实 例

赫哲族 赫哲人认为人有三个灵魂，其中，第二个灵魂叫做“哈尼”，它能暂时离开肉体，并且能到远的地方去。人在睡觉的时候，它能到别的地方，能和别的灵魂或神发生关系，好像人在醒的时候的思想，所以有人给它一个名词，叫做“思想的灵魂”。

【流传】（松花江下游地区依兰县至抚远市一带）

【出处】

（a）凌纯声：《松花江下游的赫哲族》，（原 1934 年南京刊印本），北京：民族出版社 2012 年版，第 115 页。

（b）孟慧英：《赫哲族卷·绪论》，见吕大吉、何耀华总主编《中国各民族原始宗教资料集成》（鄂伦春族卷、鄂温克族卷、赫哲族卷、达斡尔族卷、锡伯族卷、满族卷、蒙古族卷、藏族卷），北京：中国社会科学出版社 1999 年版，第 193 页。

W0886.3

人死魂出窍

【汤普森】E722

【关联】［W2970］人的死亡

实 例

（参见下级母题实例）

W0886.3.1

人死后灵魂离开身体

【关联】

①［W0888.2.1］人死灵魂不死

②［W0913d.3］灵魂转移到别处

实 例

赫哲族 赫哲人认为人有三个灵魂。其中，第一个灵魂叫做“奥任”（ɔrən），人与动物都有，在人死后，此灵魂立即离开肉体。换句话说，它就是“生命的灵魂”。

【流传】（松花江下游地区依兰县至抚远市一带）

【出处】

（a）凌纯声：《松花江下游的赫哲族》，（原 1934 年南京刊印本），北京：民族出版社 2012 年版，第 114 页。

（b）《人的三个灵魂》，见吕大吉、何耀华总主编《中国各民族原始宗教资料集成》（鄂伦春族卷、鄂温克族卷、赫哲族卷、达斡尔族卷、锡伯族卷、满族卷、蒙古族卷、藏族卷），北京：中国社会科学出版社 1999 年版，第 198 页。

W0886.3.2

人死后几天灵魂才知已离开身体

实 例

蒙古族 阿尔泰之住民及布里亚特人相信魂魄脱离肉体之后，不能即刻自知成一游离之魂。故于死后三日间犹守于遗体之侧，及其足踏灶灰不见足迹，方悟自体已脱离肉体而独立矣。

【流传】（无考）

【出处】［波］尼斡拉滋著，金启孮译：《西伯利亚各民族之萨满教》，中国社会科学院民族研究所《萨满教研究》编写组 1978 年印，见吕大吉、何耀华总主编《中国各民族原始宗教资料集成》（鄂伦春族卷、鄂温克族卷、赫哲族卷、达斡尔族卷、锡伯族卷、满族卷、蒙古族卷、藏族卷），北京：中国社会科学出版社 1999 年版，第 619 页。

W0886.4

灵魂从鼻孔出入人体

【关联】［W9338.2］魂进入身体使人复活

实 例

哈萨克族 灵魂是从人的鼻子进去的，所以现在人一打喷嚏就要全身抖动。

人死的时候，灵魂也是从鼻尖上最后一下子离开人体的。

【流传】（无考）

【出处】波勒泰·比达克买提等搜集，安蕾、毕枓译：《上帝用泥土造人》，见满都呼主编《中国阿尔泰语系诸民族神话故事》，北京：民族出版社1997年版，第67页。

W0887

灵魂有变化能力（鬼有变化能力，灵魂的变形，灵魂会变化）

【关联】

① ［W0057.2］灵魂变成神

② ［W1545.3.13］人的灵魂变成日月

③ ［W2398.7］灵魂变人

实 例

（参见下级母题实例）

W0887.1

灵魂变形为人（鬼魂变形为人，鬼变形为人）

实 例

（参见下级母题实例）

W0887.1.1

特定的灵变成人

实 例

（参见下级母题实例）

W0887.1.1.1

动物的灵变成人

实 例

（实例待考）

W0887.1.1.2

植物的灵变成人

实 例

（参见下级母题实例）

W0887.1.1.2.1

树灵、草灵会变成人

实 例

佤族 （实例待考）

W0887.1.2

阴魂变回人形

【关联】［W9380］复原

实 例

仫佬族 犀牛村有一对贫苦的年轻夫妇。丈夫被族长害死以后，阴魂不散。每天夜里都变做一只黄猄，回到草房里，再现人形，和妻子团聚。

【流传】广西壮族自治区·（河池市）·罗城县（罗城仫佬族自治县）·仫佬族山乡（仫佬山乡）

【出处】吴禧干、吴志禧、吴开庭、包启宽、覃建珍、曹祖国、潘常成讲，包玉堂、吴开庭、曾凡才、吴盛枝搜集整理：《稼》（又名《吴平大王》

《木洛大王》《七里英王》《石览王》），原载包玉堂等编《仫佬族民间故事选》，上海文艺出版社 1988 年版，见姚宝瑄主编《中国各民族神话》（仫佬族、壮族、京族），太原：山西出版传媒集团·书海出版社 2014 年版，第 51 页。

W0887.2

灵魂变形为动物（鬼变形为动物）

【汤普森】 E453

【关联】

实 例

仫佬族（参见“W0887.4.1 灵魂先化为动物，后变成人”母题实例）

W0887.2.1

灵魂变鸟

【关联】

① ［W0910.7］鬼死后变鸟

② ［W3495.1.1］灵魂变萤火虫

实 例

（参见下级母题实例）

W0887.2.1.1

小儿死后魂变为雀

实 例

赫哲族 小儿死后，其魂变为雀（tʃ’ɔk’a）。

【流传】（松花江下游地区依兰县至抚远市一带）

【出处】

（a）凌纯声：《松花江下游的赫哲族》（原 1934 年南京刊印本），北京：民族出版社 2012 年版，第 142 页。

（b）《为不育者求子》，见吕大吉、何耀华总主编《中国各民族原始宗教资料集成》（鄂伦春族卷、鄂温克族卷、赫哲族卷、达斡尔族卷、锡伯族卷、满族卷、蒙古族卷、藏族卷），北京：中国社会科学出版社 1999 年版，第 239 页。

W0887.2.1.2

男子的灵魂变成一只粟雀

实 例

达斡尔族 满那莫昆的一个男子被迫从军后被俘，越狱后他的灵魂变成一只粟雀。

【流传】（无考）

【出处】 中央少数民族语言调查队整理：《满那莫昆祖神的来历》，见满都呼主编《中国阿尔泰语系诸民族神话故事》，北京：民族出版社 1997 年版，第 181 页。

达斡尔族 一个男子回家途中死在山谷中，他的魂灵变成粟雀，飞回布特哈故乡。

【流传】（内蒙古自治区·呼伦贝尔市·鄂温克族自治旗·巴彦托海镇）

【出处】

（a）珠荣嘎、额尔登泰、满都尔图调查

编著：《巴彦托海索木达斡尔族情况——达斡尔族调查材料之二》，全国人民代表大会民族委员会办公室1958年编印，第51页。
（b）《鄂嫩哈拉霍卓尔雅德根的传说》，见吕大吉、何耀华总主编《中国各民族原始宗教资料集成》（鄂伦春族卷、鄂温克族卷、赫哲族卷、达斡尔族卷、锡伯族卷、满族卷、蒙古族卷、藏族卷），北京：中国社会科学出版社1999年版，第324页。

W0887. 2. 1. 3

自杀女子的灵魂变成红嘴白脸的美女雀

实 例

彝族 一个撞树自杀的姑娘的灵魂变成红嘴白脸的美女雀。

【流传】 云南省·（楚雄彝族自治州）·永仁县

【出处】 苏绍相等讲，基默热阔采录：《搓日阿补征服女儿国》，见中国民间文学集成全国编辑委员会编《中国民间故事集成》（云南卷），北京：中国ISBN中心2003年版，第353页。

W0887. 2. 1. 4

魂有时变为小黑团如小鸟，故称“童子魂”

实 例

满族 魂有时多变为小黑团如小鸟浮游在空中，故称“童子魂”。

【流传】（无考）

【出处】

（a）富育光：《萨满教与神话》，沈阳：辽宁大学出版社1990年版，第17～18页。
（b）《魂即气》，见吕大吉、何耀华总主编《中国各民族原始宗教资料集成》（鄂伦春族卷、鄂温克族卷、赫哲族卷、达斡尔族卷、锡伯族卷、满族卷、蒙古族卷、藏族卷），北京：中国社会科学出版社1999年版，第477页。

W0887. 2. 1. 5

人被杀死后灵魂变成一只小鸟

实 例

藏族 头人康嘎德瓦的妻子桑姆珠玛独自在家时爱上了马佚次旦。头人得知后杀死了次旦。次旦死后，他的灵魂变成了一只小鸟。

【流传】（无考）

【出处】《马佚次旦》，原载《西藏民间故事集》第1集，西藏人民出版1995年版，见林继富《生命的归宿——藏族灵魂观念试析》，载《邦锦花》1990年第3期。

W0887. 2. 2

灵魂变天鹅

实 例

哈萨克族（实例待考）

W0887.2.3
灵魂变猴子

实 例

（参见下级母题实例）

W0887.2.3.1
祖先达尼的灵魂离开肉体变成猴子

实 例

珞巴族（博嘎尔部落） 达尼（人名，人的祖先）的灵魂离开了自己的肉体，变成了一只猴子。

【流传】 西藏自治区·（林芝市）·米林县

【出处】 东娘讲，于乃昌整理：《阿巴达尼和猴子比箭》，见《珞巴族民间故事》：http：//www.tibet－web.com/old/minjian/ync/gushi/mulu.htm，2003.10.02。

W0887.2.4
灵魂化身蜘蛛

实 例

怒族 蜘蛛是人丢失了的灵魂的化身。

【流传】 云南省·怒江州（怒江傈僳族自治州）·碧江县（已撤销，现为怒江傈僳族自治州中部）、兰坪县（兰坪白族普米族自治县）

【出处】 何叔涛调查整理：《蜘蛛是人的灵魂化身》（1988），见吕大吉、何耀华总主编《中国各民族原始宗教资料集成》（纳西族卷、羌族卷、独龙族卷、傈僳族卷、怒族卷），北京：中国社会科学出版社2000年版，第845页。

W0887.3
灵魂变形为其他物（鬼变形为其他物）

【关联】［W1734.10］灵魂变成北斗星

实 例

（参见下级母题实例）

W0887.3.1
灵魂变形为动物

实 例

（实例待考）

W0887.3.2
灵魂变形为植物

实 例

（参见下级母题实例）

W0887.3.2.1
猛妖的灵魂变成一片有刺的荨麻

实 例

纳西族 猛妖的灵魂不死，变成一片有刺的荨麻。

【流传】 云南省·（丽江市）·丽江县

（原丽江纳西族自治县，今归属为丽江市古城区和玉龙纳西族自治县）

【出处】和芳讲，周汝诚等翻译，杨世光采录：《俄英杜努》，见中国民间文学集成全国编辑委员会编《中国民间故事集成》（云南卷），北京：中国ISBN中心2003年版，第376页。

W0887.3.3

灵魂变形为无生命物物

实 例

（参见下级母题实例）

W0887.3.3.1

灵魂化作白光

实 例

藏族 大梵天王的小儿子东珠承担了下凡使命后，在梵宫寿终。尸体留在一座宝塔里，灵魂化作一道白光，直射人间。

【流传】（无考）

【出处】徐国琼搜集整理：《雄师大王格萨尔》，见陶阳、钟秀编《中国神话》（中），北京：商务印书馆2008年版，第702~711页。

W0887.3.4

灵魂变形为多种物

实 例

（参见下级母题实例）

W0887.3.4.1

灵魂能化作凶猛的动物和岩石

实 例

蒙古族 灵魂能化作凶猛的动物和岩石。

【流传】（无考）

【出处】仁钦道尔吉：《江格尔论》，呼和浩特：内蒙古大学出版社1999年版，第98页。

W0887.3.4.2

灵魂变成天地动物

实 例

珞巴族 达尼（文化祖先名）的魂灵离开了自己的肉体，变成了一只猴子，来到了猴子的家里。

【流传】西藏自治区·（林芝市）·米林县·纳玉区（南伊乡）

【出处】

（a）东娘讲：《阿巴达尼向猴子报仇》，见于乃昌《西藏民间故事》（第五集），拉萨：西藏人民出版社1989年版。

（b）同（a），见姚宝瑄主编《中国各民族神话》（门巴族、珞巴族、怒族、藏族），太原：山西出版传媒集团·书海出版社2014年版，第43页。

W0887.4

灵魂多次变形（鬼多次变形）

实 例

（参见下级母题实例）

W0887.4.1
灵魂先化为动物，后变成人

实 例

仫佬族 一对恩爱夫妻，丈夫被害死后，阴魂不散，每天夜里变作黄猹回到家中，再变成人，与妻子团聚。

【流传】广西壮族自治区·（河池市）·罗城县（罗城仫佬族自治县）

【出处】吴禧干等讲，包玉堂等搜集整理：《稼》（又名《吴平大王》），见包玉堂主编《仫佬族民间故事》，桂林：漓江出版社1982年版，第33页。

W0887.5
灵魂身份的变化（灵魂性质的改变）

实 例

（参见下级母题实例）

W0887.5.1
人死后魂变成鬼

实 例

（参见下级母题实例）

W0887.5.1.1
人死后的2个魂变成鬼

实 例

（参见下级母题实例）

W0887.5.1.1.1
被气死的母亲一个魂上了天成了天鬼；一个入地变成地鬼

实 例

景颇族 姐弟婚后，姐姐失去了孩子，被活活气死，她的一个魂上了天，成了天鬼；另一个入地了，变成了地鬼。

【流传】（无考）

【出处】

（a）殷江腊讲，永生译，东耳等整理：《人类始祖》，载《山茶》1982年第6期。

（b）同（a），见谷德明编《中国少数民族神话》，北京：中国民间文艺出版社1987年版，第458页。

W0887.5.2
灵魂可以变成鬼，也可以变成神

实 例

（参见下级母题实例）

W0887.5.2.1
人死后的灵魂便化为鬼或变成神

实 例

壮族 人死后，其灵魂便化为鬼，也可以变成神。

【流传】广西壮族自治区·（南宁

市）·武鸣县·两江乡·雷江片，马山县·古零乡·杨圩片

【出处】黄世杰搜集整理：*《多神信仰》（1990），见吕大吉、何耀华总主编《中国各民族原始宗教资料集成》（土家族卷、瑶族卷、壮族卷、黎族卷），北京：中国社会科学出版社1998年版，第493页。

W0887.6

人的灵魂能变化大小

实　例

壮族　人的灵魂会变化，能伸能缩，可变大或变小。

【流传】（无考）

【出处】黄世杰搜集整理：*《万物有灵》（1990），见吕大吉、何耀华总主编《中国各民族原始宗教资料集成》（土家族卷、瑶族卷、壮族卷、黎族卷），北京：中国社会科学出版社1998年版，第485页。

W0887.7

灵魂会分身

【关联】［W0910.10］灵魂被分解

实　例

（参见下级母题实例）

W0887.7.1

灵魂有固定的外形，也可以解体

实　例

藏族　灵魂具有固定的外形，也可以解体。

【流传】（无考）

【出处】［意］图齐、［西德］海西希著，耿昇译：《西藏和蒙古的宗教》，天津古籍出版社1989年版，见吕大吉、何耀华总主编《中国各民族原始宗教资料集成》（鄂伦春族卷、鄂温克族卷、赫哲族卷、达斡尔族卷、锡伯族卷、满族卷、蒙古族卷、藏族卷），北京：中国社会科学出版社1999年版，第816页。

W0887.8

与灵魂变形有关的其他母题

【关联】［W0888.4.1.2］灵魂死后变成特定的物

实　例

（参见下级母题实例）

W0887.8.1

鬼会变成人、动物或其他物件

实　例

（参见下级母题实例）

W0887.8.1.1

鬼会变成小姑娘、雀鸟或桌子等

实　例

独龙族　“南木”（鬼，天鬼）善于变化，能变成各种东西，有时变成个小

姑娘，有时又变成雀鸟，甚至还能变成一张桌子，等等。

【流传】云南省·（怒江傈僳族自治州）·贡山（贡山独龙族怒族自治县）·独龙江公社（独龙江乡）

【出处】蔡家麒：《独龙族社会历史综合考察报告》，原载中国西南民族研究学会等编《民族调查研究》专刊第1集，1983年，见吕大吉、何耀华总主编《中国各民族原始宗教资料集成》（纳西族卷、羌族卷、独龙族卷、傈僳族卷、怒族卷），北京：中国社会科学出版社2000年版，第641页。

W0888

灵魂不死（灵魂不灭）

【关联】

①［W0903.2.4］祖灵不死

②［W0910.3］人死灵魂去另一个世界

实　例

达斡尔族 人死后，灵魂不会死，要到阴间去生存。

【流传】（无考）

【出处】吕大吉、何耀华主编《中国各民族原始宗教资料集成》（鄂伦春族卷、鄂温克族卷、赫哲族卷、达斡尔族卷、锡伯族卷、满族卷、蒙古族卷、藏族卷），北京：中国社会科学出版社1999年版，第299页。

鄂温克族 人死后，灵魂并不会死去，会到另一个世界。

【流传】（无考）

【出处】《灵魂不灭》，见吕大吉、何耀华主编《中国各民族原始宗教资料集成》（鄂伦春族卷、鄂温克族卷、赫哲族卷、达斡尔族卷、锡伯族卷、满族卷、蒙古族卷、藏族卷），北京：中国社会科学出版社1999年版，第108页。

傈僳族 人死只是肉体之死，而灵魂是不死的，人死之后，如死者是儿童，其灵魂到兰坪之车司拉加德地方去，成人之灵魂则去到兰坪一山上之大森林中（该地名尼司尼难么，亦称红、黑土地方）。

【流传】云南省·（怒江傈僳族自治州）·碧江县五区（今属泸水县·洛本卓白族乡）·色德乡（色德行政村）·德一登村

【出处】田家祺等：《碧江县五区色德乡德一登村傈僳族社会经济调查》，见云南省编辑委员会编《傈僳族社会历史调查》，昆明：云南人民出版社1981年版，第70页。

羌族 人死后，魂魄不灭，死后几天，魂魄留恋家庭，要回煞，要祭奠。

【流传】（无考）

【出处】西南民族学院研究室编：《羌（尔玛）族情况》，1954年，见吕大吉、何耀华总主编《中国各民族原始宗教资料集成》（纳西族卷、羌族卷、独龙族卷、傈僳族卷、怒族卷），北京：中国社会科学出版社2000年版，第461页。

佤族 （实例待考）

彝族 彝族人认为，灵魂是永远不会死的。

【流传】四川省·凉山（凉山彝族自治州）·昭觉（昭觉县）·城南乡，美姑（美姑县）·巴普乡

【出处】吕大吉、何耀华总主编：《中国各民族原始宗教资料集成》（彝族卷、白族卷、基诺族卷），北京：中国社会科学出版社 1996 年版，第 109 页。

W0888. 1

灵魂不死的原因

实　例

（参见下级母题实例）

W0888. 1. 1

灵魂不死是迦萨甘的安排

实　例

哈萨克族 灵魂不死，永远长存。这是迦萨甘的安排。

【流传】（无考）

【出处】尼合迈德·蒙加尼搜集，校仲彝翻译整理：《神与灵魂》，见谷德明编《中国少数民族神话》，北京：中国民间文艺出版社 1987 年版，第 730 页。

哈萨克族 灵魂不死，永远长存。这是创世主迦萨甘的安排。

【流传】（新疆维吾尔自治区）

【出处】尼哈迈提·蒙加尼搜集，校仲彝翻译整理：《神与灵魂》，见姚宝瑄主编《中国各民族神话》（乌孜别克族、哈萨克族、柯尔克孜族、俄罗斯族、维吾尔族、塔吉克族、塔塔尔族、锡伯族），太原：山西出版传媒集团·书海出版社 2014 年版，第 31 ~32 页。

W0888. 1. 2

含冤者灵魂不散

实　例

（参见下级母题实例）

W0888. 1. 2. 1

鲧含冤而死后魂灵不散

实　例

汉族 鲧含冤而死之后，魂灵不散。

【流传】淮河流域

【出处】常山讲：《鲧王治水》，原载茆文斗搜集整理《河蚌姑娘》，见姚宝瑄主编《中国各民族神话》（汉族），太原：山西出版传媒集团·书海出版社 2014 年版，第 100 ~ 106 页。

汉族 鲧含冤而死之后，魂灵不散。

【流传】淮河流域

【出处】常山讲述：《鲧王治水》，原载茆文斗搜集整理《河蚌姑娘》，见陶阳、钟秀编《中国神话》（上），北京：商务印书馆 2008 年版，第 412 ~ 418 页。

W0888.2
灵魂可以游离活人的身体

【汤普森】E723

实 例

（参见下级母题实例）

W0888.2.1
人死灵魂不死

【关联】

① ［W0886.3］人死魂出窍

② ［W0910.1.5］人死灵魂归天

③ ［W0910.3］人死灵魂去另一个世界

实 例

鄂伦春族 人死后灵魂和肉体分开，但灵魂是不死的。

【流传】（无考）

【出处】赵复兴：《鄂伦春族游猎文化》，呼和浩特：内蒙古人民出版社1991年版，第226页。

傈僳族 人死了只是肉体的死亡，人的灵魂是永生不灭的。

【流传】云南省·（怒江傈僳族自治州）·福贡地区（福贡县）

【出处】张祖武：《福贡傈僳族的风俗习惯》，原载怒江州政协文史资料研究组编：《怒江文史资料选辑》（第2辑），1984年，第131～132页。

（b）同（a），见吕大吉、何耀华总主编《中国各民族原始宗教资料集成》（纳西族卷、羌族卷、独龙族卷、傈僳族卷、怒族卷），北京：中国社会科学出版社2000年版，第801页。

满族 兵士出差死在外时，要带回装几块骨尸和发辫子的灵魂罐。罐子上沿有一个小洞，叫出魂入魂口。认为人死魂不死。

【流传】吉林省·（吉林市）·永吉县·乌拉街镇·韩屯村

【出处】赵兴亚（萨满，72岁）讲，富育光记录整理：《灵魂罐》（1980.12.16），见吕大吉、何耀华总主编《中国各民族原始宗教资料集成》（鄂伦春族卷、鄂温克族卷、赫哲族卷、达斡尔族卷、锡伯族卷、满族卷、蒙古族卷、藏族卷），北京：中国社会科学出版社1999年版，第478页。

锡伯族 人都有各自的灵魂。灵魂不会因人躯体的死亡而死亡，它实际上永远不会死亡的。

【流传】（无考）

【出处】灵梅讲，贺灵调查整理：《灵魂不死》，见吕大吉、何耀华总主编《中国各民族原始宗教资料集成》（鄂伦春族卷、鄂温克族卷、赫哲族卷、达斡尔族卷、锡伯族卷、满族卷、蒙古族卷、藏族卷），北京：中国社会科学出版社1999年版，第390页。

W0888.2.1.1
父母、祖辈死后其阴魂仍像活着一样

实 例

壮族 父母、祖辈虽已去世，其阴魂仍像活着一样，关心爱护着自己的子孙，活着的人只要不忘他们的恩情，按时祭祀。

【流传】云南省·曲靖地区（曲靖市）

【出处】高立士搜集整理：*《逢年过节祭祖》（1989），见吕大吉、何耀华总主编《中国各民族原始宗教资料集成》（土家族卷、瑶族卷、壮族卷、黎族卷），北京：中国社会科学出版社1998年版，第536页。

W0888. 3

灵魂从一个人的身体到另一个人的身体

【汤普森】E725

实　例

（实例待考）

W0888. 4

与灵魂不死有关的其他母题

实　例

（参见下级母题实例）

W0888. 4. 1

灵魂的死亡（死魂灵，灵魂的消失，鬼的死亡）

【关联】

①［W0910. 10］灵魂被分解

②［W0911. 7. 1. 4］灵魂被摄死亡

实　例

（参见下级母题实例）

W0888. 4. 1. 0

灵魂会消亡（鬼会死亡）

实　例

独龙族 人先后出现的两个灵魂最终是要消亡的

【流传】（无考）

【出处】吕大吉、何耀华总主编：《中国各民族原始宗教资料集成》（纳西族卷、羌族卷、独龙族卷、傈僳族卷、怒族卷），北京：中国社会科学出版社2000年版，第611页。

独龙族 “求卜郎”（又译“几卜郎”，鬼）经常住在大崖子上，它可能有“卜拉”（灵魂），也会老死。

【流传】云南省·（怒江傈僳族自治州）·贡山（贡山独龙族怒族自治县）·独龙江公社（独龙江乡）·龙元村

【出处】蔡家麒：《独龙族社会历史综合考察报告》，原载中国西南民族研究学会等编《民族调查研究》专刊第1集，1983年，见吕大吉、何耀华总主编《中国各民族原始宗教资料集成》（纳西族卷、羌族卷、独龙族卷、傈僳族卷、怒族卷），北京：中国社会科学出版社2000年版，第641页。

W0888. 4. 1. 1

特定的人灵魂会死亡

实　例

（参见下级母题实例）

W0888.4.1.1.1

作恶者死后灵魂会死亡

实 例

鄂温克族 人死后的亡灵要到另外一个世界时，途中有一条很深的血河。生前行善的人路过时，有桥可安全通过。而曾行恶的人却无桥通过，河中只有一块石头，跳不过去就掉进无底的深渊中，再也出不来，连灵魂也死掉了，这才是人的彻底死亡。

【流传】（内蒙古自治区·呼伦贝尔市·额尔古纳市）

【出处】

(a)《额尔古纳旗使用驯鹿鄂温克人的调查报告》，见内蒙古自治区编辑组《鄂温克族社会历史调查》，呼和浩特：内蒙古人民出版社 1986 年版，第 230 页。

(b)《灵魂不灭》，见吕大吉、何耀华总主编《中国各民族原始宗教资料集成》（鄂伦春族卷、鄂温克族卷、赫哲族卷、达斡尔族卷、锡伯族卷、满族卷、蒙古族卷、藏族卷），北京：中国社会科学出版社 1999 年版，第 108 页。

W0888.4.1.2

灵魂死后变成特定的物

实 例

（参见下级母题实例）

W0888.4.1.2.1

灵魂死后变成盆状的骨头（髋骨）

实 例

蒙古族（布里亚特）（参见“W0888.4.1.2.2 灵魂死后变成脏毡子”母题实例）

W0888.4.1.2.2

灵魂死后变成脏毡子

实 例

蒙古族（布里亚特） 有的人认为灵魂是不死的；而有时它又被认为是可以死的，死后多变成某些能使用的物品，比如变成旧的盆状的骨头（髋骨）或脏的毡子等。

【流传】（无考）

【出处】［苏联］И. А. 曼日格耶夫著，宋长宏译，佟德富校：《布里亚特萨满教和前萨满教辞典》（俄文版），莫斯科：科学出版社 1978 年版，第 23 页，见吕大吉、何耀华总主编《中国各民族原始宗教资料集成》（鄂伦春族卷、鄂温克族卷、赫哲族卷、达斡尔族卷、锡伯族卷、满族卷、蒙古族卷、藏族卷），北京：中国社会科学出版社 1999 年版，第 619 页。

W0888.4.1.3

鬼每月要死一次

【关联】［W0283.2.1.1］月亮神每月喝一次鬼的血

实 例

珞巴族 波罗（月亮神）一个月只饮一次乌佑（珞巴语，鬼、精灵，也可指神、神灵）血，所以每月才有一次乌佑死亡。

【流传】

（a）西藏自治区·下珞瑜。

（b）西藏自治区·下珞渝（又写作“下珞瑜”）·博日部落嘎盛村

【出处】

（a）维·埃尔温搜集：《太阳为什么那样红》，见中华民族故事大系编委会编《中华民族故事大系》第16卷（赫哲族、门巴族、珞巴族、基诺族），上海：上海文艺出版社1995年版，第416～417页。

（b）同（a），见李坚尚、刘芳贤编《珞巴族门巴族民间故事选》，上海：上海文艺出版社1993年版，第30～31页。

W0888. 4. 1. 4

鬼被杀死

【关联】［W0794. 11. 5. 1］猴子杀死罗刹鬼

实 例

珞巴族 猴子将罗刹鬼杀死后，罗刹鬼绝了种。

【流传】 西藏自治区·林芝市·墨脱县·达木珞巴民族乡、墨脱乡、甘登乡（讲述地点：墨脱县·达木珞巴民族乡·达木村）

【出处】 扎西、扎西巴、扎西拉达讲：《藤子的来历》（1997. 06），见冀文正《珞巴族民间故事》，成都：四川民族出版社2011年版，第24页。

W0888. 4. 1. 4. 1

牛头马面杀死厉鬼

实 例

汉族 农历的七月十五，东岳大帝命令从十八层地狱里带出了一批厉鬼由牛头马面押着直奔刑场。处决这些不良之辈，使他们在人鬼簿上除名，转生簿上销号。

【流传】（山东省·泰安市徂徕山一带）

【出处】 蔡林文讲，张纯岭采录：《斩鬼台》，原载张纯岭编《徂徕山传奇》，见陶阳、钟秀编《中国神话》（下），北京：商务印书馆2008年版，第1296～1298页。

W0888. 4. 1. 4a

鬼被烧死

实 例

（参见下级母题实例）

W0888. 4. 1. 4a. 1

大火塘焚烧大鬼

实 例

彝族（撒尼） 村外的大火塘是专门用来焚烧“大鬼”的地方。

【流传】 云南省·昆明（昆明市）·

（寻甸回族彝族自治县·先锋乡）·恰普鲁村

【出处】云南彝族撒尼支宗教祭司张琼（1890~1971）遗稿，长孙张福整理：《雷神赐火》，见吕大吉、何耀华总主编《中国各民族原始宗教资料集成》（彝族卷、白族卷、基诺族卷），北京：中国社会科学出版社1996年版，第94页。

W0888.4.1.4b
将鬼毒死

实 例

（参见下级母题实例）

W0888.4.1.4b.1
鬼食鸡血必死无疑

实 例

傈僳族 杀一只公鸡，接好鸡血，拌入草乌粉，诱鬼食毒。第二天天刚亮，无人过路时巫师就去看鸡血是否被鬼食了？若鸡血不在或少了的话，则认定是被鬼食用了，鬼中毒必死无疑。

【流传】云南省·怒江州（怒江傈僳族自治州）

【出处】祝发清调查整理：《祭“跟人鬼”》（1990），见吕大吉、何耀华总主编《中国各民族原始宗教资料集成》（纳西族卷、羌族卷、独龙族卷、傈僳族卷、怒族卷），北京：中国社会科学出版社2000年版，第736页。

W0888.4.1.5
与鬼的死亡有关的其他母题

实 例

（参见下级母题实例）

W0888.4.1.5.1
鬼经历特定事情后不再死亡

实 例

（参见下级母题实例）

W0888.4.1.5.1.1
鬼生子后不再死亡

实 例

彝族 苏尼（巫师）兹哈请“阿萨”将他母亲变成的鬼抓入坛中，盖好口，埋在进屋的右方地下，已埋了十三年。后来又生了五个孩子，即不再死了。

【流传】四川省·（凉山彝族自治州）·美姑县·洪溪公社（洪溪乡）·采乃吉大队

【出处】苏尼兹哈讲，于锦绣等记录整理：《洪溪苏尼兹哈谈苏尼》，见吕大吉、何耀华总主编《中国各民族原始宗教资料集成》（彝族卷、白族卷、基诺族卷），北京：中国社会科学出版社1996年版，第269页。

W0888.4.1.5.2
特定的鬼的灭绝

实 例

珞巴族（实例待考）

W0888. 4. 1. 5. 3

人的亡魂变成的蝴蝶死亡意味着灵魂死亡

【关联】［W0907. 1. 5a］亡灵的寿命

实 例

独龙族 人的亡魂最终要变成蝴蝶。蝴蝶一旦死了，对于人的灵魂来讲，就再也没有什么了，永远不复存在。人的先后两个灵魂最终是要消亡的。

【流传】

（a）云南省·（怒江傈僳族自治州）·贡山县（贡山独龙族怒族自治县）·独龙江公社（独龙江乡）。

（b）云南省

【出处】

（a）蔡家麒调查整理：《亡魂的世界“阿细默里”》（1982），见吕大吉、何耀华总主编《中国各民族原始宗教资料集成》（纳西族卷、羌族卷、独龙族卷、傈僳族卷、怒族卷），北京：中国社会科学出版社 2000 年版，第 618 页。

（b）洪俊：《独龙族的原始习俗与文化》，见云南省编辑组编《云南少数民族社会历史调查资料汇编》（一），昆明：云南人民出版社 1986 年版，第 215 页。

W0888. 4. 2

灵魂重生（灵魂再生，灵魂转世）

【关联】

① ［W0907. 1. 3. 3］亡灵超生

② ［W3747. 1. 4］能还魂的树

实 例

（参见下级母题实例）

W0888. 4. 2. 1

人死后有个可以转生的灵魂

【关联】［W9350］转世（托生、转生）

实 例

赫哲族 赫哲人认为人有三个灵魂，其中，第三个灵魂叫“法扬库”（fajāku），它有创造来生的能力，它是管转生的神所赋予的，可以叫它“转生的灵魂”。在人死之后，它立刻离开肉体。

【流传】（松花江下游地区依兰县至抚远市一带）

【出处】

（a）凌纯声：《松花江下游的赫哲族》，（原 1934 年南京刊印本），北京：民族出版社 2012 年版，第114～115 页。

（b）孟慧英：《赫哲族卷·绪论》，见吕大吉、何耀华总主编《中国各民族原始宗教资料集成》（鄂伦春族卷、鄂温克族卷、赫哲族卷、达斡尔族卷、锡伯族卷、满族卷、蒙古族卷、藏族卷），北京：中国社会科学出版社 1999 年版，第 193 页。

W0888.4.2.1.1

人死后，灵魂附体于人或动物后可重生

实 例

鄂伦春族 人死后，灵魂离开其躯体去往阴间世界，经过一段时间，附体于人或某种动物，又可重生于世。

【流传】（无考）

【出处】马名超、崔焱：《鄂伦春族宗教与神话》，见《中国各民族宗教与神话大词典》编审委员会编《中国各民族宗教与神话大词典》，北京：学苑出版社 1993 年版。

W0888.4.2.2

灵魂不会转世

实 例

独龙族 独龙族没有灵魂不灭和灵魂转世投生一类的观念。

【流传】（无考）

【出处】吕大吉、何耀华总主编：《中国各民族原始宗教资料集成》（纳西族卷、羌族卷、独龙族卷、傈僳族卷、怒族卷），北京：中国社会科学出版社 2000 年版，第 611 页。

W0888.4.3

鬼能复活

实 例

（参见下级母题实例）

W0888.4.3.1

鬼能散后复原

【关联】［W9380］复原

实 例

壮族 有鬼撞到人身上，则鬼马上散为数段，须抽一支烟的时间，才能重新凑成完整的一个鬼，而人则不会有什么察觉，用手也触摸不到鬼。

【流传】广西壮族自治区·（南宁市）·武鸣县·两江乡·雷江片，马山县·古零乡·杨圩片

【出处】黄世杰搜集整理：＊《社会鬼与自然界鬼》（1990），见吕大吉、何耀华总主编《中国各民族原始宗教资料集成》（土家族卷、瑶族卷、壮族卷、黎族卷），北京：中国社会科学出版社 1998 年版，第 489 页。

W0888.4.3.2

鬼寻找替身投胎

【关联】［W0907.1.3.3.1.1］亡灵找到替身后超生

实 例

壮族 无论是社会的鬼或是自然的鬼，他们都会早晚四处活动，觅取替身以求自己能早日投胎转世。

【流传】广西壮族自治区·（南宁市）·武鸣县·两江乡·雷江片，马山县·古零乡·杨圩片

【出处】黄世杰搜集整理：＊《社会鬼

与自然界鬼》（1990），见吕大吉、何耀华总主编《中国各民族原始宗教资料集成》（土家族卷、瑶族卷、壮族卷、黎族卷），北京：中国社会科学出版社1998年版，第489页。

W0888.4.4
勾销灵魂

实　例

（参见下级母题实例）

W0888.4.4.1
到神都祭本主勾销家中死者亡灵

实　例

白族 到神都祭本主的目的是，家里死了人来勾销亡灵。

【流传】云南省·（大理白族自治州）·大理市·（喜洲镇）·庆洞村

【出处】张锡禄调查整理：《大理白族尊段氏祖先为本主》（1989），见吕大吉、何耀华总主编《中国各民族原始宗教资料集成》（彝族卷、白族卷、基诺族卷），北京：中国社会科学出版社1996年版，第572页。

W0889
与灵魂的特征有关的其他母题（与鬼的特征有关的其他母题）

【关联】［W1598.12］灵魂变成月亮

实　例

（参见下级母题实例）

W0889.1
鬼魂同一

实　例

傣族 首领沙罗死时对大家说：“我活着，你们拿最好的里肉给我吃，我死后还有我的灵魂在。告诉你们吧，魂就是鬼，鬼就是神，你们还要送肉给我的魂。”

【流传】（无考）

【出处】岩峰、王松搜集整理：《沙罗》，见姚宝瑄主编《中国各民族神话》（哈尼族、傣族），太原：山西出版传媒集团·书海出版社2014年版，第376～377页。

W0889.2
鬼与灵魂不同

实　例

独龙族 阿细（亡魂）和大自然中的“卜郎”（鬼）是绝对不同的。

【流传】

（a）云南省·（怒江傈僳族自治州）·贡山县（贡山独龙族怒族自治县）·独龙江公社（独龙江乡）·巴坡村、先久当村。

（b）云南省

【出处】

（a）蔡家麒调查整理：《地上的鬼：“卜郎”》（1982），见吕大吉、何耀华总主编《中国各民族原始宗教资料集成》（纳西族卷、羌族卷、独龙族卷、傈僳族卷、怒族卷），北京：中国社会科学出版社 2000 年版，第 619 页。

（b）洪俊：《独龙族的原始习俗与文化》，见云南省编辑组编《云南少数民族社会历史调查资料汇编》（一），昆明：云南人民出版社 1986 年版，第 215 页。

W0889.2.1

魂与肉体不分离，鬼要离开肉体

实　例

壮族 鬼和灵魂有区别。魂是附在肉体身上，与肉体没有分离，而鬼是在身躯朽坏后，灵魂就离开肉体转入阴间其亡灵则化为鬼。

【流传】广西壮族自治区·百色市·田阳县、德保县

【出处】陆启贤搜集整理：*《鬼与魂的区别》（1989），见吕大吉、何耀华总主编《中国各民族原始宗教资料集成》（土家族卷、瑶族卷、壮族卷、黎族卷），北京：中国社会科学出版社 1998 年版，第 490 页。

W0889.3

鬼很勤劳

实　例

（参见下级母题实例）

W0889.3.1

以前鬼很勤劳

实　例

景颇族 以前鬼很勤劳。

【流传】（无考）

【出处】何峨整理：《万物诞生》，见中华民族故事大系编委会编《中华民族故事大系》第 10 卷（景颇族、柯尔克孜族、土族），上海：上海文艺出版社 1995 年版，第 11 页。

W0889.3a

鬼很懒（懒鬼）

实　例

（参见下级母题实例）

W0889.3a.1

懒鬼走路也让人背着

实　例

独龙族 鬼十分偷懒，走起路来常常扒在人的脊背上，叫人背着，做起活来就睡在地边树荫下，等太阳落山后又回来了。

【流传】（无考）

【出处】彭义良：《创世记》，载《民族文化》1987 年第 1 期。

W0889.4

鬼很聪明（鬼很狡猾）

实　例

（参见下级母题实例）

W0889. 4a

鬼喜欢害人

【关联】［W0902. 2. 7］恶鬼作祟害人（恶鬼害人）

实 例

白族 那些非命死者，或受到家人冷落无衣食的鬼魂，就会时常兴风作浪，祸害活人。

【流传】云南省·（大理白族自治州）

【出处】王承权等调查整理：《大理白族的鬼魂观念和鬼的种类》（1988），见吕大吉、何耀华总主编《中国各民族原始宗教资料集成》（彝族卷、白族卷、基诺族卷），北京：中国社会科学出版社 1996 年版，第 408 页。

傈僳族 人没有死之先，鬼就跟着人，开始鬼跟人时隔得远些，时间长了，鬼与人的距离相近了。一个人消瘦、体弱，没精打采，尤其爬坡时感到脚酸。

【流传】云南省·怒江州（怒江傈僳族自治州）

【出处】祝发清调查整理：《祭“跟人鬼”》（1990），见吕大吉、何耀华总主编《中国各民族原始宗教资料集成》（纳西族卷、羌族卷、独龙族卷、傈僳族卷、怒族卷），北京：中国社会科学出版社 2000 年版，第 736 页。

W0889. 4a. 1

鬼欺软怕硬

实 例

白族 鬼专门欺侮能力弱的人、女人，那些常干坏事、“八字”生得软、运气不好的人，鬼就会去找他。

【流传】云南省·（大理白族自治州）·海东乡、城郊乡、银桥乡等

【出处】王承权等调查整理：《大理白族的鬼魂观念和鬼的种类》（1988），见吕大吉、何耀华总主编《中国各民族原始宗教资料集成》（彝族卷、白族卷、基诺族卷），北京：中国社会科学出版社 1996 年版，第 409 页。

W0889. 4a. 2

鬼怪作恶

实 例

珞巴族 鬼怪们来到人间，为非作歹，逞凶作恶。

【流传】（西藏自治区·林芝市·米林县）

【出处】东娘、达农讲，于乃昌整理：《阿巴达尼遇难》，见姚宝瑄主编《中国各民族神话》（门巴族、珞巴族、怒族、藏族），太原：山西出版传媒集团·书海出版社 2014 年版，第 38 页。

W0889.4a.3

鬼爱搬弄是非

实 例

（参见下级母题实例）

W0889.4a.3.1

口舌是非鬼

【关联】［W0879.3.2］长舌妇鬼（口舌鬼）

实 例

纳西族 人做了一件事，特别是大事，如建房、搭桥、嫁娶、伐木、打猎、下扣子、做牛马买卖等，都会有是非口乱，这样就产生一系列的口舌是非鬼。

【流传】四川省·（凉山彝族自治州）·木里（藏族自治县）·俄亚乡·俄亚大村

【出处】英丹茨理（78岁）讲，和力民调查整理：《四川木里俄亚乡祭崩鬼的仪式》（1988）见吕大吉、何耀华总主编：《中国各民族原始宗教资料集成》（纳西族卷、羌族卷、独龙族卷、傈僳族卷、怒族卷），北京：中国社会科学出版社2000年版，第155页。

W0889.4a.4

鬼爱恐吓人

实 例

怒族 水鬼“昂布拉”发出的怪吼声使过溜索的人坠落滔滔怒江。

【流传】云南省·（怒江傈僳族自治州）·贡山（贡山独龙族怒族自治县）

【出处】罗盂：《贡山怒族的宗教信仰》，载云南省社会科学院民族学研究所编《民族学》1988年第1期。

W0889.4a.5

鬼很坏很残忍

实 例

（参见下级母题实例）

W0889.4a.5.1

鬼杀人不眨眼

实 例

独龙族 鬼是很坏的。有个母亲出去砍火山地，家中留下个小娃娃交给鬼看管。鬼把娃娃弄死了，剥下皮来包在一个木枕头上，再用麻布盖好。之后，把娃娃的肉切成一块一块地煮起来。

【流传】（无考）

【出处】蔡家麒：《独龙族社会历史综合考察报告》，载中国西南民族研究学会、云南省民族研究所编印《民族调查研究》（专刊）1983年第1期。

W0889.5

鬼很傻

【关联】［W0907.14.3］傻鬼（呆鬼）

实 例

独龙族 以前，有一个傻鬼。

【流传】（无考）

【出处】伊里亚讲，巴国强整理：《鱼网的来历》，见中华民族故事大系编委会编《中华民族故事大系》第15卷（德昂族、保安族、裕固族、京族、塔塔尔族、独龙族、鄂伦春族），上海：上海文艺出版社1995年版，第641页。

W0889.5a
鬼贪婪

实 例

（参见下级母题实例）

W0889.5a.1
豹鬼虎鬼贪恋金银

实 例

纳西族 豹鬼虎鬼贪恋金银。

【流传】云南省·丽江（丽江市）

【出处】严汝娴、宋兆麟：《永宁纳西族的母系制》，昆明：云南人民出版社1984年版，第133页。

W0889.5a.2
鬼残忍贪婪

实 例

（参见下级母题实例）

W0889.5a.2.1
鬼通过祟害人畜不断索取人们的酒肉祭祀

实 例

独龙族 “卜郎”（地上的鬼）绝大多数被说成是自然界各种凶恶精灵的化身，它们残忍而贪婪，经常用祟害人畜的活魂，制造各种灾难来不断索取人们的酒肉祭祀。

【流传】云南省·（怒江傈僳族自治州）·贡山县（贡山独龙族怒族自治县）·独龙江公社（独龙江乡）·巴坡村、先久当村

【出处】蔡家麒调查整理：《地上的鬼：“卜郎”》（1982），见吕大吉、何耀华总主编《中国各民族原始宗教资料集成》（纳西族卷、羌族卷、独龙族卷、傈僳族卷、怒族卷），北京：中国社会科学出版社2000年版，第619页

W0889.5b
鬼贪酒（贪杯鬼）

实 例

独龙族 木然当木廷（人名）正式成为“南木萨”（巫师）之前，对他多次见到“南木”（鬼，天鬼）这件事，没有向外人道及，也没有对别人说他会治病，只是在家里的窗户旁或火塘边经常放一碗自酿的酒祭他的“南木”（鬼，天鬼）。因为他的“南木”是喝酒的，每次招它们来都要摆酒。

【流传】云南省·（怒江傈僳族自治州）·贡山（贡山独龙族怒族自治县）·独龙江公社（独龙江乡）

【出处】蔡家麒：《独龙族社会历史综合考察报告》，原载中国西南民族研究

学会等编《民族调查研究》专刊第1集，1983年，见吕大吉、何耀华总主编《中国各民族原始宗教资料集成》（纳西族卷、羌族卷、独龙族卷、傈僳族卷、怒族卷），北京：中国社会科学出版社2000年版，第642页。

W0889.6

鬼的嗅觉独特

实 例

（参见下级母题实例）

W0889.6.1

鬼能闻出人味

实 例

赫哲族 亚热勾（人名）看见两个鬼吃人时，女鬼闻出有生人味，就在屋里寻找起来。

【流传】（松花江下游地区依兰县至抚远市一带）

【出处】《亚热勾》，见凌纯声《松花江下游的赫哲族》，（原1934年南京刊印本），北京：民族出版社2012年版，第728页。

W0889.7

灵魂重量很轻

实 例

（参见下级母题实例）

W0889.7.1

草秆羽毛能负载灵魂

实 例

赫哲族 赫哲人认为，灵魂的分量甚轻，草秆羽毛皆能载之。

【流传】（松花江下游地区依兰县至抚远市一带）

【出处】

（a）凌纯声：《松花江下游的赫哲族》，（原1934年南京刊印本），北京：民族出版社2012年版，第115页。

（b）《人的三个灵魂》，见吕大吉、何耀华总主编《中国各民族原始宗教资料集成》（鄂伦春族卷、鄂温克族卷、赫哲族卷、达斡尔族卷、锡伯族卷、满族卷、蒙古族卷、藏族卷），北京：中国社会科学出版社1999年版，第199页。

W0889.7a

灵魂有时有重量有时没有

实 例

蒙古族（布里亚特）灵魂有时被认为是没有重量的；而在另一种情况下，又被认为是有重量的，如果它坐在马车上，能把马累得出汗。

【流传】（无考）

【出处】［苏联］И. А. 曼日格耶夫著，宋长宏译，佟德富校：《布里亚特萨满教和前萨满教辞典》（俄文版），莫斯科：科学出版社1978年版，第23

页，见吕大吉、何耀华总主编《中国各民族原始宗教资料集成》（鄂伦春族卷、鄂温克族卷、赫哲族卷、达斡尔族卷、锡伯族卷、满族卷、蒙古族卷、藏族卷），北京：中国社会科学出版社 1999 年版，第 619 页。

W0889.8

灵魂独立存在

实 例

（参见下级母题实例）

W0889.8.1

人的灵魂独立存在，随时可以离开他的附托物

实 例

壮族 每一个活着的人，其体内都有一个灵魂附着在他的肉体上。人的灵魂是独立存在的，随时可以离开他的附托物。

【流传】 广西壮族自治区·（南宁市）·武鸣县·两江乡·雷江片，马山县·古零乡·杨圩片

【出处】 黄世杰搜集整理：*《万物有灵》（1990），见吕大吉、何耀华总主编《中国各民族原始宗教资料集成》（土家族卷、瑶族卷、壮族卷、黎族卷），北京：中国社会科学出版社 1998 年版，第 485 页。

W0889.9

灵魂能通神

实 例

（参见下级母题实例）

W0889.9.1

灵魂能见到祖公、鬼神

实 例

壮族 灵魂能与祖公、鬼神见面，且能看见阴间的一切。

【流传】 广西壮族自治区·（南宁市）·武鸣县（武鸣区）西北部，马山县东部

【出处】 黄世杰搜集整理：*《巫婆——（女牙）第（禁）》（1990），见吕大吉、何耀华总主编《中国各民族原始宗教资料集成》（土家族卷、瑶族卷、壮族卷、黎族卷），北京：中国社会科学出版社 1998 年版，第 556 页。

W0889.10

鬼是游离在人的身体之外的灵魂

实 例

彝族 “鬼”是游离在人的身体之外的灵魂。

【流传】 四川省·凉山（凉山彝族自治州）一带

【出处】 何耀华调查整理：*《人为什

么死亡》，见吕大吉、何耀华总主编《中国各民族原始宗教资料集成》（彝族卷、白族卷、基诺族卷），北京：中国社会科学出版社 1996 年版，第 109 页。

W0889.11
灵魂的特征与本人相同

实 例

（参见下级母题实例）

W0889.11.1
灵魂与本人的身材、貌相、性情、品德和智愚等完全相同

实 例

独龙族 每个人或动物只有一个“卜拉”（灵魂）。它和本人的身材、貌相、性情、品德和智愚等完全相同。本人穿戴什么，其“卜拉”也就穿戴什么。

【流传】云南省·（怒江傈僳族自治州）·贡山县（贡山独龙族怒族自治县）·独龙江公社（独龙江乡）·拉佩村

【出处】蔡家麒调查整理：《生命之魂“卜拉”》（1982），见吕大吉、何耀华总主编《中国各民族原始宗教资料集成》（纳西族卷、羌族卷、独龙族卷、傈僳族卷、怒族卷），北京：中国社会科学出版社 2000 年版，第 616 页。

W0889.12
灵魂有弱点

实 例

（参见下级母题实例）

W0889.12.1
灵魂容易被鬼骗

实 例

独龙族 “卜拉”是很活跃的，胆子也很大，什么地方都敢去，什么都不怕，但很容易上鬼的当，受鬼的欺骗和侵害。

【流传】云南省·（怒江傈僳族自治州）·贡山县（贡山独龙族怒族自治县）·独龙江公社（独龙江乡）·拉佩村

【出处】蔡家麒调查整理：《生命之魂“卜拉”》（1982），见吕大吉、何耀华总主编《中国各民族原始宗教资料集成》（纳西族卷、羌族卷、独龙族卷、傈僳族卷、怒族卷），北京：中国社会科学出版社 2000 年版，第 616 页。

W0889.13
不同的鬼性情各异

实 例

独龙族 “南木”（天鬼）跟人一样，其中有的聪明，有的愚笨，有的勤快，有的懒惰。

【流传】（无考）

【出处】吕大吉、何耀华总主编：《中国各民族原始宗教资料集成》（纳西族卷、羌族卷、独龙族卷、傈僳族卷、怒族卷），北京：中国社会科学出版社2000年版，第614页。

※W0890 灵魂的居所与灵魂显形（鬼的居所与显形）

【汤普森】①E380；②F408

实 例

（参见下级母题实例）

W0891 灵魂无居所（鬼魂无居所，鬼无居所）

实 例

（参见下级母题实例）

W0891.1 灵魂无处不在

【关联】

［W0096.1］神无处不在

实 例

藏族 灵魂可以无所不在地出现，因为它可以存在于任何地方。

【流传】（无考）

【出处】［意］图齐、［西德］海西希著，耿昇译：《西藏和蒙古的宗教》，天津古籍出版社1989年版，见吕大吉、何耀华总主编《中国各民族原始宗教资料集成》（鄂伦春族卷、鄂温克族卷、赫哲族卷、达斡尔族卷、锡伯族卷、满族卷、蒙古族卷、藏族卷），北京：中国社会科学出版社1999年版，第816页。

W0891.2 鬼无处不在

【关联】

①［W0096.1］神无处不在

②［W0902.4.2.2］恶鬼无处不在

实 例

白族 世间有鬼，且无处不在。

【流传】云南省·（大理白族自治州）·洱源县·茈碧乡、凤羽乡

【出处】王承权调查整理：《洱源凤羽茈碧白族祛病巫术四种》（1988），见吕大吉、何耀华总主编《中国各民族原始宗教资料集成》（彝族卷、白族卷、基诺族卷），北京：中国社会科学出版社1996年版，第617页。

壮族 鬼多到人世间活动，天上地下、山丘平原、荒岭水田、陆上水中，都有鬼活动的踪迹，它们到处作害于人或牲畜，觅取酒肉以饱饥腹，寻求替身以便早日投生转世。

【流传】广西壮族自治区·（南宁市）·武鸣县·两江乡·雷江片，马山县·古零乡·杨圩片

【出处】黄世杰搜集整理：*《社会鬼与自然界鬼》（1990），见吕大吉、何耀华总主编《中国各民族原始宗教资

料集成》（土家族卷、瑶族卷、壮族卷、黎族卷），北京：中国社会科学出版社 1998 年版，第 489 页。

W0891. 2. 1

人死后要变成鬼造成世间的鬼很多

实　例

白族 人死后要变成鬼，所以世间的鬼很多。

【流传】云南省·（大理白族自治州）·洱源县·西山乡

【出处】赵寅松调查整理：《洱源西山白族送死人鬼与活人鬼》（1988），见吕大吉、何耀华总主编《中国各民族原始宗教资料集成》（彝族卷、白族卷、基诺族卷），北京：中国社会科学出版社 1996 年版，第 428 页。

W0892

灵魂有特定居所（鬼的特定居所）

实　例

（参见下级母题实例）

W0892. 1

灵魂住空中（鬼魂住空中，鬼住空中，鬼住天上）

【汤普森】≈E481. 8

实　例

（参见下级母题实例）

W0892. 1. 1

鬼灵精怪住天地之间一个叫“拉门”的地方

实　例

珞巴族 天和地之间有个地方叫“拉门”，那是鬼灵精怪居住的场所。

【流传】西藏自治区·（林芝市）·墨脱县·东布村（东布街）

【出处】

（a）白嘎讲，于乃昌等采录：《太阳、月亮和草药》，见中国民间文学集成全国编辑委员会编《中国民间故事集成》（西藏卷），北京：中国 ISBN 中心 2001 年版，第 7 页。

（b）同（a），见《珞巴族民间故事》：http://www.tibet-web.com/old/minjian/ync/gushi/mulu.htm，2003. 10. 02。

W0892. 1. 2

妈妈死后有魂在天上

实　例

佤族 妈妈死了有魂在天上。

【流传】云南省·（普洱市）·西盟佤族自治县、澜沧拉祜族自治县等地

【出处】毕登程、隋嘎编著：《司岗里——佤族创世史诗》，昆明：云南出版集团公司·云南人民出版社 2009 年版，第 101 页。

W0892. 2

灵魂住月亮上（鬼魂住月亮上，鬼住月亮上，鬼住月中）

【汤普森】≈E481. 8. 2

实 例

（实例待考）

W0892. 3

灵魂住云中（鬼魂住云中，鬼住云中）

【汤普森】≈E481. 8. 4

实 例

（实例待考）

W0892. 4

灵魂住山洞（鬼住洞中）

实 例

（参见下级母题实例）

W0892. 4. 1

鬼魂居山洞

实 例

（实例待考）

W0892. 4. 2

鬼居山洞

实 例

珞巴族 纽布回到村子后，把找到乌佑（鬼，精灵等）住处的消息告诉大家，并组织全村的人，带上长刀、弓箭，牵着猎狗直奔乌佑居住的山洞，去捉乌佑。

【流传】西藏自治区·尼米金一带（林芝市·米林县·甫龙村德根部落）

【出处】达大讲，李坚尚、裴富珍搜集整理，常胜翻译：《猎人和乌佑》，见中华民族故事大系编委会编《中华民族故事大系》第 16 卷（赫哲族、门巴族、珞巴族、基诺族），上海：上海文艺出版社 1995 年版，第 687 ~ 688 页。

W0892. 4. 3

鬼穴

实 例

汉族 苦竹山在莆田九华山后。此山有鬼穴，庸沙门千灵初入山，其鬼拒之。灵以铁针与鬼誓曰：“能饮此针者留，不能者去。”鬼不能饮，灵自饮之，鬼乃遁去。所饮余针，封贮尚存。

【流传】（无考）

【出处】

（a）［明］陈仁锡：《潜确类书》卷二一。

（b）《鬼穴》，见袁珂《中国神话大词典》，北京：华夏出版社 2015 年版，第 236 页。

W0892. 5

灵魂住地下

实 例

（参见下级母题实例）

W0892.5.1
鬼魂住地下

实 例

（实例待考）

W0892.5.2
鬼住地下

实 例

毛南族 （实例待考）

W0892.5.2.1
宁崩鬼住核桃树根的下面

实 例

珞巴族 核桃树根的下面，是宁崩鬼住的地方。

【流传】 西藏自治区·（林芝地区）·米林县

【出处】 东娘讲，于乃昌记录整理：《宁崩鬼》，原载于乃昌编《珞巴族民间文学资料》，见陶阳、钟秀编《中国神话》（下），北京：商务印书馆2008年版，第1453～1455页。

W0892.5.3
鬼住阴间（鬼居住地狱）

【关联】 ［W0839.3.11］魔鬼住地狱（魔鬼住阴间）

实 例

汉族 天堂是神仙居住的地方，地狱是鬼蜮们住的地方。

【流传】 河南省·新乡市

【出处】 马如心（50岁）讲，马安中采录整理：《盘古开天地》（1986.08），见张振犁编著《中原神话通鉴》（第一卷），郑州：河南大学出版社2017年版，第16页。

傈僳族 人在人的山谷里住，鬼去了阴间。

【流传】（无考）

【出处】 祝发清调查整理：《招魂调》（1990），见吕大吉、何耀华总主编《中国各民族原始宗教资料集成》（纳西族卷、羌族卷、独龙族卷、傈僳族卷、怒族卷），北京：中国社会科学出版社2000年版，第721～722页。

傈僳族 阴间是鬼在之处，死人住处是阴间菁底处。

【流传】 云南省·怒江州（怒江傈僳族自治州）

【出处】 祝发清调查整理：《亡魂指路词》（1990），见吕大吉、何耀华总主编《中国各民族原始宗教资料集成》（纳西族卷、羌族卷、独龙族卷、傈僳族卷、怒族卷），北京：中国社会科学出版社2000年版，第810页。

珞巴族 鬼住在阴间。

【流传】 西藏自治区·（林芝市）·米林（米林县）

【出处】 亚萨木讲，李坚尚等整理，常胜翻译：《阿巴达尼和亚洛比列》，见中华民族故事大系编委会编《中华民族故事大系》第 16 卷（赫哲族、门巴族、珞巴族、基诺族），上海：上海文艺出版社 1995 年版，第 768 页。

壮族 鬼是“死亡”的人或动植物的灵魂在阴间活现的东西，所以它们的活动范围在阴间。

【流传】 广西壮族自治区·（南宁市）·武鸣县·两江乡·雷江片，马山县·古零乡·杨圩片

【出处】 黄世杰搜集整理：＊《社会鬼与自然界鬼》（1990），见吕大吉、何耀华总主编《中国各民族原始宗教资料集成》（土家族卷、瑶族卷、壮族卷、黎族卷），北京：中国社会科学出版社 1998 年版，第 489 页。

W0892. 5. 4

鬼魂住阴间

【关联】［W0912. 5. 5. 1］鬼魂送入阴间

实 例

鄂伦春族 在没有神灵的地方，雅戈呀，阴间鬼魂来逛荡，雅戈呀。

【流传】 黑龙江省·黑河地区（黑河市）

【出处】 孟淑珍调查整理：《请神歌》，见吕大吉、何耀华总主编《中国各民族原始宗教资料集成》（鄂伦春族卷、鄂温克族卷、赫哲族卷、达斡尔族卷、锡伯族卷、满族卷、蒙古族卷、藏族卷），北京：中国社会科学出版社 1999 年版，第 58 页。

W0892. 6

灵魂住天和地之间（鬼魂住天和地之间，鬼住天和地之间）

【汤普森】 ≈E481. 5

【关联】

实 例

珞巴族 （实例待考）

W0892. 7

灵魂居旷野中

实 例

（参见下级母题实例）

W0892. 7. 1

灵魂居无人烟的地方

实 例

蒙古族（布里亚特） 萨满的魂灵主神居住在埃热古依（非居住的、没有人的地方，一般指高山之顶、岬角之处）。

【流传】（无考）

【出处】［苏联］И. А. 曼日格耶夫著，宋长宏译，佟德富校：《布里亚特萨满教和前萨满教辞典》（俄文版），莫斯科：科学出版社 1978 年版，第 102 页，见吕大吉、何耀华总主编《中国各民族原始宗教资料集成》（鄂伦春族卷、鄂温克族卷、赫哲族卷、达斡尔族卷、锡伯族卷、满族卷、蒙古族卷、藏族卷），北京：中国社会科学

出版社 1999 年版，第 611 页。

W0892.8

鬼窝

实 例

（参见下级母题实例）

W0892.8.1

鬼的老窝

实 例

哈尼族 资车（人名）拼命追赶鬼王，一直追到阿波雷山，撬掉了鬼王的老窝。阿波雷山鬼王没有了老窝，带着剩下的小鬼东逃西躲，四处逃命。

【流传】（无考）

【出处】 白祖博、黄世荣搜集整理：《山神资车》，见姚宝瑄主编《中国各民族神话》（哈尼族、傣族），太原：山西出版传媒集团·书海出版社 2014 年版，第 113～114 页。

W0892.9

人死后的灵魂居祖源地

实 例

（参见下级母题实例）

W0892.9.1

人死后灵魂到祖先鬼寨定居

实 例

基诺族 父灵在墓地居住的时间一般不过一年，经过其长子举行打黄牛上新房仪式后，其鬼灵便到祖先鬼寨定居。

【流传】 云南省·（西双版纳傣族自治州·景洪市）·基诺山（基诺山基诺族乡）·戛里果箐、巴亚中寨、札果寨、茶叶大地

【出处】 杜玉亭调查整理：《与父祟拜有关的鬼神》（1989～1990），见吕大吉、何耀华总主编《中国各民族原始宗教资料集成》（彝族卷、白族卷、基诺族卷），北京：中国社会科学出版社 1996 年版，第 866 页。

W0892.9.2

人死后灵回祖先居住地的路

实 例

（参见下级母题实例）

W0892.9.2.1

人死后灵回祖先居住地的路线图

实 例

怒族 出殡时，由一长老为男死者指点去路，念《送魂词》。告诉死者记住：你从家里起程，就到了洋英达地方时休息片刻；从洋英达前行，就走到子里甲地方；从子里甲顺江南下，就走到甲门修紫地方，那里有一条小河，河边有一棵凉荫树，在树下乘凉片刻；从甲门修紫往南走，就走到亚谷地方；从亚谷往南走，就走到阿哈图地方，那里有一条小河，河边休息

片刻；到了阿哈图，有两条路交叉口，你别走顺江南下的那条路，你要走往东去的那条路，从阿哈图往东走，爬过一座山坡，就走到老母登地方，那里有一个怒人村子，村里有我们的亲戚，可以在亲戚家里休息片刻；从老母登往南走一程路，就到知子罗地方，那里也有一个怒人村子，有我们的亲戚，在亲戚家休息片刻；从知子罗往东走，就到怒族女子洗麻的地方，在小溪流那里休息片刻，喝点洁净的溪流水；再往东走一程路，就到关莱安地方，那里有一个可以过夜的干燥的大岩洞；第二天一早起来，从关莱安往南走一程，就到匹河的中游，在河边休息片刻；从匹河顺河而上，就到匹河山丫口，那里风大雨淋不要再停留；再往东走一程，就到碧罗雪山山脉；翻过碧罗雪山往东走一程，就到澜沧江边，歇歇脚后再顺江北上，就到达山格拉地方，一到山格拉地方，你就会看见有一座高耸入云的峭岩，一走到峭岩，你便止步，那就是阿祖阿爷在的地方，阿祖阿爷会前来接你。

【流传】 云南省·（怒江傈僳族自治州）·碧江县（已撤销，现为怒江傈僳族自治州中部）·三区

【出处】

(a) 杨智勇等编：《云南少数民族生葬志》，昆明：云南民族出版社 1988 年版，第 298 ~300 页。

(b) 同（a），见吕大吉、何耀华总主编《中国各民族原始宗教资料集成》（纳西族卷、羌族卷、独龙族卷、傈僳族卷、怒族卷），北京：中国社会科学出版社 2000 年版，第 922 ~ 923 页。

W0892.9.2.2 灵魂返回祖先那里要经历特定地点

实　例

白族 对死者的送魂路线是送往兰坪县西乌库的路线。因为传说他们的祖先腊雄是从西乌库沿着这条路线迁入怒江地区的。

【流传】 云南省·（怒江傈僳族自治州）·泸水县·洛本卓乡（洛本卓白族乡）

【出处】 詹承绪等调查整理：《怒江白族的丧礼葬仪》（1982），见吕大吉、何耀华总主编《中国各民族原始宗教资料集成》（彝族卷、白族卷、基诺族卷），北京：中国社会科学出版社 1996 年版，第 447 页。

W0892.9.2.3 死者灵魂回归祖源地路上会受到鬼的干扰

实　例

纳西族 死者灵魂回归祖源地会受到两个绝后鬼的拦截。

【流传】 云南省·（丽江市）·丽江县（古城区、玉龙纳西族自治县）

【出处】 木丽春采集整理：《回祖源故地

的传说》，见木丽春编著《纳西族民间故事集》，昆明：云南人民出版社2007年版，第76页。

W0892.9.2.4

人死后魂归祖先居所只有一条路

实 例

傈僳族 人死后，请比扒（巫师）拿弓射三支箭出去，边射边祈告："你不要走上面的和下面的两条路，一定要走中间的路，中间的路是你祖先曾经走过的，你应该赶快回到祖先那里去，和他们团聚。"这叫做"玛甲玛"，意为替死者开路。

【流传】云南省·（怒江傈僳族自治州）·碧江县五区（今属泸水县·洛本卓白族乡）·色得（色德行政村）·洼底村

【出处】

（a）董抱朴等：《碧江县五区卡石、色得洼底村傈僳族社会经济调查》，见《傈僳族社会历史调查》，昆明：云南人民出版社1981年版，第103～104页。

（b）同（a），见吕大吉、何耀华总主编《中国各民族原始宗教资料集成》（纳西族卷、羌族卷、独龙族卷、傈僳族卷、怒族卷），北京：中国社会科学出版社2000年版，第803页。

W0892.9.2.5

人死后魂归故土的路很漫长

实 例

傈僳族 人死后的灵魂归回祖先故地的路，要走九座山、九条河和九道路。

【流传】碧罗雪山（云南省·怒江傈僳族自治州·贡山独龙族怒族自治县与云南省·迪庆藏族自治州·德钦县交界一带）

【出处】

（a）陶云逵：《碧罗雪山之傈僳族》，见国立中央研究院《历史语言研究所集刊》第17本，商务印书馆1948年版，第382页。

（b）同（a），见吕大吉、何耀华总主编《中国各民族原始宗教资料集成》（纳西族卷、羌族卷、独龙族卷、傈僳族卷、怒族卷），北京：中国社会科学出版社2000年版，第801页。

W0892.10

人死后的灵魂居神域

实 例

（参见下级母题实例）

W0892.10.1

人死后的灵魂居本主庙

实 例

白族 人死后的一魂三魄，有的村寨认为在阴司地府；有些村寨则认为在本主庙，无本主庙的村寨，在山神所在地。

【流传】云南省·（大理白族自治州）·云龙县·石门（石门镇）等

【出处】王承权等调查整理：《谢道辛》（1990），见吕大吉、何耀华总主编《中国各民族原始宗教资料集成》（彝族卷、白族卷、基诺族卷），北京：中国社会科学出版社1996年版，第440页。

W0892. 10. 2

人死后的灵魂居山神所在地

实 例

白族 （参见“W0892. 10. 1 人死后的灵魂居本主庙”母题实例）

W0892. 11

灵魂居墓地

实 例

基诺族 墓地是死亡者的临时居住地，死者的灵魂在墓地居住一年左右才能返回祖先的居住地。

【流传】云南省·（西双版纳傣族自治州·景洪市）·基诺山（基诺山基诺族乡）·巴亚中寨、戛里果箐

【出处】不拉塞等讲，杜玉亭调查整理：《墓地与善恶死亡观念》（1979～1990），见吕大吉、何耀华总主编《中国各民族原始宗教资料集成》（彝族卷、白族卷、基诺族卷），北京：中国社会科学出版社1996年版，第919页。

W0892. 12

鬼各有居所

实 例

纳西族 所有鬼灵各有住所，如星宿鬼住在“居那若罗”神山；风鬼、云鬼住在三仙姑金沙江对面所在的岩石上；毒鬼、仄鬼住在“董局湾”地方；情鬼、吊死鬼住在“才尼余可坡”地方；短鬼拉鬼住在“居那若罗”神山左边的黑天黑地里。

【流传】云南省·丽江县（丽江市）·（玉龙纳西族自治县）·塔城（塔城乡）·（依陇行政村）·巴甸村

【出处】李国文调查整理：《丽江塔城地区的祭风仪式》，载云南省民族研究所《民族调查研究》1986年第3期。

W0892. 13

鬼居黑暗之地

实 例

纳西族 原来，神住的地方是黑的，鬼住的地方是白的。英雄许瓦增古苴从鬼地盗走了火。所以神地变白，白得亮晶晶；鬼地又变黑，黑得昏沉沉。

【流传】云南省·丽江（丽江市）

【出处】和芳（东巴）读经，和志武翻译整理：《多格飒》（1963），见吕大吉、何耀华总主编《中国各民族原始宗教资料集成》（纳西族卷、羌族卷、独龙族卷、傈僳族卷、怒族卷），北

京：中国社会科学出版社 2000 年版，第 359 页。

W0892.13.1

以前鬼住的地方是白的

实 例

纳西族 上古那时候，神住的地方是黑的，黑得无比暗沉沉。鬼住的地方是白的，白得无比亮晶晶。

【流传】 云南省·丽江（丽江市）

【出处】 和芳（东巴）读经，和志武翻译整理：《多格飒》（1963），见吕大吉、何耀华总主编《中国各民族原始宗教资料集成》（纳西族卷、羌族卷、独龙族卷、傈僳族卷、怒族卷），北京：中国社会科学出版社 2000 年版，第 359 页。

W0893

灵魂住在特定的方位（鬼魂住在特定的方位，鬼住在特定的方位）

实 例

景颇族 （实例待考）

W0894

灵魂居住在人体

实 例

（参见下级母题实例）

W0894.1

灵魂居于人心

【汤普森】 F408.2

实 例

（实例待考）

W0894.2

鬼魂进入人体

【关联】［W0910.8］灵魂附体（阴魂附体，亡灵附体，鬼魂附体，鬼附体）

实 例

汉族 （实例待考）

W0894.3

灵魂居人的骨头中

实 例

满族 魂住在自己的骨头，特别是牙齿或发辫里。人死后灵魂能跟着自己的骨尸回家。

【流传】 吉林省·（吉林市）·永吉县·乌拉街镇·韩屯村

【出处】 赵兴亚（萨满，72 岁）讲，富育光记录整理：《灵魂罐》（1980.12.16），见吕大吉、何耀华总主编《中国各民族原始宗教资料集成》（鄂伦春族卷、鄂温克族卷、赫哲族卷、达斡尔族卷、锡伯族卷、满族卷、蒙古族卷、藏族卷），北京：中国社会科学出版社 1999 年版，第 478 页。

W0894. 3. 1

灵魂在头的天灵盖

实 例

藏族 藏人忌讳别人摸自己的头，认为人的灵魂平自就待在天灵盖这个地方。

【流传】（无考）

【出处】丹珠昂奔：《藏族的自身有神观念》，载《西藏研究》1987 年第 4 期。

W0894. 4

鬼神的灵魂寄在人身上

实 例

藏族 人的神魂，可以附在鬼神身上，鬼神也可以把它的神魂寄托在人的身上。

【流传】（无考）

【出处】刘立千：《从“格萨尔史诗”看古代高原的部落社会》，原载《格萨尔论文选集》，四川省格萨尔办公室编印，1990 年，见吕大吉、何耀华总主编《中国各民族原始宗教资料集成》（鄂伦春族卷、鄂温克族卷、赫哲族卷、达斡尔族卷、锡伯族卷、满族卷、蒙古族卷、藏族卷），北京：中国社会科学出版社 1999 年版，第 810 页。

W0894. 5

不同颜色的鬼住不同方位

实 例

（参见下级母题实例）

W0894. 5. 1

白脸拖洛鬼住东方，绿脸拖洛鬼住南方，黑脸拖洛鬼住西方，黄脸拖洛鬼住北方，花脸拖洛鬼住中央

【关联】［W0913. 1. 4. 1. 5. 5. 1］东方鬼王单饶久补，南方鬼王施知久补，西方鬼王斯普久补，北方鬼王奴姐久补，中央鬼王米麻塞登

实 例

纳西族 天之那来肯共为拖洛鬼（一种秽鬼）之父，地之那来久为拖洛鬼之母，白脸拖洛鬼住东方，绿脸拖洛鬼住南方，黑脸拖洛鬼住西方，黄脸拖洛鬼住北方，花脸拖洛鬼住中央。

【流传】云南省・丽江县（丽江市）・（古城区）・大东地区（大东乡）

【出处】和士诚（80 岁）讲，杨福泉调查整理：《丽江大东地区镇除倒霉鬼仪式》（1989），见吕大吉、何耀华总主编《中国各民族原始宗教资料集成》（纳西族卷、羌族卷、独龙族卷、傈僳族卷、怒族卷），北京：中国社会科学出版社 2000 年版，第 186 页。

W0895

灵魂居住在特定动物身上

【关联】［W0913d. 1. 1］灵魂寄托在动物中

实 例

（参见下级母题实例）

W0895.1

魂灵附着在鸡身上

实 例

布朗族 魂灵附着在动物上（鸡）。

【流传】云南省·（西双版纳傣族自治州）·勐海（勐海县）

【出处】康朗三等讲，艾扬整理：《严冈攀的故事》，见中华民族故事大系编委会编《中华民族故事大系》第12卷（布朗族、撒拉族、毛南族），上海：上海文艺出版社1995年版，第109页。

W0895.2

灵魂居动物角中

实 例

（参见下级母题实例）

W0895.2.1

鹿的灵魂在鹿角

实 例

鄂温克族 鹿角是鹿的灵魂所在的地方。

【流传】（无考）

【出处】

（a）苏日台：《狩猎民族原始艺术》，呼和浩特：内蒙古文化出版社1992年版，第53～54页。

（b）《萨满的神衣造型》，见吕大吉、何耀华总主编《中国各民族原始宗教资料集成》（鄂伦春族卷、鄂温克族卷、赫哲族卷、达斡尔族卷、锡伯族卷、满族卷、蒙古族卷、藏族卷），北京：中国社会科学出版社1999年版，第177页。

W0895.3

灵魂居动物耳朵中

实 例

（参见下级母题实例）

W0895.3.1

祖魂藏动物牺牲耳中

实 例

满族 祭祖时的领牲即向神祖献牲。萨满灵魂观认为，祖宗的游魂能依附于动物的耳朵。

【流传】（无考）

【出处】

（a）富育光、孟慧英：《满族萨满教研究》，北京：北京大学出版社1991年版，第75页。

（b）《神偶的主要分布地域》，见吕大吉、何耀华总主编《中国各民族原始宗教资料集成》（鄂伦春族卷、鄂温克族卷、赫哲族卷、达斡尔族卷、锡伯族卷、满族卷、蒙古族卷、藏族卷），北京：中国社会科学出版社1999年版，第549页。

W0895. 4

人的灵魂可藏在马鬃中

实 例

蒙古族（布里亚特） 在马的鬃毛里能隐藏人的受惊吓的“灵魂”。

【流传】（无考）

【出处】［苏联］Г. Р. 加尔达诺娃著，宋长宏译，佟德富校：《喇嘛教前的布里亚特宗教信仰》（俄文版），诺沃西比尔斯克：科学出版社西伯利亚分社 1987 年版，见吕大吉、何耀华总主编《中国各民族原始宗教资料集成》（鄂伦春族卷、鄂温克族卷、赫哲族卷、达斡尔族卷、锡伯族卷、满族卷、蒙古族卷、藏族卷），北京：中国社会科学出版社 1999 年版，第 617 页。

W0896

灵魂居住在植物上（鬼魂住在植物上，鬼住在植物上）

【汤普森】E711. 2

【关联】［W0913d. 1. 2］灵魂寄托在植物中

实 例

（参见下级母题实例）

W0896. 1

灵魂出没于树上（灵魂住树上，鬼魂出没于树上，鬼出没于树上）

【汤普森】E276

实 例

（参见下级母题实例）

W0896. 1. 1

小儿灵魂住在树上的鸟巢

实 例

赫哲族 有小儿之家，在送子娘娘（ɔmt ʃ ’ i mama）背后竖立的杨柳枝杈上，每以草扎成一鸟巢形，为小儿灵魂寄托之所。

【流传】（松花江下游地区依兰县至抚远市一带）

【出处】

（a）凌纯声：《松花江下游的赫哲族》（原 1934 年南京刊印本），北京：民族出版社 2012 年版，第 142 页。

（b）《为不育者求子》，见吕大吉、何耀华总主编《中国各民族原始宗教资料集成》（鄂伦春族卷、鄂温克族卷、赫哲族卷、达斡尔族卷、锡伯族卷、满族卷、蒙古族卷、藏族卷），北京：中国社会科学出版社 1999 年版，第 239 页。

W0896. 1. 2

人的灵魂住树上

实 例

蒙古族（布里亚特） 树上住着人的魂灵，因此，人的病与死被解释为他砍了有“魂”之树，而这种树是不能触犯的。

【流传】（无考）

【出处】［苏联］Г.Р. 加尔达诺娃著，宋长宏译，佟德富校：《喇嘛教前的布里亚特宗教信仰》（俄文版），诺沃西比尔斯克：科学出版社西伯利亚分社1987年版，第30～31页，见吕大吉、何耀华总主编《中国各民族原始宗教资料集成》（鄂伦春族卷、鄂温克族卷、赫哲族卷、达斡尔族卷、锡伯族卷、满族卷、蒙古族卷、藏族卷），北京：中国社会科学出版社1999年版，第614页。

W0896.2

灵魂隐藏在树上（鬼魂藏在树上，鬼藏身树上）

【汤普森】E712.1

【关联】［W0913d.1.2.1］寄魂树

实　例

（参见下级母题实例）

W0896.2.1

鬼魅隐藏在山洞朽木中

实　例

彝族（撒尼）山林之中常有无形无影的鬼魅，或附着于动植物身上，或隐藏于山洞朽木之中。

【流传】云南省·昆明（昆明市）东郊一带

【出处】张福记录：《撒弥支彝族的狩猎与采药祭》（1945），见吕大吉、何耀华总主编《中国各民族原始宗教资料集成》（彝族卷、白族卷、基诺族卷），北京：中国社会科学出版社1996年版，第336页。

W0896.3

灵魂居住在生命树上

实　例

（实例待考）

W0896.4

灵魂居住在树根下（鬼住在树根下）

实　例

（参见下级母题实例）

W0896.4.1

宁崩鬼住核桃树根下

实　例

珞巴族（博嘎尔部落）核桃树根的下面，是宁崩鬼住的地方。

【流传】西藏自治区·（林芝市）·米林县

【出处】东娘讲，于乃昌整理：《宁崩鬼》，见《珞巴族民间故事》：http://www.tibet-web.com/old/minjian/ync/gushi/mulu.htm，2003.10.02。

W0897

灵魂居住或出没在其他特定物上（鬼魂活动于其他特定物上，鬼活动于其他特定物上）

实 例

（参见下级母题实例）

W0897. 1

灵魂居住在石头里（鬼魂住在石头里，鬼住在石头里）

【汤普森】E711. 7

实 例

（实例待考）

W0897. 2

灵魂出没于建筑物（鬼魂出没于建筑物，鬼出没于建筑物，古堡幽灵）

【汤普森】E280

实 例

（实例待考）

W0897. 3

灵魂出没于房屋（鬼魂出没于房屋，老屋闹鬼）

【汤普森】E281

实 例

（参见下级母题实例）

W0897. 3. 1

善鬼居屋中

【汤普森】E338

【关联】［W0901］善灵（善鬼）

实 例

（参见下级母题实例）

W0897. 4

灵魂出没于庙中（鬼魂出没于庙中，鬼出没于庙中）

实 例

汉族 （实例待考）

W0897. 4a

灵魂出没于坟茔（鬼魂出没于坟茔，鬼出没于坟茔）

实 例

汉族 （实例待考）

W0897. 4a. 1

墓地鬼火

实 例

汉族 予年十余岁时，见郊野间鬼火至多。

【流传】（无考）

【出处】［宋］陆游：《老学庵笔记》卷四。

W0897.5

灵魂出没于夜间的人影中（鬼魂出没于夜间的人影中）

【汤普森】E279.1

【关联】［W0884.3］灵魂（鬼魂）像影子

实 例

（实例待考）

W0897.6

灵魂在筛盘中

实 例

（参见下级母题实例）

W0897.6.1

人将死时魂到筛盘里

实 例

土家族 快死的人魂就在筛盘里。

【流传】湖北省·（宜昌市）·长阳县（长阳土家族自治县）·都镇湾镇·杜家冲村

【出处】孙家香讲：《火阳》，见长阳土家族网：http://www.cy－tujia.com/list_ body.php? id，2005.12.08。

W0897.7

灵魂住在家中

实 例

（参见下级母题实例）

W0897.7.1

人死灵魂在，头三年死者因恋亲人不愿离家

实 例

壮族 人虽死但灵魂不灭，头三年死者因恋亲人不愿离家。

【流传】广西壮族自治区·（崇左市）·大新县·下雷乡（下雷镇）

【出处】王昭武搜集整理：＊《祖先神与土地庙》（1956，1986），见吕大吉、何耀华总主编《中国各民族原始宗教资料集成》（土家族卷、瑶族卷、壮族卷、黎族卷），北京：中国社会科学出版社1998年版，第497页。

W0897.7.2

人的魂附在火塘里

【关联】［W0995.5.4.4.3］室内火塘铁三脚分别代表火神、男祖宗神和女祖宗神

实 例

彝族（撒尼） 火是人的伴，火是人魂窝。火塘是家神之所在，故人的魂都附在火塘里。

【流传】云南省·昆明（昆明市）·（寻甸回族彝族自治县·先锋乡）·恰普鲁村

【出处】云南彝族撒尼支宗教祭司张琼（1890～1971）遗稿，长孙张福整理：《火崇拜》，见吕大吉、何耀华总主编《中国各民族原始宗教资料集成》（彝

族卷、白族卷、基诺族卷），北京：中国社会科学出版社 1996 年版，第 95 页。

W0897.7.2a

灵魂居住灶中

实 例

纳西族（摩梭）摩梭人的火塘正前方，都要供一块叫做“括鲁”的锅庄石。锅庄石象征为人类取火献身的女始祖昂姑咪灵魂的住处。

【流传】云南省·（丽江市）·宁蒗县（宁蒗彝族自治县）

【出处】桑直若史、益依关若讲，章天钖、章天铭搜集，章虹宇整理：《昂姑咪》，载《山茶》1986 年第 3 期。

W0897.7.3

灵魂居住在家里的火塘边

实 例

纳西族儿女们的灵魂留在阿嫫（母亲）的身边了，留在家里的火塘边了。

【流传】云南省·（丽江市）·丽江县（古城区、玉龙纳西族自治县）

【出处】木丽春采集整理：《成丁礼的故事》，见木丽春编著《纳西族民间故事集》，昆明：云南人民出版社 2007 年版，第 42 页。

W0897.8

人的灵魂居住鬼神身上

实 例

（参见下级母题实例）

W0897.8.1

人的神魂可以附在鬼神身上

【关联】［W0894.4］鬼神的灵魂寄在人身上

实 例

藏族（参见“W0894.4 鬼神的灵魂寄在人身上”母题实例）

W0897a

与灵魂的居所有关的其他母题（与鬼的居所有关的其他母题）

【关联】

①［W0910.3.1］人死后灵魂要到阴间

②［W0913d.1］灵魂的寄托物

实 例

（参见下级母题实例）

W0897a.1

灵魂的地盘（鬼魂的领地，鬼的领地）

【汤普森】≈E481

实 例

（参见下级母题实例）

W0897a.1.1

鬼寨（鬼域）

【关联】［W0892.9.1］人死后灵魂到祖先鬼寨定居

实 例

（参见下级母题实例）

W0897a.1.1.1

鬼寨位于与神坛相对的庭院边上

实 例

纳西族 鬼域（即鬼寨）位于与神坛相对的庭院边上。

【流传】云南省·丽江县（丽江市）·（玉龙纳西族自治县）·鸣音地区（鸣音乡）

【出处】和即贵讲，李丽芬调查整理：《丽江鸣音地区的祭星仪式》（1989），见吕大吉、何耀华总主编《中国各民族原始宗教资料集成》（纳西族卷、羌族卷、独龙族卷、傈僳族卷、怒族卷），北京：中国社会科学出版社2000年版，第77页。

W0897a.2

鬼和人同住

实 例

独龙族 从前鬼和人同住。

【流传】（无考）

【出处】屈友诚等搜集整理：《洪水泛滥》，见中华民族故事大系编委会编《中华民族故事大系》第15卷（德昂族、保安族、裕固族、京族、塔塔尔族、独龙族、鄂伦春族），上海：上海文艺出版社1995年版，第575～580页。

W0897a.3

灵魂居毛发中

实 例

（参见下级母题实例）

W0897a.3.1

灵魂居死者的头发中

【关联】［W0913d.1.5.1］灵魂寄附在头发中

实 例

满族 远征在外的阵亡将士土葬时先火葬，将骨灰装进瓦罐再土葬。有时，将辫发割下，和骨灰放在一起，因辫发是灵魂寄栖的地方。

【流传】（无考）

【出处】

（a）王宏刚、富育光：《满族风俗志》，北京：中央民族学院出版社1991年版，第173～178页。

（b）同（a），见吕大吉、何耀华总主编《中国各民族原始宗教资料集成》（鄂伦春族卷、鄂温克族卷、赫哲族卷、达斡尔族卷、锡伯族卷、满族卷、蒙古族卷、藏族卷），北京：中国社会科学出版社1999年版，第

558 页。

W0897a. 4

鬼群居

实 例

（参见下级母题实例）

W0897a. 4. 1

早期的鬼群居

实 例

（参见下级母题实例）

W0897a. 4. 1. 1

第三代先祖生的鬼一窝一窝地挤在一处

实 例

哈尼族 第三代先祖窝觉生下的后代名叫觉涅（哈尼语，“鬼”的意思），他们不会说话，只会睁大两只眼睛东张西望，也不是单单的一个，是一窝一窝地挤在一处。

【流传】 云南省·（红河哈尼族彝族自治州）·元阳（元阳县）、红河（红河县）、金平（金平苗族瑶族傣族自治县），（采集于元阳县·胜村乡·全福庄）

【出处】 卢朝贵讲，史军超搜集整理：《神和人的家谱》，原载云南省民间文学集成办公室编《哈尼族神话传说集成》，中国民间文艺出版社 1990 年版，见姚宝瑄主编《中国各民族神话》（哈尼族、傣族），太原：山西出版传媒集团·书海出版社 2014 年版，第 43 页。

W0897a. 5

特定名称的灵魂的居所（鬼的居所名称）

实 例

（参见下级母题实例）

W0897a. 5. 1

鬼藏山

实 例

汉族 秦时驱山塞海，鬼神劳役，奔入四明不出，因名鬼藏山。

【流传】（无考）

【出处】

（a）［宋］李思聪：《洞渊集》。

（b）《鬼藏山》，见袁珂《中国神话大词典》，北京：华夏出版社 2015 年版，第 237 页。

W0898

灵魂现形（鬼魂显形、鬼现身，灵魂被看见，见鬼的方法）

【汤普森】 E420

【关联】［W0881. 1］灵魂为什么看不到（鬼魂为什么看不到）

实 例

（参见下级母题实例）

W0898.0

魂可以被看到

实 例

（参见下级母题实例）

W0898.0.1

魂的幻影（鬼影）

实 例

满族 某些特质的男女，不论大人小孩，可以看到“魂”。

【流传】（无考）

【出处】

（a）富育光：《萨满教与神话》，沈阳：辽宁大学出版社1990年版，第17～18页。

（b）《魂即气》，见吕大吉、何耀华总主编《中国各民族原始宗教资料集成》（鄂伦春族卷、鄂温克族卷、赫哲族卷、达斡尔族卷、锡伯族卷、满族卷、蒙古族卷、藏族卷），北京：中国社会科学出版社1999年版，第477页。

W0898.0.1.1

人刚死时浮魂可以被看到

实 例

满族 人初死或人亡不久，其“浮魂”常可以看到，使人们误认为实见其人，俗称“幻影”。

【流传】（无考）

【出处】

（a）富育光：《萨满教与神话》，沈阳：辽宁大学出版社1990年版，第17～18页。

（b）《魂即气》，见吕大吉、何耀华总主编《中国各民族原始宗教资料集成》（鄂伦春族卷、鄂温克族卷、赫哲族卷、达斡尔族卷、锡伯族卷、满族卷、蒙古族卷、藏族卷），北京：中国社会科学出版社1999年版，第477页。

W0898.0.2

特定的人能看到鬼

实 例

汉族 石敢当有一次上山打柴，看到有个老百姓娶媳妇，抬着花轿，他发现有四个鬼在后边跟着。

【流传】山东省·泰安市

【出处】李冬生讲，吴绵采录：《盖房为何门框底下压两块砖》，原载陶阳编《泰山民间故事大观》，见陶阳、钟秀编《中国神话》（下），北京：商务印书馆2008年版，第1489页。

W0898.0.2.1

眼睛特别尖利的儿童可以看见灵魂

实 例

锡伯族 灵魂是肉眼看不见的，但在有些情况下，如眼睛特别尖利的儿童可以看见。

【流传】（无考）

【出处】灵梅讲，贺灵调查整理：《灵魂不死》，见吕大吉、何耀华总主编《中国各民族原始宗教资料集成》（鄂伦春族卷、鄂温克族卷、赫哲族卷、达斡尔族卷、锡伯族卷、满族卷、蒙古族卷、藏族卷），北京：中国社会科学出版社1999年版，第390页。

W0898.0.2.2

特定的动物能看到鬼（特定的动物能看到不干净的东西）

实　例

（实例待考）

W0898.0.2.3

只有萨满能看见灵魂（只有萨满才能看见幽灵）

实　例

蒙古族（布里亚特） 灵魂是无形的。对于大多数人来说，看不见的幽灵，只有萨满才能看见它。

【流传】（无考）

【出处】［苏联］И. А. 曼日格耶夫著，宋长宏译，佟德富校：《布里亚特萨满教和前萨满教辞典》（俄文版），莫斯科：科学出版社1978年版，第23页，见吕大吉、何耀华总主编《中国各民族原始宗教资料集成》（鄂伦春族卷、鄂温克族卷、赫哲族卷、达斡尔族卷、锡伯族卷、满族卷、蒙古族卷、藏族卷），北京：中国社会科学出版社1999年版，第619页。

W0898.1

亡灵现形

实　例

（实例待考）

W0898.2

死者显灵

【关联】［W0782.4.5.1］关公显圣（关公显灵）

实　例

（参见下级母题实例）

W0898.2.1

世间死者大多显示神灵

实　例

汉族 世间死者大多显示神灵。

【流传】（无考）

【出处】《风俗通义·神怪第九》，见［东汉］应劭著，赵泓译注《风俗通义全译》，贵阳：贵州人民出版社1998年版，第355页。

W0898.3

灵魂在特定时间出现（鬼灵魂在特定时间出现）

【汤普森】E587

实　例

（实例待考）

W0898.4

哭泣使灵魂显现（哭泣使鬼魂显现）

【汤普森】E381

实　例

（实例待考）

W0898.5

音乐使灵魂显现（音乐使鬼魂显现）

【汤普森】E384

实　例

（实例待考）

W0898.6

咒语使灵魂显现（咒语使鬼魂显现）

【汤普森】E386.2

实　例

（实例待考）

W0898.7

法术使灵魂出现（法术使鬼魂出现）

实　例

（实例待考）

W0898.8

特定时间灵魂出现（特定时间鬼魂出现）

实　例

白族　（实例待考）

W0898.8.1

白日见鬼

实　例

汉族　（实例待考）

W0898.9

饮食特定物可以看见鬼魂

实　例

（参见下级母题实例）

W0898.9.1

饮血可以使鬼魂出现

实　例

（参见下级母题实例）

W0898.9.1.1

饮狒狒血可以见鬼

实　例

汉族　饮狒狒血可以见鬼。

【流传】（无考）

【出处】《广动植之一》，见［唐］段成式《酉阳杂俎》前集卷十六。

W0898.9.2

喝特定的水能看到鬼

实　例

（参见下级母题实例）

W0898. 9. 2. 1
取露及竹木上水以和药，服之30日可见鬼物

实 例

汉族 上池水，谓水未至地，盖承取露及竹木上水，取之以和药，服之三十日，当见鬼物也。

【流传】（无考）

【出处】

(a)［西汉］司马迁：《史记·扁鹊仓公列传》［唐］司马贞索隐。

(b)《上池水》，见袁珂《中国神话大词典》，北京：华夏出版社 2015 年版，第 23 页。

W0898. 10
做梦见鬼

实 例

（参见下级母题实例）

W0898. 10. 1
梦见死人就是碰到鬼

实 例

白族 梦见死人，就是碰到鬼。

【流传】云南省·（大理白族自治州）·洱源县

【出处】王承权调查整理：《洱源白族的鬼魂观念和鬼的种类》（1988），见吕大吉、何耀华总主编《中国各民族原始宗教资料集成》（彝族卷、白族卷、基诺族卷），北京：中国社会科学出版社 1996 年版，第 410 页。

W0898. 11
观影见鬼

实 例

（参见下级母题实例）

W0898. 11. 1
月夜看见灯下的影子就是碰到鬼

实 例

白族 在一个有月亮的夜晚，经过灯下面，看见自己有三个影子，认为是碰着鬼。

【流传】云南省·（大理白族自治州）·海东乡·南村

【出处】王承权等调查整理：《大理白族的鬼魂观念和鬼的种类》（1988），见吕大吉、何耀华总主编《中国各民族原始宗教资料集成》（彝族卷、白族卷、基诺族卷），北京：中国社会科学出版社 1996 年版，第 409 页。

W0899
与灵魂的生活有关的其他母题（鬼的生活）

实 例

（参见下级母题实例）

W0899.0

灵魂的成长（鬼的成长）

实 例

（参见下级母题实例）

W0899.0.1

以前鬼的孩子由人抚养

【关联】

① ［W2901］最早时人鬼神不分

② ［W6182］人神杂居（人鬼杂居）

实 例

独龙族 古老的力者木者时代（即神话中的时代），人的孩子由“布兰”带，“布兰”的孩子由人带。

【流传】 云南省

【出处】 肖色顶等讲，孟国才等翻译，李子贤整理：《人与布兰争斗》，见谷德明编《中国少数民族神话》，北京：中国民间文艺出版社1987年版，第534页。

W0899.0.2

鬼和人相互照料

实 例

独龙族 人和鬼是混着住在一起的。人的娃娃由鬼的大娃娃照看，鬼的娃娃由人的娃娃照看。

【流传】（无考）

【出处】 蔡家麒：《独龙族社会历史综合考察报告》，载中国西南民族研究学会、云南省民族研究所编印《民族调查研究》（专刊）1983年第1期。

W0899.0.3

养鬼

实 例

（参见下级母题实例）

W0899.0.3.1

养鬼婆会养鬼

实 例

白族 养鬼婆会搞“养药鬼”巫术。她用泥土捏成一个人像，供在家里不易被人发现的地方，天天烧香，3年之后，经卜卦认为有了灵气，即可放出去咬人。

【流传】 云南省·（大理白族自治州）·云龙县·旧州乡

【出处】 詹承绪调查整理：《云龙旧州白族的“养鬼”》（1988），见吕大吉、何耀华总主编《中国各民族原始宗教资料集成》（彝族卷、白族卷、基诺族卷），北京：中国社会科学出版社1996年版，第633页。

W0899.0.4

鬼的抚养

实 例

（参见下级母题实例）

W0899. 0. 4. 1

人抚养鬼

实　例

傈僳族 古时候，米司尼（山鬼）因父母早殁，寄住在人的家里。

【流传】云南省·怒江（怒江傈僳族自治州）·（泸水县·洛本卓白族乡）·色德乡（色德行政村）

【出处】杨建和：《怒江傈僳族的宗教信仰》，见宋恩常编《中国少数民族宗教初编》，昆明：云南人民出版社1985年版，第219～220页。

傈僳族 米司尼（鬼）与人是好兄弟，人有父母，而米司尼为一无父母之孤儿，寄食在人的家里。

【流传】云南省·（怒江傈僳族自治州）·碧江县五区（今属泸水县·洛本卓白族乡）·色德乡（色德行政村）·德一登村

【出处】*《祭鬼的由来》，原载田家祺等《碧江县五区色德乡德一登村傈僳族社会经济调查》，见云南省编辑委员会编《傈僳族社会历史调查》，昆明：云南人民出版社1981年版，第71～72页。

W0899. 1

灵魂的食物（鬼的食物）

【关联】［W0907. 12］吃人的鬼魂（吃人鬼，食人鬼）

实　例

（参见下级母题实例）

W0899. 1. 0

鬼的食物与人相同

实　例

（参见下级母题实例）

W0899. 1. 0. 1

鬼食粮谷

实　例

独龙族 各种“卜郎”（鬼）跟人一样都需要吃粮谷，它们不分白天黑夜，总是变成各种各样的虫、鸟、兽来偷吃粮谷。

【流传】云南省·（怒江傈僳族自治州）·贡山（贡山独龙族怒族自治县）·独龙江公社（独龙江乡）·先久当村

【出处】蔡家麒调查整理：《护谷魂》（1982），见吕大吉、何耀华总主编《中国各民族原始宗教资料集成》（纳西族卷、羌族卷、独龙族卷、傈僳族卷、怒族卷），北京：中国社会科学出版社2000年版，第630页。

W0899. 1. 1

鬼吃人献的粮食

实　例

景颇族 鬼吃人献的粮食。

【流传】（无考）

【出处】何峨整理：《万物诞生》，见中

华民族故事大系编委会编《中华民族故事大系》第10卷（景颇族、柯尔克孜族、土族），第12页。

W0899.1.2

鬼以灵魂为食

实 例

独龙族 众鬼的总头目“木佩朋”嘴里长着一颗利如砍刀般的巨齿，它成批地嚼食人畜的“卜拉”（灵魂），犹如嚼吞饭粒，是一切恶鬼的元勋。

【流传】（无考）

【出处】 吕大吉、何耀华总主编：《中国各民族原始宗教资料集成》（纳西族卷、羌族卷、独龙族卷、傈僳族卷、怒族卷），北京：中国社会科学出版社2000年版，第612页。

W0899.1.2.1

鬼吃动物的灵魂

实 例

景颇族 鬼吃动物的灵魂。

【流传】（无考）

【出处】 何峨整理：《万物诞生》，见中华民族故事大系编委会编《中华民族故事大系》第10卷（景颇族、柯尔克孜族、土族），第11页。

W0899.1.3

鬼吸人血

【关联】［W0907.5］吸血鬼

实 例

独龙族 以前的鬼吸人血。

【流传】（无考）

【出处】 屈友诚等搜集，伊里亚讲，李道生整理：《洪水泛滥》，见中华民族故事大系编委会编《中华民族故事大系》第15卷（德昂族、保安族、裕固族、京族、塔塔尔族、独龙族、鄂伦春族），上海：上海文艺出版社1995年版，第576页。

W0899.1.4

鬼吃人

【关联】

①［W0794.11.4.3］罗刹鬼吃人

②［W0839.5.1］吃人的妖魔

③［W0907.14.15.1］达目鬼吃人

实 例

（参见下级母题实例）

W0899.1.4.1

鬼用锅煮人后食用

实 例

赫哲族 亚热勾看见两个鬼将锅里的人头捞起，拿着就吃起来。

【流传】（松花江下游地区依兰县至抚远市一带）

【出处】《亚热勾》，见凌纯声《松花江下游的赫哲族》（原1934年南京刊印本），北京：民族出版社2012年版，第728页。

W0899. 1. 4. 2

鬼偷吃人的小孩

实 例

独龙族 古昔人类繁衍，鬼亦众多，鬼与人同生活。人鬼易子而育，鬼之子皆人养大，人之子鬼则悉食之。

【流传】（无考）

【出处】袁珂改编：《人、鬼、蛇》，原载《云南少数民族文学资料》（第二辑），见袁珂《中国神话大词典》，北京：华夏出版社 2015 年版，第 588 页。

独龙族 以前，人与布兰（鬼）杂居。布兰看顾人之孺婴时常阴食之，由是布兰益多而人益少。

【流传】（无考）

【出处】袁珂改编：《朋射布兰王》（原名《人与布兰争斗》），原载谷德明编《中国少数民族神话选》，见袁珂《中国神话大词典》，北京：华夏出版社 2015 年版，第 590 页。

独龙族 以前，人鬼杂居。人帮"布兰"（又译"卜郎"，鬼）带孩子时很认真，"布兰"的孩子个个长大。"布兰"帮人带孩子时，却千方百计把人的孩子吃掉。这样，"布兰"越来越多，人却越来越少。

【流传】云南省

【出处】李子贤等搜集整理：《创世纪神话故事六则·人和鬼争斗》，见中国作家协会云南分会编《云南民族民间故事选》，昆明：云南人民出版社 1981 年版，第 586 ~ 587 页。

W0899. 1. 4. 3

鬼吃活人肉

实 例

珞巴族 自从达洛（人名）跌进地缝落到了宁崩鬼的手里，宁崩鬼们让达洛给它们看孩子。如果听到小宁崩鬼哭一声，就要从达洛身上剥下一片肉喂孩子。

【流传】西藏自治区·（林芝地区）·米林县

【出处】东娘讲，于乃昌记录整理：《宁崩鬼》，原载于乃昌编《珞巴族民间文学资料》，见陶阳、钟秀编《中国神话》（下），北京：商务印书馆 2008 年版，第 1453 ~ 1455 页。

W0899. 1. 5

鬼神食玉

实 例

（参见下级母题实例）

W0899. 1. 5. 1

天地鬼神食瑾瑜之玉

实 例

汉族 黄帝乃取峚山之玉荣，而投之钟山之阳，瑾瑜之玉为良，坚栗精密，浊泽而有光，五色发作，以和柔刚。天地鬼神，是食是飨。

【流传】（无考）

【出处】

(a)《山海经·西次三经》。

(b)《崟山》，见袁珂《中国神话大词典》，北京：华夏出版社 2015 年版，第 229 页。

W0899.1.6

鬼吃日月

【关联】［W4210］日食月食

实 例

（参见下级母题实例）

W0899.1.6.1

专吃日月的鬼

实 例

珞巴族 达木是传说中吃太阳、月亮的乌佑（珞巴语，鬼、精灵，也可指神、神灵）。

【流传】

(a) 西藏自治区·下珞瑜（泛指永木河、锡约尔河、巴恰西仁河流域）

(b) 西藏自治区·下珞渝（又写作“下珞瑜”）·阿帕塔尼部落日如村

【出处】

(a) B·K·舒克拉搜集：《达木》，见中华民族故事大系编委会编《中华民族故事大系》第 16 卷（赫哲族、门巴族、珞巴族、基诺族），上海：上海文艺出版社 1995 年版，第 408～409 页。

(b) 同 (a)，见李坚尚、刘芳贤编《珞巴族门巴族民间故事选》，上海：上海文艺出版社 1993 年版，第 22～23 页。

W0899.2

灵魂的服饰（鬼的服饰）

实 例

（参见下级母题实例）

W0899.2.1

特定的鬼有特定的服饰

实 例

（参见下级母题实例）

W0899.2.1.1

木雄出木穿着拖到脚背白色衣裙

实 例

独龙族 木雄出木（鬼名）长的是个女人相貌，头发像汉人姑娘的长辫子盘在头上，穿的是很好看的白色衣裙，一直拖齐脚背，有时也穿天兰色的裙子。

【流传】云南省·（怒江傈僳族自治州）·贡山（贡山独龙族怒族自治县）·独龙江公社（独龙江乡）·熊当村

【出处】蔡家麒：《独龙族社会历史综合考察报告》，原载中国西南民族研究学会等编《民族调查研究》专刊第 1 集，1983 年，见吕大吉、何耀华总主编《中国各民族原始宗教资料集成》

（纳西族卷、羌族卷、独龙族卷、傈僳族卷、怒族卷），北京：中国社会科学出版社2000年版，第647页。

W0899.3
灵魂的出行（灵魂的去处，鬼的出行）

实 例

（参见下级母题实例）

W0899.3.1
鬼没有踪影

实 例

鄂温克族 “伯勒布和”（即“鬼”）在夜间喊叫，人们赶去时却看不见它的踪影。

【流传】（内蒙古自治区·呼伦贝尔市·额尔古纳市）

【出处】

（a）《额尔古纳旗使用驯鹿鄂温克人的调查报告》，见内蒙古自治区编辑组《鄂温克族社会历史调查》，呼和浩特：内蒙古人民出版社1986年版，第238页。

（b）《神与鬼》，见吕大吉、何耀华总主编《中国各民族原始宗教资料集成》（鄂伦春族卷、鄂温克族卷、赫哲族卷、达斡尔族卷、锡伯族卷、满族卷、蒙古族卷、藏族卷），北京：中国社会科学出版社1999年版，第109页。

W0899.3.2
鬼的坐骑

实 例

（参见下级母题实例）

W0899.3.2.1
鬼的坐骑是龙

实 例

纳西族 女情死鬼头目梅朱米米玛骑着绿松石青龙。

【流传】 云南省

【出处】 杨树兴等诵，和发源翻译：《鲁般鲁饶》，见云南省少数民族古籍整理出版规划办公室编《纳西族东巴古籍译注》（一），昆明：云南民族出版社1986年版，第48页。

W0899.3.3
灵魂的通道

实 例

（参见下级母题实例）

W0899.3.3.1
棺材上凿孔作为灵魂通道

实 例

锡伯族 夫妻的两口棺材按男左女右放于同一墓穴中。在妻棺之左侧棺墙和夫棺之右棺墙上各凿一小孔，作为灵魂出入的通道，以便在另一个世界继续过夫妻生活。

【流传】（新疆维吾尔自治区·伊犁哈萨克自治州·察布查尔锡伯自治县·金泉镇）

【出处】

(a) 夏之乾、满都尔图：《金泉村锡伯族萨满教及文化习俗调查》，见《民族文化习俗及萨满教调查报告》，北京：民族出版社1993年版，第197~201页。

(b)《丧葬》，见吕大吉、何耀华总主编《中国各民族原始宗教资料集成》（鄂伦春族卷、鄂温克族卷、赫哲族卷、达斡尔族卷、锡伯族卷、满族卷、蒙古族卷、藏族卷），北京：中国社会科学出版社1999年版，第392页。

W0899.3.3.2

不同的灵魂各行其道

实 例

藏族 为死者送葬时的祈祷词唱道："千万要记住：山梁上是老虎豹子的路，水中是鱼儿的路，树林里的斑鸠天天叫，不要去听一直往前走，你一定要找到目的地，在那里开天化仙，不要思念寨子中的人们，他们全靠你护佑。"

【流传】（四川省西南部）

【出处】《"帕比"祭家神祈祷词》，原载伍呷《川西南藏族的宗教调查》，四川省民研所1983年打印稿，见吕大吉、何耀华总主编《中国各民族原始宗教资料集成》（鄂伦春族卷、鄂温克族卷、赫哲族卷、达斡尔族卷、锡伯族卷、满族卷、蒙古族卷、藏族卷），北京：中国社会科学出版社1999年版，第845页。

W0899.3.3.2.1

地鬼天鬼各行其道

实 例

独龙族 "卜郎"（地上的鬼）是"木佩朋"创造出来的，"南木"（天上的鬼）是"勒木拉"创造出来的，虽然都称它们是鬼，但是两码事，二者一般不发生直接关系，双方各行其道。

【流传】云南省·（怒江傈僳族自治州）·贡山（贡山独龙族怒族自治县）·独龙江公社（独龙江乡）·熊当村

【出处】蔡家麒调查整理：《"卜郎"和"南木"是两个系统的鬼》（1982），见吕大吉、何耀华总主编《中国各民族原始宗教资料集成》（纳西族卷、羌族卷、独龙族卷、傈僳族卷、怒族卷），北京：中国社会科学出版社2000年版，第620页。

W0899.3.3.3

鬼走阴间的黑路

实 例

彝族 去阴间有白路、黑路、黄路、三条路：下面一条是黑路，黑路是鬼走的。

【流传】四川省·（凉山彝族自治州）·雷波（雷波县）小凉山一带

【出处】《雷波彝族的指路经》，见徐益棠《雷波小凉山之罗民》，金陵大学中国文化所印行，1944 年，见吕大吉、何耀华总主编《中国各民族原始宗教资料集成》（彝族卷、白族卷、基诺族卷），北京：中国社会科学出版社 1996 年版，第 287 页。

W0899. 3. 3. 4

人的灵魂通过头顶的旋出入

实　例

怒族 灵魂进出身体的重要通道，是人颅顶上的头发旋涡处。

【流传】（无考）

【出处】吕大吉、何耀华总主编：《中国各民族原始宗教资料集成》（纳西族卷、羌族卷、独龙族卷、傈僳族卷、怒族卷），北京：中国社会科学出版社 2000 年版，第 838 页。

怒族 巫师用簸箕将一只小蜘蛛放到失魂者的头顶处，让蜘蛛爬到被认为是人的灵魂出入处的发顶旋涡中，这象征着灵魂已经归入体内。

【流传】云南省·怒江州（怒江傈僳族自治州）·碧江县（已撤销，现为怒江傈僳族自治州中部）、兰坪县（兰坪白族普米族自治县）

【出处】何叔涛调查整理：《蜘蛛是人的灵魂化身》（1988），见吕大吉、何耀华总主编《中国各民族原始宗教资料集成》（纳西族卷、羌族卷、独龙族卷、傈僳族卷、怒族卷），北京：中国社会科学出版社 2000 年版，第 845 页。

W0899. 3. 3. 5

鬼树是死者灵魂出入游荡的地方

实　例

白族 鬼树是死者灵魂出入游荡的地方。

【流传】云南省·（大理白族自治州）·祥云县·（刘厂乡）·大波那村

【出处】田怀清调查整理：《祥云大波那白族祭龙树鬼树》（1989），见吕大吉、何耀华总主编《中国各民族原始宗教资料集成》（彝族卷、白族卷、基诺族卷），北京：中国社会科学出版社 1996 年版，第 512 页。

W0899. 3. 4

闹鬼

实　例

（参见下级母题实例）

W0899. 3. 4. 1

新房闹鬼

实　例

汉族 牛郎和老黄牛来到了一个背靠大山的小村，牛郎前去借宿。村上一位老头说，山那边竹园里有两间新房子是自己看竹竿住的，里面常闹鬼，没人敢住。

【流传】河南省·（南阳市）·桐柏县·（固县镇·黄畈村）

【出处】黄发美讲，黄正明采录，薛远增采录整理：《牵牛星和织女星》，见张振犁编著，孟宪明、朱淑君统纂《中原神话通鉴》（第三卷），郑州：河南大学出版社 2017 年版，第 826 页。

W0899.3.4.2

旧屋闹鬼

实 例

（实例待考）

W0899.3.5

灵魂游特定地方（鬼的游历）

实 例

（参见下级母题实例）

W0899.3.5.1

灵魂游天界（灵魂上天）

【关联】［W0916.2.1.3］人的灵魂平时在天空中游动

实 例

独龙族 人的“卜拉”（灵魂）是通过通天的木梯子上下于天地之间的。

【流传】云南省·（怒江傈僳族自治州）·贡山（贡山独龙族怒族自治县）·独龙江公社（独龙江乡）·熊当村

【出处】蔡家麒：《独龙族社会历史综合考察报告》，原载中国西南民族研究学会等编《民族调查研究》专刊第 1 集，1983 年，见吕大吉、何耀华总主编《中国各民族原始宗教资料集成》（纳西族卷、羌族卷、独龙族卷、傈僳族卷、怒族卷），北京：中国社会科学出版社 2000 年版，第 648 页。

壮族 一场巫事中，巫师可以同时带上好几个人的魂去神游。由于神游中所描述出来的都是天上集市，因此，人们称这种巫事为“赶天上的圩市”。

【流传】广西壮族自治区·（百色市）·靖西（靖西市）、德保县

【出处】凌树东搜集整理：*《过阴》（1989），见吕大吉、何耀华总主编《中国各民族原始宗教资料集成》（土家族卷、瑶族卷、壮族卷、黎族卷），北京：中国社会科学出版社 1998 年版，第 564 页。

W0899.3.5.2

鬼往来于阴阳世界

实 例

彝族 人生时，灵魂附于身体之内，人死后则独立存在，或栖附于他物，或往来于阴阳世界，或游离于死者的村寨或住所附近。

【流传】四川省·凉山（凉山彝族自治州）一带

【出处】何耀华调查整理：*《人为什

么死亡》，见吕大吉、何耀华总主编《中国各民族原始宗教资料集成》（彝族卷、白族卷、基诺族卷），北京：中国社会科学出版社 1996 年版，第 109 页。

W0899. 3. 6

人的不同灵魂有不同的去处

实　例

（参见下级母题实例）

W0899. 3. 6. 1

人死后的 3 个魂魄，一魂上天寻仙，一魂到外面做野鬼，一魂归到祖宗行列进入香火堂

【关联】［W0914. 1. 3. 1］ 人死后的 3 个魂：1 个到阴间，1 个守坟，1 个脱胎再生

实　例

壮族 人有三个魂魄，人死后三魂就散开，一魂上天寻仙，一魂到外面做野鬼，一魂归到祖宗行列进入香火堂。

【流传】（广西壮族自治区·来宾市·武宣县）

【出处】 范宏贵搜集整理：*《人有三魂》（1989），见吕大吉、何耀华总主编《中国各民族原始宗教资料集成》（土家族卷、瑶族卷、壮族卷、黎族卷），北京：中国社会科学出版社 1998 年版，第 487 页。

W0899. 3. 7

显灵（灵魂的出现，灵魂的显现，显灵迹）

【关联】［W0981. 6. 0］ 神显灵

实　例

（参见下级母题实例）

W0899. 3. 7. 1

特定的鸟出现是显灵

实　例

（参见下级母题实例）

W0899. 3. 7. 1. 1

猫头鹰或花钱鸟叫是祖宗显灵

实　例

壮族 当听到猫头鹰或花钱鸟叫，灾祸必至，它们是祖宗显灵。

【流传】 广西壮族自治区·（河池市）·东兰县

【出处】 覃剑萍搜集整理：*《祭鸟神》（1990），见吕大吉、何耀华总主编《中国各民族原始宗教资料集成》（土家族卷、瑶族卷、壮族卷、黎族卷），北京：中国社会科学出版社 1998 年版，第 525 页。

W0899. 3. 7. 2

灵魂可以无所不在地出现

实　例

藏族 灵魂可以无所不在地出现。

【流传】（无考）

【出处】［意］图齐、［西德］海西希著，耿昇译：《西藏和蒙古的宗教》，天津古籍出版社1989年版，见吕大吉、何耀华总主编《中国各民族原始宗教资料集成》（鄂伦春族卷、鄂温克族卷、赫哲族卷、达斡尔族卷、锡伯族卷、满族卷、蒙古族卷、藏族卷），北京：中国社会科学出版社1999年版，第816页。

W0899.3.8

灵魂在地下行走（鬼魂在地下行走）

【汤普森】E591

【关联】［W0892.5］灵魂住地下

实　例

（实例待考）

W0899.3.9

灵魂出行的引领者

【关联】

①［W0910.1.1.4］特定人物是灵魂升天的引领者

②［W0913d.3］灵魂转移到别处

实　例

（参见下级母题实例）

W0899.3.9.1

尼尔丸腾格里是给人与兽的灵魂指明去处或指定转世的引领者

实　例

蒙古族 尼尔丸腾格里是给人与兽的灵魂指明去处或指定转世的天，又称涅槃九尊天（在蒙古族民间宗教或萨满神词中，“天”与“腾格里”常常通用，此处可以看作是泛指诸神）。

【流传】（无考）

【出处】额尔德木图：《蒙古英雄史诗与孛额唱词中的“腾格里”》，载《内蒙古社会科学》（汉文版）1995年第5期。

W0899.3.9.2

灵杆（灵幡）

实　例

傈僳族 人死后三天就要接亡人，未接以前先准备灵房杆，在灵房一边九根，一边七根插开。

【流传】四川省·凉山地区（彝族自治州）（原民国时西康省，相等于今四川省·雅安市、甘孜藏族自治州康定县一带）

【出处】《四川凉山地区接亡人》，选自陈宗祥：《西康傈僳水田民族之图腾制度》（1948），原载《边政公论》，第7卷第1期，第3页，见吕大吉、何耀华总主编《中国各民族原始宗教资料集成》（纳西族卷、羌族卷、独龙族卷、傈僳族卷、怒族卷），北京：中国社会科学出版社2000年版，第808页。

W0899. 3. 10

游荡的鬼

【关联】［W0875. 5. 3］游魂变成鬼（人间游荡的人的亡灵变成鬼）

实 例

（参见下级母题实例）

W0899. 3. 10. 1

祖先鬼飘荡不定

实 例

哈尼族 第三代先祖窝觉生的后代觉涅、涅直都是鬼，只是涅直有了鬼王，他们的身子像雾露一样轻，手脚像云彩一样软，风轻轻地一吹，就在天上飘过来荡过去，雨轻轻地一下，他们就在半空中摇晃，这些先祖活着也像死的一样。

【流传】云南省·（红河哈尼族彝族自治州）·元阳（元阳县）、红河（红河县）、金平（金平苗族瑶族傣族自治县），（采集于元阳县·胜村乡·全福庄）

【出处】卢朝贵讲，史军超搜集整理：《神和人的家谱》，原载云南省民间文学集成办公室编《哈尼族神话传说集成》，中国民间文艺出版社1990年版，见姚宝瑄主编《中国各民族神话》（哈尼族、傣族），太原：山西出版传媒集团·书海出版社2014年版，第43页。

W0899. 3. 10. 2

非正常死亡的人的亡魂不能归家转世，变成到处游荡的鬼

实 例

白族 凡非正常死亡的人，其亡魂既不能归家，也不能转世，而变成到处游荡的鬼。

【流传】云南省·（大理白族自治州）·洱源县

【出处】王承权调查整理：《洱源白族的鬼魂观念和鬼的种类》（1988），见吕大吉、何耀华总主编《中国各民族原始宗教资料集成》（彝族卷、白族卷、基诺族卷），北京：中国社会科学出版社1996年版，第410页。

W0899. 3. 11

鬼有特定的出行时间

实 例

（参见下级母题实例）

W0899. 3. 11. 1

鬼夜间出现

实 例

汉族 昼忽有一足鬼欲与邻人樗蒲而无五木，鬼乃刀斫庭中杨枝，于户间作之。即烧灼，黑白虽分明，但朴耳。

【流传】（无考）

【出处】

(a) ［南朝·宋］刘敬叔：《异苑》卷六。

(b) 同 (a)，见袁珂《中国神话大词典》，北京：华夏出版社 2015 年版，第 1 页。

W0899.3.12

灵魂回家

实 例

白族 死人有灵魂。他的魂在一定时间内要回到家里看望亲人。

【流传】云南省·大理市（白族自治州）·海东乡、喜洲镇

【出处】王承权等调查整理：《大理白族的回煞》（1988），见吕大吉、何耀华总主编《中国各民族原始宗教资料集成》（彝族卷、白族卷、基诺族卷），北京：中国社会科学出版社 1996 年版，第 405～406 页。

W0899.3.12.1

人死后七日内灵魂回煞

实 例

白族 死者埋葬后的第七天死者灵魂回家。

【流传】云南省·（大理白族自治州）·大理市·喜洲镇

【出处】王承权等调查整理：《大理白族的回煞》（1988），见吕大吉、何耀华总主编《中国各民族原始宗教资料集成》（彝族卷、白族卷、基诺族卷），北京：中国社会科学出版社 1996 年版，第 406 页。

白族 根据死者的生卒年月，推算他的回煞日期，一般是死后二三日，多者七日。回煞时间都是在夜间。

【流传】云南省·（大理白族自治州·大理市）·凤仪镇·乐和、许长、下庄等村

【出处】邹汝为调查整理：《凤仪白族葬仪中的灵魂观念》（1988），见吕大吉、何耀华总主编《中国各民族原始宗教资料集成》（彝族卷、白族卷、基诺族卷），北京：中国社会科学出版社 1996 年版，第 439 页。

W0899.3.12.2

灵魂在每年中元节回家

实 例

白族 死者葬后会安心在墓中休息，他的灵魂在每年中元节时再返家看望子孙后代。

【流传】云南省·（大理白族自治州）·洱源县·凤羽镇

【出处】王承权调查整理：《洱源白族的丧礼葬仪》（1988），见吕大吉、何耀华总主编《中国各民族原始宗教资料集成》（彝族卷、白族卷、基诺族卷），北京：中国社会科学出版社 1996 年版，第 553 页。

W0899.3.13

灵魂离开身体

【关联】［W0886.3.1］人死后灵魂离开身体

实例

赫哲族 安徒（英雄名）在一个高山峻岭上被对手打死，他不愿意在这里停留下去，于是他的灵魂离开尸体走了。

【流传】（黑龙江省·佳木斯市·同江县·八岔赫哲族乡）

【出处】

(a) 吴进才说唱，尤志贤翻译整理：《安徒莫日根》，载中国民间文艺研究会黑龙江分会所编《黑龙江民间文学》，1981 年第 2 集。

(b) 同（a），见姚宝瑄主编《中国各民族神话》（满族、赫哲族、朝鲜族），太原：山西出版传媒集团·书海出版社 2014 年版，第 143 页。

W0899. 3. 13. 1

人睡着时灵魂会离开肉体

实例

白族 当人睡着的时候，灵魂会离开人的肉体到处活动。

【流传】云南省·（怒江傈僳族自治州）·泸水县·洛本卓乡（洛本卓白族乡）

【出处】詹承绪等调查整理：《怒江白族的梦兆》(1982)，见吕大吉、何耀华总主编《中国各民族原始宗教资料集成》（彝族卷、白族卷、基诺族卷），北京：中国社会科学出版社 1996 年版，第 660 页。

W0899. 4

灵魂的声音（鬼的声音）

【关联】［W0881. 3］灵魂有声无形

实例

（参见下级母题实例）

W0899. 4. 1

鬼的叫喊

实例

（参见下级母题实例）

W0899. 4. 1. 1

鬼夜间哭叫（鬼哭狼嚎）

实例

鄂温克族 夜间，“伯勒布和”（即“鬼”）会在山中发火、喊叫。

【流传】（内蒙古自治区·呼伦贝尔市·额尔古纳市）

【出处】

(a)《额尔古纳旗使用驯鹿鄂温克人的调查报告》，见内蒙古自治区编辑组《鄂温克族社会历史调查》，呼和浩特：内蒙古人民出版社 1986 年版，第 238 页。

(b)《神与鬼》，见吕大吉、何耀华总主编《中国各民族原始宗教资料集成》（鄂伦春族卷、鄂温克族卷、赫哲族卷、达斡尔族卷、锡伯族卷、满族卷、蒙古族卷、藏族卷），北京：中国社会科学出版社 1999 年版，第 109 页。

W0899.5
灵魂的磨难

实 例

（参见下级母题实例）

W0899.5.1
人死后，灵魂要经历多劫

实 例

藏族（尔苏）人死后灵魂要经历多劫，不断变化。

【流传】四川省·（凉山彝族自治州）·甘洛县·（蓼坪乡·清水村）

【出处】王德和：《甘洛县尔苏藏族的丧葬习俗调查研究》，载《西南民族大学学报》2010年第9期。

W0899.6
富鬼

实 例

（实例待考）

W0899.7
穷鬼

实 例

汉族 三揖穷鬼而告之曰：闻子行有日矣。

【流传】（无考）

【出处】［唐］韩愈：《送穷文》。

W0899.7.1
特定人物变成穷鬼

实 例

（参见下级母题实例）

W0899.7.1.1
颛顼的儿子瘦约死后变成穷鬼

【关联】［W0763.4.4.4］颛顼的儿子瘦约

实 例

汉族 高阳氏子瘦约，好衣弊食糜，正月晦日巷死，世作糜，弃破衣，是日祀于巷，曰送穷鬼。

【流传】（无考）

【出处】［明］陈耀文：《天中记》卷四引《岁时记》。

W0899.7.2
穷鬼又称穷子

实 例

汉族 昔颛帝时，宫中生一子，性不著完衣，作新衣与之，即裂破以火烧穿著，宫中号为穷子。

【流传】（无考）

【出处】［宋］陈元靓：《岁时广记》卷十三“号穷子”条引《文宗备问》。

W0899.8
灵魂的生活与人相同（鬼的生活与人相似）

【关联】［W0889.11］灵魂的特征与本

人相同

实 例

羌族 传说鬼与人相似，有家室来有邻朋。鬼事人事亦易混，凡民不察常受骗。

【流传】四川省·（阿坝藏族羌族自治州）·汶川县·绵池乡·沟头寨

【出处】

（a）王治国（释比，64岁）唱，汪有伦翻译，钱安靖整理：《下坛经》（1983.11～1984.11），见钱安靖《羌族和羌语支各居民集团宗教习俗调查报告》，四川大学宗教研究所油印本，1987年12月。

（b）同（a），见吕大吉、何耀华总主编《中国各民族原始宗教资料集成》（纳西族卷、羌族卷、独龙族卷、傈僳族卷、怒族卷），北京：中国社会科学出版社2000年版，第547页。

W0899.8.1

灵魂的衣食住行与人相同

实 例

壮族 灵魂有人一样的身材、相貌、性情、性格和智愚，甚至人穿换什么衣服，其灵魂也跟着穿换什么衣服。

【流传】（无考）

【出处】黄世杰搜集整理：*《万物有灵》（1990），见吕大吉、何耀华总主编《中国各民族原始宗教资料集成》（土家族卷、瑶族卷、壮族卷、黎族卷），北京：中国社会科学出版社1998年版，第485页。

W0899.8.2

灵魂像人一样有七情六欲

实 例

壮族 日月、山川、星辰、峡谷、岩石、河流、树林、风雷、虫鱼、鸟兽、牲畜甚至门坎、木凳、桥梁等都有看不见摸不着的灵魂。他们也像人一样有思想、有喜、怒、哀、乐、好、恶、欲等感情。

【流传】广西壮族自治区·（南宁市）·武鸣县·两江乡·雷江片，马山县·古零乡·杨圩片

【出处】黄世杰搜集整理：*《社会鬼与自然界鬼》（1990），见吕大吉、何耀华总主编《中国各民族原始宗教资料集成》（土家族卷、瑶族卷、壮族卷、黎族卷），北京：中国社会科学出版社1998年版，第489页。

W0899.9

灵魂始终是同活人共存亡

实 例

独龙族 “卜拉”（灵魂）死了，永远消失无迹，既不复生转世，也不再起任何作用。“卜拉”始终是同活人共存亡。

【流传】云南省·（怒江傈僳族自治州）·贡山县（贡山独龙族怒族自治县）·独龙江公社（独龙江乡）·拉佩村

【出处】蔡家麒调查整理：《生命之魂“卜拉”》（1982），见吕大吉、何耀华总主编《中国各民族原始宗教资料集成》（纳西族卷、羌族卷、独龙族卷、傈僳族卷、怒族卷），北京：中国社会科学出版社 2000 年版，第 617 页。

W0900
神灵[①]

实 例

（参见下级母题实例）

W0900.1
神灵的产生

实 例

（参见下级母题实例）

W0900.1.1
人死被尊为神灵

实 例

白族 （实例待考）

傣族 景酣相垛（首领名）死后，人们很怀念他，把他埋在景真后山上，立为景真勐神，每年祭祀他一次。

【流传】（云南省·西双版纳傣族自治州·勐海县·勐遮镇·景真村）

【出处】陈平改写：《景酣相垛》，原载《中国各民族宗教与神话大词典》编审委员会编《中国各民族宗教与神话大词典》，学苑出版社 1990 年版，见姚宝瑄主编《中国各民族神话》（哈尼族、傣族），太原：山西出版传媒集团·书海出版社 2014 年版，第 383 页。

W0900.1.2
瓜生神灵

实 例

（参见下级母题实例）

W0900.1.2.1
天神带来的瓜生二灵

实 例

傈僳族 一个叫 ë－yi－pá 的天神下凡时带来一粒瓜子，种于田中，结出高约一丈围二丈余的大瓜。天神俟其长熟，取一把长刀，先割瓜之东首，有二灵（ne）产出。

【流传】碧罗雪山（云南省·怒江傈僳族自治州·贡山独龙族怒族自治县与云南省·迪庆藏族自治州·德钦县交界一带）

【出处】《巫师的由来》，原载陶云逵《碧罗雪山之傈僳族》，见国立中央研究院《历史语言研究所集刊》第 17 本，商务印书馆 1948 年版，第 403～404 页。

① 神灵，神话叙事中一个常使用的概念。在神话、传说、宗教教义中可以指天地万物的创造者和主宰者，也可以指那些有超凡能力或长生不老的人物，有时也指人死后的灵魂。

W0900. 2

神灵的特征

实 例

（实例待考）

W0900. 3

神灵的职能（神灵的能力）

实 例

（参见下级母题实例）

W0900. 3. 1

神灵化为特定的人

【关联】［W0068. 10. 1］魂灵女神苏鲁玛玛

实 例

白族 （实例待考）

W0900. 4

神灵的生活（神灵的行为）

实 例

（参见下级母题实例）

W0900. 4. 1

神灵的居所

实 例

（参见下级母题实例）

W0900. 4. 1. 1

神灵居住在遥远的天边地头

实 例

壮族 神灵居住在遥远的天边地头。

【流传】（无考）

【出处】范宏贵：《壮族卷·绪论》，见吕大吉、何耀华总主编《中国各民族原始宗教资料集成》（土家族卷、瑶族卷、壮族卷、黎族卷），北京：中国社会科学出版社 1998 年版，第 477 页。

W0900. 4. 2

神灵的迁移

实 例

（参见下级母题实例）

W0900. 4. 2. 1

通过咒语使神灵迁移

【关联】［W9175］咒语

实 例

蒙古族 牧马人吉雅其的神像供的时间长了，有些地方坏了，还必须请博（萨满）来照样做一个，但坏的偶像决不能随意扔掉，得由博将它挂到野外的大树上，博念咒语令其神灵附到新制的偶像上才行。

【流传】内蒙古自治区·哲里木盟（通辽市）

【出处】门德白乙尔讲：《＊吉雅其的传说》（1984. 07），原载白翠英、邢源、福宝林、王笑编《科尔沁博艺术初探》，哲里木盟文化处内部资料，1986 年，见吕大吉、何耀华总主编《中国各民族原始宗教资料集成》（鄂伦春族卷、鄂温克族卷、赫哲族卷、达斡尔族卷、锡伯族卷、满族卷、蒙古族卷、藏族卷），北京：中国社会科学出版社 1999 年版，第 660 页。

W0900.4.3
神灵的传承（神的传承）

实　例

（参见下级母题实例）

W0900.4.3.1
外祖父的保护神大蟒神传给外孙

实　例

彝族 他的外祖父是著名的苏尼，也是他的神。外祖父的护神是大蟒神，此神也传给了他。

【流传】四川省·（凉山彝族自治州）·美姑县·巴甫公社（巴甫镇）

【出处】苏尼尧达格裴讲，于锦绣等记录整理：《美姑巴甫乡彝族苏尼尧达格裴访问实录》，见吕大吉、何耀华总主编《中国各民族原始宗教资料集成》（彝族卷、白族卷、基诺族卷），北京：中国社会科学出版社 1996 年版，第 268 页。

W0900.5
神灵的关系

实　例

（实例待考）

W0900.6
与神灵有关的其他母题

实　例

（参见下级母题实例）

W0900.6.1
鬼神的灵魂

【关联】［W0894.4］鬼神的灵魂寄在人身上

实　例

藏族 鬼神也可以把它的神魂寄托在人的身上。

【流传】（无考）

【出处】刘立千：《从“格萨尔史诗”看古代高原的部落社会》，原载《格萨尔论文选集》，四川省格萨尔办公室编印，1990 年，见吕大吉、何耀华总主编《中国各民族原始宗教资料集成》（鄂伦春族卷、鄂温克族卷、赫哲族卷、达斡尔族卷、锡伯族卷、满族卷、蒙古族卷、藏族卷），北京：中国社会科学出版社 1999 年版，第 810 页。

W0900.6.1.1
战神的战魂

实　例

（参见下级母题实例）

W0900. 6. 1. 1. 1

畏尔玛战神的战魂附在人身后会帮助战胜敌人

实 例

藏族 作战时会请畏尔玛战神的战魂附在身上。人们相信如果畏尔玛战神的战魂附在人身上，既会帮助战胜敌人，也会得到战神的保护，不致受伤和死亡。

【流传】（无考）

【出处】《格萨尔史诗》，原载刘立千《从“格萨尔史诗”看古代高原的部落社会》，见吕大吉、何耀华总主编《中国各民族原始宗教资料集成》（鄂伦春族卷、鄂温克族卷、赫哲族卷、达斡尔族卷、锡伯族卷、满族卷、蒙古族卷、藏族卷），北京：中国社会科学出版社 1999 年版，第 810 ~ 811 页。

W0900. 6. 1. 2

特定动物是特定的神的灵魂

实 例

纳西族 （参见“W0903. 2. 3. 2 祖先美利东阿普的灵魂是白马鹿”母题实例）

W0900. 6. 1. 2. 1

布术神的精灵是蛇和蛙

实 例

纳西族 家里出现了蛇和蛙，人们就认为是那布术神的精灵出现了，不能伤害进屋的蛇蛙，要把蛇蛙夹起来，拿牛奶汁或酥油抹在蛇蛙的头上，表示为那布术神医治被大鹰抓伤的脑壳疼痛，点上条香，把蛇蛙送出门。

【流传】云南省·（丽江市）·丽江县（古城区、玉龙纳西族自治县）

【出处】木丽春采集整理：《鹰术争斗的故事》，见木丽春编著《纳西族民间故事集》，昆明：云南人民出版社 2007 年版，第 98 ~ 99 页。

W0900. 6. 1. 3

鬼的魂

实 例

白族（勒墨） 活人有魂，死人有魂，鬼也有魂。

【流传】云南省·（怒江傈僳族自治州）·泸水县·洛本卓乡（洛本卓白族乡）

【出处】詹承绪等调查整理：《怒江白族的祭鬼活动》（1982），见吕大吉、何耀华总主编《中国各民族原始宗教资料集成》（彝族卷、白族卷、基诺族卷），北京：中国社会科学出版社 1996 年版，第 423 页。

W0901

善灵（善魂，善鬼，好鬼，善心鬼）

【汤普森】F403

【关联】［W0897.4］善鬼居屋中

实 例

（参见下级母题实例）

W0901.0

善灵的产生

实 例

（参见下级母题实例）

W0901.0.1

人自然死亡后的灵魂对人无害

实 例

蒙古族（布里亚特） 包霍尔多依（Бооxougoй，魂灵）狭义指家神，广义指人死后变成的一切魂灵。它可分为两类。其中一类是因年老或疾病而自然死亡者的魂灵，它们徘徊于房子附近，出入在坟地里或道路旁，淘气又玩皮，但对活人没有什么实际的危险。

【流传】（无考）

【出处】［苏联］И. А. 曼日格耶夫著，宋长宏译，佟德富校：《布里亚特萨满教和前萨满教辞典》（俄文版），莫斯科：科学出版社1978年版，第23页，见吕大吉、何耀华总主编《中国各民族原始宗教资料集成》（鄂伦春族卷、鄂温克族卷、赫哲族卷、达斡尔族卷、锡伯族卷、满族卷、蒙古族卷、藏族卷），北京：中国社会科学出版社1999年版，第619页。

W0901.1

善鬼助人（灵魂助人）

【汤普森】 F403.2

实 例

（参见下级母题实例）

W0901.1.1

洪水中善鬼救逃生的姐弟

实 例

景颇族 善鬼收留洪水中逃生的姐弟。

【流传】 云南省

【出处】 何娥搜集整理：《人种流传》，见中华民族故事大系编委会编《中华民族故事大系》第10卷（景颇族、柯尔克孜族、土族），上海：上海文艺出版社1995年版，第23～29页。

W0901.1.2

善鬼能保佑人

实 例

壮族 神和善鬼有所相似，它们都能保佑人。

【流传】 广西壮族自治区·（南宁市）·武鸣县（武鸣区）西北部，马山县东部

【出处】 黄世杰搜集整理：*《鬼与神的区别》（1990），见吕大吉、何耀华总主编《中国各民族原始宗教资料集成》（土家族卷、瑶族卷、壮族卷、黎族卷），北京：中国社会科学出版

社 1998 年版，第 491 页。

W0901.1.2.1

善鬼保佑人五谷丰登，人财两旺，四季平安

实 例

壮族 壮族人把所有的鬼按其对人们的生产和日常生活的影响程度，划分为善鬼与恶鬼。其中，善鬼能保佑人们五谷丰登，人财两旺，四季平安，不让邪鬼侵入人身，所以希望它们常在自己家中或身边，而且为此常向它们祭祀献供。

【流传】广西壮族自治区·（南宁市）·武鸣县·两江乡·雷江片，马山县·古零乡·杨圩片

【出处】黄世杰搜集整理：*《社会鬼与自然界鬼》（1990），见吕大吉、何耀华总主编《中国各民族原始宗教资料集成》（土家族卷、瑶族卷、壮族卷、黎族卷），北京：中国社会科学出版社 1998 年版，第 489 页。

W0901.1.3

善心鬼为人向天神求粮

实 例

德昂族 大洪水后，地域有善心鬼，告人当向天神求粮。

【流传】（无考）

【出处】袁珂改编：《大火与洪水》，原载谷德明编《中国少数民族神话选》，见袁珂《中国神话大词典》，北京：华夏出版社 2015 年版，第 582 页。

W0901.2

先人的灵魂保护自己的子孙

实 例

哈萨克族 （实例待考）

W0901.2.1

已故父母的灵魂是保佑子孙的善鬼

实 例

彝族 善鬼为神，已故父母的灵魂是保佑子孙的善鬼。

【流传】（无考）

【出处】吕大吉、何耀华总主编：《中国各民族原始宗教资料集成》（彝族卷、白族卷、基诺族卷），北京：中国社会科学出版社 1996 年版，第 30 页。

W0901.3

英雄的灵魂保护部落

实 例

哈萨克族 （实例待考）

W0901.4

善心鬼指点人谋生

实 例

（参见下级母题实例）

W0901.4.1

善心鬼告诉人向天神求粮

实 例

汉族 洪水后，地上有善心鬼，告人当向天神求粮。

【流传】（无考）

【出处】 袁珂改编：《大火与洪水》，原载谷德明《中国少数民族神话选》，见袁珂《中国神话大词典》，北京：华夏出版社2015年版，第582页。

W0901.5

善鬼的居所

【关联】［W0897.3.1］善鬼居屋中

实 例

（参见下级母题实例）

W0901.5.1

好鬼住在阴间的平地上

实 例

彝族 好鬼住在阴间的平地上。

【流传】 四川省·（凉山彝族自治州）大凉山一带

【出处】 白荻：《倮罗的宗教和他们的巫师》，载《京沪周刊》1947年第1卷第21期。

W0901.6

与善灵有关的其他母题

【关联】［W0903.4.1］祖灵可以除灾灭祸

实 例

（参见下级母题实例）

W0901.6.1

善鬼与恶鬼并存

实 例

独龙族 天上居住着代表“恶”与“善”的两个鬼的总头目。

【流传】（无考）

【出处】 吕大吉、何耀华总主编：《中国各民族原始宗教资料集成》（纳西族卷、羌族卷、独龙族卷、傈僳族卷、怒族卷），北京：中国社会科学出版社2000年版，第612页。

W0901.6.2

善鬼格孟

实 例

独龙族 众鬼的总头目“格孟”福佑人世。

【流传】（无考）

【出处】 吕大吉、何耀华总主编：《中国各民族原始宗教资料集成》（纳西族卷、羌族卷、独龙族卷、傈僳族卷、怒族卷），北京：中国社会科学出版社2000年版，第612页。

W0902

恶灵（恶魂，恶鬼，厉鬼，毒鬼，坏鬼，邪恶的灵魂，刹鬼）

【汤普森】F402

【关联】［W0842］恶魔

实　例

汉族 “吾使厉神占之兮。”王逸注：“厉神盖殇鬼也。”

【流传】（无考）

【出处】［战国］屈原：《楚辞·九章·惜诵》［东汉］王逸注。

W0902.1

恶灵的产生（恶鬼的产生）

实　例

（参见下级母题实例）

W0902.1.0

生育恶鬼

实　例

（参见下级母题实例）

W0902.1.0.1

恶神生恶鬼

实　例

纳西族 恶神依古顶那做变化，出一个黑蛋；黑蛋做变化，出一只黑鸡；黑鸡没人来取名，自己给自己取名，名叫术族（术，人名，全称美令术主，代表恶鬼和黑暗）的负纪俺纳。负纪俺纳做变化，生出九对黑蛋来：一对变为鬼和怪，一对变为毒鬼和争鬼，一对变为水鬼和水怪，一对变为恶鬼和无头鬼，一对变为秽鬼和污鬼。

【流传】云南省·丽江（丽江市）

【出处】和芳（东巴）读经，和志武翻译整理：《崇邦统》（人类迁徙记）（1954），见吕大吉、何耀华总主编《中国各民族原始宗教资料集成》（纳西族卷、羌族卷、独龙族卷、傈僳族卷、怒族卷），北京：中国社会科学出版社2000年版，第320页。

W0902.1.0.2

卵生恶鬼（卵生毒鬼）

实　例

（参见下级母题实例）

W0902.1.0.2.1

神生的蛋生毒鬼

实　例

纳西族 恶神依古顶那做变化出的黑蛋生的黑鸡生出9对黑蛋。其中，一对变为毒鬼和争鬼。

【流传】（云南省）

【出处】和芳、和志新编译：《崇邦统——人类迁徙记》，见姚宝瑄主编《中国各民族神话》（佤族、阿昌族、纳西族、普米族、德昂族），太原：山西出版传媒集团·书海出版社2014年版，第139页。

W0902.1.1

人吃了特定的东西变成恶鬼

实 例

彝族 （实例待考）

W0902.1.2

不正常死亡者的灵魂成为恶灵（凶死者的魂变成厉鬼）

实 例

汉族 狡狗之死也，割之犹濡。是故伤死者其鬼娆。

【流传】（无考）

【出处】《淮南子·俶真训》，见［汉］刘安等著，陈广忠译注《淮南子译注》，长春：吉林文史出版社 1990 年版，第 61 页。

藏族 凶死之人的神魂会变成厉鬼。

【流传】（无考）

【出处】刘立千：《从“格萨尔史诗”看古代高原的部落社会》，原载《格萨尔论文选集》，四川省格萨尔办公室编印，1990 年，见吕大吉、何耀华总主编《中国各民族原始宗教资料集成》（鄂伦春族卷、鄂温克族卷、赫哲族卷、达斡尔族卷、锡伯族卷、满族卷、蒙古族卷、藏族卷），北京：中国社会科学出版社 1999 年版，第 851 页。

基诺族 水里溺死者、树上吊死者、被野兽咬死者、被枪打死者、病死在半路者等凶死的人死后有可能变成恶鬼。

【流传】云南省·（西双版纳傣族自治州·景洪市）·基诺山（基诺山基诺族乡）·巴亚中寨、戛里果箐

【出处】不拉塞等讲，杜玉亭调查整理：《墓地与善恶死亡观念》（1979～1990），见吕大吉、何耀华总主编《中国各民族原始宗教资料集成》（彝族卷、白族卷、基诺族卷），北京：中国社会科学出版社 1996 年版，第 919 页。

W0902.1.2.0

暴死、凶死者变成凶鬼

实 例

彝族 暴死、凶死会产生凶鬼。

【流传】四川省·（凉山彝族自治州）·美姑县·巴普乡；云南省·（楚雄彝族自治州）武定县·万德乡

【出处】吕大吉、何耀华总主编：《中国各民族原始宗教资料集成》（彝族卷、白族卷、基诺族卷），北京：中国社会科学出版社 1996 年版，第 117～118 页。

W0902.1.2.1

凶死的人的灵魂对人有害

实 例

（参见下级母题实例）

W0902. 1. 2. 1. 1

年轻而死的人的魂灵或横死的人的魂灵，能给自己的直近亲属带来痛苦和疾病

实 例

蒙古族（布里亚特） 包霍尔多依（Бооxougoй，魂灵）狭义指家神，广义指人死后变成的一切魂灵。它可分为两类。其中一类对活人没有什么实际的危险，而另一类是年轻而死的人的魂灵，或横死的人的魂灵，它们能给自己的直近亲属带来痛苦和疾病。

【流传】（无考）

【出处】［苏联］И. А. 曼日格耶夫著，宋长宏译，佟德富校：《布里亚特萨满教和前萨满教辞典》（俄文版），莫斯科：科学出版社 1978 年版，第 23 页，见吕大吉、何耀华总主编《中国各民族原始宗教资料集成》（鄂伦春族卷、鄂温克族卷、赫哲族卷、达斡尔族卷、锡伯族卷、满族卷、蒙古族卷、藏族卷），北京：中国社会科学出版社 1999 年版，第 619 页。

W0902. 1. 2. 2

凶死者灵魂变成恶鬼

实 例

壮族 生前虽是好人，但由于死亡的方式是非正常的，其亡灵也变成恶鬼。

【流传】 广西壮族自治区・百色市・田阳县、德保县

【出处】 陆启贤搜集整理：＊《鬼与魂的区别》（1989），见吕大吉、何耀华总主编《中国各民族原始宗教资料集成》（土家族卷、瑶族卷、壮族卷、黎族卷），北京：中国社会科学出版社 1998 年版，第 490 页。

W0902. 1. 2. 2. 1

溺死的亡灵会变成恶鬼

实 例

壮族 如落水溺死者，其亡灵会变成恶鬼。谁要在他的落水处游泳，将会被他作祟“拉走”。

【流传】 广西壮族自治区・百色市・田阳县、德保县

【出处】 陆启贤搜集整理：＊《鬼与魂的区别》（1989），见吕大吉、何耀华总主编《中国各民族原始宗教资料集成》（土家族卷、瑶族卷、壮族卷、黎族卷），北京：中国社会科学出版社 1998 年版，第 490 页。

W0902. 1. 2. 3

年轻女子死后的亡灵成为恶灵

实 例

蒙古族（布里亚特） 森林恶灵穆乌・舒布温（恶鸟）是早死的姑娘和年轻妇女的灵魂变成的。

【流传】（无考）

【出处】 ［苏联］Г. Р. 加尔达诺娃著，宋长宏译，佟德富校：《喇嘛教前的

布里亚特宗教信仰》（俄文版），诺沃西比尔斯克：科学出版社西伯利亚分社 1987 年版，第 28 页，见吕大吉、何耀华总主编《中国各民族原始宗教资料集成》（鄂伦春族卷、鄂温克族卷、赫哲族卷、达斡尔族卷、锡伯族卷、满族卷、蒙古族卷、藏族卷），北京：中国社会科学出版社 1999 年版，第 623 页。

W0902.1.2a
未婚的人死后变成恶鬼

实 例

（参见下级母题实例）

W0902.1.2a.1
未婚青年男女的魂魄变成恶灵

实 例

蒙古族（布里亚特） 夜间徘徊于布里亚特人小舍周围之饿死或冻死之幽魂（恶灵）阿大、伯哥尔达伊及阿鲁宾皆系未婚青年男女之魂魄。

【流传】（无考）

【出处】［波］尼斡拉滋著，金启孮译：《西伯利亚各民族之萨满教》，中国社会科学院民族研究所《萨满教研究》编写组 1978 年印，见吕大吉、何耀华总主编《中国各民族原始宗教资料集成》（鄂伦春族卷、鄂温克族卷、赫哲族卷、达斡尔族卷、锡伯族卷、满族卷、蒙古族卷、藏族卷），北京：中国社会科学出版社 1999 年版，第 623 页。

W0902.1.2a.2
未婚的两个姑娘死后变成邪神恶鬼

实 例

傈僳族 洪水后，幸存的“杞濮约耶”夫妇生下七男九女，其中有珠蜗、墨约两个姑娘没有婚配，死后变成邪神恶鬼。

【流传】 云南省·（楚雄彝族自治州）·元谋地区（元谋县）·姜驿乡

【出处】 张桥贵：《武定、元谋地区婚仪中的祭神》（1988），见吕大吉、何耀华总主编《中国各民族原始宗教资料集成》（纳西族卷、羌族卷、独龙族卷、傈僳族卷、怒族卷），北京：中国社会科学出版社 2000 年版，第 796 页。

W0902.1.2b
祖先死后变成恶鬼

实 例

瑶族（布努） 密洛陀（万物之母，女始祖，女神）死后，祭师扮死者密洛陀的音调唱：“我想成人身但由不得自己，我不愿作鬼凶神却逼我去。”

【流传】 广西壮族自治区·（河池市）·都安县（都安瑶族自治县）、巴马县（巴马瑶族自治县）、南丹县，（百色市）·田东县、平果县等地

【出处】 桑布郎等传，蒙凤标（83 岁）、

罗仁祥（73 岁）等唱：《密洛陀》（1983），见蓝怀昌、蓝书京、蒙通顺搜集翻译整理《密洛陀》，北京：中国民间文艺出版社 1988 年版，第 395 页。

W0902. 1. 2c

造的人变成恶鬼

实　例

（参见下级母题实例）

W0902. 1. 2c. 1

女始祖造的不合格的人变成恶鬼

实　例

瑶族 密洛陀（万物之母，女始祖，女神）住进建造的六里宫殿后，想造人。她先造了哥告、哥夷、哥卜、哥娘、三兵比磨、三路情郎，他们没有成人，而成了恶鬼。

【流传】广西壮族自治区·（河池市）·巴马县（巴马瑶族自治县）·东山乡·弄山村

【出处】蒙老三（70 岁）讲，蒙灵记录翻译：《密洛陀》（1981），原载南宁师范学院编《广西少数民族与汉族民歌民间故事》，见陶阳、钟秀编《中国神话》（上），北京：商务印书馆 2008 年版，第 106～109 页。

W0902. 1. 2d

人死后在特定的时间段成为厉鬼

【关联】［W0875. 1. 1. 1］人去世 10 天之内会变成厉鬼

实　例

佤族 老人去世十天之内会变成斯加（厉鬼）。

【流传】云南省·（普洱市）·西盟佤族自治县、澜沧拉祜族自治县等地

【出处】毕登程、隋嘎编著：《司岗里——佤族创世史诗》，昆明：云南出版集团公司·云南人民出版社 2009 年版，第 154 页。

W0902. 1. 2e

人死后的魂魄变成刹鬼

实　例

白族 人死后的一魂三魄，有游荡的二魄，最后会变成危害人畜的“刹鬼”。

【流传】云南省·（大理白族自治州）·云龙县·石门（石门镇）等

【出处】王承权等调查整理：《谢道辛》（1990），见吕大吉、何耀华总主编《中国各民族原始宗教资料集成》（彝族卷、白族卷、基诺族卷），北京：中国社会科学出版社 1996 年版，第 440 页。

W0902.1.3
意外死亡之灵成为恶灵

实 例

蒙古族（布里亚特）哈鲁纳依指意外死亡的灵魂，能作祟生者得病。

【流传】（无考）

【出处】《蒙古族神灵观念和神灵系统》，见吕大吉、何耀华主编《中国各民族原始宗教资料集成》（鄂伦春族卷、鄂温克族卷、赫哲族卷、达斡尔族卷、锡伯族卷、满族卷、蒙古族卷、藏族卷），北京：中国社会科学出版社1999年版，第624页。

W0902.1.4
恶人死后变成恶鬼

实 例

（参见下级母题实例）

W0902.1.4.1
恶人死后灵魂变成恶鬼

实 例

壮族 生前为非作歹，恶贯满盈的坏人，死后灵魂变成鬼，肯定是害人的恶鬼。

【流传】广西壮族自治区·百色市·田阳县、德保县

【出处】陆启贤搜集整理：＊《鬼与魂的区别》（1989），见吕大吉、何耀华总主编《中国各民族原始宗教资料集成》（土家族卷、瑶族卷、壮族卷、黎族卷），北京：中国社会科学出版社1998年版，第490页。

W0902.1.4.2
阳间恶人死后造阴间变成恶鬼

实 例

汉族 阳世人间的奸佞邪恶太多。阳间处死一恶人，阴间就多一个恶鬼，地狱里就多一个鬼犯。

【流传】（山东省·泰安市徂徕山一带）

【出处】蔡林文讲，张纯岭采录：《斩鬼台》，原载张纯岭编《徂徕山传奇》，见陶阳、钟秀编《中国神话》（下），北京：商务印书馆2008年版，第1296～1298页。

W0902.1.5
精灵变成恶鬼

实 例

纳西族 三百六十个飞魔热美（精灵）在烈火中炼成了一种精灵——热美鬼，从此，人间便有了“热美鬼”。

【流传】（无考）

【出处】宣科调查整理，见《对〈热差蹉的来历经〉的讨论》，载《丽江志苑》第6期，转引自吕大吉、何耀华总主编：《中国各民族原始宗教资料集成》（纳西族卷、羌族卷、独龙族卷、傈僳族卷、怒族卷），北京：中国社会科学出版社2000年版，第364页。

W0902. 1. 6

祖灵变成恶鬼

实 例

傈僳族 人死后有三个亡魂，其中亡魂需供在家堂中，若对它侍奉不周也会外出游荡，变成野鬼或白虎精之类，回家来作祟。

【流传】 云南省·（楚雄彝族自治州）·武定县、元谋县

【出处】 张桥贵调查整理：《傈僳人有三个亡魂说》（1988），见吕大吉、何耀华总主编《中国各民族原始宗教资料集成》（纳西族卷、羌族卷、独龙族卷、傈僳族卷、怒族卷），北京：中国社会科学出版社 2000 年版，第 722 ~723 页。

W0902. 1. 7

造恶鬼

实 例

（参见下级母题实例）

W0902. 1. 7. 1

天神祇拉阿普造恶鬼

实 例

纳西族 天神祇拉阿普心里生着邪雾，做了三套木人木马，将木人木马安上了邪恶的心，悄悄地从天上丢到人间，放到岩上的木人木马变成了回声旦鬼，放进水里的木人木马变成了水旦鬼，丢进老林的木人木马变成了祸患人的山林旦鬼。

【流传】 云南省·（丽江市）·丽江县（古城区、玉龙纳西族自治县）

【出处】 木丽春采集整理：《丁巴什罗镇压旦鬼的故事》，见木丽春编著《纳西族民间故事集》，昆明：云南人民出版社 2007 年版，第 361 页。

W0902. 1. 8

放恶鬼

实 例

（参见下级母题实例）

W0902. 1. 8. 1

术神向人间放下了仄鬼和毒鬼

实 例

纳西族 天龙地术（术神）向人间放下了仄鬼和毒鬼，潜入人间的村寨里。

【流传】 云南省·（丽江市）·丽江县（古城区、玉龙纳西族自治县）

【出处】 木丽春采集整理：《巴俄祟仁招灾的故事》，见木丽春编著《纳西族民间故事集》，昆明：云南人民出版社 2007 年版，第 118 页。

W0902. 2

恶灵作祟（恶鬼作祟，鬼魂作祟）

【汤普森】 E750

【关联】 ［W0916. 9. 1］灵魂作祟

实 例

（参见下级母题实例）

W0902.2.1

吃幼儿的恶灵

【汤普森】E225

实 例

（实例待考）

W0902.2.2

恶灵掠夺庄稼

【汤普森】E255

实 例

（实例待考）

W0902.2.3

遇恶灵得病

【汤普森】E265.1

实 例

蒙古族 （实例待考）

W0902.2.4

游魂使人得病

【汤普森】E721.3

实 例

（实例待考）

W0902.2.5

遇恶灵发疯

【汤普森】E265.2

实 例

（实例待考）

W0902.2.6

遇恶灵死亡

【汤普森】E265.3

实 例

（实例待考）

W0902.2.7

恶鬼作祟害人（恶鬼害人）

实 例

壮族 鬼只会到处作祟害人。

【流传】广西壮族自治区·（南宁市）·武鸣县·两江乡·雷江片，马山县·古零乡·杨圩片

【出处】黄世杰搜集整理：*《多神信仰》（1990），见吕大吉、何耀华总主编《中国各民族原始宗教资料集成》（土家族卷、瑶族卷、壮族卷、黎族卷），北京：中国社会科学出版社1998年版，第493页。

W0902.2.7.1

不正常死亡者的灵魂会害人

实 例

汉族 （实例待考）

W0902.2.7.2

人死变成的鬼会危害其家庭和后代

实 例

藏族 死后成为“鬼”的灵魂，这种

“鬼”，在其生前是人们生命的主宰，其死后，还将继续危害其家庭和后代。

【流传】（无考）

【出处】东嘎·洛桑赤列：《论西藏的政教合一制度》，见吕大吉、何耀华总主编《中国各民族原始宗教资料集成》（鄂伦春族卷、鄂温克族卷、赫哲族卷、达斡尔族卷、锡伯族卷、满族卷、蒙古族卷、藏族卷），北京：中国社会科学出版社 1999 年版，第 778 页。

W0902. 2. 7. 3

恶鬼作祟使人生病或发生瘟疫、灾难

实　例

壮族 壮族人把所有的鬼按其对人们的生产和日常生活的影响程度，划分为善鬼与恶鬼。其中，恶鬼却常作祟于人，贪婪地害人以讨食，使人生病，或发生瘟疫、灾难。

【流传】广西壮族自治区·（南宁市）·武鸣县·两江乡·雷江片，马山县·古零乡·杨圩片

【出处】黄世杰搜集整理：*《社会鬼与自然界鬼》（1990），见吕大吉、何耀华总主编《中国各民族原始宗教资料集成》（土家族卷、瑶族卷、壮族卷、黎族卷），北京：中国社会科学出版社 1998 年版，第 489 页。

W0902. 2. 7a

山水石树的灵魂会随时作祟于人

实　例

怒族 山、水、石、树均有灵魂，而这些灵魂皆邪恶并随时作祟于人。

【流传】云南省·（怒江傈僳族自治州）·贡山（贡山独龙族怒族自治县）

【出处】罗孟：《贡山怒族的宗教信仰》，载云南省社会科学院民族学研究所编《民族学》1988 年第 1 期。

W0902. 2. 8

恶灵作祟的其他形式

【关联】［W4320. 4］鬼魂造成风暴

实　例

（参见下级母题实例）

W0902. 2. 8. 1

鬼魂吓唬人

【汤普森】E293

实　例

（实例待考）

W0902. 2. 8. 2

游魂袭人

【汤普森】E261

实　例

（实例待考）

W0902.2.8.3

幼儿死后灵魂会寻母

实 例

赫哲族 幼儿死后第三天和第九天夜晚，其母必须到别的人家住宿，唯恐其灵魂寻母。

【流传】（黑龙江省）

【出处】

(a)《中国各民族宗教与神话大词典》编审委员会：《中国各民族宗教与神话大词典》，北京：学苑出版社1990年版，第310~311页。

(b) 同(a)，《土葬》，见吕大吉、何耀华总主编《中国各民族原始宗教资料集成》（鄂伦春族卷、鄂温克族卷、赫哲族卷、达斡尔族卷、锡伯族卷、满族卷、蒙古族卷、藏族卷），北京：中国社会科学出版社1999年版，第199页。

W0902.2.8.4

鬼与人嬉闹

实 例

汉族 元嘉中，魏郡张承吉息元庆，年十二，见一鬼，长三尺，一足而鸟爪，背有鳞甲，来招元庆。恍惚如狂，游走非所，父母挞之。

【流传】（无考）

【出处】

(a) ［南朝·宋］刘敬叔：《异苑》卷六。

(b) 同(a)，见袁珂《中国神话大词典》，北京：华夏出版社2015年版，第1页。

W0902.2.8.5

恶鬼作祟讨食

实 例

壮族 恶鬼只是作祟害人以讨食酒肉。

【流传】广西壮族自治区·（南宁市）·武鸣县（武鸣区）西北部，马山县东部

【出处】黄世杰搜集整理：＊《鬼与神的区别》（1990），见吕大吉、何耀华总主编《中国各民族原始宗教资料集成》（土家族卷、瑶族卷、壮族卷、黎族卷），北京：中国社会科学出版社1998年版，第491页。

W0902.2.9

鬼作祟是鬼想表示与人的亲热

实 例

壮族 有些鬼作祟于人是因为阴间太过于无聊，作祟于人是鬼想与人亲热的表示，以解自己在阴间寂寞之苦。

【流传】广西壮族自治区·（南宁市）·武鸣县·两江乡·雷江片，马山县·古零乡·杨圩片

【出处】黄世杰搜集整理：＊《社会鬼与自然界鬼》（1990），见吕大吉、何耀华总主编《中国各民族原始宗教资料集成》（土家族卷、瑶族卷、壮族

卷、黎族卷），北京：中国社会科学出版社 1998 年版，第 489 页。

W0902. 2. 10

鬼魂作祟是留恋故情所致

实 例

壮族 鬼魂作祟并不是鬼神要特意加害于主人，而是由于留恋故情所致。

【流传】桂西南地区（广西壮族自治区西南部地区）

【出处】凌树东搜集整理：＊《降神》（1989），见吕大吉、何耀华总主编《中国各民族原始宗教资料集成》（土家族卷、瑶族卷、壮族卷、黎族卷），北京：中国社会科学出版社 1998 年版，第 566 页。

W0902. 2. 11

凶死者灵魂作祟是为了让人不忘自己

实 例

蒙古族（布里亚特） 哈德哈拉即肺炎。此病系年轻的亲属横死后的灵魂作用其亲人所致，似乎是在提醒家人莫忘自己。

【流传】（无考）

【出处】［苏联］И. А. 曼日格耶夫著，宋长宏译，佟德富校：《布里亚特萨满教和前萨满教辞典》（俄文版），莫斯科：科学出版社 1978 年版，第 83 页，见吕大吉、何耀华总主编《中国各民族原始宗教资料集成》（鄂伦春族卷、鄂温克族卷、赫哲族卷、达斡尔族卷、锡伯族卷、满族卷、蒙古族卷、藏族卷），北京：中国社会科学出版社 1999 年版，第 638 页。

W0902. 2. 12

鬼缠身

实 例

独龙族 有个男子说，有一个女“德格拉”（若干种采用不同方式缠人至死的鬼的总称）缠他多年了，是个从未见过的好看的小姑娘，常在梦中与他相会交欢，他常感周身乏力不适。

【流传】云南省·（怒江傈僳族自治州）·贡山（贡山独龙族怒族自治县）·独龙江公社（独龙江乡）

【出处】蔡家麒：《独龙族社会历史综合考察报告》，原载中国西南民族研究学会等编《民族调查研究》专刊第 1 集，1983 年，见吕大吉、何耀华总主编《中国各民族原始宗教资料集成》（纳西族卷、羌族卷、独龙族卷、傈僳族卷、怒族卷），北京：中国社会科学出版社 2000 年版，第 652 页。

W0902. 2. 13

鬼通过人进食钻入人体作祟

实 例

独龙族 “卜拉卜郎”（鬼名）像昆虫或小草形状，它们往往通过人在进食时乘机钻入人体作祟。

【流传】云南省·（怒江傈僳族自治州）·贡山（贡山独龙族怒族自治县）·独龙江公社（独龙江乡）

【出处】蔡家麒调查整理：《鬼的种类和名称（一）》（1982），见吕大吉、何耀华总主编《中国各民族原始宗教资料集成》（纳西族卷、羌族卷、独龙族卷、傈僳族卷、怒族卷），北京：中国社会科学出版社 2000 年版，第 621 页。

W0902.3

恶灵的特征（恶鬼的特征，恶灵的能力，恶鬼的行为）

实 例

（参见下级母题实例）

W0902.3.1

恶灵面目丑陋（恶鬼面目可怖）

实 例

（参见下级母题实例）

W0902.3.1.1

恶灵阿尔巴斯特成身材矮小、肤色发黄、毛发蓬乱、乳房低垂

实 例

柯尔克孜族 恶的灵魂阿尔巴斯特成身材矮小、肤色发黄、毛发蓬乱、乳房低垂。

【流传】（无考）

【出处】毕桪：《柯尔克孜族神话》，见中国翻译网：http：//www. chinatranslation. org/articleview，2006. 08. 13。

W0902.3.1.2

厉鬼形状凶恶，青面獠牙，独脚立地，头顶竖着三撮毛

实 例

彝族（黑彝）厉鬼形状十分凶恶，头顶竖着三撮毛，仅用独脚立地，青面獠牙。

【流传】云南省·昆明（昆明市）·西山区·（团结街道·律则社区）·核桃箐（核桃箐村）

【出处】雷宏安调查：《昆明西山区彝族的送鬼》，见吕大吉、何耀华总主编《中国各民族原始宗教资料集成》（彝族卷、白族卷、基诺族卷），北京：中国社会科学出版社 1996 年版，第 129 页。

W0902.3.2

恶灵形如小儿

实 例

蒙古族（布里亚特）恶灵阿大形如小儿。

【流传】（无考）

【出处】《蒙古族自神灵观念和神灵系统》，见吕大吉、何耀华主编《中国各民族原始宗教资料集成》（鄂伦春族卷、鄂温克族卷、赫哲族卷、达斡

尔族卷、锡伯族卷、满族卷、蒙古族卷、藏族卷），北京：中国社会科学出版社 1999 年版，第 622 页。

蒙古族（布里亚特） 恶灵阿大的形状像小儿。

【流传】（无考）

【出处】［波］尼斡拉滋著，金启孮译：《西伯利亚各民族之萨满教》，中国社会科学院民族研究所《萨满教研究》编写组 1978 年印，见吕大吉、何耀华总主编《中国各民族原始宗教资料集成》（鄂伦春族卷、鄂温克族卷、赫哲族卷、达斡尔族卷、锡伯族卷、满族卷、蒙古族卷、藏族卷），北京：中国社会科学出版社 1999 年版，第 623 页。

W0902. 3. 3

恶灵有特殊气味

实　例

（参见下级母题实例）

W0902. 3. 3. 1

恶灵有蒜臭味

实　例

蒙古族（布里亚特） 恶灵阿大有类似蒜之臭味。

【流传】（无考）

【出处】［波］尼斡拉滋著，金启孮译：《西伯利亚各民族之萨满教》，中国社会科学院民族研究所《萨满教研究》编写组 1978 年印，见吕大吉、何耀华总主编《中国各民族原始宗教资料集成》（鄂伦春族卷、鄂温克族卷、赫哲族卷、达斡尔族卷、锡伯族卷、满族卷、蒙古族卷、藏族卷），北京：中国社会科学出版社 1999 年版，第 623 页。

W0902. 3. 4

恶灵能变成小动物

实　例

蒙古族（布里亚特） 人如扑杀恶灵阿大时，它可变形为一细小之动物。

【流传】（无考）

【出处】［波］尼斡拉滋著，金启孮译：《西伯利亚各民族之萨满教》，中国社会科学院民族研究所《萨满教研究》编写组 1978 年印，见吕大吉、何耀华总主编《中国各民族原始宗教资料集成》（鄂伦春族卷、鄂温克族卷、赫哲族卷、达斡尔族卷、锡伯族卷、满族卷、蒙古族卷、藏族卷），北京：中国社会科学出版社 1999 年版，第 623 页。

W0902. 3. 5

恶鬼使人死亡

实　例

（参见下级母题实例）

W0902.3.5.1
被毒蛇咬死、刀箭误伤致死等都恶鬼德格拉卜郎所为

实 例

独龙族 被毒蛇咬伤致死，刀箭误伤致死等突来的灾祸，都是缠人致死的“德格拉卜郎”（鬼名）所为。

【流传】云南省·（怒江傈僳族自治州）·贡山（贡山独龙族怒族自治县）·独龙江公社（独龙江乡）

【出处】蔡家麒调查整理：《鬼的种类和名称（一）》（1982），见吕大吉、何耀华总主编《中国各民族原始宗教资料集成》（纳西族卷、羌族卷、独龙族卷、傈僳族卷、怒族卷），北京：中国社会科学出版社 2000 年版，第 621 页。

W0902.4
与恶灵有关的其他母题（与恶鬼有关的其他母题）

【关联】

① ［W0903.4］祖先鬼是恶鬼

② ［W0911.7.1.6］恶灵爱捉小孩魂

实 例

（参见下级母题实例）

W0902.4.1
特定名称的恶灵（特定的恶鬼，恶鬼的名称，恶灵的种类）

实 例

（参见下级母题实例）

W0902.4.1.1
恶灵阿大

实 例

蒙古族（布里亚特）（参见“W0902.4.1.4 专吃小孩的恶灵”母题实例）

W0902.4.1.2
雷公是恶鬼

【关联】［W0320］恶的雷神

实 例

黎族 （实例待考）

W0902.4.1.3
灶鬼是恶鬼

【关联】［W0493］灶神

实 例

黎族 灶鬼是恶鬼，要杀猪祭祀。

【流传】（无考）

【出处】《鬼魂崇拜》，见吕大吉、何耀华主编，本册主编李绍明等《中国各民族原始宗教资料集成》（土家族卷、瑶族卷、壮族卷、黎族卷），北京：中国社会科学出版社 1998 年版，第 695 页。

W0902.4.1.4
专吃小孩的恶灵

实 例

蒙古族（布里亚特）恶灵阿大吃新生小儿而饮其血。阿大专食一岁以下之小儿，成人及年长之小儿则可避免。

【流传】（无考）

【出处】［波］尼斡拉滋著，金启孮译：《西伯利亚各民族之萨满教》，中国社会科学院民族研究所《萨满教研究》编写组1978年印，见吕大吉、何耀华总主编《中国各民族原始宗教资料集成》（鄂伦春族卷、鄂温克族卷、赫哲族卷、达斡尔族卷、锡伯族卷、满族卷、蒙古族卷、藏族卷），北京：中国社会科学出版社1999年版，第623页。

W0902.4.1.5

专吃人的心脏的恶灵

实 例

蒙古族（布里亚特）伊尔哈嘎尔·包霍尔多依直译为“龇牙咧嘴的魂灵”。此神为食人心脏者之魂灵。它就像凶猛的野兽一样，龇着牙齿。

【流传】（无考）

【出处】［苏联］И. А. 曼日格耶夫著，宋长宏译，佟德富校：《布里亚特萨满教和前萨满教辞典》（俄文版），莫斯科：科学出版社1978年版，第56页，见吕大吉、何耀华总主编《中国各民族原始宗教资料集成》（鄂伦春族卷、鄂温克族卷、赫哲族卷、达斡尔族卷、锡伯族卷、满族卷、蒙古族卷、藏族卷），北京：中国社会科学出版社1999年版，第624页。

W0902.4.1.6

厉鬼叫做“赞”

实 例

藏族 凶死之人的神魂会变成“赞”一类的厉鬼。

【流传】（无考）

【出处】刘立千：《从“格萨尔史诗”看古代高原的部落社会》，原载《格萨尔论文选集》，四川省格萨尔办公室编印，1990年，见吕大吉、何耀华总主编《中国各民族原始宗教资料集成》（鄂伦春族卷、鄂温克族卷、赫哲族卷、达斡尔族卷、锡伯族卷、满族卷、蒙古族卷、藏族卷），北京：中国社会科学出版社1999年版，第851页。

W0902.4.1.7

伤死鬼

实 例

（参见下级母题实例）

W0902.4.1.7.1

被打伤、枪杀、刀砍而死的人变成伤死鬼

实 例

壮族 被打伤、枪杀、刀砍而死的人变的伤鬼。

【流传】广西壮族自治区·百色市·那坡县

【出处】范宏贵搜集整理：*《防鬼的方法》（1991），见吕大吉、何耀华总主编《中国各民族原始宗教资料集成》（土家族卷、瑶族卷、壮族卷、黎族卷），北京：中国社会科学出版社 1998 年版，第 490～491 页。

W0902.4.1.8

恶鬼倍抹

实 例

壮族 非正常死亡的人，其死因大都因为受到了“倍抹”（非正常死亡之鬼）的引诱而死的，他们亦会变成“倍抹”。

【流传】（无考）

【出处】凌树东搜集整理：*《过火炭》（1989），见吕大吉、何耀华总主编《中国各民族原始宗教资料集成》（土家族卷、瑶族卷、壮族卷、黎族卷），北京：中国社会科学出版社 1998 年版，第 567 页。

W0902.4.1.9

使人断气的鬼（催命鬼）

实 例

彝族 尸体火化的当天晚上，要请毕摩在家中咒那个使人断气的鬼。

【流传】四川省·（凉山彝族自治州）大、小凉山一带

【出处】胡庆钧：《凉山彝族奴隶制社会形态》，北京：中国社会科学出版社 1985 年版，第 405～406 页。

W0902.4.1.10

恶鬼跟人鬼

实 例

傈僳族 “跟人鬼”是一种很凶恶、很可怕的鬼。这种鬼有的像狗一样大，有的像狮子一样大；它的全身毛是黄黄的，每根毛里会发射出火焰来，口里喷射出金光闪闪的火焰。一到夜晚，跟人鬼就坐在一块石头上，死死地盯着哪家，哪家的一人就被这种鬼跟上了。夜晚家里的狗狂吠就是吠鬼。

【流传】云南省·怒江州（怒江傈僳族自治州）

【出处】祝发清调查整理：《祭“跟人鬼”》（1990），见吕大吉、何耀华总主编《中国各民族原始宗教资料集成》（纳西族卷、羌族卷、独龙族卷、傈僳族卷、怒族卷），北京：中国社会科学出版社 2000 年版，第 736 页。

W0902.4.1.11

恶死鬼

实 例

（参见下级母题实例）

W0902.4.1.11.1

恶死鬼长着鹿头

实 例

纳西族 生鹿头的恶死鬼，用鹿骷髅修

成九个寨。

【流传】云南省·（迪庆藏族自治州）·中甸县（香格里拉县）·三坝乡（三坝纳西族乡）·白地（白地村）一带

【出处】和牛恒（东巴）读经，和志武翻译整理：《东埃术埃》（1962），见吕大吉、何耀华总主编《中国各民族原始宗教资料集成》（纳西族卷、羌族卷、独龙族卷、傈僳族卷、怒族卷），北京：中国社会科学出版社2000年版，第354页。

W0902. 4. 1. 11a

霉鬼

实 例

纳西族 天上的毒鬼争鬼和地上的霉鬼狠鬼知道什罗（东巴教教主）出世的奇事，都来观看。

【流传】（无考）

【出处】《什罗飒》，见吕大吉、何耀华总主编《中国各民族原始宗教资料集成》（纳西族卷、羌族卷、独龙族卷、傈僳族卷、怒族卷），北京：中国社会科学出版社2000年版，第341页。

W0902. 4. 1. 11b

毒鬼的父亲占敦务务知

实 例

纳西族 毒鬼的父亲占敦务务知，毒鬼之母班敦许徐麻，什罗尤端毒鬼、替布固苏毒鬼、都卡冒补毒鬼、斯普妥拉毒鬼、申麻吐巴毒鬼、麻左禾敬毒鬼、敏罗吐巴毒鬼、多敦斥补毒鬼、督依施补毒鬼、沙饶许麻毒鬼、施都纳布毒鬼、伍本宰柱毒鬼、梭格余姆毒鬼、肯美金姆毒鬼、岛都许巴毒鬼、依梭许巴毒鬼、单梭麻巴毒鬼、栾巴敬登毒鬼、敏忍达饶毒鬼、什罗胜公毒鬼、纳蒙久姆毒鬼。共有三百六十个毒鬼。

【流传】云南省·丽江（丽江市）

【出处】和开祥（68岁）讲，王世英调查整理：《祭东巴祖师神“丁巴什罗”仪式》（1989），见吕大吉、何耀华总主编《中国各民族原始宗教资料集成》（纳西族卷、羌族卷、独龙族卷、傈僳族卷、怒族卷），北京：中国社会科学出版社2000年版，第210页。

W0902. 4. 1. 11c

毒鬼之母班敦许徐

实 例

纳西族 （参见“W0902. 4. 1. 11b 毒鬼的父亲占敦务务知”母题实例）

W0902. 4. 1. 12

恶鬼昂德格拉

实 例

独龙族 “昂德格拉”（鬼名）能让人落江淹死或跳江自杀等。

【流传】云南省·（怒江傈僳族自治州）·贡山（贡山独龙族怒族自治县）·独龙江公社（独龙江乡）

【出处】蔡家麒调查整理：《鬼的种类和名称（一）》（1982），见吕大吉、何耀华总主编《中国各民族原始宗教资料集成》（纳西族卷、羌族卷、独龙族卷、傈僳族卷、怒族卷），北京：中国社会科学出版社 2000 年版，第 621 页。

W0902.4.1.13
毒药鬼

实 例

（参见下级母题实例）

W0902.4.1.13.1
毒药鬼母米壳底苦

实 例

（参见下级母题实例）

W0902.4.1.13.1.1
母米壳底苦能用指甲或眼传毒

实 例

羌族 “母米壳底苦”（毒药鬼）用指甲传毒，或用眼传毒。因毒药鬼所致之病为肚胀或疴，饮食停滞，周身不适，多吃不长肉。

【流传】（无考）

【出处】胡鉴民：《羌族的信仰与习为》，原载《边疆研究论丛》1941 年，见吕大吉、何耀华总主编《中国各民族原始宗教资料集成》（纳西族卷、羌族卷、独龙族卷、傈僳族卷、怒族卷），北京：中国社会科学出版社 2000 年版，第 507 页。

W0902.4.1.14
恶鬼“都”

实 例

满族 恶鬼“都”被耶路哩（大魔鬼，魔王）收去做了手下。

【流传】黑龙江省·（牡丹江市）·宁古塔（宁安县）；吉林省·长白山地区（长白山一带）

【出处】

（a）傅英仁讲述，张爱云记录整理：《天宫神魔大战》，见傅英仁讲述，张爱云记录整理《满族萨满神话》，哈尔滨：黑龙江人民出版社 2006 年版。

（b）同（a），见陶阳、钟秀编《中国神话》（上），北京：商务印书馆 2008 年版，第 155～180 页。

W0902.4.1a
不同方位的恶鬼

实 例

（参见下级母题实例）

W0902.4.1a.1
东方恶鬼是被木撞死的卡萨老巴

实 例

纳西族 五个恶鬼寨：东方——被木撞死的恶鬼卡萨老巴，南方——被火烧死的恶鬼阿久鲁瓦，西方——被铁杀死的恶鬼荷吐普补，北方——被水冲死的恶鬼牛生克汶，中央——用土埋死的恶鬼聪美古付。

【流传】 云南省·丽江（丽江市）·（玉龙纳西族自治县）·鸣音地区（鸣音乡）·吊狗镇（不详）

【出处】 和即贵（63岁）讲，和志武调查整理：《丽江鸣音地区吊狗镇恶鬼（“短”）仪式》（1989），见吕大吉、何耀华总主编《中国各民族原始宗教资料集成》（纳西族卷、羌族卷、独龙族卷、傈僳族卷、怒族卷），北京：中国社会科学出版社2000年版，第133页。

W0902. 4. 1a. 2

南方恶鬼是被火烧死的阿久鲁瓦

实 例

纳西族 （参见“W0902. 4. 1a. 1 东方恶鬼是被木撞死的卡萨老巴”母题实例）

W0902. 4. 1a. 3

西方恶鬼是被铁杀死的荷吐普补

实 例

纳西族 （参见“W0902. 4. 1a. 1 东方恶鬼是被木撞死的卡萨老巴”母题实例）

W0902. 4. 1a. 4

北方恶鬼是被水冲死的牛生克汶

实 例

纳西族 （参见“W0902. 4. 1a. 1 东方恶鬼是被木撞死的卡萨老巴”母题实例）

W0902. 4. 1a. 5

中央恶鬼是用土埋死的聪美古付

实 例

纳西族 （参见“W0902. 4. 1a. 1 东方恶鬼是被木撞死的卡萨老巴”母题实例）

W0902. 4. 2

恶灵的居所

实 例

（参见下级母题实例）

W0902. 4. 2. 1

恶灵住八层地下国

实 例

满族 天神阿布卡恩都里邪恶的弟子耶路里被刺死后，他的灵魂无处可去，就造了一个地狱——八层地下国。

【流传】（a）黑龙江省·（牡丹江市）·宁安县

【出处】

(a) 傅英仁讲，余金整理：《天神创世》，见谷德明编《中国少数民族神话》，北京：中国民间文艺出版社1987年版，第1~5页。

(b)《天神创世》，见陶立璠、赵桂芳等编《中国少数民族神话汇编》（开天辟地篇），中央民族学院少数民族古籍整理出版规划领导小组办公室印（未署出版时间），第225~226页。

W0902.4.2.2

恶鬼无处不在

实 例

壮族 世界处处有恶鬼，它们会四处危害人活动，而神之威力极大，也能限制鬼的活动。

【流传】广西壮族自治区·（南宁市）·武鸣县·两江乡·雷江片，马山县·古零乡·杨圩片

【出处】黄世杰搜集整理：*《多神信仰》(1990)，见吕大吉、何耀华总主编《中国各民族原始宗教资料集成》（土家族卷、瑶族卷、壮族卷、黎族卷），北京：中国社会科学出版社1998年版，第493页。

W0902.4.2.3

坏鬼住在阴间的沟壑中

实 例

彝族 （实例待考）

W0902.4.3

恶灵的消除（驱恶灵）

【关联】［W0912］驱鬼（驱邪，捉鬼，捉灵魂）

实 例

（参见下级母题实例）

W0902.4.3.1

用酒消除恶灵

实 例

蒙古族（布里亚特）意外死亡的灵魂能作祟生者，酒奠乃消。

【流传】（无考）

【出处】《蒙古族神灵观念和神灵系统》，见吕大吉、何耀华主编《中国各民族原始宗教资料集成》（鄂伦春族卷、鄂温克族卷、赫哲族卷、达斡尔族卷、锡伯族卷、满族卷、蒙古族卷、藏族卷），北京：中国社会科学出版社1999年版，第624页。

W0902.4.3.2

猫头鹰能驱恶灵

实 例

蒙古族（布里亚特）因猫头鹰能除掉恶灵阿大之生命，所以为防护幼儿为阿大所祟，就将大猫头鹰或其皮置于幼儿之侧，即可免之。

【流传】（无考）

【出处】［波］尼斡拉滋著，金启琮译：

《西伯利亚各民族之萨满教》，中国社会科学院民族研究所《萨满教研究》编写组1978年印，见吕大吉、何耀华总主编《中国各民族原始宗教资料集成》（鄂伦春族卷、鄂温克族卷、赫哲族卷、达斡尔族卷、锡伯族卷、满族卷、蒙古族卷、藏族卷），北京：中国社会科学出版社1999年版，第623页。

W0902.4.4

恶灵化为特定的物

实　例

纳西族（实例待考）

W0902.4.5

最凶的鬼

实　例

（参见下级母题实例）

W0902.4.5.1

最凶的鬼是黑彝土司家的鬼

实　例

傈僳族鬼中最凶恶的是黑彝土司家的鬼，都是些大鬼，要杀猪宰羊祭祀才能送得动，而一般的鬼则用一只鸡就可以送走。

【流传】云南省·（楚雄彝族自治州）·武定县、元谋地区（元谋县）

【出处】张桥贵调查整理：《武定、元谋地区的祭鬼》（1988），见吕大吉、何耀华总主编《中国各民族原始宗教资料集成》（纳西族卷、羌族卷、独龙族卷、傈僳族卷、怒族卷），北京：中国社会科学出版社2000年版，第741页。

W0903

祖灵（祖先的灵魂）

实　例

（参见下级母题实例）

W0903.1

祖灵的产生

实　例

（参见下级母题实例）

W0903.1.1

祖灵从天而降

实　例

彝族（参见“W0903.3.1 祖灵在天上”母题实例）

W0903.2

祖灵的特征

实　例

（参见下级母题实例）

W0903.2.1

祖灵是善神

实　例

（参见下级母题实例）

W0903.2.2

祖先鬼是恶鬼

实　例

黎族 祖先鬼比其他鬼还要可怕。

【流传】（无考）

【出处】邢关英：《黎族》，北京：民族出版社1990年版，第71页。

黎族 始祖鬼是恶鬼，要杀水牛祭祀。

【流传】（无考）

【出处】《鬼魂崇拜》，见吕大吉、何耀华主编，本册主编李绍明等《中国各民族原始宗教资料集成》（土家族卷、瑶族卷、壮族卷、黎族卷），北京：中国社会科学出版社1998年版，第695页。

W0903.2.2.1

祖灵恐怖

实　例

傈僳族 祖宗灵魂也是种敬畏的对象，或是恐怖的对象。

【流传】中缅交界一带

【出处】［英］罗斯、克金白兰恩：《中缅交界之傈僳》，原载陶云逵《碧罗雪山之傈僳族》，见国立中央研究院《历史语言研究所集刊》第17本，商务印书馆民国三十七年（1948），第397～398页。

W0903.2.3

祖先的灵魂是特定的动物

实　例

（参见下级母题实例）

W0903.2.3.1

祖先的灵魂是蜜蜂

实　例

纳西族 纳西族遇到耳边飞鸣的蜜蜂，就认为它是祖先的灵魂，不能伤害。

【流传】云南省·云南省·（丽江市）·丽江县（原丽江纳西族自治县，今归属为丽江市古城区和玉龙纳西族自治县），（迪庆藏族自治州）·中甸县（香格里拉县）金沙江边

【出处】和正才讲，木丽春采录：《四个部族的由来》，见中国民间文学集成全国编辑委员会编《中国民间故事集成》（云南卷），北京：中国ISBN中心2003年版，第245页。

纳西族 纳西族遇到在耳边飞鸣的蜜蜂，就认为它是祖先的灵魂，不能伤害，还要对它祈祷，请求祖先保佑。

【流传】云南省·丽江地区（丽江市）

【出处】和正才讲，木丽春整理：《四个部族的由来》，载《山茶》1986年第4期。

W0903. 2. 3. 2

祖先美利东阿普的灵魂是白马鹿

实 例

纳西族 人们认为白马鹿是美利东阿普（祖先名）的灵魂。

【流传】云南省·（丽江市）·丽江县（古城区、玉龙纳西族自治县）

【出处】木丽春采集整理：《入寿的故事》，见木丽春编著《纳西族民间故事集》，昆明：云南人民出版社 2007 年版，第 81 页。

W0903. 2. 4

祖灵不死

实 例

（参见下级母题实例）

W0903. 2. 4. 1

祖先逝后，祖魂常留

实 例

彝族 祖先逝去后，祖魂留光辉。

【流传】云南省·（楚雄彝族自治州·武定县）·万德（万德镇）

【出处】罗希吾戈翻译：《夷僰榷濮》（六祖史诗），昆明：云南民族出版社 1986 年版，第 15 页。

W0903. 2. 4. 2

祖先之灵永在

实 例

羌族 开辟以来即有始祖，产生万物与人，始祖生存的年代固藐不可知，但是他永存不朽。

【流传】（无考）

【出处】胡鉴民：《羊族的信仰与习为》，原载《边疆研究论丛》，1941 年，见吕大吉、何耀华总主编《中国各民族原始宗教资料集成》（纳西族卷、羌族卷、独龙族卷、傈僳族卷、怒族卷），北京：中国社会科学出版社 2000 年版，第 571 页。

W0903. 3

祖灵的生活

实 例

（参见下级母题实例）

W0903. 3. 1

祖灵的居所

实 例

（参见下级母题实例）

W0903. 3. 1. 1

祖灵在天上

实 例

彝族 有一天，天庭里的“祖灵”突然掉了下来。

【流传】（四川省·凉山彝族自治州）

【出处】

（a）冯元蔚译：《勒俄特依》，成都：四川民族出版社1986年版。

（b）冯元蔚译，蕾紫改写：《勒俄特依》，见姚宝瑄主编《中国各民族神话》（羌族、彝族），太原：山西出版传媒集团·书海出版社2014年版，第155页。

W0903.3.1.2
祖灵附着在动物上

实 例

（实例待考）

W0903.3.1.3
祖灵附着在植物上

实 例

（实例待考）

W0903.3.1.4
祖灵附着在器物上

实 例

（实例待考）

W0903.3.1.5
祖灵供于住房上方神位

实 例

彝族 正常死去的祖辈的灵魂仍未脱离自己的家庭和家族，给后代以精神力量，所以当父母死后都要在数月内请毕摩为其招魂（彝语“伙”），扎制灵牌（彝语：麻都”），供于住房上方神位。

【流传】四川省·凉山（凉山彝族自治州）一带

【出处】本书编写组编：《凉山彝族自治州概况》，成都：四川民族出版社1985年版，第30～31页。

W0903.3.2
祖灵的洗漱

实 例

（参见下级母题实例）

W0903.3.2.1
祖先灵龛前置一碗水供祖先之魂洗脸洗手

实 例

傈僳族 祖先灵龛前，置一碗水表示供祖先之魂洗脸、洗手。

【流传】云南省·怒江地区（怒江傈僳族自治州）

【出处】杨建和：《怒江傈僳族的宗教信仰》，见宋恩常编《中国少数民族宗教初编》，昆明：云南人民出版社1985年版，第222～223页。

W0903.4
祖灵的能力（祖灵的功能）

【关联】［W0889.2.3］祖灵能除灾灭祸

实 例

（参见下级母题实例）

W0903. 4. 1

祖灵可以除灾灭祸

实 例

哈萨克族（实例待考）

W0903. 4. 2

祖灵有法官的职能

实 例

蒙古族（布里亚特）在萨满教观念里，诺颜是氏族或部落首领行列之中的祖先魂灵，具有最高祭司和法官的职能。

【流传】（无考）

【出处】

(a)［苏联］И. А. 曼日格耶夫著，宋长宏译，佟德富校：《布里亚特萨满教和前萨满教辞典》（俄文版），莫斯科：科学出版社 1978 年版，第 60 页。

(b) 同（a），见吕大吉、何耀华总主编《中国各民族原始宗教资料集成》（鄂伦春族卷、鄂温克族卷、赫哲族卷、达斡尔族卷、锡伯族卷、满族卷、蒙古族卷、藏族卷），北京：中国社会科学出版社 1999 年版，第 622 页。

W0903. 4. 3

祖灵监视后代

实 例

壮族祖宗们活着时，能在社会生活各方面给家人和子孙以巨大的帮助；他们去世之后，其灵魂不灭，仍然会在暗中监视活着的人。

【流传】广西壮族自治区·（南宁市）·武鸣县北部、马山县东部

【出处】黄世杰搜集整理：*《祖先神与子孙后代》（1990），见吕大吉、何耀华总主编《中国各民族原始宗教资料集成》（土家族卷、瑶族卷、壮族卷、黎族卷），北京：中国社会科学出版社 1998 年版，第 496 页。

W0903. 4. 4

祖灵能帮助后代

实 例

哈萨克族赛马、摔跤甚至打仗时，往往当作口号呼喊自己部落祖宗的名字，祈求他们大显神灵，前来佑助。

【流传】（新疆维吾尔自治区）

【出处】尼哈迈提·蒙加尼搜集，校仲彝翻译整理：《神与灵魂》，见姚宝瑄主编《中国各民族神话》（乌孜别克族、哈萨克族、柯尔克孜族、俄罗斯族、维吾尔族、塔吉克族、塔塔尔族、锡伯族），太原：山西出版传媒集团·书海出版社 2014 年版，第 31～32 页。

W0903. 4. 4. 1

祖灵给后代精神力量

实 例

彝族 （参见“W0903.3.1.5 祖灵供于住房上方神位”母题实例）

W0903.4.4a
祖灵不安会危害子孙

【关联】［W0910］灵魂的归宿（灵魂回归，灵魂的结局）

实 例

彝族 祖灵不安，必然危害及子孙。

【流传】贵州省·毕节县（毕节市）·龙场区（七星关区）·（大屯彝族乡）·三官寨

【出处】陈大进等讲，于锦绣等记录整理：《毕节三官寨彝族的苏埃》，见吕大吉、何耀华总主编《中国各民族原始宗教资料集成》（彝族卷、白族卷、基诺族卷），北京：中国社会科学出版社1996年版，第272页。

W0903.4.5
祖灵的作用不及自然界的鬼灵强大

实 例

怒族 祖灵的作用不及自然界的鬼灵强大。

【流传】（无考）

【出处】吕大吉、何耀华总主编：《中国各民族原始宗教资料集成》（纳西族卷、羌族卷、独龙族卷、傈僳族卷、怒族卷），北京：中国社会科学出版社2000年版，第838页。

W0903.4.6
祖灵现身

实 例

（参见下级母题实例）

W0903.4.6.1
农历七月一日祖灵现身

实 例

白族 农历七月一日，在祖先堂前放上用清水浸泡的蚕豆和小麦各一碗，数日后长出嫩苗，祖先的灵魂就能够躲在里面看望子孙们。

【流传】云南省·（大理白族自治州）·洱源县·茈碧乡、凤羽乡

【出处】王承权调查整理：《洱源白族恭请祖灵返家》（1988），见吕大吉、何耀华总主编《中国各民族原始宗教资料集成》（彝族卷、白族卷、基诺族卷），北京：中国社会科学出版社1996年版，第539页。

W0903.4.6.2
用蚯蚓和香可使祖灵现身

实 例

白族 把晒干的7条蚯蚓放在碗里，做成灯芯，倒入清油点燃，置于祖先堂上，再燃上香，祖先就会被迫现身。

【流传】云南省·（大理白族自治州）·洱源县·茈碧乡、凤羽乡

【出处】王承权调查整理：《洱源白族恭请祖灵返家》（1988），见吕大吉、何耀华总主编《中国各民族原始宗教资料集成》（彝族卷、白族卷、基诺族卷），北京：中国社会科学出版社 1996 年版，第 539 页。

W0903. 5

特定名称的祖灵

实 例

（参见下级母题实例）

W0903. 5. 1

氏族或部落首领的祖灵诺颜

实 例

蒙古族（布里亚特）诺颜是氏族或部落首领的祖先魂灵。

【流传】（无考）

【出处】《蒙古族神灵观念和神灵系统》，见吕大吉、何耀华主编《中国各民族原始宗教资料集成》（鄂伦春族卷、鄂温克族卷、赫哲族卷、达斡尔族卷、锡伯族卷、满族卷、蒙古族卷、藏族卷），北京：中国社会科学出版社 1999 年版，第 616 页。

W0903. 6

与祖灵有关的其他母题

【关联】

① ［W0443. 1. 1. 3］祖先的灵魂是家族保护神

② ［W0640］祖先

③ ［W0641］祖先神

④ ［W0655. 9. 3］祖先的灵魂回家

⑤ ［W0657. 5. 2. 1］日月管理着祖神神灵

⑥ ［W0916. 7. 1. 1］魂是毕摩的父母

⑦ ［W8657. 2. 1］祖灵治病

实 例

（参见下级母题实例）

W0903. 6. 1

祖先的灵魂成为特定的神

实 例

傣族（水傣）勐神和寨神都是指建立勐（部落联盟）和建立寨子的英雄或祖先的灵魂。

【流传】（云南省·西双版纳傣族自治州）

【出处】王松整理：《傣族——西双版纳的神谱》，见姚宝瑄主编《中国各民族神话》（哈尼族、傣族），太原：山西出版传媒集团·书海出版社 2014 年版，第 234 页。

W0903. 6. 2

祖灵返乡（祖灵回家）

实 例

（参见下级母题实例）

W0903. 6. 2. 1

腊月二十五日祖灵返家

实 例

白族（那马）腊月二十五日，是祖灵返家时期。

【流传】云南省·（怒江傈僳族自治州）·兰坪县（兰坪白族普米族自治县）

【出处】傅光宇、李松发：《拉玛人的"佐"崇拜》，载《大理文化》1990年第6期。

W0903.6.2.2

祖灵过节时回家

实 例

怒族 逢年过节，祖先的亡灵要回来，因此各家都要祭祀祖灵，祈求庇护家人。

【流传】云南省·怒江州（怒江傈僳族自治州）·碧江县（碧江县已撤销，现为怒江傈僳族自治州中部）·果科（现为福贡县匹河怒族乡果科村）

【出处】何叔涛调查整理：《碧江地区祖灵回家》（1988），见吕大吉、何耀华总主编《中国各民族原始宗教资料集成》（纳西族卷、羌族卷、独龙族卷、傈僳族卷、怒族卷），北京：中国社会科学出版社2000年版，第856～857页。

W0903.6.2.3

祖灵回故土

实 例

傈僳族拉扒（虎）氏族最早的祖先是色腊坐和搭腊坐兄弟二人，他们从丽江迁到兰坪县属营盘街澜沧江西岸的普渡村（一说是窝邓），后来搭腊坐仍留居普渡村，色腊坐迁到怒江区碧江县五区，所以至今他们送祖先或送鬼仍送到澜沧江西岸的老家去。

【流传】云南省·（怒江傈僳族自治州）·碧江县五区（今属泸水县·洛本卓白族乡）·色德乡（色德行政村）

【出处】云南民族调查组怒江分组调查整理：《碧江县五区色德乡傈僳族来源及迁徙的传说》，见云南省编辑委员会编《傈僳族社会历史调查》，昆明：云南人民出版社1981年版，第161页。

W0903.6.3

祖灵象征物

实 例

（参见下级母题实例）

W0903.6.3.1

坟墓上的石头代表祖灵

实 例

怒族 "若柔"人坟地高处竖有一块质地坚硬的石头，视之为神灵。

【流传】云南省·（怒江傈僳族自治州）·兰坪（兰坪白族普米族自治县）

【出处】

（a）龚友德等：《"若柔"人的原始宗教》，见中国哲学史学会云南省分会编《云南少数民族哲学思想史论文选集》第二集，1982 年版，第 226 页。

（b）同（a），见吕大吉、何耀华总主编《中国各民族原始宗教资料集成》（纳西族卷、羌族卷、独龙族卷、傈僳族卷、怒族卷），北京：中国社会科学出版社 2000 年版，第 860 页。

W0904

动物灵（动物鬼，动物魂）

【汤普森】E520

【关联】［W0500］动物神

实　例

（参见下级母题实例）

W0904. 1

马灵（马鬼）

【汤普森】E521. 1

【关联】［W0507］马神

实　例

（参见下级母题实例）

W0904. 1. 1

马鬼住在海里或河里

实　例

黎族 马鬼住在海里或者河里。

【流传】（无考）

【出处】《鬼魂崇拜》，见吕大吉、何耀华主编，本册主编李绍明等《中国各民族原始宗教资料集成》（土家族卷、瑶族卷、壮族卷、黎族卷），北京：中国社会科学出版社 1998 年版，第 694 页。

W0904. 2

狗灵（狗鬼，狗精）

【汤普森】E521. 2

【关联】［W0510］犬神（狗神）

实　例

（参见下级母题实例）

W0904. 2. 1

野狗精

实　例

（参见下级母题实例）

W0904. 2. 1. 1

野狗精专干坏事

实　例

汉族 在月亮的附近，住着一只凶恶的、专干歹事的野狗精。

【流传】福建省·（泉州市）·安溪县·虎邱（虎邱镇）·罗岩（罗岩村）

【出处】高宝玉讲，詹成法记录整理：《月亮为啥有圆有缺》（1987. 12），见姚宝瑄主编《中国各民族神话》（汉族），太原：山西出版传媒集团·书海出版社 2014 年版，第 226～227 页。

W0904. 2. 1. 2

野狗精居月亮附近

实　例

汉族 （参见“W0904. 2. 1. 1 野狗精

专干坏事”母题实例）

W0904.3

猫灵（猫鬼）

【汤普森】E521.3

【关联】［W0508］猫神

实 例

（实例待考）

W0904.4

熊灵（熊鬼）

【汤普森】E522.2

【关联】

①［W0511］熊神

②［W0865.2］熊怪（熊妖，熊精）

实 例

（实例待考）

W0904.5

鱼灵（鱼鬼）

【汤普森】E523

【关联】［W0521］鱼神

实 例

（实例待考）

W0904.6

鸟灵（鸟鬼）

【汤普森】E524

【关联】［W0514］鸟神

实 例

（实例待考）

W0904.7

鸡灵（鸡鬼，鸡魂）

【汤普森】E524.2

【关联】

①［W0515］鸡神

②［W0844.10.9 鸡精

实 例

（参见下级母题实例）

W0904.7.1

鸡有鸡魂

实 例

壮族 各种自然物都有灵魂存在，如牛有牛魂，鸡有鸡魂。

【流传】（无考）

【出处】黄世杰搜集整理：*《万物有灵》（1990），见吕大吉、何耀华总主编《中国各民族原始宗教资料集成》（土家族卷、瑶族卷、壮族卷、黎族卷），北京：中国社会科学出版社1998年版，第486页。

W0904.8

其他动物灵（其他动物鬼）

实 例

（参见下级母题实例）

W0904.8.1

蚂蚁鬼

【关联】［W0844.7］蚂蚁精

实 例

布朗族 从前有蚂蚁鬼。

【流传】（无考）

【出处】蔡红燕：《施甸布朗族多神崇拜中的家园文化》，载《云南师范大学学报》2009 年第 1 期。

W0904. 8. 2
牛魂（牛鬼）

实 例

（参见下级母题实例）

W0904. 8. 2. 1
牛有牛魂

实 例

壮族 （参见“W0904. 7. 1 鸡有鸡魂”母题实例）

W0904. 8. 2. 2
像牛的鬼

实 例

珞巴族 波隆索波是一个像大额牛的乌佑（珞巴语，鬼、精灵，也可指神、神灵）。

【流传】西藏自治区·下珞渝·民荣部落日乌村

【出处】维·埃尔温搜集：《波隆索波和依杜木·波特》，见李坚尚、刘芳贤编《珞巴族门巴族民间故事选》，上海：上海文艺出版社 1993 年版，第 37 页。

W0904. 8. 2. 3
老水牛魂称迫嘎拉

实 例

佤族 阿佤叫老水牛魂为“迫嘎拉”。

【流传】云南省·（普洱市）·西盟佤族自治县、澜沧拉祜族自治县等地

【出处】毕登程、隋嘎编著：《司岗里——佤族创世史诗》，昆明：云南出版集团公司·云南人民出版社 2009 年版，第 150 页。

W0904. 8. 3
猴鬼（猴子鬼）

实 例

（参见下级母题实例）

W0904. 8. 3. 1
猕猴鬼

实 例

汉族 余友人腾永叔尝养一大猕猴，以铁锁锁之，著床间，而犬忽啮杀之。永叔使合锁埋之。后百许曰，有见鬼者，见猕猴走上承尘上，不悟是猕猴鬼也。

【流传】（无考）

【出处】［晋］葛洪：《抱朴子·外篇佚文》。

W0904.8.3.2
猴子鬼专吃人的五脏

实 例

（参见下级母题实例）

W0904.8.3.2.1
猴子鬼专吃人的五脏是因为它是患肝、肺、胃、脾、心脏等人死后所变

实 例

彝族 猴子鬼（专吃人的五脏）是因患肝、肺、胃、脾、心脏等病而死的人所变的。

【流传】 四川省·（凉山彝族自治州）·美姑县·巴普乡；云南省·（楚雄彝族自治州）武定县·万德乡

【出处】 吕大吉、何耀华总主编：《中国各民族原始宗教资料集成》（彝族卷、白族卷、基诺族卷），北京：中国社会科学出版社 1996 年版，第 117 ~ 118 页。

W0904.8.4
鹿鬼

【关联】［W0926.10］神鹿

实 例

（参见下级母题实例）

W0904.8.4.1
白鹿鬼

实 例

纳西族 精灵仁美变成了两种妖魔，一为母猪精鬼；二为白鹿鬼，这两种鬼会吃人。

【流传】 云南省·（丽江市）·丽江县（古城区、玉龙纳西族自治县）

【出处】 木丽春采集整理：《阿仁仁磋的来由》，见木丽春编著《纳西族民间故事集》，昆明：云南人民出版社 2007 年版，第 234 页。

W0905
植物灵（植物鬼，植物魂）

实 例

（参见下级母题实例）

W0905.0
花草树木都有灵魂

实 例

壮族 花草树木都有灵魂。

【流传】 广西壮族自治区·（河池市）·东兰县

【出处】 覃剑萍搜集整理：*《祭草神》（1990），见吕大吉、何耀华总主编《中国各民族原始宗教资料集成》（土家族卷、瑶族卷、壮族卷、黎族卷），北京：中国社会科学出版社 1998 年版，第 522 页。

W0905. 1

森林灵（森林鬼）

【汤普森】F441

实 例

（参见下级母题实例）

W0905. 1. 1

山林鬼

实 例

（参见下级母题实例）

W0905. 1. 1. 1

山林鬼墨里能制造狂风

实 例

独龙族 “墨里”是山林鬼，能使狂风怒吼，森林动摇，上山砍柴、烧火山地都要祭它。否则，砍柴时它在山中狂吼，烧火山地时大火蔓延，引起烧山火灾。

【流传】云南省

【出处】洪俊：《独龙族的原始习俗与文化》，见云南省编辑组：《云南少数民族社会历史调查资料汇编》（一），昆明：云南人民出版社 1986 年版，第 216 页。

W0905. 2

树灵（树的灵魂，树鬼）

【汤普森】E701. 3

实 例

（参见下级母题实例）

W0905. 2. 1

树灵的产生

实 例

（参见下级母题实例）

W0905. 2. 1. 1

枯死的树变成鬼

实 例

鄂伦春族 山上枯死的大树，经过多年就会变成鬼，因此不敢动它。

【流传】（无考）

【出处】

（a）内蒙古自治区编委会：《鄂伦春族社会历史调查》（第一集），呼和浩特：内蒙古人民出版社 1984 年版，第 52 页。

（b）《树崇拜》，见吕大吉、何耀华总主编《中国各民族原始宗教资料集成》（鄂伦春族卷、鄂温克族卷、赫哲族卷、达斡尔族卷、锡伯族卷、满族卷、蒙古族卷、藏族卷），北京：中国社会科学出版社 1999 年版，第 18 页。

W0905. 2. 1. 2

所有树木都有灵魂

【关联】［W0916. 1］万物有灵（万物有魂）

实 例

壮族 一般的树木也有神灵。它们有时也会对人们的生产、生活有所影响。

【流传】广西壮族自治区·（南宁市）·武鸣县（武鸣区）西北部，马山县东部

【出处】黄世杰搜集整理：*《祖宗神树》（1990），见吕大吉、何耀华总主编《中国各民族原始宗教资料集成》（土家族卷、瑶族卷、壮族卷、黎族卷），北京：中国社会科学出版社1998年版，第519~520页。

W0905.2.2

树灵的特征（树鬼的职能）

实 例

（参见下级母题实例）

W0905.2.2.1

树灵神圣

实 例

（参见下级母题实例）

W0905.2.2.1.1

山中有神灵的千年树，刀斧不能近

实 例

壮族 树木有神灵，山中千年树，刀斧不能近。

【流传】广西壮族自治区·（河池市）·东兰县

【出处】覃剑萍搜集整理：*《祭树神》（1990），见吕大吉、何耀华总主编《中国各民族原始宗教资料集成》（土家族卷、瑶族卷、壮族卷、黎族卷），北京：中国社会科学出版社1998年版，第518页。

W0905.2.2.2

树鬼主不祥

实 例

怒族 （参见“W0905.2.3.3.4 树鬼穷那底布”母题实例）

W0905.2.3

与树灵有关的其他母题

【关联】

①［W0541］树神（森林神，林神）

②［W0854.2.2］树精

实 例

（参见下级母题实例）

W0905.2.3.1

树灵称作团托

实 例

佤族 阿佤叫树灵为“团托”。

【流传】云南省·（普洱市）·西盟佤族自治县、澜沧拉祜族自治县等地

【出处】毕登程、隋嘎编著：《司岗里——佤族创世史诗》，昆明：云南出版集团公司·云南人民出版社2009年版，第150页。

W0905. 2. 3. 2

树鬼末西思讨阿生

实　例

（参见下级母题实例）

W0905. 2. 3. 2. 1

树鬼末西思讨阿生可以使树起死回生

实　例

基诺族 杀狗、杀鸡，献给可以使树回生的树鬼（“末西思讨阿生”）。

【流传】 云南省·（西双版纳傣族自治州·景洪市）·基诺山（基诺山基诺族乡）·戛里果箐、巴亚村·巴亚中寨

【出处】 杜玉亭调查整理：《巴亚寨烧地仪式和盖山地茅房仪式》（1979），见吕大吉、何耀华总主编《中国各民族原始宗教资料集成》（彝族卷、白族卷、基诺族卷），北京：中国社会科学出版社 1996 年版，第 803 页。

W0905. 2. 3. 3

特定名称的树鬼

实　例

（参见下级母题实例）

W0905. 2. 3. 3. 1

麻树鬼

实　例

傈僳族 祭麻树鬼，需要猪 1 头或鸡 1 对。

【流传】 云南省·（德宏傣族景颇族自治州）·盈江县·苏典（傈僳族）乡

【出处】 许鸿宝等：《盈江县苏典傈僳族调查报告》，见云南省编辑组编《云南少数民族社会历史调查资料汇编》（二），昆明：云南人民出版社 1987 年版，第 66 ~ 67 页。

W0905. 2. 3. 3. 2

大青树鬼

实　例

基诺族 全村人的舅舅阿得死后成了与大青树鬼、空心树鬼、坍方鬼、水鬼有关的鬼。

【流传】 云南省·（西双版纳傣族自治州·景洪市）·基诺山巴卡寨

【出处】 不勒杰等讲，杜玉亭调查整理：《大青树鬼和坍方鬼的来历》（1979），见吕大吉、何耀华总主编《中国各民族原始宗教资料集成》（彝族卷、白族卷、基诺族卷），北京：中国社会科学出版社 1996 年版，第 943 页。

W0905. 2. 3. 3. 3

空心树鬼

实　例

基诺族 （参见“W0905. 2. 3. 3. 2 大青树鬼”母题实例）

W0905.2.3.3.4
树鬼穷那底布

实　例

怒族 树鬼“穷那底布”是主不祥之邪鬼，能祟人生病和死亡。

【流传】云南省·（怒江傈僳族自治州）·贡山（贡山独龙族怒族自治县）

【出处】

(a) 张文照整理：《怒族宗教情况》，见《怒族社会历史调查》，昆明：云南人民出版社1981年版，第114页。

(b) 同（a），见吕大吉、何耀华总主编《中国各民族原始宗教资料集成》（纳西族卷、羌族卷、独龙族卷、傈僳族卷、怒族卷），北京：中国社会科学出版社2000年版，第849页。

W0905.2a
草木鬼（草鬼）

实　例

（参见下级母题实例）

W0905.2a.1
苦九龙草鬼

实　例

珞巴族 一位老妈妈的女儿走到那棵苦九龙草跟前，刚要动手去拔，苦九龙一下子长得很高，张开叶子，把她包进了草心。妈妈不见女儿回来，知道是被苦九龙鬼抓去了。

【流传】西藏自治区

【出处】顿加讲，于乃昌、张力凤、陈理明整理：《苦九龙鬼》，原载《西藏民间故事——珞巴族、门巴族专辑》，见陶阳、钟秀编《中国神话》（下），北京：商务印书馆2008年版，第1450～1452页。

W0905.3
庄稼魂（庄稼鬼）

【汤普森】F445.1

实　例

（参见下级母题实例）

W0905.3.1
庄稼魂的产生

实　例

（实例待考）

W0905.3.2
庄稼魂的特征

实　例

（实例待考）

W0905.3.3
与庄稼魂有关的其他母题

实　例

（实例待考）

W0905. 4

谷魂（谷鬼）

【汤普森】E701. 5

【关联】

①［W0546］五谷神

②［W0547］谷神

实 例

壮族 布洛陀创制的赎谷魂仪规，谷魂消散就赎回，赎回谷魂保丰收。

【流传】广西壮族自治区·（百色市）·平果县

【出处】陆毅：《寻稻谷》，王宪昭、李斯颖采集，2009. 12。

W0905. 4. 1

谷魂的产生

实 例

（参见下级母题实例）

W0905. 4. 1. 1

谷魂奶奶从天上来

实 例

傣族 谷魂奶奶从天上来到地上。

【流传】云南省·（西双版纳傣族自治州）·景洪（景洪市）

【出处】《谷魂奶奶》，见岩香《傣族民间故事》，昆明：云南出版集团2009年版，第26页。

W0905. 4. 1. 2

每粒粮谷都有自己的灵魂卜拉

实 例

独龙族 每一粒粮谷的种子，从播种、发芽、长茎叶、扬花、结籽到收割，周而复始绵延不绝，全在于粮谷有自己的灵魂“卜拉”。

【流传】云南省·（怒江傈僳族自治州）·贡山（贡山独龙族怒族自治县）·独龙江公社（独龙江乡）·先久当村

【出处】蔡家麒调查整理：《护谷魂》（1982），见吕大吉、何耀华总主编《中国各民族原始宗教资料集成》（纳西族卷、羌族卷、独龙族卷、傈僳族卷、怒族卷），北京：中国社会科学出版社2000年版，第630页。

W0905. 4. 2

谷魂的特征（谷魂的职能）

实 例

（参见下级母题实例）

W0905. 4. 2. 1

谷魂是一位老妇人模样

【关联】［W0547. 2. 1］谷神外形是老妇人

实 例

傣族 勐巴纳西的谷魂是一位老妇人模样。

【流传】云南省·（普洱市）·景谷县（景谷傣族彝族自治县）·永平乡

【出处】陶老五讲，米自民采录：《谷魂》，见中国民间文学集成全国编辑委员会编《中国民间故事集成》（云南卷），北京：中国 ISBN 中心 2003 年版，第 312 页。

W0905.4.2.2

谷魂掌管人间和神的粮食

实例

傣族 谷魂奶奶掌管人间和神的粮食。

【流传】云南省·（西双版纳傣族自治州）·景洪（景洪市）

【出处】《谷魂奶奶》，见岩香《傣族民间故事》，昆明：云南出版集团 2009 年版，第 26 页。

W0905.4.3

与谷魂有关的其他母题

实例

（参见下级母题实例）

W0905.4.3.1

谷魂奶奶

【关联】［W3879.2］谷魂掌管粮食

实例

（参见下级母题实例）

W0905.4.3.1.1

谷魂奶奶叫雅欢毫

实例

傣族 谷魂奶奶叫雅欢毫。

【流传】云南省·（西双版纳傣族自治州）·景洪（景洪市）

【出处】《谷魂奶奶》，见岩香《傣族民间故事》，昆明：云南出版集团 2009 年版，第 26 页。

W0905.4.3.1.2

谷魂奶奶是人最离不开的神

实例

傣族 谷魂奶奶是人们最离不开的神。

【流传】云南省·（西双版纳傣族自治州）·景洪（景洪市）

【出处】《谷魂奶奶》，见岩香《傣族民间故事》，昆明：云南出版集团 2009 年版，第 26 页。

W0905.4.3.2

谷魂的修补

实例

（参见下级母题实例）

W0905.4.3.2.1

3 千龙女修补稻谷魂

实例

苗族 三千龙女修补稻谷魂。

【流传】湖南省·（湘西土家族苗族自治州）·花垣县

【出处】春信早若唱，文先道巴搜集翻译：《赎五谷神》，见苗青主编《东部民间文学作品选》，贵阳：贵州民族出版社 2003 年版，第 140 页。

W0905. 4. 3. 3

谷魂的地位比佛祖高

实 例

傣族 谷魂进缅寺照样站着，佛祖见了也不敢怪她。

【流传】云南省·（普洱市）·景谷县（景谷傣族彝族自治县）·永平乡

【出处】陶老五讲，米自民采录：《谷魂》，见中国民间文学集成全国编辑委员会编《中国民间故事集成》（云南卷），北京：中国 ISBN 中心 2003 年版，第 312 页。

W0905. 4. 3. 4

祭谷魂（叫谷魂）

实 例

基诺族 叫谷魂后谷子飞出粮仓。

【流传】云南省·（西双版纳傣族自治州）·景洪县（景洪市）

【出处】白腊者讲，郑培庭整理：《叫谷魂》，见中华民族故事大系编委会编《中华民族故事大系》第 16 卷（赫哲族、门巴族、珞巴族、基诺族），上海：上海文艺出版社 1995 年版，第 854 页。

W0905. 4. 3. 4. 1

腊月二十九祭谷魂

实 例

怒族 每年的阴历 12 月 29 日举行每年的阴历 12 月 29 日举行“汝为”。“汝为”又叫“作让为”直译是“买粮食的魂”，即祭谷神。

【流传】云南省·（怒江傈僳族自治州·福贡县·匹河怒族乡）

【出处】

（a）何叔涛：《碧江怒族的原始宗教》，载《世界宗教研究》1985 年第 3 期，第 146～147 页。

（b）同（a），见吕大吉、何耀华总主编《中国各民族原始宗教资料集成》（纳西族卷、羌族卷、独龙族卷、傈僳族卷、怒族卷），北京：中国社会科学出版社 2000 年版，第 865 页。

W0905. 4. 3. 4. 2

稻谷收割完后把谷魂从田间叫到打谷场

实 例

傈僳族 稻谷收割完毕，先放在田间，举行把谷魂从田间叫到打谷场的仪式，再把稻谷搬运到打谷场。在接谷魂途中，边走边念：“庄稼收回来，谷魂跟着来，晒场堆满谷，粮袋满当当，口袋接不拢，马驮摇晃晃，箩筐粮装满，谷仓粮冒尖。谷魂跟我来，守好这些粮。”

【流传】云南省·（楚雄彝族自治州）·武定县、元谋县

【出处】张桥贵调查整理：《武定、元谋地区播种、收割祭祀》（1988），见吕大吉、何耀华总主编《中国各民族原始宗教资料集成》（纳西族卷、羌族卷、独龙族卷、傈僳族卷、怒族卷），北京：中国社会科学出版社 2000 年版，第 748～749 页。

W0905.4.3.4.3

秋收后，请谷魂“乌苏波”住在家中谷堆里

实 例

彝族（白彝） 秋收后，请“乌苏波”（谷魂）住在家中的谷堆里，不要跑到外面。

【流传】云南省·昆明（昆明市）·西山区·谷律（谷律乡）、团结公社（团结乡）

【出处】雷宏安：《昆明西山区谷律、团结公社彝族宗教调查》，见吕大吉、何耀华总主编《中国各民族原始宗教资料集成》（彝族卷、白族卷、基诺族卷），北京：中国社会科学出版社 1996 年版，第 325 页。

W0905.4.3.5

谷魂被佛祖放逐

【关联】［W0112.2.1］神被放逐

实 例

傣族 谷魂被佛祖逐放到阳光照射不到的地方之后，稻叶不吸收阳光，稻根不吸收水分，到了扬花的季节不扬花，还没抽穗，就倒得一棵不剩。

【流传】云南省·（普洱市）·景谷县（景谷傣族彝族自治县）·永平乡

【出处】陶老五讲，米自民采录：《谷魂》，见中国民间文学集成全国编辑委员会编《中国民间故事集成》（云南卷），北京：中国 ISBN 中心 2003 年版，第 312 页。

W0905.4.3.6

接谷魂

实 例

（参见下级母题实例）

W0905.4.3.6.1

秋收后要接禾谷魂

实 例

壮族 秋收后，要接禾谷魂。

【流传】（贵州省·黔东南苗族侗族自治州·从江县）

【出处】覃华儒搜集整理：*《万物有魂》（1989），见吕大吉、何耀华总主编《中国各民族原始宗教资料集成》（土家族卷、瑶族卷、壮族卷、黎族卷），北京：中国社会科学出版社 1998 年版，第 486 页。

W0905.5

其他植物灵（其他植物鬼）

实 例

（参见下级母题实例）

W0905. 5. 1
芭蕉魂

实 例

壮族 各种自然物都有灵魂存在，如牛有牛魂，鸡有鸡魂，就连无生命的稻谷、芭蕉也认为有灵魂，即谷魂、芭蕉魂等。

【流传】（无考）

【出处】 黄世杰搜集整理：*《万物有灵》（1990），见吕大吉、何耀华总主编《中国各民族原始宗教资料集成》（土家族卷、瑶族卷、壮族卷、黎族卷），北京：中国社会科学出版社 1998 年版，第 486 页。

W0905. 5. 2
稻禾灵

实 例

壮族 稻禾有神灵。

【流传】 广西壮族自治区·崇左（崇左市），（崇左市）·扶绥县

【出处】 黄庆印搜集整理：*《祭禾神》（1989），见吕大吉、何耀华总主编《中国各民族原始宗教资料集成》（土家族卷、瑶族卷、壮族卷、黎族卷），北京：中国社会科学出版社 1998 年版，第 516 页。

W0906
无生命物灵（无生命物鬼，自然物的魂）

实 例

（参见下级母题实例）

W0906. 1
天上的鬼（天鬼）

【关联】

① ［W0916. 7. 3. 1］天上的鬼夫妻

② ［W1535. 2. 2］天鬼为万物命名

实 例

黎族 天上的鬼有七煞鬼、三煞鬼、黑石煞鬼、半天云鬼、五道常鬼。

【流传】 海南省·琼中县（琼中黎族苗族自治县·和平镇）·堑对乡（堑对村）

【出处】《琼中堑对乡黎族的几种“鬼神”》，见中南民族学院编辑《海南岛黎族社会调查》（上卷），南宁：广西民族出版社 1992 年版，第 561 页。

W0906. 1. 1
天鬼的产生

【关联】［W0874. 5. 2. 1］一对天鬼生下了主宰各种事物的天鬼、地鬼和水鬼

实 例

（参见下级母题实例）

W0906.1.1.1
上天后不能返回的人变成天鬼

实　例

独龙族 大蚂蚁扒松九道土台天和地分开之后，到天上造金银的嘎姆朋（人名）不能回到人间，变成了天鬼（独龙族称鬼、精灵为“布兰”，认为“布兰”无所不在，随处皆有。这里的鬼并非指灵魂，而是某种自然力的化身，相当于神）。

【流传】（无考）

【出处】《大蚂蚁分开地》，见谷德明编《中国少数民族神话》，北京：中国民间文艺出版社1987年版，第532页。

独龙族 地上一个名叫嘎姆朋的人到天上去造金银，后来因为回不到地上，变成了天鬼。

【流传】云南省

【出处】李子贤等搜集整理：《创世纪神话故事六则·大蚂蚁把天地分开》，见中国作家协会云南分会编《云南民族民间故事选》，昆明：云南人民出版社1981年版，第583~585页。

W0906.1.1.2
天鬼生天鬼

实　例

景颇族 最早出现的一对代表阴阳的天鬼（类似于天神）汪拉（男）和能班木占（女）生的娃襄能退腊和能星农锐木占一对天鬼。

【流传】云南省·德宏州（德宏傣族景颇族自治州）·盈江县·卡场公社（卡场镇）·乌帕大队（乌帕村）

【出处】贡退干唱：《穆脑斋瓦》，见中国社会科学院云南少数民族文学研究所等编《云南少数民族文学资料》（第1辑），内部编印，1980年，第123页。

W0906.1.1.3
人的灵魂变成天鬼

实　例

景颇族 洪水后，姐弟俩婚生一个小孩剁碎后变成很多人。这些小孩不认母亲，跑到遥远的世界各地。姐姐活活气死。她死后，一个魂上了天，成了天鬼；另一个人了地，变成了地鬼。

【流传】（无考）

【出处】殷江腊讲，永生翻译，东耳、永生整理：《人类始祖》，载《山茶》1982年第6期。

W0906.1.1a
天鬼的特征（天鬼的身份，天鬼的职能）

实　例

（参见下级母题实例）

W0906.1.1a.0
天鬼的性别

实　例

（参见下级母题实例）

W0906. 1. 1a. 0. 1

天鬼是男的

实 例

怒族 有一种天地鬼，怒语叫“冻尼”。天鬼是男的，住在天上。

【流传】云南省·（怒江傈僳族自治州）·福贡地区（福贡县）

【出处】

(a)《思想战线》编辑部编：《西南少数民族风俗志》，北京：中国民间文艺出版社1981年版，第341～342页。

(b) 同（a），见吕大吉、何耀华总主编《中国各民族原始宗教资料集成》（纳西族卷、羌族卷、独龙族卷、傈僳族卷、怒族卷），北京：中国社会科学出版社2000年版，第848页。

W0906. 1. 1a. 1

天鬼是各种鬼中最大的最厉害的鬼

实 例

白族（勒墨） 天鬼是各种鬼中最大的，也是最厉害的鬼。人若冒犯了它，就要生大病，遭大难。

【流传】云南省·（怒江傈僳族自治州）·泸水县·洛本卓乡（洛本卓白族乡）

【出处】詹承绪等调查整理：《怒江白族祭天鬼》（1982），见吕大吉、何耀华总主编《中国各民族原始宗教资料集成》（彝族卷、白族卷、基诺族卷），北京：中国社会科学出版社1996年版，第459页。

白族 天鬼（即天神）是鬼中之大鬼，很厉害。

【流传】云南省·（怒江傈僳族自治州）

【出处】张旭：《白族对天鬼和本主的崇拜》，见《大理白族史探索》，昆明：云南人民出版社1990年版，第156～159页。

W0906. 1. 1a. 1. 1

天鬼比地上的鬼强大

实 例

独龙族 鬼有四五十种之多，通常分为两类，即地上的“卜郎”和天上的“南木”。“南木”比一般的“卜郎”具有更为强大的积极作用和力量。

【流传】（无考）

【出处】吕大吉、何耀华总主编：《中国各民族原始宗教资料集成》（纳西族卷、羌族卷、独龙族卷、傈僳族卷、怒族卷），北京：中国社会科学出版社2000年版，第611页。

W0906. 1. 1a. 2

天鬼是主宰万物和人类命运的灵魂

实 例

白族（勒墨） 天上有一个主宰万物和人类命运的灵魂，即天鬼。

【流传】云南省·（怒江傈僳族自治州

州）·泸水县·洛本卓乡（洛本卓白族乡）

【出处】詹承绪等调查整理：《怒江白族祭天鬼》（1982），见吕大吉、何耀华总主编《中国各民族原始宗教资料集成》（彝族卷、白族卷、基诺族卷），北京：中国社会科学出版社 1996 年版，第 459 页。

W0906.1.1a.3

天鬼多数有人的漂亮貌相

实 例

独龙族 “南木”中有男有女、有老有少，多数具有一副辉煌漂亮的人的貌相。

【流传】云南省·（怒江傈僳族自治州）·贡山（贡山独龙族怒族自治县）·独龙江公社（独龙江乡）

【出处】蔡家麒调查整理：《天上的鬼：“南木”》（1982），见吕大吉、何耀华总主编《中国各民族原始宗教资料集成》（纳西族卷、羌族卷、独龙族卷、傈僳族卷、怒族卷），北京：中国社会科学出版社 2000 年版，第 619 页

W0906.1.1a.4

天鬼是圆壳形的

【关联】［W0906.2.1.2］地鬼是圆壳形的

实 例

怒族 在天的最高一层有一个圆壳似的东西就是天鬼。

【流传】云南省·（怒江傈僳族自治州）·福贡地区（福贡县）

【出处】

（a）《思想战线》编辑部编：《西南少数民族风俗志》，北京：中国民间文艺出版社 1981 年版，第 341 ~342 页。

（b）同（a），见吕大吉、何耀华总主编《中国各民族原始宗教资料集成》（纳西族卷、羌族卷、独龙族卷、傈僳族卷、怒族卷），北京：中国社会科学出版社 2000 年版，第 848 页。

W0906.1.1a.5

天鬼能使人头痛、耳聋、咳嗽等

实 例

傈僳族 ［参见“W0906.1.4.6 天鬼‘白加尼’（奥沙尼）”母题实例］

W0906.1.2

天鬼的生活

实 例

（参见下级母题实例）

W0906.1.2.1

天鬼住天上

实 例

怒族 （参见“W0906.1.1a.0.1 天鬼是男的”母题实例）

W0906. 1. 3

一对代表阴阳的天鬼

实 例

（参见下级母题实例）

W0906. 1. 3. 1

男天鬼汪拉，女天鬼能班木占

实 例

景颇族 天地即将出现前，先出现了一对代表阴阳的天鬼。男的叫汪拉，女的叫能班木占。

【流传】云南省·德宏州（德宏傣族景颇族自治州）·盈江县·卡场公社（卡场镇）·乌帕大队（乌帕村）

【出处】贡退干唱：《穆脑斋瓦》，见中国社会科学院云南少数民族文学研究所等编《云南少数民族文学资料》（第1辑），内部编印，1980年，第122页。

景颇族 在宇宙最早出现的圆球上出现了一对代表阴阳的天鬼，男天鬼叫能汪拉，女天鬼叫能班木占。

【流传】（无考）

【出处】斋瓦贡退干唱，李向前、木然瑶都搜集整理，木子改写：《穆脑斋瓦——宁冠瓦》，见姚宝瑄主编《中国各民族神话》（白族、拉祜族、景颇族），太原：山西出版传媒集团·书海出版社2014年版，第224页。

W0906. 1. 4

特定名称的天鬼

实 例

（参见下级母题实例）

W0906. 1. 4. 1

天上有达格蒙（木彭九）和盘格蒙（木尼斤）两个鬼神

实 例

独龙族 天上的达格蒙（即木彭九）和盘格蒙（即木尼斤）两个鬼神。

【流传】云南省·（怒江傈僳族自治州·贡山独龙族怒族自治县）·独龙江（独龙江乡）·龙元村、冷木当村、迪政当村

【出处】《木彭九和木尼斤》，见李金明《独龙族文学简史》，昆明：云南民族出版社2004年版，第67～69页。

W0906. 1. 4. 1a

天鬼南木

实 例

（参见下级母题实例）

W0906. 1. 4. 1a. 1

天鬼南木貌似菩萨

实 例

独龙族 “南木萨”（巫师）认为，“南木”（天鬼）的形象同寺庙里的菩萨一般，金碧辉煌等。

【流传】（无考）

【出处】吕大吉、何耀华总主编：《中国各民族原始宗教资料集成》（纳西族卷、羌族卷、独龙族卷、傈僳族卷、怒族卷），北京：中国社会科学出版社2000年版，第615页。

W0906.1.4.1a.2

天鬼南木生性凶恶

实 例

独龙族 有些“南木”（天鬼）生性凶恶，能凭借巫师施展的法术，残害人至死，所以“南木”仍具有鬼的本性。

【流传】云南省·（怒江傈僳族自治州）·贡山（贡山独龙族怒族自治县）·独龙江公社（独龙江乡）

【出处】蔡家麒调查整理：《天上的鬼：“南木”》（1982），见吕大吉、何耀华总主编《中国各民族原始宗教资料集成》（纳西族卷、羌族卷、独龙族卷、傈僳族卷、怒族卷），北京：中国社会科学出版社2000年版，第619页

W0906.1.4.2

天鬼称“害之特”（高处鬼）

实 例

白族（那马） 天上有个鬼魂，叫天鬼。有的称“害之特”，意为“高处鬼”；有的称“狠纳乌”，意为“天王”；也有的称“狠纳翁”，意即“天阎王”。

【流传】云南省·（怒江傈僳族自治州）·兰坪县（兰坪白族普米族自治县），（迪庆藏族自治州）·维西县（维西傈僳族自治县）

【出处】刘龙初调查整理：《兰坪维西那马人祭天鬼和祭天神》（1988），见吕大吉、何耀华总主编《中国各民族原始宗教资料集成》（彝族卷、白族卷、基诺族卷），北京：中国社会科学出版社1996年版，第455页。

W0906.1.4.3

天鬼称“狠纳乌”（天王）

实 例

白族（那马） [参见“W0906.1.4.2 天鬼称‘害之特’（高处鬼）”母题实例]

W0906.1.4.4

天鬼称“狠纳翁”（天阎王）

实 例

白族（那马） [参见“W0906.1.4.2 天鬼称‘害之特’（高处鬼）”母题实例]

W0906.1.4.5

天鬼“门多”

实 例

怒族 “门多”被认为是天鬼。“斗霍”人过去每年都定期祭祀“门多”，

以祈求为之去凶化吉，保佑平安。

【流传】云南省·怒江州（怒江傈僳族自治州）·碧江地区（已撤销，现为怒江傈僳族自治州中部）

【出处】

(a) 张文照：《怒族宗教情况》，载《怒族社会历史调查》，昆明：云南人民出版社 1981 年版，第 114 页。

(b) 同（a），见吕大吉、何耀华总主编《中国各民族原始宗教资料集成》（纳西族卷、羌族卷、独龙族卷、傈僳族卷、怒族卷），北京：中国社会科学出版社 2000 年版，第 846 页。

W0906. 1. 4. 6

天鬼“白加尼”（奥沙尼）

实　例

傈僳族 “白加尼”即“天鬼”，亦称“奥沙尼”，又因在院门口祭而称“院子鬼”。它致人的病情是头痛、耳聋、咳嗽等病。

【流传】云南省·（怒江傈僳族自治州）·碧江县五区（今属泸水县·洛本卓白族乡）·色德乡（色德行政村）·德一登村

【出处】田家祺等：《碧江县五区色德乡德一登村傈僳族社会经济调查》，见云南省编辑委员会编《傈僳族社会历史调查》，昆明：云南人民出版社 1981 年版，第 72 ~ 73 页。

W0906. 1. 5

天鬼的种类

实　例

（参见下级母题实例）

W0906. 1. 5. 1

天鬼种类繁多

实　例

独龙族 天鬼包括：（1）“格孟”：鬼的总头目之一，创造了人类；（2）“木佩朋”：鬼的总头目之一，创造了“卜郎”；（3）“勒木拉”：系一男一女，创造了“南木”；（4）“南木渗木柔”：管天药的官；（5）“南木波恩”：“南木”的官；（6）“南木”：主要医治人间疾病；（7）“渗麻卜郎”：天鬼侍从；（8）“孟卜郎”：雷鬼；（9）“莫信卜郎”：虹鬼；（10）“给母大”：天鬼；（11）“明戛沙卡”：天鬼。

【流传】云南省·（怒江傈僳族自治州）·贡山（贡山独龙族怒族自治县）·独龙江公社（独龙江乡）

【出处】蔡家麒调查整理：《鬼的种类和名称（一）》（1982），见吕大吉、何耀华总主编《中国各民族原始宗教资料集成》（纳西族卷、羌族卷、独龙族卷、傈僳族卷、怒族卷），北京：中国社会科学出版社 2000 年版，第 620 页。

W0906.1.5.2

天上的七煞鬼

实 例

黎族 天上的鬼有七煞鬼、三煞鬼、黑石煞鬼、半天云鬼、五道常鬼。

【流传】海南省·琼中县（琼中黎族苗族自治县·和平镇）·堑对乡（堑对村）

【出处】《琼中堑对乡黎族的几种“鬼神”》，见中南民族学院编辑《海南岛黎族社会调查》（上卷），南宁：广西民族出版社 1992 年版，第 561 页。

W0906.1.6

天鬼患病

实 例

白族 天鬼（即天神）是鬼中之大鬼，很厉害，碰上它得了病，就要请朵兮薄杀牛来祭。

【流传】云南省·（怒江傈僳族自治州）

【出处】张旭：《白族对天鬼和本主的崇拜》，见《大理白族史探索》，昆明：云南人民出版社 1990 年版，第 156～159 页。

W0906.2

地灵（地鬼，地上的鬼）

【汤普森】①E701.1②F494

【关联】［W0230］地神

实 例

（参见下级母题实例）

W0906.2.0

地鬼的产生

实 例

（参见下级母题实例）

W0906.2.0.1

人的灵魂变成地鬼

实 例

（参见下级母题实例）

W0906.2.0.1.1

女子死后其中一个灵魂变成地鬼

实 例

景颇族 姐弟结婚生子，但小孩不认母亲，跑到遥远的世界各地。他们的母亲被活活气死后，一个魂上了天，成了天鬼；另一个入了地，变成了地鬼。

【流传】（无考）

【出处】殷江腊讲，永生翻译，东耳、永生整理：《人类始祖》，载《山茶》1982 年第 6 期。

W0906.2.1

地鬼的特征

实 例

（参见下级母题实例）

W0906.2.1.1

地鬼是女的

实 例

怒族 地鬼是女的。

【流传】云南省·（怒江傈僳族自治州）·福贡地区（福贡县）

【出处】

(a)《思想战线》编辑部编：《西南少数民族风俗志》，北京：中国民间文艺出版社1981年版，第341～342页。

(b) 同(a)，见吕大吉、何耀华总主编《中国各民族原始宗教资料集成》（纳西族卷、羌族卷、独龙族卷、傈僳族卷、怒族卷），北京：中国社会科学出版社2000年版，第848页。

W0906.2.1.2

地鬼是圆壳形的

实 例

怒族 地的最下一层也有一个圆壳似的东西就是地鬼。

【流传】云南省·（怒江傈僳族自治州）·福贡地区（福贡县）

【出处】

(a)《思想战线》编辑部编：《西南少数民族风俗志》，北京：中国民间文艺出版社1981年版，第341～342页。

(b) 同(a)，见吕大吉、何耀华总主编《中国各民族原始宗教资料集成》（纳西族卷、羌族卷、独龙族卷、傈僳族卷、怒族卷），北京：中国社会科学出版社2000年版，第848页。

W0906.2.1.3

地鬼是恶鬼

实 例

黎族 地鬼是恶鬼，要杀猪祭祀。

【流传】（无考）

【出处】《鬼魂崇拜》，见吕大吉、何耀华主编，本册主编李绍明等《中国各民族原始宗教资料集成》（土家族卷、瑶族卷、壮族卷、黎族卷），北京：中国社会科学出版社1998年版，第695页。

W0906.2.2

地鬼的生活

实 例

（参见下级母题实例）

W0906.2.2.1

地鬼住地下

实 例

怒族 女地鬼住在地下。

【流传】云南省·（怒江傈僳族自治州）·福贡地区（福贡县）

【出处】

(a)《思想战线》编辑部编：《西南少数民族风俗志》，北京：中国民间文艺出版社1981年版，第341～342页。

(b) 同(a)，见吕大吉、何耀华总主编《中国各民族原始宗教资料集成》

（纳西族卷、羌族卷、独龙族卷、傈僳族卷、怒族卷），北京：中国社会科学出版社2000年版，第848页。

W0906.2.3

地灵的名称（地鬼的名称）

实 例

（参见下级母题实例）

W0906.2.3.1

地灵称为革岱

实 例

佤族 阿佤叫地灵为“革岱”。

【流传】云南省·（普洱市）·西盟佤族自治县、澜沧拉祜族自治县等地

【出处】毕登程、隋嘎编著：《司岗里——佤族创世史诗》，昆明：云南出版集团公司·云南人民出版社2009年版，第150页。

W0906.2.3.2

地鬼卜郎

实 例

独龙族 地上的鬼称“卜郎”。

【流传】云南省·（怒江傈僳族自治州）·贡山县（贡山独龙族怒族自治县）·独龙江公社（独龙江乡）·巴坡村、先久当村

【出处】蔡家麒调查整理：《地上的鬼：“卜郎”》（1982），见吕大吉、何耀华总主编《中国各民族原始宗教资料集成》（纳西族卷、羌族卷、独龙族卷、傈僳族卷、怒族卷），北京：中国社会科学出版社2000年版，第619页。

W0906.2.3.2a

地鬼经日不朗

实 例

独龙族 “经日不朗”（地鬼）是保丰收之神。

【流传】云南省·（怒江傈僳族自治州）·贡山县（贡山独龙族怒族自治县）

【出处】洪俊：《贡山第四区第三行政村解放前独龙族社会组织调查》，见中国科学院民族研究所云南民族调查组等编：《云南省怒江独龙族社会调查》（调查材料之七），内部编印，1964年，第32页。

W0906.2.3.3

地鬼米欧阿生

实 例

基诺族 地鬼的基诺名叫“米欧阿生”。

【流传】云南省·（西双版纳傣族自治州·景洪市）·基诺山（基诺山基诺族乡）·戛里果箐

【出处】沙车等讲，杜玉亭调查整理：《地鬼》（1990），见吕大吉、何耀华总主编《中国各民族原始宗教资料集成》（彝族卷、白族卷、基诺族卷），北京：中国社会科学出版社1996年

版，第 938 页。

W0906. 2. 4

地鬼的类型（地鬼的数量）

实 例

（参见下级母题实例）

W0906. 2. 4. 1

山林地鬼

实 例

（参见下级母题实例）

W0906. 2. 4. 1. 1

山林地鬼包括善鬼、崖鬼、小崖洞鬼、山鬼、猎鬼、树鬼、路鬼、箐沟鬼、石头鬼等

实 例

独龙族 山林地鬼类包括：（1）“拉”：各山峰顶上的主人，善鬼；（2）“几卜郎”：崖鬼；（3）“勒木郎”：小崖洞鬼；（4）“密卜郎”：山鬼；（5）“金日卜郎”：山鬼；（6）“仁木大”：猎鬼，管山林禽兽；（7）“墨里卜郎”：树鬼；（8）“升火”：树鬼；（9）“热力卜郎”：树鬼；（10）“洛日卜郎”：地上的鬼；（11）“德格拉卜郎”：缠人致死的鬼；（12）“木龙卜郎”：路鬼；（13）“益休卜郎”：路鬼；（14）“鲁卜郎”：箐沟鬼；（15）“陆卜郎”：石头鬼。

【流传】云南省·（怒江傈僳族自治州）·贡山（贡山独龙族怒族自治县）·独龙江公社（独龙江乡）

【出处】蔡家麒调查整理：《鬼的种类和名称（一）》（1982），见吕大吉、何耀华总主编《中国各民族原始宗教资料集成》（纳西族卷、羌族卷、独龙族卷、傈僳族卷、怒族卷），北京：中国社会科学出版社 2000 年版，第 620 页。

W0906. 2. 4. 1. 2

地上的鬼有五刀匠、冷灶匠、岐山鬼、西主鬼

实 例

黎族 地上的鬼有五刀匠、冷灶匠、岐山鬼、西主鬼。

【流传】海南省·琼中县（琼中黎族苗族自治县·和平镇）·堑对乡（堑对村）

【出处】《琼中堑对乡黎族的几种“鬼神”》，见中南民族学院编辑《海南岛黎族社会调查》（上卷），南宁：广西民族出版社 1992 年版，第 561 页。

W0906. 2. 5

与地鬼有关的其他母题

实 例

（参见下级母题实例）

W0906.2.5.1
田魂

实 例

（参见下级母题实例）

W0906.2.5.1.1
禾苗不好时要接田魂

实 例

壮族 秋收后，要接禾谷魂，禾苗不好要接田魂。

【流传】（贵州省·黔东南苗族侗族自治州·从江县）

【出处】覃华儒搜集整理：*《万物有魂》（1989），见吕大吉、何耀华总主编《中国各民族原始宗教资料集成》（土家族卷、瑶族卷、壮族卷、黎族卷），北京：中国社会科学出版社1998年版，第486页。

W0906.2a
太阳鬼

实 例

（参见下级母题实例）

W0906.2a.1
鬼生太阳鬼

实 例

景颇族 鬼生太阳鬼。

【流传】（无考）

【出处】何峨整理：《万物诞生》，见中华民族故事大系编委会编《中华民族故事大系》第10卷（景颇族、柯尔克孜族、土族），上海：上海文艺出版社1995年版，第8页。

W0906.2b
月亮鬼

实 例

（实例待考）

W0906.3
山灵（山鬼、山妖，山精，石灵）

【汤普森】F460

【关联】［W0391］山神

实 例

白族 板古（男祖先名）领着子孙们上山打猎、下河摸鱼的好日子没过多久，山上出了妖精，水里出了水怪。

【流传】云南省·（大理白族自治州）·剑川（剑川县）

【出处】李恩发讲，李绍尼整理：《“五百天”神》，原载陶立璠、李耀宗《中国少数民族神话传说选》，四川民族出版社1985年版，见姚宝瑄主编《中国各民族神话》（白族、拉祜族、景颇族），太原：山西出版传媒集团·书海出版社2014年版，第119～120页。

汉族 黑山里有个山妖，平日胡作非为。

【流传】辽宁省·桓仁县·五里甸子

一带

【出处】程元清讲，刘益令记录整理：《满天星和王八炕的传说》（1982. 05），见姚宝瑄主编《中国各民族神话》（汉族），太原：山西出版传媒集团·书海出版社 2014 年版，第 326～328 页。

W0906. 3. 0

山灵的产生（山鬼的产生）

实 例

（参见下级母题实例）

W0906. 3. 0. 1

从山上跌落丧身的人变的山鬼

实 例

壮族 从山上跌落丧身的人变的山鬼。

【流传】广西壮族自治区·百色市·那坡县

【出处】范宏贵搜集整理：*《防鬼的方法》（1991），见吕大吉、何耀华总主编《中国各民族原始宗教资料集成》（土家族卷、瑶族卷、壮族卷、黎族卷），北京：中国社会科学出版社 1998 年版，第 490～491 页。

W0906. 3. 0. 2

任何一座山峰都有神灵

实 例

藏族 先民们认为在雪域藏地任何一座山峰都有神灵。

【流传】（无考）

【出处】《藏族卷·绪论》，见吕大吉、何耀华总主编《中国各民族原始宗教资料集成》（鄂伦春族卷、鄂温克族卷、赫哲族卷、达斡尔族卷、锡伯族卷、满族卷、蒙古族卷、藏族卷），北京：中国社会科学出版社 1999 年版，第 775 页。

W0906. 3. 0. 2a

每一座山都有一个神灵

实 例

白族（那马） 每一座山都有一个神灵存在。

【流传】云南省·（怒江傈僳族自治州）·兰坪县（兰坪白族普米族自治县），（迪庆藏族自治州）·维西县（维西傈僳族自治县）

【出处】刘龙初调查整理：《兰坪维西那马人祭山鬼和山神》（1988），见吕大吉、何耀华总主编《中国各民族原始宗教资料集成》（彝族卷、白族卷、基诺族卷），北京：中国社会科学出版社 1996 年版，第 472 页。

W0906. 3. 0. 3

丢的特定物变成山妖

实 例

（参见下级母题实例）

W0906.3.0.3.1

阳神老公公抛弃到林中的木人木马变成山妖

实 例

纳西族 阳神老公公砍掉做的没有成活的木人和木马，一架扔到老林中，老林从此有山妖。

【流传】（云南省）

【出处】 和芳、和志新编译：《崇邦统——人类迁徙记》，见姚宝瑄主编《中国各民族神话》（佤族、阿昌族、纳西族、普米族、德昂族），太原：山西出版传媒集团·书海出版社2014年版，第147页。

W0906.3.1

山灵的特征（山鬼的特征，山鬼的能力，山鬼的行为）

实 例

（参见下级母题实例）

W0906.3.1.1

山鬼的体征

实 例

（参见下级母题实例）

W0906.3.1.1.1

山鬼的牙齿像刀

实 例

哈尼族 山鬼的牙齿又细又尖又快，就像锯镰刀一样。

【流传】（无考）

【出处】 白祖博、黄世荣搜集整理：《山神资车》，见姚宝瑄主编《中国各民族神话》（哈尼族、傣族），太原：山西出版传媒集团·书海出版社2014年版，第111页。

W0906.3.1.1.2

山鬼身上长着硬毛

实 例

哈尼族 山鬼满背长着长长的硬毛，就像披着一件蓑衣一样。

【流传】（无考）

【出处】 白祖博、黄世荣搜集整理：《山神资车》，见姚宝瑄主编《中国各民族神话》（哈尼族、傣族），太原：山西出版传媒集团·书海出版社2014年版，第110页。

W0906.3.1.1.3

山鬼一足

【关联】

① ［W0906.3.5.3］ 山精一足

② ［W0907.14.7］ 一足鬼（独脚鬼）

实 例

汉族 安国县有山鬼，形体如人而一脚，裁长一尺许。好啖盐，伐木人盐辄偷将去。不甚畏人，人亦不敢伐木，犯之即不利也。

【流传】（无考）

【出处】 ［北宋］李昉、李穆、徐铉等：

《太平御览》卷九四二引《永嘉郡记》。

汉族 山鬼独一足，蝮蛇长如树。

【流传】（无考）

【出处】［唐］杜甫：《怀台州郑司户》。

W0906. 3. 1. 1. 4

山鬼黑毛毵毵

实 例

汉族 宜兴民素以滑稽著。有山鬼入其室，自天窗垂一足彻地，黑毛毵毵。

【流传】（无考）

【出处】［宋］洪迈：《夷坚乙志》卷二“宜兴民”条。

W0906. 3. 1. 2

山鬼是恶鬼

【关联】［W0393. 6. 2］恶的山神

实 例

黎族 山鬼是恶鬼，要杀猪祭祀，要杀鸡祭祀。

【流传】（无考）

【出处】《鬼魂崇拜》，见吕大吉、何耀华主编，本册主编李绍明等《中国各民族原始宗教资料集成》（土家族卷、瑶族卷、壮族卷、黎族卷），北京：中国社会科学出版社 1998 年版，第 695 页。

W0906. 3. 1. 3

山妖制造瘟疫

实 例

布依族 山妖制造瘟疫。

【流传】贵州省·（毕节市）·赫章（赫章县）

【出处】潘国恩讲，周云峰整理：《茯苓精》，见中华民族故事大系编委会编《中华民族故事大系》第 3 卷（彝族、壮族、布依族），上海：上海文艺出版社 1995 年版，第 863 页。

W0906. 3. 1. 4

山鬼呼风唤雨

实 例

藏族 从前墨竹工卡县德忠山沟里住着一个山鬼，他经常用魔法呼风唤雨，兴妖作怪。

【流传】（西藏自治区）

【出处】阎振中搜集整理：《德忠沟的女神和山鬼》，原载《西藏民间故事》第 3 集，西藏人民出版社 1987 年版，见吕大吉、何耀华总主编《中国各民族原始宗教资料集成》（鄂伦春族卷、鄂温克族卷、赫哲族卷、达斡尔族卷、锡伯族卷、满族卷、蒙古族卷、藏族卷），北京：中国社会科学出版社 1999 年版，第 951 页。

W0906.3.1.5 山灵主宰山林，农产及路径

实 例

傈僳族 山灵主宰山林，农产及路径。每一村中，有公祀山灵的地方。但无建筑或偶像，而是一棵大树。

【流传】碧罗雪山（云南省·怒江傈僳族自治州·贡山独龙族怒族自治县与云南省·迪庆藏族自治州·德钦县交界一带）

【出处】陶云逵：《碧罗雪山之傈僳族》，见国立中央研究院《历史语言研究所集刊》第17本，商务印书馆民国三十七年（1948），第394~395页。

W0906.3.2 特定名称的山鬼

实 例

（参见下级母题实例）

W0906.3.2.1 山臊

实 例

汉族 深山中有人焉，身长尺余，一足，袒身，捕虾蟹。性不畏人，见人止宿，暮依其火，以炙虾蟹。伺人不在，而盗人盐，以食虾蟹。名曰山臊，其音自叫。人尝以竹著火中，爆普而出，臊皆惊惮。犯之，令人寒热。此虽人形而变化，然亦鬼魅之类。今所在山中皆有之。

【流传】（无考）

【出处】［汉］东方朔：《神异经》。

W0906.3.2.2 岭上的鬼有岭王、岭主、岭公、岭匠和放狗匠

实 例

黎族 岭上的鬼有岭王、岭主、岭公、岭匠和放狗匠。

【流传】海南省·琼中县（琼中黎族苗族自治县·和平镇）·堑对乡（堑对村）

【出处】《琼中堑对乡黎族的几种“鬼神”》，见中南民族学院编辑《海南岛黎族社会调查》（上卷），南宁：广西民族出版社1992年版，第561页。

W0906.3.2.3 山鬼珍布

实 例

珞巴族 珍布是珞巴族米古巴部落崇拜的山鬼。

【流传】西藏自治区·珞瑜地区（包括上珞瑜，泛指古称的白马岗即今林芝市墨脱县、马尼岗、梅楚卡一带，下珞瑜则泛指永木河、锡约尔河、巴恰西仁河流域）

【出处】宾珠讲，于乃昌等整理：《妹妹与蛇》，见《珞巴族民间故事》：http：//www.tibet－web.com/old/minjian/ync/gushi/mulu.htm，2003.10.02。

W0906. 3. 2. 4

山鬼米司尼（密尸泥）

【关联】［W0122. 4. 2. 1］山神米司尼在众神中最大最有权威

实 例

傈僳族 米司尼（山鬼）是怒江傈僳族最早祭祀的精灵。

【流传】云南省·怒江（傈僳族自治州）

【出处】杨建和：《怒江傈僳族的宗教信仰》，见宋恩常编《中国少数民族宗教初编》，昆明：云南人民出版社 1985 年版，第 219～220 页。

W0906. 3. 2. 4. 1

山鬼密尸泥能使人得病

实 例

傈僳族 “密尸泥”（山鬼）会使人得病。

【流传】云南省·（怒江傈僳族自治州）·（原碧江县五区二村）

【出处】丽江专区民委调研组：《碧江县五区二村傈僳族社会调查》，见云南省编辑委员会编《傈僳族社会历史调查》，昆明：云南人民出版社 1981 年版，第 20 页。

W0906. 3. 2. 5

山鬼米枯干

实 例

怒族 自然神灵包括山鬼“米枯干”。

【流传】（无考）

【出处】

（a）《思想战线》编辑部编：《西南少数民族风俗志》，北京：中国民间文艺出版社 1981 年版，第 341～342 页。

（b）同（a），见吕大吉、何耀华总主编《中国各民族原始宗教资料集成》（纳西族卷、羌族卷、独龙族卷、傈僳族卷、怒族卷），北京：中国社会科学出版社 2000 年版，第 847 页。

W0906. 3. 2. 5. 1

山鬼米枯干主宰农耕

【关联】［W0396. 11. 2b］山神是农神

实 例

怒族 山鬼“米枯干”主宰农耕。

【流传】（无考）

【出处】

（a）《思想战线》编辑部编：《西南少数民族风俗志》，北京：中国民间文艺出版社 1981 年版，第 341～342 页。

（b）同（a），见吕大吉、何耀华总主编《中国各民族原始宗教资料集成》（纳西族卷、羌族卷、独龙族卷、傈僳族卷、怒族卷），北京：中国社会科学出版社 2000 年版，第 847 页。

W0906. 3. 2. 6

山妖鲁美姆恒

实 例

（参见下级母题实例）

W0906.3.2.6.1

山骡变的美女是山妖鲁美姆恒的精灵

实　例

纳西族 山骡变化的美貌女人，是山妖鲁美姆恒的精灵。

【流传】云南省·（丽江市）·丽江县（古城区、玉龙纳西族自治县）

【出处】木丽春采集整理：《妖女拐骗利恩若》，见木丽春编著《纳西族民间故事集》，昆明：云南人民出版社2007年版，第51页。

W0906.3.3

山魈

实　例

（参见下级母题实例）

W0906.3.3.1

山魈怕鞭炮

实　例

汉族 噼里啪啦的“爆竹”声响，吓得山魈不敢再来了。

【流传】河南省豫中一带

【出处】郭立峰讲：《火神祝融的传说》，见张振犁编著，孟宪明、朱淑君统纂《中原神话通鉴》（第三卷），郑州：河南大学出版社2017年版，第767页。

W0906.3.3.2

山魈独足反踵，手足三歧

实　例

汉族 （参见“W0906.3.3.5 山魈居岭南”母题实例）

W0906.3.3.2.1

独足鬼名山魈

实　例

汉族 浙有独足鬼，名山魈。福建浦城常有人见手曳帕子，乘片云飞过屋头甚低，亦不大畏。又能盗物。最畏人骂，知辄大骂，多掷还之。

【流传】（无考）

【出处】［明］李诩：《戒庵老人漫笔》卷四“山魈”条。

W0906.3.3.3

山魈半人半鬼

实　例

汉族 广东山僻处，有山魈，半是鬼，半是人，能隐能显，止一手一足，必两人相帮，然后能行。

【流传】（无考）

【出处】［清］褚人获：《坚瓠秘集》卷一引《白醉璅言》。

W0906.3.3.4

山魈人形善笑

实　例

汉族 山魅，其形似人，生毛，黑色，身长丈余，逢人而笑，口上唇盖眼，下唇盖胸，人见亦怪矣。或时遗下藤制草鞋，长二尺五寸。

【流传】（无考）

【出处】［宋］乐史：《太平寰宇记》卷一〇〇。

W0906. 3. 3. 5
山魈居岭南

实 例

汉族 山魈者，岭南所在有之，独足反踵，手足三歧，其牝好傅脂粉。于大树空中作窠，有木屏风帐幔，食物甚备。

【流传】（无考）

【出处】［北宋］李昉、扈蒙、李穆等：《太平广记》卷四二八“斑子”条引《广异记》。

W0906. 3. 3. 6
山魈又称山大人

实 例

汉族 剑山中有山魈，乡人所谓山大人也。

【流传】（无考）

【出处】［宋］乐史：《太平寰宇记》卷一〇〇。

W0906. 3. 3. 7
山魈最畏人骂

实 例

汉族 （参见“W0906. 3. 3. 2. 1 独足鬼名山魈”母题实例）

W0906. 3. 4
水石精

实 例

（参见下级母题实例）

W0906. 3. 4. 1
水石精怪庆忌

实 例

汉族 故水石者精名庆忌，状如人，乘车盖，日驰千里。以其名呼之，可使入水取鱼。

【流传】（无考）

【出处】［北宋］李昉、李穆、徐铉等：《太平御览》卷八八六引《白泽图》。

W0906. 3. 4. 2
庆忌状如人，乘车盖，日驰千里

实 例

汉族 （参见“W0906. 3. 4. 1 水石精怪庆忌”母题实例）

W0906. 3. 5
山精

【关联】［W0907. 14. 4. 8］蝈蜽是山精

实 例

（参见下级母题实例）

W0906.3.5.1

山精爱捉弄人

实 例

汉族 山精之类，喜调诙捉弄人。

【流传】（无考）

【出处】《一足鬼》，见袁珂《中国神话大词典》，北京：华夏出版社 2015 年版，第 1 页。

W0906.3.5.2

山精化身美女

实 例

汉族 武都有一丈夫，化为女子，美而艳，盖山精也。

【流传】（无考）

【出处】

(a) ［晋］常璩：《华阳国志·蜀志》。

(b) 《武担》，见袁珂《中国神话大词典》，北京：华夏出版社 2015 年版，第 188 页。

W0906.3.5.3

山精一足

实 例

汉族 山精如人，一足，长三四尺，食山蟹，夜出昼藏。人昼日不见，夜闻其声，千岁蟾蜍食之。

【流传】（无考）

【出处】［北宋］李昉、李穆、徐铉等：《太平御览》卷八八六引《玄中记》。

W0906.3.5.4

山精如人

实 例

汉族 （参见“W0906.3.5.3 山精一足”母题实例）

W0906.3.5.5

山精夜出昼藏

实 例

汉族 （参见“W0906.3.5.3 山精一足”母题实例）

W0906.3.6

石灵（石头灵，石头鬼）

实 例

（参见下级母题实例）

W0906.3.6.1

石头灵称作革斯么

实 例

佤族 阿佤叫石头灵为“革斯么”。

【流传】云南省·（普洱市）·西盟佤族自治县、澜沧拉祜族自治县等地

【出处】毕登程、隋嘎编著：《司岗里——佤族创世史诗》，昆明：云南出版集团公司·云南人民出版社 2009 年版，第 150 页。

W0906. 3. 6. 2

石头鬼德格拉卜郎

实 例

独龙族 “德格拉卜郎”是石头鬼，这种鬼有好几种，能滚石头砸死人，弄倒大树压死人，使山上毒蛇咬死人。

【流传】 云南省

【出处】 洪俊：《独龙族的原始习俗与文化》，见云南省编辑组：《云南少数民族社会历史调查资料汇编》（一），昆明：云南人民出版社 1986 年版，第 216 页。

W0906. 3. 7

与山灵（山鬼、山妖，山精，石灵）有关的其他母题

【关联】 ［W0398. 3. 5. 5］山神的下属山鬼

实 例

（参见下级母题实例）

W0906. 3. 7. 1

崖鬼

【关联】［W0912. 2. 5. 6. 1］崖鬼最害怕白龙

实 例

（参见下级母题实例）

W0906. 3. 7. 1. 1

猎人变成崖鬼

实 例

独龙族 崖鬼“几卜郎”和山林中的“仁木大”等，传说它们都是由活着的猎人生前变成的。

【流传】 云南省·（怒江傈僳族自治州）·贡山县（贡山独龙族怒族自治县）·独龙江公社（独龙江乡）·巴坡村、先久当村

【出处】 蔡家麒调查整理：《地上的鬼：“卜郎”》（1982），见吕大吉、何耀华总主编《中国各民族原始宗教资料集成》（纳西族卷、羌族卷、独龙族卷、傈僳族卷、怒族卷），北京：中国社会科学出版社 2000 年版，第 619 页。

W0906. 3. 7. 1. 1. 1

迷路的猎人变成崖鬼

实 例

独龙族 一个普通的独龙族猎人在山里行猎时与同伴失散后变成崖鬼（山鬼）。

【流传】 云南省·（怒江傈僳族自治州）·贡山（贡山独龙族怒族自治县）·独龙江公社（独龙江乡）·马帕拉村

【出处】 蔡家麒调查整理：《祭山鬼：“几卜郎”》（1982），见吕大吉、何耀华总主编《中国各民族原始宗教资料集成》（纳西族卷、羌族卷、独龙族卷、傈僳族卷、怒族卷），北京：中国社会科学出版社 2000 年版，第 625 页。

W0906.3.7.1.2

崖鬼几卜郎

实 例

独龙族 一个人领着狗沿山崖去撵猎物的客人变成了崖鬼“几卜郎”。

【流传】（无考）

【出处】《“几卜郎”的传说》，见吕大吉、何耀华总主编《中国各民族原始宗教资料集成》（纳西族卷、羌族卷、独龙族卷、傈僳族卷、怒族卷），北京：中国社会科学出版社2000年版，第682页。

W0906.4

水灵（水鬼）

【汤普森】①E701.2；②F402

【关联】

①［W0400］水神

②［W0846.2］水妖（水魔、水怪、水精）

实 例

（参见下级母题实例）

W0906.4.1

水鬼的产生

实 例

（参见下级母题实例）

W0906.4.1.1

人成为水鬼

【汤普森】E653.1

【关联】［W0906.4］水灵（水鬼）

实 例

（参见下级母题实例）

W0906.4.1.1.1

人淹死后变成水鬼

实 例

汉族 （实例待考）

壮族 落水溺死或跳水自杀而死的人变的水鬼。

【流传】广西壮族自治区·百色市·那坡县

【出处】范宏贵搜集整理：＊《防鬼的方法》（1991），见吕大吉、何耀华总主编《中国各民族原始宗教资料集成》（土家族卷、瑶族卷、壮族卷、黎族卷），北京：中国社会科学出版社1998年版，第491页。

W0906.4.1.2

恶神生的蛋生水鬼

实 例

纳西族 恶神依古顶那做变化出的黑蛋生的黑鸡生出9对黑蛋。其中，一对变为水鬼和水怪。

【流传】（云南省）

【出处】和芳、和志新编译：《崇邦统——人类迁徙记》，见姚宝瑄主编《中国各民族神话》（佤族、阿昌族、纳西族、普米族、德昂族），太原：山西出版传媒集团·书海出版社2014

年版，第 139 页。

W0906. 4. 1. 3

水鬼源于天上

实 例

白族 水鬼是三百层天上的王爷，能呼风唤雨，本事很大。

【流传】云南省·（大理白族自治州）·剑川（剑川县）

【出处】李恩发讲，李绍尼整理：《“五百天”神》，原载陶立璠、李耀宗《中国少数民族神话传说选》，四川民族出版社 1985 年版，见姚宝瑄主编《中国各民族神话》（白族、拉祜族、景颇族），太原：山西出版传媒集团·书海出版社 2014 年版，第 121 页。

W0906. 4. 2

水鬼的特征（水鬼的身份，水鬼的职能）

【汤普森】F420. 4

实 例

（参见下级母题实例）

W0906. 4. 2. 0

水鬼有男有女

实 例

独龙族 （参见“W0906. 4. 5. 9 水鬼达格拉”母题实例）

W0906. 4. 2. 1

水鬼是动物外形

【汤普森】F420. 1. 3

实 例

（参见下级母题实例）

W0906. 4. 2. 1. 1

水鬼全身鳞甲

实 例

壮族 红水河里的水鬼“图额”，全身鳞甲，形态多变。

【流传】广西壮族自治区·（河池市）·东兰县

【出处】李坤荣：《壮乡铜鼓情》，见张声震总主编，农冠品编注《壮族神话集成》，南宁：广西民族出版社 2007 年版，第 728 页。

W0906. 4. 2. 2

水鬼是针头人身

实 例

白族 水鬼是针头人身，可上岸，可下水。

【流传】云南省·（大理白族自治州）·剑川（剑川县）

【出处】李恩发讲，李绍尼整理：《“五百天”神》，原载陶立璠、李耀宗《中国少数民族神话传说选》，四川民族出版社 1985 年版，见姚宝瑄主编《中国各民族神话》（白族、拉祜族、景颇族），太原：山西出版传媒集团·书海出版社2014年版，第121页。

W0906.4.2.3

水鬼是三百层天上的王爷

实 例

白族 （参见“W0906.4.1.3 水鬼源于天上”母题实例）

W0906.4.2.4

水鬼能呼风唤雨

实 例

白族 （参见“W0906.4.1.3 水鬼源于天上”母题实例）

W0906.4.2.5

水灵主宰饮食及康健与疾病

实 例

傈僳族 水灵主宰饮食及康健疾病。水灵之本位是在泉水的地方。

【流传】碧罗雪山（云南省·怒江傈僳族自治州·贡山独龙族怒族自治县与云南省·迪庆藏族自治州·德钦县交界一带）

【出处】陶云逵：《碧罗雪山之傈僳族》，见国立中央研究院《历史语言研究所集刊》第17本，商务印书馆民国三十七年（1948），第394~395页。

W0906.4.4

水鬼的行为

【汤普森】F420.5

实 例

（参见下级母题实例）

W0906.4.4.1

水鬼结婚

【汤普森】F420.6

实 例

（实例待考）

W0906.4.4.2

水鬼兴风作浪

实 例

壮族 红水河里的水鬼“图额”，兴风作浪，吞食百姓。

【流传】广西壮族自治区·（河池市）·东兰县

【出处】李坤荣：《壮乡铜鼓情》，见张声震总主编，农冠品编注《壮族神话集成》，南宁：广西民族出版社2007年版，第728页。

W0906.4.5

特定名称的水鬼（水鬼的类型）

实 例

（参见下级母题实例）

W0906.4.5.1

红水河里的水鬼图额

实 例

壮族 红水河里有个叫“图额”的水鬼。

【流传】广西壮族自治区·（河池市）·东兰县

【出处】李坤荣：《壮乡铜鼓情》，见张声震总主编，农冠品编注《壮族神话集成》，南宁：广西民族出版社 2007 年版，第 728 页。

W0906.4.5.2

水浮鬼

实 例

黎族 水里的鬼有水浮鬼、水串鬼和水谷鬼。

【流传】海南省·琼中县（琼中黎族苗族自治县·和平镇）·堑对乡（堑对村）

【出处】《琼中堑对乡黎族的几种“鬼神”》，见中南民族学院编辑《海南岛黎族社会调查》（上卷），南宁：广西民族出版社 1992 年版，第 561 页。

W0906.4.5.3

水串鬼

实 例

黎族 （参见“W0906.4.5.2 水浮鬼”母题实例）

W0906.4.5.4

水谷鬼

实 例

黎族 （参见“W0906.4.5.2 水浮鬼”母题实例）

W0906.4.5.5

溺死鬼

【关联】［W0907.14.23.2］替死鬼恰他儿不郎（淹死鬼恰他儿不郎）

实 例

（参见下级母题实例）

W0906.4.5.5.1

落水淹死的人变成溺死鬼意乌谢

实 例

彝族 落水淹死的人变成意乌谢，意为溺死鬼。

【流传】四川省·（凉山彝族自治州）大凉山一带

【出处】胡庆钧：《凉山彝族奴隶制社会形态》，北京：中国社会科学出版社 1985 年版，第 392 页。

W0906.4.5.6

水鬼独药干

实 例

怒族 自然神灵有山鬼“米枯干”和水鬼“独药干”。

【流传】（无考）

【出处】

（a）《思想战线》编辑部编：《西南少数民族风俗志》，北京：中国民间文艺出版社 1981 年版，第 341～342 页。

（b）同（a），见吕大吉、何耀华总主

编《中国各民族原始宗教资料集成》（纳西族卷、羌族卷、独龙族卷、傈僳族卷、怒族卷），北京：中国社会科学出版社2000年版，第847页。

W0906.4.5.7

水鬼爱杜斯尼

实 例

傈僳族 各种物体和各种现象，都被认为是有灵的，但鬼和神的观念尚未分明，统称为“尼”（精灵）。如“爱杜斯尼”（水鬼），也具有水神的性质。

【流传】云南省·怒江（傈僳族自治州）

【出处】杨建和：《怒江傈僳族的宗教信仰》，见宋恩常编《中国少数民族宗教初编》，昆明：云南人民出版社1985年版，第219页。

W0906.4.5.8

水鬼包括水崖鬼“瓦羌卜郎”，河边鬼“勃木郎”，河中鬼“沙沙卜郎”，水鬼“司多卜郎”，溺死鬼或替死鬼“恰尔他卜郎”

实 例

独龙族 水鬼类包括：（1）“瓦羌卜郎”：水崖鬼；（2）“勃木郎”：河边鬼；（3）“沙沙卜郎”：河中鬼；（4）“司多卜郎”：水鬼；（5）“恰尔他卜郎”：溺死鬼或替死鬼。

【流传】云南省·（怒江傈僳族自治州）·贡山（贡山独龙族怒族自治县）·独龙江公社（独龙江乡）

【出处】蔡家麒调查整理：《鬼的种类和名称（一）》（1982），见吕大吉、何耀华总主编《中国各民族原始宗教资料集成》（纳西族卷、羌族卷、独龙族卷、傈僳族卷、怒族卷），北京：中国社会科学出版社2000年版，第620页。

W0906.4.5.9

水鬼达格拉

实 例

独龙族 “达格拉”是水鬼，有男有女，都是过去淹死的人的冤鬼，专门拉人下水，淹死的人都是它找去作伴或当替身。

【流传】云南省

【出处】洪俊：《独龙族的原始习俗与文化》，见云南省编辑组：《云南少数民族社会历史调查资料汇编》（一），昆明：云南人民出版社1986年版，第216页。

W0906.5

海灵（海鬼）

【汤普森】①E271；②F423

实 例

（实例待考）

W0906. 6

河灵（河鬼）

【汤普森】F424

【关联】［W0410. 1］河伯

实 例

（参见下级母题实例）

W0906. 6. 1

河灵的产生

实 例

（实例待考）

W0906. 6. 2

河灵的特征

实 例

（实例待考）

W0906. 6. 3

与河灵有关的其他母题

实 例

（参见下级母题实例）

W0906. 6. 3. 1

河灵称作革格降

实 例

佤族 阿佤叫河灵为“革格降”。

【流传】云南省·（普洱市）·西盟佤族自治县、澜沧拉祜族自治县等地

【出处】毕登程、隋嘎编著：《司岗里——佤族创世史诗》，昆明：云南出版集团公司·云南人民出版社2009年版，第150页。

W0906. 6a

江鬼

实 例

（参见下级母题实例）

W0906. 6a. 1

落江死的人变成江鬼

实 例

白族（那马）落江死的人变成的江鬼。

【流传】云南省·（怒江傈僳族自治州）·兰坪县（兰坪白族普米族自治县），（迪庆藏族自治州）·维西县（维西傈僳族自治县）

【出处】刘龙初调查整理：《兰坪、维西那马人对鬼与神的区别》（1988），见吕大吉、何耀华总主编《中国各民族原始宗教资料集成》（彝族卷、白族卷、基诺族卷），北京：中国社会科学出版社1996年版，第418页。

W0906. 7

泉灵（泉鬼）

【汤普森】F425

【关联】［W0416］泉神

实 例

（实例待考）

W0906.8

路灵（路鬼）

【汤普森】E272

【关联】［W0448.2.1］路神

实 例

（参见下级母题实例）

W0906.8.1

路灵的产生

实 例

（实例待考）

W0906.8.2

路灵的特征（路鬼的职能）

实 例

（参见下级母题实例）

W0906.8.2.1

善的路鬼

【汤普森】E332

实 例

（实例待考）

W0906.8.2.2

路鬼主不祥

实 例

怒族 （参见“W0906.3.1 路鬼木胡希拉”母题实例）

W0906.8.2.2.1

路鬼引人误入歧途

实 例

怒族 路鬼“木胡布拉”常引诱行路者误入歧途，跌进深箐。

【流传】云南省·（怒江傈僳族自治州）·贡山（贡山独龙族怒族自治县）

【出处】罗孟：《贡山怒族的宗教信仰》，载云南省社会科学院民族学研究所编《民族学》1988年第1期。

W0906.8.3

与路灵有关的其他母题

【关联】［W0910.8.1.5.1］大路鬼附体到妇女身上

实 例

（参见下级母题实例）

W0906.8.3.1

路鬼木胡希拉

实 例

怒族 路鬼“木胡希拉”和树鬼“穷那底布”等十余种。这些都被视为是主不祥之邪鬼。

【流传】云南省·（怒江傈僳族自治州）·贡山（贡山独龙族怒族自治县）

【出处】

（a）张文照整理：《怒族宗教情况》，

见《怒族社会历史调查》，昆明：云南人民出版社 1981 年版，第 114 页。

（b）同（a），见吕大吉、何耀华总主编《中国各民族原始宗教资料集成》（纳西族卷、羌族卷、独龙族卷、傈僳族卷、怒族卷），北京：中国社会科学出版社 2000 年版，第 849 页。

W0906. 9
其他无生命物灵（鬼）

实 例

（参见下级母题实例）

W0906. 9. 1
器物的灵魂

实 例

（参见下级母题实例）

W0906. 9. 1. 1
器物都有灵

实 例

（参见下级母题实例）

W0906. 9. 1. 1. 1
铜锅、铜钗、铜铃、铁斧都有灵魂

实 例

珞巴族 在阿巴达尼启程前，达尼·让罗玛把自己制作的铜锅、铁斧、铜铃、铜钗等装了一大背筐，请父亲背回家。并说："这些东西都是宝贵的财产，可以交换需要的东西，也可以为子孙购买妻子和妇女的装饰品，请父亲储存起来。但有一条，你出洞口后，要一直往前走，不要回头看，否则它们的灵魂要跑掉。"

【流传】西藏自治区·珞瑜地区（包括上珞瑜，泛指古称的白马岗即今林芝市墨脱县、马尼岗、梅楚卡一带，下珞瑜则泛指永木河、锡约尔河、巴恰西仁河流域）

【出处】达得讲，刘芳贤、庞艳瑞搜集整理，达登翻译：《达尼·让罗玛工匠》，见中华民族故事大系编委会编《中华民族故事大系》第 16 卷（赫哲族、门巴族、珞巴族、基诺族），上海：上海文艺出版社 1995 年版，第 601～604 页。

W0906. 10. 1
屋灵

【汤普森】F480

【关联】［W0454. 1. 2］蛇是房屋神

实 例

（参见下级母题实例）

W0906. 10. 1. 1
屋灵是动物

【汤普森】B593

【关联】［W047］动物变成神

实 例

（参见下级母题实例）

W0907

其他灵（其他鬼魂，特定名称的鬼，鬼的名字）

实 例

（参见下级母题实例）

W0907.1

亡灵（亡魂）

实 例

（参见下级母题实例）

W0907.1.1

亡灵的产生

实 例

（参见下级母题实例）

W0907.1.1.1

各种人都能产生亡魂

实 例

白族 特别敬畏在战场上死亡的亡魂。这些亡魂有的是属于功臣的亡魂，有的是杀人的厉鬼，对他们都要好好的供奉，人们才能得到安宁。

【流传】云南省·（大理白族自治州）·洱源县·凤羽乡

【出处】邹汝为调查整理：《凤仪白族姑奶奶祭》（1988），见吕大吉、何耀华总主编《中国各民族原始宗教资料集成》（彝族卷、白族卷、基诺族卷），北京：中国社会科学出版社1996年版，第432页。

W0907.1.1.2

人死产生亡魂

实 例

独龙族 （参见“W0907.1.6.3.1 亡魂阿细”母题实例）

W0907.1.2

亡灵的特征（亡灵的身份）

实 例

（参见下级母题实例）

W0907.1.2.1

亡灵会返回祖先身边

实 例

布依族 苏哥、细妹因再造人烟和被尊奉为再造人类的先祖“细苏”。后人追根溯源，使亡灵沿路回到“细苏”的身边。

【流传】贵州省·（黔西南布依族苗族自治州）·兴仁县·菁脚乡·菁谷村

【出处】杨兴法讲，杨田采录：《细妹苏哥造人烟》见中国民间文学集成全国编辑委员会编《中国民间故事集成》（贵州卷），北京：中国ISBN中心2003年，第46页。

W0907.1.2.2

冤死者的亡灵会害人

实 例

达斡尔族 冤死者的灵魂因为尚未到期，不能回到阴间世界，会流浪人间，伺机作祟，加害于人。

【流传】（内蒙古自治区·呼伦贝尔市·陈巴尔虎旗）

【出处】

(a) 满都尔图：《达斡尔鄂温克蒙古（陈巴尔虎）鄂伦春族萨满教调查》，中国社会科学院民族研究所民族学研究室1992年，内部资料，第9页。

(b)《人的灵魂》，见吕大吉、何耀华总主编《中国各民族原始宗教资料集成》（鄂伦春族卷、鄂温克族卷、赫哲族卷、达斡尔族卷、锡伯族卷、满族卷、蒙古族卷、藏族卷），北京：中国社会科学出版社1999年版，第298页。

W0907. 1. 2. 3

亡魂特征同死者生前一样

实 例

独龙族 “阿细”（亡魂）的形象和属性特征，同死者生前一样。“阿细”不福佑世人，却喜欢贪食酒肉，不断向家族成员索取献祭。

【流传】云南省·（怒江傈僳族自治州）·贡山县（贡山独龙族怒族自治县）·独龙江公社（独龙江乡）

【出处】蔡家麒调查整理：《亡魂“阿细”》（1982），见吕大吉、何耀华总主编《中国各民族原始宗教资料集成》（纳西族卷、羌族卷、独龙族卷、傈僳族卷、怒族卷），北京：中国社会科学出版社2000年版，第617页。

W0907. 1. 2. 4

亡魂不再结婚和生育

实 例

独龙族 “阿细”（亡魂）不再结婚和生育。

【流传】云南省·（怒江傈僳族自治州）·贡山县（贡山独龙族怒族自治县）·独龙江公社（独龙江乡）

【出处】蔡家麒调查整理：《亡魂的世界“阿细默里”》（1982），见吕大吉、何耀华总主编《中国各民族原始宗教资料集成》（纳西族卷、羌族卷、独龙族卷、傈僳族卷、怒族卷），北京：中国社会科学出版社2000年版，第618页。

W0907. 1. 2. 5

亡灵有善恶两面性

实 例

怒族 亡魂具有庇佑和祟祸活人的两重功能。

【流传】（无考）

【出处】吕大吉、何耀华总主编：《中国各民族原始宗教资料集成》（纳西族卷、羌族卷、独龙族卷、傈僳族卷、怒族卷），北京：中国社会科学出版社2000年版，第839页。

W0907.1.2.6

亡灵不是鬼

实 例

独龙族 人的两个灵魂和自然界的鬼魂相比，虽然不为一般人所见，却彼此有着清楚的界限，特别是亡魂“阿细”不认为是鬼。

【流传】（无考）

【出处】吕大吉、何耀华总主编：《中国各民族原始宗教资料集成》（纳西族卷、羌族卷、独龙族卷、傈僳族卷、怒族卷），北京：中国社会科学出版社2000年版，第611页。

W0907.1.3

亡灵的能力（亡灵的职能）

实 例

（参见下级母题实例）

W0907.1.3.0

亡灵能力的获得

实 例

（参见下级母题实例）

W0907.1.3.0.1

亡灵借外力获得能力

实 例

（参见下级母题实例）

W0907.1.3.0.1.1

女性亡灵与其他祖先亡灵结合获得超能力

实 例

蒙古族 儿子根据巫师老父亲的吩咐，父亲死后埋在高处。当其母逝世后，其子也以同样的方式葬于一片高地之上并向她奉献祭祀。她已作为一种亡灵而与其他先祖亡灵相结合，并且获得了飞行、控制乌云和雷电的本领，操纵雨水和冰雹的能力。

【流传】（无考）

【出处】

（a）［西德］海西希著，耿昇译、王尧校订：《蒙古的宗教》，天津：天津古籍出版社1989年版，第364~366页。

（b）《老萨满与老奶奶》，原载同（a），见吕大吉、何耀华总主编《中国各民族原始宗教资料集成》（鄂伦春族卷、鄂温克族卷、赫哲族卷、达斡尔族卷、锡伯族卷、满族卷、蒙古族卷、藏族卷），北京：中国社会科学出版社1999年版，第656页。

W0907.1.3.1

亡灵作祟

实 例

鄂伦春族 母亲赶快把死去孩子的东西送到他的棺材旁边，自此之后，再没有什么不幸的事来打扰他们母子俩了。

【流传】（无考）

【出处】

（a）内蒙古自治区编委会：《鄂伦春族社会历史调查》（第二集），呼和浩特：内蒙古人民出版社 1985 年版，第 260～261 页。

（b）《萨满的传说之一》，见吕大吉、何耀华总主编《中国各民族原始宗教资料集成》（鄂伦春族卷、鄂温克族卷、赫哲族卷、达斡尔族卷、锡伯族卷、满族卷、蒙古族卷、藏族卷），北京：中国社会科学出版社 1999 年版，第 46～47 页。

W0907. 1. 3. 2
亡灵作用于后代

实 例

达斡尔族 人类以及各种动物都有灵魂，人死后他的灵魂会保护或加害于他的后代。

【流传】（内蒙古自治区、黑龙江省等地）

【出处】

（a）珠荣嘎、满都尔图主编：《达斡尔族社会历史调查》，呼和浩特：内蒙古人民出版社 1985 年出版，第 242 页。

（b）《布满神灵的世界》，见吕大吉、何耀华总主编《中国各民族原始宗教资料集成》（鄂伦春族卷、鄂温克族卷、赫哲族卷、达斡尔族卷、锡伯族卷、满族卷、蒙古族卷、藏族卷），北京：中国社会科学出版社 1999 年版，第 292 页。

W0907. 1. 3. 3
亡灵超生

【关联】［W9350］转世（托生、转生）

实 例

（参见下级母题实例）

W0907. 1. 3. 3. 1
亡灵找替身

实 例

蒙古族（布里亚特）森林神奥因·爱钦是森林中失路而死者之幽魂所化。此种精灵以一种诱惑声音引旅人入密林深处，于是旅人乃因失路而致死。

【流传】（无考）

【出处】［波］尼斡拉滋著，金启孮译：《西伯利亚各民族之萨满教》，中国社会科学院民族研究所《萨满教研究》编写组 1978 年印，见吕大吉、何耀华总主编《中国各民族原始宗教资料集成》（鄂伦春族卷、鄂温克族卷、赫哲族卷、达斡尔族卷、锡伯族卷、满族卷、蒙古族卷、藏族卷），北京：中国社会科学出版社 1999 年版，第 623 页。

W0907. 1. 3. 3. 1. 1
亡灵找到替身后超生

【关联】［W0888. 4. 3. 2］鬼寻找替身投胎

实 例

壮族 非正常死亡的人，死后其灵魂只能够在此处附近徘徊，它们只有再找到一位替身顶替这个位置，自己的灵魂才能超脱出来。

【流传】广西壮族自治区·百色市·靖西市

【出处】凌树东搜集整理：*《神怪栖止——禁地》(1989)，见吕大吉、何耀华总主编《中国各民族原始宗教资料集成》(土家族卷、瑶族卷、壮族卷、黎族卷)，北京：中国社会科学出版社1998年版，第492页。

W0907.1.3.3.2
亡灵通过超度超生

实 例

壮族 非正常死亡的人，死后其灵魂只能够在此处附近徘徊。只有他们的家人请巫师为他们举行仪式超度他们，才能脱身。

【流传】广西壮族自治区·百色市·靖西市

【出处】凌树东搜集整理：*《神怪栖止——禁地》(1989)，见吕大吉、何耀华总主编《中国各民族原始宗教资料集成》(土家族卷、瑶族卷、壮族卷、黎族卷)，北京：中国社会科学出版社1998年版，第492页。

W0907.1.3.4
亡灵不庇佑活人

实 例

独龙族 独龙族认为，死者的亡魂（“阿细”），其功能认为远不及活魂重要，亡魂不庇佑活人。

【流传】(无考)

【出处】吕大吉、何耀华总主编：《中国各民族原始宗教资料集成》(纳西族卷、羌族卷、独龙族卷、傈僳族卷、怒族卷)，北京：中国社会科学出版社2000年版，第611页。

W0907.1.4
亡灵的生活（亡灵的行为）

实 例

(参见下级母题实例)

W0907.1.4.1
亡灵的服饰

实 例

(参见下级母题实例)

W0907.1.4.1.1
人死后要把生前穿戴作为亡灵的服饰

实 例

白族（勒墨） 将世间所有的一切穿戴都随同葬入墓内，认为灵魂不死，可以让死者的灵魂随意挑选、佩戴。

【流传】云南省怒江一带

【出处】田怀清调查整理：《祥云考古资料反映的灵魂不死观念》(1989)，见吕大吉、何耀华总主编《中国各民族原始宗教资料集成》（彝族卷、白族卷、基诺族卷），北京：中国社会科学出版社 1996 年版，第 407 页。

W0907. 1. 4. 2

亡灵的食物

实 例

（实例待考）

W0907. 1. 4. 3

亡灵的居所

实 例

（参见下级母题实例）

W0907. 1. 4. 3. 1

亡灵锁在阎王的柜子中

实 例

鄂温克族 尼桑萨满把自己的神派去在九天之内将斯尔古迪偏库的灵魂从阎王爷的柜子里夺取回来，已死去的斯尔古迪偏库就这样复活了。

【流传】（内蒙古自治区·呼伦贝尔市·阿荣旗·查巴奇鄂温克族乡）

【出处】

（a）《阿荣旗查巴奇乡鄂温克族调查报告》，见内蒙古自治区编辑组《鄂温克族社会历史调查》，呼和浩特：内蒙古人民出版社 1986 年版，第 117 页。

（b）《尼桑萨满的传说之二》，见吕大吉、何耀华总主编《中国各民族原始宗教资料集成》（鄂伦春族卷、鄂温克族卷、赫哲族卷、达斡尔族卷、锡伯族卷、满族卷、蒙古族卷、藏族卷），北京：中国社会科学出版社 1999 年版，第 125 ~126 页。

W0907. 1. 4. 3. 2

亡魂居住在阿细默里（亡魂居住在地的另一面）

实 例

独龙族 死者的亡魂（“阿细”），都共同生活在另一个地方“阿细默里”。

【流传】（无考）

【出处】吕大吉、何耀华总主编：《中国各民族原始宗教资料集成》（纳西族卷、羌族卷、独龙族卷、傈僳族卷、怒族卷），北京：中国社会科学出版社 2000 年版，第 611 页。

独龙族 人死后的亡魂居住在“阿细默里”。“阿细默里”被认为是在地的另一面，大地的阴影是“阿细默里”的所在之处。

【流传】云南省·（怒江傈僳族自治州）·贡山县（贡山独龙族怒族自治县）·独龙江公社（独龙江乡）

【出处】蔡家麒调查整理：《亡魂的世界“阿细默里”》（1982），见吕大吉、何耀华总主编《中国各民族原始宗教资料集成》（纳西族卷、羌族卷、独龙族卷、傈僳族卷、怒族卷），北京：中国社会科学出版社 2000 年版，第 617 页。

W0907.1.4.3.3

亡魂的居所与人间相同

实 例

独龙族 人死后的亡魂的居所“阿细默里”，世间有的东西这里也都有：山、水、树和村寨等，到处长着茂盛的蒿草；“阿细”（亡魂）们住的房舍都是用这种蒿草搭盖起来的矮小茅屋；猪鸡牛羊很多，满地是畜禽的粪便，很不干净。

【流传】 云南省·（怒江傈僳族自治州）·贡山县（贡山独龙族怒族自治县）·独龙江公社（独龙江乡）

【出处】 蔡家麒调查整理：《亡魂的世界“阿细默里”》（1982），见吕大吉、何耀华总主编《中国各民族原始宗教资料集成》（纳西族卷、羌族卷、独龙族卷、傈僳族卷、怒族卷），北京：中国社会科学出版社2000年版，第617～618页。

W0907.1.4.3.4

亡魂守坟墓

实 例

傈僳族 人死后有三个亡魂：其中一个守在坟山。

【流传】 云南省·（楚雄彝族自治州）·武定县、元谋县

【出处】 张桥贵调查整理：《傈僳人有三个亡魂说》（1988），见吕大吉、何耀华总主编《中国各民族原始宗教资料集成》（纳西族卷、羌族卷、独龙族卷、傈僳族卷、怒族卷），北京：中国社会科学出版社2000年版，第722页。

W0907.1.4.4

亡灵的出行

实 例

（参见下级母题实例）

W0907.1.4.4.1

亡魂重走生前路

实 例

独龙族 一个人生前所到之处及所行之路，其“阿细”（亡魂）也要逐一重新走一遍。

【流传】 云南省·（怒江傈僳族自治州）·贡山县（贡山独龙族怒族自治县）·独龙江公社（独龙江乡）

【出处】 蔡家麒调查整理：《亡魂的世界“阿细默里”》（1982），见吕大吉、何耀华总主编《中国各民族原始宗教资料集成》（纳西族卷、羌族卷、独龙族卷、傈僳族卷、怒族卷），北京：中国社会科学出版社2000年版，第618页。

W0907.1.4.4.2

亡魂上天堂

实 例

傈僳族 人死后有三个亡魂：其中一个

赴阴间或天堂，为了让这个亡魂顺利地上天，死者坟头要挂置一弩弓，便于他射杀前来拦劫他的饿鬼。

【流传】 云南省·（楚雄彝族自治州）·武定县、元谋县

【出处】 张桥贵调查整理：《傈僳人有三个亡魂说》（1988），见吕大吉、何耀华总主编《中国各民族原始宗教资料集成》（纳西族卷、羌族卷、独龙族卷、傈僳族卷、怒族卷），北京：中国社会科学出版社 2000 年版，第 722 页。

W0907. 1. 4. 4. 3

亡魂回家

【关联】

① ［W0899. 3. 12］ 灵魂回家

② ［W0903. 6. 2］ 祖灵返乡（祖灵回家）

③ ［W0911. 7. 7. 1］ 接父魂

实　例

（参见下级母题实例）

W0907. 1. 4. 4. 3. 1

死者埋葬当晚亡魂会回家

实　例

傈僳族 埋葬死者的当晚，死者的亡魂还要回来。

【流传】 云南省·（楚雄彝族自治州）·武定县、元谋地区（元谋县）

【出处】 张桥贵调查整理：《武定、元谋地区葬仪》（1988），见吕大吉、何耀华总主编《中国各民族原始宗教资料集成》（纳西族卷、羌族卷、独龙族卷、傈僳族卷、怒族卷），北京：中国社会科学出版社 2000 年版，第 806 页。

W0907. 1. 4. 5

亡灵寻找特定物

【关联】 ［W0907. 1. 3. 3. 1］ 亡灵找替身

实　例

（实例待考）

W0907. 1. 4. 6

与亡魂的生活有关的其他母题

实　例

（参见下级母题实例）

W0907. 1. 4. 6. 1

亡魂作祟

实　例

（参见下级母题实例）

W0907. 1. 4. 6. 1. 1

非正常死亡的人的亡灵会经常骚扰亲属

实　例

蒙古族（布里亚特） 非正常死亡的年轻人的魂灵即“哈鲁纳依”经常搅扰自己的亲属，使他们生病，意在提醒他们，应当给自己举行酒奠仪式了。

【流传】（无考）

【出处】［苏联］И. А. 曼日格耶夫著，宋长宏译，佟德富校：《布里亚特萨满教和前萨满教辞典》（俄文版），莫斯科：科学出版社 1978 年版，第 83 页，见吕大吉、何耀华总主编《中国各民族原始宗教资料集成》（鄂伦春族卷、鄂温克族卷、赫哲族卷、达斡尔族卷、锡伯族卷、满族卷、蒙古族卷、藏族卷），北京：中国社会科学出版社 1999 年版，第 624 页。

W0907.1.4.6.1.2 亡魂变成野鬼或白虎精回家作祟

实 例

傈僳族 人死后有三个亡魂，其中亡魂需供在家堂中，若对它侍奉不周也会外出游荡，变成野鬼或白虎精之类，回家来作祟。

【流传】云南省·（楚雄彝族自治州）·武定县、元谋县

【出处】张桥贵调查整理：《傈僳人有三个亡魂说》（1988），见吕大吉、何耀华总主编《中国各民族原始宗教资料集成》（纳西族卷、羌族卷、独龙族卷、傈僳族卷、怒族卷），北京：中国社会科学出版社 2000 年版，第 722 页。

W0907.1.4.6.2 亡魂的生活与生前相同

实 例

独龙族 “阿细默里”（亡魂居住地）的所有“阿细”（亡魂），同样是生活在自己已故的氏族或家族成员的亡魂当中；出嫁了的女“阿细”，也会回到自己的母亲氏族或家族中来；生前是父子、母女、夫妻或兄弟姊妹，在这里依然是一家人，住在一起生活。

【流传】云南省·（怒江傈僳族自治州）·贡山县（贡山独龙族怒族自治县）·独龙江公社（独龙江乡）

【出处】蔡家麒调查整理：《亡魂的世界“阿细默里”》（1982），见吕大吉、何耀华总主编《中国各民族原始宗教资料集成》（纳西族卷、羌族卷、独龙族卷、傈僳族卷、怒族卷），北京：中国社会科学出版社 2000 年版，第 618 页。

W0907.1.4.7 人有 3 个亡魂

【关联】［W0914.1.3.6］人死后的 3 个灵魂中一魂守坟，一魂招入灵筒，一魂送归祖源处

实 例

（参见下级母题实例）

W0907.1.4.7.1 人的 3 个亡魂，一个赴阴间或天堂，一个守坟山，一个供在家堂

实 例

傈僳族 人死后有三个亡魂：一个赴阴间或天堂，一个守在坟山，第三个亡魂需供在家堂中。

【流传】云南省·（楚雄彝族自治州）·武定县、元谋县

【出处】张桥贵调查整理：《傈僳人有三个亡魂说》（1988），见吕大吉、何耀华总主编《中国各民族原始宗教资料集成》（纳西族卷、羌族卷、独龙族卷、傈僳族卷、怒族卷），北京：中国社会科学出版社 2000 年版，第 722 页。

W0907. 1. 5

亡灵的安息（亡灵的归宿）

【关联】

①［W0907. 1. 4. 3. 1］亡灵锁在阎王的柜子中

②［W0913d. 3. 2］人死灵魂不灭，头三年，五年后转入家中地下，满九年离家转入土地庙内

实 例

（参见下级母题实例）

W0907. 1. 5. 1

亡灵因有罪而不得安息

【汤普森】E411

实 例

（实例待考）

W0907. 1. 5. 2

亡灵完成任务后才能安息

【汤普森】E415

实 例

（实例待考）

W0907. 1. 5. 3

特定人物的亡灵归附于神

实 例

（参见下级母题实例）

W0907. 1. 5. 3. 1

老巫师死后灵魂归附阿塔噶腾格里天神

实 例

蒙古族 老巫师死后的灵魂归附了阿塔噶腾格里天神，即萨满教中的一尊非常古老而又广为人知的神。

【流传】（无考）

【出处】

（a）［西德］海西希著，耿昇译、王尧校订：《蒙古的宗教》，天津：天津古籍出版社 1989 年版，第 364 ~ 366 页。

（b）《老萨满与老奶奶》，原载同（a），见吕大吉、何耀华总主编《中国各民族原始宗教资料集成》（鄂伦春族卷、鄂温克族卷、赫哲族卷、达斡尔族卷、锡伯族卷、满族卷、蒙古族卷、藏族卷），北京：中国社会科学出版社 1999 年版，第 656 页。

W0907. 1. 5. 4

亡灵回祖先故地

实 例

傈僳族 人死后的灵魂归回祖先之地。

【流传】碧罗雪山（云南省·怒江傈僳族自治州·贡山独龙族怒族自治县与云南省·迪庆藏族自治州·德钦县交界一带）

【出处】

(a) 陶云逵：《碧罗雪山之傈僳族》，见国立中央研究院《历史语言研究所集刊》第17本，商务印书馆民国三十七年版，第382页。

(b) 同(a)，见吕大吉、何耀华总主编《中国各民族原始宗教资料集成》（纳西族卷、羌族卷、独龙族卷、傈僳族卷、怒族卷），北京：中国社会科学出版社2000年版，第801页。

傈僳族 （参见“W0907.1.5.9.1 亡灵回祖先故地要清除各种障碍”母题实例）

W0907.1.5.4a 畜禽亡魂要回归到生前饲养者家中

实 例

独龙族 这些畜禽的“阿细”（亡魂）生前属于谁家饲养，死后也属于谁家的“阿细”所有。

【流传】云南省·（怒江傈僳族自治州）·贡山县（贡山独龙族怒族自治县）·独龙江公社（独龙江乡）

【出处】蔡家麒调查整理：《亡魂的世界“阿细默里”》（1982），见吕大吉、何耀华总主编《中国各民族原始宗教资料集成》（纳西族卷、羌族卷、独龙族卷、傈僳族卷、怒族卷），北京：中国社会科学出版社2000年版，第618页。

W0907.1.5.5 人死后阴魂要回到家中（回煞气）

实 例

羌族 人死后阴魂不散，要回家，称为回煞气。

【流传】（无考）

【出处】西南民族学院研究室编：《羌（尔玛）族情况》，1954年，见吕大吉、何耀华总主编《中国各民族原始宗教资料集成》（纳西族卷、羌族卷、独龙族卷、傈僳族卷、怒族卷），北京：中国社会科学出版社2000年版，第566页。

W0907.1.5.5.1 死者下葬三天后，亡魂必回家一趟

实 例

独龙族 下葬三天以后，据称亡魂必回来一趟，届时，请“南木萨”来举行驱撵亡魂的仪式“达布”。

【流传】云南省·（怒江傈僳族自治州）·贡山（贡山独龙族怒族自治县）·独龙江公社（独龙江乡）·斯拉洛村

【出处】蔡家麒调查整理：《撵亡魂仪

式》（1982），见吕大吉、何耀华总主编《中国各民族原始宗教资料集成》（纳西族卷、羌族卷、独龙族卷、傈僳族卷、怒族卷），北京：中国社会科学出版社2000年版，第692页。

W0907.1.5.6

祖在祖先堂为新亡的老人安灵归位

实　例

白族 死人有三魂，一个叫转世魂，或在天上，或在地狱；第二个魂在坟墓处与尸体同在；第三个魂在家里祖先堂处，监护着子孙们，所以要在祖先堂为新亡的老人安灵归位。

【流传】云南省·（大理白族自治州）·洱源县·凤羽镇

【出处】王承权调查整理：《洱源白族的丧礼葬仪》（1988），见吕大吉、何耀华总主编《中国各民族原始宗教资料集成》（彝族卷、白族卷、基诺族卷），北京：中国社会科学出版社1996年版，第554页。

W0907.1.5.7

亡灵归西天

实　例

（参见下级母题实例）

W0907.1.5.7.1

死者亡灵骑马到西天

实　例

羌族 死者亡灵骑马到西天。

【流传】四川省·（阿坝藏族羌族自治州）·茂县·渭门乡·永和大队（今永和乡）

【出处】

（a）钱安靖：《羌族宗教习俗调查资料》（七），见羌族社会历史调查四川省编写组编《羌族社会历史调查》，成都：四川省社会科学院出版社1986年版。

（b）同（a），见吕大吉、何耀华总主编《中国各民族原始宗教资料集成》（纳西族卷、羌族卷、独龙族卷、傈僳族卷、怒族卷），北京：中国社会科学出版社2000年版，第568页。

W0907.1.5.8

亡灵回归的引路者

实　例

（参见下级母题实例）

W0907.1.5.8.1

特定动物是亡灵的引路者

实　例

（参见下级母题实例）

W0907.1.5.8.1.1

亡灵引路羊

实　例

羌族 羌人死后，常杀一羊为死人引路，称为引路羊子。

【流传】（无考）

【出处】胡鉴民：《羌族的信仰与习为》，原载《边疆研究论丛》1941年，见吕大吉、何耀华总主编《中国各民族原始宗教资料集成》（纳西族卷、羌族卷、独龙族卷、傈僳族卷、怒族卷），北京：中国社会科学出版社2000年版，第564页。

W0907.1.5.9

亡灵回归要清除障碍

实 例

（参见下级母题实例）

W0907.1.5.9.1

亡灵回祖先故地要清除各种障碍

实 例

傈僳族 “西波”（祭师）为死者念《开路经》中说：墓地有头猪，猪会来咬你，你不要怕，你左手抓一把糠，右手拄一根棍，边哄边打进去。墓地还有一只黄鸡，黄鸡会啄你。你左手抓一把碎米，右手拿一根木棍，你边哄边进去。墓地还有一只老黄狗，黄狗会咬你，你左手拿一块粑粑，右手拿根木棍，边哄边进去，边打边进去。

【流传】云南省·（昆明市）·禄劝县（禄劝彝族苗族自治县）·屏山镇

【出处】杨毓骧调查整理：《亡魂指路经》（1989），见吕大吉、何耀华总主编《中国各民族原始宗教资料集成》（纳西族卷、羌族卷、独龙族卷、傈僳族卷、怒族卷），北京：中国社会科学出版社2000年版，第813页。

W0907.1.5.10

人死后灵魂到孟婆庄报到

【关联】［W0243.1］冥神孟婆

实 例

汉族 人死后，其魂灵要到孟婆庄报到，登记生前的善、恶、功、罪，并在轮回簿上注册，然后投胎转世。

【流传】（无考）

【出处】百度百科：http：//baike.baidu.com/link？url。

W0907.1.5a

亡灵的寿命

实 例

（参见下级母题实例）

W0907.1.5a.1

亡魂的寿命与生时相同

实 例

独龙族 一个人在世间活了多少年月日，其“阿细”在“阿细默里”也活多少年月日。

【流传】云南省·（怒江傈僳族自治州）·贡山县（贡山独龙族怒族自治县）·独龙江公社（独龙江乡）

【出处】蔡家麒调查整理：《亡魂的世界

"阿细默里"》（1982），见吕大吉、何耀华总主编《中国各民族原始宗教资料集成》（纳西族卷、羌族卷、独龙族卷、傈僳族卷、怒族卷），北京：中国社会科学出版社2000年版，第618页。

W0907.1.6
与亡灵有关的其他母题

【关联】
① ［W0898.1］亡灵现形
② ［W9943.1］巧遇祖先亡灵

实 例

（参见下级母题实例）

W0907.1.6.1
亡灵的化身

实 例

（参见下级母题实例）

W0907.1.6.1.1
伞是亡灵的化身

实 例

侗族 （实例待考）

W0907.1.6.2
巫师收伏亡灵

【关联】［W9139］巫师的能力

实 例

蒙古族 郝伯格台阿爸之时，十万翁衮（亡灵或亡灵变成的神）四处周游，仁慈的呼图克图上师，收伏了这十万精灵。

【流传】（无考）

【出处】甘珠尔扎布（萨满）唱，扎木苏抄录，苏鲁格译：《向十万"翁衮"祈祷》，见吕大吉、何耀华总主编《中国各民族原始宗教资料集成》（鄂伦春族卷、鄂温克族卷、赫哲族卷、达斡尔族卷、锡伯族卷、满族卷、蒙古族卷、藏族卷），北京：中国社会科学出版社1999年版，第665～666页。

W0907.1.6.3
亡灵的名称

实 例

（参见下级母题实例）

W0907.1.6.3.1
亡魂阿细

实 例

独龙族 人一旦死了，紧接着就出现另一个灵魂"阿细"，它是死者的"亡魂"。

【流传】云南省·（怒江傈僳族自治州）·贡山县（贡山独龙族怒族自治县）·独龙江公社（独龙江乡）

【出处】蔡家麒调查整理：《亡魂"阿细"》（1982），见吕大吉、何耀华总主编《中国各民族原始宗教资料集成》（纳西族卷、羌族卷、独龙族卷、傈僳族卷、怒族卷），北京：中国社会科学出版社 2000 年版，第 617 页。

独龙族 “卜郎”（地上的鬼）同人一样也有两个灵魂“卜拉”（活的灵魂）和“阿细”（亡魂），有其家族，也要繁殖后代和死亡。

【流传】 云南省·（怒江傈僳族自治州）·贡山县（贡山独龙族怒族自治县）·独龙江公社（独龙江乡）·巴坡村、先久当村

【出处】 蔡家麒调查整理：《地上的鬼：“卜郎”》（1982），见吕大吉、何耀华总主编《中国各民族原始宗教资料集成》（纳西族卷、羌族卷、独龙族卷、傈僳族卷、怒族卷），北京：中国社会科学出版社 2000 年版，第 619 页。

W0907.2
精灵

实 例

（参见下级母题实例）

W0907.2.1
精灵的产生

实 例

（参见下级母题实例）

W0907.2.1.1
神生精灵

实 例

（实例待考）

W0907.2.1.2
天地生精灵

实 例

（参见下级母题实例）

W0907.2.1.2.1
天地婚生精灵（鬼）

实 例

珞巴族 天地结婚后，生了各种乌佑（泛指珞巴族崇拜的各种精灵）。

【流传】 西藏自治区·（林芝市）·米林县·（南伊乡）·穷林村（琼林村），马尼岗（今印占区）

【出处】 亚如、亚崩讲，高前译，李紧尚等搜集整理：《天和地》，见中国民间文学集成全国编辑委员会编《中国民间故事集成》（西藏卷），北京：中国 ISBN 中心 2001 年版，第 8 页。

W0907.2.1.2.2
地死后生精灵

实 例

珞巴族 大地死后，从她口里生出了一个名叫库朱木·波皮的精灵。

【流传】

（a）西藏自治区·下珞瑜（泛指永木河、锡约尔河、巴恰西仁河流域）

（b）西藏自治区·下珞渝（又写作“下珞瑜”）·阿帕塔尼部落日如村

【出处】

(a) 维·埃尔温搜集整理：《库朱木·禅图》，见中华民族故事大系编委会编《中华民族故事大系》第 16 卷（赫哲族、门巴族、珞巴族、基诺族），上海：上海文艺出版社 1995 年版，第 400 页。

(b) 同（a），见李坚尚、刘芳贤编《珞巴族门巴族民间故事选》，上海：上海文艺出版社 1993 年版，第 14 页。

W0907. 2. 1. 3
大地化生精灵

实 例

珞巴族 （实例待考）

W0907. 2. 1. 4
特定的人物死后变成精灵

实 例

怒族 死过人的房子中会有“秋”（精灵名）。

【流传】 云南省·怒江州（怒江傈僳族自治州）·碧江县（碧江县已撤销，现为怒江傈僳族自治州中部）

【出处】 何叔涛调查整理：《驱秽祭精灵：“秋腊”》（1988），见吕大吉、何耀华总主编《中国各民族原始宗教资料集成》（纳西族卷、羌族卷、独龙族卷、傈僳族卷、怒族卷），北京：中国社会科学出版社 2000 年版，第 874 页。

W0907. 2. 1. 4. 1
祖先死后化为精灵

实 例

土族 成吉思汗的部将土族之祖格日利特，死后化为大力精灵。

【流传】（无考）

【出处】 清代藏文文献《佑宁寺志》，见本书编写组《土族简史》，西宁：青海人民出版社 1982 年版，第 25 页。

W0907. 2. 1. 4. 2
凶死夭亡的人变成精灵妖怪

实 例

羌族 凶死夭亡的人形成精灵妖怪。

【流传】（无考）

【出处】 西南民族学院研究室编：《羌（尔玛）族情况》，1954 年，见吕大吉、何耀华总主编《中国各民族原始宗教资料集成》（纳西族卷、羌族卷、独龙族卷、傈僳族卷、怒族卷），北京：中国社会科学出版社 2000 年版，第 461 页。

W0907. 2. 1. 4. 3
动物死后生的蛆卵生精灵

实 例

纳西族 纳西之神、山神和龙神射杀了白鹿。白鹿肠肚粪便中生出了蛆，蛆生出了三百六十个白卵，白卵孵出了三百六十个飞魔“热美”（精灵）。

【流传】（无考）

【出处】宣科调查整理，见《对〈热差蹉的来历经〉的讨论》，载《丽江志苑》第6期，转引自吕大吉、何耀华总主编：《中国各民族原始宗教资料集成》（纳西族卷、羌族卷、独龙族卷、傈僳族卷、怒族卷），北京：中国社会科学出版社2000年版，第363页。

W0907.2.1.5
与精灵的产生有关的其他母题

实　例

（参见下级母题实例）

W0907.2.1.5.1
世上神明与精灵先降生

实　例

高山族　（实例待考）

W0907.2.1.5.2
世界没形成时就有精灵

实　例

珞巴族　（实例待考）

W0907.2.2
精灵的特征（精灵的身份）

实　例

（参见下级母题实例）

W0907.2.2.0
精灵的性别

实　例

（参见下级母题实例）

W0907.2.2.0.1
精灵亦雌亦雄

实　例

纳西族 精灵同时具有善与恶的属性，亦雌亦雄。

【流传】（无考）

【出处】《热美蹉》（精灵舞），见吕大吉、何耀华总主编《中国各民族原始宗教资料集成》（纳西族卷、羌族卷、独龙族卷、傈僳族卷、怒族卷），北京：中国社会科学出版社2000年版，第363页。

W0907.2.2.0.2
女精灵

实　例

（参见下级母题实例）

W0907.2.2.0.2.1
女性精灵仁美

实　例

纳西族 有一种仁美的精灵，仁美是女性，是一种长着翅膀飞翔的精灵。她会隐身变化，既能赐福庇佑人类，也能降灾祸殃及人类。

【流传】云南省·（丽江市）·丽江县（古城区、玉龙纳西族自治县）

【出处】木丽春采集整理：《阿仁仁磋的来由》，见木丽春编著《纳西族民间故事集》，昆明：云南人民出版社2007年版，第233页。

W0907.2.2.1

精灵有很多头

实 例

（参见下级母题实例）

W0907.2.2.1.1

精灵有很多头四条腿

实 例

珞巴族 精灵有很多头四条腿。

【流传】西藏自治区·下珞渝（下珞瑜则泛指永木河、锡约尔河、巴恰西仁河流域）

【出处】维·埃尔温搜集：《达木和太阳》，见中华民族故事大系编委会编《中华民族故事大系》第16卷（赫哲族、门巴族、珞巴族、基诺族），上海：上海文艺出版社1995年版，第412页。

W0907.2.2.2

精灵像熊

实 例

珞巴族 精灵样子像熊。

【流传】西藏自治区·下珞渝（下珞瑜则泛指永木河、锡约尔河、巴恰西仁河流域）

【出处】维·埃尔温搜集：《达木的故事》，见中华民族故事大系编委会编《中华民族故事大系》第16卷（赫哲族、门巴族、珞巴族、基诺族），上海：上海文艺出版社1995年版，第415页。

W0907.2.2.3

巨大的精灵（巨灵）

实 例

汉族 雍州鄠县南系头山者，其山本舟人系船其顶，故以名焉。昔太一未分，山连太行、王屋、白鹿，河水停于此川，故号山海。及巨灵大人秦洪海者，患水浩荡，以左掌托太华，右脚蹋中条，太一为之裂，河通地出，山遂高显。

【流传】（雍州鄠县）

【出处】［唐］释道世：《法苑珠林》卷五二。

W0907.2.2.4

有精灵属下坛

实 例

羌族 神之外有鬼，有邪气，有精灵，属“下坛”。

【流传】（无考）

【出处】西南民族学院研究室编：《羌（尔玛）族情况》，1954年，见吕大吉、何耀华总主编《中国各民族原始宗教资料集成》（纳西族卷、羌族卷、独龙族卷、傈僳族卷、怒族卷），北京：中国社会科学出版社 2000 年版，第 460 页。

W0907.2.3
精灵的居所

实 例

（参见下级母题实例）

W0907.2.3.1
精灵住树上

实 例

（参见下级母题实例）

W0907.2.3.1.1
精灵住古树中

实 例

鄂伦春族 人们认为山间长得粗大的古树以及奇形怪状的巨石，有精灵和鬼怪居住。

【流传】（无考）

【出处】 赵复兴：《鄂伦春族游猎文化》，呼和浩特：内蒙古人民出版社 1991 年版，第 220 页。

W0907.2.3.2
精灵住瓶中

实 例

（实例待考）

W0907.2.3.3
精灵住天堂

实 例

哈萨克族 魔鬼在天堂里是精灵们的老师。

【流传】（无考）

【出处】 依曼阿力·萨萨诺甫讲，阿里木别克·加玛力搜集，安蕾、毕桪译：《人类是怎样在大地上繁衍开来的》，见满都呼主编《中国阿尔泰语系诸民族神话故事》，北京：民族出版社 1997 年版，第 66 页。

W0907.2.3.4
精灵住水中

实 例

珞巴族 住在水中的萨嘎拉乌佑（乌佑，珞巴语音译，泛指珞巴族崇拜的各种精灵）用自己的肢体变成草木、山和人类。人们感激萨嘎拉乌佑的恩情，逢年过节、红白喜事都向他祭祀。有时人们在祭祀时遗漏了他的大名，他就会怒气冲天，摇晃身体。这就是地震。

【流传】 西藏自治区·林芝市·墨脱县·达木珞巴民族乡、旁辛乡、甘登乡（讲述地点：墨脱县·达木珞巴民族乡·达木村）

【出处】 仁真刀杰讲：《珞巴族神话（八）》（1957.09），见冀文正《珞巴族民间故事》，成都：四川民族出版社 2011 年版，第 7 页。

W0907. 2. 3. 4. 1
精灵住小河及溪流中

实 例

蒙古族 因水域中有精灵居住，据布里亚特人之所见多数小河及溪流之中可以兴雨。

【流传】（无考）

【出处】［波］尼斡拉滋著，金启琮译：《西伯利亚各民族之萨满教》，中国社会科学院民族研究所《萨满教研究》编写组 1978 年印，见吕大吉、何耀华总主编《中国各民族原始宗教资料集成》（鄂伦春族卷、鄂温克族卷、赫哲族卷、达斡尔族卷、锡伯族卷、满族卷、蒙古族卷、藏族卷），北京：中国社会科学出版社 1999 年版，第 613 页。

W0907. 2. 3. 5
精灵住在为他做的傀儡中

实 例

蒙古族 精灵亦居于为其特别制造之物品中（此种物品多系傀儡）。

【流传】（无考）

【出处】［波］尼斡拉滋著，金启琮译：《西伯利亚各民族之萨满教》，中国社会科学院民族研究所《萨满教研究》编写组 1978 年印，见吕大吉、何耀华总主编《中国各民族原始宗教资料集成》（鄂伦春族卷、鄂温克族卷、赫哲族卷、达斡尔族卷、锡伯族卷、满族卷、蒙古族卷、藏族卷），北京：中国社会科学出版社 1999 年版，第 653 页。

W0907. 2. 3. 6
弱小精灵居宇宙中层

实 例

满族 宇宙中层，是人类、禽、兽及弱小精灵繁衍生殖的地方。

【流传】（无考）

【出处】《阿布卡赫赫女神创世》，王松根据富育光、孟慧英、王宏刚撰写的《满族宗教与神话》改写，见姚宝瑄主编《中国各民族神话》（满族、赫哲族、朝鲜族），太原：山西出版传媒集团、书海出版社 2014 年版，第 4 ~ 14页。

W0907. 2. 3. 7
精灵附着在多种物体中

实 例

（参见下级母题实例）

W0907. 2. 3. 7. 1
精灵能附着在石头、银子、衣服、首饰等物上

实 例

彝族 石头、银子、衣服或首饰等物都附着精灵。

【流传】（无考）

【出处】林耀华：《凉山彝家》，上海：商务印书馆1947年版，第93页。

W0907.2.4
精灵的职能（精灵的能力）

实 例

（参见下级母题实例）

W0907.2.4.1
精灵会隐身

实 例

汉族 （实例待考）

纳西族 （参见“W0907.2.2.0.2.1 女性精灵仁美”母题实例）

W0907.2.4.2
精灵可以为害或降福人畜

实 例

纳西族 精灵同时具有善与恶的属性，常出没于森林旷野为害或降福人畜。

【流传】（无考）

【出处】《热美蹉》（精灵舞），见吕大吉、何耀华总主编《中国各民族原始宗教资料集成》（纳西族卷、羌族卷、独龙族卷、傈僳族卷、怒族卷），北京：中国社会科学出版社2000年版，第363页。

W0907.2.4.3
专司富裕的精灵

实 例

（参见下级母题实例）

W0907.2.4.3.1
专司富裕的精灵“仁”

实 例

纳西族 “仁”是专司富裕的精灵，它在哪里，哪里就富有。

【流传】云南省·丽江县（丽江市）·（玉龙纳西族自治县）·塔城（塔城乡）·依陇（依陇行政村）·巴甸村

【出处】和学智（70岁）讲，杨福泉调查整理：《丽江塔城依陇地区的祭富神（“仁”）仪式》（1989），见吕大吉、何耀华总主编《中国各民族原始宗教资料集成》（纳西族卷、羌族卷、独龙族卷、傈僳族卷、怒族卷），北京：中国社会科学出版社2000年版，第291页。

W0907.2.5
精灵的行为（精灵的事迹）

实 例

（参见下级母题实例）

W0907.2.5.1
精灵帮助人

实 例

布依族 （实例待考）

壮族 小精灵经常帮注人。

【流传】（无考）

【出处】肖丁三整理：《活斧头》，见中

华民族故事大系编委会编《中华民族故事大系》第3卷（彝族、壮族、布依族），上海：上海文艺出版社1995年版，第605页。

W0907. 2. 6
精灵的关系

实 例

（参见下级母题实例）

W0907. 2. 6. 1
精灵的师傅

实 例

（参见下级母题实例）

W0907. 2. 6. 1. 1
魔鬼是精灵的老师

实 例

哈萨克族 魔鬼在天堂里是精灵们的老师。

【流传】（无考）

【出处】依曼阿力·萨萨诺甫讲，阿里木别克·加玛力搜集，安蕾、毕桪译：《人类是怎样在大地上繁衍开来的》，见满都呼主编《中国阿尔泰语系诸民族神话故事》，北京：民族出版社1997年版，第66页。

W0907. 2. 6. 2
精灵的朋友

实 例

（参见下级母题实例）

W0907. 2. 6. 2. 1
精灵与人是朋友

实 例

汉族 （实例待考）

W0907. 2. 6. 3
精灵家族

实 例

（参见下级母题实例）

W0907. 2. 6. 3. 1
天上的精灵家族

实 例

蒙古族（布里亚特）精灵亦有家庭生活并可成家。故蒙古人想象“天上之民”之远祖额赤客·麻兰·腾格里及其妻额客·珠兰·腾格里共住一个有数百窗户门之大厦，从事牧畜生活，养有多数家畜。

【流传】（无考）

【出处】［波］尼斡拉滋著，金启孮译：《西伯利亚各民族之萨满教》，中国社会科学院民族研究所《萨满教研究》编写组1978年印，见吕大吉、何耀华总主编《中国各民族原始宗教资料集成》（鄂伦春族卷、鄂温克族卷、赫哲族卷、达斡尔族卷、锡伯族卷、满族卷、蒙古族卷、藏族卷），北京：中国社会科学出版社1999年版，第

620 页。

W0907.2.7

精灵的死亡

实 例

（参见下级母题实例）

W0907.2.7.1

精灵每月会有一次死亡

实 例

珞巴族 培多·多杜把东尼放出来后，世界突然现出一片光明。达尼所有的子孙是人，自此以后，他们归东尼所有，由她照管。达洛的子孙是乌佑，他们属波罗所有，由他关照。由于东尼一天要饮很多次人血，所以她总是浑身又红又热，很多人也因失血死亡。波罗一个月只饮一次血，所以只在晚上升起时脸红一阵子就变白了。因此每月才有一次乌佑死亡。

【流传】 西藏自治区·下珞渝（又写作“下珞瑜”，泛指永木河、锡约尔河、巴恰西仁河流域）

【出处】 维·埃尔温搜集：《太阳为什么那样红》，见中华民族故事大系编委会编《中华民族故事大系》第 16 卷（赫哲族、门巴族、珞巴族、基诺族），上海：上海文艺出版社 1995 年版，第 416～417 页。

W0907.2.7.2

精灵的禳除

实 例

（参见下级母题实例）

W0907.2.7.2.1

用火焚化精灵

实 例

藏族 精灵有时会变成昆虫，用“堆”（用五色线在树枝上编成络网）这些网子则可以将其捕获，捕获以后，用火焚化，精灵即除。

【流传】（无考）

【出处】 刘立千：《从“格萨尔史诗”看古代高原的部落社会》，原载《格萨尔论文选集》，四川省格萨尔办公室编印，1990 年，见吕大吉、何耀华总主编《中国各民族原始宗教资料集成》（鄂伦春族卷、鄂温克族卷、赫哲族卷、达斡尔族卷、锡伯族卷、满族卷、蒙古族卷、藏族卷），北京：中国社会科学出版社 1999 年版，第 851 页。

W0907.2.7.2.1.1

用金火银火烧死精灵

实 例

纳西族 丁巴什罗（东巴教教主）命令点燃金火银火，烧死烧绝这三百六十个飞魔热美（精灵）。

【流传】（无考）

【出处】宣科调查整理，见《对〈热差蹉的来历经〉的讨论》，载《丽江志苑》第6期，转引自吕大吉、何耀华总主编：《中国各民族原始宗教资料集成》（纳西族卷、羌族卷、独龙族卷、傈僳族卷、怒族卷），北京：中国社会科学出版社2000年版，第364页。

W0907.2.8

精灵的类型

实 例

（参见下级母题实例）

W0907.2.8.1

做善事的精灵

实 例

（实例待考）

W0907.2.8.2

恶作剧的精灵

实 例

（实例待考）

W0907.2.8.3

蓝精灵（蓝色的精灵）

实 例

（参见下级母题实例）

W0907.2.8.3a

黑精灵（黑色的精灵）

实 例

珞巴族 有一个黑色的大乌佑（珞巴语，鬼、精灵，也可指神、神灵），长得像一头熊。

【流传】

(a) 西藏自治区·下珞瑜（泛指永木河、锡约尔河、巴恰西仁河流域）

(b) 西藏自治区·下珞渝（又写作"下珞瑜"）·博日部落嘎德村

【出处】

(a) 维·埃尔温搜集：《达木的故事》，见中华民族故事大系编委会编《中华民族故事大系》第16卷（赫哲族、门巴族、珞巴族、基诺族），上海：上海文艺出版社1995年版，第415页。

(b) 同(a)，见李坚尚、刘芳贤编《珞巴族门巴族民间故事选》，上海：上海文艺出版社1993年版，第29页。

W0907.2.8.4

小精灵

实 例

壮族 小精灵助人。

【流传】（无考）

【出处】肖丁三整理：《活斧头》，见中华民族故事大系编委会编《中华民族故事大系》第3卷（彝族、壮族、布依族），上海：上海文艺出版社 1995 年版，第 605 页。

W0907.2.8.5

大力精灵

实 例

土族 成吉思汗的部将格日利特，是霍尔人（土族）之祖，死后化为大力精灵。

【流传】（无考）

【出处】清代藏文文献《佑宁寺志》，见本书编写组著：《土族简史》，西宁：青海人民出版社 1982 年版，第 25 页。

W0907.2.8.6

专门害小孩的精灵

实 例

珞巴族 宁崩阿乃（宁崩乌佑）是专门害小孩的精灵。

【流传】

（a）西藏自治区·下珞瑜（泛指永木河、锡约尔河、巴恰西仁河流域）

（b）西藏自治区·下珞渝（又写作“下珞瑜”）·尼米金一带（米林县·甫龙村德根部落）

【出处】

（a）达大讲，达嘎译，李坚尚、裴富珍搜集整理：《天父地母和宁崩阿乃》，见中华民族故事大系编委会编《中华民族故事大系》第 16 卷（赫哲族、门巴族、珞巴族、基诺族），上海：上海文艺出版社 1995 年版，第 403 ~ 404 页。

（b）同（a），见李坚尚、刘芳贤编《珞巴族门巴族民间故事选》，上海：上海文艺出版社 1993 年版，第 17 ~ 18 页。

W0907.2.8.7

动物精灵

实 例

（参见下级母题实例）

W0907.2.8.7.1

鳖灵

实 例

汉族 后有一男子，名曰杜宇，从天堕止朱提；一女子名利，从江源井中出，为杜宇妻。乃自立为蜀王，号曰望帝，治汶山下邑曰郫。望帝积百余岁，荆有一人名鳖灵，其尸亡去，荆人求之不得。鳖灵尸随水上，至郫，遂活，与望帝相见。

【流传】（无考）

【出处】［清］严可均等编撰：《全上古三代秦汉三国六朝文·全汉文》辑《蜀王本纪》。

W0907.2.8.7.1.1

老鳖精居槐树洞

实 例

汉族 槐树洞里有个大老鳖精。

【流传】河南省·（周口市）·项城县［采录地点：河南项城县高寺］

【出处】高李氏（81岁，农民）讲，高有鹏采录整理：《人祖的传说》（1983年春节），见张振犁编著《中原神话通鉴》（第一卷），郑州：河南大学出版社2017年版，第347页。

W0907. 2. 8. 7. 1. 2

鳖灵即位号曰开明帝

实 例

汉族 鳖灵即位，号曰开明帝。

【流传】（无考）

【出处】［清］严可均等编撰：《全上古三代秦汉三国六朝文·全汉文》辑《蜀王本纪》。

W0907. 2. 8. 7. 2

兽精

实 例

（参见下级母题实例）

W0907. 2. 8. 7. 2. 1

千年黑、万年白的成精野兽

实 例

达斡尔族 山里有千年黑、万年白的成精野兽，会装成人，装成鬼。

【流传】（无考）

【出处】那音太讲，娜日斯录音整理：《德莫日根和简色楞萨满》，原载《达斡尔民间故事百篇》，见陶阳、钟秀编《中国神话》（下），北京：商务印书馆2008年版，第1352～1364页。

W0907. 2. 8. 8

植物精灵

实 例

（实例待考）

W0907. 2. 8. 9

无生命物精灵

实 例

（实例待考）

W0907. 2. 8. 10

吸血精灵

实 例

纳西族 山谷中产生的三百六十个飞魔“热美”（精灵）直奔山下而来，它们扬言要吸食死者的血和肉。

【流传】（无考）

【出处】宣科调查整理，见《对〈热差蹉的来历经〉的讨论》，载《丽江志苑》第6期，转引自吕大吉、何耀华总主编：《中国各民族原始宗教资料集成》（纳西族卷、羌族卷、独龙族卷、傈僳族卷、怒族卷），北京：中国社会科学出版社2000年版，第363页。

W0907. 2. 8. 11

司掌男人之精的精灵

实 例

（参见下级母题实例）

W0907.2.8.11.1

司掌男人之精的精灵“伙”

实 例

纳西族 “伙”是司掌男人之精的精灵，人们向它祈求后裔、长寿和恰当的射精。

【流传】云南省

【出处】［美籍奥地利人］约瑟夫·洛克：《纳西人的“纳高”崇拜和有关仪式》，见吕大吉、何耀华总主编《中国各民族原始宗教资料集成》（纳西族卷、羌族卷、独龙族卷、傈僳族卷、怒族卷），北京：中国社会科学出版社2000年版，第110页。

W0907.2.8.12

12种精灵

实 例

怒族 甲加、罗宜益怒族经常举行宗教仪式的有12种精灵。

【流传】云南省·怒江傈僳族自治州

【出处】

（a）云南民族调查组：《云南省怒江傈僳族自治州社会情况——傈僳族、怒族、独龙族调查材料之三》，内部编印，1958年，第9页。

（b）同（a），见吕大吉、何耀华总主编《中国各民族原始宗教资料集成》（纳西族卷、羌族卷、独龙族卷、傈僳族卷、怒族卷），北京：中国社会科学出版社2000年版，第846页。

W0907.2.9

与精灵有关的其他母题

实 例

（参见下级母题实例）

W0907.2.9.1

精灵之王

实 例

珞巴族 乌佑（乌佑，珞巴语音译，泛指珞巴族崇拜的各种精灵）之王叫“萨”，他有九个头，也叫“九头龙”。天上、地上的生灵怕他，连遍地皆是的乌佑都不敢接近他。

【流传】西藏自治区·林芝市·墨脱县·达木珞巴民族乡、旁辛乡（讲述地点：墨脱县·达木珞巴民族乡·朱巴村）

【出处】巴嘎讲：《珞巴族神话（六）》（1956.10），见冀文正《珞巴族民间故事》，成都：四川民族出版社2011年版，第6页。

W0907.2.9.2

精灵的用具

实 例

纳西族 某个家庭的男性成员全都死绝，该家妇女不能继承财产。买这家财产的人因为担心自己的家庭也会成为没有男人的绝户，要把这家绝户的一小块地闲置起来，在上面放上一些旧的农具和家庭用具，意思是给绝户死者的精灵们。

【流传】云南省

【出处】［美籍奥地利人］约瑟夫·洛克著，杨福泉摘译：《纳西—英语百科词典》第2卷，罗马1972年，第422页。

W0907. 2. 9. 3

活人精灵

实　例

怒族人信奉活人精灵。

【流传】云南省·（怒江傈僳族自治州）·兰坪（兰坪白族普米族自治县）

【出处】李绍恩：《兰坪县怒族情况介绍》，原载怒江傈僳族自治州地方志办公室编《怒江方志通讯》，1988年第4期，见吕大吉、何耀华总主编《中国各民族原始宗教资料集成》（纳西族卷、羌族卷、独龙族卷、傈僳族卷、怒族卷），北京：中国社会科学出版社2000年版，第850页。

W0907. 3

灵物

实　例

（参见下级母题实例）

W0907. 3. 1

灵物的产生

实　例

（参见下级母题实例）

W0907. 3. 1. 1

特定物成为灵物

实　例

（参见下级母题实例）

W0907. 3. 1. 1. 1

雷击石是灵物

实　例

鄂温克族将山野间雷击过的石头拾到家里，用作镇邪、避雷的灵物。

【流传】内蒙古自治区·（呼伦贝尔市）·鄂温克族自治旗·巴彦托海镇

【出处】陶克讲，卡丽娜调查整理：《雷击石》（1992. 09. 07），见吕大吉、何耀华总主编《中国各民族原始宗教资料集成》（鄂伦春族卷、鄂温克族卷、赫哲族卷、达斡尔族卷、锡伯族卷、满族卷、蒙古族卷、藏族卷），北京：中国社会科学出版社1999年版，第101页。

W0907. 3. 1. 1. 2

白石作为灵物

实　例

（参见下级母题实例）

W0907.3.1.1.2.1
受崇拜的白石作为灵物置于屋顶和墓葬内外

【关联】［W6428.6］白石崇拜

实 例

藏族 崇拜的“白石”作为“灵物”置于屋顶和墓葬内外。

【流传】（四川省·凉山彝族自治州·冕宁县等）

【出处】刘世旭：《冕宁等县藏族的白石崇拜辨析》，载《西南民族学院学报》1989年第4期。

W0907.3.2
灵物的特征

实 例

（参见下级母题实例）

W0907.3.2.1
灵物的具有灵性

实 例

（参见下级母题实例）

W0907.3.2.1.1
灵物灵性的丧失

实 例

（参见下级母题实例）

W0907.3.2.1.1.1
用女人用品包裹灵物会丧失灵性

实 例

达斡尔族 一个萨满不愿意让得到的死去的老萨满的铜镜滚来滚去，就用妇女的裤子包裹它。从此这个铜镜失去了灵验。

【流传】（内蒙古自治区·呼伦贝尔市·鄂温克族自治旗·巴彦托海镇）

【出处】

（a）珠荣嘎、额尔登泰、满都尔图调查编著：《巴彦托海索木达斡尔族情况——达斡尔族调查材料之二》，全国人民代表大会民族委员会办公室1958年编印，第52～53页。

（b）《嘎胡查的传说》，见吕大吉、何耀华总主编《中国各民族原始宗教资料集成》（鄂伦春族卷、鄂温克族卷、赫哲族卷、达斡尔族卷、锡伯族卷、满族卷、蒙古族卷、藏族卷），北京：中国社会科学出版社1999年版，第329页。

W0907.3.2.1.2
灵物具有时间禁忌

实 例

（参见下级母题实例）

W0907.3.2.1.2.1
鸡叫时灵物停止工作

实 例

东乡族 鸡叫天明时，所有架桥用的物件就都不能再动了。

【流传】（无考）

【出处】自祥、作仁搜集整理：《葡萄山和高陵寺》，见满都呼主编《中国阿尔泰语系诸民族神话故事》，北京：民族出版社 1997 年版，第 192 页。

W0907. 3. 3

灵物的职能（灵物的能力）

实　例

（参见下级母题实例）

W0907. 3. 3. 1

作为预言的灵物

实　例

（参见下级母题实例）

W0907. 3. 3. 1. 1

特定的草木是祖宗预告灾难的灵物

实　例

壮族 当听到猫头鹰或花钱鸟叫，灾祸必至。听者就地而坐，听其音色，观其动静，而后抓地上一撮土或小石、小草作“证物”，带回家去放于神台上，烧三炷香供之，谓之祖宗预告之“灵物”。

【流传】广西壮族自治区·（河池市）·东兰县

【出处】覃剑萍搜集整理：*《祭鸟神》（1990），见吕大吉、何耀华总主编《中国各民族原始宗教资料集成》（土家族卷、瑶族卷、壮族卷、黎族卷），北京：中国社会科学出版社 1998 年版，第 525 页。

W0907. 3. 3. 2

避邪灵物

实　例

满族 一般少女则佩带鸟颈骨镂花的管状五色串珠，琅锵悦耳，视为避邪灵物。

【流传】（黑龙江省·黑河市·爱辉区）

【出处】富希陆：《瑷珲十里俗记》，见吕大吉、何耀华总主编《中国各民族原始宗教资料集成》（鄂伦春族卷、鄂温克族卷、赫哲族卷、达斡尔族卷、锡伯族卷、满族卷、蒙古族卷、藏族卷），北京：中国社会科学出版社 1999 年版，第 555 页。

W0907. 3. 4

灵物的居所

实　例

（参见下级母题实例）

W0907. 3. 4. 1

灵物居石堆中

实　例

哈尼族 田间有一堆石头，当地人说，那是灵物居住的地方。

【流传】云南省·红河哈尼族彝族自治州·元阳县·新街镇·土锅寨村委会·箐口村

【出处】李然嘎讲，肖潇采集：*《箐口村的灵异故事》，见杨利慧《当代中国的神话主义——以遗产旅游和电子媒介的考察为中心》，内部交流稿，2017 年 6 月，第 95 页。

W0907.3.5

特定名称的灵物

实 例

（参见下级母题实例）

W0907.3.5.1

通灵宝玉

实 例

汉族 （实例待考）

W0907.3.5.2

灵石

实 例

汉族 （实例待考）

W0907.3.5.3

兜娄

实 例

（参见下级母题实例）

W0907.3.5.3.1

灵物兜娄能解决一切难题

实 例

苗族 兜娄是一种神灵物，它能解决一切难题。

【流传】原文无流传地，据文本及注释推测该神话流传于贵州省·黔东南苗族侗族自治州·凯里市、台江县等地。

【出处】张启庭、张荣光、张正玉、张启德演唱，张明搜集，燕宝整理译注：《创造宇宙·开天辟地》，见贵州省少数民族古籍整理出版规划小组办公室编，燕宝整理译注《苗族古歌》，贵阳：贵州民族出版社 1993 年版，第 46 页。

W0907.3.6

与灵物有关的其他母题

实 例

（实例待考）

W0907.4

阴间鬼（地狱鬼）

【汤普森】F450

实 例

（参见下级母题实例）

W0907.4.1

地狱中的灵魂

【汤普森】E755.2

【关联】［W1079］下界（地狱、阴间的产生）

实 例

（实例待考）

W0907.5

吸血鬼

【汤普森】A139.4

【关联】

①［W0847.3］吸血妖魔

②［W0899.1.3］鬼吸人血

实 例

怒族 人们信奉吸血鬼、瘟疫鬼等。

【流传】云南省·（怒江傈僳族自治州）·兰坪（兰坪白族普米族自治县）

【出处】李绍恩：《兰坪县怒族情况介绍》，原载怒江傈僳族自治州地方志办公室编《怒江方志通讯》，1988年第4期，见吕大吉、何耀华总主编《中国各民族原始宗教资料集成》（纳西族卷、羌族卷、独龙族卷、傈僳族卷、怒族卷），北京：中国社会科学出版社2000年版，第850页。

W0907.5.1

怪魔黑沙是吮血鬼

实 例

哈尼族 怪魔黑沙是个吮血鬼。

【流传】（云南省）

【出处】李勒沙、赵官禄讲，李勒沙、赵官禄搜集整理：《云海的传说》，见姚宝瑄主编《中国各民族神话》（哈尼族、傣族），太原：山西出版传媒集团·书海出版社2014年版，第109页。

W0907.5.2

嗜血的鬼魂

【汤普森】E250

实 例

（实例待考）

W0907.5.3

吸血鬼住坟墓中

实 例

（参见下级母题实例）

W0907.5.3.1

坟中出来的“族祖爱”遇人就吸血

实 例

白族 某死者葬于一种阴阳先生也无法说清的特殊地后，过几月或几年，坟就自然开裂，坟中出来一个“族祖爱”，一时变人，一时变鬼，遇人就吸血，直到把所有人都吃完为止。

【流传】贵州省·（毕节市）·威宁（威宁彝族回族苗族自治县）、赫章（赫章县）

【出处】李平凡：《威宁赫章白族社会历史调查报告》，见贵州省民族研究所编：《贵州民族调查》之四，内部编印1986，第567页。

W0907.5.4

吸血鬼从虫叮咬的伤口上吸

实 例

独龙族 人的娃娃常被蚊虫叮咬，鬼就从伤口上吸人的娃娃的血。

【流传】（无考）

【出处】

（a）蔡家麒：《独龙族社会历史综合考察报告》，载中国西南民族研究学会、云南省民族研究所编印《民族调查研究》专刊1983年第1期。

（b）彭义良：《创世记》，载《民族文化》1987年第1期。

W0907.5a

血鬼

实 例

（参见下级母题实例）

W0907.5a.1

血鬼欠阿加

实 例

傈僳族 各种物体和各种现象，都被认为是有灵的，但鬼和神的观念尚未分明，统称为“尼”（精灵）。如“爱起尼”（慢性病鬼）、“欠阿加”（血鬼）等。

【流传】 云南省·怒江（傈僳族自治州）

【出处】 杨建和：《怒江傈僳族的宗教信仰》，见宋恩常编《中国少数民族宗教初编》，昆明：云南人民出版社1985年版，第219页。

W0907.6

吊死鬼

【汤普森】 A310.3

实 例

汉族 （实例待考）

怒族 人们信奉吊死鬼、饿死鬼、地基鬼、吸血鬼、瘟疫鬼等。

【流传】 云南省·（怒江傈僳族自治州）·兰坪（兰坪白族普米族自治县）

【出处】 李绍恩：《兰坪县怒族情况介绍》，原载怒江傈僳族自治州地方志办公室编《怒江方志通讯》，1988年第4期，见吕大吉、何耀华总主编《中国各民族原始宗教资料集成》（纳西族卷、羌族卷、独龙族卷、傈僳族卷、怒族卷），北京：中国社会科学出版社2000年版，第850页。

W0907.6.1

吊颈死的人变成吊死鬼

实 例

彝族 （参见“W0907.6.2 吊死鬼勒齐谢”母题实例）

W0907. 6. 2

吊死鬼勒齐谢

实 例

彝族 吊颈死的人变成勒齐谢，意为吊死鬼。

【流传】四川省·（凉山彝族自治州）大凉山一带

【出处】胡庆钧：《凉山彝族奴隶制社会形态》，北京：中国社会科学出版社1985年版，第392页。

W0907. 6a

凶死鬼

实 例

（参见下级母题实例）

W0907. 6a. 1

凶死鬼数量很多

实 例

（参见下级母题实例）

W0907. 6a. 1. 1

凶死鬼一家中鬼父阿勿比，鬼母阿夸米雅，鬼子毕基木，鬼女毕吉若

实 例

羌族 （参见“W0907. 6a. 2 凶死鬼专门制造家中凶事”母题实例）

W0907. 6a. 2

凶死鬼专门制造家中凶事

实 例

羌族 人遇凶死鬼即遭凶死，如跌倒、坠岩、滑坡、跳河、抹喉、吊颈、难产等。凶死鬼怪非一个，如同凡民有一家。鬼父名叫阿勿比，阿夸米雅是鬼母，鬼子名叫毕基木，鬼女名唤毕吉若。凶鬼窜到良民家，家中一定出凶事。

【流传】四川省·（阿坝藏族羌族自治州）·汶川县·雁门乡·小寨子

【出处】

(a) 袁真（释比，80岁）唱，汪有伦翻译，钱安靖整理：《中下坛经》（1983. 11 ~ 1984. 12）及注释，见钱安靖《羌族和羌语支各居民集团宗教习俗调查报告》，四川大学宗教研究所油印本，1987年12月。

(b) 同（a），见吕大吉、何耀华总主编《中国各民族原始宗教资料集成》（纳西族卷、羌族卷、独龙族卷、傈僳族卷、怒族卷），北京：中国社会科学出版社2000年版，第523页。

W0907. 6a. 3

特定名称的凶死鬼

实 例

（参见下级母题实例）

W0907.6a.3.1

凶死鬼密江（米托）

实 例

怒族 “凶死鬼”，怒语称“密江”或“米托”。

【流传】云南省·怒江州（怒江傈僳族自治州）·碧江县（碧江县已撤销，现为怒江傈僳族自治州中部）

【出处】

（a）何叔涛：《碧江怒族的原始宗教》，载《世界宗教研究》1985年第3期。

（b）同（a），见吕大吉、何耀华总主编《中国各民族原始宗教资料集成》（纳西族卷、羌族卷、独龙族卷、傈僳族卷、怒族卷），北京：中国社会科学出版社2000年版，第874页。

W0907.7

火灵（火鬼）

【汤普森】①E701.4；②F497

实 例

（参见下级母题实例）

W0907.7.1

火灵的产生

实 例

（实例待考）

W0907.7.2

火灵的特征

实 例

（参见下级母题实例）

W0907.7.2.1

火鬼性善

实 例

基诺族 火鬼性善，它通常不会给人们带来灾难。

【流传】云南省·（西双版纳傣族自治州·景洪市）·基诺山（基诺山基诺族乡）·戛里果箐

【出处】沙车等讲，杜玉亭调查整理：《火鬼》（1990），见吕大吉、何耀华总主编《中国各民族原始宗教资料集成》（彝族卷、白族卷、基诺族卷），北京：中国社会科学出版社1996年版，第946页。

W0907.7.3

与火灵有关的其他母题

实 例

（参见下级母题实例）

W0907.7.3.1

火鬼女首领米欺斯沛命

实 例

纳西族 “送火神”仪式时，一个鬼牌上画着火鬼女首领“米欺斯沛命”，她的下面画一个持火把的猴子。

【流传】云南省·丽江县（丽江市）·塔城乡·依陇行政村·巴甸村

【出处】和学智等讲，杨福泉调查整理：

《丽江塔城地区的“送火神”仪式》(1989)，见吕大吉、何耀华总主编《中国各民族原始宗教资料集成》(纳西族卷、羌族卷、独龙族卷、傈僳族卷、怒族卷)，北京：中国社会科学出版社 2000 年版，第 73 页。

W0907. 7. 3. 2

火神也叫火鬼

实 例

白族 火神，也叫火鬼。

【流传】 云南省·（怒江傈僳族自治州）·兰坪县（兰坪白族普米族自治县），（迪庆藏族自治州）·维西县（维西傈僳族自治县）

【出处】 刘龙初调查整理：《兰坪维西那马人送火神撵火鬼》(1988)，见吕大吉、何耀华总主编《中国各民族原始宗教资料集成》（彝族卷、白族卷、基诺族卷），北京：中国社会科学出版社 1996 年版，第 508 页。

W0907. 7. 3. 3

祭火鬼

实 例

（参见下级母题实例）

W0907. 7. 3. 3. 1

烧地时用酒和水祭火鬼

实 例

基诺族 烧地时要用酒和水祭火鬼。

【流传】 云南省·（西双版纳傣族自治州·景洪市）·基诺山（基诺山基诺族乡）·戛里果箐、巴亚村·巴亚中寨

【出处】 杜玉亭调查整理：《巴亚寨烧地仪式和盖山地茅房仪式》(1979)，见吕大吉、何耀华总主编《中国各民族原始宗教资料集成》（彝族卷、白族卷、基诺族卷），北京：中国社会科学出版社 1996 年版，第 803 页。

W0907. 8

瘟疫鬼（疫鬼）

【汤普森】 F493

【关联】

① ［W0483. 6. 7］ 病鬼

② ［W8647. 2］ 瘟神制造瘟疫

实 例

（参见下级母题实例）

W0907. 8. 1

使人得病的蒙鬼

实 例

黎族 使人得病的蒙鬼附在人的身上。

【流传】（无考）

【出处】《鬼魂崇拜》，见吕大吉、何耀华主编，本册主编李绍明等《中国各民族原始宗教资料集成》（土家族卷、瑶族卷、壮族卷、黎族卷），北京：中国社会科学出版社 1998 年版，第 694 页。

W0907.8.2
颛顼的儿子成为疫鬼

【关联】［W0483.1.3.1］颛顼的儿子死后变瘟神

实 例

汉族 昔颛顼氏有三子，死而为疫鬼。一居江水，为疟鬼；一居若水，为魍魉鬼。

【流传】（无考）

【出处】［晋］干宝：《搜神记》卷十六。

W0907.8.2.1
颛顼氏有三子，其一死而为疫鬼

实 例

汉族 昔颛顼氏有三子，死而为疫鬼。于是正岁命方相氏，帅肆傩以驱疫鬼。

【流传】（无考）

【出处】［晋］干宝：《搜神记》卷十六。

汉族 颛顼有三子，一子死后居江水，为疟鬼。

【流传】（无考）

【出处】［晋］干宝著，钱振民校点：《搜神记》卷十六，长沙：岳麓书社1997年版，第128页。

W0907.8.3
疟鬼

实 例

（参见下级母题实例）

W0907.8.3.1
疟鬼居江水

实 例

汉族 昔颛顼氏有三子，死而为疫鬼。一居江水，为疟鬼。

【流传】（无考）

【出处】［晋］干宝：《搜神记》卷十六。

汉族 颛顼有三子，一子死后居江水，为疟鬼；一子死后居若水，为魍魉鬼。

【流传】（无考）

【出处】［晋］干宝著，钱振民校点：《搜神记》卷十六，长沙：岳麓书社1997年版，第128页。

W0907.8.3.2
疟鬼让人害寒热，打摆子

实 例

汉族 天神颛顼有三个儿子，生下不久都死掉了，其中，一个住在江水，变做疟鬼，散布疟疾病菌给世间，叫人一碰上就会害寒热，打摆子。

【流传】（无考）

【出处】《颛顼隔断天地的通路》，原载

袁珂编译《中国神话故事》，见陶阳、钟秀编《中国神话》（上），北京：商务印书馆 2008 年版，第 195～198 页。

W0907. 8. 4

麻风鬼

【关联】［W0912. 3. 1. 4. 1］大蟒神捉麻风鬼

实 例

景颇族 凹子头住着一个麻风鬼，正饿得发慌，愁着找不着东西吃。洪水逃生的姐弟俩走到他面前时，暗自得意起来。

【流传】（无考）

【出处】殷江腊讲，永生翻译，东耳、永生整理，木子改写：《人类始祖的传说》，见姚宝瑄主编《中国各民族神话》（白族、拉祜族、景颇族），太原：山西出版传媒集团·书海出版社 2014 年版，第 220 页。

景颇族 凹子头住着一个麻风鬼。

【流传】（无考）

【出处】殷江腊讲，永生翻译，东耳、永生整理：《人类始祖》，载《山茶》1982 年第 6 期。

W0907. 8. 5

痨病鬼

实 例

（参见下级母题实例）

W0907. 8. 5. 1

痨病鬼亨北于

实 例

（参见下级母题实例）

W0907. 8. 5. 1. 1

痨病鬼亨北于专司无法治愈的慢性病

实 例

怒族 “痨病鬼”怒语称“亨北于”，专司无法治愈的慢性病。

【流传】云南省·怒江州（怒江傈僳族自治州）·碧江县（碧江县已撤销，现为怒江傈僳族自治州中部）

【出处】

（a）何叔涛：《碧江怒族的原始宗教》，载《世界宗教研究》1985 年第 3 期，第 142 页。

（b）同（a），见吕大吉、何耀华总主编《中国各民族原始宗教资料集成》（纳西族卷、羌族卷、独龙族卷、傈僳族卷、怒族卷），北京：中国社会科学出版社 2000 年版，第 873 页。

W0907. 8a

瘟魔

实 例

（参见下级母题实例）

W0907.8a.1

汝河中的一个瘟魔

实 例

汉族 汝河里住着一个瘟魔，每年都要出来到人间走走。它走到哪里就把瘟疫带到哪里。

【流传】河南省

【出处】栗长松搜集整理：《重阳登高（关于九月九的传说）》，原载程健君等编《河南民俗传说之古故事》，见陶阳、钟秀编《中国神话》（下），北京：商务印书馆2008年版，第1502～1504页。

W0907.9

风鬼

【关联】

① ［W0292］风神

② ［W0846.1.2］风魔

③ ［W0867.1］风怪

实 例

（参见下级母题实例）

W0907.9.0

风鬼的产生

实 例

（参见下级母题实例）

W0907.9.0.1

美女达拉阿撒命出嫁时被大风卷走变成风鬼

实 例

纳西族 风鬼，据说是美女“达拉阿撒命”在出嫁时被大风卷走后变成的。

【流传】云南省·丽江县（丽江市）·（玉龙纳西族自治县）·塔城（塔城乡）·（依陇行政村）·巴甸村

【出处】李国文调查整理：《丽江塔城地区的祭风仪式》，载云南省民族研究所《民族调查研究》1986年第3期。

W0907.9.1

风鬼使人患疟疾病

【关联】［W8656.8］疟疾的产生

实 例

黎族 患疟疾病，是因为触犯了风鬼。

【流传】海南省

【出处】邢关英：《论黎族的自然崇拜——黎族先民的原始宗教研究之二》，见吕大吉、何耀华主编，本册主编李绍明等《中国各民族原始宗教资料集成》（土家族卷、瑶族卷、壮族卷、黎族卷），北京：中国社会科学出版社1998年版，第652页。

W0907.9.2

风鬼是恶鬼

实 例

基诺族 风鬼（风神）是恶鬼。如头痛等病经巫师占卜后属风鬼作怪。

【流传】云南省·（西双版纳傣族自治州·景洪市）·基诺山（基诺山基诺族乡）·戛里果箐

【出处】沙车等讲，杜玉亭调查整理：《风鬼》（1990），见吕大吉、何耀华总主编《中国各民族原始宗教资料集成》（彝族卷、白族卷、基诺族卷），北京：中国社会科学出版社1996年版，第946页。

黎族 风鬼是恶鬼，要杀鸡祭祀。

【流传】（无考）

【出处】《鬼魂崇拜》，见吕大吉、何耀华主编，本册主编李绍明等《中国各民族原始宗教资料集成》（土家族卷、瑶族卷、壮族卷、黎族卷），北京：中国社会科学出版社1998年版，第695页。

W0907. 9. 3

风鬼的气味

实　例

（参见下级母题实例）

W0907. 9. 3. 1

风鬼的气味会伤及第一次抱出门的婴儿

实　例

基诺族 风鬼的气味对第一次抱出门的婴儿有危险。

【流传】云南省·（西双版纳傣族自治州·景洪市）·基诺山（基诺山基诺族乡）·巴亚中寨、戛里果箐

【出处】不拉孜等讲，杜玉亭调查整理：《巴亚寨产妇产期礼俗》（1989），见吕大吉、何耀华总主编《中国各民族原始宗教资料集成》（彝族卷、白族卷、基诺族卷），北京：中国社会科学出版社1996年版，第884页。

W0907. 9. 4

风鬼能把火吹过山

实　例

基诺族 两只脚的鸡，是献给可以把火吹过山的风鬼的牺牲。

【流传】云南省·（西双版纳傣族自治州·景洪市）·基诺山（基诺山基诺族乡）·戛里果箐、巴亚村·巴亚中寨

【出处】杜玉亭调查整理：《巴亚寨烧地仪式和盖山地茅房仪式》（1979），见吕大吉、何耀华总主编《中国各民族原始宗教资料集成》（彝族卷、白族卷、基诺族卷），北京：中国社会科学出版社1996年版，第803页。

W0907. 9. 5

祭风鬼

实　例

（参见下级母题实例）

W0907.9.5.1

用猪、羊或鸡祭风鬼

实 例

傈僳族 祭风鬼，需要猪或羊或鸡1头（只）。

【流传】 云南省·（德宏傣族景颇族自治州）·盈江县·苏典（傈僳族）乡

【出处】 许鸿宝等：《盈江县苏典傈僳族调查报告》，见云南省编辑组编《云南少数民族社会历史调查资料汇编》（二），昆明：云南人民出版社1987年版，第66~67页。

W0907.9a

勾魂鬼

实 例

赫哲族 转生的灵魂，在人死之后要把生前所走之路走过一遍，再归来在出魂之日随勾魂鬼〔hut'u〕回到他的来处，然后转入新生的人或动物。

【流传】（松花江下游地区依兰县至抚远市一带）

【出处】

（a）凌纯声：《松花江下游的赫哲族》（原1934年南京刊印本），北京：民族出版社2012年版，第115页。

（b）《人的三个灵魂》，见吕大吉、何耀华总主编《中国各民族原始宗教资料集成》（鄂伦春族卷、鄂温克族卷、赫哲族卷、达斡尔族卷、锡伯族卷、满族卷、蒙古族卷、藏族卷），北京：中国社会科学出版社1999年版，第199页。

W0907.9a.1

勾魂鬼即无常鬼

实 例

汉族等 无常鬼又叫“勾魂鬼”，有黑无常和白无常两种，并称无常二爷。

【流传】（无考）

【出处】 《黑白无常》，见乌丙安主编《中国民间神谱》，沈阳：辽宁人民出版社2007年版，第75页。

W0907.9a.1.0

骗子无常被称为无常鬼

实 例

汉族 人们恨害死嫦娥的后羿和骗子无常，称无常为“无常鬼”。

【流传】 江苏省·常州市郊区

【出处】 王福明讲，陆华珍记录：《嫦娥的故事》（1988.05），见姚宝瑄主编《中国各民族神话》（汉族），太原：山西出版传媒集团·书海出版社2014年版，第240~241页。

W0907.9a.1.1

无常鬼有黑无常和白无常两种

实 例

汉族 （参见“W0907.9a.1 勾魂鬼即无常鬼”母题实例）

W0907. 9a. 1. 2

黑无常和白无常并称无常二爷

实 例

汉族 （参见“W0907. 9a. 1 勾魂鬼即无常鬼”母题实例）

W0907. 9a. 1. 3

无常鬼面目恐怖

实 例

汉族 两个勾魂鬼黑白无常模样十分可怕：素衣高帽，长发披散，口吐血红长舌。黑无常的高帽子上写着“正在捉你”，白无常的高帽子上写着“你也来了”。

【流传】（无考）

【出处】《黑白无常》，见乌丙安主编《中国民间神谱》，沈阳：辽宁人民出版社 2007 年版，第 75 页。

W0907. 9a. 1. 3. 1

无常鬼身高丈余，地牌眼，勾鼻子

实 例

汉族 无常鬼是身高一丈开外的高条子鬼，地牌眼，勾鼻子。

【流传】（无考）

【出处】尹学海讲，尹培民搜集：《无常鬼》，原载文彦生编选《中国鬼话》，见陶阳、钟秀编《中国神话》（下），北京：商务印书馆 2008 年版，第 1337 ~ 1338 页。

W0907. 9a. 1. 4

黑无常穿黑长衫，戴黑高帽，手执黑扇

实 例

汉族 无常鬼有黑白之分，白无常一身着白，身穿白长衫，头戴白高帽，手拿白扇子扇发扇发；黑无常一身着黑，黑长衫，黑高帽，手执一把黑扇子。

【流传】（无考）

【出处】尹学海讲，尹培民搜集：《无常鬼》，原载文彦生编选《中国鬼话》，见陶阳、钟秀编《中国神话》（下），北京：商务印书馆 2008 年版，第 1337 ~ 1338 页。

W0907. 9a. 1. 5

白无常身穿白长衫，戴白高帽，手拿白扇

实 例

汉族 （参见“W0907. 9a. 1. 4 黑无常穿黑长衫，戴黑高帽，手执黑扇”母题实例）

W0907. 9a. 2

勾魂鬼是阎王的手下

实 例

彝族 阎王不分真伪善恶，派勾魂鬼杀了阿倮（彝族英雄祖先）。

【流传】云南省·（红河哈尼族彝族自治州）·石屏县·哨冲（哨冲镇）

【出处】范祖锜：《石屏县哨冲彝族“咪嘎好”祭祀现场纪实》，见吕大吉、何耀华总主编《中国各民族原始宗教资料集成》（彝族卷、白族卷、基诺族卷），北京：中国社会科学出版社1996年版，第206页。

W0907.10

无头鬼（无头灵）

【汤普森】E422.1.1

实 例

（参见下级母题实例）

W0907.10.1

恶神生的蛋生无头鬼

实 例

纳西族 恶神依古顶那做变化出的黑蛋生的黑鸡生出9对黑蛋。其中，一对变为恶鬼和无头鬼。

【流传】（云南省）

【出处】和芳、和志新编译：《崇邦统——人类迁徙记》，见姚宝瑄主编《中国各民族神话》（佤族、阿昌族、纳西族、普米族、德昂族），太原：山西出版传媒集团·书海出版社2014年版，第139页。

W0907.10.2

无头鬼獝狂

实 例

汉族 “捎魑魅，斫獝狂。”薛综注：“獝狂，恶戾之鬼名。”

【流传】（无考）

【出处】［南朝·梁］萧统：《文选》辑张衡《东京赋》薛综注。

汉族 獝狂，无头鬼也。

【流传】（无考）

【出处】［东汉］班固等：《汉书·扬雄传》王先谦补注引《萧该音义》。

W0907.10.3

以牛禳无头灵

实 例

傈僳族 无头灵要以牛禳之。

【流传】碧罗雪山（云南省·怒江傈僳族自治州·贡山独龙族怒族自治县与云南省·迪庆藏族自治州·德钦县交界一带）

【出处】陶云逵：《碧罗雪山之傈僳族》，见国立中央研究院《历史语言研究所集刊》第17本，商务印书馆民国三十七年（1948），第394～395页。

W0907.10a

多头鬼

实 例

（参见下级母题实例）

W0907.10a.1

三头鬼

【关联】［W0838.4.2］3头妖魔（三个

头的魔鬼，三头妖）

实 例

彝族 三头鬼生有三头。

【流传】（无考）

【出处】 庄学本：《彝族调查报告》（1941），见吕大吉、何耀华总主编《中国各民族原始宗教资料集成》（彝族卷、白族卷、基诺族卷），北京：中国社会科学出版社1996年版，第118页。

W0907.11
饿死鬼（饿鬼，饿灵）

【汤普森】 A689.3

实 例

（参见下级母题实例）

W0907.11.1
女乌佑（鬼、神灵）总是吃不饱

实 例

珞巴族 女乌佑热拉邦德是个饿鬼，饭量很大，她踏入阿巴达尼家，就一手托着一箩筐，一手抓饭吃。不用多久，七八箩筐的饭吃完了，还是吃不饱。

【流传】 西藏自治区·下珞渝（又写作"下珞瑜"，泛指永木河、锡约尔河、巴恰西仁河流域）

【出处】 达布讲，李坚尚、裴富珍搜集整理，刘东翻译：《阿巴达尼和热拉邦德》，见中华民族故事大系编委会编《中华民族故事大系》第16卷（赫哲族、门巴族、珞巴族、基诺族），上海：上海文艺出版社1995年版，第735～736页。

W0907.11.2
饿灵能祟人馋致死

实 例

傈僳族 饿灵能祟人馋致死，要鸡禳之。

【流传】 碧罗雪山（云南省·怒江傈僳族自治州·贡山独龙族怒族自治县与云南省·迪庆藏族自治州·德钦县交界一带）

【出处】 陶云逵：《碧罗雪山之傈僳族》，见国立中央研究院《历史语言研究所集刊》第17本，商务印书馆民国三十七年（1948），第394～395页。

W0907.12
吃人的鬼魂（吃人鬼，食人鬼）

【汤普森】 G11.10

【关联】［W0839.5.1］吃人的妖魔

实 例

独龙族 从前，有一些吃人的鬼。

【流传】 云南省·（怒江傈僳族自治州）·贡山（贡山独龙族怒族自治县）

【出处】 孔美金等讲，李子贤整理：《巧射鬼王》，见中华民族故事大系编委会编《中华民族故事大系》第15卷（德昂族、保安族、裕固族、京族、塔塔尔族、独龙族、鄂伦春族），上海：上海文艺出版社 1995 年版，第 635 页。

W0907.12.1

精灵吃掉死者的尸体

实 例

珞巴族 为了不让乌佑（鬼，精灵等）吃掉死者的尸体，大家决定立即派人去，把尸体运回来。

【流传】 西藏自治区·尼米金一带（林芝市·米林县·甫龙村德根部落）

【出处】 达大讲，李坚尚、裴富珍搜集整理，常胜翻译：《猎人和乌佑》，见中华民族故事大系编委会编《中华民族故事大系》第 16 卷（赫哲族、门巴族、珞巴族、基诺族），上海：上海文艺出版社 1995 年版，第 687 ~ 688 页。

W0907.12.2

鬼吃掉总人数的一半的人

实 例

珞巴族 从前，德根部落厄约木地区的人来工布交换时，往往是十个人去，五个人能够回来；八个人去，四个人能够回来，一半的人都被乌佑（鬼，精灵等）吃掉了。大家都害怕去交换货物，但不去交换，没有食盐吃，日子更不好过。大家都为此愁眉不展。

【流传】 西藏自治区·尼米金（林芝市·米林县）

【出处】 达大讲，李坚尚、裴富珍搜集整理，达嘎翻译：《不怕鬼的格若和戈若》，见中华民族故事大系编委会编《中华民族故事大系》第 16 卷（赫哲族、门巴族、珞巴族、基诺族），上海：上海文艺出版社 1995 年版，第 664 页。

W0907.13

食尸鬼

【汤普森】 G20

实 例

（实例待考）

W0907.14

其他特定的鬼

实 例

（参见下级母题实例）

W0907.14.1

丧葬鬼

实 例

（参见下级母题实例）

W0907.14.1.1

最瘦的丧葬鬼伞八掌

实 例

独龙族 伞八掌是独龙人神话传说中最瘦的丧葬鬼。

【流传】 云南省·（怒江傈僳族自治州）·贡山（贡山独龙族怒族自治

县）·独龙江两岸

【出处】约翰讲，陶学良、陶立璠搜集整理：《坛嘎朋》注释，见谷德明编《中国少数民族神话》，北京：中国民间文艺出版社 1987 年版，第 523 页。

W0907. 14. 2

恶作剧的鬼

【汤普森】F473

实 例

（实例待考）

W0907. 14. 3

傻鬼（呆鬼）

实 例

独龙族 以前，有一个傻鬼，专爱做傻事。

【流传】（无考）

【出处】伊里亚讲，巴国强整理：《鱼网的来历》，见中华民族故事大系编委会编《中华民族故事大系》第 15 卷（德昂族、保安族、裕固族、京族、塔塔尔族、独龙族、鄂伦春族），上海：上海文艺出版社 1995 年版，第 641 页。

W0907. 14. 3. 1

呆鬼即无头的鬼

【关联】［W0907. 10］无头鬼（无头灵）

实 例

纳西族 呆鬼，即无头的鬼，是非正常死亡而成的凶鬼。

【流传】云南省·丽江县（丽江市）·（古城区）·大东地区（大东乡）

【出处】和士诚（80 岁）讲，和力民调查整理：《丽江大东地区的大祭风仪式》（1989），见吕大吉、何耀华总主编《中国各民族原始宗教资料集成》（纳西族卷、羌族卷、独龙族卷、傈僳族卷、怒族卷），北京：中国社会科学出版社 2000 年版，第 125 页。

W0907. 14. 4

魍魉鬼（罔两、蛧蜽）①

【关联】

①［W0406. 1. 1j］水神罔两（水神魍魉）

②［W0868. 0. 7］怪物名叫魑魅、魍魉

实 例

（参见下级母题实例）

W0907. 14. 4. 1

颛顼的儿子死后成为魍魉鬼

实 例

汉族 昔颛顼氏有三子，死而为疫鬼。一居江水，为疟鬼；一居若水，为魍魉鬼。

【流传】（无考）

【出处】［东晋］干宝：《搜神记》卷

① 魍魉鬼（罔两、蛧蜽），有多种写法，如罔两、魍蜽、蛧蜽、罔阆、罔两、方良等。

十六。

W0907.14.4.2

颛顼的儿子死后成为小儿鬼

实　例

汉族 颛顼有三子，一子死后居江水，为疟鬼；一子死后居若水，为魍魉鬼；一子死后居宫室，善惊人小儿，为小儿鬼。

【流传】（无考）

【出处】［东晋］干宝著，钱振民校点：《搜神记》卷十六，长沙：岳麓书社1997年版，第128页。

W0907.14.4.3

魍魉是蜘蛛所化

实　例

汉族 魑魅原是屎壳郎所化，魍魉是蜘蛛所化。它们在东泰山（今山东泰山）一个深谷洞穴中居住，修炼了九百九十九年，再有一年就要修成正果，入班仙界。

【流传】 河南省·（郑州市）·新郑市

【出处】 刘文学采录整理：《魑魅、魍魉》，见张振犁编著，孟宪明、朱淑君统纂《中原神话通鉴》（第二卷），郑州：河南大学出版社2017年版，第544～545页。

W0907.14.4.4

魍魉吹哀乐

实　例

汉族 魍魉助蚩尤战黄帝时，见黄帝军队，就两手捧着碗口粗的竹筒吹出一阵阵哀乐，那声音在山谷深林中回响。

【流传】 河南省·（郑州市）·新郑市

【出处】 刘文学采录整理：《魑魅、魍魉》，见张振犁编著，孟宪明、朱淑君统纂《中原神话通鉴》（第二卷），郑州：河南大学出版社2017年版，第545页。

W0907.14.4.5

魑魅、魍魉会施放毒气

实　例

汉族 很早以前，有一次蚩尤同黄帝打仗，请来魑魅、魍魉施放毒气，被黄帝用羚羊角作龙吟，打败了。

【流传】 河南省·（郑州市）·新郑市

【出处】 刘文学采录整理：《东海捉夔牛》，见张振犁编著，孟宪明、朱淑君统纂《中原神话通鉴》（第二卷），郑州：河南大学出版社2017年版，第551页。

W0907.14.4.5a

罔两兴云雾

实　例

汉族 蚩尤乃驱罔两，兴云雾，祈风雨，以肆志于诸侯。

【流传】（无考）

【出处】［南宋］罗泌：《路史·后纪四》。

W0907. 14. 4. 6

魑魅、魍魉最怕龙吟

实　例

汉族 大隗真人告诉黄帝说：“臣闻魑魅、魍魉最怕龙吟。咱们有熊国五指岭山以东、西泰山（今新郑西北）以北有梅山，此处梅树遍地，羚羊、梅花鹿成群，可取那羚羊角作号。那号角吹起来酷似龙叫，不愁妖术不破。”

【流传】 河南省·（郑州市）·新郑市

【出处】 刘文学采录整理：《魑魅、魍魉》，见张振犁编著，孟宪明、朱淑君统纂《中原神话通鉴》（第二卷），郑州：河南大学出版社 2017 年版，第 545 页。

W0907. 14. 4. 7

蝄蜽像小孩

实　例

（参见下级母题实例）

W0907. 14. 4. 7. 1

蝄蜽状如三岁小儿，赤黑色，赤目长耳，美发

实　例

汉族 蝄蜽，状如三岁小儿，赤黑色，赤目长耳，美发。

【流传】（无考）

【出处】［东汉］许慎：《说文》十三“蜽”。

W0907. 14. 4. 7. 2

魍魉形状如三岁小孩，红眼睛，长耳朵，身体黑中透红

实　例

汉族 天神颛顼有三个儿子，生下不久都死掉了，其中，一个住在若水，变做“魍魉”。“魍魉”形状像三岁的小孩子，红眼睛，长耳朵，黑中透红的身体，一头漂亮的乌油油的头发，最喜欢学人的声音来迷惑人们。

【流传】（无考）

【出处】《颛顼隔断天地的通路》，原载袁珂编译《中国神话故事》，见陶阳、钟秀编《中国神话》（上），北京：商务印书馆 2008 年版，第 195～198 页。

W0907. 14. 4. 8

蝄蜽是山精

实　例

汉族 蝄蜽，山精，好学人声而迷惑人也。

【流传】（无考）

【出处】［春秋］左丘明：《国语·鲁语下》［三国·吴］韦昭注。

汉族 “追水豹兮鞭蝄蜽。”李善注：“蝄蜽，山川之精物也。

【流传】（无考）

【出处】［南朝·梁］萧统：《文选》辑张衡《南都赋》李善注引《说文》。

W0907.14.4a

魑魅

实 例

（参见下级母题实例）

W0907.14.4a.1

魑魅原是屎壳郎所化

实 例

汉族 （参见“W0907.14.4.3 魍魉是蜘蛛所化”母题实例）

W0907.14.4a.2

魑魅放黑屁

实 例

汉族 魑魅助蚩尤战黄帝时，见黄帝军队，便撅起屁股放出一股烟雾似的黑气来。那黑气一团一团地打着旋向黄帝的士兵冲来。一些兵士先是闻到黑气，个个呛得咳嗽不止，喘不过气来。

【流传】河南省·（郑州市）·新郑市

【出处】刘文学采录整理：《魑魅、魍魉》，见张振犁编著，孟宪明、朱淑君统纂《中原神话通鉴》（第二卷），郑州：河南大学出版社 2017 年版，第 545 页。

W0907.14.4a.3

魑魅、魍魉居深谷洞穴

实 例

汉族 魑魅原是屎壳郎所化，魍魉是蜘蛛所化。它们在东泰山（今山东泰山）一个深谷洞穴中居住，修炼了九百九十九年，再有一年就要修成正果，入班仙界。

【流传】河南省·（郑州市）·新郑市

【出处】刘文学采录整理：《魑魅、魍魉》，见张振犁编著，孟宪明、朱淑君统纂《中原神话通鉴》（第二卷），郑州：河南大学出版社 2017 年版，第 544～545 页。

W0907.14.4a.4

魑魅善惑人

实 例

汉族 魑魅，人面兽身，四足，好惑人。

【流传】（无考）

【出处】［西汉］司马迁：《史记·五帝本纪》司马贞索隐。

W0907.14.4a.5

魑魅怕龙吟

实 例

汉族 （参见“W0672.6.5.1.1 蚩尤氏帅魑魅”母题实例）

W0907.14.4a.6

魍魉个子矮小，红眼睛，散头发，红皮肤

实 例

汉族 轩辕黄帝战蚩尤时，蚩尤从山林中驱赶来一群怪物，名叫魑魅、魍魉，向轩辕的兵扑来。魑魅长着人的脸、野兽的身子，叫起来凄惨怕人；魍魉个子矮小，红眼睛，散头发，红皮肤，人一见它，就会被它迷住吃掉。

【流传】陕西省·（延安市）·黄陵县

【出处】郭诚整理：《黄帝战蚩尤》，原载黄陵县文化馆编《轩辕黄帝传说故事》，见陶阳、钟秀编《中国神话》（中），北京：商务印书馆 2008 年版，第 787～792 页。

W0907.14.5

情死鬼

实 例

（参见下级母题实例）

W0907.14.5.1

女情死鬼

实 例

纳西族 女情死鬼头目梅朱米米玛。

【流传】云南省

【出处】杨树兴等诵，和发源翻译：《鲁般鲁饶》，见云南省少数民族古籍整理出版规划办公室编《纳西族东巴古籍译注》（一），昆明：云南民族出版社 1986 年版，第 48 页。

W0907.14.5.2

男情死鬼

实 例

纳西族 （参见“W0907.14.5.3 情死鬼到处游荡”母题实例）

W0907.14.5.3

情死鬼到处游荡

实 例

纳西族 青年男女情死者回不到祖源故地，只能双双走到情死国里，过生前一样的恋爱生活，变成游荡的情死鬼。

【流传】云南省·（丽江市）·丽江县（古城区、玉龙纳西族自治县）

【出处】木丽春采集整理：《回祖源故地的传说》，见木丽春编著《纳西族民间故事集》，昆明：云南人民出版社 2007 年版，第 76 页。

W0907.14.6

阴鬼

实 例

（参见下级母题实例）

W0907.14.6.1

瓜生阴鬼

实 例

傈僳族 天神种出一个又圆又大的独瓜。他举起金拐棍向瓜的腰部击了一棒，这时，从瓜里又跳出两个阴将（传说中属力量高强且善于暗中致人痛苦和灾难的鬼神）。

【流传】（无考）

【出处】

(a)《开天辟地》，载《山茶》1983 年第 3 期。

(b) 同 (a)，见姚宝瑄主编《中国各民族神话》（水族、布朗族、独龙族、基诺族、傈僳族），太原：山西出版传媒集团·书海出版社 2014 年版，第 182 页。

W0907.14.7

一足鬼（独脚鬼，独足鬼）

【关联】

① ［W0906.3.1.1.3］山鬼一足

② ［W0906.3.3.2.1］独足鬼名山魈

实　例

（参见下级母题实例）

W0907.14.7.1

一足鬼长 3 尺

实　例

汉族 元嘉中，颍川宋寂，昼忽有一足鬼长三尺。

【流传】（无考）

【出处】

(a) ［南朝·宋］刘敬叔：《异苑》卷六。

(b) 同 (a)，见袁珂《中国神话大词典》，北京：华夏出版社 2015 年版，第 1 页。

W0907.14.7.2

独足鬼又称独足仙

实　例

汉族 富阳桐庐山中，多独足鬼，人称为独足仙，比户祀之，否则纱帽彩袍，彳亍而来，夜入人家，能魇人至死。又能窃人财物饮食，城中亦不能免。时作老人扶策至人家，夜与人共宿，亲而奉之，所求必得，否则为祟。

【流传】（富阳）

【出处】［清］东轩主人：《述异记》卷下。

W0907.14.7.3

富阳桐庐山有独足鬼

实　例

汉族 （参见“W0907.14.7.2 独足鬼又称独足仙”母题实例）

W0907.14.7.4

独足鬼能魇人至死

实　例

汉族 （参见“W0907.14.7.2 独足鬼又称独足仙”母题实例）

W0907.14.7.5

独足鬼能窃人财物饮食

实　例

汉族 （参见“W0907.14.7.2 独足

鬼又称独足仙”母题实例）

W0907. 14. 7. 6
独足鬼夜与人共宿，亲而奉之所求必得

实 例

汉族 （参见“W0907. 14. 7. 2 独足鬼又称独足仙”母题实例）

W0907. 14. 7. 7
与一足鬼有关的其他母题

实 例

（参见下级母题实例）

W0907. 14. 7. 7. 1
独脚鬼鬼王

实 例

（参见下级母题实例）

W0907. 14. 7. 7. 1. 1
独脚鬼之王泰乌让

实 例

藏族 法师在举行防雹仪式时，要祈请“代仲巴诺”，即西藏人信仰的泰乌让独脚鬼之王。

【流传】（西藏自治区）

【出处】［奥地利］内贝斯基著，谢继胜译：《西藏的天气咒师及其仪式》，原载《国外藏学研究译文集》第6辑，西藏人民出版1989年版，见吕大吉、何耀华总主编《中国各民族原始宗教资料集成》（鄂伦春族卷、鄂温克族卷、赫哲族卷、达斡尔族卷、锡伯族卷、满族卷、蒙古族卷、藏族卷），北京：中国社会科学出版社1999年版，第859页。

W0907. 14. 8
学样鬼

实 例

（参见下级母题实例）

W0907. 14. 8. 1
学样鬼喜效人

实 例

汉族 梁北有黎丘部，有奇鬼焉，喜效人之子侄昆弟之状。邑丈人有之市而醉归者，黎丘之鬼效其子之状，扶而道苦之。

【流传】（无考）

【出处】［秦］吕不韦及门客：《吕氏春秋·疑似》。

W0907. 14. 9
小儿鬼

【关联】［W0907. 14. 4. 2］颛顼的儿子死后成为小儿鬼

实 例

汉族 昔颛顼氏有三子，死而为疫鬼：一居江水，为疟鬼；一居若水，为魍魉鬼；一居人宫室，善惊人小儿，为小儿鬼。

【流传】（无考）

【出处】［东晋］干宝：《搜神记》卷十六。

W0907.14.9.1

小儿鬼教人生疮害病和惊吓小孩

实 例

汉族 （参见“W0907.14.9.2 小儿鬼住在家中屋角”母题实例）

W0907.14.9.2

小儿鬼住在家中屋角

实 例

汉族 天神颛顼有三个儿子，生下不久都死掉了，其中，一个变成小儿鬼，住在人家的屋角，专门教人生疮害病和惊吓人家的小孩子。

【流传】（无考）

【出处】《颛顼隔断天地的通路》，原载袁珂编译《中国神话故事》，见陶阳、钟秀编《中国神话》（上），北京：商务印书馆 2008 年版，第 195～198 页。

W0907.14.10

虚耗鬼

实 例

（参见下级母题实例）

W0907.14.10.1

除夕照虚耗

实 例

汉族 除夕终夜不睡，谓之守岁；燃灯室中，谓之照虚耗。

【流传】（无考）

【出处】［清］褚人获：《坚瓠四集》卷三“除夕遗俗”条。

W0907.14.11

有穷鬼

实 例

（参见下级母题实例）

W0907.14.11.1

有穷鬼居槐江之山

实 例

汉族 槐江之山，东望恒山四成，有穷鬼居之，各在一搏。

【流传】（无考）

【出处】［战国至汉］撰者不详：《山海经·西次三经》。

W0907.14.12

木客

实 例

（参见下级母题实例）

W0907. 14. 12. 1
木客形似人

实 例

汉族 虔州上洛山多木客，乃鬼类也。形似人，语亦如人，遥见分明，近则藏隐。能斫杉枋，聚于高峻之上。与人交易，以木易刀斧。交关者前置物枋下，却走避之。

【流传】（无考）

【出处】［北宋］乐史：《太平寰宇记》卷一〇八引《舆地志》。

W0907. 14. 12. 2
木客手脚如钩

实 例

汉族 木客头面语声亦不全异人，但手脚如钩，利高岩绝峰，然后居之。

【流传】（无考）

【出处】［北宋］李昉、李穆、徐铉等：《太平御览》卷八四四引《南康记》。

W0907. 14. 12. 3
木客采木

实 例

汉族 木客自云秦时造阿房宫采木。

【流传】（无考）

【出处】［明］邝露：《赤雅》卷上。

W0907. 14. 13
胎鬼

实 例

（参见下级母题实例）

W0907. 14. 13. 1
娘胎里死或难产而死的孩子变成胎鬼

实 例

壮族 娘胎里死或难产而死的孩子变成胎鬼。

【流传】广西壮族自治区·百色市·那坡县

【出处】范宏贵搜集整理：*《防鬼的方法》（1991），见吕大吉、何耀华总主编《中国各民族原始宗教资料集成》（土家族卷、瑶族卷、壮族卷、黎族卷），北京：中国社会科学出版社 1998 年版，第 491 页。

W0907. 14. 13a
脱胎鬼

实 例

（参见下级母题实例）

W0907. 14. 13a. 1
脱胎鬼有时成人，有时成牲畜或成屎

实 例

白族 脱胎鬼有时成人，有时脱胎成

牲畜，甚而脱胎成屎。

【流传】贵州省·（毕节市）·威宁（威宁彝族回族苗族自治县）、赫章（赫章县）

【出处】李平凡：《威宁赫章白族社会历史调查报告》，见贵州省民族研究所编：《贵州民族调查》之四，内部编印1986，第567页。

W0907.14.13b

难产鬼

【关联】［W0477.10.1］难产神

实 例

（参见下级母题实例）

W0907.14.13b.1

因难产而死的人变成血腥鬼（难产鬼）

实 例

白族 因难产而死的妇女变成难产鬼。

【流传】云南省·（大理白族自治州）·海东乡、城郊乡、银桥乡等

【出处】王承权等调查整理：《大理白族的鬼魂观念和鬼的种类》（1988），见吕大吉、何耀华总主编《中国各民族原始宗教资料集成》（彝族卷、白族卷、基诺族卷），北京：中国社会科学出版社1996年版，第409页。

白族 因难产死亡的人会变成血腥鬼（难产鬼）。

【流传】云南省·（大理白族自治州）·鹤庆县

【出处】张海福等调查整理：《鹤庆白族鬼的种类》（1989），见吕大吉、何耀华总主编《中国各民族原始宗教资料集成》（彝族卷、白族卷、基诺族卷），北京：中国社会科学出版社1996年版，第411页。

W0907.14.14

琵琶鬼

实 例

（参见下级母题实例）

W0907.14.14.1

实勐巴拉纳西国王狂变的长子成为琵琶鬼

实 例

傣族 “琵琶鬼”者，实勐巴拉纳西国王狂变之长子也。

【流传】（云南省）

【出处】袁珂改编：《“琵琶鬼”来历》（原名《“琵琶鬼”的来历》），原载傅光宇等编《傣族民间故事选》，见袁珂《中国神话大词典》，北京：华夏出版社2015年版，第506页。

W0907.14.15

达目鬼

实 例

（参见下级母题实例）

W0907. 14. 15. 1

达目鬼吃人

实 例

景颇族 达目鬼已有很长时间没吃到活人肉了，现在正想得口涎流淌时，一见姐弟俩，高兴得手舞足蹈，跃上前去。

【流传】（云南省·德宏傣族景颇族自治州）

【出处】岳志明、杨国治翻译整理：《驾驭太阳的母亲》，见姚宝瑄主编《中国各民族神话》（白族、拉祜族、景颇族），太原：山西出版传媒集团·书海出版社 2014 年版，第 209 页。

W0907. 14. 16

伥鬼

实 例

（参见下级母题实例）

W0907. 14. 16. 1

伥鬼与虎为伴

实 例

汉族 下世传虎啮人，人死，魂不敢他适，辄隶事虎，名伥鬼。虎行求食，伥必与俱，为虎前导。遇涂有暗机伏阱，则迂道往。

【流传】（无考）

【出处】［明］张自烈：《正字通·子部中》释“伥”。

W0907. 14. 16. 2

伥鬼是虎的先导

实 例

汉族 虎所至，伥鬼为之先驱，辄坏猎人机械；当以乌梅、杨梅布地，盖此鬼嗜酸而不顾虎，虎乃可擒。

【流传】（无考）

【出处】［宋］欧阳玄：《睽车志》。

W0907. 14. 17

客家鬼

实 例

（参见下级母题实例）

W0907. 14. 17. 1

客家鬼最厉害

实 例

彝族 最厉害的是“客家鬼”，它可以变成人形，住在房子里，脾气好时令人致富，脾气不好或者得罪了它，它可以让全家死亡。

【流传】四川省·（凉山彝族自治州）大凉山一带

【出处】白荻：《倮罗的宗教和他们的巫师》，载《京沪周刊》1947 年第 1 卷第 21 期。

W0907. 14. 18

神仙鬼

实 例

傈僳族 祭庙社神仙鬼，需要猪1头。

【流传】云南省·（德宏傣族景颇族自治州）·盈江县·苏典（傈僳族）乡

【出处】许鸿宝等：《盈江县苏典傈僳族调查报告》，见云南省编辑组编《云南少数民族社会历史调查资料汇编》（二），昆明：云南人民出版社1987年版，第66~67页。

W0907.14.19 活人鬼

实 例

（参见下级母题实例）

W0907.14.19.1 活人鬼附着在妇女身上

实 例

白族 活人鬼，是附着在妇女身上的鬼（有些类似其他白族地区的“放蛊”）。

【流传】云南省·（大理白族自治州）·洱源县·西山乡

【出处】赵寅松调查整理：《洱源西山白族送死人鬼与活人鬼》（1988），见吕大吉、何耀华总主编《中国各民族原始宗教资料集成》（彝族卷、白族卷、基诺族卷），北京：中国社会科学出版社1996年版，第429页。

W0907.14.20 巫师鬼

实 例

（参见下级母题实例）

W0907.14.20.1 巫师魂鬼莫崩西（那木西都可）

实 例

独龙族 “莫崩西”是巫师魂鬼，或称“那木西都可”（西是死，即死了的巫师鬼，或死了的巫）。

【流传】云南省·（怒江傈僳族自治州）·贡山县（贡山独龙族怒族自治县）·第四区·第三行政村

【出处】洪俊：《贡山第四区第三行政村解放前独龙族社会组织调查》，见中国科学院民族研究所云南民族调查组等编印《云南省怒江独龙族社会调查》（七），内部编印，1964年，第159页。

W0907.14.21 节节高鬼

实 例

（参见下级母题实例）

W0907.14.21.1 节节高鬼越长越大

实 例

傈僳族 节节高鬼犹如雪球越滚越高大，会把人畜压住。

【流传】云南省·（怒江傈僳族自治州）·贡山县（贡山独龙族怒族自治县）

【出处】杨毓骧调查整理：《贡山地区的祭鬼》（1989），见吕大吉、何耀华总主编《中国各民族原始宗教资料集成》（纳西族卷、羌族卷、独龙族卷、傈僳族卷、怒族卷），北京：中国社会科学出版社 2000 年版，第 739 页。

W0907. 14. 22

邋遢鬼

实 例

（参见下级母题实例）

W0907. 14. 22. 1

养鬼婆养着邋遢鬼

实 例

白族 一些村寨有少数“养鬼婆”。据说他们养着“邋遢鬼”“苍龙鬼”专门害人。

【流传】云南省·（大理白族自治州）·云龙县·旧州乡

【出处】詹承绪调查整理：《云龙旧州白族的“养鬼”》（1988），见吕大吉、何耀华总主编《中国各民族原始宗教资料集成》（彝族卷、白族卷、基诺族卷），北京：中国社会科学出版社 1996 年版，第 633 页。

W0907. 14. 23

替死鬼

实 例

（参见下级母题实例）

W0907. 14. 23. 1

替死鬼会让人替他死

实 例

傈僳族 鬼魂来自一切凶死者，称之为“替死鬼”，人们若碰到这些鬼，就要让你替他死。

【流传】云南省·（昆明市）·禄劝县（禄劝彝族苗族自治县）·屏山乡

【出处】杨毓骧调查整理：《禄劝地区祭凶死者“替死鬼”》（1989），见吕大吉、何耀华总主编《中国各民族原始宗教资料集成》（纳西族卷、羌族卷、独龙族卷、傈僳族卷、怒族卷），北京：中国社会科学出版社 2000 年版，第 742 页。

W0907. 14. 23. 2

替死鬼恰他儿不郎（淹死鬼恰他儿不郎）

实 例

独龙族 “恰他儿不郎”是替死鬼（淹死鬼），淹死人的灵魂要找替死者。

【流传】云南省·（怒江傈僳族自治州）·贡山县（贡山独龙族怒族自治县）·第四区·第三行政村

【出处】洪俊：《贡山第四区第三行政村解放前独龙族社会组织调查》，见中国科学院民族研究所云南民族调查组等编印《云南省怒江独龙族社会调查》（七），内部编印，1964 年，第 159 ~ 160 页。

W0907.14.24

梦鬼

实 例

（参见下级母题实例）

W0907.14.24.1

梦鬼密加尼

实 例

傈僳族 傈僳族把神鬼分成若干种类，如水鬼（爱杜斯尼）、梦鬼（密加尼）等30多种。

【流传】（无考）

【出处】《傈僳族简史》编写组：《傈僳族简史》，昆明：云南人民出版社1983年版，第126页。

W0907.14.25

洁癖鬼

实 例

（参见下级母题实例）

W0907.14.25.1

洁癖鬼“拉”

实 例

独龙族 “拉”（鬼名）各个山峰上都有，而且善于变成动物或人，它保佑所有的人岁岁平安。“拉”最爱清洁，从不去肮脏地方。

【流传】 云南省·（怒江傈僳族自治州）·贡山（贡山独龙族怒族自治县）·独龙江公社（独龙江乡）·龙元地区（龙元村）

【出处】 蔡家麒调查整理：《祭鬼：“拉”》（1982），见吕大吉、何耀华总主编《中国各民族原始宗教资料集成》（纳西族卷、羌族卷、独龙族卷、傈僳族卷、怒族卷），北京：中国社会科学出版社2000年版，第627页。

W0907.14.25a

秽鬼（秽气鬼）

【关联】［W0912.2.8.1.3.1］东巴用一根打鬼竹杖“曼开才”驱除婴儿秽鬼

实 例

（参见下级母题实例）

W0907.14.25a.1

东方白脸的木秽鬼

实 例

纳西族 阿索洛多卡刺若”（秽鬼名字）是秽气鬼的父亲，“鲁多东衬命”（秽鬼名字）是秽气鬼的母亲，他们两个交配发生变化，东方产生了白脸的木秽鬼，南方产生了青脸的火秽鬼，西方产生了黑脸的铁秽鬼，北方产生了黄脸的水秽鬼，天与地中间产生了花脸的土秽鬼。

【流传】 云南省·丽江县（丽江市·玉龙纳西族自治县）·塔城（塔城乡）·依陇（依陇行政村）一带

【出处】 李国文调查整理：*《丽江塔城依陇地区祭“子瓦”神仪式》，载

《民族调查研究》1986 年第 3 期。

W0907. 14. 25a. 2

南方青脸的火秽鬼

实 例

纳西族 （参见“W0907. 14. 25a. 1 东方白脸的木秽鬼”母题实例）

W0907. 14. 25a. 3

西方黑脸的铁秽鬼

实 例

纳西族 （参见“W0907. 14. 25a. 1 东方白脸的木秽鬼”母题实例）

W0907. 14. 25a. 4

北方黄脸的水秽鬼

实 例

纳西族 （参见“W0907. 14. 25a. 1 东方白脸的木秽鬼”母题实例）

W0907. 14. 25a. 5

天与地中间花脸的土秽鬼

实 例

纳西族 （参见“W0907. 14. 25a. 1 东方白脸的木秽鬼”母题实例）

W0907. 14. 25a. 6

秽鬼之父阿索洛多卡刺若

实 例

纳西族 （参见“W0907. 14. 25a. 1 东方白脸的木秽鬼”母题实例）

W0907. 14. 25a. 7

秽鬼之母鲁多东衬命

实 例

纳西族 （参见“W0907. 14. 25a. 1 东方白脸的木秽鬼”母题实例）

W0907. 14. 26

风流鬼

实 例

（参见下级母题实例）

W0907. 14. 26. 1

十七八岁的未婚青年死后会变成风流鬼

实 例

白族 十七八岁的未婚青年死后，会变成风流鬼。

【流传】云南省·（大理白族自治州）·鹤庆县

【出处】张海福等调查整理：《鹤庆白族鬼的种类》（1989），见吕大吉、何耀华总主编《中国各民族原始宗教资料集成》（彝族卷、白族卷、基诺族卷），北京：中国社会科学出版社 1996 年版，第 411 页。

W0907.14.27

绝后鬼（绝嗣鬼，绝户鬼）

【关联】［W0912.2.7.1.3］东神之石镇压绝后鬼

实 例

（参见下级母题实例）

W0907.14.27.1

没儿没女的人死后变成绝后鬼

实 例

纳西族 老人如果没有儿女，死时没有人放含口，也没有人给他们超度，这样他们死后不能到祖源故地与祖先们团聚，就成了拦路抢劫的绝嗣鬼（绝后鬼）。

【流传】云南省·（丽江市）·丽江县（古城区、玉龙纳西族自治县）

【出处】木丽春采集整理：《回祖源故地的传说》，见木丽春编著《纳西族民间故事集》，昆明：云南人民出版社2007年版，第76页。

W0910

灵魂的归宿（灵魂回归，灵魂的结局）

实 例

（参见下级母题实例）

W0910.1

灵魂回到天堂（灵魂回归天上）

【汤普森】≈E754.2

实 例

（参见下级母题实例）

W0910.1.1

灵魂升天

【关联】［W1785.1］天河是天上的灵魂的路（银河是天上的灵魂的路）

实 例

（参见下级母题实例）

W0910.1.1.1

幼儿死后灵魂升天

实 例

鄂温克族 小孩死后，他的灵魂不去成人灵魂的世界，而是飞到“玛姆”（上天的意思）那里去。

【流传】（内蒙古自治区·呼伦贝尔市·额尔古纳市）

【出处】

（a）《额尔古纳旗使用驯鹿鄂温克人的调查报告》，见内蒙古自治区编辑组《鄂温克族社会历史调查》，呼和浩特：内蒙古人民出版社1986年版，第230页。

（b）《灵魂不灭》，见吕大吉、何耀华总主编《中国各民族原始宗教资料集成》（鄂伦春族卷、鄂温克族卷、赫哲族卷、达斡尔族卷、锡伯族卷、满族卷、蒙古族卷、藏族卷），北京：中国社会科学出版社1999年版，第108页。

鄂温克族 小孩的死与大人不同。小孩

死后，灵魂飞回天上。

【流传】（内蒙古自治区·呼伦贝尔市·额尔古纳旗）使用驯鹿鄂温克人

【出处】

(a)《额尔古纳旗使用驯鹿鄂温克人的调查报告》，见内蒙古自治区编辑组《鄂温克族社会历史调查》，呼和浩特：内蒙古人民出版社 1986 年版，第 235 ~236 页。

(b)《为婴儿追魂》，见吕大吉、何耀华总主编《中国各民族原始宗教资料集成》（鄂伦春族卷、鄂温克族卷、赫哲族卷、达斡尔族卷、锡伯族卷、满族卷、蒙古族卷、藏族卷），北京：中国社会科学出版社 1999 年版，第 130 页。

W0910. 1. 1. 2

太阳神规定人死后变为灵魂才能升天

实 例

景颇族 太阳神对吉露（人名，人类中年龄很老的人）说：“人死后变为灵魂才能升天。”

【流传】云南省·（德宏傣族景颇族自治州）·陇川县

【出处】孔勒锐等讲，何峨采录：《吉露归天》，见中国民间文学集成全国编辑委员会编《中国民间故事集成》（云南卷），北京：中国 ISBN 中心 2003 年版，第 391 页。

W0910. 1. 1. 3

萨满沉睡后灵魂就上天

实 例

鄂伦春族 萨满沉睡了，她的灵魂也就上天了。

【流传】黑龙江省·（大兴安岭地区）·呼玛县·白银那乡

【出处】孟玉兰讲：《泥灿萨满》，见中国民间文学集成全国编辑委员会编《中国民间故事集成》（黑龙江卷），北京：中国 ISBN 中心 2005 年版，第 86 页。

W0910. 1. 1. 4

特定人物是灵魂升天的引领者

实 例

（参见下级母题实例）

W0910. 1. 1. 4. 1

神是灵魂升天的引领者

实 例

壮族 巫师为死者超度时唱：死者在世劳苦功高，死后得升天，千万别惦念家园，千万别挂念子孙，安心跟“巴”神（巫师的祖神）去天国。

【流传】（无考）

【出处】黄英振、李永宁、黄如猛搜集整理：*《超度经》（1989），见吕大吉、何耀华总主编《中国各民族原始宗教资料集成》（土家族卷、瑶族卷、壮族卷、黎族卷），北京：中国社会科学出版社1998年版，第575页。

W0910.1.1.4.2

巫师是灵魂升天的引领者

实 例

壮族 巫师骑上神马，摇着神扇，带着死者的灵魂奔向天国。

【流传】（无考）

【出处】黄英振、李永宁、黄如猛搜集整理：*《超度经》（1989），见吕大吉、何耀华总主编《中国各民族原始宗教资料集成》（土家族卷、瑶族卷、壮族卷、黎族卷），北京：中国社会科学出版社1998年版，第575页。

W0910.1.2

人的灵魂升天的原因

实 例

（参见下级母题实例）

W0910.1.2.1

真主答应大地，土做成的人死后灵魂到天堂

实 例

回族 真主答应大地，用土做成的人生活在地上，死后灵魂到天堂。

【流传】宁夏回族自治区·银川（银川市）

【出处】《人是怎样来的》，见马乐群等《银川民间故事》（上），内部编印，1988年，第1页。

W0910.1.3

灵魂最终被召回天上

实 例

哈萨克族 灵魂最终由天神召回。

【流传】（无考）

【出处】黄中祥：《传承方式与演唱传统——哈萨克族民间演唱艺人调查研究》，北京：民族出版社2009年版，第276页。

W0910.1.4

念经可以使灵魂上天堂

【关联】［W6468.10］诵经

实 例

门巴族 念经可以使灵魂上天堂。

【流传】西藏自治区·（林芝市）·墨脱县

【出处】嘎玛旺球等讲，刘芳贤整理，张永红翻译：《猴子变人》，见中华民族故事大系编委会编《中华民族故事大系》第16卷（赫哲族、门巴族、珞巴族、基诺族），上海：上海文艺出版社1995年版，第294页。

藏族（白马） 白马人火葬焚尸时，如果火焰乱窜，说明死者灵魂还在人间，以后要害人，又得请白莫念经，再让灵魂升天。

【流传】（四川省·绵阳市·平武县·白

马藏族乡）

【出处】向运木：《白马人的丧葬》，原载平武县白马人族属研究会 1987 年编印《白马人族属研究文集》，见吕大吉、何耀华总主编《中国各民族原始宗教资料集成》（鄂伦春族卷、鄂温克族卷、赫哲族卷、达斡尔族卷、锡伯族卷、满族卷、蒙古族卷、藏族卷），北京：中国社会科学出版社 1999 年版，第 900 页。

W0910. 1. 5

人死灵魂归天

实 例

汉族 圣禹问外甥庚辰："我在太阳城斩了你，你的灵魂咋还没归天呀？"

【流传】河南省·（南阳市）·桐柏县·城关镇

【出处】彭新友讲，彭云采录，马卉欣采录整理：《淮渎抢地》，见张振犁编著，孟宪明、朱淑君统纂《中原神话通鉴》（第四卷），郑州：河南大学出版社 2017 年版，第 1175 页。

W0910. 1. 5. 1

人死后灵魂回归月亮

实 例

独龙族 射落男太阳的那个猎人，死后灵魂上了月亮。

【流传】云南省

【出处】李子贤等搜集整理：《创世纪神话故事六则·猎人射太阳》，见中国作家协会云南分会编《云南民族民间故事选》，昆明：云南人民出版社 1981 年版，第 585 ~586 页。

苗族 （实例待考）

W0910. 1. 6

特定的灵魂不能升天

实 例

（参见下级母题实例）

W0910. 1. 6. 1

凶死者的灵魂不能升天堂

实 例

蒙古族（布里亚特） 自杀者、酒客及为雷霆死者，其灵魂永远无在“天国”营生活之权利。

【流传】（无考）

【出处】［波］尼斡拉滋著，金启孮译：《西伯利亚各民族之萨满教》，中国社会科学院民族研究所《萨满教研究》编写组 1978 年印，见吕大吉、何耀华总主编《中国各民族原始宗教资料集成》（鄂伦春族卷、鄂温克族卷、赫哲族卷、达斡尔族卷、锡伯族卷、满族卷、蒙古族卷、藏族卷），北京：中国社会科学出版社 1999 年版，第 634 页。

W0910. 2

人死后魂归祖神居所（灵魂还乡）

【关联】［W0875. 1. 1. 5］人死若不送魂

归祖源处就变成鬼

实 例

怒族 祖先生活过的地方是怒族的发祥地，是幸福的地方。人死后的亡魂应该回到此处，与祖灵团聚，方是其归宿。

【流传】（无考）

【出处】吕大吉、何耀华总主编：《中国各民族原始宗教资料集成》（纳西族卷、羌族卷、独龙族卷、傈僳族卷、怒族卷），北京：中国社会科学出版社2000年版，第838页。

W0910.2.1
果洛人死魂要归依祖神年保叶什则山神

实 例

藏族 果洛人的死魂都要归依此祖神年保叶什则山神那里。

【流传】青海省·果洛州（果洛藏族自治州）

【出处】贡乔泽登整理：《年保叶什则山神》，见BBS水木清华站：http：//www.smth.edu.cn，2006.07.20。

W0910.3
人死灵魂去另一个世界

实 例

鄂温克族 人死后灵魂并不死去，而是到了另一个世界。

【流传】（无考）

【出处】《灵魂不灭》，见吕大吉、何耀华主编《中国各民族原始宗教资料集成》（鄂伦春族卷、鄂温克族卷、赫哲族卷、达斡尔族卷、锡伯族卷、满族卷、蒙古族卷、藏族卷），北京：中国社会科学出版社1999年版，第108页。

哈萨克族 人死了之后，他的灵魂在另一个世界仍然存在。

【流传】（无考）

【出处】尼合迈德·蒙加尼搜集，校仲彝翻译整理：《神与灵魂》，见谷德明编《中国少数民族神话》，北京：中国民间文艺出版社1987年版，第730页。

哈萨克族 人死了之后，他的灵魂在另一个世界仍然存在。

【流传】（新疆维吾尔自治区）

【出处】尼哈迈提·蒙加尼搜集，校仲彝翻译整理《神与灵魂》，见姚宝瑄主编《中国各民族神话》（乌孜别克族、哈萨克族、柯尔克孜族、俄罗斯族、维吾尔族、塔吉克族、塔塔尔族、锡伯族），太原：山西出版传媒集团·书海出版社2014年版，第31～32页。

W0910.3.1
人死后灵魂到阴间

【关联】［W0892.5.4］鬼魂住阴间

实 例

达斡尔族 人死后灵魂不死，要到

阴间。

【流传】（无考）

【出处】吕大吉、何耀华主编《中国各民族原始宗教资料集成》（鄂伦春族卷、鄂温克族卷、赫哲族卷、达斡尔族卷、锡伯族卷、满族卷、蒙古族卷、藏族卷），北京：中国社会科学出版社1999年版，第299页。

汉族 郑财主的鬼魂三个过了奈河，上了蒿里山，来到了阴间地府。

【流传】（山东省·泰安市徂徕山一带）

【出处】程会金讲，张纯岭记录整理：《东岳大帝评理阎王殿》，原载张纯岭编《徂徕山传奇》，见陶阳、钟秀编《中国神话》（下），北京：商务印书馆2008年版，第1291～1295页。

赫哲族 晚间将死者的灵魂送往阴间时，萨满站在高处，向西方射三箭，指引亡者灵魂朝第三箭所射的方向去往“阴间”。

【流传】（黑龙江省）

【出处】

（a）《中国各民族宗教与神话大词典》编审委员会：《中国各民族宗教与神话大词典》，北京：学苑出版社1990年版，第310～311页。

（b）同（a），《撂挡子》，见吕大吉、何耀华总主编《中国各民族原始宗教资料集成》（鄂伦春族卷、鄂温克族卷、赫哲族卷、达斡尔族卷、锡伯族卷、满族卷、蒙古族卷、藏族卷），北京：中国社会科学出版社1999年版，第200页。

W0910. 3. 2

人死做过“百日祭”后灵魂到达阴间

实 例

白族 无论正常死亡还是非命死者，他们的灵魂百日之内仍在游荡着，当做过“百日祭”之后方到达阴间。

【流传】云南省·（大理白族自治州）·鹤庆县·云鹤镇、辛屯乡

【出处】王承权等调查整理：《鹤庆白族的鬼魂观念》，见吕大吉、何耀华总主编《中国各民族原始宗教资料集成》（彝族卷、白族卷、基诺族卷），北京：中国社会科学出版社1996年版，第403页。

W0910. 4

灵魂到其他特定的地方

实 例

（参见下级母题实例）

W0910. 4. 1

灵魂到太阳上

实 例

（参见下级母题实例）

W0910. 4. 1. 1

乌鸦死后灵魂到太阳上

实 例

布依族 乌鸦被打死后，它的灵魂就飞

到太阳上去了。

【流传】贵州省·（安顺市）·镇宁县（镇宁布依族苗族自治县）·扁担山（扁担山镇）

【出处】韦泽周讲，韦兴标采录：《大乌》见中国民间文学集成全国编辑委员会编《中国民间故事集成》（贵州卷），北京：中国 ISBN 中心 2003 年，第 68 页。

W0910.4.2

灵魂到特定的神那里

实 例

藏族 （实例待考）

W0910.4.3

人死后灵魂到村子的某个地方

实 例

侗族 侗族人认为人死后灵魂归去的地方是 Gaos Senl Naac Nganh（雁鹅村头）。

【流传】贵州省·（黔东南苗族侗族自治州）·黎平县·岩洞镇·竹坪村

【出处】邓敏文讲：《侗族祖先》，王宪昭采录，2010.06.20。

W0910.4.4

鬼回故里

实 例

（参见下级母题实例）

W0910.4.4.1

农历七月十三、十四两天鬼可以回家

实 例

壮族 在每年的农历七月十三至七月十四这两天花婆王会打开庭院的鬼门，准许亡魂各自回到家里。

【流传】广西壮族自治区·（南宁市）·武鸣县·两江乡·雷江片，马山县·古零乡·杨圩片

【出处】黄世杰搜集整理：*《社会鬼与自然界鬼》（1990），见吕大吉、何耀华总主编《中国各民族原始宗教资料集成》（土家族卷、瑶族卷、壮族卷、黎族卷），北京：中国社会科学出版社 1998 年版，第 488 页。

W0910.4.5

坟墓是人死后灵魂的归宿

实 例

白族 坟墓是人死后灵魂的归宿。

【流传】云南省·（大理白族自治州）·大理市·城郊乡、海东乡

【出处】王承权调查整理：《大理白族的丧礼葬仪》（1988），见吕大吉、何耀华总主编《中国各民族原始宗教资料集成》（彝族卷、白族卷、基诺族卷），北京：中国社会科学出版社 1996 年版，第 549 页。

W0910.5

游魂安息

【汤普森】E440

【关联】［W9187.4］咒语使灵魂安息

实 例

（参见下级母题实例）

W0910.5.1

灵魂破晓时安息

【汤普森】E452

实 例

（实例待考）

W0910.5.2

水鬼难安

【汤普森】E414

【关联】［W0906.4］水灵（水鬼）

实 例

（实例待考）

W0910.5.3

特定的植物使灵魂安息

实 例

（参见下级母题实例）

W0910.5.3.1

尖刀草可以使灵魂安息

实 例

彝族（白彝）尖刀草可以使灵魂安息。

【流传】云南省

【出处】《尖刀草的传说》，见马学良《云南罗族（白夷）之神话》，载《西南边疆》1942年第15期。

W0910.6

灵魂的关押

【关联】［W0913］灵魂的控制

实 例

（参见下级母题实例）

W0910.6.1

恶灵被关押在石头中

【汤普森】D2177.3

实 例

（实例待考）

W0910.6.2

病人的魂为崖神所拘押

实 例

怒族 病人的魂为崖神所拘押。

【流传】云南省·怒江州（怒江傈僳族自治州）·碧江县（碧江县已撤销，现为怒江傈僳族自治州中部）

【出处】何叔涛调查整理：《招魂祭祀》（1988），见吕大吉、何耀华总主编《中国各民族原始宗教资料集成》（纳西族卷、羌族卷、独龙族卷、傈僳族卷、怒族卷），北京：中国社会科学出版社2000年版，第875页。

W0910.6.3

关押灵魂的工具

实 例

（参见下级母题实例）

W0910.6.3.1

关押灵魂的牢笼

实 例

纳西族 祭东巴祖师神“丁巴什罗”时，制作鬼面偶中守卫关灵魂的牢笼的鬼，叫单施罗公，其手拿着刻为九节的一根木杆、另一手拿一面旗子。

【流传】云南省·丽江（丽江市）

【出处】和开祥（68岁）讲，王世英调查整理：《祭东巴祖师神“丁巴什罗”仪式》（1989），见吕大吉、何耀华总主编《中国各民族原始宗教资料集成》（纳西族卷、羌族卷、独龙族卷、傈僳族卷、怒族卷），北京：中国社会科学出版社2000年版，第209页。

W0910.7

鬼死后变鸟

【关联】［W0887.2.1］灵魂变鸟

实 例

珞巴族 （实例待考）

W0910.8

灵魂附体（阴魂附体，亡灵附体，鬼魂附体，鬼附体）

【关联】

①［W0894.2］鬼魂进入人体

②［W0913.4.1.1］真主用音乐使灵魂附体

实 例

鄂伦春族 很早以前，有一个“莫昆”（“莫昆”为鄂伦春族父系氏族组织的统称）的人，因瘟疫死绝了，这个“莫昆”的氏族神找不到附体的人，只好去找这个“莫昆”里嫁出去的姑娘附体。

【流传】（无考）

【出处】

(a) 内蒙古自治区编委会：《鄂伦春族社会历史调查》（第二集），呼和浩特：内蒙古人民出版社1985年版，第180页。

(b)《“多尼”萨满的来历》，见吕大吉、何耀华总主编《中国各民族原始宗教资料集成》（鄂伦春族卷、鄂温克族卷、赫哲族卷、达斡尔族卷、锡伯族卷、满族卷、蒙古族卷、藏族卷），北京：中国社会科学出版社1999年版，第32页。

黎族 禁母即鬼魂、邪魔附身的妇女，是黎族驱邪赶鬼仪式上被诬指的无辜者。

【流传】海南省·五指山腹地“合亩”地区（琼中县什运、毛阳、红山，乐东县番阳、毛道等地）

【出处】广东民族学院中文系七八级采风组搜集，谭建成、张平、杜光武记译，谭建成、张平、郑小东、韩伯泉整理：《盎哇鸟》，原载《黎族民间故事选》，见陶阳、钟秀编《中国神话》（中），北京：商务印书馆 2008 年版，第 1016 ~ 1036 页。

W0910. 8. 1
灵魂归附到特定物上

实 例

（参见下级母题实例）

W0910. 8. 1. 1
灵魂附着在头发上

实 例

鄂温克族 萨满为有病的小孩招魂时，跳神后要看鼓面上有无小孩头发，有小孩头发时，就意味着把小孩的魂请回来了。

【流传】（内蒙古自治区 · 呼伦贝尔市 · 额尔古纳旗）使用驯鹿鄂温克人

【出处】

（a）《额尔古纳旗使用驯鹿鄂温克人的调查报告》，见内蒙古自治区编辑组《鄂温克族社会历史调查》，呼和浩特：内蒙古人民出版社 1986 年版，第 235 ~ 236 页。

（b）《为婴儿追魂》，见吕大吉、何耀华总主编《中国各民族原始宗教资料集成》（鄂伦春族卷、鄂温克族卷、赫哲族卷、达斡尔族卷、锡伯族卷、满族卷、蒙古族卷、藏族卷），北京：中国社会科学出版社 1999 年版，第 130 页。

W0910. 8. 1. 2
灵魂附着在笊篱上

实 例

鄂温克族 笊篱姑姑是个未出嫁的少女。有一次过新年出去找老妇人们跳舞经牛圈时踏上牛粪摔死了，人们寻找她的灵魂时，先把笊篱放在案子上，并给她穿上小衣，然后到牛圈内喊叫，再转向房间，这时她的灵魂便附在案上的笊篱上。

【流传】（内蒙古自治区 · 呼伦贝尔市 · 鄂温克族自治旗 · 辉索木）

【出处】

（a）《鄂温克族自治旗辉索木调查报告》，见内蒙古自治区编辑组《鄂温克族社会历史调查》，呼和浩特：内蒙古人民出版社 1986 年版，第 489 页。

（b）《笊篱姑姑》，见吕大吉、何耀华总主编《中国各民族原始宗教资料集成》（鄂伦春族卷、鄂温克族卷、赫哲族卷、达斡尔族卷、锡伯族卷、满族卷、蒙古族卷、藏族卷），北京：中国社会科学出版社 1999 年版，第 120 页。

W0910. 8. 1. 3
灵魂附着在树枝上

【关联】

①［W0911. 6. 2. 3. 1］招回的失散灵魂附在树枝上回家

②［W0912. 2. 8. 4. 2］用五色线在树枝

上编成络网捉鬼

③［W0916.11.4.1］魂被挂在树枝上

实 例

傈僳族 祭司招来的魂歇在板栗树枝上了，落在麻栗树枝上了。

【流传】 云南省·怒江地区（怒江傈僳族自治州）

【出处】 阿南整理：《招魂调》，载《山茶》1987年第6期。

W0910.8.1.4

灵魂附于肉体上

【关联】

①［W0886.1.0.2］灵魂可以与肉体分离

②［W0889.2.1］魂与肉体不分离，鬼要离开肉体

实 例

傈僳族 人之肉体从母体出世就附着灵魂。

【流传】 云南省·（怒江傈僳族自治州）·碧江县五区（今属泸水县·洛本卓白族乡）·色德乡（色德行政村）·德一登村

【出处】 田家祺等：《碧江县五区色德乡德一登村傈僳族社会经济调查》，见云南省编辑委员会编《傈僳族社会历史调查》，昆明：云南人民出版社1981年版，第70页。

W0910.8.1.5

特定的鬼附体

实 例

（参见下级母题实例）

W0910.8.1.5.1

大路鬼附体到妇女身上

实 例

白族（那马） 一个妇女碰到了大路鬼，这个鬼一直跟着她来。

【流传】 云南省·（怒江傈僳族自治州）·兰坪县（兰坪白族普米族自治县），（迪庆藏族自治州）·维西县（维西傈僳族自治县）

【出处】 刘龙初调查整理：《兰坪、维西那马人对鬼与神的区别》（1988），见吕大吉、何耀华总主编《中国各民族原始宗教资料集成》（彝族卷、白族卷、基诺族卷），北京：中国社会科学出版社1996年版，第415页。

W0910.8.2

灵魂返回原肉体

实 例

（参见下级母题实例）

W0910.8.2.1

萨满为病人招魂治后送还给病人

实 例

赫哲族 萨满为病人招魂治病，如果打了胜仗，就从魔鬼那里夺回病人的灵魂，送还给病人。

【流传】（黑龙江省）

【出处】

(a)《民族问题五种丛书》黑龙江省编辑组：《赫哲族社会历史调查》，牡丹江：黑龙江朝鲜民族出版社1987年版，第174～176页。

(b)《跳神治病过程》，见吕大吉、何耀华总主编《中国各民族原始宗教资料集成》（鄂伦春族卷、鄂温克族卷、赫哲族卷、达斡尔族卷、锡伯族卷、满族卷、蒙古族卷、藏族卷），北京：中国社会科学出版社1999年版，第235页。

W0910. 8. 3

魂不附体

【关联】［W0916. 2. 1. 2］灵魂不能附体变成游魂

实　例

（参见下级母题实例）

W0910. 8. 4

灵魂附体的结果（灵魂附体的表现）

实　例

（参见下级母题实例）

W0910. 8. 4. 1

阴魂附体导致精神忧郁症

实　例

锡伯族 一些得精神忧郁症的人，或低能人突然发病，其症状是神志不清，急促抽泣而无泪等，认为是阴魂附身的结果。

【流传】（无考）

【出处】

(a) 佟克力：《锡伯族历史与文化》，乌鲁木齐：新疆人民出版社1989年版，第255～256页。

(b)《苏鲁玛玛》，见吕大吉、何耀华总主编《中国各民族原始宗教资料集成》（鄂伦春族卷、鄂温克族卷、赫哲族卷、达斡尔族卷、锡伯族卷、满族卷、蒙古族卷、藏族卷），北京：中国社会科学出版社1999年版，第399页。

W0910. 8. 4. 2

人被亡灵附体后会颤抖

【关联】［W6908. 5］跳神的来历

实　例

蒙古族 已故父亲的神灵附体于一个人，后者便开始颤抖。人们然后就作为一种黑色保护神灵而崇拜之。

【流传】（无考）

【出处】

(a)［西德］海西希著，耿昇译、王尧校订：《蒙古的宗教》，天津：天津古籍出版社1989年版，第364～366页。

(b)《老萨满与老奶奶》，原载同（a），见吕大吉、何耀华总主编《中国各民族原始宗教资料集成》（鄂伦春族卷、鄂温克族卷、赫哲族卷、达斡尔族卷、锡伯族卷、满族卷、蒙古族卷、藏族卷），北京：中国社会科学出版社1999年版，第656页。

W0910.9

把亡灵送给特定的主宰者

实 例

（参见下级母题实例）

W0910.9.1

麽公将夭折者的灵魂送回始母姆洛甲

实 例

壮族 遇有子女不幸夭折之人家，要请麽公来将死者灵魂送回始母姆洛甲，重新讨要新儿女，这叫“还花”“讨花”。

【流传】 广西壮族自治区·（河池市）·东兰县

【出处】 覃剑萍搜集整理：＊《始母姆洛甲司管生育》（1990），见吕大吉、何耀华总主编《中国各民族原始宗教资料集成》（土家族卷、瑶族卷、壮族卷、黎族卷），北京：中国社会科学出版社1998年版，第528页。

W0910.10

灵魂被分解

【关联】［W0888.4.1］灵魂的死亡（死魂灵，灵魂的消失）

实 例

（参见下级母题实例）

W0910.10.1

灵魂在地狱被分解

【关联】［W1080.4］下界是地狱

实 例

蒙古族（布里亚特） 在埃尔莱恩汗（阴间统治者）所辖之地，人的灵魂要被打散，就像在帝王驾前活人要被分成几段一样。

【流传】（无考）

【出处】［苏联］И. А. 曼日格耶夫著，宋长宏译，佟德富校：《布里亚特萨满教和前萨满教辞典》（俄文版），莫斯科：科学出版社1978年版，第54～55页，见吕大吉、何耀华总主编《中国各民族原始宗教资料集成》（鄂伦春族卷、鄂温克族卷、赫哲族卷、达斡尔族卷、锡伯族卷、满族卷、蒙古族卷、藏族卷），北京：中国社会科学出版社1999年版，第609页。

W0910.11

灵魂失去归宿

实 例

（参见下级母题实例）

W0910.11.1

死者被精灵仁美破相后灵魂就不能回到祖源地

实 例

纳西族 死者被精灵仁美破相后，等被送回祖源故地与祖先团聚的时候，祖先就会认不出死者是骨血人了，结果死者的灵魂就不能走到祖先那里。

【流传】云南省·（丽江市）·丽江县（古城区、玉龙纳西族自治县）

【出处】木丽春采集整理：《阿仁仁磋的来由》，见木丽春编著《纳西族民间故事集》，昆明：云南人民出版社2007年版，第233页。

W0911

招魂（叫魂、追魂，招鬼，安魂）

【关联】

①［W0984a］神的召回（召神）

②［W9172］招魂术

实　例

（参见下级母题实例）

W0911.1

招魂的原因

实　例

（参见下级母题实例）

W0911.1.1

招魂强身

实　例

（参见下级母题实例）

W0911.1.1.1

招回人畜的魂可以使人畜强壮

实　例

民族无考 招回人和牲畜的魂以期人强畜壮，以利农作。

【流传】云南省·（昆明市）·路南（石林彝族自治县）

【出处】黄建明、罗希吾戈编译：《普兹楠兹——彝族祭祀词》，见吕大吉、何耀华总主编《中国各民族原始宗教资料集成》（彝族卷、白族卷、基诺族卷），北京：中国社会科学出版社1996年版，第290页。

W0911.1.2

失魂落魄后需要招魂

实　例

民族无考 受惊后精神恍惚或生病者，认为是失魂落魄所致，放要招魂。

【流传】云南省·（昆明市）·路南（石林彝族自治县）

【出处】黄建明（彝族）、罗希吾戈（彝族）翻译：《普兹楠兹——彝族祭祠词》，见吕大吉、何耀华总主编《中国各民族原始宗教资料集成》（彝族卷、白族卷、基诺族卷），北京：中国社会科学出版社1996年版，第112页。

W0911.1.3

因受惊吓或久病不愈叫魂

实　例

民族无考 凡受惊吓或久病不愈均要叫魂。

【流传】云南省·昆明（昆明市）·西

山区·（团结街道·律则社区）·黑桃箐（核桃箐村）

【出处】雷宏安、董绍禹：《昆明西山区核桃箐彝族习俗和宗教调查》，见吕大吉、何耀华总主编《中国各民族原始宗教资料集成》（彝族卷、白族卷、基诺族卷），北京：中国社会科学出版社1996年版，第109页。

W0911.1.4

为特定病人招魂

实 例

怒族 一般专为脸色苍白、睡不安稳、惊风心悸的病人举行招魂。

【流传】云南省·怒江州（怒江傈僳族自治州）·碧江县（碧江县已撤销，现为怒江傈僳族自治州中部）

【出处】何叔涛调查整理：《招魂祭祀》（1988），见吕大吉、何耀华总主编《中国各民族原始宗教资料集成》（纳西族卷、羌族卷、独龙族卷、傈僳族卷、怒族卷），北京：中国社会科学出版社2000年版，第875页。

W0911.1.5

特定行为会招鬼

实 例

（参见下级母题实例）

W0911.1.5.1

室内和场院吹口哨会招鬼

实 例

白族 在室内和场院不能吹口哨，否则会把鬼引进来。

【流传】湖南省·（张家界市）·桑植县·马合口乡

【出处】詹承绪调查整理：《桑植白族禁忌》（1988），见吕大吉、何耀华总主编《中国各民族原始宗教资料集成》（彝族卷、白族卷、基诺族卷），北京：中国社会科学出版社1996年版，第677页。

W0911.1.6

为凶死者招魂

实 例

羌族 凡坠岩、跳河、抹喉、吊颈而死，须请释比（巫师）招魂，超度亡灵。

【流传】四川省·（阿坝藏族羌族自治州）·理县·桃坪乡·增头寨

【出处】

（a）杨茂山（释比，64岁）唱，周巴翻译，钱安靖整理：《下坛经》（1983.10）说明文字，见钱安靖《羌族和羌语支各居民集团宗教习俗调查报告》，四川大学宗教研究所油印本，1987年12月。

（b）同（a），见吕大吉、何耀华总主编《中国各民族原始宗教资料集成》（纳西族卷、羌族卷、独龙族卷、傈僳族卷、怒族卷），北京：中国社会科学出版社2000年版，第529页。

W0911.2

招魂的方法

实 例

（参见下级母题实例）

W0911.2.0

招魂前的准备

实 例

（参见下级母题实例）

W0911.2.0.1

招魂前为灵魂铺路

实 例

达斡尔族 萨满为病重者招魂前，要先在坑壁上凿一至三个孔眼，作为萨满的神灵由此钻入地下阴间世界的出入口。

【流传】（内蒙古自治区·呼伦贝尔市·陈巴尔虎旗）

【出处】

（a）满都尔图：《达斡尔鄂温克蒙古（陈巴尔虎）鄂伦春族萨满教调查》，中国社会科学院民族研究所民族学研究室 1992 年，内部资料，第 16 页。

（b）《追魂》，见吕大吉、何耀华总主编《中国各民族原始宗教资料集成》（鄂伦春族卷、鄂温克族卷、赫哲族卷、达斡尔族卷、锡伯族卷、满族卷、蒙古族卷、藏族卷），北京：中国社会科学出版社 1999 年版，第 349 页。

W0911.2.1

用巫术招魂

实 例

（参见下级母题实例）

W0911.2.1.1

招魂词（招魂歌）

实 例

藏族（白马） 白马藏族招魂歌唱：“魂呵！你不要到处去望到处去游！家里的父亲都在盼望你，回来吧，魂呵！东方不是你逗留的地方，你快回来！南方不是你逗留的地方，你快回来！西方不是你逗留的地方，你快回来！北方不是你逗留的地方，你快回来！”

【流传】（无考）

【出处】 四川大学和四川省文联调查组编：《白马藏族招魂歌》，原载四川省文联编《藏族民间文学资料集》，1982 年，见吕大吉、何耀华总主编《中国各民族原始宗教资料集成》（鄂伦春族卷、鄂温克族卷、赫哲族卷、达斡尔族卷、锡伯族卷、满族卷、蒙古族卷、藏族卷），北京：中国社会科学出版社 1999 年版，第 845 页。

W0911.2.1.2

有道者会巫术招鬼神

【关联】［W0913.1.5.2］巫师通过巫术控制鬼

实 例

汉族 樊夫人者，刘纲妻也。纲仕为上虞令，有道术，能檄召鬼神。

【流传】（无考）

【出处】［东晋］葛洪：《神仙传》卷七。

W0911.2.2 用动物招魂（用动物的衍生物招魂）

实 例

（参见下级母题实例）

W0911.2.2.1 用蜘蛛招魂

【关联】

①［W0907.14.4.3］魍魉是蜘蛛所化

②［W0913.1.6.1］蜘蛛是魂之君主

实 例

怒族 用蜘蛛招魂。兰坪怒族常用红蜘蛛，碧江怒族则多用绿蜘蛛。

【流传】云南省·怒江州（怒江傈僳族自治州）·碧江县（已撤销，现为怒江傈僳族自治州中部）、兰坪县（兰坪白族普米族自治县）

【出处】何叔涛调查整理：《蜘蛛是人的灵魂化身》（1988），见吕大吉、何耀华总主编《中国各民族原始宗教资料集成》（纳西族卷、羌族卷、独龙族卷、傈僳族卷、怒族卷），北京：中国社会科学出版社2000年版，第845页。

W0911.2.2.2 用鸡蛋招魂

实 例

怒族 招魂一般都要用鸡蛋。

【流传】云南省·怒江州（怒江傈僳族自治州）·碧江县（碧江县已撤销，现为怒江傈僳族自治州中部）

【出处】何叔涛调查整理：《招魂祭祀》（1988），见吕大吉、何耀华总主编《中国各民族原始宗教资料集成》（纳西族卷、羌族卷、独龙族卷、傈僳族卷、怒族卷），北京：中国社会科学出版社2000年版，第875页。

W0911.2.2.2.1 祭司用鸡蛋在新娘的头上转把新娘的魂引到新郎家中

实 例

基诺族 （参见“W0911.3.7.3.1 娶亲时要把新娘的婚招到新郎家中”母题实例）

W0911.2.2.3 用公鸡招魂

实 例

白族 病死在外地的老人，出殡时，棺材上要站只公鸡，意思是替死者把魂叫回来。

【流传】云南省·（大理白族自治州）·大理市·城郊乡、海东乡

【出处】王承权调查整理：《大理白族的丧礼葬仪》（1988），见吕大吉、何耀华总主编《中国各民族原始宗教资料集成》（彝族卷、白族卷、基诺族卷），北京：中国社会科学出版社1996年版，第550页。

W0911. 2. 2. 3. 1

用红公鸡叫谷魂

实 例

基诺族 当年新谷地必须用红公鸡去叫谷魂，复种的旧山地可用母鸡去叫谷魂，但不去玉米和棉花地招魂。

【流传】云南省·（西双版纳傣族自治州·景洪市）·基诺族乡（基诺山基诺族乡）·巴亚村

【出处】杜玉亭调查整理：《巴亚寨叫谷魂》（1979～1990），见吕大吉、何耀华总主编《中国各民族原始宗教资料集成》（彝族卷、白族卷、基诺族卷），北京：中国社会科学出版社1996年版，第819～820页。

W0911. 2. 3

用植物招魂

实 例

（参见下级母题实例）

W0911. 2. 3. 1

用树枝招魂

实 例

（参见下级母题实例）

W0911. 2. 3. 1. 1

祭司用麻栗树枝来招魂

实 例

傈僳族 祭司用板栗树枝来喊魂，用麻栗树枝来招魂。

【流传】云南省·怒江地区（怒江傈僳族自治州）

【出处】阿南整理：《招魂调》，载《山茶》1987年第6期。

W0911. 2. 4

用自然物招魂（用人造物招魂）

实 例

（参见下级母题实例）

W0911. 2. 4. 1

把自然物放在特定的地方招魂

实 例

（参见下级母题实例）

W0911. 2. 4. 1. 1

在坟墓上埋三块石头灵魂就回来

实 例

珞巴族 阿巴达尼（祖先名）见妻子的奥洛木留不住，心里很难过。就向东尼询问，怎样才能把妻子的奥洛木留住。东尼说：“在坟墓上埋上三块石头，她的灵魂就回来了。”

【流传】西藏自治区·（林芝市）·米

林（米林县）

【出处】亚萨木讲，李坚尚、裴富珍搜集整理，常胜翻译：《阿巴达尼和亚洛比列》，见中华民族故事大系编委会编《中华民族故事大系》第16卷（赫哲族、门巴族、珞巴族、基诺族），上海：上海文艺出版社1995年版，第767～769页。

W0911.2.4.2

用饰品招魂

实 例

（参见下级母题实例）

W0911.2.4.2.1

用料珠、玛瑙、蚌壳、海贝、银币等妇女装饰品招魂

实 例

傈僳族 祭司用料珠、玛瑙、蚌壳、海贝、银币等妇女装饰品来招魂。

【流传】云南省·怒江地区（怒江傈僳族自治州）

【出处】阿南整理：《招魂调》，载《山茶》1987年第6期。

W0911.2.5

通过祈祷招魂

实 例

（参见下级母题实例）

W0911.2.5.1

萨满为病人祈祷招魂

实 例

锡伯族 萨满为病人招魂时唱："向天跪祷呀，向地叩请哟，你好不容易来了哟！为了那个属相呀，来把皮鼓敲响哟，向天跪祷呀，向地叩请哟，他的魂灵降下来了哟。"

【流传】（新疆维吾尔自治区·伊犁哈萨克自治州·察布查尔锡伯自治县）·金泉镇

【出处】寿林太唱述，塔秦泰搜集，贺灵汉译整理：《招魂》（1984.10），见吕大吉、何耀华总主编《中国各民族原始宗教资料集成》（鄂伦春族卷、鄂温克族卷、赫哲族卷、达斡尔族卷、锡伯族卷、满族卷、蒙古族卷、藏族卷），北京：中国社会科学出版社1999年版，第436页。

W0911.2.6

通过到阴间招魂（过阴）

实 例

鄂温克族 （参见"W0911.3.4.1 招魂需要3天"母题实例）

W0911.2.6.1

尼玛（巫师）为病人到阴司招魂

实 例

怒族 “尼玛”（巫师）不仅能给人看病，也能替病人到阴司去把失去的魂魄招纳回来。

【流传】云南省·（怒江傈僳族自治州）·贡山（贡山独龙族怒族自治县）

【出处】

(a) 宋恩常：《怒族社会制度剖析》，见《云南少数民族研究文集》，昆明：云南人民出版社1956年版，第142～145页。

(b) 同（a），见吕大吉、何耀华总主编《中国各民族原始宗教资料集成》（纳西族卷、羌族卷、独龙族卷、傈僳族卷、怒族卷），北京：中国社会科学出版社2000年版，第881页。

W0911.2.7

通过烧香招魂

【关联】［W6508.5］烧香的来历

实 例

汉族 （实例待考）

W0911.2.8

通过特定仪式招魂

实 例

（参见下级母题实例）

W0911.2.8.1

剪毛招魂

实 例

（参见下级母题实例）

W0911.2.8.1.1

小孩的魂附在狗身上时要通过剪狗毛招魂

实 例

壮族 如果小孩的魂附在狗的身上，喊魂法就是让狗的主人剪下一撮狗毛，接狗毛回家放在被吓小孩的衣袋里，并说道：“弟（妹）回了。”

【流传】（广西壮族自治区·柳州市·柳城县）

【出处】杨钦华搜集整理：＊《魂不离人体》（1989），见吕大吉、何耀华总主编《中国各民族原始宗教资料集成》（土家族卷、瑶族卷、壮族卷、黎族卷），北京：中国社会科学出版社1998年版，第487页。

W0911.2.8.2

大毕摩拿着每家每户捐钱缝织的一件绸衣和三柱香火到自村属领土内最高山上召唤其村魂

实 例

彝族 大毕摩拿着每家每户捐钱缝织的一件绸衣和三柱香火，到自村属领土内最高山上召唤其村魂。

【流传】云南省·（红河哈尼族彝族自治州）·红河县

【出处】龙倮贵调查整理材料，见吕大吉、何耀华总主编《中国各民族原始宗教资料集成》（彝族卷、白族卷、基诺族卷），北京：中国社会科学出版社 1996 年版，第 69 ~ 70 页。

W0911.2.8.3

通过祭祀招魂

实　例

傈僳族 祭司祭了牙猪（未割过睾丸的小公猪）腿以后，献了山羊肉以后，魂就能招回来了。

【流传】云南省·怒江地区（怒江傈僳族自治州）

【出处】阿南整理：《招魂调》，载《山茶》1987 年第 6 期。

W0911.2.8.3.1

祭灶君招魂

实　例

白族（那马） 祭灶君能把人丢失的魂找回来。

【流传】云南省·（怒江傈僳族自治州）·兰坪县（兰坪白族普米族自治县），（迪庆藏族自治州）·维西县（维西傈僳族自治县）

【出处】刘龙初调查整理：《兰坪维西那马人的喊魂仪式》（1988），见吕大吉、何耀华总主编《中国各民族原始宗教资料集成》（彝族卷、白族卷、基诺族卷），北京：中国社会科学出版社 1996 年版，第 434 页。

W0911.2.8.4

招魂仪式分“大做”与“小做”

实　例

纳西族 喊魂或叫魂仪式依据不同情况而分作两种：一称“大做”，一称“小做”。“小做”，一般是因为灵魂在山中游荡而找不到自己归宿的人体，然后把它喊回来或领回来，使其附在人体上，因而带有“找魂”“领魂”的性质。

【流传】云南省·丽江县（丽江市）·（玉龙纳西族自治县）·鸣音地区（鸣音乡）

【出处】和积贵讲，李国文调查整理：《丽江鸣音地区的招魂巫术及仪式》（1989），见吕大吉、何耀华总主编《中国各民族原始宗教资料集成》（纳西族卷、羌族卷、独龙族卷、傈僳族卷、怒族卷），北京：中国社会科学出版社 2000 年版，第 241 页。

W0911.2.8.5

招魂仪式分“大喊魂”与“小喊魂”

实　例

纳西族 喊魂有“大喊魂”、“小喊魂”之分。如病者的灵魂被山中龙王神之类纠缠、扣押，必须由东巴巫师到龙潭边作繁杂的祭献仪式，才能将失魂从龙王神的手中赎回来，此即举行

“大喊魂”。小喊魂，一般是小孩生病，由母亲为之喊魂。

【流传】云南省·（迪庆藏族自治州）·中甸县（香格里拉县）·三坝乡（三坝纳西族乡）·白地行政村·吴树湾村

【出处】树仁甲讲，李国文调查整理：《中甸三坝白地的招魂巫术及仪式》（1985），见吕大吉、何耀华总主编《中国各民族原始宗教资料集成》（纳西族卷、羌族卷、独龙族卷、傈僳族卷、怒族卷），北京：中国社会科学出版社2000年版，第237页。

W0911.2.8.6

祭祖安魂

实 例

基诺族 子女头痛发烧，不想吃饭，睡得不安宁，特别是父母又作恶梦，就要为子女杀鸡祭祖安魂。

【流传】云南省·（西双版纳傣族自治州·景洪市）·基诺山（基诺山基诺族乡）·戛里果箐

【出处】木拉孜等讲，杜玉亭调查整理：《巴亚寨父母为儿女举行的祭祖安魂祭》（1980），见吕大吉、何耀华总主编《中国各民族原始宗教资料集成》（彝族卷、白族卷、基诺族卷），北京：中国社会科学出版社1996年版，第930页。

W0911.2.9

通过借物招魂

实 例

（参见下级母题实例）

W0911.2.9.1

借唾液招魂

实 例

（参见下级母题实例）

W0911.2.9.1.1

小孩的魂魄附在某人身上时要借这个人的唾液招魂

实 例

壮族 小孩被人惊吓时，小孩魂魄就附在那人身上。知者就要那人用手指拈他的一点口涎，抹在小孩嘴里，并说：“大胆，莫慌，某某作胆。”借此招来被吓掉的魂。

【流传】（广西壮族自治区·柳州市·柳城县）

【出处】杨钦华搜集整理：＊《魂不离人体》（1989），见吕大吉、何耀华总主编《中国各民族原始宗教资料集成》（土家族卷、瑶族卷、壮族卷、黎族卷），北京：中国社会科学出版社1998年版，第487页。

W0911.2.10

通过音乐招魂

实 例

（参见下级母题实例）

W0911.2.10.1 吹笛子可招鬼

实 例

珞巴族 只要坐在村头大柏树的树杈上吹笛子，罗刹鬼马上都会到来。

【流传】西藏自治区·林芝市·墨脱县·达木珞巴民族乡、甘登乡（讲述地点：墨脱县·达木珞巴民族乡·卡布村）

【出处】布都、平措讲：《穷苦儿灭罗刹鬼》（1997），见冀文正《珞巴族民间故事》，成都：四川民族出版社2011年版，第165页。

W0911.2.11 招魂要说特定的语言

实 例

（参见下级母题实例）

W0911.2.11.1 招魂时要呼叫被招魂者的乳名

实 例

傈僳族 当地傈僳族怕自己的魂被汉族引诱到阴间回不来会死人，因此7月14日要叫魂，反复地念："魂呀！你不要再给汉族背背子，回来，回来过日子！"往往喊遍家中各人的奶名，以便把家庭成员的魂都叫回来。

【流传】云南省·（楚雄彝族自治州）·武定县、元谋县

【出处】张桥贵调查整理：《武定、元谋地区的灵魂观念》（1988），见吕大吉、何耀华总主编《中国各民族原始宗教资料集成》（纳西族卷、羌族卷、独龙族卷、傈僳族卷、怒族卷），北京：中国社会科学出版社2000年版，第722页。

傈僳族 为失魂者（病人）叫魂时，一面挥动病者的一件衣服或帽子，一面叫其乳名。

【流传】云南省·（楚雄彝族自治州）·武定县、元谋县

【出处】张桥贵调查整理：《傈僳人有三个亡魂说》（1988），见吕大吉、何耀华总主编《中国各民族原始宗教资料集成》（纳西族卷、羌族卷、独龙族卷、傈僳族卷、怒族卷），北京：中国社会科学出版社2000年版，第723页。

W0911.2.11.2 封棺盖时，封棺者要喊一声"魂回来"避免活者的灵魂被亡魂带走

实 例

纳西族 死者入殓封棺盖时，封棺者要为在场观看者喊一声"魂回来"，意即将活者的灵魂喊到各自的身上，不让死者将活者的灵魂领（带）走。

【流传】云南省

【出处】李国文：《纳西族原始宗教与社

会习尚》，载《民族社会学》1989年第1~2期。

W0911.2.12

通过特定道具招魂

实 例

（参见下级母题实例）

W0911.2.12.1

用鸡毛与红线搓绳招魂

实 例

基诺族 为病人招魂时，将其鸡毛与红线搓成细绳后拴在病者手腕，男拴左，女拴右。

【流传】 云南省·（西双版纳傣族自治州·景洪市）·基诺山（基诺山基诺族乡）·戛里果箐

【出处】 不拉塞等讲，杜玉亭调查整理：《巴亚寨的拴鸡毛安魂仪式》（1980），见吕大吉、何耀华总主编《中国各民族原始宗教资料集成》（彝族卷、白族卷、基诺族卷），北京：中国社会科学出版社1996年版，第932页。

W0911.3

招魂的时间

实 例

（参见下级母题实例）

W0911.3.1

晚上招魂

实 例

（参见下级母题实例）

W0911.3.1.1

鸡叫前招魂

实 例

汉族 （实例待考）

W0911.3.1a

黄昏时招魂

实 例

（参见下级母题实例）

W0911.3.1a.1

黄昏时为生病的小孩招魂

实 例

纳西族 小孩生病，母亲为之喊魂，通常在太阳西下、时近黄昏进行。

【流传】 云南省·（迪庆藏族自治州）·中甸县（香格里拉县）·三坝乡（三坝纳西族乡）·白地行政村·吴树湾村

【出处】 树仁甲讲，李国文调查整理：《中甸三坝白地的招魂巫术及仪式》（1985），见吕大吉、何耀华总主编《中国各民族原始宗教资料集成》（纳西族卷、羌族卷、独龙族卷、傈僳族卷、怒族卷），北京：中国社会科学出版社 2000 年版，第 237 页。

W0911.3.1b
在一早一晚时招魂

实 例

（参见下级母题实例）

W0911.3.1b.1
因白天魂容易受到惊吓，所以在一早一晚叫魂

实 例

傈僳族 白天叫魂认为魂容易受到惊吓，只能在一早一晚叫。

【流传】云南省·（楚雄彝族自治州）·武定县、元谋县

【出处】张桥贵调查整理：《傈僳人有三个亡魂说》（1988），见吕大吉、何耀华总主编《中国各民族原始宗教资料集成》（纳西族卷、羌族卷、独龙族卷、傈僳族卷、怒族卷），北京：中国社会科学出版社 2000 年版，第 723 页。

W0911.3.1c
鸡叫时招魂

实 例

怒族 招魂一般在天亮前鸡叫时进行，“招魂”实际上是“哄魂”，即用吃食把丢失、出走的魂哄回来。

【流传】云南省·怒江州（怒江傈僳族自治州）·碧江县（碧江县已撤销，现为怒江傈僳族自治州中部）

【出处】何叔涛调查整理：《招魂祭祀》（1988），见吕大吉、何耀华总主编《中国各民族原始宗教资料集成》（纳西族卷、羌族卷、独龙族卷、傈僳族卷、怒族卷），北京：中国社会科学出版社 2000 年版，第 875 页。

W0911.3.2
人病后特定时辰招魂

实 例

（参见下级母题实例）

W0911.3.2.1
病愈后招魂

实 例

彝族 彝族病愈后也要招魂。

【流传】云南省·（红河哈尼族彝族自治州）·红河县、元江县（元江哈尼族彝族傣族自治县）、石屏县一带

【出处】龙倮贵搜集整理，黄建明摘：《滇南彝族的招老人魂》，见吕大吉、何耀华总主编《中国各民族原始宗教资料集成》（彝族卷、白族卷、基诺族卷），北京：中国社会科学出版社 1996 年版，第 111 页。

W0911.3.3
人死后特定日子招魂

实 例

（实例待考）

W0911. 3. 4

招魂需要特定的时间

实 例

（参见下级母题实例）

W0911. 3. 4. 1

招魂需要 3 天

实 例

达斡尔族、鄂伦春族、鄂温克族、满族

萨满到阴间招魂时，萨满的魂儿连同病人的魂儿一起回到了阳世，正好是三天。

【流传】（无考）

【出处】

（a）内蒙古自治区编委会：《鄂伦春族社会历史调查》（第二集），呼和浩特：内蒙古人民出版社 1985 年版，第 261 ~263 页。

（b）《萨满的传说之四》，见吕大吉、何耀华总主编《中国各民族原始宗教资料集成》（鄂伦春族卷、鄂温克族卷、赫哲族卷、达斡尔族卷、锡伯族卷、满族卷、蒙古族卷、藏族卷），北京：中国社会科学出版社 1999 年版，第 48 ~50 页。

W0911. 3. 5

出远门回到家后要招魂

实 例

彝族 彝族出远门回到家也要招魂。

【流传】云南省·（红河哈尼族彝族自治州）·红河县、元江县（元江哈尼族彝族傣族自治县）、石屏县一带

【出处】龙倮贵搜集整理，黄建明摘：《滇南彝族的招老人魂》，见吕大吉、何耀华总主编《中国各民族原始宗教资料集成》（彝族卷、白族卷、基诺族卷），北京：中国社会科学出版社 1996 年版，第 111 页。

W0911. 3. 6

每年正月举行家庭性的招魂

实 例

彝族 每年正月举行家庭性的招魂活动。

【流传】云南省·（红河哈尼族彝族自治州）·红河县、元江县（元江哈尼族彝族傣族自治县）、石屏县一带

【出处】龙倮贵搜集整理，黄建明摘：《滇南彝族的招老人魂》，见吕大吉、何耀华总主编《中国各民族原始宗教资料集成》（彝族卷、白族卷、基诺族卷），北京：中国社会科学出版社 1996 年版，第 111 页。

W0911. 3. 7

特定事件时招魂

实 例

（参见下级母题实例）

W0911.3.7.1
建新房时招魂

实 例

（参见下级母题实例）

W0911.3.7.1.1
建新房时请父灵上新房

实 例

基诺族 建新房时，建房子的一家人都穿上新衣，由长到幼排成一排前往葬父的墓地，请父灵来上新房。

【流传】 云南省·（西双版纳傣族自治州·景洪市）·基诺山（基诺山基诺族乡）·戛里果箐、巴亚村·巴亚中寨

【出处】 杜玉亭调查整理：《巴亚寨上新房仪式全过程》（1979～1990），见吕大吉、何耀华总主编《中国各民族原始宗教资料集成》（彝族卷、白族卷、基诺族卷），北京：中国社会科学出版社 1996 年版，第 854 页。

W0911.3.7.2
播种时招魂

实 例

（参见下级母题实例）

W0911.3.7.2.1
种谷时妇女叫谷魂

实 例

基诺族 农历三月选好日子开始播种时，女子一早背着旱谷籽种到地里撒种，撒到中午谷种被埋下后即返回家。然后盛装的妇女们云齐三岔路口为谷鬼招魂："谷魂啊，上来吧！从勐捧上来吧，从景洪上来吧，从巴卡上来吧！从勐旺上来吧！从茄玛上来吧！谷魂上来后使我们旱谷丰收，旧谷未吃完，新谷又堆满仓。"

【流传】 云南省·（西双版纳傣族自治州·景洪市）·勐旺乡·补远寨

【出处】 杜玉亭调查整理：《补远寨播种时的谷鬼祭》（1981），见吕大吉、何耀华总主编《中国各民族原始宗教资料集成》（彝族卷、白族卷、基诺族卷），北京：中国社会科学出版社 1996 年版，第 810 页。

W0911.3.7.3
迎娶时招魂

实 例

（参见下级母题实例）

W0911.3.7.3.1
娶亲时要把新娘的婚招到新郎家中

【关联】 ［W0911.2.2.2.1］祭司用鸡蛋在新娘的头上转把新娘的魂引到新郎家中

实 例

基诺族 祭司在去女方迎新娘时，手拿一个鸡蛋，边念词边用它在新娘的头

上转，其象征意义是把新娘的魂引到新郎的家。

【流传】云南省

【出处】吕大吉、何耀华总主编：《中国各民族原始宗教资料集成》（彝族卷、白族卷、基诺族卷），北京：中国社会科学出版社 1996 年版，第 791 页。

W0911. 3. 7. 4

丧葬时招魂

实　例

纳西族 人死埋葬或火化当晚，家人要于屋内摆设供品，然后回避，次日视其物品是否有动过的痕迹，如有动过的痕迹，证明死者亡魂昨夜已回过家中享用过供品，这叫做“还魂”或“返魂”。

【流传】云南省

【出处】李国文：《纳西族原始宗教与社会习尚》，载《民族社会学》1989 年第 1 ~ 期。

W0911. 4

招魂的地点

实　例

（参见下级母题实例）

W0911. 4. 1

在家中招魂

实　例

（参见下级母题实例）

W0911. 4. 1. 1

萨满为求子者在屋中招魂

实　例

赫哲族 不育者求子向萨满求子。萨满击鼓向神祷告，乃命求子者过三四日到萨满家来跳神，取胎儿的魂灵。

【流传】（松花江下游地区依兰县至抚远市一带）

【出处】

（a）凌纯声：《松花江下游的赫哲族》（原 1934 年南京刊印本），北京：民族出版社 2012 年版，第 141 页。

（b）《为不育者求子》，见吕大吉、何耀华总主编《中国各民族原始宗教资料集成》（鄂伦春族卷、鄂温克族卷、赫哲族卷、达斡尔族卷、锡伯族卷、满族卷、蒙古族卷、藏族卷），北京：中国社会科学出版社 1999 年版，第 239 页。

W0911. 4. 2

在野外招魂

实　例

（实例待考）

W0911. 4. 3

在神台招魂

实　例

（参见下级母题实例）

W0911.4.3.1

设神台招魂

实 例

壮族 要设神台招魂，拿鸡鸭去赎魂。

【流传】广西壮族自治区·百色市·田阳县·坡洪镇·陇升村·个强屯

【出处】农吉勤收藏，黄明标等搜集，黄明标等翻译：《麽獏麽懷麽叭祖宗共卷》，见黄明标主编《壮族麽经布洛陀遗本影印译注》（中卷），南宁：广西人民出版社 2016 年版，第 79 页。

W0911.4.3a

到特定的神那里招魂

实 例

傈僳族 为失魂者（病人）叫魂，要到山神那儿去叫。

【流传】云南省·（楚雄彝族自治州）·武定县、元谋县

【出处】张桥贵调查整理：《傈僳人有三个亡魂说》（1988），见吕大吉、何耀华总主编《中国各民族原始宗教资料集成》（纳西族卷、羌族卷、独龙族卷、傈僳族卷、怒族卷），北京：中国社会科学出版社 2000 年版，第 723 页。

W0911.4.3a.1

到神都祭本主叫魂

实 例

白族 到神都祭本主，是家中有病人，病情重，请人看香火后说是爱民皇帝把其魂压住了，来叫魂的。

【流传】云南省·（大理白族自治州）·大理市·（喜洲镇）·庆洞村

【出处】张锡禄调查整理：《大理白族尊段氏祖先为本主》（1989），见吕大吉、何耀华总主编《中国各民族原始宗教资料集成》（彝族卷、白族卷、基诺族卷），北京：中国社会科学出版社 1996 年版，第 572 页。

W0911.4.4

到丢魂处招魂

实 例

佤族 聒迫（叫魂）时，人病会感到失魂落魄，就要去怀疑丢魂的地方叫着回来。

【流传】云南省·（普洱市）·西盟佤族自治县、澜沧拉祜族自治县等地

【出处】毕登程、隋嘎编著：《司岗里——佤族创世史诗》，昆明：云南出版集团公司·云南人民出版社 2009 年版，第 178 页。

W0911.4.4.1

为丢魂的小孩到丢魂处招魂

实 例

藏族 小孩子受了惊吓昏迷不醒，或是呓语乱言，就被认为是被吓散了魂。招魂的人要做了小孩最喜爱吃的各种食物，如核桃、糖果、油圈等，然后叫着孩子的名字从规定的地点（一般是小孩子出事的地方和出事的方向），叫着回到家里。招魂人到家后还要问家里的人：“×××回来了吗?”家里人要回答：“回来了!”接着招魂的人把那些准备好的食物放在小孩的枕边。孩子醒来如果吃了枕边的食物，就认为吓掉的魂被召回来了，否则说明没有被召回来。

【流传】（无考）

【出处】丹珠昂奔：《藏族的自身有神观念——谈阳神和战神》，载《西藏研究》1987年第4期。

W0911.4.4.2

为失魂者在受到惊吓的地方叫魂

实 例

傈僳族 为失魂者（病人）叫魂时，在何处受到惊吓，就去何处叫。

【流传】云南省·（楚雄彝族自治州）·武定县、元谋县

【出处】张桥贵调查整理：《傈僳人有三个亡魂说》（1988），见吕大吉、何耀华总主编《中国各民族原始宗教资料集成》（纳西族卷、羌族卷、独龙族卷、傈僳族卷、怒族卷），北京：中国社会科学出版社2000年版，第723页。

W0911.4.5

到庙中招魂

实 例

（参见下级母题实例）

W0911.4.5.1

巫师招到山神庙跪伏祷告招魂

实 例

彝族 巫师招魂时，到山神庙跪伏祷告，然后口呼被叫魂者之姓名，“某某归来，某某归来”，沿路叫喊直至其家方止。

【流传】（无考）

【出处】马学良：《倮族的招魂和放蛊》，载《边政公论》1948年第7卷第2期。

W0911.4.6

到水中招魂

实 例

（参见下级母题实例）

W0911.4.6.1

巫师为蟹螃大王到水中招魂

实 例

苗族 蟹螃大王的魂受惊吓丢在水中，需要巫师把蟹魂招回来，这样蟹螃大王才能康复。

【流传】原文无流传地，据文本及注释推测该神话流传于贵州省·黔东南苗

族侗族自治州·凯里市、台江县等地。

【出处】张启庭、张荣光、张正玉、张启德演唱，张明搜集，燕宝整理译注：《创造宇宙·运金运银》，见贵州省少数民族古籍整理出版规划小组办公室编，燕宝整理译注《苗族古歌》，贵阳：贵州民族出版社 1993 年版，第 213 页。

W0911.5

招魂者

实 例

（参见下级母题实例）

W0911.5.1

招魂的神

实 例

鄂伦春族 （实例待考）

W0911.5.2

巫师招魂

实 例

（参见下级母题实例）

W0911.5.2.1

巫师“阿什”的职能之一是黑尼库（喊魂）

实 例

藏族 “阿什”（巫师的一种）的职能之一是黑尼库（喊魂）。

【流传】（四川省西南部）

【出处】伍呷：《川西南藏族的宗教调查》（打印稿），四川省民族研究所，1983 年，见吕大吉、何耀华总主编《中国各民族原始宗教资料集成》（鄂伦春族卷、鄂温克族卷、赫哲族卷、达斡尔族卷、锡伯族卷、满族卷、蒙古族卷、藏族卷），北京：中国社会科学出版社 1999 年版，第 847 页。

W0911.5.2a

祭司招魂

实 例

傈僳族 病人的魂挂在树枝上，魂挂在岩壁上，祭司要把它喊回来。

【流传】云南省·怒江地区（怒江傈僳族自治州）

【出处】阿南整理：《招魂调》，载《山茶》1987 年第 6 期。

W0911.5.3

萨满招魂

实 例

（参见下级母题实例）

W0911.5.3.1

女萨满招魂

【关联】［W9146.8］萨满的本领

实 例

鄂伦春族 女萨满能召回死者的灵魂。

【流传】黑龙江省·黑河市·（爱辉

区）·新生乡（新生鄂伦春族乡）

【出处】莫孙吉汗讲，白水夫采录：《萨满和皇上》，见见中国民间文学集成全国编辑委员会编《中国民间故事集成》（黑龙江卷），北京：中国 ISBN 中心 2005 年版，第 82 页。

满族 女丹学了萨满后，能招回死者的灵魂。

【流传】黑龙江省·（哈尔滨市）·阿城市（阿城区）·阿城镇·和平街

【出处】伊葆力，金启琮采录：《女丹萨满》，见中国民间文学集成全国编辑委员会编《中国民间故事集成》（黑龙江卷），北京：中国 ISBN 中心 2005 年版，第 81～82 页。

W0911.5.3.1.1

第一个女萨满招魂

实　例

满族 世上第一个女萨满音姜格格摇动神鼓斗邪恶，救苦难，曾迫使伊尔猛罕（相当于阎王）放回死亡的幼童灵魂。

【流传】（无考）

【出处】《音姜萨满》，见禹宏《从传承方式表现内容看满族神话的民族特色——与华夏神话比较》，载《民族文学研究》1990 年第 2 期。

W0911.5.3.2

萨满招魂治病

实　例

鄂温克族 孩子患病时，认为是其灵魂已离开身体而去，便请萨满举行招魂仪式。

【流传】内蒙古自治区·（呼伦贝尔市）·鄂温克族自治旗·巴彦托海镇

【出处】奥云华尔唱述，额尔和木西勒翻译，满都尔图、孟和采集整理：《奥蔑》（1990.10.22）注释，见吕大吉、何耀华总主编《中国各民族原始宗教资料集成》（鄂伦春族卷、鄂温克族卷、赫哲族卷、达斡尔族卷、锡伯族卷、满族卷、蒙古族卷、藏族卷），北京：中国社会科学出版社 1999 年版，第 158 页。

W0911.5.3.3

萨满举行“奥蔑”（招魂）保命

实　例

鄂温克族 使鹿鄂温克人为保全儿童，请萨满举行“奥蔑”（招魂）仪式。认为经过这样的仪式后，小孩的灵魂再也不跑掉了，生命就能保全了。

【流传】（无考）

【出处】《招魂》，原载孟和《萨满教》（初稿），第 25 页，见吕大吉、何耀华总主编《中国各民族原始宗教资料集成》（鄂伦春族卷、鄂温克族卷、赫哲族卷、达斡尔族卷、锡伯族卷、满族卷、蒙古族卷、藏族卷），北京：中国社会科学出版社 1999 年版，第 108 页。

W0911.5.4

特定的人招魂

实 例

（参见下级母题实例）

W0911.5.4.1

母亲是招魂者

实 例

纳西族 小孩生病要母亲为之喊魂，是因为小孩贪玩，其灵魂也同小孩一样贪玩，一般人的喊声，小孩的灵魂听不见，而母亲的喊声可以传至九天九夜的路程，只有母亲的喊声才能将贪玩孩儿的灵魂喊回来；父亲的喊声只能传至三天三夜的路程，所以父亲一般很难将贪玩的小孩灵魂喊回来。

【流传】 云南省·（迪庆藏族自治州）·中甸县（香格里拉县）·三坝乡（三坝纳西族乡）·白地行政村·吴树湾村

【出处】 树仁甲讲，李国文调查整理：《中甸三坝白地的招魂巫术及仪式》（1985），见吕大吉、何耀华总主编《中国各民族原始宗教资料集成》（纳西族卷、羌族卷、独龙族卷、傈僳族卷、怒族卷），北京：中国社会科学出版社2000年版，第237页。

W0911.5.5

其他招魂者

实 例

（实例待考）

W0911.5.6

招魂的帮助者

实 例

（参见下级母题实例）

W0911.5.6.1

神帮助招魂

实 例

（参见下级母题实例）

W0911.5.6.1.1

火塘神帮助招魂

实 例

白族 请求“佐”（兰坪拉玛人称火塘为“佐不地”，简称为“佐”）神帮助招魂。

【流传】 云南省·（怒江傈僳族自治州）·兰坪县（兰坪白族普米族自治县）

【出处】 傅光宇、李松发：《拉玛人的“佐”崇拜》，载《大理文化》1990年第6期。

W0911.6

招魂的结果

实 例

（参见下级母题实例）

W0911.6.1

招魂结果的验证（招魂结果的断定）

实 例

（参见下级母题实例）

W0911.6.1.1

观察特定事象判断魂是否召回

实 例

藏族 晚上为丢魂的小孩招魂后，要在锅内放两颗（或三颗）红枣，搅几下，盖上锅盖，翌日清晨揭开锅盖，如果看到是两颗（或三颗）红枣在一起，就证明这个孩子的魂已经被召回来了，反之，若红枣没有聚在一起，那就要去继续招魂。

【流传】（无考）

【出处】丹珠昂奔：《藏族的自身有神观念——谈阳神和战神》，载《西藏研究》1987年第4期。

W0911.6.1.2

招魂结果需要由东巴占卜认定

实 例

纳西族 无论“大做”（大的喊魂仪式）、“小做”（小的喊魂仪式），灵魂是否已被喊回来，都需要由东巴占卜择定。

【流传】云南省·丽江县（丽江市）·（玉龙纳西族自治县）·鸣音地区（鸣音乡）

【出处】和积贵讲，李国文调查整理：《丽江鸣音地区的招魂巫术及仪式》（1989），见吕大吉、何耀华总主编《中国各民族原始宗教资料集成》（纳西族卷、羌族卷、独龙族卷、傈僳族卷、怒族卷），北京：中国社会科学出版社2000年版，第241页。

W0911.6.1.3

出现特定物表示招魂成功

实 例

（参见下级母题实例）

W0911.6.1.3.1

出现小昆虫表示招魂成功

实 例

白族（那马） 巫师到大门口喊魂时，会有各种小昆虫如小蛐蛐、小蚂蚁、小蚂蚱等飞到或爬到筛子上来，只要有一只小昆虫出现即表明失魂者的灵魂已经找到。

【流传】云南省·（怒江傈僳族自治州）·兰坪县（兰坪白族普米族自治县），（迪庆藏族自治州）·维西县（维西傈僳族自治县）

【出处】刘龙初调查整理：《兰坪维西那马人的喊魂仪式》（1988），见吕大吉、何耀华总主编《中国各民族原始宗教资料集成》（彝族卷、白族卷、基诺族卷），北京：中国社会科学出版社1996年版，第434页。

W0911.6.2

招魂成功（灵魂的回归，还魂，返魂）

实 例

鄂温克族 尼桑萨满为死去的猎人斯尔古迪偏库招魂到了阴间。

【流传】（内蒙古自治区·呼伦贝尔市·鄂温克族自治旗·辉索木）

【出处】

（a）《鄂温克族自治旗辉索木调查报告》，见内蒙古自治区编辑组《鄂温克族社会历史调查》，呼和浩特：内蒙古人民出版社1986年版，第494页。

（b）《尼桑萨满的传说之一》，见吕大吉、何耀华总主编《中国各民族原始宗教资料集成》（鄂伦春族卷、鄂温克族卷、赫哲族卷、达斡尔族卷、锡伯族卷、满族卷、蒙古族卷、藏族卷），北京：中国社会科学出版社1999年版，第124～125页。

W0911.6.2.1

通过特定气味还魂成功

实 例

汉族 聚窟洲，在西海中，甲未之地，地方三千里，上有狮子、辟邪、凿齿、天鹿。洲上有大山，名为神鸟山。山多大树，与枫木相类，名为反魂树。伐其木根心于玉釜中煎如丸，名曰惊精香。死者在地，闻香气乃却活。

【流传】（无考）

【出处】

（a）［西汉］东方朔：《十洲记》（《海内十洲记》）。

（b）《聚窟洲》，见袁珂《中国神话大词典》，北京：华夏出版社2015年版，第338页。

W0911.6.2.2

招回的魂与生者一起回家

实 例

纳西族 吾烈嘎若（人名）从日美古（指纳西族的术神）家喊回舅舅死后的灵魂，舅舅的灵魂同侄子一道回家了。

【流传】云南省·（丽江市）·丽江县（古城区、玉龙纳西族自治县）

【出处】木丽春采集整理：《日美古和吾烈嘎若》，见木丽春编著《纳西族民间故事集》，昆明：云南人民出版社2007年版，第116页。

W0911.6.2.3

招回的魂附在特定物上回家

实 例

（参见下级母题实例）

W0911.6.2.3.1

招回的失散灵魂附在树枝上回家

实 例

纳西族 母亲喊了九次儿女的魂，然后

她摘下了一枝黄栗树枝叶，当作儿女的魂拿了回来。时辰没有过七天七夜，走散的儿女们都回家来了，团聚到她的身边来了。

【流传】云南省·（丽江市）·丽江县（古城区、玉龙纳西族自治县）

【出处】木丽春采集整理：《成丁礼的故事》，见木丽春编著《纳西族民间故事集》，昆明：云南人民出版社 2007 年版，第 42 页。

W0911. 6. 2. 4

把亡魂从九重天或七层地中带到祖源地

实　例

怒族　人死后须行招魂，把亡魂从九重天、七层地中领出，带到祖先生活过的地方。

【流传】云南省·怒江州（怒江傈僳族自治州）·碧江县（已撤销，现为怒江傈僳族自治州中部）

【出处】

(a) 宝山屹搜集整理：《怒族祭祀歌》，见碧江县政协文史资料编写组《碧江文史资料选集》，1987 年，第 103 ~ 107 页。

(b) 同 (a)，见吕大吉、何耀华总主编《中国各民族原始宗教资料集成》（纳西族卷、羌族卷、独龙族卷、傈僳族卷、怒族卷），北京：中国社会科学出版社 2000 年版，第 876 ~ 877 页。

W0911. 6. 3

招魂失败

实　例

（参见下级母题实例）

W0911. 6. 3. 1

魔鬼不放灵魂导致招魂失败

实　例

满族　信灵魂者，常于病时依赖于萨满。萨满施其祈祷、病痊时则受其酬报，若不愈则诳曰因其献祭不适魔鬼之意，故其灵魂不得释云。

【流传】（吉林省）

【出处】《灵魂出游》，原载《中华民国全国省区全志》第二卷·吉林省志，见吕大吉、何耀华总主编《中国各民族原始宗教资料集成》（鄂伦春族卷、鄂温克族卷、赫哲族卷、达斡尔族卷、锡伯族卷、满族卷、蒙古族卷、藏族卷），北京：中国社会科学出版社 1999 年版，第 478 页。

W0911. 6. 4

魂被召回的时间

实　例

（参见下级母题实例）

W0911. 6. 4. 1

动物招魂后，三天巳时回来

实　例

壮族 为动物招魂时，三天巳时魂回来。

【流传】广西壮族自治区·百色市·田阳县·坡洪镇·陇升村·个强屯

【出处】农吉勤收藏，黄明标等搜集，黄明标等翻译：《麽獏麽懷麽叭祖宗共卷》，见黄明标主编《壮族麽经布洛陀遗本影印译注》（中卷），南宁：广西人民出版社 2016 年版，第 85 页。

W0911.6.5

魂被召回后的处理

实 例

（参见下级母题实例）

W0911.6.5.1

埋掉召回的灵魂

实 例

（参见下级母题实例）

W0911.6.5.1.1

盘古把儿子的魂收回来后埋在八子山

实 例

汉族 盘古的儿子死了，盘古又把儿子的魂收回来，埋在八子山。

【流传】河南省·（南阳市）·桐柏县

【出处】陈鸣声（40 岁，文化干部）讲，马卉欣采录：《盘古生子》（1982），见张振犁编著《中原神话通鉴》（第一卷），郑州：河南大学出版社 2017 年版，第 107 页。

W0911.7

与招魂有关的其他母题

【关联】

① ［W0497.7.14］招魂之神（招魂神）

② ［W0905.4.3.4］叫谷魂

③ ［W0916.11］灵魂的丢失（灵魂的离去，鬼的消失，丢魂）

实 例

（参见下级母题实例）

W0911.7.1

摄魂（捉魂，抓魂）

【关联】［W0340.14］雷公捉魂

实 例

（参见下级母题实例）

W0911.7.1.1

黑熊取走人的灵魂

实 例

鄂伦春族 黑熊取走人的灵魂。

【流传】黑龙江省·（大兴安岭地区）·呼玛（呼玛县）

【出处】郭其柱讲，向华整理：《老实人、黑熊和狐狸》，见中华民族故事大系编委会编《中华民族故事大系》第 15 卷（德昂族、保安族、裕固族、京族、塔塔尔族、独龙族、鄂伦春族），上海：上海文艺出版社 1995 年版，第 914 页。

W0911.7.1.2

刺猬能摄魂

实 例

满族 阿布卡赫赫（女天神）派刺猬神用身上的刺刮住了耶鲁里（恶魔），耶鲁里的魂发失去了魔力，才被打败，逃回地上。

【流传】（无考）

【出处】《天母与恶魔相斗》，原载富育光搜集摘录《天宫大战》，见吕大吉、何耀华总主编《中国各民族原始宗教资料集成》（鄂伦春族卷、鄂温克族卷、赫哲族卷、达斡尔族卷、锡伯族卷、满族卷、蒙古族卷、藏族卷），北京：中国社会科学出版社1999年版，第482页。

W0911.7.1.2a

鹰能摄魂

实 例

赫哲族 安徒（英雄名）死后的灵魂继续往前走去。他的第二个妻子莫尼内无法制止，只好化作阔力（鹰）从空中飞下来，抓住他的灵魂背走了。莫尼内说："你是步步走向阴曹地府，我急得实在没有办法，才把你的灵魂背了回来。"

【流传】（黑龙江省·佳木斯市·同江县·八岔赫哲族乡）

【出处】

(a) 吴进才说唱，尤志贤翻译整理：《安徒莫日根》，载中国民间文艺研究会黑龙江分会所编《黑龙江民间文学》，1981年第2集。

(b) 同（a），见姚宝瑄主编《中国各民族神话》（满族、赫哲族、朝鲜族），太原：山西出版传媒集团·书海出版社2014年版，第143～144页。

W0911.7.1.3

通过窃取灵魂寄托物摄魂

【关联】［W0913d.1］灵魂的寄托物

实 例

（参见下级母题实例）

W0911.7.1.3.1

通过窃取灵魂寄身的毛发摄魂

实 例

壮族 人身上的头发、指甲、衣服等都是灵魂寄附之处。这些东西被那些心地不良之徒窃取拿去埋葬起来，无疑是把人的灵魂抽走。

【流传】（广西壮族自治区）

【出处】黄世杰搜集整理：*《禁魂》（1989），见吕大吉、何耀华总主编《中国各民族原始宗教资料集成》（土家族卷、瑶族卷、壮族卷、黎族卷），北京：中国社会科学出版社1998年版，第597页。

W0911.7.1.3a

通过摄取影子摄魂

实 例

怒族 祭祖灵时，劝祖灵对家人的影子你不要摄取，对亲朋的灵魂不要勾引。

【流传】云南省·怒江州（怒江傈僳族自治州）·碧江县（碧江县已撤销，现为怒江傈僳族自治州中部）

【出处】宝山屹搜集整理：《怒族祭祀歌》，原载碧江县政协编《碧江文史资料选集》，1987年版，第99～103页，见吕大吉、何耀华总主编《中国各民族原始宗教资料集成》（纳西族卷、羌族卷、独龙族卷、傈僳族卷、怒族卷），北京：中国社会科学出版社2000年版，第857～860页。

W0911.7.1.4

灵魂被摄死亡

实　例

普米族 灵魂被摄死亡。

【流传】云南省·（丽江市）·宁蒗（宁蒗彝族自治县）

【出处】曹乃主讲，王震亚整理：《祭龙神》，见中华民族故事大系编委会编《中华民族故事大系》第14卷（普米族、塔吉克族、怒族、俄罗斯族、鄂温克族），上海：上海文艺出版社1995年版，第215页。

W0911.7.1.5

抓魂要先经土地神同意

实　例

壮族 阎王鬼差抓某人魂魄、老虎进村吃某人或猪，都要先经过土主的同意。

【流传】广西壮族自治区·（柳州市）·柳城县

【出处】范宏贵搜集整理：*《祭社王》（1991），见吕大吉、何耀华总主编《中国各民族原始宗教资料集成》（土家族卷、瑶族卷、壮族卷、黎族卷），北京：中国社会科学出版社1998年版，第550页。

W0911.7.1.6

恶灵爱捉小孩魂

实　例

蒙古族（布里亚特） 儿童的灵魂受到惊吓后会游离于体内而被恶灵捉去。

【流传】（无考）

【出处】［苏联］И. А. 曼日格耶夫著，宋长宏译，佟德富校：《布里亚特萨满教和前萨满教辞典》（俄文版），莫斯科：科学出版社1978年版，第96页，见吕大吉、何耀华总主编《中国各民族原始宗教资料集成》（鄂伦春族卷、鄂温克族卷、赫哲族卷、达斡尔族卷、锡伯族卷、满族卷、蒙古族卷、藏族卷），北京：中国社会科学出版社1999年版，第730页。

W0911.7.1.7

拴魂

实　例

（参见下级母题实例）

W0911. 7. 1. 7. 1

用正房的顶天柱做拴魂的桩子

实 例

纳西族 用正房的一棵顶天柱来做拴魂的桩子，用黄栗树木做出来的火炕做灵魂的坐处，用黄竹做出来的床做生魂睡的床，全家人的生魂安安静静地住在家里。

【流传】云南省·丽江县（丽江市）·（玉龙纳西族自治县）·塔城（塔城乡）·（依陇行政村）·巴甸村

【出处】李国文调查整理：《丽江塔城地区的祭风仪式》，载云南省民族研究所《民族调查研究》1986年第3期。

W0911. 7. 1. 8

摄特定物的魂

实 例

（参见下级母题实例）

W0911. 7. 1. 8. 1

地母巴那姆赫赫摄取各种动物的魂魄

实 例

满族 地母巴那姆赫赫把栖息于自身之上的虎、豹、熊、鹿、蟒、蛇、狼、野猪、蜥蜴、鹰、雕、江海中的鱼、百虫等魂魄摄来，让他们各献一神技，帮助天神阿布卡赫赫争战恶魔耶鲁里。

【流传】黑龙江省·黑河地区（黑河市）·孙吴县·（沿江满族达斡尔族乡）·四季屯（四季屯村）

【出处】吴纪贤、富希陆讲：《天宫大战——黑水女真人传世神话》（1939，选自富育光、郭淑云整理的手稿），见姚宝瑄主编《中国各民族神话》（满族、赫哲族、朝鲜族），太原：山西出版传媒集团·书海出版社2014年版，第35页。

W0911. 7. 1. 8. 2

寡妇摄取男子魂魄

实 例

怒族 “蓄拉迷玛”（寡妇崖神）忍受不了守寡的清苦，对日当村男子勾魂摄魄。

【流传】云南省·（怒江傈僳族自治州）·贡山（贡山独龙族怒族自治县）·丙中洛乡·日当村

【出处】何叔涛调查整理：《贡山地区寡妇崖神：“蓄拉迷玛”》（1988），见吕大吉、何耀华总主编《中国各民族原始宗教资料集成》（纳西族卷、羌族卷、独龙族卷、傈僳族卷、怒族卷），北京：中国社会科学出版社2000年版，第855页。

W0911. 7. 2

赎魂（赎回灵魂）

实 例

（参见下级母题实例）

W0911.7.2.1

用赎金赎回病人的灵魂

实 例

蒙古族（布里亚特）“卓里格”指由萨满用面团做成的人的塑像。萨满以此作为“赎金”赎回被其挽救的“处于神灵俘虏之中”的病人的灵魂。

【流传】（无考）

【出处】［苏联］И. А. 曼日格耶夫著，宋长宏译，佟德富校：《布里亚特萨满教和前萨满教辞典》（俄文版），莫斯科：科学出版社 1978 年版，第 53 页，见吕大吉、何耀华总主编《中国各民族原始宗教资料集成》（鄂伦春族卷、鄂温克族卷、赫哲族卷、达斡尔族卷、锡伯族卷、满族卷、蒙古族卷、藏族卷），北京：中国社会科学出版社 1999 年版，第 730 页。

W0911.7.2.2

拿鸡鸭赎魂

实 例

壮族要设神台招魂时，要拿鸡鸭去赎魂。

【流传】广西壮族自治区·百色市·田阳县·坡洪镇·陇升村·个强屯

【出处】农吉勤收藏，黄明标等搜集，黄明标等翻译：《麽獏麽懷麽叭祖宗共卷》，见黄明标主编《壮族麽经布洛陀遗本影印译注》（中卷），南宁：广西人民出版社 2016 年版，第 79 页。

W0911.7.2.3

举行祭祀赎魂

实 例

白族经过讨魂，病人的病情还不好转，则认为其魂魄被阴司的鬼卒抓去，关押在阴司地府，为此便要举行赎魂的祭祀。

【流传】云南省·（大理白族自治州）·云龙县石门等乡

【出处】谢道辛调查整理：《云龙白族的招魂、讨魂和赎魂》（1990），见吕大吉、何耀华总主编《中国各民族原始宗教资料集成》（彝族卷、白族卷、基诺族卷），北京：中国社会科学出版社 1996 年版，第 435 页。

W0911.7.2.4

到扣押灵魂处赎魂

实 例

纳西族人生病喊魂中的“大做”，一般是因为灵魂被山神野鬼摄去，或被龙王神扣押、纠缠，所以需要到山神野鬼或龙王神那里把灵魂喊回来，因而带有“赎魂”的性质。

【流传】云南省·丽江县（丽江市）·（玉龙纳西族自治县）·鸣音地区（鸣音乡）

【出处】和积贵讲，李国文调查整理：《丽江鸣音地区的招魂巫术及仪式》（1989），见吕大吉、何耀华总主编

《中国各民族原始宗教资料集成》（纳西族卷、羌族卷、独龙族卷、傈僳族卷、怒族卷），北京：中国社会科学出版社2000年版，第241页。

W0911.7.3

追魂

实 例

（参见下级母题实例）

W0911.7.3.1

萨满追回病人去阴间的灵魂（苏木苏勒其贝）

实 例

达斡尔族 萨满遇到昏迷不醒的重病人，认为是他的灵魂已离开肉体去了阴间世界，便举行追回其灵魂的仪式，达斡尔语称为“苏木苏勒其贝”。

【流传】（内蒙古自治区·呼伦贝尔市·陈巴尔虎旗）

【出处】

（a）满都尔图：《达斡尔鄂温克蒙古（陈巴尔虎）鄂伦春族萨满教调查》，中国社会科学院民族研究所民族学研究室1992年，内部资料，第16页。

（b）《追魂》，见吕大吉、何耀华总主编《中国各民族原始宗教资料集成》（鄂伦春族卷、鄂温克族卷、赫哲族卷、达斡尔族卷、锡伯族卷、满族卷、蒙古族卷、藏族卷），北京：中国社会科学出版社1999年版，第349页。

W0911.7.4

招魂的神

实 例

（参见下级母题实例）

W0911.7.4.1

招魂的神召日姑姑罕

实 例

鄂伦春族 老太太求神得子。煮肋条肉时从笊篱上蹦出个圆圆的小肉球，跳进老太太嘴怀孕，生女孩召日姑姑罕，早死，人们把召日姑姑罕当作招魂的神。

【流传】（无考）

【出处】 李水花讲，孟淑珍整理：《召日姑姑神》，见黑龙江省民族研究所：《鄂伦春民间文学》，内部编印，1993年。

W0911.7.5

勾魂

实 例

（参见下级母题实例）

W0911.7.5.1

勾魂者

【关联】［W0907.9a］勾魂鬼

实 例

（参见下级母题实例）

W0911.7.5.1.1
特定的神是勾魂者

实 例

（参见下级母题实例）

W0911.7.5.1.1.1
五海神勾牛魂

实 例

壮族 皇帝杀死了牛，别的牛也跟着死，一定是五海神把牛魂勾去的。

【流传】（a）广西壮族自治区右江及红水河一带

【出处】

（a）周朝珍讲，何承文整理：《布碌陀》，载广西民间文学研究会编印《广西民间文学丛刊》第5期。

（b）《布碌陀》（王松选定），见姚宝瑄主编《中国各民族神话》（仫佬族、壮族、京族），太原：山西出版传媒集团·书海出版社2014年版，第88页。

W0911.7.5.2
勾魂方法

实 例

（参见下级母题实例）

W0911.7.5.2.1
通过特定的物勾魂

实 例

（参见下级母题实例）

W0911.7.5.2.1.1
女神用戒指勾魂

实 例

藏族 嘎丹领着妻子琼吉，跟大伙一起坐牛皮船渡过拉萨河。半路上，嘎丹为了救一船的人把戒指抛给贡堂拉姆女神，结果他的灵魂就被女神勾走了。

【流传】（西藏）

【出处】 卓拉、尼玛彭多、次仁讲，廖东凡、次多吉、次卓嘎搜集整理：《女神贡堂拉姆》，原载《西藏民间故事选》，见陶阳、钟秀编《中国神话》（中），北京：商务印书馆2008年版，第956～964页。

W0911.7.6
招老人魂

实 例

（参见下级母题实例）

W0911.7.6.1
到野外招老人魂

实 例

彝族 要招老人魂，是因为野外是魔鬼猖獗的场所。

【流传】 云南省·（红河哈尼族彝族自治州）·红河县、元江县（元江哈尼族彝族傣族自治县）、石屏县一带

【出处】龙倮贵搜集整理，黄建明摘：《滇南彝族的招老人魂》，见吕大吉、何耀华总主编《中国各民族原始宗教资料集成》（彝族卷、白族卷、基诺族卷），北京：中国社会科学出版社1996年版，第111页。

W0911.7.7

接魂

实 例

（参见下级母题实例）

W0911.7.7.1

接父魂

实 例

（参见下级母题实例）

W0911.7.7.1.1

在地上跺3下脚接父魂回家

实 例

基诺族 请父灵来回家上新房时，在墓地连续三次跺脚，可以把睡着的父亲的魂唤醒，接父魂就离开墓地回家。

【流传】云南省·（西双版纳傣族自治州·景洪市）·基诺山（基诺山基诺族乡）·戛里果箐、巴亚村·巴亚中寨

【出处】杜玉亭调查整理：《巴亚寨上新房仪式全过程》（1979～1990），见吕大吉、何耀华总主编《中国各民族原始宗教资料集成》（彝族卷、白族卷、基诺族卷），北京：中国社会科学出版社1996年版，第854页。

W0911a

送魂（驱魂）

实 例

（参见下级母题实例）

W0911a.1

送魂的原因

实 例

（实例待考）

W0911a.2

送魂者

实 例

（参见下级母题实例）

W0911a.2.1

萨满送魂

实 例

赫哲族 为死者送魂时，要在死者住过的屋内，做一个人偶，以代亡者；请来送魂萨满，在人偶旁跳神三日，喃喃不休。

【流传】（黑龙江省）

【出处】

（a）《中国各民族宗教与神话大词典》编审委员会：《中国各民族宗教与神话大词典》，北京：学苑出版社1990年版，第310～311页。

（b）同（a），《撂挡子》，见吕大吉、

何耀华总主编《中国各民族原始宗教资料集成》（鄂伦春族卷、鄂温克族卷、赫哲族卷、达斡尔族卷、锡伯族卷、满族卷、蒙古族卷、藏族卷），北京：中国社会科学出版社 1999 年版，第 200 页。

W0911a.2.1.1

主管送魂的萨满送魂

实 例

赫哲族 “达克苏特伊”（赫哲语音译）是主管送魂的萨满。

【流传】（黑龙江省）

【出处】

(a)《中国各民族宗教与神话大词典》编审委员会：《中国各民族宗教与神话大词典》，北京：学苑出版社 1990 年版，第 309 页。

(b) 同（a），《达克苏特伊的职资》，见吕大吉、何耀华总主编《中国各民族原始宗教资料集成》（鄂伦春族卷、鄂温克族卷、赫哲族卷、达斡尔族卷、锡伯族卷、满族卷、蒙古族卷、藏族卷），北京：中国社会科学出版社 1999 年版，第 243 页。

W0911a.2.2

母亲送魂

实 例

（参见下级母题实例）

W0911a.2.2.1

母亲为夭折的孩子送魂

实 例

壮族 子女不幸夭折，由死者母亲站在房门前的条凳上，肩挑一担纸花、糯饭和熟蛋，一头为白花、白饭、白蛋，送夭逝者归天。

【流传】 广西壮族自治区·（河池市）·东兰县

【出处】 覃剑萍搜集整理：*《始母姆洛甲司管生育》（1990），见吕大吉、何耀华总主编《中国各民族原始宗教资料集成》（土家族卷、瑶族卷、壮族卷、黎族卷），北京：中国社会科学出版社 1998 年版，第 528 页。

W0911a.2.3

用马送魂

实 例

纳西族 古时纳西先民如何用马送魂。

【流传】 云南省·（迪庆藏族自治州）·中甸县（香格里拉县）·三坝乡（三坝纳西族乡）·白地行政村·吴树湾村

【出处】 和占元（63 岁）讲，杨福泉调查整理：《中甸三坝白地阮可人开丧祭典》（1984），见吕大吉、何耀华总主编《中国各民族原始宗教资料集成》（纳西族卷、羌族卷、独龙族卷、傈僳族卷、怒族卷），北京：中国社会科学出版社 2000 年版，第 95 页。

W0911a. 3

送魂的时间

实 例

（参见下级母题实例）

W0911a. 3. 1

死者埋葬百日或三周年时送魂

实 例

赫哲族 在死者埋葬百日或三周年时，要为死者送魂。

【流传】（黑龙江省）

【出处】

（a）《中国各民族宗教与神话大词典》编审委员会：《中国各民族宗教与神话大词典》，北京：学苑出版社 1990 年版，第 310～311 页。

（b）同（a），《撂挡子》，见吕大吉、何耀华总主编《中国各民族原始宗教资料集成》（鄂伦春族卷、鄂温克族卷、赫哲族卷、达斡尔族卷、锡伯族卷、满族卷、蒙古族卷、藏族卷），北京：中国社会科学出版社 1999 年版，第 200 页。

W0911a. 4

送魂地点

实 例

（实例待考）

W0911a. 5

送魂的方法

实 例

（参见下级母题实例）

W0911a. 5. 1

送魂时要诉说死者身世

实 例

（参见下级母题实例）

W0911a. 5. 1. 1

萨满送魂时要诉说死者身世

实 例

达斡尔族 为非正常死亡者送魂时，萨满唱："祭起你的祖先神灵，述说你的家族身世。"

【流传】（内蒙古自治区·呼伦贝尔市·陈巴尔虎旗）

【出处】

（a）满都尔图：《达斡尔鄂温克蒙古（陈巴尔虎）鄂伦春族萨满教调查》，中国社会科学院民族研究所民族学研究室 1992 年，内部资料，第 39～41 页。

（b）《送魂祷词》，见吕大吉、何耀华总主编《中国各民族原始宗教资料集成》（鄂伦春族卷、鄂温克族卷、赫哲族卷、达斡尔族卷、锡伯族卷、满族卷、蒙古族卷、藏族卷），北京：中国社会科学出版社 1999 年版，第 350 页。

W0911a. 5. 2

用纸花、饭食、蛋类送魂

实 例

（参见下级母题实例）

W0911a. 5. 2. 1

母亲站在房门前的条凳上用纸花、饭食、蛋类为夭折的孩子送魂

实 例

壮族 （参见“W0911a. 2. 2. 1 母亲为夭折的孩子送魂”母题实例）

W0911a. 6

送魂结果

实 例

（参见下级母题实例）

W0911a. 6. 1

亡灵送回祖先居住地

实 例

纳西族 四兄弟找到阿爸高楞趣（纳西族先人）的尸体，给阿爸行了火葬礼，把他的灵魂送到祖先居住的地方。

【流传】 云南省·丽江地区（丽江市）

【出处】 和正才讲，木丽春整理：《四个部族的由来》，载《山茶》1986 年第 4 期。

W0911a. 7

与送魂有关的其他母题

实 例

（参见下级母题实例）

W0911a. 7. 1

驱亡魂

实 例

独龙族 人死后，生者会竭力打发死者的亡魂迅速回到已故的家族成员共同生活的“阿细默里”（“阿细”的地方）。

【流传】 云南省·（怒江傈僳族自治州）·贡山县（贡山独龙族怒族自治县）·独龙江公社（独龙江乡）

【出处】 蔡家麒调查整理：《亡魂“阿细”》（1982），见吕大吉、何耀华总主编《中国各民族原始宗教资料集成》（纳西族卷、羌族卷、独龙族卷、傈僳族卷、怒族卷），北京：中国社会科学出版社 2000 年版，第 617 页。

W0911b

迷魂

实 例

（参见下级母题实例）

W0911b. 1

迷魂的原因

实 例

（实例待考）

W0911b. 2

迷魂的方式

实 例

（实例待考）

W0911b. 3

迷魂者

实 例

（参见下级母题实例）

W0911b. 3. 1

特定的神能让人迷魂

实 例

（参见下级母题实例）

W0911b. 3. 1. 1

萨兰吉·腾格里能迷惑人的灵魂

实 例

蒙古族（布里亚特）萨兰吉·腾格里能迷惑人的灵魂，给人类降下各种疾病。

【流传】（无考）

【出处】［苏联］И. А. 曼日格耶夫著，宋长宏译，佟德富校：《布里亚特萨满教和前萨满教辞典》（俄文版），莫斯科：科学出版社 1978 年版，第 20 页，见吕大吉、何耀华总主编《中国各民族原始宗教资料集成》（鄂伦春族卷、鄂温克族卷、赫哲族卷、达斡尔族卷、锡伯族卷、满族卷、蒙古族卷、藏族卷），北京：中国社会科学出版社 1999 年版，第 629 页。

W0911b. 4

与迷魂有关的其他母题

实 例

（实例待考）

W0912

驱鬼（打鬼，驱邪，捉鬼，捉灵魂）

【关联】

①［W0902. 4. 3］恶灵的消除（驱恶灵）

②［W0995. 8］神被驱赶（驱神）

实 例

（参见下级母题实例）

W0912. 1

驱鬼的原因（人为什么打鬼）

实 例

（参见下级母题实例）

W0912. 1. 1

人打鬼是因为鬼吸人血

实 例

独龙族 人打鬼是因为鬼吸人血。

【流传】（无考）

【出处】孔志清讲，巴子整理：《人为什么打鬼》，见中华民族故事大系编委会编《中华民族故事大系》第15卷（德昂族、保安族、裕固族、京族、塔塔尔族、独龙族、鄂伦春族），上海：上海文艺出版社1995年版，第630页。

W0912.1.2

祭鬼无效时驱鬼（驱鬼先礼后兵）

实 例

（参见下级母题实例）

W0912.1.2.1

祭祀和供奉驱鬼不奏效时就请巫师驱除

实 例

藏族 对危害家庭和后代成“鬼”的灵魂，仍然采取祭祀和供奉，但当这种祭祀和供奉都不奏效时，那就请巫师进行驱除。

【流传】（无考）

【出处】《藏族卷·绪论》，见吕大吉、何耀华总主编《中国各民族原始宗教资料集成》（鄂伦春族卷、鄂温克族卷、赫哲族卷、达斡尔族卷、锡伯族卷、满族卷、蒙古族卷、藏族卷），北京：中国社会科学出版社1999年版，第778页。

W0912.1.3

驱鬼护尸

实 例

纳西族 寨里的人死了，人们倾村出行，集拢到丧家里，烧上篝火，环围着篝火彻夜地跳着“阿仁仁”，驱赶着仁鬼护尸，故纳西族的阿仁仁歌舞，也叫护尸歌舞。

【流传】云南省·（丽江市）·丽江县（古城区、玉龙纳西族自治县）

【出处】木丽春采集整理：《丹务葬仪》，见木丽春编著《纳西族民间故事集》，昆明：云南人民出版社2007年版，第251页。

W0912.1.4

驱鬼祛病

实 例

（参见下级母题实例）

W0912.1.4.1

巫师驱赶缠在病人身上的恶鬼

实 例

傈僳族 （参见“W0912.2.1.9 巫师敲羊皮鼓，手持长刀舞蹈驱鬼”母题实例）

W0912.1.5

发生灾难时驱鬼

实 例

（参见下级母题实例）

W0912. 1. 5. 1

山寨发生火灾时驱鬼

实 例

基诺族 山寨火灾严重，要进行全寨性的赶鬼仪式，但赶的恶鬼并非火鬼，而是引起火灾的恶鬼。

【流传】云南省·（西双版纳傣族自治州·景洪市）·基诺山（基诺山基诺族乡）·戛里果箐

【出处】沙车等讲，杜玉亭调查整理：《火鬼》（1990），见吕大吉、何耀华总主编《中国各民族原始宗教资料集成》（彝族卷、白族卷、基诺族卷），北京：中国社会科学出版社 1996 年版，第 946 页。

W0912. 1. 5. 2

发生火灾时撵火鬼

实 例

白族（那马） 发生火灾时，就要送火神，撵火鬼。

【流传】云南省·（怒江傈僳族自治州）·兰坪县（兰坪白族普米族自治县），（迪庆藏族自治州）·维西县（维西傈僳族自治县）

【出处】刘龙初调查整理：《兰坪维西那马人送火神撵火鬼》（1988），见吕大吉、何耀华总主编《中国各民族原始宗教资料集成》（彝族卷、白族卷、基诺族卷），北京：中国社会科学出版社 1996 年版，第 508 页。

W0912. 2

驱鬼的方法（捉鬼的方法，防御鬼魂，鬼的惧怕物，鬼魂的惧怕物，鬼的克星）

【汤普森】E430

【关联】

①［W0851］妖魔的克星（魔鬼的克星）

②［W9011. 1］魔法驱怪

③［W9187. 3］咒语驱魔（鬼）

实 例

（参见下级母题实例）

W0912. 2. 1

用特定仪式驱鬼

实 例

（参见下级母题实例）

W0912. 2. 1. 1

葬礼防御鬼魂

【汤普森】E431

【关联】［W6660］葬俗

实 例

（实例待考）

W0912. 2. 1. 2

祭献安放鬼魂

【汤普森】E433

实 例

（实例待考）

W0912.2.1.3

供神驱鬼（祭特定的神驱鬼）

实 例

（参见下级母题实例）

W0912.2.1.3.1

供祖先神可以驱鬼

实 例

鄂温克族 供奉“敖教勒”神（祖先神）的目的之一就是求“敖教勒”神治病赶鬼。

【流传】 内蒙古自治区·（呼伦贝尔市）·阿荣旗·查巴奇乡（查巴奇鄂温克族乡）

【出处】

（a）《阿荣旗查巴奇乡鄂温克族调查报告》，见内蒙古自治区编辑组《鄂温克族社会历史调查》，呼和浩特：内蒙古人民出版社1986年版，第114页。

（b）《霍卓热神的构成》，见吕大吉、何耀华总主编《中国各民族原始宗教资料集成》（鄂伦春族卷、鄂温克族卷、赫哲族卷、达斡尔族卷、锡伯族卷、满族卷、蒙古族卷、藏族卷），北京：中国社会科学出版社1999年版，第115页。

W0912.2.1.3.2

祭枫神为病人驱除鬼疫

实 例

苗族 湖南城北的苗族有祭枫神为病人驱除鬼疫的习俗。

【流传】（湖南省）

【出处】

（a）《蚩尤》，见《中国各民族宗教与神话大词典》编审委员会编《中国各民族宗教与神话大词典》，北京：学苑出版社1990年版。

（b）杨知勇改写：《蚩尤》，见姚宝瑄主编《中国各民族神话》（布依族、仡佬族、苗族），太原：山西出版传媒集团·书海出版社2014年版，第320页。

W0912.2.1.4

通过除秽驱魔

实 例

赫哲族 萨满跳神治病成功，三天以后要打扫房屋，将一切用具打扫干净。这样才能把魔鬼赶出去了，就再不会有家人生病。

【流传】（黑龙江省）

【出处】

（a）《民族问题五种丛书》黑龙江省编辑组：《赫哲族社会历史调查》，牡丹江：黑龙江朝鲜民族出版社1987年版，第120页。

（b）《跳神治病》，见吕大吉、何耀华总主编《中国各民族原始宗教资料集成》（鄂伦春族卷、鄂温克族卷、赫哲族卷、达斡尔族卷、锡伯族卷、满族卷、蒙古族卷、藏族卷），北京：中国社会科学出版社1999年版，第

232 页。

W0912.2.1.5

焚香驱邪

实 例

藏族 天神受命下凡界，人间污浊多瘟疫，雅河开道走马前，次米保驾在左方，佐米护卫在右侧，驱邪焚香有雅阿。

【流传】（无考）

【出处】恰白·次旦平措著，达瓦次仁译：《论藏族的焚香祭祀习俗》，载《中国藏学》1989 年第 4 期。

W0912.2.1.5.1

为死去的鬼烧香还愿驱鬼

【关联】［W0911.2.7］通过烧香招魂

实 例

白族 到本主庙去求神，为死去的鬼烧香还愿，可以驱鬼。

【流传】云南省·（大理白族自治州）·洱源县·凤羽乡·兰林村

【出处】王承权调查整理：《洱源白族的鬼魂观念和鬼的种类》（1988），见吕大吉、何耀华总主编《中国各民族原始宗教资料集成》（彝族卷、白族卷、基诺族卷），北京：中国社会科学出版社 1996 年版，第 410 页。

W0912.2.1.6

诵经驱魔（念经驱鬼）

实 例

汉族 沙门玄奘俗姓陈，偃师县人也。幼聪慧有操行。唐武德初，往西域取经，行至罽宾国，道险，虎豹不可过。奘不知为计，乃锁房门而坐。至夕开门，见一异僧，头面疮痍，身体脓血，床上独坐，莫知来由。奘乃礼拜勤求，僧口授《多心经》一卷，令奘诵之，遂得山川平易，道路开辟，虎豹藏形，魔鬼潜迹，至佛国，取经六百余部而归。

【流传】（无考）

【出处】［明］胡应麟：《少室山房笔丛》卷四十一引《独异志》。

纳西族 东巴用杜鹃树枝蘸水为祭物除秽，念《开坛经》，先把“秽鬼”引来，然后念《放秽经》（“臭肯”）、《东神起来经》（“东丁”）、《加威灵经》（“汁再”）；东巴得到威灵后，念《踏秽鬼经》（“臭吐”），用“曼开才”（打鬼竹杖）击打秽鬼出门。

【流传】云南省·（迪庆藏族自治州）·中甸（香格里拉县）·三坝乡（三坝纳西族乡）·白地行政村·水甲村

【出处】和志本（60 岁）等讲，杨福泉调查整理：《中甸三坝白地的生育除秽、取名及产妇洗头仪式》（1989），见吕大吉、何耀华总主编《中国各民族原始宗教资料集成》（纳西族卷、羌族卷、独龙族卷、傈僳族卷、怒族卷），北京：中国社会科学出版社 2000 年版，第 302 页。

W0912.2.1.7
诵神驱鬼

【关联】［W0912.2.10.1］鬼怕神

实 例

（参见下级母题实例）

W0912.2.1.7.1
通过诵念山神驱鬼

实 例

藏族 病患者亲属请巫师“阿什”进行驱鬼仪式时，当地的所有山神都要依次一一诵念。山神请得愈多，巫术仪式庄严色彩越浓。

【流传】（四川省西南部）

【出处】伍呷：《川西南藏族的宗教调查》（打印稿），四川省民族研究所，1983年，见吕大吉、何耀华总主编《中国各民族原始宗教资料集成》（鄂伦春族卷、鄂温克族卷、赫哲族卷、达斡尔族卷、锡伯族卷、满族卷、蒙古族卷、藏族卷），北京：中国社会科学出版社1999年版，第847页。

W0912.2.1.8
跳神驱鬼

实 例

彝族 彝人家境不顺，收获不丰，口舌不解，械斗不胜，行为不利等等，皆以为天神不佑，鬼神为殃，若不延笔摩必献神送鬼，即必请书理跳神逐鬼。

【流传】四川省大小凉山一带

【出处】毛筠如：《大小凉山之彝族》，成都：四川民族出版社1946年版，第112～113页。

W0912.2.1.9
巫师敲羊皮鼓，手持长刀舞蹈驱鬼

【关联】［W0912.2.5.5.1］鬼怕羊皮

实 例

傈僳族 尼扒（傈僳族地位最高的一种巫师）敲羊皮鼓，手持长刀，脚踩尖刀而舞，以驱除缠在病人身上的恶鬼。

【流传】云南省·（怒江傈僳族自治州）·贡山县（贡山独龙族怒族自治县）

【出处】杨毓骧调查整理：《巫师的选任》（1990），见吕大吉、何耀华总主编《中国各民族原始宗教资料集成》（纳西族卷、羌族卷、独龙族卷、傈僳族卷、怒族卷），北京：中国社会科学出版社2000年版，第761页。

W0912.2.1.10
巫师爬刀杆赶鬼

实 例

白族 朵西薄（巫师）通过爬刀杆为村民治病赶鬼。

【流传】云南省·（大理白族自治州）·云龙县·旧州乡

【出处】詹承绪等调查整理：《云龙旧州白族爬刀杆驱鬼祈丰收》（1988），见吕大吉、何耀华总主编《中国各民族原始宗教资料集成》（彝族卷、白族卷、基诺族卷），北京：中国社会科学出版社 1996 年版，第 620 页。

W0912. 2. 2

用巫术驱鬼（用法术驱鬼）

实 例

羌族 对付野鬼的办法，除了杀羊、杀鸡祭祀外，还要由端公（即羌族“释比”、“许”的汉语说法，意为“巫师”、“祭师”）用法术来威吓，将其赶走送走。

【流传】（无考）

【出处】西南民族学院研究室编：《羌（尔玛）族情况》，1954 年，见吕大吉、何耀华总主编《中国各民族原始宗教资料集成》（纳西族卷、羌族卷、独龙族卷、傈僳族卷、怒族卷），北京：中国社会科学出版社 2000 年版，第 461 页。

W0912. 2. 2. 1

魔法防鬼魂

【汤普森】E434

【关联】［W9000］魔法

实 例

（参见下级母题实例）

W0912. 2. 2. 2

用咒语驱鬼

实 例

彝族 欲防鬼的侵扰，则须请笔母（一般译为“毕摩”）或师娘子咒鬼，驱鬼。

【流传】四川省·（凉山彝族自治州）·雷波（雷波县）小凉山一带

【出处】徐益棠：《雷波小凉山之罗民》，台湾：金陵大学中国文化研究所印行 1944 年版，第 71 ~72 页。

W0912. 2. 2. 2. 1

鬼怕诅咒

【关联】［W0906. 3. 3. 7］山魈最畏人骂

实 例

汉族 浙有独足鬼，名山魈。福建浦城常有人见手曳帕子，乘片云飞过屋头甚低，亦不大畏。又能盗物。最畏人骂，知辄大骂，多掷还之。

【流传】（无考）

【出处】［明］李诩：《戒庵老人漫笔》卷四“山魈”条。

W0912. 2. 2. 3

萨满跳鹿神驱魔

实 例

赫哲族 萨满通过跳鹿神驱魔。

【流传】（无考）

【出处】吕大吉、何耀华主编，本册主

编满都尔图等：《中国各民族原始宗教资料集成》（鄂伦春族卷、鄂温克族卷、赫哲族卷、达斡尔族卷、锡伯族卷、满族卷、蒙古族卷、藏族卷），北京：中国社会科学出版社 1999 年版，第 237 页。

W0912.2.2.4

禳解驱鬼（禳解收鬼）

实 例

藏族 实施禳解驱（收）鬼时，将用糌粑捏成人形的投食，将人形改成各种鬼怪的形象和巫师念的咒语。

【流传】 四川省·康区（主要包括甘孜藏族自治州、阿坝藏族羌族自治州）

【出处】 《藏族卷·绪论》，见吕大吉、何耀华总主编《中国各民族原始宗教资料集成》（鄂伦春族卷、鄂温克族卷、赫哲族卷、达斡尔族卷、锡伯族卷、满族卷、蒙古族卷、藏族卷），北京：中国社会科学出版社 1999 年版，第 781 页。

W0912.2.2.5

贴符驱邪（鬼怕符）

实 例

（参见下级母题实例）

W0912.2.2.5.1

用蛇神庙求来的神符贴在门窗上避各种毒害

实 例

汉族 农历四月二十日为蛇王生日。旧时，各地乡民多在此日到蛇神庙进香祭拜，也有人家将书有所求的神符贴于自家门窗之上，俗信以此可避各种毒害。

【流传】（无考）

【出处】 《蛇神》，见乌丙安主编《中国民间神谱》，沈阳：辽宁人民出版社 2007 年版，第 39 页。

W0912.2.2.5.2

鬼怕桃符

实 例

汉族 正月一日，贴画鸡户上，悬苇索于其上，插桃符其傍，百鬼畏之。

【流传】（无考）

【出处】 ［南朝·梁］宗懔：《荆楚岁时记》。

W0912.2.2.6

东巴在鬼寨前用刀斩断鬼门，划破鬼牌，念诵经文镇鬼

实 例

纳西族 东巴在鬼寨前，用刀斩断所有鬼门，划破鬼牌，并将大桃树枝也砍倒在地，东巴边做边念相关的经文，如《破鬼门》《劈鬼树》等，表示对鬼作了彻彻底底的镇压。

【流传】 云南省·丽江县（丽江市）·（玉龙纳西族自治县）·鸣音地区（鸣音乡）

【出处】 和即贵讲，李丽芬调查整理：

《丽江鸣音地区的祭星仪式》（1989），见吕大吉、何耀华总主编《中国各民族原始宗教资料集成》（纳西族卷、羌族卷、独龙族卷、傈僳族卷、怒族卷），北京：中国社会科学出版社 2000 年版，第 79 页。

W0912. 2. 2. 7

与巫术驱鬼有关的其他母题

【关联】

① ［W0912. 2. 11. 4］撒灰驱鬼

② ［W0912. 2. 11. 5. 1］贝马在十字路口给鬼魂送水饭驱鬼

实 例

（参见下级母题实例）

W0912. 2. 2. 7. 1

驱鬼词

实 例

藏族 巫师“阿什”的驱鬼祈祷词唱：“各方的沙打（鬼）、沙票（东方）的沙打，比齐克（南方）的沙打、里皮（西方）的沙打、米克（北方）的沙打，额沙（东南方）的沙打、拉古（西南方）的沙打、约沙泥古（西北方）的沙打、拉古不拉（东北方）的沙打，你们从哪方来，就回到哪方去！病人已送猪、羊和食物给你们，你们有了够吃的东西，就应离开病人的身体……请你们从病人的头部离开；从腿部离开；从门内走出门外，到离寨子很远的地方。”

【流传】（四川省西南部）

【出处】伍呷：《川西南藏族的宗教调查》（打印稿），四川省民族研究所，1983 年，见吕大吉、何耀华总主编《中国各民族原始宗教资料集成》（鄂伦春族卷、鄂温克族卷、赫哲族卷、达斡尔族卷、锡伯族卷、满族卷、蒙古族卷、藏族卷），北京：中国社会科学出版社 1999 年版，第 845 ~ 846 页。

W0912. 2. 2. 7. 2

巫师口舔烧红的铁犁铧驱恶鬼

实 例

傈僳族 端公（男巫师）替人驱鬼时，要在火塘边上将铁犁铧烧红，他借用祖师爷的神力，用嘴将烧得通红的铁犁铧衔出火塘，在患病者身上绕三转，丢于门口；或是将烧红的铁犁铧用嘴衔在病人面前，再用舌头舔犁铧三次，然后将冷却的犁铧拴起来，背在患者亲人身上驱赶恶鬼。

【流传】云南省·（昆明市）·禄劝县（禄劝彝族苗族自治县）

【出处】杨毓骧调查整理：《巫师之三：“西波”》（1990），见吕大吉、何耀华总主编《中国各民族原始宗教资料集成》（纳西族卷、羌族卷、独龙族卷、傈僳族卷、怒族卷），北京：中国社会科学出版社 2000 年版，第 758 页。

W0912.2.2.7.3

通过处置面偶驱鬼

实 例

羌族 巫师唱《送怪物经》时还须配合一种巫术活动，用荞面做成各种形状的怪物，将它们送到三岔路口以解厄。

【流传】 四川省·（阿坝藏族羌族自治州）·汶川县·绵池乡·沟头寨

【出处】

（a）王治国（释比，64 岁）唱，汪有伦翻译，钱安靖整理：《下坛经》（1983.11～1984.11）注释，见钱安靖《羌族和羌语支各居民集团宗教习俗调查报告》，四川大学宗教研究所油印本，1987 年 12 月。

（b）同（a），见吕大吉、何耀华总主编《中国各民族原始宗教资料集成》（纳西族卷、羌族卷、独龙族卷、傈僳族卷、怒族卷），北京：中国社会科学出版社 2000 年版，第 544 页。

W0912.2.3

用血驱鬼

实 例

（参见下级母题实例）

W0912.2.3.1

用狗血驱鬼（鬼怕狗血）

实 例

白族 女朵兮（巫师）做法时，一只脚赤裸，一只脚穿草鞋。男女朵兮的法衣上，都盖有法印，脸部两侧嘴角处各贴一张黄纸钱，额头贴张符咒，用狗血描眉，耳朵上贴着两片鸡毛。

【流传】 云南省·（大理白族自治州）·鹤庆县

【出处】 章虹宇调查整理：《鹤庆朵西薄的开祭仪式》，见吕大吉、何耀华总主编《中国各民族原始宗教资料集成》（彝族卷、白族卷、基诺族卷），北京：中国社会科学出版社 1996 年版，第 611 页。

汉族 杀白狗用血题写门户，可以驱鬼。

【流传】（无考）

【出处】 《风俗通义·祀典第八》引《史记》，见［东汉］应劭著，赵泓译注《风俗通义全译》，贵阳：贵州人民出版社 1998 年版，第 323 页。

W0912.2.3.2

用鸡血驱鬼

实 例

（参见下级母题实例）

W0912.2.3.2.1

杀鸡粘血毛驱鬼

实 例

藏族（白马） 天上出长虹预示人生病时，需要杀鸡粘血毛于土墙上，便能驱鬼治病。

【流传】（无考）

【出处】四川省民委民族识别调查组：《白马藏人调查资料辑录》，原载四川省民族研究所编印《白马藏人族属问题讨论集》（一），1980 年，见吕大吉、何耀华总主编《中国各民族原始宗教资料集成》（鄂伦春族卷、鄂温克族卷、赫哲族卷、达斡尔族卷、锡伯族卷、满族卷、蒙古族卷、藏族卷），北京：中国社会科学出版社 1999 年版，第 852 页。

W0912. 2. 3. 2. 2

抹鸡血消除秽气鬼

实 例

纳西族 向寨神举行生献仪式，杀猪杀鸡，将所杀猪鸡放于祭台前，取猪鸡血少许，分别抹于寨神石、顶灾棍和寨神栖息的树上，以消除秽气鬼。

【流传】云南省·丽江县（丽江市·玉龙纳西族自治县）·塔城（塔城乡）·依陇（依陇行政村）一带

【出处】李国文调查整理：*《丽江塔城依陇地区祭“子瓦”神仪式》，载《民族调查研究》1986 年第 3 期。

W0912. 2. 3. 3

用狗血鸡血驱妖

实 例

土家族 地仙常常变成美女出来迷人，造成小伙性迷错乱。人们怕地仙作祟，常请老土司杀鸡狗用鸡血、狗血喷洒，并吟咒对地仙进行驱赶。

【流传】（无考）

【出处】《土王的公主》，见姚宝瑄主编《中国各民族神话》（土家族、毛南族、侗族、瑶族），太原：山西出版传媒集团·书海出版社 2014 年版，第 27 页。

W0912. 2. 4

用火驱鬼（用火驱邪）

【关联】

① ［W0851. 1. 2］妖魔怕火（魔鬼怕火，鬼怕火，灵魂怕火，怪物怕火）

② ［W0851. 1. 2. 3］灵魂怕火

③ ［W0851. 1. 2. 4］鬼怕火灰

实 例

怒族 驱逐凶死鬼时要点燃松明火把，然后用砸碎了的松皮、松脂和油合成的粉撒在火把上，祭师走到哪里就撒到哪里。

【流传】云南省·怒江州（怒江傈僳族自治州）·碧江县（碧江县已撤销，现为怒江傈僳族自治州中部）

【出处】

（a）何叔涛：《碧江怒族的原始宗教》，载《世界宗教研究》1985 年第 3 期，第 143 页。

（b）同（a），见吕大吉、何耀华总主编《中国各民族原始宗教资料集成》（纳西族卷、羌族卷、独龙族卷、傈僳族卷、怒族卷），北京：中国社会科学出版社 2000 年版，第 874 页。

W0912.2.4.1

用火烧鬼

实 例

独龙族 用火烧鬼可以驱鬼。

【流传】（无考）

【出处】孔志清讲，巴子整理：《烧鬼》，见中华民族故事大系编委会编《中华民族故事大系》第15卷（德昂族、保安族、裕固族、京族、塔塔尔族、独龙族、鄂伦春族），上海：上海文艺出版社1995年版，第631页。

W0912.2.4.2

神火祛妖邪

实 例

满族 举行火祭时，最勇敢最机灵的骑手和猎人会平安地闯过火阵。穿火是为了烧秽气，认为只有圣洁的神火，能祛妖邪，求得一年无病无灾，事事如意。

【流传】吉林省·（延边朝鲜族自治州）·珲春地区（珲春市）

【出处】富育光根据实地调查（1980年代）和光绪十六年（1890）著述的《扈伦七姓满洲火祭神书》整理翻译：《火祭》，见吕大吉、何耀华总主编《中国各民族原始宗教资料集成》（鄂伦春族卷、鄂温克族卷、赫哲族卷、达斡尔族卷、锡伯族卷、满族卷、蒙古族卷、藏族卷），北京：中国社会科学出版社1999年版，第519页。

W0912.2.4.3

用火净化亡魂晦气

实 例

蒙古族 死者的亲属和住在他帐幕内的所有的人都必须用火加以净化。

【流传】（无考）

【出处】［英］道森编，吕浦译：《出使蒙古记》，北京：中国社会科学出版社1983年版，第14～15页。

W0912.2.4.4

用火涤除一切罪孽

实 例

蒙古族 人们认为火可以涤除一切罪孽。所以，当异邦之使臣、国王或某些其他显赫人物到达居处时，外来者及其所携礼品则必须从两堆火中穿过，目的是以此得以火净，以防他们可能会从事魔法、带来毒素或某种妖孽。

【流传】（无考）

【出处】耿昇译：《柏朗嘉宾蒙古行纪》，北京：中华书局1985年版，第35页。

W0912.2.4.5

用火灰打鬼

实 例

彝族 打鬼的方法是：吆鬼来，用火灰打它。

【流传】四川省·凉山（凉山彝族自治州）·甘洛县·田坝区·胜利公社（胜利乡）

【出处】苏尼木色等讲，于锦绣等记录整理：*《苏尼（巫师）的产生》，见吕大吉、何耀华总主编《中国各民族原始宗教资料集成》（彝族卷、白族卷、基诺族卷），北京：中国社会科学出版社1996年版，第267页。

W0912.2.5

用动物驱鬼

实 例

（参见下级母题实例）

W0912.2.5.1

用鱼驱魔

实 例

（参见下级母题实例）

W0912.2.5.1.1

萨满用一条天上的鱼驱魔

实 例

赫哲族 萨满驱魔治病，要用一条天上的鱼驱魔。

【流传】（a）黑龙江省·（佳木斯市）·同江市·八岔乡（八岔赫哲族乡）

【出处】

（a）吴连贵讲，黄任远等搜集整理：《天河》，见中国民间文学集成全国编辑委员会编《中国民间故事集成》（黑龙江卷），北京：中国ISBN中心2005年版，第29页。

（b）满都呼主编《中国阿尔泰语系诸民族神话故事》，北京：民族出版社1997年版，第340页。

（c）《天河》，载《黑龙江民间文学》1983年第5期。

W0912.2.5.2

动物的叫声驱鬼

实 例

（参见下级母题实例）

W0912.2.5.2.1

龙的声音可以驱鬼

【关联】［W0851.1.16.］鬼怕龙的声音

实 例

藏族（白马）鬼是最怕龙的声音。

【流传】（无考）

【出处】四川省民委民族识别调查组：《白马藏人资料辑录》，原载《白马藏人族属问题讨论集》（一），四川省民族研究所编印，1980年，见吕大吉、何耀华总主编《中国各民族原始宗教资料集成》（鄂伦春族卷、鄂温克族卷、赫哲族卷、达斡尔族卷、锡伯族卷、满族卷、蒙古族卷、藏族卷），北京：中国社会科学出版社1999年版，第829页。

藏族（白马）跳神治病时，跳神者吹“龙角号”（这种号用长50公分之整木雕成龙形），号声仿“龙吟”，以驱鬼怪。

【流传】（无考）

【出处】王家佑：《白马藏人的宗教信仰》，载《西藏研究》1982 年第 2 期。

W0912.2.5.2.2

鬼怕狗叫（鬼怕狗）

实 例

哈尼族 哥哥杰罗把妹妹杰姒嫁出去时，说："妹子啊！你要分祖产也只有分一只黑狗给你，狗会给你带来福气，鬼也害怕听见它的叫声。"

【流传】云南省·（红河哈尼族彝族自治州）·元阳（元阳县）、红河（红河县）、绿春（绿春县）、金平（金平苗族瑶族傣族自治县）

【出处】朱小和等讲，史军超、卢朝贵搜集整理：《遮天树王》，杨知勇选自云南省民间文学集成办公室编《哈尼族神话传说集成》，中国民间文艺出版社，1990 年，见姚宝瑄主编《中国各民族神话》（哈尼族、傣族），太原：山西出版传媒集团·书海出版社 2014 年版，第 126 页。

傈僳族 抱着新生儿出门遇到狗，就要将孩子的帽子脱下来给狗戴一下，这样，鬼就不会来找小孩了。因为鬼是怕狗的。

【流传】云南省

【出处】祝发清等：《傈僳族》，见《云南少数民族生葬志》，昆明：云南民族出版社 1988 年版，第 166 ~ 169 页。

W0912.2.5.2.3

鸡的叫声驱鬼

实 例

纳西族 人间的吉祥声音是鸡的声音，鸡喊叫了，鬼们也逃遁。

【流传】云南省·（丽江市）·丽江县（古城区、玉龙纳西族自治县）

【出处】木丽春采集整理：《公鸡喊太阳的传说》，见木丽春编著《纳西族民间故事集》，昆明：云南人民出版社 2007 年版，第 124 页。

W0912.2.5.3

鬼怕特定的鸟

实 例

（参见下级母题实例）

W0912.2.5.3.1

鬼怕重明鸟

实 例

汉族 尧在位七十年，有秖支之国，献重明之鸟，一名双睛，言双睛在目。状如鸡，鸣似凤，时解落毛羽，肉翻而飞。能搏逐猛兽虎狼，使妖灾群恶不能为害。贻以琼膏，或一岁数来，或数岁不至。国人莫不扫洒门户，以望重明之集。其未至之时，国人或刻木，或铸金，为此鸟之状，置于门户之间，则魅魅丑类，自然退伏。今人每岁元日，或刻木铸金，或图画为鸡于牖上，此其遗像也。

【流传】（无考）

【出处】［晋］王嘉：《拾遗记》卷一。

W0912. 2. 5. 3. 2

鬼怕鸡

实 例

（参见下级母题实例）

W0912. 2. 5. 3. 2. 1

正月一日帖画鸡户上镇百鬼

实 例

汉族 正月一日，帖画鸡户上，悬苇索于其上，插桃符其傍，百鬼畏之。

【流传】（无考）

【出处】［南朝·梁］宗懔：《荆楚岁时记》。

W0912. 2. 5. 4

鬼惧怕熊

实 例

（参见下级母题实例）

W0912. 2. 5. 4. 1

各种鬼都怕熊，所以巫师以熊头为面具

实 例

藏族（白马） 各种鬼都惧怕熊，所以巫师以熊头为面具。

【流传】（无考）

【出处】

(a) 宋兆麟：《巫与巫术》，成都：四川民族出版社 1989 年版。

(b) 同（a），见吕大吉、何耀华总主编《中国各民族原始宗教资料集成》（鄂伦春族卷、鄂温克族卷、赫哲族卷、达斡尔族卷、锡伯族卷、满族卷、蒙古族卷、藏族卷），北京：中国社会科学出版社 1999 年版，第 826 页。

W0912. 2. 5. 5

鬼怕特定动物的皮

实 例

（参见下级母题实例）

W0912. 2. 5. 5. 1

鬼怕羊皮

实 例

基诺族 （实例待考）

纳西族 鬼认为世上最可怕的是人们披着的羊皮，人们一披上了羊皮，人也像羊子一样，羊子叫了，鬼们都怯怕。

【流传】云南省·（丽江市）·丽江县（古城区、玉龙纳西族自治县）

【出处】木丽春采集整理：《女人披羊皮的来历》，见木丽春编著《纳西族民间故事集》，昆明：云南人民出版社 2007 年版，第 262 页。

W0912.2.5.6

特定的鬼怕特定的动物

实 例

（参见下级母题实例）

W0912.2.5.6.1

崖鬼最害怕白龙

【关联】［W0851.1.16.1］鬼怕龙的声音

实 例

独龙族 崖鬼最害怕白龙。

【流传】 云南省·（怒江傈僳族自治州）·贡山（贡山独龙族怒族自治县）·独龙江公社（独龙江乡）

【出处】 蔡家麒：《独龙族社会历史综合考察报告》，原载中国西南民族研究学会等编《民族调查研究》专刊第1集，1983年，见吕大吉、何耀华总主编《中国各民族原始宗教资料集成》（纳西族卷、羌族卷、独龙族卷、傈僳族卷、怒族卷），北京：中国社会科学出版社2000年版，第658页。

W0912.2.6

用植物驱鬼

实 例

（参见下级母题实例）

W0912.2.6.1

用特定的草驱鬼

实 例

（参见下级母题实例）

W0912.2.6.1.1

用毒草药杀鬼

【关联】［W3813.2.1］毒草

实 例

独龙族 人用毒草药杀鬼。

【流传】（无考）

【出处】 孔志清讲，巴子整理：《草乌治鬼》，见中华民族故事大系编委会编《中华民族故事大系》第15卷（德昂族、保安族、裕固族、京族、塔塔尔族、独龙族、鄂伦春族），上海：上海文艺出版社1995年版，第632页。

W0912.2.6.1.2

用茅草阻鬼跟随

实 例

壮族 百色市的壮族妇女走岔路或过水，尤其是走远路，要抓一把黄茅草放在岔路口或水面上，人走后捡起放在身后。认为，这样可以挡隔住路鬼或河鬼，不能跟踪人作祟。

【流传】 广西壮族自治区·百色市

【出处】 范宏贵搜集整理：＊《防鬼的方法》（1991），见吕大吉、何耀华总主编《中国各民族原始宗教资料集成》（土家族卷、瑶族卷、壮族卷、黎族卷），北京：中国社会科学出版社1998年版，第490～491页。

W0912. 2. 6. 1. 2. 1

小孩身插茅草可防野鬼

实 例

壮族 妇女们背小孩去外婆家，都要在路边采摘一根茅草，把它折成两段，带在背小孩的背带后面。认为这样做，茅草显灵，鬼怪邪魔就不敢来伤害小孩，平安无病。

【流传】广西壮族自治区左江流域

【出处】黄庆印搜集整理：＊《祭草神》（1989），见吕大吉、何耀华总主编《中国各民族原始宗教资料集成》（土家族卷、瑶族卷、壮族卷、黎族卷），北京：中国社会科学出版社1998年版，第523页。

壮族 人们背孩子出远门探亲访友，要在孩子的背上绑或插茅竹或青草，认为这样做可以驱逐在村边、隘口、桥头、岔路口纠缠小孩的野鬼。

【流传】广西壮族自治区·南宁市·上林县

【出处】范宏贵搜集整理：＊《防鬼的方法》（1991），见吕大吉、何耀华总主编《中国各民族原始宗教资料集成》（土家族卷、瑶族卷、壮族卷、黎族卷），北京：中国社会科学出版社1998年版，第490页。

W0912. 2. 6. 1. 2. 2

行路时身插草标可防野鬼作祟

实 例

壮族 在路旁扯一根丝茅草，把草尾草叶相互打成一个结子，俗称草标，插在背小孩的背带上。这样可防野鬼作祟。

【流传】广西壮族自治区·柳州市·柳城县

【出处】范宏贵搜集整理：＊《防鬼的方法》（1991），见吕大吉、何耀华总主编《中国各民族原始宗教资料集成》（土家族卷、瑶族卷、壮族卷、黎族卷），北京：中国社会科学出版社1998年版，第490页。

W0912. 2. 6. 1. 3

鬼害怕特定的草

实 例

藏族 巫师作法撒荞子，可以驱鬼。

【流传】（无考）

【出处】刘立千：《从“格萨尔史诗”看古代高原的部落社会》，原载《格萨尔论文选集》，四川省格萨尔办公室编印，1990年，见吕大吉、何耀华总主编《中国各民族原始宗教资料集成》（鄂伦春族卷、鄂温克族卷、赫哲族卷、达斡尔族卷、锡伯族卷、满族卷、蒙古族卷、藏族卷），北京：中国社会科学出版社1999年版，第851页。

W0912. 2. 6. 1. 3. 1

护门草驱鬼

实 例

汉族 护门草出常山，取置户下，或有过其门者，草必叱之。一名神护草，一名百灵草。

【流传】（无考）

【出处】［清］陈元龙：《格致镜原》卷六九引《物类志》。

W0912.2.6.1.3.2

神护草驱鬼

实 例

汉族 （参见“W0912.2.6.1.3.1 护门草驱鬼”母题实例）

W0912.2.6.1.3.3

百灵草驱鬼

实 例

汉族 （参见“W0912.2.6.1.3.1 护门草驱鬼”母题实例）

W0912.2.6.1.3.4

鬼怕茅草（茅郎）

实 例

壮族 人走夜路，特别是单人走过坟山，腰间要扎几根生茅草，或手中提“茅郎”，意为避邪镇邪，防鬼驱鬼。

【流传】广西壮族自治区·（河池市）·东兰县

【出处】覃剑萍搜集整理：*《祭草神》(1990)，见吕大吉、何耀华总主编《中国各民族原始宗教资料集成》（土家族卷、瑶族卷、壮族卷、黎族卷），北京：中国社会科学出版社1998年版，第522页。

W0912.2.6.2

剑麻能治鬼

实 例

拉祜族 剑麻能治鬼。

【流传】云南省·（普洱市）·镇沅（镇沅彝族哈尼族拉祜族自治县）

【出处】罗支林讲，郑显文整理：《根节治鬼的传说》，见中华民族故事大系编委会编《中华民族故事大系》第8卷（畲族、高山族、拉祜族），上海：上海文艺出版社1995年版，第791页。

W0912.2.6.3

鬼怕姜（鬼怕生姜，魔鬼怕姜）

【关联】

①［W3893.2.1］姜原来有毒

②［W6242］姜治病

实 例

基诺族 鬼最怕生姜。

【流传】云南省·（西双版纳傣族自治州）·景洪县（景洪市）

【出处】白佳林讲，刘怡整理：《鬼为什么怕生姜和达流》，见中华民族故事大系编委会编《中华民族故事大系》第16卷（赫哲族、门巴族、珞巴族、基诺族），上海：上海文艺出版社1995年版，第838页。

基诺族 砍地前先在地里埋下三块姜，

再埋下三个芋头，可以把地里一切恶鬼都排除。

【流传】 云南省·西双版纳（西双版纳傣族自治州）·景洪市·基诺族乡·巴亚村·巴亚中寨，基诺山戛里果箐一带

【出处】 杜玉亭调查整理：《巴亚寨砍地仪式》（1979），见吕大吉、何耀华总主编《中国各民族原始宗教资料集成》（彝族卷、白族卷、基诺族卷），北京：中国社会科学出版社 1996 年版，第 800 页。

珞巴族 鬼害怕见到姜。

【流传】 西藏自治区·下珞渝（下珞瑜则泛指永木河、锡约尔河、巴恰西仁河流域）

【出处】 维·埃尔温搜集：《科扎木科扎》，见中华民族故事大系编委会编《中华民族故事大系》第 16 卷（赫哲族、门巴族、珞巴族、基诺族），上海：上海文艺出版社 1995 年版，第 454 页。

珞巴族 魔鬼给波伦布本想就着达尼（文化祖先名）的伤口来吸他的血的，远远闻到了生姜味，不敢再去吸了。

【流传】（西藏自治区·林芝市·米林县）

【出处】 东娘、达农讲，于乃昌整理：《阿巴达尼遇难》，见姚宝瑄主编《中国各民族神话》（门巴族、珞巴族、怒族、藏族），太原：山西出版传媒集团·书海出版社 2014 年版，第 37 页。

W0912. 2. 6. 3. 1

生姜遇到鬼时会变成火焰

实 例

珞巴族 乌佑（鬼，精灵）变的狗熊没吃到妇女（母猪）就想吃她的孩子。可那头母猪拼命地保护小孩，让那些生姜变成火焰，熊熊的烧着，乌佑不敢接近。

【流传】 西藏自治区·（林芝市）·墨脱地区（墨脱县）

【出处】 德登讲，李坚尚、裴富珍搜集整理，张永红翻译：《达额木人的来历》，见中华民族故事大系编委会编《中华民族故事大系》第 16 卷（赫哲族、门巴族、珞巴族、基诺族），上海：上海文艺出版社 1995 年版，第 505～507 页。

W0912. 2. 6. 4

鬼害怕特定的树（鬼怕特定树木的制品）

【关联】

①［W0088. 4. 1. 1］神怕特定的树

②［W0933. 7. 8. 1］祖母树可以驱邪

实 例

（参见下级母题实例）

W0912. 2. 6. 4. 1

寨边栽梨树和棕树可御鬼

实 例

哈尼族 阿波摩米（哈尼族的天神）叫

人在寨边上栽些梨树和棕树，鬼永远进不了寨子。

【流传】（无考）

【出处】毛里仰讲，毛佑全等搜集整理：《人鬼分家》，见谷德明编《中国少数民族神话》，北京：中国民间文艺出版社1987年版，第329页。

W0912.2.6.4.2

鬼怕桃木

【关联】［W0912.2.2.5.2］鬼怕桃符

实 例

汉族 “羿死于桃棓。”高诱注：“棓，大杖，以桃木为之，由是以来鬼畏桃也。”

【流传】（无考）

【出处】［西汉］淮南王刘安及门客：《淮南子·诠言训》［东汉］高诱注。

W0912.2.6.4.3

鬼怕栌木

实 例

汉族 栌木，一名无患者。昔有神巫，能符劾百鬼，得鬼则以此为棒杀之。世人相传，以此木为众鬼所畏，竞取为器用，以却厌邪鬼，故号无患也。

【流传】（无考）

【出处】［晋］崔豹：《古今注》卷下。

W0912.2.6.4.4

鬼怕柳树

实 例

（参见下级母题实例）

W0912.2.6.4.4.1

鬼怕柳树源于特定人物的许诺

实 例

哈尼族（豪尼） 豪尼人的始祖少卯优卯的宝马被偷，少卯优卯感激柳树的指点，说：“你有一副热心肠，你不但天涯海角到处能活，连鬼都会怕你！”从此，人们用柳枝、柳叶驱鬼除邪。

【流传】云南省·（普洱市）·墨江县（墨江哈尼族自治县）

【出处】

(a) 王定均等讲，明江、蓝珊搜集整理：《豪尼人的祖先》，载《山茶》1986年第3期。

(b) 同(a)，见姚宝瑄主编《中国各民族神话》（哈尼族、傣族），太原：山西出版传媒集团·书海出版社2014年版，第19~20页。

W0912.2.6.4.4.2

毕摩用形似皮鞭的柳枝驱鬼

实 例

彝族 毕摩作神术时头戴斗笠，身披羊毛毡衫，左手执铜铃，右手持铁剑，以形似皮鞭的柳枝驱鬼。

【流传】云南省·昆明（昆明市）

【出处】江庆梁：《昆明境内的夷民》，见吕大吉、何耀华总主编《中国各民族原始宗教资料集成》（彝族卷、白族卷、基诺族卷），北京：中国社会科学出版社 1996 年版，第 248～249 页。

W0912. 2. 6. 4. 4. 3

柳枝驱鬼

实 例

哈尼族（豪尼） 豪尼人的始祖少卯优卯寻找自己的千里马时问柳树，柳树如实回答。少卯优卯感激地说："将来被人砍断后，还要给你发芽生枝，只要你沾着土和水，天涯海角到处能活，连鬼都怕你！"从此，人们用柳枝柳叶驱鬼除邪。

【流传】云南省·（普洱市）·墨江县（墨江哈尼族自治县）

【出处】王定均等讲，明红、蓝珊整理：《豪尼人的祖先》，载《山茶》1986 年第 3 期。

W0912. 2. 6. 4. 5

用树枝驱鬼

【关联】［W0911. 2. 3. 1］用树枝招魂

实 例

独龙族 以前，人与"布兰"（又译"卜郎"，鬼）杂居。"布兰"经常吃掉人的孩子。人们感到不能再同"布兰"一块住了，就互相商量，决心把"布兰"赶走。人们便拿着树枝，到处追着"布兰"打。"布兰"被赶走。

【流传】云南省

【出处】李子贤等搜集整理：《创世纪神话故事六则·人与布兰争斗》，见中国作家协会云南分会编《云南民族民间故事选》，昆明：云南人民出版社 1981 年版，第 586～587 页。

W0912. 2. 6. 5

巫师撒荞子驱鬼

实 例

藏族 巫师作法撒荞子驱鬼。

【流传】（无考）

【出处】刘立千：《从"格萨尔史诗"看古代高原的部落社会》，原载《格萨尔论文选集》，四川省格萨尔办公室编印，1990 年，见吕大吉、何耀华总主编《中国各民族原始宗教资料集成》（鄂伦春族卷、鄂温克族卷、赫哲族卷、达斡尔族卷、锡伯族卷、满族卷、蒙古族卷、藏族卷），北京：中国社会科学出版社 1999 年版，第 851 页。

W0912. 2. 6. 6

鬼怕辣椒

实 例

壮族 （参见"W0912. 5. 6. 1 用红辣椒避鬼"母题实例）

W0912.2.7
用自然物驱鬼

实 例

（参见下级母题实例）

W0912.2.7.1
石板压鬼

实 例

独龙族 石板能压鬼。

【流传】（无考）

【出处】库干·罗吉英等讲，阿都翻译，巴子整理：《压鬼》，见中华民族故事大系编委会编《中华民族故事大系》第15卷（德昂族、保安族、裕固族、京族、塔塔尔族、独龙族、鄂伦春族），上海：上海文艺出版社1995年版，第633页。

W0912.2.7.1.1
镇鬼的石头（镇鬼石）

实 例

珞巴族 （实例待考）

W0912.2.7.1.1.1
虎爪萨英威登大神建神石镇压鬼魔王米麻色邓

实 例

纳西族 天宫最早虎爪萨英威登大神建神石，镇压鬼魔王米麻色邓。

【流传】云南省·丽江县（丽江市）·长水乡（不详）

【出处】和泗泉读经，周汝诚调查记录，和志武翻译整理：经书《动丁》（1989），见吕大吉、何耀华总主编《中国各民族原始宗教资料集成》（纳西族卷、羌族卷、独龙族卷、傈僳族卷、怒族卷），北京：中国社会科学出版社2000年版，第85页。

W0912.2.7.1.2
用圣洞里的岩石可以驱除邪魔

实 例

纳西族 白地是一个朝圣的著名地方，白地的什罗尼柯圣洞。从洞里拿出一块墙上疏松的岩石回家，可以驱走一切妖魔鬼怪。东巴仪式时，只要有这个圣洞里的岩石，就可以很好地驱除邪魔。

【流传】云南省·（迪庆藏族自治州·香格里拉县·三坝乡）·白地（白地行政村）一带

【出处】《什罗灵洞崇拜》，原载洛克调查整理《中国西南古纳西王国》，哈佛燕京专著集，1947年，见吕大吉、何耀华总主编：《中国各民族原始宗教资料集成》（纳西族卷、羌族卷、独龙族卷、傈僳族卷、怒族卷），北京：中国社会科学出版社2000年版，第208页。

W0912.2.7.1.3
东神之石镇压绝后鬼

实 例

纳西族 把绝后鬼驱赶和扔到神的白地和鬼的黑地之间，在那儿用“东鲁”（东神之石）镇压绝后鬼。

【流传】云南省

【出处】［美籍奥地利人］约瑟夫·洛克等著，杨福泉摘译《纳西手写本目录》，联邦德国威斯巴登 1965 年，第 241～244 页。

W0912. 2. 7. 1. 4

用石敢当驱鬼

实 例

汉族 石敢当（人名）一次上山打柴，看到有个老百姓娶媳妇时有四个鬼跟着。石敢当就拣了两块砖，放在这家门口，代表我石敢当来镇鬼。那四个鬼到门口一看那两块砖就不敢进去了。

【流传】山东省·泰安市

【出处】李冬生讲，吴绵采录：《盖房为何门框底下压两块砖》，原载陶阳编《泰山民间故事大观》，见陶阳、钟秀编《中国神话》（下），北京：商务印书馆 2008 年版，第 1489 页。

W0912. 2. 7. 2

阳光能驱鬼

实 例

哈尼族 （实例待考）

W0912. 2. 7. 3

月光能驱鬼

实 例

哈尼族 夜晚有了月亮照路，大鬼不敢来拉你的衣裳角，小鬼不敢摇着树枝吹口哨，你不消害怕了。

【流传】云南省·（红河哈尼族彝族自治州）·元阳（元阳县）、红河（红河县）、绿春（绿春县）、金平（金平苗族瑶族傣族自治县）

【出处】朱小和讲唱，史军超搜集整理：《查牛补天地》（1983），原载云南省民间文学集成办公室编《哈尼族神话传说集成》，中国民间文艺出版社 1990 年版，见姚宝瑄主编《中国各民族神话》（哈尼族、傣族），太原：山西出版传媒集团·书海出版社 2014 年版，第 55 页。

W0912. 2. 7. 4

用水压鬼

实 例

纳西族 安生米委（恶神米利术的儿子）在铁铡下丧了命。米利东（善神）把他埋在九层土下，上面开渠引水，不让安生米委的鬼魂翻身。

【流传】云南省·丽江地区（丽江市）

【出处】李即善翻译，杨世光整理：《东术争战记》，原载中共丽江地委宣传部编《纳西族民间故事选》，见陶阳、钟秀编《中国神话》（中），北京：商务印书馆 2008 年版，第 726～735 页。

W0912.2.8
用人造物驱鬼

实 例

（参见下级母题实例）

W0912.2.8.1
用杖驱鬼（用杵驱鬼）

实 例

汉族 （实例待考）

W0912.2.8.1.1
用龙杖驱鬼

实 例

赫哲族 阿哈（阿哈，又称娘娘神的奴才，是会治疗天花、疹子、水痘等疾病的人）用龙杖（mɔduri t'inɔ）驱鬼，用时向炕上及病人的左右扫去，可以达到驱鬼的目的。

【流传】（松花江下游地区依兰县至抚远市一带）

【出处】

(a) 凌纯声：《松花江下游的赫哲族》（原1934年南京刊印本），北京：民族出版社2012年版，第134页。

(b) 《娘娘神》，见吕大吉、何耀华总主编《中国各民族原始宗教资料集成》（鄂伦春族卷、鄂温克族卷、赫哲族卷、达斡尔族卷、锡伯族卷、满族卷、蒙古族卷、藏族卷），北京：中国社会科学出版社1999年版，第204页。

W0912.2.8.1.2
杵能驱鬼因为它代表阳刚之气

实 例

壮族 杵子等生产工具和生活用具，它代表阳刚之气，也用来作为驱鬼的避邪物。

【流传】广西壮族自治区·（百色市）·靖西县（靖西市）

【出处】凌树东搜集整理：*《祭拜家具神》（1990），见吕大吉、何耀华总主编《中国各民族原始宗教资料集成》（土家族卷、瑶族卷、壮族卷、黎族卷），北京：中国社会科学出版社1998年版，第555页。

W0912.2.8.1.3
用打鬼竹杖驱鬼

实 例

（参见下级母题实例）

W0912.2.8.1.3.1
东巴用一根打鬼竹杖“曼开才”驱除婴儿秽鬼

实 例

纳西族 婴儿除秽时，东巴要用一根打鬼竹杖“曼开才”驱除秽鬼。

【流传】云南省·（迪庆藏族自治州）·中甸（香格里拉县）·三坝乡（三坝纳西族乡）·白地行政村·水

甲村

【出处】和志本（60岁）等讲，杨福泉调查整理：《中甸三坝白地的生育除秽、取名及产妇洗头仪式》（1989），见吕大吉、何耀华总主编《中国各民族原始宗教资料集成》（纳西族卷、羌族卷、独龙族卷、傈僳族卷、怒族卷），北京：中国社会科学出版社2000年版，第302页。

W0912.2.8.2

除魔棒

实 例

彝族 天地变化越变越奇怪，斑鸠竟然叼鸡吃时，尔第（人物名，身份不详）急忙邀来众亲友，商量办法。尔第杀了12头，才满足需要，又要了两张镇妖牌，要了四根除魔棒。

【流传】（四川省·凉山彝族自治州）

【出处】

（a）冯元蔚译：《勒俄特依》，成都：四川民族出版社1986年版。

（b）冯元蔚译，蔷紫改写：《勒俄特依》，见姚宝瑄主编《中国各民族神话》（羌族、彝族），太原：山西出版传媒集团·书海出版社2014年版，第147页。

W0912.2.8.3

用牌符驱鬼

实 例

傈僳族 凡女子出嫁，都有“白虎鬼”混进男家，门前须有“退白虎鬼牌”，才能阻其入内。

【流传】云南省·（楚雄彝族自治州）·元谋地区（元谋县）·姜驿乡

【出处】张桥贵：《武定、元谋地区婚仪中的祭神》（1988），见吕大吉、何耀华总主编《中国各民族原始宗教资料集成》（纳西族卷、羌族卷、独龙族卷、傈僳族卷、怒族卷），北京：中国社会科学出版社2000年版，第797页。

W0912.2.8.3.1

镇妖牌

实 例

彝族 天地变化越变越奇怪，斑鸠竟然叼鸡吃时，尔第（人物名，身份不详）急忙邀来众亲友商量办法。尔第杀了12头牛，要了两张镇妖牌。

【流传】（四川省·凉山彝族自治州）

【出处】

（a）冯元蔚译：《勒俄特依》，成都：四川民族出版社1986年版。

（b）冯元蔚译，蔷紫改写：《勒俄特依》，见姚宝瑄主编《中国各民族神话》（羌族、彝族），太原：山西出版传媒集团·书海出版社2014年版，第147页。

W0912.2.8.4

用网驱鬼（用网捉鬼）

实 例

（参见下级母题实例）

W0912.2.8.4.1

用渔网驱鬼

实例

壮族 渔网之类的器物是避邪的神器，悬挂于房屋门口上面，防止邪恶鬼怪入房捣乱。

【流传】广西壮族自治区·（百色市）·靖西县（靖西市）

【出处】凌树东搜集整理：*《祭拜家具神》（1990），见吕大吉、何耀华总主编《中国各民族原始宗教资料集成》（土家族卷、瑶族卷、壮族卷、黎族卷），北京：中国社会科学出版社1998年版，第555页。

W0912.2.8.4.2

用五色线在树枝上编成络网捉鬼

实例

藏族 为避免凶死之人的神魂会变成“赞”一类的厉鬼，“堆”可以用来收捕这些飘荡的鬼魂。“堆”的种类是很多的，一般做法是用五色线在树枝上编成络网。

【流传】（无考）

【出处】刘立千：《从“格萨尔史诗”看古代高原的部落社会》，原载《格萨尔论文选集》，四川省格萨尔办公室编印，1990年，见吕大吉、何耀华总主编《中国各民族原始宗教资料集成》（鄂伦春族卷、鄂温克族卷、赫哲族卷、达斡尔族卷、锡伯族卷、满族卷、蒙古族卷、藏族卷），北京：中国社会科学出版社1999年版，第851页。

W0912.2.8.5

用筛子驱鬼

实例

壮族 筛子之类的器物是避邪的神器，经常用于驱鬼避邪的巫事中。

【流传】广西壮族自治区·（百色市）·靖西县（靖西市）

【出处】凌树东搜集整理：*《祭拜家具神》（1990），见吕大吉、何耀华总主编《中国各民族原始宗教资料集成》（土家族卷、瑶族卷、壮族卷、黎族卷），北京：中国社会科学出版社1998年版，第555页。

W0912.2.8.6

用犁头驱鬼

实例

壮族 犁头等生产工具和生活用具，人们认为它代表阳刚之气，可以用来作为驱鬼的避邪物。

【流传】广西壮族自治区·（百色市）·靖西县（靖西市）

【出处】凌树东搜集整理：*《祭拜家具神》（1990），见吕大吉、何耀华总主编《中国各民族原始宗教资料集成》（土家族卷、瑶族卷、壮族卷、黎族卷），北京：中国社会科学出版社 1998 年版，第 555 页。

W0912. 2. 8. 6. 1

悬挂犁铧驱鬼

实 例

傈僳族 孩子出生后，有的家里会在火塘边放一个犁铧（或是锄头），成天烧烤着，这样鬼就进不来，可保孩子两年之内平安无事。

【流传】云南省

【出处】祝发清等：《傈僳族》，见《云南少数民族生葬志》，昆明：云南民族出版社 1988 年版，第 166 ~ 169 页。

W0912. 2. 8. 7

用斧子驱鬼

实 例

壮族 斧子、杵子等生产工具和生活用具，人们认为这些器物代表阳刚之气，也用来作为驱鬼的避邪物

【流传】广西壮族自治区·（百色市）·靖西县（靖西市）

【出处】凌树东搜集整理：＊《祭拜家具神》（1990），见吕大吉、何耀华总主编《中国各民族原始宗教资料集成》（土家族卷、瑶族卷、壮族卷、黎族卷），北京：中国社会科学出版社 1998 年版，第 555 页。

W0912. 2. 8. 8

石狮镇妖

实 例

汉族 盘古兄妹做了一个又大又威风的石狮子，放在山顶上，这一带有了石狮子镇守，没有妖怪和野物打扰了，他俩的日子也好过了。

【流传】河南省·（南阳市）·桐柏县·（安棚乡、固县镇、大河乡、二郎山乡、月河镇金桥村等地）；（湖北省·随州市·随县·小林镇）

【出处】姚义雨、郑昌寿、黄发美、陈鸣声、刘太举、胡安辰、方家义、曹衔玉等讲，马卉欣采录整理：《盘古开天》，见张振犁编著《中原神话通鉴》（第一卷），郑州：河南大学出版社 2017 年版，第 57 页。

W0912. 2. 8. 9

用冥器驱鬼

实 例

藏族 实施禳解驱（收）鬼时，将用糌粑捏成人形的投食，将人形改成各种鬼怪的形象和巫师念的咒语。结束时还要投掷“冥器”来驱鬼。这种“冥器”即是用五色线在树上编成网络状的一种法器。据说巫师在烧毁“投食”后，有一部分作祟的鬼怪因为变化成昆虫而逃脱，所以巫师为万全计，还得采取此术，将“冥器”捕获的昆虫用火焚化，作祟的鬼怪精灵即除。

【流传】四川省·康区（主要包括甘孜藏族自治州、阿坝藏族羌族自治州）

【出处】《藏族卷·绪论》，见吕大吉、何耀华总主编《中国各民族原始宗教

资料集成》（鄂伦春族卷、鄂温克族卷、赫哲族卷、达斡尔族卷、锡伯族卷、满族卷、蒙古族卷、藏族卷），北京：中国社会科学出版社 1999 年版，第 781 页。

W0912.2.8.10
鬼怕刀斧

实 例

（参见下级母题实例）

W0912.2.8.10.1
鬼怕锯镰刀

实 例

哈尼族 哈尼人背着小孩出门时，总要带上一把锯镰刀，并摘一芽黄泡刺树芽戴在小孩头上，这样，魔鬼就不敢近身了。

【流传】（无考）

【出处】 白祖博、黄世荣搜集整理：《山神资车》，见姚宝瑄主编《中国各民族神话》（哈尼族、傣族），太原：山西出版传媒集团·书海出版社 2014 年版，第 113 页。

W0912.2.8.10.2
用刀驱鬼

实 例

羌族 一升一斗放桌上，扫除鬼怪出主家。一个刀头桌上放，扫除邪魔出主家。

【流传】 四川省·（阿坝藏族羌族自治州）·汶川县·雁门乡·小寨子

【出处】

（a）袁真（释比，80 岁）唱，汪有伦翻译，钱安靖整理：《中下坛经》（1983.11～1984.12），见钱安靖《羌族和羌语支各居民集团宗教习俗调查报告》，四川大学宗教研究所油印本，1987 年 12 月。

（b）同（a），见吕大吉、何耀华总主编《中国各民族原始宗教资料集成》（纳西族卷、羌族卷、独龙族卷、傈僳族卷、怒族卷），北京：中国社会科学出版社 2000 年版，第 524 页。

W0912.2.8.11
用五倍木削成的剑驱魔

实 例

瑶族（布努） 凡有新生婴儿，都要砍来五倍木削成两尺长的剑形，一面是平的，一面是凸的。凸的一面用火炭画上直线条。在房内四角插四把，以防妖魔进家，孩儿免病。

【流传】 广西壮族自治区·（河池市）·都安县（都安瑶族自治县）、巴马县（巴马瑶族自治县）、南丹县，（百色市）·田东县、平果县等地

【出处】 蓝怀昌、蓝书京、蒙通顺搜集翻译整理：《密洛陀》之注释，北京：中国民间文艺出版社 1988 年版，第 350 页。

W0912. 2. 8. 12
用扫帚驱鬼

实 例

苗族 村中男子是好汉，村中男子戴圈圈（巫师驱妖的打扮），戴着圈圈去串寨，手上拿着小扫帚，扫除村里妖鬼怪，扫了下边扫上边，扫了江河扫山冲，妖魔鬼怪都扫完。

【流传】原文无流传地，据文本及注释推测该神话流传于贵州省·黔东南苗族侗族自治州·凯里市、台江县等地。

【出处】张启庭、张荣光、张正玉、张启德演唱，张明搜集，燕宝整理译注：《创造宇宙·打柱撑天》，见贵州省少数民族古籍整理出版规划小组办公室编，燕宝整理译注《苗族古歌》，贵阳：贵州民族出版社 1993 年版，第 319 页。

W0912. 2. 8. 13
悬挂特定人造物驱鬼

实 例

（参见下级母题实例）

W0912. 2. 8. 13. 1
悬挂箭和刀驱鬼

实 例

景颇族 莫班（山神的女儿）让麻锐（人名，莫班的丈夫）在寨前的路上修一座鬼门，把射鬼的箭和长刀挂在鬼门上。山鬼和野兽从此不敢再来吃谷子了。

【流传】云南省·（德宏傣族景颇族自治州）·陇川县

【出处】金老六讲，刘为民搜集整理：《那泼节的传说》，载《山茶》1987 年第 1 期。

W0912. 2. 8. 13. 2
悬挂毒箭驱鬼

实 例

傈僳族 孩子出生后，有的家庭为防鬼进门，在门口挂一个酒瓶。孩子啼哭厉害时，还要在门口挂一根毒箭（或两根无毒的箭）。

【流传】云南省

【出处】祝发清等：《傈僳族》，见《云南少数民族生葬志》，昆明：云南民族出版社 1988 年版，第 166 ~ 169 页。

W0912. 2. 8a
用人造物捉鬼

实 例

（参见下级母题实例）

W0912. 2. 8a. 1
用绳索捉鬼

实 例

（参见下级母题实例）

W0912.2.8a.1.1

女神用绳索捉鬼

实 例

藏族 阿姆吉女神斗山鬼时，沉着冷静，用德忠河变成的一条绳子将山鬼牢牢捆住，用宝剑砍下他的头。

【流传】（西藏自治区）

【出处】阎振中搜集整理：《德忠沟的女神和山鬼》，原载《西藏民间故事》第3集，西藏人民出版社1987年版，见吕大吉、何耀华总主编《中国各民族原始宗教资料集成》（鄂伦春族卷、鄂温克族卷、赫哲族卷、达斡尔族卷、锡伯族卷、满族卷、蒙古族卷、藏族卷），北京：中国社会科学出版社1999年版，第951页。

W0912.2.9

用象征物驱鬼

实 例

（参见下级母题实例）

W0912.2.9.1

雷神的标志物能驱魔

实 例

鄂温克族 萨满神服的后背有一个代表雷电神的标志物，是专门打击“哈拉给”（魔鬼）的神灵。

【流传】内蒙古自治区·（呼伦贝尔市）·鄂温克族自治旗·辉索木

【出处】朝勒孟讲，汪丽珍采录整理：《雷神》（1992.09.07），见吕大吉、何耀华总主编《中国各民族原始宗教资料集成》（鄂伦春族卷、鄂温克族卷、赫哲族卷、达斡尔族卷、锡伯族卷、满族卷、蒙古族卷、藏族卷），北京：中国社会科学出版社1999年版，第100页。

W0912.2.9.2

门上钉马掌驱邪

实 例

蒙古族（布里亚特）在房屋的门坎上或附近的树上钉上马掌，凶神恶煞就不敢接近。

【流传】（无考）

【出处】［苏联］Г.Р.加尔达诺娃著，宋长宏译，佟德富校：《喇嘛教前的布里亚特宗教信仰》（俄文版），诺沃西比尔斯克：科学出版社西伯利亚分社1987年版，见吕大吉、何耀华总主编《中国各民族原始宗教资料集成》（鄂伦春族卷、鄂温克族卷、赫哲族卷、达斡尔族卷、锡伯族卷、满族卷、蒙古族卷、藏族卷），北京：中国社会科学出版社1999年版，第617页。

W0912.2.10

鬼怕特定人物

实 例

（参见下级母题实例）

W0912. 2. 10. 1

鬼怕神（鬼怕特定神性人物）

实 例

彝族 苏尼的法术来自神力，因为鼠是怕猫的，所以鬼是怕神的。

【流传】四川省·凉山（凉山彝族自治州）·甘洛县·田坝区·胜利公社（胜利乡）

【出处】苏尼木色等讲，于锦绣等记录整理：*《苏尼（巫师）的产生》，见吕大吉、何耀华总主编《中国各民族原始宗教资料集成》（彝族卷、白族卷、基诺族卷），北京：中国社会科学出版社1996年版，第267页。

W0912. 2. 10. 1. 1

祈山神驱魔

实 例

藏族 祈祷山神为他们除病驱魔，健康长寿。

【流传】（青海省·黄南藏族自治州·尖扎县）

【出处】谢热：《藏族习俗中的本教遗迹》，载《青海社会科学》（社科版）1988年第2期。

W0912. 2. 10. 1. 2

人扮神驱鬼

实 例

壮族 扎草龙驱瘟疫时，家家户户里里外外大扫除，打醋坛解秽。一人装扮成凶神下界，红脸、红衣、手持大刀和铁链，后面二人抬着一口烧燃的大油锅，边舞边哼着闯进家屋，驱鬼逐邪。

【流传】广西壮族自治区·（柳州市）·柳城县

【出处】范宏贵：《壮族卷·绪论》，见吕大吉、何耀华总主编《中国各民族原始宗教资料集成》（土家族卷、瑶族卷、壮族卷、黎族卷），北京：中国社会科学出版社1998年版，第481页。

W0912. 2. 10. 1. 3

鬼惧怕人的祖先

【关联】［W0912. 2. 1. 3. 1］供祖先神可以驱鬼

实 例

珞巴族 因为珞巴族的祖先达尼生有三只眼睛，其中脑后的一只眼睛能看到诸神诸鬼，所有的白奶鬼都害怕他，总想把他的后眼挖掉。

【流传】西藏自治区·林芝市·墨脱县·达木珞巴民族乡、墨脱乡（讲述地点：墨脱县·达木珞巴民族乡·马尔康村）

【出处】牛布讲：《杀鸡占卜的由来》（1956. 12），见冀文正《珞巴族民间故事》，成都：四川民族出版社2011年版，第28页。

W0912.2.10.2
鬼怕人

实 例

（参见下级母题实例）

W0912.2.10.2.1
鬼魂害怕活着的人

【汤普森】≈E462

实 例

（参见下级母题实例）

W0912.2.10.2.2
因人曾射死鬼，鬼不敢轻易伤人

实 例

独龙族 有青年名朋者，长射技，尤恨食人之布兰（鬼）。自朋射死布兰王，布兰乃畏人，不敢轻易伤人。

【流传】（无考）

【出处】袁珂改编：《朋射布兰王》（原名《人与布兰争斗》），原载谷德明编《中国少数民族神话选》，见袁珂《中国神话大词典》，北京：华夏出版社2015年版，第590页。

W0912.2.10.3
鬼怕神鼓

【关联】［W0912.2.11.2］击鼓驱魔

实 例

鄂伦春族 萨满跳神治病时，一边唱，一边往病人身上摆动神鼓，意即驱魔。

【流传】黑龙江省·大兴安岭地区

【出处】孟秀春调查整理：《大兴安岭地区萨满跳神治病》（1988），见吕大吉、何耀华总主编《中国各民族原始宗教资料集成》（鄂伦春族卷、鄂温克族卷、赫哲族卷、达斡尔族卷、锡伯族卷、满族卷、蒙古族卷、藏族卷），北京：中国社会科学出版社1999年版，第64页。

W0912.2.11
通过特定行为驱鬼

实 例

（参见下级母题实例）

W0912.2.11.1
斗智驱鬼

实 例

彝族 人通过斗智驱鬼。

【流传】云南省·（楚雄彝族自治州）·武定（武定县）

【出处】杨阿莲讲，陶学良整理：《鬼吓跑了》，见中华民族故事大系编委会编《中华民族故事大系》第3卷（彝族、壮族、布依族），上海：上海文艺出版社1995年版，第300页。

W0912.2.11.2
通过制造声响驱鬼

实 例

纳西族 东巴一伙通过击响所有响器，

把躲藏在屋里屋外的鬼驱赶出去。

【流传】云南省·丽江县（丽江市）·（玉龙纳西族自治县）·鸣音地区（鸣音乡）

【出处】和即贵（60岁）讲，和品正调查整理：《丽江鸣音地区镶“拖罗”仪式》（1989），见吕大吉、何耀华总主编《中国各民族原始宗教资料集成》（纳西族卷、羌族卷、独龙族卷、傈僳族卷、怒族卷），北京：中国社会科学出版社2000年版，第181页。

W0912.2.11.2.1

击鼓驱魔

实 例

赫哲族 萨满为人驱魔时，常以有调的快板形式歌唱，还伴之以有节奏的高声呐喊和重重的击鼓声，用以吓退妖魔。

【流传】（黑龙江省）

【出处】

（a）徐昌翰、黄任远：《赫哲族文学》，哈尔滨：北方文艺出版社1991年版，第340～348页。

（b）《萨满歌与萨满音乐》，见吕大吉、何耀华总主编《中国各民族原始宗教资料集成》（鄂伦春族卷、鄂温克族卷、赫哲族卷、达斡尔族卷、锡伯族卷、满族卷、蒙古族卷、藏族卷），北京：中国社会科学出版社1999年版，第255页。

W0912.2.11.3

通过恐吓驱鬼（通过恐吓驱妖）

实 例

独龙族 粮谷处在发芽或结实阶段，常在地边或草丛中放一、二个装酒的竹筒，再插上一把砍刀，意思是“卜郎”（鬼）们来了，请你们喝酒，若是作祟庄稼，小心刀砍。

【流传】云南省·（怒江傈僳族自治州）·贡山（贡山独龙族怒族自治县）·独龙江公社（独龙江乡）·先久当村

【出处】蔡家麒调查整理：《护谷魂》（1982），见吕大吉、何耀华总主编《中国各民族原始宗教资料集成》（纳西族卷、羌族卷、独龙族卷、傈僳族卷、怒族卷），北京：中国社会科学出版社2000年版，第630页。

独龙族 巫师驱鬼时，头上系着虎牙及兽皮，挥舞长刀，呼啸跳跃，用粗暴严厉的神态来驱鬼。

【流传】云南省

【出处】全国人民代表大会民族委员会调查研究组：《独龙族社会情况调查》，见《民族问题五种丛书》云南省编辑委员会编《独龙族社会历史调查》（一），昆明：云南民族出版社1981年版，第9页。

锡伯族 萨满则是在自己胳膊上擦酒，并将一口锋利的铡刀架于胳膊上，再以另一把铡刀向着刀背猛击，而萨满的胳膊却毫无损伤，以为这样即可吓跑妖魔。

【流传】（新疆维吾尔自治区·伊犁哈萨克自治州·察布查尔锡伯自治县·金泉镇）

【出处】

(a) 夏之乾、满都尔图：《金泉村锡伯族萨满教及文化习俗调查》，见《民族文化习俗及萨满教调查报告》，北京：民族出版社1993年版，第183～184页。

(b)《跳神治病（一）》，见吕大吉、何耀华总主编《中国各民族原始宗教资料集成》（鄂伦春族卷、鄂温克族卷、赫哲族卷、达斡尔族卷、锡伯族卷、满族卷、蒙古族卷、藏族卷），北京：中国社会科学出版社1999年版，第410页。

藏族 丧葬仪式上，为了驱除那些夺寿、断命的大红鬼，会念诵词说："如果你们不离去，而是滞留于此，那么从绝对界的永恒虚空，将涌现出众善逝之主，那些善逝都是受用身，而善逝主具幻化身，会将魔鬼碾成齑粉。"

【流传】（西藏自治区）

【出处】帕·克瓦尔耐著，褚俊杰译：《西藏本教徒的丧葬仪式》，原载西藏人民出版社1989年版《国外藏学研究译文集》第5辑，见吕大吉、何耀华总主编《中国各民族原始宗教资料集成》（鄂伦春族卷、鄂温克族卷、赫哲族卷、达斡尔族卷、锡伯族卷、满族卷、蒙古族卷、藏族卷），北京：中国社会科学出版社1999年版，第842页。

W0912.2.11.4

撒灰驱鬼

实 例

藏族 巫术中有用撒灰法驱鬼的做法。每有外人来时，入门前撒灰驱邪，这也是原始本教的一种习俗。

【流传】（无考）

【出处】刘立千：《从"格萨尔史诗"看古代高原的部落社会》，原载《格萨尔论文选集》，四川省格萨尔办公室编印，1990年，见吕大吉、何耀华总主编《中国各民族原始宗教资料集成》（鄂伦春族卷、鄂温克族卷、赫哲族卷、达斡尔族卷、锡伯族卷、满族卷、蒙古族卷、藏族卷），北京：中国社会科学出版社1999年版，第851页。

壮族 防范新鬼进门的唯一方法是，在家门口撒上火灰。

【流传】广西壮族自治区·崇左市·扶绥县

【出处】范宏贵搜集整理：*《人死变鬼》（1991），见吕大吉、何耀华总主编《中国各民族原始宗教资料集成》（土家族卷、瑶族卷、壮族卷、黎族卷），北京：中国社会科学出版社1998年版，第490页。

W0912. 2. 11. 5
用请鬼吃饭的方法捉鬼

实 例

彝族 捉鬼的方法主要是“请鬼吃饭”，鬼闻到香味进入坛中，苏尼（巫师）即大声喊：“关!”守坛人即盖坛口，这样就把鬼“关”住了。

【流传】四川省·（凉山彝族自治州）·美姑县·巴甫公社（巴甫镇）

【出处】苏尼尧达格裴讲，于锦绣等记录整理：《美姑巴甫乡彝族苏尼尧达格裴访问实录》，见吕大吉、何耀华总主编《中国各民族原始宗教资料集成》（彝族卷、白族卷、基诺族卷），北京：中国社会科学出版社 1996 年版，第 268 页。

W0912. 2. 11. 5. 1
贝马在十字路口给鬼魂送水饭驱鬼

实 例

彝族 贝马通过在十字路口给鬼魂送水饭驱鬼。贝马驱鬼时将一捆竹筷直立在桌上，并放着给鬼魂吃的食品。

【流传】云南省·红河地区（红河哈尼族彝族自治州）

【出处】孙官生调查整理：《红河地区彝族驱鬼》，见吕大吉、何耀华总主编《中国各民族原始宗教资料集成》（彝族卷、白族卷、基诺族卷），北京：中国社会科学出版社 1996 年版，第 132 页。

W0912. 2. 11. 6
通过抛物驱鬼

实 例

（参见下级母题实例）

W0912. 2. 11. 6. 1
丢沾秽物的石头驱鬼

实 例

怒族 “密起”是司眼病的鬼，作驱不作祭。巫师驱“密起”时，将病人的眼屎擦在小石子上，将石子（一般用鹅卵石）滚下去，即意味着已将该鬼驱走了。

【流传】云南省·怒江州（怒江傈僳族自治州）·碧江（碧江县已撤销，现为怒江傈僳族自治州中部）

【出处】

（a）何叔涛：《碧江怒族的原始宗教》，载《世界宗教研究》1985 年第 3 期，第 144 页。

（b）同（a），见吕大吉、何耀华总主编《中国各民族原始宗教资料集成》（纳西族卷、羌族卷、独龙族卷、傈僳族卷、怒族卷），北京：中国社会科学出版社 2000 年版，第 884 页。

W0912. 2. 11. 7
射箭驱鬼

实 例

纳西族 在下方请来年轻人，用箭射鬼

魂，鬼魂不能不离去。

【流传】四川省·（凉山彝族自治州）·木里（藏族自治县）·俄亚乡·俄亚大村

【出处】英丹茨理（78岁）讲，和力民调查整理：《四川木里俄亚乡祭崩鬼的仪式》（1988）见吕大吉、何耀华总主编：《中国各民族原始宗教资料集成》（纳西族卷、羌族卷、独龙族卷、傈僳族卷、怒族卷），北京：中国社会科学出版社2000年版，第159页。

W0912.2.11.8

鸣枪驱鬼

实 例

傈僳族 把死者抬到墓坑后，闭棺将泥土盖上。最后由尼扒（巫师）叫一声鬼来了，大家闻声而跑。抬丧人跑出后，对准坟堆放一枪，以驱逐坟中的另一个鬼，让死者得以安宁。

【流传】云南省·德宏（傣族景颇族自治）州·盈江县·苏典乡

【出处】

（a）许鸿宝等：《盈江县苏典傈僳族调查报告》，见《云南少数民族社会历史调查资料汇编》（二），昆明：云南人民出版社1987年版，第68页。

（b）同（a），见吕大吉、何耀华总主编《中国各民族原始宗教资料集成》（纳西族卷、羌族卷、独龙族卷、傈僳族卷、怒族卷），北京：中国社会科学出版社2000年版，第804页。

W0912.2.11.9

手抓沸油赶鬼

实 例

纳西族 手托一锅烧得滚沸的油，点上火，以手抓沸油四处撒，用以赶鬼。时而口咬烧红的犁铧在房屋的各个角落赶鬼。

【流传】云南省·丽江县（丽江市）·（玉龙纳西族自治县）·塔城乡·依陇行政村·巴甸村

【出处】和崇义（50岁）讲，杨福泉调查整理：《丽江塔城依陇地区男巫“桑帕”》（1989），见吕大吉、何耀华总主编《中国各民族原始宗教资料集成》（纳西族卷、羌族卷、独龙族卷、傈僳族卷、怒族卷），北京：中国社会科学出版社2000年版，第193页。

W0912.2.11.10

鬼王最怕有人烧了平底锅，劈断了针

实 例

纳西族 鬼王最怕有人烧了平底锅，劈断了针，也怯怕踩空碓和推空磨了，若做了这些事情，它轻则会害重病，重则就会死亡。

【流传】云南省·（丽江市）·丽江县（古城区、玉龙纳西族自治县）

【出处】木丽春采集整理：《女人披羊皮的来历》，见木丽春编著《纳西族民

间故事集》，昆明：云南人民出版社 2007 年版，第 261 页。

W0912. 2. 12
特定的鬼需要特定的方法驱除

实 例

（参见下级母题实例）

W0912. 2. 12. 1
厉鬼需要强力驱除

实 例

壮族 对待那些到主家来作祟而又与主家无相关的鬼魂，即平时称之为“厉鬼”的鬼魂，巫师除采取诱导、威胁的措施之外，还要动用巫力，采取严厉的驱鬼行动，强行驱赶那些鬼魂。

【流传】（广西壮族自治区·靖西市）

【出处】凌树东搜集整理：＊《驱鬼、送鬼》（1990），见吕大吉、何耀华总主编《中国各民族原始宗教资料集成》（土家族卷、瑶族卷、壮族卷、黎族卷），北京：中国社会科学出版社 1998 年版，第 567 页。

W0912. 2a
驱鬼前的准备

实 例

（参见下级母题实例）

W0912. 2a. 1
驱鬼前先占卜

【关联】［W9192］占卜的方法

实 例

藏族 病患者亲属在进行驱鬼仪式之前，首先要请巫师“阿什”占卜。

【流传】（四川省西南部）

【出处】伍呷：《川西南藏族的宗教调查》（打印稿），四川省民族研究所，1983 年，见吕大吉、何耀华总主编《中国各民族原始宗教资料集成》（鄂伦春族卷、鄂温克族卷、赫哲族卷、达斡尔族卷、锡伯族卷、满族卷、蒙古族卷、藏族卷），北京：中国社会科学出版社 1999 年版，第 847 页。

W0912. 2b
驱鬼的时间

实 例

（参见下级母题实例）

W0912. 2b. 1
夜间驱鬼

实 例

羌族 家中如不顺遂，或有人患重病时，请释比驱逐魔怪，法事于宵夜开始，夜半时将鬼赶到野外。

【流传】四川省·（阿坝藏族羌族自治州）·理县·桃坪乡·增头寨

【出处】

(a) 杨茂山（释比，64岁）唱，周巴翻译，钱安靖整理：《中坛经》(1983.10) 说明文字，见钱安靖《羌族和羌语支各居民集团宗教习俗调查报告》，四川大学宗教研究所油印本，1987年12月。

(b) 同(a)，见吕大吉、何耀华总主编《中国各民族原始宗教资料集成》（纳西族卷、羌族卷、独龙族卷、傈僳族卷、怒族卷），北京：中国社会科学出版社2000年版，第52页。

W0912.2b.1.1

驱病鬼要晚间举行

实　例

藏族 病患者亲属在进行驱鬼仪式之前，首先得请巫师“阿什”占卜。驱鬼仪式一般是在晚间举行。

【流传】（四川省西南部）

【出处】伍呷：《川西南藏族的宗教调查》（打印稿），四川省民族研究所，1983年，见吕大吉、何耀华总主编《中国各民族原始宗教资料集成》（鄂伦春族卷、鄂温克族卷、赫哲族卷、达斡尔族卷、锡伯族卷、满族卷、蒙古族卷、藏族卷），北京：中国社会科学出版社1999年版，第847页。

W0912.2b.1.2

巫师射鬼一般选在晚上9点钟左右

实　例

傈僳族 射鬼时间一般选在晚上9点钟左右，巫师就带上射鬼人员一齐射箭，并敲锣鸣鼓助兴壮胆，射完就一口气跑回家。第二天天刚亮，巫师就去找箭，毒箭都找到了说明没有射中鬼，还要另选日期再射一次。找不到毒箭则证明把鬼射中了。

【流传】云南省·怒江州（怒江傈僳族自治州）

【出处】祝发清调查整理：《祭“跟人鬼”》(1990)，见吕大吉、何耀华总主编《中国各民族原始宗教资料集成》（纳西族卷、羌族卷、独龙族卷、傈僳族卷、怒族卷），北京：中国社会科学出版社2000年版，第736页。

W0912.2b.1.1a

夜间捉鬼

实　例

彝族 捉鬼皆在夜间举行。

【流传】贵州省·（毕节市）·威宁县（威宁彝族回族苗族自治县）、赫章县

【出处】陈执中等讲，于锦绣等调查整理：《威宁、赫章彝族的布母》，见吕大吉、何耀华总主编《中国各民族原始宗教资料集成》（彝族卷、白族卷、基诺族卷），北京：中国社会科学出

版社 1996 年版，第 220 页。

W0912. 2b. 2
丧葬时驱鬼

实 例

（参见下级母题实例）

W0912. 2b. 2. 1
死者净身后将其鬼魂赶出屋外

实 例

白族 “撮煞”即在为死者净身后将其鬼魂赶出屋外。

【流传】 云南省·（大理白族自治州·大理市）·凤仪镇·乐和、许长、下庄等村

【出处】 邹汝为调查整理：《凤仪白族葬仪中的灵魂观念》（1988），见吕大吉、何耀华总主编《中国各民族原始宗教资料集成》（彝族卷、白族卷、基诺族卷），北京：中国社会科学出版社 1996 年版，第 439 页。

W0912. 2b. 2. 2
送葬时砍猪撵魂

实 例

白族 送葬时，通过砍猪撵魂。

【流传】 云南省·（怒江傈僳族自治州）·泸水县·洛本卓乡（洛本卓白族乡）

【出处】 詹承绪等调查整理：《怒江白族的丧礼葬仪》（1982），见吕大吉、何耀华总主编《中国各民族原始宗教资料集成》（彝族卷、白族卷、基诺族卷），北京：中国社会科学出版社 1996 年版，第 447 ~ 448 页。

W0912. 2b. 2. 3
安葬当天晚上撵鬼

实 例

白族（那马） 安葬后的当天晚上，主人家要举行撵鬼仪式。撵鬼，是再一次送走死者的灵魂，赶走家里的一切魔鬼。

【流传】 云南省·（怒江傈僳族自治州）·兰坪县（兰坪白族普米族自治县）

【出处】 詹承绪、刘龙初、修世华调查整理：《那马人风俗习惯的几个专题调查》，载《白族社会历史调查》（二），昆明：云南人民出版社 1987 年版，第 45 ~ 50 页

W0912. 2b. 3
婴儿出生后驱鬼

实 例

（参见下级母题实例）

W0912. 2b. 3. 1
婴儿出生后五日、七日、九日驱鬼

实 例

彝族 婴儿出生后五日、七日、九

日，产妇抱婴儿出大门，请笔母打羊子（贫苦者打鸡），念经，赶鬼，驱邪。

【流传】四川省·（凉山彝族自治州）·雷波（雷波县）小凉山一带

【出处】徐益棠：《雷波小凉山之罗民》，金陵大学中国文化研究所印行，1944年，第66页。

W0912.2b.4

特定时间驱特定的鬼

实 例

（参见下级母题实例）

W0912.2b.4.1

农历六月二十四日驱赶危害人畜庄稼的鬼

实 例

彝族 每年的农历六月二十四日，劈松树做火把过火把节。到自家的住宅周围、田地里巡绕一遍，驱赶危害人畜、庄稼的鬼邪。

【流传】云南省·红河地区（红河哈尼族彝族自治州）·

【出处】孙官生调查整理：《红河地区彝族的火把节驱鬼邪活动》，见吕大吉、何耀华总主编《中国各民族原始宗教资料集成》（彝族卷、白族卷、基诺族卷），北京：中国社会科学出版社1996年版，第374页。

W0912.2c

驱鬼的地点

实 例

（参见下级母题实例）

W0912.2c.1

在新建的房屋中驱鬼

实 例

纳西族 建新房后，用火和水打扫房间，可以驱除恶鬼，主人以后居住才能平安无事。

【流传】云南省·（丽江市·宁蒗彝族自治县）·永宁（永宁乡）一带

【出处】严汝娴、宋兆麟：《永宁纳西族的母系制》，昆明：云南人民出版社1984年版，第154~155页

W0912.2d

驱鬼的结果

实 例

（参见下级母题实例）

W0912.2d.1

将鬼驱赶到路口

实 例

羌族 羌人患病，请释比（巫师）驱邪送鬼，要将邪魔送往岩顶或三岔路口。

【流传】四川省·（阿坝藏族羌族自治州）·理县·桃坪乡·增头寨

【出处】

(a) 杨茂山（释比，64岁）唱，周巴翻译，钱安靖整理：《中坛经》(1983.10) 说明文字，见钱安靖《羌族和羌语支各居民集团宗教习俗调查报告》，四川大学宗教研究所油印本，1987年12月。

(b) 同(a)，见吕大吉、何耀华总主编《中国各民族原始宗教资料集成》（纳西族卷、羌族卷、独龙族卷、傈僳族卷、怒族卷），北京：中国社会科学出版社2000年版，第528页。

W0912.3
驱鬼者（捉鬼者，捉魂者）

【关联】［W0916.8.7］鬼会捉魂

实 例

（参见下级母题实例）

W0912.3.1
神驱鬼（神捉鬼）

实 例

（参见下级母题实例）

W0912.3.1.1
门神驱鬼

实 例

（参见下级母题实例）

W0912.3.1.1.1
钟馗捉鬼

【关联】［W0554.6.2.1.1］钟馗是鬼王

实 例

汉族 钟馗系陕西终南人，少时即才华出众。唐武德年间，赴京城应试，却因相貌丑陋而落选，愤而撞死殿阶。帝闻之，赐以红官袍安葬。到了天宝年间，相传唐明皇李隆基在临潼骊山讲武后，偶患脾病，久治不愈，一晚梦见一相貌奇伟之大汉，捉住一小鬼，剜出其眼珠后，而把他吃掉。大汉声称自己为“殿试不中进士，钟馗”，皇帝梦醒，即刻病愈。于是，命吴道子将梦中钟馗捉鬼情景作成一幅画，悬于宫中以避邪镇妖。

【流传】（无考）

【出处】［明末清初］徐道：《历代神仙通鉴》。

汉族 钟馗专门捉鬼、斩鬼、吃鬼的鬼王。

【流传】（无考）

【出处】《钟馗》，见乌丙安主编《中国民间神谱》，沈阳：辽宁人民出版社2007年版，第91页。

W0912.3.1.1.2
神荼和郁垒捉鬼

实 例

汉族 神荼和郁垒兄弟二人天生能捉鬼。

【流传】（无考）

【出处】《风俗通义·祀典第八》引《黄帝书》，见［东汉］应劭著，赵泓译注《风俗通义全译》，贵阳：贵州人民出版社 1998 年版，第 319 页。

W0912.3.1.1.3 左门神陆加士驱鬼

实 例

羌族 “陆加士”（NuNga sei），左门神，其职司负责赶鬼出门，并将鬼拒之门外。

【流传】四川省·（阿坝藏族羌族自治州）·汶川县·龙溪乡·龙溪寨

【出处】

(a)［美］格莱汉撰，钱谦译：《羌族习俗》，载《宗教学研究》1988 年第 1 期。

(b) 同 (a)，《＊龙溪乡龙溪寨的白石崇拜》，见吕大吉、何耀华总主编《中国各民族原始宗教资料集成》（纳西族卷、羌族卷、独龙族卷、傈僳族卷、怒族卷），北京：中国社会科学出版社 2000 年版，第 473 页。

W0912.3.1.2 山神驱鬼

实 例

（参见下级母题实例）

W0912.3.1.2.1 山神赶鬼为百姓守谷子

实 例

哈尼族 山神每年都不停地赶鬼，为腊萨地方的百姓守谷子。

【流传】（无考）

【出处】白祖博、黄世荣搜集整理：《山神资车》，见姚宝瑄主编《中国各民族神话》（哈尼族、傣族），太原：山西出版传媒集团·书海出版社 2014 年版，第 115 页。

W0912.3.1.3 神助人驱鬼

实 例

彝族 神可为人驱除疾病，可助人驱鬼。

【流传】四川省·（凉山彝族自治州）·雷波（雷波县）小凉山一带

【出处】徐益棠：《雷波小凉山之罗民》，台湾：金陵大学中国文化研究所印行 1944 年版，第 71～72 页。

W0912.3.1.4 特定的神捉特定的鬼

实 例

（参见下级母题实例）

W0912.3.1.4.1 大蟒神捉麻风鬼

实 例

彝族 捉“粗”鬼（麻风鬼）要靠大蟒神。

【流传】四川省·（凉山彝族自治州）·美姑县·洪溪公社（洪溪乡）·采乃吉大队

【出处】苏尼兹哈讲，于锦绣等记录整理：《洪溪苏尼兹哈谈苏尼》，见吕大吉、何耀华总主编《中国各民族原始宗教资料集成》（彝族卷、白族卷、基诺族卷），北京：中国社会科学出版社 1996 年版，第 270 页。

W0912. 3. 1. 5

雷电神驱魔

实 例

满族 天神阿布卡恩都里要开辟大地，就派了雷神和闪电神，下去驱逐妖魔。

【流传】黑龙江省·（黑河市）·孙吴县

【出处】

(a)《臭桦为啥皮是黑的》，见《七彩神火》，长春：吉林人民出版社 1984 年版。

(b)《阿布卡恩都里开辟大地》，见姚宝瑄主编《中国各民族神话》（满族、赫哲族、朝鲜族），太原：山西出版传媒集团、书海出版社 2014 年版，第 16～17 页。

W0912. 3. 1. 6

九头神能消除恶鬼

实 例

纳西族 "根课"九头神能以刀剑平服消灾仪式中的恶鬼。

【流传】云南省

【出处】吕大吉、何耀华总主编：《中国各民族原始宗教资料集成》（纳西族卷、羌族卷、独龙族卷、傈僳族卷、怒族卷），北京：中国社会科学出版社 2000 年版，第 26 页。

W0912. 3. 2

宗教人物驱鬼

实 例

（参见下级母题实例）

W0912. 3. 2. 1

毕摩驱鬼

【关联】［W9147］毕摩

实 例

彝族 毕摩会驱鬼。

【流传】四川省·凉山（凉山彝族自治州）

【出处】特古阿妞等讲，萧崇素整理：《毕摩与姑娘》，见中华民族故事大系编委会编《中华民族故事大系》第 3 卷（彝族、壮族、布依族），上海：上海文艺出版社 1995 年版，第 146 页。

W0912. 3. 2. 2

喇嘛赶鬼

实 例

门巴族 （实例待考）

W0912.3.2.3

萨满驱鬼

实 例

（参见下级母题实例）

W0912.3.2.3.1

鬼怕萨满施巫术

实 例

鄂温克族 鬼能使人患病。但鬼怕萨满，所以鄂温克人经常请萨满赶鬼。

【流传】（内蒙古自治区·呼伦贝尔市·额尔古纳市）

【出处】

（a）《额尔古纳旗使用驯鹿鄂温克人的调查报告》，见内蒙古自治区编辑组《鄂温克族社会历史调查》，呼和浩特：内蒙古人民出版社 1986 年版，第 238 页。

（b）《神与鬼》，见吕大吉、何耀华总主编《中国各民族原始宗教资料集成》（鄂伦春族卷、鄂温克族卷、赫哲族卷、达斡尔族卷、锡伯族卷、满族卷、蒙古族卷、藏族卷），北京：中国社会科学出版社 1999 年版，第 109 页。

W0912.3.2.4

巫师驱鬼

实 例

纳西族（摩梭） 驱鬼仪式结束时，达巴（巫师）拿来三个大而圆的鹅卵石，在炭火中把它们烧白，然后把它们放在一只手掌里，继续咏诵咒语，同时把酒和油的混合液体泼到石块上，然后把石块放在火中，走来走去地驱鬼。

【流传】云南省·丽江县（丽江市）·（玉龙纳西族自治县）·塔城乡·依陇行政村·巴甸村

【出处】［美籍奥地利人］约瑟夫·洛克调查整理：《献给中国西藏边疆的萨满》，杨福泉译，见吕大吉、何耀华总主编《中国各民族原始宗教资料集成》（纳西族卷、羌族卷、独龙族卷、傈僳族卷、怒族卷），北京：中国社会科学出版社 2000 年版，第 199 页。

藏族 巫师作法撒荞子驱鬼。

【流传】（无考）

【出处】刘立千：《从“格萨尔史诗”看古代高原的部落社会》，原载《格萨尔论文选集》，四川省格萨尔办公室编印，1990 年，见吕大吉、何耀华总主编《中国各民族原始宗教资料集成》（鄂伦春族卷、鄂温克族卷、赫哲族卷、达斡尔族卷、锡伯族卷、满族卷、蒙古族卷、藏族卷），北京：中国社会科学出版社 1999 年版，第 851 页。

W0912.3.3

其他特定人物驱鬼

实 例

（参见下级母题实例）

W0912. 3. 3. 1

面目丑陋者驱鬼

实例

汉族 方相氏，古之像神以逐疫者，送丧亦用之，即后世所谓开路神、险道神。黄帝元妃嫘祖死于道，令次妃嫫母监护于道，因以嫫母为方相氏。盖嫫母貌陋，有似此逐疫驱鬼之神。

【流传】（无考）

【出处】《方相氏》，见袁珂《中国神话大词典》，北京：华夏出版社 2015 年版，第 79 页。

W0912. 3. 3. 2

牛头、马面是两名捉鬼的差役

【关联】［W0888. 4. 1. 4. 1］牛头马面杀死厉鬼

实例

汉族 牛头、马面是两名捉鬼的小差役。

【流传】（无考）

【出处】田明海搜集：《牛头和马面》，原载文彦生选编《中国鬼话》，见陶阳、钟秀编《中国神话》（下），北京：商务印书馆 2008 年版，第 1335 ~ 1336 页。

W0912. 3a

驱鬼者的帮助（捉鬼的帮助者）

实例

（参见下级母题实例）

W0912. 3a. 1

龟蛇帮助驱鬼

实例

（参见下级母题实例）

W0912. 3a. 1. 1

龟蛇帮助玄天上帝驱鬼

实例

汉族 龟蛇曾是妖魔，被玄天上帝降服后追随其左右，协助驱除妖怪。

【流传】（无考）

【出处】《紫微北极大帝》，见乌丙安主编《中国民间神谱》，沈阳：辽宁人民出版社 2007 年版，第 251 页。

W0912. 4

驱特定的鬼（捉特定的鬼）

实例

（参见下级母题实例）

W0912. 4. 1

捉雹鬼

实例

（参见下级母题实例）

W0912. 4. 1. 1

在地面上插几个十字网纹灵器来捕捉雹鬼

实例

藏族 举行“护雹”仪式时，首先在驴、狗、猴、蛇、乌鸦等的头颅骨内，装进绘满占星图案和写有咒语的纸片，并在头盖骨周围系上五色彩线。然后把这些动物的头盖骨和五种金属做成的供品一起，埋在山顶上。在掩埋这些供品的上方地面，竖起一堆锥形的石头，称作“石垛”。有时也在地面上插几个十字网纹灵器来捕捉雹鬼。

【流传】（西藏自治区）

【出处】［奥地利］内贝斯基著，谢继胜译：《西藏的天气咒师及其仪式》，原载《国外藏学研究译文集》第6辑，西藏人民出版1989年版，见吕大吉、何耀华总主编《中国各民族原始宗教资料集成》（鄂伦春族卷、鄂温克族卷、赫哲族卷、达斡尔族卷、锡伯族卷、满族卷、蒙古族卷、藏族卷），北京：中国社会科学出版社1999年版，第859页。

W0912.4.2

驱凶死鬼

实　例

（参见下级母题实例）

W0912.4.2.1

凶死鬼只驱不祭

实　例

怒族 “凶死鬼”在怒族属于驱逐而不是祭祀的对象。

【流传】云南省·怒江州（怒江傈僳族自治州）·碧江县（碧江县已撤销，现为怒江傈僳族自治州中部）

【出处】

（a）何叔涛：《碧江怒族的原始宗教》，载《世界宗教研究》1985年第3期，第143页。

（b）同（a），见吕大吉、何耀华总主编《中国各民族原始宗教资料集成》（纳西族卷、羌族卷、独龙族卷、傈僳族卷、怒族卷），北京：中国社会科学出版社2000年版，第874页。

W0912.5

与驱鬼有关的其他母题

【关联】

①［W0126.3.5.3］禳解邪神

②［W9150～W9174］巫术

实　例

（参见下级母题实例）

W0912.5.1

魔眼视灵魂

【汤普森】D1825.3.3

实　例

（实例待考）

W0912.5.2

把鬼赶回原住处

实　例

独龙族 祭“升大”（鬼名）鬼时，祭品是用一只鸡、一张白纸，在病人的头上转几下，表示西方的鬼你回西方，东方的鬼你回到东方去。

【流传】云南省·（怒江傈僳族自治州）·贡山县（贡山独龙族怒族自治县）

【出处】温眉虎等：《贡山第四区第二村社会经济调查报告》，见中国科学院民族研究所云南民族调查组等编印《云南省怒江独龙族社会调查》（七），内部编印，1964 年，第 118 页。

W0912. 5. 3

人与鬼斗智

【关联】［W0912. 2. 11. 1］斗智驱鬼

实 例

彝族 人通过斗智驱鬼。

【流传】云南省·（楚雄彝族自治州）·武定（武定县）

【出处】杨阿莲讲，陶学良整理：《鬼吓跑了》，见中华民族故事大系编委会编《中华民族故事大系》第 3 卷（彝族、壮族、布依族），上海：上海文艺出版社 1995 年版，第 300 页。

壮族 （实例待考）

W0912. 5. 4

鬼捉人

实 例

（参见下级母题实例）

W0912. 5. 4. 1

女子拔苦九龙草时被苦九龙鬼抓去

实 例

珞巴族 一个女儿拔苦九龙草时，被苦九龙鬼抓去了。

【流传】西藏自治区·（林芝市）·墨脱县

【出处】顿加讲，于乃昌等整理：《苦九龙鬼》，见《珞巴族民间故事》：http：//www. tibet - web. com/old/minjian/ync/gushi/mulu. htm，2003. 10. 02。

W0912. 5. 5

送鬼

实 例

（参见下级母题实例）

W0912. 5. 5. 1

鬼魂送入阴间

实 例

壮族 送鬼即人们请巫师把鬼魂送回阴间世界它所属的地方去。

【流传】（广西壮族自治区·靖西市）

【出处】凌树东搜集整理：*《驱鬼、送鬼》（1990），见吕大吉、何耀华总主编《中国各民族原始宗教资料集成》（土家族卷、瑶族卷、壮族卷、黎族卷），北京：中国社会科学出版社 1998 年版，第 566 页。

W0912.5.6
避鬼（辟邪，避怪物）

【关联】
① ［W0907.3.3.2］避邪灵物
② ［W0938.1］辟邪草

实 例

（参见下级母题实例）

W0912.5.6.1
用红辣椒避鬼

【关联】［W0912.2.6.6］鬼怕辣椒

实 例

壮族 母亲带小孩远出走访亲友，为避免途中遇到伤鬼捉弄，出门之前，要用白线把一个红辣椒，三根香杆钉在小孩的帽额前，再用黑火炭在小孩额头上划个“十”字，鬼怪便不敢近身捉弄人。

【流传】（无考）

【出处】 范宏贵搜集整理：*《防鬼的方法》（1991），见吕大吉、何耀华总主编《中国各民族原始宗教资料集成》（土家族卷、瑶族卷、壮族卷、黎族卷），北京：中国社会科学出版社1998年版，第491页。

W0912.5.6.2
挂铜镜辟邪

实 例

羌族 小孩平时挂铜镜，帽子钉海螺壳，用以避邪。

【流传】 四川省·（阿坝藏族羌族自治州）·理县·桃坪地区（桃坪乡）

【出处】
（a）教育部蒙藏教育司编：《川西调查记·羌人之部》，1943年编印。
（b）《羌人之信仰四·禁忌》，见吕大吉、何耀华总主编：《中国各民族原始宗教资料集成》（纳西族卷、羌族卷、独龙族卷、傈僳族卷、怒族卷），北京：中国社会科学出版社2000年版，第515页。

W0912.5.6.3
用恶神神像辟邪

实 例

羌族 祭山会祭祀山神时，“许”（巫师）戴猴皮帽，上缀小海贝九个，帽前缀以长有大獠牙的凶恶神像，用以“避邪”，祈求风调雨顺。

【流传】 四川省·（阿坝藏族羌族自治州）·茂县·三龙乡

【出处】
（a）《羌族的祭山会》（1983.05），原载钱安靖《羌族宗教习俗调查资料》，见羌族社会历史调查四川省编写组编《羌族社会历史调查》，成都：四川省社会科学院出版社1986年版。
（b）同（a），见吕大吉、何耀华总主编《中国各民族原始宗教资料集成》（纳西族卷、羌族卷、独龙族卷、傈僳族卷、怒族卷），北京：中国社会科学出版社2000年版，第551页。

W0912. 5. 6. 4
铁可以辟邪

实 例

羌族 羌人认为铁器皆可避邪。

【流传】四川省·（阿坝藏族羌族自治州）·汶川县·雁门乡·小寨子

【出处】

(a) 钱安靖：《羌族和羌语支各居民集团宗教习俗调查报告》，四川大学宗教研究所油印本，1987 年 12 月。

(b) 同（a），见吕大吉、何耀华总主编《中国各民族原始宗教资料集成》（纳西族卷、羌族卷、独龙族卷、傈僳族卷、怒族卷），北京：中国社会科学出版社 2000 年版，第 521 页。

W0912. 5. 6. 5
特定植物避怪物

实 例

（参见下级母题实例）

W0912. 5. 6. 5. 1
草乌能避怪物

实 例

傈僳族 在一般在娃娃胸口挂上草乌，以避吃娃娃心肝的“干古龙”（怪物名）。

【流传】云南省·（楚雄彝族自治州）·武定县、元谋地区（元谋县）

【出处】张桥贵调查整理：《武定、元谋地区祭“干古龙”》（1989），见吕大吉、何耀华总主编《中国各民族原始宗教资料集成》（纳西族卷、羌族卷、独龙族卷、傈僳族卷、怒族卷），北京：中国社会科学出版社 2000 年版，第 741 页。

W0912. 5. 7
捉妖

实 例

（实例待考）

W0912. 5. 8
捉怪

实 例

（参见下级母题实例）

W0912. 5. 8. 1
英雄捉风怪

实 例

仡佬族 英雄阿利捉风怪弟兄九人。

【流传】（无考）

【出处】袁珂改编：《阿利捕风》（原名《十二段经·阿利捉风》），原载毛星主编《中国少数民族文学》（中册），见袁珂《中国神话大词典》，北京：华夏出版社 2015 年版，第 573 页。

W0912. 5. 9
咒鬼

【关联】［W0912. 2. 2. 2］用咒语驱鬼

实 例

（参见下级母题实例）

W0912.5.9.1 咒鬼即驱逐鬼出于户外

实 例

彝族 咒鬼，即驱逐鬼出于户外。

【流传】四川省·（凉山彝族自治州）·美姑（县）·三河

【出处】胡庆钧：《凉山彝族奴隶制社会形态》，中国社会科学1985，第403～404页。

W0912.5.10 驱鬼时注意事项

实 例

（参见下级母题实例）

W0912.5.10.1 驱鬼时不能驱特定的神

实 例

（参见下级母题实例）

W0912.5.10.1.1 驱鬼时六畜神不驱，庄家神不赶，儿女神不追

实 例

彝族 毕摩驱鬼时，六畜神不驱，庄家神不赶，儿女神不追，不驱子孙神，不赶妯娌神。

【流传】云南省·（昆明市）·路南县（石林彝族自治县）·（圭山镇·尾乍黑村委会）·土瓜黑村

【出处】黄建明等译：《赶邪魔经》，见吕大吉、何耀华总主编《中国各民族原始宗教资料集成》（彝族卷、白族卷、基诺族卷），北京：中国社会科学出版社1996年版，第285～286页。

W0912.5.11 不同的鬼驱法不同

实 例

（参见下级母题实例）

W0912.5.11.1 驱鬼时对家鬼要好言相劝送走，对外鬼要用强力捉打不客气

实 例

彝族 对付鬼的方法，对家鬼（家族）要好言相劝送走；对外鬼（非家族，包括亲友在内）要用强力捉、打、赶，不能客气

【流传】四川省·凉山（彝族自治州）·甘洛县·田坝区·胜利公社

【出处】苏尼木色等讲，于锦绣等记录、整理：*《苏尼（巫师）的产生》，转引自吕大吉、何耀华总主编：《中国各民族原始宗教资料集成》（彝族卷、白族卷、基诺族卷），北京：中国社会科学出版社1996年版，第267页。

W0912.5.12

诱鬼

实 例

（参见下级母题实例）

W0912.5.12.1

用音乐诱鬼

实 例

傈僳族 “叶子鬼”到了谁家，谁的家就有人生病，这个鬼姑娘就住在病人家里。传说叶子鬼很喜欢听很动听的叶子乐曲，祭司、巫师就用这种吹叶子的办法引出“叶子鬼”。

【流传】 云南省·迪庆州（迪庆藏族自治州）·维西县（维西傈僳族自治县）

【出处】 祝发清调查整理：《祭“叶子鬼”》（1990），见吕大吉、何耀华总主编《中国各民族原始宗教资料集成》（纳西族卷、羌族卷、独龙族卷、傈僳族卷、怒族卷），北京：中国社会科学出版社2000年版，第735页。

W0913

灵魂的控制

实 例

（参见下级母题实例）

W0913.1

灵魂的管理者（灵魂的控制者，鬼的管理者）

实 例

（参见下级母题实例）

W0913.1.0

神管理灵魂（神管鬼）

实 例

（参见下级母题实例）

W0913.1.0.1

神可以控制鬼

实 例

壮族 鬼只会到处作祟害人，鬼的行为不是神所授意的，但是神能限制鬼的行为。

【流传】 广西壮族自治区·（南宁市）·武鸣县·两江乡·雷江片，马山县·古零乡·杨圩片

【出处】 黄世杰搜集整理：*《多神信仰》（1990），见吕大吉、何耀华总主编《中国各民族原始宗教资料集成》（土家族卷、瑶族卷、壮族卷、黎族卷），北京：中国社会科学出版社1998年版，第493页。

W0913.1.0.2

统管各种鬼灵的神强布拉

实 例

怒族 有一个统管各种鬼灵的神“强布拉”，各氏族成员每年都分别在不同的时间集体祭祀，以祈求鬼神赐予安宁。

【流传】 云南省·（怒江傈僳族自治州）·贡山（贡山独龙族怒族自治县）

【出处】

(a) 张文照整理：《怒族宗教情况》，见《怒族社会历史调查》，昆明：云南人民出版社1981年版，第114页。

(b) 同 (a)，见吕大吉、何耀华总主编《中国各民族原始宗教资料集成》(纳西族卷、羌族卷、独龙族卷、傈僳族卷、怒族卷)，北京：中国社会科学出版社2000年版，第849页。

W0913.1.0.3

死神掌管人的灵魂

实 例

傣族 叭英（天王、天神）的使者，是掌管全动人灵魂的死神。

【流传】云南省·西双版纳（西双版纳傣族自治州）

【出处】陈贵培整理：《画神多兰嘎》，原载贾芝、孙剑冰编《中国民间故事选》，见陶阳、钟秀编《中国神话》（下），北京：商务印书馆2008年版，第1086～1088页。

W0913.1.0.4

管死人阴魂之神玉莫

实 例

羌族 （参见“W0658b.1.10.1 十三位祖先神”母题实例）

W0913.1.0.5

管活人灵魂之神斯卓吉

实 例

羌族 （参见“W0658b.1.10.1 十三位祖先神”母题实例）

W0913.1.1

阎王管灵魂

【关联】

① ［W0242.4］阎王的职能

② ［W0870］灵魂（鬼）

③ ［W0907.1.4.3.1］亡灵锁在阎王的柜子中

实 例

鄂伦春族 阎王管灵魂。

【流传】内蒙古自治区·（呼伦贝尔市）·鄂伦春自治旗

【出处】黄玉玲讲，王朝阳整理：《尼顺萨满》，见中华民族故事大系编委会编《中华民族故事大系》第15卷（德昂族、保安族、裕固族、京族、塔塔尔族、独龙族、鄂伦春族），上海：上海文艺出版社1995年版，第999页。

W0913.1.2

盘古是鬼魂管理者

【关联】［W0720］盘古

实 例

（实例待考）

W0913.1.3

各种鬼的总管

实 例

（参见下级母题实例）

W0913. 1. 3. 1
各种鬼的总管是木朋九

实 例

独龙族 各种鬼的总管是“达格蒙”木朋九，居住在天上。

【流传】云南省

【出处】《木朋九与木尼斤》，见云南省民族事务委员会编《独龙族族文化大观》，昆明：云南民族出版社 1999 年版，第 192 页。

W0913. 1. 3. 2
万灵总神北布（白莫）

实 例

藏族（白马）人们信奉“北布”（又译为“白莫”），“布”是万灵总神的意思。

【流传】（四川省）

【出处】四川省民委民族识别调查组：《白马藏人调查资料辑录》，原载四川民族研究所编印《白马藏人族属问题讨论集》（一），1980 年，见吕大吉、何耀华总主编《中国各民族原始宗教资料集成》（鄂伦春族卷、鄂温克族卷、赫哲族卷、达斡尔族卷、锡伯族卷、满族卷、蒙古族卷、藏族卷），北京：中国社会科学出版社 1999 年版，第 817 页。

W0913. 1. 4
鬼的首领

实 例

（参见下级母题实例）

W0913. 1. 4. 1
鬼王

实 例

汉族 （实例待考）

W0913. 1. 4. 1. 1
鬼王数量众多

实 例

古民族·塞种人 尔时铁围山内，有无量鬼王，与阎罗天子，俱诣忉利，来到佛所。所谓恶毒鬼王。多恶鬼王。大诤鬼王。白虎鬼王。血虎鬼王。赤虎鬼王。散殃鬼王。飞身鬼王。电光鬼王。狼牙鬼王。千眼鬼王。啖兽鬼王。负石鬼王。主耗鬼王。主祸鬼王。主食鬼王。主财鬼王。主畜鬼王。主禽鬼王。主兽鬼王。主魅鬼王。主产鬼王。主命鬼王。主疾鬼王。主险鬼王。三目鬼王。四目鬼王。五目鬼王。

【流传】唐代于阗国

【出处】［唐］实叉难陀译：《地藏菩萨本愿经·阎罗王众赞叹品第八》

古民族·塞种人 复有他方国土，及娑婆世界，诸大鬼王。所谓恶目鬼王。啖血鬼王。啖精气鬼王。啖胎卵鬼王。行病鬼王。摄毒鬼王。慈心鬼王。福利鬼王。大爱敬鬼王。

【流传】唐代于阗国

【出处】［唐］实叉难陀译：《地藏菩萨

本愿经·忉利天宫神通品第一》。

W0913.1.4.1.2
恶毒鬼王

实 例

古民族·塞种人 所谓恶毒鬼王。多恶鬼王。大诤鬼王。白虎鬼王。血虎鬼王。赤虎鬼王。散殃鬼王。飞身鬼王。电光鬼王。狼牙鬼王。千眼鬼王。啖兽鬼王。负石鬼王。主耗鬼王。主祸鬼王。主食鬼王。主财鬼王。主畜鬼王。主禽鬼王，等

【流传】唐代于阗国

【出处】［唐］实叉难陀译：《地藏菩萨本愿经·阎罗王众赞叹品第八》

W0913.1.4.1.3
多目鬼王

实 例

古民族·塞种人 所谓恶毒鬼王，有三目鬼王。四目鬼王。五目鬼王。

【流传】唐代于阗国

【出处】［唐］实叉难陀译：《地藏菩萨本愿经·阎罗王众赞叹品第八》

W0913.1.4.1.4
慈心鬼王

实 例

古民族·塞种人 复有他方国土，及娑婆世界，诸大鬼王。有慈心鬼王。福利鬼王。大爱敬鬼王。

【流传】唐代于阗国

【出处】［唐］实叉难陀译：《地藏菩萨本愿经·忉利天宫神通品第一》。

W0913.1.4.1.5
特定名称的鬼王

【关联】［W0554.6.2.1.1］钟馗是鬼王

实 例

（参见下级母题实例）

W0913.1.4.1.5.1
阿波雷山鬼王

实 例

哈尼族 资车（人名）刚把巡山鬼打死，阿波雷山鬼王就带着几百个鬼来到了资车面前。

【流传】（无考）

【出处】白祖博、黄世荣搜集整理：《山神资车》，见姚宝瑄主编《中国各民族神话》（哈尼族、傣族），太原：山西出版传媒集团·书海出版社 2014 年版，第 113 页。

W0913.1.4.1.5.2
鬼王英古丁那

实 例

纳西族 天宫最早虎爪萨英威登大神建神石，镇压鬼魔王米麻色邓；天神英古阿格建神石，镇压了鬼王英古丁那；白骨大神建神石，镇压了黑骨魔王；祖师丁巴什罗建神石，镇压毒鬼

王恰巴拉里；远祖美令东主建神石，镇压美令术主世仇鬼；始祖崇仁丽恩建神石，镇压歹美扭巴鬼；先祖高来高秋建神石，镇压毒盘洛牛鬼。

【流传】 云南省·丽江县（丽江市）·长水乡（不详）

【出处】 和泗泉读经，周汝诚调查记录，和志武翻译整理：经书《动丁》（1989），见吕大吉、何耀华总主编《中国各民族原始宗教资料集成》（纳西族卷、羌族卷、独龙族卷、傈僳族卷、怒族卷），北京：中国社会科学出版社2000年版，第85页。

W0913.1.4.1.5.3 鬼王恰巴拉里

实　例

纳西族（参见“W0913.1.4.1.5.2 鬼王英古丁那”母题实例）

W0913.1.4.1.5.4 众鬼的总头目格孟

实　例

独龙族 各民族或每个人都有“格孟”（众鬼的总头目），它保佑赐福人类，安排了各人的命运。

【流传】 云南省·（怒江傈僳族自治州）·贡山（贡山独龙族怒族自治县）·独龙江公社（独龙江乡）·巴坡村

【出处】 木然当木廷讲，蔡家麒调查整理：《三位巫师谈“天的结构”》（1982），见吕大吉、何耀华总主编《中国各民族原始宗教资料集成》（纳西族卷、羌族卷、独龙族卷、傈僳族卷、怒族卷），北京：中国社会科学出版社2000年版，第623页。

W0913.1.4.1.5.4a 众鬼的总头目“木佩朋”和“格孟”

实　例

独龙族 天的最高层住有众鬼的总头目“木佩朋”和“格孟”。

【流传】（无考）

【出处】 吕大吉、何耀华总主编：《中国各民族原始宗教资料集成》（纳西族卷、羌族卷、独龙族卷、傈僳族卷、怒族卷），北京：中国社会科学出版社2000年版，第612页。

W0913.1.4.1.5.4b 鬼王猛厄

实　例

（参见下级母题实例）

W0913.1.4.1.5.4b.1 鬼王猛厄被砍杀死后尸首变成9个小鬼

实　例

纳西族 鬼王猛厄被砍杀死后，他的尸首变成了九个小鬼。

【流传】 云南省·（丽江市）·丽江县

（古城区、玉龙纳西族自治县）

【出处】木丽春采集整理：《女人披羊皮的来历》，见木丽春编著《纳西族民间故事集》，昆明：云南人民出版社2007年版，第262页。

W0913.1.4.1.5.5

五鬼王

实 例

（参见下级母题实例）

W0913.1.4.1.5.5.1

东方鬼王单饶久补，南方鬼王施知久补，西方鬼王斯普久补，北方鬼王奴姐久补，中央鬼王米麻塞登

实 例

纳西族 五方鬼王是：东方鬼王“单饶久补”，南方鬼王“施知久补”，西方鬼王“斯普久补”，北方鬼王“奴姐久补”，中央鬼王“米麻塞登”。

【流传】云南省·丽江（丽江市）

【出处】和开祥（68岁）讲，王世英调查整理：《祭东巴祖师神“丁巴什罗”仪式》（1989），见吕大吉、何耀华总主编《中国各民族原始宗教资料集成》（纳西族卷、羌族卷、独龙族卷、傈僳族卷、怒族卷），北京：中国社会科学出版社2000年版，第210页。

W0913.1.4.1.5.5.2

东方鬼吊饶金布，南方鬼时之金布，西方鬼勒钦司普，北方鬼奴主金布，中央鬼米麻生登和其妻根饶纳母

实 例

纳西族 东方鬼吊饶金布，南方鬼时之金布，西方鬼勒钦司普，北方鬼奴主金布，中央鬼米麻生登和其妻根饶纳母。

【流传】（无考）

【出处】

（a）和志武《纳西东巴文化》，长春：吉林教育出版社1989年版，第143～145页。

（b）同（a），见吕大吉、何耀华总主编《中国各民族原始宗教资料集成》（纳西族卷、羌族卷、独龙族卷、傈僳族卷、怒族卷），北京：中国社会科学出版社2000年版，第369页。

W0913.1.4.1.5.6

九头鬼王

实 例

（参见下级母题实例）

W0913.1.4.1.5.6.1

九头鬼王梭纳固古中间为驴头、马头、鬼头，左为乌鸦头、猪头、熊头，右为乌鸦头、鹿头、狗头

实 例

纳西族 梭纳固古是凶煞暴毒的九头鬼王，中间为驴头、马头、鬼头，左为乌鸦头、猪头、熊头，右为乌鸦头、鹿头、狗头。

【流传】（无考）

【出处】和志武：《纳西东巴文化》，杨德鉴、和发源：《纳西族古代舞蹈与东巴跳神经书》，见吕大吉、何耀华总主编《中国各民族原始宗教资料集成》（纳西族卷、羌族卷、独龙族卷、傈僳族卷、怒族卷），北京：中国社会科学出版社2000年版，第361页。

W0913.1.5

巫师能控制灵魂

实 例

（参见下级母题实例）

W0913.1.5.1

巫婆控制灵魂

实 例

壮族 除巫婆外，一般的人不能随意控制自己的灵魂。

【流传】广西壮族自治区·（南宁市）·武鸣县·两江乡·雷江片，马山县·古零乡·杨圩片

【出处】黄世杰搜集整理：*《万物有灵》（1990），见吕大吉、何耀华总主编《中国各民族原始宗教资料集成》（土家族卷、瑶族卷、壮族卷、黎族卷），北京：中国社会科学出版社1998年版，第485页。

W0913.1.5.2

巫师通过巫术控制鬼

实 例

藏族 巫师有时采用上供下施法施恶鬼神，向其告饶，其法用粑做成房子、牲畜和日用品等作为供品。上供神灵的称为“耶达”，下施精灵的称为“麦达”。

【流传】（无考）

【出处】刘立千：《从“格萨尔史诗”看古代高原的部落社会》，原载《格萨尔论文选集》，四川省格萨尔办公室编印，1990年，见吕大吉、何耀华总主编《中国各民族原始宗教资料集成》（鄂伦春族卷、鄂温克族卷、赫哲族卷、达斡尔族卷、锡伯族卷、满族卷、蒙古族卷、藏族卷），北京：中国社会科学出版社1999年版，第851页。

W0913.1.6

特定动物管理灵魂

实 例

（参见下级母题实例）

W0913.1.6.1

蜘蛛是魂之君主

【关联】［W0911.2.2.1］用蜘蛛招魂

实 例

彝族 蜘蛛是魂的君长。

【流传】云南省·（昆明市）·路南（石林彝族自治县）

【出处】黄建明（彝族）、罗希吾戈（彝族）翻译：《普兹楠兹——彝族祭祠词》注释，见吕大吉、何耀华总主编《中国各民族原始宗教资料集成》（彝族卷、白族卷、基诺族卷），北京：中国社会科学出版社 1996 年版，第 113 页。

彝族 蜘蛛是魂之君主，招魂时一般要用鸡蛋。认为魂归来时站在鸡蛋上瞭望前寝，方能顺利归来。

【流传】云南省·（昆明市）·路南（石林彝族自治县）

【出处】黄建明、罗希吾戈编译：《普兹楠兹——彝族祭祀词》，见吕大吉、何耀华总主编《中国各民族原始宗教资料集成》（彝族卷、白族卷、基诺族卷），北京：中国社会科学出版社 1996 年版，第 290 页。

W0913.2

魔力控制着灵魂

【汤普森】D2198

实 例

（参见下级母题实例）

W0913.2a

通过祭祀可以使灵魂听命于人

实 例

彝族 通过祭祀手段来使灵魂（鬼）听命于人的摆布。

【流传】四川省·凉山（凉山彝族自治州）一带

【出处】何耀华调查整理：*《人为什么死亡》，见吕大吉、何耀华总主编《中国各民族原始宗教资料集成》（彝族卷、白族卷、基诺族卷），北京：中国社会科学出版社 1996 年版，第 109 页。

W0913.3

鬼魂埋在九层土下方能不得翻身

【关联】［W0890］灵魂（鬼魂）的居所与显形

实 例

纳西族 善神米利东把安生米委（恶神米利术的儿子）的尸体埋在九层土下，上面开渠引水，不让安生米委的鬼魂翻身。

【流传】云南省·丽江地区（丽江市）

【出处】李即善翻译，杨世光整理：《东术争战记》，原载中共丽江地委宣传部编《纳西族民间故事选》，见陶阳、钟秀编《中国神话》（中），北京：商务印书馆 2008 年版，第 726 ~ 735 页。

W0913. 4

音乐使灵魂安静

实 例

（参见下级母题实例）

W0913. 4. 1

音乐可以控制灵魂

【关联】［W0898. 5］音乐使灵魂显现（音乐使鬼魂显现）

实 例

（参见下级母题实例）

W0913. 4. 1. 1

真主用音乐使灵魂附体

实 例

维吾尔族 开始时，灵魂不愿意进入人体。天使们飞上天宫，取来各种乐器演奏起来。音乐使灵魂如醉如痴。与此同时，灵魂也就被安置到人的躯体里了。

【流传】（无考）

【出处】 艾则孜罕讲，凯赛尔·库尔班译：《人与灵魂》，见满都呼主编《中国阿尔泰语系诸民族神话故事》，北京：民族出版社 1997 年版，第 37 页。

W0913. 5

灵魂的关押（鬼的关押）

实 例

（参见下级母题实例）

W0913. 5. 1

捉住灵魂后扣在铁锅中

实 例

赫哲族 萨满治病，通过与魔鬼打仗将病人的灵魂抓回来后，要用铁锅扣上。

【流传】（黑龙江省）

【出处】

（a）《民族问题五种丛书》黑龙江省编辑组：《赫哲族社会历史调查》，牡丹江：黑龙江朝鲜民族出版社 1987 年版，第 174～176 页。

（b）《跳神治病过程》，见吕大吉、何耀华总主编《中国各民族原始宗教资料集成》（鄂伦春族卷、鄂温克族卷、赫哲族卷、达斡尔族卷、锡伯族卷、满族卷、蒙古族卷、藏族卷），北京：中国社会科学出版社 1999 年版，第 235 页。

W0913. 5. 2

收魂袋

实 例

赫哲族 萨满找到灵魂后装在收魂袋（tʃ 'ɔk'afɔrkts'ini）中。“tʃ 'ɔk'afɔrkts'ini”直译为“雀的魂”。

【流传】（松花江下游地区依兰县至抚远市一带）

【出处】

（a）凌纯声：《松花江下游的赫哲族》

（原 1934 年南京刊印本），北京：民族出版社 2012 年版，第 141 ~ 142 页。

（b）《为不育者求子》，见吕大吉、何耀华总主编《中国各民族原始宗教资料集成》（鄂伦春族卷、鄂温克族卷、赫哲族卷、达斡尔族卷、锡伯族卷、满族卷、蒙古族卷、藏族卷），北京：中国社会科学出版社 1999 年版，第 239 页。

W0913.5.3

灵魂被关入小盒

实 例

鄂伦春族 一天晚上，老蟒猊（妖魔）叫它的七个小蟒猊和老雕、猫头鹰用一宿的功夫把兴安岭里野兽的灵魂都抓去装在一个小匣里，把野兽都赶走，就连一只兔子或一只松鼠也不留。

【流传】黑龙江省·（大兴安岭地区）·呼玛县·（十八站）

【出处】

（a）孟古古善讲，潭玉昆、李宝玉口译，隋书金记录整理：《吴达内的故事》，见隋书金编《鄂伦春民间故事选》，上海：上海文艺出版社 1988 年版。

（b）同（a），见姚宝瑄主编《中国各民族神话》（达斡尔族、鄂伦春族、鄂温克族、蒙古族），太原：山西出版传媒集团·书海出版社 2014 年版，第 57 页。

W0913.5.4

鬼关在泥罐里

实 例

（参见下级母题实例）

W0913.5.4.1

鬼关在泥罐后要埋在人不去鸡不挠的地方

实 例

彝族 捉鬼的方法是：把鬼“关”在泥罐里，埋在人不去鸡不挠的地方。

【流传】四川省·凉山（凉山彝族自治州）·甘洛县·田坝区·胜利公社（胜利乡）

【出处】苏尼木色等讲，于锦绣等记录整理：*《苏尼（巫师）的产生》，见吕大吉、何耀华总主编《中国各民族原始宗教资料集成》（彝族卷、白族卷、基诺族卷），北京：中国社会科学出版社 1996 年版，第 267 页。

W0913.5.5

关鬼时能看到鬼的影子

【关联】［W0898.0.1］魂的幻影（鬼影）

实 例

彝族 关鬼时能看到鬼的影子。

【流传】四川省·凉山（凉山彝族自治州）·甘洛县·田坝区·胜利公社

（胜利乡）

【出处】苏尼木色等讲，于锦绣等记录整理：*《苏尼（巫师）的产生》，见吕大吉、何耀华总主编《中国各民族原始宗教资料集成》（彝族卷、白族卷、基诺族卷），北京：中国社会科学出版社 1996 年版，第 267 页。

W0913a

灵魂的拯救

【汤普森】E754

实 例

（参见下级母题实例）

W0913a. 1

灵魂的救赎

【汤普森】V520

【关联】［W0911. 7. 2］赎魂（赎回灵魂）

实 例

壮族 （参见“W0911. 7. 2. 2 拿鸡鸭赎魂”母题实例）

W0913a. 2

用特定物拯救灵魂

实 例

（参见下级母题实例）

W0913a. 2. 1

用白铁法叉和锦鸡尾拯救灵魂

实 例

纳西族 丁巴什罗（丁巴教主）的三位弟子用白铁法叉和锦鸡尾，将什罗灵魂拯救出来。

【流传】云南省

【出处】

（a）和志武：《纳西东巴文化》，长春：吉林教育出版社 1989 年版。

（b）同（a），见吕大吉、何耀华总主编《中国各民族原始宗教资料集成》（纳西族卷、羌族卷、独龙族卷、傈僳族卷、怒族卷），北京：中国社会科学出版社 2000 年版，第 207 页。

W0913b

灵魂的保护

实 例

（参见下级母题实例）

W0913b. 1

灵魂得到特定人保护

实 例

（参见下级母题实例）

W0913b. 1. 1

小儿灵魂可得到萨满的保护

实 例

赫哲族 萨满为病人招魂治病，打了胜仗，就从魔鬼那里夺回病人的灵魂。有时小孩的灵魂会请萨满保护几年，有萨满保护就不怕鬼怪了。

【流传】（黑龙江省）

【出处】

（a）《民族问题五种丛书》黑龙江省编辑组：《赫哲族社会历史调查》，牡丹江：黑龙江朝鲜民族出版社1987年版，第174～176页。

（b）《跳神治病过程》，见吕大吉、何耀华总主编《中国各民族原始宗教资料集成》（鄂伦春族卷、鄂温克族卷、赫哲族卷、达斡尔族卷、锡伯族卷、满族卷、蒙古族卷、藏族卷），北京：中国社会科学出版社1999年版，第235页。

W0913b.2

通过仪式保护灵魂

实例

独龙族 独龙族平素极为重视活人的灵魂（“卜拉”）切不能受到任何侵害，他们的全部宗教及仪俗活动，几乎都是围绕着护卫或营救“卜拉”这一目的进行的。

【流传】（无考）

【出处】吕大吉、何耀华总主编：《中国各民族原始宗教资料集成》（纳西族卷、羌族卷、独龙族卷、傈僳族卷、怒族卷），北京：中国社会科学出版社2000年版，第611页。

W0913c

灵魂的保管（灵魂的保存）

实例

（参见下级母题实例）

W0913c.1

灵魂锁在柜中

【关联】［W0907.1.4.3.1］亡灵锁在阎王的柜子中

实例

（参见下级母题实例）

W0913c.1.1

溺死者灵魂找回后锁于箱柜中

实例

壮族 河中淹死者的亲属要祭水神招魂。到淹死的河边，麽公请到水神，献上祭品后，亲属杀鸡再行熟祭，麽公向死神讨回死者灵魂，以遗物包住，交给亲属。亲属抱在怀里，吃过祭品，即转回家，将包住灵魂遗物锁于箱柜里，不许逃脱。

【流传】广西壮族自治区·（河池市）·东兰县

【出处】覃剑萍搜集整理：*《祭水神》（1990），见吕大吉、何耀华总主编《中国各民族原始宗教资料集成》（土家族卷、瑶族卷、壮族卷、黎族卷），北京：中国社会科学出版社1998年版，第509页。

W0913c.2

灵魂存放在葫芦中

实例

（参见下级母题实例）

W0913c. 2. 1

猴子的灵魂装在葫芦里

实 例

珞巴族 （实例待考）

W0913d

灵魂的托管（灵魂的转移）

实 例

（参见下级母题实例）

W0913d. 1

寄魂（灵魂的寄托物，灵魂的附着物）

实 例

藏族 神魂离开人的身体后，一部分可以寄托在它物之上，成为神魂寄托处。

【流传】（无考）

【出处】刘立千：《从“格萨尔史诗”看古代高原的部落社会》，原载《格萨尔论文选集》，四川省格萨尔办公室编印，1990年，见吕大吉、何耀华总主编《中国各民族原始宗教资料集成》（鄂伦春族卷、鄂温克族卷、赫哲族卷、达斡尔族卷、锡伯族卷、满族卷、蒙古族卷、藏族卷），北京：中国社会科学出版社1999年版，第810页。

W0913d. 1. 1

灵魂寄托在动物中

实 例

藏族 一部分离体的灵魂还可以寄托在其他动物和没有生命的物体上，如寄魂牛、寄魂蜂、寄魂树、寄魂箭、寄魂山等。

【流传】（无考）

【出处】《藏族卷·绪论》，见吕大吉、何耀华总主编《中国各民族原始宗教资料集成》（鄂伦春族卷、鄂温克族卷、赫哲族卷、达斡尔族卷、锡伯族卷、满族卷、蒙古族卷、藏族卷），北京：中国社会科学出版社1999年版，第777页。

W0913d. 1. 1. 1

寄魂牛

实 例

藏族 （参见“W0913d. 1. 1. 1 寄魂牛”母题实例）

W0913d. 1. 1. 1. 1

霍尔国首领的寄魂处为白、黄、黑三条野牦牛

实 例

藏族 霍尔国首领三帐王的寄魂处为白、黄、黑三条野牦牛。

【流传】（无考）

【出处】《格萨尔史诗·霍岭大战》，原载刘立千《从“格萨尔史诗”看古代高原的部落社会》，见吕大吉、何耀华总主编《中国各民族原始宗教资料集成》（鄂伦春族卷、鄂温克族卷、赫哲族卷、达斡尔族卷、锡伯族卷、

满族卷、蒙古族卷、藏族卷），北京：中国社会科学出版社 1999 年版，第 810 页。

W0913d. 1. 1. 2

寄魂蜂

实 例

藏族 （参见“W0913d. 1. 1. 1 寄魂牛”母题实例）

W0913d. 1. 1. 3

寄魂鸟

实 例

藏族 我们寄魂的柴火无光泽，寄魂的树木都被砍断，各种不同的寄魂鸟，一声不叫全死完。

【流传】（无考）

【出处】《格萨尔史诗·保卫盐海》，原载刘立千《从“格萨尔史诗”看古代高原的部落社会》，见吕大吉、何耀华总主编《中国各民族原始宗教资料集成》（鄂伦春族卷、鄂温克族卷、赫哲族卷、达斡尔族卷、锡伯族卷、满族卷、蒙古族卷、藏族卷），北京：中国社会科学出版社 1999 年版，第 810 页。

W0913d. 1. 1. 3. 1

寄魂鸟保护主人不死

实 例

藏族 格萨尔打败魔国的鲁赞把他捆起来。忽然鲁赞的寄魂鸟飞来碰了一下鲁赞的嘴，梅萨看见后马上让格萨尔赶快杀了鲁赞，若再迟一点动手，就杀不死他了。

【流传】（无考）

【出处】刘立千：《从“格萨尔史诗”看古代高原的部落社会》，原载《格萨尔论文选集》，四川省格萨尔办公室编印，1990 年，见吕大吉、何耀华总主编《中国各民族原始宗教资料集成》（鄂伦春族卷、鄂温克族卷、赫哲族卷、达斡尔族卷、锡伯族卷、满族卷、蒙古族卷、藏族卷），北京：中国社会科学出版社 1999 年版，第 810 页。

W0913d. 1. 1. 4

不同姓氏的灵魂寄托的动物不同

实 例

（参见下级母题实例）

W0913d. 1. 1. 4. 1

五大神姓中的“董”氏属土，灵魂托于鹿；“竹”氏属水，灵魂托于牦牛；“扎”氏属金，灵魂托于野驴；“廓”氏属火，灵魂托于山羊；“噶”氏属木，灵魂托于绵羊

实 例

藏族 “董”（“董”以及后面的

"竹""扎""廓""噶"，皆系指古时藏族的五大神姓）氏属土，灵魂托于鹿；"竹"氏属水，灵魂托于牦牛；"扎"氏属金，灵魂托于野驴；"廓"氏属火，灵魂托于山羊；"噶"氏属木，灵魂托于绵羊。

【流传】（无考）

【出处】噶玛额列：《常用星算宝瓶》，四川民族出版社 1990 年版，见吕大吉、何耀华总主编《中国各民族原始宗教资料集成》（鄂伦春族卷、鄂温克族卷、赫哲族卷、达斡尔族卷、锡伯族卷、满族卷、蒙古族卷、藏族卷），北京：中国社会科学出版社 1999 年版，第 811 页。

W0913d. 1. 1. 5

昆虫作为亡灵的附着物

实 例

彝族（姆基）墓葬时，如果发现墓坑有昆虫，这个昆虫上会附有死者亡魂。

【流传】云南省·（红河哈尼族彝族自治州）·蒙自县（蒙自市）·水乡（水田乡）·嘎马底（嘎马底村）

【出处】蔡家麒：《蒙自县水乡嘎马底彝族调查》，见吕大吉、何耀华总主编《中国各民族原始宗教资料集成》（彝族卷、白族卷、基诺族卷），北京：中国社会科学出版社 1996 年版，第 173 页。

W0913d. 1. 2

灵魂寄托在植物中

实 例

（参见下级母题实例）

W0913d. 1. 2. 1

寄魂树

实 例

藏族（参见"W0913d. 1. 1. 1 寄魂牛"母题实例）

W0913d. 1. 2. 2

灵魂附着在花上

实 例

（参见下级母题实例）

W0913d. 1. 2. 2. 1

灵魂附着在生育神的花上

实 例

壮族当人满其寿限死去后，他的一个灵魂就变成三个灵魂，其中有两个灵魂变成神。另外一个则被花婆王（又叫花王圣母，壮族专管生儿育女的神灵，也是儿童们的守护神）收去附在她家里庭院所种的神花的花朵上。

【流传】广西壮族自治区·（南宁市）·武鸣县·两江乡·雷江片，马山县·古零乡·杨圩片

【出处】黄世杰搜集整理：＊《社会鬼

与自然界鬼》（1990），见吕大吉、何耀华总主编《中国各民族原始宗教资料集成》（土家族卷、瑶族卷、壮族卷、黎族卷），北京：中国社会科学出版社1998年版，第488页。

W0913d.1.2.2.2 人死投胎前的阴魂会先飞到阴间花婆的花园里的一种花朵上

实 例

壮族 人死后的阴魂都要轮回到人间再次投胎，其灵魂必先飞到阴间花婆的花园里附在一种花的花朵上，然后由花婆安排到人间投胎。

【流传】（无考）

【出处】黄英振、李永宁、黄如猛搜集整理：*《求花经》（1989），见吕大吉、何耀华总主编《中国各民族原始宗教资料集成》（土家族卷、瑶族卷、壮族卷、黎族卷），北京：中国社会科学出版社1998年版，第574页。

W0913d.1.2.3 寄魂草

实 例

（参见下级母题实例）

W0913d.1.2.3.1 灵魂依附在灵草上

实 例

彝族 在死者坟上布母念“接灵经”后，由孝子背坟而跪，右手向后在坟上随便扯下一棵草，称为“灵草”，认为亡灵已附在此草上，然后插在“茅人”身上，便算是魂已附体了。

【流传】贵州省·毕节县（毕节市）·龙场区（七星关区）·（大屯彝族乡）·三官寨

【出处】毕摩陈作珍等讲，陈大进翻译，于锦绣调查整理：《三官寨彝族“冷丧指路”纪略》，见吕大吉、何耀华总主编《中国各民族原始宗教资料集成》（彝族卷、白族卷、基诺族卷），北京：中国社会科学出版社1996年版，第151～152页。

W0913d.1.3 灵魂寄托在无生命物中

实 例

（参见下级母题实例）

W0913d.1.3.1 寄魂箭

实 例

藏族 （参见“W0913d.1.1.1 寄魂牛”母题实例）

W0913d.1.4 灵魂寄托在自然物中

实 例

（参见下级母题实例）

W0913d. 1. 4. 1

寄魂山

实 例

藏族 （参见“W0913d. 1. 1. 1 寄魂牛”母题实例）

W0913d. 1. 4. 1. 1

格萨尔的寄魂物是格卓山

实 例

藏族 格萨尔的寄魂物是格卓山。

【流传】（无考）

【出处】《格萨尔王传》，见林继富《生命的归宿——藏族灵魂观念试析》，载《邦锦花》1990 年第 3 期。

W0913d. 1. 5

灵魂寄托在其他特定物中

实 例

（参见下级母题实例）

W0913d. 1. 5. 1

灵魂寄附在头发中

实 例

壮族 人身上的头发、指甲、衣服等都是灵魂寄附之处。这些东西被那些心地不良之徒窃取拿去埋葬起来，无疑是把人的灵魂抽走。

【流传】（广西壮族自治区）

【出处】黄世杰搜集整理：＊《禁魂》(1989)，见吕大吉、何耀华总主编《中国各民族原始宗教资料集成》（土家族卷、瑶族卷、壮族卷、黎族卷），北京：中国社会科学出版社 1998 年版，第 597 页。

W0913d. 1. 5. 2

灵魂寄附在指甲中

实 例

壮族 （参见“W0913d. 1. 5. 1 灵魂寄附在头发中”母题实例）

W0913d. 1. 5. 3

灵魂寄附在衣物中

实 例

壮族 （参见“W0913d. 1. 5. 1 灵魂寄附在头发中”母题实例）

W0913d. 1. 5. 4

灵魂寄附在接触物上

实 例

（参见下级母题实例）

W0913d. 1. 5. 4. 1

人的灵魂可以寄托在人脚上沾着的碎泥上

实 例

壮族 人身上的头发、指甲，甚至与人的身体接触过的东西如衣服、裤子和脚上沾着的碎泥等等，都可成为灵魂寄托的地方。

【流传】（广西壮族自治区）

【出处】黄世杰搜集整理：*《禁魂》(1989)，见吕大吉、何耀华总主编《中国各民族原始宗教资料集成》（土家族卷、瑶族卷、壮族卷、黎族卷），北京：中国社会科学出版社 1998 年版，第 597 页。

W0913d.1.5.5

蛋壳作为寄魂物

实 例

（参见下级母题实例）

W0913d.1.5.5.1

鸡魂居鸡蛋壳中

实 例

壮族 孵出小鸡后的蛋壳是鸡魂寄身之处，不能扔掉。

【流传】广西壮族自治区·（百色市）·靖西（靖西市）

【出处】凌树东搜集整理：*《保护鸡、猪、马魂》(1990)，见吕大吉、何耀华总主编《中国各民族原始宗教资料集成》（土家族卷、瑶族卷、壮族卷、黎族卷），北京：中国社会科学出版社 1998 年版，第 602 页。

W0913d.1.5.6

笼子作为寄魂物

实 例

（参见下级母题实例）

W0913d.1.5.6.1

鸡魂居鸡笼中

实 例

壮族 人们要妥善保护好曾经装过鸡的鸡笼。鸡的灵魂也许会以鸡笼为栖身之处，不能随便毁掉鸡笼。

【流传】广西壮族自治区·（百色市）·靖西（靖西市）

【出处】凌树东搜集整理：*《保护鸡、猪、马魂》(1990)，见吕大吉、何耀华总主编《中国各民族原始宗教资料集成》（土家族卷、瑶族卷、壮族卷、黎族卷），北京：中国社会科学出版社 1998 年版，第 602 页。

W0913d.1.5.7

布袋作为寄魂物

实 例

彝族 倮族祖人灵位是用竹子编成的一个篾箩箩，内有一个小布袋，袋中放山竹根绵羊毛，用丝线系连，这个小袋就是祖人的灵魂寄托处。

【流传】云南省·（楚雄彝族自治州）·武定县，（昆明市）·禄劝县（禄劝彝族苗族自治县）、寻甸县（寻甸回族彝族自治县）等地

【出处】马学良：《罗文作斋经译注》，见吕大吉、何耀华总主编《中国各民族原始宗教资料集成》（彝族卷、白族卷、基诺族卷），北京：中国社会科学出版社 1996 年版，第 188 页。

W0913d. 1. 5. 8
盒子作为寄魂物

实 例

（参见下级母题实例）

W0913d. 1. 5. 8. 1
人的灵魂挂在一棵大樟松的桦皮盒子里

实 例

鄂伦春族 阿勒塔涅（人名）的灵魂挂在一棵大樟松的桦皮盒子里。

【流传】（中国东北部地区）

【出处】

（a）张凤铸、蔡伯文记录整理：《阿勒塔涅斩魔记》，见张凤铸、蔡伯文编《鄂伦春民间文学选》，呼和浩特：内蒙古人民出版社 1980 年版。

（b）同（a），见姚宝瑄主编《中国各民族神话》（达斡尔族、鄂伦春族、鄂温克族、蒙古族），太原：山西出版传媒集团·书海出版社 2014 年版，第 107 ~ 113 页。

W0913d. 1. 5. 8. 2
魔王的灵魂藏在金鱼肚子里的小盒中

实 例

维吾尔族 魔王的灵魂藏在金鱼肚子里的蛋的小盒子里。

【流传】（无考）

【出处】《英雄艾里·库尔班》，见仁钦道尔吉《江格尔论》，呼和浩特：内蒙古大学出版社 1999 年版，第 99 页。

W0913d. 1. 5. 9
特定动物是灵魂寄居处

【关联】［W0895］灵魂居住在特定动物身上

实 例

（参见下级母题实例）

W0913d. 1. 5. 9. 1
灵魂寄身蜘蛛

【关联】

①［W0887. 2. 4］灵魂化身蜘蛛

②［W0911. 2. 2. 1］用蜘蛛招魂

③［W0913. 1. 6. 1］蜘蛛是魂之君主

④［W0915. 1. 1］蜘蛛象征灵魂

实 例

怒族 人丢失的灵魂常附在一种小蜘蛛上，只要巫师捉得这种小蜘蛛，放在病人头顶上，其走失的灵魂即可归体。

【流传】（无考）

【出处】吕大吉、何耀华总主编：《中国各民族原始宗教资料集成》（纳西族卷、羌族卷、独龙族卷、傈僳族卷、怒族卷），北京：中国社会科学出版社 2000 年版，第 838 页。

W0913d.1.5.9.1.1

病人的魂寄居在蜘蛛身上

实 例

白族 病人的魂寄居在蜘蛛身上。巫师告诉病家，必须到特定地方找回那个寄魂的蜘蛛，病人才会魂魄归身，病愈康健。

【流传】云南省·（大理白族自治州）·洱源县·茈碧乡、凤羽乡

【出处】王承权调查整理：《洱源凤羽茈碧白族祛病巫术四种》（1988），见吕大吉、何耀华总主编《中国各民族原始宗教资料集成》（彝族卷、白族卷、基诺族卷），北京：中国社会科学出版社1996年版，第617页。

W0913d.1.5.10

特定无生命物作为寄魂物

实 例

（参见下级母题实例）

W0913d.1.5.10.1

石头作为寄魂物

实 例

纳西族 陆门神和色门神把灵魂寄托给了永远不会老朽的石头。

【流传】云南省·（丽江市）·丽江县（古城区、玉龙纳西族自治县）

【出处】木丽春采集整理：《门神来历的传说》，见木丽春编著《纳西族民间故事集》，昆明：云南人民出版社2007年版，第59页。

W0913d.1.6

寄魂物与寄魂之人同庚

实 例

（参见下级母题实例）

W0913d.1.6.1

不同人的马魂、牛魂和鸟魂，都与相对的人同庚

实 例

藏族 一个家庭中，九个儿子都有相同数量的“马魂”“牛魂”和“鸟魂”，而马、牛、鸟都与儿子同庚。

【流传】（无考）

【出处】［法］石泰安著，耿昇译：《西藏的文明》，西藏社会科学院汉文文献编辑室编印，见林继富《生命的归宿——藏族灵魂观念试析》，载《邦锦花》1990年第3期。

W0913d.1.7

与寄魂有关的其他母题

【关联】［W0889.8.1］人的灵魂独立存在，随时可以离开他的附托物

实 例

（实例待考）

W0913d.2

灵魂迁移他物

实 例

（参见下级母题实例）

W0913d. 2. 1
灵魂受惊吓后附着到吓人者身上

实 例

壮族 人挨什么惊吓，魂就跟什么去。如小孩被狗吓着落魂，魂魄就附在狗的身上。

【流传】（广西壮族自治区·柳州市·柳城县）

【出处】 杨钦华搜集整理：*《魂不离人体》（1989），见吕大吉、何耀华总主编《中国各民族原始宗教资料集成》（土家族卷、瑶族卷、壮族卷、黎族卷），北京：中国社会科学出版社 1998 年版，第 487 页。

W0913d. 3
灵魂转移到别处

【关联】

①［W0899. 3. 9］灵魂出行的引领者

②［W0910］灵魂的归宿（灵魂回归，灵魂的结局）

实 例

（参见下级母题实例）

W0913d. 3. 1
人死后灵魂会转入彼岸世界

【关联】［W0886. 3. 1］人死后灵魂离开身体

实 例

壮族 人之灵魂不灭。人的死亡只是肉体的终结，而灵魂则转入彼岸世界去。

【流传】（无考）

【出处】 黄世杰搜集整理：*《万物有灵》（1990），见吕大吉、何耀华总主编《中国各民族原始宗教资料集成》（土家族卷、瑶族卷、壮族卷、黎族卷），北京：中国社会科学出版社 1998 年版，第 485 页。

W0913d. 3. 2
人死灵魂不灭，头三年，五年后转入家中地下，满九年离家转入土地庙内

实 例

壮族 人虽死但灵魂不灭，头三年死者因恋亲人不愿离家；五年后才转入家中地下；待满九年方离家转入土地庙内，故各村都设土地庙。

【流传】 广西壮族自治区·（崇左市）·大新县·下雷乡（下雷镇）

【出处】 王昭武搜集整理：*《祖先神与土地庙》（1956，1986），见吕大吉、何耀华总主编《中国各民族原始宗教资料集成》（土家族卷、瑶族卷、壮族卷、黎族卷），北京：中国社会科学出版社 1998 年版，第 497 页。

W0913d. 3. 3
女儿出嫁后要分转灵魂到夫家

实 例

纳西族 美利东阿普（祖先名）嫁出九

个女儿后，把九个女儿的素（灵魂），从父母家的素篓里分出去，拴系到男家的素灵魂篓里去。

【流传】云南省·（丽江市）·丽江县（古城区、玉龙纳西族自治县）

【出处】木丽春采集整理：《素注婚仪的来历》，见木丽春编著《纳西族民间故事集》，昆明：云南人民出版社2007年版，第82页。

W0914

灵魂的数量（灵魂的类型，鬼的类型）

实　例

（参见下级母题实例）

W0914.1

人有多个灵魂（人有多个魂魄）

【汤普森】E707

【关联】［W2750］人的特征

实　例

（参见下级母题实例）

W0914.1.1

人有2个灵魂

实　例

景颇族　（实例待考）

W0914.1.2

人死后一个灵魂上天，一个灵魂入地

实　例

景颇族　（实例待考）

W0914.1.3

人有3个灵魂

【关联】［W0843.2.4］魔王有3个灵魂

实　例

白族　人死后的一魂三魄，各有其所。

【流传】云南省·（大理白族自治州）·云龙县·石门（石门镇）等

【出处】王承权等调查整理：《谢道辛》（1990），见吕大吉、何耀华总主编《中国各民族原始宗教资料集成》（彝族卷、白族卷、基诺族卷），北京：中国社会科学出版社1996年版，第440页。

鄂伦春族　活着的人共有三个灵魂。

【流传】黑龙江·大兴安岭地区

【出处】孟秀春调查整理：《灵魂观》，见吕大吉、何耀华总主编《中国各民族原始宗教资料集成》（鄂伦春族卷、鄂温克族卷、赫哲族卷、达斡尔族卷、锡伯族卷、满族卷、蒙古族卷、藏族卷），北京：中国社会科学出版社1999年版，第24页。

彝族　人有三个灵魂。

【流传】四川省·凉山（凉山彝族自治州）·昭觉（昭觉县）·城南乡，美姑（美姑县）·巴普乡

【出处】吕大吉、何耀华总主编：《中国各民族原始宗教资料集成》（彝族卷、白族卷、基诺族卷），北京：中

国社会科学出版社 1996 年版，第 109 页。

藏族（尔苏） 每个人有 3 个灵魂。

【流传】四川省·（凉山彝族自治州）·甘洛县·（蓼坪乡·清水村）

【出处】王德和：《甘洛县尔苏藏族的丧葬习俗调查研究》，载《西南民族大学学报》2010 年第 9 期。

壮族 人有三个魂魄。

【流传】（广西壮族自治区·来宾市·武宣县）

【出处】范宏贵搜集整理：*《人有三魂》（1989），见吕大吉、何耀华总主编《中国各民族原始宗教资料集成》（土家族卷、瑶族卷、壮族卷、黎族卷），北京：中国社会科学出版社 1998 年版，第 487 页。

W0914. 1. 3. 1

人死后的 3 个魂：1 个到阴间，1 个守坟，1 个脱胎再生

实 例

白族 人死后灵魂活着，人的死是体和魂的分离。一般认为人死有三个魂：一魂到阴间，一魂守坟，一魂脱胎再生。

【流传】贵州省·（毕节市）·威宁县（威宁彝族回族苗族自治县）、赫章（赫章县）

【出处】李平凡：《威宁赫章白族社会历史调查报告》，见贵州省民族研究所编：《贵州民族调查》之四，内部编印 1986，第 567 页。

白族 死人的三魂一个在家神堂受享祭，一个在坟地里，一个在地狱或投胎转世。

【流传】云南省·（大理白族自治州）·大理市·城郊乡、海东乡、喜洲镇

【出处】杨盈勋等讲，王承权调查整理：《大理白族灵魂不死观念》，见吕大吉、何耀华总主编《中国各民族原始宗教资料集成》（彝族卷、白族卷、基诺族卷），北京：中国社会科学出版社 1996 年版，第 400 页。

W0914. 1. 3. 1a

人有 3 魂，一个在自身，一个在阴间地府，一个在坟地

实 例

白族 人有 3 个魂。一个在自身，一个在阴间地府，一个在坟地里。

【流传】云南省·（大理白族自治州）·大理市·城郊乡、海东乡、喜洲镇

【出处】杨盈勋等讲，王承权调查整理：《大理白族灵魂不死观念》，见吕大吉、何耀华总主编《中国各民族原始宗教资料集成》（彝族卷、白族卷、基诺族卷），北京：中国社会科学出版社 1996 年版，第 400 页。

W0914.1.3.1b

人死后的3个魂：1个进入阴间，1个栖于坟墓，1个附于灵牌

实 例

彝族 人有三个灵魂，死后，一个灵魂由毕摩指路进入阴间世界，一个随遗骨栖于坟墓；一个则附于灵牌受子孙供奉。

【流传】（无考）

【出处】 吕大吉、何耀华总主编：《中国各民族原始宗教资料集成》（彝族卷、白族卷、基诺族卷），北京：中国社会科学出版社1996年版，第30页。

W0914.1.3.2

人活着时只有一个灵魂，死后就变成3个灵魂

实 例

壮族 人在世时，其体内只有一个灵魂，但死亡后就变成了三个灵魂。

【流传】（无考）

【出处】 黄世杰搜集整理：*《万物有灵》（1990），见吕大吉、何耀华总主编《中国各民族原始宗教资料集成》（土家族卷、瑶族卷、壮族卷、黎族卷），北京：中国社会科学出版社1998年版，第485页。

W0914.1.3.3

人的3个灵魂寄于不同地方

实 例

白族 人有三魂七魄。人活着的时候，魂附在肉体上；人死以后，魂一般分散在三个地方：一是去到了阴间，二是在坟地，三是到处游荡。

【流传】 云南省·（大理白族自治州）·鹤庆县·云鹤镇、辛屯乡

【出处】 王承权等调查整理：《鹤庆白族的鬼魂观念》，见吕大吉、何耀华总主编《中国各民族原始宗教资料集成》（彝族卷、白族卷、基诺族卷），北京：中国社会科学出版社1996年版，第403页。

W0914.1.3.3.0

人的灵魂一个在阿玛胡妈妈那里，两个附身上

实 例

鄂伦春族 成人的灵魂有三个，一个在阿玛胡妈妈那里，两个正附身。

【流传】 黑龙江·大兴安岭地区

【出处】 孟秀春调查整理：《灵魂观》，见吕大吉、何耀华总主编《中国各民族原始宗教资料集成》（鄂伦春族卷、鄂温克族卷、赫哲族卷、达斡尔族卷、锡伯族卷、满族卷、蒙古族卷、藏族卷），北京：中国社会科学出版社1999年版，第24页。

W0914.1.3.3.1
北方路赞王有3个寄魂物，一棵寄魂树，一头寄魂牛，一个寄魂海

【关联】［W0913d.1］寄魂（灵魂的寄托物，灵魂的附着物）

实 例

藏族 北方路赞王有三个寄魂物，即一棵寄魂树，一头寄魂牛，一个寄魂海。

【流传】（无考）

【出处】《格萨尔王传》，见林继富《生命的归宿——藏族灵魂观念试析》，载《邦锦花》1990年第3期。

W0914.1.3.4
人有3个灵魂，第一个灵魂叫“奥任”，第二个灵魂叫“哈尼”，第三个灵魂叫“法扬库”

实 例

赫哲族 赫哲人认为人有三个灵魂，第一个灵魂叫做“奥任”，第二个灵魂叫做“哈尼”，第三个灵魂叫做“法扬库”。

【流传】（松花江下游地区依兰至抚远一带）

【出处】孟慧英：《赫哲族卷·绪论》，见吕大吉、何耀华总主编《中国各民族原始宗教资料集成》（鄂伦春族卷、鄂温克族卷、赫哲族卷、达斡尔族卷、锡伯族卷、满族卷、蒙古族卷、藏族卷），北京：中国社会科学出版社1999年版，第193页。

W0914.1.3.5
人有游魂、守天魂、生魂3个魂

实 例

羌族 人有三魂，一为游魂，一为守天魂，一为生魂。

【流传】四川省·（阿坝藏族羌族自治州）·理县·桃坪乡·佳山寨

【出处】教育部蒙藏教育司编《川西调查记·羌人之部、羌人之信仰》，1943年3月，见吕大吉、何耀华总主编《中国各民族原始宗教资料集成》（纳西族卷、羌族卷、独龙族卷、傈僳族卷、怒族卷），北京：中国社会科学出版社2000年版，第498页。

W0914.1.3.6
人死后的3个灵魂中一魂守坟，一魂招入灵筒，一魂送归祖源处

实 例

彝族 人有三个魂。人死后一魂守坟，一魂招入“灵筒”，供在“灵房”，一魂送归祖源处，与祖宗欢聚永生。

【流传】贵州省·节地区（毕节市）·龙场区（七星关区）·（大屯彝族

乡）·三官寨

【出处】于绵绣：《彝族的近祖崇拜》，载《世界宗教研究》1983 年第 2 期。

W0914.1.4
人死后的 1 魂 3 魄

实 例

白族 人死后的一魂三魄，各有其所。

【流传】云南省·（大理白族自治州）·云龙县·石门（石门镇）等

【出处】王承权等调查整理：《谢道辛》（1990），见吕大吉、何耀华总主编《中国各民族原始宗教资料集成》（彝族卷、白族卷、基诺族卷），北京：中国社会科学出版社 1996 年版，第 440 页。

W0914.1.5
人有 3 魂 7 魄

实 例

白族 人有三魂七魄。

【流传】云南省·（大理白族自治州）·鹤庆县·云鹤镇、辛屯乡

【出处】王承权等调查整理：《鹤庆白族的鬼魂观念》，见吕大吉、何耀华总主编《中国各民族原始宗教资料集成》（彝族卷、白族卷、基诺族卷），北京：中国社会科学出版社 1996 年版，第 403 页。

W0914.1.5.1
人的三魂七魄活着时集于一身

实 例

白族 人有三魂七魄，活着时皆集于一身，叫“生不离魂”。

【流传】云南省·（大理白族自治州）·云龙县·石门（石门乡）等

【出处】王承权等调查整理：《谢道辛》（1990），见吕大吉、何耀华总主编《中国各民族原始宗教资料集成》（彝族卷、白族卷、基诺族卷），北京：中国社会科学出版社 1996 年版，第 440 页。

W0914.1.5.2
人活着时三魂七魄在心脏

实 例

白族 人活着时，三魂七魄在心脏，人死的当天，三魂上天，七魄落地。

【流传】云南省·（大理白族自治州）·大理市·城郊乡、海东乡、喜洲镇

【出处】杨盈勋等讲，王承权调查整理：《大理白族灵魂不死观念》，见吕大吉、何耀华总主编《中国各民族原始宗教资料集成》（彝族卷、白族卷、基诺族卷），北京：中国社会科学出版社 1996 年版，第 400 页。

W0914. 1. 5. 3
人的三魂在心脏

实 例

白族 人的三魂在心脏。七魄是指眼耳口鼻脑手足。

【流传】云南省·（大理白族自治州）·大理市·城郊乡、海东乡、喜洲镇

【出处】杨盈勋等讲，王承权调查整理：《大理白族灵魂不死观念》，见吕大吉、何耀华总主编《中国各民族原始宗教资料集成》（彝族卷、白族卷、基诺族卷），北京：中国社会科学出版社 1996 年版，第 400 页。

W0914. 1. 5. 4
人死后三魂上天，七魄落地

实 例

白族 （参见“W0914. 1. 5. 2 人活着时三魂七魄在心脏”母题实例）

W0914. 1. 5. 5
人七魄是指眼耳口鼻脑手足

实 例

白族 （参见“W0914. 1. 5. 3 人的三魂在心脏”母题实例）

W0914. 1. 5a
活人都有 7 个魂魄

实 例

白族（那马）每个活人都有 7 个魂魄。

【流传】云南省·（怒江傈僳族自治州）·兰坪县（兰坪白族普米族自治县）、（迪庆藏族自治州）·维西县（维西傈僳族自治县）

【出处】刘龙初调查整理：《兰坪、维西那马人对鬼与神的区别》（1988），见吕大吉、何耀华总主编《中国各民族原始宗教资料集成》（彝族卷、白族卷、基诺族卷），北京：中国社会科学出版社 1996 年版，第 416 页。

W0914. 1. 6
人有 9 魂

实 例

独龙族 人活在世上时，有九个魂。

【流传】云南省

【出处】洪俊：《独龙族的原始习俗与文化》，见云南省编辑组编《云南少数民族社会历史调查资料汇编》（一），昆明：云南人民出版社 1986 年版，第 215 页。

W0914. 1. 7
人有 12 个灵魂

实 例

（参见下级母题实例）

W0914. 1. 7. 1
人的 12 个灵魂分附身魂、守家魂、护身魂 3 种

实 例

彝族 人有12个灵魂，分附身魂、守家魂、护身魂等三种。

【流传】云南省·（红河哈尼族彝族自治州）·红河县、元江县（元江哈尼族彝族傣族自治县）、石屏县一带

【出处】龙倮贵搜集整理，黄建明摘：《滇南彝族的招老人魂》，见吕大吉、何耀华总主编《中国各民族原始宗教资料集成》（彝族卷、白族卷、基诺族卷），北京：中国社会科学出版社1996年版，第112页。

W0914.1.8

人有几个影子就有几个灵魂

【关联】［W0911.7.1.3a］通过摄取影子摄魂

实　例

（参见下级母题实例）

怒族（若柔人） 人的灵魂不止一个，当不同角度的光源照射在人的身上时，出现几重阴影，也就是人有几个灵魂的证明。

【流传】云南省·怒江州（怒江傈僳族自治州）·兰坪（兰坪白族普米族自治县）

【出处】何叔涛调查整理：《灵魂与影子》（1988），见吕大吉、何耀华总主编《中国各民族原始宗教资料集成》（纳西族卷、羌族卷、独龙族卷、傈僳族卷、怒族卷），北京：中国社会科学出版社2000年版，第844页。

W0914.2

人有1个灵魂

实　例

（参见下级母题实例）

W0914.2.1

人活着时只有1个灵魂

实　例

壮族 人在世时，其体内只有一个灵魂附在他的肉体上。

【流传】广西壮族自治区·（南宁市）·武鸣县·两江乡·雷江片，马山县·古零乡·杨圩片

【出处】黄世杰搜集整理：＊《社会鬼与自然界鬼》（1990），见吕大吉、何耀华总主编《中国各民族原始宗教资料集成》（土家族卷、瑶族卷、壮族卷、黎族卷），北京：中国社会科学出版社1998年版，第488页。

W0914.2a

男人女人灵魂数量不同

实　例

（参见下级母题实例）

W0914.2a.1

男人有9个灵魂，女人有7个灵魂

实　例

基诺族 上新房举行糯米团击牛仪式

时，用糯米团打牛，念辞是：我献的是牛的命，换的是人的命，请回赐我男九魂、女七魂。

【流传】云南省·（西双版纳傣族自治州·景洪市）·基诺族乡（基诺山基诺族乡）·巴亚村·巴亚中寨·基诺山戛里果箐一带

【出处】杜玉亭调查整理：《巴亚寨上新房仪式全过程》（1979～1990），见吕大吉、何耀华总主编《中国各民族原始宗教资料集成》（彝族卷、白族卷、基诺族卷），北京：中国社会科学出版社1996年版，第856页。

纳西族（鲁鲁）男子有九个灵魂，女子有七个灵魂。

【流传】云南省·丽江县（丽江市）·塔城·依陇（依陇行政村）·巴甸村

【出处】和三六（73岁）讲，李国文调查整理：《丽江塔城地区的祭祖》（1986），见吕大吉、何耀华总主编《中国各民族原始宗教资料集成》（纳西族卷、羌族卷、独龙族卷、傈僳族卷、怒族卷），北京：中国社会科学出版社2000年版，第88页。

怒族男子有九个魂、女子有七个魂。

【流传】云南省·怒江州（怒江傈僳族自治州）·碧江县（已撤销，现为怒江傈僳族自治州中部）

【出处】

（a）宝山屹搜集整理：《怒族祭祀歌》，见碧江县政协文史资料编写组《碧江文史资料选集》，1987年，第103～107页。

（b）同（a），见吕大吉、何耀华总主编《中国各民族原始宗教资料集成》（纳西族卷、羌族卷、独龙族卷、傈僳族卷、怒族卷），北京：中国社会科学出版社2000年版，第876页。

W0914.2a.2

人的灵魂男9女7（男子有9个魂、女子有7个魂）

实　例

傈僳族用特定丝麻表示人的灵魂时，男魂有九缕，女魂有七缕。

【流传】云南省·迪庆州（迪庆藏族自治州）·维西县（维西傈僳族自治县）

【出处】陶云逵：《碧罗雪山之傈僳族》，见国立中央研究院《历史语言研究所集刊》第17本，商务印书馆民国三十七年（1948），第380～381页。

W0914.3

鬼有不同种类（灵魂的类型）

实　例

（参见下级母题实例）

W0914.3.1

社会的鬼和自然界的鬼

实　例

（参见下级母题实例）

W0914.3.1.1
社会的鬼

实　例

（参见下级母题实例）

W0914.3.1.1.1
社会的鬼是人死后灵魂现形

实　例

壮族 鬼有社会的鬼和自然界的鬼两种。社会的鬼就是“死亡”的人的灵魂活现的东西。

【流传】广西壮族自治区·（南宁市）·武鸣县·两江乡·雷江片，马山县·古零乡·杨圩片

【出处】黄世杰搜集整理：*《社会鬼与自然界鬼》（1990），见吕大吉、何耀华总主编《中国各民族原始宗教资料集成》（土家族卷、瑶族卷、壮族卷、黎族卷），北京：中国社会科学出版社1998年版，第488页。

W0914.3.1.1.2
特定民族的鬼

实　例

（参见下级母题实例）

W0914.3.1.1.2.1
虎氏族鬼（屋豆尼）

实　例

傈僳族 傈僳族把神鬼分成若干种类，如虎氏族鬼（屋豆尼）等30多种。

【流传】（无考）

【出处】《傈僳族简史》编写组：《傈僳族简史》，昆明：云南人民出版社1983年版，第126页。

W0914.3.1.2
自然界的鬼

实　例

（参见下级母题实例）

W0914.3.1.2.1
自然界的鬼是日月、山川、星辰、峡谷、岩石、河流、树林、风雷、虫鱼、鸟兽、牲畜以及门坎、木凳、桥梁等的鬼

实　例

壮族 鬼有社会的鬼和自然界的鬼两种。自然界的鬼是指宇宙间一切万物举凡日月、山川、星辰、峡谷、岩石、河流、树林、风雷、虫鱼、鸟兽、牲畜甚至门坎、木凳、桥梁等都有看不见摸不着的灵魂。

【流传】广西壮族自治区·（南宁市）·武鸣县·两江乡·雷江片，马山县·古零乡·杨圩片

【出处】黄世杰搜集整理：*《社会鬼与自然界鬼》（1990），见吕大吉、何耀华总主编《中国各民族原始宗教资料集成》（土家族卷、瑶族卷、壮族卷、黎族卷），北京：中国社会科学

出版社 1998 年版，第 488 ~489 页。

W0914.3.2

善鬼和恶鬼

【关联】

① ［W0901］善灵（善魂，善鬼，善心鬼）

② ［W0902］恶灵（恶魂，恶鬼，邪恶的灵魂）

实 例

（参见下级母题实例）

W0914.3.2.1

亡灵有的变善鬼，有的变恶鬼

实 例

壮族 亡灵有的变善鬼，有的变恶鬼。

【流传】广西壮族自治区·百色市·田阳县、德保县

【出处】陆启贤搜集整理：*《鬼与魂的区别》（1989），见吕大吉、何耀华总主编《中国各民族原始宗教资料集成》（土家族卷、瑶族卷、壮族卷、黎族卷），北京：中国社会科学出版社 1998 年版，第 490 页。

W0914.3.2.2

善鬼比恶鬼高强

实 例

壮族 一般认为，善鬼的本领稍比恶鬼高强一些。

【流传】广西壮族自治区·（南宁市）·武鸣县·两江乡·雷江片，马山县·古零乡·杨圩片

【出处】黄世杰搜集整理：*《社会鬼与自然界鬼》（1990），见吕大吉、何耀华总主编《中国各民族原始宗教资料集成》（土家族卷、瑶族卷、壮族卷、黎族卷），北京：中国社会科学出版社 1998 年版，第 489 页。

W0914.3.2.3

善鬼在阴间辛勤劳动

实 例

彝族 善鬼在阴间仍进行耕作、畜牧、纺织。

【流传】四川省·（凉山彝族自治州）·美姑县·巴普乡；云南省·（楚雄彝族自治州）武定县·万德乡

【出处】吕大吉、何耀华总主编：《中国各民族原始宗教资料集成》（彝族卷、白族卷、基诺族卷），北京：中国社会科学出版社 1996 年版，第 118 页。

W0914.3.2.4

善鬼中最善者是父母的灵魂

实 例

彝族 善鬼中之最善者即是父母的灵魂。

【流传】四川省·（凉山彝族自治州）·美姑县·巴普乡；云南省·（楚雄彝族自治州）武定县·万德乡

【出处】吕大吉、何耀华总主编：《中国

各民族原始宗教资料集成》（彝族卷、白族卷、基诺族卷），北京：中国社会科学出版社1996年版，第117～118页。

W0914.3.2a

善恶相兼的鬼

实 例

（参见下级母题实例）

W0914.3.2a.1

善恶相兼鬼由不好不坏的人死后所变

实 例

彝族 善恶相兼鬼由不好不坏的人死后所变。

【流传】四川省·（凉山彝族自治州）·美姑县·巴普乡；云南省·（楚雄彝族自治州）武定县·万德乡

【出处】吕大吉、何耀华总主编：《中国各民族原始宗教资料集成》（彝族卷、白族卷、基诺族卷），北京：中国社会科学出版社1996年版，第117～118页。

W0914.3.3

大鬼与小鬼

实 例

壮族 壮族人把所有的鬼按其对人们的生产和日常生活的影响程度，划分为大鬼、小鬼和善鬼、恶鬼的不同等级和类别。

【流传】广西壮族自治区·（南宁市）·武鸣县·两江乡·雷江片，马山县·古零乡·杨圩片

【出处】黄世杰搜集整理：*《社会鬼与自然界鬼》（1990），见吕大吉、何耀华总主编《中国各民族原始宗教资料集成》（土家族卷、瑶族卷、壮族卷、黎族卷），北京：中国社会科学出版社1998年版，第489页。

W0914.3.3.1

大鬼

实 例

（参见下级母题实例）

W0914.3.3.1.1

大鬼对人的生产、生活危害性很大

实 例

壮族 壮族人把所有的鬼按其对人们的生产和日常生活的影响程度，划分为大鬼、小鬼。其中，大鬼是指那些对人们的生产、生活危害性很大的鬼。

【流传】广西壮族自治区·（南宁市）·武鸣县·两江乡·雷江片，马山县·古零乡·杨圩片

【出处】黄世杰搜集整理：*《社会鬼与自然界鬼》（1990），见吕大吉、何耀华总主编《中国各民族原始宗教资料集成》（土家族卷、瑶族卷、壮族

卷、黎族卷），北京：中国社会科学出版社 1998 年版，第 489 页。

W0914. 3. 3. 2

小鬼

实 例

（参见下级母题实例）

W0914. 3. 3. 2. 1

小鬼对人的生命财产威胁较轻

实 例

壮族 壮族人把所有的鬼按其对人们的生产和日常生活的影响程度，划分为大鬼、小鬼。小鬼则指那些对人们的生命财产威胁较轻的鬼。

【流传】广西壮族自治区·（南宁市）·武鸣县·两江乡·雷江片，马山县·古零乡·杨圩片

【出处】黄世杰搜集整理：*《社会鬼与自然界鬼》(1990)，见吕大吉、何耀华总主编《中国各民族原始宗教资料集成》（土家族卷、瑶族卷、壮族卷、黎族卷），北京：中国社会科学出版社 1998 年版，第 489 页。

W0914. 3. 3. 3

大小鬼没有从属关系

实 例

壮族 大小鬼的划分并不是意味着大鬼统治小鬼或有权力控制小鬼，而只是根据它们对人们的作用不同，以不同的祭品祀奉。

【流传】广西壮族自治区·（南宁市）·武鸣县·两江乡·雷江片，马山县·古零乡·杨圩片

【出处】黄世杰搜集整理：*《社会鬼与自然界鬼》(1990)，见吕大吉、何耀华总主编《中国各民族原始宗教资料集成》（土家族卷、瑶族卷、壮族卷、黎族卷），北京：中国社会科学出版社 1998 年版，第 489 页。

W0914. 3. 3. 4

最小的鬼

实 例

（参见下级母题实例）

W0914. 3. 3. 4. 1

在秦中周之右将军杜主是最小鬼之神

实 例

汉族 雍营庙亦有杜主。杜主，故周之右将军，其在秦中，最小鬼之神者。

【流传】（无考）

【出处】［西汉］司马迁：《史记·封禅书》。

W0914. 3. 4

家鬼与野鬼

【关联】

①［W0443. 1］家神（家鬼，家庭保护神，家族保护神）

②［W0916.2.2］野鬼

实 例

（参见下级母题实例）

W0914.3.4.1

家堂鬼

实 例

傈僳族 祭家堂鬼，需要猪、羊各1头（只）。

【流传】云南省·（德宏傣族景颇族自治州）·盈江县·苏典（傈僳族）乡

【出处】许鸿宝等：《盈江县苏典傈僳族调查报告》，见云南省编辑组编《云南少数民族社会历史调查资料汇编》（二），昆明：云南人民出版社1987年版，第66~67页。

W0914.3.4.2

家鬼是最大的鬼

实 例

怒族 “耀于”即家鬼，是怒族原始宗教中诸鬼里最大的鬼。

【流传】云南省·怒江州（怒江傈僳族自治州）·碧江县（碧江县已撤销，现为怒江傈僳族自治州中部）

【出处】

（a）何叔涛：《碧江怒族的原始宗教》，载《世界宗教研究》1985年第3期，第144页。

（b）同（a），见吕大吉、何耀华总主编《中国各民族原始宗教资料集成》（纳西族卷、羌族卷、独龙族卷、傈僳族卷、怒族卷），北京：中国社会科学出版社2000年版，第872页。

W0914.3.4.3

家鬼海夸尼

实 例

傈僳族 傈僳族把神鬼分成若干种类，如院坝鬼（乌沙尼）、家鬼（海夸尼）等30多种。

【流传】（无考）

【出处】《傈僳族简史》编写组：《傈僳族简史》，昆明：云南人民出版社1983年版，第126页。

W0914.3.4.3.1

家鬼海夸尼作祟使人得病

实 例

傈僳族 “海夸尼”亦称家鬼。该鬼祟人之病情为心痛，如小孩患此病，则在数天内便会死去。妇女月经多，不生育亦系此鬼作祟。

【流传】云南省·（怒江傈僳族自治州）·碧江县五区（今属泸水县·洛本卓白族乡）·色德乡（色德行政村）·德一登村

【出处】田家祺等：《碧江县五区色德乡德一登村傈僳族社会经济调查》，见云南省编辑委员会编《傈僳族社会历史调查》，昆明：云南人民出版社1981年版，第72~73页。

W0914.3.4a

死人鬼和活人鬼

【关联】［W0907.14.19］活人鬼

实 例

（参见下级母题实例）

W0914.3.4a.1

人最怕死人鬼和活人鬼

实 例

白族 人最害怕的是死人鬼和“活人鬼”。

【流传】云南省·（大理白族自治州）·洱源县·西山乡

【出处】赵寅松调查整理：《洱源西山白族送死人鬼与活人鬼》（1988），见吕大吉、何耀华总主编《中国各民族原始宗教资料集成》（彝族卷、白族卷、基诺族卷），北京：中国社会科学出版社1996年版，第428页。

W0914.3.5

不同颜色的鬼（鬼的颜色）

实 例

（参见下级母题实例）

W0914.3.5.1

大红鬼（红鬼）

实 例

（参见下级母题实例）

W0914.3.5.1.1

断命的大红鬼

实 例

藏族 丧葬仪式上，向鬼怪献赎品后，要念诵词驱除那些夺寿、断命的大红鬼。

【流传】（西藏自治区）

【出处】帕·克瓦尔耐著，褚俊杰译：《西藏本教徒的丧葬仪式》，原载西藏人民出版社1989年版《国外藏学研究译文集》第5辑，见吕大吉、何耀华总主编《中国各民族原始宗教资料集成》（鄂伦春族卷、鄂温克族卷、赫哲族卷、达斡尔族卷、锡伯族卷、满族卷、蒙古族卷、藏族卷），北京：中国社会科学出版社1999年版，第842页。

W0914.3.5.2

黑鬼

实 例

汉族 （实例待考）

W0914.3.5.3

绿鬼

实 例

（参见下级母题实例）

W0914.3.5.3.1
绿鬼害人

实 例

彝族 古时，出现了一个，专门来干绿鬼害人的勾当。

【流传】云南省·红河南岸红河（红河县）、元阳（元阳县）一带

【出处】孙官生调查整理：《祭倮神话》，见吕大吉、何耀华总主编《中国各民族原始宗教资料集成》（彝族卷、白族卷、基诺族卷），北京：中国社会科学出版社1996年版，第283～284页。

W0914.3.5a
不同骨色的鬼

实 例

（参见下级母题实例）

W0914.3.5a.1
白骨鬼

实 例

纳西族 东方东巴格泽泽布呀，建立白螺动神石，镇压白骨鬼；南方东巴色日明公呀，建立碧玉动神石，镇压绿骨鬼；西方东巴纳生从路呀，建立黑珍动神石，镇压黑骨鬼；北方东巴古生喀巴呀，建立黄金动神石，镇压黄骨鬼；天地中央东巴索羽净古呀，建立花斑动神石，镇压花骨鬼。

【流传】云南省·丽江县（丽江市）·长水乡（不详）

【出处】和泗泉读经，周汝诚调查记录，和志武翻译整理：经书《动丁》（1989），见吕大吉、何耀华总主编《中国各民族原始宗教资料集成》（纳西族卷、羌族卷、独龙族卷、傈僳族卷、怒族卷），北京：中国社会科学出版社2000年版，第85页。

W0914.3.5a.2
绿骨鬼

实 例

纳西族 （参见“W0914.3.5a.1 白骨鬼”母题实例）

W0914.3.5a.3
黑骨鬼

实 例

纳西族 （参见“W0914.3.5a.1 白骨鬼”母题实例）

W0914.3.5a.4
黄骨鬼

实 例

纳西族 （参见“W0914.3.5a.1 白骨鬼”母题实例）

W0914.3.5a.5
花骨鬼

实 例

纳西族 （参见“W0914. 3. 5a. 1 白骨鬼”母题实例）

W0914. 3. 5b
不同脸色的鬼

实 例

（参见下级母题实例）

W0914. 3. 5b. 1
白脸鬼

实 例

纳西族 妇女难产、不孕或得病，举行禳鬼仪式时，神坛之下台设的鬼寨中有不同的鬼，其中有东方木“培特能特”白脸鬼，南方火“培特能特”绿脸鬼，西方铁“培特能特”黑脸鬼，北方水“培特能特”娜黄脸鬼，地中央土“培特能特”花脸鬼。

【流传】 云南省·丽江县（丽江市）·（玉龙纳西族自治县）·鸣音地区（鸣音乡）

【出处】 和即贵（60岁）讲，李静生调查整理：《丽江鸣音地区镶“拖罗”仪式》（1989），见吕大吉、何耀华总主编《中国各民族原始宗教资料集成》（纳西族卷、羌族卷、独龙族卷、傈僳族卷、怒族卷），北京：中国社会科学出版社2000年版，第178页。

W0914. 3. 5b. 2
绿脸鬼

实 例

纳西族 （参见“W0914. 3. 5b. 1 白脸鬼”母题实例）

W0914. 3. 5b. 3
黑脸鬼

实 例

纳西族 （参见“W0914. 3. 5b. 1 白脸鬼”母题实例）

W0914. 3. 5b. 4
黄脸鬼

实 例

纳西族 （参见“W0914. 3. 5b. 1 白脸鬼”母题实例）

W0914. 3. 5b. 5
花脸鬼

实 例

纳西族 （参见“W0914. 3. 5b. 1 白脸鬼”母题实例）

W0914. 3. 6
新鬼与旧鬼

实 例

（参见下级母题实例）

W0914. 3. 6. 1
新鬼大而旧鬼小

实 例

苗族 新鬼大而旧鬼小，语任奚婆。

【流传】（无考）

【出处】田雯：《黔书·苗俗》

W0914.3.7
不同性质的鬼

实例

（参见下级母题实例）

W0914.3.7.1
世仇鬼

实例

（参见下级母题实例）

W0914.3.7.1.1
美令术主世仇鬼

实例

纳西族 （参见“W0913.1.4.1.5.2 鬼王英古丁那”母题实例）

W0914.3.8
日鬼与夜鬼

实例

（参见下级母题实例）

W0914.3.8.1
日鬼

实例

（实例待考）

W0914.3.8.2
夜鬼

【关联】［W0477.9.12］司生育之神夜鬼

实例

（参见下级母题实例）

W0914.3.8.2.1
夜鬼专管10岁以下小孩生活

实例

民族 夜鬼是专管10岁以下小孩夜哭不止、不吃饭、拉肚子、营养不良的鬼。

【流传】云南省·（怒江傈僳族自治州）·泸水县·洛本卓乡（洛本卓白族乡）

【出处】詹承绪等调查整理：《怒江白族的祭鬼活动》（1982），见吕大吉、何耀华总主编《中国各民族原始宗教资料集成》（彝族卷、白族卷、基诺族卷），北京：中国社会科学出版社1996年版，第425页。

W0914.3.8.2.2
夜鬼密欠于

实例

（参见下级母题实例）

W0914.3.8.2.2.1
夜鬼密欠于司生育

实例

怒族 夜鬼，怒语称之为“密欠于”，是司生育的鬼神。

【流传】云南省·怒江州（怒江傈僳族自治州）·碧江县（碧江县已撤销，现为怒江傈僳族自治州中部）

【出处】

(a) 何叔涛：《碧江怒族的原始宗教》，载《世界宗教研究》1985 年第 3 期，第 141 页。

(b) 同（a），见吕大吉、何耀华总主编《中国各民族原始宗教资料集成》（纳西族卷、羌族卷、独龙族卷、傈僳族卷、怒族卷），北京：中国社会科学出版社 2000 年版，第 855 页。

W0914.3.8.2.3

夜鬼窝别尼

实　例

（参见下级母题实例）

W0914.3.8.2.3.1

夜鬼窝别尼作祟导致身上生疮痒疼

实　例

傈僳族 身上生疮、痒疼等是“窝别尼”（夜鬼）作祟所致。

【流传】云南省·（怒江傈僳族自治州）·碧江县五区（今属泸水县·洛本卓白族乡）·色得（色德行政村）·洼底村

【出处】董抱朴等：《碧江县五区卡石、色得洼底村傈僳族社会经济调查》，见云南省编辑委员会编《傈僳族社会历史调查》，昆明：云南人民出版社 1981 年版，第 103 页。

W0914.3.9

鬼分 3 类

【关联】［W0914.1.7.1］人的 12 个灵魂分附身魂、守家魂、护身魂 3 种

实　例

（参见下级母题实例）

W0914.3.9.1

人死后变成的鬼有三类：非正常死亡变成的鬼，二是夭折变成的鬼，三是正常死亡因失误变成的鬼

实　例

白族 人死后变成的鬼有三类：一是非正常死亡或突然死亡变成的鬼，二是不到死亡年龄而死去者，三是正常死亡但因亲属在其断气时未能及时将“尼欺”放入口内而变成的鬼。

【流传】云南省·（大理白族自治州）·洱源县·西山乡

【出处】赵寅松调查整理：《洱源西山白族送死人鬼与活人鬼》（1988），见吕大吉、何耀华总主编《中国各民族原始宗教资料集成》（彝族卷、白族卷、基诺族卷），北京：中国社会科学出版社 1996 年版，第 428 页。

W0914.3.9.2

鬼分为善鬼、恶鬼和善恶相兼鬼3类

实 例

彝族 鬼又分为善鬼、恶鬼和善恶相兼三类，其中善鬼为神。

【流传】（无考）

【出处】 吕大吉、何耀华总主编：《中国各民族原始宗教资料集成》（彝族卷、白族卷、基诺族卷），北京：中国社会科学出版社1996年版，第30页。

W0914.3.10

灵魂分善恶

【关联】

①［W0901］善灵（善魂，善鬼，好鬼，善心鬼）

②［W0902］恶灵（恶魂，恶鬼，厉鬼，毒鬼，坏鬼，邪恶的灵魂）

③［W0907.1.2.5］亡灵有善恶两面性

④［W0914.3.2a］善恶相兼的鬼

实 例

傈僳族 傈僳之灵，无神鬼的名称的分别。均称之为“nê”。但“nê”有善恶。

【流传】 碧罗雪山（云南省·怒江傈僳族自治州·贡山独龙族怒族自治县与云南省·迪庆藏族自治州·德钦县交界一带）

【出处】 陶云逵：《碧罗雪山之傈僳族》，见国立中央研究院《历史语言研究所集刊》第17本，商务印书馆民国三十七年（1948），第393~394页。

W0914.3.11

灵魂有多种（鬼有多种）

实 例

纳西族 灵魂居住在人体的各个部位，并且各有司职：一种是在夜间人入睡时负责做恶梦的魂；一种是能离开人的身体到外面玩耍的魂；一种是使人精神不振的魂；一种是使人患大病的魂；一种是使人患重病的魂；一种是使人口淡、食而无味的魂。

【流传】 云南省·（迪庆藏族自治州）·中甸县（香格里拉县）·三坝乡（三坝纳西族乡）·白地行政村·吴树湾村

【出处】 树仁甲讲，李国文调查整理：《中甸三坝白地的招魂巫术及仪式》（1985），见吕大吉、何耀华总主编《中国各民族原始宗教资料集成》（纳西族卷、羌族卷、独龙族卷、傈僳族卷、怒族卷），北京：中国社会科学出版社2000年版，第237页。

W0914.3.11.1

人的3个灵魂中一个是生存的灵魂，一个是临时性灵魂，一个是投胎转生灵魂

实 例

蒙古族 人有3个灵魂。一是生存（不死）的灵魂，二是临时性灵魂，三是

投胎转生灵魂。

【流传】（无考）

【出处】 仁钦道尔吉：《江格尔论》，呼和浩特：内蒙古大学出版社 1999 年版，第 98 页。

W0914. 3. 11. 2

鬼有四五十种

实 例

独龙族 鬼有四五十种之多。

【流传】（无考）

【出处】 吕大吉、何耀华总主编：《中国各民族原始宗教资料集成》（纳西族卷、羌族卷、独龙族卷、傈僳族卷、怒族卷），北京：中国社会科学出版社 2000 年版，第 611 页。

W0914. 4

与灵魂的数量或类型有关的其他母题

实 例

（参见下级母题实例）

W0914. 4. 1

村魂

实 例

彝族 （参见"W0911. 2. 8. 2 大毕摩拿着每家每户捐钱缝织的一件绸衣和三炷香火到自村属领土内最高山上召唤其村魂"母题实例）

W0914. 4. 2

不同地点的鬼

实 例

（参见下级母题实例）

W0914. 4. 2. 1

蚂蚁堆的鬼

实 例

基诺族 玛黑、玛妞一对同胞兄妹成婚后，生活艰难，在农业大祭的六月雨季，潮湿不堪，他们只好在蚂蚁堆顶上的一小块干处打桩煮菜，结果树桩发了芽，玛黑、玛妞肚痛不已，因此而死去。因此，有病时要祭蚂蚁堆的鬼。

【流传】 云南省·（西双版纳傣族自治州·景洪市）·基诺山（基诺山基诺族乡）·巴亚中寨

【出处】 沙车等讲，杜玉亭调查整理：《巴亚寨的蚂蚁堆鬼》（1990），见吕大吉、何耀华总主编《中国各民族原始宗教资料集成》（彝族卷、白族卷、基诺族卷），北京：中国社会科学出版社 1996 年版，第 941 页。

W0915

灵魂的象征物（灵魂的替代物，鬼的象征物）

【关联】［W9240］象征物

实 例

（参见下级母题实例）

W0915.1
动物作为灵魂的象征物

实 例

（参见下级母题实例）

W0915.1.1
蜘蛛象征灵魂

实 例

羌族 端公（即羌族“释比”“许”的汉语说法，意为“巫师”“祭师”）为人治病时，送茅人是抓生替死，还魂渡难关，草人带病魔去了、羊子代病人死了，蜘蛛代魂回来。

【流传】（无考）

【出处】范文海：《羌区旅行记》，原载《边疆服务》第25期，1948年7、8月，见吕大吉、何耀华总主编《中国各民族原始宗教资料集成》（纳西族卷、羌族卷、独龙族卷、傈僳族卷、怒族卷），北京：中国社会科学出版社2000年版，第510页。

W0915.2
植物作为灵魂的象征物

实 例

（参见下级母题实例）

W0915.2.1
生命树的叶子代表人的灵魂

实 例

哈萨克族 迦萨甘种了“生命树”，树上茂密的叶子是培植出的灵魂。每一片叶子代表一个人的灵魂。

【流传】（无考）

【出处】尼合迈德·蒙加尼搜集，校仲彝翻译整理：《神与灵魂》，见谷德明编《中国少数民族神话》，北京：中国民间文艺出版社1987年版，第730页。

哈萨克族 创世主迦萨甘种了“生命树”，树上茂密的叶子就是他培植出的灵魂。每片叶子代表一个人的灵魂。

【流传】（新疆维吾尔自治区）

【出处】尼哈迈提·蒙加尼搜集，校仲彝翻译整理《神与灵魂》，见姚宝瑄主编《中国各民族神话》（乌孜别克族、哈萨克族、柯尔克孜族、俄罗斯族、维吾尔族、塔吉克族、塔塔尔族、锡伯族），太原：山西出版传媒集团·书海出版社2014年版，第31～32页。

W0915.2.1.1
生命树叶子枯萎掉落预示人之将死

实 例

哈萨克族 生命树的叶子是人的灵魂。新生命诞生就会长出一片新叶，同样，有人死去，一片叶子便枯萎掉落。凋谢的叶子落下时碰到别的叶子，叶子所代表的人就能听到响声，就会知道有人已经死了。

【流传】（新疆维吾尔自治区）

【出处】尼哈迈提·蒙加尼搜集，校仲彝翻译整理：《神与灵魂》，见姚宝瑄主编《中国各民族神话》（乌孜别克族、哈萨克族、柯尔克孜族、俄罗斯族、维吾尔族、塔吉克族、塔塔尔族、锡伯族），太原：山西出版传媒集团·书海出版社 2014 年版，第 31～32 页。

W0915. 2. 2

竹根代表先人的灵魂

实　例

彝族 彝族沿笔摩比恩阿子的做法，用竹根来作先人的灵。

【流传】（无考）

【出处】

（a）蒋汉章翻译，李仲舒整理：《创造万物的巨人支格阿鲁》，见陶立璠、李耀宗主编《中国少数民族神话传说选》，成都：四川民族出版社 1985 年版，第 86 页。

（b）《创造万物的巨人尼支呷咯》，见谷德明编《中国少数民族神话》，北京：中国民间文艺出版社 1987 年版，第 280 页。

W0915. 3

无生命物作为灵魂的象征物

实　例

（参见下级母题实例）

W0915. 3. 1

石头代表灵魂

实　例

纳西族 （实例待考）

W0915. 4

灵魂的替代物

珞巴族 （实例待考）

W0915. 5

其他特定物作为灵魂的象征物

实　例

（实例待考）

W0916

与灵魂有关的其他母题（与鬼有关的其他母题）

【关联】［W0907. 1. 3. 1］亡灵作祟

实　例

（参见下级母题实例）

W0916. 0

特定名称的灵魂（特定名称的鬼，灵魂的名称）

实　例

（参见下级母题实例）

W0916.0.1

三灵

实　例

（参见下级母题实例）

W0916.0.1.1

特定的人死后立为三灵

实　例

白族　吐蕃酋长、唐大将和南诏阁罗凤偏妃之子三将共同举兵打南诏，后来兵败被杀。三将死后，他们托梦要人们为其立庙，即为三灵。

【流传】云南省·大理（大理白族自治州）

【出处】［明］《三灵庙记》，见杨世钰　张树芳主编《大理丛书·金石篇》（影印本）第10册，北京：中国社会科学出版社2008年版，第49页。

W0916.0.1.2

灵魂法扬库

实　例

赫哲族　赫哲人认为人有三个灵魂，其中，第一个在人死时离开身体；第二个灵魂在人睡眠时可以离开身体；第三个灵魂叫“法扬库”（fajāku），它有创造来生的能力，是“转生的灵魂”。

【流传】（松花江下游地区依兰县至抚远市一带）

【出处】

（a）凌纯声：《松花江下游的赫哲族》（原1934年南京刊印本），北京：民族出版社2012年版，第114～115页。

（b）孟慧英：《赫哲族卷·绪论》，见吕大吉、何耀华总主编《中国各民族原始宗教资料集成》（鄂伦春族卷、鄂温克族卷、赫哲族卷、达斡尔族卷、锡伯族卷、满族卷、蒙古族卷、藏族卷），北京：中国社会科学出版社1999年版，第193页。

W0916.0.1.3

一般人与祖先灵魂的名称不同

实　例

（参见下级母题实例）

W0916.0.1.3.1

平辈人的魂魄叫“说马”；祖先的魂魄称“神灵”，名“拉色”

实　例

藏族（白马）平辈人的魂魄叫“说马”；祖先的魂魄称“神灵”，名“拉色”。

【流传】（四川省）

【出处】四川省民委民族识别调查组：《白马藏人调查资料辑录》，原载四川民族研究所编印《白马藏人族属问题讨论集》（一），见吕大吉、何耀华总主编《中国各民族原始宗教资料集成》（鄂伦春族卷、鄂温克族卷、赫哲族卷、达斡尔族卷、锡伯族卷、满族卷、蒙古族卷、藏族卷），北京：中国社会科学出版社 1999 年版，第 808 页。

W0916. 0. 1. 4

鬼的命名

实 例

（参见下级母题实例）

W0916. 0. 1. 4. 1

以人的死因命名的鬼

实 例

藏族 人死后，灵魂作为一个精神实体，存在“天堂”和人间。有的在人间流荡，变鬼害人。鬼的名字很多，一般以死因命名。

【流传】（四川省·凉山彝族自治州·冕宁县·联合乡）

【出处】伍呷：《川西南藏族的宗教调查》（油印件），四川省民族研究所印，见吕大吉、何耀华总主编《中国各民族原始宗教资料集成》（鄂伦春族卷、鄂温克族卷、赫哲族卷、达斡尔族卷、锡伯族卷、满族卷、蒙古族卷、藏族卷），北京：中国社会科学出版社 1999 年版，第 812 页。

W0916. 0. 1. 4. 2

鬼又称为“方”

实 例

壮族 所有死亡的人或动植物都变成了鬼。死亡者的肉体不存在了，而灵魂活现的东西就是鬼，壮话称之为“方”。

【流传】广西壮族自治区·（南宁市）·武鸣县·两江乡·雷江片，马山县·古零乡·杨圩片

【出处】黄世杰搜集整理：*《社会鬼与自然界鬼》（1990），见吕大吉、何耀华总主编《中国各民族原始宗教资料集成》（土家族卷、瑶族卷、壮族卷、黎族卷），北京：中国社会科学出版社 1998 年版，第 488 页。

W0916. 0. 1. 5

人魂称作迫普衣

实 例

佤族 阿佤叫人魂为“迫普衣”。

【流传】云南省·（普洱市）·西盟佤族自治县、澜沧拉祜族自治县等地

【出处】毕登程、隋嘎编著：《司岗里——佤族创世史诗》，昆明：云南出版集团公司·云南人民出版社 2009 年版，第 150 页。

W0916. 0. 1. 6

丰魂

实 例

（参见下级母题实例）

W0916. 0. 1. 6. 1

丰魂下凡

实 例

彝族 丰魂请下凡，双手扶彩云，双脚蹬半空。

【流传】云南省·（昆明市）·路南（石林彝族自治县）

【出处】黄建明、罗希吾戈编译：《普兹楠兹——彝族祭祀词》，见吕大吉、何耀华总主编《中国各民族原始宗教资料集成》（彝族卷、白族卷、基诺族卷），北京：中国社会科学出版社1996年版，第290页。

W0916.0.1.7

灵魂卜拉

实 例

独龙族 “卜拉”（灵魂）死了，永远消失无迹，既不复生转世，也不再起任何作用。

【流传】云南省·（怒江傈僳族自治州）·贡山县（贡山独龙族怒族自治县）·独龙江公社（独龙江乡）·拉佩村

【出处】蔡家麒调查整理：《生命之魂“卜拉”》（1982），见吕大吉、何耀华总主编《中国各民族原始宗教资料集成》（纳西族卷、羌族卷、独龙族卷、傈僳族卷、怒族卷），北京：中国社会科学出版社2000年版，第617页。

W0916.1

万物有灵（万物有魂，万物有鬼）

【关联】

① ［W0875.5.4］万物的灵魂化为鬼

② ［W0905.2.1.2］所有树木都有灵魂

③ ［W1997.6.1］生命力存在于生命物的各个器官

实 例

独龙族 世间许多事物都有灵魂，特别是有生命、有知觉的东西。有些东西虽然没有生命和知觉，若对日常生产、生活关系密切，也被视为有生命或有意志的，因而它们也是有灵魂的。

【流传】云南省·（怒江傈僳族自治州）·贡山县（贡山独龙族怒族自治县）·独龙江公社（独龙江乡）·拉佩村

【出处】蔡家麒调查整理：《万物皆有灵》（1982），见吕大吉、何耀华总主编《中国各民族原始宗教资料集成》（纳西族卷、羌族卷、独龙族卷、傈僳族卷、怒族卷），北京：中国社会科学出版社2000年版，第616页。

傈僳族 凡有生命之物皆有灵魂，而部分无生命之自然物如山、石、水等也都有灵魂。

【流传】云南省·（怒江傈僳族自治州）·碧江县五区（今属泸水县·洛本卓白族乡）·色德乡（色德行政村）·德一登村

【出处】田家祺等：《碧江县五区色德乡德一登村傈僳族社会经济调查》，见云南省编辑委员会编《傈僳族社会历史调查》，昆明：云南人民出版社1981年版，第70页。

傈僳族 各种物体和各种现象，都被认为是有灵的，但鬼和神的观念尚未分明，统称为“尼”（精灵）。如“白加尼”（天鬼）、“海夸尼”（家鬼）、“米司尼”（山鬼）。

【流传】云南省·怒江（傈僳族自治州）

【出处】杨建和：《怒江傈僳族的宗教信仰》，见宋恩常编《中国少数民族宗教初编》，昆明：云南人民出版社1985年版，第219页。

怒族 无论天地日月、山川河流，特别是一些陡峭的山崖或参天的大树，以及其他自然现象，都有鬼灵的存在或主宰。

【流传】（无考）

【出处】吕大吉、何耀华总主编：《中国各民族原始宗教资料集成》（纳西族卷、羌族卷、独龙族卷、傈僳族卷、怒族卷），北京：中国社会科学出版社2000年版，第837页。

W0916.1.1

有生命与无生命的东西都有灵魂

实　例

壮族 有生命的东西有灵魂，没有生命的东西，也有灵魂的。

【流传】广西壮族自治区·（南宁市）·武鸣县·两江乡·雷江片，马山县·古零乡·杨圩片

【出处】黄世杰搜集整理：*《万物有灵》（1990），见吕大吉、何耀华总主编《中国各民族原始宗教资料集成》（土家族卷、瑶族卷、壮族卷、黎族卷），北京：中国社会科学出版社1998年版，第485页。

W0916.1.1.1

人类、动物，植物、日月星辰、山川河流、石头、土地、金银财宝等都有魂

实　例

壮族 人类、动物，植物以及日月星辰、山川河流、石头、土地，甚至金银财宝等事物都有魂。

【流传】（贵州省·黔东南苗族侗族自治州·从江县）

【出处】覃华儒搜集整理：*《万物有魂》（1989），见吕大吉、何耀华总主编《中国各民族原始宗教资料集成》（土家族卷、瑶族卷、壮族卷、黎族卷），北京：中国社会科学出版社1998年版，第486页。

W0916.1.1.2

山川大地、日月星辰、风雨雷电、鸟兽虫鱼乃至宇宙的一切都有灵

实　例

藏族 山川大地、日月星辰、风雨雷电、鸟兽虫鱼乃至宇宙的一切，无一不具有灵性，都由超凡的神灵在做安排。

【流传】（无考）

【出处】《藏族卷·绪论》，见吕大吉、何耀华总主编《中国各民族原始宗教资料集成》（鄂伦春族卷、鄂温克族卷、赫哲族卷、达斡尔族卷、锡伯族卷、满族卷、蒙古族卷、藏族卷），北京：中国社会科学出版社 1999 年版，第 773 页。

W0916.1.1.3

天、地、风、闪电、森林和石头等都各有精灵

实　例

傈僳族 天、地、风、闪电、森林和石头等都各有其特定的“尼”（相当于“精灵”），存在于事物的实体之中，它们不能脱离实体而独自存在，当实体遭到损害时，也会危及“尼”，而“尼”能借助实体的有限范围，产生出超越实体的神奇作用。

【流传】云南省

【出处】《傈僳族卷·前言》，见吕大吉、何耀华总主编《中国各民族原始宗教资料集成》（纳西族卷、羌族卷、独龙族卷、傈僳族卷、怒族卷），北京：中国社会科学出版社 2000 年版，第 709 页。

W0916.1.2

天、地、山、水、道路、五谷、家畜等都有鬼

实　例

白族（那马）（实例待考）

W0916.1.3

人有灵魂

【关联】［W0914.1］人有多个灵魂

实　例

鄂温克族 人有灵，所以对死者的祭典要特别重视。

【流传】（无考）

【出处】

（a）乌热尔图主编：《鄂温克风情》（宗教篇），海拉尔：内蒙古文化出版社 1993 年版，第 129 页。

（b）《停灵》，见吕大吉、何耀华总主编《中国各民族原始宗教资料集成》（鄂伦春族卷、鄂温克族卷、赫哲族卷、达斡尔族卷、锡伯族卷、满族卷、蒙古族卷、藏族卷），北京：中国社会科学出版社 1999 年版，第 167 页。

W0916.2

游魂野鬼（野鬼游魂，孤魂野鬼）

实　例

（参见下级母题实例）

W0916.2.0

游魂野鬼的产生

实　例

（参见下级母题实例）

W0916. 2. 0. 1

凶死者亡魂无处可归变成野鬼游魂

实 例

基诺族 凶死的非正常死亡者的灵魂不能返回祖先居住地，只能做一个野鬼游魂。

【流传】 云南省·（西双版纳傣族自治州·景洪市）·基诺山（基诺山基诺族乡）·巴亚中寨、戛里果箐

【出处】 不拉塞等讲，杜玉亭调查整理：《墓地与善恶死亡观念》（1979～1990），见吕大吉、何耀华总主编《中国各民族原始宗教资料集成》（彝族卷、白族卷、基诺族卷），北京：中国社会科学出版社1996年版，第919页。

W0916. 2. 1

游魂

【关联】

① ［W0886］灵魂可以自由出入身体（灵魂的游走）

② ［W0902. 2. 4］游魂使人得病

③ ［W0902. 2. 8. 2］游魂袭人

④ ［W0910. 5］游魂安息

实 例

（参见下级母题实例）

W0916. 2. 1. 1

游魂的产生

实 例

（参见下级母题实例）

W0916. 2. 1. 1. 1

雷劈死的人的灵魂成为游魂

实 例

鄂温克族 有一个达斡尔老人，从蒙古赶马回来的途中，被雷打死，他的灵魂徘徊于途中无处可去。

【流传】（内蒙古自治区·呼伦贝尔市·鄂温克族自治旗·辉索木）

【出处】

（a）《鄂温克族自治旗辉索木调查报告》，见内蒙古自治区编辑组《鄂温克族社会历史调查》，呼和浩特：内蒙古人民出版社1986年版，第488～489页。

（b）《“吉雅奇”神之一》，见吕大吉、何耀华总主编《中国各民族原始宗教资料集成》（鄂伦春族卷、鄂温克族卷、赫哲族卷、达斡尔族卷、锡伯族卷、满族卷、蒙古族卷、藏族卷），北京：中国社会科学出版社1999年版，第117页。

W0916. 2. 1. 1. 2

恶人的灵魂会成为游魂

实 例

蒙古族 善人的灵魂来世能得到平安生

活，而恶人的灵魂仅止于中间（Jayarata），即恶人的灵魂不能转世，只能停留在人世和彼岸之间。

【流传】（无考）

【出处】［俄］道尔吉·班扎罗夫：《黑教或称蒙古人的萨满教》，原载《蒙古史研究参考资料》，内蒙古大学历史系蒙古史研究室编印，1965年，见吕大吉、何耀华总主编《中国各民族原始宗教资料集成》（鄂伦春族卷、鄂温克族卷、赫哲族卷、达斡尔族卷、锡伯族卷、满族卷、蒙古族卷、藏族卷），北京：中国社会科学出版社1999年版，第652页。

W0916.2.1.1.3

光中生游魂

实 例

哈尼族 天吐出太阳时吐出12道洁白的光射穿了大地。每道光射穿的地方，就生出一种东西来。其中，第二道白光射穿的地方，生出在地下游荡的魂。

【流传】云南省·（西双版纳傣族自治州）·勐腊县

【出处】李万福讲，杨万智搜集整理：《天、地的来源》，原载云南省民间文学集成办公室编《哈尼族神话传说集成》，中国民间文艺出版社1990年版，见姚宝瑄主编《中国各民族神话》（哈尼族、傣族），太原：山西出版传媒集团·书海出版社2014年版，第25页。

W0916.2.1.1.4

阴魂因找不到附着物成为游魂

【关联】［W0913d.1］寄魂（灵魂的寄托物，灵魂的附着物）

实 例

仫佬族 有一对贫苦的年轻夫妇，丈夫被族长害死以后，阴魂夜里变做一只黄猹和妻子团聚。后来黄猹被族长杀了，丈夫的阴魂没有了着落。

【流传】广西壮族自治区·（河池市）·罗城县（罗城仫佬族自治县）·仫佬族山乡（仫佬山乡）

【出处】吴禧干、吴志禧、吴开庭、包启宽、覃建珍、曹祖国、潘常成讲，包玉堂、吴开庭、曾凡才、吴盛枝搜集整理：《稼》（又名《吴平大王》《木洛大王》《七里英王》《石览王》），原载包玉堂等编《仫佬族民间故事选》，上海文艺出版社1988年版，见姚宝瑄主编《中国各民族神话》（仫佬族、壮族、京族），太原：山西出版传媒集团·书海出版社2014年版，第51～52页。

W0916.2.1.2

灵魂不能附体变成游魂

【关联】［W0910.8.2］魂不附体

实 例

鄂伦春族 萨满的灵魂到阴间为王子招魂回来后，找不到自己的身体无法依附，就在宫殿的上空来回盘旋。

【流传】（无考）

【出处】

（a）内蒙古自治区编委会：《鄂伦春族社会历史调查》（第二集），呼和浩特：内蒙古人民出版社 1985 年版，第 261 页。

（b）《萨满的传说之三》，见吕大吉、何耀华总主编《中国各民族原始宗教资料集成》（鄂伦春族卷、鄂温克族卷、赫哲族卷、达斡尔族卷、锡伯族卷、满族卷、蒙古族卷、藏族卷），北京：中国社会科学出版社 1999 年版，第 47 页。

W0916. 2. 1. 3

人的灵魂平时在天空中游动

【关联】［W0899. 3. 5. 1］灵魂游天界

实　例

锡伯族 人的灵魂比人体小，特别会飞动，平时就在天空中游动。

【流传】（无考）

【出处】灵梅讲，贺灵调查整理：《灵魂不死》，见吕大吉、何耀华总主编《中国各民族原始宗教资料集成》（鄂伦春族卷、鄂温克族卷、赫哲族卷、达斡尔族卷、锡伯族卷、满族卷、蒙古族卷、藏族卷），北京：中国社会科学出版社 1999 年版，第 390 页。

W0916. 2. 1. 4

人死后灵魂漫游各地

实　例

达斡尔族 人类以及各种动物都有灵魂，人死后他的灵魂转生或漫游各处。

【流传】（内蒙古自治区、黑龙江省等地）

【出处】

（a）珠荣嘎、满都尔图主编：《达斡尔族社会历史调查》，呼和浩特：内蒙古人民出版社 1985 年出版，第 242 页。

（b）《布满神灵的世界》，见吕大吉、何耀华总主编《中国各民族原始宗教资料集成》（鄂伦春族卷、鄂温克族卷、赫哲族卷、达斡尔族卷、锡伯族卷、满族卷、蒙古族卷、藏族卷），北京：中国社会科学出版社 1999 年版，第 292 页。

W0916. 2. 1. 5

游魂万一千五百二十种

实　例

汉族 轩辕帝巡狩，东至海，登桓山，于海滨得白泽神兽，能言，达于万物之情。因问天下鬼神之事，自古精气为物、游魂为变者凡万一千五百二十种，白泽言之，帝令以图写之，以示天下。

【流传】（无考）

【出处】［北宋］张君房：《云笈七签》卷一〇〇引《轩辕本纪》。

W0916.2.1.6
游荡的阴魂

实 例

（参见下级母题实例）

W0916.2.1.6.1
孟姜女夫妇的阴魂东飘西荡

实 例

汉族 孟姜女夫妇的阴魂东飘西荡，来到了海云寺。

【流传】 浙江省·宁波市·宁海县·（桑洲镇）·桑洲村

【出处】 陈承美讲，王兆潭记录：《孟姜女升天》（1982.07），见罗杨总主编，戴余金本卷主编《中国民间故事丛书·浙江宁波·宁海卷》，北京：知识产权出版社2015年版，第14页。

W0916.2.1.7
人死后一魄游荡于死者生前到过的地方，一魄游荡于村寨附近

实 例

白族 人死后的一魂三魄，一魂一魄在祖先神堂上，一魂一魄随尸体存于墓地。剩余的二魄，一魄游荡于死者生前到过的地方，一魄游荡于村寨附近。

【流传】 云南省·（大理白族自治州）·云龙县·石门（石门镇）等

【出处】 王承权等调查整理：《谢道辛》（1990），见吕大吉、何耀华总主编《中国各民族原始宗教资料集成》（彝族卷、白族卷、基诺族卷），北京：中国社会科学出版社1996年版，第440页。

W0916.2.1.8
游荡鬼

实 例

纳西族 游荡之鬼是以阿萨命为首的云鬼和风鬼。

【流传】 云南省·丽江（丽江市）

【出处】 和志武调查整理：《丽江地区祭风鬼仪式》（1962，1989），见吕大吉、何耀华总主编《中国各民族原始宗教资料集成》（纳西族卷、羌族卷、独龙族卷、傈僳族卷、怒族卷），北京：中国社会科学出版社2000年版，第134页。

W0916.2.2
野鬼

【关联】［W0899.3.10］游荡的鬼

实 例

（参见下级母题实例）

W0916.2.2.1
白昼神和黑夜神孕生各种野鬼

实 例

景颇族 白昼神和黑夜神孕育了各种

野鬼。

【流传】云南省·（德宏傣族景颇族自治州）·盈江县支丹山吾寨

【出处】萧家成译著：《勒包斋娃——景颇族创世史诗》，北京：民族出版社1992年版，第6页。

W0916. 2. 2. 2

亡灵变成野鬼

实 例

傈僳族 人死后有三个亡魂，其中亡魂需供在家堂中，若对它侍奉不周也会外出游荡，变成野鬼或白虎精之类，回家来作祟。

【流传】云南省·（楚雄彝族自治州）·武定县、元谋县

【出处】张桥贵调查整理：《傈僳人有三个亡魂说》（1988），见吕大吉、何耀华总主编《中国各民族原始宗教资料集成》（纳西族卷、羌族卷、独龙族卷、傈僳族卷、怒族卷），北京：中国社会科学出版社2000年版，第722～723页。

W0916. 2. 2. 2. 1

凶死者埋葬后成为野鬼

实 例

壮族 凶死者的埋葬也不能和祖坟埋在一起，只能埋于荒野之地，称为“野鬼”。

【流传】广西壮族自治区·百色市·田阳县、德保县

【出处】陆启贤搜集整理：*《鬼与魂的区别》（1989），见吕大吉、何耀华总主编《中国各民族原始宗教资料集成》（土家族卷、瑶族卷、壮族卷、黎族卷），北京：中国社会科学出版社1998年版，第490页。

W0916. 2. 2. 2. 2

游荡的亡魂变成野鬼

实 例

傈僳族 人死后有三个亡魂，其中一个守在坟山，若坟照料不好，它会到处游荡，变成野鬼，前来作祟害人畜。

【流传】云南省·（楚雄彝族自治州）·武定县、元谋县

【出处】张桥贵调查整理：《傈僳人有三个亡魂说》（1988），见吕大吉、何耀华总主编《中国各民族原始宗教资料集成》（纳西族卷、羌族卷、独龙族卷、傈僳族卷、怒族卷），北京：中国社会科学出版社2000年版，第722页。

W0916. 2. 2. 3

鬼在没有找到替身前不能到阴间只能到处游荡

实 例

白族（那马）鬼在没有找到替身之前，是不能到阴间去的，只能到处游荡。

【流传】云南省·（怒江傈僳族自治州）·兰坪县（兰坪白族普米族自治县），（迪庆藏族自治州）·维西县

（维西傈僳族自治县）

【出处】刘龙初调查整理：《兰坪、维西那马人对鬼与神的区别》（1988），见吕大吉、何耀华总主编《中国各民族原始宗教资料集成》（彝族卷、白族卷、基诺族卷），北京：中国社会科学出版社1996年版，第417页。

W0916.2.2.4
野鬼孤独游荡在荒郊野谷

实　例

纳西族 死去情人的孤独灵魂惦挂着情人，他不能走到爱神尤祖阿主掌管的天国里，他的冤魂孤独地游荡在荒郊野谷，变成人们诅咒和吐口水的野鬼了。

【流传】云南省·（丽江市）·丽江县（古城区、玉龙纳西族自治县）

【出处】木丽春采集整理：《殉情未遂的女人》，见木丽春编著《纳西族民间故事集》，昆明：云南人民出版社2007年版，第190～191页。

W0916.2.2.5
野鬼会使人生病、失魂、遭灾

实　例

羌族 野鬼会使人生病、失魂，遭灾。

【流传】（无考）

【出处】西南民族学院研究室编：《羌（尔玛）族情况》，1954年，见吕大吉、何耀华总主编《中国各民族原始宗教资料集成》（纳西族卷、羌族卷、独龙族卷、傈僳族卷、怒族卷），北京：中国社会科学出版社2000年版，第461页。

W0916.2.3
孤魂

实　例

（参见下级母题实例）

W0916.2.3.1
迷路的灵魂变成到处游荡的孤魂

实　例

白族 魂魄离开人体后，不及时招喊就会像人在山上走迷了路，会越走越远成为到处游荡的孤魂。

【流传】云南省·（大理白族自治州）·云龙县

【出处】谢道辛调查整理：《云龙白族平时祭本主活动》（1988），，见吕大吉、何耀华总主编《中国各民族原始宗教资料集成》（彝族卷、白族卷、基诺族卷），北京：中国社会科学出版社1996年版，第593页。

W0916.2.3.2
孤魂死无所依结为阴灵

实　例

白族 孤魂死无所依，精魄未散，结为阴灵，或依草附木，或作为妖怪，悲号于星月之下，呻吟于风雨之时，凡遇人间节令也思阳世，魂杳杳以无归，身堕沉沦，意悬悬而望祭。

【流传】云南省·（大理白族自治州）·鹤庆县

【出处】［清·光绪］陈宗海修、杨金和纂：《鹤庆州志》卷十三，台湾学生书局1968，第4页。

W0916.3

鬼火

实 例

汉族 神光兮颎颎，鬼火兮荧荧。

【流传】（无考）

【出处】［汉］王逸：《九思·哀岁》。

汉族 君不见烧金炼丹古帝王，鬼火荧荧白杨里。

【流传】（无考）

【出处】［前蜀］贯休：《行路难》。

汉族 油壁车，久相待。冷翠烛（即鬼火），劳光彩。

【流传】（无考）

【出处】［唐］李贺：《苏小小墓》。

汉族 予年十余岁时，见郊野间鬼火至多，麦苗稻穗之杪往往出火，色正青，俄复不见。盖是时去兵乱未久，所谓人血为磷者，信不妄也。今则绝不复见，见者辄以为怪矣。

【流传】（无考）

【出处】［南宋］陆游：《老学庵笔记》卷四。

W0916.3.1

鬼火的产生

【汤普森】A2817

实 例

（实例待考）

W0916.3.2

蓝色鬼火

实 例

珞巴族 蓝色鬼火。

【流传】西藏自治区·上珞渝（泛指古称的白马岗即今林芝市墨脱县、马尼岗、梅楚卡一带）

【出处】呷穷等讲，刘芳贤等整理，卓嘎翻译：《金手与小狗》，见中华民族故事大系编委会编《中华民族故事大系》第16卷（赫哲族、门巴族、珞巴族、基诺族），上海：上海文艺出版社1995年版，第663页。

W0916.4

冤魂（冤鬼）

实 例

（参见下级母题实例）

W0916.4.1

冤魂作祟

实 例

达斡尔族 一个汉族婢女被带到布特哈，因受虐待神经错乱，疯疯癫癫，孟尔丁哈拉七个莫昆（“莫昆”是父系血缘关系更为亲近的血缘集团）怪胎商议把她投入江中。她的冤魂作祟，使人得病死亡。

【流传】（原黑龙江省布特哈旗，今为内蒙古自治区呼伦贝尔市扎兰屯市）

【出处】

（a）珠荣嘎、额尔登泰、满都尔图、包鹤亭调查编著：《达斡尔族情况——达斡尔族调查材料之一》，全国人民代表大会民族委员会办公室1957年编印，第37页。

（b）《孟尔丁“额托姑”（孟尔丁祖母）》，见吕大吉、何耀华总主编《中国各民族原始宗教资料集成》（鄂伦春族卷、鄂温克族卷、赫哲族卷、达斡尔族卷、锡伯族卷、满族卷、蒙古族卷、藏族卷），北京：中国社会科学出版社1999年版，第315页。

达斡尔族 一个寡妇把通奸的私生子杀死。被害婴儿的怨魂遇着成精的狐狸和鼬鼠以后，灵验大增，开始作祟。

【流传】（黑龙江省、内蒙古自治区等）

【出处】

（a）珠荣嘎、额尔登泰、满都尔图、包鹤亭调查编著：《达斡尔族情况——达斡尔族调查材料之一》，全国人民代表大会民族委员会办公室1957年编印，第39页。

（b）《巫西·巴尔肯》，见吕大吉、何耀华总主编《中国各民族原始宗教资料集成》（鄂伦春族卷、鄂温克族卷、赫哲族卷、达斡尔族卷、锡伯族卷、满族卷、蒙古族卷、藏族卷），北京：中国社会科学出版社1999年版，第320页。

W0916.4.2

冤魂化为鸟

【关联】［W0745b.4.2.1.1］精卫化鸟

实　例

汉族 炎帝的女儿女娃在东海溺亡，她的冤魂化成一只小鸟，长着花脑袋，白喙，红爪的“精卫”鸟。

【流传】（无考）

【出处】佚名整理：《精卫填海》，见姚宝瑄主编《中国各民族神话》（汉族），太原：山西出版传媒集团·书海出版社2014年版，第398页。

W0916.4a

活魂

实　例

（参见下级母题实例）

W0916.4a.1

活魂不能在阴间生存

实　例

彝族 在那阴间里，活魂无法生。

【流传】云南省·（昆明市）·路南（石林彝族自治县）

【出处】黄建明（彝族）、罗希吾戈（彝族）翻译：《普兹楠兹——彝族祭祠词》，见吕大吉、何耀华总主编《中国各民族原始宗教资料集成》（彝族卷、白族卷、基诺族卷），北京：中国社会科学出版社 1996 年版，第 114 页。

W0916. 5

鬼的宴会

【关联】

①［W0828. 8］仙的宴会

②［W0982］神的宴会

实 例

（参见下级母题实例）

W0916. 5. 1

鬼办人肉宴

实 例

珞巴族 （实例待考）

W0916. 6

鬼的离散

实 例

（实例待考）

W0916. 7

灵魂的关系（鬼的关系）

实 例

（参见下级母题实例）

W0916. 7. 0

鬼的祖先

实 例

（参见下级母题实例）

W0916. 7. 0. 1

鬼的祖先兹兹连渣

实 例

彝族 鬼的祖先叫兹兹连渣，不知在什么遥远的古代，它装扮成一个漂亮的姑娘，出现在特定地方。

【流传】四川省·凉山（凉山彝族自治州）·昭觉

【出处】胡庆钧：《凉山彝族奴隶制社会形态》，北京：中国社会科学出版社 1985 年版，第 400 页。

W0916. 7. 1

灵魂是特定人物的父母

实 例

（参见下级母题实例）

W0916. 7. 1. 1

魂是毕摩的父母

实 例

彝族 魂是毕摩的父母。

【流传】云南省·（楚雄彝族自治州·武定县）·万德（万德镇）

【出处】罗希吾戈翻译：《夷僰榷濮》（六祖史诗），昆明：云南民族出版社 1986 年版，第 7 页。

W0916. 7. 1. 2

鬼母

实 例

（参见下级母题实例）

W0916.7.1.2.1

南海小虞山中有鬼母

实 例

汉族 南海小虞山中有鬼母，能产天、地、鬼，一产十鬼。朝产之，暮食之。今苍梧有鬼姑神是也：虎头龙足，蟒目蛟眉。

【流传】（无考）

【出处】［南朝·梁］任昉：《述异记》卷上。

W0916.7.1.2.2

鬼母即鬼姑神

实 例

汉族 （参见“W0916.7.1.2.1 南海小虞山中有鬼母”母题实例）

W0916.7.1.2.2.1

鬼姑神虎头龙足，蟒目蛟眉

实 例

汉族 （参见“W0916.7.1.2.1 南海小虞山中有鬼母”母题实例）

W0916.7.2

灵魂是特定人物的奴仆

实 例

（参见下级母题实例）

W0916.7.2.1

鬼魂为人工作

【汤普森】 ≈E596.1

实 例

（实例待考）

W0916.7.3

鬼夫妻（夫妻鬼）

【关联】［W0848.2.1］一对专门残害生灵的魔鬼夫妻

实 例

（参见下级母题实例）

W0916.7.3.1

天上的鬼夫妻

【关联】［W0906.1］天上的鬼（天鬼）

实 例

珞巴族 从前，天上有对乌佑夫妇，丈夫名叫琼固木·依如，妻子名叫钦固木·埃如。

【流传】 西藏自治区·下珞渝（泛指永木河、锡约尔河、巴恰西仁河流域）

【出处】 维·埃尔温搜集：《冰雹的来历》，见中华民族故事大系编委会编《中华民族故事大系》第16卷（赫哲族、门巴族、珞巴族、基诺族），上海：上海文艺出版社1995年版，第436页。

W0916.7.3.2

最早的鬼夫妻，男的叫重刚义如木，女的叫青刚义如木

实 例

珞巴族 最早时有对乌佑（珞巴语，鬼、精灵，也可指神、神灵）夫妻，男的叫重刚义如木，女的叫青刚义如木。

【流传】

（a）西藏自治区·下珞瑜（泛指永木河、锡约尔河、巴恰西仁河流域）

（b）西藏自治区·下珞渝（又写作“下珞瑜”）·西巴霞曲一带（山区米里部落切米尔村）

【出处】

（a）维·埃尔温搜集：《重刚义如木夫妇》，见中华民族故事大系编委会编《中华民族故事大系》第16卷（赫哲族、门巴族、珞巴族、基诺族），上海：上海文艺出版社1995年版，第401页。

（b）同（a），见李坚尚、刘芳贤编《珞巴族门巴族民间故事选》，上海：上海文艺出版社1993年版，第15页。

W0916.7.4

鬼的子女

实 例

（参见下级母题实例）

W0916.7.4.1

鬼的子女是蛇

实 例

珞巴族 从罗刹鬼鼻孔中飞出两条小蛇，这是他的儿女。

【流传】西藏自治区·林芝市·墨脱县·甘登乡、加拉萨乡（讲述地点：墨脱县·甘登乡·甘登村）

【出处】扎西绕登讲：《灭绝罗刹鬼得幸福》（1997.04），见冀文正《珞巴族民间故事》，成都：四川民族出版社2011年版，第115页。

W0916.7.4.2

巫师鬼女

实 例

（参见下级母题实例）

W0916.7.4.2.1

基诺族的巫师鬼女像汉族姑娘

实 例

基诺族 巴亚、札果、札吕等许多村寨的传统认为，祭司鬼女是姑娘。

【流传】云南省·（西双版纳傣族自治州·景洪市）·基诺山（基诺山基诺族乡）·戛里果箐

【出处】不拉塞等讲，杜玉亭调查整理：《祭司产生的过程》（1980），见吕大吉、何耀华总主编《中国各民族原始宗教资料集成》（彝族卷、白族卷、

基诺族卷），北京：中国社会科学出版社 1996 年版，第 950 页。

基诺族 基诺族巫师鬼女的形象像汉族姑娘。

【流传】云南省·（西双版纳傣族自治州·景洪市）·基诺山（基诺山基诺族乡）·戛里果箐、巴亚中寨、札果寨

【出处】不拉塞等讲，杜玉亭调查整理：《巫师神性的来源》（1980～1989），见吕大吉、何耀华总主编《中国各民族原始宗教资料集成》（彝族卷、白族卷、基诺族卷），北京：中国社会科学出版社 1996 年版，第 969 页。

W0916.8

灵魂的职能（鬼的职能，鬼的身份，灵魂的能力，鬼的能力）

实　例

（参见下级母题实例）

W0916.8.1

魂是神水，是先天的清气精

实　例

彝族 树生的仙对更资天神说："你的魂是尼尔夺（地名）神水，是先天的清气精。"

【流传】云南省·（楚雄彝族自治州）·永仁县

【出处】

（a）曲木阿石等讲，罗有能整理：《更资天神》，见云南省楚雄州文教局、云南省楚雄州民委会编《楚雄民间文学资料》，内部资料，1979 年。

（b）同（a），见姚宝瑄主编《中国各民族神话》（羌族、彝族），太原：山西出版传媒集团·书海出版社 2014 年版，第 179 页。

W0916.8.2

灵魂是人的命根

实　例

壮族 活人是由形体和灵魂两大部分构成的，灵魂可以脱离形体而独立，而人身却不能无魂而存在，人身死亡而其灵魂永存。

【流传】（贵州省·黔东南苗族侗族自治州·从江县）

【出处】覃华儒搜集整理：＊《万物有魂》（1989），见吕大吉、何耀华总主编《中国各民族原始宗教资料集成》（土家族卷、瑶族卷、壮族卷、黎族卷），北京：中国社会科学出版社 1998 年版，第 486 页。

W0916.8.3

灵魂是生命之源

【关联】

① ［W0913d.1.1.3.1］寄魂鸟保护主人不死

② ［W2120］泥人得到灵魂后成活

实　例

藏族 神魂是生命的根本，故又称

“命魂”。神魂有了寄托处，不但生命有所依靠，得到了保障，而且寄魂处还可产生超自然的神力。

【流传】（无考）

【出处】刘立千：《从“格萨尔史诗”看古代高原的部落社会》，原载《格萨尔论文选集》，四川省格萨尔办公室编印，1990 年，见吕大吉、何耀华总主编《中国各民族原始宗教资料集成》（鄂伦春族卷、鄂温克族卷、赫哲族卷、达斡尔族卷、锡伯族卷、满族卷、蒙古族卷、藏族卷），北京：中国社会科学出版社 1999 年版，第 810 页。

W0916. 8. 4

灵魂是万物之源

【关联】［W1500］万物的产生

实 例

壮族 灵魂是万物的种子、来路和本源。

【流传】（贵州省·黔东南苗族侗族自治州·从江县）

【出处】覃华儒搜集整理：＊《万物有魂》（1989），见吕大吉、何耀华总主编《中国各民族原始宗教资料集成》（土家族卷、瑶族卷、壮族卷、黎族卷），北京：中国社会科学出版社 1998 年版，第 486 页。

W0916. 8. 4. 1

魂是人的命根

实 例

独龙族 “卜拉”是个体赖以存活的“生命之魂”，是人的命根。它是天上的“格孟”（天鬼）事先安排好才在地上出生的。

【流传】云南省·（怒江傈僳族自治州）·贡山县（贡山独龙族怒族自治县）·独龙江公社（独龙江乡）·拉佩村

【出处】蔡家麒调查整理：《生命之魂“卜拉”》（1982），见吕大吉、何耀华总主编《中国各民族原始宗教资料集成》（纳西族卷、羌族卷、独龙族卷、傈僳族卷、怒族卷），北京：中国社会科学出版社 2000 年版，第 616 页。

W0916. 8. 5

鬼主宰地下

实 例

汉族 玉皇大帝规定：天上，神是主宰；天下，人是主宰；地下，鬼是主宰，谁都不准乱套。

【流传】河南省·安阳市·安阳县·磊口乡·目明村

【出处】赵庆士（农民）讲，左兵采录：《女娲造人（四）》（原名《下雨时为啥起黑云》），见张振犁编著《中原神话通鉴》（第一卷），郑州：河南大学出版社 2017 年版，第 171 页。

W0916. 8. 6

灵魂能保护自己的子孙

实 例

哈萨克族 死者的灵魂还会保护自己的子孙后代，随时能给他们以佑助。

【流传】（无考）

【出处】尼合迈德·蒙加尼搜集，校仲彝翻译整理：《神与灵魂》，见谷德明编《中国少数民族神话》，北京：中国民间文艺出版社1987年版，第730页。

W0916.8.6.1

英雄的灵魂能保护整个部落

实 例

哈萨克族 （参见“W0916.8.6.3 人死后灵魂会福佑后代”母题实例）

W0916.8.6.2

祖灵能告知未来

实 例

彝族 （实例待考）

W0916.8.6.3

人死后灵魂会福佑后代

实 例

哈萨克族 人死后灵魂到另一个世界仍然存在。且死者的灵魂还会保护自己的子孙后代、部落，随时能给他们以佑助。

【流传】（新疆维吾尔自治区）

【出处】尼哈迈提·蒙加尼搜集，校仲彝翻译整理《神与灵魂》，见姚宝瑄主编《中国各民族神话》（乌孜别克族、哈萨克族、柯尔克孜族、俄罗斯族、维吾尔族、塔吉克族、塔塔尔族、锡伯族），太原：山西出版传媒集团·书海出版社2014年版，第31～32页。

W0916.8.7

鬼会捉魂（鬼会摄魂）

【关联】［W0911.7.1］摄魂（捉魂，抓魂）

实 例

（参见下级母题实例）

W0916.8.7.1

鬼通过喊人的名字捉走人的魂

实 例

壮族 鬼常在夜间徘徊于屋外，并会突然叫出某人的名字，若某人仓促答应，则灵魂最容易被鬼捉去。

【流传】（无考）

【出处】黄世杰搜集整理：*《万物有灵》(1990)，见吕大吉、何耀华总主编《中国各民族原始宗教资料集成》（土家族卷、瑶族卷、壮族卷、黎族卷），北京：中国社会科学出版社1998年版，第485页。

W0916.8.7.2

鬼通过模仿人声摄魂

实 例

怒族 树鬼“穷那底布”会模仿人

声、鸟声，使人灵魂离开身体，尤其是妇女和儿童易遭其伤害。

【流传】云南省·（怒江傈僳族自治州）·贡山（贡山独龙族怒族自治县）

【出处】罗孟：《贡山怒族的宗教信仰》，载云南省社会科学院民族学研究所编《民族学》1988 年第 1 期。

W0916. 8. 7a

主宰魂魄的鬼

实 例

（参见下级母题实例）

W0916. 8. 7a. 1

主宰并约束人的魂魄的鬼衣于

实 例

怒族 “衣于”是主宰并约束人的魂魄的鬼。

【流传】云南省·怒江州（怒江傈僳族自治州）·碧江（碧江县已撤销，现为怒江傈僳族自治州中部）

【出处】

(a) 何叔涛：《碧江怒族的原始宗教》，载《世界宗教研究》1985 年第 3 期，第 145 页。

(b) 同（a），见吕大吉、何耀华总主编《中国各民族原始宗教资料集成》（纳西族卷、羌族卷、独龙族卷、傈僳族卷、怒族卷），北京：中国社会科学出版社 2000 年版，第 884 页。

W0916. 8. 8

不同的鬼能力不同

【关联】［W0914. 3. 2. 1］善鬼比恶鬼高强

实 例

壮族 一般认为，善鬼的本领稍比恶鬼高强一些。

【流传】广西壮族自治区·（南宁市）·武鸣县·两江乡·雷江片，马山县·古零乡·杨圩片

【出处】黄世杰搜集整理：*《社会鬼与自然界鬼》（1990），见吕大吉、何耀华总主编《中国各民族原始宗教资料集成》（土家族卷、瑶族卷、壮族卷、黎族卷），北京：中国社会科学出版社 1998 年版，第 489 页。

W0916. 8. 9

灵魂知道人间事

实 例

怒族 人死以后，其魂魄永远不死，它会知道人间的一切事情。

【流传】云南省

【出处】

(a) 龚文德等：《“若柔”人的原始宗教》，见中国哲学史学会云南省分会编《云南少数民族哲学思想史论文选集》第 2 集，1984 年，第 225 ~ 226 页。

(b) 同（a），见吕大吉、何耀华总主编《中国各民族原始宗教资料集成》

（纳西族卷、羌族卷、独龙族卷、傈僳族卷、怒族卷），北京：中国社会科学出版社2000年版，第919页。

W0916.8.10
灵魂管人的行为

实 例

纳西族 男人有九个灵魂，女人有七个灵魂，它们分别居住在人体的各个部位，分管和支配着人的各种行动。

【流传】 云南省·丽江县（丽江市）·（玉龙纳西族自治县）·鸣音地区（鸣音乡）

【出处】 和积贵讲，李国文调查整理：《丽江鸣音地区的招魂巫术及仪式》（1989），见吕大吉、何耀华总主编《中国各民族原始宗教资料集成》（纳西族卷、羌族卷、独龙族卷、傈僳族卷、怒族卷），北京：中国社会科学出版社2000年版，第241页。

W0916.8.11
鬼是神的兵马

实 例

白族 本主和各处山神杂神是神，而他们的兵马则是鬼，是很难缠的。

【流传】 云南省·（大理白族自治州）·鹤庆县·城关、金墩、辛屯等乡镇

【出处】 张海福等调查整理：《鹤庆朵西薄及其职能》（1989），见吕大吉、何耀华总主编《中国各民族原始宗教资料集成》（彝族卷、白族卷、基诺族卷），北京：中国社会科学出版社1996年版，第610页。

W0916.8.12
专司管理的鬼

实 例

（参见下级母题实例）

W0916.8.12.1
管理动物的鬼

实 例

（参见下级母题实例）

W0916.8.12.1.1
管理动物鬼仁木大

实 例

独龙族 管理动物的“仁木大”（鬼名），是一个正在山崖上追撵野兽的独龙人所变，他常居山崖中。

【流传】 云南省·（怒江傈僳族自治州）·贡山（贡山独龙族怒族自治县）·独龙江公社（独龙江乡）·巴坡村

【出处】 蔡家麒调查整理：《祭鬼：“仁木大”》（1982），见吕大吉、何耀华总主编《中国各民族原始宗教资料集成》（纳西族卷、羌族卷、独龙族卷、傈僳族卷、怒族卷），北京：中国社会科学出版社2000年版，第627页。

W0916. 8. 13

鬼会人语

实 例

怒族 石头鬼“龙不拉”会张口说话，还吞食小孩。

【流传】云南省·（怒江傈僳族自治州）·贡山（贡山独龙族怒族自治县）

【出处】罗盂：《贡山怒族的宗教信仰》，载云南省社会科学院民族学研究所编《民族学》1988 年第 1 期。

W0916. 9

灵魂的行为

实 例

（参见下级母题实例）

W0916. 9. 1

灵魂作祟

实 例

蒙古族 牧马人吉雅其临死时请求巴颜：“死后，给我穿上放牧时的衣服，挎上放牧时的套马杆，埋葬在我放牧的高山顶上，让我死后也能看见我放牧的畜群！”结果牧马人吉雅其死后，巴颜没按照他请求的办，于是出现马群病亡的怪事。

【流传】内蒙古自治区·哲里木盟（通辽市）

【出处】门德白乙尔讲：《＊吉雅其的传说》（1984. 07），原载白翠英、邢源、福宝林、王笑编《科尔沁博艺术初探》，哲里木盟文化处内部资料，1986 年，见吕大吉、何耀华总主编《中国各民族原始宗教资料集成》（鄂伦春族卷、鄂温克族卷、赫哲族卷、达斡尔族卷、锡伯族卷、满族卷、蒙古族卷、藏族卷），北京：中国社会科学出版社 1999 年版，第 658 ~ 659 页。

W0916. 9. 1. 1

灵魂作祟的产生

实 例

（参见下级母题实例）

W0916. 9. 1. 1. 1

人死后灵魂作祟

实 例

独龙族 死者下葬后的十天左右，坟地上要插、挂一把砍刀；或将一根青竹劈成两半，一截插在坟上，一截插在死者屋内；开始的几天，家人每夜都要在坟地彻夜地烧火守护，还准备一篓沙石，不时地向四周抛掷，防止“卜郎”（灵魂）们前来作祟。

【流传】云南省·（怒江傈僳族自治州）·贡山（贡山独龙族怒族自治县）·独龙江公社（独龙江乡）·巴坡村、马帕那村

【出处】蔡家麒调查整理：《丧葬祭仪》（1982），见吕大吉、何耀华总主编

《中国各民族原始宗教资料集成》（纳西族卷、羌族卷、独龙族卷、傈僳族卷、怒族卷），北京：中国社会科学出版社2000年版，第690页。

W0916.9.1.2
消除灵魂作祟的方法

实　例

（参见下级母题实例）

W0916.9.1.2.1
通过供祭消除灵魂作祟

实　例

独龙族 若死者丧葬后家中有人患病，或遇到不祥之事，卜算出是自家人的亡魂前来作祟讨吃，则于死者坟地上供祭点酒饭即可。

【流传】 云南省·（怒江傈僳族自治州）·贡山（贡山独龙族怒族自治县）·独龙江公社（独龙江乡）·巴坡村、马帕那村

【出处】 蔡家麒调查整理：《丧葬祭仪》（1982），见吕大吉、何耀华总主编《中国各民族原始宗教资料集成》（纳西族卷、羌族卷、独龙族卷、傈僳族卷、怒族卷），北京：中国社会科学出版社2000年版，第690页。

W0916.9.2
鬼魂护宝

【汤普森】 E291

【关联】［W0916.13］灵魂玉

实　例

（实例待考）

W0916.9.3
鬼魂讨食

实　例

（参见下级母题实例）

W0916.9.3.1
鬼魂在特定时间讨食

实　例

（参见下级母题实例）

W0916.9.3.1.1
鬼魂从腊月二十五日到正月初八向主人讨食

实　例

白族 腊月二十五日到正月初八的年节期间，禁止往大门后泼水。因为绝嗣无后或凶死者的鬼魂多待在这里，向主人讨食。

【流传】 云南省·（怒江傈僳族自治州）·兰坪县（兰坪白族普米族自治县），（迪庆藏族自治州）·维西县（维西傈僳族自治县）

【出处】 刘龙初调查整理：《兰坪维西那马人禁忌》（1988），见吕大吉、何耀华总主编《中国各民族原始宗教资料集成》（彝族卷、白族卷、基诺族卷），北京：中国社会科学出版社1996年版，第675页。

W0916.10

灵魂遭劫

实 例

汉族 （实例待考）

W0916.11

灵魂的丢失（灵魂的离去，鬼的消失，丢魂，失魂）

【汤普森】 ①E752；②F407

【关联】 ［W0851.1］妖魔畏惧的东西（魔鬼的惧怕物，妖魔的惧怕物）

实 例

（参见下级母题实例）

W0916.11.1

灵魂被特定人物取走

实 例

（参见下级母题实例）

W0916.11.1.1

动物取走人的灵魂

实 例

鄂伦春族 人的灵魂会遭到劫持。有时候，黑熊能够取走人的灵魂。

【流传】 黑龙江省·（大兴安岭地区）·呼玛（呼玛县）

【出处】 郭其柱讲，向华整理：《老实人、黑熊和狐狸》，见中华民族故事大系编委会编《中华民族故事大系》第15卷（德昂族、保安族、裕固族、京族、塔塔尔族、独龙族、鄂伦春族），上海：上海文艺出版社1995年版，第914页。

W0916.11.2

灵魂被偷走

【关联】 ［W0911.6.1］摄魂

实 例

（参见下级母题实例）

W0916.11.2.1

人的灵魂被魔鬼偷走

实 例

鄂伦春族 阿勒塔涅（人名）的灵魂被魔鬼偷走。

【流传】（中国东北部地区）

【出处】

（a）张凤铸、蔡伯文记录整理：《阿勒塔涅斩魔记》，见张凤铸、蔡伯文编《鄂伦春民间文学选》，呼和浩特：内蒙古人民出版社1980年版。

（b）同（a），见姚宝瑄主编《中国各民族神话》（达斡尔族、鄂伦春族、鄂温克族、蒙古族），太原：山西出版传媒集团·书海出版社2014年版，第107～113页。

W0916.11.3

魂被吓丢（因惊吓丢魂）

【关联】 ［W0913d.2.1］灵魂受惊吓后附着到吓人者身上

实 例

纳西族 （参见“W0916.11.3a 魂因贪玩被丢”母题实例）

壮族 （参见“W0913d.2.1 灵魂受惊吓后附着到吓人者身上”母题实例）

W0916.11.3.1 细思极恐后吓丢魂

实 例

汉族 两名天将越想越怕，竟给吓走了魂，变成了两根大石柱子。至今，石柱还在山上立着，人们叫它“将军石”。

【流传】河南省·许昌市

【出处】史友仁讲，张楚北采录整理：《伏牛山》（1982），见张振犁编著，孟宪明、朱淑君统纂《中原神话通鉴》（第三卷），郑州：河南大学出版社2017年版，第890页。

W0916.11.3.2 儿童容易惊吓丢魂

实 例

蒙古族（布里亚特） 儿童的灵魂受到惊吓后会游离于体内而被恶灵捉去。

【流传】（无考）

【出处】［苏联］И.А.曼日格耶夫著，宋长宏译，佟德富校：《布里亚特萨满教和前萨满教辞典》（俄文版），莫斯科：科学出版社1978年版，第96页，见吕大吉、何耀华总主编《中国各民族原始宗教资料集成》（鄂伦春族卷、鄂温克族卷、赫哲族卷、达斡尔族卷、锡伯族卷、满族卷、蒙古族卷、藏族卷），北京：中国社会科学出版社1999年版，第730页。

W0916.11.3a 魂因贪玩被丢

实 例

纳西族 人失落魂魄一般有几种情况，如（1）人到山中砍柴、放牧或作其他农活时，侵犯了山中的龙王神，其魂被龙王神捉住并关押起来；（2）人出外做活时，其魂脱离开人体到山中游玩，当人返家时，魂还贪玩在山中；（3）或个体被突然事物或异常现象惊吓，使其灵魂脱离开身体。

【流传】云南省·（迪庆藏族自治州）·中甸县（香格里拉县）·三坝乡（三坝纳西族乡）·白地行政村·吴树湾村

【出处】树仁甲讲，李国文调查整理：《中甸三坝白地的招魂巫术及仪式》（1985），见吕大吉、何耀华总主编《中国各民族原始宗教资料集成》（纳西族卷、羌族卷、独龙族卷、傈僳族卷、怒族卷），北京：中国社会科学出版社2000年版，第237页。

W0916.11.4 丢魂的地点

实 例

（参见下级母题实例）

W0916. 11. 4. 1 魂被挂在树枝上

实 例

傈僳族 病人的魂挂在树枝上，魂挂在岩壁上。

【流传】 云南省 · 怒江地区（怒江傈僳族自治州）

【出处】 阿南整理：《招魂调》，载《山茶》1987年第6期。

W0916. 11. 4. 2 魂被挂在岩壁上

实 例

傈僳族 （参见“W0916. 11. 4. 1 魂被挂在树枝上”母题实例）

W0916. 11. 5 丢魂的表现

实 例

（参见下级母题实例）

W0916. 11. 5. 1 人丢魂会面黄肌瘦

【关联】 ［W8645. 3］疾病是失魂落魄造成的

实 例

壮族 魂不在身的人，往往是面黄肌瘦，四肢无力，萎靡不振。

【流传】（贵州省 · 黔东南苗族侗族自治州 · 从江县）

【出处】 覃华儒搜集整理：*《万物有魂》（1989），见吕大吉、何耀华总主编《中国各民族原始宗教资料集成》（土家族卷、瑶族卷、壮族卷、黎族卷），北京：中国社会科学出版社1998年版，第486页。

W0916. 11. 5. 2 小孩摔倒惊哭是丢魂表现

实 例

壮族 三四岁的小孩，往往容易在外不慎摔倒。惊哭，被认为已失魂，必须招魂。

【流传】（广西壮族自治区）

【出处】 陆启贤搜集整理：*《招魂》（1989），见吕大吉、何耀华总主编《中国各民族原始宗教资料集成》（土家族卷、瑶族卷、壮族卷、黎族卷），北京：中国社会科学出版社1998年版，第596页。

W0916. 11. 5. 2a 小孩受惊、厌食和贪玩是丢魂表现

实 例

白族（那马） 小孩失魂表现为受惊、厌食和贪玩。

【流传】 云南省 ·（怒江傈僳族自治州）· 兰坪县（兰坪白族普米族自治县），（迪庆藏族自治州）· 维西县（维西傈僳族自治县）

【出处】刘龙初调查整理：《兰坪维西那马人的喊魂仪式》（1988），见吕大吉、何耀华总主编《中国各民族原始宗教资料集成》（彝族卷、白族卷、基诺族卷），北京：中国社会科学出版社 1996 年版，第 434 页。

W0916.11.5.3

丢魂后会死亡

实 例

（参见下级母题实例）

W0916.11.5.3.1

人被天神打掉灵魂后死亡

实 例

彝族 以前人多不死，天神恩体古兹为拯救人类，用铁棍把人从天上打下来，每户有一人的灵魂被打掉，即每家有一人被打死。

【流传】四川省·凉山（凉山彝族自治州）一带

【出处】何耀华调查整理：*《人为什么死亡》，见吕大吉、何耀华总主编《中国各民族原始宗教资料集成》（彝族卷、白族卷、基诺族卷），北京：中国社会科学出版社 1996 年版，第 109 页。

W0916.11.6

与丢魂有关的其他母题

【关联】［W0911.4.4］到丢魂处招魂

实 例

（参见下级母题实例）

W0916.11.6.1

人跌倒会丢魂

实 例

苗族 人跌倒就会掉魂，灵魂离身就要生病。

【流传】原文无流传地，据文本及注释推测该神话流传于贵州·黔东南苗族侗族自治州·凯里市、台江县等地。

【出处】张启庭、张荣光、张正玉、张启德演唱，张明搜集，燕宝整理译注：《创造宇宙·运金运银》，见贵州省少数民族古籍整理出版规划小组办公室编，燕宝整理译注《苗族古歌》，贵阳：贵州民族出版社 1993 年版，第 187 页。

W0916.12

交换灵魂（换灵魂）

实 例

（参见下级母题实例）

W0916.12.1

投到人身上的灵魂可以更换

实 例

鄂温克族 投到人身上的灵魂可以更换。

【流传】黑龙江省嫩江流域

【出处】汪立珍：《鄂温克族神话研

究》，北京：中央民族大学出版社 2006 年版，第 129 页。

W0916. 13

灵魂玉

实 例

（参见下级母题实例）

W0916. 13. 1

人的灵魂玉摔破后死亡

【关联】灵魂玉摔破，国王便死

实 例

藏族 真赛（人名）将偷来的国王的灵魂玉摔破，国王便死了。

【流传】（无考）

【出处】《真赛》，见林继富《生命的归宿——藏族灵魂观念试析》，载《邦锦花》1990 年第 3 期。

W0916. 14

三魂（天魂，地魂，命魂）

实 例

（实例待考）

W0916. 15

“精灵”“鬼”“神”相同

【关联】［W0889. 1］鬼魂同一

实 例

景颇族 （实例待考）

W0916. 16

灵简

实 例

（参见下级母题实例）

W0916. 16. 1

灵简是象征宗支的神物

实 例

彝族 灵简是象征宗支的神物。

【流传】云南省·（楚雄彝族自治州·武定县）·万德（万德镇）

【出处】罗希吾戈翻译：《夷僰榷濮》（六祖史诗），昆明：云南民族出版社 1986 年版，第 8 页。

W0916. 17

动物的灵魂

实 例

（参见下级母题实例）

W0916. 17. 1

牲畜的灵魂不能祟人

实 例

傈僳族 牲畜虽有生命，有灵魂，但他们认为其灵魂不能祟人。

【流传】云南省·（怒江傈僳族自治州）·碧江县五区（今属泸水县·洛本卓白族乡）·色德乡（色德行政村）·德一登村

【出处】田家祺等：《碧江县五区色德乡

德一登村傈僳族社会经济调查》，见云南省编辑委员会编《傈僳族社会历史调查》，昆明：云南人民出版社1981年版，第70页。

W0916.17.2

尾巴代表禽畜的灵魂

实 例

傈僳族 当地卖禽畜时，要把它的尾毛带一点回来，意思是禽畜卖了，但它们的魂没有卖也不能卖。

【流传】云南省·（楚雄彝族自治州）·武定县、元谋地区（元谋县）

【出处】张桥贵调查整理：《辛年猪仪式》（1988），见吕大吉、何耀华总主编《中国各民族原始宗教资料集成》（纳西族卷、羌族卷、独龙族卷、傈僳族卷、怒族卷），北京：中国社会科学出版社2000年版，第754页。

W0916.18

真魂

实 例

（参见下级母题实例）

W0916.18.1

人的真魂

实 例

（参见下级母题实例）

W0916.18.1.1

人的真魂可以复活

实 例

赫哲族 人死后，通过萨满过阴，到阴间取得真魂后可以复活。

【流传】（松花江下游地区依兰至抚远一带）

【出处】《一新萨满》，见凌纯声《松花江下游的赫哲族》（原1934年南京刊印本），北京：民族出版社2012年版，第925页。

W0916.19

鬼的转化

实 例

（参见下级母题实例）

W0916.19.1

恶鬼转化成善鬼

实 例

（参见下级母题实例）

W0916.19.1.1

通过道场使恶鬼变成善鬼

实 例

壮族 恶鬼可以转化为善鬼。这要请道公作“过火炼”道场就可以变为善鬼，即有资格回家吃香火，与祖先同坐在神台。

【流传】广西壮族自治区·百色市·田

阳县、德保县

【出处】陆启贤搜集整理：＊《鬼与魂的区别》（1989），见吕大吉、何耀华总主编《中国各民族原始宗教资料集成》（土家族卷、瑶族卷、壮族卷、黎族卷），北京：中国社会科学出版社1998年版，第490页。

W0916. 20

祭鬼

实 例

（参见下级母题实例）

W0916. 20. 1

春节期间剽牛祭鬼（卡雀哇）

实 例

独龙族 春节期间剽牛祭鬼是独龙人一年之中传统的重大节日和最隆重的仪式，称之为“卡雀哇”。

【流传】（无考）

【出处】蔡家麒：《独龙族社会历史综合考察报告》，载中国西南民族研究学会、云南省民族研究所编印《民族调查研究》（专刊）1983年第1期。

W0916. 20. 2

祭恶鬼

实 例

（参见下级母题实例）

W0916. 20. 2. 1

吊狗祭恶鬼

实 例

纳西族 吊狗祭恶鬼，为主人家凶死者招魂超度，最后镇压恶鬼，防止日后纠缠。

【流传】云南省·丽江（丽江市）·（玉龙纳西族自治县）·鸣音地区（鸣音乡）·吊狗镇（不详）

【出处】和即贵（63岁）讲，和志武调查整理：《丽江鸣音地区吊狗镇恶鬼（“短”）仪式》（1989），见吕大吉、何耀华总主编《中国各民族原始宗教资料集成》（纳西族卷、羌族卷、独龙族卷、傈僳族卷、怒族卷），北京：中国社会科学出版社2000年版，第132页。

W0916. 20. 3

鬼只能祭祀不能驱赶

【关联】［W0912. 1. 2］祭鬼无效时驱鬼（驱鬼先礼后兵）

实 例

怒族 疾病皆由鬼神所致。鬼神当中，除个别的鬼和较小的精灵外，都只能祭祀而不能驱赶。

【流传】云南省·怒江州（怒江傈僳族自治州）·碧江县（已撤销，现为怒江傈僳族自治州中部）、兰坪县（兰坪白族普米族自治县）

【出处】

（a）何叔涛：《碧江怒族的原始宗教》，载《世界宗教研究》1985年第3期。

（b）同（a），见吕大吉、何耀华总主编《中国各民族原始宗教资料集成》（纳西族卷、羌族卷、独龙族卷、傈僳族卷、怒族卷），北京：中国社会科学出版社2000年版，第845页。

W0916.20.4

鬼向人索要祭品

实 例

独龙族 一般人看不见鬼，鬼却能看见人，它们专事用加害人畜的方法来不断索取人间的酒肉饭食的供祭。

【流传】 云南省·（怒江傈僳族自治州）·贡山县（贡山独龙族怒族自治县）·独龙江公社（独龙江乡）·巴坡村、先久当村

【出处】 蔡家麒调查整理：《地上的鬼："卜郎"》（1982），见吕大吉、何耀华总主编《中国各民族原始宗教资料集成》（纳西族卷、羌族卷、独龙族卷、傈僳族卷、怒族卷），北京：中国社会科学出版社2000年版，第619页。

0.9 神或神性人物的其他母题【W0920～W0999】

0.9.1 神物[①]【W0920～W0969】

✿ W0920

神物

实 例

（参见下级母题实例）

W0920a

神物的产生

实 例

（参见下级母题实例）

W0920a.1

特定物被视为神物

实 例

（参见下级母题实例）

W0920a.1.1

作为牺牲的动物视为神物

实 例

（参见下级母题实例）

W0920a.1.1.1

献神的活马成为神马

实 例

鄂温克族 鄂温克人有以活马敬献雷神之后，这匹马就成为神马，从此以后再不许人使用。

【流传】内蒙古自治区·（呼伦贝尔市）·鄂温克族自治旗·巴彦托海镇

【出处】陶克讲，卡丽娜调查整理：《祭雷神》，见吕大吉、何耀华总主编《中国各民族原始宗教资料集成》（鄂伦春族卷、鄂温克族卷、赫哲族卷、达斡尔族卷、锡伯族卷、满族卷、蒙古族卷、藏族卷），北京：中国社会科学出版社1999年版，第101页。

W0920a.2

放置在特定地点的物成为神物

实 例

① 神物，神物母题与“物神”有一定的联系和区别，从神话叙事本质看“神物”并不一定是“物神”，就像“神马”、“神山”并不是“马神”、“山神”一样。但“神物”作为一类母题在神话叙事中情况非常复杂，既难以明确辨析也难以穷尽，在此列出的“神物”母题编目只选取其中一些典型元素，仅以引点或启示为目的。

（参见下级母题实例）

W0920a. 2. 1

插进敖包的箭成为神物

实 例

藏族 箭一插进“拉资”［也称“俄博”（敖包，蒙古语）意为山头］中，就成了神物，很少有人再去动它，动它就意味着亵渎神灵。

【流传】（无考）

【出处】丹珠昂奔：《藏族神灵论》，中国社会科学出版社 1990 年版，见吕大吉、何耀华总主编《中国各民族原始宗教资料集成》（鄂伦春族卷、鄂温克族卷、赫哲族卷、达斡尔族卷、锡伯族卷、满族卷、蒙古族卷、藏族卷），北京：中国社会科学出版社 1999 年版，第 953 页。

W0920a. 3

外族传来的神物

实 例

（参见下级母题实例）

W0920a. 3. 1

神物源于外族首领

实 例

羌族（纳木依人、柏木依人）神箭为一铁箭，相传是古代藏王拉巴拉日传下来的，法力无边。

【流传】四川省·（凉山彝族自治州）·冕宁县·锣锅底区

【出处】何耀华：《川西南纳木依人和柏木依人的宗教信仰述略》，见吕大吉、何耀华总主编《中国各民族原始宗教资料集成》（纳西族卷、羌族卷、独龙族卷、傈僳族卷、怒族卷），北京：中国社会科学出版社 2000 年版，第 553 ~ 554 页。

W0920b

神物的特征（神物的功能，神物的能力）

实 例

（参见下级母题实例）

W0920b. 1

神物保健康

实 例

（参见下级母题实例）

W0920b. 1. 1

神物雷击石保产妇健康

实 例

鄂温克族 山野间雷击过的石头（雷击石）被视为神物，用此石泡水给产妇饮用，以求产后健康无灾。

【流传】内蒙古自治区·（呼伦贝尔市）·鄂温克族自治旗·巴彦托海镇

【出处】陶克讲，卡丽娜调查整理：《雷击石》（1992. 09. 07），见吕大吉、何耀华总主编《中国各民族原始宗教资料集成》（鄂伦春族卷、鄂温克族卷、赫哲族卷、达斡尔族卷、锡伯族卷、满族卷、蒙古族卷、藏族卷），北京：中国社会科学出版社 1999 年版，第 101 页。

W0920b. 2

神物保平安

实 例

（参见下级母题实例）

W0920b. 2. 1

神物雷击石保幼儿平安

实 例

鄂温克族 山野间雷击过的石头（雷击石）被视为神物，将这种石绑在婴儿摇车上，祈求雷神保佑儿女平安。

【流传】 内蒙古自治区·（呼伦贝尔市）·鄂温克族自治旗·巴彦托海镇

【出处】 陶克讲，卡丽娜调查整理：《雷击石》（1992. 09. 07），见吕大吉、何耀华总主编《中国各民族原始宗教资料集成》（鄂伦春族卷、鄂温克族卷、赫哲族卷、达斡尔族卷、锡伯族卷、满族卷、蒙古族卷、藏族卷），北京：中国社会科学出版社 1999 年版，第 101 页。

W0920b. 3

神物能带来好运气

实 例

（参见下级母题实例）

W0920b. 3. 1

神物助人打猎走运

实 例

鄂伦春族 很早以前，有兄妹二人靠渔猎为生。哥哥自从有了龙王送的神马后，打猎总是走运气，每次出猎都没有空手回来的时候。

【流传】（中国东北部地区）

【出处】

（a）猜株姗讲，巴图宝音记录整理：《三女神》，见谷德明编《中国少数民族神话选》，西北民族学院研究所 1983 年编印，内部发行。

（b）同（a），见姚宝瑄主编《中国各民族神话》（达斡尔族、鄂伦春族、鄂温克族、蒙古族），太原：山西出版传媒集团·书海出版社 2014 年版，第 38 ~ 42 页。

W0920b. 4

神物带来好运

实 例

（参见下级母题实例）

W0920b. 4. 1

神物帮助打胜仗

实 例

羌族（纳木依人、柏木依人） 山神祭祀后，各家将祭者所得毛线、红布、白布、香条包成一包，用牦牛皮包着，缠上布，称为“纳打”，供插放弩箭之用。认为插于纳打中的箭因有山神保佑，是神箭，外出打仗时总抽出十支、八支带在身上。

【流传】四川省·（凉山彝族自治州）·冕宁县·锣锅底区

【出处】何耀华：《川西南纳木依人和柏木依人的宗教信仰述略》，见吕大吉、何耀华总主编《中国各民族原始宗教资料集成》（纳西族卷、羌族卷、独龙族卷、傈僳族卷、怒族卷），北京：中国社会科学出版社2000年版，第554页。

W0920c

神物的生活

实　例

（实例待考）

W0920d

神物的保管

实　例

（参见下级母题实例）

W0920d.1

神物放人迹罕至处

实　例

（参见下级母题实例）

W0920d.1.1

祭神的神箭放人迹罕到的岩洞

【关联】［W6511］神的禁忌

实　例

藏族 神箭和神牛角两件神物和神刀是专供祭祀山神用的，平时放在人迹罕到的岩洞中，由“菩萨人”（藏语称“甲俄”）烧香祭拜，举行祭祀时，由“甲俄”取来拿在手中。祭祀之后，再送回原来的岩洞中去。

【流传】（四川省·凉山彝族自治州·冕宁县·联合乡）

【出处】何耀华：《冕宁县联合公社藏族社会历史调查》，原载西南民族学会编印《雅砻江下游考察报告》，1983年，见吕大吉、何耀华总主编《中国各民族原始宗教资料集成》（鄂伦春族卷、鄂温克族卷、赫哲族卷、达斡尔族卷、锡伯族卷、满族卷、蒙古族卷、藏族卷），北京：中国社会科学出版社1999年版，第830页。

W0920e

神物的寿命与死亡

实　例

（参见下级母题实例）

W0920e.1

神物杀不死

实　例

（参见下级母题实例）

W0920e. 1. 1

蛟龙是天上的神物，所以杀不死

实 例

汉族 蛟龙是天上的神物，大禹不能把它杀死。

【流传】河南省·（许昌市）·禹州市·火龙乡

【出处】朱玉洁之祖母（83 岁）讲，朱玉洁采录整理：《禹王锁蛟（一）》（1989. 12），见张振犁编著，孟宪明、朱淑君统纂《中原神话通鉴》（第四卷），郑州：河南大学出版社 2017 年版，第 1087 页。

W0920e. 1. 2

神物用一般工具杀不死

实 例

哈尼族 七十七个工匠神用锤子杀查牛（查，哈尼语即“土”，查牛即“土牛”，即为天地神专养的神牛），但不能杀死。十二个乌摩神（即管神的神或专司管理的神）来杀查牛，绑人的索子拿出来，可是十二条大索绑不翻天神的查牛。

【流传】云南省·（红河哈尼族彝族自治州）·元阳（元阳县）、红河（红河县）、绿春（绿春县）、金平（金平苗族瑶族傣族自治县）

【出处】朱小和讲唱，史军超搜集整理：《查牛补天地》（1983），原载云南省民间文学集成办公室编《哈尼族神话传说集成》，中国民间文艺出版社 1990 年版，见姚宝瑄主编《中国各民族神话》（哈尼族、傣族），太原：山西出版传媒集团·书海出版社 2014 年版，第 51 页。

※ W0921

神性动物

实 例

（参见下级母题实例）

W0921a

神兽

实 例

（参见下级母题实例）

W0921a. 1

神兽的产生

实 例

（实例待考）

W0921a. 2

神兽的特征（神兽的身份，神兽的职能）

【关联】［W0501. 2. 1］怪异的兽神

实 例

（参见下级母题实例）

W0921a. 2. 1

神兽守门

实 例

（参见下级母题实例）

W0921a. 2. 1. 1

凶猛的神兽把守昆仑山宫门

实 例

汉族 昆仑山有一个最高的山头，那终年云雾缭绕，山头上隐隐约约地现出一处楼台殿阁，宫门有凶猛的神兽把守。

【流传】淮河流域

【出处】常山讲述：《鲧王治水》，原载茆文斗搜集整理《河蚌姑娘》，见陶阳、钟秀编《中国神话》（上），北京：商务印书馆 2008 年版，第 412 ~ 418 页。

W0921a. 3

特定的神兽

实 例

（参见下级母题实例）

W0921a. 3. 1

白泽兽

实 例

（参见下级母题实例）

W0921a. 3. 1. 1

白泽兽人面蛙身

实 例

汉族 黄帝东海巡游时，见到从海中跳出一只白泽兽。这怪物人面蛙身，长有尾巴，前两肢略短，后两腿稍长，爪上有蹼，浑身雪白，闪闪发亮。老辈人说这种兽是神兽，常年生活在海里，白天在海底周游，夜晚爬上岸来，到山川树林访查，哪里发生了什么事情，哪里出了什么东西，哪里住着什么神，哪里住着什么鬼怪，它都一清二楚。

【流传】河南省·（郑州市）·新郑市

【出处】王金岭采录整理：《门神的传说》，见张振犁编著，孟宪明、朱淑君统纂《中原神话通鉴》（第二卷），郑州：河南大学出版社 2017 年版，第 645 页。

W0921a. 3. 1. 2

白泽兽预知未来

实 例

汉族 （参见“W0921a. 3. 1. 1 白泽兽人面蛙身”母题实例）

W0921a. 4

与神兽有关的其他母题

实 例

（参见下级母题实例）

W0921a. 4. 1

神兽的死亡

实 例

（参见下级母题实例）

W0921a. 4. 1. 1

恶魔造成天上的神禽和地上的神兽的死亡

实 例

满族 恶魔耶鲁里抓住了女天神阿布卡赫赫，一时间，天摇地晃，日月暗淡无光，天上的神禽、地上的神兽也相继死亡。

【流传】黑龙江省·黑河地区（黑河市）·孙吴县·（沿江满族达斡尔族乡）·四季屯（四季屯村）

【出处】吴纪贤、富希陆讲：《天宫大战——黑水女真人传世神话》（1939，选自富育光、郭淑云整理的手稿），见姚宝瑄主编《中国各民族神话》（满族、赫哲族、朝鲜族），太原：山西出版传媒集团·书海出版社 2014 年版，第 31 页。

W0922

神马

实 例

（参见下级母题实例）

W0922. 1

神马的产生

实 例

（参见下级母题实例）

W0922. 1. 1

神马天降

实 例

（参见下级母题实例）

W0922. 1. 1. 1

神驹天降

实 例

藏族 神驹降落到拉域贡塘，自愿成了拉萨贡摩尊的财产。

【流传】西藏自治区

【出处】谢后方翻译：《马是怎样和野马分开的》，见中国民间文学集成全国编辑委员会编《中国民间故事集成》（西藏卷），北京：中国 ISBN 中心 2001 年版，第 10 页。

W0922. 1. 2

泉生神马

实 例

（参见下级母题实例）

W0922. 1. 2. 1

神泉生神马

实 例

保安族 雪白的神马从神泉中出现。

【流传】甘肃省·临夏回族自治州

【出处】马少青搜集整理：《神马》，见满都呼主编《中国阿尔泰语系诸民族神话故事》，北京：民族出版社1997年版，第227页。

保安族 每天太阳刚刚升起、彩霞满天的时候，从神泉的泉眼里就会奔出一匹雪白的神马，欢快地奔跑在保安人居住的土地上。

【流传】（无考）

【出处】

(a) 马少青搜集整理：《神马》，见郝苏民编《东乡族保安族裕固族民间故事选》，上海：上海文艺出版社1987年版。

(b) 同(a)，见姚宝瑄主编《中国各民族神话》（土族、东乡族、回族、保安族、裕固族、撒拉族），太原：山西出版传媒集团·书海出版社2014年版，第77页。

保安族 神马从泉中出，欢驰于保安人居住地。每逢天旱，神马伸颈长鸣三声，清泉即从泉眼中出，保安人即以之灌溉苗稼。

【流传】（无考）

【出处】袁珂改编：《神马》，原载毛星主编《中国少数民族文学》（上册），见袁珂《中国神话大词典》，北京：华夏出版社2015年版，第584页。

W0922.1.3

卵生神马

实 例

（参见下级母题实例）

W0922.1.3.1

一枚鹏蛋中孵化出神马

实 例

藏族 从一枚鹏蛋中孵化出来一匹神马。

【流传】西藏自治区·那曲地区

【出处】《雪琼雪玛让古》，见塔热·次仁玉珍搜集整理：《藏北民间故事》，西藏人民1993，第45页。

W0922.1.4

馈赠神马

实 例

（参见下级母题实例）

W0922.1.4.1

龙王送猎人神马

实 例

鄂伦春族 很早以前，有兄妹二人靠渔猎为生。哥哥得到龙王送的神马。

【流传】（中国东北部地区）

【出处】

(a) 猜株姗讲，巴图宝音记录整理：《三女神》，见谷德明编《中国少数民族神话选》，西北民族学院研究所

1983 年编印，内部发行。

（b）同（a），见姚宝瑄主编《中国各民族神话》（达斡尔族、鄂伦春族、鄂温克族、蒙古族），太原：山西出版传媒集团·书海出版社 2014 年版，第 38～42 页。

鄂伦春族 一对兄妹中的哥哥所救之鱼，龙王子也，龙王命子送神马与之。

【流传】（无考）

【出处】袁珂改编：《三女神》，原载谷德明《中国少数民族神话选》，见袁珂《中国神话大词典》，北京：华夏出版社 2015 年版，第 591 页。

W0922. 1. 5

特定的马成为神马

实 例

（参见下级母题实例）

W0922. 1. 5. 1

作为牺牲的马是神马

【关联】［W0920a. 1. 1. 1］献神的活马成为神马

实 例

鄂温克族 （参见“W0920a. 1. 1. 1 献神的活马成为神马”母题实例）

W0922. 1. 5. 2

三脚马是神马

实 例

仫佬族 三脚马是匹神马。

【流传】广西壮族自治区·（河池市）·罗城县（罗城仫佬族自治县）·仫佬族山乡（仫佬山乡）

【出处】吴禧干、吴志禧、吴开庭、包启宽、覃建珍、曹祖国、潘常成讲，包玉堂、吴开庭、曾凡才、吴盛枝搜集整理：《稼》（又名《吴平大王》《木洛大王》《七里英王》《石览王》），原载包玉堂等编《仫佬族民间故事选》，上海文艺出版社 1988 年版，见姚宝瑄主编《中国各民族神话》（仫佬族、壮族、京族），太原：山西出版传媒集团·书海出版社 2014 年版，第 62 页。

W0922. 2

神马的特征（神马的能力）

实 例

（参见下级母题实例）

W0922. 2. 1

长翅膀的神马

实 例

蒙古族 神马长着会飞翔的翅膀。

【流传】新疆维吾尔自治区·伊犁哈萨克自治州

【出处】阿不都拉搜集翻译，姚宝瑄整理：《长翅膀的神马》，见姚宝瑄主编《中国各民族神话》（达斡尔族、鄂伦春族、鄂温克族、蒙古族），太原：山西出版传媒集团·书海出版社 2014

年版，第221页。

彝族 （实例待考）

W0922.2.1.1 人为神马制作神翅和神尾

实 例

瑶族 会冶炼的格样赊样（人名）为神马制作神翅和神尾，从而使神马生龙活虎，力气无比。

【流传】（无考）

【出处】《密洛陀神谱》，蓝田根据农学冠等撰写的《瑶族神话传说中的人物》编写，见姚宝瑄主编《中国各民族神话》（土家族、毛南族、侗族、瑶族），太原：山西出版传媒集团·书海出版社2014年版，第150页。

W0922.2.2 神马腾云驾雾

实 例

瑶族 （实例待考）

W0922.2.3 神马带来好的运气

实 例

鄂伦春族 很早以前，有兄妹二人靠渔猎为生。哥哥自从有了龙王送的神马后，打猎总是走运气，每次出猎都没有空手回来的时候。

【流传】（中国东北部地区）

【出处】

(a) 猜株姗讲，巴图宝音记录整理：《三女神》，见谷德明编《中国少数民族神话选》，西北民族学院研究所1983年编印，内部发行。

(b) 同(a)，见姚宝瑄主编《中国各民族神话》（达斡尔族、鄂伦春族、鄂温克族、蒙古族），太原：山西出版传媒集团·书海出版社2014年版，第38～42页。

W0922.2.4 神马的颜色（神马特定部位的颜色）

实 例

（参见下级母题实例）

W0922.2.4.1 白色神马

实 例

保安族 （参见“W0922.1.2.1 神泉生神马”母题实例）

【流传】甘肃省·临夏回族自治州

【出处】马少青搜集整理：《神马》，见满都呼主编《中国阿尔泰语系诸民族神话故事》，北京：民族出版社1997年版，第227页。

W0922.2.4.2 鹅黄神马

实 例

藏族 东方色瓦仑国王旺丹嘎波，九年前送给那哇波登国王的一匹鹅黄神马，头一次作胎，生下一匹金毛闪闪的小马驹。

【流传】西藏自治区

【出处】益西旦增讲，廖东凡、次多吉、次卓戛搜集整理：《黑面王子》，原载《西藏民间故事选》，见陶阳、钟秀编《中国神话》（中），北京：商务印书馆 2008 年版，第 973 ~996 页。

W0922. 2. 4. 3

白脚神马

实 例

纳西族 崇仁潘迪骑白脚神马。

【流传】云南省·丽江（丽江市）·青龙乡（不详）

【出处】和芳（东巴）读经，和志武调查整理：《崇仁潘迪彻舒》（1954），见吕大吉、何耀华总主编《中国各民族原始宗教资料集成》（纳西族卷、羌族卷、独龙族卷、傈僳族卷、怒族卷），北京：中国社会科学出版社 2000 年版，第 347 页。

W0922. 2. 5

神马善跑

实 例

（参见下级母题实例）

W0922. 2. 5. 1

神马日行千里，夜行八百

实 例

汉族 尤家有一匹白马，能日行千里，夜行八百，既通人性，又懂人话，都说是匹神马。

【流传】河南省·（南阳市）·南召县蚕区［采录地点：太山庙乡楼山村］

【出处】薛书林（男，33 岁，汉族，初中毕业，太山庙乡横山村农民）讲，刘万普（男，25 岁，汉族，高中毕业，石门乡孙庄村农民）采录，乔明光，男（48 岁，汉族，大学本科毕业，南召县文化局干部）采录整理：《蚕姑奶奶》（1986. 05），见张振犁编著，孟宪明、朱淑君统纂《中原神话通鉴》（第四卷），郑州：河南大学出版社 2017 年版，第 1276 页。

W0922. 2. 5. 2

神马一天一夜能跑一万八千里

实 例

汉族 灶马是神马，一天一夜能跑一万八千里。

【流传】河南省·（南阳市）·新野县

【出处】曹学典讲，曹宝泉采录：《盘古爷开天》，见张振犁编著《中原神话通鉴》（第一卷），郑州：河南大学出版社 2017 年版，第 34 页。

W0922. 2. 5. 3

神马驰骋大水之上

实 例

蒙古族 洪水后，麦德尔神女骑其白色神马，亦往来奔驰于蓝色水面上，神马两蹄踏水，射出耀眼火星。

【流传】（无考）

【出处】*《麦德尔神女》，原载陶阳、钟秀编《中国神话》，见袁珂《中国神话大词典》，北京：华夏出版社2015年版，第399页。

W0922.2.5.4

神马一天能走完一个月的路程

实 例

柯尔克孜族 达尼格尔（英雄名）骑着神驹，一天走完了最好的骏马要走一个月的行程。

【流传】（新疆维吾尔自治区）

【出处】玛沙托克托逊讲，《玛纳斯》工作组搜集，张运隆整理，朱玛拉依翻译：《达尼格尔神游地府》，见姚宝瑄主编《中国各民族神话》（乌孜别克族、哈萨克族、柯尔克孜族、俄罗斯族、维吾尔族、塔吉克族、塔塔尔族、锡伯族），太原：山西出版传媒集团·书海出版社2014年版，第197页。

W0922.2.6

神马懂人的语言

实 例

（参见下级母题实例）

W0922.2.6.1

江郭排布神马能懂人语说人话

实 例

藏族 江郭排布神马能懂人言，会说人话。神马前蹄落地，尘土飞扬；后蹄践石，火花四溅。

【流传】（无考）

【出处】徐国琼搜集整理：《雄师大王格萨尔》，见陶阳、钟秀编《中国神话》（中），北京：商务印书馆2008年版，第702～711页。

W0922.3

神马的居所

实 例

（参见下级母题实例）

W0922.3.1

神马住天上

实 例

（参见下级母题实例）

W0922.3.1.1

神马住九重天间隙处

实 例

藏族 在上天九重天的间隙处，在云雾下面，在星曜下方，有一匹公马名叫卡达也哇（神马）。

【流传】西藏自治区

【出处】谢后方翻译：《马是怎样和野马分开的》，见中国民间文学集成全国编辑委员会编《中国民间故事集成》（西藏卷），北京：中国ISBN中心2001年版，第10页。

W0922. 4

与神马有关的其他母题

实 例

（参见下级母题实例）

W0922. 4. 1

特定名称的神马（神马的名称）

实 例

（参见下级母题实例）

W0922. 4. 1. 1

神龙马

实 例

彝族 （实例待考）

W0922. 4. 1. 2

飞菟

实 例

（参见下级母题实例）

W0922. 4. 1. 2. 1

飞菟日行三万里

实 例

汉族 飞菟者，神马之名也，日行三万里。禹治水，勤劳历年，救民之害，天应其德而至。

【流传】（无考）

【出处】［南朝·梁］沈约：《宋书·符瑞志》。

W0922. 4. 1. 3

神马克尔库拉马

实 例

哈萨克族 克尔库拉马是一匹神马，跑起来如鹰飞一般，别的马一个月的路程，它六十步就跑完了。

【流传】 新疆维吾尔自治区

【出处】 李雍翻译：《英雄坎德巴依》，原载陶立璠、李耀宗编《中国少数民族神话传说选》，见陶阳、钟秀编《中国神话》（中），北京：商务印书馆2008年版，第687～695页。

W0922. 4. 1a

神驹

实 例

（参见下级母题实例）

W0922. 4. 1a. 1

白额乌锥神驹

实 例

柯尔克孜族 大达尼格尔汗王找到了白额乌锥神驹和白色快脚神驼。

【流传】（新疆维吾尔自治区）

【出处】 玛沙托克托逊讲，《玛纳斯》工作组搜集，张运隆整理，朱玛拉依翻译：《达尼格尔枪杀毒龙》，见姚宝瑄主编《中国各民族神话》（乌孜别克族、哈萨克族、柯尔克孜族、俄罗斯族、维吾尔族、塔吉克族、塔塔尔族、锡伯族），太原：山西出版传媒集团·书海出版社 2014 年版，第 192 页。

W0922.4.2
神马是吉祥物

实 例

（参见下级母题实例）

W0922.4.2.1
梦神马得祥兆

【关联】［W9235］好的征兆

实 例

藏族 如果梦见骑狮、骑虎、骑神马，或驭天龙，那么就预示着此人将会即刻获得极大的成就。

【流传】（无考）

【出处】［奥地利］内贝斯基著，谢继胜译：《西藏的占卜术》，原载《国外藏学研究译文集》第 5 辑，西藏人民出版社 1989 年版，见吕大吉、何耀华总主编《中国各民族原始宗教资料集成》（鄂伦春族卷、鄂温克族卷、赫哲族卷、达斡尔族卷、锡伯族卷、满族卷、蒙古族卷、藏族卷），北京：中国社会科学出版社 1999 年版，第 896 页。

W0922a
神驴

实 例

（参见下级母题实例）

W0922a.1
神驴的产生

实 例

（实例待考）

W0922a.2
神驴的特征

实 例

（参见下级母题实例）

W0922a.2.1
神驴善饮

实 例

（参见下级母题实例）

W0922a.2.1.1
神驴喝干河水

实 例

汉族 妖精不识神仙张果老，欣然听他的驴饮水。神驴伸嘴一饮，竟饮尽两桶所盛五湖四海之水，但余些少水脚。

【流传】（江苏省·淮安市·盱眙县）

【出处】《水母洞》，见袁珂《中国神话大词典》，北京：华夏出版社 2015 年版，第 85 页。

W0922a.3
与神驴有关的其他母题

【关联】［W0827a.2.3.4.1］张果老的

神驴

实 例

（实例待考）

W0923

神狗（神犬）

实 例

（参见下级母题实例）

W0923.1

神狗的产生

实 例

（参见下级母题实例）

W0923.1.1

化生神狗

实 例

苗族 （实例待考）

W0923.1.2

童帽上绣的狗视为神狗

实 例

羌族 每家小孩的帽上亦绣狗，人们称之为“神狗”。

【流传】四川省·（绵阳市）·北川县（北川羌族自治县）

【出处】钱安靖：《绵阳市北川县羌族宗教习俗调查》（1990.05.15），见吕大吉、何耀华总主编《中国各民族原始宗教资料集成》（纳西族卷、羌族卷、独龙族卷、傈僳族卷、怒族卷），北京：中国社会科学出版社2000年版，第486页。

W0923.2

神狗的特征（神狗的职能，神狗的能力）

实 例

（参见下级母题实例）

W0923.2.1

神狗毛色亮丽

实 例

畲族 （实例待考）

W0923.2.2

神狗会变形

实 例

（参见下级母题实例）

W0923.2.2.1

神狗变成人

实 例

瑶族 龙犬（神犬）变成人后，评王封他为南京十宝殿盘瓠王，俗称狗王。

【流传】（a）广西壮族自治区·（来宾市）·金秀县（金秀瑶族自治县）·六巷乡·古陈村

【出处】

（a）盘振松、盘日新讲，王矿新、刘保元采录翻译：《盘瓠王》（1979），见中国民间文学集成全国编辑委员会编《中国民间故事集成》（广西卷），北京：中国 ISBN 中心 2001 年版，第 93 页。

（b）同（a），见陶阳、钟秀编《中国神话》（中），北京：商务印书馆 2008 年版，第 541～546 页。

W0923.3

特定名称的神狗

实 例

（参见下级母题实例）

W0923.3.1

神狗盘瓠

实 例

汉族、苗族、瑶族等 帝喾高辛氏有一条神犬，名字叫"盘瓠"。

【流传】（中原及南方地区）

【出处】《帝喾》，见乌丙安主编《中国民间神谱》，沈阳：辽宁人民出版社 2007 年版，第 57 页。

苗族 外邦吴将军试图攻占高辛。高辛发榜说，谁能砍下吴将军的头，就把小公主嫁给他。这时一只叫盘瓠的神犬站了出来。

【流传】湖南省·湘西土家族苗族自治州·泸溪县·白沙镇·辛女村

【出处】向大爷讲，杨泽经采集：《盘瓠神话》（20150417），见杨利慧《当代中国的神话主义——以遗产旅游和电子媒介的考察为中心》，内部交流稿，2017 年 6 月，第 114 页。

苗族 盘瓠是从天上降到人间的神犬。最早降落在沅江边上的辛女岩上。

【流传】湖南省·湘西土家族苗族自治州·泸溪县

【出处】侯自佳讲：*《泸溪盘瓠与辛女神话传说》，王宪昭采集，2018.09.25－2018.10.01。

W0923.4

与神狗有关的其他母题

【关联】

① ［W3074.3］天狗

② ［W3133.6.3］龙犬立功

实 例

（实例待考）

W0924

神鸟

实 例

（参见下级母题实例）

W0924.1

神鸟的产生

实 例

（参见下级母题实例）

W0924.1.1

神鸟源于特定地方

实 例

（参见下级母题实例）

W0924. 1. 1. 1

神鸟源于天边

【关联】［W0924. 4. 4. 1］神鸟天鹅从远方飞来

实 例

满族 （参见“W0924. 4. 4. 1 神鸟天鹅从远方飞来”母题实例）

W0924. 1. 1. 2

神鸟源于山顶

实 例

蒙古族 从山顶上飞来了一只硕大无比的神鸟，落在神马的面前。

【流传】新疆维吾尔自治区·伊犁哈萨克自治州

【出处】阿不都拉搜集翻译，姚宝瑄整理：《长翅膀的神马》，见姚宝瑄主编《中国各民族神话》（达斡尔族、鄂伦春族、鄂温克族、蒙古族），太原：山西出版传媒集团·书海出版社 2014 年版，第 221 页。

W0924. 1. 2

特定物化为神鸟

实 例

（参见下级母题实例）

W0924. 1. 2. 1

人化为神鸟

实 例

（参见下级母题实例）

W0924. 1. 2. 1. 1

女萨满死后化为白羽神鸟

实 例

满族 有位白姑娘，是个女萨满，能潜游百里。为给族中老幼捉鱼充饥，一次误认水中白石为鱼，撞岩而死，死后化为白羽神鸟。

【流传】（无考）

【出处】富育光、孟慧英、王宏刚整理：《白水鸟神》，见姚宝瑄主编《中国各民族神话》（满族、赫哲族、朝鲜族），太原：山西出版传媒集团·书海出版社 2014 年版，第 72 页。

W0924. 2

神鸟的特征

实 例

（参见下级母题实例）

W0924. 2. 1

神鸟人头鸟身

实 例

（参见下级母题实例）

W0924. 2. 1. 1

人头鸟身的神鸟姑娘

实 例

傣族 远古时有一个人头鸟身的神鸟姑娘。

【流传】云南省·德宏（德宏傣族景颇族自治州）

【出处】《鸟姑娘》，见刀承华《傣族文学史》，昆明：云南民族出版社 2005 年版，第 258 页。

W0924.2.2 神鸟的翅膀

实　例

（参见下级母题实例）

W0924.2.2.1 神鸟多足多翼

实　例

（参见下级母题实例）

W0924.2.2.1.1 神鸟六足四翼

实　例

汉族（参见“W0924.5.1.3 神鸟帝江”母题实例）

W0924.2.2.2 神鸟有坚硬的翅膀

实　例

纳西族 神鸟月其嘎儿有一对铁一般坚强的翅膀。

【流传】(a) 云南省·（丽江市）·宁蒗县（宁蒗彝族自治县）·永宁乡

【出处】

(a) 达巴苏诺等讲，李子贤采录：《神鸟月其嘎儿》，见中国民间文学集成全国编辑委员会编《中国民间故事集成》（云南卷），北京：中国 ISBN 中心 2003 年版，第 369 页。

(b) 达巴苏诺等讲，李子贤记录整理：《月其嘎儿》，见谷德明编《中国少数民族神话》，北京：中国民间文艺出版社 1987 年版，第 455 页。

W0924.2.3 神鸟的颜色

【关联】［W0924.4.2］九彩神鸟

实　例

（参见下级母题实例）

W0924.2.3.1 神鸟的颜色代表不同职能

实　例

藏族 白鹏是天神光华之鹏，红鹏是念神食肉之鹏，黑鹏是鲁神镇邪之鹏，它们在各自的属界扶正抑邪，主持天理之道。

【流传】（无考）

【出处】格明多杰整理：《创世古歌》，见 BBS 水木清华站：http://www.smth.edu.cn，2006.07.20。

W0924.2.4 巨大的神鸟

实　例

蒙古族（参见“W0924.1.1.2 神鸟源

于山顶”母题实例）

W0924. 2. 5

神鸟有特定的肢体

实 例

（参见下级母题实例）

W0924. 2. 5. 1

三足神鸟

实 例

汉族 昆仑弱水，非乘龙不至。有三足神鸟，为王母取食也。

【流传】（无考）

【出处】［西汉］司马迁：《史记·大宛列传》司马贞索引。

W0924. 3

神鸟的能力（神鸟的职能）

实 例

（参见下级母题实例）

W0924. 3. 1

神鸟会发光

实 例

（参见下级母题实例）

W0924. 3. 1. 1

发金光的金雀

实 例

回族 （实例待考）

W0924. 3. 2

神鸟变形

实 例

哈萨克族 （实例待考）

W0924. 3. 3

神鸟是领路者

实 例

（参见下级母题实例）

W0924. 3. 3. 1

神鸟是萨满跳鹿神时的领路者

实 例

赫哲族 萨满跳鹿神时，组成的神队在行进的路上唱鸠神歌。因鸠为领路的神鸟，叫他好好的领路。

【流传】（松花江下游地区依兰县至抚远市一带）

【出处】

（a）凌纯声：《松花江下游的赫哲族》（原1934年南京刊印本），北京：民族出版社2012年版，第136～140页。

（b）《跳鹿神仪式》，见吕大吉、何耀华总主编《中国各民族原始宗教资料集成》（鄂伦春族卷、鄂温克族卷、赫哲族卷、达斡尔族卷、锡伯族卷、满族卷、蒙古族卷、藏族卷），北京：中国社会科学出版社1999年版，第237页。

W0924.3.4

神鸟下蛋

实 例

哈尼族 天神摩咪让神鸟在很远很远的山上下了三个蛋。

【流传】 云南省·（红河哈尼族彝族自治州）·红河（红河县）、绿春（绿春县）、元阳（元阳县），（玉溪市）·元江（元江哈尼族彝族傣族自治县），（普洱市）·墨江县（墨江哈尼族自治县）等

【出处】 鲁然讲，黄世荣搜集整理：《三个神蛋》，原载云南省民间文学集成办公室编《哈尼族神话传说集成》，中国民间文艺出版社 1990 年版，见姚宝瑄主编《中国各民族神话》（哈尼族、傣族），太原：山西出版传媒集团·书海出版社 2014 年版，第 170～171 页。

W0924.3a

神鸟的生活

实 例

（参见下级母题实例）

W0924.3a.1

神鸟的食物

实 例

（实例待考）

W0924.3a.2

神鸟的居所

实 例

（参见下级母题实例）

W0924.3a.2.1

神鸟居神树

实 例

满族 昆哲罗神鸟就住在太阳河畔的一棵神树上。

【流传】（无考）

【出处】《阿布卡赫赫女神创世》，王松根据富育光、孟慧英、王宏刚撰写的《满族宗教与神话》改写，见姚宝瑄主编《中国各民族神话》（满族、赫哲族、朝鲜族），太原：山西出版传媒集团、书海出版社 2014 年版，第 4～14 页。

W0924.4

特定的神鸟

实 例

（参见下级母题实例）

W0924.4.1

太阳神鸟

实 例

汉族 （实例待考）

W0924.4.2
九彩神鸟

实 例

（参见下级母题实例）

W0924.4.2.1
九彩神鸟能为女神疗伤

实 例

满族 九彩神鸟为女神阿布卡赫赫用羽毛疗伤。

【流传】黑龙江省·（黑河市）·爱辉县（爱辉区）

【出处】富希陆讲，富育光采录：《天宫大战》，见中国民间文学集成全国编辑委员会编《中国民间故事集成》（吉林卷），北京：中国文联出版公司1992年版，第4~5页。

W0924.4.2.2
九彩神鸟昆哲勒住太阳河边的神树上

实 例

满族 太阳河边的神树上住着一只名叫昆哲勒的九彩神鸟。

【流传】黑龙江省·（黑河市）·瑷珲（四季屯今划归孙吴县）·四季屯（四季镇）

【出处】白蒙古讲：《天宫大战》（九腓凌），转引自王宏刚《满洲萨满教创世神话中的人本主义曙光》，载《西北民族研究》2007年第4期。

满族 太阳河旁有一棵高大的神树，神树上住着一个名叫昆哲勒的九彩神鸟。

【流传】（无考）

【出处】富希陆讲，富育光采录：《天宫大战》，原载富育光编《满族神话选》，见陶阳、钟秀编《中国神话》（中），北京：商务印书馆2008年版，第736~737页。

满族 太阳河边一棵高大的神树上，住着一只名叫昆哲勒的九彩神鸟。

【流传】黑龙江省·黑河地区（黑河市）·孙吴县·（沿江满族达斡尔族乡）·四季屯（四季屯村）

【出处】吴纪贤、富希陆讲：《天宫大战——黑水女真人传世神话》（1939，选自富育光、郭淑云整理的手稿），见姚宝瑄主编《中国各民族神话》（满族、赫哲族、朝鲜族），太原：山西出版传媒集团·书海出版社2014年版，第35页。

W0924.4.3
神鹰

【关联】［W1792.6.1］神鹰是天宫守护者

实 例

纳西族（摩梭）天上有一只叫格儿美的神鹰，一刻不停地在天地交界处飞绕，巡视海水的涨落，守卫着天宫。

【流传】云南省·（丽江市）·宁蒗县

（宁蒗彝族自治县）

【出处】

（a）《昂姑咪》，载《山茶》1986 年第 3 期。

（b）同（a），见姚宝瑄主编《中国各民族神话》（佤族、阿昌族、纳西族、普米族、德昂族），太原：山西出版传媒集团·书海出版社 2014 年版，第 104 页。

W0924.4.3.1

神鹰的产生

实 例

（参见下级母题实例）

W0924.4.3.1.1

神造神鹰

实 例

景颇族 宁冠娃与妹妹生造美神鹰。

【流传】（无考）

【出处】尚正兴整理：《宁冠娃》，见《中国各民族宗教与神话大词典》编审委员会编《中国各民族宗教与神话大词典》，北京：学苑出版社 1990 年版，第 363 页。

W0924.4.3.1.2

织女变成神鹰

实 例

仡佬族 织女变成神鹰。

【流传】（无考）

【出处】高兴文讲：《阿力和达勒》，见刘魁立主编《玉皇大帝的传说》，北京：中国社会出版社 2008 年版，第 109 页。

W0924.4.3.1.3

天神放出神鹰

实 例

汉族 有两个天神放了两只神鹰，它们争着要下凡去当天下的主人。

【流传】河南省·（南阳市）·桐柏县

【出处】邓鹏讲：《嫦娥下凡》，见姚宝瑄主编《中国各民族神话》（汉族），太原：山西出版传媒集团·书海出版社 2014 年版，第 246～248 页。

W0924.4.3.1.4

雪生的鹰类的长子成为神鹰

实 例

彝族 雪生的鹰类的长子成为鸟类的皇帝，就是天空的神鹰。

【流传】四川省·凉山地区（凉山彝族自治州）

【出处】《勒俄特衣·雪子十二支》，参见《凉山彝族奴隶社会》编写组《凉山彝文资料选译》第一集，第 30～35 页。

W0924.4.3.1.5

英雄化身为神鹰（阔力）

实 例

赫哲族 安徒（英雄名）的阔力（神鹰）把奇布求（人名）的阔力从空中摔死在地上，死了的阔力是奇布求的妻子。

【流传】（黑龙江省·佳木斯市·同江县·八岔赫哲族乡）

【出处】

(a) 吴进才说唱，尤志贤翻译整理：《安徒莫日根》，载中国民间文艺研究会黑龙江分会所编《黑龙江民间文学》，1981 年第 2 集。

(b) 同（a），见姚宝瑄主编《中国各民族神话》（满族、赫哲族、朝鲜族），太原：山西出版传媒集团·书海出版社 2014 年版，第 125～126 页。

W0924. 4. 3. 2 神鹰的特征（神鹰的身份）

实　例

（参见下级母题实例）

W0924. 4. 3. 2. 1 神鹰是鸟王（神鹰是鸟类的皇帝）

实　例

彝族 雪生的鹰类的长子成为鸟类的皇帝，就是天空的神鹰。

【流传】四川省·凉山地区（凉山彝族自治州）

【出处】《勒俄特衣·雪子十二支》，参见《凉山彝族奴隶社会》编写组《凉山彝文资料选译》第一集，第 30～35 页。

彝族 红雪化成的鹰类有许多子孙。长子分出去之后，就是天空中的神鹰，它成了鸟中的皇帝，就住在白云山。

【流传】（四川省·凉山彝族自治州）

【出处】

(a) 冯元蔚译：《勒俄特依》，成都：四川民族出版社 1986 年版。

(b) 冯元蔚译，蔷紫改写：《勒俄特依》，见姚宝瑄主编《中国各民族神话》（羌族、彝族），太原：山西出版传媒集团·书海出版社 2014 年版，第 157～158 页。

W0924. 4. 3. 2. 2 神鹰是星神

实　例

满族 神鹰本是空中一星神，布星女神卧勒多赫赫曾用绳索将其左脚系住，让它辅佐德登女神守护穹宇。

【流传】黑龙江省·黑河地区（黑河市）·孙吴县·（沿江满族达斡尔族乡）·四季屯（四季屯村）

【出处】吴纪贤、富希陆讲：《天宫大战——黑水女真人传世神话》（1939，选自富育光、郭淑云整理的手稿），见姚宝瑄主编《中国各民族神话》（满族、赫哲族、朝鲜族），太原：山西出版传媒集团·书海出版社 2014 年版，第 36 页。

W0924.4.3.2.3
神鹰目光敏锐

实 例

（参见下级母题实例）

W0924.4.3.2.3.1
神鹰能看清离它六个月行程以内地上爬着的蚂蚁

实 例

哈萨克族 神鹰能看清离它六个月行程以内地上爬着的蚂蚁。

【流传】（新疆维吾尔自治区）

【出处】 哈巴斯讲：《骑黑骏马的肯得克依勇士》，见姚宝瑄主编《中国各民族神话》（乌孜别克族、哈萨克族、柯尔克孜族、俄罗斯族、维吾尔族、塔吉克族、塔塔尔族、锡伯族），太原：山西出版传媒集团·书海出版社2014年版，第118页。

W0924.4.3.3
与神鹰有关的其他母题

实 例

（参见下级母题实例）

W0924.4.3.3.1
神鹰向女儿传授神术

实 例

蒙古族 神鹰向女儿传授神术，使她成为萨满。

【流传】（无考）

【出处】 乌丙安：《神秘的萨满世界》，上海：三联书店上海分店1989年版，第216页。

W0924.4.3.3.2
神鹰在神树上筑巢

实 例

纳西族 神树上盘着鹰的窝巢，窝内神鸟孵抱着三颗神蛋。

【流传】 云南省·（丽江市）·丽江县（古城区、玉龙纳西族自治县）

【出处】 木丽春采集整理：《鹰术争斗的故事》，见木丽春编著《纳西族民间故事集》，昆明：云南人民出版社2007年版，第95页。

W0924.4.4
神鸟天鹅

实 例

（参见下级母题实例）

W0924.4.4.1
神鸟天鹅从远方飞来

实 例

藏族 神鸟天鹅从远方飞来。

【流传】 西藏自治区·林芝县（林芝市）

【出处】 希洛讲，王文成等整理：《文成公主的故事》，见中华民族故事大系编委会编《中华民族故事大系》第2

卷（藏族、维吾尔族、苗族），上海：上海文艺出版社 1995 年版，第 10 页。

W0924.4.5

神鸡

实 例

（参见下级母题实例）

W0924.4.5.1

金色神鸡

实 例

汉族 南康雩都县沿江西出，去县三里，名梦口，有穴，状如石室，名梦口穴。旧传：尝有神鸡，色如好金，出此穴中，奋翼回翔，长鸣响（彻），见之，辄飞入穴中，因号此石为金鸡石。

【流传】（无考）

【出处】

(a) 鲁迅：《古小说钩沉》辑《述异记》。

(b)《金鸡石》，见袁珂《中国神话大词典》，北京：华夏出版社 2015 年版，第 206 页。

W0924.4.5.2

白神鸡是天神的公主

实 例

珞巴族 白神鸡全身像海螺，是工玛加（天王神）的公主。

【流传】西藏自治区·林芝市·墨脱县·墨脱乡、甘登乡、旁辛乡（讲述地点：墨脱县·墨脱乡·墨脱村）

【出处】桑杰绕登、江措讲：《祭灶神》(1996.09)，见冀文正《珞巴族民间故事》，成都：四川民族出版社 2011 年版，第 76 页。

W0924.4.5.3

神鸡额玉额玛

实 例

（参见下级母题实例）

W0924.4.5.3.1

善神依古阿格变化出额玉额玛

实 例

纳西族 额玉额玛（最初的善神依古阿格变化出的神鸡）生下九对白蛋。

【流传】云南省·丽江（丽江市）

【出处】和芳（东巴）读经，和志武翻译整理：《崇邦统》（人类迁徙记）(1954)，见吕大吉、何耀华总主编《中国各民族原始宗教资料集成》（纳西族卷、羌族卷、独龙族卷、傈僳族卷、怒族卷），北京：中国社会科学出版社 2000 年版，第 320 页。

W0924.4.5.4

天神饲养神鸡

实 例

（参见下级母题实例）

W0924.4.5.4.1

天神排神养只公鸡神鸡，禅神养的是一只母鸡神鸡

实 例

纳西族 天上的排神和禅神，他们养了一对神鸡，排神养的是一只公鸡，禅神养的是一只母鸡。

【流传】（无考）

【出处】周耀华翻译整理：《马的来历》，原载中共丽江地委宣传部编《纳西族民间故事选》，见陶阳、钟秀编《中国神话》（下），北京：商务印书馆2008年版，第1200～1203页。

W0924.4.5a

神鸭

实 例

（实例待考）

W0924.4.5b

神鹅

实 例

（参见下级母题实例）

W0924.4.5b.1

一对白鹅是掌管甘泉的神鹅

实 例

壮族 一对白鹅是掌管甘泉的神鹅，只要这对神鹅走过的地方，甜蜜的泉水也就流到那个地方。

【流传】广西壮族自治区·（百色市）·隆林县（隆林各族自治县）

【出处】杨业荣、岑隆业整理：《铜鼓为什么埋在地下》，原载蓝鸿恩编：《壮族民间故事选》，上海文艺出版社1984年版，见姚宝瑄主编《中国各民族神话》（仫佬族、壮族、京族），太原：山西出版传媒集团·书海出版社2014年版，第155页。

W0924.4.5b.2

神鹅住神洞

实 例

白族 在一座圣山上，有一只金鸡和一只神鹅在修炼。金鸡住在一个仙洞里，神鹅住在一个神洞里。

【流传】云南省·（大理白族自治州）·宾川县、大理市

【出处】李朝讲，王艳钧记录：《灰龙、金鸡治黑龙》（1981.07），见姚宝瑄主编《中国各民族神话》（白族、拉祜族、景颇族），太原：山西出版传媒集团·书海出版社2014年版，第74页。

W0924.4.6

神鹫

【关联】［W0924.4.3］神鹰

实 例

（参见下级母题实例）

W0924. 4. 6. 1
神鹫生萨满

实 例

鄂温克族 萨满是神鹫的后裔。

【流传】（无考）

【出处】《论鄂温克族萨满教的特点》，见吕光天《北方民族原始社会形态研究》，银川：宁夏人民出版社 1981 年版，第 290 页。

W0924. 4. 7
神雁

实 例

彝族 彝族过去崇拜神雁、神獭。

【流传】四川省·凉山（凉山彝族自治州）·昭觉（昭觉县）、永善（永善县）、兴隆（兴隆县）等地

【出处】何耀华：《彝族的自然崇拜及其特点》，载《思想战线》1982 年第 6 期。

W0924. 5
与神鸟有关的其他母题

【关联】

① ［W0514］鸟神

② ［W3329. 5］奇特的鸟

实 例

（参见下级母题实例）

W0924. 5. 1
特定名称的神鸟

实 例

（参见下级母题实例）

W0924. 5. 1. 1
神鸟月其嘎儿

实 例

纳西族 神鸟月其嘎儿（女）。

【流传】（无考）

【出处】达巴苏诺、阮衣底子讲，李子贤记录整理：《月其嘎儿》，见谷德明编《中国少数民族神话》，北京：中国民间文艺出版社 1987 年版，第 455 页。

W0924. 5. 1. 2
五方神鸟幽昌

实 例

满族 玉帝为保护生灵万物派下的五方神鸟幽昌。

【流传】黑龙江省（原书稿标注为辽宁省）·（哈尔滨市）·双城（双城区）·希勤乡（希勤满族乡）·希叶村（希业村）

【出处】马亚川遗稿：《龙蛇精》，见黄任远等整理《女真萨满神话》，哈尔滨：黑龙江人民出版社 2006 年版，第 57 ~ 64 页。

W0924.5.1.3

神鸟帝江

实 例

汉族 天山，有神焉，其状如黄囊，赤如丹火，六足四翼，浑敦无面目，是识歌舞，实惟帝江也。

【流传】（无考）

【出处】［战国至汉］撰者不详：《山海经·西次三经》。

W0924.5.1.3a

神鸟毕方

【关联】［W0854.2.2.4］树精毕方

实 例

汉族 章峨之山，有鸟焉，其状如鹤，一足，赤文青质而白喙，名曰毕方，其鸣自叫也，见则其邑有讹火。

【流传】（无考）

【出处】［战国至汉］撰者不详：《山海经·西次三经》。

W0924.5.1.3a.1

毕方衔火

实 例

汉族 毕方，老父神，如鸟，两足一翼，常衔火在人家作怪灾也。

【流传】（无考）

【出处】［东汉］张衡：《东京赋》薛综注。

W0924.5.1.3a.2

毕方即火老鸦

实 例

汉族 毕方者，生于竹木之火，犹俗之所谓“火老鸦”也。神话化遂为神鸟毕方，或“见则其邑有讹火”或“常衔火在人家作怪灾”，又转为致火之妖物。

【流传】（无考）

【出处】《毕方》，见袁珂《中国神话大词典》，北京：华夏出版社 2015 年版，第 117 页。

W0924.5.1.4

神鸟勒嘎宾嘎

实 例

蒙古族 神鸟勒嘎宾嘎的寿命达 3 万年。

【流传】（无考）

【出处】《嘎勒宾嘎创世》，见［蒙古］Д. 策仁苏德那木编：《蒙古神话》（基利尔蒙古文），转引自那木吉拉《中国阿尔泰语系诸民族神话比较研究》，北京：学习出版社 2010 年版，第 28～29 页。

W0924.5.1.5

神鸟左西丽

实 例

彝族（聂苏） 在聂苏人的传说中，“左西丽”是一种神鸟，能造福于人类。

【流传】云南省·（红河哈尼族彝族自治州）·石屏县·哨冲（哨冲镇）

【出处】范祖锜：《石屏县哨冲彝族的“德培好”祭典现场纪实》，见吕大吉、何耀华总主编《中国各民族原始宗教资料集成》（彝族卷、白族卷、基诺族卷），北京：中国社会科学出版社 1996 年版，第 209 页。

W0924. 5. 1. 6
神鸟耶眉（初无）

实 例

藏族 没有天、没有地的时候，山头上飞来了一只名字叫“耶育”（藏语鸟名，意为“初有”）的神鸟；从低低的山谷飞出一只名字叫“耶眉”（藏语鸟名，意为“初无”）的神鸟。

【流传】云南省·迪庆（迪庆藏族自治州）

【出处】才旦旺堆搜集，蔷紫整理《神蛋创世纪》，见姚宝瑄主编《中国各民族神话》（门巴族、珞巴族、怒族、藏族），太原：山西出版传媒集团·书海出版社 2014 年版，第 74 页。

W0924. 5. 2
神鸟禁忌

实 例

（参见下级母题实例）

W0924. 5. 2. 1
遇神鸟叫忌惊慌喊叫

实 例

壮族 遇到神鸟叫，不能惊慌失措，更不能逃跑乱喊。

【流传】广西壮族自治区·（河池市）·东兰县

【出处】覃剑萍搜集整理：*《祭鸟神》（1990），见吕大吉、何耀华总主编《中国各民族原始宗教资料集成》（土家族卷、瑶族卷、壮族卷、黎族卷），北京：中国社会科学出版社 1998 年版，第 525 页。

W0925
神牛

实 例

哈萨克族 上帝用七天的时间创造了地。后来让神牛支撑大地。

【流传】（无考）

【出处】比达尔克买提·木海讲，胡扎依尔·萨杜瓦哈斯搜集，安蕾、毕桪译：《神牛支撑大地》，见满都呼主编《中国阿尔泰语系诸民族神话故事》，北京：民族出版社 1997 年版，第 57 页。

W0925. 1
神牛的产生

实 例

（参见下级母题实例）

W0925.1.0

神牛源于特定地方

实 例

（参见下级母题实例）

W0925.1.0.1

天神俄烟赐查牛的牛种

实 例

哈尼族 查牛的牛种，是天神俄烟给的。

【流传】

（a）云南省·（红河哈尼族彝族自治州）·元阳县

（b）云南省·（红河哈尼族彝族自治州）·元阳县、红河（红河县）、绿春（绿春县）、金平县（金平苗族瑶族傣族自治县）等

【出处】

（a）朱小和讲，史军超采录：《查牛补天地》，见中国民间文学集成全国编辑委员会编《中国民间故事集成》（云南卷），北京：中国ISBN中心2003年版，第29页。

（b）同（a），见《哈尼族神话传说集成》，北京：中国民间文艺出版社1990年版。

W0925.1.0.2

天神赐查牛（神牛）

实 例

哈尼族 查牛（查，哈尼语即“土”，查牛即“土牛”，即为天地神专养的神牛）的牛种，是天神俄烟给的。

【流传】云南省·（红河哈尼族彝族自治州）·元阳（元阳县）、红河（红河县）、绿春（绿春县）、金平（金平苗族瑶族傣族自治县）

【出处】朱小和讲唱，史军超搜集整理：《查牛补天地》（1983），原载云南省民间文学集成办公室编《哈尼族神话传说集成》，中国民间文艺出版社1990年版，见姚宝瑄主编《中国各民族神话》（哈尼族、傣族），太原：山西出版传媒集团·书海出版社2014年版，第50页。

W0925.1.0.3

神牛天降

实 例

彝族（撒尼）牛王本是天上神牛，只因为传错圣旨被贬下人间。

【流传】云南省·昆明（昆明市）

【出处】张福记录：《撒弥支彝族的祭牛王马祖》（1965），见吕大吉、何耀华总主编《中国各民族原始宗教资料集成》（彝族卷、白族卷、基诺族卷），北京：中国社会科学出版社1996年版，第339页。

W0925.1.1

天神造神牛

实 例

哈尼族 （实例待考）

W0925. 1. 2
地生神牛

实 例

（参见下级母题实例）

W0925. 1. 2. 1
大地生 3 头神牛

实 例

珞巴族 大地生了三个神牛。

【流传】西藏自治区·（林芝市）·米林县·纳玉公社（南伊乡）

【出处】

（a）达牛讲：《三个神牛》，见谷德明编《中国少数民族神话》，北京：中国民间文艺出版社 1987 年版，第 263 页。

（b）达牛讲，于乃昌整理：《三个神牛》，见《珞巴族民间故事》：http://www.tibet－web.com/old/minjian/ync/gushi/mulu.htm，2003.10.02。

W0925. 1. 2. 2
天地结婚，地母生神牛

实 例

珞巴族 大地生的三个神牛中，老大叫普苏索布，是火神牛。老二叫拉玛索布，是铁神牛。老三叫铁神索布，是土神牛。

【流传】西藏自治区·（林芝地区）·米林县·纳玉区（南伊乡）

【出处】达牛讲，于乃昌搜集：《三个神牛》，见姚宝瑄主编《中国各民族神话》（门巴族、珞巴族、怒族、藏族），太原：山西出版传媒集团·书海出版社 2014 年版，第 26 页。

珞巴族 天地结婚，地母生神牛。

【流传】（无考）

【出处】《三个神牛》，见中央民族学院少数民族文艺研究所编《中国民族民间文学》，北京：中央民族学院出版社 1987 年版，第 404 页。

W0925. 1. 3
神蛋生神牛

实 例

门巴族 神生的蛋中生神牛。

【流传】（无考）

【出处】《太波嘎列》，见中央民族学院少数民族文艺研究所编《中国民族民间文学》，北京：中央民族学院出版社 1987 年版，第 461 页。

W0925. 2
神牛的特征

实 例

（参见下级母题实例）

W0925. 2. 1
神牛善耕种

实 例

（参见下级母题实例）

W0925.2.1.1
神牛日耕三千亩

实 例

瑶族 （实例待考）

W0925.2.1.2
神牛在天上犁云耙雾

实 例

纳西族（摩梭） 神牛在天宫中只管使憨力，干犁云耙雾的重活。

【流传】 云南省·（丽江市）·宁蒗县（宁蒗彝族自治县）

【出处】

（a）《昂姑咪》，载《山茶》1986年第3期。

（b）同（a），见姚宝瑄主编《中国各民族神话》（佤族、阿昌族、纳西族、普米族、德昂族），太原：山西出版传媒集团·书海出版社2014年版，第107页。

W0925.2.2
神牛为天地神专养

实 例

哈尼族 查牛即“土牛”，为天地神专养的神牛。

【流传】

（a）云南省·（红河哈尼族彝族自治州）·元阳县

（b）云南省·（红河哈尼族彝族自治州）·元阳县、红河（红河县）、绿春（绿春县）、金平县（金平苗族瑶族傣族自治县）等

【出处】

（a）朱小和讲，史军超采录：《查牛补天地》，见中国民间文学集成全国编辑委员会编《中国民间故事集成》（云南卷），北京：中国ISBN中心2003年版，第29页。

（b）同（a），见《哈尼族神话传说集成》，北京：中国民间文艺出版社1990年版。

W0925.2.3
神牛通人性，懂人语

实 例

汉族 大禹的神牛在陆上能疾驰，水上能奔腾，遇到急事，它还会腾云驾雾，“日行千里，夜走八百”。这神牛能通人性，懂人语，是大禹的得力助手。

【流传】 河南省·（洛阳市）·偃师县（偃师市）

【出处】 杨聚全采录，康仙舟采录整理：《水牛沟》，见张振犁编著，孟宪明、朱淑君统纂《中原神话通鉴》（第四卷），郑州：河南大学出版社2017年版，第1103页。

W0925.2.4
神牛的颜色

实 例

（参见下级母题实例）

W0925. 2. 4. 1
洁白的神牛

实 例

哈尼族 查牛（查，哈尼语即“土”，查牛即“土牛”，即为天地神专养的神牛）是一条白白大大的大牛，身子像缅桂花一样白，像缅桂花一样香。

【流传】 云南省·（红河哈尼族彝族自治州）·元阳（元阳县）、红河（红河县）、绿春（绿春县）、金平（金平苗族瑶族傣族自治县）

【出处】 朱小和讲唱，史军超搜集整理：《查牛补天地》（1983），原载云南省民间文学集成办公室编《哈尼族神话传说集成》，中国民间文艺出版社1990年版，见姚宝瑄主编《中国各民族神话》（哈尼族、傣族），太原：山西出版传媒集团·书海出版社2014年版，第51页。

W0925. 3
与神牛有关的其他母题

【关联】［W1382. 5. 1］用神牛补天地

实 例

（参见下级母题实例）

W0925. 3. 1
神牛下凡

实 例

（实例待考）

W0925. 3. 2
放牧神牛

实 例

（参见下级母题实例）

W0925. 3. 2. 1
人放牧神牛

实 例

羌族 很古的时候，吉嘎布（即羌人）在山上放神牛。

【流传】 四川省·（阿坝藏族羌族自治州）·理县·大普溪乡

【出处】 王海亭讲，林忠亮采录整理：《羌戈大战》，原载四川西南民族学院编印《羌族民间文学资料》，转引自见姚宝瑄主编《中国各民族神话》（羌族、彝族），太原：山西出版传媒集团·书海出版社2014年版，第41页。

W0925. 3. 3
特定名称的神牛（神牛的名称）

实 例

（参见下级母题实例）

W0925. 3. 3. 1
玉帝天宫里的一位牛大臣称作“神牛”

实 例

汉族 很久以前，牛是玉帝天宫里的一位大臣，称作“神牛”。

【流传】河南省·郑州市

【出处】黄琳的姥姥（80岁，河南郑州人）讲，黄琳采录整理：《神牛下凡的故事》（1988.04），见张振犁编著，孟宪明、朱淑君统纂《中原神话通鉴》（第四卷），郑州：河南大学出版社2017年版，第1290页。

W0925.3.3.2

九真神牛

实 例

汉族 九真有神牛，乃生溪上。黑出时共斗，即海沸；黄或出斗岸上，家牛皆怖。人或遮，则霹雳。号曰神牛。

【流传】（无考）

【出处】［晋］张华：《博物志·异兽》。

W0925.3.3.3

火神牛

实 例

（参见下级母题实例）

W0925.3.3.3.1

火神牛普苏索布

实 例

珞巴族 （参见“W0925.1.2.1 大地生3头神牛土神牛铁神索布”母题实例）

W0925.3.3.4

铁神牛

实 例

（参见下级母题实例）

W0925.3.3.4.1

铁神牛拉玛索布

实 例

珞巴族 （参见“W0925.1.2.1 大地生3头神牛土神牛铁神索布”母题实例）

W0925.3.3.4.2

老铁牛神牛镇守天桥岭

实 例

满族 老铁牛是镇守天桥岭的一位神牛，它的两只角能戳透天和地，力大无穷。

【流传】（无考）

【出处】《托阿恩都哩》，原载傅英仁编《满族神话故事》，见陶阳、钟秀编《中国神话》（下），北京：商务印书馆2008年版，第1136～1141页。

W0925.3.3.4.3

铁神牛力大无穷，两只角能戳透天和地

实 例

满族 （参见“W0925.3.3.4.2 老铁牛神牛镇守天桥岭”母题实例）

W0925. 3. 3. 5

土神牛

实 例

（参见下级母题实例）

W0925. 3. 3. 5. 1

土神牛铁神索布

实 例

珞巴族 （参见“W0925. 1. 2. 1 大地生3头神牛土神牛铁神索布”母题实例）

W0925. 3. 4

神牛的居所

实 例

（参见下级母题实例）

W0925. 3. 4. 1

神牛住潭底

实 例

壮族 深潭水底也有岩洞，洞里住着一只神牛。

【流传】广西壮族自治区·（河池市）·南丹（南丹县）·河池（已撤销，今属河池市）、宜山（宜州市），（柳州市）·柳城（柳城县）等地

【出处】蓝鸿恩搜集整理：《莫一大王的故事》，见姚宝瑄主编《中国各民族神话》（仫佬族、壮族、京族），太原：山西出版传媒集团·书海出版社2014年版，第177页。

W0925. 3. 4. 2

神牛居神山

实 例

傣族 广麻宛神山里居住着一群神牛，它们相亲相爱，和睦相处。

【流传】（云南省）

【出处】《神牛之女》，原载西双版纳傣族自治州民族事务委员会编《傣族文学简史》，云南民族出版社1988年版，见姚宝瑄主编《中国各民族神话》（哈尼族、傣族），太原：山西出版传媒集团·书海出版社2014年版，第336页。

W0925. 3. 4. 3

神牛居大地的下面

实 例

塔吉克族 有一头神牛用它的角在大地的下面顶着。

【流传】（新疆维吾尔自治区）

【出处】库尔班、段石羽搜集整理：《为什么有地震》，见姚宝瑄主编《中国各民族神话》（乌孜别克族、哈萨克族、柯尔克孜族、俄罗斯族、维吾尔族、塔吉克族、塔塔尔族、锡伯族），太原：山西出版传媒集团·书海出版社2014年版，第278页。

W0925.3.5

神牛的饮食

实 例

（参见下级母题实例）

W0925.3.5.1

神牛要吃特定的草

实 例

（参见下级母题实例）

W0925.3.5.1.1

神牛要吃天神烟罗神殿后的七蓬青草

实 例

哈尼族 查牛（查，哈尼语即“土”，查牛即“土牛”，即为天地神专养的神牛）的草料，是天神烟罗神殿后的七蓬青草。肥壮的查牛养在龙神欧罗家的牛圈里。

【流传】 云南省·（红河哈尼族彝族自治州）·元阳（元阳县）、红河（红河县）、绿春（绿春县）、金平（金平苗族瑶族傣族自治县）

【出处】 朱小和讲唱，史军超搜集整理：《查牛补天地》（1983），原载云南省民间文学集成办公室编《哈尼族神话传说集成》，中国民间文艺出版社1990年版，见姚宝瑄主编《中国各民族神话》（哈尼族、傣族），太原：山西出版传媒集团·书海出版社2014年版，第50页。

W0925.3.6

神牛的处置

实 例

（参见下级母题实例）

W0925.3.6.1

神牛需要特定的人物杀死

实 例

哈尼族 只有天神俄玛的亲生姑娘俄白和俄娇才能杀死查牛（天地神专养的神牛）。

【流传】 云南省·（红河哈尼族彝族自治州）·元阳（元阳县）、红河（红河县）、绿春（绿春县）、金平（金平苗族瑶族傣族自治县）

【出处】 朱小和讲唱，史军超搜集整理：《查牛补天地》（1983），原载云南省民间文学集成办公室编《哈尼族神话传说集成》，中国民间文艺出版社1990年版，见姚宝瑄主编《中国各民族神话》（哈尼族、傣族），太原：山西出版传媒集团·书海出版社2014年版，第52页。

W0925a

神羊

实 例

（参见下级母题实例）

W0925a. 1

天上的神羊

实 例

汉族 天上的神羊为了散心而来到下界观赏人间秋色。

【流传】河南省·（南阳市）·西峡县［采录地点：西峡县太平镇乡东坪村］

【出处】王宇间讲，姚平、谢起超采录：《羊盗五谷种》（1985. 96），见张振犁编著，孟宪明、朱淑君统纂《中原神话通鉴》（第四卷），郑州：河南大学出版社 2017 年版，第 1316 页。

W0925a. 2

神羊獬豸

实 例

汉族 神羊獬豸。

【流传】（无考）

【出处】《一角羊》，见袁珂《中国神话大词典》，北京：华夏出版社 2015 年版，第 1 页。

W0926

与神性动物有关的其他母题

实 例

（参见下级母题实例）

W0926. 1

神龙

【关联】［W0768. 19. 2. 4］烛龙是神龙

实 例

（参见下级母题实例）

W0926. 1. 1

蛇化为神龙

实 例

壮族 寡妇救的小蛇化为神龙。

【流传】广西壮族自治区·（南宁市）·上林县，（来宾市）·忻城县

【出处】樊儒杰讲：《短尾龙的传说》，见张声震总主编，农冠品编注《壮族神话集成》，南宁：广西民族出版社 2007 年版，第 239～240 页。

W0926. 2

神蛙

实 例

（参见下级母题实例）

W0926. 2. 1

人生神蛙

实 例

（参见下级母题实例）

W0926. 2. 1. 1

一位壮族妇女生一只神蛙

实 例

壮族 有位壮族妇女生下一只神蛙。

【流传】（无考）

【出处】《青蛙皇帝》，见梁庭望：《壮族图腾初探》，载《学术论坛》1982

年第3期。

W0926.3

神龟（灵龟）

实例

（参见下级母题实例）

W0926.3.1

神龟的产生

实例

（参见下级母题实例）

W0926.3.1.1

龟千年生毛，寿五千年谓之神龟

实例

汉族 （参见“W0926.3.5.1 万年灵龟”母题实例）

W0926.3.2

神龟的特征

实例

（实例待考）

W0926.3.3

神龟的职能（神龟的能力）

实例

（参见下级母题实例）

W0926.3.3.1

神龟帮助创世

【关联】

①［W1321.2］神龟支天

②［W1344.2.7］神龟用背顶着大地

实例

（参见下级母题实例）

W0926.3.3.2

龟是护佑文明发达的神灵

实例

藏族 （实例待考）

W0926.3.3.3

神龟有法力

实例

鄂温克族 （参见“W0926.3.4.1 大神龟阿尔腾雨雅尔”母题实例）

W0926.3.4

特定名称的神龟

实例

（参见下级母题实例）

W0926.3.4.1

大神龟阿尔腾雨雅尔

实例

鄂温克族 大神龟阿尔腾雨雅尔是个很有法力的神物

【流传】内蒙古自治区·呼伦贝尔市·陈巴尔虎旗

【出处】赛金苏龙讲，马名超纪录整理：《天神保鲁根巴格西造万物》，见姚宝瑄主编《中国各民族神话》（达斡尔族、鄂伦春族、鄂温克族、蒙古族），太原：山西出版传媒集团·书海出版社 2014 年版，第 120 页。

鄂温克族 古昔有佛师保鲁恨巴格西以泥土造人及万物时，见神龟阿尔腾雨雅尔腹下尚有大量泥土，可以为用。

【流传】（无考）

【出处】袁珂改编：《神龟撑天》，原载毛星主编《中国少数民族文学》（中册），见袁珂《中国神话大词典》，北京：华夏出版社 2015 年版，第 581 页。

W0926. 3. 5
与神龟有关的其他母题

实 例

（参见下级母题实例）

W0926. 3. 5. 1
万年灵龟

实 例

汉族 龟千年生毛，寿五千年谓之神龟，万年谓灵龟。

【流传】（无考）

【出处】［南朝·梁］任昉《述异记》卷上。

W0926. 3. 5. 2
千年灵龟

实 例

汉族 千岁灵龟，剔取其甲，火炙捣服，尽一具，寿千岁。

【流传】（无考）

【出处】［东晋］葛洪：《抱朴子·仙药》。

W0926. 4
神象

实 例

（参见下级母题实例）

W0926. 4. 1
神象的来历

实 例

（实例待考）

W0926. 4. 2
神象的特征

实 例

（参见下级母题实例）

W0926. 4. 2. 1
白色神象

实 例

傣族 召海首领养着一头白象神象。

【流传】（无考）

【出处】岩峰、王松搜集整理：《蛇掌泊》，原载《中国各民族宗教与神话大词典》编审委员会编《中国各民族宗教与神话大词典》，学苑出版社 1990 年版，见姚宝瑄主编《中国各民族神话》（哈尼族、傣族），太原：山西出版传媒集团·书海出版社 2014 年版，第 367 页。

W0926.4.3

神象的职能（神象的能力）

实 例

（参见下级母题实例）

W0926.4.3.1

神象拯救世界

【关联】［W1321.4］神象用鼻子支天

实 例

傣族 （参见“W0926.4.3.2 神象所到之处风调雨顺”母题实例）

W0926.4.3.2

神象所到之处风调雨顺

实 例

傣族 召海首领养着一头大白象。因这头大白象走到哪里，哪里就风调雨顺，五谷丰收，所以人们便称它为神象。

【流传】（无考）

【出处】岩峰、王松搜集整理：《蛇掌泊》，原载《中国各民族宗教与神话大词典》编审委员会编《中国各民族宗教与神话大词典》，学苑出版社 1990 年版，见姚宝瑄主编《中国各民族神话》（哈尼族、傣族），太原：山西出版传媒集团·书海出版社 2014 年版，第 367 页。

W0926.4.4

与神象有关的其他母题

实 例

（实例待考）

W0926.5

神蛋

实 例

（参见下级母题实例）

W0926.5.1

神蛋的来历

实 例

（参见下级母题实例）

W0926.5.1.1

野鸡生神蛋

实 例

傣族 鸡从神蛋中孵出来一个人，就以野鸡的叫声取名为“瓜戛珊”。他也是第一个佛祖。

【流传】（无考）

【出处】龚玉贤等讲，方峰群翻译：《阿銮的由来》，见谷德明编《中国少数民族神话》，北京：中国民间文艺出版社 1987 年版，第 351 页。

W0926. 5. 1. 2

乌鸦生神蛋

实 例

傣族 果色果拱地方的山洞里有五个乌鸦生下绿宝石一般放出异彩的五个神蛋。

【流传】 云南省

【出处】《五个神蛋的故事》，见才旦旺堆搜集，蔷紫整理《神蛋创世纪》注释，见姚宝瑄主编《中国各民族神话》（门巴族、珞巴族、怒族、藏族），太原：山西出版传媒集团·书海出版社 2014 年版，第 74 页。

W0926. 5. 2

神蛋的特征

实 例

（参见下级母题实例）

W0926. 5. 2. 1

神蛋生特定物

【关联】［W0787. 4. 1］神蛋生佛祖

实 例

（参见下级母题实例）

W0926. 5. 2. 2

神蛋变化为特定物

【关联】［W1149. 1. 1］神蛋的蛋壳变成天

实 例

（实例待考）

W0926. 5. 2. 3

红色的神蛋

实 例

哈尼族 巨大的神鸟下了三个神蛋，一个是红的，一个是绿的，一个是白的。

【流传】 云南省·（红河哈尼族彝族自治州）·红河（红河县）、绿春（绿春县）、元阳（元阳县），（玉溪市）·元江（元江哈尼族彝族傣族自治县），（普洱市）·墨江县（墨江哈尼族自治县）等

【出处】 鲁然讲，黄世荣搜集整理：《三个神蛋》，原载云南省民间文学集成办公室编《哈尼族神话传说集成》，中国民间文艺出版社 1990 年版，见姚宝瑄主编《中国各民族神话》（哈尼族、傣族），太原：山西出版传媒集团·书海出版社 2014 年版，第 171 页。

W0926. 5. 2. 4

绿色异彩神蛋

实 例

傣族 （参见“W0926. 5. 1. 2 乌鸦生神蛋”母题实例）

W0926. 5. 3

与神蛋有关的其他母题

实 例

（参见下级母题实例）

W0926.5.3.1

孵神蛋

实 例

（参见下级母题实例）

W0926.5.3.1.1

鸡不敢孵神蛋

实 例

哈尼族 祖先莫元为孵化神蛋找来母鸡，母鸡一见到神蛋就惊叫着飞跑了。

【流传】云南省·（红河哈尼族彝族自治州）·红河（红河县）、绿春（绿春县）、元阳（元阳县），（玉溪市）·元江（元江哈尼族彝族傣族自治县），（普洱市）·墨江县（墨江哈尼族自治县）等

【出处】鲁然讲，黄世荣搜集整理：《三个神蛋》，原载云南省民间文学集成办公室编《哈尼族神话传说集成》，中国民间文艺出版社 1990 年版，见姚宝瑄主编《中国各民族神话》（哈尼族、傣族），太原：山西出版传媒集团·书海出版社 2014 年版，第 171 页。

W0926.6

神鱼

实 例

（参见下级母题实例）

W0926.6.1

神鱼的产生

实 例

（参见下级母题实例）

W0926.6.1.1

神鱼与水气一齐诞生

实 例

傣族 最早的世界是海水、雾和大风。茫茫无边的海里住着四条巨大的“巴阿嫩神鱼”（主宰海的神鱼）。它们跟水气一齐诞生，生活在海里已有一亿年。

【流传】云南省·西双版纳傣族地区（西双版纳傣族自治州）

【出处】胜能搜集：《巴阿嫩神鱼》，原载《巴塔麻晏》（开天辟地），见姚宝瑄主编《中国各民族神话》（哈尼族、傣族），太原：山西出版传媒集团·书海出版社 2014 年版，第 241 页。

W0926.6.1.2

五六尺以上的大鱼都是神物

实 例

白族 祖上传下规矩，凡是五六尺以上的大鱼不能随便捕捞，因为这种大鱼是神物，不可捕捞，不然灾祸将至。

【流传】云南省·（大理白族自治州）

洱海一带

【出处】张锡禄：《白族对鱼和海螺的原始崇拜初探》，见《南诏与白族文化》，北京：华夏出版社 1992 年版，第 135 页。

W0926. 6. 2

神鱼的特征（神鱼的职能）

实 例

（参见下级母题实例）

W0926. 6. 2. 1

神鱼身子很大，力量无法估量（巨大的神鱼）

实 例

傣族 四条“巴阿嫩神鱼”（主宰海的神鱼）是吃食物的神鱼，所以寿命很长，身子很大，力量无法估量，它们身长三十万约扎拿（傣族计量单位，四十五里至五十里为一“约”，“扎拿”是单位名称，类似汉族的“里”），花花绿绿的鱼鳞一片就有一千约扎拿，眼睛比太阳还大，看去就像横跨天地的一座大山。

【流传】云南省·西双版纳傣族地区（西双版纳傣族自治州）

【出处】胜能搜集：《巴阿嫩神鱼》，原载《巴塔麻晏》（开天辟地），见姚宝瑄主编《中国各民族神话》（哈尼族、傣族），太原：山西出版传媒集团·书海出版社 2014 年版，第 241 页。

W0926. 6. 2. 2

神鱼寿命很长

实 例

（参见下级母题实例）

W0926. 6. 2. 2. 1

神鱼寿命几亿年

实 例

傣族 巴阿嫩是水中神鱼，寿命长达四万八千嘎（嘎，可译为“卷”或“套”，“一嘎”相当于几亿年。八万四千嘎，即表示数不清的无限个亿年）。

【流传】云南省·西双版纳傣族地区（西双版纳傣族自治州）

【出处】《巴塔麻嘎捧尚罗》，王松据岩温炳翻译《巴塔麻晏》（开天辟地）改写，见姚宝瑄主编《中国各民族神话》（哈尼族、傣族），太原：山西出版传媒集团·书海出版社 2014 年版，第 270 页。

W0926. 6. 2. 3

神鱼主宰大海

实 例

傣族 在太空的最底层，有一片浩瀚的茫茫大海。一条巨大的水神鱼主宰着这个大海。

【流传】云南省·西双版纳傣族地区（西双版纳傣族自治州）

【出处】《巴塔麻嘎捧尚罗》，王松据岩温炳翻译《巴塔麻晏》（开天辟地）改写，见姚宝瑄主编《中国各民族神话》（哈尼族、傣族），太原：山西出版传媒集团·书海出版社 2014 年版，第 269 ~ 270 页。

W0926.6.3 神鱼的生活

实 例

（参见下级母题实例）

W0926.6.3.1 神鱼吃海水和气泡

实 例

傣族 水中神王巴阿嫩，吃的是海水和气泡。

【流传】云南省·西双版纳傣族地区（西双版纳傣族自治州）

【出处】《巴塔麻嘎捧尚罗》，王松据岩温炳翻译《巴塔麻晏》（开天辟地）改写，见姚宝瑄主编《中国各民族神话》（哈尼族、傣族），太原：山西出版传媒集团·书海出版社 2014 年版，第 270 页。

傣族 “巴阿嫩神鱼”（主宰海的神鱼）每天就以海水和蒸气为食，在广阔的海上磨炼着它们的力气和身体。

【流传】云南省·西双版纳傣族地区（西双版纳傣族自治州）

【出处】胜能搜集：《巴阿嫩神鱼》，原载《巴塔麻晏》（开天辟地），见姚宝瑄主编《中国各民族神话》（哈尼族、傣族），太原：山西出版传媒集团·书海出版社 2014 年版，第 241 页。

W0926.6.3.2 神鱼居海的四方

实 例

傣族 四条“巴阿嫩神鱼”（主宰海的神鱼）分别生活在海洋的四方。一条占据着大海的西面，尾巴朝南，头朝北；一条占据着大海的东面，头朝东边尾巴朝西边；一条占据着大海的北面，尾巴朝北，头朝南；一条占据着大海的南面，头朝西，尾巴朝东。它们主宰着天下大水。

【流传】云南省·西双版纳傣族地区（西双版纳傣族自治州）

【出处】胜能搜集：《巴阿嫩神鱼》，原载《巴塔麻晏》（开天辟地），见姚宝瑄主编《中国各民族神话》（哈尼族、傣族），太原：山西出版传媒集团·书海出版社 2014 年版，第 241 页。

W0926.6.4 与神鱼有关的其他母题

实 例

（参见下级母题实例）

W0926.6.4.1

黑神鱼

实 例

（参见下级母题实例）

W0926.6.4.1.1

黑神鱼的命门是眼睛

实 例

柯尔克孜族 黑神鱼住在七条大河的出口处。常年一直闭着眼睛躺在海水里，只有每天早晨东方刚刚发白的时候才眨一下眼睛。只有在它眨眼睛的那一刹那，一枪打中它的眼珠，子弹穿破眼珠打进它的头，才能把它打死。否则怎样锋利有力的刀枪都是无用的，因为它浑身上下刀枪不入。

【流传】（新疆维吾尔自治区）

【出处】 玛沙托克托逊讲，《玛纳斯》工作组搜集，张运隆整理，朱玛拉依翻译：《达尼格尔神游地府》，见姚宝瑄主编《中国各民族神话》（乌孜别克族、哈萨克族、柯尔克孜族、俄罗斯族、维吾尔族、塔吉克族、塔塔尔族、锡伯族），太原：山西出版传媒集团·书海出版社 2014 年版，第 205 页。

W0926.7

神猴

实 例

（参见下级母题实例）

W0926.7.1

神山四周住着 9 群神猴

实 例

傣族 神山四周住着九群神猴。

【流传】（云南省）

【出处】《神牛之女》，原载西双版纳傣族自治州民族事务委员会编《傣族文学简史》，云南民族出版社 1988 年版，见姚宝瑄主编《中国各民族神话》（哈尼族、傣族），太原：山西出版传媒集团·书海出版社 2014 年版，第 336 页。

W0926.7.2

神猴江求深巴传

实 例

珞巴族 天神的侍女扎深木下凡后变成一只美丽的猴子，与神猴江求深巴传为夫妻。

【流传】（西藏自治区）

【出处】 于乃昌搜集：《扎深木》，见姚宝瑄主编《中国各民族神话》（门巴族、珞巴族、怒族、藏族），太原：山西出版传媒集团·书海出版社 2014 年版，第 25 页。

W0926.8

神獭

实 例

彝族 彝族过去崇拜神雁、神獭。

【流传】四川省·凉山（凉山彝族自治州）·昭觉（昭觉县）、永善（永善县）、兴隆（兴隆县）等地

【出处】何耀华：《彝族的自然崇拜及其特点》，载《思想战线》1982年第6期。

W0926.9

神骆驼

实 例

（参见下级母题实例）

W0926.9.1

白色快脚神驼

实 例

柯尔克孜族 （参见“W0922.4.1a.1 白额乌锥神驹”母题实例）

W0926.10

神鹿

实 例

（参见下级母题实例）

W0926.10.1

神鹿能遁形

实 例

赫哲族 有对箭法超群的猎手夫妻，追踪一神奇麋鹿至街津山顶时，神鹿悄然遁去，杳无影迹。

【流传】（无考）

【出处】马名超、崔焱、东辉整理：《巨石神话》，见姚宝瑄主编《中国各民族神话》（满族、赫哲族、朝鲜族），太原：山西出版传媒集团·书海出版社2014年版，第116页。

✿ W0929

神性植物

实 例

（参见下级母题实例）

❊ W0930

神树（神木）

实 例

汉族 （实例待考）

W0931

神树的产生

实 例

（参见下级母题实例）

W0931.0

神树自然产生

实 例

（参见下级母题实例）

W0931.0.1

神木自生，长二十丈

实 例

汉族 吴王遣木客入山求木不得，工人忧思，作《木客吟》。一旦，神木

自生，长二十丈，作姑苏台。

【流传】（无考）

【出处】

（a）［宋］李防：《太平御览》卷一七八引《郡国志》。

（b）《木客山》，见袁珂《中国神话大词典》，北京：华夏出版社 2015 年版，第 42 页。

W0931. 1

海生神树

实　例

（参见下级母题实例）

W0931. 1. 1

米丽达吉海里生一棵神树

实　例

纳西族 在金汤玉液般的米丽达吉海里，长出一棵神树。

【流传】（a）云南省·（丽江市）·丽江县（原丽江纳西族自治县，今归属为丽江市古城区和玉龙纳西族自治县）

【出处】

（a）和正才等讲，杨世光采录，李即善翻译者：《东术争战记》，见中国民间文学集成全国编辑委员会编《中国民间故事集成》（云南卷），北京：中国 ISBN 中心 2003 年版，第 378 页。

（b）李即善翻译，杨世光整理：《东术争战记》，见谷德明编《中国少数民族神话》，北京：中国民间文艺出版社 1987 年版，第 435 页。

纳西族 在金汤玉液般的米丽达吉海里，长出了一棵神树。

【流传】云南省·丽江地区（丽江市）

【出处】李即善翻译，杨世光整理：《东术争战记》，原载中共丽江地委宣传部编《纳西族民间故事选》，见陶阳、钟秀编《中国神话》（中），北京：商务印书馆 2008 年版，第 726 ~ 735 页。

W0931. 1a

水生神树

实　例

（参见下级母题实例）

W0931. 1a. 1

世界最早出现的是水中生神树

实　例

满族 （参见“W0932. 8. 4 神树会行走”母题实例）

W0931. 2

人变神树

实　例

汉族 （参见“W0931. 3. 1 白胡子老头显灵变的树成为神树”母题实例）

W0931. 3

特定的树成为神树

实　例

（参见下级母题实例）

W0931.3.1

白胡子老头显灵变的树成为神树

实例

汉族 白胡子老头显灵变的树成为神树。

【流传】黑龙江省·（哈尔滨市）·宾县·乌河乡

【出处】王永好讲，王庆斌整理：《神树》，见黑龙江省宾县民间文学集成编委会编《宾县民间故事集成》，内部编印，1988年，第19页。

W0931.3.2

榕树是神树

实例

壮族 祖宗神树是榕树。

【流传】广西壮族自治区·（南宁市）·武鸣县（武鸣区）·两江乡·全才屯

【出处】黄世杰搜集整理：*《祖宗神树》（1990），见吕大吉、何耀华总主编《中国各民族原始宗教资料集成》（土家族卷、瑶族卷、壮族卷、黎族卷），北京：中国社会科学出版社1998年版，第519页。

W0931.3.3

木棉树是神树

实例

壮族 祖宗神树是木棉树，是在建村的时候种下的。

【流传】广西壮族自治区·（南宁市）·武鸣县（武鸣区）·两江乡·那汉屯

【出处】黄世杰搜集整理：*《祖宗神树》（1990），见吕大吉、何耀华总主编《中国各民族原始宗教资料集成》（土家族卷、瑶族卷、壮族卷、黎族卷），北京：中国社会科学出版社1998年版，第519页。

W0931.3.4

树下埋祖先的树是神树

实例

壮族 因为布洛陀（始祖名）死后也埋在万年青树下，所以直到现在，壮家都把寨子边的长青树当神树祭奠，以此悼念造物主布洛陀。

【流传】（无考）

【出处】陆世安讲，杨照昌整理：《布洛陀》，原载刘德荣等编《壮族民间故事》，云南人民出版社1988年版，见姚宝瑄主编《中国各民族神话》（仫佬族、壮族、京族），太原：山西出版传媒集团·书海出版社2014年版，第135页。

W0931.3.5

社王四周的树木被视为神木

实例

壮族 社王四周的树木，人们视为神木，人们不准也不敢偷砍，人人尊敬，个个保护林木。

【流传】广西壮族自治区·（南宁市）·马山县

【出处】范宏贵搜集整理：*《祭社王》（1991），见吕大吉、何耀华总主编《中国各民族原始宗教资料集成》（土家族卷、瑶族卷、壮族卷、黎族卷），北京：中国社会科学出版社1998年版，第551页。

W0931.3.6

迁徙时作为标志的树被视为神树

实 例

壮族 人迁徙时作为标志的树认为有神灵附于其上，是神树，人们不能随意接近。

【流传】广西壮族自治区·（南宁市）·武鸣县（武鸣区）西北部，马山县东部

【出处】黄世杰搜集整理：*《祖宗神树》（1990），见吕大吉、何耀华总主编《中国各民族原始宗教资料集成》（土家族卷、瑶族卷、壮族卷、黎族卷），北京：中国社会科学出版社1998年版，第519页。

W0931.3.7

挑选高大粗壮、枝叶繁茂的树作为神树

实 例

白族 许多村子都有一至几棵大树，有的当成风水树，有的当成神树，还有少数村子把某棵树当成树精。

【流传】云南省·（大理白族自治州）·大理市·城郊乡、喜洲镇、海东乡

【出处】王承权调查整理：《大理白旗神树祭祀》（1988），见吕大吉、何耀华总主编《中国各民族原始宗教资料集成》（彝族卷、白族卷、基诺族卷），北京：中国社会科学出版社1996年版，第508页。

彝族 祖先建寨时，首先要确定何处为“咪嘎丹”，并挑选高大粗壮、枝叶繁茂的一棵为主要神树。

【流传】云南省·（红河哈尼族彝族自治州）·石屏县·哨冲（哨冲镇）

【出处】范祖锜：《石屏县哨冲彝族“咪嘎好”祭祀现场纪实》，见吕大吉、何耀华总主编《中国各民族原始宗教资料集成》（彝族卷、白族卷、基诺族卷），北京：中国社会科学出版社1996年版，第206页。

W0931.3.8

村寨旁或耕地附近的一棵古树成为神树

实 例

彝族 一般在村寨旁或耕地附近有一棵古树，因年久日深即成为神树。

【流传】贵州省·织金县·官寨乡

【出处】罗勇：《官寨乡彝族原始宗教调查》，见吕大吉、何耀华总主编《中

国各民族原始宗教资料集成》（彝族卷、白族卷、基诺族卷），北京：中国社会科学出版社 1996 年版，第 103 页。

W0931.3.9

特定的古树为神树

实 例

羌族 羌族选定几株古老魁梧的大树，称为神树。

【流传】四川省·（阿坝藏族羌族自治州）·茂县

【出处】西南民族学院研究室编：《羌（尔玛）族情况》，1954 年，见吕大吉、何耀华总主编《中国各民族原始宗教资料集成》（纳西族卷、羌族卷、独龙族卷、傈僳族卷、怒族卷），北京：中国社会科学出版社 2000 年版，第 549 页。

W0931.3.10

特定年代的大树是神树

实 例

（参见下级母题实例）

W0931.3.10.1

古老高大的万年青树是神的化身

实 例

怒族 一个村寨或几个村寨共同认为某一棵年代久远的大树（一般是高大的“万年青”树）是神的化身。

【流传】云南省·（怒江傈僳族自治州）·兰坪（兰坪白族普米族自治县）

【出处】

(a) 龚友德等：《“扰柔”人的原始宗教》，见中国哲学史学会云南省分会编《云南少数民族哲学思想史论文选集》第 2 集，1984 年编印，第 222 ~ 225 页。

(b) 同（a），见吕大吉、何耀华总主编《中国各民族原始宗教资料集成》（纳西族卷、羌族卷、独龙族卷、傈僳族卷、怒族卷），北京：中国社会科学出版社 2000 年版，第 850 页。

W0931.4

神种神树

实 例

（参见下级母题实例）

W0931.4.1

聪明的阿颠大神种神树

实 例

彝族 聪明的阿颠大神在子年的一天，就在天空中栽下了一棵树。这棵树是一棵神树。

【流传】云南省·（红河哈尼族彝族自治州）·弥勒县、泸西县，（昆明市）·路南县（石林彝族自治县）等地

【出处】毕荣亮讲，光未然采集整理，古梅改写：《创世纪》，见姚宝瑄主编

《中国各民族神话》（羌族、彝族），太原：山西出版传媒集团·书海出版社2014年版，第90页。

W0931.5

神的毛发变成神树

实 例

（参见下级母题实例）

W0931.5.1

神毛念咒后变成神树

实 例

傣族 英叭神怕挨近太阳地球的宗补（指地球的东方）被晒炸，就从自己的身上拔下一根神毛，朝宗补的大地上丢下去，念咒后，只见宗补大地，突然长出一棵高大的神树。

【流传】 云南省·西双版纳（西双版纳傣族自治州）

【出处】 杨胜能搜集：《宗补神树》，见姚宝瑄主编《中国各民族神话》（哈尼族、傣族），太原：山西出版传媒集团·书海出版社2014年版，第312页。

W0932

神树的特征（神树的功能，神树的能力）

实 例

（参见下级母题实例）

W0932.1

神树长生不老

实 例

（参见下级母题实例）

W0932.1.1

长生不老的神树能使老人返老还童

实 例

傣族 长生不老的神树，老人吃了可以返老还童。

【流传】 云南省·德宏（德宏傣族景颇族自治州）

【出处】 郗保常翻译，萌舟等整理：《金皇冠阿銮》，见赵洪顺编《德宏傣族民间故事》，德宏民族1993，第51页。

W0932.2

很高的神树

实 例

（参见下级母题实例）

W0932.2.1

神树连接天地

实 例

汉族 （实例待考）

W0932.3

巨大的神树

实 例

（参见下级母题实例）

W0932.3.1

神树遮天

实 例

拉祜族（苦聪）古时候，有个妇女，在森林里发现了一棵神树，这棵神树越来越大，把太阳和天空遮得没有一丝光亮。

【流传】云南省·红河（红河哈尼族彝族自治州）苦聪人地区

【出处】《人类起源》，原载谷德明编《中国少数民族神话》，中国民间文艺出版社1987年版，见姚宝瑄主编《中国各民族神话》（白族、拉祜族、景颇族），太原：山西出版传媒集团·书海出版社2014年版，第179页。

W0932.3.2

神树的阴影把地球遮住了一大半

实 例

傣族 地球东方长出的神树高五千万约扎拿（傣族计量单位，四十五里至五十里为一“约”，“扎拿”是单位名称，类似汉族的“里”），干粗一万约扎拿，树蓬宽达五十万平方约扎拿还多，高大的阴影把地球遮住了一大半。

【流传】云南省·西双版纳（西双版纳傣族自治州）

【出处】杨胜能搜集：《宗补神树》，见姚宝瑄主编《中国各民族神话》（哈尼族、傣族），太原：山西出版传媒集团·书海出版社2014年版，第312页。

W0932.4

发光的神树

实 例

（实例待考）

W0932.5

神树有特殊颜色

实 例

（实例待考）

W0932.6

神树发出香味

实 例

（实例待考）

W0932.7

神树的枝干

实 例

（参见下级母题实例）

W0932. 7. 1
气是神树的枝干

实 例

彝族 碑基木（地名）有一棵玛支玛珂神树，它的树干是一股扭结在一起的浊气，伸长在清气里，并在清气里分股岔开，变成繁茂的树枝。

【流传】云南省·（楚雄彝族自治州）·永仁县

【出处】

(a) 曲木阿石等讲，罗有能整理：《更资天神》，见云南省楚雄州文教局、云南省楚雄州民委会编《楚雄民间文学资料》，内部资料，1979 年。

(b) 同 (a)，见姚宝瑄主编《中国各民族神话》（羌族、彝族），太原：山西出版传媒集团·书海出版社 2014 年版，第 174 页。

W0932. 8
神树的花果（神树神奇的开花结果）

实 例

纳西族（实例待考）

W0932. 8. 1
神树开金花和银花

实 例

彝族 玛支玛珂神树把自己的枝干抖了三抖，抖得天摇地动，云团被撕裂，大气被搅乱。它又扭了扭树腰，扭得天地气云炸雷般直响。接着红光一闪，鸡冠花开出来了；金光一闪，金花开出来了；银光一亮，银花也开了出来。

【流传】云南省·（楚雄彝族自治州）·永仁县

【出处】

(a) 曲木阿石等讲，罗有能整理：《更资天神》，见云南省楚雄州文教局、云南省楚雄州民委会编《楚雄民间文学资料》，内部资料，1979 年。

(b) 同 (a)，见姚宝瑄主编《中国各民族神话》（羌族、彝族），太原：山西出版传媒集团·书海出版社 2014 年版，第 175 页。

W0932. 8. 2
神树开金花和银花，结出珍珠

实 例

纳西族（参见“W0933. 7. 6 神树含英宝达树”母题实例）

W0932. 8. 3
神树开不同的花

实 例

彝族 玛支玛珂神树开出三朵花。一朵是金灿灿的金花，一朵是银汪汪的银花，一朵是红艳艳的鸡冠花。

【流传】云南省·（楚雄彝族自治州）·永仁县

【出处】

（a）曲木阿石等讲，罗有能整理：《更资天神》，见云南省楚雄州文教局、云南省楚雄州民委会编《楚雄民间文学资料》，内部资料，1979 年。

（b）同（a），见姚宝瑄主编《中国各民族神话》（羌族、彝族），太原：山西出版传媒集团·书海出版社 2014 年版，第 175 页。

W0932.8.4

神树的果实使人力气倍增

【关联】［W6159.1.1］给力的食物

实　例

壮族 神树的果实可使人力气倍增。

【流传】广西壮族自治区·河地（河池市）

【出处】韦丁诗等讲，林仲添整理：《神医三界》，见中华民族故事大系编委会编《中华民族故事大系》第 3 卷（彝族、壮族、布依族），上海：上海文艺出版社 1995 年版，第 442 页。

壮族 三界（人名）看到神树顶结有一个红果子，三界摘下吃了，顿觉浑身增加了好多倍的力气。

【流传】（无考）

【出处】韦丁诗等讲，广西壮族文学史编辑室搜集，林仲添整理：《神医三界》，原载蓝鸿恩编：《壮族民间故事选》，上海文艺出版社 1984 年版，见姚宝瑄主编《中国各民族神话》（仫佬族、壮族、京族），太原：山西出版传媒集团·书海出版社 2014 年版，第 161 页。

W0932.9

神树的枝叶

实　例

（参见下级母题实例）

W0932.9.1

神树的老叶是浊云，嫩叶是清云

实　例

彝族 玛支玛珂神树的陈叶是浊云，嫩叶是清云。

【流传】云南省·（楚雄彝族自治州）·永仁县

【出处】

（a）曲木阿石等讲，罗有能整理：《更资天神》，见云南省楚雄州文教局、云南省楚雄州民委会编《楚雄民间文学资料》，内部资料，1979 年。

（b）同（a），见姚宝瑄主编《中国各民族神话》（羌族、彝族），太原：山西出版传媒集团·书海出版社 2014 年版，第 174 页。

W0932.9.2

神树的枝叶茂盛

实　例

（参见下级母题实例）

W0932.9.2.1

神树比其他树古老而茂盛

实　例

藏族（尔苏）每个堡子（赛子）附近，都有大大小小不等的一片树林，其中必有一棵古老而枝叶繁茂的大树，称为神树。

【流传】（四川省·凉山彝族自治州·越西县）

【出处】钱安靖：《川西古尔苏藏族宗教习俗调查》（打印稿），四川大学宗教所1987年，见吕大吉、何耀华总主编《中国各民族原始宗教资料集成》（鄂伦春族卷、鄂温克族卷、赫哲族卷、达斡尔族卷、锡伯族卷、满族卷、蒙古族卷、藏族卷），北京：中国社会科学出版社1999年版，第800～801页。

W0932. 10

神树的根脉

实　例

（参见下级母题实例）

W0932. 10. 1

神树的根直插地心

【关联】［W1236］地的中心（地心）

实　例

傣族　“宗补神树”有四杈，每一杈就有一百约扎拿（傣族计量单位，四十五里至五十里为一“约”，“扎拿”是单位名称，类似汉族的“里”），分别朝东、西、南、北四个方向投下阴影，主根直插到地球的中心，长达五十万约扎拿。

【流传】云南省·西双版纳（西双版纳傣族自治州）

【出处】杨胜能搜集：《宗补神树》，见姚宝瑄主编《中国各民族神话》（哈尼族、傣族），太原：山西出版传媒集团·书海出版社2014年版，第312页。

W0932. 11

神木可以做法器

实　例

（参见下级母题实例）

W0932. 11. 1

巫师“阿什”有法器木达达（神木）

实　例

藏族　巫师“阿什”的法器木达达，意为神木，有大拇指粗，约一尺长，一包装10—20根不等，平时供在神龛上，供祈神时用。

【流传】（四川省·凉山彝族自治州·冕宁县）

【出处】何耀华：《冕宁县联合公社藏族社会历史调查》，原载西南民族学会编印《雅砻江下游考察报告》，1983年，见吕大吉、何耀华总主编《中国各民族原始宗教资料集成》（鄂伦春族卷、鄂温克族卷、赫哲族卷、达斡尔族卷、锡伯族卷、满族卷、蒙古族卷、藏族卷），北京：中国社会科学出版社1999年版，第827页。

W0932a

神树的职能

实 例

（参见下级母题实例）

W0932a.1

神木使人长生

实 例

汉族 （实例待考）

W0932a.2

神树使人健康

实 例

（参见下级母题实例）

W0932a.2.1

神树使人病愈

实 例

傣族 长生不老的神树，残废吃了可以恢复健康。

【流传】云南省·德宏（德宏傣族景颇族自治州）

【出处】郗保常翻译，萌舟等整理：《金皇冠阿銮》，见赵洪顺编《德宏傣族民间故事》，芒市：德宏民族出版社1993年版，第51页。

W0932a.2.2

神树使人不死不病

实 例

汉族 祈沦之国，有寿木之林，若经憩此木下，皆不死不病。

【流传】（无考）

【出处】《前汉上》，见［晋］王嘉撰，［梁］萧绮录，齐治平校注《拾遗记》卷一，北京：中华书局1981年版，第123页。

W0932a.3

神树保村寨平安

【关联】［W0440］村寨保护神（寨神，村神）

实 例

壮族 庙建在神树附近。神树和社王一祥，能保护村寨人畜禾苗的平安。

【流传】广西壮族自治区·（南宁市）·武鸣县（武鸣区）西北部，马山县东部

【出处】黄世杰搜集整理：＊《祖宗神树》（1990），见吕大吉、何耀华总主编《中国各民族原始宗教资料集成》（土家族卷、瑶族卷、壮族卷、黎族卷），北京：中国社会科学出版社1998年版，第519页。

W0932b

神树的能力（神树的行为）

实 例

（参见下级母题实例）

W0932b. 1

神树会行走

实　例

满族 世界最早出现的是水中生的佛朵（神树）。佛朵生得像威呼，是船形，在水中能漂，风吹能走。

【流传】（无考）

【出处】

（a）富育光：《萨满教与神话》，沈阳：辽宁大学出版社 1990 年版，第 50 页。

（b）《柳叶繁衍人类（二）》，见吕大吉、何耀华总主编《中国各民族原始宗教资料集成》（鄂伦春族卷、鄂温克族卷、赫哲族卷、达斡尔族卷、锡伯族卷、满族卷、蒙古族卷、藏族卷），北京：中国社会科学出版社 1999 年版，第 486 页。

W0932b. 2

神树生长迅速

实　例

彝族 聪明的阿颠大神种的一棵神树长得飞快，眨眼之间便变成一棵又高又大的树。

【流传】云南省·（红河哈尼族彝族自治州）·弥勒县、泸西县，（昆明市）·路南县（石林彝族自治县）等地

【出处】毕荣亮讲，光未然采集整理，古梅改写：《创世纪》，见姚宝瑄主编《中国各民族神话》（羌族、彝族），太原：山西出版传媒集团·书海出版社 2014 年版，第 90 页。

W0932b. 3

神树知天地

实　例

（参见下级母题实例）

W0932b. 3. 1

神树树梢通天理，树根知地意

实　例

苗族 莱珑、讴玛兄妹婚前问神树，树梢通天理，树根知地意。

【流传】贵州省·（毕节市）·大方县

【出处】项文礼讲，项兴荣搜集记录：《莱珑讴玛制人烟》，见苗青主编《西部民间文学作品选》，贵州民族出版社 2003 年版，第 155 页。

W0932c

神树的关系

实　例

（参见下级母题实例）

W0932c. 1

神树是山神的下属

实　例

藏族（尔苏）人们崇拜“仲巴”，即树神，不过认为树神归山神管，是山神的下属。

【流传】（四川省·凉山彝族自治州·越西县）

【出处】钱安靖：《川西古尔苏藏族宗教习俗调查》（打印稿），四川大学宗教所 1987 年，见吕大吉、何耀华总主编《中国各民族原始宗教资料集成》（鄂伦春族卷、鄂温克族卷、赫哲族卷、达斡尔族卷、锡伯族卷、满族卷、蒙古族卷、藏族卷），北京：中国社会科学出版社 1999 年版，第 800～801 页。

W0933

与神树有关的其他母题

【关联】［W1197.4.4］神树变成地

实 例

（参见下级母题实例）

W0933.0

神林

实 例

（参见下级母题实例）

W0933.0.1

特定的神有特定的神林

实 例

（参见下级母题实例）

W0933.0.1.1

寨神勐神神林林地

实 例

傣族 “寨神勐神”所在的森林，称“寨神勐神”林地。

【流传】（无考）

【出处】《桑木底故事系列》，陈平根据《中国各民族宗教与神话大辞典》及《傣族民间故事选》改写，见姚宝瑄主编《中国各民族神话》（哈尼族、傣族），太原：山西出版传媒集团·书海出版社 2014 年版，第 345 页。

W0933.0.2

神林又称龙山、神树或鬼林

实 例

彝族（撒尼）彝族作为“社”的标志的树林（神林），通称为龙山、神树或鬼林。

【流传】云南省·（昆明市）·路南（石林彝族自治县）

【出处】于锦绣：《〈普兹楠兹〉序》，见吕大吉、何耀华总主编《中国各民族原始宗教资料集成》（彝族卷、白族卷、基诺族卷），北京：中国社会科学出版社 1996 年版，第 65 页。

W0933.0.3

神林里建有代表不同神的神龛

实 例

羌族 龙溪寨的神林里建有代表四个不同的神的四座神龛。

【流传】四川省·（阿坝藏族羌族自治州）·汶川县·龙溪乡·龙溪寨

【出处】

(a) ［美］格莱汉撰，钱谦译：《羌族习俗》，载《宗教学研究》1988 年第 1 期。

(b) 同（a），＊《龙溪乡龙溪寨的白石崇拜》，见吕大吉、何耀华总主编《中国各民族原始宗教资料集成》（纳西族卷、羌族卷、独龙族卷、傈僳族卷、怒族卷），北京：中国社会科学出版社 2000 年版，第 472 页。

W0933.1

长生树（不死树）

【关联】

① ［W0952］长生不老药

② ［W3747.1］神奇的树

③ ［W9692.3.1］长生不老的灵芝

实　例

（参见下级母题实例）

W0933.1.1

不死树在特定地方

实　例

（参见下级母题实例）

W0933.1.1.1

昆仑山有不死树

实　例

汉族 昆仑开明北有“不死树”。

【流传】（无考）

【出处】［战国至汉］撰者不详：《山海经·海内西经》。

W0933.1.1.2

员丘山有不死树

实　例

汉族 有员丘山，上有不死树，食之乃寿。亦有赤泉，饮之不老。

【流传】（无考）

【出处】［战国至汉］撰者不详：《山海经·海外南经》。

W0933.1.2

不死树甘木

实　例

（参见下级母题实例）

W0933.1.2.1

食甘木不老

实　例

汉族 甘木即不死树，食之不老。

【流传】（无考）

【出处】［战国至汉］撰者不详：《山海经·大荒南经》

W0933.2

摇钱树

【关联】［W9090.3］摇钱树

实　例

（实例待考）

W0933.2.1
榆树是摇钱树

实 例

回族 （实例待考）

W0933.3
智慧树

【关联】［W6777］智慧的获得

实 例

（参见下级母题实例）

W0933.3.1
智慧树叫做灵丹树

实 例

满族 （实例待考）

W0933.3.2
智慧树枝

实 例

满族 （实例待考）

W0933.4
神树的伴随者（神树上居住者）

实 例

（参见下级母题实例）

W0933.4.1
神树上有神鸟

实 例

满族 太阳河旁的神树上住着一个名叫昆哲勒的九彩神鸟。

【流传】黑龙江省·（黑河市）·爱辉县（爱辉区）

【出处】富希陆讲，富育光采录：《天宫大战》，见中国民间文学集成全国编辑委员会编《中国民间故事集成》（吉林卷），北京：中国文联出版公司1992年版，第4～5页。

W0933.5
神树的守护者

实 例

（参见下级母题实例）

W0933.5.1
特定的神守护神树

实 例

（参见下级母题实例）

W0933.5.1.1
善神守护着神树

实 例

纳西族 善神东、哈守护着神树。

【流传】（a）云南省·（丽江市）·丽江县（原丽江纳西族自治县，今归属为丽江市古城区和玉龙纳西族自治县）

【出处】

（a）和正才等讲，杨世光采录，李即善翻译者：《东术争战记》，见中国民间文学集成全国编辑委员会编《中国民间故事集成》（云南卷），北京：中国ISBN中心2003年版，第378页。

（b）李即善翻译，杨世光整理：《东术争战记》，见谷德明编《中国少数民族神话》，北京：中国民间文艺出版社1987年版，第435页。

W0933.5.2

神树有死者的亡魂守护

实 例

白族 神树有死者的亡魂在那里守护。

【流传】 云南省·（大理白族自治州）·大理市·海东乡·海岛村

【出处】 王承权调查整理：《大理白旗神树祭祀》（1988），见吕大吉、何耀华总主编《中国各民族原始宗教资料集成》（彝族卷、白族卷、基诺族卷），北京：中国社会科学出版社1996年版，第509～510页。

W0933.6

特定地点的神树

实 例

（参见下级母题实例）

W0933.6.1

太阳河旁的神树

实 例

满族 太阳河旁有一棵高大的神树。

【流传】 黑龙江省·（黑河市）·爱辉县（爱辉区）

【出处】 富希陆讲，富育光采录：《天宫大战》，见中国民间文学集成全国编辑委员会编《中国民间故事集成》（吉林卷），北京：中国文联出版公司1992年版，第4～5页。

W0933.6.2

天母心中有神树

实 例

彝族 玛支玛珂神树居住在更资天神的母亲蒲依的心里。

【流传】 云南省·（楚雄彝族自治州）·永仁县

【出处】 曲木阿石讲，罗有能采录：《更资天神》，见中国民间文学集成全国编辑委员会编《中国民间故事集成》（云南卷），北京：中国ISBN中心2003年版，第3页。

W0933.6.3

神树长在神山上

实 例

纳西族 在那刺破云海的居什罗神山上，长着一棵开金花结银果的含英巴塔神树。

【流传】 云南省·（丽江市）·丽江县（古城区、玉龙纳西族自治县）

【出处】 木丽春采集整理：《鹰术争斗的故事》，见木丽春编著《纳西族民间故事集》，昆明：云南人民出版社

2007 年版，第 95 页。

W0933.7

特定名称的神树

实 例

（参见下级母题实例）

W0933.7.1

梭罗树是神树

实 例

布依族 梭罗树是神树。

【流传】贵州省·（黔南布依族苗族自治州）·贵定（贵定县）

【出处】赵伟立等讲，董连瑞等整理：《丢归鸟传歌》，见中华民族故事大系编委会编《中华民族故事大系》第 3 卷（彝族、壮族、布依族），上海：上海文艺出版社 1995 年版，第 716 页。

W0933.7.2

神柳

实 例

鄂伦春族 （参见“W0933.7.3 神杨”母题实例）

满族 巴拉人家祭有祭祖、还愿两种形式，都在神柳下进行，在院中栽一柳作神柳，不准在其下拴马或喂家畜，也不准小孩攀登折枝。

【流传】（无考）

【出处】《巴拉人的祭礼》，转引自穆晔骏：《巴拉人民俗调查资料》，见吕大吉、何耀华总主编《中国各民族原始宗教资料集成》（鄂伦春族卷、鄂温克族卷、赫哲族卷、达斡尔族卷、锡伯族卷、满族卷、蒙古族卷、藏族卷），北京：中国社会科学出版社 1999 年版，第 532 页。

W0933.7.3

神杨

实 例

鄂伦春族 “托若”是鄂伦春族萨满举行重大祭典时树立的两棵神树，一杨一柳。

【流传】内蒙古自治区·（呼伦贝尔市）·鄂伦春自治旗·阿里河镇

【出处】额尔登挂讲述，满都尔图、孟和采录整理：《“库米斯文”年祭》（1990）注释，见吕大吉、何耀华总主编《中国各民族原始宗教资料集成》（鄂伦春族卷、鄂温克族卷、赫哲族卷、达斡尔族卷、锡伯族卷、满族卷、蒙古族卷、藏族卷），北京：中国社会科学出版社 1999 年版，第 61 页。

W0933.7.4

神树玛支玛珂

实 例

彝族 （参见“W0933.6.2 天母心中有神树”母题实例）

W0933.7.4a

神树白花木树

实 例

彝族（腊鲁） 视白花木树为神树，严禁砍伐和烧毁。

【流传】云南省·（大理白族自治州）·巍山（巍山彝族回族自治县）

【出处】＊《“接祖”仪式的由来》，原载王丽珠《大理州彝族原始宗教调查》，见吕大吉、何耀华总主编《中国各民族原始宗教资料集成》（彝族卷、白族卷、基诺族卷），北京：中国社会科学出版社 1996 年版，第 137～138 页。

W0933.7.4b

神树黄栗树

实 例

彝族（摩察） 祖先树每家都有二三棵，多者有五六棵。多选用黄栗树，是彝族的神树。

【流传】云南省·（大理白族自治州）·巍山彝族回族自治县·庙街乡·多雨村、麻秸房（麻秸房村）一带

【出处】王丽珠（彝族）：《大理州彝族原始宗教调查》，见吕大吉、何耀华总主编《中国各民族原始宗教资料集成》（彝族卷、白族卷、基诺族卷），北京：中国社会科学出版社 1996 年版，第 136 页。

W0933.7.5

神树托若树

实 例

达斡尔族 依尔登仪式同奥米南仪式一样，神树托若树不用桦树，而用柳树。

【流传】（内蒙古自治区·呼伦贝尔市·鄂温克族自治旗·巴彦托海镇）

【出处】

（a）珠荣嘎、额尔登泰、满都尔图调查编著：《巴彦托海索木达斡尔族情况——达斡尔族调查材料之二》，全国人民代表大会民族委员会办公室 1958 年编印，第 52 页。

（b）《依尔登仪式》，见吕大吉、何耀华总主编《中国各民族原始宗教资料集成》（鄂伦春族卷、鄂温克族卷、赫哲族卷、达斡尔族卷、锡伯族卷、满族卷、蒙古族卷、藏族卷），北京：中国社会科学出版社 1999 年版，第 344 页。

达斡尔族 列格木、楼色列（祷词的衬词），归来相遇的“安德”（即“萨满”），用“托若”神树欢迎。

【流传】黑龙江省·齐齐哈尔市·（富拉尔基区）·全和太村

【出处】杨文生唱，鄂维勤伴唱，满都尔图、孟和采录汉译整理：《奥米南仪式上的祷词之一》（1990.10），见吕大吉、何耀华总主编《中国各民族原始宗教资料集成》（鄂伦春族卷、

鄂温克族卷、赫哲族卷、达斡尔族卷、锡伯族卷、满族卷、蒙古族卷、藏族卷），北京：中国社会科学出版社1999年版，第337页。

W0933.7.6

神树含英宝达树

实　例

纳西族 含英宝达树（神树）树枝上长出绸缎的叶子，开出金花和银花，结出珍珠。

【流传】（a）云南省·（丽江市）·丽江县（原丽江纳西族自治县，今归属为丽江市古城区和玉龙纳西族自治县）

【出处】

（a）和正才等讲，杨世光采录，李即善翻译者：《东术争战记》，见中国民间文学集成全国编辑委员会编《中国民间故事集成》（云南卷），北京：中国ISBN中心2003年版，第378页。

（b）李即善翻译，杨世光整理：《东术争战记》，见谷德明编《中国少数民族神话》，北京：中国民间文艺出版社1987年版，第435页。

W0933.7.7

祖宗神树

【关联】［W0641］祖先神（祖神，始祖神）

实　例

壮族 每一个壮族村寨都有一棵被加以特殊保护的树木，俗称“祖宗神树”。

【流传】 广西壮族自治区·（南宁市）·武鸣县（武鸣区）西北部，马山县东部

【出处】 黄世杰搜集整理：*《祖宗神树》（1990），见吕大吉、何耀华总主编《中国各民族原始宗教资料集成》（土家族卷、瑶族卷、壮族卷、黎族卷），北京：中国社会科学出版社1998年版，第519页。

W0933.7.8

祖母树

实　例

（参见下级母题实例）

W0933.7.8.1

祖母树可以驱邪

实　例

彝族 天王母生的四子普篾阿窝住在大树上，根据这棵树的根、枝、叶，发现了历法。后来这棵大树成了祖母树，不论祭寨神或驱鬼，都用它削成刀来驱邪除魔。

【流传】 云南省·红河哈尼族彝族自治州·红河县

【出处】 白瑞义、张秀丽搜集整理：《尼苏夺节》，见云南省红河县民族事务所委员会编《红河县民族民间故事》，昆明：云南民族出版社1990年版。

W0933. 7. 8a

神树马桑树

实 例

彝族 马桑树、勺拉则树、火丝达低树是神树。

【流传】四川省·（凉山彝族自治州）大凉山（大凉山一带）

【出处】*《神树》，见吕大吉、何耀华总主编《中国各民族原始宗教资料集成》（彝族卷、白族卷、基诺族卷），北京：中国社会科学出版社1996年版，第24页

W0933. 7. 8b

神树勺拉则树

实 例

彝族 （参见“W0933. 7. 8a 神树马桑树”母题实例）

W0933. 7. 8c

神树火丝达低树

实 例

彝族 （参见“W0933. 7. 8a 神树马桑树”母题实例）

W0933. 7. 9

太阳神树

实 例

壮族（侬人） 太阳山上原有一丛古树，古树死后，又长出今天看到的两棵松树，它就是汤果村的太阳神树。

【流传】云南省·文山壮族苗族自治州·西畴县·西洒镇·汤果村一带

【出处】王明富搜集整理：《乌衣与壮族女人节》，见 http://tieba.baidu.com/p/1849011753

W0933. 7. 10

神树丹木

实 例

汉族 峚山，其上多丹木，员叶而赤茎，黄华而赤实，其味如饴，食之不饥。丹水出焉。是有玉膏，玉膏所出，以灌丹木，丹木五岁，五色乃清，五味乃馨。

【流传】（无考）

【出处】［战国至汉］撰者不详：《山海经·西次三经》。

W0933. 7. 10a

月亮中的桂花树是神树

实 例

汉族 月亮中的桂花树是株神树。

【流传】浙江省·宁波市·镇海区·骆驼（骆驼街道）·东钱村

【出处】陈佩珍讲，陈奎观记录整理：《拾月华》（1987. 06. 15），见姚宝瑄主编《中国各民族神话》（汉族），太原：山西出版传媒集团·书海出版社2014年版，第271～272页。

W0933.7.11

神木大桧树

实　例

高山族 阿里山半山腰上有一棵齐天高的大桧树。这棵桧树年龄有三千多岁，所以人们都管它叫“神木”。

【流传】台湾

【出处】宋一平搜集整理：《阿里山》，载《民间文学》1984年第1期。

W0933.8

神树的象征物（神树的标志物）

实　例

（参见下级母题实例）

W0933.8.1

树枝象征神树

实　例

白族 （实例待考）

W0933.8.2

神树上挂经幡和牛头、羊头

实　例

裕固族 苏克（人名）发现了一棵最大的松树，上面挂满了经幡和牛头、羊头。知道这是部落里敬神祭祀的神树。

【流传】（甘肃省）

【出处】

（a）才让丹珍整理：《兄弟两个》，载《陇苗》1982年第8期。

（b）才让丹珍整理：《苏克找神水》，见姚宝瑄主编《中国各民族神话》（土族、东乡族、回族、保安族、裕固族、撒拉族），太原：山西出版传媒集团·书海出版社2014年版，第103页。

W0933.9

神树作为特定的象征

实　例

（参见下级母题实例）

W0933.9.1

神树是生命的象征

实　例

满族 全族举行火祭时，神树与冬火又是长寿和生命的象征。

【流传】吉林省·（延边朝鲜族自治州）·珲春地区（珲春市）

【出处】富育光根据实地调查（1980s）和光绪十六年（1890年）著述的《扈伦七姓满洲火祭神书》整理翻译：《火祭》，见吕大吉、何耀华总主编《中国各民族原始宗教资料集成》（鄂伦春族卷、鄂温克族卷、赫哲族卷、达斡尔族卷、锡伯族卷、满族卷、蒙古族卷、藏族卷），北京：中国社会科学出版社1999年版，第518页。

W0933. 10
神树的选择

实 例

（参见下级母题实例）

W0933. 10. 1
神树必须选榆柳树种

实 例

民族 全族举行火祭要选择神树。萨满所选择的神树，必须是榆柳树种。

【流传】吉林省·（延边朝鲜族自治州）·珲春地区（珲春市）

【出处】富育光根据实地调查（1980s）和光绪十六年（1890 年）著述的《扈伦七姓满洲火祭神书》整理翻译：《火祭》，见吕大吉、何耀华总主编《中国各民族原始宗教资料集成》（鄂伦春族卷、鄂温克族卷、赫哲族卷、达斡尔族卷、锡伯族卷、满族卷、蒙古族卷、藏族卷），北京：中国社会科学出版社 1999 年版，第 518 页。

W0933. 10. 2
祭天时选择一棵大树作为送祭品牛上天的神树

实 例

白族（那马）祭天时，选择一棵大树作为祭送的牛上天的神树。

【流传】云南省·（怒江傈僳族自治州）·兰坪县（兰坪白族普米族自治县），（迪庆藏族自治州）·维西县（维西傈僳族自治县）

【出处】刘龙初调查整理：《兰坪维西那马人祭天鬼和祭天神》（1988），见吕大吉、何耀华总主编《中国各民族原始宗教资料集成》（彝族卷、白族卷、基诺族卷），北京：中国社会科学出版社 1996 年版，第 457 页。

W0933. 10. 3
用栗、杉、松、柏等做祭天、祭地、祭祖的神木

实 例

纳西族 用栗、杉、松、柏等做祭天、祭地、祭祖的神木，人死开丧超荐时的神主木偶用松枝，用鹅卵石作家神、谷神、畜神之神石，马牙石（晶石）作桑尼（桑把）巫师跳神时之威灵石。

【流传】云南省

【出处】吕大吉、何耀华总主编：《中国各民族原始宗教资料集成》（纳西族卷、羌族卷、独龙族卷、傈僳族卷、怒族卷），北京：中国社会科学出版社 2000 年版，第 21 页。

W0933. 11
祭神树

实 例

（参见下级母题实例）

W0933.11.1

祭神树保风调雨顺

实 例

纳西族 人们所祭祀的神树，是因为他们的始祖从忍利恩从一个神的儿子孟克拉手中夺走了他的未婚妻——天神纳日阿普的女儿车克亥波姆，激起了孟克拉的恼怒。他用下冰雹来惩罚人类。人们到这棵大树下躲避冰雹的袭击，并在这棵树下祭祀孟克拉，请他息怒，并保佑人间风调雨顺。

【流传】四川省·（凉山彝族自治州）·木里县（木里藏族自治县）·俄亚乡（俄亚纳西族乡）·俄亚大村

【出处】刘龙初调查整理：《祭白石》，见《四川省纳西族社会历史调查》，成都：四川省社会科学院出版社1987年版，第119页。

W0933.12

神树不得砍伐

实 例

白族 木氏族的每个村寨附近都保留着一片茂密的大树。任何氏族成员（包括木氏族以外的成员），一律不得砍伐、修枝作柴烧，也不能在这里放牧牲畜。这些大树被视为神树。

【流传】云南省·怒江州（怒江傈僳族自治州）·泸水县·洛本卓乡（洛本卓白族乡）·西木当等村

【出处】詹承绪等调查整理：《怒江白族虎木氏族图腾崇拜遗俗》（1982），见吕大吉、何耀华总主编《中国各民族原始宗教资料集成》（彝族卷、白族卷、基诺族卷），北京：中国社会科学出版社1996年版，第534页。

※ W0934

神草的产生（仙草的产生）

【关联】［W3814.2］奇特的草

实 例

（参见下级母题实例）

W0934.1

仙草产在特定地方

实 例

（参见下级母题实例）

W0934.1.1

长洲有仙草

实 例

汉族 长洲，在南海辰巳之地，地方各五千里，去岸二十五万里，上饶山川，及多大树，树乃有二千围者。又有仙草灵药，甘液玉英，靡所不有。

【流传】（无考）

【出处】

（a）［汉］东方朔撰：《海内十洲记》。

（b）《长洲》，见袁珂《中国神话大词典》，北京：华夏出版社2015年版，第76页。

W0934a

神草的特征（仙草的特征）

实 例

（参见下级母题实例）

W0934a.1

神草色彩鲜艳

实 例

（参见下级母题实例）

W0934a.1.1

仙草五色

实 例

（参见下级母题实例）

W0934a.1.1.1

王母花园的仙草是五色香草

实 例

汉族 嫘祖到王母的花园去赏花，那花园里有一株五色香草，上边结满了果实。五色香草原来是仙草。

【流传】河南省·（郑州市）·新郑市

【出处】蔡英生（75岁，教师）讲，蔡柏顺采录整理：《黄帝选妻》，见张振犁编著，孟宪明、朱淑君统纂《中原神话通鉴》（第二卷），郑州：河南大学出版社2017年版，第510～511页。

W0934a.1.2

七彩神草

实 例

满族 大土包长满了七彩神草。这些七色神草的枝干是红色的，毛是七种颜色的，迎风一吹，非常好看。

【流传】黑龙江省·（牡丹江市）·宁古塔（宁安县）；吉林省·长白山地区（长白山一带）

【出处】傅英人（疑“人”为“仁”）讲述，张爱云整理：《阿布凯赫赫创造天地人》，原载《满族萨满神话》，见陶阳、钟秀编《中国神话》（上），北京：商务印书馆2008年版，第140～154页。

W0934b

神草的功能（仙草的功能）

实 例

（实例待考）

W0934c

神草的获得（仙草的获得）

实 例

（参见下级母题实例）

W0934c.1

盗仙草

实 例

（参见下级母题实例）

W0934c.1.1
白蛇盗仙草

实 例

汉族 金山寺僧法海嫉恨许仙与白素贞美满姻缘，警告许仙白为蛇妖所变。端阳节日，许听从法海之言，劝白饮雄黄酒，白现原形，许仙惊吓而死。白潜入昆仑山，盗取灵芝仙草，遭鹤鹿二仙毫阻止，白素贞被打败，恰在此时，南极仙翁出于同情而赠以灵芝，救活许仙。

【流传】（无考）

【出处】［清］方成培：《雷峰塔》。

W0934d
神草的失去（仙草的失去）

实 例

（实例待考）

W0935
不死草

实 例

（参见下级母题实例）

W0935.1
不死草的产生（不死草源于特定地方）

实 例

（参见下级母题实例）

W0935.1.1
南方有不死之草

实 例

汉族 南方有不死之草。

【流传】（无考）

【出处】［西汉］淮南王刘安及门客：《淮南子·地形训》。

W0935.1.2
不死草在东方

实 例

哈尼族 在很远的东方有一架三角形的山梁，那山梁上有一个山洞，洞里有金光闪闪的不死草。

【流传】（无考）

【出处】黄则恩讲，杨胜能搜集整理：《不死草》，原载《哈尼族神话传说集成》，见陶阳、钟秀编《中国神话》（下），北京：商务印书馆2008年版，第1063～1065页。

W0935.2
不死草的特征

实 例

（参见下级母题实例）

W0935.2.1
不死草形如菰苗，长三四尺

实 例

汉族 祖洲，近在东海之中，地方五

百里，去西岸七万里，上有不死之草，草形如菰苗，长三四尺。人已死三日者，以草覆之，皆当时活也。服之令人长生。

【流传】（无考）

【出处】

（a）［西汉］东方朔：《十洲记》（《海内十洲记》）

（b）《祖洲》，见袁珂《中国神话大词典》，北京：华夏出版社 2015 年版，第 247 页。

W0935. 3

不死草的功能

实 例

（参见下级母题实例）

W0935. 3. 1

不死草使人复生

实 例

哈尼族 （实例待考）

W0935. 3. 2

不死草能使人长生

实 例

汉族 （实例待考）

W0935. 4

特定名称的不死草

实 例

（参见下级母题实例）

W0935. 4. 1

不死草昆仑之蘋

实 例

汉族 菜之美者，昆仑之蘋（一种生长在浅水里的水草），寿木之华。高诱注：“寿木，昆伦山上木也。华，实也食其实者不死，故叫寿木。”

【流传】（无考）

【出处】陈奇猷：《吕氏春秋校释》（第二册），北京：学林出版社 1984 年版，第 741 页、第 757 页。

W0935. 4. 2

不死草灵芝

实 例

汉族 （实例待考）

W0935. 5

与不死草有关的其他母题

实 例

（参见下级母题实例）

W0935. 5. 1

使人长生的草

实 例

汉族 （实例待考）

W0936

还魂草

【关联】［W0870］灵魂

实 例

汉族 （实例待考）

W0936.1

不死草的产生

实 例

（实例待考）

W0936.2

不死草的特征

实 例

（实例待考）

W0936.3

与不死草有关的其他母题

实 例

（实例待考）

W0937

延寿草

实 例

（参见下级母题实例）

W0937.1

到西天寻找延寿草

实 例

纳西族 （参见“W0937.2 延寿草的果使人长生不老”母题实例）

W0937.2

延寿草的果使人长生不老

实 例

纳西族 在遥远的地方，长着一丛延寿草。如果让人们吃一点延寿草的果果，就会永远年轻，长生不老。

【流传】云南省

【出处】和即仁翻译整理：《崇人抛鼎寻不死药》，原载李子贤《云南少数民族神话选》，见陶阳、钟秀编《中国神话》（下），北京：商务印书馆2008年版，第1066～1071页。

W0938

与神草有关的其他母题（与仙草有关的其他母题）

【关联】

① ［W1545.5.4.1］神草揉碎变成日月

② ［W1721.4.1］神草揉碎变成星星

实 例

（参见下级母题实例）

W0938.1

辟邪草

实 例

高山族 （实例待考）

汉族 桃弧棘矢，以除其灾。

【流传】（无考）

【出处】［春秋］左丘明：《左传》昭公四年。

汉族 小巫见大巫，拔茅而弃。

【流传】（无考）

【出处】［战国］庄周：《庄子》。

汉族 采艾以为人，悬门户上以禳毒气。

【流传】（无考）

【出处】［南朝·梁］宗懔：《荆楚岁时记》。

汉族 兰乃香草，可辟不详。

【流传】（无考）

【出处】［明］李时珍：《本草纲目》。

W0938. 2

治病仙草

实例

白族 （实例待考）

W0938. 3

使人长生的灵芝

【关联】

① ［W3820. 3. 3］灵芝草能起死回生

② ［W9692. 3. 1］长生不老的灵芝

实例

（实例待考）

W0939

神花

实例

（参见下级母题实例）

❊ W0940

神果（仙果）

实例

（参见下级母题实例）

W0940. 1

神果的产生

实例

（参见下级母题实例）

W0940. 1. 1

特定的树结神果

实例

（参见下级母题实例）

W0940. 1. 1. 1

南山红果树结神果

实例

满族 南山红果树结的是神果，谁要吃一枚神果，能长命百岁，遇难呈祥。

【流传】（无考）

【出处】《托阿恩都哩》，原载傅英仁编《满族神话故事》，见陶阳、钟秀编《中国神话》（下），北京：商务印书馆 2008 年版，第 1136 ~ 1141 页。

W0940. 2

神果的特征（神果的功能）

实例

（参见下级母题实例）

W0940.2.1
神果使人长寿

实 例

满族 （参见“W0940.1.1.1 南山红果树结神果”母题实例）

W0940.2.2
神果使人遇难呈祥

实 例

满族 （参见“W0940.1.1.1 南山红果树结神果”母题实例）

W0940.3
与神果有关的其他母题

实 例

（实例待考）

W0941
神奇的苹果

实 例

（参见下级母题实例）

W0941.1
让人保持青春的苹果

实 例

柯尔克孜族 古代有棵神奇的苹果树，谁吃了枝头的红苹果，谁就能青春永驻。

【流传】（无考）

【出处】 张彦平摘译：《红苹果》，见满都呼主编《中国阿尔泰语系诸民族神话故事》，北京：民族出版社 1997 年版，第 86 页。

W0942
长寿果

实 例

汉族 （实例待考）

W0943
仙桃（神桃）

实 例

（参见下级母题实例）

W0943.1
仙桃的产生

实 例

（参见下级母题实例）

W0943.1.1
野桃林里结仙桃

实 例

汉族 很早的时候，黄河边儿有座度朔山，山上有一片野桃林，上边结的桃子据说是仙桃，人吃了能延年益寿，长生不老。

【流传】 河南省·（南阳市）·社旗县［采录地点：社旗县文化馆］

【出处】 赵光华（男，53 岁，县志办干部，高中）讲，徐东采录：《门神》

(1980. 02)，见张振犁编著，孟宪明、朱淑君统纂《中原神话通鉴》（第二卷），郑州：河南大学出版社 2017 年版，第 647 页。

W0943. 1. 2

天降仙桃

实 例

汉族 有一天，玉皇大帝过生日，他一时太喜欢，多喝了点酒，醉后下了一道旨意，让仙女们向人间撒仙桃。

【流传】 河南省·（周口市）·项城县［采录地点：青台镇朱庄村］

【出处】 丁喜陆讲，李廷坡（男，34 岁，青台乡文化站专干）采录：《喉疙瘩和胡须》（1986. 03），见张振犁编著，孟宪明、朱淑君统纂《中原神话通鉴》（第四卷），郑州：河南大学出版社 2017 年版，第 1268 页。

W0943. 2

仙桃的特征

实 例

（参见下级母题实例）

W0943. 2. 1

仙桃 3 千年开一次花

实 例

汉族 仙桃是三千年开一次花，三千年结一次果，再过三千年才会熟。

【流传】 河南省·（周口市）·项城县［采录地点：青台镇朱庄村］

【出处】 丁喜陆讲，李廷坡（男，34 岁，青台乡文化站专干）采录：《喉疙瘩和胡须》（1986. 03），见张振犁编著，孟宪明、朱淑君统纂《中原神话通鉴》（第四卷），郑州：河南大学出版社 2017 年版，第 1268 页。

W0943. 2. 2

仙桃 3 千年一生实

实 例

汉族 仙桃 3 千年一生实。

【流传】（无考）

【出处】［魏晋］撰者不详或托名［汉］班固：《汉武内传》（《汉武帝内传》、《汉武帝传》）。

W0943. 3

仙桃的功能

实 例

（参见下级母题实例）

W0943. 3. 1

仙桃使人长生不老

【关联】［W0952. 1. 5. 3］仙桃是长生不老药

实 例

瑶族 （实例待考）

W0943.3.2

食神桃使人不老

实 例

汉族 神桃，食之使人不老。

【流传】（无考）

【出处】鲁迅：《古小说钩沉》。

W0943.3.3

神桃使人长生

实 例

汉族 （实例待考）

W0943.4

特定地方的仙桃

实 例

（参见下级母题实例）

W0943.4.1

天上的仙桃

实 例

（实例待考）

W0943.4.2

瑶池的仙桃

实 例

（实例待考）

W0943.4.3

王母娘娘的仙桃

实 例

汉族 王母娘娘的仙桃能长生不老。

【流传】河南省·（南阳市）·西峡县［采录地点：西峡县五里桥乡前营村］

【出处】张清合（男，92岁，汉族，文盲，西峡县五里桥乡前营村农民）讲，万子东（男，53岁，汉族，高中毕业，西峡县五里桥乡前营村农民）采录，谢起超（男，40岁，汉族，高中毕业，西峡县文化馆干部）采录整理：《猪马牛羊牲畜的来历》（1985.06），见张振犁编著，孟宪明、朱淑君统纂《中原神话通鉴》（第四卷），郑州：河南大学出版社2017年版，第1303页。

W0943.4.4

华林园中仙人桃

实 例

汉族 华林园中有仙人桃，其色赤，表里照彻，得霜即熟。亦出昆仑山。一曰王母桃。

【流传】（无考）

【出处】［北魏］杨衒之：《洛阳伽蓝记》卷一。

W0943.4.5

天宫花园中的仙桃

实 例

汉族 天宫的花园里长满仙桃。

【流传】浙江省·宁波市·宁海县

【出处】叶丙标讲，叶柱记录：《玉帝分天地》，见罗杨总主编，戴余金本卷主编《中国民间故事丛书·浙江宁波·宁海卷》，北京：知识产权出版社2015年版，第4页。

W0943.5

特定名称的仙桃（仙桃的名称）

实 例

（参见下级母题实例）

W0943.5.1

仙桃王母桃

实 例

汉族 （参见“W0943.4.4 华林园中仙人桃”母题实例）

W0943.5.2

仙桃碧桃

实 例

汉族 喜从老子西游，省太真王母，共食碧桃。

【流传】（无考）

【出处】［北宋］李昉、李穆、徐铉等：《太平御览》卷九六七引《关令尹喜内传》。

汉族 金母降谢自然家，将桃一枚悬臂上，有三十颗，碧色，大如碗，云此犹是小者。

【流传】（无考）

【出处】［明］张英：《渊鉴类函·果部·桃》引《集仙录》。

W0943.5.3

仙桃蟠桃

实 例

汉族 西方昆仑山居住着仙女西王母。每年农历七月十八日为瑶池的西王母圣诞。“王母娘娘的蟠桃园有三千六百株桃树。前面一千二百株，花果微小，三千年一熟，人吃了成仙得道。中间一千二百株，六千年一熟，人吃了霞举飞升，长生不老。后面一千二百株，紫纹细核，九千年一熟，人吃了与天地齐寿，日月同庚”。

【流传】（无考）

【出处】《蟠桃》，见百度百科：https：//baike.baidu.com/item。

汉族 七月七日，西王母降，以仙桃四颗与帝。帝食辄收其核，王母问帝，帝曰：“欲种之。”王母曰：“此桃三千年一生实，中夏地薄，种之不生。”帝乃止。

【流传】（无考）

【出处】［北宋］李昉、扈蒙、李穆等：《太平广记》卷三引《汉武内传》

W0943.5.4

仙玉桃

实 例

（参见下级母题实例）

W0943.5.4.1

仙玉桃使人长生不死

实 例

汉族 仙玉桃，服之长生不死。

【流传】（无考）

【出处】［北魏］贾思勰：《齐民要术》卷十。

W0943.6

与仙桃有关的其他母题

【关联】

①［W1852.6.152］仙桃山

②［W3785～W3787］桃树

实 例

（参见下级母题实例）

※ W0944

神性作物

实 例

（参见下级母题实例）

W0945

九穗禾

实 例

（参见下级母题实例）

W0945.1

九穗禾为不死药

实 例

汉族 （参见“W0945.2.1 丹雀衔给炎帝的九穗禾是不死药”母题实例）

W0945.2

鸟送九穗禾

实 例

（参见下级母题实例）

W0945.2.1

丹雀衔给炎帝的九穗禾是不死药

实 例

汉族 炎帝时有丹雀衔九穗禾，其坠地者，帝乃拾之，以植于田，食者老而不死。

【流传】（无考）

【出处】［东晋］王嘉：《拾遗记》卷一

W0946

神稻

实 例

（参见下级母题实例）

W0946.1

使人复生的稻子

【关联】［W3854～W3856］稻子

实 例

汉族 背明之国，有翻形稻，食者死而更生。

【流传】（无考）

【出处】［东晋］王嘉撰，［梁］萧绮录：《前汉·下》，见齐治平校注《拾遗记》卷一，北京：中华书局 1981 年版，第 132 页。

W0947

神谷

实 例

（参见下级母题实例）

W0947. 1

天狗送神谷

实 例

苗族 天狗送来的谷种自己长出的谷子，人们做成的饭，又香又甜，个个身强力壮，不会生病。先人们就把这种谷子称做“神谷”。

【流传】 贵州省

【出处】 吾雄讲，波雄搜集整理：《稻谷的来历》，载《南风》1981 年第 2 期。

W0950

神药

【关联】 ［W6235］药的产生（药的获得）

实 例

（参见下级母题实例）

W0950. 1

神药的产生（神药的来历）

实 例

（参见下级母题实例）

W0950. 1. 1

神药源于特定的地方

实 例

（参见下级母题实例）

W0950. 1. 1. 1

天降神药

实 例

（实例待考）

W0950. 1. 1. 2

神药在海中

实 例

（参见下级母题实例）

W0950. 1. 1. 2. 1

人到海中取神药

实 例

畲族 人到海中取神药。

【流传】 浙江省·（丽水市）·云和（云和县）

【出处】 雷孔星讲，唐宗龙整理：《根风驱魔》，见中华民族故事大系编委会编《中华民族故事大系》第 8 卷（畲族、高山族、拉祜族），上海：上海文艺出版社 1995 年版，第 134 页。

W0950. 1. 2

神药是造出来的（造神药）

实 例

（实例待考）

W0950.1.3

神药是生出来的（生神药）

实 例

（实例待考）

W0950.1.4

神药是变化产生的

实 例

（参见下级母题实例）

W0950.1.4.1

神药是特定物的化身

实 例

（参见下级母题实例）

W0950.1.4.1.1

神药九龙藤是九龙的化身

实 例

布依族 神药九龙藤是九龙的化身。

【流传】 贵州省·（安顺市）·镇宁（镇宁布依族苗族自治县）

【出处】 卢邦全讲，王芳礼整理：《九龙藤》，见中华民族故事大系编委会编《中华民族故事大系》第3卷（彝族、壮族、布依族），上海：上海文艺出版社1995年版，第886页。

W0950.1.4.1.2

特定的鼻毛是神药

实 例

纳西族 鼻孔里的三根白毛是神药。

【流传】（无考）

【出处】 和廷春讲，白庚胜整理：《骑立称王》，见中华民族故事大系编委会编《中华民族故事大系》第9卷（水族、东乡族、纳西族），上海：上海文艺出版社1995年版，第844页。

W0950.1.5

与神药产生有关的其他母题

实 例

（参见下级母题实例）

W0950.1.5.1

求神药

实 例

（参见下级母题实例）

W0950.1.5.1.1

向神求神药

实 例

白族 祈求牛王、马王、土主等保佑牛马猪等六畜兴旺，清吉平安祭毕，向神“讨药”，取点香灰带回拌和饲料喂牲畜，牲畜吃了“神药”便饲养顺利，无病快长。

【流传】 云南省·（大理白族自治州·

大理市）·凤仪镇·敬天、富乐、庄科等村

【出处】邹汝为调查整理：《凤仪白族农事六畜祭祀》（1988），见吕大吉、何耀华总主编《中国各民族原始宗教资料集成》（彝族卷、白族卷、基诺族卷），北京：中国社会科学出版社1996年版，第705页。

W0950.2

神药的特征

实 例

（参见下级母题实例）

W0950.2.1

神药很神

实 例

（参见下级母题实例）

W0950.2.1.1

神药能使人飞升

实 例

汉族 南海法师告诉要射日的后羿说："我给你一粒药丸，到六月六这天的正午，你就将它吞下，这样你就会飞到月宫，那儿有个将军叫吴刚，你向他要一副箭，就可把天上的那九个太阳射下来。"

【流传】豫中一带（河南省中部地区）

【出处】李卫华的祖母讲，李卫华采录整理：《嫦娥与后羿》（1989.12.10），见张振犁编著，孟宪明、朱淑君统纂《中原神话通鉴》（第三卷），郑州：河南大学出版社2017年版，第874页。

W0950.3

特定名称的神药

实 例

（参见下级母题实例）

W0950.3.1

五芝

实 例

（参见下级母题实例）

W0950.3.1.1

芝英、紫芝、黑芝、五芝草生皆神仙上药

实 例

汉族 黄帝以五芝为芳，谓有异草生于圃，则芝英、紫芝、黑芝、五芝草生，皆神仙上药。

【流传】（无考）

【出处】［唐］撰者不详：《轩辕黄帝传》。

W0950.4

与神药有关的其他母题

实 例

（参见下级母题实例）

W0950.4.1

神药有规定吃法

实 例

（参见下级母题实例）

W0950.4.1.1

神药需要特定时间服用

实 例

（参见下级母题实例）

W0950.4.1.1.1

六月六这天的正午吃神药方有效

实 例

汉族 （参见“W0950.2.1.1 神药能使人飞升”母题实例）

W0950.4.1.2

灵芝草和怪兽需要一起炖着吃

实 例

汉族 后羿去找长生不老药。他到仙山去取回了灵芝草，还要去打一只怪头怪脑的野兽回来和灵芝草一起炖着吃。

【流传】四川省·巴县（重庆·巴南区）·五布乡

【出处】王庭光讲，梁昌明记录，金祥度整理：《嫦娥奔月》（1987.10），见姚宝瑄主编《中国各民族神话》（汉族），太原：山西出版传媒集团·书海出版社2014年版，第245～246页。

W0951

不死药

实 例

（参见下级母题实例）

W0951.0

世上没有不死药

实 例

彝族 阿爹生了病，要找不死药；找过了许多地方。医疼的药倒有，医死的药没有。

【流传】云南省·楚雄彝族自治州·姚安县、大姚县等彝族地区

【出处】《丧葬·死亡》，见云南省民族民间文学楚雄调查队整理编写《梅葛》，昆明：云南人民出版社2009年版，第226～227页。

W0951.1

不死药的产生（不死药在特定地方）

实 例

（参见下级母题实例）

W0951.1.0

造不死药（炼制不死药）

实 例

（参见下级母题实例）

W0951.1.0.1

造不死药的材料

实 例

（参见下级母题实例）

W0951.1.0.1.1

造不死药需要辣蚂蚁的眼泪、石头的苦胆、月亮的肠子

实 例

哈尼族 人老不死药有三样：一样是辣蚂蚁的九碗眼泪，要找最辣的那碗；一样是石头的九个苦胆，要找最苦的那个；一样是月亮的九节肠子，要找最毒的那节。三样药合在一处，就是人老不死药。

【流传】云南省·（红河哈尼族彝族自治州）·元阳地区（元阳县），采集于元阳县攀枝花区洞铺寨

【出处】朱小和讲，史军超搜集整理：《人老不死药》（1982.11.24），原载云南省民间文学集成办公室编《哈尼族神话传说集成》，中国民间文艺出版社1990年版，见姚宝瑄主编《中国各民族神话》（哈尼族、傣族），太原：山西出版传媒集团·书海出版社2014年版，第200页。

W0951.1.0.1.2

不死树的不死果炼制成不死药

实 例

汉族 不死药是从不死树上采下的不死果炼制成的。

【流传】（无考）

【出处】袁珂重述：《射日奔月》，原载袁珂《神异篇》，见陶阳、钟秀编《中国神话》（上），北京：商务印书馆2008年版，第279～288页。

W0951.1.1

不死药在天上

实 例

哈尼族 （实例待考）

苗族 到天上寻的子孙药是不死药。

【流传】贵州西部贵州西部（贵州省西部地区）

【出处】杨兴义、杨武秀讲，燕宝整理：《神医侍奉司懿》，见中华民族故事大系编委会编《中华民族故事大系》第2卷（藏族、维吾尔族、苗族），上海：上海文艺出版社1995年版，第655页。

苗族 药匠侍司懿见天上的玉皇玉母、太上老君、太白星君这些人，不但不会生病，而且也不会死。他想，天上一定有不病不死的药。

【流传】贵州省西部

【出处】杨兴义、杨武秀讲，燕宝整理：《神医侍司懿》，原载燕宝编《苗族民间故事选》，见陶阳、钟秀编《中国神话》（下），北京：商务印书馆2008年版，第1072～1074页。

W0951.1.1.1
不死药在西天

实 例

纳西族 （参见“W0959.4.1.1 回生水在西天”母题实例）

W0951.1.2
西王母有不死药（王母娘娘有长生药）

实 例

汉族 嫦娥以西王母不死之药服之。

【流传】（无考）

【出处】［南朝·梁］萧统：《文选·祭颜光禄文》。

汉族 西天王母娘娘有种长生药。

【流传】浙江省

【出处】陈伟君记录整理：《奔月》，见姚宝瑄主编《中国各民族神话》（汉族），太原：山西出版传媒集团·书海出版社2014年版，第251～262页。

W0951.1.2.1
羿向西王母求不死药

实 例

汉族 羿请不死之药于西王母。

【流传】（无考）

【出处】［西汉］淮南王刘安及门客：《淮南子·览冥训》。

汉族 羿听说西王母那里有长生不老药，就去向她求告。西王母把剩下的最后一点药给了羿。

【流传】河南省·洛阳市

【出处】刘东山讲，顾丰年记录整理：《嫦娥种牡丹》，见姚宝瑄主编《中国各民族神话》（汉族），太原：山西出版传媒集团·书海出版社2014年版，第237～240页。

W0951.1.3
植物神有不死药

实 例

哈尼族 （实例待考）

W0951.1.3.1
特定的树的果实为不死药

实 例

（参见下级母题实例）

W0951.1.3.1.1
神山上的树的果实为不死药

实 例

汉族 岱舆、员峤、方壶、瀛洲、蓬莱为五神山。其山高下周旋三万里，其顶平处九千里，山之中间相去七万里，以为邻居焉。其上台观皆金玉，其上禽兽皆纯缟。珠玕之树皆丛生，华实皆有滋味，食之皆不老不死。

【流传】（无考）

【出处】

(a) [战国] 列御寇:《列子·汤问》。
(b) 《五神山》,见袁珂《中国神话大词典》,北京:华夏出版社 2015 年版,第 61 页。

W0951.1.4

祖先有不死药

实 例

景颇族 (实例待考)

W0951.1.5

神仙有不死药

实 例

汉族 昆仑开明东有巫彭、巫抵、巫阳、巫履、巫凡、巫相,夹窫窳之尸,皆操不死之药以距之。

【流传】(无考)

【出处】[战国至汉] 撰者不详:《山海经·海内西经》。

W0951.1.6

巫师有不死药(神巫有不死药)

实 例

汉族 海内昆仑之虚,在西北,帝之下都。开明东有巫彭、巫抵、巫阳、巫履、巫凡、巫相、夹窫窳(传说中的食人怪兽名)之尸,皆操不死之药以距之。

【流传】(无考)

【出处】[战国至汉] 撰者不详:《山海经·海内西经》。

汉族 (昆仑山) 开明东有巫彭、巫祇、巫阳、巫履、巫凡、巫相,夹窫窳之尸,皆操不死药以距之。

【流传】(无考)

【出处】《昆仑》,见袁珂《中国神话大词典》,北京:华夏出版社 2015 年版,第 196 页。

W0951.1.7

不死药在神山上

实 例

汉族 自威、宣、燕昭,使人入海求蓬莱、方丈、瀛洲。此三神山者,诸仙人及不死之药皆在焉。

【流传】(无考)

【出处】[西汉] 司马迁:《史记·封禅书》。

汉族 蓬莱、方丈、瀛洲为三神山者,其传在渤海中,去人不远。盖尝有至者,诸仙人及不死之药皆在焉。

【流传】(无考)

【出处】《三神山》,见袁珂《中国神话大词典》,北京:华夏出版社 2015 年版,第 17 页。

W0951.1.8

不死药在海中

实 例

哈尼族 不死药在太阳升起的大海里。

【流传】 云南省·(红河哈尼族彝族自治州)·元阳地区(元阳县),采集

于元阳县攀枝花区洞铺寨

【出处】朱小和讲，史军超搜集整理：《人老不死药》（1982.11.24），原载云南省民间文学集成办公室编《哈尼族神话传说集成》，中国民间文艺出版社1990年版，见姚宝瑄主编《中国各民族神话》（哈尼族、傣族），太原：山西出版传媒集团·书海出版社2014年版，第202页。

W0951.1.9

不死药在西方

实 例

（参见下级母题实例）

W0951.1.9.1

西方酋头勒钦思普那里有长生不老药

实 例

纳西族 长生不老药在西方酋头勒钦思普那里。

【流传】云南省·丽江（丽江市）·青龙乡（不详）

【出处】和芳（东巴）读经，和志武调查整理：《崇仁潘迪彻舒》（1954），见吕大吉、何耀华总主编《中国各民族原始宗教资料集成》（纳西族卷、羌族卷、独龙族卷、傈僳族卷、怒族卷），北京：中国社会科学出版社2000年版，第348页。

W0951.1.10

与不死药的产生有关的其他母题

实 例

（参见下级母题实例）

W0951.1.10.1

不死树上长不死药

实 例

汉族 天帝行宫里不死树上长有不死药。

【流传】淮河流域

【出处】常山讲：《鲧王治水》，原载茆文斗搜集整理《河蚌姑娘》，见姚宝瑄主编《中国各民族神话》（汉族），太原：山西出版传媒集团·书海出版社2014年版，第100～106页。

汉族 把死人治活需要天帝行宫里不死树上长的不死药。

【流传】淮河流域

【出处】常山讲述：《鲧王治水》，原载茆文斗搜集整理《河蚌姑娘》，见陶阳、钟秀编《中国神话》（上），北京：商务印书馆2008年版，第412～418页。

W0951.2

不死药的特征

实 例

（参见下级母题实例）

W0951.2.1

不死药有特定禁忌

实 例

(实例待考)

W0951.2.2

不死药有特定的盛器

实 例

(参见下级母题实例)

W0951.2.2.1

玉横盛不死药

实 例

汉族 “昆仑虚旁有九井,玉横维其西北之隅。”高诱注:“横或作彭。彭,受不死药器也。”

【流传】(无考)

【出处】[西汉]淮南王刘安及门客:《淮南子·地形训》高诱注。

W0951.3

不死药的功能

实 例

(参见下级母题实例)

W0951.3.1

不死药能使天地变化

【关联】[1313.9.1]不死药洒在天上使天升高

实 例

纳西族 (实例待考)

W0951.3.2

不死药能使人成仙(不死药使人升天成神)

实 例

汉族 不死药除了长生更有使人升天成神的妙用。

【流传】(无考)

【出处】袁珂重述:《射日奔月》,原载袁珂《神异篇》,见陶阳、钟秀编《中国神话》(上),北京:商务印书馆2008年版,第279~288页。

W0951.3.2.1

嫦娥吃不死药升仙

【关联】[W0671.3.5.1]嫦娥偷吃不死药成仙

实 例

汉族 嫦娥因窃食了后羿向西王母所求的不死之药而升入月宫,成为月中仙子。

【流传】(无考)

【出处】《月神》,见乌丙安主编《中国民间神谱》,沈阳:辽宁人民出版社2007年版,第3页。

汉族 嫦娥吃了药丸后变成了神仙。

【流传】豫中一带(河南省中部地区)

【出处】李卫华的祖母讲,李卫华采录整理:《嫦娥与后羿》(1989.12.10),见张振犁编著,孟宪明、朱淑君统纂

《中原神话通鉴》（第三卷），郑州：河南大学出版社 2017 年版，第 874 页。

W0951.3.3

不死药的副作用

实 例

（参见下级母题实例）

W0951.3.3.1

不死药把美女变成蟾蜍

实 例

汉族 羿请不死之药于西王母。羿妻姮娥窃之奔月，托身于月，是为蟾蜍。

【流传】（无考）

【出处】［唐］徐坚：《初学记》卷一引《淮南子》。

W0951.4

不死药的获取

【关联】［W9930］寻找

实 例

（参见下级母题实例）

W0951.4.1

寻找不死药的原因

实 例

（参见下级母题实例）

W0951.4.2

寻找不死药者

实 例

（参见下级母题实例）

W0951.4.2.1

后羿寻找不死药

实 例

汉族 羿请不死之药于西王母，姮娥窃以奔月。

【流传】（无考）

【出处】［西汉］淮南王刘安及门客：《淮南子·览冥训》。

W0951.4.2.2

三弟兄寻找长生不老药

实 例

纳西族 崇仁潘迪、久沃休巴、休沃牛巴三弟兄呀骑上三匹马，去到大水的西边，寻找长生不老药。

【流传】 云南省·丽江（丽江市）·青龙乡（不详）

【出处】 和芳（东巴）读经，和志武调查整理：《崇仁潘迪彻舒》（1954），见吕大吉、何耀华总主编《中国各民族原始宗教资料集成》（纳西族卷、羌族卷、独龙族卷、傈僳族卷、怒族卷），北京：中国社会科学出版社 2000 年版，第 347 页。

W0951. 4. 3

寻找不死药的准备

【关联】［W1457. 1. 1］为到天上要回不死药造天梯

实 例

（实例待考）

W0951. 4. 4

寻找不死药的地点

实 例

（参见下级母题实例）

W0951. 4. 4. 1

到西天寻找不死药

实 例

纳西族 （参见“W0951. 4. 2. 2 三弟兄寻找长生不老药”母题实例）

W0951. 4. 5

寻找不死药的结果

实 例

（实例待考）

W0951. 5

不死药的食用

实 例

（参见下级母题实例）

W0951. 5. 1

吃不死药的时辰

实 例

（参见下级母题实例）

W0951. 5. 1. 1

十五夜晚吃不死药

实 例

（参见下级母题实例）

W0951. 5. 1. 1. 1

王母娘娘告诉后羿十五夜晚吃不死药

实 例

汉族 王母娘娘同情后羿，给他半瓶不死药，说：“十五夜晚吃下后能重新升天。”（此母题也在壮族流传）

【流传】广西壮族自治区桂东南［包括玉林、贵县（贵港）、桂平、平南、北流、容县、博白、陆川等县市］

【出处】韦锡芳讲，黄励德等搜集整理：《嫦娥奔月》，见曹廷伟编著《广西民间故事辞典》，南宁：广西教育出版社1993年版，第11页。

W0951. 5. 2

吃不死药的禁忌

实 例

（实例待考）

W0951.5.3
吃不死药的结果

实 例

（参见下级母题实例）

W0951.5.3.1
吃不死药后升天

实 例

汉族 嫦娥服不死之药后升天。

【流传】（无考）

【出处】［南朝·梁］萧统：《文选·祭颜光禄文》。

W0951.6
不死药的丢失

实 例

（参见下级母题实例）

W0951.6.1
日月偷走人类的不死药

实 例

彝族 （实例待考）

W0951.7
不死药的名称

实 例

汉族 蓬莱、方丈、瀛洲，此三神山者，其传在渤海中，诸仙人及不死之药皆在焉。

【流传】（无考）

【出处】［西汉］司马迁：《史记·封禅书》。

W0951.7.1
不死药寿木果实

实 例

（参见下级母题实例）

W0951.7.1.1
寿木

实 例

汉族 “菜之美者，昆仑之蘋，寿木之华。”高诱注：“寿木，昆仑山上木也；华，实也，食其实者不死，故曰寿木。”

【流传】（无考）

【出处】［秦］吕不韦及门客：《吕氏春秋·本味》高诱注。

W0951.7.1.1.1
昆仑之蘋是寿木之华

【关联】［W0935.4.1］不死草昆仑之蘋

实 例

汉族 菜之美者，昆仑之蘋（一种生长在浅水里的水草），寿木之华。高诱注：“寿木，昆伦山上木也。华，实也食其实者不死，故叫寿木。”

【流传】（无考）

【出处】陈奇猷：《吕氏春秋校释》（第二册），北京：学林出版社 1984 年版，第741页、第757页。

W0951.7.1.1.2

寿木高千寻

实 例

汉族 渠搜国之西，有祈沦之国。其俗淳和，人寿三百岁。有寿木之林，一树千寻，日月为之隐蔽。若经憩此木下，皆不死不病。或有泛海越山来会其国，归怀其叶者，则终身不宠。

【流传】（无考）

【出处】［东晋］王嘉：《拾遗记》卷五。

W0951.7.2

不死药又叫子孙药

实 例

（参见下级母题实例）

W0951.7.2.1

到天上寻的子孙药

【关联】［W0951.1.1］不死药在天上

实 例

苗族 到天上寻的子孙药是不死药。

【流传】贵州西部贵州西部（贵州省西部地区）

【出处】杨兴义、杨武秀讲，燕宝整理：《神医侍奉司懿》，见中华民族故事大系编委会编《中华民族故事大系》第2卷（藏族、维吾尔族、苗族），上海：上海文艺出版社1995年版，第655页。

W0951.7.3

不死药玉英

【关联】［W1866.4.7.10］玉英

实 例

（参见下级母题实例）

W0951.7.3.1

食昆仑山玉英能与天地兮同寿

实 例

汉族 登昆仑兮食玉英，与天地兮同寿，与日月兮齐光。

【流传】（无考）

【出处】［战国］屈原：《楚辞·九章·涉江》。

W0951.7.4

不死药甘木

实 例

汉族 “有不死国，阿姓，甘木是食。”郭璞注：“甘木即不死树，食之不老。”

【流传】（无考）

【出处】［战国至汉］撰者不详：《山海经·大荒南经》郭璞注。

W0951.7.5

不死药地脂

实 例

汉族 高展为并州判官，一曰见砌间味出，以手撮之，试涂一老吏面上，皱皮顿改如少年。展以为必神药，问承天道士。答曰："此名地脂，食之不死。"展乃发甏，已无所睹。

【流传】（无考）

【出处】［唐］冯贽：《云仙杂记》"地脂"条。

W0951.8

与不死药有关的其他母题

实　例

（参见下级母题实例）

W0951.8.1

不死药的解药

实　例

（参见下级母题实例）

W0951.8.1.1

三瓣草药是不死药的解药

实　例

汉族 小幺妮王母娘娘问："咱们这不死药，服下后还能有啥解药吗?"王母正说："有啊，桐柏山淮河头上有一种三瓣草药，吃下它，药就能解啦。"

【流传】河南省·（南阳市）·桐柏县·（鸿仪河乡）

【出处】王子鉴讲，柳丹采录整理：《淮水浸月》，见张振犁编著，孟宪明、朱淑君统纂《中原神话通鉴》（第三卷），郑州：河南大学出版社2017年版，第845页。

W0952

长生不老药（长生不死药）[①]

实　例

（参见下级母题实例）

W0952.1

长生不老药的产生

实　例

（参见下级母题实例）

W0952.1.1

长生不老药在特定地方

实　例

（参见下级母题实例）

W0952.1.1.1

长生不老药在天上

实　例

傈僳族 （实例待考）

W0952.1.1.2

西王母有长生不老药

【关联】［W0951.1.2］西王母有不死药

实　例

① 长生不老药（长生不死药），在有些神话中表述为"不死药"、"能使人长生的食物"等，往往具有等同的含义。

（参见下级母题实例）

W0952. 1. 1. 2. 1 西王母的仙药吃了能长生不老

实 例

回族 后羿向西王母求来一服仙药，吃了能长生不老。

【流传】河北省·（沧州市）·孟村县·（辛店镇）·何吕店村

【出处】吴玉方讲，吴玉水采录：《嫦娥和后羿》，见中国民间文学集成全国编辑委员会编《中国民间故事集成》（河北卷），北京：中国ISBN中心2003年版，第25页。

W0952. 1. 1. 2. 2 后羿向西王母讨仙药

实 例

汉族 后羿向西王母讨到了仙药。

【流传】河南省·安阳市

【出处】胡阅（50岁，农民）讲，翟宏为采录：《中秋节的由来》，见张振犁编著，孟宪明、朱淑君统纂《中原神话通鉴》（第三卷），郑州：河南大学出版社2017年版，第880页。

W0952. 1. 1. 3 神的宝葫芦中有长生不老药

实 例

彝族 扮成乞丐的人神告诉一个心好的独眼人说："我送你一个葫芦，葫芦里装着喝不完的清泉水，有吃不完的粮食，还放着一种长生不老的药。"

【流传】（云南省·楚雄彝族自治州·双柏县，红河哈尼族彝族自治州等地）

【出处】

（a）云南省民族民间文学楚雄、红河调查队搜集，郭思九、陶学良整理：《查姆》，昆明：云南人民出版社1981年版。

（b）郭思九、陶学良整理，古梅改写：《彝家的古根》，选自《云南民族文学资料》第七集中的《查姆》上部前三章，见姚宝瑄主编《中国各民族神话》（羌族、彝族），太原：山西出版传媒集团·书海出版社2014年版，第68页。

W0952. 1. 1. 4 长生不老药在仙山上

实 例

汉族 海上有五座仙山，岱舆、员峤，流入海底。留下蓬莱、瀛洲、方丈，山上是仙境，有长生不老药。

【流传】（无考）

【出处】［战国］列御寇：《列子·汤问》。

W0952. 1. 2 特定的物生长出不老药

实 例

（参见下级母题实例）

W0952.1.2.1
脐带生出长生药

实 例

景颇族 埋鬼的脐带的地方生出长生药。

【流传】（无考）

【出处】何峨整理：《万物诞生》，见中华民族故事大系编委会编《中华民族故事大系》第10卷（景颇族、柯尔克孜族、土族），上海：上海文艺出版社1995年版，第10页。

W0952.1.3
特定神性人物是长生不老药（特定神性人物的肢体等是长生不老药）

实 例

（参见下级母题实例）

W0952.1.3.1
雷公肉是长生不老药

实 例

仫佬族 伏羲兄妹的两个哥哥，生性凶恶，好吃懒做。老二听说吃了雷公肉能长生不老，就决定与哥哥一起到天上捉雷公。

【流传】(a) 广西壮族自治区·（河池市）·罗城县（罗城仫佬族自治县）·四把乡·石门村·冲眷屯

【出处】(a) 包启宽讲，包玉堂采录翻译：《伏羲兄妹》（1981），见中国民间文学集成全国编辑委员会编《中国民间故事集成》（广西卷），北京：中国ISBN中心2001年版，第69页。

(b) 同 (a)，见陶阳、钟秀编《中国神话》（上），北京：商务印书馆2008年版，第472～474页。

W0952.1.4
特定的人是长生不老药

实 例

（参见下级母题实例）

W0952.1.4.1
唐僧是长生不老药

实 例

（实例待考）

W0952.1.4.2
婴儿的心肝是长生不老药

实 例

（实例待考）

W0952.1.4.3
特定动物是长生不老药

实 例

（实例待考）

W0952. 1. 5

特定植物是长生不老药

实 例

汉族 （实例待考）

W0952. 1. 5. 1

八月十五的桂花拌新谷是不老药

实 例

高山族 （实例待考）

W0952. 1. 5. 2

甘木是不老药

【关联】［W0933. 1. 2. 1］食甘木不老

实 例

汉族 甘木即不死树，食之不老。

【流传】（无考）

【出处】［战国至汉］撰者不详：《山海经·大荒南经》

W0952. 1. 5. 3

仙桃是长生不老药

实 例

汉族 仙桃是三千年开一次花，三千年结一次果，再过三千年才会熟，谁吃了谁就会长生不老。

【流传】河南省·（周口市）·项城县［采录地点：青台镇朱庄村］

【出处】丁喜陆讲，李廷坡（男，34岁，青台乡文化站专干）采录：《喉疙瘩和胡须》（1986. 03），见张振犁编著，孟宪明、朱淑君统纂《中原神话通鉴》（第四卷），郑州：河南大学出版社2017年版，第1268页。

W0952. 1. 5. 4

王母娘娘的仙桃是长生不老药

【关联】［W0943. 4. 3］王母娘娘的仙桃

实 例

汉族 （参见“［W0943. 4. 3 王母娘娘的仙桃”母题实例）

W0952. 1. 5. 5

娑娑树使人长生不老

实 例

汉族 院子的大门槛是娑娑树做的，住在里面能长生不老。

【流传】江苏省·张家港市·塘市乡（塘市镇）·芦庄村

【出处】李关岐讲：《恩德湖的来历》（1988. 01），见陈世海《张家港曲艺丛书：张家港故事选集》，南京：江苏凤凰文艺出版社2016年版，第30页。

W0952. 1. 7

特定无生命物是长生不老药

实 例

（参见下级母题实例）

W0952.1.7.1

玉膏是长生不死药

【关联】［W1866.4.7.8］玉膏

实 例

汉族 瀛洲有玉膏如酒，名曰玉酒，饮数升辄醉，令人长生。

【流传】（无考）

【出处】

(a)［唐］徐坚：《初学记》卷二七引《十洲记》。

(b)《玉膏》，见袁珂《中国神话大词典》，北京：华夏出版社2015年版，第94页。

W0952.1.8

人造物是长生不老药

实 例

（参见下级母题实例）

W0952.1.8.1

黄帝炼的仙丹是长生不老药

实 例

汉族 人们吃了黄帝炼的仙丹以后，不仅能治百病，还能叫人长生不老。

【流传】河南省·（三门峡市）·灵宝市

【出处】贾同然、程建军采录，程建军采录整理：《黄帝岭》，见张振犁编著，孟宪明、朱淑君统纂《中原神话通鉴》（第二卷），郑州：河南大学出版社2017年版，第699页。

W0952.1.8.2

特定的酒是长生不老药

【关联】［W6155］酒

实 例

汉族 湘君所游，故曰君山也。有道，与吴包山潜通。上有美酒数斗，得饮者不死。

【流传】（无考）

【出处】

(a)［晋］张华：《博物志》（《四部备要》本）卷六引《荆州图》。

(b)《君山》，见袁珂《中国神话大词典》，北京：华夏出版社2015年版，第177页。

W0952.1.9

作为长生的其他物质

【关联】［W0943.3.1］仙桃使人长生不老

实 例

（参见下级母题实例）

W0952.1.9.1

能使人长生的食物

【关联】［W0944］神性作物

实 例

（参见下级母题实例）

W0952. 2

长生不老药的特征

实 例

（实例待考）

W0952. 3

长生不老药的功能

实 例

（参见下级母题实例）

W0952. 3. 1

长生不老药能增寿特定岁数

实 例

（参见下级母题实例）

W0952. 3. 1. 1

神木能增人寿 12000 岁

实 例

汉族 神木，食其（柤稼）实，寿12000 岁。

【流传】（无考）

【出处】［西汉］东方朔：《神异经》。

W0952. 4

长生不老药的获取

实 例

（参见下级母题实例）

W0952. 4. 1

寻找长生不老药

实 例

（实例待考）

W0952. 4. 2

炼制长生不老药

【关联】［W0952. 1. 8. 1］黄帝炼的仙丹是长生不老药

实 例

（参见下级母题实例）

W0952. 4. 2. 1

用松脂炼制长生不老药

实 例

汉族 仙人告诉黄帝，用松脂炼药丸可治病。松树越老，树脂越少，树脂越少，药效越好。

【流传】河南省·（郑州市）·新郑市

【出处】张永林采录整理：《黄帝的长寿秘方》，见张振犁编著，孟宪明、朱淑君统纂《中原神话通鉴》（第二卷），郑州：河南大学出版社 2017 年版，第 641～642 页。

W0952. 5

长生不老药的食用

实 例

（参见下级母题实例）

W0952.5.1

长生不老药需要特定物送服

实 例

(参见下级母题实例)

W0952.5.1.1

长生不老药要用黑龙涎送服

实 例

汉族 仙人告诉黄帝，用松脂炼药丸可治病。松树越老，树脂越少，树脂越少，药效越好。井泉河水服药只能治病，不能收到长生不老的药效，要长生不老，得用黑龙涎送服。

【流传】河南省·（郑州市）·新郑市

【出处】张永林采录整理：《黄帝的长寿秘方》，见张振犁编著，孟宪明、朱淑君统纂《中原神话通鉴》（第二卷），郑州：河南大学出版社 2017 年版，第 641～642 页。

W0952.6

长生不老药的丢失

实 例

(实例待考)

W0952.7

长生不老药的名称

实 例

(实例待考)

W0952.7.1

长生果

实 例

汉族 (实例待考)

W0952.8

与长生不老药有关的其他母题

【关联】[W1393.2.3.1] 撒不老药使地变大

实 例

(参见下级母题实例)

W0952.8.1

万年青药

实 例

(参见下级母题实例)

W0952.8.1.1

猎人有万年青药

实 例

拉祜族（苦聪） 从前，有一个猎人有一包“万年青”药，放了三年都舍不得吃。

【流传】云南省

【出处】李老倌讲，李权扬整理：《老虎吃太阳，天狗吃月亮》，原载李子贤编《云南少数民族神话选》，见陶阳、钟秀编《中国神话》（上），北京：商务印书馆 2008 年版，第 276～277 页。

W0953

起死回生药

【关联】［W9318］通过药物复活

实 例

（参见下级母题实例）

W0953. 1

起死回生药的产生（起死回生药在特定地方）

实 例

（参见下级母题实例）

W0953. 1. 1

起死回生药在特定的地方

实 例

（参见下级母题实例）

W0953. 1. 1. 1

人类祖先有起死回生药

实 例

独龙族 （实例待考）

W0953. 1. 1. 1a

天神莫朋有起死回生药

实 例

独龙族 天神莫朋那里有起死回生药。

【流传】云南省怒江独龙族地区

【出处】

（a）以利亚讲，祝发清、左玉堂搜集翻译整理：《聪明勇敢的朋更朋》，载《山茶》1984 年第 4 期。

（b）以羽（疑为“利”）亚讲，祝发清翻译整理：《人类始神朋更朋》，斯林选自《山茶》，见姚宝瑄主编《中国各民族神话》（水族、布朗族、独龙族、基诺族、傈僳族），太原：山西出版传媒集团 · 书海出版社 2014 年版，第 128 页。

W0953. 1. 1. 2

太上老君有起死回生药

实 例

苗族 太上老君有起死回生药。

【流传】贵州西部（贵州省西部地区）

【出处】杨兴义、杨武秀讲，燕宝整理：《神医侍奉司懿》，见中华民族故事大系编委会编《中华民族故事大系》第 2 卷（藏族、维吾尔族、苗族），上海：上海文艺出版社 1995 年版，第 655 页。

W0953. 1. 1. 3

下界的人有起死回生药

实 例

苗族 地下世界的人有起死回生药。

【流传】贵州中、西部（贵州省中、西部地区）

【出处】祝先先讲，燕宝整理：《棒头人》，见中华民族故事大系编委会编《中华民族故事大系》第 2 卷（藏族、维吾尔族、苗族），上海：上海文艺出版社 1995 年版，第 663 页。

W0953.1.1.3.1
地下棒头国的棒头人有起死回生药

实 例

苗族 地下棒头国的棒头人有起死回生的妙药。

【流传】贵州省中西部

【出处】

(a) 祝先先讲，燕宝整理：《棒头人》，见燕宝编《苗族民间故事选》，上海：上海文艺出版社 1981 年版。

(b) 同 (a)，见姚宝瑄主编《中国各民族神话》（布依族、仡佬族、苗族），太原：山西出版传媒集团·书海出版社 2014 年版，第 161 页。

W0953.1.1.4
龙母娘娘有起死回生药

实 例

哈尼族 龙母娘娘拿来可以起死回生的神药纠底那迟。

【流传】云南省

【出处】李章法、毛佑全讲，傅光宇记录整理：《天狗吃月亮》，见姚宝瑄主编《中国各民族神话》（哈尼族、傣族），太原：山西出版传媒集团·书海出版社 2014 年版，第 93 页。

W0953.1.2
特定的物是起死回生药

实 例

（参见下级母题实例）

W0953.1.2.1
特定的草是起死回生药

【关联】［W0936］还魂草

实 例

哈尼族 （实例待考）

W0953.1.2.2
山神的草药是起死回生药

实 例

壮族 从山神那里得到的草药可以起死回生。

【流传】广西壮族自治区·河地（河池市）

【出处】韦丁诗等讲，林仲添整理：《神医三界》，见中华民族故事大系编委会编《中华民族故事大系》第 3 卷（彝族、壮族、布依族），上海：上海文艺出版社 1995 年版，第 442 页。

壮族 三界（人名）解救了山神，山神从衣裳上撕下一片布，包了一包奇花异草交给三界："遇到病人，灌一碗浸过这包药的水便可以医好；遇到死人，灌三碗浸过这包药的水，也可以救生。"

【流传】（无考）

【出处】韦丁诗等讲，广西壮族文学史编辑室搜集，林仲添整理：《神医三界》，原载蓝鸿恩编：《壮族民间故事选》，上海文艺出版社 1984 年版，见姚宝瑄主编《中国各民族神话》（仫佬族、壮族、京族），太原：山西出版传媒集团·书海出版社 2014 年版，第 161 页。

W0953. 1. 2. 3

冰柱是起死回生药

实 例

鄂温克族 巴特尔桑（猎人名）逃亡途中，扒开积雪，见屋中老少皆已冻僵，鼻悬冰柱。更至己家，妻亦冻僵，急去妻鼻上冰柱，生火暖之，而妻已死，只得葬妻，独居度冬。来年春暖树绿，先前僵死之村民，又俱复苏。至是始知此地为冬眠国，鼻上冰柱乃保生之要物，有则得生，无则死也。

【流传】（无考）

【出处】袁珂改编：《巴特尔桑》（原名《不怕磨难的巴特尔桑》），原载《民间文学》1981 年第 11 期，见袁珂《中国神话大词典》，北京：华夏出版社 2015 年版，第 581 页。

W0953. 1. 2. 4

蛟龙的唾液是回生药

实 例

哈尼族 蛟龙把吐出的唾沫轻轻喷在死去的阿龙、阿社（人名）的嘴巴下，不久阿龙和阿社慢慢地苏醒过来了。

【流传】云南省·（红河哈尼族彝族自治州）·元阳地区（元阳县）

【出处】李书周、李七周讲，李期傅（疑为李期博）搜集整理：《起死回生药》，原载云南省民间文学集成办公室编《哈尼族神话传说集成》，中国民间文艺出版社 1990 年版，见姚宝瑄主编《中国各民族神话》（哈尼族、傣族），太原：山西出版传媒集团·书海出版社 2014 年版，第 206 ~ 207 页。

W0953. 1. 2. 5

蛤蟆灵丹是回生药

实 例

东乡族 蛤蟆灵丹也可以起死回生。

【流传】（无考）

【出处】袁珂改编：《尤素福》（原名《蛤蟆灵丹》），原载郝苏民等编《东乡族民同故事集》，见袁珂《中国神话大词典》，北京：华夏出版社 2015 年版，第 543 页。

W0953. 2

起死回生药的特征

实 例

（实例待考）

W0953.3
起死回生药的功能

实 例

（实例待考）

W0953.4
起死回生药的获取

实 例

（实例待考）

W0953.5
起死回生药的食用

实 例

（参见下级母题实例）

W0953.5.1
起死回生药使用有讲究

实 例

（参见下级母题实例）

W0953.5.1.1
起死回生药只有当天送到才能救人

实 例

独龙族 （实例待考）

W0953.6
起死回生药的丢失

实 例

（实例待考）

W0953.7
起死回生药的名称

实 例

（参见下级母题实例）

W0953.7.1
起死回生药纠底那迟

实 例

哈尼族 猎人阿立的起死回生药纠底那迟，被月亮偷去了。

【流传】云南省

【出处】李章法、毛佑全讲，傅光宇记录整理：《天狗吃月亮》，见姚宝瑄主编《中国各民族神话》（哈尼族、傣族），太原：山西出版传媒集团·书海出版社2014年版，第92页。

W0953.8
与起死回生药有关的其他母题

【关联】［W1972.1.6］起死回生泉

实 例

（参见下级母题实例）

W0953.8.1
神奇的红苹果能返老还童

实 例

柯尔克孜族 老人吃了神奇的苹果树上的红苹果，能返老还童。

【流传】（无考）

【出处】张彦平摘译：《红苹果》，见满都呼主编《中国阿尔泰语系诸民族神话故事》，北京：民族出版社 1997 年版，第 86 页。

W0954
与神药有关的其他母题

【关联】[W0803.9.1] 仙水

实 例

（参见下级母题实例）

W0954.1
仙丹

实 例

（参见下级母题实例）

W0954.1.1
仙丹的来历

实 例

（参见下级母题实例）

W0954.1.1.1
炼仙丹

实 例

（参见下级母题实例）

W0954.1.1.1.1
炼仙丹者

实 例

（参见下级母题实例）

W0954.1.1.1.1.1
太上老君修炼仙丹

实 例

汉族 （实例待考）

W0954.1.1.1.1.2
黄帝炼仙丹

实 例

（参见下级母题实例）

W0954.1.1.1.1.2.1
黄帝炼的仙丹叫玉膏

实 例

汉族 黄帝炼的仙丹叫玉膏，用它浇灌树木，过五年树木就能开五样颜色的花，结出五种味道的香果。

【流传】河南省·（三门峡市）·灵宝市

【出处】贾同然、程建军采录，程建军采录整理：《黄帝岭》，见张振犁编著，孟宪明、朱淑君统纂《中原神话通鉴》（第二卷），郑州：河南大学出版社 2017 年版，第 699 页。

W0954.1.1.1.1.3
仙人炼仙丹

实 例

汉族 （实例待考）

W0954.1.1.1.1.4
道士炼仙丹

实 例

汉族 （实例待考）

W0954.1.1.1.1.5
其他特定人物炼仙丹

实 例

汉族 （参见“W0952.1.8.1 黄帝炼的仙丹是长生不老药”母题实例）

W0954.1.1.1.1.5.1
狐狸炼仙丹

实 例

汉族 （实例待考）

W0954.1.1.1.2
炼仙丹材料

实 例

（实例待考）

W0954.1.1.2
赐仙丹

实 例

（参见下级母题实例）

W0954.1.1.2.1
龙王赐仙丹

实 例

汉族 龙王看到猎人有牺牲精神，就送给猎人一粒明亮的仙丹，并对猎人说：“你先回去见见妻子和儿子，三天以后把这粒仙丹服下，你会到太阳身边为太阳治病。”

【流传】河南省·（许昌市）·襄城县［采录地点：襄城县颍阳乡苏社］

【出处】苏国义（男，70多岁）讲，苏耀亭采录：《龙的产生》，见张振犁编著，孟宪明、朱淑君统纂《中原神话通鉴》（第四卷），郑州：河南大学出版社2017年版，第1313页。

W0954.1.1.2.2
神仙老爷爷赐仙丹

实 例

汉族 神仙老爷爷取出两粒仙丹，递给两个姑娘说：“孩子，吃了红仙丹，就会变成太阳；吃了白仙丹，就会变成月亮。”

【流传】河南省·（南阳市）·桐柏县·二郎山乡

【出处】石志信（男，72岁）讲，石大峰采录：《红仙丹和白仙丹》（1986.04.04），见张振犁编著，孟宪明、朱淑君统纂《中原神话通鉴》（第四卷），郑州：河南大学出版社2017年版，第1211页。

W0954.1.1.2.3
王母娘娘赐仙丹

实 例

汉族 后羿离开家后，嫦娥把后羿的箱子撬开，这箱子里放有两粒仙丹。这两粒仙丹是后羿一次在深山打猎时，被下凡游玩的王母娘娘看中，赐给他，让服下，脱去凡体，到天宫。

【流传】河南省·南阳市

【出处】孙建英讲，马卉欣采录整理：《羿和妻子》，见张振犁编著，孟宪明、朱淑君统纂《中原神话通鉴》（第三卷），郑州：河南大学出版社2017年版，第871页。

W0954. 1. 1. 2. 4

黄鲤鱼送仙丹

实 例

汉族 嫘祖得病时，她救的黄鲤鱼送来的仙丹。

【流传】河南省·（郑州市）·新密市

【出处】张永林采录整理：《黄鲤鱼报恩记》，见张振犁编著，孟宪明、朱淑君统纂《中原神话通鉴》（第二卷），郑州：河南大学出版社2017年版，第721页。

W0954. 1. 2

仙丹的特征

实 例

（参见下级母题实例）

W0954. 1. 2. 1

仙丹能治百病

实 例

汉族 （参见“W0952. 1. 8. 1 黄帝炼的仙丹是长生不老药”母题实例）

W0954. 1. 2. 2

仙丹能使人长生不老

实 例

汉族 （参见“W0952. 1. 8. 1 黄帝炼的仙丹是长生不老药”母题实例）

W0954. 1. 3

与仙丹有关的其他母题

实 例

（实例待考）

W0954. 2

神药催生药

实 例

（参见下级母题实例）

W0954. 2. 1

催生药的来历

实 例

（参见下级母题实例）

W0954. 2. 1. 1

催生药生于特定的东方

实 例

（参见下级母题实例）

W0954.2.1.1.1

埋鬼的脐带的地方生出催生药

实 例

景颇族 埋鬼的脐带的地方生出长生药（催生药）。

【流传】（无考）

【出处】何峨整理：《万物诞生》，见中华民族故事大系编委会编《中华民族故事大系》第10卷（景颇族、柯尔克孜族、土族），上海：上海文艺出版社1995年版，第10页。

W0954.2.2

催生药的特征

实 例

（参见下级母题实例）

W0954.2.2.1

催生药使人变年轻

实 例

景颇族 催生药使人变年轻。

【流传】（无考）

【出处】何峨整理：《宁贯娃改天整地》，见中华民族故事大系编委会编《中华民族故事大系》第10卷（景颇族、柯尔克孜族、土族），上海：上海文艺出版社1995年版，第14页。

W0954.2.3

与催生药有关的其他母题

【关联】［W6247.3］特定的药物

实 例

（实例待考）

※ W0955

神性自然物

实 例

（参见下级母题实例）

W0956

神山

实 例

汉族 东海边上有座神山。

【流传】江苏省·（连云港市）·东海县

【出处】王户朵讲，朱守和记录整理：《兄妹俩夺日月》，见姚宝瑄主编《中国各民族神话》（汉族），太原：山西出版传媒集团·书海出版社2014年版，第183~184页。

W0956.1

神山的来历

实 例

（参见下级母题实例）

W0956.1.1

造神山

实 例

（参见下级母题实例）

W0956. 1. 1. 1

神为人建造神山

实 例

纳西族 人生大地上之后，能者和智者商量，丈量师和营造师商量，酋长和耆老商量，东巴和卜巫商量，贵族和百姓商量：什罗神山非建立不可。于是一伙群神有的带墨石，有的带黑土，有的带金银，有的带玉珠，有的带螺片，建起四方什罗山。

【流传】（云南省）

【出处】和芳、和志新编译：《崇邦统——人类迁徙记》，见姚宝瑄主编《中国各民族神话》（佤族、阿昌族、纳西族、普米族、德昂族），太原：山西出版传媒集团·书海出版社2014年版，第141页。

W0956. 1. 1. 2

众神造四方什罗山神山

实 例

纳西族 一伙群神有的带墨石，有的带黑土，有的带金银，有的带玉珠，有的带螺片，建起四方什罗山神山。

【流传】云南省·丽江（丽江市）

【出处】和芳（东巴）读经，和志武翻译整理：《崇邦统》（人类迁徙记）（1954），见吕大吉、何耀华总主编《中国各民族原始宗教资料集成》（纳西族卷、羌族卷、独龙族卷、傈僳族卷、怒族卷），北京：中国社会科学出版社2000年版，第322页。

W0956. 1. 2

变化产生神山

实 例

（参见下级母题实例）

W0956. 1. 2. 1

人化身神山

实 例

（参见下级母题实例）

W0956. 1. 2. 1. 1

一对父子化身成为开天辟地大神山

实 例

藏族 俄德贡见（人名）父子化身成为“斯巴其合具拉勾”（开天辟地大神山）。

【流传】（青海省·果洛藏族自治州）

【出处】周协邦整理：《阿尼玛卿雪山的传说》，原载果洛州群艺馆编《果洛民间故事选》，内部资料，见吕大吉、何耀华总主编《中国各民族原始宗教资料集成》（鄂伦春族卷、鄂温克族卷、赫哲族卷、达斡尔族卷、锡伯族卷、满族卷、蒙古族卷、藏族卷），北京：中国社会科学出版社1999年版，第945页。

W0956.1.2.2

白马老爷变成神山（白马神山）

实 例

藏族（白马）白马藏人说，白马老爷（白马神山）是从甘肃那边过来的，后来白马老爷变成一座山。

【流传】（四川省·绵阳市·平武县等地）

【出处】《白马神山的传说》，见周贤中《走进白马藏人》，成都：电子科技大学出版社2016年版，第89页。

W0956.1.3

特定的山成为神山

实 例

（实例待考）

W0956.2

神山的特征（神山的职能）

【关联】［W1413.3］神山是升天之路

实 例

（参见下级母题实例）

W0956.2.0

神山有男女之分

实 例

（参见下级母题实例）

W0956.2.0.1

格姆山是女神山

实 例

纳西族 很古的时候，传说丽江坝子的玉龙山是男神山，永宁坝子的格姆山（狮子山）是女神山。

【流传】云南省·（丽江市）·丽江县（古城区、玉龙纳西族自治县）

【出处】木丽春采集整理：《玉龙山和格姆山的故事》，见木丽春编著《纳西族民间故事集》，昆明：云南人民出版社2007年版，第138页。

W0956.2.0.2

泸沽湖的西北的狮子山是女神山

实 例

纳西族 泸沽湖的西北面，耸立着巍峨秀丽的狮子山，是摩梭人心目中崇高圣洁的女神山。

【流传】（无考）

【出处】达史车尔讲，杨世光采录：《阿注婚的来由》，原载中国民间文学集成全国编辑委员会编《中国民间故事集成》（云南卷），北京：中国ISBN中心2003年版，见陶阳、钟秀编《中国神话》（下），北京：商务印书馆2008年版，第1509~1512页。

W0956.2.1

神山虚无缥缈

实 例

汉族 三神山者，蓬莱、方丈、瀛洲。其物禽兽尽白，而黄金银为宫阙。未至，望之如云；及到，三神山反居水下。临之，风辄引去，终莫能至云。

【流传】（无考）

【出处】

（a）《封禅书》。

（b）《三神山》，见袁珂《中国神话大词典》，北京：华夏出版社 2015 年版，第 17 页。

W0956. 2. 1a

神山云雾缭绕

实 例

傣族 （参见“W0956. 3. 4 广麻宛达神山”母题实例）

W0956. 2. 2

神山的构造

实 例

（参见下级母题实例）

W0956. 2. 2. 1

神山有多个通道

实 例

藏族 年保叶什则神山有四个门道通其主峰之下，为年保叶什则东西南北四大门，各有神将把守。

【流传】青海省・果洛州（果洛藏族自治州）

【出处】贡乔泽登整理：《年保叶什则山神》，见 BBS 水木清华站：http：//www. smth. edu. cn，2006. 07. 20。

W0956. 2. 3

仁慈的神山

实 例

藏族 神山可以分为三类。其中，第一类是爱护人的仁慈的神山，这类神山从不对人进行惩罚，如买玛部落的拉日山就属于这类神山。

【流传】（西藏自治区・那曲地区・安多县・多玛乡）

【出处】格勒、刘一民、张建世、安才旦：《藏北牧区社会调查报告・那曲卓巴民间宗教》（手稿），1989 年，见吕大吉、何耀华总主编《中国各民族原始宗教资料集成》（鄂伦春族卷、鄂温克族卷、赫哲族卷、达斡尔族卷、锡伯族卷、满族卷、蒙古族卷、藏族卷），北京：中国社会科学出版社 1999 年版，第 796 页。

W0956. 2. 4

凶恶的神山

实 例

藏族 神山可以分为三类。其中，第二类是专事惩罚人的神山，如夏木拉神山。夏木拉神山很厉害，经常惩罚人。在修公路时，不知为什么触犯了它，从此以后，外面的人到此不是突然吐血死掉，就是被狼咬死。汽车也常常在这儿翻车。后来只有用铁丝网把整个山都围了起来。我们到实地看了看，并没有发现铁丝网。

【流传】（西藏自治区·那曲地区·安多县·多玛乡）

【出处】格勒、刘一民、张建世、安才旦：《藏北牧区社会调查报告·那曲卓巴民间宗教》（手稿），1989 年，见吕大吉、何耀华总主编《中国各民族原始宗教资料集成》（鄂伦春族卷、鄂温克族卷、赫哲族卷、达斡尔族卷、锡伯族卷、满族卷、蒙古族卷、藏族卷），北京：中国社会科学出版社 1999 年版，第 796 页。

W0956.2.5

善恶兼具的神山

实 例

藏族 （参见“W0956.4.3 神山分 3 类”母题实例）

W0956.2.6

神山职能分 3 类

实 例

（参见下级母题实例）

W0956.2.6.1

三类神山中第一类是爱护人的仁慈的神山，第二类是专事惩罚人的神山，第三类神山是既能爱护人又可以惩罚人的神山

实 例

藏族 神山可以分为三类：第一类是爱护人的仁慈的神山，第二类是专事惩罚人的神山，第三类神山是既能爱护人又可以惩罚人的神山。

【流传】（西藏自治区·那曲地区·安多县·多玛乡）

【出处】格勒、刘一民、张建世、安才旦：《藏北牧区社会调查报告·那曲卓巴民间宗教》（手稿），1989 年，见吕大吉、何耀华总主编《中国各民族原始宗教资料集成》（鄂伦春族卷、鄂温克族卷、赫哲族卷、达斡尔族卷、锡伯族卷、满族卷、蒙古族卷、藏族卷），北京：中国社会科学出版社 1999 年版，第 796 ~797 页。

W0956.3

特定名称的神山

实 例

（参见下级母题实例）

W0956.3.1

神山凉风之山

实 例

汉族 凉风之山，登之而不死。

【流传】（无考）

【出处】《淮南子·地形训》，见［西汉］刘安等著，陈广忠译注《淮南子译注》，长春：吉林文史出版社 1990 年版，第 187 页。

W0956. 3. 2

神山曼君乌延哈达

实 例

满族 在萨哈连（满语，黑色，此处指黑龙江）之北，有神山名曼君乌延哈达。其峰尖在云际，山中终年存雪，唯夏间融化为溪，湍流声啸数十里。

【流传】（黑龙江省·黑河市·爱辉区、孙吴县一带的黑水女真）

【出处】白蒙元讲，富希陆、吴纪贤记录整理：《天宫大战·玖腓凌》（1939），见吕大吉、何耀华总主编《中国各民族原始宗教资料集成》（鄂伦春族卷、鄂温克族卷、赫哲族卷、达斡尔族卷、锡伯族卷、满族卷、蒙古族卷、藏族卷），北京：中国社会科学出版社 1999 年版，第 483 页。

W0956. 3. 3

神山瀛洲

实 例

（参见下级母题实例）

W0956. 3. 3. 1

神山瀛洲在渤海中

实 例

汉族 蓬莱、方丈、瀛洲，此三神山者，其传在渤海中，去人不远。

【流传】（无考）

【出处】

（a）［西汉］司马迁：《史记·封禅书》。

（b）《瀛洲》，见袁珂《中国神话大词典》，北京：华夏出版社 2015 年版，第 365 页。

W0956. 3. 4

广麻宛达神山

实 例

傣族 古时候，森林里有一座飘着云雾的神山，叫广麻宛达。

【流传】（云南省）

【出处】《神牛之女》，原载西双版纳傣族自治州民族事务委员会编《傣族文学简史》，云南民族出版社 1988 年版，见姚宝瑄主编《中国各民族神话》（哈尼族、傣族），太原：山西出版传媒集团·书海出版社 2014 年版，第 336 页。

W0956. 4

与神山有关的其他母题

实 例

（参见下级母题实例）

W0956. 4. 1

神山的功能

实 例

（参见下级母题实例）

W0956.4.1.1

神山能使人不死

实 例

汉族 （实例待考）

W0956.4.2

神山的数量

实 例

（参见下级母题实例）

W0956.4.2.1

五座神山

实 例

（参见下级母题实例）

W0956.4.2.1.1

归墟有岱舆、员娇、方壶、瀛、蓬莱五座神山

实 例

汉族 归墟有五座神山，第一叫岱舆，第二叫员娇，第三叫方壶，第四叫瀛，第五叫蓬莱。

【流传】河南省

【出处】赵承采录整理：《龙伯钓鳌》，见张振犁编著，孟宪明、朱淑君统纂《中原神话通鉴》（第四卷），郑州：河南大学出版社 2017 年版，第 1244 页。

W0956.4.2.2

三神山

实 例

（参见下级母题实例）

W0956.4.2.2.1

三神山蓬莱、方丈、瀛洲

实 例

汉族 自威、宣、燕昭，使人入海求蓬莱、方丈、瀛洲。此三神山者，其传在渤海中，去人不远。

【流传】（无考）

【出处】

(a) ［西汉］司马迁：《史记·封禅书》。

(b)《三神山》，见袁珂《中国神话大词典》，北京：华夏出版社 2015 年版，第 17 页。

W0956.4.2.3

四大神山

实 例

（参见下级母题实例）

W0956.4.2.3.1

四大神山是卫藏神山雅拉香波，北方羌塘神山念青唐拉，南方神山库拉日杰，东方神山沃德巩甲

实 例

藏族 藏族民间的传统信仰，认为藏地有：卫藏地方的神山雅拉香波；北方羌塘的神山念青唐拉（即念青唐吉拉）；南方神山库拉日杰；东方神山沃德巩甲。

【流传】（无考）

【出处】谢继胜：《藏族的山神神话及其特征》，载《西藏研究》1988 年第 4 期。

W0956.4.3

神山分 3 类

实 例

藏族 神山可以分为三类。其中，第三类神山是既能爱护人又可以惩罚人的神山。如从前在卓格神山的后面住着有亲戚关系的两户人家。这两家人属于同一骨系的男女有了性关系。结果生下的男孩是瞎子，生下来的女孩长了尾巴。人们说这是山神对他们的惩罚。

【流传】（西藏自治区·那曲地区·安多县·多玛乡）

【出处】格勒、刘一民、张建世、安才旦：《藏北牧区社会调查报告·那曲卓巴民间宗教》（手稿），1989 年，见吕大吉、何耀华总主编《中国各民族原始宗教资料集成》（鄂伦春族卷、鄂温克族卷、赫哲族卷、达斡尔族卷、锡伯族卷、满族卷、蒙古族卷、藏族卷），北京：中国社会科学出版社 1999 年版，第 796～797 页。

W0956.4.4

神山的支撑

实 例

（参见下级母题实例）

W0956.4.4.1

三座高岩撑什罗神山

实 例

纳西族 什罗神山需要支撑。于是三根冰凌柱，撑三滴白露；三撮黑土块，撑三丛绿草；三棵青蒿枝，撑三棵白栗；三棵白松树，撑三棵红栗；三棵云杉树，撑三棵柏树；三座高岩撑三座大山。

【流传】（云南省）

【出处】和芳、和志新编译：《崇邦统——人类迁徙记》，见姚宝瑄主编《中国各民族神话》（佤族、阿昌族、纳西族、普米族、德昂族），太原：山西出版传媒集团·书海出版社 2014 年版，第 141 页。

W0956.4.5

神山的看守（神山的保护者）

实 例

（参见下级母题实例）

W0956.4.5.1

动物轮流看守什罗神山

实 例

纳西族 什罗神山需要看守。于是猴子火狐轮流来看守，火豹猛虎轮流来看守，能者智者轮流来看守，竹子钉子轮流来看守，阳神阴神轮流来看守，螺白雄狮轮流来看守，肥壮大象轮流来看守，久闻那布大力神轮流来看守

【流传】（云南省）

【出处】 和芳、和志新编译：《崇邦统——人类迁徙记》，见姚宝瑄主编《中国各民族神话》（佤族、阿昌族、纳西族、普米族、德昂族），太原：山西出版传媒集团·书海出版社2014年版，第141页。

W0956.4.5.2

众多动物是神山的保护者

实　例

纳西族 神为人建立神山后，九匹瘦马保九个响石；五只虎豹来保卫，螺白雄狮来保卫，肥壮大象来保卫，久高那布大力神也来保卫。神山两边由金银保卫，两边由玉石珍珠保卫。

【流传】（云南省）

【出处】 和芳、和志新编译：《崇邦统——人类迁徙记》，见姚宝瑄主编《中国各民族神话》（佤族、阿昌族、纳西族、普米族、德昂族），太原：山西出版传媒集团·书海出版社2014年版，第141页。

W0956.4.5.3

人神动植物轮流看守神山

实　例

纳西族 群神建造的什罗神山后，猴子火狐轮流来看守，火豹猛虎轮流来看守，能者智者轮流来看守，竹子钉子轮流来看守，阳神阴神轮流来看守，螺白雄狮轮流来看守，肥壮大象轮流来看守，久高那布大力神轮流来看守。

【流传】 云南省·丽江（丽江市）

【出处】 和芳（东巴）读经，和志武翻译整理：《崇邦统》（人类迁徙记）（1954），见吕大吉、何耀华总主编《中国各民族原始宗教资料集成》（纳西族卷、羌族卷、独龙族卷、傈僳族卷、怒族卷），北京：中国社会科学出版社2000年版，第322页。

W0956a

仙山

【关联】［W1852.6.5.2］峨眉山是仙山

实　例

（参见下级母题实例）

W0956a.1

仙山的来历

实　例

（实例待考）

W0956a.2

仙山的特征

实　例

（实例待考）

W0956a. 3

与仙山有关的其他母题

实 例

（实例待考）

W0956b

神峰

实 例

（参见下级母题实例）

W0956b. 1

神峰的来历

实 例

（参见下级母题实例）

W0956b. 1. 1

仙女化为神峰

实 例

（参见下级母题实例）

W0956b. 1. 1. 1

仙女为拯救人类变成神峰

实 例

汉族 天帝最小的女儿为了人类把双眼化为日月，自己变成了一座石峰。这就是日月峰的来历，日月峰被满族的祖先推崇为神峰。

【流传】辽宁省·（丹东市）·宽甸县（宽甸满族自治县）

【出处】李大爷讲，曾层、佟畴记录整理：《日月峰》，见姚宝瑄主编《中国各民族神话》（汉族），太原：山西出版传媒集团·书海出版社 2014 年版，第 181～183 页。

满族 小仙女为拯救人类变成了一座石峰，被满族的祖先推崇为神峰。

【流传】（无考）

【出处】

（a）曾层、佟畴搜集整理：《日月峰》，见满都呼主编《中国阿尔泰语系诸民族神话故事》，北京：民族出版社 1997 年版，第 270 页。

（b）《日月峰》，见《满族民间故事选》（二），沈阳：春风文艺出版社 1985 年版。

W0956b. 2

神峰的特征

实 例

（参见下级母题实例）

W0956b. 2. 1

神峰高不可攀

实 例

汉族 （实例待考）

W0956b. 3

与神峰有关的其他母题

实 例

（实例待考）

W0957

神石

实 例

满族 （参见“W0398.2.3.3 石神卓禄玛玛，卓禄玛法”母题实例）

W0957.1

神石的来历

实 例

（参见下级母题实例）

W0957.1.1

与英雄有关的石头被奉为神石

实 例

珞巴族 格萨尔王和王后卓玛架桥修路时，在卡布村住了九天，对珞巴族人很好，珞巴族人也很敬重他们，现在卡布村中央的三块巨石就是格萨尔王当年烧饭架的灶脚石，珞巴族人视之为神石，每年多次祭祀。

【流传】西藏自治区·林芝市·墨脱县·德兴乡、墨脱乡、背崩乡、达木珞巴民族乡（讲述地点：墨脱县·达木珞巴民族乡·卡布村）

【出处】纳龙讲：《格萨尔王在珞渝》（1997.01），见冀文正《珞巴族民间故事》，成都：四川民族出版社 2011 年版，第 30 页。

W0957.1.2

炼造神石

实 例

（参见下级母题实例）

W0957.1.2.1

女娲娘娘为补天炼神石

实 例

汉族 女娲娘娘为了补天，炼了三百六十五块神石。

【流传】河南省·（驻马店市）·确山县［采录地点：盘龙镇］

【出处】杨永兴（85 岁，私塾，小学教师）讲，杨建军采录：《刮东北风为啥冷》（1987.03），见张振犁编著《中原神话通鉴》（第一卷），郑州：河南大学出版社 2017 年版，第 147 页。

W0957.1.3

祖先的磨刀石成为神石

实 例

基诺族 少雪（祖先名，即不知父亲的老祖父“雪”）被杀死时，腰间的磨刀石甩出数十丈外，这重达数百斤的磨刀石一直成为人们敬畏的神物。

【流传】云南省·（西双版纳傣族自治州·景洪市）·基诺山（基诺山基诺族乡）·戛里果箐、巴亚中寨

【出处】沙车等讲，杜玉亭调查整理：

《巴亚寨父系英雄阿普少雪》(1980)，见吕大吉、何耀华总主编《中国各民族原始宗教资料集成》(彝族卷、白族卷、基诺族卷)，北京：中国社会科学出版社 1996 年版，第 877 页。

W0957.1.4
岩和水化生神石

实 例

(参见下级母题实例)

W0957.1.4.1
岩和水演化出 360 个神石

实 例

纳西族 岩和水来做变化，出现三百六十个神石。

【流传】 云南省·丽江县（丽江市）·长水乡（不详）

【出处】 和泗泉读经，周汝诚调查记录，和志武翻译整理：经书《动丁》(1989)，见吕大吉、何耀华总主编《中国各民族原始宗教资料集成》(纳西族卷、羌族卷、独龙族卷、傈僳族卷、怒族卷)，北京：中国社会科学出版社 2000 年版，第 85 页。

W0957.2
神石的特征（神石的功能）

实 例

(参见下级母题实例)

W0957.2.1
神石可以打出火

实 例

白族 （实例待考）

W0957.2.2
神石有奇特的颜色

实 例

(参见下级母题实例)

W0957.2.2.1
五色神石

实 例

满族 用神火炼七七四十九块石头，能炼出一块五色神石。

【流传】 辽宁省·（鞍山市）·岫岩（岫岩满族自治县）

【出处】 李成明讲，张其卓、董明整理：《海伦格格补天》（原标题《满族三个老人故事集》，原载《中国神话》），见姚宝瑄主编《中国各民族神话》（满族、赫哲族、朝鲜族），太原：山西出版传媒集团·书海出版社 2014 年版，第 17～19 页。

W0957.2.3
神石主宰疾病

实 例

白族 一处叫下水井的地方，有一幢大岩石，岩石下部长着几个形状怪异的石头，形若盂盆，岩石上涌下的清泉水注入其中，被认为是主宰疾病的神石。

【流传】云南省·昆明市·西山区·谷律公社（谷律彝族白族乡）·妥排（妥排村）

【出处】董绍禹：《西山区白族宗教调查》，见《昆明民族民俗和宗教调查》，昆明：云南人民出版社1985年版，第91~92页。

W0957.3

特定名称的神石

实 例

（参见下级母题实例）

W0957.3.1

碧玉动神石

实 例

纳西族 天之东巴那布星果呀，建立碧玉动神石，镇九个毒鬼；地之东巴萨布萨拉呀，建立黄金动神石，镇七个猛鬼；东方东巴格泽泽布呀，建立白螺动神石，镇压白骨鬼；南方东巴色日明公呀，建立碧玉动神石，镇压绿骨鬼；西方东巴纳生从路呀，建立黑珍动神石，镇压黑骨鬼；北方东巴古生喀巴呀，建立黄金动神石，镇压黄骨鬼；天地中央东巴索羽净古呀，建立花斑动神石，镇压花骨鬼。

【流传】云南省·丽江县（丽江市）·长水乡（不详）

【出处】和泗泉读经，周汝诚调查记录，和志武翻译整理：经书《动丁》（1989），见吕大吉、何耀华总主编《中国各民族原始宗教资料集成》（纳西族卷、羌族卷、独龙族卷、傈僳族卷、怒族卷），北京：中国社会科学出版社2000年版，第85页。

W0957.3.2

黄金动神石

实 例

纳西族 （参见“W0957.3.1 碧玉动神石”母题实例）

W0957.3.3

白螺动神石

实 例

纳西族 （参见“W0957.3.1 碧玉动神石”母题实例）

W0957.3.4

黑珍动神石

实 例

纳西族 （参见“W0957.3.1 碧玉动神石”母题实例）

W0957.3.5

花斑动神石

实 例

纳西族 （参见“W0957.3.1 碧玉动神

石”母题实例）

W0957. 3. 6
白银神石

实 例

纳西族 司巴金布（动神别名，又译为“东神”。动神是原始女巫“把”时代的祖师，一切古谱都起始于动神。又说，动神是男神、阳神；相对应的生神则是女神、阴神）藏立在岩间，与岩不可分，成白银神石。

【流传】云南省·丽江县（丽江市）·长水乡（不详）

【出处】和泗泉读经，周汝诚调查记录，和志武翻译整理：经书《动丁》(1989)，见吕大吉、何耀华总主编《中国各民族原始宗教资料集成》（纳西族卷、羌族卷、独龙族卷、傈僳族卷、怒族卷），北京：中国社会科学出版社 2000 年版，第 85 页。

W0957. 3. 7
石公公和石婆婆

实 例

（参见下级母题实例）

W0957. 3. 7. 1
石公公和石婆婆是主管生儿育女的神石

实 例

白族 龙山上有两块天然生长的大石头人称“石公公”和“石婆婆”。石公公、石婆婆是主管生儿育女的神石，不能生育或无儿子的妇女，常在这里烧香，祈求子嗣，至今香火仍然很旺。

【流传】云南省·（大理白族自治州）·祥云县·刘厂乡·大波那村

【出处】田怀清调查整理：《祥云白族求育祭》(1989)，见吕大吉、何耀华总主编《中国各民族原始宗教资料集成》（彝族卷、白族卷、基诺族卷），北京：中国社会科学出版社 1996 年版，第 719 页。

W0957. 4
与神石有关的其他母题

实 例

（参见下级母题实例）

W0957. 4. 1
神石能容物

实 例

满族 托阿天天在石灵山打石头。他还发现石头真怪，不但能修砌宫殿，还有一些发白的石头凿个洞什么东西都能装。

【流传】（无考）

【出处】《托阿恩都哩》，原载傅英仁编《满族神话故事》，见陶阳、钟秀编《中国神话》（下），北京：商务印书馆 2008 年版，第 1136 ~ 1141 页。

W0958

神泉

实 例

保安族 积石山正对保安三庄，有谷壑名崔家峡，相传早年峡口有神泉。

【流传】（无考）

【出处】 袁珂改编：《神马》，原载毛星主编《中国少数民族文学》（上册），见袁珂《中国神话大词典》，北京：华夏出版社 2015 年版，第 584 页。

W0958.1

神泉的来历

实 例

（参见下级母题实例）

W0958.1.1

神泉源于天帝

实 例

汉族 河水、赤水、弱水、洋水，凡四水者，为帝之神泉。

【流传】（无考）

【出处】 ［西汉］淮南王刘安及门客：《淮南子·地形训》，见［汉］刘安等著，陈广忠译注《淮南子译注》，长春：吉林文史出版社 1990 年版，第 186 页。

W0958.2

神泉的特征

实 例

（参见下级母题实例）

W0958.2.1

神泉使人焕发青春

实 例

（实例待考）

W0958.2.2

饮赤泉不老

实 例

汉族 有员丘山，上有不死树，食之乃寿。亦有赤泉，饮之不老。

【流传】（无考）

【出处】［战国至汉］撰者不详：《山海经·海外南经》。

W0958.2.3

神泉的水能治病

实 例

蒙古族 （实例待考）

W0958.2.4

神泉能疗伤

实 例

鄂温克族 有个猎手发现了能治伤的泉水，认为是道神泉水。

【流传】内蒙古自治区·呼伦贝尔市·（鄂温克族自治旗）·南屯（巴彦托海镇的俗称）

【出处】

（a）贺兴格讲，文展搜集整理：《圣水的传说》（1983.07.18），见马名超、王士媛、白衫编《鄂温克族民间故事选》，上海：上海文艺出版社1989年版，第25页。

（b）《圣水的传说》，见吕大吉、何耀华总主编《中国各民族原始宗教资料集成》（鄂伦春族卷、鄂温克族卷、赫哲族卷、达斡尔族卷、锡伯族卷、满族卷、蒙古族卷、藏族卷），北京：中国社会科学出版社1999年版，第98页。

鄂温克族 神泉能疗伤。

【流传】内蒙古自治区·呼伦贝尔（呼伦贝尔市）

【出处】贺兴格讲，文展整理：《公鹿河的传说》，见中华民族故事大系编委会编《中华民族故事大系》第14卷（普米族、塔吉克族、怒族、俄罗斯族、鄂温克族），上海：上海文艺出版社1995年版，第821页。

W0958.3

特定名称的神泉

实　例

（参见下级母题实例）

W0958.3.1

神泉河水

实　例

汉族 （河水、赤水、弱水、洋水）凡四水者，帝之神泉，以和百药，以润万物。

【流传】（无考）

【出处】［西汉］淮南王刘安及门客：《淮南子·地形训》。

W0958.3.2

神泉赤水

实　例

汉族 （参见“W0958.3.1 神泉河水”母题实例）

W0958.3.3

神泉弱水

实　例

汉族 （参见“W0958.3.1 神泉河水”母题实例）

W0958.3.4

神泉洋水

实　例

汉族 （参见“W0958.3.1 神泉河水”母题实例）

W0958.4
与神泉有关的其他母题

【关联】

①［W0922.1.2.1］神泉生神马

②［W1972.1］奇特之泉

实 例

（参见下级母题实例）

W0958.4.1
特定地方有神泉

实 例

（参见下级母题实例）

W0958.4.1.1
崔家峡有神泉

实 例

保安族 崔家峡有神泉，神泉奔出神马，神马在天旱时叫出泉水。

【流传】甘肃省·（临夏回族自治州）·积石山（积石山保安族东乡族撒拉族自治县）

【出处】《神马》，见杜鲜、彭清深主编《保安族：甘肃积石山县大墩村调查》，昆明：云南大学出版社2004年版，第207页。

W0958.4.1.2
神泉在酒泉县

实 例

汉族 县泉水，一名神泉，在酒泉县东一百三十里，出龙勒山腹。汉贰师将军李广利伐大宛还，士众渴，乏水，利乃引佩刀刺山，飞泉涌出，三军赖以获济。

【流传】（无考）

【出处】

（a）［清］张澍辑：《凉州异物志》。

（b）《县泉水》，见袁珂《中国神话大词典》，北京：华夏出版社2015年版，第162页。

W0958.4.2
天帝的神泉

【关联】［W0958.1.1］神泉源于天帝

实 例

汉族 （参见“W0958.3.1 神泉河水”母题实例）

W0958.4.2.1
帝之神泉为河水、赤水、弱水、洋水四水

实 例

汉族 （昆仑）河水、赤水、弱水、洋水，凡四水者，帝之神泉，以和百药，以润万物。

【流传】（无考）

【出处】

（a）［西汉］淮南王刘安及门客：《淮南子·地形训》。

（b）《神泉》，见袁珂《中国神话大词典》，北京：华夏出版社2015年版，第250页。

W0959

其他神性自然物

【关联】

① ［W1695.16］日精

② ［W1698.5］月华

实 例

（参见下级母题实例）

W0959.1

神水

【关联】［W0803.9.1］仙水

实 例

（参见下级母题实例）

W0959.1.1

神水的产生

实 例

（参见下级母题实例）

W0959.1.1.1

西方有神水

实 例

彝族 西方尼尔夺（地名）有一股神水，三天泛红波，三天泛绿波，三天泛黑波。

【流传】云南省·（楚雄彝族自治州）·永仁县

【出处】

（a）曲木阿石等讲，罗有能整理：《更资天神》，见云南省楚雄州文教局、云南省楚雄州民委会编《楚雄民间文学资料》，内部资料，1979年。

（b）同（a），见姚宝瑄主编《中国各民族神话》（羌族、彝族），太原：山西出版传媒集团·书海出版社2014年版，第176页。

W0959.1.1.2

制造神水

实 例

（参见下级母题实例）

W0959.1.1.2.1

每年正月初萨满造“阿尔山”（神水）

实 例

达斡尔族 每年正月初，萨满在家中举行洁身祭时，在大锅内放进护心铜镜和各种颜色的卵石，倒满干净水烧开，这水叫“阿尔山”（神水）。

【流传】（内蒙古自治区·呼伦贝尔市·鄂温克族自治旗·巴彦托海镇）

【出处】

（a）珠荣嘎、额尔登泰、满都尔图调查编著：《巴彦托海索木达斡尔族情况——达斡尔族调查材料之二》，全国人民代表大会民族委员会办公室1958年编印，第52~53页。

（b）《洁身祭》，见吕大吉、何耀华总主编《中国各民族原始宗教资料集成》（鄂伦春族卷、鄂温克族卷、赫哲族卷、达斡尔族卷、锡伯族卷、满族卷、蒙古族卷、藏族卷），北京：中国社会科学出版社1999年版，第344页。

W0959.1.1.3

祭河神得神水

实 例

壮族 若是七月初七祭河神，还要用罐或坛装回一些水，叫“七月水”，并带回鸡笼、猪笼、牛绳，意为带回了禽畜的灵魂，以后能养鸡鸭满笼，猪牛满栏，六畜兴旺。人喝了神灵的水，就变得勤快灵巧。

【流传】广西壮族自治区·（百色市）·田林县

【出处】覃立革搜集整理：*《祭河神》（1990），见吕大吉、何耀华总主编《中国各民族原始宗教资料集成》（土家族卷、瑶族卷、壮族卷、黎族卷），北京：中国社会科学出版社1998年版，第512页。

W0959.1.1.4

特定地方流出神水

实 例

珞巴族 岩洞口有一个小窟窿，塞有一个小木塞。这是一股神水。当人需要水时，拔掉小木塞，泉水会涓涓流出。

【流传】西藏自治区·林芝市·墨脱县·墨脱乡、甘登乡、旁辛乡（讲述地点：墨脱县·墨脱乡·墨脱村）

【出处】桑杰绕登、江措讲：《祭灶神》（1996.09），见冀文正《珞巴族民间故事》，成都：四川民族出版社2011年版，第73页。

W0959.1.2

神水的特征

实 例

（参见下级母题实例）

W0959.1.2.1

神水是气

实 例

彝族 尼尔夺（地名）的神水，看着像泉水，实际不是水，它是一股气，在空中流来流去。

【流传】云南省·（楚雄彝族自治州）·永仁县

【出处】

(a) 曲木阿石等讲，罗有能整理：《更资天神》，见云南省楚雄州文教局、云南省楚雄州民委会编《楚雄民间文学资料》，内部资料，1979年。

(b) 同（a），见姚宝瑄主编《中国各民族神话》（羌族、彝族），太原：山西出版传媒集团·书海出版社2014年版，第176页。

W0959.1.3

与神水有关的其他母题

实 例

（实例待考）

W0959. 2

神水不死水

实 例

(参见下级母题实例)

W0959. 2. 1

不死水丹水

实 例

(参见下级母题实例)

W0959. 2. 1. 1

饮丹水后不死

实 例

汉族 疏圃(传说中的瑶池)池，浸之黄水，黄水三周复其原，是谓丹水，饮之不死。

【流传】(无考)

【出处】［西汉］淮南王刘安及门客：《淮南子·地形训》，见［汉］刘安等著，陈广忠译注《淮南子译注》，长春：吉林文史出版社 1990 年版，第 185 页。

W0959. 2. 1. 1. 1

丹水在疏圃

实 例

汉族 (参见“W0959. 2. 1. 1 饮丹水后不死”母题实例)

W0959. 2. 2

与不死水有关的其他母题

【关联】

①［W0950］神药

②［W1852. 6. 6］不死山

③［W1897. 8］生命之水

④［W1897. 9. 1］死亡之水

实 例

(参见下级母题实例)

W0959. 2. 2. 1

昆仑之山白水是不死水

实 例

汉族 《淮南子》言，白水出昆仑之山，饮之不死。

【流传】(无考)

【出处】

(a)［战国］屈原：《楚辞·离骚》王逸注。

(b)《白水》，见袁珂《中国神话大词典》，北京：华夏出版社 2015 年版，第 108 页。

W0959. 3

神水不老水

【关联】

①［W1789. 0. 1. 2］天河水是长生不老水

②［W1972. 9. 3］不老泉

实 例

汉族 有员丘山，有赤泉，饮之不

老。

【流传】(无考)

【出处】《山海经·海外南经》。

W0959.3a

长生不老水

【关联】

① [W0959.2] 不死水

② [W1972.6.3] 酒泉的酒使人长生不老

③ [W1972.9.18.1] 玉醴泉使人长生不老

实 例

(参见下级母题实例)

W0959.3a.1

喇嘛造长生不老的圣水

实 例

蒙古族 (实例待考)

W0959.4

神水回生水

实 例

(参见下级母题实例)

W0959.4.1

回生水在特定的地方

实 例

(参见下级母题实例)

W0959.4.1.1

回生水在西天

实 例

纳西族 崇人抛鼎到西天寻找回生水。

【流传】(无考)

【出处】和即仁整理:《崇人抛鼎寻不死药》,见中华民族故事大系编委会编《中华民族故事大系》第9卷(水族、东乡族、纳西族),上海:上海文艺出版社1995年版,第689页。

W0959.5

与神水有关的其他母题

【关联】

① [W0916.8.1] 魂是神水,是先天的清气精

② [W1897.1.2] 回生水

③ [W1897.1.3] 长生水

④ [W1897.1.6] 圣水

实 例

(参见下级母题实例)

W0959.5.1

神河

实 例

(实例待考)

W0959.5.2

神海

实 例

（实例待考）

W0959. 5. 3

神湖（神池）

实 例

（参见下级母题实例）

W0959. 5. 3. 1

神湖的产生

实 例

（参见下级母题实例）

W0959. 5. 3. 1. 1

萨满魂灵化为神湖

实 例

蒙古族（布里亚特） 神湖是萨满教徒尊崇的湖泊，某地萨满魂灵之化身。

【流传】（无考）

【出处】［苏联］И. А. 曼日格耶夫著，宋长宏译，佟德富校：《布里亚特萨满教和前萨满教辞典》（俄文版），莫斯科：科学出版社1978年版，第64页，见吕大吉、何耀华总主编《中国各民族原始宗教资料集成》（鄂伦春族卷、鄂温克族卷、赫哲族卷、达斡尔族卷、锡伯族卷、满族卷、蒙古族卷、藏族卷），北京：中国社会科学出版社1999年版，第613页。

W0959. 5. 3. 1. 2

空行母造神湖

实 例

珞巴族 在白马岗，错落有致地分布着许多神湖，它们是空行母阿比亚萨造的，布裙湖就是其中的一个，远近闻名。

【流传】西藏自治区·林芝市·墨脱县·背崩乡、墨脱乡（讲述地点：墨脱县·墨脱乡·墨脱村）

【出处】普布刀杰、果亚、朱嘎、白嘎、拉吾次仁讲：《布裙湖的传说》（1957. 07），见冀文正《珞巴族民间故事》，成都：四川民族出版社2011年版，第61页。

W0959. 5. 3. 2

神湖的特征

实 例

（参见下级母题实例）

W0959. 5. 3. 2. 1

神湖中的水是神赐甘露

实 例

藏族 湖泊都是“神湖”（或叫“圣湖”）。神湖（也包括一部分神河）中的水，是天神赐给人们的甘露。

【流传】（无考）

【出处】《藏族卷·绪论》，见吕大吉、何耀华总主编《中国各民族原始宗教资料集成》（鄂伦春族卷、鄂温克族卷、赫哲族卷、达斡尔族卷、锡伯族卷、满族卷、蒙古族卷、藏族卷），北京：中国社会科学出版社1999年版，第776页。

W0959.5.3.3

特定名称的神湖

实 例

（参见下级母题实例）

W0959.5.3.3.1

天池是神湖

实 例

蒙古族 神山博格达山峰下的天池是神湖。

【流传】（无考）

【出处】姚宝瑄、巴音巴图翻译，阿·太白搜集整理：《博格达山的传说》，见姚宝瑄主编《中国各民族神话》（达斡尔族、鄂伦春族、鄂温克族、蒙古族），太原：山西出版传媒集团·书海出版社 2014 年版，第 165 页。

W0959.5.3.3.2

那木错神湖

实 例

藏族 那木错是藏北最大的神湖。

【流传】（西藏自治区·那曲地区）

【出处】格勒、刘一民、张建世、安才旦：《藏北牧区社会调查报告·那曲卓巴民间宗教》（手稿），1989 年，见吕大吉、何耀华总主编《中国各民族原始宗教资料集成》（鄂伦春族卷、鄂温克族卷、赫哲族卷、达斡尔族卷、锡伯族卷、满族卷、蒙古族卷、藏族卷），北京：中国社会科学出版社 1999 年版，第 798 页。

W0959.5.3.4

与神湖有关的其他母题

实 例

（实例待考）

W0959.5.4

神井

实 例

（参见下级母题实例）

W0959.6

神土

实 例

（参见下级母题实例）

W0959.6.1

神土能堵挡洪水

实 例

汉族 老崇伯鲧在世时，治水用的是神土堵挡洪水。后来他又把一生没有用完的神土送给儿子

【流传】河南省·（郑州市）·登封市（豫西一带）

【出处】崔文秀讲，韩有治采录整理：《崇伯点化》，见张振犁编著，孟宪明、朱淑君统纂《中原神话通鉴》（第四卷），郑州：河南大学出版社

2017 年版，第 1019 页。

W0959.7
仙谷

【关联】［W0804.9.2.1］乐道好事者在仙谷中洗沐，以求飞仙

实 例

汉族 （参见“W0804.9.2.1 乐道好事者在仙谷中洗沐，以求飞仙”母题实例）

W0959.8
神洞

实 例

（参见下级母题实例）

W0959.8.1
灵洞

实 例

纳西族 白地阿明什罗的后裔阿明永勒来丽江传教，后死于丽江，他也曾在此岩洞修行传教，故称为“什罗灵洞”。

【流传】云南省·丽江（丽江市）·（玉龙纳西族自治县·太安乡·吉子行政村）·汝南化村

【出处】和志武调查整理：《什罗灵洞崇拜（三）》（1947，1962），见吕大吉、何耀华总主编《中国各民族原始宗教资料集成》（纳西族卷、羌族卷、独龙族卷、傈僳族卷、怒族卷），北京：中国社会科学出版社 2000 年版，第 208 页。

❊ W0960
神性器物（神物）

实 例

（参见下级母题实例）

W0961
神刀

【关联】［W9672］宝刀

实 例

（参见下级母题实例）

W0961.1
神刀的来历

实 例

（参见下级母题实例）

W0961.1.1
从石岩后得到神刀

实 例

基诺族 正在危难之际，巴卡寨的不拉子（父系英雄名字）在大石岩后得到一把神刀。

【流传】云南省·（西双版纳傣族自治州·景洪市）·基诺山（基诺山基诺族乡）·巴卡寨

【出处】美约等讲，杜玉亭调查整理：《巴卡寨父系英雄不拉子》（1979），见吕大吉、何耀华总主编《中国各民

族原始宗教资料集成》（彝族卷、白族卷、基诺族卷），北京：中国社会科学出版社 1996 年版，第 877 页。

W0961.2

神刀的特征

实　例

（实例待考）

W0961.3

与神刀有关的其他母题

实　例

（参见下级母题实例）

W0961.3.1

会变化的神刀

实　例

彝族 会变化的神刀。

【流传】 云南省·（红河哈尼族彝族自治州）·弥勒（弥勒市）

【出处】 武自立翻译，武自立等整理：《阿细卜》，见中华民族故事大系编委会编《中华民族故事大系》第 3 卷（彝族、壮族、布依族），上海：上海文艺出版社 1995 年版，第 60 页。

W0962

神斧

实　例

汉族 盘古兄妹有神斧。

【流传】 河南省·（南阳市）·桐柏县·南关

【出处】 王延平讲，马卉欣整理：《混沌世界》，见桐柏网 2005.10.09。

W0962.1

神斧的来历

实　例

（实例待考）

W0962.2

神斧的特征

实　例

（参见下级母题实例）

W0962.2.1

神斧开物

【关联】 ［W1839.0.2.1］神斧劈出横断山

实　例

（实例待考）

W0962.2.2

神斧能劈山

【关联】 ［W1839.0.2.1］神斧劈出横断山

实　例

藏族 一个人登上喜玛拉雅山大呼一声，用神斧将高山劈开。

【流传】（无考）

【出处】

（a）《人的由来》，见谷德明编《中国

少数民族神话选》，西北民族学院研究所编印，内部资料，1983 年。

（b）同（a），见姚宝瑄主编《中国各民族神话》（门巴族、珞巴族、怒族、藏族），太原：山西出版传媒集团·书海出版社 2014 年版，第 84 页。

W0962.3

与神斧有关的其他母题

【关联】

① ［W0606.2.2］文化英雄的神斧

② ［W0670.4.2.1］布洛陀的神斧

③ ［W0724.2.1］盘古的神斧

④ ［W0751.5.5.6.1］大禹的神斧

实 例

（参见下级母题实例）

W0962.3.1

特定名称的神斧

实 例

（实例待考）

W0962.3.2

雷公斧是神斧

【关联】［W6089.2.2］雷公斧

实 例

（参见下级母题实例）

W0962.3.2.1

雷公斧可以敲山震虎

实 例

水族 仙家有一种雷公斧，敲起来响声震耳，对着野兽一挥，野兽就倒下。一对勤劳、正直的孤儿兄妹俩在泉边得到这把威力巨大的斧子（雷公斧）后，可以敲山震虎。

【流传】贵州省·（黔南布依族苗族自治州）·三都（三都水族自治县）、荔波（荔波县）、独山（独山县）；广西壮族自治区·（河池市）·南丹（南丹县）等地

【出处】王英等讲，潘朝霖等搜集整理：《人类起源》，见谷德明编《中国少数民族神话》，北京：中国民间文艺出版社 1987 年版，第 633 页。

W0963

神弓神箭

实 例

（参见下级母题实例）

W0963.1

神弓

实 例

（参见下级母题实例）

W0963.1.1

神弓用王八精爪子做扳机

实 例

壮族 神弓用王八精爪子做扳机。

【流传】广西壮族自治区·（崇左市）·龙州（龙州县）

【出处】农老爹讲，蓝鸿恩整理：《神弓宝剑》，见中华民族故事大系编委会编《中华民族故事大系》第3卷（彝族、壮族、布依族），上海：上海文艺出版社1995年版，第432页。

W0963.2
神箭

实 例

（参见下级母题实例）

W0963.2.1
神箭的产生

实 例

（参见下级母题实例）

W0963.2.1.1
神人赠神箭

实 例

瑶族 （实例待考）

W0963.2.1.2
特定的人物造神箭

【关联】［W0714.4.4.1］女娲炼出一支神箭

实 例

汉族 （参见"W0714.4.4.1 女娲炼出一支神箭"母题实例）

W0963.2.1.3
特定物变成神箭

实 例

（参见下级母题实例）

W0963.2.1.3.1
鹅毛变成一支神箭

实 例

彝族 母鹅抖下的一根毛，变成一支神箭，交给阿鲁举热（英雄，龙女感鹰生的儿子）。

【流传】云南省·（楚雄彝族自治州）·大姚县

【出处】肖开亮讲，李世忠等采录：《阿鲁举热》，见中国民间文学集成全国编辑委员会编《中国民间故事集成》（云南卷），北京：中国ISBN中心2003年版，第341页。

W0963.2.1.3.2
祭祀中用的箭成为神箭

实 例

羌族（纳木依人、柏木依人） 山神祭祀中最重要的仪式是"拴线"。祭司念着经把祭品分施给祭者时，在每个下跪的祭者衣服上拴一点羊毛线，给每人一点红布、白布（哈达）和一根刻有藏文的柏香条。祭典结束后，各家将祭者所得毛线、红布、白布、香条包成一包，用牦牛皮包着，缠上布，称为“纳打”，供插放弩箭之用。他们认为插于纳打中的箭因有山神保佑，是神箭。

【流传】四川省·（凉山彝族自治州）·冕宁县·锣锅底区

【出处】何耀华：《川西南纳木依人和柏木依人的宗教信仰述略》，见吕大吉、何耀华总主编《中国各民族原始宗教资料集成》（纳西族卷、羌族卷、独龙族卷、傈僳族卷、怒族卷），北京：中国社会科学出版社 2000 年版，第 553 ~554 页。

W0963. 2. 2

神箭的特征

实 例

（参见下级母题实例）

W0963. 2. 2. 1

英雄用神箭制敌

实 例

彝族 母鹅羽毛变成一支神箭。阿鲁举热（英雄，龙女感鹰生的儿子）得到这支神箭，可以助其胜敌。

【流传】云南省·（楚雄彝族自治州）·大姚县

【出处】肖开亮讲，李世忠等采录：《阿鲁举热》，见中国民间文学集成全国编辑委员会编《中国民间故事集成》（云南卷），北京：中国 ISBN 中心 2003 年版，第 341 页。

W0963. 2. 2. 2

神箭能射开特定物

【关联】［W1168. 21. 4. 6］神箭射开天门

实 例

藏族 （参见“W0963. 2. 2. 4 神箭有神力”母题实例）

W0963. 2. 2. 3

神箭可以占卜

实 例

藏族 （实例待考）

W0963. 2. 2. 4

神箭有神力

实 例

藏族 祭山神时用的神箭是一铁箭，是古代藏王拉巴拉日传下来的，其神力无边。用它指门，门会开；指山，山会让路。

【流传】（四川省·凉山彝族自治州·冕宁县·联合乡）

【出处】何耀华：《冕宁县联合公社藏族社会历史调查》，原载西南民族学会编印《雅砻江下游考察报告》，1983 年，见吕大吉、何耀华总主编《中国各民族原始宗教资料集成》（鄂伦春族卷、鄂温克族卷、赫哲族卷、达斡尔族卷、锡伯族卷、满族卷、蒙古族卷、藏族卷），北京：中国社会科学出版社1999年版，第830页。

W0963.2.2.5

神箭使射手百发百中

实 例

裕固族 莫拉（裕固族对孩子的称呼）要去寻太阳神时，南山里一个猎人，送给莫拉一壶百发百中的神箭。

【流传】（无考）

【出处】乔维森、野枫整理：《莫拉》，原载《神话传说故事选》，见陶阳、钟秀编《中国神话》（中），北京：商务印书馆2008年版，第779～784页。

W0963.2.3

与神弓神箭有关的其他母题

【关联】［W6976.3.1］奇特的箭

实 例

（实例待考）

W0964

神镜

实 例

维吾尔族 （实例待考）

瑶族 （实例待考）

W0964.1

神镜的来历

实 例

（参见下级母题实例）

W0964.1.1

天女帮天神炼出神镜

实 例

满族 阿布卡恩都里的2个公主，帮助阿布卡恩都里炼出了33333个小托里（满语，"铜镜"）。

【流传】黑龙江省·（黑河市）·孙吴县

【出处】

（a）张石头讲，富育光整理：《太阳和月亮的传说》，见谷德明编《中国少数民族神话》，北京：中国民间文艺出版社1987年版，第5～9页。

（b）《太阳和月亮的传说》，见满都呼主编《中国阿尔泰语系诸民族神话故事》，北京：民族出版社1997年版，第251页。

W0964.1.2

黄帝铸神镜

实 例

汉族 帝因异草而铸镜以像之，为十五面神镜，宝镜也。

【流传】（无考）

【出处】［唐］撰者不详：《轩辕黄帝传》。

W0964.2

神镜的特征

实 例

（参见下级母题实例）

W0964. 2. 1

神镜是个多棱镜

实 例

（参见下级母题实例）

W0964. 2. 1. 1

神镜有 15 面

实 例

汉族 （参见“W0964. 1. 2 黄帝铸神镜”母题实例）

W0964. 3

与神镜有关的其他母题

实 例

（实例待考）

W0965

神鼓（鼓神）

实 例

（参见下级母题实例）

W0965. 1

神鼓的来历

实 例

（参见下级母题实例）

W0965. 1. 1

铜鼓从天上来

实 例

苗族 （实例待考）

W0965. 1. 2

龙女化身为铜鼓

实 例

苗族 （实例待考）

W0965. 1. 3

特定人物生铜鼓

【关联】［W0704. 1. 3］密洛陀是铜鼓的女儿

实 例

瑶族 天地间的铜鼓中生出万物之母密洛陀。

【流传】广西壮族自治区·（河池市）·大化县（大化瑶族自治县）·七百弄乡

【出处】蓝阿勇讲，蒙冠雄采录翻译：《密洛陀》，见中国民间文学集成全国编辑委员会编《中国民间故事集成》（广西卷），北京：中国 ISBN 中心 2001 年版，第 11 页。

W0965. 1. 4

铜鼓被尊为神

实 例

彝族 当地彝族在该地在岩洞中发现一个高约 35 厘米，鼓面径约 60 厘米的残破铜鼓，彝民拜之为神。

【流传】四川省·（凉山彝族自治州）·布拖县

【出处】何耀华：《彝族的自然崇拜及其特点》，载《思想战线》1982 年第 6 期。

W0965.1.4.1
彝人以铜鼓为不祥之物，移至石崖尊之为神

实　例

彝族 彝人以铜鼓为不祥之物，乃移石崖，尊之为神。

【流传】四川省·（凉山彝族自治州）·布拖县

【出处】何耀华：《彝族的自然崇拜及其特点》，载《思想战线》1982 年第 6 期。

W0965.2
神鼓的特征（神鼓的功能，神鼓的能力）

实　例

（参见下级母题实例）

W0965.2.0
神鼓分公母

实　例

基诺族 （参见“W0965.3.3.2 神鼓放寨父家中”母题实例）

W0965.2.1
神鼓能腾云驾雾

实　例

（参见下级母题实例）

W0965.2.1.1
萨满乘神鼓腾云驾雾

实　例

鄂温克族 萨满水神鼓腾云驾雾。

【流传】（无考）

【出处】阿拉诺海讲，马名超整理，道尔吉翻译：《萨满神鼓的来历》，见中华民族故事大系编委会编《中华民族故事大系》第 14 卷（普米族、塔吉克族、怒族、俄罗斯族、鄂温克族），上海：上海文艺出版社 1995 年版，第 817 页。

W0965.2.2
神鼓能威慑特定物

实　例

（参见下级母题实例）

W0965.2.2.1
萨满靠神鼓震慑喇嘛

实　例

鄂温克族 萨满靠神鼓震慑喇嘛。

【流传】（无考）

【出处】阿拉诺海讲：《神鼓的传说》，见吕大吉、何耀华主编《中国各民族原始宗教资料集成》（鄂伦春族卷、鄂温克族卷、赫哲族卷、达斡尔族卷、锡伯族卷、满族卷、蒙古族卷、藏族卷），北京：中国社会科学出版

社 1999 年版，第 141 页。

W0965. 2. 3

神鼓是法器（神鼓是祭祀时重要的神具，神鼓是神器）

实 例

赫哲族 神鼓（unt'ə）在神具中为最重要之一。赫哲人家家藏有神鼓，因为家祭时，须击鼓祷告。

【流传】（松花江下游地区依兰县至抚远市一带）

【出处】

（a）凌纯声：《松花江下游的赫哲族》（原 1934 年南京刊印本），北京：民族出版社 2012 年版，第 121 ~ 122 页。

（b）《神鼓》，见吕大吉、何耀华总主编《中国各民族原始宗教资料集成》（鄂伦春族卷、鄂温克族卷、赫哲族卷、达斡尔族卷、锡伯族卷、满族卷、蒙古族卷、藏族卷），北京：中国社会科学出版社 1999 年版，第 229 页。

W0965. 2. 3. 1

神鼓是呼唤神灵的法具

实 例

鄂温克族 神鼓是呼唤神灵的工具和震慑妖魔的法具。

【流传】（内蒙古自治区·呼伦贝尔市·根河市·敖鲁古雅地区）使用驯鹿鄂温克人

【出处】 纽拉（女萨满，1907 年生）讲，孟和、玛尼记录整理采录整理：《敖鲁古雅鄂温克萨满的神衣》，见吕大吉、何耀华总主编《中国各民族原始宗教资料集成》（鄂伦春族卷、鄂温克族卷、赫哲族卷、达斡尔族卷、锡伯族卷、满族卷、蒙古族卷、藏族卷），北京：中国社会科学出版社 1999 年版，第 138 ~ 139 页。

W0965. 2. 3. 2

神器牛皮木鼓

实 例

基诺族 卓巴（寨父）家悬挂着牛皮木鼓一面，它是山寨的神器。

【流传】 云南省·（西双版纳傣族自治州·景洪市）·基诺山（基诺山基诺族乡）·戛里果箐、巴亚新寨、茶叶大地、巴卡寨

【出处】 不拉塞等讲，杜玉亭调查整理：《卓巴、牛皮木鼓与寨鬼》（1980 ~ 1990），见吕大吉、何耀华总主编《中国各民族原始宗教资料集成》（彝族卷、白族卷、基诺族卷），北京：中国社会科学出版社 1996 年版，第 868 页。

基诺族 牛皮木鼓是所有基诺山寨都有的神器。

【流传】 云南省·（西双版纳傣族自治州·景洪市）·基诺山（基诺山基诺族乡）·戛里果箐、巴亚新寨、茶叶大地、巴朵寨

【出处】 不拉塞等讲，杜玉亭调查整理：

《普米寨长老保管的龙刀》（1979），见吕大吉、何耀华总主编《中国各民族原始宗教资料集成》（彝族卷、白族卷、基诺族卷），北京：中国社会科学出版社1996年版，第871页。

W0965.2.4
神鼓能变形

实 例

（参见下级母题实例）

W0965.2.4.1
神鼓能变船

实 例

赫哲族 一新萨满到阴间招魂时，遇到大河没有渡船，就将神鼓抛入河中。神鼓立即变成一只小船。

【流传】（松花江下游地区依兰县至抚远市一带）

【出处】《一新萨满》，见凌纯声《松花江下游的赫哲族》（原1934年南京刊印本），北京：民族出版社2012年版，第930页。

W0965.2.5
神鼓是象征物

实 例

（参见下级母题实例）

W0965.2.5.1
神鼓象征着宇宙

实 例

鄂伦春族 制作萨满的神鼓木料要选与天神有关的神树。砍伐前，要供奉许多食物进行祭祀，并唱诵："我做神鼓驱邪恶，神鼓象征着宇宙。"

【流传】 黑龙江省·大兴安岭地区

【出处】 孟秀春调查整理：《制作神鼓木料的选取》（1991），见吕大吉、何耀华总主编《中国各民族原始宗教资料集成》（鄂伦春族卷、鄂温克族卷、赫哲族卷、达斡尔族卷、锡伯族卷、满族卷、蒙古族卷、藏族卷），北京：中国社会科学出版社1999年版，第45页。

W0965.3
与神鼓有关的其他母题

实 例

（参见下级母题实例）

W0965.3.1
铜鼓是神鼓

实 例

布依族 （实例待考）

W0965.3.1.1
铜鼓有生命

实 例

壮族 铜鼓是和人一样有生命的东西。

【流传】（无考）

【出处】《布洛陀》，原载罗勋《神的世界与人的世界》，见张声震总主编，农冠品编注《壮族神话集成》，南宁：广西民族出版社 2007 年版，第 556 页。

W0965. 3. 1. 1. 1

铜鼓中孕育女始祖

实 例

瑶族 天地间的铜鼓中有 1 女，即万物之母密洛陀。

【流传】广西壮族自治区·（河池市）·大化县（大化瑶族自治县）·七百弄乡

【出处】蓝阿勇讲，蒙冠雄采录翻译：《密洛陀》，见中国民间文学集成全国编辑委员会编《中国民间故事集成》（广西卷），北京：中国 ISBN 中心 2001 年版，第 11 页。

W0965. 3. 1. 2

铜鼓降妖

实 例

（参见下级母题实例）

W0965. 3. 1. 2. 1

铜鼓化为小伙斩杀毒虫

实 例

壮族 铜鼓化为小伙，杀掉霸占泉水的毒丌。

【流传】广西壮族自治区·（百色市）·隆林县（隆林各族自治县）

【出处】《铜鼓为什么埋地下》，见蓝鸿恩：《壮族民间故事选》，上海文艺 1984，第 128～130 页。

W0965. 3. 1. 2. 2

铜鼓战胜水鬼“图额”

实 例

壮族 铜鼓战胜红水河里吞食百姓的水鬼“图额”。

【流传】广西壮族自治区·（河池市）·东兰县

【出处】李坤荣：《壮乡铜鼓情》，见张声震总主编，农冠品编注《壮族神话集成》，南宁：广西民族出版社 2007 年版，第 728 页。

W0965. 3. 1. 2a

铜鼓吃掉害人的老虎

实 例

水族 铜鼓能吃掉害人的老虎。

【流传】贵州省·（黔南布依族苗族自治州）·三都县（三都水族自治县）

【出处】《虎鼓伏虎》，见岱年、世杰：《水族民间故事》，贵阳：贵州人民出版社 1984 年版，第 122～123 页。

W0965. 3. 1. 3

铜鼓震龙蛇

实 例

（参见下级母题实例）

W0965.3.1.3.1
铜鼓落地的声音威震蟒蛇

实 例

瑶族 铜鼓落地的声音震住了蟒蛇。

【流传】广西壮族自治区·（南宁市）·马山（马山县）

【出处】《黑岩鼓声》，见红波：《红波诗文集·故事传说卷》，香港天马图书有限公司2000年版，第107～123页。

W0965.3.1.3.2
铜鼓打败黄龙

实 例

布依族 （参见“W0965.3.1.4.1 一公一母两个铜鼓”母题实例）

W0965.3.1.4
铜鼓分公母

实 例

（参见下级母题实例）

W0965.3.1.4.1
一公一母两个铜鼓

实 例

布依族 一公一母两个铜鼓跳入江中打败兴风作浪的黄龙。

【流传】贵州省·黔南州（黔南布依族苗族自治州）

【出处】《铜鼓镇金江》，见贵州社科院黔南布依族苗族自治州文研室编《布依族民间故事》，贵阳：贵州人民出版社1981年版，第103～105页。

W0965.3.1.5
铜鼓变形

实 例

（参见下级母题实例）

W0965.3.1.5.1
铜鼓被水鬼打败变成石鼓

实 例

壮族 铜鼓与水鬼搏斗失败后变为石鼓。

【流传】广西壮族自治区·（河池市）·东兰县

【出处】韦万义讲：《铜鼓》，见陈金文：《从西南地区少数民族传说看铜鼓的厌胜功能》，《广西民族研究》2010年第1期。

W0965.3.1.6
铜鼓神

实 例

（参见下级母题实例）

W0965.3.1.6.1
铜鼓神保佑人安居乐业

实 例

壮族 逢年过节，红水河两岸铜鼓声不息，欢歌声不止，人们把安乐归功于铜鼓，归功于铜鼓神。

【流传】广西壮族自治区·（河池市）·东兰县

【出处】覃剑萍搜集整理：*《祭祀蛙婆》（1990），见吕大吉、何耀华总主编《中国各民族原始宗教资料集成》（土家族卷、瑶族卷、壮族卷、黎族卷），北京：中国社会科学出版社1998年版，第544页。

W0965. 3. 1. 6. 2

铜鼓神斗水怪

实 例

壮族 铜鼓神能在本地的河流里与水怪搏斗。

【流传】广西壮族自治区·（河池市）·东兰县，（百色市）·隆林（隆林各族自治县）、田林县

【出处】范宏贵：《壮族卷·绪论》，见吕大吉、何耀华总主编《中国各民族原始宗教资料集成》（土家族卷、瑶族卷、壮族卷、黎族卷），北京：中国社会科学出版社1998年版，第473页。

W0965. 3. 2

特定名称的神鼓

实 例

（参见下级母题实例）

W0965. 3. 2. 1

雷鼓

实 例

汉族 真王之前有雷鼓36面，36神司之。

【流传】（无考）

【出处】［明末清初］徐道：《历代神仙通鉴》（三教同原录）卷四。

W0965. 3. 3

神鼓的保管（神鼓的存放）

实 例

（参见下级母题实例）

W0965. 3. 3. 1

以稻草扎绳栓鼓耳绑在房中

实 例

壮族 有的村寨或人家，则以稻谷塞在铜鼓内，还以稻草扎绳栓鼓耳，绑在房里，不让这个神鼓“飞”下河。铜鼓“治服”“图额”，大地才有稻子，故稻谷、稻草绳与铜鼓有难分难解之缘。也只有稻谷或稻草绳，铜鼓神才不舍离家。

【流传】广西壮族自治区·（河池市）·东兰县

【出处】覃剑萍搜集整理：*《祭祀蛙婆》（1990），见吕大吉、何耀华总主编《中国各民族原始宗教资料集成》（土家族卷、瑶族卷、壮族卷、黎族

卷），北京：中国社会科学出版社1998年版，第544页。

W0965.3.3.2

神鼓放寨父家中

实　例

基诺族 多数山寨有大小两种鼓，被视为神器，大的被称为母鼓，放在卓巴（寨父）家，这个鼓代表寨鬼，不能触动。小一点的鼓被称为父鼓，可以在巫师上任等仪式时搬动，它放在卓巴家。

【流传】 云南省·（西双版纳傣族自治州·景洪市）·基诺山（基诺山基诺族乡）·戛里果箐、巴亚新寨、茶叶大地、巴卡寨

【出处】 不拉塞等讲，杜玉亭调查整理：《卓巴、牛皮木鼓与寨鬼》（1980～1990），见吕大吉、何耀华总主编《中国各民族原始宗教资料集成》（彝族卷、白族卷、基诺族卷），北京：中国社会科学出版社1996年版，第873页。

W0966

其他神性器物

实　例

（参见下级母题实例）

W0966.1

神盘

实　例

回族 （实例待考）

W0966.2

神扇

【关联】［W4295.3］用神扇扇出风

实　例

（参见下级母题实例）

W0966.2.1

神扇能降妖的

实　例

苗族 能降妖的神扇。

【流传】 贵州西部（贵州省西部地区）

【出处】 陶发文讲，龙玉成整理：《果罗泉》，见中华民族故事大系编委会编《中华民族故事大系》第2卷（藏族、维吾尔族、苗族），上海：上海文艺出版社1995年版，第754页。

W0966.2.2

神扇能扇出火山中的路

实　例

布依族 神扇能扇出火山中的路。

【流传】 贵州省·（黔西南布依族苗族自治州）·望谟（望谟县）、册亨（册亨县）、安龙（安龙县）

【出处】 韦匀弄等讲，汛河整理：《茫耶寻谷种》，见中华民族故事大系编委会编《中华民族故事大系》第3卷（彝族、壮族、布依族），上海：上海文艺出版社1995年版，第708页。

W0966. 2. 3

神扇能扇出狂风

实 例

哈尼族 尼布汪昆拿一把神扇，一扇就扇起狂风。

【流传】 云南省·（红河哈尼族彝族自治州）·元阳地区（元阳县）

【出处】 李书周、李七周讲，李期傅（疑为李期博）搜集整理：《起死回生药》，原载云南省民间文学集成办公室编《哈尼族神话传说集成》，中国民间文艺出版社1990年版，见姚宝瑄主编《中国各民族神话》（哈尼族、傣族），太原：山西出版传媒集团·书海出版社2014年版，第205页。

W0966. 3

神毯

实 例

（参见下级母题实例）

W0966. 3. 1

神毯的来历

实 例

（实例待考）

W0966. 3. 2

神毯的特征

实 例

（实例待考）

W0966. 3. 3

与神毯有关的其他母题

【关联】［W9688. 4］飞毯

实 例

朝鲜族 老大拿出了精巧美丽的毯子坐了上去，轻轻一拍，腾上了九万里长空。

【流传】 吉林省·（延边朝鲜族自治州）·延吉（延吉市）

【出处】 朴正姬讲，金明汉整理，何鸣雁翻译：《三胎星》，见中华民族故事大系编委会编《中华民族故事大系》第4卷（朝鲜族、满族、侗族），上海：上海文艺出版社1995年版，第15～16页。

W0966. 3. 3. 1

神毯能变出人间美景

实 例

蒙古族 （实例待考）

W0966. 4

神珠

【关联】

①［W0406. 4］水神的定海神珠

②［W1545. 6. 2］神珠变成日月

实 例

（参见下级母题实例）

W0966.4.1

神珠能避水（避水珠）

【关联】［W9686］宝珠

实 例

壮族（实例待考）

W0966.5

神笔

实 例

汉族（实例待考）

瑶族（实例待考）

W0966.6

神奇的绳

实 例

哈尼族（实例待考）

W0966.7

神缸

实 例

（参见下级母题实例）

W0966.7.1

神缸盛雨

实 例

保安族盛雨的神缸。

【流传】（无考）

【出处】马少青整理：《妥勒尕尕上天取雨》，见中华民族故事大系编委会编《中华民族故事大系》第15卷（德昂族、保安族、裕固族、京族、塔塔尔族、独龙族、鄂伦春族），上海：上海文艺出版社1995年版，第123页。

W0966.7.1.1

天上雨公有一口盛雨的神缸

实 例

保安族天上雨公的一口盛雨的神缸。

【流传】（青海省）

【出处】

（a）马少青搜集整理：《妥勒尕尕上天取雨》（妥勒尕尕，保安语“兔子哥哥”），见郝苏民编《东乡族保安族裕固族民间故事选》，上海：上海文艺出版社1987年版。

（b）同（a），见姚宝瑄主编《中国各民族神话》（土族、东乡族、回族、保安族、裕固族、撒拉族），太原：山西出版传媒集团·书海出版社2014年版，第68页。

W0966.8

神衣

实 例

鄂伦春族萨满的神衣、神器等在祭祀前，都要用爬山松的烟火熏过，以为除邪。

【流传】内蒙古自治区·（呼伦贝尔市）·鄂伦春自治旗；黑龙江省·大兴安岭地区

【出处】郭淑云、孟秀春调查：《火和烟的净化作用》（1991），见吕大吉、何耀华总主编《中国各民族原始宗教资料集成》（鄂伦春族卷、鄂温克族卷、赫哲族卷、达斡尔族卷、锡伯族卷、满族卷、蒙古族卷、藏族卷），北京：中国社会科学出版社 1999 年版，第 19 页。

鄂伦春族 文吉善说，白依尔氏族的首领根特木耳死后，他神衣上的饰品，变成了许多“莫昆”萨满和“德勒库”萨满。

【流传】（无考）

【出处】

（a）内蒙古自治区编委会：《鄂伦春族社会历史调查》（第一集），呼和浩特：内蒙古人民出版社 1984 年版，第 165～166 页。

（b）《“莫昆”萨满的地位》，见吕大吉、何耀华总主编《中国各民族原始宗教资料集成》（鄂伦春族卷、鄂温克族卷、赫哲族卷、达斡尔族卷、锡伯族卷、满族卷、蒙古族卷、藏族卷），北京：中国社会科学出版社 1999 年版，第 31 页。

鄂伦春族 萨满戴神帽，穿神衣，左手拿着鼓，右手拿着鞭。

【流传】黑龙江省·（大兴安岭地区）·呼玛县·白银那乡

【出处】孟玉兰讲：《泥灿萨满》，见中国民间文学集成全国编辑委员会编《中国民间故事集成》（黑龙江卷），北京：中国 ISBN 中心 2005 年版，第 85 页。

W0966. 8. 1

会变大的神衣

实 例

满族 被冰山压住的瞬间，阿布凯赫赫（第一代天神，天母）把老三星（大神名，创世神）给她的神衣神帽拿了出来。神衣神帽越变越大，将阿布凯赫赫和那三百女神保护起来。

【流传】黑龙江省·（牡丹江市）·宁古塔（宁安县）；吉林省·长白山地区（长白山一带）

【出处】

（a）傅英仁讲述，张爱云记录整理：《天宫神魔大战》，见傅英仁讲述，张爱云记录整理《满族萨满神话》，哈尔滨：黑龙江人民出版社 2006 年版。

（b）同（a），见陶阳、钟秀编《中国神话》（上），北京：商务印书馆 2008 年版，第 155～180 页。

W0966. 9

神帽

实 例

（参见下级母题实例）

W0966. 9. 1

神帽御妖

实 例

锡伯族 萨满的神帽的作用相当于头

盔，是防御性头饰，系萨满跳神同妖魔搏斗时作为保头部用的。

【流传】（新疆维吾尔自治区·伊犁哈萨克自治州·察布查尔锡伯自治县）

【出处】

（a）满都尔图、夏之乾：《察布查尔锡伯族的萨满教》，载《世界宗教研究》1984 年第 2 期；

（b）《神帽》，见吕大吉、何耀华总主编《中国各民族原始宗教资料集成》（鄂伦春族卷、鄂温克族卷、赫哲族卷、达斡尔族卷、锡伯族卷、满族卷、蒙古族卷、藏族卷），北京：中国社会科学出版社 1999 年版，第 412 页。

W0966.10

神灯

实 例

（参见下级母题实例）

W0966.10.1

为病人点神灯

实 例

达斡尔族 在小孩身体虚弱，经常闹病时，晚间点七盏神灯祭祀，但不杀牲供献。

【流传】（内蒙古自治区·呼伦贝尔市·鄂温克族自治旗·巴彦托海镇）

【出处】

（a）珠荣嘎、额尔登泰、满都尔图调查编著：《巴彦托海索木达斡尔族情况——达斡尔族调查材料之二》，全国人民代表大会民族委员会办公室 1958 年编印，第 56 页。

（b）《七星》，见吕大吉、何耀华总主编《中国各民族原始宗教资料集成》（鄂伦春族卷、鄂温克族卷、赫哲族卷、达斡尔族卷、锡伯族卷、满族卷、蒙古族卷、藏族卷），北京：中国社会科学出版社 1999 年版，第 293 页。

W0966.10.2

造地马王的神灯

实 例

侗族 马王（治地的神王）到地上修地时，点起神灯当空照，冰川雪谷耀寒光。

【流传】广西壮族自治区·（柳州市）·三江（三江侗族自治县），（桂林市）·龙胜（龙胜各族自治县）

【出处】杨卜林喜、杨卜松林、杨明世讲，杨国仁、涛声搜集整理，蔷紫改写：《创世女神萨天巴》，过伟改写自侗族创世史诗《嘎茫莽道时嘉——远祖歌》（未出版稿），见姚宝瑄主编《中国各民族神话》（土家族、毛南族、侗族、瑶族），太原：山西出版传媒集团·书海出版社 2014 年版，第 82 页。

W0966.11

神针

实 例

（参见下级母题实例）

W0966. 11. 1

神针的产生

实 例

（实例待考）

W0966. 11. 2

神针的特征

实 例

（实例待考）

W0966. 11. 3

与神针有关的其他母题

【关联】［W4975. 2. 4］海神针

实 例

（参见下级母题实例）

W0966. 11. 3. 1

能治水的神针

实 例

土家族 李古老（创世者）拿着定海神针治水。

【流传】重庆市·酉阳土家族苗族自治县·老寨（老寨乡）一带

【出处】

（a）《马桑树的变迁和百家姓的由来》，见刘长贵、彭林绪搜集整理《土家族民间故事》，重庆：重庆出版社 1986 年版。

（b）同（a），见姚宝瑄主编《中国各民族神话》（土家族、毛南族、侗族、瑶族），太原：山西出版传媒集团·书海出版社 2014 年版，第 23 页。

W0966. 12

神线

实 例

（实例待考）

W0966. 13

神门

实 例

汉族 三门：中神门，南鬼门，北人门。惟人门修广可行舟，鬼门尤险。

【流传】（陕州）

【出处】［明］王承蕙纂修：《陕州志》。

W0966. 13a

鬼门

实 例

汉族 （参见“W0966. 13 神门”母题实例）

W0966. 13a. 1

神仙难过鬼门关

实 例

汉族 （实例待考）

W0966. 13a. 2

鬼门昼日不开

实 例

汉族 东北有鬼星石室，三百户共一门，石榜题曰鬼门。鬼门昼日不开，至暮即有人语，有青火色。

【流传】（无考）

【出处】［汉］东方朔：《神异经·中荒经》。

W0966.13a.3

鬼门险峻

实 例

汉族 离州循河行，十里至三门集津。三门者，中曰神门，南曰鬼门，北曰人门。鬼门尤险峻，舟筏一人，鲜有得脱。

【流传】（无考）

【出处】［明］都穆：《游名山记》卷一。

W0966.13a.4

鬼门隐藏在度朔山桃树中

实 例

汉族 度朔山上有大桃木，其屈蟠三千里。其枝间东北曰鬼门，万鬼所出入也。

【流传】（无考）

【出处】［东汉］王充：《论衡·订鬼》。

W0966.14

神剑

实 例

（参见下级母题实例）

W0966.14.1

神剑斩蛇

实 例

珞巴族 刀加普巴（人名）扔出神剑砍断了黑蛇。

【流传】西藏自治区·林芝市·墨脱县·达木珞巴民族乡、墨脱乡、德兴乡［讲述地点：墨脱县·墨脱乡墨脱村、杭久村］

【出处】桑杰绕登、吉如讲：《刀如普巴》（1959.08，1989.08），见冀文正《珞巴族民间故事》，成都：四川民族出版社2011年版，第51页。

W0966.14.2

神剑自己飞行斩物

实 例

哈尼族 稻谷仙姑从墙上摘下她的神剑，向小金马飞驰的方向投去，只见一道白光很快追上了小金马，小金马的双翅被削断了。

【流传】云南省·（红河哈尼族彝族自治州）·元阳县

【出处】朱小和讲，李永万翻译，红芒、芳芳整理：《玛麦的传说》，原载《哈尼族民间故事》编辑组编《哈尼族民间故事》，见陶阳、钟秀编《中国神话》（下），北京：商务印书馆2008年版，第1478～1482页。

W0966.15

神鞭

实 例

壮族 男性神布洛陀开天辟地和定万物时，将其阴茎化成一根巨大的赶山鞭，把一切赶得飞跑。

【流传】广西壮族自治区·（百色市）·凌云县

【出处】《布洛陀》，见陶阳、牟钟秀著《中国创世神话》，上海：上海人民出版社 2006 年版，第 160 页。

W0966.15.1

能让动物听话的神鞭

实 例

仫佬族 稼（人名）的本领大，一条神鞭拿在手，牛群乖乖全听话。

【流传】广西壮族自治区·（河池市）·罗城县（罗城仫佬族自治县）·仫佬族山乡（仫佬山乡）

【出处】吴禧干、吴志禧、吴开庭、包启宽、覃建珍、曹祖国、潘常成讲，包玉堂、吴开庭、曾凡才、吴盛枝搜集整理：《稼》（又名《吴平大王》《木洛大王》《七里英王》《石览王》），原载包玉堂等编《仫佬族民间故事选》，上海文艺出版社 1988 年版，见姚宝瑄主编《中国各民族神话》（仫佬族、壮族、京族），太原：山西出版传媒集团·书海出版社 2014 年版，第 54 ~ 55 页。

W0966.15.2

神鞭若木

实 例

汉族 天神帝俊派太阳神炎帝带上玉鸡和“若木”神鞭，去调教懒惰的太阳儿子。

【流传】（无考）

【出处】陶阳根据《山海经》《淮南子》《楚辞》重述：《太阳神》，见陶阳、钟秀编《中国神话》（中），北京：商务印书馆 2008 年版，第 718 ~ 720 页。

W0966.16

神罐

实 例

彝族 主人用泥土制一摄鬼之泥罐，形如普通之瓶，汉译为神罐。

【流传】四川省·（凉山彝族自治州）·雷波（雷波县）小凉山一带

【出处】徐益棠：《雷波小凉山之罗民》，金陵大学中国文化研究所印行，1944 年，第 77 页。

W0966.17

神锤

实 例

瑶族（布努）密洛陀（万物之母，女始祖，女神）的三儿子炯公洛班去去铺路架桥时，拿起神锤，带上神斧，拿起神锯，带了神刀。

【流传】广西壮族自治区·（河池市）·都安县（都安瑶族自治县）、巴马县（巴马瑶族自治县）、南丹县，（百色市）·田东县、平果县等地

【出处】桑布郎等传，蒙凤标（83岁）、罗仁祥（73岁）等唱：《密洛陀》（1983），见蓝怀昌、蓝书京、蒙通顺搜集翻译整理《密洛陀》，北京：中国民间文艺出版社1988年版，第82页。

W0966.18

神网

实 例

（参见下级母题实例）

W0966.18.1

天丝织成的神网

实 例

（参见下级母题实例）

W0966.18.1.1

天丝织成的神网可以缚住魔鬼

实 例

满族 天丝织成的网兜是个神物，要是装上魔鬼，越动弹越紧。

【流传】黑龙江省·（牡丹江市）·宁古塔（宁安县）；吉林省·长白山地区（长白山一带）

【出处】

（a）傅英仁讲述，张爱云记录整理：《天宫神魔大战》，见傅英仁讲述，张爱云记录整理《满族萨满神话》，哈尔滨：黑龙江人民出版社2006年版。

（b）同（a），见陶阳、钟秀编《中国神话》（上），北京：商务印书馆2008年版，第155～180页。

W0966.19

神筐

实 例

（参见下级母题实例）

W0966.19.1

神竹筐大山都能装

实 例

汉族 李二郎（人名）拿上他的神木扁担，担起他的神竹筐筐。虽然竹筐小，大山都能装。

【流传】四川省青城山一带

【出处】王纯五记录整理：《二郎担山赶太阳》，见姚宝瑄主编《中国各民族神话》（汉族），太原：山西出版传媒集团·书海出版社2014年版，第130～133页。

W0966a

与神性器物有关的其他母题

【关联】［W9650］宝物

实 例

（实例待考）

W0967

与神物有关的其他母题

实 例

（参见下级母题实例）

W0967. 1

神坛

【关联】［W0981. 6. 2］神的圣坛

实 例

纳西族 妇女难产、不孕或得病时，要举行禳鬼仪式，神坛之下台设的鬼寨中有不同的鬼。

【流传】云南省·丽江县（丽江市）·（玉龙纳西族自治县）·鸣音地区（鸣音乡）

【出处】和即贵（60岁）讲，李静生调查整理：《丽江鸣音地区镶“拖罗”仪式》（1989），见吕大吉、何耀华总主编《中国各民族原始宗教资料集成》（纳西族卷、羌族卷、独龙族卷、傈僳族卷、怒族卷），北京：中国社会科学出版社2000年版，第178页。

藏族 （实例待考）

W0967. 2

金牙齿

【汤普森】F544. 3. 1

实 例

（实例待考）

W0967. 3

神路

实 例

汉族 （实例待考）

纳西族 （实例待考）

W0967. 4

神桥

实 例

（参见下级母题实例）

W0967. 4. 1

神坛前铺的白麻布象征神桥

实 例

纳西族 在神坛之前铺上白麻布以示搭好了神桥。

【流传】云南省·丽江县（丽江市）·（古城区）·大东地区（大东乡）

【出处】和士诚（80岁）讲，王世英调查整理：《丽江大东地区祭秽鬼除秽仪式》（1989），见吕大吉、何耀华总主编《中国各民族原始宗教资料集成》（纳西族卷、羌族卷、独龙族卷、傈僳族卷、怒族卷），北京：中国社会科学出版社2000年版，第150页。

0.9.2　与神或神性人物有关的其他母题【W0970～W0999】

W0970

神或神性人物的名称

【关联】［W6512.2］不能犯讳神的名字

实　例

（参见下级母题实例）

W0970.1

神的名称的来历

【关联】［W6850］名字的产生

实　例

（参见下级母题实例）

W0970.1.0

神为神取名

实　例

（参见下级母题实例）

W0970.1.0.1

天神为神取名

实　例

傣族　神蛋被吹到勐巴纳西国王的花园里，等两千五百年会裂开，天神已经给他取名为“召阿力米地亚”（西双版纳叫“阿纳咩傣”）。

【流传】（无考）

【出处】龚玉贤等讲，方峰群翻译：《阿銮的由来》，见谷德明编《中国少数民族神话》，北京：中国民间文艺出版社1987年版，第351页。

W0970.1.0.2

造神者为所造的神取名

实　例

傣族　英叭（神王名）用他的污垢造出一个男神和一个女神。成活后，便给他们取了名字，男神叫“布桑戛西”，女神叫“雅桑戛赛”。

【流传】（云南省）

【出处】《破仙葫芦进人间，开创世道人类》，原载祜巴勐《论傣族诗歌》，中国民间文学出版社1981年版，见姚宝瑄主编《中国各民族神话》（哈尼族、傣族），太原：山西出版传媒集团·书海出版社2014年版，第261页。

W0970.1.1

造神者给造的神取名

实　例

（参见下级母题实例）

W0970.1.1.1

天神英叭为造的1对男女神取名“布桑戛西”和“雅桑戛赛”

实　例

傣族 开创天地的英叭用污垢捏成一个男神和一个女神，并给他们取了名字，男神叫“布桑戛西”女神叫“雅桑戛赛”。

【流传】（无考）

【出处】《布桑戛西与雅桑戛赛》，见谷德明编《中国少数民族神话》，北京：中国民间文艺出版社 1987 年版，第 346 页。

W0970. 1. 2 根据神产生时的情况取名

实 例

傣族 （实例待考）

W0970. 1. 3 神的名字源于自身（神自己取名字）

【关联】［W6871］神给自己取名

实 例

（参见下级母题实例）

W0970. 1. 3. 1 创造神潘宁桑自己给自己命名

实 例

景颇族 创造神潘宁桑自己给自己命名。

【流传】云南省·（德宏傣族景颇族自治州）·盈江县支丹山吾寨

【出处】萧家成译著：《勒包斋娃——景颇族创世史诗》，北京：民族出版社 1992 年版，第 4 页。

W0970. 1. 3. 2 恩余恩麻只好给自己取名叫“神”

实 例

纳西族 天地形成时，恩余恩麻只好给自己取名叫“神”。

【流传】云南省·丽江（丽江市）

【出处】和芳讲：《崇搬图》，见《东巴经文资料》（1963－1964），中国社科院图书馆单册复印云南丽江县文化馆资料合订本，内部编印，第 6 页。

W0970. 1. 4 圣旨定神名

实 例

（参见下级母题实例）

W0970. 1. 4. 1 天狗传圣旨命名姐弟为罗神娘和罗神公

实 例

汉族 天狗传圣旨命神名：姐姐取名罗神娘，弟弟取名罗神公。

【流传】湖南省·（怀化市）·沅陵县

【出处】张氏讲，石如华采录：《铺天大水》，见中国民间文学集成全国编辑委员会编《中国民间故事集成》（湖南卷），北京：中国 ISBN 中心 2002 年版，第 34 页。

W0970.1.5

称神为“父”

实 例

（参见下级母题实例）

W0970.1.5.1

萨满称牲畜保护神吉雅为众人之父

实 例

蒙古族 博（萨满）在祈祷牲畜保护神吉雅其时的祷词中说：“众人之父，阿爸吉雅其，请消除我们的黑白灾难。”

【流传】内蒙古自治区·哲里木盟（通辽市）

【出处】门德白乙尔讲：*《吉雅其的传说》（1984.07），原载白翠英、邢源、福宝林、王笑编《科尔沁博艺术初探》，哲里木盟文化处内部资料，1986年，见吕大吉、何耀华总主编《中国各民族原始宗教资料集成》（鄂伦春族卷、鄂温克族卷、赫哲族卷、达斡尔族卷、锡伯族卷、满族卷、蒙古族卷、藏族卷），北京：中国社会科学出版社1999年版，第660页。

W0970.2

神性人物名称的来历

实 例

（实例待考）

W0970.3

神或神性人物名称的混用

实 例

（参见下级母题实例）

W0970.3.1

鬼、神、精灵名称不分（鬼神名称不分）

实 例

哈尼族 有人鬼不分的年代。

【流传】云南省·红河州（红河哈尼族彝族自治州）

【出处】刘庆元等搜集整理：《兄妹传人类》（一），见中华民族故事大系编委会编《中华民族故事大系》第6卷（哈尼族、哈萨克族、傣族），上海：上海文艺出版社1995年版，第14～17页。

W0970.3.1.1

鬼、神、精灵统称为“纳”

实 例

景颇族 在景颇语中，“精灵”“鬼”“神”都统称为“纳”。

【流传】云南省·（德宏傣族景颇族自治州）·盈江县支丹山吾寨

【出处】萧家成译著：《勒包斋娃——景颇族创世史诗》，北京：民族出版社1992年版，第1页。

W0970. 3. 1. 2

鬼神不分

【关联】［W0165. 2］鬼神并存

实 例

白族（那马）有些村子仍然是鬼神不分的。如，天有天鬼与天神，地有地鬼与地神，夜有夜鬼与夜神，家有家鬼与家神。

【流传】云南省·（怒江傈僳族自治州）·兰坪县（兰坪白族普米族自治县），（迪庆藏族自治州）·维西县（维西傈僳族自治县）

【出处】刘龙初调查整理：《兰坪、维西那马人对鬼与神的区别》（1988），见吕大吉、何耀华总主编《中国各民族原始宗教资料集成》（彝族卷、白族卷、基诺族卷），北京：中国社会科学出版社 1996 年版，第 405 页。

W0970. 3. 1. 3

鬼与神无明显区别

实 例

民族无考 “鬼”和“神”无明显区别。

【流传】云南省·怒江州（怒江傈僳族自治州）·碧江县（已撤销，现为怒江傈僳族自治州中部）、兰坪县（兰坪白族普米族自治县）

【出处】

（a）何叔涛：《碧江怒族的原始宗教》，载《世界宗教研究》1985 年第 3 期。

（b）同（a），见吕大吉、何耀华总主编《中国各民族原始宗教资料集成》（纳西族卷、羌族卷、独龙族卷、傈僳族卷、怒族卷），北京：中国社会科学出版社 2000 年版，第 846 页。

W0970. 3. 1. 4

鬼和神统称为“尼”（精灵）

实 例

傈僳族 各种物体和各种现象，都被认为是有灵的，但鬼和神的观念尚未分明，统称为“尼”（精灵）。如“密加尼”（梦鬼）。

【流传】云南省·怒江（傈僳族自治州）

【出处】杨建和：《怒江傈僳族的宗教信仰》，见宋恩常编《中国少数民族宗教初编》，昆明：云南人民出版社 1985 年版，第 219 页。

W0970. 3. 2

混称的神

实 例

（参见下级母题实例）

W0970. 3. 2. 1

有时山神和土地神分不开，笼统叫山神土地

实 例

白族 山神和土地，有时分得开，一个叫山神，一个叫土地爷；有时又分

不开，笼统叫山神土地。

【流传】云南省·（大理白族自治州）·大理市·海东乡

【出处】王承权等调查整理：《大理海东白族山神土地祭》（1988），见吕大吉、何耀华总主编《中国各民族原始宗教资料集成》（彝族卷、白族卷、基诺族卷），北京：中国社会科学出版社1996年版，第468～469页。

W0970.4

神的名称的变化

【关联】

① ［W0132.4.6］神的职能的变化

② ［W0132.4.6.1］男祖先神变成畜神

③ ［W0132.4.6.2］农神变成家神

④ ［W0132.4.6.3］生育神变为家族保护神

⑤ ［W0132.4.6.4］海神变成风神

实 例

（参见下级母题实例）

W0970.4.1

多年以后人们把阿布卡赫赫称为阿布卡恩都力大神

实 例

满族 天神阿布卡赫赫姊妹三个在众神禽、神兽的帮助下打败了九头恶魔耶鲁里。之后，不知又过了多少万年，洪荒远古的人们把阿布卡赫赫称为阿布卡恩都力大神。

【流传】（无考）

【出处】富希陆讲，富育光采录：《天宫大战》，原载富育光编《满族神话选》，见陶阳、钟秀编《中国神话》（中），北京：商务印书馆2008年版，第736～737页。

W0970.5

神的名称的整合

实 例

（参见下级母题实例）

W0970.5.1

众神统称为特定名称（多神合称）

实 例

（参见下级母题实例）

W0970.5.1.1

麻罗由耶孙·曼该九个（长方形卵石）、格库（布谷鸟）、卡毕勒（龟）等多神组成

实 例

达斡尔族 爱辉地区的“麻罗”由很多的神组成，如耶孙·曼该九个（长方形卵石）、格库（布谷鸟）、卡毕勒（龟）等。

【流传】黑龙江省·黑龙江省黑河市·爱辉县（爱辉区）·西岗子乡·友谊社

【出处】

（a）珠荣嘎、额尔登泰、满都尔图调查编著：《爱辉县西岗子乡友谊社达斡尔族情况——达斡尔族调查材料之三》，内蒙古少数民族社会历史调查组1959年编印，第105~106页。

（b）《“霍列力·巴尔肯”的构成及其来源的传说》，见吕大吉、何耀华总主编《中国各民族原始宗教资料集成》（鄂伦春族卷、鄂温克族卷、赫哲族卷、达斡尔族卷、锡伯族卷、满族卷、蒙古族卷、藏族卷），北京：中国社会科学出版社1999年版，第309页。

W0970. 5. 1. 2

“尼”可以包括山神、猎神、家神

实 例

怒族 “米枯干”（也可称“米处干”或“米柯尼”，亦指“崖神”。“干”在怒语中意为“鬼神”，“尼”是傈僳语，同样指“鬼神”）包括山神、猎神、家神三种。

【流传】（无考）

【出处】

（a）叶世富：《论怒族宗教与文学》，载云南省民族理论研究会怒江分会筹备组编《怒江民族研究》1985年创刊号，第35页。

（b）同（a），见吕大吉、何耀华总主编《中国各民族原始宗教资料集成》（纳西族卷、羌族卷、独龙族卷、傈僳族卷、怒族卷），北京：中国社会科学出版社2000年版，第847页。

W0970. 5. 2

神的联名

实 例

（实例待考）

W0970. 5. 3

神的名字的转让

实 例

（参见下级母题实例）

W0970. 5. 3. 1

母亲把名字赠给女儿

实 例

（参见下级母题实例）

W0970. 5. 3. 1. 1

女山神巴丹麦拉姆用的是她阿妈的名字

实 例

藏族 女山神巴丹麦拉姆，本来这是她的阿妈的名字，因为她与母亲（有威望的女山神）的性格很相似，母亲就把自己的名字赠送给她，愿她在异地外寨不给她丢脸。

【流传】云南省·（迪庆藏族自治州）·中甸县（香格里拉县）

【出处】青都儿等讲，泽権娃·应巴采录：《神奇的女山神》，见中国民间文学集成全国编辑委员会编《中国民间故事集成》（云南卷），北京：中国ISBN中心2003年版，第384页。

W0970.5.4
神的名字的代称

实 例

（参见下级母题实例）

W0970.5.4.1
创世主迦萨甘住天的最上层，所以迦萨甘就是天，天也就是迦萨甘

实 例

哈萨克族 创世主迦萨甘住在天的最上层，所以，迦萨甘就是天，天也就是迦萨甘。

【流传】（无考）

【出处】 尼合迈德·蒙加尼搜集，校仲彝翻译整理：《迦萨甘创世》，见谷德明编《中国少数民族神话》，北京：中国民间文艺出版社1987年版，第727页。

W0970.5.5
群体神神名

实 例

（参见下级母题实例）

W0970.5.5.1
群体神德立克

实 例

满族 水中那些变成鱼形动物的人类恢复了部分人的体形后变成了人身鱼首的德立克女神。德立克是群体神。

【流传】（无考）

【出处】《阿布卡赫赫女神创世》，王松根据富育光、孟慧英、王宏刚撰写的《满族宗教与神话》改写，见姚宝瑄主编《中国各民族神话》（满族、赫哲族、朝鲜族），太原：山西出版传媒集团、书海出版社2014年版，第4～14页。

W0970.5.6
个体神神名

实 例

（参见下级母题实例）

W0970.5.6.1
神的儿子各有其名

【关联】［W0202.2.4.3.13.3］天神的女儿各有其名

实 例

彝族 格滋天神放下九个金果，变成九个儿子。其中五个造天的儿子是：一个叫阿赌，一个叫庶顽，一个叫贪闹，一个叫顽连，一个叫朵闹。

【流传】 云南省·楚雄彝族自治州·姚安县、大姚县等彝族地区

【出处】《创世·开天辟地》，见云南省民族民间文学楚雄调查队整理编写《梅葛》，昆明：云南人民出版社2009年版，第1～2页。

W0970.6

神的名称的差异

实 例

（参见下级母题实例）

W0970.6.1

神的名称在不同地区叫法不同

实 例

（参见下级母题实例）

W0970.6.1.1

海拉尔地区达斡尔人的“达·巴尔肯”，在布特哈地区叫“霍列力·巴尔肯”

实 例

达斡尔族 海拉尔地区的达斡尔人的“达·巴尔肯”，在布特哈地区叫做“霍列力·巴尔肯”，是同一神的不同叫法。

【流传】（内蒙古自治区·呼伦贝尔市·鄂温克族自治旗·巴彦托海镇）

【出处】

（a）珠荣嘎、额尔登泰、满都尔图调查编著：《巴彦托海索木达斡尔族情况——达斡尔族调查材料之二》，全国人民代表大会民族委员会办公室1958年编印，第54页。

（b）《“霍列力·巴尔肯”来源的传说及祭仪》，见吕大吉、何耀华总主编《中国各民族原始宗教资料集成》（鄂伦春族卷、鄂温克族卷、赫哲族卷、达斡尔族卷、锡伯族卷、满族卷、蒙古族卷、藏族卷），北京：中国社会科学出版社1999年版，第308页。

W0970.6.2

一个民族同一个神有不同称谓

实 例

（参见下级母题实例）

W0970.6.2.1

羌人的不同的地方最高神的名称并不一样

实 例

羌族 羌人祭祀最高神常常是在神圣白色石英石的周围进行，在不同的地方，这种最高神的名称也不一样，如有“那夏”（Lusha，即石碉）、“那萨”（Luts‘a）、“罗比”（Lopi）等称呼。

【流传】 四川省·（阿坝藏族羌族自治州）·汶川县·龙溪乡·龙溪寨

【出处】

（a）［美］格莱汉撰，钱谦译：《羌族习俗》，载《宗教学研究》1988年第1期。

（b）同（a），＊《龙溪乡龙溪寨的白石崇拜》，见吕大吉、何耀华总主编《中国各民族原始宗教资料集成》（纳西族卷、羌族卷、独龙族卷、傈僳族卷、怒族卷），北京：中国社会科学出版社2000年版，第472页。

W0970.7

与神的名称有关的其他母题（与神性人物的名称有关的其他母题）

实 例

（参见下级母题实例）

W0970.7.0

一神多名

实 例

（参见下级母题实例）

W0970.7.0.1

敖雷·巴尔肯又称山神、狐仙、三太爷、獾子精、黄鼠狼精

实 例

达斡尔族 敖雷·巴尔肯（汉译为“山神”，又说“狐仙”）包括清朝时齐齐哈尔城供奉的“三太爷”（据说“三太爷”在“木格教城”——沈阳，“二太爷”在吉林）、“哈里提·陆朱如”（成精的獾子）、“伊其肯则热基·陆朱如”（成精的黄鼠狼）和“喜格·巴尔肯”（成精的狐狸）。

【流传】黑龙江省·齐齐哈尔市市郊

【出处】

（a）珠荣嘎、满都尔图、绍道、赵映东、吴永章调查编著：《齐齐哈尔市郊达斡尔族情况——达斡尔族调查材料之五》，内蒙古少数民族社会调查组1958年编印，第76页。

（b）《“敖雷·巴尔肯”祭仪之二（齐齐哈尔地区）》，见吕大吉、何耀华总主编《中国各民族原始宗教资料集成》（鄂伦春族卷、鄂温克族卷、赫哲族卷、达斡尔族卷、锡伯族卷、满族卷、蒙古族卷、藏族卷），北京：中国社会科学出版社1999年版，第353页。

W0970.7.1

不知名字的神（无名神）

实 例

（参见下级母题实例）

W0970.7.1.1

最早的神是无名神

实 例

（参见下级母题实例）

W0970.7.1.1.1

大神英叭造的第一个神来不及取名就逃走了，成了无名神

实 例

傣族 大神英叭搓他身上的污垢，然后捏出了第一个神，这个神立刻有了心脏，有了生命，还来不及给他取名，他就立刻跃身腾向空中，穿过层层的天，一直飞进最高的阿嘎尼塔捧里，就再也不走了，便成了一个无名之神。

【流传】 云南省·西双版纳傣族地区（西双版纳傣族自治州）

【出处】《巴塔麻嘎捧尚罗》，王松据岩温炳翻译《巴塔麻晏》（开天辟地）改写，见姚宝瑄主编《中国各民族神话》（哈尼族、傣族），太原：山西出版传媒集团·书海出版社 2014 年版，第 284 页。

W0970. 7. 2

男神冠以女称

实 例

（参见下级母题实例）

W0970. 7. 2. 1

不管神是男是女，都叫女称“阿玛”

实 例

哈尼族 阿匹梅烟封出十二位尊神，名号都叫“乌摩”，他们有男神有女神，但不管是男是女，都叫“阿玛”（阿玛，对女性尊称，比“阿匹”矮一辈）。

【流传】 云南省·（红河哈尼族彝族自治州）·元阳县

【出处】 卢朝贵讲，史军超采录：《神和人的家谱》，见中国民间文学集成全国编辑委员会编《中国民间故事集成》（云南卷），北京：中国 ISBN 中心 2003 年版，第 23 页。

W0970. 7. 3

神的名字的消失

实 例

（参见下级母题实例）

W0970. 7. 3. 1

神的名字被忘记

实 例

（参见下级母题实例）

W0970. 7. 3. 1. 1

达斡尔人送给鄂伦春人及蒙古人的巴尔肯被忘记

实 例

达斡尔族 达斡尔人送给鄂伦春人及蒙古人的巴尔肯（神）的名字，后来人们已记不清了。

【流传】 黑龙江省·黑龙江省黑河市·爱辉县（爱辉区）·西岗子乡·友谊社

【出处】

(a) 珠荣嘎、额尔登泰、满都尔图调查编著：《爱辉县西岗子乡友谊社达斡尔族情况——达斡尔族调查材料之三》，内蒙古少数民族社会历史调查组 1959 年编印，第 105 ~ 106 页。

(b)《“霍列力·巴尔肯”的构成及其来源的传说》，见吕大吉、何耀华总主编《中国各民族原始宗教资料集成》（鄂伦春族卷、鄂温克族卷、赫哲族卷、达斡尔族卷、锡伯族卷、满族卷、蒙古族卷、藏族卷），北京：中国社会科学出版社 1999 年版，第 310 页。

W0970.7.4

神的尊号（神的尊称）

实 例

（参见下级母题实例）

W0970.7.4.1

第一位大神萨英威登的尊号“美荀巨从老之”（天之最早虎爪）

实 例

纳西族 纳西族东巴教的第一位大神是“萨英威登”，前面应加尊号“美荀巨从老之”，意为“天之最早虎爪”。

【流传】云南省·丽江地区（丽江市）

【出处】和志武调查整理：《人名以虎为姓》（1989），见吕大吉、何耀华总主编《中国各民族原始宗教资料集成》（纳西族卷、羌族卷、独龙族卷、傈僳族卷、怒族卷），北京：中国社会科学出版社 2000 年版，第 35 页。

W0970.7.4.2

以祖先称呼“神”

实 例

（参见下级母题实例）

W0970.7.4.2.1

民族保护神三朵神称为“恩溥（爷爷）三朵”

实 例

纳西族 民间尊称民族保护神三朵神为“恩溥（爷爷）三朵”。东巴教也把“恩溥三朵”敬为高位的“纳西大神”。

【流传】云南省

【出处】《三朵土主神崇拜》，见吕大吉、何耀华总主编《中国各民族原始宗教资料集成》（纳西族卷、羌族卷、独龙族卷、傈僳族卷、怒族卷），北京：中国社会科学出版社 2000 年版，第 24 页。

W0970.7.4.3

尊称神为父亲

【关联】［W0208.57.2］天神统称为父亲

实 例

羌族 在东门外（今汶川县龙溪乡境内）、龙溪寨和木尚寨（今汶川县克枯乡境内），受基督教影响称“基督”为“阿爸子”（Abba Ch'i），或称“阿爸士”（Abba Sei）。“阿爸”（Abba）即“父亲”也可以泛指任何神。

【流传】四川省·（阿坝藏族羌族自治州）·汶川县·龙溪乡·龙溪寨

【出处】

(a)［美］格莱汉撰，钱谦译：《羌族

习俗》，载《宗教学研究》1988 年第 1 期。

(b) 同 (a)，＊《龙溪乡龙溪寨的白石崇拜》，见吕大吉、何耀华总主编《中国各民族原始宗教资料集成》（纳西族卷、羌族卷、独龙族卷、傈僳族卷、怒族卷），北京：中国社会科学出版社 2000 年版，第 472 页。

W0970.8

神仙[1]

实 例

（参见下级母题实例）

W0970.8.1

神仙的产生

实 例

（参见下级母题实例）

W0970.8.1.1

神仙源于特定地方

实 例

（参见下级母题实例）

W0970.8.1.1.1

神仙天降

实 例

藏族 神仙从天而降。

【流传】西藏自治区·（林芝市）·波密县·旭木新村（许木乡）

【出处】曲嘎讲，大丹增翻译，扎西罗布采录：《人身上为什么没有毛》，见中国民间文学集成全国编辑委员会编《中国民间故事集成》（西藏卷），北京：中国 ISBN 中心 2001 年版，第 9 页。

W0970.8.1.2

神仙是造出来的（造神仙）

实 例

（参见下级母题实例）

W0970.8.1.2.1

神造神仙

实 例

（参见下级母题实例）

W0970.8.1.2.1.1

神为造人造神仙

实 例

傣族 英叭（神王名）见造出的地球光秃秃的，就决心造出和他一样有本事的神仙，下到地球去开创人类。

【流传】（云南省）

【出处】《破仙葫芦进人间，开创世道人

① 神仙，在神话中是一个非常具有个性化的概念，由于神话讲述者与采录者的差异，往往对神仙的说法格局特色。有时指的是“神”，有时说的是“仙”，有时可能是一个具有不凡能力的神性人物。这个概念往往受道教影响较大，又充满地域色彩。如古代中国神话中多指呢些无所不能、超脱轮回、能跳出三界或者长生不老的人物。有的神话中也可以把那些能达到至高神界的人物称为“神仙”。

类》，原载祜巴勐《论傣族诗歌》，中国民间文学出版社 1981 年版，见姚宝瑄主编《中国各民族神话》（哈尼族、傣族），太原：山西出版传媒集团·书海出版社 2014 年版，第 261 页。

W0970.8.1.3

神仙是生育产生的（生神仙）

实 例

（参见下级母题实例）

W0970.8.1.3.1

神生神仙

实 例

（参见下级母题实例）

W0970.8.1.3.1.1

神王英叭是神仙的始祖

实 例

傣族 神王英叭是神仙的始祖。

【流传】 云南省·西双版纳傣族地区（西双版纳傣族自治州）

【出处】《巴塔麻嘎捧尚罗》，王松据岩温炳翻译《巴塔麻晏》（开天辟地）改写，见姚宝瑄主编《中国各民族神话》（哈尼族、傣族），太原：山西出版传媒集团·书海出版社 2014 年版，第 265 页。

W0970.8.1.3.2

树生神仙

实 例

彝族 杉树、松树中各生出 1 对神仙男女。

【流传】 云南省·（楚雄彝族自治州）·永仁县

【出处】 曲木阿石讲，罗有能采录：《更资天神》，见中国民间文学集成全国编辑委员会编《中国民间故事集成》（云南卷），北京：中国 ISBN 中心 2003 年版，第 3 页。

W0970.8.1.4

神仙是变化产生的（变神仙）

实 例

（参见下级母题实例）

W0970.8.1.4.1

太师六官变为神仙

实 例

毛南族 太师六官变为神仙。

【流传】（无考）

【出处】 谭昌周公讲，袁凤辰整理：《太师六官》，见袁凤辰编《毛南族民间故事集》，北京：中国民间文艺出版社 1984 年版，第 18～21 页。

W0970. 8. 1. 4. 2

祖先死后耳朵变成神仙

实 例

彝族 先祖死后，耳朵变神仙。

【流传】云南省·楚雄（楚雄彝族自治州）·双柏县

【出处】《阿卜多莫石》，见《楚雄民间文学资料》第1辑，内部编印。

W0970. 8. 1. 4. 3

人变成神仙

【关联】［W0768. 21. 2. 2. 1］姜子牙吃支撑大地的鳌鱼成了神仙

实 例

（参见下级母题实例）

W0970. 8. 1. 4. 3. 1

人吃人参宝变成神仙

实 例

赫哲族 人吃了人参宝之后就会变成神仙。

【流传】黑龙江省·（佳木斯市）·同江（同江市）

【出处】尤树林讲，苍劲整理：《人参娃》，见中华民族故事大系编委会编《中华民族故事大系》第16卷（赫哲族、门巴族、珞巴族、基诺族），上海：上海文艺出版社1995年版，第144页。

W0970. 8. 1. 4. 3. 2

人上天成为神仙

实 例

满族 海伦格格补好天后，被留在天上，当了神仙。

【流传】辽宁省·（鞍山市）·岫岩县（岫岩满族自治县）

【出处】李成明讲，张其卓、董明搜集整理：《海伦格格补天》，原载张其卓、董明整理《满族三老人故事集》，见陶阳、钟秀编《中国神话》（上），北京：商务印书馆2008年版，第394～395页。

满族 补天的小姑娘海伦格格被留在天上，当了神仙。

【流传】辽宁省·（鞍山市）·岫岩（岫岩满族自治县）

【出处】李成明讲，张其卓、董明整理：《海伦格格补天》（原标题《满族三个老人故事集》，原载《中国神话》），见姚宝瑄主编《中国各民族神话》（满族、赫哲族、朝鲜族），太原：山西出版传媒集团·书海出版社2014年版，第17～19页。

W0970. 8. 1. 4. 3. 3

人被当做神仙

实 例

汉族 由于阏伯的聪明智慧和辛勤劳动，百姓们不但可以到处生火，而且还能让火经久不灭。大家感激阏伯，都说他是天上的神仙下凡，给百姓造福来了。

【流传】河南省

【出处】刘秀森搜集整理：《阏伯台与火神庙》，原载《河南民间文学》第五辑，见陶阳、钟秀编《中国神话》（下），北京：商务印书馆 2008 年版，第 1127～1129 页。

W0970.8.1.4.4
谁躲过大劫谁就会成为神仙

实　例

（参见下级母题实例）

W0970.8.1.4.4.1
世界十万八千年就出现一次大劫中谁躲过大劫谁就会成为神仙

实　例

汉族 世界十万八千年就会有一次大劫。谁躲过大劫，谁就会成为神仙。

【流传】黑龙江省一带［复述地点：山东省·威海市·文登市·侯家镇·西敖村］

【出处】宋镇江复述：《高祖公高祖婆》（2011.10），见李海生《东北民间故事》（上册），哈尔滨：黑龙江教育出版社 2016 年版，第 3 页。

W0970.8.1.4.5
龙变成神仙

实　例

（参见下级母题实例）

W0970.8.1.4.5.1
海龙变成神仙师傅

实　例

瑶族（布努） 神仙师傅不是自己形成的。大龙变成了神仙师傅，师傅是海龙来变成。

【流传】广西壮族自治区·（河池市）·都安县（都安瑶族自治县）、巴马县（巴马瑶族自治县）、南丹县，（百色市）·田东县、平果县等地

【出处】桑布郎等传，蒙凤标（83 岁）、罗仁祥（73 岁）等唱：《密洛陀》（1983），见蓝怀昌、蓝书京、蒙通顺搜集翻译整理《密洛陀》，北京：中国民间文艺出版社 1988 年版，第 10 页。

W0970.8.2
神仙的特征（神仙的职能、神仙的能力）

实　例

（参见下级母题实例）

W0970.8.2.1
神仙能通炁、通神、通灵

实　例

汉族 洞源与洞明，万道由通生。洞明喧扰光，帝心大神通。十通由斯生，妙行由此兴。初曰通炁，次曰通

神，终曰通灵。万通成真，道备登宸。

【流传】（无考）

【出处】《大洞经》，见《神仙》，百度百科 https：//baike. baidu. com/item

W0970. 8. 2. 2

神仙能五通

实 例

汉族 夫线人内通，而外于心知，鬼神未来舍，而况人乎？小乘诸仙，但得五通，即神境通、天眼通、天耳通、他心通、宿命通是也。

【流传】（无考）

【出处】《庄子》，见《神仙》，百度百科 https：//baike. baidu. com/item。

W0970. 8. 2. 3

神仙预知一切事情

实 例

蒙古族 （参见“W0970. 8. 6. 1 神仙嘎纳那支森翁丁”母题实例）

W0970. 8. 2. 4

神仙能火中飞升

实 例

汉族 仙人宁封烧陶时，落在火中，并没有被烧死，因为他会龙虫乔飞行术，人们看见宁封随着五色烟火升上天去了。

【流传】河南省·（郑州市）·新郑市

【出处】《陶正宁封》，原载马清福主编《秦汉神异》，辽宁大学出版社 1991 年版，见张振犁编著，孟宪明、朱淑君统纂《中原神话通鉴》（第二卷），郑州：河南大学出版社 2017 年版，第 631 页。

W0970. 8. 2. 5

神仙会治病

实 例

汉族 仙人听说轩辕病得很重，心里还想着别人，觉得好人应当得到好报。于是就从怀里掏出一个葫芦，打开盖，倒出许多药丸送给轩辕，又交代了这种药丸的吃法，就走了。

【流传】河南省·（郑州市）·新郑市

【出处】张永林采录整理：《黄帝的长寿秘方》，见张振犁编著，孟宪明、朱淑君统纂《中原神话通鉴》（第二卷），郑州：河南大学出版社 2017 年版，第 641 页。

W0970. 8. 2. 6

神仙有特定标志

实 例

（参见下级母题实例）

W0970. 8. 2. 6. 1

神仙拇指无骨

实 例

塔塔尔族 仙人赫秩儿在山区、旷野，则作牧人姿态；在城市则以乞丐面目立于家门。其拇指无骨，厥为识别之唯一标志。

【流传】（无考）

【出处】袁珂改编：《赫秩儿》，原载《中国各民族宗教与神话大词典》，见袁珂《中国神话大词典》，北京：华夏出版社2015年版，第588页。

W0970.8.2.7

神仙会变形

实 例

汉族 从前伏牛山是跟桐柏山连在一起的。现在几百里平川，就是神仙花山爷变花猪拱平的。

【流传】河南省·（南阳市）·社旗县［采录地点：社旗县下洼乡中学］

【出处】战玉生讲，赵山勤采录：《花山爷与面疙瘩山》（1986.03），见张振犁编著，孟宪明、朱淑君统纂《中原神话通鉴》（第四卷），郑州：河南大学出版社2017年版，第1365页。

W0970.8.2.7.1

神仙化身乞丐

实 例

京族 一位神仙化作乞丐搭船，将一滚烫南瓜投入蜈蚣精口中，蜈蚣尸断为三，化成巫头、山心、万尾三个小岛

【流传】（无考）

【出处】韦坚平搜集整理：《镇海大王》，见姚宝瑄主编《中国各民族神话》（仫佬族、壮族、京族），太原：山西出版传媒集团·书海出版社2014年版，第198页。

W0970.8.2.7.2

神仙化身白胡子老人

实 例

汉族 白胡子老人说完就不见了。老长工这才明白白胡子老人是神仙。

【流传】辽宁省·（葫芦岛市）·建昌县·二道湾子（二道湾子蒙古族乡）一带

【出处】谢林德讲，冷朝阳记录：《月亮的传说》，见姚宝瑄主编《中国各民族神话》（汉族），太原：山西出版传媒集团·书海出版社2014年版，第269～271页。

W0970.8.2.8

神仙爱打扮

实 例

汉族 玉帝在天上，天规很严，神仙们也都爱打扮。

【流传】河南省·南阳市

【出处】李建霞采录整理：《牛为啥没上牙》，见张振犁编著，孟宪明、朱淑君统纂《中原神话通鉴》（第四卷），郑州：河南大学出版社2017年版，第1295页。

W0970. 8. 2. 9

神仙是菩萨心肠

实 例

京族 有善心神仙，夜以泥箕挑泥堵蜈蚣精居住的石洞。

【流传】（无考）

【出处】袁珂改编：《京族三岛》（原名《三岛的来历》），原载毛星主编《中国少数民族文学》（中册），见袁珂《中国神话大词典》，北京：华夏出版社 2015 年版，第 587 页。

W0970. 8. 2. 10

神仙会法术

实 例

（参见下级母题实例）

W0970. 8. 2. 10. 1

天边神仙会治火的法术

实 例

畲族 天边神仙会治火的法术，他告诉释迦牟尼说：“用水泼火，火就会灭”。释迦牟尼把这个方法教给大家。

【流传】福建省·（宁德市）·周宁（周宁县）

【出处】蓝徐企讲，陈凤禧、祝文秋采录：《火与水》，原载《中国民间故事集成·福建卷·闽东畲族故事》，宁德地区民间文学集成编委会 1990 年编印，见《福建省少数民族古籍丛书》编委会编《畲族卷·民间故事》，福州：海峡出版发行集团·海峡书局 2013 年版，第 23 页。

W0970. 8. 2. 11

好的神仙

实 例

（参见下级母题实例）

W0970. 8. 2. 11. 1

好心的神仙

实 例

高山族 依勒克本天上神仙，一日偶拨云头，见人间高山族阿美人衣衫褴褛，方抬祭品上山祈雨于神，歌声哀婉，心甚悯之。

【流传】（无考）

【出处】袁珂改编：《依勒克》（原名《彩虹的传说》），原载蔡铁民编《高山族民间故事选》，见袁珂《中国神话大词典》，北京：华夏出版社 2015 年版，第 527 页。

W0970. 8. 2. 12

坏的神仙

实 例

（参见下级母题实例）

W0970. 8. 2. 12. 1

坏神仙要灭绝人

实 例

哈尼族 很久以前，一个坏神仙要灭绝哈尼族人。一个好神仙要拯救哈尼族人。

【流传】云南省·红河哈尼族彝族自治州·元阳县·新街镇·土锅寨村委会·箐口村

【出处】卢某讲，肖潇采集：*《哈尼族的神话》（20120711），见杨利慧《当代中国的神话主义——以遗产旅游和电子媒介的考察为中心》，内部交流稿，2017年6月，第91页。

W0970.8.2.13

神仙悠闲自得

【关联】［W0806a.3］仙悠闲

实　例

（参见下级母题实例）

W0970.8.2.13.1

天上的神仙无忧无虑整日逛荡

实　例

高山族 （参见“W0970.8.6.3 神仙依勒克”母题实例）

W0970.8.2a

神仙的身份

实　例

（参见下级母题实例）

W0970.8.2a.1

神仙是神

实　例

苗族 苗族古歌中出现的人，多是半神半人性质的，唯有神仙是唯一的神。

【流传】原文无流传地，据文本及注释推测该神话流传于贵州省·黔东南苗族侗族自治州·凯里市、台江县等地。

【出处】张启庭、张荣光、张正玉、张启德演唱，张明搜集，燕宝整理译注：《创造宇宙·开天辟地》，见贵州省少数民族古籍整理出版规划小组办公室编，燕宝整理译注《苗族古歌》，贵阳：贵州民族出版社1993年版，第8页。

W0970.8.2a.2

神仙介于人与神之间

实　例

汉族 华胥氏之国里的人，是介乎人和神之间的地上的神仙。

【流传】（无考）

【出处】《伏羲攀登天梯》，原载袁珂编译《中国神话故事》，见陶阳、钟秀编《中国神话》（上），北京：商务印书馆2008年版，第181～183页。

W0970.8.3

神仙的行为（神仙的事迹）

实　例

（参见下级母题实例）

W0970. 8. 3. 1

神仙点化人

实 例

汉族 有了仙人的帮助，老大过得非常舒心，并且一天富似一天。老二和母亲在家听说了，都想知道他是怎样富的，眼气得要死。

【流传】 河南省·开封市［采录地点：开封市北城门外］

【出处】 马元初（60 岁，开封人）讲，康辉丽采录：《海水为啥是咸的》（1989. 12），见张振犁编著，孟宪明、朱淑君统纂《中原神话通鉴》（第四卷），郑州：河南大学出版社 2017 年版，第 1288 页。

W0970. 8. 3. 1. 1

仙人指点迷津

实 例

汉族 为消除旱灾，猎人按照老仙人的指点到了龙王那里。

【流传】 河南省·（许昌市）·襄城县［采录地点：襄城县颍阳乡苏社］

【出处】 苏国义（男，70 多岁）讲，苏耀亭采录：《龙的产生》，见张振犁编著，孟宪明、朱淑君统纂《中原神话通鉴》（第四卷），郑州：河南大学出版社 2017 年版，第 1313 页。

W0970. 8. 3. 1. 2

仙人为人排忧解难

实 例

塔塔尔族 赫秩儿为塔塔尔族宗教神话中之仙人，其状银须皓发，神采奕奕。当善良之辈处于艰难困苦境地时，常突然出现，为人排难解忧。

【流传】（无考）

【出处】 袁珂改编：《赫秩儿》，原载《中国各民族宗教与神话大词典》，见袁珂《中国神话大词典》，北京：华夏出版社 2015 年版，第 588 页。

W0970. 8. 3. 1. 3

神仙各自为政

实 例

普米族 古时候，世界上只有神仙住在天宫里，这些神仙很多，他们各管各的事，各干各的活。

【流传】 云南省·（丽江市）·宁蒗（宁蒗彝族自治县）；四川省·（凉山彝族自治州）·木里（木里藏族自治县）

【出处】 曹匹初讲，章虹宇搜集整理：《石头阿祖和石头子孙》，载《山茶》1986 年第 5 期。

W0970. 8. 4

神仙的生活

实 例

（参见下级母题实例）

W0970.8.4.1
神仙的服饰

实 例

（参见下级母题实例）

W0970.8.4.1.1
神仙不修边幅

实 例

汉族 一对无儿无女的老夫妻天天善待要饭的赤足的驼背老头。夫妻俩一转身，发现驼背老头不见了，才知道是遇着神仙了。

【流传】河南省·（南阳市）·西峡县［采录地点：西峡县·军马河乡·军马河村］

【出处】马文生采录，谢起超采录整理：《血缘配》（1986.04），见张振犁编著，孟宪明、朱淑君统纂《中原神话通鉴》（第二卷），郑州：河南大学出版社2017年版，第385～386页。

W0970.8.4.2
神仙的饮食

实 例

（参见下级母题实例）

W0970.8.4.2.1
神仙喝光两湖水

实 例

汉族 一位神仙拄着龙头杖，因为赶路很累，口渴得厉害，不大一会儿两湖里的水全喝光了。

【流传】河南省·（濮阳市）·清丰县［采录地点：六塔集］

【出处】孟献义（男，59岁，农民，中学毕业）讲，孟学超（教师）采录，刘希功采录整理：《山神和巫婆》（1987.03.02），见张振犁编著，孟宪明、朱淑君统纂《中原神话通鉴》（第四卷），郑州：河南大学出版社2017年版，第1234页。

W0970.8.4.3
神仙的居所

实 例

（参见下级母题实例）

W0970.8.4.3.1
神仙住在上天

实 例

鄂温克族 神仙居住在上天。

【流传】（无考）

【出处】汪立珍：《鄂温克族神话研究》，北京：中央民族大学出版社2006年版，第122页。

W0970.8.4.3.1.1
女娲把天顶开后神仙就住在天上

实 例

汉族 很古的时候，天地不分，神仙

和鬼怪常常打得头破血流。女娲就把天用五根大柱子顶开，这样一来，神仙和鬼怪再也不打架了，神仙住天上，鬼怪住地狱，都平平和和地过生活。

【流传】河南省·安阳市·安阳县·磊口乡·目明村

【出处】赵庆士（农民）讲，左兵采录：《女娲造人（四）》（原名《下雨时为啥起黑云》），见张振犁编著《中原神话通鉴》（第一卷），郑州：河南大学出版社 2017 年版，第 169 页。

W0970. 8. 4. 3. 1. 2

神仙菩萨居九重天

实 例

白族 “九重天”是神秘莫测的所在，是神仙菩萨所在的“天堂”。

【流传】云南省·（大理白族自治州）·鹤庆县

【出处】张海福等调查整理：《鹤庆白族祭天活动》（1989），见吕大吉、何耀华总主编《中国各民族原始宗教资料集成》（彝族卷、白族卷、基诺族卷），北京：中国社会科学出版社 1996 年版，第 461 页。

W0970. 8. 4. 3. 1a

神仙居住天堂

实 例

汉族 天堂是神仙居住的地方。

【流传】河南省·新乡市

【出处】马如心（50 岁）讲，马安中采录整理：《盘古开天地》（1986. 08），见张振犁编著《中原神话通鉴》（第一卷），郑州：河南大学出版社 2017 年版，第 16 页。

W0970. 8. 4. 3. 1b

神仙住在天宫

实 例

普米族 古时候，世界上只有神仙住在天宫里。

【流传】云南省·（丽江市）·宁蒗（宁蒗彝族自治县）；四川省·（凉山彝族自治州）·木里（木里藏族自治县）

【出处】曹匹初讲，章虹宇搜集整理：《石头阿祖和石头子孙》，载《山茶》1986 年第 5 期。

W0970. 8. 4. 3. 2

神仙住峨眉山

实 例

彝族（俚颇） 要找好叶，要找好草。草要嫩的草，叶要嫩的叶，就要到峨眉山去找。那里的草地野兽没有践踏过，因为那是神仙住的地方

【流传】云南省·（楚雄彝族自治州）·大姚县·昙华山区（昙华乡）

【出处】

（a）陆颇梭颇（毕摩）演唱，夏光辅、诺海阿苏翻译：《俚泼古歌》，见云南省社会科学院楚雄彝族文化研究所编

《彝族民间文学》（第二辑），1985 年。

（b）陆颇梭颇（毕摩）演唱，夏光辅、诺海阿苏翻译，古梅改写：《赤梅葛——俚泼古歌》，见姚宝瑄主编《中国各民族神话》（羌族、彝族），太原：山西出版传媒集团·书海出版社 2014 年版，第 102 页。

W0970.8.4.3.3 神仙住石中

实 例

（参见下级母题实例）

W0970.8.4.3.3.1 上部神仙居白色岩石

实 例

藏族 五行之精华的卵的外壳中诞生了上部神仙的白色岩石（阳性）。

【流传】（无考）

【出处】［法］石泰安：《西藏的文明》，北京：中国藏学出版社 1999 年版。

W0970.8.4.3.4 神仙堂

实 例

汉族 石马一气儿把小狗和小猪驮到神仙堂。

【流传】河南省·（南阳市）·桐柏县

【出处】陈祖明讲，江永军采录：《通条麦和小麦》，见张振犁编著，孟宪明、朱淑君统纂《中原神话通鉴》（第四卷），郑州：河南大学出版社 2017 年版，第 1340 页。

W0970.8.4.3.5 神仙住在遥远的地方

实 例

畲族 远古时，没有天，也没有地。神仙们都住在遥远的地方。

【流传】福建省·（漳州市）·华安（华安县）

【出处】钟国姓讲，钟武艺采录：《兄弟俩造天地》，原载《中国民间故事集成·福建卷·漳州市分卷》，漳州市民间文学集成编委会 1991 年编印，见《福建省少数民族古籍丛书》编委会编《畲族卷·民间故事》，福州：海峡出版发行集团·海峡书局 2013 年版，第 2 页。

W0970.8.4.3.6 神仙居住仙世

实 例

汉族 道家将宇宙分为凡世与仙世，人居住在前者，后者为神仙居住。

【流传】（无考）

【出处】《三清》，见乌丙安主编《中国民间神谱》，沈阳：辽宁人民出版社 2007 年版，第 245 页。

W0970. 8. 4. 4

神仙的出行

实 例

（参见下级母题实例）

W0970. 8. 4. 4. 1

神仙下凡

实 例

（参见下级母题实例）

W0970. 8. 4. 4. 1. 1

神仙通过通天树下凡

实 例

汉族 天上的神仙能顺着通天树下凡上天。

【流传】 河南省·（周口市）·淮阳县·城关

【出处】 刘王氏（82 岁，农民，不识字）讲，杨复俊采录：《天地分》(1985. 08)，见张振犁编著《中原神话通鉴》（第一卷），郑州：河南大学出版社 2017 年版，第 281 页。

W0970. 8. 4. 4. 1. 2

玉皇大帝派神仙到凡间去生活

实 例

畲族 远古时，神仙们都住在遥远的地方。玉皇大帝派神仙到凡间去生活。

【流传】 福建省·（漳州市）·华安（华安县）

【出处】 钟国姓讲，钟武艺采录：《兄弟俩造天地》，原载《中国民间故事集成·福建卷·漳州市分卷》，漳州市民间文学集成编委会 1991 年编印，见《福建省少数民族古籍丛书》编委会编《畲族卷·民间故事》，福州：海峡出版发行集团·海峡书局 2013 年版，第 2 页。

W0970. 8. 4. 4. 1. 3

天上神仙私离天宫下凡

实 例

白族 三月初三，玉帝临朝时发现几位大仙不来上朝，已私逃人间。

【流传】（无考）

【出处】 阿唐波讲，陆家瑞整理：《大黑天神》，原载李子贤编《云南少数民族神话选》，见陶阳、钟秀编《中国神话》（中），北京：商务印书馆 2008 年版，第 761 ~ 762 页。

W0970. 8. 4. 4. 1. 4

仙下凡路程艰难

实 例

（参见下级母题实例）

W0970. 8. 4. 4. 1. 4. 1

灰牛大仙飞了 3 万 3 千年才到人间

【关联】 ［W0106. 7. 4. 1］喇神走了 7777 天才到地上

实 例

汉族 灰牛大仙和天虫飞了三万三千年才到了人间地面。

【流传】（无考）

【出处】

（a）孙长生讲，钟伟今搜集整理：《白龙和灰牛》，载《民间文学》1980 年 5 期。

（b）孙长生讲，钟伟今搜集整理：《天虫》，见姚宝瑄主编《中国各民族神话》（汉族），太原：山西出版传媒集团·书海出版社 2014 年版，第 352 ~ 356 页。

W0970.8.4.4.2

神仙到下界

实 例

（参见下级母题实例）

W0970.8.4.4.2.1

神仙到下界点化人

实 例

汉族 人不爱惜粮食，天老爷就打发几个神仙到下界去点化。

【流传】 黑龙江省中部一带（复述地点：海伦市·永和乡）

【出处】 李洪学复述：《麦子》（2010），见李海生《东北民间故事》（上册），哈尔滨：黑龙江教育出版社 2016 年版，第 23 页。

W0970.8.4.4.3

神仙云游

实 例

（参见下级母题实例）

W0970.8.4.4.3.1

神仙云游名山胜地

实 例

汉族 从前，各路神仙云游天下，寻找名山胜地，占个地方，好领受人间香火。

【流传】（山东省·泰安一带）

【出处】 张广平讲，陶阳、吴绵、徐纪民整理：《碧霞元君占泰山》，原载陶阳编《泰山民间故事大观》，见陶阳、钟秀编《中国神话》（中），北京：商务印书馆 2008 年版，第 744 ~ 746 页。

W0970.8.4.5

神仙的工具（神仙的用品，神仙的物品）

实 例

（参见下级母题实例）

W0970.8.4.5.1

神仙之药（仙药，能成仙之药）

实 例

（参见下级母题实例）

W0970. 8. 4. 5. 1. 1

太上灵药、上帝奇物、地下阴生、重云妙草是仙药

实 例

汉族 至若太上灵药、上帝奇物、地下阴生、重云妙草，皆神仙之药也。

【流传】（无考）

【出处】［唐］杜光庭：《墉城集仙录》卷一“金母元君”条。

W0970. 8. 4. 5. 1. 2

仙药九丹金液、紫华虹英、太清九转、五云之浆、玄霜绛雪、腾跃三黄、东瀛白香、玄洲飞生、八石千芝、威喜九光、西流石胆、东沧青钱、高丘余粮、积石琼田、太虚还丹、盛以金兰、长光绛草、云童飞干

实 例

汉族 其次药有九丹金液、紫华虹英、太清九转、五云之浆、玄霜绛雪、腾跃三黄、东瀛白香、玄洲飞生、八石千芝、威喜九光、西流石胆、东沧青钱、高丘余粮、积石琼田、太虚还丹、盛以金兰、长光绛草、云童飞干，有得服之，白日升天，此飞仙之所服，非地仙之所闻。

【流传】（无考）

【出处】［唐］杜光庭：《墉城集仙录》卷一“金母元君”条。

W0970. 8. 5

神仙的关系

实 例

（参见下级母题实例）

W0970. 8. 5. 1

天地间一切神仙的始祖是蒸气人英叭召

实 例

傣族 气体、烟雾和狂风的混合体最早孕育出来的蒸气人（最早的天神），是天地间一切神仙们的始祖，后来被尊称为“英叭召”。

【流传】（无考）

【出处】《开天辟地》，见谷德明编《中国少数民族神话》，北京：中国民间文艺出版社 1987 年版，第 341 页。

W0970. 8. 6

特定名称的神仙

实 例

（参见下级母题实例）

W0970. 8. 6. 1

神仙嘎纳那支森翁丁

实 例

蒙古族 神仙嘎纳那支森翁丁把幺姑娘昌翁吉吉米嫁给洪水幸存者鲁俄俄

前，让他一天之内收割九块地的玉米颗粒不能少。交差时，神仙闭着眼睛说："我的玉米有十万颗，你收的这堆只有九万九千九百九十九颗，还差一颗。"

【流传】四川省与云南省交界处的泸沽湖一带

【出处】

（a）扎西玛、何杜基讲，李述唐搜集整理：《鲁俄俄》，载中国民间文艺家协会《民间文学》1987年第7期。

（b）同（a），见姚宝瑄主编《中国各民族神话》（达斡尔族、鄂伦春族、鄂温克族、蒙古族），太原：山西出版传媒集团·书海出版社2014年版，第143～144页。

W0970.8.6.2

神仙花山爷

实　例

汉族 很早以前，花山顶上有个神仙，人们都叫他花山爷。

【流传】河南省·（南阳市）·社旗县［采录地点：社旗县下洼乡中学］

【出处】战玉生讲，赵山勤采录：《花山爷与面疙瘩山》（1986.03），见张振犁编著，孟宪明、朱淑君统纂《中原神话通鉴》（第四卷），郑州：河南大学出版社2017年版，第1365页。

W0970.8.6.3

神仙依勒克

实　例

高山族 天上的神仙依勒克无忧无虑，每日在九天里逛荡。

【流传】（无考）

【出处】

（a）汪梅田搜集整理：《彩虹的传说》，见陈国强编《高山族民间故事选》，福州：福建人民出版社1980年版。

（b）同（a），见姚宝瑄主编《中国各民族神话》（高山族、黎族、畲族），太原：山西出版传媒集团·书海出版社2014年版，第41页。

W0970.8.6a

神仙四象

实　例

（参见下级母题实例）

W0970.8.6a.1

东方为苍龙象，北方为玄武象，西方为白虎象，南方为朱雀象

实　例

汉族 古代将天空分为四个区域，即东、北、西、南，又将每一个方位的七宿想象成动物形象，东方为苍龙象，北方为玄武（龟蛇）象，西方为白虎象，南方为朱雀象，统称为"四象"，也称为"四灵"。

【流传】（无考）

【出处】《四象》，见乌丙安主编《中国民间神谱》，沈阳：辽宁人民出版社2007年版，第263页。

W0970. 8. 6a. 1. 1

白虎号监兵神君

实 例

汉族 “四象”中的白虎号为“监兵神君”。

【流传】（无考）

【出处】《四象》，见乌丙安主编《中国民间神谱》，沈阳：辽宁人民出版社2007年版，第263页。

W0970. 8. 6a. 1. 2

青龙号孟章神君

实 例

汉族 “四象”中的青龙为“孟章神君”。

【流传】（无考）

【出处】《四象》，见乌丙安主编《中国民间神谱》，沈阳：辽宁人民出版社2007年版，第263页。

W0970. 8. 6a. 1. 3

玄武号执明神君

实 例

汉族 “四象”中的玄武号为“执明神君”。

【流传】（无考）

【出处】《四象》，见乌丙安主编《中国民间神谱》，沈阳：辽宁人民出版社2007年版，第263页。

W0970. 8. 6a. 1. 4

朱雀号陵光神君

实 例

汉族 “四象”中的朱雀号为“陵光神君”。

【流传】（无考）

【出处】《四象》，见乌丙安主编《中国民间神谱》，沈阳：辽宁人民出版社2007年版，第263页。

W0970. 8. 6b

动物神仙

实 例

（参见下级母题实例）

W0970. 8. 6b. 1

公鸡神仙

实 例

（参见下级母题实例）

W0970. 8. 6b. 1. 1

公鸡是天上的神仙

实 例

汉族 以前，公鸡是天上的神仙。

【流传】 东北地区（复述地点：海伦市）

【出处】 王立臣复述：《公鸡打鸣》（2012. 09），见李海生《东北民间故事》（上册），哈尔滨：黑龙江教育出版社2016年版，第44页。

W0970.8.7

与神仙与关的其他母题

实 例

（参见下级母题实例）

W0970.8.7.1

神仙之王

实 例

（参见下级母题实例）

W0970.8.7.1.1

神仙之王涅依倮佐颇

实 例

彝族 涅依倮佐颇，是所有神仙之王。

【流传】（无考）

【出处】《天地的起源》，见郭思九、陶学良整理《查姆》，昆明：云南人民出版社1994年版。

W0970.8.7.2

老神仙（神仙老头）

实 例

汉族 一对善良的姐妹到神仙老头儿那里跪求说："老爷爷，给我们想个办法吧！让我们变成太阳和月亮，为人间解脱一些痛苦吧！我们是诚心诚意的，绝不后悔！"

【流传】 河南省·（南阳市）·桐柏县·二郎山乡

【出处】 石志信（男，72岁）讲，石大峰采录：《红仙丹和白仙丹》（1986.04.04），见张振犁编著，孟宪明、朱淑君统纂《中原神话通鉴》（第四卷），郑州：河南大学出版社2017年版，第1211页。

W0971

神的身份

【关联】［W0497.8］身兼多职的神

实 例

（参见下级母题实例）

W0971.1

神的身份的来历

实 例

（实例待考）

W0971.2

神的身份的变化

【关联】［W3471.5］蚂蚁上天为神，在地上是禽兽

实 例

藏族 （实例待考）

W0971.2.1

白天是人晚上变神

实 例

（实例待考）

W0971. 3

假的神

【汤普森】K1969. 4

实 例

（实例待考）

W0972

神的分类（神的类型，神的层级）

【关联】［W0087. 3］神的种类

实 例

（参见下级母题实例）

W0972. 1

神分天神、地祇、人鬼三类

实 例

汉族 （实例待考）

W0972. 2

神分天神、地神和人神

【关联】［W0730a. 2］三皇

实 例

汉族 玉皇大帝把伏羲、神农和女娲分别封为天皇、地皇和人皇。

【流传】陕西省·（榆林市）·绥德县·辛店乡

【出处】马世厚讲：《女娲造就人世》，见中国民间文学集成全国编辑委员会编《中国民间故事集成》（陕西卷），北京：中国 ISBN 中心 1996 年版，1996，第 5～6 页。

W0972. 3

神分善恶两类

实 例

壮族 神有善恶之分。

【流传】广西壮族自治区·（南宁市）·武鸣县·两江乡·雷江片，马山县·古零乡·杨圩片

【出处】黄世杰搜集整理：*《多神信仰》（1990），见吕大吉、何耀华总主编《中国各民族原始宗教资料集成》（土家族卷、瑶族卷、壮族卷、黎族卷），北京：中国社会科学出版社 1998 年版，第 493 页。

W0972. 3. 1

神分正神与邪神

【关联】

①［W0121. 2］主神（正神，大神）

②［W0126. 3. 5］邪神

实 例

羌族 寨神不下数十百种，分为“正神”“邪神”两类。

【流传】（无考）

【出处】《羌族卷·前言》，见吕大吉、何耀华总主编《中国各民族原始宗教资料集成》（纳西族卷、羌族卷、独龙族卷、傈僳族卷、怒族卷），北京：中国社会科学出版社 2000 年版，第 452 页。

W0972.3.2

神分善神与恶魔

实 例

羌族 羌族信鬼神，以其性质分之，则有善神与恶魔之别。

【流传】（无考）

【出处】胡鉴民：《羌族的信仰与习为》，原载《边疆研究论丛》1941年，见吕大吉、何耀华总主编《中国各民族原始宗教资料集成》（纳西族卷、羌族卷、独龙族卷、傈僳族卷、怒族卷），北京：中国社会科学出版社2000年版，第460页。

W0972.4

神分黑白两类

实 例

（参见下级母题实例）

W0972.4.1

本教把神分成白的天神和黑的妖魔两类

实 例

藏族 本教把神分成白黑两类，即白的天神和黑的妖魔，对白品神则祭祀祈祷，当然就可以用烟祭这种仪式，对黑品妖魔则禳解厌胜。

【流传】（无考）

【出处】刘立千：《从“格萨尔史诗”看古代高原的部落社会》，原载四川省格萨尔办公室编印《格萨尔论文选集》，1990年，见吕大吉、何耀华总主编《中国各民族原始宗教资料集成》（鄂伦春族卷、鄂温克族卷、赫哲族卷、达斡尔族卷、锡伯族卷、满族卷、蒙古族卷、藏族卷），北京：中国社会科学出版社1999年版，第904页。

W0972.4.1.1

好神、白神要留住，坏神、黑神要送走

实 例

羌族 羌人认为神分好坏、白黑。其中好神、白神要留住；坏神、黑神须送走。

【流传】四川省·（阿坝藏族羌族自治州）·汶川县·绵池乡·沟头寨

【出处】

（a）王治国（释比，64岁）唱，汪有伦翻译，钱安靖整理：《上坛经》（1983.11～1984.11）说明文字，见钱安靖《羌族和羌语支各居民集团宗教习俗调查报告》，四川大学宗教研究所油印本，1987年12月。

（b）同（a），见吕大吉、何耀华总主编《中国各民族原始宗教资料集成》（纳西族卷、羌族卷、独龙族卷、傈僳族卷、怒族卷），北京：中国社会科学出版社2000年版，第537页。

W0972.4.2

白神

实 例

（参见下级母题实例）

W0972.4.2.1

敖杰措扎山神是穿盔甲骑白马的白神

实 例

藏族 敖杰措扎山神是一位穿盔甲骑白马的白神，标志是一根马鞭和一支缚旗长矛。

【流传】（西藏自治区）

【出处】［奥地利］内贝斯基著，谢继胜译：《西藏的鬼怪和神灵——比较宗教学研究》，原载《国外藏学研究译文集》第3集，西藏人民出版社1987年版，见吕大吉、何耀华总主编《中国各民族原始宗教资料集成》（鄂伦春族卷、鄂温克族卷、赫哲族卷、达斡尔族卷、锡伯族卷、满族卷、蒙古族卷、藏族卷），北京：中国社会科学出版社1999年版，第792页。

W0972.4.2.2

白神是善神

实 例

羌族 大树叶做窝窝。窝里生二神，颜色分白黑。白神是好神，黑神是坏神。

【流传】四川省·（阿坝藏族羌族自治州）·汶川县·绵池乡·沟头寨

【出处】

(a) 王治国（释比，64岁）唱，汪有伦翻译，钱安靖整理：《上坛经》(1983.11～1984.11)，见钱安靖《羌族和羌语支各居民集团宗教习俗调查报告》，四川大学宗教研究所油印本，1987年12月。

(b) 同(a)，见吕大吉、何耀华总主编《中国各民族原始宗教资料集成》（纳西族卷、羌族卷、独龙族卷、傈僳族卷、怒族卷），北京：中国社会科学出版社2000年版，第537页。

W0972.4.3

黑神

实 例

（参见下级母题实例）

W0972.4.3.1

黑神是恶神

实 例

羌族 白神问黑神：你又有何用？黑神回答说：我结伴妖魔，与鬼怪交往，到处作祸祟。

【流传】四川省·（阿坝藏族羌族自治州）·汶川县·绵池乡·沟头寨

【出处】

(a) 王治国（释比，64岁）唱，汪有伦翻译，钱安靖整理：《上坛经》(1983.11～1984.11)，见钱安靖《羌族和羌语支各居民集团宗教习俗调查报告》，四川大学宗教研究所油印本，1987 年 12 月。

(b) 同 (a)，见吕大吉、何耀华总主编《中国各民族原始宗教资料集成》(纳西族卷、羌族卷、独龙族卷、傈僳族卷、怒族卷)，北京：中国社会科学出版社 2000 年版，第 53 页。

W0972.5

神有公众神与地方神之分

实　例

蒙古族 各村落有各村落的翁衮（即死者变成的一种新的神），也有全蒙古人公认的翁衮。

【流传】(无考)

【出处】[俄] 道尔吉·班扎罗夫：《黑教或称蒙古人的萨满教》，原载《蒙古史研究参考资料》，内蒙古大学历史系蒙古史研究室编印，1965 年，见吕大吉、何耀华总主编《中国各民族原始宗教资料集成》(鄂伦春族卷、鄂温克族卷、赫哲族卷、达斡尔族卷、锡伯族卷、满族卷、蒙古族卷、藏族卷)，北京：中国社会科学出版社 1999 年版，第 652 页。

W0972.6

神分富神与穷神

【关联】

① [W0451] 财神（财神爷，财富神，司财富之神）

② [W0451a] 穷神（败家神）

实　例

(参见下级母题实例)

W0972.6.1

富人供富神，穷人供穷神

实　例

纳西族 富家族供奉的术神灵就是富术神灵，穷家族供奉的术神灵就是穷术神灵。所以纳西族民间有这样的说法："术"（神）像其主。

【流传】云南省·（丽江市）·丽江县（古城区、玉龙纳西族自治县）

【出处】木丽春采集整理：《术神灵的传说》，见木丽春编著《纳西族民间故事集》，昆明：云南人民出版社 2007 年版，第 101 页。

W0973

神的分工

实　例

哈尼族 (实例待考)

W0973.1

不同的神分管不同的地域

实　例

(参见下级母题实例)

W0973.1.1

土地管地，雷公管天

【关联】[W4860] 天地的管理

实　例

毛南族 土地管地，雷公管天。

【流传】广西壮族自治区·（河池市）·环江县（环江毛南族自治县）

【出处】谭金田等翻译整理：《盘古的传说》，见中华民族故事大系编委会编《中华民族故事大系》第12卷（布朗族、撒拉族、毛南族），上海：上海文艺出版社1995年版，第479～485页。

W0973. 1. 2
“重”管天，“黎”管地

实　例

（参见下级母题实例）

W0973. 1. 2. 1
“黎”留在世间管地上的事，“重”留在天上任天职

实　例

汉族 颛顼的孙子“重”和“黎”撤掉天梯后，“黎”留在世间管地上的事，“重”留在天上任天职。

【流传】（无考）

【出处】《北方天帝颛顼》，见王德恒等《造神史话》，天津：百花文艺出版社2002年版，第39～40页。

W0973. 1. 3
江神分段管理

实　例

（参见下级母题实例）

W0973. 1. 3. 1
长江分上、中、下三段，上水府宁江王马当、中水府定江王采石、下水府镇江王金山

实　例

汉族 长江分为上、中、下三段，每段各有水府，各有一位江神主宰，分别为：上水府宁江王马当、中水府定江王采石、下水府镇江王金山。

【流传】（无考）

【出处】《长江三水府》，见乌丙安主编《中国民间神谱》，沈阳：辽宁人民出版社2007年版，第20页。

W0973. 2
不同的神有不同的职能

实　例

鄂温克族 （实例待考）

W0973a
神的分化（神的演变）

【关联】［W0970. 4］神的名称的变化

实　例

（参见下级母题实例）

W0973a. 1
神因权利纷争分成东西两个阵营

实　例

蒙古族 萨满教神话认为原来的腾格里是一个整体，后来因权利纷争而分成东西两个阵营。

【流传】（无考）

【出处】《蒙古族神灵观念和神灵系统》，见吕大吉、何耀华主编《中国各民族原始宗教资料集成》（鄂伦春族卷、鄂温克族卷、赫哲族卷、达斡尔族卷、锡伯族卷、满族卷、蒙古族卷、藏族卷），北京：中国社会科学出版社 1999 年版，第 625 页。

蒙古族（布里亚特） 在遥远的过去，腾格里是一个整体，后因发生权力纷争而分裂为两大阵营。

【流传】（无考）

【出处】［苏联］Г. Р. 加尔达诺娃著，宋长宏译，佟德富校：《喇嘛教前的布里亚特宗教信仰》（俄文版），诺沃西比尔斯克：科学出版社西伯利亚分社 1987 年版，第 77 ~ 80 页，见吕大吉、何耀华总主编《中国各民族原始宗教资料集成》（鄂伦春族卷、鄂温克族卷、赫哲族卷、达斡尔族卷、锡伯族卷、满族卷、蒙古族卷、藏族卷），北京：中国社会科学出版社 1999 年版，第 625 页。

W0973a. 1. 1

神分化成善神与恶神

实　例

蒙古族（布里亚特） 在遥远的过去，99 尊腾格里天神和睦地生活在一起，后因权力之争而分裂为两大阵营，西方的 55 尊腾格里天神为善神，他们的首领是霍尔穆兹达；东方的 44 尊腾格里天神为恶神，他们的首领为阿达·乌兰。

【流传】（无考）

【出处】《蒙古族卷·绪论》，见吕大吉、何耀华总主编《中国各民族原始宗教资料集成》（鄂伦春族卷、鄂温克族卷、赫哲族卷、达斡尔族卷、锡伯族卷、满族卷、蒙古族卷、藏族卷），北京：中国社会科学出版社 1999 年版，第 587 页。

W0973a. 2

社会组织的分化造成神的分化

实　例

（实例待考）

W0973a. 3

婚姻造成神的分化

实　例

（参见下级母题实例）

W0973a. 3. 1

女子的娘家原来与夫家供奉一神，后来娘家有了新的祖神

实　例

达斡尔族 霍卓尔雅德根（氏族萨满）郭绿荣老太太的婆家是敖拉哈拉的库

勒浅莫昆，娘家是郭博勒哈拉莫热莫昆。原来有他们共同的祖神，莫热莫昆有了自己莫昆的祖神以后，就不供奉原来共同的祖神了。

【流传】（黑龙江省、内蒙古自治区等）

【出处】

(a) 珠荣嘎、额尔登泰、满都尔图、包鹤亭调查编著：《达斡尔族情况——达斡尔族调查材料之一》，全国人民代表大会民族委员会办公室1957年编印，第37页。

(b) 《郭博勒哈拉莫热莫昆的“霍卓尔”神》，见吕大吉、何耀华总主编《中国各民族原始宗教资料集成》（鄂伦春族卷、鄂温克族卷、赫哲族卷、达斡尔族卷、锡伯族卷、满族卷、蒙古族卷、藏族卷），北京：中国社会科学出版社1999年版，第317页。

W0973a.4

神死后分化

实　例

（参见下级母题实例）

W0973a.4.1

神死后分化为其他神

实　例

（参见下级母题实例）

W0973a.4.1.1

猎神王沙罗反死后一分为二，变成猎神盘巴和水神盘滴

实　例

傣族（水傣） 沙罗反是傣族第一个发明狩猎之神，叫猎神王。他死之后，一分为二，变成猎神盘巴和水神盘滴，这标志着渔猎已开始。

【流传】（云南省·西双版纳傣族自治州）

【出处】王松整理：《傣族——西双版纳的神谱》，见姚宝瑄主编《中国各民族神话》（哈尼族、傣族），太原：山西出版传媒集团·书海出版社2014年版，第233页。

W0973a.5

一个神变成另外一个神

实　例

（参见下级母题实例）

W0973a.5.1

猞猁神演变成白温泉女神

实　例

满族 满族的猞猁神，后演变成白温泉女神。

【流传】（无考）

【出处】富育光、孟慧英、王宏刚整理：《西伦妈妈》，见姚宝瑄主编《中国各民族神话》（满族、赫哲族、朝鲜

族)，太原：山西出版传媒集团·书海出版社 2014 年版，第 86 页。

W0974

神的等级

【关联】［W5009］人的等级的产生

实 例

(参见下级母题实例)

W0974.1

神的尊卑的形成

实 例

(参见下级母题实例)

W0974.1.1

天帝制定神的尊卑

实 例

汉族 (实例待考)

W0974.1.2

神确定职能后形成尊卑

实 例

(实例待考)

W0974.1.2.1

众多神灵各司其职后有了大小之分

实 例

佤族 (实例待考)

W0974.2

神的辈次

【关联】

①［W0140］神的谱系

②［W0659.4］特定时期的祖先（祖先的辈次，祖先的谱系）

实 例

(参见下级母题实例)

W0974.2.1

天神的辈次

实 例

满族 (实例待考)

W0974.2.2

壮族前四代神分别是姆六甲、布洛陀、布伯和伏羲兄妹

实 例

壮族 第一代神是姆六甲，第二代布洛陀，第三代布伯，第四代伏羲兄妹。

【流传】(无考)

【出处】欧阳若修等：《壮族神话集成》，见张声震总主编，农冠品编注《壮族神话集成》，南宁：广西民族出版社 2007 年版，第 499～500 页。

W0974.3

与神的等级有关的其他母题

实 例

（实例待考）

W0974. 3. 1

天神听命于佛祖

【关联】

①［W0202］天神的关系

②［W0787］佛祖

实 例

傣族 （实例待考）

W0974. 3. 2

山神听命于玉帝

实 例

汉族 （实例待考）

W0974. 3. 3

神的地位的提升

实 例

藏族 （实例待考）

※ W0975

神的财物

【汤普森】 A156

实 例

（参见下级母题实例）

W0976

神有丰富的财物

实 例

（参见下级母题实例）

W0976. 1

神的金箱银箱放神殿中

【关联】［W0097. 3］神的宫殿（神殿）

实 例

哈尼族 （实例待考）

W0977

与神的财物有关的其他母题

实 例

（参见下级母题实例）

W0977. 1

神的宝物

【关联】［W0397. 1］雷电是山神的法宝

实 例

（实例待考）

W0977. 2

神的宝库（神的仓库）

实 例

（参见下级母题实例）

W0977. 2. 1

天仙王山洞中的金银库

实 例

门巴族 天仙王居住在多雄拉山上的一个大洞穴，小洞穴是他的“金银库”。

【流传】西藏自治区

【出处】肖龙辉搜集整理：《多雄拉山的传说》，见《门巴族民间故事》：http：//www.tibet - web.com/old/minjian/ync/gushi/mulu.htm，2003.10.02。

W0977.3

穷神

【关联】

①［W0236.3.1］土地神是穷神

②［W0459a.2］歌神是穷神

实 例

（参见下级母题实例）

W0977.3.1

穷人变成的神成为穷神

实 例

（参见下级母题实例）

W0977.3.1.1

哈因神是1对很穷的夫妇变的

实 例

鄂温克族 “卓日”神是奴隶变的，穷神“哈因”神是一对很穷的夫妇变的。

【流传】（无考）

【出处】吕光天：《北方民族原始社会形态研究》，银川：宁夏人民出版社1981年版，第312页。

W0977.4

富神

实 例

（实例待考）

W0980

神或神性人物的化身①

实 例

（实例待考）

W0981

神的圣迹（神迹，神的显形，神显灵）

【汤普森】 A182

【关联】［W0899.3.7］显灵（灵魂的出现，灵魂的显现，显灵迹）

实 例

（参见下级母题实例）

W0981.1

神显圣迹的目的

【关联】［W0134.4.7.2］神显灵惩罚不敬神者

实 例

（实例待考）

W0981.2

神显圣迹的时间

实 例

（参见下级母题实例）

---

① 神或神性人物的化身，具体的神或神性人物的化身情况参见相应的神或神性人物母题。

W0981.2.1

特定时辰神显形

实 例

（参见下级母题实例）

W0981.2.1.1

大年初一早晨顺着公鸡打鸣的方向走会碰到喜神

实 例

汉族 在大年初一早晨，顺着公鸡打鸣的方向走去，会碰到喜神，会给家人带来幸福安康，福财双得。

【流传】（无考）

【出处】《喜神》，见乌丙安主编《中国民间神谱》，沈阳：辽宁人民出版社2007年版，第157页。

W0981.3

神显圣迹的地点

【关联】［W0466.4.4.1］火神在火中显形

实 例

（参见下级母题实例）

W0981.3.1

神的形体显现在水中

实 例

（参见下级母题实例）

W0981.3.1.1

女神阿布卡赫赫显现在所有的水中

实 例

满族 水泡生出阿布卡赫赫（女神）。凡是有水的地方、有水泡的地方，就有阿布卡赫赫。她的体魄只在水泡中显现：七彩神光，白亮湛蓝。

【流传】 黑龙江省·黑河地区（黑河市）·孙吴县·（沿江满族达斡尔族乡）·四季屯（四季屯村）

【出处】 吴纪贤、富希陆讲：《天宫大战——黑水女真人传世神话》（1939，选自富育光、郭淑云整理的手稿），见姚宝瑄主编《中国各民族神话》（满族、赫哲族、朝鲜族），太原：山西出版传媒集团·书海出版社2014年版，第21页。

W0981.4

神显圣迹的方式

实 例

（参见下级母题实例）

W0981.4.1

神通过天降食物显圣迹

实 例

（实例待考）

W0981.4.2
神通过移挪某物显灵

实 例

（参见下级母题实例）

W0981.4.2.1
人祖爷显灵时石门会自动打开

实 例

汉族 太昊陵的人祖爷庙安着巨大而沉重的石门，门常用铁链锁着，当人祖爷显灵时，石门就会自动打开。

【流传】 河南省·（周口市）·项城市

【出处】 王凤领讲，朱峰峰采录：《人祖爷送馍》，见张振犁编著《中原神话通鉴》（第一卷），郑州：河南大学出版社2017年版，第268页。

W0981.4.3
人的祈祷使神显形

实 例

（参见下级母题实例）

W0981.4.3.1
孤儿祈祷后天神降临

实 例

傣族 一个孤儿天天想："我为什么这么穷？天神啊，你让我变富有一点吧！"天神果然下来了。

【流传】（无考）

【出处】 贺荣芝讲，汪宝兴采录：《酸鱼罐》，原载卢正佳、缪力主编《中国民间故事精品库》，见陶阳、钟秀编《中国神话》（下），北京：商务印书馆2008年版，第1418～1427页。

W0981.4.4
神随青烟出现

实 例

满族 洞里冒出一股青烟。一转身，原来是一位身着白色衣裳的白发苍苍的老太太走出洞来。

【流传】 黑龙江省·（牡丹江市）·宁古塔（宁安县）；吉林省·长白山地区（长白山一带）

【出处】 傅英人（疑"人"为"仁"）讲述，张爱云整理：《阿布凯赫赫创造天地人》，原载《满族萨满神话》，见陶阳、钟秀编《中国神话》（上），北京：商务印书馆2008年版，第140～154页。

W0981.4.5
神出现时动静很大

实 例

（参见下级母题实例）

W0981.4.5.1
神出现时电闪雷鸣

实 例

高山族 天空中突然电闪雷鸣，西士比亚山顶上出现了一位高大的神。

【流传】（台湾）

【出处】

（a）《高山族和汉族的来源》，见陈国强编《高山族神话传说》，福州：福建人民出版社1980年版。

（b）同（a），见姚宝瑄主编《中国各民族神话》（高山族、黎族、畲族），太原：山西出版传媒集团·书海出版社2014年版，第17页。

W0981.5

神显圣迹的结果

实 例

（实例待考）

W0981.6

与显神迹有关的其他母题

实 例

（参见下级母题实例）

W0981.6.0

神显灵

【关联】［W0134.4.7.2］神显灵惩罚不敬神者

实 例

（参见下级母题实例）

W0981.6.0.1

神显灵降妖

实 例

鄂伦春族 万能的神灵呀，归拉雅，已经显灵了，归拉雅，作孽的妖魔呀，归拉雅，已经逃走了，归拉雅。

【流传】黑龙江省·黑河地区（黑河市）

【出处】孟淑珍调查整理：《请神歌》，见吕大吉、何耀华总主编《中国各民族原始宗教资料集成》（鄂伦春族卷、鄂温克族卷、赫哲族卷、达斡尔族卷、锡伯族卷、满族卷、蒙古族卷、藏族卷），北京：中国社会科学出版社1999年版，第58页。

W0981.6.1

人见神的方法（人神相见）

实 例

（参见下级母题实例）

W0981.6.1.1

人通过动物的帮助见到神

实 例

（参见下级母题实例）

W0981.6.1.1.1

主人在马的帮助下见到生育神

实 例

鄂温克族 大红马驮着自己的主人向西边飞去，让主人见到生育神。

【流传】黑龙江省·黑河市

【出处】莫春安讲，白水夫采集：《加奇神》，见中国民间文学集成全国编辑委员会编《中国民间故事集成》（黑龙江卷），北京：中国ISBN中心2005

年版，第 39 页。

W0981.6.1.2

人通过做梦见神

实 例

汉族 （实例待考）

W0981.6.1.3

人通过祭祀见神

实 例

纳西族 牛倌在玉湖边上摆上了猪头、公鸡，点燃天香祭祀后，看见大浪和乌云缠搅着的湖面，倏地跃起一条很长很粗的鳞甲泛金光的巨龙。

【流传】云南省·（丽江市）·丽江县（古城区、玉龙纳西族自治县）

【出处】木丽春采集整理：《玉龙湖的传说》，见木丽春编著《纳西族民间故事集》，昆明：云南人民出版社 2007 年版，第 120 页。

W0981.6.2

神的圣坛

实 例

（参见下级母题实例）

W0981.6.2.1

青蛙的骨骼变成神山圣坛

实 例

藏族 居于龙神之湖的青蛙，被梵天抛往天空，坠地后身碎肢离，骨骼变成人们向往的神山圣坛。

【流传】青藏高原多湖泊地区

【出处】格明多杰整理：《龙神青蛙》，见 BBS 水木清华站：http：//www. smth. edu. cn，2006. 07. 20。

W0981.6.3

人与鬼神的交流

实 例

（参见下级母题实例）

W0981.6.3.1

人与鬼神通过巫术的交流

实 例

傈僳族 与鬼灵交流有两种方法：一是以巫师为媒介，鬼灵借巫师的嘴说话；二是家庭中有事故时，用 33 根竹签，约一英尺长，握在手中去数。每 9 根为一组，夹在两个手指之间。由于此竹签的地位上，去看是否鬼灵有要求，及是否欲祭献的东西合鬼灵的意思。

【流传】中缅交界一带

【出处】［英］罗斯、克金白兰恩：《中缅交界之傈僳》，原载陶云逵《碧罗雪山之傈僳族》，见国立中央研究院《历史语言研究所集刊》第 17 本，商务印书馆民国三十七年（1948），第 394～395 页。

W0981.6.3.2

通过念经人神通话

实 例

羌族 同神通话要念诵经文，不能乱唱，乱唱要得罪神灵。

【流传】（无考）

【出处】西南民族学院研究室编：《羌（尔玛）族情况》，1954年，见吕大吉、何耀华总主编《中国各民族原始宗教资料集成》（纳西族卷、羌族卷、独龙族卷、傈僳族卷、怒族卷），北京：中国社会科学出版社2000年版，第460页。

W0981.6.4

神的发现

实 例

（参见下级母题实例）

W0981.6.4.1

通过应验发现神

实 例

怒族 有人砍过某一棵树，凿过某个巨石，动过某座山后患病或丧命，就会初步认为这与这是树神、石神。

【流传】云南省·（怒江傈僳族自治州）·兰坪（兰坪白族普米族自治县）

【出处】

（a）李绍恩：《傈僳族、怒族中的哲学思想初探》，载云南省民族理论研究会怒江州分会筹备组编《怒江民族研究》1988年1~2期。

（b）同（a），见吕大吉、何耀华总主编《中国各民族原始宗教资料集成》（纳西族卷、羌族卷、独龙族卷、傈僳族卷、怒族卷），北京：中国社会科学出版社2000年版，第851页。

W0982

神的宴会

【汤普森】A153.3

【关联】［W0813.4］仙的宴会

实 例

（参见下级母题实例）

W0982.0

神的宴会原因

实 例

（参见下级母题实例）

W0982.0.1

神通过宴会议事

实 例

（参见下级母题实例）

W0982.0.1.1

众神举办宴会讨论开天辟地之事

实 例

彝族 天神与众神仙商议开天辟地的事情。他们在大神恩体古兹家开了九天九夜的会，宰了九条牛，喝了九罐酒，还吸收了尔施阿俄、阿衣苏列、颇宜阿约等仙子的建议。

【流传】（无考）

【出处】伍精忠整理：《大地是怎样形成

的》，见姚宝瑄主编《中国各民族神话》（羌族、彝族），太原：山西出版传媒集团·书海出版社2014年版，第277页。

W0982.0a

神的宴会时间

实 例

（实例待考）

W0982.0b

神的宴会地点

实 例

（实例待考）

W0982.0c

神的宴会的举办者

实 例

（实例待考）

W0982.0d

神的宴会的参加者

实 例

（参见下级母题实例）

W0982.0d.1

雷王赴宴

实 例

毛南族 （实例待考）

W0982.0d.2

本主赴宴

实 例

（参见下级母题实例）

W0982.0d.2.1

本主节时牛街本主邀请南大坪本主赴宴

实 例

白族 本主节那天，牛街本主邀请南大坪本主去赴宴。

【流传】云南省·（大理白族自治州）·河源县（疑为洱源县）

【出处】马品芳讲，李永禾记录：《本主的耳朵为什么被拧掉》，见姚宝瑄主编《中国各民族神话》（白族、拉祜族、景颇族），太原：山西出版传媒集团·书海出版社2014年版，第81页。

W0982.1

神的宴会类型

实 例

（参见下级母题实例）

W0982.1.1

神的庆生宴会

实 例

（实例待考）

W0982.1.2

神的喜宴

实 例

（实例待考）

W0982.1.3

神的庆功会

实 例

（实例待考）

W0982.1.4

神的特定名目的宴会

实 例

（参见下级母题实例）

W0982.1.4.1

蟠桃会

【关联】［W0762.4.2］王母娘娘蟠桃会

实 例

汉族 王母娘娘开蟠桃会，请了各路神仙在瑶池赴宴。

【流传】 四川省·巴县（今重庆市·巴南区）·鱼洞镇

【出处】 张文奎讲，李子硕记录整理：《天河的来历》（1988.04），见姚宝瑄主编《中国各民族神话》（汉族），太原：山西出版传媒集团·书海出版社2014年版，第77~81页。

W0982.2

神的饭量（神的酒量）

实 例

（参见下级母题实例）

W0982.2.0

神饭量巨大

【关联】［W0083.3a.1］神肚大能容

实 例

（参见下级母题实例）

W0982.2.0.1

动物神达能一顿要吃几百斤红米饭

【关联】［W0537.1.4］动物神达能

实 例

佤族 达能（动物神名）一顿要吃三亢（佤族计量单位，一亢为60公斤）小红米饭。

【流传】 云南省·（普洱市）·西盟县（西盟佤族自治县），（临沧市）·沧源县（沧源佤族自治县）

【出处】 随戛、岩扫、岩瑞等讲述，艾荻、张开达搜集整理：《司岗里》，载《山茶》1988年第1期。

W0982.2.1

神酒量巨大

实 例

（参见下级母题实例）

W0982.2.1.1

天女稻谷仙姑能喝9罐最醇的米酒

实 例

哈尼族 稻谷仙姑是天神的十二个姑娘当中酒量最大的一个。玛麦（人名，稻谷仙姑的丈夫）劝她喝了九罐最醇的米酒才把她灌醉。

【流传】 云南省·（红河哈尼族彝族自治州）·元阳县

【出处】 朱小和讲，李永万翻译，红芒、芳芳整理：《玛麦的传说》，原载《哈尼族民间故事》编辑组编《哈尼族民间故事》，见陶阳、钟秀编《中国神话》（下），北京：商务印书馆2008年版，第1478～1482页。

W0982.2.2

神醉酒

实 例

汉族 古传腊月二十四灶君朝天欲言事时，送君醉饱登天门，杓长杓短勿复云，乞取利市归来分。

【流传】（无考）

【出处】［宋］范成大：《祭灶词》。

京族 有一次，天神喝醉了酒，乱发指令。

【流传】 广西壮族自治区·（防城港市）·防城县（防城区）

【出处】 苏锡权等讲，陈麟搜集，龙旦城整理：《天神赎罪》，见曹廷伟编著《广西民间故事辞典》，南宁：广西教育出版社1993年版，第29页。

W0982.2.2.1

天神醉酒做错事

【关联】［W9953］失误

实 例

京族 昔天神饮酒醉，妄命雷公劈倒祝梅之住房，毁坏祝梅之庄稼。

【流传】（无考）

【出处】 袁珂改编：《天神赎罪》，原载苏润光编《京族民间故事选》，见袁珂《中国神话大词典》，北京：华夏出版社2015年版，第586页。

W0982.2.2.1.1

天神醉酒误发命令

实 例

京族 天神吃醉了酒，瞎发号施令，叫雷公劈了祝梅（凡人名）的房子，毁了祝梅的庄稼。

【流传】（无考）

【出处】 苏锡权讲，陈麒搜集，龙旦城整理：《天神赎罪》，原载苏润光等编《京族民间故事选》，中国民间文艺出版社1984年版，见姚宝瑄主编《中国各民族神话》（仫佬族、壮族、京族），太原：山西出版传媒集团·书海出版社2014年版，第198页。

W0982. 3

神的宴会情形（神的宴会结果）

实例

（参见下级母题实例）

W0982. 3. 1

神在宴会中歌舞

实例

朝鲜族 河伯神的仨姑娘发现河边出现一个华丽的宫殿就走过去，英俊的天王郎解慕漱从里边迎了出来，仨姑娘害羞地想往回跑，门口早有天兵天将把她们拦住了。解慕漱热情地邀她们喝酒，喝了酒又一起跳舞。天帝的儿子也好，河伯神的女儿也好，有生以来第一回玩得这么开心。

【流传】长白山等地

【出处】金德顺讲，裴永镇记录整理：《东明王的传说》，原载《金德顺故事集》，见陶阳、钟秀编《中国神话》（中），北京：商务印书馆 2008 年版，第 886 ~ 897 页。

W0982. 4

与神的宴会有关的其他母题

实例

（参见下级母题实例）

W0982. 4. 1

神的宴会上送礼物

实例

（参见下级母题实例）

W0982. 4. 1. 1

参加神的宴会者为讨主人欢心送礼

实例

汉族 有个神仙去赴王母的蟠桃寿宴，想献一件稀奇东西讨王母的欢心，便把大黑牛骗住，带进了瑶池宫里。

【流传】河南省·许昌市

【出处】史友仁讲，张楚北采录整理：《伏牛山》（1982），见张振犁编著，孟宪明、朱淑君统纂《中原神话通鉴》（第三卷），郑州：河南大学出版社 2017 年版，第 888 页。

W0982. 4. 2

人款待神

实例

（参见下级母题实例）

W0982. 4. 2. 1

人用特定食物款待神

实例

怒族 猎神呀，猎神！家中大坛子里早已盛好了喷香的苞谷酒，家中酒坛子中早已插好了吸酒的细竹管。要是酒不甜就加上醉人的蜂蜜，要是公鸡不肥就添上个雪白的鸡蛋。接待你呀，猎神！款待你呀，要像办喜事一样隆重！

【流传】云南省·怒江傈僳族自治州

【出处】

(a) 木玉璋等记录整理：《祭猎神调》，原载怒江傈僳族自治州文联编《怒江》1982年创刊号，第60~63页。

(b) 同(a)，见吕大吉、何耀华总主编《中国各民族原始宗教资料集成》（纳西族卷、羌族卷、独龙族卷、傈僳族卷、怒族卷），北京：中国社会科学出版社2000年版，第910~916页。

W0983

神的聚会（仙的聚会）

【汤普森】A167

实 例

（参见下级母题实例）

W0983.1

神定期聚会

实 例

（实例待考）

W0983.2

神有特定的聚会地点

实 例

（参见下级母题实例）

W0983.2.1

百神聚昆仑之墟

实 例

（参见下级母题实例）

W0983.2.1.1

昆仑山的蓬莱是天神聚会之地

实 例

汉族 昆仑山的蓬莱是天宫诸神聚会之地。

【流传】江苏省·（徐州市）·新沂市

【出处】胡凯讲，胡凯整理：《二郎扁担》（1987.12.27），见姚宝瑄主编《中国各民族神话》（汉族），太原：山西出版传媒集团·书海出版社2014年版，第117~119页。

W0983.2.2

神瑶池聚会

实 例

（参见下级母题实例）

W0983.2.2.1

王母娘娘在瑶池大会群神

实 例

汉族 王母娘娘在瑶池大会群神。

【流传】河南省·（南阳市）·镇平县［采录地点：镇平县·王岗乡·姑坡村］

【出处】马宗芳讲，刘筱芬采录：《井星为啥有缺口》（1986.10），见张振犁编著，孟宪明、朱淑君统纂《中原神话通鉴》（第三卷），郑州：河南大学出版社2017年版，第840页。

W0983.2.3

神在山上聚会

实 例

（参见下级母题实例）

W0983.2.3.1

天下9万9千9百99座神山的山神到喜玛拉雅山山神处开会

实 例

藏族（嘉绒）天下的九万九千九百九十九座神山的山神，都来到喜玛拉雅山山神的住地开会。

【流传】（无考）

【出处】侯光、蒋永志：《嘉绒藏区的信仰民俗》，原载《巴蜀风》1990年第3期，见吕大吉、何耀华总主编《中国各民族原始宗教资料集成》（鄂伦春族卷、鄂温克族卷、赫哲族卷、达斡尔族卷、锡伯族卷、满族卷、蒙古族卷、藏族卷），北京：中国社会科学出版社1999年版，第946页。

W0983.3

神聚会的方式

实 例

（参见下级母题实例）

W0983.3.1

鸣天鼓以召众神

实 例

汉族 夫学道之人，须鸣天鼓以召众神也。

【流传】（无考）

【出处】《广知》，见［唐］段成式《酉阳杂俎》前集卷十一。

W0983.4

与神的聚会有关的其他母题

【关联】

①［W0916.5］鬼的宴会

②［W0988］神拜访人（人拜访神）

③［W1110.0.1］众人商议开天辟地

实 例

（参见下级母题实例）

W0983.4.1

万仙大会

实 例

（参见下级母题实例）

W0983.4.1.1

天帝召开万仙大会

实 例

汉族 共工氏一头撞断了撑天玉柱，引发洪水。天帝眼看着自己连个藏身地方也保不住，万分焦急。于是下了一道命令，赶紧召开万仙大会，共商补救措施。

【流传】河南省·（三门峡市）·渑池县·南村乡

【出处】茹明采录：《二郎神担山填海》，见张振犁编著，孟宪明、朱淑君统纂《中原神话通鉴》（第三卷），郑州：河南大学出版社 2017 年版，第 927 页。

W0983.4.2

神的会议

实 例

汉族 老天爷刚登位不久，要去召开天庭大会，需要好长时间才能返回。

【流传】河南省

【出处】冯来兰讲，凡孟曾采录整理：《阴天刮风不下雨的传说》，见张振犁编著，孟宪明、朱淑君统纂《中原神话通鉴》（第四卷），郑州：河南大学出版社 2017 年版，第 1232 页。

W0983.4.2.1

神与人、动物共同开会议事

实 例

彝族 众神之王涅侬倮佐颇知道直眼人这一代不懂得道理的情况，很烦恼，他找来龙王罗阿玛、水王罗塔纪，还请了一个叫古木析意巴的人一起来商量如何处置此事。

【流传】（云南省·楚雄彝族自治州·双柏县，红河哈尼族彝族自治州等地）

【出处】

(a) 云南省民族民间文学楚雄、红河调查队搜集，郭思九、陶学良整理：《查姆》，昆明：云南人民出版社 1981 年版。

(b) 郭思九、陶学良整理，古梅改写：《彝家的古根》，选自《云南民族文学资料》第七集中的《查姆》上部前三章，见姚宝瑄主编《中国各民族神话》（羌族、彝族），太原：山西出版传媒集团·书海出版社 2014 年版，第 79 页。

W0983.4.2.2

天神为救灾开会

实 例

珞巴族 安雅（神名）看到地上的生物遭受苦难时，便召开天神会议。

【流传】

(a) 西藏自治区·下珞瑜（泛指永木河、锡约尔河、巴恰西仁河流域）

(b) 西藏自治区·下珞渝（又写作“下珞瑜”）·义都部落丹龙曲河谷

【出处】

(a) T·K·巴鲁阿搜集：《两个太阳》，见中华民族故事大系编委会编《中华民族故事大系》第 16 卷（赫哲族、门巴族、珞巴族、基诺族），上海：上海文艺出版社 1995 年版，第 405～406 页。

(b) 同（a），见李坚尚、刘芳贤编《珞巴族门巴族民间故事选》，上海：上海文艺出版社 1993 年版，第 19～20 页。

W0983.4.2.3

第一代神王阿匹梅烟召集众神商议造天地

实 例

哈尼族 第一代神王阿匹梅烟召集众神商议造天地时，神殿里走出一窝一窝的神，日神、月神、风神、雨神……都出来了。

【流传】云南省·（红河哈尼族彝族自治州）·元阳县、金平县（金平苗族瑶族傣族自治县）、红河县等地

【出处】朱小和讲，史军超、卢朝贵搜集整理：《烟本霍本》，原载刘辉豪、阿罗编《哈尼族民间故事选》，上海文艺出版社 1989 年版，见姚宝瑄主编《中国各民族神话》（哈尼族、傣族），太原：山西出版传媒集团·书海出版社 2014 年版，第 35 页。

W0983.4.3

神的酒宴

实 例

（参见下级母题实例）

W0983.4.3.1

诸神酒宴议事

实 例

彝族 诸神商量开天辟地时，九天商量到深夜，吃了九头会餐牛。九夜商量到天明，喝了九坛会餐酒。

【流传】（四川省·凉山彝族自治州）

【出处】

（a）冯元蔚译：《勒俄特依》，成都：四川民族出版社 1986 年版。

（b）冯元蔚译，蔷紫改写：《勒俄特依》，见姚宝瑄主编《中国各民族神话》（羌族、彝族），太原：山西出版传媒集团·书海出版社 2014 年版，第 148 页。

W0983.4.4

神灵聚会

实 例

（参见下级母题实例）

W0983.4.4.1

首领和贵族的灵魂与神开会

实 例

蒙古族（布里亚特）布里亚特各部落的首领、各氏族的领袖及贵族的魂灵要在奥耳杭主神汗·霍托·爸爸依的衙署举行诺颜会议。

【流传】（无考）

【出处】

（a）［苏联］И. А. 曼日格耶夫著，宋长宏译，佟德富校：《布里亚特萨满教和前萨满教辞典》（俄文版），莫斯科：科学出版社 1978 年版，第 60 页。

（b）同（a），见吕大吉、何耀华总主编《中国各民族原始宗教资料集成》（鄂伦春族卷、鄂温克族卷、赫哲族

卷、达斡尔族卷、锡伯族卷、满族卷、蒙古族卷、藏族卷），北京：中国社会科学出版社 1999 年版，第 621 页。

W0983.4.4.2
祖灵聚会

实 例

（参见下级母题实例）

W0983.4.4.2.1
祖灵在人迹罕至的高山崖洞聚会

实 例

彝族 高山崖洞人迹不到的区域是族间祖灵会聚的所在。

【流传】四川省·（凉山彝族自治州）大、小凉山一带

【出处】林耀华：《凉山彝家》，上海：商务印书馆 1947 年版，第 100～101 页

W0983.4.5
神之间的交往

实 例

（参见下级母题实例）

W0983.4.5.1
不同地方的神一起玩耍

实 例

汉族 南海的天帝叫儵（同倏），北海的天帝叫忽，中央的天帝叫混沌。儵和忽两人常到混沌那里去玩耍，混沌招待他们非常殷勤周到。

【流传】河南省尾山一带

【出处】程玉林讲，缪华、胡佳作搜集整理：《盘古寺》注释，原载张振犁、程健君编《中原神话专题资料》，见姚宝瑄主编《中国各民族神话》（汉族），太原：山西出版传媒集团·书海出版社 2014 年版，第 4～6 页。

W0984
神的离去

实 例

（参见下级母题实例）

W0984.1
神离去的原因

实 例

（参见下级母题实例）

W0984.1.1
人对神不尊造成神的离去

实 例

土家族 （实例待考）

W0984.1.1.1
人对火神不敬造成火神的离去

实 例

鄂温克族 （实例待考）

W0984.1.2

神被驱逐

实例

傣族 雅欢毫（谷魂奶奶）被佛祖和帕雅英（天神）赶走后，离开了宗补（亚洲），去到十分遥远的，只有无边黑暗的地层底下。

【流传】（云南省）

【出处】

(a) 崔亚兰整理：《谷魂奶奶》，见傅光宇编《傣族民间故事选》，上海：上海文艺出版社 1985 年版。

(b) 同（a），见姚宝瑄主编《中国各民族神话》（哈尼族、傣族），太原：山西出版传媒集团·书海出版社 2014 年版，第 346 页。

W0984.1.3

神天亮时必须离开人

实例

（参见下级母题实例）

W0984.1.3.1

山神米斯鸡啼后就得离开人间

实例

怒族 米斯（山神）属鬼类，鸡啼后就得离开人间。

【流传】 云南省·怒江傈僳族自治州·（福贡县·上帕镇）·木古甲（木古甲村）

【出处】

(a) 韩文俊讲，胡正生整理：《木古甲怒族历史传说及世系》，见怒江傈僳族自治州政协编《怒江文史资料选辑》第八辑，1987 年编印，第 12 ~ 13 页。

(b)《猎神的由来传说之三》，见吕大吉、何耀华总主编《中国各民族原始宗教资料集成》（纳西族卷、羌族卷、独龙族卷、傈僳族卷、怒族卷），北京：中国社会科学出版社 2000 年版，第 909 页。

W0984.2

神定期离开某个地方

实例

汉族 （实例待考）

W0984.3

特定神的离去

实例

（参见下级母题实例）

W0984.3.1

谷神离去

实例

阿昌族 谷稷去后，弟家田稼骤败：撒种不发芽，谷穗不低头，玉米不背包，生计日艰，穷困日逼。

【流传】（无考）

【出处】 袁珂改编：《谷稷》，原载《云南少数民族文学资料》（第一辑），见袁珂《中国神话大词典》，北京：华夏出版社2015年版，第574页。

W0984.4

神离去的结果

实 例

（参见下级母题实例）

W0984.4.1

神离去后发生灾难

实 例

（参见下级母题实例）

W0984.4.1.1

谷神离去后谷物不生

实 例

阿昌族 （参见“W0984.3.1 谷神离去”母题实例）

W0984.5

与神的离去有关的其他母题

实 例

（参见下级母题实例）

W0984.5.1

神的隐退

实 例

（参见下级母题实例）

W0984.5.1.1

神功成身退

实 例

傣族（水傣）英叭是原始宗教的最高天神。他造好天地之后，就退下来，把最高天神的职位让给了他用污垢捏出的大神玛哈捧。

【流传】（云南省·西双版纳傣族自治州）

【出处】王松整理：《傣族——西双版纳的神谱》，见姚宝瑄主编《中国各民族神话》（哈尼族、傣族），太原：山西出版传媒集团·书海出版社2014年版，第229页。

W0984a

神的召回（召神）

实 例

（参见下级母题实例）

W0984a.1

召神的方法

实 例

（参见下级母题实例）

W0984a.1.1

烧特定物召神

实 例

（参见下级母题实例）

W0984a. 1. 1. 1

烧猪骨召龙神

实 例

傣族 太阳公主烧猪骨，一缕浓烟冉冉上升，顷之，有墨黑浓云，滚滚而来，龙神立现于眼前。

【流传】（云南省）

【出处】袁珂改编：《太阳公主》，原载傅光宇等编《傣族民间故事选，见袁珂《中国神话大词典》，北京：华夏出版社2015年版，第499页。

W0984a. 1. 1. 2

在田间点燃香树、香草召唤管农业的神灵和大地的神祇

【关联】［W0204. 9. 7. 1］地上的人点燃檀香树天帝就知道地上有事

实 例

藏族 农民来到准备安放白石的庄稼地里，在土地四周点燃香树、香草，芬芳的烟云弥漫田野，袅袅地升向天空。这既是清除不洁之物，同时是召唤那些管农业的神灵和大地的神祇。

【流传】（西藏自治区·拉萨市）

【出处】林继富：《藏族白石崇拜探微》，载《西藏研究》1990年第1期。

W0985

神受到奖惩

【关联】［W9900 ~ W9929］奖励与惩罚

实 例

（参见下级母题实例）

W0985. 1

神得到奖励

实 例

（实例待考）

W0985. 2

神受到惩罚

实 例

（参见下级母题实例）

W0985. 2. 1

神被降职

【汤普森】A175

实 例

（实例待考）

W0985. 2. 2

神被监禁

【汤普森】A173. 2

【关联】［W8875. 1］雷公被关笼中

实 例

（实例待考）

W0985. 2. 3

神或神性人物被放逐

实 例

（参见下级母题实例）

W0985.2.3.1

神被放逐

实 例

傣族 谷魂被佛祖逐放到阳光照射不到的地方之后，稻叶不吸收阳光，稻根不吸收水分，到了扬花的季节不扬花，还没抽穗，就倒得一棵不剩。

【流传】云南省·（普洱市）·景谷县（景谷傣族彝族自治县）·永平乡

【出处】陶老五讲，米自民采录：《谷魂》，见中国民间文学集成全国编辑委员会编《中国民间故事集成》（云南卷），北京：中国 ISBN 中心 2003 年版，第 312 页。

W0985.2.4

神被处死

实 例

（参见下级母题实例）

W0985.2.4.1

神因玩忽职守受惩罚

【关联】［W0176.2.2］神犯错被处死

实 例

（参见下级母题实例）

W0985.2.4.1.1

雨神玩忽职守被处死

实 例

哈尼族 龙王欧罗的小儿子做五月间的雨神，玩忽职守，算命的德摩诗琵杀之，把它变成天上的彩虹。

【流传】（无考）

【出处】《德摩诗琵杀龙》，见《中国各民族宗教与神话大词典》编审委员会编《中国各民族宗教与神话大词典》，北京：学苑出版社 1990 年版，第 173 页。

W0986

神的纠纷（神的角逐）

实 例

（参见下级母题实例）

W0986.1

峨眉山的神骗黑水的山神

实 例

（参见下级母题实例）

W0986.1.1

峨眉山的神假装年长骗走黑水山山神的香火

实 例

羌族 峨眉山的神骗了黑水的山神，装出自己年龄大后，人们都爱去敬峨眉山的神，而不来敬黑水的山神了。

【流传】四川省·（阿坝藏族羌族自治州）·茂县·雅都乡

【出处】王长命富讲，杜松云采录：《峨眉山神和黑水山神》，见中国民间文学集成全国编辑委员会编《中国民间故事集成》（四川卷·下），北京：中国 ISBN 中心 1998 年版，第 1126 页。

W0987

神的诉讼

实 例

（参见下级母题实例）

W0987.1

神找玉帝告状

实 例

（参见下级母题实例）

W0987.1.1

山神找玉帝状告野人糟蹋粮食

实 例

汉族 野人把整个罴谷山糟蹋得不成样子，山神爷到天宫玉皇大帝殿前告状，请派天兵下凡去制裁。

【流传】 云南省·（大理白族自治州）·洱源县

【出处】 芮丰、李泽民讲述，李佩玖采录：《“雷楔子”炸人种》，见中国民间文学集成全国编辑委员会编《中国民间故事集成》（云南卷），北京：中国 ISBN 中心 2003 年版，第 154 页。

W0988

神拜访人（人拜访神，人神的联系）

【关联】［W0983］神的聚会

实 例

（参见下级母题实例）

W0988.1

神到人间做客

实 例

（参见下级母题实例）

W0988.1.1

雷公到人间结拜兄弟的家中做客

实 例

苗族 天上的雷公与人间的阿陪果本（人名）是结拜兄弟。雷公经常到阿陪果本家里做客。

【流传】 湖南省湘西一带、贵州省·（铜仁市）·松桃地区（松桃苗族自治县）

【出处】

（a）滕树宽、龙炳文搜集，江波整理：《阿陪果本》，见燕宝编《苗族民间故事选》，上海：上海文艺出版社 1981 年版。

（b）同（a），见姚宝瑄主编《中国各民族神话》（布依族、仡佬族、苗族），太原：山西出版传媒集团·书海出版社 2014 年版，第 149 页。

W0988.2

通神

实 例

（参见下级母题实例）

W0988.2.1

特定的声音通神

实 例

壮族 神灵在遥远的天边地头，仅用口头通报神灵还不够，人的声音传播不远，还得其他响亮的声音通报神灵。

【流传】（无考）

【出处】范宏贵：《壮族卷·绪论》，见吕大吉、何耀华总主编《中国各民族原始宗教资料集成》（土家族卷、瑶族卷、壮族卷、黎族卷），北京：中国社会科学出版社1998年版，第477页。

W0988.2.2

通过耍龙娱神通神

实 例

白族 旱情严重须进行三天，要耍龙和唱吹吹腔等活动娱神，认为“诚能通神”。

【流传】云南省·（大理白族自治州）·洱源县·茈碧乡、凤羽乡

【出处】王承权等调查整理：《洱源白族求雨祈晴祭》（1988），见吕大吉、何耀华总主编《中国各民族原始宗教资料集成》（彝族卷、白族卷、基诺族卷），北京：中国社会科学出版社1996年版，第699页。

W0989

神或神性人物相反的行为（性格）

实 例

（参见下级母题实例）

W0989.1

父子神性情相反

实 例

（实例待考）

W0989.2

夫妻神一善一恶

实 例

汉族 （实例待考）

W0989.3

两个巨人兄弟一善一恶

实 例

布依族 哥哥保根多、弟弟保根本是两个巨人兄弟。哥哥保根多善良，但弟弟保根本经常做恶。

【流传】四川省·（凉山彝族自治州）·宁南县·上游公社（西瑶乡）

【出处】伍天全讲，祖岱年、罗文亮搜集整理：《洪水朝天》，见贵州省社会科学院文学研究所等编《布依族民间故事》，贵阳：贵州人民出版社1982年版，第321~323页。

W0990

神或神性人物的抗争

【关联】［W0765.2］刑天舞干戚

实 例

（参见下级母题实例）

W0990.1

神不平则鸣

实 例

汉族 刑天与帝争神，帝断其首，乃以乳为目，以脐为口，操干戚以舞。

【流传】（无考）

【出处】［战国至汉］撰者不详：《山海经·海内西经》。

W0991

神或神性人物的犯错

实 例

（参见下级母题实例）

W0991.1

神因喝酒犯错

实 例

京族 昔天神饮酒醉，妄命雷公劈倒祝梅之住房，毁坏祝梅之庄稼。

【流传】（无考）

【出处】袁珂改编：《天神赎罪》，原载苏润光编《京族民间故事选》，见袁珂《中国神话大词典》，北京：华夏出版社2015年版，第586页。

W0991.2

神受到诱惑犯错

实 例

（实例待考）

W0991.3

神的行窃

【汤普森】A177

【关联】

①［W3951］神盗粮种（神取粮种）

②［W6953］盗火

实 例

（实例待考）

W0992

神或神性人物的荒诞行为

实 例

（参见下级母题实例）

W0992.1

神反着做事

实 例

汉族 （实例待考）

W0993

神或神性人物神力的消失

实 例

（参见下级母题实例）

W0993.1

神或神性人物接触特定的物后神力消失

实 例

(实例待考)

W0993.2

神或神性人物遭咒语后神力消失

实 例

(实例待考)

W0993.3

神或神性人物在特定的时辰神力消失

实 例

(实例待考)

W0994

与神或神性人物的事件有关的其他母题

【关联】

① [W5966] 神的管理

② [W9301] 神的复活

③ [W9957.3] 人神相见

实 例

(参见下级母题实例)

W0994.1

人帮助神

实 例

(参见下级母题实例)

W0994.1.1

人救助神

实 例

(参见下级母题实例)

W0994.1.1.1

人的祖先救山神的儿子

实 例

藏族 果洛人的祖先智拉嘉父子迁到果洛后，救了年保叶什则山神的儿子，又帮助年保叶什则山神。

【流传】青海省·果洛州（果洛藏族自治州）

【出处】贡乔泽登整理：《年保叶什则山神》，见 BBS 水木清华站：http://www.smth.edu.cn，2006.07.20。

W0994.1.2

人为神治病

实 例

(参见下级母题实例)

W0994.1.2.1

男子为天神的女儿消减邪恶

实 例

普米族 人间的老三帮天神木多丁巴的三个女儿消减邪恶。

【流传】云南省·（丽江市）·宁蒗县（宁蒗彝族自治县）

【出处】王震亚等搜集整理：《帕米查列》，见中华民族故事大系编委会编《中华民族故事大系》第 14 卷（普米族、塔吉克族、怒族、俄罗斯族、鄂温克族），上海：上海文艺出版社 1995 年版，第 12～20 页。

W0994. 2

神向人收粮（神向人收租）

实 例

汉族 （参见“W0994. 2. 2. 1 玉皇下令大力神把老百姓家的米粮收到天仓”母题实例）

W0994. 2. 1

雷神收租

【关联】［W0331］雷神的职能（雷神的能力，雷神的事迹，雷神的行为）

实 例

彝族 （实例待考）

W0994. 2. 2

玉皇大帝收人间粮米

实 例

（参见下级母题实例）

W0994. 2. 2. 1

玉皇下令大力神把老百姓家的米粮收到天仓

实 例

汉族 玉皇下令大力神把老百姓家的米粮全都收缴到天仓，不得违抗。

【流传】江苏省

【出处】王美英讲，严金凤采录：《天地是怎样分开的》，见中国民间文学集成全国编辑委员会编《中国民间故事集成》（江苏卷），北京：中国 ISBN 中心 1998 年版，第 15 页。

W0994. 3

神的巡视

实 例

（参见下级母题实例）

W0994. 3. 1

众神巡视天地

实 例

侗族 萨天巴（蜘蛛，女祖神，创世神）领着儿女众神走出玉宫殿堂去巡视天地。

【流传】广西壮族自治区·（柳州市）·三江（三江侗族自治县），（桂林市）·龙胜（龙胜各族自治县）

【出处】杨卜林喜、杨卜松林、杨明世讲，杨国仁、涛声搜集整理，蔷紫改写：《创世女神萨天巴》，过伟改写自侗族创世史诗《嘎茫莽道时嘉——远祖歌》（未出版稿），见姚宝瑄主编《中国各民族神话》（土家族、毛南族、侗族、瑶族），太原：山西出版传媒集团·书海出版社 2014 年版，第 74 页。

W0995

与神有关的其他母题

【汤普森】≈A190

【关联】［W4692.3］神的1天是1千年

实　例

（参见下级母题实例）

W0995.0

神的名称

实　例

（参见下级母题实例）

W0995.0.1

神的名称的来历（神的名字）

实　例

（参见下级母题实例）

W0995.0.1.1

同名字的神

实　例

（实例待考）

W0995.0.2

神灵

实　例

（参见下级母题实例）

W0995.0.2.1

特定物变成神灵

实　例

（参见下级母题实例）

W0995.0.2.1.1

萨满的服饰变成神灵

实　例

鄂伦春族 萨满穿戴的法衣上的装饰物，布条、贝壳、铃铛和铜镜散落在各地，这些物件一一变成了很多小神灵。

【流传】（无考）

【出处】

（a）蔡家麒：《鄂伦春人的原始信仰和崇拜》，载《民族学报》1982年第2期。

（b）《萨满的传说之一》，见吕大吉、何耀华总主编《中国各民族原始宗教资料集成》（鄂伦春族卷、鄂温克族卷、赫哲族卷、达斡尔族卷、锡伯族卷、满族卷、蒙古族卷、藏族卷），北京：中国社会科学出版社1999年版，第47页。

W0995.0.2.2

神灵能附体

【关联】［W0844.9.3.2］狐狸精附体

实　例

达斡尔族 （参见“W0844.9.3.2狐狸精附体”母题实例）

W0995.0.2.3

上界神灵居天上

实　例

侗族 萨天巴（蜘蛛，女始祖）生下天，那是会产生光阴变化的、上界神灵居住的地方

【流传】广西壮族自治区·（柳州市）·三江（三江侗族自治县），（桂林市）·龙胜（龙胜各族自治县）

【出处】杨卜林喜、杨卜松林、杨明世讲，杨国仁、涛声搜集整理，蔷紫改写：《创世女神萨天巴》，过伟改写自侗族创世史诗《嘎茫莽道时嘉——远祖歌》（未出版稿），见姚宝瑄主编《中国各民族神话》（土家族、毛南族、侗族、瑶族），太原：山西出版传媒集团·书海出版社 2014 年版，第 72 页。

W0995.1

神的缺点

【汤普森】A102.18

实 例

（实例待考）

W0995.2

神与人同乐（人神同乐）

实 例

（参见下级母题实例）

W0995.2.1

逢年过节时神和人同乐

实 例

汉族 逢年过节，神和人一齐同乐。

【流传】江苏省

【出处】王美英讲，严金凤采录：《天地是怎样分开的》，见中国民间文学集成全国编辑委员会编《中国民间故事集成》（江苏卷），北京：中国 ISBN 中心 1998 年版，第 15 页。

W0995.2a

人神各不相通

实 例

（参见下级母题实例）

W0995.2a.1

人有人道，鬼有鬼路，人和鬼神是不能相通的

实 例

壮族 人有人道，鬼有鬼路。鬼住阴间，人和鬼神是不能相通的。

【流传】广西壮族自治区·（南宁市）·武鸣县（武鸣区）西北部，马山县东部

【出处】黄世杰搜集整理：*《巫婆——（女牙）第（禁）》（1990），见吕大吉、何耀华总主编《中国各民族原始宗教资料集成》（土家族卷、瑶族卷、壮族卷、黎族卷），北京：中国社会科学出版社 1998 年版，第 556 页。

W0995.3

共同的神（公奉的神，公神，集体的神）

实 例

达斡尔族 达斡尔族早期供祭的神，是

集体的神。如“博果勒·巴尔肯”（动物神）、“霍列力·巴尔肯”（动物神）分别由17个神位和24个神位组成，是一个众多的神灵汇聚的群体。

【流传】（内蒙古自治区、黑龙江省等地）

【出处】满都尔图：《达斡尔族卷·绪论》，见吕大吉、何耀华总主编《中国各民族原始宗教资料集成》（鄂伦春族卷、鄂温克族卷、赫哲族卷、达斡尔族卷、锡伯族卷、满族卷、蒙古族卷、藏族卷），北京：中国社会科学出版社1999年版，第288页。

W0995.3.0

原来没有统一认同的神

实 例

（参见下级母题实例）

W0995.3.0.1

最初并无统一的江神

实 例

汉族 最初并无统一的江神。汉代建立五岳四渎制度之后，才出现了象征性的一统江神。唐代封江神为广源公，宋代封为广源王。

【流传】（无考）

【出处】《江神》，见乌丙安主编《中国民间神谱》，沈阳：辽宁人民出版社2007年版，第20页。

W0995.3.1

不同血缘家族供奉的神

实 例

（参见下级母题实例）

W0995.3.1.1

不同血缘家族共奉吉雅其·克依登

实 例

达斡尔族 达斡尔人不分哈拉、莫昆（同一个父系祖先的后代为一个“哈拉”，即父系氏族，“哈拉”又分化出若干个“莫昆”。“莫昆”是血缘关系更为亲近的血缘集团），几乎家家供奉吉雅其·克依登（牲畜保护神）。

【流传】新疆维吾尔自治区·伊犁哈萨克自治州·塔城地区

【出处】

（a）凯英：《新疆达斡尔族概况》，中国社会科学院民族研究所民族学研究室1980年编印，第34～35页。

（b）《“霍列力·巴尔肯”来由的传说》，见吕大吉、何耀华总主编《中国各民族原始宗教资料集成》（鄂伦春族卷、鄂温克族卷、赫哲族卷、达斡尔族卷、锡伯族卷、满族卷、蒙古族卷、藏族卷），北京：中国社会科学出版社1999年版，第319页。

W0995.3.2

一个特定群体共同的神

【关联】［W0443.5］族神（民族神）

实 例

（参见下级母题实例）

W0995. 3. 2. 1

游猎的鄂温克人供祭“玛鲁”神

实 例

鄂温克族 游猎的敖鲁古雅地区鄂温克人所供祭的祖先神、疾病神、动物保护神等几种神，总称为“玛鲁”神，可视为一种集体的神。

【流传】（无考）

【出处】 吕大吉、何耀华总主编：《中国各民族原始宗教资料集成》（鄂伦春族卷、鄂温克族卷、赫哲族卷、达斡尔族卷、锡伯族卷、满族卷、蒙古族卷、藏族卷）第二章《信奉的各种神》注释，北京：中国社会科学出版社1999年版，第110页。

W0995. 3. 3

特定名称的集体神（共奉神的名称）

实 例

（参见下级母题实例）

W0995. 3. 3. 1

众神统称瓦兰·巴尔肯

【关联】 ［W0970. 6］众神统称为特定名称

实 例

达斡尔族 “瓦兰·巴尔肯”（意思是众多的神）由二十四个特格（组或座位）组成，如官人、铁匠、钓鱼人、猎人、棺材、狐狸精、妖怪、碾子、婴儿等。

【流传】 黑龙江省·齐齐哈尔地区（齐齐哈尔市）·（梅里斯达斡尔族区·卧牛吐达斡尔族镇）·额尔门沁屯

【出处】

（a）珠荣嘎、额尔登泰、满都尔图调查编著：《巴彦托海索木达斡尔族情况——达斡尔族调查材料之二》，全国人民代表大会民族委员会办公室1958年编印，第55页。

（b）《“博果勒·巴尔肯”的构成和祭仪》，见吕大吉、何耀华总主编《中国各民族原始宗教资料集成》（鄂伦春族卷、鄂温克族卷、赫哲族卷、达斡尔族卷、锡伯族卷、满族卷、蒙古族卷、藏族卷），北京：中国社会科学出版社1999年版，第304～305页。

W0995. 3. 4

多民族共同的神

实 例

白族 灵山老爷既是白族的本主，又受到这一带彝族村民的朝拜。

【流传】 云南省·（大理白族自治州）·鹤庆县

【出处】 张海福等调查整理：《鹤庆白族尊山水石为本主》（1990），见吕大吉、何耀华总主编《中国各民族原始宗教资料集成》（彝族卷、白族卷、基诺族卷），北京：中国社会科学出版社 1996 年版，第 560 页。

W0995.4

神的传播

实 例

达斡尔族 达斡尔族中原已有名为“温沁巫西·娘娘”的娘娘神，是本民族所固有的神；后来传入的娘娘神，传说是西王母的弟子云霄、琼霄、碧霄三姊妹。

【流传】（内蒙古自治区、黑龙江省等地）

【出处】满都尔图：《达斡尔族卷·绪论》，见吕大吉、何耀华总主编《中国各民族原始宗教资料集成》（鄂伦春族卷、鄂温克族卷、赫哲族卷、达斡尔族卷、锡伯族卷、满族卷、蒙古族卷、藏族卷），北京：中国社会科学出版社 1999 年版，第 289 页。

W0995.4.1

地方接受皇帝确立的神

实 例

（参见下级母题实例）

W0995.4.1.1

达斡尔、鄂温克人先后供奉皇室确定的敖雷巴日肯（狐狸精）

实 例

鄂温克族 出自昆仑山的“敖雷巴日肯”（狐狸精）被北京城的皇室立为神。达斡尔、鄂温克人也先后开始供祭敖雷巴日肯。

【流传】（内蒙古自治区·呼伦贝尔市·鄂温克族自治旗·辉索木）

【出处】

(a)《鄂温克族自治旗辉索木调查报告》，见内蒙古自治区编辑组《鄂温克族社会历史调查》，呼和浩特：内蒙古人民出版社 1986 年版，第 489 页。

(b)《敖雷巴日肯》，见吕大吉、何耀华总主编《中国各民族原始宗教资料集成》（鄂伦春族卷、鄂温克族卷、赫哲族卷、达斡尔族卷、锡伯族卷、满族卷、蒙古族卷、藏族卷），北京：中国社会科学出版社 1999 年版，第 114 页。

W0995.4.2

神由萨满到普通家庭

实 例

（参见下级母题实例）

W0995.4.2.1

萨满把氏族保护神舍卧刻传到每个家庭

实 例

鄂温克族 最初鄂温克人主要是供自己氏族的“舍卧刻”，而且只是由氏族的萨满供“舍卧刻”（神名，带有祖神或氏族保护神性质），后来一个氏族的每家都要供。

【流传】（内蒙古自治区·呼伦贝尔市·陈巴尔虎旗莫尔格河一带）

【出处】

（a）《陈巴尔虎旗莫尔格河鄂温克族社会历史调查报告》，见内蒙古自治区编辑组《鄂温克族社会历史调查》，呼和浩特：内蒙古人民出版社 1986 年版，第 340 页。

（b）《“舍卧刻”传说及神偶》，见吕大吉、何耀华总主编《中国各民族原始宗教资料集成》（鄂伦春族卷、鄂温克族卷、赫哲族卷、达斡尔族卷、锡伯族卷、满族卷、蒙古族卷、藏族卷），北京：中国社会科学出版社 1999 年版，第 116～117 页。

W0995.4.3

神在不同民族间传播

【关联】［W0058.1b.1］从其他民族引进的神（传来外族神）

实　例

鄂温克族 鄂伦春人为了治病先建立了“霍卓热”（神）。以后，“霍卓热”传布到各个鄂伦春和鄂温克人的家庭，这就是“霍卓热”神的由来。

【流传】（内蒙古自治区·呼伦贝尔市·鄂温克族自治旗·辉索木）

【出处】

（a）《鄂温克族自治旗辉索木调查报告》，见内蒙古自治区编辑组《鄂温克族社会历史调查》，呼和浩特：内蒙古人民出版社 1986 年版，第 488 页。

（b）《霍卓热的来由之二》，见吕大吉、何耀华总主编《中国各民族原始宗教资料集成》（鄂伦春族卷、鄂温克族卷、赫哲族卷、达斡尔族卷、锡伯族卷、满族卷、蒙古族卷、藏族卷），北京：中国社会科学出版社 1999 年版，第 115～116 页。

达斡尔族 “特格·鄂伦春”人（即使用驯鹿的鄂伦春人）被雷击死后成为神，初被鄂伦春人所供奉，后来传到达斡尔族。

【流传】（内蒙古自治区、黑龙江省等地）

【出处】

（a）珠荣嘎、额尔登泰、满都尔图、包鹤亭调查编著：《达斡尔族情况——达斡尔族调查材料之一》，全国人民代表大会民族委员会办公室 1957 年编印，第 30～33 页。

（b）《“霍列力·巴尔肯”来源的传说及其构成》，见吕大吉、何耀华总主编《中国各民族原始宗教资料集成》（鄂伦春族卷、鄂温克族卷、赫哲族卷、达斡尔族卷、锡伯族卷、满族卷、蒙古族卷、藏族卷），北京：中国社会科学出版社 1999 年版，第 305～306 页。

达斡尔族 爱辉地区达斡尔人以前不祭祀的“麻罗”（包括多种神）。它原是鄂伦春人的神，以后传到达斡尔族被奉为神。

【流传】黑龙江省·黑龙江省黑河市·爱辉县（爱辉区）·西岗子乡·友谊社

【出处】

（a）珠荣嘎、额尔登泰、满都尔图调查编著：《爱辉县西岗子乡友谊社达斡尔族情况——达斡尔族调查材料之三》，内蒙古少数民族社会历史调查组1959年编印，第105~106页。

（b）《"霍列力·巴尔肯"的构成及其来源的传说》，见吕大吉、何耀华总主编《中国各民族原始宗教资料集成》（鄂伦春族卷、鄂温克族卷、赫哲族卷、达斡尔族卷、锡伯族卷、满族卷、蒙古族卷、藏族卷），北京：中国社会科学出版社1999年版，第309页。

W0995.4.3.1

外出者带来外族的神

实 例

达斡尔族 "娘娘·巴尔肯"、"敖雷·巴尔肯"（山神）、"浩终·巴尔肯"（城里的神）和"苏木·巴尔肯"（庙里的神）等一批神陆续传入到达斡尔族中，被他们普遍供祭。这些神是由在内地服兵役的达斡尔族八旗官兵带回家乡的。

【流传】（内蒙古自治区、黑龙江省等地）

【出处】满都尔图：《达斡尔族卷·绪论》，见吕大吉、何耀华总主编《中国各民族原始宗教资料集成》（鄂伦春族卷、鄂温克族卷、赫哲族卷、达斡尔族卷、锡伯族卷、满族卷、蒙古族卷、藏族卷），北京：中国社会科学出版社1999年版，第289页。

W0995.4.4

用钱买神

实 例

达斡尔族 达斡尔人想要鄂温克人的神，鄂温克人说可以用钱买。

【流传】（新疆维吾尔自治区）

【出处】

（a）凯英：《新疆达斡尔族概况》，中国社会科学院民族研究所民族学研究室1980年编印，第27~28页。

（b）《"霍列力·巴尔肯"来由的传说》，见吕大吉、何耀华总主编《中国各民族原始宗教资料集成》（鄂伦春族卷、鄂温克族卷、赫哲族卷、达斡尔族卷、锡伯族卷、满族卷、蒙古族卷、藏族卷），北京：中国社会科学出版社1999年版，第310页。

W0995.4.5

与其他民族交换神

实 例

达斡尔族 亲如兄弟的达斡尔人和鄂伦春人、蒙古人分手时，互相交换了各自的巴尔肯（神），作为纪念。

【流传】黑龙江省·黑龙江省黑河市·爱辉县（爱辉区）·西岗子乡·友谊社

【出处】

(a) 珠荣嘎、额尔登泰、满都尔图调查编著：《爱辉县西岗子乡友谊社达斡尔族情况——达斡尔族调查材料之三》，内蒙古少数民族社会历史调查组1959年编印，第105～106页。

(b)《“霍列力·巴尔肯”的构成及其来源的传说》，见吕大吉、何耀华总主编《中国各民族原始宗教资料集成》（鄂伦春族卷、鄂温克族卷、赫哲族卷、达斡尔族卷、锡伯族卷、满族卷、蒙古族卷、藏族卷），北京：中国社会科学出版社1999年版，第310页。

W0995.5

神的代表（神的象征物，神的代言人，神偶）

【关联】

① [W0916.16.1] 灵简是象征宗支的神物

② [W6467.4] 神像

实　例

(参见下级母题实例)

W0995.5.1

巫师是神的代表人

实　例

(参见下级母题实例)

W0995.5.1.1

斡托西（巫师）是娘娘神灵的显示者

实　例

达斡尔族 斡托西（巫师）是娘娘神灵的显示者，也可以说是娘娘神的代表人，充当斡托西者多系女子，男人较少。

【流传】（原黑龙江省布特哈旗，今为内蒙古自治区呼伦贝尔市扎兰屯市）

【出处】

(a) 珠荣嘎、额尔登泰、满都尔图、包鹤亭调查编著：《达斡尔族情况——达斡尔族调查材料之一》，全国人民代表大会民族委员会办公室1957年编印，第41页。

(b)《斡托西之一（布特哈地区）》，见吕大吉、何耀华总主编《中国各民族原始宗教资料集成》（鄂伦春族卷、鄂温克族卷、赫哲族卷、达斡尔族卷、锡伯族卷、满族卷、蒙古族卷、藏族卷），北京：中国社会科学出版社1999年版，第357页。

W0995.5.2

男性做神的代言人

实　例

达斡尔族 巴尔西（娘娘神和狐仙的显灵者）稍通神灵，光绪二十六年（1900）庚子事变前差不多每个屯落都有，光绪二十六年后逐渐减少，巴尔西不治大病，只治疥疮、骨折等皮肤病和外科病，均男子充当。

【流传】黑龙江省·黑龙江省黑河市·爱辉县（爱辉区）·西岗子乡·友谊社

【出处】

(a) 珠荣嘎、额尔登泰、满都尔图调查编著：《爱辉县西岗子乡友谊社达斡尔族情况——达斡尔族调查材料之三》，内蒙古少数民族社会历史调查组1959年编印，第107页。

(b)《巴尔西之三（爱辉地区）》，见吕大吉、何耀华总主编《中国各民族原始宗教资料集成》（鄂伦春族卷、鄂温克族卷、赫哲族卷、达斡尔族卷、锡伯族卷、满族卷、蒙古族卷、藏族卷），北京：中国社会科学出版社1999年版，第358页。

达斡尔族 巴尔西（娘娘神和狐仙的显灵者）没有莫昆（达斡尔族社会组织形式，即具有密切血缘关系的父系氏族集团）的限制，他没有神具，只有108颗念珠。

【流传】（原黑龙江省布特哈旗，今为内蒙古自治区呼伦贝尔市扎兰屯市）

【出处】

(a) 珠荣嘎、额尔登泰、满都尔图、包鹤亭调查编著：《达斡尔族情况——达斡尔族调查材料之一》，全国人民代表大会民族委员会办公室1957年编印，第41页。

(b)《斡托西之一（布特哈地区）》，见吕大吉、何耀华总主编《中国各民族原始宗教资料集成》（鄂伦春族卷、鄂温克族卷、赫哲族卷、达斡尔族卷、锡伯族卷、满族卷、蒙古族卷、藏族卷），北京：中国社会科学出版社1999年版，第358页。

达斡尔族 巴里士（又译“巴尔西”，娘娘神和狐仙的显灵者），大多数人通过向患部吹一口气来表示治疗。女的不当巴里士。

【流传】（内蒙古自治区、黑龙江省等地）

【出处】

(a)［日］池尻登著，奥登挂译：《达斡尔族》，内蒙古达斡尔族历史语言文字学会1982年编印。第62页。

(b)《巴里士》，见吕大吉、何耀华总主编《中国各民族原始宗教资料集成》（鄂伦春族卷、鄂温克族卷、赫哲族卷、达斡尔族卷、锡伯族卷、满族卷、蒙古族卷、藏族卷），北京：中国社会科学出版社1999年版，第358页。

W0995.5.3
神偶是神的象征物

实 例

（参见下级母题实例）

W0995.5.3.1
用特定物制作神偶

【关联】［W0476.2.2.1］牲畜神吉雅奇是用偷来的不同姓氏人家的种马的鬃

尾绣成的 2 个人形

实　例

鄂温克族 牲畜之神“吉雅奇”的形状是两个人形。放在一方形的毡子上，是用偷来的不同姓氏人家的种马的鬃尾绣成的。

【流传】（内蒙古自治区·呼伦贝尔市·鄂温克族自治旗·辉索木）

【出处】

（a）《鄂温克族自治旗辉索木调查报告》，见内蒙古自治区编辑组《鄂温克族社会历史调查》，呼和浩特：内蒙古人民出版社 1986 年版，第 488 ~ 489 页。

（b）《“吉雅奇”神之一》，见吕大吉、何耀华总主编《中国各民族原始宗教资料集成》（鄂伦春族卷、鄂温克族卷、赫哲族卷、达斡尔族卷、锡伯族卷、满族卷、蒙古族卷、藏族卷），北京：中国社会科学出版社 1999 年版，第 117 页。

W0995. 5. 3. 2

木偶作为神的替代物

实　例

纳西族 押赤南方地，生神（又译为“色神”）老死时，生裔由木接；柯爪绿树坪，所立之木偶，祝点满牲血！镇压众鬼摩，动神镇左边，生神镇右边，镇鬼镇得坚固又牢靠，镇得太平安稳了。（动神，又译为“东神”，是原始女巫“把”时代的祖师，一切古谱都起始于动神。又说，动神是男神、阳神；相对应的生神则是女神、阴神。）

【流传】云南省·丽江县（丽江市）·长水乡（不详）

【出处】和泗泉读经，周汝诚调查记录，和志武翻译整理：经书《动丁》（1989），见吕大吉、何耀华总主编《中国各民族原始宗教资料集成》（纳西族卷、羌族卷、独龙族卷、傈僳族卷、怒族卷），北京：中国社会科学出版社 2000 年版，第 85 页。

W0995. 5. 4

特定物作为神象征（特定物是神的代表）

实　例

（参见下级母题实例）

W0995. 5. 4. 1

特定动物象征神

实　例

（参见下级母题实例）

W0995. 5. 4. 1. 1

蝴蝶是祖神的化身

实　例

苗族 因为始祖神的真身是蝴蝶，所以苗族认为蝴蝶是灵魂的化身，因此不许扑打。

【流传】（无考）

【出处】燕宝整理：《妹榜妹留》，见姚

宝瑄主编《中国各民族神话》（布依族、仡佬族、苗族），太原：山西出版传媒集团·书海出版社 2014 年版，第 279 页。

W0995.5.4.2

特定植物象征神

实 例

（参见下级母题实例）

W0995.5.4.2.1

柳象征始母神（佛朵玛玛）

实 例

满族 “佛朵玛玛”是一位重要的女性大神，“佛朵”即满语“柳”，佛朵玛玛即是以柳为代表的始母神，民间也有称“佛朵玛玛”为“子孙娘娘”。

【流传】（无考）

【出处】王宏刚、富育光：《满族风俗志》，北京：中央民族学院出版社 1991 年版，第 26 页。

W0995.5.4.3

特定自然物或无生命物象征神

实 例

（参见下级母题实例）

W0995.5.4.3.1

石头象征神

实 例

纳西族 河古北方地，动神（动神，是原始女巫“把”时代的祖师，一切古谱都起始于动神。又说，动神是男神、阳神。）老死时，动裔由石代。

【流传】云南省·丽江县（丽江市）·长水乡（不详）

【出处】和泗泉读经，周汝诚调查记录，和志武翻译整理：经书《动丁》（1989），见吕大吉、何耀华总主编《中国各民族原始宗教资料集成》（纳西族卷、羌族卷、独龙族卷、傈僳族卷、怒族卷），北京：中国社会科学出版社 2000 年版，第 85 页。

W0995.5.4.3.1.1

三块支锅的石头分别象征石头神、卓录玛法、卓录玛玛

实 例

满族 满族的院祭中有三块支锅的石头，代表的是满族先民所敬奉的石头神、卓录玛法、卓录玛玛。

【流传】吉林省·（吉林市）·永吉县·乌拉街满族镇·韩屯村

【出处】富育光、王宏刚：《满族萨满关志远、关柏荣访问记》（1984～1985），见吕大吉、何耀华总主编《中国各民族原始宗教资料集成》（鄂伦春族卷、鄂温克族卷、赫哲族卷、达斡尔族卷、锡伯族卷、满族卷、蒙古族卷、藏族卷），北京：中国社会科学出版社 1999 年版，第 536 页。

W0995.5.4.3.1.2

特定的神死后以石头为代表物

实 例

（参见下级母题实例）

W0995.5.4.3.1.2.1

动神死后以石代表

实 例

纳西族 动神（又译为“东神”）住北方，死后以石代表。

【流传】云南省·丽江县（丽江市）

【出处】《动丁》（开坛迎动神经），原载和士诚讲，和志武调查整理《关于动神和生神》（1989），见吕大吉、何耀华总主编《中国各民族原始宗教资料集成》（纳西族卷、羌族卷、独龙族卷、傈僳族卷、怒族卷），北京：中国社会科学出版社2000年版，第83页。

W0995.5.4.3.1.3

白石代表的天、地、树林与火神

实 例

羌族 羌民的白石信仰的并非白石的本身，而是以白石代表的天、地、树林与火神。

【流传】（无考）

【出处】胡鉴民：《羌族的信仰与习为》，原载《边疆研究论丛》1941年，见吕大吉、何耀华总主编《中国各民族原始宗教资料集成》（纳西族卷、羌族卷、独龙族卷、傈僳族卷、怒族卷），北京：中国社会科学出版社2000年版，第464页。

W0995.5.4.3.2

神是天

实 例

鄂温克族（实例待考）

W0995.5.4.3.3

火就是神，神就是火

实 例

彝族（撒尼） 撒尼人认为，“火就是神，神就是火”。

【流传】云南省·昆明（昆明市）·（寻甸回族彝族自治县·先锋乡）·恰普鲁村

【出处】云南彝族撒尼支宗教祭司张琼（1890～1971）遗稿，长孙张福整理：《雷神赐火》，见吕大吉、何耀华总主编《中国各民族原始宗教资料集成》（彝族卷、白族卷、基诺族卷），北京：中国社会科学出版社1996年版，第94页。

W0995.5.4.4

人造物作为神的象征物

实 例

（参见下级母题实例）

W0995.5.4.4.1

纸旗象征神

实 例

羌族 秋收后还大愿时，由释比（巫师）裁纸做旗，将一些旗子插在杉杆或桦木杆上，以代表天地山树水火等神。

【流传】四川省·（阿坝藏族羌族自治州）·汶川县·绵池乡·沟头寨

【出处】

(a) 王治国（释比，64 岁）唱，汪有伦翻译，钱安靖整理：《上坛经》（1983.11 ~ 1984.11）说明文字，见钱安靖《羌族和羌语支各居民集团宗教习俗调查报告》，四川大学宗教研究所油印本，1987 年 12 月。

(b) 同（a），见吕大吉、何耀华总主编《中国各民族原始宗教资料集成》（纳西族卷、羌族卷、独龙族卷、傈僳族卷、怒族卷），北京：中国社会科学出版社 2000 年版，第 538 页。

羌族 崇信羊神、仓神、财神等，各于家中屋角插一纸旗代表之。

【流传】四川省·（阿坝藏族羌族自治州）·汶川县·雁门乡·小寨子

【出处】汪宁生：《解放前羌族的生产活动、生活习俗和宗教信仰》，原载《云南省少数民族社会历史研究所编彝族调查资料之二：四川及云南昭通地区彝族社会历史调查资料》，1963 年 5 月 10 日，见吕大吉、何耀华总主编《中国各民族原始宗教资料集成》（纳西族卷、羌族卷、独龙族卷、傈僳族卷、怒族卷），北京：中国社会科学出版社 2000 年版，第 470 页。

W0995.5.4.4.2

炉灶的足象征神

实 例

羌族 每家火塘铁炉灶的三铁足象征三个家神：一个叫“莫古依稀”，是火神；一个叫“活叶依稀”，是男祖宗；一个叫“迟依稀”，是女祖宗。

【流传】四川省·（阿坝藏族羌族自治州）·汶川县·雁门乡·萝卜寨

【出处】

(a) 张宗南：《萝卜寨羌民的端公》，载《边疆服务》第 1 卷第 2 期，1943 年 6 月。

(b) 同（a），见吕大吉、何耀华总主编《中国各民族原始宗教资料集成》（纳西族卷、羌族卷、独龙族卷、傈僳族卷、怒族卷），北京：中国社会科学出版社 2000 年版，第 469 页。

W0995.5.4.4.3

室内火塘铁三脚分别代表火神、男祖宗神和女祖宗神

实 例

羌族 室内火塘铁三脚代表三尊神：一为火神，一为男祖宗神，一为女祖宗神。

【流传】四川省·（阿坝藏族羌族自治

州）·汶川县·龙溪乡·比亚朵寨

【出处】

（a）余明海（释比，68 岁）、朱顺才（释比，68 岁）唱，汪有伦等翻译，钱安靖整理：《上坛经》（1983. 11 ~ 1984. 12），见钱安靖《羌族和羌语支各居民集团宗教习俗调查报告》，四川大学宗教研究所油印本，1987 年 12 月。

（b）同（a），见吕大吉、何耀华总主编《中国各民族原始宗教资料集成》（纳西族卷、羌族卷、独龙族卷、傈僳族卷、怒族卷），北京：中国社会科学出版社 2000 年版，第 532 页。

W0995. 5. 5

神有特定的标志（神的标志物）

实　例

（参见下级母题实例）

W0995. 5. 5. 1

神以一颗宝石为标志

实　例

藏族 佛教传入西藏以前有很多土著山神，其中有统治六岭的 12 山神。其中，乘达岭的两个山神中，柴冲多吉雍钟是一位戴白丝头巾和杂色衣服的白人，该神的标志是一杆缚旗的长矛和一把剑，骑一匹绿松石鬃毛的白马。念姜多杰洛珠是一位骑蓝马穿铁甲的蓝色神人，他的标志是一面胜幢和一颗宝石。

【流传】（西藏自治区）

【出处】［奥地利］内贝斯基著，谢继胜译：《西藏的鬼怪和神灵——比较宗教学研究》，原载《国外藏学研究译文集》第 3 集，西藏人民出版社 1987 年版，见吕大吉、何耀华总主编《中国各民族原始宗教资料集成》（鄂伦春族卷、鄂温克族卷、赫哲族卷、达斡尔族卷、锡伯族卷、满族卷、蒙古族卷、藏族卷），北京：中国社会科学出版社 1999 年版，第 791 页。

W0995. 5. 5. 2

地方神以山、巨石、参天巨树作标志

实　例

怒族 地方神总是以物为标志，即以山、巨石、参天巨树作标志。

【流传】云南省·（怒江傈僳族自治州）·兰坪（兰坪白族普米族自治县）

【出处】

（a）李绍恩：《傈僳族、怒族中的哲学思想初探》，载云南省民族理论研究会怒江州分会筹备组编《怒江民族研究》1988 年 1 ~2 期。

（b）同（a），见吕大吉、何耀华总主编《中国各民族原始宗教资料集成》（纳西族卷、羌族卷、独龙族卷、傈僳族卷、怒族卷），北京：中国社会科学出版社 2000 年版，第 851 页。

W0995.5.6

结草为神

实 例

（参见下级母题实例）

W0995.5.6.1

猎人打只草疙瘩在神像前扬一下放进衣袋，象征神随同打猎

实 例

壮族 合伙入山围猎者，领队的在家敬“梅山张五郎”之后，还要到山坳给孟公烧香化纸斟清茶。然后打只草疙瘩在神像前扬一下，放进衣袋，象征神随同打猎，大吉大利。

【流传】广西壮族自治区·（桂林市）·龙胜各族自治县·日新乡、瓢里乡、三门乡

【出处】陈维刚、梁堂清搜集整理：*《山坳孟公神》（1990），见吕大吉、何耀华总主编《中国各民族原始宗教资料集成》（土家族卷、瑶族卷、壮族卷、黎族卷），北京：中国社会科学出版社 1998 年版，第 553 页。

W0995.5.7

神的幻象

实 例

（参见下级母题实例）

W0995.5.7.1

神的幻象是乌鸦

实 例

（参见下级母题实例）

W0995.5.7.1.1

神利用乌鸦的嘴吃东西

实 例

藏族（白马） 白马藏人在收获庄稼时，用火枪打乌鸦，认为乌鸦不是神，只不过是神在利用乌鸦的嘴吃东西。

【流传】（四川省·绵阳市·平武县等地）

【出处】《乌鸦是神的代表》，见周贤中《走进白马藏人》，成都：电子科技大学出版社 2016 年版，第 73 页。

W0995.5.8

神的象征物的确定

实 例

（参见下级母题实例）

W0995.5.8.1

神的象征物必须通过巫师选择

实 例

（参见下级母题实例）

W0995. 5. 8. 1. 1

白石作为神的象征物必须通过巫师选择

实 例

羌族 羌族的白石崇拜并非对天然石的崇拜，不能把“白石神”理解为“白色的石头”。在羌区，作为神灵供奉的白石，须选择洁净石块，一般应由“许”或“诗谷”作法安置，淋以鸡羊血或牛血，方能表征神灵。

【流传】（无考）

【出处】《羌族卷·前言》，见吕大吉、何耀华总主编《中国各民族原始宗教资料集成》（纳西族卷、羌族卷、独龙族卷、傈僳族卷、怒族卷），北京：中国社会科学出版社 2000 年版，第 450 页。

W0995. 5. 9

神的象征物的使用（神的象征物的处理）

实 例

（参见下级母题实例）

W0995. 5. 9. 1

神的象征物每年春节时更新

实 例

羌族（木雅人） 木雅人认为房顶放白石（神）可保家中清洁平安，吉祥如意。每年过春节时房顶的白石须更新一次。

【流传】 四川省·甘孜州（甘孜藏族自治州）·康定县·沙德和营官等地区

【出处】 钱安靖：《康定县沙德区木雅人的宗教习俗调查》，1986 年 8 月 15 日，见吕大吉、何耀华总主编《中国各民族原始宗教资料集成》（纳西族卷、羌族卷、独龙族卷、傈僳族卷、怒族卷），北京：中国社会科学出版社 2000 年版，第 481 页。

W0995. 5. 9. 2

神的象征物在特定地方有意义

实 例

（参见下级母题实例）

W0995. 5. 9. 2. 1

白石只有放在房背上才代表神

实 例

羌族 白石只有在房背上才代表神的意思，其他地方并没有白石。再如有些坟上的白石乃是砌坟者随便放的，并没有特殊意义。

【流传】 四川省·（阿坝藏族羌族自治州）·汶川县·雁门乡·萝卜寨

【出处】

（a）张宗南：《萝卜寨羌民的端公》，载《边疆服务》第 1 卷第 2 期，1943 年 6 月。

（b）同（a），见吕大吉、何耀华总主编《中国各民族原始宗教资料集成》（纳西族卷、羌族卷、独龙族卷、傈傈族卷、怒族卷），北京：中国社会科学出版社2000年版，第469页。

W0995.6

神的供奉（神的祭祀）

实 例

（参见下级母题实例）

W0995.6.1

供神的原因

【关联】［W0912.2.1.3］供神驱鬼（祭特定的神驱鬼）

实 例

（实例待考）

W0995.6.2

供神的方式

实 例

（参见下级母题实例）

W0995.6.2.1

特定性别供奉的神

实 例

（参见下级母题实例）

W0995.6.2.1.1

各种神只有火神由妇女供奉

【关联】［W6511］神的禁忌

实 例

鄂伦春族 请火神“透欧博如坎”保佑火种旺盛，永不失火，在供奉的各种神中，唯有火神是由妇女来供奉。

【流传】（无考）

【出处】

（a）内蒙古自治区编委会：《鄂伦春族社会历史调查》（第一集），呼和浩特：内蒙古人民出版社1984年版，第161页。

（b）《火神的传说》，见吕大吉、何耀华总主编《中国各民族原始宗教资料集成》（鄂伦春族卷、鄂温克族卷、赫哲族卷、达斡尔族卷、锡伯族卷、满族卷、蒙古族卷、藏族卷），北京：中国社会科学出版社1999年版，第19～20页。

W0995.6.3

供神的结果

实 例

（实例待考）

W0995.6a

迎神

【关联】［W0659.9.2］迎祖先（接祖先，接祖神）

实 例

（参见下级母题实例）

W0995.6b

送神

【关联】［W0659.9.3］送祖先

实 例

（参见下级母题实例）

W0995. 6b. 1

送火神

实 例

（参见下级母题实例）

W0995. 6b. 1. 1

失火后要举行送火神仪式

实 例

纳西族 失火后要举行“送火神”仪式。

【流传】 云南省·丽江县（丽江市）·塔城乡·依陇行政村·巴甸村

【出处】 和学智等讲，杨福泉调查整理：《丽江塔城地区的“送火神”仪式》（1989），见吕大吉、何耀华总主编《中国各民族原始宗教资料集成》（纳西族卷、羌族卷、独龙族卷、傈僳族卷、怒族卷），北京：中国社会科学出版社2000年版，第73页。

W0995. 7

神的户籍（神籍）

实 例

（参见下级母题实例）

W0995. 7. 1

注册神籍

实 例

（实例待考）

W0995. 7. 2

注销神籍

实 例

（参见下级母题实例）

W0995. 7. 2. 1

天帝革除了后羿的神籍

实 例

汉族 后羿因为射杀了天帝的九个太阳儿子，被专权的天帝革除了神籍，他就只好祈求长生不死，这也可以避免死后与厉鬼同处。

【流传】 河南省·（濮阳市）·濮阳县

【出处】 袁珩（58岁，小学教师）讲，郭晋光采录：《仙女变成了癞蛤蟆》（1989. 12. 11），见张振犁编著，孟宪明、朱淑君统纂《中原神话通鉴》（第三卷），郑州：河南大学出版社2017年版，第895页。

W0995. 8

神被驱赶（驱神）

【关联】 ［W0912］驱鬼（驱邪，捉鬼，捉灵魂）

实 例

（参见下级母题实例）

W0995. 8. 1

驱赶作祟的猎神

实 例

纳西族 小孩如用掏鸟雀的木棍打家畜，猎神就会作祟，使这家畜得病，要用妇女的裙子击打病畜，把作祟的猎神赶走。

【流传】云南省·丽江县（丽江市）·（玉龙纳西族自治县）·塔城（塔城乡）·依陇（依陇行政村）·巴甸村

【出处】和崇义（50岁）讲，杨福泉调查整理：《丽江塔城依陇地区的祭猎神仪式》（1989），见吕大吉、何耀华总主编《中国各民族原始宗教资料集成》（纳西族卷、羌族卷、独龙族卷、傈僳族卷、怒族卷），北京：中国社会科学出版社2000年版，第282页。

W0995.8.2

驱瘟神

【关联】［W0483.6.4.1］送瘟神

实 例

（参见下级母题实例）

W0995.8.2.1

八月十五以后任何一日，每家请端公驱逐瘟神

实 例

羌族 八月十五以后任何一日，每家请端公祓除家中不祥，驱逐瘟神。

【流传】四川省·（阿坝藏族羌族自治州）·理县·桃坪乡、蒲溪乡

【出处】

（a）胡鉴民：《羌民的经济活动型式》，载《民族学研究集刊》1944年第4期。

（b）同（a），见吕大吉、何耀华总主编《中国各民族原始宗教资料集成》（纳西族卷、羌族卷、独龙族卷、傈僳族卷、怒族卷），北京：中国社会科学出版社2000年版，第506页。

W0995.8.3

通过特定仪式驱神

实 例

（参见下级母题实例）

W0995.8.3.1

用耍水龙的方式驱逐火神

实 例

白族 水能克火，用竹子扎成一条龙，以耍水龙的方式驱逐火神，祈求龙神保佑。

【流传】云南省·（大理白族自治州）·鹤庆县·云鹤镇

【出处】王承权调查整理：《鹤庆白族送火神》（1988），见吕大吉、何耀华总主编《中国各民族原始宗教资料集成》（彝族卷、白族卷、基诺族卷），北京：中国社会科学出版社1996年版，第506页。

W0996

与神性人物有关的其他母题

【汤普森】≈A190

实 例

（参见下级母题实例）

W0996.1

神性人物受尊崇

实 例

达斡尔族 受汉族的影响，有些达斡尔族人家崇拜有神性的关羽，在家中供奉关帝。

【流传】（内蒙古自治区、黑龙江省等地）

【出处】 珠荣嘎、满都尔图主编：《达斡尔族社会历史调查》，呼和浩特：内蒙古人民出版社1985年版，第257～258页。

Motif-index of China Mythology Characters Database

中国神话人物母题数据索引

（6–6）

王宪昭 | 著

中国社会科学出版社

6－6
附　　录

附录 1

中国神话人物母题代码检索表①

0.1　神的概述
【W0001 ~ W0179】

0.1.1　神的产生
【W0000 ~ W0059】

① 本检索表具有本书全部母题级母题实例的检索功能。其使用方法可适用不同检索习惯。主要有：（1）通过母题代码，直接从本书的页眉中查找相对应母题实例；（2）通过自然数代码母题或其下一级母题之后的页码标准，直接到相关页码查找母题实例；（3）通过母题层级中的逻辑关系查找相应母题实例。

W0044.7.2.1 兄妹婚生的38对男女12对形成12种民族的祖先，剩下26对变成地上的各种神灵【54】
W0044.7.3 国王的儿子成为神【54】
W0044.7.3.1 国王与妃子生的儿子成为神【54】
W0044.8 特殊身份的人变成神【55】
W0044.8.1 首领变成神【55】
W0044.8.1.1 酋长是山神【55】
W0044.8.1.2 部落女首领成为神【55】
W0044.8.1.3 首领生前宣布自己死后为神【55】
W0044.8.1.4 勇猛的首领死后被尊为神【55】
W0044.8.1.5 生前有势力的统治者死后变的神也威严【56】
W0044.8.2 会念咒驱鬼祭神的人成为神【56】
W0044.8.3 守山川之祀者为神【56】
W0044.8.4 从事特定职业的人死后被奉为神【56】
W0044.8.4.1 喂牛和挤牛奶的奴仆卓力死后被养乳牛的人奉为卓力巴日肯【57】
W0044.8.5 古代将领成为神【57】
W0044.8.5.1 唐朝大将成为南诏国的神【57】
W0044.8.6 能人被认为是神【57】
W0044.8.6.1 会生火的阏伯被认为是神【57】
W0044.8.6.2 射箭能手在江边变成江边神【58】
W0044.9 特殊遭遇的人变成神【58】
W0044.9.1 遭雷击的人成为神【58】
W0044.9.1.1 遭雷击的人的灵魂成为神【59】
W0044.9.1.1.1 遭雷击的老人霍卓热死后灵魂成为霍卓热神【59】
W0044.9.1.2 遭雷击的母女成为神【60】
W0044.10 做好事的人成为神【60】
W0044.10.1 一个为百姓除水患的童养媳成为神【60】
W0044.11 老人变成神【61】
W0044.11.1 索南尔老人在迁徙路上化成神【61】

W0045 人变成神的方法（人变神的途径）【61】

W0045.1 人升天后变成神【61】
W0045.1.1 3个萨满和9对青年男女逃到上天成为神【61】
W0045.2 人到神界成为神【62】
W0045.3 人身体分离变成神【62】
W0045.4 人到特定地点变成神【62】
W0045.4.1 人到山顶后变成神【62】
W0045.4.1.1 人登特定的山变成神【62】
W0045.4.1.1.1 人登昆仑山的悬圃之上乃神【62】
W0045.4.2 人洞中变成神【63】
W0045.4.2.1 一对恋人到洞中变成该洞的洞主和崖神【63】
W0045.4a 人过河后变成神【63】

0.1.2 神的特征
【W0060～W0089】

W0066.1 女神源于某个地方【125】

W0066.1.1 天降女神【125】

W0066.1.1.1 天降创世始祖女神木吉卓【125】

W0066.2 女神是造出来的【125】

W0066.2.1 女天神造女神【125】

W0066.2.2 创造神造女神【126】

W0066.2.2.1 创造神用太阳创造善良的女神【126】

W0066.3 女神是生育产生的【126】

W0066.3.1 天与地创生女神【126】

W0066.3.2 女神生女神【126】

W0066.3.2.1 众女神的始祖母【126】

W0066.4 女神是变化产生的【127】

W0066.4.1 仙女变成女神【127】

W0066.4.2 特定物化生女神【127】

W0066.4.2.1 柳叶化生女神【127】

W0066.4.2.1.1 柳叶演化出女神佛朵妈妈【127】

W0066.4.3 特定的人成为女神【127】

W0066.4.3.1 有本事的大萨满成为女神【127】

W0066.4.4 物质运动产生女神【128】

W0066.4.4.1 烟雾运动产生女神【128】

W0066.4.5 特定的果实变成女神【128】

W0066.4.5.1 银果变成女神【128】

W0066.4.6 卵变成女神【128】

W0066.4.6.1 肉瘤变成拖亚拉哈女神【128】

W0066.5 女神是婚生的【129】

W0066.6 与女神产生有关的其他母题【129】

W0066.6.1 女神产生之时是造女神者死亡之日【129】

W0067 女神的特征（女神的生活）【129】

W0067.0 女神的面貌（女神的体征）【129】

W0067.0.1 多头女神长有多个头【129】

W0067.0.1.1 女神九个头【129】

W0067.0.1.1.1 9个头的敖钦女神很有智慧【130】

W0067.0.1.1.2 敖钦女神九头八臂，神力盖世【130】

W0067.0.2 千面女神【130】

W0067.0.3 美丽的女神（女神貌美，美女神）【130】

W0067.0.3.1 美丽的桑戛赛女神一对大眼睛又黑又亮，头发油滑，身子光滑匀称【130】

W0067.0.3.2 女神貌美动人像一朵初开的红杜鹃【131】

W0067.0.3.3 女神的眼睛如明月，肤色像阳光【131】

W0067.0.3.4 举世无双的美女神德雅玛【131】

W0067.0.4 女神雪白无肉【131】

W0067.0.5 女神以前的体征与现在不同【131】

W0067.0.5.1 以前女神长胡须【131】

W0067.0.5.2 以前女神没有乳房【132】

W0067.0.5.3 以前地母有喉结【132】

W0067.0.6 女神身体巨大【132】

W0067.0.6.1 大地女神身体巨大【132】

W0067.0.6.2 女神的身体是大地【133】

W0067.0.7 女神是白发老妈妈的样子【133】

W0067.1 女神有特殊肢体【133】

W0067.1.1 女神有多个手足【133】

W0067.1.2 女神有男性生殖器【133】

W0067.1.2.1 女神有了男性生殖

W0067a 女神的职能（女神的能力）【141】

W0068.1.1 造物母【149】

W0068.1.2 最早的创世女神【149】

W0068.1.2.1 最早的创世女神阿媄腰白【149】

W0068.2 大母神【149】

W0068.2.1 世界最早产生大母神【149】

W0068.2.2 大母神雌雄一体【150】

W0068.2.2.1 大母神马达尔迪雌雄一体【150】

W0068.3 母亲神【150】

W0068.3.1 母亲神创世【150】

W0068.3.2 母亲神造人类【150】

W0068.3.3 白发苍苍的母亲神有吃不完的乳汁【150】

W0068.3.4 母亲之天额客腾格里【151】

W0068.3.5 母亲神朗【151】

W0068.3.5.1 母亲神朗住在地下【151】

W0068.4 姊妹神【151】

W0068.5 神母【151】

W0068.6 万能的女神（万能女神）【152】

W0068.6.1 万能女神阿匹梅烟【152】

W0068.6.1.1 最高最大的天神俄玛生万能女神阿匹梅烟【152】

W0068.7 自生自育的女神【152】

W0068.8 女人神【152】

W0068.8.1 女人神抵力古莫婆婆【152】

W0068.9 负责计量的女神【153】

W0068.9.1 极高大的女神妞香丈量天地【153】

W0068.9a 渍菜女神【153】

W0068.9a.1 渍菜女神布苏妈妈【153】

W0068.9b 秋千女神【153】

W0068.9b.1 突姆火神变成后世的“秋千女神”【153】

W0068.10 特定名称的女神（女神名称）【154】

W0068.10.1 魂灵女神苏鲁玛玛【154】

W0068.10.2 女神朴莫乃日（蒲么列日、蒲莫列衣）【154】

W0068.10.3 专管山林的山崩女神【154】

W0068.10.4 女神雷鲁【155】

W0068.10.4.1 女神雷鲁和男神朱幂米造山河【155】

W0068.10.4a 女神务往葩【155】

W0068.10.5 女神牙巫【155】

W0068.10.6 女天神阿布卡赫赫【155】

W0068.10.6a 敖钦女神【155】

W0068.10.6a.1 敖钦女神头上长着一只直插天穹的大角【156】

W0068.10.6a.2 敖钦女神是两性怪神【156】

W0068.10.6b 卧勒多赫赫女神【156】

W0068.10.6b.1 女天神阿布卡赫赫身上裂变出卧勒多赫赫女神【156】

W0068.10.7 女神康嘎夏梅玛【157】

W0068.10.7.1 女神康嘎夏梅玛白雪无肉【157】

W0068.10.7.2 女神康嘎夏梅玛居金刚红岩【157】

W0068.10.7a 女神卜热鹰后【157】

W0068.10.7a.1 卜热鹰后女神骑一头白犊【157】

W0068.10.7a.2 卜热鹰后女神居阿尼玛卿山【157】

W0068.10.7b 多吉贡查玛女神【157】

0.1.3 神的生活

【W0090 ~ W0119】

天上【281】

W0098.1.1 众神住天上（众神居天上）【281】

W0098.1.1.1 以前因为天地很近，众神住天上【281】

W0098.2 神住天堂（神居天堂）【281】

W0098.2.1 神在天堂有隔开的住所【282】

W0098.2.2 神离开天堂（神失天堂）【282】

W0098.2.3 神居九天神堂【282】

W0098.2.3.1 神住天庭的河边【282】

W0098.3 神住天的上面（神居天的上面）【282】

W0098.3.1 神住天的最高层【283】

W0098.4 神住特定层数的天上（神居特定层数的天上）【283】

W0098.4.1 神住3层天上【283】

W0098.4.1.1 天神俄玛住在3层高天【283】

W0098.4.2 神住9层天上【284】

W0098.4.2.1 善神阿布卡赫赫被住9层天上【284】

W0098.4.3 神住36层天上【284】

W0098.5 神住云中（神居云中）【284】

W0098.5.1 神住特定天层的云中【284】

W0098.5.1.1 女神阿布卡赫赫住九层云天【284】

W0098.5.2 神居云端【285】

W0098.6 与神住天上有关的其他母题（与神居天上有关的其他母题）【285】

W0098.6.1 神战败的返回天上【285】

W0098.6.2 神不能回到天上【285】

W0098.6.2.1 神因失去神力不能回天【285】

W0098.6.3 神住空中【286】

W0098.6.3.1 阿颇大神悬吊在空中【286】

W0098.6.4 神住上界【286】

W0098.6.4.1 神住三界中的上界【286】

W0098.6.5 天地浑沌时神住天上【286】

W0098.6.5.1 天地浑沌时天主和众神住天上【286】

W0098.6.6 神住星空中【287】

W0098.6.7 神住天上的村寨【287】

W0098.6.7.1 马迪道神住在天上出雨水的班列比列村【287】

W0098.6.8 神住天上国【287】

W0098.6.9 神住天上的山上【288】

W0098.6.10 神居星群中【288】

W0098.6.10.1 重要神祇住具有超凡神力的星群中【288】

W0099 神住地上（神居人间）【288】

W0099.0 以前神住地上【288】

W0099.0.1 远古，神和人共同居住在地上【288】

W0099.1 神住地球一个特殊地方（神居地球某处，神住特定方位的东方）【289】

W0099.1.1 东神住北方，色神住南方【289】

W0099.2 神住大地的中央（神居地中央）【289】

W0099.2.1 天公遮帕麻和地母

0.1.4 神的地位、性质与职能【W0120～W0129】

0.1.5 神的能力
【W0130～W0134】

0.1.6 神的工具与武器 【W0135～W0139】

0.1.7 神的关系
【W0140～W0174】

0.1.8 神的寿命与死亡【W0175～W0179】

0.2 与方位相关的神 (W0180～W0269)

0.2.1 天神【W0180～W0229】

0.2.2 地神

【W0230～W0239】

0.2.3 阴间神（冥神）

【W0240 ~ W0249】

0.2.4 其他方位神
【W0250～W0269】

W0251.1.1 神被分配到东方成为东方神【818】

W0251.2 东方神的特征【818】

W0251.3 东方神的身份【818】

W0251.3.1 东方神是日神【818】

W0251.3.2 东方诸神是恶神【818】

W0251.3.2.1 东方众腾格里危害人类【819】

W0251.3.2.2 居住在日出方向的神灵凶恶【819】

W0251.4 东方神的职能【819】

W0251.5 东方神的关系【819】

W0251.5.1 东方神之首【819】

W0251.5.1.1 阿塔腾格里是东方四十四天之首【819】

W0251.5.2 东方44尊腾格里的长辈和首领是红色阿塔噶腾格里【820】

W0251.6 东方神的类型【820】

W0251.6.1 东方的天神（东方天神）【820】

W0251.6.1.1 邪恶的女神生东方的天神【820】

W0251.6.1.2 东方天神是瘟神【820】

W0251.6.1.3 东方天神是牛神【820】

W0251.6.1.4 东边的天神胡罗阿叭【821】

W0251.6.1.5 东方天神龙鹤早揣【821】

W0251.6.2 东方火神【821】

W0251.6.2.1 东方火界王【821】

W0251.6.3 东方人神【821】

W0251.6.3.1 东方生一个人神儒惹古达【822】

W0251.6.4 动物东方神【822】

W0251.6.4.1 龙是东方神灵【822】

W0251.6.5 东方女神【822】

W0251.6.5.1 东方女神德立格【822】

W0251.7 东方神的数量【822】

W0251.7.1 东方有44个天神【822】

W0251.7.2 东方44尊恶天神【822】

W0251.8 特定名称的东方神【823】

W0251.8.1 东方神句芒【823】

W0251.8.1.0 句芒【823】

W0251.8.1.1 句芒马身人面【823】

W0251.8.1.1a 句芒鸟身人面【823】

W0251.8.1.2 句芒辅佐东方神太皞【823】

W0251.8.1.2a 句芒是太皞伏羲氏的佐神【823】

W0251.8.1.3 句芒为少皞氏之后【824】

W0251.8.1.4 句芒穿鸟衣【824】

W0251.8.1.5 句芒居东方【824】

W0251.8.1.6 句芒是农神【824】

W0251.8.1.6.1 春天之神句芒是农神【824】

W0251.8.1.7 句芒是春天之神【824】

W0251.8.1.7.1 与句芒有关的其他母题【825】

W0251.8.1.7.1.1 勾芒【825】

W0251.8.1.7.1.1.1 勾芒驱土牛【825】

W0251.8.2 东方天神龙鹤早揣【825】

W0251.8.3 东方天神沽色尼【825】

W0251.8.4 东方东巴格称称补神【826】

W0251.8.4.1 东方东巴格称称补神骑红虎【826】

W0251.8.4a 东方木大神【826】

W0251.8.4b 东方“仁”神和“趣”神【826】

W0251.8.4b.1 白“仁”神和白角之“趣”神住到方螺白高山悬岩【826】

W0251.8.5 东方大神呆米【827】

W0251.8.5.1 东方呆米把守着天

0.3 与自然现象（物）有关的神（W0270～W0419）

0.3.1 日月星辰神【W0270～W0289】

0.3.2 与天气有关的神
【W0290 ~ W0389】

昆虫 【1004】
W0316.7.2 雷神脸赤如猴 【1004】
W0317 与雷神的外形有关的其他母题【1004】
W0317.1 雷神的头（雷公头）【1004】
W0317.1.0 雷神长着鸡头 【1004】
W0317.1.1 雷公有巨大的头 【1005】
W0317.1.1.1 雷公头像山岗大 【1005】
W0317.1.2 雷公有9个头（九头雷公） 【1005】
W0317.1.3 雷公头上有疙瘩的来历 【1005】
W0317.1.3.1 雷公头上的疙瘩是蜂蛰的 【1005】
W0317.2 雷神的脸（雷公脸）【1005】
W0317.2.1 雷神红脸 【1006】
W0317.2.1a 雷神的脸是蓝靛色 【1006】
W0317.2.2 雷神脸色多变 【1006】
W0317.2.3 雷神青面尖嘴 【1006】
W0317.2.4 雷公的脸有蓝、绿、黑三色变化 【1006】
W0317.2.5 雷公的脸像公鸡 【1007】
W0317.3 雷神的眼（雷公眼）【1007】
W0317.3.1 雷公奇特的眼睛 【1007】
W0317.3.1.1 雷公长着吓人的大眼睛 【1007】
W0317.3.2 雷公长着灯笼眼 【1007】
W0317.3.2.1 雷王的一对灯笼眼闪绿光 【1007】
W0317.3.3 雷神3只眼（雷公3只眼） 【1008】
W0317.3.4 雷公的眼为什么是鼓的 【1008】
W0317.3.4.1 雷公的眼鼓是被坐压造成的 【1008】
W0317.3.4.2 雷公眼珠外露是被打出来的 【1009】
W0317.3.5 雷公的眼会发光 【1009】
W0317.3.5.1 雷公的眼睛像月亮和太阳一样闪光 【1009】
W0317.4 雷神的嘴 【1009】
W0317.4.1 雷神长着长嘴 【1010】
W0317.4.2 雷公长着鸡嘴 【1010】
W0317.5 雷神的四肢 【1010】
W0317.5.1 雷神长着鸡脚（雷公的鸡腿） 【1010】
W0317.5.2 雷神足如鹰鹯 【1011】
W0317.6 雷公有12个身躯 【1011】
W0317.6.1 雷神十二躯以应十二方位 【1011】
W0317.7 雷公身上长毛 【1012】
W0317.7.1 雷公身上长毛，尖鸡嘴，背生一对翅膀 【1012】
W0317.8 雷公的胡须 【1012】
W0317.8.1 雷公的胡须像树木一样粗 【1012】
W0317.9 雷神面目奇特（雷神面目可怕）【1012】
W0317.9.1 雷神青面獠牙 【1012】
W0317.9.1.1 雷王青面獠牙鼓眼珠 【1013】
W0317.9.2 雷神青面尖嘴 【1013】
*** W0318 雷神的性格（雷公的性情） 【1013】**
W0319 善的雷神 【1013】
W0319.1 善的雷公 【1013】
W0319.1.1 洪水时雷公做

善事【1013】

W0319.1.2 雷公心地善良【1014】

W0319.1.2.1 雷公貌丑但心地善良【1014】

W0319.2 善的雷婆【1014】

W0320 恶的雷神【1014】

W0320.1 恶的雷公【1014】

W0320.1.1 雷公鬼是恶鬼【1014】

W0320.1.2 雷公要毁灭人类【1014】

W0320.1.3 雷公心肠狠毒害亲娘【1015】

W0320.1.4 雷公赶走亲娘【1015】

W0320.2 恶的雷婆【1015】

W0320.3 雷公是凶神【1015】

W0320.3.1 凶恶的雷公图把【1016】

W0320.3.2 雷不让人生火【1016】

W0321 雷神脾气暴躁【1016】

W0321.1 雷婆性情暴躁【1016】

W0321.2 雷公脾气暴躁【1016】

W0321.2.1 雷公爷脾气暴躁【1017】

W0321.2.2 雷王发脾气拿着板斧和凿子这里凿，那里劈【1017】

W0322 雷公秉性刚直【1017】

W0322.1 雷公秉公惩罚天下糟蹋粮食的人【1017】

W0322.2 雷神两兄弟不贪心处事公正【1018】

W0323 雷神的其他性格【1018】

W0323.1 雷神的嗜好【1018】

W0323.1.1 雷神爱敲鼓【1018】

W0323.2 雷公又刁又诈【1018】

W0323.3 雷公仇恨人类【1019】

W0323.3.1 雷神仇视人类过上好日子【1019】

W0324 与雷神的特征有关的其他母题【1019】

W0324.1 雷神的心（雷公心）【1019】

W0324.1.1 雷神没有心【1019】

W0324.1.1.1 雷公没有心，所以会冤枉好人【1019】

W0324.1.2 雷公心可治病【1020】

W0324.1.3 雷公心能辨别善恶【1020】

W0324.1.4 雷公的心是闪电【1020】

W0324.2 雷神的肉（雷公肉）【1020】

W0324.2.1 雷神的肉能治病【1020】

W0324.2.2 雷公肉能长生不老【1020】

W0324.3 雷神的胆（雷公胆）【1021】

W0324.3.1 雷神的胆能治病【1021】

W0324.4 雷神的声音【1021】

W0324.4.1 雷神声音巨大【1021】

W0324.4.1.1 雷神声音裂地劈天【1021】

W0324a 雷神的身份（雷公的身份）【1021】

W0324a.1 雷神是特定的神【1021】

W0324a.1.1 雷神是守护神【1021】

W0324a.1.1.1 雷神是狩猎和畜牧的守护神【1022】

W0324a.1.2 雷神是天帝的部将【1022】

W0324a.1.3 龙神雷公【1022】

W0324a.1.4 雷公是管理天上的神【1022】

治雷 【1112】

W0358.7.4 雷公怕青苔 【1112】

W0358.8 特定地方的雷神 【1112】

W0358.8.1 天国的雷神 【1112】

W0358.8.1.1 大浜天国的雷公果索 【1113】

W0358.9 雷公石 【1113】

W0358.9.1 雷击毙之处可挖出雷公石 【1113】

※W0360 闪电神（闪神，电神，电母）【1113】

W0361 闪电神的产生（电母的产生）【1113】

W0361.1 人成为闪电神 【1113】

W0361.1.1 救雷神的女子封为闪神 【1113】

W0361.1.2 被雷神误劈死的姑娘的冤魂召到天上封为闪电女神 【1114】

W0361.1.3 被冤死的姑娘变为电母 【1114】

W0361.1.3.1 雷公错杀的一个善良姑娘死后被封为电母 【1114】

W0361a 闪电神的特征（电母的特征）【1114】

W0361a.1 闪电神的性别 【1114】

W0361a.1.1 闪电女神 【1114】

W0361a.1.1.0 男子与丑妻婚生闪电女神 【1114】

W0361a.1.1.1 闪电女神很漂亮 【1115】

W0361a.1.1.2 闪电女神是善良的女神 【1115】

W0361a.1.1.3 闪电女神性冷淡（闪电女神不愿意与男子接近）【1115】

W0361a.1.1.4 闪电神女哈里亚 【1115】

W0361a.1.1.4.1 闪电神女哈里亚很漂亮 【1115】

W0361a.2 闪电神的外貌 【1116】

W0361a.2.1 电母相貌端雅 【1116】

W0361a.3 闪电神的性格 【1116】

W0361b 闪电神的职能【1116】

W0361b.1 闪电神管雷电 【1116】

W0361b.2 闪电神是雷神的助手 【1116】

W0361b.2.1 闪电女神为雷神照明 【1116】

W0361b.3 闪电神管降雨 【1116】

W0361b.3.1 闪电腾格里和雷鸣腾格里是降雨之神 【1116】

W0361c 闪电神的能力【1117】

W0362 闪电神的工具【1117】

W0362.1 闪电神的镜子 【1117】

W0362.1.1 电母两手执镜 【1117】

W0362.1.2 闪电娘娘的镜子 【1117】

W0362.1.2.1 闪娘娘的镜子是照妖镜 【1117】

W0362.1.2.2 闪电神用镜子把大地变成白昼 【1118】

W0362.2 闪电神把闪电做武器 【1118】

W0362a 闪电神的关系【1118】

W0362a.1 电母的丈夫雷公 【1118】

W0362a.2 电母的伴侣雷公 【1118】

W0362b 闪电神的类型【1118】

W0362b.1 闪神 【1118】

W0362b.1.1 闪娘娘（闪电娘娘）【1119】

W0362b.1.1.1 闪娘娘司闪电 【1119】

0.3.3 与自然物有关的神
【W0390～W0419】

	神米沙、雨神即比、雷神阿惹、土神达俄、籽种神姐玛、水神阿波、田神得威、地神朱鲁是兄弟	【1276】
W0405.4	**淮水神**	**【1276】**
W0405.4.1	淮水神是一个作恶的蛟龙	【1277】
W0405.4a	**淮涡水神**	**【1277】**
W0405.4a.1	淮涡水神无支祁	【1277】
W0405.4a.1.1	无支祁是卵生的恶龙	【1277】
W0405.4a.1.1.1	孽龙无支祁	【1277】
W0405.4a.1.2	无支祁形若猿猴，缩鼻高额，青躯白首	【1278】
W0405.4b	**淮渎神**	**【1278】**
W0405.4b.1	淮渎神庚辰	【1278】
W0405.4b.1.1	淮渎神庚辰是大禹的外甥	【1278】
W0405.5	**黄河神**	**【1278】**
W0405.5.1	黄河神的产生	【1278】
W0405.5.2	黄河神的特征	【1278】
W0405.5.2.1	黄河神是凶龙	【1278】
W0405.5.3	与黄河神有关的其他母题	【1279】
W0405.5.3.1	黄河水神冯夷	【1279】
W0405.5.3.1.1	一个叫冯夷的人渡河淹死，天帝封他为黄河水神	【1279】
W0405.5.3.1.2	冯夷乘云车（雷车）	【1279】
W0405.5.3.1.3	黄河神又称河伯	【1279】
W0405.5.3.1.3.1	黄河之神河伯吓死宓妃	【1280】
W0405.5.3.1.4	黄河大王	【1280】
W0405.5.3.1.4.1	黄河大王管黄河水族	【1280】
W0405.5.3.1.4.2	黄河大王在众神中官职最小	【1280】
W0405.5.3.1.5	黄河神发洪水	【1280】
W0405.5a	**洛水神（洛神）**	**【1281】**
W0405.5a.1	洛水神宓妃	【1281】
W0405.5a.2	河洛之神宓妃	【1281】
W0405.5b	**长江水神**	**【1281】**
W0405.5c	**珠江水神**	**【1281】**
W0405.5d	**其他特定名称江河的水神**	**【1281】**
W0405.5d.1	乌苏里江老河神	【1282】
W0405.5d.1.1	乌苏里江老河神的儿子朱拉贝子	【1282】
W0405.6	**储水祖母**	**【1282】**
W0405.6.1	储水祖母专管江河湖海	【1282】
W0405.7	**水王**	**【1282】**
W0405.7.1	盘古死后舌头变成水王	【1282】
W0405.7.2	水王管地上的粮棉	【1282】
W0405.8	**司水底之神**	**【1283】**
W0405.8.1	司水底之神都金恩都力	【1283】
W0405.8.1.1	生命之母神都金恩都力变成司水底之神	【1283】
W0405.8.1.2	司水底之神都金恩都力住东海	【1283】
W0405.9	**特定方位的水神**	**【1283】**
W0405.9.1	东方水神	【1283】
W0405.9.2	西方水神	【1284】
W0405.9.3	南方水神	【1284】
W0405.9.4	北方水神	【1284】
W0405.9.4.1	玄嚚得道为北方	

0.4 与职能、行业相关的神（W0420～W0499）

0.4.1 创造神与破坏神【W0420～W0428】

0.4.2 与管理或保护有关的神【W0430～W0448】

W0443.3.1.1 男保护神马维士专门保护男人和男孩 【1421】

W0443.3.1.2 保佑男子工作之神密帕露 【1421】

W0443.3.2 女人的保护神（妇女保护神，妇女保佑神） 【1421】

W0443.3.2.1 产妇的保护神 【1421】

W0443.3.2.1.1 死于难产的女子成为产妇保护神 【1421】

W0443.3.2.1.2 产妇的灵魂保护神埃尔亥·苏依贝恩 【1422】

W0443.3.2.2 女性保护神使女子漂亮 【1422】

W0443.3.2.2.1 女性保护神白拉姆女神使拉萨女子聪明伶俐，婀娜苗条 【1422】

W0443.3.2.3 女人保护神石第贝士 【1422】

W0443.3.2.3.1 女保护神石第贝士负责保护妇女与女孩，但不管妇女生育孩子 【1422】

W0443.3.2.3.2 保佑妇女工作之神西帕露 【1423】

W0443.3.2.4 妇女保佑神顺天圣母 【1423】

W0443.3.2.4.1 顺天圣母是保佑妇女顺利分娩的助产、催生女神 【1423】

W0443.3.2.4.2 顺天圣母原名陈靖姑 【1423】

W0443.3.2.4.3 顺天圣母原名陈进姑 【1423】

W0443.3.2.4.4 顺天圣母又称临水夫人 【1423】

W0443.3.2.4.5 顺天圣母又称顺懿夫人 【1423】

W0443.3.2.4.6 顺天圣母又称大奶夫人 【1423】

W0443.3.2.5 妇女保护神祖姆吐可汗王 【1424】

W0443.3.2.6 司管妇女的最高神女神巴丁喇木 【1424】

W0443.4 英雄的保护神 【1424】

W0443.5 族神（民族神） 【1424】

W0443.5.1 氏族神（氏族保护神） 【1425】

W0443.5.1.1 每个氏族都有自己的氏族神舍卧刻 【1425】

W0443.5.1.2 不同氏族的氏族神舍不同 【1425】

W0443.5.1.3 氏族神给本族治病 【1425】

W0443.5.2 部落神（部落保护神） 【1426】

W0443.5.2.1 特定的神是部落保护神 【1426】

W0443.5.2.2 特定动物是部落保护神 【1426】

W0443.5.2.2.1 一只神奇的扁角鹿是部落的祖先和保护神 【1426】

W0443.5.2.3 特定名称的部落神 【1427】

W0443.5.2.3.1 勐神（色勐） 【1427】

W0443.5.2.3.2 家族守护神兼部落守护神梁玛千与嘎基雅瓦安 【1427】

W0443.5.3 民族保护神（民

0.4.3 与功能或行业有关的神（行业神）【W0450 ~ W0498】

	吉朗阿玛玛	【1684】
W0483.5.2.3	痘神广泽尊王	【1685】
W0483.5.2.4	痘神郭圣王	【1685】
W0483.5.2.5	痘神圣王公	【1685】
W0483.5.2.6	痘儿哥哥和痘儿姐姐	【1685】
W0483.5.2.6.1	掌管男性出痘之神为“痘儿哥哥”，掌管女性出痘之神为“痘儿姐姐”、“痘神娘娘”	【1685】
W0483.5.2.7	痘神奶奶	【1685】
W0483.5.2.7.1	姜子牙封其正房金氏为卫房圣母元君，俗称痘神奶奶	【1686】
W0483.5.3	司麻疹的神	【1686】
W0483.5.3.1	司麻疹的神尼其昆娘娘	【1686】
W0483.5.3.2	麻疹之神	【1686】
W0483.5.3.2.1	麻疹神又称麻神	【1686】
W0483.5.3.2.2	麻疹神又称疹神	【1686】
W0483.5.3.2.3	麻疹神又称斑神	【1687】
W0483.5.3.2.4	小儿出天花时供奉麻疹之神	【1687】
W0483.5.4	司人畜抽风病的神	【1687】
W0483.5.4.1	司人畜抽风病之神德勒库达日依乐	【1687】
W0483.5.4.2	风生司人畜抽风病的神恩古包尔	【1687】
W0483.5.4.2.1	恩古包尔的脉搏通过旋风与虹相连	【1687】
W0483.5.5	司斑疮的神	【1688】
W0483.5.5.1	司斑疮的神额胡娘娘	【1688】
W0483.5.5.2	疮病之神	【1688】
W0483.5.5.2.1	疮病之神达兰·图尔盖德	【1688】
W0483.5.6	人畜疾病神	【1689】
W0483.5.6.1	管人畜疾病的神恩古包尔	【1689】
W0483.5.6.2	家畜的瘟神	【1689】
W0483.5.6.2.1	包莫·腾格里能给家畜降下各种疾病	【1689】
W0483.5.7	肚痛神	【1689】
W0483.5.7.1	肚痛神人形	【1689】
W0483.5.8	痨病神	【1690】
W0483.5.8.1	痨病神瘦弱	【1690】
W0483.5.9	五种疫疠之神	【1690】
W0483.5.10	伤寒病瘟神	【1690】
W0483.5.10.1	伤寒病和瘰疬病化身为危害人类的无名魂灵	【1690】
W0483.5.11	治结核病之神	【1691】
W0483.5.11.1	李绰玛腾格里是祛除结核病的天	【1691】
W0483.6	**与瘟神有关的其他母题**	**【1691】**
W0483.6.1	特定名称的瘟神（疾病神）	【1691】
W0483.6.1.1	瘟神翁库鲁博如坎	【1691】
W0483.6.1.2	娘娘神能让人闹病	【1691】
W0483.6.1.3	东方天神包莫·腾格里是家畜的瘟神	【1691】
W0483.6.1.4	瘟疫神冯伯	【1692】
W0483.6.1.4.1	冯伯是天上个仙	

W0493.6.3	灶神卜冬寒	【1740】
W0493.6.3.1	始祖布碌陀封为人们找来火种的卜冬寒为灶神	【1740】
W0493.6.3a	灶神亨老和弗整	【1740】
W0493.6.3a.1	始祖生的八姑娘亨老（黑虎）和八儿子弗整（栗树）成为灶神	【1740】
W0493.6.4	灶王	【1741】
W0493.6.4.1	张灶王	【1741】
W0493.6.4.1.1	会盘锅台的姓张的泥工被奉为张灶王	【1741】
W0493.6.4.1.2	做坏事而知羞的张奎死在锅台旁，玉皇封他为灶王	【1741】
W0493.6.4.2	唐代有灶神为灶王之说	【1741】
W0493.6.5	灶王爷	【1742】
W0493.6.5.1	灶王爷姓张	【1742】
W0493.6.5.1.1	姓张的书生变成灶王爷	【1742】
W0493.6.5.2	北方称"灶神"为"灶王爷"	【1742】
W0493.6.5a	老灶爷	【1742】
W0493.6.5a.1	老灶爷腊月二十三日上天禀告民情	【1742】
W0493.6.6	灶君	【1742】
W0493.6.6.1	张灶君	【1743】
W0493.6.6.2	灶神又称"灶君公"	【1743】
W0493.6.6.3	灶神尊称"南方火帝君"	【1743】
W0493.6.7	灶君菩萨	【1743】
W0493.6.8	灶鬼	【1744】
W0493.6.8.1	灶鬼是恶鬼	【1744】
W0493.6.9	灶神又称"九司命真君"	【1744】
W0493.6.10	灶神又称"九天东厨烟主"	【1744】
W0493.6.11	灶神又称"护宅天尊"	【1744】
W0493.6.12	灶神全称东厨司命九灵元王定福神君	【1744】
W0493.6.13	灶君娘娘	【1744】
W0493.6.13.1	灶君娘娘上天奏玉皇大帝	【1744】
W0493.7	**与灶神有关的其他母题**	**【1745】**
W0493.7.1	火炉神（炉神）	【1745】
W0493.7.1.1	炉神是金银铜铁锡业保护神	【1745】
W0493.7.1a	火塘神	【1745】
W0493.7.1a.1	火塘神的产生	【1745】
W0493.7.1a.1.1	5个男火塘神灵和5个女火塘神灵	【1745】
W0493.7.1a.1.1.1	5对孤儿兄妹被术王封赐火塘神灵	【1746】
W0493.7.1a.2	火塘神的特征（火塘神的职能）	【1746】
W0493.7.1a.2.1	火塘神是慈祥的白发老人	【1746】
W0493.7.1a.2.2	火塘神专司人间火塘	【1746】
W0493.7.1a.3	火塘神的生活	【1747】
W0493.7.1a.3.1	火塘神每月初一	

	是司烟之神	【1804】
W0497.7.24	巡天之神（巡天大神）	【1805】
W0497.7.24.1	巡天之神加都罗是最高天神英叭的后代	【1805】
W0497.7.24.2	48个巡天大神	【1805】
W0497.7.24.2.1	48个巡天大神，东西南北每个方向各12位	【1805】
W0497.7.25	巫神	【1805】
W0497.7.25.1	“巴”是巫神的代称	【1805】
W0497.7.25.2	人被巫神附体后成为巫师	【1806】
W0497.7.26	文昌神	【1806】
W0497.7.26.0	文昌神主科举	【1806】
W0497.7.26.1	文昌神即官神	【1806】
W0497.7.26.2	壮族文昌神是外来神	【1806】
W0497.7.26.3	文昌帝君	【1806】
W0497.7.26.3.0	文昌帝君是功名利禄神	【1807】
W0497.7.26.3.1	文昌帝君是教育业神	【1807】
W0497.7.26.3.2	文昌帝君救人之难	【1807】
W0497.7.26.3.3	文昌帝君贤达孝顺	【1807】
W0497.7.26.3.3.1	文昌帝君割肉食母	【1807】
W0497.7.26.3.4	文昌帝君姓张名亚子	【1807】
W0497.7.26.4	文昌神又称梓潼神	【1807】
W0497.7.27	使者神	【1808】
W0497.7.27.1	天人间的使者神	【1808】
W0497.7.28	传话神	【1808】
W0497.7.28.1	传话神多地	【1808】
W0497.7.28.1.1	传话神多地帮助麽公招魂	【1808】
W0497.7.29	大司命	【1808】
W0497.7.29.1	大司命司人之生死	【1808】
W0497.7.30	掠刷神	【1809】
W0497.7.30.1	掠刷使	【1809】
W0497.7.30.1.1	掠刷使司人剩财而掠之	【1809】
W0497.7.30.1.2	掠刷神又称掠剩大夫	【1809】
W0497.7.31	家具神	【1809】
W0497.7.31.1	成型的家具有家具神	【1809】
W0497.7.31.2	家具神主管日常生活和生产用具	【1810】
W0497.7.31.3	家具神包括桌、凳、床、橱柜、箱、缸、罐、坛、勺、刀、锄、铲、犁、耙等神	【1810】
W0497.7.31.3.1	床神	【1810】
W0497.7.31.3.1.1	床神又称床公	【1810】
W0497.7.31.3.1.2	床神是保佑睡眠安稳、多子多福之神	【1810】
W0497.7.31.3.1.3	床公床母	【1810】
W0497.7.31.3.1.3.1	床公床母是周文王夫妇	【1811】
W0497.7.31a	坛神	【1811】
W0497.7.31a.1	3个坛神	【1811】
W0497.7.31a.2	坛神是最早的祖先	【1811】
W0497.7.32	信郎神	【1811】

W0498.4.2.1	夜行游女又称鬼车	【1826】
W0498.4.2.2	夜行游女又称天帝女	【1826】
W0498.4.2.3	产死者化为夜行游女	【1826】
W0498.4.3	夜游神为帝司夜	【1826】
W0498.4.4	夜游神负责治保	【1826】
W0498.4a	**日游神**	**【1827】**
W0498.4a.1	日游神温良	【1827】
W0498.5	**五通神**	**【1827】**
W0498.5.1	五位射日者被奉为五通神	【1827】
W0498.5.2	五通神是群妖鬼怪	【1827】
W0498.5.3	五通神常幻化人形为祟世间	【1827】
W0498.5.4	五通神又称五显神	【1827】
W0498.5.4.1	五显神（五显公之神）	【1828】
W0498.5.4.1.1	五显神是东岳泰山神之五子	【1828】
W0498.5.4.1.2	五显神是火神	【1828】
W0498.5.4.1.3	第一位显聪，第二位显明，第三位显正，第四位显直，第五位显德	【1828】
W0498.5.5	五通神又称木下三郎（五通神又称木客）	【1828】
W0498.5.5.1	江西闽中称五通神为木下三郎（五通神又称木客）	【1828】
W0498.5.6	独足五通	【1829】
W0498.6	**山都**	**【1829】**
W0498.6.1	山都形如人，长二尺余，黑色，赤目，发黄被身	【1829】
W0498.7	**三师**	**【1829】**
W0498.7.1	三师能降龙降雨消除旱灾	【1829】
W0498.8	**萧公神**	**【1829】**
W0498.8.1	萧公无疾坐亡成神	【1829】
W0498.8.2	萧公神清江人	【1830】
W0498.8.3	萧公神江西人	【1830】
W0498.9	**乡傩神**	**【1830】**
W0498.9.1	高阳氏第三子死后成为乡傩神	【1830】
W0498.9a	**桑林**	**【1830】**
W0498.9b	**六宗**	**【1830】**
W0498.9b.1	六宗神指星、辰、风伯、雨师、司中、司命	【1830】
W0498.9b.2	六宗指埋少牢于太昭，祭时；祖迎于坎坛，祭寒暑；主于郊宫，祭日；夜明，祭月；幽荥，祭星；雩荥，祭水旱	【1831】
W0498.9b.3	六宗之神又称六神	【1831】
W0498.9c	**江郎神**	**【1831】**
W0498.9c.1	三兄弟化为江郎神	【1831】
W0498.9d	**计蒙**	**【1831】**
W0498.9d.1	计蒙人身而龙首	【1832】
W0498.9d.2	计蒙居光山	【1832】

0.5 与具体的物相关的神 (W0500～W0559)

0.5.1 动物神 【W0500～W0538】

0.5.2 植物神
【W0540～W0548】

0.5.3 无生命物神【W0550～W0598】

W0554.5.5.1	天门神细几	【1984】
W0554.5.5.1.1	天门神细几可抵挡万事	【1984】
W0554.6	**特定名称的门神**	**【1985】**
W0554.6.1	门神神荼、郁垒	【1985】
W0554.6.1.1	神荼、郁垒的关系	【1985】
W0554.6.1.1.1	门神神荼、郁垒是两兄弟	【1985】
W0554.6.1.1.1.1	哥哥神荼，弟弟郁垒	【1986】
W0554.6.1.2	神荼、郁垒的特征	【1986】
W0554.6.1.2.1	神荼、郁垒面目狰狞	【1986】
W0554.6.1.2.2	神荼的特征	【1986】
W0554.6.1.2.2.1	神荼体形高大，头如柳斗，鬓发倒竖，怒目圆睁，口若血盆，手持一把木剑	【1986】
W0554.6.1.2.3	郁垒的特征	【1987】
W0554.6.1.2.3.1	郁垒个子粗矮，头如柳斗，鬓毛倒竖，怒目圆睁，口若血盆，手牵一只猛虎	【1987】
W0554.6.1.3	神荼、郁垒的职能	【1987】
W0554.6.1.3.1	门神神荼、郁垒能御凶鬼	【1987】
W0554.6.1.3.2	黄帝封神荼、郁垒为神鬼大吏，监视和统领所有神仙、鬼怪	【1987】
W0554.6.1.3.2.1	黄帝让神荼、郁垒管鬼怪	【1987】
W0554.6.1.3.3	神荼、郁垒主阅领万鬼	【1988】
W0554.6.1.4	与神荼、郁垒有关的其他母题	【1988】
W0554.6.1.4.1	门神左神荼，右郁垒	【1988】
W0554.6.2	门神钟馗	【1988】
W0554.6.2.1	钟馗	【1988】
W0554.6.2.1.1	钟馗是鬼王	【1988】
W0554.6.2.1.2	乔钟馗	【1988】
W0554.6.2.1.3	李钟馗	【1989】
W0554.6.2.1.4	钟馗除妖	【1989】
W0554.6.2.1.5	钟馗吃鬼	【1989】
W0554.6.3	门神秦琼、尉迟恭	【1989】
W0554.6.3.1	门神姓秦，家住上方柳家村	【1989】
W0554.6.3.2	秦琼和尉迟恭是唐朝开国功臣	【1989】
W0554.6.3.3	秦琼和尉迟恭曾为唐太宗守夜而奉为门神	【1990】
W0554.6.3a	门神秦叔宝胡敬德	【1990】
W0554.6.3a.1	唐太宗寝门卫士秦叔宝胡敬德成为门神	【1990】
W0554.6.4	门神赵云、马超	【1990】
W0554.6.4.1	河南一带门神多为赵云、马超神	【1990】
W0554.6.5	门神孙膑、庞涓	【1990】
W0554.6.5.1	陕西一带门神孙膑、庞涓	【1990】
W0554.6.6	门神黄三太、杨香武	【1991】

弱者【1997】

0.6 神性人物（W0560～W0769）

0.6.1 文化英雄【W0560～W0628】

✿ W0560 文化英雄【1998】
✿ W0561 文化英雄的产生【1998】
W0562 文化英雄源于某个地方或自然存在【1998】
W0562.1 文化英雄从天上来【1998】
W0562.1.1 特定的文化英雄从天而降【1999】
W0562.1.1.1 蚩尤81个兄弟从天而降【1999】
✻ W0563 文化英雄是生育产生的【1999】
W0564 神生文化英雄【1999】
W0564.1 文化英雄是神的儿子【1999】
W0564.1.1 文化英雄是造物者的儿子【1999】
W0564.2 女神生育文化英雄【1999】
W0565 神性人物生文化英雄【1999】
W0565.1 文化英雄是神性人物的儿子【1999】
W0565.1.1 英雄生英雄【2000】
W0565.1.1.1 英雄交奥达尔是英雄艾尔托斯托克的儿子【2000】
W0566 神与神性人物生育文化英雄【2000】
W0567 人孕生文化英雄【2000】
W0567.1 处女圣洁孕生文化英雄【2000】
W0567.2 特定来历的人生文化英雄【2000】
W0567.3 人孕生的文化英雄是特定人物投胎【2000】
W0567.3.1 女子孕生的文化英雄是神投胎【2000】
W0567.3.1.1 格萨尔王是天神投胎为部落小酋长所弃妇之子【2001】
W0568 动物生文化英雄【2001】
W0568.1 文化英雄的母亲是鹿【2001】
W0568.2 文化英雄的母亲是熊【2001】
W0568.3 牛生文化英雄【2001】
W0568.4 鹰生文化英雄【2001】
W0568.4.1 支格阿龙是鹰的后代【2001】
W0569 植物生文化英雄【2002】
W0569.1 植物的果实生文化英雄【2002】
W0570 特定物质生文化英雄【2002】
W0570.1 文化英雄是太阳

的儿子 【2002】

W0570.2 **炸开的石头生文化英雄** 【2002】

W0570.3 **男子的骨骼中生文化英雄** 【2002】

W0571 婚生文化英雄（婚生英雄）【2002】

W0571.0 **神或神性人物婚生文化英雄** 【2002】

W0571.0.1 神婚生文化英雄【2002】

W0571.0.2 神性人物婚生文化英雄 【2002】

W0571.0.3 神与神性人物婚生文化英雄 【2002】

W0571.1 **人与动物婚生文化英雄** 【2002】

W0571.1.1 人龙交生文化英雄 【2003】

W0571.1.2 人熊婚生英雄 【2003】

W0571.1.2.1 猎手与母熊生的孩子成为英雄 【2003】

W0571.1.2.2 女子与白熊婚生英雄艾里·库尔班 【2003】

W0571.2 **特定来历的人婚生文化英雄** 【2003】

W0571.2.1 桃核生的1对男女婚生射日英雄【2003】

W0572 感生文化英雄【2004】

W0572.1 **文化英雄产生于神圣怀孕** 【2004】

W0572.2 **神感生文化英雄** 【2004】

W0572.2.1 女神吃特定物生文化英雄 【2004】

W0572.2.1.1 女神阿妮喝了白虎娘娘送来的喜药生文化英雄 【2004】

W0572.3 **神性人物感生文化英雄** 【2004】

W0572.4 **人感生文化英雄** 【2004】

W0572.4.1 处女感生文化英雄 【2004】

W0572.4.1.1 处女感动物生文化英雄 【2004】

W0572.4.1.1.1 幺女蒲莫列衣未出嫁时感神鹰生支格阿龙 【2005】

W0572.4.2 已婚女子感生文化英雄 【2005】

W0572.4.2.1 木古搓日出门寻找丈夫时，感风生儿子搓日阿补（英雄名） 【2005】

W0572.4.3 女子见到特定现象生文化英雄 【2005】

W0572.4.3.1 女子于晨曦中临渊祝祷时见神龟天蟒性交，浓雾漫天，口吸精自孕而生果（英雄名） 【2005】

W0572.5 **动物感生文化英雄** 【2006】

W0572.6 **与感生文化英雄有关的其他母题** 【2006】

W0573 卵生文化英雄【2006】

W0573.1 **特殊来历的卵生文化英雄** 【2006】

W0574 文化英雄特殊的出生 【2006】

W0574.1 **文化英雄从母亲的特殊部位生出** 【2006】

W0574.1.1 文化英雄从母亲的肋中生出 【2006】

W0574.1.2 文化英雄从母亲的头上出生【2006】

W0574.1.2.1 嘎达米是从母亲的头上的大血泡里生出【2006】

W0574.2 文化英雄出生前会讲话【2007】

W0574.3 文化英雄出生时的特异现象【2007】

W0574.3.1 文化英雄出生时现祥瑞【2007】

W0574.3.1.1 文化英雄出生时群雀聚集，满屋红光【2007】

W0574.3.2 英雄出生时惊雷相伴【2007】

W0574.3.3 英雄诞生时出现彩虹【2007】

W0574.3.3.1 治水英雄出生时天上同时出现7条彩虹【2007】

W0574.4 英雄回到母胎再生【2008】

W0574.5 与文化英雄特殊出生有关的其他母题【2008】

W0575 与生育文化英雄有关的其他母题【2008】

W0575.1 英雄生于灾难之际【2008】

W0575.2 文化英雄在娘胎中长牙【2008】

W0575.2.1 文化英雄宁冠娃在娘胎里就长出了牙齿，会大喊大叫【2008】

✻W0576 特定的人物成为文化英雄【2008】

W0577 特定的人变成文化英雄【2008】

W0577.1 弃儿成为英雄【2008】

W0577.2 野孩长成英雄【2009】

W0577.2.1 收养的野孩长成英雄【2009】

W0577.2.1.1 猎人收养的野猪洞中的野孩长成英雄【2009】

W0577.3 人经过锻炼成为英雄【2009】

W0577.3.1 争战中杀死敌手者成为英雄【2009】

W0578 动物成为文化英雄【2009】

W0578.1 狗成为文化英雄【2010】

W0578.2 兔子成为文化英雄【2010】

W0578.3 鸟成为文化英雄【2010】

W0578.3.1 燕子是文化英雄【2010】

W0578.3.2 鹰成为文化英雄【2010】

W0578.4 癞蛤蟆成为英雄【2010】

W0578.4.1 孤寡老两口捡的癞蛤蟆变成英雄【2010】

W0578.5 其他动物成为文化英雄【2010】

W0578.5.1 猴子变成文化英雄【2010】

W0578.5.1.1 白猴变成小英雄玛麦【2011】

W0579 植物成为文化英雄【2011】

W0580 与文化英雄产生有关的其他

母题【2011】
W0580.1 **神投胎为英雄【2011】**
W0580.2 **文化英雄的再生【2011】**
W0580.2.1 文化英雄的转世【2011】
W0580.2.2 文化英雄死后变成童孩【2011】
W0580.3 **文化英雄出生在危难之际【2011】**
W0580.3.1 英雄为射日而生【2011】
W0580.3.1.1 天上多日并出时，英雄支格阿龙降生【2012】
W0580.3.2 火灾不断时英雄应时而生【2012】
W0580.4 **文化英雄生不逢时【2012】**
W0580.5 **英雄代有才人出【2012】**
W0580.6 **通过比赛产生英雄【2012】**
W0580.6.1 通过抢肉确定谁是英雄【2012】
W0580.7 **造文化英雄【2013】**
W0580.7.1 祖先造出文化英雄【2013】
W0580.7.1.1 熊公用木棒搅水塘扭拧岩石生出英雄火亚立【2013】

＊W0581 **文化英雄的特征【2013】**

W0582 **男文化英雄【2013】**

W0583 **女文化英雄【2013】**
W0583.1 **女文化英雄的产生【2013】**
W0583.2 **女文化英雄的特征（女文化英雄的职能，女文化英雄的身份）【2013】**
W0583.2.1 女文化英雄保护村内人畜平安【2014】
W0583.2.1.1 女英雄米德摩能保护村内人畜平安【2014】
W0583.3 **女文化英雄的事迹【2014】**
W0583.3.1 女文化英雄斗雷公【2014】
W0583.3.2 女文化英雄斗恶神【2014】
W0583.4 **与女文化英雄有关的其他母题【2014】**

W0584 **文化英雄的体征【2014】**
W0584.1 **文化英雄是半人半兽【2014】**
W0584.1.1 文化英雄人头鸟身【2015】
W0584.1.1.1 人头鸟身的文化英雄沙克沙【2015】
W0584.1.2 文化英雄人首蛇身（文化英雄蛇身人面）【2015】
W0584.1.2.1 窫窳蛇身人面【2015】
W0584.2 **文化英雄的身体【2015】**
W0584.2.0 文化英雄身材魁梧【2015】
W0584.2.1 文化英雄有惊人的身高【2016】
W0584.2.2 文化英雄身体很小【2016】
W0584.2.3 文化英雄通体透明【2016】
W0584.2.4 文化英雄外表像怪物【2016】

	食宿	【2033】
W0589a	**文化英雄的服饰（文化英雄的装备）**	**【2033】**
W0589a.1	**文化英雄的头饰**	**【2033】**
W0589a.1.1	文化英雄头戴铜盔	【2033】
W0589a.2	**文化英雄的衣服**	**【2033】**
W0589b	**文化英雄的居所**	**【2034】**
W0589b.1	**文化英雄住天上**	**【2034】**
W0589b.1.1	文化英雄回归天界	【2034】
W0589b.1.1.1	文化英雄回天国	【2034】
W0589b.1.2	英雄魂归天国	【2034】
W0589c	**文化英雄的出行**	**【2034】**
✻W0590	**文化英雄的能力（文化英雄的本领，文化英雄的事迹）**	**【2034】**
W0591	**文化英雄本领的获得**	**【2034】**
W0591.1	**英雄从天上获得本领**	**【2034】**
W0591.2	**英雄从老人那里获得本领**	**【2035】**
W0591.2.1	射日英雄乌恩的本领是跟天降的老人学的	【2035】
W0591.3	**英雄从小练就本领**	**【2035】**
W0592	**文化英雄能力非凡**	**【2035】**
W0592.1	**文化英雄有神力**	**【2035】**
W0592.2	**文化英雄出生就会跑**	**【2035】**
W0592.3	**英雄能搬山（英雄能移山）**	**【2035】**
W0592.3.1	英雄能担山	【2035】
W0592.3.2	英雄莫一大王把山背到背上搬走	【2036】
W0592.4	**英雄善射**	**【2036】**
W0592.5	**英雄知晓古今**	**【2036】**
W0592.5.1	英雄会讲故事	【2036】
W0592.6	**文化英雄能看到别人看不到的东西**	**【2036】**
W0592.6.1	文化英雄能透视身体	【2036】
W0592.7	**文化英雄能拨云开雾**	**【2037】**
W0592.7.1	宁贯娃一举手就能拨开云雾	【2037】
W0592.7a	**文化英雄能腾云驾雾**	**【2037】**
W0592.8	**英雄能干常人干不成的事**	**【2037】**
W0592.8.1	只有英雄能盗取蟒魔王头上的宝帽	【2037】
W0592.8.2	英雄虎口拔牙	【2038】
W0592.8.2.1	英雄拔下蛇的毒牙	【2038】
W0592.8.3	英雄说话成真	【2038】
W0592.8.3.1	英雄的言语使水上产生桥	【2038】
W0592.9	**文化英雄睁着眼睡觉**	**【2038】**
W0592.10	**英雄综合素质高**	**【2039】**
W0592.10.1	英雄拉得起硬	

弓，挥得动长刀，会唱姑娘合得上的山歌，跳起舞大地都会震动【2039】

W0593 文化英雄是保护神【2039】

W0593.1 文化英雄荫泽后人【2039】

W0593.1.1 文化英雄的灵魂保护部落【2039】

W0593.1.2 英雄的灵魂成为保护神【2040】

W0594 文化英雄善跑【2040】

W0594.1 文化英雄逐日【2040】

W0594.1.1 文化英雄担山逐日【2040】

W0595 文化英雄助人【2040】

W0595.1 文化英雄灾难中拯救人类【2040】

W0595.2 文化英雄为人解决衣食住行【2040】

W0595.2.1 文化英雄为人类盗水【2040】

W0596 文化英雄除暴安良【2041】

W0596.1 半人半神的英雄专门除暴安良【2041】

W0597 文化英雄追梦【2041】

W0597.1 文化英雄寻找天边（光明）【2041】

W0597.2 文化英雄寻找亲人【2041】

W0597.2.1 文化英雄寻父【2041】

W0597.2.2 文化英雄寻母【2041】

W0597.2.2.1 英雄被动物养到16岁时寻找母亲【2041】

W0597.2.3 文化英雄寻妻【2042】

W0597.2.4 文化英雄寻子【2042】

W0597.3 文化英雄寻找朋友【2042】

W0597.4 文化英雄寻宝【2042】

W0597.5 文化英雄离家创业（争战等）【2042】

W0598 文化英雄学艺收徒【2042】

W0598.1 文化英雄学艺【2042】

W0598.1.1 文化英雄学艺原因【2042】

W0598.1.2 文化英雄学艺内容【2042】

W0598.1.3 文化英雄学艺结果【2043】

W0598.2 文化英雄收徒【2043】

W0598.2.1 文化英雄收徒类型【2043】

W0598.2.1.1 英雄降服者收为徒弟【2043】

W0599 文化英雄的发明【2043】

W0599.1 文化英雄发明生产工具【2043】

W0599.2 文化英雄发明生活用品【2044】

W0599.3 文化英雄发明武器【2044】

W0599.4 文化英雄发明其他无形文化产品【2044】

W0599.5 文化英雄传授技术【2044】

W0600 文化英雄称王

0.6.2 半神半人、合体神与分体神【W0630～W0638】

	只出一批老公公，第三个公叫甫方（半神半人）	【2087】
W0630a.1.1.2	最古时，天地间只出一批老公公，第四个公叫修狃（半神半人）	【2088】
W0630b	**半神半人的特征**	**【2088】**
W0630b.1	**半神半泥的人**	**【2088】**
W0630b.1.1	女娲生的男孩与灾难后幸存的女孩婚生半神半泥的人	【2088】
W0631	**人与一种动物合成的半神半人**	**【2088】**
W0631.1	**半人半牛之神**	**【2088】**
W0631.2	**半人半狗之神**	**【2089】**
W0631.3	**半人半鸟之神**	**【2089】**
W0631.4	**半人半鱼之神**	**【2089】**
W0631.5	**半人半蛇之神**	**【2089】**
W0631.6	**人与其他动物合成的半神半人**	**【2089】**
W0631.6.1	半人半狼之神	【2089】
W0632	**人头动物身体的神（人面动物身体的神）**	**【2089】**
W0632.1	**神是人头动物身体**	**【2089】**
W0632.1.1	人头马身之神	【2089】
W0632.1.2	人头狗身之神	【2089】
W0632.1.3	人头蛇身之神	【2090】
W0632.1.4	人头鸟身之神	【2090】
W0632.1.5	人头龙身之神（龙身人头之神）	【2090】
W0632.2	**神是人面动物身体**	**【2090】**
W0632.2.1	人面兽身之神	【2090】
W0632.2.1.1	人面虎身之神	【2090】
W0632.2.2	人面鸟身之神	【2090】
W0632.2.3	人面鱼身之神	【2090】
W0633	**人的身体动物头的神（神长着动物的头）**	**【2091】**
W0633.1	**狗头人身之神**	**【2091】**
W0633.2	**鸡头人身之神**	**【2091】**
W0633.3	**狼头人身之神**	**【2091】**
W0633.4	**龙头人身之神**	**【2091】**
W0633.5	**驴头人身之神**	**【2091】**
W0633.6	**猫头人身**	**【2091】**
W0633.7	**鸟头人身之神**	**【2091】**
W0633.8	**牛头人身之神**	**【2092】**
W0633.9	**蛇头人身之神**	**【2092】**
W0633.10	**狮头人身之神**	**【2092】**
W0633.11	**象头人身之神**	**【2092】**
W0633.12	**羊头人身之神**	**【2092】**
W0633.13	**猪头人身之神**	**【2092】**
W0633.14	**与动物头部特征有关的其他母题**	**【2092】**
W0633.14.1	猪嘴人身之神	【2092】
W0633.14.2	马嘴人身之神	【2092】
W0633.14.3	鱼头人身之神	【2093】
*** W0634**	**合体神**	**【2093】**
W0634.1	**由多只动物成的神**	**【2093】**
W0634.1.1	由黑、白、草三	

0.6.3 祖先（祖先神，始祖神）

【W0640～W0658】

用吊篮将女始祖塔婆从天上放到大地上【2097】
W0643.1.4 六部之祖都是从天而降的神人【2097】
W0643.2 祖先来于树中【2098】
W0643.3 祖先从山中来【2098】
W0643.3.1 爷娘岩中来，祖先山中来【2098】
W0643.4 祖先从雾气中来【2098】
W0643.4.1 神风吹雾气散，出现祖先密洛陀【2098】
W0643.5 始祖从海外来【2099】
W0643.5.1 始祖在神的护佑下漂洋渡海而来【2099】
W0643.6 祖先从洞中来【2099】
W0643.6.1 祖先源于司岗里【2099】
W0643a 祖先自然产生【2099】
W0643a.1 大地出现后就有了祖先【2099】
W0643a.1.1 出现陆地有了山和神，就有了人类的祖先猕猴和岩妖【2099】
W0644 祖先是造出来的（造祖先神）【2100】
W0644.1 神造祖先【2100】
W0644.1.1 神造的完整的人成为祖先【2100】
W0644.1.1.1 夫妻神索依迪朗造的第一个完整的人雅呷确呷·丹巴协惹是羌族人的祖先【2100】
W0644.1.2 山神造祖先【2101】
W0644.1.2.1 洪水后西士比亚山神用一个幸存男人的皮肉造出赛夏人的祖先【2101】
W0644.1.3 夫妻神造人的祖先【2102】
W0644.1.3.1 男神布桑戛西和女神雅桑戛赛夫妻造人的男女祖先【2102】
W0644.1.4 天神造祖先【2102】
W0644.1.4.1 女天神创造祖先亚当【2102】
W0644.2 神性人物造祖先【2102】
W0644.2.1 真主造人的祖先【2102】
W0644.2.1.1 真主安拉用金木水火土造阿丹圣人【2102】
W0644.2.1.2 真主人祖阿达姆与阿瓦【2103】
W0644.2.2 创世主造人的祖先【2103】
W0644.2.2.1 创世主迦萨甘造人类的始祖【2103】
W0644.2.3 天女造祖先【2104】
W0644.3 人造祖先【2104】
W0644.3.1 灾难幸存者造祖先【2104】
W0644.3.1.1 洪水幸存者鲁俄俄造的男女灰娃成为人类祖先【2104】
W0645 祖先是生育产生的（生祖先神）【2105】
W0645.1 神生祖先【2105】
W0645.1.1 天神生祖先【2105】
W0645.1.2 雷神生祖先【2105】

W0645.1.3	地神生祖先	【2105】
W0645.1.4	地母生祖先	【2105】
W0645.1.5	始祖神生祖先	【2105】
W0645.1.5.1	始祖神梅烟恰阿妈生人的先祖恰乞形阿玛	【2105】
W0645.1.6	男神生祖先	【2106】
W0645.1.6.1	两个男神分别生的1对男女成为远祖	【2106】
W0645.2	**神性人物生祖先**	**【2106】**
W0645.2.1	鬼生祖先	【2106】
W0645.2.1.1	天鬼生祖先	【2106】
W0645.2.2	巫师生祖先	【2106】
W0645.2.2.1	祖先生于巫师之家	【2106】
W0645.2.3	天女生祖先	【2107】
W0645.2.3.1	天女与猎人媾和生的男婴成为祖先	【2107】
W0645.2.4	神灵生祖先	【2107】
W0645.2.4.1	神灵“禅图”生祖先阿巴达尼	【2107】
W0645.2a	**人生祖先**	**【2107】**
W0645.2a.1	一对夫妻婚生祖先	【2107】
W0645.2a.1.1	一对夫妻生珞巴族的始祖仓巴神	【2108】
W0645.2a.1.2	三姐米堪玛尔和丈夫孜巴东虚才生的后代成为祖先	【2108】
W0645.3	**卵生祖先（卵生始祖）**	**【2108】**
W0645.3.1	蛇卵生始祖	【2108】
W0645.3.1.1	蛇卵孵出女始祖黎母	【2109】
W0645.3.2	女始祖的卵生人类祖先	【2109】
W0645.3.2.1	女祖神萨天巴的卵孵出人类始祖松恩	【2109】
W0645.3.3	蝴蝶卵生祖先	【2109】
W0645.3.4	大石蛋生始祖	【2110】
W0645.3.4.1	大石蛋孵出男始祖布洛陀	【2110】
W0645.3.5	婚生的卵生祖先	【2110】
W0645.3.5.1	动物婚生的卵孵出的葫芦生祖先	【2110】
W0645.3.6	太阳卵生始祖	【2110】
W0645.3.6.1	太阳的核生男女始祖	【2110】
W0645.3.7	彩蛋生祖先	【2110】
W0645.3.7.1	风变化出的彩蛋中的白蛋变化出第一代祖先	【2111】
W0645.4	**动物生祖先**	**【2111】**
W0645.4.1	特定的动物生祖先	【2111】
W0645.4.1.1	母狼生祖先	【2111】
W0645.4.2	动物婚生祖先	【2111】
W0645.4.2.1	蛇与蜂婚生祖先	【2111】
W0645.5	**植物生祖先**	**【2111】**
W0645.5.1	树生祖先	【2111】
W0645.5.1.1	树瘿感天光孕育祖先	【2112】
W0645.5.2	竹生祖先	【2112】
W0645.5.2.1	一个女神手中的竹子生男女始祖神	【2112】
W0645.5.3	花生祖先	【2112】
W0645.5.4	葫芦生祖先	【2112】
W0645.5.4.1	天降的葫芦生	

W0646.3.5.1.1 神喂养的泥巴灰造的娃娃成为人的祖先【2125】

W0646.4 人的灵魂变成祖先【2126】

W0646.4.1 特定死亡者的灵魂变成祖先【2126】

W0646.4.1.1 被雷击身亡者的灵魂成为祖先神“敖教勒”神【2126】

W0646.4.1.2 被雷击死的两兄弟的灵魂成为祖先神霍卓尔·巴尔肯【2126】

W0646.4.2 死者亡灵被奉为祖神【2127】

W0646.4.2.1 男子从军死在半路，灵魂变粟雀飞回布家乡被奉为祖神【2127】

W0646.4.3 冤死的灵魂成为祖神【2127】

W0646.4.4 作祟的灵魂成为祖神【2128】

W0646.4.4.1 祖母死后作祟被奉为祖神【2128】

W0646.4.4.2 1个女子死后灵魂作祟被奉为祖神【2128】

W0646.4.5 人死后的灵魂成为家神【2129】

W0646.4.5.1 人死后3个灵魂中的一个留在家里的中堂神龛上当家先神【2129】

W0646.5 动物变成祖先【2129】

W0646.5.1 蜂变成祖先【2129】

W0646.5.2 鸟变成祖先【2129】

W0646.5.3 蛇变成祖先【2130】

W0646.5.3.1 蛇成为祖先神（蛇是祖先神）【2130】

W0646.5.3.1.1 天降的一个长着人脸和牛犄角的蛇被奉为祖先神【2130】

W0646.5.4 特定的动物成为祖先神【2130】

W0646.5.4.1 有恩的动物成为祖先【2130】

W0646.5.4.1.1 有恩于人的獐子被奉为祖先【2130】

W0646.6 植物变成祖先（植物成为祖先）【2130】

W0646.6.1 花变成女始祖【2131】

W0646.6.2 树成为祖先【2131】

W0646.6.2.1 羊角树成为祖先（麦祖）【2131】

W0646.7 其他特定物变祖先【2131】

W0646.7.1 祖先的偶像变成祖先神【2131】

W0646.7.2 太阳变成的肉核炸开后变成始祖【2131】

W0646.8 与变化产生祖先有关的其他母题【2132】

W0646.8.1 祖先是反复演化产生的【2132】

W0646.8.1.1 声音中产生气息，声音与气息生白露，白露变成大海，大海生恨仍，恨仍生每仍，每仍以后七代，

W0648.7.3	祖先是家神	【2139】
W0648.7.4	祖神是英雄神	【2140】
W0648.8	**与祖先是神有关的其他母题**	**【2140】**
W0648.8.1	始祖成为神	【2140】
W0648.8.2	兄妹祖先神（姐弟祖先神）	【2140】
W0648.8.2.1	兄妹死后被地神招进地府当土地公和土地婆	【2140】
W0648.8.2.2	洪水后繁衍人类的姐弟俩是罗神公公和罗神娘娘	【2141】
W0648.8.3	贵族的祖先是神	【2141】
W0648.8.4	祖先与神合一	【2141】
W0648.8.4.1	男女始祖也是1对天神夫妇	【2141】
W0648.8.5	祖先是善神	【2141】
W0648.8.6	祖先是恶神	【2141】
W0648.8.6.1	祖先神贻害后代	【2141】
W0648.8.7	祖宗神是家神	【2142】
W0648.8.8	历代祖先都是神	【2142】
W0649	**祖先是神性人物**	**【2142】**
W0649.1	**祖先是半人半神**	**【2142】**
W0649.1.1	祖先盘古半人半神	【2142】
W0649.1.2	祖先宁贯娃是半人半神	【2143】
W0649.2	**祖先是天女**	**【2143】**
W0649.2.1	女始祖木姐珠是天神的女儿	【2143】
W0649.2.2	天女繁衍人类成为始祖	【2143】
W0649.2.2.1	一个天女降到北方地区繁衍蒙古人	【2143】
W0649.3	**祖先是仙（仙人是祖先）**	**【2143】**
W0649.3.1	祖先是仙女	【2143】
W0649.3.2	仙辈是祖先	【2144】
W0649.3.3	祖先是神仙	【2144】
W0649.3.3.1	女祖先安木拐成了天上的神仙	【2144】
W0649.4	**祖先是巨人**	**【2144】**
W0649.4.1	浊气混合生成的葫芦生老祖巨人翁戛	【2144】
W0649.4.2	祖先布杰脚杆如树手摩天	【2144】
W0649.5	**祖先是神职人员**	**【2145】**
W0649.5.1	人祖德摩诗匹是第一代大贝玛	【2145】
W0649.6	**祖先是鬼（鬼是祖先，祖先是妖魔）**	**【2145】**
W0649.6.1	人类的祖先母是岩精	【2145】
W0649.6.2	第三代、第四代人祖都是鬼	【2145】
W0649.6.2.1	第三代先祖窝觉生直鬼	【2146】
W0649.7	**祖先是英雄（英雄成为祖先）**	**【2146】**
W0649.7.1	祖先多林蛮尼善跳跃的英雄神	【2146】
W0649.7.2	特定的英雄被尊为祖先	【2146】
W0649.7.2.1	降妖除害的英雄被尊为祖先	【2146】
W0649.7.3	始祖是能镇妖驱邪的英雄	【2147】
W0649.7a	**祖先是人王**	**【2147】**

代码	母题	页码
	一样	【2182】
W0654.3.7.1	人死后变成的祖先神形体同人生前一样	【2182】
W0654.3a	**祖先的性情（祖先的性格）**	**【2182】**
W0654.3a.1	慈祥的祖先	【2182】
W0654.3a.2	不讲理的祖先	【2182】
W0654.4	**与祖先的特征有关的其他母题**	**【2183】**
W0654.4.1	祖神武士模样	【2183】
W0654.4.2	祖先具有神性	【2183】
W0654.4.3	祖先不得病	【2183】
W0655	**祖先的能力（祖先的本领，祖先神的职能，祖先的事迹，祖先的行为）**	**【2184】**
W0655.1	**始祖先知先觉（祖先无所不知）**	**【2184】**
W0655.1.1	祖先知道天上的事情	【2184】
W0655.2	**祖先有智慧**	**【2184】**
W0655.2.1	祖先能通阴阳	【2185】
W0655.2.1.1	神许给人祖通阴通阳的本领	【2185】
W0655.2.2	祖先很聪明	【2185】
W0655.2.2.1	人祖姜央在未出生前就会思想	【2185】
W0655.3	**祖先力大无比（祖先是大力士）**	**【2185】**
W0655.3.1	祖先能把地踩塌	【2185】
W0655.3.2	祖先有神力	【2186】
W0655.3.2.1	祖先能把能把天和地分开	【2186】
W0655.3.2.2	祖先挥掌赶山	【2186】
W0655.3.2.2.1	男始祖布洛陀一巴掌赶跑山峰	【2186】
W0655.3.2.3	祖先能把天当大锅盖一样提起来	【2187】
W0655.3.2.4	祖先拉天缩地	【2187】
W0655.4	**祖先是保护神**	**【2187】**
W0655.4.1	祖先是家族守护神	【2187】
W0655.4.1.1	祖先为家族消灾	【2188】
W0655.4.1.1.1	祖神乌兰巴日肯帮本族人灭灾祛病	【2188】
W0655.4.2	祖先神是氏族保护神（祖先是氏族守护神）	【2188】
W0655.4.2.1	祖先神敖教勒神是氏族保护神	【2188】
W0655.4.3	祖先护佑后代	【2188】
W0655.4.3.1	祖先帮助后代打胜仗	【2189】
W0655.4.3.2	祖先神保佑儿孙幸福富足	【2189】
W0655.4.3.3	祖先保护幼儿	【2189】
W0655.4.4	祖先神是保护神	【2189】
W0655.4.4.1	祖宗神是地方保护神	【2190】
W0655.4.4.2	祖先神保佑人畜平安	【2190】
W0655.4.4.3	祖先神保丰收	【2190】
W0655.4.5	始祖能除灾灭祸	【2190】
W0655.4.5.1	始祖布洛陀有通天本领，能除灾灭祸	【2190】
W0655.5	**祖先能力非凡**	**【2191】**

W0655.9.1	祖先行为像动物	【2199】
W0655.9.1.1	祖先走路像猩猩	【2199】
W0655.9.2	祖先神不能回家	【2200】
W0655.9.2.1	住在野外的祖宗回家会危害活人安全	【2200】
W0655.9.3	祖先的灵魂回家	【2200】
W0655.9.3.1	祖先的灵魂以梦的形式回故乡	【2200】
W0656	**祖先的生活**	**【2200】**
W0656.0	**祖先的生活状况**	**【2200】**
W0656.0.1	祖先贫穷	【2200】
W0656.0.1.1	珞巴族的祖先达尼是穷人	【2201】
W0656.0.2	祖先有特定的生产形态	【2201】
W0656.0.2.1	女始祖过着渔猎采集生活	【2201】
W0656.1	**祖先的服饰**	**【2201】**
W0656.1.1	祖先穿植物叶	【2201】
W0656.1.1.1	人祖爷腰围莲花，人祖奶身裹草叶	【2201】
W0656.1.1.2	人祖爷身披葫叶	【2202】
W0656.1.1.3	人祖爷身披藕莲叶	【2202】
W0656.1.2	祖先穿兽皮	【2202】
W0656.1.2.1	人祖冬天披兽皮	【2202】
W0656.1.3	人祖爷赤脚	【2202】
W0656.2	**祖先的饮食**	**【2202】**
W0656.2.1	祖先以特定物为食	【2203】
W0656.2.1.1	祖先靠吸雾露长大	【2203】
W0656.2.1.2	祖先不爱江河水和山泉水，只爱咸水	【2203】
W0656.2.1.3	祖先吃铁饼，喝铁水	【2203】
W0656.2.2	祖先饭量巨大	【2203】
W0656.3	**祖先的居所**	**【2203】**
W0656.3.1	祖先住天上	【2203】
W0656.3.1.1	祖先住天堂	【2204】
W0656.3.1.1.1	远古祖先英雄神居于九天金楼神堂	【2204】
W0656.3.1.2	前6代祖先住在天上	【2204】
W0656.3.1.3	祖先造了天地和人后到天上安家	【2205】
W0656.3.1.4	男女始祖分别居太阳宫和月寒宫中	【2205】
W0656.3.2	祖先住特定的天上	【2205】
W0656.3.2.1	人类始祖“板古”和“板梅”兄妹住在500层天上	【2205】
W0656.3.3	祖先住地上（祖先居人间）	【2206】
W0656.3.3.1	祖先居地的中央	【2206】
W0656.3.3a	祖先住地下	【2206】
W0656.3.3b	祖神居神圣之地	【2206】
W0656.3.3b.1	祖神居神林神山	【2207】
W0656.3.4	祖先住山上	【2207】
W0656.3.4.1	祖先住特定的山上	【2207】
W0656.3.4.1.1	祖公布洛陀和祖婆姆六甲住敢壮山	【2207】
W0656.3.5	祖先住水中	【2207】
W0656.3.5.1	祖先住特定的水中	【2207】

	（部落的祖先）	【2226】
W0658a.3.3.1	众多氏族的祖先	【2227】
W0658a.3.3.1.1	一个死亡的女子成为九个支族的女祖神	【2227】
W0658a.3.3.2	天宫男女诸神受伤降到地上成为各氏族、各部落的祖先神	【2227】
W0658a.3.3.3	莫昆都有各自的祖神	【2227】
W0658a.3.3.4	各氏族女始祖茂英充	【2228】
W0658a.3.4	村寨的祖先	【2228】
W0658a.3.5	特定地域的祖先	【2228】
W0658a.3.6	特定姓氏的祖先	【2228】
W0658a.4	**人的祖先**	**【2228】**
W0658a.4.1	人类创世祖宁贯娃	【2228】
W0658a.5	**动物的祖先**	**【2228】**
W0658a.5.1	六畜之祖	【2229】
W0658a.6	**植物的祖先**	**【2229】**
W0658a.7	**无生命物的祖先**	**【2229】**
W0658a.8	**特定职业者的祖先（行业祖师）**	**【2229】**
W0658a.8.1	工匠的始祖（工匠的祖师神）	【2229】
W0658a.8.1.1	工匠的始祖格莫阿赫	【2229】
W0658a.8.1.2	工匠始祖炯公洛班	【2229】
W0658a.8.1a	补锅匠行业祖师神	【2230】
W0658a.8.1a.1	补锅匠行业祖师神弘忍	【2230】
W0658a.8.1b	表行业祖师	【2230】
W0658a.8.1b.1	表行业祖师利玛窦	【2230】
W0658a.8.1c	编织业祖师	【2230】
W0658a.8.1c.1	编织业祖师神刘备	【2230】
W0658a.8.1d	石匠的祖师	【2230】
W0658a.8.1d.1	雷公是石匠的祖师	【2230】
W0658a.8.2	特定宗教的祖神	【2231】
W0658a.8.2.1	毕摩的始祖	【2231】
W0658a.8.2.1.1	毕摩的始祖水中出生	【2231】
W0658a.8.2.2	麽教的祖师	【2231】
W0658a.8.2.2.1	三元祖师唐道扬、葛定应、周护王、妹毛法度、阴阳师父、真武大将军等是祖师神	【2231】
W0658a.8.2.3	佛教中观派的祖师鲁珠大师（龙树法师）	【2231】
W0658a.8.3	鞭炮业的祖师	【2232】
W0658a.8.3.1	鞭炮业祖师祝融	【2232】
W0658a.8.3.2	鞭炮业祖师神李畋（花炮业祖师神李畋）	【2232】
W0658a.8.4	巫师的祖先神	【2232】
W0658a.8.4.1	“巴”神是巫师的祖先神	【2232】
W0658a.8.4.2	摩梭人巫师祖师英什东巴商来	【2233】
W0658a.8.4.3	原始女巫的祖师东神、色神	【2233】
W0658a.8.4.4	端公（巫师）的祖师神阿爸木拉	【2233】

	祖先（始祖、人祖、先人）	【2278】
W0659.2.30.1	珞巴族始祖阿巴达尼	【2278】
W0659.2.30.2	大地和天空婚生人的祖先阿巴达尼	【2279】
W0659.2.31	满族神话中的祖先（始祖、人祖、先人）	【2279】
W0659.2.31.1	祖先神穆昆达	【2279】
W0659.2.31.2	祖先神撮哈占爷（长白山神）	【2279】
W0659.2.31.3	郭合乐哈拉第一代祖先神鄂多玛发（穆昆神）	【2279】
W0659.2.31.4	女大萨满成为人类始母	【2280】
W0659.2.31.5	鹰首女神是第一代萨满和人类的始母神	【2280】
W0659.2.31.5.1	鹰首女神代敏格格	【2280】
W0659.2.32	毛南族神话中的祖先（始祖、人祖、先人）	【2280】
W0659.2.33	门巴族神话中的祖先（始祖、人祖、先人）	【2280】
W0659.2.34	蒙古族神话中的祖先（始祖、人祖、先人）	【2281】
W0659.2.34.1	蒙古族祖先是天女	【2281】
W0659.2.35	苗族神话中的祖先（始祖、人祖、先人）	【2281】
W0659.2.35.1	始祖伏羲女娲	【2281】
W0659.2.35.2	始祖姜央	【2281】
W0659.2.35.2.1	枫树生的蝴蝶生的卵孵出始祖姜央	【2281】
W0659.2.35.2.2	姜央从东方来	【2281】
W0659.2.35.2.3	姜央的二姐夫“黎”	【2282】
W0659.2.35.3	女始祖波丽萍和男始祖岳利华	【2282】
W0659.2.35.4	祖先傩公傩母	【2282】
W0659.2.35.5	人类祖先榜香猷	【2282】
W0659.2.35.6	苗族始祖蝴蝶妈妈	【2283】
W0659.2.35.6.1	枫木树心生蝴蝶妈妈	【2283】
W0659.2.35.6.2	祖神蝴蝶妈妈妹榜妹留	【2283】
W0659.2.35.7	人类的老祖宗纳罗引勾	【2283】
W0659.2.35.8	祖先东山老人和西山娘娘	【2283】
W0659.2.35.9	人的祖先阿各林	【2284】
W0659.2.35.10	祖先爸龙、德龙兄妹	【2284】
W0659.2.35.11	古时候祖先有12个	【2284】
W0659.2.36	仫佬族神话中的祖先（始祖、人祖、先人）	【2284】
W0659.2.36.1	人类的祖先伏羲兄妹	【2284】
W0659.2.37	纳西族神话中的祖先（始祖、人祖、先人）	【2285】
W0659.2.37.0	人类的祖先从陆神、色神一代	

	先（始祖、人祖、先人）	【2296】
W0659.2.53.1	始祖伏羲女娲	【2296】
W0659.2.53.2	祖宗阿文	【2296】
W0659.2.53.3	祖神哲撒勒	【2297】
W0659.2.53.4	祖先阿倮	【2297】
W0659.2.53.4.1	阿倮是天上生、地上长的神人	【2297】
W0659.2.53.5	祖先普丕	【2297】
W0659.2.53.6	先祖阿把佬	【2297】
W0659.2.53.6.1	阿把佬头大身细，会念咒语	【2297】
W0659.2.53.7	母虎祖先涅罗摩	【2298】
W0659.2.54	裕固族神话中的祖先（始祖、人祖、先人）	【2298】
W0659.2.55	藏族神话中的祖先（始祖、人祖、先人）	【2298】
W0659.2.55.1	王朝先祖俄带贡甲	【2298】
W0659.2.55.2	祖先丈夫孜巴东虚才和三姐米堪玛尔	【2298】
W0659.2.55.3	人类最早的祖先阿加尼	【2298】
W0659.2.56	壮族神话中的祖先（始祖、人祖、先人）	【2299】
W0659.2.56.1	始祖伏羲女娲	【2299】
W0659.2.56.1a	伏依兄妹是始祖神	【2299】
W0659.2.56.2	女始祖姆洛甲（女始祖姆六甲）	【2299】
W0659.2.56.3	男始祖布洛陀	【2299】
W0659.2.56.3.1	始祖布洛陀和姆六甲	【2300】
W0659.2.56.4	始祖神者弘	【2300】
W0659.2.56.5	花婆王是始祖神	【2300】
W0659.2.57	其他一些古代民族神话中的祖先（始祖、人祖、先人）	【2300】
W0659.2.57.1	月亮仙女生的8个男孩和北斗七星生的8个女孩婚生鲜卑人的祖先	【2300】
W0659.2.57.2	古代鲜卑人的祖先天神源于太阳	【2300】
W0659.3	**祖先的象征物（祖先的代表物，祖先神的象征）**	**【2300】**
W0659.3.1	特定用品作为祖先的象征	【2301】
W0659.3.1.1	火塘上的碗柜代表祖先神	【2301】
W0659.3.2	自然物作为祖先的象征	【2301】
W0659.3.2.1	石头象征祖先	【2301】
W0659.3.3	人造物作为祖先的象征	【2301】
W0659.3.3.1	神像代表祖先	【2301】
W0659.3.3.2	羊毛线代表始祖神	【2301】
W0659.3.4	祖先树	【2302】
W0659.3.4.1	每家有多棵祖先树	【2302】
W0659.3.5	石祖	【2302】
W0659.3.5.1	每年三、五、七月祭石祖	【2302】
W0659.3.6	祖先牌位	【2302】

W0659.3a 祖先的替代物 【2303】

W0659.3a.1 寻找不到祖先青蛙时，取蟋蟀、野蛙代替 【2303】

W0659.4 特定时期的祖先（祖先的辈次，祖先的谱系） 【2303】

W0659.4.1 第一代祖先神（第1代祖先） 【2303】

W0659.4.1.1 俄玛天神是人的第一代祖先 【2303】

W0659.4.1.2 特定姓氏的第一代祖先神 【2304】

W0659.4.2 第二代祖先神（第2代祖先） 【2304】

W0659.4.2.1 敖鲁古雅鄂温克萨满的第二代祖神为1女1男，女的名为都尔库楞，男的叫阿尔卡兰 【2304】

W0659.4.3 第三代祖先神（第3代祖先） 【2304】

W0659.4.3.1 第三代先祖窝觉喜欢生育 【2304】

W0659.4.4 第四代祖先神（第4代祖先） 【2304】

W0659.4.5 第五代祖先神（第5代祖先） 【2305】

W0659.4.6 第六代祖先神（第6代祖先） 【2305】

W0659.4.6.1 第六代先祖叫直乌 【2305】

W0659.4.7 第七代祖先神（第7代祖先） 【2305】

W0659.4.7.1 人的7代祖先 【2305】

W0659.4.8 第八代祖先神（第8代祖先） 【2305】

W0659.4.8.1 第八代先祖阿培突玛 【2306】

W0659.4.9 第九代祖先神（第9代祖先） 【2306】

W0659.4.10 其他各代祖先神 【2306】

W0659.8.10.1 第10代祖先 【2306】

W0659.5 祖先成仙 【2306】

W0659.5.1 祖先没有成仙 【2306】

W0659.6 祖先出生的地方也是回归的地方 【2306】

W0659.7 祖先神偶 【2306】

W0659.7.1 祖先神偶的制作 【2307】

W0659.7.1.1 用竹根做祖先神偶 【2307】

W0659.7.2 祖先神偶的放置 【2307】

W0659.7.2.1 祖先的神偶放神堂 【2307】

W0659.8 祖先鬼 【2307】

W0659.8.1 始祖鬼要杀水牛祭祀 【2307】

W0659.9 祭祀祖先（祭祀祖先神，祭祖，祖先的祭祀） 【2308】

W0659.9.1 祖宗神是各家各户主要供祀的神 【2308】

W0659.9.2 迎祖先（接祖先，接祖神） 【2308】

W0659.9.2.1 除夕接祖先回家 【2308】

W0659.9.3 送祖先 【2308】

W0659.9.3.1 七月十四日送祖 【2308】

W0659.9.3.2 把祖先送到澜沧江西岸老家 【2309】

W0659.9a 忘却祖先（忘记祖先） 【2309】

W0659.9a.1 人不知道祖辈三代的名字 【2309】

0.6.4 巨人

【W0660 ~ W0668】

W0662.6.2 巨人的腰杆像钢一样硬 【2326】

W0663 巨人的其他特征 【2326】

W0663.0 巨人不吃不喝 【2326】

W0663.1 巨人饭量巨大 【2327】

W0663.1.1 巨人一餐吃掉很多动物 【2327】

W0663.1.1.1 巨人一顿饭千头牛 【2327】

W0663.1.2 巨人一口吃下九篓鱼 【2327】

W0663.1.3 巨人一餐饭要吃几石米 【2327】

W0663.1.4 巨人一餐吃千担粮 【2327】

W0663.2 巨人饮水海量 【2328】

W0663.2.1 巨人饮干江河 【2328】

W0663.2.1.1 巨人一口喝干半条河 【2328】

W0663.2.1.2 巨人一口喝干整条河 【2328】

W0663.2.2 巨人喝干海水 【2329】

W0663.3 吃人的巨人 【2329】

W0663.3.1 巨人是吃人恶魔 【2329】

W0663.4 巨人很大的步伐 【2329】

W0663.4.1 巨人能跨二山 【2329】

W0663.5 会飞的巨人 【2329】

W0663.5.1 巨人飞天汉是灵巧的水鸭 【2329】

W0663.6 巨人力气巨大（巨人力大无穷） 【2330】

W0663.6.1 巨人力大能托天 【2330】

W0663.6.2 巨人推倒山 【2330】

W0663.6.2a 巨人能提起山 【2330】

W0663.6.3 巨人搬运重物 【2330】

W0663.6.4 巨人拔树如葱 【2330】

W0663.7 巨人的声音似雷 【2331】

W0663.7.1 巨人说话震得地动 【2331】

W0663.7.2 巨人打鼾像老虎吼叫 【2331】

W0663.7.3 巨人咳嗽像雷公劈山头 【2331】

W0663.8 与巨人特征有关的其他母题 【2331】

W0663.8.1 巨人特征的变化 【2332】

W0663.8.1.1 巨人身体的缩小 【2332】

W0664 巨人的身份 【2332】

W0664.1 巨人是神（神巨人） 【2332】

W0664.1.1 巨人成为雷神 【2332】

W0664.1.2 神巨人顾米亚 【2332】

W0664.1.2.1 神巨人顾米亚造人 【2332】

W0664.2 巨人是祖先 【2333】

W0664.3.1 巨人是诸神之祖 【2333】

W0664a 巨人的职能 【2333】

W0664b 巨人的能力（巨人的行为，巨人的事迹） 【2333】

W0664b.1 巨人善战 【2333】

W0664b.1.1 巨人杀死巨兽 【2333】

W0664b.2 巨人的变化 【2333】

W0664b.2.1 巨人变矮 【2334】

W0664b.2.1.1 天帝让巨人变矮 【2334】

W0664b.3 巨人能预知世事 【2334】

W0664b.3.1 巨人能从书上看出人类的生死 【2334】

W0664b.4 巨人撒尿成河 【2334】

W0664b.4.1 布洛陀撒尿像山

0.6.5 常见的典型神性人物【W0670 ~ W0768】

	敢壮山	【2350】
W0670.1.1.2	布洛陀携妻子母洛甲下凡	【2350】
W0670.1.2	感生布洛陀	【2351】
W0670.1.2.1	母亲感风生布洛陀	【2351】
W0670.1.2.2	祖宜婆洗浴时感混沌的汗水生布洛陀	【2351】
W0670.1.3	洞生布洛陀	【2351】
W0670.1.3.1	姆洛甲造的河流冲击岩石形成的山洞生布洛陀	【2351】
W0670.1.4	卵生布洛陀	【2351】
W0670.1.4.1	布洛陀从大石蛋孵出	【2351】
W0670.1.4.2	布洛陀从石头蛋中孵出	【2351】
W0670.1.5	特定的女子生布洛陀	【2352】
W0670.1.5.1	祖宜婆感生布洛陀	【2352】
W0670.1.5.1.1	布洛陀是祖宜婆7个儿子中的老五	【2352】
W0670.1.5.2	姆洛甲生布洛陀	【2352】
W0670.1.6	布洛陀神奇的出生	【2352】
W0670.1.6.1	布洛陀出生时亮光照亮天空	【2352】
W0670.1.7	与布洛陀出生有关的其他母题	【2352】
W0670.1.7.1	布洛陀的生日	【2352】
W0670.1.7.1.1	布洛陀生日是农历二月十九	【2352】
W0670.1.7.2	布洛陀出生时天有异象	【2352】
W0670.1.7.2.1	布洛陀出生时一道亮光照亮天空	【2353】
W0670.1a	**布洛陀的特征**	**【2353】**
W0670.1a.1	布洛陀的体征	【2353】
W0670.1a.1.1	布洛陀的身材高大（布洛陀身材魁梧）	【2353】
W0670.1a.1.1a	布洛陀鬓发斑白，满面红光	【2353】
W0670.1a.1.2	布洛陀的阳具	【2353】
W0670.1a.1.2.1	布洛陀的阳具是巨石	【2354】
W0670.1a.1.2.2	布洛陀的阳具横跨右江	【2354】
W0670.1a.1.2.3	布洛陀生殖器巨大	【2354】
W0670.1a.1.2.4	布洛陀的生殖器化成巨大的赶山鞭	【2354】
W0670.2	**布洛陀的本领（布洛陀的能力）**	**【2354】**
W0670.2.1	布洛陀造万物	【2354】
W0670.2.1.1	布洛陀造天地人	【2354】
W0670.2.2	布洛陀制定万物秩序	【2355】
W0670.2.3	布洛陀有神力	【2355】
W0670.2.3.1	布洛陀能扛起顶天柱	【2355】
W0670.2.3.2	布洛陀的力量比雷公还大	【2355】
W0670.2.3.3	布洛陀显神力（布洛陀力大无穷）	【2356】
W0670.2.3.3.1	布洛陀能让搁浅的船通过沙滩	【2356】
W0670.2.4	布洛陀懂兽语	【2356】

	修了萨拉朗（猢狲路）	【2527】
W0684.4.4	格萨尔护佑百姓幸福安康	【2528】
W0684.4a	**格萨尔的生活（格萨尔的经历）**	**【2528】**
W0684.4a.1	格萨尔年少时历经磨难	【2528】
W0684.4a.1.1	少年格萨尔在荒野掘地鼠猎野兽为食	【2528】
W0684.5	**格萨尔的关系**	**【2528】**
W0684.5.0	格萨尔的祖先	【2528】
W0684.5.0.1	格萨尔是神的后裔	【2528】
W0684.5.1	格萨尔的父母	【2529】
W0684.5.1.1	格萨尔的母亲尕察拉姆	【2529】
W0684.5.2	格萨尔的妻子	【2529】
W0684.5.2.1	格萨尔王王后卓玛	【2529】
W0684.6	**与格萨尔有关的其他母题**	**【2529】**
W0684.6.1	格萨尔的名称	【2529】
W0684.6.1.1	格斯尔	【2529】
W0684.6.1.2	嘎莎	【2529】
W0684.6.2	格萨尔与龙女婚	【2530】
W0684a	**葛天氏**	**【2530】**
W0684a.1	**葛天氏的产生**	**【2530】**
W0684a.1.1	盘古兄妹婚生葛天氏	【2530】
W0684a.2	**葛天氏的特征**	**【2530】**
W0684a.3	**与葛天氏有关的其他母题**	**【2530】**
W0684a.3.1	葛天氏姬李女	【2530】
W0685	**共工**	**【2531】**
W0685.1	**共工的产生**	**【2531】**
W0685.1.1	华胥与狗婚配生共工	【2531】
W0685.1.2	共工是神蛇投胎	【2531】
W0685.2	**共工的特征**	**【2531】**
W0685.2.1	共工有多个头	【2531】
W0685.2.1.1	共工有9个脑壳	【2531】
W0685.2.2	共工一头红头发，嘴里会喷水	【2531】
W0685.2.3	共工铜头铁臂	【2532】
W0685.2.4	共工人面蛇身朱发	【2532】
W0685.2.5	共工青面獠牙	【2532】
W0685.2.6	共工喜怒无常	【2532】
W0685.2.6.1	共工脾气暴躁	【2533】
W0685.3	**共工的身份**	**【2533】**
W0685.3.0	共工氏是神	【2533】
W0685.3.1	共工是水神	【2533】
W0685.3.1.1	共工是洪水神	【2533】
W0685.3.1.2	共工是管水的水神	【2534】
W0685.3.1.3	共工是北方的水神	【2534】
W0685.3.2	共工是天神	【2534】
W0685.3.3	共工是恶神	【2534】
W0685.3.4	共工是首领	【2535】
W0685.3.4.1	共工下凡成为人间首领	【2535】
W0685.3.4.2	共工氏是黄河以北一个部落的首领	【2535】
W0685.3.5	共工是水师	【2535】
W0685.4	**共工的职能（共工的能力，共工的经历）**	**【2535】**
W0685.4.1	共工与颛顼之争	【2535】

W0704.1.1 风孕生密洛陀【2709】
W0704.1.1.1 巨龙吹气形成的风生密洛陀【2709】
W0704.1.1.2 混沌的气流风团中生密洛陀【2710】
W0704.1.2 雾中生密洛陀【2710】
W0704.1.3 密洛陀是铜鼓的女儿【2710】
W0704.1.4 天地间的铜鼓生密洛陀【2710】
W0704.1.5 化生密洛陀【2711】
W0704.1.5.1 密洛陀是水经过多次变化形成的【2711】
W0704.1.6 与密洛陀的产生有关的其他母题【2711】
W0704.1.6.1 密洛陀的生日五月二十九【2711】
W0704.2 密洛陀的特征【2711】
W0704.3 密洛陀的身份【2711】
W0704.3.1 密洛陀是万物之母【2711】
W0704.3.2 密洛陀是多民族的母亲【2712】
W0704.3.2.1 密洛陀繁衍汉、壮、苗胞各族兄弟民族【2712】
W0704.4 密洛陀的事迹【2712】
W0704.4.1 密洛陀造神【2712】
W0704.5 密洛陀的关系【2712】
W0704.6 与密洛陀有关的其他母题【2712】

W0704a 莫一大王【2712】

W0704a.1 莫一大王的产生【2713】
W0704a.1.1 莫一大王是神牛的儿子【2713】
W0704a.1.2 莫一大王出生在特定地方【2713】
W0704a.1.2.1 莫一大王是公华村人【2713】
W0704a.1.2.1.1 莫一大王出生于广西河池市今河池镇公华村【2714】
W0704a.1.2.2 莫一大王是柳城县北乡洞独山村人【2714】
W0704a.1.2.3 莫一是红水河东岸九圩人【2714】
W0704a.2 莫一大王的特征【2714】
W0704a.2.1 莫一大王身材高大【2714】
W0704a.2.2 莫一大王有12个眼睛【2715】
W0704a.3 莫一大王的职能（莫一大王的能力，莫一大王的事迹）【2715】
W0704a.3.1 莫一大王降服12条大龙【2715】
W0704a.3.2 莫一大王每月的初一、十五要上天告知人间情况【2715】
W0704a.3.3 莫一大王主宰一切【2715】
W0704a.3.3.1 主宰一切的大神莫一大王能消灾降福【2715】
W0704a.3.4 莫一大王主宰生产生活人畜安康【2716】
W0704a.3.5 莫一大王神通广大有求必应【2716】
W0704a.3.6 莫一大王会法术【2716】
W0704a.4 莫一大王的身份【2716】
W0704a.4.1 莫一大王是祖先【2717】
W0704a.4.2 莫一大王是英

W0713.3b	**女娲是中央神**	**【2750】**
W0713.3c	**女娲是保护神**	**【2750】**
W0713.3c.1	女娲是福国庇民的正神	【2750】
W0713.3c.2	女娲是地方保护神	【2750】
W0713.3c.2.1	女娲护佑一方水土	【2750】
W0713.3d	**女娲是扫晴娘（止雨神）**	**【2750】**
W0713.3e	**女娲是开天辟地神**	**【2751】**
W0713.4	**女娲是地母**	**【2751】**
W0713.5	**女娲是仙**	**【2751】**
W0713.5.1	女娲是地上的神仙	【2751】
W0713.5.2	女娲成仙	【2751】
W0713.5.2.1	女娲在人间成仙	【2752】
W0713.6	**女娲是人皇**	**【2752】**
W0713.6.1	娲皇女娲	【2752】
W0713.6.2	女娲被封为人皇	【2752】
W0713.6.2.1	玉皇大帝把女娲封为人皇	【2752】
W0713.6.3	女娲是三皇之一	【2752】
W0713.7	**女娲是人祖（女娲是女始祖）**	**【2753】**
W0713.7.1	女娲被尊称为人祖奶	【2753】
W0713.7.2	女娲是人祖婆婆	【2753】
W0713.7.3	女娲是人根之祖	【2753】
W0713.7.4	女娲是人的妈妈	【2753】
W0713.7.5	女娲氏是人类始祖	【2754】
W0713.7a	**女娲是特定行业的祖先（女娲是特定行业的祖师）**	**【2754】**
W0713.7a.1	女娲是手工艺者的祖师	【2754】
W0713.7a.1.1	捏面人、吹糖人等行业敬女娲为祖师	【2754】
W0713.7a.2	女娲是雕刻业的祖师	【2754】
W0713.8	**女娲是制造者**	**【2755】**
W0713.8.1	女娲造生灵	【2755】
W0713.8.1.1	女娲造动物	【2755】
W0713.8.2	女娲造箭	【2755】
W0713.8.3	女娲造乐器	【2755】
W0713.8.3.1	女娲始作笙簧	【2755】
W0713.8.4	女娲采桑织布	【2755】
W0713.9	**女娲是特定人物的辅佐者**	**【2756】**
W0713.9.1	女娲是伏羲的辅佐者	【2756】
W0713.10	**与女娲身份有关的其他母题**	**【2756】**
W0713.10.1	女娲是祷祠神	【2756】
W0713.10.2	女娲是菩萨	【2756】
W0713.10.2.1	女娲是观音	【2756】
W0713.10.2.1.1	女娲是南海观音	【2756】
W0713.10.3	女娲是首领	【2756】
W0713.10.3.1	女娲是女仙头头	【2757】
W0713.10.3.2	女娲是氏族首领	【2757】
W0713.10.3.2.1	女娲圣母是狩猎时期的氏族首领	【2757】
W0713.10.3.3	女娲圣母是人类群居时的首领	【2757】
W0713.10.4	女娲是古帝王	【2757】
W0713.10.4.1	女娲是古神女而帝者	【2757】
W0713.10.4.2	女娲氏是女皇	【2758】
W0713.10.5	女娲是裁决者	【2758】

“气人” 【2772】

W0715.4.4.5 女娲氏与天皇氏、地皇氏是三兄妹 【2772】

W0715.5 女娲的弟弟 【2773】

W0715.5.1 洪水后只剩下女娲和弟弟 【2773】

W0715.5.2 女娲的弟弟伏羲 【2773】

W0715.5.3 女娲的弟弟太昊 【2773】

W0715.5.3.1 太昊是女娲氏的同母弟 【2773】

W0715.6 女娲的姐妹 【2773】

W0715.7 女娲的多个同胞 【2773】

W0715.8 女娲的丈夫 【2773】

W0715.8.1 女娲的丈夫盘古 【2774】

W0715.8.2 女娲的丈夫伏羲 【2774】

W0715.8.3 女娲的丈夫香山老祖 【2774】

W0715.8.4 女娲的丈夫后羿 【2774】

W0715.8.4.1 女娲与后羿是夫妻 【2774】

W0715.9 女娲的子女（女娲的后代，女娲的子孙） 【2775】

W0715.9.1 女娲有稻、黍、麦、菽、麻5个儿子 【2775】

W0715.9.1.1 女娲圣母的稻、黍、麦、菽、麻5个儿子是稷的侍从 【2775】

W0715.9.2 女娲有稻、黍、麦、豆、麻5个儿子 【2775】

W0715.9.2a 女娲的女儿宓妃 【2776】

W0715.9.3 地上的人都是女娲的孩子 【2776】

W0715.10 女娲的上司 【2776】

W0715.10.1 女娲听命伏羲 【2776】

W0715.10.1.1 女娲辅佐伏羲治理天下 【2776】

W0715.10.2 女娲少佐太昊 【2776】

W0715.11 女娲的师傅 【2777】

W0715.11.1 女娲是太昊氏之女弟 【2777】

W0715.12 女娲的从属 【2777】

W0715.12.1 女娲的助手 【2777】

W0715.12.2 女娲的手下 【2777】

W0715.12.2.1 神女是女娲的手下 【2777】

W0715.12.3 女娲的臣下 【2777】

W0715.12.3.1 女娲臣娥陵氏 【2777】

W0715.13 与女娲的关系有关的其他母题 【2778】

W0715.13.1 女娲的继位者 【2778】

W0715.13.1.1 大庭氏继位女娲氏 【2778】

W0716 女娲的婚姻 【2778】

W0716.1 女娲和哥哥婚 【2778】

W0716.1.1 女娲与香山老祖兄妹婚 【2778】

W0716.2 女娲和弟弟成婚 【2778】

W0716.3 女娲与盘古婚 【2778】

W0716.3.1 女娲补好天与盘古婚 【2779】

W0716.4 与女娲的婚姻有关的其他母题 【2779】

W0716.4.1 女娲伏义成婚 【2779】

W0717 与女娲有关的其他母题 【2779】

W0717.1 女娲的饮食 【2779】

W0717.1.1 女娲饭量巨大 【2779】

W0717.1.1.1 女娲吃十只老虎，百只小兔，

	三千条大活鱼	【2779】
W0717.2	**女娲的居所**	**【2780】**
W0717.2.1	女娲住天上	【2780】
W0717.2.1.1	女娲娘娘住天上	【2780】
W0717.2.2	女娲住昆仑山	【2780】
W0717.2.3	女娲住洞中	【2780】
W0717.2.3.1	女娲住佘家峡龙马洞	【2780】
W0717.2.3.2	女娲未补天前住洞中	【2781】
W0717.2.3.3	女娲居天地之间的山洞中	【2781】
W0717.2.4	女娲氏都于中皇之陂	【2781】
W0717.2.5	女娲居中原	【2781】
W0717.2.5.1	女娲住中州平原上	【2781】
W0717.2.6	与女娲居所有关的其他母题	【2782】
W0717.3	**女娲的坐骑**	**【2782】**
W0717.3.1	女娲骑凤凰	【2782】
W0717.3.1.1	女娲骑着一只凤凰从天空东边飞来	【2782】
W0717.3.2	女娲乘雷车	【2782】
W0717.3.2.1	女娲雷车驾应龙	【2782】
W0717.3a	**女娲的出行**	**【2782】**
W0717.3a.1	女娲脚踏彩云	【2782】
W0717.4	**女娲的名字（女娲的名号，女娲名称）**	**【2783】**
W0717.4.1	盘古为女娲取名	【2783】
W0717.4.1.1	盘古给天降的女子取名女娲	【2783】
W0717.4.1.2	盘古给涡涡洞里出现的女子取名女娲	【2783】
W0717.4.2	根据女娲的孕育情形取名	【2783】
W0717.4.3	女娲被称为娲皇（女娲被称为皇娲）	【2783】
W0717.4.3.1	女娲因补天有功被尊为皇娲	【2783】
W0717.4.3a	娲皇圣母	【2784】
W0717.4.3a.1	玉皇大帝因女娲造人补天有功封她为娲皇圣母	【2784】
W0717.4.4	女娲娘娘	【2784】
W0717.4.4.1	女娲娘娘是石矾娘娘	【2784】
W0717.4.4.2	女娲用泥造人成活后被称为女娲娘娘	【2784】
W0717.4.4.3	人为记住女娲造人的功劳称她为女娲娘娘	【2785】
W0717.4.4.4	女娲补天穿有功，玉帝封她为娘娘	【2785】
W0717.4.5	与女娲的名字有关的其他母题	【2785】
W0717.4.5.1	因语音变化出现“女娲”的名字	【2785】
W0717.4.5.1.1	混沌漩涡中生的女子“涡”后来叫“女涡”，渐渐传成“女娲”	【2785】
W0717.4.5.1.2	一对兄妹造的女孩取名“女货”，后来音转变成“女娲”	【2785】
W0717.4.5.1.3	女娲名字是	

胞胎【2892】

W0725.2.4 盘古与天女是兄妹【2892】

W0725.2.4.1 盘古的妹妹是天女【2893】

W0725.2.4.1.1 盘古的妹妹三天女【2893】

W0725.2.4.1.1.1 盘古与老天爷的三妮结拜兄妹【2893】

W0725.2.4.1.1.2 玉皇大帝的三闺女奉命与盘古结拜兄妹【2893】

W0725.2.4.1.1.2a 老天爷的三闺女奉命与盘古结拜兄妹【2893】

W0725.2.4.1.1.2b 玉皇大帝的三女儿见盘古孤单下凡与盘古结拜兄妹【2894】

W0725.2.4.1.1.3 盘古的妹妹是玉皇大帝的三女儿【2894】

W0725.2.5 与盘古兄妹有关的其他母题【2894】

W0725.2.5.1 盘和古是兄妹【2894】

W0725.2.5.1.1 盘是兄，古是妹【2895】

W0725.2.5.1.2 古是兄，盘是妹【2895】

W0725.2.5.1.3 盘和古两兄妹不离分【2895】

W0725.2.5.1.4 盘兄即伏羲，古妹即女娲【2896】

W0725.2.5.1.5 盘和古是太白的儿女【2896】

W0725.2.5.2 盘古与盘古女结为兄妹【2896】

W0725.2.5.3 盘古和盘古妹即盘安和盘玉【2896】

W0725.3 盘古的兄弟姐妹【2897】

W0725.3.1 盘古的兄弟【2897】

W0725.3.1.1 盘古和盘生两兄弟【2897】

W0725.3.1.1.1 盘古的弟弟盘生【2897】

W0725.3.2 盘古的姐妹【2897】

W0725.3.2.1 盘和古的姐妹【2897】

W0725.3.2.2 盘古的姐姐【2897】

W0725.3.2.2.1 盘古的姐姐古凤【2897】

W0725.3.2.3 盘古的妹妹【2898】

W0725.3.2.3.1 盘古的妹妹有智谋【2898】

W0725.4 盘古的妻子（盘古夫妻）【2898】

W0725.4.1 盘古的妻子女娲（盘古女娲是夫妻）【2898】

W0725.4.1.1 盘古与女娲生儿育女【2899】

W0725.4.2 盘古爷的妻子盘古奶（盘古爷和盘古奶）【2899】

W0725.4.2.0 盘古爷盘古奶的来历【2899】

W0725.4.2.0.1 大气球生盘古爷盘古奶【2899】

W0725.4.2.1 盘古奶与盘古爷分开【2899】

W0725.4.2.1.1 盘古奶离开盘古山到西南居住【2900】

W0725.4.2.1.2 盘古爷、盘古奶成亲后盘古奶往西南，盘古爷往西北【2900】

W0725.4.2.2 以前只有盘古爷，没有盘古奶【2900】

W0725.4.2.3 天塌地陷后造人

的妹妹年龄悬殊拒婚【2925】

W0728 与盘古有关的其他母题【2925】

W0728.0 盘古的成长【2925】

W0728.0.1 天地养育盘古【2926】

W0728.0.1.1 盘古在混沌的天地中生长【2926】

W0728.0.2 盘古长大【2926】

W0728.0.2.1 盘古吸收金银铜铁锡的元气后长大【2926】

W0728.0.2.2 盘古1万8千年长大【2926】

W0728.0.2.3 盘古在天地间越长越高【2927】

W0728.0.3 盘古成长受到动物保护【2927】

W0728.0.3.1 鸟和野兽保护着盘古兄妹【2927】

W0728.0.3.2 鸟和野兽保护着盘古爷和盘古奶【2927】

W0728.1 盘古的居所【2927】

W0728.1.0 盘古居天上（盘古住天上）【2927】

W0728.1.0.1 盘古原来住天上【2928】

W0728.1.0.2 盘古居太清【2928】

W0728.1.0.3 盘古居大罗天【2928】

W0728.1.0.4 盘古为了后代守在天上【2928】

W0728.1.1 盘古居山上（盘古住山上）【2928】

W0728.1.1.1 盘古住东方扶桑山【2929】

W0728.1.1.1.1 盘古老住东方扶桑山岩洞中【2929】

W0728.1.1.2 盘古住混沌山【2929】

W0728.1.1.3 盘古居七宝山【2929】

W0728.1.1.3.1 盘古居大罗天玄都玉京七宝山【2929】

W0728.1.1.4 盘古兄妹住在盘古山顶【2929】

W0728.1.1.5 盘古爷、盘古奶住在山上，没有房子【2930】

W0728.1.1.6 盘古住玉京山【2930】

W0728.1.1.6.1 盘古住天中心的玉京山【2930】

W0728.1.2 盘古居地下【2930】

W0728.1.3 盘古居水中【2930】

W0728.1.4 盘古住卵中【2930】

W0728.1.4.1 盘古睡在鸡蛋中【2930】

W0728.1.4.2 盘古爷睡在像鸡蛋的天地中【2931】

W0728.1.4.3 盘古氏睡在蛋窠瓤里【2931】

W0728.1.5 盘古居云中【2931】

W0728.1.6 盘古其他特定的居所【2931】

W0728.1.6.1 盘古居玄都【2931】

W0728.1.6.2 盘古居西北【2931】

W0728.1.7 与盘古的居所有关的其他母题【2932】

W0728.2 盘古的服饰【2932】

W0728.2.0 盘古不穿衣服【2932】

W0728.2.0.1 盘古兄妹不穿衣服【2932】

W0728.2.1 盘古的头戴【2932】

W0728.2.2 盘古的衣服【2932】

W0728.2.2.1 盘古身披驾云衣【2932】

W0728.2.2.2 盘古身披树叶【2933】

W0728.2.2.2.1 盘古身上是葛条缠树叶【2933】

W0728.2.2.3 盘古兽皮为衣【2933】

	古三盘王的母亲是目母婆	【2973】
W0729f.1.2	盘王的母亲是开天圣母	【2974】
W0729f.2	**盘瓠的兄弟姐妹**	**【2974】**
W0729f.3	**盘瓠的后代**	**【2974】**
W0729f.3.1	盘瓠有3男1女	【2974】
W0729f.3.1.1	盘瓠王有3男1女	【2974】
W0729f.3.1.2	槃瓠与公主婚生3男1女	【2974】
W0729f.3.1.2.1	槃瓠与高辛王的公主婚生长男槃自能，次男蓝光辉，三男雷巨佑；女儿嫁钟智深	【2974】
W0729f.3.2	盘瓠有3男3女	【2975】
W0729f.3.2.1	盘瓠与美女婚生3男3女	【2975】
W0729f.3.2.2	盘瓠与美女婚生3男6女	【2975】
W0729f.3.2a	盘瓠有3个儿子	【2975】
W0729f.3.2b	盘瓠的4个儿子	【2975】
W0729f.3.2b.1	盘瓠与高辛小公主婚生大儿子托天，二儿子按地，三儿子擒龙，四儿子伏虎	【2975】
W0729f.3.2c	盘瓠有6男6女	【2976】
W0729f.3.2c.1	盘瓠与高辛氏的小女儿婚生6男6女	【2976】
W0729f.3.2d	盘瓠有8个女	【2976】
W0729f.3.2d.1	盘葫和高辛氏的女儿婚生8个子女	【2976】
W0729f.3.3	盘瓠繁衍7姓	【2976】
W0729f.3.3.1	盘瓠与公主婚生7姓	【2976】
W0729f.3.3.1.1	盘瓠与公主婚生田、雷、再（冉）、向、蒙、旻、叔孙氏7姓	【2976】
W0729f.3.4	盘瓠繁衍犬戎国	【2977】
W0729f.3.4.1	盘瓠与美女5人婚生3男3女繁衍犬戎之国	【2977】
W0729f.3.4.2	盘瓠与美女5人婚生3男6女繁衍犬戎之国	【2977】
W0729f.3.4.2.1	盘瓠与美女5人婚生3男6女繁衍的犬戎之国衍生土蕃	【2977】
W0729f.3.4.3	盘瓠娶高辛美女受封会稽东南海中三百里繁衍狗封国	【2977】
W0729f.3.5	盘瓠的后代有犬形	【2977】
W0729f.3.5.1	盘瓠与美女婚生的男孩有犬尾	【2977】
W0729f.3.5.2	盘瓠与美女婚生男为狗，女为美人	【2978】
W0729f.3.6	赤髀横裙盘瓠子孙	【2978】
W0729f.3.7	盘瓠的后代号蛮夷	【2978】
W0729f.3.7.1	盘瓠的后代蛮夷发展梁汉巴蜀武陵长沙庐江郡夷	【2978】
W0729f.3.7.2	盘瓠的后代武陵	

W0729g. 4. 5. 2	盘瓠称龙期	【2984】
W0729g. 4. 5. 2. 1	高辛氏为龙犬赐名龙期，号称槃瓠	【2985】
W0729g. 4. 5. 3	盘瓠称龙麒	【2985】
W0729g. 4. 5. 4	盘瓠称盘古大王	【2985】
W0729g. 4. 5. 4. 1	盘瓠尊称盘古大王	【2985】
W0729g. 4. 5. 5	盘瓠称盘王（盘王即盘瓠王）	【2985】
W0729g. 4. 5. 5. 1	3个盘王	【2985】
W0729g. 4. 5. 5. 1. 1	上古盘王、中古盘王、下古盘王三兄弟	【2986】
W0729g. 4. 5. 5. 1. 1. 1	开天圣母生上古盘王、中古盘王、下古盘王	【2986】
W0729g. 4. 5. 6	盘瓠称盘皇	【2986】
W0729g. 4. 5. 6. 1	混沌卵生盘皇	【2986】
W0729g. 4. 5. 6. 2	天地卵生盘皇	【2987】
W0729g. 4. 5. 7	盘瓠称忠勇王	【2987】
W0729g. 4. 5. 8	盘瓠王	【2987】
W0729g. 4. 5. 8. 1	盘瓠王俗称狗王	【2987】
W0729g. 4. 5. 9a	槃瓠即伏羲	【2987】
W0729g. 4. 5. 10	盘瓠公公	【2988】
W0729g. 4. 5. 10. 1	盘瓠和妻子辛女被称为盘瓠公公、辛女娘娘	【2988】
W0729g. 4. 6	盘瓠的不同写法	【2988】
W0729g. 4. 6. 1	盘护	【2988】
W0729g. 4. 6. 1. 1	龙犬盘护	【2988】
W0729g. 4. 6. 1. 2	盘大护	【2988】
W0729g. 4. 6. 1. 3	盘大附	【2988】
W0729g. 4. 6. 2	槃瓠	【2989】
W0729g. 4. 7	祭盘瓠	【2989】
W0729g. 4. 7. 1	祭盘瓠用糁杂鱼肉叩槽而号	【2989】
W0729g. 4. 8	盘瓠像	【2989】
W0729g. 4. 8. 1	盘瓠石像似狗形	【2989】
W0729g. 4. 8. 2	盘瓠像使人生育	【2989】
W0729g. 4. 9	盘瓠之迹	【2990】
W0729g. 4. 9. 1	武溪有盘瓠遗迹	【2990】
W0729g. 4. 9. 2	盘瓠石室	【2990】
W0729g. 4. 9. 2. 1	武山有盘瓠石室	【2990】
W0729g. 4. 9. 3	盘瓠庙	【2990】
W0729g. 4. 9. 4	盘王殿	【2990】
W0730	**少昊（少皞）**	**【2990】**
W0730. 1	**少昊的产生**	**【2990】**
W0730. 1. 1	婚生少昊	【2990】
W0730. 1. 1. 1	皇娥与白帝子生少昊	【2991】
W0730. 1. 1. 1. 1	皇娥与白帝之子神童生少昊	【2991】
W0730. 1. 1. 2	太白之精与皇娥生子少昊氏	【2991】
W0730. 1. 2	感生少昊	【2991】
W0730. 1. 2. 1	女节梦感如虹大星生少昊	【2991】
W0730. 1. 3	与少昊的产生有关的其他母题	【2991】
W0730. 1. 3. 1	少昊生于穷桑（山东曲阜）	【2991】
W0730. 1. 3. 2	少昊生于稚华渚	【2992】
W0730. 2	**少昊的特征**	**【2992】**
W0730. 3	**少昊的职能（少昊的身份）**	**【2992】**
W0730. 3. 1	少昊管理西方	【2992】
W0730. 3. 1. 1	少昊是西方天帝	【2992】
W0730. 3. 2	少昊是帝王	【2992】
W0730. 3. 2. 1	少皞代黄帝而有天下	【2992】
W0730. 3. 2. 2	少昊建都曲阜	【2992】
W0730. 3. 2. 3	帝少皞西皇	【2993】

W0730.3.2.4 少昊以金德王【2993】

W0730.3.3 少昊是首领【2993】

W0730.3.3.1 少昊是东夷部落的首领【2993】

W0730.3.4 少皞为鸟师【2993】

W0730.3.5 少昊是燕子【2993】

W0730.3.5.1 少昊是燕子的化身【2993】

W0730.3a 少昊的能力（少昊的事迹）【2993】

W0730.3a.1 少昊设工正、农正【2994】

W0730.3a.2 少昊做渔网【2994】

W0730.3a.3 少皞以鸟纪事【2994】

W0730.3a.3.1 少嗥用鸟命名官职【2994】

W0730.3a.4 少昊主司反景【2994】

W0730.3a.5 少昊懂鸟兽语【2994】

W0730.3b 少昊的生活【2994】

W0730.3b.1 少昊的居所【2995】

W0730.3b.1.1 少昊邑于穷桑【2995】

W0730.3b.1.2 白帝少昊居长留之山【2995】

W0730.4 少昊的关系【2995】

W0730.4.1 少昊的父母【2995】

W0730.4.1.1 少昊的父亲神童，母亲皇娥【2995】

W0730.4.1.2 少皞的父亲黄帝（少昊是黄帝之子）【2996】

W0730.4.1.2a 少昊的父亲是太白金星【2996】

W0730.4.1.3 少昊的母亲女节【2996】

W0730.4.1.4 少昊的母亲皇娥【2996】

W0730.4.1.5 少昊是金星的儿子【2996】

W0730.4.1a 少昊的叔父【2996】

W0730.4.1a.1 少皞有四叔【2996】

W0730.4.1a.1.1 少皞有四叔，曰重，曰该，曰脩，曰熙【2997】

W0730.4.2 少昊的子女【2997】

W0730.4.2.1 少昊的儿子【2997】

W0730.4.2.1.1 少皞氏的儿子蓐收【2997】

W0730.4.2.1.2 少皞氏的儿子该【2997】

W0730.4.2.1.2.1 少皞氏的儿子该为金官【2997】

W0730.4.2.1.3 少昊的儿子倍伐【2997】

W0730.4.2.1.4 少昊的儿子般【2997】

W0730.4.2.1.4.1 少皞的儿子般始为弓矢【2998】

W0730.4.2.2 少昊的女儿【2998】

W0730.4.2.2.1 少昊的女儿丽瑶【2998】

W0730.4.3 少昊抚养颛顼【2998】

W0730.4.3.1 少昊孺帝颛顼【2998】

W0730.4.4 少昊的从属【2998】

W0730.4.4.1 少昊的佐臣混沌氏【2998】

W0730.4.4.2 少昊的佐臣蓐收【2998】

W0730.5 少昊的姓氏名号（少昊的名称）【2999】

W0730.5.0 少昊名挚，字青阳，姬姓【2999】

W0730.5.0.1 少昊姓己名挚（少昊名质）【2999】

W0730.5.0.2 少昊名契（少昊名挚）【2999】

W0730.5.0.2.1 少昊和契是一个人【2999】

W0730.5.1 少昊号曰穷桑氏（少昊又称穷桑）【2999】

W0730.5.1.1 皇娥在穷桑会白

	帝之子生少昊，故号曰穷桑氏	【3000】
W0730.5.1.2	少昊谓穷桑帝	【3000】
W0730.5.2	少昊凤凰氏	【3000】
W0730.5.2.1	少昊有五凤集于庭，因曰凤凰氏	【3000】
W0730.5.3	少昊氏	【3000】
W0730.5.3.1	少昊氏白帝朱宣	【3000】
W0730.5.4	少昊即玄嚣	【3000】
W0730.5.4.1	玄嚣	【3000】
W0730.5.4.1.1	黄帝与方雷氏生玄嚣	【3001】
W0730.5.4.1.2	玄嚣即青阳	【3001】
W0730.5.4.1.3	玄嚣继黄帝父位后号青阳氏称少昊	【3001】
W0730.5.5	少昊又称白帝	【3001】
W0730.5.6	少昊又作少皞	【3001】
W0730.5.7	少昊又作少皓	【3001】
W0730.5.8	少昊又称少颢	【3002】
W0730.5.9	少昊称青阳氏	【3002】
W0730.5.10	少昊又称金天氏	【3002】
W0730.5.10.1	金天氏少皞	【3002】
W0730.5.10.2	少昊号金天氏	【3002】
W0730.5.10.2.1	少昊王以金德，号曰金天氏	【3002】
W0730.5.11	少昊又称云阳氏	【3003】
W0730.5.12	少昊又称朱宣	【3003】
W0730.5.12.1	朱宣少昊氏	【3003】
W0730.5.13	少昊又称员神	【3003】
W0730.5.13.1	员神磈氏	【3003】
W0730.5.14	少昊又称小昊	【3003】
W0730.6	**与少昊有关的其他母题**	**【3003】**
W0730.6.1	少昊属秋季	【3003】
W0730.6.2	少昊国	【3003】
W0730.6.2.1	东海之外大壑有少昊之国	【3004】
W0730.6.3	少昊在世时间	【3004】
W0730.6.3.1	少昊传8世	【3004】
W0730.6.3.2	少昊历500年	【3004】
W0730.6.3.3	少昊治世400年	【3004】
W0730a	**三皇五帝**	**【3004】**
W0730a.1	**三皇五帝的产生**	**【3004】**
W0730a.2	**三皇**	**【3004】**
W0730a.2.1	三皇的产生	【3005】
W0730a.2.1.1	三皇是盘古的儿子	【3005】
W0730a.2.1.2	玉皇大帝封三皇	【3005】
W0730a.2.1.2a	最早时只有三皇，没有玉皇大帝	【3005】
W0730a.2.1.3	天皇生地皇，地皇生人皇	【3005】
W0730a.2.2	三皇的特征	【3005】
W0730a.2.2.1	三皇身披葫叶	【3006】
W0730a.2.3	三皇的身份	【3006】
W0730a.2.3.1	三皇是天皇、地皇和人皇	【3006】
W0730a.2.3.1a	三皇是天皇氏、地皇氏和人皇氏	【3006】
W0730a.2.3.1b	三皇是天皇、地皇、泰皇	【3006】
W0730a.2.3.2	三皇是伏羲、女娲、神农（三皇伏羲、神农、女娲）	【3006】
W0730a.2.3.2.1	玉皇大帝把伏羲、神农和女娲封为天皇、地皇和人皇	【3007】
W0730a.2.3.3	三皇是燧人、伏羲、神农（三皇伏羲、神农、	

W0735a. 2. 2	神农的神鞭	【3044】
W0735a. 2. 2. 1	神农的神鞭能戳地出水	【3044】
W0735a. 2. 3	神农的鞭子是观音给的	【3044】
W0735a. 3	**神农的宝剑**	**【3044】**
W0735a. 3. 1	神农的宝剑能划出深涧	【3044】
W0735b	**神农的关系**	**【3044】**
W0735b. 1	**神农的祖辈（神农是特定人物的后代）**	**【3045】**
W0735b. 1. 1	神农是盘古的后裔	【3045】
W0735b. 1. 2	神农是人火的后裔	【3045】
W0735b. 1. 3	神农是伏羲的第三代孙儿	【3045】
W0735b. 2	**神农的父母**	**【3045】**
W0735b. 2. 1	神农的父母盘古兄妹	【3045】
W0735b. 2. 1. 1	神农是盘古的儿子	【3046】
W0735b. 2. 2	神农的父亲是老天爷	【3046】
W0735b. 2. 2. 1	神农、伏羲是老天爷的儿子	【3046】
W0735b. 2. 3	神农的母亲	【3046】
W0735b. 2. 3. 1	神农 60 多岁的老娘洒奶浆润五谷	【3046】
W0735b. 2. 3. 2	神农的母亲安登（神农的母亲女登）	【3046】
W0735b. 2. 3. 2. 1	神农的母亲安登是少典妃	【3047】
W0735b. 3	**神农的兄弟**	**【3047】**
W0735b. 3. 1	神农、伏羲是兄弟	【3047】
W0735b. 3. 2	神农与太庭氏、庖羲、祝融、五龙氏是兄弟	【3047】
W0735b. 4	**神农的妻子**	**【3047】**
W0735b. 4. 1	神农氏姬赵女	【3047】
W0735b. 4. 2	农神的妻子衣神是夫妻	【3047】
W0735b. 4. 3	农神的妻子长毛姑娘	【3047】
W0735b. 5	**神农的子女**	**【3048】**
W0735b. 5. 1	神农有很多子女	【3048】
W0735b. 5. 2	神农的儿子	【3048】
W0735b. 5. 2. 1	神农有 9 个儿子	【3048】
W0735b. 5. 3	神农的女儿	【3048】
W0735b. 5. 3. 1	神农的女儿黄花	【3048】
W0735b. 5. 3. 2	神农的女儿花蕊	【3048】
W0735b. 5. 3. 2. 1	神农的女儿花蕊公主	【3048】
W0735b. 5. 3. 3	神农的女儿伽价公主	【3049】
W0735b. 5. 3. 3. 1	伽价公主是神农 7 个女儿中最美的一个	【3049】
W0735b. 5. 4	农神的长红毛的孩子	【3049】
W0735b. 5. 4. 1	农神与长毛姑娘婚生长红毛的孩子	【3049】
W0735b. 6	**神农的后代**	**【3049】**
W0735b. 6. 1	神农之孙榆冈	【3049】
W0735b. 7	**神农的朋友**	**【3050】**
W0735b. 8	**神农的对手**	**【3050】**
W0735b. 9	**神农的上司**	**【3050】**
W0735b. 9. 1	在神农玉皇大帝那里听差	【3050】

W0735b. 9. 1. 1 神农就职于玉帝灵霄殿【3050】

W0735b. 10 神农的从属【3050】

W0735b. 11 神农的同乡【3050】

W0735b. 11. 1 神农与老子同乡【3050】

W0735b. 12 神农的老师【3051】

W0735b. 12. 1 雨师赤松子服水玉以教神农【3051】

W0735c 神农的生活【3051】

W0735c. 1 神农的饮食【3051】

W0735c. 2 神农的服饰【3051】

W0735c. 2. 1 皇神农戴玉理【3051】

W0735c. 3 神农的出行【3051】

W0735c. 3. 1 神农爷见老天爷【3051】

W0735c. 3. 2 神农见南海观音【3052】

W0735c. 4 神农的成长地【3052】

W0735c. 4. 1 神农氏在屯留度过童年【3052】

W0736 神农的寿命与死亡【3052】

W0736. 1 神农的死亡【3052】

W0736. 1. 1 神农中毒而死【3052】

W0736. 1. 1. 1 神农尝断肠草后中毒而死【3053】

W0736. 1. 1. 2 神农氏吞试信石（砒霜）中毒而死【3053】

W0736. 1. 2 神农被虫咬而死【3053】

W0736. 1. 2. 1 神农氏被百步虫咬死【3053】

W0737 与神农有关的其他母题【3053】

W0737. 1 神农的居所【3053】

W0737. 1. 1 神农住天上【3053】

W0737. 1. 1. 1 神农大帝居天上【3054】

W0737. 1. 2 神农住山上【3054】

W0737. 1. 2. 1 神农居天马山【3054】

W0737. 1. 2. 2 神农爷住在桐柏山南麓【3054】

W0737. 1. 3 神农住洞中【3054】

W0737. 1. 3. 1 神农住岩洞【3054】

W0737. 1. 3. 2 神农在发鸠山筑洞而居【3055】

W0737. 1. 4 神农氏是张茅黎山人【3055】

W0737. 1. 5 神农居淮阳【3055】

W0737. 2 神农名字的来历（神农的名称）【3055】

W0737. 2. 0 神农号神农氏【3055】

W0737. 2. 0. 1 神农因播百谷故号神农氏【3055】

W0737. 2. 0. 2 神农又称神农氏【3055】

W0737. 2. 1 “神龙”流传中说成“神农”【3056】

W0737. 2. 1. 1 神农是白龙变的，故称神龙，传久了就叫成“神农”【3056】

W0737. 2. 2 【3056】

W0737. 2. 2. 1 神农氏因降生在绛河源故姓姜【3056】

W0737. 2. 3 神农即炎帝（神农称炎帝）【3056】

W0737. 2. 3. 1 因为神农身体变红被称为炎帝【3056】

W0737. 2. 4 稷被称为神农氏（女青年人稷称为神农氏）【3057】

W0737. 2. 4. 1 稷后带领稻、黍、麦、菽、麻五位随从寻找到粮种，被称为神农氏【3057】

	9年	【3073】
W0739.1.4.2	舜从母亲的背中出生	【3073】
W0739.1.4.3	舜的出生地是牛岭	【3073】
W0739.1.4.4	舜生于姚墟	【3073】
W0739.1.4.5	舜生于诸冯	【3074】
W0739.1.4.5.1	诸冯在曹县西北五十里	【3074】
W0739.2	**舜的特征**	**【3074】**
W0739.2.1	舜的体征	【3074】
W0739.2.1.1	舜两只眼里都有2个瞳仁（舜重瞳，舜两眸子）	【3074】
W0739.2.1.2	舜外表端庄	【3075】
W0739.2.1.3	舜面颔无毛	【3075】
W0739.2.1.4	舜皮肤黑	【3075】
W0739.2.2	舜的性情	【3075】
W0739.2.2.1	舜性情宽厚	【3075】
W0739.2.2.1.1	舜忠厚老实，宽宏大量	【3075】
W0739.2.2.1.2	舜仁者善心（舜仁慈）	【3075】
W0739.2.2.2	舜很孝顺	【3076】
W0739.2.2.2.1	舜严遵母命	【3076】
W0739.2.2.2.2	舜20岁始以孝闻	【3077】
W0739.2.2.2.3	舜下井为母捞金簪	【3077】
W0739.2.2.3	舜处事公道	【3077】
W0739.2.2.3a	舜公正圣明	【3077】
W0739.2.2.4	大舜勤快憨厚	【3078】
W0739.2.2.5	舜有贤德	【3078】
W0739.2.2.6	舜偏心小老婆	【3078】
W0739.2.2.6.1	舜尤爱次妃女英，欲立以为后而无其由	【3078】
W0739.2.3	帝舜短	【3078】
W0739.2.3.1	帝尧长，帝舜短	【3078】
W0739.3	**舜的职能（舜的身份，舜的能力、舜的事迹）**	**【3079】**
W0739.3.1	舜是帝王	【3079】
W0739.3.1.1	尧举舜为天子	【3079】
W0739.3.1.2	舜在位六十年	【3079】
W0739.3.1.3	舜让位给禹	【3079】
W0739.3.1.4	虞舜是人主	【3079】
W0739.3.1.5	虞舜是天帝	【3080】
W0739.3.1.5.1	尧去世后，舜做了天帝	【3080】
W0739.3.1.6	舜是五帝之一	【3080】
W0739.3.1.7	舜是皇帝	【3080】
W0739.3.1.7.1	大舜是古时候一个好皇帝	【3080】
W0739.3.1a	舜是酋长	【3080】
W0739.3.1a.1	虞舜是妫水氏族的酋长	【3080】
W0739.3.2	舜对农业有贡献	【3081】
W0739.3.2.1	舜取谷种	【3081】
W0739.3.2.1.1	舜从天上盗谷种	【3081】
W0739.3.2.2	舜王教老百姓种庄稼	【3081】
W0739.3.3	舜能显灵	【3081】
W0739.3.3.1	舜王爷显灵	【3081】
W0739.3.4	舜善弹琴	【3081】
W0739.3.4.1	尧令女儿娥皇、女英跟舜学弹琴	【3082】
W0739.3.5	舜耕田	【3082】
W0739.3.5.1	舜耕潼关	【3082】
W0739.3.5.2	舜耕泰山脚下	【3082】
W0739.3.5.3	舜耕历山	【3082】
W0739.3.5.3.1	舜耕历山之阳	【3083】
W0739.3.5.3.2	舜使象耕于历山	【3083】

	“华”字，遂得名“仲华”	【3100】
W0739.6.4	舜称“息壤先人”	【3100】
W0739.6.5	大舜	【3100】
W0739.6.5.1	特舜	【3100】
W0739.6.6	舜即帝俊	【3100】
W0739.6.7	舜名重华（舜名重明）	【3100】
W0739.6.8	舜的姓氏	【3101】
W0739.6.8.1	舜姓姚	【3101】
W0739.6.8.2	舜姓妫	【3101】
W0739.7	**与舜有关的其他母题**	**【3101】**
W0739.7.1	舜的生日	【3101】
W0739.7.2	舜的寿命与死亡	【3101】
W0739.7.2.1	舜死于苍梧（舜葬苍梧）	【3101】
W0739.7.2.1.1	舜与叔均葬赤水之东苍梧之野	【3102】
W0739.7.2.1.2	舜葬苍梧之阳	【3102】
W0739.7.2.2	舜葬在九疑山	【3102】
W0739.7.2.2.1	舜葬在九疑山女英峰	【3102】
W0739.7.2.2.2	舜葬在长沙零陵界九嶷山	【3102】
W0739.7.2.3	舜葬于岳山	【3102】
W0739.7.2.3.1	帝尧、帝喾、帝舜葬于岳山	【3102】
W0739.7.3	舜的遗迹（与舜有关的风物）	【3103】
W0739.7.3.1	舜王庙	【3103】
W0739.7.3.1.1	舜王庙在卬山岭上	【3103】
W0739.7.3.2	舜祠	【3103】
W0739.7.3.3	舜泉坊	【3103】
W0739.7.3.4	舜江	【3103】
W0739.7.3.4.1	舜江即姚江	【3103】
W0739.7.4	祭祀舜	【3104】
W0739.7.4.1	腊月三十祭舜	【3104】
W0739.7.4.1.1	腊月三十蒲山祭舜	【3104】
W0740	**太皞**	**【3104】**
W0740.1	**太皞的产生**	**【3104】**
W0740.1.1	华胥生太皞	【3104】
W0740.2	**太皞的身份**	**【3104】**
W0740.2.1	太皞是天帝	【3105】
W0740.2.1.1	太皞是东方天帝	【3105】
W0740.2.2	太皞是东方神	【3105】
W0740.2.2.1	太皞管东方	【3105】
W0740.2.3	太皞是首领	【3105】
W0740.2.3.1	太皞东夷部族的祖先和首领	【3105】
W0740.2.4	太皞是人祖	【3105】
W0740.3	**太皞的关系**	**【3106】**
W0740.3.1	太皞的父母	【3106】
W0740.3.2	太皞的妻子	【3106】
W0740.3.2.1	人祖太皞与女皇合为夫妇	【3106】
W0740.4	**与太皞有关的其他母题**	**【3106】**
W0740.4.1	太皞的名称	【3106】
W0740.4.1.1	太皞风姓	【3106】
W0740.4.1.2	太皞伏羲氏风姓	【3106】
W0740.4.1.3	太皞即太昊	【3106】
W0741	**太昊**	**【3107】**
W0741.1	**太昊的产生**	**【3107】**
W0741.2	**太昊的特征（太昊的身份）**	**【3107】**
W0741.2.1	太昊是祖先	【3107】
W0741.2.1.1	太昊与女皇婚生后人	【3107】
W0741.2.2	太昊是造人者	【3107】
W0741.2.2.1	最早造人的兄妹	

W0751.2.1.1 禹身材高大【3203】

W0751.2.1.1.1 大禹身高八九尺，虎鼻，熊腰，并齿，鸟嘴，耳有三洞【3203】

W0751.2.1.2 大禹的脚有毛病（大禹跛足）【3204】

W0751.2.1.2.1 大禹治水脚落下毛病【3204】

W0751.2.1.3 大禹横眉圆眼，紫红脸膛，赤着钢铁一般的臂膀【3204】

W0751.2.1.4 禹耳三漏【3204】

W0751.2.2 大禹执法严明【3204】

W0751.2.3 大禹无私【3205】

W0751.2.4 大禹敬业【3205】

W0751.2.4.1 大禹三过家门而不入【3205】

W0751.2.4.2 大禹治水7年过家门而不入【3205】

W0751.2.5 大禹大义灭亲【3205】

W0751.2.5.1 大禹惩罚懒惰的外甥【3206】

W0751.3 大禹的身份【3206】

W0751.3.1 大禹是神（大禹神）【3206】

W0751.3.1.1 大禹是龙神【3206】

W0751.3.1.2 大禹死后成神【3206】

W0751.3.1.2.1 禹死后成为社神【3207】

W0751.3.1.3 禹是水神【3207】

W0751.3.2 禹是星宿【3207】

W0751.3.2.1 禹王是猪婆龙星【3207】

W0751.3.3 禹是龙【3207】

W0751.3.3.1 禹是黄龙【3207】

W0751.3.3.1.1 禹是鲧死后剖腹而生的黄龙【3207】

W0751.3.3.2 禹是虬龙【3207】

W0751.3.4 禹是皇帝【3208】

W0751.3.4.1 禹是昏君【3208】

W0751.3.5 大禹原是天上管下雨的王【3208】

W0751.3.6 大禹是部落首领【3208】

W0751.3.7 大禹是王【3208】

W0751.3.7.1 禹治水成功被百姓推为王【3208】

W0751.3.7.2 夏禹王原是天上管行云布雨的下雨王【3209】

W0751.3.8 大禹是治水能手【3209】

W0751.3.9 禹是祖先【3209】

W0751.3.10 禹是巫师【3209】

W0751.3.11 大禹是仙【3209】

W0751.3.11.1 大禹九嶷山成仙【3210】

W0751.3.12 大禹是一般人【3210】

W0751.3.12.1 大禹是渔民【3210】

W0751.4 大禹的职能（大禹的能力，大禹的事迹）【3210】

W0751.4.1 禹会化身（禹会变形，禹的变形）【3210】

W0751.4.1.1 禹化为熊【3210】

W0751.4.1.1.1 大禹化为黑熊【3211】

W0751.4.1.1.1.1 大禹为开山治水化为黑熊【3211】

W0751.4.1.1.1.2 大禹为打通轩辕关化为黑熊【3212】

W0751.4.1.2 禹化为怪兽【3212】

W0751.4.1.3 禹化为猪【3212】

W0751.4.1.3.1 禹化为黑猪【3212】

W0751.4.1.4 大禹变成慈眉善目的白胡子老汉【3212】

W0751.4.1.5 禹变穿山甲【3213】

W0763.4.2a.1.1	颛顼帮叔父少昊治理国政	【3331】
W0763.4.3	颛顼的妻子	【3331】
W0763.4.3.1	颛顼妻子女禄（娽）	【3331】
W0763.4.3.1.1	娽	【3331】
W0763.4.3.1.1.1	滕奔氏之子曰娽	【3332】
W0763.4.3.2	颛顼娶于滕氏	【3332】
W0763.4.3.3	颛顼的妻子滕奔氏	【3332】
W0763.4.3.3.1	滕奔氏	【3332】
W0763.4.3.3.1.1	滕奔即胜濆	【3332】
W0763.4.3.3.1.1.1	颛顼的妃子胜濆氏（胜奔）	【3332】
W0763.4.3.4	颛顼的妻子邹屠氏	【3332】
W0763.4.3.4a	颛顼的妃子邹屠氏	【3332】
W0763.4.3.5	颛顼的正妃昌仆	【3333】
W0763.4.3.6	颛顼的正妃女枢	【3333】
W0763.4.4	颛顼的儿子	【3333】
W0763.4.4.1	颛顼有3个儿子	【3333】
W0763.4.4.1.1	颛顼的3个儿子死后分别变成疟鬼、魍魉鬼和小儿鬼	【3333】
W0763.4.4.1.2	颛顼的3个儿子死后变成瘟神	【3333】
W0763.4.4.1a	颛顼有6个儿子	【3334】
W0763.4.4.1b	颛顼有8个儿子	【3334】
W0763.4.4.1b.1	高阳氏有苍舒、隤敳、梼戭、大临、尨降、庭坚、仲容、叔达才子8人	【3334】
W0763.4.4.1c	颛顼有24个儿子	【3334】
W0763.4.4.1c.1	颛顼有老童、伯服、中骗、驩头、淑士、三面、季禺、魑魅（东夷）、虐鬼、小儿鬼、穷鬼、梼杌、穷蝉、苗民、苍舒、隤敳、梼戭、大临、尨降、庭坚、仲容、叔达、鲧、（称）等儿子	【3334】
W0763.4.4.2	颛顼的儿子老童	【3334】
W0763.4.4.3	颛顼氏的儿子梼杌	【3335】
W0763.4.4.3.1	颛顼氏的不才子梼杌	【3335】
W0763.4.4.3.1.1	梼杌形如老虎，浑身长毛	【3335】
W0763.4.4.3.1.2	梼杌人脸，虎足，猪嘴巴	【3335】
W0763.4.4.3.1.3	梼杌从牙齿到尾巴长一丈八尺	【3335】

符水治病 【3429】
W0768.2.4.1.5b 张天师本名张陵，字辅汉，号天师，道教尊称其为张道陵 【3429】
W0768.2.4.1.5b.1 女子梦北斗魁星授与蘅薇香草生张道陵 【3429】
W0768.2.4.1.5c 张天师生日五月初五 【3429】
W0768.2.4.1.5d 张天师其他名号 【3430】
W0768.2.4.1.5d.1 张天师名号三天扶教辅元大法师 【3430】
W0768.2.4.1.5d.2 张天师名号三天扶教辅元大法师正一静应显佑真君 【3430】
W0768.2.4.1.5d.3 张天师名号正一冲元神化静应显佑真君 【3430】
W0768.2.4.1.5d.4 张天师名号降魔护道天尊 【3430】
W0768.2.4.1.5d.5 张天师名号高明大帝 【3430】
W0768.2.4.1.5d.6 张天师名号正一真人 【3430】
W0768.2.4.1.5d.7 张天师名号祖天师 【3431】
W0768.2.4.1.6 张天始 【3431】
W0768.2.4.1.6.1 张天始是老天爷的义子 【3431】
W0768.2.4.1.7 张天时 【3431】
W0768.2.4.1.7.1 张天时造起天兵天将后改名张天师 【3431】
W0768.2.4.2 大隗天师 【3431】
W0768.2.4.3 许天师 【3431】
W0768.2.4.3.1 许天师即晋代道士许逊 【3432】
W0768.2.4.3.2 许天师又称许真君 【3432】
W0768.2.4.3.3 许天师又称神功妙济真君 【3432】
W0768.2.5 四大天师 【3432】
W0768.2.5.1 四大天师许逊、张道陵、萨守坚、葛玄 【3432】
W0768.2.5.2 许逊天师 【3432】
W0768.2.5.2.1 许逊得道于吴猛 【3432】
W0768.2.5.2.2 许逊得道于兰公 【3433】
W0768.2.5.2.3 许逊得道于谌母 【3433】
W0768.2.5.3 葛玄天师（葛天师） 【3433】
W0768.2.5.3.1 葛天师能把口中吐出的饭粒变成蜜蜂 【3433】
W0768.2.5.3.2 葛天师能画符箓为民祈雨 【3433】
W0768.2.5.3.3 葛天师的名称 【3433】
W0768.2.5.3.3.1 葛天师又称葛仙公 【3433】
W0768.2.5.3.3.2 葛天师又称冲应真人 【3434】
W0768.2.5.3.3.3 葛天师又称冲应孚真君 【3434】
W0768.2.5.3.3.4 葛天师又称太极左仙公字

0.7 与民间信仰有关的神或神性人物【W0770～W0829】

0.7.1 民间信仰中常见的神或神性人物【W0770～W0784】

来的随从 【3567】

W0780.6 玉皇大帝的辅佐 【3567】

W0780.6.1 玉皇大帝有众神辅佐 【3567】

W0780.6.1.1 玉皇大帝有日月星等众神辅佐 【3567】

W0780.6.1.2 三光神、雷王、风伯、雨师、闪电小娘辅佐玉皇大帝 【3568】

W0780.7 玉皇大帝的师傅 【3568】

W0780.7.1 玉帝的恩师如来佛 【3568】

W0780.8 玉皇大帝的使者 【3568】

W0780.8.1 龙是玉皇大帝的使者 【3568】

W0780.8.2 玉皇大帝的信使 【3568】

W0780.8.2.1 乌鸦是玉皇大帝的信使 【3568】

W0781 与玉皇大帝有关的其他母题 【3568】

W0781.1 玉皇大帝的生日（玉帝的生日） 【3569】

W0781.1.1 玉皇大帝生日是农历正月初九 【3569】

W0781.1.2 老天爷生日是每年的正月初九 【3569】

W0781.1.2.1 每年的正月初九天爷生日举行署伏庙会 【3570】

W0781.2 玉皇大帝的寿命 【3570】

W0781.2.1 玉皇大帝不死 【3570】

W0781.3 玉皇大帝的名字（玉皇大帝的名号） 【3570】

W0781.3.1 特定名称的玉皇大帝 【3570】

W0781.3.1.1 玉帝姓张 【3570】

W0781.3.1.1.1 天老爷叫张玉皇 【3570】

W0781.3.1.1.1.1 凡人张玉皇当上天帝 【3571】

W0781.3.1.1.1.1.1 凡人张玉皇当上天帝后称玉皇大帝 【3571】

W0781.3.1.1.1a 老天爷张玉帝 【3571】

W0781.3.1.1.1b 玉皇张大帝 【3571】

W0781.3.1.1.2 玉皇大帝张天社 【3571】

W0781.3.1.2 玉皇大帝汗霍尔木斯塔 【3572】

W0781.3.2 玉皇大帝又称玉皇帝 【3572】

W0781.3.3 玉皇大帝又称玉皇 【3572】

W0781.3.3.1 玉皇称天神“老天爷” 【3572】

W0781.3.4 玉皇大帝又称上帝 【3572】

W0781.3.5 玉皇大帝又称玉皇上帝 【3573】

W0781.3.6 玉皇大帝俗称老天爷 【3573】

0.7.2 民间信仰中其他神或神性人物【W0785～W0799】

W0787.1.3	卵生佛（卵生佛祖）	【3607】
W0787.1.3.1	神蛋生佛祖	【3607】
W0787.1.3.1.1	树生的神蛋两千五百年孵出佛祖	【3607】
W0787.1.3.1.2	神鸦的神蛋生佛祖	【3607】
W0787.1.3.2	白鸡的白蛋孵出佛	【3607】
W0787.1.3.3	不同的卵生不同的佛祖	【3608】
W0787.1.3.4	乌鸦生的金蛋生佛祖	【3608】
W0787.1.3.5	与卵生佛有关的其他母题	【3608】
W0787.1.3.5.1	龙孵出佛祖	【3609】
W0787.1.4	人成为佛	【3609】
W0787.1.4.1	人修行成为佛	【3609】
W0787.1.4.1.1	人修行到一定时间立地成佛	【3609】
W0787.1.4.2	佛祖是王子出身	【3609】
W0787.1.5	与佛的产生有关的其他母题	【3610】
W0787.1.5.1	佛的特殊出生	【3610】
W0787.1.5.2	神、佛同源	【3610】
W0787.1.5.3	神蛋生的古德玛修行五百五十代成为佛祖	【3610】
W0787.1.5.4	佛祖修炼成佛	【3610】
W0787.1.5.4.1	佛祖到人间修行550代才成佛	【3610】
W0787.2	**佛的特征（佛的身份）**	**【3611】**
W0787.2.1	佛三身一体	【3611】
W0787.2.1.1	三身佛	【3611】
W0787.2.1.2	佛法身、报身、应身三身合一	【3611】
W0787.2.2	佛端庄慈祥	【3611】
W0787.2.3	佛不杀生	【3611】
W0787.2.4	佛有慧眼	【3611】
W0787.2.5	佛祖的地位低于谷魂奶奶	【3612】
W0787.2.6	佛祖的排序	【3612】
W0787.2.6.1	第四代佛祖果达玛	【3612】
W0787.3	**佛的生活**	**【3612】**
W0787.3.1	佛的服饰	【3612】
W0787.3.2	佛的饮食	【3612】
W0787.3.2.1	人成佛后长期不食	【3613】
W0787.3.3	佛的居所	【3613】
W0787.3.3.1	佛祖选净土而居	【3613】
W0787.3.3.2	如来住在西天（佛祖住西天）	【3613】
W0787.3.4	佛的出行（佛的坐骑）	【3614】
W0787.3.4.1	佛祖骑龙驹	【3614】
W0787.3.5	佛的用品	【3614】
W0787.3.6	佛经历多世	【3614】
W0787.4	**佛的职能（佛的能力，佛的行为，佛的事迹）**	**【3614】**
W0787.4.1	佛祖为众天神之长	【3614】
W0787.4.2	佛保佑风调雨顺	【3614】

	条，头发乌黑，面似桃花	【3643】
W0788.2.3	玄女善弹	【3644】
W0788.3	**九天玄女的身份**	**【3644】**
W0788.3.1	九天玄女是黄帝之师	【3644】
W0788.3.1a	玄女是黄帝的部下	【3644】
W0788.3.2	九天玄女是圣母元君的弟子	【3644】
W0788.3.3	九天玄女是西天王母大徒弟	【3644】
W0788.3.4	九天玄女司送子	【3645】
W0788.3.5	玄女是女仙	【3645】
W0788.3.5.1	玄女是天上得道的女仙	【3645】
W0788.4	**九天玄女的行为（九天玄女的事迹）**	**【3645】**
W0788.4.1	玄女授兵书	【3645】
W0788.4.2	玄女向仙姑学艺	【3646】
W0788.4.3	玄女飞刀刺蚩尤	【3646】
W0788.4.4	玄女拨琴助战	【3646】
W0788.4.5	玄女报恩助黄帝	【3646】
W0788.4.5.1	玄女帮助黄帝战蚩尤	【3646】
W0788.5	**玄女的生活**	**【3647】**
W0788.5.1	玄女的出行	【3647】
W0788.5.1.1	玄女乘丹凤	【3647】
W0788.5.2	玄女的工具	【3647】
W0788.5.2.1	玄女的玉兔马	【3647】
W0788.5.2.2	玄女的飞刀	【3647】
W0788.6	**玄女的关系**	**【3647】**
W0788.6.1	玄女的父母	【3648】
W0788.6.1.1	玄女的父亲玄武	【3648】
W0788.6.2	玄女的丈夫	【3648】
W0788.6.2.1	玄女是黄帝的大将常伯的妻子	【3648】
W0788.6.3	玄女的合作者	【3648】
W0788.6.3.1	黄帝求助于玄女	【3648】
W0788.7	**与玄女有关的其他母题**	**【3648】**
W0788.7.1	玄女的名字（玄女的名号）	【3648】
W0788.7.1.1	玄女又称元女	【3648】
W0788.7.1.2	玄女又称九天玄女	【3649】
W0788.7.2	玄女的遗迹	【3649】
W0788.7.2.1	玄女庙	【3649】
W0789	**老子**	**【3649】**
W0789.1	**老子的产生**	**【3649】**
W0789.1.1	感生老子	【3649】
W0789.1.1.1	女子感大流星生老子	【3649】
W0789.1.1.2	元妙玉女吞入太阳之精生老子	【3650】
W0789.1.2	老子在母腹中多年	【3650】
W0789.1.2.1	老子在母腹中72年	【3650】
W0789.1.2.2	老子在母腹中81年	【3650】
W0789.1.3	老子生日农历	

	二月十五日	【3650】
W0789.1.4	老子从母亲左腋出生	【3650】
W0789.1.4.1	老子的母亲在陈国涡水李树下剖左腋生老子	【3651】
W0789.1.5	老子产生早于天地	【3651】
W0789.1.6	老子生于无形之先	【3651】
W0789.2	**老子的特征**	**【3651】**
W0789.2.1	老子生而不凡	【3651】
W0789.2.1.1	老子生而能言	【3651】
W0789.2.2	老子有72相	【3651】
W0789.2.3	老子相貌奇特	【3652】
W0789.2.3.1	老子头圆如天，面光象日伏晨起，皓发如鹤，长七尺余，眉如北斗，其色翠绿。虎髭龙鬚	【3652】
W0789.2.3.2	老君耳长七尺	【3652】
W0789.2.4	老子全身刻有八卦	【3652】
W0789.3	**老子的身份**	**【3652】**
W0789.3.1	老子为万仙之宗	【3653】
W0789.3.2	老子为神王之宗	【3653】
W0789.3.3	老子成佛	【3653】
W0789.3.3.1	老子化胡	【3653】
W0789.3.4	老子化摩尼	【3653】
W0789.3.4.1	老子是天地之父母	【3653】
W0789.3.5	老子是帝王之师	【3653】
W0789.3.6	老子是神仙	【3654】
W0789.3.6.1	老子是天上太清宫的神仙	【3654】
W0789.4	**老子的职能（老子的能力，老子的事迹）**	**【3654】**
W0789.4.1	老子传授八卦	【3654】
W0789.5	**老子的生活**	**【3654】**
W0789.5.1	老子经历3个混沌	【3654】
W0789.5.2	老子有紫气围绕	【3654】
W0789.5.3	老子的坐骑	【3655】
W0789.5.3.1	老子乘日精驾九龙	【3655】
W0789.5.3.2	老子乘青牛（太上老君骑着青牛）	【3655】
W0789.5.3.3	老子乘青羊	【3655】
W0789.5.3.4	老子乘白鹿	【3655】
W0789.5.3.5	老子的居所	【3656】
W0789.5.3.5.1	老子上处玉京	【3656】
W0789.5.3.5.2	老子下在紫微	【3656】
W0789.6	**老子的关系**	**【3656】**
W0789.6.1	老子的父母	【3656】
W0789.6.1.1	老子的母亲无上元君	【3656】
W0789.6.1.1.1	无上元君	【3656】
W0789.6.1.1.1.1	玄妙玉女即无上元君	【3656】
W0789.6.2	老子的师傅	【3657】
W0789.6.2.1	老子的师傅太一元君	【3657】
W0789.6.2.2	老子的老师容	

W0791.8.2.1	太白金星李长庚	【3701】
W0791.8.3	太上老君的生日	【3702】
W0791.8.3.1	立秋是老君生日	【3702】
W0791.8.4	老君	【3702】
W0791.8.4.1	老君托生榑桑太常玉帝天宫	【3702】
W0791.8.4.2	老君号曰无极太上大道君	【3702】
W0791.8.4.3	老君号曰无极太上大道君	【3702】
W0791.8.4.4	老君号曰无上虚皇元始天尊	【3702】
W0791a	**太元圣母**	**【3703】**
W0791a.1	**太元圣母的产生**	**【3703】**
W0791a.2	**太元圣母的特征**	**【3703】**
W0791a.3	**与太元圣母有关的其他母题**	**【3703】**
W0791a.3.1	太元圣母的关系	【3703】
W0791a.3.1.1	太元圣母的丈夫盘古真人	【3703】
W0791a.3.1.2	太元圣母的儿女东王公和与西王母	【3703】
W0791a.3.2	太元圣母称谓（太元圣母名称）	【3703】
W0791a.3.2.1	太元圣母号太元圣母	【3703】
W0791a.3.3	圣母感龙生子	【3704】
W0792	**真人**	**【3704】**
W0792.1	**真人的产生**	**【3704】**
W0792.1.1	真人在混沌中产生	【3704】
W0792.1.1.1	真人未始分于太一	【3704】
W0792.1.2	混沌之气化生真人	【3704】
W0792.2	**真人的特征（真人的能力）**	**【3704】**
W0792.2.1	真人游于灭亡之野	【3705】
W0792.3	**特定名称的真人**	**【3705】**
W0792.3.1	太乙真人	【3705】
W0792.3.2	真人关尹	【3705】
W0792.3.3	真人老聃	【3705】
W0792.3.4	妙应真人	【3705】
W0792.3.4.1	李八百号妙应真人	【3705】
W0792.3.4.2	李八百号紫阳真君	【3705】
W0792.3.4.3	李八百寿命八百岁	【3706】
W0792.3.4.4	李八百日行八百里	【3706】
W0792.3.5	广宁真人	【3706】
W0792.3.5.1	广宁真人郝大通	【3706】
W0792.3.5.2	郝大通本名郝升	【3706】
W0792.3.5.3	郝大通又名广宁通玄太古真人太古真君	【3706】
W0792.3.5.4	郝大通又名广宁全道太古真人	【3706】
W0792.3.5.5	郝大通又名广	

宁通玄妙极太古真君【3706】

W0792.4 **与真人有关的其他母题【3706】**

W0793 真主【3707】

W0793.1 **真主的产生【3707】**

W0793.1.1 真主自然存在【3707】

W0793.1.1.1 开天辟地时世上只有真主安拉【3707】

W0793.2 **真主的特征【3707】**

W0793.2.1 真主没有具体形象【3707】

W0793.2.1.1 安拉没有形象，没有影子，没有妻子，没有儿女，不吃饭，也不喝水【3707】

W0793.3 **真主的职能（真主的能力）【3707】**

W0793.3.1 真主是创世主【3708】

W0793.3.2 真主是统治者【3708】

W0793.3.2.1 真主统治宇宙【3708】

W0793.3.3 真主掌握报应日【3708】

W0793.3.4 真主惩罚罪恶【3708】

W0793.3.4.1 真主把不恭的天仙变成魔鬼【3708】

W0793.3.5 真主先觉先知【3709】

W0793.3.5.1 真主知道大地何时洪水漫天【3709】

W0793.3.6 真主带来和平【3709】

W0793.4 **真主的关系【3709】**

W0793.4.1 真主的使者【3709】

W0793.4.1.1 真主的使者白日乙里【3709】

W0793.4.2 真主的助手【3710】

W0793.4.2.1 天使是真主的助手【3710】

W0793.4.2.1.1 真主有很多天使【3710】

W0793.4.2.2 天神是真主的助手【3710】

W0793.4.2.2.1 女天神是真主的助手和参谋【3710】

W0793.4.3 真主的差役【3710】

W0793.4.3.1 四天仙是真主的差役【3710】

W0793.4.3.2 白蟒是真主的差役【3711】

W0793.5 **与真主有关的其他母题【3711】**

W0793.5.1 真主的名称【3711】

W0793.5.2 真主的居所【3711】

W0793.5.2.1 真主长驻地上【3711】

W0794 其他一些常见的宗教神（人物）【3711】

W0794.1 **金刚【3711】**

W0794.1.1 四大金刚【3711】

W0794.1.1.1 四大金刚居第一重天【3711】

W0794.1.1.2 四大金刚神像通常分列在净土宗禅宗佛寺的第一重殿（天王殿）两侧【3712】

W0794.1.1.3 东方持国天王【3712】

W0794.1.1.3.1 东方持国天王多罗吒，住须弥山黄金埵，

0.7.3 仙人（神仙）【W0800～W0829】

W0804.3	**人食人参成仙**	**【3741】**
W0804.3.1	人吃人参精成为神仙	【3741】
W0804.4	**吃特定动物的肉成仙**	**【3741】**
W0804.4.1	吃牛肉成仙	【3741】
W0804.4.1.1	牛郎吃老牛的肉脱凡成仙	【3741】
W0804.5	**吃其他特定物成仙**	**【3741】**
W0804.5.1	食特定植物成仙	【3742】
W0804.5.1.1	人食鶱树叶成仙	【3742】
W0804.5.1.2	人食甘租成仙	【3742】
W0804.5.1.3	人吃桃成仙	【3742】
W0804.5.1.3.1	人吃特定地方的桃李成仙	【3742】
W0804.5.1.3.2	人吃仙桃成仙	【3742】
W0804.5.1.3.3	何仙姑吃桃成仙	【3743】
W0804.5.1.4	热吃特定的枣、梨成仙	【3743】
W0804.5.1.4.1	吃安期生的大枣成仙	【3743】
W0804.5.2	人吃长生果成仙	【3743】
W0804.5.2.1	长生果是天上神仙的圣果	【3743】
W0804.5.3	吃药成仙	【3743】
W0804.5.3.1	吃王母娘娘的灵药能成仙	【3744】
W0804.5.3.1a	吃王母娘娘特定数量的药成仙	【3744】
W0804.5.3.1a.1	吃王母娘娘的长生不老药，一包长生不老，两包成仙	【3744】
W0804.5.3.2	吃仙丹成仙	【3744】
W0804.5.3.2.1	黄帝吃仙丹成仙	【3744】
W0804.5.3.3	吃仙药成仙	【3745】
W0804.5.3.3.1	吃1粒仙药长生不老，吃2粒可成仙人	【3745】
W0804.5.4	饮酒成仙	【3745】
W0804.5.4.1	道士坐酒瓮中，三日方出，须发皆黑，颜如童子，遂成仙	【3745】
W0804.5.5	饮升仙水成仙	【3745】
W0804.5.5.1	升仙水	【3745】
W0804.5.5.1.1	得饮升仙水可身体香净而升仙	【3745】
W0804.5.5.1.2	升仙水不能以金铁及手承取	【3746】
W0804.5.5.1.3	升仙水只能用瓠芦盛	【3746】
W0804.5.6	食玉成仙	【3746】
W0804.5.6.1	食玉膏成仙	【3746】
W0804.5.6.1.1	食白玉膏成仙	【3746】
W0804.5.6.2	食玉浆成仙	【3746】
W0804.5.6.2.1	食明星玉女的玉浆成仙	【3746】
W0804.5a	**吃多种物成仙**	**【3747】**
W0804.5a.1	食灵药和人参成仙	【3747】
W0804.5a.1.1	王母娘娘告诉后羿，服用人参汤煮的灵药可以成仙	【3747】

	(尸解仙)	【3782】
W0817a.3.1	下士先死后蜕，谓尸解仙	【3782】
W0817a.4	**仙被外力致死**	**【3782】**
W0817a.4.1	仙人被晒死	【3782】
W0817a.4.1.1	杨二郎的仙体母亲被太阳晒化	【3782】
W0818	**仙能上天(仙人升天，仙人飞升)**	**【3783】**
W0818.1	**仙人得道升天**	**【3783】**
W0818.2	**仙人能白日上天**	**【3783】**
W0819	**仙人会飞**	**【3783】**
W0819.1	**仙人靠翅膀飞翔**	**【3783】**
W0819.1.1	仙人体生毛，臂变为翼，行于云	【3783】
W0819.2	**仙人快乐飞翔**	**【3783】**
W0819.2.1	蔡邕成仙后飞去飞来甚快乐	【3784】
W0820	**仙能变形(仙人变形，仙会变化)**	**【3784】**
W0820.1	**仙能变成动物**	**【3784】**
W0820.1.1	仙人化鹤	【3784】
W0820.1.1.1	仙人丁令威化鹤	【3784】
W0820.2	**仙会化为金光**	**【3784】**
W0820.2.1	仙人化道金光飘去	【3784】
W0821	**仙能预言**	**【3784】**
W0821.1	**仙预言婴儿的出生**	**【3785】**
W0822	**仙帮助人**	**【3785】**
W0822.1	**仙人治病**	**【3785】**
W0822.2	**仙救人脱危**	**【3785】**
W0822.3	**仙人点化人**	**【3785】**
W0822.3.1	仙让人梦想成真	【3785】
W0823	**与仙的能力或事迹有关的其他母题**	**【3785】**
W0823.1	**仙管着婴儿的出生**	**【3786】**
W0823.2	**破坏性的仙(恶仙)**	**【3786】**
W0823.3	**仙人行窃**	**【3786】**
W0823.4	**仙有十通**	**【3786】**
W0823.4.1	仙善知他心智神通	【3786】
W0823.4.2	仙无碍清净天眼智神通	【3787】
W0823.4.3	仙宿住随念智神通	【3787】
W0823.4.4	仙知尽未来际劫智神通	【3787】
W0823.4.5	仙无碍清净天耳智神通	【3787】
W0823.4.6	仙无碍清净天耳智神通	【3787】
W0823.4.7	仙善分离一切众生言音智神通	【3787】
W0823.4.8	仙诞生无量色身智神通	【3787】
W0823.4.9	仙一切法智	

W0827.1.3b.1 采荷花的仙子是荷花仙子【3833】
W0827.1.3c 菊花仙【3833】
W0827.1.3d 梅花仙【3833】
W0827.1.3e 四大花仙【3833】
W0827.1.3e.1 牡丹、荷花、菊花和梅花四位花仙【3833】
W0827.1.4 磨坊仙子【3834】
W0827.1.4.1 磨坊仙子叫达伙【3834】
W0827.1.4.2 磨坊仙子把天升高【3834】
W0827.1.5 四仙子【3834】
W0827.1.5.1 天地未分前生四仙子【3834】
W0827.1.6 桂月仙子【3834】
W0827.1.7 仙人赤松子【3835】
W0827.1.7.1 仙人赤松子死后封宁封子【3835】
W0827.1.7.1.1 仙人宁封隐居青城山【3835】
W0827.1.7.2 赤诵子是上谷人【3835】
W0827.1.7.2.1 赤诵子吐故纳新，上通云天【3835】
W0827.1.7.3 赤松子与火共舞【3835】
W0827.1.7.4 赤松子的名号【3836】
W0827.1.7.4.1 赤松子又名赤诵子【3836】
W0827.1.7.4.2 赤松子号左圣南极南岳真人【3836】
W0827.1.7.4.3 赤松子号左仙太虚真人【3836】
W0827.1.8 鹿鸭仙人【3836】
W0827.1.8.1 鹿鸭仙人平地走路像鹿，在水里像鸭子【3836】
W0827.1.8.2 鹿鸭仙人住九天【3837】
W0827.1.9 皎阳大仙【3837】
W0827.1.9.1 黄狼精被玉皇大帝封为皎阳大仙【3837】
W0827.1.10 洁月大仙【3837】
W0827.1.10.1 白兔精被玉皇大帝封为洁月大仙【3837】
W0827.1.11 护山大仙【3837】
W0827.1.11.1 护山大仙是山神爷的助手【3838】
W0827.1.12 仙童【3838】
W0827.1.12.1 华盖童子【3838】
W0827.1.12.2 童男童女【3838】
W0827.1.13 婴姆（谌母）【3838】
W0827.1.13.1 谌母修仙成道鹤发童颜【3838】
W0827.1.14 耕娘仙子【3839】
W0827.1.14.1 耕娘仙子种出满天彩霞【3839】
W0827.1.15 仙人刘海蟾【3839】
W0827.1.15.0 刘海蟾得正阳子真传成仙【3839】
W0827.1.15.1 海蟾姓刘名嚞【3839】
W0827.1.15.2 海蟾子姓刘名昭远【3839】
W0827.1.15.3 刘玄英号海蟾子【3840】
W0827.1.15.4 刘海戏蟾【3840】
W0827.1.16 仙人赤将子舆【3840】
W0827.1.16.1 赤将子舆是黄帝时人【3840】
W0827.1.17 仙人安期生【3840】

	教茅山派的祖师	【3845】
W0827. 1. 27. 2	三茅真君是茅盈、茅固、茅衷三兄弟	【3845】
W0827. 1. 28	仙人丁令威	【3845】
W0827. 1. 28. 1	丁令威学道于灵墟山	【3846】
W0827. 1. 28. 2	丁令威仙化为仙鹤	【3846】
W0827. 1. 29	仙人白玉蟾	【3846】
W0827. 1. 29. 1	白玉蟾原名葛长庚	【3846】
W0827. 1. 29. 2	葛长庚又称琼琯紫虚真人	【3846】
W0827. 1. 29. 3	葛长庚又称紫清真人	【3846】
W0827. 1. 29. 4	葛长庚又称紫清先生	【3846】
W0827. 1. 30	仙人麻衣子	【3846】
W0827. 1. 30. 1	麻衣子修道坐化成仙	【3846】
W0827. 1. 30. 2	麻衣子 101 岁时成仙	【3847】
W0827. 1. 31	大仙费长房	【3847】
W0827. 1. 31. 1	大仙费长房居东南山中	【3847】
W0827. 1. 32	九仙子	【3847】
W0827. 1. 32. 1	九仙子开创山河	【3847】
W0827. 2	**地仙**	**【3847】**
W0827. 2. 1	地仙的产生	【3848】
W0827. 2. 1. 1	人服半剂药成为地仙	【3848】
W0827. 2. 2	地仙的特征	【3848】
W0827. 2. 2. 1	地仙会飞翔	【3848】
W0827. 2. 2. 2	地仙身高万丈	【3848】
W0827. 2. 2. 3	中士避于名山，谓之地仙	【3848】
W0827. 2. 2. 3a	地仙身高百丈，腰粗十围，臂如巨杉，指赛楠竹	【3848】
W0827. 2. 3	与地仙有关的其他母题	【3849】
W0827. 2. 3. 1	地仙旺虽	【3849】
W0827. 2. 3. 2	地仙居森林中	【3849】
W0827. 2. 3. 3	地仙王与天仙王亲如兄弟	【3849】
W0827. 2. 3. 4	土王有个公主叫地仙	【3849】
W0827. 2. 3. 5	地仙射日	【3849】
W0827. 3	**歌仙**	**【3850】**
W0827. 3. 1	感特定物生歌仙	【3850】
W0827. 3. 1. 1	女子感黄莺生歌仙刘三姐	【3850】
W0827. 3. 2	歌仙刘三姐	【3850】
W0827. 3. 2. 1	歌仙刘三姐经连山去各地传歌	【3850】
W0827. 4	**狐仙**	**【3850】**
W0827. 4. 1	狐仙的产生	【3850】
W0827. 4. 1. 1	狐狸修炼成仙	【3851】
W0827. 4. 2	狐仙的特征	【3851】
W0827. 4. 3	与狐仙有关的其他母题	【3851】
W0827. 4. 3. 0	狐仙的名称	【3851】
W0827. 4. 3. 0. 1	狐仙又称大仙家（狐大仙）	【3851】
W0827. 4. 3. 1	狐仙助人	【3852】
W0827. 4. 3. 2	狐仙帮助萨	

W0827.14.2	太极仙下凡	【3859】
W0827.14a	**无极仙**	**【3859】**
W0827.14a.1	无极仙口是心非	【3859】
W0827.15	**仙官**	**【3859】**
W0827.15.1	服金液者身色紫金，立生羽翼，升天为仙官	【3860】
W0827.16	**五圣**	**【3860】**
W0827.16.1	五圣是东岳泰山神的五个儿子	【3860】
W0827.16.2	五圣的名称	【3860】
W0827.16.2.1	五圣又称五显	【3860】
W0827.16.2.2	五圣又称五通	【3860】
W0827.16.2.3	五圣又称独脚五通	【3860】
W0827.16.2.4	五圣又称五郎神	【3861】
W0827.16.2.5	五圣又称花果五郎	【3861】
W0827.16.2.6	五圣又称护界五郎	【3861】
W0827.16.2.7	五圣又称木客	【3861】
W0827.16.2.8	五圣又称木下三郎	【3861】
W0827.16.2.9	五圣又称安乐神	【3861】
W0827.17	**野仙**	**【3861】**
W0827.17.1	野仙类似妖怪、精灵	【3861】
W0827.17.2	妇女触犯野仙会生畸形儿	【3861】
W0827a	**八仙**	**【3862】**
W0827a.1	**八仙的来历**	**【3862】**
W0827a.2	**八仙人物**	**【3862】**
W0827a.2.0	八仙即李铁拐、钟离权、张果老、何仙姑、蓝采和、吕洞宾、韩湘子和曹国舅	【3862】
W0827a.2.0.1	八仙是张果老、汉钟离、曹国舅、蓝采和、铁拐李、韩湘子、徐神翁、吕洞宾	【3862】
W0827a.2.0.2	八仙是容成公、李耳、董仲舒、张道陵、庄君平、李八百、范长生、尔朱先生	【3862】
W0827a.2.0.3	八仙是汉钟离、吕洞宾、李铁拐、风僧寿、蓝采和、元壶子、曹国舅、韩湘子	【3863】
W0827a.2.1	铁拐李（李铁拐）	【3863】
W0827a.2.1.1	铁拐李名李玄	【3863】
W0827a.2.1.1a	李铁拐名李凝阳	【3863】
W0827a.2.1.1b	拐仙姓李	【3863】
W0827a.2.1.1c	李铁拐名洪水，小字拐儿，又名	

	仙、东方朔、陈抟、彭祖、骊山母	【3876】
W0827a. 5. 1. 2	中洞八仙汉钟离、吕洞宾、张果老、铁拐李、韩湘子、曹国舅、兰采和、何仙姑	【3876】
W0827a. 5. 1. 3	下洞八仙广成仙祖、鬼谷子、孙膑、刘海、和合二仙、李八百、麻姑女	【3876】
W0827a. 5. 2	八仙有上八仙、下八仙、饮中八仙以及蜀中八仙等	【3876】
W0827a. 5. 3	明八仙、暗八仙	【3876】
W0827a. 5. 3. 1	暗八仙分别指葫芦、掌扇、花篮、道情筒、莲花拂尘（或宝剑）、笛子和尺板等八物	【3876】
W0827a. 6	**与八仙有关的其他母题**	**【3877】**
W0827a. 6. 1	八仙桌	【3877】
W0827a. 6. 1. 1	家中供奉八仙的长桌称“八仙桌”	【3877】
W0827a. 6. 2	8个仙人	【3877】
W0827a. 6. 2. 1	8个仙人在通天峒生活	【3877】
W0827a. 6. 3	仙人八公	【3877】
W0827a. 6. 3. 1	仙人八公指苏飞、李尚、左吴、田由、雷被、毛被、伍被、晋昌八人	【3878】
W0827a. 6. 3. 2	仙人八公能炼金化丹，出入无间	【3878】
W0827a. 6. 4	八洞神仙	【3878】
W0827b	**两个特定名称的仙**	**【3878】**
W0827b. 1	**和合二仙**	**【3878】**
W0827b. 1. 1	和合二仙是寒山、拾得	【3878】
W0827b. 1. 2	和合二仙又称和合二圣	【3879】
W0827b. 1. 3	和合二仙是民间喜神	【3879】
W0827b. 1. 4	雍正十一年封天台寒山大士为和圣，拾得大士为合圣	【3879】
W0827b. 1. 5	万回哥哥像蓬头笑面，身著绿衣，左手擎鼓，右手执棒，云是和合之神	【3879】
W0827c	**三仙（三位大仙）**	**【3879】**
W0827c. 1	**三位大仙分别住在宇宙的玉清、上清和太清**	**【3879】**
W0827d	**九仙**	**【3880】**

0.8 妖魔与怪物
【W0830～W0919】

0.8.1 妖魔
【W0830～W0854】

井底【3940】

W0839.3.5.4 妖魔宫殿的守护者【3940】

W0839.3.5.4.1 魔王的王宫有两条长蛇守门【3940】

W0839.3.5.4.2 魔宫有飞龙飞虎守门【3940】

W0839.3.5.5 与魔宫有关的其他母题【3941】

W0839.3.6 妖魔的城堡（魔城）【3941】

W0839.3.6.1 青色耀眼的魔城【3941】

W0839.3.6.2 魔城的居民【3941】

W0839.3.6.2.1 魔城里住着满盖血统的人和抓去服苦役的人【3941】

W0839.3.7 妖魔居树上【3942】

W0839.3.8 妖魔住山中（妖魔住石中，妖魔居山上）【3942】

W0839.3.8.1 妖魔住火石上【3942】

W0839.3.8.2 妖精居耸入云霄的高山【3942】

W0839.3.9 妖魔居水中【3943】

W0839.3.10 魔鬼住洞中【3943】

W0839.3.10.1 魔鬼怕雷击住山洞【3943】

W0839.3.10.2 魔鬼怕雷击住石洞【3943】

W0839.3.10.3 恶魔住天生洞【3943】

W0839.3.10.4 妖怪住峭壁岩洞【3944】

W0839.3.10.4.1 妖怪住雪山半腰的一个山洞里【3944】

W0839.3.11 魔鬼住地狱（魔鬼住阴间）【3944】

W0839.3.11.1 魔鬼住世界的下层的阴间【3944】

W0839.3.11.2 恶魔住三界下界的地狱【3945】

W0839.3.12 妖魔的领地【3945】

W0839.3.13 魔鬼住宇宙的下三层【3945】

W0839.3.13.1 神与魔鬼住在宇宙的下三层【3945】

W0839.3.14 魔鬼的其他居所【3945】

W0839.3.14.1 魔鬼住烂泥塘【3945】

W0839.3.15 与妖魔居所有关的其他母题【3946】

W0839.3.15.1 妖魔有各自的领地【3946】

W0839.3.15.2 魔鬼藏身特定的容器中【3946】

W0839.4 妖魔的出行【3946】

W0839.4.1 妖魔骑着奇怪的动物【3946】

W0839.4.1.1 妖魔骑奇特的马【3946】

W0839.4.1.1.1 妖魔骑着黄膘马【3946】

W0839.4.1.2 妖魔变成的老奶奶骑大白狗【3947】

W0839.4.2 妖魔在雷雨中出现【3947】

W0839.4.3 魔鬼潜入特定地点【3947】

W0839.4.3.1 魔鬼偷偷进入天堂【3947】

W0849 **妖魔的数量（魔鬼的数量，妖魔的类型）【4041】**
W0849.1 **72个妖魔【4041】**
W0849.2 **72地煞（七十二地煞）【4041】**
W0849.2.1 72地煞的产生【4042】
W0849.2.1.1 观音给的净水瓶点出七十二地煞【4042】
W0849.2.2 72地煞的特征【4042】
W0849.2.2.1 72地煞头戴金盔，身披错甲，左手擎旗，右手执剑【4042】
W0849.2.3 与地煞有关的其他母题【4043】
W0849.3 **360个妖魔【4043】**
W0849.3.1 毒鬼有360个【4043】
W0849.4 **与魔鬼数量有关的其他母题【4043】**
W0849.4.1 8个妖精【4043】
W0849.4.1.1 太白金星赐颜氏女八豆生张良等八妖精【4043】
W0849.4.2 五妖【4043】
W0849.4.2.1 五妖指山妖、水妖、火妖、土妖、树妖【4043】
W0849.4.3 不同颜色的妖魔【4044】
W0849.4.3.1 红色妖魔【4044】
W0849.4.3.2 黑色妖魔【4044】
W0849.4.3.3 白色妖魔【4044】
W0850 **妖魔的寿命与死亡（魔鬼的寿命与死亡）【4044】**
W0850.1 **妖魔的寿命（魔鬼的寿命）【4044】**
W0850.2 **妖魔的死亡（魔鬼的死亡）【4045】**
W0850.2.1 妖魔死亡原因【4045】
W0850.2.1.1 英雄除妖【4045】
W0850.2.1.2 妖魔被洪水毁灭【4045】
W0850.2.2 妖魔死亡情形【4045】
W0850.2.2.1 多头妖魔被砍去所有的头后死亡【4045】
W0850.2.3 妖魔死后的化身【4045】
W0850.2.3.1 妖魔死后身体化为害虫【4045】
W0850.2.3.2 妖魔死后体内飞出特定动物【4046】
W0850.2.3.2.1 妖魔死后体内飞出鸟【4046】
W0850.2.4 与妖魔死亡有关的其他母题【4046】
W0850.2.4.1 妖魔不死【4046】
W0850.2.4.1.1 杀不死的妖魔【4046】
W0850.2.4.1.1.1 鸟妖射不死【4046】
W0850.3 **与妖魔的生死有关的其他母题【4047】**
W0851 **妖魔的克星**

	声音	【4057】
W0851.1.16.1	鬼怕龙的声音	【4057】
W0851.1.17	妖魔怕特定旗帜	【4057】
W0851.1.17.1	妖魔怕五色旗	【4057】
W0851.1.18	魔鬼怕铁器	【4057】
W0851.1.18.1	魔鬼特怕铁器怕烧红的铧头	【4057】
W0851.1.18.2	魔鬼怕烧红的铁链	【4058】
W0851.2	**妖魔的命门（魔鬼的命门、妖魔的命根，魔鬼的软肋）**	**【4058】**
W0851.2.1	恶魔的致命弱点	【4058】
W0851.2.1.1	恶魔的致命弱点怕光	【4059】
W0851.2.2	妖魔的软肋是喉咙（鬼的软肋是喉咙）	【4059】
W0851.2.2.1	射鬼的喉咙将鬼杀死	【4059】
W0851.2.2a	魔鬼的命根是心	【4059】
W0851.2.3	魔鬼的命门是特定的树	【4059】
W0851.2.4	魔鬼的命门是特定的动物	【4060】
W0851.2.4.1	恶魔切巴拉让的命根子是一头野牦牛	【4060】
W0851.2.5	妖魔的命门是头上的印记	【4060】
W0851.2.6	妖魔的命门是特定的痣	【4060】
W0851.2.6.1	铜爪妖的命根是胸膛上一颗黑痣	【4060】
W0851.2.6.2	妖魔有颗头的舌头上的痣是命根	【4060】
W0851.2.7	妖魔的命门是特定的装饰物	【4061】
W0851.2.7.1	魔怪拔下头上的一根金鸡毛就死亡	【4061】
W0851.2.8	妖魔的命根子是灵魂	【4061】
W0851.2.8.1	老蟒猊的灵魂不被抓住就不会死	【4061】
W0851.2.8.2	魔怪头顶上的那根金鸡毛是它的魂，拿走后会使它动弹不得	【4061】
W0851.2.9	妖魔的命根是心	【4062】
W0851.2.9.1	妖魔放在特定地方的心脏是命根	【4062】
W0851.2.9.2	降服火魔必须冻住他的心	【4062】
W0851.2.10	胸前白毛是精怪的死穴	【4062】
W0851.2.11	妖魔存在视力缺陷	【4062】
W0851.2.11.1	妖魔只能看到特定的地方	【4063】
W0852	**妖魔的下场（魔鬼的下场）**	**【4063】**

W0852.1 **魔鬼最后下地狱** **【4063】**
W0852.2 **妖魔被关在地下** **【4063】**
W0852.2.1 妖魔被骗到地下关起来 【4063】
W0852.3 **妖魔被收到天上** **【4063】**
W0852.3.1 玉皇大帝把一些妖魔鬼怪收到天宫 【4063】

W0853 与妖魔有关的其他母题【4064】

W0853.1 **魔鬼名称的来历（特定名称的魔鬼）** **【4064】**
W0853.1.1 上帝取了“魔鬼”的名字 【4064】
W0853.1.2 三角魔鬼 【4064】
W0853.1.3 魔鬼尼拍木尼 【4064】
W0853.2 **妖魔的世界** **【4064】**
W0853.3 **妖魔特定的工具** **【4064】**
W0853.4 **妖气** **【4065】**
W0853.4.1 妖气腥臭难闻，沾身就烂 【4065】
W0853.5 **妖风** **【4065】**
W0853.5.1 妖风是黑旋风 【4065】
W0853.6 **妖魔的笑声** **【4065】**
W0853.6.1 妖魔的笑声害人 【4065】
W0853.6.1.1 妖魔笑声传到哪里，哪里就有哭声 【4065】
W0853.7 **妖精** **【4066】**
W0853.7.1 介于鬼神之间的妖精 【4066】
W0853.7.1.1 妖精里依 【4066】
W0853.7.1.1.1 里依非鬼非神 【4066】
W0853.7.2 特定嗜好的妖精 【4066】
W0853.7.2.1 专吃人血的妖精 【4066】

W0854 精怪 【4067】

W0854.0 **精怪的产生** **【4067】**
W0854.0a **人成为精怪** **【4067】**
W0854.0a.1 人吃小儿心后成精 【4067】
W0854.1 **动物成精** **【4067】**
W0854.1.1 动物成精的方法 【4067】
W0854.1.1.1 野物老后变成精 【4067】
W0854.1.1.1.2 动物得仙气成精 【4068】
W0854.1.1.1.2.1 猪得仙气成精 【4068】
W0854.1.1.1.3 动物修炼成精 【4068】
W0854.1.2 成精动物的条件 【4068】
W0854.1.3 特定名称的动物精怪 【4068】
W0854.1.3.1 夜猫精 【4068】
W0854.1.3.1.1 夜猫精变成高大的鹰嘴铁人 【4068】
W0854.1.3.1.2 夜猫精怕火 【4069】
W0854.1.4 与动物成精有关的其他母题 【4069】
W0854.1.4.1 成精动物“四大门” 【4069】
W0854.1.4.1.1 “四大门”即狐狸（胡门）、黄鼠狼

	（黄门）、刺猬（白门）和蛇（柳门）	【4069】
W0854.2	**植物成精**	**【4069】**
W0854.2.1	植物老后变成精	【4069】
W0854.2.2	树精（木精）	【4069】
W0854.2.2.1	树大成精	【4070】
W0854.2.2.1a	树老成精	【4070】
W0854.2.2.1a.1	几棵几百年的大树变成妖精	【4070】
W0854.2.2.1b	树修炼成精	【4070】
W0854.2.2.1b.1	大杉树修炼成一位女子骚扰男人	【4070】
W0854.2.2.2	鹰爪树是树精的居所	【4071】
W0854.2.2.3	古木精	【4071】
W0854.2.2.3.1	古木精白鹤老松	【4071】
W0854.2.2.4	树精毕方	【4071】
W0854.2.2.4.1	毕方状如鸟，青色，赤脚，一足，不食五谷	【4071】
W0854.2.2.5	木精名游光	【4071】
W0854.2.2.6	木精名彭侯	【4071】
W0854.2.2.7	千岁树精为青羊	【4072】
W0854.2.2.7a	千年木精为青牛	【4072】
W0854.2.2.8	万岁树精为青牛（万年木精是青牛）	【4072】
W0854.2.2.9	树精怕唾液	【4072】
W0854.2.2.10	树精怕狗血	【4072】
W0854.3	**与精怪的产生有关的其他母题**	**【4073】**
W0854.3.1	光变成怪	【4073】
W0854.3.1.1	赤白光变成怪	【4073】
W0854.3.2	卵生精怪	【4073】
W0854.3.2.1	精窝生的精蛋生精血，精血变成精怪	【4073】
W0854.4	**精怪的特征**	**【4073】**
W0854.4.1	精怪青面獠牙	【4073】
W0854.4.2	精怪生性凶残	【4074】
W0854.4.2.1	精怪糟蹋妇女	【4074】
W0854.5	**精怪的能力**	**【4074】**
W0854.5.1	精怪会变形	【4074】
W0854.5.1.1	精怪变成小伙勾引人间姑娘	【4074】
W0854.5.1.2	精怪抖身变成人	【4074】
W0854.6	**精怪的缺点**	**【4075】**
W0854.6.1	特定时辰是精怪的缺点	【4075】
W0854.6.1.1	鸡精夜盲	【4075】
W0854.7	**与精怪有关的其他母题**	**【4075】**
W0854.7.1	精怪会附人体	【4075】
W0854.7.1.1	成精的狐狸、野雉、兔子、貉子及獾子附于人体	【4075】
W0854.7.2	精怪的数量	【4075】
W0854.7.2.1	360 怪	【4076】
W0854.7.3	鬼怪	【4076】
W0854.7.3.1	恶神派鬼怪到人间	【4076】
W0854.7.3.2	神变成鬼怪	【4076】
W0854.7.3.2.1	神吃血会变成怪	【4076】

0.8.2 怪人、怪物
【W0855～W0869】

0.8.3 灵魂（鬼）【W0870 ~ W0919】

怪的产生）【4112】

W0871.1 以前没有鬼【4112】

W0871.2 人最早没有灵魂【4112】

W0872 灵魂是给予的（赋予灵魂）【4113】

W0872.1 天神赐予人类灵魂【4113】

W0872.2 灵魂是真主给的（真主给人灵魂）【4113】

W0872.3 阎王爷赠送灵魂【4113】

W0872.3.1 灵魂的传送者【4113】

W0872.3.1.1 神仙色翁帮助往地狱送灵魂【4113】

W0872.4 祖先赐人灵魂【4114】

W0872.4.1 女祖先造人时赐人灵魂【4114】

W0872.5 其他特定人物给予灵魂【4114】

W0872.5.1 萨满赋予婴儿灵魂【4114】

W0872.5.2 北斗星给人灵魂【4114】

W0872.5.3 造人者赐灵魂【4115】

W0872.5.4 创世主赐灵魂【4115】

W0873 灵魂是创造产生的（造灵魂，造鬼）【4115】

W0873.1 神造灵魂【4115】

W0873.1.1 神首先造化的是灵魂【4115】

W0873.2 神性人物造灵魂【4116】

W0873.2.1 天神的弟子造鬼怪【4116】

W0873.2.2 鬼总头目之一木佩朋定灵魂【4116】

W0873.2.3 始祖姜央造鬼【4116】

W0874 灵魂是生育产生的（生育灵魂）【4116】

W0874.1 灵魂从动物中生出（鬼从动物中生出）【4117】

W0874.2 灵魂从植物中生出（鬼从植物中生出）【4117】

W0874.2.1 树生灵魂【4117】

W0874.2.1.1 生命树生灵魂【4117】

W0874.2.1.1.1 创世者种的生命树能培植出灵魂【4117】

W0874.2.2 瓜生鬼【4118】

W0874.2.2.1 南瓜生鬼【4118】

W0874.3 灵魂从无生命物中生出

	的人	【4133】
W0876.5.1	鬼源于一个叫之子宜乍的美女	【4133】
W0876.5.2	特定的人的灵魂是鬼	【4133】
W0876.6	**神能分化出许多灵魂**	**【4133】**
W0876.6.1	四只神鹰把自己的灵魂分成36份	【4133】
W0876.7	**因错误产生鬼**	**【4134】**
W0876.7.1	人行为失误产生崩鬼	【4134】
✻W0877	**灵魂的特征（鬼魂的特征，鬼的特征）**	**【4134】**
W0878	**男灵（男鬼）**	**【4134】**
W0879	**女灵（女鬼）**	**【4134】**
W0879.1	**女鬼的产生**	**【4134】**
W0879.1.1	神的女儿变成女鬼	【4134】
W0879.1.1.1	山神的女儿山姑娘变成女鬼	【4134】
W0879.2	**女鬼的特征**	**【4135】**
W0879.2.1	女鬼披头散发	【4135】
W0879.3	**特定名称的女鬼**	**【4135】**
W0879.3.1	绝房鬼	【4135】
W0879.3.1.1	孕妇死后变成绝房鬼	【4135】
W0879.3.2	长舌妇鬼（口舌鬼）	【4135】
W0879.3.2.1	口舌鬼“祟”	【4135】
W0879.3.3	妇人鬼	【4136】
W0879.3.3.1	妇人鬼尼柏木尼	【4136】
W0879.4	**与女鬼有关的其他母题**	**【4136】**
W0879.4.1	鬼女	【4136】
W0879.4.1.1	祭司鬼女	【4136】
W0879a	**雌性鬼**	**【4136】**
W0879a.1	**豹鬼虎鬼都是雌性鬼**	**【4136】**
✻W0880	**灵魂的体征（鬼的体征、鬼魂的外形）**	**【4137】**
W0881	**灵魂无形（鬼魂无形，鬼无形）**	**【4137】**
W0881.1	**灵魂为什么看不到（鬼魂为什么看不到）**	**【4137】**
W0881.1.1	人为什么看不见鬼	【4137】
W0881.1.1.1	人看不到鬼是因为鬼生活在暗处	【4137】
W0881.1a	**鬼能看到人，人却看不到鬼**	**【4137】**
W0881.1a.1	山石树泉之灵是看不见，	

但觉得着 【4138】

W0881.2 **魂是气** **【4138】**

W0881.2.1 魂是黄褐色雾气或灰黑色雾气 【4138】

W0881.3 **灵魂有声无形** **【4138】**

W0881.4 **灵魂肉眼看不见** **【4139】**

W0881.5 **灵魂像风** **【4139】**

W0881.5.1 人的灵魂像风四处游荡飘动 【4139】

W0881.6 **无身鬼** **【4139】**

W0881a 灵魂有时无形有时无形【4139】

W0881a.1 **灵魂有时无形能出墙钻洞，有时则有身体** **【4140】**

W0881b 灵魂有形无重量无声 【4140】

W0882 灵魂有人的形体（鬼魂有人的形体，鬼有人的形体，灵魂人形） 【4140】

W0882.1 **魂状如小人** **【4140】**

W0882.1.1 人的灵魂比人体小 【4141】

W0882.2 **灵魂形状似人形** **【4141】**

W0882.3 **人的身影是灵魂** **【4141】**

W0882.3.1 7至15岁的人有3个身影，即是三个灵魂 【4141】

W0882.4 **鬼有人形而无实体** **【4141】**

W0882.5 **鬼与人的面貌相同** **【4142】**

W0882.6 **特定的鬼是人形** **【4142】**

W0882.6.1 木雄出木是女人相貌，头发像汉人姑娘的长辫子盘在头上 【4142】

W0883 灵魂有动物形体（鬼魂有动物形体，鬼有动物形体） 【4143】

W0883.1 **灵魂像狗（鬼魂像狗）** **【4143】**

W0883.2 **灵魂像猫（鬼魂像猫）** **【4143】**

W0883.3 **灵魂像鸟（鬼魂像鸟）** **【4143】**

W0883.3.1 小孩的灵魂像小雀 【4143】

W0883.3.2 魂鸟 【4144】

W0883.3.2.1 魂鸟有大魂鸟和小魂鸟之分 【4144】

W0883.3.3 灵魂像鸟能飞 【4144】

W0883.4 **灵魂像昆虫（鬼魂像昆虫）** **【4145】**

W0883.4.1 灵魂像蝴蝶（鬼魂像蝴蝶）【4145】

W0883.4.2 灵魂是蜜蜂的样子【4145】

W0883.5 灵魂像神话动物【4146】

W0883.6 与灵魂有动物形体有关的其他母题（与鬼魂有动物形体有关的其他母题）【4146】

W0883.6.1 鬼像猴子【4146】

W0883.6.1.1 鬼的原形是一个白猴子【4146】

W0883.6.2 鬼像人牛（像人牛的鬼）【4147】

W0883.6.3 痢疾病的鬼长得像猪【4147】

W0883.6.4 鬼长着动物的头【4147】

W0883.6.4.0 东方鬼的面偶做成生鸡头，南方鬼生狼头，西方鬼生鹿头，北方鬼生猪头。【4147】

W0883.6.4.1 长着狗头的鬼【4147】

W0883.6.4.2 长着绵羊头的鬼【4148】

W0883.6.4.3 长着蛇头的鬼【4148】

W0883.6.4.4 长着牛头的鬼【4148】

W0884 灵魂像其他物体（鬼魂像其他物体，鬼像其他物体）【4148】

W0884.1 灵魂像星星（鬼魂像星星）【4148】

W0884.2 灵魂像光（鬼魂像光，鬼像光）【4148】

W0884.3 灵魂像影子（鬼魂像影子，鬼像影子）【4148】

W0884.3.1 人的灵魂与影子有关【4148】

W0884.3.2 灵魂是人的影子（人的影子即鬼）【4149】

W0884.4 灵魂像云（鬼魂像云）【4149】

W0884.5 灵魂像旋风（鬼魂像旋风）【4149】

W0884.6 灵魂像蛋（鬼魂像蛋）【4149】

W0884.6.1 妖魔的灵魂是鸡蛋【4149】

W0884.7 灵魂像毛发（鬼魂像毛发）【4150】

W0884.7.1 灵魂是一根马尾【4150】

W0884.8 魂的形状像

（续上页）生前所穿的衣服【4150】

W0884.9 **灵魂像珍珠【4150】**

W0884.10 **灵魂是梦见的样子【4150】**

W0885 与灵魂体征有关的其他母题（与鬼的外形有关的其他母题）【4151】

W0885.1 **灵魂呈现出不同形状（鬼魂呈现出不同形状）【4151】**

W0885.2 **灵魂很丑（鬼魂很丑，丑鬼，鬼面目恐怖）【4151】**

W0885.2.1 鬼披头散发、指甲长、眼睛发红【4151】

W0885.3 **鬼有独特的面目【4151】**

W0885.3.1 鬼浑身长着嘴和眼睛【4151】

W0885.3.2 鬼长着锋利的牙齿【4151】

W0885.3.3 鬼脑后长有眼睛【4152】

W0885.3.4 “糟”鬼4张嘴、8只眼和8只耳朵【4152】

W0885.4 **巨灵【4152】**

W0885.4.1 巨灵赑屃【4152】

W0885.5 **灵魂像心【4152】**

W0885.5.1 人被魔鬼偷去的灵魂像人心在地上一张一合【4152】

W0885.6 **鬼全身长毛【4153】**

W0885.6.1 鬼长着锋利的阴毛【4153】

W0885.7 **灵魂发光【4153】**

W0885.7.1 舜的二女之灵能照方圆百里【4153】

W0885.8 **鬼的体征不断变化【4153】**

W0885.8.1 鬼第一年漂亮，第二年变丑，第三年变成一副活骷髅【4154】

W0885.9 **灵魂长有翅膀【4154】**

W0886 灵魂可以自由出入身体（灵魂的游走）【4154】

W0886.1 **灵魂漫游【4154】**

W0886.1.0 人的灵魂可以离开身体【4154】

W0886.1.0.1 人的灵魂可以暂时离开身体【4154】

W0886.1.0.2 灵魂可以与肉体分离【4154】

W0886.1.0.3 人的灵魂离开身体后比在人身上更有力量【4155】

W0886.1.1 特定人物的

W0889.12 灵魂有弱点 【4181】
W0889.12.1 灵魂容易被鬼骗 【4181】
W0889.13 不同的鬼性情各异 【4181】
※W0890 **灵魂的居所与灵魂显形（鬼的居所与显形）【4182】**
W0891 **灵魂无居所（鬼魂无居所，鬼无居所）【4182】**
W0891.1 灵魂无处不在 【4182】
W0891.2 鬼无处不在 【4182】
W0891.2.1 人死后要变成鬼造成世间的鬼很多 【4183】
W0892 **灵魂有特定居所（鬼的特定居所）【4183】**
W0892.1 灵魂住空中（鬼魂住空中，鬼住空中，鬼住天上）【4183】
W0892.1.1 鬼灵精怪住天地之间一个叫"拉门"的地方 【4183】
W0892.1.2 妈妈死后有魂在天上 【4183】
W0892.2 灵魂住月亮上（鬼魂住月亮上，鬼住月亮上，鬼住月中）【4184】
W0892.3 灵魂住云中（鬼魂住云中，鬼住云中）【4184】
W0892.4 灵魂住山洞（鬼住洞中）【4184】
W0892.4.1 鬼魂居山洞 【4184】
W0892.4.2 鬼居山洞 【4184】
W0892.4.3 鬼穴 【4184】
W0892.5 灵魂住地下 【4184】
W0892.5.1 鬼魂住地下 【4185】
W0892.5.2 鬼住地下 【4185】
W0892.5.2.1 宁崩鬼住核桃树根的下面 【4185】
W0892.5.3 鬼住阴间（鬼居住地狱）【4185】
W0892.5.4 鬼魂住阴间 【4186】
W0892.6 灵魂住天和地之间（鬼魂住天和地之间，鬼住天和地之间）【4186】
W0892.7 灵魂居旷野中 【4186】
W0892.7.1 灵魂居无人烟的地方 【4186】
W0892.8 鬼窝 【4187】
W0892.8.1 鬼的老窝 【4187】
W0892.9 人死后的灵魂居祖源地 【4187】
W0892.9.1 人死后灵魂到祖先鬼寨

W0895.3	**灵魂居动物耳朵中**	**【4193】**
W0895.3.1	祖魂藏动物牺牲耳中	【4193】
W0895.4	**人的灵魂可藏在马鬃中**	**【4194】**
W0896	**灵魂居住在植物上（鬼魂住在植物上，鬼住在植物上）**	**【4194】**
W0896.1	**灵魂出没于树上（灵魂住树上，鬼魂出没于树上，鬼出没于树上）**	**【4194】**
W0896.1.1	小儿灵魂住在树上的鸟巢	【4194】
W0896.1.2	人的灵魂住树上	【4194】
W0896.2	**灵魂隐藏在树上（鬼魂藏在树上，鬼藏身树上）**	**【4195】**
W0896.2.1	鬼魅隐藏在山洞朽木中	【4195】
W0896.3	**灵魂居住在生命树上**	**【4195】**
W0896.4	**灵魂居住在树根下（鬼住在树根下）**	**【4195】**
W0896.4.1	宁崩鬼住核桃树根下	【4195】
W0897	**灵魂居住或出没在其他特定物上（鬼魂活动于其他特定物上，鬼活动于其他特定物上）**	**【4196】**
W0897.1	**灵魂居住在石头里（鬼魂住在石头里，鬼住在石头里）**	**【4196】**
W0897.2	**灵魂出没于建筑物（鬼魂出没于建筑物，鬼出没于建筑物，古堡幽灵）**	**【4196】**
W0897.3	**灵魂出没于房屋（鬼魂出没于房屋，老屋闹鬼）**	**【4196】**
W0897.3.1	善鬼居屋中	【4196】
W0897.4	**灵魂出没于庙中（鬼魂出没于庙中，鬼出没于庙中）**	**【4196】**
W0897.4a	**灵魂出没于坟茔（鬼魂出没于坟茔，鬼出没于坟茔）**	**【4196】**
W0897.4a.1	墓地鬼火	【4196】
W0897.5	**灵魂出没于**	

	夜间的人影中（鬼魂出没于夜间的人影中）【4197】
W0897.6	**灵魂在筛盘中【4197】**
W0897.6.1	人将死时魂到筛盘里【4197】
W0897.7	**灵魂住在家中【4197】**
W0897.7.1	人死灵魂在，头三年死者因恋亲人不愿离家【4197】
W0897.7.2	人的魂附在火塘里【4197】
W0897.7.2a	灵魂居住灶中【4198】
W0897.7.3	灵魂居住在家里的火塘边【4198】
W0897.8	**人的灵魂居住鬼神身上【4198】**
W0897.8.1	人的神魂可以附在鬼神身上【4198】
W0897a	**与灵魂的居所有关的其他母题（与鬼的居所有关的其他母题）【4198】**
W0897a.1	**灵魂的地盘（鬼魂的领地，鬼的领地）【4198】**
W0897a.1.1	鬼寨（鬼域）【4199】
W0897a.1.1.1	鬼寨位于与神坛相对的庭院边上【4199】
W0897a.2	**鬼和人同住【4199】**
W0897a.3	**灵魂居毛发中【4199】**
W0897a.3.1	灵魂居死者的头发中【4199】
W0897a.4	**鬼群居【4200】**
W0897a.4.1	早期的鬼群居【4200】
W0897a.4.1.1	第三代先祖生的鬼一窝一窝地挤在一处【4200】
W0897a.5	**特定名称的灵魂的居所（鬼的居所名称）【4200】**
W0897a.5.1	鬼藏山【4200】
W0898	**灵魂现形（鬼魂显形、鬼现身，灵魂被看见，见鬼的方法）【4200】**
W0898.0	**魂可以被看到【4201】**
W0898.0.1	魂的幻影（鬼影）【4201】
W0898.0.1.1	人刚死时浮魂可以被看到【4201】
W0898.0.2	特定的人能

	看到鬼	【4201】
W0898.0.2.1	眼睛特别尖利的儿童可以看见灵魂	【4201】
W0898.0.2.2	特定的动物能看到鬼（特定的动物能看到不干净的东西）	【4202】
W0898.0.2.3	只有萨满能看见灵魂（只有萨满才能看见幽灵）	【4202】
W0898.1	**亡灵现形**	**【4202】**
W0898.2	**死者显灵**	**【4202】**
W0898.2.1	世间死者大多显示神灵	【4202】
W0898.3	**灵魂在特定时间出现（鬼灵魂在特定时间出现）**	**【4202】**
W0898.4	**哭泣使灵魂显现（哭泣使鬼魂显现）**	**【4203】**
W0898.5	**音乐使灵魂显现（音乐使鬼魂显现）**	**【4203】**
W0898.6	**咒语使灵魂显现（咒语使鬼魂显现）**	**【4203】**
W0898.7	**法术使灵魂出现（法术使鬼魂出现）**	**【4203】**
W0898.8	**特定时间灵魂出现（特定时间鬼魂出现）**	**【4203】**
W0898.8.1	白日见鬼	【4203】
W0898.9	**饮食特定物可以看见鬼魂**	**【4203】**
W0898.9.1	饮血可以使鬼魂出现	【4203】
W0898.9.1.1	饮狒狒血可以见鬼	【4203】
W0898.9.2	喝特定的水能看到鬼	【4203】
W0898.9.2.1	取露及竹木上水以和药，服之30日可见鬼物	【4204】
W0898.10	**做梦见鬼**	**【4204】**
W0898.10.1	梦见死人就是碰到鬼	【4204】
W0898.11	**观影见鬼**	**【4204】**
W0898.11.1	月夜看见灯下的影子就是碰到鬼	【4204】
W0899	**与灵魂的生活有关的其他母题（鬼的生活）**	**【4204】**
W0899.0	**灵魂的成长（鬼的成长）**	**【4205】**
W0899.0.1	以前鬼的孩子由人抚养	【4205】
W0899.0.2	鬼和人相互照料	【4205】
W0899.0.3	养鬼	【4205】
W0899.0.3.1	养鬼婆会养鬼	【4205】
W0899.0.4	鬼的抚养	【4205】

	子孙的善鬼	【4226】
W0901.3	英雄的灵魂保护部落	【4226】
W0901.4	善心鬼指点人谋生	【4226】
W0901.4.1	善心鬼告诉人向天神求粮	【4227】
W0901.5	善鬼的居所	【4227】
W0901.5.1	好鬼住在阴间的平地上	【4227】
W0901.6	与善灵有关的其他母题	【4227】
W0901.6.1	善鬼与恶鬼并存	【4227】
W0901.6.2	善鬼格盂	【4227】
W0902	**恶灵（恶魂，恶鬼，厉鬼，毒鬼，坏鬼，邪恶的灵魂，刹鬼）**	**【4228】**
W0902.1	**恶灵的产生（恶鬼的产生）**	**【4228】**
W0902.1.0	生育恶鬼	【4228】
W0902.1.0.1	恶神生恶鬼	【4228】
W0902.1.0.2	卵生恶鬼（卵生毒鬼）	【4228】
W0902.1.0.2.1	神生的蛋生毒鬼	【4228】
W0902.1.1	人吃了特定的东西变成恶鬼	【4229】
W0902.1.2	不正常死亡者的灵魂成为恶灵（凶死者的魂变成厉鬼）	【4229】
W0902.1.2.0	暴死、凶死者变成凶鬼	【4229】
W0902.1.2.1	凶死的人的灵魂对人有害	【4229】
W0902.1.2.1.1	年轻而死的人的魂灵或横死的人的魂灵，能给自己的直近亲属带来痛苦和疾病	【4230】
W0902.1.2.2	凶死者灵魂变成恶鬼	【4230】
W0902.1.2.2.1	溺死的亡灵会变成恶鬼	【4230】
W0902.1.2.3	年轻女子死后的亡灵成为恶灵	【4230】
W0902.1.2a	未婚的人死后变成恶鬼	【4231】
W0902.1.2a.1	未婚青年男女的魂魄变成恶灵	【4231】
W0902.1.2a.2	未婚的两个姑娘死后变成邪神恶鬼	【4231】
W0902.1.2b	祖先死后变成恶鬼	【4231】
W0902.1.2c	造的人变成恶鬼	【4232】
W0902.1.2c.1	女始祖造的不合格的人变成恶鬼	【4232】

	食钻入人体作祟	【4238】
W0902.3	**恶灵的特征（恶鬼的特征，恶灵的能力，恶鬼的行为）**	**【4239】**
W0902.3.1	恶灵面目丑陋（恶鬼面目可怖）	【4239】
W0902.3.1.1	恶灵阿尔巴斯特成身材矮小、肤色发黄、毛发蓬乱、乳房低垂	【4239】
W0902.3.1.2	厉鬼形状凶恶，青面獠牙，独脚立地，头顶竖着三撮毛	【4239】
W0902.3.2	恶灵形如小儿	【4239】
W0902.3.3	恶灵有特殊气味	【4240】
W0902.3.3.1	恶灵有蒜臭味	【4240】
W0902.3.4	恶灵能变成小动物	【4240】
W0902.3.5	恶鬼使人死亡	【4240】
W0902.3.5.1	被毒蛇咬死、刀箭误伤致死等都恶鬼德格拉卜郎所为	【4241】
W0902.4	**与恶灵有关的其他母题（与恶鬼有关的其他母题）**	**【4241】**
W0902.4.1	特定名称的恶灵（特定的恶鬼，恶鬼的名称，恶灵的种类）	【4241】
W0902.4.1.1	恶灵阿大	【4241】
W0902.4.1.2	雷公是恶鬼	【4241】
W0902.4.1.3	灶鬼是恶鬼	【4241】
W0902.4.1.4	专吃小孩的恶灵	【4241】
W0902.4.1.5	专吃人的心脏的恶灵	【4242】
W0902.4.1.6	厉鬼叫做“赞”	【4242】
W0902.4.1.7	伤死鬼	【4242】
W0902.4.1.7.1	被打伤、枪杀、刀砍而死的人变成伤死鬼	【4242】
W0902.4.1.8	恶鬼倍抹	【4243】
W0902.4.1.9	使人断气的鬼（催命鬼）	【4243】
W0902.4.1.10	恶鬼跟人鬼	【4243】
W0902.4.1.11	恶死鬼	【4243】
W0902.4.1.11.1	恶死鬼长着鹿头	【4243】
W0902.4.1.11a	霉鬼	【4244】
W0902.4.1.11b	毒鬼的父亲占敦务务知	【4244】
W0902.4.1.11c	毒鬼之母班敦许徐	【4244】
W0902.4.1.12	恶鬼昂德格拉	【4244】
W0902.4.1.13	毒药鬼	【4245】

W0903.3.1.5 祖灵供于住房上方神位【4251】

W0903.3.2 祖灵的洗漱【4251】

W0903.3.2.1 祖先灵龛前置一碗水供祖先之魂洗脸洗手【4251】

W0903.4 祖灵的能力（祖灵的功能）【4251】

W0903.4.1 祖灵可以除灾灭祸【4252】

W0903.4.2 祖灵有法官的职能【4252】

W0903.4.3 祖灵监视后代【4252】

W0903.4.4 祖灵能帮助后代【4252】

W0903.4.4.1 祖灵给后代精神力量【4252】

W0903.4.4a 祖灵不安会危害子孙【4253】

W0903.4.5 祖灵的作用不及自然界的鬼灵强大【4253】

W0903.4.6 祖灵现身【4253】

W0903.4.6.1 农历七月一日祖灵现身【4253】

W0903.4.6.2 用蚯蚓和香可使祖灵现身【4253】

W0903.5 特定名称的祖灵【4254】

W0903.5.1 氏族或部落首领的祖灵诺颇【4254】

W0903.6 与祖灵有关的其他母题【4254】

W0903.6.1 祖先的灵魂成为特定的神【4254】

W0903.6.2 祖灵返乡（祖灵回家）【4254】

W0903.6.2.1 腊月二十五日祖灵返家【4254】

W0903.6.2.2 祖灵过节时回家【4255】

W0903.6.2.3 祖灵回故土【4255】

W0903.6.3 祖灵象征物【4255】

W0903.6.3.1 坟墓上的石头代表祖灵【4255】

W0904 动物灵（动物鬼，动物魂）【4256】

W0904.1 马灵（马鬼）【4256】

W0904.1.1 马鬼住在海里或河里【4256】

W0904.2 狗灵（狗鬼，狗精）【4256】

W0904.2.1 野狗精【4256】

W0904.2.1.1 野狗精专干坏事【4256】

W0904.2.1.2 野狗精居月亮附近【4256】

W0904.3 猫灵（猫鬼）【4257】

W0904.4 熊灵（熊鬼）【4257】

W0904.5 鱼灵（鱼鬼）【4257】

W0904.6 鸟灵（鸟鬼）【4257】

W0904.7 鸡灵（鸡鬼，鸡魂）【4257】

W0904.7.1 鸡有鸡魂【4257】

W0904.8 其他动物灵（其他动物

	母题	【4263】
W0905.4	**谷魂（谷鬼）**	**【4264】**
W0905.4.1	谷魂的产生	【4264】
W0905.4.1.1	谷魂奶奶从天上来	【4264】
W0905.4.1.2	每粒粮谷都有自己的灵魂卜拉	【4264】
W0905.4.2	谷魂的特征（谷魂的职能）	【4264】
W0905.4.2.1	谷魂是一位老妇人模样	【4264】
W0905.4.2.2	谷魂掌管人间和神的粮食	【4265】
W0905.4.3	与谷魂有关的其他母题	【4265】
W0905.4.3.1	谷魂奶奶	【4265】
W0905.4.3.1.1	谷魂奶奶叫雅欢毫	【4265】
W0905.4.3.1.2	谷魂奶奶是人最离不开的神	【4265】
W0905.4.3.2	谷魂的修补	【4265】
W0905.4.3.2.1	3千龙女修补稻谷魂	【4265】
W0905.4.3.3	谷魂的地位比佛祖高	【4266】
W0905.4.3.4	祭谷魂（叫谷魂）	【4266】
W0905.4.3.4.1	腊月二十九祭谷魂	【4266】
W0905.4.3.4.2	稻谷收割完后把谷魂从田间叫到打谷场	【4266】
W0905.4.3.4.3	秋收后，请谷魂“乌苏波”住在家中谷堆里	【4267】
W0905.4.3.5	谷魂被佛祖放逐	【4267】
W0905.4.3.6	接谷魂	【4267】
W0905.4.3.6.1	秋收后要接禾谷魂	【4267】
W0905.5	**其他植物灵（其他植物鬼）**	**【4267】**
W0905.5.1	芭蕉魂	【4268】
W0905.5.2	稻禾灵	【4268】
W0906	**无生命物灵（无生命物鬼，自然物的魂）**	**【4268】**
W0906.1	**天上的鬼（天鬼）**	**【4268】**
W0906.1.1	天鬼的产生	【4268】
W0906.1.1.1	上天后不能返回的人变成天鬼	【4269】
W0906.1.1.2	天鬼生天鬼	【4269】
W0906.1.1.3	人的灵魂变成天鬼	【4269】
W0906.1.1a	天鬼的特征（天鬼的身份，天鬼的职能）	【4269】
W0906.1.1a.0	天鬼的性别	【4269】
W0906.1.1a.0.1	天鬼是男的	【4270】
W0906.1.1a.1	天鬼是各种鬼中最大的最厉害的鬼	【4270】
W0906.1.1a.1.1	天鬼比地上	

	物灵（鬼）	**【4296】**
W0906.9.1	器物的灵魂	【4296】
W0906.9.1.1	器物都有灵	【4296】
W0906.9.1.1.1	铜锅、铜钗、铜铃、铁斧都有灵魂	【4296】
W0906.10.1	屋灵	【4296】
W0906.10.1.1	屋灵是动物	【4296】
W0907	**其他灵（其他鬼魂，特定名称的鬼，鬼的名字）**	**【4297】**
W0907.1	**亡灵（亡魂）**	**【4297】**
W0907.1.1	亡灵的产生	【4297】
W0907.1.1.1	各种人都能产生亡魂	【4297】
W0907.1.1.2	人死产生亡魂	【4297】
W0907.1.2	亡灵的特征（亡灵的身份）	【4297】
W0907.1.2.1	亡灵会返回祖先身边	【4297】
W0907.1.2.2	冤死者的亡灵会害人	【4297】
W0907.1.2.3	亡魂特征同死者生前一样	【4298】
W0907.1.2.4	亡魂不再结婚和生育	【4298】
W0907.1.2.5	亡灵有善恶两面性	【4298】
W0907.1.2.6	亡灵不是鬼	【4299】
W0907.1.3	亡灵的能力（亡灵的职能）	【4299】
W0907.1.3.0	亡灵能力的获得	【4299】
W0907.1.3.0.1	亡灵借外力获得能力	【4299】
W0907.1.3.0.1.1	女性亡灵与其他祖先亡灵结合获得超能力	【4299】
W0907.1.3.1	亡灵作祟	【4299】
W0907.1.3.2	亡灵作用于后代	【4300】
W0907.1.3.3	亡灵超生	【4300】
W0907.1.3.3.1	亡灵找替身	【4300】
W0907.1.3.3.1.1	亡灵找到替身后超生	【4300】
W0907.1.3.3.2	亡灵通过超度超生	【4301】
W0907.1.3.4	亡灵不庇佑活人	【4301】
W0907.1.4	亡灵的生活（亡灵的行为）	【4301】
W0907.1.4.1	亡灵的服饰	【4301】
W0907.1.4.1.1	人死后要把生前穿戴作为亡灵的服饰	【4301】
W0907.1.4.2	亡灵的食物	【4302】
W0907.1.4.3	亡灵的居所	【4302】
W0907.1.4.3.1	亡灵锁在阎王的柜子中	【4302】
W0907.1.4.3.2	亡魂居住在阿细默里（亡魂居住在地的另一面）	【4302】

W0907.6.2	吊死鬼勒齐谢	【4330】
W0907.6a	**凶死鬼**	**【4330】**
W0907.6a.1	凶死鬼数量很多	【4330】
W0907.6a.1.1	凶死鬼一家中鬼父阿匆比，鬼母阿夸米雅，鬼子毕基木，鬼女毕吉若	【4330】
W0907.6a.2	凶死鬼专门制造家中凶事	【4330】
W0907.6a.3	特定名称的凶死鬼	【4330】
W0907.6a.3.1	凶死鬼密江（米托）	【4331】
W0907.7	**火灵（火鬼）**	**【4331】**
W0907.7.1	火灵的产生	【4331】
W0907.7.2	火灵的特征	【4331】
W0907.7.2.1	火鬼性善	【4331】
W0907.7.3	与火灵有关的其他母题	【4331】
W0907.7.3.1	火鬼女首领米欺斯沛命	【4331】
W0907.7.3.2	火神也叫火鬼	【4332】
W0907.7.3.3	祭火鬼	【4332】
W0907.7.3.3.1	烧地时用酒和水祭火鬼	【4332】
W0907.8	**瘟疫鬼（疫鬼）**	**【4332】**
W0907.8.1	使人得病的蒙鬼	【4332】
W0907.8.2	颛顼的儿子成为疫鬼	【4333】
W0907.8.2.1	颛顼氏有三子，其一死而为疫鬼	【4333】
W0907.8.3	疟鬼	【4333】
W0907.8.3.1	疟鬼居江水	【4333】
W0907.8.3.2	疟鬼让人害寒热，打摆子	【4333】
W0907.8.4	麻风鬼	【4334】
W0907.8.5	痨病鬼	【4334】
W0907.8.5.1	痨病鬼亨北于	【4334】
W0907.8.5.1.1	痨病鬼亨北于专司无法治愈的慢性病	【4334】
W0907.8a	**瘟魔**	**【4334】**
W0907.8a.1	汝河中的一个瘟魔	【4335】
W0907.9	**风鬼**	**【4335】**
W0907.9.0	风鬼的产生	【4335】
W0907.9.0.1	美女达拉阿撒命出嫁时被大风卷走变成风鬼	【4335】
W0907.9.1	风鬼使人患疟疾病	【4335】
W0907.9.2	风鬼是恶鬼	【4335】
W0907.9.3	风鬼的气味	【4336】
W0907.9.3.1	风鬼的气味会伤及第一次抱出门的婴儿	【4336】
W0907.9.4	风鬼能把火吹过山	【4336】
W0907.9.5	祭风鬼	【4336】
W0907.9.5.1	用猪、羊或	

W0907.14.4.6 魑魅、魍魉最怕龙吟【4344】
W0907.14.4.7 蝄蜽像小孩【4344】
W0907.14.4.7.1 蝄蜽状如三岁小儿，赤黑色，赤目长耳，美发【4344】
W0907.14.4.7.2 魍魉形状如三岁小孩，红眼睛，长耳朵，身体黑中透红【4344】
W0907.14.4.8 蝄蜽是山精【4344】
W0907.14.4a 魑魅【4345】
W0907.14.4a.1 魑魅原是屎壳郎所化【4345】
W0907.14.4a.2 魑魅放黑屁【4345】
W0907.14.4a.3 魑魅、魍魉居深谷洞穴【4345】
W0907.14.4a.4 魑魅善惑人【4345】
W0907.14.4a.5 魑魅怕龙吟【4345】
W0907.14.4a.6 魍魉个子矮小，红眼睛，散头发，红皮肤【4345】
W0907.14.5 情死鬼【4346】
W0907.14.5.1 女情死鬼【4346】
W0907.14.5.2 男情死鬼【4346】
W0907.14.5.3 情死鬼到处游荡【4346】
W0907.14.6 阴鬼【4346】
W0907.14.6.1 瓜生阴鬼【4346】
W0907.14.7 一足鬼（独脚鬼，独足鬼）【4347】
W0907.14.7.1 一足鬼长3尺【4347】
W0907.14.7.2 独足鬼又称独足仙【4347】
W0907.14.7.3 富阳桐庐山有独足鬼【4347】
W0907.14.7.4 独足鬼能魇人至死【4347】
W0907.14.7.5 独足鬼能窃人财物饮食【4347】
W0907.14.7.6 独足鬼夜与人共宿，亲而奉之所求必得【4348】
W0907.14.7.7 与一足鬼有关的其他母题【4348】
W0907.14.7.7.1 独脚鬼鬼王【4348】
W0907.14.7.7.1.1 独脚鬼之王泰乌让【4348】
W0907.14.8 学样鬼【4348】
W0907.14.8.1 学样鬼喜效人【4348】
W0907.14.9 小儿鬼【4348】
W0907.14.9.1 小儿鬼教人生疮害病和惊吓小孩【4349】
W0907.14.9.2 小儿鬼住在家中屋角【4349】
W0907.14.10 虚耗鬼【4349】
W0907.14.10.1 除夕照虚耗【4349】
W0907.14.11 有穷鬼【4349】
W0907.14.11.1 有穷鬼居槐江之山【4349】
W0907.14.12 木客【4349】
W0907.14.12.1 木客形似人【4350】
W0907.14.12.2 木客手脚如钩【4350】
W0907.14.12.3 木客采木【4350】

W0907.14.26.1	十七八岁的未婚青年死后会变成风流鬼	【4356】
W0907.14.27	绝后鬼（绝嗣鬼，绝户鬼）	【4357】
W0907.14.27.1	没儿没女的人死后变成绝后鬼	【4357】
W0910	**灵魂的归宿（灵魂回归，灵魂的结局）**	**【4357】**
W0910.1	**灵魂回到天堂（灵魂回归天上）**	**【4357】**
W0910.1.1	灵魂升天	【4357】
W0910.1.1.1	幼儿死后灵魂升天	【4357】
W0910.1.1.2	太阳神规定人死后变为灵魂才能升天	【4358】
W0910.1.1.3	萨满沉睡后灵魂就上天	【4358】
W0910.1.1.4	特定人物是灵魂升天的引领者	【4358】
W0910.1.1.4.1	神是灵魂升天的引领者	【4358】
W0910.1.1.4.2	巫师是灵魂升天的引领者	【4359】
W0910.1.2	人的灵魂升天的原因	【4359】
W0910.1.2.1	真主答应大地，土做成的人死后灵魂到天堂	【4359】
W0910.1.3	灵魂最终被召回天上	【4359】
W0910.1.4	念经可以使灵魂上天堂	【4359】
W0910.1.5	人死灵魂归天	【4360】
W0910.1.5.1	人死后灵魂回归月亮	【4360】
W0910.1.6	特定的灵魂不能升天	【4360】
W0910.1.6.1	凶死者的灵魂不能升天堂	【4360】
W0910.2	**人死后魂归祖神居所（灵魂还乡）**	**【4360】**
W0910.2.1	果洛人死魂要归依祖神年保叶什则山神	【4361】
W0910.3	**人死灵魂去另一个世界**	**【4361】**
W0910.3.1	人死后灵魂到阴间	【4361】
W0910.3.2	人死做过“百日祭”后灵魂到达阴间	【4362】
W0910.4	**灵魂到其他特定的地方**	**【4362】**
W0910.4.1	灵魂到太阳上	【4362】
W0910.4.1.1	乌鸦死后灵魂到太阳上	【4362】

W0910.4.2	灵魂到特定的神那里	【4363】
W0910.4.3	人死后灵魂到村子的某个地方	【4363】
W0910.4.4	鬼回故里	【4363】
W0910.4.4.1	农历七月十三、十四两天鬼可以回家	【4363】
W0910.4.5	坟墓是人死后灵魂的归宿	【4363】
W0910.5	**游魂安息**	**【4364】**
W0910.5.1	灵魂破晓时安息	【4364】
W0910.5.2	水鬼难安	【4364】
W0910.5.3	特定的植物使灵魂安息	【4364】
W0910.5.3.1	尖刀草可以使灵魂安息	【4364】
W0910.6	**灵魂的关押**	**【4364】**
W0910.6.1	恶灵被关押在石头中	【4364】
W0910.6.2	病人的魂为崖神所拘押	【4364】
W0910.6.3	关押灵魂的工具	【4365】
W0910.6.3.1	关押灵魂的牢笼	【4365】
W0910.7	**鬼死后变鸟**	**【4365】**
W0910.8	**灵魂附体（阴魂附体，亡灵附体，鬼魂附体，鬼附体）**	**【4365】**
W0910.8.1	灵魂归附到特定物上	【4366】
W0910.8.1.1	灵魂附着在头发上	【4366】
W0910.8.1.2	灵魂附着在笊篱上	【4366】
W0910.8.1.3	灵魂附着在树枝上	【4366】
W0910.8.1.4	灵魂附于肉体上	【4367】
W0910.8.1.5	特定的鬼附体	【4367】
W0910.8.1.5.1	大路鬼附体到妇女身上	【4367】
W0910.8.2	灵魂返回原肉体	【4367】
W0910.8.2.1	萨满为病人招魂治后送还给病人	【4367】
W0910.8.3	魂不附体	【4368】
W0910.8.4	灵魂附体的结果（灵魂附体的表现）	【4368】
W0910.8.4.1	阴魂附体导致精神忧郁症	【4368】
W0910.8.4.2	人被亡灵附体后会颤抖	【4368】
W0910.9	**把亡灵送给特定的主宰者**	**【4369】**
W0910.9.1	麽公将夭折者的灵魂送回始母姆洛甲	【4369】
W0910.10	**灵魂被分解**	**【4369】**
W0910.10.1	灵魂在地狱被分解	【4369】

W0910.11 灵魂失去归宿【4369】

W0910.11.1 死者被精灵仁美破相后灵魂就不能回到祖源地【4369】

W0911 招魂（叫魂、追魂，招鬼，安魂）【4370】

W0911.1 招魂的原因【4370】

W0911.1.1 招魂强身【4370】

W0911.1.1.1 招回人畜的魂可以使人畜强壮【4370】

W0911.1.2 失魂落魄后需要招魂【4370】

W0911.1.3 因受惊吓或久病不愈叫魂【4370】

W0911.1.4 为特定病人招魂【4371】

W0911.1.5 特定行为会招鬼【4371】

W0911.1.5.1 室内和场院吹口哨会招鬼【4371】

W0911.1.6 为凶死者招魂【4371】

W0911.2 招魂的方法【4372】

W0911.2.0 招魂前的准备【4372】

W0911.2.0.1 招魂前为灵魂铺路【4372】

W0911.2.1 用巫术招魂【4372】

W0911.2.1.1 招魂词（招魂歌）【4372】

W0911.2.1.2 有道者会巫术招鬼神【4372】

W0911.2.2 用动物招魂（用动物的衍生物招魂）【4373】

W0911.2.2.1 用蜘蛛招魂【4373】

W0911.2.2.2 用鸡蛋招魂【4373】

W0911.2.2.2.1 祭司用鸡蛋在新娘的头上转把新娘的魂引到新郎家中【4373】

W0911.2.2.3 用公鸡招魂【4373】

W0911.2.2.3.1 用红公鸡叫谷魂【4374】

W0911.2.3 用植物招魂【4374】

W0911.2.3.1 用树枝招魂【4374】

W0911.2.3.1.1 祭司用麻栗树枝来招魂【4374】

W0911.2.4 用自然物招魂（用人造物招魂）【4374】

W0911.2.4.1 把自然物放在特定的地方招魂【4374】

W0911.2.4.1.1 在坟墓上埋三块石头灵魂就回来【4374】

W0911.2.4.2 用饰品招魂【4375】

W0911.2.4.2.1 用料珠、玛瑙、蚌壳、海贝、银币等妇女装饰品招魂【4375】

W0911.2.5 通过祈祷招魂【4375】

W0911.2.5.1 萨满为病人

神驱鬼）【4407】
W0912.2.1.3.1 供祖先神可以驱鬼【4407】
W0912.2.1.3.2 祭枫神为病人驱除鬼疫【4407】
W0912.2.1.4 通过除秽驱魔【4407】
W0912.2.1.5 焚香驱邪【4408】
W0912.2.1.5.1 为死去的鬼烧香还愿驱鬼【4408】
W0912.2.1.6 诵经驱魔（念经驱鬼）【4408】
W0912.2.1.7 诵神驱鬼【4409】
W0912.2.1.7.1 通过诵念山神驱鬼【4409】
W0912.2.1.8 跳神驱鬼【4409】
W0912.2.1.9 巫师敲羊皮鼓，手持长刀舞蹈驱鬼【4409】
W0912.2.1.10 巫师爬刀杆赶鬼【4409】
W0912.2.2 用巫术驱鬼（用法术驱鬼）【4410】
W0912.2.2.1 魔法防鬼魂【4410】
W0912.2.2.2 用咒语驱鬼【4410】
W0912.2.2.2.1 鬼怕诅咒【4410】
W0912.2.2.3 萨满跳鹿神驱魔【4410】
W0912.2.2.4 禳解驱鬼（禳解收鬼）【4411】
W0912.2.2.5 贴符驱邪（鬼怕符）【4411】
W0912.2.2.5.1 用蛇神庙求来的神符贴在门窗上避各种毒害【4411】
W0912.2.2.5.2 鬼怕桃符【4411】
W0912.2.2.6 东巴在鬼寨前用刀斩断鬼门，划破鬼牌，念诵经文镇鬼【4411】
W0912.2.2.7 与巫术驱鬼有关的其他母题【4412】
W0912.2.2.7.1 驱鬼词【4412】
W0912.2.2.7.2 巫师口舔烧红的铁犁铧驱恶鬼【4412】
W0912.2.2.7.3 通过处置面偶驱鬼【4413】
W0912.2.3 用血驱鬼【4413】
W0912.2.3.1 用狗血驱鬼（鬼怕狗血）【4413】
W0912.2.3.2 用鸡血驱鬼【4413】
W0912.2.3.2.1 杀鸡粘血毛驱鬼【4413】
W0912.2.3.2.2 抹鸡血消除秽气鬼【4414】
W0912.2.3.3 用狗血鸡血驱妖【4414】
W0912.2.4 用火驱鬼（用火驱邪）【4414】
W0912.2.4.1 用火烧鬼【4415】
W0912.2.4.2 神火祛妖邪【4415】
W0912.2.4.3 用火净化亡魂晦气【4415】
W0912.2.4.4 用火涤除一切罪孽【4415】
W0912.2.4.5 用火灰打鬼【4415】
W0912.2.5 用动物驱鬼【4416】
W0912.2.5.1 用鱼驱魔【4416】

木，灵魂托于绵羊【4467】
W0913d.1.1.5 昆虫作为亡灵的附着物【4468】
W0913d.1.2 灵魂寄托在植物中【4468】
W0913d.1.2.1 寄魂树【4468】
W0913d.1.2.2 灵魂附着在花上【4468】
W0913d.1.2.2.1 灵魂附着在生育神的花上【4468】
W0913d.1.2.2.2 人死投胎前的阴魂会先飞到阴间花婆的花园里的一种花朵上【4469】
W0913d.1.2.3 寄魂草【4469】
W0913d.1.2.3.1 灵魂依附在灵草上【4469】
W0913d.1.3 灵魂寄托在无生命物中【4469】
W0913d.1.3.1 寄魂箭【4469】
W0913d.1.4 灵魂寄托在自然物中【4469】
W0913d.1.4.1 寄魂山【4470】
W0913d.1.4.1.1 格萨尔的寄魂物是格卓山【4470】
W0913d.1.5 灵魂寄托在其他特定物中【4470】
W0913d.1.5.1 灵魂寄附在头发中【4470】
W0913d.1.5.2 灵魂寄附在指甲中【4470】
W0913d.1.5.3 灵魂寄附在衣物中【4470】
W0913d.1.5.4 灵魂寄附在接触物上【4470】
W0913d.1.5.4.1 人的灵魂可以寄托在人脚上沾着的碎泥上【4470】
W0913d.1.5.5 蛋壳作为寄魂物【4471】
W0913d.1.5.5.1 鸡魂居鸡蛋壳中【4471】
W0913d.1.5.6 笼子作为寄魂物【4471】
W0913d.1.5.6.1 鸡魂居鸡笼中【4471】
W0913d.1.5.7 布袋作为寄魂物【4471】
W0913d.1.5.8 盒子作为寄魂物【4472】
W0913d.1.5.8.1 人的灵魂挂在一棵大樟松的桦皮盒子里【4472】
W0913d.1.5.8.2 魔王的灵魂藏在金鱼肚子里的小盒中【4472】
W0913d.1.5.9 特定动物是灵魂寄居处【4472】
W0913d.1.5.9.1 灵魂寄身蜘蛛【4472】
W0913d.1.5.9.1.1 病人的魂寄居在蜘蛛身上【4473】
W0913d.1.5.10 特定无生命物作为寄魂物【4473】
W0913d.1.5.10.1 石头作为寄魂物【4473】
W0913d.1.6 寄魂物与寄魂之人同庚【4473】
W0913d.1.6.1 不同人的马魂、牛魂和鸟魂，都与相对的人同庚【4473】
W0913d.1.7 与寄魂有关的

其他母题【4473】

W0913d.2 灵魂迁移他物【4473】

W0913d.2.1 灵魂受惊吓后附着到吓人者身上【4474】

W0913d.3 灵魂转移到别处【4474】

W0913d.3.1 人死后灵魂会转入彼岸世界【4474】

W0913d.3.2 人死灵魂不灭，头三年，五年后转入家中地下，满九年离家转入土地庙内【4474】

W0913d.3.3 女儿出嫁后要分转灵魂到夫家【4474】

W0914 灵魂的数量（灵魂的类型，鬼的类型）【4475】

W0914.1 人有多个灵魂（人有多个魂魄）【4475】

W0914.1.1 人有2个灵魂【4475】

W0914.1.2 人死后一个灵魂上天，一个灵魂入地【4475】

W0914.1.3 人有3个灵魂【4475】

W0914.1.3.1 人死后的3个魂：1个到阴间，1个守坟，1个脱胎再生【4476】

W0914.1.3.1a 人有3魂，一个在自身，一个在阴间地府，一个在坟地【4476】

W0914.1.3.1b 人死后的3个魂：1个进入阴间，1个栖于坟墓，1个附于灵牌【4477】

W0914.1.3.2 人活着时只有一个灵魂，死后就变成3个灵魂【4477】

W0914.1.3.3 人的3个灵魂寄于不同地方【4477】

W0914.1.3.3.0 人的灵魂一个在阿玛胡妈妈那里，两个附身上【4477】

W0914.1.3.3.1 北方路赞王有3个寄魂物，一棵寄魂树，一头寄魂牛，一个寄魂海【4478】

W0914.1.3.4 人有3个灵魂，第一个灵魂叫“奥任”，第二个灵魂叫“哈尼”，第三个灵魂叫“法扬库”【4478】

W0914.1.3.5 人有游魂、守天魂、生魂3个魂【4478】

W0914.1.3.6 人死后的3个灵魂中一魂守

	坟，一魂招入灵筒，一魂送归祖源处	【4478】
W0914.1.4	人死后的1魂3魄	【4479】
W0914.1.5	人有3魂7魄	【4479】
W0914.1.5.1	人的三魂七魄活着时集于一身	【4479】
W0914.1.5.2	人活着时三魂七魄在心脏	【4479】
W0914.1.5.3	人的三魂在心脏	【4480】
W0914.1.5.4	人死后三魂上天，七魄落地	【4480】
W0914.1.5.5	人七魄是指眼耳口鼻脑手足	【4480】
W0914.1.5a	活人都有7个魂魄	【4480】
W0914.1.6	人有9魂	【4480】
W0914.1.7	人有12个灵魂	【4480】
W0914.1.7.1	人的12个灵魂分附身魂、守家魂、护身魂3种	【4480】
W0914.1.8	人有几个影子就有几个灵魂	【4481】
W0914.2	**人有1个灵魂**	**【4481】**
W0914.2.1	人活着时只有1个灵魂	【4481】
W0914.2a	**男人女人灵魂数量不同**	**【4481】**
W0914.2a.1	男人有9个灵魂，女人有7个灵魂	【4481】
W0914.2a.2	人的灵魂男9女7（男子有9个魂、女子有7个魂）	【4482】
W0914.3	**鬼有不同种类（灵魂的类型）**	**【4482】**
W0914.3.1	社会的鬼和自然界的鬼	【4482】
W0914.3.1.1	社会的鬼	【4483】
W0914.3.1.1.1	社会的鬼是人死后灵魂现形	【4483】
W0914.3.1.1.2	特定氏族的鬼	【4483】
W0914.3.1.1.2.1	虎氏族鬼（屋豆尼）	【4483】
W0914.3.1.2	自然界的鬼	【4483】
W0914.3.1.2.1	自然界的鬼是日月、山川、星辰、峡谷、岩石、河流、树林、风雷、虫鱼、鸟兽、牲畜以及门坎、木凳、桥梁等的鬼	【4483】
W0914.3.2	善鬼和恶鬼	【4484】
W0914.3.2.1	亡灵有的变善鬼，有的变恶鬼	【4484】
W0914.3.2.2	善鬼比恶鬼高强	【4484】
W0914.3.2.3	善鬼在阴间辛勤劳动	【4484】
W0914.3.2.4	善鬼中最善者是父母的灵魂	【4484】
W0914.3.2a	善恶相兼的鬼	【4485】
W0914.3.2a.1	善恶相兼鬼由不好不坏的人	

	因失误变成的鬼	【4492】
W0914.3.9.2	鬼分为善鬼、恶鬼和善恶相兼鬼3类	【4493】
W0914.3.10	灵魂分善恶	【4493】
W0914.3.11	灵魂有多种（鬼有多种）	【4493】
W0914.3.11.1	人的3个灵魂中一个是生存的灵魂，一个是临时性灵魂，一个是投胎转生灵魂	【4493】
W0914.3.11.2	鬼有四五十种	【4494】
W0914.4	**与灵魂的数量或类型有关的其他母题**	**【4494】**
W0914.4.1	村魂	【4494】
W0914.4.2	不同地点的鬼	【4494】
W0914.4.2.1	蚂蚁堆的鬼	【4494】
W0915	**灵魂的象征物（灵魂的替代物，鬼的象征物）**	**【4494】**
W0915.1	**动物作为灵魂的象征物**	**【4495】**
W0915.1.1	蜘蛛象征灵魂	【4495】
W0915.2	**植物作为灵魂的象征物**	**【4495】**
W0915.2.1	生命树的叶子代表人的灵魂	【4495】
W0915.2.1.1	生命树叶子枯萎掉落预示人之将死	【4495】
W0915.2.2	竹根代表先人的灵魂	【4496】
W0915.3	**无生命物作为灵魂的象征物**	**【4496】**
W0915.3.1	石头代表灵魂	【4496】
W0915.4	**灵魂的替代物**	**【4496】**
W0915.5	**其他特定物作为灵魂的象征物**	**【4496】**
W0916	**与灵魂有关的其他母题（与鬼有关的其他母题）**	**【4496】**
W0916.0	**特定名称的灵魂（特定名称的鬼，灵魂的名称）**	**【4496】**
W0916.0.1	三灵	【4497】
W0916.0.1.1	特定的人死后立为三灵	【4497】
W0916.0.1.2	灵魂法扬库	【4497】
W0916.0.1.3	一般人与祖先灵魂的名称不同	【4497】
W0916.0.1.3.1	平辈人的魂魄叫“说马”；祖先的魂魄称“神灵”，名“拉色”	【4497】
W0916.0.1.4	鬼的命名	【4498】
W0916.0.1.4.1	以人的死因命名的鬼	【4498】
W0916.0.1.4.2	鬼又称为“方”	【4498】
W0916.0.1.5	人魂称作迫普衣	【4498】
W0916.0.1.6	丰魂	【4498】

W0916.0.1.6.1 丰魂下凡 【4498】
W0916.0.1.7 灵魂卜拉 【4499】
W0916.1 万物有灵（万物有魂，万物有鬼）【4499】
W0916.1.1 有生命与无生命的东西都有灵魂 【4500】
W0916.1.1.1 人类、动物，植物、日月星辰、山川河流、石头、土地、金银财宝等都有魂 【4500】
W0916.1.1.2 山川大地、日月星辰、风雨雷电、鸟兽虫鱼乃至宇宙的一切都有灵 【4500】
W0916.1.1.3 天、地、风、闪电、森林和石头等都各有精灵 【4501】
W0916.1.2 天、地、山、水、道路、五谷、家畜等都有鬼 【4501】
W0916.1.3 人有灵魂 【4501】
W0916.2 游魂野鬼（野鬼游魂，孤魂野鬼）【4501】
W0916.2.0 游魂野鬼的产生 【4501】
W0916.2.0.1 凶死者亡魂无处可归变成野鬼游魂 【4502】
W0916.2.1 游魂 【4502】
W0916.2.1.1 游魂的产生 【4502】
W0916.2.1.1.1 雷劈死的人的灵魂成为游魂 【4502】
W0916.2.1.1.2 恶人的灵魂会成为游魂 【4502】
W0916.2.1.1.3 光中生游魂 【4503】
W0916.2.1.1.4 阴魂因找不到附着物成为游魂 【4503】
W0916.2.1.2 灵魂不能附体变成游魂 【4503】
W0916.2.1.3 人的灵魂平时在天空中游动 【4504】
W0916.2.1.4 人死后灵魂漫游各地 【4504】
W0916.2.1.5 游魂万一千五百二十种 【4504】
W0916.2.1.6 游荡的阴魂 【4505】
W0916.2.1.6.1 孟姜女夫妇的阴魂东飘西荡 【4505】
W0916.2.1.7 人死后一魄游荡于死者生前到过的地方，一魄游荡于村寨附近 【4505】
W0916.2.1.8 游荡鬼 【4505】
W0916.2.2 野鬼 【4505】
W0916.2.2.1 白昼神和黑夜神孕生各种野鬼 【4505】
W0916.2.2.2 亡灵变成野鬼 【4506】
W0916.2.2.2.1 凶死者埋葬后成为野鬼 【4506】
W0916.2.2.2.2 游荡的亡魂变成野鬼 【4506】
W0916.2.2.3 鬼在没有找到

	己的子孙	【4514】
W0916.8.6.1	英雄的灵魂能保护整个部落	【4515】
W0916.8.6.2	祖灵能告知未来	【4515】
W0916.8.6.3	人死后灵魂会福佑后代	【4515】
W0916.8.7	鬼会捉魂（鬼会摄魂）	【4515】
W0916.8.7.1	鬼通过喊人的名字捉走人的魂	【4515】
W0916.8.7.2	鬼通过模仿人声摄魂	【4515】
W0916.8.7a	主宰魂魄的鬼	【4516】
W0916.8.7a.1	主宰并约束人的魂魄的鬼衣于	【4516】
W0916.8.8	不同的鬼能力不同	【4516】
W0916.8.9	灵魂知道人间事	【4516】
W0916.8.10	灵魂管人的行为	【4517】
W0916.8.11	鬼是神的兵马	【4517】
W0916.8.12	专司管理的鬼	【4517】
W0916.8.12.1	管理动物的鬼	【4517】
W0916.8.12.1.1	管理动物鬼仁木大	【4517】
W0916.8.13	鬼会人语	【4518】
W0916.9	**灵魂的行为**	**【4518】**
W0916.9.1	灵魂作祟	【4518】
W0916.9.1.1	灵魂作祟的产生	【4518】
W0916.9.1.1.1	人死后灵魂作祟	【4518】
W0916.9.1.2	消除灵魂作祟的方法	【4519】
W0916.9.1.2.1	通过供祭消除灵魂作祟	【4519】
W0916.9.2	鬼魂护宝	【4519】
W0916.9.3	鬼魂讨食	【4519】
W0916.9.3.1	鬼魂在特定时间讨食	【4519】
W0916.9.3.1.1	鬼魂从腊月二十五日到正月初八向主人讨食	【4519】
W0916.10	**灵魂遭劫**	**【4520】**
W0916.11	**灵魂的丢失（灵魂的离去，鬼的消失，丢魂，失魂）**	**【4520】**
W0916.11.1	灵魂被特定人物取走	【4520】
W0916.11.1.1	动物取走人的灵魂	【4520】
W0916.11.2	灵魂被偷走	【4520】
W0916.11.2.1	人的灵魂被魔鬼偷走	【4520】
W0916.11.3	魂被吓丢（因惊吓丢魂）	【4520】
W0916.11.3.1	细思极恐后吓丢魂	【4521】
W0916.11.3.2	儿童容易惊吓丢魂	【4521】
W0916.11.3a	魂因贪玩被丢	【4521】
W0916.11.4	丢魂的地点	【4521】
W0916.11.4.1	魂被挂在树枝上	【4522】
W0916.11.4.2	魂被挂在岩	

0.9 神或神性人物的其他母题
【W0920～W0999】

0.9.1 神物
【W0920～W0969】

W0932.8.4 神树的果实使人力气倍增【4581】
W0932.9 神树的枝叶【4581】
W0932.9.1 神树的老叶是浊云，嫩叶是清云【4581】
W0932.9.2 神树的枝叶茂盛【4581】
W0932.9.2.1 神树比其他树古老而茂盛【4581】
W0932.10 神树的根脉【4582】
W0932.10.1 神树的根直插地心【4582】
W0932.11 神木可以做法器【4582】
W0932.11.1 巫师“阿什”有法器木达达（神木）【4582】
W0932a 神树的职能【4583】
W0932a.1 神木使人长生【4583】
W0932a.2 神树使人健康【4583】
W0932a.2.1 神树使人病愈【4583】
W0932a.2.2 神树使人不死不病【4583】
W0932a.3 神树保村寨平安【4583】
W0932b 神树的能力（神树的行为）【4583】
W0932b.1 神树会行走【4584】
W0932b.2 神树生长迅速【4584】
W0932b.3 神树知天地【4584】
W0932b.3.1 神树树梢通天理，树根知地意【4584】
W0932c 神树的关系【4584】
W0932c.1 神树是山神的下属【4584】
W0933 与神树有关的其他母题【4585】
W0933.0 神林【4585】
W0933.0.1 特定的神有特定的神林【4585】
W0933.0.1.1 寨神勐神神林林地【4585】
W0933.0.2 神林又称龙山、神树或鬼林【4585】
W0933.0.3 神林里建有代表不同神的神龛【4585】
W0933.1 长生树（不死树）【4586】
W0933.1.1 不死树在特定地方【4586】
W0933.1.1.1 昆仑山有不死树【4586】
W0933.1.1.2 员丘山有不死树【4586】
W0933.1.2 不死树甘木【4586】
W0933.1.2.1 食甘木不老【4586】
W0933.2 摇钱树【4586】
W0933.2.1 榆树是摇钱树【4587】
W0933.3 智慧树【4587】
W0933.3.1 智慧树叫做灵丹树【4587】
W0933.3.2 智慧树枝【4587】
W0933.4 神树的伴随者（神树上居住者）【4587】
W0933.4.1 神树上有神鸟【4587】
W0933.5 神树的守护者【4587】
W0933.5.1 特定的神守护

	的化身	【4607】
W0950.1.4.1.1	神药九龙藤是九龙的化身	【4607】
W0950.1.4.1.2	特定的鼻毛是神药	【4607】
W0950.1.5	与神药产生有关的其他母题	【4607】
W0950.1.5.1	求神药	【4607】
W0950.1.5.1.1	向神求神药	【4607】
W0950.2	**神药的特征**	**【4608】**
W0950.2.1	神药很神	【4608】
W0950.2.1.1	神药能使人飞升	【4608】
W0950.3	**特定名称的神药**	**【4608】**
W0950.3.1	五芝	【4608】
W0950.3.1.1	芝英、紫芝、黑芝、五芝草生皆神仙上药	【4608】
W0950.4	**与神药有关的其他母题**	**【4608】**
W0950.4.1	神药有规定吃法	【4609】
W0950.4.1.1	神药需要特定时间服用	【4609】
W0950.4.1.1.1	六月六这天的正午吃神药方有效	【4609】
W0950.4.1.2	灵芝草和怪兽需要一起炖着吃	【4609】
W0951	**不死药**	**【4609】**
W0951.0	**世上没有不死药**	**【4609】**
W0951.1	**不死药的产生（不死药在特定地方）**	**【4609】**
W0951.1.0	造不死药（炼制不死药）	【4609】
W0951.1.0.1	造不死药的材料	【4610】
W0951.1.0.1.1	造不死药需要辣蚂蚁的眼泪、石头的苦胆、月亮的肠子	【4610】
W0951.1.0.1.2	不死树的不死果炼制成不死药	【4610】
W0951.1.1	不死药在天上	【4610】
W0951.1.1.1	不死药在西天	【4611】
W0951.1.2	西王母有不死药（王母娘娘有长生药）	【4611】
W0951.1.2.1	羿向西王母求不死药	【4611】
W0951.1.3	植物神有不死药	【4611】
W0951.1.3.1	特定的树的果实为不死药	【4611】
W0951.1.3.1.1	神山上的树的果实为不死药	【4611】
W0951.1.4	祖先有不死药	【4612】
W0951.1.5	神仙有不死药	【4612】
W0951.1.6	巫师有不死药（神巫有不死药）	【4612】
W0951.1.7	不死药在神山上	【4612】
W0951.1.8	不死药在海中	【4612】
W0951.1.9	不死药在西方	【4613】
W0951.1.9.1	西方首头勒钦	

W0951.7.4	不死药甘木	【4618】
W0951.7.5	不死药地脂	【4618】
W0951.8	**与不死药有关的其他母题**	**【4619】**
W0951.8.1	不死药的解药	【4619】
W0951.8.1.1	三瓣草药是不死药的解药	【4619】
W0952	**长生不老药（长生不死药）**	**【4619】**
W0952.1	**长生不老药的产生**	**【4619】**
W0952.1.1	长生不老药在特定地方	【4619】
W0952.1.1.1	长生不老药在天上	【4619】
W0952.1.1.2	西王母有长生不老药	【4619】
W0952.1.1.2.1	西王母的仙药吃了能长生不老	【4620】
W0952.1.1.2.2	后羿向西王母讨仙药	【4620】
W0952.1.1.3	神的宝葫芦中有长生不老药	【4620】
W0952.1.1.4	长生不老药在仙山上	【4620】
W0952.1.2	特定的物生长出不老药	【4620】
W0952.1.2.1	脐带生出长生药	【4621】
W0952.1.3	特定神性人物是长生不老药（特定神性人物的肢体等是长生不老药）	【4621】
W0952.1.3.1	雷公肉是长生不老药	【4621】
W0952.1.4	特定的人是长生不老药	【4621】
W0952.1.4.1	唐僧是长生不老药	【4621】
W0952.1.4.2	婴儿的心肝是长生不老药	【4621】
W0952.1.4.3	特定动物是长生不老药	【4621】
W0952.1.5	特定植物是长生不老药	【4622】
W0952.1.5.1	八月十五的桂花拌新谷是不老药	【4622】
W0952.1.5.2	甘木是不老药	【4622】
W0952.1.5.3	仙桃是长生不老药	【4622】
W0952.1.5.4	王母娘娘的仙桃是长生不老药	【4622】
W0952.1.5.5	婆娑树使人长生不老	【4622】
W0952.1.7	特定无生命物是长生不老药	【4622】
W0952.1.7.1	玉膏是长生不死药	【4623】
W0952.1.8	人造物是长生不老药	【4623】
W0952.1.8.1	黄帝炼的仙丹是长生不老药	【4623】
W0952.1.8.2	特定的酒是长生不老药	【4623】
W0952.1.9	作为长生的其他物质	【4623】
W0952.1.9.1	能使人长生的食物	【4623】
W0952.2	**长生不老药的**	

特征【4624】

W0952.3 长生不老药的功能【4624】

W0952.3.1 长生不老药能增寿特定岁数【4624】

W0952.3.1.1 神木能增人寿12000岁【4624】

W0952.4 长生不老药的获取【4624】

W0952.4.1 寻找长生不老药【4624】

W0952.4.2 炼制长生不老药【4624】

W0952.4.2.1 用松脂炼制长生不老药【4624】

W0952.5 长生不老药的食用【4624】

W0952.5.1 长生不老药需要特定物送服【4625】

W0952.5.1.1 长生不老药要用黑龙涎送服【4625】

W0952.6 长生不老药的丢失【4625】

W0952.7 长生不老药的名称【4625】

W0952.7.1 长生果【4625】

W0952.8 与长生不老药有关的其他母题【4625】

W0952.8.1 万年青药【4625】

W0952.8.1.1 猎人有万年青药【4625】

W0953 起死回生药【4626】

W0953.1 起死回生药的产生（起死回生药在特定地方）【4626】

W0953.1.1 起死回生药在特定的地方【4626】

W0953.1.1.1 人类祖先有起死回生药【4626】

W0953.1.1.1a 天神莫朋有起死回生药【4626】

W0953.1.1.2 太上老君有起死回生药【4626】

W0953.1.1.3 下界的人有起死回生药【4626】

W0953.1.1.3.1 地下棒头国的棒头人有起死回生药【4627】

W0953.1.1.4 龙母娘娘有起死回生药【4627】

W0953.1.2 特定的物是起死回生药【4627】

W0953.1.2.1 特定的草是起死回生药【4627】

W0953.1.2.2 山神的草药是起死回生药【4627】

W0953.1.2.3 冰柱是起死回生药【4628】

W0953.1.2.4 蛟龙的唾液是回生药【4628】

W0953.1.2.5 蛤蟆灵丹是回生药【4628】

W0953.2 起死回生药的特征【4628】

W0953.3 起死回生药的功能【4629】

W0953.4 起死回生药的获取【4629】

W0953.5 起死回生药的食用【4629】

W0953.5.1 起死回生药使用有讲究【4629】

W0956.2	**神山的特征（神山的职能）**	**【4635】**
W0956.2.0	神山有男女之分	【4635】
W0956.2.0.1	格姆山是女神山	【4635】
W0956.2.0.2	泸沽湖的西北的狮子山是女神山	【4635】
W0956.2.1	神山虚无缥缈	【4635】
W0956.2.1a	神山云雾缭绕	【4636】
W0956.2.2	神山的构造	【4636】
W0956.2.2.1	神山有多个通道	【4636】
W0956.2.3	仁慈的神山	【4636】
W0956.2.4	凶恶的神山	【4636】
W0956.2.5	善恶兼具的神山	【4637】
W0956.2.6	神山职能分3类	【4637】
W0956.2.6.1	三类神山中第一类是爱护人的仁慈的神山，第二类是专事惩罚人的神山，第三类神山是既能爱护人又可以惩罚人的神山	【4637】
W0956.3	**特定名称的神山**	**【4637】**
W0956.3.1	神山凉风之山	【4637】
W0956.3.2	神山曼君乌延哈达	【4638】
W0956.3.3	神山瀛洲	【4638】
W0956.3.3.1	神山瀛洲在渤海中	【4638】
W0956.3.4	广麻宛达神山	【4638】
W0956.4	**与神山有关的其他母题**	**【4638】**
W0956.4.1	神山的功能	【4638】
W0956.4.1.1	神山能使人不死	【4639】
W0956.4.2	神山的数量	【4639】
W0956.4.2.1	五座神山	【4639】
W0956.4.2.1.1	归墟有岱舆、员娇、方壶、瀛、蓬莱五座神山	【4639】
W0956.4.2.2	三神山	【4639】
W0956.4.2.2.1	三神山蓬莱、方丈、瀛洲	【4639】
W0956.4.2.3	四大神山	【4639】
W0956.4.2.3.1	四大神山是卫藏神山雅拉香波，北方羌塘神山念青唐拉，南方神山库拉日杰，东方神山沃德巩甲	【4639】
W0956.4.3	神山分3类	【4640】
W0956.4.4	神山的支撑	【4640】
W0956.4.4.1	三座高岩撑什罗神山	【4640】
W0956.4.5	神山的看守（神山的保护者）	【4640】
W0956.4.5.1	动物轮流看守什罗神山	【4640】
W0956.4.5.2	众多动物是神山的保护者	【4641】
W0956.4.5.3	人神动植物轮	

0.9.2 与神或神性人物有关的其他母题【W0970～W0999】

	甘就是天，天也就是迦萨甘	【4685】
W0970.5.5	群体神神名	【4685】
W0970.5.5.1	群体神德立克	【4685】
W0970.5.6	个体神神名	【4685】
W0970.5.6.1	神的儿子各有其名	【4685】
W0970.6	**神的名称的差异**	**【4686】**
W0970.6.1	神的名称在不同地区叫法不同	【4686】
W0970.6.1.1	海拉尔地区达斡尔人的“达·巴尔肯”，在布特哈地区叫“霍列力·巴尔肯”	【4686】
W0970.6.2	一个民族同一个神有不同称谓	【4686】
W0970.6.2.1	羌人的不同的地方最高神的名称并不一样	【4686】
W0970.7	**与神的名称有关的其他母题（与神性人物的名称有关的其他母题）**	**【4687】**
W0970.7.0	一神多名	【4687】
W0970.7.0.1	敖雷·巴尔肯又称山神、狐仙、三太爷、獾子精、黄鼠狼精	【4687】
W0970.7.1	不知名字的神（无名神）	【4687】
W0970.7.1.1	最早的神是无名神	【4687】
W0970.7.1.1.1	大神英叭造的第一个神来不及取名就逃走了，成了无名神	【4687】
W0970.7.2	男神冠以女称	【4688】
W0970.7.2.1	不管神是男是女，都叫女称“阿玛”	【4688】
W0970.7.3	神的名字的消失	【4688】
W0970.7.3.1	神的名字被忘记	【4688】
W0970.7.3.1.1	达斡尔人送给鄂伦春人及蒙古人的巴尔肯被忘记	【4688】
W0970.7.4	神的尊号（神的尊称）	【4689】
W0970.7.4.1	第一位大神萨英威登的尊号“美苟巨从老之”（天之最早虎爪）	【4689】
W0970.7.4.2	以祖先称呼“神”	【4689】
W0970.7.4.2.1	民族保护神三朵神称为“恩溥（爷爷）三朵”	【4689】
W0970.7.4.3	尊称神为父亲	【4689】
W0970.8	**神仙**	**【4690】**
W0970.8.1	神仙的产生	【4690】
W0970.8.1.1	神仙源于特定	

	胆、东沧青钱、高丘余粮、积石琼田、太虚还丹、盛以金兰、长光绛草、云童飞干	【4704】
W0970.8.5	神仙的关系	【4704】
W0970.8.5.1	天地间一切神仙的始祖是蒸气人英叭召	【4704】
W0970.8.6	特定名称的神仙	【4704】
W0970.8.6.1	神仙嘎纳那支森翁丁	【4704】
W0970.8.6.2	神仙花山爷	【4705】
W0970.8.6.3	神仙依勒克	【4705】
W0970.8.6a	神仙四象	【4705】
W0970.8.6a.1	东方为苍龙象，北方为玄武象，西方为白虎象，南方为朱雀象	【4705】
W0970.8.6a.1.1	白虎号监兵神君	【4706】
W0970.8.6a.1.2	青龙号孟章神君	【4706】
W0970.8.6a.1.3	玄武号执明神君	【4706】
W0970.8.6a.1.4	朱雀号陵光神君	【4706】
W0970.8.6b	动物神仙	【4706】
W0970.8.6b.1	公鸡神仙	【4706】
W0970.8.6b.1.1	公鸡是天上的神仙	【4706】
W0970.8.7	与神仙与关的其他母题	【4707】
W0970.8.7.1	神仙之王	【4707】
W0970.8.7.1.1	神仙之王涅依倮佐颇	【4707】
W0970.8.7.2	老神仙（神仙老头）	【4707】
W0971	**神的身份**	**【4707】**
W0971.1	**神的身份的来历**	**【4707】**
W0971.2	**神的身份的变化**	**【4707】**
W0971.2.1	白天是人晚上变神	【4707】
W0971.3	**假的神**	**【4708】**
W0972	**神的分类（神的类型，神的层级）**	**【4708】**
W0972.1	**神分天神、地祇、人鬼三类**	**【4708】**
W0972.2	**神分天神、地神和人神**	**【4708】**
W0972.3	**神分善恶两类**	**【4708】**
W0972.3.1	神分正神与邪神	【4708】
W0972.3.2	神分善神与恶魔	【4709】
W0972.4	**神分黑白两类**	**【4709】**
W0972.4.1	本教把神分成白的天神和黑的妖魔两类	【4709】
W0972.4.1.1	好神、白神要留住，坏神、黑神要送走	【4709】
W0972.4.2	白神	【4710】

W0981.4.4 神随青烟出现【4719】

W0981.4.5 神出现时动静很大【4719】

W0981.4.5.1 神出现时电闪雷鸣【4719】

W0981.5 神显圣迹的结果【4720】

W0981.6 与显神迹有关的其他母题【4720】

W0981.6.0 神显灵【4720】

W0981.6.0.1 神显灵降妖【4720】

W0981.6.1 人见神的方法（人神相见）【4720】

W0981.6.1.1 人通过动物的帮助见到神【4720】

W0981.6.1.1.1 主人在马的帮助下见到生育神【4720】

W0981.6.1.2 人通过做梦见神【4721】

W0981.6.1.3 人通过祭祀见神【4721】

W0981.6.2 神的圣坛【4721】

W0981.6.2.1 青蛙的骨骼变成神山圣坛【4721】

W0981.6.3 人与鬼神的交流【4721】

W0981.6.3.1 人与鬼神通过巫术的交流【4721】

W0981.6.3.2 通过念经人神通话【4721】

W0981.6.4 神的发现【4722】

W0981.6.4.1 通过应验发现神【4722】

W0982 神的宴会【4722】

W0982.0 神的宴会原因【4722】

W0982.0.1 神通过宴会议事【4722】

W0982.0.1.1 众神举办宴会讨论开天辟地之事【4722】

W0982.0a 神的宴会时间【4723】

W0982.0b 神的宴会地点【4723】

W0982.0c 神的宴会的举办者【4723】

W0982.0d 神的宴会的参加者【4723】

W0982.0d.1 雷王赴宴【4723】

W0982.0d.2 本主赴宴【4723】

W0982.0d.2.1 本主节时牛街本主邀请南大坪本主赴宴【4723】

W0982.1 神的宴会类型【4723】

W0982.1.1 神的庆生宴会【4723】

W0982.1.2 神的喜宴【4724】

W0982.1.3 神的庆功会【4724】

W0982.1.4 神的特定名目的宴会【4724】

W0982.1.4.1 蟠桃会【4724】

W0982.2 神的饭量（神的酒量）【4724】

W0982.2.0 神饭量巨大【4724】

W0982.2.0.1 动物神达能一顿要吃几百斤红米饭【4724】

W0982.2.1 神酒量巨大【4724】

W0982.2.1.1 天女稻谷仙姑能喝9罐最醇的米酒【4725】

W0982.2.2 神醉酒【4725】

W0982.2.2.1 天神醉酒做错事【4725】

W0982.2.2.1.1 天神醉酒误发命令【4725】

附录2

中国神话母题W编目十大类型简目①

0　神与神性人物（代码　W0000～W0999）

0.1　神的概述（W0000～W0179）

0.1.1　神的产生（W0000～W0059）

0.1.2　神的特征（W0060～W0089）

0.1.3　神的生活（W0090～W0119）

0.1.4　神的地位与性质（W0120～W0129）

0.1.5　神的能力（W0130～W0134）

0.1.6　神的工具与武器（W0135～W0139）

0.1.7　神的关系（W0140～W0174）

0.1.8　神的寿命与死亡（W0175～W0179）

0.2　与方位相关的神（W0180～W0269）

0.2.1　天神（W0180～W0229）

0.2.2　地神（W0230～W0239）

0.2.3　冥神（W0240～W0249）

0.2.4　其他方位神（W0250～W0269）

0.3　与自然现象（物）有关的神（W0270～W0419）

0.3.1　日月星辰神（W0270～W0289）

0.3.2　与天气有关的神（W0290～W0389）

0.3.3　与自然物有关的神（W0390～W0419）

0.4　与职能、行业相关的神（W0420～W0499）

0.4.1　创造神与破坏神（W0420～W0429）

0.4.2　与管理或保护有关的神（W0430～

① 本简目中只列举了中国神话母题W编目10大类型中主要的母题类型。借此可以帮助读者了解“中国创世神话母题（代码　W1000～W1999）”之外其他9个神话母题类型及编目范围，以便于关联母题及母题实例的查找和对叙事结构的总体认知。该10种类型的三级母题详目常见《中国神话母题W编目》（中国社会科学出版社2013年版）。该编目母题三个层级的母题数量总数为33469个，其中，一级母题3398个，二级母题13832，三级母题15468个。其中人类起源神话母题总数为3357个，包括一级母题421个，二级母题1488，三级母题1448个。在此后的10大类型的“实例与索引”创作过程中，对原来《中国神话母题W编目》（2013年版）进行了全面修订，增加为5个母题层级，母题总数量近10万个，其中在《中国创世神话母题实例与索引》（2018版）中，创世神话母题总数量为12583个。

1 世界与自然物（代码 W1000～W1999）

1.4.2 日月的特征（W1600～W1629）

1.4.3 日月的数量（W1630～W1669）

1.4.4 日月的关系（W1670～W1689）

1.4.5 与日月相关的其他母题（W1690～W1699）

1.5 星辰（W1700～W1779）

1.5.1 星星的产生（W1700～W1729）

1.5.2 特定星星的产生（W1730～W1754）

1.5.3 星星的特征（W1755～W1769）

1.5.4 与星星有关的其他母题（W1770～W1779）

1.6 天上其他诸物（W1780～W1799）

1.6.1 天河（银河）（W1780～W1789）

1.6.2 天宫与天堂（W1790～W1794）

1.6.3 天上其他诸物（W1795～W1799）

1.7 山石（W1800～W1869）

1.7.1 山的产生（W1800～W1824）

1.7.2 山的特征（W1825～W1834）

1.7.3 与山相关的其他母题（W1835～W1854）

1.7.4 石头（岩石）（W1855～W1869）

1.8 江河湖海（水）（W1870～W1979）

1.8.1 水的概说（W1870～W1899）

1.8.2 江河湖海（W1900～W1964）

1.8.3 其他一些常见的水体（W1965～W1979）

1.9 其他物质与生物（W1980～W1999）

1.9.1 金属（W1980～W1984）

1.9.2 矿物（W1985～W1989）

1.9.3 生命（生物）（W1990～W1999）

2 人与人类（代码 W2000～W2999）

2.1 人类产生概说（W2000～W2019）

2.1.1 人产生的原因（W2000～W2009）

2.1.2 人产生的时间（W2010～W2014）

2.1.3 人产生的地点（W2015～W2019）

2.2 人自然存在或来源于某个地方（W2020～W2029）

2.2.1 人自然存在（W2020～W2024）

2.2.2 人源于某个地方（W2025～W2029）

2.3 造人（W2030～W2129）

2.3.1 造人的时间（W2030～W2039）

2.3.2 造人的原因（W2040～W2049）

2.3.3 造人者（W2050～W2079）

2.3.4 造人的材料（W2080～W2099）

2.3.5 造人的方法（W2100～W2109）

2.3.6 造人的结果（W2110～W2124）

2.3.7 与造人有关的其他母题（W2125～W2129）

2.4 生育产生人（W2130～W2299）

2.4.1 神或神性人物生人（W2130～W2149）

2.4.2 人生人（W2150～W2154）

2.4.3 动物生人（W2155～W2169）

2.4.4 植物生人（W2170～W2199）

2.4.5 无生命物生人（W2200～W2219）

2.4.6 卵生人（W2220～W2229）

2.4.7 感生人（W2230～W2279）

2.4.8 与生人有关的其他母题（W2280～

W2299）

2.5 变化产生人（W2300～W2399）

2.5.1 神或神性人物变化为人（W2300～W2309）
2.5.2 人变化为人（W2310～W2314）
2.5.3 动物变化为人（W2315～W2349）
2.5.4 植物变化为人（W2350～W2359）
2.5.5 自然物与无生命物变化生人（W2360～W2379）
2.5.6 怪胎、怪物或肢体变化生人（W2380～W2389）
2.5.7 与变化产生人有关的其他母题（W2390～W2399）

2.6 婚配产生人（W2400～W2499）

2.6.1 神或神性人物婚生人（W2400～W2414）
2.6.2 人与神或神性人物婚生人（W2415～W2419）
2.6.3 人的婚生人（W2420～W2449）
2.6.4 人与动物婚生人（W2450～W2474）
2.6.5 人与植物的婚生人（W2475～W2479）
2.6.6 人与无生命物的婚生人（W2480～W2484）
2.6.7 其他特殊的婚生人（W2485～W2489）
2.6.8 与婚生人有关的其他母题（W2490～W2499）

2.7 人类再生（W2500～W2579）

2.7.1 人类再生概说（W2500～W2529）
2.7.2 洪水后人类再生（W2530～W2559）
2.7.3 其他灾难后人类再生（W2560～W2569）
2.7.4 与人类再生相关的其他母题（W2570～W2579）

2.8 怀孕与生育（W2580～W2699）

2.8.1 怀孕（W2580～W2589）
2.8.2 生育与特殊的出生（W2590～W2599）
2.8.3 人生怪胎（W2600～W2669）
2.8.4 弃婴（弃儿）（W2670～W2689）
2.8.5 人的抚养（W2690～W2699）

2.9 与人的产生相关的母题（W2700～W2749）

2.9.1 人产生的数量（W2700～W2729）
2.9.2 人与异类的同源（W2730～W2739）
2.9.3 与人的产生有关的其他母题（W2740～W2749）

2.10 人类的特征及相关母题（W2750～W2929）

2.10.1 人的性别特征（W2750～W2799）
2.10.2 人的体征（W2800～W2899）
2.10.3 人的其他特征（W2900～W2914）
2.10.4 特定特征的人（W2915～W2929）

2.11 与人相关的其他母题（W2930～2999）

2.11.1 人的关系（W2930～W2939）
2.11.2 人的寿命与死亡（W2940～W2989）
2.11.3 与人相关的其他母题（W2990～2999）

3 动物与植物（代码W3000～W3999）

3.1 动物概说（W3000～W3099）

3.1.1 动物的产生（W3000～W3034）
3.1.2 动物的特征（W3035～W3064）
3.1.3 动物的生活与习性（W3065～W3069）
3.1.4 其他特定性质的动物（W3070～

4.3 天气与其他自然现象（W4250 ~ W4619）

4.3.1 天气现象概说（W4250 ~ W4259）

4.3.2 风雨（W4260 ~ W4374）

4.3.3 雷电（W4375 ~ W4439）

4.3.4 云霞霓虹（W4440 ~ W4509）

4.3.5 雪霜雾露等（W4510 ~ W4559）

4.3.6 与天气相关的其他母题（W4560 ~ W4569）

4.3.7 无具体形态的现象（W4570 ~ W4619）

4.4 秩序与自然秩序概说（W4620 ~ W4769）

4.4.1 秩序概说（W4620 ~ W4634）

4.4.2 时间秩序（W4635 ~ W4699）

4.4.3 空间秩序（W4700 ~ W4754）

4.4.4 抽象的秩序（W4755 ~ W4769）

4.5 季节（W4770 ~ W4849）

4.5.1 季节的来历（W4770 ~ W4799）

4.5.2 季节的管理（W4800 ~ W4809）

4.5.3 二十四节气（W4810 ~ W4839）

4.5.4 与季节有关的其他母题（W4840 ~ W4849）

4.6 天体的秩序（W4850 ~ W4969）

4.6.1 天地的秩序与管理（W4850 ~ W4869）

4.6.2 日月的秩序（W4870 ~ W4959）

4.6.3 与天体运行和秩序有关的其他母题（W4960 ~ W4969）

4.7 与自然秩序有关的其他母题（W4970 ~ W4999）

4.7.1 山川河流等的秩序与管理（W4970 ~ W4979）

4.7.2 动物的秩序与管理（W4980 ~ W4989）

4.7.3 植物的秩序与管理（W4990 ~ W4999）

5 社会组织与社会秩序（代码 W5000 ~ W5999）

5.1 社会秩序概说（W5000 ~ W5084）

5.1.1 社会秩序的建立（W5000 ~ W5029）

5.1.2 首领与首领的产生（W5030 ~ W5074）

5.1.3 与社会秩序有关的其他母题（W5075 ~ W5084）

5.2 家庭、村庄（W5085 ~ W5249）

5.2.1 家庭的产生（W5085 ~ W5094）

5.2.2 家庭与社会关系成员（W5095 ~ W5199）

5.2.3 与家庭相关的其他母题（W5200 ~ W5229）

5.2.4 村寨与城池（W5230 ~ W5249）

5.3 氏族、部落（W5250 ~ W5399）

5.3.1 氏族（W5250 ~ W5299）

5.3.2 部落（W5300 ~ W5359）

5.3.3 泛指的族体及有关母题（W5360 ~ W5399）

5.4 民族（W5400 ~ W5829）

5.4.1 民族的产生（W5400 ~ W5459）

5.4.2 民族的识别（W5460 ~ W5489）

5.4.3 民族的特征（W5490 ~ W5539）

5.4.4 特定民族的产生与特征（W5540 ~ W5729）

5.4.5 与民族有关的其他母题（W5730 ~ W5829）

5.5 国家（W5830～W5959）

5.5.1 国家的产生（W5830～W5859）

5.5.2 国王与臣民（W5860～W5899）

5.5.3 与国家有关的其他母题（W5900～W5959）

5.6 与社会秩序相关的其他母题（W5960～W5999）

5.6.1 神界与动物界秩序（W5960～W5974）

5.6.2 契约与誓约（W5975～W5984）

5.6.3 律法与规则（W5985～W5999）

6 有形文化与无形文化（代码 W6000～W6999）

6.1 与生产有关的文化（W6000～W6109）

6.1.1 文化概说（W6000～W6009）

6.1.2 采集与渔猎（W6010～W6039）

6.1.3 耕种与饲养（W6040～W6074）

6.1.4 生产者与生产工具（W6075～W6099）

6.1.5 与生产相关的其他母题（W6100～W6109）

6.2 与生活有关的文化（W6110～W6279）

6.2.1. 服饰（W6110～W6139）

6.2.2 饮食（W6140～W6159）

6.2.3 人的居所（W6160～W6209）

6.2.4 人的行走（出行）（W6210～W6229）

6.2.5 医药（医术）（W6230～W6249）

6.2.6 特定生活用品（器物）（W6250～W6279）

6.3 图腾与崇拜（W6280～W6449）

6.3.1 图腾概说（W6280～W6289）

6.3.2 常见的图腾类型（W6290～W6349）

6.3.3 与图腾有关的其他母题（W6250～W6359）

6.3.4 崇拜的产生（W6360～W6369）

6.3.5 常见的崇拜物（W6370～W6439）

6.3.6 与崇拜有关的其他母题（W6440～W6449）

6.4 信仰与禁忌（W6450～W6549）

6.4.1 信仰概说（W6450～W6469）

6.4.2 祭祀（W6470～W6509）

6.4.3 禁忌（W6510～W6549）

6.5 习俗（W6550～W6699）

6.5.1 习俗的产生（W6550～W6559）

6.5.2 生产习俗（W6560～W6579）

6.5.3 生活习俗（W6580～W6599）

6.5.4 节日习俗（W6600～W6629）

6.5.5 婚葬习俗（W6630～W6679）

6.5.6 生育习俗（W6680～W6689）

6.5.7 与习俗相关的其他母题（W6690～W6699）

6.6 常见的其他文化现象（W6700～W6899）

6.6.1 语言、文字与文学（W6700～W6769）

6.6.2 知识、智慧（W6770～W6799）

6.6.3 道德（W6800～W6819）

6.6.4 姓氏与姓名（W6820～W6899）

6.7 与文化、文明有关的其他母题（W6900～W6999）

6.7.1 音乐、体育等其他艺术（W6900～W6909）

6.7.2 火的获取（W6910～W6969）

6.7.3 其他发明或与文化相关的母题（W6970～W6999）

7 婚姻与性爱（代码W7000～W7999）

7.1 **婚姻概说**（W7000～W7129）

7.1.1 婚姻的产生（W7000～W7019）

7.1.2 婚姻中的人物（W7020～W7049）

7.1.3 婚姻中的事件（W7050～W7099）

7.1.4 与婚姻有关的其他母题（W7100～W7129）

7.2 性爱（W7130～W7199）

7.2.1 性爱的产生（W7130～W7169）

7.2.2 性爱的特征与类型（W7170～W7184）

7.2.3 与性爱有关的其他母题（W7185～W7199）

7.3 神或神性人物之间的婚姻（W7200～W7259）

7.3.1 神的婚姻（W7200～W7239）

7.3.2 神性人物的婚姻（W7240～W7254）

7.3.3 与神或神性人物婚姻有关的其他母题（W7255～W7259）

7.4 人的婚姻（W7260～W7399）

7.4.1 人与神或神性人物的婚姻（W7260～W7284）

7.4.2 血缘婚、人的异辈血缘婚（W7285～W7299）

7.4.3 人的同辈血缘婚（W7300～W7359）

7.4.4 正常男女婚（W7360～W7379）

7.4.5 群体间的婚姻（W7380～W7389）

7.4.6 与人的婚姻相关的其他母题（W7390～W7399）

7.5 其他特殊的婚母题（W7400～W7539）

7.5.1 人与动物的婚配（W7400～W7489）

7.5.2 人与植物的婚配（W7490～W7499）

7.5.3 人与自然物、无生命物的婚配（W7500～W7509）

7.5.4 动物之间的婚配（W7510～W7529）

7.5.5 与婚配有关的其他母题（W7530～W7539）

7.6 婚配的条件与实现（W7540～W7699）

7.6.1 与指令、裁决有关的婚姻（W7540～W7559）

7.6.2 与媒人、劝说有关的婚姻（W7560～W7599）

7.6.3 与求婚（求爱）、巧遇有关的婚姻（W7600～W7659）

7.6.4 与命运、机缘有关的婚姻（W7660～W7669）

7.6.5 与婚姻的条件与形成有关的其他母题（W7670～W7699）

7.7 婚姻难题考验或验证天意（W7700～W7899）

7.7.1 婚姻难题考验（W7700～W7739）

7.7.2 婚前出难题者（W7740～W7759）

7.7.3 婚前难题的形式（W7760～W7819）

7.7.4 婚前难题的解决（W7820～W7859）

7.7.5 婚前占卜或询问（W7860～W7889）

7.7.6 与婚姻难题有关的其他母题（W7890～W7899）

8 灾难与争战（代码W8000~W8999）

W8939）

8.6.3 与人的矛盾有关的其他母题（W8940 ~ W8949）

8.7 与争战有关的其他母题（W8950 ~ W8999）

8.7.1 与动植物、无生命物有关的争战（矛盾）（W8950 ~ W8959）

8.7.2 争吵与纠纷（W8960 ~ W8969）

8.7.3 抓捕与关押（W8970 ~ W8979）

8.7.4 营救与逃脱（W8980 ~ W8989）

8.7.5 与争战有关的其他母题（W8990 ~ W8999）

9 其他母题（代码 W9000 ~ W9999）

9.1 魔法与巫术（W9000 ~ W9199）

9.1.1 魔法（W9000 ~ W9014）

9.1.2 魔物（W9015 ~ W9099）

9.1.3 魔力（W9100 ~ W9119）

9.1.4 巫师（W9120 ~ W9149）

9.1.5 巫术、咒语（W9150 ~ W9189）

9.1.6 占卜（W9190 ~ W9199）

9.2 征兆与预言（W9200 ~ W9299）

9.2.1 征兆（W9200 ~ W9239）

9.2.2 象征（W9240 ~ W9249）

9.2.3 预言（W9250 ~ W9289）

9.2.4 梦（W9290 ~ W9299）

9.3 复活与转世（W9300 ~ W9399）

9.3.1 复活（再生）（W9300 ~ W9349）

9.3.2 转世、投胎（W9350 ~ W9379）

9.3.3 复原（W9380 ~ W9399）

9.4 因果与命运（W9400 ~ W9499）

9.4.1 因果报应（W9400 ~ W9424）

9.4.2 报恩与报复（W9425 ~ W9479）

9.4.3 命运（W9480 ~ W9499）

9.5 变形与化生（W9500 ~ W9599）

9.5.1 变形概说（W9500 ~ W9524）

9.5.2 神与神性人物的变形（W9525 ~ W9529）

9.5.3 人的变形（W9530 ~ W9559）

9.5.4 动植物的变形（W9560 ~ W9574）

9.5.5 自然物、无生命物的变形（W9575 ~ W9579）

9.5.6 与变形有关的其他母题（W9580 ~ W9589）

9.5.7 与化生有关母题（W9590 ~ W9599）

9.6 考验与欺骗（W9600 ~ W9649）

9.6.1 考验（W9600 ~ W9619）

9.6.2 竞赛（比赛）（W9620 ~ W9634）

9.6.3 欺骗（W9635 ~ W9649）

9.7 宝物（W9650 ~ W9699）

9.7.1 宝物概说（W9650 ~ W9669）

9.7.2 器物工具类宝物（W9670 ~ W9689）

9.7.3 动植物类宝物（W9690 ~ W9694）

9.7.4 其他宝物（W9695 ~ W9699）

9.8 射日月与救日月（W9700 ~ W9899）

9.8.1 射日（月）的原因与时间（W9700 ~ W9714）

9.8.2 射日者（W9715 ~ W9764）

9.8.3 射日（月）的过程（W9765 ~ W9789）

9.8.4 射日（月）的结果（W9790 ~ W9799）

9.8.5 找日月（W9800 ~ W9854）

9.8.6 救日月（W9855～W9864）

9.8.7 与射日月有关的其他母题（W9865～W9899）

9.9 其他典型事件母题（W9900～W9999）

9.9.1 奖励与惩罚（W9900～W9929）

9.9.2 寻找与巧遇（W9930～W9949）

9.9.3 其他典型事件（W9950～W9959）

9.9.4 特定风物的来历（W9960～W9979）

9.9.5 其他难以归类的母题（W9980～W9999）